C000256953

Diccionario esencial
de la lengua española

Diccionario esencial
de la lengua española

REAL ACADEMIA ESPAÑOLA

© Real Academia Española, 2006
© Espasa Calpe, 2006; © Espasa Libros, S. L. U., 2017

Primera impresión: octubre, 2006
Segunda tirada: abril, 2017

Diseño de interior: Ángel Sanz
Diseño de cubierta: Tasmanias, S. A.

Preimpresión: Safekat, S. L.
Impresión: Unigraf, S. L.

ISBN: 84-670-2314-7
Depósito legal: M. 41.846-2006
Impreso en España – *Printed in Spain*

El papel utilizado para la impresión de este libro es cien por cien libre de cloro
y está calificado como **papel ecológico**

Espasa Libros, S.L.U.
Avda. Diagonal, 662-664
08034 Barcelona
www.espasa.com
www.planetadelibros.com

Real Academia Española

Excmo. Sr. D. Martín de Riquer Morera
Excmo. Sr. D. Julián Marías (†)
Excmo. Sr. D. Alonso Zamora Vicente (†)
Excmo. Sr. D. Antonio Colino López
Excmo. Sr. D. Miguel Delibes Setién
Excmo. Sr. D. Carlos Bousoño Prieto
Excmo. Sr. D. Manuel Seco Reymundo
Excmo. Sr. D. Francisco Ayala y García-Duarte
Excmo. Sr. D. Valentín García Yebra
Excmo. Sr. D. Pere Gimferrer Torrens
Excmo. Sr. D. Gregorio Salvador Caja
Excmo. Sr. D. Francisco Rico Manrique
Excmo. Sr. D. Antonio Mingote Barrachina
Excmo. Sr. D. José Luis Pinillos Díaz
Excmo. Sr. D. Francisco Morales Nieva
Excmo. Sr. D. Francisco Rodríguez Adrados
Excmo. Sr. D. José Luis Sampedro Sáez
Excmo. Sr. D. Víctor García de la Concha
Excmo. Sr. D. Eduardo García de Enterría y
    Martínez-Carande
Excmo. Sr. D. Emilio Lledó Íñigo
Excmo. Sr. D. Luis Goytisolo Gay
Excmo. Sr. D. Mario Vargas Llosa

Excmo. Sr. D. Eliseo Álvarez-Arenas Pacheco
Excmo. Sr. D. Antonio Muñoz Molina
Excmo. Sr. D. Ángel González Muñiz
Excmo. Sr. D. Juan Luis Cebrián
Excmo. Sr. D. Ignacio Bosque Muñoz
Excma. Sra. D.ª Ana María Matute
Excmo. Sr. D. Luis María Anson Oliart
Excmo. Sr. D. Fernando Fernán Gómez
Excmo. Sr. D. Luis Mateo Díez
Excmo. Sr. D. Guillermo Rojo
Excmo. Sr. D. José Antonio Pascual
Excma. Sra. D.ª Carmen Iglesias
Excmo. Sr. D. Claudio Guillén
Excmo. Sr. D. Luis Ángel Rojo
Excma. Sra. D.ª Margarita Salas Falgueras
Excmo. Sr. D. Arturo Pérez-Reverte
Excmo. Sr. D. José Manuel Sánchez Ron
Excmo. Sr. D. Carlos Castilla del Pino
Excmo. Sr. D. Álvaro Pombo y García de los Ríos
Excmo. Sr. D. Antonio Fernández de Alba
Excmo. Sr. D. Francisco Brines
Excmo. Sr. D. José Manuel Blecua

Academias correspondientes

Academia Colombiana de la Lengua

Sr. D. Horacio Bejarano Díaz (†)
Mons. D. Mario Germán Romero
Sr. D. Óscar Echeverri Mejía (†)
Sr. D. Jaime Sanín Echeverri
Sr. D. Jaime Posada Díaz
Sr. D. Fernando Charry Lara (†)
Sr. D. Diego Uribe Vargas
Sr. D. Carlos Valderrama Andrade
Sr. D. Nicolás del Castillo Mathieu
Sr. D. Otto Morales Benítez
Sra. D.ª Dora Castellanos
Sr. D. Ignacio Chaves Cuevas (†)
Sr. D. Alberto Zalamea Costa
Sr. D. Guillermo Ruiz Lara
Sr. D. Juan Gustavo Cobo Borda
Sr. D. Javier Ocampo López
Sr. D. José Joaquín Montes Giraldo
Sra. D.ª Maruja Vieira
Rvdo. P. D. Rodolfo Eduardo de Roux, S. J.
Sr. D. Fernando Hinestrosa Forero
Sr. D. Eduardo Santa
Sr. D. Antonio Cacua Prada
Sr. D. Rodrigo Llorente Martínez
Sr. D. Carlos Patiño Rosselli
Sr. D. Rogelio Echavarría

Academia Ecuatoriana de la Lengua

Sr. D. Galo René Pérez
Mons. D. Juan Larrea Olguín
Sr. D. Jorge Salvador Lara
Sr. D. Hernán Rodríguez Castelo
Sr. D. Gustavo Alfredo Jácome
Sr. D. Gabriel Cevallos García (†)
Sr. D. Filoteo Samaniego Salazar
Sra. D.ª Esperanza Matheus de Peña
Mons. D. Luis Alberto Luna Tobar
Sr. D. Jorge Isaac Cazorla
Sr. D. Manuel Corrales Pascual
Sr. D. Carlos Joaquín Córdova Malo
Sr. D. Jaime Dousdebés Carvajal
Sra. D.ª Alicia Yáñez Cossío
Sr. D. Renán Flores Jaramillo
Sra. D.ª Susana Cordero de Espinosa
Sr. D. Mario Cobo Barona
Sra. D.ª Teresa Crespo de Salvador
Sr. D. Fausto Aguirre

Academia Mexicana de la Lengua

Sr. D. José Luis Martínez
Sr. D. Miguel León-Portilla
Sr. D. Andrés Henestrosa Morales
Sr. D. Alí Chumacero Lora
Sr. D. Ernesto de la Torre Villar
Sr. D. Silvio Zavala
Sr. D. Salvador Elizondo (†)
Sr. D. José G. Moreno de Alba
Sr. D. José Pascual Buxó
Sra. D.ª Clementina Díaz y de Ovando
Sr. D. Tarsicio Herrera Zapién
Sr. D. Carlos Montemayor
Sr. D. Arturo Azuela
Sr. D. Leopoldo Solís
Sr. D. Ruy Pérez Tamayo
Sr. D. José Rogelio Álvarez
Sr. D. Guido Gómez de Silva
Sr. D. Eulalio Ferrer Rodríguez
Sr. D. Ernesto de la Peña
Sra. D.ª Margit Frenk
Sr. D. Ramón Xirau
Sr. D. Salvador Díaz Cíntora (†)
Sr. D. Gonzalo Celorio Blasco
Sra. D.ª Margo Glantz
Sr. D. Enrique Cárdenas de la Peña
Sr. D. Jaime Labastida
Sr. D. Mauricio Beuchot
Sr. D. Gustavo Couttolenc Cortés
Sr. D. Elías Trabulse
Sr. D. Vicente Quirarte
Sr. D. Felipe Garrido
Sra. D.ª Elsa Cecilia Forst (†)
Sra. D.ª Julieta Fierro
Sr. D. Adolfo Castañón
Sr. D. Diego Valadés
Sra. D.ª Concepción Company
Sr. D. Eduardo Lizalde
Sr. D. Fernando Serrano Migallón

Academia Salvadoreña de la Lengua

Sr. D. Reynaldo Galindo Pohl
Sr. D. Alfredo Martínez Moreno
Sr. D. Alfredo Betancourt
Sr. D. Matías Romero Coto
Sr. D. José David Escobar Galindo
Sr. D. José María Méndez (†)
Sr. D. Eduardo Ritter Aislán (†)
Sr. D. Juan Allwood Paredes (†)
Sr. D. Gilberto Aguilar Avilés

Sr. D. Luis A. Aparicio Osegueda
Sr. D. Jorge Adalberto Lagos
Sr. D. José Enrique Silva
Sr. D. Pedro A. Escalante Arce
Sra. D.ª Matilde Elena López
Sr. D. José Vicente Moreno
Sr. D. René Fortín Magaña
Sr. D. Waldo Chávez Velasco (†)

Academia Venezolana de la Lengua

Sr. D. Rafael Caldera
Sr. D. Luis Pastori
Sr. D. Pedro Díaz Seijas
Sr. D. René De Sola
Sr. D. José Ramón Medina
Sr. D. Efraín Subero
Sr. D. José Luis Salcedo-Bastardo (†)
Sr. D. Mario Torrealba Lossi
Sr. D. Ramón González Paredes
Sr. D. Luis Quiroga Torrealba
Sr. D. Óscar Sambrano Urdaneta
Sra. D.ª María Josefina Tejera
Sr. D. Alexis Márquez Rodríguez
Sr. D. Pedro Juan Krisólogo Bastard (†)
Sr. D. Blas Bruni Celli
Sr. D. Gustavo Luis Carrera
Sr. D. Héctor Pedreáñez Trejo
Sr. D. Miguel García Mackle
Sr. D. Tomás Polanco Alcántara
Sr. D. Ramón J. Velázquez
Sr. D. Manuel Bermúdez
Sr. D. Elio Gómez Grillo
Sr. D. Francisco Javier Pérez
Sr. D. Luis Barrera Linares
Sr. D. Edgar Colmenares del Valle
Sr. D. Rafael Arráiz Lucca
Sra. D.ª Ana Teresa Torres

Academia Chilena de la Lengua

Sr. D. Miguel Arteche Salinas
Sr. D. Hugo Montes Brunet
Sr. D. Guillermo Blanco Martínez
Sr. D. José Ricardo Morales Malva
Sr. D. Luis Sánchez Latorre
Sr. D. Enrique Campos Menéndez
Sr. D. Hernán Poblete Varas
Sr. D. Jorge Edwards Valdés
Sr. D. Alfredo Matus Olivier
Sr. D. Alfonso Calderón Squadritto
Sr. D. Carlos Morand Valdivieso
Sr. D. Egon Wolff Grobler
Sr. D. Ernesto Livacic Gazzano
Sr. D. Óscar Pinochet de la Barra
Sra. D.ª Rosa Cruchaga de Walker

Sr. D. Matías Rafide Batarce
Sr. D. José Luis Samaniego Aldazábal
Sr. D. Felipe Alliende González
Sra. D.ª Marianne Peronard Thierry
Sr. D. Ambrosio Rabanales Ortiz
Sr. D. Fernando Lolas Stepke
Sr. D. Juan Antonio Massone del Campo
Sra. D.ª Delia Domínguez Mohr
Sr. D. Armando Uribe Arce
Sra. D.ª Adriana Valdés Bugde
Sr. D. Miguel Castillo Didier
Sr. D. Gilberto Sánchez Cabezas
Sr. D. Antonio Arbea Gavilán
Rvdo. P. D. Joaquín Alliende Luco
Sr. D. Héctor González Valenzuela
Sr. D. Humberto Giannini Íñiguez
Sr. D. Fidel Sepúlveda Llanos
Sra. D.ª Carla Cordua Sommer
Sr. D. Andrés Gallardo Ballacey
Sra. D.ª Patricia Tejeda Naranjo

Academia Peruana de la Lengua

Sr. D. Alberto Wagner de Reyna (†)
Sr. D. Luis Jaime Cisneros Vizquerra
Sr. D. Estuardo Núñez
Sr. D. Guillermo Lohmann Villena (†)
Sr. D. Francisco Miró Quesada Cantuarias
Sra. D.ª Martha Hildebrandt
Sr. D. Mario Vargas Llosa
Sr. D. Carlos Germán Belli
Sr. D. José A. de la Puente Candamo
Sr. D. Enrique Carrión Ordóñez
Sr. D. José Luis Rivarola
Sr. D. Manuel Pantigoso Pecero
Sr. D. Rodolfo Cerrón-Palomino
Sr. D. Jorge Puccinelli Converso
Sr. D. Javier Mariátegui
Sr. D. Gustavo Gutiérrez
Sr. D. Fernando de Trazegnies Granda
Sr. D. Fernando de Szyszlo Valdelomar
Sr. D. Jorge Cornejo Polar (†)
Sr. D. José León Herrera
Sr. D. Carlos Eduardo Zavaleta
Sr. D. Marco Martos Carrera
Sr. D. Ricardo González Vigil
Sr. D. Edgardo Rivera Martínez
Sr. D. Ricardo Silva Santisteban
Sr. D. Ismael Pinto Vargas
Sr. D. Eduardo Francisco Hopkins Rodríguez
Sr. D. Salomón Lerner Febres

Academia Guatemalteca de la Lengua

Sra. D.ª Teresa Fernández-Hall de Arévalo
Sra. D.ª Margarita Carrera Molina

Sr. D. Gustavo Adolfo Wyld Ferraté
Sr. D. Alberto Herrarte González (†)
Sra. D.ª Angelina Acuña de Castañeda (†)
Sr. D. Francisco Albizúrez Palma
Sr. D. Mario Alberto Carrera Galindo
Sra. D.ª Julia Guillermina Herrera Peña
Sra. D.ª Luz Méndez de la Vega
Sr. D. Francisco Pérez de Antón
Sr. D. Amable Sánchez Torres
Sr. D. Rigoberto Juárez Paz
Sra. D.ª Ana M.ª Urruela de Quezada
Sr. D. Mario Antonio Sandoval Samayoa
Sra. D.ª María del Carmen Meléndez de Alonzo
Sra. D.ª Carmen Matute
Sra. D.ª Lucrecia Méndez de Penedo
Sr. D. Alfonso Enrique Barrientos
Sr. D. Francisco Morales Santos
Sra. D.ª Delia Quiñónez Castillo de Tock
Rvdmo. Sr. D. Gonzalo de Villa y Vásquez,
    obispo auxiliar de Guatemala
Sr. D. Dieter Hasso Lehnhoff Temme

Academia Costarricense de la Lengua

Sr. D. Alberto F. Cañas Escalante
Sr. D. Eugenio Rodríguez Vega
Sr. D. Jorge Charpentier García
Sra. D.ª Virginia Sandoval de Fonseca
Sr. D. Jézer González Picado
Sra. D.ª Carmen Naranjo Coto
Sr. D. Daniel Gallegos Troyo
Sra. D.ª Julieta Pinto González
Sr. D. Adolfo Constenla Umaña
Sr. D. Arnoldo Mora Rodríguez
Sr. D. Rafael Ángel Herra Rodríguez
Sra. D.ª Estrella Cartín de Guier
Sr. D. Samuel Rovinski Gruszko
Sr. D. Miguel Ángel Quesada Pacheco
Sra. D.ª Emilia Macaya Trejos
Sr. D. Fernando Durán Ayanegui
Sr. D. Carlos Francisco Monge
Sra. D.ª Amalia Chavarri Fonseca

Academia Filipina de la Lengua Española

Sr. D. Guillermo Gómez Rivera
Sr. D. Edmundo Farolán
Sra. D.ª Lourdes Carballo
Emmo. y Rvdmo. Sr. Cardenal D. Jaime L.
    Sin (†)
Rvdo. P. D. Fidel Villarroel, O. P
Rvdo. P. D. Pedro G. Tejero, O. P
Sr. D. Ramón A. Pedrosa
Sr. D. José Rodríguez Rodríguez
Rvdo. P. D. Diosdado Talamayan y Aenlle, D. D.

Sr. D. Alejandro Roces
Sra. D.ª Rosalinda Orosa
Rvdo. P. D. José Arcilla, S. J.
Sra. D.ª María Consuelo Puyat-Reyes
Sr. D. Enrique P. Syquía (†)
Sr. D. Francisco C. Delgado
Sra. D.ª Gloria Macapagal-Arroyo
Rvdo. P. D. Miguel A. Bernard, S. J.
Sr. D. Benito Legarda
Sr. D. Salvador B. Malig
Sr. D. Alberto G. Rómulo
Sra. D.ª Mita Pardo de Tavera
Sr. D. Wystan de la Peña Salarda
Sr. D. Hilario Zialcita y Legarda
Sra. D.ª Lourdes Castrillo de Brillantes
Sr. D. Regino Paular y Pintal
Sr. D. Emmanuel Luis A. Romanillos
Sr. D. José María Cariño y Ancheta
Sr. D. Macario M. Ofilada, III
Sr. D. Erwin Thaddeus Bautista Luna
Sr. D. René Ángelo Prado Singian
Sr. D. René S. Salvania
Sra. D.ª Trinidad O. Regala

Academia Panameña de la Lengua

Sr. D. Eduardo Ritter Aislán (†)
Sra. D.ª Elsie Alvarado de Ricord (†)
Sr. D. Tobías Díaz Blaitry (†)
Sr. D. José Guillermo Ros-Zanet
Sr. D. Guillermo Sánchez Borbón
Sr. D. Carlos Bolívar Pedreschi
Sr. D. Dimas Lidio Pitty
Sra. D.ª Gloria Guardia de Alfaro
Sr. D. Pablo Pinilla Chiari
Sra. D.ª Isabel Barragán de Turner
Sr. D. Demetrio Fábrega
Sra. D.ª Berna de Burrell
Sr. D. Franz García de Paredes
Sra. D.ª Margarita Vásquez

Academia Cubana de la Lengua

Sr. D. Delio J. Carreras Cuevas
Sr. D. Miguel Barnet Lanza
Sra. D.ª Luisa Campuzano Sentí
Sr. D. Lisandro Otero González
Sr. D. Salvador Bueno Menéndez
Sr. D. Eusebio Leal Spengler
Sr. D. Ángel Augier Proenza
Sr. D. Sergio Valdés Bernal
Sra. D.ª Ofelia García Cortiñas
Sr. D. Enrique Sáinz de la Torriente
Sr. D. Roberto Fernández Retamar
Sr. D. César López Núñez

Sr. D. Felipe Rodríguez Serrano
Sr. D. Fernando Silva Espinosa
Sr. D. Guillermo Rothschuh Tablada
Sr. D. Carlos Mántica Abaunza
Sr. D. Jorge Eduardo Arellano Sandino
Sr. D. Emilio Álvarez Montalbán
Sr. D. Francisco Arellano Oviedo
Sr. D. Carlos Tünnermann Bernheim
Sr. D. Róger Matus Lazo
Sr. D. Carlos Alemán Ocampo
Sr. D. Pedro Xavier Solís Cuadra
Sra. D.ª Rosario Fiallos de Aguilar
Sr. D. Julio Valle-Castillo
Sr. D. Alejandro Serrano Caldera
Sr. D. Sergio Ramírez Mercado

Academia Argentina de Letras

Sr. D. Federico Peltzer
Sr. D. Carlos Alberto Ronchi March
Sra. D.ª Alicia Jurado
Sr. D. Horacio Armani
Sr. D. Rodolfo Modern
Sr. D. Óscar Tacca
Sr. D. José Edmundo Clemente
Sr. D. Horacio Castillo
Sr. D. Santiago Kovadloff
Sr. D. Antonio Requeni
Sr. D. Pedro Luis Barcia
Sr. D. José Luis Moure
Sra. D.ª Emilia P. de Zuleta Álvarez
Sra. D.ª Alicia María Zorrilla
Sr. D. Jorge Cruz
Sr. D. Horacio Reggini
Sra. D.ª Olga Fernández Latour de Botas
Sr. D. Rolando Costa Picazo

Academia Nacional de Letras del Uruguay

Sr. D. Aníbal Barrios Pintos
Sr. D. Carlos Jones Gaye
Sr. D. José María Obaldía
Sr. D. Wilfredo Penco
Sr. D. Héctor Balsas
Sr. D. Antonio Larreta
Sra. D.ª Alma Hospitalé de Darino
Sra. D.ª Gladys Valetta Rovira
Sr. D. Jorge Arbeleche
Sra. D.ª Mercedes Rein
Sr. D. Juan A. Grompone Carbonell
Sr. D. José Pedro Barrán
Sr. D. Héctor Gross Espiel
Sr. D. Ricardo Pallares

Sr. D. Tomás de Mattos
Sr. D. Gabriel Peluffo
Sr. D. Adolfo Elizaincín
Sra. D.ª Angelita Parodi de Fierro
Sra. D.ª Carolina Escudero

Academia Hondureña de la Lengua

Sr. D. Pedro Pineda Madrid
Sr. D. Hernán Cárcamo Tercero
Sr. D. Óscar Acosta
Sr. D. Orlando Henríquez
Sr. D. Héctor Bermúdez Milla (†)
Sr. D. Santos Juárez Fiallos (†)
Sr. D. Atanasio Herranz
Sr. D. Rafael Leiva Vivas
Sr. D. Juan Antonio Medina Durón
Sr. D. Carlos R. Cortés
Sr. D. Rafael Pineda Ponce
Sr. D. Marcos Carías Zapata
Sra. D.ª María Elba Nieto Segovia
Sra. D.ª Helen Umaña
Sr. D. Livio Ramírez Lozano
Sr. D. Víctor Manuel Ramos
Sra. D.ª Sara Rolla
Sr. D. Nery Alexis Gaitán
Sr. D. Felipe Elvir Rojas (†)
Sra. D.ª Irma Leticia de Oyuela
Sra. D.ª Adaluz Pineda de Gálvez
Sr. D. Humberto López Villamil
Sra. D.ª Leisly Castejón Guevara
Sr. D. Galel Cárdenas Amador
Sr. D. Ramón Hernández Torres
Sr. D. Juan Ramón Martínez

Academia Puertorriqueña de la Lengua Española

Sr. D. Enrique Laguerre (†)
Sr. D. Rafael Arrillaga Torrens (†)
Sr. D. Ricardo Alegría
Sr. D. Francisco Lluch Mora
Sr. D. Humberto López Morales
Sr. D. Segundo Cardona
Sra. D.ª Luce López Baralt
Sra. D.ª María Vaquero de Ramírez
Sr. D. José Ferrer Canales (†)
Sra. D.ª Amparo Morales
Sr. D. Eladio Rivera Quiñones
Sr. D. José Ramón de la Torre
Sr. D. Eduardo Forastieri
Sr. D. José Luis Vega
Sr. D. Edgardo Rodríguez Juliá
Sra. D.ª Mercedes López Baralt

* * *

Diccionario esencial de la lengua española

Académico asesor

Manuel Seco, de la Real Academia Española.

Coordinador

Rafael Rodríguez Marín, subdirector del Instituto de Lexicografía de la Real Academia Española.

Equipo de trabajo

En el proceso de elaboración del diccionario ha contado la Real Academia Española con la inestimable colaboración de su Instituto de Lexicografía.

Han participado en distintas labores Fernando de la Orden Osuna, María Elena Simoni, Celia Villar Rodríguez, Claret Ramos Saralegui, Loreto Verdú Bueno, Cristina V. González Sánchez, Carmen Remacha Martínez y Laura Gómez Íñiguez.

Agradecimientos

A José Antonio Álvarez Rodríguez, Ramón Barce Benito, Jesús Castañón Rodríguez y José Carlos de Torres Martínez, que han contribuido a la revisión del léxico de la religión, la música, el deporte y la tauromaquia, respectivamente.

A Marta García Cañete, Inmaculada García Carretero y Ana Marín Sánchez, así como a los colaboradores y becarios de todas las Academias que han participado de algún modo en la elaboración de este diccionario.

Índice

Presentación

No es ajena a la tradición académica la idea de publicar ediciones compendiadas de sus obras. A partir de la ley de Instrucción Pública de Claudio Moyano, en 1857, dos resúmenes de la *Gramática* de la corporación, el *Compendio* y el *Epítome*, tuvieron, durante muchos años, carácter oficial en los primeros grados de la enseñanza. En 1927 apareció la primera edición del *Diccionario manual e ilustrado de la lengua española,* repertorio lexicográfico que, como afirmaba su *Advertencia* preliminar, era «un resumen y a la vez un suplemento de la décima quinta edición del Diccionario de la lengua española» (1925). Tres ediciones más, en 1950, 1983-85 –esta publicada en fascículos– y 1989, hallaron una excelente recepción, tal vez debida al carácter de repertorio del español vivo que este diccionario presentaba. Con él, con su planteamiento y espíritu, enlaza esta obra, de nueva planta, que ahora ve la luz con el título de *Diccionario esencial de la lengua española*.

I. Selección de los contenidos. El léxico general

Es el nuevo diccionario un compendio del *DRAE* –en este caso de su 22.ª edición, aparecida en 2001–, del que se reconoce deudor. Al mismo tiempo, como ya sucedía con el *Diccionario manual*, incluye un amplio adelanto de los contenidos que registrará la edición siguiente del Diccionario por excelencia de la Academia.

También a la manera del *Diccionario manual*, recoge el léxico común y culto actual del repertorio mayor, y prescinde por completo del vocabulario cronológicamente desfasado. Pero, a diferencia de aquel, el *Diccionario esencial* no se limita a suprimir las entradas del *DRAE* que corresponden al léxico medieval (señaladas con la marca «ant.»), al posterior a 1500 y anterior a 1900 («desus.») o al que desaparece durante las primeras décadas del siglo xx («p. us.»). En la preparación de este repertorio se han seleccionado una a una, basándose en testimonios documentales fiables, las voces, acepciones y formas complejas correspondientes a la lengua general cuya vigencia actual se ha podido comprobar, y se han suprimido las muchas que, marcadas o no en el Diccionario clásico de la Academia, no tienen uso probado en nuestros días. La fuente documental a la que se ha recurrido de manera sistemática es el *Banco de datos* académico, y muy en particular el *Corpus de referencia del español actual* (*CREA*), que contiene más de 150 millones de registros del español europeo y americano correspondientes a los años posteriores a 1974. En ocasiones se ha aprovechado también el *Corpus diacrónico del español* (*CORDE*), pero solo cuando los datos posteriores a 1940 pudieren corroborar usos presumibles por otros medios. Los resultados obtenidos se complementaron, en algunos casos, mediante consultas dirigidas a repertorios lexicográficos que reproducen los testimonios reales sobre los que se fundan (el *Diccionario histórico* de la Academia y, muy en particular, el *Diccionario del español actual* de Manuel Seco, Olimpia Andrés y Gabino Ramos).

De acuerdo con tal criterio de selección, este *Diccionario esencial* es el repertorio académico que más se aproxima a una obra dedicada en exclusiva al léxico hispánico general de nuestros días.

2. Los vocabularios particulares

La selección a la que ha sido sometido el vocabulario correspondiente a las distintas facetas de la variación lingüística necesita explicaciones concretas.

2.1. El léxico dialectal

Para aumentar el protagonismo que el léxico general de nuestros días tiene en el diccionario, se ha reducido de manera significativa el número de acepciones con marcas geográficas españolas, americanas y de Filipinas. La selección ha buscado prescindir de las marcas particulares y dejar las que corresponden a áreas geográficas y lingüísticas amplias, tanto si ya aparecían de este modo en el *DRAE* como si lo hacían referidas a un número representativo de los países que las componen. Las marcas resultantes, para cuya asignación se han tenido en cuenta, además, datos procedentes de la redacción del nuevo *Diccionario académico de americanismos,* son las siguientes:

— *Esp.* (España). Llevan esta marca las acepciones así señaladas en el *DRAE* o aquellas que afectan a tres o más áreas lingüísticas correspondientes al norte, centro y sur del territorio español. Se ha prescindido, pues, de las marcas regionales y provinciales aisladas, muy abundantes en el Diccionario común.
— *Filip.* (Filipinas). Acepciones que llevan esta marca en el *DRAE.*
— *Am.* (América). Acepciones que en el *DRAE* llevan esta marca o cinco o más marcas de países situados en América del Norte, Centroamérica y América del Sur.
— *Am. Cen.* (América Central). Acepciones con esta marca o correspondientes a tres o más países de la zona.
— *Am. Merid.* (América Meridional). Acepciones con esta marca o con cuatro o más marcas de países situados en el norte, centro y sur de esta parte del continente.
— *Méx.* (México). Acepciones correspondientes a este país, que por sí solo constituye un área (con diversos grados de heterogeneidad lingüística, además).
— *Ant.* (Antillas). Acepciones con esta marca en el *DRAE* o con dos o más marcas nacionales de las islas de la zona.
— *Á. Caribe* (Área del Caribe: Colombia, Venezuela y Antillas). Acepciones así marcadas o con dos o más marcas nacionales correspondientes al área.
— *Á. Andes* (Área de los Andes: Perú, Ecuador, Bolivia y noroeste argentino). Acepciones con esta marca o con dos o más marcas nacionales de la zona.
— *Á. guar.* (Área guaranítica: Paraguay y noreste argentino). Acepciones con esta marca de área o correspondientes a las zonas que la integran.
— *Á. R. Plata* (Área del Río de la Plata: Argentina y Uruguay). Acepciones así marcadas o con rótulos de los países de la zona.
— *Chile.* Acepciones de este país, que, como México, representa por sí solo un área lingüística.

De lo anterior se deduce con facilidad que la presencia en una acepción dada de alguna de las marcas utilizadas en el diccionario significa que el uso se da *en* la zona geográfica o área lingüística señalada, no forzosamente en *todos* los países que la componen.

2.2. Coloquialismos y vulgarismos

La última edición del *DRAE* recoge más de 14 000 acepciones correspondientes al registro coloquial y al nivel de lengua vulgar. A ellas se unen las más de 1000 nuevas acepciones con estas marcas ya aprobadas para la edición inmediata del Diccionario. En este caso, el uso documentado y, sobre todo, las encuestas planteadas a los becarios –uno por cada país donde hay Academia de la lengua española– que han obtenido el título superior otorgado por la Escuela de Lexicografía Hispánica, han permitido seleccionar los más de 4400 casos en que el uso coloquial o vulgar es común a España y América. Quedan fuera, pues, cuantos coloquialismos y vulgarismos deberían llevar, además de la marca que los identificaría como tales, localizaciones geográficas de España o de alguna zona de América. No ha de sorprender, por tanto, que construcciones coloquiales tan frecuentes en España, pero desconocidas en América, como *estar en las Batuecas* ('estar distraído') o *pegar la hebra* ('trabar conversación'), no figuren en el diccionario. Lo mismo sucede con *falluto* ('hipócrita'), *banderillazo* ('sablazo') o *chela* ('cerveza'), coloquialismos propios de distintas áreas del español de América, pero no utilizados en el español de España.

2.3. El léxico técnico

La selección de las acepciones correspondientes a esta parcela de la variación lingüística se ha basado en criterios de actualidad refrendados por expertos en las diversas materias. De esta manera, las distintas comisiones académicas (de Vocabulario Científico y Técnico, de Léxico Jurídico, de Léxico Económico y Financiero, etc.), algunos académicos –de la Española o de otras Academias– especialistas en diferentes disciplinas (arquitectura, filosofía, marina, etc.) o expertos ajenos a la corporación consultados para materias particulares, como la música, el deporte, etc., han propuesto al Instituto de Lexicografía las listas de acepciones procedentes del *DRAE* que, por su vigencia actual, merecen aparecer en un diccionario como el que ahora se publica. De las que carecen de actualidad solo se han mantenido aquellas que corresponden al léxico histórico (términos como **ballestero, geocentrismo** o **Santa Hermandad,** presentes en el uso de nuestros días pese a la falta de vigencia o a la desaparición de sus referentes), que el diccionario recoge debidamente marcadas.

3. Otras parcelas léxicas sujetas a restricción

El carácter selectivo del *Diccionario esencial* justifica que no tengan entrada propia ciertas palabras de significado fácilmente deducible a partir de sus elementos constitutivos. Este es el caso, en particular, de los derivados regulares formados a partir de *a-, anti-, auto-, -ble* o *-mente,* elementos cuya presencia en los términos a que dan lugar es predecible, cosa que no sucede con otros elementos prefijos o sufijos, como los que intervienen en algunas voces deverbales, construidas indistintamente, de manera poco o nada predecible, con *-dero, -dor, -nte, -or,* etc. Adviértase que, cuando el significado de los derivados no está justificado por el de sus formantes, el término sí se registra en el diccionario. Sucede, por ejemplo, en **conmemorable,** cuyo significado no es, como podía esperarse, 'que puede ser conmemorado', sino 'digno de conmemoración'. O de **anatómicamente,** que no significa 'de manera anatómica', sino 'conforme a las reglas de la anatomía'. Si a la acepción de significado deducible se le añade otra que no lo es, se registran todas. Por ejemplo:

sumergible. I. ADJ. **1.** Que se puede sumergir. *Reloj sumergible.* || **II.** M. **2.** Nave sumergible.

También han desaparecido de este diccionario los derivados mecánicos de nombres propios (*azoriniano, galdosiano, horaciano...*) recogidos por el *DRAE,* salvo cuando la existencia de alguna acepción con significado distinto del meramente relacional (**freudiano** o **kafkiano** son ejemplos claros) justifica su presencia.

Se registran, avalados o no por la documentación académica, los gentilicios que corresponden a los países reconocidos por los organismos internacionales y a sus capitales, así como los referidos a las demarcaciones administrativas principales (estados, departamentos, provincias...) de los distintos países hispánicos y a sus capitales. Para el resto de los gentilicios, se ha aplicado el criterio general y, en consecuencia, solo se han mantenido aquellos que están suficientemente respaldados por documentación escrita.

4. Extranjerismos

Tras la aparición del *Diccionario panhispánico de dudas,* el registro de los extranjerismos en los repertorios lexicográficos de la Academia debe experimentar cambios de importancia. El mencionado diccionario se encarga de establecer si el uso de ciertas voces extranjeras, en particular de las no adaptadas fónica o morfológicamente al español, es aceptable en nuestra lengua. En los casos en que el uso es superfluo, remite al equivalente o equivalentes españoles que lo sustituyen. Cuando no es así, propone, en muchas ocasiones, un término para sustituir el extranjerismo o una adaptación a la pronunciación o a la grafía de nuestra lengua.

Estas equivalencias o adaptaciones pueden haberse abierto camino ya en español, como sucede, por ejemplo, con **mercadotecnia** (que sustituye el inglés *marketing*) o **fuagrás** (que adapta el francés *foie-gras*). Pero, cuando se trata de propuestas innovadoras, es frecuente que no hayan arraigado aún, como es el caso de *buldócer* (adaptación propuesta para el inglés *bulldozer*). El *Diccionario esencial,* como resumen que es del *DRAE,* registra el uso extranjero asentado en nuestra lengua, pero solo da cabida al equivalente o a la adaptación cuando su empleo ya ha sido refrendado en el *Banco de datos* académico por el uso escrito.

Adelantándose a lo que hará el *DRAE* en su edición siguiente, el *Diccionario esencial* no incluye los extranjerismos registrados en letra cursiva dentro de su nomenclatura general, intercalándolos en la serie de los artículos cuyo lema aparece en letra redonda. Los sitúa, por el contrario, en una ubicación especial, el APÉNDICE 2, con entradas de dos tipos:

— Los extranjerismos del *DRAE* que no tienen sustituto previsto (*ballet, pizza*...), o aquellos cuyo equivalente o adaptación propuestos en el *DPD* aún no han arraigado en español (el mencionado *buldócer,* o *rali,* para referirse al anglicismo *rally*), aparecen en su forma original y definidos como cualquier entrada del cuerpo general del diccionario.

— Los extranjerismos sustituibles en español por equivalentes o adaptaciones ya fijadas y suficientemente documentadas en español, como *living* o *paddle,* aparecen seguidos por una remisión a tales sustitutos (**cuarto de estar** y **pádel,** respectivamente, en los casos mencionados), que se sitúan tras el lema, separados de este por una flecha (→).

5. Elementos compositivos, prefijos y sufijos

El APÉNDICE 3 registra, por orden alfabético, los principales formantes (**anti-, hipo-, -ismo,** etc.) que, combinados entre sí o con otros elementos léxicos, han dado lugar a palabras nuevas o, en la mayor parte de los casos, son capaces de intervenir en la formación de más neologismos. Este repertorio complementario justifica, además, la falta de registro propio de algunos derivados a la que antes se hacía referencia.

6. Definiciones

En principio, el *Diccionario esencial* emplea las definiciones del *DRAE,* y se rige por los mismos criterios que este a la hora de construir sus enunciados definidores (véase, después, *Advertencias para el uso,* § 4): alternancia de definiciones propias e impropias, uso de las remisiones en las definiciones sinonímicas, etc.

No obstante, el proceso de selección al que ha sido sometido el diccionario ha dado lugar a una obligada simplificación de muchas definiciones, en las que no es justificable utilizar palabras o significados ausentes del repertorio que los contiene, si exceptuamos los mencionados derivados de significación deducible. Se comprobará también que muchas series de palabras tienen textos definitorios nuevos con respecto a la última edición del *DRAE.* Junto a algunas regularizaciones (en modelos de definición, en notas de uso, etc.) y cambios de orden hechos a propósito para el *Diccionario esencial,* así como otras enmiendas que tienen su origen en los enunciados del *Diccionario del estudiante,* publicado recientemente por la Academia, las novedades proceden, en su mayor parte, de la completa revisión interna a la que, por primera vez en su centenaria historia, está siendo sometido el Diccionario mayor.

Todas estas modificaciones aportan a la redacción de los artículos del *Diccionario esencial* un carácter renovado acorde con su condición, antes mencionada, de repertorio del español contemporáneo.

7. Ejemplos

Otro adelanto sobre la futura edición del Diccionario académico es el aumento notable de los ejemplos que acompañan a las definiciones. El *Diccionario esencial* presenta, junto a centenares de ejemplos enmendados, más de 12 000 nuevos, que afectan sobre todo a aquellos artículos en que el establecimiento de límites semánticos entre acepciones consecutivas así lo aconseja. En particular, se ha generalizado la presencia de textos ejemplificadores en adjetivos y verbos transitivos con varias acepciones cuando la ausencia de contorno lexicográfico expreso, o la vaguedad de este, requería el uso de estos elementos auxiliares.

8. Etimologías

El paréntesis etimológico característico del *DRAE* solo aparece aquí en los siguientes casos:
— En las marcas registradas, como lo exigen las disposiciones legales vigentes. Por ejemplo, **plastilina, sintasol.**
— En los latinismos usados en español. Por ejemplo, **deus ex máchina, ex aequo.**
— En las siglas. Por ejemplo, **FM, GPS.**
— En los extranjerismos del Apéndice 2.

Pese a la ausencia de otras etimologías, el *Diccionario esencial* mantiene las entradas independientes, con superíndices que las distinguen, para palabras de distinto origen.

9. Informaciones complementarias

Siguiendo la pauta fijada por la última edición del *DRAE,* se han incluido, de manera sistemática, notas sobre ortografía (uso de mayúsculas y tildes, especialmente) y sobre conjugación verbal, que remiten a los modelos presentes en el Apéndice 1.
A estas informaciones se les añaden ahora las notas de información morfológica correspondientes a los plurales de nombres y adjetivos. Siguen, en sus normas generales, la doctrina expuesta por el *Diccionario panhispánico de dudas,* y afectan a las formaciones irregulares y a todos aquellos casos en que pueda producirse vacilación en el uso.

10. Apéndices

El diccionario se acompaña de cuatro apéndices:

1. **Modelos de conjugación española.**
2. **Voces extranjeras empleadas en español.**
3. **Elementos compositivos, prefijos y sufijos del español.**
4. **Ortografía.**

De los tres primeros se ha hablado antes. El Apéndice 4 es un repertorio de reglas ortográficas básicas consensuadas por las Academias de la lengua española.

Advertencias para el uso de este diccionario

La presentación de los contenidos de este diccionario es, en sus líneas básicas, similar a la seguida por el *DRAE* en su última edición, del año 2001. No obstante, como adelanto de la siguiente edición del Diccionario mayor, el *Diccionario esencial* presenta dos características estructurales que lo distinguen de su antecedente:

— En los artículos que contienen acepciones correspondientes a categorías gramaticales diferentes (de adjetivo y sustantivo, o de verbo transitivo y verbo intransitivo, por ejemplo), cada bloque de acepciones se encabeza con un número romano, al que sigue, en letra versalita, la marca gramatical correspondiente. Las acepciones, ahora desde la primera cuando el artículo tiene más de una, continúan numerándose en arábigos. Por ejemplo:

> **acondicionador, ra. I.** ADJ. **1.** Que acondiciona. *Sustancia acondicionadora del suelo.* ‖ **II.** M. **2.** Aparato para acondicionar o climatizar un espacio limitado. ‖ **3.** Cosmético para facilitar el peinado del cabello después del lavado.

Solo las acepciones que no tienen contenido semántico propio (por ejemplo, las que indican el carácter original de participio correspondiente a muchos adjetivos) están exentas de llevar número:

> **abovedado, da.** PART. de **abovedar.** ‖ ADJ. **1.** Que tiene bóveda. *Iglesia abovedada.* ‖ **2.** Que tiene forma de bóveda. *Techo abovedado.*

— Los sustantivos femeninos que designan cosas o animales y que coinciden con la forma femenina de un adjetivo o un sustantivo con moción de género no aparecen en el diccionario dentro del artículo correspondiente al adjetivo o al sustantivo de dos terminaciones, sino como entradas independientes. Se registran, pues, en artículos distintos **química** (sustantivo femenino) y **químico, ca** (adjetivo), **tintorera** (nombre femenino de animal) y **tintorero, ra** (sustantivo de dos terminaciones referido a persona). Pero sí forman parte del mismo artículo –aunque en distinto bloque gramatical– nombres femeninos de persona y adjetivos o sustantivos de dos terminaciones. Por ejemplo:

> **marqués, sa. I.** M. y F. **1.** Persona que tiene un título nobiliario de categoría inferior al de duque y superior al de conde. ‖ **II.** M. **2.** Marido de la marquesa. ‖ **3.** hist. Señor de una tierra que estaba en la marca del reino. ‖ **III.** F. **4.** Mujer del marqués. [...]

En las páginas que siguen se presentan, de manera esquemática y ejemplificadas con casos concretos, las indicaciones necesarias para consultar el diccionario y extraer de él toda la información que proporciona. Pueden obtenerse más datos en las *Advertencias para el uso* que encabezan la última edición del *DRAE*.

I. Lema

En el diccionario pueden observarse tres tipos de lemas:

– **Lema simple sin moción:**

> **estimulación.** F. Acción y efecto de estimular.

– **Lema simple con moción:**

> **estimulador, ra.** ADJ. Que estimula. [...]

– **Lema con variantes.** La Academia recomienda la que va en primer lugar, pero no rechaza la que la sigue:

> **amoníaco** o **amoniaco.** M. **1.** *Quím.* Gas incoloro, de olor irritante, soluble en agua, compuesto de un átomo de nitrógeno y tres de hidrógeno. [...]

2. Paréntesis etimológico

Solo aparece en los casos expuestos en la *Presentación,* § 8:

> **ferodo.** (Marca reg.). M. Material formado con fibras de amianto e hilos metálicos, que se emplea principalmente para forrar las zapatas de los frenos.

> **mea culpa.** (Locución latina). EXPR. Por mi culpa. [...]

3. Marcas y acepciones

3.1. Categorías gramaticales

Las acepciones aparecen ordenadas en bloques (recuérdese lo antes dicho sobre la numeración en romanos y en arábigos), en virtud de la categoría gramatical expresada por las marcas abreviadas:

– Encabezan el artículo las acepciones adjetivas (con marca «ADJ.»).
– Siguen las acepciones sustantivas. Primero, las masculinas y femeninas («M. y F.»); a continuación, las masculinas («M.»), femeninas («F.»), comunes en cuanto al género («COM.») y ambiguas («AMB.»). Si hay acepciones sustantivas que solo pueden aparecer en número plural («pl.»), van a continuación de las que pueden aparecer en singular o plural indistintamente.
– Aparecen después las acepciones adverbiales («ADV.»).
– Van al final las acepciones correspondientes a la preposición («PREP.»).

> **contador, ra. I.** ADJ. **1.** Que cuenta. *Máquina contadora de billetes.* Apl. a pers., u. t. c. s. ‖ **II.** M. y F. **2. contable** (‖ tenedor de libros). ‖ **III.** M. **3.** Mecanismo o sistema que indica el resultado de una sucesión numérica o del paso de un fluido. [...]

Si se trata de un artículo en el que se suceden acepciones verbales de distintos tipos:

– Aparecen en primer lugar las acepciones transitivas («TR.»).
– Siguen las acepciones intransitivas («INTR.»).
– Van al final las acepciones pronominales («PRNL.»).

No obstante, criterios de lógica interna del artículo pueden alterar este orden.

3.2. Otras marcas

Antepuestas a la definición, informan sobre particularidades geográficas, técnicas, de registro, de actitud del hablante, etc.:

> **halar.** TR. **1.** Mar. Tirar de un cabo, de una lona o de un remo en el acto de bogar. ‖ **2.** Am. Cen. y Á. Caribe. Tirar hacia sí de algo.

> **miedica.** ADJ. despect. coloq. **miedoso.** Apl. a pers., u. t. c. s.

Dentro de cada grupo de acepciones correspondiente a una categoría gramatical, el orden interno depende de estas marcas:

– Aparecen primero las acepciones **sin marcas**. Entre ellas, se anteponen las acepciones de uso más frecuente y se posponen las de menor empleo.
– A continuación se registran las acepciones **marcadas,** por este orden:
  1.º Acepciones con marcas correspondientes a **niveles de lengua** («cult.», «vulg.»...) o **registros de habla** («coloq.»).
  2.º Acepciones con marcas **técnicas** (*Astr., Carp., Fil., Geom., Ling.,* etc.).
  3.º Acepciones con marcas **geográficas.** (*Esp., Am., Am. Cen., Am. Mer., Á. Andes, Á. Caribe, Chile,* etc.).

Las acepciones que incluyen marcas correspondientes al **léxico histórico** («hist.»), a la **intención del hablante** («despect.», «irón.», etc.) o a su **valoración con respecto al mensaje** («malson.», «eufem.») no tienen una colocación fija, aunque tienden a posponerse a las que carecen de otro tipo de marcas.

4. Definiciones

Se redactan mediante enunciados compuestos por varias palabras o con un sinónimo.

> **coetáneo, a.** ADJ. **1.** De la misma edad. Apl. a pers., u. t. c. s. ‖ **2.** contemporáneo. Apl. a pers., u. t. c. s.

4.1. Remisiones

En definiciones sinonímicas, el diccionario utiliza el sistema de la remisión, en letra negrita:

> **hálito.** M. aliento.

Si la Academia prefiere una variante fónico-ortográfica o morfológica sin marcas —o con la misma marca— a otra, y no es posible disponerlas en el mismo lema (véase, antes, § **1.3**), por romper el orden alfabético, se emplea asimismo la remisión:

> **diciente.** ADJ. dicente.

> **hartazón.** M. hartazgo[*].

---

[*] Las variantes preferidas son, en estos casos, **dicente** y **hartazgo**.

Cuando la remisión afecta a una sola de las varias acepciones de la voz remitida, se utiliza la glosa. Esta resume, en un paréntesis abierto por doble barra, la acepción concreta a la que se refiere:

espaciosidad. F. anchura (‖ capacidad).

En definiciones que no pretenden remitir, sino especificar, puede utilizarse el mismo sistema:

lanzador, ra. I. ADJ. **1.** Que **lanza** (‖ arroja). [...]

4.2. Contorno

En los adjetivos y locuciones adjetivas y adverbiales, indica el contexto en que se presentan:

larvado, da. ADJ. **1.** Dicho de un sentimiento: Que no se manifiesta abiertamente. *Un larvado rencor.* ‖ **2.** *Med.* Dicho de una enfermedad: Que se presenta con síntomas que ocultan su verdadera naturaleza.

espalda. [...] **cargado, da de ~s.** LOC.ADJ. Dicho de una persona: Que presenta una convexidad exagerada en la columna vertebral.

horcajadas. a ~. LOC.ADV. Dicho de montar, cabalgar o sentarse: Con una pierna a cada lado de la caballería, persona o cosa sobre la que se está.

En los verbos y locuciones verbales, indica el sujeto:

sonar¹. I. INTR. **1.** Dicho de una cosa: Hacer o causar ruido. ‖ **2.** Dicho de una letra: Tener valor fónico. *La letra «h» no suena.* [...]

luz. [...] **dar ~.** LOC.VERB. **1.** Dicho de un cuerpo luminoso: alumbrar. *Este velón no da luz.* ‖ **2.** Dicho de un cuerpo no luminoso: Dejar paso para la luz. *Esta ventana da buena luz.* ‖ **echar ~** una persona delicada. LOC.VERB. Recobrar vigor y robustez. [...]

En otras acepciones, indica la circunstancia en que se sitúa la definición:

maletero. M. [...] **3.** En los vehículos, lugar destinado para maletas o equipajes. ‖ **4.** En las viviendas, lugar destinado a guardar maletas.

5. Ejemplos

Ilustran el sentido preciso de la acepción en que se encuentran:

esbozar. TR. **1.** bosquejar. *Esbozar las líneas generales de un proyecto.* ‖ **2.** Insinuar un gesto, normalmente del rostro. *Esbozar una sonrisa.*

Y, en ciertas ocasiones, señalan peculiaridades de construcción del lema:

participar. I. INTR. **1.** Dicho de una persona: Tomar parte en algo. *No quiso participar* EN *la reunión.*[...] ‖ **3.** Compartir, tener las mismas opiniones, ideas, etc., que otra persona. *Participa* DE *sus pareceres.* [...]

6. Notas de uso

Van pospuestas a la definición y complementan la información de las marcas. Contienen informaciones gramaticales, semánticas, etc.:

> **derrumbar.** TR. **1.** Derribar, demoler una construcción o parte de ella. U. t. c. prnl. ‖ **2.** Precipitar, despeñar. U. t. c. prnl. U. t. en sent. fig. *Tras la noticia se derrumbaron sus ilusiones.*

7. Formas complejas

7.1. Compuestos con valor sustantivo

Van separados de las acepciones del lema principal con una barra doble resaltada tipográficamente:

> **patria.** F. **1.** Tierra natal o adoptiva ordenada como nación, a la que se siente ligado el ser humano por vínculos jurídicos, históricos y afectivos. ‖ **2.** Lugar, ciudad o país en que se ha nacido. ‖ ~ **celestial.** F. Cielo o gloria. ‖ ~ **chica.** F. Lugar, pueblo, ciudad o región en que se ha nacido. [...]

7.2. Locuciones, expresiones e interjecciones

Van detrás del bloque de los compuestos, si los hay, y separadas de estos, o de las acepciones del lema principal, por una barra doble resaltada tipográficamente:

> **bala.** F. **1.** Proyectil de forma esférica o cilíndrico-ojival, generalmente de plomo o hierro. [...] ‖ ~ **perdida. I.** F. **1.** La que va a dar en un punto apartado de aquel adonde el tirador quiso dirigirla. ‖ **II.** COM. **2.** coloq. Persona juerguista y desenfadada. ‖ **ábranla, que lleva ~.** EXPR. *Méx.* Se usa para pedir paso. ‖ **como una ~.** LOC.ADV. coloq. **como una flecha.** ‖ **tirar con ~, o con ~ rasa.** LOCS.VERBS. coloqs. Decir algo con mala intención. [...]

Las locuciones y expresiones aparecen situadas en el artículo correspondiente a uno de los vocablos de los que constan, por este orden de preferencia:

1.º Sustantivo o cualquier palabra sustantivada. Por ejemplo, **matar el hambre** está en el artículo **hambre; no distinguir lo blanco de lo negro** aparece en la entrada **blanco, ca.**
2.º Verbo, excepto si se trata de un auxiliar. Por ejemplo, **haber nacido tarde** se sitúa en la entrada **nacer.**
3.º Adjetivo. Por ejemplo, **malo será** se registra en la entrada **malo, la.**
4.º Pronombre. Por ejemplo, **la mía** está en **mío, a.**
5.º Adverbio. Por ejemplo, **para siempre** se encuentra en **siempre.**

La locución, frase o expresión en que concurran dos o más voces de la misma categoría gramatical se incluye en el artículo correspondiente a la primera de tales voces. Véase antes **no distinguir lo blanco de lo negro.**

7.3. Signo de palabra (~)

Sustituye al lema cuando no hay posibilidad de duda o error:

> **espacio.** [...] ~**aéreo.** M. *Der.* El que se sitúa sobre los límites territoriales de un Estado y respecto del cual este ejerce poderes exclusivos. [...] ~**s imaginarios.** M. pl. Mundo irreal, fingido por la fantasía.

Y no se emplea en los demás casos:

> **maestro, tra.** [...] ~**de primera enseñanza,** o ~**de primeras letras.** M. y F. Persona que tiene título para enseñar en escuela de primeras letras las materias señaladas en la ley, aunque no ejerza. [...] maestro **mayor.** M. hist. El que tenía la dirección en las obras públicas del pueblo que lo nombraba y dotaba**.

8. Informaciones complementarias

Aparecen tras la acepción a la que se refieren, con la indicación del tipo a que pertenecen:

> **a¹.** F. Primera letra del abecedario latino internacional y del español, que representa un fonema vocálico abierto y central. Morf. pl. **aes.**

> **internet.** AMB. Red informática mundial, descentralizada, formada por la conexión directa entre computadoras u ordenadores mediante un protocolo especial de comunicación. Ortogr. Escr. m. con may. inicial.

Y van precedidas por un calderón (¶) cuando afectan a más de una acepción precedente:

> **célebre.** ADJ. **1. famoso** (‖ que tiene fama). ‖ **2. famoso** (‖ que llama la atención por ser muy singular y extravagante). *Mi hermana, siempre tan célebre.* ¶ Morf. sup. irreg. **celebérrimo.**

9. Envíos

Aparecen al final del artículo, tras un cuadratín (□):

> **colado.** □ V. aire ~, hierro ~.

> **colón.** M. Unidad monetaria de Costa Rica y de El Salvador. □ V. **huevo de Colón.**

Ayudan a encontrar una forma compleja situada en otro lugar del diccionario (**aire colado,** en el artículo **aire; hierro colado,** en **hierro; huevo de Colón,** en **huevo**).

En ellos se hace uso del signo de palabra en las condiciones que antes veíamos para el lema de las formas complejas.

** Si utilizáramos el signo de palabra (~) en el segundo compuesto, se interpretaría que la forma compleja es **maes~~tro~~, ~~tra~~ mayor.**

Abreviaturas y signos utilizados en este diccionario

- Las abreviaturas escritas con mayúscula inicial aparecen siempre así en el diccionario (p. ej., *Mat.*, *Fórm.*). Las escritas con minúscula inicial, por el contrario, pueden aparecer escritas de este modo o con mayúscula («apl.» / «Apl.»; «u.» / «U.»). Las abreviaturas reproducidas en letra versalita («M.», «F.»...) o cursiva («*Gram.*», «*Quím.*») aparecen siempre en este tipo de letra.
- Las abreviaturas que desarrollan palabras con variación de género pueden sustituir tanto al masculino como al femenino (p. ej., «escr.» puede equivaler a 'escrito' o a 'escrita').
- Toda abreviatura a la que se posponga una -*s* pasa a designar el mismo concepto, pero expresado en plural (p. ej., «EXPRS.» 'expresiones', «LOCS.» 'locuciones', etc.).
- Algunas formas abreviadas, en secuencias diferentes —representadas en esta lista entre corchetes—, tienen sentidos distintos (p. ej., «m.» en «U. t. c. s. m.» 'usado también como sustantivo <u>masculino</u>' o en «Escr. m. con may. inicial.» 'escrito <u>más</u> con mayúscula inicial'). El contexto en que se presentan estas abreviaturas despeja cualquier duda acerca de su interpretación.
- No se recogen, salvo contadísimas excepciones, abreviaturas y símbolos de uso general empleados en el diccionario («etc.», «p. ej.», «km»...). Este tipo de abreviaciones se explica adecuadamente en la *Ortografía* de la Real Academia Española (1999), así como en su *Diccionario panhispánico de dudas* (2005).

Abreviaturas

Á. Andes	área de los Andes	apl.	aplicado
Á. Caribe	área del Caribe	apos.	aposición
Á. guar.	área guaranítica	*Arq.*	arquitectura
Á. R. Plata	área del Río de la Plata	*Arqueol.*	arqueología
acep.	acepción	ART.	artículo
Acús.	acústica	*Astr.*	astronomía
adj., ADJ.	adjetivo	atóm.	atómico
adv., ADV.	adverbio, adverbial	aum.	aumentativo
ADVERS.	adversativo	AUX.	verbo auxiliar
Aer.	aeronáutica y astronáutica	*Biol.*	biología
afect.	afectivo	*Bioquím.*	bioquímica
afirm., AFIRM.	de afirmación	*Bot.*	botánica
Agr.	agricultura	[u.] c.	[usado] como
Am.	América	[ADV.] C.	[adverbio de] cantidad
Am. Cen.	América Central	*Carp.*	carpintería
Am. Mer.	América Meridional	*Cineg.*	cinegética
amb.; AMB.	ambiguo; nombre ambiguo	*Cinem.*	cinematografía
Anat.	anatomía	coloq.	coloquial
Ant.	Antillas	*Com.*	comercio
antonom.	antonomasia	com.; COM.	común en cuanto al género; nombre común en cuanto al género
Antrop.	antropología		

COMP.	comparativo
COMPOS.	compositivo
CONC.	concesivo
condic., CONDIC.	condicional
conj., CONJ.	conjunción
conjug.	conjugación
conjunt., CONJUNT.	conjuntivo
CONSEC.	consecutivo
Constr.	construcción
CONTRACC.	contracción
COP.	verbo copulativo
COPULAT.	copulativo
CORRELAT.	correlativo
DEM.	demostrativo
Dep.	deportes
Der.	derecho
despect.	despectivo
DET.	determinado
dim.	diminutivo
DISTRIB.	distributivo
DISYUNT.	disyuntivo
Ecd.	ecdótica
Ecol.	ecología
Econ.	economía
Electr.	electricidad, electrónica
ELEM.	elemento
Equit.	equitación
Esc.	escultura
escr.	escrito
Esgr.	esgrima
Esp.	España
Estad.	estadística
eufem.	eufemismo, eufemístico
excl., EXCL.	exclamativo
EXPR.	expresión
ext.	extensión
f.; F.	femenino; nombre femenino
fest.	festivo
fig.	figurado
Fil.	filosofía
Filip.	Filipinas
Fís.	física
Fon.	fonética, fonología
Fórm.	Fórmula
Fotogr.	fotografía
fut.	futuro
Gen.	genética
Geogr.	geografía
Geol.	geología
Geom.	geometría
ger.	gerundio
Gram.	gramática
Heráld.	heráldica
hist.	[léxico] histórico
ILAT.	ilativo
imper.	imperativo
imperf.	imperfecto
impers.; IMPERS.	impersonal; verbo impersonal
Impr.	imprenta
indef., INDEF.	indefinido
INDET.	indeterminado
indic.	indicativo
infant.	infantil
infinit.	infinitivo
Inform.	informática
Ingen.	ingeniería
interj., INTERJ.	interjección, interjectivo
interrog., INTERROG.	interrogativo
intr.; INTR.	intransitivo; verbo intransitivo
invar.	invariable
irón.	irónico
irreg., IRREG.	irregular
jerg.	jergal
l., L.	de lugar
leng.	lenguaje
Ling.	lingüística
loc., LOC.	locución
m.; M.	masculino; nombre masculino
[adv.] m., [ADV.] M.	[adverbio de] modo
[escr.] m.	[escrito] más
[u.] m.	[usado] más
malson.	malsonante
Mar.	marina
Mat.	matemáticas
may.	mayúscula
Mec.	mecánica
Med.	medicina
Meteor.	meteorología
Métr.	métrica
Méx.	México
Mil.	milicia
Mit.	mitología
MORF.	morfología
Mús.	música
n., N.	neutro
n. p.	nombre propio
Náut.	náutica
neg.	negación; negativo
NEG.	de negación
negat.	negativo
núm.	número
Numism.	numismática
ONOMAT.	onomatopeya
Ópt.	óptica
ord., ORD.	de orden
Ortogr., ORTOGR.	ortografía
part., PART.	participio
perf.	perfecto
pers.	persona
PERSON.	personal
peyor.	peyorativo
Pint.	pintura
pl.	plural
poét.	poético
ponder.	ponderativo
POSES.	posesivo
PREF.	prefijo
PREP.	preposición
prepos., PREPOS.	preposicional
pres.	presente
pret.	pretérito
prnl.; PRNL.	pronominal; verbo pronominal
pron., PRON.	pronombre
[LOC.] PRONOM.	[locución] pronominal
Psicol.	psicología
Psiquiatr.	psiquiatría
Quím.	química
reg.	regular
[marca] reg.	[marca] registrada

Rel.	religión	*Taurom.*	tauromaquia
RELAT.	relativo	*Tecnol.*	tecnologías
Ret.	retórica	*Telec.*	telecomunicación
rur.	rural	*Topogr.*	topografía
s.	sustantivo	tr.; TR.	transitivo; verbo transitivo
sent.	sentido	*Transp.*	transportes
Símb.	símbolo	*TV.*	televisión
sing.	singular	u.	usado
Sociol.	sociología	v.	véase
subj.	subjuntivo	*Veter.*	veterinaria
SUF.	sufijo	vocat.	vocativo
sup., SUP.	superlativo	VERB.	verbal
sust., SUST.	sustantivo	vulg.	vulgar
[u.] t.	[usado] también	*Zool.*	zoología
t., T.	de tiempo, temporal		

Signos

~   Signo de palabra (v. *Advertencias para el uso de este diccionario*, § **7.3**).

☐   Envío a una forma compleja de otro artículo (v. *Advertencias para el uso de este diccionario*, § **9**).

¶   Señal que indica el alcance de una nota de información (v. *Advertencias para el uso de este diccionario*, § **8**).

‖   Separación de bloques de formas complejas dentro del artículo (v. *Advertencias para el uso de este diccionario*, §§ **7.1**, **7.2**).

‖   Separación de acepciones del mismo bloque.

(‖)   Remisión a una acepción de otro artículo (v. *Advertencias para el uso de este diccionario*, § **4.1**).

⊗   Forma considerada incorrecta o desaconsejable.

→   En APÉNDICE 2, sustituto recomendado para un extranjerismo.

a¹. F. Primera letra del abecedario latino internacional y del español, que representa un fonema vocálico abierto y central. MORF. pl. **aes.**

a². PREP. **1.** Precede a determinados complementos verbales, como el complemento indirecto y el complemento directo cuando este es de persona determinada o está de algún modo personificado. *Legó su fortuna a los pobres. Respeta a los ancianos. El gato persigue a un ratón.* ‖ **2.** Precede al infinitivo regido por un verbo que indica el comienzo, aprendizaje, intento, logro, mantenimiento o finalidad de la acción. *Empezar a correr. Enseñar a leer. Disponerse a escapar.* ‖ **3.** Precede al complemento de nombres y verbos de percepción y sensación, para precisar la sensación correspondiente. *Sabe a miel. Huele a chamusquina.* ‖ **4.** Precede al complemento nominal o verbal que es régimen de ciertos verbos. *Condenar a muerte. Jugar a las cartas.* ‖ **5.** Precede al complemento de algunos adjetivos. *Suave al tacto. Propenso a las enfermedades.* ‖ **6.** Indica la dirección que lleva o el término a que se encamina alguien o algo. *Voy a Roma, a la biblioteca. Estos libros van dirigidos a tu padre.* Se usa en frases imperativas elípticas. *¡A la cárcel! ¡A comer!* ‖ **7.** Precisa el tiempo en que sucede algo. *Volverá a la tarde.* ‖ **8.** Indica la situación de alguien o algo. *A la derecha del director. A oriente. A occidente.* ‖ **9.** Designa el intervalo de lugar o de tiempo que media entre una cosa y otra. *De calle a calle. De once a doce del día.* ‖ **10.** Denota el modo de la acción. *A pie. A caballo. A mano. A golpes.* ‖ **11.** Precede a la designación del precio de las cosas. *A veinte euros la pieza.* ‖ **12.** Indica distribución o cuenta proporcional. *Dos a dos. Al tres por ciento.* ‖ **13.** Ante infinitivo, en expresiones de sentido condicional, equivale a la conjunción *si* con indicativo o subjuntivo. *A decir verdad. A saber con quién estará.* ‖ **14. ante².** *A la vista.* ‖ **15. con.** *Quien a hierro mata, a hierro muere.* ‖ **16. hacia.** *Se fue a ellos como un león.* ‖ **17. hasta.** *Pasó el río con el agua a la cintura.* ‖ **18. junto a.** *A la orilla del mar.* ‖ **19. para.** *A beneficio del público.* ‖ **20. por.** *A instancias mías.* ‖ **21. según.** *A lo que parece. A la moda.* ‖ **22.** Da principio a muchas locuciones adverbiales. *A bulto. A oscuras. A tientas. A regañadientes.* ‖ **23.** Precede a la conjunción *que* en fórmulas exclamativas o interrogativas con una idea implícita de apuesta o desafío. *¿A que no te atreves? ¿A que no lo sabes?*

ababillarse. PRNL. *Chile.* Dicho de un animal: Enfermar de la babilla.

abacá. M. **1.** Planta de la familia de las Musáceas, de unos tres metros de altura, que se cría en Filipinas y otros países de Oceanía, y de cuyo tronco se saca un filamento textil. Su fruto, que no se pudre, se lleva como provisión en los barcos. ‖ **2.** Filamento de esta planta preparado para la industria. ¶ MORF. pl. **abacás.**

abacal. I. ADJ. **1.** *Filip.* Perteneciente o relativo al abacá. ‖ **II.** M. **2.** *Filip.* Terreno donde se cultiva abacá.

abacalero, ra. I. ADJ. **1.** *Filip.* **abacal.** ‖ **II.** M. y F. **2.** *Filip.* Persona que cultiva o comercia en abacá.

abacería. F. Puesto o tienda donde se venden al por menor aceite, vinagre, legumbres secas, bacalao, etc.

abacero, ra. M. y F. Persona que tiene abacería.

abacial. ADJ. Perteneciente o relativo al abad, a la abadesa o a la abadía.

ábaco. M. **1.** Cuadro de madera con diez cuerdas o alambres paralelos y en cada uno de ellos otras tantas bolas móviles, usado para enseñar los rudimentos de la aritmética, y en algunos países para ciertas operaciones elementales en el comercio. ‖ **2.** Todo instrumento que sirve para efectuar manualmente cálculos aritméticos mediante marcadores deslizables. ‖ **3.** Representación gráfica que permite realizar con rapidez cálculos numéricos aproximados. ‖ **4.** *Arq.* Parte superior en forma de tablero que corona el capitel.

abacora. F. *Ant.* **albacora.**

abacorar. TR. *Ant.* Hostigar, perseguir.

abad. M. **1.** Superior de un monasterio de hombres, considerado abadía. ‖ **2.** Dignidad superior de algunas colegiatas. ☐ V. **oreja de ~.**

abada. F. **rinoceronte.**

abadejo. M. **1. bacalao.** ‖ **2.** Se usa como nombre común para referirse a varios peces del mismo género que el bacalao. ‖ **3. reyezuelo.**

abadengo, ga. I. ADJ. **1.** Perteneciente o relativo a la dignidad o jurisdicción del abad. *Tierras abadengas. Bienes abadengos.* ‖ **II.** M. **2. abadía** (‖ territorio, jurisdicción y bienes del abad o de la abadesa).

abadesa. F. Superiora en ciertas comunidades de religiosas.

abadía. F. **1.** Iglesia y monasterio con territorio propio regidos por un abad o una abadesa. ‖ **2.** Dignidad de abad o de abadesa. ‖ **3.** Territorio, jurisdicción y bienes o rentas pertenecientes al abad o a la abadesa.

ab aeterno. (Locución latina). LOC. ADV. Desde la eternidad.

abajamiento. M. Acción y efecto de abajar.

abajar. TR. **bajar.** U. t. c. intr.

abajeño, ña. ADJ. *Am.* Natural o procedente de costas y tierras bajas. U. t. c. s.

abajo. ADV. L. **1.** Hacia lugar o parte inferior. *Echaron la casa abajo.* ‖ **2.** En lugar o parte inferior. *Vive abajo, en el sótano.* ‖ **3.** En lugar posterior, o que está después de otro, pero denotando situación inferior, efectiva o imaginada. *Del rey abajo ninguno.* Se usa especialmente en libros o escritos con referencia a lo que en ellos consta más adelante. *El abajo firmante. Véase abajo, página 72.* ‖ **4.** En dirección a lo que está más bajo respecto de lo que está más alto. *Cuesta abajo.* ‖ **5.** Se usa en frases exclamativas, sin verbo, para reclamar la destitución o abolición de una autoridad, una institución, una ley, etc. *¡Abajo el dictador!* ‖ **~ de.** LOC. PREPOS. coloq. Debajo de, al pie de.

abalanzar. I. TR. **1.** Impulsar, inclinar hacia delante, incitar. *Abalanzó un pie.* ‖ **II.** PRNL. **2.** Lanzarse, arrojarse en dirección a alguien o algo. ‖ **3.** Arrojarse a resolver o a hacer algo sin detenimiento ni consideración, a veces con temeridad. *Se abalanza a comprar en las rebajas.* ‖ **4.** Á. guar. y Á. R. Plata. Dicho de un caballo: **encabritarse.**

abalaustrado, da. ADJ. Con forma de balaustre. *Pretil abalaustrado.*

abalconado, da. ADJ. **1.** Provisto de balcón o balcones. *Casas abalconadas.* ‖ **2.** En forma de balcón o terraza. *Rocas abalconadas.*

abalear. TR. *Am. Cen.* y *Á. Caribe.* **balear³.**

abalorio. M. **1.** Conjunto de cuentas agujereadas, con las cuales, ensartándolas, se hacen adornos y labores. ‖ **2.** Cada una de estas cuentas. ‖ **3.** Collar u objeto de adorno personal de poco valor.

abancaíno, na. ADJ. **1.** Natural de Abancay. U. t. c. s. ‖ **2.** Perteneciente o relativo a esta ciudad del Perú, capital del departamento de Apurímac.

abancalar. TR. Desmontar un terreno y formar bancales en él.

abanda. ☐ V. arroz ~.

abanderado, da. PART. de **abanderar.** ‖ M. y F. **1.** Persona que lleva una bandera en las procesiones u otros actos públicos. ‖ **2.** Portavoz o representante de una causa, movimiento u organización. ‖ **3.** Oficial designado para llevar la bandera de un cuerpo de tropas que tenga concedido tal honor.

abanderamiento. M. Acción de abanderar.

abanderar. TR. **1.** Ponerse al frente de una causa, movimiento u organización. *Abanderan la lucha contra el sida.* ‖ **2.** Dicho especialmente de un armador: Matricular o registrar un buque bajo una bandera determinada. ‖ **3.** Dicho de un Estado: Acoger o inscribir un buque bajo su nacionalidad, con autorización para utilizar su pabellón. ‖ **4.** Proveer a un buque de los documentos que acreditan su bandera. U. t. c. prnl. ‖ **5.** *Chile.* **abanderizar.** U. t. c. prnl. ‖ **6.** *Méx.* Entregar la bandera a un batallón o regimiento.

abanderizar. TR. Dividir en banderías. U. t. c. prnl.

abandonado, da. PART. de **abandonar.** ‖ ADJ. **1.** Descuidado, desidioso. *El hermano menor parecía abandonado.* ‖ **2.** Sucio, desaseado. *Casa, persona abandonada.*

abandonar. I. TR. **1.** Dejar, desamparar a alguien o algo. *Abandonó casa y familia sin dejar rastro.* ‖ **2.** Dejar una ocupación, un intento, un derecho, etc., emprendido ya. En juegos y deportes, u. m. c. intr. *Al tercer asalto, abandonó.* ‖ **3.** Dejar un lugar, apartarse de él. *Abandonaron sus asientos en el entreacto.* ‖ **4.** Apoyar, reclinar con dejadez. U. m. c. prnl. *Se abandonó sobre el sofá.* ‖ **5.** Entregar, confiar algo a una persona o cosa. *Abandonó el poder en manos de sus adversarios.* U. m. c. prnl. ‖ **II.** PRNL. **6.** Dejarse dominar por afectos, pasiones o vicios. *Se abandonó a la molicie.* ‖ **7.** Descuidar los intereses o las obligaciones. ‖ **8.** Descuidar el aseo y la compostura. ‖ **9.** Desanimarse, rendirse en las adversidades y contratiempos.

abandonismo. M. Tendencia a abandonar sin lucha algo que se posee o que corresponde a alguien.

abandonista. ADJ. **1.** Perteneciente o relativo al abandonismo. *Política abandonista.* ‖ **2.** Partidario del abandonismo. U. t. c. s.

abandono. M. **1.** Acción y efecto de abandonar o abandonarse. ‖ **2.** *Der.* Renuncia sin beneficiario determinado, con pérdida del dominio o posesión sobre cosas que recobran su condición de bienes nullius o adquieren la de mostrencos. ‖ **~ de familia.** M. *Der.* Delito que consiste en incumplir los deberes de asistencia que legalmente se imponen a toda persona respecto de sus familiares próximos.

abanicar. I. TR. **1.** Hacer aire con el abanico. U. m. c. prnl. ‖ **II.** INTR. **2.** *Á. Caribe.* En el juego del béisbol, no darle a la pelota después de intentarlo con fuerza.

abanicazo. M. Golpe dado con el abanico.

abanico. M. **1.** Instrumento para hacer o hacerse aire, que comúnmente tiene pie de varillas y país de tela, papel o piel, y se abre formando semicírculo. ‖ **2.** Cosa en forma de abanico, como la cola del pavo real. ‖ **3.** Serie, conjunto de diversas propuestas, opciones, etc., generalmente para elegir entre ellas. *Un abanico de posibilidades.* ‖ **en ~.** LOC. ADV. En forma de abanico.

abaniqueo. M. Acción de abanicar.

abaniquería. F. Fábrica o tienda de abanicos.

abaniquero, ra. M. y F. Persona que hace o vende abanicos.

abano. M. **abanico** (‖ para hacer aire).

abanto, ta. I. ADJ. **1.** Aturdido y torpe. *Toro abanto.* ‖ **II.** M. **2.** Ave rapaz semejante al buitre, pero más pequeña, con la cabeza y cuello cubiertos de pluma, y el color blanquecino. Es muy tímida y perezosa, se alimenta de sustancias animales descompuestas, vive ordinariamente en el África septentrional y pasa en verano a Europa.

abaratamiento. M. Acción y efecto de abaratar.

abaratar. TR. Disminuir o bajar el precio de algo, hacerlo barato o más barato. U. t. c. prnl.

abarca. F. Calzado de cuero crudo o de caucho que cubre solo la planta de los pies, con reborde en torno, y que se asegura con cuerdas o correas sobre el empeine y el tobillo.

abarcador, ra. ADJ. Que abarca. *Mirada abarcadora.* U. t. c. s.

abarcamiento. M. Acción y efecto de abarcar.

abarcar. TR. **1.** Ceñir algo con los brazos o con la mano. *No podía, ella sola, abarcar el tronco del árbol.* ‖ **2.** Contener, implicar o encerrar en sí. *Cada grupo abarca varios subgrupos.* ‖ **3.** Percibir o dominar con la vista, de una vez, algo en su totalidad. *Desde el cerro abarcaba todo el panorama del valle.* ‖ **4.** Dicho de una persona: Tomar a su cargo muchas cosas o negocios a un tiempo. ‖ **5.** *Am. Cen.* y *Á. Caribe.* **acaparar.**

abaritonado, da. ADJ. **1.** Dicho de la voz: Parecida a la del barítono. ‖ **2.** Dicho de un instrumento: Cuyo sonido tiene timbre semejante al de la voz del barítono.

abarloar. TR. *Mar.* Situar un buque de tal suerte que su costado esté casi en contacto con el de otro buque, con un muelle, etc. U. t. c. prnl.

abarquero, ra. M. y F. Persona que hace o vende abarcas.

abarquillado, da. PART. de **abarquillar.** ‖ ADJ. De forma de barquillo. *Hojas abarquilladas.*

abarquillar. TR. Dar a una cosa delgada, como una lámina, una plancha, un papel, etc., forma de barquillo, alabeada o enrollada. U. t. c. prnl.

abarraganarse. PRNL. **amancebarse.**

abarrancado, da. PART. de **abarrancar.** ‖ ADJ. Dicho de un terreno: Con barrancos.

abarrancamiento. M. Acción y efecto de abarrancar.

abarrancar. TR. **1.** Dicho de la erosión o de la acción de los elementos: Formar barrancos en un terreno. ‖ **2.** Meter en un barranco. U. t. c. prnl. *El río se abarranca al llegar a la cordillera.*

abarrocado, da. ADJ. Que presenta rasgos barrocos. *Estilo, vestido abarrocado.*

abarrotamiento. M. Acción y efecto de **abarrotar** (‖ ocupar un espacio).

abarrotar. TR. **1.** Llenar completamente, atestar de géneros u otras cosas una tienda, un almacén, etc. U. t. c. prnl. ‖ **2.** Ocupar total o apretadamente un espacio. *El público abarrotó la plaza.* U. t. c. prnl. ‖ **3.** Hacer que un local se llene. *El conferenciante abarrotó la sala.* ‖ **4.** *Am. Cen., Am. Mer.* y *Ant.* Saturar de productos el mercado, de manera que se deprecian por su excesiva abundancia.

abarrotero, ra. M. y F. *Á. Andes* y *Méx.* Persona que tiene tienda o despacho de abarrotes.

abarrotes. M. **1.** pl. *Am. Cen., Á. Andes* y *Chile.* Artículos comerciales, principalmente comestibles, de uso cotidiano y venta ordinaria. ‖ **2.** pl. *Á. Andes* y *Méx.* Tienda donde se venden artículos de uso cotidiano, principalmente comestibles.

abasí. ADJ. hist. Perteneciente o relativo a la dinastía de Abu-l-Abbás, quien destronó a los califas omeyas de Damasco y trasladó la corte a Bagdad, en el siglo VIII. U. m. c. s. pl. MORF. pl. **abasíes** o **abasís.**

abastar. TR. **abastecer.** U. t. c. prnl.

abastecedor, ra. ADJ. Que abastece. Apl. a pers., u. t. c. s.

abastecer. TR. Proveer de víveres u otras cosas necesarias. U. t. c. prnl. MORF. conjug. c. *agradecer.*

abastecimiento. M. Acción y efecto de abastecer.

abastero. M. *Chile.* Comprador de reses vivas, destinadas al matadero.

abastionar. TR. *Mil.* Fortificar con bastiones.

abasto. M. Provisión de productos básicos, y especialmente de víveres. U. t. en pl. con el mismo significado que en sing. ‖ **dar ~.** LOC.VERB. Dar o ser bastante, bastar, proveer suficientemente. U. m. con neg. ‖ **darse ~.** LOC.VERB. *Am.* **dar abasto.** U. m. con neg. □ V. **plaza de ~s.**

abatanar. TR. Batir o golpear el paño en el batán para desengrasarlo y darle cuerpo.

abatatamiento. M. *Á. R. Plata.* Turbación, apocamiento.

abate. M. **1.** hist. Eclesiástico de órdenes menores, y a veces simple tonsurado, que solía vestir traje clerical a la romana. ‖ **2.** Presbítero extranjero, especialmente francés o italiano, y también eclesiástico español que ha residido mucho tiempo en Francia o Italia.

abatible. ADJ. Dicho de un objeto: Que puede pasar de la posición vertical a la horizontal o viceversa haciéndolo girar en torno a un eje o bisagra. *Mesa, cama abatible.*

abatimiento. M. **1.** Acción y efecto de abatir o abatirse. ‖ **2.** Postración física o moral de una persona. ‖ **3.** *Mar.* Ángulo que forma la línea de la quilla con la dirección que realmente sigue la nave.

abatir. **I.** TR. **1.** Derribar, derrocar, echar por tierra. *Abatir un edificio.* U. t. c. prnl. ‖ **2.** Hacer que algo caiga o descienda. *Abatir las velas de una embarcación.* U. t. en sent. fig. *Roma abatió el poder de Cartago.* ‖ **3.** Inclinar, tumbar, poner tendido lo que estaba vertical. *Abatir los palos de un buque, la chimenea de un vapor.* ‖ **4.** Hacer perder el ánimo, las fuerzas, el vigor. U. m. c. prnl. *Se abatió al ver los resultados.* ‖ **5.** Dicho de un jugador: En determinados juegos de naipes, conseguir la jugada máxima y descubrir sus cartas, generalmente en forma de abanico sobre la mesa. ‖ **6.** *Geom.* Hacer girar alrededor de su intersección un plano secante a otro, hasta superponerlo a este. U. t. c. prnl. ‖ **II.** INTR. **7.** *Mar.* Dicho de un buque: Desviarse de su rumbo a impulso del viento o de una corriente. ‖ **III.** PRNL. **8.** Dicho de un ave, de un avión, etc.: Descender, precipitarse a tierra o sobre una presa. *El cuervo se abatió sobre una peña. Los bombarderos se abatían sobre la población.* U. t. en sent. fig. *La desgracia se abatió sobre mí.*

abazón. M. Cada uno de los dos sacos o bolsas que dentro de la boca tienen muchos monos y algunos roedores para depositar los alimentos antes de masticarlos.

abc. M. **abecé** (‖ conjunto de rudimentos o principios de una ciencia).

abdicación. F. Acción y efecto de abdicar.

abdicar. TR. **1.** Dicho de un rey o de un príncipe: Ceder su soberanía o renunciar a ella. U. m. c. intr. *Carlos V abdicó en 1555.* ‖ **2.** Renunciar a derechos, ventajas, opiniones, etc., o cederlos. U. m. c. intr. *Abdicar de su ideología.*

abdomen. M. **1.** *Anat.* **vientre** (‖ cavidad del cuerpo de los vertebrados). En los mamíferos queda limitado por el diafragma. ‖ **2.** *Anat.* **vientre** (‖ conjunto de vísceras). ‖ **3.** *Zool.* En muchos animales invertebrados, región que sigue al tórax; p. ej., en los insectos. ‖ **4.** Vientre del hombre o de la mujer, en especial cuando es prominente.

abdominal. ADJ. Perteneciente o relativo al abdomen. *Extremidades abdominales.* □ V. **aleta ~, aorta ~.**

abducción. F. **1.** Movimiento por el cual un miembro u otro órgano se aleja del plano medio que divide imaginariamente el cuerpo en dos partes simétricas. *Abducción del brazo. Abducción del ojo.* ‖ **2.** Secuestro de seres humanos llevado a cabo por supuestas criaturas extraterrestres.

abducir. TR. Llevar a cabo una abducción. MORF. conjug. c. *conducir.*

abductor, ra. ADJ. Capaz de ejecutar una **abducción** (‖ movimiento de un miembro u otro órgano). Apl. a un músculo, u. t. c. s. m.

abecé. M. **1.** **abecedario** (‖ serie de las letras de un idioma). ‖ **2.** **abecedario** (‖ cartel o libro para enseñar a leer). ‖ **3.** Conjunto de rudimentos o principios de una ciencia o de cualquier otro orden de conocimientos. ‖ **no entender,** o **no saber, el ~.** LOCS.VERBS. coloqs. Ser muy ignorante.

abecedario. M. **1.** Serie de las letras de un idioma, según el orden en que cada uno de ellos las considera colocadas. ‖ **2.** Cartel o libro con las letras del abecedario, que sirve para enseñar a leer. || **3.** Orden alfabético. || **4.** Lista en orden alfabético. || **5. abecé** (|| conjunto de rudimentos o principios de una ciencia).

abedul. M. Árbol de la familia de las Betuláceas, de unos diez metros de altura, con hojas pequeñas, puntiagudas y doblemente aserradas o dentadas, y dispuestas en ramillas colgantes que forman una copa de forma irregular que da escasa sombra. Abunda en los montes de Europa, y su corteza, que contiene un aceite esencial, se usa para curtir y aromatizar la piel de Rusia.

abeja. F. Insecto himenóptero, de unos quince milímetros de largo, de color pardo negruzco y con vello rojizo. Vive en colonias, cada una de las cuales consta de una sola hembra fecunda, muchos machos y numerosísimas hembras estériles; habita en los huecos de los árboles o de las peñas, o en las colmenas que se le preparan, y produce la cera y la miel. || **~ obrera.** F. Cada una de las que carecen de la facultad de procrear y producen la cera y la miel. || **~ reina.** F. Hembra fecunda de las abejas, única en cada colmena. □ V. **nido de ~.**

abejar. M. colmenar.

abejarrón. M. abejorro.

abejaruco. M. Pájaro de unos quince centímetros de longitud, con alas puntiagudas y largas y pico algo curvo, más largo que la cabeza. En su plumaje, de vistoso colorido, dominan el amarillo, el verde y el rojo oscuro. Abunda en España y es perjudicial para las colmenas, porque se come las abejas.

abejeo. M. Zumbido que hacen las abejas, o semejante a él.

abejera. F. toronjil.

abejón. M. **1.** zángano (|| macho de la abeja reina). || **2.** abejorro.

abejorrear. INTR. **1.** Dicho de una abeja o de otros insectos semejantes: **zumbar** (|| producir ruido continuado y bronco). || **2.** Dicho de un grupo de personas: Producir un rumor confuso al hablar.

abejorreo. M. Rumor confuso de voces o conversaciones.

abejorro. M. Insecto himenóptero, de dos a tres centímetros de largo, velludo y con la trompa casi de la misma longitud que el cuerpo. Vive en enjambres poco numerosos, hace el nido debajo del musgo o de piedras y zumba mucho al volar.

abencerraje. COM. hist. Individuo de una familia del reino musulmán granadino del siglo XV, rival de la de los zegríes.

aberenjenado, da. ADJ. De color o forma del fruto de la berenjena. *Nariz aberenjenada.*

aberración. F. **1.** Grave error del entendimiento. || **2.** Acto o conducta depravados, perversos o que se apartan de lo aceptado como lícito. || **3.** *Astr.* Desvío aparente de los astros, resultante de la combinación de la velocidad de la luz con la de los movimientos de la Tierra. || **4.** *Ópt.* Imperfección de un sistema óptico que produce una imagen defectuosa. || **~ cromática.** F. *Ópt.* Defecto de un sistema óptico al no coincidir las imágenes de un mismo objeto producidas por los diferentes colores de la luz.

aberrante. ADJ. Dicho de una cosa: Que se desvía o aparta de lo normal o usual. *Plan, fantasía aberrante.*

abertura. F. **1.** Acción de abrir o abrirse. || **2.** Boca, hendidura, agujero. || **3. grieta** (|| hendidura en la tierra). || **4.** Terreno ancho y abierto que media entre dos montañas. || **5. ensenada.** || **6.** Franqueza en el trato. || **7.** *Fon.* Amplitud que los órganos articulatorios dejan al paso del aire, cuando se emite un sonido. || **8.** *Fon.* Cualidad que el sonido recibe según sea la amplitud que los órganos articulatorios dejan al paso del aire, cuando es emitido.

aberzale. ADJ. **1.** Dicho de un movimiento político y social vasco y de sus seguidores: Partidarios del nacionalismo radical. Apl. a pers., u. t. c. s. || **2.** Perteneciente o relativo a este movimiento o a sus seguidores. *Ideología aberzale.*

abesón. M. eneldo.

abetal. M. Sitio poblado de abetos.

abeto. M. Árbol de la familia de las Abietáceas, que llega hasta 50 m de altura, con tronco alto y derecho, de corteza blanquecina, copa cónica de ramas horizontales, hojas aciculares y persistentes, flores poco visibles y fruto en piñas casi cilíndricas. Crece en lugares frescos y elevados, forma bosques en los Pirineos españoles, y su madera, no muy resistente, es apreciada, por su tamaño y blancura, para determinadas construcciones. || **~ blanco.** M. abeto. || **~ del norte, ~ falso,** o **~ rojo.** M. pícea.

abetunado, da. ADJ. Semejante al betún en alguna de sus cualidades. *Cabellos abetunados.*

abicharse. PRNL. *Á. R. Plata.* Dicho de la fruta: **agusanarse.**

abiertamente. ADV. M. **1.** Sin reserva, francamente. *Reconoce abiertamente su culpa.* || **2.** De manera clara, patente. *Lo denunció abiertamente.*

abierto, ta. PART. IRREG. de **abrir.** || **I.** ADJ. **1.** No guarnecido con un muro, no cercado. *Terrenos abiertos.* || **2.** Dicho comúnmente del campo: Llano, raso, dilatado. || **3.** Dicho de una persona: Franca, llana, receptiva. || **4.** Dicho de una relación o de una lista: Susceptible de cambios. || **5.** Dicho de un asunto o de un negocio: No resuelto. *El trato queda abierto.* || **6.** *Fon.* Dicho de un sonido: Que se articula con mayor grado de abertura que otro sonido que se considera cerrado. *Vocal abierta.* *Mar.* Dicho de una embarcación: Que no tiene cubierta. || **II.** M. **8.** *Dep.* Competición deportiva en la que pueden participar todas las categorías. || **en abierto.** LOC. ADJ. Dicho de una emisión televisiva: Sin codificar. *Ese canal ha estrenado un nuevo programa en abierto.* □ V. **carta ~, casa ~, concejo ~, crédito ~, curva ~, guerra ~, jornada de puertas ~s, orden abierto, puerta ~, testamento ~.**

abietáceo, a. ADJ. *Bot.* Se dice de los árboles gimnospermos bastante ramificados, con hojas persistentes de limbo muy estrecho y aun acicular, flores unisexuales monoicas, las masculinas reunidas en amentos y las femeninas en estróbilos. Las semillas, que nunca son carnosas, están cubiertas por escamas muy apretadas; p. ej., el pino, el abeto, el alerce y el cedro. U. t. c. s. f. ORTOGR. En f. pl., escr. con may. inicial c. taxón. *Las Abietáceas.*

abigarrado, da. PART. de **abigarrar.** || ADJ. **1.** De varios colores, mal combinados. *Un vestido abigarrado y chillón.* || **2.** Heterogéneo, reunido sin concierto. *Un extraño y abigarrado libro. Una multitud abigarrada.*

abigarramiento. M. **1.** Acción y efecto de abigarrar. || **2.** Cualidad de abigarrado.

abigarrar. **I.** TR. **1.** Dar o poner a algo varios colores mal combinados. || **II.** PRNL. **2.** Dicho de cosas varias y heterogéneas: Amontonarse, apretujarse.

abigeato. M. *Am.* Hurto de ganado.

abigeo. M. *Am.* Ladrón de ganado.

ab initio. (Locución latina). LOC. ADV. **1.** Desde el principio. ‖ **2.** Desde tiempo inmemorial o muy remoto.

abiótico, ca. ADJ. *Biol.* Se dice del medio en que no es posible la vida. □ V. **síntesis ~**.

abipón, na. I. ADJ. **1.** hist. Se dice del individuo de un pueblo amerindio que habitaba cerca del Paraná. U. t. c. s. ‖ **2.** hist. Perteneciente o relativo a los abipones. *Rito abipón.* ‖ **II.** M. **3.** Lengua de la familia guaicurú hablada por los abipones.

abisagrar. TR. Clavar o fijar bisagras en las puertas y sus marcos, o en otros objetos.

abisal. ADJ. **1.** abismal (‖ perteneciente al abismo). *Fondo abisal.* ‖ **2.** Se dice de las zonas del mar profundo que se extienden más allá del talud continental, y corresponden a profundidades mayores de 2000 m. ‖ **3.** Perteneciente o relativo a tales zonas. *Fauna abisal.*

abiselar. TR. biselar.

abisinio, nia. I. ADJ. **1.** Natural de Abisinia, hoy Etiopía. U. t. c. s. ‖ **2.** Perteneciente o relativo a este país de África. ‖ **II.** M. **3.** Lengua abisinia. □ V. **rito ~**.

abismado, da. PART. de abismar. ‖ ADJ. Dicho de una persona, de su expresión, de su gesto, etc.: Ensimismados, reconcentrados.

abismal. ADJ. **1.** Perteneciente o relativo al abismo. *Fondo abismal.* ‖ **2.** Muy profundo, insondable, incomprensible. *Diferencia abismal.*

abismar. I. TR. **1.** Hundir en un abismo. U. t. c. prnl. ‖ **2.** Confundir, abatir. U. t. c. prnl. *Se deprime, se abisma.* ‖ **II.** PRNL. **3.** Entregarse del todo a la contemplación, al dolor, etc. ‖ **4.** *Am. Cen., Á. Caribe* y *Chile.* **sorprenderse** (‖ conmoverse con algo imprevisto o raro).

abismático, ca. ADJ. abismal.

abismo. M. **1.** Profundidad grande, imponente y peligrosa, como la de los mares, la de un tajo, la de una sima, etc. U. t. en sent. fig. *Se sumió en el abismo de la desesperación.* ‖ **2.** infierno (‖ lugar de castigo eterno). ‖ **3.** Cosa inmensa, insondable o incomprensible. ‖ **4.** Diferencia grande entre cosas, personas, ideas, sentimientos, etc.

abitar. TR. *Mar.* Amarrar un cabo rodeando las bitas.

abiyanés, sa. ADJ. **1.** Natural de Abiyán. U. t. c. s. ‖ **2.** Perteneciente o relativo a esta ciudad, antigua capital de Costa de Marfil.

abjasio, sia. ADJ. **1.** Natural de Abjasia. U. t. c. s. ‖ **2.** Perteneciente o relativo a esta república autónoma de Georgia.

abjuración. F. Acción y efecto de abjurar.

abjurar. TR. Retractarse, renegar, a veces públicamente, de una creencia o compromiso que antes se ha profesado o asumido. U. t. c. intr. *Abjurar DE su religión.*

ablación. F. **1.** Acción y efecto de cortar, separar, quitar. ‖ **2.** *Med.* Separación o extirpación de cualquier parte del cuerpo.

ablandador, ra. ADJ. Que ablanda. *Sustancia ablandadora.*

ablandamiento. M. Acción y efecto de ablandar.

ablandar. TR. **1.** Poner blando algo. *El calor ablanda el asfalto.* U. t. c. prnl. ‖ **2.** Hacer que alguien ceda en una postura intransigente o severa, mitigar su ira o enojo. U. t. c. prnl. *Se ablanda en cuanto le suplican.* ‖ **3.** *Á. R. Plata.* **rodar** (‖ hacer que un automóvil marche a las velocidades prescritas para su rodaje).

ablande. M. *Á. R. Plata.* **rodaje** (‖ de un automóvil).

ablativo[1]. M. *Gram.* Caso de la declinación latina y de otras lenguas indoeuropeas, cuya función principal es expresar la procedencia local o temporal, y en latín también las relaciones de situación, tiempo, modo, instrumento, materia, etc., que en español suelen expresarse anteponiendo al nombre alguna preposición, entre las cuales son las más frecuentes *bajo, con, de, desde, en, por* y *sin.* ‖ **~ absoluto.** M. *Gram.* Clase de construcción absoluta propia del latín, caracterizada porque sus dos elementos constitutivos figuran en ablativo. Establece alguna circunstancia con respecto a la oración a la que suele preceder con autonomía fónica.

ablativo[2], va. ADJ. Perteneciente o relativo a la ablación.

ablución. F. **1.** lavatorio (‖ acción de lavar). ‖ **2.** Acción de purificarse por medio del agua, según ritos de algunas religiones, como la judaica, la islámica, etc. ‖ **3.** Ceremonia de purificar el cáliz y de lavarse los dedos el sacerdote después de consumir.

ablusado, da. ADJ. Holgado a manera de blusa. *Vestido ablusado.*

abnegación. F. Sacrificio que alguien hace de su voluntad, de sus afectos o de sus intereses, generalmente por motivos religiosos o por altruismo.

abnegado, da. ADJ. Que tiene abnegación.

abobado, da. PART. de abobar. ‖ ADJ. **1.** Que parece bobo. *Son como asnos, abobados.* ‖ **2.** Propio o característico de un bobo. *Expresión abobada.*

abobar. TR. **1.** Hacer bobo a alguien, entorpecerle el uso de las facultades intelectuales. U. t. c. prnl. ‖ **2.** embobar. U. t. c. prnl.

abocado, da. PART. de abocar. ‖ ADJ. Dicho del vino, especialmente de una clase de jerez: Que contiene mezcla de vino seco y dulce. U. t. c. s. m.

abocamiento. M. Acción y efecto de abocar o abocarse.

abocar. I. TR. **1.** Verter el contenido de un cántaro, costal, etc., en otro, especialmente cuando para ello se aproximan las bocas de ambos. ‖ **2.** Conducir a alguien a un determinado lugar o situación. *Esta crisis la abocó de nuevo a la desesperación.* ‖ **II.** INTR. **3.** Desembocar, ir a parar. ‖ **4.** *Mar.* Comenzar a entrar en un canal, estrecho, puerto, etc. ‖ **III.** PRNL. **5.** Existiendo proximidad en el tiempo, hallarse en disposición, peligro o esperanza de algo. *Estar, hallarse, quedar, verse abocado A la ruptura.* U. t. c. intr. ‖ **6.** *Am. Mer.* Entregarse de lleno a hacer algo, o dedicarse a la consideración o estudio de un asunto. *La Administración se abocará A resolver los problemas de los niños.*

abocardar. TR. Ensanchar la boca de un tubo o de un agujero.

abocelado, da. ADJ. *Arq.* Que tiene forma de bocel. *Ménsula con perfil abocelado.*

abocetado, da. PART. de abocetar. ‖ ADJ. Dicho de una pintura: Que, por estar poco concluida, más parece boceto que obra terminada.

abocetamiento. M. Acción y efecto de abocetar.

abocetar. TR. **1.** Ejecutar bocetos o dar el carácter de tales a las obras artísticas. ‖ **2.** Insinuar, apuntar vagamente algo. *Abocetó su intención de seguir una carrera universitaria.*

abochornar. TR. **1.** Dicho del excesivo calor: Causar bochorno. U. t. c. prnl. ‖ **2.** sonrojar. *Nos abochornó con sus historias picantes.* U. t. c. prnl.

abocinado, da. ADJ. De forma semejante a la **bocina** (‖ instrumento para hablar de lejos). *Pórtico abocinado.* □ V. **arco ~**.

abocinamiento. M. Acción y efecto de ensanchar un tubo o cañón hacia su boca, a modo de **bocina** (|| instrumento para hablar de lejos).

abofado, da. PART. de **abofarse.** || ADJ. *Ant.* Fofo, hinchado.

abofarse. PRNL. *Ant.* Afofarse, hincharse, abotagarse.

abofetear. TR. **1.** Dar de bofetadas. || **2.** Ultrajar, escarnecer. *Lo abofetea usando la superioridad de la ciencia.*

abogacía. F. **1.** Profesión y ejercicio del abogado. || **2.** Conjunto de los abogados en ejercicio.

abogaderas. F. pl. *Am. Mer.* Argumentos capciosos.

abogadil. ADJ. despect. Perteneciente o relativo a los abogados.

abogado, da. M. y F. **1.** Persona licenciada en derecho que ofrece profesionalmente asesoramiento jurídico y que ejerce la defensa de las partes en los procesos judiciales o en los procedimientos administrativos. || **2.** Intercesor o mediador. || **abogado del diablo.** M. **1.** Contradictor de buenas causas. || **2.** coloq. **promotor de la fe.** || **~ del Estado.** M. y F. Funcionario a quien se encomienda el asesoramiento, representación y defensa en juicio del Estado y sus organismos. || **~ de oficio.** M. y F. Jurista asignado por el juez a una parte, ordinariamente carente de recursos económicos. || **~ fiscal.** M. y F. El que está situado en el grado inferior de la carrera fiscal. || **~ general.** M. y F. En los órganos judiciales de la Unión Europea, jurista que estudia objetivamente la causa una vez concluida y propone al tribunal una resolución. □ V. **barra de abogados.**

abogar. INTR. **1.** Interceder, hablar en favor de alguien. || **2.** Defender en juicio, por escrito o de palabra.

abolengo. M. **1.** Ascendencia ilustre. || **2.** Lugar de donde se es oriundo; nacionalidad, filiación étnica o biológica. || **3.** Ascendencia de abuelos o antepasados.

abolición. F. Acción y efecto de abolir.

abolicionismo. M. Doctrina de los abolicionistas.

abolicionista. ADJ. **1.** Dicho de una persona, especialmente de los antiguos partidarios de la abolición de la esclavitud y, en la actualidad, de los partidarios de derogar la pena de muerte: Que procura dejar sin efecto o suprimir una ley, costumbre, etc. U. t. c. s. || **2.** Perteneciente o relativo al abolicionismo. *Campaña abolicionista.*

abolir. TR. Derogar, dejar sin vigencia una ley, precepto, costumbre, etc. MORF. U. solo las formas cuya desinencia empieza por *-i.*

abolladura. F. Acción y efecto de abollar.

abollar. TR. Producir una depresión en una superficie con un golpe o apretándola. U. t. c. prnl.

abollón. M. abolladura.

abolorio. M. abolengo.

abolsado, da. PART. de **abolsarse.** || ADJ. Que tiene forma de bolsa o que forma bolsas. *Unos pantalones abolsados en las rodillas. Un rostro con los ojos abolsados.*

abolsarse. PRNL. **1.** Tomar forma de bolsa. || **2.** *Constr.* Dicho de una pared: **ahuecarse** (|| ponerse hueca).

abombado¹, da. PART. de **abombar¹.** || ADJ. *Am. Mer.* Tonto, falto o escaso de entendimiento o razón. U. t. c. s.

abombado², da. PART. de **abombar².** || ADJ. Curvado, convexo, que tiene forma esférica. *Frente abombada.*

abombamiento. M. Acción y efecto de **abombar².**

abombar¹. I. TR. **1.** Aturdir, atolondrar, asordar. *Abombándola a amenazas.* U. t. c. prnl. || **II.** PRNL. **2.** Dicho de un líquido o de la carne: Empezar a corromperse.

abombar². I. TR. **1.** Dar forma convexa. || **II.** PRNL. **2.** Dicho de una cosa: Tomar forma convexa.

abominable. ADJ. **1.** Digno de ser abominado. *Pecados abominables.* || **2.** Que desagrada profundamente. *Su abominable pobreza.*

abominación. F. **1.** Acción y efecto de abominar. || **2.** Cosa abominable.

abominar. TR. **1.** Condenar y maldecir a alguien o algo por considerarlo malo o perjudicial. U. t. c. intr. *Abominar DE la codicia.* || **2.** **aborrecer** (|| tener aversión).

abonable. ADJ. Que puede o debe ser abonado. *Terrenos abonables.*

abonado, da. PART. de **abonar.** || **I.** ADJ. **1.** Que es de fiar por su caudal o crédito. *El fiador era persona abonada en una suma mayor.* || **II.** M. y F. **2.** Persona inscrita para recibir algún servicio periódicamente o determinado número de veces. || **3.** Persona que ha suscrito o adquirido un abono para un servicio o espectáculo. || **III.** M. **4.** Acción y efecto de **abonar** (|| tierras laborables). □ V. **terreno ~.**

abonador, ra. ADJ. Que abona. *Máquina abonadora.*

abonadora. F. Máquina para abonar las tierras de labranza.

abonanzar. INTR. Dicho del tiempo o de una tormenta: **serenarse** (|| aclararse).

abonar. I. TR. **1.** Echar en la tierra laborable materias que aumenten su fertilidad. *Plantan, abonan el terreno y lo riegan a la vez.* || **2.** **pagar** (|| dar o satisfacer lo que se debe). *Abonan las cuotas en dólares.* || **3.** Asentar en las cuentas corrientes las partidas que corresponden al haber. *Dividendos que han sido pagados o abonados en cuenta.* || **4.** Inscribir a alguien, mediante pago, para que pueda concurrir a alguna diversión, disfrutar de alguna comodidad o recibir algún servicio periódicamente o determinado número de veces. U. m. c. prnl. || **5.** Acreditar o calificar de bueno. *Estos fundamentos abonan su iniciativa.* || **6.** Salir por fiador de alguien, responder por él. *Su padre lo abona.* || **7.** Dar por cierto y seguro algo. *Tres ejemplos abonan esta afirmación.* || **II.** PRNL. **8.** Insistir en un acto que agrada, desear practicarlo con reiteración. *Me abonaría a veranear allí.*

abonaré. M. Documento expedido por un particular o una oficina en equivalencia o representación de una partida de cargo asentada en cuenta, o de un saldo preexistente.

abonero, ra. M. y F. *Méx.* Comerciante callejero y ambulante que vende por pagos a plazos, principalmente entre las clases populares.

abono. M. **1.** Acción y efecto de abonar o abonarse. || **2.** Derecho que adquiere quien se abona. || **3.** Lote de entradas o billetes que se compran conjuntamente y que permiten a una persona el uso periódico o limitado de algún servicio, de alguna instalación recreativa, sanitaria o recreativa, o la asistencia a una serie predeterminada de espectáculos. || **4.** Documento en que consta el derecho de quien se abona a algo. || **5.** Sustancia con que se abona la tierra. || **ser de ~** algo. LOC. VERB. Tener validez para que se compute en favor de alguien.

aboral. ADJ. *Zool.* Se dice del polo o extremo del animal biológicamente opuesto a la boca.

abordaje. M. Acción de abordar un barco a otro, especialmente con la intención de combatirlo. || **al ~.**

LOC. ADV. Pasando la gente del buque que aborda al abordado, con armas a propósito para embestir al enemigo. *Entrar, saltar, tomar al abordaje.*

abordar. I. TR. **1.** Dicho de una embarcación: Llegar a otra, chocar o tocar con ella, a propósito o por accidente. U. t. c. intr. ‖ **2.** Dicho de un pasajero: Subir a un medio de transporte. *Abordar un tren, un avión, un barco.* ‖ **3.** Acercarse a alguien para hacerle una pregunta, iniciar un diálogo o tratar algún asunto. ‖ **4.** Plantear un asunto o tratar sobre él. *Es preciso abordar este problema desde una perspectiva diferente.* ‖ **5.** Emprender la realización de algo problemático o dificultoso. *Decidieron abordar la prueba con valor.* ‖ **II.** INTR. **6.** *Mar.* Tomar puerto, llegar a una costa, isla, etc. U. t. c. tr.

aborigen. ADJ. **1.** Originario del suelo en que vive. *Tribu, animal, planta aborigen.* ‖ **2.** Se dice del primitivo morador de un país, por contraposición a los establecidos posteriormente en él. U. m. c. s. pl.

aborrascarse. PRNL. Dicho del tiempo: Ponerse borrascoso.

aborrecedor, ra. ADJ. Que aborrece. Apl. a pers., u. t. c. s.

aborrecer. TR. **1.** Tener aversión a alguien o algo. ‖ **2.** Dicho de algunos animales, y especialmente de las aves: Dejar o abandonar el nido, los huevos o las crías. ‖ **3.** aburrir (‖ molestar). U. t. c. prnl. ¶ MORF. conjug. c. *agradecer.*

aborrecible. ADJ. Digno de ser aborrecido. *Libro, tirano aborrecible.*

aborrecimiento. M. Acción y efecto de aborrecer.

aborregado, da. PART. de aborregarse. ‖ ADJ. **1.** Dicho de una nube, de una roca, etc.: Que tienen forma parecida a vellones de lana. ‖ **2.** Dicho de una persona: Que reúne características atribuidas al borrego, como mansedumbre, gregarismo, etc.

aborregarse. PRNL. **1.** Dicho del cielo: Cubrirse de nubes blanquecinas y revueltas, parecidas a vellones de lana. ‖ **2.** Dicho de una persona: Adquirir rasgos atribuidos al borrego, especialmente mansedumbre, gregarismo, etc.

abortar. I. INTR. **1.** Dicho de una hembra: Interrumpir, de forma natural o provocada, el desarrollo del feto durante el embarazo. U. menos c. tr. ‖ **2.** Dicho de una empresa o de un proceso: Fracasar, malograrse. *El intento de repoblación forestal abortó.* ‖ **3.** *Med.* Dicho de una enfermedad: Acabar, desaparecer cuando empieza o antes del término natural o común. ‖ **II.** TR. **4.** Interrumpir, frustrar el desarrollo de un plan o proceso. *El piloto abortó la operación de despegue.*

abortista. ADJ. Partidario de la práctica libre del aborto provocado. U. t. c. s.

abortivo, va. ADJ. Que tiene virtud para hacer abortar. Apl. a una sustancia o un producto, u. t. c. s. m.

aborto. M. **1.** Acción y efecto de abortar. ‖ **2.** Ser o cosa abortados. ‖ **3.** Engendro, monstruo.

abortón. M. Animal mamífero nacido antes de tiempo.

abotagamiento. M. Acción y efecto de abotagarse.

abotagarse. PRNL. Dicho del cuerpo, o de parte del cuerpo de un animal, o de una persona: Hincharse, inflarse, generalmente por enfermedad.

abotargamiento. M. abotagamiento.

abotargarse. PRNL. abotagarse. U. m. en España.

abotinado, da. ADJ. Dicho especialmente del calzado: Hecho en forma de botín.

abotonadura. F. botonadura.

abotonar. TR. Cerrar, unir, ajustar una prenda de vestir, metiendo el botón o los botones por el ojal o los ojales. U. t. c. prnl.

abovedado, da. PART. de abovedar. ‖ ADJ. **1.** Que tiene bóveda. *Iglesia abovedada.* ‖ **2.** Que tiene forma de bóveda. *Techo abovedado.*

abovedamiento. M. *Arq.* Techo de bóveda.

abovedar. TR. **1.** Cubrir con bóveda. *Abovedar un edificio.* ‖ **2.** Dar forma de bóveda. *Abovedar una techumbre.*

ab ovo. (Locución latina). LOC. ADV. Desde el origen o desde un momento muy remoto. U. t. c. loc. adj.

aboyar. INTR. Dicho de un objeto: Flotar en el agua.

abra. F. **1.** Bahía no muy extensa. ‖ **2.** Abertura ancha y despejada entre dos montañas. ‖ **3.** *Am. Cen.* y *Á. Caribe.* Espacio desmontado, claro en un bosque.

abracadabra. M. Voz cabalística que se escribía en once renglones, con una letra menos en cada uno de ellos, de modo que formasen un triángulo, y a la cual se atribuía la propiedad de curar ciertas enfermedades.

abracadabrante. ADJ. Muy sorprendente y desconcertante. *Abracadabrante descubrimiento.*

abracar. TR. **1.** *Am. Cen.* abarcar (‖ ceñir con los brazos). U. t. c. prnl. ‖ **2.** *Á. Caribe.* Rodear, comprender.

Abraham. ☐ V. seno de ~.

abrasador, ra. ADJ. Que abrasa. *Sol abrasador.*

abrasamiento. M. Acción y efecto de abrasar o abrasarse.

abrasar. I. TR. **1.** Reducir a brasa, quemar. *Abrasar un leño.* U. t. c. prnl. ‖ **2.** Calentar demasiado. *Abrasar una comida.* ‖ **3.** Producir una sensación de dolor ardiente, de sequedad, acritud o picor, como la producen la sed y algunas sustancias picantes o cáusticas. *Los picantes me abrasan.* ‖ **4.** Dicho de una pasión, especialmente del amor: Agitar o consumir a alguien. U. t. c. prnl. ‖ **II.** INTR. **5.** Dicho de una cosa: Quemar, estar demasiado caliente. ‖ **III.** PRNL. **6.** Sentir demasiado calor o ardor.

abrasión. F. **1.** Acción y efecto de desgastar por fricción. ‖ **2.** *Geol.* Proceso de profundo desgaste o de destrucción, producido en la superficie terrestre al arrancarle porciones de materia los agentes externos.

abrasivo, va. ADJ. **1.** Perteneciente o relativo a la abrasión. *Poder abrasivo.* ‖ **2.** Dicho de un producto: Que sirve para desgastar o pulir, por fricción, sustancias duras como metales, vidrios, etc. U. t. c. s. m.

abrazadera. F. **1.** Anillo que abraza cualquier pieza circular de una máquina para sujetarla. ‖ **2.** *Impr.* corchete (‖ signo).

abrazador, ra. I. ADJ. **1.** Que abraza. *Plantas voraces y abrazadoras.* ‖ **II.** M. **2.** Especie de almohada de forma cilíndrica que se usa en Filipinas para dormir con mayor comodidad, y que protege tanto del calor como del frío según la postura que el cuerpo adopte al abrazarse a ella. ☐ V. hoja ~.

abrazar. TR. **1.** Ceñir con los brazos. *Abrazar el tronco de un árbol.* U. t. c. prnl. ‖ **2.** Estrechar entre los brazos en señal de cariño. U. t. c. prnl. ‖ **3.** Rodear, ceñir. *El río abraza la ciudad.* ‖ **4.** Dicho de una planta trepadora: Dar vueltas al tronco de árbol al que se adhiere. U. t. c. prnl. ‖ **5.** Comprender, contener, incluir. *Sus conocimientos abrazan saberes muy distintos.* ‖ **6.** Admitir, escoger, seguir una doctrina, opinión o conducta. *Abrazó el catolicismo.* U. t. c. prnl. *La monarquía española se abrazó A la neutralidad.* ‖ **7.** Dicho de una persona: Tomar a su cargo algo. *Abrazar un negocio, una empresa.*

abrazo. M. **1.** Acción y efecto de **abrazar** (‖ ceñir con los brazos). ‖ **2.** Acción y efecto de **abrazar** (‖ estrechar entre los brazos).

abrebotellas. M. Utensilio para quitar las chapas de las botellas.

abrecartas. M. Especie de plegadera estrecha y apuntada, que sirve para abrir los sobres de las cartas.

abrecoches. M. Individuo que abre la puerta de los automóviles a sus usuarios para recibir una propina.

abrefácil. M. Sistema de apertura fácil incorporado a la tapa de algunos envases herméticos. U. t. en apos. *Dispositivo abrefácil.*

ábrego. M. Viento templado y húmedo del suroeste, que trae las lluvias.

abrelatas. M. Instrumento de metal que sirve para abrir las latas de conservas.

abrepuño. M. Planta anual de la familia de las Compuestas, con tallo herbáceo de unos siete decímetros de altura, armado de espinas triples en el arranque de las hojas, que son largas, hendidas y blanquecinas por debajo, y con fruto oval y espinoso.

abrevadero. M. Estanque, pilón o paraje del río, arroyo o manantial a propósito para dar de beber al ganado.

abrevar. **I.** TR. **1.** Dar de beber, principalmente al ganado. ‖ **2.** Dar de beber a alguien, especialmente un brebaje. ‖ **II.** INTR. **3. beber.**

abreviación. F. **1.** Acción y efecto de abreviar. ‖ **2.** Ling. Procedimiento de reducción de una palabra mediante la supresión de determinadas letras o sílabas; p. ej., los acrónimos, los acortamientos, las abreviaturas y las siglas.

abreviadamente. ADV. M. En términos breves o reducidos, de manera compendiosa o sumaria.

abreviado, da. PART. de **abreviar.** ‖ ADJ. Parvo, escaso. *Raciones abreviadas.*

abreviador, ra. ADJ. Que abrevia o compendia. Apl. a pers., u. t. c. s.

abreviamiento. M. **abreviación** (‖ acción y efecto de abreviar).

abreviar. TR. **1.** Hacer breve, acortar, reducir a menos tiempo o espacio. *Abreviar un texto, un trámite.* ‖ **2.** Acelerar, apresurar. *Abrevió sus pasos.* U. t. c. intr. ¶ MORF. conjug. c. *anunciar.*

abreviatura. F. **1.** Tipo de abreviación que consiste en la representación gráfica reducida de una palabra mediante la supresión de letras finales o centrales, y que en el uso español se cierra con punto o barra; p. ej., *afmo.* por *afectísimo; Dir.ª* por *directora; íd.* por *ídem; SS. MM.* por *Sus Majestades; c/* por *calle.* ‖ **2.** Palabra representada en la escritura de este modo. ‖ **3.** Compendio o resumen.

abridero. M. **1.** Variedad de pérsico, cuyo fruto se abre con facilidad y deja suelto el hueso. ‖ **2.** Fruto de este árbol.

abridor, ra. **I.** ADJ. **1.** Que abre. *Manos abridoras.* ‖ **II.** M. **2.** Cada uno de los dos aretes de oro que se ponen en los lóbulos de las orejas para horadarlos e impedir que se cierren los agujeros. ‖ **3. abrelatas.** ‖ **4. abrebotellas.**

abrigada. F. **abrigadero.**

abrigadero. M. **1. abrigo** (‖ lugar defendido de los vientos). ‖ **2.** Mar. Lugar en la costa a propósito para abrigarse las naves.

abrigado. M. **abrigo** (‖ lugar defendido de los vientos).

abrigador, ra. ADJ. Que abriga. *Pantalón muy abrigador.*

abrigaño. M. **abrigo** (‖ lugar defendido de los vientos).

abrigar. TR. **1.** Defender, resguardar del frío. *Lo abrigó con una manta.* U. t. c. prnl. ‖ **2.** Auxiliar, patrocinar, amparar. *No pudo abrigarlos con sus influencias.* ‖ **3.** Tener ideas, sentimientos o afectos. *Abrigar proyectos, esperanzas, sospechas.* ‖ **4.** Equit. Aplicar las piernas al vientre del caballo para ayudarlo. ‖ **5.** Mar. Defender, resguardar la nave del viento o del mar.

abrigo. M. **1.** Prenda de vestir larga, provista de mangas, que se pone sobre las demás y sirve para abrigar. ‖ **2.** Acción de abrigar. ‖ **3.** Lugar defendido de los vientos. ‖ **4.** Auxilio, patrocinio, amparo. ‖ **5.** Arqueol. Covacha natural poco profunda. ‖ **6.** Mar. Lugar en la costa, a propósito para abrigarse las naves. ‖ **al ~ de** alguien o algo. LOC. ADV. **1.** Bajo su protección o amparo. ‖ **2.** A salvo o a cubierto de él o de ello. ‖ **de ~.** LOC. ADJ. coloq. Temible, de cuidado.

abril. M. **1.** Cuarto mes del año. Tiene 30 días. ‖ **2.** pl. Años de edad de una persona joven. *Tiene 15 abriles.*

abrileño, ña. ADJ. Propio o característico del mes de abril.

abrillantador, ra. **I.** ADJ. **1.** Que abrillanta. ‖ **II.** M. **2.** Instrumento con que se abrillanta. ‖ **3.** Sustancia con que se abrillanta.

abrillantar. TR. **1.** Iluminar o dar brillantez. *Abrillantar la plata.* ‖ **2.** Dar más valor o lucimiento. *Un ritmo que abrillanta el contenido musical.* ‖ **3.** Á. R. Plata. **confitar** (‖ cubrir con un baño de azúcar).

abrir. **I.** TR. **1.** Descubrir o hacer patente lo que está cerrado u oculto. *Abrir la cama. Abrir el telón.* U. t. c. prnl. ‖ **2.** Separar del marco la hoja o las hojas de una puerta o ventana, haciéndolas girar sobre sus goznes, o quitar o separar cualquier otra cosa con que esté cerrada una abertura, para que deje de estarlo. U. t. c. intr. *Esta puerta abre bien.* U. t. c. prnl. *Abrirse una puerta.* ‖ **3.** Descorrer el pestillo o cerrojo, levantar la aldaba o desencajar cualquier otra pieza o instrumento semejante con que se cierra algo. ‖ **4.** Tirar hacia afuera de los cajones de una mesa o de cualquier otro mueble, sin sacarlos del todo. ‖ **5.** Destapar un recipiente. *Abrir una botella.* ‖ **6.** Dejar descubierto algo, haciendo que aquello que lo oculta se aparte o se separe. *Abrir los ojos. Abrir un libro.* ‖ **7.** Separar las partes del cuerpo del animal o las piezas de cosas o instrumentos unidas por goznes, tornillos, etc., de modo que entre ellas quede un espacio mayor o menor, o formen ángulo o línea recta. *Abrir los brazos, las alas, las piernas, los dedos, unas tijeras, un compás, una navaja.* ‖ **8.** Extender lo que estaba encogido, doblado o plegado. *Abrir la mano, un abanico, un paraguas.* ‖ **9.** Hender, rasgar, dividir. U. t. c. prnl. *Abrirse la tierra, el techo, la madera.* ‖ **10. hacer.** *Abrir un agujero, un ojal, una ranura, un camino, un canal.* ‖ **11.** Despegar o romper por alguna parte una carta, un paquete, un sobre, una cubierta, etc., para ver o sacar lo que contengan. ‖ **12.** Vencer, apartar o destruir cualquier obstáculo que cierre la entrada o la salida de algún lugar o impida el tránsito. *Abrir paso.* ‖ **13.** Dar principio a las tareas, ejercicios o negocios propios de instituciones o establecimientos políticos, administrativos, científicos, literarios, artísticos, comerciales o industriales. *Abrir las Cortes, la Universidad, un teatro, un café.* ‖ **14.** Comenzar ciertas cosas o darles principio, inaugurar. *Abrir la campaña, el curso, la sesión.* ‖ **15.** Mover, excitar. *Abrir el apetito.* ‖ **16.** Ir a la cabeza o delante de gente que camina formando hilera o columna. *Abrir la procesión, la marcha.* || **17.** *Com.* Imponer en un banco la suma de dinero requerida o aprontar la garantía concertada para tener una cuenta corriente o de crédito. || **18.** *Fon.* Hacer que se separen los órganos articuladores al emitir un sonido, dando mayor paso al aire. U. t. c. prnl. || **II.** INTR. **19.** Dicho de una flor: Pasar a tener separados y expandidos los pétalos que estaban recogidos en el botón o capullo. U. t. c. prnl. || **20.** Dicho del tiempo: Empezar a clarear o serenarse. || **21.** Dicho de un jugador: En algunos juegos de naipes, poner cierta cantidad que ha de aceptar o mejorar quien pretenda disputársela. || **22.** *Mar.* Dicho de una embarcación: Empezar a desatracar. || **III.** PRNL. **23.** Separarse, extenderse. *Abrirse un batallón.* U. t. c. tr. *El batallón abre sus filas.* || **24.** Dicho del vehículo o del conductor que toma una curva: Hacerlo por la parte de fuera. || **25.** Dicho de una persona: Declararse, descubrirse, confiarse a otra. *Se abrió conmigo.* || **26.** jerg. Irse de un lugar, huir, salir precipitadamente. || **27.** *Am.* Desistir de algo, volverse atrás, separarse de una compañía o negocio. || **28.** *Am. Cen.* y *Á. Caribe.* Dicho de un caballo: Desviarse de la línea que seguía en la carrera. || **29.** *Á. Caribe* y *Á. R. Plata.* Apartarse, desviarse, hacerse a un lado. ¶ MORF. part. irreg. **abierto.**

abrochador. M. Instrumento pequeño de metal, con un gancho o con un agujero en la punta para asir el botón y meterlo en el ojal.

abrochadura. F. Acción de abrochar.

abrochar. TR. Cerrar, unir o ajustar con un botón, un broche, un corchete, etc. U. t. c. prnl.

abrogar. TR. *Der.* Abolir, derogar. *Abrogar una ley, un código.*

abrojín. M. cañadilla.

abrojo. M. **1.** Planta de la familia de las Cigofiláceas, de tallos largos y rastreros, hojas compuestas y fruto casi esférico y armado de muchas y fuertes púas. Es perjudicial para los sembrados. || **2.** Fruto de esta planta. || **3.** pl. Sufrimientos, dificultades, daños.

abroncar. TR. **1.** coloq. Reprender ásperamente. *Sus padres no quisieron abroncarlo.* || **2.** coloq. abuchear. *El público abroncó a los jugadores.*

abroquelar. **I.** TR. **1.** Escudar, resguardar, defender. *El perro la abroquelaba.* || **2.** *Mar.* Hacer que el viento hiera en la cara de proa de una vela actuando en su maniobra. || **II.** PRNL. **3.** Valerse de cualquier medio de defensa material o moral.

abrótano. M. Planta herbácea de la familia de las Compuestas, de cerca de un metro de altura, hojas muy finas y blanquecinas, y flores de olor suave, en cabezuelas amarillas, cuya infusión se emplea para hacer crecer el cabello. || **~ hembra.** M. Planta herbácea de la familia de las Compuestas, de cuatro a seis decímetros de altura, con tallos fuertes, hojas dentadas, verdes blanquecinas, y flores en cabezuelas amarillas de fuerte olor aromático. La infusión de sus flores se ha empleado como antiespasmódico y antihelmíntico. || **~ macho.** M. abrótano.

abrumador, ra. ADJ. Que abruma. *Tarea abrumadora.*

abrumar. TR. **1.** agobiar (|| preocupar gravemente). *La responsabilidad lo abruma.* || **2.** Producir tedio o hastío. *Sería aburridísimo abrumarla con cifras y más cifras.* || **3.** Producir asombro o admiración. *El sonido del tiro debe sorprendernos, abrumarnos.*

abrupto, ta. ADJ. **1.** Dicho de un terreno: Escarpado, quebrado o de difícil acceso. || **2.** Áspero, violento, rudo, destemplado. *Declaración abrupta. Carácter abrupto.*

abrutado, da. ADJ. **1.** Que parece bruto. *Un hombre desagradable y abrutado.* || **2.** Propio o característico de una persona abrutada. *Cara abrutada.*

ABS. (Sigla del inglés *Anti Blocking System* 'sistema anti bloqueo'). M. *Mec.* Sistema electrónico de los vehículos automóviles que evita el bloqueo de las ruedas por exceso de frenado. MORF. pl. invar. *Los ABS.*

absceso. M. *Med.* Acumulación de pus en los tejidos orgánicos internos o externos.

abscisa. F. *Geom.* Coordenada cartesiana horizontal en un plano rectangular, expresada como la distancia entre un punto y el eje vertical. □ V. **eje de ~s.**

absenta. F. ajenjo (|| bebida alcohólica).

absentismo. M. **1.** Abstención deliberada de acudir al lugar donde se cumple una obligación. || **2.** Abandono habitual del desempeño de funciones y deberes propios de un cargo. || **3.** Costumbre de residir el propietario fuera de la localidad en que radican sus posesiones o propiedades.

absentista. ADJ. **1.** Perteneciente o relativo al absentismo. *Actitudes absentistas.* || **2.** Que practica el absentismo. *Aristocracia absentista.* Apl. a pers., u. t. c. s.

ábside. M. *Arq.* Parte del templo, abovedada y comúnmente semicircular, que sobresale en la fachada posterior, y donde se instalaban el altar y el presbiterio.

absintio. M. ajenjo (|| planta compuesta).

absolución. F. Acción de absolver. || **~ general.** F. La que imparte un sacerdote católico, sin que preceda la confesión individual de los pecados, a un penitente o a varios, en peligro de muerte o por necesidad grave y urgente. || **~ libre.** F. *Der.* Terminación del juicio criminal por fallo en que se declara la inocencia del reo. || **~ sacramental.** F. Acto de absolver el confesor al penitente.

absoluta. F. coloq. *Mil.* **licencia absoluta.**

absolutamente. **I.** ADV. M. **1.** De manera absoluta. || **II.** ADV. NEG. **2.** **en absoluto** (|| de ningún modo). U. m. en América.

absolutismo. M. Sistema del gobierno absoluto.

absolutista. ADJ. **1.** Partidario del absolutismo. U. t. c. s. || **2.** Perteneciente o relativo a este sistema de gobierno. *Reminiscencias absolutistas.*

absoluto, ta. ADJ. **1.** Independiente, ilimitado, que excluye cualquier relación. *Dominio absoluto.* || **2.** Dicho de un juicio, de una opinión, etc., o de la voluntad y sus manifestaciones: Terminantes, decisivos, categóricos. || **3.** Entero, total, completo. *Silencio, olvido absoluto.* || **4.** Que existe por sí mismo, incondicionado. U. t. c. s. m. *Lo absoluto.* || **5.** *Fís.* Dicho de una magnitud: Que se mide a partir de un valor cero correspondiente en realidad a la ausencia de la magnitud en cuestión. *Escala absoluta de temperatura.* || **6.** *Quím.* Dicho de una sustancia química líquida: Que no contiene agua ni impurezas. || **en absoluto.** LOC. ADV. **1.** De una manera general, resuelta y terminante. || **2.** No, de ningún modo. □ V. **ablativo ~, adjetivo superlativo ~, alcohol ~, cero ~, construcción ~, gobierno ~, licencia ~, mayoría ~, monarquía ~, poder ~, temperatura ~, tiempo ~, valor ~.**

absolutorio, ria. ADJ. Dicho de un fallo, de una sentencia, de una declaración, de una actitud, etc.: Que absuelven.

absolver. TR. **1.** Remitir a un penitente sus pecados en el tribunal de la confesión, o levantarle las censuras en que hubiere incurrido. ‖ **2.** *Der.* Declarar libre de responsabilidad penal al acusado de un delito. ‖ **3.** *Der.* En el proceso civil, desestimar, a favor del demandado, las pretensiones contenidas en la demanda. ‖ **4.** *Am. Mer.* Resolver una duda. ¶ MORF. conjug. c. *mover*; part. irreg. **absuelto.**

absorbencia. F. Acción de absorber.

absorbente. I. ADJ. **1.** Que absorbe. *Un papel muy absorbente.* ‖ **2.** Dominante, que trata de imponer su voluntad a los demás. *Personalidad absorbente.* ‖ **II.** M. **3.** Sustancia que tiene un elevado poder de absorción.

absorber. TR. **1.** Dicho de una sustancia sólida: Ejercer atracción sobre un fluido con el que está en contacto, de modo que las moléculas de este penetren en aquella. ‖ **2.** Consumir enteramente. *Absorber el capital.* ‖ **3.** Dicho de una organización política o comercial: Asumir, incorporar a otra. ‖ **4.** Atraer a sí, cautivar. *Absorber la atención.*

absorción. F. **1.** Acción de absorber. ‖ **2.** *Fís.* Pérdida de la intensidad de una radiación al atravesar la materia. ☐ V. **espectro de ~.**

absorto, ta. ADJ. **1.** Admirado, pasmado. *Absorta en su perplejidad.* ‖ **2.** Entregado totalmente a una meditación, lectura, contemplación, etc. *Alumnos absortos en sus pantallas.*

abstemio, mia. ADJ. Que no bebe vino ni otros líquidos alcohólicos. U. t. c. s.

abstención. F. **1.** Acción y efecto de abstenerse. ‖ **2.** *Der.* En los procedimientos judiciales o administrativos, acto mediante el cual la autoridad o el funcionario llamado a resolver un asunto se aparta de su conocimiento por tener alguna relación con el objeto de aquel o con las partes intervinientes.

abstencionismo. M. Doctrina o práctica de los abstencionistas.

abstencionista. ADJ. Partidario de la abstención, especialmente en política. U. t. c. s.

abstenerse. PRNL. **1.** Privarse de algo. *Abstenerse DE tomar carne.* ‖ **2.** No participar en algo a que se tiene derecho, p. ej. en una votación. ¶ MORF. conjug. c. *tener.*

abstinencia. F. **1.** Acción de abstenerse. ‖ **2.** Virtud que consiste en privarse total o parcialmente de satisfacer los apetitos. ‖ **3.** Ejercicio de esta virtud. ‖ **4.** por antonom. Privación de determinados alimentos o bebidas, en cumplimiento de un precepto religioso o de un voto religioso de ~. ☐ V. **síndrome de ~.**

abstinente. ADJ. Que se abstiene (‖ se priva de algo).

abstracción. F. Acción y efecto de abstraer o abstraerse.

abstractivo, va. ADJ. Que abstrae o tiene virtud para abstraer. *Capacidad abstractiva.*

abstracto, ta. ADJ. **1.** Que significa alguna cualidad con exclusión del sujeto. *Conceptos abstractos.* ‖ **2.** Dicho del arte o de un artista: Que no pretende representar seres o cosas concretos y atiende solo a elementos de forma, color, estructura, proporción, etc. ‖ **en abstracto.** LOC. ADV. Con separación o exclusión del sujeto en quien se halla cualquier cualidad. *Hablar del capitalismo en abstracto.* ☐ V. **nombre ~, número ~.**

abstraer. I. TR. **1.** Separar por medio de una operación intelectual las cualidades de un objeto para considerarlas aisladamente o para considerar el mismo objeto en su pura esencia o noción. ‖ **II.** PRNL. **2.** Enajenarse de los objetos sensibles, no atender a ellos por entregarse a la consideración de lo que se tiene en el pensamiento. *Se abstrae viendo películas.* ¶ MORF. conjug. c. *traer.*

abstraído, da. PART. de **abstraer.** ‖ ADJ. Distraído, ensimismado, absorto en una meditación, contemplación, etc. *Lo encontré abstraído en sus pensamientos.*

abstruso, sa. ADJ. Recóndito, de difícil comprensión o inteligencia. *Neologismo abstruso.*

absuelto, ta. PART. IRREG. de **absolver.**

absurdidad. F. **1.** Cualidad de absurdo. *La absurdidad de lo cotidiano.* ‖ **2. absurdo** (‖ dicho o hecho irracional o disparatado).

absurdo, da. I. ADJ. **1.** Contrario y opuesto a la razón; que no tiene sentido. *Ideas absurdas.* ‖ **2.** Extravagante, irregular. *Indumentaria absurda.* ‖ **3.** Chocante, contradictorio. *Resultado absurdo.* ‖ **II.** M. **4.** Dicho o hecho irracional, arbitrario o disparatado.

abubilla. F. Pájaro insectívoro del tamaño de la tórtola, con el pico largo y algo arqueado, un penacho de plumas eréctiles en la cabeza, el cuerpo rojizo y las alas y la cola negras con listas blancas, como el penacho. Es muy vistoso, pero de olor fétido y canto monótono.

abuchear. TR. Dicho especialmente de un auditorio o de una muchedumbre: Reprobar con murmullos, ruidos o gritos.

abucheo. M. Acción de abuchear.

abudabí. ADJ. **1.** Natural de Abu Dabi. U. t. c. s. ‖ **2.** Perteneciente o relativo a este emirato árabe o a su capital. ¶ MORF. pl. **abudabíes** o **abudabís.**

abuelastro, tra. M. y F. **1.** Respecto de una persona, padre o madre de su padrastro o de su madrastra. ‖ **2.** Respecto de una persona, segundo o ulterior marido de su abuela, o segunda o ulterior mujer de su abuelo.

abuelo, la. I. M. y F. **1.** Respecto de una persona, padre o madre de su padre o de su madre. ‖ **2.** afect. coloq. Persona anciana. ‖ **II.** M. **3.** Cada uno de los mechones que quedan sueltos en la nuca cuando se atiranta el cabello hacia arriba. U. m. en pl. ‖ **4.** pl. El abuelo y la abuela. *Mis abuelos viven en Guadalajara.* ‖ **5.** pl. Antepasados de una persona. ‖ **contárselo** a alguien su **abuela.** LOC. VERB. coloq. Se usa para negar o poner en duda lo que alguien refiere como cierto. *Cuéntaselo a tu abuela. Que se lo cuente a su abuela.* ‖ **habérsele muerto** a alguien su **abuela,** o **no necesitar,** o **no tener, abuela.** LOCS. VERBS. coloqs. Se usan para censurar a quien se alaba mucho a sí mismo. ☐ V. **tío ~.**

abuenar. TR. *Chile.* Hacer que se adopte una buena disposición para el trato con alguien. U. m. c. prnl.

abuhardillado, da. ADJ. **1.** Con buhardilla. *Tejados abuhardillados.* ‖ **2.** Dicho de una planta de un edificio o de una habitación: Que tiene el techo en pendiente, como las buhardillas. ‖ **3.** Dicho del techo de un edificio: En pendiente, inclinado.

abujardar. TR. Labrar la piedra con una bujarda.

abulaga. F. aulaga.

abulense. ADJ. **1.** Natural de Ávila. U. t. c. s. ‖ **2.** Perteneciente o relativo a esta ciudad de España o a su provincia.

abulia. F. Falta de voluntad, o disminución notable de su energía.

abúlico, ca. ADJ. **1.** Que padece abulia. U. t. c. s. ‖ **2.** Propio o característico de una persona abúlica. *Gesto abúlico.*

abullonar. TR. Adornar telas con un plegado de otra tela de forma esférica.

abulón. M. Caracol marino de California, de concha grande, gruesa, en forma de oreja y muy nacarada.

abulonar. TR. *Á. R. Plata.* Sujetar con bulones.

abultado, da. PART. de **abultar.** || ADJ. Grueso, grande, de mucho bulto. *Vientre abultado.*

abultamiento. M. **1.** Acción de abultar. || **2.** Bulto, prominencia, hinchazón.

abultar. **I.** TR. **1.** Aumentar el bulto de algo. *La ropa abulta la maleta.* || **2.** Ponderar, encarecer. *Abultar con fines políticos las cifras del desempleo.* || **II.** INTR. **3.** Tener o hacer bulto.

abundamiento. a mayor ~. LOC.ADV. Además, con mayor razón o seguridad.

abundancia. F. **1.** Gran cantidad. || **2.** Prosperidad, riqueza o bienestar. *Se veía la abundancia por todas partes.* || **en ~.** LOC.ADV. En gran cantidad, de manera copiosa. *Comieron en abundancia.* || **nadar en la ~.** LOC. VERB. Gozar de un gran bienestar económico. □ V. **cuerno de la ~.**

abundante. ADJ. **1.** Que **abunda** (|| tiene en gran cantidad). *Un valle abundante en pastos.* || **2.** Copioso, en gran cantidad. *Abundantes recursos naturales.*

abundar. INTR. **1.** Haber o existir en gran número o en gran cantidad. *Abunda el laurel y el tojo.* || **2.** Tener algo en gran cantidad o en gran número. *Sus obras abundan EN galicismos.* || **3.** Compartir una idea, una opinión. *Abunda EN las mismas opiniones que su profesor.*

abundoso, sa. ADJ. **abundante.**

abur. INTERJ. agur.

aburguesamiento. M. Acción y efecto de aburguesarse.

aburguesarse. PRNL. Adquirir cualidades de **burgués** (|| persona que tiende a la estabilidad económica y social).

aburrición. F. coloq. **aburrimiento.**

aburrido, da. PART. de **aburrir.** || ADJ. Que causa aburrimiento. *Clase aburrida.*

aburridor, ra. ADJ. Que causa aburrimiento. *Regularidad aburridora.*

aburrimiento. M. Cansancio o fastidio originado generalmente por disgustos o molestias, o por no contar con algo que distraiga y divierta.

aburrir. **I.** TR. **1.** Molestar, cansar, fastidiar. || **II.** PRNL. **2.** Fastidiarse, cansarse de algo. || **3.** Sufrir un estado de ánimo producido por falta de estímulos, diversiones o distracciones.

abusado, da. ADJ. *Méx.* **aguzado** (|| perspicaz).

abusador, ra. ADJ. **abusón.**

abusar. INTR. **1.** Usar mal, de manera excesiva, injusta, impropia o indebida de algo o de alguien. *Abusaba DE su autoridad.* || **2.** Hacer objeto de trato deshonesto a una persona de menor experiencia, fuerza o poder. *Abusó DE un menor.*

abusivo, va. ADJ. **1.** Que se introduce o practica por abuso. *Precios abusivos.* || **2.** Dicho de una persona: Que abusa, abusona. U. t. c. s.

abuso. M. Acción y efecto de abusar. || **~ de autoridad.** M. El que comete un superior que se excede en el ejercicio de sus atribuciones con perjuicio de un inferior. || **~ de confianza.** M. Infidelidad consistente en burlar o perjudicar a alguien que, por inexperiencia, afecto, bondad o descuido, le ha dado crédito. En derecho es cir-

cunstancia agravante de la responsabilidad penal. || **~ de derecho.** M. *Der.* Ejercicio de un derecho en sentido contrario a su finalidad propia y con perjuicio ajeno. || **~ de superioridad.** M. *Der.* Circunstancia agravante determinada por aprovechar en la comisión del delito la notable desproporción de fuerza o número entre delincuentes y víctimas. || **~s sexuales.** M. pl. *Der.* Delito consistente en la realización de actos atentatorios contra la libertad sexual de una persona sin violencia o intimidación y sin que medie consentimiento.

abusón, na. ADJ. Dicho de una persona: Propensa al abuso. U. t. c. s.

abutagar. TR. *Chile.* Dicho de la comida: Producir una sensación de hinchazón o pesadez en el estómago. U. t. c. prnl.

abuzarse. PRNL. Echarse de bruces, especialmente para beber.

abyección. F. **1.** Bajeza, envilecimiento. || **2.** humillación.

abyecto, ta. ADJ. Despreciable, vil en extremo. *Alma abyecta.*

aca. F. *Á.Andes.* excremento.

acá. **I.** ADV.L. **1.** En este lugar o cerca de él, a este lugar o cerca de él. No es tan explícito como *aquí*, por eso admite ciertos grados de comparación. *Tan acá. Más acá. Muy acá.* || **2.** coloq. Se usa para designar a la persona que habla o a un grupo de personas en el cual se incluye. *Acá nos entendemos.* || **3.** vulg. Se usa para señalar a la persona cercana a quien habla, con valor semejante al del demostrativo *este. Acá tiene razón.* || **II.** ADV.T. **4.** Denota el presente. *De ayer acá. Desde entonces acá.* || **~ y allá,** o **~ y acullá.** LOCS.ADVS. **aquí y allí.** || **de ~ para allá,** o **de ~ para acullá.** LOCS.ADVS. **de aquí para allí.**

acabado, da. PART. de **acabar.** || **I.** ADJ. **1.** Perfecto, completo, consumado. *Una acabada investigación.* || **2.** Dicho de la salud, de la ropa, de la hacienda, etc.: Malparadas, destruidas, viejas o en mala disposición. || **II.** M. **3.** Calidad de un objeto en los detalles finales de su elaboración, especialmente en lo que se refiere a su aspecto.

acaballado, da. PART. de **acaballar.** || ADJ. Parecido al perfil de la cabeza del caballo. *Cara acaballada. Narices acaballadas.*

acaballar. TR. Poner o montar parte de una cosa sobre otra. U. t. c. prnl.

acabamiento. M. **1.** Efecto o cumplimiento de algo. || **2.** Término, fin. || **3.** muerte (|| término de la vida).

acabar. **I.** TR. **1.** Poner o dar fin a algo, terminarlo, concluirlo. *Acabar un estudio.* U. t. c. prnl. || **2.** Apurar, consumir. *Acabar un plato.* || **3.** matar. U. m. en América. || **II.** INTR. **4.** Rematar, terminar, finalizar. *La espada acaba en punta.* || **5.** Extinguirse, aniquilarse. U. t. c. prnl. *La vela se está acabando.* || **6.** Poner fin, destruir, exterminar, aniquilar. *Los disgustos acabaron CON Pedro. Tú acabarás CON mi vida.* || **7.** Haber ocurrido poco antes. *Acaba DE perder su caudal.* || **8.** No lograr algo. U. con neg. *No acaba DE licenciarse.* || **9.** malson. *Am.* Alcanzar el orgasmo. || **acabáramos.** EXPR. coloq. Se usa cuando, después de gran dilación, se termina o logra algo, o se sale de una duda. || **de nunca ~.** LOC.ADJ. Dicho de un asunto, de un negocio, etc.: Que se prolongan o pueden prolongarse indefinidamente. || **nunca ~.** LOC. SUST. M. coloq. Cosa o asunto interminable. || **san se acabó.** EXPR. coloq. **sanseacabó.** || **se acabó lo que**

se daba. EXPR. coloq. Se usa para dar por terminada una cuestión o situación. ☐ V. **el cuento de nunca ~.**

acabose. ser algo **el ~.** LOC.VERB. coloq. Denota que ha llegado a su último extremo. U. m. en sent. peyor.

acachetar. TR. *Taurom.* Rematar al toro con un puñal corto y agudo.

acacia. F. Árbol o arbusto de la familia de las Mimosáceas, a veces con espinas, de madera bastante dura, hojas compuestas o divididas en hojuelas, flores olorosas en racimos laxos y colgantes, y fruto en legumbre. De varias de sus especies fluye espontáneamente la goma arábiga. ‖ **~ blanca,** o **~ falsa.** F. La espinosa con hojuelas aovadas, que procede de América Septentrional y se planta en los paseos de Europa. ‖ **~ rosa.** F. La de flores rosadas.

academia. F. **1.** Sociedad científica, literaria o artística establecida con autoridad pública. ‖ **2.** Junta o reunión de los académicos. *El Jueves Santo no hay academia.* ‖ **3.** Casa donde los académicos tienen sus juntas. ‖ **4.** Junta o certamen a que concurren algunos aficionados a las letras, artes o ciencias. ‖ **5.** Establecimiento docente, público o privado, de carácter profesional, artístico, técnico, o simplemente práctico. *Academia de mecanografía. Academia de corte y confección.* ‖ **6.** Escuela filosófica fundada por Platón. ‖ **7.** *Esc.* y *Pint.* Estudio de una figura entera y desnuda, tomada del natural y que no forma parte de una composición.

academicismo. M. Cualidad de **académico** (‖ que observa con rigor las normas clásicas).

academicista. I. ADJ. **1.** Perteneciente o relativo al academicismo. ‖ **II.** COM. **2.** Persona que lo practica.

académico, ca. I. ADJ. **1.** Perteneciente o relativo a la academia. *Diploma académico.* ‖ **2.** Perteneciente o relativo a centros oficiales de enseñanza. *Curso, traje, expediente, título académico.* ‖ **3.** Dicho de una obra de arte o de su autor: Que observan con rigor las normas clásicas. ‖ **4.** Ajustado a pautas tradicionales de corrección o propiedad. *Discurso, estilo académico.* ‖ **5.** Dicho de un filósofo: Seguidor de la escuela de Platón. U. t. c. s. ‖ **II.** M. y F. **6.** Individuo perteneciente a una corporación académica. ☐ V. **año ~.**

academismo. M. **academicismo.** U. m. en América.

academización. F. Acción y efecto de academizar.

academizar. TR. Proporcionar o atribuir carácter académico a una obra o actuación. U. t. en sent. fig. *La presencia del rector academizó el debate televisivo.* U. m. en sent. peyor.

acadio, dia. I. ADJ. **1.** hist. Natural de Acad. U. t. c. s. ‖ **2.** hist. Perteneciente o relativo a este antiguo reino de Mesopotamia. ‖ **II.** M. **3.** Lengua acadia.

acaecer[1]. INTR. **suceder** (‖ hacerse realidad). MORF. conjug. c. *agradecer.*

acaecer[2]. M. acaecimiento.

acaecimiento. M. Cosa que sucede.

acairelar. TR. Guarnecer la ropa con caireles.

acalambrar. TR. *Am.* Contraer los músculos a causa del calambre. U. t. c. prnl.

acalenturarse. PRNL. Empezar a tener calentura.

acallamiento. M. Acción y efecto de **acallar** (‖ hacer callar).

acallar. TR. **1.** Hacer callar. *Acallaron sus voces.* ‖ **2.** Aplacar, aquietar, sosegar. *No pudo acallar la sed.*

acalorado, da. PART. de **acalorar.** ‖ ADJ. Dicho de una controversia, de una disputa, de una conversación, de una crítica, etc.: Apasionadas, vehementes, enardecidas.

acaloramiento. M. **1.** Arrebato de calor. ‖ **2.** Acceso de una pasión violenta.

acalorar. I. TR. **1.** Dar o causar calor. *El esfuerzo nos acaloró.* U. t. c. prnl. ‖ **2.** Fomentar, promover, avivar, excitar, enardecer. *La discusión acalora los ánimos.* ‖ **II.** PRNL. **3.** Enardecerse en la conversación o disputa. ‖ **4.** Dicho de una disputa o de una conversación: Hacerse viva y ardiente.

acaloro. M. coloq. Acaloramiento, sofocación.

acamaya. F. *Méx.* Crustáceo de río parecido al langostino.

acamellonar. TR. *Méx.* Hacer **camellones** (‖ caballones).

acampada. F. **1.** Acción y efecto de acampar. ‖ **2.** Campamento, lugar al aire libre, dispuesto para alojar turistas, viajeros, etc. ‖ **de ~.** LOC.ADV. En un campamento con fines recreativos y deportivos. *Ir, estar de acampada.*

acampamento. M. campamento.

acampanado, da. PART. de **acampanar.** ‖ ADJ. De forma de campana. *Falda acampanada.*

acampanar. TR. Dar a algo forma de campana. U. t. c. prnl.

acampar. INTR. Detenerse y permanecer en despoblado, alojándose o no en tiendas o barracas. U. t. c. tr. y c. prnl.

ácana. F. Árbol de la familia de las Sapotáceas, muy común en América Meridional y en la isla de Cuba, y cuyo tronco, de ocho a diez metros de altura, da madera recia y compacta, excelente para la construcción.

acanalado, da. PART. de **acanalar.** ‖ ADJ. **1.** De forma larga y abarquillada como la de las canales. *Uñas acanaladas.* ‖ **2.** De forma de estría, o con estrías. *Fuste acanalado.* ☐ V. **columna ~, sonda ~.**

acanaladura. F. *Arq.* Canal o estría.

acanalar. TR. **1.** Hacer en algo una o varias **estrías** (‖ mediacañas de la columna). *Acanalar una superficie.* ‖ **2.** Dar a algo forma de **canal** (‖ teja). *Acanalar una tabla.*

acanallado, da. ADJ. Dicho de una persona: Que participa de los defectos de la **canalla** (‖ gente ruin).

acanelado, da. ADJ. De color o sabor de canela. *Tez acanelada. Arroz acanelado.*

acantáceo, a. ADJ. *Bot.* Se dice de las plantas angiospermas dicotiledóneas, arbustos y hierbas, que tienen tallo y ramos nudosos, hojas opuestas, flores de cinco pétalos, axilares o terminales y rara vez solitarias, y por fruto una caja membranosa, coriácea o cartilaginosa, que contiene varias semillas sin albumen; p. ej., el acanto. U. t. c. s. f. ORTOGR. En f. pl., escr. con may. inicial c. taxón. *Las Acantáceas.*

acantilado, da. I. ADJ. **1.** Dicho de una costa: Cortada verticalmente o a plomo. U. t. c. s. m. ‖ **2.** Dicho del fondo del mar: Que forma escalones o cantiles. ‖ **II.** M. **3.** Escarpa casi vertical en un terreno.

acantinflado, da. ADJ. *Chile* y *Méx.* Que habla a la manera peculiar del actor mexicano Cantinflas.

acanto. M. **1.** Planta de la familia de las Acantáceas, perenne, herbácea, con hojas anuales, largas, rizadas y espinosas. ‖ **2.** *Arq.* Adorno hecho a imitación de las hojas de esta planta, característico del capitel del orden corintio.

acantocéfalo, la. ADJ. *Zool.* Se dice de los nematelmintos que carecen de aparato digestivo y tienen en el extremo anterior de su cuerpo una trompa armada de ganchos, con los que el animal, que es parásito, se fija a las paredes del intestino de su huésped. U. t. c. s. m. ORTOGR. En m. pl., escr. con may. inicial c. taxón. *Los Acantocéfalos.*

acantonamiento. M. 1. Acción y efecto de acantonar. ‖ 2. Sitio en que hay tropas acantonadas.

acantonar. TR. Distribuir y alojar las tropas en diversos poblados o poblaciones. U. t. c. prnl.

acantopterigio, gia. ADJ. *Zool.* Se dice de los peces teleósteos, casi todos marinos, cuyas aletas, por lo menos las impares, tienen radios espinosos inarticulados; p. ej., el atún, el pez espada y el besugo. U. t. c. s. m. ORTOGR. En m. pl., escr. con may. inicial c. taxón. *Los Acantopterigios.*

acaparador, ra. ADJ. Que acapara. Apl. a pers., u. t. c. s.

acaparamiento. M. Acción y efecto de acaparar.

acaparar. TR. 1. Adquirir y retener cosas propias del comercio en cantidad superior a la normal, previniendo su escasez o encarecimiento. ‖ 2. Apropiarse u obtener en todo o en gran parte algo. *Le gustaba acaparar libros. Acapara la atención de todos.*

acápite. M. *Am. Cen., Am. Mer.* y *Ant.* **párrafo** (‖ división de un escrito). □ V. **punto ~.**

acaponado, da. ADJ. Que parece de **capón** (‖ hombre castrado). *Rostro acaponado. Voz acaponada.*

acapulqueño, ña. ADJ. 1. Natural de Acapulco. U. t. c. s. ‖ 2. Perteneciente o relativo a esta ciudad del estado de Guerrero, en México.

acaracolado, da. ADJ. De forma de caracol. *Cuernos acaracolados.*

acaramelado, da. PART. de **acaramelar.** ‖ ADJ. 1. Que tiene el color propio del **caramelo** (‖ azúcar fundido). *Ojos acaramelados. Tonalidad acaramelada.* ‖ 2. despect. Afectado y empalagoso. *Sonrisa, voz acaramelada.*

acaramelar. I. TR. 1. Bañar de azúcar en punto de caramelo. ‖ **II.** PRNL. 2. Dicho de una persona: Mostrarse excesivamente galante, obsequiosa, dulce, meliflua. ‖ 3. Dicho de los enamorados: Darse visibles muestras de cariño.

acariciador, ra. ADJ. Que acaricia. *Brisa acariciadora.*

acariciar. TR. 1. Hacer caricias. ‖ 2. Dicho de una cosa: Tocar, rozar suavemente a otra. *La brisa acariciaba su rostro.* ‖ 3. Complacerse en pensar algo con deseo o esperanza de conseguirlo o llevarlo a cabo. *Acariciar un sueño.* ¶ MORF. conjug. c. *anunciar.*

acaricida. ADJ. Que sirve para matar ácaros. Apl. a una sustancia o un producto, u. t. c. s. m.

acarminado, da. ADJ. De color carmín o que tira a él.

acarnerado, da. ADJ. Dicho de un caballo: Que tiene arqueada la parte delantera de la cabeza, como el carnero.

ácaro. M. *Zool.* Arácnido de respiración traqueal o cutánea, con cefalotórax tan íntimamente unido al abdomen que no se percibe separación entre ambos. Esta denominación comprende animales de tamaño mediano o pequeño, muchos de los cuales son parásitos de otros animales o plantas. ORTOGR. En pl., escr. con may. inicial c. taxón. *Los Ácaros.* ‖ **~ de la sarna.** M. **arador de la sarna.**

acarreado, da. PART. de **acarrear.** ‖ ADJ. *Méx.* Dicho de una persona: Que es llevada en autobús a un lugar para que participe en una manifestación o para que vote. U. t. c. s.

acarreador, ra. ADJ. Que acarrea. Apl. a pers., u. t. c. s.

acarrear. TR. 1. Transportar en carro. ‖ 2. Transportar de cualquier manera. ‖ 3. Ocasionar, producir, traer consigo daños o desgracias.

acarreo. M. Acción de acarrear. ‖ **de ~.** LOC. ADJ. 1. Dicho de una cosa: Que se trae de otra parte por tierra, o no es del lugar donde está, sino que ha venido a él desde otro. *Tierras de acarreo.* ‖ 2. Dicho de un material aportado por un escritor, investigador, orador, etc.: Tomado de diversas fuentes y no sometido a una elaboración personal.

acartonado, da. PART. de **acartonarse.** ‖ ADJ. 1. Que tiene el aspecto o la consistencia del cartón. *Ropa acartonada.* ‖ 2. despect. Que carece de vitalidad o espontaneidad. *Lenguaje acartonado.*

acartonarse. PRNL. Ponerse como cartón. Se usa especialmente hablando de las personas que al llegar a cierta edad se quedan enjutas.

acaserarse. PRNL. *Chile.* Hacerse parroquiano de una tienda.

acaso. I. M. 1. Casualidad, suceso imprevisto. ‖ **II.** ADV. DUDA 2. Quizá, tal vez. ‖ **por si ~.** LOC. ADV. En previsión de una contingencia. *Hay que salir con tiempo, por si acaso.* U. t. c. loc. conjunt. *Fíjate bien en lo que dicen, por si acaso hay que replicarles.* ‖ **si ~. I.** LOC. CONJUNT. CONDIC. 1. Se usa para expresar la posibilidad o contingencia de lo manifestado por el verbo. *Si acaso viene gente, yo aviso.* ‖ **II.** LOC. ADV. 2. En todo caso, a lo sumo. *No he de demostrar nada a nadie; si acaso, a mí mismo.*

acastañado, da. ADJ. Que tira a color castaño.

acatable. ADJ. Digno de acatamiento o respeto. *Tratado de paz acatable.*

acatamiento. M. Acción y efecto de acatar.

acatar. TR. 1. Aceptar con sumisión una autoridad o unas normas legales, una orden, etc. ‖ 2. Tributar homenaje de sumisión y respeto. *Lo acataron como rey.*

acatarrar. I. TR. 1. Resfriar, constipar. ‖ **II.** PRNL. 2. Contraer catarro de las vías respiratorias.

acato. M. acatamiento.

acaudalado, da. ADJ. Que tiene mucho caudal. *Gentes acaudaladas.*

acaudillar. TR. 1. Mandar, como cabeza o jefe, gente de guerra. ‖ 2. Guiar, conducir, dirigir. *Acaudillar un proyecto de investigación.*

acautelarse. PRNL. **cautelarse**[1].

acceder. INTR. 1. Consentir en lo que alguien solicita o quiere. *Accedo a tu petición.* ‖ 2. Entrar en un lugar o pasar a él. *No pudieron acceder al piso superior.* ‖ 3. Tener acceso a una situación, condición o grado superiores, llegar a alcanzarlos. *Acceder el inquilino a la propiedad de la vivienda. Acceder a cátedra.*

accesibilidad. F. Cualidad de accesible.

accesible. ADJ. 1. Que tiene acceso. *Una escalera accesible desde la entrada.* ‖ 2. De fácil acceso o trato. *Su humildad la convierte en una mujer accesible.* ‖ 3. De fácil comprensión, inteligible. *Un lenguaje teatral simple y accesible.*

accesión. F. Acción y efecto de acceder.

accesional. ADJ. Dicho de ciertas enfermedades y especialmente de algunas fiebres: Que aparecen y desaparecen súbitamente, por accesos.

accésit. M. En certámenes científicos, literarios o artísticos, recompensa inferior inmediata al premio. MORF. pl. **accésits.**

acceso. M. **1.** Acción de llegar o acercarse. ‖ **2. coito.** ‖ **3.** Entrada o paso. ‖ **4.** Entrada al trato o comunicación con alguien. ‖ **5.** Arrebato o exaltación. *Acceso de ira.* ‖ **6.** *Med.* Acometimiento o repetición de un estado morboso, periódico o no, como la tos, la disnea, la neuralgia, etc.

accesoria. F. **1.** Edificio contiguo a otro principal y dependiente de este. U. m. en pl. ‖ **2.** *Filip.* Cada departamento de una serie de casas iguales y unidas por pared intermedia, de un solo techo a lo largo de la calle. Suele ser de dos pisos. ‖ **3.** pl. Habitaciones bajas que tienen entrada distinta y uso separado del resto del edificio principal.

accesorio, ria. I. ADJ. **1.** Que depende de lo principal o se le une por accidente. *Las dependencias accesorias del templo.* ‖ **2. secundario** (‖ no principal). *Una cuestión accesoria.* ‖ **II.** M. **3.** Utensilio auxiliar para determinado trabajo o para el funcionamiento de una máquina. U. m. en pl. □ V. **pena ~.**

accidentabilidad. F. Frecuencia o índice de accidentes.

accidentado, da. PART. de **accidentarse.** ‖ ADJ. **1.** Turbado, agitado, borrascoso. *Viaje, día accidentado.* ‖ **2.** Dicho de un terreno: Escabroso, abrupto. ‖ **3.** Dicho de una persona: Que ha sido víctima de un accidente. U. m. c. s.

accidental. I. ADJ. **1.** No esencial. *Una diferencia accidental.* ‖ **2.** Casual, contingente. *Lo sorprendieron de manera accidental.* ‖ **3.** Dicho de un cargo: Que se desempeña con carácter provisional. *Director, secretario accidental.* ‖ **4.** *Rel.* Se dice de la gloria y bienes que gozan los bienaventurados, además de la vista y posesión de Dios. ‖ **II.** M. **5.** *Mús.* **accidente** (‖ signo para alterar la tonalidad de un sonido). □ V. **imagen ~.**

accidentalidad. F. Cualidad de accidental.

accidentarse. PRNL. Dicho de una persona: Tener un accidente (‖ suceso de que resulta daño).

accidente. M. **1.** Cualidad o estado que aparece en algo, sin que sea parte de su esencia o naturaleza. ‖ **2.** Suceso eventual que altera el orden regular de las cosas. ‖ **3.** Suceso eventual o acción de que involuntariamente resulta daño para las personas o las cosas. *Seguro contra accidentes.* ‖ **4.** Indisposición o enfermedad que sobreviene repentinamente y priva de sentido, de movimiento o de ambas cosas. ‖ **5.** Irregularidad del terreno con elevación o depresión bruscas, quiebras, fragosidad, etc. ‖ **6.** Síntoma grave que se presenta inopinadamente durante una enfermedad, sin ser de los que la caracterizan. ‖ **7.** *Mús.* Cada uno de los tres signos, el sostenido, el bemol y el becuadro, con que se altera la tonalidad de un sonido. ‖ **8.** pl. *Rel.* Figura, color, sabor y olor que en la eucaristía quedan del pan y del vino después de la consagración. ‖ **~ de trabajo.** M. Lesión corporal o enfermedad que sufre el trabajador con ocasión o a consecuencia del trabajo que ejecuta por cuenta ajena. ‖ **~ gramatical.** M. *Gram.* En la gramática tradicional, modificación flexiva que experimentan las palabras variables para expresar valores de alguna categoría gramatical; p. ej., el género, el número, la persona o el tiempo.

acción. F. **1.** Ejercicio de la posibilidad de hacer. ‖ **2.** Resultado de hacer. ‖ **3.** Efecto que causa un agente sobre algo. *La acción de la erosión sobre las piedras.* ‖ **4.** En las obras narrativas, dramáticas y cinematográficas, sucesión de acontecimientos y peripecias que constituyen su argumento. ‖ **5. combate** (‖ acción bélica o pelea). ‖ **6.** *Der.* En sentido procesal, derecho a acudir a un juez o tribunal recabando de él la tutela de un derecho o de un interés. ‖ **7.** *Der.* Facultad derivada de un derecho subjetivo para hacer valer en juicio el contenido de aquel. *Acción reivindicatoria. Acción de nulidad.* ‖ **8.** *Econ.* Título valor que representa una parte alícuota en el capital de una sociedad mercantil y que da derecho a una parte proporcional en el reparto de beneficios y a la cuota patrimonial correspondiente en la disolución de la sociedad. ‖ **~ de gracias.** F. Expresión o manifestación pública de agradecimiento normalmente dirigida a la divinidad. ‖ **~ directa.** F. Empleo de la fuerza, en forma de atentados, huelgas, sabotajes, etc., con que un grupo social intenta obtener las ventajas que desea. ‖ **~ popular.** F. *Der.* Posibilidad que tiene cualquier persona para promover un proceso aunque no tenga una relación con el objeto de este. ‖ **~ pública.** F. **1.** *Der.* **acción popular.** ‖ **2.** *Der.* La que ejercita el ministerio público o fiscal. ‖ **buena ~.** F. Obra que se hace en beneficio del prójimo. ‖ **mala ~.** F. Obra que se hace en perjuicio del prójimo. ‖ **acción.** INTERJ. Se usa, en la filmación de películas, para advertir a actores y técnicos que en aquel momento comienza una toma. ‖ **ganar** a alguien **la ~.** LOC.VERB. Anticiparse a sus intenciones, impidiéndole realizarlos. ‖ **de ~.** LOC.ADJ. Dicho especialmente de una película o de otra obra de ficción: Que cuenta con un argumento abundante en acontecimientos, normalmente violentos, que se suceden con gran rapidez. □ V. **esfera de ~, opción sobre acciones, paquete de acciones, radio de ~, sociedad comanditaria por acciones, unidad de ~.**

accionable. ADJ. Dicho de un mecanismo: Que se puede accionar.

accionamiento. M. Acción y efecto de **accionar** (‖ poner en funcionamiento un mecanismo).

accionar. I. TR. **1.** Poner en funcionamiento un mecanismo o parte de él. ‖ **II.** INTR. **2.** Hacer movimientos y gestos para dar a entender algo, o acompañar con ellos la palabra hablada o el canto, para hacer más viva la expresión de los pensamientos, deseos o afectos.

accionariado. M. Conjunto de accionistas de una sociedad.

accionarial. ADJ. Perteneciente o relativo a las acciones de una sociedad.

accionario, ria. I. ADJ. **1.** Perteneciente o relativo a las acciones de una sociedad anónima. ‖ **II.** M. y F. **2.** Accionista o poseedor de acciones.

accionista. COM. En una compañía comercial, industrial o de otra índole, dueño de una o varias acciones.

accitano, na. ADJ. **1.** Natural de Acci, hoy Guadix. U. t. c. s. ‖ **2.** Perteneciente o relativo a esta ciudad de la provincia de Granada, en España.

acebal. M. **acebeda.**

acebeda. F. Sitio poblado de acebos.

acebo. M. Árbol silvestre de la familia de las Aquifoliáceas, de cuatro a seis metros de altura, poblado todo el año de hojas de color verde oscuro, lustrosas, crespas y con espinas en su margen, flores blancas y fruto en drupa rojiza. Su madera, que es blanca, flexible, muy dura y compacta, se emplea en ebanistería y tornería, y de su corteza se extrae liga para cazar pájaros.

acebrado, da. ADJ. cebrado.

acebuchal. M. Terreno poblado de acebuches.

acebuche. M. olivo silvestre.

acebucheno, na. ADJ. Perteneciente o relativo al acebuche.

acechador, ra. ADJ. Que acecha. Apl. a pers., u. t. c. s.

acechante. ADJ. Que acecha. *Miradas acechantes.*

acechanza. F. Acecho, espionaje, persecución cautelosa.

acechar. TR. Observar, aguardar cautelosamente con algún propósito.

acecho. M. Acción de acechar. ‖ **al, o en, ~.** LOCS. ADVS. Observando y mirando a escondidas y con cuidado.

acecinar. **I.** TR. **1.** Salar las carnes y ponerlas al humo y al aire para que, enjutas, se conserven. U. t. c. prnl. ‖ **II.** PRNL. **2.** Quedarse, por vejez u otra causa, muy enjuto de carnes.

acedar. **I.** TR. **1.** Poner acedo o agrio algo. U. m. c. prnl. ‖ **II.** PRNL. **2.** Dicho de una planta: Ponerse amarilla y enfermiza a causa del exceso de humedad o de acidez del medio en que vive.

acedera. F. Planta perenne de la familia de las Poligonáceas, con el tallo derecho, hojas alternas y envainadoras, y flores pequeñas y verdosas dispuestas en verticilos. Se emplea como condimento por su sabor ácido, debido al oxalato potásico que contiene.

acederilla. F. **1.** Planta perenne de la familia de las Poligonáceas, muy parecida a la acedera. ‖ **2. aleluya** (‖ planta oxalidácea).

acedia o **acedía**[1]**.** F. **1.** Pereza, flojedad. ‖ **2.** Tristeza, angustia.

acedía[2]**.** F. **1.** Cualidad de acedo. ‖ **2. platija.**

acedo, da. ADJ. **1.** ácido. *Saliva aceda.* ‖ **2.** Que se ha acedado. *Vino acedo.* ‖ **3.** Dicho especialmente de una persona o de su genio: Ásperos, desagradables.

acefalia. F. Cualidad de acéfalo.

acéfalo, la. ADJ. **1.** Carente de cabeza. *Estatua acéfala.* ‖ **2.** Dicho de una sociedad, de una comunidad, de una secta, etc.: Que no tienen quien las dirija.

aceifa. F. hist. Expedición militar realizada en verano por los musulmanes.

aceitada. F. *Am. Cen., Am. Mer.* y *Ant.* Acción y efecto de aceitar.

aceitar. TR. Dar, untar, bañar con aceite. MORF. conjug. c. *peinar.*

aceitazo. M. Aceite gordo y turbio.

aceite. M. **1.** Líquido graso de color verde amarillento, que se obtiene prensando las aceitunas. ‖ **2.** Líquido graso que se obtiene de otros frutos o semillas, como cacahuetes, algodón, soja, nueces, almendras, linaza, coco, etc., y de algunos animales, como la ballena, foca, bacalao, etc. ‖ **3.** Líquido denso que se encuentra formado en la naturaleza, como el petróleo, o que se obtiene por destilación de ciertos minerales bituminosos o de la hulla, el lignito y la turba. ‖ **4.** Sustancia grasa, líquida a temperatura ordinaria, de mayor o menor viscosidad, no miscible con agua y de menor densidad que ella, que se puede obtener sintéticamente. ‖ **~ de hígado de bacalao.** M. El que se extrae del hígado de este pez y se emplea como medicamento reconstituyente. ‖ **~ de oliva.** M. aceite (‖ que se obtiene prensando las aceitunas). ‖ **~ de ricino.** M. El que se extrae de las semillas del ricino y se ha utilizado como purgante. ‖ **~ de vitriolo.** M. Ácido sulfúrico concentrado comercial. ‖ **~ esencial.** M. Cada

una de las sustancias líquidas, formadas por mezclas de hidrocarburos, que se asemejan mucho por sus caracteres físicos a las grasas, pero se distinguen de estas por ser muy volátiles; suelen tener un olor penetrante y son extraídas de plantas de muy diversas familias, principalmente Labiadas, Rutáceas, Umbelíferas y Abietáceas. ‖ **~ secante.** M. **1.** aceite que en contacto con el aire se transforma en resina lentamente, como el de linaza, el de cáñamo, etc., y se emplea frecuentemente en la preparación de barnices y pinturas. ‖ **2.** *Pint.* El de linaza cocido con ajos, vidrio molido y litargirio, usado para que se sequen pronto los colores. ‖ **~ virgen.** M. El que sale de la aceituna por primera presión en el molino, y sin los repasos en prensa con agua caliente. ‖ **~ volátil.** M. **aceite esencial.** ‖ **echar ~ al fuego, o en el fuego.** LOCS. VERBS. echar leña al fuego. □ V. **balsa de ~.**

aceitera. F. **1.** alcuza. ‖ **2.** Empresa dedicada al tratamiento del aceite.

aceitero, ra. **I.** ADJ. **1.** Perteneciente o relativo al aceite. *Molino aceitero.* ‖ **II.** M. y F. **2.** Persona que vende o fabrica aceite. ‖ **III.** M. **3.** *Á. Caribe* y *Á. guar.* Recipiente para contener aceite lubricante con un pico o cánula para aplicarlo a las piezas de las máquinas.

aceitón. M. Aceite gordo y turbio.

aceitoso, sa. ADJ. **1.** Que tiene aceite. *Semilla aceitosa. Papel aceitoso.* ‖ **2.** Que tiene mucho aceite. *Fritura aceitosa.* ‖ **3.** Que tiene jugo o crasitud semejante al aceite. *Ungüento aceitoso.*

aceituna. F. Fruto del olivo. ‖ **~ de la reina.** F. La de mayor tamaño y superior calidad que se cría en Andalucía. ‖ **~ de verdeo.** F. La que es apta para cogerla en verde y aliñarla para consumirla como fruto. ‖ **~ dulzal.** F. Clase de aceituna redonda y muy fina que se consume sin haber madurado, una vez preparada. ‖ **~ gordal.** F. Variedad de aceituna de gran tamaño que se verdea y se consume aliñada como fruto. ‖ **~ manzanilla.** F. Especie de aceituna pequeña y muy fina, que se consume sin haber madurado, endulzada o aliñada. ‖ **~ picudilla.** F. La de forma picuda. ‖ **~ tetuda.** F. La que remata en un pequeño pezón. ‖ **~ zapatera.** F. La que ha perdido su color y buen sabor, por haber comenzado a pudrirse. ‖ **~ zorzaleña.** F. La muy pequeña y redonda.

aceitunado, da. ADJ. De color de aceituna verde.

aceitunero, ra. M. y F. Persona que coge, acarrea o vende aceitunas.

aceitunillo. M. Árbol de las Antillas, de la familia de las Estiracáceas, de fruto venenoso y madera muy dura que se emplea en construcciones.

aceituno. M. olivo.

aceleración. F. **1.** Acción y efecto de acelerar o acelerarse. ‖ **2.** Aumento de la frecuencia o del ritmo de un proceso. *La aceleración de la economía.* ‖ **3.** *Mec.* Magnitud que expresa el incremento de la velocidad en la unidad de tiempo. Su unidad en el Sistema Internacional es el *metro por segundo cada segundo* (m/s²). □ V. **carril de ~.**

acelerada. F. *Am. Cen., Am. Mer.* y *Ant.* acelerón.

acelerado, da. PART. de acelerar. ‖ ADJ. Impaciente, nervioso. □ V. **movimiento ~, movimiento uniformemente ~.**

acelerador, ra. **I.** ADJ. **1.** Que acelera. ‖ **II.** M. **2.** Mecanismo que permite aumentar el régimen de revoluciones de un motor. ‖ **3.** Pedal o manilla con que se acciona dicho mecanismo. ‖ **acelerador de partículas.** M.

Fís. Instalación en que partículas subatómicas con carga eléctrica, como los protones y electrones, se aceleran por la acción de campos eléctricos y magnéticos, que las dotan de altas energías. ‖ **pisar** alguien **el ~**. LOC.VERB. Dar celeridad a un asunto, acción o proceso.

aceleramiento. M. aceleración.

acelerar. I. TR. **1.** Dar mayor velocidad, aumentar la velocidad. *Acelerar la marcha. Acelerar un proceso.* ‖ **II.** INTR. **2.** Accionar el mecanismo acelerador de un vehículo automóvil o de un motor para que funcione con mayor rapidez. ‖ **3.** Darse prisa. ‖ **III.** PRNL. **4.** atolondrarse.

acelerómetro. M. *Mec.* Aparato que mide la aceleración.

acelerón. M. Aceleración súbita e intensa a que se somete la actividad de un motor.

acelga. F. Planta hortense de la familia de las Quenopodiáceas, de hojas grandes, anchas, lisas y jugosas, y cuyo pecíolo es grueso y acanalado por el interior. Es comestible.

acémila. F. **1.** Mula o macho de carga. ‖ **2. asno** (‖ persona ruda). U. t. c. adj.

acemilado, da. ADJ. Parecido a una acémila. *Lectores acemilados.*

acemilero. M. Hombre que cuida o conduce acémilas. ‖ **~ mayor.** M. hist. Jefe del oficio de la casa real consistente en cuidar de sus acémilas.

acemita. F. Pan hecho de salvado con alguna porción corta de harina.

acendrado, da. PART. de acendrar. ‖ ADJ. Dicho de una cualidad, de una conducta, etc.: Puras y sin mancha ni defecto.

acendramiento. M. Acción y efecto de acendrar.

acendrar. TR. **1.** Depurar, purificar en la copela los metales preciosos por la acción del fuego. ‖ **2.** Depurar, purificar, limpiar, dejar sin mancha ni defecto. *Acendrar un sentimiento, una narración.*

acensuar. TR. Imponer censo. MORF. conjug. c. *actuar.*

acento. M. **1.** Relieve que en la pronunciación se da a una sílaba de la palabra, distinguiéndola de las demás por una mayor intensidad o por un tono más alto. ‖ **2.** Tilde, rayita oblicua que en la ortografía española vigente baja de derecha a izquierda de quien escribe o lee. Se usa para indicar en determinados casos la mayor fuerza espiratoria de la sílaba cuya vocal la lleva, p. ej., *cámara, símbolo, útil, allá, salió;* y también para distinguir una palabra o forma de otra escrita con iguales letras, p. ej., *sólo,* adverbio, frente a *solo,* adjetivo; o con ambos fines a la vez, p. ej., *tomó* frente a *tomo; él,* pronombre personal, frente a *el,* artículo. ‖ **3.** Modulación de la voz, entonación. ‖ **4.** Conjunto de las particularidades fonéticas, rítmicas y melódicas que caracterizan el habla de un país, región, ciudad, etc. ‖ **5.** Peculiar energía, ritmo o entonación con que el hablante se expresa según su estado anímico, su propósito, etc. *Acento irritado, insinuante, lastimero, burlón.* ‖ **6.** Sonido que se emite al hablar o cantar. ‖ **7.** Elemento constitutivo del verso, mediante el cual se marca el ritmo destacando una sílaba sobre las inmediatas. ‖ **8.** Importancia o relieve especial que se concede a determinadas ideas, palabras, hechos, fines, etc. *Poner el acento en algo. Con acento en la mejora de los salarios.* ‖ **~ agudo.** M. Tilde o rayita oblicua que baja de derecha a izquierda (´), empleada en otras lenguas con distintos fines que los indicados para la española. ‖ **~ circunflejo.** M. El que se compone de

uno agudo y otro grave unidos por arriba (^). En nuestra lengua no tiene ya uso alguno. ‖ **~ de intensidad.** M. El que distingue a una sílaba al pronunciarla con mayor fuerza espiratoria. ‖ **~ gráfico.** M. acento (‖ rayita oblicua que baja de derecha a izquierda). ‖ **~ grave.** M. Tilde o rayita oblicua que baja de izquierda a derecha de quien escribe o lee (`). En nuestra lengua no tiene ya uso alguno. ‖ **~ métrico.** M. Elemento constitutivo del verso mediante el cual se marca el ritmo destacando una sílaba sobre las inmediatas. ‖ **~ musical.** M. En ciertas lenguas, el que distingue una sílaba al pronunciarla con mayor altura musical. ‖ **~ ortográfico.** M. acento (‖ rayita oblicua que baja de derecha a izquierda). ‖ **~ prosódico.** M. acento (‖ relieve en la pronunciación). ‖ **~ rítmico.** M. acento métrico. ‖ **~ tónico.** M. El consistente en una elevación del tono.

acentuación. F. Acción y efecto de acentuar.

acentuado, da. PART. de acentuar. ‖ ADJ. Intenso o muy perceptible. *Líneas, diferencias acentuadas.*

acentual. ADJ. *Gram.* Perteneciente o relativo al acento.

acentuamiento. M. Acción y efecto de acentuar (‖ realzar). *El acentuamiento de la violencia en las grandes ciudades.*

acentuar. I. TR. **1.** Dar acento prosódico a una vocal, sílaba o palabra. ‖ **2.** Ponerles acento ortográfico. ‖ **3.** recalcar. *Acentuar el final de las frases.* ‖ **4.** Realzar, resaltar, abultar. *La ropa que usa acentúa su desgraciada figura.* ‖ **II.** PRNL. **5. tomar cuerpo.** ¶ MORF. conjug. c. *actuar.*

aceña. F. **1.** Molino harinero de agua situado dentro del cauce de un río. ‖ **2. azud** (‖ máquina).

acepción. F. Cada uno de los significados de una palabra según los contextos en que aparece. ‖ **~ de personas.** F. Acción de favorecer o inclinarse a unas personas más que a otras por algún motivo o afecto particular, sin atender al mérito o a la razón.

aceptabilidad. F. **1.** Cualidad de aceptable. ‖ **2.** *Ling.* Conjunto de propiedades gramaticales y semánticas que un enunciado debe reunir para que resulte comprensible por los hablantes de una lengua dada.

aceptable. ADJ. Capaz o digno de ser aceptado. *Conclusiones aceptables.*

aceptación. F. **1.** Acción y efecto de aceptar. ‖ **2.** Aprobación, aplauso.

aceptador, ra. ADJ. Que acepta. *Entorno social poco aceptador.*

aceptar. TR. **1.** Recibir voluntariamente o sin oposición lo que se da, ofrece o encarga. *Aceptar un regalo.* ‖ **2.** Aprobar, dar por bueno, acceder a algo. *Acepto tus disculpas.* ‖ **3.** Recibir o dar entrada. *No se aceptó la enmienda.* ‖ **4.** Asumir resignadamente un sacrificio, molestia o privación. ‖ **5.** *Com.* Obligarse al pago de letras o libranzas, por escrito en ellas mismas.

acepto, ta. ADJ. Agradable, bien recibido, admitido con gusto. *Trabajos aceptos.*

acequia. F. Zanja o canal por donde se conducen las aguas para regar y para otros fines.

acequiero. M. Encargado de regir el uso de las acequias, o de cuidar de ellas.

acera. F. **1.** Orilla de la calle o de otra vía pública, generalmente enlosada, situada junto a la pared exterior de las casas, y particularmente destinada para el tránsito de la gente que va a pie. ‖ **2.** Fila de casas que hay a cada lado de la calle o plaza. ‖ **la ~ de enfrente, o la**

otra ~. F. coloqs. Bando, grupo o partido contrarios al de una persona. ‖ **ser un hombre de la ~ de enfrente,** o **de la otra ~.** LOCS.VERBS. coloqs. Ser homosexual.

aceráceo, a. ADJ. *Bot.* Se dice de los árboles angiospermos dicotiledóneos, con hojas opuestas, flores actinomorfas, hermafroditas o unisexuales, fruto constituido por dos sámaras y semillas sin albumen; p. ej., el arce y el plátano falso. De la savia de muchos de ellos se puede extraer azúcar. U. t. c. s. f. ORTOGR. En f. pl., escr. con may. inicial c. taxón. *Las Aceráceas.*

acerado, da. PART. de **acerar**[1]. ‖ ADJ. **1.** De acero. *Alambre acerado. La acerada hoja del puñal.* ‖ **2.** Parecido a él. *Brillo acerado.* ‖ **3.** Fuerte o de mucha resistencia. *Espinas ganchudas y aceradas.* ‖ **4.** Incisivo, mordaz, penetrante. *Acerado ingenio. Acerada ironía.*

acerar[1]. TR. **1.** Dar al hierro las propiedades del acero. ‖ **2.** Fortalecer, vigorizar. U. t. c. prnl. *Sus músculos se aceraron.*

acerar[2]. TR. Poner aceras.

acerbo, ba. ADJ. **1.** Áspero al gusto. *Sabor acerbo.* ‖ **2.** Cruel, riguroso, desagradable. *Acerbas disputas.*

acerca. ~ de. LOC.PREPOS. Sobre aquello de que se trata, en orden a ello.

acercamiento. M. Acción y efecto de acercar.

acercar. TR. Poner cerca o a menor distancia de lugar o tiempo. *Acercó la radio para escuchar las noticias.* U. t. c. prnl. *Se acercan las vacaciones de Navidad.* U. t. en sent. fig. *Los dos países se han acercado políticamente.*

ácere. M. arce.

acerería. F. acería.

acería. F. Fábrica de acero.

acerico. M. Almohadilla que sirve para clavar en ella alfileres o agujas.

acerista. COM. Persona técnica en la fabricación de aceros o dedicada a su producción.

acero. M. **1.** Aleación de hierro y carbono, en la que este entra en una proporción entre el 0,02 y 2%, y que, según su tratamiento, adquiere especial elasticidad, dureza o resistencia. ‖ **2.** Arma blanca, y en especial la espada. ‖ **~ al carbono.** M. acero ordinario. ‖ **~ especial.** M. El que, además de hierro y carbono, contiene otros elementos destinados a mejorar algunas propiedades del acero. ‖ **~ fundido.** M. Cada uno de los aceros obtenidos quemando, en aparatos a propósito, parte del carbono que tiene el hierro colado. ‖ **~ inoxidable.** M. Aleación de acero y cromo, níquel, etc., especialmente resistente a la corrosión. ‖ **~ rápido.** M. El que contiene una proporción elevada de wolframio, lo cual permite emplearlo para fabricar herramientas de corte que han de actuar a gran velocidad. ‖ **de ~.** LOC.ADJ. Duro, fuerte, inflexible. *Músculos, sentimientos de acero.* □ V. **pulmón de ~, telón de ~.**

acerola. F. Fruto del acerolo. Es redondo, encarnado o amarillo, carnoso y agridulce, y tiene dentro tres huesos juntos muy duros.

acerolo. M. Árbol de la familia de las Rosáceas, que crece hasta diez metros, de ramas cortas y frágiles, con espinas en estado silvestre y sin ellas en el de cultivo, hojas pubescentes, cuneiformes en la base y profundamente divididas en tres o cinco lóbulos enteros o dentados, y flores blancas en corimbo. Su fruto es la acerola.

acérrimo, ma. I. ADJ. SUP. de **acre**[2]. ‖ **II.** ADJ. **1.** Muy fuerte, vigoroso o tenaz. *Acérrimo partidario.* ‖ **2.** Intransigente, fanático, extremado. *Acérrimo defensor de la tiranía.*

acerrojar. TR. Poner bajo cerrojo.

acertado, da. PART. de **acertar.** ‖ ADJ. Que tiene o incluye acierto. *Decisión acertada.*

acertante. ADJ. En loterías, sorteos o ciertas apuestas, que acierta o ha acertado y obtiene el premio correspondiente. Apl. a pers., u. t. c. s.

acertar. I. TR. **1.** Dar en el punto a que se dirige algo. *Acertar el blanco.* U. m. c. intr. *Acertó A la botella que servía de diana. Acertar EN el blanco.* ‖ **2.** Encontrar, hallar. *Acertó la casa.* U. t. c. intr. *Acertó con la casa.* ‖ **3.** Dar con lo cierto en lo dudoso, ignorado u oculto. *Acertó la adivinanza.* ‖ **4.** Hacer con acierto algo. U. m. c. intr. *Hemos acertado EN nuestra decisión.* ‖ **II.** INTR. **5.** Suceder impensadamente o por casualidad. *Acertó a ser viernes aquel día.* ¶ MORF. V. conjug. modelo.

acertijo. M. **1.** Enigma o adivinanza que se propone como pasatiempo. ‖ **2.** Cosa o afirmación muy problemática.

acervo. M. **1.** Conjunto de bienes morales o culturales acumulados por tradición o herencia. ‖ **2.** Haber que pertenece en común a varias personas, ya sean socios, coherederos, acreedores, etc. ‖ **~ comunitario.** M. *Der.* Conjunto de prácticas, decisiones y criterios con los que se han venido interpretando y aplicando los tratados constitutivos de la Unión Europea.

acetábulo. M. Cavidad de un hueso en que encaja otro, y en particular la del isquion donde entra la cabeza del fémur.

acetal. M. *Quím.* Producto resultante de la reacción entre un aldehído y un alcohol.

acetaldehído. M. *Quím.* Líquido incoloro, muy volátil, de olor desagradable, que se oxida fácilmente en contacto con el oxígeno del aire y se transforma en ácido acético. Es resultante de la oxidación del alcohol etílico.

acetato. M. **1.** Material transparente utilizado en la fabricación de películas fotográficas, y en forma de láminas, para artes gráficas y otros usos. ‖ **2.** *Quím.* Sal formada por la combinación del ácido acético con una base.

acético, ca. ADJ. **1.** *Quím.* Perteneciente o relativo al vinagre o sus derivados. *Graduación acética.* ‖ **2.** *Quím.* Dicho de un compuesto: Que contiene el radical acetilo. □ V. **ácido ~.**

acetilcolina. F. *Bioquím.* Derivado de la colina, que actúa como neurotransmisor.

acetileno. M. *Quím.* Hidrocarburo gaseoso que se obtiene por la acción del agua sobre el carburo de calcio y se utilizó como gas de alumbrado y, actualmente, en la soldadura y en la industria química.

acetilo. M. *Quím.* Radical correspondiente al ácido acético. (Fórm. CH_3CO-).

acetilsalicílico. □ V. **ácido ~.**

acetona. F. Líquido volátil, incoloro, de olor peculiar y sabor ardiente y dulce, que se emplea como disolvente y aparece en la orina en ciertos casos de diabetes y en múltiples alteraciones metabólicas.

acetoso, sa. ADJ. ácido.

acetre. M. **1.** Caldero pequeño con que se saca agua de las tinajas o pozos. ‖ **2.** Caldero pequeño en que se lleva el agua bendita para las aspersiones litúrgicas.

acezante. ADJ. Anhelante, ansioso. *Deleite acezante. Acezante corazón.*

acezar. INTR. **1.** jadear. ‖ **2.** Sentir anhelo, deseo vehemente o codicia de algo.

acezo. M. Acción y efecto de acezar.

achabacanamiento. M. **1.** Proceso por el cual algo o alguien se hace chabacano. ‖ **2.** Resultado de dicho proceso, chabacanería.

achabacanar. TR. Hacer chabacano. U. m. c. prnl.

achacar. TR. Atribuir, imputar a alguien o algo un delito, culpa, defecto o desgracia, generalmente con malicia o sin fundamento.

achachay. INTERJ. Á. *Andes.* Se usa para expresar la sensación de frío.

achacoso, sa. ADJ. Que padece **achaque** (‖ enfermedad habitual).

achaflanar. TR. Dar a una esquina forma de chaflán.

achampanado, da o **achampañado, da.** ADJ. Dicho de una bebida: Que presenta características similares a las del champán.

achantar. **I.** TR. **1.** coloq. Acoquinar, apabullar, achicar a alguien. ‖ **II.** PRNL. **2.** coloq. Abstenerse de intervenir en algún asunto por cautela o maliciosamente. ‖ **3.** coloq. Callarse resignadamente o por cobardía. ‖ **4.** coloq. Aguantarse, agazaparse o esconderse mientras dura un peligro.

achaparrado, da. PART. de **achaparrarse.** ‖ ADJ. **1.** Dicho de una cosa: Baja y extendida. *Árboles achaparrados.* ‖ **2.** Dicho de una persona: Gruesa y de poca estatura.

achaparrarse. PRNL. **1.** Dicho de un árbol: Tomar la forma de chaparro. ‖ **2.** Dicho de una persona, de un animal o de una planta: Adquirir una configuración baja y gruesa en su desarrollo.

achaplinarse. PRNL. *Chile.* Arrepentirse de un compromiso contraído.

achaque. M. **1.** Indisposición o enfermedad habitual, especialmente las que acompañan a la vejez. ‖ **2.** Indisposición o enfermedad generalmente ligera. ‖ **3.** Vicio, defecto, tanto físico como moral. ‖ **4.** Excusa o pretexto. ‖ **5.** Asunto o materia.

achara. F. *Filip.* encurtido.

acharar. TR. Avergonzar, azarar, sobresaltar. U. t. c. prnl.

achares. M. pl. Celos, disgusto, pena.

acharolado, da. PART. de **acharolar.** ‖ ADJ. Semejante al charol. *Superficie acharolada.*

acharolar. TR. charolar.

achatamiento. M. Acción y efecto de achatar.

achatar. TR. Poner chato algo. U. t. c. prnl.

achatarramiento. M. Acción y efecto de achatarrar.

achatarrar. TR. Convertir en chatarra.

achelense. ADJ. **1.** Se dice de un estadio cultural del Paleolítico inferior, entre cuyos restos arqueológicos es muy significativo el alto porcentaje de bifaces. U. m. c. s. m. ORTOGR. Escr. con may. inicial c. s. ‖ **2.** Perteneciente o relativo a este estadio cultural. *Restos achelenses.*

achicador, ra. **I.** ADJ. **1.** Que achica. *Gotas achicadoras de las pupilas.* ‖ **II.** M. **2.** *Mar.* Especie de cucharón de madera que sirve para achicar el agua en los botes.

achicamiento. M. Acción y efecto de achicar.

achicar. TR. **1.** Disminuir el tamaño, dimensión o duración de algo. *Achicar una habitación.* U. t. c. prnl. ‖ **2.** Extraer el agua de una embarcación, un dique, una mina, etc. ‖ **3.** coloq. Humillar, acobardar. *Lo achican con sus gritos.* U. t. c. prnl.

achicharramiento. M. coloq. Acción y efecto de achicharrar o achicharrarse.

achicharrante. ADJ. coloq. Abrasador o extremadamente caluroso. *Sol, mediodía achicharrante.*

achicharrar. **I.** TR. **1.** coloq. Freír, cocer, asar o tostar un alimento, hasta que tome sabor a quemado. *Sin darse cuenta, había achicharrado el pan.* U. t. c. prnl. ‖ **2.** ponder. coloq. Quemar en exceso. *El fuego achicharró la arboleda.* ‖ **3.** coloq. Calentar demasiado. U. t. c. prnl. *El sol achicharraba el pavimento.* ‖ **II.** PRNL. **4.** coloq. Experimentar un calor excesivo, quemarse, por la acción de un agente exterior, como el aire, el sol, etc.

achichincle, achichinque o **achichintle.** M. **1.** *Méx.* Hombre que de ordinario acompaña a un superior y sigue sus órdenes. U. t. en sent. despect. ‖ **2.** *Méx.* Operario que en las minas traslada a las piletas el agua que sale de los veneros subterráneos.

achicopalarse. PRNL. *Méx.* **achicarse** (‖ acobardarse).

achicorero, ra. M. y F. Persona que cultiva **achicoria** (‖ planta de las Compuestas).

achicoria. F. **1.** Planta de la familia de las Compuestas, de hojas recortadas, ásperas y comestibles, así crudas como cocidas. La infusión de la amarga o silvestre se usa como remedio tónico aperitivo. ‖ **2.** Bebida que se hace por la infusión de la raíz tostada de esta planta y se utiliza como sucedáneo del café.

achiguarse. PRNL. *Chile.* **combarse.** MORF. conjug. c. *averiguar.*

achinado[1], da. ADJ. **1.** Dicho de una persona: Que por los rasgos de su rostro se parece a los naturales de China. U. t. c. s. ‖ **2.** Que tiene semejanza con los usos y caracteres o rasgos chinos. *Ojos achinados.*

achinado[2], da. ADJ. *Am.* Dicho de una persona: Que tiene el color y las facciones propias del mestizo.

achinar. **I.** TR. **1.** Dar rasgos o características semejantes a las de los **chinos** (‖ naturales de China). ‖ **II.** PRNL. **2.** Dicho de los ojos: Ponerse oblicuos.

achiote. M. *Am. Cen., Á. Andes* y *Méx.* **bija.**

achiotero, ra. **I.** ADJ. **1.** *Méx.* Perteneciente o relativo al achiote. *Industria achiotera.* ‖ **II.** M. **2.** *Méx.* **bija.**

achipilarse. PRNL. *Méx.* Dicho de un niño: Enfermarse al ser destetado por estar embarazada la madre.

achique. M. Acción y efecto de **achicar** (‖ extraer agua).

achiquitar. TR. *Á. Caribe.* Achicar, empequeñecer a alguien. U. t. c. prnl.

achira. F. **1.** Planta sudamericana de la familia de las Alismatáceas, de tallo nudoso, hojas ensiformes y flores coloradas, que vive en terrenos húmedos. ‖ **2.** Planta del Perú, de la familia de las Cannáceas, de raíz comestible. ‖ **3.** *Chile.* Planta herbácea de la familia de las Cannáceas, de metro y medio de altura, con grandes hojas aovadas y espigas de flores encarnadas. El fruto es una cápsula llena de muchas semillas globosas de que se hacen cuentas de rosario, y servían a los indios en lugar de balas.

achís. ONOMAT. Se usa para imitar el estornudo.

achispar. TR. Poner casi ebria a una persona. U. t. c. prnl.

achocolatado, da. ADJ. De color de chocolate.

achogcha. F. *Á. Andes.* **achojcha.**

achojcha. F. *Á. Andes.* Planta herbácea, de flores amarillas y fruto comestible.

acholado, da. PART. de **acholar.** ‖ ADJ. *Á. Andes.* Dicho de una persona: Que tiene la tez del mismo color que la del cholo.

acholar. TR. *Á. Andes* y *Chile.* Correr, avergonzar, amilanar. U. t. c. prnl.

achote. M. *Á. Caribe.* **bija.**

achuar. ADJ. **1.** Se dice del individuo de un pueblo amerindio de la región amazónica de Ecuador. U. t. c. s. || **2.** Perteneciente o relativo a los achuares. *Costumbres achuares.*

achubascarse. PRNL. Dicho de la atmósfera: Cargarse de nubarrones que traen aguaceros con viento.

achuchar. TR. **1.** azuzar. *Achuchar a los perros.* || **2.** coloq. Dicho de una persona: Apretar a otra cariñosamente o con intención erótica.

achucuyar. TR. *Am. Cen.* Abatir, acoquinar. U. t. c. prnl.

achulado, da. PART. de achularse. || ADJ. Que tiene aire o modales de chulo.

achulapado, da. PART. de achulaparse. || ADJ. Que tiene aire o aspecto de chulapo.

achulaparse. PRNL. achularse.

achularse. PRNL. Adquirir modales de chulo.

achuma. F. *Á. Andes.* Cardón gigante, cactácea de hasta diez metros de altura y tronco leñoso.

achunchar. TR. *Chile.* Avergonzar, turbar. U. m. c. prnl.

achupalla. F. Planta de América Meridional, de la familia de las Bromeliáceas, de tallos gruesos, escamosos y retorcidos, hojas alternas, envainadoras y espinosas por los bordes, flores en espiga y fruto en cápsula. De sus tallos se hace una bebida refrescante.

achura. F. *Á. guar.* y *Á. R. Plata.* Víscera comestible de una res. U. m. en pl.

aciago, ga. ADJ. Infausto, infeliz, desgraciado, de mal agüero. *Circunstancias aciagas.*

acial. M. **1.** Instrumento con que oprimiendo un labio, la parte superior del hocico, o una oreja de los cuadrúpedos, se les hace estar quietos mientras los hierran, curan o esquilan. || **2.** *Am. Cen.* Látigo que se usa para estimular el trote de los animales.

aciano. M. Planta de la familia de las Compuestas, con tallo erguido, ramoso, de seis a ocho decímetros de altura, hojas blandas y lineales, enterísimas y sentadas las superiores, y pinadas las inferiores, flores grandes y orbiculares, con receptáculo pajoso y flósculos de color rojo o blanco, y más generalmente azul claro. || ~ **mayor.** M. Planta perenne medicinal, con el tallo lanudo, las hojas lanceoladas, escurridas, y las flores azules con cabezuela escamosa. || ~ **menor.** M. aciano.

acíbar. M. **1.** áloe. || **2.** Amargura, sinsabor, disgusto.

acibarar. TR. Turbar el ánimo con algún pesar o desazón. *Lo acibararon con sus envidias.*

acicalado, da. PART. de acicalar. || **I.** ADJ. **1.** Extremadamente pulcro. || **II.** M. **2.** Acción de acicalar.

acicalamiento. M. Acción y efecto de acicalar.

acicalar. TR. Pulir, adornar, embellecer a alguien, poniéndole cosméticos, peinándolo, etc. U. m. c. prnl.

acicate. M. **1.** incentivo. || **2.** hist. Punta aguda de que iban provistas las espuelas para montar a la jineta, con un tope para que no penetrase demasiado. || **3.** hist. Espuela provista de acicate.

acicatear. TR. Incitar, estimular.

acicular. ADJ. De forma de aguja. □ V. hoja ~.

acidez. F. **1.** Cualidad de ácido. || **2.** Sabor agraz de boca, producido por exceso de ácido en el estómago. || **3.** *Quím.* Exceso de iones de hidrógeno en una disolución acuosa, en relación con los que existen en el agua pura. || **4.** *Quím.* Cantidad de ácido libre en los aceites, vinos, resinas, etc.

acidia. F. acedia.

acidificar. TR. Hacer ácido algo.

acidimetría. F. Procedimiento para determinar la acidez de un líquido.

acidioso, sa. ADJ. Perezoso, flojo.

ácido, da. **I.** ADJ. **1.** Que tiene sabor como de agraz o de vinagre. *Vino ácido.* || **2.** Que tiene las características o propiedades de un ácido. *Agua ácida.* || **3.** Áspero, desabrido. *Unos pomelos muy ácidos.* || **4.** mordaz. *Es lenguaraz, ácido e hiriente.* || **II.** M. **5.** *Quím.* Sustancia que en disolución aumenta la concentración de iones de hidrógeno y se combina con las bases para formar las sales. || ~ **acético.** M. *Quím.* Líquido incoloro, de olor acre, que se produce por oxidación del alcohol etílico, da su sabor característico al vinagre y se usa en la síntesis de productos químicos. || ~ **acetilsalicílico.** M. *Quím.* Derivado del ácido salicílico por incorporación de un grupo acetilo. Es el principio activo de la aspirina. || ~ **acrílico.** M. *Quím.* Líquido incoloro, soluble en agua y de olor picante que, al igual que sus derivados, forma polímeros con facilidad y se emplea en la fabricación de materiales plásticos y pinturas. || ~ **bórico.** M. *Quím.* Sólido blanco, en forma de escamas nacaradas solubles en el agua, que se deposita en aguas de origen volcánico y tiene usos industriales y antisépticos. || ~ **carbónico.** M. **1.** *Quím.* Disolución de anhídrido carbónico en agua. || **2.** *Quím.* anhídrido carbónico. || ~ **cianhídrico.** M. *Quím.* Líquido incoloro, muy volátil, de olor a almendras amargas y muy venenoso. || ~ **cítrico.** M. *Quím.* Sólido de sabor agrio, muy soluble en agua, contenido en varios frutos como el limón, del cual se obtiene. || ~ **clorhídrico.** M. *Quím.* Gas incoloro, compuesto de cloro e hidrógeno, algo más pesado que el aire, muy corrosivo, que se extrae de la sal común y se emplea generalmente disuelto en el agua. || ~ **desoxirribonucleico.** M. *Bioquím.* Biopolímero cuyas unidades son desoxirribonucleótidos y que constituye el material genético de las células y contiene en su secuencia la información para la síntesis de proteínas. || ~ **fénico.** M. *Quím.* El más sencillo de los fenoles, sólido a la temperatura ordinaria, que cristaliza en agujas incoloras. Es cáustico, de olor fuerte y característico, ligeramente soluble en agua y mucho en alcohol y se emplea como desinfectante. || ~ **fórmico.** M. *Quím.* Líquido incoloro, de olor picante, presente en una secreción de las hormigas. || ~ **graso.** M. *Quím.* Cada uno de los ácidos orgánicos con un grupo carboxilo, generalmente con un número elevado de átomos de carbono. Se combinan con la glicerina para formar las grasas. || ~ **hipocloroso.** M. *Quím.* ácido débil, cuya molécula está formada por un átomo de cloro, otro de oxígeno y otro de hidrógeno, y cuyas sales metálicas tienen usos como agente blanqueador y antiséptico. || ~ **láctico.** M. *Quím.* Líquido incoloro, viscoso, que se obtiene por fermentación de azúcares, especialmente de los de la leche, por acción de los bacilos lácticos. || ~ **nítrico.** M. *Quím.* Líquido fumante, muy corrosivo, incoloro, poco más pesado que el agua, compuesto por nitrógeno, oxígeno e hidrógeno. || ~ **nitroso.** M. *Quím.* Compuesto cuya molécula contiene un átomo de nitrógeno y tres de oxígeno, que se presenta en disolución acuosa y es muy inestable a temperatura ordinaria; principalmente se le conoce por sus sales, los nitritos. || ~ **nucleico.** M. *Bioquím.* Se usa como nombre genérico para referirse a los ácidos ribonucleico y desoxirribonucleico. || ~ **oleico.** M. *Quím.* ácido graso, que se encuentra combinado con la glicerina en la mayoría de las grasas animales y vegetales, especialmente en los aceites. Es un líquido oleoso, incoloro, insoluble en agua, que se enrancia al aire. || ~ **oxálico.** M. *Quím.* Sólido blanco, cristalizable, de sabor picante y soluble en el agua. Es venenoso y tiene aplicación industrial como mordiente y para la obtención de colorantes, tintas, etc. Se obtiene de las acederas y puede formar cálculos renales. || ~ **pícrico.** M. *Quím.* Sólido muy amargo, que cristaliza en laminillas de color amarillo claro solubles en el agua. Es tóxico y se emplea para la fabricación de colorantes y explosivos. || ~ **ribonucleico.** M. *Bioquím.* Biopolímero cuyas unidades son ribonucleótidos. Según su función se dividen en mensajeros, ribosómicos y transferentes. || ~ **silícico.** M. *Quím.* Sólido de aspecto pulverulento y color blanco, ligeramente soluble en agua, compuesto de silicio, oxígeno e hidrógeno. || ~ **sulfhídrico.** M. *Quím.* Gas incoloro, hediondo, inflamable, muy soluble en agua, compuesto de azufre e hidrógeno. Se origina en la putrefacción de las proteínas y está presente en las aguas sulfurosas. || ~ **sulfúrico.** M. *Quím.* Líquido cáustico de consistencia oleosa, incoloro e inodoro, compuesto de azufre, hidrógeno y oxígeno, y que tiene muchos usos en la industria. || ~ **tartárico,** o ~ **tártrico.** M. *Quím.* Sólido blanco, cristalino y soluble en agua. Se obtiene del tártaro, y tiene uso en medicina, tintorería y otras industrias. || ~ **úrico.** M. *Quím.* Sólido en forma de escamas blanquecinas, ligeramente soluble en agua, compuesto de carbono, nitrógeno, hidrógeno y oxígeno, cuya acumulación patológica produce cálculos y otros trastornos, como la gota. □ V. **lluvia** ~.

acidosis. F. *Med.* Estado anormal producido por exceso de ácidos en los tejidos y en la sangre. Se observa principalmente en la fase final de la diabetes y de otras perturbaciones de la nutrición.

acidulado, da. PART. de **acidular.** || ADJ. Ligeramente ácido. *Cebolla acidulada.*

acidulante. ADJ. Que acidula. Apl. a una sustancia o un producto, u. t. c. s. m.

acidular. TR. Poner ligeramente ácida una sustancia.

acídulo, la. ADJ. acidulado. □ V. **agua** ~.

aciduria. F. *Med.* Acidez de la orina.

acierto. M. **1.** Acción y efecto de acertar. || **2.** Habilidad o destreza en lo que se ejecuta. || **3.** Cordura, prudencia, tino. □ V. **don de** ~.

ácimo. □ V. **pan** ~.

acimut. M. *Astr.* Ángulo que con el meridiano forma el círculo vertical que pasa por un punto de la esfera celeste o del globo terráqueo. MORF. pl. **acimuts.**

acimutal. ADJ. *Astr.* Perteneciente o relativo al acimut. □ V. **ángulo** ~, **círculo** ~.

acinesia. F. Falta, pérdida o cese de movimiento.

acintado, da. ADJ. En forma de cinta. *Una lámina acintada.*

acinturar. TR. Ceñir, estrechar.

acionera. F. *Á. R. Plata* y *Chile.* Pieza de cuero que sujeta a la silla de montar las dos argollas que sostienen las estriberas.

acitrón. M. *Méx.* Tallo de la biznaga mexicana, descortezado y confitado.

aclamación. F. Acción y efecto de aclamar. || **por** ~. LOC.ADV. **a una voz.**

aclamador, ra. ADJ. Que aclama. *Voto aclamador.*

aclamar. TR. **1.** Dicho de la multitud: Dar voces en honor y aplauso de alguien. || **2.** Conferir, por voz común, algún cargo u honor. *Lo aclamaron como presidente.*

aclamatorio, ria. ADJ. Que **aclama** (|| da voces en honor y aplauso). *Público aclamatorio.* U. t. en sent. fig. *La crítica aclamatoria.*

aclamídeo, a. ADJ. *Bot.* Dicho de una flor: Que carece de cáliz y corola, como ocurre en la del sauce.

aclaración. F. **1.** Acción y efecto de aclarar. || **2.** *Der.* Corrección que hace el juez, de oficio o a instancia de parte, del texto de una sentencia o de una resolución judicial.

aclarado. M. Acción y efecto de **aclarar** (|| volver a lavar la ropa con agua sola).

aclarador, ra. ADJ. Que aclara. *Discurso aclarador.*

aclaramiento. M. **1.** Acción y efecto de aclarar. || **2.** *Med.* Relación entre la concentración de una sustancia en la sangre y su excreción renal.

aclarar. I. TR. **1.** Disipar, quitar lo que ofusca la claridad o transparencia de algo. *Aclarar un malentendido.* U. t. c. prnl. || **2.** Hacer menos espeso o denso. *Aclarar el chocolate con un poco de leche.* U. t. c. prnl. || **3.** Aumentar la extensión o el número de los espacios o intervalos que hay en algo. *Aclarar el monte, las filas.* U. t. c. prnl. || **4.** Volver a lavar la ropa con agua sola después de jabonada. || **5.** Hacer más perceptible la voz. || **6.** Aguzar o ilustrar los sentidos y facultades. *Aclarar las ideas.* || **7.** Hacer claro, perceptible, manifiesto o inteligible algo, ponerlo en claro, explicarlo. *Aclarar un concepto.* || **8.** *Mar.* Desliar, desenredar. || **II.** INTR. IMPERS. **9.** Dicho de las nubes o de la niebla: **disiparse** (|| esparcirse y desvanecerse). || **10.** Amanecer, clarear.

aclaratorio, ria. ADJ. Que aclara o explica. *Introducción aclaratoria.*

aclareo. M. Acción y efecto de aclarar las siembras y plantaciones.

aclimatación. F. Acción y efecto de aclimatar.

aclimatar. TR. Hacer que un ser vivo se acostumbre a condiciones y climas diferentes de los que le eran habituales. U. t. c. prnl.

aclla. F. hist. Doncella que en el imperio de los incas se destinaba al culto del Sol o al servicio del monarca.

aclorhidria. F. *Med.* Falta de ácido clorhídrico en el jugo gástrico.

acmé. M. *Med.* Período de mayor intensidad de una enfermedad. U. menos c. f. U. t. en sent. fig. *Está en el acmé de su fama.*

acné. M. *Med.* Enfermedad de la piel caracterizada por una inflamación crónica de las glándulas sebáceas, especialmente en la cara y en la espalda. U. t. c. f.

acobardado, da. PART. de **acobardar.** || ADJ. **1.** cobarde (|| pusilánime). U. t. c. s. || **2.** Que implica o denota cobardía. *Ojos acobardados. Silencio acobardado.*

acobardamiento. M. Acción y efecto de acobardar.

acobardar. TR. Amedrentar, causar o meter miedo. U. t. c. intr. y c. prnl.

acochambrar. TR. *Méx.* ensuciar.

acochinado, da. ADJ. *Esp.* Dicho de una res: Muy gorda, con aspecto de cerdo.

acocil. M. *Méx.* Especie de camarón de agua dulce.

acocote. M. *Méx.* Calabaza larga agujereada por ambos extremos que se usa para extraer por succión el aguamiel del maguey.

acodado, da. PART. de **acodar.** || ADJ. Doblado en forma de codo. *Tubo acodado.*

acodadura. F. Acción y efecto de acodar.

acodalamiento. M. *Arq.* Acción y efecto de acodalar.

acodalar. TR. *Arq.* Poner codales.

acodamiento. M. Acción y efecto de doblar algo en forma de codo.

acodar. TR. **1.** Apoyar el codo sobre alguna parte, por lo común para sostener con la mano la cabeza. U. t. c. prnl. || **2.** *Agr.* Meter debajo de tierra el vástago o tallo doblado de una planta sin separarlo del tronco o tallo principal, dejando fuera la extremidad o cogollo de aquel para que eche raíces la parte enterrada y forme otra nueva planta. U. t. c. prnl. *Las especies reacias a echar raíces se acodan.*

acoderar. TR. *Mar.* Presentar en determinada dirección el costado de un buque fondeado, valiéndose de coderas. U. t. c. prnl.

acodillar. TR. Doblar formando codo, ordinariamente objetos de metal, como barras, varillas, clavos, etc.

acodo. M. **1.** Vástago acodado. || **2.** *Agr.* Acción de acodar. || **3.** *Arq.* Moldura resaltada que forma el cerco de un vano.

acogedor, ra. ADJ. **1.** Que acoge. *Familia muy acogedora.* || **2.** Dicho de un sitio: Agradable por su ambientación, comodidad, tranquilidad, etc.

acoger. **I.** TR. **1.** Dicho de una persona: Admitir en su casa o compañía a alguien. || **2.** Servir de refugio o albergue a alguien. *La ciudad acogió a los emigrantes.* || **3.** Admitir, aceptar, aprobar. *Acogió sin pestañear las duras críticas.* || **II.** PRNL. **4.** Refugiarse, retirarse, tomar amparo. *En su huida se acogió al convento.* || **5.** Invocar para sí los beneficios y derechos que conceden una disposición legal, un reglamento, una costumbre, etc. *Acogerse a la Constitución.* || **6.** Valerse de algún pretexto para disfrazar o disimular algo. *Acogerse a un subterfugio.*

acogida. F. **1.** Recibimiento u hospitalidad que ofrece una persona o un lugar. || **2.** Protección o amparo. || **3.** Aceptación o aprobación.

acogido, da. PART. de **acoger.** || M. y F. Persona pobre o desvalida a quien se admite y mantiene en establecimientos de beneficencia.

acogimiento. M. **1.** **acogida** (|| recibimiento). || **2.** **acogida** (|| aceptación, aprobación).

acogollado, da. ADJ. Con forma o aspecto de **cogollo** (|| parte interior y más apretada de la lechuga). *Lechuga acogollada.*

acogotamiento. M. coloq. Acto de acogotar o de ser acogotado (|| acoquinado).

acogotar. TR. **1.** Matar con una herida o golpe dado en el cogote. || **2.** coloq. Acoquinar, dominar, vencer. *Lo habían acogotado con sus críticas.* || **3.** coloq. Reducir a la impotencia a una persona o un animal, sujetándolo por el cogote.

acojinar. TR. *Am.* acolchar.

acojonante. ADJ. malson. Que acojona. *Sueño acojonante.*

acojonar. TR. malson. **acobardar.** U. t. c. prnl.

acojone. M. malson. Acción y efecto de acojonar.

acolar. TR. **1.** *Heráld.* Unir, juntar, combinar los escudos de armas que se ponen por los costados bajo un timbre o corona que los une en señal de alianza de dos familias. || **2.** *Heráld.* Poner detrás, formando aspa, o alrededor del escudo, ciertas señales de distinción, como llaves, banderas, collares, etc.

acolchado. M. **1.** Acción y efecto de acolchar. || **2.** Revestimiento de material blando. || **3.** *Á. R. Plata.* **edredón.**

acolchamiento. M. Acción y efecto de acolchar.

acolchar. TR. **1.** Poner algodón, seda cortada, lana, estopa, cerda u otras materias de este tipo entre dos telas y después unirlas con pespuntes. || **2.** Recubrir algo con materiales blandos para protegerlo de golpes o del frío.

acolchonar. TR. *Am.* **acolchar.**

acolhua. ADJ. **1.** hist. Se dice del individuo de un pueblo amerindio llegado del noroeste de México, que se estableció en Texcoco antes que los aztecas. U. t. c. s. || **2.** hist. Perteneciente o relativo a los **acolhuas.** *Costumbre acolhua.*

acolitar. INTR. *Am. Cen.* y *Ant.* Desempeñar las funciones de acólito. U. t. c. tr.

acólito. M. **1.** En la Iglesia católica, seglar que ha recibido el segundo de los dos ministerios establecidos por ella y cuyo oficio es servir al altar y administrar la eucaristía como ministro extraordinario. || **2.** Monaguillo que sirve al altar en la iglesia aun sin haber recibido el segundo de los dos ministerios establecidos por la Iglesia católica para el culto litúrgico. || **3.** **satélite** (|| persona que depende de otra). *Llegó el presidente con sus inseparables acólitos.*

acollador. M. *Mar.* Cabo de proporcionado grosor que se pasa por los ojos de las vigotas y sirve para tesar el cabo más grueso en que están engazadas.

acollar. TR. *Mar.* Halar de los acolladores.

acollaramiento. M. **1.** *Á. R. Plata* y *Chile.* Acción de unir dos o más animales de tiro o cosas. || **2.** *Á. R. Plata.* Unión de dos personas.

acollarar. TR. **1.** Poner collar a un animal. || **2.** *Á. R. Plata.* Unir dos animales de tiro por el cuello.

acollonar. TR. **acobardar.** U. t. c. prnl.

acomedido, da. PART. de **acomedirse.** || ADJ. *Am.* Servicial, oficioso.

acomedirse. PRNL. *Chile* y *Méx.* Prestarse a hacer un servicio. MORF. conjug. c. *pedir.*

acometedor, ra. ADJ. Que acomete. *Animal acometedor.*

acometer. TR. **1.** Embestir con ímpetu y valor. *El batallón acometió al enemigo.* || **2.** Dicho de una enfermedad, del sueño, de un deseo, etc.: Venir, entrar, dar repentinamente. *Le acometió un violento ataque de locura.* || **3.** Decidirse a una acción o empezar a ejecutarla. *Acometió la reconstrucción del puente.* || **4.** *Constr.* e *Ingen.* Dicho de una cañería o de una galería: Desembocar en otra.

acometida. F. **1.** Instalación por la que se deriva hacia un edificio u otro lugar parte del fluido que circula por una conducción principal. *Acometida eléctrica. Acometida de agua.* || **2.** **acometimiento.**

acometimiento. M. Acción y efecto de acometer.

acometividad. F. **1.** Propensión a acometer, atacar, embestir. *La acometividad es una característica de los toros bravos.* || **2.** Brío, pujanza, decisión para emprender algo y arrostrar sus dificultades. *Su acometividad en el mundo de los negocios le proporciona grandes éxitos.*

acomodación. F. **1.** Acción y efecto de acomodar. || **2.** *Biol.* Acomodo del ojo para que la visión no se perturbe cuando varía la distancia o la luz del objeto que se mira.

acomodadamente. ADV. Con comodidad y conveniencia.

acomodadizo, za. ADJ. Que a todo se aviene fácilmente. *Carácter acomodadizo.*

acomodado, da. PART. de **acomodar.** || **I.** ADJ. **1.** Rico, abundante de medios o que tiene los suficientes. || **II.** M. y F. **2.** Á. *Andes* y Á. R. *Plata.* Persona que tiene una colocación por enchufe.

acomodador, ra. M. y F. En los teatros y otros lugares, persona encargada de indicar a los concurrentes los asientos que deben ocupar.

acomodamiento. M. Transacción, ajuste o convenio sobre algo.

acomodar. **I.** TR. **1.** Colocar algo de modo que se ajuste o adapte a otra cosa. *Acomodar el equipaje en el automóvil.* || **2.** Disponer, preparar o arreglar de modo conveniente. *Acomodar el micrófono a la altura del locutor.* || **3.** Colocar o poner en un lugar conveniente o cómodo. *No supo acomodar a sus invitados.* || **4.** Amoldar, armonizar o ajustar a una norma. U. t. c. intr. y c. prnl. *La sentencia se acomoda bien a la ley.* || **5.** Á. *Andes* y Á. R. *Plata.* Colocar a alguien en un cargo o destino por influencia. || **6.** Á. *Caribe.* **dar** (|| hacer sufrir un golpe). U. t. c. prnl. || **II.** INTR. **7.** Agradar, parecer o ser conveniente. *Siempre quiere hacer lo que le acomoda.* || **III.** PRNL. **8.** Avenirse, conformarse. *No se acomoda bien a su nueva situación.*

acomodaticio, cia. ADJ. acomodadizo. □ V. sentido ~.

acomodo. M. **1.** Acción de acomodar o acomodarse. || **2.** Colocación, ocupación o conveniencia. || **3.** Alojamiento, sitio donde se vive. *No encontramos acomodo al llegar a la costa.* || **4.** Á. R. *Plata.* Cargo o destino que se obtiene sin méritos, por amistad o por influencia política.

acompañador, ra. ADJ. Que acompaña. *Carta acompañadora de un paquete.*

acompañamiento. M. **1.** Acción y efecto de acompañar. || **2.** Gente que va acompañando a alguien. || **3.** Alimento o conjunto de alimentos presentados como complemento de un plato principal. || **4.** *Mús.* Sostén o auxilio armónico de una melodía principal por medio de uno o más instrumentos o voces. || **5.** *Mús.* Arte de la armonía aplicado a la ejecución del bajo continuo.

acompañante. **I.** ADJ. **1.** Que acompaña. *Síntomas acompañantes de una enfermedad.* Apl. a pers., u. m. c. s. || **II.** M. **2.** *Mar.* Reloj que marca segundos, y se usa en las observaciones astronómicas cuando se hacen sin tener el cronómetro a la vista.

acompañar. TR. **1.** Estar o ir en compañía de otra u otras personas. U. t. c. prnl. *Se acompaña de dos guardaespaldas.* || **2.** Juntar o agregar algo a otra cosa. *Debe acompañar copia de su escrito.* || **3.** Dicho de una cosa: Existir junto a otra o simultáneamente con ella. *El buen acabado acompaña la calidad de los materiales.* U. t. c. prnl. || **4.** Dicho especialmente de la fortuna, de un estado, de una cualidad o de una pasión: Existir o hallarse en una persona. *La suerte no la acompaña.* || **5.** Participar en los sentimientos de alguien. *Te acompaño en tu pena.* || **6.** *Heráld.* Adornar la figura o escudo principal con otros. || **7.** *Mús.* Ejecutar el acompañamiento. U. t. c. prnl.

acompasado, da. PART. de **acompasar.** || ADJ. Hecho o puesto a compás. *Golpes acompasados.*

acompasamiento. M. Acción y efecto de acompasar.

acompasar. TR. Hacer que dos o más objetos o acciones se correspondan.

acomplejado, da. PART. de **acomplejar.** || ADJ. Que padece complejos psíquicos. U. t. c. s.

acomplejamiento. M. Acción y efecto de acomplejar o acomplejarse.

acomplejar. **I.** TR. **1.** Inducir en alguien un sentimiento de inferioridad, inhibirlo. || **II.** PRNL. **2.** Experimentar un sentimiento de inferioridad o inhibición.

aconcagüino, na. ADJ. **1.** Natural de San Felipe de Aconcagua. U. t. c. s. || **2.** Perteneciente o relativo a esta provincia de Chile.

aconchar. **I.** TR. **1.** *Mar.* Dicho del viento o de la corriente: Impeler una embarcación hacia una costa u otro lugar peligroso. U. t. c. prnl. || **II.** PRNL. **2.** *Mar.* Dicho de dos embarcaciones: Abordarse sin violencia.

aconcharse. PRNL. *Chile.* Dicho de un líquido: Clarificarse por sedimento de los posos.

acondicionado. □ V. aire ~.

acondicionador, ra. **I.** ADJ. **1.** Que acondiciona. *Sustancia acondicionadora del suelo.* || **II.** M. **2.** Aparato para acondicionar o climatizar un espacio limitado. || **3.** Cosmético para facilitar el peinado del cabello después del lavado.

acondicionamiento. M. Acción y efecto de acondicionar.

acondicionar. TR. **1.** Disponer o preparar algo de manera adecuada a determinado fin, o al contrario. *Acondicionar bien, o mal, las calzadas.* || **2.** **climatizar.**

acondroplasia. F. *Med.* Variedad de enanismo caracterizada por la cortedad de las piernas y los brazos, con tamaño normal del tronco y de la cabeza y desarrollo mental y sexual normales.

acondroplásico, ca. ADJ. *Med.* Perteneciente o relativo a la acondroplasia.

aconfesional. ADJ. Que no pertenece ni está adscrito a ninguna confesión religiosa. *Estado, partido aconfesional.*

aconfesionalidad. F. Falta de adscripción o vinculación a cualquier confesión religiosa.

acongojado, da. PART. de **acongojar.** || ADJ. Afectado por una honda pesadumbre, angustia o padecimiento. *Con una mirada acongojada nos lo comunicó todo.*

acongojante. ADJ. Que acongoja. *Sensación, silencio acongojante.*

acongojar. TR. Causar inquietud, preocupación o temor. U. t. c. prnl.

acónito. M. **1.** Planta ranunculácea de hojas palmeadas y flores azules o amarillas, cuyas variedades son todas venenosas cuando la semilla ha llegado a la madurez. || **2.** Sustancia venenosa que se extrae de esta planta y que tiene uso en medicina.

aconsejar. **I.** TR. **1.** Dar consejo. || **2.** Dicho de una cosa: Inspirar algo a alguien. *Aquel ruido les aconsejaba prudencia.* || **II.** PRNL. **3.** Tomar consejo o pedirlo a alguien. *Se aconsejó de los mejores doctores.*

aconsonantar. **I.** TR. **1.** Emplear en la rima una palabra como consonante de otra. *No hay inconveniente en aconsonantar «aljaba» con «esclava».* || **2.** Utilizar la rima consonante. || **II.** INTR. **3.** Dicho de una palabra: Ser consonante de otra.

acontecer[1]. INTR. **suceder** (|| hacerse realidad). MORF. conjug. c. *agradecer.*

acontecer[2]. M. **1.** acaecimiento. || **2.** Sucesión de los acontecimientos. *El acontecer de cada día.*

acontecimiento. M. Hecho o suceso, especialmente cuando reviste cierta importancia.

a contrario sensu. (Locución latina). LOC. ADV. En sentido contrario.

acopado, da. ADJ. De forma de copa de árbol. *Ramaje acopado.*

acopiador, ra. I. ADJ. **1.** Que acopia. Apl. a pers., u. t. c. s. ‖ **II.** M. **2.** *Á. guar.* y *Á. R. Plata.* Hombre que acopia frutos para revenderlos como comisionista.

acopiamiento. M. acopio.

acopiar. TR. Juntar, reunir en cantidad algo, y más comúnmente granos, provisiones, etc. MORF. conjug. c. *anunciar.*

acopio. M. Acción y efecto de acopiar.

acoplado. M. *Á. guar., Á. R. Plata* y *Chile.* Vehículo destinado a ir remolcado por otro.

acoplador, ra. ADJ. Que acopla o sirve para acoplar. Apl. a una pieza u un dispositivo, u. t. c. s. m.

acoplamiento. M. **1.** Acción y efecto de acoplar o acoplarse. ‖ **2.** *Mec.* Dispositivo que sirve para unir los extremos de dos ejes.

acoplar. I. TR. **1.** En carpintería y otros oficios, unir entre sí dos piezas o cuerpos de modo que ajusten exactamente. ‖ **2.** Ajustar una pieza al sitio donde deba colocarse. ‖ **3.** Procurar la unión sexual de los animales. U. t. c. prnl. ‖ **4.** Ajustar o unir entre sí a las personas que estaban discordes, o las cosas en que había alguna discrepancia. U. t. c. prnl. ‖ **5.** Encontrar acomodo u ocupación para una persona, emplearla en algún trabajo. ‖ **6.** *Fís.* Agrupar dos aparatos, piezas o sistemas, de manera que su funcionamiento combinado produzca el resultado conveniente. ‖ **7.** *Á. Andes, Á. guar., Á. R. Plata* y *Chile.* Unir, agregar uno o varios vehículos a otro que los remolca. ‖ **II.** PRNL. **8.** coloq. Dicho de una persona: Unirse a otra o a varias, para hacer algo coordinadamente. ‖ **9.** *Á. guar.* Dicho de una persona: Unirse a otra u otras para acompañarlas.

acoquinamiento. M. coloq. Acción y efecto de acoquinar.

acoquinar. TR. coloq. Amilanar, acobardar, hacer perder el ánimo. U. t. c. prnl.

acorazada. ☐ V. arma ~, cámara ~, división ~.

acorazado. M. Buque de guerra blindado y de grandes dimensiones.

acorazamiento. M. Acción y efecto de acorazar.

acorazar. TR. **1.** Revestir con planchas de hierro o acero buques de guerra, fortificaciones u otras cosas. ‖ **2.** Proteger, defender. U. t. c. prnl. *Se acorazan frente a las tentaciones.*

acorazonado, da. ADJ. De forma de corazón. *Hojas acorazonadas.*

acorchamiento. M. Efecto de acorchar o acorcharse.

acorchar. I. TR. **1.** Embotar la sensibilidad de alguna parte del cuerpo. U. t. c. prnl. *Se le acorchó un brazo.* ‖ **II.** PRNL. **2.** Dicho de una cosa: Ponerse fofa como el corcho, perdiendo la mayor parte de su jugo y sabor, o disminuyéndose su consistencia. *La fruta se ha acorchado.*

acordada. F. hist. Cuerpo policial establecido en México en el siglo XVIII para aprehender y juzgar a los salteadores.

acordar. I. TR. **1.** Determinar o resolver de común acuerdo, o por mayoría de votos. *Acordar las normas de convivencia.* ‖ **2.** Dicho de una sola persona: Determinar o resolver deliberadamente. *El juez acordó ordenar una investigación.* ‖ **3.** Conciliar, componer. *Es difícil acordar a tanta gente.* ‖ **4.** *Mús.* Disponer o templar los instrumentos musicales o las voces para que no disuenen entre sí. ‖ **5.** *Pint.* Disponer armónicamente los tonos de un dibujo o de una pintura. ‖ **6.** *Am.* Conceder, otorgar. *Les acordaron prioridad absoluta.* ‖ **7.** dar en ello. *Cuando acordó, la tienda estaba cerrada.* ‖ **II.** PRNL. **8.** recordar (‖ traer a la memoria). *Acordarse DE un hijo ausente.* ¶ MORF. conjug. c. *contar.* ‖ si mal no me acuerdo. EXPR. coloq. Si la memoria no me engaña.

acorde. I. ADJ. **1.** Dicho de una persona: Que está de acuerdo con algo o con alguien. ‖ **2.** Que está en correspondencia o en consonancia con algo. *Una casa acorde con sus necesidades.* ‖ **3.** Conforme, igual y correspondiente; con armonía, en consonancia. *Instrumentos musicales acordes. Colorido acorde de una pintura.* ‖ **II.** M. **4.** *Mús.* Conjunto de tres o más sonidos diferentes combinados armónicamente.

acordelar. TR. Señalar con cuerdas o cordeles en el terreno líneas o perímetros.

acordemente. ADV. M. De común acuerdo.

acordeón. M. Instrumento musical de viento, formado por un fuelle cuyos dos extremos se cierran por sendas cajas, especie de estuches, en los que juegan cierto número de llaves o teclas, proporcionado al de los sonidos que emite.

acordeonista. COM. Persona que toca el acordeón.

acordonado, da. PART. de **acordonar.** ‖ ADJ. Dispuesto en forma de cordón. *Líneas acordonadas en grupos de tres.*

acordonamiento. M. Acción y efecto de acordonar.

acordonar. TR. **1.** Ceñir o sujetar con un cordón. *Acordonar una tela.* ‖ **2.** Incomunicar por medio de un cordón de tropas, de puestos de vigilancia, etc.

ácoro. M. Planta de la familia de las Aráceas, de hojas estrechas y puntiagudas, flores de color verde claro, y raíces blanquecinas y de olor suave, que se enredan y extienden a flor de tierra. ‖ ~ **bastardo,** ~ **palustre,** o **falso** ~. M. Planta de la familia de las Iridáceas, con hojas ensiformes y flores amarillas.

acorralamiento. M. Acción y efecto de acorralar.

acorralar. TR. **1.** Encerrar a alguien dentro de estrechos límites, impidiéndole que pueda escapar. ‖ **2.** Dejar a alguien confundido y sin tener qué responder.

acortamiento. M. **1.** Acción y efecto de acortar o acortarse. ‖ **2.** *Ling.* Reducción de la parte final o inicial de una palabra para crear otra nueva; p. ej., *cine, bici, bus y fago* por *cinematógrafo, bicicleta, autobús* y *bacteriófago,* respectivamente.

acortar. I. TR. **1.** Disminuir la longitud, duración o cantidad de algo. *Acortar un vestido.* U. t. c. intr. y c. prnl. ‖ **2.** Hacer más corto el camino. *Un atajo que acortaba el camino.* U. t. c. intr. *Por aquí acortaremos.* ‖ **II.** PRNL. **3.** *Equit.* Dicho de un caballo: **encogerse** (‖ contraer sus miembros).

acosador, ra. ADJ. Que acosa. Apl. a pers., u. t. c. s.

acosar. TR. **1.** Perseguir, sin darle tregua ni reposo, a un animal o a una persona. ‖ **2.** Perseguir, apremiar, importunar a alguien con molestias o requerimientos.

acoso. M. **1.** Acción y efecto de acosar. ‖ **2.** *Taurom.* Maniobra de acosar a caballo, en campo abierto, a una res vacuna, generalmente como preliminar de un derribo y tienta. ‖ ~ **laboral.** M. En el ámbito del trabajo, acoso moral. ‖ ~ **moral,** o ~ **psicológico.** M. Práctica ejercida en las relaciones personales consistente en un trato vejatorio y descalificador hacia una persona, con el fin de desestabilizarla psíquicamente. || ~ **sexual.** M. El que tiene por objeto obtener los favores sexuales de una persona cuando quien lo realiza abusa de su posición de superioridad sobre quien lo sufre.

acostar. **I.** TR. **1.** Echar o tender a alguien para que duerma o descanse, y de manera especial en la cama. U. t. c. prnl. || **2.** *Mar.* Arrimar el costado de una embarcación a alguna parte. U. m. c. prnl. || **II.** INTR. **3.** Dicho principalmente de un edificio: **ladearse.** U. t. c. prnl. || **4.** Llegar a la costa. || **III.** PRNL. **5.** Dicho de una persona: Mantener relación sexual con otra. *No quiere acostarse CON nadie.* ¶ MORF. conjug. c. *contar*, salvo la acep. de 'llegar a la costa', que es reg.

acostumbrado, da. PART. de **acostumbrar.** || ADJ. **1.** Que tiene determinadas costumbres. *Bien, mal, muy acostumbrado.* || **2.** Habitual, usual. *En la forma acostumbrada.*

acostumbrar. **I.** TR. **1.** Hacer adquirir costumbre de algo. *Lo acostumbraron al juego.* || **II.** INTR. **2.** Tener costumbre de algo. *Acostumbra a ir al cine.* U. t. c. tr. *No acostumbra lujos.* || **III.** PRNL. **3.** Adquirir costumbre de algo. *No se acostumbra A vivir en este país.*

acotación. F. **1.** **acotamiento.** || **2.** Señal o apunte que se pone en el margen de algún escrito o impreso. || **3.** Cada una de las notas que se ponen en la obra teatral, advirtiendo y explicando todo lo relativo a la actuación de los personajes y al servicio de la escena.

acotamiento. M. Acción y efecto de **acotar¹.**

acotar¹. TR. **1.** Reservar el uso y aprovechamiento de un terreno manifestándolo por medio de mojones puestos en sus lindes, o de otra manera legal. || **2.** Reservar, prohibir o limitar de otro modo. *Acotar al tráfico una zona urbana.* || **3.** Poner notas o acotaciones a un texto. || **4.** *Mat.* Condicionar la extensión de un conjunto.

acotar². TR. Poner cotas en los planos topográficos, de arquitectura, croquis, etc.

acotejar. **I.** TR. **1.** *Á. Caribe.* Arreglar, colocar objetos ordenadamente. || **II.** PRNL. **2.** *Ant.* Acomodarse, ponerse cómodo.

acracia. F. Doctrina que predica la supresión de toda autoridad.

ácrata. ADJ. **1.** Perteneciente o relativo a la acracia. *Ideología ácrata.* || **2.** Partidario de esta doctrina. U. t. c. s.

acrático, ca. ADJ. Perteneciente o relativo a la acracia. *Suceso acrático.*

acre¹. M. Medida inglesa de superficie equivalente a 40 áreas y 47 centésimas de área.

acre². ADJ. **1.** Áspero y picante al gusto y al olfato, como el sabor o el olor del ajo, del fósforo, etc. || **2.** Dicho del genio o de las palabras: Ásperos y desabridos. ¶ MORF. sup. irreg. **acérrimo.**

acrecencia. F. *Der.* Conjunto de los bienes adquiridos por el derecho de acrecer.

acrecentador, ra. ADJ. Que acrecienta. *Futuro acrecentador de la riqueza.*

acrecentamiento. M. Acción y efecto de acrecentar.

acrecentar. TR. **aumentar.** U. t. c. prnl. MORF. conjug. c. *acertar.*

acrecer. **I.** TR. **1.** Hacer mayor, aumentar. U. t. c. intr. y c. prnl. || **II.** INTR. **2.** *Der.* Dicho de un partícipe: Percibir el aumento que le corresponde cuando otro partícipe pierde su cuota o renuncia a ella. ¶ MORF. conjug. c. *agradecer.*

acrecimiento. M. **1.** Acción y efecto de acrecer. || **2.** Derecho de acrecer. || **3.** **acrecencia.**

acreción. F. Crecimiento por adición de materia, como el que se da en los depósitos minerales o en los continentes.

acreditación. F. **1.** Acción y efecto de acreditar. || **2.** Documento que acredita la condición de una persona y su facultad para desempeñar determinada actividad o cargo.

acreditado, da. PART. de **acreditar.** || ADJ. Que tiene crédito o reputación. *Marca acreditada.*

acreditar. TR. **1.** Hacer digno de crédito algo, probar su certeza o realidad. *Acreditó su valor en varias acciones de guerra.* U. t. c. prnl. || **2.** Afamar, dar crédito o reputación. U. t. c. prnl. *Se acreditó como buen periodista.* || **3.** Dar testimonio en documento fehaciente de que alguien lleva facultades para desempeñar comisión o encargo diplomático, comercial, etc. || **4.** *Com.* Tomar en cuenta un pago. || **5.** *Com.* **abonar** (|| asentar una partida en el haber).

acreditativo, va. ADJ. Que acredita. *Certificado acreditativo.*

acreedor, ra. ADJ. **1.** Que tiene mérito para obtener algo. *Acreedor de una buena recompensa.* || **2.** *Der.* Que tiene acción o derecho a pedir el cumplimiento de alguna obligación. U. m. c. s. || **3.** *Der.* Que tiene derecho a que se le satisfaga una deuda. U. m. c. s. □ V. **concurso de ~es, cuenta ~.**

acreencia. F. *Am. Cen. y Ant.* Crédito, deuda que alguien tiene a su favor.

acribillar. TR. **1.** Hacer muchas heridas o picaduras a una persona o a un animal. *Lo acribillaron a puñaladas. La acribillan las pulgas, los mosquitos.* || **2.** Abrir muchos agujeros en algo. *Acribillar una chapa a balazos.* || **3.** coloq. Apremiar repetidamente a alguien. *La acribillan a preguntas.*

acrídido. ADJ. *Zool.* Se dice de los insectos ortópteros saltadores con antenas cortas y solo tres artejos en los tarsos; p. ej., los saltamontes. U. m. c. s. m. ORTOGR. En m. pl., escr. con may. inicial c. taxón. *Los Acrídidos.*

acrílico, ca. ADJ. *Quím.* Dicho de una fibra o de un material plástico: Que se obtienen por polimerización del ácido acrílico o de sus derivados. □ V. **ácido ~.**

acriminar. TR. **incriminar.**

acrimonia. F. Aspereza o desabrimiento en el carácter o en el trato.

acriollado, da. PART. de **acriollarse.** || ADJ. **1.** Propio o característico de un criollo. *Estilo acriollado.* || **2.** Semejante a él. *Un inglés acriollado.*

acriollarse. PRNL. **1.** *Á. Andes y Á. guar.* Dicho de una persona o de un animal: **aclimatarse.** || **2.** *Á. guar. y Ant.* Dicho de un extranjero: Adoptar los usos y costumbres de la gente del país hispanohablante donde vive.

acrisolado, da. PART. de **acrisolar.** || ADJ. **1.** Dicho de una cualidad positiva humana, como una virtud, la honradez, etc.: Que, puesta a prueba, sale mejorada o depurada. || **2.** Dicho de una persona: Intachable, íntegra.

acrisolar. TR. **1.** Depurar, purificar en el crisol por medio del fuego, el oro y otros metales. || **2.** **purificar** (|| quitar de algo lo que le es extraño). *Acrisolar el ambiente. Acrisolar un texto.* || **3.** Aclarar algo por medio de testimonios o pruebas, como la verdad, la virtud, etc. U. t. c. prnl.

acristalado, da. PART. de **acristalar.** || **I.** ADJ. **1.** Dicho de una puerta, de una ventana, etc.: Que tienen cristales. || **II.** M. **2.** Acción y efecto de acristalar.

acristalamiento. M. Acción y efecto de acristalar.

acristalar. TR. encristalar.

acritud. F. **1.** acrimonia. || **2.** Ingen. Estado en que se encuentra un cuerpo metálico que ha perdido su ductilidad y maleabilidad.

acroamático, ca. ADJ. **1.** Se dice del modo de enseñar por medio de narraciones, explicaciones o discursos. || **2.** Se dice de la enseñanza así dada.

acrobacia. F. **1.** Profesión y ejercicio de acróbata. || **2.** Cada uno de los ejercicios que realiza un acróbata. U. t. en sent. fig. *Hace acrobacias para llegar con su paga a fin de mes.* || **3.** Cada una de las evoluciones espectaculares que efectúa un aviador en el aire.

acróbata. COM. Persona que da saltos, hace habilidades sobre el trapecio, la cuerda floja, o ejecuta cualesquiera otros ejercicios gimnásticos en los espectáculos públicos.

acrobático, ca. ADJ. Perteneciente o relativo al acróbata y a la acrobacia. *Ejercicios acrobáticos.*

acrofobia. F. **1.** Psicol. Miedo irracional e irreprimible a las alturas. || **2.** Psicol. **vértigo de la altura.**

acroleína. F. Líquido volátil, sofocante, que procede de la descomposición de la glicerina y que se emplea para la obtención de distintas materias industriales, especialmente plásticos.

acromático, ca. ADJ. Biol. Dicho de un orgánulo celular: Que no se tiñe con los colorantes usuales. *Huso acromático.*

acromatopsia. F. Med. Incapacidad para percibir los colores. || ~ **parcial.** F. **daltonismo.**

acromegalia. F. Med. Enfermedad crónica debida a un exceso de secreción de hormona de crecimiento por la hipófisis, y que se caracteriza principalmente por un desarrollo extraordinario de las extremidades.

acromegálico, ca. ADJ. **1.** Med. Perteneciente o relativo a la acromegalia. *Síntomas acromegálicos.* || **2.** Que padece acromegalia. U. t. c. s. || **3.** Grande y de proporciones no frecuentes. *Esculturas acromegálicas.*

acromial. ADJ. Anat. Perteneciente o relativo al acromion.

acromion. M. Anat. Apófisis del omóplato, con la que se articula la extremidad externa de la clavícula. MORF. pl. acromiones.

acrónimo. M. **1.** Tipo de sigla que se pronuncia como una palabra; p. ej., o(bjeto) v(olante) n(o) i(dentificado)). || **2.** Vocablo formado por la unión de elementos de dos o más palabras, constituido por el principio de la primera y el final de la última, p. ej., ofi(cina infor)mática, o, frecuentemente, por otras combinaciones, p. ej., so(und) n(avigation) a(nd) r(anging), Ban(co) es(pañol) (de) (crédi)to.

ácrono, na. ADJ. Intemporal, sin tiempo, fuera del tiempo. *Fosa ácrona.*

acrópolis. F. **1.** hist. Sitio más alto y fortificado de las ciudades griegas. || **2.** Parte más alta de una ciudad.

acróstico, ca. I. ADJ. **1.** Dicho de una composición poética: Constituida por versos cuyas letras iniciales, medias o finales forman un vocablo o una frase. U. t. c. s. m. || **II.** M. **2.** Palabra o frase formada con la composición acróstica.

acrotera. F. **1.** Arq. Cada uno de los pedestales que sirven de remate en los frontones, y sobre los cuales suelen colocarse estatuas, macetones u otros adornos. || **2.** Arq. Remate adornado de los ángulos de los frontones, y, por

ext., cruz que remata en muchas iglesias el piñón o la bóveda del crucero.

acroterio. M. Arq. Pretil o murete que se hace sobre los cornisamentos para ocultar la altura del tejado, y que suele decorarse con pedestales.

acta. F. **1.** Relación escrita de lo sucedido, tratado o acordado en una junta. || **2.** Certificación, testimonio, asiento o constancia oficial de un hecho. *Acta de nacimiento. Acta de recepción.* || **3.** Certificación en que consta el resultado de la elección de una persona para ciertos cargos públicos o privados. *Acta de diputado.* || ~ **notarial.** F. Relación fehaciente que hace el notario de hechos que presencia o que le constan. || **levantar** ~. LOC.VERB. Extenderla, ponerla por escrito.

actinia. F. **anémona de mar.**

actínico, ca. ADJ. Perteneciente o relativo a la acción química de las radiaciones electromagnéticas, en especial las luminosas.

actínido. M. **1.** Elemento químico del grupo que ocupa el mismo lugar que el actinio en el sistema periódico, de número atómico comprendido entre el 90 y el 103, ambos inclusive. U. t. c. adj. || **2.** pl. Grupo formado por estos elementos.

actinio. M. Elemento químico radiactivo de núm. atóm. 89. Metal de las tierras raras muy escaso en la litosfera, se encuentra en la pecblenda, y todos sus isótopos son radiactivos. (Símb. *Ac*).

actinomicosis. F. Med. Enfermedad infecciosa común a varias especies animales, que ataca especialmente a los bóvidos y rara vez al hombre.

actinomorfo, fa. ADJ. Bot. Se dice del tipo de verticilo de las flores cuyas partes, especialmente sépalos, pétalos o tépalos, se disponen regularmente, con simetría radiada en torno al eje del pedúnculo floral; p. ej., el de la rosa. □ V. **cáliz ~, corola ~.**

actitud. F. **1.** Disposición de ánimo manifestada de algún modo. *Actitud benévola, pacífica, amenazadora. Actitud de una persona. Actitud de un partido. Actitud de un Gobierno.* || **2.** Postura del cuerpo humano, especialmente cuando es determinada por los sentimientos o estados de ánimo, o cuando expresa algo con eficacia. *Actitud graciosa, imponente. Las actitudes de un actor.* || **3.** Postura de un animal cuando por algún motivo llama la atención.

actitudinal. ADJ. Perteneciente o relativo a la **actitud** (|| disposición de ánimo). *Rasgos actitudinales.*

activación. F. Acción y efecto de activar. □ V. **nivel de ~.**

activador, ra. ADJ. Que **activa** (|| hace que un proceso sea más vivo). Apl. a pers., u. t. c. s.

activar. TR. **1.** Hacer que un proceso sea o parezca más vivo. *El estrés activa la caída del cabello.* U. t. c. prnl. || **2.** Hacer que se ponga en funcionamiento un mecanismo. *Activar un artefacto explosivo.* U. t. c. prnl.

actividad. F. **1.** Facultad de obrar. || **2.** Diligencia, eficacia. || **3.** Prontitud en el obrar. || **4.** Conjunto de operaciones o tareas propias de una persona o entidad. U. m. en pl. || **5.** Fís. Magnitud física que expresa el número de átomos de una sustancia radiactiva que se desintegran por unidad de tiempo. La unidad en el Sistema Internacional es el *becquerel* (Bq). || ~ **óptica.** F. Capacidad de determinados compuestos orgánicos de desviar el plano de la luz polarizada hacia la derecha, como en las sustancias dextrógiras, o hacia la izquierda, como en las sustancias levógiras. ‖ **en** ~. LOC.ADJ. En acción. *Volcán en actividad.* ☐ V. **esfera de** ~.

activismo. M. **1.** Dedicación intensa a una determinada línea de acción en la vida pública. ‖ **2.** Estimación primordial de la acción.

activista. COM. Miembro de un grupo o partido que interviene activamente en la propaganda o practica la acción directa.

activo, va. I. ADJ. **1.** Que obra o tiene virtud de obrar. *Principio activo. Volcán activo.* ‖ **2.** Diligente y eficaz. *Persona activa.* ‖ **3.** Que obra prontamente, o produce sin dilación su efecto. *Un veneno muy activo.* ‖ **4.** Dicho de un funcionario, de un cargo público o de un profesional: **en activo.** ‖ **5.** *Gram.* Que denota acción en sentido gramatical. ‖ **II.** M. **6.** *Econ.* Conjunto de todos los bienes y derechos con valor monetario que son propiedad de una empresa, institución o individuo. ‖ **activo circulante.** M. *Econ.* El que se puede realizar antes de un año. ‖ **~ financiero.** M. *Econ.* Título que representa para su poseedor derechos sobre bienes o rentas, y que es un pasivo para el agente que lo ha emitido. ‖ **~ líquido.** M. *Econ.* El que tiene liquidez. ‖ **activo real.** M. *Econ.* Bien material que forma parte de la riqueza de quien lo posee. *Los bienes inmuebles son activos reales.* ‖ **en activo.** LOC.ADJ. **1.** Dicho de un trabajador o de un funcionario: Que ejerce su profesión, que todavía no se ha jubilado. U. t. c. loc. adv. ‖ **2.** En funcionamiento. *Empresa en activo.* ‖ **por activa o por pasiva, o por activa y por pasiva.** LOCS.ADVS. coloqs. Dicho de afirmar, repetir, etc., algo: Con insistencia y de modos diversos. ☐ V. **Administración** ~, **arrepentimiento** ~, **dividendo** ~, **oración** ~, **participio** ~, **población** ~, **principio** ~, **servicio** ~, **situación** ~, **sufragio** ~, **voto** ~, **voz** ~.

acto. M. **1.** acción (‖ ejercicio de la posibilidad de hacer). ‖ **2.** acción (‖ resultado de hacer). ‖ **3.** Celebración pública o solemne. *Salón de actos.* ‖ **4.** Cada una de las partes principales en que se pueden dividir las obras escénicas. *Pieza, comedia, drama en dos actos.* ‖ **5.** Disposición legal. ‖ **6.** Concentración del ánimo en un sentimiento o disposición. *Acto de fe. Acto de humildad. Acto de contrición.* ‖ **~ administrativo.** M. *Der.* acto jurídico emanado de una Administración pública. ‖ **~ de conciliación.** M. Comparecencia de las partes desavenidas ante un juez, para ver si pueden avenirse y excusar el litigio. ‖ **~ de posesión.** M. Ejercicio o uso de ella. ‖ **~ humano.** M. *Fil.* El que procede de la voluntad libre con advertencia del bien o mal que se hace. ‖ **~ ilícito.** M. *Der.* acto contrario a derecho. ‖ **~ jurídico.** M. *Der.* Hecho voluntario que crea, modifica o extingue relaciones de derecho, conforme a este. ‖ **~ sexual.** M. coito. ‖ **~s positivos.** M. pl. Hechos que califican la virtud, limpieza o nobleza de alguna persona o familia. ‖ **~ continuo, o ~ seguido.** LOCS. ADVS. Inmediatamente después. ‖ **en** ~. LOC.ADV. En postura, en actitud de hacer algo. ‖ **en el** ~. LOC.ADV. enseguida. ‖ **hacer** ~ **de presencia.** LOC.VERB. Asistir de manera breve y puramente formularia a una reunión o ceremonia. ☐ V. **registro de** ~s **de última voluntad.**

actor, ra. I. M. y F. **1.** *Der.* Demandante o acusador. ‖ **II.** M. **2.** Hombre que interpreta un papel en el teatro, el cine, la radio o la televisión. ‖ **3.** coloq. Hombre que exagera o finge. ‖ **actor de carácter.** M. El que representa papeles de personas de edad. ‖ **actor de reparto.** M. El que desempeña papeles secundarios. ☐ V. **parte actora.**

actoral. ADJ. Propio o característico de un actor.

actriz. F. **1.** Mujer que interpreta un papel en el teatro, el cine, la radio o la televisión. ‖ **2.** coloq. Mujer que exagera o finge. ‖ **~ de carácter.** F. La que representa papeles de mujer madura. ‖ **~ de reparto.** F. La que desempeña papeles secundarios.

actuación. F. **1.** Acción y efecto de actuar. ‖ **2.** pl. *Der.* Diligencias de un procedimiento judicial. ‖ **3.** pl. *Der.* Documentos y escritos que recogen estas diligencias. ☐ V. **nulidad de actuaciones.**

actual. ADJ. **1.** Dicho del tiempo en que actualmente está alguien: **presente.** ‖ **2.** Que existe, sucede o se usa en el tiempo de que se habla. *Ejército, industrialización, indumentaria actual.* ‖ **3.** *Geol.* Se dice del período geológico más reciente, en el que todavía nos encontramos. Se calcula iniciado hace unos 8000 ó 10 000 años. ☐ V. **gracia** ~, **pecado** ~.

actualidad. F. **1.** Tiempo presente. ‖ **2.** Cosa o suceso que atrae y ocupa la atención del común de las gentes en un momento dado. ‖ **3.** Condición de **actual** (‖ que existe en el tiempo de que se habla). *La actualidad de la noticia.*

actualización. F. Acción y efecto de actualizar.

actualizador, ra. ADJ. *Ling.* Dicho de una unidad o de un procedimiento lingüístico: Que permiten la actualización. U. t. c. s. m.

actualizar. TR. **1.** Hacer actual algo, darle actualidad. *La obra actualiza un mito clásico.* U. t. c. prnl. ‖ **2.** Poner al día datos, normas, precios, rentas, salarios, etc. ‖ **3.** *Econ.* Obtener el valor actual de un pago o ingreso futuro. ‖ **4.** *Ling.* Hacer que los elementos lingüísticos abstractos o virtuales se conviertan en concretos e individuales.

actualmente. I. ADV.T. **1.** En el tiempo presente. ‖ **II.** ADV.M. **2.** Real y verdaderamente, con actual ser y ejercicio.

actuante. ADJ. Que actúa. Apl. a pers., u. t. c. s.

actuar. INTR. **1.** Dicho de una persona o de una cosa: Ejercer actos propios de su naturaleza. ‖ **2.** Dicho de una persona: Ejercer funciones propias de su cargo u oficio. ‖ **3.** Interpretar un papel en una obra teatral, cinematográfica, etc. ‖ **4.** Dicho de una cosa: Producir efecto sobre algo o alguien. *Esa medicina actúa como somnífero.* ‖ **5.** Obrar, realizar actos libres y conscientes. ‖ **6.** *Der.* Formar autos, proceder judicialmente. ¶ MORF. V. conjug. modelo.

actuarial. ADJ. Perteneciente o relativo al actuario de seguros o a sus funciones.

actuario, ria. ~ **de seguros.** M. y F. *Econ.* Persona versada en los cálculos matemáticos y en los conocimientos estadísticos, jurídicos y financieros concernientes a los seguros y a su régimen, que asesora a las entidades aseguradoras y sirve como perito en las operaciones de estas. ☐ V. **vista actuario.**

acuarela. F. **1.** Pintura sobre papel o cartón con colores diluidos en agua. ‖ **2.** Técnica empleada en este tipo de pintura. ‖ **3.** pl. Colores con los que se realiza esta pintura.

acuarelado, da. ADJ. **1.** Semejante a la acuarela. *Técnica acuarelada.* ‖ **2.** Pintado a la acuarela. *Colinas acuareladas.*

acuarelista. COM. Pintor de acuarelas.

acuarelístico, ca. ADJ. Perteneciente o relativo a la acuarela.

acuariano, na. ADJ. *Á. R. Plata.* Dicho de una persona: Nacida bajo el signo zodiacal de Acuario. U. t. c. s.

acuario[1]. ADJ. Dicho de una persona: Nacida bajo el signo zodiacal de Acuario. *Yo soy acuario, ella es piscis.* U. t. c. s.

acuario[2]. M. **1.** Depósito de agua donde se tienen vivos animales o vegetales acuáticos. || **2.** Edificio destinado a la exhibición de animales acuáticos vivos.

acuartelado. ☐ V. **escudo ~.**

acuartelamiento. M. **1.** Acción y efecto de acuartelar. || **2.** Lugar donde se acuartela.

acuartelar. TR. **1.** Obligar a la tropa a permanecer en el cuartel en previsión de alguna alteración del orden público. || **2.** Poner la tropa en cuarteles. U. t. c. prnl. || **3.** *Mar.* Presentar más al viento la superficie de una vela, llevando hacia barlovento su puño y cazándola, si es preciso, a esta banda, para que la proa caiga hacia la otra.

acuático, ca. ADJ. **1.** Que vive en el agua. *Mamíferos acuáticos.* || **2.** Perteneciente o relativo al agua. *Ecosistemas acuáticos.* ☐ V. **esquí ~, lenteja ~, parque ~, polo ~.**

acuátil. ADJ. **acuático.**

acuatizaje. M. Acción y efecto de acuatizar.

acuatizar. INTR. Dicho de un hidroavión: Posarse en el agua.

acucharado, da. ADJ. De forma parecida a la pala de una cuchara. *Dedo pulgar acucharado.*

acuchillado, da. PART. de **acuchillar.** || **I.** ADJ. **1.** hist. Dicho de un vestido o de un calzado antiguos: Con aberturas semejantes a cuchilladas, bajo las cuales se ve otra tela distinta. || **II.** M. **2.** Raspado y alisado de los muebles y suelos de madera con el fin de barnizarlos o encerarlos.

acuchillador, ra. I. ADJ. **1.** Que acuchilla. *Máquina acuchilladora.* Apl. a pers., u. t. c. s. *El acuchillador de la víctima.* || **II.** M. Y F. **2.** Persona que tiene por oficio acuchillar pisos de madera.

acuchillamiento. M. Acción y efecto de **acuchillar** (|| herir con arma blanca).

acuchillar. I. TR. **1.** Herir, cortar o matar con el cuchillo, y, por ext., con otras armas blancas. || **2.** Hender o cortar el aire. *El avión acuchilla el aire.* || **3.** Alisar con cuchilla u otra herramienta la superficie del entarimado o de los muebles de madera. || **II.** PRNL. **4.** Contender con espadas o darse de cuchilladas.

acucia. F. **1.** Diligencia, solicitud, prisa. || **2.** Deseo vehemente.

acuciador, ra. ADJ. Que acucia. *Problemas acuciadores.*

acuciamiento. M. Acción de acuciar.

acuciante. ADJ. Apremiante, urgente. *Necesidad acuciante.*

acuciar. TR. **1.** Estimular, dar prisa. *Nos acucia para que terminemos pronto.* || **2.** Inquietar, desazonar. *Lo acuciaba con sus continuas preguntas.* ¶ MORF. conjug. c. *anunciar.*

acuciosidad. F. Cualidad de acucioso.

acucioso, sa. ADJ. **1.** Acuciante o urgente. *Acuciosa necesidad.* || **2.** Diligente, solícito, presuroso. *Acucioso investigador.* || **3.** Movido por deseo vehemente. *Una acuciosa lucha por la libertad.*

acuclillarse. PRNL. Ponerse en cuclillas.

acudimiento. M. Acción de acudir.

acudir. INTR. **1.** Dicho de una persona: Ir al sitio adonde le conviene o es llamada. || **2.** Ir o asistir con frecuencia a alguna parte. *Acude a la tertulia del café Gijón.* || **3.** Dicho de una cosa: Venir, presentarse o sobrevenir. *Los recuerdos acuden a mi mente.* || **4.** Ir en socorro de alguien. *Acudieron en su ayuda.* || **5.** Recurrir a alguien o valerse de él. *Acudo a ti para que me des consejo.* || **6.** Valerse de algo para algún fin. *Acudió a su labia para salir del paso.* || **7.** *Equit.* Dicho de un caballo: Ceder con docilidad a la dirección que se le da.

acueducto. M. Conducto artificial por donde va el agua a lugar determinado, y especialmente el que tiene por objeto abastecer de aguas a una población.

ácueo, a. ADJ. De agua.

acuerdo. M. **1.** Resolución que se toma en los tribunales, sociedades, comunidades u órganos colegiados. || **2.** Resolución premeditada de una sola persona o de varias. || **3.** Convenio entre dos o más partes. || **4.** Reflexión o madurez en la determinación de algo. *Buen, mal, mejor, peor acuerdo.* || **5.** *Á. R. Plata.* Conformidad que otorga el Senado a algunos nombramientos hechos por el poder ejecutivo. || **6.** *Méx.* Reunión de una autoridad gubernativa con uno o algunos de sus inmediatos colaboradores o subalternos para tomar conjuntamente decisiones sobre asuntos determinados. || **de ~. I.** LOC. ADJ. **1.** Conforme, unánime. *Estar, ponerse de acuerdo.* || **II.** LOC. ADV. **2.** Con acuerdo o conciliación. *Poner de acuerdo.* || **3.** Se usa como fórmula para manifestar asentimiento o conformidad. || **de ~ a.** LOC. PREPOS. de acuerdo con. U. m. en América. || **de ~ con.** LOC. PREPOS. Según, conforme a. *De acuerdo con lo previsto.*

acúfeno. M. *Med.* Sensación auditiva que no corresponde a ningún sonido real exterior.

acuícola. ADJ. Dicho de un animal o de un vegetal: Que vive en el agua. U. t. c. s.

acuicultura. F. Técnica del cultivo de especies acuáticas vegetales y animales.

acuidad. F. **1.** agudeza (|| intensidad de un mal). || **2.** agudeza (|| perspicacia de la vista).

acuífero, ra. ADJ. *Geol.* Dicho de una capa o vena subterránea: Que contiene agua. U. t. c. s. m.

acuitar. TR. Poner en cuita o en apuro. U. t. c. prnl.

acular. TR. Hacer que un animal, un carro, etc., queden arrimados por detrás a alguna parte. U. t. c. prnl.

aculatar. TR. *Chile.* Estacionar un vehículo reculando para que quede arrimado a alguna parte.

aculebrinado, da. ADJ. hist. Dicho de un cañón: Parecido por su mucha longitud a la culebrina.

acullá. ADV. L. A la parte opuesta de quien habla. Se usa en contraposición a adverbios demostrativos de cercanía, como *aquí* o *acá,* y menos frecuentemente de lejanía, como *allí* o *allá,* cuyo significado puede intensificar.

acullicar. INTR. *Á. Andes.* coquear.

acullico. M. *Á. Andes.* Bola pequeña hecha con hojas de coca, que suele mezclarse con cenizas de quinua y papa hervida. Al mascarla se diluyen en la saliva los principios activos del estimulante.

aculturación. F. Recepción y asimilación de elementos culturales de un grupo humano por parte de otro.

aculturar. TR. Dicho de un grupo social: Hacer adoptar o asimilar rasgos culturales de otro, generalmente más desarrollado. U. t. c. prnl.

acuminado, da. ADJ. Que, disminuyendo gradualmente, termina en punta. *Hojas acuminadas.*

acumulación. F. Acción y efecto de acumular.

acumulador, ra. I. ADJ. **1.** Que acumula. *Depósito acumulador de agua. Jóvenes acumuladores de riqueza.* ‖ **II.** M. **2.** *Electr.* Pila reversible que acumula energía durante la carga y la restituye en la descarga.

acumulamiento. M. Acción y efecto de acumular.

acumular. TR. **1.** Juntar y amontonar. *Acumular objetos de adorno.* U. t. c. prnl. ‖ **2.** *Der.* Unir unos procedimientos a otros para que sean resueltos por una sola sentencia o resolución.

acumulativo, va. ADJ. **1.** Perteneciente o relativo a la acumulación. *Sentido acumulativo.* ‖ **2.** Que procede por acumulación o resulta de ella. *Método acumulativo.*

acúmulo. M. Acción y efecto de **acumular** (‖ juntar y amontonar).

acunar. TR. Mecer al niño en la cuna o en los brazos para que se duerma.

acuñación. F. Acción y efecto de acuñar.

acuñador, ra. ADJ. Que acuña. Apl. a pers., u. t. c. s.

acuñar[1]. TR. **1.** Imprimir y sellar una pieza de metal, especialmente una moneda o una medalla, por medio de cuño o troquel. ‖ **2.** Hacer, fabricar moneda. ‖ **3.** Dar forma a expresiones o conceptos, especialmente cuando logran difusión o permanencia. *Acuñar una palabra, un lema, una máxima.*

acuñar[2]. TR. **1.** Meter cuñas. ‖ **2.** Ajustar unas cosas con otras, encajarlas entre sí.

acuosidad. F. Cualidad de acuoso.

acuoso, sa. ADJ. **1.** Abundante en agua. *Terreno acuoso.* ‖ **2.** Parecido a ella. *Líquido acuoso.* ‖ **3.** Perteneciente o relativo al agua. *Vapor acuoso.* ‖ **4.** Dicho de una fruta: De mucho jugo. ☐ V. **disolución ~, humor ~.**

acupuntor, ra. I. ADJ. **1.** *Med.* Perteneciente o relativo a la acupuntura. *Técnica acupuntora.* ‖ **II.** M. y F. **2.** Especialista en acupuntura.

acupuntura. F. *Med.* Técnica terapéutica consistente en clavar agujas en puntos determinados del cuerpo humano.

acure. M. Roedor del tamaño de un conejo, de carne comestible, que vive en domesticidad en varios países de América Meridional.

acurrucarse. PRNL. Encogerse para resguardarse del frío o con otro objeto.

acusación. F. **1.** Acción de acusar o acusarse. ‖ **2.** Escrito o palabras con que se acusa a alguien. ‖ **3.** *Der.* Imputación de un delito o falta. ‖ **4.** *Der.* Pretensión, ejercida ante la jurisdicción penal, de una sentencia condenatoria mediante la aportación de pruebas que destruyan la presunción de inocencia del imputado. ‖ **5.** *Der.* Persona o personas que ejercitan tal pretensión. ‖ **~ popular.** F. Posibilidad que tiene cualquier persona para, en las condiciones establecidas por la ley, promover la acción penal, independientemente de resultar perjudicada por el delito o falta supuestamente cometidos.

acusado, da. PART. de **acusar.** ‖ **I.** ADJ. **1.** Dicho de una cosa: Cuya condición destaca de lo normal y se hace manifiestamente perceptible. *Respondió con acusada acritud. Calculaba con acusado optimismo.* ‖ **II.** M. y F. **2.** Persona a quien se acusa.

acusador, ra. ADJ. Que acusa. Apl. a pers., u. t. c. s.

acusar. I. TR. **1.** Imputar a alguien algún delito, culpa, vicio o cualquier cosa vituperable. ‖ **2.** Manifestar, revelar, descubrir. *Acusa los efectos de su propia pereza.* ‖ **3.** Avisar, noticiar el recibo de cartas, oficios, etc. ‖ **4.** En algunos juegos de naipes, manifestar en tiempo oportuno que se tienen determinadas cartas con que por ley del juego se gana cierto número de tantos. ‖ **5.** Reflejar la contundencia y efectos de un golpe recibido. ‖ **6.** *Dep.* Dicho de un atleta o de un jugador: Mostrar inferioridad o falta de preparación física. ‖ **7.** *Der.* Exponer en juicio los cargos contra el acusado y las pruebas de ellos. ‖ **II.** PRNL. **8.** Dicho de una persona: Confesar, declarar sus culpas.

acusativo. M. *Gram.* Caso de la declinación latina y de otras lenguas que representa generalmente en español el objeto directo del verbo.

acusatorio, ria. ADJ. *Der.* Perteneciente o relativo a la acusación. *Testimonio acusatorio.*

acuse. M. **1.** Acción y efecto de **acusar** (‖ avisar el recibo de una carta). ‖ **2.** Acción y efecto de **acusar** (‖ manifestar que se tienen determinados naipes).

acusetas. M. *Á. Caribe.* Acusón, soplón.

acusica. ADJ. infant. Que **acusa** (‖ imputa algo vituperable). U. t. c. s.

acusón, na. ADJ. coloq. Que tiene el vicio de **acusar** (‖ imputar algo vituperable). U. t. c. s.

acústica. F. **1.** Parte de la física que trata de la producción, control, transmisión, recepción y audición de los sonidos, y también, por ext., de los ultrasonidos. ‖ **2.** Característica de un recinto referida a la calidad de la recepción de los sonidos.

acústico, ca. ADJ. **1.** Perteneciente o relativo al órgano del oído. *Nervio acústico.* ‖ **2.** Perteneciente o relativo a la acústica. *Tratado acústico.* ‖ **3.** Dicho de un instrumento musical: Cuyo sonido no está modificado con medios electrónicos.

acutángulo. ☐ V. **triángulo ~.**

adafina. F. Olla que los hebreos colocan al anochecer del viernes en un anafe, cubriéndola con rescoldo y brasas, para comerla el sábado.

adagio. M. Sentencia breve, comúnmente recibida, y, la mayoría de las veces, moral.

adalid. M. **1.** Caudillo militar. ‖ **2.** Guía y cabeza, o individuo muy señalado de algún partido, corporación o escuela.

adamado, da. ADJ. Dicho de un hombre: De facciones, talle y modales delicados como los de la mujer.

adamantino, na. ADJ. **diamantino.** U. m. en leng. poét.

adamascado, da. ADJ. Dicho generalmente de una tela: Parecida al damasco.

adámico, ca. ADJ. Perteneciente o relativo a Adán, personaje bíblico.

Adán. ☐ V. **bocado de ~, manzana de ~.**

adanismo. M. Hábito de comenzar una actividad cualquiera como si nadie la hubiera ejercitado anteriormente.

adaptabilidad. F. Capacidad de ser adaptado.

adaptación. F. Acción y efecto de adaptar o adaptarse.

adaptador, ra. I. ADJ. **1.** Que adapta. *Mecanismo adaptador.* Apl. a pers., u. t. c. s. ‖ **II.** M. **2.** Dispositivo o aparato que sirve para acomodar elementos de distinto uso, diseño, tamaño, finalidad, etc.

adaptar. I. TR. **1.** Acomodar, ajustar algo a otra cosa. U. t. c. prnl. *Las prendas elásticas se adaptan al cuerpo.* ‖ **2.** Hacer que un objeto o mecanismo desempeñe funciones distintas de aquellas para las que fue construido. ‖ **3.** Modificar una obra científica, literaria, musical, etc., para que pueda difundirse entre público distinto de aquel al cual iba destinada o darle una forma diferente de la original. ‖ **II.** PRNL. **4.** Dicho de una persona: Acomodarse, avenirse a diversas circunstancias, condiciones, etc. *Se adaptan mal a los nuevos tiempos.* ‖ **5.** Biol. Dicho de un ser vivo: Acomodarse a las condiciones de su entorno.

adaptativo, va. ADJ. Perteneciente o relativo a la adaptación o a la capacidad de adaptación.

adarce. M. Costra salina que las aguas del mar forman en los objetos que mojan.

adarga. F. hist. Escudo de cuero, ovalado o de forma de corazón.

adarme. M. **1.** hist. Peso que tiene 3 tomines y equivale a 179 cg aproximadamente. ‖ **2.** Cantidad o porción mínima de algo. *Ni un adarme de pudor.*

adarve. M. **1.** Muro de una fortaleza. ‖ **2.** Camino situado en lo alto de una muralla, detrás de las almenas; en fortificación moderna, en el terraplén que queda después de construido el parapeto.

ad calendas graecas. (Locución latina). LOC. ADV. Se usa para designar un plazo que nunca ha de cumplirse.

Addison. □ V. **enfermedad de ~.**

adecentamiento. M. Acción y efecto de adecentar.

adecentar. TR. Poner decente, limpio, en orden. U. t. c. prnl.

adecuación. F. Acción y efecto de adecuar.

adecuado, da. PART. de **adecuar.** ‖ ADJ. Apropiado a las condiciones, circunstancias u objeto de algo. *Adecuado A las normas. Adecuado PARA ir a la playa.*

adecuar. TR. Proporcionar, acomodar, apropiar algo a otra cosa. U. t. c. prnl. MORF. conjug. c. *averiguar* y c. *actuar.*

adefesio. M. **1.** coloq. Persona o cosa ridícula, extravagante o muy fea. ‖ **2.** coloq. Despropósito, disparate, extravagancia. U. m. en pl.

adehala. F. **1.** Cosa que se da de gracia o se fija como obligatoria sobre el precio de aquello que se compra o toma en arrendamiento. ‖ **2.** Aquello que se agrega de gajes o emolumentos al sueldo de algún empleo o comisión.

adehesamiento. M. Acción y efecto de adehesar.

adehesar. TR. Convertir una tierra en dehesa. U. t. c. prnl.

adelantado, da. PART. de **adelantar.** ‖ **I.** ADJ. **1.** precoz (‖ que muestra cualidades que de ordinario son más tardías). *Alumna muy adelantada.* ‖ **II.** M. **2.** hist. Jefe militar y político de una provincia fronteriza. ‖ **adelantado mayor.** M. hist. Autoridad máxima de un territorio. ‖ **por adelantado.** LOC. ADV. Con antelación.

adelantador, ra. ADJ. Que adelanta. *Resultados adelantadores.*

adelantamiento. M. **1.** Acción y efecto de adelantar. ‖ **2.** Dignidad de adelantado. ‖ **3.** Territorio de su jurisdicción. ‖ **4.** adelanto (‖ mejora).

adelantar. **I.** TR. **1.** Mover o llevar hacia adelante. *Adelantar la cabeza.* U. t. c. prnl. ‖ **2.** anticipar. *Adelantar la paga.* ‖ **3.** Ganar la delantera a alguien o algo. U. t. c. prnl. *Se adelantó a ocupar el asiento libre.* ‖ **4.** Hacer que un reloj marque una hora que aún no ha llegado. ‖ **5.** Exceder a alguien, aventajarlo. U. t. c. prnl. ‖ **II.** INTR. **6.** Dicho de un reloj: Andar con más velocidad que la debida y señalar, por lo tanto, tiempo que no ha llegado todavía. U. t. c. prnl. ‖ **7.** Progresar o mejorar en estudios,

robustez, salud, posición social, etc. *Este niño adelanta mucho. El enfermo no adelanta nada.*

adelante. **I.** ADV. L. **1.** Más allá. *El enemigo nos cierra el paso; no podemos ir adelante.* ‖ **2.** Hacia delante, hacia enfrente. *Dio un paso adelante. Venía un hombre por el camino adelante.* ‖ **3.** Am. **delante** (‖ con prioridad o en la parte anterior). ‖ **II.** ADV. T. **4.** Se usa, con preposición antepuesta o siguiendo inmediatamente a algunos adverbios de esta clase, para denotar tiempo futuro. *En adelante. Para más adelante. De hoy en adelante.* ‖ **adelante.** INTERJ. Se usa para ordenar o permitir que alguien entre en alguna parte o siga andando, hablando, etc.

adelanto. M. **1.** anticipo. ‖ **2.** adelantamiento (‖ acción y efecto de adelantar). ‖ **3.** Mejora, progreso.

adelfa. F. **1.** Arbusto de la familia de las Apocináceas, muy ramoso, de hojas persistentes semejantes a las del laurel, y grupos de flores blancas, rojizas, róseas o amarillas. Es venenoso y florece en verano. ‖ **2.** Flor de esta planta.

adelfilla. F. Mata de la familia de las Timeleáceas, de un metro de altura, con hojas persistentes lanceoladas, lustrosas y de un verde oscuro en el haz, flores verdosas o amarillentas en racimos axilares, y fruto aovado, negro a la madurez.

adelfo. M. adelfa (‖ arbusto).

adelgazador, ra. ADJ. Que sirve para adelgazar. *Ejercicios adelgazadores.*

adelgazamiento. M. Acción y efecto de adelgazar.

adelgazante. ADJ. Que hace adelgazar. Apl. a una sustancia o un producto, u. t. c. s. m.

adelgazar. **I.** TR. **1.** Reducir el grosor de un cuerpo, bien eliminando parte de su materia, bien sin pérdida de ella. U. t. c. prnl. ‖ **2.** Disminuir el volumen de la voz, bajar su timbre, o, por el contrario, hacerlo más agudo. U. t. c. prnl. ‖ **II.** INTR. **3.** Disminuir en grosor y generalmente en peso, ponerse delgado, enflaquecer. U. t. c. prnl.

adelita. F. *Méx.* hist. Cada una de las mujeres que acompañaban en campaña a los revolucionarios.

ademán. M. **1.** Movimiento o actitud del cuerpo o de alguna parte suya, con que se manifiesta un sentimiento o estado de ánimo. *Con furioso ademán. Hizo ademán de huir.* ‖ **2.** pl. **modales.** ‖ **en ~ de.** LOC. PREPOS. En actitud de ir a ejecutar algo.

además. ADV. C. Denota aumento o adición. *Hay, además, interesantes yacimientos romanos. Además de danzas, habrá una muestra de artesanía. Además de Luis, vino su mejor amigo.*

ademe. M. *Ingen.* En las minas, madero que sirve para entibar.

adenda. F. Apéndice, sobre todo de un libro. U. menos c. m. MORF. pl. **adendas.**

adenina. F. *Bioquím.* Base nitrogenada fundamental, componente del ADN y del ARN. (Símb. *A*).

adenitis. F. *Med.* Inflamación de los ganglios linfáticos.

adenoideo, a. ADJ. *Anat.* Dicho de un tejido: Rico en formaciones linfáticas, como las amígdalas faríngea y lingual o los folículos linfáticos de la mucosa nasal. □ V. **vegetación ~.**

adenoides. F. pl. *Med.* Hipertrofia del tejido ganglionar que existe normalmente en la rinofaringe.

adenoma. M. *Med.* Tumor de estructura semejante a la de las glándulas.

adenopatía. F. *Med.* Enfermedad de los ganglios, especialmente de los linfáticos.

adenovirus. M. *Biol.* Virus con ADN que infecta las vías respiratorias, el aparato digestivo o el hígado del hombre y de los animales.

adensar. TR. Hacer más denso. U. t. c. prnl.

adentellar. TR. Hincar los dientes.

adentramiento. M. Acción y efecto de adentrarse.

adentrar. TR. Hacer penetrar en el interior de algo. *El autor los adentra en su mundo fantástico.* U. m. c. prnl.

adentro. **I.** ADV. L. **1.** A o en el interior. *Mar adentro, tierra adentro.* ‖ **II.** M. **2.** pl. Interior del ánimo. *Hablo para mis adentros. Juan habla bien de Laura, aunque en sus adentros siente de otro modo.* ‖ **adentro.** INTERJ. **3.** Se usa para ordenar o invitar a alguien a que entre en alguna parte. ‖ **entrar, llegar,** o **sentir,** algo muy ~. LOCS. VERBS. Causar fuerte impresión, afectar hondamente.

adepto, ta. ADJ. **1.** Partidario de alguna persona o idea. U. t. c. s. ‖ **2.** Afiliado a alguna secta o asociación, especialmente si es clandestina. U. t. c. s.

aderezar. TR. **1.** Guisar, condimentar o sazonar los alimentos. ‖ **2.** Disponer o preparar una casa, un cuarto, una estancia, etc. U. t. c. prnl. ‖ **3.** Componer, adornar, embellecer. *La aderezaron con bonitos collares.* U. t. c. prnl. ‖ **4.** Componer con ciertos ingredientes algunas bebidas, como los vinos y licores, para mejorar su calidad o para que se parezcan a otras. ‖ **5.** Acompañar una acción con algo que le añade gracia o adorno. *Aderezó su intervención con sabrosas anécdotas.*

aderezo. M. **1.** Acción y efecto de aderezar. ‖ **2.** Cosa con que se adereza alguien o algo. ‖ **3.** Condimento, conjunto de ingredientes que se usan para sazonar las comidas. ‖ **4.** Juego de joyas que se compone, por lo común, de collar, pendientes y pulseras.

adeudar. **I.** TR. **1.** Tener una deuda material con alguien. ‖ **2.** *Com.* **cargar** (‖ anotar una partida en el debe). ‖ **II.** PRNL. **3.** endeudarse. ¶ MORF. V. conjug. modelo.

adeudo. M. **1.** **deuda** (‖ obligación de pagar). ‖ **2.** *Com.* Acción y efecto de **adeudar** (‖ cargar).

adherencia. F. **1.** Cualidad de adherente. *Los neumáticos nuevos tienen mayor adherencia.* ‖ **2.** Parte añadida. *Tenía adherencias extrañas en la superficie.* ‖ **3.** *Fís.* Resistencia tangencial que se produce en la superficie de contacto de dos cuerpos cuando se intenta que uno deslice sobre otro. ‖ **4.** *Med.* Cada una de las bridas o superficies extensas de tejido conjuntivo que unen a las vísceras entre sí o con las paredes del tronco, entorpecen la función de estas vísceras y producen dolores u otras molestias.

adherente. **I.** ADJ. **1.** Que adhiere. *Plástico adherente.* Apl. a pers., u. t. c. s. ‖ **II.** M. **2.** adhesivo (‖ sustancia que sirve para pegar).

adherir. **I.** TR. **1.** Pegar algo a otra cosa. *Adhiero el sello al sobre. Adhirió el cartel a la pared.* ‖ **II.** INTR. **2.** Dicho de una cosa: Pegarse con otra. U. m. c. prnl. ‖ **3.** Convenir en un dictamen o partido y abrazarlo. U. m. c. prnl. *Se adhirió al nuevo partido político.* ¶ MORF. conjug. c. sentir.

adhesión. F. **1.** Acción y efecto de **adherir** (‖ convenir en un dictamen o partido). ‖ **2.** Declaración pública de apoyo a alguien o algo. ‖ **3.** *Fís.* Fuerza de atracción que mantiene unidas moléculas de distinta especie química.

adhesividad. F. Cualidad de adhesivo.

adhesivo, va. **I.** ADJ. **1.** Capaz de adherir o pegar. ‖ **II.** M. **2.** Sustancia que, interpuesta entre dos cuerpos o fragmentos, sirve para pegarlos. ‖ **3.** Objeto que, dotado de una materia pegajosa, se destina a ser adherido en una superficie.

ad hoc. (Locución latina). **I.** LOC. ADV. **1.** Se usa para referirse a lo que se dice o hace solo para un fin determinado. *La encuesta ha sido confeccionada ad hoc para las elecciones.* ‖ **II.** LOC. ADJ. **2.** Adecuado, apropiado, dispuesto especialmente para un fin. *Una ley ad hoc prorrogará su vigencia.*

ad hóminem. □ V. argumento ~.

ad honórem. (Locución latina). **I.** LOC. ADJ. **1.** Que se hace sin retribución alguna. ‖ **II.** LOC. ADV. **2.** De manera honoraria; por solo la honra.

adiabático, ca. ADJ. **1.** *Fís.* Se dice del recinto entre cuyo interior y exterior no es posible el intercambio térmico. ‖ **2.** *Fís.* Se dice de la transformación termodinámica que un sistema experimenta sin que haya intercambio de calor con otros sistemas.

adicción. F. **1.** Hábito de quien se deja dominar por el uso de alguna o algunas drogas tóxicas, o por la afición desmedida a ciertos juegos. ‖ **2.** Afición muy grande a algo. *Adicción a la lectura.*

adición. F. **1.** Acción y efecto de **añadir** (‖ agregar). ‖ **2.** Añadidura que se hace, o parte que se aumenta en alguna obra o escrito. ‖ **3.** *Mat.* Operación de sumar.

adicionador, ra. ADJ. Que adiciona. Apl. a pers., u. t. c. s.

adicional. ADJ. Que se suma o añade a algo. *Nota, carga, ventaja adicional.*

adicionar. TR. Hacer o poner adiciones.

adictivo, va. ADJ. **1.** Dicho especialmente de una droga: Que, empleada de forma repetida, crea necesidad y hábito. ‖ **2.** Perteneciente o relativo a la adicción. *Efecto adictivo.*

adicto, ta. ADJ. **1.** Dedicado, muy inclinado, apegado. *Adicto a la crítica.* Apl. a pers., u. t. c. s. ‖ **2.** Dicho de una persona: Que está dominada por el uso de alguna droga o por la afición desmedida a ciertos juegos. U. t. c. s.

adiestrador, ra. ADJ. Que adiestra. U. t. c. s.

adiestramiento. M. Acción y efecto de adiestrar.

adiestrar. TR. **1.** Hacer diestro, enseñar, instruir. *Lo adiestró en las operaciones matemáticas.* U. t. c. prnl. ‖ **2.** Amaestrar, domar a un animal.

adigués, sa. ADJ. **1.** Natural de Adigueya. U. t. c. s. ‖ **2.** Perteneciente o relativo a esta república de la Federación Rusa.

adimensional. ADJ. *Fís.* Que no tiene dimensiones, como el número π.

adinamia. F. *Med.* Extremada debilidad muscular que impide los movimientos del enfermo.

adinerado, da. ADJ. Que tiene mucho dinero. *Familia adinerada.*

ad infínitum. (Locución latina). LOC. ADV. De modo indefinido o sin límite.

adintelado. □ V. arco ~.

ad ínterim. (Locución latina). LOC. ADJ. Interino o provisional. *Tiene un nombramiento ad ínterim.* U. t. c. loc. adv. *Ocupó el despacho ad ínterim.*

adiós. **I.** INTERJ. **1.** Se usa para despedirse. ‖ **2.** Se usa para denotar que no es ya posible evitar un daño. *¡Adiós, lo que se nos viene encima!* ‖ **3.** Se usa para expresar decepción. *¡Adiós, ya he perdido las llaves!* ‖ **4.** Se usa para expresar incredulidad, desacuerdo o sorpresa. *No hay más pescado. —Adiós, nos quedamos sin comer.* ‖ **II.** M. **5.** Despedida al término de una conversación, misiva, etc. MORF. pl. **adioses.** ‖ **y ~, muy buenas.** EXPR. coloq. Se usa para indicar que algo ha concluido o se ha rechazado.

adiposidad. F. **1.** Cualidad de adiposo. *La adiposidad es un mal de las sociedades modernas.* ‖ **2.** Acumulación excesiva de tejido adiposo. *Un cuerpo que carece de adiposidades.*

adiposis. F. *Med.* obesidad.

adiposo, sa. ADJ. **1.** Grasiento, cargado o lleno de grasa o gordura. *Un hombre adiposo y anquilosado.* ‖ **2.** De la naturaleza de la grasa. *Complexión adiposa.* ☐ V. **panículo ~, tejido ~.**

aditamento. M. añadidura (‖ cosa que se añade).

aditivo, va. I. ADJ. **1.** Que puede o que debe añadirse. *Un alimento libre de sustancias aditivas.* ‖ **2.** *Mat.* Dicho de un término de un polinomio: Que va precedido del signo más. ‖ **II.** M. **3.** Sustancia que se agrega a otras para darles cualidades de que carecen o para mejorar las que poseen.

adivinación. F. Acción y efecto de adivinar.

adivinador, ra. I. ADJ. **1.** Que adivina. *Perspicacia adivinadora. Brujo adivinador.* ‖ **II.** M. y F. **2.** Persona que **adivina** (‖ predice el futuro).

adivinanza. F. **1.** adivinación. ‖ **2.** acertijo.

adivinar. TR. **1.** Predecir el futuro o descubrir lo oculto, por medio de agüeros o sortilegios. ‖ **2.** Descubrir por conjeturas algo oculto o ignorado. *Al verlo, adiviné que había pasado algo.* ‖ **3.** Acertar lo que quiere decir un enigma. ‖ **4.** Acertar algo por azar. *Adivinar un número del 1 al 10.* ‖ **5.** Vislumbrar, distinguir. *A lo lejos adivinó la silueta del castillo.* U. t. c. prnl.

adivinatorio, ria. ADJ. Que incluye adivinación o se refiere a ella. *Artes adivinatorias.*

a divinis. (Locución latina). LOC.ADJ. Dicho de la suspensión o cese canónico impuestos a un sacerdote: Que lo inhabilitan para ejercer su ministerio. U. t. c. loc. adv.

adivino, na. M. y F. Persona que **adivina** (‖ predice el futuro).

adjetivación. F. **1.** Acción de adjetivar. ‖ **2.** Conjunto de adjetivos o modo de adjetivar peculiar de un escritor, de una época, de un estilo, etc. ‖ **3.** *Gram.* Conversión en adjetivo de una palabra o de un grupo de palabras que no lo son; p. ej., *rosa, hombre* y *de fiar* en *color rosa, es muy hombre, persona de fiar.*

adjetivador, ra. ADJ. Que adjetiva. *Periodista, escrito adjetivador.*

adjetival. ADJ. *Gram.* Perteneciente o relativo al adjetivo. *Parquedad adjetival.* ☐ V. **grupo ~, sintagma ~.**

adjetivar. TR. Aplicar adjetivos.

adjetivo, va. ADJ. **1.** Que expresa cualidad o accidente. *Elemento adjetivo de la frase.* ‖ **2.** Accidental, secundario, no esencial. *Cuestión adjetiva.* ‖ **3.** *Gram.* Que califica o determina al sustantivo. *Nombre adjetivo, proposición adjetiva.* U. m. c. s. m. *El adjetivo es una parte de la oración.* ‖ **4.** *Gram.* Perteneciente o relativo al adjetivo. *Función adjetiva. Sufijos adjetivos.* ‖ **~ calificativo.** M. *Gram.* Palabra que acompaña al sustantivo para expresar alguna cualidad de la persona o cosa nombrada. ‖ **~ comparativo.** M. *Gram.* El que denota comparación; p. ej., *mayor, menor.* ‖ **~ demostrativo.** M. *Gram.* El que señala personas, animales o cosas. ‖ **adjetivo de relación.**

M. *Gram.* El que especifica el ámbito o el dominio que corresponde a alguna persona o cosa; p. ej., *literario* en *crítica literaria.* ‖ **~ determinativo.** M. *Gram.* El que delimita de algún modo el alcance del nombre. ‖ **~ gentilicio.** M. *Gram.* El que denota la procedencia geográfica de las personas o su nacionalidad; p. ej., *castellano, madrileño, andaluz, peruano, bonaerense.* ‖ **~ indefinido.** M. El que vagamente alude a personas o cosas o expresa alguna noción que cuantifica; p. ej., *alguno, otro, cualquier.* ‖ **adjetivo numeral.** M. *Gram.* El que significa número; p. ej., *dos, segundo, medio, doble.* ‖ **adjetivo ordinal.** M. *Gram.* El numeral que expresa la idea de orden o sucesión; p. ej., *primero, segundo, quinto, sexto.* ‖ **~ posesivo.** M. *Gram.* El que indica la posesión, propiedad o pertenencia a una o varias personas o cosas de lo significado por el sustantivo a que se refiere. ‖ **adjetivo relacional.** M. *Gram.* adjetivo de relación. ‖ **~ relativo.** M. *Gram.* El que desempeña una función en la oración a la que pertenece, inserta esta en una unidad superior y tiene un antecedente. *«Cuyo» es un adjetivo relativo.* ‖ **~ superlativo absoluto.** M. *Gram.* El que denota el sumo grado de cualidad que con él se expresa; p. ej., *justísimo, celebérrimo, muy alto.* ‖ **~ superlativo relativo.** M. *Gram.* El que, junto con el artículo o el posesivo, asigna el grado máximo o mínimo de la cualidad a una o varias personas o cosas en relación con las demás de un conjunto determinado; p. ej., *el mejor de los hermanos, sus más tristes versos, la menor de las dificultades, las casas más viejas de la ciudad, los menos favorecidos del grupo.* ☐ V. **grupo ~, locución ~, oración ~, sintagma ~.**

adjudicación. F. Acción y efecto de adjudicar o adjudicarse.

adjudicador, ra. ADJ. Que adjudica. Apl. a pers., u. t. c. s.

adjudicar. I. TR. **1.** Declarar que una cosa corresponde a una persona, o conferírsela en satisfacción de algún derecho. ‖ **II.** PRNL. **2.** Dicho de una persona: Apropiarse de algo. ‖ **3.** En ciertas competiciones, obtener, ganar, conquistar. *El equipo visitante se adjudicó la victoria.*

adjudicatario, ria. M. y F. Persona a quien se adjudica algo.

adjunción. F. Añadidura, agregación.

adjuntar. TR. Enviar, juntamente con una carta u otro escrito, notas, facturas, muestras, etc.

adjunteño, ña. ADJ. **1.** Natural de Adjuntas. U. t. c. s. ‖ **2.** Perteneciente o relativo a este municipio de Puerto Rico o a su cabeza.

adjuntía. F. Plaza de profesor adjunto.

adjunto, ta. I. ADJ. **1.** Que va o está unido con otra cosa. *Documento adjunto.* Apl. a un archivo informático, u. t. c. s. m. En lenguaje administrativo, u. t. c. adv. *Adjunto se envía copia compulsada.* ‖ **2.** Dicho de una persona: Que acompaña a otra para tratar con ella de algún negocio, cargo o trabajo. U. t. c. s. ‖ **II.** M. y F. **3.** profesor adjunto. ‖ **III.** M. **4.** *Gram.* Complemento o modificador no exigido por el significado de la palabra a la que modifica; p. ej., *Trabaja a gusto.* ‖ **5.** *Mat.* Determinante que resulta de la supresión de una fila y una columna en otro determinante. ☐ V. **profesor ~.**

adlátere. COM. despect. Persona inseparable de otra, de quien parece inseparable.

ad líbitum. (Locución latina). LOC.ADV. A gusto, a voluntad.

ad límina. (Locución latina). LOC.ADJ. Se dice de la visita que hacen los obispos al papa, cada cinco años, para informar del estado de sus respectivas diócesis.

adminículo. M. **1.** Cosa que sirve de ayuda o auxilio para otra cosa o intento. ‖ **2.** Cada uno de los objetos que se llevan para servirse de ellos en caso de necesidad. U. m. en pl.

administración. F. **1.** Acción y efecto de administrar. ‖ **2.** Empleo de administrador. ‖ **3.** Casa u oficina donde el administrador y sus dependientes ejercen su empleo. ‖ **4. Administración pública.** ORTOGR. Escr. con may. inicial. ‖ **5.** En los Estados Unidos de América y otros países, equipo de gobierno que actúa bajo un presidente. ‖ **Administración activa.** F. Administración pública. ‖ **Administración autonómica.** F. Administración pública propia de las comunidades autónomas. ‖ **Administración central.** F. Administración pública propia del gobierno del Estado. ‖ **Administración de Justicia.** F. **1.** Conjunto de jueces y tribunales. ‖ **2.** Organización y gestión de los jueces y tribunales, con respeto a la independencia de estos en el ejercicio de sus funciones jurisdiccionales. ‖ **3.** Gestión del sistema judicial y de su actividad. ‖ **~ diocesana.** F. La que tiene a su cargo la recaudación de los ingresos o rentas de una diócesis, y el empleo de todos o parte de ellos en los gastos de ella. ‖ **~ económica.** F. La que tiene a su cargo la recaudación de las rentas y el pago de las obligaciones públicas. ‖ **Administración municipal.** F. La que cuida de los intereses del municipio. ‖ **Administración provincial.** F. La que está a cargo de los gobernadores y Diputaciones en cada provincia. ‖ **Administración pública.** F. **1.** Organización ordenada a la gestión de los servicios y a la ejecución de las leyes en una esfera política determinada, con independencia del poder legislativo y del poder judicial. ‖ **2.** Conjunto de organismos encargados de cumplir esta función. ‖ **por ~.** LOC.ADV. Por el Gobierno, la provincia, el municipio o la empresa, y no por contratista. Se dice, generalmente, hablando de obras o servicios públicos. □ V. **jefe de Administración, jefe superior de Administración.**

administrado, da. PART. de **administrar.** ‖ ADJ. Se dice de un ciudadano en sus relaciones con las Administraciones públicas. U. m. c. s.

administrador, ra. **I.** ADJ. **1.** Que administra. *Autoridades administradoras del distrito.* U. t. c. s. ‖ **II.** M. y F. **2.** Persona que administra bienes ajenos.

administrar. TR. **1.** Gobernar, ejercer la autoridad o el mando sobre un territorio y sobre las personas que lo habitan. ‖ **2.** Dirigir una institución. ‖ **3.** Ordenar, disponer, organizar, en especial la hacienda o los bienes. ‖ **4.** Conferir o dar un sacramento. ‖ **5.** Aplicar, dar o hacer tomar un medicamento. U. t. c. prnl. ‖ **6.** Graduar o dosificar el uso de algo, para obtener mayor rendimiento de ello o para que produzca mejor efecto. U. t. c. prnl.

administrativamente. ADV. **1.** Desde un punto de vista administrativo. ‖ **2.** Siguiendo un procedimiento ante la Administración pública.

administrativista. ADJ. Dicho de un jurista: Que se dedica al estudio o a la práctica del derecho administrativo. U. t. c. s.

administrativo, va. **I.** ADJ. **1.** Perteneciente o relativo a la administración. *Diligencias administrativas.* ‖ **II.** M. y F. **2.** Persona empleada en la administración

de alguna entidad. □ V. **acto ~, contrato ~, derecho ~, gestor ~, junta ~, silencio ~.**

admirable. ADJ. Digno de admiración. *País admirable.*

admiración. F. **1.** Acción de admirar. ‖ **2. exclamación** (‖ signo ortográfico).

admirador, ra. ADJ. Que admira. Apl. a pers., u. t. c. s.

admirar. TR. **1.** Dicho de algo extraordinario o inesperado: Causar sorpresa. *Me admira tu perseverancia.* U. t. c. prnl. *Se admiró DE que aún vivieran.* ‖ **2.** Ver, contemplar o considerar con estima o agrado especiales a alguien o algo que llaman la atención por cualidades juzgadas como extraordinarias. *Admirar el paisaje.* U. t. c. prnl. ‖ **3.** Tener en singular estimación a alguien o algo, juzgándolos sobresalientes y extraordinarios. *Admiro a los clásicos.*

admirativo, va. ADJ. **1.** Admirado o maravillado. *Clamor admirativo.* ‖ **2.** Que implica o denota admiración. *Sentido admirativo.*

admisibilidad. F. Cualidad de admisible.

admisible. ADJ. Que puede admitirse. *Excusas admisibles.*

admisión. F. **1.** Acción y efecto de admitir. ‖ **2.** *Mec.* En los motores de explosión, primera fase del proceso en la que la mezcla explosiva es aspirada por el pistón. □ V. **derecho de ~.**

admitir. TR. **1. aceptar** (‖ recibir voluntariamente). *No lo admitiré en mi casa.* ‖ **2.** Permitir o sufrir. *Esta causa no admite dilación.* ‖ **3. aceptar** (‖ aprobar). *Su teoría no fue admitida por la comunidad científica.*

admonición. F. **1. amonestación** (‖ acción y efecto de amonestar). ‖ **2. reconvención.**

admonitorio, ria. ADJ. Que amonesta, aconseja o exhorta. *Palabras admonitorias.*

ADN. (Sigla). M. *Biol.* **ácido desoxirribonucleico.** MORF. pl. invar. *Los ADN.* ‖ **~ recombinante.** M. *Bioquím.* Molécula de ADN que se ha obtenido en el laboratorio mediante la unión de fragmentos de ADN de distinto origen.

ad náuseam. (Locución latina). LOC.ADV. En exceso, hasta resultar molesto.

adobar. TR. **1.** Poner o echar en adobo las carnes, especialmente el puerco, u otras cosas para sazonarlas y conservarlas. ‖ **2. guisar** (‖ preparar los alimentos sometiéndolos a la acción del fuego). ‖ **3.** Curtir las pieles y componerlas para varios usos. ‖ **4.** Disponer, preparar, arreglar. U. t. c. prnl. *Se adobó antes de salir.*

adobe. M. Masa de barro mezclado a veces con paja, moldeada en forma de ladrillo y secada al aire, que se emplea en la construcción de paredes o muros. ‖ **descansar haciendo ~s.** LOC.VERB. *Méx.* Se usa para indicar que alguien emplea en trabajar el tiempo destinado al descanso.

adobera. F. *Chile.* Molde para hacer quesos en forma de adobe.

adobo. M. **1.** Caldo, y especialmente el compuesto de vinagre, sal, orégano, ajos y pimentón, que sirve para sazonar y conservar las carnes y otras cosas. ‖ **2.** Caldo o salsa con que se sazona un alimento. ‖ **3.** Acción y efecto de adobar.

adocenado, da. PART. de **adocenar.** ‖ ADJ. Vulgar y de muy escaso mérito. *Versos adocenados.*

adocenamiento. M. Acción y efecto de adocenar.

adocenar. TR. Volver a alguien mediocre o vulgar. U. m. c. prnl.

adoctrinador, ra. ADJ. Que adoctrina. *Discurso adoctrinador.*

adoctrinamiento. M. Acción y efecto de adoctrinar.

adoctrinar. TR. Inculcar a alguien determinadas ideas o creencias.

adolecer. I. INTR. **1.** Tener o padecer algún defecto. *Adolecer DE claustrofobia.* ‖ **II.** PRNL. **2. compadecerse** (‖ sentir lástima). ¶ MORF. conjug. c. *agradecer.*

adolescencia. F. Edad que sucede a la niñez y que transcurre desde la pubertad hasta el completo desarrollo del organismo.

adolescente. ADJ. Que está en la adolescencia. U. t. c. s.

adolorido, da. ADJ. **dolorido.**

adonde. I. ADV. RELAT. L. **1.** Como los pronombres relativos, se construye a veces con antecedente. *El lugar adonde vamos.* ‖ **II.** ADV. INTERROG. **2.** A qué lugar. ORTOGR. Escr. con acento. *¿Adónde vas?* ‖ **III.** PREP. **3.** coloq. A casa de, junto a. *Voy adonde Ana.* ‖ **de adónde.** LOC. ADV. Á. *Andes* y Á. *R. Plata.* Se usa para indicar la imposibilidad de que se haga o se logre algo. *Pero de adónde alcanzarlo. Dicen que aumentarán los sueldos, ¡de adónde!*

adondequiera. ADV. L. **1.** A cualquier parte. ‖ **2. dondequiera.** *Adondequiera QUE vayas, te seguiré.*

adónico, ca. ADJ. Se dice del verso de la poesía griega y latina que consta de un dáctilo y un espondeo, y se usa generalmente en combinación con los sáficos, de tres de los cuales va precedido en cada una de las estrofas de que forma parte.

adonis. M. Joven hermoso.

adonizarse. PRNL. Embellecerse como un adonis.

adopción. F. Acción de adoptar.

adoptador, ra. ADJ. Que adopta. Apl. a pers., u. t. c. s.

adoptante. ADJ. Que adopta. Apl. a pers., u. m. c. s.

adoptar. TR. **1.** Tomar legalmente como hijo a quien no lo es por hecho biológico. ‖ **2.** Recibir, haciéndolos propios, pareceres, métodos, doctrinas, ideologías, modas, etc., que han sido creados por otras personas o comunidades. *Ha adoptado los horarios europeos en las comidas.* ‖ **3.** Tomar resoluciones o acuerdos con previo examen o deliberación. *Adoptar medidas drásticas.* ‖ **4.** Adquirir, recibir una configuración determinada. *Existen unas láminas adhesivas que adoptan la forma de la dentadura.*

adoptivo, va. ADJ. **1.** Dicho de una persona: **adoptada** (‖ tomada legalmente como hija). *Hijo adoptivo.* ‖ **2.** Dicho de una persona: Que **adopta** (‖ toma legalmente como hijo). *Padre adoptivo.* ‖ **3.** Dicho de una persona o de una cosa: Elegida por alguien para tenerla por lo que realmente no es con respecto a él. *Hermano adoptivo. Patria adoptiva.* □ V. **hijo ~.**

adoquín. M. **1.** Piedra labrada en forma de prisma rectangular para empedrados y otros usos. ‖ **2.** Caramelo de gran tamaño y de forma parecida al **adoquín** de piedra.

adoquinado. M. **1.** Suelo empedrado con adoquines. ‖ **2.** Conjunto de adoquines que forman el suelo de un lugar. ‖ **3.** Acción de adoquinar.

adoquinar. TR. Empedrar con adoquines.

ador. M. En las comarcas o términos donde se reparte el agua con intervención de la autoridad pública o de la junta que gobierna la comunidad regante, tiempo señalado a cada uno para regar.

adorable. ADJ. **1.** Digno de adoración. *Adorable como el becerro de oro.* ‖ **2. encantador** (‖ que hace muy grata impresión). *Chiquilla adorable.*

adoración. F. Acción de adorar. ‖ **Adoración de los Reyes.** F. **1.** La que hicieron los Reyes Magos al Niño Jesús en el portal de Belén. ‖ **2. Epifanía.**

adorador, ra. ADJ. Que adora. U. t. c. s.

adorante. ADJ. Que adora (‖ reverencia y honra a Dios). *Fieles adorantes.* U. t. c. s.

adorar. TR. **1.** Reverenciar con sumo honor o respeto a un ser, considerándolo como cosa divina. *Los egipcios adoraban a Osiris como dios de los muertos.* ‖ **2.** Reverenciar y honrar a Dios con el culto religioso que le es debido. ‖ **3.** Amar con extremo. *La quiere con locura, la adora.* ‖ **4.** Gustar de algo extremadamente. *Adora Nueva York.*

adoratorio. M. hist. Templo en que los indios americanos daban culto a algún ídolo.

adoratriz. I. ADJ. **1. adoradora.** MORF. U. solo apl. a susts. f. U. t. c. s. f. ‖ **II.** F. **2.** Religiosa del instituto católico de las Esclavas del Santísimo Sacramento, fundado para educar o rehabilitar a mujeres jóvenes.

adormecedor, ra. ADJ. Que adormece. *Silencio adormecedor.*

adormecer. I. TR. **1.** Dar o causar sueño. *El traqueteo del tren la adormecía.* U. t. c. prnl. ‖ **2.** Acallar, entretener. *Se inició una actividad frenética para adormecer la conciencia.* ‖ **3.** Calmar, sosegar. *Una paz que parece adormecer el ánimo.* ‖ **II.** PRNL. **4.** Empezar a dormirse, o ir poco a poco rindiéndose al sueño. *Se adormeció mientras leía.* ‖ **5.** Entorpecerse, entumecerse. *Se me adormeció el pie y me caí al suelo.* ¶ MORF. conjug. c. *agradecer.*

adormecimiento. M. Acción y efecto de adormecer o adormecerse.

adormidera. F. **1.** Planta de la familia de las Papaveráceas, con hojas sentadas que se prolongan en la base abrazando el tallo, de color garzo, flores grandes y terminales, y fruto capsular indehiscente. Es originaria de Oriente, se cultiva en los jardines, y por incisiones en las cápsulas verdes de su fruto se extrae el opio. ‖ **2.** Fruto de esta planta.

adormilamiento. M. Acción y efecto de adormilarse.

adormilarse. PRNL. **adormitarse.**

adormir. I. TR. **1. adormecer.** U. t. c. prnl. ‖ **II.** PRNL. **2. dormirse.** ¶ MORF. conjug. c. *dormir.*

adormitarse. PRNL. Dormirse a medias.

adornar. TR. **1.** Engalanar con adornos. *El ayuntamiento adorna las calles en Navidad.* U. t. c. prnl. ‖ **2.** Dicho de una cosa: Servir de adorno a otra, embellecerla, engalanarla. *Una diadema adornaba su frente.* ‖ **3.** Dotar a un ser de perfecciones o virtudes, honrarlo, enaltecerlo. *La naturaleza la adornó con una especial belleza.* ‖ **4.** Dicho de algunas prendas o circunstancias favorables: Enaltecer a alguien. *La adornan muchas virtudes.* U. t. c. prnl.

adornista. COM. Persona que hace o pone adornos, en especial en los edificios y habitaciones de estos.

adorno. M. **1.** Cosa que se pone para el embellecimiento de personas o cosas. ‖ **2.** Acción de **adornar** (‖ engalanar con **adornos**). ‖ **de ~.** LOC. ADJ. Que no hace labor efectiva. U. m. en sent. fest. *Este está de adorno en la oficina.*

adosado, da. PART. de **adosar.** ‖ ADJ. Dicho de un edificio, especialmente de un chalé: Que está construido unido a otros, con los que comparte una o más paredes laterales. U. t. c. s. m. □ V. **columna ~.**

adosamiento. M. Acción y efecto de adosar.

adosar. TR. Poner una cosa, por su espalda o por los lados, contigua a otra o apoyada en ella.

ad pédem lítterae. (Locución latina). LOC.ADV. **al pie de la letra.**

ad persónam. (Locución latina). LOC.ADJ. A título personal. *Los complementos retributivos ad persónam se seguirán pagando.* U. t. c. loc. adv. *Le ha sido concedida ad persónam una distinción honorífica.*

ad quem. (Locución latina). LOC.ADJ. Que marca el final de un período de tiempo, de un proceso, etc. *1552 es el año ad quem de esta obra.*

adquirente. ADJ. Que adquiere. Apl. a pers., u. t. c. s.

adquirido, da. □ V. **carácter ~, derecho ~, síndrome de inmunodeficiencia ~.**

adquiriente. ADJ. **adquirente.** Apl. a pers., u. m. c. s.

adquirir. TR. **1.** Ganar, conseguir con el propio trabajo o industria. *Adquirir experiencia con la práctica.* ‖ **2. comprar** (‖ con dinero). *Adquirió un piso en la capital.* ‖ **3.** Coger, lograr o conseguir. *El feto ya ha adquirido el desarrollo mínimo para la supervivencia.* ‖ **4.** *Der.* Hacer propio un derecho o cosa que a nadie pertenece, o se transmite a título lucrativo u oneroso, o por prescripción. ¶ MORF. V. conjug. modelo. □ V. **modo de ~.**

adquisición. F. **1.** Acción de adquirir. ‖ **2.** Cosa adquirida. ‖ **3.** Persona cuyos servicios o ayuda se consideran valiosos. *El nuevo profesor es una gran adquisición.*

adquisitivo, va. □ V. **poder ~, prescripción ~.**

adragante. □ V. **goma ~.**

adrede. ADV.M. A propósito, con deliberada intención. U. m. en sent. peyor.

adredemente. ADV.M. *Am.* **adrede.**

ad referéndum. (Locución latina). LOC.ADV. Dicho comúnmente de convenios diplomáticos y de votaciones populares sobre proyectos de ley: A condición de ser aprobados por el superior o el mandante.

adrenal. I. ADJ. **1.** *Biol.* Situado cerca del riñón. ‖ **II.** F. **2. glándula suprarrenal.** □ V. **glándula ~.**

adrenalina. F. **1.** *Biol.* Hormona segregada principalmente por la parte interna de las glándulas suprarrenales, importante como neurotransmisor en el sistema nervioso simpático y, concretamente, en la respuesta inmediata del organismo a distintos estímulos. ‖ **2.** Carga emocional intensa. *Descargó adrenalina. Se le subió la adrenalina.*

adrenérgico, ca. ADJ. *Biol.* Perteneciente o relativo a la transmisión nerviosa que utiliza como neurotransmisor la adrenalina.

adriático, ca. ADJ. **1.** Se dice del mar o golfo de Venecia. ‖ **2.** Perteneciente o relativo a este mar. *Playas adriáticas.*

adrizamiento. M. *Mar.* Acción y efecto de adrizar.

adrizar. TR. *Mar.* Poner derecho o vertical lo que está inclinado, y especialmente la nave.

adscribir. TR. **1.** Atribuir o hacer figurar algo entre lo que corresponde a una persona o una cosa. *La sociedad nos va adscribiendo a determinados papeles.* ‖ **2.** Agregar a una persona al servicio de una función o destino concretos. *Lo han adscrito a mi departamento.* U. t. c. prnl. ¶ MORF. part. irreg. **adscrito.** *Á. R. Plata.* part. irreg. **adscripto.**

adscripción. F. Acción y efecto de adscribir.

adscripto, ta. PART. IRREG. *Á. R. Plata.* **adscrito.**

adscrito, ta. PART. IRREG. de **adscribir.**

ADSL. (Sigla del inglés *Asymmetric Digital Subscriber Line* 'línea de abonado digital asimétrica'). F. *Inform.* Sistema digital de modulación de señales que permite la transmisión a través de la línea telefónica con elevado ancho de banda y mayor velocidad hacia el abonado que desde este hacia la central.

adsorbente. I. ADJ. **1.** Que adsorbe. *La capacidad adsorbente de un cuerpo.* ‖ **II.** M. **2.** *Fís.* Sustancia, generalmente sólida, con una gran capacidad de adsorción. Suele tener estructura porosa.

adsorber. TR. *Fís.* Atraer y retener en la superficie de un cuerpo moléculas o iones de otro cuerpo.

adsorción. F. *Fís.* Acción y efecto de adsorber.

adstrato. M. **1.** *Ling.* Lengua que ejerce influjo sobre otra, con la que puede compartir la misma área geográfica, estar en situación de contigüidad territorial o no tener ninguna relación de vecindad. ‖ **2.** *Ling.* Influencia que ejerce una lengua sobre otra, con la que puede compartir la misma área geográfica, estar en situación de contigüidad territorial o no tener ninguna relación de vecindad.

ad tempus. (Locución latina). LOC.ADJ. Temporal o transitorio. *Presidió el acto como rector ad tempus.*

aduana. F. **1.** Oficina pública, establecida generalmente en las costas y fronteras, para registrar, en el tráfico internacional, los géneros y mercancías que se importan o exportan, y cobrar los derechos que adeudan. ‖ **2.** Derechos percibidos por esta oficina. *Estas mercancías ya han pagado aduana.* ‖ **~ central.** F. La que suele existir en la capital del Estado para determinadas mercancías. ‖ **~ interior.** F. hist. La que antiguamente existía como refuerzo de las exteriores, o entre provincias sometidas a una misma soberanía. □ V. **despachante de ~, repertorio de ~s.**

aduanal. ADJ. *Am.* **aduanero.**

aduanero, ra. I. ADJ. **1.** Perteneciente o relativo a la aduana. ‖ **II.** M. y F. **2.** Persona empleada en la aduana. □ V. **unión ~.**

aduar. M. **1.** Pequeña población de beduinos, formada de tiendas, chozas o cabañas. ‖ **2.** Conjunto de tiendas o barracas que los gitanos levantan en el campo para vivir allí. ‖ **3.** *Am. Mer.* Ranchería de indios americanos.

aducción. F. **1.** *Anat.* Movimiento por el cual se acerca un miembro u otro órgano al plano medio que divide imaginariamente el cuerpo en dos partes simétricas. *Aducción del brazo. Aducción del ojo.* ‖ **2.** *Á. Andes.* **conducción** (‖ conjunto de conductos).

aducir. TR. Presentar o alegar pruebas, razones, etc. MORF. conjug. c. *conducir.*

aductor, ra. ADJ. *Anat.* Capaz de ejecutar una aducción. Apl. a un músculo, u. t. c. s. m.

adueñarse. PRNL. **1.** Dicho de una persona: Hacerse dueña de algo o apoderarse de ello. ‖ **2.** Dicho de una cosa: Hacerse dominante en una persona o en un conjunto de personas. *El terror se adueñó DE ellos.*

adufe. M. Pandero morisco.

aduja. F. *Mar.* Cada una de las vueltas circulares u oblongas de cualquier cabo que se recoge en tal forma, o de una vela enrollada, cadena, etc.

adujar. TR. *Mar.* Recoger en adujas un cabo, cadena o vela enrollada.

adulación. F. Acción y efecto de adular.

adulador, ra. ADJ. Que adula. U. t. c. s.

adular. TR. Hacer o decir con intención, a veces inmoderadamente, lo que se cree que puede agradar a otro.

adulatorio, ria. ADJ. **1.** Perteneciente o relativo a la adulación. *Intención adulatoria.* || **2.** Que adula. *Inscripción adulatoria.*

adulón, na. ADJ. coloq. Adulador servil. U. m. c. s.

adulonería. F. Adulación servil.

adulteración. F. Acción y efecto de adulterar.

adulterador, ra. ADJ. Que adultera. Apl. a pers., u. t. c. s.

adulterante. ADJ. Dicho de una sustancia: Que adultera o sirve para adulterar algo. U. t. c. s. m.

adulterar. TR. Alterar fraudulentamente la composición de una sustancia. *Vendió licor que había adulterado con otros alcoholes.* U. t. c. prnl. U. t. en sent. fig. *El uso del micrófono adultera la ópera.*

adulterino, na. ADJ. **1.** Dicho de un hijo: Procedente de adulterio. U. t. c. s. || **2.** Perteneciente o relativo al adulterio. *Amargura adulterina.*

adulterio. M. Ayuntamiento carnal voluntario entre persona casada y otra de distinto sexo que no sea su cónyuge.

adúltero, ra. ADJ. **1.** Que comete adulterio. *Marido adúltero.* U. t. c. s. || **2.** Perteneciente o relativo al adulterio o a quien lo comete. *Vocación adúltera.*

adultez. F. **1.** Condición de adulto. || **2.** Edad adulta.

adulto, ta. ADJ. **1.** Llegado a su mayor crecimiento o desarrollo. *Persona adulta. Animal adulto.* Apl. a pers., u. t. c. s. || **2.** Llegado a cierto grado de perfección, cultivado, experimentado. *Una nación adulta.* || **3.** Propio o característico de un ser vivo adulto. *Comportamiento adulto.* || **4.** *Zool.* Dicho de un animal: Que posee plena capacidad reproductora. □ V. **edad ~.**

adumbrar. TR. *Pint.* sombrear (|| poner sombra en un dibujo).

adunar. TR. **1.** Unir, juntar, congregar. *Adunar mucha gente en un lugar.* U. t. c. prnl. || **2.** unificar. U. t. c. prnl. *Todos los habitantes se adunaron ante la adversidad.*

adustez. F. Cualidad de adusto.

adusto, ta. ADJ. **1.** Poco tratable, huraño, malhumorado. *Ademán, gesto adusto.* || **2.** Seco, severo, desabrido. *Paisaje adusto. Prosa adusta.*

ad valórem. (Locución latina). LOC. ADV. Con arreglo al valor, como los derechos arancelarios que pagan ciertas mercancías.

advenedizo, za. ADJ. despect. Dicho de una persona: Recién llegada a algo con pretensiones desmedidas. U. t. c. s.

advenimiento. M. Venida o llegada, especialmente si es esperada y solemne. || **Santo Advenimiento.** M. En la tradición judeocristiana, llegada del Mesías. || **esperar el Santo Advenimiento.** LOC. VERB. coloq. Esperar o aguardar algo que se desea y tarda mucho en llegar, si es que llega.

advenir. INTR. **1.** Venir o llegar. || **2.** Suceder, sobrevenir. ¶ MORF. conjug. c. *venir.*

adventicio, cia. ADJ. **1.** Extraño o que sobreviene, a diferencia de lo natural y propio. *Obstáculo adventicio.* || **2.** *Biol.* Dicho de un órgano o parte de un animal o de un vegetal: Que se desarrollan en lugar distinto del habitual.

adventismo. M. Doctrina de los adventistas.

adventista. I. ADJ. **1.** Se dice de una confesión protestante, de origen norteamericano, que espera un segundo y próximo advenimiento de Cristo. || **2.** Perteneciente o relativo a esta confesión. *Liturgia adventista.* || **II.** COM. **3.** Miembro de la confesión adventista.

adveración. F. Acción y efecto de adverar.

adverar. TR. Certificar, asegurar, dar por cierto algo o por auténtico algún documento.

adverbial. ADJ. *Gram.* Perteneciente o relativo al adverbio. *Expresión, frase adverbial.* □ V. **grupo ~, locución ~, oración ~, sintagma ~.**

adverbializar. TR. *Gram.* Emplear con función adverbial una palabra o locución. U. t. c. prnl.

adverbio. M. **1.** *Gram.* Palabra invariable cuya función consiste en complementar la significación del verbo, de un adjetivo, de otro adverbio y de ciertas secuencias. Hay adverbios de lugar, como *aquí, delante, lejos;* de tiempo, como *hoy, mientras, nunca;* de modo, como *bien, despacio, fácilmente;* de cantidad o grado, como *bastante, mucho, muy;* de orden, como *primeramente;* de afirmación, como *sí;* de negación, como *no;* de duda o dubitativos, como *acaso;* de adición, como *además, incluso, también;* de exclusión, como *exclusive, salvo, tampoco.* Algunos pertenecen a varias clases. || **2.** *Gram.* Los adverbios *como, cuando, cuanto* y *donde* pueden funcionar como relativos correspondientes a los adverbios demostrativos *así, según, tal, entonces, ahora, tan, tanto, aquí, allí,* etc.; pueden tener antecedente expreso o implícito; p. ej., *La ciudad donde nací. Iré donde tú vayas.* || **3.** *Gram.* Pueden también funcionar como interrogativos o exclamativos. ORTOGR. Escr. con acento. *¿Cómo estás? ¡Cuánto lo siento!* || **~ comparativo.** M. *Gram.* El que denota comparación; p. ej., *Canta peor que yo.* || **~ demostrativo.** M. *Gram.* El que identifica lugar, modo o tiempo; p. ej., *aquí, así, ahora.*

adversario, ria. I. M. y F. **1.** Persona contraria o enemiga. || **II.** M. **2.** Conjunto de personas contrarias o enemigas.

adversativo, va. ADJ. *Gram.* Que denota oposición o contrariedad de sentido. □ V. **conjunción ~.**

adversidad. F. **1.** Cualidad de adverso. || **2.** Suerte adversa, infortunio. || **3.** Situación desgraciada en que se encuentra alguien.

adverso, sa. ADJ. Contrario, enemigo, desfavorable. *Circunstancias adversas.*

advertencia. F. **1.** Acción y efecto de advertir. || **2.** Escrito, por lo común breve, con que en una obra o en una publicación cualquiera se advierte algo al lector.

advertido, da. PART. de **advertir.** || ADJ. Capaz, experto, prevenido.

advertir. TR. **1.** Fijar en algo la atención, reparar, observar. *Nada más verla advirtió su turbación.* U. t. c. intr. || **2.** Llamar la atención de alguien sobre algo, hacer notar u observar. *Advirtió a Lucía DE la posibilidad de recurrir.* || **3.** Avisar con amenazas. *Le advirtió que iba a presentar una reclamación.* ¶ MORF. conjug. c. *sentir.*

Adviento. M. En algunas Iglesias cristianas, tiempo litúrgico de preparación de la Navidad, en las cuatro semanas que la preceden. □ V. **Domingo de ~.**

advocación. F. **1.** Tutela, protección o patrocinio de la divinidad o de los santos a una comunidad o institución que toma su nombre. || **2.** Denominación complementaria que se aplica al nombre de una persona divina o santa y que se refiere a determinado misterio, virtud o atributo suyos, a momentos especiales de su vida, a lugares vinculados a su presencia o al hallazgo de una imagen suya, etc.; p. ej., *Cristo de la Agonía, Virgen de la Esperanza, del Pilar.* || **3.** Denominación de las correspondientes imágenes, de los santuarios y días en que se veneran, de las entidades acogidas a su patrocinio, etc.

adyacencia. F. Proximidad, contigüidad.

adyacente. ADJ. **1.** Situado en la proximidad de algo. *Edificio adyacente.* ‖ **2.** *Gram.* **adjetivo** (‖ que califica o determina al sustantivo). ▢ V. **ángulos ~s, islas ~s.**

adyuvante. I. ADJ. **1.** Que ayuda. *Tratamiento adyuvante.* ‖ **II.** M. **2.** *Med.* Sustancia que, añadida a otra, potencia su efecto principal.

aeda. M. hist. **aedo.**

aedo. M. hist. Cantor épico de la antigua Grecia.

aeración. F. Paso de aire a través de un cuerpo.

aéreo, a. ADJ. **1.** De aire. *Respiración aérea.* ‖ **2.** Perteneciente o relativo al aire. *Estrato, bache aéreo.* ‖ **3.** Perteneciente o relativo a la aviación. *Líneas aéreas.* ‖ **4.** Sutil, vaporoso, ligero. *Todo se ha vuelto esponjoso, aéreo.* ▢ V. **arma ~, base ~, controlador ~, corredor ~, correo ~, espacio ~, fuerza ~, navegación ~, pasillo ~, pirata ~, puente ~, región ~.**

aerífero, ra. ADJ. Que lleva o conduce aire. *Vías aeríferas.*

aeriforme. ADJ. *Fís.* Parecido al aire. *Fluidos aeriformes.*

aeróbic o **aerobic.** M. Técnica gimnástica acompañada de música y basada en el control del ritmo respiratorio.

aeróbico, ca. ADJ. **1.** Perteneciente o relativo al aeróbic. *Ejercicios aeróbicos.* ‖ **2.** *Biol.* Perteneciente o relativo a la aerobiosis o a los organismos aerobios. *Respiración aeróbica.*

aerobio, bia. ADJ. *Biol.* Dicho de un ser vivo: Que necesita oxígeno para subsistir. U. t. c. s. m.

aerobiosis. F. *Biol.* Vida en un ambiente que contiene oxígeno.

aerobismo. M. Deporte consistente en correr al aire libre.

aerobús. (Del inglés *Airbus*, marca reg.). M. Avión comercial europeo que admite un gran número de pasajeros y realiza trayectos de corta y media distancia.

aeroclub. M. Sociedad recreativa interesada por el deporte aéreo. MORF. pl. **aeroclubs** o **aeroclubes.**

aerodeslizador. M. Vehículo que puede circular por tierra, agua o aire deslizándose sobre el colchón de aire alimentado por los chorros que el mismo vehículo genera.

aerodinámica. F. Parte de la mecánica que estudia el movimiento de los gases y los movimientos relativos de gases y sólidos.

aerodinámico, ca. ADJ. **1.** Perteneciente o relativo a la aerodinámica. *Tratado aerodinámico.* ‖ **2.** Que tiene la forma adecuada para resistir o vencer la fuerza del aire. *Bicicleta aerodinámica. Casco aerodinámico.* ▢ V. **túnel ~.**

aerodinamismo. M. Cualidad de **aerodinámico** (‖ con la forma adecuada para resistir o vencer la fuerza del aire).

aeródromo. M. Terreno llano provisto de pistas y demás instalaciones necesarias para el despegue y aterrizaje de aviones.

aeroespacial. ADJ. **1.** Se dice del ámbito formado por la atmósfera terrestre y el espacio exterior próximo. ‖ **2.** Perteneciente o relativo a este ámbito. *Vehículo aeroespacial.* ‖ **3.** Perteneciente o relativo a los vehículos aeroespaciales. *Industria aeroespacial.*

aerofagia. F. *Med.* Deglución espasmódica de aire, que se observa en algunas neurosis.

aerofaro. M. Luz potente que se coloca en los aeródromos para orientar a los aviones en vuelo y para facilitar su aterrizaje por la noche o en días brumosos.

aerofobia. F. Temor al aire, síntoma de algunas enfermedades nerviosas.

aerófobo, ba. ADJ. Que padece aerofobia.

aerófono, na. ADJ. *Mús.* Dicho de un instrumento: De viento. U. t. c. s. m.

aerofotografía. F. Fotografía tomada desde un vehículo aéreo.

aerogenerador. M. *Tecnol.* Aparato que transforma la energía eólica en energía eléctrica mediante rotores de palas.

aerógrafo. M. Pistola de aire comprimido, cargada con pintura, que se usa en trabajos de fotografía, dibujo y artes decorativas.

aerograma. M. Carta en papel especial, que se pliega sin sobre, para enviarla por correo aéreo.

aerolínea. F. Organización o compañía de transporte aéreo.

aerolítico, ca. ADJ. Perteneciente o relativo a los aerolitos. *Hierro aerolítico.*

aerolito. M. Fragmento de un bólido que cae sobre la Tierra.

aeromodelismo. M. Deporte que consiste en la construcción y prueba de pequeños modelos de aviones.

aeromodelista. ADJ. Que por afición se dedica al aeromodelismo. U. t. c. s.

aeromodelo. M. Avión reducido para vuelos deportivos o experimentales.

aeromotor. M. Motor accionado por aire en movimiento.

aeromóvil. M. Aeronave o avión.

aeromozo, za. M. y F. *Am.* Azafato de aviación.

aeronauta. COM. Piloto o tripulante de una aeronave.

aeronáutica. F. **1.** Ciencia o arte de la navegación aérea. ‖ **2.** Conjunto de medios, como las aeronaves, las instalaciones, los servicios, el personal, etc., destinados al transporte aéreo. *Aeronáutica civil. Aeronáutica militar.*

aeronáutico, ca. ADJ. Perteneciente o relativo a la aeronáutica.

aeronaval. ADJ. Que se refiere conjuntamente a la Aviación y a la Marina. Se dice especialmente de operaciones o efectivos militares en que participan fuerzas aéreas y navales.

aeronave. F. Vehículo capaz de navegar por el aire.

aeronavegabilidad. F. Capacidad para la navegación aérea.

aeronavegación. F. Navegación aérea.

aeroplano. M. avión².

aeroportuario, ria. ADJ. Perteneciente o relativo al aeropuerto.

aeropuerto. M. Terreno llano provisto de un conjunto de pistas, instalaciones y servicios destinados al tráfico regular de aviones.

aerosol. M. **1.** Sistema coloidal obtenido por dispersión de sustancias sólidas o líquidas en el seno de un gas. ‖ **2.** Líquido que, almacenado bajo presión, puede ser lanzado al exterior en forma de aerosol. Se emplea mucho en perfumería, farmacia, pintura, etc. ‖ **3.** Recipiente que contiene este líquido.

aerostación. F. Navegación aérea por medio de aerostatos.

aerostática. F. Parte de la mecánica que estudia el equilibrio de los gases y de los sólidos sumergidos en ellos.

aerostático, ca. ADJ. Perteneciente o relativo a la aerostática. □ V. **globo ~.**

aerostato o **aeróstato.** M. Aeronave provista de uno o más recipientes llenos de un gas más ligero que el aire atmosférico, lo que la hace flotar o elevarse en el seno de este.

aerotaxi. M. Avión o avioneta de alquiler destinados al tráfico no regular.

aeroterrestre. ADJ. *Mil.* Se dice de las operaciones militares que se realizan combinando fuerzas aéreas y terrestres y de las grandes unidades de estas fuerzas combinadas.

aerotransportar. TR. Transportar por vía aérea.

aerovía. F. **1. aerolínea.** || **2.** Ruta establecida para el vuelo de los aviones comerciales.

aeta. **I.** ADJ. **1.** Indígena de las montañas de Filipinas, que se distingue por su estatura pequeña y color pardo muy oscuro. U. t. c. s. || **2.** Perteneciente o relativo a los aetas. *Tradición aeta.* || **II.** M. **3.** Lengua aeta.

afabilidad. F. Cualidad de afable.

afable. ADJ. **1.** Agradable, dulce, suave en la conversación y el trato. || **2.** Propio o característico de una persona afable. *Rostro afable.*

afamado, da. PART. de **afamar.** || ADJ. **famoso.**

afamar. TR. Hacer famoso, dar fama. U. m. en sent. favorable. U. t. c. prnl.

afán. M. **1.** Trabajo excesivo, que ocasiona congoja. || **2.** Fatiga, penalidad, apuro. || **3.** Solicitud, empeño, pretensión, deseo, anhelo vehemente. || **4.** Prisa, diligencia, premura.

afanado, da. PART. de **afanar.** || ADJ. Lleno de afán. *Gentes afanadas.*

afanador, ra. **I.** ADJ. **1.** Que afana. U. t. c. s. || **II.** M. y F. **2.** *Méx.* Persona que en los establecimientos públicos se emplea en las faenas de limpieza.

afanar. **I.** INTR. **1.** Entregarse al trabajo con solicitud congojosa. U. m. c. prnl. || **2.** Hacer diligencias con vehemente anhelo para conseguir algo. U. m. c. prnl. || **II.** TR. **3.** jerg. Hurtar, estafar, robar.

afanoso, sa. ADJ. **1.** Muy penoso o trabajoso. *La búsqueda afanosa de supervivientes.* || **2.** Que se afana. *La orilla estaba llena de afanosas gaviotas que buscaban comida.*

afantasmar. **I.** TR. **1.** Dar aspecto o apariencia fantasmal a alguien o algo. || **II.** PRNL. **2.** Dicho de una persona o de una cosa: Tomar aspecto o apariencia fantasmal.

afarolado, da. ADJ. *Taurom.* Se dice del lance o suerte en que el diestro se pasa el engaño por encima de la cabeza.

afasia. F. *Med.* Pérdida o trastorno de la capacidad del habla debida a una lesión en las áreas del lenguaje de la corteza cerebral.

afásico, ca. ADJ. **1.** Que tiene afasia. *Paciente afásico.* U. t. c. s. || **2.** *Med.* Propio o característico de la afasia. *Patología afásica.*

afeador, ra. ADJ. Que afea. *Mueca afeadora.*

afeamiento. M. Acción y efecto de afear.

afear. TR. **1.** Hacer o poner feo a alguien o algo. *Esas ojeras afean su rostro.* U. t. c. prnl. || **2.** Tachar, vituperar. *Le afeó su conducta.*

afebril. ADJ. *Med.* Sin fiebre.

afección. F. **1. afecto².** || **2.** Afición, inclinación, apego. || **3.** *Med.* **enfermedad.** *Afección pulmonar, catarral, reumática.*

afectación. F. Acción de afectar, especialmente cuando se pierde la sencillez y naturalidad.

afectado, da. PART. de **afectar.** || ADJ. **1.** Que adolece de afectación. *Orador, estilo afectado.* || **2.** Aquejado, molestado.

afectar. TR. **1.** Dicho de una cosa: Hacer impresión en alguien, causando en él alguna sensación. U. t. c. prnl. || **2.** Perjudicar, influir desfavorablemente. *La subida de precios ha afectado al turismo.* || **3.** Producir alteración o mudanza. *El cambio de horario afecta a todos los viajeros.* || **4.** Dicho de una enfermedad o de una plaga: Producir o poder producir daño en algún órgano o a algún grupo de seres vivientes. || **5. fingir** (|| dar a entender lo que no es). *Afectar celo, ignorancia.* || **6.** Poner demasiado estudio o cuidado en las palabras, movimientos, adornos, etc., de modo que pierdan la sencillez y naturalidad. || **7.** *Der.* Imponer gravamen u obligación sobre algo, sujetándolo a la efectividad de ajeno derecho. || **8.** *Der.* Destinar una suma o un bien a un gasto o finalidad determinados. || **9.** *Der.* Destinar algo a un uso o servicio público.

afectividad. F. **1.** Cualidad de afectivo. || **2.** *Psicol.* Desarrollo de la propensión a querer. || **3.** *Psicol.* Conjunto de sentimientos, emociones y pasiones de una persona. || **4.** *Psicol.* Tendencia a la reacción emotiva o sentimental.

afectivo, va. ADJ. **1.** Perteneciente o relativo al afecto. *Gesto afectivo.* || **2.** Perteneciente o relativo a la sensibilidad. *Fenómeno afectivo.*

afecto¹, ta. ADJ. **1.** Inclinado a alguien o algo. *Muy afecto a la poesía.* || **2.** Dicho de una posesión o de una renta: Sujeta a alguna carga u obligación. || **3.** Dicho de una persona: Destinada a ejercer funciones o a prestar sus servicios en determinada dependencia. || **4.** *Med.* Que sufre o puede sufrir alteración morbosa. *Paciente afecto DE cardiopatía congénita.*

afecto². M. Cada uno de los sentimientos, como la ira, el amor, el odio, etc., y especialmente el amor o el cariño.

afectuosidad. F. Cualidad de afectuoso.

afectuoso, sa. ADJ. Amoroso, cariñoso. *Relación afectuosa.*

afeitada. F. Acción y efecto de **afeitar** (|| la barba).

afeitado. M. **1.** Acción y efecto de **afeitar** (|| la barba). || **2.** *Taurom.* Acción y efecto de **afeitar** (|| los cuernos al toro).

afeitador, ra. ADJ. Que afeita. *Máquina afeitadora.*

afeitadora. F. Máquina de afeitar eléctrica.

afeitar. TR. **1.** Raer con navaja, cuchilla o máquina la barba o el bigote, y, por ext., el pelo de cualquier parte del cuerpo. U. t. c. prnl. || **2.** Recortar e igualar las ramas y hojas de una planta de jardín. || **3.** *Taurom.* Cortar o limar la punta de los cuernos al toro para que su lidia resulte menos peligrosa. ¶ MORF. conjug. c. *peinar.* □ V. **hoja de ~, navaja de ~.**

afeite. M. **cosmético** (|| producto que se utiliza para la higiene o belleza del cuerpo).

afelio. M. *Astr.* Punto de la órbita de un planeta que dista más del Sol.

afelpado, da. PART. de **afelpar.** || ADJ. Parecido a la felpa por tener vello o pelusa. *Pétalos afelpados.*

afelpar. TR. Dar a la tela que se trabaja el aspecto de felpa o terciopelo.

afeminado, da. PART. de afeminar. ‖ ADJ. **1.** Dicho de un hombre: Que en su persona, modo de hablar, acciones o adornos se parece a las mujeres. U. t. c. s. ‖ **2.** Que parece de mujer. *Cara, voz afeminada.* ‖ **3.** Dicho de un hombre: **homosexual.** U. m. c. s.

afeminamiento. M. Acción y efecto de afeminar.

afeminar. TR. Hacer que un hombre pierda la energía atribuida a su condición varonil; inclinarle a que en sus modales y acciones o en el adorno de su persona se parezca a las mujeres. U. m. c. prnl.

aferente. ADJ. **1.** *Anat.* y *Biol.* Dicho de una formación anatómica: Que transmite sangre, linfa, otras sustancias o un impulso energético desde una parte del organismo a otra que respecto de ella es considerada central. ‖ **2.** *Anat.* y *Biol.* Dicho de un estímulo o de una sustancia: Así transmitidos.

aféresis. F. *Gram.* Supresión de algún sonido al principio de un vocablo, como en *ora* por *ahora.*

aferrado. M. *Mar.* Acción y efecto de **aferrar** (‖ plegar las velas).

aferramiento. M. Acción y efecto de aferrar o aferrarse.

aferrar. I. TR. **1.** Agarrar o asir fuertemente. *Aferraba mi mano con temor.* U. t. c. prnl. *Se aferró de su mano.* ‖ **2.** *Mar.* Plegar las velas de cruz, asegurándolas sobre sus vergas, y las de cuchillo, toldos, empavesadas, etc., sobre sus nervios o cabos semejantes. ‖ **II.** PRNL. **3.** Insistir con tenacidad en algún dictamen u opinión, empeñarse en algo. *Aferrarse A una idea.* U. t. c. intr.

afgano, na. ADJ. **1.** Natural del Afganistán. U. t. c. s. ‖ **2.** Perteneciente o relativo a este país de Asia.

afianzador, ra. ADJ. Que afianza. *Actividad afianzadora.*

afianzamiento. M. Acción y efecto de afianzar.

afianzar. TR. **1.** Asegurar con puntales, cordeles, clavos, etc. U. t. c. prnl. ‖ **2.** Apoyar, sostener. *Afianzó la carga sobre la grupa del animal.* U. t. c. prnl. ‖ **3.** Hacer firme, consolidar algo. *El éxito de la novela afianzó su carrera.* U. t. c. prnl. *El ejército se afianzó en sus posiciones.* ‖ **4.** Dar fianza por alguien para seguridad o protección de intereses o caudales, o del cumplimiento de alguna obligación.

afiche. M. **cartel¹.** U. m. en América.

afición. F. **1.** Inclinación, amor a alguien o algo. ‖ **2.** Actividad que se practica habitualmente en los ratos de ocio. ‖ **3.** Conjunto de personas que asisten asiduamente a determinados espectáculos o sienten vivo interés por ellos. *El equipo defraudó a la afición, a una afición que sueña con su primer título.*

aficionado, da. PART. de aficionar. ‖ ADJ. **1.** Que siente afición por alguna actividad. *Aficionado a la lectura.* ‖ **2.** Que cultiva o practica, sin ser profesional, un arte, oficio, ciencia, deporte, etc. U. t. c. s. *Un grupo de teatro de aficionados.* U. t. en sent. despect. *Son unos aficionados, es imposible que nos ganen.* ‖ **3.** Que siente afición por un espectáculo y asiste frecuentemente a él. U. t. c. s. *Los aficionados coreaban su nombre.*

aficionar. I. TR. **1.** Inclinar, inducir a alguien a que guste de alguna persona o cosa. ‖ **II.** PRNL. **2.** Gustar de algo.

afiebrado, da. PART. de afiebrarse. ‖ ADJ. **1. febril** (‖ que tiene fiebre). *Despertó afiebrado.* ‖ **2.** Que denota

fiebre. *Ojos afiebrados.* ‖ **3.** Ardiente, apasionado e inquieto. *La ciudad se mueve con un ritmo afiebrado.*

afiebrarse. PRNL. *Am.* **acalenturarse.**

afijo, ja. ADJ. *Gram.* Se dice de los elementos que, añadidos a la raíz, aportan un matiz gramatical o semántico y permiten formar una palabra; p. ej., prefijos, infijos y sufijos. U. m. c. s. m.

afilado, da. PART. de afilar. ‖ **I.** ADJ. **1.** Hiriente, mordaz. *Palabras afiladas.* ‖ **II.** M. **2.** Acción y efecto de afilar.

afilador, ra. I. ADJ. **1.** Que afila. *Máquina afiladora.* ‖ **II.** M. y F. **2.** Persona que tiene por oficio afilar instrumentos cortantes. ‖ **III.** M. **3.** *Á. Andes.* Piedra para afilar.

afilar. I. TR. **1.** Sacar filo o hacer más delgado o agudo el de un arma o instrumento. ‖ **2. aguzar** (‖ sacar punta). *Afilar el lápiz.* ‖ **3. aguzar** (‖ despabilar). *Afilar el ingenio.* ‖ **4.** Afinar la voz. ‖ **II.** PRNL. **5.** Dicho de la cara, de la nariz o de los dedos: **adelgazar** (‖ disminuir en grosor). ‖ **6.** *Á. R. Plata.* Prepararse, disponerse cuidadosamente para cualquier tarea. □ V. **piedra de ~.**

afiliación. F. Acción y efecto de afiliar.

afiliado, da. PART. de afiliar. ‖ ADJ. Dicho de una persona: Asociada a otras para formar corporación o sociedad. U. t. c. s.

afiliar. TR. Incorporar o inscribir a alguien en una organización o en un grupo. U. m. c. prnl. *Afiliarse a un partido político. Afiliarse a la seguridad social.* MORF. conjug. c. *anunciar.*

afiligranado, da. PART. de afiligranar. ‖ ADJ. **1.** De filigrana. *Caja afiligranada.* ‖ **2.** Parecido a ella. *Dibujo afiligranado.* ‖ **3.** Dicho de una persona o de una cosa: Pequeña, muy fina y delicada. *Mujer afiligranada. Facciones afiligranadas. Estilo afiligranado.*

afiligranar. TR. **1.** Hacer filigrana. ‖ **2.** Embellecer con primor. *Afiligranar una techumbre.*

áfilo, la o **afilo, la.** ADJ. *Bot.* Que no tiene hojas.

afín. I. ADJ. **1.** Que tiene afinidad con otra cosa. *Caracteres afines.* ‖ **2.** Próximo, contiguo. *Campos afines.* ‖ **II.** COM. **3.** Pariente por afinidad.

afinación. F. Acción y efecto de afinar.

afinador, ra. I. ADJ. **1.** Que afina. *Planta afinadora de mineral.* ‖ **II.** M. y F. **2.** Persona que tiene por oficio afinar pianos u otros instrumentos musicales. ‖ **III.** M. **3. templador.**

afinamiento. M. **afinación.**

afinar¹. I. TR. **1.** Perfeccionar, precisar, dar el último punto a algo. *Afinar un criterio.* U. t. c. prnl. ‖ **2.** Hacer fino o más fino. *Afina la masa con el rodillo.* U. t. c. prnl. ‖ **3.** Hacer fino o cortés a alguien. U. m. c. prnl. ‖ **4.** Poner en tono justo los instrumentos musicales con arreglo a un diapasón o acordarlos bien unos con otros. ‖ **5.** Apurar o aquilatar hasta el extremo la calidad, condición o precio de algo. *Afinar un presupuesto.* ‖ **6.** *Á. R. Plata* y *Méx.* Mejorar el funcionamiento y rendimiento del motor de un vehículo mediante la limpieza y regulación de sus partes, en especial las bujías y el carburador. ‖ **II.** INTR. **7.** Cantar o tocar entonando con perfección los sonidos.

**afinar². ** TR. *Chile.* Finalizar, acabar, terminar.

afincar. TR. Arraigar, fijar, establecer, asegurar, apoyar. U. t. c. prnl.

afinidad. F. **1.** Proximidad, analogía o semejanza de una cosa con otra. ‖ **2.** Atracción o adecuación de caracteres, opiniones, gustos, etc., que existe entre dos o más personas. ‖ **3.** Parentesco que mediante el matrimonio se establece entre cada cónyuge y los deudos por consanguinidad del otro. ‖ **4.** *Quím.* Tendencia de los átomos, moléculas o grupos moleculares a combinarse con otros.

afino. M. *Ingen.* Proceso mediante el cual se eliminan las impurezas que perjudican al empleo industrial de los metales o las reducen a su forma menos nociva.

afirmación. F. Acción y efecto de afirmar o afirmarse.

afirmado. M. firme (‖ de una carretera).

afirmador, ra. ADJ. Que afirma. Apl. a pers., u. t. c. s.

afirmar. **I.** TR. **1.** Poner firme, dar firmeza. *Afirmar la piel.* U. t. c. prnl. ‖ **2.** Asegurar o dar por cierto algo. *Marta afirmó su opinión.* ‖ **II.** PRNL. **3.** Dicho de una persona: Estribar o asegurarse en algo para estar firme. *Afirmarse en los estribos.* ‖ **4.** Dicho de una persona: Ratificarse en lo dicho o declarado. *Se afirmó en sus opiniones del día anterior.* ‖ **5.** *Esgr.* Irse firme hacia el contrario, presentándole la punta de la espada.

afirmativo, va. ADJ. Que implica o denota la acción de afirmar (‖ dar por cierto algo). ☐ V. **precepto ~.**

aflamencado, da. ADJ. Que tiene aire o modales de flamenco (‖ con manifestaciones socioculturales asociadas al pueblo gitano). *Villancicos populares aflamencados.*

aflautado, da. PART. de **aflautar.** ‖ ADJ. De sonido semejante al de la flauta. *Voz aflautada.*

aflautar. TR. Atiplar la voz o el sonido. U. t. c. prnl. MORF. conjug. c. *causar.*

aflechado, da. ADJ. En forma de flecha. *Hojas aflechadas.*

aflicción. F. Efecto de afligir o afligirse.

aflictivo, va. ADJ. Que causa aflicción. *Situación aflictiva.*

afligido, da. PART. de **afligir.** ‖ ADJ. **1.** Dicho de una persona: Que siente o muestra aflicción. *Había una cola de deudos afligidos.* U. t. c. s. ‖ **2.** Que implica o denota aflicción. *Tiene una expresión afligida.*

afligir. **I.** TR. **1.** Causar molestia o sufrimiento físico. ‖ **2.** Causar tristeza o angustia moral. ‖ **3.** Preocupar, inquietar. U. t. c. prnl. ‖ **II.** PRNL. **4.** Sentir sufrimiento físico o pesadumbre moral.

aflojamiento. M. Acción de aflojar o aflojarse.

aflojar. **I.** TR. **1.** Disminuir la presión o la tirantez de algo. *Aflojar el cinturón.* U. t. c. prnl. ‖ **2.** Hacer que algo sea más flojo, o que pierda intensidad o fuerza. *Aflojar el paso.* ‖ **3.** coloq. Dicho de una persona: Entregar dinero u otra cosa, con disgusto o contra su voluntad. ‖ **4.** *Á. Caribe.* Lanzar o disparar un proyectil. ‖ **II.** INTR. **5.** Dicho de una cosa: Perder fuerza. *A última hora afloja el calor.* ‖ **6.** Dicho de una persona: Dejar de emplear el mismo vigor, fervor o aplicación que antes en algo. *Aflojó en sus devociones. Aflojó en el estudio.* ‖ **III.** PRNL. **7.** Ant. acobardarse.

afloración. F. afloramiento.

afloramiento. M. **1.** Acción y efecto de aflorar (‖ asomar a flor de tierra). ‖ **2.** Lugar en que aflora una masa mineral. ‖ **3.** Acción y efecto de aflorar (‖ salir a la superficie).

aflorar. **I.** INTR. **1.** Dicho especialmente de una masa mineral o de una corriente de agua: Asomar o brotar a flor de tierra. *Una masa rocosa aflora en la ladera. El agua aflora en abundancia.* ‖ **2.** Salir a la superficie,

surgir, aparecer. *Afloraron sus malas intenciones.* ‖ **II.** TR. **3.** Hacer salir algo a la superficie. U. t. en sent. fig. *El banco afloró las reservas ocultas.*

afluencia. F. **1.** Acción y efecto de afluir. ‖ **2.** abundancia (‖ gran cantidad). ‖ **3.** Facundia, abundancia de palabras o expresiones.

afluente. **I.** ADJ. **1.** Que afluye. *Caudal afluente. Público afluente.* ‖ **II.** M. **2.** Arroyo o río secundario que desemboca o desagua en otro principal.

afluir. INTR. **1.** Acudir en abundancia o concurrir en gran número a un lugar o sitio determinado. *Los veraneantes afluyen a la playa.* ‖ **2.** Dicho de un río o de un arroyo: Verter sus aguas en las de otro o en las de un lago o mar. ¶ MORF. conjug. c. *construir.*

aflujo. M. afluencia.

afofarse. PRNL. Ponerse fofo.

afollar. TR. Plegar en forma de fuelles. MORF. conjug. c. *contar.*

afondar. **I.** INTR. **1.** Irse al fondo, hundirse. U. t. c. prnl. ‖ **II.** TR. **2.** Hacer que un buque se hunda en el mar.

afonía. F. Falta de voz.

afónico, ca. ADJ. Falto de voz o de sonido. *Siseo afónico.*

áfono, na. ADJ. afónico.

aforado, da. PART. de **aforar.** ‖ ADJ. Dicho de una persona: Que goza de fuero. U. t. c. s.

aforador, ra. **I.** M. y F. **1.** Persona que afora. ‖ **II.** M. **2.** Instrumento o dispositivo para medir la capacidad de un recipiente o el caudal de un fluido.

aforamiento. M. Acción y efecto de otorgar fueros.

aforar. TR. **1.** Dar o tomar a foro alguna heredad. ‖ **2.** Determinar la cantidad y valor de los géneros o mercancías que haya en algún lugar, generalmente a fin de establecer el pago de derechos. ‖ **3.** Medir la cantidad de agua que lleva una corriente en una unidad de tiempo. ‖ **4.** Calcular la capacidad de un receptáculo.

afore. F. *Méx.* Banco que administra las cuentas individuales de ahorro para el retiro de los trabajadores.

aforismo. M. Sentencia breve y doctrinal que se propone como regla en alguna ciencia o arte.

aforística. F. Colección de aforismos.

aforístico, ca. ADJ. Perteneciente o relativo al aforismo. *Sentencia aforística.*

aforo. M. **1.** Acción y efecto de aforar. ‖ **2.** Número máximo autorizado de personas que puede admitir un recinto destinado a espectáculos u otros actos públicos. ‖ **3.** *Méx.* Capacidad de un barril u otro recipiente.

aforrar. TR. forrar.

a fortiori. (Locución latina). LOC.ADV. **1.** Con mayor razón. ‖ **2.** fest. *Méx.* Por la fuerza.

afortunado, da. ADJ. **1.** Que tiene fortuna o buena suerte. *El afortunado ganador del premio.* U. t. c. s. ‖ **2.** Que es resultado de la buena suerte. *Un afortunado encuentro.* ‖ **3.** Feliz, que produce felicidad o resulta de ella. *Hogar afortunado. Unión afortunada.* ‖ **4.** Oportuno, acertado, inspirado. *Palabras afortunadas. Decisión afortunada.*

afoscarse. PRNL. *Mar.* Dicho de la atmósfera o del horizonte: nublarse.

afótico, ca. ADJ. *Geol.* En oceanografía, dicho de una profundidad submarina de más de 200 m: No alcanzada por la luz del Sol.

afrancesado, da. PART. de **afrancesar.** ‖ ADJ. **1.** Que admira excesivamente o imita a los franceses. U. t. c. s.

|| **2.** hist. Se dice especialmente de los españoles que en la Guerra de la Independencia siguieron el partido de Napoleón. U. t. c. s.

afrancesamiento. M. Acción y efecto de afrancesar o afrancesarse.

afrancesar. I. TR. **1.** Hacer tomar carácter francés, o inclinación a las cosas francesas. || **II.** PRNL. **2.** Hacerse afrancesado.

afrecharse. PRNL. *Chile.* Dicho de un animal: Enfermar por haber comido demasiado afrecho.

afrechero. M. *Á. Caribe.* Ave granívora de pico grueso, fuerte y cónico, muy semejante al gorrión.

afrecho. M. **salvado.**

afrenta. F. **1.** Vergüenza y deshonor que resulta de algún dicho o hecho, como la que se sigue de la imposición de penas por ciertos delitos. || **2.** Dicho o hecho afrentoso.

afrentar. I. TR. **1.** Causar afrenta, ofender, humillar, denostar. || **II.** PRNL. **2.** Avergonzarse, sonrojarse.

afrentoso, sa. ADJ. Dicho de una cosa: Que causa afrenta.

afretar. TR. *Mar.* Fregar, limpiar la embarcación y quitarle la **broma** (|| molusco).

africada. F. *Fon.* Consonante africada.

africado, da. ADJ. *Fon.* Dicho de una consonante: Que se articula con una oclusión y una fricación formadas rápida y sucesivamente entre los mismos órganos; p. ej., la *ch* en *ocho*.

africanidad. F. Carácter genérico de los pueblos africanos.

africanismo. M. **1.** Influencia de costumbres y usos africanos en otros pueblos. || **2.** Voz, locución, giro, etc., de origen africano introducido en otras lenguas. || **3.** Amor, apego a lo africano.

africanista. I. COM. **1.** Persona que se dedica al estudio y fomento de los asuntos concernientes a África. || **II.** M. **2.** Militar formado en campañas del norte de África, en el siglo XX.

africanizar. TR. Dar carácter africano. U. t. c. prnl.

africano, na. ADJ. **1.** Natural de África. U. t. c. s. || **2.** Perteneciente o relativo a esta parte del mundo. □ V. **palma** ~.

áfrico. M. **ábrego.**

afrikáans. M. Variedad del neerlandés que es, junto con el inglés, lengua oficial de Sudáfrica.

afrikáner. ADJ. Se dice del descendiente de los colonos holandeses de Sudáfrica o de la persona integrada con ellos. U. t. c. s. MORF. pl. **afrikáneres** o **afrikáners.**

afro. ADJ. Perteneciente o relativo a los usos y costumbres africanos. *Música afro.* MORF. pl. invar. *Peinados afro.*

afroamericano, na. ADJ. Se dice de los descendientes de los esclavos africanos llevados a América, y de su arte, cultura y costumbres. Apl. a pers., u. t. c. s.

afroantillano, na. ADJ. Que participa de las características africanas y antillanas. *Bailes afroantillanos.*

afroasiático, ca. ADJ. Perteneciente o relativo a África y Asia.

afrocubano, na. ADJ. Se dice de los naturales de Cuba originarios de razas africanas, y especialmente de su arte, cultura y costumbres. Apl. a pers., u. t. c. s.

afrodisíaco, ca o **afrodisiaco, ca.** ADJ. Que excita o estimula el apetito sexual. Apl. a una sustancia o un producto, u. t. c. s. m.

afronegrismo. M. Préstamo de una lengua del África negra.

afronegro, gra. ADJ. Se dice de los rasgos, de los hábitos, de las costumbres, etc., que, provenientes de las regiones africanas, subsisten en las colectividades hispánicas de América.

afronorteamericano, na. ADJ. Afroamericano de los Estados Unidos de América. Apl. a pers., u. t. c. s.

afrontado, da. PART. de afrontar. || ADJ. *Heráld.* Dicho de un escudo: Que contiene figuras de animales que se miran recíprocamente.

afrontamiento. M. Acción y efecto de afrontar.

afrontar. TR. **1.** Hacer frente al enemigo. || **2.** Hacer cara a un peligro, problema o situación comprometida. || **3.** Poner cara a cara. *Afrontar dos esculturas.*

afrutado, da. ADJ. Que tiene un sabor o un aroma que recuerda al de la fruta. *Vino, café, perfume afrutado.*

afta. F. *Med.* Úlcera pequeña, blanquecina, que se forma, durante el curso de ciertas enfermedades, en la mucosa de la boca o de otras partes del tubo digestivo, o en la mucosa genital.

aftosa. □ V. **fiebre** ~.

afuera. I. ADV.L. **1.** Fuera del sitio en que se está. *Vengo de afuera. Salgamos afuera.* || **2.** En lugar público o en la parte exterior. || **II.** F. **3.** pl. Alrededores de una población. || **afuera.** INTERJ. Se usa para hacer que una o varias personas dejen libre el paso o se retiren de algún lugar o cargo.

afuereño, ña. ADJ. *Am. Cen.* Forastero, que es o viene de afuera. Apl. a pers., u. t. c. s.

afuerino, na. I. ADJ. **1.** *Chile.* **forastero** (|| que es o viene de fuera). Apl. a pers., u. t. c. s. || **II.** M. y F. **2.** *Chile.* Ladrón que roba en sitios alejados de donde acostumbra hacerlo.

afuste. M. **1.** hist. En los primeros tiempos de la artillería, **cureña.** || **2.** hist. Armazón parecido a una cureña sin ruedas, sobre el que se montaban los morteros para dispararlos. || **3.** Cualquier otro armazón provisto de mecanismo que permite mover en uno u otro sentido el cañón montado sobre él.

agabachar. TR. despect. Hacer que una persona imite a los gabachos, o sus costumbres, lenguaje, etc. U. t. c. prnl.

agachada. F. **1.** Acción de agacharse. || **2.** Disimulo, subterfugio, rodeo, pretexto. U. m. en pl.

agachadita. F. coloq. Acción de ponerse en cuclillas.

agachadiza. F. Ave limícola, semejante a la chocha, pero de alas más agudas y tarsos menos gruesos. Vuela inmediata a la tierra, y por lo común está en arroyos o lugares pantanosos.

agachar. I. TR. **1.** Inclinar o bajar alguna parte del cuerpo, especialmente la cabeza o el tronco. U. t. c. intr. || **II.** PRNL. **2.** Encogerse, doblando mucho el cuerpo hacia la tierra. || **3.** *Á. R. Plata.* Prepararse o disponerse a hacer algo.

agalerar. TR. *Mar.* Dar a los toldos por una y otra banda la inclinación conveniente para que despidan el agua en tiempo de lluvia.

agalgado, da. ADJ. Parecido al perro galgo en algún aspecto, particularmente en la delgadez. *Una persona agalgada.*

agalla. F. **1. branquia.** U. m. en pl. || **2.** Excrecencia redonda que se forma en el roble, alcornoque y otros árboles y arbustos por la picadura de ciertos insectos e infecciones por microorganismos. ‖ **3.** pl. coloq. Arrestos, valentía, audacia. *Tener agallas.* ‖ **4.** pl. *Am. Cen.* y *Á. Caribe.* Codicia, ansia desmedida.

agallegado, da. ADJ. Semejante a los gallegos en su habla o actitudes.

agallón. M. agalla (‖ de árboles y arbustos).

agalludo, da. ADJ. *Am. Mer.* y *Ant.* Ambicioso, avaricioso.

agamí. M. Ave ciconiforme, originaria de América Meridional, del tamaño de la gallina, que se domestica fácilmente y sirve como de guardián de las demás aves. MORF. pl. agamíes o agamís.

agangrenarse. PRNL. gangrenarse.

agapando. M. *Méx.* agapanto.

agapanto. M. *Am. Cen., Á. Caribe* y *Méx.* Planta ornamental originaria de Sudáfrica, perteneciente a la familia de las Liliáceas, de hasta un metro de altura y flores azules o blancas.

ágape. M. **1.** banquete (‖ comida para celebrar algún acontecimiento). ‖ **2.** hist. Comida fraternal de carácter religioso entre los primeros cristianos, destinada a estrechar los lazos que los unían.

agar. M. agar-agar.

agar-agar o **agaragar.** M. Sustancia mucilaginosa que se extrae de algunas algas, utilizada como medio de cultivo, en farmacia, en bacteriología y en ciertas industrias.

agarbanzado, da. ADJ. **1.** De color o aspecto semejante al del garbanzo. *Leguminosas agarbanzadas.* ‖ **2.** Dicho especialmente del estilo literario: Adocenado, vulgar, ramplón.

agareno, na. ADJ. **1.** Descendiente de Agar, personaje bíblico, esclava de Abraham. U. t. c. s. ‖ **2. musulmán.** *Mundo agareno.* U. t. c. s.

agaricáceo, a. ADJ. *Bot.* Se dice de una variedad de hongo del tipo de seta, del que se conocen numerosas especies, que viven como saprófitas en el suelo y rara vez en los troncos de los árboles. Algunas son comestibles, como el champiñón, y otras venenosas, como la falsa oronja u oronja pintada. U. t. c. s. f. ORTOGR. En f. pl., escr. con may. inicial c. taxón. *Las Agaricáceas.*

agárico. M. Hongo agaricáceo.

agarrada. F. coloq. Altercado, pendencia o riña.

agarradera. F. **1.** agarradero (‖ asa). ‖ **2.** pl. coloq. Persona o personas con cuyo favor y capacidad de influencia se cuenta para conseguir un fin determinado. *Tiene muy buenas agarraderas.*

agarradero. M. **1.** Asa o mango de cualquier cosa. ‖ **2.** Cosa o parte de una cosa que sirve para asirla o asirse de ella. ‖ **3.** coloq. Amparo, protección o recurso con que se cuenta para conseguir algo.

agarrado, da. PART. de **agarrar.** ‖ ADJ. **1.** coloq. **tacaño.** U. t. c. s. ‖ **2.** coloq. Dicho de un baile: Que se baila en pareja estrechamente abrazada. U. t. c. s. m.

agarrador. M. **1.** Utensilio que sirve para agarrar o agarrarse. ‖ **2.** Pieza de tela acolchada para agarrar las cosas que queman.

agarrar. I. TR. **1.** Asir fuertemente. *La agarró de los pelos.* ‖ **2.** Coger, tomar. *No olvides agarrar los guantes.* ‖ **3. sorprender** (‖ coger desprevenido). *Lo agarraron con las manos en la masa.* ‖ **4.** coloq. **coger** (‖ contraer ciertas enfermedades o empezar a padecer ciertos estados). *Agarró una pulmonía. Agarró un disgusto.* ‖ **5.** coloq. Obtener, procurarse, apoderarse de algo. U. m. en América. ‖ **II.** INTR. **6.** Dicho de una planta: Arraigar, pren-

der. ‖ **7.** Quedar sujeto o adherirse. *Esos neumáticos agarran muy bien en suelo mojado.* ‖ **8.** coloq. **tomar** (‖ resolverse a efectuar una acción). *Agarró y se fue.* ‖ **III.** PRNL. **9.** Asirse fuertemente de algo. ‖ **10.** Dicho de un guiso: **pegarse.** ‖ **11.** coloq. Acudir a algo como apoyo, pretexto o excusa. *Se agarra a cualquier cosa para no trabajar.* ‖ **12.** coloq. Dicho de una enfermedad o de un estado de ánimo: Apoderarse de alguien tenazmente. *Se le agarró la tos.* U. t. c. tr. ‖ **13.** coloq. **reñir** (‖ contender de obra o de palabra). ‖ **~se,** o **agárrate.** INTERJS. Se usan para invitar al interlocutor a prepararse, como quien busca apoyo por precaución, para recibir una gran sorpresa.

agarre. M. Acción de agarrar o agarrarse.

agarrón. M. **1.** coloq. Acción de agarrar y tirar con fuerza. ‖ **2.** *Am.* **agarrada. ‖ darse** alguien **un ~.** LOC.VERB. *Méx.* Pelearse a golpes.

agarrotamiento. M. Acción y efecto de agarrotar.

agarrotar. I. TR. **1.** Ajustar o apretar algo fuertemente. *El calambre agarrotó sus músculos.* ‖ **2.** Oprimir material o moralmente. *Su presencia agarrota a sus compañeros.* ‖ **3.** Ejecutar en el patíbulo mediante garrote. ‖ **II.** PRNL. **4.** Dicho de un miembro: Quedarse rígido o inmóvil por efecto del frío o por otra causa. ‖ **5.** Dicho de un mecanismo: Quedar inmovilizado por producirse una unión rígida entre dos de sus piezas.

agasajado, da. PART. de **agasajar.** ‖ M. y F. **1.** Persona tratada con atención expresiva y cariñosa. ‖ **2.** Persona halagada o favorecida con regalos o con otras muestras de afecto o consideración.

agasajador, ra. ADJ. Que agasaja. Apl. a pers., u. t. c. s.

agasajar. TR. **1.** Tratar con atención expresiva y cariñosa. ‖ **2.** Halagar o favorecer a alguien con regalos o con otras muestras de afecto o consideración. ‖ **3.** Hospedar, aposentar.

agasajo. M. **1.** Acción de agasajar. ‖ **2.** Regalo o muestra de afecto o consideración con que se agasaja. ‖ **3.** hist. Refresco que se servía por la tarde.

ágata. F. *Geol.* Cuarzo lapídeo, duro, traslúcido y con franjas o capas de uno u otro color.

agateador. M. Pájaro pequeño, de color pardo y pico largo, grácil y curvado. Su tamaño es de doce centímetros, y trepa en espiral por el tronco de los árboles con la tiesa cola apretada contra la corteza.

agauchado, da. PART. de **agaucharse.** ‖ ADJ. *Chile.* Que imita o se parece en su porte o maneras al gaucho.

agaucharse. PRNL. *Á. R. Plata.* Dicho de una persona: Tomar el aspecto, los modales y las costumbres propias del gaucho. MORF. conjug. c. *causar.*

agavanzo. M. **1.** escaramujo (‖ rosal silvestre). ‖ **2.** Fruto de este arbusto.

agave. AMB. **pita**[1]. U. menos c. f.

agavillar. TR. **1.** Hacer o formar gavillas. ‖ **2.** Juntar en cuadrilla. U. t. c. prnl. *Se agavillaron para perpetrar el fraude electoral.*

agazaparse. PRNL. **1.** Estar al acecho. ‖ **2.** Agacharse como lo hace el gazapo cuando quiere ocultarse de quienes lo persiguen.

agencia. F. **1.** Oficina o despacho del agente. ‖ **2.** Empresa destinada a gestionar asuntos ajenos o a prestar determinados servicios. *Agencia de publicidad. Agencia de seguros.* ‖ **3.** Sucursal o delegación subordinada de una empresa. ‖ **4.** *Der.* Organización administrativa especializada a la que se confía la gestión de un servicio. *Agencia Estatal de la Administración Tributaria. Agencia*

Española del Medicamento. || **5.** *Chile* y *Filip.* **casa de empeño.** || **~ ejecutiva.** F. Empleo u oficina del agente ejecutivo. || **~ fiscal.** F. Empleo u oficina del agente del fisco.

agenciar. TR. Procurar o conseguir algo con diligencia o maña. U. t. c. prnl. MORF. conjug. c. *anunciar.*

agenda. F. **1.** Libro o cuaderno en que se apunta, para no olvidarlo, aquello que se tiene que hacer. || **2.** Relación de los temas que han de tratarse en una junta o de las actividades sucesivas que han de ejecutarse.

agenesia. F. **1.** *Anat.* Desarrollo defectuoso. *Agenesia del maxilar.* || **2.** *Med.* Imposibilidad de engendrar.

agente. **I.** ADJ. **1.** Que obra o tiene virtud de obrar. *Elemento agente.* || **2.** *Gram.* Dicho de una palabra o de una expresión: Que designa a la persona, animal o cosa que realiza la acción del verbo. U. m. c. s. m. || **II.** M. **3.** Persona o cosa que produce un efecto. *Agente bacteriano.* || **III.** COM. **4.** Persona que obra con poder de otra. *Agente de ídolos deportivos.* || **5.** Persona que tiene a su cargo una agencia para gestionar asuntos ajenos o prestar determinados servicios. || **6.** En algunos cuerpos de seguridad, individuo sin graduación. || **~ comercial.** COM. Persona que profesionalmente gestiona por cuenta ajena, mediante comisión, operaciones de venta u otras transacciones. || **~ de bolsa, ~ de cambio,** o **~ de cambio y bolsa.** COM. *Econ.* Persona autorizada para intervenir y certificar las transacciones de valores que pueden cotizar y otras operaciones financieras. || **~ doble.** COM. Espía al servicio simultáneo de dos potencias rivales. || **~ ejecutivo, va.** COM. Persona encargada de hacer efectivas por la vía de apremio las cuotas de impuestos o penas pecuniarias no pagadas voluntariamente. || **~ fiscal.** COM. agente público. || **~ provocador, ra.** COM. Persona que desde un grupo u organización induce a actitudes o manifestaciones violentas, para suscitar una represión o el desprestigio de una causa. || **~ secreto, ta.** COM. Persona encargada de llevar a cabo misiones secretas. || **~ viajero.** M. *Méx.* viajante (|| dependiente comercial). || **~s económicos.** M. pl. *Econ.* Los que intervienen en la actividad económica; p. ej., el Gobierno, las empresas, las instituciones o las personas. □ V. **complemento ~.**

agerato. M. Planta perenne de la familia de las Compuestas, de tallo ramoso, hojas lanceoladas y flores en corimbo, pequeñas y amarillas.

agermanarse. PRNL. hist. Entrar a formar parte de una germanía.

agestado, da. bien ~. LOC.ADJ. De buena cara. || **mal ~.** LOC.ADJ. De mala cara.

ageusia. F. Pérdida total de la capacidad de apreciar sabores.

agible. ADJ. Factible o hacedero.

agigantado, da. PART. de **agigantar.** || ADJ. De estatura mucho mayor de lo regular. *Brote de hierba agigantado.*

agigantamiento. M. Acción y efecto de agigantar.

agigantar. TR. Dar a algo proporciones gigantescas. U. t. c. prnl.

agigolón. M. **1.** *Am. Cen.* Prisa, ajetreo. U. m. en pl. || **2.** *Am. Cen.* Apuro, aprieto. U. m. en pl. || **3.** *Am. Cen.* Fatiga, cansancio.

ágil. ADJ. **1.** Dicho de una persona o de un animal: Que se mueven o utilizan sus miembros con facilidad y soltura. || **2.** Se dice también de estos miembros y de sus movimientos, y de otras cosas. *Luces ágiles. Prosa ágil.* || **3.** Ligero, pronto, expedito. *Comunicación ágil.*

agilidad. F. **1.** Cualidad de ágil. || **2.** *Rel.* Una de las cuatro dotes de los cuerpos gloriosos, que consiste en la facultad de trasladarse de un lugar a otro instantáneamente, por grande que sea la distancia.

agilitar. TR. agilizar. U. t. c. prnl.

agilización. F. Acción y efecto de agilizar.

agilizar. TR. Hacer ágil, dar rapidez y facilidad al desarrollo de un proceso o a la realización de algo.

agio. M. **1.** Beneficio que se obtiene del cambio de la moneda, o de descontar letras, pagarés, etc. || **2.** Especulación sobre el alza y la baja de los fondos públicos. || **3.** Especulación abusiva hecha sobre seguro, con perjuicio de tercero.

agiotista. COM. **1.** Persona que se emplea en el agio. || **2.** *Méx.* usurero.

agitación. F. **1.** Acción y efecto de agitar. || **2.** *Psicol.* Trastorno emotivo que se caracteriza por una hiperactividad corporal desordenada y confusa.

agitado, da. PART. de **agitar.** || ADJ. **1.** Dicho de la respiración o del pulso: Que se han acelerado. || **2.** Que se desarrolla con mucha actividad o desasosiego. *Un viaje agitado.*

agitador, ra. **I.** ADJ. **1.** Que agita. *Movimiento agitador de las aguas. Grupo agitador.* || **II.** M. y F. **2.** Persona que agita los ánimos para propugnar violentamente determinados cambios políticos o sociales. || **III.** M. **3.** Dispositivo o aparato utilizado para agitar o revolver líquidos.

agitanado, da. PART. de **agitanar.** || ADJ. Que se parece a los gitanos o parece propio de gitano. *Lenguaje agitanado.*

agitanar. TR. Dar aspecto o carácter gitano a alguien o algo. U. t. c. prnl.

agitante. □ V. **parálisis ~.**

agitar. TR. **1.** Mover con frecuencia y violentamente de un lado a otro. *Agitar los brazos.* U. t. c. prnl. || **2.** Inquietar, turbar, mover violentamente el ánimo. U. t. c. prnl. *Se había agitado mucho durante el juicio.* || **3.** Provocar la inquietud política o social. *Se dedican a agitar a las masas.*

aglomeración. F. Acción y efecto de aglomerar. || **~ urbana.** F. Conjunto formado por el casco urbano de una ciudad y su correspondiente área suburbana.

aglomerado. M. **1.** Plancha de fragmentos de madera prensados y mezclados con cola. || **2.** Producto obtenido por aglomeración. U. t. en sent. fig. *Un aglomerado político.* || **3.** *Geol.* Roca formada por fragmentos de otras rocas, unidos por un cemento, por lo general poco consistente.

aglomerante. ADJ. **1.** Que aglomera. Apl. a una sustancia o un producto, u. t. c. s. m. || **2.** Dicho de un material: Capaz de unir fragmentos de una o varias sustancias y dar cohesión al conjunto por efectos de tipo exclusivamente físico; p. ej., el betún, el barro, la cola, etc. U. t. c. s. m.

aglomerar. TR. **1.** Amontonar, juntar cosas o personas. U. t. c. prnl. || **2.** Unir fragmentos de una o varias sustancias con un aglomerante.

aglutinación. F. **1.** Acción y efecto de aglutinar. || **2.** *Ling.* Procedimiento en virtud del cual se unen dos o más palabras para formar una sola. || **3.** *Ling.* Acumulación de afijos distintos, generalmente tras el radical, para expresar en ciertas lenguas las relaciones gramaticales. || **4.** *Med.* Reunión masiva de células portadoras de un antígeno, suspendidas en un líquido, en presencia de su correspondiente agente aglutinante.

aglutinador, ra. ADJ. Que **aglutina** (‖ aúna). Apl. a pers., u. t. c. s.

aglutinante. I. ADJ. **1.** Que aglutina. *Fuerza aglutinante.* U. t. c. s. m. *La amistad fue el aglutinante del grupo.* ‖ **II.** M. **2.** Sustancia en la que se diluyen los pigmentos para preparar barnices o pinturas. □ V. **lengua ~.**

aglutinar. TR. **1.** Unir, pegar una cosa con otra. *Aglutinar con cola trozos de papel.* U. t. c. prnl. ‖ **2. aunar** (‖ juntar o armonizar). *Es capaz de aglutinar a la gente más dispar.* U. t. c. prnl.

agnocasto. M. sauzgatillo.

agnosia. F. *Med.* Alteración de la percepción que incapacita a alguien para reconocer personas, objetos o sensaciones que antes le eran familiares.

agnosticismo. M. Actitud filosófica que declara inaccesible al entendimiento humano todo conocimiento de lo divino y de lo que trasciende la experiencia.

agnóstico, ca. ADJ. **1.** Perteneciente o relativo al agnosticismo. *Fetichismo agnóstico.* ‖ **2.** Que profesa esta doctrina. U. t. c. s.

agnus. M. agnusdéi.

agnusdéi. M. En la liturgia católica de la misa, jaculatoria dirigida a Cristo como Cordero de Dios y que los fieles repiten, después de darse la paz, antes de la comunión.

agobiador, ra. ADJ. Que agobia. *Trabajo agobiador.*

agobiante. ADJ. Que agobia. *Calor agobiante.*

agobiar. TR. **1.** Imponer a alguien actividad o esfuerzo excesivos, preocupar gravemente, causar gran sufrimiento. *Lo agobian los quehaceres, los años, las penas.* ‖ **2.** Rendir, deprimir o abatir. *El calor nos agobia.* ‖ **3.** Dicho de un peso o de una carga: Hacer que se doble o incline el cuerpo sobre el cual descansa. ¶ MORF. conjug. c. *anunciar.*

agobio. M. **1.** Acción y efecto de agobiar. ‖ **2.** Sofocación, angustia.

agógica. F. *Mús.* Conjunto de las ligeras modificaciones de tiempo, no escritas en la partitura, requeridas en la ejecución de una obra.

agógico, ca. ADJ. *Mús.* Perteneciente o relativo a la agógica.

agolpamiento. M. Acción y efecto de agolparse.

agolpar. I. TR. **1.** Juntar de repente en un lugar. ‖ **II.** PRNL. **2.** Dicho de un gran número de personas o animales: Juntarse en un lugar. ‖ **3.** Dicho de ciertas cosas, como penas, lágrimas, etc.: Venir juntas y de golpe.

agonal. ADJ. Perteneciente o relativo a los certámenes, luchas y juegos públicos, tanto corporales como de ingenio. *Espíritu agonal de mostrar al propio yo en una pugna permanente.*

agonía. F. **1.** Angustia y congoja del moribundo; estado que precede a la muerte. ‖ **2.** Pena o aflicción extremada. ‖ **3.** Angustia o congoja provocada por conflictos espirituales. ‖ **4.** Ansia o deseo vehemente. ‖ **5.** pl. u. c. sing. com. Persona apocada y pesimista. *Eres un agonías.*

agónico, ca. ADJ. **1.** Que se halla en la agonía de la muerte. ‖ **2.** Propio o característico de la agonía del moribundo. *Grito agónico.* ‖ **3.** Perteneciente o relativo a la lucha. *Partido agónico.*

agonioso, sa. ADJ. Propio o característico de la agonía.

agonismo. M. Espíritu de lucha.

agonista. I. ADJ. **1.** *Anat.* Se dice del músculo que efectúa un determinado movimiento, por oposición al que obra el movimiento contrario o músculo antagonista. U. t. c. s. m. ‖ **II.** COM. **2. luchador.** ‖ **3.** Cada uno de los personajes que se enfrentan en la trama de un texto literario.

agonístico, ca. ADJ. agonal.

agonizante. ADJ. Que agoniza. Apl. a pers., u. t. c. s.

agonizar. INTR. **1.** Dicho de un enfermo: Estar en la agonía. ‖ **2.** Dicho de una cosa: Extinguirse o terminarse. *La vela agoniza.* ‖ **3.** Sufrir angustiosamente.

ágora. F. **1.** hist. En las ciudades griegas, plaza pública. ‖ **2.** Lugar de reunión o discusión.

agorafobia. F. *Med.* En psiquiatría, sensación morbosa de angustia o miedo ante los espacios despejados, como las plazas, las avenidas, etc.

agorar. TR. Predecir, anunciar, generalmente desdichas. MORF. conjug. c. *contar.*

agorería. F. agüero.

agorero, ra. ADJ. **1.** Que predice males o desdichas. Se dice especialmente de la persona pesimista. U. t. c. s. ‖ **2.** Que adivina por agüeros. U. t. c. s. ‖ **3.** Que cree en agüeros, supersticioso. U. t. c. s. ‖ **4.** Dicho de un ave: Que, según se cree supersticiosamente, anuncia algún mal o suceso futuro.

agostadero. M. Sitio donde pasta el ganado durante la época seca.

agostador, ra. ADJ. Que agosta. *Efectos agostadores sobre los vegetales.*

agostamiento. M. Acción y efecto de agostar.

agostar. TR. **1.** Dicho del excesivo calor: Secar o abrasar las plantas. U. t. c. prnl. ‖ **2.** Consumir, debilitar o destruir las cualidades físicas o morales de alguien. *El sufrimiento agostó su belleza.* U. t. c. prnl.

agosteño, ña. ADJ. Propio o característico del mes de agosto.

agostizo, za. ADJ. Dicho de un animal: Nacido en agosto y, por lo común, desmedrado.

agosto. M. Octavo mes del año. Tiene 31 días. ‖ **hacer el, mi, tu, su,** etc., **~.** LOCS.VERBS. coloqs. Hacer negocio, lucrarse, aprovechando ocasión oportuna para ello.

agotado, da. PART. de **agotar.** ‖ ADJ. Que implica o denota agotamiento. *Rostro agotado.*

agotador, ra. ADJ. Que agota. *Día agotador.*

agotamiento. M. Acción y efecto de agotar.

agotante. ADJ. agotador.

agotar. TR. **1.** Extraer todo el líquido contenido en un recipiente. U. t. c. prnl. ‖ **2.** Extraer todo el mineral de un yacimiento. U. t. c. prnl. ‖ **3.** Gastar del todo, consumir. *Agotar el caudal, las provisiones, el ingenio, la paciencia.* U. t. c. prnl. *Agotarse una edición.* ‖ **4.** Cansar extremadamente. U. t. c. prnl.

agote. ADJ. **1.** Se dice de un linaje del valle de Baztán, en Navarra, España. ‖ **2.** Se dice del individuo de dicho grupo. U. t. c. s.

agracejo. M. **1.** Uva que se queda muy pequeña y no llega a madurar. ‖ **2.** Arbusto de la familia de las Berberidáceas, como de un metro de altura, con hojas trasovadas, pestañosas y aserradas, espinas partidas en tres, flores amarillas en racimos colgantes y bayas rojas y agrias. Es común en los montes de España y se cultiva en los jardines. Su madera, de color amarillo, se usa en ebanistería, y el fruto es comestible.

agraciado, da. PART. de **agraciar**. ‖ ADJ. **1.** Bien parecido. *Mujer muy agraciada*. ‖ **2. afortunado** (‖ que tiene buena suerte). *Agraciado por la lotería*. ‖ **3.** Que tiene gracia o es gracioso. *Movimiento agraciado*.

agraciar. TR. **1.** Dar o aumentar a alguien o algo gracia y buen parecer. ‖ **2.** Hacer o conceder alguna gracia o merced. ¶ MORF. conjug. c. *anunciar*.

agracillo. M. **agracejo** (‖ arbusto berberidáceo).

agradable. ADJ. **1.** Que produce complacencia o agrado. *Tarde agradable*. ‖ **2.** Dicho de una persona: Afable en el trato.

agradar. INTR. Complacer, contentar, gustar.

agradecer. TR. **1.** Sentir gratitud. *Agradezco su apoyo*. ‖ **2.** Mostrar gratitud o dar gracias. *No me agradeció el favor*. ‖ **3.** Dicho de una cosa: Corresponder al trabajo empleado en conservarla o mejorarla. *La piel agradece una limpieza regular*. ¶ MORF. V. conjug. modelo.

agradecido, da. PART. de **agradecer**. ‖ ADJ. **1.** Que agradece. *Una persona muy agradecida*. ‖ **2.** Dicho de una cosa: Que ofrece compensación o responde favorablemente al trabajo o esfuerzo que se le dedica. *Labor agradecida*. □ V. **estómago ~**.

agradecimiento. M. Acción y efecto de agradecer.

agrado. M. **1.** Complacencia, voluntad o gusto. *La cena no fue de su agrado*. ‖ **2.** Afabilidad, modo agradable de tratar a las personas.

agrafia o **agrafía.** F. **1.** Condición de ágrafo. ‖ **2.** *Med.* Incapacidad total o parcial para expresar las ideas por escrito a causa de lesión o trastorno cerebral.

ágrafo, fa. ADJ. **1.** Que es incapaz de escribir o no sabe hacerlo. ‖ **2.** Dicho de una persona: Poco dada a escribir. U. t. c. s.

Agramante. □ V. **campo de ~**.

agramatical. ADJ. *Ling.* Que no se ajusta a las reglas de la gramática.

agramaticalidad. F. *Ling.* Característica de las secuencias de palabras o morfemas que no se ajustan a las reglas de la gramática.

agramontés, sa. ADJ. **1.** hist. Se dice de una antigua facción de Navarra acaudillada primitivamente por el señor de Agramont. ‖ **2.** hist. Se dice de los individuos de este bando, enemigo del de los beamonteses. U. t. c. s.

agrandamiento. M. Acción y efecto de agrandar.

agrandar. TR. Hacer más grande algo. U. t. c. prnl.

agrario, ria. ADJ. **1.** Perteneciente o relativo al campo. *Ley agraria*. ‖ **2.** Que en política defiende o representa los intereses de la agricultura. U. t. c. s.

agrarismo. M. **1.** Actitud favorable a los intereses de la explotación agraria. ‖ **2.** Corriente política que la defiende.

agrarista. ADJ. **1.** Perteneciente o relativo al agrarismo. *Ideario agrarista*. ‖ **2.** Partidario del agrarismo. U. t. c. s.

agrás. M. *Am. Cen.* Especie de vid silvestre. MORF. pl. **agrases**.

agravación. F. **agravamiento**.

agravamiento. M. Acción y efecto de agravar.

agravante. I. ADJ. **1.** Que agrava. *Factor agravante*. ‖ **II.** AMB. **2.** Situación que empeora o aumenta la gravedad de algo. ‖ **III.** F. **3.** *Der.* **circunstancia agravante**.

agravar. TR. Hacer algo más grave o molesto de lo que era. U. t. c. prnl. *Agravarse la enfermedad*.

agraviador, ra. ADJ. Que agravia. Apl. a pers., u. t. c. s.

agraviante. ADJ. Que agravia. *Duda agraviante*. Apl. a pers., u. t. c. s.

agraviar. I. TR. **1.** Hacer agravio. ‖ **II.** PRNL. **2.** Ofenderse o mostrarse resentido por algún agravio. ¶ MORF. conjug. c. *anunciar*.

agravio. M. **1.** Ofensa que se hace a alguien en su honra o fama con algún dicho o hecho. ‖ **2.** Hecho o dicho con que se hace esta ofensa. ‖ **3.** Ofensa o perjuicio que se hace a alguien en sus derechos e intereses. ‖ **4.** Humillación, menosprecio o aprecio insuficiente. ‖ **~ comparativo.** M. Trato desigual a personas que tienen o creen tener el mismo derecho a algo en determinada situación.

agraz. I. ADJ. **1.** Dicho de la uva, y, por ext., de otros frutos: Sin madurar. ‖ **2.** Desagradable, molesto. *Respuesta agraz*. ‖ **II.** M. **3.** Zumo que se saca de la uva no madura. ‖ **en ~.** LOC.ADV. Antes de sazón y tiempo.

agredido, da. PART. de **agredir**. ‖ ADJ. Que ha sufrido agresión. Apl. a pers., u. t. c. s.

agredir. TR. Cometer agresión.

agregación. F. **1.** Acción y efecto de agregar. ‖ **2. agregaduría**.

agregado, da. PART. de **agregar**. ‖ **I.** M. y F. **1.** Funcionario adscrito a una misión diplomática, encargado de asuntos de su especialidad. *Agregado comercial, cultural, militar, naval*. ‖ **2. profesor agregado**. ‖ **3.** *Ant.* Persona que ocupa una casa o propiedad ajena, generalmente rural, a cambio de pequeños trabajos, pagando un arrendamiento, o gratuitamente. ‖ **4.** *Á. Caribe.* Persona que, mediante la concesión de un pedazo de tierra, siembra en parte para sí y en parte para el dueño de la propiedad. ‖ **II.** M. **5.** Conjunto de cosas homogéneas que se consideran formando un cuerpo. *Un agregado de manifestaciones diversas*. ‖ **6.** Añadidura o anejo. *Un agregado monetario*. ‖ **7.** *Quím.* Grupo de partículas que interaccionan. Puede tratarse de átomos, iones o moléculas. □ V. **profesor ~, valor ~**.

agregaduría. F. **1.** Cargo y oficina del **agregado** (‖ funcionario diplomático). ‖ **2.** Cargo del profesor agregado.

agregar. TR. **1.** Añadir algo a lo ya dicho o escrito. *No tengo nada que agregar*. U. t. c. prnl. ‖ **2.** Añadir una sustancia a otra cosa. *Antes de servir, agregue la sal*. ‖ **3.** Unir o juntar unas personas o cosas a otras. *Las moléculas se agregan de distintas formas*. ‖ **4. anexar.** *Agregar documentos al informe*.

agremán. M. Labor de pasamanería, en forma de cinta, usada para adornos y guarniciones.

agremiación. F. Acción de agremiar.

agremiar. TR. Reunir en gremio. U. t. c. prnl. MORF. conjug. c. *anunciar*.

agresión. F. **1.** Acto de acometer a alguien para matarlo, herirlo o hacerle daño. U. t. en sent. fig. *Nueva agresión al medioambiente*. ‖ **2.** *Der.* Ataque armado de una nación contra otra, sin declaración previa. ‖ **~ sexual.** F. *Der.* La que, por atentar contra la libertad sexual de las personas y realizarse con violencia o intimidación, es constitutiva de delito.

agresividad. F. **1.** Tendencia a actuar o a responder violentamente. ‖ **2. acometividad**.

agresivo, va. ADJ. **1.** Dicho de una persona o de un animal: Que tienden a la violencia. ‖ **2.** Propenso a faltar al respeto, a ofender o a provocar a los demás. ‖ **3.** Que implica o denota provocación o ataque. *Discurso agresivo. Palabras agresivas*. ‖ **4.** Que actúa con dinamismo, audacia y decisión, sin arredrarse. *Ejecutivo agresivo. Empresa agresiva.* ‖ **5.** Propio o característico de quien actúa de manera agresiva. *Prácticas comerciales agresivas.* ‖ **6.** Que dificulta la consecución de una vida cómoda. *Orografía agresiva. Clima agresivo.* ‖ **7.** Que resulta muy nocivo. *Tumor agresivo.* ‖ **8.** Que causa lesiones o perjuicios inherentes al beneficio que procura. *Quimioterapia agresiva. Fertilizante agresivo.* ‖ **9.** Que resulta llamativo o rompe con el orden establecido. *Estética agresiva.*

agresor, ra. ADJ. Que comete agresión. Apl. a pers., u. t. c. s.

agreste. ADJ. **1.** Campesino o perteneciente al campo. *Felino agreste.* ‖ **2.** Áspero, inculto o lleno de maleza. *Parajes agrestes.* ‖ **3.** Rudo, tosco, grosero, falto de urbanidad.

agriado, da. PART. de **agriar.** ‖ ADJ. ácido.

agriar. TR. **1.** Poner agrio algo. U. m. c. prnl. *Agriarse el vino.* ‖ **2.** Exasperar los ánimos o las voluntades. U. t. c. prnl. *Agriarse el carácter.* ¶ MORF. conjug. c. *enviar* y c. *anunciar.*

agrícola. ADJ. Perteneciente o relativo a la agricultura o a quien la ejerce.

agricultor, ra. M. y F. Persona que labra o cultiva la tierra.

agricultura. F. **1.** Labranza o cultivo de la tierra. ‖ **2.** Arte de cultivar la tierra.

agridulce. I. ADJ. **1.** Que tiene mezcla de agrio y de dulce. ‖ **II.** M. **2.** *Filip.* Fruto del limoncito, cuyo zumo emplean las mujeres en su tocado.

agriera. F. vulg. Acidez o agrura del estómago. U. m. en América.

agrietamiento. M. Acción y efecto de agrietar.

agrietar. TR. Abrir grietas o hendiduras. U. m. c. prnl.

agrifada. □ V. águila ~.

agrimensor, ra. M. y F. Persona perita en agrimensura.

agrimensura. F. Arte de medir tierras.

agrimonia. F. Planta perenne de la familia de las Rosáceas, como de un metro de altura, tallos vellosos, hojas largas, hendidas y ásperas y flores pajizas. Las hojas se emplean en medicina como astringente, y las flores, en algunas partes, para curtir cueros.

agringado, da. PART. de **agringarse.** ‖ ADJ. *Am.* Que tiene aspecto o costumbres de gringo.

agringarse. PRNL. *Am.* Tomar aspecto o costumbres de gringo.

agrio, gria. I. ADJ. **1.** Que actuando sobre el gusto o el olfato produce sensación de acidez. *Sabor agrio.* ‖ **2.** Que se ha agriado. *Leche agria.* ‖ **3.** Acre, áspero, desabrido. *Genio agrio. Respuesta agria.* ‖ **4.** Difícilmente accesible; pendiente o abrupto. *Cuesta agria.* ‖ **II.** M. **5.** pl. Frutas agrias o agridulces, como el limón, la naranja y otras semejantes. □ V. **agua** ~, **naranja** ~.

agriodulce. M. *Filip.* **agridulce.**

agripar. I. TR. **1.** *Chile.* **gripar.** U. m. c. prnl. ‖ **2.** *Chile.* Causar gripe. ‖ **II.** PRNL. **3.** *Á. Caribe* y *Méx.* Contraer gripe.

agrisado, da. PART. de **agrisar.** ‖ ADJ. De color gris o parecido a él.

agrisar. TR. Dar color gris. U. m. c. prnl.

agro. M. Campo, tierra de labranza.

agroalimentación. F. Industria de productos agroalimentarios.

agroalimentario, ria. ADJ. **1.** Dicho de un producto agrícola: Que ha sufrido tratamientos industriales. ‖ **2.** Perteneciente o relativo a los productos agroalimentarios. *Industria agroalimentaria.*

agroforestal. ADJ. Perteneciente o relativo a las plantaciones agrícolas y forestales.

agroindustria. F. Conjunto de industrias relacionadas con la agricultura.

agroindustrial. ADJ. Perteneciente o relativo a la agroindustria.

agrología. F. Parte de la agronomía que estudia el suelo en sus relaciones con la vegetación.

agrológico, ca. ADJ. Perteneciente o relativo a la agrología.

agronomía. F. Conjunto de conocimientos aplicables al cultivo de la tierra, derivados de las ciencias exactas, físicas y económicas.

agronómico, ca. ADJ. Perteneciente o relativo a la agronomía.

agrónomo, ma. M. y F. Persona que profesa la agronomía. U. t. c. adj. *Perito agrónomo.*

agropecuario, ria. ADJ. Que tiene relación con la agricultura y la ganadería. *Producción agropecuaria.*

agroquímica. F. Parte de la química aplicada que trata de la utilización de productos químicos en la agricultura, como abonos, herbicidas, etc., y del uso industrial de materias orgánicas procedentes de explotaciones agrarias, como aceites, resinas, etc.

agror. M. **agrura** (‖ sabor ácido).

agrumar. TR. Hacer que se formen grumos. U. t. c. prnl.

agrupación. F. **1.** Acción y efecto de agrupar. ‖ **2.** Conjunto de personas o cosas agrupadas. ‖ **3.** Conjunto de personas u organismos que se asocian con algún fin. *Agrupación de afectados por el terremoto.* ‖ **4.** *Mil.* Unidad homogénea, de importancia semejante a la del regimiento.

agrupador, ra. ADJ. Que agrupa. *Ente agrupador de varias empresas.*

agrupamiento. M. Acción y efecto de agrupar.

agrupar. TR. **1.** Reunir en grupo. *El pastor agrupó a las ovejas.* U. t. c. prnl. ‖ **2.** Constituir una agrupación. U. t. c. prnl. *Diversas empresas se agrupan en la nueva asociación.*

agrura. F. **1.** Sabor acre o ácido. ‖ **2.** *Méx.* **acidez** (‖ de estómago).

agua. F. **1.** Líquido transparente, incoloro, inodoro e insípido en estado puro, cuyas moléculas están formadas por dos átomos de hidrógeno y uno de oxígeno. Es el componente más abundante de la superficie terrestre y parte constituyente de todos los organismos vivos. (Fórm. H_2O). ‖ **2.** Líquido que se obtiene por infusión, disolución o emulsión de flores, plantas, frutos u otras sustancias, empleado como refresco o en medicina y perfumería. *Agua de azahar. Agua de cebada.* ‖ **3.** **lluvia** (‖ acción de llover). U. t. en pl. con el mismo significado que en sing. ‖ **4.** pl. lágrimas (‖ gotas que segrega la glándula lagrimal). ‖ **5.** *Arq.* Vertiente de un tejado. ‖ **6.** pl. Visos u ondulaciones que tienen algunas telas, plumas, piedras, maderas, etc. ‖ **7.** pl. Visos o destellos de las piedras preciosas. ‖ **8.** pl. **orina.** ‖ **9.** pl. *Mar.* aguas del mar, más o menos inmediatas a determinada costa. *En aguas de Cartagena.* ‖ **10.** pl. *Mar.* Corrientes del mar. *Las aguas tiran hacia aquella parte.* ‖ **11.** pl. *Mar.* Estela o camino que ha seguido un buque. *Buscar las aguas* *de un buque. Seguir las aguas de un contrabandista.* || ~ **acídula**, o ~ **agria**. F. La mineral que lleva en disolución ácido carbónico. || ~ **amoniacal**. F. *Quím.* Disolución de amoníaco en agua, formando hidróxido amónico. || ~ **artesiana**. F. La de los pozos artesianos. || ~ **bendita**. F. En el cristianismo, la que bendice el sacerdote y se usa en distintos ritos. || ~ **blanda**. F. La que es casi pura, por contener muy pocas sales. || ~ **corriente**. F. La que circula por canales y tuberías, y llega hasta las casas. || ~ **de ángeles**. F. agua rosada. || ~ **de borrajas**, o ~ **de cerrajas**. F. Cosa de poca o ninguna importancia. || ~ **de coco**. F. Líquido que hay en el interior del coco. || ~ **de Colonia**. F. Perfume compuesto de agua, alcohol y esencias aromáticas. || ~ **de cristalización**. F. *Quím.* La que entra en proporción fija como componente físico de cristales o compuestos hidratados que pierden su forma cristalina cuando se elimina. || ~ **del amnios**. F. *Biol.* líquido amniótico. || ~ **de mesa**. F. agua de manantial envasada para consumo humano. || ~ **de nieve**. F. La que procede del deshielo. || ~ **de panela**. F. *Á.Andes.* agua hervida a la que se le pone panela para endulzarla, y se toma como bebida, generalmente en el desayuno. || ~ **de Seltz**. F. agua carbónica. || ~ **de socorro**. F. bautismo de socorro. || ~ **dulce**. F. La de la superficie terrestre, y especialmente la potable, por contraposición a la del mar. || ~ **dura**. F. La que contiene en abundancia carbonatos y bicarbonatos de calcio y magnesio, por lo que corta el jabón e impide la formación de espuma. || ~ **florida**. F. *Am.* agua de Colonia. || ~ **fuerte**. **I**. F. 1. **aguafuerte** (|| disolución de ácido nítrico). || **II.** M. 2. grabado al aguafuerte. || ~ **llovediza**. F. agua lluvia. || ~ **lluvia**. F. La que cae de las nubes. || ~ **lustral**. F. hist. Aquella con que se rociaban las víctimas y otras cosas en los sacrificios gentílicos. || ~ **mansa**. F. La que corre tranquila y apaciblemente. || ~ **mineral**. F. 1. agua de manantial que lleva en disolución sustancias minerales. || 2. agua de mesa. || ~ **mineromedicinal**. F. La mineral que se usa para la curación de alguna dolencia. || ~ **muerta**. F. La estancada y sin corriente. || ~ **nieve**. F. aguanieve. || ~ **oxigenada**. F. peróxido de hidrógeno. || ~ **pesada**. F. *Fís.* La que, en lugar del hidrógeno normal, tiene su isótopo pesado, el deuterio. || ~ **pluvial**. F. agua lluvia. || ~ **regia**. F. *Quím.* Mezcla de tres volúmenes de ácido clorhídrico con uno de ácido nítrico, ambos concentrados. Ataca a casi todos los metales, incluso el platino y el oro. || ~ **residual**. F. La que procede de viviendas, poblaciones o zonas industriales y arrastra suciedad y detritos. U. m. en pl. con el mismo significado que en sing. || ~ **rosada**. F. agua perfumada con el aroma de flores de varias clases. || ~ **sal**. F. La dulce en que se echa alguna porción de sal. || ~ **salina**. F. La que contiene sales en mayor proporción que las aguas normalmente destinadas a usos domésticos, agrícolas o industriales. || ~ **salobre**. F. Aquella cuya proporción de sales la hace impropia para la bebida y otros usos. || ~ **termal**. F. La que en todo tiempo brota del manantial a una temperatura superior a la media ambiental, y a la que en muchos casos se atribuyen virtudes terapéuticas. U. m. en pl. con el mismo significado que en sing. || ~ **tónica**. F. Bebida gaseosa, de sabor ligeramente amargo, aromatizada con quinina. || ~ **viva**. F. La que mana y corre naturalmente. || ~s **continentales**. F. pl. Las que se encuentran en tierra firme, por oposición a las marinas. || ~s **jurisdiccionales**. F. 1. pl. Zona marítima adyacente a la costa,

que llega hasta doce millas marinas y en la que los Estados ejercen la plenitud de su soberanía. || 2. pl. **zona marítima exclusiva**. || ~s **llenas**. F. pl. *Mar.* pleamar. || ~s **madres**. F. pl. *Quím.* Las que quedan tras la cristalización de una solución salina. || ~s **mayores**. F. 1. pl. Excremento humano. || 2. pl. *Mar.* Las más grandes mareas de los equinoccios. || ~s **menores**. F. 1. pl. Orina humana. || 2. pl. *Mar.* Mareas diarias o comunes. || ~s **muertas**. F. pl. *Mar.* Mareas menores, en los cuartos de la Luna. || ~s **negras**. F. pl. aguas residuales. || ~s **servidas**. F. pl. *Á. R. Plata.* aguas residuales. || ~s **subálveas**. F. pl. Las que se buscan y alumbran en las márgenes o debajo de cauces empobrecidos o secos. || ~s **territoriales**. F. pl. aguas jurisdiccionales. || ~s **vivas**. F. pl. *Mar.* Crecientes del mar hacia el tiempo de los equinoccios o en el novilunio y el plenilunio. || **media ~**. F. 1. *Am. Cen.* y *Á. Andes.* Construcción con el techo inclinado, de una sola vertiente. || 2. *Á. Caribe.* Tejado de una sola vertiente. || ~ **abajo**. LOC.ADV. aguas abajo. || ~ **arriba**. LOC.ADV. aguas arriba. || **aguantar ~s**. LOC.VERB. *Mar.* Contener con los remos, ciando, la marcha de una embarcación. || **aguas**. INTERJ. jerg. Se usa para avisar de la presencia de cualquier tipo de autoridad. || ~s **abajo**. LOC.ADV. En la dirección de la corriente. || ~s **arriba**. LOC.ADV. En dirección contraria a la de la corriente. || ~ **va**. EXPR. hist. Era usada para avisar cuando desde alguna casa iban a echar a la calle agua o inmundicia. || **ahogarse en poca ~**. LOC.VERB. coloq. Agobiarse por poca cosa. || **al ~, patos**. EXPR. coloq. Se usa para incitar a realizar una acción determinada. || **beber ~ un buque**. LOC.VERB. *Mar.* Recibir la del mar por encima de las bordas, al ir muy escorado. || **claro, ra como el ~**. LOC.ADJ. coloq. Evidente, patente. U. t. c. loc. adv. || **coger ~s**. LOC.VERB. *Arq.* cubrir aguas. || **como ~**. LOC.ADV. coloq. Denota la abundancia de algo. || **como ~ para chocolate**. LOC.ADV. *Á. Caribe* y *Méx.* En actitud colérica. *Tita estaba como agua para chocolate, se sentía de lo más irritable.* || **como ~ de mayo**. LOC.ADV. Se usa para ponderar la oportunidad con que sucede algo beneficioso. || **como el ~**. LOC.ADV. *Á. Andes.* al dedillo. || **correr el ~ por donde solía**. LOC.VERB. Dicho de una persona o de una cosa: Volver a sus antiguos usos, costumbres o estado. || **cortar las ~s de** un buque. LOC.VERB. *Mar.* Atravesarlas por un punto relativamente próximo a su popa. || **cubrir ~s**. LOC.VERB. *Arq.* Concluir de cubrir un edificio para preservarlo de la lluvia. || **echar el ~**. LOC.VERB. bautizar (|| administrar el bautismo). || **embarcar ~ un buque**. LOC.VERB. *Mar.* Recibir la del mar por encima de las bordas, no por ir escorado, sino por la violencia de las olas. || **entre dos ~s**. LOC.ADV. 1. coloq. Bajo el agua, pero sin tocar el fondo. || 2. coloq. Manteniéndose sin definirse por reserva o cautela. *Nadar entre dos aguas.* || **estar con el ~ a**, o **hasta, la boca, el cuello**, o **la garganta**. LOCS.VERBS. coloqs. Estar muy apurado por una dificultad o por un peligro. || **estar hecho, cha un ~**. LOC.VERB. coloq. Estar lleno de sudor. || **ganar** una embarcación **las ~s de** otra. LOC.VERB. *Mar.* Adelantarse a ella. || **hacer ~**. LOC.VERB. 1. *Mar.* Dicho de un buque: Ser invadido por ella a través de alguna grieta o abertura. || 2. Dicho especialmente de un proyecto: Presentar debilidad o síntomas de ir a fracasar. || **hacerse** algo ~, o **un ~, en la boca**. LOCS.VERBS. coloqs. Ser muy blando y suave; deshacerse fácilmente en la boca al comerlo. || **ir un buque debajo del ~**. LOC.VERB. *Mar.* Ir muy escorado. || **ir un buque por encima**

del ~. LOC.VERB. *Mar.* Ir desembarazadamente, como si el viento o las corrientes no entorpecieran su marcha. || **irse al ~** un negocio, un proyecto, etc. LOC.VERB. **frustrarse** (|| malograrse). || **llevar** alguien **el ~ a su molino.** LOC.VERB. Dirigir en su interés o provecho exclusivo aquello de que puede disponer. || **más claro, ra que el ~.** LOC.ADJ. coloq. **claro como el agua.** U. t. c. loc. adv. || **meterse en ~** el tiempo, el día, etc. LOC.VERB. Hacerse lluvioso. || **quedarse entre dos ~s.** LOC.VERB. *Mar.* Sumergirse sin llegar al fondo. || **romper ~s** una parturienta. LOC.VERB. Sufrir la rotura de la bolsa que envuelve al feto y derramarse por la vagina y la vulva el líquido amniótico. || **sacar ~ de las piedras.** LOC.VERB. coloq. Obtener provecho de donde en principio no cabía esperarlo. || **ser** algo **~ pasada.** LOC.VERB. Haber ocurrido ya, haber perdido su oportunidad o importancia. || **ser** alguien **~ tibia.** LOC.VERB. *Á. Andes.* No decidirse por idea alguna, carecer de energía o personalidad. || **tan claro, ra como el ~.** LOC.ADJ. coloq. **claro como el agua.** U. t. c. loc. adv. || **tomar las ~s** alguien. LOC.VERB. Estar en un balneario para hacer cura de agua mineral. □ V. **bajada de ~s, caballo de ~, culebra de ~, culebrilla de ~, dureza del ~, gallina de ~, huevo pasado por ~, lengua del ~, lenteja de ~, lirio de ~, manga de ~, marca de ~, melón de ~, napa de ~, nivel de ~, ojo de ~, paja de ~, pera de ~, perro de ~, perro de ~s, pluma de ~, polla de ~, pulga de ~, rata de ~, reloj de ~, salto de ~, tromba de ~, vena de ~, vía de ~.**

aguacate. M. **1.** Árbol de América, de la familia de las Lauráceas, de ocho a diez metros de altura, con hojas alternas, coriáceas, siempre verdes, flores dioicas y fruto comestible. || **2.** Fruto de este árbol. || **3.** *Am. Cen.* Persona floja o poco animosa. U. t. c. adj.

aguacateco, ca. ADJ. **1.** Natural de Aguacatán. U. t. c. s. || **2.** Perteneciente o relativo a este municipio de Guatemala o a su cabecera, en el departamento de Huehuetenango.

aguacatero, ra. ADJ. *Méx.* Perteneciente o relativo al aguacate.

aguacero. M. **1.** Lluvia repentina, abundante, impetuosa y de poca duración. || **2.** Serie de sucesos y cosas molestas, como golpes, improperios, etc., que en gran cantidad caen sobre alguien. □ V. **bigotes de ~.**

aguachacha. F. *Am. Cen.* **aguachirle** (|| bebida sin fuerza ni sustancia).

aguachar. **I.** TR. **1.** *Chile.* Domesticar un animal. || **II.** PRNL. **2.** *Chile.* Amansarse, aquerenciarse.

aguachento, ta. ADJ. **1.** *Am.* Dicho de la fruta o de otro alimento: Insípidos por exceso de agua. || **2.** *Am. Mer.* y *Ant.* Impregnado, empapado o lleno de agua.

aguachinar. TR. Estropear un fruto u otro alimento por exceso de agua.

aguachirle. F. **1.** Bebida o alimento líquido, como el vino, el caldo, la miel, etc., sin fuerza ni sustancia. || **2.** Obra o cualidad del ingenio, insustancial, sin importancia alguna.

aguacil. M. *Á. R. Plata.* **libélula.**

aguada. F. **1.** Sitio en que hay agua potable, y a propósito para surtirse de ella. || **2.** Acción y efecto de aprovisionarse de agua un buque, una tropa, una caravana, etc. || **3.** *Ingen.* Avenida de aguas que inunda total o parcialmente las labores de una mina. || **4.** *Mar.* Provisión de agua potable que lleva un buque. || **5.** *Pint.* Color diluido en agua sola, o en agua con ciertos ingredientes,

como goma, miel, hiel de vaca clarificada, etc. || **6.** *Pint.* Diseño o pintura que se ejecuta con colores preparados de esta manera. || **7.** *Á. R. Plata.* **abrevadero.** || **hacer ~** un buque. LOC.VERB. *Mar.* Surtirse de agua potable.

aguadeño, ña. ADJ. **1.** Natural de Aguada. U. t. c. s. || **2.** Perteneciente o relativo a este municipio de Puerto Rico o a su cabeza.

aguaderas. F. pl. Armazón de madera, esparto, mimbre u otra materia semejante, con divisiones, que se coloca sobre las caballerías para llevar en cántaros o barriles agua u otras cosas.

aguadilla. F. Zambullida que se da a alguien, en broma, manteniendo sumergida su cabeza durante unos instantes.

aguadillano, na. ADJ. **1.** Natural de Aguadilla. U. t. c. s. || **2.** Perteneciente o relativo a este municipio de Puerto Rico o a su cabeza.

aguado, da. PART. de aguar. || ADJ. **1.** abstemio. || **2.** *Am. Cen., Á. Caribe* y *Méx.* Dicho de una cosa: Blanda y sin consistencia. || **3.** *Am. Cen.* y *Méx.* Dicho de una persona: Físicamente débil, desfallecida, floja. || **4.** *Á. Andes, Á. Caribe* y *Méx.* Dicho de una persona: De espíritu poco vigoroso y entusiasta. U. t. c. s. || **5.** *Á. Caribe.* Dicho de una fruta o de otro alimento: **desabridos** (|| que carecen de gusto).

aguador, ra. M. y F. Persona que tiene por oficio llevar o vender agua.

aguaducho. M. **1.** Puesto donde se vende agua, refrescos y otras bebidas. || **2.** **acueducto.**

aguafiestas. COM. coloq. Persona que turba cualquier diversión o festejo.

aguafuerte. M. **1.** Disolución concentrada de ácido nítrico en agua. || **2.** **grabado al aguafuerte.** || **3.** Lámina obtenida por el grabado al aguafuerte. U. menos c. f. || **4.** Estampa hecha con esta lámina. U. menos c. f. ¶ MORF. pl. **aguafuertes.** □ V. **grabado al ~.**

aguafuertista. COM. Persona que graba al aguafuerte.

aguaitar. TR. **1.** Acechar, aguardar cautelosamente. || **2.** Mirar, ver. || **3.** *Am.* Atisbar, espiar. || **4.** *Á. Caribe.* Aguardar, esperar. ¶ MORF. conjug. c. *bailar.*

aguaite. M. Acción de aguaitar.

aguaje. M. **1.** Sitio donde acostumbran ir a beber algunos animales silvestres. || **2.** *Ant.* **bravuconada.** || **3.** *Ant.* **mentira** (|| expresión contraria a lo que se sabe).

aguajero, ra. ADJ. *Á. Caribe.* Dicho de una persona: Que hace ostentación o presume de algo. U. t. c. s.

aguamala. F. **medusa.** MORF. pl. **aguamalas.**

aguamanil. M. **1.** Palangana o pila destinada para lavarse las manos. || **2.** **palanganero.**

aguamanos. M. **1.** Agua que sirve para lavar las manos. || **2.** Jarro con pico para echar agua en la palangana o pila donde se lavan las manos.

aguamarina. F. Variedad de berilo, transparente, de color parecido al del agua del mar y muy apreciado en joyería. MORF. pl. **aguamarinas.**

aguamiel. **I.** F. **1.** Agua mezclada con alguna porción de miel. || **2.** *Am. Cen., Á. Caribe* y *Méx.* Agua preparada con la caña de azúcar o papelón. || **II.** M. **3.** *Méx.* Jugo del maguey, que, fermentado, produce el pulque. ¶ MORF. pl. **aguamieles.**

aguamielero, ra. M. y F. *Méx.* Persona que extrae aguamiel para la elaboración del pulque.

aguanieve. F. **1.** Lluvia mezclada con nieve. MORF. pl. **aguanieves.** || **2.** pl. u. c. sing. **lavandera.**

aguanoso, sa. ADJ. Lleno de agua o demasiado húmedo. *Ojos aguanosos.*

aguantaderas. F. pl. **aguante** (‖ paciencia). *Tener buenas, malas, muchas, pocas aguantaderas.*

aguantador, ra. ADJ. **1.** Que aguanta. *Persona, casa aguantadora.* ‖ **2.** *Á. R. Plata.* Dicho de la yerba mate: **rendidora.**

aguantar. **I.** TR. **1.** Sostener, sustentar, no dejar caer. *Las vigas aguantan la techumbre.* ‖ **2.** Reprimir o contener. *Aguantar la risa.* ‖ **3.** Resistir pesos, impulsos o trabajos. *El torero aguantó la embestida.* ‖ **4.** Soportar, tolerar a alguien o algo molesto o desagradable. *Aguanto mal sus impertinencias.* ‖ **5.** *Mar.* Tirar del cabo que está flojo hasta ponerlo tenso. ‖ **II.** INTR. **6.** Reprimirse, contenerse, callar. U. t. c. prnl.

aguante. M. **1.** Sufrimiento, tolerancia, paciencia. ‖ **2.** Fortaleza o vigor para resistir pesos, impulsos, trabajos, etc.

aguapé. M. *Á. guar.* Planta acuática de la familia de las Pontederiáceas, de hojas flotantes y grandes flores de variados tonos entre el celeste y el morado según las especies.

aguapié. M. Vino muy bajo que se hace echando agua en el orujo pisado y apurado en el lagar.

aguar. TR. **1.** Mezclar agua con otro líquido, generalmente vino, casi siempre para rebajarlo, o con otra sustancia. U. t. c. prnl. ‖ **2.** Turbar, interrumpir, frustrar algo halagüeño o alegre. U. t. c. prnl. *Aguarse la fiesta.* ¶ MORF. conjug. c. *averiguar.*

aguará. M. *Á. guar.* Cánido sudamericano de largas patas y pelambre en forma de crin. Su coloración general es amarillo rojiza, y negra en el hocico, patas y crines. Vive en espacios abiertos con abundante vegetación, donde desarrolla sus hábitos nocturnos y solitarios. MORF. pl. **aguarás.**

aguaraparse. PRNL. *Am. Cen.* y *Á. Caribe.* Dicho de la caña de azúcar, de la fruta o de un líquido: Tomar calidad o sabor de guarapo.

aguardar. **I.** TR. **1.** Esperar a que llegue alguien o algo, o a que suceda algo. U. t. c. prnl. ‖ **2.** Dar tiempo a alguien, y especialmente al deudor, para que pague. ‖ **3.** Creer que llegará o sucederá algo o tener la esperanza de ello. *Aguardan la llegada del profeta.* ‖ **II.** INTR. **4.** Dicho de una cosa: Haber de ocurrir a alguien, o estarle reservada para lo futuro. *Les aguarda una buena sorpresa.* ‖ **5.** Detenerse, retardarse. *Decidió callarse y aguardar.* U. t. c. prnl.

aguardentero, ra. M. y F. Persona que fabrica o vende aguardiente.

aguardentoso, sa. ADJ. **1.** Que tiene aguardiente o está mezclado con él. *Bebida aguardentosa.* ‖ **2.** Que es o parece de aguardiente. *Sabor, olor aguardentoso.* ‖ **3.** Dicho de la voz: Áspera, bronca.

aguardiente. M. Bebida espiritosa que, por destilación, se saca del vino y de otras sustancias; es alcohol diluido en agua. *Aguardiente de caña. Aguardiente de guindas. Aguardiente de Cazalla.*

aguardillado, da. ADJ. **abuhardillado.**

aguardo. M. **1.** Acción de esperar. ‖ **2.** *Cineg.* Sitio desde el cual el cazador acecha la pieza para disparar sobre ella.

aguarrás. M. Aceite volátil de trementina, usado principalmente como disolvente de pinturas y barnices. MORF. pl. **aguarrases.**

aguasal. F. salmuera.

aguasbonense. ADJ. **1.** Natural de Aguas Buenas. U. t. c. s. ‖ **2.** Perteneciente o relativo a este municipio de Puerto Rico o a su cabeza.

aguascalentense. ADJ. **1.** Natural de Aguascalientes. U. t. c. s. ‖ **2.** Perteneciente o relativo a este estado de México o a su capital.

aguatero, ra. M. y F. *Am. Cen., Am. Mer.* y *Ant.* **aguador.**

aguatinta. AMB. **1.** Variedad del grabado al aguafuerte. ‖ **2.** Estampa que se obtiene por este procedimiento. ‖ **3.** Dibujo o pintura que se realiza con tinta de un solo color. ‖ **4.** **aguada** (‖ diseño o pintura hecho con colores diluidos en agua). ¶ MORF. pl. **aguatintas.** □ V. **grabado al ~.**

aguayo. M. **1.** *Am. Mer.* Lienzo fuerte. ‖ **2.** *Á. Andes.* Pieza rectangular de lana de colores, que las mujeres utilizan como complemento de su vestidura, y para llevar a los niños o cargar algunas cosas.

aguayón. M. *Méx.* Corte de carne de la cadera de la res vacuna.

aguazal. M. Sitio bajo donde se detiene el agua de lluvia.

aguda. F. *Fon.* Palabra **aguda** (‖ que lleva el acento en la última sílaba).

agudeza. F. **1.** Cualidad de **agudo** (‖ puntiagudo, punzante). ‖ **2.** Intensidad de un mal. ‖ **3.** Perspicacia de la vista, oído u olfato. ‖ **4.** Perspicacia o viveza de ingenio. ‖ **5.** Dicho agudo. ‖ **~ visual.** F. Capacidad del ojo de distinguir objetos muy próximos entre sí.

agudización. F. Acción y efecto de agudizar o agudizarse.

agudizar. **I.** TR. **1.** Hacer agudo algo. ‖ **II.** PRNL. **2.** Dicho de una enfermedad: **agravarse.**

agudo, da. **I.** ADJ. **1.** Puntiagudo, punzante, afilado. *Filo agudo.* ‖ **2.** Sutil, perspicaz. *Alumno agudo.* ‖ **3.** Vivo, gracioso y oportuno. *Persona aguda. Dicho agudo.* ‖ **4.** Dicho de un dolor: Vivo y penetrante. ‖ **5.** Dicho de una enfermedad: Que alcanza de pronto extrema intensidad. ‖ **6.** Dicho de alguno de los sentidos corporales: Muy desarrollado. *Oído agudo.* ‖ **7.** Dicho de un olor: **subido.** ‖ **8.** Dicho de un sabor: **intenso.** ‖ **9.** *Acús.* Dicho de un sonido: Dotado de una frecuencia alta de vibraciones, por oposición al sonido *grave.* U. t. c. s. m. *No me gustan los agudos de esta grabación.* ‖ **10.** *Fon.* Dicho de una palabra: Que lleva el acento prosódico en la última sílaba; p. ej., *abril, café, corazón.* ‖ **11.** *Fon.* Propio de una palabra **aguda.** *Acentuación aguda.* ‖ **12.** *Métr.* Dicho de un verso: Que termina con una palabra **aguda.** *Octosílabo agudo.* U. t. c. s. m. ‖ **13.** *Métr.* Propio o característico de un verso **agudo.** *Asonancia aguda.* ‖ **II.** M. **14.** Aire vivo con que suele acabar el baile en algunos pueblos. ‖ **15.** Letra y danza que lo acompañan. □ V. **acento ~, ángulo ~, voz ~.**

agüero. M. **1.** Procedimiento o práctica de adivinación utilizado en la Antigüedad y en diversas épocas por pueblos supersticiosos, y basado principalmente en la interpretación de señales como el canto o el vuelo de las aves, fenómenos meteorológicos, etc. ‖ **2.** Presagio o señal de cosa futura. ‖ **3.** Pronóstico, favorable o adverso, formado supersticiosamente por señales o accidentes sin fundamento. □ V. **pájaro de mal ~.**

aguerrido, da. ADJ. **1.** Ejercitado en la guerra. ‖ **2.** Experimentado en cualquier actividad competitiva. *Periodista, parlamentario aguerrido.* ‖ **3.** Valiente o agresivo.

aguijada. F. **1.** Vara larga que en un extremo tiene una punta de hierro con que los boyeros pican a la yunta. ‖ **2.** Vara larga con un hierro de forma de paleta o de áncora en uno de sus extremos, en la que se apoyan los labradores cuando aran, y con la cual separan la tierra que se pega a la reja del arado.

aguijador, ra. ADJ. Que aguija. *Vara aguijadora.*

aguijadura. F. Acción y efecto de aguijar.

aguijar. TR. **1.** Picar con la aguijada u otra cosa a los bueyes, mulas, caballos, etc., para que anden aprisa. ‖ **2.** Avivarlos con la voz o de otro modo. ‖ **3. estimular** (‖ incitar). *Habrá que aguijarlo un poco para que intervenga.*

aguijón. M. **1.** Órgano punzante, generalmente con veneno, que tienen en el abdomen algunos arácnidos, como los escorpiones, y algunos insectos himenópteros, como la avispa. ‖ **2.** Punta o extremo puntiagudo del palo con que se aguija. ‖ **3. estímulo** (‖ incitación). ‖ **4.** *Bot.* Púa que nace del tejido epidérmico de algunas plantas.

aguijonazo. M. **1.** Punzada de aguijón. ‖ **2.** Estímulo vivo. ‖ **3.** Burla o reproche hiriente.

aguijoneamiento. M. Acción de aguijonear.

aguijonear. TR. **1.** Picar con el aguijón. ‖ **2. aguijar** (‖ picar con la aguijada). ‖ **3.** Incitar, estimular, inquietar, atormentar. *Lo aguijoneó hasta que se volvió furibundo.*

aguijoneo. M. Acción y efecto de aguijonear.

águila. **I.** F. **1.** Ave rapaz diurna, de ocho a nueve decímetros de altura, con pico recto en la base y curvo en la punta, cabeza y tarsos cubiertos de plumas, cola redondeada casi cubierta por las alas, de vista muy perspicaz, fuerte musculatura y vuelo rapidísimo. ‖ **2.** Cada una de las aves pertenecientes a la misma familia que la anterior y de caracteres muy semejantes. ‖ **3.** Enseña principal de la legión romana y de algunos ejércitos modernos. ‖ **4.** hist. Moneda de oro de México. ‖ **5.** coloq. Persona de gran perspicacia y viveza, sobre todo en las cuestiones prácticas. ‖ **II.** M. **6.** Pez, especie de raya, que se distingue de esta en tener la cola más larga que lo restante del cuerpo, y en ella una espina venenosa larga y aguda. ‖ ~ **agrifada.** F. *Heráld.* La que se representa estilizada en forma de **grifo** (‖ animal fabuloso). ‖ ~ **blanca.** F. Pigargo de cabeza y cola blancas, propio del continente norteamericano, adoptado por los Estados Unidos de América como emblema nacional. ‖ ~ **calzada.** F. La de cabeza rojiza, dorso pardo oscuro y partes inferiores blancuzcas. La cola es cuadrada y los tarsos están enteramente cubiertos de plumas. Existe una variedad de plumaje oscuro. ‖ ~ **caudal.** F. **águila real.** ‖ ~ **culebrera.** F. Ave rapaz diurna, con cabeza grande y garras relativamente pequeñas, dorso de color castaño ceniciento y región inferior blanca con manchas castañas. Es útil para la agricultura porque devora reptiles en gran cantidad. ‖ ~ **explayada.** F. *Heráld.* La de dos cabezas con las alas desplegadas o tendidas. ‖ ~ **imperial.** F. La de color casi negro, cola cuadrada y tamaño algo menor que la real. La raza española tiene los hombros y la parte superior de la cabeza de color blanco puro. ‖ ~ **pasmada.** F. *Heráld.* La que tiene plegadas o cerradas las alas. ‖ ~ **perdicera.** F. La que se caracteriza porque sus alas, cuando están cerradas, no llegan a cubrir la cola, que es bastante larga; el plumaje es de color leonado predominante y el pico es relativamente largo, fuerte y ganchudo. Ataca de preferencia a las perdices, palomas y codornices. ‖ ~ **pescadora.** F. La de tamaño grande, dorso oscuro y partes inferiores blancas, con plumaje liso y oleoso como el de las aves acuáticas, alas muy largas que cubren totalmente la cola cuando están cerradas y pico corto y curvo. Está bastante difundida en España, anida cerca del mar y de los ríos y lagos y es ictiófaga. ‖ ~ **ratonera.** F. Ave rapaz diurna, perteneciente a la misma familia que el águila, con plumaje de color variable entre el leonado claro y el castaño oscuro y bandas transversales blanquecinas en el vientre. Abunda bastante en España y es útil para la agricultura porque destruye muchos roedores. ‖ ~ **real.** F. La que tiene cola cuadrada y alcanza mayor tamaño que las comunes. □ V. **vista de ~.**

aguilando. M. **aguinaldo** (‖ regalo navideño).

aguileña. F. Planta perenne de la familia de las Ranunculáceas, con tallos derechos y ramosos que llegan a un metro de altura, hojas de color verde oscuro por la parte superior y amarillentas por el envés, y flores de cinco pétalos, colorados, azules, morados o blancos, según las variedades de esta planta, que se cultiva por adorno en los jardines.

aguileño, ña. ADJ. **1.** Dicho del rostro: Largo y delgado. ‖ **2.** Dicho de una persona: Que tiene el rostro aguileño. ‖ **3.** Dicho de la nariz: Afilada y algo ganchuda. ‖ **4.** Perteneciente o relativo al águila. *Majestuosos giros aguileños.*

aguilón. M. *Arq.* Teja o pizarra cortada oblicuamente para que ajuste sobre la lima tesa de un tejado.

aguilucho. M. **1.** Pollo del águila. ‖ **2.** Se usa como nombre para referirse a varias aves falconiformes de tamaño relativamente pequeño, con la cola y las alas alargadas. Generalmente el macho es de color gris y la hembra parda.

aguinaldo. M. **1.** Regalo que se da en Navidad o en la fiesta de la Epifanía. ‖ **2.** Regalo que se da en alguna otra fiesta u ocasión. ‖ **3.** Villancico de Navidad.

agüista. COM. Persona que asiste a un establecimiento de aguas mineromedicinales con fines curativos.

agüita. F. Infusión de hierbas u hojas medicinales, que se bebe después de las comidas.

agüitarse. PRNL. *Méx.* entristecerse.

agüizote. M. *Méx.* ahuizote (‖ persona que molesta).

aguja. F. **1.** Barra pequeña y puntiaguda, de metal, hueso o madera, con un ojo por donde se pasa el hilo, cuerda, correa, bejuco, etc., con que se cose, borda o teje. ‖ **2.** Barra pequeña de metal, hueso, marfil, plástico, etc., que sirve para hacer labores de punto. ‖ **3.** Tubo metálico de pequeño diámetro, con el extremo libre cortado a bisel y provisto, en el otro, de un casquillo que se enchufa en la jeringuilla para inyectar sustancias en el organismo. ‖ **4. manecilla** (‖ del reloj y de otros instrumentos). ‖ **5.** Púa de metal, colocada en algún plano para determinado uso; p. ej., la aguja del reloj de sol, las agujas de la impresora. ‖ **6.** Alambre que forma horquilla por ambos extremos y sirve para hacer malla. ‖ **7.** Punzón de acero que, al disparar ciertas armas de fuego, choca con la parte posterior del cartucho y produce la detonación del fulminante y la combustión de la carga. *Fusil de aguja.* ‖ **8.** En un tocadiscos o gramófono, pieza terminada en punta que recorre los surcos del disco para reproducir los sonidos grabados en él. ‖ **9.** hist. Varilla de metal, concha, etc., con diversos adornos de joyería o bisutería, que empleaban las mujeres en su tocado. ‖ **10.** Cada uno de los dos raíles móviles que sirven para que los trenes y tranvías cambien de vía. ‖ **11.** Chapitel estrecho y alto de una torre o del techo de una iglesia. ‖ **12.** Pez de cuerpo largo y delgado, con los huesos de la cara prolongados en forma de tubo, y del que existen varias especies en los mares de Europa. ‖ **13.** Hoja de los pinos y de otras coníferas. ‖ **14.** Pastel largo y estrecho relleno de carne picada o de dulce. *Aguja de ternera.* ‖ **15.** Picor y acidez que tienen algunos vinos y algunas bebidas carbónicas. ‖ **16.** *Mar.* **brújula** (‖ para indicar el rumbo de una nave). ‖ **17.** *Am. Cen.* Cada uno de los maderos agujereados que se clavan en tierra y en los cuales se apoyan otros horizontales para formar una tranquera. ‖ **18.** pl. Costillas que corresponden al cuarto delantero del animal. *Carne de agujas. Animal alto, o bajo, de agujas.* ‖ **~ colchonera.** F. La grande y gruesa que usan los colchoneros. ‖ **~ de arria.** F. La que usan los esparteros para coser esteras, serones, etc. ‖ **~ de bitácora.** F. *Mar.* **brújula** (‖ para indicar el rumbo de una nave). ‖ **~ de gancho.** F. Instrumento de metal, hueso o madera, uno de cuyos extremos tiene forma de gancho, y que sirve para hacer labores de punto. ‖ **~ de marear.** F. **1.** *Mar.* **brújula** (‖ para indicar el rumbo de una nave). ‖ **2.** Soltura y destreza para manejar los negocios. ‖ **~ de media.** F. Alambre de hierro bruñido o de acero, de más de 20 cm de largo, que sirve para hacer medias, calcetas y otras labores de punto. ‖ **~ de pastor.** F. Planta anual de la familia de las Geraniáceas, de hojas recortadas menudamente y fruto largo y delgado en forma de aguja. ‖ **~ magnética.** F. **brújula.** ‖ **~ mechera.** F. aguja que sirve para mechar carne. ‖ **~ paladar.** F. Pez largo y delgado, con las mandíbulas afiladas en forma de pico. Es verdoso por encima y brillantemente plateado por los flancos. ‖ **~ saquera.** F. aguja grande que sirve para coser sacos, costales, etc. ‖ **buscar una ~ en un pajar.** LOC.VERB. coloq. Buscar algo que es casi imposible de encontrar. ‖ **cuartear la ~.** LOC.VERB. *Mar.* Designar por sus nombres, números y valores los diferentes rumbos de la rosa de los vientos, así como sus opuestos y las perpendiculares y bolinas de una y otra banda. ☐ V. **declinación de la ~, muerto de las ~s, perturbación de la ~, tacón de ~, variación de la ~.**

agujazo. M. Punzada de aguja.

agujerar. TR. *Am. Cen.* y *Méx.* agujerear. U. t. c. prnl.

agujerear. TR. Hacer uno o más agujeros a alguien o algo. U. t. c. prnl.

agujero. M. **1.** Abertura más o menos redondeada en alguna cosa. ‖ **2.** Deuda, falta o pérdida injustificada de dinero en la administración de una entidad. ‖ **~ de ozono.** M. *Ecol.* Región de la atmósfera situada sobre la Antártida en la que se produce una disminución de la concentración de ozono. ‖ **~ negro.** M. **1.** *Astr.* Lugar invisible del espacio cósmico que, según la teoría de la relatividad, absorbe por completo cualquier materia o energía situada en su campo gravitatorio. ‖ **2.** *Econ.* Grave pérdida financiera en una empresa o institución, sobre todo cuando se trata de mantenerla oculta.

agujeta. F. **1.** *Impr.* Arruga del papel, que afea la impresión. ‖ **2.** *Ant.* Aguja de hacer punto o tejer. ‖ **3.** *Méx.* Cordón de los zapatos. ‖ **4.** pl. Dolor muscular tras un esfuerzo no habitual y reiterado, debido a la acumulación de cristales de ácido láctico.

agujetero. M. *Am. Cen.* y *Ant.* Canuto para guardar las agujas.

agujón. M. **pasador** (‖ aguja para el pelo).

agur. INTERJ. Se usa para despedirse.

agusanarse. PRNL. Dicho de una cosa: Criar gusanos.

agustinianismo. M. Doctrina teológica de san Agustín.

agustiniano, na. ADJ. **1.** agustino. ‖ **2.** Perteneciente o relativo a san Agustín o a su doctrina, obra, orden, etc.

agustinismo. M. *Fil.* Doctrina teológica y filosófica de san Agustín.

agustino, na. ADJ. **1.** Se dice del religioso de la Orden de San Agustín. U. t. c. s. ‖ **2.** Perteneciente o relativo a esta orden. *Monasterio agustino.*

agutí. M. Mamífero roedor de una familia afín a la del cobayo. Especies propias de América Central y Meridional, desde México y las Antillas hasta el norte de la Argentina, viven en regiones de bosque. MORF. pl. **agutíes** o **agutís.**

aguzado, da. PART. de **aguzar.** ‖ ADJ. **1.** Que tiene forma aguda. *Estacas aguzadas.* ‖ **2.** Agudo, perspicaz, penetrante, despierto, listo. *Sensibilidad, prosa aguzada.*

aguzanieves. F. **lavandera blanca.**

aguzar. TR. **1.** Hacer o sacar punta a un arma u otra cosa, o adelgazar la que ya tienen. ‖ **2.** Sacar filo. ‖ **3.** Despabilar, afinar, forzar el entendimiento o un sentido, para que preste más atención o se haga más perspicaz.

ah. INTERJ. **1.** Se usa para denotar pena, admiración, sorpresa o sentimientos similares. ‖ **2.** *Am. Cen., Á. Andes, Á. Caribe* y *Chile.* Se usa para interrogar.

ahechar. TR. Limpiar con harnero o criba el trigo u otras semillas.

aherrojamiento. M. Acción y efecto de aherrojar.

aherrojar. TR. **1.** Poner a alguien instrumentos de hierro para inmovilizar. ‖ **2.** Oprimir, subyugar. *Aherrojar la libertad.*

aherrumbrarse. PRNL. Cubrirse de herrumbre u orín.

ahí. ADV.L. **1.** En ese lugar, o a ese lugar. *Está ahí. Lleva eso ahí.* ‖ **2.** En esto, o en eso. *Ahí está la dificultad.* ‖ **3.** Esto o eso. *De ahí se deduce. Por ahí puede conocerse la verdad.* ‖ **por ~.** LOC.ADV. **1.** Por lugares no lejanos. *Me voy por ahí un rato.* ‖ **2.** Por lugares indeterminados. *Andan por ahí diciendo insensateces.* ‖ **por ~, por ~.** LOC. ADV. **poco más o menos.**

ahijado, da. PART. de **ahijar.** ‖ M. y F. Persona respecto de sus padrinos.

ahijamiento. M. *Agr.* Acción y efecto de **ahijar** (‖ echar la planta retoños).

ahijar. I. TR. **1.** Poner a un cordero u otro animal con su propia madre u otra para que lo críe. ‖ **2.** Atribuir o imputar a alguien la obra o cosa que no ha hecho. ‖ **II.** INTR. **3.** *Agr.* Dicho de una planta: Echar retoños o hijuelos. ¶ MORF. conjug. c. *aislar.*

ahilado, da. PART. de **ahilarse.** ‖ ADJ. Dicho de la voz: Delgada y tenue.

ahilamiento. M. Acción y efecto de ahilarse.

ahilarse. PRNL. **1.** Adelgazar por causa de alguna enfermedad. ‖ **2.** Dicho de una planta: Criarse débil por falta de luz. ‖ **3.** Dicho de un árbol: Criarse alto, derecho y limpio de ramas por estar muy junto con otros, lo cual se procura a veces artificialmente para obtener la madera de hilo. ¶ MORF. conjug. c. *aislar.*

ahincado, da. ADJ. Eficaz, vehemente. *Ahincadas creencias religiosas.*

ahínco. M. Eficacia, empeño o diligencia grande con que se hace o solicita algo.

ahíto, ta. ADJ. **1.** Saciado, harto. U. t. en sent. fig. *Ahíto de publicidad.* ‖ **2.** Cansado o fastidiado de alguien o algo.

ahocinarse. PRNL. Dicho de un río: Correr por angosturas o quebradas estrechas y profundas.

ahogadizo, za. ADJ. Dicho de una fruta: Que por su aspereza no se puede tragar con facilidad.

ahogado¹, da. PART. de **ahogar.** ‖ **I.** ADJ. **1.** Dicho de la respiración, de la voz o de un sonido: Emitidos con dificultad o contenidos. ‖ **2.** Dicho de un sitio: Estrecho y sin ventilación. ‖ **II.** M. y F. **3.** Persona que muere por falta de respiración, especialmente en el agua. □ V. **patadas de ahogado.**

ahogado². M. Á. *Andes.* Guiso rehogado o estofado, hecho de diversas formas en los distintos países.

ahogador, ra. ADJ. Que ahoga. *Furia ahogadora.*

ahogamiento. M. **1.** Acción y efecto de ahogar. ‖ **2.** ahogo.

ahogar. **I.** TR. **1.** Quitar la vida a una persona o a un animal, impidiéndole la respiración. U. t. c. prnl. ‖ **2.** Extinguir, apagar. *Ahogar las ilusiones. Ahogar las protestas.* U. t. c. prnl. ‖ **3.** Oprimir, acongojar, fatigar. *No me ahogues con tus exigencias.* U. t. c. intr. y c. prnl. ‖ **4.** Dañar una planta o una simiente por exceso de agua, por apiñamiento con otras o por la acción de otras plantas nocivas. U. t. c. prnl. ‖ **5.** Apagar, sofocar el fuego con materias que se le sobreponen y dificultan la combustión. ‖ **6.** Inundar el carburador con exceso de combustible. U. t. c. prnl. ‖ **7.** En el ajedrez, hacer que el rey contrario no pueda moverse sin quedar en jaque. ‖ **II.** PRNL. **8.** coloq. Sentir sofocación o ahogo.

ahogo. M. **1.** Opresión y fatiga en el pecho, que impide respirar con libertad. ‖ **2.** Aprieto, congoja o aflicción grande. ‖ **3.** *Am.* asma.

ahondamiento. M. Acción y efecto de ahondar.

ahondar. TR. **1.** Hacer más honda una cavidad o agujero. ‖ **2.** Cavar profundizando. U. t. c. intr. *La excavadora ahondaba en la tierra.* ‖ **3.** Introducir algo muy dentro de otra cosa. *Ahondar la semilla en la tierra.* U. t. c. intr. y c. prnl. ‖ **4.** Escudriñar lo más profundo o recóndito de un asunto. U. t. c. intr. *Ahondar en su conciencia.*

ahora. **I.** ADV.T. **1.** A esta hora, en este momento, en el tiempo actual o presente. *Ahora no llueve.* ‖ **2.** Hace poco tiempo. *Ahora me lo han dicho.* ‖ **3.** Dentro de poco tiempo. *Ahora te lo diré.* ‖ **4.** *Am.* hoy. ‖ **II.** CONJ. DISTRIB. **5.** *Ahora hable de ciencias, ahora de artes, siempre es atinado su juicio.* ‖ **III.** CONJ.ADVERS. **6.** Pero, sin embargo. ‖ **~ bien.** LOC. CONJUNT. Esto supuesto. *Ahora bien, ¿qué se pretende lograr con esa prisa?* ‖ **~ es cuando.** EXPR. coloq. Se usa para referirse al momento decisivo de un proceso. ‖ **~ mismo.** LOC. ADV. En este mismo instante. ‖ **~ que.** LOC. CONJUNT. **pero** (‖ para contraponer un concepto a otro). *La casa es cómoda, ahora que no tiene ascensor.* ‖ **hasta ~.** EXPR. Se usa para despedirse. ‖ **por ~.** LOC. ADV. por de pronto.

ahorcado, da. PART. de **ahorcar.** ‖ M. y F. **1.** Persona ajusticiada en la horca. ‖ **2.** Persona muerta por ahorcamiento.

ahorcamiento. M. Acción y efecto de ahorcar.

ahorcaperros. M. *Mar.* Nudo corredizo que sirve para salvar objetos sumergidos.

ahorcar. TR. **1.** Quitar a alguien la vida echándole un lazo al cuello y colgándolo de él en la horca u otra parte. U. m. c. prnl. ‖ **2.** Dejar, abandonar los hábitos religiosos, los estudios, etc. ‖ **3.** Colgar, suspender. *Los chorizos se conservan mejor cuando están ahorcados.* ‖ **4.**

Á. R. *Plata.* **estrangular** (‖ ahogar hasta impedir la respiración).

ahorita. ADV.T. coloq. Ahora mismo, hace poco o dentro de muy poco.

ahormar. TR. **1.** Ajustar algo a su horma o molde. *Ahormar el calzado.* U. t. c. prnl. ‖ **2.** Amoldar, poner en razón a alguien. *Ahormarlo a los caprichos de sus hijos.* ‖ **3.** *Equit.* Excitar a la caballería suavemente con el freno y la falsa rienda para que coloque la cabeza en posición correcta.

ahorquillado, da. PART. de **ahorquillar.** ‖ ADJ. Que tiene forma de horquilla. *Rama ahorquillada.*

ahorquillar. TR. Dar a algo la forma de horquilla. U. m. c. prnl.

ahorrador, ra. ADJ. Que ahorra. Apl. a pers., u. t. c. s.

ahorrar. TR. **1.** Reservar una parte de los ingresos ordinarios. *Comprando allí ahorra 50 euros al mes.* U. t. c. prnl. ‖ **2.** Guardar dinero como previsión para necesidades futuras. *Su sueldo no le permite ahorrar ni un peso.* U. t. c. intr. ‖ **3.** Evitar un gasto o consumo mayor. *Ahorrar agua, papel, energía.* ‖ **4.** Evitar o excusar algún trabajo, riesgo, dificultad u otra cosa. U. t. c. prnl. *Ahorrarse un disgusto.* ‖ **no ~se,** o **no ahorrárselas,** alguien **con nadie.** LOCS.VERBS. coloqs. Hablar u obrar sin temor ni miramiento.

ahorrativo, va. ADJ. **1.** Que implica ahorro. *Política ahorrativa.* ‖ **2.** Perteneciente o relativo al ahorro. *Ánimo ahorrativo.* ‖ **3.** Dicho de una persona: Que ahorra una parte de su gasto.

ahorrista. COM. *Am. Mer.* Persona que tiene cuenta de ahorros en un establecimiento de crédito.

ahorro. M. **1.** Acción de ahorrar. ‖ **2.** Cosa que se ahorra. □ V. **caja de ~s.**

ahuachapaneco, ca. ADJ. **1.** Natural de Ahuachapán. U. t. c. s. ‖ **2.** Perteneciente o relativo a este departamento de El Salvador o a su cabecera.

ahuecamiento. M. **1.** Acción y efecto de ahuecar. ‖ **2.** Engreimiento, envanecimiento.

ahuecar. **I.** TR. **1.** Poner hueco o cóncavo algo. *Ahuecar un muro.* U. t. c. prnl. ‖ **2.** Mullir, ensanchar o hacer menos compacto algo que estaba apretado o aplastado. *Ahuecar la tierra, la lana.* U. t. c. prnl. ‖ **3.** Hablar en un tono más grave o resonante que el natural. *Ahuecar la voz.* ‖ **II.** INTR. **4.** coloq. **ahuecar el ala.**

ahuehuete. M. Árbol de la familia de las Cupresáceas, originario de América del Norte, de madera semejante a la del ciprés. Por su elegancia, se cultiva como planta de jardín.

ahuesado, da. ADJ. De color de hueso.

ahuevado, da. PART. de **ahuevar.** ‖ ADJ. Que tiene forma de huevo. *Ojos ahuevados.*

ahuevar. TR. **1.** Dar forma de huevo a algo. *Ahuevar los labios.* ‖ **2.** malson. *Am. Cen.* Atontar, azorar, acobardar. U. t. c. prnl.

ahuizote. M. **1.** *Am. Cen.* y *Méx.* Agüero, brujería. ‖ **2.** *Méx.* Persona que molesta y fatiga continuamente.

ahulado, da. **I.** ADJ. **1.** *Am. Cen.* y *Méx.* Dicho de una tela o de una prenda: Impermeabilizada con hule o goma elástica. U. t. c. s. m. ‖ **II.** M. **2.** *Am. Cen.* **chanclo.**

ahumada. F. hist. Señal que para dar algún aviso se hacía en las atalayas o lugares altos, quemando paja u otra cosa.

ahumado, da. PART. de **ahumar.** ‖ **I.** ADJ. **1.** Dicho de un cuerpo transparente: Que, sin haber estado expuesto al humo, tiene color oscuro. *Cristal ahumado.* ‖ **II.** M. **2.** Acción y efecto de ahumar. ‖ **3.** pl. Alimentos ahumados, generalmente pescados. ☐ V. **cuarzo** ~.

ahumar. I. TR. **1.** Poner al humo algo, hacer que lo reciba. *El yacimiento era usado para ahumar pieles.* ‖ **2.** Llenar de humo. *Estáis ahumando la habitación.* U. m. c. prnl. ‖ **3.** Someter al humo algún alimento para su conservación o para comunicarle cierto sabor. ‖ **II.** INTR. **4.** Dicho de una cosa que se quema: Echar o despedir humo. ‖ **III.** PRNL. **5.** Dicho de una cosa: Ennegrecerse con el humo. ¶ MORF. conjug. c. *aunar*.

ahusado, da. ADJ. De forma de huso. *Naves ahusadas.*

ahuyentador, ra. I. ADJ. **1.** Que ahuyenta. Apl. a pers., u. t. c. s. ‖ **II.** M. **2.** Producto que sirve para ahuyentar.

ahuyentar. I. TR. **1.** Hacer huir a una persona o a un animal. ‖ **2.** Desechar cualquier pasión o afecto, u otra cosa que moleste o aflija. *Ahuyentar el miedo.* ‖ **II.** PRNL. **3.** Alejarse huyendo.

aiboniteño, ña. ADJ. **1.** Natural de Aibonito. U. t. c. s. ‖ **2.** Perteneciente o relativo a este municipio de Puerto Rico o a su cabeza.

aijada. F. aguijada.

aikido. M. Arte marcial de origen japonés en el que se utiliza la energía del atacante para vencerlo.

ailanto. M. Árbol de la familia de las Simarubáceas, originario de las Molucas, de más de 20 m de altura, con hojas compuestas de folíolos numerosos, oblongos y agudos, y flores en panojas, verduscas y de olor desagradable. Es de madera dura y compacta, crece pronto y produce muchos hijuelos.

aíllo. M. *Chile.* Cada uno de los grupos en que se divide una comunidad indígena, cuyos componentes son generalmente de un linaje.

aillu. M. Á. *Andes.* Cada uno de los grupos en que se divide una comunidad indígena, cuyos componentes son generalmente de un linaje.

aimara. I. ADJ. **1.** Se dice del individuo de una raza de indios que habitan la región del lago Titicaca, entre el Perú y Bolivia. U. t. c. s. ‖ **2.** Perteneciente o relativo a esta raza. *Costumbres aimaras.* ‖ **II.** M. **3.** Lengua aimara. ¶ MORF. pl. **aimaras.**

aindiado, da. ADJ. Que tiene el color y las facciones propias de los indios.

airado, da. PART. de airar. ‖ ADJ. **1.** Dicho de una persona: Que tiene ira o un gran enfado. ‖ **2.** Propio o característico de una persona airada. *Semblante airado.* ‖ **3.** De carácter violento. *Destino airado. Muerte airada.* ☐ V. **vida** ~.

airamiento. M. Acción y efecto de airar.

airampo. M. *Am. Mer.* Cactácea cuya semilla se emplea como colorante.

airar. TR. **1.** Mover a ira. U. m. c. prnl. ‖ **2.** Agitar, alterar violentamente. ¶ MORF. conjug. c. *aislar*.

airbag. M. *Esp.* bolsa de aire. MORF. pl. **airbags.**

aire. M. **1.** Fluido que forma la atmósfera de la Tierra. Es una mezcla gaseosa, que, descontado el vapor de agua que contiene en diversas proporciones, se compone aproximadamente de 21 partes de oxígeno, 78 de nitrógeno y una de argón y otros gases semejantes a este, al que se añaden algunas centésimas de dióxido de carbono. ‖ **2.** atmósfera (‖ que rodea la Tierra). ‖ **3.** viento (‖ corriente de aire). ‖ **4.** Parecido, semejanza, especialmente de las personas. *Aire de familia. Se da un aire a su*

padre. ‖ **5.** Apariencia, aspecto o estilo de alguien o de algo. *Me impresionó su aire de tristeza. La vida social adquirió un aire nuevo.* ‖ **6.** Frivolidad, futilidad o poca importancia de algo. *Todo eso es solo aire.* ‖ **7.** Primor, gracia y brío en el modo de hacer algo. ‖ **8.** Ínfulas, pretensiones, alardes. U. m. en pl. *Se da aires de marqués.* ‖ **9.** coloq. Ataque parcial y pasajero de parálisis u otra afección que se manifiesta instantáneamente. *Le dio un aire.* ‖ **10.** *Mús.* Grado de presteza o lentitud con que se ejecuta una obra musical. ‖ **11.** *Mús.* **canción** (‖ música de una composición). ‖ **12.** pl. Aquello que viene de fuera alterando los usos establecidos e impulsando modas, corrientes o tendencias nuevas. ‖ ~ **acondicionado.** M. Atmósfera de un lugar o espacio cerrado sometida artificialmente a determinadas condiciones de temperatura, humedad y presión. ‖ ~ **colado.** M. Viento frío que corre encallejonado o por alguna estrechura. ‖ ~ **complementario.** M. *Med.* Volumen máximo de aire incorporado por el aparato respiratorio después de una inspiración normal, que oscila entre 2000 y 3000 cm^3. ‖ ~ **comprimido.** M. aire cuyo volumen ha sido reducido y, en consecuencia, aumenta su presión. ‖ ~ **líquido.** M. *Fís.* Líquido que se obtiene sometiendo el aire a fuerte presión y dejándolo que se enfríe mediante su propia expansión hasta una temperatura inferior al punto de ebullición de sus principales componentes. ‖ ~ **suplementario.** M. *Med.* Volumen de aire que se expulsa en una espiración normal, que oscila entre 750 y 1000 cm^3. ‖ **aire.** INTERJ. Se usa para incitar a una o varias personas a que despejen el lugar donde están o a que se pongan a su tarea lo más pronto posible. ‖ **al** ~. LOC. ADV. **1.** Dicho de montar o engastar piedras preciosas: Sujetándolas únicamente por sus bordes, de modo que queden visibles por encima y por debajo. ‖ **2.** Al desnudo, sin cubrir. *Llevar al aire la espalda, los hombros.* ‖ **3.** Sin provecho, sin fundamento, sin fijeza. *Hablar al aire. No decir, no hacer nada al aire.* ‖ **al** ~ **libre.** LOC. ADV. En lugar abierto. ‖ **alimentarse del** ~. LOC. VERB. coloq. **sustentarse del aire** (‖ comer muy poco). ‖ **a mi, tu, su,** etc., ~. LOCS. ADVS. coloq. Con arreglo al estilo, maneras o costumbres de alguien en particular. *Tendrás que vivir a tu aire.* ‖ **cambiar de** ~s. LOC. VERB. Marcharse, cambiar de residencia. ‖ **coger** alguien en el ~ algo. LOC. VERB. Captar rápidamente lo que se dice. ‖ **dar** ~ a alguien. LOC. VERB. **hacer aire.** ‖ **de un** ~. LOC. ADJ. Asustado, pasmado, atónito. *Quedarse de un aire. Dejar de un aire a alguien.* ‖ **disparar al** ~. LOC. VERB. Disparar las armas hacia lo alto y sin hacer puntería. ‖ **en el** ~. LOC. ADV. **1.** En el ambiente o en el entorno. *Está, flota, se siente en el aire.* ‖ **2.** Difundiéndose por una cadena de radio o televisión. ‖ **3.** En situación insegura o precaria. *Su nombramiento está en el aire.* ‖ **hacer** ~ a alguien. LOC. VERB. Impeler el aire hacia él para refrescarlo. ‖ **llevar, o llevarse, el** ~ algo. LOCS. VERBS. Se usan para indicar su desaparición u olvido. ‖ **por el** ~, o **los** ~s. LOCS. ADVS. coloqs. Con mucha ligereza o velocidad. *Ir, venir, llegar por el aire.* ‖ **saltar por los** ~s. LOC. VERB. Hacerse pedazos como consecuencia de una explosión. U. t. en sent. fig. *Sus convicciones saltaron por los aires.* ‖ **sustentarse del** ~. LOC. VERB. **1.** coloq. Comer muy poco por falta de apetito o de recursos económicos. ‖ **2.** coloq. Confiarse en esperanzas vanas. ‖ **tomar el** ~. LOC. VERB. Pasearse por el campo o salir a algún sitio descubierto donde corra el aire. ‖ **vivir del** ~. LOC. VERB. coloq. Vivir sin recursos conocidos y seguros. □ V. **bocanada de ~, bolsa de ~, cámara de ~, castillos en el ~, cojín de ~, colchón de ~, escopeta de ~ comprimido, golpe de ~, palabras al ~, saco de ~.**

aireación. F. Acción y efecto de airear o airearse.

aireamiento. M. Acción y efecto de airear o airearse.

airear. I. TR. **1.** Poner al aire o ventilar algo. *Airear los granos.* || **2.** Dar publicidad o actualidad a algo. *Airear un secreto.* || **II.** PRNL. **3.** Ponerse o estar al aire para ventilarse, refrescarse o respirar con más desahogo.

airón[1]. M. Adorno de plumas, o de algo que las imite, en cascos, sombreros, gorras, etc.

Airón[2]. □ V. **pozo ~.**

aironazo. M. *Méx.* Viento fuerte.

airoso, sa. ADJ. **1.** Garboso o gallardo. *Movimientos airosos.* || **2.** Que lleva a cabo una empresa con honor, felicidad o lucimiento. *Quedar, salir airoso.* || **3.** Se dice del tiempo o del sitio en que hace mucho aire.

aisa. F. *Á. Andes.* Derrumbe que, en el interior de una mina, obstruye la salida al exterior.

aisenino, na. ADJ. **1.** Natural de Aisén, provincia de Chile, o de Puerto Aisén, su capital. U. t. c. s. || **2.** Perteneciente o relativo a esta provincia o a su capital.

aislacionismo. M. Política de apartamiento o no intervención en asuntos internacionales.

aislacionista. ADJ. **1.** Perteneciente o relativo al aislacionismo. *Política aislacionista.* || **2.** Partidario de él. U. t. c. s.

aislado, da. PART. de **aislar.** || ADJ. Solo, suelto, individual. *Plantas aisladas.*

aislador, ra. I. ADJ. **1. aislante** (|| que aísla). Apl. a un elemento o una sustancia, u. t. c. s. m. || **II.** M. **2.** Pieza de material aislante que sirve para soportar o sujetar un conductor eléctrico. □ V. **cinta ~.**

aislamiento. M. **1.** Acción y efecto de aislar. || **2.** Sistema o dispositivo que impide la transmisión de la electricidad, el calor, el sonido, etc.

aislante. ADJ. **1.** Que aísla. || **2.** Dicho de un material: Que impide la transmisión del calor, la electricidad, el sonido, etc. U. t. c. s. m. □ V. **cinta ~, lengua ~.**

aislar. TR. **1.** Dejar algo solo y separado de otras cosas. *Los esposos Curie aislaron el radio y el polonio de la pechblenda.* || **2.** Apartar a alguien de la comunicación y trato con los demás. U. m. c. prnl. || **3.** Impedir el paso o la transmisión de la electricidad, el calor, el sonido, la humedad, etc. *Material que aísla del frío. Aislar los cables eléctricos.* || **4.** Abstraer, apartar los sentidos o la mente de la realidad inmediata. U. m. c. prnl. ¶ MORF. V. conjug. modelo.

aizcolari. M. Deportista que toma parte en las competiciones consistentes en cortar con hacha troncos de árbol.

aizoáceo, a. ADJ. *Bot.* Se dice de las plantas angiospermas dicotiledóneas, herbáceas o algo leñosas, con hojas alternas u opuestas, flores axilares o terminales de colores vivos, y fruto en cápsula con pericarpio carnoso; p. ej., el algazul. U. t. c. s. f. ORTOGR. En f. pl., escr. con may. inicial c. taxón. *Las Aizoáceas.*

ajá. INTERJ. Se usa para denotar satisfacción, aprobación o sorpresa.

ajabeba. F. Flauta morisca.

ajada. F. Salsa de pan desleído en agua, ajos machacados y sal, con que se aderezan el pescado y otros alimentos.

ajajá. INTERJ. **ajá.**

ajamiento. M. Acción y efecto de ajar.

ajar. TR. **1.** Hacer que pierda su lozanía alguien o algo. *El frío ajaba las plantas.* U. t. c. prnl. || **2.** Desgastar, deteriorar o deslucir algo por el tiempo o el uso. U. t. c. prnl. *Ajarse un vestido.* || **3.** Maltratar, manosear, arrugar, marchitar. *Ajó y tiró cuanto había escrito.*

ajaraca. F. *Arq.* En la ornamentación árabe y mudéjar, **lazo** (|| adorno de líneas y florones).

ajardinamiento. M. Acción y efecto de ajardinar.

ajardinar. TR. **1.** Convertir en jardín un terreno. || **2.** Dotar o llenar de jardines. *Ajardinar la ciudad.*

ajear[1]. INTR. Dicho de una perdiz: Repetir, como quejándose, *aj, aj, aj,* cuando se ve acosada.

ajear[2]. TR. *Á. Andes.* Proferir **ajos[2].**

ajedrea. F. Planta de la familia de las Labiadas, de unos tres decímetros de altura, muy poblada de ramas y hojas estrechas, algo vellosas y de un verde oscuro. Es muy olorosa, se cultiva para adorno en los jardines y se usa en infusión como estomacal.

ajedrecista. COM. Persona diestra en el ajedrez o aficionada a este juego.

ajedrecístico, ca. ADJ. Perteneciente o relativo al juego del ajedrez.

ajedrez. M. **1.** Juego entre dos personas, cada una de las cuales dispone de 16 piezas que se mueven sobre un tablero dividido en 64 escaques. Estas piezas son un rey, una reina, dos alfiles, dos caballos, dos roques o torres y ocho peones; las de un jugador se distinguen por su color de las del otro, y no marchan de igual modo las de diferente clase. Gana quien da jaque mate al adversario. || **2.** Conjunto de piezas que sirven para este juego.

ajedrezado, da. I. ADJ. **1.** Que presenta cuadros de dos colores dispuestos como las casillas de un tablero de ajedrez. || **II.** M. **2.** En arquitectura especialmente, conjunto de cuadrados que semejan un tablero de ajedrez, usado sobre todo como decoración o pavimento.

ajenidad. F. **1.** Cualidad de ajeno. || **2.** *Der.* Cualidad de las relaciones laborales por cuenta ajena, en contraposición a trabajo autónomo.

ajenjo. M. **1.** Planta perenne de la familia de las Compuestas, como de un metro de altura, bien vestida de ramas y hojas un poco felpudas, blanquecinas y de un verde claro. Es medicinal, muy amarga y algo aromática. || **2.** Bebida alcohólica confeccionada con ajenjo y otras hierbas aromáticas.

ajeno, na. ADJ. **1.** Perteneciente a otra persona. *Éxito ajeno. Casa ajena.* || **2.** Impropio, extraño, no correspondiente. *Ajeno a su voluntad.* || **3.** Que no tiene conocimiento de algo, o no está prevenido de lo que ha de suceder. *Ajeno a las intrigas.* || **4.** Distante, lejano, libre de algo. *Ajeno a preocupaciones.* □ V. **amigo de lo ~, vergüenza ~.**

ajerezado, da. ADJ. Dicho de un vino: Parecido al jerez. U. t. c. s. m.

ajero, ra. M. y F. Persona que vende ajos.

ajete. M. **1.** Ajo tierno que aún no ha echado cepa o cabeza. || **2.** Planta de la familia de las Liliáceas, semejante al puerro, pero de hojas semicilíndricas, flores encarnadas y estambres violados.

ajetreado, da. PART. de **ajetrear.** || ADJ. **1.** Que tiene mucho **ajetreo** (|| actividad intensa). *Calle ajetreada.* || **2.** Que implica para alguien mucho **ajetreo** (|| actividad intensa). *Vida ajetreada.*

ajetrear. I. TR. **1.** Molestar, mover mucho, cansar con órdenes diversas o imponiendo trabajo excesivo. || **II.** PRNL. **2.** Fatigarse corporalmente con algún trabajo u ocupación, o yendo y viniendo de una parte a otra.

ajetreo. M. **1.** Acción y efecto de ajetrear o ajetrearse. || **2.** Actividad intensa que implica constantes desplazamientos. U. t. en sent. fig. *Ajetreo de ideas.*

ají. M. *Am. Mer.* y *Ant.* pimiento. MORF. pl. **ajíes** o **ajís.**

ajiaceite. M. Composición hecha de ajos machacados y aceite.

ajiaco. M. **1.** Salsa que se usa mucho en América y cuyo principal ingrediente es el ají. || **2.** Especie de olla podrida usada en América, que se hace de legumbres y carne en pedazos pequeños, y se sazona con ají. || **3.** *Am. Cen., Á. Caribe* y *Chile.* Guiso de caldo con carne, frutos y tubérculos picados en trozos y especias que varían de país a país.

ajicero, ra. I. M. y F. **1.** *Á. Andes.* Persona que vende ají. || **II.** M. **2.** *Á. Caribe.* Frasco o vaso en que se pone el ají en la mesa.

ajillo. M. Especie de salsa hecha de ajo y otros ingredientes.

ajimez. M. **1.** Ventana arqueada, dividida en el centro por una columna. || **2.** Saledizo o balcón saliente hecho de madera y con celosías.

ajimezado, da. ADJ. En forma de ajimez. *Ventana ajimezada.*

ajipa. F. *Á. Andes.* Planta de poca altura, perteneciente a la familia de las Leguminosas, con flores violáceas o blancas, y raíz comestible, carnosa y fusiforme.

ajironar. TR. Hacer jirones.

ajizal. M. *Am. Mer.* y *Ant.* Terreno plantado de ají.

ajo[1]. M. **1.** Planta de la familia de las Liliáceas, de 30 a 40 cm de altura, con hojas ensiformes muy estrechas y bohordo con flores pequeñas y blancas. El bulbo es también blanco, redondo y de olor fuerte y se usa mucho como condimento. || **2.** Cada una de las partes o dientes en que está dividido el bulbo o cabeza de ajo. || **3.** Salsa o pebre que se hace con ajos para guisar y sazonar los alimentos, y alguna vez suele tomar el nombre del mismo alimento o cosas con que se mezcla. *Ajo comino.* || **~ blanco.** M. ajoblanco. || **~ porro,** o **~ puerro.** M. puerro. || **estar en el ~** LOC.VERB. coloq. Estar al corriente, estar al tanto de un asunto tratado reservadamente. || **machacar,** o **picar, el ~** una cigüeña. LOCS.VERBS. crotorar. □ V. **cabeza de ~, cabeza de ~s, diente de ~, sopas de ~.**

ajo[2]. M. coloq. palabrota. *Echar, soltar ajos.*

ajo[3] o **ajó.** INTERJ. Se usa para acariciar y estimular a los niños para que empiecen a hablar.

ajoaceite. M. ajiaceite.

ajoarriero. M. Guiso de bacalao, condimentado con ajos y otros ingredientes.

ajoblanco. M. Sopa fría que se hace con almendras y ajos crudos machacados, miga de pan, sal, aceite, vinagre y agua.

ajolote. M. **1.** Larva de cierto anfibio urodelo, de unos 30 cm de longitud, con branquias externas muy largas, cuatro extremidades y cola comprimida lateralmente. Puede conservar durante mucho tiempo la forma larvaria y adquirir la aptitud para reproducirse antes de tomar la forma típica del adulto. Vive en algunos lagos de América del Norte. || **2.** *Méx.* renacuajo (|| larva de la rana).

ajonje. M. Sustancia crasa y viscosa que se saca de la raíz de la ajonjera y sirve, como la liga, para coger pájaros.

ajonjera. F. Planta perenne de la familia de las Compuestas, de tres a cuatro decímetros de altura, con raíz fusiforme, hojas puntiagudas y espinosas y flores amarillentas.

ajonjero. □ V. **cardo ~.**

ajonjolí. M. **1.** Planta herbácea, anual, de la familia de las Pedaliáceas, de un metro de altura, tallo recto, hojas pecioladas, serradas y casi triangulares, flores de corola acampanada, blanca o rósea, y fruto elipsoidal con cuatro cápsulas y muchas semillas amarillentas, muy menudas, oleaginosas y comestibles. || **2.** Simiente de esta planta. ¶ MORF. pl. **ajonjolíes** o **ajonjolís.**

ajorca. F. Especie de argolla de oro, plata u otro metal, usada para adornar las muñecas, brazos o gargantas de los pies.

ajotar. TR. *Am. Cen.* Azuzar, incitar, especialmente a los perros.

ajuar. M. **1.** Conjunto de muebles, alhajas y ropas que aporta la mujer al matrimonio. || **2.** Conjunto de muebles, enseres y ropas de uso común en la casa. || **3.** Canastilla, especialmente la que encierra el equipo de los niños recién nacidos. || **4.** Hacienda, bienes, conjunto de objetos propios de una persona. U. t. en sent. fig. *Por todo ajuar tenía su imaginación.*

ajumarse. PRNL. coloq. emborracharse (|| beber hasta trastornarse los sentidos).

ajuntar. TR. infant. Tener trato. U. t. c. prnl.

ajustado, da. PART. de ajustar. || ADJ. **1.** Justo, recto. *Precios ajustados.* || **2.** Dicho de un resultado o de un triunfo: Que se produce con una diferencia mínima de puntos o tantos.

ajustador, ra. I. M. y F. **1.** Operario que trabaja las piezas de metal ya concluidas, amoldándolas al sitio en que han de quedar colocadas. || **II.** M. **2.** sostén (|| prenda interior femenina).

ajustamiento. M. Acción de ajustar o ajustarse.

ajustar. I. TR. **1.** Hacer y poner algo de modo que case y venga justo con otra cosa. *Ajustar las mangas de una camisa.* U. t. c. prnl. || **2.** Conformar, acomodar algo a otra cosa, de manera que no haya discrepancia entre ellas. *Ajustar una norma a la ley.* || **3.** Apretar algo de manera que sus varias partes casen o vengan justo con otra cosa o entre sí. U. t. c. prnl. *Ajustarse el cinturón.* || **4.** Arreglar, moderar. *Ajustar el margen de beneficio.* U. t. c. prnl. || **5.** Concertar, capitular, concordar algo, como el casamiento, la paz, las diferencias o pleitos. || **6.** Reconocer y liquidar el importe de una cuenta. || **7.** Concertar el precio de algo. || **8.** *Impr.* Concertar las galeradas para formar planas. || **9.** *Tecnol.* Optimizar el funcionamiento de un aparato. || **10.** *Am. Cen.* y *Méx.* Cumplir, completar. *Fulano ajustó catorce años.* || **11.** *Á. Caribe.* Contratar a destajo. U. t. c. prnl. || **12.** *Méx.* **dar** (|| hacer sufrir un golpe). || **II.** INTR. **13.** Venir justo, casar justamente. *El tapón no ajusta.* || **III.** PRNL. **14.** Dicho de una persona: Acomodarse, conformar su opinión, su voluntad o su gusto con el de otra.

ajuste. M. **1.** Acción y efecto de ajustar o ajustarse. || **2.** Encaje o medida proporcionada que tienen las partes de que se compone algo. || **3.** *Á. Caribe.* Precio acordado para un trabajo a destajo. || **~ de cuentas.** M. arreglo de cuentas. □ V. **carta de ~.**

ajusticiado, da. PART. de **ajusticiar.** ‖ M. y F. Reo en quien se ha ejecutado la pena de muerte.

ajusticiamiento. M. Acción y efecto de ajusticiar.

ajusticiar. TR. Dar muerte al reo condenado a ella. MORF. conjug. c. *anunciar.*

al. CONTRACC. A el.

ala. I. F. **1.** Cada uno de los órganos o apéndices pares que utilizan algunos animales para volar. ‖ **2.** Cada una de las partes que a ambos lados del avión presentan al aire una superficie plana y sirven para sustentar el aparato en vuelo. ‖ **3.** Cada una de las partes que se extienden a los lados del cuerpo principal de un edificio o en que se considera dividido un espacio o construcción cualesquiera. *El ala derecha de la plaza. El ala izquierda del escenario.* ‖ **4.** Cada una de las diversas tendencias de un partido, organización o asamblea, referida, sobre todo, a posiciones extremas. ‖ **5.** Parte inferior del sombrero, que rodea la copa, sobresaliendo de ella. ‖ **6. aleta** (‖ reborde de las ventanas de la nariz). ‖ **7. alero** (‖ del tejado). ‖ **8. helenio.** ‖ **9.** Cada uno de los dos bordes adelgazados del hígado. ‖ **10.** *Mar.* Vela pequeña suplementaria que se larga en tiempos bonancibles. ‖ **11.** *Mil.* Parte lateral de un lienzo de muralla o baluarte. ‖ **12.** *Mil.* **flanco** (‖ parte del baluarte). ‖ **13.** *Mil.* Tropa formada en cada uno de los extremos de un orden de batalla. ‖ **14.** *Mil.* Unidad del Ejército del Aire de importancia equivalente al regimiento del Ejército de Tierra. Es mandada normalmente por un coronel. ‖ **II.** COM. **15.** En el fútbol y otros deportes, **extremo.** ‖ **~s del corazón.** F. pl. Ánimos, valor, brío. ‖ **ahuecar el ~.** LOC.VERB. coloq. **marcharse.** ‖ **~ de mosca.** LOC.ADJ. Dicho de un color: Negro, que tira a pardo o verdusco. ‖ **arrastrar el ~.** LOC.VERB. coloq. Enamorar, requerir de amores. ‖ **caérsele** a alguien **las ~s,** o **las ~s del corazón.** LOCS. VERBS. Desmayar, faltarle el ánimo y constancia en algún contratiempo o adversidad. ‖ **cortar las ~s** a alguien. LOC.VERB. **1.** Quitarle el ánimo o aliento cuando intenta ejecutar o pretende algo. ‖ **2.** Privarlo de los medios con que cuenta para prosperar y engrandecerse. ‖ **3.** Privarlo del consentimiento y libertad que tiene para hacer su gusto. ‖ **dar ~s** a alguien. LOC.VERB. **1.** Estimularlo, animarlo. ‖ **2.** Tolerar que obre según su gusto. ‖ **en ~.** LOC.ADV. **en fila.** ‖ **meterse bajo el ~** de alguien o de algo. LOC.VERB. coloq. Buscar u obtener protección. ‖ **traer** a alguien **de un ~.** LOC.VERB. *Méx.* Tenerlo dominado. ‖ **volar con sus propias ~s.** LOC.VERB. Poderse valer por sí mismo.

alabador, ra. ADJ. Que alaba. U. t. c. s.

alabancero, ra. ADJ. Lisonjero, adulador.

alabancioso, sa. ADJ. coloq. **jactancioso.** U. t. c. s.

alabanza. F. **1.** Acción de alabar o alabarse. ‖ **2.** Expresión o conjunto de expresiones con que se alaba. U. m. en pl.

alabar. I. TR. **1.** Elogiar, celebrar con palabras. U. t. c. prnl. ‖ **II.** PRNL. **2.** Jactarse o vanagloriarse.

alabarda. F. Arma ofensiva, compuesta de un asta de madera de dos metros aproximadamente de largo, y de una moharra con cuchilla transversal, aguda por un lado y en forma de media luna por el otro.

alabardada, da. ADJ. De forma de alabarda. *Hoja alabardada.*

alabardazo. M. Golpe dado con la alabarda.

alabardero. M. **1.** Soldado armado de alabarda. ‖ **2.** Soldado del cuerpo especial de infantería, que da guar-

dia de honor a los reyes de España y cuya arma distintiva es la alabarda.

alabastrado, da. ADJ. Parecido al alabastro. *Cuello alabastrado.*

alabastrino, na. ADJ. **1.** De alabastro. *Columnas alabastrinas.* ‖ **2.** Semejante a él. *Piel alabastrina.*

alabastro. M. **1.** Variedad de piedra blanca, no muy dura, compacta, a veces traslúcida, de apariencia marmórea, que se usa para hacer esculturas o elementos de decoración arquitectónica. ‖ **2.** Blancura propia del alabastro, especialmente en la piel o en el cuerpo humano. ‖ **3.** hist. Vaso de alabastro sin asas en que se guardaban los perfumes.

álabe. M. **1.** Rama de árbol combada hacia la tierra. ‖ **2.** *Mec.* Cada una de las paletas curvas de la turbina que reciben el impulso del fluido.

alabeado, da. PART. de **alabear.** ‖ ADJ. Que tiene alabeo. *Escalones alabeados.*

alabear. I. TR. **1.** Combar, curvar, especialmente la madera. U. t. c. intr. ‖ **II.** PRNL. **2.** Dicho de la madera: Torcerse o combarse.

alabeo. M. **1.** Comba de cualquier cuerpo o superficie; en especial, la desviación que toma la madera al alabearse. ‖ **2.** Deformación momentánea del ala de un avión para compensar el efecto de la fuerza centrífuga durante un viraje.

alacaluf o **alacalufe. I.** ADJ. **1.** Se dice del individuo de un pueblo amerindio que habitó las costas del archipiélago de Tierra del Fuego. U. m. c. s. pl. ‖ **2.** Perteneciente o relativo a los alacalufes. *Tradición alacaluf.* ‖ **II.** M. **3.** Lengua hablada por los alacalufes. ¶ MORF. pl. alacalufes.

alacena. F. Armario, generalmente empotrado en la pared, con puertas y anaqueles, donde se guardan diversos objetos.

alaciarse. PRNL. Dicho de una cosa: Ponerse lacia. MORF. conjug. c. *anunciar.*

alaco. M. **1.** *Am. Cen.* Trasto, cosa inservible. ‖ **2.** *Am. Cen.* Harapo, guiñapo. ‖ **3.** *Am. Cen.* Persona o animal de poco valer, flaco y escuálido.

alacrán. M. **1. escorpión** (‖ arácnido). ‖ **2.** Persona malintencionada, especialmente al hablar de los demás. ‖ **~ cebollero.** M. Insecto ortóptero semejante al grillo, pero de mayor tamaño, color dorado y con las patas delanteras parecidas a las manos del topo. Vive en los jardines y huertas, y es muy dañino para las plantas, por las raíces que corta al hacer las galerías subterráneas en que habita.

alacranera. F. Planta anual de la familia de las Papilionáceas, de medio metro de altura, con tallos ramosos, hojas acorazonadas, flores amarillas y por fruto una legumbre muy curvada, semejante en su forma a la cola del alacrán.

alacranero. M. *Am. Cen.* Conjunto de personas intrigantes o inescrupulosas.

alacre. ADJ. Alegre, ligero, vivo. *Mueca alacre.*

alacridad. F. Alegría y presteza del ánimo para hacer algo.

aladar. M. Mechón de pelo que cae sobre cada una de las sienes. U. m. en pl.

aladierna. F. Arbusto perenne de la familia de las Ramnáceas, de unos dos metros de altura, de hojas grandes, siempre verdes, alternas, coriáceas y oblongas; flores sin pétalos, pequeñas, blancas y olorosas, y cuyo fruto es una drupa pequeña, negra y jugosa cuando está madura.

aladierno. M. aladierna.

alado, da. ADJ. 1. Que tiene alas. *Estatua alada.* || 2. Ligero, veloz. *Ritmo alado.*

aladrero. M. Carpintero que construye y repara arados, aperos de labranza, carros, etc.

alagartarse. PRNL. *Am. Cen.* Hacerse avaro u obrar con avaricia.

alajú. M. 1. Pasta de almendras, nueces y, a veces, piñones, pan rallado y tostado, especia fina y miel bien cocida. || 2. Dulce hecho con esta pasta. ¶ MORF. pl. **alajúes** o **alajús.**

alajuelense. ADJ. 1. Natural de Alajuela. U. t. c. s. || 2. Perteneciente o relativo a este cantón, o a esta provincia de Costa Rica y su capital.

alalá. M. Canto popular de algunas provincias del norte de España. MORF. pl. **alalás.**

alaláu. INTERJ. *Á. Andes.* alalay.

alalay. INTERJ. *Á. Andes.* Se usa para denotar sensación de frío.

alamar. M. 1. Presilla y botón, u ojal sobrepuesto, que se cose, por lo común, a la orilla del vestido o capa, y sirve para abotonarse, o meramente para gala y adorno o para ambos fines. || 2. **cairel** (|| guarnición a la manera de un fleco).

alambicado, da. PART. de alambicar. || ADJ. 1. Complicado, rebuscado. *Razonamiento, concepto alambicado.* || 2. **sutil** (|| agudo, perspicaz). *Palabras alambicadas.*

alambicamiento. M. Acción y efecto de alambicar.

alambicar. TR. 1. **destilar** (|| en alambique). || 2. Examinar atentamente una palabra, un escrito, una acción, etc., hasta averiguar o desentrañar su verdadero sentido, mérito o utilidad. || 3. Sutilizar o complicar excesivamente el lenguaje, el estilo, los conceptos, etc.

alambique. M. 1. Aparato que sirve para destilar o separar de otras sustancias, por medio del calor, una sustancia volátil. Se compone fundamentalmente de un recipiente para el líquido y de un conducto que arranca del recipiente y se continúa en un serpentín por donde sale el producto de la destilación. U. t. en sent. fig. *Someter una ideología a la acción del alambique.* || 2. *Am.* Fábrica de aguardiente.

alambiquero, ra. M. y F. 1. *Am. Cen., Á. Caribe* y *Méx.* Persona que tiene un **alambique** (|| fábrica). || 2. *Am. Cen., Á. Caribe* y *Méx.* Persona que trabaja en él.

alambrada. F. 1. Cerca de alambres afianzada en postes para impedir el paso. || 2. *Mil.* Red de alambre de espino que se emplea en campaña para impedir o dificultar el avance de las tropas enemigas.

alambrado. M. 1. alambrera. || 2. alambrada (|| cerca de alambres).

alambrar. TR. Cercar un sitio con alambre.

alambre. M. 1. Hilo de cualquier metal, obtenido por trefilado. || 2. *Méx.* Comida constituida por trozos de carne ensartados en un pincho y asados. || **~ de espino.** M. *Esp.* **alambre de púa.** || **~ de púa,** o **~ de púas.** M. El provisto de puntas metálicas a intervalos regulares. || **de ~.** LOC. ADJ. Dicho de las extremidades de una persona o de un animal: Muy delgadas. *Brazos, dedos, patas, piernas de alambre.* □ V. **cable de ~.**

alambrera. F. 1. Red de alambre que se pone en las ventanas y otras partes. || 2. Cobertera de red de alambre, generalmente en forma de campana, que por precaución se pone sobre los braseros encendidos. || 3. Cobertera de red de alambre muy espesa, y generalmente en forma de media naranja, que sirve para cubrir y preservar los alimentos.

alambrista. ADJ. Dicho de un acróbata: Que efectúa ejercicios de equilibrio sobre un alambre. U. m. c. s.

alameda. F. 1. Sitio poblado de álamos. || 2. Paseo con álamos. || 3. Paseo con árboles de cualquier clase.

álamo. M. Árbol de la familia de las Salicáceas, que se eleva a considerable altura, de hojas anchas con largos pecíolos, y flores laterales y colgantes. Crece en poco tiempo, y su madera, blanca y ligera, resiste mucho al agua. || **~ blanco.** M. El que tiene la corteza blanca agrisada antes de resquebrajarse, hojas verdes por su haz y blancas o blanquecinas por el envés, más o menos triangulares o con tres o cinco lóbulos con lacinias distribuidas de forma irregular. || **~ falso.** M. **olmo.** || **~ negro.** M. 1. El que tiene la corteza muy rugosa y más oscura que el blanco, hojas verdes por sus dos caras, poco más largas que anchas, y ramas muy separadas del eje del tronco, a veces casi horizontales. || 2. **olmo.** || **~ temblón.** M. El que tiene corteza lisa y blanquecina y hojas lampiñas, que por estar pendientes de sendos pecíolos largos y comprimidos se mueven con facilidad a impulso del viento.

alanceador, ra. ADJ. Que alancea. Apl. a pers., u. t. c. s.

alancear. TR. Dar lanzadas.

alangiáceo, a. ADJ. *Bot.* Se dice de los árboles angiospermos dicotiledóneos, originarios de países cálidos del antiguo continente, con hojas alternas y enteras, flores axilares, fruto en drupa aovada con semillas de albumen carnoso. U. t. c. s. f. ORTOGR. En f. pl., escr. con may. inicial c. taxón. *Las Alangiáceas.*

alano, na. ADJ. 1. hist. Se dice del individuo de un pueblo germánico que, en unión con otros, invadió España en los principios del siglo V. U. t. c. s. || 2. hist. Perteneciente o relativo a este pueblo. *Invasiones alanas.* || 3. Se dice de un perro de raza cruzada, que se considera producida por la unión del dogo y el lebrel. Es corpulento y fuerte, tiene grande la cabeza, las orejas caídas, el hocico romo y arremangado, la cola larga y el pelo corto y suave. U. t. c. s.

alantoideo, a. ADJ. *Zool.* Perteneciente o relativo al saco o bolsa alantoides.

alantoides. ADJ. *Biol.* Se dice de un órgano embrionario externo en forma de saco o de salchicha, originado a partir del tubo digestivo en los embriones de reptiles, aves y mamíferos, que funciona en ellos como vejiga urinaria. U. m. c. s. □ V. **membrana ~.**

alar. M. alero (|| del tejado).

alarbe. ADJ. árabe. Apl. a pers., u. t. c. s.

alarde. M. 1. Ostentación y gala que se hace de algo. || 2. **revista** (|| inspección que hace un jefe). || 3. Desfile, principalmente militar.

alardear. INTR. Hacer alarde.

alardoso, sa. ADJ. ostentoso. *Demostración de fuerza alardosa.*

alargadera. F. Pieza que, acoplada a una cosa, sirve para alargarla.

alargado, da. PART. de alargar. || ADJ. Considerablemente más largo que ancho.

alargador, ra. **I.** ADJ. 1. Que alarga. *Cepillo alargador de pestañas.* || **II.** M. 2. Pieza, instrumento o dispositivo que sirve para alargar.

alargamiento. M. Acción y efecto de alargar o alargarse.

alargar. I. TR. **1.** Dar más longitud a algo. *Alargar las mangas del abrigo.* U. t. c. prnl. || **2.** Dar mayor extensión a algo, dilatarlo, ensancharlo. *Alargar la lista de invitados.* || **3.** Estirar, desencoger. *Alargar el brazo.* || **4.** Aplicar con interés el sentido de la vista o del oído. *Alargar la vista.* || **5.** Prolongar algo, hacer que dure más tiempo. *Alargar las vacaciones.* U. t. c. prnl. || **6.** Retardar, diferir, dilatar en el tiempo. U. t. c. prnl. *Su respuesta se alargó una semana.* || **7.** Alcanzar algo y darlo a alguien que está apartado. *¿Me alargas el periódico?* || **II.** PRNL. **8.** Ir a un sitio algo más lejano del que antes se pensó. *No encontró a nadie y se alargó hasta una venta.* || **9.** *Mar.* Dicho del viento: Mudar de dirección inclinándose a popa.

alargue. M. *Á. R. Plata* y *Chile.* Tiempo suplementario de un partido de fútbol u otro deporte.

alarido. M. **1.** Grito lastimero en que se prorrumpe por algún dolor, pena o conflicto. || **2.** Grito fuerte o estridente. || **3.** Grito de guerra de la tropa al entrar en batalla.

alarife. I. M. **1.** Arquitecto o maestro de obras. || **2.** En minería, **albañil.** || **II.** COM. **3.** *Á. R. Plata.* Persona astuta y pícara.

alarma. F. **1.** Aviso o señal que advierte de la proximidad de un peligro. *Se oyeron gritos de alarma.* || **2.** Mecanismo que, por diversos procedimientos, tiene por función avisar de algo. *Conectamos la alarma.* || **3.** Inquietud, susto o sobresalto causado por algún riesgo o mal que repentinamente amenace. *Cundió la alarma.* □ V. **estado de ~.**

alarmante. ADJ. Que alarma. *Noticias alarmantes.*

alarmar. TR. Asustar, sobresaltar, inquietar. U. t. c. prnl.

alarmismo. M. Tendencia a propagar rumores sobre peligros imaginarios o a exagerar los peligros reales.

alarmista. ADJ. **1.** Dicho de una persona: Que hace cundir noticias alarmantes. U. t. c. s. || **2.** Que causa alarma. *Noticia alarmista.*

alasita. F. *Á. Andes.* Feria artesanal.

alaste. ADJ. *Am. Cen.* viscoso.

a látere. (Locución latina). COM. **adlátere.**

alaterno. M. **aladierna.**

alauí. ADJ. **1.** Se dice de la actual dinastía reinante en Marruecos. *Monarca alauí.* || **2.** Se dice de los partidarios del chiismo, que venera a Alí, yerno de Mahoma. ¶ MORF. pl. **alauíes** o **alauís.**

alauita. ADJ. **alauí.** Apl. a pers., u. t. c. s.

alavense. ADJ. **alavés.** Apl. a pers., u. t. c. s.

alavés, sa. ADJ. **1.** Natural de Álava. U. t. c. s. || **2.** Perteneciente o relativo a esta provincia de España.

alazán, na o **alazano, na.** ADJ. **1.** Dicho de un color: Más o menos rojo, o muy parecido al de la canela. U. t. c. s. || **2.** Dicho especialmente de un caballo: Que tiene el pelo alazán. U. t. c. s.

alazor. M. Planta anual de la familia de las Compuestas, de medio metro de altura, con ramas espesas, hojas lanceoladas y espinosas, flores de color azafrán que se usan para teñir, y semilla ovalada, blanca y lustrosa, que produce aceite comestible y sirve también para cebar aves.

alba. F. **1.** amanecer (|| tiempo durante el cual amanece). || **2.** Primera luz del día antes de salir el sol. || **3.** Vestidura o túnica de lienzo blanco que los sacerdotes, diáconos y subdiáconos se ponen sobre el hábito y el amito para celebrar los oficios divinos. || **quebrar, rayar, reír,**

o **romper el ~.** LOCS.VERBS. amanecer (|| empezar a aparecer la luz del día). □ V. **el lucero del ~, lucero del ~, misa del ~, toque del ~.**

albacea. COM. *Der.* Persona encargada por el testador o por el juez de cumplir la última voluntad del finado, custodiando sus bienes y dándoles el destino que corresponde según la herencia.

albaceazgo. M. *Der.* Cargo y función de albacea.

albacetense. ADJ. **albaceteño.** Apl. a pers., u. t. c. s.

albaceteño, ña. ADJ. **1.** Natural de Albacete. U. t. c. s. || **2.** Perteneciente o relativo a esta ciudad de España o a su provincia.

albacora. F. Pez acantopterigio, comestible, caracterizado por tener su carne más blanca que el bonito y por la mayor longitud de sus aletas pectorales.

albada. F. **alborada** (|| composición poética o musical).

albahaca. F. Planta anual de la familia de las Labiadas, con tallos ramosos y velludos de unos tres decímetros de altura, hojas oblongas, lampiñas y muy verdes, y flores blancas, algo purpúreas. Tiene fuerte olor aromático y se cultiva en los jardines.

albahío, a. ADJ. Dicho de una res vacuna: De color blanco amarillento.

albaida. F. Planta de la familia de las Papilionáceas, de seis a ocho decímetros de altura, muy ramosa, con las ramas y las hojas blanquecinas por el tomento que las cubre, y flores pequeñas y amarillas que se abren en la primavera.

albalá. M. **1.** hist. Carta o cédula real en que se concedía alguna merced, o se proveía otra cosa. U. menos c. f. || **2.** hist. Documento público o privado en que se hacía constar algo. U. menos c. f. ¶ MORF. pl. **albalaes.**

albanés, sa. I. ADJ. **1.** Natural de Albania. U. t. c. s. || **2.** Perteneciente o relativo a este país de Europa. || **II.** M. **3.** Lengua albanesa.

albanokosovar. ADJ. Natural de Kosovo o Kósovo de etnia albanesa. U. t. c. s.

albañal. M. **1.** Canal o conducto que da salida a las aguas residuales. || **2.** Depósito de inmundicias. U. t. en sent. fig. *Tras la fiesta, el parque era un albañal.* || **3.** *Am. Cen.* Conducción de aguas pluviales bajo el suelo.

albañalero, ra. M. y F. **1.** Persona que trabaja en las alcantarillas. || **2.** Constructor de albañales.

albañil. M. Maestro u oficial de albañilería.

albañilería. F. **1.** Arte de construir edificios u obras en que se empleen, según los casos, ladrillos, piedra, cal, arena, yeso, cemento u otros materiales semejantes. || **2.** Obra de albañilería. *La albañilería del edificio es muy sólida.*

albar. ADJ. **blanco.** *Perdiz, tomillo albar.* □ V. **espino ~, pino ~, roble ~, sabina ~.**

albarán. M. **1.** Nota de entrega que firma la persona que recibe una mercancía. || **2.** hist. **albalá** (|| documento público).

albarca. F. **abarca.**

albarda. F. **1.** Pieza principal del aparejo de las caballerías de carga, compuesta por dos especies de almohadas rellenas, generalmente de paja y unidas por la parte que cae sobre el lomo del animal. || **2.** *Am. Cen., Á. Andes* y *Méx.* Especie de silla de montar, de cuero crudo o curtido. || **~ sobre ~.** EXPR. coloq. Se usa para hacer burla de lo sobrepuesto o repetido innecesaria y torpemente.

albardar. TR. **1.** Echar o poner la albarda. ‖ **2.** Rebozar lo que se va a freír.

albardear. TR. *Am. Cen.* Domar caballos salvajes.

albardera. ☐ V. **rosa ~.**

albardero. M. Fabricante o vendedor de albardas.

albardilla. F. Caballete o tejadillo que se pone en los muros para que el agua de la lluvia no los penetre ni resbale por los paramentos.

albardín. M. Mata de la familia de las Gramíneas, propia de las estepas españolas, muy parecida al esparto y con las mismas aplicaciones que este.

albardinar. M. Sitio en que abunda el albardín.

albardón. M. **1.** Aparejo más hueco y alto que la albarda, el cual se pone a las caballerías para montar en ellas. ‖ **2.** *Á. R. Plata.* Loma o elevación situada en terrenos bajos y anegadizos, que se convierte en islote con la subida de las aguas.

albardonería. F. Oficio de albardero.

albarelo. M. Bote de cerámica usado en las farmacias, de boca ancha y forma cilíndrica, estrechada en la parte central.

albaricoque. M. **1.** Fruto del albaricoquero. Es una drupa casi redonda y con un surco, por lo común amarillenta y en parte encarnada, aterciopelada y con hueso liso de almendra amarga. ‖ **2. albaricoquero.**

albaricoquero. M. Árbol de la familia de las Rosáceas, originario de Armenia, de ramas sin espinas, hojas acorazonadas, flores blancas, y cuyo fruto es el albaricoque. Su madera se emplea en ebanistería.

albarillo. M. **1.** Albaricoquero, variedad del común, cuyo fruto es de piel y carne casi blancas. ‖ **2.** Fruto de este árbol.

albarino. M. hist. Cosmético que usaban antiguamente las mujeres para blanquearse el rostro.

albariño. M. Vino blanco afrutado, originario de Galicia.

albarizo, za. ADJ. Dicho de un terreno: **blanquecino.**

albarrada. F. Pared de piedra seca.

albarrana. ☐ V. **cebolla ~, torre ~.**

albarraz. M. **estafisagria.**

albatros. M. Ave marina de gran tamaño, plumaje blanco y alas muy largas y estrechas. Es muy buena voladora y vive principalmente en los océanos Índico y Pacífico.

albayalde. M. Carbonato básico del plomo. Es sólido, de color blanco y se emplea en la pintura.

albazano, na. ADJ. Dicho por lo común de un caballo: De color castaño oscuro.

albazo. M. **1.** Acción de guerra al amanecer. ‖ **2.** *Á. Andes.* **alborada** (‖ música al amanecer y al aire libre).

albear. INTR. **blanquear** (‖ mostrar una cosa su blancura).

albedrío. M. **1. libre albedrío.** ‖ **2.** Voluntad no gobernada por la razón, sino por el apetito, antojo o capricho. ‖ **libre ~.** M. Potestad de obrar por reflexión y elección. ‖ **a mi, tu, su,** etc., **~.** LOCS. ADVS. Según el gusto o voluntad de la persona de que se trata, sin sujeción o condición alguna. *Hazlo a tu albedrío.*

albéitar. M. **veterinario** (‖ hombre que ejerce la veterinaria).

albeitería. F. **veterinaria.**

alberca. F. **1.** Depósito artificial de agua, con muros de fábrica, para el riego. ‖ **2.** *Méx.* Piscina deportiva. ‖ **en ~.** LOC. ADJ. Dicho de un edificio: Que, por no estar terminado o por haberse caído, solo tiene las paredes y carece de techo.

albérchigo. M. **1.** Fruto del alberchiguero. Es de tamaño variado, aunque por lo general de unos seis centímetros de diámetro. Su carne es recia, jugosa y de color amarillo muy subido, y su piel, amarillenta también, tiene una mancha sonrosada muy encendida por la parte que más le da el sol. ‖ **2. alberchiguero.**

alberchiguero. M. Árbol, variedad del melocotonero, cuyo fruto es el albérchigo.

albergador, ra. ADJ. Que alberga a alguien. *Estado albergador.*

albergar. **I.** TR. **1.** Dar albergue u hospedaje. *En mi casa albergamos a peregrinos todos los años.* ‖ **2.** Guardar en el corazón o en la mente un sentimiento o una idea. *Albergar esperanzas, propósitos.* ‖ **3.** Servir de albergue o vivienda. *El edificio albergaba a doce familias.* ‖ **4.** Encerrar, contener. *El cráneo alberga la masa cerebral.* ‖ **II.** INTR. **5.** Tomar albergue. U. t. c. prnl.

albergue. M. **1.** Lugar que sirve para resguardar o dar cobijo o alojamiento a personas o animales. ‖ **2.** Establecimiento hotelero que atiende al turismo durante estancias cortas. ‖ **3.** Establecimiento benéfico donde se aloja provisionalmente a personas necesitadas. ‖ **4.** Acción y efecto de albergar o cobijar.

albero. M. **1.** Tierra de color ocre usada en jardinería y en las plazas de toros. ‖ **2.** Ruedo de la plaza de toros. ‖ **3.** Terreno albarizo.

albigense. ADJ. **1.** hist. Se dice del hereje de una secta que tuvo su principal asiento en la ciudad francesa de Albi durante los siglos XII y XIII. U. m. c. s. m. pl. ‖ **2.** hist. Perteneciente o relativo a estos herejes. *Postulados albigenses.*

albilla. F. **uva albilla.**

albillo. M. **1. uva albilla.** ‖ **2.** Vino que se hace con este tipo de uva.

albinismo. M. Cualidad de albino.

albino, na. ADJ. Dicho de un ser vivo: Que presenta ausencia congénita de pigmentación, por lo que su piel, pelo, iris, plumas, flores, etc., son más o menos blancos a diferencia de los colores propios de su especie, variedad o raza. U. t. c. s.

albitana. F. Cerca con que los jardineros resguardan las plantas.

albo, ba. ADJ. **blanco.** U. m. en leng. poét.

albogón. M. hist. Instrumento musical antiguo de madera, de unos nueve decímetros de largo, a manera de flauta dulce, con siete agujeros para los dedos, el cual servía de bajo en los conciertos de flautas.

albogue. M. Especie de flauta simple y rústica, o doble y de mayor complejidad de forma, generalmente de madera, caña o cuerno, propia de juglares y pastores. U. m. en pl.

albóndiga. F. Cada una de las bolas que se hacen de carne o pescado picado y trabado con ralladuras de pan, huevos batidos y especias, y que se comen guisadas o fritas.

albondiguilla. F. **1. albóndiga.** ‖ **2.** Bola pequeña de moco seco.

albor. M. **1.** Luz del alba. U. m. en pl. con el mismo significado que en sing. ‖ **2.** Comienzo o principio de algo. U. m. en pl. con el mismo significado que en sing. ‖ **3. albura** (‖ blancura perfecta). ‖ **4.** Infancia o juventud. U. m. en pl. con el mismo significado que en sing. ‖ **~, o ~es**

de la vida. M. Infancia o juventud. ‖ **quebrar ~es.** LOC.VERB. amanecer (‖ empezar a aparecer la luz del día).

alborada. F. **1.** Tiempo de amanecer o rayar el día. ‖ **2.** Música al amanecer y al aire libre para festejar a alguien. ‖ **3.** Composición poética o musical destinada a cantar la mañana. ‖ **4.** Toque o música militar al romper el alba, para avisar la venida del día.

alboreada. F. Cante y baile popular de los gitanos andaluces.

alborear. **I.** INTR. IMPERS. **1.** **amanecer** (‖ empezar a aparecer la luz del día). *Se durmió casi al alborear.* ‖ **II.** INTR. **2.** Dicho del día: Empezar, tener principio. *Se levanta cuando alborea el día.*

alborecer. INTR. IMPERS. amanecer (‖ empezar a aparecer la luz del día). MORF. conjug. c. *agradecer.*

albornoz. M. **1.** Prenda de tela esponjosa, que se utiliza para secarse después del baño. ‖ **2.** Especie de capa o capote con capucha. ‖ **3.** Tela hecha con estambre muy torcido y fuerte, a manera de cordoncillo.

alboronía. F. Guisado de diferentes hortalizas picadas y revueltas.

alboroque. M. Agasajo que hacen el comprador, el vendedor, o ambos, a quienes intervienen en una venta.

alborotado, da. PART. de **alborotar.** ‖ ADJ. **1.** Dicho del pelo: Revuelto o enmarañado. ‖ **2.** Que por demasiada viveza obra precipitadamente y sin reflexión. ‖ **3.** Inquieto, díscolo, revoltoso. *Niños alborotados.*

alborotador, ra. ADJ. Que alborota. Apl. a pers., u. t. c. s.

alborotar. TR. **1.** Inquietar, alterar, conmover, perturbar. *El viento alborotaba su pelo.* U. t. c. intr. y c. prnl. *La oficina se alborotó con la noticia.* ‖ **2.** Amotinar, sublevar. U. t. c. prnl. ‖ **3.** **encrespar** (‖ las ondas del agua). U. t. c. prnl.

alboroto. M. **1.** Vocerío o estrépito causado por una o varias personas. ‖ **2.** Desorden, tumulto. ‖ **3.** Asonada, motín. ‖ **4.** *Am. Cen.* Rosetas de maíz o maicillo con azúcar o miel. ‖ **5.** *Á. Andes* y *Méx.* **alborozo.**

alborozar. TR. Causar placer o alegría extraordinaria. U. t. c. prnl.

alborozo. M. Placer o alegría extraordinarios.

albriciar. TR. Dar una noticia agradable. MORF. conjug. c. *anunciar.*

albricias. F. pl. Regalo que se da por alguna buena nueva a quien trae la primera noticia de ella. ‖ **albricias.** INTERJ. Se usa para denotar júbilo. ‖ **ganar** alguien **las ~.** LOC.VERB. Ser el primero en dar alguna buena noticia al interesado en ella.

albufera. F. Laguna litoral, en costa baja, de agua salina o ligeramente salobre, separada del mar por una lengua de arenas, como la de Valencia o la de Alcudia, en Mallorca.

albugíneo, a. ADJ. Enteramente blanco.

álbum. M. **1.** Libro con páginas en blanco y encuadernación más o menos lujosa, que sirve para guardar colecciones de retratos, autógrafos, sellos u otras cosas similares. ‖ **2.** Estuche o carpeta con uno o más discos sonoros. ¶ MORF. pl. **álbumes.**

albumen. M. **1.** Clara de huevo, compuesta principalmente de albúmina. ‖ **2.** *Bot.* Tejido que rodea el embrión de algunas plantas, como el trigo y el ricino, y le sirve de alimento cuando la semilla germina. Su aspecto varía según la naturaleza de las sustancias nutritivas

que contiene, pudiendo ser carnoso, amiláceo, oleaginoso, córneo y mucilaginoso.

albúmina. F. *Quím.* Cada una de las numerosas sustancias proteínicas que forman principalmente la clara de huevo. Se hallan también en los plasmas sanguíneo y linfático, en los músculos, en la leche y en las semillas de muchas plantas.

albuminado, da. ADJ. Dicho de una hoja de papel, tela o vidrio: Cubierta con una capa de albúmina.

albuminoide. M. *Biol.* y *Quím.* Clase de proteínas que presentan en disolución el aspecto y las propiedades de la clara de huevo, de las gelatinas o de la cola de pescado.

albuminoso, sa. ADJ. Que contiene albúmina. *Alimentos albuminosos.*

albuminuria. F. *Med.* Fenómeno que se presenta en algunas enfermedades y consiste en la existencia de albúmina en la orina.

albur. M. **1.** Contingencia o azar a que se confía el resultado de alguna empresa. *Jugar, correr un albur.* ‖ **2.** **mújol.** ‖ **3.** *Méx.* Juego de palabras de doble sentido.

albura. F. **1.** Blancura perfecta. ‖ **2.** *Bot.* Capa blanda, de color blanquecino, que se halla inmediatamente debajo de la corteza en los tallos leñosos o troncos de los vegetales gimnospermos y angiospermos dicotiledóneos, formada por los anillos anuales más jóvenes. ‖ **doble ~.** F. *Bot.* Defecto que tiene la madera cuando su textura es más floja en alguna de las capas de su crecimiento anual.

alburear. INTR. *Méx.* Decir **albures** (‖ juegos de palabras).

alburero, ra. ADJ. *Méx.* Dicho de una persona: Que gusta de emplear **albures** (‖ juegos de palabras). U. m. c. s.

alca. F. Ave caradriforme de aspecto semejante al pájaro bobo, de plumaje negro en la cabeza y en el dorso y blanco en el vientre. Se alimenta de peces que captura buceando en el mar, y no va a tierra más que para criar.

alcabala. F. **1.** hist. Tributo del tanto por ciento del precio que pagaba al fisco el vendedor en el contrato de compraventa y ambos contratantes en el de permuta. ‖ **2.** *Á. Caribe.* Puesto de policía en las salidas de las ciudades y carreteras.

alcabalero. M. **1.** hist. Administrador o cobrador de alcabalas. ‖ **2.** hist. Arrendatario de las alcabalas de alguna provincia, ciudad o pueblo.

alcacel. M. **alcacer.**

alcacer. M. Cebada verde y aún tierna.

alcachofa. F. **1.** Planta hortense, de la familia de las Compuestas, de raíz fusiforme, tallo estriado, ramoso y de más de medio metro de altura, y hojas algo espinosas, con cabezuelas comestibles. ‖ **2.** Cabezuela de esta planta. ‖ **3.** Adorno en forma de alcachofa. ‖ **4.** Panecillo de forma que recuerda algo la de la alcachofa. ‖ **5.** Pieza agujereada por donde sale el agua de la regadera o de la ducha. ‖ **6.** Receptáculo redondeado con muchos orificios que, sumergido en una cavidad que contiene agua estancada o corriente, permite la entrada de ella en un aparato destinado a elevarla, impidiendo la entrada de cuerpos extraños.

alcachofera. F. alcachofa (‖ planta compuesta).

alcacil. M. **alcaucil.**

alcahaz. M. Jaula grande para encerrar aves.

alcahuete, ta. M. y F. **1.** Persona que concierta, encubre o facilita una relación amorosa, generalmente ilícita. ‖ **2.** coloq. Persona o cosa que sirve para encubrir lo que se quiere ocultar. || **3.** Persona curiosa en exceso. || **4.** coloq. **correveidile.**

alcahuetear. INTR. Servir de alcahuete o hacer oficios de tal. U. t. c. tr.

alcahuetería. F. **1.** Acción de alcahuetear. || **2.** Oficio de alcahuete. || **3.** coloq. Acción de ocultar o encubrir los actos reprobables de alguien. || **4.** coloq. Medio artificioso que se emplea para seducir o corromper.

alcaicería. F. Sitio o barrio con tiendas en que se vende seda cruda o en rama u otras mercancías.

alcaide. M. **1.** Persona que tiene a su cargo el gobierno de una cárcel. || **2.** hist. Hasta fines de la Edad Media, encargado de la guarda y defensa de algún castillo o fortaleza. || **3.** hist. Posteriormente, encargado de la conservación y administración de algún sitio real. || **4.** hist. En las alhóndigas y otros establecimientos, encargado de su custodia y buen orden.

alcaidía. F. **1.** Empleo de alcaide. || **2.** Casa u oficina del alcaide.

alcalaíno, na. ADJ. **1.** Natural de Alcalá de Henares, localidad de la provincia de Madrid, en España. U. t. c. s. || **2.** Natural de Alcalá de los Gazules, localidad de la provincia de Cádiz, en España. U. t. c. s. || **3.** Natural de Alcalá la Real, localidad de la provincia de Jaén, en España. U. t. c. s. || **4.** Perteneciente o relativo a alguna de estas localidades.

alcalareño, ña. ADJ. **1.** Natural de Alcalá de Guadaíra o de Alcalá del Río, localidades de la provincia de Sevilla, en España. U. t. c. s. || **2.** Natural de Alcalá del Valle, localidad de la provincia de Cádiz, en España. U. t. c. s. || **3.** Perteneciente o relativo a alguna de estas localidades.

alcaldada. F. **1.** Acción imprudente o inconsiderada que ejecuta un alcalde abusando de la autoridad que ejerce. *Dar, hacer una alcaldada.* || **2.** Acción semejante ejecutada por cualquier persona afectando autoridad o abusando de la que tenga.

alcalde. M. Presidente del ayuntamiento de un pueblo o término municipal, encargado de ejecutar sus acuerdos, dictar bandos para el buen orden, salubridad y limpieza de la población, y cuidar de todo lo relativo a la Policía urbana. Es además, en su grado jerárquico, delegado del Gobierno en el orden administrativo. || **~ de barrio.** M. El que el alcalde nombra en las grandes poblaciones para que en un barrio determinado ejerza las funciones que le delega. || **~ mayor.** M. hist. En el virreinato de Nueva España, el que gobernaba por el rey algún pueblo que no era capital de provincia. || **~ ordinario.** M. hist. Vecino de un pueblo que ejercía en él jurisdicción ordinaria. || **~ pedáneo.** M. El de barrio, designado para aldeas o partidos rurales en municipios dispersos.

alcaldesa. F. Mujer que preside el ayuntamiento de un pueblo o término municipal, encargada de ejecutar sus acuerdos, dictar bandos para el buen orden, salubridad y limpieza de la población, y cuidar de todo lo relativo a la Policía urbana. Es además, en su grado jerárquico, delegada del Gobierno en el orden administrativo.

alcaldía. F. **1.** Oficio o cargo de alcalde o alcaldesa. || **2.** Local, edificio o sede del ayuntamiento, donde el alcalde ejerce sus funciones. || **3.** Territorio o distrito de su jurisdicción.

álcali. M. *Quím.* Hidróxido metálico muy soluble en el agua, que se comporta como una base fuerte.

alcalinidad. F. *Quím.* Cualidad de alcalino.

alcalinización. F. *Quím.* Acción y efecto de alcalinizar.

alcalinizar. TR. *Quím.* Dar o comunicar a algo propiedades alcalinas.

alcalino, na. ADJ. *Quím.* De álcali o que tiene álcali.

alcalinotérreo, a. ADJ. *Quím.* Dicho de un elemento químico: Que pertenece al mismo grupo del sistema periódico que el calcio y el magnesio. U. t. c. s. m.

alcaller. M. **alfarero.**

alcallería. F. Conjunto de vasijas de barro.

alcaloide. M. *Quím.* Cada uno de los compuestos orgánicos nitrogenados de carácter básico producidos casi exclusivamente por vegetales. En su mayoría producen acciones fisiológicas características, en que se basa la acción de ciertas drogas, como la morfina, la cocaína y la nicotina. Muchos se obtienen por síntesis química.

alcalosis. F. *Med.* Alcalinidad excesiva de la sangre, que se presenta en ciertas enfermedades.

alcamonías. F. pl. Semillas que se emplean en condimentos, como anís, alcaravea, cominos, etc.

alcance. M. **1.** Capacidad de alcanzar o cubrir una distancia. *Alcance de la vista. Alcance de un proyectil.* || **2.** Capacidad física, intelectual o de otra índole que permite realizar o abordar algo o acceder a ello. *Las cuestiones metafísicas están fuera de mi alcance.* || **3.** Talento, luces. U. m. en pl. *Es persona de alcances.* || **4.** En los periódicos, noticia o sección de noticias recibidas a última hora. || **5.** Significación, efecto o trascendencia de algo. *Aquel desastre tuvo alcance nacional.* || **6.** *Esgr.* Distancia que alcanza un arma blanca o negra. || **7.** *Impr.* Parte de un original que se distribuye a cada uno de los cajistas para su composición. || **8.** *Esp.* Colisión de dos vehículos que circulan uno tras otro en la misma dirección y sentido. || **9.** *Chile.* Aporte o sugerencia hecha en sesiones o debates públicos. || **~ de nombre.** M. *Chile.* Homonimia entre personas de iguales nombres y apellidos. || **al, a mi, a tu,** etc., **~.** LOCS.ADJS. Fácil de conseguir. *Todo está a tu alcance.* U. t. c. locs. advs. *Escoge entre lo que tienes a tu alcance.* || **dar ~** a alguien o algo. LOC.VERB. Alcanzarlo, conseguirlo, apoderarse de él o de ello. || **ir** alguien **a,** o **en, los ~s** de algo. LOCS.VERBS. Estar a punto de conseguirlo. || **irle** a alguien **a,** o **en, los ~s.** LOCS.VERBS. Observar muy de cerca los pasos que da, para prenderlo, averiguar su conducta o descubrir sus manejos.

alcancía. F. **1.** Vasija, comúnmente de barro, cerrada, con solo una hendidura estrecha hacia la parte superior, por donde se echan monedas que no se pueden sacar sino rompiendo la vasija. || **2.** hist. Bola hueca de barro secado al sol, del tamaño de una naranja, que, llena de ceniza o de flores, servía para ejercitarse tirándoselas unos jinetes a otros en pruebas de pericia. || **3.** *Am. Cen., Am. Mer.* y *Ant.* Cepillo para limosnas o donativos.

alcándara. F. hist. Percha o varal donde se ponían las aves de cetrería o donde se colgaba la ropa.

alcanfor. M. **1.** Terpeno sólido, cristalino, blanco, urente y de olor penetrante característico, que se obtiene del alcanforero tratando las ramas con una corriente de vapor de agua, y se utiliza principalmente en la fabricación del celuloide y de la pólvora sin humo y, en medicina, como estimulante cardíaco. || **2.** **alcanforero** (|| árbol lauráceo).

alcanforado, da. ADJ. Se dice del líquido al que se ha añadido alcanfor. *Aceite, alcohol alcanforado.*

alcanforero. M. **1.** Árbol de la familia de las Lauráceas, de 15 a 20 m de altura, de madera muy compacta, hojas persistentes, alternas, enteras y coriáceas, flores pequeñas y blancas, y por frutos bayas negras del tamaño del guisante. Se cría en el Japón, China y otros países de Oriente, y de sus ramas y raíces se extrae alcanfor por destilación en corriente de vapor. ‖ **2.** *Filip.* Pañuelo con olor a alcanfor.

Alcántara. ☐ V. cruz de ~.

alcantarilla. F. **1.** Acueducto subterráneo, o sumidero, fabricado para recoger las aguas de lluvia o inmundas y darles paso. ‖ **2.** Boca de alcantarilla.

alcantarillado. M. **1.** Conjunto de alcantarillas. ‖ **2.** Acción y efecto de alcantarillar.

alcantarillar. TR. Hacer o poner alcantarillas.

alcantarillero. M. Encargado de cuidar o vigilar las alcantarillas.

alcantarino. M. Caballero de la Orden de Alcántara.

alcanzado, da. PART. de **alcanzar.** ‖ ADJ. **1.** Empeñado, adeudado. ‖ **2.** Falto, escaso, necesitado.

alcanzador, ra. ADJ. Que alcanza. *Visión alcanzadora.*

alcanzar. **I.** TR. **1.** Llegar a juntarse con alguien o algo que va delante. *Alcanzó al pelotón en la recta final.* ‖ **2.** Llegar a tocar, golpear o herir a alguien o algo. *El disparo le alcanzó en el pecho. El fugitivo fue alcanzado por sus perseguidores.* U. t. en sent. fig. *La epidemia alcanzó a todo el país.* ‖ **3.** Coger algo alargando la mano para tomarlo. *¿Me alcanzas la sal?* ‖ **4.** Llegar a poseer lo que se busca o solicita. *Alcanzó todos sus objetivos.* ‖ **5.** Dicho de una persona: Haber nacido ya o no haber muerto aún, cuando otra persona vivía. ‖ **6.** Haber vivido en un determinado tiempo, o presenciado un determinado suceso. *El abuelo alcanzó la Primera Guerra Mundial.* ‖ **II.** INTR. **7.** Llegar hasta cierto punto o término. *Hasta donde alcanza la vista.* ‖ **8.** Dicho de un tiro de arma arrojadiza o de fuego: Llegar a cierto término o distancia. ‖ **9.** Llegar a hacer algo o tener capacidad para ello. *No alcanzo a entenderla.* ‖ **10.** Dicho de una cosa: Ser suficiente o bastante para algún fin. *La provisión alcanza para el camino.* ‖ **alcanzársele** a alguien algo. LOC.VERB. Entenderlo. U. m. con neg. ‖ **si alcanza, no llega.** EXPR. coloq. Se usa para dar a entender que algo es tan tasado y escaso, que apenas basta para el uso a que se destina.

alcaparra. F. **1.** Mata de la familia de las Capáridáceas, ramosa, de tallos tendidos y espinosos, hojas alternas, redondeadas y gruesas, flores axilares, blancas y grandes, y cuyo fruto es el alcaparrón. ‖ **2.** Botón de la flor de esta planta, usado como condimento y como entremés. ‖ **3.** *Am. Cen.* y *Á. Caribe.* Se usa como nombre para referirse a diversas plantas de características parecidas a las de la alcaparra.

alcaparro. M. alcaparra (‖ mata capáridácea).

alcaparrón. M. Fruto de la alcaparra, parecido en la forma a un higo pequeño. Se come encurtido.

alcaparrosa. F. Se usa como nombre común para referirse a varios sulfatos nativos de cobre, hierro o cinc.

alcaptonuria. F. *Med.* Alteración metabólica hereditaria que se pone de manifiesto por el color muy oscuro de la orina.

alcaraván. M. Ave caradriforme de cabeza redondeada, patas largas y amarillas, pico relativamente corto y grandes ojos amarillos. De costumbres crepusculares o nocturnas, habita en terrenos descubiertos, pedregosos o arenosos.

alcaravea. F. **1.** Planta anual de la familia de las Umbelíferas, de seis a ocho decímetros de altura, con tallos cuadrados y ramosos, raíz fusiforme, hojas estrechas y lanceoladas, flores blancas y semillas pequeñas, convexas, oblongas, estriadas por una parte y planas por otra, que, por ser aromáticas, sirven para condimento. ‖ **2.** Semilla de esta planta.

alcarraza. F. Vasija de arcilla porosa y poco cocida, que tiene la propiedad de rezumar cierta porción de agua, cuya evaporación enfría la mayor cantidad del mismo líquido que queda dentro.

alcarreño, ña. ADJ. **1.** Natural de la Alcarria. U. t. c. s. ‖ **2.** Perteneciente o relativo a esta comarca de España.

alcarria. F. Terreno alto y, por lo común, raso y de poca hierba.

alcatifa. F. Tapete o alfombra fina.

alcatraz[1]. M. *Méx.* Planta arácea que tiene una bráctea blanca, en forma de cucurucho, que rodea una columna de flores amarillas pequeñísimas.

alcatraz[2]. M. Ave marina pelecaniforme de color predominantemente blanco cuando adulta, pico largo y alas apuntadas y de extremos negros. Es propia de mares templados.

alcaucil. M. **1.** Alcachofa silvestre. ‖ **2.** alcachofa (‖ planta compuesta). ‖ **3.** alcachofa (‖ cabezuela de esta planta).

alcaudón. M. Pájaro carnívoro, de unos quince centímetros de altura, con plumaje ceniciento, pico robusto y ganchudo que tiene un saliente en forma de diente más o menos visible en el extremo de la mandíbula superior, alas y cola negras, manchadas de blanco, y esta larga y de forma de cuña. Fue empleado en cetrería.

alcayata. F. **1.** escarpia. ‖ **2.** *Á. Caribe* y *Á. guar.* Cada una de las dos piezas metálicas grandes y fuertes que, recibidas en una pared, sirven para colgar una hamaca.

alcazaba. F. hist. Recinto fortificado, dentro de una población amurallada, para refugio de la guarnición.

alcázar. M. **1.** fortaleza (‖ recinto fortificado). ‖ **2.** Casa real o vivienda del príncipe, esté o no fortificada. ‖ **3.** *Mar.* Espacio que media, en la cubierta superior de los buques, desde el palo mayor hasta la popa o hasta la toldilla, si la hay.

alcazuz. M. orozuz.

alce[1]. M. Mamífero rumiante, parecido al ciervo y tan corpulento como el caballo, de cuello corto, cabeza grande, pelo oscuro, y astas en forma de pala con recortes profundos en los bordes.

alce[2]. M. *Impr.* Acción de poner en rueda todas las tiradas que se han hecho de una impresión y sacar los pliegos uno a uno para ordenarlos, de manera que cada ejemplar tenga los que le corresponden y pueda procederse fácilmente a su encuadernación.

alción. M. martín pescador.

alcista. **I.** ADJ. **1.** Perteneciente o relativo al alza de los valores en la bolsa o de los precios, impuestos, salarios, etc. ‖ **II.** COM. **2.** Persona que juega al alza de valores.

alcoba. F. dormitorio.

alcohol. M. **1.** *Quím.* Cada uno de los compuestos orgánicos que contienen el grupo hidroxilo unido a un radical alifático o a alguno de sus derivados. ‖ **2.** por antonom. **alcohol etílico.** ‖ **3.** Bebida que contiene alcohol, en oposición implícita a las que no lo contienen. *El abuso del alcohol perjudica la salud.* ‖ **4.** galena. ‖ **~ absoluto.** M. El que no contiene agua. ‖ **~ aromático.** M. *Quím.* El que contiene sus hidroxilos en una cadena lateral de un compuesto cíclico. ‖ **~ de madera.** M. Cada uno de los alcoholes que se obtienen por destilación de la madera.

Ordinariamente, alcohol metílico. || ~ **etílico**. M. *Quím.* alcohol cuya molécula tiene dos átomos de carbono. Es un líquido incoloro, de sabor urente y olor fuerte, que arde fácilmente dando llama azulada y poco luminosa. Se obtiene por destilación de productos de fermentación de sustancias azucaradas o feculentas, como uva, melaza, remolacha o patata. Forma parte de muchas bebidas, como vino, aguardiente, cerveza, etc., y tiene muchas aplicaciones industriales. (Fórm. CH_3-CH_2OH). || ~ **metílico**. M. *Quím.* alcohol cuya molécula tiene un átomo de carbono. Es un líquido incoloro, semejante en su olor y otras propiedades al alcohol etílico. Es tóxico. (Fórm. CH_3OH). || ~ **yodado**. M. **1.** alcohol en el que se ha disuelto yodo al diez por ciento. || **2.** Tintura de yodo.

alcoholemia. F. Presencia de alcohol en la sangre, especialmente cuando excede de lo normal.

alcoholera. F. Fábrica en que se produce el alcohol.

alcoholero, ra. ADJ. Perteneciente o relativo a la producción y comercio del alcohol.

alcohólico, ca. ADJ. **1.** Que contiene alcohol. *Bebida alcohólica.* || **2.** Perteneciente o relativo al alcohol. *Consumo alcohólico.* || **3.** Producido por él. *Delirio alcohólico.* || **4.** alcoholizado. *Joven alcohólico.* U. t. c. s.

alcoholimetría. F. *Quím.* Determinación de la riqueza alcohólica de un líquido o un vapor.

alcoholímetro. M. Aparato que mide la cantidad de alcohol presente en un líquido o un gas; p. ej., el utilizado para comprobar la tasa de alcohol en el aire espirado por una persona.

alcoholismo. M. **1.** Abuso en el consumo de bebidas alcohólicas. *Muchos accidentes de tráfico se deben al alcoholismo.* || **2.** Enfermedad ocasionada por este abuso, que puede ser aguda, como la embriaguez, o crónica.

alcoholización. F. Acción y efecto de alcoholizar o alcoholizarse.

alcoholizado, da. PART. de **alcoholizar**. || ADJ. Dicho de una persona: Que, por el abuso de las bebidas alcohólicas, padece los efectos de la saturación del organismo por alcohol. U. t. c. s.

alcoholizar. **I.** TR. **1.** Echar alcohol en otro líquido. || **II.** PRNL. **2.** Adquirir la enfermedad del alcoholismo por excesivo y frecuente uso de bebidas alcohólicas.

alcor. M. Colina o collado.

alcoránico, ca. ADJ. Perteneciente o relativo al Alcorán o Corán, libro en que se contienen las revelaciones de Dios a Mahoma.

alcornocal. M. Sitio poblado de alcornoques.

alcornoque. M. **1.** Árbol siempre verde, de la familia de las Fagáceas, de ocho a diez metros de altura, copa muy extensa, madera durísima, corteza formada por una gruesa capa de corcho, hojas aovadas, enteras o dentadas, flores poco visibles y bellotas por frutos. || **2.** coloq. Persona ignorante y zafia. U. t. c. adj.

alcorque. M. Hoyo que se hace al pie de las plantas para detener el agua en los riegos.

alcorza. F. **1.** Pasta muy blanca de azúcar y almidón, con la cual se cubren algunos tipos de dulces y se hacen diversas piezas o figuras. || **2.** Dulce cubierto con esta pasta.

alcotán. M. Ave migratoria, falconiforme, semejante al halcón, del cual se distingue por tener las plumas de las patas y la cola de color rojo y las partes inferiores con listas longitudinales.

alcotana. F. Herramienta de albañilería, que termina por uno de sus extremos en forma de azuela y por el otro en forma de hacha, y que tiene en medio un anillo en que entra y se asegura un mango de madera, como de medio metro de largo. Hay algunas con boca de piqueta, en vez de corte.

alcoyano, na. ADJ. **1.** Natural de Alcoy. U. t. c. s. || **2.** Perteneciente o relativo a esta ciudad de la provincia de Alicante, en España.

alcurnia. F. Ascendencia, linaje, especialmente el noble.

alcuza. F. **1.** Vasija de barro, de hojalata u otro material, generalmente de forma cónica, en que se guarda el aceite. || **2.** Á. *Caribe*. **vinagreras** (|| pieza con dos frascos para aceite y vinagre).

aldaba. F. **1.** Pieza de hierro o bronce que se pone a las puertas para llamar golpeando con ella. || **2.** Barreta de metal o travesaño de madera con que se aseguran, después de cerrados, los postigos o puertas.

aldabilla. F. Pieza de hierro en forma de gancho, que, entrando en una hembrilla, sirve para cerrar puertas, ventanas, cajas, etc.

aldabón. M. aldaba (|| para llamar).

aldabonazo. M. **1.** Golpe con la aldaba o con el aldabón. || **2.** Llamada de atención.

aldea. F. Pueblo de escaso vecindario y, por lo común, sin jurisdicción propia.

aldeanismo. M. **1.** Condición de aldeano. || **2.** Estrechez y tosquedad de espíritu o de costumbres, atribuida a una sociedad muy reducida y aislada.

aldeano, na. ADJ. **1.** Natural de una aldea. *Joven aldeana.* U. t. c. s. || **2.** Perteneciente o relativo a la aldea. *Baile aldeano.* || **3.** Inculto, rústico. *Modales aldeanos.*

aldehídico, ca. ADJ. *Quím.* Perteneciente o relativo a los aldehídos.

aldehído. M. *Quím.* Compuesto que contiene un grupo funcional CHO, formado como primer producto de la oxidación de los alcoholes.

aldosterona. F. *Bioquím.* Hormona esteroidea de la corteza de las glándulas suprarrenales, que regula el metabolismo de los electrolitos, principalmente el sodio, el potasio y el cloro.

ale. INTERJ. hala.

aleación. F. **1.** Acción de alear². || **2.** Producto homogéneo, de propiedades metálicas, compuesto de dos o más elementos químicos, uno de los cuales, al menos, debe ser un metal. || ~ **ligera**. F. *Ingen.* La que contiene, como elemento principal, aluminio o magnesio.

álea iacta est. (Locución latina). EXPR. Se usa en determinadas situaciones para indicar que ya no es posible volver atrás.

alear¹. INTR. **1.** Mover las alas. || **2.** Dicho especialmente de un niño: Mover los brazos como si fueran alas.

alear². TR. Fundir uno o más elementos químicos, al menos uno de los cuales es un metal, para obtener una mezcla homogénea.

aleatoriedad. F. Cualidad de aleatorio.

aleatorio, ria. ADJ. Que depende del **azar** (|| casualidad). *Un proceso aleatorio.* □ V. **contrato ~**.

alebrarse. PRNL. Echarse en el suelo pegándose contra él. MORF. conjug. c. *acertar*.

alebrestarse. PRNL. *Am. Cen.*, *Á. Caribe* y *Méx.* Alborotarse, agitarse.

alebrije. M. *Méx.* Figura de barro pintada de colores vivos, que representa un animal imaginario.

alebronarse. PRNL. acobardarse.

aleccionador, ra. ADJ. Que alecciona. *Función aleccionadora.*

aleccionamiento. M. Acción y efecto de aleccionar.

aleccionar. TR. Instruir, enseñar. U. t. c. prnl.

alechugar. TR. hist. Doblar o disponer algo en forma de hoja de lechuga, como se usaba en las guarniciones y adornos de los vestidos, principalmente de las mujeres.

aledaño, ña. ADJ. **1.** Confinante, lindante. *Casas aledañas.* ‖ **2.** Dicho de una tierra, de un campo, etc.: Que lindan con un pueblo o con otro campo o tierra y que se consideran como parte accesoria de ellos. U. t. c. s. m. y m. en pl.

álef. AMB. Primera letra del alefato. MORF. pl. **álefs.**

alefato. M. Serie de las consonantes hebreas.

alefriz. M. *Mar.* Ranura o canal que se abre a lo largo de la quilla, roda y codaste, para que en ella encajen los cantos horizontales de los tablones de traca y las cabezas de las hiladas de los demás.

alegación. F. **1.** Acción de alegar. ‖ **2.** alegato.

alegador, ra. ADJ. *Am.* Discutidor, amigo de disputas.

alegal. ADJ. *Esp.* No regulado ni prohibido. *Emisoras de radio alegales.*

alegalidad. F. *Esp.* Cualidad de alegal.

alegar. **I.** TR. **1.** Dicho de una persona: Citar, traer a favor de su propósito, como prueba, disculpa o defensa, algún hecho, dicho, ejemplo, etc. ‖ **2.** Exponer méritos, servicios, etc., para fundar en ellos alguna pretensión. ‖ **II.** INTR. **3.** *Der.* Dicho del interesado o de su abogado: Argumentar, oralmente o por escrito, hechos y derechos en defensa de su causa. ‖ **4.** *Am.* Disputar, altercar.

alegato. M. **1.** Argumento, discurso, etc., a favor o en contra de alguien o algo. ‖ **2.** *Der.* Escrito en el cual expone el abogado las razones que sirven de fundamento al derecho de su cliente e impugna las del adversario. ‖ **3.** *Am.* Disputa, discusión.

alegoría. F. **1.** Ficción en virtud de la cual algo representa o significa otra cosa diferente. *La venda y las alas de Cupido son una alegoría.* ‖ **2.** Obra o composición literaria o artística de sentido alegórico. ‖ **3.** *Esc.* y *Pint.* Representación simbólica de ideas abstractas por medio de figuras, grupos de estas o atributos. ‖ **4.** *Ret.* Figura que consiste en hacer patentes en el discurso, por medio de varias metáforas consecutivas, un sentido recto y otro figurado, ambos completos, a fin de dar a entender una cosa expresando otra diferente.

alegórico, ca. ADJ. Perteneciente o relativo a la alegoría.

alegorismo. M. **1.** Arte de la **alegoría** (‖ figura retórica). ‖ **2.** Cualidad de alegórico.

alegorizar. TR. Interpretar algo de manera alegórica.

alegrador, ra. ADJ. Que alegra o causa alegría. *Música alegradora.*

alegrar. **I.** TR. **1.** Causar alegría. ‖ **2.** Avivar, embellecer, dar nuevo esplendor y aspecto más grato a las cosas. *Alegrar la habitación.* ‖ **II.** PRNL. **3.** Recibir o sentir alegría. *Me alegro DE que hayas venido.* ‖ **4.** coloq. Dicho de una persona: Ponerse alegre por haber bebido vino u otros licores con algún exceso.

alegre. ADJ. **1.** Lleno de alegría. *Juan está alegre.* ‖ **2.** Que siente o manifiesta de ordinario alegría. *Ser persona alegre.* ‖ **3.** Que denota alegría o viveza. *Cara, juego alegre.* ‖ **4.** Que ocasiona alegría. *Noticia alegre.* ‖ **5.** Pasado o hecho con alegría. *Día, vida, plática, cena alegre.* ‖ **6.** De aspecto o circunstancias capaces de infundir alegría. *Cielo, prado, casa alegre.* ‖ **7.** Dicho de un color: Vivo, como el encarnado, verde, amarillo, etc. ‖ **8.** coloq. Con jovialidad producida por la ingestión de bebidas alcohólicas. ‖ **9.** coloq. Algo libre o licencioso. *Cuento alegre, mujer de vida alegre.* ‖ **10.** coloq. Que arriesga con irreflexión. *Antonio es muy alegre en el juego.*

alegría. F. **1.** Sentimiento grato y vivo que suele manifestarse con signos exteriores. ‖ **2.** Conjunto de palabras, gestos o actos con que se expresa el júbilo o alegría. ‖ **3.** Irresponsabilidad, ligereza. *Tratan los asuntos más serios con exagerada alegría.* ‖ **4.** ajonjolí (‖ planta pedaliácea). ‖ **5.** Simiente de esta planta. ‖ **6.** coloq. Persona o cosa que es causa de gozo o júbilo. *Es la alegría de la casa.* ‖ **7.** pl. Modalidad del cante andaluz, cuya tonada es por extremo viva y graciosa. ‖ **8.** pl. Baile de la misma tonada.

alegrón. M. coloq. Alegría intensa y repentina.

alejado, da. PART. de alejar. ‖ ADJ. Lejano o distante.

alejamiento. M. Acción y efecto de alejar o alejarse.

alejandrinismo. M. **1.** Estilo o gusto de los escritores helenísticos de Alejandría, caracterizado principalmente por el refinamiento y el hermetismo. ‖ **2.** Expresión que tiene alguna de estas características.

alejandrino, na. ADJ. **1.** Natural de Alejandría. U. t. c. s. ‖ **2.** Perteneciente o relativo a esta ciudad de Egipto. ‖ **3.** neoplatónico. ‖ **4.** Se dice del verso de catorce sílabas, dividido en dos hemistiquios. U. t. c. s. m. ‖ **5.** Se dice de la estrofa o composición que lo emplea.

alejandrita. F. *Geol.* Variedad de crisoberilo, de color verde o amarillento, violeta por transparencia, utilizada en joyería.

alejar. **I.** TR. **1.** Llevar a alguien o algo lejos o más lejos. U. t. c. prnl. ‖ **2.** Ahuyentar, hacer huir. *El primer cañonazo bastó para alejarlos.* ‖ **II.** PRNL. **3.** Apartar, rehuir, evitar. *La ciencia se aleja en cuanto puede de tales cuestiones.*

alelado, da. PART. de alelar. ‖ ADJ. Dicho de una persona: Lela o tonta.

alelamiento. M. Efecto de alelar.

alelar. TR. Poner lelo. U. m. c. prnl.

alelí. M. alhelí. MORF. pl. **alelíes** o **alelís.**

alélico, ca. ADJ. *Biol.* Perteneciente o relativo al alelo.

alelo. M. *Biol.* Cada uno de los genes del par que ocupa el mismo lugar en los cromosomas homólogos. Su expresión determina el mismo carácter o rasgo de organización, como el color de los ojos.

alelomorfo. ADJ. *Biol.* Que se presenta bajo diversas formas.

aleluya. **I.** INTERJ. **1.** Se usa por la Iglesia en demostración de júbilo, especialmente en tiempo de Pascua. U. t. c. s. amb. *Cantar la aleluya, o el aleluya.* ‖ **2.** Se usa para demostrar júbilo. ‖ **II.** F. **3.** Pareado de versos octosílabos, generalmente de carácter popular o vulgar. ‖ **4.** Planta perenne de la familia de las Oxalidáceas, con la raíz dentada y encarnada, escapo con una sola flor y hojas de tres en rama, en forma de corazón al revés, que florece en verano. Es comestible, tiene gusto ácido y se saca de ella la sal de acederas. ‖ **5.** Cada una de las estampas que, formando serie, contiene un pliego de papel, con la explicación del asunto, generalmente en versos pareados. ‖ **6.** coloq. alegría (‖ sentimiento grato). *Hoy es día de aleluya.* ‖ **7.** pl. Versos prosaicos y de puro sonsonete.

alemán, na. I. ADJ. **1.** Natural de Alemania. U. t. c. s. ǁ **2.** Perteneciente o relativo a este país de Europa. ǁ **3.** Perteneciente o relativo al idioma alemán. *Fonética alemana.* ǁ **II.** M. **4.** Idioma alemán. ǁ **alto ~.** M. El hablado primero en el centro y sur de Alemania, hoy lengua oficial de Austria, Alemania y la Suiza de habla germánica. ǁ **bajo ~.** M. El de los habitantes del norte de Alemania, dividido en varios dialectos.

alemanda. F. hist. Danza alegre de compás binario, en la que intervenían varias parejas de hombre y mujer.

alemánico. M. Conjunto de los dialectos del alto alemán hablados en Suiza, Alsacia y suroeste de Alemania.

alentada. F. Respiración continuada o no interrumpida.

alentador, ra. ADJ. Que infunde aliento. *Frases alentadoras.*

alentar. I. TR. **1.** Animar, infundir aliento o esfuerzo, dar vigor. U. t. c. prnl. ǁ **II.** INTR. **2.** respirar (ǁ absorber el aire). ǁ **III.** PRNL. **3.** *Am. Cen.* y *Á. Caribe.* Mejorar, convalecer o restablecerse de una enfermedad. ¶ MORF. conjug. c. *acertar.*

alentejano, na. ADJ. **1.** Natural del Alentejo. U. t. c. s. ǁ **2.** Perteneciente o relativo a esta región de Portugal.

aleonado, da. ADJ. leonado.

aleonar. TR. *Chile.* Incitar a la acción, especialmente al desorden o a la lucha.

alerce. M. Árbol de la familia de las Abietáceas, que adquiere considerable altura, de tronco derecho y delgado, ramas abiertas y hojas blandas, de color verdegay, y cuyo fruto es una piña menor que la del pino. □ V. pino ~.

alergénico, ca. ADJ. Que produce alergia. *Agentes alergénicos.*

alérgeno. M. Sustancia antigénica que induce una reacción alérgica en un organismo.

alergia. F. **1.** Respuesta inmunitaria excesiva provocada en individuos hipersensibles por la acción de determinadas sustancias, especialmente ambientales. ǁ **2.** Sensibilidad extremada y contraria respecto a ciertos temas, personas o cosas. *Tengo alergia a las injusticias.*

alérgico, ca. ADJ. **1.** Perteneciente o relativo a la alergia. *Reacción alérgica.* ǁ **2.** Que padece alergia. U. t. c. s.

alergizante. ADJ. Que causa **alergia** (ǁ respuesta inmunitaria excesiva). *Sustancia alergizante.*

alergología. F. Estudio de la alergia.

alergólogo, ga. M. y F. Médico especializado en afecciones alérgicas.

alero. I. M. **1.** Parte inferior del tejado, que sale fuera de la pared y sirve para desviar de ella las aguas de lluvia. ǁ **II.** COM. **2.** *Dep.* Baloncestista que juega por los laterales de la cancha y tira a encestar desde posiciones alejadas de la canasta. ǁ **~ corrido.** M. *Arq.* El que rebasa la línea del muro cuando este no lleva cornisa. ǁ **~ de chaperón.** M. *Arq.* El que no tiene canecillos. ǁ **~ de mesilla.** M. *Arq.* El que vuela horizontalmente formando cornisa.

alerón. M. **1.** En un avión, pieza giratoria de la parte posterior del ala, cuya maniobra sirve para cambiar la inclinación del aparato y para otras maniobras. ǁ **2.** En un automóvil, especie de aleta que se coloca sobre la parte superior trasera de la carrocería, originalmente con fines aerodinámicos. ǁ **3.** *Mar.* Cada una de las extremidades laterales del puente de un buque.

alerta. I. ADJ. **1.** Atento, vigilante. MORF. pl. invar. o **alertas.** *Espíritus alerta. Espíritus alertas.* ǁ **II.** F. **2.** Situación de vigilancia o atención. ǁ **III.** ADV. M. **3.** Con vigilancia y atención. *Estar, andar, vivir, poner alerta.* ǁ **alerta.** INTERJ. Se usa para incitar a la vigilancia. U. t. c. s. f.

alertado, da. PART. de **alertar.** ǁ ADJ. Vigilante, atento, puesto sobre aviso. *Países alertados.*

alertador, ra. ADJ. Que pone en alerta. *Recibió una llamada alertadora.*

alertar. TR. Poner alerta.

aleta. F. **1.** Cada uno de los apéndices laminares de los vertebrados acuáticos, con los que se impulsan o dirigen. ǁ **2.** Pieza o elemento que, por su forma o su función, tiene semejanza con la aleta de los vertebrados acuáticos. *Las aletas de una silla de montar.* ǁ **3.** Cada uno de los rebordes laterales de las ventanas de la nariz. ǁ **4.** guardabarros. ǁ **5.** Prolongación de la parte superior de la popa de algunas embarcaciones latinas. ǁ **6.** *Arq.* Cada uno de los muros en rampa que en los lados de los puentes o en las embocaduras de las alcantarillas sirven para contener las tierras y dirigir las aguas. ǁ **7.** *Dep.* Calzado en forma de aleta de pez que usan las personas para impulsarse en el agua, al nadar o bucear. ǁ **8.** *Mar.* Cada uno de los dos maderos curvos que forman la popa de un buque. ǁ **9.** *Mar.* Parte del costado de un buque próxima a la popa. ǁ **~ abdominal.** F. *Zool.* Cada una de las dos situadas en la región abdominal, correspondientes a las extremidades posteriores de los vertebrados terrestres. ǁ **~ anal.** F. *Zool.* La situada detrás del ano y junto a él. ǁ **~ caudal.** F. *Zool.* La situada en el extremo de la cola. ǁ **~ dorsal.** F. *Zool.* La situada en la línea media del dorso, ordinariamente dividida en dos o más. ǁ **~ pectoral.** F. *Zool.* Cada una de las dos situadas inmediatamente detrás de la cabeza, correspondientes a las extremidades anteriores de los vertebrados terrestres.

aletargamiento. M. Acción y efecto de aletargar o aletargarse. U. t. en sent. fig. *La ciudad emergió de su aletargamiento.*

aletargar. I. TR. **1.** Causar letargo. ǁ **II.** PRNL. **2.** Padecer letargo. U. t. en sent. fig. *La economía parece haberse aletargado.*

aletazo. M. Golpe de ala o de aleta.

aletear. INTR. **1.** Dicho de un ave: Mover frecuentemente las alas sin echar a volar. ǁ **2.** Dicho de un pez: Mover frecuentemente las aletas cuando se lo saca del agua. ǁ **3.** Mover los brazos como si fueran alas.

aleteo. M. **1.** Acción de aletear. ǁ **2.** Acción de palpitar acelerada y violentamente el corazón.

aleutiano, na. ADJ. **1.** Se dice de los esquimales de las islas Aleutianas y del oeste de Alaska. U. t. c. s. ǁ **2.** Perteneciente o relativo a estos esquimales. *Tradiciones aleutianas.* ǁ **3.** Se dice de la lengua esquimal-aleutiana que hablan los aleutianos. U. t. c. s. m. *El aleutiano.* ǁ **4.** Perteneciente o relativo a esta lengua. *Gramática aleutiana.*

aleve. ADJ. alevoso.

alevilla. F. Mariposa muy común en España y muy parecida a la del gusano de seda, de la cual se diferencia por tener las alas enteramente blancas.

alevín. M. **1.** Cría de pez. ǁ **2.** Joven principiante que se inicia en una disciplina o profesión. *Alevín de impresor.*

alevosía. F. **1.** Cautela para asegurar la comisión de un delito contra las personas, sin riesgo para el delincuente. Es circunstancia agravante de la responsabilidad criminal. ǁ **2.** Traición, perfidia. ǁ **con ~.** LOC. ADV. A traición y sobre seguro.

alevoso, sa. ADJ. **1.** Que comete alevosía. *Asesino alevoso.* || **2.** Que implica alevosía o se hace con ella. *Crimen alevoso.*

alexia. F. Imposibilidad de leer causada por una lesión del cerebro.

aleya. F. Versículo del Corán, libro en que se contienen las revelaciones de Dios a Mahoma.

aleznado, da. ADJ. Puntiagudo, en forma de lezna. *Hojas aleznadas.*

alfa. F. Primera letra del alfabeto griego (A, α), que corresponde a *a* del latino. || ~ **y omega,** o **el ~ y el omega.** LOCS. SUSTS. M. **1.** Principio y fin. || **2.** Se dice de Cristo en cuanto es Dios, principio y fin de todas las cosas. □ V. **partícula ~.**

alfabético, ca. ADJ. **1.** Perteneciente o relativo al alfabeto. *Orden alfabético.* || **2.** Dispuesto según el orden alfabético. *Índice alfabético.*

alfabetización. F. Acción y efecto de alfabetizar.

alfabetizado, da. PART. de **alfabetizar.** || ADJ. Dicho de una persona: Que sabe leer y escribir. U. t. c. s.

alfabetizar. TR. **1.** Ordenar alfabéticamente. *Alfabetizar las fichas.* || **2.** Enseñar a leer y a escribir.

alfabeto[1]**.** M. **1.** abecedario. || **2.** Conjunto de los símbolos empleados en un sistema de comunicación. *El alfabeto morse.*

alfabeto[2]**, ta.** ADJ. *Á. Andes, Á. Caribe* y *Á. guar.* Que sabe leer y escribir. U. t. c. s.

alfajeme. M. poét. **barbero** (|| hombre que tiene por oficio afeitar).

alfajor. M. **1.** alajú. || **2.** *Am. Mer.* Golosina compuesta por dos rodajas delgadas de masa adheridas una a otra con dulce y a veces recubierta de chocolate, merengue, etc. || **3.** *Méx.* Dulce hecho de coco, leche y azúcar.

alfalfa. F. Mielga común que se cultiva para forraje.

alfalfal. M. **alfalfar**[1].

alfalfar[1]**.** M. Tierra sembrada de alfalfa.

alfalfar[2]**.** TR. *Á. R. Plata* y *Chile.* Sembrar de alfalfa un terreno.

alfandoque. M. Pasta cuajada típica de algunas regiones de América hecha con la melaza de la caña, queso, anís, jengibre y otros ingredientes.

alfaneque. M. Ave de África, variedad de halcón, de color blanquecino con pintas pardas y tarsos amarillentos, que, domesticada, se empleaba en la cetrería.

alfanje. M. hist. Especie de sable, corto y curvo, con filo solamente por un lado, y por los dos en la punta.

alfanumérico, ca. ADJ. *Inform.* Que está formado por letras, números y otros caracteres. *Teclado alfanumérico.*

alfaquí. M. Entre los musulmanes, doctor o sabio de la ley. MORF. pl. **alfaquíes** o **alfaquís.**

alfar. M. **1.** Obrador de alfarero. || **2.** arcilla.

alfarería. F. **1.** Arte de fabricar vasijas de barro cocido. || **2.** Obrador donde se fabrican.

alfarero, ra. M. y F. Persona que fabrica vasijas de barro cocido.

alfarje. M. **1.** Piedra baja del molino de aceite. || **2.** Pieza o sitio donde está el alfarje. || **3.** Techo con maderas labradas y entrelazadas artísticamente, dispuesto o no para pisar encima.

alfarjía. F. Cada uno de los maderos que se cruzan con las vigas para formar el armazón de los techos.

alfayate, ta. M. y F. **sastre.**

alféizar. M. *Arq.* Vuelta que hace la pared en el corte de una puerta o ventana, tanto por la parte de adentro como por la de afuera, dejando al descubierto el grueso del muro.

alfeñique. M. **1.** Pasta de azúcar cocida y estirada en barras muy delgadas y retorcidas. || **2.** coloq. Persona delicada de cuerpo y complexión.

alferecía. F. Enfermedad, caracterizada por convulsiones y pérdida del conocimiento, más frecuente en la infancia, e identificada a veces con la epilepsia.

alférez. COM. **1.** *Mil.* Oficial de menor graduación, inmediatamente inferior al teniente. || **2.** *Chile* y *Méx.* Persona que en determinadas fiestas religiosas preside los actos y sufraga los gastos, y tiene derecho a llevar el pendón de la festividad. || ~ **de fragata.** COM. *Mar.* Oficial de menor graduación del cuerpo general de la Armada, inmediatamente inferior al alférez de navío. || ~ **del pendón real,** o ~ **del rey.** M. hist. El que llevaba el pendón o estandarte real en los ejércitos del rey. || ~ **de navío.** COM. *Mar.* Oficial del cuerpo general de la Armada, de grado inmediatamente superior al alférez de fragata e inferior al teniente de navío. || ~ **provisional.** M. hist. Empleo de carácter provisional y equivalente al de alférez, que se concedía en el Ejército Nacional, durante la Guerra Civil española, al culminar un curso de escasa duración.

alfil. M. Pieza grande del juego del ajedrez, que se mueve diagonalmente de una en otra casilla o recorriendo de una vez todas las que halla libres.

alfiler. M. **1.** Clavo metálico muy fino, que sirve generalmente para prender o sujetar alguna parte de los vestidos, los tocados y otros adornos de la persona. || **2.** Joya más o menos preciosa, semejante al alfiler común, o en forma de broche, que se usa para sujetar exteriormente alguna prenda del traje, o por adorno. *Alfiler de corbata.* || **3.** *Á. Caribe.* Corte de carne del lomo de las reses. || **4.** pl. Planta herbácea de la familia de las Geraniáceas, de tres a seis decímetros de altura, tallo grueso con hojas grandes, ovales y pinnadas en segmentos dentados, flores en pedúnculo, de pétalos purpúreos y desiguales, y fruto en carpelo, cuyas aristas se separan retorciéndose en forma de tirabuzón. || ~ **de gancho.** M. *Á. R. Plata* y *Chile.* **imperdible** (|| alfiler que no se abre fácilmente). || **no caber un** ~ en alguna parte. LOC. VERB. coloq. Estar repleta de gente. || **pegado, da, prendido, da, preso, sa,** o **sujeto, ta, con ~es.** LOCS. ADJS. coloqs. Sabido o aprendido sin firmeza ni seguridad, próximo a salir del paso.

alfilerazo. M. **1.** Punzada de alfiler. U. t. en sent. fig. *Sintió el alfilerazo de la avispa.* || **2.** pulla (|| dicho con que indirectamente se humilla).

alfilerillo. M. *Chile.* Se usa como nombre para referirse a diversas plantas de la familia de las Geraniáceas.

alfiletero. M. **1.** Especie de canuto pequeño de metal, madera u otra materia, que sirve para tener en él alfileres y agujas. || **2.** acerico.

alfitete. M. Composición de masa parecida a la sémola.

alfiz. M. Recuadro que bordea un arco árabe, desde las impostas o desde el suelo.

alfolí. M. **1.** hist. Granero o pósito. || **2.** hist. Almacén de la sal. ¶ MORF. pl. **alfolíes** o **alfolís.**

alfombra. F. **1.** Tejido de lana o de otras materias, y de varios dibujos y colores, con que se cubre el piso de las habitaciones y escaleras para abrigo y adorno. || **2.** Conjunto de cosas que cubren el suelo. *Alfombra de flores. Alfombra de hierba.*

alfombrado. M. **1.** Conjunto de alfombras. || **2.** *Am.* Alfombra que cubre el suelo de una habitación.

alfombrar. TR. **1.** Cubrir el suelo con alfombras. || **2.** Cubrir el suelo con algo a manera de alfombra. *Alfombrar las calles con flores.*

alfombrero, ra. M. y F. Persona que hace alfombras.

alfombrilla¹. F. *Méx.* Se usa como nombre genérico para referirse a varias hierbas de la familia de las Verbenáceas.

alfombrilla². F. Alfombra pequeña que se coloca normalmente en el interior de un coche o en los cuartos de baño.

alfombrista. COM. Persona que trata en alfombras y las vende.

alfóncigo. M. **1.** Árbol de la familia de las Anacardiáceas, de unos tres metros de altura, hojas compuestas y de color verde oscuro; flores en maceta y fruto drupáceo con una almendra pequeña de color verdoso, oleaginosa, dulce y comestible, llamada pistacho. Del tronco y de las ramas se extrae la almáciga. || **2.** Fruto de este árbol.

alfonsí. ADJ. hist. alfonsino. MORF. pl. **alfonsíes** o **alfonsís.**

alfónsigo. M. alfóncigo.

alfonsino, na. ADJ. **1.** hist. Perteneciente o relativo a alguno de los reyes españoles llamados Alfonso. *Corte alfonsina.* || **2.** hist. Partidario de alguno de estos reyes. U. t. c. s.

alfonsismo. M. hist. Adhesión a la monarquía de alguno de los reyes españoles llamados Alfonso.

alforfón. M. **1.** Planta anual de la familia de las Poligonáceas, como de un metro de altura, con tallos nudosos, hojas grandes y acorazonadas, flores blancas sonrosadas, en racimo, y fruto negruzco y triangular, del que se hace pan en algunas comarcas de España. || **2.** Semilla de esta planta.

alforja. F. **1.** Especie de talega abierta por el centro y cerrada por sus extremos, los cuales forman dos bolsas grandes y ordinariamente cuadradas, donde, repartiendo el peso para mayor comodidad, se guardan algunas cosas que han de llevarse de una parte a otra. U. m. en pl. con el mismo significado que en sing. || **2.** Provisión de los comestibles necesarios para el camino.

alforza. F. Pliegue o doblez que se hace en ciertas prendas como adorno o para acortarlas y poderlas alargar cuando sea necesario.

alfoz. M. **1.** Arrabal de algún distrito, o que depende de él. || **2.** Conjunto de diferentes pueblos que dependen de otro principal y están sujetos a una misma ordenación.

alga. F. Cada una de las plantas talofitas, unicelulares o pluricelulares, que viven de preferencia en el agua, tanto dulce como marina, y que, en general, están provistas de clorofila acompañada a veces de otros pigmentos de colores variados que la enmascaran. El talo de las pluricelulares tiene forma de filamento, de cinta o de lámina y puede ser ramificado. ORTOGR. En pl., escr. con may. inicial c. taxón. *Las Algas.*

algaba. F. Bosque, selva.

algalia. F. **1.** Sustancia untuosa, de consistencia de miel, blanca, que luego pardea, de olor fuerte y sabor acre. Se saca de la bolsa que cerca del ano tiene el gato de algalia y se emplea en perfumería. || **2.** Planta de la familia de las Malváceas, con tallo peludo y hojas acorazonadas, angulosas, puntiagudas y aserradas. Procede de la India, y sus semillas, de olor almizcleño, se emplean en medicina y perfumería. □ V. **gato de ~.**

algara. F. **1.** hist. Tropa de a caballo que salía a correr y saquear la tierra del enemigo. || **2.** hist. Correría de esta tropa.

algarabía¹. F. **1.** Lengua árabe. || **2.** coloq. Gritería confusa de varias personas que hablan a un tiempo. || **3.** coloq. Enredo, maraña.

algarabía². F. Planta anual silvestre, de la familia de las Escrofulariáceas, de seis a ocho decímetros de altura, de tallo nudoso que produce dos vástagos opuestos, los cuales echan también sus ramos de dos en dos, con hojas lanceoladas y tomentosas, y flores amarillas. De esta planta se hacen escobas.

algarada. F. **1.** hist. algara. || **2.** Tumulto causado por algún tropel de gente.

algarero, ra. ADJ. Voceador, parlero.

algarroba. F. **1.** Planta herbácea anual de la familia de las Leguminosas y del mismo género que el haba, utilizada como forraje. || **2.** Semilla de esta planta, que se utiliza como pienso. || **3.** Fruto del algarrobo, que es una vaina azucarada y comestible, de color castaño por fuera y amarillenta por dentro, con semillas muy duras, y la cual se da como alimento al ganado de labor.

algarrobal. M. **1.** Sitio sembrado de algarrobas. || **2.** Sitio poblado de algarrobos.

algarrobilla. F. **1.** *Á. Andes* y *Chile.* Arbusto o árbol de la familia de las Leguminosas, de variado porte y corteza rugosa. || **2.** *Á. Andes* y *Chile.* Fruto de este árbol.

algarrobo. M. **1.** Árbol siempre verde, de la familia de las Papilionáceas, de ocho a diez metros de altura, con copa de ramas irregulares y tortuosas, hojas lustrosas y coriáceas, flores purpúreas, y cuyo fruto es la algarroba. Originario de Oriente, se cría en las regiones marítimas templadas y florece en otoño y en invierno. || **2.** *Am.* Se usa como nombre para referirse a varios árboles o plantas, como el anime o el cenícero.

algazara. F. **1.** Ruido de muchas voces juntas, que por lo común nace de alegría. || **2.** Ruido, gritería, aunque sea de una sola persona.

algazul. M. Planta anual de la familia de las Aizoáceas, de unos cinco decímetros de altura, hojas crasas, de color verde amarillento, y flores poco visibles y llenas de vesículas transparentes que semejan gotas de rocío. Es planta de las estepas, y sus cenizas se utilizan para hacer barrilla.

álgebra. F. Parte de las matemáticas en la cual las operaciones aritméticas son generalizadas empleando números, letras y signos. Cada letra o signo representa simbólicamente un número u otra entidad matemática. Cuando alguno de los signos representa un valor desconocido se llama incógnita.

algebraico, ca. ADJ. Perteneciente o relativo al álgebra. □ V. **cálculo ~, círculo ~, expresión ~, número ~, término ~.**

algébrico, ca. ADJ. algebraico. □ V. **símbolo ~.**

algecireño, ña. ADJ. **1.** Natural de Algeciras. U. t. c. s. || **2.** Perteneciente o relativo a esta ciudad de la provincia de Cádiz, en España.

algidez. F. *Med.* Frialdad glacial.

álgido, da. ADJ. **1.** Se dice del momento o período crítico o culminante de algunos procesos orgánicos, físicos, políticos, sociales, etc. || **2.** Muy frío. *Las álgidas aguas.* || **3.** *Med.* Acompañado de frío glacial. *Período álgido del cólera morbo.*

algo. I. PRON. INDEF. N. **1.** Designa lo que no se quiere o no se puede nombrar. *Leeré algo mientras vuelves. Aquí hay algo que no comprendo.* ‖ **2.** Denota cantidad indeterminada, grande o pequeña, especialmente lo segundo, considerada a veces en absoluto y a veces en relación con otra cantidad mayor o a la totalidad de la cual forma parte. *Apostemos algo. Falta algo para llegar a la ciudad. Dio algo de sus ahorros.* ‖ **II.** ADV. C. **3.** Un poco, no del todo, hasta cierto punto. *Anda algo escaso de dinero. Entiende algo el latín.* ‖ **~ es ~.** EXPR. Se usa para mostrar conformidad con lo poco que se tiene o consigue. ‖ **darle ~ a alguien.** LOC. VERB. coloq. Sobrevenirle un desvanecimiento, síncope u otro accidente. ‖ **por ~.** LOC. ADV. coloq. Por algún motivo, no sin razón. □ V. ~ **gordo, hijo de ~.**

algodón. M. **1.** Planta vivaz de la familia de las Malváceas, con tallos verdes al principio y rojos al tiempo de florecer, hojas alternas casi acorazonadas y de cinco lóbulos, flores amarillas con manchas encarnadas, y cuyo fruto es una cápsula que contiene de 15 a 20 semillas, envueltas en una borra muy larga y blanca, que se desenrolla y sale al abrirse la cápsula. ‖ **2.** Esta borra. ‖ **3.** Dicha borra, limpia y esterilizada, presentada en el comercio de formas distintas, como franjas, bolas, etc., para diversos usos. ‖ **4.** Trozo de dicha borra que se emplea para limpiar una herida, taponarla, obturar los oídos, empapar medicamentos o cosméticos que han de aplicarse a la piel, etc. ‖ **5.** Hilado o tejido hecho de borra de algodón. ‖ **~ de Castilla.** M. **1.** *Filip.* Árbol de la familia de las Bombacáceas, que produce una pelusa parecida al algodón, empleada para tejer y para hacer almohadas. ‖ **2.** *Filip.* Pelusa que produce este árbol. ‖ **entre algodones.** LOC. ADV. Con cuidado y delicadeza. □ V. **manta de ~.**

algodonal. M. Terreno poblado de plantas de algodón.

algodonar. TR. Estofar o rellenar de algodón algo.

algodonero, ra. I. ADJ. **1.** Perteneciente o relativo al algodón. ‖ **II.** M. y F. **2.** Persona que cultiva algodón o negocia con él. ‖ **III.** M. **3. algodón** (‖ planta malvácea).

algodonosa. F. Planta de la familia de las Compuestas, de tres a cuatro decímetros de altura, con hojas alternas y ovaladas, flores amarillas en corimbo y toda ella abundantemente cubierta de una borra blanca, muy larga, semejante al algodón. Crece espontáneamente en el litoral del Mediterráneo.

algodonoso, sa. ADJ. Que tiene el aspecto o las propiedades del algodón. *Nubes algodonosas.*

algonquino, na. I. ADJ. **1.** Se dice de los individuos de numerosas tribus de indios que se extendían por el Canadá y los Estados Unidos. U. t. c. s. ‖ **II.** M. **2.** Cada una de las lenguas habladas por los indios algonquinos.

algorfa. F. Sobrado para recoger y conservar granos.

algorítmico, ca. ADJ. Perteneciente o relativo al algoritmo. □ V. **III. geometría ~.**

algoritmo. M. Conjunto ordenado y finito de operaciones que permite hallar la solución de un problema.

algoso, sa. ADJ. Lleno de algas. *Arena algosa.*

algotro, tra. ADJ. INDEF. *Am.* Algún otro. U. t. c. pron.

alguacil, la. I. M. y F. **1.** Funcionario subalterno de un ayuntamiento o un juzgado. MORF. U. t. la forma en m. para designar el f. ‖ **II.** M. **2.** Agente ejecutivo que está a las órdenes del presidente en las corridas de toros. ‖ **3.** *Á. R. Plata.* libélula. ‖ **alguacil mayor.** M. hist. Cargo honorífico que había en las ciudades y villas del reino y en

algunos tribunales, al cual correspondían ciertas funciones.

alguacilillo. M. Cada uno de los dos alguaciles que en las plazas de toros preceden a la cuadrilla durante el paseo, y uno de los cuales recibe la llave del toril de manos del presidente, y queda luego a sus órdenes durante la corrida.

alguaza. F. Bisagra o gozne.

alguero, ra. M. y F. Persona que recolecta algas o comercia con ellas.

alguicida. ADJ. Dicho especialmente de un producto: Que elimina las algas o impide su desarrollo. U. t. c. s. m.

alguien. I. PRON. INDEF. **1.** Designa persona o personas existentes, sin indicación de género ni de número. Antónimo de *nadie* y, con menor frecuencia, de *ninguno*. *¿Ha venido alguien?* ‖ **2.** Significa vagamente persona que no se nombra ni determina. *Alguien no te quiere bien.* ‖ **II.** M. **3.** coloq. Persona de alguna importancia. *Quería llegar a ser alguien en el mundo de la música.*

algún. ADJ. INDEF. **alguno.** U. ante s. m. sing. *Algún hombre. Algún tiempo.* U. t. ante s. f. que comience por *a* tónica. *Algún águila, algún hacha.* ‖ **~ tanto.** LOC. ADV. Un poco, algo.

alguno, na. ADJ. INDEF. **1.** Se aplica indeterminadamente a una o varias personas o cosas respecto a otras, en oposición a *ninguno*. U. t. c. pron. *¿Ha venido alguno? Algunos hay que no se sorprenden por nada.* ‖ **2.** Pospuesto al sustantivo, equivale a *ningún* o *ninguna*. *No hay razón alguna para que hables así. En modo alguno podemos admitir eso. En parte alguna he visto cosa igual.* ‖ **3.** Indica número, magnitud o grado ni pequeños ni grandes. *Algunos amigos se le ofrecieron. De alguna duración. De algún tamaño. Con algún conocimiento de idiomas.* ‖ **~ que otro, tra.** LOC. PRONOM. Unos cuantos, pocos. ‖ **hacer alguna.** LOC. VERB. coloq. **hacer una.**

alhaja. I. F. **1.** joya (‖ adorno). ‖ **2.** Cosa de mucho valor y estima. *Ese automóvil es una alhaja.* ‖ **3.** coloq. Persona, animal o cosa de excelentes cualidades. U. m. en sent. irón. *Menuda alhaja está hecha Margarita.* ‖ **II.** ADJ. **4.** *Á. Andes.* Bonito, agradable.

alhajar. TR. **1.** Adornar con alhajas. ‖ **2. amueblar.**

alhajera. F. *Am. Cen.* Caja pequeña para guardar alhajas.

alhajero. M. *Am.* **alhajera.**

alhajito. ADJ. *Á. Andes.* Bonito, agradable.

alharaca. F. Extraordinaria demostración o expresión con que por ligero motivo se manifiesta la vehemencia de algún afecto, como de ira, queja, admiración, alegría, etc. U. m. en pl.

alharaquero, ra. ADJ. *Am.* **alharaquiento.**

alharaquiento, ta. ADJ. Que hace alharacas. U. t. c. s.

alharma. F. Planta de la familia de las Rutáceas, de unos cuatro decímetros de altura, ramosa, con flores blancas y hojas con lacinias, muy olorosa, y cuyas semillas sirven de condimento en Oriente, y también se comen tostadas.

alhelí. M. **1.** Planta vivaz, europea, de la familia de las Crucíferas, que se cultiva para adorno, y cuyas flores, según sus variedades, son sencillas o dobles, blancas, rojas, amarillas o de otros colores, y de grato olor. ‖ **2.** Flor de esta planta. ¶ MORF. pl. **alhelíes** o **alhelís.**

alheña. F. **1.** Arbusto de la familia de las Oleáceas, de unos dos metros de altura, ramoso, con hojas casi persistentes, opuestas, aovadas, lisas y lustrosas; flores pequeñas, blancas y olorosas, en racimos terminales, y por frutos bayas negras, redondas y del tamaño de un guisante. ‖ **2.** Flor de este arbusto. ‖ **3.** Polvo a que se reducen las hojas de la alheña cogidas en la primavera y secadas después al aire libre. Sirve para teñir.

alhócigo. M. alfóncigo.

alholí. M. hist. alfolí. MORF. pl. alholíes o alholís.

alholva. F. **1.** Planta de la familia de las Papilionáceas, de dos a tres decímetros de altura, con hojas agrupadas de tres en tres, acorazonadas, vellosas y blanquecinas por debajo; flores pequeñas y blancas, y por fruto una vaina larga y curva, plana y estrecha, con semillas amarillentas, duras y de olor desagradable. ‖ **2.** Semilla de esta planta.

alhóndiga. F. Casa pública destinada para la compra y venta del trigo, y, en algunos lugares, también para el depósito y para la compra y venta de otros granos, comestibles o mercancías que no devengan impuestos de ninguna clase mientras no se vendan.

alhucema. F. espliego.

alhucemilla. F. Planta de la familia de las Labiadas, de tallo leñoso con ramos de medio metro de largo, hojas opuestas divididas en hojuelas casi lineales y vellosas, flores azules en espigas terminales y semilla menuda.

aliáceo, a. ADJ. **1.** Perteneciente o relativo al ajo. *Olor aliáceo.* ‖ **2.** Que tiene su olor o sabor. *Condimentos aliáceos.*

aliado, da. PART. de aliar. ‖ ADJ. **1.** Dicho de una persona: Que se ha unido y coligado con otra para alcanzar un mismo fin. U. t. c. s. U. t. en sent. fig. *La lluvia fue nuestra mejor aliada.* ‖ **2.** Dicho de un Estado, de un país, de un ejército, etc.: Que está ligado con otro para fines comunes. U. t. c. s.

aliadófilo, la. ADJ. **1.** hist. Partidario de las naciones aliadas en contra de Alemania durante las dos guerras mundiales. U. t. c. s. ‖ **2.** hist. Perteneciente o relativo a los aliadófilos. *Organización aliadófila.*

aliaga. F. aulaga.

aliagar. M. aulagar.

aliancista. ADJ. Que forma parte de una alianza política o es partidario de ella. Apl. a pers., u. t. c. s.

alianza. F. **1.** Acción de aliarse dos o más naciones, Gobiernos o personas. ‖ **2.** Pacto o convención. ‖ **3.** Conexión o parentesco contraído por casamiento. ‖ **4.** Anillo matrimonial o de esponsales. ‖ **5.** Unión de cosas que concurren a un mismo fin. □ V. **arca de la Alianza.**

aliar. **I.** TR. **1.** Unir o coligar a una persona, colectividad o cosa con otra, para un mismo fin. ‖ **II.** PRNL. **2.** Dicho de dos o más príncipes o Estados: Unirse o coligarse, en virtud de tratado, para defenderse de los enemigos o para atacarlos. ‖ **3.** Dicho de una persona: Unirse o coligarse con otra. ¶ MORF. conjug. c. *enviar.*

aliara. F. cuerna (‖ vaso de cuerno).

aliaria. F. Planta de la familia de las Crucíferas, con tallos cilíndricos, duros y ramosos, de unos siete decímetros de largo, hojas acorazonadas, flores blancas muy pequeñas en espiga terminal, y por fruto una vaina pequeña y llena de simientes menudas que sirven para condimento. Toda la planta despide olor parecido al del ajo.

alias. **I.** M. **1.** Apodo o sobrenombre. ‖ **II.** ADV. **2.** Por otro nombre. *Alfonso Tostado, alias el Abulense.*

alicaído, da. ADJ. **1.** Débil, falto de fuerzas, triste o desanimado. ‖ **2.** coloq. Dicho de una persona: venida a menos.

alicante. M. **1.** Especie de víbora, de siete a ocho decímetros de largo y de hocico remangado. Es muy venenosa y se cría en todo el mediodía de Europa. ‖ **2.** *Méx.* cencuate.

alicantino, na. ADJ. **1.** Natural de Alicante. U. t. c. s. ‖ **2.** Perteneciente o relativo a esta ciudad de España o a su provincia.

alicatado. M. **1.** Acción de alicatar. ‖ **2.** Obra de azulejos. *El palacio tiene alicatados muy valiosos.*

alicatar. TR. **1.** azulejar. ‖ **2.** *Arq.* Cortar los azulejos para darles la forma conveniente.

alicate. M. Tenaza pequeña de acero con brazos curvados y puntas cuadrangulares o de forma de cono truncado, y que sirve para coger y sujetar objetos menudos o para torcer alambres, chapas delgadas o cosas parecidas. U. m. en pl. con el mismo significado que en sing. ‖ ~ **de corte.** M. El que tiene las puntas en forma de cuchillas y se emplea, sobre todo por los electricistas, para cortar cables.

aliciente. M. Atractivo o incentivo.

alicortar. TR. **1.** Cortar las alas. ‖ **2.** Herir a un ave en las alas dejándola impedida para volar.

alicorto, ta. ADJ. **1.** Que tiene las alas cortas o cortadas. *Paloma alicorta.* ‖ **2.** Dicho de una persona: De escasa imaginación o modestas aspiraciones.

alicrejo. M. *Am. Cen.* Persona débil, flaca y floja.

alícuota. F. parte alícuota.

alidada. F. Regla fija o móvil que lleva perpendicularmente y en cada extremo una dioptra o un anteojo. Acompaña a ciertos instrumentos de topografía y sirve para dirigir visuales.

alienación. F. **1.** Proceso mediante el cual el individuo o una colectividad transforman su consciencia hasta hacerla contradictoria con lo que debía esperarse de su condición. ‖ **2.** Resultado de ese proceso. ‖ **3.** *Med.* Trastorno mental, tanto temporal o accidental como permanente. ‖ **4.** *Psicol.* Estado mental caracterizado por una pérdida del sentimiento de la propia identidad.

alienado, da. PART. de alienar. ‖ ADJ. Loco, demente. U. t. c. s.

alienante. ADJ. Que produce alienación. *Relación alienante.*

alienar. TR. Producir alienación.

alienígena. ADJ. **1.** extraterrestre (‖ ser supuestamente venido desde el espacio exterior). U. t. c. s. ‖ **2.** extranjero. U. t. c. s.

alienígeno, na. ADJ. Extraño, no natural. *Personalidad alienígena.*

alienista. ADJ. Dicho de un médico: Dedicado especialmente al estudio y curación de las enfermedades mentales. U. t. c. s.

aliento. M. **1.** Aire que se expulsa al respirar. *Echar el aliento.* ‖ **2.** Olor del aliento. *Buen, mal aliento.* ‖ **3.** respiración (‖ acción y efecto de respirar). *Contener el aliento.* ‖ **4.** Vigor del ánimo, esfuerzo, valor. U. t. en pl. con el mismo significado que en sing. *No tuvo alientos suficientes para llegar.* ‖ **5.** Soplo del viento. ‖ **6.** Inspiración, estímulo que impulsa la creación artística. *Es obra de aliento clásico.*

alifafe. M. Achaque generalmente leve. U. m. en pl.

alifático, ca. ADJ. *Quím.* Dicho de un compuesto orgánico: Cuya estructura molecular es una cadena abierta.

alifato. M. Serie de las consonantes árabes, conforme a un orden tradicional.

alífero, ra. ADJ. alígero (‖ dotado de alas).

aligación. F. ligazón (‖ trabazón). □ V. **regla de ~**.

aligátor. M. caimán (‖ reptil emidosaurio). MORF. pl. aligátores.

aligeramiento. M. Acción y efecto de aligerar.

aligerar. I. TR. **1.** Hacer ligero o menos pesado. *Deberías aligerar la mochila.* U. t. c. prnl. ‖ **2.** Aliviar, moderar, templar. *Pretenden aligerar las penas.* ‖ **3.** Hacer más rápido. *Aligeró el paso.* ‖ **II.** INTR. **4.** Abreviar, acelerar. U. t. c. prnl.

alígero, ra. ADJ. **1.** poét. Dotado de alas. *El alígero Pegaso.* ‖ **2.** poét. Rápido, veloz, muy ligero. *Carrera alígera.*

aligui. M. *Filip.* Madero, comúnmente enterizo, que sirve para la construcción de edificios.

aligustre. M. *Esp.* alheña (‖ arbusto oleáceo).

alijar. TR. **1.** Aligerar la carga de una embarcación o desembarcar toda la carga. ‖ **2.** Transbordar o echar en tierra géneros de contrabando.

alijo. M. **1.** Conjunto de géneros o efectos de contrabando. ‖ **2.** Acción de alijar.

alimaña. F. **1.** Animal perjudicial a la caza menor; p. ej., la zorra, el gato montés, el milano, etc. ‖ **2.** Persona mala, despreciable, de bajos sentimientos.

alimañero. M. Guarda de caza empleado en la destrucción de alimañas.

alimentación. F. **1.** Acción y efecto de alimentar. ‖ **2.** Conjunto de las cosas que se toman o se proporcionan como alimento.

alimentador, ra. I. ADJ. **1.** Que alimenta. *Red alimentadora de gas.* ‖ **II.** M. **2.** Parte o pieza de una máquina que le proporciona la materia o la energía necesaria para su funcionamiento.

alimentar. TR. **1.** Dar alimento a un animal o un vegetal. U. t. c. prnl. ‖ **2.** Suministrar a una máquina, sistema o proceso, la materia, la energía o los datos que necesitan para su funcionamiento. ‖ **3.** Servir de pábulo para la producción o mantenimiento del fuego, la luz, etc. *La hojarasca sirvió para alimentar el incendio.* U. t. c. prnl. ‖ **4.** Fomentar el desarrollo, actividad o mantenimiento de cosas inmateriales, como facultades anímicas, sentimientos, creencias, costumbres, prácticas, etc. U. t. c. prnl. ‖ **5.** Sostener o fomentar una virtud, un vicio, una pasión, un sentimiento o un afecto. ‖ **6.** *Der.* Suministrar a alguien lo necesario para su manutención y subsistencia, conforme al estado civil, a la condición social y a las necesidades y recursos del alimentista y del pagador.

alimentario, ria. ADJ. **1.** Perteneciente o relativo a la alimentación. *Industria alimentaria.* ‖ **2.** Propio de la alimentación. *Trastornos alimentarios.* □ V. **cadena ~**.

alimenticio, cia. ADJ. **1.** Que alimenta o tiene la propiedad de alimentar. *Papilla muy alimenticia.* ‖ **2.** Perteneciente o relativo a los alimentos o a la alimentación. *Propiedades alimenticias.* □ V. **bolo ~, pensión ~**.

alimentista. COM. *Der.* Persona que tiene derecho a recibir la prestación de alimentos.

alimento. M. **1.** Conjunto de cosas que el hombre y los animales comen o beben para subsistir. ‖ **2.** Cada una de las sustancias que un ser vivo toma o recibe para su nutrición. ‖ **3.** Cosa que sirve para mantener la existencia de algo que, como el fuego, necesita de pábulo. ‖ **4.** Sostén, pábulo de cosas incorpóreas, como virtudes, vicios, pasiones, sentimientos y afectos del alma. ‖ **5.** pl.

Der. Prestación debida entre parientes próximos cuando quien la recibe no tiene la posibilidad de subvenir a sus necesidades. ‖ **~ concentrado.** M. El rico en uno o varios principios nutritivos de fácil digestión. ‖ **ser** algo **de mucho ~.** LOC. VERB. Tener mucho poder nutritivo. ‖ **ser** algo **de poco ~.** LOC. VERB. Tener poco poder nutritivo.

alimoche. M. abanto (‖ ave rapaz).

alimón. al ~. LOC. ADV. **1.** De manera conjunta. *Van a cantar al alimón.* ‖ **2.** Dicho de torear: Asiendo dos lidiadores un solo capote, cada uno por un extremo, para citar al toro y burlarlo, pasándole aquel por encima de la cabeza.

alinde. M. Azogue preparado que se pega detrás del cristal para hacer un espejo. ‖ **de ~.** LOC. ADJ. De aumento. *Cristal, espejo, ojos de alinde.*

alinderar. TR. *Am.* Señalar o marcar los límites de un terreno.

alineación. F. **1.** Acción y efecto de alinear. ‖ **2.** Trazado de calles y plazas. ‖ **3.** Línea de fachada que sirve de límite a la construcción de edificios al borde de la vía pública. ‖ **4.** Disposición de los jugadores de un equipo deportivo según el puesto y función asignados a cada uno para determinado partido.

alineado, da. PART. de alinear. ‖ ADJ. Que ha tomado partido en un conflicto o disidencia. U. m. con neg. Se usa más en referencia a colectividades que proclaman así su neutralidad. *Países no alineados.*

alineamiento. M. alineación.

alinear. TR. **1.** Colocar tres o más personas o cosas en línea recta. U. t. c. prnl. ‖ **2.** Incluir a un jugador en las líneas en un equipo deportivo para un determinado partido. ‖ **3.** Vincular a una tendencia ideológica, política, etc. U. t. c. prnl. *Se alinea con los moderados.*

aliñado, da. PART. de aliñar. ‖ ADJ. Aseado, dispuesto.

aliñar. TR. **1.** aderezar (‖ condimentar). *Aliña muy bien la ensalada.* ‖ **2.** aderezar (‖ componer, adornar). *Aliña sus relatos con rasgos de humor.* U. t. c. prnl. ‖ **3.** aderezar (‖ preparar). *¿Has aliñado el cuarto?* U. t. c. prnl.

aliño. M. **1.** Acción y efecto de aliñar. ‖ **2.** condimento. ‖ **3.** Aseo, buen orden en la limpieza de cosas y lugares y en el atuendo de las personas. □ V. **faena de ~**.

alioli. M. ajiaceite.

alipori. M. *Esp.* vergüenza ajena.

aliquebrar. TR. Quebrar las alas. U. t. c. prnl. MORF. conjug. c. *acertar.*

alirón. INTERJ. Se usa para celebrar la victoria en una competición deportiva. U. t. c. s. m. *Cantar, entonar el alirón.*

alirrojo. □ V. **zorzal ~**.

alisado, da. PART. de alisar. ‖ **I.** ADJ. **1.** Dicho del cabello: **desrizado.** ‖ **II.** M. **2.** Acción y efecto de alisar.

alisador, ra. ADJ. **1.** Que alisa. ‖ **2.** Dicho de un instrumento: Que sirve para alisar o quitar asperezas. U. m. c. s. m.

alisal. M. Sitio poblado de alisos.

alisamiento. M. Acción y efecto de **alisar** (‖ poner liso algo).

alisar. TR. **1.** Poner liso algo. *Alisó el cemento con la llana.* U. t. c. prnl. ‖ **2.** Arreglar el cabello pasando ligeramente el peine sobre él.

aliseda. F. Sitio poblado de alisos.

alisios. M. pl. **vientos alisios.**

alismatáceo, a. ADJ. *Bot.* Se dice de las plantas angiospermas monocotiledóneas acuáticas, comúnmente perennes, con rizoma feculento, hojas radicales, bohordo, flores solitarias o en umbela, racimo, verticilo o panoja, y frutos secos en aquenio o folículo, con semillas sin albumen; p. ej., la achira y la sagitaria. U. t. c. s. f. ORTOGR. En f. pl., escr. con may. inicial c. taxón. *Las Alismatáceas.*

aliso. M. Árbol de la familia de las Betuláceas, de unos diez metros de altura, copa redonda, hojas alternas, trasovadas y algo viscosas, flores blancas en corimbos y frutos comprimidos, pequeños y rojizos.

alistador. M. *Am. Cen.* Operario que prepara y cose las piezas del calzado.

alistamiento. M. Acción y efecto de alistar o alistarse.

alistar. I. TR. 1. Inscribir en lista a alguien. U. t. c. prnl. || II. PRNL. 2. Sentar plaza en la milicia.

aliteración. F. 1. *Ret.* Repetición notoria del mismo o de los mismos fonemas, sobre todo consonánticos, en una frase. || 2. *Ret.* Figura que, mediante la repetición de fonemas, sobre todo consonánticos, contribuye a la estructura o expresividad del verso.

aliviadero. M. Vertedero de aguas sobrantes embalsadas o canalizadas.

aliviador, ra. ADJ. Que alivia. Apl. a pers., u. t. c. s.

alivianar. TR. *Am.* aliviar.

aliviar. I. TR. 1. Disminuir o mitigar las enfermedades, las fatigas del cuerpo o las aflicciones del ánimo. || 2. **aligerar** (|| hacer menos pesado). *Hay que aliviar el peso del equipaje.* || 3. Quitar a alguien o algo parte del peso que sobre él o ello carga. *Aliviaron a las mulas de sus cargas.* U. t. c. prnl. || 4. Dejar que un líquido salga por el aliviadero de un recipiente, para evitar que sobrepase un determinado nivel de este. || 5. Descargar de superfluidades el cuerpo o sus órganos. U. t. c. prnl. || II. PRNL. 6. *Méx.* dar a luz (|| parir). ¶ MORF. conjug. c. *anunciar.*

alivio. M. 1. Acción y efecto de aliviar o aliviarse. || 2. Atenuación de las señales externas de duelo una vez transcurrido el tiempo de luto riguroso.

alizarina. F. Materia colorante que se extrae de la raíz de la **rubia**¹.

aljaba. F. hist. Caja para flechas, ancha y abierta por arriba, estrecha por abajo y pendiente de una cuerda o correa con que se colgaba de un hombro a la cadera opuesta.

aljama¹. F. 1. Junta de moros o judíos. || 2. **sinagoga** (|| templo judío). || 3. hist. Morería o judería.

aljama². F. **mezquita.**

aljamía. F. 1. Texto morisco en romance, pero transcrito con caracteres árabes. || 2. Texto judeoespañol transcrito con caracteres hebreos. || 3. Entre los antiguos musulmanes habitantes de España, lenguas de los cristianos peninsulares.

aljamiado, da. ADJ. Escrito en aljamía. *Texto aljamiado.*

aljerife. M. Red muy grande usada para pescar en las riberas de los ríos.

aljibe. M. 1. **cisterna** (|| depósito subterráneo de agua). || 2. Depósito destinado al transporte de un líquido. U. en apos. *Camión, buque, vagón aljibe.* || 3. *Mar.* Embarcación o buque acondicionados para el transporte de agua dulce. || 4. *Á. Caribe.* **pozo** (|| perforación para buscar agua).

aljofaina. F. **palangana.**

aljófar. M. 1. Perla de forma irregular y, comúnmente, pequeña. || 2. Conjunto de perlas de esta clase. || 3. Cosa parecida al aljófar, como las gotas de rocío.

aljofarar. TR. 1. Cubrir o adornar con aljófar algo. || 2. poét. Hacer que algo parezca formado de aljófar o cubrirlo o adornarlo con algo que lo imite.

aljofifa. F. Pedazo de paño basto de lana para fregar el suelo.

aljofifar. TR. Fregar con aljofifa.

aljonjero. □ V. **cardo** ~.

aljuba. F. hist. Vestidura morisca usada también por los cristianos, consistente en un cuerpo ceñido en la cintura, abotonado, con mangas y falda que solía llegar hasta las rodillas.

allá. I. ADV. L. 1. **allí.** Indica lugar menos circunscrito o determinado que el que se denota con esta última voz. Por eso allá admite ciertos grados de comparación que rechaza *allí. Tan allá, más allá, muy allá.* Se emplea a veces precediendo a nombres de lugar para denotar lejanía. *Allá en Rusia. Allá en América.* || 2. Se usa en fórmulas como *Allá te las compongas, allá se las haya, allá tú, allá él, allá cada cual,* etc., para manifestar desdén o despreocupación respecto a los problemas ajenos. || 3. Se usa para indicar alejamiento del punto en que se halla el hablante. *Vete allá. Vamos hacia allá. Mira para allá.* || II. ADV.T. 4. Denota el remoto pasado. *Allá en tiempo de los godos. Allá en mi niñez.* || **allá, allá.** EXPR. Se usa en frases elípticas para indicar que dos o más cosas que se comparan son aproximadamente iguales. || **el más ~.** LOC. SUST. M. El mundo de ultratumba. || **muy ~.** LOC.ADV. Muy bien. U. m. con neg. *Eso no está muy allá.*

allanador, ra. ADJ. Que allana. Apl. a pers., u. t. c. s.

allanamiento. M. 1. Acción y efecto de allanar o allanarse. || 2. Acto de conformarse con una demanda o decisión. || 3. *Der.* Acto procesal del demandado por el que acepta las pretensiones dirigidas contra él en una demanda. || 4. *Am.* Registro policial de un domicilio. || **~ morada.** M. *Der.* Delito que comete quien, sin habitar en ella, entra o se mantiene en morada ajena contra la voluntad de su ocupante.

allanar. I. TR. 1. Poner llano o plano. U. t. c. intr. y c. prnl. || 2. Dejar o poner expedito y transitable un camino u otro lugar de paso. U. t. en sent. fig. *Allanar el camino para la pacificación.* || 3. Entrar en casa ajena contra la voluntad de su dueño. || 4. Vencer o superar alguna dificultad o inconveniente. || 5. *Am.* Registrar un domicilio con mandamiento judicial. || II. PRNL. 6. Conformarse, avenirse, acceder a algo. || 7. Dicho de una persona: Igualarse o ponerse a la misma altura de otra u otras que normalmente son sus inferiores.

allegadizo, za. ADJ. Que se allega o junta sin elección y para aumentar el número. *Se incorporaron los elementos llamados y los allegadizos.*

allegado, da. PART. de **allegar.** || ADJ. 1. Cercano o próximo en el espacio o en el tiempo. *Fuentes allegadas al Gobierno.* || 2. Dicho de una persona: Cercana o próxima a otra en parentesco, amistad, trato o confianza. U. t. c. s. || 3. *Á. R. Plata* y *Chile.* Dicho de una persona: Que vive transitoriamente en casa ajena, por lo común sin ser pariente del dueño. U. t. c. s.

allegador, ra. ADJ. Que allega. Apl. a pers., u. t. c. s.

allegamiento. M. Acción de allegar.

allegar. I. TR. 1. Recoger, juntar. *La gestora se encarga de allegar los fondos.* || 2. Arrimar o acercar algo a otra cosa. *Allega la silla a la lumbre.* U. t. c. prnl. || 3. Reunir o agrupar. *El perro allegará las ovejas.* || 4. Dar o procurar algo a alguien. *Antonio allegará el informe.* ||

Obtener, conseguir. *¿Dónde has allegado el vino?* ‖ **6.** Agregar, añadir. *Allega sal al guiso.* ‖ **II.** INTR. **7. llegar** (‖ alcanzar el fin de un desplazamiento). U. t. c. prnl.

allende. I. ADV. L. **1.** De la parte de allá. *Traen mercancías de allende.* ‖ **II.** PREP. **2.** Más allá de, de la parte de allá de. *Allende el océano.*

allí. I. ADV. L. **1.** En aquel lugar. *Estaremos allí.* ‖ **2.** Se usa en correlación con *aquí,* para designar sitio indeterminado. *Por todas partes se veían hermosas flores; aquí, rosas y dalias, allí, jacintos y claveles.* ‖ **3.** A aquel lugar. *Voy allí.* ‖ **II.** ADV.T. **4.** Entonces, en tal ocasión. *Allí me hubiera gustado verte.*

alma. F. **1.** Principio que da forma y organiza el dinamismo vegetativo, sensitivo e intelectual de la vida. ‖ **2.** En algunas religiones y culturas, sustancia espiritual e inmortal de los seres humanos. ‖ **3.** Vida humana. *Arrancarle a alguien el alma.* ‖ **4.** Principio sensitivo que da vida e instinto a los animales, y vegetativo que nutre y acrecienta las plantas. ‖ **5.** Persona, individuo, habitante. U. m. en pl. *Una población de 20 000 almas.* U. t. en sing. en frs. negs. *No se ve un alma en la calle.* ‖ **6.** Viveza, espíritu, energía. *Hablar, representar con alma.* ‖ **7.** Persona que impulsa o inspira algo. *Fulano fue el alma del movimiento.* ‖ **8.** Hueco o parte hueca de algunas cosas, y especialmente, ánima del cañón. ‖ **9.** En los instrumentos de cuerda que tienen puente, como el violín, el contrabajo, etc., palo que se pone entre sus dos tapas para que se mantengan a igual distancia. ‖ **10.** *Arq.* Madero que, asentado y fijo verticalmente, sirve para sostener los otros maderos o los tablones de los andamios. ‖ **~ de Dios.** F. Persona muy bondadosa y sencilla. ‖ **~ en pena.** F. **1.** La que padece en el purgatorio. ‖ **2.** alma errante, sin reposo definitivo. ‖ **3.** Persona que anda sola, triste y melancólica. ‖ **~ nacida.** F. **alma viviente.** ‖ **~ viviente.** F. Toda persona. U. con neg. ‖ **abrir** alguien su **~** a otra persona. LOC.VERB. coloq. Descubrirle o declararle su intimidad. ‖ **agradecer con, o en, el ~** algo. LOCS.VERBS. coloqs. Agradecerlo vivamente. ‖ **~ mía.** LOC. INTERJ. Denota cariño. ‖ **arrancarle** a alguien el **~.** LOC.VERB. Quitarle la vida. ‖ **caérsele** a alguien el **~ a los pies.** LOC.VERB. coloq. Abatirse, desanimarse por no corresponder la realidad a lo que esperaba o creía. ‖ **clavársele** a alguien algo en el **~.** LOC.VERB. Sentirlo mucho, quedar fuertemente afectado u ofendido por ello. ‖ **como ~ que lleva el diablo.** LOC.ADV. coloq. Huyendo con extraordinaria ligereza o velocidad y con presteza o perturbación del ánimo. *Salió como alma que lleva el diablo.* ‖ **con el ~, o con toda el ~.** LOCS.ADVS. coloqs. **con el alma y con la vida.** ‖ **con el ~ y con la vida, o y la vida.** LOCS.ADVS. Con mucho gusto, de muy buena gana. ‖ **dar el ~, o dar el ~ a Dios.** LOCS.VERBS. Expirar, morir. ‖ **dar** alguien el **~ al diablo.** LOC.VERB. coloq. Proceder sin miramiento a leyes, respetos o inconvenientes, para hacer su gusto. ‖ **del ~.** LOC.ADJ. Muy querido. *Amigo, hermano del alma.* ‖ **echar el ~.** LOC.VERB. Afanarse, trabajar excesivamente. ‖ **encomendar el ~.** LOC.VERB. Confiar el alma a Dios al sentirse próximo a morir. ‖ **en el ~.** LOC.ADV. De manera entrañable. *Sentir, doler, alegrarse en el alma.* ‖ **entregar el ~, o entregar el ~ a Dios.** LOCS.VERBS. **dar el alma.** ‖ **estar** alguien **con el ~ en la boca, o entre los dientes.** LOCS.VERBS. **1.** coloqs. Estar para morir. ‖ **2.** coloqs. Padecer tan gran temor que parece que está en riesgo de morir. ‖ **estar con el ~ en un hilo.** LOC.VERB. coloq. Estar agitado por el

temor de un grave riesgo o trabajo. ‖ **hablar** alguien **al ~** a otra persona. LOC.VERB. Hablarle con claridad y verdad, sin contemplación ni lisonja. ‖ **írsele el ~** a alguien **por, o tras,** algo. LOCS.VERBS. coloqs. Apetecerlo con ansia. ‖ **llegarle** a alguien **al ~** algo. LOC.VERB. Sentirlo vivamente. ‖ **llevar** a alguien o algo **en el ~.** LOC.VERB. coloq. Quererlo de manera entrañable. ‖ **manchar el ~.** LOC.VERB. Afearla con el pecado. ‖ **mi ~.** LOC. INTERJ. **alma mía.** ‖ **no tener ~.** LOC.VERB. **1.** No tener compasión ni caridad. ‖ **2.** No tener conciencia. ‖ **3.** Ser indiferente a cuanto puede mover el ánimo. ‖ **partir el ~.** LOC.VERB. **1.** Dicho de una persona: Herir profundamente los sentimientos de otra. ‖ **2.** coloq. Dicho de una persona: Golpear violentamente a otra. U. m. c. amenaza. ‖ **3.** coloq. Dicho de una cosa: Causar gran tristeza, dolor o sufrimiento. *Su desprecio le partió el alma.* ‖ **partírsele** a alguien el **~.** LOC.VERB. Sentir gran compasión. ‖ **perder el ~.** LOC. VERB. condenarse (‖ incurrir en la pena eterna). ‖ **pesarle** a alguien **en el ~** algo. LOC.VERB. Arrepentirse o dolerse vivamente de ello. ‖ **rendir el ~, o rendir el ~ a Dios.** LOCS.VERBS. dar el alma. ‖ **romper** a alguien el **~.** LOC.VERB. coloq. partir el alma. ‖ **tener el ~ en, o entre, los dientes.** LOCS.VERBS. coloqs. estar con el alma en la boca. ‖ **tener el ~ en un hilo.** LOC.VERB. coloq. estar con el alma en un hilo. ‖ **volvérle** a alguien el **~ al cuerpo.** LOC.VERB. coloq. Tranquilizarse después de alguna grave preocupación o temor. ☐ V. **cuerpo sin ~, cura de ~s, pedazo del ~, recomendación del ~.**

almacén. M. **1.** Edificio o local donde se depositan géneros de cualquier especie, generalmente mercancías. U. t. en sent. fig. *Almacén de datos.* ‖ **2.** Local donde los géneros que ahí existen se venden, por lo común, al por mayor. ‖ **3.** *Impr.* Cada una de las cajas que contiene un juego de matrices de un mismo tipo con que trabaja una linotipia. ‖ **4.** *Am.* Tienda donde se venden artículos domésticos de primera necesidad. ‖ **5.** pl. Establecimiento comercial donde se venden géneros al por menor. ‖ **~ de rezago.** M. *Chile.* Lugar donde se almacena la mercancía importada que no se rescata oportunamente. ‖ **grandes almacenes.** M. pl. Gran establecimiento dividido en departamentos, donde se venden productos de todo género.

almacenaje. M. **1.** almacenamiento. ‖ **2.** Derecho que se paga por guardar las cosas en un almacén o depósito.

almacenamiento. M. Acción y efecto de almacenar.

almacenar. TR. **1.** Poner o guardar en almacén. ‖ **2.** Reunir, guardar o registrar en cantidad algo. *Almacenar libros, datos, informaciones.*

almacenero, ra. M. y F. **1.** almacenista. ‖ **2.** Persona que se ocupa de atender los servicios de un almacén.

almacenista. COM. **1.** Dueño de un almacén. ‖ **2.** Persona que despacha los géneros que en él se venden.

almáciga[1]. F. Resina clara, traslúcida, amarillenta y algo aromática que se extrae de una variedad de lentisco.

almáciga[2]. F. Lugar donde se siembran y crían los vegetales que luego han de trasplantarse.

almácigo[1]. M. **1.** lentisco. ‖ **2.** Árbol de la isla de Cuba, de la familia de las Burseráceas, que llega hasta ocho metros de altura. Tiene el tallo cubierto de una telilla fina y transparente que le da un brillo cobrizo; su fruto sirve de alimento a los cerdos; sus hojas, de pasto a las cabras, y su resina se emplea para curar los resfriados, y también como remedio diaforético y contra las llagas y heridas.

almácigo². M. almáciga².

almádana. F. almádena.

almádena. F. Mazo de hierro con mango largo, usado para romper piedras.

almadía. F. **1**. canoa (‖ embarcación de remo). ‖ **2**. armadía.

almadiero. M. Hombre que conduce o dirige la almadía.

almadraba. F. **1**. Pesca de atunes. ‖ **2**. Red o cerco de redes con que se pescan atunes. ‖ **3**. Lugar donde se hace esta pesca y donde posteriormente se prepara el pescado.

almadrabero, ra. M. y F. Persona que se ocupa en la pesca con almadraba.

almadraque. M. Cojín, almohada o colchón.

almadreña. F. **zueco** (‖ zapato de madera).

almagra. F. **almagre** (‖ óxido rojo de hierro).

almagrar. TR. Teñir de almagre.

almagre. **I**. M. **1**. Óxido rojo de hierro, más o menos arcilloso, abundante en la naturaleza, que suele emplearse en la pintura. ‖ **II**. ADJ. **2**. Que tiene el color o el tono de almagre. U. t. c. s. m. *El almagre de los campos en sus últimos cuadros.*

almaizar. M. Toca de gasa usada por los moros.

almajo. M. **1**. Cada una de la plantas que dan barrilla. ‖ **2**. **barrilla** (‖ cenizas).

alma máter. (Locución latina). F. Se usa para designar la Universidad.

almanaque. M. **1**. Registro o catálogo que comprende todos los días del año, distribuidos por meses, con datos astronómicos y noticias relativas a celebraciones y festividades religiosas y civiles. ‖ **2**. Publicación anual que recoge datos, noticias o escritos de diverso carácter. *Almanaque político, gastronómico.*

almarraja o **almarraza**. F. hist. Vasija de vidrio, semejante a la garrafa, agujereada por el vientre, y que servía para rociar o regar.

almástiga. F. almáciga¹.

almazara. F. Molino de aceite.

almazarrón. M. **almagre** (‖ óxido rojo de hierro).

almecina. F. Fruto del almez. Es una drupa comestible redonda, como de un centímetro de diámetro, negra por fuera, amarilla por dentro y con el hueso también redondo.

almeja. F. Molusco lamelibranquio marino, con valvas casi ovales, mates o poco lustrosas por fuera, con surcos concéntricos y estrías radiadas muy finas; en su interior son blanquecinas y algo nacaradas. Su carne es comestible y muy apreciada. ‖ ~ **de río**. F. Molusco lamelibranquio de agua dulce. Sus diversas especies abundan en varias partes del mundo y son bastante parecidas entre sí. Las valvas de sus conchas son gruesas y en su interior tienen una espesa capa de nácar.

almena. F. Cada uno de los prismas que coronan los muros de las fortalezas para resguardarse en ellas los defensores.

almenado, da. PART. de almenar. ‖ **I**. ADJ. **1**. Guarnecido o coronado de adornos o cosas en forma de almenas. *Muelas almenadas.* ‖ **II**. M. **2**. Conjunto de almenas.

almenar. TR. Guarnecer o coronar de almenas un edificio.

almenara. F. hist. Fuego que se hacía en las atalayas o torres para dar aviso de algo, como de tropas enemigas o de la llegada de embarcaciones.

almendra. F. **1**. Fruto del almendro. Es una drupa oblonga, con pericarpio formado por un epicarpio membranoso, un mesocarpio coriáceo y un endocarpio leñoso, o hueso, que contiene la semilla, envuelta en una película de color canela. ‖ **2**. Este fruto, separado de las capas externa y media del pericarpio. ‖ **3**. Semilla de este fruto. ‖ **4**. Semilla de cualquier fruto drupáceo. ‖ ~ **amarga**. F. La que es venenosa. ‖ ~ **dulce**. F. La que es comestible, por contraposición a la amarga.

almendrado, da. **I**. ADJ. **1**. De forma de almendra. *Ojos almendrados.* ‖ **II**. M. **2**. Pasta hecha con almendras, harina y miel o azúcar.

almendral. M. **1**. Sitio poblado de almendros. ‖ **2**. **almendro**.

almendrero. M. almendro.

almendro. M. Árbol de la familia de las Rosáceas, de raíz profunda, tronco de siete a ocho metros de altura, madera dura, hojas oblongas y aserradas, flores blancas o rosadas, y cuyo fruto es la almendra. Florece muy temprano. Su corteza destila una goma parecida a la arábiga.

almendrón. M. **1**. Árbol de la familia de las Mirtáceas, originario de Jamaica, de fruto pequeño, ácido y comestible, con olor a almendra amarga. ‖ **2**. Fruto de este árbol.

almendruco. M. Fruto del almendro, con el mesocarpio todavía verde; el endocarpio, blando, y la semilla a medio cuajarse.

almeriense. ADJ. **1**. Natural de Almería. U. t. c. s. ‖ **2**. Perteneciente o relativo a esta ciudad de España o a su provincia.

almete. M. hist. Pieza de la armadura antigua, que cubría la cabeza.

almez. M. Árbol de la familia de las Ulmáceas, de unos doce a catorce metros de altura, tronco derecho de corteza lisa y parda, copa ancha, hojas lanceoladas y dentadas de color verde oscuro y flores solitarias.

almiar. M. **1**. Pajar al descubierto, con un palo largo en el centro, alrededor del cual se va apretando la mies, la paja o el heno. ‖ **2**. Montón de paja o heno formado así para conservarlo todo el año.

almíbar. M. Azúcar disuelto en agua y cocido al fuego hasta que toma consistencia de jarabe. ‖ **estar hecho ~, o un ~**. LOCS.VERBS. coloqs. Mostrarse sumamente amable y complaciente. □ V. **dulce de ~**.

almibarado, da. PART. de almibarar. ‖ ADJ. Blando y meloso en el trato y en las palabras.

almibarar. TR. Bañar o cubrir con almíbar.

almidón. M. Hidrato de carbono que constituye la principal reserva energética de casi todos los vegetales. Tiene usos alimenticios e industriales.

almidonado, da. PART. de almidonar. ‖ **I**. ADJ. **1**. Planchado con almidón. ‖ **2**. coloq. Dicho de una persona: Compuesta o ataviada con excesiva pulcritud. ‖ **II**. M. **3**. Acción y efecto de almidonar.

almidonar. TR. Mojar la ropa blanca en almidón desleído en agua, o cocido, para ponerla blanca y tiesa.

almijarra. F. En molinos, trapiches, norias, etc., palo horizontal del que tira la caballería.

almilla. F. **1**. hist. Especie de jubón, con mangas o sin ellas, ajustado al cuerpo. ‖ **2**. hist. Jubón cerrado, escotado y con solo medias mangas, que no llegaban al codo. Se ponía debajo de la armadura.

almimbar. M. Púlpito de las mezquitas.

alminar. M. Torre de las mezquitas, por lo común elevada y poco gruesa, desde cuya altura convoca el almuédano a los musulmanes en las horas de oración.

almiranta. F. hist. Nave que montaba el jefe de una armada, escuadra o flota.

almirantazgo. M. **1.** Órgano superior de la Armada. ‖ **2.** Empleo, grado o dignidad de almirante en todas sus categorías. ‖ **3.** Conjunto de los almirantes de una Marina. ‖ **4.** Ámbito territorial comprendido en la jurisdicción del almirante.

almirante. I. COM. **1.** Mar. Oficial general de la Armada, del grado más elevado del almirantazgo. ‖ **II.** M. **2.** hist. Autoridad que en las cosas de mar tenía jurisdicción con mando absoluto sobre las armadas, navíos y galeras. ‖ **3.** hist. Autoridad que mandaba la armada, escuadra o flota después del capitán general. ‖ **4.** hist. Tocado femenino de grandes dimensiones usado en el siglo XVIII. ‖ **~ de la mar, o ~ mayor de la mar.** M. hist. almirante (‖ autoridad con mando absoluto sobre las armadas, navíos y galeras).

almirez. M. Mortero de metal, pequeño y portátil, que sirve para machacar o moler en él.

almizate. M. **1.** Punto central del harneruelo en los techos de maderas labradas. ‖ **2.** harneruelo.

almizclado, da. ADJ. almizcleño. ☐ V. desmán ~.

almizcle. M. Sustancia grasa, untuosa y de olor intenso que algunos mamíferos segregan en glándulas situadas en el prepucio, en el periné o cerca del ano, y, por ext., la que segregan ciertas aves en la glándula situada debajo de la cola. Por su untuosidad y aroma, el almizcle es la base de ciertos preparados cosméticos y de perfumería.

almizcleño, ña. ADJ. Que huele a almizcle. *Perfume almizcleño.*

almizclero, ra. I. ADJ. **1.** almizcleño. ‖ **II.** M. **2.** Mamífero artiodáctilo de la familia de los Cérvidos, del tamaño de una cabra, desprovisto de cuernos y con una bolsa glandular en el vientre, que contiene almizcle. Vive en las montañas del Asia central. ☐ V. ratón ~.

almo, ma. ADJ. poét. Alimentador, vivificador. *Alma Ceres.*

almocafre. M. Instrumento que sirve para escardar y limpiar la tierra de malas hierbas, y para trasplantar plantas pequeñas.

almodrote. M. Salsa compuesta de aceite, ajos, queso y otros ingredientes, con la cual se sazonan las berenjenas.

almófar. M. hist. Parte de la armadura antigua, especie de cofia de malla, sobre la cual se ponía el capacete.

almogávar. M. **1.** hist. En la milicia antigua, soldado de una tropa escogida y muy diestra en la guerra, que se empleaba en hacer entradas y correrías en las tierras de los enemigos. ‖ **2.** pl. hist. Antiguas tropas de Cataluña y Aragón.

almohada. F. **1.** Funda rellena de un material blando, que sirve para reclinar la cabeza. ‖ **2.** almohadón (‖ colchón pequeño para sentarse, arrodillarse, recostarse, etc.). ‖ **3.** Funda de tela en que se mete la almohada para reclinar la cabeza. ‖ **4.** Arq. almohadilla (‖ de un sillar). ‖ **aconsejarse, o consultar, con la ~.** LOCS.VERBS. coloqs. Meditar sobre algún asunto, aplazando la decisión durante un breve tiempo, normalmente por un día. ‖ **tomar la ~** una dama. LOC.VERB. Tomar posesión de la grandeza de España.

almohadazo. M. Golpe dado con una almohada.

almohade. ADJ. **1.** hist. Se dice del seguidor de Aben Tumart, jefe musulmán que en el siglo XII fanatizó a las tribus occidentales de África y dio ocasión a que se fundase un nuevo imperio con ruina del de los almorávides. U. t. c. s. y m. en pl. ‖ **2.** hist. Perteneciente o relativo a los almohades. *Arte almohade.*

almohadilla. F. **1.** Cojín pequeño que se coloca sobre los asientos duros, como los de las plazas de toros. ‖ **2.** Especie de almohada pequeña para ciertos usos. *Una almohadilla empapada en tinta para el sello.* ‖ **3.** Pieza acolchada que se coloca como apoyo o protección para evitar un daño o una rozadura o para amortiguar la presión de un objeto duro. ‖ **4.** acerico. ‖ **5.** Almohada cilíndrica de 60 a 70 centímetros de largo y unos 20 de diámetro, que se usa para hacer encaje de bolillos. ‖ **6.** hist. Cojín pequeño sobre el cual cosían las mujeres, y que solía estar unido a la tapa de una caja de costura. ‖ **7.** Anat. Masa de tejido con fibras y grasa que se encuentra en las puntas de las falanges o en la planta del pie de algunos animales, como el perro, el gato y el elefante, y los protege de golpes y roces. ‖ **8.** Arq. Parte del sillar que sobresale de la obra, con las aristas achaflanadas o redondeadas. ‖ **9.** Telec. Símbolo (#) parecido al sostenido, utilizado en telecomunicaciones.

almohadillado, da. PART. de almohadillar. ‖ **I.** ADJ. **1.** Arq. Formado por almohadillas (‖ partes del sillar). ‖ **II.** M. **2.** Arq. Modo de construcción que emplea estos elementos.

almohadillar. TR. acolchar (‖ poner algodón, lana, etc., entre dos telas).

almohadillazo. M. Golpe dado con una almohadilla, ordinariamente arrojándola.

almohadillero, ra. M. y F. **1.** Persona que hace o vende almohadillas. ‖ **2.** Persona que alquila almohadillas a los asistentes a ciertos espectáculos, como los toros, el fútbol, etc.

almohadón. M. **1.** Colchón pequeño a manera de almohada que sirve para sentarse, recostarse o apoyar los pies en él. ‖ **2.** almohada (‖ funda de tela para meter la almohada de la cama).

almohaza. F. Instrumento, usado para limpiar las caballerías, compuesto de una chapa de hierro con cuatro o cinco sierras de dientes menudos y romos, y de un mango de madera o un asa.

almohazar. TR. Restregar a las caballerías con la almohaza para limpiarlas.

almojábana. F. **1.** Torta de queso y harina. ‖ **2.** Especie de bollo, buñuelo o fruta de sartén, que se hace de masa con manteca, huevo y azúcar.

almojarifazgo. M. **1.** hist. Derecho que se pagaba por los géneros o mercancías que salían del reino, por los que se introducían en él, o por aquellos con que se comerciaba de un puerto a otro dentro de España. ‖ **2.** hist. Oficio y jurisdicción del almojarife.

almojarife. M. **1.** hist. Oficial o ministro real que cuidaba de recaudar las rentas y derechos del rey, y tenía en su poder el producto de ellos como tesorero. ‖ **2.** hist. Oficial encargado de cobrar el almojarifazgo.

almoneda. F. **1.** Venta pública de bienes muebles, normalmente usados. ‖ **2.** Venta de géneros que se anuncian a bajo precio. U. t. en sent. fig. *Acusan al Gobierno de hacer almoneda del país.* ‖ **3.** Local donde se realiza esta venta.

almoraduj o **almoradux**. M. mejorana. MORF. pl. almoradujes o almoradux.

almorávide. ADJ. **1.** hist. Se dice del individuo de una tribu guerrera del Atlas, que fundó un vasto imperio en el occidente de África y llegó a dominar toda la España árabe desde 1093 hasta 1148. U. t. c. s. y m. en pl. ‖ **2.** hist. Perteneciente o relativo a los almorávides. *Invasiones almorávides.*

almorrana. F. hemorroide. U. m. en pl.

almorta. F. **1.** Planta anual de la familia de las Papilionáceas, con tallo herbáceo y ramoso, hojas lanceoladas con pedúnculo y zarcillo, flores de color morado y blancas, y fruto en legumbre con cuatro simientes de forma de muela. Su ingestión produce, a veces, latirismo. Florece por junio y es indígena de España. ‖ **2.** Semilla de esta planta.

almorzada. F. Á. *Andes* y *Méx.* Almuerzo copioso y agradable.

almorzar. **I.** TR. **1.** Comer algo en el almuerzo. *Almorzar chuletas.* ‖ **II.** INTR. **2.** Tomar el almuerzo. ¶ MORF. conjug. c. *contar.*

almotacén. M. **1.** hist. Persona que se encargaba oficialmente de contrastar las pesas y medidas. ‖ **2.** hist. Oficina donde se efectuaba esta operación.

almud. M. Unidad de medida de áridos y a veces de líquidos, de valor variable según las épocas y las regiones.

almudí o **almudín**. M. alhóndiga. MORF. pl. almudíes –o almudís– o almudines.

almuecín. M. almuédano.

almuédano. M. Musulmán que desde el alminar convoca en voz alta al pueblo para que acuda a la oración.

almuerzo. M. **1.** Comida que se toma por la mañana. ‖ **2.** Comida del mediodía o primeras horas de la tarde. ‖ **3.** Acción de almorzar. *El almuerzo duró dos horas.*

almunia. F. Huerto, granja.

alobarse. PRNL. Llenarse de pavor ante la presencia de un lobo.

alocado, da. PART. de alocar. ‖ ADJ. **1.** Que tiene cosas de loco o parece loco. ‖ **2.** Dicho de una acción: Que revela poca cordura. *Decisión alocada.* ‖ **3.** Atolondrado, aturdido.

alocar. TR. Causar locura. U. t. c. prnl.

alóctono, na. ADJ. Que no es originario del lugar en que se encuentra. *Especies alóctonas.*

alocución. F. Discurso o razonamiento breve por lo común y dirigido por un superior a sus inferiores, secuaces o súbditos.

áloe o **aloe**. M. **1.** Planta perenne de la familia de las Liliáceas, con hojas largas y carnosas, que arrancan de la parte baja del tallo, el cual termina en una espiga de flores rojas y a veces blancas. De sus hojas se extrae un jugo resinoso y muy amargo que se emplea en medicina. ‖ **2.** Jugo de esta planta.

alófono. M. *Fon.* Cada una de las variantes que se dan en la pronunciación de un mismo fonema, según la posición de este en la palabra o sílaba, según el carácter de los fonemas vecinos, etc.; p. ej., la *b* oclusiva de *tumbo* y la fricativa de *tubo* son alófonos del fonema /b/.

alógeno, na. ADJ. Dicho de una persona: Extranjera o de otra raza, en oposición a los naturales de un país. U. t. c. s.

aloja. F. **1.** Bebida compuesta de agua, miel y especias. ‖ **2.** *Am. Mer.* Bebida fermentada hecha de algarroba, o maíz, y agua.

alojado, da. PART. de alojar. ‖ M. y F. *Am.* huésped (‖ en casa ajena).

alojamiento. M. **1.** Acción y efecto de alojar. ‖ **2.** Lugar donde una persona o un grupo de personas se aloja, aposenta o acampa, o donde está algo. ‖ **3.** hist. Hospedaje gratuito que, por carga vecinal, se daba en los pueblos a la tropa.

alojar. TR. **1.** Hospedar o aposentar. U. t. c. intr. y c. prnl. ‖ **2.** Colocar una cosa dentro de otra, y especialmente en cavidad adecuada. *Alojar una bala en la recámara.* U. t. c. prnl. ‖ **3.** Dar alojamiento a la tropa. U. t. c. prnl.

alojería. F. Tienda donde se hace y vende aloja.

alojero, ra. **I.** M. y F. **1.** Persona que hace o vende aloja. ‖ **II.** M. **2.** hist. En los teatros, cada uno de los dos sitios aislados y situados en la galería baja, donde se vendía aloja al público.

alolar. TR. *Chile.* Hacer que se adopten modos o características de persona joven. U. m. c. prnl.

alomado, da. PART. de alomar. ‖ ADJ. Que tiene forma de lomo. *Terrenos alomados.*

alomar. TR. **1.** *Agr.* Arar la tierra dejando entre surco y surco espacio mayor que de ordinario y de manera que quede formando lomos. *Si el campo es llano, es mejor alomar el terreno.* ‖ **2.** *Equit.* Repartir la fuerza que el caballo suele tener en los brazos más que en los lomos, lo cual se consigue con las ayudas y buena enseñanza.

alómero, ra. ADJ. *Quím.* Dicho de una sustancia: Que presenta la misma estructura cristalina que otra pero diferente composición química. U. t. c. s. m.

alomorfo. M. *Ling.* Cada una de las variantes de un morfema que tienen significado idéntico; p. ej., -s y -es son alomorfos del morfema de plural en español.

alón, na. **I.** ADJ. **1.** *Am.* Dicho especialmente de un sombrero: De ala grande. ‖ **II.** M. **2.** Ala entera de cualquier ave, quitadas las plumas. *Alón de pollo.*

alondra. F. Pájaro de 15 a 20 cm de largo, de cola ahorquillada, con cabeza y dorso de color pardo terroso y vientre blanco turbio. Es abundante en toda España, anida en los campos de cereales y come insectos y granos. Se la suele cazar con espejuelo.

alongado, da. ADJ. prolongado.

alópata. ADJ. Que profesa la alopatía. *Médico alópata.* U. t. c. s.

alopatía. F. Terapéutica cuyos medicamentos producen en el estado sano fenómenos diferentes de los que caracterizan las enfermedades en que se emplean.

alopático, ca. ADJ. Perteneciente o relativo a la alopatía o a los alópatas. *Medicamento alopático.*

alopecia. F. Caída o pérdida patológica del pelo.

alopécico, ca. ADJ. Que padece alopecia. U. t. c. s.

aloque. ADJ. **1.** Se dice especialmente del vino tinto claro o de la mezcla del tinto y blanco. U. t. c. s. m. ‖ **2.** De color rojo claro. *Vestido aloque.*

alosa. F. sábalo.

alotropía. F. *Quím.* Propiedad de algunos elementos químicos de presentarse bajo estructuras moleculares diferentes, como el oxígeno, que puede aparecer como oxígeno atmosférico O_2 y como ozono O_3; o con características físicas distintas, como el fósforo, que puede ser rojo y blanco, o el carbono, que se presenta como grafito y como diamante.

alotrópico, ca. ADJ. *Quím.* Perteneciente o relativo a la alotropía.

alpaca[1]. F. **1.** Mamífero rumiante, de la misma familia que la llama, propio de América Meridional y muy apreciado por su pelo, que se emplea en la industria textil. ‖ **2.** Pelo de este animal, que es más largo, más brillante y flexible que el de los animales lanares. ‖ **3.** Paño hecho con este pelo. ‖ **4.** Tela de algodón abrillantado, a propósito para trajes de verano.

alpaca[2]. F. **metal blanco.**

alpargata. F. Calzado de lona con suela de esparto o cáñamo, que se asegura por simple ajuste o con cintas.

alpargate. M. alpargata.

alpargatería. F. **1.** Taller donde se hacen alpargatas. ‖ **2.** Tienda donde se venden.

alpargatero, ra. M. y F. Persona que hace o vende alpargatas.

alpechín. M. Líquido oscuro y fétido que sale de las aceitunas cuando están apiladas antes de la molienda, y cuando, al extraer el aceite, se las exprime con auxilio del agua hirviendo.

alpechinera. F. Tinaja o pozo donde se recoge el alpechín.

alpende o **alpendre.** M. **1.** Cubierta voladiza de un edificio, y especialmente la sostenida por postes o columnas, a manera de pórtico. ‖ **2.** **cobertizo** (‖ sitio cubierto).

alpestre. ADJ. **1.** alpino. ‖ **2.** *Bot.* Dicho de una planta: Que vive a grandes altitudes.

alpinismo. M. Deporte que consiste en la ascensión a las altas montañas.

alpinista. I. ADJ. **1.** Perteneciente o relativo al alpinismo. *Sociedad alpinista.* ‖ **II.** COM. **2.** Persona que practica el alpinismo o es aficionada a este deporte.

alpino, na. ADJ. **1.** Perteneciente o relativo a los Alpes o a otras montañas altas. *Paisajes alpinos.* ‖ **2.** Perteneciente o relativo al alpinismo. *Deportes alpinos.* ‖ **3.** *Geol.* Perteneciente o relativo a los movimientos orogénicos de la era terciaria, que formaron las grandes cordilleras actuales. ☐ V. **esquí ~.**

alpiste. M. **1.** Planta anual de la familia de las Gramíneas, que crece hasta 40 ó 50 cm y echa una panoja oval, con espiguillas de tres flores y semillas menudas. Toda la planta sirve para forraje, y las semillas para alimento de pájaros y para otros usos. ‖ **2.** Semilla de esta planta.

alpujarreño, ña. ADJ. **1.** Natural de las Alpujarras. U. t. c. s. ‖ **2.** Perteneciente o relativo a este territorio montañoso de Andalucía, en España.

alquequenje. M. **1.** Planta de la familia de las Solanáceas, que crece hasta 60 cm de altura, con tallo empinado y fruticoso, hojas ovaladas y puntiagudas, flores agrupadas, de color blanco verdoso, y fruto encarnado del tamaño de un guisante, envuelto por el cáliz, que se hincha formando una especie de vejiga membranosa. ‖ **2.** Fruto de esta planta, que se empleaba como diurético.

alquería. F. **1.** Casa de labor, con finca agrícola, típica del Levante peninsular. ‖ **2.** **caserío** (‖ conjunto reducido de casas).

alquez. M. Medida de vino de doce cántaras.

alquibla. F. Punto del horizonte o lugar de la mezquita hacia donde los musulmanes dirigen la vista cuando rezan.

alquicel o **alquicer.** M. hist. Vestidura morisca, especie de capa, comúnmente blanca y de lana.

alquilador, ra. M. y F. Persona que alquila.

alquilar. I. TR. **1.** Dar a alguien algo, especialmente una finca urbana, un animal o un mueble, para que use de ello por el tiempo que se determine y mediante el pago de la cantidad convenida. ‖ **2.** Tomar de alguien algo para este fin y con tal condición. ‖ **II.** PRNL. **3.** Dicho de una persona: Ponerse a servir a otra por cierto estipendio.

alquiler. M. **1.** Acción y efecto de alquilar. ‖ **2.** Precio en que se alquila algo. ‖ **de ~.** LOC.ADJ. Dicho especialmente de un inmueble o de un medio de transporte: Que se alquila y a tal fin se destina. ☐ V. **contrato de ~.**

alquilón, na. ADJ. despect. Que se alquila. Se decía especialmente de quien trabajaba por cuenta de otro y, despectivamente, de quien servía en la guerra a cambio de una paga. U. t. c. s.

alquimia. F. **1.** hist. Conjunto de especulaciones y experiencias, generalmente de carácter esotérico, relativas a las transmutaciones de la materia, que influyó en el origen de la ciencia química. Tuvo como fines principales la búsqueda de la piedra filosofal y de la panacea universal. ‖ **2.** Transmutación maravillosa e increíble.

alquímico, ca. ADJ. Perteneciente o relativo a la alquimia. *Receta alquímica.*

alquimista. M. hist. Hombre que profesaba el arte de la alquimia. U. t. c. adj.

alquitara. F. **alambique** (‖ aparato para destilar).

alquitarar. TR. **destilar** (‖ en alambique).

alquitira. F. **tragacanto.**

alquitrán. M. **1.** Líquido viscoso, de color oscuro y fuerte olor, que se obtiene de la destilación de maderas resinosas, carbones, petróleo, pizarras y otros materiales. Tiene distintas aplicaciones industriales. ‖ **2.** Composición de pez, sebo, grasa, resina y aceite. Es muy inflamable y se usó como arma incendiaria.

alquitranado. M. Acción y efecto de alquitranar.

alquitranar. TR. Untar o cubrir de alquitrán un pavimento, un tejado, una cuerda, etc., para impermeabilizarlos, protegerlos de la humedad, etc.

alrededor. I. ADV. L. **1.** Denota la situación de personas o cosas que circundan a otras, o la dirección en que se mueven para circundarlas. ‖ **II.** M. **2.** **contorno** (‖ de un lugar). U. m. en pl. ‖ **~ de. I.** LOC.ADV. **1.** De manera aproximada, poco más o menos. *Alrededor de 200 euros. Alrededor de 8000 espectadores.* ‖ **II.** LOC. PREPOS. **2.** Rodeando, en círculo, en torno a algo. *Alrededor del mundo.* ‖ **3.** Poco antes o después de. *Llegaremos alrededor del día 20.*

alrevesado, da. ADJ. *Méx.* enrevesado.

alsaciano, na. I. ADJ. **1.** Natural de Alsacia. U. t. c. s. ‖ **2.** Perteneciente o relativo a esta región de Francia. ‖ **II.** M. **3.** Dialecto germano hablado en ella.

alta. F. **1.** Autorización que da el médico para la reincorporación de un paciente a la vida ordinaria. ‖ **2.** Documento que acredita el alta de enfermedad. ‖ **3.** Acto en que el contribuyente declara a Hacienda el ejercicio de industrias o profesiones sujetas a impuesto. ‖ **4.** Formulario fiscal para hacer tal declaración. ‖ **5.** Inscripción de una persona en un cuerpo, organismo, profesión, asociación, etc. ‖ **6.** Documento que acredita dicha inscripción. ‖ **dar de ~.** LOC.VERB. **1.** Incluir objetos, herramientas, etc., en un inventario. ‖ **2.** Inscribir a alguien en la seguridad social. ‖ **3.** **dar el alta.** ‖ **dar el ~.** LOC.VERB. Declarar curada a la persona que ha estado en-

ferma. ‖ **darse de ~.** LOC.VERB. Inscribirse en un cuerpo, profesión, organismo, asociación, etc. ‖ **ser ~.** LOC.VERB. Ingresar en un cuerpo, organismo o sociedad o volver a ellos después de haber sido dado de baja.

altabaca. F. olivarda.

altaico, ca. ADJ. **1.** Natural de Altái. U. t. c. s. ‖ **2.** Perteneciente o relativo a esta república de la Federación Rusa. ‖ **3.** Natural de la región de los montes Altái. U. t. c. s. ‖ **4.** Perteneciente o relativo a esa región de Asia. ‖ **5.** Se dice de la familia de lenguas asiáticas a que pertenecen, entre otras, el turco, el manchú y las lenguas mongólicas. U. t. c. s. m. *El altaico.*

altamar. F. Parte del mar que está a bastante distancia de la costa.

altamente. ADV. M. De manera perfecta o excelente, en extremo, en gran manera.

altamisa. F. artemisa.

altanería. F. **1.** Altivez, soberbia. ‖ **2.** Vuelo de algunas aves. ‖ **3.** Caza que se hace con halcones y otras aves de rapiña de alto vuelo.

altanero, ra. ADJ. **1.** Altivo, soberbio. ‖ **2.** Se dice del halcón y de otras aves de rapiña de alto vuelo.

altar. M. **1.** Montículo, piedra o construcción elevada donde se celebran ritos religiosos como sacrificios, ofrendas, etc. ‖ **2.** ara (‖ piedra consagrada). ‖ **3.** En el culto cristiano, especie de mesa consagrada donde el sacerdote celebra el sacrificio de la misa. ‖ **4.** Conjunto constituido por la mesa consagrada, la base, las gradas, el retablo, el sagrario, etc. ‖ **~ mayor.** M. El principal de una iglesia. ‖ **el ~ y el trono.** M. La religión y la monarquía. ‖ **conducir, o llevar, al ~** a alguien. LOCS.VERBS. Casarse con él. ‖ **elevar a los ~es.** LOC.VERB. **canonizar.** ‖ **solo falta ponerlo en un ~.** LOC.VERB. Se usa para referirse a alguien cuyas virtudes se ponderan mucho. □ V. **mesa de ~, sacramento del ~, sacrificio del ~, viso de ~.**

altavoz. M. Aparato que transforma la corriente eléctrica en sonido.

altea. F. malvavisco (‖ planta malvácea).

altear. TR. Á. *guar.* Dar la voz de alto a alguien.

altearse. PRNL. Dicho del terreno: Elevarse, formar altura o eminencia.

alteño, ña. ADJ. **1.** Natural de El Alto. U. t. c. s. ‖ **2.** Perteneciente o relativo a esta ciudad de Bolivia.

alterabilidad. F. Posibilidad de ser alterado.

alteración. F. **1.** Acción de alterar. ‖ **2.** Sobresalto, inquietud, movimiento de la ira u otra pasión. ‖ **3.** Alboroto, tumulto, motín. ‖ **4.** Altercado, disputa. ‖ **5.** *Mús.* Signo que se emplea para modificar el sonido de una nota.

alterador, ra. ADJ. Que altera. Apl. a pers., u. t. c. s.

alterar. TR. **1.** Cambiar la esencia o forma de algo. *No alteraron la colocación.* U. t. c. prnl. ‖ **2.** Perturbar, trastornar, inquietar. *La acusación alteró su ánimo.* U. t. c. prnl. ‖ **3.** Enojar, excitar. U. t. c. prnl. *Se alteró mucho al verse insultado.* ‖ **4.** Estropear, dañar, descomponer. *El paso del tiempo no ha alterado la pintura.* U. t. c. prnl.

alterativo, va. ADJ. Que tiene virtud de alterar en sentido favorable. *Fenómeno alterativo de la inflamación.*

altercado. M. Acción de altercar.

altercador, ra. ADJ. Que alterca. U. t. c. s.

altercar. INTR. Disputar, discutir.

álter ego. (Locución latina). M. **1.** Persona real o ficticia en quien se reconoce, identifica o ve un trasunto de otra.

El protagonista de la obra es un álter ego del autor. ‖ **2.** Persona en quien otra tiene absoluta confianza, o que puede hacer sus veces sin restricción alguna. ¶ MORF. pl. invar. *Los álter ego.*

alteridad. F. Condición de ser otro.

alternación. F. Acción de alternar.

alternado, da. PART. de alternar. ‖ ADJ. **alternativo.**

alternador. M. Máquina rotatoria que transforma la energía mecánica en corriente eléctrica alterna.

alternancia. F. **1.** Acción y efecto de alternar. ‖ **2.** *Biol.* Fenómeno que se observa en la reproducción de algunos animales y plantas, en la que se suceden las generaciones sexuales y las asexuales. ‖ **~ vocálica.** F. *Ling.* En ciertas lenguas, uso de diversas vocales o diptongos para marcar diferencias morfológicas.

alternante. ADJ. Que alterna (‖ sucede a otra cosa recíproca y repetidamente).

alternar. **I.** TR. **1.** Variar las acciones diciendo o haciendo a veces unas cosas, a veces otras, y repitiéndolas sucesivamente. *Alternar el ocio y el trabajo. Alternar la vida en el campo con la vida urbana.* ‖ **II.** INTR. **2.** Dicho de varias personas: Hacer o decir algo o desempeñar un cargo por turno. ‖ **3.** Dicho de ciertas cosas: Suceder a otras recíproca y repetidamente. *Los días claros alternan con los lluviosos. Las alegrías alternan con las penas.* ‖ **4.** Hacer vida social, tener trato. *Alternar con personas de categoría.* ‖ **5.** Dicho de una mujer: En ciertas salas de fiestas, bares y lugares semejantes, tratar con los clientes, para estimularles a hacer gasto en su compañía, del cual obtienen generalmente porcentaje.

alternativa. F. **1.** Opción entre dos o más cosas. ‖ **2.** Cada una de las cosas entre las cuales se opta. ‖ **3.** Efecto de **alternar** (‖ hacer o decir algo por turno). ‖ **4.** Efecto de **alternar** (‖ sucederse unas cosas a otras repetidamente). ‖ **5.** *Taurom.* Ceremonia por la cual un espada de cartel autoriza a un matador principiante para que pueda matar alternando con los demás espadas. El acto se reduce a entregar el primero al segundo, durante la lidia, la muleta y el estoque para que ejecute la suerte en vez de él. *Dar, tomar la alternativa.*

alternativo, va. ADJ. **1.** Que se dice, hace o sucede con alternación. *Intervenciones alternativas.* ‖ **2.** Capaz de alternar con función igual o semejante. *Energías alternativas.* ‖ **3.** En actividades de cualquier género, especialmente culturales, que se contrapone a los modelos oficiales comúnmente aceptados. *Cine alternativo. Medicina alternativa.* □ V. **energía ~.**

alterne. M. Acción de **alternar** (‖ en las salas de fiesta y lugares similares). ‖ **de ~.** LOC.ADJ. Dicho de una mujer o de un local: Dedicados al alterne.

alterno, na. ADJ. **1.** **alternativo** (‖ que sucede con alternación). *El tablero de ajedrez tiene cuadros alternos blancos y negros.* ‖ **2.** Dicho de los días, de los meses, de los años, etc.: Uno sí y otro no. *Viene a la oficina en días alternos. Las sesiones se celebran en días alternos.* ‖ **3.** *Bot.* Se dice de las hojas u otros órganos de las plantas que, por su situación en el tallo o en la rama, corresponden al espacio que media entre una y otra del lado opuesto. □ V. **ángulos ~s, corriente ~.**

altero. M. *Méx.* montón (‖ conjunto de cosas sin orden unas encima de otras).

alteroso, sa. ADJ. *Mar.* Dicho de un buque: Demasiado elevado en las obras muertas.

alteza. F. **1.** Elevación, sublimidad, excelencia. *Alteza de ideas.* || **2.** Tratamiento que en España se da a los hijos de los reyes, a los infantes de España, aunque no sean hijos de reyes, y a algunas otras personas a quienes, sin ser de la real familia, concede el monarca título de príncipe con este tratamiento. || **~ de miras.** F. Elevación moral de intenciones o propósitos.

altibajos. M. **1.** pl. Desigualdades o altos y bajos de un terreno cualquiera. || **2.** pl. Alternancia de sucesos prósperos y adversos, o cambios de estado sucesivos en un orden de cosas. *Altibajos de la suerte. Altibajos del ánimo.*

altillo. M. **1.** Habitación situada en la parte más alta de la casa, y por lo general aislada. || **2.** Entreplanta, piso elevado en el interior de otro y que se usa como dormitorio, despacho, almacén, etc. || **3.** Armario que se construye rebajando el techo, o que está empotrado en lo alto del muro o pared. || **4.** Cerro pequeño o sitio algo elevado.

altimetría. F. Conjunto de operaciones para medir la altura de los puntos de un terreno.

altímetro. M. Instrumento, empleado sobre todo en la navegación aérea, que indica la diferencia de altitud entre el punto en que está situado y un punto de referencia.

altipampa. F. *Á. Andes.* altiplanicie.

altiplanicie. F. Meseta de mucha extensión, situada a gran altitud.

altiplánico, ca. ADJ. **1.** Natural del Altiplano. U. t. c. s. || **2.** Perteneciente o relativo a esta región de Bolivia.

altiplano. M. altiplanicie.

Altísimo. M. Dios. *El Altísimo.*

altisonancia. F. Cualidad de altisonante.

altisonante. ADJ. Altamente sonoro, de alto sonido. Se dice, por lo común, del lenguaje o estilo en que se emplean con frecuencia o afectadamente voces de las más sonoras.

altísono, na. ADJ. Altamente sonoro, de alto sonido. Se dice del lenguaje o estilo muy sonoro y elevado y del escritor que se distingue empleando lenguaje o estilo de esta clase.

altitud. F. **1.** altura (|| distancia respecto a la tierra). *El avión ganó altitud.* || **2.** *Astr.* Distancia angular, medida en grados, de un objeto celeste sobre el horizonte. || **3.** *Geogr.* Distancia vertical de un punto de la tierra respecto al nivel del mar.

altivez o altiveza. F. Orgullo, soberbia.

altivo, va. ADJ. **1.** Orgulloso, soberbio. || **2.** Dicho de una cosa: Erguida, elevada. *Torre altiva.*

alto¹, ta. I. ADJ. **1.** Levantado, elevado sobre la tierra. *Edificio alto.* || **2.** De gran estatura. *Un hombre alto.* || **3.** Más elevado en relación con otro término inferior. *Planta alta.* || **4.** Dicho del calzado: Que tiene tacón de gran altura. || **5.** Dicho de una calle, de un pueblo, de un territorio o de un país: Que están más elevados con respecto a otros. || **6.** Que está a gran altitud. *Los altos campos de Ávila. El Alto Aragón.* || **7.** Dicho de un río o de otra corriente de agua: Que están cerca del nacimiento. *Alto Ebro.* || **8.** Dicho de un río o de un arroyo: Muy crecido. || **9.** Dicho de un determinado período histórico: Que está en sus primeras etapas. ORTOGR. Escr. con may. inicial. *El Alto Imperio. La Alta Edad Media.* || **10.** Dicho de una persona: De gran dignidad o representación. *Alto señor.* U. t. c. s. || **11.** Dicho de una cosa: Noble, elevada, santa, excelente. *Alto tribunal.* || **12.** Dicho de un

empleo o dignidad: De superior categoría o condición. *Alto funcionario. Alta inspección.* || **13.** Dicho de una clase social o del lugar en que se establece: Opulentos, acomodados. *Clase alta.* || **14.** Dicho de un delito o de una ofensa: Gravísimos, enormes. *Reo de alta traición.* || **15.** Dicho del precio de las cosas: Caro o subido. || **16.** Dicho de un sonido: De mucha intensidad. *En voz alta. La radio está muy alta.* || **17.** Dicho de un período de tiempo: avanzado. *A altas horas de la noche.* || **18.** Dicho de un animal hembra: En celo. || **19.** *Acús.* Dicho de un sonido: agudo. || **20.** *Fís.* Dicho de ciertas magnitudes físicas, como la temperatura, la presión, la frecuencia, etc.: Que tienen un valor elevado. *Alto voltaje.* MORF. sup. irreg. **supremo.** || **II.** M. **21.** altura (|| medida de un cuerpo desde su punto más elevado hasta su base). *Esta mesa tiene un metro de alto.* || **22.** Sitio elevado en el campo, como un collado o un cerro. || **23.** Parte superior de algunas cosas. U. m. en pl. *Los altos de una montaña.* || **24.** Piso alto de un edificio. || **25.** *Á. R. Plata y Chile.* Montón, gran cantidad de cosas. || **26.** pl. Piso o pisos altos de una casa, por contraposición a la planta baja. || **III.** ADV. L. **27.** En lugar o parte superior. || **28.** A distancia del suelo o de otra superficie tomada como referencia. *Volar alto.* || **IV.** ADV. M. **29.** En voz fuerte o que suene bastante. || **30.** Con gran volumen o intensidad de sonido. *Poner la radio más alto.* || **31.** Con nota o calificación alta. *Este profesor puntúa alto.* || **32.** Con valor alto. *La libra sigue cotizando alto.* || **altos y bajos.** M. pl. coloq. **altibajos.** || **de alto a bajo.** LOC. ADV. **de arriba abajo.** || **en alto.** LOC. ADV. **1.** A distancia del suelo. || **2.** En voz alta. || **lo ~.** LOC. SUST. M. **1.** La parte superior o más elevada. || **2.** El cielo en sentido material o espiritual. || **por alto.** LOC. ADV. por encima. || **por todo lo ~.** LOC. ADV. Con rumbo y esplendidez. □ V. **~ comedia, ~ costura, ~ fidelidad, alta mar, ~ tensión, ~ traición, ~ alemán, ~ cargo, ~ horno, ~ mando, ~ relieve, be ~, caja ~, Cámara Alta, casa de altos, cuello ~, horno ~, letra de caja ~, monte ~, navío de ~ bordo, sombrero de copa ~, temporada ~, vara ~.**

alto². M. Detención o parada en la marcha o cualquier otra actividad. *Un alto en el camino o en el trabajo.* || **alto.** INTERJ. Se usa para ordenar a alguien que se detenga o que suspenda lo que está haciendo. || **~ ahí.** LOC. INTERJ. Se usa para oponerse vivamente a lo que se está haciendo o diciendo. || **~ al fuego, o ~ el fuego. I.** LOCS. INTERJS. **1.** Se usan para ordenar que se deje de disparar. || **II.** LOCS. SUSTS. M. **2.** Suspensión momentánea o definitiva de las acciones militares en una contienda. || **dar el ~** a alguien o algo. LOC. VERB. Ordenar que se detenga en su marcha. || **hacer ~, o un ~.** LOCS. VERBS. Detenerse o interrumpir algo que se está haciendo.

altoaragonés, sa. I. ADJ. **1.** Natural del Alto Aragón. U. t. c. s. || **2.** Perteneciente o relativo a esta región de España. || **II.** M. **3.** Habla o hablas del Alto Aragón.

altomedieval. ADJ. Perteneciente o relativo a la Alta Edad Media.

altoparaguaiense. ADJ. altoparaguayense. Apl. a pers., u. t. c. s.

altoparaguayense. ADJ. **1.** Natural del Alto Paraguay. U. t. c. s. || **2.** Perteneciente o relativo a este departamento del Paraguay.

altoparanaense. ADJ. **1.** Natural del Alto Paraná. U. t. c. s. || **2.** Perteneciente o relativo a este departamento del Paraguay.

altoparlante. M. *Am.* altavoz.

altoperuano, na. ADJ. hist. Perteneciente o relativo al Alto Perú, territorio de la Audiencia de Charcas, hoy Bolivia.

altor. M. altura (‖ medida de un cuerpo desde su punto más elevado hasta su base).

altorrelieve. M. *Esc.* Relieve en el que las figuras salen del plano más de la mitad de su bulto. MORF. pl. **altorrelieves.**

altozano. M. **1.** Cerro o monte de poca altura en terreno llano. ‖ **2.** *Am.* Atrio de una iglesia.

altramuz. M. **1.** Planta anual de la familia de las Papilionáceas, que crece hasta poco más de medio metro, con hojas compuestas de hojuelas trasovadas, flores blancas y fruto de grano menudo y achatado, en legumbre o vaina. Es buen alimento para el ganado. ‖ **2.** Fruto de esta planta. ‖ **3.** Semilla del altramuz, comestible después de habérsele quitado el amargor en agua y sal.

altruismo. M. Diligencia en procurar el bien ajeno aun a costa del propio.

altruista. ADJ. Que tiene altruismo. *Renuncia altruista.* Apl. a pers., u. t. c. s.

altura. F. **1.** Distancia vertical de un cuerpo a la superficie de la tierra o a cualquier otra superficie tomada como referencia. ‖ **2.** Medida de un cuerpo o de una figura considerada verticalmente desde su punto más elevado hasta su base. ‖ **3.** Región del aire, considerada a cierta elevación sobre la tierra. U. m. en pl. ‖ **4.** Cumbre de los montes, collados o lugares altos del campo, o cualquier otro lugar elevado. U. t. en sent. fig. *Se dice en las alturas que van a ascenderla.* ‖ **5.** Excelencia, mérito, valor. ‖ **6. altitud** (‖ con relación al nivel del mar). ‖ **7.** *Acús.* **tono** (‖ cualidad de los sonidos). ‖ **8.** *Astr.* Arco vertical que mide la distancia entre un astro y el horizonte. ‖ **9.** *Geom.* En una figura plana o en un sólido, distancia entre el vértice o el punto más alejado y un lado o cara en la dirección perpendicular. *La altura de un triángulo es la distancia del segmento de la perpendicular trazada desde el vértice al lado opuesto.* ‖ **10.** pl. **cielo** (‖ morada en que se goza de la presencia de Dios). *Dios de las alturas.* ‖ **~ de la vista.** F. Distancia de la vista al plano geométrico. ‖ **a estas ~s.** LOC. ADV. En este tiempo, en esta ocasión, cuando han llegado las cosas a este punto. ‖ **a la ~** LOC. ADV. A tono con algo, al mismo grado. *Lo intentó, pero no estuvo a la altura.* ‖ **a la ~ de.** LOC. PREPOS. En las inmediaciones, al mismo nivel. *El barco naufragó a la altura del puerto.* □ V. **navegación de ~, pesca de ~, pesca de gran ~, salto de ~, vértigo de la ~.**

alubia. F. **judía.**

alucinación. F. **1.** Acción de alucinar o alucinarse. ‖ **2.** Sensación subjetiva que no va precedida de impresión en los sentidos.

alucinado, da. PART. de alucinar. ‖ ADJ. **1.** Trastornado, ido, sin razón. ‖ **2. visionario.** Apl. a pers., u. t. c. s.

alucinador, ra. ADJ. Que alucina. *Ojos alucinadores.*

alucinante. ADJ. **1.** Que alucina. *Una droga de efecto alucinante.* ‖ **2.** Fantástico, asombroso. *Un coche alucinante.*

alucinar. **I.** TR. **1.** Ofuscar, seducir o engañar haciendo que se tome una cosa por otra. *Lo alucinó con su labia.* ‖ **2.** Sorprender, asombrar, deslumbrar. U. t. c. intr. y c. prnl. *Alucino con tu actitud.* ‖ **II.** INTR. **3.** Padecer alucinaciones. ‖ **III.** PRNL. **4.** Confundirse, desvariar.

alucinatorio, ria. ADJ. Perteneciente o relativo a la alucinación.

alucine. M. coloq. Alucinación, asombro. ‖ **de ~.** LOC. ADJ. coloq. Impresionante, asombroso. U. t. c. loc. adv.

alucinógeno, na. ADJ. Dicho especialmente de algunas drogas: Que producen alucinación. U. t. c. s. m.

alud. M. **1.** Gran masa de nieve que se derrumba de los montes con violencia y estrépito. ‖ **2.** Masa grande de una materia que se desprende por una vertiente, precipitándose por ella. U. t. en sent. fig. *Un alud de problemas.*

aludido, da. PART. de aludir. ‖ ADJ. Dicho de una persona o de una cosa: A la que se hace referencia, sin nombrarla. Apl. a pers., u. t. c. s. ‖ **darse por ~** alguien. LOC. VERB. Recoger una alusión, efectiva o aparente, que le atañe de algún modo, para reaccionar en función de su contenido.

aludir. INTR. **1.** Mencionar a alguien o algo o insinuar algo. U. t. c. tr. ‖ **2.** Dicho de una cosa: Tener una relación, a veces velada, con alguien o con otra cosa. *El nombre de cianuro alude a su color azul.*

aludo, da. ADJ. De grandes alas. *Sombrero aludo.*

álula. F. *Zool.* Grupo de plumas del borde anterior de las alas de las aves, que se insertan sobre el primer dedo y poseen funciones especiales en el vuelo.

alumbrado, da. PART. de alumbrar. ‖ **I.** ADJ. **1.** hist. Se dice de los adeptos a doctrinas, surgidas en España durante el siglo XVI, según las cuales se llegaba mediante la oración a estado tan perfecto, que, entregados a Dios, no necesitaban practicar los sacramentos ni las buenas obras, y se sentían libres de pecado cualesquiera que fueran sus actos. U. m. c. s. pl. ‖ **II.** M. **2.** Conjunto de luces que alumbran algún pueblo o sitio. □ V. **gas de alumbrado.**

alumbrador, ra. ADJ. Que alumbra. *Metáfora alumbradora.* Apl. a pers., u. t. c. s.

alumbramiento. M. **1.** Acción y efecto de alumbrar. ‖ **2.** Parto de la mujer. ‖ **3.** *Med.* Expulsión de la placenta y membranas después del parto.

alumbrante. ADJ. Que alumbra. *Estrellas alumbrantes.*

alumbrar. TR. **1.** Llenar de luz y claridad. *El Sol alumbra a la Tierra. Esta lámpara alumbra todo el salón.* ‖ **2.** Poner luz o luces en algún lugar. *Alumbrar el salón.* ‖ **3.** Acompañar con luz a alguien. ‖ **4.** Disipar la oscuridad y el error; convertirlos en conocimiento y acierto. ‖ **5.** Dicho del entendimiento o de cualquier otra facultad: Iluminar, inspirar. U. t. c. prnl. ‖ **6.** Parir, dar a luz. U. t. c. intr. U. t. en sent. fig. *Ha alumbrado una hermosa novela.* ‖ **7.** Registrar, descubrir las aguas subterráneas y sacarlas a la superficie.

alumbre. M. Sulfato doble de alúmina y potasa; sal blanca y astringente que se halla en varias rocas y tierras, de las cuales se extrae por disolución y cristalización. Se emplea para aclarar las aguas turbias; sirve de mordiente en tintorería y de cáustico en medicina después de calcinado.

alúmina. F. *Quím.* Óxido de aluminio que se halla en la naturaleza algunas veces puro y cristalizado, y por lo común formando, en combinación con la sílice y otros cuerpos, los feldespatos y las arcillas.

aluminato. M. *Quím.* Compuesto formado por la alúmina en combinación con ciertas bases.

aluminio. M. Elemento químico de núm. atóm. 13. Metal muy abundante en la litosfera, se encuentra en el caolín, la arcilla, la alúmina y la bauxita. Es ligero, tenaz, dúctil y maleable, y posee color y brillo similares a los de la plata. Se usa en las industrias eléctrica, aeronáutica, de los transportes, de la construcción y del utillaje doméstico. (Símb. *Al*). □ V. **papel de ~.**

aluminosis. F. Degradación de las construcciones hechas con cementos que contienen sales de aluminio en calidades o proporciones inadecuadas.

aluminoso, sa. ADJ. Que tiene calidad o mezcla de alúmina. *Pintura aluminosa.*

aluminotermia. F. Técnica para obtener un metal con elevada pureza mediante reducción de un compuesto suyo, generalmente un óxido, con aluminio finamente dividido y consiguiente aumento de temperatura.

alumnado. M. Conjunto de alumnos de un centro docente.

alumno, na. M. y F. Discípulo, respecto de su maestro, de la materia que está aprendiendo o de la escuela, colegio o universidad donde estudia. *Berta tiene muchos alumnos. Alumno de medicina. Alumno del Instituto.*

alunado, da. PART. de alunarse. || ADJ. **1. lunático.** || **2.** Dicho de un animal: Supuestamente enfermo por haber estado expuesto a la luz de la luna. U. m. en América.

alunarado, da. ADJ. **1.** Dicho de una res berrenda: Cuyas manchas son redondas, como grandes lunares. || **2.** Dicho de un tejido, de un papel, etc.: Con dibujo de lunares.

alunarse. PRNL. *Am. Cen.* Dicho de una matadura: **enconarse** (|| inflamarse, empeorar).

alunizaje. M. Acción y efecto de alunizar.

alunizar. INTR. Dicho de una nave espacial o de un tripulante de ella: Posarse en la superficie de la Luna.

alusión. F. Acción de aludir.

alusivo, va. ADJ. Que alude o implica alusión. *Carteles alusivos a la paz.*

aluvial. ADJ. Dicho de un terreno: **de aluvión.**

aluvión. M. **1.** Sedimento arrastrado por las lluvias o las corrientes. || **2.** Afluencia grande de personas o cosas. *Un aluvión de insultos.* || **de ~.** LOC.ADJ. **1.** Dicho de un terreno: Que queda al descubierto después de las avenidas, o que se forma lentamente por los desvíos o las variaciones en el curso de los ríos. || **2.** Improvisado, heterogéneo, superficial, inmaduro.

aluzar. TR. **1.** *Á. Caribe* y *Méx.* **alumbrar** (|| llenar de luz y claridad). || **2.** *Ant.* Examinar al trasluz, especialmente los huevos.

álveo. M. **madre** (|| cauce natural de un río o arroyo).

alveolar. ADJ. **1.** Perteneciente o relativo a los alvéolos de los dientes o de los pulmones. *Tejido alveolar.* || **2.** Semejante a ellos. *Glándula alveolar.* || **3.** *Fon.* Dicho de una consonante: Que se pronuncia acercando o aplicando la lengua a los alvéolos de los incisivos superiores. U. t. c. s. f.

alvéolo o **alveolo.** M. **1.** Cavidad, hueco. || **2. celdilla** (|| de los panales). || **3.** *Anat.* Cada una de las cavidades en que están engastados los dientes en las mandíbulas de los vertebrados. || **4.** *Anat.* Cada una de las fosas hemisféricas en que terminan las últimas ramificaciones de los bronquiolos.

alverja. F. **1. algarroba** (|| planta leguminosa). || **2.** *Am.* **guisante.**

alverjón. M. **almorta.**

alza. F. **1.** Pedazo de suela o vaqueta que los zapateros ponen sobre la horma cuando el zapato ha de ser algo más ancho o alto de lo que corresponde al tamaño de ella. || **2.** Regla graduada fija en la parte posterior del cañón de las armas de fuego, que sirve para precisar la puntería. || **3.** Aparato destinado a este mismo fin en las piezas de artillería. || **4.** *Econ.* Aumento de valor de la moneda, de los fondos públicos, de los precios, etc. || **5.** *Impr.* Pedazo de papel que se pega sobre el tímpano de la prensa o se coloca debajo de los caracteres para igualar la impresión o hacer que sobresalga donde convenga. || **en ~.** LOC.ADV. Aumentando la estimación de algo o alguien. || **jugar al ~.** LOC.VERB. *Econ.* Actuar en los mercados de valores previendo una elevación de las cotizaciones. □ V. **ocular del ~.**

alzacola. M. Pájaro insectívoro algo parecido al ruiseñor, del que se distingue por su mayor tamaño y la larga cola en abanico de color rojizo manchado de negro y blanco en el extremo.

alzacuello o **alzacuellos.** M. Tira suelta de tela endurecida o de material rígido que se ciñe al cuello, propia del traje eclesiástico.

alzada. F. **1.** Acción y efecto de alzar. || **2.** Altura, elevación o estatura. || **3.** Altura del caballo, y a veces de otros cuadrúpedos, medida desde la mano hasta la parte más elevada de la cruz. || **4.** Recurso de apelación en lo gubernativo. □ V. **recurso de ~.**

alzado, da. PART. de alzar. || **I.** ADJ. **1.** Dicho de un ajuste o de un precio: Que se fija en determinada cantidad, a diferencia de los que son resultado de evaluación o cuenta circunstanciada. || **2.** *Am.* Dicho de una persona: Engreída, soberbia e insolente. || **II.** M. **3.** *Arq.* Diseño que representa la fachada de un edificio. || **4.** *Geom.* Diseño de un edificio, máquina, aparato, etc., en su proyección geométrica y vertical sin considerar la perspectiva. || **5.** *Impr.* Ordenación de los pliegos de una obra impresa, para formar sus ejemplares. □ V. **cantidad ~, dibujo a mano ~.**

alzamiento. M. **1.** Acción y efecto de alzar o alzarse. || **2.** Levantamiento o rebelión. || **~ de bienes.** M. *Der.* Desaparición u ocultación que de su fortuna hace el deudor para eludir el pago a sus acreedores. Es constitutivo de delito.

alzapaño. M. **1.** Cada una de las piezas de hierro, bronce u otra materia que, clavadas en la pared, sirven para tener recogida la cortina hacia los lados del balcón o la puerta. || **2.** Cada una de las tiras de tela o cordonería que, sujetas a los alzapaños, abrazan y tienen recogida la cortina.

alzapié. M. Banqueta pequeña para apoyar los pies.

alzaprima. F. **1.** *Á. guar.* Carro estrecho, sin caja, de ruedas grandes, empleado para transportar troncos u otros objetos de mucho peso. || **2.** *Á. R. Plata.* Cadena o cadenilla que sirve para levantar y fijar al talón las espuelas pesadas.

alzaprimar. TR. Devolver algo caído a su posición anterior. U. t. en sent. fig. *Alzaprimar las expectativas.*

alzar. **I.** TR. **1. levantar** (|| mover hacia arriba). *Alzar un vaso.* || **2. levantar** (|| construir, edificar). *Alzar una casa.* || **3.** En el santo sacrificio de la misa, elevar la hostia y el cáliz después de la consagración. U. t. c. intr. || **4.** En los juegos de naipes, cortar la baraja. || **5.** Elevar un precio. || **6.** Esforzar la voz. || **7.** Hacer que cesen penas o maltratos. *Alzar un castigo.* || **8. sublevar.** U. m. c.

prnl. *Los rebeldes se alzaron en la capital.* || **9.** Sacar o llevarse algo. *Le alzaron el automóvil, porque estaba mal estacionado.* || **10.** Retirar del campo la cosecha. || **11.** *Arq.* Dicho de un peón: Dar al oficial la porción de yeso amasado u otra mezcla que ha de emplear. || **II.** PRNL. **12.** Levantarse, sobresalir en una superficie. *La montaña se alza majestuosa.* || **13.** Apoderarse de algo con usurpación o injusticia. *Alzarse con el botín.* || **14.** *Der.* apelar (|| recurrir al juez o tribunal superior). || **15.** *Am.* Dicho de un animal doméstico: Fugarse y hacerse montaraz.

Alzheimer. □ V. enfermedad de ~.

alzhéimer. M. enfermedad de Alzheimer.

alzo. M. **1.** *Am. Cen.* Hurto, robo. || **2.** *Am. Cen.* Victoria de un gallo en la pelea.

AM. (Sigla del inglés *Amplitude Modulation*). F. **1.** Modulación de amplitud. || **2.** Banda de frecuencias de las ondas de radio comprendidas entre 530 y 1600 kHz. || **3. onda media** (|| radiodifusión).

ama. F. V. amo.

amabilidad. F. **1.** Cualidad de amable. || **2.** Acción amable.

amable. ADJ. **1.** Afable, complaciente, afectuoso. || **2.** Digno de ser amado.

amacharse. PRNL. **1.** *Chile.* Dicho de una hembra: Tomar rasgos masculinos. || **2.** *Méx.* Resistirse, obstinarse, negarse a hacer algo.

amachinarse. PRNL. *Am.* amancebarse.

amacho. ADJ. *Am. Cen.* Sobresaliente, destacado en su género, viril, fuerte.

amacizar. TR. **1.** *Méx.* macizar. || **2.** *Méx.* fortalecer.

amadeo. M. hist. Moneda de plata de cinco pesetas con el busto del rey Amadeo I de España.

amado, da. PART. de amar. || M. y F. Persona amada.

amador, ra. ADJ. Que ama. U. t. c. s.

amadrinar. **I.** TR. **1.** Acompañar o asistir como madrina a alguien. || **2.** Dicho de una mujer: Proteger o patrocinar a alguna persona, entidad o iniciativa. || **3.** *Mar.* Unir o parear dos cosas para reforzar una de ellas o para que ambas ofrezcan mayor resistencia. || **4.** *Am. Mer.* Acostumbrar al ganado caballar a que vaya detrás de la yegua que sirve de guía. || **II.** PRNL. **5.** Dicho de un animal: Acostumbrarse a andar con otro u otros de su misma especie o, a veces, de otra, o apegarse a ellos.

amaestrador, ra. ADJ. Que amaestra. Apl. a pers., u. t. c. s.

amaestramiento. M. Acción y efecto de amaestrar.

amaestrar. TR. **1.** Domar a un animal, a veces enseñándole a hacer habilidades. || **2.** Enseñar o adiestrar. *Mis años de contable me habían amaestrado en las tareas administrativas.* U. t. c. prnl.

amagamiento. M. *Am. Mer.* Quebrada poco profunda.

amagar. **I.** TR. **1.** Hacer ademán de herir o golpear. *Amagó el golpe con la otra mano.* U. t. c. intr. || **2.** Mostrar intención o disposición de hacer algo próxima o inmediatamente. *El alero amagó el lanzamiento.* || **3.** Amenazar a alguien con algún mal o mostrar intención de hacérselo. || **4.** Dicho de un mal: Amenazar o presentarse como inminente, a una o más personas o cosas. || **II.** INTR. **5.** Estar próximo a sobrevenir. *La tormenta amagó por la tarde.*

amago. M. Acción y efecto de amagar.

amainar. **I.** INTR. **1.** Dicho del viento: Aflojar, perder su fuerza. || **2.** Aflojar o ceder en algún deseo, empeño o

pasión. *Amainó en sus acusaciones.* U. t. c. tr. || **II.** TR. **3.** *Mar.* Recoger en todo o en parte las velas de una embarcación. ¶ MORF. conjug. c. *bailar.*

amalayar. TR. *Am. Cen.* Desear ardientemente algo que se añora.

amalecita o **amalequita.** ADJ. **1.** Se dice del individuo de un pueblo bíblico de Arabia, descendiente de Amalec, nieto de Esaú. U. m. c. s. pl. || **2.** Perteneciente o relativo a este pueblo. *Tradiciones amalecitas.*

amalfitano, na. ADJ. **1.** Natural de Amalfi. U. t. c. s. || **2.** Perteneciente o relativo a esta ciudad de Italia.

amalgama. F. **1.** Unión o mezcla de cosas de naturaleza contraria o distinta. || **2.** *Quím.* Aleación de mercurio con otro u otros metales, como oro, plata, etc., generalmente sólida o semilíquida.

amalgamación. F. Acción y efecto de amalgamar, frecuentemente como método de extracción de metales nobles.

amalgamador, ra. ADJ. Que amalgama. *Ideología amalgamadora.*

amalgamamiento. M. amalgamación.

amalgamar. TR. **1.** Unir o mezclar cosas de naturaleza contraria o distinta. *La ciudad amalgama razas y culturas diversas.* U. t. c. prnl. || **2.** *Quím.* Alear el mercurio con otro u otros metales para formar amalgamas. U. t. c. prnl.

amallarse. PRNL. *Chile.* Quedarse con algo ajeno.

amamantador, ra. ADJ. Que amamanta. *Vaca amamantadora.* Apl. a pers., u. t. c. s.

amamantamiento. M. Acción y efecto de amamantar.

amamantar. TR. Dar de mamar.

amambaiense. ADJ. amambayense. Apl. a pers., u. t. c. s.

amambayense. ADJ. **1.** Natural del Amambay. U. t. c. s. || **2.** Perteneciente o relativo a este departamento del Paraguay.

amancay, amancaya o **amancayo.** M. **1.** *Am.* Se usa como nombre para referirse a diversas plantas, herbáceas o arbóreas, cuya flor, blanca o amarilla, recuerda a la azucena. || **2.** *Am.* Flor de estas plantas. ¶ MORF. pl. **amancayes, amancayas** o **amancayos.**

amancebamiento. M. Trato sexual habitual entre hombre y mujer no casados entre sí.

amancebarse. PRNL. Unirse en amancebamiento.

amanecer[1]. **I.** INTR. IMPERS. **1.** Empezar a aparecer la luz del día. *Amanece a las ocho. Amanece nublado.* || **II.** INTR. **2.** Llegar o estar en un lugar, situación o condición determinada al aparecer la luz del día. *Amanecí en Madrid. Amanecí cansado.* || **3.** Dicho de una cosa: Aparecer de nuevo o manifestarse al rayar el día. *Amaneció un cartel en la puerta de la Facultad.* || **4. nacer.** U. t. en sent. fig. *El siglo amanece entre fuertes convulsiones.* || **5.** Aparecer o presentarse, especialmente de modo inesperado. *Un día amaneció ante su casa el cobrador de la compañía eléctrica.* U. t. c. prnl. || **6.** *Am. Mer.* y *Méx.* Pasar la noche en vela. U. m. c. prnl. ¶ MORF. conjug. c. *agradecer.*

amanecer[2]. M. **1.** Acción de amanecer[1]. *Le gusta contemplar el amanecer.* || **2.** Tiempo durante el cual amanece. *El amanecer de un día de mayo.* || **al ~.** LOC. ADV. Al tiempo de estar amaneciendo.

amanecida. F. amanecer (|| tiempo durante el cual amanece).

amanerado, da. PART. de **amanerar.** ‖ ADJ. **1.** Que adolece de amaneramiento. *Estilo amanerado.* ‖ **2. afeminado** (‖ que se parece a las mujeres).

amaneramiento. M. **1.** Acción y efecto de amanerarse. ‖ **2.** Falta de variedad en el estilo.

amanerar. TR. Dicho de una persona: Hacer afectado, rebuscado y falto de naturalidad su modo de actuar, hablar, etc. U. m. c. prnl.

amanezca. F. *Ant.* **amanecer**[2].

amanita. F. Hongo con un anillo en el pie y las esporas blancas, comestible o venenoso según las especies.

amanojar. TR. Juntar en manojo.

amansador, ra. I. ADJ. **1.** Que amansa. *Religiosidad amansadora.* Apl. a pers., u. t. c. s. ‖ **II.** M. **2.** *Am.* Domador de caballos.

amansadora. F. *Á. R. Plata.* Espera prolongada.

amansamiento. M. Acción y efecto de amansar.

amansar. I. TR. **1.** Domesticar, hacer manso a un animal. ‖ **2.** Sosegar, apaciguar, mitigar. *Amansar la ira.* U. t. c. prnl. ‖ **3.** Domar el carácter violento de alguien. ‖ **II.** INTR. **4.** Dicho de una cosa: Apaciguarse, amainar. ‖ **5.** Dicho de una persona: Ablandarse en su carácter.

amante[1]**. I.** ADJ. **1.** Que ama. *Amante esposo.* U. t. c. s. *Los amantes de la música.* ‖ **2.** Se dice de las cosas en que se manifiesta el amor o que se refieren a él. *Actitud amante.* ‖ **II.** M. **3.** pl. Hombre y mujer que se aman. *Los amantes de Teruel.* ‖ **III.** COM. **4. querido.**

amante[2]**.** M. *Mar.* Cabo grueso que, asegurado por un extremo en la cabeza de un palo o verga y provisto en el otro de un aparejo, sirve para resistir grandes esfuerzos.

amantillo. M. *Mar.* Cada uno de los dos cabos que sirven para embicar y mantener horizontal una verga cruzada.

amanuense. COM. Persona que tiene por oficio escribir a mano, copiando o poniendo en limpio escritos ajenos, o escribiendo lo que se le dicta.

amanzanamiento. M. *Á. R. Plata.* Acción y efecto de amanzanar.

amanzanar. TR. *Á. R. Plata.* Dividir un terreno en manzanas de casas.

amañar. I. TR. **1.** Preparar o disponer algo con engaño o artificio. *Amañar un partido de fútbol.* ‖ **II.** PRNL. **2.** Darse maña. *Amañarse para llegar a tiempo.* ‖ **3.** *Á. Andes.* Unirse en concubinato. ‖ **4.** *Á. Caribe.* Acostumbrarse, habituarse a la novedad de un ambiente o a una actividad.

amaño. M. **1.** Recurso para ejecutar o conseguir algo, especialmente cuando no es justo o merecido. U. m. en pl. ‖ **2.** Disposición para hacer con maña algo. ‖ **3.** *Á. Andes.* **concubinato.**

amapola. F. **1.** Planta anual de la familia de las Papaveráceas, con flores rojas por lo común y semilla negruzca. Frecuentemente nace en los sembrados y los infesta. Es sudorífica y algo calmante. ‖ **2.** Flor de esta planta. ‖ **3.** Se usa como nombre para referirse a varias plantas americanas de diversas familias, semejantes en algún aspecto a la amapola común.

amapolar. TR. Enrojecer o ruborizar. U. t. c. prnl.

amar. TR. Tener amor a alguien o algo.

amaracino, na. ADJ. De amáraco. *Ungüento amaracino.*

amáraco. M. **mejorana.**

amaraje. M. Acción de amarar.

amarantáceo, a. ADJ. *Bot.* Se dice de las matas y de los árboles angiospermos dicotiledóneos que tienen hojas opuestas o alternas, flores diminutas, sentadas, aglomeradas, solitarias o en espiga, y por frutos, cápsulas o cariópsides con semillas de albumen amiláceo; p. ej., el amaranto y la perpetua. U. t. c. s. F. ORTOGR. En f. pl., escr. con may. inicial c. taxón. *Las Amarantáceas.*

amaranto. M. **1.** Planta anual de la familia de las Amarantáceas, de ocho a nueve decímetros de altura, con tallo grueso y ramoso, hojas oblongas y con ondas, flores terminales en espiga densa, aterciopelada y comprimida a manera de cresta, y comúnmente, según las distintas variedades de la planta, carmesíes, amarillas, blancas o jaspeadas, y fruto con muchas semillas negras y relucientes. Es originaria de la India y se cultiva en los jardines como planta de adorno. ‖ **2.** Flor de esta planta. ‖ **3.** Color carmesí. U. t. c. adj.

amarar. INTR. Dicho de un hidroavión o de un vehículo espacial: Posarse en el agua.

amarcar. TR. *Á. Andes.* Tomar en los brazos.

amarchantarse. PRNL. *Méx.* Hacerse cliente habitual de un comerciante.

amargado, da. PART. de **amargar.** ‖ ADJ. Dicho de una persona: Que guarda algún resentimiento por frustraciones, disgustos, etc. U. t. c. s.

amargaleja. F. endrina.

amargar. I. TR. **1.** Comunicar sabor o gusto desagradable a algo. *Una almendra verde amargó la salsa.* U. t. en sent. fig. *Nos amargó la cena.* ‖ **2.** Causar aflicción o disgusto. *No me amargues con tus reproches.* U. t. c. prnl. ‖ **3.** Dicho de una persona: Experimentar resentimiento por frustraciones, fracasos, disgustos, etc. U. m. c. prnl. *Se amargó tras la derrota en las elecciones.* ‖ **II.** INTR. **4.** Dicho de una cosa: Tener sabor o gusto amargo. *Esta berenjena amarga.* U. t. c. prnl.

amargo, ga. I. ADJ. **1.** Que tiene el sabor característico de la hiel, de la quinina y otros alcaloides; cuando es especialmente intenso produce una sensación desagradable y duradera. ‖ **2.** Que causa aflicción o disgusto. *Experiencia amarga.* ‖ **3.** Que está afligido o disgustado. ‖ **4.** Áspero y de genio desabrido. ‖ **5.** Que implica denota **amargura** (‖ aflicción). *Carácter amargo.* ‖ **II.** M. **6.** Sustancia de sabor amargo. ‖ **7.** *Á. R. Plata.* **mate amargo.** ☐ V. **almendra ~, caña ~, cohombrillo ~, mate ~.**

amargón. M. diente de león.

amargor. M. **1.** Sabor o gusto amargo. ‖ **2. amargura** (‖ aflicción). ‖ **quitarse el ~ de la boca.** LOC. VERB. coloq. Satisfacer un deseo.

amargoso, sa. ADJ. **1.** amargo (‖ que tiene el sabor de la hiel, de la quinina, etc.). ‖ **2.** amargo (‖ que causa aflicción). ‖ **3.** amargo (‖ que implica amargura).

amarguillo. M. Dulce seco compuesto con almendras amargas.

amargura. F. **1.** Gusto amargo. ‖ **2.** Aflicción o disgusto. ☐ V. **calle de la ~.**

amariconado, da. PART. de **amariconar.** ‖ ADJ. malson. afeminado.

amariconar. TR. malson. Hacer perder el carácter varonil. U. m. c. prnl.

amarilidáceo, a. ADJ. *Bot.* Se dice de las plantas angiospermas monocotiledóneas, vivaces, generalmente bulbosas, de hojas lineales, flores hermafroditas, ordinariamente en cimas, umbelas o racimos, alguna vez solitarias, fruto comúnmente en cápsula, con semillas de albumen carnoso; p. ej., el narciso, el nardo y la pita. U. t. c. s. f. Ortogr. En f. pl., escr. con may. inicial c. taxón. *Las Amarilidáceas.*

amarilis. F. Se usa como nombre para referirse a varias plantas de la familia de las Amarilidáceas.

amarillear. Intr. Dicho de una cosa: Ir tomando color amarillo.

amarillecer. Intr. Ponerse amarillo. Morf. conjug. c. *agradecer.*

amarillento, ta. Adj. Que tira a amarillo.

amarilleo. M. Acción y efecto de amarillear.

amarillez. F. Cualidad de amarillo. Se usa más referido al cuerpo humano.

amarillismo. M. Sensacionalismo, como lo practica la prensa amarilla.

amarillista. Adj. Se dice de la prensa amarilla.

amarillo, lla. I. Adj. **1.** De color semejante al del oro, que corresponde a la sensación producida por el estímulo de longitudes de onda de alrededor de 575 nm. U. t. c. s. m. ‖ **2.** Dicho de una persona: Pálida a causa de una enfermedad o un susto. ‖ **3.** Dicho de un individuo o de la raza a que pertenece: De piel amarillenta y ojos oblicuos. Apl. a pers., u. t. c. s. ‖ **4.** *Á. Caribe.* Dicho del plátano grande: Que está maduro. ‖ **II.** M. **5.** Colorante o pigmento utilizado para producir el color amarillo. *Amarillo de cadmio.* ‖ **6.** *Á. R. Plata.* Se usa como nombre para referirse a distintas plantas americanas caracterizadas por el color amarillo de alguna de sus partes, especialmente la madera. □ V. arsénico ~, azúcar amarilla, barba ~, cera ~, cuerpo ~, fiebre ~, jazmín ~, nenúfar ~, páginas ~s, palo ~, prensa ~, siempreviva ~, sindicato ~, ungüento ~.

amarilloso, sa. Adj. amarillento.

amariposado, da. Adj. Dicho comúnmente de las corolas de las flores de las Papilionáceas: De forma semejante a la de una mariposa.

amarizaje. M. amaraje.

amarizar. Intr. amarar.

amaro. M. Planta de la familia de las Labiadas, de unos siete a ocho decímetros de altura, muy ramosa, con hojas grandes, acorazonadas en la base, recortadas por el margen y cubiertas por un vello blanquizco, y flores en verticilo, blancas con viso morado y de olor nauseabundo. Se usa como tópico para las úlceras.

amarra. F. *Mar.* Cuerda o cable, y especialmente cabo con que se asegura una embarcación en el puerto o lugar donde fondea, con el ancla o amarrada a tierra.

amarraco. M. **1.** En el juego del mus, tanteo de cinco puntos. ‖ **2.** En este juego, ficha u otro objeto pequeño que vale cinco tantos.

amarradero. M. *Mar.* Sitio donde se amarran los barcos.

amarrado, da. Part. de amarrar. ‖ Adj. **1.** Que procede sobre seguro. ‖ **2.** Tacaño, avaro. ‖ **3.** *Chile.* Se dice de quien se apoca por cualquier cosa.

amarrar. I. Tr. **1.** Atar y asegurar por medio de cuerdas, maromas, cadenas, etc. *Amarrar las maletas a la baca.* ‖ **2.** Sujetar el buque en el puerto o en cualquier fondeadero, por medio de anclas o cadenas o cables. *Amarrar el yate.* ‖ **3.** En sentido moral, atar o encadenar. *Me amarró a la rutina.* ‖ **4.** Asegurar algo que se

pretende o que se ha logrado en parte. *El equipo amarró el triunfo con dos nuevos goles.* ‖ **5.** *Am.* concertar (‖ pactar). ‖ **6.** *Am. Cen., Chile* y *Méx.* Vendar o ceñir. Morf. U. m. en part. ‖ **7.** *Am. Cen., Á. Caribe* y *Méx.* embriagarse (‖ perder el dominio de sí por beber en exceso). ‖ **II.** Prnl. **8.** coloq. Casarse o convivir maritalmente. ‖ **9.** *Á. Caribe* y *Méx.* Comprometerse, ganar a alguien para una causa o relación amorosa. ‖ **amarrársela.** Loc.verb. *Am. Cen.* embriagarse (‖ perder el dominio de sí por beber en exceso).

amarre. M. Acción y efecto de amarrar o amarrarse.

amarreco. M. amarraco.

amarrete, ta. Adj. coloq. Tacaño, avaro.

amarrido, da. Adj. Afligido, melancólico, triste.

amarronado, da. Adj. De color semejante al marrón[1].

amartelado, da. Part. de amartelar. ‖ Adj. Que implica o denota amartelamiento. *Gestos amartelados.*

amartelamiento. M. Exceso de galantería o rendimiento amoroso.

amartelar. I. Tr. **1.** enamorar. U. m. c. prnl. ‖ **II.** Prnl. **2.** Dicho de los enamorados: Acaramelarse o ponerse muy cariñosos. Morf. U. m. en part.

amartillar. Tr. **1.** Poner un arma de fuego, como una escopeta o una pistola, en posición de disparo. ‖ **2.** martillar. ‖ **3.** Afianzar, asegurar un trato o negocio.

amasadera. F. Artesa en que se amasa.

amasado. M. Acción y efecto de amasar.

amasador, ra. Adj. Que amasa. Apl. a pers., u. t. c. s.

amasadora. F. Máquina para amasar.

amasamiento. M. **1.** Acción de amasar. ‖ **2.** *Med.* masaje.

amasandería. F. *Chile.* panadería (‖ lugar donde se hace el pan).

amasandero, ra. M. y F. *Chile.* Persona que amasa la harina para hacer pan y otros alimentos de masa.

amasar. Tr. **1.** Formar o hacer masa, mezclando harina, yeso, tierra o cosa semejante con agua u otro líquido. ‖ **2.** Reunir, acumular fortuna o bienes. ‖ **3.** Formar mediante la combinación de varios elementos. U. t. c. prnl. *La narración se amasa de leyendas y hechos históricos.* ‖ **4.** coloq. Disponer bien las cosas para el logro de lo que se intenta. U. m. en sent. peyor. *Amasaba terribles planes de venganza.* □ V. palo de ~.

amasiato. M. *Méx.* concubinato.

amasijo. M. **1.** Mezcla desordenada de cosas heterogéneas. ‖ **2.** Porción de harina amasada para hacer pan. ‖ **3.** Porción de masa hecha con yeso, tierra o cosa semejante y agua u otro líquido.

amasio, sia. M. y F. querido.

amatal. M. *Méx.* Terreno plantado de amates.

amate. M. **1.** Árbol de la familia de las Moráceas, que abunda en las regiones cálidas de México. El jugo lechoso que contiene se usa como resolutivo. ‖ **2.** *Méx.* Pintura hecha sobre la albura del amate.

amatista. I. F. **1.** Cuarzo transparente, teñido por el óxido de manganeso, de color violeta más o menos subido, que se usa como piedra fina. ‖ **II.** M. **2.** Color violeta. U. t. c. adj.

amatitlaneco, ca. Adj. **1.** Natural de Amatitlán. U. t. c. s. ‖ **2.** Perteneciente o relativo a este municipio de Guatemala o a su cabecera, en el departamento de Guatemala.

amatorio, ria. Adj. Perteneciente o relativo al amor.

amaurosis. F. *Med.* Privación total de la vista, ocasionada por lesión en la retina, en el nervio óptico o en el encéfalo.

amauta. M. Á. *Andes.* Persona anciana y experimentada que, en las comunidades indígenas, dispone de autoridad moral y de ciertas facultades de gobierno.

amayorazgar. TR. Sujetar algunos bienes, con prohibición de enajenarlos, a la sucesión impuesta por el fundador de un mayorazgo.

amazacotado, da. ADJ. **1.** Pesado, groseramente compuesto a manera de mazacote. *Pintura amazacotada.* || **2.** Pesado, espeso, falto de gracia. *Edificios amazacotados.*

amazona. F. **1.** Mujer de alguna de las razas guerreras que suponían los antiguos haber existido en los tiempos heroicos. || **2.** Mujer de ánimo varonil. || **3.** Mujer que monta a caballo.

amazonense. ADJ. **1.** Natural de Amazonas, departamento de Colombia. U. t. c. s. || **2.** Natural de Amazonas, departamento del Perú. U. t. c. s. || **3.** Natural de Amazonas, estado de Venezuela. U. t. c. s. || **4.** Perteneciente o relativo a este estado o a esos departamentos.

amazónico, ca. ADJ. Perteneciente o relativo al río Amazonas o a los territorios situados a sus orillas.

ambages. M. pl. Rodeos de palabras o circunloquios. *Se lo dijo sin ambages.*

ámbar. M. **1.** Resina fósil, de color amarillo más o menos oscuro, opaca o casi transparente, muy ligera, dura y quebradiza, que arde con facilidad y con buen olor, se electriza fácilmente por frotamiento y se emplea en objetos de adorno. || **2.** Perfume delicado. *Huele a ámbar.* || **3.** Color semejante al del ámbar amarillo. U. t. c. adj. || **4.** Señal de tráfico de este color que, en los semáforos, indica precaución. *Al ver el ámbar, frenó.* || **~ gris.** M. Sustancia que se encuentra en las vísceras del cachalote, sólida, opaca, de color gris con vetas amarillas y negras, de olor almizcleño, usada en perfumería.

ambarino, na. ADJ. Perteneciente o relativo al ámbar.

ambateño, ña. ADJ. **1.** Natural de Ambato. U. t. c. s. || **2.** Perteneciente o relativo a esta ciudad de Ecuador, capital de la provincia de Tungurahua.

ambición. F. **1.** Deseo ardiente de conseguir poder, riquezas, dignidades o fama. || **2.** Cosa que se desea con vehemencia. *Su mayor ambición es vivir en el campo.*

ambicionar. TR. Desear ardientemente algo.

ambicioso, sa. ADJ. **1.** Que tiene ambición. *Profesional ambicioso.* U. t. c. s. || **2.** Que tiene ansia o deseo vehemente de algo. *Pueblo ambicioso de paz.* U. t. c. s. || **3.** Dicho de una cosa: Que manifiesta ambición. *Proyecto ambicioso.*

ambidextro, tra o **ambidiestro, tra.** ADJ. Que usa con la misma habilidad la mano izquierda y la derecha o el pie izquierdo y el derecho. U. t. c. s.

ambientación. F. Acción y efecto de ambientar.

ambientador, ra. I. M. y F. **1.** Persona que tiene a su cargo la ambientación en una obra de radio, cine o televisión. || II. M. **2.** Sustancia para perfumar el ambiente o para eliminar malos olores. || **3.** Envase que lo contiene.

ambiental. ADJ. Perteneciente o relativo al **ambiente** (|| conjunto de condiciones o circunstancias). □ V. **impacto ~.**

ambientar. TR. **1.** Sugerir, mediante pormenores verosímiles, los rasgos históricos, locales o sociales del medio en que ocurre la acción de una obra literaria, de cine, de radio, o de televisión. || **2.** Proporcionar a un lugar un ambiente adecuado, mediante decoración, luces, objetos, etc. || **3.** Adaptar o acostumbrar a alguien a un medio desconocido o guiarlo u orientarlo en él. U. m. c. prnl. *Se ambientó muy deprisa a la vida de Bruselas.*

ambiente. I. M. **1.** Aire o atmósfera. || **2.** Conjunto de condiciones o circunstancias físicas, sociales, económicas, etc., de un lugar, de una reunión, de una colectividad o de una época. || **3.** ambiente agradable de un lugar. *En la discoteca no había ambiente.* || **4.** Grupo, estrato o sector social. *Ambientes intelectuales, populares, aristocráticos.* || **5.** Actitud de un grupo social o de un conjunto de personas respecto de alguien o algo. *Juan tiene buen ambiente entre sus colegas. La propuesta encontró mal ambiente.* || **6.** *Pint.* Efecto de la perspectiva aérea que presta corporeidad a lo pintado y finge las distancias. || **7.** *Am.* Habitación de una casa. || II. ADJ. **8.** Dicho de un fluido: Que rodea un cuerpo. □ V. **medio ~, temperatura ~.**

ambigú. M. bufé. MORF. pl. **ambigús.**

ambigüedad. F. Cualidad de ambiguo.

ambiguo, gua. ADJ. **1.** Dicho especialmente del lenguaje: Que puede entenderse de varios modos o admitir distintas interpretaciones y dar, por consiguiente, motivo a dudas, incertidumbre o confusión. || **2.** Dicho de una persona: Que, con sus palabras o comportamiento, vela o no define claramente sus actitudes u opiniones. || **3.** Incierto, dudoso. *Operaciones bancarias ambiguas.* □ V. **nombre ~.**

ámbito. M. **1.** Espacio comprendido dentro de límites determinados. *Un camarote es un ámbito cerrado.* || **2.** Espacio ideal configurado por las cuestiones y los problemas de una o varias actividades o disciplinas relacionadas entre sí. *Esto pertenece al ámbito de la psicología, no al de la sociología.*

ambivalencia. F. **1.** Condición de lo que se presta a dos interpretaciones opuestas. || **2.** *Psicol.* Estado de ánimo, transitorio o permanente, en el que coexisten dos emociones o sentimientos opuestos, como el amor y el odio.

ambivalente. ADJ. Perteneciente o relativo a la ambivalencia. *Sentimiento ambivalente.*

ambladura. □ V. **paso de ~.**

amblar. INTR. Dicho de un animal: Andar moviendo a un tiempo el pie y la mano de un mismo lado.

ambliope. ADJ. *Med.* Dicho de una persona: Que tiene debilidad o disminución de la vista, sin lesión orgánica del ojo. U. t. c. s.

ambliopía. F. *Med.* Defecto o imperfección del ambliope.

ambo. M. Á. R. *Plata* y *Chile.* Traje masculino formado solamente por chaqueta y pantalón, que pueden ser de distinto color.

ambón. M. Púlpito o atril para leer o cantar en las funciones litúrgicas. Solían ser dos, situados a ambos lados del altar mayor, uno para la epístola y otro para el evangelio. En algunas iglesias antiguas estaban situados a los lados del coro.

ambos, bas. ADJ. pl. El uno y el otro, los dos. U. t. c. pron. pl. || **~ a dos.** LOC.ADJ. pl. ambos. U. t. c. pron. pl.

ambrosía. F. **1.** *Mit.* Manjar o alimento de los dioses. || **2.** Vianda, manjar o bebida de gusto suave o delicado. || **3.** Cosa deleitosa al espíritu. || **4.** Planta anual de la familia de las Compuestas, de dos a tres decímetros de altura, ramosa, de hojas recortadas, muy blancas y vellosas, así como los tallos; flores amarillas en ramillete y frutos oblongos con una sola semilla. Es de olor suave y gusto agradable, aunque amargo.

ambrosiano, na. ADJ. hist. Perteneciente o relativo a san Ambrosio. *Rito ambrosiano. Biblioteca ambrosiana.* □ V. **canto ~.**

ambulación. F. Acción de ambular.

ambulacral. ADJ. *Zool.* Perteneciente o relativo a los ambulacros. □ V. **pie ~.**

ambulacro. M. *Zool.* En los equinodermos, cada una de las series radiales constituidas por apéndices eréctiles en forma de tubo.

ambulancia. F. Vehículo destinado al transporte de heridos y enfermos y al de auxilios y elementos de cura.

ambulantaje. M. *Méx.* Actividad del vendedor ambulante.

ambulante. I. ADJ. **1.** Que va de un lugar a otro sin tener asiento fijo. *Vendedor ambulante.* Apl. a pers., u. t. c. s. ‖ **II.** M. **2.** Empleado de correos encargado de la oficina postal de un tren.

ambular. INTR. **andar** (‖ ir dando pasos).

ambulatorio, ria. I. ADJ. **1.** Dicho de una forma de enfermedad o de un tratamiento: Que no obligan a permanecer en un centro hospitalario. ‖ **2.** Perteneciente o relativo a la práctica de andar. *Actividad ambulatoria.* ‖ **II.** M. **3.** **dispensario.**

ameba. F. *Zool.* Protozoo rizópodo cuyo cuerpo carece de cutícula y emite pseudópodos incapaces de anastomosarse entre sí. Se conocen numerosas especies, de las que unas son parásitas de animales, otras viven en las aguas dulces o marinas y algunas en la tierra húmeda. ORTOGR. En pl., escr. con may. inicial c. taxón. *Las Amebas.*

amebiano, na. ADJ. *Biol.* Perteneciente o relativo a las amebas.

amebiasis. F. *Med.* Enfermedad del hombre y de los animales producida por protozoos del tipo de las amebas.

amebiosis. F. *Med.* **amebiasis.**

amedrantar. TR. **amedrentar.**

amedrentador, ra. ADJ. Que amedrenta. *Ademanes amedrentadores.*

amedrentar. TR. Infundir miedo, atemorizar. U. t. c. prnl.

amelcochado, da. PART. de **amelcochar.** ‖ ADJ. *Am.* De color rubio.

amelcochar. I. TR. **1.** *Am.* Dar a un dulce el punto espeso de la melcocha. U. t. c. prnl. ‖ **II.** PRNL. **2.** *Á. Andes* y *Méx.* **reblandecerse.** ‖ **3.** *Am. Cen., Á. Caribe* y *Méx.* Acaramelarse, derretirse amorosamente, mostrarse extraordinariamente meloso o dulzón.

amelga. F. Faja de terreno que el labrador señala en un haza para esparcir la simiente con igualdad y proporción.

amelonado, da. ADJ. De forma de melón. *Cabeza amelonada.*

amén¹. I. INTERJ. **1.** Así sea. Se usa al final de una oración. U. t. c. s. m. ‖ **2.** Se usa para manifestar aquiescencia o vivo deseo de que tenga efecto lo que se dice. U. t. c. s. m. ‖ **II.** M. **3. final.** ‖ **decir ~ a todo.** LOC.VERB. coloq. Asentir a todo. ‖ **en un decir ~,** o **en un ~.** LOCS. ADVS. coloqs. **en un santiamén.**

amén². ~ de. LOC. PREPOS. Además de. *Amén de lista, era simpática.*

amenaza. F. **1.** Acción de amenazar. ‖ **2.** Dicho o hecho con que se amenaza. ‖ **3.** pl. *Der.* Delito consistente en intimidar a alguien con el anuncio de la provocación de un mal grave para él o su familia.

amenazador, ra. ADJ. Que amenaza. *Mirada amenazadora.*

amenazante. ADJ. Que amenaza. *Sombra amenazante.*

amenazar. TR. **1.** Dar a entender con actos o palabras que se quiere hacer algún mal a alguien. U. t. c. intr. ‖ **2.** Dar indicios de estar inminente algo malo o desagradable. *El edificio amenaza ruina.* U. t. c. intr.

amencia. F. **demencia.**

amenguar. TR. Hacer disminuir. U. t. c. intr. MORF. conjug. c. *averiguar.*

amenidad. F. Cualidad de ameno.

amenizar. TR. Hacer ameno algo.

ameno, na. ADJ. **1.** Grato, placentero, deleitoso. *Escritor ameno. Conversación amena.* ‖ **2.** Dicho de un lugar: Agradable o placentero por su vegetación. *Valle ameno.*

amenorrea. F. *Biol.* Alteración de la función menstrual.

amento. M. *Bot.* Espiga articulada por su base y compuesta de flores de un mismo sexo, como la del avellano.

amerengado, da. ADJ. Afectado, remilgado, obsequioso.

América. hacer un extranjero **las ~s.** LOC.VERB. Enriquecerse en América. □ V. **piña de ~.**

americana. F. Chaqueta de tela, con solapas y botones, que llega por debajo de la cadera.

americanada. F. **1.** despect. Película típicamente estadounidense. ‖ **2.** despect. Dicho o hecho propio de los angloamericanos.

americanidad. F. Cualidad o condición de americano.

americanismo. M. **1.** Cualidad o condición de americano. ‖ **2.** Carácter genuinamente americano. ‖ **3.** Amor o apego a las cosas características o típicas de América. ‖ **4.** Dedicación al estudio de las cosas de América. ‖ **5.** Vocablo, giro, rasgo fonético, gramatical o semántico que pertenece a alguna lengua indígena de América o proviene de ella. ‖ **6.** Vocablo, giro, rasgo fonético, gramatical o semántico peculiar o procedente del español hablado en algún país de América. ‖ **7.** Vocablo, giro o rasgo idiomático peculiar o procedente del inglés hablado en los Estados Unidos de América.

americanista. I. ADJ. **1.** Perteneciente o relativo a las cosas de América. *Estudios americanistas.* ‖ **II.** COM. **2.** Especialista en las lenguas y culturas de América.

americanización. F. Acción y efecto de americanizar o americanizarse.

americanizar. I. TR. **1.** Dar carácter americano. *Pretenden americanizar el sistema educativo.* ‖ **II.** PRNL. **2.** Tomar este carácter. *El comercio español se ha americanizado.*

americano, na. I. ADJ. **1.** Natural de América. U. t. c. s. ‖ **2.** Perteneciente o relativo a esta parte del mundo. ‖ **II.** M. **3. café americano.** □ V. **barra ~, café ~, fútbol ~.**

americio. M. Elemento químico de núm. atóm. 95. Metal de color y brillo semejantes a los de la plata y radiotoxicidad muy elevada, se obtiene artificialmente por bombardeo de plutonio con neutrones, y se encuentra en los residuos industriales de la fisión nuclear. (Símb. *Am*).

amerindio, dia. ADJ. **1.** Se dice de los indios americanos. U. t. c. s. ‖ **2.** Perteneciente o relativo a ellos. *Mitología amerindia.*

ameritado, da. PART. de **ameritar.** ‖ ADJ. *Am.* Merecedor, benemérito.

ameritar. TR. **1.** *Am.* **merecer.** ‖ **2.** *Am.* Dar méritos. U. t. c. prnl.

amerizaje. M. **amaraje.**

amerizar. INTR. **amarar.**

amestizado, da. ADJ. **1.** Dicho de una persona: Que participa de los caracteres o de los rasgos propios del mestizo. ‖ **2.** Dicho de una cosa: Que contiene mezcla de rasgos de culturas distintas. *Prendas de vestir amestizadas.*

ametrallador, ra. ADJ. Que ametralla. *Pistola ametralladora. Fusil ametrallador.* Apl. a pers., u. t. c. s.

ametralladora. F. **1.** Arma automática, de tiro rápido y repetido, que se utiliza apoyada en el suelo. ‖ **2.** *Á. R. Plata.* **metralleta.** ▢ V. **nido de ~s.**

ametrallamiento. M. Acción y efecto de ametrallar.

ametrallar. TR. **1.** Disparar ráfagas de balas contra alguien o algo. ‖ **2.** hist. Disparar metralla contra el enemigo.

ametría. F. Falta de medida, o irregularidad en la norma métrica.

amétrico, ca. ADJ. Perteneciente o relativo a la ametría. *Verso amétrico.*

ametropía. F. *Ópt.* Defecto de refracción en el ojo que impide que las imágenes se formen debidamente en la retina.

amianto. M. Mineral que se presenta en fibras blancas y flexibles, de aspecto sedoso. Es un silicato de cal, alúmina y hierro, y por sus condiciones tiene aplicación para hacer con él tejidos incombustibles.

amiba. F. *Méx.* **ameba.**

amicísimo, ma. ADJ. SUP. de **amigo.**

amida. F. *Quím.* Cada uno de los compuestos orgánicos que resultan al sustituir un átomo de hidrógeno del amoníaco o de las aminas por un radical derivado de un ácido orgánico.

amigabilidad. F. Disposición natural para contraer amistades.

amigable. ADJ. **1.** Dicho de una persona: Afable, inclinada a la amistad. ‖ **2.** Dicho de una cosa: **amistosa.** *El clima de la reunión fue amigable.* ▢ V. **~ componedor.**

amigacho. M. despect. **amigote.**

amigar. I. TR. **1.** **amistar.** U. t. c. prnl. ‖ **II.** PRNL. **2.** **amancebarse.**

amígdala. F. **1.** *Anat.* Órgano formado por la reunión de numerosos nódulos linfáticos. ‖ **2.** *Anat.* **amígdala palatina.** ‖ **~ palatina.** F. *Anat.* Cada una de las dos que se encuentran entre los pilares del velo del paladar.

amigdaláceo, a. ADJ. *Bot.* Se dice de los árboles o arbustos de la familia de las Rosáceas, lisos o espinosos, que tienen hojas sencillas y alternas, flores precoces, solitarias o en corimbo y fruto drupáceo con hueso que encierra una almendra por semilla; p. ej., el cerezo, el ciruelo, el endrino, etc. U. t. c. s. f. ORTOGR. En f. pl., escr. con may. inicial c. taxón. *Las Amigdaláceas.*

amigdalitis. F. *Med.* Inflamación de las amígdalas.

amigo, ga. I. ADJ. **1.** Que tiene amistad. U. t. c. s. ‖ **2.** **amistoso** (‖ perteneciente a la amistad). *Gesto amigo.* ‖ **3.** Que gusta mucho de algo. *Amiga de la buena mesa.* U. t. c. s. ‖ **4.** poét. Dicho de un objeto material: Benéfico, benigno, grato. ‖ **5.** coloq. Se usa como tratamiento afectuoso, aunque no haya propiamente amistad. U. t. c. s. ¶ MORF. sup. irreg. **amicísimo.** ‖ **II.** M. y F. **6.** coloq. Persona amancebada. ‖ **~ de lo ajeno.** M. y F. coloq. **ratero** (‖ la-

drón). ‖ **falso ~.** M. *Gram.* Cada una de las dos palabras que, perteneciendo a dos lenguas diferentes, se asemejan mucho en la forma, pero difieren en el significado. ‖ **tan ~s, o tan ~s como antes; o tan ~s como siempre.** EXPRS. Se usan como fórmulas para manifestar la disposición del hablante a continuar una buena relación o en peligro de romperse. ▢ V. **cara de pocos ~s, números ~s, pie de amigo.**

amigote. M. coloq. Compañero habitual de francachelas y diversiones. U. t. en sent. despect.

amiguero, ra. ADJ. **1.** *Am.* Dicho de una persona: Que entabla amistades fácilmente. U. t. c. s. ‖ **2.** *Á. guar.* Dicho de una persona: Que gasta demasiado tiempo en conversaciones y otras actividades con los amigos.

amiguete. M. coloq. Persona con quien se tiene amistad superficial o circunstancial. U. t. en sent. despect.

amiguismo. M. Tendencia y práctica de favorecer a los amigos en perjuicio del mejor derecho de terceras personas.

amiláceo, a. ADJ. Que contiene almidón o que se parece a esta sustancia. *Semillas amiláceas.*

amilanamiento. M. Acción y efecto de amilanar o amilanarse.

amilanar. I. TR. **1.** Intimidar o amedrentar. *Lo amilanó con sus amenazas.* ‖ **2.** **desalentar.** *Pretendía amilanarla con sus alusiones.* ‖ **II.** PRNL. **3.** Abatirse o desalentarse.

amilasa. F. *Bioquím.* Enzima que fragmenta el almidón en sus componentes.

amillaramiento. M. **1.** Acción y efecto de amillarar. ‖ **2.** Lista o padrón en que constan los bienes amillarados y sus titulares.

amillarar. TR. Regular los bienes de los vecinos de un pueblo para repartir entre ellos las contribuciones.

amillonado, da. ADJ. **millonario** (‖ muy rico).

amiloideo, a. ADJ. Semejante al almidón. *Placas amiloideas.*

amilosa. F. *Bioquím.* Polisacárido constituyente del almidón, formado por moléculas de glucosa.

amimia. F. *Med.* Pérdida de la facultad de expresión en la cara.

amina. F. *Quím.* Sustancia derivada del amoníaco por sustitución de uno o dos átomos de hidrógeno por radicales alifáticos o aromáticos.

amino. M. *Quím.* Radical monovalente formado por un átomo de nitrógeno y dos de hidrógeno, que constituye el grupo funcional de las aminas y sus derivados. (Fórm. NH_2-).

aminoácido. M. *Quím.* Sustancia química orgánica en cuya composición molecular entran un grupo amino y otro carboxilo. 20 de tales sustancias son los componentes de las proteínas.

aminoración. F. Acción y efecto de aminorar.

aminorar. I. TR. **1.** Reducir en cantidad, calidad o intensidad. *Aminorar la velocidad.* ‖ **II.** INTR. **2.** Disminuir o menguar. *El calor ha aminorado.* U. t. c. prnl.

amirí. ADJ. hist. Se dice de cada uno de los descendientes de Almanzor ben Abiámir, que a la caída del califato de Córdoba fundaron reinos de taifas en el Levante de España, durante la primera mitad del siglo XI. U. t. c. s. MORF. pl. **amiríes** o **amirís.**

amistad. F. **1.** Afecto personal, puro y desinteresado, compartido con otra persona, que nace y se fortalece con el trato. ‖ **2.** Persona con la que se tiene amistad. U. m. en pl. ‖ **hacer ~.** LOC.VERB. Comenzar una relación amistosa. ‖ **romper las ~es** quienes eran amigos. LOC.VERB. **reñir.**

amistar. TR. **1.** Unir en amistad. U. t. c. prnl. *Se amistaron poco después de conocerse.* ‖ **2.** Reconciliar a los enemistados. *Fue difícil amistar a los españoles tras la Guerra Civil.* U. t. c. prnl.

amistoso, sa. ADJ. **1.** Perteneciente o relativo a la amistad. *Trato amistoso. Correspondencia amistosa.* ‖ **2.** Dicho de un encuentro deportivo: Que no es de competición.

amito. M. *Rel.* Lienzo fino, cuadrado y con una cruz en medio, que el preste y el diácono se ponen sobre la espalda y los hombros para celebrar algunos oficios divinos.

amitosis. F. *Biol.* División del núcleo de una célula sin que se hagan patentes sus cromosomas.

amnesia. F. Pérdida o debilidad notable de la memoria.

amnésico, ca. ADJ. **1.** Perteneciente o relativo a la amnesia. *Trastorno amnésico.* ‖ **2.** Que padece amnesia. U. t. c. s.

amniocentesis. F. *Med.* Procedimiento de obtención de muestras de líquido amniótico mediante punción abdominal de la pared del útero.

amnios. M. *Zool.* Saco cerrado y lleno de líquido que envuelve y protege al embrión de los reptiles, aves y mamíferos. □ V. **agua del ~.**

amniota. M. *Zool.* Vertebrado cuyo embrión desarrolla un amnios y una bolsa alantoidea, como ocurre en los reptiles, las aves y los mamíferos. U. m. en pl.

amniótico, ca. ADJ. *Zool.* Perteneciente o relativo al amnios. □ V. **líquido ~.**

amnistía. F. Olvido legal de delitos, que extingue la responsabilidad de sus autores.

amnistiar. TR. Conceder amnistía. MORF. conjug. c. *enviar.*

amo, ma. I. M. y F. **1.** Dueño o poseedor de algo. ‖ **2.** Persona que tiene uno o más criados, respecto de ellos. ‖ **3.** Persona que tiene predominio o ascendiente decisivo sobre otra u otras. ‖ **4.** Cabeza o señor de la casa o familia. ‖ II. F. **5.** Mujer que cría a sus pechos alguna criatura ajena. ‖ **6.** Criada superior en casa del clérigo o del seglar que vive solo. ‖ **ama de cría,** o **ama de leche.** F. **ama** (‖ mujer que cría una criatura ajena). ‖ **ama de llaves.** F. Criada encargada de las llaves y economía de la casa. ‖ **~ seca.** F. Mujer a quien se confía en la casa el cuidado de los niños. ‖ **~ de casa.** M. y F. Persona que se ocupa de las tareas de su casa. ‖ **ser el ~ del cotarro.** LOC.VERB. coloq. Ser el principal o el que tiene el poder efectivo en algo.

amoblar. TR. **amueblar.** MORF. conjug. c. *contar.*

amodorrado, da. PART. de **amodorrar.** ‖ ADJ. Soñoliento, adormecido o que tiene modorra. *Expresión amodorrada. Viajeros amodorrados.*

amodorramiento. M. Acción y efecto de amodorrar.

amodorrar. TR. Causar modorra. U. m. c. prnl.

amohinar. TR. Causar mohína. U. t. c. prnl. MORF. conjug. c. *prohijar.*

amohosarse. PRNL. *Am.* **enmohecerse** (‖ inutilizarse, caer en desuso).

amojamar. TR. Dejar reseco y delgado como la mojama. U. m. c. prnl.

amojonamiento. M. Señalamiento con mojones de los linderos de una propiedad o de un término jurisdiccional.

amok. M. Entre los malayos, ataque de locura homicida. MORF. pl. **amoks.**

amolada. F. *Méx.* Acción y efecto de **amolar** (‖ dañar).

amolado, da. PART. de **amolar.** ‖ ADJ. *Méx.* Dicho de una persona: Que ha sufrido una desgracia, una pérdida o un perjuicio graves.

amolador, ra. M. y F. Persona que tiene por oficio amolar instrumentos cortantes o punzantes.

amolar. I. TR. **1.** Sacar corte o punta a un arma o instrumento en la muela. ‖ **2.** coloq. Fastidiar, molestar con pertinacia. U. t. c. prnl. ‖ **3.** *Méx.* **dañar** (‖ causar perjuicio). ‖ II. PRNL. **4.** *Méx.* **frustrarse** (‖ malograrse). ¶ MORF. conjug. c. *contar.* ‖ **hay que ~se.** LOC. INTERJ. **hay que fastidiarse.** □ V. **piedra de ~.**

amoldamiento. M. Acción de amoldar.

amoldar. TR. **1.** Acomodar, reducir a la forma propia o conveniente. U. t. c. prnl. *El zapato acaba amoldándose al pie.* ‖ **2.** Arreglar o ajustar la conducta de alguien a una pauta determinada. U. m. c. prnl. *Amoldarse a las normas.*

amollar. TR. *Mar.* Soltar o aflojar la escota u otro cabo para disminuir su trabajo. U. t. c. intr.

amomo. M. Planta intertropical de la familia de las Cingiberáceas, con raíz articulada y rastrera, escapo ramoso y laxo, hojas membranosas y aovadas, flores en espiga y por fruto cápsulas triloculares con muchas semillas lustrosas y negruzcas, aromáticas y de sabor muy acre y estimulante, que se usan en medicina.

amonal. M. Explosivo que contiene nitrato amónico, trinitrotolueno y aluminio en polvo.

amonedación. F. Acción y efecto de amonedar.

amonedar. TR. Reducir a moneda algún metal.

amonestación. F. **1.** Acción y efecto de amonestar. ‖ **2.** Notificación pública que se hace en la iglesia de los nombres de quienes se van a casar u ordenar, a fin de que, si alguien supiere algún impedimento, lo denuncie. U. m. en pl. *Correr, leer, publicar las amonestaciones.*

amonestador, ra. ADJ. Que amonesta. Apl. a pers., u. t. c. s.

amonestar. TR. **1.** Advertir, prevenir, reprender. *El jugador fue amonestado por el árbitro.* ‖ **2.** Hacer presente algo para que se considere, procure o evite. *Alguien nos amonestó para recordarnos la hora de salida.* ‖ **3.** Publicar en la iglesia las amonestaciones.

amoniacal. ADJ. *Quím.* Perteneciente o relativo al amoníaco. □ V. **agua ~, sal ~.**

amoníaco o **amoniaco.** M. **1.** *Quím.* Gas incoloro, de olor irritante, soluble en agua, compuesto de un átomo de nitrógeno y tres de hidrógeno. Es un producto básico en la industria química. (Fórm. NH_3). ‖ **2.** *Quím.* Disolución acuosa de amoníaco al 35%, que desprende amoníaco gaseoso.

amónico, ca. ADJ. *Quím.* Perteneciente o relativo al amonio.

amonio. M. *Quím.* Radical monovalente formado por el átomo de nitrógeno y cuatro de hidrógeno, y que en sus combinaciones tiene semejanzas con los metales alcalinos. (Fórm. NH_4^-). □ V. **nitrato de ~.**

amonita[1]**.** F. Mezcla explosiva cuyo principal componente es el nitrato amónico.

amonita[2]**.** ADJ. **1.** Se dice del individuo de un pueblo bíblico de la Mesopotamia, descendiente de Amón, hijo de Lot. U. t. c. s. ‖ **2.** Perteneciente o relativo a este pueblo. *El clero amonita.*

amonites. M. Molusco fósil de la clase de los Cefalópodos, con concha externa en espiral, muy abundante en la Era Secundaria.

amontillado, da. ADJ. Se dice del vino blanco de alta graduación semejante al vino de Montilla. U. t. c. s. m.

amontonadamente. ADV. M. En conjunto, sin separación o distinción.

amontonador, ra. ADJ. Que amontona. Apl. a pers., u. t. c. s.

amontonamiento. M. Acción y efecto de amontonar o amontonarse.

amontonar. I. TR. **1.** Poner unas cosas sobre otras sin orden ni concierto. U. t. c. prnl. ‖ **2.** Apiñar personas, animales o cosas. U. t. c. prnl. ‖ **3.** Juntar, reunir, allegar cosas en abundancia. *Amontonar riquezas.* ‖ **4.** Juntar y mezclar de manera confusa y desordenada. *Amontonar textos, sentencias, palabras.* U. t. c. prnl. ‖ **II.** PRNL. **5.** Dicho de sucesos: Sobrevenir muchos en corto tiempo.

amor. M. **1.** Sentimiento intenso del ser humano que, partiendo de su propia insuficiencia, necesita y busca el encuentro y unión con otro ser. ‖ **2.** Sentimiento hacia otra persona que naturalmente nos atrae y que, procurando reciprocidad en el deseo de unión, nos completa, alegra y da energía para convivir, comunicarnos y crear. ‖ **3.** Sentimiento de afecto, inclinación y entrega a alguien o algo. ‖ **4.** Tendencia a la unión sexual. ‖ **5.** Blandura, suavidad. *Trata con amor los libros de su biblioteca.* ‖ **6.** Persona amada. U. t. en pl. con el mismo significado que en sing. *Para llevarle un regalo a sus amores.* ‖ **7.** Esmero con que se trabaja una obra deleitándose en ella. *La paella está hecha con amor.* ‖ **8.** pl. Relaciones amorosas. *Tuvieron amores desde muy jóvenes.* ‖ **9.** pl. Objeto de cariño especial para alguien. *Mis amores son la música y la literatura.* ‖ **~ libre.** M. Relaciones sexuales no reguladas. ‖ **~ platónico.** M. amor idealizado y sin relación sexual. ‖ **~ propio.** M. **1.** El que alguien se profesa a sí mismo, y especialmente a su prestigio. ‖ **2.** Afán de mejorar la propia actuación. ‖ **~es secos.** M. pl. *Am. Mer.* y *Filip.* Plantas herbáceas cuyos frutos espinosos se adhieren al pelo, a la ropa, etc. ‖ **al ~ de la lumbre,** o **del fuego.** LOCS. ADVS. Cerca de ella, o de él, de modo que calienten y no quemen. ‖ **con mil,** o **de mil, ~es.** LOCS. ADVS. coloqs. Con mucho gusto, de muy buena voluntad. ‖ **en ~ y compaña,** o **en ~ y compañía.** LOCS. ADVS. coloqs. En amistad y buena compañía. ‖ **hacer el ~.** LOC. VERB. **1.** copular. ‖ **2.** Enamorar, galantear. ‖ **por ~ al arte.** LOC. ADV. coloq. Dicho de trabajar en algo: Por afición y de manera desinteresada. ‖ **por ~ de Dios.** EXPR. Se usa para pedir con encarecimiento o excusarse con humildad. *Hágalo usted por amor de Dios. Perdone usted por amor de Dios.* ‖ **requerir de ~es.** LOC. VERB. Cortejar, galantear. ◻ V. **árbol del ~, trompeta de ~.**

amoral. ADJ. **1.** Dicho de una persona: Desprovista de sentido moral. ‖ **2.** Dicho de una obra humana, especialmente artística: Que a propósito prescinde del fin moral.

amoralidad. F. Condición, cualidad de amoral.

amoralismo. M. Tendencia filosófica del siglo XIX que elimina de la conducta las nociones de bien y mal moral, así como las de obligación y sanción.

amoratado, da. ADJ. Que tira a morado.

amoratar. TR. Poner morado. U. m. c. prnl.

amorcillado, da. ADJ. **1.** Que tiene forma de morcilla o se asemeja a ella. *Dedos amorcillados.* ‖ **2.** *Taurom.* Dicho de un toro herido mortalmente: Que, antes de caer, hace esfuerzos para mantenerse en pie, abriéndose de patas o buscando apoyo en las tablas.

amorcillo. M. En las artes plásticas, niño desnudo y alado, generalmente portador de un emblema del amor, como flechas, carcaj, venda, paloma, rosas, etc.

amordazador, ra. ADJ. Que amordaza. Apl. a pers., u. t. c. s.

amordazamiento. M. Acción y efecto de amordazar.

amordazar. TR. **1.** Poner mordaza. ‖ **2.** Impedir hablar o expresarse libremente, mediante coacción. *Quieren amordazar a la prensa.*

amorfismo. M. Cualidad de amorfo.

amorfo, fa. ADJ. **1.** Sin forma regular o bien determinada. *Masa amorfa.* ‖ **2.** Que carece de personalidad y carácter propio. ‖ **3.** *Fís.* Se dice de los cuerpos sólidos no cristalinos.

amorío. M. Relación amorosa que se considera superficial y pasajera. U. m. en pl.

amorosiento, ta. ADJ. *Á. R. Plata.* Que se comporta de forma amorosa.

amoroso, sa. ADJ. **1.** Que siente amor. *Padre amoroso.* ‖ **2.** Perteneciente o relativo al amor. *Relación amorosa.* ‖ **3.** Que denota o manifiesta amor. *Carta amorosa.* ‖ **4.** Templado, apacible. *La tarde está amorosa.* ‖ **5.** coloq. Encantador o muy amable. *Tu amigo es un chico realmente amoroso.* ◻ V. **escarceo ~, triángulo ~.**

amorrarse. PRNL. Aplicar los labios o morros directamente a una fuente o a una masa de líquido para beber.

amorreo, a. ADJ. **1.** Se dice del individuo de un pueblo bíblico descendiente de Amorreo, hijo de Canaán. U. m. c. s. pl. ‖ **2.** Perteneciente o relativo a este pueblo. *Tradiciones amorreas.*

amorriñar. INTR. *Am. Cen.* Dicho de un animal: Enfermar de morriña. U. m. c. prnl.

amortajador, ra. M. y F. Persona que amortaja o que tiene por oficio amortajar.

amortajamiento. M. Acción y efecto de amortajar.

amortajar. TR. Poner la mortaja a un difunto.

amortecer. I. TR. **1.** amortiguar. U. t. c. intr. *La lumbre amortecía.* ‖ **II.** PRNL. **2.** Desmayarse, quedar como muerto. ¶ MORF. conjug. c. *agradecer.*

amortiguación. F. **1.** amortiguamiento. ‖ **2.** En una máquina, sistema mecánico que sirve para compensar y disminuir el efecto de choques, sacudidas o movimientos bruscos.

amortiguador, ra. I. ADJ. **1.** Que amortigua. *Función amortiguadora.* ‖ **II.** M. **2.** Dispositivo que sirve para compensar y disminuir el efecto de choques, sacudidas o movimientos bruscos en aparatos mecánicos.

amortiguamiento. M. **1.** Acción y efecto de amortiguar. ‖ **2.** *Fís.* Disminución progresiva, en el tiempo, de la intensidad de un fenómeno periódico.

amortiguar. TR. Hacer que algo sea menos vivo, eficaz, intenso o violento, tendiendo a la extinción. *Amortiguar la luz, el color, el ruido, un afecto, una pasión.* U. t. c. prnl. MORF. conjug. c. *averiguar.*

amortizable. ◻ V. **deuda ~.**

amortización. F. Acción y efecto de amortizar. ◻ V. **caja de ~, fondos de ~.**

amortizar. TR. **1.** Redimir o extinguir el capital de un censo, préstamo u otra deuda. U. t. c. prnl. ‖ **2.** Recuperar o compensar los fondos invertidos en alguna empresa. U. t. c. prnl. ‖ **3.** Suprimir, por considerarlos innecesarios, empleos o plazas vacantes en una institución pública o empresa privada. ‖ **4.** *Der.* Pasar los bienes a manos muertas. U. t. c. intr. y c. prnl.

amostazar. I. TR. **1.** coloq. Irritar, enojar. U. m. c. prnl. ‖ **II.** PRNL. **2.** *Á. Caribe.* avergonzarse.

amotinado, da. PART. de amotinar. || ADJ. Dicho de una persona: Que toma parte en un motín. U. t. c. s.

amotinamiento. M. Acción y efecto de amotinar.

amotinar. TR. Alzar en motín a cualquier multitud. U. t. c. prnl.

amovible. ADJ. Que puede ser quitado del lugar que ocupa, o separado del puesto o del cargo que tiene. *Piezas amovibles. Empleado amovible.*

ampalaba. F. *Chile.* ampalagua.

ampalagua. F. *Chile.* Serpiente de la familia de las boas que mide aproximadamente 2,5 m de longitud. De coloración amarronada con manchas amarillentas, vive en las serranías y llanuras del norte y noroeste de la Argentina y se alimenta de aves y mamíferos pequeños.

amparador, ra. ADJ. Que ampara. Apl. a pers., u. t. c. s.

amparamiento. M. *Chile.* Acción y efecto de adquirir el derecho de beneficiar una mina.

amparar. **I.** TR. **1.** Favorecer, proteger. *La Constitución ampara a todos.* || **2.** *Chile.* Llenar las condiciones con que se adquiere el derecho de beneficiar una mina. || **II.** PRNL. **3.** Valerse del apoyo o protección de alguien o algo. *Se amparó en sus valedores.* || **4.** Defenderse, guarecerse. *Se ampararon tras una columna.*

amparo. M. **1.** Acción y efecto de amparar o ampararse. || **2.** Persona o cosa que ampara. □ V. **recurso de ~.**

ampelografía. F. Descripción de las variedades de la vid y conocimiento de los modos de cultivarlas.

amperaje. M. *Electr.* Cantidad de amperios que actúan en un aparato o sistema eléctrico.

amperímetro. M. *Electr.* Aparato que sirve para medir la intensidad de una corriente eléctrica en amperios.

amperio. M. *Fís.* Unidad de intensidad de corriente eléctrica del Sistema Internacional equivalente a la intensidad de la corriente que, al circular por dos conductores paralelos, rectilíneos, de longitud infinita, de sección circular despreciable y colocados a la distancia de un metro uno de otro en el vacío, origina entre dichos conductores una fuerza de dos diezmillonésimas de *newton* por cada metro de conductor. (Símb. *A*).

ampliación. F. **1.** Acción y efecto de ampliar. || **2.** Fotografía, texto, plano, etc., ampliados.

ampliador, ra. **I.** ADJ. **1.** Que amplía. *Programa ampliador de la imagen para discapacitados.* Apl. a pers., u. t. c. s. || **II.** M. **2.** Aparato o máquina que amplía, especialmente imágenes.

ampliadora. F. ampliador (|| aparato que amplía).

ampliar. TR. **1.** Extender, dilatar. *Ampliar su cultura, sus estudios.* U. t. c. prnl. || **2.** Reproducir fotografías, planos, textos, etc., en tamaño mayor que el del original. ¶ MORF. conjug. c. *enviar.*

ampliatorio, ria. ADJ. Que amplía. *Reforma ampliatoria.*

amplificación. F. **1.** Acción y efecto de amplificar. || **2.** *Ret.* Desarrollo que por escrito o de palabra se da a una proposición o idea, explicándola de varios modos o enumerando puntos o circunstancias que con ella tengan relación, a fin de hacerla más eficaz para conmover o persuadir.

amplificador, ra. **I.** ADJ. **1.** Que amplifica. *Lente amplificadora.* || **II.** M. **2.** Aparato o conjunto de ellos, mediante el cual, utilizando energía externa, se aumenta la amplitud o intensidad de un fenómeno físico.

amplificar. TR. **1.** ampliar (|| extender, dilatar). *Amplificar su cuota de poder.* || **2.** Aumentar la amplitud o intensidad de un fenómeno físico mediante un dispositivo o aparato.

amplio, plia. ADJ. Extenso, dilatado, espacioso. U. t. en sent. fig. *Amplios poderes. Amplias ventajas.*

amplitud. F. **1.** Extensión, dilatación. || **2.** Capacidad de comprensión intelectual o moral. *Amplitud de miras. Amplitud de criterio.* || **3.** *Fís.* Valor máximo que adquiere una variable en un fenómeno oscilatorio. || **4.** *Mat.* Diferencia entre los valores máximo y mínimo en la distribución de una variable.

ampo. M. **1.** Blancura resplandeciente. || **2.** Copo de nieve. U. m. en pl.

ampolla. F. **1.** Elevación local de la epidermis por acumulación de líquido. || **2.** Vasija de vidrio o de cristal, de cuello largo y estrecho, y de cuerpo ancho y redondo en la parte inferior. || **3.** Pequeño recipiente de vidrio cerrado herméticamente, que contiene por lo común una dosis de líquido inyectable. || **4.** En una lámpara eléctrica, parte de cristal que contiene el filamento o los electrodos. || **levantar ~, o ~s.** LOCS.VERBS. Causar notable disgusto o desasosiego.

ampolleta. F. **1.** reloj de arena. || **2.** *Chile.* Bombilla eléctrica. || **3.** *Méx.* ampolla (|| recipiente de vidrio que contiene líquido inyectable).

ampón, na. ADJ. Amplio, repolludo, ahuecado. *Falda ampona.*

ámpula. F. *Méx.* ampolla (|| elevación de la epidermis).

ampulosidad. F. Cualidad de ampuloso.

ampuloso, sa. ADJ. Dicho del lenguaje o del estilo y del escritor o del orador: Hinchados y redundantes.

ampurdanés, sa. ADJ. **1.** Natural del Ampurdán. U. t. c. s. || **2.** Perteneciente o relativo a esta comarca de Cataluña, en España.

amputación. F. Acción y efecto de amputar.

amputar. TR. Cortar y separar enteramente del cuerpo un miembro o una porción de él. U. t. en sent. fig. *Amputar la disidencia.*

amuchachado, da. ADJ. Dicho de una cosa: Que tiene semejanza con la de los muchachos. *Rostro, genio amuchachado.*

amuchar. INTR. *Á. R. Plata.* Aumentar en número o cantidad. U. t. c. prnl.

amueblamiento. M. **1.** Acción de amueblar. || **2.** mobiliario (|| conjunto de muebles).

amueblar. TR. Dotar de muebles un edificio o alguna parte de él.

amuinar. TR. *Méx.* Causar enojo.

amujerado, da. ADJ. afeminado.

amulatado, da. ADJ. Semejante a los mulatos en el color y las facciones.

amuleto. M. Objeto pequeño que se lleva encima, al que se atribuye la virtud de alejar el mal o propiciar el bien.

amuñecado, da. ADJ. Dicho de una persona: Que en su figura o adornos se asemeja a un muñeco.

amura. F. **1.** *Mar.* Parte de los costados del buque donde este empieza a estrecharse para formar la proa. || **2.** *Mar.* Cabo que hay en cada uno de los puños bajos de las velas mayores de cruz y en el bajo de proa de todas las de cuchillo, para llevarlos hacia proa y afianzarlos.

amurada. F. *Mar.* Cada uno de los costados del buque por la parte interior.

amurallado, da. PART. de **amurallar.** || ADJ. Protegido o cercado por murallas. *Ciudad amurallada.*

amurallar. TR. **1.** Rodear de murallas. *Los cristianos amurallaron las ciudades fronterizas.* || **2.** Circundar algo a modo de muralla. *Amurallaron la habitación con cortinajes.*

amurar. TR. *Mar.* Llevar a donde corresponde, a barlovento, los puños de las velas que admiten esta maniobra, y sujetarlos con la amura para que las velas queden bien orientadas cuando se navega de bolina.

amusgar. TR. **1.** Dicho de un caballo, de un toro, etc.: Echar hacia atrás las orejas en ademán de querer morder, tirar coces o embestir. U. t. c. intr. || **2.** Entrecerrar los ojos para ver mejor.

amusgo, ga. ADJ. **amuzgo.** Apl. a pers., u. t. c. s.

amustiar. TR. Poner mustio. U. t. c. prnl. MORF. conjug. c. *anunciar.*

amuzgo, ga. I. ADJ. **1.** Se dice del individuo de un pueblo amerindio de México que habitó la Mixteca y hoy habita el estado de Guerrero. U. t. c. s. || **2.** Perteneciente o relativo a los amuzgos. *Territorio amuzgo.* || **II.** M. **3.** Lengua de la familia oaxaqueña hablada por los amuzgos.

anabaptismo. M. Doctrina de los anabaptistas.

anabaptista. ADJ. **1.** Seguidor de una confesión protestante que no admite el bautismo de los niños antes del uso de razón. U. m. c. s. pl. || **2.** Perteneciente o relativo a esta confesión. *Credo anabaptista.*

anabólico, ca. ADJ. *Biol.* Perteneciente o relativo al anabolismo.

anabolismo. M. *Biol.* Conjunto de procesos metabólicos de síntesis de moléculas complejas a partir de otras más sencillas.

anabolizante. M. *Biol.* Producto químico utilizado para aumentar la intensidad de los procesos metabólicos de síntesis de moléculas complejas en el organismo.

anacahuite. M. *Méx.* Árbol de las Borragináceas, de tronco grueso de hasta un metro y medio de diámetro, ramaje muy abundante y abierto que forma una amplia copa, y hojas pequeñas de color verde claro. La corteza y el fruto se utilizan en la medicina tradicional como pectoral y emoliente.

anacarado, da. ADJ. De color de nácar.

anacardiáceo, a. ADJ. *Bot.* Se dice de las plantas angiospermas dicotiledóneas, árboles, arbustos o matas, de corteza resinosa, hojas alternas y sin estípulas, flores por lo común en racimos; fruto en drupa o seco, con una sola semilla, casi siempre sin albumen; p. ej., el terebinto, el lentisco y el zumaque. U. t. c. s. f. ORTOGR. En f. pl., escr. con may. inicial c. taxón. *Las Anacardiáceas.*

anacardo. M. **1.** Se usa como nombre para referirse a varias especies de árboles tropicales de flores pequeñas cuyo fruto es comestible y se usa en medicina. || **2.** Fruto de este árbol.

anacoluto. M. *Gram.* Inconsecuencia en la construcción del discurso.

anaconda. F. Ofidio americano de la misma familia de las boas y de costumbres acuáticas, que pertenece a las especies estranguladoras, mide entre 4,5 y 10 m de longitud, es de color pardo grisáceo con manchas negras redondeadas sobre el dorso y tiene cabeza de color oscuro con una banda anaranjada detrás de los ojos.

anacoreta. COM. Persona que vive en lugar solitario, entregada enteramente a la contemplación y a la penitencia.

anacorético, ca. ADJ. Perteneciente o relativo al anacoreta. *Refugio anacorético.*

anacreóntica. F. Composición poética que, a imitación de las de Anacreonte, canta asuntos ligeros.

anacreóntico, ca. ADJ. Dicho especialmente de una composición poética: Que, a imitación de las de Anacreonte, canta la alegría y el hedonismo.

anacrónico, ca. ADJ. Que adolece de anacronismo. *Ética anacrónica.*

anacronismo. M. **1.** Error que consiste en suponer acaecido un hecho antes o después del tiempo en que sucedió, y, por ext., incongruencia que resulta de presentar algo como propio de una época a la que no corresponde. || **2.** Cosa anacrónica.

anacrusa. F. *Mús.* Nota o grupo de notas débiles que preceden al tiempo fuerte de la melodía.

ánade. M. **1.** pato (|| ave palmípeda). U. menos c. f. || **2.** Ave con los mismos caracteres genéricos que el pato. U. menos c. f. || **~ real.** M. **azulón** (|| pato de gran tamaño). U. menos c. f.

anadear. INTR. Dicho de una persona o de un animal: Andar moviendo mucho las caderas.

anadiplosis. F. *Ret.* Figura que consiste en repetir al final de un verso, o de una cláusula, y al principio del siguiente, un mismo vocablo.

anadón. M. Pollo del ánade.

anaeróbico, ca. ADJ. *Biol.* Perteneciente o relativo a la anaerobiosis o a los organismos anaerobios. *Fermentación anaeróbica.*

anaerobio, bia. ADJ. *Biol.* Dicho de un ser vivo: Que puede vivir sin oxígeno. U. t. c. s. m.

anaerobiosis. F. *Biol.* Vida en un ambiente desprovisto de oxígeno.

anafe. M. Hornillo, generalmente portátil.

anafiláctico, ca. ADJ. *Biol.* Perteneciente o relativo a la anafilaxia.

anafilaxia. F. *Biol.* Sensibilidad exagerada del organismo debida a la acción de ciertas sustancias orgánicas, cuando después de algún tiempo de haber estado en contacto con él, vuelven a hacerlo aun en pequeñísima cantidad, lo que produce desórdenes, a veces graves.

anáfora. F. **1.** En las liturgias griega y orientales, parte de la misa que corresponde al prefacio y al canon en la liturgia romana, y cuya parte esencial es la consagración. || **2.** *Ling.* Tipo de deixis que desempeñan ciertas palabras para recoger el significado de una parte del discurso ya emitida; p. ej., *lo* en *dijo que había estado, pero no me lo creí.* || **3.** *Ret.* **repetición** (|| figura retórica).

anafórico, ca. ADJ. Perteneciente o relativo a la anáfora. □ V. **deixis ~.**

anafre. M. **anafe.**

anafrodisia. F. Disminución o falta del apetito sexual.

anafrodisíaco, ca o **anafrodisiaco, ca.** ADJ. Dicho de un medicamento o de una sustancia: Que moderan o anulan el impulso sexual. U. t. c. s. m.

anafrodita. ADJ. Dicho de una persona: Que carece de apetito sexual. U. t. c. s.

anagnórisis. F. **1.** *Ret.* Reencuentro y reconocimiento de dos personajes a quienes el tiempo y las circunstancias han separado. || **2.** Reconocimiento de la identidad de un personaje por otro u otros.

anagrama. M. **1.** Trasposición de las letras de una palabra o sentencia, de la que resulta otra palabra o sentencia distinta. || **2.** Palabra o sentencia que resulta de esta trasposición de letras; p. ej., de *amor, Roma,* o viceversa. || **3.** Símbolo o emblema, especialmente el constituido por letras.

anagramático, ca. ADJ. Perteneciente o relativo al anagrama. *Acertijo anagramático.*

anal. ADJ. Perteneciente o relativo al ano. *Músculo anal.* □ V. **aleta** ~.

analepsis. F. *Ret.* Pasaje retrospectivo que rompe la secuencia cronológica de una obra literaria.

analéptico, ca. ADJ. *Med.* Dicho de un producto: Que estimula el sistema nervioso central.

anales. M. **1.** pl. Relación ordenada año por año de los hechos acaecidos durante un cierto período. || **2.** pl. **historia** (|| narración de acontecimientos pasados). *Ese asesinato quedará en los anales del crimen.* || **3.** pl. Publicación periódica en la que se recogen noticias y artículos sobre un campo concreto del saber.

analfabetismo. M. **1.** Falta de instrucción elemental en un país, referida especialmente al número de sus ciudadanos que no saben leer. || **2.** Cualidad de analfabeto.

analfabeto, ta. ADJ. **1.** Que no sabe leer ni escribir. U. t. c. s. || **2.** Ignorante, sin cultura, o profano en alguna disciplina. U. t. c. s.

analgesia. F. *Med.* Falta o disminución de las sensaciones dolorosas, que no afecta a los demás sentidos.

analgésico, ca. I. ADJ. **1.** *Med.* Perteneciente o relativo a la analgesia. *Efecto analgésico.* || **II.** M. **2.** Medicamento o droga que produce analgesia.

análisis. M. **1.** Distinción y separación de las partes de un todo hasta llegar a conocer sus principios o elementos. || **2.** Examen que se hace de una obra, de un escrito o de cualquier realidad susceptible de estudio intelectual. || **3.** Tratamiento psicoanalítico. || **4.** Parte de las matemáticas basada en los conceptos de límite, convergencia y continuidad, que dan origen a diversas ramas: cálculo diferencial e integral, teoría de funciones, etc. || **5.** *Gram.* Examen de los componentes del discurso y de sus respectivas propiedades y funciones. || **6.** *Med.* **análisis clínico.** || ~ **clínico.** M. *Med.* Examen cualitativo y cuantitativo de los componentes o sustancias del organismo según métodos especializados, con un fin diagnóstico. || ~ **cualitativo.** M. *Quím.* El que tiene por objeto identificar los componentes de una sustancia. || ~ **cuantitativo.** M. *Quím.* El que se emplea para determinar la cantidad de cada elemento o ingrediente. || ~ **espectral.** M. *Fís.* Método de análisis químico cualitativo, y en algunos casos cuantitativo, mediante técnicas espectroscópicas. || ~ **factorial.** M. *Estad.* Método usado para cuantificar la importancia de cada uno de los factores actuantes en un fenómeno o en sus interrelaciones. || ~ **químico.** M. *Quím.* Determinación de la composición química de una sustancia.

analista[1]. COM. Autor de anales.

analista[2]. COM. **1.** Persona que hace análisis químicos o médicos. || **2.** **psicoanalista.** || **3.** Observador habitual de un campo de la vida social o cultural. *Analista político, financiero, militar.* || **4.** Persona que estudia, mediante técnicas informáticas, los límites, características y posibles soluciones de los problemas a los que se aplica un tratamiento por computadora u ordenador.

analístico, ca. ADJ. Perteneciente o relativo a los anales. *Relatos analísticos.*

analítica. F. **análisis clínico.**

analítico, ca. ADJ. **1.** Perteneciente o relativo al análisis. *Datos analíticos.* || **2.** Que procede descomponiendo, o que pasa del todo a las partes. *Investigación analítica.* □ V. **expresión** ~, **filosofía** ~, **geometría** ~, **lengua** ~.

analizador, ra. ADJ. Que analiza. Apl. a pers., u. t. c. s.

analizar. TR. Hacer análisis de algo.

analogía. F. **1.** Relación de semejanza entre cosas distintas. || **2.** Razonamiento basado en la existencia de atributos semejantes en seres o cosas diferentes. || **3.** *Biol.* Semejanza entre partes que en diversos organismos tienen una misma posición relativa y una función parecida, pero un origen diferente. || **4.** *Der.* Método por el que una norma jurídica se extiende, por identidad de razón, a casos no comprendidos en ella. || **5.** *Ling.* Creación de nuevas formas lingüísticas, o modificación de las existentes, a semejanza de otras; p. ej., los pretéritos *tuve, estuve, anduve* se formaron por analogía con *hube.*

analógico, ca. ADJ. **1.** análogo. *Sentido analógico.* || **2.** Dicho de un aparato o de un instrumento de medida: Que la representa mediante variables continuas, análogas a las magnitudes correspondientes. *Reloj analógico. Computadora analógica.* || **3.** *Ling.* Perteneciente o relativo a la analogía. *Neologismo analógico.*

análogo, ga. ADJ. **1.** Que tiene analogía con algo. *Proceso análogo.* || **2.** *Biol.* Dicho de dos o más órganos: Que pueden adoptar aspecto semejante por cumplir determinada función, pero que no son homólogos; p. ej., alas en aves e insectos.

anamita. I. ADJ. **1.** Natural de Anam. U. t. c. s. || **2.** Perteneciente o relativo a este antiguo reino, en Indochina. || **II.** M. **3.** Lengua anamita.

anamnesis. F. **1.** *Med.* Información aportada por el paciente y por otros testimonios para confeccionar su historial médico. || **2.** **reminiscencia** (|| representación o traída a la memoria de algo pasado).

anamorfosis. F. Pintura o dibujo que ofrece a la vista una imagen deforme y confusa, o regular y acabada, según desde donde se mire.

anamú. M. *Á. Caribe.* Planta silvestre de la familia de las Fitolacáceas, que crece hasta unos nueve decímetros de alto, con ramas divergentes, hojas parecidas a las del solano y flores blancas de ocho estambres en largas espigas. La planta huele a ajo, como la leche de las vacas que la comen. MORF. pl. **anamúes** o **anamús.**

ananá. F. ananás. MORF. pl. **ananás.**

ananás. M. **1.** Planta exótica, vivaz, de la familia de las Bromeliáceas, que crece hasta unos siete decímetros de altura, con hojas glaucas, ensiformes, rígidas, de bordes espinosos y rematados en punta muy aguda; flores de color morado y fruto grande en forma de piña, carnoso, amarillento, muy fragante, suculento y terminado por un penacho de hojas. || **2.** Fruto de esta planta. ¶ MORF. pl. invar. o **ananases.**

ananay. INTERJ. *Á. Andes.* Se usa para manifestar que algo es grato a la vista.

anapelo. M. acónito (|| planta ranunculácea).

anapéstico, ca. ADJ. Perteneciente o relativo al anapesto. *Verso anapéstico.*

anapesto. M. En las métricas griega y latina, pie compuesto de tres sílabas; las dos primeras, breves, y la otra, larga.

anaplasia. F. *Med.* Regresión de las células a un estado menos diferenciado, como ocurre en los tejidos tumorales.

anaquel. M. Cada una de las tablas puestas horizontalmente en los muros, o en armarios, alacenas, etc., para colocar sobre ellas libros, piezas de vajilla o cualesquiera otras cosas de uso doméstico o destinadas a la venta.

anaquelería. F. Conjunto de anaqueles.

anaranjado, da. ADJ. De color semejante al de la naranja. U. t. c. s. m.

anarco. ADJ. coloq. **anarquista.** Apl. a pers., u. t. c. s.

anarcosindicalismo. M. Movimiento sindical de carácter revolucionario y orientación anarquista.

anarcosindicalista. ADJ. **1.** Perteneciente o relativo al anarcosindicalismo. *Principios anarcosindicalistas.* ‖ **2.** Partidario del anarcosindicalismo. U. t. c. s.

anarquía. F. **1.** Ausencia de poder público. ‖ **2. anarquismo** (‖ doctrina política). ‖ **3.** Desconcierto, incoherencia, barullo. *En la habitación de mi sobrina reina la anarquía.*

anárquico, ca. ADJ. **1.** Que implica anarquía o está caracterizado por ella. *Comportamiento anárquico.* ‖ **2. anarquista.** *Sindicato anárquico.* Apl. a pers., u. t. c. s.

anarquismo. M. **1.** Doctrina que propugna la desaparición del Estado y de todo poder. ‖ **2.** Movimiento social inspirado por esta doctrina.

anarquista. I. ADJ. **1.** Propio o característico del anarquismo o de la anarquía. ‖ **II.** COM. **2.** Persona que profesa el anarquismo, o desea o promueve la anarquía.

anarquizante. ADJ. Que tira a anarquista. *Revolución anarquizante.* Apl. a pers., u. t. c. s.

anarquizar. I. TR. **1.** Causar o introducir la anarquía. ‖ **II.** PRNL. **2.** Caer en la anarquía.

anasarca. F. *Med.* Edema general del tejido celular subcutáneo, acompañado de hidropesía en las cavidades orgánicas.

anastasia. F. artemisa (‖ planta compuesta).

anastomosarse. PRNL. *Bot.* y *Zool.* Unirse formando anastomosis.

anastomosis. F. *Bot.* y *Zool.* En una planta o animal, unión de unos elementos anatómicos con otros de la misma naturaleza.

anata. F. hist. Impuesto eclesiástico que consistía en la renta o frutos correspondientes al primer año de posesión de cualquier beneficio o empleo. ‖ **media ~.** F. **1.** Derecho que se paga al ingreso de cualquier beneficio eclesiástico, pensión o empleo secular, correspondiente a la mitad de lo que produce en un año. ‖ **2.** hist. Cantidad que se satisfacía por los títulos y por lo honorífico de algunos empleos y otras cosas.

anatema. M. **1.** Maldición, imprecación. ‖ **2. excomunión** (‖ acción y efecto de excomulgar).

anatematizador, ra. ADJ. Que anatematiza. *Católicos anatematizadores.*

anatematizar. TR. **1.** Imponer el anatema. ‖ **2.** Maldecir a alguien o hacer imprecaciones contra él. ‖ **3.** Reprobar o condenar por malo a alguien o algo.

anatemizar. TR. **anatematizar.**

a nativitate. (Locución latina). LOC.ADV. Dicho de padecer un defecto de sentido o de un miembro: Desde el nacimiento y no por contingencia o enfermedad sobrevenida.

anatolio, lia. ADJ. **1.** Perteneciente o relativo a la península de Anatolia. ‖ **2.** Se dice de un grupo o familia de lenguas asiáticas indoeuropeas, hoy extintas, que comprende el hitita, el licio, el lidio y el luvita. U. t. c. s. m. *El anatolio.* ‖ **3.** Perteneciente o relativo a este grupo o familia de lenguas. *Raíces anatolias.*

anatomía. F. **1.** Estudio de la estructura, situación y relaciones de las diferentes partes del cuerpo de los animales o de las plantas. ‖ **2.** Disposición, tamaño, forma y sitio de los miembros externos que componen el cuerpo humano o el de los animales. ‖ **3.** *Biol.* Disección o separación artificiosa de las partes del cuerpo de un animal o de una planta. ‖ **~ patológica.** F. *Med.* Estudio de las alteraciones producidas por las enfermedades en las células y tejidos de los seres vivos.

anatómicamente. ADV. M. Conforme a las reglas de la anatomía.

anatómico, ca. I. ADJ. **1.** Perteneciente o relativo a la anatomía. *Estudios anatómicos.* ‖ **2.** Dicho de un objeto: Construido para que se adapte o ajuste perfectamente al cuerpo humano o a alguna de sus partes. *Asientos anatómicos. Prendas anatómicas.* ‖ **II.** M. y F. **3. anatomista.** □ V. anfiteatro ~.

anatomista. COM. Persona que profesa la anatomía.

anatomizar. TR. Hacer o ejecutar la anatomía de algún cuerpo.

anatomopatológico, ca. ADJ. *Med.* Perteneciente o relativo a la anatomía patológica.

anatomopatólogo, ga. M. y F. Persona especializada en anatomía patológica.

anca. F. **1.** Cada una de las dos mitades laterales de la parte posterior de las caballerías y otros animales. ‖ **2.** Grupa de las caballerías. ‖ **3.** Cadera de una persona. ‖ **a ~s, o a las ~s.** LOCS.ADVS. Cabalgando en las ancas de la caballería que monta otra persona. ‖ **en ~s.** LOC.ADV. *Méx.* a ancas.

ancashino, na. ADJ. **1.** Natural de Ancash. U. t. c. s. ‖ **2.** Perteneciente o relativo a este departamento del Perú.

ancestral. ADJ. **1.** Perteneciente o relativo a los antepasados. *Reminiscencias ancestrales.* ‖ **2.** Tradicional y de origen remoto. *Costumbre ancestral.*

ancestro. M. antepasado.

anchar. TR. coloq. ensanchar. U. t. c. prnl.

ancheta. F. **1.** Porción corta de mercancías que se llevan a vender a cualquier parte. ‖ **2.** hist. Porción de géneros embarcados que se llevaba a América en tiempo de la dominación española. ‖ **3.** *Méx.* Cosa inoportuna o sin importancia, o que revela desfachatez o descaro.

anchicorto, ta. ADJ. Ancho y corto. *Bata anchicorta.*

ancho, cha. I. ADJ. **1.** Que tiene más o menos anchura. *Una mesa muy ancha.* ‖ **2.** Que tiene anchura excesiva. *La pieza no sirve; es ancha.* ‖ **3.** Holgado, amplio en exceso. *Vestido ancho.* ‖ **4.** amplio. *Una sala, una plaza ancha.* ‖ **5.** Desembarazado, laxo, libre. *Estábamos muy anchos en el cine.* ‖ **6.** coloq. Orgulloso, envanecido, ufano. *Soltó un disparate y se quedó tan ancho. Qué ancha está con su computadora nueva.* ‖ **II.** M. **7.** anchura (‖ dimensión menor de las dos principales de las figuras planas). *El ancho del paño.* ‖ **ancho de banda.** M. **1.** *Inform.* Capacidad, expresada en bits por segundo, de un circuito de comunicaciones o de una red, para transmitir datos. ‖ **2.** *Telec.* Intervalo entre la frecuencia más alta y la más baja de un canal de transmisión, ya sea de televisión, de radio, de frecuencia modulada, etc. ‖ **ancho de vía.** M. *Esp.* Distancia entre las caras internas de los raíles de una vía, como en la del ferrocarril. ‖ **a mis, a tus, a sus,** etc., **anchas.** LOCS.ADVS. cologs. Con comodidad, sin sujeción, con entera libertad. ‖ **a todos ~s.** LOC.ADV. coloq. **a mis anchas.** ☐ V. **banda ~, chile ~, manga ~, vía ~.**

anchoa. F. Boquerón curado en salmuera con parte de su sangre.

anchor. M. **anchura** (‖ dimensión menor de las dos principales de las figuras planas).

anchoveta. F. *Chile.* Pez semejante a la anchoa, utilizado para la fabricación de harina.

anchura. F. **1.** Dimensión menor de las dos principales que tienen las cosas o figuras planas, en contraposición a la mayor o *longitud.* ‖ **2.** En una superficie, su dimensión considerada de derecha a izquierda o de izquierda a derecha, en contraposición a la considerada de arriba abajo o de abajo arriba. ‖ **3.** En objetos de tres dimensiones, la segunda en magnitud. ‖ **4.** Amplitud, extensión o capacidad grandes. ‖ **5. holgura** (‖ espacio suficiente para algo).

anchurón. M. Lugar ancho y espacioso.

anchuroso, sa. ADJ. Muy ancho o espacioso. *Río anchuroso.*

ancianato. M. *Á. Caribe.* Residencia de ancianos.

ancianidad. F. **1.** Cualidad de anciano. ‖ **2.** Último período de la vida ordinaria del hombre.

anciano, na. ADJ. Dicho de una persona: De mucha edad. U. t. c. s.

ancila. F. Sierva, esclava, criada.

ancilar. ADJ. Perteneciente o relativo a la ancila. U. t. en sent. fig. *La lingüística es disciplina ancilar de la filología.*

ancla. F. **1.** Instrumento fuerte de hierro forjado, en forma de arpón o anzuelo doble, compuesto de una barra, llamada caña, que lleva unos brazos terminados en uña, dispuestos para aferrarse al fondo del mar y sujetar la nave. U. t. en sent. fig. *La familia es el ancla que muchos necesitamos.* ‖ **2.** *Arq.* Pieza de metal duro que se pone en el extremo de un tirante para asegurar la función de este, y en general cualquier elemento que una o refuerce las partes de una construcción. ‖ **~ de la esperanza.** F. *Mar.* La muy grande y que se utiliza en casos extremos. ‖ **abatir un ~.** LOC.VERB. *Mar.* Colocarla en dirección más apartada de la que tenía con respecto a la de la corriente, marea o viento. ‖ **aguantar al ~** una embarcación. LOC.VERB. *Mar.* Resistir un temporal estando fondeada. ‖ **apear el ~.** LOC.VERB. *Mar.* Dejarla a la pendura. ‖ **echar ~s.** LOC.VERB. *Mar.* Sujetarlas en el fondo. ‖ **enmendar un ~.** LOC.VERB. *Mar.* Colocarla en dirección más ventajosa, según las circunstancias. ‖ **faltar un ~.** LOC.VERB. *Mar.* Romperse, o desprenderse del fondo, haciéndose inútil. ‖ **gobernar sobre el ~.** LOC.VERB. *Mar.* Dirigir el buque hacia el ancla, al virar sobre ella valiéndose del timón. ☐ V. **caña del ~, cepo del ~, varadero del ~.**

anclaje. M. **1.** *Mar.* Acción de anclar la nave. ‖ **2.** *Mar.* Tributo que se paga por fondear en un puerto. ‖ **3.** Acción y efecto de **anclar** (‖ sujetar al suelo o a otro lugar).

anclar. **I.** INTR. **1.** *Mar.* **echar anclas.** ‖ **2.** *Mar.* Dicho de una nave: Quedar sujeta por medio del ancla. ‖ **3.** Quedarse, arraigar en un lugar, o aferrarse tenazmente a una idea o actitud. *Estaba anclado en la tradición.* U. t. c. prnl. ‖ **II.** TR. **4.** Sujetar algo firmemente al suelo o a otro lugar.

anclote. M. Ancla pequeña.

ancón. M. Ensenada pequeña en que se puede fondear.

áncora. F. **ancla** (‖ de la nave). U. t. en sent. fig. *Se aferró al áncora de sus amigos.*

ancorada. ☐ V. **cruz ~.**

anda. F. *Á. Andes* y *Chile.* **andas** (‖ tablero sostenido por dos varas paralelas).

andada. F. **1.** Acción y efecto de **andar¹.** ‖ **2.** pl. **andanzas.** ‖ **volver a las ~s.** LOC.VERB. coloq. Reincidir en un vicio o mala costumbre.

andadera. F. **andador** (‖ artefacto para enseñar a andar). U. m. en pl. con el mismo significado que en sing.

andadero, ra. ADJ. Dicho de un sitio o de un terreno: Fácilmente transitable a pie.

andado, da. PART. de **andar¹.** ‖ ADJ. **transitado.** *Un camino poco andado.*

andador, ra. **I.** ADJ. **1.** Que anda mucho o con velocidad. Apl. a pers., u. t. c. s. ‖ **2.** Que anda de una parte a otra sin parar en ninguna, o donde debe. Apl. a pers., u. t. c. s. ‖ **II.** M. **3.** Artefacto para enseñar a andar a los niños o para ayudar a desplazarse a los discapacitados. U. t. en pl. con el mismo significado que en sing. ‖ **4.** Senda por donde, en las huertas, se anda fuera de los cuadros. ‖ **5.** *Méx.* Pasillo entre edificios.

andadura. F. **1.** Acción o modo de andar. U. t. en sent. fig. *La nueva ministra comienza hoy su andadura en el Gobierno.* ‖ **2. paso de ambladura.** ☐ V. **paso de ~.**

andalucismo. M. **1.** Locución, giro o modo de hablar propio de los andaluces. ‖ **2.** Amor o apego a las cosas características o típicas de Andalucía, en España.

andalucista. ADJ. **1.** Perteneciente o relativo al andalucismo. *Atmósfera andalucista de la obra.* ‖ **2.** Que lo profesa. U. t. c. s.

andalucita. F. *Geol.* Silicato de alúmina natural que se utiliza como material refractario y en joyería.

andalusí. ADJ. **1.** hist. Natural de al-Ándalus. U. t. c. s. ‖ **2.** hist. Perteneciente o relativo a al-Ándalus o España musulmana. ¶ MORF. pl. **andalusíes** o **andalusís.** ☐ V. **romance ~.**

andaluz, za. ADJ. **1.** Natural de Andalucía. U. t. c. s. ‖ **2.** Perteneciente o relativo a esta comunidad autónoma de España. ‖ **3.** Se dice de la variedad de la lengua española hablada en Andalucía, caracterizada por diversos rasgos fonológicos, así como por entonación y léxico peculiares. U. t. c. s. m. *El andaluz.*

andamiaje. M. **1.** Conjunto de andamios. ‖ **2.** Estructura exterior desde la que se organiza y se configura una construcción intelectual, política, analítica, etc.

andamio. M. Armazón de tablones o vigas puestos horizontalmente y sostenidos en pies derechos y puentes, o de otra manera, que sirve para colocarse encima de él y trabajar en la construcción o reparación de edificios, pintar paredes o techos, subir o bajar estatuas u otras cosas, etc. U. t. en sent. fig. *No hubo andamios para edificar el nuevo orden político.*

andana. F. Orden de algunas cosas puestas en línea. *Casa de dos o tres andanas de balcones. Navío con dos andanas de piezas de artillería.*

andanada. F. **1.** Descarga cerrada de toda una andana o batería de cualquiera de los dos costados de un buque. ‖ **2.** Aluvión de palabras o gritos de reprobación. ‖ **3.** Localidad cubierta y con diferentes órdenes de gradas, destinado al público en las plazas de toros. ‖ **4.** Conjunto de estas localidades.

andancia. F. *Am.* andancio.
andancio. M. Enfermedad epidémica leve.
andante¹. ADJ. Que anda. *Parecía un mueble andante.* □ V. **caballería ~, caballero ~.**
andante². **I.** ADV. M. **1.** *Mús.* Con movimiento moderadamente lento. ‖ **II.** M. **2.** *Mús.* Composición o parte de ella que se ejecuta con este movimiento. *Interpretar un andante.*
andantesco, ca. ADJ. Perteneciente o relativo a la caballería o a los caballeros andantes. *Instinto andantesco.*
andantino. I. ADV. M. **1.** *Mús.* Con movimiento más vivo que el andante, pero menos que el *allegro.* ‖ **II.** M. **2.** *Mús.* Composición o parte de ella que se ejecuta con este movimiento. *Interpretar un andantino.*
andanza. F. **1.** Acción de recorrer diversos lugares, considerada como azarosa. ‖ **2.** pl. Vicisitudes, peripecias, trances.
andar¹. **I.** INTR. **1.** Dicho de un ser animado: Ir de un lugar a otro dando pasos. U. t. c. prnl. ‖ **2.** Dicho de algo inanimado: Ir de un lugar a otro. *Andar los planetas, la nave.* U. menos c. prnl. ‖ **3.** Dicho de un artefacto o de una máquina: Moverse para ejecutar sus funciones. *Andar el reloj, un molino.* ‖ **4. estar** (‖ hallarse en un determinado estado). *Andar alegre.* ‖ **5. haber** (‖ hallarse, existir). *Andan muchos locos sueltos por la calle.* ‖ **6.** Tomar parte, ocuparse o entretenerse en algo. *Andar en pleitos.* U. t. c. prnl. *Andarse con contemplaciones. Andarse con paños calientes.* ‖ **7.** Dicho del tiempo: Pasar, correr. ‖ **8.** Obrar, proceder. *Andar sin recelo. Quien mal anda mal acaba.* U. t. c. prnl. *Ándate con cuidado.* ‖ **9.** Reñir a golpes o sirviéndose de ciertas armas. *Andar A tiros. Andar A palos.* ‖ **10.** Encontrarse en un punto exacto o aproximado de años. *Anda en cuarto de Derecho. Anda por los treinta años.* ‖ **11.** Se usa, seguido de un gerundio, para denotar la acción que expresa este. *Anda cazando.* ‖ **12.** Pretender insistentemente algo. *Anda TRAS un premio literario.* ‖ **13.** Buscar a alguien con diligencia para prenderlo o para otro fin. *La Policía anda TRAS el asaltante.* ‖ **14.** coloq. **traer entre manos.** *Últimamente anda CON su nuevo libro.* ‖ **II.** TR. **15. recorrer** (‖ atravesar un espacio). *Andar el camino. Andar todas las calles del pueblo.* ‖ **16.** *Am. Cen.* Llevar algo consigo. *Andar un vestido verde, dinero, carro.* ¶ MORF. V. conjug. modelo. ‖ **anda.** INTERJ. **1.** Se usa para expresar admiración o sorpresa. ‖ **2.** Se usa para animar a hacer algo. ‖ **3.** Se usa para denotar alegría, como por despique, cuando a alguien le ocurre algo desagradable. ‖ **anda a esparragar.** EXPR. coloq. Se usa para despedir a alguien con desprecio o enfado. ‖ **anda, o andad, a pasear.** EXPRS. coloqs. Se usan para despedir a una o varias personas con enfado, desprecio o disgusto, o por burla, o para rehusar o denegar algo. ‖ **andando.** INTERJ. Se usa para exhortar a alguien a darse prisa o a empezar una acción. ‖ **~ a derechas, o derecho.** LOCS. VERBS. coloqs. Obrar con rectitud. ‖ **~ tropezando y cayendo.** LOC. VERB. coloq. Cometer varios errores o correr varios peligros consecutivos en algún trabajo o negocio. ‖ **ande, o ande usted.** LOCS. INTERJS. anda.
andar². M. **1.** Acción o modo de andar. *Caballería de buen andar.* ‖ **2.** Velocidad o ritmo del andar de una embarcación. *A buen andar.* ‖ **3.** pl. Modo de andar las personas, especialmente cuando es airoso o marcial.

andariego, ga. ADJ. andador. Apl. a pers., u. t. c. s.
andarín, na. ADJ. andador. Apl. a pers., u. t. c. s.
andarivel. M. **1.** Maroma tendida entre las dos orillas de un río o canal, o entre dos puntos no muy distantes de un puerto, de un arsenal, etc., y mediante la cual pueden palmearse las embarcaciones menores. ‖ **2.** Mecanismo usado para pasar ríos y hondonadas que no tienen puente, consistente en una especie de cesta o cajón, comúnmente de cuero, que, pendiente de dos argollas, corre por una maroma fija por sus dos extremos. ‖ **3.** *Mar.* Cuerda colocada en diferentes sitios del buque, a manera de pasamanos, para dar seguridad a las personas o para otros usos. ‖ **4.** *Á. Andes.* En deportes, pista delineada con cuerdas, que debe seguir un corredor o nadador. ‖ **5.** pl. *Á. Caribe.* Adornos excesivos, comúnmente femeninos.
andarríos. M. lavandera blanca.
andas. F. **1.** pl. Tablero que, sostenido por dos varas paralelas y horizontales, sirve para conducir efigies, personas o cosas. ‖ **2.** pl. Féretro o caja con varas, en que se llevan a enterrar los muertos. ‖ **en ~.** LOC. ADV. A hombros o en vilo. ‖ **en ~ y en volandas.** LOC. ADV. **en volandas.**
andén. M. **1.** En las estaciones de los ferrocarriles, especie de acera a lo largo de la vía, más o menos ancha, y con la altura conveniente para que los viajeros entren en los vagones y se apeen de ellos, así como también para cargar y descargar equipajes. ‖ **2.** En los puertos de mar, espacio de terreno sobre el muelle en que andan las personas que cuidan del embarque y desembarque de los géneros. ‖ **3.** Corredor o sitio destinado para andar. ‖ **4.** *Am.* **bancal** (‖ rellano de tierra para cultivo). U. m. en pl.
andenería. F. *Am.* Conjunto de **andenes** (‖ bancales).
andero, ra. M. y F. Cada una de las personas que llevan en hombros las andas.
andinismo. M. *Am. Mer.* Deporte que consiste en la ascensión a los Andes y a otras montañas altas.
andinista. COM. *Am. Mer.* Persona que practica el andinismo.
andino, na. ADJ. **1.** Perteneciente o relativo a la cordillera de los Andes. ‖ **2.** Natural de Los Andes. U. t. c. s. ‖ **3.** Perteneciente o relativo a esta provincia de Chile o a su capital.
andoba o **andóbal.** COM. coloq. Persona cualquiera que no se nombra. U. m. en sent. despect.
andón, na. ADJ. *Am.* Dicho de una caballería: Que anda mucho.
andorrano, na. ADJ. **1.** Natural de Andorra, principado de Europa. U. t. c. s. ‖ **2.** Natural de Andorra, villa de Aragón, en España. U. t. c. s. ‖ **3.** Perteneciente o relativo a aquel principado o a esta villa.
andosco, ca. ADJ. Dicho de una res de ganado menor: Que tiene más de uno o dos años. U. t. c. s.
andrajo. M. **1.** Prenda de vestir vieja, rota o sucia. U. m. en pl. con el mismo significado que en sing. ‖ **2.** Pedazo o jirón de tela roto, viejo o sucio. ‖ **3.** despect. Persona o cosa muy despreciable.
andrajoso, sa. ADJ. **1.** Dicho de una persona: Cubierta de andrajos. U. t. c. s. ‖ **2.** Dicho de una prenda de vestir: Hecha andrajos.
Andrés. □ V. **cruz de san ~.**
andrina. F. endrina.
andrino. M. endrino (‖ ciruelo silvestre).

androcéntrico, ca. ADJ. Perteneciente o relativo al androcentrismo. *Visión androcéntrica.*

androcentrismo. M. Visión del mundo y de las relaciones sociales centrada en el punto de vista masculino.

androceo. M. *Bot.* Verticilo floral masculino de las plantas fanerógamas, constituido por uno o más estambres.

androgénesis. F. *Biol.* Producción en el organismo de hormonas masculinas.

androgénico, ca. ADJ. *Biol.* Perteneciente o relativo a los andrógenos.

andrógeno. M. *Biol.* Cada una de las hormonas que inducen la aparición de los caracteres sexuales secundarios masculinos, como la barba en el hombre y la cresta en el gallo.

androginia. F. Cualidad de andrógino.

andrógino, na. ADJ. **1.** Dicho de una persona: Cuyos rasgos externos no se corresponden definidamente con los propios de su sexo. U. t. c. s. ‖ **2. hermafrodita.** U. t. c. s.

androide. M. Autómata de figura humana.

andropausia. F. Climaterio masculino.

androsemo. M. **todabuena.**

andulario. M. Ropa que cuelga desproporcionadamente sobre el suelo.

andurrial. M. Paraje extraviado o fuera de camino. U. m. en pl.

anea. F. **enea.**

aneblar. TR. Cubrir de niebla. U. m. c. prnl. MORF. conjug. c. *acertar.*

anécdota. F. **1.** Relato breve de un hecho curioso que se hace como ilustración, ejemplo o entretenimiento. ‖ **2.** Suceso curioso y poco conocido, que se cuenta en dicho relato. ‖ **3.** Suceso circunstancial o irrelevante. *Su intervención no pasó de la pura anécdota.*

anecdotario. M. **1.** Colección de anécdotas. ‖ **2.** Libro en que se publica esta colección.

anecdótico, ca. ADJ. Perteneciente o relativo a la anécdota.

anecdotismo. M. Empleo frecuente de anécdotas.

anegación. F. **anegamiento.**

anegadizo, za. ADJ. Que frecuentemente **se anega** (‖ inunda). Apl. a un lugar, u. t. c. s. m.

anegamiento. M. Acción y efecto de anegar o anegarse.

anegar. **I.** TR. **1. inundar** (‖ de agua). *Las aguas del río anegaron los barrios ribereños.* U. t. c. prnl. U. t. en sent. fig. *Su muerte lo anegó todo.* ‖ **2.** Ahogar a alguien sumergiéndolo en el agua. U. m. c. prnl. U. t. en sent. fig. *Anegarse en llanto.* ‖ **II.** PRNL. **3. naufragar** (‖ irse a pique).

anejo, ja. **I.** ADJ. **1.** Unido o agregado a alguien o algo; con dependencia, proximidad y estrecha relación respecto a él o a ella. *Documento anejo.* Apl. a un lugar o una edificación, u. t. c. s. m. ‖ **2.** Propio, inherente, concerniente. *Su decisión llevaba aneja la compra de una casa nueva.* ‖ **II.** M. **3.** Cada uno de los libros que se editan como complemento de una revista científica. ‖ **4.** Grupo de población rural incorporado a otro u otros, para formar municipio con el nombre de alguno de ellos.

aneldo. M. **eneldo.**

anélido. ADJ. *Zool.* Se dice de los animales pertenecientes al tipo de los gusanos, que tienen el cuerpo casi cilíndrico, con anillos o pliegues transversales externos que corresponden a segmentos internos. En su mayoría

viven en el mar, pero muchos residen en el agua dulce, como la sanguijuela, o en la tierra húmeda, como la lombriz. U. t. c. s. m. ORTOGR. En m. pl., escr. con may. inicial c. taxón. *Los Anélidos.*

anemia. F. *Med.* Estado patológico producido por una disminución del número de glóbulos rojos de la sangre o de su contenido en hemoglobina. ‖ **~ clorótica.** F. *Med.* **clorosis** (‖ enfermedad producida por deficiencia de hierro). ‖ **~ de células falciformes.** F. *Med.* **drepanocitosis.** ‖ **~ de los mineros.** F. *Med.* **anquilostomiasis.** ‖ **~ del recién nacido.** F. *Med.* Enfermedad congénita desencadenada por incompatibilidad del factor Rh entre la madre y su hijo. ‖ **~ hemolítica.** F. *Med.* Disminución del número de hematíes por su destrucción excesiva en el organismo. ‖ **~ mediterránea.** F. *Med.* **talasemia.** ‖ **~ perniciosa.** F. *Med.* Enfermedad que aparece en la edad madura y se caracteriza por una disminución progresiva del número de los glóbulos rojos con aumento del tamaño de estos, producida por una absorción defectuosa de la vitamina B_{12}.

anémico, ca. ADJ. **1.** *Med.* Perteneciente o relativo a la anemia. *Cuadro anémico grave.* ‖ **2.** Que padece anemia. U. t. c. s.

anemófilo, la. ADJ. *Bot.* Se dice de las plantas en las que la polinización se verifica por medio del viento.

anemógrafo. M. Anemómetro, registrador gráfico.

anemómetro. M. Instrumento que mide la velocidad o la fuerza del viento.

anémona o anemona. F. **1.** Planta herbácea, vivaz, de la familia de las Ranunculáceas, que tiene un rizoma tuberoso, pocas hojas en los tallos, y las flores de seis pétalos, grandes y vistosas. Se cultivan diferentes especies, con flores de colores distintos. ‖ **2.** Flor de esta planta. ‖ **3. anémona de mar.** ‖ **~ de mar.** F. Pólipo solitario antozoo, del orden de los Hexacoralarios, de colores brillantes, que vive fijo sobre las rocas marinas. Su cuerpo, blando y contráctil, tiene en su extremo superior la boca, rodeada de varias filas de tentáculos, que, extendidos, hacen que el animal se parezca a una flor.

anemone. F. **anémona.**

anepigráfico, ca. ADJ. Dicho especialmente de una medalla o de una lápida: Que carece de inscripción.

aneroide. M. **barómetro aneroide.**

anestesia. F. **1.** Pérdida temporal de las sensaciones de tacto y dolor producida por un medicamento. ‖ **2.** Acción y efecto de anestesiar. ‖ **3.** Sustancia anestésica. U. t. en sent. fig. *Buscaba desesperadamente la anestesia del sueño.* ‖ **~ general.** F. La que afecta a todo el organismo con pérdida del conocimiento. ‖ **~ local.** F. La que afecta solo a una parte del cuerpo, sin pérdida del conocimiento. ‖ **~ total.** F. **anestesia general.**

anestesiar. TR. Privar total o parcialmente de la sensibilidad por medio de la anestesia. MORF. conjug. c. *anunciar.*

anestésico, ca. ADJ. **1.** Perteneciente o relativo a la anestesia. *Propiedades anestésicas.* ‖ **2.** Que produce o causa anestesia. Apl. a un medicamento o una sustancia, u. t. c. s. m. *Un potente anestésico.*

anestesiología. F. Ciencia y técnica de la anestesia.

anestesiólogo, ga. M. y F. **anestesista.**

anestesista. COM. Especialista en anestesia. U. t. c. adj.

aneto. M. **eneldo.**

aneurisma. M. *Med.* Dilatación patológica y localizada de un vaso sanguíneo o del corazón, por debilitamiento de sus paredes. U. menos c. f.

anexar. TR. **1.** Unir algo a otra cosa con dependencia de ella. U. t. c. prnl. U. m. en América. ‖ **2.** Á. *Caribe.* **adjuntar.**

anexión. F. Acción y efecto de anexar.

anexionar. TR. Anexar, especialmente un territorio a otro. U. t. c. prnl.

anexionismo. M. Doctrina que favorece y defiende la anexión de territorios.

anexionista. ADJ. Partidario o defensor del anexionismo. U. t. c. s.

anexitis. F. *Med.* Inflamación de los órganos y tejidos que rodean el útero.

anexo, xa. **I.** ADJ. **1.** anejo (‖ unido o agregado a alguien o algo). *Edificio anexo.* Apl. a un lugar o una edificación, u. t. c. s. m. ‖ **2.** anejo (‖ propio, inherente, concerniente). *Su situación lleva anexo el reconocimiento de su autoridad.* ‖ **II.** M. **3.** *Chile.* extensión (‖ línea conectada a una centralita).

anfeta. F. coloq. **anfetamina.**

anfetamina. F. **1.** *Med.* Droga estimulante del sistema nervioso central, inhibidora del sueño y del apetito, cuyo uso prolongado produce adicción. ‖ **2.** Pastilla de esta droga.

anfibio, bia. ADJ. **1.** Se dice del animal que puede vivir indistintamente en tierra o sumergido en el agua, y, por ext., de los que, como la rana y los sapos, han vivido en el agua cuando jóvenes por tener branquias, y en tierra cuando adultos, al perder dichos órganos adquiriendo pulmones. U. t. en sent. fig. *Un político anfibio.* U. t. c. s. ‖ **2.** Dicho de un vehículo, de un aparato o de una tropa militar: Que pueden actuar tanto en el agua como en la tierra o en el aire. ‖ **3.** Dicho de una operación o de una maniobra: Ejecutada conjuntamente por los Ejércitos de Tierra, Mar y Aire, o por dos de ellos. ‖ **4.** Dicho de una planta: Que puede crecer en el agua o fuera de ella. ‖ **5.** *Zool.* **batracio.** U. t. c. s. m. ORTOGR. En m. pl., escr. con may. inicial c. taxón. *Los Anfibios.*

anfíbol. M. *Geol.* Mineral formado por silicatos de calcio, sodio, potasio, hierro y otros metales, de color por lo común verde o negro, y brillo anacarado.

anfibolita. F. Roca compuesta de anfíbol y algo de feldespato, cuarzo o mica. Es de color verde más o menos oscuro, dura y tenaz, y se emplea en la fabricación de objetos de lujo.

anfibología. F. **1.** Doble sentido que presenta una palabra, cláusula o manera de hablar. ‖ **2.** *Ret.* Figura que consiste en emplear a propósito voces o cláusulas de doble sentido.

anfibológico, ca. ADJ. Que tiene o implica anfibología. *Signos anfibológicos.*

anfíbraco. M. En la poesía griega y latina, pie compuesto de tres sílabas, una larga entre dos breves.

anfictionía. F. hist. Confederación de las antiguas ciudades griegas, para asuntos de interés general.

anfípodo. ADJ. *Zool.* Se dice de los crustáceos acuáticos de pequeño tamaño, casi todos marinos, con el cuerpo comprimido lateralmente y el abdomen curvado hacia abajo. Tienen antenas largas, siete pares de patas torácicas, locomotoras, y seis pares de extremidades abdominales, algunas de ellas aptas para saltar; p. ej., la pulga de mar. U. t. c. s. m. ORTOGR. En m. pl., escr. con may. inicial c. taxón. *Los Anfípodos.*

anfisbena. F. *Zool.* Reptil saurio, sin patas, lo cual hace que se asemeje a una pequeña culebra. Tiene ojos rudi-

mentarios y su piel está recorrida por surcos longitudinales y transversales que en conjunto forman una fina cuadrícula. Vive debajo de las piedras y es común en el centro y mediodía de España. Algunas de sus especies son sudamericanas.

anfiteatro. M. **1.** hist. Edificio de forma redonda u oval con gradas alrededor, y en el cual se celebraban varios espectáculos, como los combates de gladiadores o de fieras. ‖ **2.** Local con gradas, generalmente en forma semicircular y destinado a actividades docentes. ‖ **3.** En cines, teatros y otros locales, piso alto con asientos en gradería. ‖ ~ **anatómico.** M. En los hospitales y otros edificios, lugar destinado a la disección de los cadáveres.

anfitrión, na. M. y F. **1.** Persona o entidad que recibe en su país o en su sede habitual a invitados o visitantes. U. t. en apos. *Ganó el equipo anfitrión.* ‖ **2.** coloq. Persona que tiene invitados a su mesa o a su casa.

ánfora. F. hist. Cántaro alto y estrecho, de cuello largo, con dos asas, terminado en punta, y muy usado por los antiguos griegos y romanos.

anfractuosidad. F. **1.** Cualidad de anfractuoso. ‖ **2.** Cavidad sinuosa o irregular en una superficie o un terreno. U. m. en pl.

anfractuoso, sa. ADJ. Quebrado, sinuoso, tortuoso, desigual. *Relieve anfractuoso.*

angaria. F. hist. Antigua servidumbre o prestación personal.

angarilla. F. **1.** Camilla para transportar enfermos, heridos o cadáveres. ‖ **2.** pl. Armazón de cuatro palos clavados en cuadro, de los cuales penden unas especies de bolsas grandes de redes de esparto, cáñamo u otra materia flexible, que sirve para transportar en cabalgaduras cosas delicadas, como vidrios, loza, etc.

angarillero, ra. ADJ. **1.** *Chile.* Perteneciente o relativo a las angarillas. ‖ **2.** *Chile.* Que carga las angarillas. U. m. c. s. m.

ángel. M. **1.** En la tradición cristiana, espíritu celeste criado por Dios para su ministerio. ‖ **2.** Cada uno de los espíritus celestes creados, y en particular los que pertenecen al último de los nueve coros, según la clasificación de la teología tradicional. ‖ **3.** Persona en quien se suponen las cualidades propias de los espíritus angélicos, es decir, bondad, belleza e inocencia. ‖ **4.** coloq. Gracia, simpatía, encanto. *Tiene mucho ángel.* ‖ ~ **caído.** M. diablo (‖ ángel rebelado). ‖ ~ **custodio, o ~ de la guarda.** M. En la tradición cristiana, el que Dios tiene señalada a cada persona para su guarda y custodia. ‖ ~ **de tinieblas, o ~ malo.** M. diablo (‖ ángel rebelado). ‖ **como los ~es.** LOC.ADV. Muy bien. ‖ **hacer el ~.** LOC.VERB. Realizar el salto del ángel. ‖ **pasar un ~.** LOC.VERB. coloq. Se usa cuando en una conversación se produce un silencio completo. ‖ **soñar con los ~es.** LOC.VERB. infant. **soñar con los angelitos.** □ V. **agua de ~es, cabello de ~, cabellos de ~, piel de ~, salto del ~.**

Ángela. ~ **María.** LOC. INTERJ. Se usa para denotar que se aprueba algo, que se cae en la cuenta de algo, o que causa extrañeza lo que se oye.

angélica. F. Planta herbácea, vivaz, de la familia de las Umbelíferas, con tallo ramoso, derecho, empinado y garzo, que crece hasta unos cinco decímetros de altura, hojas con tres segmentos aserrados y ovales, flores de color blanco rojizo, y semilla negra, orbicular y comprimida, que tiene aplicación en farmacia. ‖ ~ **arcangélica.** F. Planta anual de la familia de las Umbelíferas, que apenas se diferencia de la angélica sino por las hojas más aserradas, las semillas muy aplastadas y el olor aromático, principalmente de la raíz, cuyo cocimiento suele usarse en medicina como tónico y carminativo.

angelical. ADJ. **1.** Perteneciente o relativo a los ángeles. *Corte angelical.* || **2.** Parecido a los ángeles por su hermosura, candor o inocencia. *Persona angelical.* || **3.** Que parece de ángel. *Genio, rostro, voz angelical.*

angélico, ca. ADJ. angelical. □ V. **arte angélico, Salutación ~.**

angelino, na. ADJ. **1.** Natural de Los Ángeles, ciudad de los Estados Unidos de América. U. t. c. s. || **2.** Natural de Los Ángeles, ciudad de Chile, capital de la provincia de Biobío. U. t. c. s. || **3.** Perteneciente o relativo a estas ciudades.

angelito. M. **1.** coloq. Niño de muy tierna edad, aludiendo a su inocencia. || **2.** coloq. Criatura recién fallecida. || **3.** irón. coloq. Persona de dudosas intenciones o de malas cualidades morales. **|| estar con los ~s.** LOC. VERB. **1.** coloq. **estar en Babia.** || **2.** coloq. Estar dormido. || **soñar con los ~s.** LOC.VERB. infant. **dormir** (|| estar en estado de reposo).

angelizar. TR. Comunicar la virtud angélica.

angelología. F. Estudio de lo referente a los ángeles.

angelopolitano, na. ADJ. **1.** Natural de Puebla. U. t. c. s. || **2.** Perteneciente o relativo a esta ciudad, capital del estado de Puebla, en México.

angelota. F. Especie de higueruela.

angelote. M. **1.** Especie de higueruela. || **2.** Figura grande de ángel, que se pone en los retablos o en otras partes. || **3.** coloq. Niño muy grande, gordo y de apacible condición.

ángelus. M. En la religión cristiana, oración en honor del misterio de la Encarnación, que se recita al amanecer, a mediodía y al atardecer, tradicionalmente anunciada por el tañido de campanas.

angevino, na. I. ADJ. **1.** Natural de Angers o de Anjou. || **2.** Perteneciente o relativo a aquella ciudad o a esta región de Francia. || **3.** hist. Perteneciente o relativo a la casa de Anjou. || **II.** M. **4.** Dialecto del francés hablado en el oeste de Francia.

angina. F. **1.** Inflamación de las amígdalas o de estas y de la faringe. U. m. en pl. con el mismo significado que en sing. || **2.** pl. coloq. **amígdalas. || ~ de pecho.** F. *Med.* Síndrome caracterizado por accesos súbitos de corta duración con angustia de muerte y dolor violento que desde el esternón se extiende ordinariamente por el hombro, brazo, antebrazo y mano izquierdos.

anginoso, sa. ADJ. Perteneciente o relativo a la angina, o acompañado de ella. *Dolor anginoso.*

angiogénesis. F. Formación de los vasos sanguíneos.

angiografía. F. *Med.* Imagen de los vasos sanguíneos obtenida por cualquier procedimiento.

angiográfico, ca. ADJ. *Med.* Perteneciente o relativo a la angiografía.

angiología. F. Rama de la medicina que se ocupa del sistema vascular y de sus enfermedades.

angiológico, ca. ADJ. Perteneciente o relativo a la angiología.

angiólogo, ga. M. y F. Persona especializada en angiología.

angioma. M. *Med.* Tumor de tamaño variable, generalmente congénito, formado por acumulación de vasos eréctiles y a veces pulsátiles.

angioplastia. F. *Med.* Desobstrucción quirúrgica de un vaso sanguíneo mediante un catéter.

angiospermo, ma. ADJ. *Bot.* Se dice de las plantas fanerógamas cuyos carpelos forman una cavidad cerrada u ovario, dentro de la cual están los óvulos. U. t. c. s. f. ORTOGR. En f. pl., escr. con may. inicial c. taxón. *Las Angiospermas.*

anglicado, da. ADJ. **1.** Dicho del estilo, del lenguaje, de una frase o de una palabra: En que se advierte influencia de la lengua inglesa. || **2.** Que gusta de imitar lo inglés.

anglicanismo. M. Conjunto de las doctrinas de la religión reformada predominante en Inglaterra.

anglicanizado, da. ADJ. Influido por las costumbres, ideas, etc., de los ingleses o por su lengua. *Nombre anglicanizado.*

anglicano, na. ADJ. **1.** Que profesa el anglicanismo. *Misionera anglicana.* U. t. c. s. || **2.** Perteneciente o relativo a él. *Templos anglicanos.*

anglicismo. M. **1.** Giro o modo de hablar propio de la lengua inglesa. || **2.** Vocablo o giro de esta lengua empleado en otra. || **3.** Empleo de vocablos o giros ingleses en distintos idiomas.

anglicista. I. ADJ. **1.** Que emplea anglicismos. *Vocabulario anglicista.* Apl. a pers., u. t. c. s. || **II.** COM. **2.** anglista.

ánglico, ca. ADJ. Perteneciente o relativo a los anglos o a Inglaterra.

anglista. COM. Persona que profesa la anglística o está versada en ella.

anglística. F. Filología inglesa.

anglo, gla. ADJ. **1.** hist. Se dice del individuo de una tribu germánica que en los siglos V y VI se estableció en Inglaterra. U. t. c. s. || **2. inglés** (|| natural de Inglaterra). U. t. c. s. || **3. inglés** (|| perteneciente a esta nación).

angloamericano, na. ADJ. **1.** Perteneciente o relativo a ingleses y americanos, o compuesto de elementos propios de los países de ambos. *Coproducción angloamericana.* || **2.** Dicho de un individuo: De origen inglés y nacido en América. || **3.** Natural de los Estados Unidos de América. U. t. c. s. || **4.** Perteneciente o relativo a este país. ¶ MORF. pl. **angloamericanos, nas.**

anglocanadiense. ADJ. Canadiense de ascendencia y lengua inglesas. U. t. c. s. MORF. pl. **anglocanadienses.**

anglofilia. F. Simpatía o admiración por lo inglés.

anglófilo, la. ADJ. Que simpatiza con lo inglés o lo admira. U. t. c. s.

anglofobia. F. Aversión o rechazo hacia lo inglés.

anglófobo, ba. ADJ. Que siente aversión por lo inglés o lo rechaza. U. t. c. s.

anglófono, na. ADJ. Que tiene el inglés como lengua nativa. Apl. a pers., u. t. c. s.

anglohablante. ADJ. Que tiene el inglés como lengua materna o propia. Apl. a pers., u. t. c. s.

angloíndio, dia. ADJ. Dicho de una persona: De origen inglés y establecida en la India. U. t. c. s.

anglomanía. F. **1.** Afectación en imitar las costumbres inglesas. || **2.** Afectación en emplear anglicismos.

anglómano, na. ADJ. Que adolece de anglomanía. Apl. a pers., u. t. c. s.

anglonormando, da. I. ADJ. hist. **1.** Se dice de los descendientes de los normandos establecidos en Inglaterra después de la batalla de Hastings, ocurrida en 1066. U. t. c. s. || **2.** hist. Perteneciente o relativo a los **anglo-**

normandos. *Influencias anglonormandas.* || **II.** M. **3.** Dialecto francés normando hablado en Inglaterra.

angloparlante. ADJ. **anglohablante.** Apl. a pers., u. t. c. s.

anglosajón, na. I. ADJ. **1.** hist. Se dice del individuo procedente de los pueblos germanos que en el siglo V invadieron Inglaterra. U. t. c. s. || **2.** Se dice de los individuos y pueblos de procedencia y lengua inglesa. || **3.** Perteneciente o relativo a los anglosajones. *Literatura anglosajona.* || **II.** M. **4.** Lengua hablada por los antiguos anglosajones desde las invasiones hasta 1100 aproximadamente, conocida como inglés antiguo.

angoleño, ña. ADJ. **1.** Natural de Angola. U. t. c. s. || **2.** Perteneciente o relativo a este país de África.

angolino, na. ADJ. **1.** Natural de Angol. U. t. c. s. || **2.** Perteneciente o relativo a esta ciudad de Chile, capital de la provincia de Malleco.

ángor. M. *Med.* angina de pecho.

angora. F. **1.** Lana obtenida a partir del pelo del conejo de Angora. || **2.** Tejido hecho con esta lana. □ V. **gato de Angora.**

angorina. F. **1.** Fibra textil que imita la angora. || **2.** Tejido hecho con esta fibra.

angostamiento. M. Acción y efecto de angostar.

angostar. TR. Hacer angosto, estrechar. U. t. c. intr. y c. prnl. U. t. en sent. fig. *La escasez lo angostaba.*

angosto, ta. ADJ. Estrecho o reducido.

angostura¹. F. **1.** Cualidad de angosto. || **2.** Estrechura o paso estrecho. || **3.** Estrechez intelectual o moral.

angostura². F. **1.** Planta rutácea cuya corteza tiene propiedades medicinales. || **2.** Bebida amarga elaborada a base de corteza de angostura y utilizada en algunos cócteles.

angrelado, da. ADJ. Dicho de una pieza de heráldica, de una moneda o de un adorno de arquitectura: Que rematan en forma de picos o dientes muy menudos.

anguarina. F. Impermeable rústico de paño burdo y sin mangas, que se pone sobre las demás prendas para protegerse del frío y de la lluvia.

anguila. F. Pez teleósteo, fisóstomo, sin aletas abdominales, de cuerpo largo, cilíndrico, y que llega a medir un metro. Tiene una aleta dorsal que se une primero con la caudal, y dando después vuelta, con la anal, mientras son muy pequeñas las pectorales. Su carne es comestible. Vive en los ríos, pero cuando sus órganos sexuales llegan a la plenitud de su desarrollo, entra en el mar para efectuar su reproducción.

angula. F. Cría de la anguila, de seis a ocho centímetros de largo, muy apreciada en gastronomía.

angulado, da. PART. de angular². || ADJ. **anguloso.**

angular¹. I. ADJ. **1.** Perteneciente o relativo al ángulo. *Escala angular.* || **2.** De forma de ángulo. *Alas angulares.* || **3.** *Fotogr.* **gran angular.** U. t. c. s. m. || **II.** M. **4.** Pieza de construcción, generalmente de hierro, cuya sección transversal tiene forma de ángulo. || **gran ~.** LOC.ADJ. *Fotogr.* Dicho de un objetivo: De corta distancia focal y con capacidad de cubrir un ángulo visual de 70° a 180°. U. t. c. loc. sust. m. □ V. **apertura ~, distancia ~, piedra ~, velocidad ~.**

angular². TR. Dar forma de ángulo.

ángulo. M. **1.** *Geom.* Figura geométrica formada en una superficie por dos líneas que parten de un mismo punto; o también la formada en el espacio por dos superficies que parten de una misma línea. || **2. rincón** (|| ángulo entrante). *El mueble está en el ángulo de la sala.* || **3. esquina.** *Se golpeó con el ángulo de la mesa.* || **4. punto de vista.** *Debes considerar el problema desde otro ángulo.* || **~ agudo.** M. *Geom.* El menor o más cerrado que el recto. || **~ acimutal,** o **~ azimutal.** M. *Astr.* El comprendido entre el meridiano de un lugar y el plano vertical en que esté la visual dirigida a un objeto cualquiera, a veces un astro. || **~ cenital.** M. *Topogr.* El que forma una visual con la vertical del punto de observación. || **~ complementario.** M. *Geom.* **complemento** (|| ángulo que sumado con otro completa uno recto). || **~ de corte.** M.*Arq.* El que forma el intradós de una bóveda o un arco con el lecho o sobrelecho de cada una de las dovelas. || **~ de incidencia.** M. *Ópt.* El formado por una trayectoria con la normal a la superficie de un medio, en el punto en el que lo encuentra. || **~ del ojo.** M. Extremo donde se unen uno y otro párpado. || **~ de mira.** M. *Mil.* El que forma la línea de mira con el eje de la pieza. || **~ de reflexión.** M. *Ópt.* El formado por la normal a una superficie y el rayo en ella reflejado. || **~ de refracción.** M. *Ópt.* El formado por un rayo refractado y la normal a la superficie refractante en el punto de incidencia. || **~ de tiro.** M. *Mil.* El que forma la línea horizontal con el eje de la pieza. || **~ diedro.** M. *Geom.* Cada una de las cuatro porciones del espacio limitadas por dos planos que se cortan. || **~ esférico.** M. *Geom.* El formado en la superficie de la esfera por dos arcos de círculo máximo. || **~ externo.** M. *Geom.* El formado por un lado de un polígono y la prolongación del contiguo. || **~ facial.** M.*Anat.* El formado por la intersección de las dos rectas que se pueden imaginar en la cara del hombre y ciertos animales, una desde la frente hasta los alvéolos de la mandíbula superior y otra desde este sitio hasta el conducto auditivo. Su valor está en relación con el desarrollo del cerebro. || **~ horario.** M. El que forma con el meridiano un círculo horario. || **~ interno.** M. *Geom.* El formado por los lados contiguos de un polígono, hacia el interior de este. || **~ llano.** M. *Geom.* El formado por dos rectas que son prolongación una de la otra y equivale a 180°. || **~ muerto.** M. *Transp.* Zona lateral detrás del vehículo, que el conductor no puede ver en los espejos retrovisores. || **~ obtuso.** M. *Geom.* El mayor o más abierto que el recto. || **~ óptico.** M. *Geom.* El formado por las dos visuales que van desde el ojo del observador a los extremos del objeto que se mira. || **~ plano.** M. *Geom.* El formado por dos líneas contenidas en el mismo plano. || **~ recto.** M. *Geom.* El que forman dos líneas, o dos planos, que se cortan perpendicularmente, y que equivale a 90°. || **~ sólido.** M. *Geom.* Cada una de las dos porciones del espacio limitadas por una superficie cónica. || **~ suplementario.** M. *Geom.* **suplemento** (|| ángulo que falta a otro para componer dos rectos). || **~s adyacentes.** M. pl. *Geom.* Los formados a un mismo lado de una línea recta por otra que la corta. || **~s alternos.** M. pl. *Geom.* Los dos que, sin ser adyacentes, se forman a distinto lado de una recta que corta a otras dos. || **~s opuestos por el vértice.** M. pl. *Geom.* Los que tienen el vértice común y los lados de cada uno en prolongación de los del otro.

angulosidad. F. **1.** Parte angulosa. U. m. en pl. || **2.** Condición de anguloso.

anguloso, sa. ADJ. **1.** Que tiene **ángulos** (|| esquinas). *Columnas angulosas.* || **2.** Dicho especialmente del rostro humano: De formas huesudas y señaladas a causa de su delgadez.

angurria. F. **1.** *Am.* Deseo vehemente o insaciable. ‖ **2.** *Am.* **hambre.** ‖ **3.** *Am.* Avidez, codicia.

angurriento, ta. ADJ. *Am.* Ávido, codicioso, hambriento.

angustia. F. **1.** Aflicción, congoja, ansiedad. ‖ **2.** Temor opresivo sin causa precisa. ‖ **3.** Aprieto, situación apurada. ‖ **4.** Sofoco, sensación de opresión en la región torácica o abdominal. ‖ **5.** Dolor o sufrimiento. ‖ **6. náuseas** (‖ gana de vomitar). U. solo en sing.

angustiado, da. PART. de **angustiar.** ‖ ADJ. Que implica o denota angustia. *Ojos angustiados.*

angustiador, ra. ADJ. Que angustia. *Situación angustiadora.*

angustiar. TR. Causar angustia, afligir, acongojar. U. t. c. prnl. MORF. conjug. c. *anunciar.*

angustioso, sa. ADJ. **1.** Lleno de angustia. *Tarde angustiosa.* ‖ **2.** Que la causa. *Pesadilla angustiosa.* ‖ **3.** Que la padece. *Espíritu torturado y angustioso.*

anhelación. F. Acción y efecto de anhelar.

anhelante. ADJ. **1.** Dicho de la respiración: Fatigosa, agitada. ‖ **2.** Que desea algo con vehemencia.

anhelar. TR. Tener ansia o deseo vehemente de conseguir algo.

anhélito. M. Respiración, principalmente corta y fatigosa.

anhelo. M. Deseo vehemente.

anheloso, sa. ADJ. **1.** Que tiene o siente anhelo. *Están anhelosos de concluir.* ‖ **2.** Que implica o denota anhelo. *Mirada, búsqueda anhelosa.* ‖ **3.** Dicho de la respiración: Frecuente y fatigosa.

anhídrido, da. ADJ. *Quím.* Se dice del producto formado por una combinación del oxígeno con un elemento no metal y que, al reaccionar con el agua, da un ácido. U. t. c. s. m. ‖ **~ carbónico.** M. *Quím.* Gas más pesado que el aire, inodoro, incoloro, incombustible y asfixiante, que, por la combinación del carbono con el oxígeno, se produce en las combustiones y en algunas fermentaciones. Se usa en la preparación de bebidas espumosas, en extintores de incendios y en medicina.

anhidro, dra. ADJ. *Quím.* Se dice de los cuerpos en cuya composición no entra el agua, o que han perdido la que tenían.

anhidrosis. F. *Med.* Disminución o supresión del sudor.

anidación. F. Acción y efecto de anidar.

anidamiento. M. Acción y efecto de anidar.

anidar. INTR. **1.** Dicho de un ave: Hacer nido o vivir en él. U. t. c. prnl. ‖ **2.** Morar, habitar. *Determinados gérmenes anidan en el estómago de las reses.* U. t. c. prnl. ‖ **3.** Dicho de una cosa: Hallarse o existir en alguien o algo. *La corrupción anidó en la sociedad.* ‖ **4.** *Biol.* Dicho del huevo: En embriología, fijarse o insertarse, normalmente en el útero.

aniego. M. **anegación.**

anilina. F. **1.** *Quím.* Amina aromática, oleosa, incolora, tóxica por ingestión, inhalación o absorción a través de la piel, que tiene muchas aplicaciones industriales, especialmente en la fabricación de colorantes. ‖ **2.** Se usa como nombre para referirse popularmente a diversos productos utilizados como colorantes.

anilla. F. **1.** Cada uno de los anillos que sirven para colocar colgaduras o cortinas, de modo que puedan correrse y descorrerse fácilmente. ‖ **2.** Anillo al cual se ata un cordón o correa para sujetar un objeto. ‖ **3.** Pieza comúnmente metálica que se coloca en la pata de un ave

para estudiar sus desplazamientos migratorios. ‖ **4.** Faja de papel litografiado que se coloca a cada cigarro puro para indicar su marca de fábrica. ‖ **5.** pl. *Dep.* Aparato de gimnasia que consiste en dos aros sostenidos por cables, que cuelgan paralelos de una estructura elevada, y en el que se hacen diferentes ejercicios. ‖ **6.** pl. *Dep.* Modalidad de gimnasia artística masculina que se practica con dicho aparato.

anillado, da. PART. de **anillar.** ‖ **I.** ADJ. **1.** Que tiene uno o varios anillos. *Columna anillada.* ‖ **2.** Dicho del cabello: **rizado.** ‖ **II.** M. **3.** Acción y efecto de anillar.

anillamiento. M. Colocación de anillas con fines científicos a algunos animales, especialmente a las aves.

anillar. TR. **1.** Marcar con anillas, especialmente a las aves. ‖ **2.** Ceñir o rodear algo. *Anillar el cabello.*

anillo. M. **1.** Aro de metal u otra materia, liso o con labores, y con perlas o piedras preciosas o sin ellas, que se lleva, principalmente por adorno, en los dedos de la mano. ‖ **2.** Aro pequeño. ‖ **3. sortija** (‖ rizo del cabello). ‖ **4.** Redondel de la plaza de toros. ‖ **5.** Se usa como nombre para referirse a algunas estructuras anatómicas de forma circular. ‖ **6.** *Arq.* Moldura que rodea por su sección recta un cuerpo cilíndrico, especialmente en los fustes de las columnas. ‖ **7.** *Arq.* Cornisa circular u ovalada que, asentada en las pechinas y los cuatro arcos torales, sirve de base a la cúpula o media naranja. ‖ **8.** *Astr.* Formación celeste que circunda determinados planetas. ‖ **9.** *Bot.* Cada uno de los círculos leñosos concéntricos que forman el tronco de un árbol. ‖ **10.** *Quím.* Estructura molecular formada por una cadena cerrada de átomos, como en el benceno. ‖ **11.** *Zool.* Cada uno de los segmentos en que está dividido el cuerpo de los gusanos y artrópodos. ‖ **~ del Pescador.** M. Sello del papa, que se estampa en los breves y que representa al apóstol san Pedro sentado en una barca y echando sus redes al mar. ‖ **~ pastoral.** M. El que, como insignia de su dignidad, usan y dan a besar los prelados. ‖ **como ~ al dedo.** LOC. ADV. coloq. De manera oportuna y adecuada. *Venir, caer, llegar como anillo al dedo.*

ánima. F. **1. alma** (‖ principio que da forma). ‖ **2. ánima bendita.** ‖ **3.** En las piezas de artillería y en toda arma de fuego, en general, hueco del cañón. ‖ **4.** pl. Toque de campanas en las iglesias a cierta hora de la noche, con que se avisa a los fieles para que rueguen a Dios por las ánimas del purgatorio. ‖ **~ bendita,** o **~ del purgatorio.** F. Alma que pena en el purgatorio antes de ir a la gloria.

animación. F. **1.** Acción y efecto de animar o animarse. ‖ **2.** Viveza, expresión en las acciones, palabras o movimientos. ‖ **3.** Concurso de gente en una fiesta o diversión. ‖ **4.** Conjunto de acciones destinadas a impulsar la participación de las personas en una determinada actividad, y especialmente en el desarrollo sociocultural del grupo de que forman parte. ‖ **5.** *Cinem.* En las películas de dibujos animados, procedimiento de diseñar los movimientos de los personajes o de los objetos y elementos.

animado, da. PART. de **animar.** ‖ ADJ. **1.** Dotado de alma. *Ser animado.* ‖ **2.** Alegre, divertido. *Una amiga muy animada.* ‖ **3.** Dicho de un lugar: **concurrido.** *Discoteca muy animada.* ‖ **4.** Dotado de movimiento. *Muñeco animado.* ▢ V. **dibujos ~s, nombre ~, película de dibujos ~s.**

animador, ra. I. ADJ. **1.** Que anima. *Principio animador de la existencia.* Apl. a pers., u. t. c. s. ‖ **II.** M. y F. **2.** Persona que presenta y ameniza un espectáculo de variedades. ‖ **3.** Especialista en animación sociocultural. ‖ **4.** *Cinem.* Especialista en animación.

animadversión. F. Enemistad, aversión.

animal¹. M. **1.** Ser orgánico que vive, siente y se mueve por propio impulso. ‖ **2.** animal irracional. ‖ **3.** coloq. Persona de comportamiento instintivo, ignorante y grosera. U. t. c. adj. ‖ **4.** coloq. Persona que destaca extraordinariamente por su saber, inteligencia, fuerza o corpulencia. U. t. c. adj. ‖ **5.** pl. *Biol.* Reino de los animales. ORTOGR. Escr. con may. inicial. ‖ ~ **de bellota.** M. cerdo (‖ mamífero artiodáctilo).

animal². ADJ. **1.** Perteneciente o relativo a los animales. *Reino animal.* ‖ **2.** Perteneciente o relativo a la parte sensitiva o motora de un ser viviente. *Apetitos animales.* ‖ **3.** Producido por animales. *Tracción animal.* ‖ **4.** Que tiene como base principal los animales. *Ornamentación, alimentación animal.* ☐ V. **carbón ~, espíritus ~es, fuerza ~, negro ~, vida ~.**

animalada. F. **1.** coloq. Burrada, barbaridad, salvajada. ‖ **2.** coloq. Cantidad grande o excesiva. ‖ **3.** *Chile.* Conjunto de animales, especialmente ganado.

animalaje. M. *Á. R. Plata.* Conjunto de animales, especialmente ganado.

animalario. M. Edificio donde se tienen los animales destinados a experimentos de laboratorio.

animálculo. M. Animal perceptible solamente con el auxilio del microscopio.

animalero. M. *Am. Cen.* animalada (‖ conjunto de animales).

animalesco, ca. ADJ. Propio o característico de los animales, especialmente de los irracionales. *Gestos animalescos.*

animalidad. F. Condición de **animal¹.**

animalización. F. Acción y efecto de animalizar o animalizarse.

animalizar. I. TR. **1.** Convertir en ser animal. ‖ **II.** PRNL. **2.** embrutecerse.

animar. I. TR. **1.** Infundir energía moral a alguien. *No consiguió animar a sus seguidores.* ‖ **2.** Incitar a una acción. *Los animaron a seguir trabajando.* ‖ **3.** Comunicar a una cosa inanimada mayor vigor, intensidad y movimiento. *Los juegos olímpicos animaron el deporte nacional.* ‖ **4.** Dar movimiento, calor y vida a un concurso de gente o a un lugar. *Los árboles animaban el valle.* U. t. c. prnl. ‖ **5.** Dicho del alma: Vivificar al cuerpo. ‖ **II.** PRNL. **6.** Cobrar ánimo y esfuerzo. *Se animó mucho con la buena noticia.*

anime. M. Resina o goma de diversas especies botánicas de Oriente y América, usada generalmente en medicina y droguería.

anímico, ca. ADJ. **psíquico.**

animismo. M. **1.** Creencia que atribuye vida anímica y poderes a los objetos de la naturaleza. ‖ **2.** Creencia en la existencia de espíritus que animan todas las cosas.

animista. ADJ. **1.** Perteneciente o relativo al animismo. *Ritos animistas.* ‖ **2.** Adepto al animismo. U. t. c. s.

animizar. TR. Dotar de alma a los seres inanimados.

ánimo. M. **1.** Valor, esfuerzo, energía. U. t. en pl. con el mismo significado que en sing. ‖ **2.** Alma o espíritu en cuanto es principio de la actividad humana. ‖ **3.** Intención, voluntad. ‖ **4.** Atención o pensamiento. ‖ **ánimo.**

INTERJ. Se usa para alentar a alguien. ‖ **hacer,** o **tener, ~.** LOCS. VERBS. Formar o tener intención de hacer algo. ☐ V. **estado de ~, pasión de ~, presencia de ~.**

animosidad. F. **1.** Aversión, hostilidad. ‖ **2. ánimo** (‖ valor, esfuerzo).

animoso, sa. ADJ. Que tiene **ánimo** (‖ valor, esfuerzo). *Escaladores animosos.*

aniñado, da. PART. de **aniñar.** ‖ ADJ. **1.** Dicho de una persona adulta: Semejante a los niños por sus acciones, comportamiento o aspecto. ‖ **2.** Propio o característico de una persona aniñada. *Rostro aniñado.*

aniñamiento. M. Acción y efecto de aniñar.

aniñar. TR. Dar carácter o aspecto de niño. U. m. c. prnl.

anión. M. *Fís.* Ion con carga negativa.

aniónico, ca. ADJ. *Fís.* Perteneciente o relativo al anión.

aniquilación. F. Acción y efecto de aniquilar.

aniquilador, ra. ADJ. Que aniquila. Apl. a pers., u. t. c. s.

aniquilamiento. M. **aniquilación.**

aniquilar. TR. **1.** Destruir enteramente. *Aniquilar el ejército enemigo.* U. t. c. prnl. ‖ **2.** Reducir a la nada. *Aniquilaron su voluntad.* U. t. c. prnl. ‖ **3.** Extenuar, agotar. *El esfuerzo lo aniquiló.*

anís. M. **1.** Planta anual de la familia de las Umbelíferas, que crece hasta unos 30 cm de altura, con tallo ramoso, hojas primeramente casi redondas y después hendidas en lacinias, flores pequeñas y blancas. Tiene por frutos semillas aovadas, verdosas, menudas y aromáticas. ‖ **2.** Semilla de esta planta. ‖ **3.** Se usa como nombre para referirse a otras plantas semejantes al anís, por su olor. *Anís dulce. Anís estrellado.* ‖ **4.** Semilla de estas plantas. ‖ **5.** Grano de anís con baño de azúcar. ‖ **6.** Aguardiente anisado. ¶ MORF. pl. **anises.** ‖ **estar** alguien o algo **hecho un ~.** LOC. VERB. *Á. Andes.* Estar pulcro y aseado. ☐ V. **grano de ~.**

anisado, da. I. ADJ. **1.** Que contiene anís o aroma de anís. ‖ **II.** M. **2. anís** (‖ aguardiente).

anisete. M. Licor compuesto de aguardiente, azúcar y anís.

anisofilo, la. ADJ. *Bot.* De hojas desiguales.

anisopétalo, la. ADJ. *Bot.* Dicho de una corola: Que tiene pétalos desiguales.

anisotropía. F. *Fís.* Cualidad de un medio, generalmente cristalino, en el que alguna propiedad física depende de la dirección de un agente.

anisótropo, pa. ADJ. *Fís.* Dicho de una materia: Que no es isótropa.

aniversario. M. Día en que se cumplen años de algún suceso.

anjeo. M. Especie de lienzo basto.

annamita. ADJ. **anamita.** Apl. a pers., u. t. c. s.

ano. M. Orificio en que remata el conducto digestivo y por el cual se expele el excremento.

anoche. ADV. T. En la noche entre ayer y hoy.

anochecer¹. I. INTR. IMPERS. **1.** Empezar a faltar la luz del día, venir la noche. ‖ **II.** INTR. **2.** Llegar o estar en un lugar, situación o condición determinados al empezar la noche. *Anochecimos en Ávila.* ‖ **III.** TR. **3.** oscurecer (‖ privar de luz y claridad). ¶ MORF. conjug. c. *agradecer.*

anochecer². M. **1.** Acción de **anochecer¹.** *Le gusta contemplar el anochecer.* ‖ **2.** Tiempo durante el cual anochece. *Instalamos la tienda de campaña antes del anochecer.* ‖ **al ~.** LOC. ADV. Al acercarse la noche.

anochecida. F. anochecer².

anochecido. M. anochecer (‖ tiempo durante el cual anochece).

anódico, ca. ADJ. Electr. Perteneciente o relativo al ánodo.

anodino, na. ADJ. Insignificante, ineficaz, insustancial. Preguntas anodinas.

anodizar. TR. Quím. Recubrir la superficie de un material sólido con una capa metálica mediante electrólisis, con el fin de que adquiera mayor dureza y resistencia a la corrosión.

ánodo. M. Electr. Electrodo positivo.

anofeles o **anófeles.** ADJ. Zool. Se dice de los mosquitos cuyas hembras son transmisoras del parásito productor de las fiebres palúdicas. Son dípteros, con larga probóscide y palpos tan largos como ella. Sus larvas viven en las aguas estancadas o de escasa corriente. U. m. c. s. m.

anomalía. F. 1. Discrepancia de una regla o de un uso. ‖ 2. Biol. Malformación, alteración biológica, congénita o adquirida.

anómalo, la. ADJ. Irregular, extraño. Conducta anómala.

anomia¹. F. Psicol. y Sociol. Conjunto de situaciones que derivan de la carencia de normas sociales o de su degradación.

anomia². F. Med. Trastorno del lenguaje que impide llamar a las cosas por su nombre.

anón. M. anona.

anona. F. 1. Árbol de la familia de las Anonáceas, de unos cuatro metros de altura, de tronco ramoso, con corteza oscura, hojas grandes, alternas, lanceoladas, lustrosas, verdinegras por encima y más claras por el envés, flores de color blanco amarillento, solitarias, de mal olor, y fruto como una manzana, con escamas convexas, que cubren una pulpa blanca, aromática y dulce, dentro de la cual se hallan las semillas, que son negras, duras y correspondientes una a cada escama del mismo fruto. Es planta propia de países tropicales, pero se cultiva en las costas del mediodía de España. ‖ 2. Fruto de este árbol.

anonáceo, a. ADJ. Bot. Se dice de los árboles y arbustos angiospermos, dicotiledóneos, que tienen hojas alternas, simples y enteras, pimpollos con pelusa, flores casi siempre axilares, solitarias o en manojo, comúnmente verdes o verdosas, y fruto simple o compuesto, seco o carnoso, con pepitas duras y frágiles; p. ej., la anona. U. t. c. s. f. ORTOGR. En f. pl., escr. con may. inicial c. taxón. Las Anonáceas.

anonadador, ra. ADJ. Que anonada. Desprecio anonadador.

anonadamiento. M. Acción y efecto de anonadar.

anonadar. TR. 1. Causar gran sorpresa o dejar muy desconcertado a alguien. La novela anonadó a los críticos. ‖ 2. Reducir a la nada. Sus doctrinas anonadaban la personalidad. U. t. c. prnl.

anonimato. M. 1. Carácter o condición de anónimo (‖ que no lleva el nombre del autor). ‖ 2. Carácter o condición de anónimo (‖ cuyo nombre se desconoce).

anonimia. F. 1. Carácter o condición de anónimo (‖ que no lleva el nombre del autor). ‖ 2. Carácter o condición de anónimo (‖ cuyo nombre se desconoce).

anónimo, ma. I. ADJ. 1. Dicho de una obra o de un escrito: Que no llevan el nombre de su autor. ‖ 2. Dicho

de un autor: Cuyo nombre se desconoce o se oculta. ‖ 3. Com. Dicho de una compañía o de una sociedad: Que se forma por acciones, con responsabilidad circunscrita al capital que estas representan. ‖ II. M. 4. Carta o papel sin firma en que, por lo común, se dice algo ofensivo o desagradable.

anopluro. ADJ. Zool. Se dice de los insectos hemípteros, sin alas, que viven como parásitos en la superficie del cuerpo de algunos mamíferos; p. ej., el piojo y la ladilla. U. t. c. s. m. ORTOGR. En m. pl., escr. con may. inicial c. taxón. Los Anopluros.

anorak. M. Chaqueta impermeable, con capucha, usada especialmente por los esquiadores. MORF. pl. anoraks.

anorexia. F. 1. Pérdida anormal del apetito. ‖ 2. anorexia mental. ‖ ~ mental, o ~ nerviosa. F. Med. Síndrome de rechazo de la alimentación por un estado mental de miedo a engordar, que puede tener graves consecuencias patológicas.

anoréxico, ca. ADJ. 1. Perteneciente o relativo a la anorexia. Conductas anoréxicas. ‖ 2. Que padece anorexia. U. t. c. s.

anorgasmia. F. Med. Ausencia o insuficiencia de orgasmo sexual.

anormal. I. ADJ. 1. Que accidentalmente se halla fuera de su natural estado o de las condiciones que le son inherentes. Nerviosismo anormal. ‖ 2. infrecuente. Hace un calor anormal para estas fechas. ‖ II. COM. 3. Persona cuyo desarrollo físico o intelectual es inferior al que corresponde a su edad. U. t. c. adj.

anormalidad. F. 1. Cualidad de anormal. ‖ 2. Cosa o hecho anormales.

anosmia. F. Med. Pérdida completa del olfato.

anotación. F. Acción y efecto de anotar. ‖ ~ preventiva. F. Der. Asiento temporal y provisional de un título en el registro de la propiedad, como garantía precautoria de un derecho o de una futura inscripción.

anotado, da. PART. de anotar. ‖ ADJ. Dicho de una obra: Que va acompañada de notas explicativas. Edición anotada.

anotador, ra. I. ADJ. 1. Que anota. Pívot anotador. Apl. a pers., u. t. c. s. ‖ II. M. y F. 2. Cinem. Ayudante del director que se encarga de apuntar durante el rodaje de una película todos los pormenores de cada escena.

anotar. TR. 1. Poner notas en un escrito, una cuenta o un libro. ‖ 2. apuntar (‖ tomar nota). Anotó sus datos. ‖ 3. Hacer anotación en un registro público. ‖ 4. En deportes, marcar tantos.

anovelado, da. ADJ. Que participa de los caracteres de la novela. Análisis filosófico anovelado.

anovulatorio, ria. ADJ. Que inhibe la ovulación. Apl. a un medicamento, u. t. c. s. m.

anoxia. F. 1. Biol. Falta casi total de oxígeno en la sangre o en tejidos corporales. ‖ 2. Med. hipoxia.

anquilosamiento. M. Acción y efecto de anquilosar o anquilosarse.

anquilosar. I. TR. 1. Paralizar a alguien o algo en su desarrollo o evolución. La rutina anquilosa la mente. ‖ 2. Producir anquilosis por falta más o menos prolongada de movimiento. Las enfermedades articulatorias pueden anquilosar los miembros. ‖ II. PRNL. 3. Paralizarse, detenerse en una evolución o desarrollo. Fue un buen profesor, pero ahora se ha anquilosado. ‖ 4. Sufrir un proceso de anquilosis.

anquilosis. F. *Med.* Disminución o imposibilidad de movimiento en una articulación normalmente móvil.

anquilostoma. M. *Med.* Gusano nematelminto parásito del hombre, de color blanco o rosado, de 10 a 18 mm de longitud y menos de 1 mm de diámetro, con un aparato bucal provisto de dos pares de ganchos que le sirven para fijarse al intestino delgado, casi siempre al yeyuno o al duodeno. Produce la anquilostomiasis.

anquilostomiasis. F. *Med.* Enfermedad producida por el anquilostoma, que se caracteriza principalmente por la aparición de variados trastornos gastrointestinales y por una gran disminución del número de glóbulos rojos en la sangre del paciente. Afecta sobre todo a los mineros y a otras personas que permanecen durante mucho tiempo en lugares subterráneos.

ánsar. M. **ganso** (‖ ave palmípeda).

anseriforme. ADJ. *Zool.* Se dice de las aves nadadoras, de pies palmeados, cuello largo y pico filtrador, que se clasificaban antes como Palmípedas. U. t. c. s. f. ORTOGR. En f. pl., escr. con may. inicial c. taxón. *Las Anseriformes.*

ansia. F. **1.** anhelo. ‖ **2.** Congoja o fatiga que causa en el cuerpo inquietud o agitación violenta. ‖ **3.** Angustia o aflicción del ánimo. ‖ **4.** náusea. ‖ **comer ~s.** LOC. VERB. *Méx.* impacientarse.

ansiar. TR. Desear con ansia. MORF. conjug. c. *enviar.*

ansiedad. F. **1.** Estado de agitación, inquietud o zozobra del ánimo. ‖ **2.** *Med.* Angustia que suele acompañar a muchas enfermedades, en particular a ciertas neurosis, y que no permite sosiego a los enfermos.

ansiolítico, ca. ADJ. *Med.* Que disuelve o calma la ansiedad. Apl. a un medicamento, u. t. c. s. m.

ansioso, sa. ADJ. **1.** Acompañado de ansias o congojas grandes. *Síntomas ansiosos.* ‖ **2.** Que tiene ansia o deseo vehemente de algo. *Ansioso de poder.* ‖ **3.** Que come o bebe con voracidad. *Mastica bien y no seas ansioso.*

ansotano, na. ADJ. **1.** Natural de Ansó. U. t. c. s. ‖ **2.** Perteneciente o relativo a este valle de Aragón, en España.

anta. F. **1.** *Arq.* Pilastra embutida en un muro, del cual sobresale un poco, y que tiene delante una columna de la misma anchura que ella. ‖ **2.** *Arq. hist.* Pilastra elevada antiguamente a ambos lados de la puerta principal de los edificios, especialmente en los templos.

antagalla. F. *Mar.* Faja de rizos de las velas de cuchillo.

antagallar. TR. *Mar.* Tomar las antagallas para que la vela oponga menos superficie a la fuerza del viento.

antagónico, ca. ADJ. Que denota o implica antagonismo. *Doctrinas antagónicas.*

antagonismo. M. Contrariedad, rivalidad, oposición sustancial o habitual, especialmente en doctrinas y opiniones.

antagonista. **I.** ADJ. **1.** Que pugna contra la acción de algo o se opone a ello. Apl. a pers., u. t. c. s. ‖ **2.** *Anat.* Se dice de los órganos cuya acción se opone a la de otros homólogos en la misma región anatómica, como ciertos músculos, nervios, dientes, etc. U. t. c. s. m. ‖ **II.** COM. **3.** Persona o cosa opuesta o contraria a otra. ‖ **4.** En el conflicto esencial de una obra de ficción, personaje que se opone al protagonista.

antañazo. ADV.T. coloq. Mucho tiempo ha.

antaño. **I.** ADV.T. **1.** En tiempo pasado. ‖ **II.** M. **2.** Tiempo pasado.

antañón, na. ADJ. Muy viejo. *Vocablos antañones.*

antártico[1], ca. ADJ. **1.** Perteneciente o relativo al Polo Sur. *Hielos antárticos.* ‖ **2.** Cercano al Polo Sur. *Tierras antárticas.*

antártico[2], ca. ADJ. **1.** Natural de la Antártica Chilena. U. t. c. s. ‖ **2.** Perteneciente o relativo a esta provincia de Chile.

ante[1]. M. **1.** alce[1]. ‖ **2.** Piel de ante adobada y curtida. ‖ **3.** Piel de algunos otros animales, adobada y curtida a semejanza de la del ante.

ante[2]. PREP. **1.** frente a (‖ enfrente de). *Ante nosotros se extendía el valle.* ‖ **2.** En presencia de. *Lo dijo ante testigos.* ‖ **3.** En comparación, respecto de. *Cualquier gesto queda empequeñecido ante su valentía.* ‖ **4.** a causa de. *Ante su negativa, he dejado de insistir.*

anteanoche. ADV.T. En la noche siguiente a anteayer.

anteayer. ADV.T. En el día que precedió inmediatamente al de ayer.

antebrazo. M. **1.** Parte del brazo desde el codo hasta la muñeca. ‖ **2.** Parte correspondiente de una prenda de vestir. ‖ **3.** *Zool.* brazuelo.

antecámara. F. **1.** Pieza delante de la sala o salas principales de un palacio o casa grande. ‖ **2.** Pieza que está delante de la cámara o habitación donde se recibe.

antecapilla. F. Pieza contigua a una capilla y por donde esta tiene la entrada.

antecedente. **I.** ADJ. **1.** Que antecede. *Generación antecedente.* ‖ **II.** M. **2.** Acción, dicho o circunstancia que sirve para comprender o valorar hechos posteriores. U. m. en pl. *Explicaré los antecedentes históricos de la Segunda Guerra Mundial.* ‖ **3.** *Gram.* Nombre o expresión nominal a que hacen referencia algunos pronombres. ‖ **4.** *Mat.* Primer término de una razón. ‖ **5.** pl. Circunstancia consistente en haber sido alguien anteriormente condenado u objeto de persecución penal. *Antecedentes penales.* ‖ **estar** alguien **en ~s** de algo. LOC.VERB. Conocer las circunstancias previas a un asunto. ‖ **poner** a alguien **en ~s** de algo. LOC.VERB. Comunicarle las circunstancias previas a un asunto.

anteceder. TR. preceder.

antecesor, ra. **I.** ADJ. **1.** Anterior en tiempo. *Ministro antecesor. Instrumento antecesor del piano.* ‖ **II.** M. y F. **2.** Persona que precedió a otra en una dignidad, empleo, ocupación, obra o encargo. ‖ **III.** M. **3.** antepasado (‖ ascendiente).

antecocina. F. Pieza o habitación que precede a la cocina.

antecopretérito. M. *Gram.* En la terminología de A. Bello, pretérito pluscuamperfecto de indicativo.

antedatar. TR. Poner fecha falsa a un documento, anterior a la verdadera.

antedespacho. M. Pieza que da acceso a un despacho.

antedicho, cha. ADJ. Dicho antes o con anterioridad. *Postulados antedichos.*

antediluviano, na. ADJ. **1.** Anterior al Diluvio universal. *Monstruo antediluviano.* ‖ **2.** antiquísimo. *Computadora antediluviana.*

antefirma. F. **1.** Fórmula del tratamiento que corresponde a una persona o corporación y que se pone antes de la firma en el oficio, carta o solicitud que se le dirige. ‖ **2.** Denominación del empleo, dignidad o representación del firmante de un documento, puesta antes de la firma.

antefoso. M. *Mil.* Foso construido en la explanada delante del foso principal.

antefuturo. M. *Gram.* En la terminología de A. Bello, **futuro compuesto.**

anteguerra. F. **preguerra.**

antejardín. M. *Chile.* Área libre comprendida entre la línea de demarcación de una calle y la línea de construcción de un edificio.

antelación. F. Anticipación con que, en orden al tiempo, sucede algo respecto a otra cosa.

antelina. F. Tejido que imita la piel de ante.

antemano. de ~. LOC. ADV. Con anticipación, anteriormente.

ante merídiem. (Locución latina). LOC. ADV. Antes del mediodía.

antemural. M. **1.** Fortaleza, roca o montaña que sirve de protección o defensa. || **2.** Protección o defensa. *Antemural de la cristiandad.*

antena. F. **1.** Apéndice sensorial par de la cabeza de los artrópodos. || **2.** Dispositivo de los aparatos emisores o receptores que, con formas muy diversas, sirve para emitir o recibir ondas electromagnéticas. || **3.** Mástil o torre metálica que remata el palo de los barcos, y que sirve de antena. || **4.** coloq. Capacidad de una persona de escuchar conversaciones ajenas o interés en hacerlo. U. m. en pl. || **en ~.** LOC. ADV. En emisión. *Estar, poner en antena.* □ V. **derechos de ~.**

antenista. COM. Persona que instala, repara y conserva antenas receptoras.

antenoche. ADV. T. **anteanoche.**

anteojera. F. **1.** *Esp.* Pieza acoplada al ocular de un aparato óptico que sirve para evitar el deslumbramiento y proteger los ojos. || **2.** pl. En las guarniciones de las caballerías de tiro, piezas de vaqueta que caen junto a los ojos del animal, para que no vean por los lados, sino de frente. || **3.** pl. Actitud mental o prejuicio que solo permite ver un aspecto limitado de la realidad.

anteojo. M. **1.** Instrumento óptico que, mediante un tubo con dos lentes situadas en sus extremos, amplía las imágenes de los objetos lejanos. *Los primeros anteojos se usaron como telescopios.* || **2.** pl. anteojo binocular. || **3.** pl. Gafas o lentes. || **4.** pl. Hierba áspera y vellosa, de la familia de las Crucíferas, con flores amarillas en racimo, y por frutos vainas pequeñas y redondas unidas de dos en dos. || **~s prismáticos.** M. pl. *Ópt.* Los que tienen en el interior del tubo una combinación de prismas para ampliar las imágenes. □ V. **serpiente de ~s.**

anteojudo, da. ADJ. despect. *Am.* Que usa anteojos. U. t. c. s.

antepalco. M. En algunos locales, pieza de acceso al palco.

antepasado, da. I. ADJ. **1.** Dicho de un período de tiempo: Anterior a otro tiempo pasado ya. || **II.** M. y F. **2.** Ascendiente más o menos remoto de una persona o de un grupo de personas. U. m. en pl.

antepecho. M. Pretil o barandilla que se coloca en lugar alto para poder asomarse sin peligro de caer.

antepenúltimo, ma. ADJ. Inmediatamente anterior al penúltimo.

antepié. M. *Anat.* Parte anterior del pie, formada por los cinco metatarsianos y las falanges de los dedos correspondientes.

anteponer. TR. **1.** Poner delante, poner inmediatamente antes. U. t. c. prnl. *El nombre se antepone al apellido.* || **2.** **preferir.** *Antepuso su soberbia a la prudencia.* U. t. c. prnl. ¶ MORF. conjug. c. *poner;* part. irreg. **antepuesto.**

anteportada. F. Página que precede a la portada de un libro, y en la cual ordinariamente no se pone más que el título de la obra.

anteportón. M. *Á. Caribe.* Puerta interior que separa el zaguán del resto de la casa.

anteposición. F. Acción de anteponer.

antepospretérito. M. *Gram.* En la terminología de A. Bello, **condicional compuesto.**

antepresente. M. *Gram.* En la terminología de A. Bello, **pretérito perfecto compuesto.**

antepretérito. M. *Gram.* En la terminología de A. Bello, **pretérito anterior.**

anteproyecto. M. **1.** Conjunto de trabajos preliminares para redactar el proyecto de una obra de arquitectura o de ingeniería. || **2.** Primera redacción sucinta de una ley, de un programa, etc.

antepuerta. F. Repostero o cortina que se pone delante de una puerta para abrigo o adorno.

antepuerto. M. **1.** Terreno elevado y escabroso que en las cordilleras precede al puerto. || **2.** *Mar.* Parte avanzada de un puerto artificial, donde los buques esperan para entrar, se disponen para salir u obtienen momentáneamente abrigo.

antepuesto, ta. PART. IRREG. de **anteponer.**

antequerano, na. ADJ. **1.** Natural de Antequera. U. t. c. s. || **2.** Perteneciente o relativo a esta ciudad de la provincia de Málaga, en España.

antera. F. *Bot.* Parte del estambre de las flores, que forma una especie de saco pequeño, sencillo o doble, en donde se produce y se guarda el polen.

anterior. ADJ. **1.** Que precede en lugar o tiempo. || **2.** Dicho de una parte de la cavidad bucal: Que está situada entre el paladar duro y los incisivos. □ V. **pretérito ~.**

anterioridad. F. Precedencia temporal de una cosa con respecto a otra.

anteriormente. I. ADV. T. **1. antes.** *Asuntos anteriormente comentados.* || **II.** ADV. L. **2.** En la parte anterior o delantera.

anteroposterior. ADJ. De delante atrás. *Movimiento, sentido anteroposterior.*

antes. I. ADV. L. **1.** Denota prioridad de lugar. *Ponte antes de tu hermana.* || **II.** ADV. T. **2.** Denota prioridad de tiempo. *Antes de amanecer. Antes que llegue.* || **III.** ADV. ORD. **3.** Denota prioridad o preferencia. *Antes morir que ofenderte.* || **IV.** ADV. M. **4.** *Am.* Por fortuna, con felicidad. || **V.** CONJ. ADVERS. **5.** Denota idea de contrariedad y preferencia en el sentido de una oración respecto de la otra. *Está en una situación pésima; no teme la muerte, antes la desea.* || **VI.** ADJ. **6.** Antecedente, anterior. *El día antes. La noche antes. El año antes.* || **~ bien.** LOC. CONJUNT. **antes** (|| con idea de contrariedad). || **~ de anoche.** LOC. ADV. **anteanoche.** || **~ de ayer.** LOC. ADV. **anteayer.** || **de ~.** LOC. ADV. De tiempo anterior.

antesacristía. F. Espacio o pieza que da entrada a la sacristía.

antesala. F. Pieza delante de la sala o salas principales de una casa. U. t. en sent. fig. *La antesala de la muerte.* || **hacer ~.** LOC. VERB. Aguardar en ella o en otra habitación a ser recibido por la persona a quien se va a ver.

antetítulo. M. Titular secundario de un periódico que precede al principal.

antever. TR. **prever.** MORF. conjug. c. *ver;* part. irreg. **antevisto.**

antevíspera. F. Día inmediatamente anterior al de la víspera.

antevisto, ta. PART. IRREG. de **antever.**

anti. ADJ. Opuesto o contrario. Apl. a pers., u. t. c. s.

antiabortista. ADJ. Contrario a la legalización o a la práctica del aborto. Apl. a pers., u. t. c. s.

antiacadémico, ca. ADJ. Que va contra la autoridad o influencia de las academias o contra el academicismo. Apl. a pers., u. t. c. s.

antiácido, da. I. ADJ. **1.** Que se opone o que resiste a la acción de los ácidos. Apl. a una sustancia o un producto, u. t. c. s. m. ‖ **II.** M. **2.** Med. Sustancia que neutraliza el exceso de acidez gástrica; p. ej., el bicarbonato sódico.

antiadherente. ADJ. Que impide la adherencia. Sartén antiadherente. Apl. a una sustancia o un producto, u. t. c. s. m.

antiaéreo, a. I. ADJ. **1.** Perteneciente o relativo a la defensa contra aviones militares. Alarma antiaérea. ‖ **II.** M. **2.** Cañón antiaéreo. ☐ V. **arma ~, artillería ~.**

antialcalino, na. ADJ. Quím. Dicho de una sustancia: Que se opone o que resiste a la acción de los álcalis.

antialcohólico, ca. ADJ. Eficaz contra el alcoholismo. Medidas antialcohólicas.

antialérgico, ca. ADJ. Med. Que combate o previene una reacción alérgica. Apl. a un medicamento, u. t. c. s. m.

antiálgico, ca. ADJ. Med. analgésico.

antiartrítico, ca. ADJ. Med. Eficaz contra el artritismo. Apl. a un medicamento, u. t. c. s. m.

antiasmático, ca. ADJ. Med. Que sirve para combatir el asma. Apl. a un medicamento, u. t. c. s. m.

antiatómico, ca. ADJ. Destinado a proteger de las armas atómicas o sus radiaciones. Sótano antiatómico.

antibacteriano, na. ADJ. Dicho de un medicamento, de una sustancia, de un procedimiento, etc.: Que se utilizan para combatir las bacterias. U. t. c. s. m.

antibalas. ADJ. Que protege de las balas. Chaleco antibalas.

antibiograma. M. Procedimiento de laboratorio que permite determinar la sensibilidad de un microorganismo ante diferentes antibióticos.

antibiótico, ca. ADJ. **1.** Biol. Se dice de la sustancia química producida por un ser vivo o fabricada por síntesis, capaz de paralizar el desarrollo de ciertos microorganismos patógenos, por su acción bacteriostática, o de causar la muerte de ellos, por su acción bactericida. U. t. c. s. m. ‖ **2.** Perteneciente o relativo a los antibióticos. Acción antibiótica. ☐ V. **espectro ~.**

anticanceroso, sa. ADJ. Dicho de un medicamento, de una sustancia, de un procedimiento, etc.: Que se utilizan para combatir el cáncer. U. t. c. s. m.

anticarro. ADJ. Mil. Dicho de un arma o de un artificio: Que se destinan a destruir o neutralizar carros de combate y otros vehículos semejantes. U. t. c. s. m. MORF. pl. invar. o **anticarros.** Granadas anticarro. Granadas anticarros.

anticelulítico, ca. ADJ. Dicho de un producto o de un tratamiento: Que se emplea contra la celulitis. U. t. c. s. m.

anticiclón. M. Meteor. Perturbación atmosférica que consiste en un área de altas presiones y circulación de viento en sentido de las agujas del reloj en el hemisferio norte, e inversamente en el sur. Suele originar tiempo despejado.

anticiclónico, ca. ADJ. Meteor. Perteneciente o relativo al anticiclón, y en especial a la rotación de sus vientos.

anticipación. F. Acción y efecto de anticipar o anticiparse. ‖ **de ~.** LOC. ADJ. De ciencia ficción.

anticipado. por ~. LOC. ADV. Con antelación, con anticipación.

anticipador, ra. ADJ. Que anticipa. Apl. a pers., u. t. c. s.

anticipante. ADJ. Que anticipa o se anticipa. Corrección anticipante.

anticipar. I. TR. **1.** Hacer que algo suceda antes del tiempo señalado o esperable, o antes que otra cosa. Anticipar las elecciones. U. t. c. prnl. ‖ **2.** Anunciar algo antes de un momento dado, o antes del tiempo oportuno o esperable. Anticipar la noticia. ‖ **3.** prever (‖ conjeturar lo que ha de suceder). Anticipar el futuro. ‖ **II.** PRNL. **4.** Dicho de una persona: Adelantarse a otra en la ejecución de algo. ‖ **5.** Dicho de una cosa: Ocurrir antes del tiempo regular o señalado. Anticiparse las lluvias, la calentura, la llegada del tren.

anticipatorio, ria. ADJ. Que anticipa o que tiene la posibilidad o la capacidad de anticipar. Proceso anticipatorio.

anticipo. M. **1.** anticipación. ‖ **2.** Dinero anticipado.

anticlerical. ADJ. **1.** Contrario al clericalismo. Apl. a pers., u. t. c. s. ‖ **2.** Contrario al clero.

anticlericalismo. M. **1.** Doctrina o procedimiento contra el clericalismo. ‖ **2.** Animosidad contra todo lo que se relaciona con el clero.

anticlímax. M. Momento en que desciende o se relaja la tensión después del clímax.

anticlinal. ADJ. Geol. Se dice del plegamiento de las capas del terreno en forma de A o de V invertida. U. m. c. s. m.

anticoagulante. ADJ. Dicho de una sustancia o de un producto: Que impiden la coagulación de la sangre. U. t. c. s. m.

anticodón. M. Biol. Secuencia de tres unidades en un ARN transferente que reconoce el codón correspondiente en un ARN mensajero.

anticoncepción. F. Acción y efecto de impedir la concepción.

anticoncepcional. ADJ. anticonceptivo. Apl. a un medio, una práctica o un agente, u. t. c. s. m.

anticonceptivo, va. ADJ. Dicho de un medio, de una práctica o de un agente: Que evitan la preñez. U. t. c. s. m.

anticongelante. I. ADJ. **1.** Que impide la congelación. Aditivo anticongelante. ‖ **II.** M. **2.** Sustancia que impide la congelación del agua que refrigera los motores.

anticorrosivo, va. I. ADJ. **1.** Que impide la corrosión. Revestimiento anticorrosivo. ‖ **II.** M. **2.** Sustancia que se añade a otra para evitar que se corroa o corroa aquellas con las que se pone en contacto.

anticorrupción. ADJ. Que tiene como objetivo la lucha contra la corrupción económica, política, administrativa, etc. Fiscalía anticorrupción. MORF. pl. invar. Medidas anticorrupción.

anticresis. F. Contrato en que el deudor consiente que su acreedor goce de los frutos de la finca que le entrega, hasta que sea cancelada la deuda.

anticrético, ca. ADJ. Perteneciente o relativo a la anticresis. Acreedor anticrético.

anticristiano, na. ADJ. Contrario al cristianismo. Apl. a pers., u. t. c. s.

anticristo. M. Ser maligno que, según San Juan, aparecerá antes de la segunda venida de Cristo, para seducir a los cristianos y apartarlos de su fe. U. t. en sent. fig. *Para algunos, el nuevo jefe era el anticristo.* Ortogr. Escr. t. con may. inicial.

anticuado, da. Part. de anticuar. ‖ Adj. **1.** Que está en desuso desde hace tiempo; pasado de moda; propio de otra época. *Una costumbre anticuada.* ‖ **2.** Dicho de una persona: Que tiene ideas o costumbres anticuadas.

anticuar. I. Tr. **1.** Declarar antiguo y sin uso algo. ‖ **II.** Prnl. **2.** Quedarse anticuado. ¶ Morf. conjug. c. *actuar.*

anticuario, ria. I. M. y F. **1.** Persona que colecciona o negocia con cosas antiguas. ‖ **II.** M. **2.** Tienda en que se venden antigüedades.

anticucho. M. Á. Andes. Comida consistente en trozos pequeños de carne, vísceras, etc., sazonados con distintos tipos de salsa, ensartados en palitos y asados a la parrilla.

anticuco, ca. Adj. Am. Cen. Muy viejo y anticuado.

anticuerpo. M. Biol. y Med. Sustancia producida en el organismo animal por la presencia de un antígeno, contra cuya acción reacciona específicamente. ‖ ~ **monoclonal.** M. Biol. y Med. anticuerpo específico frente a un único antígeno.

antidepresivo, va. Adj. Med. Que combate la depresión psíquica. Apl. a un medicamento, u. t. c. s. m.

antideslizante. Adj. Que impide que algo se deslice o patine. Apl. a una sustancia o un producto, u. t. c. s. m.

antidetonante. I. Adj. **1.** Que impide la detonación. *Productos antidetonantes.* ‖ **II.** M. **2.** Sustancia que se añade a los combustibles líquidos de los motores de explosión para impedir la detonación prematura.

antidiarreico, ca. Adj. Med. Que combate la diarrea. Apl. a un medicamento o una sustancia, u. t. c. s. m.

antidiftérico, ca. Adj. Med. Que sirve para combatir la difteria. Apl. a un medicamento, u. t. c. s. m.

antidisturbios. I. Adj. **1.** Destinado a combatir los disturbios callejeros. *Medidas antidisturbios.* ‖ **II.** M. **2.** Miembro de las fuerzas antidisturbios.

antidiurético, ca. Adj. Med. Que combate la diuresis. Apl. a un medicamento o una sustancia, u. t. c. s. m.

antídoto. M. **1.** Medicamento contra un veneno. ‖ **2.** Medicina o sustancia que contrarresta los efectos nocivos de otra. ‖ **3.** Medio preventivo para no incurrir en un vicio o falta.

antidroga. Adj. Que trata de evitar el consumo o el tráfico de drogas. Morf. pl. invar. o **antidrogas.** *Campañas antidroga. Campañas antidrogas.*

antiemético, ca. Adj. Med. Que sirve para contener el vómito. Apl. a un medicamento o una sustancia, u. t. c. s. m.

antiepiléptico, ca. Adj. Med. Que combate la epilepsia. Apl. a un medicamento o una sustancia, u. t. c. s. m.

antier. Adv.t. anteayer.

antiescorbútico, ca. Adj. Med. Eficaz contra el escorbuto. Apl. a un medicamento o una sustancia, u. t. c. s. m.

antiespasmódico, ca. Adj. Med. Que cura o calma los espasmos. Apl. a un medicamento o una sustancia, u. t. c. s. m.

antiespumante. I. Adj. **1.** Que impide la formación de espuma. *Sustancia antiespumante.* ‖ **II.** M. **2.** Aditivo que se emplea para disminuir la tensión superficial de los líquidos que deben ser agitados, sin formar espuma, durante un proceso químico.

antiestático, ca. Adj. Que impide la formación de electricidad estática. Apl. a un producto, u. t. c. s. m.

antiestético, ca. Adj. Feo, mal compuesto, de mal gusto.

antifaz. M. **1.** Pieza que cubre la parte de la cara que rodea los ojos. ‖ **2.** Pieza en forma de antifaz con que se cubren los ojos para no recibir la luz.

antifebril. Adj. Med. **antitérmico** (‖ eficaz contra la fiebre). Apl. a un medicamento o una sustancia, u. t. c. s. m.

antífona. F. Breve pasaje, tomado por lo común de la Sagrada Escritura, que se canta o reza antes y después de los salmos y de los cánticos en las horas canónicas, y guarda relación con el oficio propio del día.

antifonal. M. Libro de coro en que se contienen las antífonas de todo el año.

antifonario. M. **1.** Libro de coro en que se contienen las antífonas de todo el año. ‖ **2.** fest. **culo** (‖ nalgas).

antífrasis. F. Ret. Figura que consiste en designar personas o cosas con voces que signifiquen lo contrario de lo que se debiera decir.

antifricción. Adj. Dicho de una sustancia: Que disminuye los efectos del rozamiento de las piezas, como los cojinetes, sometidas a movimientos rápidos o con grandes esfuerzos. U. t. c. s. amb.

antifúngico, ca. Adj. Biol. Que combate los hongos o evita su aparición. Apl. a un medicamento o una sustancia, u. t. c. s. m.

antigás. Adj. Dicho de una máscara o de una careta: Destinada a evitar la acción de los gases tóxicos. Morf. pl. invar. *Máscaras antigás.*

antigénico, ca. Adj. Med. Perteneciente o relativo al antígeno.

antígeno. M. Biol. y Med. Sustancia que, introducida en un organismo animal, da lugar a reacciones de defensa, tales como la formación de anticuerpos.

antigripal. Adj. Med. Que sirve para combatir la gripe. Apl. a un medicamento, u. t. c. s. m.

antigualla. F. **1.** Obra u objeto de arte de antigüedad remota. ‖ **2.** Noticia o relación de sucesos muy antiguos. U. m. en pl. ‖ **3.** Uso o estilo antiguo. U. m. en pl. ‖ **4.** despect. Mueble, traje, adorno o cosa semejante que ya no está de moda.

antiguamente. Adv.t. En tiempo remoto, en el pasado.

antiguano, na. Adj. **1.** Natural de Antigua y Barbuda. U. t. c. s. ‖ **2.** Perteneciente o relativo a este país de América.

antigüedad. F. **1.** Cualidad de antiguo. ‖ **2.** Tiempo remoto. ‖ **3.** Conjunto de personas que vivieron en tiempos remotos. *Esto creía la antigüedad.* ‖ **4.** Edad Antigua. Ortogr. Escr. con may. inicial. ‖ **5.** Antigüedad clásica. Ortogr. Escr. con may. inicial. ‖ **6.** Tiempo que alguien ha permanecido en un cargo o empleo. ‖ **7.** pl. Monumentos de tiempos antiguos. ‖ **8.** pl. Objetos cuyo valor reside en su antigüedad. ‖ **Antigüedad clásica.** F. La referida a la Grecia y Roma antiguas.

antigüeño, ña. Adj. **1.** Natural de Antigua Guatemala. U. t. c. s. ‖ **2.** Perteneciente o relativo a esta ciudad de Guatemala, cabecera del departamento de Sacatepéquez.

antiguo, gua. I. Adj. **1.** Que existe desde hace mucho tiempo. *Antigua tradición.* ‖ **2.** Que existió o sucedió en tiempo remoto. *Antiguo reino.* ‖ **3.** Dicho de una lengua: Que se encuentra en un estadio inicial de su evolución histórica. *El francés antiguo.* ‖ **4.** Dicho de una cosa: Carente de actualidad o de vigencia. *Ideas antiguas sobre* *el noviazgo. Las antiguas pesetas.* ‖ **5.** Dicho de una persona: De ideas, actitudes o aspecto propios de un tiempo ya pasado. *No seas tan antigua.* En sent. despect., u. t. c. s. ‖ **6.** Dicho de una persona: Que cuenta mucho tiempo en un empleo, profesión o ejercicio. ‖ **7.** Que fue en el pasado, pero que ya no lo es. *Antiguo alumno. Antiguo límite provincial.* ‖ **8.** Dicho del tiempo o de una unidad de medida de este: Pasados, y especialmente remotos. *Tradición de los antiguos días.* ¶ Morf. sup. irreg. **antiquísimo.** ‖ **II.** m. **9.** pl. hist. Personas que vivieron en siglos remotos. ‖ **a la ~,** o **a lo ~.** locs. advs. Según costumbre o uso antiguo. ‖ **de antiguo.** loc. adv. Desde tiempo remoto, o desde mucho tiempo antes. ‖ **en lo ~.** loc. adv. En tiempo remoto. □ V. **Antiguo Régimen, Antiguo Testamento, Edad Antigua, Mundo Antiguo, sajón ~.**

antihelmíntico, ca. adj. Med. Que actúa contra los gusanos parásitos. Apl. a un medicamento o una sustancia, u. t. c. s. m.

antihemorrágico, ca. adj. Med. Que favorece la coagulación sanguínea y, por tanto, se usa en el tratamiento de las hemorragias. Apl. a un medicamento o una sustancia, u. t. c. s. m.

antihemorroidal. adj. Med. Que alivia las molestias producidas por las hemorroides. Apl. a un medicamento o una sustancia, u. t. c. s. m.

antihéroe. m. Personaje destacado o protagonista de una obra de ficción cuyas características y comportamientos no corresponden a los del héroe tradicional.

antihiático, ca. adj. Ling. Que evita o deshace el hiato vocálico.

antihipertensivo, va. adj. Med. Eficaz contra la hipertensión arterial. Apl. a un medicamento o una sustancia, u. t. c. s. m.

antihistamínico, ca. adj. Med. Que limita la producción de histamina y sus efectos. Apl. a un medicamento, u. t. c. s. m.

antiinflamatorio, ria. adj. Med. Que combate la inflamación. Apl. a un medicamento, u. t. c. s. m.

antillanismo. m. Rasgo lingüístico propio del español hablado en las Antillas.

antillano, na. adj. **1.** Natural de alguna de las Antillas. U. t. c. s. ‖ **2.** Perteneciente o relativo a cualquiera de estas islas de América.

antilogaritmo. m. Mat. Número que corresponde a un logaritmo dado.

antilogía. f. Contradicción entre dos textos o expresiones.

antílope. m. Cada uno de los mamíferos rumiantes de cornamenta persistente en la que el núcleo óseo es independiente de su envoltura, que forman un grupo intermedio entre las cabras y los ciervos; p. ej., la gacela y la gamuza.

antimacasar. m. hist. Lienzo o tapete que se ponía en el respaldo de las butacas y otros asientos para que no se manchasen con las pomadas del cabello.

antimateria. f. Fís. Materia compuesta de antipartículas, es decir, aquella en la cual cada partícula ha sido reemplazada por la antipartícula correspondiente.

antimicótico, ca. adj. Biol. Dicho de un medicamento, de una sustancia, de un procedimiento, etc.: Que se utilizan para combatir las infecciones por hongos. U. t. c. s. m.

antimicrobiano, na. adj. Biol. Que combate los microorganismos o evita su aparición. Apl. a un medicamento o una sustancia, u. t. c. s. m.

antimisil. adj. Destinado a interceptar o destruir misiles. Apl. a un misil, u. t. c. s. m. Morf. pl. invar. o **antimisiles.** *Sistemas antimisil. Sistemas antimisiles.* □ V. **escudo ~.**

antimonio. m. Elemento químico de núm. atóm. 51. Semimetal escaso en la litosfera, se encuentra nativo o en forma de sulfuro. Es duro, quebradizo y de color blanco azulado, aunque algunas variedades alotrópicas son oscuras o casi negras. Fue utilizado como cosmético, y aleado con diversos metales en pequeñas cantidades les da dureza, como al plomo en los caracteres de imprenta. (Símb. *Sb,* de su denominación latina *stibium*).

antimonita. f. Mineral de color gris plomo y brillo metálico, con textura fibrosa o granular. Es un sulfuro de antimonio y constituye la principal mena de este metal.

antineoplásico, ca. adj. Med. antitumoral.

antiniebla. adj. Dicho de un dispositivo luminoso: Destinado a combatir la falta de visibilidad causada por la niebla. U. t. c. s. m. Morf. pl. invar. *Luces antiniebla.*

antinomia. f. **1.** Contradicción entre dos principios racionales. ‖ **2.** Contradicción entre dos preceptos legales.

antinómico, ca. adj. Que implica o denota antinomia. *Expresiones antinómicas.*

antinuclear. adj. **1.** Contrario al uso de la energía nuclear. *Movimiento antinuclear.* ‖ **2.** Destinado a proteger frente a los efectos de la energía nuclear. *Refugio antinuclear.*

antioqueño, ña. adj. **1.** Natural de Antioquia. U. t. c. s. ‖ **2.** Perteneciente o relativo a este departamento de Colombia.

antioxidante. adj. Que evita la oxidación. Apl. a una sustancia o un producto, u. t. c. s. m.

antipalúdico, ca. adj. Med. Que sirve para combatir el paludismo. Apl. a un medicamento, u. t. c. s. m.

antipapa. m. Hombre que no está canónicamente elegido papa y pretende ser reconocido como tal.

antiparasitario, ria. adj. Biol. Que combate los parásitos o evita su aparición. Apl. a un medicamento o una sustancia, u. t. c. s. m.

antiparlamentario, ria. adj. Contrario a los usos y prácticas parlamentarios. *Manifestaciones antiparlamentarias.*

antipartícula. f. Fís. Partícula elemental producida artificialmente, que tiene la misma masa, igual carga pero opuesta y momento magnético de sentido contrario que los de la partícula correspondiente. La unión de una partícula con su antipartícula produce la aniquilación de ambas, dando lugar a otras nuevas partículas.

antipatía. f. **1.** Sentimiento de aversión que, en mayor o menor grado, se experimenta hacia alguna persona, animal o cosa. ‖ **2.** Cualidad de la persona o cosa que inspira este sentimiento. *Es conocido por su antipatía.*

antipático, ca. adj. Que causa antipatía. Apl. a pers., u. t. c. s.

antipatizar. intr. Am. Sentir antipatía hacia algo o alguien.

antipirético, ca. adj. Med. antitérmico. Apl. a un medicamento, u. t. c. s. m.

antípoda. ADJ. 1. *Geogr.* Se dice de cualquier habitante del globo terrestre con respecto a otro que more en lugar diametralmente opuesto. U. m. c. s. pl. || 2. Que se contrapone totalmente a alguien o algo. *El comunismo es el sistema antípoda del capitalismo.* U. m. c. s. pl. || **en las,** o **los, ~s.** LOCS. ADVS. En lugar o posición radicalmente opuesta o contraria.

antipolilla. ADJ. Que combate las polillas o evita su aparición. Apl. a un medicamento o una sustancia, u. t. c. s. m. MORF. pl. invar. o **antipolillas.** *Productos antipolilla. Productos antipolillas.*

antiquísimo, ma. ADJ. SUP. de **antiguo.**

antirrábico, ca. ADJ. *Med.* Que se emplea contra la rabia. Apl. a un medicamento, u. t. c. s. m.

antirreeleccionismo. M. *Méx.* Doctrina contraria a que haya reelección en los cargos de gobierno.

antirreeleccionista. COM. *Méx.* Persona que se opone a que haya reelección en los cargos de gobierno.

antirreumático, ca. ADJ. *Med.* Que sirve para curar el reuma. Apl. a un medicamento, u. t. c. s. m.

antirrobo. ADJ. Dicho de un sistema o de un artilugio: Destinado a prevenir el robo. U. t. c. s. m. MORF. pl. invar. o **antirrobos.** *Alarmas antirrobo. Alarmas antirrobos.*

antisatélite. ADJ. *Mil.* Se dice de los sistemas que se utilizan para destruir, dañar o perturbar el funcionamiento normal de satélites artificiales. MORF. pl. invar. o **antisatélites.** *Misiles antisatélite. Misiles antisatélites.*

antisemita. ADJ. Enemigo de la raza hebrea, de su cultura o de su influencia. Apl. a pers., u. t. c. s.

antisemítico, ca. ADJ. Perteneciente o relativo al antisemitismo. *Brotes antisemíticos.*

antisemitismo. M. Doctrina o tendencia de los antisemitas.

antisepsia. F. *Med.* Método que consiste en combatir o prevenir los padecimientos infecciosos destruyendo los microbios que los causan.

antiséptico, ca. ADJ. *Med.* Que sirve para la antisepsia. Apl. a un medicamento o un producto, u. t. c. s. m.

antisifilítico, ca. ADJ. *Med.* Que sirve para combatir la sífilis.

antisocial. I. ADJ. 1. Contrario, opuesto a la sociedad, al orden social. *Conducta antisocial.* Apl. a pers., u. t. c. s. || **II.** M. 2. *Am.* delincuente.

antistrofa. F. En la poesía griega, segunda parte del canto lírico, compuesto de estrofa y antistrofa, o de estas dos partes y el epodo. La antistrofa consta del mismo número de versos que la estrofa.

antisubmarino, na. ADJ. *Mar.* Destinado a la defensa y ataque contra submarinos.

antisudoral. ADJ. Que evita o reduce el sudor excesivo. Apl. a una sustancia o un producto, u. t. c. s. m.

antisuero. M. Suero que contiene anticuerpos, obtenido mediante inmunización de un animal.

antitanque. ADJ. *Mil.* anticarro. Apl. a un arma o un artificio, u. t. c. s. m. MORF. pl. invar. o **antitanques.** *Proyectiles antitanque. Proyectiles antitanques.*

antitérmico, ca. ADJ. 1. Que aísla del calor. *Cristales antitérmicos.* || 2. *Med.* Eficaz contra la fiebre. Apl. a un medicamento, u. t. c. s. m.

antítesis. F. 1. *Fil.* Oposición o contrariedad de dos juicios o afirmaciones. || 2. *Ret.* Figura que consiste en contraponer una frase o una palabra a otra de significación contraria. || 3. Persona o cosa enteramente opuesta en sus condiciones a otra.

antitetánico, ca. ADJ. *Med.* Empleado contra el tétanos o para su prevención. Apl. a un medicamento, u. t. c. s. m.

antitético, ca. ADJ. 1. Que denota o implica antítesis. *Expresiones antitéticas.* || 2. Dicho de una persona o de una cosa: Completamente opuesta a otra. *Somos antitéticos en casi todo. El ideario republicano era antitético al monárquico.*

antitóxico, ca. ADJ. Que sirve para neutralizar una acción tóxica. Apl. a una sustancia o un producto, u. t. c. s. m.

antitoxina. F. *Biol.* Anticuerpo que se forma en el organismo a consecuencia de la introducción de una toxina determinada y sirve para neutralizar ulteriormente nuevos ataques de la misma toxina.

antitrago. M. Prominencia de la oreja humana, situada en la parte inferior del pabellón y opuesta al trago.

antituberculoso, sa. ADJ. *Med.* Perteneciente o relativo a los procedimientos e instituciones para combatir la tuberculosis.

antitumoral. ADJ. *Med.* Eficaz contra los tumores.

antitusígeno, na. ADJ. *Med.* Eficaz contra la tos. Apl. a un medicamento, u. t. c. s. m.

antitusivo, va. ADJ. *Med.* Que combate la tos. Apl. a un medicamento o una sustancia, u. t. c. s. m.

antivariólico, ca. ADJ. *Med.* Que sirve para combatir la viruela.

antivenéreo, a. ADJ. *Med.* Que combate las afecciones venéreas. Apl. a un medicamento, u. t. c. s. m.

antiviperino, na. ADJ. *Méx.* Que sirve de antídoto contra el veneno de las víboras. Apl. a un medicamento, u. t. c. s. m.

antiviral. ADJ. *Biol.* Dicho de un medicamento, de una sustancia, de un procedimiento, etc.: Que se utilizan para combatir los virus. U. t. c. s. m.

antivírico, ca. ADJ. *Biol.* antiviral. Apl. a un medicamento, una sustancia, etc., u. t. c. s. m.

antivirus. ADJ. *Inform.* Dicho de un programa: Que detecta la presencia de virus y puede neutralizar sus efectos. U. t. c. s. m.

antixeroftálmico, ca. ADJ. *Med.* Que combate la xeroftalmia. Se dice especialmente de la vitamina A.

antofagastino, na. ADJ. 1. Natural de Antofagasta. U. t. c. s. || 2. Perteneciente o relativo a esta provincia de Chile o a su capital.

antófilo. M. *Bot.* Hoja más o menos transformada, y por lo común coloreada, que forma parte del perianto de las fanerógamas.

antojadizo, za. ADJ. Que tiene antojos con frecuencia. *Voluntad antojadiza.*

antojarse. PRNL. 1. Dicho de una cosa: Hacerse objeto de vehemente deseo, especialmente si es por puro capricho. *Se me antojó una flor. No hace más que lo que se le antoja.* || 2. Dicho de una cosa: Ofrecerse a la consideración como probable. *Se me antoja que va a llover.* ¶ MORF. U. solo en 3.ª pers. con los pronombres *me, te, se, le,* etc.

antojitos. M. pl. *Méx.* Aperitivo, tapa.

antojo. M. 1. Deseo vivo y pasajero de algo. *Actúa siempre a su antojo.* || 2. antojo atribuido popularmente a la mujer embarazada. || 3. Juicio que se hace de algo sin bastante examen. *Una opinión fundada en el antojo.* || 4. Lunar, mancha o tumor eréctil que suelen presentar en la piel algunas personas, y que la creencia popular atribuye a caprichos no satisfechos de sus madres durante el embarazo.

antologador, ra. M. y F. *Am.* antólogo.

antología. F. Colección de piezas escogidas de literatura, música, etc. ‖ **de ~.** LOC.ADJ. Digno de ser destacado, extraordinario.

antológica. F. Exposición antológica.

antológico, ca. ADJ. **1.** Perteneciente o relativo a una antología. *Muestra antológica.* ‖ **2.** Propio o característico de una antología. *Fotografías y textos antológicos.* ‖ **3.** Digno de ser destacado, extraordinario. *Jugada antológica.*

antologista. COM. antólogo.

antologizar. TR. Incluir en una antología.

antólogo, ga. M. y F. Colector de una antología.

antoniano, na. ADJ. **1.** Se dice del religioso de la Orden de San Antonio Abad. U. t. c. s. ‖ **2.** Perteneciente o relativo a esta orden. *Templo antoniano.*

antonimia. F. *Ling.* Cualidad de antónimo.

antónimo, ma. ADJ. *Ling.* Se dice de las palabras que expresan ideas opuestas o contrarias; p. ej., *virtud* y *vicio; claro* y *oscuro; antes* y *después.* U. t. c. s. m.

Antonio. ☐ V. cruz de san ~.

antonomasia. F. *Ret.* Sinécdoque que consiste en poner el nombre apelativo por el propio, o el propio por el apelativo; p. ej., *el Apóstol,* por *san Pablo; un nerón,* por *un hombre cruel.* ‖ **por ~.** LOC.ADV. Denota que a una persona o cosa le conviene el nombre apelativo con que se la designa, por ser, entre todas las de su clase, la más importante, conocida o característica. U. t. c. loc. adj.

antonomástico, ca. ADJ. *Ret.* Perteneciente o relativo a la antonomasia. *Sentido antonomástico.*

antorcha. F. **1.** hacha¹. ‖ **2.** Cosa que sirve de norte y guía para el entendimiento. *La antorcha de la civilización.*

antozoo. ADJ. *Zool.* Se dice de ciertos celentéreos que en el estado adulto viven fijos sobre el fondo del mar, no presentan nunca la forma de medusa y están constituidos por un solo pólipo o por una colonia de muchos pólipos, frecuentemente unidos entre sí por un polipero. Los pólipos tienen alrededor de la boca tentáculos en número de ocho, seis o un múltiplo de seis; p. ej., la actinia y el coral. U. m. c. s. m. ORTOGR. En m. pl., escr. con may. inicial c. taxón. *Los Antozoos.*

antracita. F. Carbón fósil seco o poco bituminoso que arde con dificultad y sin aglutinarse.

antracosis. F. *Med.* Neumoconiosis producida por el polvo del carbón.

ántrax. M. **1.** *Med.* Inflamación confluente de varios folículos pilosos, de origen bacteriano, con abundante producción de pus. ‖ **2.** carbunco. ‖ **~ maligno.** M. carbunco.

antro. M. **1.** Caverna, cueva, gruta. U. m. en leng. poét. ‖ **2.** Local, establecimiento, vivienda, etc., de mal aspecto o reputación.

antropocéntrico, ca. ADJ. *Fil.* Perteneciente o relativo al antropocentrismo. *Teorías antropocéntricas.*

antropocentrismo. M. **1.** *Fil.* Teoría filosófica que afirma que el hombre es el centro del universo. ‖ **2.** Actitud correspondiente a esta teoría.

antropofagia. F. **1.** Costumbre de comer el hombre carne humana. ‖ **2.** Acto de comerla.

antropófago, ga. ADJ. Dicho de una persona: Que come carne humana. U. t. c. s.

antropoide. ADJ. *Zool.* Dicho de un animal, y especialmente de un mono antropomorfo: Que por sus caracteres morfológicos externos se asemeja al hombre. U. t. c. s.

antropoideo, a. ADJ. antropomorfo.

antropología. F. **1.** Estudio de la realidad humana. ‖ **2.** Ciencia que trata de los aspectos biológicos y sociales del hombre.

antropológico, ca. ADJ. Perteneciente o relativo a la antropología. *Investigación antropológica.*

antropologismo. M. *Fil.* antropocentrismo (‖ teoría filosófica).

antropólogo, ga. M. y F. Persona que profesa la antropología o tiene en ella especiales conocimientos.

antropometría. F. Tratado de las proporciones y medidas del cuerpo humano.

antropométrico, ca. ADJ. Perteneciente o relativo a la antropometría. *Mediciones antropométricas.*

antropomórfico, ca. ADJ. Perteneciente o relativo al antropomorfismo. *Concepción antropomórfica de los dioses.*

antropomorfismo. M. **1.** Conjunto de creencias o de doctrinas que atribuyen a la divinidad la figura o las cualidades del hombre. ‖ **2.** Tendencia a atribuir rasgos y cualidades humanos a las cosas.

antropomorfo, fa. ADJ. Que tiene forma o apariencia humana. *Cerámicas antropomorfas.*

antroponimia. F. **1.** Estudio del origen y significación de los nombres propios de persona. ‖ **2.** Conjunto de nombres propios de persona. *La antroponimia leonesa.*

antroponímico, ca. ADJ. Perteneciente o relativo a la antroponimia. *Análisis antroponímico del léxico taurino.*

antropónimo. M. Nombre propio de persona.

antroposofía. F. Doctrina derivada de la teosofía y fundada a principios del siglo XX por Rudolf Steiner, filósofo austríaco.

antruejo. M. Conjunto de los tres días de carnestolendas.

antuzano. M. Espacio situado delante de una casa u otro edificio, o cercano a ellos, y destinado a diversos fines.

anual. ADJ. **1.** Que sucede o se repite cada año. *Premio anual.* ‖ **2.** Que dura un año. *Contrato anual.* ‖ **3.** Dicho de una planta: Que completa su ciclo vital en un año.

anualidad. F. Importe anual de una renta o carga periódica, como la de amortización o la de capitalización.

anualizar. TR. *Econ.* Convertir a su equivalente anual una variable correspondiente a un período distinto del año.

anualmente. ADV.T. Cada año.

anuario. M. **1.** Libro que se publica cada año como guía para determinadas profesiones, con información, direcciones y otros datos de utilidad. ‖ **2.** Revista de prensa de periodicidad anual.

anubarrado, da. ADJ. Nubloso, cubierto de nubes. *Noche anubarrada.*

anublar. TR. nublar. U. t. c. prnl.

anudador, ra. ADJ. Que anuda. Apl. a pers., u. t. c. s.

anudamiento. M. Acción y efecto de anudar.

anudar. TR. **1.** Hacer uno o más nudos. U. t. c. prnl. ‖ **2.** Juntar o unir, mediante un nudo, dos hilos, dos cuerdas o cosas semejantes. U. t. c. prnl. ‖ **3.** Juntar, unir. *Anudaron reflexiones muy distintas.* U. t. c. prnl.

anuencia. F. consentimiento (‖ acción y efecto de consentir).

anuente. ADJ. Que consiente. *Conocimiento anuente de los jefes.*

anulación. F. Acción y efecto de anular.

anulador, ra. ADJ. Que anula. *Ente anulador de nuestra soberbia.*

anular¹. I. ADJ. **1.** Perteneciente o relativo al anillo. *Inscripciones anulares.* || **2.** De forma de anillo. *Mancha anular.* || **II.** M. **3. dedo anular.**

anular². TR. **1.** Dejar sin efecto una norma, un acto o un contrato. U. t. c. prnl. || **2.** Suspender algo previamente anunciado o proyectado. *Han anulado el vuelo.* U. t. c. prnl. || **3.** Incapacitar, desautorizar a alguien. *Con su carácter, anula al resto de los empleados.* U. t. c. prnl.

anunciación. F. **1.** Acción y efecto de anunciar. || **2.** por antonom. Anuncio que el arcángel san Gabriel hizo a la Virgen del misterio de la Encarnación. ORTOGR. Escr. con may. inicial.

anunciador, ra. ADJ. Que anuncia. Apl. a pers., u. t. c. s.

anunciante. ADJ. Que anuncia. Apl. a pers., u. m. c. s.

anunciar. TR. **1.** Dar noticia o aviso de algo; publicar, proclamar, hacer saber. *Anunciar el aumento de las pensiones.* || **2. pronosticar.** *Esas nubes anuncian tormenta.* || **3.** Hacer saber el nombre de un visitante a la persona por quien desea ser recibido. || **4.** Dar publicidad a algo con fines de propaganda comercial. *Anunciar un detergente.* ¶ MORF. V. conjug. modelo.

anuncio. M. **1.** Acción y efecto de anunciar. || **2.** Conjunto de palabras o signos con que se anuncia algo. || **3.** Soporte visual o auditivo en que se transmite un mensaje publicitario. *Los anuncios de la radio. Los anuncios de la televisión.* || **4. pronóstico** (|| acción y efecto de pronosticar). || **5. pronóstico** (|| señal por donde se conjetura algo futuro). □ V. **tablón de ~s.**

anuria. F. *Med.* Cese total de la secreción urinaria.

anuro, ra. ADJ. *Zool.* Se dice de los batracios que tienen cuatro extremidades y carecen de cola; p. ej., la rana y el sapo. U. t. c. s. m. ORTOGR. En m. pl., escr. con may. inicial c. taxón. *Los Anuros.*

anverso. M. **1.** En las monedas y medallas, haz que se considera principal por llevar el busto de una persona o por otro motivo. || **2.** *Impr.* Cara en que va impresa la primera página de un pliego. || **3.** *Impr.* Forma o molde con que se imprime el anverso de un pliego.

anzoateguiense o **anzoatiguense.** ADJ. **1.** Natural de Anzoátegui. U. t. c. s. || **2.** Perteneciente o relativo a este estado de Venezuela.

anzuelo. M. **1.** Arpón o garfio, pequeño por lo común, de hierro u otro metal, que, pendiente de un sedal o alambre y provisto de cebo, sirve para pescar. || **2.** coloq. Atractivo o aliciente. || **caer en el ~.** LOC.VERB. coloq. Caer en la **trampa** (|| ardid). || **echar el ~.** LOC.VERB. coloq. Emplear artificios para atraer, generalmente con engaño. || **picar el ~, o en el ~.** LOCS.VERBS. coloqs. Caer en la **trampa** (|| ardid). || **tragar, o tragarse, el ~.** LOCS.VERBS. coloqs. Caer en la **trampa** (|| ardid).

añada. F. **1.** Cosecha de cada año, y especialmente la del vino. || **2.** Año de esta cosecha. || **3.** Discurso o tiempo de un año.

añadido. M. Añadidura, adición. □ V. **valor ~.**

añadidura. F. **1.** Cosa que se añade a otra, y especialmente lo que el vendedor da de más del justo peso, o el pedazo pequeño que añade para completarlo. || **2.** Acción de añadir. || **por ~.** LOC.ADV. además.

añadir. TR. **1.** Agregar, incorporar algo a otra cosa. *Añadir agua a la salsa.* || **2.** Aumentar, acrecentar, ampliar. *Su intervención apenas añadió algo a lo que ya sabíamos.*

añafil. I. M. **1.** hist. Trompeta recta morisca de unos 80 cm de longitud, que se usó también en Castilla. || **II.** COM. **2.** hist. Instrumentista que tocaba el añafil.

añagaza. F. **1.** Artificio para atraer con engaño. || **2.** Señuelo para coger aves, comúnmente constituido por un pájaro de la especie de los que se trata de cazar.

añales. M. pl. *Am. Cen., Á. Caribe* y *Méx.* Muchos años, mucho tiempo. *Añales sin verte.*

añares. M. pl. *Á. R. Plata.* **añales.** *Añares sin verte.*

añás. F. *Á. Andes.* **mofeta** (|| mamífero carnicero). MORF. pl. **añases.**

añasqueño, ña. ADJ. **1.** Natural de Añasco. U. t. c. s. || **2.** Perteneciente o relativo a este municipio de Puerto Rico o a su cabeza.

añejamiento. M. Acción y efecto de añejar o añejarse.

añejar. I. TR. **1.** Hacer añejo algo. *Añejar el tabaco.* U. t. c. prnl. || **II.** PRNL. **2.** Dicho especialmente del vino y de algunos comestibles: Alterarse con el transcurso del tiempo, mejorándose o deteriorándose.

añejez. F. Cualidad de añejo.

añejo, ja. ADJ. **1.** Dicho de una cosa: Que tiene uno o más años. *Tocino, vino añejo.* || **2.** Que tiene mucho tiempo. *Vicio añejo. Noticia añeja.*

añero, ra. ADJ. *Chile.* Dicho de una planta: **vecera.**

añicos. M. pl. Pedazos o piezas pequeñas en que se divide algo al romperse. || **hacer ~ a alguien.** LOC.VERB. coloq. Causarle gran fatiga, física o moral. *La noticia me hizo añicos.*

añil. M. **1.** Arbusto perenne de la familia de las Papilionáceas, de tallo derecho, hojas compuestas, flores rojizas en espiga o racimo, y fruto en vaina arqueada, con granillos lustrosos, muy duros, parduscos o verdosos y a veces grises. || **2.** Pasta de color azul oscuro, con visos cobrizos, que se saca de los tallos y hojas de esta planta. || **3.** Color azul oscuro, que corresponde a la sensación producida por el estímulo de longitudes de onda de alrededor de 450 nm. U. t. c. adj. || **4.** Colorante o pigmento utilizado para producir el color añil.

año. M. **1.** *Astr.* Tiempo que tarda la Tierra en dar una vuelta alrededor del Sol. Equivale a 365 días, 5 horas, 48 minutos y 46 segundos. || **2.** Período de doce meses, a contar desde el día 1 de enero hasta el 31 de diciembre, ambos inclusive. || **3.** Período de doce meses, a contar desde un día cualquiera. || **4.** Curso académico, de los varios en que suele dividirse el estudio de una materia o facultad, o cada una de las distintas etapas educativas. || **5.** pl. **edad** (|| tiempo vivido). *Está muy joven para sus años.* || **6.** pl. Década del siglo. *La España de los años noventa.* || **~ académico.** M. Período de un año que comienza con la apertura del curso, después de las vacaciones del anterior. || **~ astral, o ~ astronómico.** M. *Astr.* **año sideral.** || **~ bisiesto.** M. El que tiene un día más que el año común, añadido al mes de febrero. Se repite cada cuatro años, a excepción del último de cada siglo cuyo número de centenas no sea múltiplo de cuatro. || **~ civil.** M. El que consta de un número cabal de días; 365 si es común o 366 si es bisiesto. || **~ común.** M. El que consta de 365 días. || **~ de gracia.** M. año de la era cristiana. || **~ de jubileo.** M. año santo. || **~ de la nana, ~ de la pera, o ~ de la polca.** M. coloq. Época remota. || **~ eclesiástico.**

año litúrgico. ‖ ~ **económico.** M. Espacio de doce meses durante el cual rigen los presupuestos de gastos e ingresos públicos. ‖ ~ **escolar.** M. Período que comienza con la apertura de las escuelas públicas después de las vacaciones del curso anterior. ‖ ~ **litúrgico.** M. El que gobierna las solemnidades de la Iglesia y empieza en la primera domínica de Adviento. ‖ ~ **lunar.** M. *Astr.* Período de doce revoluciones de la Luna, o sea de 354 días. ‖ ~ **luz.** M. *Astr.* Medida astronómica de longitud, equivalente a la distancia recorrida por la luz en el vacío durante un año. ‖ ~ **nuevo.** M. El que está a punto de empezar o el que ha empezado recientemente. ‖ ~ **sabático.** M. El de licencia con sueldo que algunas instituciones docentes e investigadoras conceden a su personal cada cierto tiempo. ‖ ~ **santo.** M. El del jubileo universal que se celebra en Roma cada cierto tiempo o aquel en que se conceden singulares indulgencias a quienes peregrinan a una iglesia determinada con ocasión de alguna efeméride. ‖ ~ **sideral,** o ~ **sidéreo.** M. *Astr.* Tiempo que transcurre entre dos pasos consecutivos de la Tierra por el mismo punto de su órbita con respecto a la posición de las estrellas. Equivale a 365 días, 6 horas, 9 minutos y 24 segundos. ‖ ~ **y vez.** M. Se usa para designar la tierra que se siembra un año sí y otro no, o el árbol que produce un año sí y otro no. ‖ **de buen** ~. LOC.ADJ. Gordo, saludable. ‖ **echársele** a alguien **los** ~s **encima.** LOC. VERB. Envejecer de golpe. ‖ **entrado, da en** ~s. LOC.ADJ. De edad provecta. ‖ **entre** ~. LOC.ADV. En el discurso del año, durante el año. ‖ **estar a** ~s **luz.** LOC.VERB. Se usa para indicar que alguien o algo dista extraordinariamente de otra persona o cosa, bien en un sentido espacial, bien en cualquier otro sentido. ‖ **ganar** ~ un estudiante. LOC.VERB. coloq. Ser aprobado en los exámenes de fin de curso. ‖ **mal** ~. LOC.INTERJ. Se usa para dar fuerza o énfasis a lo que se dice o asegura. ‖ **perder** ~ un estudiante. LOC.VERB. coloq. No ser aprobado en los exámenes de fin de curso. ‖ **por los** ~s **de.** LOC. PREPOS. Por el tiempo que se indica, sobre poco más o menos. *Esto debió de ocurrir por los años de 1585.* ‖ **quitarse** alguien ~s. LOC. VERB. coloq. Declarar menos años de los que tiene. ‖ **viva** usted **mil** ~s, o **muchos** ~s. EXPRS. Se usan para manifestar agradecimiento y como saludo. ☐ V. **cabo de** ~.

añoja. F. Becerra o cordera de un año cumplido.

añojo. M. Becerro o cordero de un año cumplido.

añoranza. F. Acción de añorar, nostalgia.

añorar. TR. Recordar con pena la ausencia, privación o pérdida de alguien o algo muy querido. U. t. c. intr.

añoso, sa. ADJ. De muchos años. *Árboles añosos.*

añublo. M. Hongo parásito que ataca las cañas, hojas y espigas de los cereales, formando glóbulos pequeños a manera de postillas de color oscuro, que luego se hacen negras, sin dar mal olor.

añudar. TR. anudar. U. t. c. prnl.

aojador, ra. ADJ. Que aoja. U. t. c. s.

aojamiento. M. aojo.

aojar. TR. Hacer mal de ojo.

aojo. M. Acción y efecto de aojar.

aoristo. M. *Gram.* En ciertas lenguas, como el griego, categoría combinable con el tiempo y el modo, y que indica bien una acción puntual, bien una considerada en bloque sin atender a su duración.

aorta. F. *Anat.* Arteria que nace del ventrículo izquierdo del corazón de las aves y de los mamíferos y es la mayor

del cuerpo. ‖ ~ **abdominal.** F. *Anat.* Parte de la aorta desde que atraviesa el orificio del diafragma hasta que se bifurca. ‖ ~ **torácica.** F. *Anat.* Parte de la aorta comprendida entre su nacimiento en el corazón y su paso por el diafragma. ☐ V. **cayado de la** ~.

aórtico, ca. ADJ. *Anat.* Perteneciente o relativo a la aorta.

aortitis. F. *Med.* Inflamación de la aorta.

aovado, da. PART. de aovar. ‖ ADJ. De forma de huevo. ☐ V. **hoja** ~.

aovar. INTR. Dicho de las aves y de otros animales: Poner huevos.

aovillarse. PRNL. Encogerse mucho, hacerse un ovillo.

apa. al ~. LOC.ADV. *Chile.* A la espalda, a cuestas.

apabullamiento. M. Acción y efecto de apabullar.

apabullante. ADJ. **1.** Que apabulla. *Belleza apabullante.* ‖ **2.** Abrumador, arrollador. *Personalidad apabullante.*

apabullar. TR. **1.** Confundir, intimidar a alguien, haciendo exhibición de fuerza o superioridad. *No dejes que te apabulle con sus fanfarronadas.* ‖ **2. abrumar** (‖ producir asombro). *Las dimensiones del edificio apabullan al visitante.*

apacentador, ra. ADJ. Que apacienta. Apl. a pers., u. t. s.

apacentamiento. M. Acción y efecto de apacentar.

apacentar. **I.** TR. **1.** Dar pasto a los ganados. ‖ **2.** Dar doctrina a los fieles, instruir, enseñar. *Apacentaba al pueblo de Dios.* ‖ **3.** Alimentar los deseos, sentidos o pasiones. U. t. c. prnl. *Nuestra vista se apacienta de pintura.* ‖ **II.** INTR. **4.** Dicho del ganado: Comer en los campos, prados, montes o dehesas. U. t. c. prnl. ¶ MORF. conjug. c. *acertar.*

apache. **I.** ADJ. **1.** Se dice del indio nómada de las llanuras de Nuevo México, caracterizado por su gran belicosidad. U. t. c. s. ‖ **II.** M. **2.** Bandido o salteador de París y, por ext., de las grandes poblaciones.

apachurrar. TR. coloq. despachurrar.

apachurrón. M. *Méx.* Acción y efecto de apachurrar.

apacibilidad. F. Cualidad de apacible.

apacible. ADJ. **1.** Manso, dulce y agradable en la condición y el trato. ‖ **2.** De buen temple, tranquilo, agradable. *Día, viento apacible.*

apaciguador, ra. ADJ. Que apacigua. Apl. a pers., u. t. c. s.

apaciguamiento. M. Acción y efecto de apaciguar.

apaciguar. TR. Poner en paz, sosegar, aquietar. U. t. c. prnl. MORF. conjug. c. *averiguar.*

apadrinador, ra. ADJ. Que apadrina. U. t. c. s.

apadrinamiento. M. Acción y efecto de apadrinar.

apadrinar. TR. **1.** Acompañar o asistir como padrino a alguien. ‖ **2.** Patrocinar, proteger. *Apadrinar una colección de libros.* ‖ **3.** *Equit.* Dicho de un jinete: Acompañar en caballo manso a otro que monta un potro para domarlo.

apagado, da. PART. de apagar. ‖ ADJ. **1.** De genio muy sosegado y apocado. ‖ **2.** Dicho especialmente del color o del brillo: Amortiguado, poco vivo. ☐ V. **cal** ~, **volcán** ~.

apagador, ra. **I.** ADJ. **1.** Que apaga. *Se resguardaron de aquella lluvia apagadora del entusiasmo popular.* ‖ **II.** M. **2.** *Mús.* Palanca del mecanismo de los pianos que, cubierta de fieltro por uno de sus extremos, se alza cuando la tecla obliga al macillo a dar en las cuerdas y baja tan pronto como se deja de oprimir la tecla, para evitar las resonancias. || **3.** *Méx.* Interruptor de la corriente eléctrica.

apagallamas. M. Dispositivo de la boca del cañón de las armas de fuego para reducir el fogonazo o llamarada.

apagamiento. M. Acción y efecto de apagar.

apagar. TR. **1.** Extinguir el fuego o la luz. U. t. c. intr. y c. prnl. || **2.** Extinguir, disipar, aplacar algo. *Apagar el entusiasmo, los rencores, los afectos.* U. t. c. prnl. *Su vida se apaga.* || **3.** Interrumpir el funcionamiento de un aparato desconectándolo de su fuente de energía. *Apagar la lámpara, la radio, el gas, un motor.* U. t. c. intr. y c. prnl. || **4.** *Mil.* Hacer cesar con la artillería los fuegos de la del enemigo. || **5.** *Pint.* Atenuar los colores o templar su tono. || **apaga y vámonos.** EXPR. coloq. Se usa para dar algo por mal terminado, considerando que no hay solución aceptable.

apagavelas. M. **matacandelas.**

apagón. M. Interrupción pasajera del suministro de energía eléctrica. U. t. en sent. fig. *Apagón informativo.*

apaisado, da. ADJ. Dicho de una figura o de un objeto de forma rectangular: Cuya base es mayor que su altura, a semejanza de los cuadros donde suelen pintarse paisajes. *Cuadro, marco, libro apaisado.*

apalabrar. TR. Dicho de dos o más personas: Concertar de palabra algo.

apalancamiento. M. Acción y efecto de apalancar.

apalancar. TR. **1.** Levantar, mover algo con ayuda de una palanca. || **2.** *jerg.* Conseguir algo, con astucia o por medios ilícitos.

apaleador, ra. ADJ. Que apalea. Apl. a pers., u. t. c. s.

apaleamiento. M. Acción y efecto de apalear.

apalear. TR. Dar golpes con palo u otra cosa semejante.

apaletado, da. ADJ. Que parece paleto o participa de sus caracteres. *Modales apaletados.*

apandar. TR. coloq. Atrapar, guardar algo con ánimo de apropiárselo.

apandillar. TR. Hacer pandilla. U. m. c. prnl.

apantallar. TR. **1.** *Esp.* Proteger u ocultar algo con una pantalla. *Apantallar la autovía para evitar los ruidos en el vecindario.* || **2.** *Am. Cen.* y *Méx.* Impresionar, deslumbrar. || **3.** *Am. Cen.* y *Méx.* **ostentar** (|| hacer gala de grandeza).

apañado, da. PART. de **apañar.** || ADJ. Hábil, mañoso para hacer algo. || **estar,** o **ir ~.** LOCS.VERBS. iróns. coloqs. Se usan para indicar que alguien está equivocado con respecto a algo que cree o espera y va a encontrarse en una situación incómoda o difícil.

apañador, ra. ADJ. Que apaña. Apl. a pers., u. t. c. s.

apañar. **I.** TR. **1.** Coger, especialmente con la mano. || **2.** Recoger, coger con la mano frutos, especialmente del suelo. || **3.** Tomar algo o apoderarse de ello ilícitamente. *Los asaltantes apañaron lo que pudieron.* || **4.** Acicalar, asear, ataviar. *Hay que apañar el salón.* || **5.** Aderezar o condimentar la comida. *El tocino apaña bien las lentejas.* || **6.** Remendar o componer lo que está roto. *Apañar un jarrón.* || **7.** coloq. Resolver un asunto con disimulo o por conveniencia, a veces fraudulentamente. *Apañaron sus oposiciones.* || **8.** *Á. Andes.* Encubrir, ocultar o proteger a alguien. || **II.** PRNL. **9.** coloq. Darse maña para hacer algo. || **apañárselas.** LOC.VERB. coloq. Arreglárselas, componérselas, desenvolverse bien.

apaño. M. Acción y efecto de apañar.

apañuscar. TR. **apañar** (|| apoderarse de algo ilícitamente).

apapachar. TR. *Méx.* Dar apapachos a alguien.

apapacho. M. *Méx.* Palmadita cariñosa o abrazo.

aparador. M. **1.** Mueble donde se guarda o contiene lo necesario para el servicio de la mesa. || **2. escaparate** (|| de una tienda).

aparasolado, da. ADJ. De forma de parasol. *Copas aparasoladas.*

aparato. M. **1.** Conjunto organizado de piezas que cumple una función determinada. || **2.** Conjunto de personas o cosas preparadas para algún fin. *Aparato administrativo.* || **3.** Pompa, ostentación. *Llegó la comitiva con gran aparato.* || **4.** Circunstancia o señal que precede o acompaña a algo. *Hubo una tormenta con gran aparato eléctrico.* || **5.** Conjunto de quienes dirigen una organización política o sindical. *El aparato del partido.* || **6.** *Biol.* Conjunto de órganos que en los seres vivos desempeña una misma función. *Aparato reproductor, circulatorio, digestivo.* || **7.** *Dep.* En gimnasia, cada uno de los instrumentos que se utilizan para realizar ejercicios. || **8.** *Med.* Artificio que se aplica al cuerpo humano con el fin de corregir una imperfección. || **~ crítico.** M. *Ecd.* En la edición crítica, conjunto de las notas que registran las variantes y explican los criterios ecdóticos utilizados para establecer el texto.

aparatosidad. F. Cualidad de aparatoso.

aparatoso, sa. ADJ. **1.** Que tiene mucho **aparato** (|| ostentación). *Recepción aparatosa.* || **2.** Desmedido, exagerado. *Vendaje aparatoso.*

aparcacoches. COM. Persona que en hoteles, restaurantes y otros establecimientos públicos se encarga de aparcar los vehículos de los clientes y de devolvérselos a la salida.

aparcadero. M. **aparcamiento** (|| lugar destinado a aparcar vehículos).

aparcamiento. M. **1.** Acción y efecto de aparcar un vehículo. || **2.** Lugar destinado a este efecto.

aparcar. TR. **1.** Colocar transitoriamente un vehículo en un lugar. U. t. c. intr. || **2.** Aplazar, postergar un asunto o decisión.

aparcería. F. **1.** *Der.* Contrato mixto, que participa del de sociedad aplicado al arrendamiento de fincas rústicas, y que se celebra con gran variedad de pactos y costumbres supletorias entre el propietario y el cultivador de la tierra. || **2.** *Der.* Contrato de sociedad, anexo al anterior o independiente de él, para repartir productos o beneficios del ganado entre el propietario de este y el que lo cuida o recría.

aparcero, ra. M. y F. **1.** Persona que tiene aparcería con otra u otras. || **2.** Comunero en una heredad o hacienda. || **3.** *Á. guar.* y *Á. R. Plata.* Compañero, amigo.

apareamiento. M. Acción y efecto de aparear.

aparear. TR. **1.** Unir o juntar una cosa con otra, formando par. U. t. c. prnl. *La brutalidad se aparea con la ignorancia.* || **2.** Juntar las hembras de los animales con los machos para que críen. U. t. c. prnl. || **3.** Arreglar o ajustar una cosa con otra, de forma que queden iguales. *Aparear los bordes de una tela.*

aparecer. INTR. **1.** Manifestarse, dejarse ver, por lo común causando sorpresa, admiración u otro sentimiento, pasión o afecto. U. t. c. prnl. || **2.** Dicho de una cosa que estaba perdida u oculta: Encontrarse, hallarse. *Apareció el botón.* U. menos c. prnl. || **3.** Cobrar existencia o darse a conocer por primera vez. *Han aparecido casos de tifus* *en la región. El libro no apareció hasta después de su muerte.* ‖ **4.** Dicho de una persona: Hacer acto de presencia en un lugar. *Ya nunca apareces por aquí.* ¶ MORF. conjug. c. *agradecer.*

aparecido. M. Espectro de un difunto.

aparecimiento. M. Acción y efecto de aparecer.

aparejado, da. PART. de **aparejar.** ‖ ADJ. Inherente o inseparable de aquello de que se trata. *Los terremotos TRAEN aparejados muchos males. Su decisión LLEVÓ aparejada aquella sorpresa.*

aparejador, ra. M. y F. Técnico titulado que interviene con funciones propias en la construcción de edificaciones.

aparejamiento. M. Acción y efecto de aparejar o aparejarse.

aparejar. **I.** TR. **1.** Preparar, disponer. *Aparejó cuidadosamente su aparición.* U. t. c. prnl. ‖ **2.** Poner el aparejo a las caballerías. ‖ **3.** *Mar.* Poner a un buque su aparejo para que esté en disposición de poder navegar. ‖ **II.** PRNL. **4.** *Am.* **aparearse** (‖ juntarse machos y hembras).

aparejo. M. **1.** Arreo necesario para montar o cargar las caballerías. ‖ **2.** Conjunto de objetos necesarios para hacer ciertas cosas. U. m. en pl. ‖ **3.** Preparación, disposición para algo. ‖ **4.** Prevención de lo necesario para conseguir un fin. ‖ **5.** Sistema de poleas, compuesto de dos grupos, fijo el uno y móvil el otro. ‖ **6.** *Arq.* Forma o modo en que quedan colocados los materiales en una construcción. *Aparejo poligonal.* ‖ **7.** *Mar.* Conjunto de palos, vergas, jarcias y velas de un buque. ‖ **8.** pl. *Pint.* Ingredientes con que se imprimen los lienzos. ‖ **~ de gata.** M. *Mar.* El que sirve para llevar el ancla desde la superficie del agua a la serviola, cuando se leva. ‖ **~ real.** M. *Mar.* El que se forma con motones de mayor número de roldanas y cabos más gruesos que los de los aparejos ordinarios.

aparellaje. M. Conjunto de aparatos y accesorios dispuestos para un uso preferentemente industrial. *El aparellaje de una central eléctrica.*

aparentar. TR. **1.** Manifestar o dar a entender lo que no es o no hay. *Aparentaba saber francés.* U. t. c. intr. ‖ **2.** Dicho de una persona: Tener el aspecto correspondiente a la edad expresada. *Aparenta 20 años.*

aparente. ADJ. **1.** Que parece y no es. *Su nerviosismo es solo aparente.* ‖ **2.** Conveniente, oportuno, adecuado. *Esto es aparente para el caso.* ‖ **3.** Que aparece y se muestra a la vista. *El espacio se hace más aparente, casi perceptible.* ‖ **4.** coloq. Vistoso, de buena apariencia. *Con una mano de pintura, la casa quedará muy aparente.*

aparición. F. **1.** Acción de aparecer. ‖ **2.** **fantasma** (‖ imagen de una persona muerta). ‖ **3.** Visión de un ser sobrenatural o fantástico.

apariencia. F. **1.** Aspecto exterior de alguien o algo. ‖ **2.** Cosa que parece y no es. *Su amistad es simple apariencia.* ‖ **cubrir las ~s.** LOC. VERB. guardar las apariencias. ‖ **en ~.** LOC. ADV. Al parecer. ‖ **guardar, o salvar, las ~s.** LOCS. VERBS. Disimular la realidad para evitar habladurías o críticas.

aparroquiarse. PRNL. *Chile.* Hacerse feligrés de una parroquia. MORF. conjug. c. *anunciar.*

apartadero. M. **1.** Lugar que sirve en los caminos y canales para que, apartándose las personas, las caballerías, los vehículos o los barcos, quede libre el paso. ‖ **2.** Vía corta derivada de la principal, que sirve para apartar en ella vagones, tranvías y locomotoras.

apartadijo. M. Porción o parte pequeña de algunas cosas que estaban juntas. *Hacer apartadijos con las monedas.*

apartadizo, za. ADJ. Huraño, retirado, que se aparta o huye de la comunicación y del trato de la gente.

apartado, da. PART. de **apartar.** ‖ **I.** ADJ. **1.** Retirado, distante, remoto. *Lugar apartado.* ‖ **2.** Diferente, distinto, diverso. *Criterios muy apartados.* ‖ **3.** *Am. Cen.* **huraño.** ‖ **II.** M. **4. apartado de correos.** ‖ **5.** Párrafo o serie de párrafos dentro de un escrito en los que se considera algún asunto por separado. ‖ **6.** Aposento desviado del tráfago y servicio común de la casa. ‖ **7.** Acción de separar las reses de una vacada. ‖ **8.** Encierro de los toros en los chiqueros algunas horas antes de la corrida. ‖ **apartado de correos.** M. **1.** Servicio de la oficina de correos por el que se alquila al usuario una caja o sección con un número, en donde se deposita su correspondencia. ‖ **2.** Caja, sección o departamento donde se guarda esta correspondencia. ‖ **3.** Número asignado a esa caja o sección.

apartamento. M. **1.** **piso** (‖ vivienda). ‖ **2.** *Esp.* Piso pequeño para vivir.

apartamiento. M. Acción y efecto de apartar.

apartar. TR. **1.** Separar, desunir, dividir. *Apartar las ovejas de las cabras.* U. t. c. prnl. ‖ **2.** Quitar a alguien o algo del lugar donde estaba, para dejarlo desocupado. *Apartar a alguien de un cargo.* U. t. c. prnl. ‖ **3.** Alejar, retirar. U. t. c. prnl. *Se apartan del punto medio.* ‖ **4.** Disuadir a alguien de algo, hacerle que desista de ello. *Apartar a alguien de la droga.*

aparte. **I.** ADJ. **1.** Diferente, distinto, singular. *Góngora es un autor aparte en la poesía española.* MORF. pl. invar. *Son casos aparte.* ‖ **II.** M. **2.** Palabra o serie de palabras que en la representación escénica dice alguno de los personajes, como hablando para sí o con aquel o aquellos a quienes se dirige y suponiendo que no lo oyen los demás. U. t. en sent. fig. *Mi marido hizo un aparte con su hermana.* ‖ **3.** Texto que en la obra dramática debe recitarse de este modo. *Esa comedia tiene muchos apartes.* ‖ **4.** Ejemplar de una tirada **aparte.** ‖ **5.** *Á. R. Plata.* En un rodeo, separación que se hace de cierto número de cabezas de ganado. ‖ **III.** ADV. L. **6.** En otro lugar. *Poner un libro aparte.* ‖ **IV.** ADV. M. **7. por separado.** *Vosotros haced vuestro trabajo; yo haré el mío aparte.* ‖ **V.** PREP. **8.** Con omisión de, con preterición de. *Aparte impuestos. Impuestos aparte.* ‖ **~ de.** LOC. PREPOS. **fuera de** (‖ además de). *Aparte de garantía, ofrecen buen precio.* □ V. **punto ~, punto y ~, tirada ~.**

apartotel. M. Hotel de apartamentos.

aparvadera. F. Utensilio agrícola que consta de un travesaño de madera y un mango largo, y que usan en las eras para recoger las porciones de mies que dejan la rastra y el bieldo.

aparvar. TR. Recoger en un montón la mies trillada.

apasanca. F. *Á. Andes.* **araña pollito.**

apasionado, da. PART. de **apasionar.** ‖ ADJ. **1.** Poseído de alguna pasión o afecto. *Cartas apasionadas.* Apl. a pers., u. t. c. s. ‖ **2.** Partidario de alguien, o afecto a él. U. t. c. s.

apasionamiento. M. Acción y efecto de apasionar o apasionarse.

apasionante. ADJ. Muy interesante, que capta mucho la atención. *Tema apasionante.*

apasionar. I. TR. 1. Causar, excitar alguna pasión. U. m. c. prnl. ‖ II. PRNL. 2. Aficionarse con exceso a alguien o algo.

apaste o **apastle.** M. Am. Cen. Vasija de barro con dos asas y boca grande que se utiliza para almacenar y refrescar el agua.

apatía. F. 1. Dejadez, indolencia, falta de vigor o energía. ‖ 2. Impasibilidad del ánimo.

apático, ca. ADJ. Que adolece de apatía. U. t. c. s.

apátrida. ADJ. Dicho de una persona: Que carece de nacionalidad. U. t. c. s.

apayasar. TR. Dar a algo el carácter de payasada.

apeadero. M. 1. En los ferrocarriles, sitio de la vía preparado para el servicio público, pero sin apartadero ni los demás accesorios de una estación. ‖ 2. Sitio o punto del camino en que los viajeros pueden apearse y es cómodo para descansar. ‖ 3. Casa que alguien habita provisionalmente cuando viene de fuera, hasta que establece vivienda permanente.

apear. TR. 1. Desmontar o bajar a alguien de una caballería, de un carruaje o de un automóvil. U. m. c. prnl. ‖ 2. Cortar un árbol por el pie y derribarlo. ‖ 3. Disuadir a alguien de sus opiniones, ideas, creencias, suposiciones, etc. No pude apearlo de su propósito. U. t. c. prnl. ‖ 4. Quitar, destituir a alguien de su ocupación o cargo. U. t. c. prnl. ‖ 5. Arq. Sostener provisionalmente, con armazones, maderos u otros medios, un edificio, construcción o terreno. ‖ 6. Arq. Bajar de su sitio alguna cosa, como las piezas de un retablo o de una portada.

apechar. INTR. Cargar con alguna obligación o circunstancia ingrata o no deseada. Apechar con las responsabilidades.

apechugar. INTR. 1. Empujar o apretar con el pecho, acometer. U. t. c. prnl. y menos c. tr. ‖ 2. coloq. apechar. Debes apechugar con las consecuencias. U. t. c. prnl.

apedazar. TR. remendar (‖ reforzar con remiendo).

apedreamiento. M. Acción y efecto de apedrear.

apedrear. TR. 1. Tirar o arrojar piedras a alguien o algo. ‖ 2. Matar a pedradas, género de suplicio usado antiguamente.

apedreo. M. apedreamiento.

apegamiento. M. apego.

apegarse. PRNL. Cobrar apego.

apego. M. Afición o inclinación hacia alguien o algo.

apegualar. INTR. Chile. Hacer uso del pegual.

apelación. F. Der. Acción de apelar. ‖ **no haber,** o **no tener, ~.** LOCS.VERBS. coloqs. No haber remedio o recurso en alguna dificultad o aprieto. □ V. recurso de ~.

apelante. ADJ. Que apela. U. m. c. s. Los apelantes en el proceso.

apelar. INTR. 1. Recurrir a alguien o algo en cuya autoridad, criterio o predisposición se confía para dirimir, resolver o favorecer una cuestión. Apelo a su sentido de la justicia. U. t. c. tr. ‖ 2. Der. Recurrir al juez o tribunal superior para que revoque una resolución dada por el inferior. U. t. c. tr. Apelar una sentencia.

apelativo, va. I. ADJ. 1. Ling. Se dice de las expresiones lingüísticas, textos, etc., que pretenden influir en el receptor. ‖ II. M. 2. sobrenombre. Pedro I recibió el apelativo de «el Cruel». □ V. nombre ~.

apellidar. TR. 1. Nombrar, llamar. Los políticos lo apellidan «responsabilidad». U. t. c. prnl. ‖ II. PRNL. 2. Tener tal o tales apellidos.

apellido. M. Nombre de familia con que se distinguen las personas; p. ej., Fernández, Guzmán.

apelmazamiento. M. Acción y efecto de apelmazar.

apelmazar. TR. 1. Hacer que algo se ponga más compacto o espeso. U. t. c. prnl. ‖ 2. Am. Cen. apisonar.

apelotonamiento. M. Acción y efecto de apelotonar.

apelotonar. TR. 1. Formar pelotones o grumos. U. t. c. prnl. Cuando se seca, la masa se apelotona. ‖ 2. Formar pelotones o aglomeraciones de personas o cosas. U. t. c. prnl. No se apelotonen a la entrada.

apenar. I. TR. 1. Causar pena, afligir. U. t. c. prnl. ‖ II. PRNL. 2. Am. Sentir vergüenza.

apenas. I. ADV. NEG. 1. Casi no, con dificultad. Por la ventana apenas entraba el sol. ‖ II. ADV. C. 2. Solo, con escasez. Hemos llegado apenas hace una semana. ‖ III. ADV.T. 3. Am. Indica que la acción acaba de comenzar a producirse. La película apenas empieza. ‖ IV. CONJ.T. 4. En cuanto, al punto que. Apenas bajé a la calle, se puso a llover. ‖ ~ si. LOC.ADV. apenas (‖ casi no). Se usa para evitar la ambigüedad en casos de posible confusión con el uso conjuntivo. Apenas si sale de casa; me llama por teléfono (está enfermo). Apenas sale de casa, me llama por teléfono (se preocupa por mí).

apendejamiento. M. malson. Méx. Acción y efecto de apendejarse.

apendejarse. PRNL. 1. malson. Á. Caribe y Méx. acobardarse. ‖ 2. malson. Á. Caribe y Méx. Hacerse bobo, estúpido.

apéndice. M. 1. Cosa adjunta o añadida a otra, de la cual es como parte accesoria o dependiente. ‖ 2. apéndice cecal. ‖ 3. Bot. Conjunto de escamas, a manera de pedazos de hojas, que tienen en su base algunos pecíolos. ‖ 4. Zool. Parte del cuerpo animal unida o contigua a otra principal. ‖ ~ cecal, ~ vermicular, o ~ vermiforme. M. Anat. Prolongación delgada y hueca, de longitud variable, que se halla en la parte interna y terminal del intestino ciego del hombre, de los monos y de muchos roedores.

apendicitis. F. Med. Inflamación del apéndice vermicular.

apendicular. ADJ. Anat. y Bot. Perteneciente o relativo al apéndice.

apensionarse. PRNL. Chile. entristecerse.

apeñuscar. TR. Apiñar, agrupar, amontonar. U. m. c. prnl.

apeo. M. 1. Acción y efecto de apear (‖ un árbol). ‖ 2. Acción y efecto de apear (‖ un edificio). ‖ 3. Armazón, madero u otro elemento con que se apea un edificio, construcción o terreno. ‖ 4. Reconocimiento, señalización o deslinde de una o varias fincas, y especialmente las que están sujetas a determinado censo, foro u otro derecho real.

apeonar. INTR. Dicho generalmente de un ave, y especialmente de una perdiz: Andar a pie y aceleradamente.

apepinado, da. ADJ. De forma de pepino. Cabeza apepinada.

aperado, da. PART. de aperar. ‖ ADJ. Á. guar. Dicho de una persona: Bien dotada para urdir intrigas de las que saca provecho.

aperador. M. Encargado de cuidar de la hacienda del campo y de todas las cosas pertenecientes a la labranza.

aperar. TR. 1. Hacer carros y aparejos para el acarreo y trajín del campo. ‖ 2. Am. Proveer, abastecer de instrumentos, herramientas o provisiones. U. t. c. prnl.

apercancar. TR. *Chile.* Dicho de la humedad: Llenar la ropa de hongos. U. m. c. prnl.

apercepción. F. *Fil.* Acto de tomar consciencia, reflexivamente, del objeto percibido.

apercibimiento. M. Acción y efecto de apercibir.

apercibir. TR. **1.** Percibir, observar, caer en la cuenta. U. t. c. prnl. *No se apercibió* DE *los cambios producidos.* ‖ **2.** Disponer, preparar lo necesario para algo. U. t. c. prnl. *El agente se apercibió para intervenir.* ‖ **3.** Amonestar, advertir. *Los huelguistas fueron apercibidos* DE *inhabilitación.* ‖ **4.** *Psicol.* Percibir algo reconociéndolo o interpretándolo con referencia a lo ya conocido.

apereá. M. Á. *guar.* Mamífero roedor que alcanza unos 25 cm de longitud, con cabeza grande, extremidades cortas y cuerpo robusto, sin cola y cubierto de pelaje grisáceo. MORF. pl. **apereás.**

apergaminado, da. PART. de **apergaminarse.** ‖ ADJ. Semejante al pergamino. *Piel apergaminada.*

apergaminarse. PRNL. coloq. Dicho de una persona: acartonarse.

aperitivo, va. I. ADJ. **1.** Que sirve para abrir el apetito. *El apio tiene propiedades estimulantes y aperitivas.* ‖ **II.** M. **2.** Bebida que se toma antes de una comida principal. ‖ **3.** Comida que suele acompañar a esta bebida.

aperlado, da. ADJ. **perlado** (‖ de color de perla).

apero. M. **1.** Instrumento que se emplea en la labranza. ‖ **2.** Conjunto de instrumentos y demás cosas necesarias para la labranza. U. m. en pl. ‖ **3.** Conjunto de instrumentos y herramientas de otro oficio cualquiera. U. m. en pl. ‖ **4.** Conjunto de animales destinados en una hacienda a las faenas agrícolas. U. m. en pl. ‖ **5.** *Am.* Recado de montar más lujoso que el común, propio de la gente del campo. ‖ **6.** *Am. Mer.* Recado de montar.

aperrarse. PRNL. *Chile.* Bajar la cabeza, obstinándose en no hablar.

aperreado, da. PART. de **aperrear.** ‖ ADJ. Trabajoso, molesto.

aperrear. TR. hist. Echar perros a alguien para que lo maten y despedacen, género de suplicio usado antiguamente.

apersogar. TR. Atar un animal a un poste o a otro animal, para que no huya. U. t. c. prnl. U. m. en América.

apersonado, da. ADJ. **bien apersonado.** ‖ **bien ~.** LOC.ADJ. De buena presencia. ‖ **mal ~.** LOC.ADJ. De mala presencia.

apersonarse. PRNL. **1. personarse** (‖ presentarse personalmente en una parte). U. m. en América. ‖ **2.** *Am. Cen.* y *Méx.* Visitar a alguien para hablar con él. *Apersónese* CON *el jefe de estudios.*

apertrechar. TR. *Am.* **pertrechar.** U. t. c. prnl.

apertura. F. **1.** Acción de abrir. ‖ **2.** Acto de dar principio, o de volver a dárselo, a las tareas de una asamblea, a los estudios de una corporación, a los espectáculos de un teatro, etc. ‖ **3.** Actitud favorable a la innovación. ‖ **4.** Actitud de transigencia en lo ideológico, político, religioso, etc. ‖ **5.** Acto solemne de sacar de su pliego un testamento cerrado y darle publicidad y autenticidad. ‖ **6.** Combinación de ciertas jugadas con que se inicia una partida de ajedrez. ‖ **7.** *Ópt.* Diámetro de la lente en un instrumento óptico que limita la cantidad de luz que recibe. ‖ **~ angular.** F. *Ópt.* Ángulo máximo de los rayos luminosos que pueden entrar en un instrumento para formar una imagen.

aperturismo. M. **apertura** (‖ actitud de transigencia).

aperturista. ADJ. **1.** Perteneciente o relativo a la apertura o al aperturismo. *Política aperturista.* ‖ **2.** Favorable a la innovación o a la transigencia ideológica, política, religiosa, etc. Apl. a pers., u. t. c. s.

apesadumbrado, da. PART. de **apesadumbrar.** ‖ ADJ. Que transmite, que indica pesadumbre o pena. *Apesadumbrado ambiente.*

apesadumbrar. TR. Causar pesadumbre, afligir. U. m. c. prnl.

apesarar. TR. **apesadumbrar.** U. t. c. prnl.

apese. EXPR. *Á. guar.* Se usa por el dueño de la casa a la que llega una persona, para invitar a desmontar del caballo o bajar de un carruaje o de un automóvil.

apestar. I. INTR. **1.** Arrojar o comunicar mal olor. U. t. en sent. fig. *Esos negocios apestan.* ‖ **II.** TR. **2.** Causar, comunicar la peste. U. t. c. prnl. ‖ **3.** coloq. Fastidiar, causar hastío. ‖ **estar** un lugar **apestado de** algo. LOC. VERB. coloq. Haber allí gran abundancia de ello. *La plaza está apestada de verduras.*

apestillar. TR. Cerrar o encerrar con pestillo. U. t. c. prnl.

apestoso, sa. ADJ. **1.** Que **apesta** (‖ arroja mal olor). *Rincón apestoso.* ‖ **2.** Que causa hastío. *Novela apestosa.*

apétalo, la. ADJ. *Bot.* Dicho de una flor: Que carece de pétalos.

apetecedor, ra. ADJ. Que apetece. *Viaje poco apetecedor.*

apetecer. I. TR. **1.** Tener gana de algo, o desearlo. U. t. c. prnl. ‖ **II.** INTR. **2.** Dicho de una cosa: Gustar, agradar. ¶ MORF. conjug. c. *agradecer.*

apetecible. ADJ. Digno de apetecer. *Ingresos apetecibles.*

apetencia. F. Movimiento natural que inclina a desear algo.

apetente. ADJ. Que **apetece** (‖ desea). *Miradas apetentes.*

apetitivo, va. ADJ. Se dice de la potencia o facultad de apetecer. *Alma apetitiva.*

apetito. M. **1.** Impulso instintivo que lleva a satisfacer deseos o necesidades. ‖ **2.** Gana de comer. ‖ **3.** Deseo sexual. ‖ **~ concupiscible.** M. El sensitivo, al cual corresponde desear lo que conviene a la conservación y comodidad del individuo o de la especie.

apetitoso, sa. ADJ. **1.** Que excita el apetito o el deseo. *Proyecto apetitoso.* ‖ **2.** Gustoso, sabroso. *Guiso apetitoso.*

ápex. M. **ápice** (‖ extremo superior).

apezuñar. INTR. Dicho de un buey o de una caballería: Hincar en el suelo las pezuñas o los cascos, como sucede cuando suben una cuesta.

api. M. *Á. Andes.* Mazamorra de maíz morado triturado, sazonada con diversos ingredientes.

apiadarse. PRNL. Tener piedad. *Es incapaz de apiadarse de nadie.*

apiado. M. Licor artesanal preparado en el sur de Chile a base de aguardiente y apio.

apianar. TR. Disminuir sensiblemente la intensidad de la voz o del sonido. U. t. c. prnl.

apiario. M. **colmenar.**

apical. ADJ. **1.** Perteneciente o relativo a un ápice o punta, o localizado en ellos. *Yema apical.* ‖ **2.** *Fon.* Dicho de una consonante: En cuya articulación interviene principalmente el ápice de la lengua; p. ej., la *l* o la *t.* U. t. c. s. f.

apicararse. PRNL. Adquirir modales o procederes de pícaro.

ápice. M. **1.** Extremo superior o punta de algo. U. t. en sent. fig. *Marañón estaba en el ápice de su carrera.* ‖ **2.** Parte pequeñísima, punto muy reducido, nonada. ‖ **3.** Parte más ardua o delicada de una cuestión o de una dificultad.

apícola. ADJ. Perteneciente o relativo a la apicultura.

apicultor, ra. M. y F. Persona que se dedica a la apicultura.

apicultura. F. Arte de criar abejas para aprovechar sus productos.

apilador, ra. ADJ. Que apila. Apl. a pers., u. t. c. s.

apilamiento. M. Acción y efecto de apilar.

apilar. TR. Poner una cosa sobre otra haciendo **pila** (‖ montón).

apimpollarse. PRNL. Dicho de una planta: Echar pimpollos.

apiñamiento. M. Acción y efecto de apiñar.

apiñar. TR. Juntar o agrupar estrechamente personas o cosas. U. t. c. prnl.

apiñonado, da. ADJ. *Méx.* De color de piñón. Se dice, por lo común, de las personas algo morenas.

apio. M. **1.** Planta de la familia de las Umbelíferas, de cinco a seis decímetros de altura, con tallo jugoso, grueso, lampiño, hueco, asurcado y ramoso, hojas largas y hendidas, y flores muy pequeñas y blancas. Aporcado es comestible. ‖ **2.** *Á. Caribe.* **arracacha.** ‖ **~ caballar.** M. Planta silvestre parecida al apio común, con tallo lampiño, prismático y asurcado, hojas de tres en rama y flores amarillas por el haz y blancas por el envés. Es diurética. ‖ **~ cimarrón.** M. apio silvestre de la Argentina, de propiedades medicinales. ‖ **~ de ranas.** M. **ranúnculo.** ‖ **~ equino.** M. apio caballar.

apiolar. TR. Atar un pie con el otro de un animal muerto en la caza, para colgarlo por ellos. Se emplea comúnmente hablando de los conejos, liebres, etc., y también de las aves cuando se enlazan de dos en dos pasándoles una pluma por las ventanas de las narices.

apirético, ca. ADJ. *Med.* Perteneciente o relativo a la apirexia.

apirexia. F. *Med.* Falta de fiebre.

apirgüinarse. PRNL. *Chile.* Dicho del ganado: Padecer pirgüín.

apirularse. PRNL. *Chile.* Acicalarse, endomingarse.

apisonado. M. **apisonamiento.**

apisonadora. F. **1.** Máquina automóvil que rueda sobre unos cilindros muy pesados, y que se emplea para allanar y apretar caminos y pavimentos. ‖ **2.** coloq. Persona o entidad que, con poder físico o intelectual, vence toda oposición. *Poco a poco dejó de ser aquella apisonadora política.*

apisonamiento. M. Acción y efecto de apisonar.

apisonar. TR. Apretar o allanar tierra, grava, etc., por medio de un pisón o una apisonadora.

apizarrado, da. ADJ. De color de pizarra, negro azulado.

aplacador, ra. ADJ. Que aplaca. *Medidas aplacadoras del ruido.*

aplacamiento. M. Acción y efecto de aplacar.

aplacar. TR. Amansar, suavizar, mitigar. U. t. c. prnl.

aplacerado, da. ADJ. *Mar.* Dicho del fondo del mar: Llano y poco profundo.

aplaciente. ADJ. Que agrada, que contenta. *Política aplaciente.*

aplanacalles. COM. *Á. Andes.* Persona ociosa que anda continuamente callejeando.

aplanado. M. *Méx.* Operación de aplanar o pulir la superficie de una pared para eliminar las irregularidades.

aplanador, ra. ADJ. Que aplana. Apl. a pers., u. t. c. s.

aplanadora. F. *Am.* **apisonadora** (‖ máquina).

aplanamiento. M. Acción y efecto de aplanar o aplanarse.

aplanar. **I.** TR. **1.** **allanar** (‖ poner llano algo). ‖ **II.** PRNL. **2.** Perder la animación o el vigor por enfermedad u otra causa.

aplanchado. M. **planchado.**

aplanchar. TR. *Am.* **planchar.**

aplanético, ca. ADJ. *Ópt.* Dicho de un sistema óptico: Exento de aberración esférica.

aplasia. F. *Med.* Carencia total o parcial de un órgano.

aplásico, ca. ADJ. *Med.* Perteneciente o relativo a la aplasia.

aplastamiento. M. Acción y efecto de aplastar.

aplastante. ADJ. **1.** Que aplasta. *Peso aplastante.* ‖ **2.** Abrumador, terminante, definitivo. *Victoria aplastante.*

aplastar. TR. **1.** Deformar una cosa por presión o golpe, aplanándola o disminuyendo su grueso o espesor. *Aplastar un polvorón.* U. t. en sent. fig. *Este calor me aplasta.* U. t. c. prnl. ‖ **2.** Derrotar, vencer, humillar. *Aplastar a las huestes enemigas.* ‖ **3.** coloq. **apabullar** (‖ confundir; intimidar). *Lo aplastó con la mirada.* ‖ **4.** *Á. R. Plata.* Extenuar la cabalgadura. U. t. c. prnl.

aplatanado, da. PART. de **aplatanar.** ‖ ADJ. Indolente, inactivo.

aplatanamiento. M. Acción y efecto de aplatanar o aplatanarse.

aplatanar. **I.** TR. **1.** Causar indolencia o restar actividad a alguien. *El bochorno nos aplatana.* ‖ **II.** PRNL. **2.** Entregarse a la indolencia o inactividad, en especial por influjo del ambiente o clima tropicales. ‖ **3.** *Á. Caribe.* Dicho de un extranjero: **acriollarse** (‖ adoptar las costumbres del país).

aplaudidor, ra. ADJ. Que aplaude. *Público aplaudidor.* U. t. c. s.

aplaudir. TR. **1.** Palmotear en señal de aprobación o entusiasmo. *El público aplaudió a los actores.* U. t. c. intr. ‖ **2.** Celebrar con palabras u otras demostraciones a alguien o algo. *Aplaudo tu decisión.* ¶ MORF. V. conjug. modelo.

aplauso. M. Acción y efecto de aplaudir. ‖ **~ cerrado.** M. El unánime y muy nutrido. □ V. **salva de ~s.**

aplazamiento. M. Acción y efecto de aplazar.

aplazar. TR. **1.** **diferir** (‖ la ejecución de un acto). ‖ **2.** *Am.* Suspender a un examinando.

aplebeyar. TR. Dar carácter plebeyo a algo o a alguien. U. t. c. prnl.

aplicabilidad. F. Cualidad de aplicable.

aplicable. ADJ. Que puede o debe aplicarse. *Ley aplicable a la mayoría de los casos.*

aplicación. F. **1.** Acción y efecto de aplicar o aplicarse. ‖ **2.** Afición y asiduidad con que se hace algo, especialmente el estudio. ‖ **3.** Ornamentación ejecutada en material distinto de aquel sobre el que se sobrepone. ‖ **4.** *Inform.* Programa preparado para una utilización específica, como el pago de nóminas, el tratamiento de textos, etc. ‖ **5.** *Mat.* Operación por la que se hace corresponder a todo elemento de un conjunto un solo elemento de otro conjunto.

aplicado, da. PART. de **aplicar.** ‖ ADJ. **1.** Que muestra aplicación o asiduidad. *Una alumna muy aplicada.* ‖ **2.** Se dice de la parte de la ciencia enfocada en razón de su utilidad, y también de las artes manuales o artesanales como la cerámica, la ebanistería, etc. ☐ V. **lingüística ~, matemáticas ~s.**

aplicador, ra. ADJ. **1.** Que **aplica** (‖ pone algo sobre otra cosa). Apl. a un aparato o un dispositivo, u. t. c. s. m. *Un tinte capilar con aplicador.* ‖ **2.** Que **aplica** (‖ emplea o pone en práctica). *Órganos aplicadores de la ley.* Apl. a pers., u. m. c. s.

aplicar. I. TR. **1.** Poner algo sobre otra cosa o en contacto con ella. *Aplicar una pomada.* ‖ **2.** Emplear, administrar o poner en práctica un conocimiento, medida o principio, a fin de obtener un determinado efecto o rendimiento en alguien o algo. *Aplicar una norma.* ‖ **3.** Referir a un caso particular lo que se ha dicho en general, o a un individuo lo que se ha dicho de otro. *Aplícate el cuento.* ‖ **4.** Atribuir o imputar a alguien algún hecho o dicho. *Le aplicaron la difusión del chismorreo.* ‖ **5.** *Der.* Adjudicar bienes o efectos. ‖ **II.** PRNL. **6.** Poner esmero, diligencia y cuidado en ejecutar algo, especialmente en estudiar. *Se aplica mucho en clase.*

aplique. M. Candelero de uno o varios brazos, u otra clase cualquiera de lámpara, que se fija en la pared.

aplomado, da. PART. de **aplomar.** ‖ ADJ. **1.** Que tiene aplomo. *Comportamiento aplomado.* ‖ **2. plomizo.** *Color aplomado.*

aplomar. I. TR. **1.** Hacer que algo adquiera mayor peso o alguna otra cualidad del plomo. U. t. c. prnl. U. t. en sent. fig. *Mis párpados se iban aplomando por el sueño.* ‖ **2.** *Arq.* Poner las cosas verticalmente. ‖ **3.** *Constr.* Examinar con la plomada si las paredes u otras partes de la fábrica que se van construyendo están verticales o a plomo. U. t. c. intr. ‖ **II.** PRNL. **4.** Cobrar aplomo. *Al ser entrevistado, se aplomaba en los primeros minutos.*

aplomo. M. **1.** Gravedad, serenidad, circunspección. ‖ **2.** En el caballo, cada una de las líneas verticales que determinan la dirección que deben tener sus miembros para que esté bien constituido. U. m. en pl. ‖ **3. verticalidad.**

apnea. F. *Biol.* Falta o suspensión de la respiración.

apocado, da. PART. de **apocar.** ‖ ADJ. De poco ánimo o espíritu.

apocalipsis. M. Fin del mundo. U. menos c. f.

apocalíptico, ca. ADJ. **1.** Perteneciente o relativo al apocalipsis. *Símbolo apocalíptico.* ‖ **2.** Misterioso, oscuro, enigmático. *Estilo apocalíptico.* ‖ **3.** Dicho de lo que amenaza o implica exterminio o devastación: Terrorífico, espantoso. *Discurso apocalíptico.*

apocamiento. M. Cortedad o encogimiento de ánimo.

apocar. TR. **1.** Aminorar, reducir a poco alguna cantidad. ‖ **2.** Humillar, abatir, tener en poco. U. t. c. prnl. *No te apoques, que vales mucho.*

apocharse. PRNL. *Méx.* Dicho de un mexicano: Volverse pocho.

apocináceo, a. ADJ. *Bot.* Se dice de las plantas angiospermas dicotiledóneas de hojas persistentes, opuestas o verticiladas, sencillas, enteras y coriáceas; flores hermafroditas y regulares, fruto capsular o folicular, y semillas con albumen carnoso o córneo; p. ej., la adelfa y la hierba doncella. U. t. c. s. f. ORTOGR. En f. pl., escr. con may. inicial c. taxón. *Las Apocináceas.*

apocopar. TR. *Gram.* Hacer uso de la apócope.

apócope. F. **1.** *Gram.* Supresión de algún sonido al fin de un vocablo; p. ej., en *primer* por *primero.* Era figura de dicción según la preceptiva tradicional. ‖ **2.** Palabra resultante de esta supresión.

apócrifo, fa. ADJ. **1.** Fabuloso, supuesto o fingido. *Cita, carta apócrifa.* ‖ **2.** Dicho de un libro de la Biblia: Que no está aceptado en el canon de esta. *Esas anécdotas de la infancia de Jesús proceden de los evangelios apócrifos.* U. t. c. s. m. ‖ **3.** Dicho de una obra, especialmente literaria: De dudosa autenticidad. U. t. c. s. m.

apocromático, ca. ADJ. *Ópt.* Se dice del sistema óptico muy corregido de aberración cromática.

apodar. I. TR. **1.** Poner o decir apodos. ‖ **II.** PRNL. **2.** Ser llamado por el apodo.

apoderado, da. PART. de **apoderar.** ‖ ADJ. Dicho de una persona: Que tiene poderes de otra para representarla y proceder en su nombre. U. t. c. s.

apoderamiento. M. Acción y efecto de apoderar o apoderarse.

apoderar. I. TR. **1.** Dicho de una persona: Dar poder a otra para que la represente en juicio o fuera de él. ‖ **II.** PRNL. **2.** Hacerse dueño de algo, ocuparlo, ponerlo bajo su poder. U. t. en sent. fig. *El pánico se apoderó de los espectadores.*

apodíctico, ca. ADJ. *Fil.* Incondicionalmente cierto, necesariamente válido.

apodo. M. Nombre que suele darse a una persona, tomado de sus defectos corporales o de alguna otra circunstancia.

ápodo, da. ADJ. *Zool.* Falto de pies.

apódosis. F. **1.** *Gram.* Oración principal de los períodos condicionales, y, por ext., de los concesivos. ‖ **2.** *Ret.* Segunda parte del período, en que se completa o cierra el sentido que queda pendiente en la prótasis.

apófige. F. *Arq.* Cada una de las pequeñas partes curvas que enlazan las extremidades del fuste de la columna con las molduras de su base o de su capitel.

apófisis. F. *Anat.* Parte saliente de un hueso, que sirve para su articulación o para las inserciones musculares. ‖ **~ coracoides.** F. *Anat.* La del omóplato situada en la parte más prominente del hombro.

apogeo. M. **1.** Punto culminante de un proceso. ‖ **2.** *Astr.* Punto de una órbita en torno a la Tierra más separado del centro de esta. ‖ **3.** *Astr.* Punto de una órbita, en el cual es máxima la distancia entre el objeto que la describe y su centro de atracción.

apolillado, da. PART. de **apolillar.** ‖ ADJ. Rancio, viejo, trasnochado. *Cortesanos apolillados.*

apolillar. I. TR. **1.** Dicho de la polilla: Roer, penetrar o destruir las ropas u otras cosas. U. m. c. prnl. ‖ **II.** PRNL. **2.** Quedarse anticuado, trasnochado.

apolíneo, a. ADJ. **1.** Que posee los caracteres de serenidad y elegante equilibrio atribuidos a Apolo, dios griego. Suele contraponerse a *dionisíaco. El lado apolíneo de su personalidad.* ‖ **2.** Dicho de un varón: Que posee gran perfección corporal. ‖ **3.** poét. Perteneciente o relativo a Apolo. *Culto apolíneo.*

apolismar. I. TR. **1.** *Ant.* Estropear, magullar una fruta. U. t. c. prnl. ‖ **II.** PRNL. **2.** *Á. Caribe.* Quedarse pequeño, sin desarrollar. ‖ **3.** *Á. Caribe.* Acobardarse, estar atontado.

apoliticismo. M. **1.** Condición de apolítico. ‖ **2.** Carencia de carácter o significación políticos.

apolítico, ca. ADJ. Ajeno a la política. *Actitud apolítica. Veinteañeros apolíticos.*

apollerarse. PRNL. *Chile.* Hacerse muy dependiente de una mujer.

apolo. M. Hombre de gran belleza.

apologeta. COM. **1.** Defensor de una doctrina o credo, principalmente religioso. ‖ **2.** Persona que defiende o elogia a alguien o algo.

apologética. F. Conjunto de los argumentos que se exponen en apoyo de la verdad de una religión.

apologético, ca. ADJ. **1.** Perteneciente o relativo a la apología. *Un discurso equilibrado, ni crítico ni apologético.* ‖ **2.** Perteneciente o relativo a la apologética. *Una obra apologética dedicada a los milagros marianos.*

apología. F. Discurso de palabra o por escrito, en defensa o alabanza de alguien o algo.

apologista. COM. Persona que hace alguna apología.

apólogo. M. Breve relato ficticio de carácter ejemplarizante y moral.

apoltronamiento. M. Acción y efecto de apoltronarse.

apoltronarse. PRNL. **1.** Arrellanarse, repantigarse. *Se apoltronó en la butaca.* ‖ **2.** Dicho de una persona, especialmente de quien lleva vida sedentaria: Hacerse poltrona.

apomazar. TR. Restregar o alisar con la piedra pómez una superficie.

aponeurosis. F. *Anat.* Membrana formada por tejido conjuntivo fibroso cuyos haces están entrecruzados y que sirve de envoltura a los músculos.

apontocar. TR. Sostener algo o darle apoyo con otra cosa.

apoplejía. F. *Med.* Suspensión más o menos completa, y por lo general súbita, de algunas funciones cerebrales, debida a hemorragia, obstrucción o compresión de una arteria del cerebro.

apopléjico, ca o **apoplético, ca.** ADJ. **1.** *Med.* Perteneciente o relativo a la apoplejía. *Ataque apopléjico.* ‖ **2.** Que padece apoplejía. U. t. c. s. ‖ **3.** Predispuesto a la apoplejía. *Temperamento apopléjico. Complexión apopléjica.*

apoptosis. F. *Biol.* Modalidad específica de muerte celular programada, que participa en el control del desarrollo y del crecimiento celulares.

apoquinar. TR. coloq. Pagar o cargar, generalmente de mala gana, con el gasto o la parte del gasto que a alguien le corresponde.

aporcador, ra. ADJ. Que aporca. Apl. a pers., u. t. c. s.

aporcar. TR. **1.** Cubrir con tierra ciertas plantas, como el apio, el cardo, la escarola y otras hortalizas, para que se pongan más tiernas y blancas. ‖ **2.** Remover la tierra para amontonarla en torno a los troncos o los tallos de cualquier planta.

aporético, ca. ADJ. *Fil.* Perteneciente o relativo a la aporía.

aporía. F. *Fil.* Enunciado que expresa o que contiene una inviabilidad de orden racional.

aporque. M. *Á. Andes.* Acción y efecto de aporcar.

aporreado, da. PART. de **aporrear.** ‖ ADJ. Pobre, desastrado y azaroso; afligido de privaciones, molestias y trabajos. *Gente aporreada.*

aporreador, ra. ADJ. Que aporrea. Apl. a pers., u. t. c. s.

aporreamiento. M. **aporreo.**

aporrear. TR. **1.** Dar golpes insistentemente, con una porra o con cualquier otra cosa. U. t. c. prnl. U. t. en sent. fig. *Aporrear el piano.* ‖ **2.** Machacar, importunar, molestar. *Aporrear los oídos.*

aporreo. M. Acción y efecto de aporrear.

aportación. F. **1.** Acción de **aportar**[2]. ‖ **2.** Conjunto de bienes aportados.

aportar[1]. INTR. **1.** Llegar, ir a parar a alguna parte, voluntariamente o por azar. ‖ **2.** Tomar puerto o arribar a él.

aportar[2]. TR. **1.** Contribuir, añadir. *Aportar bienes a un matrimonio.* ‖ **2.** Dar o proporcionar. *Sus viajes le proporcionan experiencia.*

aporte. M. **1.** Acción de **aportar**[2]. *Aprobaron el aporte de fondos para el proyecto.* ‖ **2.** Contribución, participación, ayuda. *El organismo necesita un aporte vitamínico adecuado.*

aportillar. TR. **1.** Romper una muralla o pared para poder entrar por la abertura así hecha. ‖ **2.** Romper, abrir o descomponer cualquier cosa unida. *Las balas aportillaron la fachada.* U. t. en sent. fig. *Su gestión fue aportillada desde distintos flancos.* U. t. c. prnl.

aposar. TR. **posar**[1].

aposentador, ra. M. y F. Persona encargada de aposentar. ‖ **aposentador mayor de palacio.** M. hist. El que tenía a su cargo la separación de los cuartos de las personas reales y el señalamiento de lugares para las oficinas y habitaciones de quienes debían vivir dentro de palacio.

aposentaduría. F. Cargo y funciones del aposentador.

aposentamiento. M. Acción y efecto de aposentar o aposentarse.

aposentar. **I.** TR. **1.** Dar hospedaje. ‖ **II.** PRNL. **2.** Tomar casa, alojarse.

aposento. M. **1.** Posada, hospedaje. ‖ **2. habitación** (‖ espacio entre tabiques de una vivienda). ☐ V. **carga de ~, regalía de ~.**

aposición. F. **1.** *Gram.* Construcción en la que un sustantivo o un grupo nominal sigue inmediatamente, con autonomía tonal, a otro elemento de esta misma clase para explicar algo relativo a él; p. ej., *Madrid, capital de España, está en el centro de la península Ibérica. Ella, enfermera de profesión, le hizo la primera cura.* ‖ **2.** *Gram.* Construcción de dos elementos nominales unidos, el segundo de los cuales especifica al primero; p. ej., *mi amigo el tendero; el rey Felipe II.* Por ext., se aplica a construcciones del tipo *La calle de Goya* o *el tonto de Rigoberto.*

aposiopesis. F. *Ret.* **reticencia** (‖ figura retórica).

apositivo, va. ADJ. *Gram.* Perteneciente o relativo a la aposición. *Construcciones apositivas.*

apósito. M. *Med.* Remedio que se aplica exteriormente, sujetándolo con paños, vendas, etc.

aposta. ADV. M. **adrede.**

apostadero. M. **1.** Lugar donde hay gente apostada. ‖ **2.** Puerto o bahía en que se reúnen varios buques de guerra bajo un solo mando. ‖ **3.** Departamento marítimo mandado por un comandante general.

apostante. ADJ. Que apuesta. U. m. c. s.

apostar[1]. **I.** TR. **1.** Dicho de una persona: Pactar con otra u otras que aquel que se equivoque o no tenga razón perderá la cantidad de dinero que se determine o cualquier otra cosa. U. t. c. prnl. ‖ **2.** Dar por cierto. *Apuesto que no llegarán a tiempo.* ‖ **3.** Arriesgar cierta cantidad de dinero en la creencia de que algo, como un juego, una contienda deportiva, etc., tendrá tal o cual resultado; cantidad que en caso de acierto se recupera aumentada a expensas de las que han perdido quienes no acertaron.

U. t. c. prnl. ‖ **II.** INTR. **4.** Dicho de una persona: Depositar su confianza o su elección en otra persona o en una idea o iniciativa que entraña cierto riesgo. *Apostar POR un nuevo alcalde. Apostar POR un plan urbanístico audaz.* ¶ MORF. conjug. c. *contar.* ‖ **~las,** o **apostárselas,** a alguien, o con alguien. LOCS.VERBS. coloqs. Declararse su competidor.

apostar². TR. Poner una o más personas o caballerías en determinado puesto o lugar para algún fin. U. t. c. prnl.

apostasía. F. Acción y efecto de apostatar.

apóstata. COM. Persona que comete apostasía.

apostatar. INTR. Negar la fe de Jesucristo recibida en el bautismo. U. t. en sent. fig. *Nunca apostatará de sus ideales.*

apostema. F. *Med.* Absceso supurado.

apostemarse. PRNL. Llenarse de apostemas.

a posteriori. (Locución latina). LOC.ADV. **1.** Indica la demostración que consiste en ascender del efecto a la causa, o de las propiedades de algo a su esencia. ‖ **2.** Después de examinar el asunto de que se trata. U. t. c. loc. adj. *Decisiones a posteriori.*

apostilla. F. Acotación que comenta, interpreta o completa un texto.

apostillar. TR. Poner apostillas.

apóstol. M. **1.** Cada uno de los doce principales discípulos de Jesucristo, a quienes envió a predicar el Evangelio por todo el mundo. ‖ **2.** Predicador, evangelizador. *San Francisco Javier es el apóstol de las Indias.* ‖ **3.** Propagador de cualquier género de doctrina importante. ‖ **el Apóstol de las gentes,** o **el Apóstol de los gentiles.** M. San Pablo. ☐ V. **Hechos de los Apóstoles, símbolo de los Apóstoles.**

apostolado. M. **1.** Oficio de apóstol. ‖ **2.** Conjunto de las imágenes de los doce apóstoles. ‖ **3.** Campaña de propaganda en pro de alguna causa o doctrina.

apostolicidad. F. Cualidad de **apostólico** (‖ referido a la Iglesia romana).

apostólico, ca. ADJ. **1.** Perteneciente o relativo a los apóstoles. *Hechos apostólicos.* ‖ **2.** Perteneciente o relativo al papa, o que dimana de su autoridad. *Juez, indulto apostólico.* ‖ **3.** Se dice de la Iglesia católica romana en cuanto a su origen y doctrina proceden de los apóstoles. ‖ **4.** hist. Se dice del individuo del partido político que se formó en España después de la Revolución de 1820, que defendía el régimen absolutista y la pureza del dogma católico. ☐ V. **Cámara Apostólica, Cancillería Apostólica, Colegio Apostólico, constitución ~, inquisidor ~, nuncio ~, padre ~, Rota de la Nunciatura Apostólica, sede ~, vicario ~.**

apostrofar. TR. Dirigir apóstrofes.

apóstrofe. M. **1.** *Ret.* Figura que consiste en dirigir la palabra con vehemencia en segunda persona a una o varias, presentes o ausentes, vivas o muertas, a seres abstractos o a cosas inanimadas, o en dirigírsela a sí mismo en iguales términos. ‖ **2. dicterio.**

apóstrofo. M. Signo ortográfico (') que indica la elisión de una letra o cifra.

apostura. F. **1.** Gentileza, buena disposición en la persona. ‖ **2.** Actitud, ademán, aspecto.

apotecario. M. **boticario.**

apotegma. M. Dicho breve y sentencioso; dicho feliz, generalmente el que tiene celebridad por haberlo proferido o escrito alguna persona ilustre o por cualquier otro concepto.

apotema. F. *Geom.* Distancia entre el centro de un polígono regular y uno cualquiera de sus lados.

apoteósico, ca. ADJ. **deslumbrante.** *Tuvo una despedida apoteósica.*

apoteosis. F. **1.** Ensalzamiento de una persona con grandes honores o alabanzas. ‖ **2.** Escena espectacular con que concluyen algunas funciones teatrales, normalmente de géneros ligeros. ‖ **3.** Manifestación de gran entusiasmo en algún momento de una celebración o acto colectivo.

apoteótico, ca. ADJ. Perteneciente o relativo a la apoteosis. *Recibimiento apoteótico.*

apoticario. M. **boticario.**

apotropaico, ca. ADJ. Dicho de un rito, de un sacrificio, de una fórmula, etc.: Que, por su carácter mágico, se cree que aleja el mal o propicia el bien.

apoyabrazos. M. En un vehículo, pieza, a veces abatible, que sirve para apoyar los brazos.

apoyar. I. TR. **1.** Hacer que algo descanse sobre otra cosa. *Apoyar el codo en la mesa.* ‖ **2.** Basar, fundar. *Apoya sus teorías en datos reveladores.* U. t. c. prnl. ‖ **3.** Favorecer, patrocinar, ayudar. *Apoyar una causa humanitaria.* ‖ **4.** Confirmar, probar, sostener alguna opinión o doctrina. *Las pruebas apoyan sus concepciones.* ‖ **5.** *Equit.* Dicho de un caballo: Bajar la cabeza, inclinando el hocico hacia el pecho o dejándolo caer hacia abajo. U. t. c. prnl. ‖ **6.** *Mil.* Dicho de una fuerza: Proteger y ayudar a otra. ‖ **II.** INTR. **7.** Cargar, estribar. *La columna apoya sobre el pedestal.* U. t. c. prnl. *Apoyarse en el bastón.*

apoyatura. F. **1.** apoyo. ‖ **2.** *Mús.* Nota pequeña y de adorno, cuyo valor se toma del signo siguiente para no alterar la duración del compás.

apoyo. M. **1.** Cosa que sirve para apoyar o apoyarse. ‖ **2.** Protección, auxilio o favor. ‖ **3.** Fundamento, confirmación o prueba de una opinión o doctrina. ‖ **de ~.** LOC.ADJ. *Fon.* **epentético.** ☐ V. **punto de ~.**

apozarse. PRNL. *Chile.* Dicho del agua: **empozar** (‖ quedar detenida formando pozas o charcos).

apraxia. F. *Psicol.* Incapacidad total o parcial de realizar movimientos voluntarios sin causa orgánica que lo impida.

apreciable. ADJ. **1.** Capaz de ser apreciado. *Sonido apenas apreciable.* ‖ **2.** Digno de aprecio o estima. *Novela apreciable.*

apreciación. F. **1.** Acción y efecto de **apreciar** (‖ una moneda). ‖ **2.** Acción y efecto de **apreciar** (‖ reducir a cálculo o medida la magnitud o intensidad de las cosas). ‖ **3.** *Econ.* Aumento del precio relativo de un bien. *La apreciación del valor de la vivienda ha sido considerable en el último año.*

apreciador, ra. ADJ. Que aprecia. Apl. a pers., u. t. c. s.

apreciar. TR. **1.** Reconocer y estimar el mérito de alguien o de algo. *Aprecio tu esfuerzo.* ‖ **2.** Sentir afecto o estima hacia alguien. *Soy su amigo y lo aprecio.* ‖ **3.** Reducir a cálculo o medida, percibir debidamente la magnitud, intensidad o grado de las cosas y sus cualidades. *No apreciamos ningún cambio de estilo.* ‖ **4.** Aumentar el valor o cotización de una moneda en el mercado de divisas. U. t. c. prnl. ¶ MORF. conjug. c. *anunciar.*

apreciativo, va. ADJ. Perteneciente o relativo al **aprecio** (‖ estimación afectuosa). *Mirada apreciativa.*

aprecio. M. **1.** apreciación. ‖ **2.** Acción y efecto de **apreciar** (‖ reconocer, estimar). ‖ **3.** Estimación afectuosa de alguien.

aprehender. TR. **1.** Coger, asir, prender a alguien, o bien algo, especialmente si es de contrabando. ‖ **2.** Captar algo por el intelecto o los sentidos. *La intuición es una vía más para aprehender la realidad.*

aprehensión. F. **1.** Acción y efecto de aprehender. ‖ **2.** *Psicol.* Captación y aceptación subjetiva de un contenido de consciencia. ‖ ~ **simple.** F. *Psicol.* La que capta las formas de las cosas sin hacer juicio de ellas o sin afirmar ni negar.

aprehensivo, va. ADJ. **1.** Perteneciente o relativo a la facultad mental de aprehender. *Función aprehensiva.* ‖ **2.** Que es capaz o perspicaz para aprehender algo. *Mirada aprehensiva.*

aprehensor, ra. ADJ. Que aprehende. Apl. a pers., u. t. c. s.

apremiante. ADJ. Que apremia. *Necesidad apremiante.*

apremiar. TR. **1.** Dar prisa, compeler a alguien a que haga prontamente algo. U. t. c. intr. *El tiempo apremia.* ‖ **2.** Compeler u obligar a alguien con mandamiento de autoridad a que haga algo. ‖ **3.** Imponer apremio o recargo. ¶ MORF. conjug. c. *anunciar.*

apremio. M. **1.** Acción y efecto de apremiar. ‖ **2.** Recargo de contribuciones e impuestos por causa de demora en el pago. ‖ **3.** *Der.* Mandamiento de autoridad judicial para compeler al pago de alguna cantidad, o al cumplimiento de otro acto obligatorio. ‖ **4.** *Der.* Procedimiento ejecutivo que siguen las autoridades administrativas y agentes de la Hacienda para el cobro de impuestos o descubiertos a favor de esta o de entidades a que se extiende su privilegio. ☐ V. **comisionado de ~.**

aprender. TR. **1.** Adquirir el conocimiento de algo por medio del estudio o de la experiencia. *Aprender matemáticas.* ‖ **2.** Grabar algo en la memoria. U. t. c. prnl. *Tuve que aprenderme la lista de los reyes godos.*

aprendiente. ADJ. Que aprende. U. t. c. s.

aprendiz, za. M. y F. **1.** Persona que aprende algún arte u oficio. ‖ **2.** Persona que, a efectos laborales, se halla en el primer grado de una profesión manual, antes de pasar a oficial. ¶ MORF. U. t. la forma en m. para designar el f.

aprendizaje. M. **1.** Acción y efecto de aprender algún arte, oficio u otra cosa. ‖ **2.** Tiempo que en ello se emplea. ‖ **3.** *Psicol.* Adquisición por la práctica de una conducta duradera.

aprensadura. F. *Chile.* Acción de aprensar.

aprensar. TR. *Á. Andes.* Apretar con fuerza.

aprensión. F. **1.** Escrúpulo, recelo de ponerse alguien en contacto con otra persona o con algo de que le pueda venir contagio, o bien de hacer o decir algo que teme que sea perjudicial o inoportuno. ‖ **2.** Opinión, figuración, idea infundada o extraña. U. m. en pl. *Eso son aprensiones tuyas.* ‖ **3.** **aprehensión.**

aprensivo, va. ADJ. Dicho de una persona: Sumamente pusilánime, que en todo ve peligros para su salud, o imagina que son graves sus más leves dolencias. U. t. c. s.

apresador, ra. ADJ. Que apresa. Apl. a pers., u. t. c. s.

apresamiento. M. Acción y efecto de apresar.

apresar. TR. **1.** aprisionar. *Apresaron al ladrón.* ‖ **2.** Tomar por fuerza algo, apoderarse de ello. *Apresaron un cargamento de droga.* ‖ **3.** Asir, hacer presa con las garras o con los colmillos.

aprestar. TR. **1.** Preparar, disponer lo necesario para algo. *Aprestar el equipaje para viajar.* U. t. c. prnl. *Se*

aprestó a partir. ‖ **2.** Preparar con goma u otros ingredientes algunos tejidos para que tomen consistencia.

apresto. M. **1.** Acción de aprestar las telas. ‖ **2.** Almidón, cola, añil u otros ingredientes que sirven para aprestar las telas. ‖ **3.** Prevención, disposición, preparación para algo.

apresurado, da. PART. de **apresurar.** ‖ ADJ. Que muestra apresuramiento. *Paso apresurado. Viajeros apresurados.*

apresuramiento. M. Acción y efecto de apresurar.

apresurar. TR. Dar prisa, acelerar. U. t. c. prnl.

apretado, da. PART. de **apretar.** ‖ ADJ. **1.** Escaso de recursos económicos. *Andan muy apretados últimamente.* ‖ **2.** Lleno de actividades, trabajos o compromisos. *Día apretado.* ‖ **3.** Dicho de un resultado: Que se produce por escaso margen. *Victoria apretada.* ‖ **4.** Dicho de un escrito: De letra muy junta. ‖ **5.** coloq. Tacaño, mezquino, miserable. ‖ **6.** *Méx.* Dicho de una persona: **estirada** (‖ engreída). ‖ **estar** alguien **muy ~.** LOC. VERB. coloq. Hallarse en gran aprieto o peligro.

apretadura. F. Acción y efecto de apretar.

apretar. **I.** TR. **1.** Estrechar algo contra el pecho o ceñir, de ordinario con la mano o los brazos. ‖ **2.** Oprimir, ejercer presión sobre algo. *Apretar el botón de subida.* ‖ **3.** Dicho de un vestido u otra cosa semejante: Venir muy ajustado. U. t. c. intr. ‖ **4.** Aumentar la tirantez de lo que sirve para estrechar, para que haya mayor presión. *Apretar el cinturón.* ‖ **5.** Estrechar algo o reducirlo a menor volumen. *Apretaba nerviosamente el sombrero entre sus manos.* ‖ **6.** Apiñar, juntar estrechamente cosas o personas, dar cabida. *Apretar la colada en la lavadora.* U. t. c. prnl. *Apretarse la gente en el tren.* ‖ **7.** Tratar con excesivo rigor, con estricto ajustamiento a ley o regla. ‖ **8.** Constreñir, tratar de reducir con amenazas, ruegos o razones. U. t. c. intr. ‖ **9.** Acelerar el paso. ‖ **10.** Aguijar, espolear al caballo. ‖ **II.** INTR. **11.** Dicho de una persona o de una cosa: Obrar con mayor esfuerzo o intensidad que de ordinario. *Apretar a correr.* ¶ MORF. conjug. c. *acertar.*

apretón. M. **1.** Presión muy fuerte y rápida. ‖ **2.** coloq. Movimiento violento e incontenible del vientre, que obliga a evacuar. ‖ **3.** *Pint.* Golpe de color oscuro para aumentar la entonación o el efecto de lo que se pinta. ‖ ~ **de manos.** M. Acción de estrecharse las manos con energía y efusión.

apretujamiento. M. Acción y efecto de apretujar o apretujarse.

apretujar. **I.** TR. **1.** coloq. Apretar mucho o reiteradamente. ‖ **II.** PRNL. **2.** Dicho de varias personas: Oprimirse en un recinto demasiado estrecho para contenerlas.

apretujón. M. coloq. Acción y efecto de apretujar. U. m. en pl.

apretura. F. **1.** Opresión causada por la excesiva concurrencia de gente. U. t. en pl. con el mismo significado que en sing. ‖ **2.** **aprieto.** U. m. en pl. ‖ **3.** Escasez, falta, especialmente de víveres. ‖ **4.** Acción y efecto de apretar.

aprieto. M. Estrechez, conflicto, apuro.

a priori. (Locución latina). LOC. ADV. **1.** Se usa para indicar la demostración que consiste en descender de la causa al efecto o de la esencia de una cosa a sus propiedades. De esta especie son todas las demostraciones directas en las matemáticas. ‖ **2.** Antes de examinar asunto de que se trata. U. t. c. loc. adj. *Argumentos a priori.*

apriorismo. M. Método en que se emplea sistemáticamente el razonamiento a priori.

apriorístico, ca. ADJ. Perteneciente o relativo al apriorismo. *Visión apriorística.*

aprisa. ADV. M. Con celeridad, presteza o prontitud.

apriscar. TR. Recoger el ganado en el aprisco. U. t. c. prnl.

aprisco. M. Lugar donde los pastores recogen el ganado para resguardarlo de la intemperie.

aprisionamiento. M. Acción y efecto de aprisionar. U. t. en sent. fig. *El aprisionamiento de sus ideales.*

aprisionar. TR. **1.** Poner en prisión, encerrar. U. t. en sent. fig. *No consiguieron aprisionar sus ansias de libertad.* || **2.** Atar o sujetar con fuerza a alguien o algo, privándolo de libertad de movimiento.

aproar. INTR. *Mar.* Dicho de un buque: Volver la proa a alguna parte.

aprobación. F. Acción y efecto de aprobar.

aprobado. M. En exámenes, calificación mínima de aptitud o idoneidad en la materia objeto de aquellos.

aprobador, ra. ADJ. Que aprueba. Apl. a pers., u. t. c. s.

aprobar. TR. **1.** Calificar o dar por bueno o suficiente algo o a alguien. *Aprobar una boda, una opinión. Aprobar a una persona para un cargo.* || **2.** Asentir a una doctrina o a una opinión. || **3.** Declarar hábil y competente a alguien. *La profesora me aprobó.* || **4.** Obtener la calificación de aprobado en una asignatura o examen. *He aprobado las matemáticas.* ¶ MORF. conjug. c. *contar.*

aprobativo, va. ADJ. aprobatorio.

aprobatorio, ria. ADJ. Que aprueba o implica aprobación. *Sonrisa aprobatoria.*

aprontar. TR. **1.** Disponer con prontitud. *Aprontar papel y pluma para escribir.* || **2.** Entregar sin dilación dinero u otra cosa.

apropiación. F. Acción y efecto de apropiarse.

apropiado, da. PART. de **apropiarse.** || ADJ. Que se adapta a las necesidades o a las condiciones de algo o alguien. *No lleva la ropa apropiada para hacer montañismo.*

apropiador, ra. ADJ. Que se apropia. Apl. a pers., u. t. c. s.

apropiarse. PRNL. Dicho de una persona: Tomar para sí alguna cosa, haciéndose dueña de ella, por lo común de propia autoridad. *Se apropió del vehículo incautado.* MORF. conjug. c. *anunciar.*

apropósito. M. Breve pieza teatral de circunstancias.

aprovechado, da. PART. de **aprovechar.** || ADJ. **1.** Aplicado, diligente. *Alumno aprovechado.* || **2.** Dicho de una persona: Que saca beneficio de las circunstancias que se le presentan favorables, normalmente sin escrúpulos. U. t. c. s.

aprovechador, ra. ADJ. Que aprovecha. *Sirvientes aprovechadores.*

aprovechamiento. M. Acción y efecto de aprovechar o aprovecharse. || **~ forestal.** M. Extracción de productos forestales.

aprovechar. **I.** TR. **1.** Emplear útilmente algo, hacerlo provechoso o sacarle el máximo rendimiento. *Aprovechar la tela, el tiempo, la ocasión.* U. t. c. intr. || **II.** INTR. **2.** Dicho de una cosa: Servir de provecho. || **III.** PRNL. **4.** Sacar provecho de algo o de alguien, generalmente con astucia o abuso. *Se aprovechaba DE su posición.*

aprovisionamiento. M. Acción y efecto de aprovisionar.

aprovisionar. TR. **abastecer.** U. t. c. prnl. *Se aprovisionó de agua y comida antes del tifón.*

aproximación. F. **1.** Acción de aproximar. || **2.** Máxima diferencia posible entre un valor obtenido en una medición o cálculo y el exacto desconocido. || **3.** *Esp.* En el juego de la lotería, cada uno de los premios que se conceden a los números anterior y posterior de los primeros premios de un sorteo.

aproximado, da. PART. de **aproximar.** || ADJ. Que se acerca más o menos a lo exacto. *Idea aproximada.*

aproximar. TR. **1.** Arrimar, acercar. U. t. en sent. fig. *El ciclo aproximará el cine asiático al gran público.* U. t. c. prnl. || **2.** Obtener un resultado tan cercano al exacto como sea necesario para un propósito determinado. U. t. c. prnl.

aproximativo, va. ADJ. Que **se aproxima** (|| se acerca).

apsara. F. En la mitología hindú, ninfa acuática.

ápside. M. *Astr.* Cada uno de los dos extremos del eje mayor de la órbita trazada por un astro. U. m. en pl.

apterigiforme. ADJ. *Zool.* Se dice de las aves del tamaño de una gallina, con alas atrofiadas, plumaje con aspecto de pelo y pico largo y curvado hacia el suelo, que viven en Nueva Zelanda. U. t. c. s. f. ORTOGR. En f. pl., escr. con may. inicial c. taxón. *Las Apterigiformes.*

áptero, ra. ADJ. Que carece de alas. *Insecto áptero.*

aptitud. F. **1.** Capacidad para operar competentemente en una determinada actividad. || **2.** Cualidad que hace que un objeto sea apto, adecuado o conveniente para cierto fin. || **3.** Capacidad y disposición para el buen desempeño o ejercicio de un negocio, de una industria, de un arte, etc. U. t. en pl. con el mismo significado que en sing.

apto, ta. ADJ. Idóneo, hábil, a propósito para hacer algo. *Instalaciones aptas para el deporte.*

ápud. PREP. Se usa para señalar algo que está en la obra, o en el libro de alguien. *Ápud Gallardo.*

apuesta. F. **1.** Acción de **apostar**[1]. || **2.** Cosa que se apuesta. || **de,** o **sobre, ~.** LOCS. ADVS. coloqs. Con empeño e insistencia en la ejecución de algo, compitiendo con otros.

apuesto, ta. ADJ. Dicho de una persona: De buena presencia.

apunarse. PRNL. *Am. Mer.* Padecer **puna** (|| soroche).

apuntación. F. Acción y efecto de apuntar.

apuntado, da. PART. de **apuntar.** || ADJ. Que hace puntas por las extremidades. *Bigote apuntado.* ☐ V. **arco ~, sombrero ~.**

apuntador, ra. **I.** ADJ. **1.** Que apunta. *Maneja el programa informático mediante un dispositivo apuntador semejante al ratón.* Apl. a pers., u. t. c. s. || **II.** M. y F. **2.** Persona que en los ensayos teatrales apunta a los actores la letra de sus papeles hasta que la aprenden, y que en las representaciones, oculto por la concha o en otro lugar del escenario, vigila para recordar el texto al intérprete que sufra un olvido.

apuntalamiento. M. Acción y efecto de apuntalar.

apuntalar. TR. **1.** Poner puntales. || **2.** Sostener, afianzar. *Apuntalar una opinión.*

apuntamiento. M. Acción y efecto de apuntar.

apuntar. **I.** TR. **1.** Tomar nota por escrito de algo. || **2.** Inscribir a alguien en una lista o registro, o hacerlo miembro de una sociedad. U. t. c. prnl. ‖ **3.** Señalar con el dedo o de cualquier otra manera hacia un sitio u objeto determinado. ‖ **4.** Contar con alguien e incluirlo en las actividades de un grupo. U. m. c. prnl. *Se apunta a todas las juergas.* ‖ **5.** Dirigir un arma arrojadiza o de fuego hacia el objeto que se quiere alcanzar. U. t. c. intr. ‖ **6.** Sacar punta a un arma, herramienta u otro objeto. ‖ **7.** Dicho de un apuntador teatral: Ejercer su tarea. ‖ **8.** Insinuar o tocar ligeramente algún tema. ‖ **9.** Sugerir a quien habla algo para que recuerde lo olvidado o para que se corrija. *Un compañero le apuntó la respuesta.* ‖ **II.** INTR. **10.** Dicho de una cosa: Empezar a manifestarse. *Apuntar el día. Apuntar el bozo.* ‖ **11.** Pretender, ambicionar. *Su carrera apunta a lo más alto.* ‖ **III.** PRNL. **12.** Atribuirse un éxito o un tanto.

apunte. M. **1.** Acción y efecto de apuntar. ‖ **2.** Asiento o nota que se hace por escrito de algo. ‖ **3.** Dibujo tomado del natural rápidamente. ‖ **4.** pl. Extracto de las explicaciones de un profesor que toman los alumnos para sí, y que a veces se reproduce para uso de los demás.

apuntillar. TR. **dar la puntilla** (‖ rematar las reses).

apuñalamiento. M. Acción de apuñalar.

apuñalar. TR. Dar de puñaladas.

apuñar. TR. **1.** Asir o coger algo con la mano, cerrándola. ‖ **2.** *Am. Mer.* **heñir.**

apuración. F. Acción y efecto de apurar o apurarse.

apurado, da. PART. de **apurar.** ‖ ADJ. **1.** Pobre, falto de caudal y de lo que se necesita. *Andan apurados de dinero.* ‖ **2.** Dificultoso, peligroso, angustioso. *Trance apurado.* ‖ **3.** Esmerado, exacto. *Una bien apurada planificación.*

apurador, ra. ADJ. Que apura. Apl. a pers., u. t. c. s.

apuramiento. M. Acción y efecto de apurar.

apurar. **I.** TR. **1.** Extremar, llevar hasta el cabo. *Apurar los límites legales.* ‖ **2.** Acabar o agotar. *Apurar una bebida.* ‖ **II.** INTR. **3.** Darse prisa. *Debes apurar, que llegamos tarde.* En América, u. m. c. prnl. ‖ **III.** PRNL. **4.** Afligirse, acongojarse, preocuparse. *No te apures tanto; la situación no es mala.* U. menos c. tr.

apureño, ña. ADJ. **1.** Natural de Apure. U. t. c. s. ‖ **2.** Perteneciente o relativo a este estado de Venezuela.

apurimense. ADJ. apurimeño. Apl. a pers., u. t. c. s.

apurimeño, ña. ADJ. **1.** Natural de Apurímac. U. t. c. s. ‖ **2.** Perteneciente o relativo a este departamento del Perú.

apuro. M. **1.** Aprieto, conflicto, dificultad. U. t. en pl. con el mismo significado que en sing. ‖ **2.** Estrechez, escasez, penuria. ‖ **3.** Vergüenza, reparo. ‖ **4.** Prisa o rapidez al hacer algo.

apurón, na. **I.** ADJ. **1.** *Méx.* Dicho de una persona: Que se preocupa mucho. U. t. c. s. ‖ **II.** M. **2.** *Am.* Apresuramiento grande.

apurruñar. TR. *Á. Caribe.* Apretar cariñosamente a alguien. U. t. c. prnl.

aquejar. TR. Dicho de una enfermedad, de un vicio, de un defecto, etc.: Afectar a alguien o algo, causarles daño.

aquel, lla. **I.** ADJ. DEM. **1.** Designa lo que física o mentalmente está lejos de la persona que habla y de la persona con quien se habla. U. t. c. pron. ORTOGR. En este último caso, escr. con acento cuando existe riesgo de anfibología. ‖ **2.** En oposición a *este* y con referencia a términos mencionados en el discurso, designa el que lo fue en primer lugar. ‖ **II.** M. **3.** Se emplea para expresar una cualidad que no se quiere o no se acierta a decir. Se

toma frecuentemente por 'gracia' o 'atractivo'. *Juana tiene mucho aquel.* ¶ MORF. pl. **aquellos, aquellas.**

aquelarre. M. Junta o reunión nocturna de brujos y brujas, con la supuesta intervención del demonio, ordinariamente en figura de macho cabrío, para la práctica de las artes de esta superstición.

aquello. PRON. DEM. Forma neutra de **aquel.** ‖ **ya pareció,** o **ya salió, ~.** EXPRS. coloqs. Se usan cuando ocurre algo que se recelaba o presumía.

aquende. ADV. L. De la parte de acá.

aquenio. M. *Bot.* Fruto seco, indehiscente, con una sola semilla y con pericarpio no soldado a ella; p. ej., el de la lechuga y el girasol.

aqueo, a. ADJ. **1.** Natural de Acaya. U. t. c. s. ‖ **2.** Perteneciente o relativo a esta región griega del norte del Peloponeso, o a la Grecia antigua.

aquerenciado, da. PART. de **aquerenciarse.** ‖ ADJ. *Méx.* enamorado.

aquerenciarse. PRNL. Dicho especialmente de un animal: Tomar querencia a un lugar. MORF. conjug. c. *anunciar.*

aquese, sa. ADJ. DEM. poét. **ese².** U. t. c. pron. MORF. pl. **aquesos, aquesas.**

aqueso. PRON. DEM. poét. Forma neutra de **aquese.**

aqueste, ta. ADJ. DEM. poét. **este².** U. t. c. pron. MORF. pl. **aquestos, aquestas.**

aquesto. PRON. DEM. poét. Forma neutra de **aqueste.**

aquí. **I.** ADV. L. **1.** En este lugar. *Estamos aquí.* ‖ **2.** A este lugar. *Venid aquí.* ‖ **3.** En esto, en eso; esto, eso. *Aquí está la dificultad. Por aquí puede conocerse de quién fue la culpa.* ‖ **4.** Se usa en correlación con *allí,* para designar sitio o lugar indeterminado. *Por todas partes se veían hermosas flores; aquí, rosas y dalias; allí, jacintos y claveles.* ‖ **5.** vulg. Se usa para presentar personas cercanas a quien habla. *Aquí Pepe, mi compañero de oficina.* ‖ **II.** ADV. T. **6.** Ahora, en el tiempo presente. *Lo cual queda probado con lo que se ha dicho hasta aquí. De aquí a tres días.* ‖ **7.** Entonces, en tal ocasión. *Aquí no se pudo contener don Quijote sin responder.* ‖ **8.** Se usa para invocar auxilio. Por analogía se usa también en frases en que metafóricamente se invoca el auxilio de una cosa no material. ‖ **~ y allí.** LOC. ADV. Denota indeterminadamente varios lugares. ‖ **de ~ para allí,** o **de ~ para allá.** LOCS. ADVS. De una parte a otra, sin permanecer en ninguna.

aquiescencia. F. Asenso, consentimiento.

aquiescente. ADJ. Que consiente, permite o autoriza. *Silencio aquiescente.*

aquietador, ra. ADJ. Que aquieta. *Cascada aquietadora.*

aquietamiento. M. Acción y efecto de aquietar.

aquietar. TR. Sosegar, apaciguar. U. t. c. prnl.

aquifoliáceo, a. ADJ. *Bot.* Se dice de los árboles y arbustos angiospermos dicotiledóneos, siempre verdes, de hojas esparcidas, generalmente coriáceas y con pequeñas estípulas, flores actinomorfas, unisexuales y casi siempre dispuestas en cimas, fruto en drupa poco carnosa; p. ej., el acebo. U. t. c. s. f. ORTOGR. En f. pl., escr. con may. inicial c. taxón. *Las Aquifoliáceas.*

aquilatamiento. M. Acción y efecto de aquilatar.

aquilatar. TR. **1.** Examinar y apreciar debidamente el mérito de alguien o el mérito o verdad de algo. *El gemólogo aquilatará el valor de la piedra preciosa.* ‖ **2.** Purificar o reducir algo al estado de pureza separando lo puro o extraño. *Aquilatar la expresión.*

aquilea. F. milenrama.

Aquiles. □ V. talón de ~, tendón de ~.

aquilino, na. ADJ. poét. Dicho del rostro: aguileño.

aquillado, da. ADJ. De forma de quilla. *Pecho aquillado.*

aquilón. M. Viento procedente del norte.

aquintralarse. PRNL. **1.** *Chile.* Dicho de un árbol o de un arbusto: Cubrirse de **quintral** (‖ muérdago). ‖ **2.** *Chile.* Dicho de un melón o de otra planta: Contraer **quintral** (‖ enfermedad).

aquitano, na. ADJ. **1.** Natural de Aquitania. U. t. c. s. ‖ **2.** Perteneciente o relativo a esta región de Francia.

a quo. (Locución latina). LOC.ADJ. Que marca el principio de un período de tiempo, de un proceso, etc. *1552 es el año a quo de esta obra.*

ar. INTERJ. *Mil.* Se usa para ordenar la ejecución inmediata de un movimiento.

ara. F. **1.** En el culto católico, losa o piedra consagrada, que suele contener reliquias de algún santo, sobre la cual extendía el sacerdote los corporales para celebrar la misa. ‖ **2.** altar (‖ mesa consagrada). **‖ en ~s de.** LOC. PREPOS. En honor o en interés de.

árabe. ADJ. **1.** Natural de Arabia. U. t. c. s. ‖ **2.** Perteneciente o relativo a esta región de Asia. ‖ **3.** Se dice del individuo de cualquiera de los pueblos que tienen como lengua el árabe. U. t. c. s. ‖ **4.** Perteneciente o relativo a estos pueblos. *Tradiciones árabes.* ‖ **5.** Se dice de las lenguas semíticas habladas en los países del norte de África y del suroeste de Asia. U. t. c. s. m. *El árabe.* ‖ **6.** Perteneciente o relativo a estas lenguas. *Fonética árabe.* **‖ ~ clásico.** M. Variedad del árabe propia de la literatura antigua y del Corán, usada todavía como lengua culta común. □ V. teja ~.

arabesco. M. *Esc.* y *Pint.* Dibujo de adorno compuesto de tracerías, follajes, cintas y volutas, y que se emplea más comúnmente en frisos, zócalos y cenefas.

arábigo, ga. ADJ. árabe (‖ perteneciente a Arabia). □ V. goma ~, número ~.

arabismo. M. **1.** Giro o modo de hablar propio de la lengua árabe. ‖ **2.** Vocablo o giro de esta lengua empleado en otra.

arabista. COM. Especialista en la lengua y la cultura árabes.

arabización. F. Acción y efecto de arabizar.

arabizar. INTR. Hacer que algo o alguien adquiera carácter árabe. U. t. c. prnl.

aráceo, a. ADJ. *Bot.* Se dice de las plantas angiospermas monocotiledóneas, herbáceas, algunas leñosas, con rizomas o tubérculos, hojas alternas, acorazonadas o con forma de saeta, flores en espádice rodeado de una espata, y fruto en baya, con semillas de albumen carnoso o amiláceo; p. ej., el aro, el arísaro y la cala. U. t. c. s. f. ORTOGR. En f. pl., escr. con may. inicial c. taxón. *Las Aráceas.*

arácnido, da. ADJ. *Zool.* Se dice de los artrópodos sin antenas, de respiración aérea, con cuatro pares de patas y con cefalotórax. Carecen de ojos compuestos y tienen dos pares de apéndices bucales variables por su forma y su función. U. t. c. s. m. ORTOGR. En m. pl., escr. con may. inicial c. taxón. *Los Arácnidos.*

aracnoides. ADJ. *Zool.* Se dice de las tres meninges que tienen los batracios, reptiles, aves y mamíferos, colocada entre la duramadre y la piamadre, y formada por un tejido claro y seroso que remeda las telas de araña. U. m. c. s. f.

arada. F. Acción de arar.

a radice. (Locución latina). LOC.ADV. **de raíz** (‖ enteramente). *La desesperación niega a radice un componente optimista de la vida.*

arado. M. **1.** Instrumento de agricultura que, movido por fuerza animal o mecánica, sirve para labrar la tierra abriendo surcos en ella. ‖ **2.** Acción de arar. ‖ **3. reja** (‖ vuelta que se da a la tierra con el arado).

arador, ra. ADJ. **1.** Que ara. Apl. a pers., u. t. c. s. ‖ **2. arador de la sarna.** ‖ **arador de la sarna.** M. Ácaro diminuto, parásito del hombre, en el cual produce la enfermedad llamada sarna. Vive debajo de la capa córnea de la epidermis en galerías que excava la hembra y en las que deposita sus huevos.

aradura. F. Acción y efecto de arar.

aragonés, sa. ADJ. **1.** Natural de Aragón. U. t. c. s. ‖ **2.** Perteneciente o relativo a esta comunidad autónoma de España. ‖ **3.** hist. Perteneciente o relativo al antiguo reino de Aragón. *Infante aragonés.* ‖ **4.** Se dice del dialecto romance llamado también navarroaragonés. U. t. c. s. m. *El aragonés del siglo XII.* ‖ **5.** Se dice de la variedad del castellano que se habla en Aragón. U. t. c. s. m. *El aragonés de Huesca.* ‖ **6.** Perteneciente o relativo a esta variedad. *Léxico, vocablo aragonés.*

aragonesismo. M. **1.** Palabra, locución o giro propio de los aragoneses. ‖ **2.** Amor o apego a las cosas características o típicas de Aragón.

aragonito. M. Una de las formas naturales del carbonato cálcico, en la cual los cristales rómbicos se agrupan para formar prismas de apariencia hexagonal. Posee brillo nacarado y cuando es puro es incoloro.

araguaney. M. **1.** *Á. Caribe.* Árbol de las Bignoniáceas, de flores amarillas, que crece en tierras secas. Es el árbol nacional de Venezuela. ‖ **2.** *Á. Caribe.* Garrote hecho con la madera de este árbol. ¶ MORF. pl. **araguaneyes.**

araguato, ta. **I.** ADJ. **1.** *Á. Caribe.* De color leonado oscuro, como el mono de ese nombre. ‖ **II.** M. **2.** Mono americano, de 70 a 80 cm de altura, pelaje de color leonado oscuro, pelo hirsuto en la cabeza y barba grande.

aragüeño, ña. ADJ. **1.** Natural de Aragua. U. t. c. s. ‖ **2.** Perteneciente o relativo a este estado de Venezuela.

arahuaco, ca. **I.** ADJ. **1.** Se dice del individuo de los pueblos que forman una gran familia y se extendieron desde las Grandes Antillas, por muchos territorios de América del Sur. U. t. c. s. y m. en pl. ‖ **II.** M. **2.** Lengua hablada por estos pueblos.

aralia. F. Arbusto de la familia de las Araliáceas, de unos dos metros de altura, con tallo leñoso lleno de espinas, hojas grandes, gruesas y recortadas por el margen, flores en corimbo, pequeñas y blancas, y frutos negruzcos. Es originario del Canadá y se cultiva en Europa como planta de adorno.

araliáceo, a. ADJ. *Bot.* Se dice de las plantas angiospermas dicotiledóneas, derechas o trepadoras, inermes, vellosas o con aguijones, de hojas alternas, enteras, recortadas o compuestas, flores en umbela y fruto drupáceo y semillas cubiertas por un pericardio carnoso; p. ej., la aralia y la hiedra. U. t. c. s. f. ORTOGR. En f. pl., escr. con may. inicial c. taxón. *Las Araliáceas.*

arambel. M. **1.** Colgadura de paños unidos o separados que se emplea para adorno o cobertura. ‖ **2.** Andrajo o trapo que cuelga del vestido.

arameo, a. **I.** ADJ. **1.** Natural de la antigua ciudad y del país de Aram, en el norte de Siria. U. t. c. s. ‖ **2.** Perteneciente o relativo a este pueblo bíblico. *Tribus* *arameas*. ‖ **3.** Perteneciente o relativo al **arameo** (‖ grupo de lenguas). *Gramática aramea*. ‖ **II.** M. **4.** Grupo de lenguas semíticas, próximo pariente del fenicio y del hebreo, que se habló en un extenso territorio. Una de esas lenguas dominó en Judea y Samaria.

arancel. M. Tarifa oficial determinante de los derechos que se han de pagar en varios servicios, como el de costas judiciales, aduanas, etc., o establecida para remunerar a ciertos profesionales.

arancelario, ria. ADJ. Perteneciente o relativo al arancel, especialmente el de aduanas. *Derechos arancelarios. Reforma arancelaria.*

arándano. M. **1.** Planta de la familia de las Ericáceas, de dos a cinco decímetros de altura, con ramas angulosas, hojas alternas, aovadas y aserradas, flores solitarias, axilares, de color blanco verdoso o rosado, y por frutos bayas negruzcas o azuladas, dulces y comestibles. ‖ **2.** Fruto de esta planta.

arandela. F. **1.** Pieza generalmente circular, fina y perforada, que se usa para mantener apretados una tuerca o un tornillo, asegurar el cierre hermético de una junta o evitar el roce entre dos piezas. ‖ **2.** Cualquier pieza en forma de disco perforado. ‖ **3.** *Am.* Volante, cenefa, adorno circular femenino. ‖ **4.** *Am. Mer.* Chorrera y vueltas de la camisola.

araneño, ña. ADJ. **1.** Natural de Arani. U. t. c. s. ‖ **2.** Perteneciente o relativo a esta localidad del departamento de Cochabamba, en Bolivia, o a su provincia.

aranés, sa. ADJ. **1.** Natural de alguno de los pueblos del valle de Arán. U. t. c. s. ‖ **2.** Perteneciente o relativo a este valle pirenaico de la provincia de Lérida, en España. ‖ **II.** M. **3.** Variante del gascón, hablada en este valle.

araña. F. **1.** Arácnido con tráqueas en forma de bolsas comunicantes con el exterior, con cefalotórax, cuatro pares de patas, y en la boca un par de uñas venenosas y otro de apéndices o palpos que en los machos sirven para la cópula. En el extremo del abdomen tiene el ano y las hileras u órganos productores de la seda con la que tapiza su vivienda, caza sus presas y se traslada de un lugar a otro. ‖ **2. arañuela** (‖ planta ranunculácea). ‖ **3.** Lámpara de techo con varios brazos, de los que cuelgan piezas de cristal, sueltas o enlazadas, de formas distintas. ‖ **4.** *Mar.* Conjunto de cabos delgados que desde un punto común se separan para afianzarse convenientemente, pasando a veces por los agujeros de una telera. ‖ **~ de mar.** F. Se usa como nombre para referirse a los cangrejos marinos, decápodos y braquiuros, de caparazón algo triangular o cordiforme, y con las ocho patas posteriores, en general largas, delgadas y puntiagudas, que abundan en todos los mares. ‖ **~ peluda.** F. **1.** *Á. Caribe* y *Méx.* araña grande, con el cuerpo cubierto de vello negruzco, que vive en cuevas excavadas en la tierra y cuya picadura es venenosa. ‖ **2.** *Á. R. Plata.* **araña pollito.** ‖ **~ pollito.** F. *Á. R. Plata.* Se usa como nombre para referirse a varias especies de Arácnidos de gran tamaño cuya ponzoña, contrariamente a lo que se cree, no suele causar accidentes serios. ‖ **picado, da de la ~.** LOC.ADJ. *Chile.* Dicho de una persona: **picada de la tarántula.** ☐ V. **mono ~, red de ~, tela de ~.**

arañador, ra. ADJ. Que araña. *Gato arañador.*

arañar. TR. **1.** Raspar, rasgar, herir ligeramente el cutis con las uñas, un alfiler u otra cosa. U. t. c. prnl. ‖ **2.** Hacer rayas superficiales en alguna cosa lisa, como la pa-

red, el vidrio o el metal. ‖ **3.** coloq. Recoger con mucho afán, de varias partes y en pequeñas porciones, lo necesario para algún fin. *El candidato piensa arañar hasta el último voto.*

arañazo. M. **1.** Rasgadura ligera hecha en el cutis con las uñas, un alfiler u otra cosa. ‖ **2.** Raya superficial hecha en una superficie sólida y lisa.

araño. M. Acción de arañar.

arañuela. F. **1. arañuelo** (‖ larva de insectos de los plantíos). ‖ **2.** Planta de la familia de las Ranunculáceas, que da hermosas flores. Muchas de sus variedades se cultivan en los jardines.

arañuelo. M. **1.** Larva de insectos que destruyen los plantíos, y algunos de los cuales forman una tela semejante a la de la araña. ‖ **2.** Red para cazar pájaros.

arar. TR. Remover la tierra haciendo en ella surcos con el arado. U. t. c. intr.

arasá. M. **1.** *Á. guar.* **guayabo.** ‖ **2.** *Á. guar.* **guayaba.** ¶ MORF. pl. **arasás.**

araucano¹, na. **I.** ADJ. **1.** Se dice del individuo de alguno de los pueblos amerindios que, en la época de la conquista española, habitaban en la zona central de Chile y que después se extendieron por la pampa argentina. U. t. c. s. ‖ **II.** M. **2. mapuche** (‖ lengua de los mapuches).

araucano², na. ADJ. **1.** Natural de Arauca, departamento de Colombia, o de su capital. U. t. c. s. ‖ **2.** Natural de Arauco, provincia de Chile. U. t. c. s. ‖ **3.** Perteneciente o relativo a esta provincia o a aquel departamento y su capital.

araucaria. F. Árbol de la familia de las Abietáceas, que crece hasta 50 m de altura, con ramas horizontales cubiertas de hojas verticiladas, rígidas, siempre verdes, que forman una copa cónica y espesa, flores dioicas poco visibles y fruto drupáceo, con una almendra dulce muy alimenticia. Es originario de América, donde forma extensos bosques.

arazá. M. *Á. guar.* y *Á. R. Plata.* **guayabo.** MORF. pl. **arazás.**

arbitrador, ra. ADJ. Que arbitra. Apl. a pers., u. t. c. s.

arbitraje. M. **1.** Acción o facultad de arbitrar. ‖ **2.** Procedimiento extrajudicial para resolver conflictos de intereses mediante sometimiento de las partes, por mutuo acuerdo, a la decisión de uno o varios árbitros. ‖ **3.** *Com.* Operación de cambio de valores mercantiles, en la que se busca la ganancia aprovechando la diferencia de precios entre unas plazas y otras.

arbitral. ADJ. Perteneciente o relativo al arbitrador o al juez árbitro. *Juicio, sentencia arbitral.* ☐ V. **procedimiento ~.**

arbitrar. **I.** TR. **1.** Dar o proponer arbitrios. ‖ **II.** INTR. **2.** Dicho de una persona: Proceder libremente, usando de su facultad y arbitrio. ‖ **3.** Dicho de un tercero: Resolver, de manera pacífica, un conflicto entre partes. ‖ **4.** *Dep.* Ejercer de árbitro. U. t. c. tr.

arbitrariedad. F. Acto o proceder contrario a la justicia, la razón o las leyes, dictado solo por la voluntad o el capricho.

arbitrario, ria. ADJ. **1.** Que procede con arbitrariedad. *Jefe arbitrario.* ‖ **2.** Que incluye arbitrariedad. *Decisión arbitraria.* ☐ V. **poder ~.**

arbitrio. M. **1.** Facultad que tiene el hombre de adoptar una resolución con preferencia a otra. ‖ **2.** Autoridad, poder. ‖ **3.** Medio extraordinario que se propone para el logro de algún fin.

arbitrismo. M. Actitud propia del arbitrista.

arbitrista. COM. Persona que inventa planes o proyectos disparatados para aliviar la Hacienda pública o remediar males políticos.

árbitro, tra. I. ADJ. **1.** Dicho de una persona: Que puede hacer algo por sí sola sin dependencia de otro. *Soy árbitro de mis decisiones.* U. t. c. s. ‖ **II.** M. y F. **2.** Persona que en algunas competiciones deportivas cuida de la aplicación del reglamento. ‖ **3.** Persona que arbitra en un conflicto entre partes. ‖ **4.** Persona cuyo criterio se considera autoridad. *Árbitro de la moda.* ▢ V. **juez ~.**

árbol. M. **1.** Planta perenne, de tronco leñoso y elevado, que se ramifica a cierta altura del suelo. ‖ **2.** *Arq.* Pie derecho alrededor del cual se ponen las gradas de una escalera de caracol. ‖ **3.** *Impr.* Altura de la letra desde la base hasta el hombro. ‖ **4.** *Mar.* **palo** (‖ de una embarcación). ‖ **5.** *Mec.* Barra fija o giratoria que en una máquina sirve para soportar piezas rotativas o para transmitir fuerza motriz de unos órganos a otros. ‖ **~ de Judas.** M. ciclamor. ‖ **~ de la cera.** M. **1.** árbol de Cuba, de la familia de las Euforbiáceas, que exuda una materia semejante a la cera, y cuya madera, de color blanco amarillento, es dura y compacta, y se emplea en obras de ebanistería. ‖ **2.** Se da el mismo nombre a otros **árboles** que también exudan una materia parecida a la cera. ‖ **~ de la ciencia del bien y del mal.** M. **árbol de la vida.** ‖ **~ del amor.** M. ciclamor. ‖ **~ de la vida.** M. El que, según la Biblia, puso Dios en medio del paraíso con virtud natural o sobrenatural de prolongar la existencia. ‖ **~ del cielo.** M. ailanto. ‖ **~ de levas.** M. *Fís.* Eje rotatorio que mueve una o más levas y se destina a regular movimientos que deben estar sincronizados. ‖ **~ del pan.** M. árbol de los trópicos, de la familia de las Moráceas, cuyo tronco, grueso y ramoso, alcanza de diez a doce metros de altura. Su fruto, de forma oval y muy voluminoso, contiene una sustancia farinácea y sabrosa, y, cocido, se usa como alimento. ‖ **~ del paraíso.** M. árbol de la familia de las Eleagnáceas, que alcanza unos diez metros de altura, con tronco tortuoso y gris, hojas estrechas, lanceoladas, blanquecinas y lustrosas, flores axilares, pequeñas, blancas por fuera y amarillas por dentro, y frutos drupáceos, ovoides y de color amarillo rojizo. ‖ **~ de Navidad.** M. **árbol**, natural o artificial, que se decora con luces, adornos y regalos para celebrar la Navidad. ‖ **~ genealógico.** M. Cuadro descriptivo, la mayoría de las veces en forma de **árbol**, de los parentescos en una familia. ‖ **~ mayor.** M. *Mar.* **palo mayor.** ‖ **~ respiratorio.** M. *Med.* Sistema orgánico formado por la ramificación de los bronquios que parten del tronco de la laringe y de la tráquea.

arbolado, da. PART. de **arbolar.** ‖ **I.** ADJ. **1.** Dicho de un sitio: Poblado de árboles. ‖ **II.** M. **2.** Conjunto de árboles. ▢ V. **mar arbolada.**

arboladura. F. *Mar.* Conjunto de árboles y vergas de un buque.

arbolar. I. TR. **1.** enarbolar. ‖ **2.** arborizar. *Arbolar una calle.* ‖ **II.** INTR. **3.** Dicho de las olas del mar: Elevarse mucho. U. t. c. prnl.

arboleda. F. Sitio poblado de árboles, principalmente el sombrío y agradable.

arbollón. M. **1.** Desaguadero de estanques, corrales, patios, etc. ‖ **2.** albañal.

arborecer. INTR. Hacerse árbol. MORF. conjug. c. *agradecer.*

arbóreo, a. ADJ. **1.** Perteneciente o relativo al árbol. *Especies arbóreas.* ‖ **2.** Semejante al árbol. *Porte arbóreo.* ▢ V. **malva ~.**

arborescencia. F. Cosa que presenta formas más o menos semejantes a las de un árbol.

arborescente. ADJ. Que tiene forma o aspecto que recuerda a un árbol. *Helechos arborescentes.*

arboreto. M. *Bot.* Plantación de árboles destinada a fines científicos, como el estudio de su desarrollo, de su acomodación al clima y al suelo, etc.

arboricida. ADJ. Que destruye los árboles. Apl. a pers., u. t. c. s.

arborícola. ADJ. Que vive en los árboles. *Especies arborícolas.*

arboricultor, ra. M. y F. Persona que se dedica a la arboricultura.

arboricultura. F. Cultivo de los árboles.

arboriforme. ADJ. De forma de árbol. *Planta arboriforme.*

arborización. F. Figura natural en forma de ramas de árbol que se observa en ciertos minerales y otros cuerpos.

arborizar. TR. **1.** Poblar de árboles un terreno. ‖ **2.** Plantar árboles en determinado lugar para que den sombra o sirvan de adorno.

arbotante. M. **1.** *Arq.* Arco por tranquil que se apoya por su extremo inferior en un contrafuerte y por el superior contrarresta el empuje de algún arco o bóveda. ‖ **2.** *Mar.* Palo o hierro que sobresale del casco del buque, en el cual se asegura para sostener cualquier objeto. ‖ **3.** *Méx.* farola (‖ de plazas y paseos públicos).

arbustivo, va. ADJ. **1.** *Bot.* Que tiene la naturaleza o cualidades del arbusto. ‖ **2.** Perteneciente o relativo al arbusto. *Porte arbustivo.*

arbusto. M. Planta perenne, de tallos leñosos y ramas desde la base; p. ej., la lila, la jara, etc.

arca. F. **1.** Caja, comúnmente de madera sin forrar y con tapa llana que aseguran varios goznes o bisagras por uno de los lados, y uno o más candados o cerraduras por el opuesto. ‖ **2.** caja (‖ para guardar dinero). ‖ **3.** arqueta (‖ casilla o depósito). ‖ **4.** pl. Pieza donde se guarda el dinero en las tesorerías. U. t. en sent. fig. *Los impuestos engrosarán las arcas del Estado.* ‖ **~ de la Alianza.** F. Aquella en que se guardaban las Tablas de la Ley, el maná y la vara de Aarón. ‖ **~ del Diluvio.** F. arca de Noé. ‖ **~ del Testamento.** F. arca de la Alianza. ‖ **~ de Noé.** F. Especie de embarcación en que, según la Biblia, se salvaron del Diluvio Noé y su familia y los animales encerrados en ella.

arcabucería. F. hist. Conjunto de arcabuces.

arcabucero. M. **1.** hist. Soldado armado de arcabuz. ‖ **2.** hist. Fabricante de arcabuces y de otras armas de fuego.

arcabuco. M. Monte muy espeso y cerrado.

arcabuz. M. hist. Arma antigua de fuego, con cañón de hierro y caja de madera, semejante al fusil, que se disparaba prendiendo la pólvora del tiro mediante una mecha móvil colocada en la misma arma.

arcabuzazo. M. hist. Tiro de arcabuz.

arcada[1]. F. **1.** Conjunto o serie de arcos en los edificios, y especialmente en los puentes. ‖ **2.** En los instrumentos musicales de arco, golpe o movimiento de este que hiere las cuerdas pasando por ellas.

arcada². F. Movimiento violento del estómago, anterior o simultáneo al vómito.

arcádico, ca. ADJ. **1**. Perteneciente o relativo a la Arcadia, provincia de Grecia. ‖ **2**. Idílico, bucólico. *Paisajes arcádicos*.

arcaduz. M. **1**. Caño por donde se conduce el agua. ‖ **2. cangilón** (‖ de noria).

arcaico, ca. ADJ. **1**. Muy antiguo o anticuado. *Estructura social arcaica*. ‖ **2**. *Geol*. Se dice del más antiguo de los dos períodos en que se divide la era precámbrica. U. t. c. s. m. ORTOGR. Escr. con may. inicial c. s.

arcaísmo. M. **1**. Cualidad de arcaico. ‖ **2**. Elemento lingüístico cuya forma o significado, o ambos a la vez, resultan anticuados en relación con un momento determinado. ‖ **3**. Empleo de arcaísmos lingüísticos.

arcaísta. COM. Persona que emplea arcaísmos sistemáticamente.

arcaizante. ADJ. Que tiende a arcaico. *Gusto arcaizante*.

arcaizar. **I**. TR. **1**. Dar carácter de antigua a una lengua, empleando arcaísmos. ‖ **II**. INTR. **2**. Usar arcaísmos. ¶ MORF. conjug. c. *aislar*.

arcángel. M. *Rel*. Espíritu bienaventurado, de orden medio entre los ángeles y los principados.

arcangélico, ca. ADJ. Perteneciente o relativo a los arcángeles. □ V. **angélica ~**.

arcano, na. ADJ. **1**. Dicho especialmente de las cosas: Secretas, recónditas, reservadas. *Velada y arcana sabiduría*. ‖ **II**. M. **2**. Secreto muy reservado y de importancia. ‖ **3**. Misterio, cosa oculta y muy difícil de conocer.

arce. M. Árbol de la familia de las Aceráceas, de madera muy dura y generalmente salpicada de manchas a manera de ojos, con ramas opuestas, hojas sencillas, lobuladas o angulosas, flores en corimbo o en racimo, ordinariamente pequeñas, y fruto de dos sámaras unidas.

arcediano. M. **1**. Dignidad del cabildo catedralicio. ‖ **2**. hist. Antiguamente, el primero o principal de los diáconos.

arcén. M. **1**. Margen u orilla. *El arcén del río*. ‖ **2**. En una carretera, cada uno de los márgenes reservados a un lado y otro de la calzada para uso de peatones, tránsito de vehículos no automóviles, etc.

archibebe. M. *Zool*. Ave limícola del orden de las Caradriformes, de unos 35 cm de longitud, dorso pardo oliváceo y pecho blanco rayado de negro, con patas muy largas. Vive en salinas y páramos de Europa y África.

archicofrade. COM. Persona que pertenece a una cofradía.

archicofradía. F. Cofradía más antigua o que tiene mayores privilegios que otras.

archidiácono. M. **arcediano**.

archidiócesis. F. *Esp*. **arquidiócesis**.

archiduque. M. **1**. hist. Duque con autoridad superior a la de otros duques. ‖ **2**. hist. Se usaba como título de los príncipes de la casa de Austria. ‖ **3**. hist. Marido de la archiduquesa.

archiduquesa. F. **1**. hist. Duquesa con autoridad superior a la de otros duques. ‖ **2**. hist. Se usaba como título de las princesas de la casa de Austria. ‖ **3**. hist. Mujer del archiduque.

archifonema. M. *Fon*. Conjunto de los rasgos pertinentes comunes a los dos miembros de una oposición fonológica neutralizada.

archilaúd. M. hist. Instrumento musical antiguo, semejante al laúd, pero mayor, con mástil mucho más largo, ocho bordones y cuerdas gruesas para indicar los bajos, siete pares de cuerdas para los acordes y otra sencilla más delgada para la melodía.

archimandrita. M. En la Iglesia griega, dignidad eclesiástica del estado regular, inferior al obispo.

archipámpano. M. fest. Persona que ejerce gran dignidad o autoridad imaginaria.

archipiélago. M. **1**. Conjunto, generalmente numeroso, de islas agrupadas en una superficie más o menos extensa de mar. ‖ **2**. **piélago** (‖ lo difícil de enumerar por su abundancia).

archivador, ra. **I**. ADJ. **1**. Que archiva. *Caja archivadora*. ‖ **II**. M. **2**. Mueble de oficina convenientemente dispuesto para archivar documentos, fichas u otros papeles. ‖ **3**. Carpeta convenientemente dispuesta para tales fines.

archivar. TR. **1**. Guardar documentos o información en un archivo. ‖ **2**. Dar por terminado un asunto.

archivero, ra. **I**. M. y F. **1**. Persona que tiene a su cargo un archivo, o sirve como técnico en él. ‖ **II**. M. **2**. *Méx*. **archivador** (‖ mueble).

archivista. COM. **archivero**.

archivística. F. **archivología**.

archivístico, ca. ADJ. Perteneciente o relativo a los archivos. *Estudios archivísticos*.

archivo. M. **1**. Conjunto ordenado de documentos que una persona, una sociedad, una institución, etc., producen en el ejercicio de sus funciones o actividades. ‖ **2**. Lugar donde se custodian uno o varios archivos. ‖ **3**. Acción de archivar. *Entregó la documentación para proceder a su archivo*. ‖ **4**. *Inform*. Conjunto de información almacenada en la memoria de una computadora u ordenador que puede manejarse con una instrucción única.

archivología. F. Disciplina que estudia los archivos en todos sus aspectos.

archivólogo, ga. M. y F. Persona que se dedica a la archivología o que tiene especiales conocimientos de ella.

archivolta. F. *Arq*. **arquivolta**.

arcilla. F. Tierra finamente dividida, constituida por agregados de silicatos de aluminio hidratados, que procede de la descomposición de minerales de aluminio, blanca cuando es pura y con coloraciones diversas según las impurezas que contiene.

arcilloso, sa. ADJ. **1**. Que tiene arcilla. *Caliza arcillosa*. ‖ **2**. Que abunda en arcilla. *Terrenos arcillosos*. ‖ **3**. Semejante a ella. *Textura arcillosa*.

arciprestal. ADJ. **1**. Perteneciente o relativo al arcipreste. *Iglesia arciprestal*. ‖ **2**. Propio o característico del arcipreste. *Apostura arciprestal*.

arciprestazgo. M. **1**. Dignidad o cargo de arcipreste. ‖ **2**. Territorio de su jurisdicción.

arcipreste. M. **1**. Eclesiástico con cargo de dignidad en una iglesia catedral. ‖ **2**. Presbítero que, por nombramiento del obispo, ejerce ciertas atribuciones sobre los curas e iglesias de un territorio determinado.

arco. M. **1**. *Geom*. Porción continua de una curva. *Arco de círculo*. *Arco de elipse*. ‖ **2**. Arma hecha de una varilla de acero, madera u otra materia elástica, sujeta por los extremos con una cuerda, de modo que forme una curva, y la cual sirve para disparar flechas. ‖ **3**. Vara delgada, curva o doblada en sus extremos, en los cuales se fijan algunas cerdas que sirven para herir las cuerdas de ciertos instrumentos de música. || **4.** Aro que ciñe y mantiene unidas las duelas de pipas, cubas, etc. || **5.** En fútbol y otros juegos, **portería.** || **6.** *Arq.* Construcción en forma de arco, que cubre un vano entre dos pilares o puntos fijos. || **7.** *Mat.* Medida del ángulo, en grados o radianes, que corresponde a un valor dado de una de las funciones trigonométricas; p. ej., arco *seno,* arco *coseno.* || **~ abocinado.** M. *Arq.* El que tiene más luz en un paramento que en el opuesto. || **~ adintelado.** M. *Arq.* El que viene a degenerar en línea recta. || **~ apuntado.** M. *Arq.* El que consta de dos porciones de curva que forman ángulo en la clave. || **~ botarete.** M. *Arq.* **arbotante.** || **~ carpanel.** M. *Arq.* El que consta de varias porciones de circunferencia tangentes entre sí y trazadas desde distintos centros. || **~ complementario.** M. *Geom.* El que sumado con otro completa un cuadrante. || **~ conopial.** M. *Arq.* El muy rebajado y con una escotadura en el centro de la clave, que lo hace semejante a un pabellón o cortinaje. || **~ crucero.** M. *Arq.* El que une en diagonal dos ángulos en las bóvedas cuyos dos cañones semicilíndricos se cortan el uno al otro. || **~ de herradura.** M. *Arq.* El que tiene más de media circunferencia y cuyos arranques vuelan tanto como la imposta. || **~ del pie.** M. **puente** (|| curva de la parte inferior del pie). || **~ de medio punto.** M. *Arq.* El que consta de una semicircunferencia. || **~ de triunfo.** M. Monumento compuesto de uno o varios **arcos,** adornado con obras de escultura y erigido en honor de un ejército o de su caudillo, para conmemorar una victoria o algún suceso notable. || **~ eléctrico.** M. *Fís.* Descarga eléctrica luminosa entre dos electrodos en el seno de un gas que se ioniza. || **~ escarzano.** M. *Arq.* El que es menor que la semicircunferencia del mismo radio. || **~ iris.** M. **arcoíris.** || **~ por tranquil.** M. *Arq.* El que tiene sus arranques a distinta altura uno de otro. || **~ rebajado.** M. *Arq.* Aquel cuya altura es menor que la mitad de su luz. || **~ suplementario.** M. *Geom.* **arco** que falta a otro para completar una semicircunferencia. || **~ tercelete.** M. *Arq.* El que en las bóvedas cuyos dos cañones semicilíndricos se cortan el uno al otro sube por un lado hasta la mitad del **arco** diagonal. || **~ toral.** M. *Arq.* Cada uno de los cuatro en que estriba la media naranja de un edificio. || **~ triunfal.** M. **arco de triunfo.** || **~ zarpanel.** M. *Arq.* **arco carpanel.** ▢ V. **caballo con ~s, lámpara de ~, potro con ~s.**

arcoíris. M. Fenómeno óptico en forma de arco con los siete colores del espectro, causado por la refracción o reflexión de la luz solar en el agua pulverizada, generalmente perceptible en la lluvia. MORF. pl. invar. *Los arcoíris.*

arcón. M. Arca grande para guardar objetos.

arcontado. M. hist. Forma de gobierno que en Atenas sustituyó a la monarquía, y en la cual, tras varias vicisitudes, el poder supremo residía en nueve arcontes, que cambiaban todos los años.

arconte. M. **1.** hist. Magistrado a quien se confió el gobierno de Atenas a la muerte del rey Codro. || **2.** hist. Cada uno de los nueve que posteriormente se crearon con el mismo fin.

ardeiforme. ADJ. *Zool.* **ciconiforme.** U. t. c. s. f. ORTOGR. En f. pl., escr. con may. inicial c. taxón. *Las Ardeiformes.*

ardentía. F. **1. ardor.** || **2.** Valor, denuedo. || **3. pirosis.** || **4.** Especie de reverberación fosfórica que suele mostrarse en las olas agitadas y a veces en la mar tranquila.

ardentísimo, ma. ADJ. SUP. de **ardiente.**

arder. INTR. **1.** Estar en combustión. *Un tronco arde en la chimenea.* || **2.** Dicho de alguna parte del cuerpo: Experimentar ardor. || **3.** Estar muy agitado por una pasión, un afecto o un sentimiento. *Arder DE, o EN, amor, odio, ira.* || **4.** Dicho del estiércol: Descomponerse, produciendo calor y vapores. || **5.** Dicho de una guerra, de una discordia, etc.: Ser muy vivas y frecuentes. *Arder EN guerras un país.*

ardid. M. Artificio, medio empleado hábil y mañosamente para el logro de algún intento.

ardido, da. ADJ. **1.** Valiente, intrépido, denodado. || **2.** *Am.* Irritado, enojado, ofendido.

ardiente. ADJ. **1.** Que arde. *Brasas ardientes.* || **2.** Que causa ardor o parece que abrasa. *Sed, fiebre ardiente.* || **3.** Apasionado, fogoso, vehemente. *Ardiente romance.* || **4.** poét. De color rojo o de fuego. *Clavel ardiente.* ¶ MORF. sup. irreg. **ardentísimo.** ▢ V. **cámara ~, capilla ~.**

ardilla. F. **1.** Mamífero roedor, de unos 20 cm de largo, de color negro rojizo por el lomo, blanco por el vientre y con cola muy poblada, que dobla hasta sobresalir de la cabeza. Se cría en los bosques, y es muy inquieto, vivo y ligero. || **2.** coloq. Persona viva, inteligente y astuta. || **~ voladora.** F. La que tiene unos pliegues que van de las patas delanteras a las traseras, que le permiten dar saltos muy largos.

ardiloso, sa. ADJ. *Am.* **astuto** (|| agudo, hábil).

ardimiento[1]**.** M. Acción y efecto de arder.

ardimiento[2]**.** M. Valor, denuedo.

ardita. F. *Am. Mer.* **ardilla.**

ardite. M. **1.** Cosa insignificante o de muy poco valor. *No dársele a alguien un ardite.* || **2.** hist. Moneda de poco valor que hubo antiguamente en Castilla.

ardor. M. **1.** Calor grande. || **2.** Sensación de calor o rubor en alguna parte del cuerpo. || **3.** Encendimiento, enardecimiento de los afectos y pasiones. || **4.** Viveza, ansia, anhelo. || **~ de estómago.** M. **acidez** (|| de estómago). || **en el ~ de la batalla, de la disputa,** etc. LOCS. ADVS. En lo más encendido o empeñado de ella.

ardora. F. Fosforescencia del mar que indica la presencia de un banco de sardinas.

ardoroso, sa. ADJ. **1.** Que tiene ardor. *Manos ardorosas.* || **2.** Ardiente, vigoroso, eficaz. *Defensa ardorosa.*

arduidad. F. Cualidad de arduo.

arduo, dua. ADJ. **1.** Muy difícil. *Problemas arduos.* || **2.** Dicho de un terreno: Áspero y fragoso.

área. F. **1.** Espacio de tierra comprendido entre ciertos límites. || **2.** Medida de este espacio. || **3.** Unidad de superficie equivalente a 100 metros cuadrados. (Símb. *a*). || **4.** Espacio en que se produce determinado fenómeno o que se distingue por ciertos caracteres geográficos, botánicos, zoológicos, económicos, etc. || **5. terreno** (|| campo o esfera de acción). || **6. terreno** (|| orden de materia o de ideas de que se trata). || **7.** En determinados juegos, zona marcada delante de la meta, dentro de la cual son castigadas con sanciones especiales las faltas cometidas por el equipo que defiende aquella meta. || **8.** *Geom.* Superficie comprendida dentro de un perímetro. || **9.** *Geom.* Extensión de dicha superficie expresada en una determinada unidad de medida. || **~ de descanso.** F. Zona habilitada para aparcamiento junto a las autopistas y autovías. || **~ de servicio.** F. Zona habilitada junto a las autopistas y autovías, dotada con gasolineras y otras instalaciones de ayuda a los viajeros, como cafeterías, tiendas, etc. ‖ ~ **metropolitana.** F. Unidad territorial dominada por una gran ciudad o metrópoli en cuyo entorno se integran otros núcleos de población, formando una unidad funcional, con frecuencia institucionalizada.

areca. F. **1.** Palma de tronco algo más delgado por la base que por la parte superior y con corteza surcada por multitud de anillos, hojas en forma de ala, hojuelas ensiformes y lampiñas, pecíolos anchos, flores dispuestas en espiga o panoja y fruto del tamaño de una nuez común. ‖ **2.** Fruto de esta planta. Se emplea en tintorería, y sirve en Filipinas para hacer buyo.

arecibeño, ña. ADJ. **1.** Natural de Arecibo. U. t. c. s. ‖ **2.** Perteneciente o relativo a este municipio de Puerto Rico o a su cabeza.

aregüense. ADJ. aregüeño. Apl. a pers., u. t. c. s.

aregüeño, ña. ADJ. **1.** Natural de Areguá. U. t. c. s. ‖ **2.** Perteneciente o relativo a esta ciudad del Paraguay, capital del departamento de Central.

areito. M. hist. Canto y baile de los indios que poblaban las Grandes Antillas.

arena. F. **1.** Conjunto de partículas desagregadas de las rocas, sobre todo si son silíceas, y acumuladas, ya en las orillas del mar o de los ríos, ya en capas de los terrenos de acarreo. U. t. en pl. con el mismo significado que en sing. ‖ **2.** Sitio o lugar del combate o la lucha. ‖ **3.** Ruedo de la plaza de toros. ‖ **4.** pl. Piedras o concreciones pequeñas que se encuentran en la vejiga. ‖ **~s movedizas.** F. **1.** pl. Las que, en las orillas del mar o en los desiertos, desplaza de lugar el viento. ‖ **2.** pl. Las sueltas y mezcladas con gran proporción de agua, por lo que no soportan pesos. ‖ **edificar sobre ~.** LOC. VERB. Denota la inestabilidad y poca duración de algo. ‖ **escribir en la ~.** LOC. VERB. Se usa para dar a entender la poca firmeza o duración en lo que se resuelve o determina. □ V. **banco de ~, granito de ~, grano de ~, reloj de ~, una de cal y otra de ~.**

arenal. M. Extensión grande de terreno arenoso.

arenar. TR. **1.** enarenar. ‖ **2.** Refregar con arena. *Arenar el piso.*

arenero, ra. **I.** M. y F. **1.** Persona que vende arena. ‖ **II.** M. **2.** Caja en que las locomotoras llevan arena para soltarla sobre los carriles y aumentar la adherencia de las ruedas cuando es necesario. ‖ **3.** *Taurom.* Mozo encargado de mantener en condiciones convenientes, durante la lidia, la superficie de arena del redondel.

arenga. F. Discurso pronunciado para enardecer los ánimos.

arengador, ra. ADJ. Que arenga. U. t. c. s.

arengar. INTR. Decir en público una arenga. U. t. c. tr.

arenilla. F. **1.** hist. Arena menuda, generalmente de hierro magnético, que se echaba en los escritos recientes para secarlos y que no se borrasen. ‖ **2.** pl. **cálculos** (‖ concreciones anormales en la vejiga).

arenisca. F. Roca sedimentaria formada por arena de cuarzo cuyos granos están unidos por un cemento silíceo, arcilloso, calizo o ferruginoso que le comunica mayor o menor dureza.

arenisco, ca. ADJ. Que tiene mezcla de arena. *Vaso, ladrillo, terreno arenisco.*

arenoso, sa. ADJ. **1.** Que tiene arena, o abunda en ella. *Terreno arenoso.* ‖ **2.** Que participa de la naturaleza y propiedades de la arena. *Consistencia arenosa.*

arenque. M. Pez teleósteo, fisóstomo, de unos 25 cm de longitud, cuerpo azulado por encima, plateado por el vientre, y con una raya dorada a lo largo del cuerpo en la época de la freza. □ V. **sardina ~.**

areola o **aréola.** F. **1.** *Anat.* Círculo rojizo algo moreno que rodea el pezón del pecho. ‖ **2.** *Med.* Círculo rojizo que limita ciertas pústulas, como en las viruelas.

areolar. ADJ. *Anat.* Perteneciente o relativo a las areolas.

areópago. M. **1.** hist. Tribunal superior de la antigua Atenas. ORTOGR. Escr. con may. inicial. ‖ **2.** Grupo de personas graves a quienes se atribuye predominio o autoridad para resolver ciertos asuntos. U. m. en sent. irón.

arepa. F. Á. Caribe. Especie de pan de forma circular, hecho con maíz ablandado a fuego lento y luego molido, o con harina de maíz cocida previamente, que se cocina sobre un budare o una plancha.

arepita. F. Tortita usada en América, hecha de la masa del maíz, con papelón y queso.

arequipe. M. Á. Caribe. **dulce de leche.**

arequipeño, ña. ADJ. **1.** Natural de Arequipa. U. t. c. s. ‖ **2.** Perteneciente o relativo a este departamento del Perú o a su capital.

arestín. M. Chile. **sarna.**

aretalogía. F. Narración de los hechos prodigiosos de un dios o un héroe.

arete. M. Arillo de metal, casi siempre precioso, que como adorno se lleva atravesado en el lóbulo de cada una de las orejas.

arévaco, ca. ADJ. **1.** hist. Se dice de un pueblo prerromano que habitaba territorios correspondientes a parte de las actuales provincias de Soria y Segovia, o de los individuos pertenecientes a este pueblo. U. t. c. s. ‖ **2.** hist. Perteneciente o relativo a los **arévacos.** *Tradición arévaca.*

arfil. M. Am. **alfil.**

argamasa. F. Mortero hecho de cal, arena y agua, que se emplea en las obras de albañilería.

argamasón. M. Pedazo o conjunto de pedazos grandes de argamasa.

árganas. F. pl. Especie de angarillas, formadas con dos cuévanos o cestos.

arganeo. M. Mar. Argolla de hierro en el extremo superior de la caña del ancla.

árgano. M. Máquina, espesa de grúa, para subir piedras o cosas de mucho peso.

argaña. F. **1.** Conjunto de filamentos de la espiga. ‖ **2.** Hierba mala.

argayo. M. Desprendimiento de tierra y piedras por la ladera de un monte.

argel. ADJ. **1.** Á. guar. Dicho de una persona o de una cosa: Que no tiene gracia ni inspira simpatía. Apl. a pers., u. t. c. s. ‖ **2.** Á. guar. Dicho de un caballo: Mañoso y considerado de mala suerte. U. t. c. s.

argelino, na. ADJ. **1.** Natural de Argelia, país de África. U. t. c. s. ‖ **2.** Natural de Argel, su capital. U. t. c. s. ‖ **3.** Perteneciente o relativo a aquel país o a esta ciudad.

argentado, da. PART. de **argentar.** ‖ ADJ. **1.** Bañado en plata. *Cruz argentada.* ‖ **2.** **plateado** (‖ de color semejante al de la plata). *Atmósfera argentada.*

argentar. TR. **1.** **platear.** ‖ **2.** Dar brillo semejante al de la plata. *La luz argentaba las hojas secas.*

argénteo, a. ADJ. **1.** De plata. *Los hilos argénteos de una filigrana.* ‖ **2.** De brillo como la plata o semejante a ella en alguna de sus cualidades. *Argénteo centelleo.*

argentería. F. **1.** Bordado brillante de plata u oro. ‖ **2.** platería.

argéntico, ca. ADJ. *Quím.* Se dice de los óxidos y sales de plata.

argentífero, ra. ADJ. Que contiene plata. *Mineral argentífero.*

argentinidad. F. Cualidad de lo que es peculiar de la República Argentina.

argentinismo. M. Locución, giro o modo de hablar propio de los argentinos.

argentino¹, na. ADJ. **1.** Natural de la Argentina. U. t. c. s. ‖ **2.** Perteneciente o relativo a este país de América.

argentino², na. ADJ. **1.** argénteo. *Brillo argentino.* ‖ **2.** Que suena como la plata o de manera semejante. *Timbre argentino. Risa argentina.*

argentita. F. *Quím.* Sulfuro de plata natural, de color gris de plomo, que constituye una mena importante de la plata.

argento. M. poét. **plata** (‖ metal de color blanco).

argivo, va. ADJ. **1.** hist. Natural de Argos, ciudad de Grecia. U. t. c. s. ‖ **2.** hist. Natural de la Argólida, provincia de Grecia. U. t. c. s. ‖ **3.** hist. Perteneciente o relativo a aquella ciudad o a esta provincia.

argolla. F. **1.** Aro grueso, generalmente de hierro, que, debidamente sujeto, sirve para amarre o de asidero. ‖ **2.** Juego cuyo principal instrumento es una argolla de hierro que, con una espiga o punta aguda que tiene, se clava en la tierra de modo que pueda moverse fácilmente alrededor, y por la cual se han de hacer pasar unas bolas de madera que se impelen con palas cóncavas. ‖ **3.** *Am.* Anillo de matrimonio que es simplemente un aro. ‖ **4.** *Á. Andes.* **camarilla.** ‖ **5.** *Á. Caribe.* Pendiente en forma de aro. ‖ **6.** pl. *Dep.* **anillas** (‖ aparato). ‖ **7.** pl. *Dep.* **anillas** (‖ modalidad de gimnasia).

árgoma. F. **1.** aulaga. ‖ **2.** brezo.

argomal. M. Terreno poblado de árgomas.

argón. M. Elemento químico de núm. atóm. 18. Gas abundante en la atmósfera y en las emanaciones volcánicas que, como todos los gases nobles, es químicamente inactivo. Se usa en el llenado de bombillas, la industria metalúrgica y la tecnología nuclear. (Símb. *Ar*).

argonauta. M. Cada uno de los héroes griegos que, según la mitología, fueron a Colcos en la nave Argos a la conquista del vellocino de oro.

argos. M. Persona muy vigilante.

argot. M. **1.** Jerga, jerigonza. ‖ **2.** Lenguaje especial entre personas de un mismo oficio o actividad. ¶ MORF. pl. **argots.**

argucia. F. Sutileza, sofisma, argumento falso presentado con agudeza.

árguenas. F. **1.** pl. alforjas. ‖ **2.** pl. *Chile.* árganas.

argüende. M. *Méx.* chismorreo.

argüendear. INTR. *Méx.* chismorrear.

argüendero, ra. ADJ. *Méx.* chismoso.

argüir. I. TR. **1.** Aducir, alegar, dar argumentos a favor o en contra de alguien o algo. *Argüía que no había llegado a entrar.* U. t. c. intr. ‖ **2.** Descubrir, probar, dejar ver con claridad las cosas que son indicio y prueba de otras. *Su comportamiento arguye un carácter sanguíneo.* ‖ **II.** INTR. **3.** Disputar impugnando la sentencia u opinión ajena. *Siempre argüían con habilidad.* ¶ MORF. conjug. c. *construir.*

argumentación. F. **1.** Acción de argumentar. ‖ **2.** argumento (‖ para convencer).

argumentador, ra. ADJ. Que argumenta. U. t. c. s.

argumental. ADJ. Perteneciente o relativo al argumento. *Hilo argumental.*

argumentar. I. TR. **1.** argüir (‖ descubrir, probar). ‖ **II.** INTR. **2.** Aducir, alegar, poner argumentos. U. t. c. tr. y menos c. prnl. ‖ **3.** Disputar, discutir, impugnar una opinión ajena. U. t. c. prnl.

argumentativo, va. ADJ. Propio o característico de la argumentación o del argumento. *Texto argumentativo.*

argumentista. COM. **1.** argumentador. ‖ **2.** Autor de argumentos para el cine, la radio o la televisión.

argumento. M. **1.** Razonamiento para probar o demostrar una proposición, o para convencer de lo que se afirma o se niega. ‖ **2.** Resumen del asunto de una obra literaria o cinematográfica o de cada una de sus partes. ‖ **3.** *Gram.* Cada una de las funciones semánticas o sintácticas que corresponden a un predicado. ‖ **~ ad hóminem.** M. *Fil.* El que se funda en las opiniones o actos de la misma persona a quien se dirige, para combatirla o tratar de convencerla. ‖ **~ de autoridad.** M. El que se funda en el prestigio y crédito de otra persona, en lugar de recurrir a hechos o razones. ‖ **~ ontológico.** M. *Fil.* El empleado por san Anselmo para demostrar a priori la existencia de Dios, partiendo de la idea que tenemos del Ser perfectísimo.

aria. F. Composición musical sobre cierto número de versos para que la cante una sola voz.

ariano, na. ADJ. *Á. R. Plata.* Dicho de una persona: Nacida bajo el signo zodiacal de Aries. U. t. c. s.

aricado. M. Acción y efecto de aricar.

aricar. TR. Dar a los sembrados, cuando ya tienen bastantes raíces, una labor que consiste en romper la costra del terreno con azadilla, grada o rastra, a través de los surcos que se abrieron para sembrar el grano.

aricoma. F. *Á. Andes.* Tubérculo algo mayor que la patata, que se come crudo.

aridecer. TR. Hacer árido algo. U. t. c. intr. y c. prnl. MORF. conjug. c. *agradecer.*

aridez. F. Cualidad de árido.

árido, da. I. ADJ. **1.** Seco, estéril, de poco jugo y humedad. *Terrenos áridos. Clima árido.* ‖ **2.** Falto de amenidad. *Asunto, estilo árido.* ‖ **II.** M. **3.** pl. Granos, legumbres y otros frutos secos a que se aplican medidas de capacidad. ‖ **4.** pl. Materiales rocosos naturales, como las arenas o las gravas, empleados en las argamasas.

arienzo. M. hist. Cierta moneda antigua de Castilla.

aries. ADJ. Dicho de una persona: Nacida bajo el signo zodiacal de Aries. *Yo soy aries, ella es piscis.* U. t. c. s.

arieta. F. Aria breve.

ariete. M. **1.** hist. Máquina militar que se empleaba para batir murallas, consistente en una viga larga y muy pesada, uno de cuyos extremos estaba reforzado con una pieza de hierro o bronce, labrada, por lo común, en forma de cabeza de carnero. ‖ **2.** En el fútbol, delantero centro.

arillo. M. arete.

arilo. M. *Bot.* Envoltura, casi siempre carnosa y de colores vivos, que tienen algunas semillas, como las del tejo.

ario, ria. ADJ. **1.** Se dice del individuo perteneciente a un pueblo de estirpe nórdica, supuestamente formado por los descendientes de los antiguos indoeuropeos.

U. t. c. s. ‖ **2.** Perteneciente o relativo a los arios. *Mitos arios.* ‖ **3. indoeuropeo** (‖ raza y lengua). U. t. c. s. m.

ariqueño, ña. ADJ. **1.** Natural de Arica. U. t. c. s. ‖ **2.** Perteneciente o relativo a esta provincia de Chile o a su capital.

arísaro. M. Planta perenne de la familia de las Aráceas, herbácea, con hojas radicales, grandes, gruesas, acorazonadas y de color verde claro, entre las que nace un bohordo de unos 20 cm, con espata blanquecina, cerrada en la base y en forma de capucha por arriba, para envolver flores masculinas y femeninas, separadas y desprovistas de cáliz y corola. Toda la planta es viscosa, de mal olor y muy acre, pero, después de cocida, se come, sobre todo la raíz, de la que se extrae abundante fécula.

ariscarse. PRNL. Enojarse, ponerse arisco.

arisco, ca. ADJ. Dicho de una persona o de un animal: Ásperos, intratables.

arisquear. INTR. *Á. R. Plata.* Mostrarse indócil, arisco.

arista. F. **1.** *Geom.* Línea que resulta de la intersección de dos superficies, considerada por la parte exterior del ángulo que forman. ‖ **2.** Filamento áspero del cascabillo que envuelve el grano de trigo y el de otras plantas gramíneas.

aristado, da. ADJ. Que tiene aristas. *Adoquines aristados.*

aristarco. M. Crítico entendido, pero excesivamente severo.

aristocracia. F. **1.** Clase noble de una nación, de una provincia, etc. ‖ **2.** Clase que sobresale entre las demás por alguna circunstancia. *Aristocracia del saber. Aristocracia del dinero.* ‖ **3.** hist. En ciertas épocas, ejercicio del poder político por una clase privilegiada, generalmente hereditaria.

aristócrata. COM. Miembro de la aristocracia.

aristocrático, ca. ADJ. **1.** Perteneciente o relativo a la aristocracia. *Estirpe aristocrática.* ‖ **2.** Fino, distinguido. *Porte aristocrático.*

aristocratizar. TR. Dar o infundir carácter aristocrático a alguien o algo. U. t. c. prnl.

aristoloquia. F. Planta herbácea de la familia de las Aristoloquiáceas, con raíz fibrosa, tallos tenues y ramosos, de unos cuatro decímetros de largo, hojas acorazonadas, flores amarillas y fruto esférico y coriáceo. ‖ ~ **hembra.** F. aristoloquia redonda. ‖ ~ **larga,** o ~ **macho.** F. La de raíz fusiforme, hojas pecioladas y flores oscuras y fruto en forma de pera. ‖ ~ **redonda.** F. La de raíz redonda, hojas pecioladas y flores de color pardo amarillento.

aristoloquiáceo, a. ADJ. *Bot.* Se dice de las hierbas, de las matas o de los arbustos angiospermos dicotiledóneos, con leño no dividido en zonas, tallo nudoso, hojas alternas de pecíolos ensanchados, flores por lo común solitarias, situadas en las axilas de las hojas, frutos capsulares y raras veces parecidos a una baya y semillas en gran número con albumen carnoso o casi córneo; p. ej., la aristoloquia. U. t. c. s. f. ORTOGR. En f. pl., escr. con may. inicial c. taxón. *Las Aristoloquiáceas.*

aristón. M. Instrumento musical de manubrio.

aristotélico, ca. ADJ. **1.** Perteneciente o relativo a Aristóteles, filósofo griego. *Sistema aristotélico. Doctrina aristotélica.* ‖ **2.** Conforme a la doctrina de Aristóteles. *Concepción aristotélica.* ‖ **3.** Partidario de esta doctrina. U. t. c. s.

aristotelismo. M. **1.** Conjunto de las doctrinas de Aristóteles, filósofo griego. ‖ **2.** Tendencia de diversas escuelas posteriores cuyo punto de partida es el pensamiento aristotélico.

aritenoides. ADJ. *Anat.* Se dice de cada uno de los dos cartílagos situados en la parte posterior de la laringe, que se articulan por su base con el cartílago cricoides. U. t. c. s. m.

aritmética. F. Parte de las matemáticas que estudia los números y las operaciones hechas con ellos.

aritmético, ca. ADJ. *Mat.* Perteneciente o relativo a la aritmética. □ V. **cálculo** ~, **media** ~, **progresión** ~, **razón** ~.

arlequín. M. **1.** Persona cuyo vestido en un espectáculo o fiesta remeda el de Arlequín, personaje de la comedia del arte, que llevaba mascarilla negra y traje de cuadros o rombos de distintos colores. ‖ **2.** Gracioso o bufón de algunas compañías de volatineros. ‖ **3.** Cada uno de los dos bastidores verticales que, en cada lateral, definen con la bambalina la embocadura del escenario en los teatros.

arlequinada. F. Acción o ademán ridículo, como los de los arlequines.

arlo. M. **agracejo** (‖ arbusto berberidáceo).

arma. F. **1.** Instrumento, medio o máquina destinados a atacar o a defenderse. ‖ **2.** Medio que sirve para conseguir algo. *No tengo más arma que la verdad.* U. m. en pl. ‖ **3.** *Mil.* Cada uno de los institutos combatientes de una fuerza militar. *El arma de infantería. El arma de caballería. El arma de artillería.* ‖ **4.** pl. Tropas o ejércitos de un Estado. *Las armas de España. Las armas de los países aliados.* ‖ **5.** pl. Defensas naturales de los animales. ‖ **6.** pl. Milicia o profesión militar. ‖ **7.** pl. Hechos de armas, hazañas guerreras. ‖ **8.** pl. *Heráld.* Figuras del escudo. ‖ **9.** pl. *Heráld.* **escudo de armas.** ‖ ~ **acorazada.** F. Conjunto de las unidades acorazadas de un ejército de tierra. ‖ ~ **aérea.** F. Conjunto de la Aviación militar y naval. ‖ ~ **antiaérea.** F. La destinada a combatir aeronaves. ‖ ~ **arrojadiza.** F. La que se lanza con la mano. U. t. en sent. fig. *Utilizaron las pensiones como arma arrojadiza en la campaña electoral.* ‖ ~ **atómica.** F. arma nuclear. ‖ ~ **automática.** F. La de fuego en la cual el ciclo completo de cargar, amartillar, disparar y extraer es completamente mecánico. ‖ ~ **blanca.** F. La ofensiva de hoja de hierro o de acero, como la espada. ‖ ~ **corta.** F. arma de fuego diseñada para ser empleada normalmente con una sola mano, y sin apoyo en ninguna otra parte del cuerpo. ‖ ~ **de doble filo,** o ~ **de dos filos.** F. **1.** La blanca que tiene filo por ambos bordes de la hoja. ‖ **2.** Aquello que al ser empleado o realizado puede dar un resultado contrario al que se persigue. ‖ ~ **defensiva.** F. arma blanca o de fuego de escaso alcance que se emplea sobre todo para la propia defensa. ‖ ~ **de fuego.** F. Aquella en que el disparo se verifica mediante la pólvora u otro explosivo. ‖ ~ **de percusión.** F. La de fuego cebada con mixto fulminante, cuya explosión se produce por golpe. ‖ ~ **de precisión.** F. La de fuego construida de modo que su tiro es más certero que el de las ordinarias. ‖ ~ **de puño.** F. La que consiste en una hoja de hierro y acero con punta y corte y un mango proporcionado para empuñarlo con una sola mano. ‖ ~ **larga.** F. arma de fuego diseñada para ser empleada normalmente con ambas manos y apoyada sobre el hombro del tirador. ‖ ~ **ligera.** F. La blanca corta, la de fuego manejable con una sola mano y todas las transportables sin auxilio de tracción animal o de motor. ‖ **~ naval.** F. La que se encuentra en dotación en buques de guerra. ‖ **~ negra.** F. Espada, florete u otra **arma** semejante de hierro ordinario, sin filo y con un botón en la punta, con que se aprende la esgrima en las escuelas. ‖ **~ nuclear.** F. **1.** La que produce una explosión nuclear. ‖ **2.** La que utiliza proyectiles de explosión nuclear. ‖ **~ pesada.** F. La de fuego que exige ganado o empleo de motores para su transporte. ‖ **~ semiautomática.** F. La de fuego en la que todas las operaciones son automáticas, con excepción del disparo, que ha de accionarse por el agente. ‖ **~s blancas.** F. pl. *Heráld.* hist. Las que llevaba el caballero novel, sin empresa en el escudo hasta que por su esfuerzo la ganase. ‖ **~s parlantes.** F. pl. *Heráld.* Las que representan un objeto de nombre igual o parecido al de la persona o Estado que las usa, como las de León, Castilla, Granada, etc. ‖ **al ~, o a las ~s.** LOCS. INTERJS. Se usan para prevenir a los soldados que tomen prontamente las **armas.** ‖ **alzarse en ~s.** LOC.VERB. Alzarse en sedición, sublevarse. ‖ **con las ~s en la mano.** LOC.ADV. Estando armado y dispuesto para hacer la guerra. ‖ **de ~s tomar.** LOC.ADJ. **1.** Dicho de una persona: **de cuidado.** ‖ **2.** Dicho de una persona: Que muestra bríos y resolución para acometer empresas arriesgadas. ‖ **dejar las ~s.** LOC.VERB. Retirarse del servicio militar. ‖ **descansar las ~s, o sobre las ~s,** los soldados. LOCS.VERBS. *Mil.* Aliviarse del peso de ellas apoyándolas en el suelo. ‖ **entregar las ~s.** LOC. VERB. **rendir las armas.** ‖ **estar** un pueblo o gente **en ~, o en ~s.** LOCS.VERBS. Estar alterado con guerras civiles. ‖ **hacer ~s.** LOC.VERB. **1.** Pelear con **armas,** hacer guerra. ‖ **2.** Amenazar **arma** en mano. ‖ **llegar a las ~s.** LOC.VERB. Llegar a reñir o pelear. ‖ **pasar** a alguien **por las ~s.** LOC.VERB. *Mil.* Fusilarlo. ‖ **poner, o ponerse, en ~s.** LOCS.VERBS. Armar o apercibir para combatir. ‖ **presentar ~s** la tropa. LOC.VERB. *Mil.* Rendir honores militares con las **armas** a quienes por la ordenanza corresponden. ‖ **rendir ~s.** LOC.VERB. *Mil.* Hacer los honores a la eucaristía, hincando la rodilla derecha e inclinando las **armas** y el cuerpo. ‖ **rendir las ~s** la tropa. LOC. VERB. *Mil.* Entregar sus **armas** al enemigo, reconociéndose vencida. ‖ **tomar ~s, o las ~s.** LOCS.VERBS. **armarse** (‖ proveerse de armas para la lucha). ‖ **tomar** alguien **las ~s contra** otra persona. LOC.VERB. Declararse su contrario y hacerle guerra como a enemigo. ‖ **velar las ~s** el que había de ser armado caballero. LOC.VERB. hist. Guardarlas, haciendo centinela por la noche cerca de ellas, sin perderlas de vista. ‖ **y ~s al hombro.** EXPR. Se usa para dar a entender que alguien se desentiende de algo. □ V. **escudo de ~s, hecho de ~s, maestro de ~s, paje de ~s, plaza de ~s, rey de ~s, suspensión de ~s.**

armada. F. **1.** Conjunto de fuerzas navales de un Estado. ORTOGR. Escr. con may. inicial. ‖ **2. escuadra** (‖ conjunto de buques de guerra). ‖ **3.** *Cineg.* Línea de cazadores que acechan a las reses espantadas en la batida. ‖ **4.** *Am. Mer.* Forma en que se dispone el lazo para lanzarlo. □ V. **fuerzas ~s.**

armadía. F. Conjunto de vigas o maderos unidos con otros en forma plana, para poderlos conducir fácilmente a flote.

armadijo. M. **trampa** (‖ para cazar animales).

armadillo. M. Mamífero del orden de los Desdentados, con algunos dientes laterales. El cuerpo, que mide de tres a cinco decímetros de longitud, está protegido por un caparazón formado de placas óseas cubiertas por escamas córneas, las cuales son móviles, de modo que el animal puede arrollarse sobre sí mismo. Todas las especies son propias de América Meridional.

armado, da. PART. de **armar.** ‖ **I.** ADJ. **1.** Provisto de armas. *Grupo, asaltante armado.* ‖ **2.** Que se desarrolla con la utilización de las armas. *Insurrección armada.* ‖ **3.** Provisto de un instrumento o utensilio. *El jardinero apareció armado con la podadera.* ‖ **4.** Dicho del cemento o del hormigón: Reforzado con barras metálicas. ‖ **II.** M. **5.** *Á. guar.* Pez de agua dulce, de hasta 70 cm de longitud, con aletas dorsal y pectorales muy robustas, cuerpo oscuro desprovisto de escamas y carne comestible. □ V. **brazo ~.**

armador, ra. I. M. y F. **1.** Persona que arma un mueble o un artefacto. ‖ **II.** M. **2.** Persona o empresa que arma o dota un barco para su explotación comercial. U. t. c. adj.

armadora. F. Empresa que arma o dota un barco para su explotación comercial.

armadura. F. **1. armazón.** ‖ **2.** hist. Conjunto de piezas de hierro con que se cubría el cuerpo el guerrero para su protección durante el combate. ‖ **3.** *Arq.* Conjunto de piezas de madera o de hierro, que, ensambladas, sirve de soporte a la cubierta de un edificio. □ V. **cuchillo de ~.**

armaduría. F. *Chile.* Taller que trabaja para una fábrica en el montaje de las piezas de aparatos o máquinas.

armamentismo. M. Actitud que pretende aumentar considerablemente el armamento de un país y perfeccionarlo.

armamentista. ADJ. **1.** Perteneciente o relativo a la industria de armas de guerra. *Investigaciones armamentistas.* ‖ **2.** Partidario de la política de armamentos. U. t. c. s.

armamentístico, ca. ADJ. Perteneciente o relativo al armamento.

armamento. M. **1.** Conjunto de todo lo necesario para la guerra. ‖ **2.** Conjunto de armas de todo género para el servicio de un cuerpo militar. ‖ **3.** Conjunto de armas de un soldado. ‖ **4.** Equipo y provisión de un buque para el servicio a que se le destina.

armañac. M. Aguardiente de uva originario de Francia, muy parecido al coñac. MORF. pl. **armañacs.**

armar. I. TR. **1.** Vestir o poner a alguien armas ofensivas o defensivas. U. t. c. prnl. ‖ **2.** Proveer de armas. *Armar a la guerrilla.* U. t. c. prnl. ‖ **3.** Aprestar ciertas armas, como la ballesta o el arco, para disparar. ‖ **4.** Concertar y juntar entre sí las distintas piezas de que se compone un mueble, un artefacto, etc. *Armar una cama, una máquina.* ‖ **5.** Sentar, fundar algo sobre otra cosa. *Armar una hipótesis.* ‖ **6.** Dicho de los pasamaneros o de quienes reducen el oro a hilo: Poner aquel metal o la plata sobre otro metal. *Oro armado sobre cobre.* ‖ **7.** coloq. Disponer, fraguar, formar algo. *Armar un baile, un lío.* U. t. c. prnl. *Armarse una tempestad.* ‖ **8.** coloq. Mover, causar un pleito, una riña, un escándalo, etc. U. t. c. prnl. ‖ **9.** *Mar.* Proveer a una embarcación de todo lo necesario para su explotación comercial. ‖ **II.** PRNL. **10.** Ponerse voluntaria y deliberadamente en disposición de ánimo eficaz para lograr algún fin o resistir alguna contrariedad. *Armarse de valor. Armarse de paciencia.* ‖ **~la.** LOC.VERB. coloq. Promover riña o alboroto. □ V. **carpintero de ~.**

armario. M. **1.** Mueble con puertas y anaqueles o perchas para guardar ropa y otros objetos. ‖ **2. armario empotrado.** ‖ ~ **empotrado.** M. El construido en el grueso de un muro o hueco de una pared.

armatoste. M. **1.** despect. Objeto grande y de poca utilidad. ‖ **2.** Armazón de madera. ‖ **3.** coloq. Persona corpulenta que no sirve para nada.

armatroste. M. *Méx.* **armatoste** (‖ objeto grande).

armazón. AMB. Pieza o conjunto de piezas unidas que presta estructura o sostén a algo.

armella. F. Anillo de hierro u otro metal que suele tener una espiga o tornillo para fijarlo.

armenio, nia. I. ADJ. **1.** hist. Natural de Armenia, antigua región del Cáucaso. U. t. c. s. ‖ **2.** Natural de Armenia, país de Europa. U. t. c. s. ‖ **3.** Natural de Armenia, ciudad de Colombia, capital del departamento de Quindío. U. t. c. s. ‖ **4.** Perteneciente o relativo a aquella región del Cáucaso, a ese país de Europa o a esta ciudad de Colombia. ‖ **II. 5.** Lengua **armenia.**

armería. F. **1.** Tienda en que se venden armas. ‖ **2.** Edificio o sitio en que se guardan diferentes géneros de armas para curiosidad o estudio. ‖ **3.** Arte de fabricar armas. ‖ **4.** pl. Escudo de armas, emblema heráldico.

armero, ra. I. M. y F. **1.** Fabricante de armas. ‖ **II.** M. **2.** Vendedor o componedor de armas. ‖ **3.** Encargado de custodiar y tener limpias las armas. ‖ **4.** Aparato de madera para tener las armas en los puestos militares y otros puntos.

armilar. □ V. **esfera** ~.

armilla. F. *Arq.* **espira** (‖ de la columna).

armiño. M. **1.** Mamífero del orden de los Carnívoros, de unos 25 cm de largo, sin contar la cola, que tiene ocho, poco más o menos, de piel muy suave y delicada, parda en verano y blanquísima en invierno, exceptuada la punta de la cola, que es siempre negra. ‖ **2.** Piel de este mamífero. ‖ **3.** Cosa pura o limpia. ‖ **4.** *Heráld.* Figura convencional, a manera de mota negra y larga, sobre campo de plata, que quiere representar la punta de la cola de un **armiño.**

armisticio. M. Suspensión de hostilidades pactada entre pueblos o ejércitos beligerantes.

armón. M. Juego delantero de la cureña de campaña, con el cual se completa un carruaje de cuatro ruedas para mayor facilidad en la conducción, y se separa cuando la pieza ha de hacer fuego.

armonía. F. **1.** Unión y combinación de sonidos simultáneos y diferentes, pero acordes. ‖ **2.** Variedad bien concertada y grata de sonidos, medidas y pausas que resulta en la prosa o en el verso por la adecuada combinación de las sílabas, voces y cláusulas empleadas en él. ‖ **3.** Proporción y correspondencia convenientes de unas cosas con otras en el conjunto que componen. ‖ **4.** Amistad y buena correspondencia. ‖ **5.** *Mús.* Arte de formar y enlazar los acordes. □ V. **tabla de** ~.

armónica. F. *Mús.* Instrumento provisto de una serie de orificios con lengüeta, que se toca soplando o aspirando por estos orificios.

armónico, ca. I. ADJ. **1.** Perteneciente o relativo a la armonía. *Instrumento armónico. Composición armónica.* ‖ **2.** Que tiene armonía. *El plan pretende el desarrollo armónico de la ciudad.* ‖ **II.** M. **3.** *Fís.* En una onda periódica, cualquiera de sus componentes sinusoidales, cuya frecuencia sea un múltiplo entero de la frecuencia fundamental. ‖ **4.** *Mús.* Sonido agudo que se produce naturalmente por la resonancia de otro fundamental, como en los instrumentos de cuerda cuando se apoya con mucha suavidad el dedo sobre los nodos de la cuerda. □ V. **proporción** ~, **razón** ~.

armonio. M. Órgano pequeño, con la forma exterior del piano, y al cual se da el aire por medio de un fuelle que se mueve con los pies.

armonioso, sa. ADJ. **1.** Sonoro y agradable al oído. *Melodías armoniosas.* ‖ **2.** Que tiene armonía o correspondencia entre sus partes. *Conjunto arquitectónico armonioso.*

armónium. M. armonio.

armonización. F. Acción y efecto de armonizar.

armonizador, ra. ADJ. Que armoniza. Apl. a pers., u. t. c. s.

armonizar. I. TR. **1.** Poner en armonía, o hacer que no discuerden o se rechacen dos o más partes de un todo, o dos o más cosas que deben concurrir al mismo fin. *Armonizar realismo y aventura.* ‖ **2.** *Mús.* Escoger y escribir los acordes correspondientes a una melodía o a un bajete. ‖ **II.** INTR. **3.** Estar en armonía. *Armoniza con su entorno.*

armoricano, na. ADJ. **1.** hist. Natural de Armórica. U. t. c. s. ‖ **2.** hist. Perteneciente o relativo a este antiguo país, hoy Bretaña francesa.

armuelle. M. **1.** Planta anual de la familia de las Quenopodiáceas, de un metro de altura, con hojas triangulares, recortadas o arrugadas por su margen, flores en espiga, muy pequeñas y de color verde amarillento, y semilla negra y dura. En algunos lugares la cultivan y la comen cocida. ‖ **2. bledo.** ‖ **3. orzaga.**

ARN. (Sigla). M. *Bioquím.* **ácido ribonucleico.** MORF. pl. invar. *Los ARN.*

arnadí. M. Dulce hecho al horno con calabaza y boniato y relleno de piñones, almendras, nueces, etc. MORF. pl. **arnadíes** o **arnadís.**

arnés. M. **1.** Armazón provisto de correas y hebillas que se ata al cuerpo y sirve para sujetar o transportar algo o a alguien. ‖ **2.** hist. Conjunto de armas que se acomodaban al cuerpo, asegurándolas con correas y hebillas. ‖ **3.** pl. Guarniciones de las caballerías. ¶ MORF. pl. **arneses.**

árnica. F. **1.** Planta de la familia de las Compuestas, de raíz perenne, tallo de unos tres decímetros de altura, hueco, velloso y áspero, ramas colocadas de dos en dos, simples, derechas, desnudas y con una flor terminal amarilla, hojas aovadas y semejantes a las del llantén, ásperas por encima y lampiñas por el envés, y semillas de color pardo, con un vilano que las rodea. Las flores y la raíz tienen sabor acre, aromático y olor fuerte, que hace estornudar. Se emplea en medicina. ‖ **2.** Tintura de árnica. ‖ **pedir** ~. LOC.VERB. Solicitar compasión, explícita o implícitamente, al sentirse inferior en ideas o acciones.

aro[1]**.** M. **1.** Pieza de hierro o de otra materia rígida, en forma de circunferencia. ‖ **2.** aro que los niños hacen rodar valiéndose de un palo o de un alambre. ‖ **3. arete.** ‖ **4.** *Dep.* Aparato de gimnasia que consiste en una anilla ligera de madera o de plástico. ‖ **5.** *Dep.* Modalidad de gimnasia rítmica que se practica con dicho aparato. ‖ **6.** *Á. Andes* y *Á. Caribe.* Anillo de compromiso. ‖ **entrar,** o **pasar,** alguien **por el** ~. LOCS.VERBS. coloqs. Hacer, vencido por fuerza o maña de otro, lo que no quería.

aro[2]**.** M. Planta perenne de la familia de las Aráceas, cuya raíz es un tubérculo feculento, de la cual salen las hojas, que son lisas, grandes, con forma de saeta y de color verde oscuro manchado a veces de negro. Tiene bohordo central, de tres a cuatro decímetros de altura, con espata larga y amarillenta que envuelve flores sin cáliz ni corola, espádice purpúreo prolongado en forma de maza, y frutos del color y tamaño de la grosella.

aro³. INTERJ. Á. *Andes* y *Chile.* Se usa para que se suspenda el baile y que los bailarines tomen una copa o canten una copla entrecruzando los brazos.

aroma. I. M. **1.** Perfume, olor muy agradable. U. t. en sent. irón. *Menudo aroma sueltan esos calcetines.* ‖ **II.** F. **2.** Flor del aromo, dorada, vellosa, de olor muy fragante, pedunculada y de unos dos centímetros de diámetro.

aromar. TR. **aromatizar.**

aromaterapia. F. Utilización médica de los aceites esenciales.

aromaticidad. F. **1.** Cualidad de aromático. ‖ **2.** *Quím.* Propiedad de las estructuras cíclicas, no saturadas, cuya estabilidad es superior a la de las estructuras de cadena abierta con igual número de enlaces múltiples.

aromático, ca. ADJ. **1.** Que tiene **aroma** (‖ olor agradable). ‖ **2.** *Quím.* Se dice de las moléculas cíclicas, no saturadas, cuya estabilidad es superior a la de las estructuras de cadena abierta con igual número de enlaces múltiples. ☐ V. **alcohol ~, cálamo ~.**

aromatización. F. **1.** Acción y efecto de aromatizar. ‖ **2.** *Quím.* Proceso, de interés especial en la química del petróleo, por el que un compuesto alifático se transforma en otro aromático.

aromatizante. M. Sustancia que se añade a algunos productos para darles olor. U. t. c. adj.

aromatizar. TR. Dar o comunicar aroma a algo.

aromo. M. Árbol de la familia de las Mimosáceas, especie de acacia, que crece hasta 17 m en climas cálidos, con ramas espinosas, hojas compuestas, y por frutos vainas fuertes y curvadas. Su flor es la aroma.

aromoso, sa. ADJ. **aromático.**

arpa. F. Instrumento musical de forma triangular, con cuerdas colocadas verticalmente y que se tocan con ambas manos.

arpado, da. ADJ. Que remata en dientes pequeños como de sierra. *Hojas arpadas.*

arpadura. F. Arañazo o rasguño.

arpegiar. INTR. *Mús.* Hacer arpegios. MORF. conjug. c. *anunciar.*

arpegio. M. *Mús.* Sucesión más o menos acelerada de los sonidos de un acorde.

arpía. F. **1.** Ave fabulosa, con rostro de mujer y cuerpo de ave de rapiña. ‖ **2.** coloq. Mujer aviesa.

arpillera. F. Tejido por lo común de estopa muy basta, con que se cubren determinadas cosas para defenderlas del polvo y del agua.

arpista. COM. Músico que toca el arpa.

arpón. M. Instrumento, empleado generalmente para capturar cetáceos, que se compone de un astil de madera armado por uno de sus extremos con una punta de hierro que sirve para herir o penetrar, y de otras dos que miran hacia el astil y hacen presa.

arponado, da. PART. de **arponar.** ‖ ADJ. Parecido al arpón. *Aguijón arponado.*

arponar. TR. Herir con arpón.

arponear. I. TR. **1.** Cazar o pescar con arpón. ‖ **II.** INTR. **2.** Manejar el arpón con destreza.

arponero. M. Pescador o cazador con arpón.

arqueada. F. **arcada².**

arqueamiento. M. **arqueo¹.**

arquear¹. I. TR. **1.** Dar forma de arco. U. t. c. prnl. ‖ **II.** INTR. **2.** Tener náuseas.

arquear². TR. Medir la cabida de una embarcación.

arqueo¹. M. Acción y efecto de **arquear¹.**

arqueo². M. **1.** Acción de **arquear².** ‖ **2.** Cabida de una embarcación.

arqueo³. M. Reconocimiento de los caudales y papeles que existen en la caja de una casa, oficina o corporación.

arqueobacteria. F. *Biol.* Microorganismo unicelular procarionte, con ARN ribosómico y pared celular especiales, que se encuentra en ambientes extremos, como temperatura y salinidad elevadas o anaerobiosis estricta, y es evolutivamente más antigua que las bacterias.

arqueolítico, ca. ADJ. Perteneciente o relativo a la Edad de Piedra.

arqueología. F. Ciencia que estudia lo que se refiere a las artes, a los monumentos y a los objetos de la antigüedad, especialmente a través de sus restos.

arqueológico, ca. ADJ. **1.** Perteneciente o relativo a la arqueología. *Descubrimientos arqueológicos.* ‖ **2.** Antiguo, desusado, sin importancia actual. *Un automóvil casi arqueológico.*

arqueólogo, ga. M. y F. Persona que profesa la arqueología.

arquería. F. Serie de arcos.

arquero, ra. I. M. y F. **1.** Deportista que practica el tiro con arco. ‖ **2. portero** (‖ jugador que defiende la portería). ‖ **II.** M. **3.** hist. Soldado que peleaba con arco y flechas.

arqueta. F. **1.** Casilla o depósito para recibir el agua y distribuirla. ‖ **2.** Arca o caja pequeña, hecha con materiales nobles, en la que se guardan reliquias, tesoros u otros objetos de valor.

arquetípico, ca. ADJ. Perteneciente o relativo al arquetipo. *Imagen arquetípica.*

arquetipo. M. **1.** Modelo original y primario en un arte u otra cosa. ‖ **2.** *Ecd.* Punto de partida de una tradición textual. ‖ **3.** *Psicol.* Representación que se considera modelo de cualquier manifestación de la realidad. ‖ **4.** *Psicol.* Conjunto de imágenes o esquemas congénitos con valor simbólico que forma parte del inconsciente colectivo.

arquibanco. M. Banco largo con respaldo o sin él y uno o más cajones a modo de arcas, cuyas tapas sirven de asiento.

arquidiócesis. F. Provincia eclesiástica integrada por varias diócesis y presidida por el arzobispo de la sede metropolitana.

arquimesa. F. Mueble con tablero de mesa y varios compartimentos o cajones.

arquíptero. ADJ. *Zool.* Se dice de los insectos con aparato bucal apto para la masticación, metamorfosis sencillas o complicadas, parásitos o de vida libre, con cuatro alas membranosas y reticulares, cuyas larvas son acuáticas y zoófagas en muchas especies; p. ej., el caballito del diablo. U. t. c. s. m. ORTOGR. En m. pl., escr. con may. inicial c. taxón. *Los Arquípteros.*

arquitecto, ta. M. y F. Persona que profesa o ejerce la arquitectura. ‖ **~ técnico, ca.** M. y F. **aparejador.** ☐ V. **doctor ~.**

arquitectónico, ca. ADJ. Perteneciente o relativo a la arquitectura.

arquitectura. F. Arte de proyectar y construir edificios. ‖ ~ **civil.** F. Arte de construir edificios y monumentos públicos y particulares no religiosos. ‖ ~ **hidráulica.** F. Arte de conducir y aprovechar las aguas, o de construir obras debajo de ellas. ‖ ~ **militar.** F. Arte de fortificar. ‖ ~ **naval.** F. Arte de construir embarcaciones. ‖ ~ **religiosa.** F. Arte de construir templos, monasterios, sepulcros y otras obras de carácter religioso.

arquitectural. ADJ. **arquitectónico.**

arquitrabe. M. *Arq.* Parte inferior del cornisamento, la cual descansa inmediatamente sobre el capitel de la columna.

arquivolta. F. *Arq.* Conjunto de molduras que decoran un arco en su paramento exterior vertical, acompañando a la curva en toda su extensión y terminando en las impostas.

arrabal. M. **1.** Barrio fuera del recinto de la población a que pertenece. *Un arrabal mal comunicado de la ciudad.* ‖ **2.** Cada uno de los sitios extremos de una población. U. m. en pl. *Viven en los arrabales.*

arrabalero, ra. ADJ. **1.** Perteneciente o relativo al arrabal. *Barrios arrabaleros.* ‖ **2.** Habitante de un arrabal. U. t. c. s. ‖ **3.** Dicho de una persona: Cuyo comportamiento y manera de hablar resultan zafios. U. t. c. s.

arrabiatar. **I.** TR. **1.** *Am. Cen.* Atar por el rabo. ‖ **II.** PRNL. **2.** *Am. Cen.* Someterse servilmente a la opinión de otra persona.

arrabio. M. *Ingen.* Fundición de hierro que se obtiene en el alto horno y que constituye la materia prima de la industria del hierro y del acero.

arracacha. F. Hierba perenne de la familia de las Umbelíferas, originaria de América, que crece en tierras frías y cuya raíz tuberosa, gruesa y de color amarillo, se come cocida.

arracada. F. Arete con adorno colgante.

arrachera. F. *Méx.* Corte de carne de vacuno, extraído del músculo del diafragma.

arracimado, da. PART. de **arracimarse.** ‖ ADJ. En racimo. *Viajeros arracimados en los autobuses.*

arracimarse. PRNL. Dicho de varias personas o cosas: Unirse o juntarse en forma de racimo.

arraclán. M. Árbol de la familia de las Ramnáceas, sin espinas y de hojas ovales, enteras y con nervios laterales, flores hermafroditas y madera flexible, que da un carbón muy ligero.

arráez. M. **1.** Jefe de todas las faenas que se ejecutan en la almadraba. ‖ **2.** hist. Capitán de embarcación árabe o morisca.

arraigadas. F. pl. *Mar.* Cabos o cadenas para seguridad de las obencaduras de los masteleros.

arraigado, da. PART. de **arraigar.** ‖ ADJ. Que posee bienes raíces.

arraigamiento. M. **arraigo.**

arraigar. **I.** INTR. **1.** Echar o criar raíces. U. t. c. prnl. ‖ **2.** Dicho de un afecto, de una virtud, de un vicio, de un uso o de una costumbre: Hacerse muy firme. *Ha arraigado el culto a la frivolidad.* U. m. c. prnl. ‖ **3.** Establecerse de manera permanente en un lugar, vinculándose a personas y cosas. *Arraigar en su nuevo barrio.* U. t. c. prnl. ‖ **II.** TR. **4.** Establecer, fijar firmemente algo. *Pretendieron arraigar un nuevo sistema impositivo.* ‖ **5.** Fijar y afianzar a alguien en una virtud, vicio, costumbre, posesión, etc. *Tus padres te arraigaron en la religión.* ‖ **6.** *Am.* Notificar judicialmente a alguien que no

salga de la población, bajo cierta pena. ¶ MORF. conjug. c. *bailar.*

arraigo. M. Acción y efecto de arraigar.

arralar. INTR. **ralear.**

arramblar. TR. Recoger y llevarse codiciosamente todo lo que hay en algún lugar. U. t. c. intr. *Arramblar CON muebles y objetos de valor.*

arrancada. F. **1.** Partida o salida violenta de una persona o de un animal. ‖ **2.** Comienzo del movimiento de una máquina o vehículo que se pone en marcha. ‖ **3.** Aumento repentino de velocidad en la marcha de un buque, automóvil u otro vehículo, o en la carrera de una persona o animal. ‖ **4.** *Mar.* Velocidad de un buque, cuando es notable.

arrancado, da. PART. de **arrancar.** ‖ ADJ. *Heráld.* Se dice del árbol o planta que descubre sus raíces, y también de la cabeza o miembro del animal que no están bien cortados. ▢ V. **boga ~.**

arrancador, ra. **I.** ADJ. **1.** Que arranca. *Mecanismo arrancador.* Apl. a pers., u. t. c. s. ‖ **II.** M. **2.** Aparato o máquina que sirve para arrancar.

arrancamiento. M. Acción de arrancar.

arrancamoños. M. **cadillo** (‖ fruto).

arrancar. **I.** TR. **1.** Sacar de raíz. *Arrancar un árbol, una planta.* ‖ **2.** Sacar con violencia algo del lugar a que está adherido o sujeto, o de que forma parte. *Arrancar una muela, un clavo, un pedazo de traje.* ‖ **3.** Quitar con violencia. *Le arrancaron el bolso desde una moto.* ‖ **4.** Obtener o conseguir algo de alguien con trabajo, violencia o astucia. *No pudo arrancarle a su padre el juguete que esperaba.* ‖ **5.** Conseguir algo como consecuencia del entusiasmo, admiración u otro afecto vehemente que se siente o se inspira. *Su interpretación arrancó los aplausos del público.* ‖ **6.** Separar con violencia o con astucia a alguien de alguna parte, o de costumbres, vicios, etc. *Tuvieron que arrancarla de su antigua casa.* ‖ **7.** Despedir o hacer salir la flema arrojándola. ‖ **8.** Despedir o hacer salir la voz, un suspiro, etc. ‖ **9.** *Mar.* Dar a una embarcación o buque mayor velocidad de la que lleva. ‖ **II.** INTR. **10.** Partir de carrera para seguir corriendo. ‖ **11.** Dicho de una máquina: Iniciar el funcionamiento. U. t. c. tr. ‖ **12.** Dicho de un vehículo: Iniciar su movimiento de traslación. U. t. c. tr. ‖ **13.** Provenir, traer origen. *Muchos ideales renacentistas arrancan de Horacio.* ‖ **14.** coloq. Partir o salir de alguna parte. ‖ **15.** coloq. Empezar a hacer algo de modo inesperado. *Arrancó a cantar.* U. t. c. prnl. *Se arrancó por peteneras.* ‖ **arrancársele** a alguien. LOC.VERB. **1.** *Á.Andes* y *Á. Caribe.* **morir** (‖ llegar al término de la vida). ‖ **2.** *Méx.* **desafiar** (‖ retar).

arranchar[1]**.** **I.** TR. **1.** Disponer o poner en orden cosas o efectos que no lo estaban. ‖ **II.** INTR. **2.** *Am.* Juntarse en ranchos. U. t. c. prnl. ‖ **III.** PRNL. **3.** *Á. Caribe* y *Chile.* Acomodarse a vivir en algún sitio o alojarse en forma provisional. ‖ **4.** *Á. Caribe.* Demorarse demasiado en un lugar.

arranchar[2]**.** TR. *Á.Andes.* Quitar violentamente algo a alguien.

arranchón. M. *Á.Andes.* Acción y efecto de **arranchar**[2].

arranciarse. PRNL. **enranciarse.** MORF. conjug. c. *anunciar.*

arrancón. M. **1.** *Méx.* **arrancada** (‖ salida violenta). ‖ **2.** *Méx.* Comienzo de una pelea.

arranque. M. **1.** Acción de arrancar. ‖ **2.** Ímpetu de cólera, piedad, amor u otro afecto. ‖ **3.** Prontitud demasiada en alguna acción. ‖ **4.** Ocurrencia viva o pronta que no se esperaba. ‖ **5.** Pujanza, brío. U. m. en pl. ‖ **6.** Dispositivo que pone en marcha el motor de una máquina, especialmente de un vehículo automóvil. ‖ **7.** *Arq.* Principio de un arco o bóveda. ‖ **8.** *Biol.* Región basal de un miembro o de una parte de un animal o vegetal. ☐ V. **carbón de ~, motor de ~.**

arrapiezo. M. despect. Persona pequeña, de corta edad o humilde condición.

arras. F. **1.** pl. Cosa que se da como prenda o señal en algún contrato o concierto. ‖ **2.** pl. Conjunto de las trece monedas que, al celebrarse el matrimonio religioso, sirven como símbolo de entrega, pasando de las manos del desposado a las de la desposada y viceversa. ‖ **3.** pl. *Der.* Entrega de una parte del precio o depósito de una cantidad con la que se garantiza el cumplimiento de una obligación.

arrasador, ra. ADJ. Que **arrasa** (‖ destruye). *Fuerza arrasadora.*

arrasamiento. M. Acción y efecto de arrasar.

arrasar. I. TR. **1.** Allanar la superficie de algo. *Arrasar un terreno.* ‖ **2.** Echar por tierra, destruir. *Arrasar una ciudad.* U. t. c. intr. *Arrasó CON todo.* ‖ **3.** Llenar o cubrir los ojos de lágrimas. U. t. c. prnl. ‖ **II.** INTR. **4.** Triunfar con rotundidad.

arrastracuero. COM. Á. *Caribe.* **rastacuero.**

arrastradero. M. Camino por donde se hace, en el monte, el arrastre de maderas.

arrastrado, da. PART. de **arrastrar.** ‖ ADJ. **1.** Se dice del juego de naipes en que es obligatorio servir a la carta jugada. *Tute arrastrado.* ‖ **2.** coloq. **aporreado.** *Luciano trae una vida arrastrada.* ‖ **3.** servil (‖ que se somete).

arrastramiento. M. Acción de arrastrar o arrastrarse.

arrastrar. I. TR. **1.** Llevar a alguien o algo por el suelo, tirando de él o de ello. ‖ **2.** Llevar o mover rasando el suelo, o una superficie cualquiera. *Va arrastrando la capa.* ‖ **3.** Aplicar fuerza a un mecanismo para producir un movimiento. *El resorte arrastra la puerta.* ‖ **4.** Dicho de un poder o de una fuerza irresistible: **impeler.** *El dinero arrastra pasiones.* ‖ **5.** Llevar tras sí, o traer a alguien a su dictamen o voluntad. *Ella lo arrastró a la vida política.* ‖ **6.** Tener por consecuencia inevitable. *La medida arrastró penas y desgracia a la familia.* ‖ **7.** Llevar adelante o soportar algo penosamente. *Arrastra su dolor por donde va.* ‖ **II.** INTR. **8.** Dicho de una cosa: Ir rasando el suelo y como barriéndolo, o pender hasta tocar el suelo. *El vestido arrastra.* ‖ **9.** Ir de un punto a otro rozando con el cuerpo en el suelo. U. m. c. prnl. *La patrulla se arrastró hasta ver al enemigo.* ‖ **10.** En algunos juegos de naipes, jugar una carta a que han de servir los demás jugadores. ‖ **III.** PRNL. **11.** Humillarse vilmente. *Tuvo que arrastrarse para conseguir el contrato.*

arrastre. M. **1.** Acción de arrastrar cosas que se llevan así de una a otra parte. ‖ **2.** *Taurom.* Acto de retirar del ruedo el toro muerto en lidia. ‖ **estar para el ~.** LOC. VERB. coloq. Hallarse en extremo decaimiento físico o moral. ☐ V. **pesca de ~.**

arrastrero, ra. ADJ. Se dice del buque o del barco dedicado a la pesca de arrastre. U. t. c. s. m.

arratonado, da. ADJ. Comido o roído de ratones. *Chancletas arratonadas.*

arrayán. M. Arbusto de la familia de las Mirtáceas, de dos a tres metros de altura, oloroso, con ramas flexibles, hojas opuestas, de color verde vivo, lustrosas, pequeñas, duras y persistentes, flores axilares, solitarias, pequeñas y blancas, y bayas de color negro azulado.

arre. INTERJ. Se usa para estimular a los animales de carga.

arreada. F. Á. R. *Plata.* Acción y efecto de llevarse violentamente el ganado, y, por ext., a las personas.

arreado, da. PART. de **arrear**[1]. ‖ ADJ. *Am.* Flojo o cansado para el trabajo.

arreador. M. **1.** Jornalero que acompaña al ganado de tránsito. ‖ **2.** *Am. Mer.* Látigo largo, de mango corto, destinado a **arrear**[1].

arrear[1]. **I.** TR. **1.** Estimular a los animales de carga para que echen a andar, o para que sigan caminando, o para que aviven el paso. ‖ **2.** Dar prisa, estimular. U. t. c. intr. ‖ **II.** INTR. **3.** coloq. Ir, caminar deprisa. ‖ **4.** coloq. Llevarse de manera violenta algo, o, a veces, hurtarlo o robarlo. *Arrearon CON todo lo que había en su casa.* ‖ **arrea.** INTERJ. Se usa para expresar sorpresa.

arrear[2]. TR. Pegar o dar un golpe o un tiro.

arrebañaduras. F. pl. Residuos de algo, por lo común comestible, que se recogen rebañando.

arrebañar. TR. **rebañar.**

arrebatado, da. PART. de **arrebatar.** ‖ ADJ. **1.** Precipitado e impetuoso. *Una decisión arrebatada.* ‖ **2.** Inconsiderado y violento. *Seguidores arrebatados.* ‖ **3.** Dicho del color del rostro: Muy encendido.

arrebatador, ra. ADJ. Que arrebata. Apl. a pers., u. t. c. s.

arrebatamiento. M. **1.** Acción de arrebatar o arrebatarse. ‖ **2.** Furor, enajenación causados por la vehemencia de alguna pasión, y especialmente por la ira. ‖ **3.** éxtasis.

arrebatar. I. TR. **1.** Quitar con violencia y fuerza. *Arrebatar la cartera.* ‖ **2.** Atraer con fuerza algo, como la vista, la atención, etc. ‖ **3.** Sacar de sí, conmover poderosamente excitando alguna pasión o afecto. *La música lo arrebata.* U. t. c. prnl. ‖ **4.** Arrobar el espíritu. *Su bondad me arrebata.* U. t. c. prnl. ‖ **II.** PRNL. **5.** Enfurecerse, dejarse llevar de alguna pasión, y especialmente de la ira. Se usa a veces referido a los animales. ‖ **6.** Dicho de un alimento: Asarse o cocerse mal y precipitadamente por exceso de fuego.

arrebatiña. F. Acción de recoger arrebatada y presurosamente algo, entre muchos que pretenden apoderarse de ello.

arrebato. M. **1.** arrebatamiento (‖ furor). ‖ **2.** arrebatamiento (‖ éxtasis). ‖ **~ y obcecación.** M. *Der.* Una de las circunstancias que atenúan la responsabilidad penal.

arrebatón. M. Á. *Caribe.* Robo cometido atacando a alguien por sorpresa y con rapidez.

arrebol. M. **1.** Color rojo de las nubes iluminadas por los rayos del sol. ‖ **2.** Este mismo color en otros objetos y especialmente en el rostro de la mujer. ‖ **3.** colorete. ‖ **4.** pl. Nubes enrojecidas por los rayos del sol.

arrebolar. TR. Poner de color de arrebol. U. m. c. prnl.

arrebolera. F. **dondiego.**

arrebozar. TR. **1.** rebozar. U. t. c. prnl. ‖ **2.** Ocultar, encubrir mañosamente. *Arrebozó su cara tras la capa.*

arrebujar. TR. **1.** Coger mal y sin orden alguna cosa flexible, como la ropa, un lienzo, etc. ‖ **2.** Cubrir bien y envolver con la ropa de la cama, arrimándola al cuerpo, o con alguna prenda de vestir de bastante amplitud, como una capa, un mantón, etc. U. m. c. prnl.

arrechar. INTR. **1.** *Am. Cen.* Dicho de una persona: Ponerse arrecha. ‖ **2.** *Am. Cen.* Sobrar animación y brío.

arrechera. F. *Am.* Condición del arrecho, celo.

arrecho, cha. ADJ. **1.** Tieso, erguido. *Iba arrecho como un palo.* ‖ **2.** Brioso, arrogante, diligente. *Gente muy arrecha.* ‖ **3.** Dicho de una persona: Excitada por el apetito sexual. ‖ **4.** *Am. Cen.* y *Á. Caribe.* Dicho de una persona: Iracunda, de mal carácter o carácter fuerte. ‖ **5.** *Á. Caribe.* Dicho de una persona: **valiente** (‖ esforzada).

arrechucho. M. coloq. Quebranto leve de salud.

arreciar. **I.** TR. **1.** Dar fuerza y vigor. *Los manifestantes arreciaron sus gritos.* U. t. c. prnl. ‖ **II.** INTR. **2.** Dicho de una cosa: Irse haciendo cada vez más recia, fuerte o violenta. *Arreciar la fiebre, la cólera, la tempestad, el viento.* U. t. c. prnl. ¶ MORF. conjug. c. *anunciar.*

arrecife. M. **1.** Banco o bajo formado en el mar por piedras, puntas de roca o poliperos, principalmente madrepóricos, casi a flor de agua. ‖ **2.** *Ant.* Costa peñascosa, acantilado, farallón.

arrecirse. PRNL. Entorpecerse o entumecerse por exceso de frío. MORF. U. solo las formas cuya desinencia empieza por -*i.*

arredrar. TR. **1.** Retraer, hacer volver atrás, por el peligro que ofrece o el temor que infunde la ejecución de algo. *Lo arredran las dificultades.* U. t. c. prnl. ‖ **2.** Amedrentar, atemorizar. U. t. c. prnl. *No se arredra con facilidad.*

arregazar. TR. Recoger las faldas hacia el regazo. U. m. c. prnl.

arreglada. F. *Méx.* **arreglo** (‖ acción y efecto de arreglar).

arreglado, da. PART. de **arreglar.** ‖ ADJ. Ordenado y moderado. *Mujer arreglada. Costumbres arregladas.* ‖ **estar,** o **ir, ~.** LOCS.VERBS. iróns. coloqs. Se usan para indicar que alguien está equivocado con respecto a algo que cree o espera y va a encontrarse en una situación incómoda o difícil.

arreglador, ra. ADJ. Que arregla. Apl. a pers., u. t. c. s.

arreglar. TR. **1.** Hacer que algo roto o estropeado vuelva a su estado normal o funcione de nuevo. *Arreglar un reloj.* ‖ **2.** Acicalar, engalanar. U. t. c. prnl. *Arreglarse para salir.* ‖ **3.** coloq. Se usa en futuro para expresar amenaza. *Ya te arreglaré yo.* ‖ **arreglárselas.** LOC.VERB. coloq. **componérselas.**

arreglista. COM. Persona que tiene como ocupación el arreglo de composiciones musicales.

arreglo. M. **1.** Acción y efecto de arreglar. ‖ **2.** Regla, orden, coordinación. ‖ **3.** Avenencia, conciliación. ‖ **4.** Transformación de una obra musical para poder interpretarla con instrumentos o voces distintos a los originales. ‖ **~ de cuentas.** M. Acto de tomarse la justicia por su mano o vengarse. ‖ **con ~ a.** LOC. PREPOS. Conforme a, según.

arregostarse. PRNL. Aficionarse a algo.

arrejaco. M. **vencejo²**.

arrejuntarse. PRNL. coloq. Dicho de dos personas que no han contraído matrimonio entre sí: Vivir maritalmente.

arrelde. M. hist. Peso de cuatro libras. U. t. c. f.

arrellanarse. PRNL. **1.** Ensancharse y extenderse en el asiento con toda comodidad. ‖ **2.** Encontrarse a gusto en un lugar o empleo.

arremangado, da. PART. de **arremangar.** ‖ ADJ. coloq. Levantado o vuelto hacia arriba. *Hocico arremangado.*

arremangar. TR. coloq. **remangar.** U. t. c. prnl.

arremedar. TR. *Méx.* **remedar.**

arremetedor, ra. ADJ. Que arremete. *Actuación arremetedora en el campeonato.*

arremeter. INTR. Acometer con ímpetu y furia. U. t. en sent. fig. *La periodista arremete contra el Gobierno en su artículo.*

arremetida. F. Acción de arremeter. U. t. en sent. fig. *El ministro se defendió de las arremetidas de la oposición.*

arremolinarse. PRNL. Dicho de la gente, de las aguas, del polvo, etc.: Amontonarse o apiñarse desordenadamente. U. t. c. tr.

arremueco. M. *Am.* **arrumaco.**

arrendador, ra. M. y F. Persona que da o toma en arrendamiento algo.

arrendajo. M. **1.** Ave del orden de las Paseriformes, parecida al cuervo, pero más pequeña, de color gris morado, con moño ceniciento, de manchas oscuras y rayas transversales de azul, cuya intensidad varía desde el celeste al de Prusia, en las plumas de las alas. Abunda en Europa, habita en los bosques espesos y se alimenta principalmente de los frutos de diversos árboles. Destruye los nidos de algunas aves canoras, cuya voz imita para sorprenderlas con mayor seguridad, y aprende también a repetir tal cual palabra. ‖ **2.** Ave americana del orden de las Paseriformes, de color negro brillante, pico de igual color, ribeteado de amarillo, y ojos también negros con un círculo gualdo. Este mismo color tiene en el extremo superior de las alas, en el vientre y muslos y en el arranque de la cola. Una vez domesticada, puede vivir suelta y entrar por sí misma en la jaula. Su canto es hermoso, y tiene la particularidad de remedar la voz de otros animales. Cuelga su nido, en forma de botella, en las ramas delgadas de los árboles más altos.

arrendamiento. M. **1.** Acción de **arrendar¹**. ‖ **2.** Contrato por el cual se arrienda. ‖ **3.** Precio en que se arrienda. □ V. **contrato de ~.**

arrendar¹. TR. Ceder o adquirir por un determinado precio el goce o aprovechamiento temporal de cosas, obras o servicios. MORF. conjug. c. *acertar.*

arrendar². TR. Atar y asegurar por las riendas una caballería. MORF. conjug. c. *acertar.*

arrendatario, ria. ADJ. Que toma en arrendamiento algo. *Compañía arrendataria.* Apl. a pers., u. t. c. s.

arrendaticio, cia. ADJ. Perteneciente o relativo al arrendamiento. *Oferta arrendaticia.*

arreo¹. M. **1.** Atavío, adorno. *Se vistió y se puso todos los arreos.* ‖ **2.** pl. Guarniciones o jaeces de las caballerías de montar o de tiro. ‖ **3.** pl. Cosas menudas que pertenecen a otra principal o se usan con ella.

arreo². ADV.T. De manera sucesiva, sin interrupción.

arreo³. M. **1.** *Á. guar., Á. R. Plata* y *Chile.* Acción y efecto de **arrear** (‖ a los animales de carga). ‖ **2.** *Á. Caribe.* **recua** (‖ conjunto de animales de carga).

arrepentido, da. PART. de **arrepentirse.** ‖ ADJ. **1.** Dicho de una persona: Que siente arrepentimiento. U. t. c. s. ‖ **2.** Que implica o denota arrepentimiento. *Conducta arrepentida.* ‖ **3.** Dicho de un delincuente: Que colabora con la justicia, generalmente mediante delación, a cambio de beneficios penales. U. t. c. s.

arrepentimiento. M. Pesar de haber hecho algo. ‖ **~ activo.** M. *Der.* El que manifiesta el reo en actos encaminados a disminuir o reparar el daño de un delito, o a facilitar su castigo. Puede ser circunstancia atenuante.

arrepentirse. PRNL. **1.** Dicho de una persona: Sentir pesar por haber hecho o haber dejado de hacer algo. ‖ **2.** Cambiar de opinión o no ser consecuente con un compromiso. *Cuando ya había salido, se arrepintió y volvió para cambiarse de ropa.* ¶ MORF. conjug. c. *sentir.*

arrequintar. TR. *Am.* Apretar fuertemente con una cuerda o un vendaje.

arrequive. M. hist. Labor o guarnición que se ponía en el borde del vestido, como hoy el ribete que se pone en la orilla.

arrestar. I. TR. **1.** Retener a alguien y privarlo de su libertad. ‖ **II.** PRNL. **2.** Determinarse, resolverse, y, por ext., arrojarse a una acción o empresa ardua.

arresto. M. **1.** Acción de arrestar. ‖ **2.** Arrojo o determinación para emprender algo arduo. *Tener arrestos para algo.* ‖ **3.** *Der.* Detención provisional del acusado en un asunto penal. ‖ **4.** *Der.* Privación de libertad por un tiempo breve, como corrección o pena.

arrevesado, da. ADJ. *Am.* enrevesado.

arrevistado, da. ADJ. Se dice de la representación teatral a la que se le da carácter de revista.

arria. F. recua. □ V. **aguja de ~.**

arriada¹. F. riada.

arriada². F. *Mar.* Acción de arriar.

arriado. M. arriada².

arrianismo. M. hist. Herejía de los arrianos.

arriano, na. ADJ. **1.** hist. Se dice del hereje partidario de Arrio, que, a diferencia de los cristianos, negaba la consustancialidad del Verbo. U. m. c. s. ‖ **2.** hist. Perteneciente o relativo al arrianismo. *Reyes arrianos.*

arriar. TR. **1.** *Mar.* Bajar las velas, las banderas, etc., que están en lo alto. ‖ **2.** *Mar.* Aflojar o soltar un cabo, una cadena, etc. ¶ MORF. conjug. c. *enviar.*

arriate. M. **1.** Era estrecha y dispuesta para tener plantas de adorno junto a las paredes de los jardines y patios. ‖ **2.** Calzada, camino o paso.

arriaz. M. **1.** Gavilán de la espada. ‖ **2.** Puño de la espada.

arriba. ADV. L. **1.** A lo alto, hacia lo alto. *Ir arriba.* ‖ **2.** En lo alto, en la parte alta. *Dormir arriba.* ‖ **3.** En lugar anterior o que está antes de otro; pero denotando superioridad, real o imaginaria. *La gente de arriba.* ‖ **4.** En dirección hacia lo que está más alto, respecto de lo que está más bajo. *Cuesta arriba.* ‖ **5.** En los escritos, antes o en lugar antecedente. *El arriba mencionado.* ‖ **6.** Se usa con voces que expresan cantidades o medidas de cualquier especie, para denotar exceso indeterminado. *De seis euros arriba. No tiene arriba de treinta años.* ‖ **arriba.** INTERJ. **1.** Se usa para animar a alguien a que apure una bebida, a que se levante, a que suba, etc. ‖ **2.** **viva.** Se usa en frases exclamativas sin verbo. *Arriba el Mallorca.* ‖ **de ~ abajo.** LOC.ADV. **1.** Del principio al fin, de un extremo a otro. *Rodar una escalera de arriba abajo.* ‖ **2.** Con desdén, con aire de superioridad. *Mirar a alguien de arriba abajo.*

arribada. F. **1.** Acción de **arribar** (‖ llegar a un puerto). ‖ **2.** Acción de fondear la nave en otro puerto por un peligro, una necesidad, etc. ‖ **3.** *Mar.* Bordada que da un buque, dejándose ir con el viento. ‖ **de ~.** LOC.ADV. *Mar.* Denota la acción de dirigirse o llegar la nave por algún motivo a puerto que no es el de su destino. □ V. **puerto de ~.**

arribar. INTR. **1.** Dicho de una nave: Llegar a un puerto. ‖ **2.** Llegar por tierra a cualquier parte. U. t. c. prnl. ‖ **3.** *Mar.* Dejarse ir con el viento. ‖ **4.** *Mar.* Dicho de un bu-

que: Girar abriendo el ángulo que forma la dirección de la quilla con la del viento.

arribazón. F. Afluencia grande de peces a las costas y puertos en determinadas épocas.

arribeño, ña. ADJ. *Am.* Entre los habitantes de las costas, se dice de quien procede de las tierras altas. U. t. c. s.

arribismo. M. Comportamiento habitual del arribista.

arribista. COM. Persona que progresa en la vida por medios rápidos y sin escrúpulos. U. t. c. adj.

arribo. M. llegada.

arriendo. M. arrendamiento.

arriería. F. Oficio o ejercicio de arriero.

arriero, ra. M. y F. Persona que trajina con animales de carga.

arriesgado, da. PART. de **arriesgar.** ‖ ADJ. **1.** Aventurado, peligroso. *Expedición arriesgada.* ‖ **2.** Osado, imprudente, temerario. *Impulso arriesgado.*

arriesgar. TR. Poner a riesgo. U. t. c. prnl.

arrimadero. M. Cosa en que se puede estribar o a que se puede arrimar.

arrimadizo, za. ADJ. Dicho de una persona: Que interesadamente se arrima o pega a otra. U. t. c. s.

arrimado, da. PART. de **arrimar.** ‖ M. y F. *Am.* Persona que vive en casa ajena, a costa o al amparo de su dueño.

arrimador. M. Tronco o leño grueso que se pone en las chimeneas para apoyar en él otros al quemarlos.

arrimar. I. TR. **1.** Acercar o poner algo junto a otra cosa. U. t. c. prnl. ‖ **II.** PRNL. **2.** Apoyarse o estribar sobre algo, como para descansar o sostenerse. *Arrimarse a la pared.* ‖ **3.** amancebarse. ‖ **4.** Acogerse a la protección de alguien o de algo, valerse de él o de ello. *Arrimarse a los poderosos.* ‖ **5.** *Taurom.* Torear o intentar torear en terreno próximo al toro.

arrimo. M. **1.** Acción de arrimar o arrimarse. ‖ **2.** Apoyo, sostén. ‖ **3.** Ayuda, auxilio. ‖ **4.** *Á. Caribe.* Derecho establecido en favor de un vecino colindante para apoyar su edificación en pared ajena medianera o en una cerca o vallado de otro predio. ‖ **al ~ de** alguien o algo. LOC.ADV. **1.** En las proximidades de alguien o algo. ‖ **2.** Al amparo de alguien o algo. U. t. en sent. fig. *Progresó al arrimo de su suegro, un importante empresario.*

arrinconado, da. PART. de **arrinconar.** ‖ ADJ. **1.** Apartado, retirado, distante del centro. *Parajes arrinconados.* ‖ **2.** Desatendido, olvidado. *La producción quedó arrinconada.*

arrinconamiento. M. Recogimiento o retiro.

arrinconar. I. TR. **1.** Poner algo en un rincón o lugar retirado. ‖ **2.** Acosar a alguien no dejándole escape. ‖ **3.** Privar a alguien del cargo, confianza o favor que gozaba, desatenderlo, no hacer caso de él. ‖ **II.** PRNL. **4.** Retirarse del trato de las gentes.

arriñonado, da. ADJ. De forma de riñón. *Piscina arriñonada.*

arriostrar. TR. *Arq.* Poner riostras.

arriscado, da. PART. de **arriscar.** ‖ ADJ. **1.** Formado o lleno de riscos. *Monte arriscado. Altura arriscada.* ‖ **2.** Atrevido, resuelto. ‖ **3.** Dicho de una persona o de un animal: Ágiles, libres en la apostura o en la manera de presentarse o de caminar. ‖ **4.** *Chile* y *Méx.* Remangado, respingado, vuelto hacia arriba.

arriscar. TR. arriesgar. U. t. c. prnl. *No se arriscaba a bajar.*

arritmia. F. **1.** Falta de ritmo regular. ‖ **2.** *Med.* Irregularidad y desigualdad en las contracciones del corazón.

arrítmico, ca. ADJ. Perteneciente o relativo a la arritmia. □ V. **pulso ~.**

arroaz. M. delfín[1].

arroba. F. **1.** Peso equivalente a 11,502 kg. ‖ **2.** Medida de líquidos que varía de peso según los lugares y los mismos líquidos. ‖ **3.** *Inform.* Símbolo (@) usado en las direcciones de correo electrónico, que separa el nombre del usuario del dominio al que pertenece. ‖ **por ~s.** LOC. ADV. De manera abundante, sobrada y excesiva.

arrobador, ra. ADJ. Que causa arrobamiento. *Sentimientos arrobadores.*

arrobamiento. M. **1.** Acción de arrobar o arrobarse. ‖ **2.** éxtasis.

arrobar. I. TR. **1.** embelesar. ‖ **II.** PRNL. **2.** Enajenarse, quedar fuera de sí.

arrobero, ra. ADJ. De una arroba de peso o poco más o menos. *Orza arrobera.*

arrobo. M. arrobamiento (‖ éxtasis).

arrocabe. M. Maderamen colocado en lo alto de los muros de un edificio para ligar a estos entre sí y con la armadura que han de sostener.

arrocería. F. Establecimiento de comidas en el que se sirven preferentemente arroces.

arrocero, ra. I. ADJ. **1.** Perteneciente o relativo al arroz. *Marismas arroceras.* ‖ **II.** M. y F. **2.** Persona que cultiva arroz. U. t. c. adj. □ V. **molino ~.**

arrodillada. F. *Chile.* Genuflexión, arrodillamiento.

arrodillamiento. M. Acción de arrodillar.

arrodillar. I. TR. **1.** Hacer que alguien hinque la rodilla o ambas rodillas. ‖ **II.** INTR. **2.** Ponerse de rodillas. U. m. c. prnl.

arrogación. F. Acción y efecto de arrogarse.

arrogancia. F. Cualidad de arrogante.

arrogante. ADJ. **1.** Altanero, soberbio. ‖ **2.** Valiente, brioso. ‖ **3.** Gallardo, airoso.

arrogarse. PRNL. Apropiarse indebida o exageradamente de cosas inmateriales, como facultades, derechos u honores.

arrojadizo, za. ADJ. Que se puede arrojar o tirar fácilmente. □ V. **arma ~.**

arrojado, da. PART. de **arrojar.** ‖ ADJ. Resuelto, osado, intrépido, imprudente, inconsiderado.

arrojar. I. TR. **1.** Impeler con violencia algo, de modo que recorra una distancia, movida del impulso que ha recibido. *Arrojar una flecha.* ‖ **2.** echar (‖ hacer que algo vaya a parar a alguna parte). *Arrojar basura a la calle.* ‖ **3.** echar (‖ despedir de sí). *Arrojar sangre por una herida.* ‖ **4.** echar (‖ hacer salir a alguien de algún lugar). *Lo arrojaron de allí sin miramientos.* ‖ **5.** Dicho de una cuenta, de un documento, etc.: Presentar, dar de sí como consecuencia o resultado. ‖ **6.** vomitar (‖ lo contenido en el estómago). U. t. c. intr. ‖ **II.** PRNL. **7.** Dejarse ir con violencia de lo alto a lo bajo. *Arrojarse al mar por una ventana.* ‖ **8.** Ir violentamente hacia alguien o algo hasta llegar a él o ello. *Se arrojó a Pedro para matarlo. Se arrojó a las llamas para salvar a Miguel.* ‖ **9.** Resolverse a emprender o hacer algo sin reparar en sus dificultades o riesgos. *Se arrojó a la aventura.* ‖ **~ alguien de sí** a otra persona. LOC.VERB. Despedirla con enojo.

arrojo. M. Osadía, valor.

arrollado. M. **1.** *Á. R. Plata* y *Chile.* Carne de vaca o puerco que, cocida y aderezada, se acomoda en rollo. ‖ **2.** *Á. R. Plata.* brazo de gitano. ‖ **3.** *Chile.* Fiambre, matambre envuelto en forma de rollo.

arrollador, ra. ADJ. Que arrolla. *Triunfos arrolladores.*

arrollamiento. M. Acción y efecto de arrollar.

arrollar. TR. **1.** Envolver algo plano y extendido de tal suerte que resulte en forma de rollo. *Arrollar un mapa.* ‖ **2.** Dar vueltas en un mismo sentido a un hilo, alambre, papel, etc., para fijarlo sobre un eje o carrete. ‖ **3.** Dicho del agua o del viento: Llevar rodando, con su violencia, alguna cosa sólida. *Arrollar las piedras, los árboles.* ‖ **4.** Dicho de un vehículo: Atropellar a una persona, un animal o una cosa. ‖ **5.** Atropellar, no hacer caso de leyes, respetos ni otros miramientos ni inconvenientes. ‖ **6.** Vencer, dominar, superar. *Arrollar a sus rivales.* ‖ **7.** Dicho de una persona: Confundir a otra, dejándola sin poder replicar, en controversia o disputa verbal o por escrito. *Los arrolló con sus palabras.*

arromanzar. TR. Poner en romance o traducir de otro idioma al castellano.

arropamiento. M. Acción y efecto de arropar.

arropar. TR. **1.** Cubrir o abrigar con ropa. *Arropa al niño.* U. t. c. prnl. ‖ **2.** Cubrir, abrigar. *La tapia nos arropa.* U. t. en sent. fig. *El partido entero arropa a su líder.* ‖ **3.** Dicho de los cabestros: Rodear o cercar a las reses bravas para conducirlas.

arrope. M. Mosto cocido hasta que toma consistencia de jarabe, y en el cual suelen echarse trozos de calabaza u otra fruta.

arropía. F. melcocha (‖ miel).

arropiero, ra. M. y F. Persona que hace o vende arropía.

arrostrar. TR. **1.** Hacer frente, resistir, sin dar muestras de cobardía, a las calamidades o peligros. ‖ **2.** Sufrir o tolerar a alguien o algo desagradable. U. t. c. intr.

arrotado, da. PART. de **arrotarse.** ‖ ADJ. *Chile.* Dicho de una persona: Que tiene aire o modales de **roto** (‖ persona maleducada). U. t. c. s.

arrotarse. PRNL. *Chile.* Adoptar modos y conductas de **roto** (‖ persona maleducada).

arroyada. F. **1.** Crecida de un arroyo e inundación consiguiente a ella. ‖ **2.** Valle por donde corre un arroyo.

arroyamiento. M. arroyada (‖ crecida de un arroyo).

arroyano, na. ADJ. **1.** Natural de Arroyo. U. t. c. s. ‖ **2.** Perteneciente o relativo a este municipio de Puerto Rico o a su cabeza.

arroyo. M. **1.** Caudal corto de agua, casi continuo. ‖ **2.** Cauce por donde corre. ‖ **3.** Parte de la calle por donde suelen correr las aguas. ‖ **4.** despect. Ambiente o situación miserable y de desamparo. *Se crio en el arroyo.* ‖ **5.** Afluente o corriente de cualquier cosa líquida. *Arroyos de lágrimas. Arroyos de sangre.* ‖ **6.** *Am. Mer.* Río navegable de corta extensión.

arroz. M. **1.** Planta anual propia de terrenos muy húmedos, cuyo fruto es un grano oval rico en almidón. ‖ **2.** Fruto de esta planta. ‖ **~ a banda,** o **~ abanda.** M. Guiso de arroz cocido con distintos pescados en el que estos se sirven aparte. □ V. **polvo de ~.**

arrozal. M. Tierra sembrada de arroz.

arrufadura. F. *Mar.* Curvatura que hacen las cubiertas, cintas, galones y bordas de los buques, levantándose más, respecto de la superficie del agua, por la popa y proa que por el centro.

arrufianado, da. ADJ. Parecido al rufián en las costumbres, modales u otras cualidades.

arrufo. M. *Mar.* arrufadura.

arruga. F. **1.** Pliegue que se hace en la piel, ordinariamente por efecto de la edad. || **2.** Pliegue deforme o irregular que se hace en la ropa o en cualquier tela o cosa flexible.

arrugamiento. M. Acción y efecto de arrugar.

arrugar. I. TR. **1.** Hacer arrugas. U. t. c. prnl. *Arrugarse un traje.* || **2.** Dicho de una persona: Mostrar en el semblante ira o enojo. *Arrugar el ceño, el entrecejo, la frente.* || **II.** PRNL. **3.** coloq. **encogerse** (|| reaccionar con cortedad). *Deja de llorar, no te arrugues.*

arruí. M. Bóvido, especie de cabra montés, con largos flecos de pelo suave en la garganta, pecho y patas delanteras. Es típico de las zonas montañosas del desierto del Sáhara. MORF. pl. **arruíes** o **arruís.**

arruinado, da. PART. de **arruinar.** || ADJ. *Am. Mer.* Enclenque, enfermizo.

arruinador, ra. ADJ. Que arruina. Apl. a pers., u. t. c. s.

arruinamiento. M. Acción y efecto de arruinar.

arruinar. TR. **1.** Causar ruina. *La tempestad arruinó la casa.* U. t. c. prnl. *La familia se arruinó en la crisis de 1929.* || **2.** Destruir, ocasionar grave daño. *Arruinar el prestigio de alguien.* U. t. en sent. fig. *La avería del coche nos arruinó el viaje.* U. t. c. prnl.

arrullador, ra. ADJ. Que arrulla. *Voz arrulladora.*

arrullar. TR. **1.** Dicho de una paloma o de una tórtola: Atraer con arrullos a su pareja. || **2.** Adormecer al niño con arrullos. || **3.** Dicho de un sonido o de un ruido: **adormecer.** || **4.** Dicho de los enamorados: Decir palabras dulces y halagüeñas. U. t. c. prnl.

arrullo. M. **1.** Sonido monótono con que manifiestan el estado de celo las palomas y las tórtolas. || **2.** Habla seductora con que se enamora a alguien. || **3.** Cantar grave y monótono para adormecer a los niños. || **4.** Susurro o ruido de otra clase que sirve para arrullar. || **5.** Prenda semejante a la mantilla con que se envuelve a los niños pequeños para sostenerlos en los brazos.

arrumaco. M. coloq. Demostración de cariño hecha con gestos o ademanes. U. m. en pl.

arrumar. TR. **1.** *Mar.* Distribuir y colocar la carga en un buque. || **2.** *Á. Caribe.* **amontonar** (|| poner unas cosas sobre otras).

arrumbamiento. M. **1. rumbo** (|| dirección trazada en el plano del horizonte). || **2.** *Geol.* Dirección que adoptan las formaciones o los accidentes geológicos.

arrumbar[1]**.** TR. **1.** Poner una cosa como inútil en un lugar retirado o apartado. *Arrumbar los muebles viejos en el desván.* || **2.** Desechar, abandonar o dejar fuera de uso. *Arrumbar el concepto de jerarquía.* || **3.** Arrinconar a alguien, no hacerle caso.

arrumbar[2]**.** INTR. *Mar.* Fijar el rumbo a que se navega o a que se debe navegar.

arrunflar. TR. En los juegos de naipes, juntar muchas cartas de un mismo palo. U. m. c. prnl.

arruruz. M. Fécula que se extrae de las raíces y tubérculos de algunas plantas tropicales.

arsenal. M. **1.** Establecimiento militar o particular en que se construyen, reparan y conservan las embarcaciones, y se guardan los pertrechos y géneros necesarios para equiparlas. || **2.** Depósito o almacén general de armas y otros efectos de guerra. || **3.** Conjunto o depósito de datos, noticias, etc. *Esa obra es el arsenal de donde Antonio saca sus noticias.*

arsenalero, ra. M. y F. **1.** *Chile.* Persona que custodia un **arsenal** (|| depósito de armas). || **2.** *Chile.* Persona que

proporciona el instrumental al cirujano en operaciones quirúrgicas.

arsénico. M. **1.** Elemento químico de núm. atóm. 33. Escaso en la litosfera, se encuentra nativo o combinado con azufre en el rejalgar y otros minerales, y presenta varias formas alotrópicas. Su color, brillo y densidad son muy semejantes a los del hierro colado, y muchos de sus derivados sirven como plaguicidas o germicidas por su toxicidad. Se utiliza en medicina y en las industrias electrónica y del vidrio (Símb. As). || **2.** *Quím.* Sólido blanco, compuesto de **arsénico** trivalente y oxígeno, que se puede sublimar, es soluble en el agua caliente y muy venenoso. Se usa en farmacia, en las industrias del vidrio y del cuero y para exterminar animales y plantas nocivos. || **~ amarillo.** M. Mineral compuesto de **arsénico** y azufre, de color de limón, textura laminar o fibrosa y brillo anacarado. Es venenoso y se emplea en pintura y tintorería. || **~ blanco.** M. **arsénico** (|| sólido blanco). || **~ rojo.** M. **rejalgar.**

ártabro, bra. ADJ. **1.** hist. Se dice del habitante de una región galaica que se extendía desde el puerto de Camariñas hasta los cabos Ortegal y de Bares, y desde el mar hasta las sierras de Montemayor y la Faladora. U. t. c. s. || **2.** hist. Perteneciente o relativo a esta región. *Tribu ártabra.*

arte. AMB. **1.** Manifestación de la actividad humana mediante la cual se expresa una visión personal y desinteresada que interpreta lo real o imaginado con recursos plásticos, lingüísticos o sonoros. || **2.** Conjunto de preceptos y reglas necesarios para hacer bien algo. *Aprender el arte de la adivinación.* || **3.** Virtud, disposición y habilidad para hacer algo. *Tiene arte para la cocina.* || **4.** Maña, astucia. *Engaña con arte.* || **5.** Instrumento que sirve para pescar. U. m. en pl. || **6.** Disposición personal de alguien. *Buen, mal arte.* || **~ angélico.** M. hist. Medio por el cual se suponía supersticiosamente que con el auxilio del ángel de la guarda o de otro ángel bueno podía adquirirse la sabiduría por infusión. || **~ bella.** F. Cada una de las que tienen por objeto expresar la belleza, y especialmente la pintura, la escultura, la arquitectura y la música. U. m. en pl. *Academia de Bellas Artes.* || **~ cisoria.** F. La de trinchar. || **~ decorativa.** F. La pintura o la escultura en cuanto no crean obras independientes, sino subordinadas al embellecimiento de objetos o edificios. || **~ marcial.** F. Cada una de las antiguas técnicas de lucha de Extremo Oriente, que hoy se practican como deporte. U. m. en pl. || **~ militar.** AMB. Conjunto de preceptos y reglas para la organización y empleo de los ejércitos. || **~ poética.** F. poética. || **~ popular.** M. El cultivo por artistas, con frecuencia anónimos, y fundado en la tradición. || **el ~ por el ~.** M. El arte como pura manifestación de la belleza por sí misma. || **el séptimo ~.** M. El arte cinematográfico. || **malas ~s.** F. pl. Medios o procedimientos reprobables de los que se vale alguien para conseguir algún fin. || **no ser, o no tener, ~ ni parte en** algo. LOCS.VERBS. coloqs. No intervenir en ello de ningún modo. || **por ~ de birlibirloque, o de encantamiento.** LOCS.ADVS. por arte de magia. || **por ~ de magia.** LOC.ADV. De modo inexplicable. ☐ V. **comedia del ~, copla de ~ mayor, galería de ~, maestro en ~s, verso de ~ mayor, verso de ~ mayor castellano, verso de ~ menor.**

artefacto. M. **1.** Máquina, aparato. || **2.** despect. Máquina, mueble, y en general, cualquier objeto de cierto tamaño. ‖ **3.** Carga explosiva; p. ej., una mina, un petardo, una granada, etc. ‖ **4.** En los experimentos biológicos, formación producida exclusivamente por los reactivos empleados y que perturba la interpretación de los resultados obtenidos. ‖ **5.** *Med.* En el trazado de un aparato registrador, toda variación no originada por el órgano cuya actividad se desea registrar.

artejo. M. **1.** nudillo (‖ de los dedos). ‖ **2.** *Zool.* Cada una de las piezas, articuladas entre sí, que forman los apéndices de los artrópodos.

artemisa o artemisia. F. **1.** Planta olorosa de la familia de las Compuestas, de tallo herbáceo, que crece hasta un metro de altura. Tiene hojas hendidas en gajos agudos, lampiños y verdes por encima, blanquecinos y tomentosos por el envés, y flores de color blanco amarillento, en panojas. Es medicinal. ‖ **2.** matricaria. ‖ **3.** Planta americana de la familia de las Compuestas, de metro y medio de altura, de tallo estriado, hojas parecidas a las de la *artemisa* común, y flores verdes y amarillentas. Es medicinal.

arteria. F. **1.** Cada uno de los vasos que llevan la sangre desde el corazón a las demás partes del cuerpo. ‖ **2.** Calle de una población, a la cual afluyen muchas otras. ‖ **~ celíaca.** F. *Anat.* La que lleva la sangre al estómago y otros órganos abdominales. ‖ **~ coronaria.** F. *Anat.* Cada una de las dos que nacen de la aorta y dan ramas que se distribuyen por el corazón. ‖ **~ subclavia.** F. *Anat.* Cada una de las dos que, partiendo del tronco braquiocefálico, a la derecha, y del cayado de la aorta, a la izquierda, corren hacia el hombro respectivo, y al pasar por debajo de la clavícula cambian su nombre por el de *arteria axilar.*

artería. F. peyor. Amaño, astucia que se emplea para algún fin.

arterial. ADJ. *Anat.* Perteneciente o relativo a las arterias. ☐ V. **presión ~, tensión ~.**

arterioesclerosis. F. *Med.* arteriosclerosis.

arteriografía. F. *Med.* Fotografía obtenida por los rayos X de una o varias arterias, hechas previamente opacas por la inyección de una sustancia no transparente a dichos rayos.

arteriola. F. *Med.* Arteria pequeña.

arteriosclerósico, ca. ADJ. *Med.* arteriosclerótico.

arteriosclerosis. F. *Med.* Endurecimiento más o menos generalizado de las arterias.

arteriosclerótico, ca. ADJ. **1.** *Med.* Perteneciente o relativo a la arteriosclerosis. *Lesiones arterioscleróticas.* ‖ **2.** Que padece arteriosclerosis. U. t. c. s.

arterioso, sa. ADJ. *Med.* arterial. ☐ V. **conducto ~.**

arteritis. F. *Med.* Inflamación de las arterias.

artero, ra. ADJ. peyor. Mañoso, astuto. *Maniobras arteras.*

artesa. F. Cajón rectangular, por lo común de madera, que por sus cuatro lados se va estrechando hacia el fondo. Sirve para amasar el pan y para otros usos.

artesanado. M. **1.** Clase social constituida por los artesanos. ‖ **2.** Actividad, ocupación u oficio del artesano.

artesanal. ADJ. artesano.

artesanía. F. Arte u obra de los artesanos.

artesano, na. ADJ. **1.** Perteneciente o relativo a la artesanía. *Pan artesano.* ‖ **II.** M. y F. **2.** Persona que ejercita un arte u oficio meramente mecánico. Se usa especialmente para referirse a quien hace por su cuenta objetos de uso doméstico imprimiéndoles un sello personal, a diferencia del obrero fabril.

artesiano, na. ☐ V. **agua ~, pozo ~.**

artesón. M. **1.** Recipiente de base redonda o cuadrada, usado en las cocinas para fregar. ‖ **2.** *Arq.* Elemento constructivo poligonal, cóncavo, moldurado y con adornos, que dispuesto en serie constituye el artesonado.

artesonado, da. PART. de **artesonar.** ‖ **I.** ADJ. **1.** *Arq.* Adornado con **artesones** (‖ elementos constructivos). ‖ **II.** M. **2.** *Arq.* Techo, armadura o bóveda formados con artesones de madera, piedra u otros materiales.

artesonar. TR. *Arq.* Hacer artesones en un techo.

artético, ca. ADJ. Perteneciente o relativo a las articulaciones, en especial a los artejos. *Gota artética.*

ártico, ca. ADJ. **1.** Perteneciente o relativo al Polo Norte. *Hielos árticos.* ‖ **2.** Cercano al Polo Norte. *Tierras árticas.*

articulación. F. **1.** Acción y efecto de articular. ‖ **2.** Unión entre dos piezas rígidas que permite el movimiento relativo entre ellas. ‖ **3.** Pronunciación clara y distinta de las palabras. ‖ **4.** *Anat.* Unión de un hueso u órgano esquelético con otro. ‖ **5.** *Bot.* Especie de coyuntura que forma en las plantas la unión de una parte con otra distinta de la cual puede desgajarse; p. ej., la unión del aguijón o de la rama con el tallo o el tronco, del peciolo con la rama, etc. ‖ **6.** *Fon.* Posición y movimiento de los órganos de la voz para la pronunciación de una vocal o consonante. ‖ **~ universal.** F. *Mec.* La que transmite la rotación entre dos árboles cuyos ejes pueden formar entre sí cualquier ángulo. ‖ **primera ~.** F. *Ling.* Nivel significativo de la lengua. ‖ **segunda ~.** F. *Ling.* Nivel fonológico de la lengua. ☐ V. **modo de ~, punto de ~.**

articuladamente. ADV. M. Con pronunciación clara y distinta.

articulado, da. PART. de **articular²**. ‖ **I.** ADJ. **1.** Que tiene articulaciones. *Muñeco articulado.* ‖ **II.** M. **2.** Conjunto o serie de los artículos de un tratado, de una ley, de un reglamento, etc.

articulador, ra. ADJ. Que articula. *Factor articulador de la investigación.*

articular¹. ADJ. Perteneciente o relativo a la articulación o a las articulaciones.

articular². TR. **1.** Unir dos o más piezas de modo que mantengan entre sí alguna libertad de movimiento. U. t. c. prnl. ‖ **2.** Organizar diversos elementos para lograr un conjunto coherente y eficaz. *Articular proyectos políticos regionales.* U. t. c. prnl. ‖ **3.** Pronunciar las palabras clara y distintamente. ‖ **4.** *Fon.* Colocar los órganos de la voz en la forma que requiere la pronunciación de cada sonido.

articulatorio, ria. ADJ. *Fon.* Perteneciente o relativo a la articulación de los sonidos del lenguaje. *Canal, movimiento articulatorio.*

articulista. COM. Persona que escribe artículos para periódicos o publicaciones análogas.

artículo. M. **1.** Una de las partes en que suelen dividirse los escritos. ‖ **2.** Cada una de las divisiones de un diccionario encabezada con distinta palabra. ‖ **3.** Cada uno de los escritos de mayor extensión que se insertan en los periódicos u otras publicaciones análogas. ‖ **4.** Mercancía, cosa con que se comercia. ‖ **5.** *Der.* Cada una de las disposiciones numeradas de una ley, de una ley, de un reglamento, etc. ‖ **6.** *Gram.* Clase de palabras de carácter átono que indica si lo designado por el sustantivo o elemento sustantivado es o no consabido. ‖ **~ de comercio.** M. Cosa comerciable. ‖ **~ de fe.** M. Verdad que se debe creer como revelada por Dios, y propuesta, como tal, por la Iglesia. ‖ **~ definido.** M. *Gram.* El que principalmente sirve para limitar la extensión del nombre a entidades ya consabidas por los interlocutores. Tiene en singular las formas *el, la, lo,* según el género, y en plural, *los, las.* ‖ **~ de fondo.** M. El que en los periódicos políticos se inserta en lugar preferente, por lo común sin firma, y trata temas de actualidad con arreglo al criterio de la redacción. ‖ **~ de previo pronunciamiento.** M. *Der.* El incidente que, mientras se decide, paraliza la tramitación del asunto principal. ‖ **~ de primera necesidad.** M. Cada una de las cosas más indispensables para el sostenimiento de la vida, como el agua, el pan, etc. ‖ **~ determinado.** M. *Gram.* **artículo definido.** ‖ **~ indefinido, o ~ indeterminado.** M. *Gram.* El que se antepone al nombre para indicar que este se refiere a entidades no consabidas por los interlocutores. En singular, *un, una,* y en plural, *unos, unas.*

artífice. COM. **1. autor** (‖ persona que es causa de algo). ‖ **2. artista** (‖ persona que ejercita alguna arte bella).

artificial. ADJ. **1.** Hecho por mano o arte del hombre. *Nieve artificial.* ‖ **2.** No natural, falso. *Sonrisa artificial.* ☐ V. **fecundación ~, fuego ~, imán ~, inseminación ~, inteligencia ~, luz ~, mosca ~, respiración ~, riñón ~, satélite ~, seda ~.**

artificialidad. F. Cualidad de **artificial** (‖ no natural).

artificiero, ra. I. M. y F. **1.** Técnico en el manejo de explosivos. *Los artificieros de la policía.* ‖ **II.** M. **2.** *Mil.* Artillero especialmente instruido en la clasificación, reconocimiento, conservación, empaque, carga y descarga de proyectiles, cartuchos, espoletas y estopines.

artificio. M. **1.** Arte, primor, ingenio o habilidad con que está hecho algo. *Figuras de artificio.* ‖ **2.** Predominio de la elaboración artística sobre la naturalidad. ‖ **3. artefacto** (‖ máquina, aparato). *La máquina es un artificio compuesto.* ‖ **4.** Disimulo, cautela, doblez.

artificiosidad. F. Cualidad de artificioso.

artificioso, sa. ADJ. **1.** Hecho o elaborado con artificio, arte y habilidad. *Edificio artificioso.* ‖ **2.** Disimulado, cauteloso, con doblez. *Tono artificioso.*

artiga. F. Tierra roturada para su cultivo.

artiguense. ADJ. **1.** Natural de Artigas. U. t. c. s. ‖ **2.** Perteneciente o relativo a este departamento del Uruguay o a su capital.

artillar. TR. Armar de artillería las fortalezas o las naves.

artillería. F. **1.** Arte de construir, conservar y usar las armas, máquinas y municiones de guerra. ‖ **2.** Cuerpo militar destinado a este servicio. ‖ **3.** Conjunto de cañones, morteros, obuses y otras máquinas de guerra que tiene una plaza, un ejército o un buque. U. t. en sent. fig. *El fiscal usó toda su artillería para convencer al jurado.* ‖ **~ antiaérea.** F. La destinada a combatir contra los aviones militares. ‖ **~ de campaña.** F. La que forma parte de los ejércitos destinados a operaciones en campo raso. ‖ **~ de costa.** F. La que se destina a las obras defensivas de los frentes marítimos de las plazas. ‖ **~ de montaña.** F. La de pequeño calibre destinada a las columnas que han de operar en terreno montuoso. ‖ **~ de sitio.** F. La que se emplea indistintamente en el ataque y defensa de las plazas fuertes y posiciones fortificadas. ‖ **~ ligera, o ~ montada.** F. La de campaña que acom-

paña a la infantería siempre que el terreno permita el paso de carruajes. ☐ V. **parque de ~, pieza de ~.**

artillero, ra. I. ADJ. **1.** Perteneciente o relativo a la artillería. *Fuego artillero.* ‖ **II.** M. **2.** Individuo que profesa por principios teóricos la facultad de la artillería. ‖ **3.** Individuo que sirve en la artillería del Ejército o de la Armada. ‖ **4.** Individuo que se encarga de cargar y dar fuego a los explosivos.

artilugio. M. **1.** Mecanismo, artefacto, sobre todo si es de cierta complicación. U. m. en sent. despect. ‖ **2.** Ardid o maña, especialmente cuando forma parte de algún plan para alcanzar un fin.

artimaña. F. **martingala** (‖ artificio para engañar).

artiodáctilo. ADJ. *Zool.* Se dice del mamífero ungulado cuyas extremidades terminan en un número par de dedos, de los cuales apoyan en el suelo por lo menos dos, que son simétricos, como en los paquidermos y los rumiantes. U. t. c. s. m. ORTOGR. En m. pl., escr. con may. inicial c. taxón. *Los Artiodáctilos.*

artista. COM. **1.** Persona que ejercita alguna arte bella. ‖ **2.** Persona dotada de la virtud y disposición necesarias para alguna de las bellas artes. ‖ **3.** Persona que actúa profesionalmente en un espectáculo teatral, cinematográfico, circense, etc., interpretando ante el público. ‖ **4. artesano.** *Artista grabador.* ‖ **5.** Persona que hace algo con suma perfección. *Es un artista arreglando bolsos.*

artístico, ca. ADJ. Perteneciente o relativo a las artes, especialmente a las que se denominan bellas. ☐ V. **belleza ~, director ~, ficha ~, gimnasia ~, nombre ~.**

arto. M. **1. cambronera.** ‖ **2.** Se usa como nombre para referirse a varias plantas espinosas que se emplean para formar setos vivos.

artocarpáceo, a. ADJ. *Bot.* Se dice de los árboles o arbustos de la familia de las Moráceas, con jugo lechoso, ramos a veces nudosos, hojas alternas, simples y con estípulas caedizas, flores unisexuales sentadas sobre un receptáculo carnoso y raras veces en espiga, fruto vario, compuesto, y semilla sin albumen; p. ej., el árbol del pan.

artolas. F. pl. Aparato compuesto de dos asientos que se coloca sobre la caballería para que puedan ir sentadas dos personas.

artralgia. F. *Med.* Dolor de las articulaciones.

artrítico, ca. ADJ. **1.** *Med.* Perteneciente o relativo a la artritis. *Dolores artríticos.* ‖ **2.** *Med.* Perteneciente o relativo al artritismo. *Síntomas artríticos.* ‖ **3.** Que padece artritis o artritismo. U. t. c. s.

artritis. F. *Med.* Inflamación de las articulaciones.

artritismo. M. *Med.* Supuesta predisposición constitucional a padecer enfermedades como las afecciones articulares, el eccema, la obesidad, la jaqueca, hemorroides y diversas litiasis.

artropatía. F. *Med.* Enfermedad de las articulaciones.

artrópodo. ADJ. *Zool.* Se dice de los animales invertebrados, de cuerpo con simetría bilateral, cubierto por cutícula, formado por una serie lineal de segmentos más o menos ostensibles y provisto de apéndices compuestos de piezas articuladas o artejos; p. ej., los insectos, los crustáceos y las arañas. U. t. c. s. m. ORTOGR. En m. pl., escr. con may. inicial c. taxón. *Los Artrópodos.*

artroscopia. F. *Med.* Exploración de las cavidades articulares mediante un artroscopio.

artroscopio. M. *Med.* Endoscopio especial que se utiliza para explorar las cavidades articulares.

artrosis. F. *Med.* Alteración patológica de las articulaciones, de carácter degenerativo y no inflamatorio. || **~ deformante.** F. *Med.* La que produce deformaciones muy visibles de la articulación a que afecta.

artuña. F. Entre pastores, oveja parida que ha perdido la cría.

artúrico, ca. ADJ. Perteneciente o relativo al legendario rey Artús o Arturo. *Leyenda artúrica.*

árula. F. *Arqueol.* Ara pequeña.

arúspice. M. hist. Sacerdote que en la antigua Roma examinaba las entrañas de las víctimas para hacer presagios.

aruspicina. F. Arte supersticiosa de adivinar por las entrañas de los animales.

arveja. F. **1.** algarroba (|| planta leguminosa). || **2.** algarroba (|| semilla). || **3.** *Am.* guisante.

arvejo. M. guisante.

arvense. ADJ. *Bot.* Dicho de una planta: Que crece en los sembrados.

arzobispado. M. **1.** Dignidad de arzobispo. || **2.** Territorio en que el arzobispo ejerce jurisdicción. || **3.** Edificio u oficina donde funciona la curia arzobispal.

arzobispal. ADJ. Perteneciente o relativo al arzobispo.

arzobispo. M. Obispo de iglesia metropolitana o que tiene honores de tal.

arzón. M. Parte delantera o trasera que une los dos brazos longitudinales del armazón de una silla de montar. □ V. **pistola de ~.**

as. M. **1.** Naipe de cada palo de la baraja que lleva el número uno. || **2.** Punto único señalado en una de las seis caras del dado. || **3.** Persona que sobresale de manera notable en un ejercicio o profesión. *Los ases de la aviación.* || **4.** hist. Primitiva moneda romana, fundida en bronce y de peso variable hasta que se le fijó el de una libra. Después se acuñó y se le redujo el peso, pero conservando su valor de doce onzas. || **~ de guía.** M. *Mar.* Nudo marino para encapillar.

asa. F. Parte que sobresale del cuerpo de una vasija, de una cesta, de una bandeja, etc., generalmente de forma curva o de anillo, y sirve para asir el objeto a que pertenece.

asación. F. Acción y efecto de asar.

asadero, ra. I. ADJ. **1.** A propósito para ser asado. *Pollo asadero.* || **II.** M. **2.** Lugar donde hace mucho calor.

asado. M. Carne asada. || **~ de tira.** M. *Á. R. Plata.* Corte de carne para asar, que se saca longitudinalmente en tiras del costillar vacuno.

asador. M. **1.** Restaurante especializado en carnes asadas. || **2.** Aparato o mecanismo para igual fin.

asadura. F. **1.** Conjunto de las entrañas del animal. U. t. en pl. con el mismo significado que en sing. || **2.** Hígado y bofes. || **3.** hígado (|| víscera de los animales vertebrados).

asaetar. TR. asaetear.

asaetear. TR. **1.** Disparar saetas contra alguien. || **2.** Herir o matar con saetas. || **3.** Causar a alguien repetidamente disgustos o molestias.

asafétida. F. **1.** Planta perenne, exótica, de la familia de las Umbelíferas, de unos dos metros de altura, con tallo recto, hojas de pecíolos envainadores y divididas en lóbulos, flores amarillas y fruto seco en cápsula estrellada. || **2.** Gomorresina de esta planta,

concreta, de color amarillento sucio, con grumos blancos o blanquecinos de olor muy fuerte y fétido, semejante al del puerro, y de sabor amargo y nauseabundo. Fluye naturalmente o por incisiones hechas en el cuello de la raíz, y se usa en medicina como antiespasmódico.

asainetado, da. ADJ. Parecido al sainete. *Comedia asainetada.*

asalariado, da. PART. de **asalariar.** || ADJ. **1.** Que percibe un salario por su trabajo. U. t. c. s. || **2.** Que, en ideas o en conducta, supedita su propio criterio al de quien le paga.

asalariar. TR. Señalar salario a alguien. MORF. conjug. c. *anunciar.*

asalmonado, da. ADJ. **1.** Dicho de un pescado y especialmente de una trucha: Que se parece en la carne al salmón. || **2.** Dicho de un color: Semejante al salmón. *Rosa asalmonado.* || **3.** De color parecido al salmón. *Camisa asalmonada.*

asaltador, ra. ADJ. Que asalta. Apl. a pers., u. t. c. s.

asaltante. ADJ. Que asalta. Apl. a pers., u. m. c. s.

asaltar. TR. **1.** Acometer impetuosamente una plaza o fortaleza para entrar en ella escalando las defensas. || **2.** Acometer repentinamente y por sorpresa. *La asaltaron los periodistas. Asaltaron dos veces el banco.* U. t. en sent. fig. *Cuando llega hambriento, asalta la nevera.* || **3.** coloq. Dicho de una enfermedad, de la muerte, de un pensamiento, etc.: Acometer, sobrevenir, ocurrir de pronto.

asalto. M. **1.** Acción y efecto de asaltar. || **2.** hist. Baile o diversión que organizan varios amigos en una casa particular conocida, sin avisar previamente al dueño. || **3.** *Dep.* En boxeo, cada una de las partes o tiempos de que consta un combate. || **4.** *Esgr.* Combate simulado entre dos personas, a arma blanca. □ V. **carro de ~, guardia de ~.**

asamblea. F. **1.** Reunión numerosa de personas para discutir determinadas cuestiones y adoptar decisiones sobre ellas. || **2.** Órgano político constituido por numerosas personas que asumen total o parcialmente el poder legislativo. || **3.** Reunión que en situaciones especiales asume todos los poderes. || **4.** Reunión de los miembros de una colectividad numerosa. *Asamblea de vecinos.* || **5.** *Mil.* Reunión numerosa de tropas para su instrucción o para entrar en campaña. || **6.** *Mil.* Toque para que la tropa se una y forme en sus cuerpos respectivos y lugares determinados.

asambleario, ria. ADJ. Propio o característico de una asamblea. *Estilo asambleario.*

asambleísmo. M. Tendencia a que los asuntos se decidan a través de asambleas con demasiada frecuencia.

asambleísta. COM. Persona que forma parte de una asamblea convocada.

asar. I. TR. **1.** Hacer comestible un alimento por la acción directa del fuego, o la del aire caldeado, a veces rociando aquel con grasa o con algún líquido. || **II.** PRNL. **2.** Sentir extremado ardor o calor.

asaz. I. ADV. C. **1.** Bastante, harto, muy. U. m. en leng. poét. || **II.** ADJ. **2.** Bastante, mucho. *La limpieza debía darle asaz faena.* U. t. en leng. poét.

asbesto. M. Mineral de composición y caracteres semejantes a los del amianto, pero de fibras duras y rígidas.

asbestosis. F. *Med.* Enfermedad pulmonar crónica producida por la inhalación repetida del polvo del asbesto.

asca. F. *Bot.* teca (‖ célula que contiene las esporas de algunos hongos).

ascalonia. F. Planta perenne de la familia de las Liliáceas, con tallo de tres a cinco decímetros de altura, hojas finas, aleznadas y tan largas como el tallo; flores moradas y muchos bulbos, agregados como en el ajo común, blancos por dentro y rojizos por fuera. Es planta originaria de Asia, se cultiva en las huertas y se emplea como condimento.

ascáride. F. lombriz intestinal.

ascendencia. F. **1.** Serie de ascendientes o antecesores de alguien. ‖ **2.** Origen, procedencia de algo. ‖ **3.** **ascendiente** (‖ predominio moral o influencia).

ascendente. ADJ. Que asciende. □ V. **progresión ~**.

ascender. **I.** INTR. **1.** Subir de un sitio a otro más alto. ‖ **2.** Adelantar en empleo o dignidad. *Juan ascendió a director.* ‖ **3.** Dicho de una cuenta: Importar, valer. ‖ **II.** TR. **4.** Recorrer un lugar yendo hacia arriba. *Ascendió la cuesta con esfuerzo.* ‖ **5.** Dar o conceder un ascenso. *Miguel ascendió a sus empleados.* ¶ MORF. conjug. c. *entender.*

ascendiente. **I.** ADJ. **1.** **ascendente.** *Camino ascendiente.* ‖ **II.** COM. **2.** Padre, madre, o cualquiera de los abuelos o bisabuelos, de quien desciende una persona. ‖ **3.** *Biol.* Ser vivo del que desciende directamente otro. ‖ **III.** M. **4.** Predominio moral o influencia.

ascensión. F. **1.** Acción y efecto de **ascender** (‖ a un sitio más alto). ‖ **2.** por antonom. Subida de Cristo a los cielos. ORTOGR. Escr. con may. inicial. ‖ **3.** Fiesta movible con que anualmente celebra la Iglesia católica este misterio, el jueves, cuadragésimo día después de la Pascua de Resurrección. ORTOGR. Escr. con may. inicial.

ascensional. ADJ. Perteneciente o relativo a la ascensión.

ascenso. M. **1.** Promoción a mayor dignidad o empleo. ‖ **2.** Cada uno de los grados señalados para el adelanto en una carrera o jerarquía. *Escalafón de ascensos.* ‖ **3.** **subida** (‖ acción y efecto de subir).

ascensor. M. **1.** Aparato para trasladar personas de unos pisos a otros. ‖ **2.** **montacargas.**

ascensorista. COM. **1.** Persona que tiene a su cargo el manejo del ascensor. ‖ **2.** Persona que tiene por oficio arreglar y construir ascensores.

ascesis. F. Conjunto de reglas y prácticas encaminadas a la liberación del espíritu y el logro de la virtud.

asceta. COM. **1.** Persona que, en busca de la perfección espiritual, vive en la renuncia de lo mundano y en el control de las exigencias del cuerpo. ‖ **2.** Persona que vive voluntariamente de forma **austera** (‖ sobria, morigerada).

ascética. F. **1.** **ascetismo** (‖ doctrina de la vida ascética). ‖ **2.** Literatura ascética.

ascético, ca. ADJ. **1.** Que lleva vida de asceta. U. t. c. s. ‖ **2.** Perteneciente o relativo al asceta o a la ascesis. *Vida ascética.* ‖ **3.** Sobrio, muy austero. *Es una persona muy ascética en su forma de vivir.* ‖ **4.** Que trata de la vida de asceta, como guía y estímulo de su ejercicio. *Escritor, libro ascético.* Apl. a pers., u. t. c. s. □ V. **teología ~**.

ascetismo. M. **1.** Hecho de profesar la vida ascética. ‖ **2.** Doctrina de la vida ascética. ‖ **3.** Cualidad de ascético.

ascítico, ca. ADJ. Que padece ascitis. U. t. c. s.

ascitis. F. *Med.* Hidropesía del vientre, ocasionada por acumulación de serosidad en la cavidad del peritoneo.

asclepiadáceo, a. ADJ. *Bot.* Se dice de las hierbas, de los arbustos y de los árboles angiospermos dicotiledóneos, con hojas alternas, opuestas o verticiladas, sencillas y enteras, flores en racimo, corimbo o umbela, y fruto en folículo con muchas semillas provistas de albumen; p. ej., la cornicabra. U. t. c. s. f. ORTOGR. En f. pl., escr. con may. inicial c. taxón. *Las Asclepiadáceas.*

asco. M. **1.** Alteración del estómago causada por la repugnancia que se tiene a algo que incita a vómito. ‖ **2.** Impresión desagradable causada por algo o alguien que repugna. ‖ **3.** Esta misma cosa. *Aquel trastero era un asco.* ‖ **estar hecho un ~.** LOC.VERB. coloq. Estar muy sucio. ‖ **hacer ~s.** LOC.VERB. coloq. Hacer afectadamente desprecio poco justificado de algo. ‖ **no hacer ~s** a algo. LOC.VERB. irón. coloq. Aceptarlo de buena gana. ‖ **ser un ~** algo. LOC.VERB. **1.** coloq. Ser muy indecoroso y despreciable. ‖ **2.** coloq. Ser muy malo o imperfecto, no valer nada.

ascomiceto, ta. ADJ. *Bot.* Se dice de los hongos que tienen las esporas encerradas en pequeños sacos. U. t. c. s. m. ORTOGR. En m. pl., escr. con may. inicial c. taxón. *Los Ascomicetos.*

ascoso, sa. ADJ. Que causa asco. *Temor ascoso.*

ascua. F. Pedazo de cualquier materia sólida y combustible que por la acción del fuego se pone incandescente y sin llama. ‖ **en, o sobre, ~s.** LOCS.ADJS. coloqs. Inquieto, sobresaltado. *Está sobre ascuas.* U. t. c. locs. advs. *Lo tiene en ascuas.*

aseado, da. PART. de asear. ‖ ADJ. Limpio, curioso. *Residencia aseada.*

aseador, ra. M. y F. *Chile.* Persona encargada del aseo de edificios, vehículos, etc.

asear. TR. Adornar, componer con curiosidad y limpieza. U. t. c. prnl.

asechanza. F. Engaño o artificio para hacer daño a alguien. U. m. en pl.

asechar. TR. Poner o armar asechanzas.

asecho. M. asechanza.

asedar. TR. Poner suave como la seda algo, comúnmente el cáñamo o el lino.

asediador, ra. ADJ. Que asedia. Apl. a pers., u. t. c. s.

asediar. TR. **1.** Cercar un punto fortificado, para impedir que salgan quienes están en él o que reciban socorro de fuera. ‖ **2.** Importunar a alguien sin descanso y con pretensiones. ¶ MORF. conjug. c. *anunciar.*

asedio. M. Acción y efecto de asediar.

asegundar. TR. Repetir un acto inmediatamente o poco después de haberlo llevado a cabo por vez primera.

aseguración. F. seguro (‖ contrato).

asegurado, da. PART. de asegurar. ‖ ADJ. *Der.* Dicho de una persona: Que se encuentra expuesta al riesgo que asegura. U. t. c. s.

asegurador, ra. ADJ. **1.** Que asegura. Apl. a pers., u. t. c. s. ‖ **2.** *Der.* Dicho de una empresa: Que asegura profesionalmente riesgos mediante contratos de seguros.

aseguradora. F. Empresa aseguradora.

aseguramiento. M. Acción y efecto de asegurar. ‖ **~ de bienes litigiosos.** M. *Der.* Medidas provisionales adoptadas por el juez para conservar los bienes objeto de un proceso durante la duración de este.

asegurar. TR. **1.** Dejar firme y seguro; establecer, fijar sólidamente. *Asegurar el edificio. Asegurar el clavo en la* *pared.* || **2.** Dejar seguro de la realidad o certeza de algo. U. t. c. prnl. *Antes de salir, asegúrate DE que no llueva.* || **3.** Afirmar la certeza de lo que se refiere. U. t. c. prnl. *No van a volver; se lo aseguro.* || **4.** Dar firmeza o seguridad, con garantía que haga cierto el cumplimiento de una obligación. *Solo la construcción del embalse asegurará el suministro.* || **5.** Poner a cubierto una cosa de la pérdida que por naufragio, incendio o cualquier otro accidente o motivo pueda tener en ella su dueño, obligándose a indemnizar a este del importe total o parcial de dicha pérdida, con sujeción a las condiciones pactadas. *Asegurar un buque, una finca, un automóvil.*

aseladero. M. Sitio en que se acomodan para dormir, normalmente en un lugar alto, las gallinas.

asemejar. I. TR. **1.** Hacer semejante. *Su expresión lo asemeja a una lechuza.* || **II.** INTR. **2.** Tener semejanza. *Sonidos que asemejan el llanto de un niño.* || **III.** PRNL. **3.** Mostrarse semejante. *Su conducta se asemeja mucho a la nuestra.*

asemillar. INTR. *Chile.* Dicho de una planta: Dejar caer el polen de la flor.

asendereado, da. ADJ. **1.** Agobiado de trabajos o adversidades. *Heroína honesta y asendereada.* || **2.** Práctico, experto. *El viejo y asendereado poeta.*

asenso. M. Acción y efecto de asentir.

a sensu contrario. (Locución latina). LOC.ADV. **a contrario sensu.**

asentada. F. sentada.

asentaderas. F. pl. coloq. **nalgas** (|| porciones carnosas y redondeadas).

asentado, da. PART. de asentar. || ADJ. Estable, permanente. *Comerciantes asentados.*

asentador, ra. I. M. y F. **1.** Contratista al por mayor de alimentos para un mercado público. || **II.** M. **2.** suavizador (|| de las navajas de afeitar).

asentamiento. M. **1.** Acción y efecto de asentar o asentarse. || **2.** Lugar en que se establece alguien o algo. || **3.** Instalación provisional de colonos o cultivadores en tierras no habitadas o cuyos habitantes son desplazados. || **4.** Fase final de un movimiento migratorio. || **5.** *Mil.* Lugar que ocupa cada pieza o cada batería en una posición.

asentar. I. TR. **1.** Poner o colocar algo de modo que permanezca firme. *Asentar los cimientos de un edificio.* || **2.** **sentar** (|| en una silla, un banco, etc.). U. m. c. prnl. || **3.** Colocar a alguien en determinado lugar o asiento, en señal de posesión de algún empleo o cargo. U. t. c. prnl. *Su ayuda le sirvió para asentarse en el ministerio.* || **4.** Situar, fundar un pueblo o un edificio. || **5.** Dar un golpe con tino y violencia. *Asentar una bofetada.* || **6.** Aplanar o alisar, planchando, apisonando, etc. *Asentar una costura, el piso.* || **7.** Afinar, poner plano o suave el filo de una navaja de afeitar o cualquier otro instrumento. || **8.** Afirmar, dar por cierto un hecho. *Asentar una teoría.* || **9.** Ajustar o hacer un convenio o tratado. *Asentar los términos de un contrato.* || **10.** Anotar o poner por escrito algo, para que conste. *Asentar una cantidad en el libro de gastos.* || **II.** INTR. **11.** **sentar** (|| cuadrar, convenir). *Iba dentro de un traje que le asentaba cuanto era posible.* || **III.** PRNL. **12.** Establecerse en un pueblo o lugar. || **13.** Dicho de un líquido: **posarse** (|| depositarse en el fondo sus partículas sólidas). || **14.** Dicho de una obra: Hacer asiento. *El edificio se había asentado mal debido a la mala estructura de los cimientos.* || **15.** Dicho de un

ave: **posarse** (|| situarse en un lugar). ¶ MORF. conjug. c. *acertar.*

asentimiento. M. **1.** **asenso.** || **2.** **consentimiento.** *Un salvoconducto rubricado con mi asentimiento.*

asentir. INTR. Admitir como cierto o conveniente lo que otra persona ha afirmado o propuesto antes. MORF. conjug. c. *sentir.*

asentista. M. hist. Encargado de hacer asiento o contratar con el Gobierno o con el público, para la provisión o suministro de víveres u otros efectos, a un ejército, armada, presidio, plaza, etc.

aseñorado, da. ADJ. **1.** Dicho de una persona ordinaria: Que imita los modales del señor. || **2.** Parecido a lo que es propio de señor. *Modales aseñorados.*

aseñoritado, da. ADJ. **1.** Dicho de una persona ordinaria: Que imita los modales del señorito. || **2.** Parecido a lo que es propio de señorito. *Sacristanes aseñoritados.*

aseo. M. **1.** **limpieza** (|| cualidad de limpio). || **2.** Adorno, compostura. || **3.** Esmero, cuidado. || **4.** **cuarto de aseo.**

asépalo, la. ADJ. *Bot.* Dicho de una flor: Que carece de sépalos.

asepsia. F. **1.** *Med.* Ausencia de materia séptica, estado libre de infección. || **2.** *Med.* Conjunto de procedimientos científicos destinados a preservar de gérmenes infecciosos el organismo, aplicados principalmente a la esterilización del material quirúrgico.

aséptico, ca. ADJ. **1.** *Med.* Perteneciente o relativo a la asepsia. *Método aséptico.* || **2.** Neutral, frío, sin pasión. *Discurso aséptico.*

asequible. ADJ. Que puede conseguirse o alcanzarse. *Precio asequible.*

aserción. F. **1.** Acción y efecto de afirmar o dar por cierto algo. || **2.** Proposición en que se afirma o da por cierto algo.

aserenar. TR. **serenar.** U. t. c. prnl.

aserrada. □ V. **hoja ~.**

aserradero. M. Lugar donde se sierra la madera u otra cosa.

aserrado. M. Acción de serrar.

aserrador, ra. I. ADJ. **1.** Que sierra. *Empresa aserradora.* || **II.** M. **2.** Hombre que tiene por oficio serrar.

aserradora. F. Máquina de serrar.

aserradura. F. Corte que hace la sierra.

aserrar. TR. **serrar.** MORF. conjug. c. *acertar.*

aserrería. F. **serrería.**

aserrín. M. Conjunto de partículas que se desprenden de la madera cuando se sierra.

aserruchar. TR. *Am.* **serruchar** (|| cortar con serrucho).

asertivo, va. ADJ. **afirmativo.**

aserto. M. Afirmación de la certeza de algo.

asertórico, ca. ADJ. *Fil.* **asertorio.**

asertorio, ria. ADJ. *Fil.* Se dice del juicio que afirma o niega como verdadero, sin que lo sea necesariamente, a diferencia del apodíctico.

asesinar. TR. Matar a alguien con alevosía, ensañamiento o por una recompensa.

asesinato. M. Acción y efecto de asesinar.

asesino, na. ADJ. **1.** Que asesina. *Gente, mano asesina. Puñal asesino.* Apl. a pers., u. t. c. s. || **2.** Ofensivo, hostil, dañino. *Mirada asesina.*

asesor, ra. ADJ. **1.** Que asesora. *Consejo asesor.* Apl. a pers., u. t. c. s. || **2.** Dicho de un letrado: Que, por razón de oficio, debe aconsejar o ilustrar con su dictamen a un juez lego. U. m. c. s.

asesoramiento. M. Acción y efecto de asesorar o asesorarse.

asesorar. **I.** TR. **1.** Dar consejo o dictamen. *Acude a un experto para que te asesore.* ‖ **II.** PRNL. **2.** Dicho de una persona: Tomar consejo de otra, o ilustrarse con su parecer. ‖ **3.** Tomar consejo del letrado asesor, o consultar su dictamen.

asesoría. F. **1.** Oficio de asesor. ‖ **2.** Oficina del asesor.

asestar[1]. TR. **1.** Descargar contra algo o alguien un proyectil, un golpe de un arma o de un objeto semejante. *Asestar un tiro, una puñalada, una pedrada, un puñetazo.* ‖ **2.** Dirigir un arma hacia el objeto que se quiere amenazar o dañar con ella. *Asestar el cañón, la lanza.* ‖ **3.** Dirigir la vista, los anteojos, etc. *El catalejo que Washington Irving utilizaba para asestar su mirada sobre la Alhambra.*

asestar[2]. INTR. Dicho del ganado: **sestear** (‖ recogerse en un lugar sombrío). MORF. conjug. c. *acertar*.

aseveración. F. Acción y efecto de aseverar.

aseverar. TR. Afirmar o asegurar lo que se dice.

aseverativo, va. ADJ. **1.** Que asevera o afirma. *Declaración aseverativa.* ‖ **2.** Ling. Perteneciente o relativo a las enunciaciones afirmativas. *Oración aseverativa.*

asexuado, da. ADJ. Que carece de sexo. *Animal asexuado.*

asexual. ADJ. **1.** Sin sexo, ambiguo, indeterminado. *Un individuo aparentemente asexual.* ‖ **2.** Biol. Dicho de la reproducción: Que se verifica sin intervención de gametos; como la gemación.

asfaltado. M. **1.** Acción de asfaltar. ‖ **2.** Solado de asfalto.

asfaltar. TR. Revestir de asfalto.

asfáltico, ca. ADJ. **1.** De asfalto. *Firme asfáltico.* ‖ **2.** Que tiene asfalto. *Productos asfálticos.* ◻ V. **membrana ~, tela ~.**

asfalto. M. Sustancia de color negro que constituye la fracción más pesada del petróleo crudo. Se utiliza mezclado con arena o gravilla para pavimentar caminos y como revestimiento impermeable de muros y tejados.

asfíctico, ca. ADJ. Perteneciente o relativo a la asfixia. *Sensación asfíctica.*

asfixia. F. **1.** Suspensión o dificultad en la respiración. *Asfixia por sumersión.* ‖ **2.** Sensación de agobio producida por el excesivo calor, el enrarecimiento del ambiente o por otras causas físicas o psíquicas. *Aquella situación le producía asfixia.* ‖ **3.** Aniquilación de algo o grave impedimento de su existencia o desarrollo. *La asfixia del pequeño comercio.*

asfixiante. ADJ. **1.** Que asfixia. *Presión asfixiante.* ‖ **2.** Que hace difícil la respiración. *Olor, atmósfera asfixiante.*

asfixiar. TR. Producir asfixia. U. t. c. prnl. MORF. conjug. c. *anunciar*.

asfódelo. M. gamón.

así. **I.** ADV. M. **1.** De esta o de esa manera. *Unas gafas así de gruesas.* ‖ **2.** Denota extrañeza o admiración. *¿Así me abandonas?* ‖ **II.** ADV. C. **3.** tan[2]. *¿Así DE delgado es?* ‖ **III.** CONJ. CONSEC. **4.** En consecuencia, por lo cual, de manera que. *Nadie quiso ayudarlo, y así tuvo que desistir de su noble empeño.* ‖ **IV.** CONJ. COMP. **5.** Tanto, de igual manera. *La virtud infunde respeto así a los buenos como a los malos.* ‖ **V.** CONJ. CONC. **6.** Aunque, por más que. *No paso por su casa, así me fusilen.* ‖ **VI.** ADJ. **7.** tal (‖ semejante). *Con sueldos así no se puede vivir.* ‖ **así así.**

I. LOC. ADV. **1.** Mediocre, no muy bien. ‖ **II.** LOC. ADJ. **2.** Mediano, mediocre. ‖ **~ como.** LOC. ADV. **1.** Tan pronto como. ‖ **2.** Denota comparación. *Todas las cosas vivas, así como tienen limitada esencia, así tienen limitado poder.* U. t. c. loc. conjunt. ‖ **~ como ~.** LOC. ADV. **1.** De cualquier manera, de todos modos. ‖ **2.** Sin reflexionar. ‖ **~ es que.** LOC. CONJUNT. **así que** (‖ en consecuencia). ‖ **~ o asá, o ~ o ~.** EXPRS. coloqs. **así que asá.** ‖ **~ pues.** LOC. CONJUNT. En consecuencia, por lo cual. ‖ **~ que.** **I.** LOC. ADV. **1.** Tan pronto como, al punto que. *Así que amanezca saldremos al campo.* ‖ **II.** LOC. CONJUNT. **2.** En consecuencia, de manera que, por lo cual. *El enemigo había cortado el puente, así que no fue posible seguir adelante.* ‖ **~ que asá, o ~ que asado.** EXPRS. coloqs. Sin importar el modo.

asiático, ca. ADJ. **1.** Natural de Asia. U. t. c. s. ‖ **2.** Perteneciente o relativo a esta parte del mundo. ◻ V. **cólera ~, lujo ~.**

asibilación. F. Fon. Acción de asibilar.

asibilar. TR. Fon. Hacer sibilante un sonido.

asidero. M. **1.** Parte por donde se ase algo. ‖ **2.** Ocasión o pretexto. ‖ **3.** Persona o cosa que sirve de apoyo o ayuda.

asidonense. ADJ. **1.** Natural de Asido. U. t. c. s. ‖ **2.** Perteneciente o relativo a esta ciudad de la Bética, hoy Medina Sidonia, en la provincia de Cádiz, España.

asiduidad. F. Frecuencia, puntualidad o aplicación constante a algo.

asiduo, dua. ADJ. Frecuente, puntual, perseverante. *Cliente asiduo del gimnasio.*

asiento. M. **1.** Mueble para sentarse. ‖ **2.** Parte de ese mueble donde descansan las nalgas. *La silla tiene asiento de enea y respaldo de madera.* ‖ **3.** Plaza en un vehículo, en un espectáculo público, etc. ‖ **4.** Lugar que tiene alguien en cualquier tribunal o junta. ‖ **5.** Sitio en que está o estuvo fundado un pueblo o un edificio. ‖ **6.** Pieza fija en la que descansa otra. *El asiento de la tapa.* ‖ **7.** Parte inferior de las vasijas, de las botellas, etc. ‖ **8.** poso. ‖ **9.** Anotación o apunte de algo para que no se olvide. *Libro de asientos.* ‖ **10.** Estabilidad, permanencia. *Va de un lugar a otro, sin tener asiento.* ‖ **11.** Cordura, prudencia, madurez. *Hombre de asiento.* ‖ **12.** hist. Contrato u obligación que se hacía para proveer de dinero, víveres o géneros a un ejército, a un asilo, etc. ‖ **13.** *Com.* Anotación que se hace en los libros de cuentas para registrar una operación contable. ‖ **14.** Am. Territorio y población de las minas. ‖ **estar de ~.** LOC. VERB. Estar establecido en un pueblo o lugar. ‖ **no calentar el ~.** LOC. VERB. coloq. Durar poco en el empleo, destino o puesto que se tiene. ‖ **pegársele** a alguien **el ~.** LOC. VERB. coloq. **pegársele la silla.** ‖ **quedarse de ~.** LOC. VERB. Quedarse establecido en un pueblo o lugar. ‖ **tomar ~.** LOC. VERB. **1.** sentarse (‖ descansar sobre las nalgas). ‖ **2.** Establecerse en un pueblo o lugar. ◻ V. **baño de ~.**

asignación. F. **1.** Acción de asignar. ‖ **2.** Cantidad señalada por sueldo o por otro concepto.

asignado. M. hist. Cada uno de los títulos que sirvieron de papel moneda en Francia durante la Revolución.

asignar. TR. Señalar lo que corresponde a alguien o algo.

asignatario, ria. M. y F. Am. Persona a quien se asigna la herencia o el legado.

asignatura. F. Cada una de las materias que se enseñan en un centro docente o forman un plan académico de estudios. ‖ **~ pendiente.** F. **1.** La que queda suspensa hasta su aprobación en convocatorias posteriores. ‖ **2.** Asunto o problema que aún no se ha solucionado. *La construcción de polideportivos es la asignatura pendiente del ayuntamiento.*

asilado, da. PART. de **asilar.** ‖ M. y F. **1.** acogido. ‖ **2.** Persona que, por motivos políticos, encuentra asilo con protección oficial en otro país o en embajadas o centros que gozan de inmunidad diplomática.

asilar. **I.** TR. **1.** Dar asilo. ‖ **2.** Albergar en un asilo. U. t. c. prnl. ‖ **II.** PRNL. **3.** Tomar asilo en algún lugar.

asilo. M. **1.** Lugar privilegiado de refugio para los perseguidos. ‖ **2.** Establecimiento benéfico en que se recogen ancianos o menesterosos, a los que se les dispensa alguna asistencia. ‖ **3.** Amparo, protección, favor. ‖ **4. asilo político.** ‖ **~ político.** M. El que se concede a un extranjero desterrado o huido de su país por motivos políticos. □ V. **derecho de ~.**

asilvestrado, da. PART. de **asilvestrarse.** ‖ ADJ. **1.** Dicho de una planta silvestre: Que procede de semilla de planta cultivada. ‖ **2.** Dicho de un animal doméstico o domesticado: Que vive en las condiciones de un animal salvaje.

asilvestrarse. PRNL. Volverse inculto, agreste o salvaje.

asimétricas. F. pl. *Dep.* **paralelas asimétricas.**

asimétrico, ca. ADJ. Que carece de simetría. *Hojas asimétricas.* □ V. **barras ~s, paralelas ~.**

asimiento. M. **1.** Acción de asir. ‖ **2.** Adhesión, apego o afecto.

asimilación. F. Acción y efecto de asimilar.

asimilado, da. PART. de **asimilar.** ‖ ADJ. Dicho de una persona: Que ejerce su profesión dentro del ámbito militar y goza de las prerrogativas del grado que se le atribuye, como los médicos, ingenieros, capellanes, etc. U. t. c. s.

asimilador, ra. ADJ. **asimilativo.**

asimilar. TR. **1.** Comprender lo que se aprende, incorporarlo a los conocimientos previos. *Asimilar conceptos matemáticos.* ‖ **2.** Conceder a los individuos de una carrera o profesión derechos u honores iguales a los que tienen los individuos de otra. ‖ **3.** Asemejar, comparar. U. t. c. prnl. *El animal que más se asimila al hombre es el chimpancé.* ‖ **4.** *Fon.* Alterar la articulación de un sonido del habla asemejándolo a otro inmediato o cercano mediante la sustitución de uno o varios caracteres propios de aquel por otros de este. U. m. c. prnl.

asimilativo, va. ADJ. Que asimila o es capaz de asimilar. *Proceso asimilativo.*

asimilatorio, ria. ADJ. **asimilativo.**

asimilismo. M. Política que pretende suprimir las peculiaridades dentro de una sociedad para favorecer la homogeneidad.

asimilista. ADJ. **1.** Perteneciente o relativo al asimilismo. *Política asimilista.* ‖ **2.** Partidario del asimilismo. U. t. c. s.

asimismo. ADV. M. **también.**

asincronía. F. **asincronismo.**

asincronismo. M. Falta de coincidencia temporal en los hechos.

asíncrono, na. ADJ. Se dice del proceso o del efecto que no ocurre en completa correspondencia temporal con otro proceso u otra causa.

asindético, ca. ADJ. **1.** *Ret.* Se dice del enlace por asíndeton. ‖ **2.** *Ret.* Se dice del estilo o enunciación en que predomina la figura del asíndeton.

asíndeton. M. *Ret.* Figura que consiste en omitir las conjunciones para dar viveza o energía al concepto. MORF. pl. invar. *Los asíndeton.*

asintomático, ca. ADJ. *Med.* Que no presenta síntomas de enfermedad.

asíntota. F. *Geom.* Línea recta que, prolongada de modo indefinido, se acerca de continuo a una curva, sin llegar nunca a encontrarla.

asintótico, ca. ADJ. *Geom.* Dicho de una curva: Que se acerca de continuo a una recta o a otra curva sin llegar nunca a encontrarla.

asir. **I.** TR. **1.** Tomar o coger con la mano, y, en general, tomar, coger, prender. *Asía con firmeza el volante.* ‖ **II.** PRNL. **2.** Agarrarse de algo. *Asirse de una cuerda.* U. t. en sent. fig. *Asirse a una idea.* ¶ MORF. V. conjug. modelo.

asirio, ria. **I.** ADJ. **1.** hist. Natural de Asiria. U. t. c. s. ‖ **2.** hist. Perteneciente o relativo a este país del Asia antigua. ‖ **II.** M. **3.** Lengua asiria.

asísmico, ca. ADJ. *Chile.* Que contrarresta los efectos de temblores y terremotos.

asistencia. F. **1.** Hecho de **asistir** (‖ estar o hallarse presente). ‖ **2.** Conjunto de personas que están presentes en un acto. ‖ **3.** Acción de prestar socorro, favor o ayuda. ‖ **4.** *Dep.* En baloncesto y en otros deportes de equipo, pase que hace un jugador a otro de su misma formación, que consigue marcar o anotar. ‖ **5.** *Á. Andes y Chile.* **casa de socorro.** ‖ **~ jurídica.** F. *Der.* Servicio que los abogados prestan a las personas que precisan de sus conocimientos jurídicos para defender sus derechos. ‖ **~ jurídica gratuita.** F. *Der.* La que facilita el Estado, normalmente a través de los colegios de abogados, a quienes carecen de recursos para litigar. ‖ **~ pública.** F. *Chile.* **casa de socorro.** ‖ **~ social.** F. La que se presta por las Administraciones públicas a las personas necesitadas.

asistencial. ADJ. Perteneciente o relativo a la asistencia, especialmente la médica o la social.

asistenta. F. Mujer que sirve como criada en una casa sin residir en ella y que cobra generalmente por horas.

asistente. **I.** ADJ. **1.** Que **asiste** (‖ cuida enfermos). *Personal asistente.* ‖ **2.** Que **asiste** (‖ concurre). *El público asistente al acto.* ‖ **3.** Que **asiste** (‖ está presente). *Los alumnos asistentes a la clase.* ‖ **II.** COM. **4.** Persona que, en cualquier oficio o función, realiza labores de asistencia. ‖ **III.** M. **5.** Soldado destinado al servicio personal de un general, jefe u oficial. ‖ **6.** hist. Funcionario público que en ciertas villas y ciudades españolas, como Marchena, Santiago y Sevilla, tenía las mismas atribuciones que el corregidor en otras partes. ‖ **7.** *Inform.* Aplicación informática que guía al usuario inexperto en el manejo de un programa. ‖ **~ social.** COM. Persona titulada, cuya profesión es allanar o prevenir dificultades de orden social o personal en casos particulares o a grupos de individuos, por medio de consejo, gestiones, informes, ayuda financiera, sanitaria, moral, etc.

asistido, da. PART. de **asistir.** ‖ ADJ. Que se hace con ayuda de medios mecánicos. *Fecundación, respiración, traducción asistida.* □ V. **dirección ~, reproducción ~.**

asistir. **I.** TR. **1.** Socorrer, favorecer, ayudar. *Asistir a los desfavorecidos.* ‖ **2.** Cuidar enfermos y procurar su curación. *La asiste un médico famoso.* ‖ **3.** Dicho de la razón, del derecho, etc.: Estar de parte de alguien. ‖ **4.** Servir o atender a alguien, especialmente de un modo eventual o desempeñando tareas específicas. *Nadie me asiste en este proyecto.* || **II.** INTR. **5.** Concurrir a una casa o reunión, tertulia, curso, acto público, etc. || **6.** Estar o hallarse presente. || **7.** En ciertos juegos de naipes, echar cartas del mismo palo que el de aquella que se jugó primero.

asistolia. F. *Med.* Síndrome que es signo de extrema gravedad en ciertas enfermedades, debido a una extraordinaria debilidad de la sístole cardíaca.

asistólico, ca. ADJ. *Med.* Perteneciente o relativo a la asistolia.

askenazí o **askenazi.** ADJ. **1.** Se dice de los judíos oriundos de la Europa central y oriental. U. t. c. s. || **2.** Perteneciente o relativo a los askenazíes. *Tradición askenazí.* ¶ MORF. pl. **askenazíes** –o **askenazís**– o **askenazis.**

asma. F. Enfermedad de los bronquios, caracterizada por accesos ordinariamente nocturnos y sin fiebre, con respiración difícil y anhelante, tos, expectoración escasa y espumosa, y silbidos respiratorios.

asmático, ca. ADJ. **1.** Perteneciente o relativo al asma. *Ataque asmático.* || **2.** Que padece asma. U. t. c. s.

asna. F. Hembra del asno.

asnal. ADJ. Perteneciente o relativo al **asno** (|| animal).

asnallo. M. gatuña.

asno. M. **1.** Animal solípedo, como de metro y medio de altura, de color, por lo común, ceniciento, con las orejas largas y la extremidad de la cola poblada de cerdas. Es muy sufrido y se le emplea como caballería y como animal de carga y a veces también de tiro. || **2.** Persona ruda y de muy poco entendimiento. U. t. c. adj.

asocairarse. PRNL. *Mar.* Ponerse al abrigo o socaire de un cabo, de una punta, etc. MORF. conjug. c. *bailar.*

asociación. F. **1.** Acción y efecto de asociar o asociarse. || **2.** Conjunto de los asociados para un mismo fin y, en su caso, persona jurídica por ellos formada. || **~ de conducta.** F. *Psicol.* Relación funcional que se forma entre estímulo y respuesta como resultado de la experiencia. || **~ de ideas.** F. Conexión mental entre ideas, imágenes o representaciones, por su semejanza, contigüidad o contraste. || **~ vegetal.** F. *Biol.* Conjunto de plantas de varias especies, alguna de las cuales es dominante y le da el nombre e indica su significado biológico.

asociacionismo. M. **1.** Movimiento social partidario de crear asociaciones cívicas, políticas, culturales, etc. || **2.** Doctrina psicológica, sostenida principalmente por algunos pensadores ingleses, que explica todos los fenómenos psíquicos por las leyes de la asociación de las ideas.

asociacionista. ADJ. **1.** Estudioso, partidario, etc., del asociacionismo psicológico. U. t. c. s. || **2.** Perteneciente o relativo al asociacionismo. *Teoría asociacionista del aprendizaje.*

asociado, da. PART. de asociar. || M. y F. Persona que forma parte de una asociación o compañía. □ V. **Estado ~, profesor ~.**

asocial. ADJ. Que no se integra o vincula al cuerpo social. *Personalidad asocial. Individuos asociales.*

asociar. I. TR. **1.** Unir una persona a otra que colabore en el desempeño de algún cargo, comisión o trabajo. || **2.** Juntar una cosa con otra para concurrir a un mismo fin. *Hay que asociar todos los esfuerzos para lograr el éxito.* || **3. relacionar** (|| establecer relación entre personas o cosas). *Asocio ese acento a los argentinos.* U. t. c. intr. y

c. prnl. || **II.** PRNL. **4.** Juntarse, reunirse para algún fin. ¶ MORF. conjug. c. *anunciar.*

asociativo, va. ADJ. Que asocia o que resulta de una asociación o tiende a ella. *Aprendizaje asociativo.*

asocio. M. *Am. Cen.* Compañía, colaboración, asociación. *Actuar en asocio.*

asolación. F. asolamiento.

asolador, ra. ADJ. Que asuela. *Plaga asoladora.*

asolamiento. M. Acción y efecto de **asolar**[1].

asolar[1]. TR. Destruir, arrasar. MORF. conjug. c. *contar.*

asolar[2]. TR. Dicho del calor, de una sequía, etc.: Secar los campos, o echar a perder sus frutos. U. m. c. prnl.

asoleada. F. *Am. Cen.* y *Chile.* insolación.

asolear. I. TR. **1.** Tener algo al sol por algún tiempo. || **II.** PRNL. **2.** Acalorarse tomando el sol. || **3.** Ponerse muy moreno por haber andado mucho al sol.

asoleo. M. Acción y efecto de asolear.

asomada. F. **1.** Acción y efecto de manifestarse o dejarse ver por poco tiempo. || **2.** Lugar desde el cual se empieza a ver algún sitio.

asomar. I. TR. **1.** Sacar o mostrar algo por una abertura o por detrás de alguna parte. *Asomar la cabeza a la ventana.* U. t. c. prnl. || **II.** INTR. **2.** Empezar a mostrarse. *Apenas si asoma la luna.*

asombrar. TR. **1.** Causar gran admiración. U. t. c. prnl. *Me asombré de sus proezas.* || **2.** *Pint.* Oscurecer un color mezclándolo con otro.

asombro. M. **1.** Gran admiración. || **2.** Persona o cosa asombrosa.

asombroso, sa. ADJ. Que causa asombro. *Revelación asombrosa.*

asomo. M. **1.** Indicio o señal de algo. || **2.** Acción de asomar. || **ni por ~.** LOC.ADV. De ningún modo.

asonada. F. Reunión tumultuosa y violenta para conseguir algún fin, por lo común político.

asonancia. F. **1.** Correspondencia de un sonido con otro. || **2.** Correspondencia o relación de una cosa con otra. *Esto tiene asonancia con lo que se dijo antes.* || **3.** *Métr.* Identidad de vocales en las terminaciones de dos palabras a contar desde la última acentuada, cualesquiera que sean las consonantes intermedias o las vocales no acentuadas de los diptongos. En los esdrújulos no se cuenta tampoco la sílaba penúltima.

asonantar. TR. Emplear en la rima una palabra como asonante de otra.

asonante. ADJ. Se dice de cualquier voz con respecto a otra de la misma asonancia. U. t. c. s. m.

asonántico, ca. ADJ. Perteneciente o relativo a los asonantes. *Relación asonántica.*

asordar. TR. Ensordecer a alguien con ruido o con voces, de manera que no oiga.

asorocharse. PRNL. **1.** *Am. Mer.* Padecer soroche. || **2.** *Chile.* Ruborizarse, abochornarse.

aspa. F. **1.** Conjunto de dos maderos o palos atravesados el uno sobre el otro de modo que formen la figura de una X. || **2.** En una máquina o aparato, pieza constituida por cuatro brazos en aspa, cuya función es impulsar o producir movimiento. *Para don Quijote, el molino era un gigante y el aspa eran sus brazos.* || **3.** Cada uno de los brazos de esta pieza. *Las aspas de la batidora.* || **4.** Agrupación, figura, representación o signo en forma de X. || **5.** *Heráld.* Sotuer, figura heráldica en forma de X.

aspado, da. ADJ. Que tiene forma de aspa. *Cruz aspada.*

aspaventero, ra. ADJ. Que hace aspavientos.

aspaventoso, sa. ADJ. aspaventero.

aspaviento. M. Demostración excesiva o afectada de espanto, admiración o sentimiento.

aspearse. PRNL. despearse.

aspecto. M. **1.** Apariencia de las personas y los objetos a la vista. *El aspecto venerable de un anciano. El aspecto del mar.* ‖ **2.** Elemento, faceta o matiz de algo. *Los aspectos más interesantes de una obra.* ‖ **3.** *Gram.* En ciertas lenguas, categoría gramatical que expresa el desarrollo interno de la acción verbal, según se conciba esta como durativa, perfectiva, reiterativa, etc.

aspectual. ADJ. *Gram.* Perteneciente o relativo al aspecto gramatical.

aspereza. F. **1.** Cualidad de áspero. ‖ **2.** Desigualdad del terreno, que lo hace escabroso y difícil para caminar por él. ‖ **limar ~s.** LOC.VERB. Conciliar y vencer dificultades, opiniones, etc., contrapuestas en cualquier asunto.

asperger. TR. asperjar.

asperges. M. Antífona que dice el sacerdote al rociar con agua bendita el altar y la congregación de fieles.

aspergilosis. F. *Med.* Infección producida por hongos del género *Aspergillus*.

asperidad. F. aspereza.

asperiega. □ V. manzana ~.

asperilla. F. Planta herbácea, olorosa, de la familia de las Rubiáceas, con tallos nudosos que no crecen más de quince centímetros, hojas ásperas en verticilo y casi lineales, flores de color blanco azulado y fruto redondo lleno de puntas romas.

asperjar. TR. **1.** rociar (‖ esparcir en gotas menudas un líquido). ‖ **2.** hisopear.

áspero, ra. ADJ. **1.** Desagradable al tacto, por tener la superficie desigual, como la piedra o madera no pulimentada, la tela grosera, etc. ‖ **2.** Dicho del terreno: **escabroso** (‖ desigual). ‖ **3.** Desagradable al gusto o al oído. *Fruta, voz áspera. Estilo áspero.* ‖ **4.** Dicho del tiempo: Tempestuoso o desapacible. ‖ **5.** Dicho de una disidencia o de un combate: **violentos** (‖ con ímpetu e intensidad extraordinarias). ‖ **6.** Dicho de una persona: Antipática o poco agradable en el trato. ‖ **7.** Desabrido, riguroso, rígido, falto de afabilidad o suavidad. *Genio áspero.* ¶ MORF. sup. irreg. **aspérrimo.** □ V. **espíritu ~.**

asperón. M. Arenisca de cemento silíceo o arcilloso que se emplea en los usos generales de construcción y también, cuando es de grano fino y uniforme, en piedras de amolar.

aspérrimo, ma. ADJ.SUP. de áspero.

aspersión. F. Acción de asperjar. □ V. **riego por ~.**

aspersor. M. Mecanismo destinado a esparcir un líquido a presión, como el agua para el riego o los herbicidas químicos.

aspersorio. M. Instrumento con que se asperja.

áspic. M. Plato frío, especialmente de carne o pescado, que se presenta cubierto de gelatina en un molde. MORF. pl. **áspics.**

áspid. M. **1.** Víbora que apenas se diferencia de la culebra común más que en tener las escamas de la cabeza iguales a las del resto del cuerpo. Es muy venenosa y se encuentra en los Pirineos y en casi todo el centro y el norte de Europa. ‖ **2.** Culebra venenosa propia de Egipto y que puede alcanzar hasta dos metros de longitud. Es de color verde amarillento con manchas pardas y cuello extensible. ¶ MORF. pl. **áspides.**

aspidistra. F. Planta de la familia de las Liliáceas con tallo muy corto, casi inexistente, y hojas persistentes, grandes, de tres a cuatro decímetros de longitud y ocho a diez centímetros de ancho, verdinegras, pecioladas y de nervios bien señalados. Es originaria de China.

aspillera. F. *Mil.* Abertura larga y estrecha en un muro para disparar por ella.

aspillerar. TR. Hacer aspilleras.

aspiración. F. **1.** Acción y efecto de **aspirar** (‖ atraer el aire a los pulmones). ‖ **2.** Acción y efecto de **aspirar** (‖ pretender o desear algún empleo). ‖ **3.** *Fon.* Sonido del lenguaje que resulta del roce del aliento, cuando se emite con relativa fuerza, hallándose abierto el canal articulatorio. ‖ **4.** *Mús.* Espacio menor de la pausa y que solo da lugar a respirar.

aspirada. F. *Fon.* Sonido aspirado.

aspirado, da. PART. de aspirar. ‖ ADJ. *Fon.* Dicho de un sonido: Que se pronuncia emitiendo con cierta fuerza el aire de la garganta; p. ej., la *h* alemana y la *j* castellana.

aspirador, ra. I. ADJ. **1.** Que aspira el aire. *Sistema aspirador de gran potencia.* ‖ **II.** M. **2.** Electrodoméstico que sirve para limpiar el polvo, absorbiéndolo. ‖ **3.** *Tecnol.* Máquina o aparato destinado a aspirar fluidos.

aspiradora. F. **aspirador** (‖ electrodoméstico para limpiar el polvo).

aspirante. I. ADJ. **1.** Que aspira. *Equipo aspirante al título.* ‖ **II.** COM. **2.** Persona que pretende un empleo, distinción, título, etc. □ V. **bomba ~, bomba ~ e impelente.**

aspirar. I. TR. **1.** Atraer el aire exterior a los pulmones. U. t. c. intr. ‖ **2.** Originar una corriente de un fluido mediante la producción de una baja de presión. *Tenemos que aspirar el polvo de las alfombras.* ‖ **3.** *Fon.* Pronunciar con aspiración. ‖ **II.** INTR. **4.** Pretender o desear algún empleo, dignidad u otra cosa. *Aspira A una vida mejor.*

aspirina. (Del francés *aspirine*, y este del alemán *Aspirin*, marca reg.). F. **1.** *Med.* Sólido blanco, cristalino, constituido por ácido acetilsalicílico, que se usa como analgésico y antipirético. ‖ **2.** Comprimido fabricado con esta sustancia.

asquear. INTR. Dicho de una cosa: Causar asco. *Este trabajo me asquea.* U. t. c. tr.

asquenazí o asquenazi. ADJ. askenazí. Apl. a pers., u. t. c. s. MORF. pl. **asquenazíes** –o **asquenazís**– o **asquenazis.**

asquerosidad. F. **1.** Suciedad que produce asco. ‖ **2.** Cosa que produce asco.

asqueroso, sa. ADJ. **1.** Que causa asco. *Una salsa realmente asquerosa.* ‖ **2.** Propenso a tener asco. *No come nada; es muy asqueroso.* ‖ **3.** Que causa repulsión moral o física. *Un vicio asqueroso.* Apl. a pers., u. t. c. s. U. m. c. insulto.

asquiento, ta. ADJ. *Chile.* Que siente repugnancia injustificada.

asta. F. **1.** Palo a cuyo extremo o en medio del cual se pone una bandera. ‖ **2.** cuerno (‖ prolongación ósea). ‖ **3.** Palo de la lanza, pica, venablo, etc. ‖ **4.** *Mar.* Extremo superior de un mastelerillo. ‖ **5.** *Mar.* Verga pequeña en que se fija un gallardete para suspenderlo del tope de un palo. ‖ **~s de la médula.** F. pl. *Med.* Porciones anterior y posterior de la sustancia gris de la médula espinal, que a lo largo de toda ella penetran en el seno de la sustancia blanca, de tal modo que su sección transversal las presenta en forma semejante a dos pares de cuernos romos. ‖ **a media ~.** LOC.ADJ. Dicho de una bandera: A medio izar, en señal de luto. U. t. c. loc. adv. ‖ **de ~.** LOC.ADV. *Arq.* a tizón. ‖ **de media ~.** LOC.ADV. *Arq.* a soga.

astabandera. F. *Méx.* asta (‖ palo de la bandera).

astado, da. I. ADJ. **1.** Que tiene astas. *Astados trofeos de caza.* ‖ **II.** M. **2. toro de lidia.**

ástato. M. Elemento químico radiactivo obtenido artificialmente, de núm. atóm. 85. De propiedades químicas similares a las del yodo, todos sus isótopos son inestables. (Símb. *At*).

astenia. F. *Med.* Falta o decaimiento de fuerzas caracterizado por apatía, fatiga física o ausencia de iniciativa.

asténico, ca. ADJ. **1.** *Med.* Perteneciente o relativo a la astenia. *Síndrome asténico.* ‖ **2.** Que padece astenia. U. t. c. s.

aster. M. Se usa como nombre para referirse a un género de plantas de la familia de las Compuestas, generalmente vivaces, con hojas alternas, sencillas, y flores con cabezuelas solitarias reunidas en panoja o corimbo.

asterisco. M. **1.** Signo ortográfico (*) empleado para llamada a notas, u otros usos convencionales. ‖ **2.** *Ling.* Se usa para indicar que una forma, palabra o frase es hipotética, incorrecta o agramatical.

asteroide. M. Cada uno de los planetas solo visibles mediante el telescopio, cuyas órbitas se hallan comprendidas, en su mayoría, entre las de Marte y Júpiter.

astifino, na. ADJ. Dicho de una res: De astas delgadas y finas.

astigmático, ca. ADJ. Que padece o tiene astigmatismo. U. t. c. s.

astigmatismo. M. **1.** *Fís.* Defecto de un sistema óptico que reproduce un punto como una pequeña área difusa. ‖ **2.** *Med.* Defecto de visión debido a curvatura irregular de la superficie de la córnea y el cristalino.

astigmómetro. M. *Med.* Instrumento que sirve para apreciar o medir el astigmatismo y su dirección.

astil. M. **1.** Mango, ordinariamente de madera, que tienen las hachas, azadas, picos y otros instrumentos semejantes. ‖ **2.** Asta de la saeta.

astilla. F. Fragmento irregular que salta o queda de una pieza u objeto de madera cuando se parte o rompe violentamente. U. t. en sent. fig. *La astilla de un hueso.* ‖ **ser** alguien **~ del mismo palo.** LOC.VERB. *Á. R. Plata.* Estar en el mismo estado, disposición o bando que otra persona.

astillar. TR. Hacer astillas. U. t. c. prnl.

astillero. M. **1.** Establecimiento donde se construyen y reparan buques. ‖ **2.** Percha en que se ponen las astas o picas y lanzas.

astorgano, na. ADJ. **1.** Natural de Astorga. U. t. c. s. ‖ **2.** Perteneciente o relativo a esta ciudad de la provincia de León, en España.

astracán. M. **1.** Piel de cordero nonato o recién nacido, muy fina y con el pelo rizado. ‖ **2.** Tejido de lana o de pelo de cabra, de mucho cuerpo y que forma rizos en la superficie exterior. ‖ **3.** Género teatral que pretende suscitar la risa basándose en el disparate.

astracanada. F. **1.** Obra teatral del género astracán. ‖ **2.** Acción o comportamiento públicos disparatados y ridículos.

astrágalo. M. **1. tragacanto.** ‖ **2.** *Anat.* Uno de los huesos del tarso, que está articulado con la tibia y el peroné. ‖ **3.** *Arq.* Cordón en forma de anillo, que rodea el fuste de la columna debajo del tambor del capitel.

astral. ADJ. Perteneciente o relativo a los astros. *Conjunción astral.* □ V. **año ~, carta ~.**

astringencia. F. Cualidad de astringente.

astringente. ADJ. **1.** Que, en contacto con la lengua, produce en esta una sensación mixta entre la sequedad intensa y el amargor, como, especialmente, ciertas sales metálicas. ‖ **2.** Dicho principalmente de un alimento o de un medicamento: Que estriñe. U. t. c. s. m. ‖ **3.** Que contrae y seca los tejidos. *Tónico astringente.*

astro. M. **1.** Cada uno de los cuerpos celestes que pueblan el firmamento. ‖ **2. estrella** (‖ persona que sobresale). *Un astro de la pantalla.*

astrocito. M. *Biol.* Célula nerviosa de forma estrellada presente en el cerebro.

astrofísica. F. Parte de la astronomía que estudia las propiedades físicas de los cuerpos celestes, tales como luminosidad, tamaño, masa, temperatura y composición, así como su origen y evolución.

astrofísico, ca. I. ADJ. **1.** Perteneciente o relativo a la astrofísica. *Centro de investigación astrofísica.* ‖ **II.** M. y F. **2.** Persona que profesa la astrofísica.

astrolabio. M. *Astr.* hist. Instrumento en el que estaba representada la esfera celeste y se usaba para observar y determinar la posición y el movimiento de los astros.

astrología. F. Estudio de la posición y del movimiento de los astros, a través de cuya interpretación y observación se pretende conocer y predecir el destino de las personas y pronosticar los sucesos terrestres. ‖ **~ judiciaria.** F. astrología.

astrológico, ca. ADJ. Perteneciente o relativo a la astrología.

astrólogo, ga. M. y F. Persona que profesa la astrología.

astronauta. COM. Persona que tripula una astronave o que está entrenada para este trabajo.

astronáutica. F. Ciencia o técnica de navegar más allá de la atmósfera terrestre.

astronáutico, ca. ADJ. Perteneciente o relativo a la astronáutica.

astronave. F. Vehículo capaz de navegar más allá de la atmósfera terrestre.

astronomía. F. Ciencia que trata de cuanto se refiere a los astros, y principalmente a las leyes de sus movimientos.

astronómico, ca. ADJ. **1.** Perteneciente o relativo a la astronomía. *Observatorio astronómico.* ‖ **2.** Que se considera desmesuradamente grande. *Sumas, distancias astronómicas.* □ V. **año ~, día ~, efemérides ~s, geografía ~, mapa ~, reloj ~, unidad ~.**

astrónomo, ma. M. y F. Persona que profesa la astronomía o tiene en ella especiales conocimientos.

astroso, sa. ADJ. Desaseado o roto. *Ropas astrosas.*

astucia. F. **1.** Cualidad de astuto. ‖ **2. ardid.**

astucioso, sa. ADJ. **astuto.**

astur. ADJ. **1.** hist. Natural de una antigua región de España, cuya capital era Astúrica, hoy Astorga, y cuyo río principal era el Ástura, hoy Esla. U. t. c. s. ‖ **2. asturiano.** Apl. a pers., u. t. c. s.

asturcón, na. ADJ. Se dice de un caballo de cierta raza, de pequeña alzada, originario de la sierra del Sueve, en Asturias, comunidad autónoma de España. U. t. c. s.

asturianismo. M. **1.** Locución, giro o modo de hablar propio de los asturianos. ‖ **2.** Amor o apego a las cosas características o típicas de Asturias.

asturiano, na. ADJ. **1.** Natural de Asturias. U. t. c. s. ‖ **2.** Perteneciente o relativo a este Principado de España. ‖ **3.** Se dice de la variedad asturiana del dialecto romance asturleonés. U. t. c. s. m. *El asturiano.*

Asturias. ☐ V. **corona del príncipe de ~.**

asturiense. ADJ. **1.** Se dice de la cultura mesolítica desarrollada en la costa cantábrica. U. m. c. s. m. ‖ **2.** Perteneciente o relativo a esta cultura. *Yacimiento asturiense.*

asturleonés, sa. ADJ. **1.** Perteneciente o relativo a Asturias y León, en España. *La monarquía asturleonesa.* ‖ **2.** Se dice del dialecto romance nacido en Asturias y en el antiguo reino de León como resultado de la peculiar evolución experimentada allí por el latín. U. t. c. s. m. *El asturleonés.*

astuto, ta. ADJ. **1.** Agudo, hábil para engañar o evitar el engaño o para lograr artificiosamente cualquier fin. *Ladrón astuto.* ‖ **2.** Que implica o denota astucia. *Plan astuto.*

asueto. M. Vacación por un día o una tarde, y especialmente la que se da a los estudiantes. *Día, tarde de asueto.*

asumir. TR. **1.** Hacerse cargo, responsabilizarse de algo, aceptarlo. *Asumir el poder.* ‖ **2.** Adquirir, tomar una forma mayor. *La inundación asumió proporciones desmesuradas.* ‖ **3.** Atraer a sí, tomar para sí. *Asumir una denominación.* ‖ **4.** Dar por sentado o por cierto. *Asumamos que esa premisa es correcta.*

asunceno, na o **asunceño, ña.** ADJ. **1.** Natural de la Asunción. U. t. c. s. ‖ **2.** Perteneciente o relativo a esta ciudad, capital del Paraguay.

asunción. F. **1.** Acción y efecto de asumir. ‖ **2.** por antonom. En el catolicismo, hecho de ser elevada al cielo la Virgen María en cuerpo y alma. ORTOGR. Escr. con may. inicial. ‖ **3.** Fiesta con que la Iglesia católica celebra este misterio el día 15 de agosto. ORTOGR. Escr. con may. inicial. ‖ **4.** Acto de ser ascendido a una de las primeras dignidades, como el pontificado, el imperio, etc., por elección o aclamación. ‖ **~ de deuda.** F. Der. Acto de hacerse cargo de una deuda ajena, de acuerdo con el acreedor y liberando al deudor primitivo.

asuntar. TR. Ant. Poner atención, atender, comprender bien algo. U. t. c. intr. y c. prnl.

asuntino, na. ADJ. **1.** Natural de La Asunción. U. t. c. s. ‖ **2.** Perteneciente o relativo a esta ciudad de Venezuela, capital del estado de Nueva Esparta.

asunto. M. **1.** Materia de que se trata. ‖ **2.** Tema o argumento de una obra. ‖ **3.** Aquello que se representa en una composición pictórica o escultórica. ‖ **4.** Negocio, ocupación, quehacer. ‖ **5.** Relación amorosa, más o menos secreta, de carácter sexual. ‖ **6. caso.** (‖ suceso notorio que atrae la curiosidad del público).

asurar. TR. Abrasar los sembrados por el calor excesivo. U. m. c. prnl.

asurcado, da. ADJ. Que tiene surcos o hendiduras. *Tierra asurcada.*

asustadizo, za. ADJ. Que se asusta con facilidad. *Animal asustadizo.*

asustar. TR. **1.** Dar o causar susto. *Asustar a los niños.* U. t. c. intr. y c. prnl. ‖ **2.** Producir desagrado o escándalo. *Su descaro me asusta.* U. t. c. prnl.

atabacado, da. ADJ. De color de tabaco.

atabal. **I.** M. **1. timbal** (‖ especie de tambor). ‖ **2. tamboril.** ‖ **II.** COM. **3.** Tañedor de atabal.

atacador. M. Instrumento para atacar los cañones de artillería.

atacameño, ña. ADJ. **1.** Natural de Atacama. U. t. c. s. ‖ **2.** Perteneciente o relativo a esta región de Chile.

atacante. ADJ. Que ataca o sirve para atacar². Apl. a pers., u. t. c. s.

atacar¹. TR. En un arma de fuego, una mina o un barreno, apretar la carga.

atacar². **I.** TR. **1.** Acometer, embestir con ánimo de causar daño. U. t. en sent. fig. *En ese libro se atacan las teorías del filósofo.* U. t. c. intr. *Muchos animales atacan solo por hambre.* ‖ **2.** En un combate, emprender una ofensiva. U. t. c. intr. *La escuadrilla atacó al amanecer.* ‖ **3.** Actuar contra algo para destruirlo. *Los antitérmicos atacan la fiebre.* ‖ **4.** Perjudicar, dañar o destruir. *Este virus ataca el sistema inmunológico.* ‖ **5. acometer** (‖ decidirse a una acción o empezar a ejecutarla). *Ataqué directamente el tema de la lección siete.* ‖ **6.** Dicho de un competidor o de un equipo: En algunos deportes y juegos, tomar la iniciativa para ganar al adversario. U. t. c. intr. *El ciclista atacó al llegar a la montaña.* ‖ **7.** Apretar o estrechar a alguien en algún argumento o sobre alguna pretensión. *En su respuesta parlamentaria, atacó duramente a la oposición.* ‖ **8.** Dicho del sueño, de las enfermedades, de las plagas, etc.: **acometer** (‖ venir repentinamente). ‖ **9.** Alterar a alguien los nervios, irritarlo o hacerle perder la calma. *Me ataca los nervios.* ‖ **10.** Empezar a ejecutar una composición musical. *Atacó la obertura.* ‖ **11.** Quím. Dicho de una sustancia: Ejercer acción sobre otra, combinándose con ella o simplemente variando su estado. ‖ **II.** PRNL. **12.** Méx. Estar sorprendido y enojado a la vez.

atacar³. TR. Atar, abrochar, ajustar al cuerpo cualquier pieza del vestido que lo requiere. U. t. c. prnl.

atadero. M. **1.** Cosa que sirve para atar. ‖ **2.** Orden o concierto de alguien o algo. U. con neg. *No tiene atadero. No se le puede tomar atadero. No se le encuentra atadero.*

atadijo. M. Lío de ropa o de otras cosas pequeño y mal hecho.

atado. M. **1.** Conjunto de cosas atadas. *Un atado de ropa.* ‖ **2.** Am. **cajetilla.**

atador, ra. ADJ. Que ata. Apl. a pers., u. t. c. s.

atadura. F. **1.** Acción y efecto de atar. ‖ **2.** Cosa con que se ata. ‖ **3.** Unión o enlace. *No quiere ataduras matrimoniales.*

atafagarse. PRNL. Estar sobrecargado de trabajo.

atafago. M. Acción y efecto de atafagarse.

ataguía. F. Macizo de tierra arcillosa u otro material impermeable, para atajar el paso del agua durante la construcción de una obra hidráulica.

ataharre. M. Banda de cuero, cáñamo o esparto que, sujeta por sus puntas o cabos a los bordes laterales y posteriores de la silla, albarda o albardón, rodea los ijares y las ancas de la caballería y sirve para impedir que la montura o el aparejo se corran hacia adelante.

atajada. F. **1.** Am. Acción de atajar (‖ salir al encuentro). ‖ **2.** Am. Acción de atajar (‖ cortar alguna acción o proceso).

atajador, ra. **I.** ADJ. **1.** Que ataja. *Portero atajador de penaltis.* U. t. c. s. ‖ **II.** M. **2.** Chile. Conductor de la recua.

atajar. **I.** INTR. **1.** Ir o tomar por el atajo. *Atajaré por aquí y llegaré antes que ellos.* ‖ **II.** TR. **2.** Salir por algún atajo al encuentro de personas o animales que huyen o caminan. *Por este camino los atajaremos.* ‖ **3.** Cortar o interrumpir alguna acción o proceso. *Atajar el fuego, un* *pleito.* || **4.** Interrumpir a alguien en lo que va diciendo. || **5.** *Á. Caribe* y *Á. R. Plata.* En algunos deportes, parar una pelota lanzada por un jugador.

atajo. M. **1.** Senda o lugar por donde se abrevia el camino. || **2.** Procedimiento o medio rápido. || **3.** despect. **hatajo** (|| grupo de personas o cosas). || **4.** *Esgr.* Treta para herir al adversario por el camino más corto, esquivando la defensa. || **echar por el ~.** LOC.VERB. coloq. Emplear medio por donde salir brevemente de cualquier dificultad o mal paso.

atalajar. TR. Poner el atalaje a las caballerías de tiro y engancharlas. U. m. en artillería.

atalaje. M. Conjunto de guarniciones de los animales de tiro. U. m. en artillería.

atalaya. F. **1.** Torre hecha comúnmente en lugar alto, para avistar desde ella el campo o el mar y dar aviso de lo que se descubre. || **2.** Eminencia o altura desde donde se descubre mucho espacio de tierra o mar. || **3.** Estado o posición desde la que se aprecia bien una verdad.

atalayar. TR. **1.** Avistar el campo o el mar desde una atalaya o altura, para dar aviso de lo que se descubre. || **2.** Observar o espiar las acciones de otros.

atalayero. M. hist. Hombre que servía en el Ejército en puestos avanzados, para observar y avisar los movimientos del enemigo.

ataluzar. TR. Dar talud.

atanor. M. **1.** Cañería para conducir el agua. || **2.** Cada uno de los tubos de barro cocido de que suele formarse dicha cañería.

atañedero, ra. ADJ. Tocante o perteneciente. *Procesos penales atañederos al orden público.*

atañer. INTR. Incumbir, corresponder. MORF. conjug. c. *tañer.* U. solo en infinit., en ger., en part. y en 3.ª pers.

ataque. M. **1.** Acción de atacar, acometer o emprender una ofensiva. || **2.** Acción de atacar, perjudicar o destruir. || **3.** En algunos deportes, iniciativa que toma un jugador o un equipo para vencer al adversario. || **4.** Acceso repentino ocasionado por un trastorno o una enfermedad, o bien por un sentimiento extremo. *Ataque de nervios. Ataque al corazón.* || **5.** Impugnación, crítica, palabra o acción ofensiva. □ V. **borde de ~.**

atar. TR. **1.** Unir, juntar o sujetar con ligaduras o nudos. *Atar los zapatos.* || **2.** Impedir o quitar el movimiento. || **3.** Juntar, relacionar, conciliar. *Atar dos hechos aparentemente inconexos. Atar el peso al dólar.* || **~ corto** a alguien. LOC.VERB. coloq. Controlarlo de cerca. □ V. **loco de ~.**

atarantado, da. PART. de **atarantar.** || ADJ. **1.** coloq. Inquieto y bullicioso, que no para ni sosiega. || **2.** coloq. Aturdido o espantado.

atarantamiento. M. Acción y efecto de atarantar.

atarantar. TR. **aturdir** (|| causar aturdimiento). U. t. c. prnl.

ataraxia. F. *Fil.* Imperturbabilidad, serenidad.

atarazana. F. **arsenal** (|| de embarcaciones).

atarazar. TR. Morder o rasgar con los dientes.

atardecer[1]. INTR. IMPERS. Empezar a caer la tarde. MORF. conjug. c. *agradecer.*

atardecer[2]. M. **1.** Último período de la tarde. *Los atardeceres en otoño me parecen muy románticos.* || **2.** Acción de **atardecer[1].** *Contemplé el atardecer desde la ventana.*

atardecida. F. **atardecer** (|| último período de la tarde).

atarearse. PRNL. Entregarse mucho al trabajo o a las ocupaciones.

atarjea. F. **1.** Caja de ladrillo con que se visten las cañerías para su defensa. || **2.** Conducto por donde las aguas de la casa van al sumidero.

atarragar. TR. *Á. Caribe* y *Méx.* Atracar, atiborrar de comida. U. m. c. prnl.

atarraya. F. Red redonda para pescar, que se arroja a fuerza de brazo en los ríos y lugares de poco fondo.

atarugamiento. M. coloq. Acción y efecto de atarugar o atarugarse.

atarugar. **I.** TR. **1.** coloq. **atracar** (|| hartar). U. t. c. prnl. || **II.** PRNL. **2.** coloq. Atontarse, aturdirse.

atascaburras. M. Guiso a base de patatas cocidas y machacadas, bacalao, ajo y aceite, típico de la Mancha, región de España.

atascadero. M. **1.** Lodazal o sitio donde se atascan los vehículos, las caballerías o las personas. || **2.** Estorbo u obstáculo que impide la continuación de un proyecto, de una empresa, de una pretensión, etc.

atascamiento. M. atasco.

atascar. **I.** TR. **1.** Obstruir o cegar un conducto con algo. U. m. c. prnl. *Atascarse una cañería.* || **2.** Poner obstáculos a cualquier negocio para que no prosiga. *Atascar una iniciativa.* || **II.** PRNL. **3.** Quedarse detenido en un pantano o barrizal de donde no se puede salir sino con gran dificultad. || **4.** Quedarse detenido por algún obstáculo, no pasar adelante. *La moneda se atasca en la ranura.* || **5.** Quedarse en algún razonamiento o discurso sin poder proseguir. *Se atascó antes del tercer párrafo.*

atasco. M. **1.** Impedimento que no permite el paso. || **2.** Obstrucción de un conducto, con materias sólidas que impiden el paso de las líquidas. || **3.** **embotellamiento** (|| congestión de vehículos). || **4.** Dificultad que retrasa la marcha de un asunto.

atatay. INTERJ. *Á. Andes.* Se usa para expresar la sensación de asco.

ataucar. TR. *Á. Andes.* **apilar.**

ataúd. M. Caja, ordinariamente de madera, donde se pone un cadáver para llevarlo a enterrar.

ataujía. F. **1.** Obra de adorno que se hace con filamentos de oro o plata embutiéndolos en ranuras o huecos previamente abiertos en piezas de hierro u otro metal. || **2.** Labor primorosa o de difícil combinación o engarce.

ataurique. M. *Arq.* Ornamentación árabe de tipo vegetal.

ataviar. TR. Arreglar a alguien, poniéndole vestido y adornos. U. t. c. prnl. MORF. conjug. c. *enviar.*

atávico, ca. ADJ. Perteneciente o relativo al atavismo. *Instinto atávico.*

atavío. M. **1.** Acción de ataviar. || **2.** **vestido** (|| prenda o conjunto de prendas con que se cubre el cuerpo). || **3.** pl. Objetos que sirven para adorno.

atavismo. M. **1.** Semejanza con los abuelos o antepasados lejanos. || **2.** Tendencia a imitar o a mantener formas de vida, costumbres, etc., arcaicas.

ataxia. F. *Med.* Trastorno, irregularidad, perturbación de las funciones del sistema nervioso.

atáxico, ca. ADJ. **1.** *Med.* Perteneciente o relativo a la ataxia. *Síntomas atáxicos.* || **2.** Que padece ataxia. U. t. c. s.

ate. M. *Méx.* Pasta dulce o carne hecha de frutas como membrillo, durazno, guayaba, etc.

ateísmo. M. Opinión o doctrina del ateo.

ateísta. ADJ. **ateo.** U. t. c. s.

ateje. M. Árbol de Cuba, de la familia de las Borragináceas, de unos tres metros de altura, con las ramas y ramillas trifurcadas, hojas parecidas a las del cafeto, y fruto colorado, dulce y gomoso, en forma de racimo. Su madera se emplea en las artes, y su raíz, en medicina.

atelaje. M. **tiro** (‖ conjunto de animales que tiran de algo). U. m. en artillería.

atelana. ADJ. Se dice de una pieza cómica de los latinos, semejante al entremés o sainete. U. t. c. s. f.

atelectasia. F. *Med.* Expansión imperfecta o colapso parcial de los pulmones, más frecuente en los recién nacidos.

atemorizador, ra. ADJ. Que atemoriza. *Despliegue policíaco atemorizador.*

atemorizar. TR. Causar temor. U. t. c. prnl.

atemperación. F. Acción y efecto de atemperar.

atemperador, ra. ADJ. Que atempera. *Papel atemperador en el conflicto.*

atemperante. ADJ. Que atempera. Apl. a un agente, u. t. c. s. m.

atemperar. TR. **1.** Moderar, templar. *Atemperar la impaciencia.* U. t. c. prnl. ‖ **2.** Acomodar algo a otra cosa. *Atemperar su naturaleza a las exigencias del momento.* U. t. c. prnl.

atemporal. ADJ. intemporal.

atemporalidad. F. intemporalidad.

atenacear. TR. **1.** Arrancar con tenazas pedazos de carne a alguien, como suplicio. ‖ **2. atenazar** (‖ torturar, afligir). *La pena los atenacea.*

atenazador, ra. ADJ. Que atenaza. *Melancolía atenazadora.*

atenazar. TR. **1.** Sujetar fuertemente con tenazas o como con tenazas. ‖ **2. atenacear** (‖ como suplicio). ‖ **3.** Poner los dientes apretados por la ira o el dolor. ‖ **4.** Dicho de un pensamiento o de un sentimiento: Torturar, afligir a alguien.

atención. F. **1.** Acción de atender. ‖ **2.** Cortesía, urbanidad, demostración de respeto u obsequio. U. m. en pl. ‖ **3.** pl. Negocios, obligaciones. ‖ **~ primaria.** F. *Med.* Asistencia médica inicial que recibe un paciente. ‖ **atención.** INTERJ. **1.** Se usa para que se aplique especial cuidado a lo que se va a decir o hacer. ‖ **2.** *Mil.* Se usa para advertir a los soldados formados que va a empezar un ejercicio o maniobra. ‖ **llamar la ~.** LOC.VERB. **1.** Dicho de una persona o cosa que despierte interés o curiosidad: Provocar o atraer la atención. *Me llamó la atención su exquisita cortesía.* ‖ **2.** Sorprender, causar sorpresa. *El colorido de su ropa llama la atención.* ‖ **3. reconvenir** (‖ censurar). *El profesor nos ha llamado la atención.* ‖ **en ~ a.** LOC. PREPOS. Atendiendo a, teniendo presente. □ V. **toque de ~.**

atendedor, ra. M. y F. *Impr.* Persona que atiende a lo que va leyendo el corrector.

atender. **I.** TR. **1.** Acoger favorablemente, o satisfacer un deseo, ruego o mandato. *Atendimos su petición.* U. t. c. intr. ‖ **2.** Esperar o aguardar. *Lo atendimos con paciencia.* ‖ **II.** INTR. **3.** Aplicar voluntariamente el entendimiento a un objeto espiritual o sensible. *Atender a las explicaciones del profesor.* U. t. c. tr. ‖ **4.** Tener en cuenta o en consideración algo. *Atender a las reclamaciones.* ‖ **5.** Mirar por alguien o algo, o cuidar de él o de ello. U. t. c. tr. *Atender a una persona enferma.* ‖ **6.** Dicho de un animal: **llamarse** (‖ tener tal nombre). *El perro*

perdido atiende POR *Rayo.* ‖ **7.** *Impr.* Leer para sí el original de un escrito, con el fin de ver si está conforme con él la prueba que va leyendo en voz alta el corrector. ¶ MORF. conjug. c. *entender.*

atendible. ADJ. Digno de atención o de ser atendido. *Razones atendibles.*

ateneísta. COM. Socio de un ateneo.

ateneo. M. **1.** Asociación, generalmente científica o literaria. ‖ **2.** Local en donde se reúne una asociación de este tipo.

atenerse. PRNL. Dicho de una persona: Ajustarse, sujetarse en sus acciones a algo. *Atenerse a una orden. Atenerse a las consecuencias.* MORF. conjug. c. *tener.*

ateniense. ADJ. **1.** Natural de Atenas. U. t. c. s. ‖ **2.** Perteneciente o relativo a esta ciudad, capital de Grecia, o a la antigua república del mismo nombre.

atenorado, da. ADJ. Dicho de una voz: Parecida a la del tenor.

atentado. M. **1.** Agresión o desacato grave a la autoridad u ofensa a un principio u orden que se considera recto. ‖ **2.** Agresión contra la vida o la integridad física o moral de alguien. ‖ **3.** *Der.* Delito que consiste en la violencia o resistencia grave contra la autoridad o sus agentes en el ejercicio de funciones públicas, sin llegar a la rebelión ni sedición.

atentar[1]. TR. **1.** *Chile.* **tentar** (‖ ejercitar el sentido del tacto). ‖ **2.** *Chile.* **tentar** (‖ examinar o reconocer por medio de ese sentido). ¶ MORF. conjug. c. *acertar.*

atentar[2]. INTR. Cometer atentado.

atentatorio, ria. ADJ. Que lleva en sí la tendencia, el conato o la ejecución del atentado. *Conductas atentatorias a la vida.*

atento, ta. ADJ. **1.** Que tiene fija la atención en algo. *Atenta a las consecuencias.* ‖ **2.** Cortés, comedido. *Sé más atento con los clientes.* ‖ **atento a.** LOC. PREPOS. Á. R. *Plata.* **en atención a.**

atenuación. F. **1.** Acción y efecto de atenuar. ‖ **2.** *Ret.* Figura que consiste en no expresar todo lo que se quiere dar a entender, sin que por esto deje de ser bien comprendida la intención de quien habla. Se usa generalmente negando lo contrario de aquello que se quiere afirmar; p. ej., *No soy tan insensato. En esto no os alabo.*

atenuador, ra. ADJ. **atenuante.** Apl. a un dispositivo, u. t. c. s. m.

atenuante. **I.** ADJ. **1.** Que atenúa. *Factores atenuantes de la crisis.* ‖ **II.** AMB. **2.** Situación que disminuye la gravedad de algo. ‖ **III.** F. **3.** *Der.* **circunstancia atenuante.**

atenuar. TR. Disminuir algo. U. t. c. prnl. MORF. conjug. c. *actuar.*

ateo, a. ADJ. Que niega la existencia de Dios. U. t. c. s.

aterciopelado, da. ADJ. **1.** Semejante al terciopelo. *Melocotón aterciopelado.* ‖ **2.** De finura y suavidad comparables a las del terciopelo. *Tez aterciopelada.*

aterimiento. M. Acción y efecto de aterir.

aterir. TR. Pasmar de frío. U. m. c. prnl. MORF. U. solo las formas cuya desinencia empieza por -i.

ateroesclerosis. F. *Med.* **aterosclerosis.**

ateroma. M. *Med.* Acumulación local de fibras y lípidos, principalmente colesterol, en la pared interna de una arteria, con estrechamiento de su luz y con posible infarto del órgano correspondiente.

ateromatoso, sa. ADJ. *Med.* Perteneciente o relativo al ateroma.

aterosclerosis. F. *Med.* Endurecimiento de los vasos sanguíneos, en especial de ciertas arterias, por la formación de ateromas.

aterosclerótico, ca. ADJ. *Med.* Perteneciente o relativo a la aterosclerosis.

aterrada. F. *Mar.* Aproximación de un buque a tierra.

aterrador, ra. ADJ. Que aterra².

aterraje. M. *Mar.* Determinación geográfica del punto en que ha aterrado una nave.

aterramiento. M. Aumento del depósito de tierras, limo o arena en el fondo de un mar o de un río por acarreo natural o voluntario.

aterrar¹. I. TR. **1.** abatir (‖ derribar, echar por tierra). *Aterrar un edificio.* U. t. c. prnl. ‖ **2.** Cubrir con tierra. *Aterrar un socavón.* ‖ **3.** *Ingen.* Echar los escombros y escorias en los terreros. ‖ **II.** INTR. **4.** *Mar.* Dicho de un buque en su derrota: Acercarse a tierra. ¶ MORF. conjug. c. *acertar.*

aterrar². TR. aterrorizar. U. t. c. prnl.

aterrizaje. M. Acción de aterrizar. ☐ V. **tren de ~.**

aterrizar. INTR. **1.** Dicho de un avión o de un artefacto volador cualquiera: Posarse tras una maniobra de descenso, sobre tierra firme o sobre cualquier pista o superficie que sirva a tal fin. ‖ **2.** Dicho de un piloto, de un pasajero, de un paracaidista, etc.: Llegar a tierra. ‖ **3.** coloq. Caer al suelo. ‖ **4.** coloq. Dicho de una persona: Aparecer, presentarse inopinadamente en alguna parte.

aterronar. TR. Hacer terrones. U. m. c. prnl.

aterrorizar. TR. Causar terror. U. t. c. prnl.

atesoramiento. M. *Econ.* Retención de dinero o riquezas, sin incidencia en la actividad económica.

atesorar. TR. **1.** Reunir y guardar dinero o cosas de valor. *Ha ido atesorando una enorme fortuna.* ‖ **2.** Tener muchas buenas cualidades, gracias o perfecciones. *Atesora una gran cultura.*

atestación. F. Deposición de un testigo o de una persona que testifica o afirma algo.

atestado. M. Instrumento oficial en que una autoridad o sus delegados hacen constar como cierto algo. Se aplica especialmente a las diligencias de averiguación de un delito, instruidas por la autoridad gubernativa o Policía judicial como preliminares de un sumario.

atestar¹. TR. **1.** Meter o colocar excesivo número de personas o cosas en un lugar. *La gente atestaba la habitación.* ‖ **2.** coloq. Atracar de comida. U. m. c. prnl.

atestar². INTR. Dar con la cabeza.

atestiguar. TR. **1.** Deponer, declarar, afirmar algo como testigo. *Atestiguó que era cierto.* U. t. c. intr. ‖ **2.** Ofrecer indicios ciertos de algo cuya existencia no estaba establecida u ofrecía duda. *Los restos hallados atestiguan la existencia de una civilización antigua.* ¶ MORF. conjug. c. *averiguar.*

atetar. TR. Dar la teta, comúnmente a un animal.

atezado, da. PART. de atezar. ‖ ADJ. Que tiene la piel tostada y oscurecida por el sol.

atezar. TR. **1.** Poner liso, terso o lustroso. *Atezar el cuero.* ‖ **2.** ennegrecer. *Atezar el rostro.* U. t. c. prnl.

atiborramiento. M. Acción y efecto de atiborrar.

atiborrar. TR. **1.** Llenar con exceso algo, forzando su capacidad. *Atiborró la habitación de trastos.* ‖ **2.** coloq. Atracar de comida. U. m. c. prnl. U. t. en sent. fig. *Sabe mucho porque se atiborra de libros.*

aticismo. M. **1.** hist. Delicadeza, elegancia que caracteriza a los escritores y oradores atenienses de la edad clásica. ‖ **2.** Esta misma delicadeza de gusto en escritores y oradores de cualquier época o país. ‖ **3.** Uso del griego, imitando el ático clásico, en la época posterior a la clásica. ‖ **4.** *Ling.* Giro o vocablo peculiar del dialecto ático, usado en época posterior a la clásica por la escuela aticista.

aticista. ADJ. **1.** Que practica el aticismo. U. t. c. s. ‖ **2.** hist. Se dice de una escuela que en época posterior a la clásica utilizaba el ático clásico como vehículo de expresión.

ático, ca. I. ADJ. **1.** Natural del Ática o de Atenas. U. t. c. s. ‖ **2.** Perteneciente o relativo a esta provincia o a esta ciudad de Grecia. ‖ **3.** Perteneciente o relativo al aticismo. ‖ **II.** M. **4.** Dialecto de la lengua griega. ‖ **5.** Último piso de un edificio, generalmente retranqueado y del que forma parte, a veces, una azotea. ‖ **6.** *Arq.* Último piso de un edificio, más bajo de techo que los inferiores, que se construye para encubrir el arranque de las techumbres y a veces por ornato. ‖ **7.** *Arq.* Cuerpo que se coloca por ornato sobre la cornisa de un edificio. ☐ V. **basa ~, sal ~.**

atiesar. TR. Poner tieso algo. U. t. c. prnl.

atigrado, da. ADJ. **1.** Manchado como la piel del tigre. *Tela, piel atigrada.* ‖ **2.** Dicho de un animal: De piel atigrada. *Caballo atigrado.*

atila. M. Hombre bárbaro e inhumano.

atildado, da. PART. de atildar. ‖ ADJ. Pulcro, elegante. *Compostura atildada. Colegialas atildadas.*

atildamiento. M. Acción y efecto de atildar.

atildar. TR. Componer, asear. U. t. c. prnl.

atilintar. TR. *Am. Cen.* Poner tensa una cuerda.

atinar. INTR. **1.** Encontrar lo que se busca a tientas, sin ver el objeto. ‖ **2.** Dar por sagacidad natural o por una casualidad afortunada con lo que se busca o necesita. U. t. c. tr. ‖ **3.** Acertar a dar en el blanco. ‖ **4.** Acertar algo por conjeturas.

atinencia. F. atingencia.

atinente. ADJ. Tocante o perteneciente. *Aspectos atinentes a su secreto profesional.*

atingencia. F. Relación, conexión, correspondencia. *Tener un asunto atingencia con otro.*

atingente. ADJ. atinente.

atipicidad. F. Cualidad de atípico.

atípico, ca. ADJ. Que por sus caracteres se aparta de los modelos representativos o de los tipos conocidos. *Comportamiento atípico.*

atiplado, da. PART. de atiplar. ‖ ADJ. Dicho de la voz o de un sonido: Agudos, en tono elevado.

atiplar. TR. Elevar la voz o el sonido de un instrumento hasta el tono de tiple. U. t. c. prnl.

atirantar. TR. Poner tirante.

atisbador, ra. ADJ. Que atisba. Apl. a pers., u. t. c. s.

atisbar. TR. **1.** Mirar, observar con cuidado, cautelosamente. *Atisbar algo por el ojo de la cerradura.* ‖ **2.** vislumbrar (‖ ver tenue o confusamente). *Atisbar algo al paso por una sala.*

atisbo. M. vislumbre (‖ conjetura).

atizador, ra. I. ADJ. **1.** Que atiza. Apl. a pers., u. t. c. s. *Atizador de revueltas.* ‖ **II.** M. **2.** Instrumento que sirve para atizar.

atizar. TR. **1.** Remover el fuego o añadirle combustible para que arda más. ‖ **2.** Avivar pasiones o discordias. *Atizar la violencia.* ‖ **3.** coloq. dar (‖ hacer sufrir un golpe). *Atizar un puntapié, un palo.* U. t. c. intr. *Le en-*

canta atizar. U. t. c. prnl. ‖ **atiza.** INTERJ. Se usa para indicar sorpresa.

atizonar. TR. *Constr.* Enlazar y asegurar la trabazón en una obra de mampostería con piedras colocadas a tizón.

atlante. M. *Arq.* Cada una de las estatuas de hombres que, en lugar de columnas, se ponen en el orden atlántico, y sustentan sobre sus hombros o cabeza los arquitrabes de las obras.

atlanticense. ADJ. **1.** Natural de Atlántico. U. t. c. s. ‖ **2.** Perteneciente o relativo a este departamento de Colombia.

atlántico, ca. ADJ. Perteneciente o relativo al océano Atlántico, o a los territorios que baña. ☐ V. **orden atlántico.**

atlantismo. M. Actitud política de adhesión a los principios de la Organización del Tratado del Atlántico Norte (OTAN) y favorable a su extensión y afianzamiento en Europa.

atlantista. ADJ. **1.** Perteneciente o relativo a la Organización del Tratado del Atlántico Norte (OTAN). *Tropas atlantistas.* ‖ **2.** Partidario del atlantismo. U. t. c. s.

atlas. M. **1.** Colección de mapas geográficos, históricos, etc., en un volumen. ‖ **2.** Colección de láminas, la mayor parte de las veces aneja a una obra. ‖ **3.** *Anat.* Primera vértebra de las cervicales, articulada con el cráneo mediante los cóndilos del occipital. No está bien diferenciada más que en los reptiles, aves y mamíferos.

atleta. **I.** COM. **1.** Persona que practica el atletismo. ‖ **2.** Persona fuerte y musculosa. ‖ **II.** M. **3.** hist. Hombre que tomaba parte en los antiguos juegos públicos de Grecia y Roma. ☐ V. **pie de ~.**

atlético, ca. ADJ. **1.** Perteneciente o relativo al atleta, a los juegos públicos o a los ejercicios propios de aquel. *Marca atlética.* ‖ **2.** Dicho de una persona: Que tiene una constitución física fuerte y musculosa. ‖ **3.** Propio o característico del atleta. *Complexión atlética.*

atletismo. M. Conjunto de actividades y normas deportivas que comprenden las pruebas de velocidad, saltos y lanzamiento.

atmósfera. F. **1.** Capa de aire que rodea la Tierra. ‖ **2.** Capa gaseosa que rodea un cuerpo celeste u otro cuerpo cualquiera. ‖ **3.** Espacio a que se extienden las influencias de alguien o algo, o ambiente que los rodea. ‖ **4.** Prevención o inclinación de los ánimos, favorable o adversa, a alguien o algo. ‖ **5.** *Fís.* Unidad de presión o tensión equivalente a la ejercida por la atmósfera al nivel del mar, y que es igual a la presión de una columna de mercurio de 760 mm de alto.

atmosférico, ca. ADJ. Perteneciente o relativo a la atmósfera. ☐ V. **depresión ~, presión ~.**

atoar. TR. *Mar.* Llevar a remolque una nave, por medio de un cabo que se echa por la proa para que tiren de él una o más lanchas.

atocha. F. **esparto** (‖ planta gramínea).

atochal. M. **espartizal.**

atochar. **I.** TR. **1.** Llenar algo de cualquier cosa, apretándola. *Atochó la casa de baúles.* ‖ **2.** *Mar.* Dicho del viento: Oprimir una vela contra su jarcia u otro objeto firme cualquiera. U. t. c. prnl. ‖ **II.** PRNL. **3.** *Mar.* Dicho de un cabo: Sufrir presión entre dos objetos que dificultan su laboreo.

atol. M. *Am. Cen.* y *Á. Caribe.* **atole.**

atole. M. *Méx.* Bebida caliente de harina de maíz disuelta en agua o leche, a la que se pueden agregar sabores edul-

corantes. ‖ **dar ~ con el dedo** a alguien. LOC.VERB. *Méx.* Engañarlo, embaucarlo. ☐ V. **sangre de ~.**

atolero, ra. M. y F. *Méx.* Persona que hace o vende atole.

atolladero. M. **atascadero.**

atollar. **I.** INTR. **1.** Dar en un atolladero. U. t. c. prnl. ‖ **II.** PRNL. **2.** **atascarse** (‖ quedarse detenido por algún obstáculo).

atolón. M. Isla madrepórica de forma anular, con una laguna interior que comunica con el mar por pasos estrechos, abundante en los archipiélagos de Malasia y de Polinesia.

atolondrado, da. PART. de **atolondrar.** ‖ ADJ. Que procede sin reflexión. U. t. c. s.

atolondramiento. M. Acción de atolondrar.

atolondrar. TR. **aturdir** (‖ causar aturdimiento). U. t. c. prnl.

atómico, ca. ADJ. **1.** Perteneciente o relativo al átomo. *Núcleo atómico.* ‖ **2.** Relacionado con los usos de la energía atómica o sus efectos. *Las potencias atómicas pretenden reducir su armamento nuclear.* ☐ V. **arma ~, bomba ~, corteza ~, energía ~, explosión ~, masa ~, número ~, peso ~, pila ~, pluma ~, refugio ~, reloj ~.**

atomismo. M. Doctrina que explica la formación del mundo por unión aleatoria de los átomos.

atomista. ADJ. **1.** Perteneciente o relativo al atomismo. *Las ideas de Aristóteles se apartaban del modelo atomista.* ‖ **2.** Partidario del atomismo. U. t. c. s.

atomístico, ca. ADJ. Perteneciente o relativo al atomismo.

atomización. F. Acción y efecto de atomizar.

atomizador, ra. **I.** ADJ. **1.** Que atomiza. *Un enfoque atomizador y fragmentario del problema.* ‖ **II.** M. **2.** Pulverizador de líquidos.

atomizar. TR. Dividir en partes sumamente pequeñas, pulverizar. U. t. en sent. fig. *El Parlamento está atomizado.*

átomo. M. **1.** *Fís.* y *Quím.* Cantidad menor de un elemento químico que tiene existencia propia y se consideró indivisible. Se compone de un núcleo, con protones y neutrones, y de electrones orbitales, en número característico para cada elemento químico. ‖ **2.** Partícula material de pequeñez extremada. ‖ **3.** Cosa muy pequeña. ‖ **~ gramo.** M. Gramos de un elemento, en número igual a su peso atómico.

átona. F. *Fon.* Vocal, sílaba o palabra átona.

atonal. ADJ. *Mús.* Dicho de una composición: Que no tiene tonalidad definida.

atonalidad. F. **1.** *Mús.* Cualidad de atonal. ‖ **2.** *Mús.* dodecafonismo.

atonalismo. M. *Mús.* **atonalidad.**

atonía. F. Falta de energía, vigor o fuerza. *Atonía mental.*

atónito, ta. ADJ. Pasmado o espantado de un objeto o suceso raro.

átono, na. ADJ. *Fon.* Dicho de una vocal, de una sílaba, de una palabra o de la posición de estas: **inacentuada.**

atontado, da. PART. de **atontar.** ‖ ADJ. Dicho de una persona: Tonta o que no sabe cómo conducirse. U. t. c. s.

atontamiento. M. Acción y efecto de atontar.

atontar. TR. **1.** Aturdir o atolondrar. *El ruido aísla y atonta.* U. t. c. prnl. ‖ **2.** **entontecer.** U. t. c. prnl. *Hace tanto que no leo que me estoy atontando.*

atópico, ca. ADJ. *Med.* Que no está ligado a un lugar preciso. *Dermatitis atópica.*

atoramiento. M. Acción de atorarse.

atorar. I. TR. **1.** Atascar, obstruir. U. t. c. intr. y c. prnl. *La llave se atoró en la cerradura.* || **II.** PRNL. **2.** Turbarse en la conversación. *Cuando se atora, tartamudea.* || **3.** Á. *Caribe* y Á. *R. Plata.* **atragantarse** (|| ahogarse). || **4.** *Méx.* Dicho de un mecanismo: Dejar de funcionar.

atormentador, ra. ADJ. Que atormenta. Apl. a pers., u. t. c. s.

atormentar. TR. **1.** Causar dolor o molestia corporal. *La sed me atormentaba.* U. t. c. prnl. || **2.** Causar aflicción, disgusto o enfado. *Los celos la atormentan.* U. t. c. prnl. || **3.** Dar tormento a alguien para obtener una confesión.

atornasolado, da. ADJ. **tornasolado.**

atornillador. M. **destornillador.**

atornillar. TR. **1.** Introducir un tornillo haciéndolo girar alrededor de su eje. *Atornilla bien los tornillos de la mesa.* || **2.** Sujetar con tornillos. *Han atornillado el banco al suelo.* || **3.** Mantener con obstinación a alguien en un sitio, cargo, trabajo, etc. U. m. c. prnl. || **4.** Presionar, obligar a una conducta. *El fisco nos atornilla con sus requerimientos.*

atoro. M. Á. *Andes* y *Chile.* **atoramiento.**

atorón. M. *Méx.* Acción y efecto de **atorarse** (|| atascarse).

atorrante, ta. I. ADJ. **1.** despect. Á. *R. Plata.* **vago** (|| holgazán). U. t. c. s. || **II.** M. y F. **2.** despect. Á. *R. Plata.* Persona descarada, desvergonzada. U. t. c. adj.

atosigador, ra. ADJ. Que atosiga. *Atención atosigadora.*

atosigamiento. M. Acción de atosigar.

atosigar. TR. **1.** Fatigar u oprimir a alguien, dándole mucha prisa para que haga algo. *No me atosigues, que me pones nerviosa.* U. t. c. prnl. || **2.** Inquietar, acuciar con exigencias o preocupaciones. *Nos atosiga con sus problemas.* U. t. c. prnl.

atrabancar. TR. Pasar o saltar deprisa, salvar obstáculos. U. t. c. intr.

atrabiliario, ria. ADJ. De genio destemplado y violento. U. t. c. s.

atrabilis. F. *Med.* hist. Uno de los cuatro humores principales del organismo, según las antiguas doctrinas de Hipócrates y Galeno.

atracada. F. **1.** *Mar.* Acción y efecto de **atracar** (|| una embarcación). || **2.** Á. *Andes,* Á. *Caribe* y *Méx.* **atracón.**

atracadero. M. Lugar donde pueden sin peligro arrimarse a tierra las embarcaciones menores.

atracador, ra. M. y F. **1.** Persona que atraca con propósito de robo. || **2.** Á. *Caribe.* Persona que saca dinero de otra con amenazas o engaño.

atracar. TR. **1.** Arrimar unas embarcaciones a otras, o a tierra. U. t. c. intr. || **2.** Asaltar con propósito de robo, generalmente en poblado. || **3.** coloq. Hacer comer y beber en exceso. U. m. c. prnl. || **4.** *Chile.* Golpear, castigar a alguien, especialmente con azotes o golpes. || **5.** *Chile.* Besar y acariciar eróticamente a alguien. U. t. c. intr. *Juan y María iban atracando que era un gusto.*

atracción. F. **1.** Acción de atraer. || **2.** Fuerza para atraer. || **3.** Persona o cosa que tiene esa fuerza. || **4.** Número de un espectáculo que posee o al que se atribuye alguna singularidad que agrada especialmente al público. || **5.** Cada una de las instalaciones recreativas, como los tiovivos, casetas de tiro al blanco, toboganes, etc., que se montan en la feria de una población y que, reunidas en un lugar estable, constituyen un parque de **atracciones.** U. m. en pl. || **~ universal.** F. *Fís.* La que ejercen entre sí los cuerpos que componen el universo, principalmente los astros, y que depende de sus masas y distancias respectivas. □ V. **parque de atracciones.**

atraco. M. Acción de **atracar** (|| asaltar).

atracón. M. **1.** Exceso en una actividad cualquiera. *Atracón de trabajar. Atracón de llorar.* || **2.** coloq. Acción y efecto de **atracar** (|| comer y beber con exceso).

atractivo, va. I. ADJ. **1.** Que atrae o tiene fuerza para atraer. *Las moléculas deben ejercer fuerzas atractivas entre ellas.* || **2.** Que gana o inclina la voluntad. *Un proyecto atractivo.* || **3.** Dicho de una persona: Que por su físico despierta interés y agrado en las demás. || **II.** M. **4.** Capacidad de atraer. || **5.** Gracia en el semblante o en las palabras, acciones o costumbres, que atrae la voluntad.

atraer. TR. **1.** Dicho de un cuerpo: Acercar y retener en virtud de sus propiedades físicas a otro externo a sí mismo, o absorberlo dentro de sí. *El imán atrae el hierro. Un remolino atrajo al marinero.* || **2.** Dicho de una persona o de una cosa: Hacer que acudan a sí otras cosas, animales o personas. *La miel atrae las moscas. El hechicero atrajo la lluvia con una danza.* || **3.** Acarrear, ocasionar, dar lugar a algo. *El cambio de Gobierno atrajo la inversión extranjera.* || **4.** Dicho de una persona o de una cosa: Ganar la voluntad, afecto, gusto o atención de otra. U. t. c. prnl. *El rey se atrajo a las masas.* ¶ MORF. conjug. c. *traer.*

atrafagar. INTR. Fatigarse o afanarse. U. t. c. prnl.

atragantar. I. TR. **1.** Ahogar o producir ahogos a alguien por detenerse algo en la garganta. U. m. c. prnl. || **2.** Causar fastidio o enfado. U. m. c. prnl. *Se me ha atragantado ese presumido.* || **II.** PRNL. **3.** coloq. **atorarse** (|| turbarse en la conversación). U. menos c. tr.

atraillar. TR. Atar con traílla, comúnmente a los perros. MORF. conjug. c. *aislar.*

atrampar. TR. Coger o pillar en la trampa o en lugar del que no se puede salir. U. t. c. prnl.

atrancar. I. TR. **1.** Asegurar la puerta por dentro con una tranca. || **2.** **atascar** (|| obstruir un conducto). U. m. c. prnl. || **II.** PRNL. **3.** Encerrarse asegurando la puerta con una tranca.

atranco. M. **1.** **atascadero.** || **2.** Impedimento u obstáculo.

atranque. M. **atranco.**

atrapar. TR. **1.** Coger a quien huye o va deprisa. *El cazador no atrapó a la liebre.* || **2.** coloq. Coger con soltura algo que ofrece cierta dificultad. *Me tiró la pelota desde lejos y la atrapé.* || **3.** coloq. Conseguir algo de provecho. *Atrapar un empleo.* || **4.** coloq. Engañar, atraer con maña a alguien.

atraque. M. **1.** Acción y efecto de **atracar** (|| una embarcación). || **2.** Maniobra correspondiente. || **3.** Muelle donde se atraca.

atrás. ADV. L. **1.** Hacia la parte que está o queda a las espaldas de uno. *Un paso atrás.* || **2.** En la parte hacia donde se tiene vuelta la espalda, a las espaldas. *Están atrás.* || **3.** En la zona posterior a aquella en que está situado lo que se toma como punto de referencia. *La farmacia no está en ese edificio, sino en el de atrás.* || **4.** En las últimas filas de un grupo de personas congregadas. *No oyen bien los que están atrás.* || **5.** En el fondo de un lugar. *Pongan atrás las sillas que sobran.* || **6.** En la parte opuesta a la fachada o entrada principal de un edificio o local. *La escalera de servicio está atrás.* || **7.** Se usa para expresar tiempo pasado. *Años atrás.* || **8.** En el hilo del

discurso, **anteriormente**. *Esto ya se dijo más atrás.*
‖ **atrás**. INTERJ. Se usa para mandar retroceder a alguien.
¡Atrás, insensato! □ V. **cuenta ~, paso ~, salto ~.**

atrasar. I. TR. **1. retardar**. *Atrasar una cita.* U. t. c.
prnl. ‖ **2.** Fijar un hecho en época posterior a aquella en
que ha ocurrido. *Algunos descubrimientos parecen atrasar la aparición de los homínidos.* ‖ **3.** Hacer que el reloj
señale tiempo que ya ha pasado. *Atrasar el reloj.* ‖ **II.**
INTR. **4.** Dicho de un reloj: Señalar tiempo que ya ha pasado, o no marchar con la debida velocidad. U. t. c. tr. *El
reloj atrasa cinco minutos.* U. t. c. prnl. ‖ **III.** PRNL. **5.**
quedarse atrás. *Poco a poco se iba atrasando en el desfile.* ‖ **6. retrasarse** (‖ llegar tarde). *El tren se atrasa.*
‖ **7.** Dicho de una persona, de un animal o de una planta:
Dejar de crecer, no llegar a su completo desarrollo.

atraso. M. **1.** Efecto de atrasar o atrasarse. ‖ **2.** Falta o
insuficiencia de desarrollo en la civilización o en las
costumbres. ‖ **3.** pl. Pagas o rentas vencidas y no co-
bradas.

atravesado, da. PART. de **atravesar**. ‖ ADJ. **1.** Que no
mira derecho. ‖ **2.** Que tiene mala intención o mal carácter. U. t. c. s.

atravesador, ra. ADJ. Que atraviesa. *Punta atravesadora.*

atravesar. I. TR. **1.** Poner algo de modo que pase de una
parte a otra. *Atravesar un madero en un arroyo.* ‖ **2.** Dicho de un objeto: Pasar sobre otro o hallarse puesto sobre
él oblicuamente. *La carretera atraviesa el río.* ‖ **3.** Pasar
un cuerpo penetrándolo de parte a parte. *La bala le atravesó el hombro.* ‖ **4.** Poner delante algo que impida el paso
o haga caer. *Atravesó una silla en la puerta para impedir
el paso.* ‖ **5.** Pasar cruzando de una parte a otra. *Atravesar la plaza, el monte, el camino.* ‖ **6.** Pasar circunstancialmente por una situación favorable o desfavorable.
Atravesar un buen momento, un bache, una crisis. ‖ **7.** En
el juego, poner traviesas, apostar algo fuera de lo que se
juega. ‖ **8.** *Mar.* Poner una embarcación en facha, al pairo
o a la capa. U. t. c. prnl. ‖ **II.** PRNL. **9.** Dicho de una cosa:
Ponerse en medio de otras, o en mitad de un conducto o
camino, obstaculizando el paso. *Se atravesó con el coche en
mitad de la calle.* ‖ **10.** Intervenir, ocurrir algo que altera
el curso de otra cosa. *Su familia se atravesó en nuestra relación.* ‖ **11.** Atragantarse, sentir repulsión o antipatía
hacia alguien o algo. *Se me ha atravesado esta asignatura.*
¶ MORF. conjug. c. *acertar.*

atrayente. ADJ. Que atrae. *Paisaje atrayente.*

atrepsia. F. *Med.* Atrofia general de los recién nacidos.

atresia. F. *Med.* Imperforación u oclusión de un orificio
o conducto normal del cuerpo humano.

atreverse. PRNL. **1.** Determinarse a algún hecho o dicho arriesgado. *No se atreve a dar el salto. No se atrevió
conmigo.* ‖ **2.** Insolentarse, faltar al respeto debido. *Se
atrevió con sus superiores.* ‖ **3.** Llegar a competir, rivalizar. *Es muy rápido; se atreve con cualquier oponente.*

atrevido, da. PART. de **atreverse**. ‖ ADJ. **1.** Que se
atreve. U. t. c. s. ‖ **2.** Hecho o dicho con atrevimiento.
Una alusión muy atrevida.

atrevimiento. M. **1.** Acción y efecto de **atreverse**
(‖ determinarse a algo arriesgado). ‖ **2.** Acción y efecto
de **atreverse** (‖ insolentarse).

atrezo. M. *Cinem.* y *Teatro.* **utilería.**

atribución. F. **1.** Acción de atribuir. ‖ **2.** Cada una de
las facultades o poderes que corresponden a cada parte
de una organización pública o privada según las normas
que las ordenen. U. m. en pl.

atribuir. TR. **1.** Aplicar, a veces sin conocimiento seguro, hechos o cualidades a alguien o algo. *Atribuir un
delito.* U. t. c. prnl. ‖ **2.** Señalar o asignar algo a alguien
como de su competencia. *Atribuir funciones directivas.*
¶ MORF. conjug. c. *construir.*

atribulación. F. **tribulación.**

atribular. I. TR. **1.** Causar tribulación. ‖ **II.** PRNL. **2.**
Padecer tribulación.

atributivo, va. ADJ. **1.** *Gram.* Se dice de la función de
atributo. ‖ **2.** En algunas gramáticas, se dice de los verbos copulativos, como *ser* o *estar,* y de otros verbos con
que se construye el atributo, como *parecer, juzgar, considerar, nombrar,* etc.

atributo. M. **1.** Cada una de las cualidades o propiedades de un ser. *Valoro en él atributos como la generosidad
y la fidelidad. El lenguaje es un atributo del ser humano.*
‖ **2.** En obras artísticas, símbolo que denota el carácter
y representación de las figuras; p. ej., la *palma* es **atributo** de la *victoria;* el *caduceo,* de *Mercurio,* etc. ‖ **3.**
Gram. Función que desempeña el adjetivo cuando modifica al sustantivo dentro de un grupo nominal; p. ej., *ojos
azules; buena persona.* ‖ **4.** Para algunos gramáticos, término que identifica o cualifica a otro mediante *ser, estar*
u otro verbo; p. ej., *Su padre fue médico. La oferta parece
aceptable. Lo considero amigo mío.* ‖ **5.** *Rel.* Cada una de
las perfecciones propias de la esencia de Dios, como su
omnipotencia, su sabiduría, su amor, etc.

atrición. F. *Rel.* Pesar de haber ofendido a Dios, no tanto
por el amor que se le tiene como por temor a las consecuencias de la ofensa cometida.

atril. M. Mueble en forma de plano inclinado, con pie o
sin él, que sirve para sostener libros, partituras, etc., y
leer con más comodidad.

atrincar. TR. **1.** *Am.* Trincar, sujetar, asegurar con cuerdas y lazos. ‖ **2.** *Á. Caribe.* Apretar, oprimir.

atrincheramiento. M. **1.** Acción y efecto de atrincherar o atrincherarse. ‖ **2.** Conjunto de trincheras, y,
en general, toda obra de defensa o fortificación pasajera
o de campaña.

atrincherar. I. TR. **1.** Fortificar con atrincheramientos una posición militar. *Atrincherar la línea de fuego.*
‖ **II.** PRNL. **2.** Ponerse en trincheras a cubierto del enemigo. *Pudieron atrincherarse al comienzo del tiroteo.*
U. t. c. tr. ‖ **3.** Guardarse, protegerse, mantenerse en una
posición o en una actitud con tenacidad exagerada.
Atrincherarse en el escepticismo.

atrio. M. **1.** Espacio descubierto, y por lo común cercado
de pórticos, que hay en algunos edificios. ‖ **2.** Andén que
hay delante de algunos templos y palacios, por lo regular enlosado y más alto que el piso de la calle. ‖ **3.** zaguán.

atristar. TR. **entristecer.** U. t. c. prnl.

atrochar. INTR. Andar por trochas o sendas.

atrocidad. F. **1.** Crueldad grande. ‖ **2.** Insulto, increpación de fuerte carácter ofensivo. *Le dijo atrocidades.*
‖ **3.** Error o disparate grave. ‖ **4.** coloq. **barbaridad**
(‖ cantidad grande o excesiva).

atrofia. F. **1.** Falta de desarrollo de cualquier parte del
cuerpo. U. t. en sent. fig. *La atrofia de la empresa se debe
a su deficiente gestión.* ‖ **2.** *Biol.* Disminución en el tamaño o número, o en ambas cosas a la vez, de uno o varios tejidos de los que forman un órgano, con la consiguiente minoración del volumen, peso y actividad
funcional, a causa de escasez o retardo en el proceso nu-

tritivo. || ~ **degenerativa.** F. La que va acompañada de un proceso destructor de las células de un tejido. || ~ **fisiológica.** F. La de algunos tejidos u órganos que en la evolución natural del organismo resultan innecesarios. || ~ **senil.** F. La de los tejidos y órganos cuando el individuo llega a edad avanzada.

atrofiar. I. TR. **1.** Producir atrofia. || **II.** PRNL. **2.** Padecer atrofia. ¶ MORF. conjug. c. *anunciar.*

atrófico, ca. ADJ. Perteneciente o relativo a la atrofia. *Órganos atróficos.*

atronado, da. PART. de atronar. || ADJ. Dicho de una persona: Que hace las cosas precipitadamente, sin cordura ni reflexión.

atronador, ra. ADJ. Que atruena. *Grito atronador.*

atronar. TR. **1.** Ensordecer o perturbar con ruido como de trueno. *Un enorme aplauso atronó el salón.* || **2. aturdir** (|| causar aturdimiento). *Los recuerdos lo atronaban y le causaban dolor.* ¶ MORF. conjug. c. *contar.*

atropar. TR. **1.** Juntar gente en tropas o en cuadrillas, sin orden ni formación. U. t. c. prnl. *Se atroparon nerviosamente ante la autoridad.* || **2.** Juntar, reunir, especialmente la mies que se recoge en gavillas o el heno que antes se ha esparcido para que se seque. *Atropar leña para el hogar.*

atropellado, da. PART. de atropellar. || ADJ. Que habla u obra con precipitación.

atropellador, ra. ADJ. Que atropella. Apl. a pers., u. t. c. s.

atropellamiento. M. atropello.

atropellar. I. TR. **1.** Pasar precipitadamente por encima de alguien. || **2.** Derribar o empujar violentamente a alguien para abrirse paso. || **3.** Dicho de un vehículo: Alcanzar violentamente a personas o animales, chocando con ellos y ocasionándoles, por lo general, daños. || **4.** Agraviar a alguien empleando violencia o abusando de la fuerza o poder que se tiene. || **5.** Ultrajar a alguien de palabra, sin darle ocasión de hablar o exponer su razón. || **6.** Hacer algo precipitadamente y sin el cuidado necesario. *No pone cuidado; todo lo atropella.* || **II.** PRNL. **7.** Apresurarse demasiado en las obras o palabras.

atropello. M. Acción y efecto de atropellar o atropellarse.

atropina. F. *Quím.* Alcaloide venenoso que se extrae de la belladona y se emplea en medicina para dilatar las pupilas de los ojos y para otros usos terapéuticos.

atroz. ADJ. **1.** Fiero, cruel, inhumano. *Castigo atroz.* || **2.** Enorme, grave. *Accidente atroz.* || **3. terrible** (|| muy grande). *Hambre atroz.* || **4.** Pésimo, muy desagradable. *Aquel fue un día atroz.*

atuendo. M. **1.** Atavío, vestido. || **2.** Aparato, ostentación.

atufado, da. PART. de atufar. || ADJ. **1.** Enfadado, enojado. || **2.** Envenenado por el tufo (|| emanación gaseosa). || **3.** *Á. Andes.* Atolondrado, que ha perdido la serenidad necesaria para hacer algo.

atufamiento. M. Acción y efecto de atufar o atufarse.

atufar. I. TR. **1.** Trastornar con el tufo (|| emanación gaseosa). *El humo estaba atufándonos.* U. m. c. prnl. || **2.** Trastornar o aturdir con el tufo (|| hedor). *La basura acumulada atufa a todo el vecindario.* U. t. c. prnl. || **3.** Enfadar, enojar. U. t. c. prnl. *Cuanto más le insistían más se atufaba.* || **II.** INTR. **4. heder** (|| despedir un olor desagradable). *Ese queso tan fuerte atufa.* U. t. en sent. fig. *Aquel negocio atufaba.* || **III.** PRNL. **5. aturdirse** (|| sufrir aturdimiento).

atún. M. Pez teleósteo, acantopterigio, común en los mares de España, frecuentemente de dos a tres metros de largo, negro azulado por encima y gris plateado por debajo, y con los ojos muy pequeños. Su carne, tanto fresca como salada, es muy apreciada.

atunero, ra. I. ADJ. **1.** Dicho de un barco: Destinado a la pesca del atún. U. t. c. s. m. || **II.** M. y F. **2.** Persona que comercia con atún.

aturbonado, da. ADJ. Perteneciente o relativo a la turbonada. *Nubes aturbonadas.*

aturdido, da. PART. de aturdir. || ADJ. atolondrado.

aturdidor, ra. ADJ. Que aturde. *Calor aturdidor.*

aturdimiento. M. **1.** Perturbación de los sentidos por efecto de un golpe, de un ruido extraordinario, etc. || **2.** Perturbación moral ocasionada por una desgracia, una mala noticia, etc. || **3.** Torpeza, falta de serenidad y desembarazo para ejecutar algo.

aturdir. TR. **1.** Causar aturdimiento. *El ruido me aturde.* U. t. c. prnl. || **2.** Confundir, desconcertar, pasmar. *Lo aturdió con sus explicaciones.* U. t. c. prnl.

aturquesado, da. ADJ. De color azul turquí.

aturrullar. TR. aturullar. U. t. c. prnl.

aturullamiento. M. atolondramiento.

aturullar. TR. Confundir a alguien, turbarlo de modo que no sepa qué decir o cómo hacer algo. U. t. c. prnl.

atusar. TR. Alisar el pelo, especialmente pasando por él la mano o el peine mojados.

auca. ADJ. **huaorani.** Apl. a pers., u. t. c. s.

audacia. F. Osadía, atrevimiento.

audaz. ADJ. Osado, atrevido. *Ideas audaces.*

audibilidad. F. Cualidad de audible.

audible. ADJ. Que se puede oír. *Voz apenas audible.*

audición. F. **1.** Acción de oír. || **2.** Concierto, recital o lectura en público. || **3.** Prueba que se hace a un actor, cantante, músico, etc., ante el empresario o director de un espectáculo.

audiencia. F. **1.** Acto de oír las personas de alta jerarquía u otras autoridades, previa concesión, a quienes exponen, reclaman o solicitan algo. || **2.** Tribunal de justicia colegiado y que entiende en los pleitos o en las causas de determinado territorio. ORTOGR. Escr. con may. inicial. || **3.** Distrito de la jurisdicción de este tribunal. || **4.** Edificio en que se reúne. || **5.** Público que atiende los programas de radio y televisión, o que asiste a un acto o espectáculo. || **6.** Número de personas que reciben un mensaje a través de cualquier medio de comunicación. || **7.** *Der.* Ocasión para aducir razones o pruebas que se ofrece a un interesado en juicio o en expediente. || **Audiencia Nacional.** F. *Der.* Tribunal con competencia en todo el territorio de España para ciertas causas penales, sociales y contencioso-administrativas. || **Audiencia Provincial.** F. *Der.* Tribunal con jurisdicción en una provincia de España. || ~ **pública.** F. *Der.* Actuación formal de un juez o tribunal que se realiza ante las partes de proceso y el público. || **tener** ~. LOC.VERB. Gozar de autoridad y reconocimiento. □ V. **cuota de** ~, **índice de** ~.

audífono. M. Aparato para percibir mejor los sonidos, especialmente usado por los sordos.

audímetro. M. **1.** *Acús.* Instrumento para medir la sensibilidad del aparato auditivo. || **2.** Aparato que, acoplado al receptor de radio o de televisión, sirve para medir las horas concretas en que están encendidos y el tiempo total de funcionamiento.

audio. M. **1.** Técnica relacionada con la reproducción, grabación y transmisión del sonido. U. t. c. adj. ‖ **2.** Parte de la señal de televisión que corresponde al sonido.

audiófono. M. audífono.

audiometría. F. *Acús.* Medición de la agudeza auditiva en relación con las diferentes frecuencias del sonido.

audiómetro. M. audímetro.

audioprótesis. F. **1.** Adaptación de audífonos u otras piezas artificiales para la corrección de deficiencias del aparato auditivo. ‖ **2.** Pieza o dispositivo destinado a esta corrección.

audioprotesista. COM. Profesional especializado en audioprótesis.

audiovisual. ADJ. Que se refiere conjuntamente al oído y a la vista, o los emplea a la vez. Se dice especialmente de métodos didácticos que se valen de grabaciones acústicas acompañadas de imágenes ópticas.

auditar. TR. Examinar la gestión económica de una entidad a fin de comprobar si se ajusta a lo establecido por ley o costumbre.

auditivo, va. ADJ. Perteneciente o relativo al órgano del oído. □ V. **conducto ~ externo, nervio ~, pabellón ~.**

auditor, ra. I. ADJ. **1.** Que realiza auditorías. Apl. a pers., u. t. c. s. ‖ **II.** M. **2.** Persona nombrada por el juez entre las elegidas por el obispo o entre los jueces del tribunal colegial, cuya misión consiste en recoger las pruebas y entregárselas al juez, si surge alguna duda en el ejercicio de su ministerio. ‖ **auditor de la Rota.** M. Persona nombrada por el papa para conocer en apelación de las causas eclesiásticas de todo el orbe católico.

auditora. F. Empresa que realiza auditorías.

auditoría. F. **1.** Revisión sistemática de una actividad o de una situación para evaluar el cumplimiento de las reglas o criterios objetivos a que aquellas deben someterse. ‖ **2. auditoría contable. ‖ ~ contable.** F. Revisión y verificación de las cuentas y de la situación económica de una empresa, realizada por un experto independiente. ‖ **~ pública.** F. La realizada por un organismo público especializado, como en América la contraloría y en España la Intervención General del Estado y el Tribunal de Cuentas.

auditorio. M. **1.** Concurso de oyentes. ‖ **2.** Sala destinada a conciertos, recitales, conferencias, coloquios, lecturas públicas, etc.

auditórium. M. auditorio (‖ sala).

auge. M. Período o momento de mayor elevación o intensidad de un proceso o estado de cosas. *Auge de las letras. Auge de una civilización.*

augur. I. M. **1.** hist. Oficiante que en la antigua Roma practicaba oficialmente la adivinación por el canto, el vuelo y la manera de comer de las aves y por otros signos. ‖ **II.** COM. **2.** Persona que vaticina.

augural. ADJ. Perteneciente o relativo al agüero o a los agoreros. *Sueño augural.*

augurar. TR. **1.** Presagiar, presentir, predecir. ‖ **2.** Adivinar, pronosticar por el vuelo o canto de las aves u otras observaciones.

augurio. M. Presagio, anuncio, indicio de algo futuro.

augustal. □ V. **sacerdote ~.**

augusto, ta. I. ADJ. **1.** Que infunde o merece gran respeto y veneración por su majestad y excelencia. *Augusto linaje.* ‖ **2.** hist. Se usó como tratamiento de Octaviano César, y después de todos los emperadores romanos y sus mujeres. ‖ **II.** M. **3.** Payaso de circo.

aula. F. Sala donde se celebran las clases en los centros docentes.

aulaga. F. **1.** Planta de la familia de las Papilionáceas, como de un metro de altura, espinosa, con hojas lisas terminadas en púas y flores amarillas. Las puntas tiernas gustan al ganado. El resto de la planta se machaca, aplastando las espinas, para darlo en pienso. ‖ **2.** Se usa como nombre para referirse a varias matas de la misma familia, espinosas y de flores amarillas.

aulagar. M. Sitio poblado de aulagas.

aulario. M. En un centro de enseñanza, edificio destinado a aulas.

áulico, ca. ADJ. **1.** Perteneciente o relativo a la corte o al palacio. *Arquitectura áulica.* ‖ **2.** hist. Cortesano o palaciego. Apl. a pers., u. t. c. s. *Escucha de buen grado los consejos de los áulicos.*

aullador, ra. ADJ. Que aúlla. *Bestias aulladoras.* □ V. **mono ~.**

aullar. INTR. Dar aullidos. U. t. en sent. fig. *El herido aullaba de dolor.* MORF. conjug. c. *aunar.*

aullido. M. Voz triste y prolongada del lobo, el perro y otros animales. U. t. en sent. fig. *Arturo soltó un aullido de dolor.*

aúllo. M. aullido.

aumentada. □ V. **séptima ~, sexta ~.**

aumentar. TR. Dar mayor extensión, número o materia a algo. U. t. c. intr. y c. prnl.

aumentativo, va. I. ADJ. **1.** Que aumenta. *Carácter aumentativo.* ‖ **2.** *Gram.* Se dice del sufijo que aumenta la magnitud del significado del vocablo al que se une; p. ej., *-ón* en *picarón* o *-azo* en *golpazo.* Frecuentemente se limita a añadir al concepto intenciones emotivas muy diversas propias del hablante. Pueden sumarse dos seguidos, p. ej., en *picaronazo,* y cambiar el género femenino del término correspondiente, p. ej., en *cucharón,* de *cuchara.* U. t. c. s. m. ‖ **II.** M. **3.** *Gram.* Palabra formada con uno o más sufijos **aumentativos.**

aumento. M. **1.** Acrecentamiento o extensión de algo. ‖ **2.** Potencia o facultad amplificadora de una lente, anteojo o telescopio. ‖ **3.** Unidad de la potencia amplificadora de una lente.

aun. I. ADV. M. **1.** incluso. *Es muy malo, aun en sus momentos de inspiración.* ‖ **2.** todavía (‖ en sentido de encarecimiento o ponderación). ORTOGR. Escr. con acento. *Él es aún más aplicado que tú.* ‖ **II.** ADV. C. **3.** todavía (‖ hasta un momento determinado). ORTOGR. Escr. con acento. *Aún está durmiendo.* ‖ **~ cuando.** LOC. CONJUNT. ADVERS. **aunque.**

aunar. TR. **1.** Unir para algún fin. *Aunar a los sectores críticos.* U. m. c. prnl. ‖ **2.** unificar. *Aunar criterios.* U. t. c. prnl. ‖ **3.** Poner juntas o armonizar varias cosas. *Aunar fuerza y belleza.* U. t. c. prnl. ¶ MORF. V. conjug. modelo.

aunque. I. CONJ. CONC. **1.** Expresa una objeción o dificultad que no impide la realización de la acción verbal. *Aunque estoy malo, no faltaré a la cita. Haz el bien que puedas, aunque nadie te lo agradezca. Aunque severo, es justo.* ‖ **II.** CONJ. ADVERS. **2.** pero (‖ para contraponer un concepto a otro). *Tengo ya tres mil libros, aunque querría tener más. Creo que ha llegado, aunque no lo sé con certeza.*

aúpa. INTERJ. Se usa para animar a alguien a levantarse o a levantar algo. La usan especialmente los niños cuando quieren que los cojan en brazos.

aupar. TR. **1.** Levantar o subir a alguien. *Aúpame, que no llego a lo alto de la estantería.* U. t. c. prnl. ‖ **2.** Elevar a alguien a una posición social o económica más alta. *La confianza del electorado lo aupó a la presidencia.* ¶ MORF. conjug. c. *aunar.*

auquénido. M. Á.*Andes.* Se usa como denominación popularizada para referirse a los Camélidos de los Andes meridionales, cuyas cuatro especies son la llama, la alpaca, el guanaco y la vicuña.

aura¹. F. **1.** Atmósfera que rodea a alguien o algo. *Un aura de misterio.* || **2.** En parapsicología, halo que algunos dicen percibir alrededor de determinados cuerpos y del que dan diversas interpretaciones. || **3.** Favor, aplauso, aceptación general. || **4.** Viento suave y apacible. U. m. en leng. poét. || **~ epiléptica, o ~ histérica.** F. *Med.* Sensación o fenómeno de orden cutáneo, psíquico, muscular, etc., que anuncia o precede a una crisis de epilepsia o de alguna otra enfermedad.

aura². F. Ave rapaz diurna americana, que se alimenta de carroña, de 70 cm de longitud y hasta 180 cm de envergadura, con cabeza, desprovista de plumas, de color rojizo, y plumaje negro con la parte ventral de las alas de color gris plateado.

auranciáceo, a. ADJ. *Biol.* Se dice de los árboles y arbustos de la familia de las Rutáceas, siempre verdes, con hojas alternas, cáliz persistente, ovario de muchas celdillas y fruto carnoso; p. ej., el naranjo, el limonero y el cidro. U. t. c. s. f.

áureo, a. I. ADJ. **1.** De oro. *Aderezo áureo.* U. m. en leng. poét. || **2.** Parecido al oro o dorado. *Áureos cabellos.* U. m. en leng. poét. || **II.** M. **3.** hist. Moneda de oro, y especialmente la acuñada por los emperadores romanos.

aureola. F. **1.** Resplandor, disco o círculo luminoso que suele figurarse detrás de la cabeza de las imágenes sagradas. || **2.** Gloria que alcanza alguien por sus méritos o virtudes. *Aureola de sabiduría.* || **3.** *Astr.* Corona sencilla o doble que en los eclipses de Sol se ve alrededor del disco de la Luna.

aureolar. TR. Adornar como con aureola.

aureomicina. (Marca reg.). F. *Med.* Antibiótico producido por el *Streptomyces aureofaciens.*

áurico, ca. ADJ. De oro. *Compuestos áuricos.*

aurícula. F. **1.** *Anat.* Cavidad del corazón que recibe sangre de los vasos sanguíneos. Su número varía en los distintos grupos de animales. || **2.** *Bot.* Prolongación de la parte inferior del limbo de las hojas.

auricular¹. I. ADJ. **1.** Perteneciente o relativo al oído o a la oreja. *Lesión auricular. Pabellón auricular.* || **II.** M. **2.** En los aparatos telefónicos y, en general, en todos los empleados para percibir sonidos, parte de ellos o pieza aislada que se aplica a los oídos.

auricular². ADJ. *Anat.* Perteneciente o relativo a las **aurículas** (|| del corazón).

aurífero, ra. ADJ. Que lleva o contiene oro. *Vetas auríferas.*

auriga. M. **1.** hist. Hombre que en las antiguas Grecia y Roma gobernaba los caballos de los carros en las carreras de circo. || **2.** poét. Hombre que gobierna las caballerías de un carruaje.

auriñaciense. ADJ. **1.** Se dice del primer gran estadio cultural del Paleolítico superior, caracterizado por la aparición de útiles tallados en hueso y por la realización de las primeras pinturas rupestres. U. m. c. s. m. ORTOGR. Escr. con may. inicial c. s. || **2.** Perteneciente o relativo a este estadio cultural. *Industrias auriñacienses.*

aurora. F. **1.** Luz sonrosada que precede inmediatamente a la salida del sol. || **2.** Principio o primeros tiempos de algo. *La aurora de la industrialización.* || **~ austral.** F. *Meteor.* aurora polar del hemisferio sur. || **~ boreal.** F. *Meteor.* aurora polar del hemisferio norte. || **~ polar.** F. *Meteor.* Meteoro luminoso que se observa cerca de los polos magnéticos, producido por partículas cargadas eléctricamente que proceden de las erupciones solares.

auroral. ADJ. Perteneciente o relativo a la aurora. *Estrella auroral.*

aurresku. M. Danza tradicional del País Vasco.

auscultación. F. *Med.* Acción y efecto de auscultar.

auscultar. TR. **1.** *Med.* Aplicar el oído a la pared torácica o abdominal, con instrumentos adecuados o sin ellos, a fin de explorar los sonidos o ruidos normales o patológicos producidos en los órganos que las cavidades del pecho o vientre contienen. || **2.** Sondear el pensamiento de otras personas, el estado de un negocio, la disposición ajena ante un asunto, etc.

ausencia. F. **1.** Acción de ausentarse o de estar ausente. || **2.** Tiempo en que alguien está ausente. || **3.** Falta o privación de algo. *Ausencia de guerras.* || **4.** *Der.* Condición legal de la persona cuyo paradero se ignora. || **5.** *Med.* Supresión brusca, aunque pasajera, de la consciencia. || **6.** *Psicol.* Distracción del ánimo respecto de la situación o acción en que se encuentra el sujeto. || **brillar** alguien o algo **por su ~.** LOC.VERB. coloq. No estar presente en el lugar u ocasión en que era de esperar.

ausentado, da. PART. de **ausentar.** || ADJ. **ausente.**

ausentar. I. TR. **1.** Hacer desaparecer algo. *Ausentar el dolor.* || **II.** PRNL. **2.** Separarse de una persona o lugar, y especialmente de la población en que se reside. || **3.** Dicho de una cosa: **desaparecer.**

ausente. I. ADJ. **1.** Dicho de una persona: Que está separada de otra persona o de un lugar, y especialmente de la población en que reside. U. t. c. s. || **2.** Distraído, ensimismado. *Hoy te noto ausente.* || **II.** COM. **3.** *Der.* Persona de quien se ignora si vive todavía y dónde está.

ausentismo. M. **absentismo.**

auspiciador, ra. ADJ. Que auspicia. Apl. a pers., u. m. c. s.

auspiciar. TR. **1.** Patrocinar, favorecer. *Auspiciar un producto comercial.* || **2.** Presagiar, adivinar, predecir. *Auspiciaba en él la figura de un futuro dictador.* ¶ MORF. conjug. c. *anunciar.*

auspicio. M. **1.** agüero. || **2.** Protección, favor. || **3.** pl. Señales prósperas o adversas que en el comienzo de una actividad parecen presagiar su resultado.

auspicioso, sa. ADJ. De buen auspicio o agüero, favorable. *Porvenir auspicioso.*

austeridad. F. Cualidad de austero.

austero, ra. ADJ. **1.** Severo, rigurosamente ajustado a las normas de la moral. *Tiene un padre muy austero.* || **2.** Sobrio, morigerado, sin excesos. *En esa época, llevaba una vida austera, sin lujos.* || **3.** Agrio, astringente y áspero al gusto. *Fruto austero.*

austral. I. ADJ. **1.** Perteneciente o relativo al sur. *Territorios australes.* || **2.** Perteneciente o relativo al hemisferio austral. *Bosques australes.* || **II.** M. **3.** Unidad monetaria de la Argentina desde 1985 hasta 1991. □ V. **aurora ~, hemisferio ~.**

australiano, na. ADJ. **1.** Natural de Australia. U. t. c. s. || **2.** Perteneciente o relativo a este país de Oceanía.

australopiteco. M. *Zool.* Primate antropomorfo fósil de África del Sur, que vivió hace más de un millón de años y era capaz de tallar guijarros.

austríaco, ca o **austriaco, ca.** ADJ. **1.** Natural de Austria. U. t. c. s. || **2.** Perteneciente o relativo a este país de Europa.

austro. M. **1.** Viento procedente del sur. || **2. Sur** (|| punto cardinal). ORTOGR. Escr. con may. inicial.

autarquía[1]. F. Dominio de sí mismo.

autarquía[2]. F. **1.** autosuficiencia. || **2.** Política de un Estado que intenta bastarse con sus propios recursos.

autárquico, ca. ADJ. Perteneciente o relativo a la **autarquía** (|| autosuficiencia). *Modelo económico autárquico.*

autenticación. F. Acción y efecto de autenticar.

autenticar. TR. **acreditar** (|| dar fe de la verdad de un hecho o documento con autoridad legal). U. m. en América.

autenticidad. F. Cualidad de auténtico.

auténtico, ca. ADJ. **1.** Acreditado de cierto y positivo por los caracteres, requisitos o circunstancias que en ello concurren. *La firma es auténtica.* || **2.** coloq. Honrado, fiel a sus orígenes y convicciones. *Es una persona muy auténtica.* □ V. **modo** ~.

autentificar. TR. **acreditar** (|| dar fe de la verdad de un hecho o documento con autoridad legal).

autillo. M. Ave rapaz nocturna, parecida a la lechuza, pero algo mayor, de color pardo rojizo con manchas blancas, y las remeras y timoneras rayadas de gris y rojo.

autismo. M. **1.** Repliegue patológico de la personalidad sobre sí misma. || **2.** *Med.* Síndrome infantil caracterizado por la incapacidad congénita de establecer contacto verbal y afectivo con las personas y por la necesidad de mantener absolutamente estable su entorno. || **3.** *Med.* En psiquiatría, síntoma esquizofrénico que consiste en referir a la propia persona todo cuanto acontece a su alrededor.

autista. ADJ. Dicho de una persona: Afecta de autismo. U. t. c. s.

autístico, ca. ADJ. Perteneciente o relativo al autismo.

auto[1]. M. **1.** Composición dramática de breves dimensiones y en la que, por lo común, intervienen personajes bíblicos o alegóricos. || **2.** *Der.* Resolución judicial motivada que decide cuestiones secundarias, previas, incidentales o de ejecución, para las que no se requiere sentencia. || **3.** pl. *Der.* Documentos y escritos que recogen las actuaciones de un procedimiento judicial. || ~ **de fe.** M. **1.** hist. Proclamación pública y solemne de las culpas y sentencias de los acusados por el antiguo Tribunal eclesiástico de la Inquisición. || **2.** hist. Ejecución de esas sentencias. || **3.** Acción de quemar algo, especialmente libros o documentos, por motivos ideológicos. || ~ **sacramental.** M. **auto** dramático representado en loor del misterio de la eucaristía. || **de** ~s. LOC.ADJ. Dicho de un período de tiempo: En el que sucedió un hecho. || **poner a** alguien **en** ~s. LOC.VERB. Enterarlo de algo.

auto[2]. M. **automóvil** (|| vehículo pequeño o mediano).

autoadhesivo, va. ADJ. Dicho de algunas cosas, como papel o cinta: Que tienen una sustancia que les permite adherirse con facilidad. U. t. c. s. m.

autoafirmación. F. Seguridad en sí mismo, defensa de la propia personalidad.

autobiografía. F. Vida de una persona escrita por ella misma.

autobiográfico, ca. ADJ. Que tiene carácter de autobiografía. *Una película autobiográfica.*

autobiógrafo, fa. M. y F. Autor de una autobiografía.

autobomba. AMB. Vehículo provisto de una bomba de agua para sofocar incendios. U. t. en apos. *Vehículo autobomba.*

autobombo. M. fest. Elogio desmesurado y público que hace alguien de sí mismo.

autobús. M. **1.** Vehículo automóvil de transporte público y trayecto fijo que se emplea habitualmente en el servicio urbano. || **2. autocar.**

autobusero, ra. M. y F. Persona que conduce un autobús.

autocar. M. Vehículo automóvil de gran capacidad concebido para el transporte de personas, que generalmente realiza largos recorridos por carretera.

autocaravana. F. *Esp.* Vehículo con motor propio, acondicionado para hacer vida en él.

autocarril. M. *Á. Andes y Chile.* **autovía.**

autocartera. F. *Econ.* Conjunto de valores o efectos comerciales de una empresa que están en su poder.

autocine. M. Recinto al aire libre donde se proyecta una película que se puede seguir desde el interior de un automóvil.

autoclave. M. Aparato que sirve para esterilizar objetos y sustancias situados en su interior, por medio de vapor y altas temperaturas. U. menos c. f.

autocomplaciente. ADJ. Satisfecho, indulgente y poco crítico consigo mismo.

autocontrol. M. Control de los impulsos y reacciones de uno mismo. *Técnicas de relajación y autocontrol.*

autocracia. F. Sistema de gobierno en el cual la voluntad de una sola persona es la suprema ley.

autócrata. COM. Persona que ejerce por sí sola la autoridad suprema en un Estado. Se refería especialmente al emperador de Rusia.

autocrático, ca. ADJ. Perteneciente o relativo al autócrata o a la autocracia. *Poder autocrático.*

autocrítica. F. Juicio crítico que se realiza sobre obras o comportamientos propios.

autocrítico, ca. ADJ. **1.** Perteneciente o relativo a la autocrítica. *Análisis autocrítico.* || **2.** Que practica la autocrítica. *Escritor autocrítico.*

autoctonía. F. Cualidad de autóctono.

autóctono, na. ADJ. **1.** Se dice de los pueblos o gentes originarios del mismo país en que viven. Apl. a pers., u. t. c. s. || **2.** Que ha nacido o se ha originado en el mismo lugar donde se encuentra. *Lengua autóctona.*

autodeterminación. F. Decisión de los pobladores de una unidad territorial acerca de su futuro estatuto político.

autodidactismo. M. Cualidad de autodidacta.

autodidacto, ta. ADJ. **1.** Que se instruye por sí mismo. MORF. U. m., para referirse al masculino, la forma **autodidacta**. *Es un pintor autodidacta.* U. t. c. s. *Es un autodidacta.* || **2.** Propio o característico de una persona **autodidacta**. MORF. U. m., para referirse al masculino, la forma **autodidacta**. *Carácter autodidacta.*

autódromo. M. Pista para ensayos y carreras de automóviles.

autoedición. F. *Inform.* Acción y efecto de autoeditar.

autoeditar. TR. *Inform.* Diseñar, componer e imprimir textos y gráficos mediante computadora u ordenador, con resultado similar al de la edición tradicional.

autoenfoque. M. **autofoco.**

autoescuela. F. Centro para enseñar a conducir automóviles.

autoestéreo. M. *Méx.* Sistema de sonido estereofónico para automóviles.

autoestima. F. Valoración generalmente positiva de sí mismo.

autoestop. M. autostop.

autoestopista. ADJ. **autostopista.**

autofoco. M. Dispositivo de enfoque automático de una cámara fotográfica.

autógeno, na. ADJ. Dicho de una soldadura de metales: Que se hace, sin intermedio de materia extraña, fundiendo con el soplete de oxígeno y acetileno las partes por donde ha de hacerse la unión.

autogestión. F. *Econ.* Sistema de organización de una empresa según el cual los trabajadores participan en todas las decisiones.

autogiro. M. hist. Avión provisto de alas en forma de hélice, articuladas en un eje vertical, que giran por efecto de la resistencia del aire durante el avance del aparato y le sirven de sustentación.

autognosis. F. Conocimiento de sí mismo, reflexión sobre sí mismo.

autogobierno. M. *Der.* Facultad concedida a una colectividad o a un territorio para administrarse por sí mismo. *Las provincias con entidad nacional histórica podrán acceder a su autogobierno.*

autogolpe. M. Violación de la legalidad vigente en un país por parte de quien está en el poder, para afianzarse en él.

autógrafo, fa. I. ADJ. **1.** Dicho de un escrito: Que está hecho de mano de su mismo autor. U. t. c. s. m. ‖ **II.** M. **2.** Firma de una persona famosa o notable.

autoguiado, da. ADJ. **1.** Dicho de un recorrido o de un proceso determinado: Que incorpora instrucciones suficientes para su realización. ‖ **2.** *Tecnol.* Dicho de un aparato móvil: Que contiene su propio dispositivo de dirección.

autoinducción. F. *Fís.* Producción de una fuerza electromotriz en un circuito por la variación de la corriente que pasa por él.

autoinducido, da. PART. de **autoinducir.** ‖ ADJ. Producido o generado por uno mismo. *Vómitos autoinducidos.*

autoinducir. TR. *Electr.* Producir una fuerza electromotriz por autoinducción. MORF. conjug. c. *conducir.*

autoinmunidad. F. *Med.* Respuesta inmunitaria del organismo contra alguno de sus propios componentes.

autointoxicación. F. Intoxicación del organismo por productos que él mismo elabora y que debían ser eliminados.

autolesión. F. **1.** Acción de autolesionarse. ‖ **2.** Daño físico que alguien se causa voluntariamente a sí mismo.

autolesionarse. PRNL. Dicho de una persona: Causarse voluntariamente un daño físico.

autoliquidación. F. *Der.* Declaración, cuantificación y pago del importe de un tributo, realizados por el sujeto pasivo de este, normalmente mediante impresos oficiales.

autólisis o autolisis. F. *Biol.* Degradación de las células por sus propias enzimas.

autómata. I. M. **1.** Instrumento o aparato que encierra dentro de sí el mecanismo que le imprime determinados movimientos. ‖ **2.** Máquina que imita la figura y los movimientos de un ser animado. U. t. c. f. ‖ **II.** COM. **3.** Persona estúpida o excesivamente débil, que se deja dirigir por otra.

automática. F. Ciencia que trata de sustituir en un proceso el operador humano por dispositivos mecánicos o electrónicos.

automaticidad. F. Cualidad de automático.

automático, ca. I. ADJ. **1.** Dicho de un mecanismo: Que funciona en todo o en parte por sí solo. U. t. c. s. m. ‖ **2.** Que sigue a determinadas circunstancias de un modo inmediato y la mayoría de las veces indefectible. *Después de su mala gestión, el cese fue automático.* ‖ **3.** Maquinal o indeliberado. *Gesto automático.* ‖ **4.** Perteneciente o relativo al autómata. *Movimientos automáticos del robot.* ‖ **II.** M. **5.** Especie de corchete que se cierra sujetando el macho con los dientes de la hembra, que actúan como un resorte. ☐ V. **arma ~, cajero ~, contestador ~, fusil ~, piloto ~, portero ~.**

automatismo. M. **1.** Desarrollo de un proceso o funcionamiento de un mecanismo por sí solo. ‖ **2.** Cualidad de lo que es automático. ‖ **3.** *Psicol.* Ejecución mecánica de actos sin participación de la consciencia.

automatización. F. Acción y efecto de automatizar.

automatizar. TR. **1.** Convertir ciertos movimientos corporales en movimientos automáticos o indeliberados. ‖ **2.** Aplicar la automática a un proceso, a un dispositivo, etc. *La empresa automatizó los procesos de fabricación.*

automedicación. F. Acción de automedicarse.

automedicarse. PRNL. Tomar un medicamento o seguir un tratamiento por iniciativa propia. *Hágase un favor y no se automedique.*

automedonte. M. **auriga** (‖ de un carruaje).

automoción. F. **1.** Estudio o descripción de las máquinas que se desplazan por la acción de un motor y particularmente de los automóviles. ‖ **2.** Sector de la industria relativo al automóvil.

automotor, ra. ADJ. **1.** Dicho de una máquina, de un instrumento o de un aparato: Que ejecutan determinados movimientos sin la intervención directa de una acción exterior. Apl. a un vehículo de tracción mecánica, u. t. c. s. m. ‖ **2.** Perteneciente o relativo a los vehículos automotores. *Industria automotora.*

automotriz. ADJ. **automotora.** MORF. U. solo apl. a susts. f.

automóvil. I. ADJ. **1.** Que se mueve por sí mismo. Se dice principalmente de los vehículos que pueden ser guiados para marchar por una vía ordinaria sin necesidad de carriles y llevan un motor, generalmente de explosión, que los pone en movimiento. ‖ **II.** M. **2.** Vehículo automóvil de tamaño pequeño o mediano, destinado al transporte de personas y con capacidad no superior a nueve plazas. ‖ **~ deportivo.** M. automóvil, generalmente de pequeño tamaño y de dos plazas, diseñado para que alcance grandes velocidades y sea fácil de maniobrar. ‖ **~ de sitio.** M. *Méx.* Taxi que tiene una parada o sitio fijo cuando está libre. ‖ **~ de turismo.** M. El destinado al transporte de personas, con capacidad hasta de nueve plazas, incluido el conductor.

automovilismo. M. **1.** Conjunto de conocimientos teóricos y prácticos referentes a la construcción, funcionamiento y manejo de vehículos automóviles. ‖ **2.** Deporte que se practica con el automóvil, en el que los participantes compiten en velocidad, habilidad y resistencia.

automovilista. COM. Persona que conduce un automóvil.

automovilístico, ca. ADJ. Perteneciente o relativo al automovilismo.

autonomía. F. **1.** Potestad que dentro de un Estado tienen municipios, provincias, regiones u otras entidades, para regirse mediante normas y órganos de gobierno propios. ‖ **2.** Condición de quien, para ciertas cosas, no depende de nadie. U. t. en sent. fig. *¿Quién duda de la autonomía de las artes?* ‖ **3.** Capacidad de un aparato para funcionar sin depender de otro. *La batería proporciona autonomía al teléfono.* ‖ **4. comunidad autónoma.** ‖ **5.** Máximo recorrido que puede efectuar un vehículo sin repostar. ‖ **6.** Tiempo máximo que puede funcionar un aparato sin repostar. ‖ **~ de la voluntad.** F. *Der.* Poder que el derecho confiere a las personas para definir el contenido de sus relaciones jurídicas conforme a sus intereses, sin otros límites que los derivados de las leyes imperativas, de la moral y del orden público.

autonómico, ca. ADJ. Perteneciente o relativo a la autonomía. □ V. **Administración ~, Estado ~.**

autonomista. ADJ. Partidario de la autonomía política o que la defiende. U. t. c. s.

autónomo, ma. ADJ. **1.** Que tiene autonomía. *Organismo autónomo.* ‖ **2.** Que trabaja por cuenta propia. U. t. c. s. *Régimen fiscal de los autónomos.* □ V. **comunidad ~.**

autoparte. F. *Méx.* Pieza o conjunto de piezas que intervienen en el montaje de un automóvil, y que también se venden por separado. U. m. en pl.

autopase. M. *Dep.* Pase que da y recibe un mismo jugador obviando al contrario que lo obstaculiza.

autopista. F. Carretera con calzadas separadas para los dos sentidos de la circulación, cada una de ellas con dos o más carriles, sin cruces a nivel.

autoplastia. F. *Med.* Implantación de injertos orgánicos para restaurar partes enfermas o lesionadas del organismo por otras procedentes del mismo individuo.

autopropulsado, da. ADJ. Dicho de una máquina: Movida por su propia fuerza motriz.

autopsia. F. *Med.* Examen anatómico de un cadáver.

autor, ra. M. y F. **1.** Persona que es causa de algo. *El autor del crimen.* ‖ **2.** Persona que inventa algo. ‖ **3.** Persona que ha hecho alguna obra científica, literaria o artística. ‖ **4.** hist. En las compañías cómicas, hasta principios del siglo XIX, persona que cuidaba del gobierno económico de ellas y de la distribución de caudales. ‖ **5.** *Der.* En el derecho penal, persona que comete el delito, o fuerza o induce directamente a otros a ejecutarlo, o coopera a la ejecución por un acto sin el cual no se habría ejecutado. □ V. **cine de autor, derecho de autor, derechos de autor, teatro de autor.**

autoría. F. Cualidad de autor.

autoridad. F. **1.** Poder que gobierna o ejerce el mando, de hecho o de derecho. ‖ **2.** Potestad, facultad, legitimidad. U. t. en sent. fig. *Ganó el maratón con autoridad.* ‖ **3.** Prestigio y crédito que se reconoce a una persona o institución por su legitimidad o por su calidad y competencia en alguna materia. ‖ **4.** Persona que ejerce o posee cualquier clase de **autoridad.** ‖ **5.** Texto, expresión o conjunto de expresiones de un libro o escrito, que se citan o alegan en apoyo de lo que se dice. □ V. **abuso de ~, argumento de ~.**

autoritario, ria. ADJ. **1.** Que tiende a actuar con autoritarismo. *Jefe autoritario.* U. t. c. s. ‖ **2.** Dicho de un régimen o de una organización política: Que ejercen el poder sin limitaciones. ‖ **3.** Que se funda en el principio de autoridad. *Decisión autoritaria.*

autoritarismo. M. **1.** Actitud de quien ejerce con exceso su autoridad. ‖ **2.** Régimen autoritario.

autoritativo, va. ADJ. Que incluye o supone autoridad. *Normas autoritativas.*

autorización. F. **1.** Acción y efecto de autorizar. ‖ **2.** Documento en que se hace constar esta acción.

autorizado, da. PART. de **autorizar.** ‖ ADJ. Dicho de una persona: Que es respetada o digna de respeto por sus cualidades o circunstancias.

autorizar. TR. **1.** Dar o reconocer a alguien facultad o derecho para hacer algo. ‖ **2.** Dicho de un escribano o de un notario: Dar fe en un documento. *Autorizar una firma.* ‖ **3.** Confirmar, comprobar algo con autoridad, texto o sentencia de algún autor. *Autorizar una definición.* ‖ **4. permitir.** *Autorizar una manifestación callejera.*

autorregulación. F. Acción y efecto de regularse por sí mismo.

autorregulador, ra. ADJ. Dicho de un sistema, natural o artificial: Que produce autorregulación.

autorretrato. M. Retrato de una persona hecho por ella misma.

autoservicio. M. **1.** Sistema de venta empleado en algunos almacenes, en el que se disponen los artículos al alcance del comprador, el cual va tomando los que le interesan y los paga al salir del establecimiento. ‖ **2.** Sistema análogo que se emplea en algunos restaurantes, bares y cafeterías. ‖ **3.** Establecimiento en el que se practica este sistema de venta o de servicio. *Lo compramos en un autoservicio. Comimos en un autoservicio.*

autostop. M. Forma de viajar por carretera solicitando transporte gratuito de los conductores de vehículos particulares.

autostopista. ADJ. Que practica el autostop. Apl. a pers., u. t. c. s.

autosuficiencia. F. **1.** Estado o condición de quien se basta a sí mismo. ‖ **2. suficiencia** (‖ presunción).

autosuficiente. ADJ. **1.** Que se basta a sí mismo. *Sistema económico autosuficiente.* ‖ **2. suficiente** (‖ que habla o actúa con suficiencia). *Si te muestras tan autosuficiente, perderás a tus amigos.*

autosugestión. F. *Psicol.* Sugestión que nace espontáneamente en una persona.

autosugestionarse. PRNL. *Psicol.* Sugestionarse a sí mismo, experimentar autosugestión.

autótrofo, fa. ADJ. **1.** *Biol.* Dicho de un organismo: Que es capaz de elaborar su propia materia orgánica a partir de sustancias inorgánicas; p. ej., las plantas verdes. ‖ **2.** Propio o característico del organismo **autótrofo.** *Nutrición autótrofa.*

autovía. F. Carretera con calzadas separadas para los dos sentidos de la circulación, cuyas entradas y salidas no se someten a las exigencias de seguridad de las autopistas.

autrigón, na. ADJ. **1.** hist. Se dice de un pueblo hispánico prerromano que en el norte de España ocupó el territorio que media entre Bilbao y la ría de Oriñón, Medina de Pomar y Miranda de Ebro, Haro y Briviesca. ‖ **2.** hist. Se dice de los individuos que formaban este pueblo. U. t. c. s. ‖ **3.** hist. Perteneciente o relativo a los **autrigones.** *Armamento autrigón.*

auxiliador, ra. ADJ. Que auxilia. Apl. a pers., u. t. c. s.
auxiliar¹. I. ADJ. **1.** Que auxilia. Apl. a pers., u. t. c. s.
|| **2.** Dicho de una cosa: Accesoria o secundaria. *Mueble auxiliar.* || **II.** M. **3.** Cosa que auxilia. *La informática es un excelente auxiliar de muchas ciencias.* || **4.** *Gram.* **verbo auxiliar.** || **III.** COM. **5.** En los ministerios y otras dependencias del Estado, funcionario técnico o administrativo de categoría subalterna. || **6.** Profesor encargado de sustituir a los catedráticos en ausencias y enfermedades. U. t. c. adj. || **~ de vuelo.** COM. Persona destinada en los aviones a la atención de los pasajeros y de la tripulación. □ V. **obispo ~, verbo ~.**
auxiliar². I. TR. **1.** Dar auxilio. || **II.** PRNL. **2.** Valerse o ayudarse de algo. ¶ MORF. conjug. c. *anunciar.*
auxiliaría. F. Cargo de auxiliar.
auxilio. M. Ayuda, socorro, amparo. □ V. **denegación de ~.**
auxina. F. *Biol.* Hormona vegetal que ocasiona el crecimiento de las plantas por elongación celular.
auyama. F. **1.** *Á. Caribe.* calabacera. || **2.** *Á. Caribe.* Fruto de esta planta, grande, redondo, de pulpa amarilla y abundantes semillas.
aval. M. **1.** Escrito en que alguien responde de la conducta de otra persona, especialmente en materia política. || **2.** Confianza o favor. *Su disco ha obtenido el aval del público.* || **3.** *Com.* Firma que se pone al pie de una letra u otro documento de crédito, para responder de su pago en caso de no efectuarlo la persona principalmente obligada a él. || **4.** Documento en que consta esa firma. *Me entregó dos copias del aval bancario.*
avalador, ra. ADJ. Que avala. Apl. a pers., u. t. c. s.
avalancha. F. alud. U. t. en sent. fig. *Una avalancha de turistas.*
avalar. TR. Garantizar por medio de aval.
avalista. COM. Persona que avala.
avalorar. TR. **1.** Dar valor o precio a algo. || **2.** Aumentar el valor o la estimación de algo.
avaluación. F. valuación.
avaluar. TR. valuar. MORF. conjug. c. *actuar.*
avalúo. M. valuación.
avancarga. de ~. LOC.ADJ. Dicho de un arma de fuego: Que se carga por la boca.
avance. M. **1.** Acción de **avanzar** (|| mover o prolongar hacia adelante). || **2.** Acción de **avanzar** (|| ir hacia adelante). || **3.** Anticipo de dinero o de otra cosa. || **4. adelanto** (|| mejora). || **5.** *Cinem.* Conjunto de fragmentos de una película que se proyectan antes de su estreno con fines publicitarios. || **~ informativo.** M. Parte de una información que se adelanta y que tendrá ulterior desarrollo.
avante. ADV. L. adelante. U. t. c. adv. t.
avanzada. F. **1.** Partida de soldados destacada del cuerpo principal, para observar de cerca al enemigo y prevenir sorpresas. || **2.** Aquello que se adelanta, anticipa o aparece en primer término.
avanzadilla. F. avanzada (|| partida de soldados). U. t. en sent. fig. *Mandamos a Marta de avanzadilla para coger mesa en la cafetería.*
avanzado, da. PART. de **avanzar.** || ADJ. Que se distingue por su audacia o novedad en las artes, la literatura, el pensamiento, la política, etc. Apl. a pers., u. t. c. s. □ V. **edad ~, enfermedad ~.**
avanzar. I. TR. **1.** Adelantar, mover o prolongar hacia adelante. *Avanzar un peón de ajedrez.* || **II.** INTR. **2.** Di-

cho especialmente de las tropas: Ir hacia adelante. U. t. c. prnl. || **3.** Dicho de un período de tiempo: Acercarse a su fin. U. t. c. prnl. || **4.** Adelantar, progresar o mejorar en la acción, condición o estado.
avaricia. F. Afán desordenado de poseer y adquirir riquezas para atesorarlas.
avaricioso, sa. ADJ. Que tiene avaricia. U. t. c. s.
avariento, ta. ADJ. avaricioso. U. t. c. s.
avariosis. F. sífilis.
avaro, ra. ADJ. **1.** avaricioso. U. t. c. s. || **2.** Que reserva, oculta o escatima algo. *Avaro de palabras.*
avasallador, ra. ADJ. Que avasalla. Apl. a pers., u. t. c. s.
avasallamiento. M. Acción y efecto de avasallar o avasallarse.
avasallante. ADJ. avasallador.
avasallar. I. TR. **1.** Sujetar, rendir o someter a obediencia. || **II.** PRNL. **2.** hist. Hacerse súbdito o vasallo de algún rey o señor. || **3.** Sujetarse, someterse por impotencia o debilidad a quien tiene poder o valimiento.
avatar. M. **1.** Fase, cambio, vicisitud. U. m. en pl. *Avatares de la vida.* || **2.** En la religión hindú, encarnación terrestre de alguna deidad, en especial Visnú. || **3.** Reencarnación, transformación.
avatí. M. **maíz** (|| planta gramínea). MORF. pl. **avatíes** o **avatís.**
ave¹. F. **1.** *Zool.* Animal vertebrado, ovíparo, de respiración pulmonar y sangre de temperatura constante, pico córneo, cuerpo cubierto de plumas, con dos patas y dos alas aptas por lo común para el vuelo. En el estado embrionario tiene amnios y alantoides. ORTOGR. En pl., escr. con may. inicial c. taxón. *Las Aves.* || **2.** Persona muy ligera o veloz. || **~ del paraíso.** F. ave exótica, principalmente de Oceanía, de plumaje exuberante. || **~ de paso.** F. **1.** La que, siendo migratoria, se detiene en una localidad solamente el tiempo necesario para descansar y comer durante sus viajes periódicos. || **2.** coloq. Persona que se detiene poco en pueblo o sitio determinado. || **~ de rapiña.** F. **1.** La carnívora que tiene pico y uñas muy robustos, curvos y puntiagudos; p. ej., el águila y el buitre. || **2.** coloq. Persona que se apodera con violencia o astucia de lo que no es suyo. || **~ fría.** F. avefría. || **~ lira.** F. Pájaro dentirrostro, originario de Australia, del tamaño de una gallina, en cuyo plumaje predominan los matices pardos. El macho tiene una magnífica cola, erguida, compuesta de 16 plumas, de las que las dos laterales son muy largas, anchas y encarnadas y forman en conjunto la figura de una lira. || **~ pasajera.** F. ave de paso. || **~ rapaz.** F. ave de rapiña. || **~ silvestre.** F. La que huye de poblado y nunca o rara vez se domestica. || **~ tonta,** o **~ zonza.** F. Pájaro indígena de España, del tamaño del gorrión, de color pardo verdoso por encima y amarillento por el pecho y el abdomen, con alas y cola casi negras. Hace sus nidos en tierra, y se deja coger con mucha facilidad.
ave². **~ María,** o **~ María Purísima.** LOCS. INTERJS. **1.** Denotan asombro o extrañeza. || **2.** Se usan como saludo al llamar a la puerta o entrar en una casa.
AVE³. (Acrónimo de *Alta Velocidad Española*). M. **tren de gran velocidad.** MORF. pl. invar. *Los AVE salen cada hora.*
avechucho. M. Ave de figura desagradable.
avecinarse. PRNL. **1.** acercarse. *Se avecina una tormenta.* || **2.** avecindarse. *Se avecinaron en Asunción.*
avecindarse. PRNL. Establecerse en alguna población en calidad de vecino.

avefría. F. Ave limícola migratoria de unos 20 cm de largo, de color verde oscuro en el dorso y blanco en el vientre, con alas y pico negros, timoneras externas blancas, tarsos largos y delgados, y en la cabeza un moño de cinco o seis plumas que se encorvan a la punta.

avejentar. TR. Dicho de un mal o de cualquier otra causa: Poner a alguien en estado de parecer viejo antes de serlo por la edad. *Las canas lo avejentan.* U. m. c. prnl.

avellana. F. Fruto del avellano. Es casi esférico, de unos dos centímetros de diámetro, con corteza dura, delgada y de color de canela, dentro de la cual, y cubierta con una película rojiza, hay una carne blanca y aceitosa.

avellanar¹. M. Sitio poblado de avellanos.

avellanar². **I.** TR. **1.** Ensanchar en una corta porción de su longitud los agujeros para los tornillos, a fin de que la cabeza de estos quede embutida en la pieza taladrada. || **II.** PRNL. **2.** Dicho de una persona o de una cosa: Arrugarse y ponerse enjuta, como las avellanas secas.

avellaneda. F. avellanar¹.

avellanero, ra. M. y F. Persona que vende avellanas.

avellano. M. Arbusto de la familia de las Betuláceas, de tres a cuatro metros de altura, bien poblado de tallos, hojas anchas, acorazonadas en la base, pecioladas y aserradas por el margen, flores masculinas y femeninas en la misma o en distintas ramas, y cuyo fruto es la avellana.

avemaría. F. Oración compuesta de las palabras con que el arcángel san Gabriel saludó a la Virgen María, de las que dijo santa Isabel y de otras que añadió la Iglesia católica. || **en un ~.** LOC.ADV. coloq. **en un santiamén.** || **saber como el ~** algo. LOC.VERB. coloq. Tenerlo en la memoria con tanta claridad y orden que puntualmente se pueda referir.

avena. F. **1.** Planta anual de la familia de las Gramíneas, con cañas delgadas, guarnecidas de algunas hojas estrechas, y flores en panoja radiada, con una arista torcida, más larga que la flor, inserta en el dorso del cascabillo. Se cultiva para alimento. || **2.** Conjunto de granos de esta planta. || **~ loca.** F. Especie de avena, cuya caña se levanta hasta un metro o más de altura, con hojas estriadas y estrechas, y flores en panoja desparramada, vellosas en su base. Crece entre los trigos, a los cuales perjudica mucho.

avenamiento. M. Acción y efecto de avenar.

avenar. TR. Drenar, desaguar.

avenate. M. Bebida fresca y pectoral, hecha de avena mondada, cocida en agua y molida.

avenencia. F. **1.** Convenio, transacción. || **2.** Conformidad y unión.

avenida. F. **1.** Crecida impetuosa de un río o arroyo. || **2.** Camino que conduce a un pueblo o lugar determinado. || **3.** Vía ancha, a veces con árboles a los lados.

avenido, da. bien **~.** LOC.ADJ. Concorde o conforme con alguien o algo. || **mal ~.** LOC.ADJ. Desacorde o disconforme con alguien o algo.

avenimiento. M. Acción y efecto de avenir o avenirse.

avenir. **I.** TR. **1.** Concordar, ajustar las partes discordes. *No puedo avenir a dos compañeros enemistados.* U. m. c. prnl. || **II.** PRNL. **2.** Entenderse bien con alguien o algo. || **3.** Ajustarse, ponerse de acuerdo en materia de opiniones o pretensiones. || **4.** Amoldarse, hallarse a gusto, conformarse o resignarse con algo. || **5.** Dicho de dos o más cosas: Hallarse en armonía o conformidad. ¶ MORF. conjug. c. *venir.*

aventado, da. PART. de aventar. || ADJ. **1.** atolondrado. || **2.** *Am. Cen.* y *Méx.* Arrojado, audaz, atrevido.

aventador, ra. **I.** ADJ. **1.** Dicho de una persona: Que avienta y limpia los granos. U. t. c. s. || **2.** Dicho de una máquina o de un instrumento: Que se emplean con este fin. || **II.** M. **3.** Soplillo o abanico.

aventadora. F. Máquina o instrumento que sirve para aventar.

aventajado, da. PART. de aventajar. || ADJ. Que aventaja a lo ordinario o común en su línea; notable, digno de llamar la atención. *Alumna aventajada.*

aventajar. **I.** TR. **1.** Adelantar, poner en mejor estado, conceder alguna ventaja o preeminencia. U. t. c. prnl. || **II.** INTR. **2.** Llevar o sacar ventaja, superar o exceder a alguien en algo. U. t. c. tr.

aventamiento. M. Acción de aventar.

aventar. **I.** TR. **1.** Hacer o echar aire a algo. *Aventar el fuego.* || **2.** Echar al viento algo, especialmente los granos que se limpian en la era. || **3.** Dicho del viento: Impeler algo. *El viento avienta las nubes.* || **4.** coloq. Echar o expulsar, especialmente a personas. || **II.** PRNL. **5.** *Méx.* **arrojarse** (|| ir violentamente hacia alguien o algo). ¶ MORF. conjug. c. *acertar.*

aventón. M. **1.** *Am. Cen.* y *Méx.* **autostop.** || **2.** *Am. Cen., Á. Andes* y *Méx.* **empujón.**

aventura. F. **1.** Acaecimiento, suceso o lance extraño. || **2.** Empresa de resultado incierto o que presenta riesgos. *Embarcarse en aventuras.* || **3.** Relación amorosa ocasional. || **de ~s.** LOC.ADJ. Dicho de una obra literaria o cinematográfica: Que centra su atención en las aventuras emocionantes de sus protagonistas. ☐ V. **deporte de ~.**

aventurado, da. PART. de aventurar. || ADJ. Arriesgado, atrevido, inseguro. *Suposición aventurada.*

aventurar. TR. **1.** Arriesgar, poner en peligro. U. t. c. prnl. *Se aventuró por el Amazonas.* || **2.** Decir algo atrevido o de lo que se tiene duda o recelo. *Aventurar una respuesta.*

aventurero, ra. ADJ. **1.** Dicho de una persona: Que busca aventuras. U. t. c. s. || **2.** Dicho de una persona: De oscuros o malos antecedentes, sin oficio ni profesión, y que por medios desconocidos o reprobados trata de conquistar en la sociedad un puesto que no le corresponde. U. m. c. s.

avergonzamiento. M. Acción y efecto de avergonzar o avergonzarse.

avergonzar. **I.** TR. **1.** Causar vergüenza. || **II.** PRNL. **2.** Tener vergüenza o sentirla. ¶ MORF. conjug. c. *contar.*

avería. F. **1.** Daño que impide el funcionamiento de un aparato, instalación, vehículo, etc. U. t. en sent. fig. *Ya se le van notando las averías de la vejez.* || **2.** Daño que padecen las mercancías o géneros. || **3.** coloq. Percance, daño o perjuicio. || **4.** *Mar.* Daño que por cualquier causa sufre la embarcación o su carga.

averiar. **I.** TR. **1.** Producir una avería. U. t. c. prnl. || **II.** PRNL. **2.** Dicho de una cosa: Echarse a perder o estropearse. ¶ MORF. conjug. c. *enviar.*

averiguación. F. Acción y efecto de averiguar.

averiguador, ra. ADJ. Que averigua. Apl. a pers., u. t. c. s.

averiguar. TR. Llegar a conocer algo, realizando las operaciones necesarias. MORF. V. conjug. modelo.

averío. M. Conjunto de aves de corral.

averno. M. **1.** poét. **infierno** (|| lugar de castigo eterno). || **2.** *Mit.* **infierno** (|| lugar que habitan los espíritus de los muertos).

averroísmo. M. Sistema o doctrina del filósofo hispanoárabe Averroes, y especialmente su opinión sobre la unidad del entendimiento agente en todos los hombres. ‖ **~ latino.** M. Tendencia filosófica del final de la Edad Media que interpreta el entendimiento agente de un modo impersonal y sostiene la tesis de la doble verdad, según la cual algo puede ser verdadero en filosofía y falso en teología, o a la inversa.

averroísta. ADJ. **1.** Perteneciente o relativo al averroísmo. *Teoría averroísta.* ‖ **2.** Que profesa el averroísmo. U. t. c. s.

aversión. F. Rechazo o repugnancia frente a alguien o algo. *Aversión A los espacios cerrados. Aversión HACIA las serpientes. Aversión POR la impuntualidad.*

avéstico, ca. I. ADJ. **1.** Perteneciente o relativo al Avesta, colección de los libros sagrados de los antiguos persas. ‖ **II.** M. **2.** Lengua en que está escrito el Avesta. Pertenece al grupo iranio de las lenguas indoeuropeas y se habló antiguamente en la parte septentrional de Persia.

avestruz. M. Ave del orden de las Estrucioniformes, su única especie actual. En anteriores clasificaciones zoológicas se incluía en las llamadas Corredoras. Llega a los dos metros de altura y es la mayor de las aves actuales. Tiene dos dedos en cada pie, piernas largas y robustas, cabeza y cuello casi desnudos, el plumaje suelto y flexible, negro en el macho y gris en la hembra, y blancas en ambos las remeras y timoneras. Habita en África y en Arabia. □ V. **política de ~, política del ~, táctica de ~, táctica del ~.**

avetoro. M. Ave zancuda parecida a la garza, de color leonado con pintas pardas, cabeza negra y alas con manchas transversales negruzcas.

avezado, da. PART. de **avezar.** ‖ ADJ. Ducho, experimentado en algo.

avezar. TR. **acostumbrar.** U. t. c. prnl.

aviación. F. **1.** Locomoción aérea por medio de aparatos más pesados que el aire. ‖ **2.** Cuerpo militar que utiliza este medio de locomoción para la guerra. ORTOGR. Escr. con may. inicial. ‖ **~ civil.** F. La que no está supeditada a servicios militares. ‖ **~ comercial.** F. La que se destina al transporte de mercancías. ‖ **~ de transporte.** F. La que se destina al de viajeros y mercancías.

aviador, ra. I. ADJ. **1.** Dicho de una persona: Que gobierna un aparato de aviación, especialmente si está provista de licencia para ello. U. t. c. s. ‖ **II.** M. y F. **2.** *Méx.* Persona que tiene una sinecura.

aviamiento. M. **avío** (‖ acción y efecto de aviar).

aviar¹. I. TR. **1.** Disponer algo para el camino. *Aviar unos bocadillos.* ‖ **2.** Aderezar la comida. *¿Has aviado la ensalada?* ‖ **3.** Alistar, aprestar, arreglar, componer. *Aviar a una persona. Aviar una habitación.* U. t. c. prnl. ‖ **4.** *Am. Cen.* Prestar dinero o efectos a labradores, ganaderos o mineros. ‖ **II.** PRNL. **5.** Ponerse el traje adecuado para salir a la calle, recibir visita, etc. ¶ MORF. conjug. c. *enviar.*

aviar². ADJ. Perteneciente o relativo a las aves, y especialmente a sus enfermedades. *Gripe aviar.*

aviario, ria. I. ADJ. **1. aviar².** ‖ **II.** M. **2.** Colección de aves distintas, vivas o disecadas, ordenada para su exhibición o estudio.

avícola. ADJ. Perteneciente o relativo a la avicultura. *Granja avícola.*

avicultor, ra. M. y F. Persona que se dedica a la avicultura.

avicultura. F. Arte de criar y fomentar la reproducción de las aves y de aprovechar sus productos.

avidez. F. Ansia, codicia.

ávido, da. ADJ. Ansioso, codicioso. *Ojos ávidos.*

aviejar. TR. **avejentar.** U. m. c. prnl.

avieso, sa. ADJ. **1.** Torcido, fuera de regla. *Mirada aviesa.* ‖ **2.** Malo o mal inclinado. *Personaje avieso.*

avifauna. F. Conjunto de las aves de un país o región.

avilantez. F. Audacia, insolencia.

avileño, ña. ADJ. **1.** Natural de Ciego de Ávila. U. t. c. s. ‖ **2.** Perteneciente o relativo a esta provincia de Cuba o a su capital.

avilesino, na. ADJ. **1.** Natural de Avilés. U. t. c. s. ‖ **2.** Perteneciente o relativo a esta población de Asturias, en España.

avinagrado, da. PART. de **avinagrar.** ‖ ADJ. De condición acre y áspera. *Aroma avinagrado.*

avinagrar. TR. **1.** Poner ácido o agrio algo. U. m. c. prnl. *Avinagrarse el vino.* ‖ **2.** Volver áspero, desabrido. *Un resentimiento que avinagraba su semblante.* U. m. c. prnl.

avío. M. **1.** Acción y efecto de **aviar¹.** ‖ **2.** Entre pastores y gente de campo, provisión que se lleva al hato para alimentarse durante el tiempo que se tarda en volver al pueblo o cortijo. ‖ **3.** Conveniencia, interés o provecho personal. *Ir a su avío. Hacer su avío.* ‖ **4.** pl. coloq. Utensilios necesarios para algo. *Avíos de escribir. Avíos de coser.*

avión¹. M. Pájaro, especie de vencejo.

avión². M. Aeronave más pesada que el aire, provista de alas, cuya sustentación y avance son consecuencia de la acción de uno o varios motores. ‖ **~ de caza.** M. El de tamaño reducido y gran velocidad destinado principalmente a reconocimientos y combates aéreos. ‖ **~ de reacción.** M. **reactor** (‖ avión).

avionazo. M. *Méx.* Accidente aéreo.

avioneta. F. Avión pequeño y de poca potencia.

aviónica. F. Electrónica aplicada a la aviación.

avisado, da. PART. de **avisar.** ‖ ADJ. Prudente, discreto, sagaz. *Lector avisado.*

avisador, ra. I. ADJ. **1.** Que avisa. *La fiebre es uno de los signos avisadores de la enfermedad.* Apl. a pers., u. t. c. s. ‖ **II.** M. y F. **2.** Persona empleada en el teatro que lleva y trae recados entre este y el exterior.

avisar. TR. **1.** Dar noticia de algún hecho. *Avísame DE tu llegada.* U. t. c. intr. ‖ **2.** Advertir o aconsejar. *Te aviso por última vez: apaga la televisión.* ‖ **3.** Llamar a alguien para que preste un servicio. *Avisar al médico. Avisar al electricista.*

aviso. M. **1.** Noticia o advertencia que se comunica a alguien. ‖ **2.** Indicio, señal. ‖ **3.** Advertencia, consejo. ‖ **4.** Precaución, atención, cuidado. ‖ **5.** Prudencia, discreción. ‖ **6.** *Taurom.* Advertencia que hace la presidencia de la corrida de toros al espada cuando este prolonga la faena de matar más tiempo del prescrito por el reglamento. ‖ **7.** *Am.* **anuncio** (‖ soporte visual o auditivo en que se transmite un mensaje publicitario). ‖ **~ a los navegantes, o ~ para navegantes.** M. Anuncio o advertencia que conviene tener en cuenta. ‖ **sobre ~, o sobre el ~.** LOCS. ADVS. Prevenido, con cuidado.

avispa. F. Insecto himenóptero, de un centímetro a centímetro y medio de largo, de color amarillo con fajas negras, y el cual tiene en la extremidad posterior del cuerpo un aguijón con que pica, introduciendo una sustancia tóxica que causa escozor e inflamación. Vive en sociedad y, con sus compañeras, fabrica panales. ‖ **de ~.** LOC.ADJ. Dicho de la cintura o del talle: **finos** (‖ delgados). ‖ **ponerse ~,** o **muy ~.** LOCS.VERBS. *Méx.* **avisparse** (‖ estar despierto y prevenido).

avispado, da. PART. de **avispar.** ‖ ADJ. coloq. Vivo, despierto, agudo. *Comentario avispado. Estudiante avispado.*

avispar. I. TR. **1.** coloq. Hacer despierto y prevenido a alguien. *Hay que avispar a este muchacho.* U. m. c. prnl. ‖ **II.** PRNL. **2.** Inquietarse, desasosegarse.

avispero. M. **1.** Panal que fabrican las avispas. ‖ **2.** Lugar en donde las avispas fabrican sus panales. ‖ **3.** Conjunto o multitud de avispas. ‖ **4.** Reunión de personas inquietas que causan alboroto o tensiones. ‖ **5.** Asunto enredado y que ocasiona disgustos. *No quiero meterme en tal avispero.* ‖ **6.** *Am. Cen.* Conjunto de personas conflictivas y malintencionadas. ‖ **alborotar,** o **alborotarse, el ~.** LOCS.VERBS. Causar, o producirse, alteración y desorden en un grupo de personas.

avispón. M. Especie de avispa, mucho mayor que la común, que se distingue por una mancha encarnada en la parte anterior de su cuerpo. Se oculta en los troncos de los árboles, de donde sale a cazar abejas, que son su principal mantenimiento.

avistamiento. M. Acción y efecto de avistar.

avistar. I. TR. **1.** Descubrir algo con la vista a cierta distancia. *Pronto avistaron la nave.* ‖ **II.** PRNL. **2.** Dicho de una persona: Reunirse con otra para tratar algún negocio.

avitaminosis. F. **1.** *Med.* Carencia o escasez de vitaminas. ‖ **2.** *Med.* Enfermedad producida por la escasez o falta de ciertas vitaminas.

avitelado, da. ADJ. Parecido a la vitela. *Papel avitelado.*

avituallamiento. M. Acción y efecto de avituallar.

avituallar. TR. Proveer de vituallas.

avivador, ra. ADJ. Que aviva. *Experiencia avivadora.*

avivamiento. M. Acción y efecto de avivar.

avivar. I. TR. **1.** Hacer que arda más el fuego. ‖ **2.** Dar viveza, excitar, animar. *Avivar los recuerdos.* ‖ **3.** Encender, acalorar. *Avivar una discusión.* ‖ **4.** Poner los colores más vivos, brillantes o subidos. ‖ **II.** INTR. **5.** Cobrar vida, vigor. U. t. c. prnl.

avizorar. TR. acechar.

avocado. M. **1.** *Filip.* aguacate (‖ árbol). ‖ **2.** *Filip.* aguacate (‖ fruto).

avoceta. F. Ave zancuda, de cuerpo blanco con manchas negras, pico largo, delgado y curvado hacia arriba, cola corta y dedos palmeados.

avorazamiento. M. *Méx.* Acción y efecto de avorazarse.

avorazarse. PRNL. *Méx.* Volverse ambicioso.

avutarda. F. Ave zancuda, muy común en España, de unos ocho decímetros de longitud desde la cabeza hasta la cola, y de color rojo manchado de negro, con las remeras exteriores blancas y las otras negras, el cuello delgado y largo, y las alas pequeñas, por lo cual su vuelo es corto y pesado. Hay otra especie algo más pequeña.

axial. ADJ. **1.** Perteneciente o relativo al eje. *Dirección axial.* ‖ **2.** Fundamental, central, principal. *Un aspecto axial de su razonamiento.*

axil. ADJ. axial.

axila. F. **1.** sobaco. ‖ **2.** *Bot.* Ángulo formado por la articulación de cualquiera de las partes de la planta con el tronco o la rama.

axilar. ADJ. *Anat.* y *Bot.* Perteneciente o relativo a la axila.

axiología. F. *Fil.* Teoría de los valores.

axiológico, ca. ADJ. *Fil.* Perteneciente o relativo a la axiología. *Ideales axiológicos.*

axioma. M. **1.** Proposición tan clara y evidente que se admite sin demostración. U. t. en sent. fig. *Esa opinión se ha convertido en axioma a fuerza de oírse.* ‖ **2.** *Mat.* Cada uno de los principios fundamentales e indemostrables sobre los que se construye una teoría.

axiomática. F. Conjunto de definiciones, axiomas y postulados en que se basa una teoría científica.

axiomático, ca. ADJ. Incontrovertible, evidente. *Principios axiomáticos.*

axiomatización. F. Acción y efecto de axiomatizar.

axiomatizar. TR. Construir la axiomática de una ciencia.

axiómetro. M. *Mar.* Instrumento compuesto de una porción de círculo graduado, en cuyo centro hay una manecilla giratoria que, engranada con el eje de la rueda del timón, da a conocer sobre cubierta la dirección que este tiene.

axiote. M. *Méx.* bija.

axis. M. *Anat.* Segunda vértebra del cuello, sobre la cual se verifica el movimiento de rotación de la cabeza. No está bien diferenciada más que en los reptiles, aves y mamíferos.

axón. M. *Biol.* Prolongación filiforme de una neurona, por la que esta transmite impulsos nerviosos hasta una o varias células musculares, glandulares, nerviosas, etc.

ay. I. INTERJ. **1.** Se usa para expresar muchos y muy diversos afectos, pasiones o sentimientos, y más ordinariamente aflicción o dolor. ‖ **2.** Seguida de la partícula *de* y un nombre o pronombre, denota pena, temor, conmiseración o amenaza. *¡Ay de mí! ¡Ay de quien me ofenda!* ‖ **II.** M. **3.** Suspiro, quejido. *Tiernos ayes. Estar en un ay.* MORF. pl. **ayes.**

ayacuchano, na. ADJ. **1.** Natural de Ayacucho. U. t. c. s. ‖ **2.** Perteneciente o relativo a este departamento del Perú o a su capital.

ayacuchense. ADJ. **1.** Natural de Puerto Ayacucho. U. t. c. s. ‖ **2.** Perteneciente o relativo a esta ciudad de Venezuela, capital del estado de Amazonas.

ayahuasca. F. *Á. Andes.* Liana de la selva de cuyas hojas se prepara un brebaje de efectos alucinógenos, empleado por chamanes con fines curativos.

ayate. M. *Méx.* Tela rala de fibra de maguey, de palma, henequén o algodón.

ayatola. M. *Am.* ayatolá.

ayatolá. M. Entre los chiitas islámicos, una de las más altas autoridades religiosas. MORF. pl. **ayatolás.**

ayáu. INTERJ. *Á. Andes.* Se usa para expresar dolor.

ayayáu. INTERJ. *Á. Andes.* ayáu.

ayayay. INTERJ. Se usa para expresar diversos sentimientos, especialmente los de aflicción y dolor.

ayeaye. M. Prosimio del tamaño de un gato, con hocico agudo, la cola más larga que el cuerpo y muy poblada, los dedos muy largos y delgados y con uñas curvas y puntiagudas, excepto los pulgares de las extremidades posteriores que las tienen planas.

ayer. I. ADV.T. **1.** En el día que precedió inmediatamente al de hoy. *Lo vimos ayer.* ‖ **2.** Hace poco tiempo. *Parece mentira; ayer lo veíamos paseando por la ciudad.* ‖ **3.** En tiempo pasado. *Hoy tenemos Internet; ayer, nos entusias-*

mábamos con la radio. ‖ **II.** M. **4.** Tiempo pasado. ‖ **5.** pl. Períodos de tiempo pasados. *Recordar los viejos ayeres.* ‖ ~ **noche.** LOC.ADV. **anoche.** ‖ **de ~ acá,** o **de ~ a hoy.** LOCS.ADVS. En breve tiempo, de poco tiempo a esta parte.

ayo, ya. M. y F. Persona encargada en las casas notables de custodiar niños o jóvenes y de cuidar de su crianza y educación.

ayopayeño, ña. ADJ. **1.** Natural de Ayopaya. U. t. c. s. ‖ **2.** Perteneciente o relativo a esta provincia del departamento de Cochabamba, en Bolivia.

ayoreo, a. I. ADJ. **1.** Se dice del individuo de un pueblo amerindio originario de la región boliviana de Chiquitos. U. t. c. s. ‖ **2.** Perteneciente o relativo a los ayoreos. *Tradiciones ayoreas.* ‖ **II.** M. **3.** Lengua de los ayoreos.

ayote. M. *Am. Cen.* **calabaza** (‖ fruto).

ayotera. F. *Am. Cen.* **calabacera.**

aysenino, na. ADJ. **aisenino.** Apl. a pers., u. t. c. s.

ayuda. I. F. **1.** Acción de ayudar. ‖ **2. ayuda de costa.** ‖ **3.** Persona o cosa que ayuda. ‖ **4. enema.** ‖ **5.** *Equit.* Estímulo que el jinete comunica al caballo por medio de la brida, espuela, voz o cualquier otro medio eficaz. ‖ **II.** M. **6.** hist. Subalterno que en alguno de los oficios de palacio servía bajo las órdenes de su jefe. ‖ ~ **de cámara.** M. Criado cuyo principal oficio es cuidar del vestido de su amo. ‖ ~ **de costa.** F. **1.** Socorro en dinero para costear en parte algo. ‖ **2.** hist. Gratificación que se solía dar, además del sueldo, a quien ejercía algún empleo o cargo.

ayudado, da. PART. de **ayudar.** ‖ ADJ. *Taurom.* Se dice del pase de muleta en cuya ejecución intervienen las dos manos del matador. U. t. c. s. m.

ayudador, ra. ADJ. Que ayuda. Apl. a pers., u. t. c. s.

ayudanta. F. Mujer que realiza trabajos subalternos, por lo general en oficios manuales.

ayudante. I. ADJ. **1.** Que ayuda. *Molécula ayudante de la hemoglobina.* Apl. a pers., u. m. c. s. ‖ **II.** M. **2.** *Mil.* Oficial destinado personalmente a las órdenes de un general o jefe superior. *Ayudante general, mayor. Ayudante de campo.* ‖ **III.** COM. **3.** En algunos cuerpos y oficinas, oficial subalterno. ‖ **4.** Maestro subalterno que enseña en las escuelas, bajo la dirección de otro superior, y lo suple en ausencias y enfermedades. ‖ **5.** Profesor subalterno que ayuda a otro superior en el ejercicio de su especialidad.

ayudantía. F. **1.** Empleo de ayudante. ‖ **2.** Oficina de ayudante.

ayudar. I. TR. **1.** Prestar cooperación. *Aquí estamos para ayudarla a descargar.* ‖ **2.** Auxiliar, socorrer. *Ayúdenme, soy el único que ha sobrevivido al accidente.* ‖ **II.** PRNL. **3.** Hacer un esfuerzo, poner los medios para el logro de algo. *La familia se ayuda con la venta ambulante para llegar a fin de mes.* ‖ **4.** Valerse de la cooperación o ayuda de alguien. *Se ayudaron de ingenieros y pilotos.*

ayudista. COM. *Chile.* **cómplice** (‖ persona que, sin ser autora, coopera en un delito).

ayunador, ra. ADJ. Que ayuna. U. t. c. s. *La ayunadora había decidido beber agua.*

ayunar. INTR. **1.** Abstenerse total o parcialmente de comer o beber. ‖ **2.** Guardar el ayuno eclesiástico.

ayuno¹. M. **1.** Acción de ayunar. ‖ **2.** Manera de mortificación por precepto eclesiástico o por devoción, que consiste sustancialmente en no hacer más que una comida al día, absteniéndose por lo regular de ciertos alimentos. ‖ ~ **natural.** M. Abstinencia de toda comida y bebida desde las doce de la noche antecedente.

ayuno², na. ADJ. **1.** Que no ha comido. *Es conveniente permanecer ayuno y completamente inmóvil.* ‖ **2.** Que no tiene noticia de lo que se habla, o no lo comprende. *Se quedó ayuno de lo que la palabra significaba.* ‖ **en ayunas.** LOC.ADV. **1.** Sin haberse desayunado. ‖ **2.** coloq. Sin tener noticia de algo, o sin penetrarlo o comprenderlo. *Quedarse en ayunas.* ‖ **en ayuno.** LOC.ADV. **en ayunas** (‖ sin haberse desayunado). *Estar en ayuno.*

ayuntador, ra. ADJ. Que ayunta.

ayuntamiento. M. **1.** Corporación compuesta de un alcalde y varios concejales para la administración de los intereses de un municipio. ‖ **2. casa consistorial.** ‖ **3.** Acción y efecto de ayuntar o ayuntarse. *Es como un ayuntamiento entre el mar y la tierra.* ‖ **4. junta** (‖ reunión de personas para tratar algún asunto). *El sentido tradicional de la Universidad es el ayuntamiento de escolares y maestros para un mismo fin.* ‖ **5. coito.**

ayuntar. I. TR. **1. juntar** (‖ unir). ‖ **II.** PRNL. **2.** Realizar el coito.

ayustar. TR. *Mar.* Unir dos cabos por sus chicotes o las piezas de madera por sus extremidades.

ayuste. M. *Mar.* Acción de ayustar.

azabachado, da. ADJ. Semejante al azabache en el color o en el brillo. *Ojos azabachados.*

azabache. M. **1.** Variedad de lignito, dura, compacta, de color negro y susceptible de pulimento, que se emplea como adorno en collares, pendientes, etc., y para hacer esculturas. ‖ **2.** Color negro como el del azabache. ‖ **3.** pl. Conjunto de dijes de azabache.

azabachero, ra. M. y F. **1.** Persona que labra el azabache. ‖ **2.** Persona que vende azabaches.

azacán, na. I. ADJ. **1.** Que se ocupa en trabajos humildes y penosos. U. t. c. s. ‖ **II.** M. **2. aguador.**

azacanarse. PRNL. **afanarse.**

azacanear. INTR. Trabajar con afán.

azacaneo. M. Acción y efecto de azacanear.

azacuán. M. Ave de las Falconiformes, con pico en forma de gancho largo y delgado, alas largas y redondeadas, y cola ahorquillada. Su coloración dominante es negro pizarra con cera y patas rojas o anaranjadas. Vive en zonas pantanosas y ciénagas de agua dulce, desde el sur de Florida y suroeste de México hasta Ecuador y norte de la Argentina.

azada. F. **1.** Instrumento que consiste en una lámina o pala cuadrangular de hierro, ordinariamente de 20 a 25 cm de lado, cortante uno de estos y provisto el opuesto de un anillo donde encaja y se sujeta el astil o mango, formando con la pala un ángulo un tanto agudo. Sirve para cavar tierras roturadas o blandas, remover el estiércol, amasar la cal para mortero, etc. ‖ **2. azadón** (‖ instrumento que se distingue de la azada por la pala, algo curva y más larga que ancha).

azadilla. F. **almocafre.**

azadón. M. **1.** Instrumento que se distingue de la azada en que la pala, cuadrangular, es algo curva y más larga que ancha. Sirve para rozar y roturar tierras duras, cortar raíces delgadas y otros usos análogos. ‖ **2. azada** (‖ instrumento de pala cuadrangular, ordinariamente de 20 a 25 cm de lado).

azadonazo. M. Golpe dado con un azadón.

azadonero. M. Trabajador que emplea un azadón.

azafata. F. V. **azafato.**

azafate. M. Canastillo, bandeja o fuente con borde de poca altura, tejidos de mimbres o hechos de paja, oro, plata, latón, loza u otras materias.

azafato, ta. I. M. y F. **1.** Persona encargada de atender a los pasajeros a bordo de un avión, de un tren, de un autocar, etc. ‖ **2.** Empleado de compañías de aviación, viajes, etc., que atiende al público en diversos servicios. ‖ **3.** Persona que, contratada al efecto, proporciona informaciones y ayuda a quienes participan en asambleas, congresos, etc. ‖ **II.** F. **4.** hist. Criada de la reina, a quien servía los vestidos y alhajas que se había de poner y los recogía cuando se los quitaba.

azafrán. M. **1.** Planta de la familia de las Iridáceas, con rizoma en forma de tubérculo, hojas lineales, perigonio de tres divisiones externas y tres internas algo menores; tres estambres, ovario triangular, estilo filiforme, estigma de color rojo anaranjado, dividido en tres partes colgantes, y cápsula membranosa con muchas semillas. Procede de Oriente y se cultiva en varias provincias de España. ‖ **2.** Estigma de las flores de esta planta, usado como condimento y en medicina. ‖ **3.** Mar. Madero exterior que forma parte de la pala del timón y se une con pernos a la madre. ‖ **4.** Pint. Color amarillo anaranjado para iluminar, que se saca del estigma del azafrán desleído en agua. U. t. c. adj. ‖ **~ bastardo.** M. alazor. ‖ **~ de Marte.** M. herrumbre (‖ óxido). ‖ **~ romí,** o **~ romín.** M. alazor. □ V. rosa del ~.

azafranado, da. PART. de **azafranar.** ‖ ADJ. **1.** Dicho de un color: Rojo anaranjado, como el del azafrán. U. t. c. s. m. *El azafranado combina con el blanco.* ‖ **2.** De color de azafrán. *Falda azafranada.*

azafranal. M. Terreno plantado de azafrán.

azafranar. TR. **1.** Teñir de azafrán. *Azafranar el arroz.* ‖ **2.** Poner azafrán en un líquido.

azagaya. F. Lanza o dardo pequeños arrojadizos.

azahar. M. Flor blanca, y, por antonom., la del naranjo, limonero y cidro.

azalá. M. Entre musulmanes, **oración** (‖ súplica). MORF. pl. **azalás.**

azalea. F. Árbol pequeño de la familia de las Ericáceas, originario del Cáucaso, de unos dos metros de altura, con hojas oblongas y hermosas flores reunidas en corimbo, con corolas divididas en cinco lóbulos desiguales, que contienen una sustancia venenosa.

azálea. F. Méx. azalea.

azar. M. **1.** Casualidad, caso fortuito. ‖ **2.** Desgracia imprevista. ‖ **al ~.** LOC.ADV. Sin rumbo ni orden. □ V. **juego de ~.**

azaramiento[1]**.** M. Acción y efecto de azarar o azararse.

azaramiento[2]**.** M. azoramiento.

azarar. I. TR. **1.** azorar (‖ conturbar, avergonzar). U. t. c. prnl. ‖ **II.** PRNL. **2.** Ruborizarse, sonrojarse.

azarbe. M. Cauce adonde van a parar por las acequias o cauces pequeños los sobrantes o filtraciones de los riegos.

azarearse. PRNL. Chile. Irritarse, enfadarse.

azaroso, sa. ADJ. Que tiene en sí azar o desgracia. *Vida azarosa.*

azcona. F. hist. Arma arrojadiza, como un dardo.

azerbaiyano, na. ADJ. **1.** Natural de Azerbaiyán. U. t. c. s. ‖ **2.** Perteneciente o relativo a este país de Asia.

azerí. I. ADJ. **1.** azerbaiyano. Apl. a pers., u. t. c. s. ‖ **II.** M. **2.** Lengua azerbaiyana. ¶ MORF. pl. **azeríes** o **azerís.**

azeuxis. F. Hiato, encuentro de dos vocales que se pronuncian en sílabas diferentes.

ázimo. □ V. **pan ~.**

azimut. M. Astr. **acimut.** MORF. pl. **azimuts.**

azimutal. ADJ. Astr. **acimutal.** □ V. **ángulo ~, círculo ~.**

azoado, da. ADJ. Dicho principalmente del agua: Que tiene ázoe.

azocar. TR. Mar. Apretar bien los nudos, las trincas, etc.

ázoe. M. Quím. **nitrógeno.**

azofaifa. F. **azufaifa.**

azofaifo. M. **azufaifo.**

azófar. M. **latón.**

azogado, da. PART. de **azogar.** ‖ ADJ. Dicho de una persona: Que se turba y agita por haber absorbido vapores de **azogue**[1]. U. t. c. s.

azogar. I. TR. **1.** Cubrir con azogue algo, como se hace con los cristales para que sirvan de espejos. ‖ **II.** PRNL. **2.** Turbarse y agitarse mucho.

azogue[1]**.** M. Quím. **mercurio.**

azogue[2]**.** M. Plaza de algún pueblo, donde se tiene el comercio público.

azogueño, ña. ADJ. **1.** Natural de Azogues. U. t. c. s. ‖ **2.** Perteneciente o relativo a esta ciudad de Ecuador, capital de la provincia de Cañar.

azoico. ADJ. Geol. Se dice de los terrenos anteriores al período precámbrico, en los que no se encuentra resto alguno de vida.

azoláceo, a. ADJ. Bot. Se dice de las plantas pteridófitas de la clase de las Hidropteríneas, con tallo filiforme provisto de raíces de trecho en trecho, hojas simples e imbricadas. Tiene por frutos esporangios y esporocarpios, situados en la base del tallo, dehiscentes y llenos de esporas redondas o angulosas. U. t. c. s. f. ORTOGR. En f. pl., escr. con may. inicial c. taxón. *Las Azoláceas.*

azolvamiento. M. Acción y efecto de azolvar.

azolvar. TR. Cegar o tupir con alguna cosa un conducto. U. t. c. prnl.

azolve. M. Méx. Lodo o basura que obstruye un conducto de agua.

azonzarse. PRNL. Á. R. Plata y Méx. **atontarse.**

azoospermia. F. Med. Carencia considerable de espermatozoides en el semen.

azor. M. Ave rapaz diurna, como de medio metro de largo, por encima de color negro y por el vientre blanca con manchas negras. Tiene alas y pico negros, cola cenicienta, manchada de blanco, y tarsos amarillos.

azoramiento. M. Acción y efecto de azorar.

azorar. TR. **1.** Dicho de un azor: Asustar, perseguir o alcanzar a otras aves. ‖ **2.** Conturbar, sobresaltar, avergonzar. U. t. c. prnl. *Se azoró al sentirse observado.*

azoro. M. Am. azoramiento.

azotador, ra. ADJ. Que azota. *Lluvia azotadora.*

azotaina. F. coloq. Zurra de azotes.

azotamiento. M. Acción y efecto de azotar o azotarse.

azotar. I. TR. **1.** Dar azotes a alguien. U. t. c. prnl. ‖ **2.** Dar golpes con la cola o con las alas. ‖ **3.** Cortar el aire violentamente. *Los pañuelos azotan con fiereza el aire.* ‖ **4.** Golpear algo o dar repetida y violentamente contra ello. *El mar azota los peñascos.* ‖ **5.** Dicho de un agente meteorológico: Ejercer su acción sobre alguien o algo. *Un fuerte temporal azotó el país.* ‖ **6.** Producir daños o destrozos de gran importancia. *El hambre azotó el país.* ‖ **II.** INTR. **7.** Méx. **caer** (‖ moverse de arriba abajo). ‖ **III.** PRNL. **8.** Méx. Exagerar al hablar.

azotazo. M. Golpe grande dado en las nalgas con la mano.

azote. M. **1.** Vara, vergajo u otro objeto semejante que sirve para azotar. || **2.** Golpe dado con el azote. || **3.** Golpe dado en las nalgas con la mano. || **4.** Embate o golpe repetido del agua o del aire. || **5.** Aflicción, calamidad, castigo grande. *El azote de la crisis económica.* || **6.** Persona que es causa o instrumento de este castigo, calamidad o aflicción. *Él fue el azote de mi adolescencia.* || **7.** hist. Instrumento de suplicio formado con cuerdas anudadas y a veces erizadas de puntas, con que se castigaba a los delincuentes. || **8.** pl. hist. Pena que se imponía a ciertos criminales.

azotea. F. **1.** Cubierta más o menos llana de un edificio, dispuesta para distintos fines. || **2.** coloq. Cabeza humana. || **estar** alguien **mal de la ~.** LOC.VERB. coloq. Estar chiflado.

azotón. M. *Méx.* **caída** (|| acción y efecto de caer). || **dar** alguien **el ~.** LOC.VERB. *Méx.* **caer** (|| perder el equilibrio).

azteca. I. ADJ. **1.** hist. Se dice del individuo de un antiguo pueblo invasor y dominador del territorio conocido después con el nombre de México. U. t. c. s. || **2.** hist. Perteneciente o relativo a este pueblo. *Civilización azteca.* || **II.** M. **3.** Idioma nahua. □ V. budín ~.

aztequismo. M. **nahuatlismo.**

azua. F. *Am. Mer.* chicha (|| bebida alcohólica que resulta de la fermentación del maíz).

azuano, na. ADJ. **1.** Natural de Azua. U. t. c. s. || **2.** Perteneciente o relativo a esta provincia de la República Dominicana o a su capital.

azuayo, ya. ADJ. **1.** Natural de Azuay. U. t. c. s. || **2.** Perteneciente o relativo a esta provincia de Ecuador.

azúcar. I. AMB. **1.** Cuerpo sólido cristalizado, perteneciente al grupo químico de los hidratos de carbono, de color blanco en estado puro, soluble en el agua y en el alcohol y de sabor muy dulce. Se obtiene de la caña dulce, de la remolacha y de otros vegetales. Según su estado de pureza o refinación, se distinguen diversas clases. || **II.** M. **2.** *Quím.* **hidrato de carbono.** U. menos c. f. || **~ amarilla.** F. azúcar moreno. || **~ cande.** AMB. azúcar de flor. || **~ blanquilla.** F. La semirrefinada, modelada en forma de terrón. || **~ cande,** o **~ candi.** AMB. La obtenida por evaporación lenta, en cristales grandes, cuyo color varía desde el blanco transparente y amarillo al pardo oscuro, por agregación de melaza o sustancias colorantes. || **~ centrífugo, ga.** AMB. La semirrefinada de primera producción, pero amarilla y de grano grueso. || **~ comprimido, da.** AMB. La refinada, cuyo moldeado se hace comprimiendo el polvo o grano fino en forma de terrón. || **~ de cortadillo.** AMB. azúcar refina, moldeada en aparatos y de la que se expenden fracciones en pequeños trozos o terrones, de forma regular, embalados en cajas. || **~ de flor.** AMB. La refinada, obtenida en polvo muy tamizado. || **~ de lustre.** AMB. azúcar glas. || **~ de malta.** AMB. Disacárido formado por dos moléculas de glucosa. || **~ de pilón.** AMB. La refinada, obtenida en panes de forma cónica. || **~ de quebrados.** AMB. azúcar refina moldeada, imperfectamente elaborada. || **~ de redoma.** AMB. La que se queda en las paredes y suelo de las vasijas que han contenido jarabes. || **~ de uva.** AMB. Glucosa de la uva y de otras frutas. || **~ florete.** AMB. La azúcar refinada, en formas irregulares. || **~ glas.** AMB. azúcar pulverizada que se utiliza en confitería y repostería. || **~ granulado, da.** AMB. La semirrefinada, en cristales

sueltos y gruesos. || **~ jugosa.** F. azúcar blanquilla de caña ligeramente fermentada. || **~ mascabado, da.** AMB. La de caña, de segunda producción. || **~ moreno, na.** AMB. azúcar de segunda producción, cuyo color varía desde el amarillo claro al pardo oscuro, según la cantidad de mezcla que queda adherida a los cristales. || **~ moscabado, da.** AMB. azúcar mascabado. || **~ negro, gra.** AMB. azúcar moreno. || **~ piedra.** AMB. azúcar cande. || **~ quebrado, da.** AMB. La que no ha sido blanqueada. || **~ refinado, da.** AMB. azúcar de la mayor pureza que se fabrica en las refinerías. || **~ refino, na.** AMB. azúcar refinada muy pura. || **~ rosado, da.** AMB. La elaborada con extracto de rosas. || **~ semirrefinado, da.** AMB. La que se produce directamente en las fábricas que elaboran la caña o la remolacha, de color blanco, aunque de menor pureza que la refinada. || **~ terciado, da.** AMB. azúcar moreno. □ V. caña de ~, ingenio de ~, pan de ~.

azucarado, da. PART. de azucarar. || ADJ. **1.** Semejante al azúcar en el gusto. *El néctar es un jugo azucarado.* || **2.** Dicho de un sabor: Propio o característico del azúcar. || **3.** Dulce o blando, especialmente en las palabras. *Pronunció un discurso azucarado.*

azucarar. I. TR. **1.** Bañar con azúcar. *Azucarar las almendras.* || **2.** Endulzar con azúcar. *Azucarar el café.* || **3.** coloq. Suavizar y endulzar la comunicación de algo que pudiera resultar negativo o molesto. || **II.** PRNL. **4.** *Am.* Dicho del almíbar de las conservas: **cristalizarse.**

azucarera. F. **1.** Fábrica en que se extrae y elabora el azúcar. || **2.** azucarero (|| recipiente para servir el azúcar).

azucarero, ra. I. ADJ. **1.** Perteneciente o relativo al azúcar. *Industria azucarera.* || **II.** M. y F. **2.** Persona técnica en la fabricación de azúcar. || **III.** M. **3.** Recipiente para servir el azúcar en la mesa. □ V. remolacha ~.

azucarillo. M. **1.** Porción de masa esponjosa que se hace con almíbar muy en punto, clara de huevo y zumo de limón, y que, empapado en agua o deshecho en ella, sirve para endulzarla ligeramente. || **2.** Terrón de azúcar.

azucena. F. **1.** Planta perenne de la familia de las Liliáceas, con un bulbo del que nacen varias hojas largas, estrechas y lustrosas, tallo alto y flores terminales grandes, blancas y muy olorosas. Sus especies y variedades se diferencian en el color de las flores y se cultivan para adorno en los jardines. || **2.** Flor de esta planta. || **3.** Persona o cosa especialmente calificada por su pureza o blancura.

azud. M. **1.** Máquina con que se saca agua de los ríos para regar los campos. Es una gran rueda afianzada por el eje en dos fuertes pilares, y la cual, movida por el impulso de la corriente, da vueltas y arroja el agua fuera. U. menos c. f. || **2.** Presa hecha en los ríos a fin de tomar agua para regar y para otros usos. U. menos c. f.

azuela. F. Herramienta de carpintero que sirve para desbastar, compuesta de una plancha de hierro acerada y cortante, de diez a doce centímetros de anchura, y un mango corto de madera que forma recodo.

azufaifa. F. Fruto del azufaifo. Es una drupa elipsoidal, de poco más de un centímetro de largo, encarnada por fuera y amarilla por dentro, dulce y comestible. Se usaba como medicamento pectoral.

azufaifo. M. Árbol de la familia de las Ramnáceas, de cinco a seis metros de altura, con tronco tortuoso, ramas onduladas, inclinadas al suelo y llenas de aguijones rectos, que nacen de dos en dos, hojas alternas, festoneadas y lustrosas, de unos tres centímetros de largo, y flores pequeñas y amarillas. Su fruto es la azufaifa.

azufrado, da. PART. de **azufrar.** || **I.** ADJ. **1.** sulfuroso. *Compuestos azufrados.* || **2.** Parecido en el color al azufre. *Piel azufrada.* || **II.** M. **3.** Acción y efecto de azufrar, especialmente las vides.

azufrar. TR. Tratar con azufre.

azufre. M. Elemento químico de núm. atóm. 16. Muy abundante en la litosfera, se encuentra nativo o en forma de sulfuros, como la pirita o la galena, o de sulfatos, como el yeso. Es frágil, se electriza fácilmente por frotamiento y tiene olor característico. Se usa para la vulcanización del caucho, como fungicida e insecticida y para la fabricación de pólvora, plásticos, productos farmacéuticos y ácido sulfúrico. (Símb. *S*, de su denominación latina *sulphur*). || ~ **vegetal.** M. Materia pulverulenta amarilla, compuesta de esporas de licopodio. □ V. **flor de ~, piedra ~.**

azufroso, sa. ADJ. Que contiene azufre. *Agua azufrosa.*

azul. **I.** ADJ. **1.** Del color del cielo sin nubes, que corresponde a la sensación producida por el estímulo de longitudes de onda de alrededor de 475 nm. U. t. c. s. m. *El azul.* || **2.** De color azul. *Ojos azules.* || **II.** M. **3.** El cielo, el espacio. U. m. en leng. poét. *Una nube se deshilachaba en el azul.* || ~ **celeste.** M. Color azul más claro. U. t. c. loc. adj. || ~ **de cobalto.** M. **1.** Materia colorante muy usada en la pintura, que resulta de calcinar una mezcla de alúmina y fosfato de cobalto. || **2.** Color de esta sustancia. U. t. c. loc. adj. || ~ **de mar.** M. Color azul de matiz más oscuro parecido al que suelen tener las aguas del mar. U. t. c. loc. adj. || ~ **de Prusia.** M. **1.** Sustancia de color azul subido, formada por un compuesto de hierro y cianuro. Se usa en la pintura, y ordinariamente se expende en forma de panes pequeños fáciles de pulverizar. || **2.** Color de esta sustancia. U. t. c. loc. adj. || ~ **de Sajonia.** M. **1.** Disolución de índigo en ácido sulfúrico concentrado, que se emplea como materia colorante. || **2.** Color de esta sustancia. U. t. c. loc. adj. || ~ **de ultramar, ~ ultramarino,** o ~ **ultramaro.** M. **1.** Lapislázuli pulverizado que se usa mucho como color. || **2.** Color de esta sustancia. U. t. c. locs. adjs. || ~ **marino.** M. Color azul oscuro. U. t. c. loc. adj. || ~ **turquí.** M. Color azul más oscuro. U. t. c. loc. adj. □ V. **banco ~, caparrosa ~, cascos ~es, diablos ~es, elanio ~, enfermedad ~, lengua ~,** malaquita ~, pescado ~, príncipe ~, sangre ~, zona ~, zorro ~.

azulado, da. PART. de **azular.** || ADJ. **1.** Dicho de un color: Que tira a azul. U. t. c. s. m. *El azulado de su vestido.* || **2.** De color azul o que tira a él. *Se le marcan las venas azuladas de las manos.*

azular. TR. Dar o teñir de azul.

azulear. INTR. **1.** Dicho de alguna cosa: Mostrar el color azul que en sí tiene. || **2.** Tirar a azul.

azulejar. TR. Revestir de azulejos.

azulejería. F. **1.** Oficio de azulejero. || **2.** Obra hecha o revestida de **azulejos²**.

azulejero, ra. M. y F. Persona que fabrica **azulejos²**.

azulejo¹, ja. **I.** ADJ. **1.** *Am.* azulado. || **2.** *Á. R. Plata.* Dicho de un caballo: Entrepelado de blanco y negro que en ocasiones, particularmente cuando está mojado, presenta reflejos azules. U. t. c. s. || **II.** M. **3.** carraca (|| pájaro). || **4.** Pájaro americano de unos doce centímetros de longitud. En verano el macho es de color azul que tira a verdoso hacia la rabadilla y a negro en las alas y la cola, y en invierno, igual que la hembra en todo tiempo, es moreno oscuro con algunas fajas azules y visos verdosos. || **5.** aciano.

azulejo². M. Ladrillo vidriado, de varios colores, usado para revestir paredes, suelos, etc., o para decorar.

azulino, na. ADJ. Que tira a azul. *Ojos azulinos.*

azulón, na. **I.** ADJ. **1.** azulado. U. t. c. s. m. || **II.** M. **2.** Especie de pato, de gran tamaño, muy frecuente en lagos y albuferas.

azuloso, sa. ADJ. azulado.

azumagarse. PRNL. *Chile.* Dicho de una cosa: Adquirir hongos por efecto de la humedad.

azumbre. AMB. Medida de capacidad para líquidos, que equivale a unos dos litros. U. m. c. f.

azur. M. *Heráld.* Color heráldico que en pintura se representa con el azul oscuro y en el grabado por medio de líneas horizontales muy espesas. U. t. c. adj.

azurita. F. Mineral de color azul de Prusia, de textura cristalina o fibrosa, algo más duro y más raro que la verdadera malaquita. Es un bicarbonato de cobre.

azuzador, ra. ADJ. Que azuza. Apl. a pers., u. t. c. s.

azuzar. TR. **1.** Incitar a los perros para que embistan. || **2.** Irritar, estimular. *Azuzaba a los policías para que lo detuvieran.*

b. F. Segunda letra del abecedario latino internacional y del español, que representa un fonema consonántico labial y sonoro. Su nombre es *be, be alta* o *be larga*.

baba. F. **1.** Saliva espesa y abundante que fluye a veces de la boca del hombre y de algunos mamíferos. ‖ **2.** Jugo viscoso de algunas plantas. ‖ **3.** *Zool.* Líquido viscoso segregado por ciertas glándulas del tegumento de la babosa, el caracol y otros invertebrados. ‖ **4.** *Ant.* **palabrería.** ‖ **caérsele** a alguien **la ~.** LOC.VERB. coloq. Se usa para dar a entender que experimenta gran complacencia viendo u oyendo algo que le es grato.

babaco. M. **1.** Arbusto de la Sierra ecuatoriana, que produce fruto comestible. ‖ **2.** Fruto de esta planta.

babaero. ADJ. *Filip.* Dicho de un hombre: **mujeriego.** U. t. c. s.

babear. INTR. **1.** Expeler o echar de sí la baba. ‖ **2.** coloq. Hacer demostraciones de excesivo rendimiento ante alguien o algo.

babel. F. Desorden y confusión. U. menos c. m. □ V. **torre de Babel.**

babélico, ca. ADJ. **1.** Perteneciente o relativo a la torre de Babel. *Torre babélica.* ‖ **2.** Confuso, ininteligible. *Expresión babélica.*

babeo. M. Acción de babear.

babera. F. hist. Pieza de la armadura antigua que cubría la boca, barbilla y mandíbulas.

babero. M. Prenda que se pone sobre el pecho, colgada del cuello, para evitar mojarse de baba o mancharse al comer.

Babia. **estar** alguien **en ~.** LOC.VERB. coloq. Estar distraído y como ajeno a aquello de que se trata.

babieca. COM. coloq. Persona floja y boba. U. t. c. adj.

babilla. F. **1.** En los cuadrúpedos, región de las extremidades posteriores formada por los músculos y tendones que articulan el fémur con la tibia y la rótula; en ella el líquido sinovial es muy abundante y parecido a la baba. Equivale a la rodilla del hombre. ‖ **2.** En las reses destinadas al consumo, pieza de carne que se corresponde con los músculos de la babilla.

babilonia. F. babel. □ V. **sauce de Babilonia.**

babilónico, ca. ADJ. **1.** hist. Perteneciente o relativo a la ciudad de Babilonia. *Tablillas babilónicas.* ‖ **2.** Fastuoso, ostentoso. *Nuestra babilónica ciudad.*

babilonio, nia. ADJ. hist. Natural de la ciudad de Babilonia. U. t. c. s.

bable. M. Dialecto de los asturianos.

babor. M. *Mar.* Lado o costado izquierdo de la embarcación mirando de popa a proa.

babosa. F. Molusco gasterópodo pulmonado, terrestre, sin concha, que cuando se arrastra deja como huella de su paso una abundante baba.

babosear. **I.** TR. **1.** Llenar o rociar de babas. ‖ **II.** INTR. **2.** *Méx.* Estar distraído.

baboseo. M. coloq. Exceso de obsequio a una mujer.

baboso, sa. **I.** ADJ. **1.** Que echa muchas babas. ‖ **2.** Bobo, tonto, simple. ‖ **3.** Adulador, pelotillero. U. t. c. s. ‖ **4.** coloq. Dicho de un hombre: Enamoradizo y rendidamente obsequioso con las mujeres. U. t. c. s. m. ‖ **5.** coloq. Que no tiene suficiente edad y condiciones para lo que hace, dice o intenta. U. t. c. s. ‖ **II.** M. **6.** Pez teleósteo, del suborden de los Acantopterigios, caracterizado por los dobles labios carnosos que cubren sus mandíbulas. Es de forma oblonga y está revestido de escamas. Se hallan varias especies en las costas de España y su carne es bastante apreciada.

babucha. F. Zapato ligero y sin tacón, usado originalmente por los moros.

babuino. M. Mono cinocéfalo africano que puede alcanzar unos 75 cm de altura y cuyo pelaje es de color marrón oliváceo.

baca. F. **1.** **portaequipaje** (‖ artefacto que se coloca sobre el techo del automóvil). ‖ **2.** hist. Sitio en la parte superior de las diligencias y demás coches de camino, dispuesto para llevar pasajeros, equipajes y otros efectos resguardados con una cubierta.

bacalada. F. Bacalao curado.

bacaladero, ra. **I.** ADJ. **1.** Perteneciente o relativo al bacalao o a la pesca y comercio de este pez. ‖ **II.** **2.** Barco destinado a la pesca del bacalao.

bacaladilla. F. Pez marino de fondo, de la misma familia que el bacalao.

bacalao. M. Pez teleósteo, de cuerpo simétrico, con tres aletas dorsales y dos anales, y una barbilla en el centro de la mandíbula inferior. ‖ **~ al pilpil.** M. Guiso típico del País Vasco que se hace de abadejo, aceite, guindillas y ajos, en cazuela de barro, y se sirve hirviendo. ‖ **~ de Escocia.** M. El que se pesca entre Escocia e Islandia y es más apreciado que el común. ‖ **cortar el ~.** LOC.VERB. coloq. Mandar o disponer de hecho. ‖ **te conozco, ~.** EXPR. coloq. Se usa para indicar que se conocen las intenciones o el modo de actuar de alguien. □ V. **aceite de hígado de ~.**

bacán[1], na. ADJ. *Á. Caribe.* En lenguaje juvenil, muy bueno, estupendo, excelente.

bacán[2]. COM. *Á. R. Plata.* Persona adinerada.

bacanal. I. ADJ. **1.** hist. Dicho de ciertas fiestas de la Antigüedad: Celebradas en honor del dios Baco. U. m. c. s. f. pl. || **II.** F. **2.** Orgía con mucho desorden y tumulto.

bacanora. M. *Méx.* Bebida alcohólica obtenida de la fermentación de cierta variedad de nopal.

bacante. F. **1.** hist. Mujer que celebra las fiestas bacanales. || **2.** Mujer descocada, ebria y lúbrica.

bacará. M. Juego de naipes en que juega el banquero contra los puntos.

bacarrá. M. bacará.

baceta. F. Montón de naipes que, en algunos juegos, quedan sin repartir después de haber dado a cada jugador los que le corresponden.

bachaco. M. *Á. Caribe.* Hormiga grande y voraz de los Formícidos, de color rojizo y a veces negro según la especie.

bachata. F. **1.** Canto popular dominicano. || **2.** *Ant.* **juerga** (|| diversión bulliciosa).

bachatear. INTR. *Ant.* Divertirse, bromear.

bachatero, ra. M. y F. *Ant.* Persona amiga de bromear y divertirse.

bache[1]**.** M. **1.** En el pavimento de calles, carreteras o caminos, hoyo producido por el uso u otras causas. || **2.** Desigualdad de la densidad atmosférica que produce un súbito descenso de una aeronave. || **3.** Abatimiento, postración súbita y pasajera en la salud, en la situación anímica o en el curso de un negocio. || **4.** *Am.* **carencia** (|| falta o privación).

bache[2]**.** M. Sitio donde se encierra el ganado lanar para que sude, antes de esquilarlo.

bacheado, da. PART. de **bachear**. || ADJ. Que tiene muchos **baches** (|| hoyos). *Calles bacheadas.*

bachear. TR. Arreglar las vías públicas rellenando los baches.

bacheo. M. Acción de bachear.

bachicha. F. *Méx.* colilla.

bachiche. COM. *Á. Andes.* Inmigrante italiano.

bachiller, ra. I. M. y F. **1.** Persona que ha cursado o está cursando los estudios de enseñanza secundaria. MORF. U. m. la forma en m. para designar el f. *Pilar es bachiller.* || **2.** Persona que habla mucho e impertinentemente. U. t. c. adj. || **3.** hist. Persona que ha recibido el primer grado académico que se otorgaba a los estudiantes de facultad. || **II.** M. **4.** **bachillerato** (|| estudios de enseñanza secundaria).

bachillerarse. PRNL. Tomar el grado de bachiller.

bachillerato. M. **1.** Estudios de enseñanza secundaria que preceden a los superiores. || **2.** Grado o título académico que se obtiene al concluir dichos estudios.

bacía. F. **1.** hist. Vasija cóncava que usaban los barberos para remojar la barba, y que tenía, por lo común, una escotadura semicircular en el borde. || **2.** **vasija** (|| para contener líquidos u otras cosas).

bacilar. ADJ. *Biol.* Perteneciente o relativo a los bacilos.

bacillar. M. Viña nueva.

bacilo. M. *Biol.* Bacteria en forma de bastoncillo o filamento más o menos largo, recto o curvo según las especies.

bacín. M. Recipiente de barro vidriado, alto y cilíndrico, para recibir los excrementos del cuerpo humano.

bacinete. M. hist. Pieza de la armadura antigua, que cubría la cabeza a la manera de un yelmo.

bacinica o **bacinilla.** F. Bacín bajo y pequeño.

bacón. M. beicon.

bacteria. F. *Biol.* Microorganismo unicelular sin núcleo diferenciado, algunas de cuyas especies descomponen la materia orgánica, otras producen las fermentaciones y otras generan enfermedades.

bacteriano, na. ADJ. **1.** *Biol.* Perteneciente o relativo a las bacterias. *Cultivos bacterianos.* || **2.** Producido por bacterias. *Infecciones bacterianas.*

bactericida. ADJ. *Biol.* Que destruye las bacterias. Apl. a una sustancia o un producto, u. t. c. s. m.

bacteriemia. F. *Med.* Presencia de bacterias patógenas en la sangre.

bacteriófago. M. *Biol.* Virus que infecta las bacterias.

bacteriología. F. Parte de la microbiología que tiene por objeto el estudio de las bacterias.

bacteriológico, ca. ADJ. Perteneciente o relativo a la bacteriología.

bacteriólogo, ga. M. y F. Persona que profesa la bacteriología o tiene en ella especiales conocimientos.

bacteriostático, ca. ADJ. *Biol.* Que impide la proliferación de bacterias. Apl. a una sustancia o un producto, u. t. c. s. m.

bactriano, na. ADJ. **1.** hist. Natural de Bactriana. U. t. c. s. || **2.** hist. Perteneciente o relativo a esta antigua región del Asia central.

báculo. M. **1.** Palo o cayado que llevan en la mano para sostenerse quienes están débiles o viejos. || **2.** Alivio, arrimo y consuelo. *Tú serás el báculo de mi vejez.* || **3.** **báculo pastoral.** || **4.** *Zool.* Hueso pequeño y alargado que los machos de algunos mamíferos tienen dentro del pene. || **~ pastoral.** M. El que usan los obispos cristianos como pastores espirituales del pueblo creyente.

badajo. M. **1.** Pieza metálica, generalmente en forma de pera, que pende en el interior de las campanas, y con la cual se golpean estas para hacerlas sonar. En los cencerros y esquilas suele ser de madera o hueso. || **2.** coloq. pene.

badajocense. ADJ. **1.** Natural de Badajoz. U. t. c. s. || **2.** Perteneciente o relativo a esta ciudad de España o a su provincia.

badajoceño, ña. ADJ. **badajocense.** Apl. a pers., u. t. c. s.

badalonés, sa. ADJ. **1.** Natural de Badalona. U. t. c. s. || **2.** Perteneciente o relativo a esta ciudad de la provincia de Barcelona, en España.

badana. F. **1.** Piel curtida y fina de carnero u oveja. || **2.** Tira de este cuero o de otro material, que se cose al borde interior de la copa del sombrero para evitar que se manche con el sudor.

badén. M. **1.** Cauce enlosado o empedrado que se hace en una carretera para dar paso a un corto caudal de agua. || **2.** Depresión en la superficie de un camino o de una carretera. U. t. en sent. fig. *Los badenes del espíritu de un hombre.* || **3.** **vado** (|| modificación de las aceras para facilitar el paso de vehículos). || **4.** Obstáculo artificial alomado que se pone de través en la calzada para limitar la velocidad de los vehículos.

baderna. F. *Mar.* Cabo trenzado, de uno a dos metros de largo, que se emplea para sujetar el cable al virador, trincar la caña del timón, etc.

badiana. F. **1.** Árbol de Oriente, siempre verde, de la familia de las Magnoliáceas, de hasta seis metros de altura, con hojas alternas, enteras y lanceoladas, flores blancas, solitarias y axilares, y fruto capsular, estrellado, con carpelos leñosos igualmente desarrollados y terminados en punta arqueada. Sus semillas son pequeñas, lustrosas y aromáticas, y se emplean en medicina y como condimento con el nombre de anís estrellado. || **2.** Fruto de este árbol.

badil. M. Paleta de hierro o de otro metal, para mover y recoger la lumbre en las chimeneas y braseros.

badila. F. badil.

badilazo. M. Golpe dado con el badil.

badilejo. M. llana.

bádminton. M. volante (|| juego).

badulaque. COM. Persona necia, inconsistente. U. t. c. adj.

bafle. M. Dispositivo que facilita la mejor difusión y calidad del sonido de un altavoz.

baga. F. *Dep.* En alpinismo, trozo de cuerda cuya medida puede oscilar entre metro y medio y tres metros, que se emplea como instrumento auxiliar en la escalada.

bagaje. M. **1.** Conjunto de conocimientos o noticias de que dispone alguien. *Bagaje intelectual, artístico.* || **2.** equipaje. || **3.** Equipaje militar de un ejército o tropa en marcha.

bagatela. F. Cosa de poca sustancia y valor.

bagauda. I. ADJ. **1.** hist. Se dice de los campesinos que participaron en diversos levantamientos o rebeliones contra los terratenientes y el poder romano en Hispania y en las Galias entre los siglos III y V. U. m. c. s. m. || **II.** F. **2.** hist. Serie de estos levantamientos o rebeliones.

bagayero, ra. M. y Á. R. *Plata.* **contrabandista** (|| que practica el contrabando).

bagayo. M. Á. R. *Plata.* Mujer muy fea.

bagazo. M. **1.** Cáscara que queda después de deshecha la cápsula y separada de ella la linaza. || **2.** Residuo de una materia de la que se ha extraído el jugo. *Bagazo de caña.*

bagdadí. ADJ. **1.** Natural de Bagdad. U. t. c. s. || **2.** Perteneciente o relativo a esta ciudad, capital de Iraq. ¶ MORF. pl. **bagdadíes** o **bagdadís.**

bagre. M. **1.** Pez teleósteo, de cuatro a ocho decímetros de longitud, abundante en la mayor parte de los ríos de América, sin escamas, pardo por los lados y blanquecino por el vientre, de cabeza muy grande, hocico obtuso, y con barbillas. Su carne es amarillenta, sabrosa y con pocas espinas. || **2.** Á. R. *Plata.* Mujer muy fea.

bagual. M. Á. R. *Plata.* Potro o caballo no domado.

baguio. M. *Filip.* **huracán** (|| viento a la manera de un torbellino).

bah. INTERJ. Se usa para denotar incredulidad o desdén. U. t. repetida.

bahague. M. *Filip.* **taparrabo** (|| tejido para cubrir las partes pudendas).

bahaí. ADJ. **1.** Perteneciente o relativo al bahaísmo. || **2.** Partidario de esta religión. U. t. c. s. ¶ MORF. pl. **bahaíes** o **bahaís.**

bahaísmo. M. Religión de los discípulos de Bahā' Allāh, que propone la síntesis de las enseñanzas de todas las religiones y sociedades.

bahameño, ña. ADJ. **1.** Natural de las Bahamas. U. t. c. s. || **2.** Perteneciente o relativo a este país de América.

bahareque. M. Á. *Caribe.* **bajareque.**

bahía. F. Entrada de mar en la costa, de extensión considerable, que puede servir de abrigo a las embarcaciones.

bahiense. ADJ. **1.** Natural de Bahía de Caráquez. U. t. c. s. || **2.** Perteneciente o relativo a esta ciudad y puerto de Ecuador.

bahreiní. ADJ. **1.** Natural de Bahréin. U. t. c. s. || **2.** Perteneciente o relativo a este país de Asia. ¶ MORF. pl. **bahreiníes** o **bahreinís.**

baída. ADJ. *Arq.* Dicho de una bóveda: Formada de un hemisferio cortado por cuatro planos verticales, cada dos de ellos paralelos entre sí. U. t. c. s. F.

bailable. I. ADJ. **1.** Dicho de una música: Compuesta para bailar. || **II.** M. **2.** En el espectáculo compuesto de mímica y baile, y especialmente en algunas óperas u obras dramáticas, cada una de las danzas más o menos largas y complicadas.

bailadero. M. Sitio destinado para los bailes públicos.

bailado. que me, te, le, etc., quiten lo ~. LOCS.VERBS. coloqs. Se usan para indicar que, sean cuales sean las contrariedades que hayan surgido o puedan surgirle a alguien, no pueden invalidar el placer o satisfacciones ya obtenidos.

bailador, ra. I. ADJ. **1.** Que baila. *Público bailador.* Apl. a pers., u. m. c. s. || **II.** M. y F. **2.** Bailarín profesional que ejecuta bailes populares de España, especialmente andaluces.

bailante. ADJ. Que baila. Apl. a pers., u. t. c. s.

bailaor, ra. M. y F. Bailador de música flamenca.

bailar. I. INTR. **1.** Ejecutar movimientos acompasados con el cuerpo, brazos y pies. U. t. c. tr. *Bailar un vals.* || **2.** Dicho de una cosa: Moverse sin salir de un espacio determinado. *Le baila un diente. El vaso baila en la vitrina.* || **3.** Dicho de una cosa: Girar rápidamente en torno de su eje manteniéndose en equilibrio sobre un extremo de él. U. t. c. tr. *Bailar una peonza.* || **4.** Retozar de gozo. || **5.** Dicho de la vista: Adquirir o tener viveza. || **6.** *Equit.* Dicho de un caballo: Ejecutar algunos movimientos irregulares y nerviosos, andando o estando parado. || **7.** *Impr.* Dicho de una línea, de una palabra, de un tipo o de un espacio: Desplazarse a un lugar no adecuado. || **II.** TR. **8.** **hurtar** (|| tomar bienes ajenos). ¶ MORF. V. conjug. modelo.

bailarín, na. I. ADJ. **1.** Que baila. *Ojos bailarines.* || **II.** M. y F. **2.** Persona que ejercita o profesa el arte de bailar. ☐ V. **peuco ~.**

bailarina. F. Zapato muy plano con escote redondeado.

baile. M. **1.** Acción de bailar. || **2.** Cada una de las maneras de bailar sujetas a una pauta. *El tango es un baile de origen rioplatense.* || **3.** Festejo en que se juntan varias personas para bailar. *Baile de disfraces.* || **4.** Local o recinto público destinado a bailar. || **5.** Pieza musical destinada a ser bailada. || **6.** Arte de bailar. *Es un maestro en el baile flamenco.* || **7.** hist. Pieza breve de teatro cuyos principales elementos eran la música, el canto y el baile, que se representaba generalmente entre la segunda y la tercera jornada de las comedias clásicas. || **8.** Alteración por error del orden de algo. *Baile de cifras. Baile de letras.* || **9.** Cambios reiterados de algo en su configuración o de personas en relación con el puesto u orden que ocupaban. *Baile de fronteras. Baile de ministros.* || **10.** coloq. Lío, pelea o altercado violento. || **~ de salón.** M. baile por parejas; p. ej., el vals, el tango, etc. || **~ de san Vito.** M. Enfermedad convulsiva; p. ej., el corea. || **~ de trajes.** M. baile de disfraces. ☐ V. **cuerpo de ~.**

bailejo. M. Á. *Andes.* **llana.**

bailete. M. hist. Baile de corta duración que solía introducirse en la representación de algunas obras dramáticas.

bailía. F. hist. Territorio de alguna encomienda de las órdenes.

bailío. M. Caballero profeso de la Orden de San Juan.

bailón, na. ADJ. Dicho de una persona: Muy aficionada a bailar. U. t. c. s.

bailongo. M. Baile de ambiente popular, informal y alegre.

bailotear. INTR. Bailar mucho, y en especial cuando se hace sin gracia ni formalidad.

bailoteo. M. Acción y efecto de bailotear.

baipás. M. **1.** *Med.* **puente coronario.** ‖ **2.** Desvío hecho en un circuito, una vía de comunicación, etc., para salvar una interrupción o un obstáculo. ¶ MORF. pl. **baipases.**

baja. F. **1.** Disminución del precio, valor y estimación de algo. *Baja de los impuestos.* ‖ **2. baja temporal.** ‖ **3.** Documento que acredita la baja temporal. ‖ **4.** Cese de alguien en un cuerpo, profesión, carrera, etc. ‖ **5.** *Mil.* Pérdida o falta de un individuo. *El ejército enemigo tuvo mil bajas en el combate.* ‖ **~ temporal.** F. La que se otorga a un trabajador por un período de tiempo en casos de enfermedad, accidente, etc. ‖ **causar ~.** LOC.VERB. *Mil.* **ser baja.** ‖ **dar de ~.** LOC.VERB. **1.** *Mil.* Tomar nota de la falta de un individuo, ocasionada por muerte, enfermedad, deserción, etc. ‖ **2.** Eliminar a alguien del escalafón o nómina de un cuerpo o sociedad. ‖ **3.** Cumplir las formalidades necesarias para poner a alguien o algo en situación de baja. ‖ **darse de ~.** LOC.VERB. **1.** Cesar en el ejercicio de una industria o profesión. ‖ **2.** Dejar de pertenecer voluntariamente a una sociedad o corporación. ‖ **3. dar de baja** (‖ cumplir las formalidades). ‖ **en ~.** LOC.ADJ. Dicho de una persona o de una cosa: Disminuida su estimación. *El equipo está en baja.* U. t. c. loc. adv. *El criticismo va en baja.* ‖ **jugar a la ~.** LOC.VERB. *Com.* Especular con las mudanzas de la cotización de los valores públicos o mercantiles, previendo baja en ella. ‖ **ser ~** alguien. LOC.VERB. *Mil.* Dejar de estar en un cuerpo por haber sido destinado a otro, o por muerte, enfermedad, deserción, etc.

bajá. M. hist. En el Imperio otomano, hombre que obtenía algún mando superior, como el de la mar, o el de alguna provincia en calidad de virrey o gobernador. MORF. pl. **bajás.**

bajacaliforniano, na. ADJ. **1.** Natural de la Baja California. U. t. c. s. ‖ **2.** Perteneciente o relativo a este estado de México.

bajada. F. **1.** Acción de bajar. ‖ **2.** Camino o senda por donde se baja desde alguna parte. ‖ **~ de aguas.** F. Canal o conjunto de cañerías que en un edificio recogen el agua de lluvia y le dan salida. ‖ **~ de bandera.** F. **1.** En los taxis urbanos, puesta en marcha del contador. ‖ **2.** Tarifa inicial fija que se paga en los taxis, independiente del importe del recorrido y de los suplementos.

bajamar. F. **1.** Fin o término del reflujo del mar. ‖ **2.** Tiempo que este dura.

bajante. **I.** ADJ. **1.** Que baja. *Cable bajante.* ‖ **II.** F. **2.** *Am.* Descenso del nivel de las aguas. ‖ **III.** AMB. **3.** En una construcción, tubería de desagüe.

bajar. **I.** TR. **1.** Poner algo en lugar inferior a aquel en que estaba. *Baja el libro de la estantería.* ‖ **2. rebajar** (‖ el nivel). *Bajar el piso.* ‖ **3. apear.** U. t. c. intr. y c. prnl. *Yo me bajo en la próxima parada.* ‖ **4.** Inclinar hacia abajo. *Bajar la cabeza, el cuerpo.* ‖ **5.** Recorrer un lugar yendo hacia abajo. *Bajó la calle a toda prisa.* ‖ **6.** *Inform.*

descargar (‖ transferir información). *Bajar un programa de Internet.* ‖ **II.** INTR. **7.** Ir desde un lugar a otro que esté más bajo. *¿Bajamos al bar a desayunar?* U. t. c. prnl. ‖ **8.** Viajar hacia el sur. *Después de visitar Venecia, bajaremos a Roma.* U. t. c. tr. y c. prnl. ‖ **9.** Dicho de una cosa: **disminuir.** *Bajar la fiebre, el precio, el valor.* U. t. c. tr. U. t. en sent. fig. *Le bajaré los humos.* ‖ **10.** *Mús.* Descender en el sonido de un instrumento o de la voz, desde un tono agudo a otro más grave.

bajareque. M. *Am. Cen.* y *Á. Caribe.* Pared de palos entretejidos con cañas y barro.

bajativo. M. Copa de licor que se toma después de las comidas.

bajel. M. hist. Buque de vela.

bajera. F. **1.** *Am. Cen.* y *Á. Caribe.* Cada una de las hojas inferiores de la planta del tabaco, que son de mala calidad. ‖ **2.** *Á. R. Plata.* **sudadero.**

bajero, ra. ADJ. **1. bajo** (‖ que está en lugar inferior). *Armario bajero.* ‖ **2.** Que se usa o se pone debajo de otra cosa. *Sábana, falda bajera.*

bajete. M. **1.** *Mús.* Voz de barítono. ‖ **2.** *Mús.* Tema escrito en clave de bajo, que se da al discípulo de armonía para que se ejercite escribiendo sus acordes y modulaciones.

bajeza. F. **1.** Hecho vil o acción indigna. *Cometer bajezas.* ‖ **2.** Cualidad de **bajo** (‖ ruin o mezquino). *Bajeza de ánimo. Bajeza de miras.* ‖ **3.** Abatimiento, humillación, condición de humildad o inferioridad.

bajial. M. *Á. Andes.* En las provincias litorales, lugar bajo que se inunda en el invierno.

bajines, bajini o **bajinis. por lo ~.** LOCS.ADVS. **1.** coloqs. En voz baja. ‖ **2.** coloqs. Con disimulo.

bajío. M. **1. bajo** (‖ elevación del fondo en los mares, ríos y lagos). ‖ **2.** *Am.* Terreno bajo.

bajista. **I.** ADJ. **1.** Perteneciente o relativo a la baja de los valores en la bolsa. ‖ **II.** COM. **2.** Persona que juega a la baja en la bolsa. ‖ **3.** Músico que toca el **bajo** (‖ instrumento musical).

bajo, ja. **I.** ADJ. **1.** De poca altura. *Mesa baja.* ‖ **2.** Dicho del calzado: Que no tiene tacón o lo tiene de poca altura. ‖ **3.** Dicho de una cosa: Que está en lugar inferior respecto de otras de la misma especie o naturaleza. *Piso bajo. Sala baja.* ‖ **4.** Que ocupa una posición inferior en una determinada escala. *Calificaciones muy bajas. Precios bajos.* ‖ **5.** Dicho de un río: Que lleva poca agua. *En verano el río viene bajo, casi seco.* ‖ **6.** Dicho de un río o de otra corriente de agua: Que están cerca de su desembocadura. *Bajo Ebro. Bajo Pisuerga.* ‖ **7.** Dicho de una costa: Que no es abrupta o escarpada. ‖ **8.** Que está a poca altitud. *Los valles bajos. El Bajo Aragón.* ‖ **9.** Inclinado hacia abajo y que mira al suelo. *Cabeza baja. Ojos bajos.* ‖ **10.** Desplegado o extendido hacia abajo. *Una casa con las persianas bajas.* ‖ **11.** Dicho de una clase social o del lugar en que se acomoda: Modestos, humildes. *La clase baja. Los barrios bajos.* ‖ **12.** Que tiene poca calidad o importancia. *Un empleo bajo.* ‖ **13.** Pobre, escaso. *Dieta baja en calorías. En baja forma.* ‖ **14.** Ruin o mezquino. *Un pensamiento bajo.* ‖ **15.** Dicho especialmente de una expresión, del lenguaje o del estilo: Vulgares, ordinarios, innobles. ‖ **16.** Dicho del oro o de la plata: Con exceso de liga. ‖ **17.** Dicho de un determinado período histórico: Que está en sus últimas etapas. ORTOGR. Escr. con may. inicial *El Bajo Imperio. La Baja Edad Media.* ‖ **18.** Dicho de un sonido: De poca intensidad. ‖ **19.** Dicho de un sonido: **grave** (‖ de frecuencia de vibraciones pequeña). U. t. c. s. m. *No me gustan los bajos de esta grabación.* ‖ **20.** *Fís.* Dicho de ciertas magnitudes, como la temperatura, la presión o la frecuencia: Que tienen un valor inferior al ordinario. ¶ MORF. sup. irreg. **ínfimo.** ‖ **II.** M. **21.** Piso bajo de las casas que tienen dos o más. ‖ **22.** Sitio o lugar hondo. ‖ **23.** En los mares, ríos y lagos navegables, elevación del fondo que impide flotar a las embarcaciones. ‖ **24.** Dobladillo de la parte inferior de la ropa. ‖ **25.** *Mús.* La más grave de las voces humanas. ‖ **26.** *Mús.* Instrumento que produce los sonidos más graves de la escala general. ‖ **27.** *Mús.* Persona que tiene aquella voz, o que toca este instrumento. ‖ **28.** *Mús.* Nota que sirve de base a un acorde. ‖ **29.** *Mús.* Parte musical escrita para ser ejecutada por un cantor o un instrumentista de la cuerda de bajos. ‖ **30.** pl. Parte inferior externa de la carrocería de un vehículo. ‖ **31.** pl. **sótano.** *Los bajos del bar.* ‖ **32.** pl. coloq. Zona genital humana. ‖ **III.** ADV. L. **33.** A poca altura. *Volar bajo.* ‖ **IV.** ADV. M. **34.** En voz baja o que apenas se oiga. ‖ **35.** Con poco volumen o intensidad de sonido. *Pon la radio más bajo.* ‖ **36.** Se usa para señalar una situación o un estado indignos o despreciables. *No sé cómo has podido caer tan bajo.* ‖ **37.** Con nota o calificación baja. *Ese profesor puntúa muy bajo.* ‖ **V.** PREP. **38. debajo de.** *Bajo techado.* ‖ **39.** Denota dependencia, subordinación o sometimiento. *Nació bajo el signo de Capricornio. Bajo tutela. Bajo pena de muerte.* ‖ **40.** Denota ocultación o disimulo. *Se presentó bajo seudónimo.* ‖ **41.** En una gradación numérica, indica una posición inferior a la que se toma como referencia. *Estamos a seis grados bajo cero.* ‖ **42.** Desde un enfoque u opinión. *Trataremos el asunto bajo otro punto de vista.* ‖ **43.** Denota localización dentro de un conjunto. *Está clasificado bajo la etiqueta de «varios».* ‖ **44.** Durante el período correspondiente a un determinado mandato o modo de gobernar. *Bajo el reinado de Isabel II. Bajo la dictadura.* ‖ **bajo cantante.** M. *Mús.* Barítono de voz parecida a la del bajo. ‖ **~ cifrado.** M. *Mús.* Parte de bajo sobre cuyas notas se escriben números y signos que determinan la armonización correspondiente. ‖ **~ continuo.** M. *Mús.* Parte de música que no tiene pausas y sirve para la armonía de acompañamiento instrumental. ‖ **~ profundo.** M. *Mús.* Cantante cuya voz excede en gravedad a la ordinaria de bajo. ‖ **~ de agujas.** LOC. ADJ. Dicho de las caballerías y de otros animales: Más bajos de cruz que de cuartos traseros. ‖ **por bajo de.** LOC. PREPOS. **por debajo de.** *Le asomaba el pelo por bajo de la toca.* ‖ **por lo ~.** LOC. ADV. **1.** En voz baja. ‖ **2.** Con disimulo. *Cuando me caí se rieron por lo bajo.* ‖ **3.** Se usa acompañando a la expresión de una cantidad, para indicar que esta no es exacta, sino la mínima que se considera como probable. *Costará aproximadamente cincuenta euros, tirando por lo bajo.* ☐ V. **altos y bajos, ~ latinidad, ~ tensión, ~ alemán, ~ latín, ~ relieve, ~ vientre, ~s fondos, caja ~, Cámara Baja, golpe ~, horas ~s, letra de caja ~, monte ~, temporada ~, ve ~.**

bajoaragonés, sa. ADJ. **1.** Natural del Bajo Aragón. U. t. c. s. ‖ **2.** Perteneciente o relativo a esta región de España.

bajomedieval. ADJ. Perteneciente o relativo a la Baja Edad Media.

bajón[1]. **I.** M. **1.** Instrumento musical de viento, construido con una pieza de madera como de 80 cm de longitud, con ocho agujeros para los dedos y otro u otros dos que se tapan con llaves. En su parte lateral superior se encaja un tudel de cobre, de forma curva, y en este una pipa de cañas con la cual se hace sonar el instrumento, que tiene la extensión de bajo. ‖ **II.** COM. **2.** Músico que toca el bajón.

bajón[2]. M. Descenso brusco en los valores de lo que puede someterse a la interpretación de una escala. *Bajón de la temperatura. Bajón de la bolsa. Francisco ha dado un gran bajón.*

bajonazo. M. Bajón en la salud, caudal, facultades, etc.

bajoncillo. M. Instrumento musical parecido al bajón, pero de menor tamaño, proporcionado según este al tono de tiple, de contralto o de tenor.

bajorrelieve. M. *Esc.* Relieve en que las figuras resaltan poco del plano. MORF. pl. **bajorrelieves.**

bajuno, na. ADJ. Bajo, soez. *Intención bajuna.*

bajura. F. Falta de elevación. ☐ V. **pesca de ~.**

bala. F. **1.** Proyectil de forma esférica o cilíndrico-ojival, generalmente de plomo o hierro. ‖ **2.** *Com.* Fardo apretado de mercancías, y en especial de los que se transportan embarcados. ‖ **3.** *Impr.* Atado de diez resmas de papel. ‖ **4.** *Méx.* Persona muy capaz. ‖ **~ perdida. I.** F. **1.** La que va a dar en un punto apartado de aquel adonde el tirador quiso dirigirla. ‖ **II.** COM. **2.** coloq. Persona juerguista y desenfadada. ‖ **ábranla, que lleva ~.** EXPR. *Méx.* Se usa para pedir paso. ‖ **como una ~.** LOC. ADV. coloq. **como una flecha.** ‖ **tirar con ~,** o **con ~ rasa.** LOCS. VERBS. coloqs. Decir algo con mala intención.

balacear. TR. *Méx.* **tirotear.**

balacera. F. *Am.* **tiroteo.**

balada. F. **1.** Canción de ritmo lento y de carácter popular, cuyo asunto es generalmente amoroso. ‖ **2.** Composición poética, de origen nórdico, en la que se narran con sencillez y melancolía sucesos legendarios o tradicionales. ‖ **3.** Composición poética provenzal dividida en estrofas de rima variada que terminan en un mismo verso a manera de estribillo.

baladí. ADJ. De poca importancia. *Discusión baladí.* MORF. pl. **baladíes** o **baladís.**

balador, ra. ADJ. Que bala. *Cordero balador.*

baladrar. INTR. Dar gritos, alaridos o voces espantosas.

baladre. M. **adelfa.**

baladrón, na. ADJ. Fanfarrón y hablador que, siendo cobarde, blasona de valiente. U. t. c. s.

baladronada. F. Hecho o dicho propio de baladrones.

bálago. M. Paja larga de los cereales después de quitarle el grano.

balalaica. F. Instrumento musical parecido a la guitarra, pero con caja de forma triangular, de uso popular en Rusia.

balance. M. **1.** Movimiento que hace un cuerpo, inclinándose ya a un lado, ya a otro. ‖ **2.** Estudio comparativo de las circunstancias de una situación, o de los factores que intervienen en un proceso, para tratar de prever su evolución. ‖ **3.** *Com.* Confrontación del activo y el pasivo para averiguar el estado de los negocios o del caudal. ‖ **4.** *Esgr.* Movimiento que se hace inclinando el cuerpo hacia adelante o hacia atrás, sin mover los pies. ‖ **5.** *Mar.* Movimiento que hace la nave de babor a estribor, o al contrario. ☐ V. **quilla de ~.**

balanceador, ra. ADJ. Que balancea fácilmente. *Máquina balanceadora.*

balancear. I. TR. **1.** Mover algo o a alguien haciendo que se incline a un lado y a otro. *Balancea los brazos al* *caminar.* U. t. c. intr. y c. prnl. U. t. en sent. fig. *Su ánimo se balancea entre el temor y la esperanza.* ‖ **II.** INTR. **2.** Dicho especialmente de una nave: Dar o hacer balances. U. t. c. tr. y c. prnl.

balanceo. M. Acción y efecto de balancear.

balancín. M. **1.** Barra de madera o metal apoyada en equilibrio en su punto medio, de forma que quienes se sitúan en sus extremos suben y bajan alternativamente. ‖ **2. mecedora.** ‖ **3.** En los jardines, playas, terrazas, etc., asiento colgante cubierto de toldo. ‖ **4.** Palo largo que usan los funámbulos para mantenerse en equilibrio sobre la cuerda. ‖ **5.** En los motores de explosión, barra o varilla que, unida a un eje, sirve para regular los movimientos a través del taqué. ‖ **6.** Madero a cuyas extremidades se enganchan los tirantes de las caballerías. ‖ **7.** pl. *Zool.* Cada uno de los dos órganos del equilibrio que tienen los dípteros a los lados del tórax, detrás de las alas.

balandra. F. Embarcación pequeña con cubierta y un solo palo.

balandrán. M. hist. Vestidura talar ancha y con esclavina que usaban los eclesiásticos.

balandrista. COM. Persona que gobierna un balandro.

balandro. M. Balandra pequeña.

balandrón, na. ADJ. *Á. R. Plata.* **baladrón.**

balandronada. F. *Á. R. Plata.* **baladronada.**

balanitis. F. Inflamación de la membrana mucosa que reviste el **bálano** (‖ cabeza del miembro viril).

bálano o **balano.** M. **1.** Parte extrema o cabeza del miembro viril. ‖ **2.** Crustáceo cirrípedo, sin pedúnculo, que vive fijo sobre las rocas, a veces en gran número.

balanza. F. Instrumento que sirve para pesar o, más propiamente, para medir masas. ‖ **~ comercial,** o **~ de comercio.** F. Estado comparativo de la importación y exportación de artículos mercantiles en un país. ‖ **~ de pagos.** F. Estado comparativo de los cobros y pagos exteriores de una economía nacional por todos los conceptos. ‖ **caer la ~.** LOC.VERB. Inclinarse a una parte más que a otra. ‖ **inclinar,** o **inclinarse, la ~.** LOCS.VERBS. Se usan para indicar que un asunto se inclina a favor de alguien o de algo.

balanzón. M. *Méx.* Cogedor de la balanza con el que se recogen los granos que se van a pesar.

balar. INTR. Dar balidos.

balasto. M. Capa de grava o de piedra machacada que se tiende sobre la explanación de los ferrocarriles para asentar y sujetar sobre ella las traviesas.

balastro. M. balasto.

balata. F. *Méx.* ferodo.

balausta. F. *Bot.* Fruto complejo desarrollado a partir de un ovario ínfero, dividido, como el del granado, que contiene muchas semillas carnosas.

balaustrada. F. Serie u orden de balaustres colocados entre los barandales.

balaustre o **balaústre.** M. Cada una de las columnas pequeñas que con los barandales forman las barandillas o antepechos de balcones, azoteas, corredores y escaleras.

balay. M. **1.** *Am.* Cesta de mimbre o de carrizo. ‖ **2.** *Á. Caribe.* Cedazo formado por un aro de bejuco grueso en el que se asegura un tejido de tiras de hoja de palma, usado para cerner harinas de maíz, de trigo, etc. ¶ MORF. pl. **balayes.**

balazo. M. **1.** Golpe de bala disparada con arma de fuego. ‖ **2.** Herida o daño causado por una bala. ‖ **ni a ~s.** LOC.ADV. *Chile* y *Méx.* **de ninguna manera.**

balboa. M. Unidad monetaria de Panamá.

balbuceante. ADJ. **balbuciente.**

balbucear. INTR. **balbucir.** U. t. c. tr.

balbuceo. M. **1.** Acción de balbucir. ‖ **2.** pl. Primeras manifestaciones de un proceso. *Los balbuceos de la reforma.*

balbuciente. ADJ. **1.** Que balbuce. *Discurso balbuciente.* ‖ **2.** Que empieza a mostrarse o a desarrollarse. *La balbuciente nueva política.*

balbucir. INTR. Hablar o leer con pronunciación dificultosa, tarda y vacilante, trastocando a veces las letras o las sílabas. U. t. c. tr. MORF. No se usa la 1.ª pers. sing. del pres. de indic. ni el pres. de subj., que se suplen con las formas correspondientes del verbo *balbucear.*

balcánico, ca. ADJ. Perteneciente o relativo a la región europea de los Balcanes.

balcanización. F. Desmembración de un país en territorios o comunidades enfrentados.

balcanizar. TR. Desmembrar un país en territorios o comunidades enfrentados. U. t. c. prnl.

balcanorrománico, ca. I. ADJ. **1.** *Ling.* Perteneciente o relativo al conjunto de variedades lingüísticas originadas del latín hablado en los Balcanes. ‖ **II.** M. **2.** *Ling.* Grupo formado por dichas variedades lingüísticas.

balcón. M. **1.** Hueco abierto al exterior desde el suelo de la habitación, con barandilla por lo común saliente. ‖ **2. miranda.** ‖ **~ corrido.** M. El que comprende varios huecos de una fachada.

balconada. F. **1.** Galería superior voladiza. ‖ **2.** Conjunto de balcones de un edificio. ‖ **3.** Balcón o mirador que domina un vasto horizonte.

balconaje. M. **balconada** (‖ conjunto de balcones de un edificio).

balconcillo. M. Localidad de la plaza de toros, con barandilla o antepecho, situada sobre la puerta o sobre la salida del toril.

balconear. TR. *Á. R. Plata.* Observar los acontecimientos sin participar en ellos.

balconería. F. **balconada.**

balda. F. Anaquel de armario, alacena, librería, etc.

baldado, da. PART. de **baldar.** ‖ ADJ. Cansado, fatigado.

baldamiento. M. Impedimento físico de quien está baldado.

baldaquín o **baldaquino.** M. **1.** Especie de dosel o palio hecho de tela de seda. ‖ **2.** Pabellón que cubre el altar.

baldar. TR. Dicho de una enfermedad o de un accidente: Impedir el uso de los miembros o de alguno de ellos. U. t. c. prnl.

baldazo. M. Acción y efecto de arrojar sobre alguien o algo el contenido de un balde.

balde[1]**.** M. Recipiente de forma y tamaño parecidos a los del cubo, que se emplea para transportar líquidos.

balde[2]**. de ~.** LOC.ADV. **1.** Gratis, sin coste alguno. ‖ **2. en vano.** ‖ **en ~.** LOC.ADV. **en vano.**

baldear. TR. Regar con baldes cualquier suelo.

baldeo. M. Acción y efecto de baldear.

baldés. M. Piel de oveja curtida, suave y fina, empleada especialmente para guantes. MORF. pl. **baldeses.**

baldío, a. I. ADJ. **1.** Dicho de la tierra: Que no está labrada ni adehesada. U. t. c. s. m. ‖ **2.** Vano, sin motivo ni fundamento. *Discurso baldío.* ‖ **II.** M. **3.** *Am.* **solar** (‖ porción de terreno).

baldón. M. Oprobio, injuria o palabra afrentosa.

baldosa[1]. F. hist. Antiguo instrumento musical de cuerda parecido al salterio.

baldosa[2]. F. Ladrillo, fino por lo común, que sirve para solar.

baldosín. M. Baldosa pequeña y fina.

baldragas. M. Hombre flojo, sin energía.

balduque. M. Cinta estrecha, por lo común encarnada, usada para atar legajos.

baleador, ra. ADJ. Que hiere o mata a balazos. Apl. a pers., u. t. c. s.

baleadura. F. Á. Andes. tiroteo.

balear[1]. **I.** ADJ. **1.** Natural de las Islas Baleares. U. t. c. s. || **2.** Perteneciente o relativo a esta comunidad autónoma de España. || **II.** M. **3.** Variedad de la lengua catalana que se habla en las Islas Baleares.

balear[2]. TR. Separar del trigo, cebada, etc., después de aventados, y con una escoba a propósito para ello, los nudos de paja y la paja gruesa.

balear[3]. TR. Tirotear, disparar balas sobre alguien o algo.

baleárico, ca. ADJ. Perteneciente o relativo a las Islas Baleares.

balénido, da. ADJ. Zool. Se dice de los mamíferos cetáceos que en el estado adulto carecen de dientes y cuya boca está provista de grandes láminas córneas, insertas en la mandíbula superior, con las cuales retienen en la boca los pequeños animales, crustáceos por lo común, que les sirven de alimento; p. ej., la ballena azul. U. t. c. s. m. ORTOGR. En m. pl., escr. con may. inicial c. taxón. *Los Balénidos.*

baleo. M. Am. Acción y efecto de **balear**[3].

balero. M. Am. boliche (|| juguete). || ~ **de rodamiento.** M. Méx. Rodamiento a bolas.

balido. M. Voz del carnero, el cordero, la oveja, la cabra, el gamo y el ciervo.

balimbín. M. Filip. camias.

balín. M. Bala de menor calibre que la ordinaria de fusil.

balinés, sa. ADJ. **1.** Natural de Bali. U. t. c. s. || **2.** Perteneciente o relativo a esta isla del archipiélago de la Sonda, en Asia.

balista. F. En los sitios de las ciudades y fortalezas, máquina para arrojar piedras de mucho peso.

balística. F. Estudio del movimiento y efectos de los proyectiles en el interior y en el exterior de las armas de fuego.

balístico, ca. ADJ. Perteneciente o relativo a la balista o a la balística. *Método balístico. Teoría balística.* □ V. misil ~.

balita. F. Filip. noticia (|| contenido de una comunicación).

baliza. F. **1.** Mar. Señal fija o móvil que se pone de marca para indicar lugares peligrosos o para orientación del navegante. || **2.** En el tráfico aéreo y terrestre, señal utilizada para fines semejantes.

balizamiento. M. Acción y efecto de balizar.

balizar. TR. **1.** Señalar con balizas las pistas de los aeropuertos y otras pistas terrestres o rutas aéreas. U. t. c. prnl. U. t. en sent. fig. *Un rumor de cucharillas y de tazas balizaba el mostrador del bar.* || **2.** Mar. Señalar con balizas un lugar en aguas navegables.

ballena. F. **1.** Cetáceo que llega a crecer hasta más de 30 m de longitud. Su color es, en general, oscuro por encima y blanquecino por debajo. Vive en todos los mares, preferentemente en los polares. || **2.** Cada una de las láminas córneas y elásticas que tiene la **ballena** en la mandíbula superior, y que, cortadas en tiras más o menos anchas, sirven para diferentes usos. || **3.** Cada una de estas tiras. □ V. **barba de ~, esperma de ~.**

ballenato. M. Cría de la ballena.

ballenera. F. Bote o lancha auxiliar que suelen llevar los barcos balleneros.

ballenero, ra. I. ADJ. **1.** Perteneciente o relativo a la pesca de la ballena. *Barco, arpón ballenero.* || **II.** M. **2.** Barco especialmente destinado a la captura de ballenas.

ballesta. F. **1.** hist. Arma portátil compuesta de una caja de madera como la del fusil moderno, con un canal por donde salían flechas y bodoques impulsados por la fuerza elástica de un muelle, transmitida por una cuerda tensa, que quedaba libre en el momento del disparo. || **2.** Muelle, en forma de arco, construido con varias láminas elásticas de acero superpuestas, utilizado en la suspensión de los vehículos. □ V. **pez ~.**

ballestazo. M. hist. Golpe dado con el proyectil de la ballesta.

ballestera. F. hist. En las naves o muros, tronera o abertura por donde se disparaban las ballestas.

ballestería. F. **1.** Arte de la caza mayor. || **2.** hist. Gente armada de ballestas.

ballestero. M. **1.** hist. Hombre que usaba la ballesta o servía con ella en la guerra. || **2.** hist. Fabricante de ballestas. || ~ **de maza.** M. hist. Cada uno de los maceros o porteros que había antiguamente en palacio, en los tribunales y ayuntamientos, etc. □ V. **hierba de ~.**

ballestilla. F. **1.** En carretería, balancín pequeño. || **2.** Mar. Arte de anzuelo y cordel, a modo de arco de ballesta.

ballestrinque. M. Mar. Nudo marinero que se forma con dos vueltas de cabo, dadas de tal modo que resultan cruzados los chicotes.

ballico. M. Planta vivaz de la familia de las Gramíneas, muy parecida a la cizaña, de la cual difiere en ser más baja y tener las espigas sin aristas. Es buena para pasto y para formar césped.

balneario, ria. I. ADJ. **1.** Perteneciente o relativo a los baños públicos, especialmente a los medicinales. *Instalaciones balnearias.* || **II.** M. **2.** Edificio con baños medicinales y en el cual suele darse hospedaje.

balneoterapia. F. Med. Tratamiento de las enfermedades por medio de baños generales o locales.

balompédico, ca. ADJ. Perteneciente o relativo al balompié.

balompié. M. fútbol.

balón. M. **1.** Pelota grande, usada en juegos o con fines terapéuticos. || **2.** fútbol. *Ya no se juega al balón en los estadios.* || **3.** Recipiente para contener gases. *Balón de aire.* || ~ **de oxígeno.** M. Alivio que se recibe en una situación comprometida. || **a ~ parado.** LOC.ADJ. Dep. Con el juego detenido y el **balón** situado en el lugar donde se ha cometido una falta o donde señala el reglamento. U. t. c. loc. adv.

balonazo. M. **1.** Golpe fuerte dado con un balón. || **2.** Disparo o tiro de balón.

baloncestista. COM. Jugador de baloncesto.

baloncestístico, ca. ADJ. Perteneciente o relativo al baloncesto.

baloncesto. M. Juego entre dos equipos de cinco jugadores cada uno, que consiste en introducir el balón en la cesta o canasta del contrario, situada a una altura determinada.

balonmanista - bambú

balonmanista. COM. Jugador de balonmano, especialmente si es profesional.

balonmanístico, ca. ADJ. Perteneciente o relativo al balonmano.

balonmano. M. Juego entre dos equipos de siete jugadores cada uno, que consiste en introducir el balón en la portería contraria siguiendo unas determinadas reglas, de las que la más característica es servirse de las manos.

balonvolea. M. *Esp.* voleibol.

balotaje. M. *Á. guar.* y *Á. R. Plata.* En el sistema electoral, segunda vuelta que se realiza entre los dos candidatos más votados cuando nadie ha obtenido la mayoría requerida.

balsa[1]. F. Hueco del terreno que se llena de agua, natural o artificialmente. ‖ **~ de aceite.** F. Lugar o situación muy tranquilos.

balsa[2]. F. **1.** Plataforma flotante, originariamente formada por maderos unidos. ‖ **2.** Árbol de América Meridional, del género de la ceiba, del que existen diversas variedades.

balsámico, ca. ADJ. Que tiene bálsamo o cualidades de tal. *Aceite balsámico.*

balsamina. F. **1.** Planta anual de la familia de las Cucurbitáceas, con tallos de cerca de un metro de altura, sarmentosos y llenos de zarcillos trepadores, hojas pequeñas, recortadas, semejantes a las de la vid, pedunculadas y de color verde brillante, flores axilares, dioicas, amarillas, encarnadas o blanquecinas, y fruto capsular, alargado, de color rojo amarillento, con semillas grandes en forma de almendra. Es planta americana, naturalizada en España. ‖ **2.** Planta perenne originaria del Perú, de la familia de las Balsamináceas, con tallo ramoso como de medio metro de altura, hojas gruesas, alternas y lanceoladas, flores amarillas y fruto redondo que, estando maduro, arroja con fuerza la semilla en cuanto se le toca. Se emplea en medicina para curar las llagas y heridas.

balsamináceo, a. ADJ. *Bot.* Se dice de las plantas herbáceas angiospermas, dicotiledóneas, con tallos generalmente carnosos, hojas sin estípulas, alguna vez con glándulas en los pecíolos, flores zigomorfas con cálices frecuentemente coloreados, que tienen uno de sus sépalos con espolón, y fruto en forma de cápsula carnosa; p. ej., la balsamina del Perú. U. t. c. s. f. ORTOGR. En f. pl., escr. con may. inicial c. taxón. *Las Balsamináceas.*

balsamita. F. jaramago.

bálsamo. M. **1.** Sustancia aromática, líquida y casi transparente en el momento en que por incisión se obtiene de ciertos árboles, pero que va espesándose y tomando color a medida que, por la acción atmosférica, los aceites esenciales que contiene se cambian en resina y en ácidos orgánicos. ‖ **2.** Se usa como nombre genérico para referirse a gran número de plantas y árboles americanos, pertenecientes a diferentes familias, que proporcionan sustancias balsámicas de propiedades medicinales. ‖ **3.** Consuelo, alivio. *Las vacaciones son un bálsamo para él.* ‖ **4.** Med. Medicamento compuesto de sustancias comúnmente aromáticas, que se aplica como remedio en las heridas, llagas y otras enfermedades. ‖ **~ del Canadá.** M. Oleorresina de una especie de abeto muy usada en preparaciones para el microscopio. ‖ **~ del Perú.** M. Resina muy parecida al bálsamo de Tolú, pero de calidad algo inferior. ‖ **~ de Tolú.** M. Resina extraída del tronco de un árbol de la familia de las Papilionáceas,

muy abundante en Colombia, que se usa en medicina como pectoral. ‖ **~ tranquilo.** M. Aceite de oliva preparado con plantas aromáticas y narcóticas que se emplea para fricciones. ‖ **ser algo, especialmente el buen vino añejo, un ~.** LOC.VERB. Ser muy generoso, de mucha fragancia y perfecto en su especie.

balsero, ra. M. y F. **1.** Persona que conduce una balsa. ‖ **2.** En el Caribe, persona que intenta llegar en balsa ilegalmente a otro país.

balso. M. *Mar.* Lazo grande, de dos o tres vueltas, que sirve para suspender pesos o elevar a los marineros a lo alto de los palos o a las vergas.

báltico, ca. ADJ. **1.** Perteneciente o relativo al mar Báltico o a los territorios que baña. ‖ **2.** Natural de alguno de estos territorios. U. t. c. s. ‖ **3.** Se dice de las lenguas indoeuropeas asentadas en la ribera del mar Báltico, que forman el grupo lingüístico del lituano, letón y antiguo prusiano. U. t. c. s. m. *El báltico.*

balto, ta. ADJ. hist. Se dice de uno de los linajes más ilustres de los godos. Apl. a pers., u. t. c. s.

baltoeslavo, va. ADJ. Se dice del conjunto de las lenguas bálticas y eslavas. U. t. c. s. m. *El baltoeslavo.*

baluarte. M. **1.** Obra de fortificación que sobresale en el encuentro de dos cortinas o lienzos de muralla y se compone de dos caras que forman ángulo saliente, dos flancos que las unen al muro y una gola de entrada. ‖ **2.** Amparo y defensa. *Baluarte de la religión.*

balumba. F. **1.** Bulto que hacen muchas cosas juntas. *Corrió con aquella balumba de madera sobre sus hombros.* ‖ **2.** Conjunto desordenado y excesivo de cosas. *La balumba ruidosa a que llamamos vida.*

balumbo. M. Cosa que abulta mucho y es más embarazosa por su volumen que por su peso.

bamba[1]. F. **1.** Bollo redondo relleno de crema, nata, etc. ‖ **2.** Ritmo bailable iberoamericano. ‖ **3.** Baile que se ejecuta con este ritmo.

bamba[2]. (De *Wamba*, marca reg.). F. **playera** (‖ zapatilla de lona).

bambalina. F. Cada una de las tiras de lienzo que cuelgan del telar del teatro y completan la decoración. ‖ **entre ~s.** LOC.ADV. **1.** A uno u otro lado del escenario, sin poder ser visto por el público. *El director observaba la escena entre bambalinas.* ‖ **2.** De manera encubierta. *Hacía guardia entre bambalinas.*

bambalinón. M. En los teatros, bambalina grande que, con los dos arlequines laterales, forma y regula la embocadura del escenario.

bambochada. F. Cuadro o pintura que representa borracheras o banquetes ridículos.

bamboleante. ADJ. Que se bambolea. *Escalera bamboleante.*

bambolear. I. TR. **1.** Hacer que alguien o algo oscile de forma compasada con un movimiento de vaivén. ‖ **II.** PRNL. **2.** Moverse a un lado y otro sin perder el sitio en que se está. U. t. en sent. fig. *Últimamente, su seriedad se bambolea.*

bamboleo. M. Acción y efecto de bambolear.

bambolla. F. **1.** Cosa fofa, abultada y de poco valor. ‖ **2.** coloq. Boato u ostentación excesiva y de más apariencia que realidad.

bambú o bambuc. M. Planta de la familia de las Gramíneas, originaria de la India, con tallo leñoso que llega a más de 20 m de altura, y de cuyos nudos superiores nacen ramos muy cargados de hojas grandes de color verde claro, y con flores en panojas derechas, ramosas y extendidas. Las cañas, aunque ligeras, son muy resistentes, y se emplean en la construcción de casas y en la fabricación de muebles, armas, instrumentos, vasijas y otros objetos; la corteza, en las fábricas de papel; los nudos proporcionan una especie de azúcar, y los brotes tiernos son comestibles. MORF. pl. **bambúes** –o **bambús**– o **bambucs**.

bambuco. M. **1.** Baile popular en Colombia y en la provincia ecuatoriana de Esmeraldas. ‖ **2.** Tonada de este baile.

bambula. F. Tejido ligero de algodón o fibra sintética, cuyo sistema de fabricación le produce unos pliegues o plisados permanentes.

banal. ADJ. Trivial, común, insustancial. *Palabras banales.*

banalidad. F. **1.** Cualidad de banal. ‖ **2.** Dicho banal.

banalización. F. Acción y efecto de banalizar.

banalizar. TR. Dar a algo carácter banal. U. t. c. prnl.

banana. F. **1.** plátano (‖ fruto). ‖ **2.** *Á. guar.* y *Á. R. Plata.* plátano (‖ planta musácea).

bananal. M. *Am. Cen.* y *Á. guar.* Plantación de bananos.

bananero, ra. I. ADJ. **1.** Perteneciente o relativo al banano. *Compañía bananera.* ‖ **2.** Dicho de un terreno: Poblado de bananos o plátanos. ‖ **3.** Dicho principalmente de ciertos países de Iberoamérica: **tercermundistas.** ‖ **II.** M. **4.** plátano (‖ planta musácea).

banano. M. **1.** plátano (‖ planta musácea). ‖ **2.** plátano (‖ fruto). ‖ **3.** cambur. ‖ **4.** *Am. Cen.* Fruta, variedad de plátano, que se come cruda.

banasta. F. Cesto grande formado de mimbres o listas de madera delgadas y entretejidas.

banasto. M. Banasta redonda.

banca. F. **1.** Asiento de madera, sin respaldo y a la manera de una mesa baja. ‖ **2.** Conjunto de entidades bancarias. ‖ **3.** Juego de naipes consistente en que uno de los participantes pone una cantidad de dinero y apunta a los demás, a las cartas que eligen, la cantidad que quieren. ‖ **4.** Cantidad de dinero así puesta. ‖ **5.** *Am.* **banco** (‖ asiento, con respaldo o sin él). ‖ **6.** *Á. Andes, Á. guar.* y *Á. R. Plata.* Puesto o asiento en el Parlamento, obtenido en elecciones. *La mayoría ganó treinta bancas y la minoría ganó diez bancas.* ‖ **estar en la ~.** LOC.VERB. *Chile.* **estar en el banco.**

bancada. F. **1.** *Mar.* Tabla o banco donde se sientan los remeros. ‖ **2.** *Mec.* Basamento firme para una máquina o conjunto de ellas. ‖ **3.** *Am.* Conjunto de los legisladores de un mismo partido. *Las palabras del orador fueron acogidas con entusiastas aplausos de la bancada oficialista.*

bancal. M. **1.** En las sierras y terrenos pendientes, rellano de tierra que natural o artificialmente se forma, y que se aprovecha para algún cultivo. ‖ **2.** Pedazo de tierra rectangular, dispuesto para plantar legumbres, vides, olivos u otros árboles frutales.

bancario, ria. ADJ. Perteneciente o relativo al **banco** (‖ empresa dedicada a operaciones financieras). ☐ V. **descubierto ~, efectos ~s.**

bancarización. F. *Econ.* Acción y efecto de bancarizar.

bancarizar. TR. *Econ.* Desarrollar las actividades sociales y económicas de manera creciente a través de la banca.

bancarrota. F. **1.** Quiebra comercial, y más comúnmente la completa o casi total que procede de falta grave, o la fraudulenta. ‖ **2.** Ruina económica. ‖ **3.** Desastre, hundimiento, descrédito de un sistema o doctrina.

banco. M. **1.** Asiento, con respaldo o sin él, en que pueden sentarse varias personas. ‖ **2.** Tablero que se coloca horizontalmente sobre cuatro pies y sirve como de mesa para muchas labores de los carpinteros, cerrajeros, herradores y otros artesanos. ‖ **3.** En los mares, ríos y lagos navegables, bajo que se prolonga en una gran extensión. ‖ **4.** Conjunto de peces que van juntos en gran número. ‖ **5.** Empresa dedicada a realizar operaciones financieras con el dinero procedente de sus accionistas y de los depósitos de sus clientes. ‖ **6.** Establecimiento médico donde se conservan y almacenan órganos, tejidos o líquidos fisiológicos humanos para cubrir necesidades quirúrgicas, de investigación, etc. *Banco de ojos. Banco de sangre.* ‖ **7.** *Geol.* Estrato de gran espesor. ‖ **~ azul.** M. En las Cortes españolas, conjunto de los asientos de los ministros del Gobierno. ‖ **~ de arena.** M. Bajío arenoso en el mar o en un río. ‖ **~ de datos.** M. *Inform.* Acopio de datos referidos a una determinada materia, que puede ser utilizado por diversos usuarios. ‖ **~ de hielo.** M. Extensa planicie formada de agua del mar congelada, que, en las regiones polares o procedente de ellas, flota en el mar. ‖ **~ de negocios.** M. El especializado en operaciones de inversión. ‖ **~ de niebla.** M. Masa de niebla que se halla diseminada en una superficie. ‖ **~ de piedra.** M. Veta de una cantera, que contiene una sola especie de piedra. ‖ **~ de pruebas.** M. *Ingen.* Instalación provista de aparatos y dispositivos, que permite medir las características de una máquina simulando las condiciones de su funcionamiento real. ‖ **estar en el ~** un jugador. LOC.VERB. En algunos deportes, permanecer en un banco lateral, destinado a los suplentes, fuera del terreno de juego, a la espera de ser llamado a intervenir en el juego. ☐ V. **billete de ~, pata de ~, salida de pie de ~, tornillo de ~.**

banda¹. F. **1.** Cinta ancha o tafetán de colores determinados que se lleva atravesada desde un hombro al costado opuesto, distintivo de los oficiales militares y de determinadas órdenes civiles o militares. ‖ **2.** Tira o trozo alargado de algo. *La falda lleva una banda de raso en el bajo.* ‖ **3.** *Fís.* Intervalo definido en el campo de variación de una magnitud física. ‖ **4.** *Heráld.* Pieza honorable que representa la insignia de una distinción honorífica o del grado de las altas jerarquías militares, y que se coloca diagonalmente de derecha a izquierda. ‖ **5.** *Am.* Correa del ventilador del coche. ‖ **~ ancha.** F. *Inform.* Intervalo de frecuencias que permite la transmisión de datos y de señales de audio y vídeo a alta velocidad. ‖ **~ de frecuencia.** F. *Telec.* En radiodifusión y televisión, intervalo de frecuencias entre dos límites definidos, que condiciona su aplicación. ‖ **~ de rodadura.** F. Parte del neumático que está en contacto con el suelo. ‖ **~ de sonido.** F. **banda sonora** (‖ franja de una película). ‖ **~ magnética.** F. En las tarjetas electrónicas, espacio en el que, por magnetización, quedan registrados determinados datos. ‖ **~ sonora.** F. **1.** Franja de la película cinematográfica, donde está registrado el sonido. ‖ **2.** Música de una obra cinematográfica. ☐ V. **ancho de ~.**

banda². F. **1.** Grupo de gente armada. ‖ **2.** Bandada, manada. ‖ **3.** Pandilla juvenil con tendencia al comportamiento agresivo. ‖ **4.** Conjunto de tambores y cornetas, o de músicos que pertenecen a institutos armados de a pie, o de trompetas que sirven en cuerpos montados del Ejército. A veces la banda comprende toda clase de instrumentos de viento. ‖ **5.** Conjunto de instrumentistas, con cantantes o sin ellos, que interpreta alguna forma de música popular. ‖ **6.** Lado de algunas cosas. *De la banda de acá del río. De la banda de allá del monte.* ‖ **7.** Zona limitada por cada uno de los dos lados más largos de un campo deportivo, y otra línea exterior, que suele ser la del comienzo de las localidades donde se sitúa el público. ‖ **8.** Borde o cerco que tienen las mesas de billar. ‖ **9.** *Mar.* Costado de la nave. ‖ **a dos,** o **tres,** etc., **~s.** LOCS.ADJS. **1.** Dicho del billar: Que se juega de modo que la bola impulsada deba tocar varias bandas de la mesa antes de hacer carambola. U. t. c. locs. advs. *Jugar a tres bandas.* ‖ **2.** Dicho de una reunión, de un proyecto, etc.: En la que intervienen dos o más partes o elementos. *Una reunión a dos bandas.* U. t. c. locs. advs. *Pactaron a cuatro bandas.* ‖ **arriar en ~.** LOC.VERB. *Mar.* Soltar enteramente los cabos. ‖ **dar a la ~.** LOC.VERB. *Mar.* Tumbar la embarcación sobre un costado para descubrir sus fondos y limpiarlos o componerlos. ‖ **de ~ a ~.** LOC.ADV. De parte a parte, o de uno a otro lado. ‖ **estar en ~.** LOC. VERB. *Mar.* Pender en el aire moviéndose. *Este cabo está en banda.*

banda³. □ V. **arroz a ~.**

bandada. F. **1.** Grupo numeroso de aves o animales alados que vuelan juntos. ‖ **2.** Número crecido de peces que se desplazan juntos. ‖ **3.** Tropel o grupo bullicioso de personas.

bandazo. M. **1.** *Mar.* Movimiento o balance violento que da una embarcación hacia babor o estribor. ‖ **2.** Movimiento semejante de alguien o algo. *El automóvil iba dando bandazos por la autopista.* ‖ **3.** Cambio brusco de rumbo o de actitud. *Los bandazos de la política gubernamental.* ‖ **dar ~s.** LOC.VERB. Vivir de manera inestable, sin lograr lo que se persigue.

bandeado, da. PART. de **bandear.** ‖ ADJ. **listado.**

bandear. **I.** TR. **1.** *Am.* Atravesar, pasar de parte a parte, taladrar. ‖ **2.** *Am.* Cruzar un río de una banda a otra. ‖ **II.** PRNL. **3.** Saberse gobernar o ingeniar para satisfacer las necesidades de la vida o para salvar otras dificultades.

bandeja. F. **1.** Pieza de metal o de otra materia, plana o algo cóncava, para servir, presentar o depositar cosas. ‖ **2.** En un automóvil, pieza horizontal, plana y a veces abatible, situada entre los asientos y el cristal traseros, y destinada a depositar objetos. ‖ **3.** Pieza movible, en forma de caja descubierta y de poca altura, que divide horizontalmente el interior de un baúl, maleta, etc. ‖ **4.** Cajón de mueble con pared delantera rebajada o sin ella. ‖ **~ de entrada.** F. *Inform.* En un programa de correo electrónico, subdirectorio en el que se almacenan todos los mensajes que se han recibido. ‖ **~ de salida.** F. *Inform.* En un programa de correo electrónico, subdirectorio en el que se almacenan mensajes aún no transmitidos. ‖ **pasar la ~.** LOC.VERB. Hacerlo para recoger donativos o limosnas. ‖ **poner,** o **servir,** algo **en ~,** o **en ~ de plata,** a alguien. LOCS.VERBS. coloqs. Darle grandes facilidades para que consiga algo.

bandera. F. **1.** Tela de forma comúnmente rectangular, que se asegura por uno de sus lados a un asta o a una driza y se emplea como enseña o señal de una nación, una colectividad o una institución. ‖ **2.** Nacionalidad a que pertenecen los buques que la ostentan. *Un barco de bandera argentina.* ‖ **3.** Tela con marcas y colores distintivos que se utiliza para hacer señales. ‖ **4.** Insignia de una unidad militar que lleva incluido un símbolo o

distintivo que le es propio. ‖ **5.** Gente o tropa que milita debajo de una misma bandera. ‖ **6.** Cada una de las compañías de los antiguos tercios españoles, y también actualmente de ciertas unidades tácticas. ‖ **~ blanca.** F. La que se enarbola en deseo de parlamento o rendición y, en los buques, en señal de amistad. ‖ **~ de combate.** F. La nacional de gran tamaño que largan los buques en las acciones de guerra y en las grandes solemnidades. ‖ **~ de inteligencia.** F. *Mar.* La que, con arreglo al código de señales, sirve para indicar que se han entendido las comunicaciones recibidas. ‖ **~ de paz.** F. Convenio y ajuste cuando ha habido disensión. ‖ **~ negra.** F. **1.** hist. La de este color, que izaban los piratas u otras fuerzas para anunciar que no daban ni esperaban cuartel. ‖ **2.** Se usa para denotar rigor o rigor extremado contra algo o contra alguien. ‖ **a ~s desplegadas.** LOC.ADV. De manera abierta o descubierta, con toda libertad. ‖ **abatir ~s.** LOC.VERB. *Mil.* Hacer reverencia con ellas al superior o al vencedor en una contienda. ‖ **alzar ~,** o **~s.** LOCS.VERBS. **levantar bandera.** ‖ **arriar ~,** o **la ~,** o buque. LOCS.VERBS. *Mar.* Rendirse al enemigo. ‖ **dar** a alguien **la ~.** LOC.VERB. Cederle la primacía, reconocerle ventaja en alguna materia. ‖ **de ~.** LOC.ADJ. Excelente en su clase. ‖ **hasta la ~.** LOC.ADJ. Dicho de un recinto para espectáculos públicos: **repleto.** U. t. c. loc. adv. ‖ **jurar ~,** o **la ~.** LOCS.VERBS. Prestar juramento militar o civil ante la bandera. ‖ **levantar ~,** o **~s.** LOCS.VERBS. **1.** Convocar gente de guerra. ‖ **2.** Hacerse cabeza de un bando, grupo o tendencia. ‖ **rendir la ~.** LOC.VERB. **1.** *Mar.* Arriarla en señal de respeto y cortesía. ‖ **2.** *Mil.* hist. Inclinarla en honor de la eucaristía. ‖ **seguir la ~** de alguien. LOC.VERB. Ser de su opinión, bando o partido. □ V. **bajada de ~, cuarto de ~s, jura de ~, jura de la ~, juramento a la ~.**

banderazo. M. *Méx.* bajada de bandera.

bandería. F. bando (‖ facción).

banderilla. F. **1.** Palo delgado de siete a ocho decímetros de largo, armado de una lengüeta de hierro en uno de sus extremos, y que, revestido de papel picado y adornado a veces con una bandera pequeña, usan los toreros para clavarlo en el cerviguillo de los toros. ‖ **2.** Tapa de aperitivo pinchada en un palillo. ‖ **3.** *Méx.* Pan dulce en forma de barra aplanada.

banderillear. TR. Poner banderillas a los toros.

banderillero, ra. M. y F. Torero que pone banderillas.

banderín. M. **1.** Bandera pequeña usada como emblema de instituciones, equipos deportivos, etc. ‖ **2.** Cabo o soldado que sirve de guía a la infantería en sus ejercicios, y lleva al efecto una bandera pequeña en la bayoneta. ‖ **~ de enganche.** M. **1.** Oficina destinada a la inscripción de voluntarios para el servicio militar. ‖ **2.** Consigna o idea que sirve para atraer simpatizantes a una empresa o causa.

banderizo, za. ADJ. Que sigue un bando (‖ facción). U. t. c. s.

banderola. F. **1.** Bandera pequeña, como de 30 cm en cuadro y con asta, que tiene varios usos en la milicia, en la topografía y en la marina. ‖ **2.** *Á. guar.* y *Á. R. Plata.* montante (‖ ventana sobre una puerta).

bandidaje. M. bandolerismo.

bandido, da. **I.** ADJ. **1.** Fugitivo de la justicia reclamado por bando¹. U. t. c. s. ‖ **II.** M. y F. **2.** Persona que roba en los despoblados, salteador de caminos. ‖ **3.** Persona perversa, engañadora o estafadora. U. t. c. adj.

U. t. en sent. fest. o afect. *El muy bandido no puede ser más simpático.*

bando¹. M. Edicto o mandato solemnemente publicado de orden superior.

bando². M. **1.** Facción, partido. ‖ **2. bandada** (‖ de aves). ‖ **3. banco** (‖ conjunto de peces). ‖ **del otro ~.** LOC.ADJ. *Méx.* Dicho de una persona: **homosexual.**

bandola. F. **mandolina.**

bandolera. F. Correa que cruza por el pecho y la espalda desde uno de los hombros hasta la cadera contraria y sirve para colgar un arma o cualquier otro objeto. ‖ **en ~.** LOC.ADV. En forma de **bandolera**, cruzando desde uno de los hombros hasta la cadera contraria.

bandolerismo. M. **1.** Existencia continuada de bandoleros en una comarca. ‖ **2.** Conjunto de actos violentos propios de los bandoleros.

bandolero, ra. M. y F. **1. bandido** (‖ persona que roba en los despoblados). ‖ **2. bandido** (‖ persona perversa).

bandolina¹. F. hist. Mucílago que servía para mantener asentado el cabello después de atusado.

bandolina². F. **mandolina.**

bandolinista. COM. Músico que toca la **bandolina².**

bandolón. M. Instrumento musical semejante en la forma a la bandurria, pero del tamaño de la guitarra. Sus cuerdas, de acero unas, de latón otras, y de entorchado las demás, son 18, repartidas en seis órdenes de a tres, y se hace sonar con una púa.

bandolonista. COM. Músico que toca el bandolón.

bandoneón. M. Variedad de acordeón, de forma hexagonal y escala cromática, muy popular en la Argentina.

bandoneonista. COM. Persona que toca el bandoneón.

bandujo. M. Tripa grande de cerdo, carnero o vaca, llena de carne picada.

bandurria. F. Instrumento musical de cuerda compuesto por una caja de resonancia en forma aovada, un mástil corto con trastes y seis cuerdas dobles que se hacen sonar con púa.

bandurrista. COM. Músico que toca la bandurria.

bangaña. F. *Am. Cen.* y *Á. Caribe.* Fruto de ciertas cucurbitáceas cuya cáscara se utiliza como vasija.

bangladesí. ADJ. **1.** Natural de Bangladés. U. t. c. s. ‖ **2.** Perteneciente o relativo a este país de Asia. ¶ MORF. pl. **bangladesíes** o **bangladesís.**

banilejo, ja. ADJ. **1.** Natural de Peravia, provincia de la República Dominicana, o de Baní, su capital. U. t. c. s. ‖ **2.** Perteneciente o relativo a esta provincia o a su capital.

banjo. M. banyo.

banquero, ra. M. y F. **1.** Persona que posee o gestiona una entidad bancaria. ‖ **2.** En ciertos juegos de cartas, persona que lleva la banca.

banqueta. F. **1.** Asiento de tres o cuatro pies y sin respaldo. ‖ **2.** Banco corrido y sin respaldo. ‖ **3. escabel** (‖ tarima pequeña para los pies). ‖ **4.** *Méx.* **acera** (‖ orilla de la calle).

banquete. M. **1.** Comida a la que concurren muchas personas para celebrar algún acontecimiento. ‖ **2.** Comida espléndida.

banquetear. TR. Dar banquetes o participar en ellos con frecuencia. U. t. c. intr. y c. prnl.

banquetero, ra. I. ADJ. **1.** *Chile.* Perteneciente o relativo a los banquetes. *Chef banquetero.* ‖ **II.** M. y F. **2.** *Chile.* Persona que tiene a su cargo el servicio gastronómico en fiestas sociales.

banquillo. M. **1.** Asiento en que se coloca el procesado ante el tribunal. ‖ **2.** *Dep.* Lugar de espera de los jugadores reservas y entrenadores, fuera del terreno de juego.

banquina. F. *Á. guar.* y *Á. R. Plata.* **arcén** (‖ margen a los lados de la calzada).

banquisa. F. Conjunto de placas de hielo flotantes en la región de los mares polares.

bantú. ADJ. **1.** Se dice de un grupo de lenguas afines habladas en el África ecuatorial y meridional por pueblos de caracteres étnicos diversos. U. t. c. s. m. *El bantú.* ‖ **2.** Se dice del individuo de uno de los pueblos que hablan lenguas **bantúes.** U. t. c. s. ¶ MORF. pl. **bantúes** o **bantús.**

banyo. M. Instrumento musical de cuerda que se compone de una caja de resonancia redonda cubierta por una piel tensada, un mástil largo con trastes y un número variable de cuerdas que se hacen sonar con los dedos o con púa.

baña. F. *Cineg.* **bañadero.**

bañadera. F. **1.** *Am.* **baño** (‖ pila). ‖ **2.** *Á. R. Plata.* hist. Ómnibus descubierto en el que se realizaban paseos o excursiones.

bañadero. M. Charco o lugar donde suelen bañarse y revolcarse los animales monteses.

bañado. M. *Am.* Terreno húmedo, a trechos cenagoso y a veces inundado por las aguas pluviales o por las de un río o laguna cercana.

bañador. M. Prenda, generalmente de una pieza, usada para bañarse en playas, piscinas, etc.

bañar. TR. **1.** Meter el cuerpo, o parte de él, en el agua o en otro líquido, por limpieza, para refrescarse o con un fin medicinal. U. t. c. prnl. ‖ **2.** Sumergir algo en un líquido. *Bañar el anzuelo.* ‖ **3.** Dicho del agua del mar, de un río, etc.: Tocar un lugar. *El río baña las murallas de la ciudad.* ‖ **4.** Cubrir algo con una capa de otra sustancia, mediante su inmersión en esta o untándolo con ella. *Bañar las fresas en chocolate.* ‖ **5.** Dicho del sol, de la luz o del aire: Dar de lleno en algo. ‖ **6.** *Pint.* Dar una mano de color transparente sobre otro.

bañera. F. **1. baño** (‖ pila). ‖ **2.** *Dep.* Badén que se forma en una pista de esquí en los lugares que giran los esquiadores. ‖ **3.** *Dep.* En alpinismo, escalón grande que hace en el hielo el primer escalador de una cordada para reunirse con los demás.

bañero, ra. M. y F. Persona que cuida de los baños y sirve a quienes se bañan.

bañista. COM. **1.** Persona que concurre a tomar baños. ‖ **2. agüista.**

baño. M. **1.** Acción y efecto de bañar. ‖ **2.** Acción y efecto de someter el cuerpo o parte de él al influjo intenso o prolongado de un agente físico, ya sea calor, frío, vapor, sol, lodo, etc. ‖ **3.** Agua o líquido para bañarse. *Tienes preparado el baño.* ‖ **4.** Pila que sirve para **bañar** (‖ lavar todo el cuerpo o parte de él). ‖ **5.** Sitio donde hay aguas para bañarse. *Un manantial de aguas calientes y famosos baños.* ‖ **6. cuarto de baño.** *Ya han limpiado el baño de señoras.* ‖ **7. retrete** (‖ aposento). *Al fondo hay otro baño.* ‖ **8.** Capa de materia extraña con que queda cubierta la cosa bañada; p. ej., la de azúcar en los dulces, la de cera en varios objetos o la de plata u oro en cubiertos y alhajas. ‖ **9. barniz** (‖ noción superficial de una ciencia). *Del curso le ha quedado un baño de cultura general.* ‖ **10.** *Quím.* Dispositivo de calentamiento mediante la interposición de alguna materia entre la fuente de calor y lo que se calienta. *Baño de arena. Baño de cenizas.* ‖ **11.** pl. **balneario** (‖ edificio con aguas medicinales). ‖ **~ de asiento.** M. Med. Aquel en el cual se sienta en la bañera quien lo toma, con objeto de no mojarse más que las piernas, las caderas y las nalgas. ‖ **~ de María.** M. baño María. ‖ **~ de multitudes.** M. Inmersión en un ambiente populoso y entusiasta. ‖ **~ de sangre.** M. Matanza de un elevado número de personas. ‖ **~ María,** o **~ maría.** M. **1.** Recipiente con agua puesto a la lumbre y en el cual se mete otra vasija para que su contenido reciba un calor suave y constante en ciertas operaciones químicas, farmacéuticas o culinarias. ‖ **2.** Procedimiento para calentar el contenido de una vasija con este recipiente. ‖ **~ ruso.** M. Méx. baño de vapor seguido de un masaje y un baño en agua fría. ‖ **~ turco.** M. baño en que se somete el cuerpo o parte de él a la acción del vapor de agua o de otro líquido caliente. ‖ **medio ~.** M. Méx. **cuarto de aseo.** ‖ **darse** alguien **~s de pureza.** LOC. VERB. Méx. Aparentar inocencia. ‖ **dar un ~** a alguien. LOC.VERB. coloq. En un debate, oposición o contienda, superarlo amplia y ostensiblemente. ☐ V. **casa de ~s, cuarto de ~, sales de ~, salida de ~, traje de ~.**

bao. M. Mar. Cada una de las vigas que, puestas de trecho en trecho de un costado a otro del buque, sirven de consolidación y para sostener las cubiertas.

baobab. M. Árbol del África tropical, de la familia de las Bombacáceas, con tronco derecho de 9 a 10 m de altura y hasta 10 de circunferencia, ramas horizontales de hasta 20 m de largo, flores grandes y blancas y frutos capsulares, carnosos y de sabor acídulo. MORF. pl. **baobabs.**

baptismo. M. Doctrina religiosa protestante cuya idea esencial es que el bautismo solo debe ser administrado a los adultos.

baptista. ADJ. **1.** Perteneciente o relativo al baptismo. *Iglesia baptista.* ‖ **2.** Adepto a dicha doctrina. U. t. c. s.

baptisterio. M. **1.** Sitio donde está la pila bautismal. ‖ **2.** pila bautismal. ‖ **3.** Arq. Edificio, por lo común de planta circular o poligonal, próximo a un templo y generalmente pequeño, donde se administraba el bautismo.

baqueano, na. ADJ. baquiano.

baquelita. (De *Bakelite*, marca reg.). F. Resina sintética que se obtiene calentando formaldehído y fenol en presencia de un catalizador. Tiene mucho uso en la industria, especialmente en la preparación de barnices y lacas y en la fabricación de objetos moldeados.

baquericense. ADJ. **1.** Natural de Puerto Baquerizo Moreno. U. t. c. s. ‖ **2.** Perteneciente o relativo a esta ciudad de Ecuador, capital de la provincia de Galápagos.

baqueta. F. **1.** hist. Vara delgada de hierro o madera, con un anillo o abrazadera de cuerno o metal en uno de sus extremos, que servía para atacar las armas de fuego y para desembarazar su ánima. ‖ **2.** hist. Castigo que consistía en correr el reo, con la espalda desnuda, por entre dos filas de soldados, que lo azotaban. ‖ **3.** pl. Palillos con que se toca el tambor.

baquetazo. M. hist. Golpe dado con la baqueta.

baqueteado, da. PART. de **baquetear.** ‖ ADJ. **1.** Maltratado por una situación o vida difíciles. *Baqueteados por el trajín del viaje.* ‖ **2.** Experimentado en un trabajo, en un negocio, etc. *Una persona muy baqueteada en estas lides tras sus muchos años de colaboración.*

baquetear. TR. Tratar con dureza o violencia algo o a alguien o someterlos a condiciones difíciles o duras. *Los muebles están bastante baqueteados.*

baquiano, na. ADJ. **1.** Experto, versado. *Nunca había conocido a alguien tan baquiano como Josefina.* ‖ **2.** Experimentado en caminos, trochas y atajos. U. t. c. s.

báquico, ca. ADJ. **1.** Perteneciente o relativo a Baco, dios del vino en la mitología clásica. *Culto báquico.* ‖ **2.** Perteneciente o relativo a la embriaguez. *Ambiente báquico.*

báquiro. M. Á. Caribe. saíno.

bar¹. M. Local en que se despachan bebidas que suelen tomarse de pie, ante el mostrador.

bar². M. Fís. Unidad de medida de la presión atmosférica, equivalente a 100 000 pascales. (Símb. *bar*).

baracaldés, sa. ADJ. **1.** Natural de Baracaldo. U. t. c. s. ‖ **2.** Perteneciente o relativo a esta ciudad de la provincia de Vizcaya, en España.

barahonero, ra. ADJ. **1.** Natural de Barahona. U. t. c. s. ‖ **2.** Perteneciente o relativo a esta provincia de la República Dominicana o a su capital.

barahúnda. F. Ruido y confusión grandes.

baraja. F. **1.** Conjunto de cartas o naipes que sirven para juegos de azar. ‖ **2.** Gama amplia de posibilidades u opciones. *Una baraja de nombres para la democracia.* ‖ **jugar** alguien **con dos ~s.** LOC.VERB. coloq. Proceder con doblez. ‖ **romper la ~.** LOC.VERB. Cancelar un trato o un pacto, o romper unas negociaciones. *O jugamos todos o rompemos la baraja.*

barajadura. F. Acción de barajar.

barajar. TR. **1.** En el juego de naipes, mezclarlos unos con otros antes de repartirlos. ‖ **2.** En las reflexiones o hipótesis que preceden a una resolución, considerar las distintas posibilidades o probabilidades que pueden darse. ‖ **3.** Mezclar y revolver unas personas o cosas con otras. *Argumentaba barajando definiciones del diccionario.* U. t. c. prnl. ‖ **4.** Mar. **barajar la costa.** ‖ **5.** Á. R. Plata. Recoger o recibir algo en el aire. ‖ **barajárselas.** LOC. VERB. coloq. Manejarse bien, resolver con tino los problemas o las situaciones.

barajear. TR. Méx. barajar (‖ mezclar los naipes).

barajón. M. Bastidor de madera que se ata debajo del pie para que este no se hunda al andar sobre la nieve. Se hace también de una tabla con tres agujeros en los cuales entran los tarugos de las almadreñas. U. m. en pl.

barajustar. INTR. Á. Caribe. Salir huyendo impetuosamente.

baraka. F. **1.** En Marruecos, don divino atribuido a los jerifes o morabitos. ‖ **2.** fortuna (‖ suerte favorable).

baranda. F. barandilla.

barandado. M. barandilla.

barandaje. M. barandilla.

barandal. M. **1.** Listón de hierro u otra materia sobre el que se sientan los balaustres. ‖ **2.** Listón que los sujeta por arriba. ‖ **3.** barandilla.

barandilla. F. Antepecho compuesto de balaustres de madera, hierro, bronce u otra materia, y de los barandales que los sujetan, utilizado comúnmente para los balcones, pasamanos de escaleras y división de piezas.

barangay. M. **1.** hist. En Filipinas, cada uno de los grupos de 45 a 50 familias de raza indígena o de mestizos en que se dividía la vecindad de los pueblos, y que estaba bajo la dependencia y vigilancia de un jefe. ‖ **2.** Filip. Barrio, zona o pequeño distrito en una población. ¶ MORF. pl. **barangayes.**

barangayán. M. *Filip.* Bote grande de remos, muy rápido y de poco calado, hecho con tablas sobrepuestas en forma de tingladillo, no clavadas, sino sujetas a las cuadernas con bejuco y calafateadas con resina y filamentos de la drupa del coco, que se gobierna con espadilla en lugar de timón.

barata[1]. F. *Méx.* **barato** (‖ venta a bajo precio).

barata[2]. F. *Chile.* **cucaracha.**

baratear. TR. Dar algo por menos de su precio ordinario.

baratero, ra. **I.** M. y F. **1.** *Méx.* Comerciante que vende barato. ‖ **II.** M. **2.** hist. Hombre que de grado o por fuerza cobraba el barato de los jugadores.

baratija. F. Cosa menuda y de poco valor. U. m. en pl.

baratillero, ra. M. y F. Persona que tiene baratillo.

baratillo. M. **1.** Conjunto de cosas de lance, o de poco precio, que están de venta en lugar público. ‖ **2.** Tienda o puesto en que se venden. ‖ **3.** Sitio fijo en que se hacen estas ventas.

barato, ta. **I.** ADJ. **1.** Dicho de una cosa: Vendida, comprada u ofrecida a bajo precio. ‖ **2.** Que se logra con poco esfuerzo. *Excusas baratas.* ‖ **II.** M. **3.** hist. Porción de dinero que daba voluntariamente quien ganaba en el juego. ‖ **III.** ADV.M. **4.** Por poco precio. *Lo he comprado barato.* ‖ **de barato.** LOC.ADV. De balde, sin interés. ‖ **lo ~ es caro.** EXPR. Se usa para dar a entender que lo que cuesta poco suele salir caro por su mala calidad o poca duración.

báratro. M. poét. **infierno** (‖ lugar de castigo eterno).

baratura. F. Bajo precio de las cosas en venta.

baraúnda. F. **barahúnda.**

barba. F. **1.** Parte de la cara que está debajo de la boca. ‖ **2.** Pelo que nace en la cara, desde la zona situada ante las orejas hasta el arranque del cuello, cubriendo la barba y las mejillas. *Se dejó crecer la barba.* U. t. en pl. con el mismo significado que en sing. ‖ **3.** Este mismo pelo crecido y, por lo general, cuidado y recortado. U. t. en pl. con el mismo significado que en sing. ‖ **4.** Conjunto de filamentos que recuerdan las barbas. U. t. en pl. con el mismo significado que en sing. ‖ **5.** En el ganado cabrío, mechón de pelo pendiente del pellejo que cubre la quijada inferior. ‖ **6.** Carúnculas colgantes que en la mandíbula inferior tienen algunas aves. ‖ **7. barba de ballena.** ‖ **8.** pl. Bordes desiguales del papel de hilo que se hace en molde pliego a pliego. ‖ **9.** pl. Colgantes, virutas, rebabas, etc., en adornos y herramientas. ‖ **10.** pl. Aristas o filamentos de la espiga. ‖ **11.** pl. *Zool.* Filamentos que guarnecen el astil de la pluma, generalmente unidos entre sí por medio de otros más tenues que hay en sus bordes. ‖ **12.** pl. *Am.* Flecos de un pañolón, de un rebozo, de una colcha, etc. ‖ **~ amarilla.** F. *Am. Cen.* Serpiente centroamericana muy venenosa, con la mandíbula inferior de color ocre y con bandas claras laterales a lo largo del cuerpo. ‖ **~ cabruna.** F. Planta perenne de la familia de las Compuestas, de unos ocho decímetros de altura, con tallo lampiño, hojas lisas y lanceoladas, flores amarillas y raíz comestible después de cocida. ‖ **~ cerrada.** F. La muy espesa que crece con fuerza. ‖ **~ corrida.** F. La del hombre que se la deja crecer toda sin afeitar ninguna parte de ella. ‖ **~ de ballena.** F. **ballena** (‖ lámina córnea de la ballena). ‖ **~ de cabra.** F. Hierba vivaz de la familia de las Rosáceas, con tallos delgados de 60 a 70 cm, hojas partidas, duras, ásperas y dentadas, y flores en panojas colgantes, blancas y de buen olor.

‖ **~s de chivo.** **I.** F. **1.** pl. Planta anual de la familia de las Gramíneas, con hojas radicales muy delgadas, de unos 5 cm de largo, que forman un césped, del cual salen cañas lampiñas de unos 20 cm. Las flores forman panoja cilíndrica, blanca y brillante, y las aristas son muy finas por la parte superior. ‖ **2.** pl. coloq. barbas largas en el mentón. ‖ **II.** M. **3.** coloq. Hombre que las tiene de este modo. ‖ **~ a ~.** LOC.ADV. cara a cara. ‖ **~s tiesas.** *Méx.* Se usa para expresar reprobación o extrañeza. ‖ **con la ~ sobre el hombro.** LOC.ADV. Con vigilancia y cuidado. *Estar, andar, vivir con la barba sobre el hombro.* ‖ **con toda la ~.** LOC.ADJ. Con todas las cualidades a que se hace referencia. *Es un escritor con toda la barba.* ‖ **en las ~s** de alguien. LOC.ADV. En su presencia, a su vista, en su cara. ‖ **fondear a ~ de gato.** LOC.VERB. *Mar.* Fondear con dos anclas, de manera que sus cables formen aproximadamente ángulo recto. ‖ **por ~.** LOC.ADV. Por cabeza o por persona. *A croqueta por barba.* ‖ **por mis ~s.** EXPR. *Esp.* Se usa como fórmula de juramento para aseverar algo. □ V. **papel de ~.**

barbacana. F. **1.** *Mil.* Obra avanzada y aislada para defender puertas de plazas, cabezas de puente, etc. ‖ **2.** Muro bajo con que se suelen rodear las plazas que algunas iglesias tienen alrededor de ellas o delante de alguna de sus puertas.

barbacoa. F. **1.** Parrilla usada para asar al aire libre carne o pescado. ‖ **2.** Conjunto de alimentos preparados en una barbacoa. *Comieron una barbacoa de pescado.* ‖ **3.** *Á. Caribe.* Zarzo cuadrado u oblongo, sostenido con puntales, que sirve de camastro. ‖ **4.** *Á. Caribe.* Casa pequeña construida en alto sobre árboles o estacas. ‖ **5.** *Á. Caribe.* Zarzo o tablado tosco en lo alto de las casas, donde se guardan granos, frutos, etc.

barbada. F. **1.** Cadenilla o hierro curvo que se pone a las caballerías por debajo de la barba, atravesada de un lado a otro del freno, para guiarlas y sujetarlas. ‖ **2.** Pez teleósteo, parecido al abadejo, pero de cabeza más gruesa, dos aletas dorsales en vez de tres, y una barbilla en la mandíbula inferior, a lo cual debe el nombre. Vive en el Mediterráneo, crece hasta unos siete decímetros de largo, es negruzco por el lomo y azul plateado por el abdomen.

barbadense. ADJ. **1.** Natural de Barbados. U. t. c. s. ‖ **2.** Perteneciente o relativo a este país de América.

barbado, da. PART. de **barbar.** ‖ **I.** ADJ. **1.** Que tiene barba. *Rostro barbado.* Apl. a pers., u. t. c. s. ‖ **II.** M. **2.** Árbol que se planta con raíces, o sarmiento con ellas que sirve para plantar viñas.

barbaján. ADJ. *Méx.* Tosco, rústico, brutal. U. t. c. s.

barbar. INTR. Dicho de un hombre: Echar barba.

Bárbara. acordarse de santa ~ cuando truena. LOC. VERB. *Esp.* No pensar en prevenir un peligro o una contrariedad hasta que se ha presentado.

barbárico, ca. ADJ. hist. Perteneciente o relativo a los pueblos bárbaros.

barbaridad. F. **1.** Cualidad de bárbaro. ‖ **2.** Dicho o hecho necio o temerario. ‖ **3.** Acción o acto exagerado o excesivo. ‖ **4.** coloq. Cantidad grande o excesiva. *Ganan barbaridades de dinero.* ‖ **qué ~.** LOC. INTERJ. Se usa para indicar asombro, admiración o extrañeza. ‖ **una ~.** LOC. ADV. Muchísimo, con exceso. *Sufre una barbaridad.*

barbarie. F. **1.** Rusticidad, falta de cultura. ‖ **2.** Fiereza, crueldad.

barbarismo. M. **1.** Incorrección que consiste en pronunciar o escribir mal las palabras, o en emplear vocablos impropios. ‖ **2.** coloq. **barbarie** (‖ falta de cultura). ‖ **3.** Ling. Extranjerismo no incorporado totalmente al idioma.

barbarización. F. Acción de **barbarizar** (‖ convertir algo en bárbaro).

barbarizar. I. TR. **1.** Convertir algo o a alguien en bárbaro, inculto o cruel. ‖ **II.** INTR. **2.** Decir barbaridades.

bárbaro, ra. ADJ. **1.** hist. Se dice del individuo de cualquiera de los pueblos que desde el siglo V invadieron el Imperio romano y se fueron extendiendo por la mayor parte de Europa. U. t. c. s. ‖ **2.** hist. Perteneciente o relativo a estos pueblos. *Invasiones bárbaras.* ‖ **3.** Fiero, cruel. *Su bárbaro vecino lo golpeó.* ‖ **4.** Arrojado, temerario. U. t. c. s. *El corredor alcanzó los 200 km por hora; es un bárbaro.* ‖ **5.** Inculto, grosero, tosco. *Su estilo es descuidado y un tanto bárbaro.* ‖ **6.** Grande, excesivo, extraordinario. *Le hizo un desplante bárbaro.* ‖ **7.** Excelente, llamativo, magnífico. *El orador estuvo bárbaro.* ‖ **qué bárbaro.** LOC. INTERJ. Se usa para indicar asombro, admiración, extrañeza.

barbarote. ADJ. **bárbaro** (‖ inculto, grosero).

barbastrense. ADJ. **1.** Natural de Barbastro. U. t. c. s. ‖ **2.** Perteneciente o relativo a esta ciudad de la provincia de Huesca, en España.

barbear. TR. *Méx.* Adular, obsequiar interesadamente.

barbechar. TR. Arar la tierra para que descanse y reciba el agua, el viento, etc.

barbechera. F. Conjunto de varios barbechos.

barbecho. M. **1.** Tierra labrantía que no se siembra durante uno o más años. ‖ **2.** Sistema de cultivo en que la tierra se deja un tiempo sin sembrar para que descanse. ‖ **3.** Acción de barbechar. ‖ **en ~.** LOC. ADJ. Dicho de una tierra labrantía: Que no está sembrada durante un tiempo para que descanse.

barbería. F. **1.** Local donde trabaja el barbero. ‖ **2.** Oficio de barbero. ‖ **3.** Sala o pieza destinada en las comunidades y otros establecimientos para servicios de barbero o peluquero.

barbero, ra. I. M. y F. **1.** Persona que tiene por oficio afeitar o hacer la barba. ‖ **II.** ADJ. **2.** *Méx.* **adulador.** ‖ V. **navaja ~.**

barbeta. F. *Mil.* Trozo de parapeto, ordinariamente en los ángulos de un bastión, destinado a que tire la artillería a descubierto.

barbián, na. ADJ. Desenvuelto, gallardo, arriscado. U. t. c. s.

barbijo. M. *Á. guar.* y *Á. R. Plata.* **barboquejo.**

barbilampiño, ña. I. ADJ. **1.** Dicho de un varón adulto o de su cara: Que no tienen barba o que tienen poca. Apl. a pers., u. t. c. s. m. ‖ **II.** M. **2.** Muchacho que se está haciendo hombre.

barbilindo. ADJ. Que se tiene por lindo y bien parecido. U. t. c. s.

barbilla. F. **1.** Punta o remate de la **barba** (‖ parte de la cara que está debajo de la boca). ‖ **2.** *Zool.* Apéndice carnoso que algunos peces tienen en la parte inferior de la cabeza, a manera de mamellas. ‖ **3.** pl. *Zool.* Filamentos diminutos de las barbas de las plumas de las aves.

barbinegro, gra. ADJ. Que tiene negra la barba.

barbiponiente. ADJ. Dicho de un joven: Que empieza a tener barba.

barbiquejo. M. **barboquejo.**

barbirrojo, ja. ADJ. Que tiene roja la barba.

barbitaheño, ña. ADJ. Que tiene roja la barba.

barbitúrico, ca. ADJ. *Quím.* Se dice de cierto ácido orgánico cristalino cuyos derivados, como el veronal, tienen propiedades hipnóticas y sedantes, y en dosis excesivas poseen acción tóxica. Apl. a una sustancia, u. t. c. s.

barbo. M. Pez de río, fisóstomo, de color oscuro por el lomo y blanquecino por el vientre. Crece hasta unos 60 cm de longitud y tiene cuatro barbillas en la mandíbula superior, dos hacia el centro y otras dos, más largas, a uno y otro lado de la boca. Es comestible.

barbón. M. Hombre barbado.

barboquejo. M. Cinta o correa que sujeta una prenda de cabeza por debajo de la barbilla.

barbotar. INTR. **barbotear.** U. t. c. tr.

barbote. M. hist. **babera.**

barbotear. INTR. Hablar de forma atropellada y confusa. U. t. c. tr.

barboteo. M. Acción y efecto de barbotear.

barbotina. F. Pasta de arcilla o caolín licuado utilizada para pegar o para decorar piezas de cerámica, con pincel o con molde.

barbudo, da. ADJ. Que tiene mucha barba. Apl. a pers., u. t. c. s.

bárbulas. F. pl. *Zool.* **barbillas** (‖ filamentos de las plumas de las aves).

barbuquejo. M. **barboquejo.**

barca. F. Embarcación pequeña para pescar, transportar personas o mercancías, o pasear. ☐ V. **puente de ~s.**

barcada. I. F. **1.** Carga que transporta o lleva una barca en cada viaje. ‖ **2.** *Filip.* **amistad** (‖ afecto). ‖ **3.** *Filip.* Pandilla de jóvenes. ‖ **II.** M. **4.** *Filip.* Miembro de una **barcada** (‖ pandilla). ‖ **5.** *Filip.* **camarada** (‖ persona que anda en compañía de otras).

barcaje. M. hist. Precio o derecho que se pagaba por pasar de una a otra parte del río en una barca.

barcarola. F. **1.** Canción popular de Italia, y especialmente de los gondoleros de Venecia. ‖ **2.** Canto de marineros, en compás de seis por ocho, que imita por su ritmo el movimiento de los remos.

barcaza. F. Lancha grande para transportar carga de los buques a tierra, o viceversa.

barcelonés, sa. ADJ. **1.** Natural de Barcelona, ciudad de España, capital de la comunidad autónoma de Cataluña, o de su provincia. U. t. c. s. ‖ **2.** Natural de Barcelona, ciudad de Venezuela, capital del estado de Anzoátegui. U. t. c. s. ‖ **3.** Perteneciente o relativo a estas ciudades o a aquella provincia.

barcelonetense. ADJ. **1.** Natural de Barceloneta. U. t. c. s. ‖ **2.** Perteneciente o relativo a este municipio de Puerto Rico o a su cabeza.

barcino, na. ADJ. **1.** Dicho de ciertos animales, especialmente de perros, toros y vacas: De pelo blanco y pardo, y a veces rojizo. ‖ **2.** *Méx.* Dicho de un animal o de una planta: Que tiene rayas o manchas.

barco. M. **1.** Construcción cóncava y fusiforme de madera, hierro u otra materia, capaz de flotar en el agua y de tamaño adecuado para transportar una cantidad variable de personas o de mercancías. ‖ **2.** Barranco poco profundo. ‖ **agarrar** a alguien **de ~.** LOC. VERB. *Méx.* Aprovecharse de él. ‖ **estar,** o **ir,** varias personas **en el mismo ~.** LOCS. VERBS. Estar en las mismas circunstancias, compartiendo intereses o dificultades.

barda. F. **1.** Seto, vallado o tapia que circunda una propiedad. ‖ **2.** Cubierta de sarmientos, paja, espinos o broza, que se pone, asegurada con tierra o piedras, sobre las tapias de los corrales, huertas y heredades, para resguardarlos. ‖ **3.** Maleza o matojos silvestres.

bardaguera. F. Arbusto de la familia de las Salicáceas, muy ramoso, de dos a cuatro metros de altura, con hojas lanceoladas, verdes y lampiñas por la cara superior, blanquecinas y algo vellosas por el envés, y flores verdes en amentos muy precoces. Los ramos más delgados sirven para hacer canastillas y cestas.

bardaja. M. **bardaje.**

bardaje. M. Sodomita paciente.

bardal. M. **barda** (‖ cubierta de espinos).

bardana. F. **lampazo** (‖ planta compuesta). ‖ **~ menor.** F. **cadillo** (‖ planta umbelífera).

bardo. M. **1.** hist. Poeta de los antiguos celtas. ‖ **2.** Poeta heroico o lírico de cualquier época o país.

baremación. F. Acción y efecto de establecer un **baremo** (‖ cuadro gradual para evaluar).

baremar. TR. Establecer un baremo.

baremo. M. **1.** Cuadro gradual establecido convencionalmente para evaluar los méritos personales, la solvencia de empresas, etc., o los daños derivados de accidentes o enfermedades. ‖ **2.** Cuaderno o tabla de cuentas ajustadas. ‖ **3.** Lista o repertorio de tarifas.

bargueño. M. Mueble de madera con muchos cajones pequeños y gavetas, adornado con labores de talla o de taracea, en parte dorados y en parte de colores vivos, propio de los siglos XVI y XVII.

barí. I. ADJ. **1.** Se dice del individuo de un pueblo amerindio que habita en la sierra de Perijá, al oeste del estado venezolano de Zulia. U. t. c. s. ‖ **2.** Perteneciente o relativo a los baríes. *Cerámica barí.* ‖ **II.** M. **3.** Lengua, de filiación chibcha, que hablan los baríes. ¶ MORF. pl. **baríes** o **barís.**

baricentro. M. *Geom.* Punto de intersección de las medianas de un triángulo.

barinés, sa. ADJ. **1.** Natural de Barinas. U. t. c. s. ‖ **2.** Perteneciente o relativo a este estado de Venezuela o a su capital.

bario. M. Elemento químico de núm. atóm. 56. Metal abundante en la litosfera, se encuentra en minerales como la baritina. Es de color blanco amarillento, blando, pesado, especialmente reactivo y se oxida con rapidez. Se usa para extraer el gas en los tubos de vacío, y alguno de sus derivados, en el blindaje de muros contra radiaciones y como medio de contraste en radiología. (Simb. *Ba*).

barisfera. F. Núcleo central del globo terrestre.

barísfera. F. *Am.* **barisfera.**

baritel. M. Malacate movido por caballerías para sacar agua o minerales.

baritina. F. Sulfato de bario, de formación natural, que se usa para falsificar el albayalde.

baritonal. ADJ. *Mús.* Perteneciente o relativo al barítono o a su voz.

barítono. M. **1.** *Mús.* Voz media entre la de tenor y la de bajo. ‖ **2.** *Mús.* Hombre que tiene esta voz.

barjuleta. F. Bolsa grande de tela o de cuero, cerrada con una cubierta, que llevan a la espalda los caminantes.

barloa. F. *Mar.* Cable o calabrote con que se sujetan los buques abarloados.

barloar. TR. *Mar.* **abarloar.** U. t. c. intr. y c. prnl.

barloventear. INTR. *Mar.* Ganar distancia contra el viento, navegando de bolina.

barlovento. M. *Mar.* Parte de donde viene el viento, con respecto a un punto o lugar determinado. ‖ **ganar el ~.** LOC.VERB. *Mar.* Situarse dejando al enemigo u otra escuadra o buque a sotavento y en disposición de poder arribar sobre él.

barman. COM. Persona encargada de servir o preparar bebidas alcohólicas en la barra de un bar. MORF. pl. **bármanes.**

barnacla. F. Ave anseriforme marina propia de las costas europeas, que se creyó que nacía de las conchas o mariscos que se adhieren a los vegetales que crecen en la orilla del mar.

barniz. M. **1.** Disolución de una o más sustancias resinosas en un líquido que al aire se volatiliza o se deseca. Se aplica a las pinturas, maderas y otras cosas, con objeto de preservarlas de la acción de la atmósfera, del polvo, etc., y para que adquieran lustre. ‖ **2.** Baño que se da al barro, a la loza y a la porcelana y que se vitrifica con la cocción. ‖ **3.** Noción superficial y leve de una facultad o ciencia. *Tiene un ligero barniz de solfeo.*

barnizado. M. Acción y efecto de barnizar.

barnizador, ra. I. ADJ. **1.** Que barniza. ‖ **II.** M. y F. **2.** Persona que tiene por oficio barnizar.

barnizar. TR. Dar un baño de barniz.

barógrafo. M. Barómetro registrador.

barométrico, ca. ADJ. **1.** Perteneciente o relativo al barómetro. *Escala barométrica.* ‖ **2.** Perteneciente o relativo a la presión atmosférica. *Las variaciones barométricas y de temperatura afectan a nuestro estado físico.* ☐ V. **depresión ~, vaguada ~.**

barómetro. M. **1.** Instrumento que sirve para determinar la presión atmosférica. ‖ **2.** Cosa que se considera índice o medida de un determinado proceso o estado. *La prensa es un barómetro que señala el grado de cultura de un pueblo.* ‖ **~ aneroide.** M. El que funciona por la elasticidad de una cápsula metálica en la que se ha hecho el vacío. ‖ **~ de mercurio.** M. El que indica la presión atmosférica de un gas por la diferencia de nivel entre dos recipientes llenos de mercurio, comunicados entre sí, uno de los cuales es un tubo vertical de unos 90 cm de largo, en cuya parte superior se ha hecho el vacío por encima del nivel de mercurio. El otro recipiente puede ser otro tubo o un depósito cualquiera y en él la superficie del mercurio está directamente en contacto con la atmósfera o con el gas cuya presión se quiere medir.

barón. M. **1.** Hombre con título nobiliario que en España es inmediatamente inferior al de vizconde. ‖ **2.** Marido de la baronesa. ‖ **3.** Persona que tiene gran influencia y poder dentro de un partido político, una institución, una empresa, etc. ☐ V. **corona de ~.**

baronesa. F. **1.** Mujer con título nobiliario que en España es inmediatamente inferior al de vizcondesa. ‖ **2.** Mujer del barón.

baronía. F. **1.** Dignidad o título nobiliario de barón o baronesa. ‖ **2.** Territorio o lugar sobre el que recae este título o en el que ejercía jurisdicción un barón.

barquero, ra. M. y F. Persona que gobierna una barca.

barquilla. F. **1.** Cesto o artefacto en que van los tripulantes de un globo o de una aeronave. ‖ **2.** *Mar.* Tabla pequeña en forma de sector de círculo, con una chapa de plomo en el arco para que se mantenga vertical en el agua, y en cuyo vértice se asegura el cordel de la corredera que mide lo que recorre la nave.

barquillera. F. Recipiente metálico en el que los barquilleros llevan su mercancía. Suele tener en la tapa un mecanismo giratorio que sirve para determinar por la suerte el número de barquillos que corresponden a cada tirada.

barquillero, ra. M. y F. Persona que fabrica o vende barquillos.

barquillo. M. Hoja delgada de pasta hecha con harina sin levadura y, además, azúcar o miel y, por lo común, canela, la cual, en moldes calientes, suele tomar forma de canuto, más ancho por uno de sus extremos que por el otro.

barquinazo. M. Tumbo o vaivén fuerte de un carruaje.

barquisimetano, na. ADJ. **1.** Natural de Barquisimeto. U. t. c. s. || **2.** Perteneciente o relativo a esta ciudad de Venezuela, capital del estado de Lara.

barra. F. **1.** Pieza de metal u otra materia, de forma generalmente prismática o cilíndrica y mucho más larga que gruesa. || **2.** Rollo de oro, plata u otro metal sin labrar. || **3.** Signo gráfico (/) que sirve esencialmente para separar. Se emplea para delimitar versos escritos en una misma línea o para señalar el cambio de línea original en la transcripción de textos antiguos. Tiene también valor de preposición, p. ej., en *Decreto 283/2004,* y se emplea como sustituto del punto en algunas abreviaturas; p. ej., en *c/c.* Se usa igualmente para separar las distintas páginas de una dirección electrónica, y sirve para indicar la existencia de dos o más opciones posibles; p. ej., en *Querido/a amigo/a.* || **4.** Pieza de pan de forma alargada. || **5.** Mostrador de un bar o establecimiento semejante. *Servicio de barra. Tomaremos un café en la barra.* || **6.** barra que suelen tener los bares y otros establecimientos semejantes a lo largo del mostrador. || **7.** Banco o bajo de arena que se forma a la entrada de algunas rías, en la embocadura de algunos ríos y en la estrechura de ciertos mares o lagos, y que hace peligrosa su navegación. || **8. barra fija.** || **9.** Pieza alargada de hierro, con la que se juega tirándola desde un sitio determinado para que caiga a la mayor distancia posible. || **10.** *Heráld.* Pieza honorable que representa el tahalí de la espada del caballero y ocupa diagonalmente, de izquierda a derecha, el tercio central del escudo. Cuando este lleva dos barras, se colocan a los lados, y los muebles se dice que están en barra. || **11.** *Heráld.* Otra lista o bastón vertical. *Las barras de Aragón.* || **12.** *Mat.* Signo aritmético (/) generalizado en el uso ortográfico para indicar en un texto el cociente entre dos magnitudes; p. ej., en *80 km/h.* || **13.** *Am.* Público que asiste a las sesiones de un tribunal, asamblea o corporación. || **14.** *Am.* **hinchada** (|| multitud de hinchas). || **15.** *Am. Cen.* Conjunto de seguidores de un partido político. || **16.** *Á. guar.* y *Á. R. Plata.* Grupo duradero de amigos que comparten intereses comunes y suelen frecuentar los mismos lugares. || ~ **americana.** F. Mostrador de bar u otros establecimientos similares en el que se sirven bebidas. || ~ **de abogados.** F. *Méx.* Organización profesional de abogados. || ~ **de equilibrio.** F. **1.** *Dep.* Aparato de gimnasia que consiste en una barra de madera, de ancho y largo establecidos, colocada horizontalmente sobre dos soportes a una altura reglamentaria. || **2.** *Dep.* Modalidad de gimnasia artística femenina que se practica con dicho aparato. || ~ **de labios.** F. **pintalabios.** || ~ **doble.** F. Signo

gráfico (//) que sirve para señalar el cambio de estrofa en los textos poéticos escritos en una sola línea y para indicar el cambio de párrafo o de página en la transcripción de textos antiguos. Se usa también en las direcciones electrónicas. || ~ **fija.** F. **1.** *Dep.* La sujeta horizontalmente a la altura adecuada para realizar ciertos ejercicios gimnásticos o el aprendizaje de la danza. || **2.** *Dep.* Aparato de gimnasia que consiste en una barra cilíndrica horizontal, sostenida a la altura reglamentaria por dos postes verticales. || **3.** *Dep.* Modalidad de gimnasia artística masculina que se practica con dicho aparato. || ~ **inversa.** F. Signo gráfico (\) para separar los nombres de los directorios o subdirectorios en informática. || ~ **libre.** F. En ciertos actos sociales, servicio por el cual los asistentes pueden beber cuanto quieran por un precio fijo previamente concertado. || ~s **asimétricas.** F. pl. *Dep.* **paralelas asimétricas.** || ~s **paralelas.** F. **1.** pl. *Dep.* Aparato de gimnasia que consiste en dos barras horizontales paralelas. || **2.** pl. *Dep.* Modalidad de gimnasia artística masculina que se practica con dicho aparato. || ~ **vertical.** F. Signo gráfico (|) utilizado en fonética para marcar una pausa breve dentro de un enunciado o para separar los pies métricos que componen los versos. || **doble ~ vertical.** F. Signo gráfico (||) utilizado en los diccionarios para separar las distintas acepciones de una palabra. Se emplea también en fonética para señalar una pausa larga dentro de un texto, y en métrica para señalar la cesura de los versos. || **hacer ~.** LOC.VERB. *Á. Andes* y *Chile.* Alentar en un espectáculo al favorito de una barra. || **sin mirar, sin pararse, sin reparar,** o **sin tropezar, en ~s.** LOCS. ADVS. Sin consideración de los inconvenientes, sin reparo. || **tener alguien ~.** LOC. VERB. *Chile.* Ser popular. *Juanito tiene mucha barra entre las jovencitas.* || **tener buena ~** a alguien. LOC.VERB. *Chile.* Tenerle buena voluntad. || **tener mala ~** a alguien. LOC. VERB. *Chile.* Tenerle mala voluntad. □ V. **código de ~s.**

barrabás. M. coloq. Persona mala, traviesa, díscola. MORF. pl. **barrabases.**

barrabasada. F. coloq. Desaguisado, disparate, acción que provoca gran daño o perjuicio.

barraca. F. **1.** Caseta o albergue construido toscamente y con materiales ligeros. || **2. barraca de feria.** || **3.** En las huertas de Valencia y Murcia, casa de labor, hecha de adobes y con tejado de cañas a dos vertientes muy inclinadas. || **4.** *Am.* Edificio en que se depositan cueros, lanas, maderas, cereales u otros efectos destinados al comercio. || ~ **de feria.** F. Construcción provisional desmontable, que se destina a espectáculos, diversiones, etc., en las fiestas populares.

barracón. M. Edificio rectangular de una planta para albergar grupos de personas, generalmente tropas.

barracuda. F. Pez acantopterigio de los mares tropicales y templados, con el cuerpo alargado y provisto de poderosos dientes. Puede alcanzar los dos metros de longitud y es muy voraz. Su carne es comestible, pero al llegar a cierta edad se vuelve venenosa.

barragán. M. Tela de lana impenetrable al agua.

barragana. F. **1. concubina.** || **2.** hist. Concubina que vivía en la casa de quien estaba amancebado con ella.

barraganería. F. **amancebamiento.**

barraganete. M. *Mar.* Última pieza alta de la cuaderna.

barranca. F. **barranco.**

barrancada. F. **barranco** (|| despeñadero).

barrancal. M. Sitio donde hay muchos barrancos.

barranco. M. **1.** Despeñadero, precipicio. || **2.** Quiebra profunda producida en la tierra por las corrientes de las aguas o por otras causas.

barranquera. F. barranco.

barranquillero, ra. ADJ. **1.** Natural de Barranquilla. U. t. c. s. || **2.** Perteneciente o relativo a esta ciudad de Colombia, capital del departamento de Atlántico.

barranquismo. M. Deporte de aventura consistente en descender por los barrancos del curso de un río salvando los diversos obstáculos naturales.

barranquiteño, ña. ADJ. **1.** Natural de Barranquitas. U. t. c. s. || **2.** Perteneciente o relativo a este municipio de Puerto Rico o a su cabeza.

barraquero, ra. M. y F. Dueño o administrador de una barraca.

barraquismo. M. chabolismo.

barraquista. COM. chabolista (|| persona que vive en una chabola).

barreal. M. barrizal.

barrear. TR. Cerrar, fortificar con maderos o haces de ramas delgadas muy apretadas cualquier sitio abierto.

barredera. F. Máquina usada en las grandes poblaciones para barrer las calles. □ V. red ~.

barredor, ra. ADJ. Que barre. Apl. a pers., u. t. c. s.

barredura. F. **1.** Acción de barrer. || **2.** pl. Inmundicia o desperdicios que se juntan con la escoba cuando se barre. || **3.** pl. Residuos que suelen quedar como desecho de algunas cosas, especialmente de las sueltas y menudas, como los granos.

barrena. F. Instrumento de acero con una rosca en espiral en su punta y un mango en el extremo opuesto, que sirve para taladrar o hacer agujeros en madera, metal, piedra u otro cuerpo duro. || **entrar en ~** un avión. LOC. VERB. Empezar a descender verticalmente y en giro, por faltarle, deliberadamente o por accidente, la velocidad mínima indispensable para sostenerse en el aire.

barrenar. **I.** TR. **1.** Abrir agujeros con barrena o barreno en algún cuerpo, de hierro, madera, piedra, etc. || **2.** Agujerear una embarcación para que se hunda. || **II.** INTR. **3.** Insistir molestando.

barrendero, ra. M. y F. Persona que tiene por oficio barrer.

barrenero. M. Operario que abre los barrenos en las minas, en las canteras o en las obras de desmonte en roca.

barrenillo. M. Insecto coleóptero que ataca a los árboles, horadando la corteza y comiendo la albura.

barreno. M. **1.** Agujero relleno de pólvora u otra materia explosiva, abierto en una roca o en una obra de fábrica, para volarla. || **2.** Barrena de gran tamaño. || **3.** Agujero que se hace con la barrena.

barreña. F. barreño.

barreño. M. Vasija de barro, metal, plástico, etc., de bastante capacidad, generalmente más ancha por la boca que por el fondo, que sirve para fregar la loza y para otros usos.

barrer. TR. **1.** Quitar del suelo con la escoba el polvo, la basura, etc. || **2.** No dejar nada de lo que había en alguna parte, llevárselo todo. *La ola barrió el paseo marítimo.* U. t. c. intr. || **3.** Acabar, terminar con algo o alguien, eliminar, destruir. *Las transformaciones sociales barrieron el viejo orden.* U. t. c. intr. || **4.** Recorrer un espacio mediante un instrumento adecuado para observar o registrar aquello que se pretende. *Barrer con el escáner.*

Barrer con la cámara de cine. || **5.** Pasar algo arrastrando o rozando por algún sitio. *Barrer el suelo con la falda.* || **6.** Arrollar, vencer de una manera clara. U. t. c. intr. *Su partido político barrió en las elecciones.* || **~ hacia,** o **para, dentro.** LOCS. VERBS. Comportarse interesadamente.

barrera[1]. F. **1.** Valla, compuerta, madero, cadena u otro obstáculo semejante con que se cierra un paso o se cerca un lugar. || **2.** Antepecho de madera con que se cierra alrededor el redondel en las plazas de toros. || **3.** En las mismas plazas, **delantera** (|| primera fila de cierta clase de asientos). || **4.** En ciertos juegos deportivos, fila de jugadores que, uno al costado del otro, se coloca delante de su meta para protegerla de un lanzamiento contrario. || **5.** Obstáculo o dificultad. *Las barreras sociales.* || **~ del sonido.** F. Fís. Resistencia brusca e intensa que experimenta un móvil al sobrepasar la velocidad del sonido.

barrera[2]. F. Montón de tierra que queda después de haber sacado el salitre.

barrero, ra. **I.** M. y F. **1.** alfarero. || **II.** M. **2.** Sitio de donde se saca el barro para usar en los alfares. || **3.** barrizal.

barreta. F. Barra o palanca pequeña de hierro que usan los mineros, los albañiles, etc.

barretina. F. Gorro de lana que se usa en Cataluña, en forma de manga cerrada por un extremo.

barriada. F. **1.** barrio. || **2.** Parte de un barrio. || **3.** Á. Andes. Barrio marginal, generalmente de construcciones pobres y precarias.

barrial[1]. M. **1.** barrizal. U. m. en América. || **2.** Méx. Tierra gredosa o arcilla.

barrial[2]. ADJ. Am. Perteneciente o relativo al barrio.

barrica. F. Tonel mediano que sirve para contener vino o para otros usos. || **~ bordelesa.** F. Tonel de vino de cabida de 225 l.

barricada. F. Especie de parapeto que se hace con barricas, carruajes volcados, tablas, palos, piedras del pavimento, etc., usado para estorbar el paso al enemigo, más frecuentemente en las revueltas populares que en el arte militar.

barrida. F. Á. Caribe. redada (|| operación policial).

barrido. M. **1.** Acción de barrer. || **2.** Proceso automático por el que se miden secuencial y repetidamente las diversas magnitudes de un sistema, para controlarlas; p. ej., el que realiza el piloto automático de un avión. || **3.** Fís. Proceso por el que un dispositivo explora sistemáticamente un espacio para transformar la imagen de cada uno de sus puntos en señales eléctricas transmisibles que permiten recuperar aquella en un proceso inverso, como el que sirve de fundamento a la televisión, el radar, el microscopio de barrido, etc.

barriga. F. **1.** vientre (|| cavidad del cuerpo de los vertebrados). || **2.** Parte abultada de una vasija, columna, etc. || **3.** coloq. Región exterior del cuerpo humano correspondiente al abdomen, especialmente si es abultado. || **4.** vulg. Embarazo de la mujer gestante. || **hacer una ~ a** una mujer. LOC.VERB. vulg. Dejarla embarazada. || **rascarse,** o **tocarse, la ~.** LOCS.VERBS. coloqs. **holgazanear.**

barrigón, na. ADJ. coloq. barrigudo.

barrigudo, da. ADJ. Que tiene gran barriga.

barriguera. F. Correa que se pone en la barriga a las caballerías de tiro.

barril. M. **1.** Recipiente de madera o de metal que sirve para conservar, tratar y transportar diferentes líquidos y géneros. || **2.** Vaso de barro, de gran vientre y cuello estrecho. ‖ **3.** Medida de capacidad utilizada en la industria del petróleo, equivalente a 158,9 litros. ‖ **4.** coloq. Persona muy gorda. ‖ **ser** una situación **un ~ de pólvora.** LOC.VERB. coloq. Ser muy tensa y conflictiva.

barrilete. M. **1.** *Mús.* Pieza cilíndrica del clarinete más inmediata a la boquilla. ‖ **2.** *Zool.* Cangrejo de mar, decápodo, cuyas pinzas, una de las cuales es mucho mayor que la otra, suelen crecer de nuevo cuando se las arranca. ‖ **3.** *Á. R. Plata.* Cometa de forma hexagonal y más alta que ancha.

barrilla. F. **1.** Planta de la familia de las Quenopodiáceas, ramosa, empinada, con tallos lampiños, hojas blanquecinas, crasas, semicilíndricas, puntiagudas, pero no espinosas, y flores verduscas, axilares y solitarias. Crece en terrenos salados y sus cenizas, que contienen muchas sales alcalinas, sirven para obtener la sosa. ‖ **2.** Estas mismas cenizas.

barrillero, ra. ADJ. Que contiene o puede producir **barrilla** (‖ cenizas). *Plantas barrilleras.*

barrillo. M. barro (‖ grano del rostro).

barrio. M. **1.** Cada una de las partes en que se dividen las poblaciones grandes o sus distritos. ‖ **2. arrabal** (‖ afueras de una población). ‖ **3.** Grupo de casas o aldea dependiente de otra población, aunque estén apartadas de ella. ‖ **~ chino.** M. En algunas poblaciones, aquel en que se concentran los locales destinados a la prostitución y otras actividades de mal vivir. ‖ **el otro ~.** M. coloq. El otro mundo, la eternidad. *Se fue al otro barrio. Lo mandaron al otro barrio.* ‖ **de ~.** LOC.ADJ. Dicho de una tienda, de un cine, etc.: Pequeños y frecuentados por las personas del barrio en que se encuentran. □ V. **alcalde de ~.**

barriobajero, ra. ADJ. **1.** Propio o característico de los barrios bajos. *Lenguaje barriobajero.* ‖ **2.** Que vive o radica en los barrios bajos. U. t. c. s. ‖ **3.** Ineducado, desgarrado en el comportamiento o en el hablar.

barrista. COM. Artista de circo que trabaja en las barras fijas.

barritar. INTR. Dicho de un elefante: Dar barritos.

barrito. M. Berrido del elefante.

barrizal. M. Sitio o terreno lleno de barro o lodo.

barro[1]**.** M. **1.** Masa que resulta de la mezcla de tierra y agua. ‖ **2.** Lodo que se forma en las calles cuando llueve. ‖ **3.** Material arcilloso moldeable que se endurece por la cocción, utilizado en alfarería y cerámica. ‖ **4.** Vasija u objeto decorativo hechos con este material. ‖ **5.** Deshonra, degradación moral. *Arrastrarse por el barro.* ‖ **~ blanco.** M. Arcilla que, empapada en agua, da color característico, se hace muy plástica, y por calcinación pierde esta propiedad, se contrae y queda permanentemente endurecida.

barro[2]**.** M. **1.** Cada uno de los granos de color rojizo que salen en el rostro. ‖ **2.** Cada uno de los tumores pequeños que salen al ganado mular y vacuno.

barroco, ca. I. ADJ. **1.** Se dice del estilo que en la arquitectura y en las artes plásticas se desarrolló en Europa e Iberoamérica durante los siglos XVII y XVIII, opuesto al clasicismo y caracterizado por la complejidad y el dinamismo de las formas, la riqueza de la ornamentación y el efectismo. ‖ **2.** Se dice del estilo literario caracterizado por la rica ornamentación del lenguaje, conseguida mediante abundantes efectos retóricos. ‖ **3.** Se dice del estilo musical que se desarrolló entre los siglos XVII y XVIII, caracterizado por la aparición de nuevos recursos expresivos, géneros y composiciones como la ópera, el oratorio, la cantata o la sonata. ‖ **4.** Perteneciente o relativo a algunos de estos estilos. *Edificio, poema, concierto barroco.* ‖ **5.** Que cultiva alguno de los estilos anteriores. *Góngora es un autor barroco.* U. t. c. s. ‖ **6.** Excesivamente recargado de adornos. *Un discurso muy barroco.* ‖ **II.** M. **7.** Período histórico en que floreció el estilo **barroco.** ORTOGR. Escr. con may. inicial.

barrón. M. Planta perenne de la familia de las Gramíneas, con tallos derechos de cerca de un metro de altura, hojas arrolladas, punzantes y glaucas, y flores en panoja amarillenta y cilíndrica, con pelos cortos. Crece en los arenales marítimos y sirve para consolidarlos.

barroquismo. M. Tendencia a lo barroco.

barroquización. F. Acción y efecto de barroquizar.

barroquizante. ADJ. Que tiene tendencia a lo barroco. *Diseño barroquitante.*

barroquizar. TR. Hacer que algo se vuelva **barroco** (‖ recargado de adornos). U. t. c. prnl.

barroso, sa. ADJ. **1.** Dicho de un terreno o de otro sitio: Que tiene barro o que lo produce fácilmente. ‖ **2.** De color de barro, que tira a rojo. *Una bolsa de plástico barrosa.*

barrote. M. **1.** Barra gruesa. ‖ **2.** Barra metálica que sirve para afianzar o asegurar algo o para impedir el paso. ‖ **entre ~s.** LOC.ADV. coloq. **entre rejas.**

barruntar. TR. Prever, conjeturar o presentir por alguna señal o indicio.

barrunto. M. **1.** Acción de barruntar. ‖ **2.** Indicio, noticia.

bartola. a la ~. LOC.ADV. coloq. Despreocupándose, quedando libre de toda inquietud o preocupación. *Echarse, tumbarse a la bartola.*

bartolillo. M. Pastel pequeño en forma casi triangular, relleno de crema o carne.

bártulos. M. pl. Enseres que se manejan. ‖ **coger,** o **liar, los, mis, tus,** etc., **~.** LOCS.VERBS. coloqs. Se usan para intensificar la precipitación o el enfado que acompañan a la decisión de irse. ‖ **preparar los ~.** LOC.VERB. coloq. Disponer los medios de ejecutar algo. ‖ **recoger los, mis, tus,** etc., **~.** LOCS.VERBS. coloqs. **coger los bártulos.**

barullero, ra. ADJ. Enredador, que promueve barullo o es propenso a causarlo. Apl. a pers., u. t. c. s.

barullo. M. Confusión, desorden, mezcla de gentes o cosas de varias clases. ‖ **a ~.** LOC.ADV. En gran cantidad.

barzón. M. *Am. Cen.* **coyunda** (‖ correa o soga con que se uncen los bueyes).

barzonear. INTR. Andar vago y sin destino.

basa. F. **1.** *Arq.* Asiento sobre el que se pone la columna o la estatua. ‖ **2.** *Arq.* Pieza inferior de la columna en todos los órdenes arquitectónicos excepto en el dórico. ‖ **~ ática.** F. La formada por una escocia entre dos filetes y dos toros. Es la más usada y de ella se derivaron otras. ‖ **~ corintia.** F. La formada por dos escocias y una o dos molduras redondas, más delgadas que el bocel, entre dos toros. ‖ **~ toscana.** F. La formada por un filete y un toro.

basal. ADJ. **1.** Situado en la base de una formación orgánica o de una construcción. *Las células basales de la epidermis.* ‖ **2.** *Biol.* Se dice del nivel de actividad de una función orgánica durante el reposo y el ayuno. □ V. **membrana ~, metabolismo ~.**

basáltico, ca. ADJ. Formado de basalto o que participa de su naturaleza. *Lavas basálticas.*

basalto. M. Roca volcánica, por lo común de color negro o verdoso, de grano fino, muy dura, compuesta princi-

palmente de feldespato, y a veces de estructura prismática.

basamento. M. **1.** Base en que descansa algo. *El edificio tiene un basamento de piedra de sillería.* || **2.** *Arq.* Cuerpo que se pone debajo de la caña de la columna, y que comprende la basa y el pedestal.

basar. TR. Fundar, apoyar. U. t. c. prnl. *El Naturalismo literario se basa en ideas científicas.*

basca. F. Ansia, desazón e inquietud que se experimenta en el estómago cuando se quiere vomitar. U. m. en pl.

báscula. F. Aparato que sirve para medir pesos.

basculación. F. Acción de bascular.

basculamiento. M. basculación.

basculante. **I.** ADJ. **1.** Que bascula o puede bascular. *Puerta basculante.* || **II.** M. **2.** Dispositivo que permite bascular. || **3.** Vehículo de carga provisto de **basculante.**

bascular. INTR. **1.** Dicho de un cuerpo: Moverse de un lado a otro girando sobre un eje vertical. *La puerta basculaba con lentitud.* || **2.** Dicho de un cuerpo: Desplazarse a un lado a otro respecto de un eje horizontal. *La mecedora bascula silenciosamente.* || **3.** Dicho de la caja de algunos vehículos de transporte: Inclinarse, mediante un mecanismo adecuado, de modo que la carga resbale hacia afuera por su propio peso. || **4.** Dicho de un cuerpo: Inclinarse excesivamente hacia algún lado. *La grúa basculó sobre su base.* || **5.** Inclinarse hacia una preferencia, opción o estado, o vacilar entre varios. *Bascular entre dos actitudes. Bascular hacia posturas conservadoras.*

base. **I.** F. **1.** Fundamento o apoyo principal de algo. *La base de una montaña. La base de una teoría.* || **2.** Conjunto de personas representadas por un mandatario, delegado o portavoz suyo. U. m. en pl. *Las bases de un partido político.* || **3.** Lugar donde se concentra personal y equipo, para, partiendo de él, organizar expediciones o campañas. || **4.** *Arq.* basa (|| de una columna o estatua). || **5.** *Bioquím.* base nitrogenada. || **6.** *Dep.* En el juego del béisbol, cada una de las cuatro esquinas del campo que defienden los jugadores. || **7.** *Geom.* Lado o cara horizontal a partir del cual se mide la altura de una figura plana o de un sólido. || **8.** *Mat.* Número sobre el que se construye un sistema de logaritmos. *Tabla de logaritmos en base 10.* || **9.** *Quím.* Sustancia que en disolución aumenta la concentración de iones hidroxilo y se combina con los ácidos para formar sales. || **10.** *Topogr.* Recta que se mide sobre el terreno y de la cual se parte en las operaciones geodésicas y topográficas. || **11.** pl. Normas que regulan un sorteo, un concurso, un procedimiento administrativo, etc. || **II.** COM. **12.** Jugador de baloncesto cuya misión básica consiste en organizar el juego del equipo. || **~ aérea.** F. Aeropuerto militar donde las fuerzas aéreas, con el apoyo de instalaciones logísticas adecuadas, se preparan para el vuelo y el combate. || **~ de cotización.** F. *Der.* Retribución de los trabajadores con arreglo a la cual se calcula la base que se ha de pagar a la seguridad social. || **~ de datos.** F. *Inform.* Conjunto de datos organizado de tal modo que permita obtener con rapidez diversos tipos de información. || **~ del cráneo.** F. Porción inferior del cráneo, formada principalmente por los huesos occipital y temporales. || **~ de numeración.** F. *Mat.* Número en que se fundamenta un sistema de numeración. || **~ de operaciones.** F. *Mil.* Lugar donde se concentra y prepara un ejército. || **~ espacial.** F. Conjunto de instalaciones preparadas para el lanzamiento, llegada o asistencia técnica de cohetes o naves

espaciales. || **~ imponible.** F. *Der.* Cantidad expresiva de una capacidad económica determinada, sobre la que se calcula el pago de los tributos. || **~ liquidable.** F. *Der.* Resultado de practicar sobre la base imponible las reducciones establecidas por la ley para cada tributo. || **~ naval.** F. Puerto o fondeadero, abrigado y defendido, donde las fuerzas navales, con el apoyo de instalaciones logísticas adecuadas, se preparan para navegar y combatir. || **~ nitrogenada.** F. *Bioquím.* Cada uno de los compuestos químicos nitrogenados que constituyen los ácidos nucleicos. || **~ reguladora.** F. *Der.* Cifra que, con base en la retribución y en el tiempo de cotización, determina la cuantía y la duración de las prestaciones de los beneficiarios de la seguridad social. || **a ~ de.** LOC. PREPOS. Tomando como fundamento o componente principal. || **de ~.** LOC. ADJ. Dicho de un militante o de un afiliado: Que no ocupa ningún cargo directivo. || **no llegar** alguien **a primera ~.** LOC. VERB. *Méx.* No haber alcanzado siquiera el objetivo inicial. || **partir de la ~** de algo. LOC. VERB. Dar por aceptado lo que se expresa. □ V. **ley de ~s, texto de ~.**

baseláceo, a. ADJ. *Bot.* Se dice de las plantas angiospermas dicotiledóneas, herbáceas o arbustivas y propias de los países tropicales, de caracteres semejantes a los de las Portulacáceas y cuyos tubérculos, en general, son comestibles; p. ej., el ulluco. U. t. c. s. f. ORTOGR. En f. pl., escr. con may. inicial c. taxón. *Las Baseláceas.*

básico, ca. ADJ. **1.** Que tiene carácter de base sobre que se sustenta algo, fundamental. *Principios básicos.* || **2.** *Quím.* Dicho de una sal: Formada por una base fuerte y un ácido débil; p. ej., el bicarbonato sódico. □ V. **enseñanza ~, investigación ~, ley ~.**

basilar. ADJ. Perteneciente o relativo a la base. *Piedra basilar.*

basílica. F. **1.** Iglesia notable por su antigüedad, extensión o magnificencia, o que goza de ciertos privilegios, por imitación de las **basílicas** romanas. || **2.** hist. Edificio público que servía a los romanos de tribunal y de lugar de reunión y de contratación. || **3.** Cada una de las trece iglesias de Roma, siete mayores y seis menores, que se consideran como las primeras de la cristiandad en categoría y gozan de varios privilegios.

basilical. ADJ. Perteneciente o relativo a la basílica.

basilicón. □ V. **ungüento ~.**

basilisco. M. **1.** Persona furiosa o dañina. || **2.** Reptil americano de color verde muy hermoso y del tamaño de una iguana pequeña. || **3.** Animal fabuloso, al cual se le atribuía la propiedad de matar con la vista.

básquet. M. *Am.* baloncesto.

básquetbol o **basquetbol.** M. *Am.* baloncesto.

basquilla. F. Enfermedad que padece el ganado lanar por abundancia de sangre.

basquiña. F. Saya que usaban las mujeres sobre la ropa para salir a la calle, y que actualmente se utiliza como complemento de algunos trajes regionales.

basta. F. **1.** hilván (|| costura de puntadas largas). || **2.** *Á. Andes* y *Chile.* bastilla.

bastante. **I.** ADJ. **1.** Que basta o es suficiente. *Hay agua bastante para hacer la infusión.* || **2.** Abundante, copioso. *Recorrieron bastantes kilómetros. Cayó bastante agua.* U. t. c. pron. *No pidas más folios, ya tienes bastantes.* || **II.** ADV. C. **3.** Ni mucho ni poco, ni más ni menos de lo regular, ordinario o preciso; sin sobra ni falta. *Me gusta bastante. Creció bastante.* || **4.** En cantidad notable. *Es bastante rico. Es bastante bella.*

bastantear. INTR. **1.** *Der.* Dicho de un abogado: Afirmar por escrito y bajo su responsabilidad que un instrumento público, en donde consta un contrato de mandato, es suficiente para dar valor legal a una o más actuaciones del mandatario. U. t. c. tr. || **2.** Dicho de una persona con competencia: Declarar que un poder u otro documento es bastante para el fin con que ha sido otorgado. U. t. c. tr.

bastantemente. ADV. C. De manera suficiente y cumplida, tanto cuanto es necesario.

bastanteo. M. **1.** Acción de bastantear. || **2.** Documento o sello con que se hace constar.

bastar. INTR. **1.** Ser suficiente y proporcionado para algo. *Un ejemplo basta.* U. t. c. prnl. || **2.** Tener suficiente capacidad por sí mismo para hacer algo. U. t. c. prnl. *Le ofrecí mi ayuda, pero me dijo que ella sola se bastaba.* || **basta.** INTERJ. Se usa para poner término a una acción o discurso.

bastardear. **I.** TR. **1.** Apartar algo de su pureza primitiva. *El emisario bastardeó el mensaje original.* || **II.** INTR. **2.** Dicho de una cosa: Apartarse de la pureza e institución primitiva.

bastardía. F. **1.** Cualidad de bastardo. || **2.** Dicho o hecho que desdice o es indigno del estado u obligaciones de cada uno.

bastardilla. F. **1.** letra bastardilla. || **2.** Instrumento musical, especie de flauta. □ V. letra ~.

bastardo, da. **I.** ADJ. **1.** Que degenera de su origen o naturaleza. *Intereses bastardos.* || **II.** M. y F. **2.** hijo bastardo. || **III.** M. **3.** boa (|| serpiente americana). □ V. ácoro ~, azafrán ~, hermano ~, hijo ~, letra ~, manzanilla ~.

baste. M. Cada una de las almohadillas que lleva la silla de montar o la albarda en su parte inferior, para evitar rozaduras y molestias a la caballería.

bastedad. F. Cualidad de basto.

bastetano, na. ADJ. **1.** hist. Se dice de un pueblo hispánico prerromano que habitaba territorios correspondientes a parte de las actuales provincias españolas de Granada, Jaén y Almería, con capital en Basti, hoy Baza. || **2.** hist. Se dice del individuo que formaba este pueblo. U. t. c. s. || **3.** hist. Perteneciente o relativo a los bastetanos. *Cultura bastetana.*

bastidor. M. **1.** Armazón de palos o listones de madera, o de barras delgadas de metal, en el cual se fijan lienzos para pintar y bordar, que sirve también para armar vidrieras y para otros usos análogos. || **2.** Armazón de listones o maderos, sobre el cual se extiende y fija un lienzo o papel pintados, y especialmente cada uno de los que, dando frente al público, se ponen a un lado y otro del escenario y forman parte de la decoración teatral. || **3.** Armazón metálico que soporta la caja de un vagón, de un automóvil, etc. || **4.** Conjunto de dicho armazón con el motor y las ruedas. || ~ de ropa. M. *Teatro.* arlequín (|| bastidor vertical). || entre ~es. LOC. ADV. **1.** coloq. Se usa para referirse a la organización interior de las representaciones teatrales y a los dichos y ocurrencias particulares de los actores y demás gente relacionada con el arte escénico. || **2.** De manera reservada, entre algunas personas y de modo que no trascienda al público.

bastilla. F. Doblez que se hace y se asegura con puntadas, a manera de hilván menudo, a los extremos de la tela para que esta no se deshilache.

bastimento. M. **1.** Provisión para sustento de una ciudad, de un ejército, etc. || **2.** barco (|| construcción cóncava capaz de flotar).

bastión. M. **1.** baluarte (|| obra de fortificación). || **2.** Idea fundamental de una doctrina, de un sistema, etc. *El amor de Dios y el amor al prójimo son bastiones del cristianismo.*

bastitano, na. ADJ. **1.** Natural de Baza. U. t. c. s. || **2.** Perteneciente o relativo a esta ciudad de la provincia de Granada, en España.

basto¹. M. **1.** As de bastos. || **2.** Cada uno de los naipes del palo de bastos. || **3.** pl. Uno de los cuatro palos de la baraja española, en cuyos naipes se representan una o varias figuras de leños con forma de cachiporras.

basto², ta. ADJ. **1.** Grosero, tosco, sin pulimento. *Un tejido basto.* || **2.** Dicho de una persona: tosca (|| inculta).

bastón. M. **1.** Vara, por lo común con puño y contera y más o menos pulimento, que sirve para apoyarse al andar. || **2.** Insignia de mando o de autoridad, generalmente de caña de Indias. || **3.** *Biol.* bastoncillo. || **4.** *Heráld.* Cada una de las dos o más listas que parten el escudo de arriba abajo, como las que tiene el de Aragón.

bastonazo. M. Golpe dado con el bastón.

bastoncillo. M. *Biol.* Prolongación cilíndrica fotosensible de ciertas células de la retina de los vertebrados, que recibe las impresiones luminosas incoloras.

bastonear. TR. Dar golpes con un bastón o con un palo.

bastonera. F. Mueble en que se colocan paraguas y bastones.

bastonero, ra. M. y F. **1.** *Méx.* Persona que con un bastón en la mano forma parte de un grupo de partidarios que en un encuentro deportivo apoyan ruidosamente a los suyos. || **2.** *Méx.* Persona que con un bastón en la mano dirige una banda de música que marcha. || **3.** Persona que, en ciertos bailes, designa el lugar que deben ocupar las parejas y el orden en que han de bailar.

bástulo, la. ADJ. **1.** hist. Se dice de un pueblo indígena prerromano que habitaba la costa meridional de España, desde el estrecho de Gibraltar hasta la región de la actual Almería. || **2.** hist. Se dice del individuo que formaba este pueblo. U. t. c. s. || **3.** hist. Perteneciente o relativo a los bástulos. *Artesanía bástula.*

basuco. M. *Á. Caribe.* bazuco.

basura. F. **1.** Conjunto de residuos desechados y otros desperdicios. || **2.** Lugar donde se tiran esos residuos y desperdicios. || **3.** suciedad (|| cosa que ensucia). || **4.** Persona o cosa repugnante o despreciable. || **5.** coloq. Se usa en aposición para indicar que lo designado por el sustantivo al que se pospone es de muy baja calidad. *Comida, contrato basura.*

basural. M. *Am.* basurero (|| sitio donde se arroja la basura).

basurero, ra. **I.** M. y F. **1.** Persona que tiene por oficio recoger basura. || **II.** M. **2.** Sitio en donde se arroja y amontona la basura.

bata¹. F. **1.** Prenda de vestir holgada, con mangas y abierta por delante, que se usa al levantarse y para estar por casa. || **2.** Traje holgado y cómodo que se usa para las tareas caseras. || **3.** Prenda de uso exterior a manera de blusa larga, de tela lavable, generalmente blanca o verde, que se ponen sobre el vestido quienes trabajan en laboratorios, clínicas, oficinas, peluquerías, etc. || ~ de cola. F. Vestido femenino con volantes y cola, usado en el baile flamenco. || ~ de maternidad. F. *Á. Caribe.* Blusa muy holgada que usan las mujeres embarazadas. ‖ **media ~.** F. batín.

bata². I. ADJ. **1.** *Filip.* niño (‖ que está en la niñez). ‖ **II.** M. **2.** *Filip.* Criado joven.

batacazo. M. **1.** Golpe fuerte y con estruendo que da alguna persona cuando cae. ‖ **2.** Caída inesperada de un estado o condición. *La derrota en las elecciones fue un batacazo para él.* ‖ **3.** *Am. Mer.* Triunfo inesperado de un caballo en unas carreras. *Dar el batacazo.* ‖ **4.** *Am. Mer.* Cualquier otro triunfo o suceso afortunado y sorprendente.

batahola. F. Ruido grande.

batalán. M. *Filip.* Especie de terraza o balcón de madera o bambú, sin techo, situado en la trasera de las casas, donde se guardan los útiles de lavar.

batalla. F. **1.** Combate o serie de combates de un ejército con otro, o de una armada naval con otra. *La batalla del Atlántico.* ‖ **2.** Agitación e inquietud interior del ánimo. *En continua batalla con su ego.* ‖ **3. orden de batalla.** *Formar la batalla.* ‖ **4.** Distancia de eje a eje en los vehículos de cuatro ruedas. ‖ **5.** Relato de acontecimientos pasados en los que el narrador se atribuye un protagonismo normalmente excesivo. U. m. en pl. U. m. en dim. *El abuelo siempre cuenta batallitas.* ‖ **6.** *Mús.* Pieza de música para trompetería de órgano, propia del Barroco. ‖ **~ campal.** F. **1.** *Mil.* La general y decisiva entre dos ejércitos. ‖ **2.** coloq. Lucha violenta entre muchas personas, generalmente espontánea y desordenada. ‖ **~ de flores.** F. Festejo público en que los concurrentes se arrojan flores. ‖ **dar la ~.** LOC. VERB. Arrostrar las dificultades de un asunto. ‖ **de ~.** LOC. ADJ. Dicho de una prenda de vestir o de un objeto: De uso ordinario, a diferencia de los que han de tratarse con más miramiento. ‖ **presentar la ~.** LOC. VERB. **1.** *Mil.* Desplegar las tropas ante las del enemigo, provocándolo al combate. ‖ **2. dar la batalla.** □ V. **caballo de ~, campo de ~, centro de la ~, frente de ~, orden de ~.**

batallador, ra. ADJ. **1.** Que batalla. *Mujer batalladora.* ‖ **2.** hist. Se aplicaba como sobrenombre a quien había dado muchas batallas. *El rey don Alfonso el Batallador.*

batallar. INTR. **1.** Combatir con armas. ‖ **2. bregar** (‖ luchar con los riesgos y las dificultades para superarlos). *En la vida laboral hay que batallar siempre.*

batallón. M. **1.** *Mil.* Unidad militar compuesta de varias compañías y mandada normalmente por un teniente coronel o un comandante. ‖ **2.** Grupo numeroso de gente. *Vino con un batallón de amigos.*

batán. M. **1.** Máquina generalmente hidráulica, compuesta de gruesos mazos de madera, movidos por un eje, para golpear, desengrasar y dar cuerpo a los paños. ‖ **2.** Edificio en que funciona esta máquina. ‖ **3.** *Á. Andes.* Piedra plana en que, con el movimiento oscilatorio de otra de base curva, se muelen los granos, café, ají, etc.

batanero. M. Hombre que cuida de los batanes o trabaja en ellos.

batanga. F. *Filip.* Cada uno de los refuerzos o balancines de cañas gruesas de bambú que llevan a lo largo de los costados las embarcaciones.

bataola. F. batahola.

batata. F. **1.** Planta vivaz de la familia de las Convolvuláceas, de tallo rastrero y ramoso, hojas alternas, acorazonadas y profundamente lobuladas, flores grandes, acampanadas, rojas por dentro, blancas por fuera, y raíces como las de la patata. ‖ **2.** Tubérculo comestible de la raíz de esta planta, de color pardo por fuera y amarillento o blanco por dentro, de unos doce centímetros de largo, cinco de diámetro y forma fusiforme.

batatazo. M. **1.** *Chile.* batacazo (‖ triunfo inesperado de un caballo). ‖ **2.** *Chile.* batacazo (‖ cualquier otro triunfo sorprendente).

batayola. F. *Mar.* Caja cubierta con encerados que se construyen sobre la regala de los buques, a lo largo de esta, y en que se acomodan o recogen los coyes de la tripulación.

batazo. M. Golpe dado con el bate.

bate. M. En el béisbol y en otros juegos, palo más grueso por el extremo libre que por la empuñadura, con el que se golpea la pelota.

batea. F. **1.** Plataforma de madera que se coloca en el mar para la cría o cultivo de mejillones y otros moluscos. ‖ **2.** Recipiente de forma normalmente cúbica que se usa para el lavado de minerales. ‖ **3.** Bandeja o canastillo, normalmente de madera o con pajas sentadas sobre la madera. ‖ **4. bandeja** (‖ pieza para servir). ‖ **5. dornajo.** ‖ **6.** Embarcación en forma de artesa, que se usa en los puertos y arsenales. ‖ **7.** Vagoneta con los bordes muy bajos. ‖ **8.** *Am.* Artesa para lavar.

bateador¹, ra. M. y F. Persona que maneja el bate en el juego del béisbol.

bateador², ra. M. y F. Persona que maneja la batea para lavar minerales.

batear. TR. En el béisbol y otros juegos, dar a la pelota con el bate. U. t. c. intr.

batel. M. bote³.

batelero, ra. M. y F. Persona que gobierna el batel.

bateo. M. Acción de golpear con el bate o de usar el bate.

batería. I. F. **1. batería eléctrica.** ‖ **2.** Conjunto de piezas de artillería dispuestas para hacer fuego. *Batería de misiles antiaéreos.* ‖ **3.** hist. En los buques mayores de guerra antiguos, conjunto de cañones que hay en cada puente o cubierta cuando siguen de popa a proa. ‖ **4.** hist. Espacio o entrepuente en que los mismos cañones están colocados. ‖ **5.** Conjunto de instrumentos de percusión en una banda u orquesta. ‖ **6.** Conjunto de instrumentos de esta clase montados en un dispositivo único, que toca un solo ejecutante. ‖ **7. batería de cocina.** ‖ **8.** En los teatros, fila de lámparas situada en el borde del proscenio, sustitutiva de las antiguas candilejas. ‖ **9.** Conjunto de aparatos análogos, instalados en el mismo local, que realizan la misma función o trabajo. *Batería de luces.* ‖ **10.** *Mil.* Unidad de tiro de artillería, mandada normalmente por un capitán, que se compone de un corto número de piezas y de los artilleros que las sirven. ‖ **II.** COM. **11.** Músico que toca la **batería** (‖ conjunto de instrumentos de percusión). ‖ **~ de cocina.** F. Conjunto de utensilios necesarios para la cocina, que son comúnmente de cobre, hierro, aluminio o acero. ‖ **~ de test.** F. Conjunto de pruebas mediante las que se valoran, en términos generalmente cuantitativos, las características psicológicas o los conocimientos de una persona. ‖ **~ eléctrica.** F. *Fís.* Acumulador o conjunto de varios acumuladores de electricidad. ‖ **en ~.** LOC. ADJ. Dicho de un vehículo: Aparcado o estacionado paralelamente a otros. U. m. c. loc. adv.

baterista. COM. batería (‖ músico).

batey. M. En los ingenios y demás fincas de campo de las Antillas, lugar ocupado por las casas de vivienda, calderas, trapiche, barracones, almacenes, etc. MORF. pl. **bateyes.**

batial. ADJ. *Geol.* Perteneciente o relativo a las partes profundas del mar.

batiburrillo. M. **1.** coloq. Mezcla desordenada de cosas que no guardan relación entre sí. ‖ **2.** coloq. En la conversación y en los escritos, mezcla de cosas inconexas y que no vienen a propósito.

baticola. F. Correa sujeta al armazón trasero de la silla de montar, que termina en una especie de ojal, donde entra el tronco de la cola, y sirve para evitar que la montura se corra hacia adelante. ‖ **ser** una mujer **de la ~ floja.** LOC.VERB. *Á. Andes.* Ser de costumbres livianas.

baticulo. M. *Mar.* Cangrejo pequeño que, en buenos tiempos, arman y orientan en una de sus aletas los faluchos y otras embarcaciones latinas.

batida. F. **1.** En la montería, acción de batir el monte para que las reses que haya salgan a los puestos donde están esperando los cazadores. ‖ **2.** Acción de explorar varias personas una zona buscando a alguien o algo. ‖ **3.** Allanamiento que, por sorpresa, realiza la Policía en locales donde se supone que se reúnen maleantes u otras personas para efectuar actos ilegales, como prostitución, consumo de drogas, etc.

batidero. M. Terreno desigual que por los hoyos, piedras o rodadas hace molesto y difícil el movimiento de los vehículos.

batido, da. PART. de **batir.** ‖ **I.** ADJ. **1.** Dicho de un tejido de seda: Que, por tener la urdimbre de un color y la trama de otro, resulta con visos distintos. ‖ **II.** M. **2.** Bebida que se hace batiendo helado, leche u otros ingredientes. □ V. **oro ~, tierra ~.**

batidor, ra. **I.** ADJ. **1.** Que bate. *Varillas batidoras.* ‖ **II.** M. **2.** Instrumento para batir. ‖ **3. batidora.** ‖ **4.** Explorador que descubre y reconoce el campo o el camino para ver si está libre de enemigos. ‖ **5.** *Cineg.* Hombre que levanta la caza en las batidas.

batidora. F. Instrumento que, mediante movimiento giratorio, bate los ingredientes de alimentos, condimentos o bebidas.

batiente. **I.** ADJ. **1.** Que bate. *Alas batientes.* ‖ **II.** M. **2.** Cada una de las hojas de una puerta o ventana. ‖ **3.** En los claves y pianos, listón de madera forrado de paño por la parte inferior, en el cual baten los martinetes o los macillos cuando se pulsan las teclas.

batihoja. M. **1.** Fabricante de panes de oro o plata para dorar o platear. ‖ **2.** Artífice que a golpes de mazo labra metales, reduciéndolos a láminas.

batik. M. **1.** Técnica de estampado de tejidos al estilo javanés. ‖ **2.** Tejido estampado mediante esta técnica. *Cojines de batik.* ¶ MORF. pl. **batiks.**

batimetría. F. **1.** *Geol.* Estudio de las profundidades oceánicas mediante el trazado de mapas del relieve marino, así como de la distribución de animales y vegetales marinos de acuerdo con la profundidad. ‖ **2.** Ese mismo estudio aplicado a los lagos grandes.

batimétrico, ca. ADJ. *Geol.* Perteneciente o relativo a la batimetría. *Mapa batimétrico.*

batimiento. M. Acción de batir.

batín. M. **1.** Bata con faldas cortas que llega solo un poco más abajo de la cintura. ‖ **2.** Bata más o menos larga que usan los hombres para estar en casa.

batintín. M. Instrumento de percusión que consiste en un disco rebordeado de una aleación metálica muy sonora y que, suspendido, se toca con una bola cubierta de lana y forrada.

batir. **I.** TR. **1. golpear.** *Batir la puerta con los puños.* ‖ **2.** Golpear para destruir, derribar o echar por tierra alguna pared, edificio, etc. ‖ **3.** Atacar y derruir con la artillería. *Los cañones batían la fortaleza.* ‖ **4.** Dominar con armas de fuego un terreno, una posición, etc. ‖ **5.** Dicho del sol, del agua o del viento: Dar en una parte sin estorbo alguno. *El viento batía la colina.* ‖ **6.** Mover con ímpetu y fuerza algo. *Batir las alas, los remos.* ‖ **7.** Mover y revolver alguna sustancia para que se condense o trabe, o para que se licue o disuelva. *Batir un huevo.* ‖ **8.** Martillar una pieza de metal hasta reducirla a chapa. ‖ **9.** Derrotar al enemigo. ‖ **10.** Acuñar moneda. ‖ **11.** Reconocer, registrar exhaustivamente un espacio abierto o una zona urbana, ya sea para operaciones militares, ya para cazar, para buscar delincuentes, sospechosos o con otro motivo. ‖ **12.** *Dep.* Vencer, ganar a un contrincante. ‖ **13.** *Dep.* Superar la marca establecida. ‖ **14.** *Impr.* Ajustar y acomodar las resmas de papel. ‖ **15.** *Á. Caribe* y *Á. R. Plata.* **cardar** (‖ peinar el pelo desde la punta a la raíz). ‖ **II.** INTR. **16.** Dicho del corazón: Latir con violencia. ‖ **III.** PRNL. **17.** Combatir, pelear. ‖ **18.** Combatir en duelo. *Batirse a pistola.*

batiscafo. M. Especie de embarcación sumergible preparada para resistir grandes presiones y destinada a explorar las profundidades del mar.

batista. F. Lienzo fino muy delgado.

bato. M. Hombre tonto, o rústico y de pocos alcances.

batolito. M. Masa de roca eruptiva de grandes dimensiones, consolidada en la litosfera a gran profundidad.

batón. M. Bata ancha y larga hasta los pies.

batracio. ADJ. *Zool.* Se dice de los vertebrados de temperatura variable que son acuáticos y respiran por branquias durante su primera edad, se hacen aéreos y respiran por pulmones en su estado adulto. En el estado embrionario carecen de amnios y alantoides; p. ej., la salamandra y el sapo. U. m. c. s. m. ORTOGR. En m. pl., escr. con may. inicial c. taxón en desuso. *Los Batracios.*

batúa. M. **euskera batúa.**

batueco, ca. ADJ. **1.** Natural de las Batuecas, valle de la provincia de Salamanca, en España. U. t. c. s. ‖ **2.** Perteneciente o relativo a esta comarca de la provincia de Salamanca, en España.

batuquear. TR. **1.** Revolver un líquido moviendo la vasija en que está. ‖ **2. traquetear** (‖ mover o agitar algo). ‖ **3.** *Á. Caribe.* Mover algo de un lado a otro con fuerza y desorden. U. t. c. intr.

baturrada. F. Acción, dicho o hecho propios del baturro.

baturro, rra. ADJ. **1.** Rústico aragonés. U. t. c. s. ‖ **2.** Perteneciente o relativo al **baturro.** *Cuento baturro.*

batuta. F. **1.** Vara corta con que el director de una orquesta, banda, coro, etc., marca el compás en la ejecución de una pieza de música. ‖ **2.** Director de orquesta. ‖ **llevar** alguien **la ~.** LOC.VERB. coloq. Dirigir una corporación o conjunto de personas, determinando lo que se ha de hacer o la conducta que se debe seguir.

baúl. M. **1.** Mueble parecido al arca, frecuentemente de tapa convexa, cubierto por lo común de piel, tela u otra materia, que sirve por lo general para guardar ropas. ‖ **2.** *Á. Caribe.* Maletero del automóvil. ‖ **~ mundo.** M. El grande y de mucho fondo.

baulero. M. Fabricante o vendedor de baúles.

bauprés. M. *Mar.* Palo grueso, horizontal o algo inclinado, que en la proa de los barcos sirve para asegurar los estayes del trinquete, orientar los foques y algunos otros usos. MORF. pl. **baupreses**.

bausán, na. M. y F. Persona boba, simple, necia.

bautismal. ADJ. Perteneciente o relativo al bautismo. □ V. **pila ~**.

bautismo. M. **1**. Primero de los sacramentos del cristianismo, destinado a lavar el pecado original y a imprimir el carácter de cristiano a quien lo recibe. ‖ **2**. En diversas religiones, rito de purificación. ‖ **3**. **bautizo**. ‖ **4**. bautismo de fuego (‖ primera actuación). ‖ **~ de fuego**. M. **1**. Hecho de entrar por primera vez en combate. ‖ **2**. Primera actuación de alguien en una actividad. ‖ **~ de sangre**. M. Hecho de ser herido en combate por primera vez. ‖ **~ de socorro**. M. bautismo administrado sin solemnidades, en caso de necesidad, por ejemplo, peligro de muerte de un recién nacido.

bautista. **I**. M. **1**. Persona que bautiza. ‖ **2**. por antonom. San Juan, el precursor de Cristo. ORTOGR. Escr. con may. inicial. ‖ **II**. ADJ. **3**. *Am.* **baptista**. Apl. a pers., u. t. c. s.

bautisterio. M. baptisterio.

bautizar. TR. **1**. Administrar el sacramento del bautismo. ‖ **2**. Poner nombre a algo. *Bautizar un barco*. ‖ **3**. coloq. Dar a alguien o a algo otro nombre que el que le corresponde. ‖ **4**. coloq. Mezclar el vino con agua. ‖ **5**. fest. Arrojar casual o intencionadamente sobre alguien agua u otro líquido.

bautizo. M. **1**. Acción de bautizar. ‖ **2**. Fiesta con que esta se solemniza.

bauxita. F. Óxido hidratado de aluminio que contiene generalmente cierta cantidad de óxido de hierro y suele ser de color blanquecino, gris o rojizo.

bávaro, ra. ADJ. **1**. Natural de Baviera. U. t. c. s. ‖ **2**. Perteneciente o relativo a este estado de Alemania.

baya. F. Fruto carnoso con semillas rodeadas de pulpa; p. ej., el tomate y la uva.

bayadera. F. Bailarina y cantora india, dedicada a intervenir en las funciones religiosas o solo a divertir a la gente con sus danzas o cantos.

bayamés, sa. ADJ. **1**. Natural de Bayamo. U. t. c. s. ‖ **2**. Perteneciente o relativo a esta ciudad de Cuba, capital de la provincia de Granma.

bayamonés, sa. ADJ. **1**. Natural de Bayamón. U. t. c. s. ‖ **2**. Perteneciente o relativo a este municipio de Puerto Rico o a su cabeza.

bayeta. F. **1**. Tela de lana, floja y poco tupida. ‖ **2**. Paño que sirve para limpiar superficies frotándolas.

bayetón. M. Tela de lana con mucho pelo, que se usa para abrigo.

bayo, ya. ADJ. Dicho especialmente de un caballo y de su pelo: De color blanco amarillento. U. t. c. s.

bayonés, sa. ADJ. **1**. Natural de Bayona. U. t. c. s. ‖ **2**. Perteneciente o relativo a esta ciudad de Francia.

bayonesa. F. Especie de pastel, hecho con dos capas delgadas de masa al horno, que llevan en medio cabello de ángel.

bayoneta. F. Arma blanca en forma de cuchillo que usan los soldados de infantería, complementaria del fusil, a cuyo cañón se adapta exteriormente junto a la boca. ‖ **a ~**. LOC.ADJ. Dicho de ciertos tipos de uniones mecánicas y de los objetos que las llevan: Que se montan introduciendo, a través de la muesca de una pieza, otra provista de pequeños salientes cilíndricos que, luego de un pequeño giro, se aseguran gracias a la presión de un

resorte. *Un acoplamiento a bayoneta*. U. t. c. loc. adv. *El mecanismo funciona a bayoneta*. ‖ **a la ~**. LOC.ADV. *Mil.* Sirviéndose de ella armada en el fusil sin hacer fuego. ‖ **de ~**. LOC.ADJ. a bayoneta. *Una bombilla de bayoneta*.

bayonetazo. M. **1**. Golpe dado con la bayoneta. ‖ **2**. Herida hecha con esta arma.

bayunco, ca. ADJ. *Am. Cen.* tosco (‖ grosero).

baza. F. **1**. Número de cartas que en ciertos juegos de naipes recoge quien gana la mano. ‖ **2**. Cosa que permite obtener una ventaja o beneficio. *La memoria es su mejor baza para superar el examen*. ‖ **meter ~**. LOC. VERB. coloq. Intervenir en la conversación de otros, especialmente sin tener autoridad para ello.

bazar. M. **1**. Tienda en que se venden productos muy variados, comúnmente a precio fijo. ‖ **2**. En Oriente, mercado público o lugar destinado al comercio.

bazo. M. *Anat.* Víscera de los vertebrados, de color rojo oscuro y forma variada, situada casi siempre a la izquierda del estómago, que destruye los hematíes caducos y participa en la formación de los linfocitos.

bazofia. F. **1**. Comida poco apetitosa. ‖ **2**. Mezcla de heces, sobras o desechos de comida. ‖ **3**. Cosa soez, sucia y despreciable. *Esa novela es una bazofia*. U. t. en sent. fig. *Los delatores son pura bazofia*.

bazuca. F. *Mil.* Lanzagranadas portátil consistente en un tubo que se apoya en el hombro, empleado principalmente para disparar contra los carros de combate.

bazucar. TR. Revolver un líquido moviendo la vasija en que está.

bazuco. M. Mezcla de cocaína y heroína, usada por drogadictos.

bazuqueo. M. Acción y efecto de bazucar.

be[1]. F. Nombre de la letra *b*. MORF. pl. **bes**. ‖ **~ alta**, o **~ larga**. F. be[1].

be[2]. ONOMAT. Se usa para imitar el balido del carnero, de la oveja y de la cabra.

beamontés, sa. ADJ. hist. Se dice de una antigua facción de Navarra y de los individuos de este bando, enemigo de los agramonteses. Apl. a pers., u. t. c. s.

bearnés, sa. **I**. ADJ. **1**. Natural del Bearne. U. t. c. s. ‖ **2**. Perteneciente o relativo a esta región del sur de Francia. ‖ **II**. M. **3**. Dialecto hablado en esta región de Francia. □ V. **salsa ~**.

bearnesa. F. salsa bearnesa.

beata. F. V. **beato**.

beatería. F. **1**. Condición de **beato** (‖ que frecuenta mucho los templos). ‖ **2**. Acción de afectada virtud.

beaterio. M. Casa en que habitan las **beatas** (‖ mujeres que viven con otras en clausura o sin ella).

beatificación. F. Acción de beatificar.

beatificar. TR. **1**. Dicho del papa: Declarar que un difunto, cuyas virtudes han sido previamente certificadas, puede ser honrado con culto. ‖ **2**. Hacer respetable o venerable. *Beatificar una relación*.

beatífico, ca. ADJ. **1**. Plácido, sereno. *Sonrisa, mirada beatífica*. ‖ **2**. *Rel.* Que hace bienaventurado a alguien. □ V. **visión ~**.

Beatísimo. □ V. **~ Padre**.

beatitud. F. **1**. Bienaventuranza eterna. ‖ **2**. Cualidad de feliz o bienaventurado. ‖ **3**. Felicidad, bienestar. ‖ **4**. Era usado como tratamiento del papa y de otras jerarquías religiosas.

beato, ta. **I**. ADJ. **1**. Dicho de una persona: Beatificada por el papa. U. m. c. s. ‖ **II**. M. y F. **2**. Persona muy devota que frecuenta mucho los templos. U. t. c. adj. ‖ **3.** Persona que lleva hábito religioso sin vivir en comunidad ni seguir regla determinada. ‖ **III.** M. **4.** hist. Códice miniado, de los siglos VIII al XIII, que recoge los Comentarios que el Beato de Liébana escribió sobre el Apocalipsis. ‖ **IV.** F. **5.** Mujer que vive con otras en clausura o sin ella bajo cierta regla.

bebe, ba. M. y F. *Á. R. Plata.* **bebé.** MORF. En otras zonas de América, u. la forma en m. para designar el f. *La bebe.*

bebé. M. Niño o niña de días o de pocos meses. U. t. c. com. *La bebé.*

bebedero. M. **1.** Vaso en que se echa la bebida a los pájaros de jaula y a otras aves domésticas, como las gallinas, las palomas, etc. ‖ **2.** Lugar donde acuden a beber las aves. ‖ **3. abrevadero.** ‖ **4.** *Á. R. Plata* y *Méx.* Fuente para beber agua potable en parques, escuelas y edificios públicos.

bebedizo. M. **1.** Bebida confeccionada con veneno. ‖ **2.** Bebida que supersticiosamente se decía tener virtud para ganar el amor de las personas.

bebedor, ra. ADJ. **1.** Que bebe. *Bebedor de zumos.* ‖ **2.** Que abusa de las bebidas alcohólicas. *No es bebedora ni fumadora.* U. t. c. s.

beber. I. INTR. **1.** Ingerir un líquido. U. t. c. tr. ‖ **2. brindar** (‖ manifestar al ir a **beber** el bien que se desea). *Vamos a beber por Anselmo.* ‖ **3.** Hacer por vicio uso frecuente de bebidas alcohólicas. *Ha dejado de beber.* ‖ **II.** TR. **4.** Absorber, devorar, consumir. *El sol bebía los arroyos.* ‖ **5.** Recibir, tomar, admitir, informarse. *Bebía las palabras del conferenciante.*

bebible. ADJ. coloq. Dicho de un líquido: No del todo desagradable al paladar.

bebida. F. **1.** Acción y efecto de consumir **bebidas** alcohólicas. *En este local se prohíbe la bebida.* ‖ **2.** Consumo adictivo de **bebidas** alcohólicas. *La bebida le hizo perder todo lo que tenía.* ‖ **3.** Líquido que se bebe. ‖ **4.** por antonom. **bebida** alcohólica. ‖ **~ larga.** F. La compuesta de un licor destilado combinado con hielo y agua con algún refresco.

bebido, da. PART. de beber. ‖ ADJ. Que ha **bebido** en exceso y está casi embriagado.

beca. F. **1.** Subvención para realizar estudios o investigaciones. ‖ **2.** Banda de tela que, como distintivo colegial, llevaban los estudiantes plegada sobre el pecho y con los extremos colgando por la espalda. Hoy solo se usa en ciertos actos. ‖ **3.** hist. Especie de vestidura de seda o paño que colgaba del cuello hasta cerca de los pies, y que usaban sobre sus sotanas los clérigos constituidos en dignidad.

becacina. F. **agachadiza.**

becada. F. Ave limícola del tamaño de una perdiz, de pico largo, recto y delgado, cabeza comprimida y plumaje pardo rojizo con manchas negras en las partes superiores y de color claro finamente listado en las inferiores. Vive con preferencia en terrenos sombríos, se alimenta de orugas y lombrices y su carne es comestible.

becado, da. PART. de becar. ‖ M. y F. becario.

becafigo. M. oropéndola.

becar. TR. Sufragar o conceder a alguien una beca o paga para estudios.

becario, ria. M. y F. Persona que disfruta de una beca para estudios.

becerra. F. Cría hembra de la vaca hasta que cumple uno o dos años o poco más.

becerrada. F. Lidia o corrida de becerros.

becerrista. COM. *Taurom.* Persona que lidia becerros.

becerro. M. **1.** Cría macho de la vaca hasta que cumple uno o dos años o poco más. ‖ **2.** Piel de ternero curtida y dispuesta para varios usos, principalmente para hacer zapatos y otras clases de calzado. ‖ **3.** hist. Libro en que las iglesias y monasterios antiguos copiaban sus privilegios para el uso manual y corriente. ‖ **4.** *Taurom.* **novillo** (‖ res vacuna macho). ‖ **~ de oro.** M. Dinero o riquezas. □ V. **pie de ~.**

bechamel. F. besamel.

becuadrado. M. *Mús.* Primera de las propiedades en el canto gregoriano, la cual se funda en el hexacordo sol, la, si, do, re, mi, notas que, al ser solfeadas, cambian sus nombres en do, re, mi, fa, sol, la. ‖ **cantar por ~.** LOC. VERB. *Mús.* Girar dentro de los grados de la escala diatónica de do, principiando en el quinto grado, que antiguamente se marcaba con una G.

becuadro. M. *Mús.* Signo (♮) con el cual se expresa que la nota o notas a que se refiere deben sonar con su entonación natural.

bedel, la. M. y F. **1.** En los centros de enseñanza, persona cuyo oficio es cuidar del orden fuera de las aulas, además de otras funciones auxiliares. ‖ **2. ordenanza.** ¶ MORF. U. t. la forma en m. para designar el f.

bedelía. F. Empleo de bedel.

bedelio. M. Gomorresina de color amarillo, gris o pardo, olor suave y sabor amargo, procedente de árboles burseráceos que crecen en la India, en Arabia y en el noreste de África. Entra en la composición de varias preparaciones farmacéuticas para uso externo.

beduino, na. I. ADJ. **1.** Se dice de los árabes nómadas que habitan su país originario o viven esparcidos por Siria y el África septentrional. U. m. c. s. ‖ **II.** M. **2.** Hombre bárbaro.

befa. F. Expresión de desprecio grosera e insultante.

befabemí. M. hist. En la música antigua, indicación del tono que principia en el séptimo grado de la escala diatónica de do y se desarrolla según los preceptos del canto llano y del canto figurado. MORF. pl. **befabemíes** o **befabemís.**

befar. TR. Burlar, mofar, escarnecer.

befo. M. **belfo** (‖ labio de un animal).

begardo, da. M. y F. hist. Hereje de los siglos XIII y XIV, que profesaba doctrinas muy análogas a las de los gnósticos e iluminados, defendiendo, entre otras cosas, la impecabilidad del alma humana cuando llega a la visión directa de Dios, la cual creía posible en esta vida. Se extendieron mucho por Italia, Francia y los Países Bajos y llegaron a penetrar en Cataluña.

begonia. F. Planta perenne, originaria de América, de la familia de las Begoniáceas, de unos cuatro decímetros de altura, con tallos carnosos, hojas grandes, acorazonadas, dentadas, de color verde bronceado por encima, rojizas y con nervios muy salientes por el envés, y flores monoicas, con pedúnculos largos y dicótomos, sin corola y con el cáliz de color de rosa.

begoniáceo, a. ADJ. *Bot.* Se dice de un género de plantas angiospermas dicotiledóneas, que pertenecen exclusivamente al género de la begonia. U. t. c. s. f. ORTOGR. En f. pl., escr. con may. inicial c. taxón. *Las Begoniáceas.*

beguina. F. Beata que forma parte de ciertas comunidades religiosas existentes en Bélgica.

beguino, na. M. y F. hist. **begardo.**

begum. F. En la India musulmana, se usa como título honorífico equivalente al de princesa. MORF. pl. **begums.**

behetría. F. **1.** hist. Población cuyos vecinos, como dueños absolutos de ella, podían recibir por señor a quien quisiesen. ‖ **2.** Confusión o desorden.

behique. M. *Ant.* Entre los indios taínos, sacerdote y curandero.

beicon. M. Panceta ahumada.

beirutí. ADJ. **1.** Natural de Beirut. U. t. c. s. ‖ **2.** Perteneciente o relativo a esta ciudad, capital del Líbano. ¶ MORF. pl. **beirutíes** o **beirutís.**

beis. ADJ. Dicho de un color: Castaño claro. U. t. c. s. m. MORF. pl. invar. *Camisas beis.*

beisbol. M. *Á. Caribe* y *Méx.* **béisbol.**

béisbol. M. Juego entre dos equipos, en el que los jugadores han de recorrer ciertos puestos o bases de un circuito, en combinación con el lanzamiento de una pelota desde el centro de dicho circuito.

beisbolista. COM. Jugador de béisbol.

bejarano, na. ADJ. **1.** Natural de Béjar. U. t. c. s. ‖ **2.** Perteneciente o relativo a esta ciudad de la provincia de Salamanca, en España. ‖ **3.** hist. Se dice de una facción que luchaba en Badajoz contra la de los portugaleses en tiempos del rey Sancho IV de Castilla, y de los individuos de este bando. Apl. a pers., u. t. c. s.

bejucal. M. Sitio donde se crían muchos bejucos.

bejuco. M. **1.** Planta sarmentosa y trepadora, propia de regiones tropicales. ‖ **2.** Se usa como nombre para referirse a ciertas enredaderas o plantas trepadoras.

bejuquillo. M. **ipecacuana.**

belcantismo. M. Técnica del bel canto.

belcantista. ADJ. **1.** Perteneciente o relativo al bel canto. *Repertorio belcantista.* ‖ **2.** Que se dedica al bel canto. U. t. c. s.

bel canto. M. Arte del canto según determinado estilo de la ópera italiana.

beldad. F. **1.** Belleza o hermosura, y más particularmente la de la mujer. ‖ **2.** Mujer notable por su belleza.

belemnites. F. *Geol.* Fósil de forma cónica o de maza. Es la extremidad de la concha interna que, a semejanza de las jibias, tenían ciertos cefalópodos que vivieron en los períodos jurásico y cretácico.

belén. M. **nacimiento** (‖ representación del de Jesucristo).

belenista. COM. Persona que por oficio o afición proyecta o fabrica belenes.

beleño. M. Planta de la familia de las Solanáceas, como de un metro de altura, con hojas anchas, largas, hendidas y vellosas, flores a lo largo de los tallos, amarillas por encima y rojas por debajo, y fruto capsular con muchas semillas pequeñas, redondas y amarillentas. Toda la planta, especialmente la raíz, es narcótica. ‖ **~ blanco.** M. Planta del mismo género que la anterior, de la cual se diferencia en tener las hojas redondeadas y las flores amarillas por fuera y verdosas por dentro. ‖ **~ negro.** M. beleño.

belesa. F. Planta vivaz de la familia de las Plumbagináceas, como de un metro de altura, con tallos rectos, delgados y cilíndricos, cubiertos de hojas alternas, lanceoladas y ásperas, y coronados por flores purpúreas, muy menudas, en espiga. Tiene virtudes narcóticas.

belfo, fa. I. ADJ. **1.** Dicho de una persona: Que tiene más grueso el labio inferior, como suelen tenerlo los caballos. U. t. c. s. ‖ **II.** M. **2.** Cada uno de los dos labios del caballo y de otros animales. ‖ **3.** Cada uno de los dos labios del hombre, especialmente el inferior, cuando son muy abultados.

belga. ADJ. **1.** Natural de Bélgica. U. t. c. s. ‖ **2.** Perteneciente o relativo a este país de Europa.

belgradense. ADJ. **1.** Natural de Belgrado. U. t. c. s. ‖ **2.** Perteneciente o relativo a esta ciudad, capital de Serbia.

beliceño, ña. ADJ. **1.** Natural de Belice. U. t. c. s. ‖ **2.** Perteneciente o relativo a este país de América.

belicismo. M. Tendencia a tomar parte en conflictos armados.

belicista. ADJ. **1.** Perteneciente o relativo al belicismo. *Los pacifistas critican la política belicista del Gobierno.* ‖ **2.** Partidario de la guerra. U. t. c. s.

bélico, ca. ADJ. **guerrero** (‖ perteneciente a la guerra).

belicosidad. F. Cualidad de belicoso.

belicoso, sa. ADJ. **1.** Guerrero, marcial. *Tropas belicosas.* ‖ **2.** Agresivo, pendenciero. *Actitud belicosa de los hinchas.*

beligerancia. F. Cualidad de beligerante. ‖ **conceder, o dar, ~** a alguien. LOCS. VERBS. Atribuirle la importancia bastante para contender con él. U. m. con neg.

beligerante. ADJ. **1.** Dicho de una nación, de una potencia, etc.: Que están en guerra. U. t. c. s. U. m. en pl. ‖ **2.** combativo. *Espíritu beligerante.*

belígero, ra. ADJ. poét. Dado a la guerra, belicoso, guerrero.

belio. M. *Fís.* Unidad con la que se miden diversas magnitudes relacionadas con la sensación fisiológica originada por los sonidos, por ejemplo, la sonoridad, la intensidad acústica, el poder amplificador o atenuador, etc. Suele emplearse el decibelio.

belísono, na. ADJ. De ruido bélico o marcial. *Séquito belísono.*

bellaco, ca. ADJ. **1.** Malo, pícaro, ruin. U. t. c. s. ‖ **2.** Astuto, sagaz. U. t. c. s.

belladona. F. Planta de la familia de las Solanáceas, que es muy venenosa y se utiliza con fines terapéuticos, principalmente por contener el alcaloide llamado atropina.

bellaquear. INTR. Hacer bellaquerías.

bellaquería. F. **1.** Cualidad de bellaco. ‖ **2.** Acción o dicho propio de bellaco.

bellardina. F. Tejido de lana parecido a la gabardina.

belleza. F. **1.** Propiedad de las cosas de la naturaleza y de las obras literarias y artísticas que hace amarlas, infundiendo en nosotros deleite espiritual. ‖ **2.** Persona o cosa notable por su hermosura. ‖ **3.** Cuidado de la belleza. *Productos de belleza.* ‖ **~ artística.** F. La que se produce de modo cabal y conforme a los principios estéticos, por imitación de la naturaleza o por intuición del espíritu. □ V. **salón de ~.**

bellido, da. ADJ. Bello, agraciado, hermoso.

bellísima. F. *Am. Cen., Á. Caribe* y *Á. Andes.* Planta trepadora de flores en festones y de tres colores, blanco, rosado pálido y rojo subido.

bello, lla. ADJ. **1.** Que tiene belleza. *Mujer bella. Cuadro bello.* ‖ **2.** Bueno, excelente. *Bella acción.* □ V. **arte bella, ~s letras, ~ sexo.**

bellota. F. **1.** Fruto de la encina, del roble y de otros árboles del mismo género. Es un aquenio muy voluminoso, ovalado, algo puntiagudo, de dos o más centímetros de largo, y se compone de una cáscara medianamente dura, de color castaño claro, dentro de la cual está la única semilla, desprovista de albumen y con sus cotiledones carnosos y muy ricos en fécula. Se emplea como alimento del ganado de cerda. ‖ **2.** Adorno de pasamanería, que consiste en una pieza de madera, de forma de bellota, cubierta de hilo de seda o lana. ‖ **~ de mar.** F. **bálano** (‖ crustáceo cirrípedo). □ V. **animal de ~.**

belloto. M. Árbol chileno, de la familia de las Lauráceas, cuyo fruto es una especie de nuez que sirve de alimento a los animales.

belorta. F. **viorta.**

bemba. F. *Am.* Boca de labios gruesos y abultados.

bembeteo. M. *Ant.* **chismorreo.**

bembo, ba. I. ADJ. **1.** *Méx.* Dicho de una persona: De labios gruesos y pronunciados. ‖ **II.** M. **2.** *Á. Andes y Ant.* Bezo, especialmente el del negro bozal.

bembón, na. ADJ. *Am.* Dicho de una persona: De labios gruesos y pronunciados.

bembudo, da. ADJ. *Á. Caribe y Méx.* Dicho de una persona: De labios gruesos y pronunciados.

bemol. I. ADJ. **1.** *Mús.* Dicho de una nota: De entonación un semitono más bajo que la de su sonido natural. *Re bemol.* U. t. c. s. m. ‖ **II.** M. **2.** *Mús.* Signo (♭) que representa esta alteración del sonido natural de la nota o notas a que se refiere. ‖ **doble ~.** M. **1.** *Mús.* Nota cuya entonación es de dos semitonos más baja que la de su sonido natural. *El la doble bemol.* ‖ **2.** *Mús.* Signo compuesto de dos **bemoles**, que representa esta doble alteración del sonido natural de la nota o notas a que se refiere. ‖ **tener ~es, o tres ~es.** LOCS. VERBS. coloqs. Se usan para ponderar lo que se tiene por muy grave y dificultoso.

benceno. M. *Quím.* Hidrocarburo cíclico, aromático, de seis átomos de carbono. Es un líquido incoloro e inflamable, de amplia utilización como disolvente y como reactivo en operaciones de laboratorio y usos industriales.

bencina. F. **1. gasolina.** ‖ **2.** *Quím.* Fracción ligera del petróleo. Líquido incoloro, volátil e inflamable que se emplea como disolvente.

bencinera. F. *Chile.* Local donde se vende **bencina** (‖ gasolina).

bencinero, ra. ADJ. *Chile.* Perteneciente o relativo a la **bencina** (‖ gasolina).

bendecidor, ra. ADJ. Que bendice.

bendecir. TR. **1.** Dicho de un obispo o de un presbítero: Hacer la señal de la cruz sobre alguien o sobre algo. ‖ **2.** Invocar en favor de alguien o de algo la bendición divina. *Dios te bendiga.* ‖ **3.** Consagrar al culto divino algo, mediante determinada ceremonia. ‖ **4.** Dicho de la Providencia: Colmar de bienes a alguien, hacerlo prosperar. ‖ **5.** Alabar, engrandecer, ensalzar. *El pueblo bendecirá esa política.* ¶ MORF. conjug. c. *decir*, salvo el fut. imperf. de indic. y el condic., que son regs., y la 2.ª pers. sing. del imper.: *bendice.*

bendición. F. **1.** Acción y efecto de bendecir. ‖ **2.** pl. **bendiciones nupciales.** ‖ **bendiciones nupciales.** F. pl. Ceremonias con que se celebra el sacramento del matrimonio. ‖ **ser** algo **~ de Dios, o una ~.** LOCS. VERBS. coloqs. Ser muy abundante, o muy excelente, o muy digno de admirar. □ V. **hijo de ~.**

bendito, ta. I. ADJ. **1.** Santo o bienaventurado. U. t. c. s. ‖ **2. feliz.** *Bendita ella, que ha logrado olvidarlo.* ‖ **3.** Que incluye o trae consigo dicha. *Benditas vacaciones.* ‖ **4.** Dicho de una persona: Que es muy buena. U. t. c. s. *La profesora enseñaba pacientemente a los niños; era una bendita.* ‖ **II.** M. y F. **5.** Persona sencilla y de pocos alcances. ‖ **~ de Dios.** M. y F. Persona sencilla. ‖ **bendito.** INTERJ. Se usa para expresar dolor, sorpresa, asombro y otros sentimientos. □ V. **agua ~, ánima ~, cardo ~, pan ~.**

benedictino, na. I. ADJ. **1.** Perteneciente o relativo a la regla u Orden de San Benito. ‖ **II.** M. y F. **2.** Religioso de esta orden. ‖ **III.** M. **3.** Licor que fabrican los frailes de esta orden.

benefactor, ra. ADJ. **bienhechor.** Apl. a pers., u. t. c. s.

beneficencia. F. **1.** Prestación de ayuda gratuita y desinteresada a los necesitados. ‖ **2.** Conjunto de instituciones y servicios benéficos. ‖ **3.** Virtud de hacer bien. □ V. **casa de ~.**

beneficiado. M. Presbítero o, por excepción, clérigo de grado inferior que goza un beneficio eclesiástico que no es curato o prebenda.

beneficiador, ra. ADJ. Que beneficia.

beneficial. ADJ. Perteneciente o relativo a los beneficios eclesiásticos.

beneficiar. I. TR. **1.** Hacer bien. *Beneficiar a quien más lo necesita.* U. t. c. prnl. ‖ **2.** Hacer que algo produzca fruto o rendimiento, o se convierta en aprovechable. *Beneficiar la tierra, un árbol, un argumento.* ‖ **3.** Extraer de una mina las sustancias útiles. ‖ **4.** Someter estas mismas sustancias al tratamiento metalúrgico cuando lo requieren. ‖ **5.** *Am.* Procesar productos agrícolas. ‖ **6.** *Á. Caribe y Chile.* Descuartizar y vender una res u otros animales al menudeo. ‖ **II.** PRNL. **7.** Sacar provecho de algo o de alguien. ¶ MORF. conjug. c. *anunciar.*

beneficiario, ria. ADJ. Dicho de una persona: Que resulta favorecida por algo. U. t. c. s. ‖ **~ de la seguridad social.** M. y F. Persona que tiene derecho a percibir una prestación de la seguridad social.

beneficio. M. **1.** Provecho, conveniencia, interés o fruto que se saca de algo. *Concierto organizado a beneficio de las víctimas.* ‖ **2.** Ganancia económica que se obtiene de un negocio, inversión u otra actividad mercantil. *La empresa prefiere no repartir beneficios este año y promocionar el nuevo producto.* ‖ **3.** Acción de **beneficiar** (‖ minas). ‖ **4.** Conjunto de derechos y emolumentos que obtiene un eclesiástico de un oficio o de una fundación o capellanía. ‖ **5.** *Der.* Derecho que compete por ley o cualquier otro motivo. ‖ **6.** *Am.* Ingenio o hacienda donde se benefician productos agrícolas. ‖ **el ~ de la duda.** M. El que aprovecha a alguien contra quien hay ciertos indicios de culpabilidad. ‖ **~s penitenciarios.** M. pl. *Der.* Medidas que, articuladas como derechos en el marco penitenciario y con el fin de facilitar la reeducación y la reinserción social del recluso, permiten la reducción de la duración de la condena o el adelantamiento de la libertad condicional. ‖ **a ~ de inventario.** LOC. ADV. **1.** Se usa para expresar duda o reserva ante una idea, una noticia o una afirmación. ‖ **2.** Sin seriedad o esfuerzo, de manera frívola o despreocupada. *Lo tomaran a beneficio de inventario.* □ V. **hacienda de ~.**

beneficioso, sa. ADJ. Provechoso, útil. *Cambio beneficioso.*

benéfico, ca. ADJ. **1.** Que hace bien. *Efecto benéfico.* ‖ **2.** Perteneciente o relativo a la ayuda gratuita que se presta a los necesitados. *Festival benéfico.*

Benemérita. F. **Guardia Civil.**

benemérito, ta. ADJ. Digno de galardón. *Servicio benemérito. Mariscal benemérito.*

beneplácito. M. Aprobación, permiso.

benevolencia. F. Simpatía y buena voluntad hacia las personas.

benevolente. ADJ. Que tiene benevolencia, favorable. *Silencio benevolente.*

benévolo, la. ADJ. Que tiene buena voluntad o afecto. *Juez benévolo.*

bengala. F. **1. luz de Bengala.** ‖ **2.** hist. Insignia antigua de mando militar, especie de cetro o bastón. □ V. **luz de Bengala.**

bengalí. I. ADJ. **1.** Natural de Bengala. U. t. c. s. ‖ **2.** Perteneciente o relativo a esta región, dividida entre la India y Bangladés. ‖ **II.** M. **3.** Lengua derivada del sánscrito, que se habla en Bengala. ‖ **4.** Pájaro pequeño, de pico cónico, alas puntiagudas, patas delgadas y vivos colores, que habita en las regiones intertropicales del antiguo continente. ¶ MORF. pl. **bengalíes** o **bengalís.**

beniano, na. ADJ. **1.** Natural de Beni. U. t. c. s. ‖ **2.** Perteneciente o relativo a este departamento de Bolivia.

benignidad. F. Cualidad de benigno.

benigno, na. ADJ. **1.** Afable, benévolo, piadoso. *Profesor benigno.* ‖ **2.** Templado, suave, apacible. *Estación benigna.* ‖ **3.** Dicho de una enfermedad: Que no reviste gravedad. ‖ **4.** Dicho de un tumor: Que no es maligno.

benimerín. ADJ. hist. Se dice del individuo de una tribu belicosa de Marruecos que durante los siglos XIII y XIV fundó una dinastía en el norte de África y sustituyó a los almohades en el imperio de la España musulmana. U. t. c. s. y m. en pl.

beninés, sa. ADJ. **1.** Natural de Benín. U. t. c. s. ‖ **2.** Perteneciente o relativo a este país del África occidental, antes Dahomey.

benito, ta. I. ADJ. **1. benedictino** (‖ perteneciente a la Orden de San Benito). ‖ **II.** M. y F. **2. benedictino** (‖ religioso).

benjamín, na. M. y F. **1.** Hijo menor. ‖ **2.** Miembro más joven de un grupo.

benjuí. M. Bálsamo aromático que se obtiene por incisión en la corteza de un árbol del mismo género botánico que el que produce el estoraque en Malaca y en varias islas de la Sonda. MORF. pl. **benjuís.**

benteveo. M. *Á. R. Plata.* Pájaro de unos 25 cm de longitud y 50 de envergadura, plumaje amarillo intenso en el pecho y el abdomen, cabeza negra con faja blanca a la altura de los ojos y el dorso pardo. Se alimenta de frutas y pequeños vertebrados y habita tanto en centros urbanos como en lugares abiertos.

bentónico, ca. ADJ. *Biol.* Perteneciente o relativo al bentos.

bentonita. F. Arcilla de gran poder de absorción con múltiples usos industriales.

bentos. M. *Biol.* Conjunto de organismos que viven en los fondos acuáticos.

benzol. M. *Quím.* **benceno.**

beocio, cia. ADJ. **1.** hist. Natural de Beocia. U. t. c. s. ‖ **2.** hist. Perteneciente o relativo a esta región de la Grecia antigua. ‖ **3.** Ignorante, estúpido, tonto.

beodez. F. Embriaguez o borrachera.

beodo, da. ADJ. Embriagado o borracho. U. t. c. s.

beque. M. *Mar.* En los barcos, retrete de la marinería. U. m. en pl.

berberecho. M. Molusco bivalvo, de unos cuatro centímetros de largo y conchas estriadas casi circulares. Se cría en las costas del norte de España y se come crudo o guisado.

berberidáceo, a. ADJ. *Bot.* Se dice de los arbustos y de las matas angiospermas dicotiledóneas con hojas sencillas o compuestas, flores hermafroditas regulares, fruto en baya seca o carnosa y semillas con albumen; p. ej., el arlo. U. t. c. s. f. ORTOGR. En f. pl., escr. con may. inicial c. taxón. *Las Berberidáceas.*

berberís. M. **agracejo** (‖ arbusto berberidáceo). MORF. pl. **berberises.**

berberisco, ca. ADJ. **bereber.** Apl. a pers., u. t. c. s.

bérbero o **bérberos.** M. **1. agracejo** (‖ arbusto berberidáceo). ‖ **2.** Fruto del **bérbero.**

berbiquí. M. Manubrio semicircular o en forma de doble codo, que puede girar alrededor de un puño ajustado en una de sus extremidades, y tener sujeta en la otra la espiga de cualquier herramienta propia para taladrar. MORF. pl. **berbiquíes** o **berbiquís.**

berceo. M. **albardín.**

bercial. M. Sitio poblado de berceos.

berciano, na. ADJ. **1.** Natural del Bierzo. U. t. c. s. ‖ **2.** Perteneciente o relativo a este territorio de la provincia de León, en España.

bereber o **beréber.** ADJ. **1.** Natural de Berbería. U. t. c. s. ‖ **2.** Perteneciente o relativo a esta región de África. ‖ **3.** Se dice del individuo de la raza que habita el África septentrional desde los desiertos de Egipto hasta el océano Atlántico y desde las costas del Mediterráneo hasta el interior del desierto del Sáhara. ‖ **4.** Se dice de la lengua camítica hablada en una amplia zona del África septentrional por los bereberes. U. t. c. s. m. *El bereber.* ‖ **5.** Perteneciente o relativo a esta lengua. *Léxico bereber.*

berebere. ADJ. **bereber.**

berenjena. F. **1.** Planta anual de la familia de las Solanáceas, de cuatro a seis decímetros de altura, ramosa, con hojas grandes, aovadas, de color verde, casi cubiertas de un polvillo blanco y llenas de aguijones, flores grandes y de color morado, y fruto aovado, de diez a doce centímetros de largo, cubierto por una película morada y lleno de una pulpa blanca dentro de la cual están las semillas. ‖ **2.** Fruto de esta planta.

berenjenado, da. ADJ. **aberenjenado.**

berenjenal. M. coloq. Embrollo, jaleo, lío. *Se metió en un berenjenal.*

bergamasco, ca. ADJ. **1.** Natural de Bérgamo. U. t. c. s. ‖ **2.** Perteneciente o relativo a esta ciudad de Italia.

bergamota. F. Variedad de lima muy aromática, de la cual se extrae una esencia usada en perfumería.

bergante. M. Pícaro, sinvergüenza.

bergantín. M. Buque de dos palos y vela cuadra o redonda. ‖ **~ goleta.** M. El que usa aparejo de goleta en el palo mayor.

beriberi. M. *Med.* Enfermedad caracterizada por polineuritis, debilidad general y rigidez dolorosa de los miembros. Es una forma de avitaminosis producida por el consumo casi exclusivo de arroz descascarillado.

berilio. M. *Quím.* Elemento químico de núm. atóm. 4. Metal escaso en la litosfera, se encuentra en el berilo y la esmeralda. Es ligero, duro, de color gris negruzco, muy tóxico y no sufre corrosión. Se usa en las industrias nuclear y aeroespacial. (Símb. *Be*).

berilo. M. Silicato de alúmina y glucina, variedad de esmeralda, de color verdemar y a veces amarillo, blanco o azul. Se cuenta entre las piedras preciosas cuando es hialino y de color uniforme.

berkelio. M. *Quím.* Elemento químico radiactivo de núm. atóm. 97. Metal de la serie de los actínidos, se obtiene artificialmente por bombardeo de americio con partículas alfa, y todos sus isótopos son radiactivos. (Símb. *Bk*).

berlín. M. *Chile.* Bollo frito u horneado redondo y esponjoso, espolvoreado con azúcar. □ V. **bola de Berlín.**

berlina[1]. F. **1.** Automóvil de cuatro puertas laterales. ‖ **2.** hist. Coche de caballos cerrado, de dos asientos comúnmente.

berlina[2]. **en ~.** LOC.ADV. **1. en ridículo.** *Poner, quedar en berlina.* ‖ **2.** Á. Andes. Con separación. *Estar, quedar, poner en berlina.*

berlinés, sa. ADJ. **1.** Natural de Berlín. U. t. c. s. ‖ **2.** Perteneciente o relativo a esta ciudad, capital de Alemania.

berlinga. F. Mar. **percha** (‖ tronco de árbol que sirve para piezas de arboladura).

bermejizo, za. ADJ. Que tira a bermejo.

bermejo, ja. ADJ. Rubio, rojizo.

bermejuela. F. Pez teleósteo, fisóstomo, común en algunos ríos de España, de unos cinco centímetros de largo, y cuyo color varía, pues los hay enteramente verdosos con una mancha negra junto a la cola, y otros tienen bandas y manchas doradas y encarnadas.

bermellón. M. **1.** Color rojo vivo. U. t. c. adj. ‖ **2.** Cinabrio reducido a polvo, que toma color rojo vivo.

bermudas. F. **1.** pl. **pantalón bermudas.** U. t. c. m. ‖ **2.** Bañador semejante al pantalón bermudas. □ V. **pantalón ~.**

bernardo, da. ADJ. Se dice del monje o de la monja de la Orden del Císter, fundada por san Roberto en el siglo XI. U. t. c. s.

bernegal. M. Taza para beber, ancha de boca y de forma ondeada.

bernés, sa. ADJ. **1.** Natural de Berna. U. t. c. s. ‖ **2.** Perteneciente o relativo a esta ciudad, capital de Suiza, o a su cantón.

berón, na. ADJ. **1.** hist. Se dice del pueblo céltico que en la época de la conquista romana habitaba territorios de la actual comunidad de La Rioja. ‖ **2.** hist. Se dice también de los individuos que componían este pueblo. U. t. c. s. ‖ **3.** hist. Perteneciente o relativo a los berones. *Armas beronas.*

berrar. INTR. **berrear** (‖ gritar o cantar desentonadamente).

berraza. F. **berrera.**

berrea. F. Brama del ciervo y de algunos otros animales.

berrear. INTR. **1.** Dicho de ciertos animales, como el becerro: Dar berridos. ‖ **2.** Dicho de un niño: Llorar o gritar desaforadamente. ‖ **3.** Dicho de una persona: Gritar o cantar desentonadamente.

berrendo, da. I. ADJ. **1.** Manchado de dos colores por naturaleza o por arte. *Gato berrendo.* ‖ **2.** Dicho de un toro: Con manchas de color distinto del de la capa. U. t. c. s. ‖ **II.** M. **3.** Mamífero rumiante que habita en los estados del norte de México. Tiene de color castaño la parte superior del cuerpo, el vientre blanco, lo mismo que la cola, y es semejante al ciervo en lo esbelto, en la clase de pelo, con una cornamenta curvada hacia atrás. Vive en estado salvaje, formando manadas numerosas.

berreo. M. Acción y efecto de berrear.

berreón, na. ADJ. Gritador, chillón.

berrera. F. Planta de la familia de las Umbelíferas, que se cría en las orillas y remansos de los riachuelos y en las balsas, de seis a siete decímetros de altura, con tallos

cilíndricos y ramosos, hojas anchas, compuestas de hojuelas dentadas, lisas, algo duras y de un verde hermoso, y flores blancas.

berrido. M. **1.** Voz del becerro y otros animales que berrean. ‖ **2.** Grito desaforado de persona. ‖ **3.** Nota alta y desafinada al cantar.

berrinche. M. coloq. Enojo grande, y más comúnmente el de los niños.

berrinchudo, da. ADJ. Que se enoja con frecuencia o por leve motivo.

berro. M. Planta de la familia de las Crucíferas, que crece en lugares aguanosos, con varios tallos de unos tres decímetros de largo, hojas compuestas de hojuelas lanceoladas, y flores pequeñas y blancas. Toda la planta tiene un gusto picante y las hojas se comen en ensalada.

berrocal. M. Sitio lleno de **berruecos** (‖ tolmos graníticos).

berroqueño, ña. ADJ. **1. granítico.** *Piedra berroqueña.* ‖ **2.** Duro, áspero, poco sensible y delicado. *Carácter berroqueño.*

berrueco. M. **1.** Tolmo granítico aislado. ‖ **2.** Perla irregular.

berza. F. col. ‖ **estar** un sembrado **en ~.** LOC.VERB. Estar tierno o en hierba.

berzas. COM. **berzotas.**

berzotas. COM. Persona ignorante o necia.

besalamano. M. Esquela con la abreviatura b. l. m., que se redacta en tercera persona y no lleva firma.

besamanos. M. **1.** Modo de saludar a algunas personas, tocando o acercando su mano derecha a la boca de quien saluda. ‖ **2.** hist. Ceremonia en la cual se acudía a besar la mano al rey y personas reales en señal de adhesión.

besamel o **besamela.** F. Salsa blanca que se hace con harina, crema de leche y mantequilla.

besana. F. **1.** Labor de surcos paralelos que se hace con el arado. ‖ **2. haza.**

besante. M. **1.** hist. Moneda bizantina de oro o plata, que también tuvo curso entre los musulmanes y en el occidente de Europa. ‖ **2.** Heráld. **bezante.**

besar. I. TR. **1.** Tocar u oprimir con un movimiento de labios, a impulso del amor o del deseo o en señal de amistad o reverencia. ‖ **2.** Hacer el ademán propio del beso, sin llegar a tocar con los labios. ‖ **3.** coloq. Dicho de una cosa: Tocar a otra. *El mar Mediterráneo besa la costa alicantina.* ‖ **II.** PRNL. **4.** coloq. Dicho de una persona: Tropezar impensadamente con otra, dándose un golpe en la cara o en la cabeza.

beso. M. **1.** Acción y efecto de besar. ‖ **2.** Ademán simbólico de besar. ‖ **3.** Golpe que se dan las cosas cuando se tropiezan unas con otras. ‖ **4.** Golpe violento que mutuamente se dan dos personas en la cara o en la cabeza. ‖ **~ de Judas.** M. beso y otra manifestación de afecto que encubre traición. ‖ **comerse a ~s** a alguien. LOC.VERB. coloq. Besarlo con repetición y vehemencia.

bestia. I. F. **1.** Animal cuadrúpedo. ‖ **2.** Animal doméstico de carga; p. ej., el caballo, la mula, etc. ‖ **II.** COM. **3.** Persona ruda e ignorante. U. t. c. adj. ‖ **~ de carga.** F. Animal destinado para llevar carga; p. ej., el macho, la mula, el jumento. ‖ **~ negra,** o **~ parda.** F. Persona que concita particular rechazo o animadversión por parte de alguien. ‖ **gran ~.** F. alce[1]. ‖ **a lo ~.** LOC.ADV. Con violencia, sin contemplaciones. ‖ **como ~s,** o **como una ~.** LOCS.ADVS. coloqs. Muchísimo, de manera abundante. *Trabajaron como bestias.* □ V. **uña de la gran ~.**

bestiaje. M. Conjunto de bestias de carga.

bestial. ADJ. **1.** Brutal o irracional. *Deseo, apetito bestial.* ‖ **2.** coloq. De grandeza desmesurada, extraordinario. *Un aeropuerto bestial.*

bestialidad. F. **1.** Brutalidad o irracionalidad. ‖ **2.** bestialismo. ‖ **3.** coloq. **barbaridad** (‖ cantidad grande). *Cobra una bestialidad.* ‖ **4.** coloq. **barbaridad** (‖ acción o acto exagerados). *Es una bestialidad pagar tanto por una falda.* □ V. **pecado de ~.**

bestialismo. M. Relación sexual de personas con animales.

bestializarse. PRNL. Hacerse bestial, vivir o proceder como las bestias.

bestiario. M. En la literatura medieval, colección de relatos, descripciones e imágenes de animales reales o fantásticos.

bestión. M. **bicha** (‖ figura fantástica).

besucón, na. ADJ. coloq. Que besuquea. U. t. c. s.

besugo. M. **1.** Pez teleósteo, acantopterigio, provisto de algunos dientes cónicos en la parte anterior de las mandíbulas y de dos filas de otros con tubérculos en la posterior. El **besugo** común con una mancha negra sobre la axila de las aletas torácicas, y el de Laredo, de mayor tamaño y con la mancha sobre las aletas, son comunes en el mar Cantábrico y muy apreciados por su carne. ‖ **2.** Persona torpe o necia.

besuguera. F. Cazuela ovalada que sirve para guisar besugo u otro pescado.

besuqueador, ra. ADJ. coloq. **besucón.** U. t. c. s.

besuquear. TR. coloq. Besar repetidamente.

besuqueo. M. coloq. Acción de besuquear.

beta[1]. F. Segunda letra del alfabeto griego (*B*, *β*), que corresponde a la *b* del latino.

beta[2]. F. **veta.**

betabel. M. *Méx.* **remolacha.**

betabloqueante. M. *Med.* Sustancia que inhibe la acción de la adrenalina en la transmisión nerviosa. *Los betabloqueantes se utilizan en el tratamiento de la hipertensión.*

betarraga. F. **remolacha.**

betatrón. M. *Fís.* Máquina aceleradora de electrones, con aplicaciones en radioterapia.

betel. M. **1.** Planta trepadora de la familia de las Piperáceas, que se cultiva en el Extremo Oriente. Sus hojas, hendidas en la base, aovadas, aguzadas y con los nervios medio esparcidos, tienen cierto sabor a menta y sirven en Filipinas para la composición del buyo, y su fruto, en forma de baya, contiene una semilla o grano como de pimienta. ‖ **2. buyo.**

bético, ca. ADJ. **1.** hist. Natural de la Bética. U. t. c. s. ‖ **2.** hist. Perteneciente o relativo a esta antigua provincia romana, hoy Andalucía.

betlemita. ADJ. **1.** Natural de Belén. U. t. c. s. ‖ **2.** Perteneciente o relativo a esta ciudad de Tierra Santa. ‖ **3.** Se dice del religioso profeso de la orden fundada en Guatemala en el siglo XVII por Pedro de Betencourt. U. t. c. s.

betlemítico, ca. ADJ. **1.** Perteneciente o relativo a Belén, ciudad de Tierra Santa. ‖ **2.** Perteneciente o relativo a los betlemitas.

betónica. F. Planta de la familia de las Labiadas, como de medio metro de altura, con tallo cuadrado y lleno de nudos, de cada uno de los cuales nacen dos hojas, y de flores moradas y alguna vez blancas. Sus hojas y raíces son medicinales.

betuláceo, a. ADJ. *Bot.* Se dice de los árboles o arbustos angiospermos dicotiledóneos de hojas alternas, simples, aserradas o dentadas, flores monoicas en amento que pueden carecer de cáliz, y fruto en forma de sámara o aquenio, a veces protegido por una cúpula, como el abedul, el aliso y el avellano. U. t. c. s. f. ORTOGR. En f. pl., escr. con may. inicial c. taxón. *Las Betuláceas.*

betún. M. **1.** Mezcla de varios ingredientes, líquida o en pasta, que se usa para poner lustroso el calzado, especialmente el de color negro. ‖ **2.** Se usa como nombre genérico para referirse a varias sustancias, compuestas principalmente de carbono e hidrógeno, que se encuentran en la naturaleza y arden con llama, humo espeso y olor peculiar. ‖ **3. zulaque. ‖ ~ de Judea,** o **~ judaico.** M. **asfalto.**

betunero, ra. M. y F. **limpiabotas.**

bey. M. Gobernador de una ciudad, distrito o región del Imperio turco. Se usa como título honorífico. MORF. pl. **beyes.**

bezante. M. *Heráld.* Figura redonda, llana y maciza como el tortillo.

bezo. M. **1.** Labio grueso. ‖ **2. labio** (‖ reborde exterior de la boca).

bezoar. M. Concreción calculosa que suele encontrarse en las vías digestivas y en las urinarias de algunos mamíferos, y a la que se atribuyeron propiedades curativas.

bezote. M. hist. Adorno o arracada que usaban los indios de América en el labio inferior.

bianual. ADJ. Que ocurre dos veces al año. *Congreso bianual.*

biaxial. ADJ. Que tiene dos ejes. *Sistema de cristalización biaxial.*

bibelot. M. Figura pequeña de adorno. MORF. pl. **bibelots.**

biberón. M. **1.** Utensilio para la lactancia artificial que consiste en una botella pequeña de cristal, porcelana u otra materia, con un pezón, generalmente de goma elástica, para la succión de la leche. ‖ **2.** Leche que contiene este frasco y que toma el niño cada vez.

biblia. F. **1.** Sagrada Escritura, o sea los libros canónicos del Antiguo y Nuevo Testamento. ORTOGR. Escr. con may. inicial. ‖ **2.** Obra que reúne los conocimientos o ideas relativos a una materia y que es considerada por sus seguidores modelo ideal. *La biblia de la botánica.* □ V. **papel ~.**

bíblico, ca. ADJ. Perteneciente o relativo a la Biblia.

bibliobús. M. Biblioteca pública móvil instalada en un autobús.

bibliofilia. F. Pasión por los libros, y especialmente por los raros y curiosos.

bibliófilo, la. M. y F. **1.** Persona aficionada a las ediciones originales, más correctas o más raras de los libros. ‖ **2.** Persona amante de los libros.

bibliografía. F. **1.** Descripción, conocimiento de libros, de sus ediciones, etc. ‖ **2.** Relación o catálogo de libros o escritos referentes a una materia determinada.

bibliográfico, ca. ADJ. Perteneciente o relativo a la bibliografía.

bibliógrafo, fa. M. y F. Persona versada en libros, en especial antiguos, dedicada a localizarlos, historiar sus vicisitudes y describirlos, con el fin de facilitar su estudio a los interesados.

bibliología. F. Estudio general del libro en su aspecto histórico y técnico.

bibliomancia o **bibliomancía.** F. Arte adivinatoria que consiste en abrir un libro por una página al azar e interpretar lo que allí se dice.

bibliomanía. F. Pasión de tener muchos libros raros o los pertenecientes a tal o cual asunto, más por manía que para instruirse.

bibliómano, na. M. y F. Persona que tiene bibliomanía.

biblioteca. F. **1.** Institución cuya finalidad consiste en la adquisición, conservación, estudio y exposición de libros y documentos. ‖ **2.** Local donde se tiene considerable número de libros ordenados para la lectura. ‖ **3.** Mueble, estantería, etc., donde se colocan libros. ‖ **4.** Conjunto de estos libros. ‖ **5.** Colección de libros o tratados análogos o semejantes entre sí, ya sea por las materias de que tratan, ya por la época y nación o autores a que pertenecen. *Biblioteca de Jurisprudencia y Legislación. Biblioteca de Escritores Clásicos Españoles.* ‖ ~ **circulante.** F. Aquella cuyos libros pueden prestarse a los lectores bajo determinadas condiciones. ☐ V. **ratón de ~.**

bibliotecario, ria. M. y F. Persona que tiene a su cargo el cuidado, ordenación y servicio de una biblioteca.

bibliotecología. F. Ciencia que estudia las bibliotecas en todos sus aspectos.

bibliotecólogo, ga. M. y F. Persona que profesa la bibliotecología o tiene especial conocimiento de ella.

biblioteconomía. F. Disciplina encargada de la conservación, organización y administración de las bibliotecas.

biblista. COM. Persona experta en los diversos estudios relativos a la Biblia.

bicameral. ADJ. Dicho del poder legislativo de un país: Compuesto de dos cámaras.

bicameralismo. M. Sistema parlamentario bicameral.

bicapsular. ADJ. *Bot.* Dicho de un fruto: Que tiene dos cápsulas.

bicarbonatado, da. ADJ. Que tiene bicarbonato. *Agua bicarbonatada.*

bicarbonato. M. **1.** *Quím.* Sal ácida del ácido carbónico. ‖ **2.** Producto constituido por **bicarbonato** de sodio, presentado generalmente en forma de polvos blancos, muy usado como medicamento y en la elaboración de alimentos y productos de limpieza.

bicefalia. F. Cualidad de bicéfalo.

bicéfalo, la. ADJ. Que tiene dos cabezas. U. t. en sent. fig. *Poder político bicéfalo.*

bicentenario, ria. **I.** ADJ. **1.** Que tiene 200 años de existencia, o poco más o menos. *Roble bicentenario.* ‖ **II.** M. **2.** Día o año en que se cumplen dos siglos del nacimiento o muerte de una persona ilustre o de un suceso famoso. ‖ **3.** Conjunto de fiestas o actos que alguna vez se celebran con dichos motivos.

bíceps. ADJ. *Anat.* Dicho de un músculo par: Que tiene por arriba dos porciones o cabezas; p. ej., el del brazo y el del muslo. U. t. c. s. m.

bicha. F. **1.** coloq. Entre personas supersticiosas, porque creen de mal agüero el pronunciar su nombre, **culebra.** ‖ **2.** *Arq.* Figura fantástica, en forma de mujer de medio cuerpo arriba y de pez u otro animal en la parte inferior, que entre frutas y follajes se emplea como objeto de ornamentación.

bichero. M. *Mar.* Asta larga que en uno de los extremos tiene un hierro de punta y gancho, y que sirve en las embarcaciones menores para atracar y desatracar y para otros usos.

bicho. M. **1.** despect. **animal** (‖ ser orgánico). ‖ **2.** Persona aviesa, de malas intenciones. ‖ ~ **de luz.** M. Á. R. *Plata.* **luciérnaga.** ‖ ~ **raro.** M. coloq. Persona que se sale de lo común por su comportamiento. ‖ ~ **viviente.** M. coloq. **alma nacida.** *No quedó bicho viviente tras el bombardeo.* ‖ **mal ~.** M. **bicho** (‖ persona aviesa). ‖ **qué ~ te, le, os,** etc., **ha,** o **habrá, picado,** a alguien. EXPRS. coloqs. **qué mosca te ha picado.**

bichoco, ca. ADJ. **1.** Á. R. *Plata.* Dicho de un animal: Que, por vejez o achaques, no puede moverse con agilidad. U. t. c. s. ‖ **2.** Á. R. *Plata.* Dicho de una persona: Que tiene achaques. U. t. c. s.

bici. F. **bicicleta.**

bicicleta. F. Vehículo de dos ruedas, normalmente de igual tamaño, cuyos pedales transmiten el movimiento a la rueda trasera por medio de un plato, un piñón y una cadena. ‖ ~ **de montaña.** F. **bicicleta** ligera, de ruedas anchas y con diferentes combinaciones de platos y piñones para facilitar el pedaleo por terrenos accidentados. ‖ ~ **estática.** F. Aparato gimnástico fijo con manillar, sillín y pedales, en el que se hace el mismo ejercicio que en una **bicicleta.**

biciclo. M. hist. Vehículo de dos ruedas, cuyos pedales actúan directamente sobre una de ellas.

bicoca. F. **1.** coloq. Cosa de poca estima y aprecio. ‖ **2.** coloq. **ganga** (‖ cosa apreciable que se adquiere a poca costa).

bicolor. ADJ. De dos colores.

bicóncavo, va. ADJ. *Geom.* Dicho de un cuerpo: Que tiene dos superficies cóncavas opuestas.

biconvexo, xa. ADJ. *Geom.* Dicho de un cuerpo: Que tiene dos superficies convexas opuestas.

bicorne. ADJ. poét. De dos cuernos o dos puntas.

bicornio. M. Sombrero de dos picos.

bicromía. F. *Impr.* Impresión en dos colores.

bicúspide. ADJ. **1.** Que tiene dos cúspides. Se usa especialmente en odontología hablando de los premolares. U. t. c. s. m. ‖ **2.** Se dice de la válvula mitral del corazón. U. t. c. s. f.

bidé. M. Recipiente ovalado instalado en el cuarto de baño que recibe el agua de un grifo y que sirve para el aseo de las partes pudendas.

bidón. M. Recipiente con cierre hermético, que se destina al transporte de líquidos o de sustancias que requieren aislamiento.

biela. F. En las máquinas, barra que sirve para transformar el movimiento de vaivén en otro de rotación, o viceversa.

bielda. F. **1.** Instrumento agrícola que sirve para recoger, cargar y encerrar la paja, y que solo se diferencia del bieldo en tener seis o siete puntas y dos palos atravesados, que con las puntas o dientes forman como una rejilla. ‖ **2.** Acción de aventar con el bieldo las mieses, legumbres, etc., trilladas, para separar del grano la paja.

bieldo. M. Instrumento para aventar las mieses, legumbres, etc., compuesto de un palo largo, de otro de unos 30 cm de longitud, atravesado en uno de los extremos de aquel, y de cuatro o más fijos en el transversal, en forma de dientes.

bielgo. M. **bieldo.**

bielorruso, sa. I. ADJ. **1.** Natural de Bielorrusia. U. t. c. s. ‖ **2.** Perteneciente o relativo a este país de Europa. ‖ **II.** M. **3.** Lengua oficial de Bielorrusia.

biempensante. ADJ. Que piensa de acuerdo con las ideas tradicionales dominantes de signo conservador. U. t. c. s.

bien. I. M. **1.** Aquello que en sí mismo tiene el complemento de la perfección en su propio género, o lo que es objeto de la voluntad, la cual ni se mueve ni puede moverse sino por el bien, sea verdadero o aprehendido falsamente como tal. ‖ **2.** Utilidad, beneficio. *El bien de la patria.* ‖ **3.** Patrimonio, hacienda, caudal. U. m. en pl. *Posee muchos bienes.* ‖ **4.** pl. *Der.* Cosas materiales o inmateriales en cuanto objetos de derecho. ‖ **II.** ADV. **5.** ponder. Antepuesto a un adjetivo o adverbio, **muy.** *Bien tarde. Bien rico. Bien malo.* ‖ **III.** ADV. M. **6.** Según es debido, con razón, de manera buena, perfecta o acertada. *Juan se conduce siempre bien. Ana lo hace todo bien.* ‖ **7.** Con buena salud, sano. *Juan no se encuentra bien. ¿Cómo está usted? —Bien.* ‖ **8.** Según se apetece o se requiere, con felicidad, de manera propia o adecuada para algún fin. *El examen fue muy bien.* ‖ **9.** Con gusto, de buena gana. *Yo bien accedería a tu súplica, pero no puedo.* ‖ **10.** Sin inconveniente o dificultad. *Bien puedes creerlo. Bien se puede hacer esta labor.* ‖ **11.** Se usa con algunos participios, casi a manera de prefijo, llegando a veces a formar con ellos una sola palabra. *Bien criado. Bien hablado.* ‖ **12.** Seguramente, de manera aproximada. *Bien andaríamos cinco kilómetros.* ‖ **13. de acuerdo** (‖ manifestando asentimiento o conformidad). *¿Iremos al teatro esta noche? —Bien.* ‖ **IV.** ADV. C. **14. mucho** (‖ con abundancia). *Hoy ha llovido bien. Bien te has equivocado.* ‖ **V.** CONJ. DISTRIB. **15. ahora.** *Se te enviará el diploma, bien por el correo de hoy, bien por el de mañana.* ‖ **~es comunes.** M. pl. Aquellos de que se benefician todos los ciudadanos. ‖ **~es de equipo.** M. pl. **insumo.** ‖ **~es de fortuna.** M. pl. **bienes** (‖ patrimonio). ‖ **~es gananciales.** M. pl. *Der.* Los que, por oposición a los privativos, obtienen o adquieren los cónyuges durante la sociedad de gananciales y que son considerados por la ley patrimonio común de ambos, por lo que son susceptibles de división en el momento de liquidarse aquella. ‖ **~es inmuebles.** M. pl. Tierras, edificios, caminos, construcciones y minas, junto con los adornos o artefactos incorporados, así como los derechos a los cuales atribuye la ley esta consideración. ‖ **~es litigiosos.** M. pl. *Der.* Los que son objeto de un litigio o pleito. ‖ **~es mostrencos.** M. pl. *Der.* **bienes** inmuebles vacantes o sin dueño conocido que por ley pertenecen al Estado. ‖ **~es muebles.** M. pl. *Der.* Los que, por oposición a los inmuebles, se caracterizan por su movilidad y posibilidad de traslación, y ciertos derechos a los que las leyes otorgan esta condición. ‖ **~es nullius.** M. pl. *Der.* **bienes** sin dueño. ‖ **~es privativos.** M. pl. *Der.* Los que en el matrimonio pertenecen exclusivamente a uno de los cónyuges y no forman parte de la sociedad de gananciales. ‖ **~es propios.** M. pl. Los de un municipio o entidad local menor no afectos al uso común de los vecinos sino a producir rentas patrimoniales. ‖ **~es raíces.** M. pl. *Der.* **bienes inmuebles.** ‖ **~ de.** LOC. ADJ. **mucho** (‖ abundante). *Ha comido bien de chocolate.* ‖ **~ que.** LOC. CONJUNT. **aunque.** ‖ **~ que mal.** LOC. CONJUNT. **mal que bien.** ‖ **de ~.** LOC. ADJ. Dicho de una persona: Honrada, de buen proceder. ‖ **ejecutar los ~es** de alguien. LOC. VERB. *Der.* Venderlos para pagar a los acreedores. ‖ **hacer ~** a alguien. LOC. VERB. Beneficiarlo, socorrerlo. ‖ **pues ~.** LOC. CONJUNT. Se usa para admitir o conceder algo. ‖ **si ~.** LOC. CONJUNT. **aunque.** Se usa para contraponer un concepto a otro o denotar alguna excepción. ‖ **tener a ~,** o **por ~,** algo. LOCS. VERBS. Estimarlo justo o conveniente, querer o dignarse mandarlo o hacerlo. ‖ **y ~.** LOC. CONJUNT. Se usa para introducir una pregunta. *Y bien, ¿cómo marcha ese asunto?* □ V. **alzamiento de ~es, árbol de la ciencia del ~ y del mal, aseguramiento de ~es litigiosos, ~ dispuesto, ~ nacido, ~ plantado, cesión de ~es, colación de ~es, gente ~, hombría de ~, niño ~, separación de ~es.**

bienal. I. ADJ. **1.** Que sucede o se repite cada bienio. *Galardones bienales.* ‖ **2.** Que dura un bienio. *Plan bienal.* ‖ **II.** F. **3.** Exposición o manifestación artística o cultural que se repite cada dos años.

bienandanza. F. Felicidad, dicha, fortuna en los sucesos.

bienaventurado, da. ADJ. **1.** Que goza de Dios en el cielo. U. t. c. s. ‖ **2. afortunado** (‖ feliz). *Puede considerarse bienaventurado si lo consigue.*

bienaventuranza. F. **1.** En la religión cristiana, vista y posesión de Dios en el cielo. ‖ **2.** Cada una de las ocho categorías de valor y felicidad espiritual proclamadas por Cristo.

bienestar. M. **1.** Estado de la persona en el que se hace sensible el buen funcionamiento de su actividad somática y psíquica. ‖ **2.** Vida holgada o abastecida de cuanto lleva a pasarlo bien y con tranquilidad. □ V. **economía del ~, estado de ~.**

biengranada. F. Planta aromática, de la familia de las Quenopodiáceas, como de medio metro de altura, con hojas ovaladas, medio hendidas, de color verde amarillento, y flores de color bermejo que nacen en racimos pequeños junto a las hojas. Se ha aplicado como específico contra la hemoptisis.

bienhablado, da. ADJ. **1.** Que habla cortésmente y sin murmurar. ‖ **2.** Que habla con corrección. *Alguien tan bienhablado no diría «pienso de que».*

bienhadado, da. ADJ. **afortunado.**

bienhechor, ra. ADJ. Que hace bien a otra persona. U. t. c. s.

bienhumorado, da. ADJ. Alegre, jovial, complaciente. *Un bienhumorado adversario.*

bienintencionado, da. ADJ. Que tiene buena intención.

bienio. M. **1.** Tiempo de dos años. ‖ **2.** Incremento económico de un sueldo o salario correspondiente a cada dos años de servicio activo.

bienmandado, da. ADJ. Obediente de buen grado.

bienmesabe. M. Dulce de claras de huevo y azúcar clarificado, con el cual se hacen los merengues.

bienoliente. ADJ. **fragante.**

bienquerencia. F. Buena voluntad, cariño.

bienquerer[1]**.** M. **bienquerencia.**

bienquerer[2]**.** TR. Querer bien, estimar, apreciar. MORF. conjug. c. *querer.*

bienquistar. TR. Conciliar a dos o más personas entre sí. U. t. c. prnl.

bienquisto, ta. ADJ. De buena fama y generalmente estimado.

bienteveo. M. **candelecho.**

bienvenida. F. Recibimiento cortés que se hace a alguien.

bienvenido, da. ADJ. Dicho de una persona o de una cosa: Recibida con agrado o júbilo.

bies. M. Trozo de tela cortado en sesgo respecto al hilo, que se aplica a los bordes de prendas de vestir. MORF. pl. **bieses.** ‖ **al ~.** LOC.ADV. En sesgo, en diagonal.

bifásico, ca. ADJ. *Fís.* Se dice de un sistema de dos corrientes eléctricas alternas iguales, procedentes del mismo generador y desplazadas la mitad de un período la una respecto de la otra.

bifaz. ADJ. *Arqueol.* Se dice de un útil lítico de forma más o menos almendrada, tallado por sus dos caras y con aristas cortantes, característico especialmente del Paleolítico inferior y del medio. U. m. c. s. m.

bife. M. *Á. guar., Á. R. Plata* y *Chile.* **bistec.**

bífido, da. ADJ. *Biol.* Que está hendido en dos partes. □ V. **espina ~, lengua ~.**

bifloro, ra. ADJ. Que tiene o encierra dos flores. *Inflorescencias terminales bifloras.*

bifocal. ADJ. *Ópt.* Que tiene dos focos. Se dice principalmente de las lentes que tienen dos partes, para corregir la visión a corta y a larga distancia.

bifronte. ADJ. De dos frentes o dos caras. *Figura bifronte.*

bifurcación. F. **1.** Acción y efecto de bifurcarse. ‖ **2.** Lugar donde un camino, un río, etc., se divide en dos ramales o brazos.

bifurcado, da. PART. de **bifurcarse.** ‖ ADJ. De forma de horquilla.

bifurcarse. PRNL. Dicho de una cosa: Dividirse en dos ramales, brazos o puntas. *Bifurcarse un río, la rama de un árbol.*

biga. F. hist. Carro de dos caballos.

bigamia. F. Estado de un hombre casado con dos mujeres a un mismo tiempo, o de la mujer casada con dos hombres.

bígamo, ma. ADJ. Que se casa por segunda vez, viviendo el primer cónyuge. U. t. c. s.

bigardo, da. ADJ. **vago** (‖ holgazán). U. t. c. s. U. m. en aum.

bígaro. M. Molusco gasterópodo marino, de hasta tres centímetros de largo, concha estriada longitudinalmente y color negro verdoso. Abunda en el mar Cantábrico y su carne es comestible.

bignonia. F. Planta exótica y trepadora, de la familia de las Bignoniáceas, con grandes flores encarnadas. Se cultiva en los jardines.

bignoniáceo, a. ADJ. *Bot.* Se dice de las plantas arbóreas angiospermas, dicotiledóneas, sarmentosas o trepadoras, con hojas generalmente compuestas, cáliz de una pieza con cinco divisiones, corola gamopétala con cinco lóbulos, cuatro estambres fértiles y uno estéril, y fruto en cápsula; p. ej., la bignonia. U. t. c. s. f. ORTOGR. En f. pl., escr. con may. inicial c. taxón. *Las Bignoniáceas.*

bigornia. F. Yunque con dos puntas opuestas.

bigote. M. **1.** Pelo que nace sobre el labio superior. U. t. en pl. con el mismo significado que en sing. ‖ **2.** En algunos mamíferos, conjunto de pelos largos que nacen a ambos lados de la boca. U. m. en pl. con el mismo significado que en sing. ‖ **3.** Bocera de vino o cualquier otra bebida, que cuando se bebe queda en el labio de arriba. U. m. en pl. ‖ **~s de aguacero.** M. pl. *Méx.* Los que caen por los lados de los labios. ‖ **mover el ~.** LOC.VERB. coloq. **comer** (‖ masticar el alimento).

bigotera. F. **1.** Compás provisto de una varilla graduable para fijar su abertura. ‖ **2.** hist. Tira de gamuza, redecilla u otra materia con que se cubrían los bigotes

cuando se estaba en casa o en la cama, para que no se descompusieran.

bigotudo, da. ADJ. Que tiene mucho bigote.

bigudí. M. Lámina pequeña de plomo, larga y estrecha, forrada de piel, de tela u otro material, usada por las mujeres para ensortijar el cabello. MORF. pl. **bigudíes** o **bigudís.**

bija. F. **1.** *Á. Caribe.* Árbol de la familia de las Bixáceas, de poca altura, con hojas alternas, aovadas y de largos pecíolos, flores rojas y olorosas, y fruto oval y carnoso que encierra muchas semillas. Se cría en regiones cálidas de América. Del fruto, cocido, se hace una bebida medicinal y refrescante, y de la semilla se saca por maceración una sustancia de color rojo que los indios empleaban antiguamente para teñirse el cuerpo y hoy se usa en pintura y en tintorería. En Venezuela se utiliza también para colorear los alimentos. ‖ **2.** *Á. Caribe.* Fruto de este árbol. ‖ **3.** *Á. Caribe.* Semilla de este fruto. ‖ **4.** *Á. Caribe.* Pasta tintórea que se prepara con esta semilla.

bijao. M. *Á. Caribe.* Planta de lugares cálidos y húmedos, de hojas similares a las del plátano, largas hasta de un metro, usadas para envolver especialmente alimentos, así como para fabricar techos rústicos.

bikini. M. Conjunto de dos prendas femeninas de baño, constituido por un sujetador y una braga ceñida.

bilabiado, da. ADJ. *Bot.* Dicho de un cáliz o de una corola: Con su tubo dividido por el extremo superior en dos partes.

bilabial. ADJ. *Fon.* Dicho de una consonante: Pronunciada con los dos labios; p. ej., la *b* y la *p.* U. t. c. s. f.

bilateral. ADJ. Perteneciente o relativo a los dos lados, partes o aspectos que se consideran. *Acuerdo bilateral.*

bilbaíno, na. ADJ. **1.** Natural de Bilbao. U. t. c. s. ‖ **2.** Perteneciente o relativo a esta ciudad, capital de la provincia de Vizcaya, en España.

bilbilitano, na. ADJ. **1.** hist. Natural de la antigua Bílbilis, hoy Calatayud. U. t. c. s. ‖ **2.** Natural de Calatayud. U. t. c. s. ‖ **3.** Perteneciente o relativo a aquella antigua localidad de la Hispania Tarraconense o a esta ciudad de la provincia de Zaragoza, en España.

bilé. M. *Méx.* **pintalabios.**

biliar. ADJ. Perteneciente o relativo a la bilis. *Conductos biliares.* □ V. **vesícula ~.**

bilingüe. ADJ. **1.** Que habla dos lenguas. *Estudiante bilingüe.* ‖ **2.** Que tiene dos lenguas, o desarrolla su actividad en dos lenguas. *Canadá es un país oficialmente bilingüe.* ‖ **3.** Escrito en dos idiomas. *Edición bilingüe.*

bilingüismo. M. Uso habitual de dos lenguas en una misma región o por una misma persona.

bilioso, sa. ADJ. **1.** Abundante en bilis. *Vómito bilioso.* ‖ **2.** Dicho de una persona: **atrabiliaria.** □ V. **cólico ~.**

bilirrubina. F. *Biol.* Pigmento biliar de color amarillo.

bilis. F. **1.** Secreción amarillenta que produce el hígado de los vertebrados, importante en el proceso de la digestión. ‖ **2.** Cólera, enojo, irritabilidad. ‖ **~ derramada.** *Méx.* Estado o condición debidos a un exceso de secreción de bilis. ‖ **~ negra.** F. hist. **atrabilis.** ‖ **hacer** alguien **~.** LOC.VERB. *Méx.* **enojarse.** ‖ **revolverle** a alguien **la ~** algo o alguien. LOC.VERB. Irritarlo, disgustarlo. *Este asunto me revuelve la bilis.* ‖ **revolvérsele** a alguien **la ~.** LOC.VERB. Alterársele el ánimo, irritarse. ‖ **tragar** alguien **~.** LOC. VERB. Contener o disimular la rabia o la irritación.

billar. M. **1.** Juego de destreza que se ejecuta impulsando con tacos bolas de marfil, o de otro material semejante, en una mesa rectangular forrada de paño, rodeada de un cerco elástico y con troneras o sin ellas. ‖ **2.** Casa pública o aposento privado donde están la mesa o mesas para este juego. ‖ **~ romano.** M. Juego de salón que consiste en hacer correr unas bolas pequeñas sobre un tablero inclinado y erizado de púas o clavos. Gana quien alcanza mejores puntos, según el paradero de su bola.

billarda. F. **tala** (‖ juego de muchachos).

billarista. COM. Jugador de billar.

billetaje. M. **1.** Conjunto de los billetes o boletos que autorizan el acceso a un teatro, un tranvía, etc. ‖ **2.** Dinero en billetes, especialmente si se trata de una cantidad considerable.

billete. M. **1.** Tarjeta o cédula que da derecho para entrar u ocupar asiento en alguna parte o para viajar en un tren o en un vehículo cualquiera. ‖ **2.** Cédula impresa o manuscrita que acredita participación en una rifa o lotería. ‖ **3.** billete de banco. ‖ **4.** Carta, breve por lo común. ‖ **5.** Á. Caribe. **dinero** (‖ moneda corriente). *Este fulano tiene mucho billete.* ‖ **~ de banco.** M. Documento al portador que ordinariamente emite el banco nacional de un país y circula como medio legal de pago.

billetera. F. **billetero** (‖ cartera de bolsillo).

billetero, ra. I. M. y F. **1.** Ant. y Méx. Persona que se dedica a vender billetes de lotería. ‖ **II.** M. **2.** Cartera pequeña de bolsillo para llevar billetes de banco.

billón. M. Un millón de millones, que se expresa por la unidad seguida de doce ceros.

billonésima. F. Cada una de las partes iguales de una unidad de medida dividida en un billón de ellas. *En la fusión nuclear se habla de billonésimas de segundo.*

billonésimo, ma. ADJ. **1.** Se dice de cada una de las partes iguales de un todo dividido en un billón de ellas. U. t. c. s. m. ‖ **2.** Que ocupa en una serie el lugar al cual preceden otros 999 999 999 999 lugares.

bilma. F. **1.** Emplasto compuesto de aguardiente, estopa y otros ingredientes. ‖ **2.** Pedazo de lienzo cubierto de emplasto y cortado en forma adecuada a la parte del cuerpo a que ha de aplicarse.

bilobulado, da. ADJ. Que tiene dos lóbulos. *Corola bilobulada.*

bilocación. F. Acción y efecto de bilocarse.

bilocarse. PRNL. Dicho de una persona: Hallarse en dos lugares distintos a la vez.

bilocular. ADJ. Bot. Dicho de un fruto: Dividido en dos cavidades.

bimembre. ADJ. De dos miembros o partes. *Estructura bimembre.*

bimensual. ADJ. Que se hace u ocurre dos veces al mes. *Publicación bimensual.*

bimestral. ADJ. **1.** Que sucede o se repite cada bimestre. *Pago bimestral.* ‖ **2.** Que dura un bimestre. *Asignatura bimestral.*

bimestre. M. Tiempo de dos meses.

bimetalismo. M. Sistema monetario que admite como patrones el oro y la plata, conforme a la relación que la ley establece entre ellos.

bimetalista. ADJ. Perteneciente o relativo al bimetalismo. *Sistema monetario bimetalista.*

bimotor. ADJ. Dicho especialmente de un avión: Que tiene dos motores. U. t. c. s. m.

bina. F. Acción y efecto de binar.

binar. TR. **1.** Dar segunda reja a las tierras de labor. ‖ **2.** Hacer la segunda cava en las viñas.

binario, ria. ADJ. **1.** Compuesto de dos elementos, unidades o guarismos. ‖ **2.** Mat. Se dice del sistema de numeración cuya base es dos. □ V. **compás ~, numeración ~.**

bingo. M. **1.** Juego de azar, variedad de lotería, en el que cada jugador debe completar los números de su cartón según van saliendo en el sorteo. ‖ **2.** Local o casa donde se juega al bingo. ‖ **3.** En este juego, premio que gana el jugador que antes consigue completar los números de su cartón. *Ganar, cantar un bingo.* ‖ **bingo.** INTERJ. **1.** Se usa en este juego para indicar públicamente que se ha completado un cartón. ‖ **2.** Indica que se ha solucionado o acertado algo.

binocular. ADJ. **1.** Dicho de la visión: Que implica la intervención simultánea de los dos ojos. ‖ **2.** Dicho de un instrumento óptico: Que sirve para mirar simultáneamente con los dos ojos. U. t. c. s. m. □ V. **lupa ~.**

binóculo. M. Anteojo con lentes para ambos ojos.

binomio. M. **1.** Mat. Expresión compuesta de dos términos algebraicos unidos por los signos más o menos. ‖ **2.** Conjunto de dos nombres de personalidades que desempeñan un importante papel en la vida política, deportiva, artística, etc.

bínubo, ba. ADJ. Casado por segunda vez. U. t. c. s.

biocenosis. F. Biol. Conjunto de organismos de especies diversas, vegetales o animales, que viven y se reproducen en un determinado biotopo.

biochip. M. Inform. Circuito integrado compuesto por biopolímeros, como proteínas y ácidos nucleicos, con los que es posible sustituir a los chips semiconductores. MORF. pl. **biochips.**

biocombustible. M. Combustible obtenido a partir de material biológico de desecho.

biocompatibilidad. F. Biol. Ausencia de reacciones alérgicas, inmunitarias, etc., en el contacto entre los tejidos del organismo y algunos materiales.

biodegradable. ADJ. Quím. Dicho de un compuesto químico: Que puede ser degradado por acción biológica.

biodegradación. F. Quím. Proceso de descomposición de una sustancia mediante la acción de organismos vivientes.

biodiversidad. F. Variedad de especies animales y vegetales en su medioambiente.

bioelemento. M. Bot. y Zool. Cada uno de los elementos químicos necesarios para el desarrollo normal de una especie.

bioestadística. F. Ciencia que aplica el análisis estadístico a los problemas y objetos de estudio de la biología.

bioética. F. Aplicación de la ética a las ciencias de la vida.

biofísica. F. Estudio de los fenómenos vitales mediante los principios y los métodos de la física.

biofísico, ca. I. ADJ. **1.** Perteneciente o relativo a la biofísica. *Estudio biofísico.* ‖ **II.** M. y F. **2.** Persona que profesa la biofísica o tiene en ella especiales conocimientos.

biogénesis. F. **1.** Biol. Principio según el cual un ser vivo procede siempre de otro ser vivo. Se opone a la generación espontánea. ‖ **2.** Biol. Producción y transformación de sustancias químicas por los seres vivos.

biogeografía. F. Parte de la biología que se ocupa de la distribución geográfica de animales y plantas.

biografía. F. **1.** Historia de la vida de una persona. ‖ **2.** Narración de esa historia. ‖ **3.** Género literario al que pertenece ese tipo de narraciones.

biografiado, da. PART. de **biografiar.** || M. y F. Persona cuya vida es el objeto de una biografía.

biografiar. TR. Escribir la biografía de alguien. MORF. conjug. c. *enviar*.

biográfico, ca. ADJ. Perteneciente o relativo a la biografía.

biógrafo, fa. M. y F. Autor de una biografía.

biología. F. Ciencia que trata de los seres vivos. || **~ molecular.** F. Parte de la biología que estudia los seres vivientes y los fenómenos vitales con arreglo a las propiedades de su estructura molecular.

biológico, ca. ADJ. Perteneciente o relativo a la biología. □ V. **evolución ~, nomenclatura ~, reloj ~.**

biólogo, ga. M. y F. Persona que profesa la biología o tiene en ella especiales conocimientos.

bioluminiscencia. F. Propiedad que tienen algunos seres vivos de emitir luz.

biomasa. F. **1.** *Biol.* Materia total de los seres que viven en un lugar determinado, expresada en peso por unidad de área o de volumen. || **2.** *Biol.* Materia orgánica originada en un proceso biológico, espontáneo o provocado, utilizable como fuente de energía.

biomaterial. M. *Biol.* Material tolerado por el organismo, utilizado para prótesis y otros fines.

biombo. M. Mampara compuesta de varios bastidores unidos por medio de goznes, que se cierra, abre y despliega.

biomecánica. F. Ciencia que estudia la aplicación de las leyes de la mecánica a las estructuras y los órganos de los seres vivos.

biomecánico, ca. ADJ. Perteneciente o relativo a la biomecánica.

biomedicina. F. Medicina clínica basada en los principios de las ciencias naturales, como la biología, la biofísica, la bioquímica, etc.

biomédico, ca. ADJ. Perteneciente o relativo a la biomedicina.

biometría. F. Estudio matemático o estadístico de las mediciones de fenómenos o procesos biológicos.

biométrico, ca. ADJ. Perteneciente o relativo a la biometría.

biónica. F. Ciencia que aplica el estudio de los fenómenos biológicos y de la organización de los seres vivos a la creación de sistemas y mecanismos tecnológicos.

biónico, ca. ADJ. Perteneciente o relativo a la biónica o a su objeto de estudio. *Oído biónico.*

biopolímero. M. *Biol.* Polímero que interviene en los procesos biológicos; p. ej., las proteínas y los ácidos nucleicos.

bioprótesis. F. *Med.* Pieza de tejido animal destinada a reparar o sustituir una parte del cuerpo humano, como las válvulas cardíacas.

biopsia. F. **1.** *Med.* Muestra de tejido tomada de un ser vivo con fines diagnósticos. || **2.** *Med.* Resultado del examen de esta muestra.

bioquímica. F. Estudio químico de la estructura y de las funciones de los seres vivos.

bioquímico, ca. I. ADJ. **1.** Perteneciente o relativo a la bioquímica y a los fenómenos que estudia. *Proceso bioquímico.* || **II.** M. y F. **2.** Especialista en bioquímica.

biorritmo. M. **1.** Ciclo periódico de fenómenos fisiológicos que en las personas puede traducirse en sentimientos, actitudes o estados de ánimo repetidos cada cierto tiempo. || **2.** Estudio de la posible influencia que estos ciclos tienen sobre el comportamiento humano.

biosfera. F. *Biol.* Conjunto de los seres vivos del planeta Tierra y el entorno en el que viven. □ V. **reserva de la ~.**

biósfera. F. *Am.* biosfera.

biosíntesis. F. *Biol.* Síntesis de compuestos orgánicos realizada por seres vivos o in vitro mediante enzimas.

biota. F. *Biol.* Conjunto de la fauna y la flora de una región.

biotecnología. F. Empleo de células vivas para la obtención y mejora de productos útiles, como los alimentos y los medicamentos.

biótico, ca. ADJ. **1.** *Biol.* Perteneciente o relativo a los seres vivos. *Índice biótico.* || **2.** *Biol.* Propio o característico de los seres vivos. *Los rasgos bióticos de las selvas tropicales.* || **3.** *Biol.* Perteneciente o relativo al conjunto de la fauna y la flora de una región.

biotopo. M. *Biol.* Territorio o espacio vital cuyas condiciones ambientales son las adecuadas para que en él se desarrolle una determinada comunidad de seres vivos.

bipartición. F. División de algo en dos partes.

bipartidismo. M. Sistema político con predominio de dos partidos que compiten por el poder o se turnan en él.

bipartidista. ADJ. Perteneciente o relativo al bipartidismo.

bipartito, ta. ADJ. Que consta de dos partes. *Gobierno bipartito.*

bipedación. F. *Biol.* Modo de andar el hombre y algunos animales sobre dos extremidades o permanecer erguido en ellas.

bipedestación. F. Posición en pie.

bípedo, da. ADJ. De dos pies. Apl. especialmente al hombre, u. t. c. s. m.

bíper. M. *Am.* buscapersonas.

biplano. M. Avión con cuatro alas que, dos a dos, forman planos paralelos.

biplaza. M. Vehículo de dos plazas.

bipolar. ADJ. Que tiene dos polos. *Sistema bipolar de hegemonías.*

bipolaridad. F. Condición de bipolar.

biquini. M. bikini.

biraró. M. *Á. R. Plata.* viraró (|| árbol poligonáceo). MORF. pl. **birarós.**

birimbao. M. Instrumento musical pequeño, consistente en una barrita de hierro en forma de herradura, que lleva en medio una lengüeta de acero que se hace vibrar con el índice de la mano derecha, teniendo con la izquierda el instrumento entre los dientes.

birlar. TR. **1.** En el juego de bolos, tirar por segunda vez la bola desde el lugar donde se detuvo la primera vez que se tiró. || **2.** coloq. Quitar con malas artes. *Le birló la cartera.*

birlo. M. *Méx.* Tornillo sin cabeza.

birlocho. M. hist. Carruaje ligero y sin cubierta, de cuatro ruedas y cuatro asientos, dos en la testera y dos enfrente, abierto por los costados y sin portezuelas.

birmano, na. ADJ. **1.** Natural de Birmania. U. t. c. s. || **2.** Perteneciente o relativo a este país de Asia, hoy Myanmar.

birome. (Acrónimo de L. *Bíró*, 1899-1985, inventor húngaro-argentino, y J. J. *Meyne*, industrial húngaro y socio del anterior; marca reg.). F. *Á. guar.* y *Á. R. Plata.* **bolígrafo.**

birreactor. M. Avión dotado de dos reactores.

birreme. ADJ. hist. Se dice de una antigua especie de nave que tenía dos órdenes de remos. U. t. c. s. f.

birreta. F. Bonete cuadrangular usado por los clérigos, que suele tener en la parte superior una borla del mismo color de la tela, es roja para los cardenales, morada para los obispos y negra para los demás.

birrete. M. **1.** Gorro armado en forma prismática y coronado por una borla que llevan en los actos solemnes los profesores, magistrados, jueces y abogados. ‖ **2. birreta.** ‖ **3. gorro** (‖ pieza redonda para cubrir la cabeza).

birria. F. **1.** coloq. Persona o cosa de poco valor o importancia. ‖ **2.** coloq. Mamarracho, facha, adefesio. ‖ **3.** *Méx.* Barbacoa de chivo.

bis. I. ADJ. **1.** Pospuesto a un número entero, indica que este se emplea o se adjudica por segunda vez. *Gráficos 4 y 4 bis. El número 48 bis de esta calle.* ‖ **II.** M. **2.** Ejecución o declamación repetida, para corresponder a los aplausos del público, de una obra musical o recitada o de un fragmento de ella. MORF. pl. **bises.** ‖ **III.** ADV.C. **3.** Se usa en los papeles de música y en impresos o manuscritos castellanos para dar a entender que algo debe repetirse o está repetido. ‖ **bis.** INTERJ. Se usa para pedir la repetición de un número musical.

bisabuelo, la. I. M. y F. **1.** Respecto de una persona, el padre o la madre de su abuelo o de su abuela. ‖ **II.** M. **2.** pl. El **bisabuelo** y la **bisabuela**. *No llegué a conocer a mis bisabuelos por parte de madre.*

bisagra. F. Herraje de dos piezas unidas o combinadas que, con un eje común y sujetas una a un sostén fijo y otra a la puerta o tapa, permiten el giro de estas. □ V. **partido ~.**

bisar. TR. Repetir, a petición de los oyentes, la ejecución de un número musical.

bisayo, ya. I. ADJ. **1.** Natural de las Bisayas. U. t. c. s. ‖ **2.** Perteneciente o relativo a estas islas del archipiélago filipino. ‖ **II.** M. **3.** Lengua **bisaya**.

bisbirindo, da. ADJ. *Méx.* Vivaracho, alegre.

bisbiseo. M. Acción de musitar.

biscote. M. Rebanada de pan especial, tostado en el horno, que se puede conservar durante mucho tiempo.

bisector. ADJ. *Geom.* Que divide en dos partes iguales. MORF. U. solo apl. a susts. m.

bisectriz. I. ADJ. **1.** *Geom.* Que divide en dos partes iguales. *Recta bisectriz de un ángulo.* MORF. U. solo apl. a susts. f. ‖ **II.** F. **2.** *Geom.* Recta que divide un ángulo en dos partes iguales.

bisel. M. Corte oblicuo en el borde o en la extremidad de una lámina o plancha, como en el filo de una herramienta, en el contorno de un cristal labrado, etc.

biselar. TR. Hacer biseles.

bisemanal. ADJ. **1.** Que se hace u ocurre dos veces por semana. *La recogida del correo será bisemanal; martes y jueves.* ‖ **2.** Que se hace u ocurre cada dos semanas. *La revista es bisemanal: aparece cada dos semanas.*

bisemanario. M. Revista que se publica quincenalmente.

bisexual. ADJ. **1.** Dicho de una persona: Que alterna las prácticas homosexuales con las heterosexuales. U. t. c. s. ‖ **2. hermafrodita.**

bisexualidad. F. Condición de bisexual.

bisiesto. M. año bisiesto.

bisilábico, ca. ADJ. Que consta de dos sílabas. *Nombre bisilábico.*

bisílabo, ba. ADJ. Que consta de dos sílabas. Apl. a un verso, u. t. c. s. m.

bismuto. M. Elemento químico de núm. atóm. 83. Metal escaso en la litosfera, se encuentra nativo o combinado con oxígeno y azufre. Es de aspecto plateado o grisáceo, más pesado que el hierro, muy frágil y fácilmente fusible. Se usa en odontología y como metal de imprenta, y algunas de sus sales se emplean en medicina. (Símb. *Bi*).

bisnieto, ta. M. y F. Respecto de una persona, hijo o hija de su nieto o de su nieta.

biso. M. *Zool.* Producto de secreción de una glándula situada en el pie de muchos moluscos lamelibranquios, que se endurece en contacto del agua y toma la forma de filamentos mediante los cuales se fija el animal a las rocas u otros cuerpos sumergidos; como en el mejillón.

bisojo, ja. ADJ. Que padece estrabismo. U. t. c. s.

bisonte. M. Bóvido salvaje, parecido al toro, con la parte anterior del cuerpo, hasta la cruz, muy abultada, cubierto de pelo áspero y con cuernos poco desarrollados.

bisoñé. M. Peluca que cubre solo la parte anterior de la cabeza.

bisoñez. F. Cualidad de bisoño.

bisoño, ña. ADJ. **1.** Dicho de la tropa o de un soldado: **nuevos** (‖ principiantes). Apl. a pers., u. t. c. s. ‖ **2.** coloq. Nuevo e inexperto en cualquier arte u oficio. U. t. c. s.

bisté. M. bistec.

bistec. M. Lonja de carne de vaca soasada en parrilla o frita. MORF. pl. **bistecs.**

bistorta. F. Planta de la familia de las Poligonáceas, de unos cuatro decímetros de altura, raíz leñosa y retorcida, tallo sencillo, hojas aovadas de color verde oscuro, y flores en espiga, pequeñas y de color encarnado claro. La raíz es astringente.

bisturí. M. *Med.* Instrumento en forma de cuchillo pequeño, de hoja fija en un mango metálico, que sirve para hacer incisiones en tejidos blandos. MORF. pl. **bisturíes** o **bisturís.** ‖ **~ eléctrico.** M. Electrodo, romo o terminado en punta, conectado a un generador de alta frecuencia, con el que se obtienen corte, coagulación y hemostasia.

bisurco. ADJ. Se dice del arado mecánico que, por tener dos rejas, abre dos surcos paralelos.

bisutería. F. **1.** Industria que produce objetos de adorno, hechos de materiales no preciosos. ‖ **2.** Local o tienda donde se venden dichos objetos. ‖ **3.** Estos mismos objetos de adorno.

bit. M. *Inform.* Unidad de medida de información equivalente a la elección entre dos posibilidades igualmente probables. MORF. pl. **bits.**

bita. F. *Mar.* Cada uno de los postes de madera o de hierro que, fuertemente asegurados a la cubierta en las proximidades de la proa, sirven para dar vuelta a los cables del ancla cuando se fondea la nave.

bitácora. F. **1.** *Mar.* Especie de armario, fijo a la cubierta e inmediato al timón, en que se pone la aguja de marear. ‖ **2. cuaderno de bitácora** (‖ página web personal). □ V. **aguja de ~, cuaderno de ~.**

bitar. TR. *Mar.* abitar.

bíter. M. Bebida, generalmente amarga, que se obtiene macerando diversas sustancias en ginebra y que se toma como aperitivo. MORF. pl. **bíteres.**

bitinio, nia. ADJ. hist. Natural de Bitinia, país del Asia antigua. U. t. c. s.

bitonal. ADJ. Que presenta bitonalidad. *Sirenas electrónicas bitonales.*

bitonalidad. F. Presencia simultánea de dos tonalidades en una composición musical.

bitoque. M. Á. *Andes* y *Chile.* Tubo terminal de la jeringa.

bituminoso, sa. ADJ. Que tiene betún o semejanza con él. *Pizarras bituminosas.*

biunívoca. □ V. correspondencia ~.

bivalente. ADJ. *Quím.* Que tiene dos valencias.

bivalvo, va. ADJ. Que tiene dos valvas. *Molusco bivalvo.*

bivitelino, na. ADJ. *Biol.* Que procede de la fecundación simultánea de óvulos diferentes, por lo cual los hermanos así engendrados pueden ser de distinto sexo y no parecerse entre sí. *Gemelo, embarazo bivitelino.*

bixáceo, a. ADJ. *Bot.* Se dice de los árboles y arbustos angiospermos dicotiledóneos que tienen hojas alternas, sencillas y enteras, con estípulas caducas, flores axilares hermafroditas, apétalas o con cinco pétalos, y fruto en cápsula; p. ej., la bija. U. t. c. s. f. ORTOGR. En f. pl., escr. con may. inicial c. taxón. *Las Bixáceas.*

biyección. F. *Mat.* Aplicación biyectiva.

biyectivo, va. ADJ. *Mat.* Se dice de las aplicaciones de un conjunto en otro cuya correspondencia inversa es también una aplicación.

bizantinismo. M. **1.** Corrupción por lujo en la vida social, o por exceso de ornamentación en el arte. ‖ **2.** Afición a discusiones bizantinas.

bizantino, na. ADJ. **1.** hist. Natural de Bizancio o de su imperio. ‖ **2.** hist. Perteneciente o relativo a esta antigua ciudad o a su imperio. ‖ **3.** Dicho de una discusión: Baldía, intempestiva o demasiado sutil. □ V. novela ~.

bizarría. F. **1.** Gallardía, valor. ‖ **2.** Generosidad, lucimiento, esplendor.

bizarro, rra. ADJ. **1. valiente** (‖ esforzado). ‖ **2.** Generoso, lucido, espléndido.

bizbirindo, da. ADJ. *Méx.* bisbirindo.

bizco, ca. ADJ. **estrábico.** Apl. a pers., u. t. c. s.

bizcochada. F. Sopa de bizcochos que comúnmente se hace con leche.

bizcochar. TR. Recocer el pan para que se conserve mejor.

bizcocho. M. **1.** Masa compuesta de la flor de la harina, huevos y azúcar. ‖ **2.** Pan sin levadura, que se cuece por segunda vez para que se enjugue y dure mucho tiempo. ‖ **3.** Objeto de loza o porcelana después de la primera cocción y antes de recibir algún barniz o esmalte. ‖ **~ borracho.** M. El empapado en almíbar y vino generoso. ‖ **~ de soletilla.** M. bizcocho blando cuya forma recuerda la planta del calzado.

bizcochuelo. M. *Á. R. Plata.* Torta esponjosa hecha con harina, huevos y azúcar muy batidos.

bizcotela. F. Especie de bizcocho ligero, cubierto de un baño blanco de azúcar.

biznaga[1]**.** F. **1.** Planta de la familia de las Umbelíferas, como de un metro de altura, con tallos lisos, hojas hendidas muy menudamente, flores pequeñas y blancas, y fruto oval y lampiño. ‖ **2.** Cada uno de los pies de las flores de esta planta, que se emplean en algunas partes para mondadientes.

biznaga[2]**.** F. *Méx.* Se usa como nombre genérico para referirse a varios cactos espinosos. ‖ **~ confitada.** F. *Méx.* acitrón.

biznieto, ta. M. y F. bisnieto.

bizquear. INTR. Padecer estrabismo o simularlo.

bizquera. F. estrabismo.

blablablá o **bla-bla-bla.** **I.** ONOMAT. **1.** Se usa para imitar el ruido de la conversación ininterrumpida e insustancial. ‖ **II.** M. **2.** Discurso vacío de contenido. MORF. pl. **blablablás** o **bla-bla-blas.** *Déjate de discursos y blablablás.*

blanca. F. **1.** hist. Moneda antigua de vellón, que según los tiempos tuvo diferentes valores. ‖ **2.** *Mús.* Nota que tiene la mitad de duración que la redonda. ‖ **estar** alguien **sin ~,** o **no tener ~.** LOCS.VERBS. No tener dinero.

blanco, ca. **I.** ADJ. **1.** Del color que tienen la nieve o la leche. Es el color de la luz solar, no descompuesta en los distintos colores del espectro. U. t. c. s. m. ‖ **2.** Dicho de una cosa: Que sin ser blanca tiene color más claro que otras de la misma especie. *Pan, vino blanco.* ‖ **3.** Se dice del color de la raza europea o caucásica, a diferencia del de las demás. Apl. a pers., u. t. c. s. ‖ **4.** Que ha perdido el color de la cara a causa de una emoción fuerte, un susto o una sorpresa. ‖ **II.** M. **5.** Objeto situado lejos para ejercitarse en el tiro. ‖ **6.** Objeto o persona sobre los cuales se dispara un arma. *Sin saberlo, yo era el blanco de los disparos.* ‖ **7.** Fin u objeto a que se dirigen deseos o acciones. *Era el blanco de todas las miradas.* ‖ **8.** Espacio que en los escritos se deja sin llenar. ‖ **9. vino blanco.** ‖ **10.** *Impr.* Forma o molde con que se imprimía la primera cara de cada pliego. ‖ **blanco de España.** M. Se usa como nombre común para referirse al carbonato básico de plomo, al nitrato de bismuto y a la creta lavada. ‖ **blanco de la uña.** M. Faja blanquecina estrecha y arqueada que se nota en el nacimiento de la uña. ‖ **blanco de los ojos.** M. esclerótica. ‖ **blanco de plomo.** M. albayalde. ‖ **conocérsele** a alguien algo **en lo ~ de los ojos.** LOC.VERB. coloq. Se usa para indicar que se ha penetrado su intención o deseo, sin querer explicar cómo. ‖ **dar en el ~.** LOC.VERB. coloq. **acertar.** ‖ **en blanco. I.** LOC.ADJ. **1.** Dicho de un libro, de un cuaderno o de una hoja: Que no están escritos o impresos. U. t. c. loc. adv. ‖ **II.** LOC.ADV. **2.** Sin comprender lo que se oye o lee. *Quedarse en blanco.* ‖ **3.** Sin saber qué decir. *Se quedó en blanco.* ‖ **en blanco y negro. I.** LOC.ADJ. **1.** Dicho especialmente de una película, de una fotografía o de un televisor: Que no reproducen los colores. ‖ **II.** LOC.ADV. **2.** Sin colores. *Los perros ven en blanco y negro.* ‖ **hacer blanco.** LOC.VERB. Dar en el blanco a que se dispara. ‖ **no distinguir** alguien **lo ~ de lo negro.** LOC.VERB. coloq. Ser muy torpe o ignorante. ‖ **parecerse** dos o más personas **en el ~ de los ojos.** LOC.VERB. irón. coloq. No parecerse en nada. ‖ **ser** alguien **el ~ de todas las miradas.** LOC.VERB. coloq. Ser el centro de atención de los presentes. □ V. **abeto ~, acacia ~, águila ~, ajo ~, álamo ~, arma ~, armas ~s, arsénico ~, azúcar ~, bandera ~, barro ~, beleño ~, carne ~, carta ~, cera ~, cheque en blanco, copión en blanco y negro, díctamo ~, eléboro ~, espada ~, espino ~, estepa ~, flujo ~, glóbulo ~, hormiga ~, hulla ~, jara ~, lavandera ~, lepra ~, libro ~, lirio ~, magia ~, manjar ~, metal ~, mirlo ~, morera ~, mostaza ~, oso ~, palo ~, papel ~, papel en blanco, perdiz ~, pescado ~, peuco ~, pimienta ~, retama ~, ropa ~, salsa ~, sauce ~, sustancia ~, tierra ~, tiro al ~, tomillo ~, trata de blancas, verso ~, vino ~, yeso ~.**

blancor. M. blancura.

blancura. F. Cualidad de blanco.

blancuzco, ca. ADJ. Que tira a blanco, o es de color blanco sucio.

blandear. INTR. Aflojar, ceder. U. t. c. prnl.

blandengue. ADJ. **1.** despect. Blando, con blandura poco grata. *Mano, canción blandengue.* ‖ **2.** Dicho de una persona: De excesiva debilidad de fuerzas o de ánimo.

blandenguería. F. Cualidad de blandengue (‖ de excesiva debilidad).

blandir. TR. Mover algo, especialmente un arma, agitándolo con la mano.

blando, da. ADJ. **1.** Que cede fácilmente a la presión del tacto. *Pan blando.* || **2.** Suave, benigno, apacible. *Leyes blandas.* || **3.** Dicho de una persona: Pusilánime, de carácter débil. □ V. **agua** ~, **cuello** ~, **droga** ~, **jabón** ~, **mano** ~, **paladar** ~.

blandón. M. Hacha de cera de un pabilo.

blandura. F. **1.** Cualidad de blando. || **2.** *Constr.* Capa o costra blanda que tienen algunas piedras calizas, y que debe quitarse al labrarlas.

blanqueador, ra. ADJ. Que blanquea. Apl. a pers., u. t. c. s. Apl. a un producto, u. t. c. s. m.

blanqueamiento. M. **blanqueo.**

blanquear. **I.** TR. **1.** Poner blanco algo. *Blanquear la ropa.* || **2.** Dar una o varias manos de cal o de yeso blanco, diluidos en agua, a las paredes, a los techos o a las fachadas de los edificios. || **3.** En las casas de moneda y entre plateros, limpiar y sacar su color al oro, plata y otros metales. || **4.** Escaldar un alimento durante unos minutos, para ablandarlo, quitarle color, etc. || **5.** Ajustar a la legalidad fiscal el dinero negro. || **II.** INTR. **6.** Dicho de una cosa: Mostrar la blancura que en sí tiene. *La nieve aún blanqueaba en las cimas más altas.* || **7.** Tirar a blanco. *Las canteras blanqueaban al sol.* || **8.** Ir tomando color blanco. *Sus sienes comienzan a blanquear.*

blanquecino, na. ADJ. Que tira a blanco.

blanqueo. M. Acción y efecto de blanquear. || ~ **de capitales.** M. *Der.* Delito consistente en adquirir o comerciar con bienes, particularmente dinero, procedentes de la comisión de un delito grave.

blanqueta. F. hist. Tejido basto de lana que se usaba antiguamente.

blanquete. M. hist. Cosmético que usaban las mujeres para blanquearse el cutis.

blanquilla. □ V. **azúcar** ~.

blanquillo. M. **1.** *Á. Andes* y *Chile.* Durazno de cáscara blanca. || **2.** *Á. R. Plata.* Árbol de la familia de las Euforbiáceas, de corteza blanquecina, cuya madera dura se usa para postes. || **3.** *Méx.* Huevo de gallina.

blanquinegro, gra. ADJ. Que tiene color blanco y negro.

blanquinoso, sa. ADJ. **blanquecino.**

blanquizco, ca. ADJ. **blanquecino.**

Blas. díjolo ~, **punto redondo.** LOC.VERB. Se usa para replicar a quien presume de llevar siempre la razón.

blasfemador, ra. ADJ. Que blasfema. Apl. a pers., u. t. c. s.

blasfemante. ADJ. Que blasfema. Apl. a pers., u. t. c. s.

blasfemar. INTR. **1.** Decir blasfemias. || **2.** Maldecir, vituperar.

blasfematorio, ria. ADJ. **blasfemo** (|| que contiene blasfemia).

blasfemia. F. **1.** Palabra injuriosa contra Dios, la Virgen o los santos. || **2.** Palabra gravemente injuriosa contra alguien.

blasfemo, ma. ADJ. **1.** Que contiene blasfemia. *Palabras blasfemas.* || **2.** Que dice blasfemia. Apl. a pers., u. t. c. s.

blasón. M. **1.** Arte de explicar y describir los escudos de armas de cada linaje, ciudad o persona. || **2.** Cada una de las figuras, señales o piezas de las que se ponen en un escudo. || **3. escudo de armas.** || **4. honor** (|| gloria). || **hacer** alguien ~. LOC.VERB. **blasonar** (|| hacer ostentación).

blasonado, da. PART. de **blasonar.** || ADJ. Ilustre por sus blasones.

blasonar. **I.** TR. **1.** Disponer el escudo de armas de una ciudad o familia según la regla del arte. || **II.** INTR. **2.** Hacer ostentación de alguna cosa con alabanza propia.

blastodermo. M. *Biol.* Conjunto de las membranas embrionarias procedentes de la segmentación del huevo de los animales.

bledo. M. Planta anual de la familia de las Quenopodiáceas, de tallos rastreros, de unos tres decímetros de largo, hojas triangulares de color verde oscuro y flores rojas, muy pequeñas y en racimos axilares. || **un** ~. LOC. ADV. Muy poco o nada. *Me importa un bledo.*

blefaritis. F. *Med.* Inflamación aguda o crónica de los párpados.

blefaroplastia. F. *Med.* Restauración del párpado o de una parte de él por medio de la aproximación de la piel inmediata.

blenda. F. Sulfuro de cinc, que se halla en la naturaleza en cristales muy brillantes, de color que varía desde el amarillo rojizo al pardo oscuro, y se utiliza para extraer el cinc.

blenorragia. F. *Med.* Flujo mucoso ocasionado por la inflamación de una membrana, principalmente de la uretra. Se usa casi exclusivamente refiriéndose a la uretritis gonocócica.

blenorrágico, ca. ADJ. *Med.* Perteneciente o relativo a la blenorragia.

blenorrea. F. *Med.* Blenorragia crónica.

blinda. F. *Mil.* Viga gruesa que, con tierra, estiércol, etc., constituye un cobertizo defensivo.

blindada. □ V. **columna** ~, **división** ~, **puerta** ~.

blindaje. M. **1.** Acción y efecto de blindar. || **2.** Conjunto de materiales que se utilizan para blindar. || **3.** *Mar.* Conjunto de planchas que sirven para blindar. || **4.** *Mil.* Cobertizo o defensa para resguardarse de los tiros por elevación de la artillería.

blindar. TR. **1.** Proteger exteriormente con diversos materiales, especialmente con planchas metálicas, las cosas o los lugares contra los efectos de las balas, el fuego, etc. || **2.** Poner en un contrato laboral alguna cláusula que garantice una indemnización muy superior a la normal en caso de rescisión anticipada de aquel.

blinis. M. Torta fina de harina y otros ingredientes.

blíster. M. *Tecnol.* Envase para productos manufacturados pequeños que consiste en un soporte de cartón o cartulina sobre el que va pegada una lámina de plástico transparente con cavidades en las que se alojan los distintos artículos. MORF. pl. **blísteres.**

bloc. M. Conjunto de hojas de papel superpuestas y con frecuencia sujetas convenientemente de modo que no se puedan desprender con facilidad. MORF. pl. **blocs.**

bloca. F. hist. Punta aguda de forma cónica o piramidal que tenían en el centro algunos escudos y rodelas.

blocao. M. *Mil.* Fortín de madera que se desarma y puede transportarse fácilmente para armarlo en el lugar que más convenga.

blocar. TR. *Dep.* Sujetar el balón con ambas manos protegiéndolo con el cuerpo.

blonda. F. Encaje de seda con que se hacen y adornan vestidos de mujer y otras ropas.

blondo, da. ADJ. **rubio** (|| de color parecido al del oro).

bloque. M. **1.** Trozo grande de un material compacto. *Bloque de hielo. Bloque de granito.* || **2.** Pieza compacta en forma de paralelepípedo. *Bloque de helado. Bloque de hormigón.* ‖ **3.** Agrupación ocasional de partidos políticos, países o asociaciones. *Bloque del Este.* ‖ **4.** Conjunto coherente de personas o cosas con alguna característica común. *Un bloque de preguntas.* ‖ **5.** Edificio aislado de cierta altura y varias plantas de similares características, que con frecuencia forma parte de una **urbanización** (‖ núcleo residencial). ‖ **6.** *Mec.* En los motores de explosión, pieza de fundición en cuyo interior se ha labrado el cuerpo de uno o varios cilindros, y está provista de dobles paredes para que circule entre ellas el agua de refrigeración. ‖ **en ~.** LOC.ADV. En conjunto, sin distinción. U. t. c. loc. adj.

bloqueador, ra. ADJ. Que bloquea. Apl. a pers., u. t. c. s. Apl. a un agente, u. t. c. s. m.

bloquear. TR. **1.** Interceptar, obstruir, cerrar el paso. *La nieve bloqueó la carretera.* U. t. c. prnl. ‖ **2.** Impedir el funcionamiento normal de algo. *Bloquear un circuito, una cerradura.* U. t. c. prnl. ‖ **3.** Dificultar, entorpecer la realización de un proceso. *Bloquear las negociaciones.* U. t. c. prnl. ‖ **4.** Entorpecer, paralizar las facultades mentales. U. t. c. prnl. *Me bloqueé y no supe qué decir.* ‖ **5.** Realizar una operación militar o naval consistente en cortar las comunicaciones de una plaza, de un puerto, de un territorio o de un ejército. ‖ **6.** *Com.* Dicho de una autoridad competente: Inmovilizar una cantidad o un crédito, privando a su dueño de disponer de ellos total o parcialmente por cierto tiempo.

bloqueo. M. **1.** Acción y efecto de bloquear. ‖ **2.** *Mar.* Fuerza marítima que bloquea.

bluf. M. **1.** Montaje propagandístico que, una vez organizado, se revela falso. ‖ **2.** Persona o cosa revestida de un prestigio que posteriormente se revela falto de fundamento. ¶ MORF. pl. **blufs.**

blufileño, ña. ADJ. **1.** Natural de Bluefields. U. t. c. s. ‖ **2.** Perteneciente o relativo a esta ciudad de Nicaragua, cabecera de la Región Autónoma del Atlántico Sur.

blúmer. M. *Am.* **braga** (‖ prenda interior). U. t. en pl. con el mismo significado que en sing. MORF. pl. **blúmeres.**

blusa. F. **1.** Prenda abierta de tela fina, similar a la camisa, que usan las mujeres y los niños, y que cubre la parte superior del cuerpo. ‖ **2.** Prenda de trabajo holgada y con mangas, generalmente de lienzo, que cubre el torso y suele llegar a media pierna.

blusón. M. Blusa larga y holgada, generalmente con canesú y sin cuello.

bluyín. M. *Am.* **pantalón vaquero.** MORF. pl. **bluyines.**

boa. F. **1.** Serpiente americana de hasta diez metros de longitud, con la piel pintada de vistosos dibujos. No es venenosa, sino que mata a sus presas comprimiéndolas con los anillos de su cuerpo. Hay varias especies, unas arborícolas y otras de costumbres acuáticas. Todas son vivíparas. ‖ **2.** Prenda femenina de piel o pluma y en forma de serpiente, para abrigo o adorno del cuello. U. menos c. m.

boaqueño, ña. ADJ. **1.** Natural de Boaco. U. t. c. s. ‖ **2.** Perteneciente o relativo a este departamento de Nicaragua o a su cabecera.

boardilla. F. **buhardilla.**

boato. M. Ostentación en el porte exterior.

bobada. F. **bobería.**

bobalicón, na. ADJ. coloq. **bobo.**

bobera. F. **bobería.**

bobería. F. **1.** Dicho o hecho necio. ‖ **2. tontería** (‖ cosa de poca entidad o importancia).

bóbilis. de ~, ~. LOC.ADV. **de balde.**

bobina. F. **1.** Cilindro de hilo, cordel, etc., arrollado en torno a un canuto de cartón u otra materia. ‖ **2.** Rollo de hilo, cable, papel, etc., montado o no sobre un soporte. ‖ **3.** *Electr.* Componente de un circuito eléctrico formado por un alambre aislado que se arrolla en forma de hélice con un paso igual al diámetro del alambre.

bobinado. M. **1.** Acción y efecto de bobinar. ‖ **2.** *Electr.* **bobina** (‖ de un circuito eléctrico). ‖ **3.** *Electr.* Conjunto de bobinas que forman parte de un circuito eléctrico.

bobinadora. F. Máquina destinada a hilar y a bobinar.

bobinar. TR. **1.** Arrollar o devanar hilos, alambre, etc., en forma de bobina, generalmente sobre un carrete. ‖ **2.** Arrollar papel, película, cinta magnética, etc., generalmente alrededor de un carrete.

bobo, ba. I. ADJ. **1. tonto** (‖ falto de entendimiento o de razón). U. t. c. s. ‖ **2. candoroso.** U. t. c. s. **II.** M. **3.** En el teatro antiguo español, personaje cuya simpleza provocaba efectos cómicos. ‖ **a lo ~.** LOC.ADV. coloq. **como quien no quiere la cosa.** ‖ **hacer el ~.** LOC.VERB. coloq. **tontear.** ‖ **hacerse el ~.** LOC.VERB. coloq. **hacerse el tonto.** □ V. **pájaro ~, sopa ~.**

boca. F. **1.** Abertura anterior del tubo digestivo de los animales, situada en la cabeza, que sirve de entrada a la cavidad bucal. ‖ **2.** Esta misma cavidad, en la cual está colocada la lengua y los dientes cuando existen. *Tiene llagas en la boca.* ‖ **3.** Conjunto de los dos labios. *Se besaron en la boca. Lleva la boca pintada.* ‖ **4.** Órgano de la palabra. *No abrió la boca.* ‖ **5.** Entrada o salida. *Boca de horno. Boca de cañón. Boca de metro. Boca de puerto. Boca de río.* Apl. a los ríos, u. m. en pl. *Las bocas del Ródano.* ‖ **6.** Abertura, agujero. *Boca de tierra.* ‖ **7.** Parte afilada con que cortan ciertas herramientas, como los escoplos, los cinceles, los azadones, etc. ‖ **8.** En algunas herramientas de percusión, como el martillo, la maceta, etc., cada una de las caras destinadas a golpear. ‖ **9.** Gusto o sabor de un vino. *Este vino tiene buena boca.* ‖ **10.** Persona o animal a quien se mantiene y da de comer. *Tiene tres bocas en casa.* ‖ **11.** *Zool.* Pinza con que termina cada una de las patas delanteras de los crustáceos. ‖ **12.** *Am. Cen.* **tapa** (‖ pequeña porción de alimento). ‖ **~ de dragón.** F. **dragón** (‖ planta escrofulariácea). ‖ **~ de fuego.** F. Arma que se carga con pólvora, y especialmente la escopeta, la pistola, el cañón, etc. ‖ **~ de la isla.** F. Pinza grande arrancada al **barrilete** (‖ cangrejo de mar). ‖ **~ del estómago.** F. **1.** Parte central de la región epigástrica. ‖ **2. cardias.** ‖ **~ de lobo.** F. **1.** Lugar muy oscuro. *Estar oscuro como boca de lobo.* ‖ **2.** *Mar.* Agujero cuadrado en el medio de la cofa, por el que entra el calcés del palo, quedando espacio a banda y banda para el paso de la gente que sube a maniobrar. ‖ **~ de riego.** F. Abertura en un conducto de agua en la cual se enchufa una manga para regar calles, jardines, etc. ‖ **~ de verdulero.** F. *Méx.* Persona que dice muchas palabrotas y groserías. ‖ **~ rasgada.** F. La grande, que no guarda proporción con las demás facciones de la cara. ‖ **a ~ de jarro.** LOC.ADV. **a bocajarro.** ‖ **a ~ llena.** LOC.ADV. Con claridad, abiertamente, hablando sin rebozo. ‖ **abrir ~.** LOC.VERB. Despertar el apetito con algún alimento o bebida. ‖ **andar de ~ en ~** una noticia o un asunto. LOC.VERB. Saberse públicamente, estar divulgado. ‖ **andar en ~ de** alguien. LOC.VERB. Ser objeto de lo que hable o diga. ‖ **andar en ~ de todos.** LOC.VERB. **andar de boca en boca.** ‖ **a pedir de ~** o **a qué quieres,**

LOCS.ADVS. Se usan para expresar que a alguien le salen las cosas según apetecía. ‖ **blando, da, de ~**. LOC.ADJ. Dicho de una cabalgadura: Que siente mucho la acción del bocado. ‖ **~ abajo**. LOC.ADV. **bocabajo**. U. t. c. loc. adj. ‖ **~ a ~**. **I**. LOC.ADV. **1**. de palabra (‖ por medio de la expresión oral). ‖ **II**. LOC.ADJ. **2**. Dicho de la respiración artificial: Que consiste en aplicar la boca a la de la persona accidentada para insuflarle aire con un ritmo determinado. ‖ **~ arriba**. LOC.ADV. **bocarriba**. ‖ **~ con ~**. LOC.ADV. Estando muy juntos. ‖ **buscar** a alguien **la ~**. LOC.VERB. Dar motivo, con lo que se dice o hace, para que alguien hable y diga lo que de otro modo callaría. ‖ **calentársele** a alguien **la ~**. LOC.VERB. **1**. Explayarse en el discurso o conversación acerca de algún punto. ‖ **2**. Comenzar a decir verdades, expresiones desenfadadas y algo desagradables o palabras descompuestas. ‖ **callar la ~**. LOC.VERB. coloq. **cerrar la boca**. ‖ **cerrar la ~** a alguien. LOC.VERB. coloq. Hacerlo callar. ‖ **cerrar la ~**. LOC. VERB. **1**. callar (‖ no hablar). ‖ **2**. callar (‖ cesar de hablar). ‖ **3**. callar (‖ cesar de llorar, de cantar, de hacer ruido, etc.). ‖ **con la ~ abierta**, o **con tanta ~ abierta**. LOCS.ADVS. coloqs. Suspenso o admirado de algo que se ve o se oye. *Estar, quedarse con la boca abierta*. U. t. c. locs. adjs. ‖ **coserse la ~**. LOC.VERB. coloq. **cerrar la boca**. ‖ **de ~ en ~**. LOC.ADV. Dicho de propagarse una noticia, un rumor, una alabanza, etc.: De unas personas a otras. ‖ **decir lo primero que** a alguien **le viene a la ~**. LOC.VERB. coloq. Decir algo irreflexivamente, sin previa meditación. ‖ **decir** alguien **lo que se le viene a la ~**. LOC.VERB. coloq. No tener reparo ni miramiento en lo que dice. ‖ **despegar**, o **desplegar**, alguien **la ~**. LOCS. VERBS. hablar. *No despegó la boca*. ‖ **duro, ra de ~**. LOC. ADJ. Dicho de una cabalgadura: Que siente poco la acción del bocado. ‖ **echar** alguien **de**, o **por, aquella ~**. LOCS. VERBS. coloqs. Decir contra alguien con imprudencia y enojo palabras injuriosas y ofensivas. *Echaba por aquella boca sapos y culebras*. ‖ **haberle hecho la ~ un fraile** a alguien. LOC.VERB. Se usa para indicar que pide en exceso. ‖ **hablar** alguien **por ~ de** otra persona. LOC. VERB. Conformarse con lo que dice, con la opinión y voluntad ajena. ‖ **hacerse** alguien **de la ~ chiquita**. LOC. VERB. *Méx*. Rehusar con desdén. ‖ **hacérsele** a alguien **la ~ agua**, o **un agua**. LOCS.VERBS. **1**. coloqs. Pensar con deleite en el buen sabor de algún alimento. ‖ **2**. coloqs. Deleitarse con la esperanza de conseguir algo agradable, o con su memoria. ‖ **irse** alguien **de ~**. LOC.VERB. Hablar mucho y sin consideración, o con imprudencia. ‖ **meterse** alguien **en la ~ del lobo**. LOC.VERB. coloq. Exponerse sin necesidad a un peligro cierto. ‖ **no abrir** alguien **la ~**. LOC.VERB. Callar cuando se debería hablar. ‖ **no caérsele** a alguien **de la ~** algo. LOC.VERB. Decirlo con frecuencia y repetición. ‖ **no decir esta ~ es mía**. LOC. VERB. coloq. No decir palabra. ‖ **no salir** algo **de la ~** de alguien. LOC.VERB. Callarlo. ‖ **oler la ~** a alguien. LOC.VERB. coloq. Ser pedigüeño. ‖ **poner en ~ de** alguien algún dicho. LOC.VERB. Atribuírselo. ‖ **que la ~ se te haga a un lado**. EXPR. *Á. R. Plata*. Se usa con intención de que sirva de conjuro cuando alguien ha mencionado posibles males. ‖ **que la ~ se te haga chicharrón**. EXPR. *Méx*. Se usa cuando alguien ha hablado de posibles males. ‖ **quitar** a alguien **de la ~** algo. LOC.VERB. coloq. Anticiparse a decir lo que iba a decir otra persona. ‖ **quitárselo** alguien **de la ~**. LOC.VERB. coloq. Privarse de lo preciso para dárselo a otro. ‖ **saber** algo **de ~**, o **de la ~, de** alguien. LOCS.

VERBS. Saberlo o tener de ello noticia por habérselo oído decir. ‖ **saberle** a alguien **la ~ a medalla**. LOC.VERB. **1**. *Méx*. Haber estado mucho tiempo sin hablar. ‖ **2**. *Méx*. Tener resaca por haber bebido en exceso. ‖ **tapar la ~** a alguien. LOC.VERB. **1**. coloq. Corromperlo con dinero u otra cosa para que calle. ‖ **2**. coloq. Citarle un hecho o darle una razón tan concluyente que no tenga qué responder. ‖ **tener** a alguien **sentado en la ~ del estómago**. LOC. VERB. coloq. No soportarlo. ‖ **torcer la ~**. LOC.VERB. Volver el labio inferior hacia alguno de los carrillos, en ademán o en demostración de disgusto. ‖ **venírsele** a alguien **a la ~** algo. LOC.VERB. **1**. Sentir el sabor de algo que hay en el estómago. ‖ **2**. Ocurrírsele algunas ideas y palabras para decirlas. □ V. **cielo de la ~**, **gentilhombre de ~**, **municiones de ~**, **organillo de ~**, **órgano de ~**, **telón de ~**.

bocabajo. ADV.M. **1**. Tendido con la cara hacia abajo. ‖ **2**. En posición invertida. ‖ **3**. Doblegado a la voluntad despótica de otra persona.

bocacalle. F. **1**. Entrada o embocadura de una calle. ‖ **2**. Calle secundaria que afluye a otra. ¶ MORF. pl. **bocacalles**.

bocadillo. M. **1**. Panecillo partido longitudinalmente en dos mitades entre las cuales se colocan alimentos variados. ‖ **2**. Refrigerio que los trabajadores y estudiantes suelen tomar entre el desayuno y la comida. *La hora del bocadillo*. ‖ **3**. En grabados, dibujos, caricaturas, chistes gráficos, tebeos, etc., espacio, generalmente circundado por una línea curva que sale de la boca o cabeza de una figura, en el cual se representan palabras o pensamientos atribuidos a ella. ‖ **4**. *Teatro*. Intervención de un actor en la obra cuando consiste solo en pocas palabras.

bocadito. M. **1**. Pastel pequeño, relleno principalmente de nata o de crema. ‖ **2**. *Am*. **pincho** (‖ porción de comida).

bocado. M. **1**. Porción de comida que cabe de una vez en la boca. ‖ **2**. Porción pequeña de comida. *Tomar un bocado*. ‖ **3**. Mordedura o herida que se hace con los dientes. ‖ **4**. Pedazo de cualquier cosa que se saca o arranca con la boca. ‖ **5**. Parte del freno que entra en la boca de la caballería. ‖ **~ de Adán**. M. Nuez de la garganta. ‖ **comer** algo **en un ~**, o **en dos ~s**. LOCS.VERBS. coloqs. Comerlo muy deprisa. ‖ **con el ~ en la boca**. LOC.ADV. Inmediatamente después de haber terminado de comer. *Tuve que salir con el bocado en la boca*. ‖ **me lo comeré, me lo comería**, o **quisiera comérmelo, a ~s**. LOCS.VERBS. coloqs. Se usan para expresar la vehemencia del cariño. ‖ **no haber para un ~**. LOC.VERB. coloq. Ser muy escasa la comida, o no haber cantidad bastante de algo. ‖ **no probar ~**. LOC.VERB. coloq. No comer nada. ‖ **no tener** alguien **para un ~**. LOC.VERB. **1**. coloq. Estar en extrema necesidad. ‖ **2**. coloq. **no haber para un bocado**. ‖ **sin probar ~**. LOC.ADV. coloq. Sin comer nada.

bocajarro. **a ~**. LOC.ADV. **1**. Dicho de disparar un arma de fuego: A quemarropa, desde muy cerca. U. t. c. loc. adj. ‖ **2**. De improviso, de un modo inopinado, sin preparación ninguna. *Le preguntó a bocajarro*.

bocal[1]. M. **1**. Recipiente usado en laboratorios, farmacias, hospitales, etc. ‖ **2**. pecera.

bocal[2]. ADJ. bucal.

bocallave. F. Parte de la cerradura, por la cual se mete la llave. MORF. pl. **bocallaves**.

bocamanga. F. Parte de la manga que está más cerca de la muñeca, y especialmente por el interior o el forro. MORF. pl. **bocamangas.**

bocamina. F. Boca de la galería o pozo que sirve de entrada a una mina. MORF. pl. **bocaminas.**

bocana. F. Paso estrecho de mar que sirve de entrada a una bahía o fondeadero.

bocanada. F. **1.** Cantidad de líquido que de una vez se toma en la boca o se arroja de ella. || **2.** Porción de humo que se echa cuando se fuma. || **~ de aire.** F. Golpe de aire que viene o entra de repente y cesa luego. || **~ de gente.** F. coloq. Tropel de gente que sale con dificultad de algún local o lugar cerrado. || **~ de viento.** F. **bocanada de aire.**

bocarriba. ADV. M. **1.** Tendido de espaldas. || **2.** Con la cara principal hacia arriba. *Pon las cartas bocarriba.*

bocarte[1]. M. **boquerón** (|| pez teleósteo).

bocarte[2]. M. Martillo para romper minerales.

bocatoma. F. Abertura o boca que hay en una presa para que por ella salga cierta porción de agua destinada al riego o a otro fin. MORF. pl. **bocatomas.**

bocatoreño, ña. ADJ. **1.** Natural de Bocas del Toro. U. t. c. s. || **2.** Perteneciente o relativo a esta provincia de Panamá o a su cabecera.

bocel. M. *Arq.* Moldura convexa lisa, de sección semicircular y a veces elíptica. || **cuarto ~,** o **medio ~.** M. *Arq.* Moldura convexa, cuya sección es un cuarto de círculo.

bocera. F. **1.** Residuo que queda pegado a la parte exterior de los labios después de haber comido o bebido. || **2.** Excoriación que se forma en las comisuras de los labios de las personas y les impide abrir la boca con facilidad.

boceras. COM. Hablador, jactancioso.

boceto. M. **1.** Proyecto o apunte general previo a la ejecución de una obra artística. || **2.** Esquema o proyecto en que se bosqueja cualquier obra. *El boceto de un libro. El boceto de una ley.* || **3.** Exposición sucinta de los rasgos principales de algo.

bocha. F. **1.** Bola de madera, de mediano tamaño, que sirve para tirar en el juego de **bochas.** || **2.** pl. Juego entre dos o más personas, que consiste en tirar a cierta distancia unas bolas medianas y otra más pequeña, y gana quien se arrima más a esta con las otras.

boche. M. **1.** *Á. Andes* y *Chile.* **pendencia.** || **2.** *Chile.* bochinche.

bochinche. M. Tumulto, barullo, alboroto.

bochinchero, ra. ADJ. Que toma parte en los bochinches o los promueve. U. t. c. s.

bochorno. M. **1.** Aire caliente y molesto que se levanta en el verano. || **2.** Calor sofocante, por lo común en horas de calma o por fuego excesivo. || **3.** Desazón o sofocamiento producido por algo que ofende, molesta o avergüenza. *Lo sorprendieron robando. ¡Qué bochorno!* || **4.** Encendimiento y alteración del rostro por haber recibido alguna ofensa o sentirse avergonzado.

bochornoso, sa. ADJ. Que causa o da bochorno. *Espectáculo bochornoso.*

bocina. F. **1.** Instrumento o dispositivo, generalmente eléctrico, que sirve para emitir señales acústicas. || **2.** Instrumento de metal, en forma de trompeta, con ancha embocadura para meter los labios, y que se usa principalmente en los buques para hablar de lejos. || **3.** **cuerno** (|| instrumento musical). || **4.** hist. Pabellón con que se reforzaba el sonido en los gramófonos. || **5.** *Mar.* Revestimiento metálico con que se guarnece interiormente un orificio. || **6.** *Á. Caribe* y *Méx.* En los aparatos

telefónicos, parte a la que se aplica la boca al hablar, para recoger la voz.

bocinar. INTR. Tocar la bocina o usarla para hablar.

bocinazo. M. **1.** Ruido fuerte producido con una bocina. || **2.** Grito para reprender o amonestar a alguien. *Dar, pegar un bocinazo.*

bocio. M. Aumento, difuso o nodular, de la glándula tiroidea. || **~ exoftálmico.** M. Variedad del bocio caracterizada por acompañarse de exoftalmia e hipertiroidismo.

bocón, na. ADJ. **1.** coloq. **bocudo.** || **2.** coloq. Que habla mucho y echa bravatas. U. t. c. s.

bocoy. M. Barril grande para envase. MORF. pl. **bocoyes.**

bocudo, da. ADJ. Que tiene grande la boca.

boda. F. **1.** Ceremonia mediante la cual se unen en matrimonio dos personas. U. t. en pl. con el mismo significado que en sing. *Asistieron a las bodas de la infanta Isabel.* || **2.** Fiesta con que se celebra un casamiento. U. t. en pl. con el mismo significado que en sing. *En las bodas de Alfonso XII se organizó una corrida de toros.* || **~s de diamante.** F. pl. Aniversario sexagésimo de la boda o de otro acontecimiento solemne o muy señalado en la vida de quien lo celebra. || **~s de oro.** F. pl. Aniversario quincuagésimo de los mismos hechos. || **~s de plata.** F. pl. Aniversario vigésimo quinto. || **~s de platino.** F. Aniversario septuagésimo quinto. □ V. **lista de ~, noche de ~s.**

bode. M. **cabrón** (|| macho de la cabra).

bodega. F. **1.** Lugar donde se guarda y cría el vino. || **2.** Almacén de vinos. || **3.** Tienda de vinos. || **4.** Establecimiento, generalmente industrial, para la elaboración de vinos. || **5.** Cosecha o mucha abundancia de vino en algún lugar. *La bodega de Valdepeñas.* || **6.** **despensa** (|| lugar donde se guardan los comestibles). || **7.** **troj.** || **8.** *Mar.* Espacio interior de los buques desde la cubierta inferior hasta la quilla. || **9.** *Á. Caribe* y *Méx.* **abacería.** || **10.** *Méx.* **almacén** (|| local donde se depositan géneros).

bodegaje. M. *Chile.* **almacenaje.**

bodegón. M. **1.** **taberna.** || **2.** Composición pictórica que presenta en primer plano alimentos o flores, junto con útiles diversos.

bodegonero, ra. M. y F. Persona que tiene **bodegón** (|| taberna).

bodegonista. I. ADJ. **1.** Perteneciente o relativo al **bodegón** (|| pictórico). *La tradición bodegonista española.* || **II.** COM. **2.** Persona que cultiva este género pictórico.

bodeguero, ra. M. y F. **1.** Propietario de una bodega de vinos. || **2.** Persona que tiene a su cargo la bodega.

bodigo. M. Panecillo hecho de la flor de la harina, que se suele llevar a la iglesia por ofrenda.

bodoque. M. **1.** Relieve de forma redonda que sirve de adorno en algunos bordados. || **2.** **burujo.** || **3.** hist. Pelota o bola de barro hecha en molde y endurecida al aire, como una bala de mosquete, que servía para tirar con ballesta de **bodoques.** || **4.** *Am. Cen.* Pelota o pedazo informe de papel, masa, lodo o cualquier otro material blando. || **5.** *Méx.* **chichón.** || **6.** *Méx.* Hinchazón de forma redonda en cualquier parte del cuerpo.

bodorrio. M. despect. coloq. Boda cuya forma de celebración se considera impropia, por su ostentación excesiva o su inadecuación a las circunstancias.

bodrio. M. **1.** Guiso mal aderezado. || **2.** Sangre de cerdo mezclada con cebolla para embutir morcillas. || **3.**

Cosa mal hecha, desordenada o de mal gusto. *Ese cuadro es un bodrio. En ese teatro no representan más que bodrios.*

bóer. ADJ. **1.** Se dice de los habitantes de origen holandés de Sudáfrica. U. t. c. s. ‖ **2.** Perteneciente o relativo a la región del sur del África austral, al norte del Cabo. *Política bóer.* ¶ MORF. pl. **bóeres** o **bóers.**

bofe. M. Pulmón de las reses que se destina a consumo. U. m. en pl. ‖ **echar el ~.** LOC.VERB. coloq. echar el alma.

bofetada. F. **1.** Golpe que se da en el carrillo con la mano abierta. ‖ **2.** Sensación fuerte de calor, frío, olor, etc., recibida repentinamente. ‖ **3.** Desaire, desprecio u ofensa. *Su derrota en las elecciones fue para él una bofetada.* ‖ **4.** *Chile.* **puñetazo.** ‖ **darse de ~s** algo **con** otra cosa. LOC.VERB. coloq. No tener armonía entre sí. *Esta falda se da de bofetadas con esta blusa.*

bofetón. M. **1.** Bofetada dada con fuerza. ‖ **2.** bofetada.

bofo, fa. ADJ. fofo.

boga¹. F. **1.** Pez teleósteo, fisóstomo, que puede alcanzar 40 cm de largo, aunque comúnmente es menor, de color plateado y con aletas casi blancas. Abunda en los ríos españoles y es comestible. ‖ **2.** Pez teleósteo, acantopterigio, de cuerpo comprimido, color blanco azulado, con seis u ocho rayas por toda su longitud; las superiores, negruzcas, y las inferiores, doradas y plateadas. Abunda en los mares de España y es comestible.

boga². **I.** F. **1.** Acción de **bogar** (‖ remar). ‖ **II.** COM. **2.** **bogador.** ‖ **~ arrancada.** F. *Mar.* La que se hace con la mayor fuerza y precipitación, y echando muy a proa las palas de los remos al meterlos en el agua. ‖ **~ larga.** F. *Mar.* La pausada, que se hace manteniendo el remo el mayor tiempo posible debajo del agua. ‖ **a ~ lenta.** LOC. ADV. *Mar.* Remando despacio.

boga³. F. Buena aceptación, fortuna o felicidad creciente. *La ópera está en boga.*

bogada. F. Espacio que la embarcación navega por el impulso de un solo golpe de los remos.

bogador, ra. M. y F. Persona que boga.

bogar. **I.** INTR. **1.** **remar** (‖ en una embarcación). ‖ **II.** TR. **2.** *Chile.* Quitar la escoria que sobrenada en el metal fundido cuando sale del horno.

bogavante. M. Crustáceo marino, decápodo, de color vivo, muy semejante por su forma y tamaño a la langosta, de la cual se distingue principalmente porque las patas del primer par terminan en pinzas muy grandes y robustas.

bogotano, na. ADJ. **1.** Natural de Bogotá. U. t. c. s. ‖ **2.** Perteneciente o relativo a esta ciudad, capital de Colombia y del departamento de Cundinamarca.

bohardilla. F. buhardilla.

bohemia. F. Mundo de la gente que hace vida bohemia. *Se reunía la bohemia a hacer versos.*

bohemio, mia. **I.** ADJ. **1.** Natural de Bohemia. U. t. c. s. ‖ **2.** Perteneciente o relativo a esta región de la República Checa. ‖ **3.** gitano. Apl. a pers., u. t. c. s. ‖ **4.** Se dice de la vida que se aparta de las normas y convenciones sociales, principalmente la atribuida a los artistas. ‖ **5.** Dicho de una persona: Que lleva este tipo de vida. U. t. c. s. ‖ **II.** M. **6.** Lengua de Bohemia.

bohío. M. Cabaña de América, hecha de madera y ramas, cañas o pajas y sin más respiradero que la puerta.

bohíque. M. *Ant.* Entre los indios taínos, sacerdote y médico.

bohordo. M. **1.** hist. Lanza corta arrojadiza, usada en los juegos y fiestas de caballería. ‖ **2.** *Bot.* Tallo herbáceo y sin hojas que sostiene las flores y el fruto de algunas amarilidáceas, como el agave, liliáceas, como el lirio, etc.

bohrio. M. *Quím.* Elemento químico radiactivo de núm. atóm. 107. Tiene dos isótopos con una vida media del orden de milésimas de segundo, y se obtiene mediante bombardeo iónico de elementos pesados. (Símb. *Bh*).

boicot. M. Acción que se dirige contra una persona o entidad para obstaculizar el desarrollo o funcionamiento de una determinada actividad social o comercial. MORF. pl. **boicots.**

boicoteador, ra. ADJ. **1.** Que boicotea. *Grupo boicoteador.* Apl. a pers., u. t. c. s. ‖ **2.** Perteneciente o relativo al boicoteo. *Actitud boicoteadora.*

boicotear. TR. Practicar el boicot.

boicoteo. M. Acción y efecto de boicotear.

boíl. M. boyera.

boina. F. Gorra sin visera, redonda y chata, de lana y generalmente de una sola pieza.

boira. F. niebla.

boj. M. Arbusto de la familia de las Buxáceas, de unos cuatro metros de altura, con tallos derechos, muy ramosos, hojas persistentes, opuestas, elípticas, duras y lustrosas, flores pequeñas, blanquecinas, de mal olor, en pequeños haces axilares, y madera amarilla, sumamente dura y compacta, muy apreciada para el grabado, obras de tornería y otros usos. La planta se emplea como adorno en los jardines. MORF. pl. **bojes.**

boja. F. abrótano.

boje. M. boj.

bojear. INTR. Navegar a lo largo de una costa.

bojiganga. F. hist. Pequeño grupo de comediantes que antiguamente representaba algunos entremeses y autos.

bojote. M. **1.** *Á. Caribe.* **paquete** (‖ lío o envoltorio). ‖ **2.** *Á. Caribe.* Persona gruesa.

bol. M. Tazón sin asa.

bola. F. **1.** Cuerpo esférico de cualquier materia. ‖ **2.** canica. ‖ **3.** En algunos juegos de naipes, como el tresillo, lance que consiste en hacer un jugador todas las bazas. ‖ **4.** coloq. Mentira, rumor falso o infundio, generalmente con fines políticos o de otro género. ‖ **5.** vulg. testículo. U. m. en pl. ‖ **6.** *Am.* bola empleada como arma ofensiva y para cazar o sujetar animales. U. m. en pl. con el mismo significado que en sing. ‖ **7.** *Á. Caribe.* En el juego del béisbol, lanzamiento malo del lanzador al bateador. ‖ **8.** *Méx.* montón (‖ número considerable). ‖ **9.** *Méx.* Riña, tumulto, revolución. ‖ **~ de Berlín.** F. *Méx.* Pan dulce suave relleno de crema pastelera, que no se hornea sino que se fríe. ‖ **~ del mundo.** F. globo terráqueo (‖ esfera). ‖ **~ de lomo.** F. *Á. R. Plata.* Corte de vacuno, extraído del cuarto trasero, ubicado en la parte anterior de la región femoral. ‖ **~ de nieve.** F. **1.** mundillo (‖ arbusto caprifoliáceo). ‖ **2.** Flores de este arbusto. ‖ **3.** maraña (‖ situación o asunto intrincado). ‖ **dar, o darle, a la ~.** LOCS.VERBS. *Méx.* atinar. ‖ **dejar que ruede, o dejar rodar, la ~.** LOCS.VERBS. coloqs. Dejar que un suceso o negocio siga su curso sin intervenir en él. ‖ **en ~.** LOC.ADV. *Méx.* En montón. ‖ **en ~s.** LOC.ADV. coloq. en pelota. U. t. c. loc. adj. ‖ **hacerse** alguien **~s.** LOC.VERB. *Am. Cen.* y *Méx.* Desorientarse, enredarse, hacerse un lío. ‖ **hasta la ~.** LOC.ADJ. *Taurom.* Dicho de una estocada: Que ha llegado hasta la empuñadura de la espada. U. t. c. loc. adv. U. t. en sent. fig. *Le gastaron una broma y él entró* *en el engaño hasta la bola.* ‖ **ir** alguien **a su ~.** LOC.VERB. coloq. **ir a lo suyo.** ☐ V. **Niño de la Bola, queso de ~.**

bolada. F. **1.** Tiro que se hace con la bola. ‖ **2.** Á. *Andes.* **bola** (‖ mentira). ‖ **3.** Á. *R. Plata.* Ocasión propicia, situación favorable.

bolado. M. **azucarillo.**

bolardo. M. **1.** Poste de hierro colado u otra materia clavado en el suelo y destinado a impedir el paso o aparcamiento de vehículos. ‖ **2.** *Mar.* Noray de hierro colado o acero, con la extremidad superior curvada, que se coloca junto a la arista exterior de un muelle, para que las amarras no estorben el paso.

bolazo. M. **1.** Golpe de bola. ‖ **2.** Á. *R. Plata.* **disparate** (‖ hecho o dicho disparatado).

bolchevique. ADJ. **1.** hist. Se dice del miembro de la facción mayoritaria y más radical del partido socialdemócrata ruso, a partir de 1903. U. t. c. s. ‖ **2.** hist. Perteneciente o relativo al bolchevismo. *Política bolchevique.* ‖ **3.** hist. Partidario del bolchevismo. U. t. c. s. ‖ **4. comunista** (‖ partidario del sistema del comunismo). U. t. c. s.

bolcheviquismo. M. hist. **bolchevismo.**

bolchevismo. M. hist. Tendencia política de los bolcheviques.

boldo. M. Arbusto de la familia de las Monimiáceas, originario de Chile, de hojas siempre verdes, flores blancas en racimos cortos y fruto comestible. La infusión de sus hojas es muy aromática y de uso medicinal.

boleada. F. *Méx.* Acción y efecto de **bolear** (‖ embetunar el calzado).

boleadoras. F. pl. Á. *guar.,* Á. *R. Plata* y *Chile.* Instrumento compuesto de dos o tres bolas de piedra u otra materia pesada, forradas de cuero y sujetas con sendas guascas, que se arroja a las patas o al pescuezo de los animales para capturarlos. En Chile, u. t. en sing. con el mismo significado que en pl.

bolear. **I.** TR. **1.** Á. *R. Plata.* Echar o arrojar las boleadoras a un animal. ‖ **2.** *Méx.* Embetunar el calzado, limpiarlo y darle lustre. ‖ **II.** INTR. **3.** Arrojar la bola en cualquier juego en que se utilice. ‖ **4.** Á. *guar.* Decir muchas mentiras. ‖ **III.** PRNL. **5.** Dicho de dos o más jugadores de béisbol: Arrojarse la bola o pelota uno a otro.

bolera. F. Lugar destinado al juego de bolos.

boleras. F. pl. **bolero** (‖ aire musical). ☐ V. **seguidillas ~.**

bolero. M. **1.** Aire musical popular español, cantable y bailable en compás ternario y de movimiento majestuoso. ‖ **2.** Canción de ritmo lento, bailable, originaria de Cuba, muy popular en el Caribe, de compás de dos por cuatro y letras melancólicas. ‖ **3.** Baile popular caribeño que se ejecuta al compás del **bolero.** ‖ **4.** Chaquetilla corta de señora. ‖ **5.** *Méx.* **limpiabotas.** ☐ V. **escarabajo ~.**

boleta. F. **1.** Cédula que se da para poder entrar sin inconveniente en alguna parte. ‖ **2.** Especie de libranza para tomar o cobrar algo. ‖ **3.** Cédula que se insacula llevando inscrito un número, o nombre de persona o cosa. *Boletas electorales.* ‖ **4.** hist. Cédula que se daba a los militares cuando entraban en un lugar, señalando a cada uno la casa donde había de alojarse. ‖ **5.** Á. *R. Plata.* Multa que se cobra a causa de una infracción de tránsito. *Me hicieron la boleta.* ‖ **6.** *Méx.* Papeleta para votar en unas elecciones. ‖ **~ de empeño.** F. *Méx.* Resguardo que se da a quien empeña algo para que pueda rescatarlo mediante el pago de la cantidad convenida.

boletería. F. *Am.* Taquilla, casillero o despacho de billetes.

boletero, ra. M. y F. *Am.* Persona que vende boletos.

boletín. M. **1.** Publicación destinada a tratar de asuntos científicos, artísticos, históricos o literarios, generalmente publicada por alguna corporación. *Boletín de la Real Academia Española.* ‖ **2.** Periódico que contiene disposiciones oficiales. *Boletín Oficial del Estado.* ‖ **3.** Cuadernillo o papeleta en que se anotan las calificaciones de un alumno. ‖ **4. boletín de noticias.** ‖ **5.** Cédula de suscripción a una obra o empresa. *Boletín de matrícula.* ‖ **~ de noticias,** o **~ informativo.** M. Conjunto de noticias que, a horas determinadas, transmite la radio o la televisión.

boletinar. TR. *Méx.* Insertar una nota en un boletín.

boleto. M. **1.** Papeleta impresa con que se participa en algunos juegos de azar. ‖ **2. billete** (‖ para ocupar asiento o para viajar). ‖ **3.** Á. *guar.* **mentira** (‖ expresión contraria a lo que se sabe).

boli. M. coloq. **bolígrafo.**

boliche¹. M. **1.** Bola pequeña que se usa en el juego de las bochas. ‖ **2.** Juego de bolos. ‖ **3. bolera.** ‖ **4.** Juguete de madera o hueso, que se compone de un palo terminado en punta por un extremo y con una cazoleta en el otro, y de una bola taladrada sujeta por un cordón al medio del palo y que, lanzada al aire, se procura recoger, en la cazoleta o acertando a meterle en el taladro la punta del palo. ‖ **5.** Adorno, de forma torneada por lo común, en que rematan ciertas partes de algunos muebles. ‖ **6.** Horno pequeño para hacer carbón de leña. ‖ **7.** Á. *guar.* y Á. *R. Plata.* Establecimiento comercial o industrial de poca importancia, especialmente el que se dedica al despacho y consumo de bebidas y comestibles. ‖ **8.** Á. *R. Plata.* Bar, discoteca.

boliche². M. Pescado menudo que se saca con una jábega pequeña.

bolicho. M. Á. *guar.* Establecimiento dedicado al comercio de diversas mercancías.

bólido. M. **1.** Vehículo automóvil que alcanza extraordinaria velocidad, especialmente el que participa en carreras. ‖ **2.** *Meteor.* Masa de materia cósmica de dimensiones apreciables a simple vista que, con la apariencia de un globo inflamado, atraviesa rápidamente la atmósfera y suele estallar y dividirse en pedazos.

bolígrafo. M. Instrumento para escribir que tiene en su interior un tubo de tinta especial y, en la punta, una bola metálica que gira libremente.

bolilla. F. **1.** Á. *guar.* y Á. *R. Plata.* Bola pequeña numerada que se usa en los sorteos. ‖ **2.** Á. *guar.* y Á. *R. Plata.* Cada uno de los temas numerados en que se divide el programa de una materia para su enseñanza. *El profesor no explicó todas las bolillas.*

bolillero. M. Á. *guar.* y Á. *R. Plata.* **bombo** (‖ caja esférica que contiene las bolillas numeradas que se usan en un sorteo).

bolillo. M. **1.** Palo pequeño y torneado que sirve para hacer encajes y pasamanería. El hilo se arrolla o devana en la mitad superior, que es más delgada, y queda tirante por el peso de la otra mitad, que es más gruesa. ‖ **2.** *Méx.* Cierto tipo de pan blanco. ‖ **puro.** EXPR. *Méx.* Nada, en absoluto. ‖ **valer** alguien o algo **~.** LOC.VERB. *Méx.* Valer muy poco o nada. ☐ V. **encaje de ~s.**

bolina. F. **1.** *Mar.* Cabo con que se hala hacia proa la relinga de barlovento de una vela para que reciba mejor el viento. ‖ **2.** *Mar.* Cada uno de los cordeles que forman las arañas que sirven para colgar los coyes. ‖ **ir, o navegar, de ~.** LOCS.VERBS. *Mar.* Navegar de modo que la dirección de la quilla forme con la del viento el ángulo menor posible. □ V. **viento de ~.**

bolindre. M. canica (‖ bola).

bolinear. INTR. *Mar.* **ir de bolina.**

bolívar. M. Unidad monetaria de Venezuela. ‖ **a ~.** LOC. ADV. *Méx.* Se usa para manifestar el desagrado o desaprobación de lo que alguien propone, dice o hace. *Mandar, ir a bolívar.*

bolivarense. ADJ. **1.** Natural de Bolívar, departamento de Colombia. U. t. c. s. ‖ **2.** Natural de Bolívar, estado de Venezuela, o de Ciudad Bolívar, su capital. U. t. c. s. ‖ **3.** Natural de Bolívar, provincia de Ecuador. U. t. c. s. ‖ **4.** Perteneciente o relativo a aquel departamento, a ese estado y su capital o a esta provincia.

bolivariano, na. ADJ. Perteneciente o relativo a Simón Bolívar, militar venezolano, o a su historia, su política, etc. *Congreso bolivariano. Doctrina bolivariana.*

bolivianismo. M. Locución, giro o modo de hablar propio y peculiar de los bolivianos.

boliviano, na. I. ADJ. **1.** Natural de Bolivia. U. t. c. s. ‖ **2.** Perteneciente o relativo a este país de América. ‖ **II.** M. **3.** Unidad monetaria de Bolivia.

bollera. F. V. **bollero.**

bollería. F. **1.** Establecimiento donde se hacen bollos o panecillos. ‖ **2.** Tienda donde se venden. ‖ **3.** Conjunto de bollos de diversas clases que se ofrecen para la venta o el consumo. *Bollería selecta.*

bollero, ra. I. M. y F. **1.** Persona que hace o vende bollos. ‖ **II.** F. **2.** despect. malson. **lesbiana.**

bollo. M. **1.** Pieza esponjosa hecha con masa de harina y agua y cocida al horno; como ingredientes de dicha masa entran frecuentemente leche, manteca, huevos, etc. ‖ **2. chichón.** ‖ **~ maimón.** M. Roscón de masa de bizcocho.

bolo¹, la. I. ADJ. **1.** *Am. Cen.* y *Méx.* **ebrio** (‖ embriagado por la bebida). U. t. c. s. ‖ **II.** M. **2.** Trozo de palo labrado, de forma alargada, con base plana para que se tenga derecho. ‖ **3.** Representación o representaciones que, en escaso número, ofrece una compañía teatral para actuar en una o varias poblaciones con el fin de aprovechar circunstancias que se juzgan económicamente favorables. U. m. en pl. *Esa compañía va a hacer unos bolos por el norte.* ‖ **4.** *Méx.* Participación de un bautizo. ‖ **5.** *Méx.* Monedas que el padrino de un bautizo regala a los chiquillos presentes. ‖ **6.** pl. Juego que consiste en poner derechos sobre el suelo cierto número de **bolos** y derribar cada jugador los que pueda, arrojándoles sucesivamente las bolas que correspondan por jugada. ‖ **~ alimenticio.** M. Alimento masticado e insalivado que de una vez se deglute.

bolo². M. *Filip.* Cuchillo grande, de hoja larga, empleado como arma, para cortar ramas o como instrumento de labranza.

bolón. M. *Chile.* Piedra de regular tamaño que se emplea en los cimientos de las construcciones.

boloñés, sa. ADJ. **1.** Natural de Bolonia. U. t. c. s. ‖ **2.** Perteneciente o relativo a esta ciudad de Italia. □ V. **salsa ~.**

boloñesa. F. **salsa boloñesa.**

bolsa¹. F. **1.** Especie de talega o saco de tela u otro material, que sirve para llevar o guardar algo. ‖ **2.** Saco pe-

queño de cuero en que se echa dinero, y que se ata o cierra. ‖ **3.** Recipiente de material resistente para guardar, en viajes o traslados, ropa u otras cosas, y que se puede llevar a mano o colgado del hombro. *Bolsa de deporte.* ‖ **4.** Arruga que hace un vestido cuando viene ancho o no ajusta bien al cuerpo, o la que forman dos telas cosidas cuando una es más larga o ha dado de sí más que la otra. ‖ **5.** Abultamiento de la piel debajo de los ojos. ‖ **6.** Cavidad que contiene un fluido en un determinado lugar. *Bolsa de petróleo.* ‖ **7.** Masa de una sustancia que se encuentra en medio de otra. *Bolsa de aire frío.* ‖ **8.** Grupo de personas o de cosas que se halla en situación de precariedad o marginalidad respecto del conjunto social. *Bolsa de paro. Bolsa de marginalidad. Bolsa de dinero negro.* ‖ **9.** Caudal o dinero de una persona. *A Juan se le acabó la bolsa.* ‖ **10.** Pieza de estera en forma de saco, que pende entre los varales del carro o galera, y debajo de la zaga de los coches o calesas, para colocar efectos. ‖ **11.** hist. Taleguilla de tafetán o muaré negro con una cinta en la parte superior que usaban los hombres para llevar recogido el pelo. ‖ **12.** *Dep.* Premio en metálico que recibe el ganador en un combate de boxeo. ‖ **13.** *Dep.* Cantidad que se ofrece a quien participa en otras competiciones. ‖ **14.** *Ingen.* Parte de un criadero donde el mineral está reunido con mayor abundancia. ‖ **15.** *Mil.* Situación en que queda un ejército o una parte de él al ser completamente rodeado por las fuerzas enemigas. ‖ **16.** *Am. Cen.* y *Méx.* Bolsillo de las prendas de vestir. ‖ **17.** pl. Cavidades del escroto en las cuales se alojan los testículos. ‖ **~ de aire.** F. Dispositivo de seguridad para los ocupantes de un automóvil, consistente en una **bolsa** que se infla automáticamente en caso de colisión violenta. ‖ **~ de estudios.** F. **beca** (‖ subvención para realizar estudios o investigaciones). ‖ **~ de trabajo.** F. Organismo encargado de recibir ofertas y peticiones de trabajo y de ponerlas en conocimiento de los interesados. ‖ **la ~ o la vida.** EXPR. Se usa para obligar a alguien a entregar su dinero, bajo amenaza de muerte. ‖ **no echarse** alguien **nada en la ~.** LOC. VERB. coloq. **no echarse nada en el bolsillo.**

bolsa². F. **1.** Institución económica donde se efectúan transacciones públicas de compra y venta de valores, y otras operaciones análogas. ‖ **2.** Lugar donde se efectúan estas transacciones. ‖ **3.** Conjunto de operaciones con efectos públicos. ‖ **4.** Cotización de los valores negociados en **bolsa.** *La bolsa subió tres enteros.* ‖ **5.** Organización y sistema de regulación de las transacciones de objetos preciosos o de cierto valor. *Bolsa de diamantes. Bolsa de marfil.* ‖ **6.** Concurrencia de personas en un lugar y tiempo precisos para realizar transacciones convencionalmente reguladas de determinados objetos. *Bolsa filatélica dominical.* ‖ **jugar a la ~.** LOC.VERB. Comprar o vender al descubierto y a plazo, valores que cotizan en el mercado bursátil previendo ganancias en las diferencias que resulten. □ V. **agente de ~, agente de cambio y ~.**

bolseada. F. *Méx.* Acción y efecto de bolsear.

bolsear. TR. *Am. Cen.* y *Méx.* Quitarle a alguien furtivamente lo que tenga de valor.

bolsillo. M. **1.** Bolsa pequeña, con una abertura fija, que se cose a una prenda de vestir o se añade a otros objetos. ‖ **2. bolsa** (‖ caudal de una persona). *Lo pagué de mi bolsillo.* ‖ **3. bolsa** (‖ en que se echa dinero). ‖ **~ de parche.** M. El sobrepuesto a la prenda y de la misma tela que esta.

‖ **aflojar,** o **aflojarse, el ~.** LOCS.VERBS. Pagar obligado. ‖ **consultar** alguien **con el ~.** LOC.VERB. coloq. Examinar el estado de su caudal para emprender alguna actividad. ‖ **de ~.** LOC.ADJ. Dicho de una cosa: Que por su hechura y tamaño resulta menor de lo habitual entre las de su especie. ‖ **llenarse el ~,** o **los ~s.** LOCS.VERBS. coloqs. Obtener ganancias, generalmente ilícitas. ‖ **meterse** a alguien **en el ~.** LOC.VERB. coloq. Conquistarlo o seducirlo. ‖ **no echarse** alguien **nada en el ~.** LOC.VERB. coloq. No resultarle provecho alguno en aquello de que se trata. ‖ **rascarse el ~.** LOC.VERB. coloq. Soltar dinero, gastar, comúnmente de mala gana. ‖ **tener** alguien **en el ~** a otra persona. LOC.VERB. coloq. Contar con ella con entera seguridad. ▢ V. **pañuelo de ~, teatro de ~.**

bolsín. M. Reunión de los bolsistas para sus tratos, fuera de las horas y sitio de reglamento.

bolsiquear. TR. *Am. Mer.* **bolsear.**

bolsista. COM. Persona que se dedica a especulaciones bursátiles.

bolso. M. **1.** Bolsa de mano por lo común pequeña, hecha de cuero, tela u otra materia, provista de cierre y frecuentemente de asa, que utilizan en particular las mujeres para llevar dinero, documentos, objetos de uso personal, etc. ‖ **2. bolsillo** (‖ de una prenda de vestir). *Un abrigo con bolsos.*

boludear. INTR. *Á. R. Plata.* Perder el tiempo.

boludez. F. *Á. R. Plata.* **tontería** (‖ dicho o hecho tonto).

boludo, da. ADJ. *Á. R. Plata.* Dicho de una persona: Que tiene pocas luces o que obra como tal. U. t. c. s.

bomba. F. **1.** Máquina o artefacto para elevar el agua u otro líquido y darle impulso en una dirección determinada. ‖ **2.** Artefacto explosivo provisto del dispositivo necesario para que estalle en el momento conveniente. ‖ **3.** Se usa en aposición para denotar que el objeto al que se pospone va cargado con un explosivo. *Carta, coche bomba.* ‖ **4. bomba neumática.** ‖ **5. surtidor** (‖ de gasolina). ‖ **6.** Hecho inusitado que produce asombro general. *La dimisión del presidente fue una bomba.* ‖ **7.** Persona, cosa o suceso extraordinarios. *Esta actriz fue la bomba el año pasado.* ‖ **8.** *Á. Caribe* y *Méx.* **pompa** (‖ burbuja). ‖ **9.** *Á. Caribe.* **globo** (‖ receptáculo de materia flexible). ‖ **~ aspirante.** F. La que eleva el líquido por combinación con la presión atmosférica. ‖ **~ aspirante e impelente.** F. La que toma un líquido por aspiración y luego lo impele. ‖ **~ atómica.** F. Artefacto bélico cuyo gran poder explosivo se debe a la liberación súbita de energía como consecuencia de la fisión de determinados materiales, como uranio o plutonio. ‖ **~ centrífuga.** F. La que aspira y eleva un líquido por medio de una rueda de paletas que gira rápidamente dentro de una caja cilíndrica. ‖ **~ de calor.** F. Circuito frigorífico de ciclo reversible, que se utiliza para refrigeración y calefacción. ‖ **~ de cobalto.** F. Aparato empleado en radioterapia que, mediante la radiación gamma emitida por el cobalto 60, permite un tratamiento localizado y en zonas profundas. ‖ **~ de hidrógeno.** F. La termonuclear cuya energía se libera por la fusión de los núcleos de isótopos del hidrógeno. ‖ **~ de mano.** F. *Mil.* La explosiva de tamaño reducido que se puede lanzar con la mano. ‖ **~ de neutrones.** F. La termonuclear de baja potencia cuyo poder destructivo reside fundamentalmente en los neutrones emitidos. Normalmente carece de fulminante de fisión y es letal, aunque su capacidad de destrucción sea limitada. ‖ **~ de relojería.** F. bomba explosiva provista de

un dispositivo que la hace estallar en un momento determinado. ‖ **~ de sodio.** F. *Biol.* Diferencia de potencial entre ambos lados de una membrana celular debida a un transporte de sodio. ‖ **~ de tiempo.** F. **bomba de relojería.** ‖ **~ fétida.** F. Artículo de broma consistente en una cápsula que al romperse produce mal olor. ‖ **~ impelente.** F. La que no saca el agua de profundidad, sino que la eleva desde el plano mismo que ocupa la máquina. ‖ **~ lapa.** F. Artefacto explosivo que se adhiere a los bajos de un automóvil. ‖ **~ molotov.** F. **coctel molotov.** ‖ **~ neumática.** F. La que se emplea para extraer el aire y a veces para comprimirlo. ‖ **caer** algo **como una ~.** LOC. VERB. coloq. Sentar mal o producir un efecto inesperado, generalmente negativo. ‖ **pasarlo,** o **pasárselo, ~.** LOCS. VERBS. coloqs. Divertirse mucho. *Nos lo pasamos bomba en la fiesta.* ▢ V. **cuerpo de ~.**

bombacáceo, a. ADJ. *Bot.* Se dice de los árboles y arbustos intertropicales dicotiledóneos con hojas alternas, por lo común palmeadas, flores axilares, en racimo o en panoja, fruto vario y semilla frecuentemente rodeada de borra o pulpa; p. ej., el baobab. U. t. c. s. f. ORTOGR. En f. pl., escr. con may. inicial c. taxón. *Las Bombacáceas.*

bombacha. F. **1.** *Am.* Calzón o pantalón bombacho. U. t. en pl. con el mismo significado que en sing. ‖ **2.** *Á. R. Plata.* **braga** (‖ prenda interior). U. t. en pl. con el mismo significado que en sing.

bombache. M. *Á. Caribe.* **pantalón bombacho.** U. m. en pl. con el mismo significado que en sing.

bombacho. M. **pantalón bombacho.** U. m. en pl. con el mismo significado que en sing.

bombarda. F. **1.** hist. Cañón antiguo de gran calibre. ‖ **2.** hist. Se usa como nombre genérico para referirse a las antiguas piezas de artillería. ‖ **3.** hist. Buque de dos palos, armado de morteros instalados en la parte de proa. ‖ **4.** hist. Embarcación de cruz usada en el Mediterráneo, sin cofas, de dos palos, el mayor casi en el centro y el otro a popa. ‖ **5.** Registro del órgano, compuesto de grandes tubos con lengüeta que producen sonidos muy fuertes y graves. ‖ **6.** hist. Antiguo instrumento musical de viento, del género de la chirimía, construido de una pieza de madera con lengüeta de caña.

bombardear. TR. **1.** Arrojar bombas desde una aeronave. ‖ **2.** Acosar, abrumar con algo. *Bombardear con preguntas.* ‖ **3.** *Fís.* Someter un cuerpo al impacto de ciertas radiaciones o partículas.

bombardeo. M. Acción de bombardear.

bombardera. ▢ V. **lancha ~.**

bombardero, ra. ADJ. Dicho de un avión o de un helicóptero: Proyectado especialmente para transportar y arrojar bombas. U. m. c. s. m.

bombardino. M. Instrumento musical de viento, de metal, semejante al figle, pero con pistones o cilindros en vez de llaves, y que pertenece a la clase de bajos.

bombardón. M. Instrumento musical de viento, de grandes dimensiones, de metal y con cilindros, que sirve de contrabajo en las bandas militares.

bombasí. M. **fustán** (‖ tela gruesa de algodón). MORF. pl. **bombasíes** o **bombasís.**

bombástico, ca. ADJ. **1.** Dicho del lenguaje: Hinchado, campanudo o grandilocuente, sobre todo cuando la ocasión no lo justifica. ‖ **2.** Dicho de una persona: Que habla o escribe de este modo.

bombazo. M. **1.** Explosión y estallido de una bomba. ‖ **2. bomba** (‖ hecho inusitado que produce asombro).

bombé. M. hist. Carruaje muy ligero de dos ruedas y otros tantos asientos, abierto por delante.

bombear¹. TR. **1.** Elevar agua u otro líquido por medio de una bomba. ‖ **2.** Lanzar por alto una pelota o balón haciendo que siga una trayectoria parabólica.

bombear². TR. Elogiar con exageración.

bombeo. M. **1.** Acción y efecto de **bombear** (‖ líquidos). ‖ **2.** Comba, convexidad.

bombero, ra. **I.** M. y F. **1.** Persona que tiene por oficio extinguir incendios y prestar ayuda en otros siniestros. ‖ **2.** En un buque tanque, persona que tiene a su cargo las tuberías, las bombas y las faenas de carga, descarga y conservación de ellas. ‖ **II.** M. **3.** Am. Espía, explorador del campo enemigo.

bombilla. F. **1.** Globo de cristal en el que se ha hecho el vacío y dentro del cual va colocado un hilo de platino, carbón, tungsteno, etc., que al paso de una corriente eléctrica se pone incandescente y sirve para alumbrar. ‖ **2.** Caña delgada que se usa para sorber el mate en América. Tiene unos 20 cm de longitud y medio de diámetro, y la parte que se introduce en el líquido termina en forma de una almendra llena de agujeritos, para que pase la infusión y no la hierba del mate. También las hay de metal. ‖ **encendérsele, iluminársele, o prendérsele, la ~** a alguien. LOCS.VERBS. coloqs. Ocurrírsele súbitamente una idea.

bombillo. M. **1.** Aparato con sifón para evitar la subida del mal olor en las bajadas de aguas fecales, como las de los retretes o letrinas. ‖ **2.** Mar. Bomba pequeña, generalmente portátil, que se destina principalmente a extinguir incendios. ‖ **3.** Am. Cen. y Á. Caribe. **bombilla** (‖ eléctrica).

bombín. M. **sombrero hongo.**

bombo. M. **1.** Tambor muy grande que se toca con una maza y se emplea en las orquestas y en las bandas militares. ‖ **2.** Persona que toca este instrumento. ‖ **3.** Caja cilíndrica o esférica y giratoria que sirve para contener bolas numeradas, papeletas escritas u otros objetos que han de sacarse a sorteo. ‖ **4.** Elogio exagerado y ruidoso con que se ensalza a una persona o se anuncia o publica algo. *Con mucho bombo se viene anunciando esa obra.* ‖ **5.** coloq. Vientre voluminoso de una mujer embarazada. ‖ **a ~ y platillo, o a ~ y platillos.** LOCS.ADVS. Dicho de anunciar o de presentar una noticia o un suceso: Con extremada publicidad. ‖ **con ~, o con ~s y platillos.** LOCS. ADVS. coloqs. **a bombo y platillo.** ‖ **dar, o darse, ~.** LOCS.VERBS. coloqs. Elogiar con exageración. ‖ **de ~ y platillos.** LOC.ADJ. Dicho de una obra literaria o artística: Tosca, vana y solo capaz de producir efecto grosero o de mala ley.

bombón. M. **1.** Pieza pequeña de chocolate, que en su interior puede contener licor, crema u otro relleno. ‖ **2.** coloq. Persona joven y atractiva. ‖ **~ helado.** M. Helado recubierto de una capa de chocolate.

bombona. F. **1.** Vasija metálica muy resistente, de forma cilíndrica o acampanada y cierre hermético. Sirve para contener gases a presión y líquidos que, por ser muy volátiles, originan grandes presiones si se impide la salida del vapor. ‖ **2.** Vasija resistente, de boca estrecha, muy barriguda y de bastante capacidad, que se usa para el transporte de ciertos fluidos. ‖ **3.** Recipiente de metal cilíndrico y de poca altura, en el que se guardan gasas y algodones, por lo común esterilizados.

bombonaje. M. Planta de la familia de las Pandanáceas, de tallo sarmentoso y hojas alternas y palmeadas que, cortadas en tiras, sirven para fabricar objetos de jipijapa. Es originario de las regiones tropicales de América.

bombonera. F. **1.** Caja para bombones. ‖ **2.** Habitación o recinto de reducidas dimensiones, adornado con coquetería.

bombonería. F. Establecimiento donde se hacen y venden dulces, especialmente de chocolate.

bonachón, na. ADJ. coloq. De genio dócil, crédulo y amable. U. t. c. s.

bonachonería. F. Cualidad de bonachón.

bonaense. ADJ. **1.** Natural de Monseñor Nouel, provincia de la República Dominicana, o de Bonao, su capital. U. t. c. s. ‖ **2.** Perteneciente o relativo a esta provincia o a su capital.

bonaerense. ADJ. **1.** Natural de Buenos Aires. U. t. c. s. ‖ **2.** Perteneciente o relativo a esta provincia de la Argentina.

bonal. M. Terreno encenagado.

bonancible. ADJ. Dicho del mar, del tiempo o del viento: Tranquilo, sereno, suave.

bonanza. F. **1.** Tiempo tranquilo o sereno en el mar. ‖ **2.** prosperidad. *Bonanza económica.* ‖ **ir en ~.** LOC. VERB. Mar. Navegar con viento suave.

bonapartismo. M. hist. Partido o doctrina política de los bonapartistas.

bonapartista. ADJ. **1.** hist. Partidario de Napoleón Bonaparte, o del imperio y dinastía fundados por él. U. t. c. s. ‖ **2.** hist. Perteneciente o relativo al bonapartismo. *Rebelión bonapartista.*

bondad. F. **1.** Cualidad de bueno. ‖ **2.** Natural inclinación a hacer el bien. ‖ **3.** Acción buena. U. m. en pl. *Agradezco tus bondades.* ‖ **4.** Amabilidad de una persona respecto a otra. Se usa como fórmula de cortesía. *Tenga usted la bondad de venir. Tuvo la bondad de llamarme.*

bondadoso, sa. ADJ. **1.** Lleno de bondad, de genio apacible. *Familia bondadosa.* ‖ **2.** Propio o característico de una persona bondadosa. *Sonrisa bondadosa.*

bonete. M. **1.** Especie de gorra, comúnmente de cuatro picos, usada por los eclesiásticos y seminaristas, y antiguamente por los colegiales y graduados. ‖ **2.** gorro. ‖ **3.** Ant. capó. ‖ **valer puro ~.** LOC.VERB. Méx. Valer muy poco.

bonetería. F. **1.** Taller donde se fabrican bonetes. ‖ **2.** Tienda donde se venden. ‖ **3.** Méx. Tienda en donde se venden calcetines, camisas y otras prendas de punto.

bonetero, ra. **I.** M. y F. **1.** Persona que fabrica o vende bonetes. ‖ **II.** M. **2.** Arbusto de la familia de las Celastráceas, de tres a cuatro metros de altura, derecho, ramoso, con hojas opuestas, aovadas, dentadas y de pecíolo muy corto, flores pequeñas y blanquecinas, y por frutos cápsulas rojizas con tres o cuatro lóbulos obtusos. Florece en verano, se cultiva en los jardines de Europa, sirve para setos, y su carbón se emplea en la fabricación de la pólvora.

bonga. F. Filip. Mezcla del fruto de la areca y las hojas de betel que es costumbre mascar.

bongó. M. Instrumento musical de percusión, usado en algunos países del Caribe, que consiste en un tubo de madera cubierto por su extremo superior por un cuero de chivo bien tenso y descubierto en la parte inferior. MORF. pl. **bongós.**

bonhomía. F. Afabilidad, sencillez, bondad y honradez en el carácter y en el comportamiento.

boniato. M. **1.** Planta de la familia de las Convolvuláceas, de tallos rastreros y ramosos, hojas alternas lobuladas, y flores en campanilla. Las raíces son tubérculos feculentos azucarados. || **2.** Tubérculo comestible de la raíz de esta planta.

bonificación. F. **1.** Acción y efecto de bonificar. || **2.** *Dep.* Premio que consigue un deportista al realizar una prueba, consistente en un descuento en el tiempo empleado o en la suma de un número determinado de puntos. *El ciclista se situó como líder gracias a la bonificación de seis segundos.*

bonificar. TR. Conceder a alguien, por algún concepto, un aumento, generalmente proporcional y reducido, en una cantidad que ha de cobrar, o un descuento en la que ha de pagar.

bonísimo, ma. ADJ. SUP. de **bueno.**

bonista. COM. Persona que posee **bonos** (|| títulos de deuda pública).

bonitamente. ADV. M. Con tiento, maña o disimulo.

bonitera. F. Lancha destinada a la pesca del bonito.

bonitero, ra. ADJ. **1.** Perteneciente o relativo al bonito. *Pesca bonitera.* || **2.** Dicho de una lancha: Destinada a la pesca del bonito.

bonito[1]. M. Pez teleósteo comestible, parecido al atún, pero más pequeño.

bonito[2]**, ta.** ADJ. **1.** Lindo, agraciado, de cierta proporción y belleza. *Una camisa muy bonita.* || **2.** Agradable desde un punto de vista moral o intelectual. *Es bonito ser madre.* || **3. grande** (|| que supera a lo común). *Recibió una bonita herencia.* || **4.** irón. coloq. Se usa para referirse a algo desagradable, inoportuno o censurable. *¡Bonita ocurrencia!* || **¿te parece bonito?, o te parecerá bonito.** EXPRS. coloqs. Se usan para reprender a alguien. □ V. **la niña ~.**

bonitura. F. Lindeza, hermosura.

bono. M. **1.** Tarjeta de abono que da derecho a la utilización de un servicio durante cierto tiempo o un determinado número de veces. || **2.** Tarjeta o medalla que puede canjearse por comestibles u otros artículos de primera necesidad, y a veces por dinero. || **3.** *Com.* Título de deuda emitido comúnmente por una tesorería pública, empresa industrial o comercial.

bonobús. M. *Esp.* Tarjeta que autoriza al portador para un cierto número de viajes en autobús.

bonoloto. F. *Esp.* Cierto tipo de lotería primitiva consistente en participar con un mismo boleto en uno o en varios sorteos de los que se efectúan por semana.

bonsái. M. Planta ornamental sometida a una técnica de cultivo que impide su crecimiento mediante corte de raíces y poda de ramas.

bonzo. M. Monje budista. || **a lo ~.** LOC. ADV. Rociándose de líquido inflamable, y prendiéndose fuego en público, en acción de protesta o solidaridad. *Se quemó a lo bonzo.* U. t. c. loc. adj. *Suicidio a lo bonzo.*

boñiga. F. **1.** Excremento del ganado vacuno. || **2.** Excremento de otros animales semejante al del vacuno.

boñigo. M. Cada una de las porciones o piezas del excremento del ganado vacuno.

boqueada. F. **1.** Acción de abrir la boca, por lo general para tomar oxígeno. || **2.** Acción de abrir la boca un moribundo. U. m. en pl. || **3.** Momento final de algo. U. m. en pl. *Las boqueadas del régimen.*

boquear. **I.** INTR. **1.** Abrir la boca. || **2.** Estar expirando. || **3.** coloq. Dicho de una cosa: Estar llegando al final. *La semana está boqueando ya.* || **II.** TR. **4.** Soltar una palabra o expresión.

boquera. F. **1.** Boca o puerta de piedra que se hace en un caz o en un cauce para regar las tierras. || **2. bocera** (|| excoriación en las comisuras de los labios).

boquerón. M. **1.** Pez teleósteo, fisóstomo, semejante a la sardina, pero más pequeño, que abunda en el Mediterráneo y parte del océano Atlántico, con el cual se preparan las anchoas. || **2.** Abertura grande.

boqueronense. ADJ. **1.** Natural de Boquerón. U. t. c. s. || **2.** Perteneciente o relativo a este departamento del Paraguay.

boqueta. ADJ. *Am.* Que tiene el labio hendido.

boquete. M. **1. brecha** (|| rotura en una pared o muralla). || **2.** Entrada estrecha de un lugar.

boquiabierto, ta. ADJ. **1.** Que tiene la boca abierta. || **2.** Embobado o pasmado mirando algo. *Contemplaba boquiabierto los cuadros.*

boquiflojo, ja. ADJ. *Méx.* chismoso. U. t. c. s.

boquilla. F. **1.** Pieza pequeña y hueca, y en general cónica, de metal, marfil u otra materia, que se adapta al tubo de algunos instrumentos de viento y sirve para producir el sonido, apoyando los labios en los bordes de ella. || **2.** Tubo pequeño en cuya parte más ancha se pone el cigarro para fumarlo aspirando el humo por el extremo opuesto. || **3.** Parte de la pipa de fumar que se introduce en la boca. || **4.** Rollo o tubo de cartulina que se coloca en uno de los extremos de ciertos cigarrillos, y por el cual se aspira el humo al fumar. || **5.** Pieza con un orificio de entrada o salida que se coloca en algunos objetos, especialmente en recipientes. || **6.** Cortadura o abertura que se hace en las acequias a fin de extraer las aguas para el riego. || **7.** En los aparatos de alumbrado, pieza donde se produce la llama. || **de ~.** LOC. ADV. coloq. Fingiendo veracidad. *Lo prometió solo de boquilla.*

boquillero, ra. ADJ. **1.** *Ant.* Jactancioso, que habla fingiendo veracidad. U. t. c. s. || **2.** *Ant.* **charlatán.** U. t. c. s.

boquirrubio, bia. ADJ. Inexperto, candoroso.

boratera. F. **1.** *Chile.* **boratero** (|| yacimiento). || **2.** *Chile.* Mina de borato.

boratero, ra. **I.** ADJ. **1.** *Chile.* Perteneciente o relativo al borato. *Industria boratera.* || **II.** M. y F. **2.** *Chile.* Persona que trabaja o negocia en borato. || **III.** M. **3.** *Chile.* Yacimiento de bórax.

borato. M. *Quím.* Combinación del ácido bórico con una base.

bórax. M. Sal blanca compuesta de ácido bórico, sosa y agua, que se encuentra formada en las playas y en las aguas de varios lagos de China, Tíbet, Ceilán y Potosí, y también se prepara artificialmente. Se emplea en medicina y en la industria.

borbollar. INTR. Dicho del agua: Hacer borbollones.

borbollón. M. Erupción que hace el agua de abajo para arriba, elevándose sobre la superficie. || **a borbollones.** LOC. ADV. En tropel, con desorden y confusión, muy deprisa.

borbollonear. INTR. **borbollar.**

borbónico, ca. ADJ. Perteneciente o relativo a los Borbones, dinastía reinante originaria de Francia.

borborigmo. M. Ruido de tripas producido por el movimiento de los gases en la cavidad intestinal. U. m. en pl.

borboritar. INTR. Borbotar, borbollar.

borbotar o **borbotear.** INTR. Dicho del agua: Nacer o hervir impetuosamente o haciendo ruido.

borboteo. M. Acción de borbotar.

borbotón. M. **borbollón.** ‖ **a borbotones.** LOC.ADV. En tropel, con desorden y confusión, muy deprisa.

borceguí. M. hist. Calzado que llegaba hasta más arriba del tobillo, abierto por delante y que se ajustaba por medio de correas o cordones. MORF. pl. **borceguíes** o **borceguís.**

borcelana. F. *Méx.* orinal.

borda[1]. F. *Mar.* Borde superior del costado de un buque. ‖ **echar,** o **tirar, por la ~** a alguien o algo. LOCS.VERBS. coloqs. Deshacerse inconsideradamente de él o de ello.

borda[2]. F. En el Pirineo, cabaña destinada a albergue de pastores y ganado.

bordada[1]. F. *Mar.* Derrota o camino que hace entre dos viradas una embarcación cuando navega, volteando para ganar o adelantar hacia barlovento. ‖ **dar ~s.** LOC. VERB. *Mar.* Navegar de bolina alternativa y consecutivamente de una y otra banda.

bordada[2]. □ V. tira ~.

bordado. M. **1.** Acción de bordar. ‖ **2.** La labor de relieve ejecutada en tela o piel con aguja y diversas clases de hilo.

bordador, ra. M. y F. Persona que tiene por oficio bordar.

bordadura. F. **bordado** (‖ labor de relieve).

bordar. TR. **1.** Adornar con bordados una tela u otra materia. *Bordar un mantel.* U. t. c. intr. *No sabe bordar.* ‖ **2.** Reproducir con bordados una figura. *Bordar una flor.* ‖ **3.** Ejecutar algo con arte y primor. *Bordar una interpretación.*

borde. M. **1.** Extremo u orilla de algo. ‖ **2.** En una vasija, orilla o labio que tiene alrededor de la boca. ‖ **~ de ataque.** M. *Aer.* Parte anterior de un ala, que corta el aire. ‖ **al ~.** LOC. PREPOS. Muy cerca de. *Está al borde de la ruina.*

bordear. I. TR. **1.** Ir por el borde, o cerca del borde u orilla de algo. *Bordear una montaña.* ‖ **2.** Dicho de una serie o de una fila de cosas: Hallarse en el borde u orilla de otra. *Los mojones bordean la finca. Las flores bordean el lago.* ‖ **3.** Aproximarse a un grado o estado de una condición o cualidad moral o intelectual. U. m. en sent. peyor. *Una exaltación que bordea la locura. Chistes chocarreros que bordean la indecencia.* ‖ **II.** INTR. **4.** *Mar.* **dar bordadas.**

bordelés, sa. ADJ. **1.** Natural de Burdeos. U. t. c. s. ‖ **2.** Perteneciente o relativo a esta ciudad de Francia. □ V. **barrica ~, caldo ~.**

bordillo. M. Faja o cinta de piedra que forma el borde de una acera, de un andén, etc.

bordo. M. **1.** Lado o costado exterior de la nave. ‖ **2. bordada**[1]. ‖ **3.** *Méx.* Elevación de palos, tierra y piedras que se hace a ambos lados de un río o quebrada para evitar inundaciones o para retener o estancar las aguas. ‖ **franco ~.** M. *Mar.* Altura de la cubierta principal, en los buques mercantes, sobre la línea de franco bordo. ‖ **a ~.** LOC.ADV. En una embarcación y, por ext., en otros vehículos. *Comer a bordo.* ‖ **de alto ~.** LOC.ADJ. **1.** Se dice de los buques mayores. ‖ **2.** Dicho de otra cosa o de una persona: De gran importancia. □ V. **línea de franco ~, navío de alto ~.**

bordó. M. *Á. R. Plata.* **burdeos** (‖ color). U. t. c. adj.

bordón. M. **1.** Bastón o palo más alto que la estatura de una persona, con una punta de hierro y en el medio de la cabeza unos botones que lo adornan. ‖ **2.** En los instrumentos musicales de cuerda, cualquiera de las más gruesas que hacen el bajo. ‖ **3.** Cuerda de tripa atravesada diametralmente en el parche inferior del tambor. ‖ **4.** Conjunto de tres versos, normalmente un pentasílabo y dos heptasílabos, que se añade a una seguidilla. ‖ **5.** Voz o frase que inadvertidamente y por hábito repite alguien con mucha frecuencia en la conversación.

bordona. F. *Á. R. Plata.* Cada una de las tres cuerdas más bajas de la guitarra, preferentemente la sexta.

bordonear. INTR. **1.** Pulsar el bordón de la guitarra. ‖ **2.** Andar vagando y pidiendo por no trabajar.

bordoneo. M. Sonido ronco del bordón de la guitarra.

bordonero, ra. ADJ. **vagabundo.** U. t. c. s.

bordura. F. *Heráld.* Pieza honorable que rodea el ámbito del escudo por el interior de él, tomando, según unos, la décima parte de su latitud, y según otros, la sexta.

boreal. ADJ. *Astr.* y *Geogr.* Perteneciente o relativo al norte. □ V. **aurora ~, hemisferio ~.**

bóreas. M. Viento procedente del norte.

borgoña. M. Vino de la región francesa de Borgoña.

borgoñés, sa. ADJ. **borgoñón.**

borgoñón, na. ADJ. **1.** Natural de Borgoña. U. t. c. s. ‖ **2.** Perteneciente o relativo a esta antigua provincia de Francia. ‖ **3.** hist. Se dice del individuo de un pueblo germano que se estableció en la orilla izquierda del Rin, donde después se formaría el ducado de Burgundia o Borgoña. U. t. c. s. ‖ **4.** hist. Perteneciente o relativo a este pueblo. *Invasión borgoñona.* ‖ **5.** Se dice de la variedad del francés antiguo que se hablaba en la Borgoña. U. t. c. s. m. *El borgoñón.* ‖ **6.** Perteneciente o relativo a esta variedad. *Léxico borgoñón.* ‖ **a la ~.** LOC.ADV. Al uso o al modo de Borgoña.

boricado, da. ADJ. Dicho de un preparado: Que contiene ácido bórico.

bórico. □ V. **ácido ~.**

boricua. ADJ. **puertorriqueño.** Apl. a pers., u. t. c. s.

borincano, na. ADJ. **borinqueño.**

borinqueño, ña. ADJ. **puertorriqueño.** Apl. a pers., u. t. c. s.

borla. F. **1.** Conjunto de hebras, hilos o cordoncillos que, sujetos y reunidos por su mitad o por uno de sus cabos en una especie de botón y sueltos por el otro o por ambos, penden en forma de cilindro o se esparcen en forma de media bola. ‖ **2.** Utensilio de forma redondeada, hecho de pluma o de otro material suave, que se usa para aplicar polvos cosméticos. ‖ **3.** Insignia de los graduados de doctores y maestros en las universidades, que consiste en una **borla** cuyo botón está fijo en el centro del bonete, y cuyos hilos se esparcen alrededor cayendo por los bordes. ‖ **tomar la ~.** LOC.VERB. Graduarse de doctor o maestro.

borlote. M. *Méx.* Tumulto, desorden, escándalo.

borna. F. **borne.**

borne. M. Cada uno de los botones de metal en que suelen terminar ciertas máquinas y aparatos eléctricos, y a los cuales se unen los hilos conductores.

bornear. I. TR. **1.** Dar vuelta, revolver, torcer o ladear. ‖ **II.** INTR. **2.** *Mar.* Dicho de un buque: Girar sobre sus amarras estando fondeado.

borneo. M. Acción y efecto de bornear.

borní. M. Ave rapaz diurna, que tiene el cuerpo de color ceniciento y la cabeza, el pecho, las remeras y los pies de color amarillo oscuro. Habita en lugares pantanosos y anida en la orilla del agua. MORF. pl. **borníes** o **bornís.**

boro. M. Elemento químico de núm. atóm. 5. Semimetal escaso en la litosfera, aunque muy extendido, se encuentra como polvo amorfo o cristalizado en formas que recuerdan al diamante, en el ácido bórico y en el bórax. Se usa en la fabricación de esmaltes y vidrios, como catalizador industrial, en la industria nuclear y en medicina. (Símb. *B*).

borona. F. **1.** Pan de maíz. ‖ **2. maíz.** ‖ **3.** *Am.* Migaja de pan.

boronía. F. **alboronía.**

borra. F. **1.** Parte más grosera o corta de la lana. ‖ **2.** Pelo de cabra de que se rellenan los cojines y otras cosas. ‖ **3.** Pelo que el tundidor saca del paño con la tijera. ‖ **4.** Pelusa que sale de la cápsula del algodón. ‖ **5.** Pelusa polvorienta que se forma y reúne en los bolsillos, entre los muebles y sobre las alfombras cuando se retarda la limpieza de ellos. ‖ **6.** Hez o sedimento espeso que forman la tinta, el aceite, etc.

borracha. F. Bota para el vino.

borrachales. COM. *Méx.* **borrachín.**

borrachera. F. **1.** Estado de la persona **borracha** (‖ ebria). ‖ **2.** Estado de la persona **borracha** (‖ poseída de alguna pasión). *Tenía una borrachera de ambición.*

borrachero. M. Arbusto de América Meridional, de la familia de las Solanáceas, de unos cuatro metros de altura, muy ramoso, de hojas grandes, vellosas y aovadas, flores blancas de forma tubular y fruto drupáceo. Despide olor desagradable de día y grato y narcótico de noche; comido el fruto, causa delirio.

borrachín, na. ADJ. Dicho de una persona: Que tiene el hábito de embriagarse. U. m. c. s. U. m. en sent. afect.

borracho, cha. I. ADJ. **1. ebrio** (‖ embriagado por la bebida). U. t. c. s. ‖ **2.** Que se embriaga habitualmente. U. t. c. s. ‖ **3.** Vivamente poseído o dominado de alguna pasión. *Borracho de ira.* ‖ **II.** M. **4. bizcocho borracho.** ‖ **ni ~.** LOC.ADV. coloq. Se usa para reforzar un rechazo o una negativa. *No se pierde un acto cultural ni borracho.* ◻ V. **bizcocho ~, palo ~.**

borrachuela. F. **cizaña** (‖ planta gramínea).

borrador, ra. I. ADJ. **1.** Que borra. *Compró tiza y una esponja borradora.* ‖ **II.** M. **2.** Escrito provisional en que pueden hacerse modificaciones. ‖ **3.** Boceto o primeras pruebas de un dibujo. ‖ **4.** Libro en que los comerciantes hacen sus apuntes para arreglar después sus cuentas. ‖ **5.** Utensilio que sirve para borrar lo escrito en una pizarra o tablero. ‖ **6. goma de borrar.**

borradura. F. Acción y efecto de **borrar** (‖ con rayas lo escrito).

borragináceo, a. ADJ. *Bot.* Se dice de las plantas angiospermas dicotiledóneas, la mayor parte herbáceas, cubiertas de pelos ásperos, con hojas sencillas y alternas, flores gamopétalas y pentámeras, dispuestas en espigas, racimo o panoja, y fruto en cariópside, cápsula o baya con una sola semilla sin albumen; como la borraja y el heliotropo. U. t. c. s. f. ORTOGR. En f. pl., escr. con may. inicial c. taxón. *Las Borragináceas.*

borraja. F. Planta anual de la familia de las Borragináceas, de 20 a 60 cm de altura, con tallo grueso y ramoso, hojas grandes y aovadas, flores azules dispuestas en racimo y semillas muy menudas. Está cubierta de pelos ás-

peros y punzantes, es comestible y la infusión de sus flores se emplea como sudorífico. ◻ V. **agua de ~s.**

borrajear. TR. Hacer rúbricas, rasgos o figuras por mero entretenimiento o por ejercitar la pluma.

borrajo. M. **rescoldo** (‖ brasa).

borrar. TR. **1.** Hacer desaparecer por cualquier medio lo representado con tiza, tinta, lápiz, etc. U. t. c. prnl. ‖ **2.** Hacer rayas horizontales o transversales sobre lo escrito, para que no pueda leerse o para dar a entender que no sirve. ‖ **3.** Desvanecer, quitar, hacer que desaparezca algo. *Es difícil borrar esa vileza.* U. t. c. prnl. ‖ **4. olvidar** (‖ dejar de tener en la memoria). U. t. c. prnl. *Se le irán borrando los recuerdos.* ◻ V. **goma de ~.**

borrasca. F. **1.** Tempestad, tormenta del mar. ‖ **2.** Temporal fuerte o tempestad que se levanta en tierra. ‖ **3.** Perturbación atmosférica caracterizada por fuertes vientos, abundantes precipitaciones y, a veces, fenómenos eléctricos. ‖ **4.** Riesgo, peligro o contradicción que se padece en algún negocio. *La empresa vivió hace un mes una grave borrasca.*

borrascoso, sa. ADJ. **1.** Que causa borrascas. *Viento borrascoso.* ‖ **2.** Propenso a ellas. *El cabo de Hornos es borrascoso.* ‖ **3.** Dicho de una reunión o de un movimiento histórico o político: Agitados, violentos. ‖ **4.** coloq. Dicho de una vida, de una diversión, etc.: Dominadas por el desorden y el libertinaje.

borrega. F. **1.** Cordera de uno a dos años. ‖ **2.** Mujer que se somete gregaria o dócilmente a la voluntad ajena.

borregada. F. Rebaño o número crecido de borregos o corderos.

borrego. M. **1.** Cordero de uno a dos años. ‖ **2.** Hombre que se somete gregaria o dócilmente a la voluntad ajena. ‖ **3.** *Méx.* Chaqueta con forro de lana de **borrego.** ‖ **~ cimarrón.** M. *Méx.* Carnero silvestre. ‖ **soltar alguien un ~.** LOC.VERB. *Méx.* Esparcir una noticia falsa.

borreguero, ra. I. ADJ. **1.** Dicho de un coto, de una dehesa o de un terreno: Cuyos pastos son de mejores condiciones para borregos que para otra clase de ganados. ‖ **II.** M. y F. **2.** Persona que cuida de los borregos.

borreguil. ADJ. Perteneciente o relativo al borrego.

borreguismo. M. Actitud de quien, sin criterio propio, se deja llevar por las opiniones ajenas.

borrén. M. Almohadilla forrada de cuero que corresponde a los arzones de la montura.

borrica. F. Hembra del borrico.

borrico. M. **asno** (‖ animal solípedo).

borriqueño. ◻ V. **cardo ~.**

borriquero, ra. I. ADJ. **1.** Perteneciente o relativo al borrico. *Arreos borriqueros.* ‖ **2.** Propio o característico de este animal. *Tozudez borriquera.* ‖ **II.** M. **3.** Guarda o conductor de borricos. ◻ V. **cardo ~, mosca ~.**

borriqueta. F. Armazón compuesto por una pieza larga colocada horizontalmente sobre dos pares de patas inclinadas hacia fuera que se colocan en sus extremos.

borrón. M. **1.** Mancha de tinta que se hace en el papel. ‖ **2.** Acción indigna que mancha y oscurece la reputación o fama. *Un borrón en su vida profesional.* ‖ **3.** *Pint.* Primera invención para un cuadro, hecha con colores o sin ellos. ‖ **~ y cuenta nueva.** EXPR. coloq. Se usa para expresar la decisión de olvidar deudas, errores, enfados, etc., y continuar como si nunca hubiesen existido.

borronear. TR. **borrajear.**

borrosidad. F. Cualidad de **borroso** (‖ confuso).

borroso, sa. ADJ. **1.** Dicho de un escrito, de un dibujo o de una pintura: Cuyos trazos aparecen desvanecidos y confusos. ‖ **2.** Que no se distingue con claridad. *La diferencia entre ambos conceptos es borrosa.* ‖ **3.** Lleno de borra como sucede al aceite, la tinta y otras cosas líquidas que no están claras. □ V. **lógica ~.**

boruca[1]. F. Alboroto, algazara.

boruca[2]. **I.** ADJ. **1.** Se dice del individuo de un pueblo amerindio que habita al sur de Costa Rica. U. t. c. s. ‖ **2.** Perteneciente o relativo a los borucas. *Asentamiento boruca.* ‖ **II.** M. **3.** Lengua de filiación chibcha que hablan los borucas.

boruga. F. *Ant.* Requesón que, después de coagulada la leche, sin separar el suero, se bate con azúcar y se toma como refresco.

borujo. M. **burujo.**

boscaje. M. Bosque de corta extensión.

boscoso, sa. ADJ. Que tiene bosques. *Zonas boscosas.*

bosníaco, ca o **bosniaco, ca.** ADJ. **bosnio.** Apl. a pers., u. t. c. s.

bosnio, nia. ADJ. **1.** Natural de Bosnia-Herzegovina. U. t. c. s. ‖ **2.** Perteneciente o relativo a este país de Europa.

bosón. M. *Fís.* Partícula elemental que, como el fotón, ejerce la interacción entre fermiones.

bosque. M. **1.** Sitio poblado de árboles y matas. ‖ **2.** Abundancia desordenada de algo, confusión, cuestión intrincada. *Un bosque de trámites.*

bosquejar. TR. **1.** Pintar o modelar, sin definir los contornos ni dar la última mano a la obra. *Bosquejar un retrato.* ‖ **2.** Disponer o trabajar cualquier obra, pero sin concluirla. *Bosquejar las canciones de un disco.* ‖ **3.** Indicar con alguna vaguedad un concepto o plan. *Bosquejar la estructura de un proyecto.*

bosquejo. M. **1.** Traza primera y no definitiva de una obra pictórica, y en general de cualquier producción del ingenio. ‖ **2.** Idea vaga de algo. ‖ **en ~.** LOC.ADJ. No perfeccionado, no concluido.

bosquete. M. En los jardines o en las casas de campo, bosque artificial y de recreo.

bosquimano, na. ADJ. **1.** Se dice del individuo de una tribu del África meridional, al norte de la región del Cabo. U. t. c. s. ‖ **2.** Perteneciente o relativo a los bosquimanos. *Tradiciones bosquimanas.*

bosta. F. Excremento del ganado vacuno o del caballar.

bostear. INTR. *Á. Andes, Á. R. Plata* y *Chile.* Dicho especialmente del ganado vacuno o del caballar: **excretar.**

bostezador, ra. ADJ. Que bosteza con frecuencia.

bostezar. INTR. Hacer involuntariamente, abriendo mucho la boca, inspiración lenta y profunda y luego espiración, también prolongada y generalmente ruidosa, generalmente por sueño, aburrimiento, etc.

bostezo. M. Acción de bostezar.

bostoniano, na. ADJ. **1.** Natural de Boston. U. t. c. s. ‖ **2.** Perteneciente o relativo a esta ciudad de los Estados Unidos de América.

bota[1]. F. **1.** Recipiente de cuero para contener vino, en forma de pera y con un tapón en la parte más estrecha por el que sale el líquido en chorro muy fino. ‖ **2.** Cuba para guardar vino y otros líquidos.

bota[2]. F. **1.** Calzado, generalmente de cuero, que resguarda el pie, el tobillo y, a veces, una parte de la pierna. *Bota de montar. Bota de esquí.* ‖ **2.** *Esp.* Calzado de material resistente que, por lo general, no cubre el tobillo y se usa para la práctica de ciertos deportes. *Bota de fút-*

bol. ‖ **~ de potro.** F. *Á. R. Plata.* La de montar hecha de una pieza con la piel de la pierna de un caballo. ‖ **ponerse las ~s.** LOC.VERB. **1.** coloq. Aprovecharse extremadamente, y muchas veces desconsideradamente, de algo. ‖ **2.** *Méx.* Imponer su voluntad.

botador, ra. I. ADJ. **1.** *Am. Cen.* **derrochador.** ‖ **II.** M. **2.** *Mec.* Instrumento a manera de punzón para alinear orificios de piezas y extraer o montar pasadores.

botadura. F. Acto de **botar** (‖ echar al agua un buque).

botafuego. M. *Mil.* hist. Varilla de madera en cuyo extremo se ponía la mecha encendida para pegar fuego, desde cierta distancia, a las piezas de artillería.

botafumeiro. M. **incensario.**

botaina. F. *Á. Caribe.* Espuela postiza que se le pone al gallo para pelear.

botalomo. M. *Chile.* Instrumento de hierro con que los encuadernadores forman la pestaña en el lomo de los libros.

botalón. M. **1.** *Mar.* Palo largo que se saca hacia la parte exterior de la embarcación cuando conviene. ‖ **2.** *Mar.* Bauprés de una embarcación pequeña. ‖ **3.** *Mar.* Mastelero del bauprés en un velero grande. ‖ **4.** *Á. Caribe.* **bramadero.**

botana. F. **1.** Remiendo que se pone en los agujeros de los odres para que no se salga el líquido. ‖ **2.** *Méx.* **aperitivo** (‖ comida).

botanear. INTR. *Méx.* Comer **botanas** (‖ aperitivos).

botánica. F. Ciencia que trata de los vegetales.

botánico, ca. I. ADJ. **1.** Perteneciente o relativo a la botánica. *Experimento botánico.* ‖ **II.** M. y F. **2.** Persona que profesa la botánica o tiene en ella especiales conocimientos. □ V. **jardín ~.**

botanista. COM. **botánico** (‖ persona que profesa la botánica).

botar. I. TR. **1.** Lanzar contra una superficie dura una pelota u otro cuerpo elástico para que retroceda con impulso. ‖ **2.** Echar al agua un buque haciéndolo resbalar por la grada después de construido o carenado. ‖ **3.** Arrojar, tirar, echar fuera a alguien o algo. *Lo botaron de clase por alborotar.* ‖ **4.** *Á. Caribe.* Tirar, dejar caer. *Botar un edificio. El árbol bota las hojas.* ‖ **5.** *Á. Caribe.* Dilapidar bienes, especialmente dinero. ‖ **6.** *Á. Caribe.* Despedir a alguien de un empleo. ‖ **7.** *Á. Caribe.* Perder o extraviar algo. ‖ **II.** INTR. **8.** Dicho de una pelota o de un balón: Saltar al chocar contra una superficie dura. ‖ **9.** Dicho de una persona: Saltar desde el suelo. ‖ **10.** Dicho de un cuerpo: Chocar repetidamente contra una superficie desigual y salir despedido por la fuerza de los choques. *Botar el coche por un camino malo.*

botarate. M. **1.** coloq. Hombre alborotado y de poco juicio. U. t. c. adj. ‖ **2.** *Am.* Persona derrochadora, manirrota. U. t. c. adj.

botarete. □ V. **arco ~.**

botarga. F. **1.** En las mojigangas y en algunas representaciones teatrales, vestido ridículo de varios colores. ‖ **2.** Persona que lleva este vestido.

botavara. F. *Mar.* Palo horizontal que, apoyado en el coronamiento de popa y asegurado en el mástil más próximo a ella, sirve para cazar la vela cangreja.

bote[1]. M. **1.** Salto que da una pelota u otro cuerpo elástico que sale despedido al chocar contra una superficie dura. ‖ **2.** Salto que da cualquier cuerpo elevándose desde la superficie donde se encuentra. ‖ **3.** Golpe dado con ciertas armas con asta, como la lanza o la pica.

bote - botonero

bote². M. **1.** Recipiente pequeño, comúnmente cilíndrico, que sirve para guardar tanto líquidos como objetos. ‖ **2.** Propina que se da con destino al personal de un establecimiento. ‖ **3.** Recipiente en el que se deposita esta propina. ‖ **4.** En determinados juegos de azar, cantidad de dinero acumulada, procedente de premios no adjudicados, que se agrega a los fondos de un sorteo posterior. ‖ **~ de humo.** M. Recipiente que al ser lanzado expele un gas irritante que afecta a los ojos y a las vías respiratorias. ‖ **~ de metralla.** M. Tubo de metal u otra materia cargado de balas o pedazos de hierro que se dispara con cañón u obús. ‖ **~ sifónico.** M. Recipiente cilíndrico empotrado en el pavimento, con la tapa a ras del suelo, que tiene un registro de limpieza y lugar donde se reúnen las aguas residuales de los aparatos sanitarios próximos, para llevarlas al desagüe general.

bote³. M. Barco pequeño y sin cubierta, con tablones cruzados que sirven de asiento a quienes reman. □ V. **patrón de ~.**

bote⁴. de ~ en ~. LOC.ADJ. coloq. Dicho de un sitio o de un local: Lleno de gente completamente.

botella. I. F. **1.** Vasija de cristal, vidrio, barro cocido u otro material, con el cuello estrecho, que sirve para contener líquidos. ‖ **2.** Líquido que cabe en una **botella**. *Se bebieron toda la botella.* ‖ **3.** Recipiente cilíndrico, alargado y metálico, que se utiliza para contener gases a presión. *Botella de oxígeno.* ‖ **4.** *Ant.* Empleo de poco esfuerzo y buena remuneración. ‖ **II.** M. **5.** Color verde oscuro. U. m. c. adj. *Chaqueta verde botella.* ‖ **no es soplar y hacer ~s.** EXPR. coloq. Se usa para denotar que algo no es tan fácil como parece. □ V. **cuello de ~.**

botellazo. M. Golpe dado con una botella.

botellero. M. Mueble que sirve para colocar botellas.

botellín. M. Botella de poca capacidad.

botellón. M. *Méx.* **damajuana.**

botería. F. Taller o tienda del **botero¹**.

botero¹, ra. M. y F. Persona que hace o vende botas o pellejos para vino, vinagre, aceite, etc.

botero². M. Patrón de un **bote³**.

botica. F. Farmacia, laboratorio y despacho de medicamentos. ‖ **haber de todo** en alguna parte **como en ~.** LOC.VERB. coloq. Haber allí provisión, colección o surtido completo o muy variado de cosas diversas.

boticario, ria. M. y F. Persona que profesa la ciencia farmacéutica y que prepara y expende las medicinas.

botifarra. F. Embutido de carne picada de cerdo con especias, que se come frito, hervido o asado.

botija. F. Vasija de barro mediana, redonda y de cuello corto y estrecho. ‖ **hecho, cha una ~.** LOC.ADJ. coloq. Dicho de una persona: Que está demasiado gorda.

botijero, ra. M. y F. Persona que hace o vende botijas o botijos.

botijo. M. Vasija de barro poroso que se usa para refrescar el agua, de vientre abultado, con un asa en la parte superior, una boca para echar el agua a un lado y, en el opuesto, un pitorro para beber.

botijón, na. ADJ. *Méx.* Muy gordo, barrigudo. U. t. c. s.

botillería. F. **1.** hist. Casa o tienda, a manera de café, donde se hacían y vendían bebidas heladas o refrescos. ‖ **2.** *Chile.* Comercio de venta de vinos o licores embotellados.

botillo¹. M. Pellejo pequeño que sirve para llevar vino.

botillo². M. Embutido grueso, redondeado, hecho principalmente con carne de cerdo no desprovista de huesos.

botín¹. M. **1.** Calzado de cuero, paño o lienzo, que cubre la parte superior del pie y parte de la pierna, a la cual se ajusta con botones, hebillas o correas. ‖ **2.** *Am.* Calzado de material resistente que, por lo general, no cubre el tobillo y se usa para la práctica de ciertos deportes. *Botín de fútbol.*

botín². M. **1.** Conjunto de las armas, provisiones y demás efectos de una plaza o de un ejército vencido, de los cuales se apodera el vencedor. ‖ **2.** Beneficio que se obtiene de un robo, atraco o estafa. U. t. en sent. fig. *El hombre que es esclavo de las pasiones es botín fácil para el dominio de los poderosos.* ‖ **3.** hist. Despojo que se concedía a los soldados, como premio de conquista, en el campo o plazas enemigas.

botina. F. Calzado que pasa algo del tobillo.

botinero, ra. ADJ. Dicho de una res vacuna: De pelo claro con las extremidades negras.

botiquín. M. **1.** Mueble, caja o maleta para guardar medicinas o transportarlas a donde convenga. ‖ **2.** Conjunto de estas medicinas. ‖ **3.** Habitación donde se encuentra el **botiquín** y se aplican los primeros auxilios.

boto¹. M. Bota alta enteriza.

boto². M. Odre pequeño para echar vino, aceite u otro líquido.

boto³, ta. ADJ. Torpe de ingenio o de algún sentido.

botocudo, da. ADJ. Se dice de los individuos de varias tribus del Brasil que se deforman el labio inferior. U. t. c. s.

botón. M. **1.** En una prenda de vestir, pieza, generalmente redonda y plana, que se introduce en un ojal para abrochar. ‖ **2.** Pieza que se pulsa o se hace girar para activar, interrumpir o regular el funcionamiento de un aparato o de un mecanismo, especialmente eléctrico. *El botón del timbre. El botón del ascensor. El botón del volumen de la radio.* ‖ **3. yema** (‖ brote embrionario). ‖ **4.** Flor cerrada y cubierta de las hojas que, unidas, la defienden hasta que se abre y extiende. ‖ **5.** Cosa con forma de **botón**. *La perdiz macho tiene un botón en la pata.* ‖ **6.** Labor a la manera de un anillo formado por bolas o medias bolas con que se adornan balaustres, llaves y otras piezas de plata, metal u otra materia. ‖ **7.** *Bot.* Parte central, ordinariamente esférica, de las flores de la familia de las Compuestas. ‖ **8.** *Esgr.* Pieza redonda de hierro que se pone en la punta de la espada o del florete para no herir con ellos. ‖ **9.** *Mús.* En los instrumentos musicales de pistones, pieza circular y metálica que recibe la presión del dedo para funcionar. ‖ **10.** *Mús.* En los instrumentos de arco, pieza en forma de **botón** para sujetar a ella el trascoda. ‖ **11.** *Esp.* Elevación cutánea de forma redondeada y plana. ‖ **12.** pl. u. c. sing. Muchacho que sirve en hoteles y otros establecimientos para llevar los recados u otras comisiones que se le encargan. ‖ **~ de mando.** M. **botón** (‖ pieza de un mecanismo o de un aparato). ‖ **~ de muestra.** M. Ejemplo o indicio de algo. ‖ **~ de oro.** M. **ranúnculo.** ‖ **contarle** alguien **los botones** a otra persona. LOC.VERB. *Esgr.* Ser tanta su destreza que se da a su adversario las estocadas donde quiere.

botonadura. F. Juego de botones para un traje o una prenda de vestir.

botonazo. M. *Esgr.* Golpe dado con el botón de la espada o del florete.

botonero, ra. M. y F. Persona que hace o vende botones.

botsuano, na. ADJ. **1.** Natural de Botsuana. U. t. c. s. || **2.** Perteneciente o relativo a este país de África.

botulismo. M. Enfermedad producida por la toxina de un bacilo específico contenido en los alimentos envasados en malas condiciones.

bou. M. **1.** Pesca en que dos barcas, apartadas la una de la otra, tiran de la red, arrastrándola por el fondo. || **2.** Barca o vapor pequeño destinado a este arte de pesca.

bóveda. F. **1.** *Arq.* Obra de fábrica curvada, que sirve para cubrir el espacio comprendido entre dos muros o varios pilares. || **2.** *Chile* y *Méx.* En los bancos, cámara para guardar dinero y objetos o papeles valiosos. || **~ celeste.** F. firmamento. || **~ craneal.** F. *Anat.* Parte superior e interna del cráneo. || **~ de cañón.** F. *Arq.* La de superficie generalmente semicilíndrica que cubre el espacio comprendido entre dos muros paralelos. || **~ encamonada.** F. *Arq.* La construida de tabique, bajo un techo o armadura, para imitar una bóveda. || **~ en cañón.** F. *Arq.* **bóveda de cañón.** || **~ palatina.** F. *Anat.* **paladar** (|| parte interior y superior de la boca). || **~ tabicada.** F. *Arq.* La que se hace de ladrillos puestos de plano sobre la cimbra, unos a continuación de otros, de modo que viene a ser toda la bóveda como un tabique.

bovedilla. F. **1.** Bóveda pequeña que se forja entre viga y viga del techo de una habitación, para cubrir el espacio comprendido entre ellas. || **2.** *Mar.* Parte arqueada de la fachada de popa de los buques, desde el yugo principal hasta el de la segunda cubierta.

bóvido, da. ADJ. *Zool.* Se dice de todo mamífero rumiante con cuernos óseos cubiertos por estuche córneo, no caedizos, y que existen tanto en el macho como en la hembra. Están desprovistos de incisivos en la mandíbula superior y tienen ocho en la inferior, como la cabra y el toro. U. t. c. s. m. ORTOGR. En m. pl., escr. con may. inicial c. taxón. *Los Bóvidos.*

bovino, na. ADJ. **1.** Perteneciente o relativo al toro o a la vaca. *Enfermedades bovinas.* || **2.** Se dice de todo mamífero rumiante, con el estuche de los cuernos liso, el hocico ancho y desnudo y la cola larga con un mechón en el extremo. Son animales de gran talla y muchos de ellos están reducidos a domesticidad. U. t. c. s. m. ORTOGR. En m. pl., escr. con may. inicial c. taxón. *Los Bovinos.*

box¹. M. *Á. Andes* y *Méx.* boxeo.

box². M. **1.** En una cuadra o hipódromo, compartimento individual dotado de servicios para los caballos. || **2.** En un circuito de competición, zona destinada a la asistencia técnica de los vehículos que participan en una carrera. || **3.** En un hospital, compartimento que se reserva a los enfermos ingresados en urgencias o que necesitan estar aislados. || **4.** En determinados establecimientos, compartimento individual. *La peluquería tenía cuatro boxes para señoras y cuatro para caballeros.* ¶ MORF. pl. boxes.

boxeador, ra. M. y F. Persona que se dedica al boxeo.

boxear. INTR. Practicar el boxeo.

boxeo. M. Deporte que consiste en la lucha de dos púgiles, con las manos enfundadas en guantes especiales y de conformidad con ciertas reglas.

bóxer. M. hist. Miembro de una sociedad secreta china de carácter religioso y político, que en 1900 dirigió una sublevación contra la intromisión extranjera en China. MORF. pl. **bóxeres** o **bóxers.**

boxístico, ca. ADJ. Perteneciente o relativo al boxeo.

boya. F. **1.** Cuerpo flotante sujeto al fondo del mar, de un lago, de un río, etc., que se coloca como señal, y especialmente para indicar un sitio peligroso o un objeto sumergido. || **2.** Corcho que se pone en la red para que las plomadas o piedras que la cargan no la lleven al fondo, y sepan los pescadores dónde está cuando vuelven por ella.

boyacense. ADJ. **1.** Natural de Boyacá. U. t. c. s. || **2.** Perteneciente o relativo a este departamento de Colombia.

boyada. F. Manada de bueyes y vacas.

boyal. ADJ. Perteneciente o relativo al ganado vacuno. Se dice comúnmente de las dehesas o prados comunales donde el vecindario de un pueblo suelta o apacienta sus ganados, aunque estos no sean vacunos.

boyante. ADJ. **1.** Que tiene fortuna o felicidad creciente. *Un negocio boyante.* || **2.** *Mar.* Dicho de un buque: Que por llevar poca carga no cala todo lo que debe calar.

boyar. INTR. *Mar.* Dicho de una embarcación: Volver a flotar después de haber estado en seco.

boyardo. M. hist. Señor ilustre, antiguo feudatario de Rusia o Transilvania.

boyarín. M. Flotador pequeño que usan algunos artes de pesca, y en especial la pequeña boya del orinque del ancla.

boyera. F. Corral o establo donde se recogen los bueyes. □ V. lavandera ~.

boyero, ra. I. M. y F. **1.** Persona que guarda bueyes o los conduce. || II. M. **2.** *Á. R. Plata.* Se usa como nombre para referirse a diversos pájaros de la misma familia que el turpial, de 20 a 40 cm de longitud, de plumaje negro con manchas de otros colores según las especies. Se caracterizan por construir su nido en forma de bolsa tejida y colgante.

boyuno, na. ADJ. bovino.

boza. F. **1.** Pedazo de cuerda sujeta por un extremo en un punto fijo del buque, y que por medio de vueltas que da al calabrote, cadena, etc., que trabaja, impide que se escurra. || **2.** *Mar.* Cabo de pocas brazas de longitud, sujeto en la proa de las embarcaciones menores, que sirve para amarrarlas a un buque, muelle, etc.

bozal. I. M. **1.** Dispositivo que se pone a ciertos animales, preferentemente a los perros, en el hocico para que no muerdan. || **2.** Espuerta pequeña, comúnmente de esparto, que, colgada de la cabeza, se pone en la boca a los animales de labor y de carga para que no dañen los sembrados. || **3.** *Am.* Cuerda que se pone a las caballerías sobre la boca, y que, echando un nudo por debajo de ella, forma un cabezón con solo un cabo o rienda. || II. ADJ. **4.** hist. Se dice de los esclavos negros que estaban recién sacados de su país. U. t. c. s.

bozo. M. **1.** Vello que apunta a los jóvenes sobre el labio superior antes de nacer la barba. || **2.** Parte exterior de la boca.

brabante. M. Lienzo fabricado en este territorio de Bélgica y los Países Bajos.

brabanzón, na. ADJ. **1.** Natural de Brabante. U. t. c. s. || **2.** Perteneciente o relativo a este territorio de Bélgica y los Países Bajos.

braceada. F. Movimiento de brazos ejecutado con esfuerzo y valentía.

bracear¹. INTR. **1.** Mover repetidamente los brazos, por lo común con energía o aire marcial. || **2.** Nadar sacando los brazos fuera del agua y volteándolos hacia adelante.

‖ **3.** *Equit.* Dicho de un caballo: Doblar los brazos con soltura al andar, levantándolos de manera que parece que toque la cincha con ellos.

bracear². INTR. *Mar.* Halar de las brazas para hacer girar las vergas.

braceo. M. Acción de **bracear¹**.

bracero, ra. M. y F. Jornalero no calificado que trabaja en el campo. ‖ **de bracero, o del ~.** LOCS. ADVS. **del brazo.**

bracista. COM. *Dep.* Nadador especializado en el estilo braza.

braco, ca. ADJ. **perdiguero** (‖ perro). U. t. c. s.

bráctea. F. *Bot.* Hoja que nace del pedúnculo de las flores de ciertas plantas, y suele diferir de la hoja verdadera por la forma, la consistencia y el color.

bradicardia. F. *Biol.* Ritmo cardíaco más lento que el normal.

bradilalia. F. *Med.* Emisión lenta de la palabra, observable en algunas enfermedades nerviosas.

bradipepsia. F. *Med.* Digestión lenta.

braga. F. **1.** Prenda interior femenina e infantil, que cubre desde la parte inferior del tronco y tiene dos aberturas en las piernas. U. m. en pl. con el mismo significado que en sing. ‖ **2. calzón** (‖ prenda de vestir con dos perneras). U. m. en pl. con el mismo significado que en sing. ‖ **3.** Prenda de abrigo similar a una bufanda cerrada, pero de tejido más fino. ‖ **4.** Conjunto de plumas que cubren las patas de las aves calzadas.

bragada. F. Cara interna del muslo del caballo y de otros animales.

bragado, da. ADJ. Dicho del buey o de otros animales: Que tienen la bragadura de diferente color que el resto del cuerpo.

bragadura. F. Entrepierna del hombre o del animal.

braguero. M. Aparato o vendaje destinado a contener las hernias.

bragueta. F. Abertura de los pantalones o calzoncillos por delante.

braguetazo. dar ~ un hombre. LOC. VERB. coloq. Casarse por interés con una mujer rica.

brahmán. M. Miembro de la primera de las cuatro castas tradicionales de la India.

brahmanismo. M. Religión de la India, que reconoce y adora a Brahma como a dios supremo.

braille. M. Sistema de escritura para ciegos que consiste en signos dibujados en relieve para poder leer con los dedos.

brama. F. **1.** Acción y efecto de bramar. ‖ **2.** Celo de los ciervos y algunos otros animales salvajes. ‖ **3.** Temporada de celo de estos animales.

bramadero. M. *Am.* Poste al cual amarran en el corral los animales para herrarlos, domesticarlos o matarlos.

bramador, ra. ADJ. Que brama. *Hoguera bramadora.*

bramante. M. Hilo gordo o cordel muy delgado hecho de cáñamo. U. t. c. adj. □ V. **hilo ~.**

bramar. INTR. **1.** Dicho de un toro, de un ciervo o de otros animales salvajes: Dar bramidos. ‖ **2.** Dicho de una persona: Manifestar con voces articuladas o inarticuladas y con extraordinaria violencia la ira de que está poseída. ‖ **3.** Dicho especialmente del viento o del mar violentamente agitados: Hacer ruido estrepitoso.

bramido. M. **1.** Voz del toro, del ciervo y de otros animales salvajes. ‖ **2.** Grito o voz fuerte y confusa de una persona cuando está colérica y furiosa. ‖ **3.** Ruido

grande producido por la fuerte agitación del aire, del mar, etc.

brandada. F. Guiso de bacalao desmigado, mezclado con aceite, leche y otros ingredientes.

brandal. M. **1.** *Mar.* Cada uno de los dos ramales de cabo sobre los cuales se forman las escalas de viento que se utilizan en algunos casos para subir a los buques. ‖ **2.** *Mar.* Cabo grueso, firme o volante, que se da en ayuda de los obenques de juanete.

brandi. M. Se usa, por razones legales, como nombre para referirse comercialmente a los tipos de coñac elaborados fuera de Francia y a otros aguardientes.

branquia. F. *Zool.* Órgano respiratorio de muchos animales acuáticos, como los peces, los moluscos, los cangrejos y los gusanos, constituido por láminas o filamentos de origen tegumentario, que pueden ser internas o externas. U. m. en pl.

branquial. ADJ. *Zool.* Perteneciente o relativo a las branquias. *Respiración branquial.*

braquial. ADJ. *Anat.* Perteneciente o relativo al brazo. *Arteria braquial.*

braquiar. INTR. *Zool.* Dicho especialmente de un gibón o de otro mono: Desplazarse con ayuda de los brazos, mediante impulsos pendulares. MORF. conjug. c. *anunciar.*

braquicefalia. F. Cualidad de braquicéfalo.

braquicéfalo, la. ADJ. Dicho de una persona: Que tiene un cráneo casi redondo, porque su diámetro mayor excede en menos de un cuarto al menor. U. t. c. s.

braquiocefálico, ca. ADJ. *Anat.* Se dice de los vasos que se distribuyen por la cabeza y por los brazos. □ V. **tronco ~.**

braquiópodo. ADJ. *Zool.* Se dice de los invertebrados marinos que por su concha bivalva se parecen a los moluscos lamelibranquios, pero cuya organización es muy diferente. Por lo general tienen valvas desiguales, una ventral y otra dorsal. Se conocen de ellos numerosas formas fósiles y algunas vivientes menos numerosas. Son todos sedentarios o fijos cuando adultos. U. t. c. s. m. ORTOGR. En m. pl., escr. con may. inicial c. taxón. *Los Braquiópodos.*

braquiuro. ADJ. *Zool.* Se dice de los crustáceos decápodos cuyo abdomen es corto y está recogido debajo del cefalotórax, no sirviéndole al animal para nadar; p. ej., el centollo. U. t. c. s. m. ORTOGR. En m. pl., escr. con may. inicial c. taxón. *Los Braquiuros.*

brasa. F. Leña o carbón encendidos, rojos, por total incandescencia. ‖ **pasar como sobre ~s.** LOC. VERB. Tocar muy de pasada un asunto de que no cabe prescindir.

brasear. TR. **1.** Asar ciertos alimentos directamente sobre la brasa. ‖ **2.** Guisar un alimento en su propio jugo, a fuego lento.

brasero. M. **1.** Recipiente de metal, ancho y hondo, ordinariamente circular, con borde, en el cual se echan o se hacen brasas para calentarse. ‖ **2.** hist. Sitio que se destina para quemar a ciertos condenados. ‖ **3.** *Méx.* Hogar o fogón portátil para cocinar. ‖ **~ eléctrico.** M. Aparato eléctrico con forma de brasero que calienta por medio de una corriente que pasa por una resistencia.

brasil. M. **1.** Árbol de la familia de las Papilionáceas, que crece en los países tropicales, y cuya madera es el palo brasil. ‖ **2. palo brasil.** ‖ **3.** hist. Color encarnado que servía para cosmético de las mujeres. □ V. **palo ~.**

brasileño, ña. ADJ. **1.** Natural del Brasil. U. t. c. s. ‖ **2.** Perteneciente o relativo a este país de América. ‖ **3.** Se dice de la variedad del portugués hablada en el Brasil. U. t. c. s. m. *El brasilero.* ‖ **4.** Perteneciente o relativo a esta variedad. *Fonética brasileña.*

brasilero, ra. ADJ. brasileño. Apl. a pers., u. t. c. s.

bravamente. ADV. M. **1.** bien (‖ según es debido). ‖ **2.** De manera copiosa y abundante. *Bravamente hemos comido. Bravamente ha llovido.*

bravata. F. **1.** Amenaza proferida con arrogancia para intimidar a alguien. ‖ **2. baladronada.**

bravear. INTR. Echar **bravatas** (‖ amenazas).

braveza. F. **1. bravura** (‖ fiereza de un animal). ‖ **2. bravura** (‖ valentía de una persona). ‖ **3.** Ímpetu de los elementos, como el del mar embravecido, el de la tempestad, etc.

bravío, a. I. ADJ. **1.** Dicho de un animal sin domesticar o sin domar: Feroz, indómito, salvaje. ‖ **2.** Dicho de un árbol o de una planta: **silvestres.** ‖ **3.** Dicho de una persona: Que tiene costumbres rústicas por falta de buena educación o del trato de gentes. ‖ **II.** M. **4. bravura** (‖ fiereza de un animal).

bravo, va. ADJ. **1. valiente** (‖ esforzado). *El bravo comportamiento de la tropa.* ‖ **2.** Bueno, excelente. *Brava estocada.* ‖ **3.** Dicho de un animal: Fiero o feroz. *Toro bravo.* ‖ **4.** Propio o característico de un animal **bravo.** *Bravas embestidas.* ‖ **5.** Dicho del mar: Alborotado, embravecido. ‖ **6.** Áspero, fragoso. ‖ **7.** Enojado, enfadado, violento. *Se puso muy bravo.* ‖ **8.** coloq. De genio áspero. ‖ **9.** coloq. Suntuoso, magnífico, soberbio. *Brava perspectiva.* ‖ **a la ~,** o **a las ~s.** LOCS. ADVS. Por la fuerza, sin consideraciones ni miramientos. ‖ **bravo.** INTERJ. Se usa para expresar aplauso. U. t. repetida. ‖ **por la ~,** o **por las ~s.** LOCS. ADVS. a la brava. □ V. **caña ~, ganado ~, ganso ~, paja ~, tuna ~.**

bravoso, sa. ADJ. bravo. *Guerra bravosa.*

bravucón, na. ADJ. **1.** despect. Dicho de una persona: Que alardea o tiene apariencia de brava o valiente. ‖ **2.** despect. Propio o característico de una persona **bravucona.** *Tiene aspecto bravucón.*

bravuconada. F. despect. Dicho o hecho propio del bravucón.

bravuconear. INTR. despect. Echar bravatas.

bravuconería. F. **1.** despect. Cualidad de bravucón. ‖ **2.** despect. **bravuconada.**

bravura. F. **1.** Fiereza de un animal. ‖ **2.** Esfuerzo o valentía de una persona. ‖ **3. bravata.**

braza. F. **1.** Medida de longitud, generalmente usada en la Marina y equivalente a 2 varas o 1,6718 m. ‖ **2.** Estilo de natación en el que el cuerpo avanza bocabajo sobre el agua dando brazadas sin sacar los brazos del agua y moviendo a la vez las piernas. ‖ **3.** Mar. Cabo que laborea por el penol de las vergas y sirve para mantenerlas fijas y hacerlas girar en un plano horizontal.

brazada. F. **1.** Movimiento que se hace con los brazos, extendiéndolos y recogiéndolos, como cuando se rema o se nada. ‖ **2.** brazado. ‖ **3.** Á. *Caribe* y *Chile.* braza (‖ medida de longitud).

brazado. M. Cantidad de leña, palos, hierba, etc., que se puede abarcar y llevar de una vez con los brazos.

brazal. M. **1.** Canal que sale de un río o acequia grande para regar. ‖ **2. brazalete** (‖ cinta que rodea el brazo). ‖ **3.** hist. Pieza de la armadura, que cubría el brazo.

brazalete. M. **1.** Aro de metal o de otra materia, con piedras preciosas o sin ellas, que rodea el brazo por encima de la muñeca y se usa como adorno. ‖ **2.** Cinta de cierta anchura que rodea el brazo por encima del codo y que sirve de distintivo o, si es negra, indica luto.

brazo. M. **1.** Miembro del cuerpo, que comprende desde el hombro a la extremidad de la mano. ‖ **2.** Parte de este miembro desde el hombro hasta el codo. ‖ **3.** Cada una de las patas delanteras de los cuadrúpedos. ‖ **4.** Cada uno de los dos apoyos que salen desde la mitad del respaldo del sillón hacia adelante y sirven para que descanse o apoye los brazos quien está sentado en él. ‖ **5.** En una araña u otro aparato de iluminación, candelero que sale del cuerpo central y sirve para sostener las luces. ‖ **6.** En la balanza, cada una de las dos mitades de la barra horizontal, de cuyos extremos cuelgan o en los cuales se apoyan los platillos. ‖ **7.** Pértiga articulada de una grúa. ‖ **8.** Rama de árbol. ‖ **9. brazo de río.** ‖ **10.** En una cruz, mitad de cada palo, especialmente del horizontal. ‖ **11.** Parte de una colectividad encargada de una función determinada. *Brazo político.* ‖ **12.** Mar. Cada una de las partes del ancla que terminan en uña. ‖ **13.** Mec. Cada una de las distancias del punto de apoyo de la palanca a los puntos de acción de la potencia y la resistencia. ‖ **14.** Méx. Pan suave, alargado y relleno de mermelada. ‖ **15.** pl. **peones** (‖ jornaleros). *Hay que contratar más brazos para esta labor.* ‖ **~ armado.** M. Grupo organizado para el uso de las armas. ‖ **~ de gitano.** M. Pastel formado por una capa delgada de bizcocho, con crema o dulce de fruta por encima que se arrolla en forma de cilindro. ‖ **~ de mar.** M. Canal ancho y largo del mar, que entra tierra adentro. ‖ **~ derecho.** M. Persona subordinada y de la máxima confianza de otra, con la que colabora eficazmente. *Es el brazo derecho del director.* ‖ **~ de río.** M. Parte del río que, separándose de él, corre independientemente hasta reunirse de nuevo con el cauce principal o desembocar en el mar. ‖ **abiertos los ~s.** LOC. ADV. con los brazos abiertos. ‖ **a ~.** LOC. ADV. De forma manual, sin máquinas. ‖ **a ~ partido.** LOC. ADV. **1.** Con los brazos solos, sin usar de armas. ‖ **2.** A viva fuerza, de poder a poder. ‖ **andar a los ~s con** alguien. LOC. VERB. venir a las manos. ‖ **~ a ~.** LOC. ADV. Cuerpo a cuerpo sin iguales armas. ‖ **caérsele** a alguien los **~s.** LOC. VERB. Méx. **desalentarse.** ‖ **con los ~s abiertos.** LOC. ADV. Dicho especialmente de recibir, admitir o acoger: Con agrado y complacencia. ‖ **con los ~s cruzados.** LOC. ADV. Sin hacer nada. *Contemplan con los brazos cruzados el atropello de sus derechos.* ‖ **cruzarse** alguien de **~s.** LOC. VERB. **1.** Cruzar los brazos. ‖ **2.** No hacer nada. ‖ **dar el ~** a alguien. LOC. VERB. **1.** Ampararlo, ayudarlo, favorecerlo. ‖ **2.** coloq. Ofrecérselo para que se apoye en él. ‖ **dar** alguien su **~ a torcer.** LOC. VERB. Rendirse, desistir de su dictamen o propósito. U. m. con neg. ‖ **de ~s cruzados.** LOC. ADJ. Ocioso, inactivo. ‖ **del ~.** LOC. ADV. Con el brazo asido al de otra persona. ‖ **en ~s.** LOC. ADV. Sostenido sobre un brazo o sobre ambos. *Lleva a su hijo en brazos.* ‖ **en ~s de.** LOC. PREPOS. **1.** Rodeado por los brazos de alguien. *Dormía en brazos de su amado.* ‖ **2.** En relación amorosa con alguien. *Encontró la felicidad en brazos de Arturo.* U. t. en sent. fig. *En brazos de la muerte.* ‖ **3. en manos de.** ‖ **entregar** la autoridad eclesiástica **al ~ secular** algo. LOC. VERB. Confiar a la autoridad civil la ejecución de las penas impuestas por sus tribunales. ‖ **quedar el ~ sano** a alguien. LOC. VERB. Tener caudal de reserva después de haber hecho grandes gastos. ‖ **soltar los ~s.** LOC. VERB. Dejarlos caer como miembros muertos. ‖ **venir a ~s con** alguien. LOC.VERB. **venir a las manos.** ☐ V. **huelga de ~s caídos.**

brazola. F. *Mar.* Reborde con que se refuerza la boca de las escotillas y se evita, en lo posible, la caída del agua u otros objetos a las cubiertas inferiores de la nave.

brazuelo. M. *Zool.* Parte de las patas delanteras de los mamíferos comprendida entre el codo y la rodilla.

brea. F. **1.** Sustancia viscosa de color rojo oscuro que se obtiene haciendo destilar al fuego la madera de varios árboles de la clase de las Coníferas. Se emplea en medicina como pectoral y antiséptico. ‖ **2.** *Mar.* Mezcla de brea, pez, sebo y aceite de pescado, que se usa en caliente para calafatear y pintar las maderas y jarcias.

brear. TR. Maltratar, molestar, dar que sentir a alguien.

brebaje. M. Bebida, y en especial la compuesta de ingredientes desagradables al paladar.

breca. F. **1.** mújol. ‖ **2.** Variedad de pagel con las aletas azuladas.

brecha[1]**.** F. **1.** Rotura o abertura irregular, especialmente en una pared o un muro. ‖ **2.** Herida, especialmente en la cabeza. ‖ **3.** Resquicio por donde algo empieza a perder su seguridad. *La desconfianza hizo brecha en su relación.* ‖ **abrir ~.** LOC.VERB. **1.** Persuadir a alguien, hacer impresión en su ánimo. ‖ **2.** Dar los primeros pasos en algo venciendo algún tipo de resistencia. ‖ **3.** *Mil.* Romper el frente. ‖ **4.** *Mil.* hist. Derribar con las máquinas de guerra parte de la muralla de una plaza, castillo, etc., para poder dar el asalto. ‖ **en la ~.** LOC.ADV. Luchando por un asunto o comprometiéndose especialmente en él. *Otros han abandonado, pero él sigue en la brecha.*

brecha[2]**.** F. *Geol.* Masa rocosa consistente, constituida por fragmentos de rocas de diferentes formas y tamaños.

brécol. M. brócoli.

brecolera. F. Especie de brécol, que echa pellas a semejanza de la coliflor.

brega. F. **1.** Acción y efecto de bregar. ‖ **2.** Riña o pendencia. ☐ V. **capote de ~, peón de ~.**

bregar. I. INTR. **1.** Dicho de una persona: Luchar, reñir, forcejear con otra u otras. ‖ **2.** Ajetrearse, agitarse, trabajar afanosamente. ‖ **3.** Luchar con los riesgos y trabajos o dificultades para superarlos. ‖ **II.** TR. **4.** Amasar el pan de cierta manera.

breña. F. Tierra quebrada entre peñas y poblada de maleza.

breñal o **breñar.** M. Sitio de breñas.

breñoso, sa. ADJ. Lleno de breñas. *Breñoso lugar.*

bresca. F. Panal de miel.

bretaña. F. Lienzo fino fabricado en la región francesa de Bretaña.

brete. M. **1.** Aprieto sin salida o evasiva. *Estar en un brete. Poner en un brete.* ‖ **2.** *Á. guar.* En estancias, estaciones ferroviarias y mataderos, pasadizo corto entre dos estacadas, para enfilar el ganado.

bretón[1]**.** M. **1.** Variedad de la col, cuyo troncho, que crece a la altura de un metro poco más o menos, echa muchos tallos, y arrancados estos, brotan otros. ‖ **2.** Renuevo o tallo de esta planta.

bretón[2]**, na. I.** ADJ. **1.** Natural de Bretaña. U. t. c. s. ‖ **2.** Perteneciente o relativo a esta región de Francia. ‖ **II.** M. **3.** Lengua, derivada del celta, hablada por los bretones.

breva. F. **1.** Primer fruto que anualmente dan determinadas higueras, y que es mayor que el higo. ‖ **2.** Cigarro

puro algo aplastado y menos apretado que los de forma cilíndrica. ‖ **3.** Cigarro de forma cilíndrica y buen tamaño, elaborado con tabaco sazonado muy oscuro. ‖ **4.** Provecho logrado sin sacrificio. ‖ **5.** Empleo o negocio lucrativos y poco trabajosos. ‖ **6.** *Méx.* Tabaco en rama, elaborado para masticarlo. ‖ **no caerá esa ~.** EXPR. Se usa para manifestar la falta de esperanza de alcanzar algo que se desea vivamente.

breve. I. ADJ. **1.** De corta extensión o duración. *Concierto breve.* ‖ **II.** M. **2.** Documento emitido por el papa y redactado en forma menos solemne que las bulas. ‖ **3.** Texto de corta extensión publicado en columna o en bloque con otros semejantes. ‖ **III.** F. **4.** *Mús.* hist. Nota antigua equivalente en duración al doble de la redonda. ‖ **en ~.** LOC.ADV. Dentro de poco tiempo, muy pronto. ☐ V. **sílaba ~.**

brevedad. F. Corta extensión o duración de una cosa, acción o suceso.

brevete. M. *Á. Andes.* Permiso de conducir.

breviario. M. **1.** Libro que contiene el rezo eclesiástico de todo el año. ‖ **2. epítome.**

brezal. M. Sitio poblado de brezos.

brezar. TR. acunar.

brezo. M. Arbusto de la familia de las Ericáceas, de uno a dos metros de altura, muy ramoso, con hojas verticales, lineales y lampiñas, flores pequeñas en grupos axilares, de color blanco verdoso o rojizas, madera dura y raíces gruesas, que sirven para hacer carbón de fragua y pipas de fumador. ☐ V. **tierra de ~.**

briago, ga. ADJ. *Méx.* **ebrio** (‖ embriagado por la bebida). U. t. c. s.

brial. M. hist. Vestido de seda o tela rica que usaban las mujeres.

bribón, na. ADJ. **1.** Haragán, dado a la holgazanería pícara. U. t. c. s. *¡Bribón!, ¿piensas que voy a mantenerte?* ‖ **2.** Pícaro, bellaco. U. t. c. s. *Guarida de bribones.*

bribonada. F. Picardía, bellaquería.

bribonería. F. Vida o ejercicio de bribón.

bribri o **bribrí. I.** ADJ. **1.** Se dice del individuo de un pueblo amerindio que habita la región meridional de Costa Rica. U. t. c. s. ‖ **2.** Perteneciente o relativo a los bribris. *Poblado bribri.* ‖ **II.** M. **3.** Lengua de filiación chibcha hablada por los bribris. ¶ MORF. pl. **bribris** o **bribríes** –o **bribrís**–.

bricbarca. M. Buque de tres o más palos sin vergas de cruz en la mesana.

bricolaje. M. Actividad manual que se manifiesta en obras de carpintería, fontanería, electricidad, etc., realizadas en la propia vivienda sin acudir a profesionales.

brida. F. **1.** Conjunto formado por el freno del caballo, las riendas y todo el correaje que sirve para sujetarlo a la cabeza del animal. ‖ **2.** Reborde circular en el extremo de los tubos metálicos para acoplar unos a otros con tornillos o roblones. ‖ **3.** *Equit.* hist. Arte o modo de andar a caballo, distinto del que hoy se usa. ‖ **4.** pl. *Med.* Filamentos membranosos que se forman en los labios de las heridas o en los abscesos.

bridón. M. **1.** Brida pequeña que se pone a los caballos por si falta la grande. ‖ **2.** Caballo ensillado y enfrenado a la brida. ‖ **3.** poét. Caballo brioso y arrogante.

briega. F. **brega.**

brigada. I. F. **1.** Grupo organizado de personas reunido para un trabajo concreto. *Brigada de trabajadores.* ‖ **2.** Grupo policial destinado a una misión determinada.

Brigada antidroga. ‖ **3.** Grupo armado de voluntarios o activistas. ‖ **4.** *Mar.* Cada una de las secciones en que se divide la marinería para los servicios de un buque. ‖ **5.** *Mil.* Gran unidad homogénea, integrada por dos o más regimientos de un arma determinada. *Brigada acorazada, aérea.* ‖ **II.** COM. **6.** *Mil.* Suboficial de graduación inmediatamente superior al sargento primero e inferior al subteniente. ‖ **~ mixta.** F. *Mil.* La formada con fuerzas de diferentes armas. □ V. **general de ~.**

brigadier. M. **1.** hist. Oficial general cuya categoría era inmediatamente superior a la de coronel en el Ejército y a la de contraalmirante en la Marina. Esta categoría ha sido reemplazada por la de general de brigada en el Ejército y la de contraalmirante en la Marina. ‖ **2.** hist. Militar que entre los antiguos guardias de Corps desempeñaba en su compañía las funciones del sargento mayor de brigada del Ejército. ‖ **3.** En las antiguas compañías de guardias marinas, hombre que ejercía las funciones de cabo, y actualmente, el aspirante naval o guardia marina que en la escuela cuida del orden de su sección, y en los buques, del de la camareta. ‖ **4.** *Méx.* Oficial del Ejército, de categoría inmediatamente superior a la de coronel e inmediatamente inferior a la de general de brigada. □ V. **general ~.**

brigadista. COM. **1.** Integrante de una **brigada** (‖ grupo armado). ‖ **2.** Integrante de una **brigada** (‖ grupo organizado de personas).

Bright. □ V. **enfermedad de ~.**

brillador, ra. ADJ. Que brilla. *Estrellas brilladoras.*

brillante. I. ADJ. **1.** Que brilla. *Un brillante punto de luz.* ‖ **2.** Admirable o sobresaliente en su línea. *Diseñador brillante.* ‖ **II.** M. **3.** Diamante que tiene labor completa por la cara superior y por el envés.

brillantez. F. **1.** brillo (‖ luz que refleja o emite un cuerpo). ‖ **2.** Cualidad de **brillante** (‖ admirable o sobresaliente).

brillantina. F. Preparación cosmética que se usa para dar brillo al cabello.

brillar. INTR. **1.** Dicho de un cuerpo: Emitir o reflejar luz. ‖ **2.** Dicho de una persona: Sobresalir en talento, hermosura, etc.

brillo. M. **1.** Luz que refleja o emite un cuerpo. ‖ **2.** Lucimiento, gloria.

brilloso, sa. ADJ. *Am.* brillante (‖ que brilla).

brin. M. Tela ordinaria y gruesa de lino, que comúnmente se usa para forros y para pintar al óleo.

brincacharcos. □ V. **pantalón de ~.**

brincador, ra. ADJ. Que brinca.

brincar. INTR. **1.** Dar brincos o saltos. ‖ **2.** coloq. Omitir con cuidado algo pasando a otra cosa, para disimular u ocultar en la conversación o lectura algún hecho o cláusula. ‖ **3.** coloq. Alterarse a causa de alguna emoción.

brinco. M. **1.** Movimiento que se hace levantando los pies del suelo con ligereza. ‖ **2.** hist. Joya pequeña que usaron las mujeres colgada de las tocas. ‖ **~s dieras.** EXPR. *Méx.* Se usa para manifestar la convicción de que el propósito o esperanza de alguien saldrán fallidos. ‖ **dar ~s de alegría.** LOC.VERB. coloq. **dar saltos de alegría.** ‖ **dar** alguien **el ~.** LOC.VERB. *Méx.* Tomar una resolución importante. ‖ **darle** a alguien **un ~ el corazón.** LOC.VERB. coloq. **darle un vuelco el corazón** (‖ sentir de pronto sobresalto). ‖ **dejarse** alguien **de ~s.** LOC.VERB. *Méx.* Dejar de jactarse. ‖ **de un ~.** LOC.ADV. *Méx.* En una sola etapa.

brindar. I. INTR. **1.** Manifestar, al ir a beber vino o licor, el bien que se desea a alguien o algo. *Brindó por nuestra felicidad.* ‖ **2.** Ofrecer voluntariamente a alguien algo, convidarle con ello. U. t. c. tr. *El maestro le brindó la oportunidad de retractarse.* ‖ **3.** Dicho de una cosa: Ofrecer una oportunidad o provecho. *Viajar brinda la ocasión de conocer gente.* ‖ **II.** PRNL. **4.** Ofrecerse voluntariamente a ejecutar o hacer algo. *La enfermera se brindó a ayudar.*

brindis. M. **1.** Acción de brindar con vino o licor. ‖ **2.** Palabras que se dicen al brindar.

brío. M. **1.** pujanza. U. m. en pl. *Hombre de bríos.* ‖ **2.** Espíritu, valor, resolución. ‖ **3.** Garbo, desembarazo, gallardía, gentileza. *Brío juvenil.*

briófito, ta o **briofito, ta.** ADJ. *Bot.* Se dice de las plantas criptógamas que tienen tallos y hojas, pero no vasos ni raíces, haciendo las veces de estas últimas unos filamentos que absorben del suelo el agua con las sales minerales que el vegetal necesita para su nutrición. En su mayoría son terrestres y viven en lugares húmedos, pero algunas son acuáticas, como los musgos. U. t. c. s. ORTOGR. En f. pl., escr. con may. inicial c. taxón. *Las Briófitas* o *las Briofitas.*

briol. M. *Mar.* Cada uno de los cabos que sirven para cargar las relingas de las velas de cruz.

brionia. F. nueza.

brioso, sa. ADJ. Que tiene brío. *Reacción briosa.*

briozoo. ADJ. *Zool.* Se dice de ciertos invertebrados coloniales que tienen el cuerpo protegido por una cubierta rígida tubular o en forma de caja, de la que solo la corona de tentáculos asoma al exterior. U. m. c. s. m. ORTOGR. En m. pl., escr. con may. inicial c. taxón. *Los Briozoos.*

briqueta. F. Conglomerado de carbón u otra materia en forma de ladrillo.

brisa. F. **1.** Viento suave. ‖ **2.** Viento de la parte del noreste, contrapuesto al vendaval. ‖ **3.** Aire suave que en las costas suele tomar dos direcciones opuestas. Por el día viene de la mar, y por la noche de la parte de la tierra, a causa de la alternativa de rarefacción y condensación del aire sobre el terreno.

brisar. INTR. IMPERS. Á. *Caribe.* Ventear suavemente.

brisca. F. **1.** Juego de naipes, en el cual se dan al principio tres cartas a cada jugador, y se descubre otra que indica el palo de triunfo. Después se van tomando una a una de la baraja hasta que se concluye, y gana quien al fin tiene más puntos. ‖ **2.** En los juegos de la **brisca** y del tute, as o tres de los palos que no son triunfo.

brisote. M. Brisa dura y con fuertes chubascos, propia de las costas de América del Norte.

brisura. F. *Heráld.* Lambel u otra pieza de igual significado.

británico, ca. ADJ. **1.** Natural del Reino Unido de Gran Bretaña e Irlanda del Norte. U. t. c. s. ‖ **2.** Perteneciente o relativo a este país de Europa. ‖ **3.** hist. Perteneciente o relativo a la antigua Britania, sur de la Gran Bretaña. *La resistencia británica al Imperio romano.*

britano, na. ADJ. **1.** hist. Natural de la antigua Britania, sur de la Gran Bretaña. U. t. c. s. ‖ **2.** inglés (‖ natural de Inglaterra). U. t. c. s. ‖ **3.** británico. Apl. a pers., u. t. c. s.

briza. F. Se usa como nombre para referirse a un género de plantas de la familia de las Gramíneas, de tallo poco elevado, hojas en corto número y ordinariamente provistas de una lígula visible, flores de dos glumas y en espigas que forman racimos más o menos ramificados según las especies. Se utilizan como plantas de adorno, crecen en casi todos los terrenos y son muy estimadas como pasto, especialmente por el ganado lanar.

brizar. TR. **acunar.**

brizna. F. **1.** Filamento o hebra, especialmente de plantas o frutos. *Brizna de hierba.* || **2.** Parte pequeña de algo. *Brizna de ironía.*

broca. F. **1.** Barrena de boca cónica que se usa con las máquinas de taladrar. || **2.** *Am. Cen.* Plaga que pica el grano de café, producida por el coleóptero *Hypothenemus hampei.*

brocado. M. **1.** Tela de seda entretejida con oro o plata, de modo que el metal forme dibujos en la cara superior. || **2.** Tejido fuerte, todo de seda, con dibujos de distinto color que el fondo.

brocal. M. **1.** Antepecho alrededor de la boca de un pozo, para evitar el peligro de caer en él. || **2.** Cerco de madera, cuerno u otro material, que se pone a la boca de la bota para llenarla con facilidad y beber por él. || **3.** *Mil.* Moldura que refuerza la boca de las piezas de artillería.

brocamantón. M. hist. Joya grande de oro o piedras preciosas, a manera de broche, que llevaban las mujeres en el pecho.

brocatel. M. Tejido de cáñamo y seda, a modo de damasco, que se emplea en muebles y colgaduras. || **~ de seda.** M. **brocado** (|| tejido de seda con dibujos de distinto color que el fondo).

brocearse. PRNL. *Am. Mer.* Dicho de una mina: **esterilizarse.**

broceo. M. *Am. Mer.* Acción y efecto de brocearse.

brocha. F. Escobilla de cerda atada al extremo de un mango, que sirve especialmente para pintar. || **~ de pintor.** F. *Méx.* Planta herbácea silvestre. || **colgado de la ~.** LOC.ADV. *Méx.* En situación peligrosa o precaria. || **de ~ gorda.** LOC.ADJ. **1.** Se dice del pintor y de la pintura de puertas, ventanas, etc. || **2.** coloq. Se dice del mal pintor. || **3.** coloq. Dicho de una obra de ingenio: Despreciable por su tosquedad o mal gusto.

brochado, da. ADJ. Se dice de los rasos, brocados y otros tejidos de seda que tienen alguna labor de oro, plata o seda, con el torzal o hilo retorcido o levantado.

brochal. M. *Arq.* Madero atravesado entre otros dos de un suelo y ensamblado en ellos, con objeto de recibir los intermedios que para dejar un hueco no han de llegar hasta el muro.

brochazo. M. Cada una de las idas y venidas de la brocha sobre la superficie que se pinta.

broche. M. **1.** Conjunto de dos piezas, por lo común de metal, una de las cuales engancha o encaja en la otra. || **2. alfiler** (|| joya). || **3.** Remate de un acto público, de una reunión, de una gestión, etc., especialmente si le proporciona un tono brillante o excepcional. *Broche de oro. Broche final.* || **~ de presión.** M. *Á. Caribe.* **automático** (|| especie de corchete).

brocheta. F. Aguja o estaca pequeña con que se sujetan las patas de las aves para asarlas, o en que se ensartan pedazos de carne u otro alimento.

brocho, cha. ADJ. Dicho de una res ovina: Que tiene los cuernos muy cortos.

brócoli o **bróculi.** M. Variedad de la col común, cuyas hojas, de color más oscuro, son más recortadas que las de esta y no se apiñan.

broma. F. **1.** Cosa dicha o hecha a alguien para reírse de él, generalmente sin mala intención. || **2.** Persona, cosa o situación pesada y molesta. || **3.** Molusco lamelibranquio marino de aspecto vermiforme, con sifones desmesuradamente largos y concha muy pequeña, que deja descubierta la mayor parte del cuerpo. Las valvas de la concha, funcionando como mandíbulas, perforan las maderas sumergidas, practican en ellas galerías que el propio animal reviste de una materia calcárea segregada por el manto, y causan así graves daños en las construcciones navales. || **~s aparte.** EXPR. coloq. Se usa para manifestar que se habla en serio, después de haber estado bromeando. || **de,** o **en, ~.** LOCS.ADVS. Como **broma**, no en serio. || **estar de ~.** LOC.VERB. **1.** Bromear, conducirse sin seriedad. || **2.** Se usa para manifestar incredulidad. *¿Que te han despedido? Estás de broma.* || **fuera ~s,** o **fuera de ~s.** EXPRS. coloqs. **bromas aparte.** || **menos ~s.** EXPR. coloq. Se usa para cortar de modo tajante algo que se está discutiendo. || **ni de ~,** o **ni en ~.** LOCS.ADVS. Se usan para intensificar una negación. *Eso no lo digas ni en broma.* || **no estar para ~s.** LOC.VERB. No estar de buen humor. || **tomar** algo **a,** o **en, ~.** LOCS.VERBS. No prestarle atención, no darle la importancia que merece.

bromatología. F. Ciencia que trata de los alimentos.

bromatológico, ca. ADJ. Perteneciente o relativo a la bromatología.

bromatólogo, ga. M. y F. Persona que profesa la bromatología o tiene en ella especiales conocimientos.

bromazo. M. Broma pesada.

bromear. INTR. Utilizar **bromas** (|| cosas dichas o hechas para reírse). U. t. c. prnl.

bromeliáceo, a. ADJ. *Bot.* Se dice de las hierbas y matas angiospermas, monocotiledóneas, por lo común anuales y de raíz fibrosa, casi siempre parásitas, con las hojas reunidas en la base, envainadoras, rígidas, acanaladas, dentadas y espinosas por el margen; flores en espiga, racimo o panoja y con una bráctea, y por frutos bayas o cápsulas con semillas de albumen amiláceo; p. ej., el ananás. U. t. c. s. f. ORTOGR. En f. pl., escr. con may. inicial c. taxón. *Las Bromeliáceas.*

bromista. ADJ. Aficionado a dar bromas. U. t. c. s.

bromo[1]**.** M. Elemento químico de núm. atóm. 35. Escaso en la litosfera, se encuentra en el mar y en depósitos salinos en forma de bromuros. Líquido de color rojo pardusco y olor fuerte, despide vapores tóxicos. Entra en la composición de la púrpura, y actualmente se usa en la fabricación de antidetonantes, fluidos contra incendios, productos farmacéuticos y gases de combate. (Símb. *Br*).

bromo[2]**.** M. Planta de la familia de las Gramíneas, de medio metro a uno de altura, con hojas planas, flores en panoja laxa y con aristas que salen de una hendidura del cascabillo. Sirve para forraje.

bromuro. M. *Quím.* Combinación del bromo con un radical simple o compuesto. Varios **bromuros** se usan como medicamentos.

bronca. F. **1.** Riña o disputa ruidosa. *Hubo una gran bronca.* || **2.** Represión áspera. *Le echaron una bronca.* || **3.** Manifestación colectiva y ruidosa de desagrado en un espectáculo público, especialmente en los toros. || **4.** *Am.* Enojo, enfado, rabia. || **5.** *Méx.* **dificultad** (|| inconveniente).

bronce. M. **1.** Cuerpo metálico que resulta de la aleación del cobre con el estaño y, a veces, con adición de cinc o algún otro cuerpo. Es de color amarillento rojizo, muy tenaz y sonoro. ‖ **2. medalla de bronce.** ‖ **3.** Estatua o escultura de bronce. ‖ **4.** poét. Cañón de artillería, campana, clarín o trompeta. ‖ **5.** *Numism.* Moneda de cobre. ☐ V. **Edad del Bronce, medalla de ~.**

bronceado, da. PART. de **broncear.** ‖ **I.** ADJ. **1.** De color de bronce. ‖ **II.** M. **2.** Acción y efecto de broncear.

bronceador, ra. I. ADJ. **1.** Que broncea. *Crema bronceadora.* ‖ **II.** M. **2.** Sustancia cosmética que produce o favorece el bronceado de la piel.

broncear. TR. **1.** Dar color de bronce. *Broncear una cama.* ‖ **2.** Dicho de la acción del sol o de un agente artificial: Dar color moreno a la piel. U. t. c. prnl.

broncería. F. Conjunto de piezas de bronce.

broncha. F. Arma corta, especie de puñal.

broncíneo, a. ADJ. **1.** De bronce. *Broncíneas estatuas.* ‖ **2.** Parecido a él. *Sombra broncínea.*

broncista. COM. Persona que trabaja el bronce.

bronco, ca. ADJ. **1.** Dicho de la voz o de un instrumento de música: De sonido desagradable y áspero. ‖ **2.** Dicho de una persona: De genio y trato ásperos. ‖ **3.** Tosco, áspero, sin desbastar. U. t. en sent. fig. *Bronca actitud.* ‖ **4.** *Méx.* Dicho de un caballo: Sin domar.

bronconeumonía. F. *Med.* Inflamación de la mucosa bronquial y del parénquima pulmonar.

broncopulmonar. ADJ. *Med.* Perteneciente o relativo a los bronquios y los pulmones. *Enfermedades broncopulmonares.*

broncorragia. F. *Med.* Hemorragia de la mucosa bronquial, que se manifiesta generalmente por vómito abundante de sangre muy roja.

broncorrea. F. *Med.* Secreción excesiva y expectoración de moco bronquial, a veces purulento.

broncoscopia. F. *Med.* Exploración del interior de los bronquios mediante un broncoscopio.

broncoscopio. M. *Med.* Endoscopio especial para explorar el interior de los bronquios.

bronquedad. F. Cualidad de bronco.

bronquial. ADJ. *Anat.* Perteneciente o relativo a los bronquios.

bronquiectasia. F. *Med.* Enfermedad crónica, caracterizada principalmente por tos insistente con copiosa expectoración, producida por la dilatación de uno o varios bronquios.

bronquio. M. *Anat.* Cada uno de los dos conductos en que se bifurca la tráquea y que entran en los pulmones. U. m. en pl.

bronquiolo o bronquíolo. M. *Anat.* Cada uno de los pequeños conductos en que se dividen y subdividen los bronquios dentro de los pulmones. U. m. en pl.

bronquítico, ca. ADJ. **1.** *Med.* Perteneciente o relativo a la bronquitis. *Proceso bronquítico.* ‖ **2.** Que padece bronquitis. U. t. c. s.

bronquitis. F. *Med.* Inflamación aguda o crónica de la membrana mucosa de los bronquios.

broquel. M. **1.** hist. Escudo pequeño de madera o corcho. ‖ **2. escudo** (‖ arma defensiva). ‖ **3.** *Méx.* Tipo de **zarcillo** (‖ pendiente).

broqueta. F. **brocheta.**

brotación. F. *Agr.* Acción de brotar.

brótano. M. **abrótano.**

brotar. INTR. **1.** Dicho de una planta: Nacer o salir de la tierra. ‖ **2.** Dicho de una hoja, de una flor o de un renuevo: Nacer o salir en la planta. ‖ **3.** Dicho de una planta: Echar hojas o renuevos. *Este árbol empieza a bro-*

tar. ‖ **4.** Dicho del agua: Manar, salir de los manantiales. ‖ **5.** Dicho especialmente de las viruelas, del sarampión o de los granos: Salir al cutis. ‖ **6.** Dicho de una cosa: Tener principio o empezar a manifestarse. *Su voz parecía brotar de todas partes.*

brote. M. **1.** Pimpollo o renuevo que empieza a desarrollarse. ‖ **2.** Acción de **brotar** (‖ empezar a manifestarse). *Brote de viruela. Brote de racismo.*

brótola. F. Pez teleósteo de la misma familia que el bacalao, de hasta un metro de longitud, color gris o pardo y dos aletas dorsales, una anal y el par abdominal, filiforme. Es de costumbres nocturnas y vive en el Atlántico y el Mediterráneo.

broza. F. **1.** Conjunto de hojas, ramas, cortezas y otros despojos de las plantas. ‖ **2.** Desecho o desperdicio de algo. *La casa estaba abandonada y llena de broza y telarañas.* ‖ **3. maleza** (‖ espesura). ‖ **4.** Conjunto de cosas inútiles que se dicen de palabra o por escrito.

brucelosis. F. *Med.* Enfermedad infecciosa producida por bacterias del género *Brucella* y transmitida al hombre por algunos animales.

bruces. dar, o darse, alguien **de ~.** LOCS.VERBS. **1.** Topar de frente. *Casi se dio de bruces con ella a la salida.* ‖ **2.** Encontrar inesperadamente. *De repente se ha dado de bruces con una situación desesperada.* ‖ **de ~.** LOC.ADV. bocabajo (‖ con la cara hacia abajo). *Beber de bruces. Caerse de bruces.*

bruja. F. V. **brujo.**

brujear. INTR. Hacer brujerías.

brujería. F. Conjunto de prácticas mágicas o supersticiosas que ejercen los brujos y las brujas.

brujeril. ADJ. **brujesco.**

brujesco, ca. ADJ. **1.** Perteneciente o relativo a la brujería. *Tradición brujesca.* ‖ **2.** Propio o característico de la brujería. *Unas actitudes muy brujescas.*

brujo, ja. I. ADJ. **1.** Embrujador, que hechiza. *Ojos brujos.* ‖ **2.** *Chile.* Falso, fraudulento. ‖ **II.** M. y F. **3.** Persona a la que se le atribuyen poderes mágicos obtenidos del diablo. ‖ **III.** M. **4.** Hechicero supuestamente dotado de poderes mágicos en determinadas culturas. ‖ **IV.** F. **5.** En los cuentos infantiles tradicionales, mujer fea y malvada, que tiene poderes mágicos y que, generalmente, puede volar montada en una escoba. ‖ **6.** coloq. Mujer fea y vieja. ‖ **creer en brujas.** LOC.VERB. coloq. Ser demasiado crédulo y de pocos alcances. ‖ **estar** alguien **bruja.** LOC.VERB. Ant. y *Méx.* Estar pobre y sin dinero. ☐ V. **caza de brujas.**

brújula. F. **1.** Instrumento consistente en una caja en cuyo interior una aguja imantada gira sobre un eje y señala el norte magnético, que sirve para determinar las direcciones de la superficie terrestre. ‖ **2.** *Mar.* brújula que se usa a bordo, en cuya caja, redonda y de bronce, hay dos círculos concéntricos, de los cuales solo gira el interior, que lleva la aguja magnética, indicando el rumbo de la nave, mientras que el exterior, fijo, lleva señalada la dirección de la quilla del buque. ‖ **~ giroscópica.** F. La que consta de un giroscopio de eje horizontal, cuyo bastidor puede girar en torno de la vertical, con lo que se orienta en el meridiano. ‖ **~ magnética.** F. La que consiste en una o varias agujas imantadas que giran libremente. ‖ **perder la ~.** LOC.VERB. Perder el tino en el manejo de algún negocio.

brujulear. INTR. **1.** Buscar con diligencia y por varios caminos el logro de una pretensión. ‖ **2.** Andar sin rumbo fijo.

brujuleo. M. Acción de brujulear.

brulote. M. hist. Barco cargado de materias combustibles e inflamables, que se dirigía sobre los buques enemigos para incendiarlos.

bruma. F. Niebla, y especialmente la que se forma sobre el mar.

brumario. M. hist. Segundo mes del calendario francés de la Revolución, cuyos días primero y último coincidían, respectivamente, con el 22 de octubre y el 20 de noviembre.

brumoso, sa. ADJ. Con bruma. *Paisaje brumoso.*

bruneano, na. ADJ. 1. Natural de Brunéi Darussalam. U. t. c. s. || 2. Perteneciente o relativo a este país de Asia.

brunela. F. **consuelda.**

bruno, na. ADJ. De color negro u oscuro.

bruñido, da. PART. de **bruñir.** || **I.** ADJ. 1. **reluciente.** || **II.** M. 2. Acción y efecto de bruñir.

bruñidor, ra. I. ADJ. 1. Que bruñe. *Máquina bruñidora.* Apl. a pers., u. t. c. s. || **II.** M. 2. Instrumento para bruñir.

bruñir. TR. Sacar lustre o brillo a un metal, una piedra, etc. MORF. conjug. c. *mullir.*

bruño. M. 1. Ciruela negra que se coge en el norte de España. || 2. Árbol que la da.

brusco¹, ca. ADJ. 1. Áspero, desagradable. *Modales bruscos.* || 2. Rápido, repentino, pronto. *Cambio brusco.*

brusco². M. Planta perenne de la familia de las Liliáceas, como de medio metro de altura, con tallos ramosos, flexibles y estriados cubiertos de ramitas foliáceas, ovaladas, retorcidas en el eje y de punta aguda, flores verdosas y bayas del color y tamaño de una guinda pequeña.

Bruselas. □ V. **col de ~.**

bruselense. ADJ. 1. Natural de Bruselas. U. t. c. s. || 2. Perteneciente o relativo a esta ciudad, capital de Bélgica.

brusquedad. F. 1. Cualidad de brusco. || 2. Acción o procedimiento bruscos.

brut. ADJ. Dicho del champán o del cava: Muy seco. U. t. c. s. m. MORF. pl. **bruts.**

brutal. ADJ. 1. Dicho de una persona: De carácter violento. || 2. Propio o característico de una persona brutal. *Una paliza brutal.* || 3. coloq. Muy grande. *Una oscuridad brutal.*

brutalidad. F. 1. Cualidad de bruto. || 2. Acción torpe, grosera o cruel. || 3. coloq. **barbaridad** (|| cantidad grande).

brutalizar. TR. Dar carácter brutal a alguien o algo. U. t. c. prnl.

bruto, ta. I. ADJ. 1. Necio, incapaz. U. t. c. s. || 2. Violento, rudo, carente de miramiento y civilidad. U. t. c. s. || 3. Dicho de una cantidad de dinero: Que no ha experimentado retención o descuento alguno. Se usa en contraposición a *neto.* U. t. c. s. m. || 4. Dicho del peso de una cosa: Total, incluida la tara. Se usa en contraposición a *neto.* || 5. Dicho de un producto: En su estado natural. *Petróleo bruto.* || **II.** M. 6. Animal irracional, especialmente cuadrúpedo. || 7. Petróleo **bruto. || a lo ~.** LOC. ADV. 1. Sin límite, sin medida. || 2. **a lo bestia.** || **en bruto.** LOC.ADJ. Sin pulir o labrar. □ V. **diamante ~, diamante en ~, fuerza ~, peso ~, producto nacional ~.**

bruza. F. Cepillo de cerdas muy espesas y fuertes, generalmente con una abrazadera de cuero para meter la mano, que sirve para limpiar las caballerías, los moldes de imprenta, etc.

bu. I. INTERJ. 1. Se usa para asustar a los niños aludiendo a un fantasma o ser imaginario. || **II.** M. 2. fest. coloq. Persona o cosa que mete o pretende meter miedo.

buba. F. 1. **pústula.** || 2. Tumor blando, comúnmente doloroso y con pus, que se presenta de ordinario en la región inguinal como consecuencia del mal venéreo, y también a veces en las axilas y en el cuello. U. m. en pl. □ V. **mal de ~s.**

búbala. F. Hembra del búbalo.

búbalo. M. Búfalo de Asia, del cual proceden los búfalos domésticos de Egipto, Grecia e Italia.

bubi. ADJ. Se dice del individuo de la población indígena de la isla de Malabo, antes Fernando Poo, perteneciente a la Guinea Ecuatorial. U. t. c. s.

bubón. M. 1. Tumor purulento y voluminoso. || 2. pl. **bubas** (|| tumores blandos).

bubónico, ca. ADJ. Perteneciente o relativo al bubón. □ V. **peste ~.**

buboso, sa. ADJ. Que padece bubas. U. t. c. s.

bucal. ADJ. Perteneciente o relativo a la boca.

bucanero. M. hist. Pirata que en los siglos XVII y XVIII se entregaba al saqueo de las posesiones españolas de ultramar.

bucare o búcare. M. Árbol americano de la familia de las Papilionáceas, de unos diez metros de altura, con espesa copa, hojas compuestas de hojuelas puntiagudas y truncadas en la base, y flores blancas. Sirve en Venezuela para defender contra el rigor del sol los plantíos de café y de cacao, dándoles sombra.

búcaro. M. 1. **florero** (|| vaso para flores). || 2. hist. Tierra roja arcillosa, que se traía primitivamente de Portugal, y se usaba para hacer vasijas que se estimaban por su olor característico, especialmente como jarras para servir agua. || 3. hist. Vasija hecha con esta arcilla, principalmente para usarla como jarra para servir agua.

buccino. M. Caracol marino de concha pequeña y abocinada, cuya tinta solía mezclarse en la antigüedad con las de las púrpuras y los múrices para teñir las telas.

buceador, ra. ADJ. Que bucea. Apl. a pers., u. t. c. s.

bucear. INTR. 1. Nadar con todo el cuerpo sumergido. || 2. Explorar acerca de algún tema o asunto material o moral. *Bucear en el inconsciente.*

bucelario. M. hist. Entre los visigodos, hombre libre que voluntariamente se sometía al patrocinio de un magnate, a quien prestaba determinados servicios, y del cual recibía el disfrute de alguna propiedad.

buceo. M. Acción de bucear.

bucha. F. Hembra del **buche².**

buchaca. F. 1. Bolsa, bolsillo. || 2. Á. *Caribe* y *Méx.* Bolsa de la tronera de la mesa de billar.

buchada. F. **bocanada.**

buche¹. M. 1. Bolsa membranosa que comunica con el esófago de las aves, en la cual se reblandece el alimento. || 2. En algunos animales cuadrúpedos, **estómago** (|| órgano del aparato digestivo). || 3. Porción de líquido que llena la boca, inflando los carrillos. || 4. **trago** (|| porción de líquido que se bebe de una vez). || 5. coloq. Vientre en cuanto lugar al que llegan los alimentos para la digestión. *Cristóbal ha llenado bien el buche.* || **~ y pluma.** LOC. ADJ. *Ant.* **buchipluma.** || **hacer ~s.** LOC.VERB. Enjuagarse la boca. || **llenar el ~ a alguien.** LOC.VERB. Enriquecerlo. *Algunos luchan con una mano y con la otra llenan el buche a ciertos políticos.*

buche². M. Borrico recién nacido y mientras mama.

buchipluma. I. ADJ. **1.** despect. Á. *Caribe.* Dicho de una persona: Que promete y no cumple, o que presume de algo sin poder hacerlo. U. t. c. s. ‖ **II.** M. **2.** Á. *Caribe.* Dicho o hecho sin valor o sin sustancia.

buchón, na. ADJ. Dicho del palomo o paloma domésticos: Que se distinguen por la propiedad de inflar el buche desmesuradamente.

bucle. M. **1.** Rizo de cabello en forma helicoidal. ‖ **2.** Cosa o figura cuya forma recuerda la de este rizo. *El avión descendió describiendo un bucle acrobático.*

buco. M. **cabrón** (‖ macho de la cabra).

bucodental. ADJ. Perteneciente o relativo a la boca y dientes. *La salud bucodental.*

bucofaríngeo, a. ADJ. Anat. Perteneciente o relativo a la boca y faringe. *La mucosa bucofaríngea.*

bucólica. F. Composición poética del género bucólico.

bucólico, ca. ADJ. **1.** Dicho de un género de poesía o de una composición poética, por lo común dialogada: Que tratan de cosas concernientes a los pastores o a la vida campestre. ‖ **2.** Perteneciente o relativo a este género de poesía. *El tema bucólico de la lírica española.* ‖ **3.** Dicho de un poeta: Que cultiva el género bucólico. U. t. c. s. ‖ **4.** Que evoca de modo idealizado el campo o la vida en el campo. *Una descripción muy bucólica.*

bucolismo. M. Carácter bucólico de alguien o de algo, especialmente en una obra artística.

buda. M. **1.** En el pensamiento budista, persona que ha alcanzado la sabiduría y el conocimiento perfecto. ‖ **2.** por antonom. Fundador del budismo. ORTOGR. Escr. con may. inicial.

budare. M. Á. *Caribe.* Plancha circular y ligeramente cóncava de barro cocido o de hierro que se utiliza para cocer o tostar alimentos como la arepa, la cachapa, el casabe o el café.

búdico, ca. ADJ. Perteneciente o relativo al budismo.

budín. M. **pudin.** ‖ **~ azteca.** M. *Méx.* Plato compuesto de varias capas alternadas de mole, o salsa verde o roja, tortillas de maíz, pollo cocido deshebrado, queso y crema.

budinera. F. Recipiente de cobre o hierro estañado en que se hace el pudin.

budismo. M. Doctrina filosófica y religiosa, derivada del brahmanismo, fundada en la India en el siglo VI a. C. por el buda Gotama.

budista. I. ADJ. **1.** Perteneciente o relativo al budismo. *Templo budista.* ‖ **II.** COM. **2.** Persona que profesa el budismo.

buen. ADJ. **bueno.** U. ante s. m. sing. *Buen año. Buen despertar.* ☐ V. **~ dinero, ~ humor, ~ mozo, ~ rato, el Buen Pastor.**

buenamente. ADV. M. **1.** De manera fácil y cómoda, sin mucha fatiga, sin dificultad. *Contestó lo que buenamente supo.* ‖ **2.** De manera voluntaria. *Pagó lo que buenamente quiso.*

buenamoza. F. *Am. Mer.* **buena moza.** MORF. pl. **buenasmozas.**

buenasmozas. F. pl. de **buenamoza.**

buenaventura. F. **1.** Buena suerte, dicha de alguien. ‖ **2.** Adivinación supersticiosa de la suerte de las personas, por el examen de las rayas de las manos y por su fisonomía. ¶ MORF. pl. **buenaventuras.**

buenazo, za. ADJ. coloq. Dicho de una persona: Pacífica o de buen natural. U. t. c. s.

buenmozo. M. *Am. Mer.* **buen mozo.** MORF. pl. **buenosmozos.**

bueno, na. I. ADJ. **1.** De valor positivo, acorde con las cualidades que cabe atribuirle por su naturaleza o destino. *Buena amiga.* ‖ **2.** Útil y a propósito para algo. *Esta lluvia es buena para las plantas.* ‖ **3.** Gustoso, apetecible, agradable, divertido. *Helado bueno. Buena anécdota.* ‖ **4. grande** (‖ que supera a lo común). *Buena fiebre. Buena brecha.* ‖ **5. sano.** *Estuvo enferma, pero ya se ha puesto buena.* ‖ **6.** irón. Dicho de una persona: Simple, bonachona o chocante. U. m. c. s. *El bueno de Fulano.* ‖ **7.** Dicho de una cosa: No deteriorada y que puede servir. *Este vestido todavía está bueno.* ‖ **8.** Bastante, suficiente. *Ha cobrado una buena cantidad.* ¶ MORF. sups. irregs. **bonísimo, óptimo.** ‖ **II.** M. **9.** Á. R. *Plata.* Partido que se juega para desempatar. ‖ **a buenas.** LOC. ADV. **1. por las buenas.** ‖ **2.** coloq. En buena disposición. *No está a buenas con su prima.* ‖ **bueno.** INTERJ. **1.** Denota aprobación, contento, sorpresa, etc. ‖ **2. basta.** ‖ **3.** *Méx.* Se usa para contestar al teléfono. ‖ **bueno está.** coloq. Basta, o no más, o ya está bien. ‖ **bueno está lo ~.** EXPR. Denota protesta o disconformidad con algo que se viene tolerando y que ya ha llegado a su límite. ‖ **bueno estaría.** EXPR. irón. coloq. **estaría bueno.** ‖ **cuánto ~.** LOC. INTERJ. Se usa para saludar afectuosamente a alguien a quien se estima. ‖ **de buenas.** LOC. ADJ. coloq. De buen humor, alegre y complaciente. *Están de buenas.* ‖ **de buenas a primeras.** LOC. ADV. De manera inesperada. ‖ **estaría bueno, o estaría bueno que.** EXPRS. iróns. coloqs. Se usan para subrayar la oposición a algo o su inconveniencia. *Eso no se lo consiento a nadie, estaría bueno. Estaría bueno que encima tuviese que pagarlo él.* ‖ **lo ~ es que.** EXPR. irón. coloq. Se usa para indicar que algo es curioso, gracioso o chocante. *Es muy avaricioso, pero lo bueno es que dice que no le importa el dinero.* ‖ **lo que es bueno.** LOC. SUST. M. coloq. Situación más o menos adversa a la que alguien ha de enfrentarse. *Cuando tengas que madrugar ya verás lo que es bueno. Se va a enterar de lo que es bueno.* ‖ **por la buena.** LOC. ADV. **por las buenas.** ‖ **por las ~s.** LOC. ADV. De grado, de manera voluntaria. ‖ **por las ~s o por las malas.** LOC. ADV. De manera voluntaria o a la fuerza. ☐ V. **~ acción, ~ fe, ~ figura, ~ mano, ~ moneda, ~ moza, ~ muerte, ~ nueva, ~ obra, ~ paga, ~ pieza, ~ planta, ~ presa, ~ sangre, ~ sociedad, ~ sombra, ~ ventura, ~ vida, ~s letras, ~s manos, ~s palabras, hierba ~, hombre ~, Noche Buena, palabras de ~ crianza, poseedor de ~ fe, posesión de ~ fe, visto ~.**

buenosmozos. M. pl. de **buenmozo.**

buey[1]**.** M. **1.** Macho vacuno castrado. ‖ **2. buey de mar.** ‖ **3.** *Méx.* Persona tonta, mentecata. U. t. c. adj. ‖ **~ de mar.** M. Crustáceo decápodo marino, más grande que el cangrejo de mar, con pinzas gruesas y cinco dientes redondeados en el borde del caparazón. ‖ **álzalas, ~.** EXPR. *Méx.* Se usa para dirigirse a alguien que ha tropezado. ‖ **con estos ~es hay que arar.** EXPR. coloq. Se usa para indicar que hay que arreglárselas con lo que se tiene. ‖ **saber** alguien **con qué ~, o ~es, ara.** LOCS. VERBS. coloqs. Conocer bien a las personas con las que puede o debe contar. ‖ **sacar** alguien **el ~ de la barranca.** LOC. VERB. *Méx.* Ejecutar algo difícil. ☐ V. **ojo de ~.**

buey[2]**.** M. Golpe o caudal muy grueso de agua que sale por un conducto, canal o nacimiento.

bueyera. ☐ V. **garcilla ~.**

bufa. F. Burla, bufonada.

búfala. F. Hembra del búfalo.

búfalo. M. **1.** Bisonte que vive en América del Norte. ‖ **2.** Bóvido corpulento, con largos cuernos deprimidos, de cuyas dos especies principales una es de origen asiático y otra de origen africano.

bufanda. F. Prenda larga y estrecha, por lo común de lana o seda, con que se envuelve y abriga el cuello y la boca.

bufar. INTR. **1.** Dicho de un animal, especialmente de un toro o de un caballo: Resoplar con ira y furor. ‖ **2.** coloq. Dicho de una persona: Manifestar su ira o enojo extremo de algún modo.

bufé. M. **1.** Comida compuesta de una diversidad de alimentos fríos y calientes, dispuestos a la vez sobre una o varias mesas, y ofrecidas por lo general en hoteles y actos sociales. ‖ **2.** Mesa o conjunto de mesas donde, en reuniones o espectáculos públicos, se ofrecen estos alimentos.

bufeo. M. delfín[1].

bufet. M. bufé (‖ comida). MORF. pl. **bufets.**

bufete. M. **1.** Estudio o despacho de un abogado. ‖ **2.** Mesa de escribir con cajones.

bufido. M. **1.** Voz del animal que bufa. ‖ **2.** coloq. Expresión o demostración de enojo o enfado.

bufo, fa. I. ADJ. **1.** Se dice de lo cómico que raya en grotesco y burdo. *Teatro bufo.* ‖ **2.** bufón (‖ chocarrero). *Actuación bufa y acrobática.* ‖ **II.** M. y F. **3.** Persona que hace papel de gracioso en la ópera italiana.

bufón, na. I. ADJ. **1.** chocarrero. ‖ **II.** M. y F. **2.** hist. Personaje cómico encargado de divertir a reyes y cortesanos con chocarrerías y gestos. ‖ **3.** Truhan que se ocupa en hacer reír.

bufonada. F. **1.** Dicho o hecho propio de un bufón. ‖ **2.** Chanza satírica. U. m. en sent. peyor. *Con buena bufonada te vienes.*

bufonería. F. bufonada.

bufonesco, ca. ADJ. chocarrero. *Espectáculo bufonesco.*

buganvilia o **buganvilla.** F. Arbusto trepador sudamericano de la familia de las Nictagináceas, con hojas ovales o elípticas, brácteas de diversos colores y flores pequeñas.

bugle. M. Instrumento musical de viento, formado por un largo tubo cónico de metal, arrollado de distintas maneras y provisto de pistones en número variable.

buglosa. F. Planta anual de la familia de las Borragináceas, muy vellosa, con tallo erguido, de seis a ocho decímetros de altura, hojas lanceoladas, enteras, las inferiores con pecíolo, sentadas las superiores, y todas erizadas de pelos rígidos, flores en panojas de corola azul y forma de embudo, y fruto seco con cuatro semillas rugosas. Abunda en los sembrados, y sus flores forman parte de las cordiales.

bugui-bugui. M. **1.** Música basada en el *blues,* originalmente pianística, que repite con insistencia las frases y las notas. ‖ **2.** Baile que sigue esta música, de moda durante la primera mitad del siglo XX. ¶ MORF. pl. **bugui-buguis.**

buharda. F. buhardilla.

buhardilla. F. **1.** desván. ‖ **2.** Parte de un edificio situada inmediatamente debajo del tejado, con techo en pendiente y destinada a vivienda. ‖ **3.** Arq. Ventana que se levanta por encima del tejado de una casa, con su caballete cubierto de tejas o pizarras, y sirve para dar luz a los desvanes o para salir por ella a los tejados.

búho. M. Ave rapaz nocturna, indígena de España, de unos 40 cm de altura, de color mezclado de rojo y negro, calzada de plumas, con el pico curvo, los ojos grandes y colocados en la parte anterior de la cabeza, sobre la cual tiene unas plumas alzadas que parecen orejas.

buhonería. F. **1.** Conjunto de baratijas, como botones, agujas, cintas, peines, etc. ‖ **2.** pl. Objetos de buhonería.

buhonero, ra. M. y F. Persona que lleva o vende cosas de buhonería.

buido, da. ADJ. Aguzado, afilado. *Mente buida.*

buitre. M. **1.** Ave rapaz de cerca de dos metros de envergadura, con el cuello desnudo, rodeado de un collar de plumas largas, estrechas y flexibles, cuerpo leonado, remeras oscuras y una faja blanca a través de cada ala. Se alimenta de carne muerta y vive en bandadas. ‖ **2.** Persona que se ceba en la desgracia de otro. ‖ **~ negro.** M. Ave casi tan grande como el buitre, pero menos abundante, que se caracteriza por el color castaño oscuro de su plumaje y por las plumas suaves que rodean la cabeza y simulan en conjunto una capucha.

buitrera. F. Lugar donde anidan y se posan los buitres.

buitrero, ra. ADJ. Perteneciente o relativo al buitre.

buitrón. M. **1.** En las minas de América, sitio hondo, llano y solado donde se benefician los minerales argentíferos, mezclándolos con azogue y una mezcla de óxido férrico y sulfato cúprico, resultante del tueste de la pirita cobriza, después de molidos y calcinados en hornos. ‖ **2.** Pájaro europeo, uno de los más pequeños de este continente, que canta bamboleándose en el aire. Es de color pardo manchado de oscuro con garganta y partes inferiores blancuzcas y cola corta y redondeada. Su tamaño es de diez centímetros.

bujarda. F. Martillo de dos bocas cuadradas cubiertas de dientes, usado en cantería.

bujarrón. ADJ. *Esp.* Dicho de un varón: Que sodomiza a otro. U. t. c. s. m.

buje. M. cojinete (‖ pieza en que se apoya y gira un eje).

bujedo. M. Sitio poblado de bojes.

bujeo. M. Terreno fangoso.

bujería. F. Mercancía de estaño, hierro, vidrio, etc., de poco valor y precio.

bujía. F. **1.** En los motores de explosión, pieza que hace saltar la chispa eléctrica que ha de inflamar la mezcla gaseosa. ‖ **2.** Vela de cera blanca, de esperma de ballena o estearina. ‖ **3.** Unidad empleada para medir la intensidad de un foco de luz artificial. (Símb. bd).

bula. F. **1.** Documento pontificio relativo a materia de fe o de interés general, concesión de gracias o privilegios o asuntos judiciales o administrativos, expedido por la Cancillería Apostólica y autorizado por el sello de su nombre. ‖ **2.** Sello de plomo pendiente de ciertos documentos pontificios, que por un lado representa las cabezas de san Pedro y san Pablo y por el otro lleva el nombre del papa. ‖ **3.** hist. **bula de carne. ‖ ~ de carne.** F. hist. La que daba el papa en dispensación de comer de vigilia en ciertos días. ‖ **~ de la Santa Cruzada.** F. hist. bula apostólica en que los romanos pontífices concedían diferentes indulgencias a quienes iban a la guerra contra infieles o acudían a los gastos de ella con limosnas.

bulárcama. F. *Mar.* sobreplán.

bulario. M. Colección de bulas.

bulbar. ADJ. *Med.* Perteneciente o relativo al bulbo raquídeo.

bulbo. M. **1.** *Bot.* Yema gruesa, por lo común subterránea, cuyas hojas están cargadas con sustancias de reserva. ‖ **2.** Ampolla de vidrio de forma redondeada; p. ej., la de una bombilla o la de un termómetro. ‖ **~ escamoso.** M. *Bot.* El que tiene sus hojas a la manera de escamas estrechas o imbricadas, como el de la azucena. ‖ **~ piloso.** M. *Anat.* Abultamiento ovoide en que termina la raíz del pelo de los mamíferos por su extremo profundo. ‖ **~ raquídeo.** M. *Anat.* Parte inicial y engrosada de la médula espinal, que se encuentra en la base del encéfalo. ‖ **~ tunicado.** M. *Bot.* El que tiene sus hojas formando envolturas completas a manera de túnica; p. ej., el de la cebolla.

bulboso, sa. ADJ. **1.** Que tiene forma de bulbo. *Campanario bulboso.* ‖ **2.** *Bot.* Que tiene bulbos. *Planta bulbosa.*

bulbul. M. **ruiseñor.**

bule. M. **1.** *Méx.* Planta cucurbitácea. ‖ **2.** *Méx.* Vasija hecha de este fruto, ya seco.

bulerías. F. **1.** pl. Cante popular andaluz de ritmo vivo que se acompaña con palmas. ‖ **2.** pl. Baile que se ejecuta al son de este cante.

bulero. M. hist. Funcionario comisionado para distribuir las bulas de la Santa Cruzada y recaudar el producto de la limosna que daban los fieles.

bulevar. M. **1.** Calle generalmente ancha y con árboles. ‖ **2.** Paseo central arbolado de una avenida o calle ancha.

búlgaro, ra. I. ADJ. **1.** Natural de Bulgaria. U. t. c. s. ‖ **2.** Perteneciente o relativo a este país de Europa. ‖ **II.** M. **3.** Lengua **búlgara.**

bulimia. F. Gana insaciable de comer. ‖ **~ mental,** o **~ nerviosa.** F. *Med.* Síndrome de deseo compulsivo de comer, con provocación de vómitos y consecuencias patológicas.

bulímico, ca. ADJ. **1.** Perteneciente o relativo a la bulimia. *Sufre crisis bulímicas.* ‖ **2.** Que padece bulimia. U. t. c. s.

bulín. M. *Dep.* En alpinismo, nudo para encordarse.

bulla. F. **1.** Gritería o ruido que hacen una o más personas. ‖ **2.** Concurrencia de mucha gente.

bullabesa. F. Sopa de pescados y crustáceos, sazonada con especias fuertes, vino y aceite, que suele servirse con rebanadas de pan.

bullanga. F. Tumulto, bullicio grande.

bullanguero, ra. ADJ. Alborotador, amigo de bullangas. U. t. c. s.

bullente. ADJ. **1.** Que bulle. *Cera bullente.* ‖ **2.** Que tiene agitación o movimiento producido por seres u objetos que bullen. *Una ciudad bullente.*

bullicio. M. **1.** Ruido y rumor que causa la concentración de mucha gente. ‖ **2.** Alboroto, sedición o tumulto.

bullicioso, sa. ADJ. **1.** Que tiene o causa **bullicio** (‖ ruido). *Asamblea, fiesta, corriente, calle bulliciosa.* ‖ **2.** Dicho de una persona: Inquieta, desasosegada, que no para, que se mueve mucho o con gran viveza.

bullidor, ra. ADJ. Que bulle (‖ se mueve con viveza excesiva).

bullir. INTR. **1.** Dicho del agua o de otro líquido: **hervir** (‖ producir burbujas por la acción del calor). ‖ **2.** Dicho de una masa de personas, animales u objetos: Agitarse a semejanza del agua hirviendo. ‖ **3.** Dicho de una persona: Moverse, agitarse con viveza excesiva, no parar, no estarse quieta en ninguna parte. ‖ **4.** Moverse

dando señal de vida. *El pez, fuera del agua, siguió bullendo un buen rato.* U. t. c. prnl. ¶ MORF. conjug. c. *mullir.*

bullón. M. Pliegue de tela, de forma esférica, usado en las guarniciones de trajes de señora y en los adornos de tapicería.

bulo. M. Noticia falsa propalada con algún fin.

bulón. M. Tornillo grande de cabeza redondeada.

bulto. M. **1.** Elevación o parte que sobresale en una superficie. ‖ **2.** Volumen o tamaño de una cosa. *Un anillo de mucho bulto.* ‖ **3.** Cuerpo indistinguible por la distancia, por falta de luz o por estar cubierto. ‖ **4.** Fardo, caja, baúl, maleta, etc., usados en transportes o viajes. ‖ **5.** Busto o estatua. ‖ **~ redondo.** M. Obra escultórica aislada, y por tanto visible por todo su contorno. ‖ **a ~.** LOC. ADV. De manera aproximada, sin cálculo. ‖ **a menos,** o **cuanto menos ~, más claridad.** EXPRS. coloqs. Se usan para dar a entender que no tiene importancia la ausencia o la retirada de personas o cosas. ‖ **de ~.** LOC.ADJ. Dicho especialmente de un error o de un fallo: Muy manifiesto. ‖ **escurrir, guardar,** o **huir,** alguien **el ~.** LOCS. VERBS. coloqs. Eludir o esquivar un trabajo, riesgo o compromiso. ‖ **hacer ~.** LOC.VERB. coloq. Contribuir a dar aspecto concurrido a una reunión por medio de la mera presencia, o añadir alguna cosa en algún lugar para que este tenga un aspecto más adecuado. ‖ **poner de ~** algo. LOC.VERB. Decirlo de modo que llame vivamente la atención y pueda ser apreciado en todo su valor o importancia. ☐ V. **figura de ~.**

bululú. M. **1.** hist. Comediante que representaba él solo, en los lugares por donde pasaba, una comedia, loa o entremés, mudando la voz según la condición de los personajes que iba interpretando. ‖ **2.** Alboroto, tumulto, escándalo. ¶ MORF. pl. **bululús** o **bululúes.**

bum. ONOMAT. Se usa para imitar el ruido de un golpe o de una explosión.

bumangués, sa. ADJ. **1.** Natural de Bucaramanga. U. t. c. s. ‖ **2.** Perteneciente o relativo a esta ciudad de Colombia, capital del departamento de Santander.

búmeran. M. *Méx.* **bumerán.** MORF. pl. invar. *Los búmeran.*

bumerán. M. Arma arrojadiza, propia de los indígenas de Australia, formada por una lámina de madera curvada de tal manera que, lanzada con movimiento giratorio, puede volver al punto de partida. MORF. pl. **bumeranes.** ☐ V. **efecto ~.**

buna. (Del alemán *Buna,* y este acrónimo de *Bu*tadieno y *Na*trium; marca reg.). F. Caucho sintético.

búngalo. M. *Chile* y *Méx.* **bungaló.**

bungaló. M. Casa pequeña de una sola planta que se suele construir en lugares destinados al descanso. MORF. pl. **bungalós.**

búnker. M. **1.** Refugio, por lo general subterráneo, para protegerse de bombardeos. U. t. en sent. fig. *Su habitación era su búnker, y allí se encerraba a leer.* ‖ **2.** Grupo resistente a cualquier cambio político. ¶ MORF. pl. **búnkeres.**

buñolería. F. Tienda en que se hacen y venden buñuelos.

buñolero, ra. M. y F. Persona que por oficio hace o vende buñuelos.

buñuelero, ra. M. y F. *Méx.* **buñolero.**

buñuelo. M. **1.** Fruta de sartén que se hace de masa de harina bien batida y frita en aceite. Cuando se fríe se esponja y sale de varias formas y tamaños. ‖ **2.** *Á. Caribe.* Bola pequeña de masa de yuca, que se prepara con huevo y queso y se endulza con miel o melado. ‖ **~ de viento.** M. El que se rellena de crema, cabello de ángel u otro dulce.

buque. M. Barco con cubierta o cubiertas que por su tonelaje es apto para actividades marítimas importantes. ‖ **~ de cruz.** M. *Mar.* El que lleva velas cuadras cuyas vergas se cruzan sobre los palos. ‖ **~ de guerra.** M. *Mar.* El construido y armado para usos militares. ‖ **~ de transporte.** M. *Mar.* El empleado en la conducción de personas o efectos de guerra. ‖ **~ de vapor.** M. *Mar.* El que navega a impulso de una o más máquinas de esta especie. ‖ **~ de vela.** M. *Mar.* El que aprovecha con cualquier aparejo la fuerza del viento. ‖ **~ en lastre.** M. *Mar.* El que navega sin carga útil. ‖ **~ escolta.** M. Barco de la Armada que presta un servicio de vigilancia y custodia a otra embarcación. ‖ **~ escuela.** M. Barco de la Marina de guerra en que hacen parte de su instrucción los guardias marinas. ‖ **~ mercante.** M. El que se emplea en la conducción de mercancías, aunque a veces transporta además pasajeros. ‖ **~ mixto.** M. *Mar.* El que está habilitado para navegar a impulso del viento y del vapor.

buqué. M. Aroma de los vinos de buena calidad.

buraco. M. **agujero** (‖ abertura).

burato. M. hist. Tejido de lana o seda que servía para alivio de lutos en verano y para manteos.

burbuja. F. **1.** Glóbulo de aire u otro gas que se forma en el interior de algún líquido y sale a la superficie. ‖ **2.** Habitáculo hermético y aislado del exterior. U. t. en sent. fig. *Los poderosos viven en una burbuja de impunidad.* ‖ **3.** Se usa en aposición para indicar que la persona o personas designadas por el sustantivo al que se pospone están sometidas a terapia con aislamiento absoluto. *Niños burbuja.* ‖ **4.** *Econ.* Proceso de fuerte subida en el precio de un activo que genera expectativas de subidas futuras. ☐ V. **plástico de ~.**

burbujear. INTR. Hacer burbujas.

burbujeo. M. Acción de burbujear.

burda. F. *Mar.* Brandal de los masteleros de juanete.

burdégano. M. Animal resultante del cruzamiento entre caballo y asna.

burdel. M. **1.** Casa de prostitución. ‖ **2.** coloq. Casa o lugar en que se falta al decoro con ruido y confusión.

burdelesco, ca. ADJ. Dicho de un modo de expresión o de un hecho: Propio o característico de un burdel.

burdeos. M. **1.** Vino que se cría en la región de la ciudad francesa de Burdeos. ‖ **2.** Color semejante al vino. U. t. c. adj.

burdo, da. ADJ. Tosco, basto, grosero. *Paño burdo. Justificación burda.*

bureo. M. **1.** Entretenimiento, diversión. ‖ **2.** hist. Junta formada por altos dignatarios palatinos y presidida por el mayordomo mayor que resolvía los expedientes administrativos de la casa real y ejercía jurisdicción sobre las personas sujetas al fuero de ella.

bureta. F. Tubo de vidrio graduado, con una llave en su extremo inferior, utilizado para análisis químicos volumétricos.

burgado. M. Caracol terrestre, de color moreno y del tamaño de una nuez pequeña.

burgalés, sa. ADJ. **1.** Natural de Burgos. U. t. c. s. ‖ **2.** Perteneciente o relativo a esta ciudad de España o a su provincia.

burgo. M. hist. En la Edad Media, fortaleza construida por los nobles feudales para vigilar los territorios de su jurisdicción, donde se asentaban grupos de comerciantes, artesanos, etc. ‖ **~ podrido.** M. Circunscripción electoral dominada habitualmente por caciques políticos.

burgomaestre. M. Primer magistrado municipal de algunas ciudades de Alemania, los Países Bajos, Suiza, etc.

burgrave. M. hist. Señor de una ciudad. Se usaba como título en Alemania.

burgués, sa. **I.** M. y F. **1.** Ciudadano de la clase media acomodada. ‖ **2.** despect. Persona de mentalidad conservadora que tiende a la estabilidad económica y social. ‖ **II.** ADJ. **3.** Perteneciente o relativo a **burgués** (‖ ciudadano de la clase media). *Familia burguesa.* ‖ **4.** despect. Vulgar, mediocre. Apl. a pers., u. t. c. s. ‖ **5.** hist. Natural o habitante de un burgo medieval. U. t. c. s. ‖ **6.** hist. Perteneciente o relativo al burgo medieval. ‖ **pequeño ~.** LOC.ADJ. despect. **pequeñoburgués.**

burguesía. F. **1.** Grupo social constituido por personas de clase media acomodada. ‖ **2.** hist. En la Edad Media, clase social formada especialmente por comerciantes, artesanos libres y personas que no estaban sometidas a los señores feudales.

burgundio, dia. ADJ. **1.** hist. **borgoñón** (‖ individuo de un pueblo germano). U. t. c. s. ‖ **2.** hist. **borgoñón** (‖ perteneciente a este pueblo). *Arte burgundio.*

buriato, ta. ADJ. **1.** Natural de Buriatia. U. t. c. s. ‖ **2.** Perteneciente o relativo a esta república de la Federación Rusa.

buril. M. Instrumento de acero, de forma prismática y puntiagudo, que sirve a los grabadores para abrir y hacer líneas en los metales.

burilar. TR. Grabar con el buril.

burkinés, sa. ADJ. **1.** Natural de Burkina Faso. U. t. c. s. ‖ **2.** Perteneciente o relativo a este país de África.

burla. F. **1.** Acción, ademán o palabras con que se procura poner en ridículo a alguien o algo. ‖ **2. chanza.** ‖ **3. engaño.** ‖ **4.** pl. Bromas o mentiras. Se usa en contraposición a *veras. Decir o hablar entre burlas y veras. Mezclar burlas con veras.* ‖ **~ burlando.** LOC.ADV. **1.** coloq. Sin advertirlo o sin darse cuenta de ello. *Burla burlando hemos andado ya tres kilómetros.* ‖ **2.** coloq. Con disimulo o como quien no quiere la cosa. *Burla burlando consiguió su empleo.*

burladero. M. Valla que se pone delante de las barreras de las plazas y corrales de toros, separada de ellas lo suficiente para que pueda refugiarse el lidiador, burlando al toro que lo persigue.

burlador, ra. **I.** ADJ. **1.** Que burla. *Cinismo burlador de los más elementales principios morales.* Apl. a pers., u. t. c. s. ‖ **II.** M. **2.** Libertino habitual que hace gala de deshonrar a las mujeres, seduciéndolas y engañándolas.

burlar. **I.** TR. **1. engañar** (‖ inducir a tener por cierto lo que no lo es). *Nos burló con un truco fácil.* ‖ **2.** Esquivar a quien va a impedir el paso o a detenerlo. *No conseguimos burlarla al salir.* ‖ **3.** Frustrar, desvanecer la esperanza, el deseo, etc., de alguien. *Burló todas sus expectativas.* ‖ **4.** Seducir con engaño a una mujer. ‖ **5.** *Taurom.* Esquivar la acometida del toro. ‖ **II.** PRNL. **6.** Hacer burla de alguien o algo. U. t. c. intr.

burlesco, ca. ADJ. coloq. Festivo, jocoso, sin formalidad, que implica burla o broma.

burlete. M. Tira de tela, caucho u otro material, que se pone en el borde de las hojas de puertas, balcones o ventanas para que, al cerrarse, queden cubiertos los intersticios y no pueda entrar por ellos el aire en las habitaciones.

burlón, na. ADJ. **1.** Inclinado a decir burlas o a hacerlas. U. t. c. s. ‖ **2.** Que implica o denota burla. *Tono burlón.*

buró. M. **1.** Mueble para escribir, a manera de cómoda, con una parte más alta que el tablero, provista frecuentemente de cajones o casillas. Se cierra levantando el tablero o, si este es fijo, mediante una cubierta de tablillas paralelas articuladas. ‖ **2.** hist. En las antiguas organizaciones políticas comunistas, órgano colegiado de dirección. ‖ **3.** *Méx.* **mesa de noche.** ¶ MORF. pl. **burós.**

burocracia. F. **1.** Organización regulada por normas que establecen un orden racional para distribuir y gestionar los asuntos que le son propios. ‖ **2.** Conjunto de los servidores públicos. ‖ **3.** Influencia excesiva de los funcionarios en los asuntos públicos. ‖ **4.** Administración ineficiente a causa del papeleo, la rigidez y las formalidades superfluas. ‖ **5.** Conjunto de trámites y papeleo exigidos por esta administración.

burócrata. COM. Persona que pertenece a la **burocracia** (‖ conjunto de los servidores públicos). U. t. en sent. despect.

burocrático, ca. ADJ. Perteneciente o relativo a la burocracia.

burocratismo. M. **burocracia** (‖ influencia excesiva de los funcionarios).

burocratización. F. Acción y efecto de burocratizar.

burocratizar. TR. Aumentar de manera excesiva las funciones administrativas de una sociedad u organización.

burofax. M. **1.** Servicio de fax, de valor fehaciente, en una oficina de correos. ‖ **2.** Escrito o documento enviado a través de este servicio. ¶ MORF. pl. **burofaxes.**

burra. F. **1.** Hembra del burro. ‖ **2.** Mujer bruta o carente de delicadeza. U. t. c. adj. ‖ **3.** coloq. **burra de carga.** ‖ **~ de carga.** F. coloq. Mujer laboriosa y de mucho aguante. ‖ **apear** a alguien **de la ~.** LOC.VERB. coloq. apear del burro. ‖ **apearse** alguien **de la ~.** LOC.VERB. coloq. **apearse del burro.** ‖ **bajar** a alguien **de la ~.** LOC. VERB. coloq. apear del burro. ‖ **bajarse** alguien **de la ~.** LOC.VERB. coloq. apearse del burro.

burrada. F. **1.** coloq. Dicho o hecho necio o brutal. ‖ **2.** coloq. **barbaridad** (‖ cantidad grande). *Una burrada de coches.*

burral. ADJ. Bestial o brutal.

burrero, ra. **I.** M. y F. **1.** hist. Persona que tenía o conducía burras para vender la leche de ellas. ‖ **II.** M. **2.** *Méx.* Dueño o arriero de burros.

burrez. F. burricie.

burricie. F. Cualidad de burro, torpeza, rudeza.

burriciego, ga. ADJ. despect. coloq. **cegato.**

burrito. M. *Méx.* Tortilla de harina de trigo enrollada y rellena de carne, frijoles o queso.

burro. M. **1.** **asno** (‖ animal solípedo). ‖ **2.** Hombre bruto o carente de delicadeza. U. t. c. adj. ‖ **3.** Juego de naipes. ‖ **4.** coloq. **asno** (‖ hombre rudo). U. t. c. adj. ‖ **5.** coloq. **burro de carga.** ‖ **6.** *Méx.* **escalera de tijera.** ‖ **7.** *Méx.* Mueble plegable que sirve de apoyo para planchar. ‖ **~ de carga.** M. coloq. Hombre laborioso y de mucho aguante. ‖ **apear** a alguien **del ~.** LOC.VERB. coloq. Convencerlo de su error. ‖ **apearse** alguien **del ~.** LOC. VERB. coloq. Reconocer que ha errado en algo. ‖ **bajar** a alguien **del ~.** LOC.VERB. coloq. apear del burro. ‖ **bajarse** alguien **del ~.** LOC.VERB. coloq. apearse del burro.

‖ **como ~ sin mecate.** LOC.ADV. *Méx.* Sin moderación. □ V. **lomo de ~.**

bursátil. ADJ. *Com.* Perteneciente o relativo a la bolsa, a las operaciones que se hacen y a los valores que cotizan en ella.

burseráceo, a. ADJ. *Bot.* Se dice de las plantas angiospermas dicotiledóneas, semejantes a las Simarubáceas, de las que difieren especialmente por tener en su corteza conductos que destilan resinas y bálsamos; p. ej., el arbolito que produce el incienso. U. t. c. s. f. ORTOGR. En f. pl., escr. con may. inicial c. taxón. *Las Burseráceas.*

bursitis. F. *Med.* Inflamación de las bolsas sinoviales de las articulaciones.

burucuyá. M. *Á. guar.* **pasionaria.** MORF. pl. **burucuyás.**

burujo. M. Bulto pequeño o pella que se forman uniéndose y apretándose unas con otras las partes que estaban o debían estar sueltas, como en la lana, en la masa, en el engrudo, etc.

burundanga. F. **1.** *Á. Caribe.* **morondanga.** ‖ **2.** *Á. Caribe.* Enredo, confusión.

burundés, sa. ADJ. **1.** Natural de Burundi. U. t. c. s. ‖ **2.** Perteneciente o relativo a este país de África.

bus. M. **1.** coloq. **autobús.** ‖ **2.** *Electr.* Conjunto de conductores común a varios dispositivos que permite distribuir corrientes de alimentación. ‖ **3.** *Inform.* Conductor común a varios dispositivos que permite distribuir información.

busca¹. F. **1.** Acción de buscar. ‖ **2.** Selección y recogida de materiales u objetos aprovechables entre escombros, basura u otros desperdicios.

busca². M. *Esp.* **buscapersonas.**

buscabulla o **buscabullas.** COM. *Méx.* Pendenciero, picapleitos.

buscador, ra. **I.** ADJ. **1.** Que busca. *Manos buscadoras de afecto.* Apl. a pers., u. t. c. s. ‖ **II.** M. **2.** Anteojo pequeño de mucho campo que forma cuerpo con los telescopios y otros instrumentos ópticos para facilitar su puntería. ‖ **3.** *Inform.* En Internet, programa que permite acceder a información sobre un tema determinado.

buscaniguas. M. *Am. Cen.* **buscapiés.**

buscapersonas. M. Aparato portátil que sirve para recibir mensajes a distancia.

buscapiés. M. Cohete sin varilla que, encendido, corre por la tierra entre los pies de la gente. MORF. pl. invar. *Los buscapiés.*

buscapique. M. *Á. Andes.* **buscapiés.**

buscapleitos. COM. *Am.* **picapleitos.**

buscar. TR. **1.** Hacer algo para hallar a alguien o algo. *Estoy buscando un libro.* ‖ **2.** Hacer lo necesario para conseguir algo. *Busca trabajo.* U. t. c. prnl. ‖ **3.** Ir por alguien o recogerlo para llevarlo o acompañarlo a alguna parte. *Fueron a buscarla a su casa.* ‖ **4.** **provocar** (‖ ser causa o motivo). U. t. c. prnl. *Tú te lo has buscado.* ‖ **buscársela.** LOC.VERB. coloq. Ingeniarse para hallar los medios de subsistencia.

buscarla. F. Pájaro insectívoro de pequeño tamaño y muy activo. De color pardo, vive entre carrizos, juncos y eneas, donde se mueve con gran agilidad, pero se muestra reacio al vuelo.

buscavida. COM. coloq. **buscavidas.**

buscavidas. COM. coloq. Persona diligente en buscarse por cualquier medio lícito el modo de vivir.

buscón, na. I. ADJ. **1.** Que busca. Apl. a pers., u. t. c. s. || **2.** Dicho de una persona: Que hurta con ratería o estafa con socaliña. U. t. c. s. || II. F. **3. prostituta.**

busero, ra. M. y F. *Am. Cen.* Persona que conduce un autobús.

buseta. F. *Á. Caribe.* Autobús pequeño.

búsqueda. F. busca (|| acción de buscar).

busto. M. **1.** Escultura o pintura de la cabeza y parte superior del tórax. || **2.** Parte superior del cuerpo humano. || **3.** Pecho de la mujer.

bustrófedon, bustrofedon o **bustrofedón.** M. hist. Manera de escribir, empleada en la Grecia antigua, que consiste en trazar un renglón de izquierda a derecha y el siguiente de derecha a izquierda.

butaca. F. **1.** Silla de brazos con el respaldo inclinado hacia atrás. || **2. luneta** (|| asiento de teatro). || **3.** Entrada, tique, etc., para ocupar una butaca en el teatro. □ V. **patio de ~s.**

butacón. M. Asiento más ancho y bajo que la butaca.

butanero. M. **1.** Repartidor de bombonas de butano a domicilio. || **2.** Barco destinado al transporte de butano.

butanés, sa. ADJ. **1.** Natural de Bután. U. t. c. s. || **2.** Perteneciente o relativo a este país de Asia.

butano. M. **1.** *Quím.* Hidrocarburo gaseoso derivado del petróleo, con cuatro átomos de carbono. Envasado a presión, tiene usos domésticos como combustible. || **2.** Color naranja como el de las bombonas de butano. U. m. c. adj. *Camiseta naranja butano.*

bute o **buten. de ~.** LOCS.ADJS. jergs. Excelente, lo mejor en su clase. U. t. c. locs. advs.

butifarra. F. **1.** Embuchado que se hace principalmente en Cataluña, las Baleares y Valencia. || **2.** *Am. Mer.* Embutido a base de carne de cerdo.

butomáceo, a. ADJ. *Bot.* Se dice de las hierbas angiospermas monocotiledóneas, perennes, palúdicas, con bohordo, hojas radicales, flores solitarias o en umbela, frutos capsulares y semillas sin albumen; p. ej., el junco florido. U. t. c. s. f. ORTOGR. En f. pl., escr. con may. inicial c. taxón. *Las Butomáceas.*

butrón. M. Agujero hecho en suelos, techos o paredes para robar.

butronero, ra. M. y F. Ladrón que roba abriendo butrones en suelos, techos o paredes.

buxáceo, a. ADJ. *Bot.* Se dice de las plantas angiospermas dicotiledóneas, muy semejantes a las euforbiáceas, de las que difieren principalmente por los caracteres del fruto, que es capsular, y por la disposición de los óvulos en el ovario; p. ej., el boj. U. t. c. s. f. ORTOGR. En f. pl., escr. con may. inicial c. taxón. *Las Buxáceas.*

buyo. M. Mezcla hecha con el fruto de la areca, hojas de betel y cal de conchas, que se masca en algunos países orientales.

buzamiento. M. Inclinación de un filón o de una capa del terreno.

buzar. INTR. Dicho de un filón o de una capa del terreno: Inclinarse hacia abajo.

buzarda. F. *Mar.* Cada una de las piezas curvas con que se liga y fortalece la proa de la embarcación.

buzo[1]. M. **1.** Hombre que tiene por oficio trabajar sumergido en el agua, y respira con auxilio de aparatos adecuados manejados en la superficie. || **2. mono** (|| prenda de vestir). || **3.** *Á. R. Plata.* **jersey.**

buzo[2]**, za.** ADJ. *Méx.* **vivo** (|| listo).

buzón. M. **1.** Abertura por la que se echan las cartas y papeles para el correo o para otro destino. || **2.** Caja o receptáculo donde caen los papeles echados por el buzón. || **3.** Persona que sirve de enlace en una organización clandestina. || **4.** *Inform.* Depósito en el que se almacenan los mensajes transmitidos por correo electrónico. || **~ de voz.** En telefonía, depósito en el que se almacenan los mensajes orales.

buzonear. INTR. Repartir publicidad o propaganda en los buzones de las casas particulares.

buzoneo. M. Acción y efecto de buzonear.

c. F. **1.** Tercera letra del abecedario latino internacional y del español, que representa, ante las vocales *e, i,* un fonema consonántico fricativo, interdental y sordo, identificado con el alveolar o dental en zonas de seseo, y, en los demás casos, un fonema oclusivo, velar y sordo. Su nombre es *ce.* ‖ **2.** Letra numeral que tiene el valor de 100 en la numeración romana. Ortogr. Escr. con may.

ca. INTERJ. Se usa para denotar incredulidad o negación.

caacupeño, ña. ADJ. **1.** Natural de Caacupé. U. t. c. s. ‖ **2.** Perteneciente o relativo a esta ciudad del Paraguay, capital del departamento de la Cordillera.

caaguaceño, ña. ADJ. **1.** Natural de Caaguazú. U. t. c. s. ‖ **2.** Perteneciente o relativo a este departamento del Paraguay.

caazapeño, ña. ADJ. **1.** Natural de Caazapá. U. t. c. s. ‖ **2.** Perteneciente o relativo a este departamento del Paraguay o a su capital.

cabal. ADJ. **1.** Ajustado a peso o medida. *Cálculo cabal.* ‖ **2.** Completo, exacto, perfecto. *Explicación cabal.* ‖ **3.** Excelente en su clase. *Una persona cabal.* ‖ **no estar** alguien **en sus ~es.** LOC.VERB. **estar fuera de juicio.**

cábala. F. **1.** Conjetura, suposición. U. m. en pl. *Hacían cábalas sobre el resultado de las elecciones.* ‖ **2.** En la tradición judía, sistema de interpretación mística y alegórica del Antiguo Testamento. ‖ **3.** Conjunto de doctrinas teosóficas basadas en la Sagrada Escritura, que a través de un método esotérico de interpretación y transmitidas por vía de iniciación, pretendía revelar a los iniciados doctrinas ocultas acerca de Dios y del mundo. ‖ **4.** Cálculo supersticioso para adivinar algo.

cabalgada. F. **1.** Larga marcha realizada a caballo. ‖ **2.** hist. Servicio que debían hacer los vasallos al rey, saliendo en cabalgada por orden suya.

cabalgador, ra. M. y F. Persona que cabalga.

cabalgadura. F. Animal en que se cabalga o se puede cabalgar.

cabalgar. I. INTR. **1.** Subir o montar a caballo. U. t. c. tr. *Cabalga una yegua alazana.* ‖ **2.** Andar o pasear a caballo. *Les gusta cabalgar por el bosque.* ‖ **3.** Dicho de una cosa: Ir sobre otra. *Una lancha cabalga sobre las olas.* ‖ **4.** Equit. Dicho de un caballo: Mover los remos cruzando el uno sobre el otro. ‖ **II.** TR. **5.** Dicho de un caballo o de otro animal: Cubrir a la hembra. ‖ **6.** Poner una cosa sobre otra. *Cabalgar una teja sobre otra.*

cabalgata. F. **1.** Desfile de jinetes, carrozas, bandas de música, etc., que se organiza como festejo popular. ‖ **2.** Reunión de muchas personas que van cabalgando.

cabalista. M. Hombre que profesa la cábala.

cabalístico, ca. ADJ. **1.** Perteneciente o relativo a la cábala. *Libro, concepto cabalístico.* ‖ **2.** De sentido enigmático. *Gestos cabalísticos.*

caballa. F. Pez teleósteo, de tres a cuatro decímetros de largo, de color azul y verde con rayas negras por el lomo, que vive en bancos en el Atlántico norte y se pesca para su consumo.

caballada. F. **1.** Manada de caballos. ‖ **2.** *Am.* **animalada.**

caballar. ADJ. **1.** Perteneciente o relativo al caballo. *Cabaña caballar.* ‖ **2.** Parecido a él. *Dentadura caballar.* □ V. **apio ~.**

caballazo. M. *Á. Andes y Chile.* Encontrón que da un jinete a otro o a alguien que va a pie, echándole encima el caballo.

caballerango. M. *Méx.* Mozo de espuela.

caballerato. M. hist. Categoría intermedia entre la nobleza y el estado llano, que el rey concedía por privilegio o gracia a los naturales de Cataluña.

caballerazo. M. Caballero cumplido.

caballeresco, ca. ADJ. **1.** Propio o característico de caballeros. ‖ **2.** hist. Perteneciente o relativo a la caballería de la Edad Media. *Costumbres caballerescas.* ‖ **3.** Se dice especialmente de los libros y composiciones poéticas en que se cuentan las empresas o fabulosas hazañas de los antiguos paladines o caballeros andantes.

caballerete. M. coloq. Caballero joven y presumido.

caballería. F. **1.** Animal solípedo, que, como el caballo, sirve para cabalgar en él. ‖ **2.** Una de las armas constitutivas de los ejércitos que se hacía en cuerpos montados a caballo y posteriormente en vehículos acorazados. ‖ **3.** Conjunto, concurso o multitud de caballeros. ‖ **4.** hist. Empresa o acción propia de un caballero. ‖ **5.** hist. Instituto propio de los caballeros que hacían profesión de las armas. ‖ **6.** hist. Porción de tierra que se repartía a los caballeros que habían contribuido a la conquista o a la colonización de un territorio. ‖ **~ andante.** F. hist. Profesión, regla u orden de los caballeros andantes. ‖ **~ ligera.** F. Cuerpo militar de caballería de acción rápida. □ V. **libro de ~s, novela de ~s, orden de ~.**

caballeriza. F. Sitio o lugar cubierto destinado a los caballos y animales de carga.

caballerizo. M. Hombre que tiene a su cargo el gobierno y cuidado de la caballeriza y de quienes sirven en ella.

caballero, ra. I. ADJ. **1.** Que cabalga o va a caballo. *Caballera en un rocín. Caballero en una mula.* ‖ **II.** M. **2.** Hombre adulto. *Ropa de caballero.* ‖ **3. señor** (‖ término de cortesía). —*Buenos días, señoras y caballeros.* || **4.** Hombre de alguna consideración o de buen porte o muy educado. || **5.** Hombre que se comporta con nobleza y generosidad. || **6.** hist. Ciudadano romano perteneciente a una clase intermedia entre los patricios y los plebeyos, y que servía en el Ejército a caballo. || **7.** Hidalgo de nobleza probada legalmente. || **8.** Hombre que pertenece a una orden de caballería. || **caballero andante.** M. 1. hist. El que andaba por el mundo buscando aventuras y sirvió de inspiración a los libros de caballerías. || **2.** hist. Hidalgo pobre y ocioso que andaba vagando de una parte a otra. || **~ cubierto.** M. hist. Grande de España que, como tal, gozaba del privilegio de no quitarse el sombrero en presencia del monarca. || **caballero de fortuna.** M. El aventurero y medrador. || **caballero de industria.** M. Hombre que con apariencia de caballero vive a costa ajena por medio de la estafa o del engaño. || **caballero novel.** M. hist. El que aún no tenía divisa por no haberla ganado con las armas. || **~ villano.** M. hist. En la sociedad medieval, el villano que, por ir a la guerra con su propio caballo, tenía reconocidos ciertos privilegios. || **armar caballero** a alguien otro caballero o el rey. LOC.VERB. hist. Vestirle las armas, para darle entrada en la orden de la caballería. || **de caballero a caballero.** LOC. ADV. Entre caballeros, a estilo de caballeros. □ V. **espuela de caballero, pacto de caballeros, pacto entre caballeros, perspectiva ~.**

caballerosidad. F. **1.** Cualidad de caballeroso. || **2.** Proceder caballeroso.

caballeroso, sa. ADJ. Propio o característico de un caballero, por su gentileza, desprendimiento, cortesía, nobleza de ánimo u otras cualidades semejantes.

caballete. M. **1.** Línea horizontal y más elevada de un tejado, de la cual arrancan dos vertientes. || **2.** Sostén formado con un madero horizontal apoyado en cuatro piezas que sirven de pies. || **3.** Prominencia o elevación curva de la nariz en su parte media. || **4.** hist. Potro de madera en que se daba tormento. || **5.** *Pint.* Armazón de madera compuesto de tres pies, con una tablita transversal donde se coloca el cuadro. Los hay también verticales, en los cuales la tablita o soporte se sube y baja por medio de una manivela.

caballista. COM. Persona que entiende de caballos y monta bien.

caballito. M. **1.** pl. **tiovivo.** || **2.** pl. Juego de azar, en el que se gana o se pierde según sea la casilla numerada donde cesa la rotación de una figura de caballo. || **~ del diablo.** M. Insecto del orden de los Odonatos, con cuatro alas estrechas e iguales y abdomen muy largo y filiforme. De menor tamaño que las libélulas, se distingue de estas por el menor número de venas de las alas y porque pliega estas cuando se posa. || **~ de mar.** M. **hipocampo** (|| pez teleósteo). || **~ de totora.** M. *Am.* Haz de totora, de tamaño suficiente para que, puesta sobre él a horcajadas una persona, pueda mantenerse a flote.

caballo. M. **1.** Mamífero del orden de los Perisodáctilos, solípedo, de cuello y cola poblados de cerdas largas y abundantes, que se domestica fácilmente. || **2.** Pieza grande del juego de ajedrez, única que salta sobre las demás y que pasa oblicuamente de escaque negro a blanco, dejando en medio uno negro, o de blanco a negro, dejando en medio uno blanco. || **3.** Naipe de cada palo de la baraja española que tiene estampada la figura de un caballo con su jinete. || **4.** *Dep.* En ejercicios gimnásticos de salto, aparato formado por un cuerpo superior alargado que se estrecha por uno de sus extremos y se asienta sobre cuatro patas. || **5.** *Dep.* Prueba de gimnasia artística que se practica con dicho aparato. || **6.** *Mec.* **caballo de vapor.** *Un motor de 150 caballos.* || **~ con arcos.** M. **1.** *Dep.* Aparato de gimnasia que consiste en cuatro patas y un cuerpo superior provisto de dos arcos. || **2.** *Dep.* Modalidad de gimnasia artística masculina que se practica con dicho aparato. || **~ de agua.** M. **hipopótamo.** || **~ de batalla.** M. **1.** Aquello en que se pone más empeño para conseguir algo o vencer una dificultad. *La legislación testamentaria es el caballo de batalla de ese abogado. Las bodas de Fígaro es el caballo de batalla de aquel cantante.* || **2.** Punto principal de una controversia. || **3.** *Chile.* Recurso más frecuente para resolver algún problema. || **~ de paso.** M. *Á.Andes.* El de raza especial que se caracteriza por su paso menudo, rápido y suave. || **~ de silla.** M. El que se usa para montar. || **~ de Troya.** M. Introducción subrepticia en un medio no propicio, con el fin de lograr un determinado objetivo. *La publicación de esas noticias sirvió de caballo de Troya a los diputados de la oposición.* || **~ de vapor.** M. Unidad de potencia de una máquina, que equivale a 745,7 W y representa el esfuerzo necesario para levantar 75 kg a 1 m de altura en 1 s. (Símb. *CV*). || **~ fiscal.** M. Unidad de medida de la potencia atribuida a un motor para efectos fiscales. || **~ marino.** M. **hipopótamo.** || **~ padre.** M. El que los criadores tienen destinado para la monta de las yeguas. || **a ~.** LOC.ADV. **1.** Montado en una caballería y, por ext., en una persona o cosa. || **2.** Apoyándose en dos cosas contiguas o participando de ambas. || **a mata ~.** LOC.ADV. **a matacaballo.** || **de ~.** LOC.ADJ. coloq. Dicho de una enfermedad, de un tratamiento médico o de una intervención quirúrgica: Muy fuertes, enérgicos o intensos. □ V. **cola de ~, cuerpo de ~, uña de ~.**

caballón. M. **1.** Lomo entre surco y surco de la tierra arada. || **2.** Lomo que se levanta con la azada para formar y dividir las eras de las huertas y para plantar las hortalizas. || **3.** Lomo que se dispone para contener las aguas o darles dirección en los riegos.

caballuno, na. ADJ. **1.** Perteneciente o relativo al caballo. *Trote caballuno.* || **2.** Semejante al caballo. U. m. en sent. despect. *Dientes caballunos.*

cabalmente. ADV. M. De manera precisa, justa o perfecta.

cabaña. F. **1.** Construcción rústica pequeña y tosca, de materiales pobres, generalmente palos entretejidos con cañas, y cubierta de ramas, destinada en origen a refugio o vivienda de pastores, pescadores y gente humilde. || **2.** Conjunto de los ganados de una hacienda, región, país, etc. *La cabaña bovina.* || **3.** *Am.* Casa pequeña de una sola planta que se suele construir en lugares destinados al descanso. || **4.** *Á. R. Plata.* Establecimiento rural destinado a la cría de ganado de raza.

cabañal. M. Población formada de **cabañas** (|| construcciones rústicas).

cabañense. ADJ. **1.** Natural de Cabañas. U. t. c. s. || **2.** Perteneciente o relativo a este departamento de El Salvador.

cabañero, ra. I. ADJ. **1.** Perteneciente o relativo a la **cabaña** (|| conjunto de los ganados). *Establecimiento cabañero.* || **2.** *Á. R. Plata.* Dicho de una persona: Propietaria o encargada de una **cabaña** (|| establecimiento rural).

U. t. c. s. ‖ **II.** M. **3.** Encargado de cuidar de la **cabaña** (‖ conjunto de los ganados).

cabañuelas. F. **1.** pl. Cálculo que, observando las variaciones atmosféricas en los 12, 18 ó 24 primeros días de enero o de agosto, se hace popularmente para pronosticar el tiempo que ha de hacer durante cada uno de los meses del mismo año o del siguiente. ‖ **2.** pl. *Méx.* Lluvias de invierno.

cabaré. M. Lugar de esparcimiento donde se bebe y se baila y en el que se ofrecen espectáculos de variedades, habitualmente de noche.

cabaretero, ra. I. ADJ. **1.** Perteneciente o relativo al cabaré. *Música cabaretera.* ‖ **II.** M. y F. **2.** Artista o empleado de cabaré.

cabarga. F. *Á. Andes.* Envoltura de cuero usada en los Andes para proteger, como una herradura, las patas del ganado vacuno.

cabás. M. **1.** Especie de cartera en forma de caja o pequeño baúl, con asa. ‖ **2.** Maletín pequeño. ¶ MORF. pl. **cabases.**

cabe. PREP. poét. Cerca de, junto a.

cabeceador, ra. ADJ. Que **cabecea** (‖ da cabezadas).

cabecear. INTR. **1.** Dicho de una persona: Dar cabezadas o inclinar la cabeza hacia el pecho cuando, de pie o sentado, se va durmiendo. ‖ **2.** Mover o inclinar la cabeza de un lado a otro, o moverla reiteradamente hacia adelante. ‖ **3.** Dicho de una persona: Volver la cabeza de un lado a otro en demostración de que no se asiente a lo que se oye o se pide. ‖ **4.** Dicho de un caballo: Mover reiteradamente la cabeza de arriba abajo. ‖ **5.** Dicho de una embarcación: Hacer un movimiento de proa a popa, bajando y subiendo alternativamente una y otra. ‖ **6.** Dicho de una cosa que suele estar en equilibrio: Inclinarse a una parte o a otra. *Los árboles cabecean con el viento.* ‖ **7.** En el fútbol, golpear la pelota con la cabeza.

cabeceo. M. Acción y efecto de cabecear.

cabecera. F. **1.** Parte superior o principal de un sitio en que se juntan varias personas, y en la cual se sientan las más dignas y autorizadas. *La cabecera del tribunal. La cabecera del estrado.* ‖ **2.** Parte más adelantada de un grupo de personas o cosas en movimiento. *La cabecera de la manifestación.* ‖ **3.** Parte de la cama donde se ponen las almohadas. ‖ **4.** Principal y más honorífico asiento de la mesa. ‖ **5.** Origen de un río. *La cabecera del Turia.* ‖ **6.** Capital o población principal de un territorio o distrito. ‖ **7.** Adorno que se pone a la cabeza de una página, capítulo o parte de un impreso. ‖ **8.** Principio de un escrito que contiene datos informativos, como el remitente, el destinatario, la fecha o el asunto de que trata. ‖ **9.** Cada uno de los dos extremos del lomo de un libro. ‖ **10.** Cada uno de los dos extremos de una tierra de labor, adonde no puede llegar el surco que abre el arado. ‖ **11.** Nombre de un periódico registrado como propiedad de una persona o entidad mercantil, que suele ir en la primera página. ‖ **12.** pl. *Impr.* Cuñas de madera con que, por la parte superior, se asegura el molde a la rama. ‖ **~ de línea.** F. Extremo del trayecto de una línea de autobuses. ‖ **~ de puente.** F. **cabeza de puente. ‖ a la ~.** LOC.ADV. Al lado o cerca de la **cabecera** de la cama. ‖ **asistir,** o **estar, a la ~** de un enfermo. LOCS.VERBS. Asistirlo continuamente para todo lo que necesite. □ V. **libro de ~, médico de ~.**

cabecero. M. Pieza vertical de mobiliario que se coloca en la cabecera de la cama.

cabeciblanco, ca. ADJ. *Zool.* De cabeza blanca.

cabeciduro, ra. ADJ. **testarudo.**

cabecilla. COM. **1.** Jefe de rebeldes. ‖ **2.** Persona que está a la cabeza de un movimiento o grupo cultural, político, etc.

cabellera. F. **1.** Conjunto del pelo de la cabeza, especialmente el largo y tendido sobre la espalda. ‖ **2.** Pelo postizo, peluca.

cabello. M. **1.** Cada uno de los pelos que nacen en la cabeza. ‖ **2.** Conjunto de todos ellos. ‖ **~ de ángel.** M. **1.** Dulce que se hace con la parte fibrosa de la cidra cayote y almíbar. ‖ **2.** *Am. Mer.* Fideos finos. ‖ **3.** *Á. Caribe.* **huevo hilado.** ‖ **~s de ángel.** M. pl. **cabello de ángel. ‖ estar** algo **pendiente de un ~.** LOC.VERB. coloq. Estar en riesgo inminente. ‖ **llevar** a alguien **de,** o **por, los ~s.** LOCS. VERBS. Llevarlo contra su voluntad o con violencia. ‖ **ponérsele** a alguien **los ~s de punta.** LOC.VERB. **ponérsele los pelos de punta. ‖ tirar** a alguien **de,** o **por, los ~s.** LOCS.VERBS. ‖ **llevar** a alguien **de los cabellos. ‖ traer** algo **por los ~s.** LOC. VERB. Aducir o traer a una argumentación una materia que no guarda relación con ella.

cabelludo, da. ADJ. De mucho cabello. *Cráneo cabelludo.* □ V. **cuero ~.**

caber. INTR. **1.** Dicho de una cosa: Poder contenerse dentro de otra. *Cabe bien en la caja.* ‖ **2.** Tener lugar o entrada. *No cabe por la puerta.* ‖ **3.** Dicho de una cosa: Tocarle a alguien o pertenecerle. *Me cupo el honor de recibirlo.* ‖ **4.** Ser posible o natural. *Cabe concluir que lo sabe.* ¶ MORF. V. conjug. modelo. ‖ **no cabe más.** EXPR. Se usa para dar a entender que algo es extremado en su línea. *No cabe más desvergüenza.* ‖ **no ~ en sí.** LOC.VERB. Tener mucha vanidad o alegría. *No caber en sí de gozo.*

cabero, ra. ADJ. *Méx.* **último** (‖ que ocupa el lugar posterior a los demás).

cabestraje. M. Conjunto de cabestros.

cabestrante. M. **cabrestante.**

cabestrear. INTR. Dicho de un animal de carga: Seguir sin resistencia a quien lo lleva del cabestro.

cabestrero, ra. M. y F. **1.** Persona que fabrica o vende cabestros y otros objetos de cáñamo. ‖ **2.** Persona que conduce las reses vacunas de un sitio a otro por medio de los cabestros.

cabestrillo. M. Banda o aparato pendiente del hombro para sostener la mano o el brazo lastimados.

cabestro. M. **1.** Buey manso que suele llevar cencerro y sirve de guía en las manadas de toros. ‖ **2.** Ronzal que se ata a la cabeza o al cuello de la caballería para llevarla o asegurarla.

cabete. M. **herrete.**

cabeza. I. F. **1.** Parte superior del cuerpo del hombre y superior o anterior de muchos animales, en la que están situados algunos órganos de los sentidos e importantes centros nerviosos. ‖ **2.** por antonom. La de ovino preparada para comer. *Cenamos cabeza.* ‖ **3.** En el hombre y otros mamíferos, parte superior y posterior de la **cabeza,** que comprende desde la frente hasta el cuello, excluida la cara. ‖ **4.** Principio o parte extrema de una cosa. *Las cabezas de una viga. Las cabezas de un puente.* ‖ **5.** Extremidad roma y abultada, opuesta a la punta, de un clavo, alfiler, etc. ‖ **6.** Origen, principio de algo que discurre o fluye. *Cabeza de un río. Cabeza de una manifestación.* ‖ **7.** Primer lugar. *Dos equipos comparten la ca-*

beza de la clasificación. ‖ **8.** Juicio, talento y capacidad. *Pedro es hombre de buena cabeza.* ‖ **9. persona** (‖ individuo). *Tocamos a uno por cabeza.* ‖ **10. res.** *Trescientas cabezas de ganado.* ‖ **11. capital** (‖ población principal). ‖ **12.** Parte superior del corte de un libro. ‖ **13.** *Mil.* Parte de un proyectil que contiene el explosivo o la carga. ‖ **II.** COM. **14.** Persona que gobierna, preside o acaudilla una comunidad, corporación o muchedumbre. ‖ **15.** Persona de mayor responsabilidad en una familia que vive reunida. ‖ **~ cuadrada.** COM. coloq. Persona metódica y muy obstinada. ‖ **~ de ajo,** o **~ de ajos.** F. Conjunto de las partes o dientes que integran el bulbo del ajo cuando están todavía reunidos formando un solo cuerpo. ‖ **~ de chorlito.** COM. coloq. Persona ligera y de poco juicio. ‖ **~ de la Iglesia.** F. Se usa como título para referirse al papa respecto de la Iglesia católica. ‖ **~ de partido.** F. Ciudad o villa principal de un territorio, que comprende distintos pueblos dependientes de ella en lo judicial. ‖ **~ de playa.** F. cabeza de puente establecida en una playa. ‖ **~ de puente.** F. **1.** Fortificación que lo defiende. ‖ **2.** Posición militar que establece un ejército en territorio enemigo, para preparar el avance del grueso de las fuerzas. ‖ **3.** En actividades no bélicas, logro que permite ulteriores ventajas o ganancias. ‖ **~ de serie.** COM. Equipo o jugador que por resultados anteriores se sitúa el primero entre los de su grupo para evitar su enfrentamiento con otros cabezas de serie en una competición. ‖ **~ de turco.** COM. Persona a quien se achacan todas las culpas para eximir a otras. ‖ **~ magnética.** F. *Electr.* Dispositivo electromagnético que sirve para registrar, borrar o leer señales en un disco, cinta o hilo magnético. ‖ **~ rapada.** COM. Persona, generalmente joven, con el pelo rapado y con indumentaria de inspiración militar, que pertenece a un grupo violento de extrema derecha. ‖ **mala ~.** F. coloq. Persona que procede sin juicio ni reflexión. ‖ **abrir la ~.** LOC.VERB. coloq. **descalabrar** (‖ herir en la cabeza). ‖ **a la ~.** LOC.ADV. **delante** (‖ en primer lugar). ‖ **apostar,** o **apostarse, la ~.** LOCS.VERBS. Se usan para asegurar rotundamente lo que se dice. ‖ **bajar la ~.** LOC.VERB. **1.** coloq. Obedecer y ejecutar sin réplica lo que se manda. ‖ **2.** coloq. Conformarse, tener paciencia cuando no hay otro remedio. ‖ **bullirle** a alguien algo **en la ~.** LOC.VERB. coloq. Tener algo en la mente de manera insistente y sin acabar de darle forma definitiva. ‖ **~ abajo.** LOC.ADV. **1.** Al revés o vuelto lo de arriba abajo. ‖ **2.** coloq. Con desconcierto o trastorno. ‖ **calentarle** a alguien **la ~.** LOC.VERB. coloq. Cansarlo y molestarlo con pláticas y conversaciones necias o pesadas. ‖ **calentarse la ~.** LOC.VERB. coloq. Fatigarse con cavilaciones. ‖ **cargársele** a alguien **la ~.** LOC.VERB. Sentir en ella pesadez o entorpecimiento. ‖ **dar** alguien **de ~.** LOC.VERB. coloq. Caer de su fortuna o autoridad. ‖ **dar en la ~** a alguien. LOC.VERB. Frustrar sus propósitos, vencerlo. *Solo ha venido por dar en la cabeza a su marido.* ‖ **darse con la ~ en la pared,** o **en las paredes.** LOCS.VERBS. coloqs. Desesperarse por haber obrado torpemente. ‖ **de ~.** LOC.ADV. **1. de memoria.** *Aprender, hablar de cabeza.* ‖ **2.** Con muchos quehaceres urgentes. *Andar, estar de cabeza.* ‖ **de mi, tu, su,** etc., **~.** LOCS.ADVS. De propio ingenio o invención. ‖ **doblar la ~.** LOC.VERB. **morir** (‖ llegar al término de la vida). ‖ **duro y a la ~.** EXPR. Se usa para exhortar a atacar a alguien. U. t. en sent. fig. *Cuando vayas al examen, duro y a la cabeza.* ‖ **echar de ~.** LOC.VERB. *Méx.* Denunciar a alguien o descubrirlo en un asunto reservado. ‖ **en ~.** LOC.ADV. **delante** (‖ en primer lugar). ‖ **escarmentar en ~ ajena.** LOC.VERB. Tener presente el suceso adverso ajeno para evitar la misma suerte. ‖ **hacer ~** alguien. LOC.VERB. Ser el principal en un negocio o grupo de personas. ‖ **írsele** a alguien **la ~.** LOC.VERB. **1.** Perturbársele el sentido o la razón. ‖ **2.** coloq. Estar perturbado o débil, pareciéndole que todo lo que se mueve a su alrededor. ‖ **jugarse la ~.** LOC.VERB. **1.** Ponerse en gran peligro o en peligro de muerte. ‖ **2. apostarse la cabeza.** ‖ **levantar ~.** LOC. VERB. **1.** coloq. Salir de una situación desgraciada. ‖ **2.** coloq. Recobrarse o restablecerse de una enfermedad. ‖ **llevar** a alguien **de ~.** LOC.VERB. **traer de cabeza** (‖ provocarle molestias). ‖ **meter** a alguien **en la ~** algo. LOC. VERB. **1.** coloq. Persuadirlo de ello eficazmente. ‖ **2.** coloq. Hacérselo comprender o enseñárselo, venciendo con trabajo su torpeza o ineptitud. ‖ **meter la ~** en alguna parte. LOC.VERB. coloq. Conseguir introducirse o ser admitido en ella. ‖ **meterse de ~** en un negocio. LOC.VERB. coloq. Entrar de lleno en él. ‖ **metérsele** a alguien **en la ~** algo. LOC.VERB. **1.** coloq. Figurárselo con poco o ningún fundamento y obstinarse en considerarlo cierto o probable. ‖ **2.** coloq. Perseverar en un propósito o capricho. ‖ **no levantar ~.** LOC.VERB. **1.** Estar muy atareado, especialmente en leer y escribir. ‖ **2.** No acabar de convalecer de una enfermedad, padeciendo frecuentes recaídas. ‖ **3.** No poder salir de la pobreza o miseria. ‖ **pasarle** a alguien algo **por la ~.** LOC.VERB. coloq. Antojársele, imaginarlo. ‖ **perder la ~.** LOC.VERB. coloq. Faltar u ofuscarse la razón o el juicio por algún accidente. ‖ **ponérsele** a alguien **en la ~** algo. LOC.VERB. coloq. **metérsele en la cabeza.** ‖ **quebrarse la ~.** LOC.VERB. coloq. Hacer o solicitar algo con gran cuidado, diligencia o empeño, o buscarlo con mucha solicitud, especialmente cuando es difícil o imposible su logro. ‖ **quitar** a alguien **de la ~** algo. LOC.VERB. coloq. Disuadirlo del concepto que había formado o del ánimo que tenía. ‖ **romper** a alguien **la ~.** LOC.VERB. Descalabrarlo o herirlo en ella. ‖ **romperse la ~.** LOC.VERB. coloq. **devanarse los sesos.** ‖ **sacar** alguien o algo **la ~.** LOC.VERB. coloq. Manifestarse o dejarse ver. *Empiezan los bulos a sacar la cabeza.* ‖ **sentar la ~** una persona que era turbulenta y desordenada. LOC.VERB. coloq. Hacerse juiciosa y moderar su conducta. ‖ **subirse a la ~** algo material o inmaterial, como el vino, la vanagloria, etc. LOC.VERB. Ocasionar aturdimiento. ‖ **tener la ~ como una olla de grillos.** LOC. VERB. coloq. Estar atolondrado. ‖ **tener la ~ en su sitio.** LOC.VERB. Ser muy juicioso. ‖ **tener mala ~.** LOC.VERB. coloq. Proceder sin juicio ni consideración. ‖ **tocado, da de la ~.** LOC.ADJ. coloq. Dicho de una persona: Que empieza a perder el juicio. ‖ **traer de ~.** LOC.VERB. **1.** Dicho de una persona o de una cosa: Provocar molestias a alguien. *Este asunto me trae de cabeza.* ‖ **2.** Dicho de una persona: **enamorar** (‖ excitar la pasión del amor). ☐ V. **quebradero de ~, voz de ~.**

cabezada. F. **1.** Golpe dado con la cabeza. ‖ **2.** Golpe que se recibe en ella chocando con un cuerpo duro. ‖ **3.** Cada movimiento o inclinación que hace con la cabeza quien, sin estar acostado, se va durmiendo. ‖ **4.** Inclinación de cabeza, como saludo de cortesía. ‖ **5.** Correaje que ciñe y sujeta la cabeza de una caballería, al que está unido el ramal. ‖ **6.** Guarnición de cuero, cáñamo o seda que se pone a las caballerías en la cabeza, y sirve para afianzar el bocado. ‖ **7.** Cordel con que los encuadernadores cosen las cabeceras de los libros. ‖ **8.** *Á.Andes* y *Á. R. Plata.* Arzón de la silla de montar. ‖ **9.** *Ant.* Cabecera de un río. ‖ **dar** alguien **~s.** LOC.VERB. coloq. **cabecear** (‖ inclinar la cabeza cuando se va durmiendo). ‖ **echar una ~.** LOC.VERB. coloq. Dormir una siesta breve.

cabezal. M. **1.** En las máquinas de afeitar, pieza donde se aloja la cuchilla o las cuchillas. ‖ **2.** Pieza que se coloca en el extremo de algunos aparatos, como los cepillos de dientes eléctricos. ‖ **3.** En magnetófonos y aparatos similares, pieza que sirve para la lectura y grabación de cintas magnéticas. ‖ **4. almohada** (‖ funda rellena para reclinar la cabeza). ‖ **5.** *Mec.* Pieza fija del torno en la que gira el árbol o eje.

cabezazo. M. Golpe dado con la cabeza.

cabezo. M. **1.** Cerro alto. ‖ **2.** Cumbre de una montaña. ‖ **3.** Monte pequeño y aislado. ‖ **4.** *Mar.* Roca de cima redonda que sobresale del agua o dista poco de la superficie de esta.

cabezón, na. I. ADJ. **1.** coloq. Terco, obstinado. Apl. a pers., u. t. c. s. ‖ **2.** coloq. Dicho de una bebida de alta graduación: Que se sube a la cabeza. Apl. a pers., u. t. c. s. ‖ **3.** coloq. **cabezudo** (‖ que tiene grande la cabeza). Apl. a pers., u. t. c. s. ‖ **II.** M. **4.** Abertura que tiene cualquier ropaje para poder sacar la cabeza. ‖ **5. cabezada** (‖ correaje de una caballería).

cabezonada. F. coloq. Acción propia de persona terca u obstinada.

cabezonería. F. coloq. Carácter o conducta habitual del **cabezón** (‖ terco).

cabezota. COM. **1.** coloq. Persona que tiene la cabeza muy grande. ‖ **2.** coloq. Persona terca y testaruda. U. t. c. adj.

cabezudo, da. I. ADJ. **1.** Que tiene grande la cabeza. ‖ **2.** coloq. Terco, obstinado. ‖ **II.** M. **3.** Figura que resulta de ponerse una persona una gran careta de cartón, lo que le da la apariencia de enano, y que, en algunas fiestas, suele acompañar a los gigantones.

cabezuela. F. *Bot.* Inflorescencia cuyas flores, que carecen de pedúnculo o tienen uno muy corto, están insertas en un receptáculo, comúnmente rodeado de brácteas. □ V. **escoba de ~.**

cabida. F. **1.** Espacio o capacidad que tiene una cosa para contener otra. ‖ **2.** Extensión superficial de un terreno o heredad.

cabila. F. Tribu de beduinos o de bereberes.

cabildante. M. *Am. Mer.* **regidor** (‖ concejal).

cabildear. INTR. Gestionar con actividad y maña para ganar voluntades en un cuerpo colegiado o corporación.

cabildeo. M. Acción y efecto de cabildear. □ V. **grupo de ~.**

cabildero, ra. I. ADJ. **1.** Perteneciente o relativo al cabildeo. *Criticó la inútil actividad cabildera de nuestros representantes.* ‖ **II.** M. y F. **2.** Persona que cabildea.

cabildo. M. **1.** Cuerpo o comunidad de eclesiásticos capitulares de una iglesia catedral o colegial. ‖ **2. ayuntamiento** (‖ corporación municipal). ‖ **3.** Junta celebrada por un **cabildo.** ‖ **4.** Sala donde se celebra. ‖ **5.** En algunos puertos, corporación o gremio de matriculados que atiende principalmente a socorros mutuos. ‖ **6.** Sesión celebrada por este gremio. ‖ **Cabildo insular.** M. En el archipiélago español de las islas Canarias, corporación local que representa a la población de cada isla y gestiona sus intereses.

cabileño, ña. I. ADJ. **1.** Perteneciente o relativo a la cabila. *Territorio cabileño.* ‖ **2.** Propio o característico

de ella. *Actitud cabileña.* ‖ **II.** M. y F. **3.** Individuo de una cabila.

cabilla. F. **1.** *Mar.* En la construcción de determinados barcos, pieza cilíndrica de hierro para clavar las curvas y otros maderos. ‖ **2.** *Mar.* Cada una de las barras pequeñas de madera o de metal que sirven para manejar la rueda del timón y para amarrar los cabos de labor.

cabillo. M. **pezón** (‖ rama pequeña).

cabina. F. **1.** Cada uno de los compartimentos que hay en un locutorio para uso individual del teléfono. ‖ **2.** Caseta, generalmente acristalada, instalada en la calle para uso del teléfono público. ‖ **3.** En los cines, aulas, salas de conferencias, etc., recinto aislado donde están los aparatos de proyección y los registros de sonido. ‖ **4.** En aeronaves, camiones y otros vehículos automóviles, espacio reservado para el piloto, conductor y demás personal técnico. ‖ **5.** En aviones y barcos, espacio en que se acomodan los pasajeros. ‖ **6.** En playas e instalaciones deportivas, recinto para cambiarse de ropa. ‖ **7.** En ascensores, teleféricos y otros medios de desplazamiento similares, recinto en el que se trasladan las personas. ‖ **~ electoral.** F. La utilizada para garantizar el voto secreto antes de llegar a la urna.

cabio. M. **1.** *Arq.* **cabrio** (‖ de la armadura del tejado). ‖ **2.** *Arq.* Travesaño superior e inferior que con los largueros forman el marco de las puertas o ventanas.

cabizbajo, ja. ADJ. Dicho de una persona: Que tiene la cabeza inclinada hacia abajo por abatimiento, tristeza o preocupaciones graves.

cabizcaído, da. ADJ. **cabizbajo.** *Aspecto cabizcaído.*

cable. M. **1. cable eléctrico.** ‖ **2. cable de alambre.** ‖ **3.** Maroma gruesa. ‖ **4. cablegrama.** ‖ **5.** Ayuda que se presta a quien está en una situación comprometida. *Echar, lanzar, tender, tirar un cable.* ‖ **6.** *Mar.* Cabo grueso que se hace firme en el arganeo de un ancla. ‖ **7.** *Mar.* Décima parte de la milla, equivalente a 185 m. ‖ **~ de alambre.** M. El construido con alambres torcidos en espiral. ‖ **~ coaxial.** M. cable eléctrico constituido por dos conductores concéntricos aislados. ‖ **~ eléctrico.** M. Cordón formado con varios conductores aislados unos de otros y protegido generalmente por una envoltura que reúna la flexibilidad y resistencia necesarias al uso a que el cable se destine. ‖ **~ submarino.** M. El eléctrico algo reforzado y aislado que se emplea como conductor en las líneas telegráficas submarinas. ‖ **cruzársele los ~s** a alguien. LOC.VERB. coloq. Perder momentáneamente el juicio.

cableado. M. **1.** *Electr.* Acción de cablear. ‖ **2.** *Electr.* Conjunto de los cables de una instalación.

cablear. TR. **1.** *Electr.* Conectar, mediante hilos conductores, los diferentes componentes de un aparato. ‖ **2.** *Electr.* Tender los cables de una instalación.

cablegrafiar. TR. Transmitir noticias por cable submarino. MORF. conjug. c. *enviar.*

cablegráfico, ca. ADJ. Perteneciente o relativo al cablegrama.

cablegrama. M. Telegrama transmitido por cable submarino.

cablero, ra. ADJ. Dicho de un buque: Destinado a tender y reparar cables telegráficos submarinos. U. t. c. s. m.

cabo. I. M. **1.** Cada uno de los extremos de las cosas. *Cabo de una fila.* ‖ **2.** Extremo o parte pequeña que queda de algo. *Cabo de hilo. Cabo de vela.* ‖ **3.** En algunos oficios, hilo o hebra. ‖ **4. mango**[1]. *El cabo de la escoba.* ‖ **5.** Lengua de tierra que penetra en el mar. *El cabo de Buena Esperanza.* ‖ **6.** Caudillo, capitán, jefe. *Vigilado por cabos y capataces.* ‖ **7.** *Mar.* **cuerda** (‖ de atar o suspender pesos). ‖ **8.** pl. Patas, morro y crines del caballo. *Caballo castaño con cabos negros.* ‖ **9.** pl. Diversos temas que se han tocado en algún asunto o discurso. *Pretende controlar personalmente todos los cabos de la historia.* ‖ **II.** COM. **10.** *Mil.* Militar de la clase de tropa inmediatamente superior al soldado o marinero e inferior al sargento. ‖ **~ de año.** M. Oficio y misa que se celebran en sufragio de un difunto el día en que se cumple el año de su fallecimiento. ‖ **~ de escuadra.** COM. *Mil.* El que manda una escuadra de soldados. ‖ **~ de labor.** M. *Mar.* Cada una de las cuerdas que sirven para manejar el aparejo. ‖ **~ de ronda.** M. *Mil.* hist. Militar que mandaba una patrulla de noche. ‖ **~ mayor.** COM. *Mil.* Militar de la clase de tropa o marinería, inmediatamente superior al cabo primero e inferior al sargento. ‖ **~ primero.** COM. *Mil.* Militar de la clase de tropa o marinería, inmediatamente superior al cabo e inferior al cabo mayor. ‖ **~ segundo.** COM. *Mil.* cabo (‖ militar de la clase de tropa). ‖ **~ suelto.** M. coloq. Circunstancia imprevista o que ha quedado pendiente en algún negocio. ‖ **segundo ~.** M. hist. Se usaba popularmente como título jerárquico del que ejercía la autoridad militar inmediatamente después del capitán general. ‖ **al ~.** LOC.ADV. Al fin, por último. ‖ **al ~, al ~.** LOC.ADV. coloq. Después de todo, por último, al fin. ‖ **al ~ de.** LOC.PREPOS. Después de. ‖ **al ~ de la jornada.** LOC.ADV. coloq. **al cabo, al cabo.** ‖ **atar ~s.** LOC.VERB. Reunir o tener en cuenta datos, premisas o antecedentes para sacar una consecuencia. ‖ **de ~ a rabo.** LOC.ADV. coloq. Del principio al fin. ‖ **echar un ~** a alguien. LOC.VERB. Ayudarlo en situación comprometida o dificultosa. ‖ **llevar a ~, o al ~,** algo. LOCS.VERBS. **1.** Ejecutarlo, concluirlo. ‖ **2.** Seguirlo con tenacidad hasta el extremo. ‖ **unir ~s.** LOC.VERB. **atar cabos.** □ V. **verso de ~ roto.**

caborrojeño, ña. ADJ. **1.** Natural de Cabo Rojo. U. t. c. s. ‖ **2.** Perteneciente o relativo a este municipio de Puerto Rico o a su cabeza.

cabotaje. M. **1.** Tráfico marítimo en las costas de un país determinado. ‖ **2.** *Mar.* Navegación o tráfico que hacen los buques entre los puertos de su nación sin perder de vista la costa, o sea siguiendo derrota de cabo a cabo. La legislación marítima y la aduanera de cada país suelen alterar sus límites en el concepto administrativo, pero sin modificar su concepto técnico. □ V. **comercio de ~.**

caboverdiano, na. ADJ. **1.** Natural de Cabo Verde. U. t. c. s. ‖ **2.** Perteneciente o relativo a este país de África.

cabra. F. **1.** Mamífero rumiante doméstico, como de un metro de altura, ligero, esbelto, con pelo corto, áspero y a menudo rojizo, cuernos huecos, grandes, nudosos y vueltos hacia atrás, un mechón de pelos largos colgante de la mandíbula inferior y cola muy corta. La hembra de esta especie, algo más pequeña que el macho y a veces sin cuernos. ‖ **~ montés.** F. Especie salvaje, de color ceniciento o rojizo, con las patas, la barba y la punta de la cola negras, una línea del mismo color a lo largo del espinazo y los cuernos muy grandes, rugosos, echados hacia atrás y con la punta retorcida. Vive en las regiones más escabrosas de España. ‖ **estar como una ~.** LOC. VERB. coloq. Estar loco, chiflado. ‖ **la ~ siempre tira al monte.** EXPR. coloq. Se usa para dar a entender que regularmente se obra según el origen o naturaleza de cada uno. □ V. **barba de ~, camino de ~s, pata de ~, pie de ~.**

cabracho. M. **escorpina.**

cabrahígo. M. **1.** Higuera silvestre. ‖ **2.** Fruto de este árbol.

cabrales. M. Queso asturiano de pasta untuosa entreverado de manchas verdosas y aroma intenso.

cabrear. TR. **1.** coloq. Enfadar, poner a alguien malhumorado o receloso. U. m. c. prnl. ‖ **2.** *Chile.* Hastiar, aburrir. U. t. c. prnl.

cabreo. M. coloq. Acción y efecto de cabrear.

cabreriza. F. Choza en que se guarda el hato y en que se recogen de noche los cabreros, situada en la proximidad de los corrales donde se meten las cabras.

cabrerizo, za. M. y F. **cabrero.**

cabrero, ra. M. y F. Pastor de cabras.

cabrestante. M. **1.** Torno de eje vertical que se emplea para mover grandes pesos por medio de una maroma o cable que se va arrollando en él a medida que gira movido por la potencia aplicada en unas barras o palancas que se introducen en las cajas abiertas en el lado exterior del cilindro o en la parte alta de la máquina. ‖ **2.** Torno generalmente accionado por un motor y destinado a levantar y desplazar grandes pesos.

cabresto. M. *Am.* **cabestro.**

cabria. F. Máquina para levantar pesos, cuyo armazón consiste en dos vigas ensambladas en ángulo agudo, mantenidas por otra que forma trípode con ellas, o bien por una o varias amarras. Un torno colocado entre las dos vigas y una polea suspendida del vértice reciben la cuerda con que se maniobra el peso.

cabrilla. F. **1.** Pez teleósteo, acantopterigio, de unos dos decímetros de largo, boca grande con muchos dientes, color azulado oscuro y con cuatro fajas encarnadas a lo largo del cuerpo. Salta mucho en el agua y su carne es blanda e insípida. ‖ **2.** pl. Manchas o vejigas que se hacen en las piernas por permanecer mucho tiempo cerca del fuego. ‖ **3.** pl. Olas pequeñas, blancas y espumosas que se levantan en el mar cuando este empieza a agitarse.

cabrillear. INTR. **1.** Formarse cabrillas en el mar. ‖ **2.** **rielar** (‖ brillar con luz trémula).

cabrilleo. M. Acción de cabrillear.

cabrio[1]. M. **1.** Madero de construcción, variable según las comarcas, de tres a seis metros de longitud y de diez a quince centímetros de tabla. ‖ **2.** *Arq.* Madero colocado paralelamente a los pares de una armadura de tejado para recibir la tablazón. ‖ **3.** *Heráld.* Pieza honorable, en forma de media aspa, cuya punta se alarga hasta el centro del jefe y queda como un compás abierto.

cabrio[2]. M. Automóvil descapotable.

cabrío, a. I. ADJ. **1.** Perteneciente o relativo a las cabras. *Ganado lanar y cabrío.* ‖ **II.** M. **2.** Ganado cabrío. □ V. **macho ~.**

cabriola. F. **1.** Brinco que dan quienes danzan, cruzando varias veces los pies en el aire. ‖ **2.** **voltereta** (‖ en el aire). ‖ **3.** Salto que da el caballo, soltando un par de coces mientras se mantiene en el aire.

cabriolar. INTR. Dar o hacer cabriolas.

cabriolé. M. hist. Especie de birlocho o silla volante.

cabriolear. INTR. **cabriolar.**

cabrita. F. Cría hembra de la cabra.

cabritera. ☐ V. **navaja** ~.

cabritilla. F. Piel curtida de cualquier animal pequeño, como un cabrito, un cordero, etc.

cabrito, ta. I. ADJ. **1.** coloq. eufem. **cabrón** (‖ que hace malas pasadas). Apl. a pers., u. t. c. s. ‖ **II.** M. **2.** Cría de la cabra desde que nace hasta que deja de mamar. ‖ **3.** Cliente de casas de lenocinio.

cabro. M. **1.** **cabrón** (‖ macho de la cabra). ‖ **2.** Á. *guar.* y *Chile.* Niño, joven.

cabrón, na. I. ADJ. **1.** malson. Dicho de una persona, de un animal o de una cosa: Que hacen malas pasadas o resultan molestos. Apl. a pers., u. t. c. s. Por antífrasis, u. t. en sent. ponder. ‖ **2.** malson. Se dice del hombre al que su mujer es infiel, y en especial si lo consiente. U. t. c. s. ‖ **3.** *Méx.* Dicho de una persona: De mal carácter. U. t. c. s. ‖ **II.** M. **4.** Macho de la cabra. ‖ **5.** malson. Hombre que aguanta cobardemente los agravios o impertinencias de que es objeto. ‖ **6. diablo** (‖ príncipe de los ángeles rebelados). *EL cabrón.* ‖ **7.** *Am. Mer.* Rufián que trafica con prostitutas. ‖ **~ con pintas.** LOC. ADJ. coloq. **cabrón** (‖ que hace malas pasadas).

cabronada. F. **1.** malson. Mala pasada, acción malintencionada o indigna contra otro. ‖ **2.** malson. Incomodidad grave que hay que aguantar por algún motivo. ‖ **3.** malson. Acción infame consentida contra la propia honra.

cabronazo. M. malson. *Méx.* Golpe fuerte.

cabruno, na. ADJ. Perteneciente o relativo a la cabra. ☐ V. **barba** ~, **ruda** ~, **sauce** ~.

cabujón. M. Piedra preciosa pulimentada y no tallada, de forma convexa.

caburé. M. Búho pequeño que habita en zonas boscosas del Paraguay y de la Argentina, al que se le atribuyen poderes sobrenaturales. Mide unos 18 cm de longitud y su plumaje es de color pardo grisáceo a rojizo, salvo en la parte ventral, donde es blancuzco con rayas oscuras.

cabuya. F. **1. pita** (‖ planta amarilidácea). ‖ **2.** Fibra de la pita, con que se fabrican cuerdas y tejidos. ‖ **3.** *Am.* Cuerda, y especialmente la de pita. ‖ **dar** ~. LOC. VERB. **1.** *Am. Mer.* **amarrar** (‖ atar). ‖ **2.** Á. *Caribe.* Dar largas. ‖ **ponerse en la** ~. LOC. VERB. *Am. Mer.* Coger el hilo, ponerse al cabo de algún asunto.

cabuyera. F. Conjunto de las cabuyerías que a cada extremo lleva la hamaca.

cabuyería. F. Conjunto de cabos menudos.

caca. F. **1.** coloq. Excremento humano, y especialmente el de los niños pequeños. ‖ **2.** coloq. Excremento de algunos animales. ‖ **3.** coloq. Defecto o vicio. *Callar, ocultar, tapar o descubrir la caca.* ‖ **4.** coloq. Suciedad, inmundicia. ‖ **5.** coloq. Cosa de poco valor o mal hecha. *Ese libro es una caca.*

cacahuacentli o **cacahuacintle.** M. *Méx.* Variedad de maíz de grano más redondo, blanco y suave que el común, que es parte esencial del pozole y de cuya harina se hacen tamales, bizcochos, pinole y alfajor.

cacahuatal. M. *Méx.* Plantación de cacahuates.

cacahuate. M. **1.** *Méx.* **cacahuete.** ‖ **2.** *Méx.* Persona o cosa insignificante o de poco valor. *Me importa un cacahuate. Juan vale cacahuate.*

cacahuete. M. **1.** Planta papilionácea anual procedente de América, con tallo rastrero y velloso, hojas alternas lobuladas y flores amarillas. El fruto tiene cáscara coriácea y, según la variedad, dos a cuatro semillas blancas y oleaginosas, comestibles después de tostadas.

Se cultiva también para la obtención del aceite. ‖ **2.** Fruto de esta planta.

cacalosúchil. M. *Méx.* Árbol americano de las Apocináceas, de ocho metros de altura, hojas coriáceas, flores olorosas en grandes cimas axilares, y fruto en vainas pareadas de 15 a 25 cm de longitud.

cacalote. M. *Am. Cen.* Rosetas de maíz.

cacao[1]**.** M. **1.** Árbol de América, de la familia de las Esterculiáceas, de tronco liso de cinco a ocho metros de altura, hojas alternas, lustrosas, lisas, duras y aovadas, flores pequeñas, amarillas y encarnadas. Su fruto brota directamente del tronco y ramas principales, contiene de 20 a 40 semillas y se emplea como principal ingrediente del chocolate. ‖ **2.** Semilla de este árbol. ‖ **3.** Polvo soluble que se elabora con la semilla del **cacao**. ‖ **4.** Bebida que se hace con este polvo soluble. ‖ **5.** Producto cosmético hidratante elaborado a base de manteca de **cacao**. ‖ **6.** hist. Moneda mesoamericana, que consistía en granos de **cacao**.

cacao[2]**. pedir** ~. LOC. VERB. Á. *Caribe* y *Méx.* Pedir perdón.

cacaopera. I. ADJ. **1.** hist. Se dice del individuo de un pueblo amerindio que habitaba en el noroeste de Nicaragua y El Salvador. U. t. c. s. ‖ **2.** hist. Perteneciente o relativo a los **cacaoperas**. *Costumbres cacaoperas.* ‖ **II.** M. **3.** Lengua hablada por los **cacaoperas**.

cacaotal. M. Terreno poblado de cacaos.

cacaraña. F. Cada uno de los hoyos o señales que hay en el rostro de una persona, especialmente los ocasionados por la viruela.

cacarañado, da. ADJ. Lleno de cacarañas.

cacaraquear. INTR. Á. *Caribe* y *Méx.* Dicho de un gallo o de una gallina: **cacarear.**

cacarear. I. INTR. **1.** Dicho de un gallo o de una gallina: Dar voces repetidas. ‖ **II.** TR. **2.** coloq. Ponderar, exagerar con exceso las cosas propias.

cacareo. M. Acción de cacarear.

cacarizo, za. ADJ. *Méx.* **cacarañado.**

cácaro. M. *Méx.* En un cine, operador del proyector.

cacaseno. M. Hombre despreciable, necio.

cacaste. M. *Am. Cen.* **cacastle.** ‖ **dejar el** ~. LOC. VERB. *Am. Cen.* **morir** (‖ llegar al término de la vida).

cacastle. M. **1.** *Am. Cen.* Armazón de madera para llevar algo a cuestas. ‖ **2.** *Am. Cen.* Esqueleto de los vertebrados, especialmente del hombre.

cacatúa. F. **1.** Ave trepadora de Oceanía, del orden de las Psitaciformes, con pico grueso, corto, ancho y dentado en los bordes, mandíbula superior sumamente arqueada, un moño de grandes plumas movibles a voluntad, cola corta y plumaje blanco brillante. Aprende a hablar con facilidad y, domesticada, vive en los climas templados de Europa. ‖ **2.** coloq. Mujer que pretende en vano disimular los estragos de la ancianidad mediante un exceso de cosméticos y adornos, y con vestidos ridículamente vistosos.

cacera. F. Zanja o canal por donde se conduce el agua para regar.

cacereño, ña. ADJ. **1.** Natural de Cáceres. U. t. c. s. ‖ **2.** Perteneciente o relativo a esta ciudad de España o a su provincia.

cacería. F. **1.** Partida de caza. ‖ **2.** Conjunto de animales muertos en la caza.

cacerola. F. Vasija de metal, de forma cilíndrica, con asas o mango, que sirve para cocer y guisar en ella.

cacerolada. F. Protesta mediante una cencerrada de cacerolas.

cacha. F. **1.** Cada una de las dos chapas que cubren o de las dos piezas que forman el mango de las navajas, de algunos cuchillos y de algunas armas de fuego. U. m. en pl. ‖ **2.** Mango de cuchillo o de navaja. ‖ **3.** coloq. **nalga** (‖ porción carnosa y redondeada). ‖ **hasta las ~s.** LOC. ADV. coloq. Sobremanera, a más no poder. Se usa más referido a quien se mete en alguna empresa o quehacer.

cachada. F. Am. Cen. **cornada** (‖ golpe con los cuernos).

cachafaz. ADJ. Am. Mer. Descarado, pícaro.

cachalote. M. Cetáceo que vive en los mares templados y tropicales, de 15 a 20 m de largo, de cabeza muy gruesa y larga, con más de 20 dientes cónicos en la mandíbula inferior y otros tantos agujeros en la superior, para alojarlos cuando cierra la boca. De la parte dorsal de su cabeza se extrae la esperma de ballena, y de su intestino se saca el ámbar gris.

cachapa. F. Á. Caribe. Pan hecho con masa de maíz tierno molido, leche, sal, papelón o azúcar, que se prepara en forma de bollo envuelto en la hoja de la mazorca y hervido, o cocido y a manera de torta.

cachapera. F. Á. Caribe. **lesbiana.**

cachapoalino, na. ADJ. **1.** Natural de Cachapoal. U. t. c. s. ‖ **2.** Perteneciente o relativo a esta provincia de Chile.

cachar¹. TR. Arar una tierra alomada llevando la reja por el medio de cada uno de los lomos, de modo que estos queden abiertos.

cachar². TR. Am. Cen. y Chile. **cornear.**

cachar³. TR. **1.** Am. Cen. En algunos juegos, agarrar al vuelo una pelota que un jugador lanza a otro. ‖ **2.** Am. Cen. Agarrar cualquier objeto pequeño que una persona arroja por el aire a otra. ‖ **3.** Am. Cen. **hurtar.** ‖ **4.** Á. Caribe. En el béisbol, servir de receptor. ‖ **5.** Chile. **sospechar.**

cacharpas. F. pl. Am. Mer. Trebejos, trastos de poco valor.

cacharpaya. F. Á. Andes. Fiesta con que se despide el carnaval y, en ocasiones, al viajero.

cacharrear. INTR. Á. Caribe. Intentar arreglar algún aparato o máquina sin ser profesional.

cacharrería. F. Tienda de cacharros o loza ordinaria.

cacharrero, ra. M. y F. Persona que vende cacharros o loza ordinaria.

cacharro. M. **1.** Vasija tosca. ‖ **2.** Pedazo de ella en que se puede echar algo. ‖ **3.** Vasija o recipiente para usos culinarios. ‖ **4.** coloq. Aparato viejo, deteriorado o que funciona mal.

cachava. F. **cayado.**

cachavazo. M. Golpe dado con la cachava.

cachaza. F. **1.** Aguardiente de melaza de caña. ‖ **2.** coloq. **parsimonia.**

cachazudo, da. ADJ. Que tiene **cachaza** (‖ parsimonia). Aire cachazudo. Apl. a pers., u. t. c. s.

caché. M. **1.** Distinción, elegancia. ‖ **2.** Cotización de un artista del espectáculo o de ciertos profesionales que actúan en público. ‖ **3.** Inform. Memoria de rápido acceso situada entre el procesador y la memoria principal. U. t. c. adj. invar. Memorias caché.

cachear. TR. Registrar a alguien para saber si oculta objetos prohibidos, como armas, drogas, etc.

cachemir. I. ADJ. **1.** Natural de Cachemira. U. t. c. s. ‖ **2.** Perteneciente o relativo a este estado de la India. ‖ **II.** M. **3.** **cachemira.**

cachemira. F. Tejido de pelo de cabra mezclado, a veces, con lana.

cachemiro, ra. ADJ. **1.** Natural de Cachemira. U. t. c. s. ‖ **2.** Perteneciente o relativo a este estado de la India.

cacheo. M. Acción y efecto de cachear.

cachetada. F. **bofetada.**

cachete. M. **1.** Golpe que se da en la cabeza o en la cara con la palma de la mano. ‖ **2.** Carrillo de la cara, y especialmente el abultado. ‖ **3.** Chile. **nalga** (‖ porción carnosa y redondeada).

cachetear. TR. Am. Golpear a alguien en la cara con la mano abierta.

cachetón, na. ADJ. Am. **carrilludo.**

cachetudo, da. ADJ. **carrilludo.**

cachicamo. M. Am. **armadillo.**

cachicán, na. I. M. y F. **1.** Guarda de una finca. ‖ **II.** M. **2.** **capataz** (‖ hombre encargado de una hacienda de labranza).

cachicuerno, na. ADJ. Dicho de un cuchillo o de otra arma: Que tienen las cachas o el mango de cuerno.

cachila. F. Á. R. Plata. Pájaro pequeño, de color pardo con vetas oscuras y garganta y vientre amarillento, de hábitos terrestres, y que realiza vuelos acrobáticos en época de apareamiento.

cachimba. F. **1.** **pipa** (‖ para fumar). ‖ **2.** Á. R. Plata. Hoyo que se hace en la playa o en el lecho seco de un río para buscar agua potable.

cachimbearse. PRNL. Chile. **jactarse.**

cachimbo. M. Am. **pipa** (‖ para fumar).

cachiporra. I. F. **1.** Palo de una sola pieza que termina en una bola o cabeza abultada. ‖ **2.** Á. Andes. Bastón adornado con cintas que porta el tambor mayor. ‖ **II.** ADJ. **3.** Chile. Farsante, vanidoso.

cachiporrazo. M. Golpe dado con una cachiporra u otro instrumento parecido.

cachiporrearse. PRNL. Chile. **jactarse.**

cachiporrero. M. Á. Andes. Hombre que porta la cachiporra y maniobra con ella en las paradas y desfiles.

cachiquel. I. ADJ. **1.** Se dice del individuo de una tribu indígena que habita al oriente de Guatemala. U. t. c. s. ‖ **2.** Perteneciente o relativo a estos indígenas o a su idioma. Cultura cachiquel. Léxico cachiquel. ‖ **II.** M. **3.** Lengua que habla este grupo de la familia maya.

cachirla. F. Á. R. Plata. **cachila.**

cachirul. M. **1.** Méx. Peineta pequeña. ‖ **2.** Méx. Hijo ilegítimo.

cachirulo. M. **1.** Embarcación muy pequeña de tres palos con velas trapezoidales. ‖ **2.** Pañuelo que, en el atuendo típico aragonés, llevan los hombres atado a la cabeza.

cachivache. M. despect. Cosa rota o arrinconada por inútil. U. m. en pl.

cachizas. F. pl. **añicos.**

cachizo. M. Madero grueso a propósito para ser serrado.

cacho¹. M. **1.** coloq. Pedazo o trozo de algo. ‖ **2.** coloq. Se usa para reforzar el significado del adjetivo o del sustantivo al que antecede, a veces unidos por la preposición de. Cacho animal. Cacho de idiota. ‖ **3.** Á. guar. y Á. R. Plata. Racimo de bananas.

cacho². M. Pez teleósteo, fisóstomo, de 15 a 20 cm de largo, comprimido, de color oscuro y con la cola mellada y de color blanquecino como las aletas. Es muy común en ríos caudalosos.

cacho³. M. **1.** Am. **cuerno** (‖ prolongación ósea). ‖ **2.** Am. Mer. Cubilete de cuerno. ‖ **3.** Á. Andes. Juego de dados.

4. *Chile.* cuerna (‖ vaso de cuerno). ‖ **5.** *Chile.* maula (‖ cosa inútil y despreciable). ‖ **6.** *Chile.* Encargo o trabajo fatigoso e inoportuno.

cachola. F. **1.** *Mar.* Cada una de las dos curvas con que se forma el cuello de un palo, y en cuyas pernadas superiores sientan los elementos que sostienen las cofas. ‖ **2.** *Mar.* Cada uno de los pedazos gruesos de tablón colocados a uno y otro lado de la cabeza del bauprés.

cachondear. I. TR. **1.** *Méx.* Dicho de un hombre: Acariciar amorosamente a una mujer. ‖ **II.** PRNL. **2.** coloq. Burlarse, guasearse.

cachondeo. M. coloq. Falta de seriedad o rigor en un asunto que lo exige.

cachondez. F. Apetito sexual.

cachondo, da. ADJ. **1.** Dicho de una perra: **salida** (‖ en celo). ‖ **2.** Dicho de una persona: Dominada por el apetito sexual. ‖ **3.** coloq. Burlón, divertido. Apl. a pers., u. t. c. s.

cachopo. M. Tronco seco y hueco de árbol.

cachorra. F. **1.** Perra de poco tiempo. ‖ **2.** Hija pequeña de otros mamíferos, como el león, el tigre, el lobo, el oso, etc.

cachorrillo. M. Pistola pequeña.

cachorro. M. **1.** Perro de poco tiempo. ‖ **2.** Hijo pequeño de otros mamíferos, como el león, el tigre, el lobo, el oso, etc.

cachucha. F. **1.** Especie de gorra. ‖ **2.** Baile popular de Andalucía, en compás ternario y con castañuelas. ‖ **3.** Canción y tañido de este baile.

cachudo, da. I. ADJ. **1.** *Am.* Dicho de un animal: Que tiene los cuernos grandes. ‖ **II.** M. **2.** *Á. Caribe.* **diablo** (‖ príncipe de los ángeles rebelados).

cachuela. F. **1.** Guisado compuesto de hígados, corazones y riñones de conejo. ‖ **2.** Guisado que hacen en Extremadura de la asadura del puerco.

cachurear. INTR. *Chile.* Adquirir, recoger o vender objetos usados o sobrantes.

cacicada. F. Acción arbitraria propia de un cacique o de quien se comporta de igual modo.

cacicato. M. cacicazgo.

cacicazgo. M. **1.** Condición de cacique. ‖ **2.** hist. Territorio que poseía el cacique. ‖ **3.** coloq. Autoridad o poder del cacique de un pueblo o comarca.

cacillo. M. Cazo pequeño.

cacique, ca. M. y F. **1.** hist. Señor de vasallos en alguna provincia o pueblo de indios. ‖ **2.** Persona que en una colectividad o grupo ejerce un poder abusivo. ‖ **3.** coloq. Persona que en un pueblo o comarca ejerce excesiva influencia en asuntos políticos. ¶ MORF. U. t. la forma en m. para designar el f.

caciquear. INTR. Intervenir en asuntos usando indebidamente autoridad, valimiento o influencia.

caciquil. ADJ. Perteneciente o relativo al cacique de un pueblo o comarca.

caciquismo. M. **1.** Dominación o influencia del cacique de un pueblo o comarca. ‖ **2.** Intromisión abusiva de una persona o una autoridad en determinados asuntos, valiéndose de su poder o influencia.

cacle. M. Sandalia de cuero, usada en México.

caco. M. Ladrón que roba con destreza.

cacofonía. F. Disonancia que resulta de la inarmónica combinación de los elementos acústicos de la palabra.

cacofónico, ca. ADJ. Que tiene cacofonía. *Ruido cacofónico.*

cacografía. F. Escritura contra las normas de la ortografía.

cacomite. M. Planta de la familia de las Iridáceas, oriunda de México, de hojas opuestas y ensiformes, flores grandes en forma de copa, por lo común rojas en la periferia y amarillas en el centro, pero con manchas también rojas. La raíz es un tubérculo feculento, y se come cocida.

cactáceo, a. ADJ. *Bot.* Se dice de las plantas angiospermas dicotiledóneas originarias de América, sin hojas, con tallos carnosos casi esféricos, prismáticos o divididos en paletas que parecen grandes hojas, y con flores grandes y olorosas; p. ej., la chumbera y el cacto. U. t. c. s. f. ORTOGR. En f. pl., escr. con may. inicial c. taxón. *Las Cactáceas.*

cacto o **cactus.** M. Planta de la familia de las Cactáceas, procedente de México, con tallo globoso provisto de costillas y grandes surcos meridianos y con grandes flores amarillas sobre las costillas.

cacumen. M. coloq. Agudeza, perspicacia.

cada[1]. M. enebro.

cada[2]. ADJ. **1.** Se usa para establecer correspondencia distributiva entre los miembros numerables de una serie, cuyo nombre singular precede, y los miembros de otra. *Dos libros a cada alumno. El pan nuestro de cada día.* Se usa también con nombres en plural precedidos de un numeral cardinal. *Paga mil pesos cada tres meses.* ‖ **2.** Se usa ante un nombre singular para individualizarlo dentro de la serie a que pertenece. *Viene indefectiblemente cada lunes.* ‖ **3.** Se usa como adjetivo ponderativo en ciertas frases generalmente elípticas. *Dice cada verdad... Tiene cada ocurrencia...* ‖ **~ cual.** LOC. PRONOM. Designa separadamente a una persona con relación a las otras. ‖ **~ que.** LOC. ADV. Siempre que, o cada vez que. ‖ **~ quien.** LOC. PRONOM. *Am.* cada cual. ‖ **~ uno.** LOC. PRONOM. cada cual. □ V. ~ hijo de vecino.

cadalso. M. Tablado que se levanta para la ejecución de la pena de muerte.

cadañero, ra. ADJ. anual.

cadáver. M. Cuerpo muerto. ‖ **caerse** alguien ~. LOC. VERB. *Méx.* Pagar la cuenta. □ V. depósito de ~es.

cadavérico, ca. ADJ. **1.** Perteneciente o relativo al cadáver. *Rigidez cadavérica.* ‖ **2.** De rostro pálido y maciento como el de un cadáver. *Aspecto cadavérico.*

cadejo. M. **1.** Parte del cabello muy enredada que se separa para desenredarla y peinarla. ‖ **2.** *Am. Cen.* En la mitología popular, animal fantástico que se aparece a algunas personas, para asustarlas o llevárselas.

cadena. F. **1.** Serie de muchos eslabones enlazados entre sí. ‖ **2.** Conjunto de personas que se enlazan cogiéndose de las manos en la danza o en otras ocasiones. ‖ **3.** Serie de perchas, masteleros o piezas semejantes de madera, unidas a tope por medio de cables o eslabones, que sirve para cerrar la boca de un puerto, de una dársena o de un río. ‖ **4.** Atadura inmaterial. *Esos afectos suyos son una cadena.* ‖ **5.** Opresión o poder absoluto. *Romper las cadenas del poder.* ‖ **6.** Conjunto de establecimientos, instalaciones o construcciones de la misma especie o función, organizadas en sistema y pertenecientes a una sola empresa o sometidas a una sola dirección. ‖ **7.** Conjunto de instalaciones industriales destinadas a la fabricación de un producto mediante un proceso sucesivo y continuo. ‖ **8.** Agrupación de emisoras de radio o de televisión que emiten uno o varios programas simultáneamente. ‖ **9.** Empresa o entidad que agrupa estas emisoras. ‖ **10.** Canal de televisión.

‖ **11. cadena de música.** ‖ **12.** Sucesión de hechos, acaecimientos, obras, etc., relacionados entre sí. *Cadena de atentados.* ‖ **13.** *Quím.* Serie de átomos, por lo general iguales, unidos por enlaces covalentes. ‖ **14.** pl. Dispositivo que se monta sobre los neumáticos de un vehículo para evitar deslizamientos sobre la nieve o el hielo. ‖ **~ alimentaria.** F. Sucesión de relaciones entre los organismos vivos que se nutren unos de otros en un orden determinado. ‖ **~ de frío.** F. Proceso que asegura la continuidad en el estado de congelación de productos orgánicos. ‖ **~ de montaje.** F. *Tecnol.* Proceso de fabricación en el que las etapas sucesivas y continuas están realizadas por distintos operarios. ‖ **~ de montañas.** F. cordillera. ‖ **~ de música,** o **~ de sonido.** F. Equipo estereofónico compuesto por diversos aparatos de reproducción de sonido, independientes unos de otros. ‖ **~ fónica.** F. *Ling.* Secuencia de fonemas en la cadena hablada. ‖ **~ hablada.** F. *Ling.* Sucesión de elementos lingüísticos en el habla o mensaje. ‖ **~ lateral.** F. *Quím.* Parte de la molécula de un compuesto orgánico, que va unida a la estructura o esqueleto molecular principal. ‖ **~ musical.** F. **cadena de música.** ‖ **~ perpetua.** F. *Der.* Pena aflictiva cuya gravedad solo es menor que la de la pena de muerte. ‖ **~ trófica.** F. **cadena alimentaria.** ‖ **en ~.** LOC.ADJ. Dicho de un proceso: Que se efectúa en transmisión o sucesión continuada, y en el que a veces cada paso origina el siguiente. *Reacción, producción en cadena.* U. t. c. loc. adv. ‖ **tirar de la ~.** LOC.VERB. Descargar la cisterna de un inodoro.

cadenazo. M. Golpe dado con una cadena.

cadencia. F. **1.** Repetición de fenómenos que se suceden regularmente. ‖ **2.** Serie de sonidos o movimientos que se suceden de un modo regular o medido. ‖ **3.** En la prosa o en el verso, distribución o combinación proporcionada y grata de los acentos y de los cortes o pausas. ‖ **4.** Efecto de tener un verso la acentuación que le corresponde para constar o para no ser duro o defectuoso. ‖ **5.** *Fon.* Bajada última de la voz en la parte descendente de la frase. ‖ **6.** *Mús.* Manera de terminar una frase musical, reposo marcado de la voz o del instrumento. ‖ **7.** *Mús.* Ritmo, sucesión o repetición de sonidos diversos que caracterizan una pieza musical. ‖ **8.** *Mús.* Resolución de un acorde disonante sobre un acorde consonante.

cadencioso, sa. ADJ. **1.** Que tiene **cadencia** (‖ serie de sonidos que se suceden de un modo regular). *Paso cadencioso.* ‖ **2.** Que tiene proporcionada distribución de acentos y pausas, en la prosa y en el verso.

cadeneta. F. **1.** Labor o randa que se hace con hilo o seda, en forma de cadena muy delgada. ‖ **2.** Labor que se forma con tiras de papel de varios colores y se suele usar como adorno en verbenas y otras funciones populares.

cadente. ADJ. **cadencioso.**

cadera. F. **1.** Cada una de las dos partes salientes formadas a los lados del cuerpo por los huesos superiores de la pelvis. ‖ **2.** En diversos animales, parte lateral del anca. ‖ **3.** En diversos animales, **anca** (‖ mitad lateral de la parte posterior).

cadete. **I.** COM. **1.** Alumno de una academia militar. ‖ **II.** M. **2.** hist. Joven noble que se educaba en los colegios de infantería o caballería o servía en algún regimiento y ascendía a oficial sin pasar por los grados inferiores.

‖ **3.** *Am.* Aprendiz o meritorio de un establecimiento comercial.

cadí. M. Entre turcos y moros, juez que entiende en las causas civiles. MORF. pl. **cadíes** o **cadís.**

cadillo. M. **1.** Planta umbelífera, muy común en los campos cultivados, que crece hasta unos 30 cm de altura, con hojas anchas de dientes profundos, flores de color rojo o purpúreo y fruto elipsoidal, erizado de espinas tiesas. ‖ **2.** Planta de la familia de las Compuestas, con tallo ahorquillado, de unos 60 cm de altura, flores de color verde amarillento y frutos aovados cubiertos de espinas ganchudas. Es muy común entre los escombros y en los campos áridos de toda Europa. ‖ **3.** Fruto de esta planta.

cadmio. M. Elemento químico de núm. atóm. 48. Metal escaso en la litosfera, se encuentra en forma de sulfuro junto a minerales de cinc. De color blanco azulado, brillante, dúctil y maleable, se usa como recubrimiento electrolítico de metales, en baterías y acumuladores, fotografía e industria nuclear. (Símb. *Cd*).

caducar. INTR. **1.** Perder eficacia o virtualidad. *Su pasaporte ha caducado.* ‖ **2.** Dicho de una cosa: Arruinarse o acabarse por antigua y gastada. *El saludo sombrero en mano caducó hace tiempo.*

caduceo. M. Vara delgada, lisa y cilíndrica, rodeada de dos culebras, atributo de Mercurio, dios romano del comercio y mensajero de los dioses, considerada en la Antigüedad como símbolo de la paz y empleada hoy comúnmente como símbolo del comercio.

caducidad. F. **1.** Cualidad de caduco. ‖ **2.** Fecha límite para el uso o consumo de un producto alimenticio, farmacéutico o cosmético. ‖ **3.** *Der.* Extinción de una facultad o de una acción por el mero transcurso de un plazo configurado por la ley como carga para el ejercicio de aquellas. *Tengo un plazo de caducidad de un mes para recurrir la multa.*

caducifolio, lia. ADJ. Dicho de los árboles y de las plantas: De hoja caduca, que se les cae al empezar la estación desfavorable.

caduco, ca. ADJ. **1. decrépito.** *Un caduco comandante.* ‖ **2.** Dicho de una parte de un organismo vegetal o animal: Destinada a desprenderse y caer. *Árbol de hoja caduca. Cuernas caducas.* ‖ **3. perecedero.** *Bienes caducos.* ‖ **4. anticuado** (‖ que está en desuso). *Arte, concepto caduco.* □ V. **membrana ~.**

caedizo, za. ADJ. **1. efímero.** *La memoria es poca y caediza.* ‖ **2.** Que amenaza caerse. *Piedras caedizas.*

caer. I. INTR. **1.** Dicho de un cuerpo: Moverse de arriba abajo por la acción de su propio peso. *Las manzanas maduras caen al suelo.* U. t. c. prnl. ‖ **2.** Colgar, pender. *El pelo se cae sobre la frente.* ‖ **3.** Dicho de un cuerpo: Perder el equilibrio hasta dar en tierra o cosa que lo detenga. *No pudo detenerse y cayó al río.* U. t. c. prnl. ‖ **4.** Dicho de una cosa: Descender de un nivel o valor a otro menor. *Un electrón cae de una órbita a otra de menor energía.* ‖ **5.** Dicho de una cosa: Desprenderse o separarse del lugar u objeto a que estaba adherida. *Caen las hojas de los árboles.* U. t. c. prnl. *Caerse los dientes, el pelo.* ‖ **6.** Venir al suelo dando en él con una parte del cuerpo. *Caer DE espaldas. Caer DE cabeza.* ‖ **7.** Dicho de un animal o de una persona: Venir a dar en la trampa o engaño dispuesto contra él o ella. *Caer en la red. Caer en una emboscada.* ‖ **8.** Venir impensadamente a encontrarse en alguna desgracia o peligro. *Caer en una depresión.* ‖ **9.** Dejar de ser, desaparecer. *Caer un imperio, un Gobierno.* || **10.** Perder la prosperidad, fortuna o empleo. *Caer en recesión.* || **11.** Incurrir en algún error o ignorancia o en algún daño o peligro. *Caer en una tautología.* || **12.** Llegar al conocimiento, llegar a comprender. *Ahora caigo EN lo que querías decir.* || **13.** Dicho de una cosa: Disminuir, debilitarse. *Caer el caudal, el favor, la salud, el ánimo.* || **14.** Dicho de una alhaja, de un empleo, de una carga o de una suerte: Tocar o corresponder a alguien. *Le cayó el premio gordo.* || **15.** Estar situado en alguna parte o cerca de ella. *La puerta cae a la derecha.* || **16.** Dicho de una cosa: Sentarle a alguien de la manera que se indica. *La cena me ha caído fatal.* || **17.** Dicho de una persona: Provocarle a otra la impresión que se indica. *Me cayeron genial las chicas que me presentaste.* || **18.** Dicho de un suceso: Corresponder a determinada época del año. *La Pascua cae en marzo. San Juan cayó en viernes.* || **19.** Dicho del sol, del día, de la tarde, etc.: Acercarse a su ocaso o a su fin. || **20.** Dicho del viento o del oleaje: Disminuir de intensidad. || **II.** TR. **21.** *Mar.* Dicho de un barco: Desviarse de su rumbo hacia una u otra banda. ¶ MORF. V. conjug. modelo. || **~ de plano.** LOC.VERB. caer tendido a la larga. || **~ enfermo.** LOC.VERB. Contraer una enfermedad. || **~ gordo** a alguien. LOC.VERB. Serle antipático, desagradable. || **~ malo.** LOC.VERB. caer enfermo. || **~ redondo.** LOC.VERB. caerse redondo. || **~se muerto.** LOC.VERB. Se usa para ponderar el sumo miedo, susto, etc., que alguien padece. *Caerse muerto DE miedo. Caerse muerto DEL susto.* || **~se redondo.** LOC.VERB. Venir al suelo por algún desmayo u otro accidente. || **estar al ~** alguien o algo. LOC.VERB. Estar a punto de llegar, sobrevenir o suceder.

café. **I.** M. **1.** Semilla del cafeto, como de un centímetro de largo, de color amarillento verdoso, convexa por una parte y, por la otra, plana y con un surco longitudinal. || **2.** Bebida que se hace por infusión con esta semilla tostada y molida. || **3.** Establecimiento donde se vende y toma esta bebida y otras consumiciones. || **4.** cafeto. || **II.** ADJ. **5.** *Á.Andes, Chile* y *Méx.* marrón (|| color). || **~ a la turca.** M. El que se prepara sin filtro, vertiendo agua hirviendo sobre el café molido. || **~ americano.** M. Variedad de café solo que se prepara con una cantidad de agua superior a la habitual. || **~cantante.** M. Sala donde se despachan bebidas y se interpretan canciones de carácter frívolo o ligero. || **~ capuchino.** M. café con espuma de leche. || **~ cortado.** M. café con muy poca leche. || **~ de puchero.** M. El que se prepara vertiendo agua hirviendo sobre el café molido y se cuela con una manga antes de servirse. || **~ descafeinado.** M. café al que se ha reducido el contenido de cafeína. || **~ irlandés.** M. El que se prepara con nata y güisqui. || **~ puro, o ~ solo.** M. café sin leche. || **~teatro.** M. café donde, al tiempo que se sirven consumiciones, se representa una obra teatral corta. || **~ turco.** M. café a la turca. || **~ vienés.** M. El que se prepara con nata.

cafeína. F. *Quím.* Alcaloide, con propiedades cardiotónicas, que se obtiene de las semillas y de las hojas del café, del té y de otros vegetales.

cafesoso, sa. ADJ. *Chile.* De color café.

cafetal. M. Sitio poblado de cafetos.

cafetalero, ra. ADJ. Que tiene cafetales. *Región cafetalera.* Apl. a pers., u. t. c. s.

cafetera. F. **1.** Recipiente para preparar o servir el café. || **2.** coloq. Vehículo viejo que hace mucho ruido al andar.

cafetería. F. **1.** Despacho de café y otras bebidas, donde a veces se sirven aperitivos y comidas. || **2.** *Méx.* Restaurante modesto.

cafetero, ra. **I.** ADJ. **1.** Perteneciente o relativo al café. *Aroma cafetero.* || **2.** Dicho de una persona: Muy aficionada a tomar café. U. t. c. s. || **II.** M. y F. **3.** Persona que en los cafetales tiene por oficio coger la simiente en el tiempo de la cosecha. || **4.** Dueño de un café. || **5.** Persona que vende café en un sitio público. || **6.** Persona que negocia en café. || **7.** *Á.Andes* y *Á. Caribe.* caficultor.

cafetín. M. café (|| sitio público donde se toma esta bebida).

cafeto. M. Árbol de la familia de las Rubiáceas, originario de Etiopía, de cuatro a seis metros de altura, con hojas opuestas, lanceoladas, persistentes y de un hermoso color verde, flores blancas y olorosas, parecidas a las del jazmín, y fruto en baya roja, cuya semilla es el café.

cafiche. M. despect. *Chile.* proxeneta.

cafichear. INTR. despect. *Chile.* Ejercer de cafiche.

caficultor, ra. M. y F. Persona que cultiva el café.

caficultura. F. *Am. Cen.* y *Á. Caribe.* Cultivo del café.

cafre. ADJ. **1.** hist. Habitante de la antigua colonia inglesa de Cafrería, en Sudáfrica. U. t. c. s. || **2.** Bárbaro y cruel. U. m. c. s. || **3.** Zafio y rústico. U. m. c. s.

caftán. M. Vestimenta amplia y larga, sin cuello y con mangas anchas, usada especialmente en los países musulmanes.

cagada. F. **1.** malson. Excremento que sale al evacuar el vientre. || **2.** malson. Resultado muy insatisfactorio de algo en relación con lo que se pretende o espera.

cagadero. M. malson. Sitio donde, en algunas partes, va la gente a evacuar el vientre.

cagado, da. PART. de cagar. || ADJ. malson. Cobarde, miedoso, de poco espíritu. U. t. c. s.

cagajón. M. Porción del excremento de las caballerías.

cagalera. F. malson. **diarrea.**

cagar. **I.** INTR. **1.** malson. Evacuar el vientre. U. t. c. tr. y c. prnl. || **II.** TR. **2.** malson. Manchar, deslucir, echar a perder algo. *Me han cagado la camisa.* || **III.** PRNL. **3.** malson. **acobardarse.** *Cagarse de miedo.* || **4.** malson. Se usa para expresar desprecio por algo o alguien. *Me cago EN lo que diga el alcalde.* || **5.** malson. Se usa para expresar enfado. *Me cago EN la mar. Me cago EN la leche. Me cago EN diez.* || **~la.** LOC.VERB. malson. Cometer un error difícil de solucionar.

cagarria. F. **colmenilla.**

cagarruta. F. **1.** Porción de excremento de ganado menor. || **2.** Porción de excremento de otros animales.

cagatinta o cagatintas. M. despect. coloq. **oficinista.**

cagón, na. ADJ. malson. Dicho de una persona: Muy medrosa y cobarde. U. t. c. s.

caguama. F. Tortuga marina, algo mayor que el carey, y cuyos huevos son más estimados que los de este.

cagüeño, ña. ADJ. **1.** Natural de Caguas. U. t. c. s. || **2.** Perteneciente o relativo a este municipio de Puerto Rico o a su cabeza.

cagueta. ADJ. malson. Dicho de una persona: Pusilánime, cobarde. U. t. c. s.

cahíta. M. Lengua hablada por los yaquis.

cahíz. M. **1.** Medida de capacidad para áridos, de distinta cabida según las regiones. El de Castilla tiene 12 fanegas y equivale a 666 l aproximadamente. || **2.** Porción de terreno que se puede sembrar con un cahíz de grano.

caí. M. Á. *guar.* **mono capuchino.** MORF. pl. **caíes** o **caís.**

caicobé. F. Á. R. *Plata.* **sensitiva.**

caíd. M. hist. En el antiguo reino de Argel y otros países musulmanes, especie de juez o gobernador. MORF. pl. **caídes.**

caída. F. **1.** Acción y efecto de caer. ‖ **2.** Declinación o declive de algo; p. ej., la de una cuesta a un llano. ‖ **3.** En tapices, cortinas u otras colgaduras, cada una de las partes que penden de alto abajo. ‖ **4.** Manera de plegarse o de caer los paños y ropajes. ‖ **5.** Pérdida de valor en el mercado financiero. ‖ **6.** Abandono o pérdida de valores morales. ‖ **7.** *Mar.* Cese o templanza del viento, oleaje o mal tiempo. ‖ **8.** pl. coloq. Dichos oportunos, y en especial los que ocurren naturalmente y sin estudio. ‖ ~ **de ojos.** F. Manera habitual de bajarlos una persona. ‖ ~ **de presión.** F. *Tecnol.* Disminución de la presión de un fluido a lo largo del conducto por el que circula. ‖ ~ **de tensión.** F. **1.** *Electr.* Disminución brusca de la tensión en un circuito. ‖ **2.** *Med.* Disminución brusca de la tensión arterial. ‖ ~ **libre.** F. **1.** *Dep.* Modalidad de salto con paracaídas, en la que se retrasa la apertura de este. ‖ **2.** *Fís.* La que experimenta un cuerpo sometido exclusivamente a la acción de la gravedad. ‖ **a la ~ de la noche.** LOC. ADV. Al comienzo de la noche. ‖ **a la ~ de la tarde.** LOC.ADV. Al concluirse, estando para finalizar la tarde. ‖ **a la ~ del sol.** LOC.ADV. Al ir a ponerse. ‖ **andar,** o **ir,** alguien **de ~.** LOCS.VERBS. coloqs. **andar de capa caída.**

caído, da. PART. de caer. ‖ ADJ. **1.** Desfallecido, amilanado. *Con la moral caída.* ‖ **2.** Dicho de una persona o de un animal: Que tienen mucho declive en una parte del cuerpo. *Caído DE hombros. Caído DE ancas.* ‖ **3.** Dicho de una persona: Muerta en defensa de una causa. U. t. c. s. □ V. **ángel ~, huelga de brazos ~s.**

caigua. F. Planta de la familia de las Cucurbitáceas, indígena del Perú, cuyos frutos, que son unas pequeñas calabazas de cáscara gruesa, rellenos de carne picada, constituyen un plato usual en este país. Se planta también como enredadera.

caimacán. M. Á. *Caribe.* Persona de autoridad.

caimán. M. **1.** Reptil del orden de los Emidosaurios, propio de los ríos de América, muy parecido al cocodrilo, pero algo más pequeño, con el hocico obtuso y las membranas de los pies muy poco extensas. ‖ **2.** Persona que con astucia y disimulo procura salir con sus intentos.

caimito. M. **1.** Árbol silvestre de América Central, Antillas, Colombia y Venezuela, de la familia de las Sapotáceas, de corteza rojiza, madera blanda, hojas alternas y ovales, flores blancuzcas y fruto redondo, del tamaño de una naranja, de pulpa azucarada, mucilaginosa y refrescante. ‖ **2.** Árbol del Perú de la misma familia que el anterior, pero de distinta especie. ‖ **3.** Fruto de estos árboles.

Caín. las de ~. F. pl. Intenciones aviesas. *Traer las de Caín. Venir con las de Caín.* ‖ **pasar las de ~.** LOC.VERB. coloq. Sufrir grandes apuros y contratiempos.

cainismo. M. Actitud de odio o fuerte animadversión contra allegados o afines.

cainita. ADJ. **1.** Perteneciente o relativo a Caín, personaje bíblico. *Herencia cainita.* ‖ **2.** Se dice especialmente del odio o enemistad contra allegados o afines. *Luchas cainitas.* ‖ **3.** Dicho de una persona: Que se deja llevar por el odio o la enemistad contra allegados o afines. U. t. c. s.

caipiriña. F. Coctel hecho con aguardiente de caña, azúcar, hielo picado y zumo de limón.

cairel. M. **1.** Guarnición que queda colgando a los extremos de algunas ropas, a la manera de un fleco. ‖ **2.** Trozo de cristal que adorna candelabros, arañas, etc. ‖ **3.** *Méx.* **tirabuzón** (‖ rizo de cabello en forma de espiral).

cairota. ADJ. **1.** Natural de El Cairo. U. t. c. s. ‖ **2.** Perteneciente o relativo a esta ciudad, capital de Egipto.

caite. M. *Am. Cen.* **cacle.**

caja. F. **1.** Recipiente que, cubierto con una tapa suelta o unida a la parte principal, sirve para guardar o transportar en él algo. ‖ **2.** **caja,** por lo común de hierro o acero, para guardar con seguridad dinero, alhajas y otros objetos de valor. ‖ **3.** **ataúd.** ‖ **4.** En un coche de caballos, parte destinada a las personas que se sirven de él, y en la cual van sentadas. ‖ **5.** En un vehículo de transporte de mercancías, espacio destinado a la carga. ‖ **6.** **tambor** (‖ instrumento musical). ‖ **7.** Entre algunas poblaciones aborígenes americanas, tambor pequeño. ‖ **8.** Parte exterior de madera que cubre y resguarda algunos instrumentos, como el órgano, el piano, etc., o que forma parte principal del instrumento, como en el violín, la guitarra, etc. ‖ **9.** Cavidad que protege algunos mecanismos o encierra un conjunto de órganos. *La caja del reloj. La caja torácica.* ‖ **10.** Hueco o espacio en que se introduce algo. *La caja en que entra la espiga de un madero.* ‖ **11.** Armazón o tarima de madera con un hueco en medio, donde se pone el brasero. ‖ **12.** Espacio o hueco en que se forma la escalera de un edificio. ‖ **13.** En las tesorerías, bancos y casas de comercio, pieza, sitio o dependencia destinada a recibir o guardar dinero o valores equivalentes y para hacer pagos. ‖ **14.** En los escenarios, espacio comprendido entre cada dos bastidores. ‖ **15.** **caja registradora.** ‖ **16.** *Impr.* Cajón con varias separaciones o cajetines, en cada uno de los cuales se ponen los caracteres que representan una misma letra o signo tipográfico. ‖ **17.** *Impr.* Espacio de la página lleno por la composición impresa. ‖ ~ **alta.** F. *Impr.* Parte superior izquierda de la **caja,** en la que se colocan las letras mayúsculas o versales y algunos otros signos. ‖ ~ **baja.** F. *Impr.* Parte inferior de la **caja,** en la que se colocan las minúsculas, los números, la puntuación y los espacios. ‖ ~ **de ahorros.** F. Establecimiento destinado a guardar los ahorros de los particulares, proporcionándoles un interés. ‖ ~ **de amortización.** F. hist. Establecimiento público que tenía a su cargo liquidar y clasificar las deudas del Estado, pagar los réditos y extinguir los capitales, administrando y recaudando los fondos aplicados a este objeto. ‖ ~ **de cambios.** F. Mecanismo que permite el cambio de velocidad en un automóvil. ‖ ~ **de caudales.** F. **caja** de hierro para guardar dinero y cosas de valor. ‖ ~ **de dientes.** F. Á. *Caribe.* Dentadura postiza. ‖ ~ **del cuerpo.** F. **tórax.** ‖ ~ **de música.** F. Instrumento pequeño de barretas de acero, a las cuales hace sonar un cilindro con púas, movido por un muelle de reloj. Las hay con fuelle y flautas en lugar de barretas. ‖ ~ **de Pandora.** F. Acción o decisión de la que, de manera imprevista, derivan consecuencias desastrosas. ‖ ~ **de reclutamiento.** F. Organismo militar encargado de la inscripción, clasificación y destino de los reclutas a un cuerpo activo. ‖ ~ **de resonancia.** F. **1.** La de madera que forma parte de algunos instrumentos musicales para amplificar y modular su sonido. ‖ **2.** Recinto de cualquier otro tipo que cumple función análoga. ‖ **3.**

Institución, lugar o persona cuya relevancia le permite recibir y difundir las noticias que conciernen a sus intereses o ámbito de acción. ‖ **~ de velocidades.** F. **caja de cambios.** ‖ **~ fuerte.** F. **caja de caudales.** ‖ **~ negra.** F. **1.** *Fís.* Método de análisis de un sistema en el que únicamente se considera la relación entre las entradas o excitaciones y las salidas o respuestas, prescindiendo de su estructura interna. ‖ **2.** caja de material muy resistente que contiene aparatos registradores de las principales magnitudes y vicisitudes del vuelo de una aeronave. ‖ **3.** *Psicol.* El cerebro, considerado formalmente como una estructura que media entre los estímulos y las respuestas del organismo. ‖ **~ perdida.** F. *Impr.* Parte de la caja alta donde se pone el galerín, y que contiene los signos de poco uso. ‖ **~ registradora.** F. La que se usa en el comercio, y que, por medio de un mecanismo, señala y suma automáticamente el importe de las ventas. ‖ **~s destempladas.** F. pl. Tambores cuyo parche ha sido aflojado para conseguir un sonido más sordo. ‖ **despedir,** o **echar,** a alguien **con ~s destempladas.** LOCS.VERBS. coloqs. Despedirlo o echarlo de alguna parte con gran aspereza o enojo. ‖ **en ~.** LOC.ADJ. Dicho de una cosa: En regla y concierto. ‖ **entrar en ~.** LOC.VERB. Quedar inscrito en la caja de reclutamiento. ‖ **hacer ~.** LOC.VERB. **1.** Dicho de un comercio: Contabilizar las ventas de un día o de otro período de tiempo. ‖ **2.** Recaudar dinero. □ V. **letra de ~ alta, letra de ~ baja, libro de ~.**

cajamarquino, na. ADJ. **1.** Natural de Cajamarca. U. t. c. s. ‖ **2.** Perteneciente o relativo a este departamento del Perú o a su capital.

cajera. F. *Mar.* Abertura donde se colocan las roldanas de motones y cuadernales.

cajero, ra. **I.** M. y F. **1.** En los comercios, bancos, etc., persona encargada de la caja. ‖ **II.** M. **2.** En acequias o canales, parte de talud comprendida entre el nivel ordinario del agua y la superficie del terreno. ‖ **3. cajero automático.** ‖ **~ automático.** M. Máquina que, accionada por el cliente mediante una clave, realiza algunas funciones del cajero de un banco.

cajeta. F. *Am. Cen.* y *Méx.* Dulce de leche de cabra, sumamente espeso.

cajetilla. F. Paquete de cigarrillos.

cajetín. M. **1.** Pieza de material aislante, cerrada con una tapa, en la que se alojan por separado los conductores eléctricos. ‖ **2.** Compartimento de algunas máquinas, como las tragaperras. ‖ **3.** Sello de mano con que en determinados papeles de las oficinas y en títulos y valores negociables se estampan diversas anotaciones. ‖ **4.** *Impr.* Cada uno de los compartimentos de la caja.

cajiga. F. **quejigo.**

cajista. COM. Oficial de imprenta que, juntando y ordenando las letras, compone lo que se va a imprimir.

cajón. M. **1.** Receptáculo que se puede sacar y meter en un hueco determinado, al cual se ajusta, de un armario, una mesa, una cómoda u otro mueble. ‖ **2. caja** (‖ recipiente para guardar o transportar algo). ‖ **3.** *Taurom.* cajón prismático de base rectangular, con las puertas levadizas y montado sobre ruedas, que se utiliza para el traslado de los toros. ‖ **4.** *Am.* **tienda** (‖ de comestibles). ‖ **5.** *Am. Cen.* y *Am. Mer.* **ataúd.** ‖ **6.** *Chile.* Cañada larga por cuyo fondo corre algún río o arroyo. ‖ **~ de sastre.** M. coloq. Conjunto de cosas diversas y desordenadas. ‖ **ser de ~** algo. LOC.VERB. coloq. Ser evidente, obvio, estar fuera de toda duda o discusión.

cajonera. F. **1.** Especie de cajón que tienen las mesas o pupitres escolares para guardar libros y otras cosas. ‖ **2.** Conjunto de cajones de un mueble. ‖ **3.** Instalación de obra parcialmente enterrada, con tapa de vidrio, para proteger los semilleros.

cajonería. F. Conjunto de cajones de un armario o estantería.

cajuela. F. *Méx.* Maletero del automóvil.

cakchiquel. ADJ. **cachiquel.** Apl. a pers., u. t. c. s.

cal. F. **1.** Óxido de calcio. Sustancia alcalina de color blanco o blanco grisáceo que, al contacto del agua, se hidrata o se apaga, con desprendimiento de calor, y, mezclada con arena, forma la argamasa o mortero. ‖ **2.** Se usa como nombre para designar diversas formas del óxido de calcio y algunas de las sustancias en que este interviene o que se obtienen a partir de él. ‖ **~ apagada.** F. Polvo blanco, compuesto principalmente por hidróxido de calcio, que se obtiene tratando la cal con agua. ‖ **~ hidráulica.** F. La que se produce de la calcinación de piedras calizas en cuya composición entra, además de la cal, alrededor del 20% de arcilla, y que, pulverizada y mezclada con agua, fragua como el cemento. ‖ **~ muerta.** F. **cal apagada.** ‖ **~ viva.** F. Óxido cálcico. ‖ **~ y canto.** M. Obra de mampostería. ‖ **una de ~ y otra de arena.** F. coloq. Alternancia de cosas diversas o contrarias para contemporizar. ‖ **a ~ y canto.** LOC.ADV. Dicho de cerrar, encerrar o encerrarse en un local: Con intención de que nadie pueda entrar, o, si hay alguien dentro, salir. ‖ **de ~ y canto.** LOC.ADJ. coloq. Fuerte, macizo y muy durable. □ V. **piedra de ~.**

cala[1]**.** F. **1.** Acción y efecto de **calar** (‖ un melón u otras frutas semejantes). ‖ **2.** Pedazo cortado de una fruta para probarla. ‖ **3.** Rompimiento hecho para reconocer el grueso de una pared o para descubrir bajo el pavimento cañerías, conducciones de agua, electricidad, etc. ‖ **4.** Parte más baja en el interior de un buque. ‖ **5.** Parte del barco que se sumerge en el agua. ‖ **6.** Plomo que hace hundirse a la sonda o al anzuelo. ‖ **7.** Sonda que mete el cirujano para reconocer la profundidad de una herida. ‖ **8.** Investigación en algún campo inexplorado del saber. *Seis calas en la expresión literaria española.* ‖ **a ~ y a prueba.** LOC.ADV. Con derecho a comprobar la calidad y gusto de un artículo comestible, antes de efectuar la compra. ‖ **hacer ~,** o **~ y cata.** LOCS. VERBS. Reconocer algo para saber su cantidad o calidad.

cala[2]**.** F. Ensenada pequeña.

cala[3]**.** F. Planta acuática arácea, con hojas radicales de pecíolos largos, espádice amarillo y espata grande y blanca.

calabacera. F. Planta anual de la familia de las Cucurbitáceas, con tallos rastreros muy largos y cubiertos de pelo áspero, hojas anchas y lobuladas y flores amarillas. Su fruto es la calabaza.

calabacero. M. *Am. Cen.* **jícaro.**

calabacilla. F. **cohombrillo amargo.**

calabacín. M. Pequeña calabaza cilíndrica de corteza verde y carne blanca.

calabacita. F. *Méx.* **calabacín.**

Calabar. □ V. **haba del ~.**

calabaza. F. **1.** Fruto de la calabacera, muy variado en su forma, tamaño y color, por lo común grande, redondo y con multitud de pipas o semillas. ‖ **2. calabacera.** ‖ **dar ~s** a alguien. LOC.VERB. coloq. Desairarlo o rechazarlo cuando hace una proposición amorosa.

calabazate. M. Dulce seco de calabaza.

calabazazo. M. coloq. Golpe que alguien recibe en la cabeza.

calabazo. M. **calabaza** (‖ fruto).

calabocero. M. Encargado de los presos que están en el calabozo.

calabozo¹. M. Lugar seguro, a veces lóbrego e incluso subterráneo, donde se encierra a determinados presos.

calabozo². M. Instrumento de hoja acerada, ancha y fuerte, para podar y rozar árboles y matas.

calabrés, sa. ADJ. **1.** Natural de Calabria. U. t. c. s. ‖ **2.** Perteneciente o relativo a esta región de Italia.

calabrote. M. Mar. Cabo grueso hecho de nueve cordones trenzados de izquierda a derecha, en grupos de a tres y en sentido contrario cuando se reúnen para formar el cabo.

calaca. F. **1.** Méx. **muerte** (‖ figura del esqueleto humano). La calaca. ‖ **2.** Méx. **cráneo.**

calada. F. **1.** Chupada que se da a un cigarro, puro, etc. ‖ **2.** Acción y efecto de **calar** (‖ disponer en el agua un arte para pescar).

caladero. M. Sitio a propósito para **calar** (‖ disponer en el agua un arte para pescar).

calado. M. **1.** Labor que se hace con aguja en alguna tela o tejido, sacando o juntando hilos, con que se imita el encaje. ‖ **2.** Labor que consiste en taladrar el papel, tela, madera, metal u otra materia, con sujeción a un dibujo. ‖ **3.** Mar. Profundidad que alcanza en el agua la parte sumergida de un barco. ‖ **4.** Mar. Altura que alcanza la superficie del agua sobre el fondo.

calador. M. Chile. Barrena acanalada para sacar muestras de los granos sin abrir los bultos que las contienen, a fin de conocer su clase o calidad.

caladura. F. Acción y efecto de calarse.

calafate. M. Encargado de calafatear.

calafateador. M. Encargado de calafatear.

calafatear. TR. Cerrar las junturas de las maderas de las naves con jarcia vieja y brea, para que no entre el agua. U. t. en sent. fig. Calafatear las grietas del sentimiento.

calafateo. M. Acción y efecto de calafatear.

calagurritano, na. ADJ. **1.** Natural de la antigua Calagurris o de la moderna Calahorra. U. t. c. s. ‖ **2.** Perteneciente o relativo a aquella antigua población o a esta ciudad de La Rioja, en España.

calamar. M. Molusco cefalópodo de cuerpo alargado, con una concha interna en forma de pluma de ave y diez tentáculos provistos de ventosas, dos de ellos más largos que el resto. Vive formando bancos que son objeto de una activa pesca.

calambre. M. **1.** Contracción espasmódica, involuntaria, dolorosa y poco durable de ciertos músculos, particularmente de los de la pantorrilla. ‖ **2.** Estremecimiento producido por una descarga eléctrica de baja intensidad. ‖ ~ **de estómago.** M. Med. gastralgia.

calambur. M. Ret. Agrupación de las sílabas de una o más palabras de tal manera que se altera totalmente el significado de estas; p. ej., plátano es/plata no es.

calamento. M. Planta vivaz, de la familia de las Labiadas, de unos seis decímetros de altura, ramosa, velluda, con hojas aovadas y flores purpúreas en racimos. Es aromática y se usa en medicina.

calameño, ña. ADJ. **1.** Natural de Calama. U. t. c. s. ‖ **2.** Perteneciente o relativo a esta ciudad de Chile, capital de la provincia de El Loa.

calamidad. F. **1.** Desgracia o infortunio que alcanza a muchas personas. ‖ **2.** Persona incapaz, inútil o molesta.

calamina. F. Carbonato de cinc, anhidro, pétreo, blanco o amarillento, o rojizo cuando lo tiñe el hierro. Es la mena de que generalmente se extrae el cinc.

calaminta. F. calamento.

calamita¹. F. Sapo pequeño, verde, con una línea amarilla a lo largo del dorso.

calamita². F. **imán** (‖ mineral).

calamitoso, sa. ADJ. **1.** Que causa calamidades o es propio de ellas. Inundaciones calamitosas. ‖ **2.** Infeliz, desdichado. Situación calamitosa.

cálamo. M. **1.** Parte inferior hueca del eje de las plumas de las aves, que no lleva barbas y se inserta en la piel. ‖ **2.** poét. **caña** (‖ tallo de las Gramíneas). ‖ **3.** poét. Pluma de ave o de metal para escribir. ‖ ~ **aromático.** M. **1.** Raíz medicinal del ácoro, de unos dos centímetros de diámetro, nudosa, ligera y aromática. ‖ **2.** Planta medicinal gramínea, muy parecida al esquenanto y cuya raíz sustituye a la del ácoro.

calamocano, na. ADJ. Dicho de una persona: Que está algo embriagada.

calamocha. F. Ocre amarillo de color muy pálido.

cálamo currente. (Locución latina). LOC. ADV. Dicho por lo común de escribir: Sin reflexión previa, con presteza y de improviso.

calamorro. M. Chile. Zapato grueso y de forma grosera.

calandra. F. En un automóvil, rejilla del radiador, colocada en la parte exterior frontal.

calandria¹. F. Pájaro de la misma familia que la alondra, de dorso pardusco, vientre blanquecino, alas anchas, de unos 40 cm de envergadura y pico grande y grueso.

calandria². F. Máquina compuesta de varios cilindros giratorios, calentados generalmente a vapor, que sirven para prensar, satinar o planchar ciertas telas o el papel.

calaña. F. Índole, calidad, naturaleza de alguien o algo. Ser de buena, o mala, calaña. U. m. en sent. despect.

calañés. M. Sombrero de ala vuelta hacia arriba y copa comúnmente baja en forma de cono truncado, usado por los labriegos y gente de pueblo en varias provincias.

calar. I. TR. **1.** Dicho de un líquido: Penetrar en un cuerpo permeable. El agua caló los zapatos. ‖ **2.** Dicho de un instrumento, como una espada o una barrena: Atravesar otro cuerpo de una parte a otra. ‖ **3.** Agujerear tela, papel, metal o cualquier otra materia en hojas, de forma que resulte un dibujo parecido al del encaje. ‖ **4.** Cortar de un melón o de otras frutas un pedazo con el fin de probarlas. ‖ **5.** Ponerse una gorra, un sombrero, etc., haciéndolos entrar mucho en la cabeza. U. t. c. prnl. ‖ **6.** Asegurar la bayoneta en la boca del fusil. ‖ **7.** coloq. Conocer las cualidades o intenciones de alguien. Lo caló nada más conocerlo. ‖ **8.** coloq. Penetrar, comprender el motivo, razón o secreto de algo. Le calé que estaba mintiendo. ‖ **9.** Mar. Arriar o bajar un objeto resbalando sobre otro, como un mastelero, una verga, etc., sirviéndose de un aro u otro medio adecuado para guiar su movimiento. ‖ **10.** Mar. Disponer en el agua debidamente un arte para pescar. ‖ II. INTR. **11.** Dicho de un material o de un objeto: Permitir que un líquido pase a través de él. Este impermeable cala. ‖ **12.** Mar. Dicho de un buque: Alcanzar en el agua determinada profundidad por la parte más baja de su casco. ‖ III. PRNL. **13.** Dicho de una persona: Mojarse hasta que el agua u otro líquido, penetrando la ropa, llegue al cuerpo.

calarse. PRNL. Dicho de un motor de explosión: Pararse bruscamente.

calasancio, cia. ADJ. **escolapio.** Apl. a pers., u. t. c. s.

calato, ta. ADJ. *Á. Andes.* Desnudo, en cueros.

Calatrava. □ V. **cruz de ~.**

calatravo, va. ADJ. Se dice del individuo de la Orden de Calatrava. U. t. c. s.

calavera. I. F. 1. Conjunto de los huesos de la cabeza mientras permanecen unidos, pero despojados de la carne y de la piel. ‖ 2. *Méx.* Cada una de las dos luces de la parte trasera de un vehículo. ‖ **II.** M. 3. Hombre de poco juicio y madurez. ‖ 4. Hombre dado al libertinaje.

calaverada. F. coloq. Acción propia de hombre de poco juicio o libertino.

calcado, da. PART. de **calcar.** ‖ **I.** ADJ. 1. Idéntico o muy parecido. ‖ **II.** M. 2. Acción y efecto de calcar.

calcador, ra. M. y F. Persona que calca.

calcáneo. M. *Anat.* Uno de los huesos del tarso, que en el hombre está situado en el talón o parte posterior del pie.

calcañal. M. **calcañar.**

calcañar. M. Parte posterior de la planta del pie.

calcar. TR. 1. Sacar copia de un dibujo, inscripción o relieve por contacto del original con el papel o la tela a que han de ser trasladados. ‖ 2. Imitar, copiar o reproducir con exactitud y a veces servilmente. *Calcó su manera de vestir.* ‖ 3. Apretar con el pie. □ V. **papel de ~.**

calcáreo, a. ADJ. Que tiene cal. □ V. **toba ~.**

calce. M. 1. **calza** (‖ cuña). ‖ 2. *Méx.* Pie de un documento. *El Presidente firmó al calce.*

calceatense. ADJ. 1. Natural de Santo Domingo de la Calzada. U. t. c. s. ‖ 2. Perteneciente o relativo a esta ciudad de La Rioja, en España.

calcedonia. F. Ágata muy traslúcida, de color azulado o lechoso.

calceolaria. F. Planta anual, de la familia de las Escrofulariáceas, cuyas flores, en corimbo y de color de oro, semejan un zapato. Es originaria de América Meridional y se cultiva en los jardines.

calcés. M. *Mar.* Parte superior de los palos mayores y masteleros de gavia, comprendida entre la cofa o cruceta y el tamborete. MORF. pl. **calceses.**

calceta. F. 1. Tejido de punto. *Le gusta mucho hacer calceta.* ‖ 2. **media** (‖ tejido que cubre el pie y la pierna).

calcetar. INTR. Hacer **calceta** (‖ tejido de punto).

calcetero, ra. I. ADJ. 1. Dicho de una res vacuna: De capa oscura y extremidades blancas. ‖ **II.** M. y F. 2. Persona que hace y compone medias y calcetas. ‖ **III.** M. 3. hist. Maestro sastre que hacía las calzas de paño.

calcetín. M. Media que cubre el tobillo y parte de la pierna sin llegar a la rodilla.

calchacura. F. *Chile.* Liquen de talo plano muy ramificado con lacinias, de sabor amargo, muy usado en la medicina antigua como remedio de las afecciones de las vías respiratorias.

calchaquí. ADJ. 1. hist. Se dice del individuo del pueblo diaguita que habitó desde los valles y quebradas del noroeste hasta el sur del Chaco argentino. U. m. c. s. pl. ‖ 2. hist. Perteneciente o relativo a los calchaquíes. *Música calchaquí.* ¶ MORF. pl. **calchaquíes** o **calchaquís.**

calchón, na. ADJ. 1. *Chile.* Dicho de un ave: Que tiene pelusa o pluma en los tarsos. ‖ 2. *Chile.* Dicho de una caballería: Que tiene muchas cernejas.

calchona. F. 1. *Chile.* En la tradición popular, ser fantástico y maléfico que atemoriza a los caminantes solitarios. ‖ 2. *Chile.* **bruja** (‖ mujer que tiene poderes mágicos). ‖ 3. *Chile.* **bruja** (‖ mujer vieja y fea).

calchudo, da. ADJ. *Chile.* **calchón.**

cálcico, ca. ADJ. *Quím.* Perteneciente o relativo al calcio.

calcicosis. F. *Med.* Enfermedad crónica del aparato respiratorio causada por el polvo de la cal.

calcificación. F. 1. *Biol.* Acción y efecto de calcificar o calcificarse. ‖ 2. *Med.* Depósito de sales de calcio sobre tejidos, tumores y paredes de los vasos.

calcificar. I. TR. 1. Producir por medios artificiales carbonato de cal. ‖ 2. *Biol.* Depositar en un tejido orgánico sales de calcio. U. t. c. prnl. ‖ **II.** PRNL. 3. Dicho de un tejido orgánico: Modificarse o degenerar en esta forma.

calcinación. F. Acción y efecto de calcinar.

calcinador, ra. ADJ. Que calcina. *Fuego calcinador.*

calcinamiento. M. **calcinación.**

calcinar. TR. 1. Reducir a cal viva los minerales calcáreos, privándolos del ácido carbónico por el fuego. ‖ 2. Abrasar por completo, especialmente por el fuego. U. t. c. prnl. ‖ 3. *Quím.* Someter al calor cuerpos de cualquier clase para eliminar las sustancias volátiles.

calcio. M. Elemento químico de núm. atóm. 20. Metal muy abundante en la litosfera, se encuentra principalmente en forma de carbonato, como la calcita, o de sulfato, como el yeso, y es un componente esencial de huesos, dientes, caparazones, arrecifes coralinos y estructuras vegetales. De color blanco o gris, blando y muy ligero, combinado con el oxígeno forma la cal y tiene gran importancia en el metabolismo celular. (Símb. *Ca*).

calcita. F. *Geol.* Carbonato de calcio, muy abundante, que cristaliza en formas del sistema hexagonal, generalmente blanco puro, a veces transparente.

calcitrapa. F. **cardo estrellado.**

calco. M. 1. Acción y efecto de **calcar** (‖ imitar, copiar o reproducir). ‖ 2. Copia que se obtiene calcando. ‖ 3. Plagio, imitación o reproducción idéntica o muy próxima al original. *Su última novela es casi un calco de la primera que escribió.* ‖ 4. *Ling.* **calco semántico.** ‖ **~ semántico.** M. Adopción de un significado extranjero para una palabra o expresión ya existente en una lengua; p. ej., *ratón*, en su acepción 'aparato manual conectado a una computadora', es calco semántico del inglés *mouse*. □ V. **papel de ~.**

calcografía. F. 1. Arte de estampar con láminas metálicas grabadas. ‖ 2. Imagen obtenida mediante este procedimiento.

calcográfico, ca. ADJ. Perteneciente o relativo a la calcografía.

calcolítico, ca. ADJ. 1. Se dice de las culturas del período eneolítico. ‖ 2. *Arqueol.* **eneolítico.** U. t. c. s. m.

calcomanía. F. 1. Entretenimiento que consiste en pasar de un papel a objetos diversos de madera, porcelana, seda, estearina, etc., imágenes coloreadas preparadas con trementina. ‖ 2. Imagen obtenida por este medio. ‖ 3. Papel o cartulina que tiene la figura, antes de transportarla.

calcopirita. F. *Geol.* Sulfuro natural de cobre y hierro, de color amarillo claro y brillante y no muy duro.

calculador, ra. I. ADJ. 1. Que calcula. *Aparato calculador.* Apl. a pers., u. t. c. s. ‖ 2. Dicho de una persona:

Que realiza o impulsa determinados actos para obtener un provecho. U. t. c. s. || **3.** Dicho de una persona: Que considera algo con atención y cuidado. || **II.** M. **4.** Aparato o máquina que por un procedimiento mecánico o electrónico obtiene el resultado de cálculos matemáticos.

calculadora. F. calculador (|| aparato que obtiene el resultado de cálculos matemáticos).

calcular. TR. **1.** Hacer **cálculos** (|| cómputos). || **2.** Considerar, reflexionar algo con atención y cuidado. *Calcular las consecuencias de una elección.*

calculista. ADJ. **1.** proyectista. Apl. a pers., u. t. c. s. || **2.** calculador. Apl. a pers., u. t. c. s.

cálculo. M. **1.** Cómputo, cuenta o investigación que se hace de algo por medio de operaciones matemáticas. || **2.** conjetura. || **3.** Concreción anormal que se forma en la vejiga de la orina y también en la de la bilis, en los riñones y en las glándulas salivales, y cuya expulsión ocasiona accesos de cólicos nefríticos o hepáticos, según los casos. || **4.** pl. **mal de piedra. || ~ algebraico.** M. *Mat.* El que se hace con letras que representan las cantidades, aunque también se empleen algunos números. || **~ aritmético.** M. *Mat.* El que se hace con números exclusivamente y algunos signos convencionales. || **~ diferencial.** M. *Mat.* Parte de las matemáticas que opera con las diferencias infinitamente pequeñas de las cantidades variables. || **~ infinitesimal.** M. *Mat.* Conjunto de los cálculos diferencial e integral. || **~ integral.** M. *Mat.* Parte de las matemáticas que trata de obtener una función a partir de su derivada. || **~ proposicional.** M. Parte de la lógica formal que estudia las estructuras deductivas de las implicaciones lógicas y sus relaciones axiomáticas. □ V. **hoja de ~, regla de ~.**

calculoso, sa. ADJ. **1.** Perteneciente o relativo al mal de piedra. *Síntomas calculosos.* || **2.** Que padece esta enfermedad. U. t. c. s.

calda. F. **1.** Acción de introducir en los hornos de fundición cierta cantidad de combustibles, para producir en ellos un aumento de temperatura. || **2.** pl. Baños de aguas minerales calientes.

caldario. M. hist. En las casas de baños de los antiguos romanos, sala donde se tomaban los de vapor.

caldeamiento. M. Acción y efecto de caldear.

caldear. TR. **1.** Hacer que algo que antes estaba frío aumente perceptiblemente de temperatura. *Caldear una habitación.* U. t. c. prnl. || **2.** Excitar el ánimo de quien estaba tranquilo e indiferente. U. t. c. prnl. || **3.** Animar, estimular el ánimo de un auditorio, de un ambiente, de una reunión, etc. U. t. c. prnl. || **4.** Hacer ascua el hierro para labrarlo o para soldar un trozo con otro. U. t. c. prnl.

caldén. M. Árbol leguminoso, abundante en la Argentina, que alcanza más de diez metros de altura y cuya madera se emplea en carpintería.

caldense. ADJ. **1.** Natural de Caldas. U. t. c. s. || **2.** Perteneciente o relativo a este departamento de Colombia.

caldeo¹. M. Acción y efecto de caldear.

caldeo², a. I. ADJ. **1.** hist. Se dice del individuo de un pueblo semítico que se estableció en la baja Mesopotamia y dominó este país, con capital en Babilonia, en los siglos VII y VI a. C. U. t. c. s. || **2.** hist. Perteneciente o relativo a los caldeos. *Arquitectura caldea.* || **II.** M. **3.** Lengua de los caldeos, una de las semíticas.

caldera. F. **1.** Recipiente de metal, grande y semiesférico, que sirve comúnmente para poner a calentar o co-

cer algo dentro de él. || **2.** Recipiente metálico dotado de una fuente de calor, donde se calienta el agua que circula por los tubos y radiadores de la calefacción. || **3.** Recipiente metálico cerrado que se emplea para calentar o evaporar líquidos. || **4.** Caja del timbal hecha con latón o cobre. || **5.** *Geol.* Depresión de grandes dimensiones y con paredes escarpadas, originada por explosiones o erupciones volcánicas muy intensas. || **6.** *Heráld.* Figura artificial, usada casi siempre en número de dos, en el campo del escudo o en orla, que se pinta con las asas levantadas, terminadas en cabezas de serpientes. En España fue señal de primera nobleza. || **7.** *Á. guar.* pava (|| recipiente para calentar agua). **|| ~ de vapor.** F. Recipiente donde hierve el agua, cuyo vapor en tensión constituye la fuerza motriz de la máquina. || **~ tubular.** F. La de vapor que lleva dentro varios tubos longitudinales, por entre los cuales penetran los gases y llamas del hogar, para aumentar la superficie de calefacción del agua que los rodea.

calderada. F. Cantidad que contiene una **caldera** (|| recipiente).

calderería. F. **1.** Oficio de calderero. || **2.** Tienda y barrio en que se hacen o venden obras de calderero. || **3.** Parte o sección de los talleres de metalurgia donde se cortan, forjan y unen en entramados barras y planchas de hierro o de acero, con mecanismos apropiados.

calderero. M. Fabricante o vendedor de obras de calderería.

caldereta. F. **1.** Guisado que se hace cociendo el pescado fresco con sal, cebolla y pimiento, y echándole aceite y vinagre antes de apartarlo del fuego. || **2.** Guisado que hacen los pastores con carne de cordero o cabrito. || **3.** calderilla (|| de agua bendita).

calderilla. F. **1.** Conjunto de monedas de escaso valor. || **2.** Caldera pequeña para llevar el agua bendita.

calderín. M. Depósito de líquidos pequeño en forma de caldera.

caldero. M. Caldera pequeña de suelo casi semiesférico, y con asa sujeta a dos argollas en la boca.

calderón. M. **1.** Cetáceo de hasta cinco metros de longitud, de cabeza voluminosa, casi globosa, y de aletas pectorales estrechas y largas. Es de color blanquecino por debajo y negro por encima, suele ir en bandadas y se alimenta principalmente de calamares. || **2.** *Gram.* Antiguo signo ortográfico (¶) de párrafo. Se emplea en lo impreso para señalar alguna observación especial. || **3.** *Mús.* Signo (⌢) que representa la suspensión del movimiento del compás. || **4.** *Mús.* Esta suspensión. || **5.** *Mús.* Frase o floreo que el cantor o el tañedor ejecuta ad líbitum durante la momentánea suspensión del compás.

caldillo. M. **1.** Salsa de algunos guisados. || **2.** *Chile.* Caldo que se hace especialmente con pescados y mariscos, cebolla y patatas.

caldo. M. **1.** Líquido que resulta de cocer o aderezar algunos alimentos. || **2.** Jugo vegetal, especialmente el vino, extraído de los frutos y destinado a la alimentación. U. m. en pl. *La Rioja es famosa por sus caldos.* **|| ~ bordelés.** M. Disolución de sulfato de cobre utilizada contra el mildiu de la vid. || **~ corto.** M. caldo compuesto de agua, vino blanco, alguna verdura y especias, que se emplea para cocer pescados. || **~ de cultivo.** M. **1.** *Biol.* Disolución adecuada para la proliferación de determinados microorganismos. || **2.** Ambiente propicio para que algo se desarrolle. *El racismo y la xenofobia son el caldo* *de cultivo del fascismo.* ‖ **~ de gallina.** M. *Esp.* Tabaco de picadura poco elaborado. ‖ **~ esforzado.** M. El que presta vigor y esfuerzo a quien está desmayado. ‖ **~ gallego.** M. Guiso de verduras y carne, típico de Galicia. ‖ **hacer** a alguien **el ~ gordo.** LOC.VERB. coloq. **hacerle el juego.**

caldoso, sa. ADJ. Que tiene mucho caldo. *Arroz caldoso.*

calducho. M. despect. Caldo de poca sustancia o mal sazonado.

calduda. F. *Chile.* Empanada caldosa de cebolla, huevos, pasas, aceitunas, etc.

calduda, da. ADJ. **caldoso.**

calé. M. **gitano** (‖ de un pueblo originario de la India).

caledoniano, na. ADJ. *Geol.* Perteneciente o relativo al movimiento orogénico ocurrido en la era paleozoica, que afectó a extensas zonas de la litosfera, como Escocia, Escandinavia, etc.

calefacción. F. **1.** Acción y efecto de calentar o calentarse. ‖ **2.** Conjunto de aparatos destinados a calentar un edificio o parte de él. ‖ **~ central.** F. La procedente de un solo foco que eleva la temperatura en todo un edificio.

calefaccionar. TR. *Á. R. Plata* y *Chile.* Templar un ambiente mediante aparatos que generan calor.

calefactor, ra. I. ADJ. **1.** Que calienta. *Elemento calefactor.* ‖ **II.** M. y F. **2.** Persona que construye, instala o repara aparatos de calefacción. ‖ **III.** M. **3.** Aparato eléctrico que sirve para calentar una habitación.

calefactorio. M. hist. En algunos conventos, lugar que se destinaba para los religiosos.

calefón. M. *Á. guar.* y *Á. R. Plata.* Aparato a través de cuyo serpentín circula el agua que se calienta para uso generalmente doméstico.

caleidoscópico, ca. ADJ. **1.** Perteneciente o relativo al caleidoscopio. *Visión caleidoscópica.* ‖ **2.** Múltiple y cambiante. *Microcosmos caleidoscópico.*

caleidoscopio. M. **1.** Tubo ennegrecido interiormente, que encierra dos o tres espejos inclinados y en un extremo dos láminas de vidrio, entre las cuales hay varios objetos de forma irregular, cuyas imágenes se ven multiplicadas simétricamente al ir dando vueltas al tubo, a la vez que se mira por el extremo opuesto. ‖ **2.** Conjunto diverso y cambiante. *Un caleidoscopio de estilos.*

calenda. F. **1.** Lección del martirologio romano, con los nombres y hechos de los santos, y las fiestas pertenecientes a cada día. ‖ **2.** pl. hist. En el antiguo cómputo romano y en el eclesiástico, primer día de cada mes. ‖ **~s griegas.** F. pl. irón. Tiempo que no ha de llegar, porque los griegos no tenían calendas.

calendario. M. **1.** Sistema de representación del paso de los días, agrupados en unidades superiores, como semanas, meses, años, etc. ‖ **2.** Lámina o conjunto de láminas en que se representa gráficamente el calendario. ‖ **3. almanaque.** ‖ **4.** Distribución de determinadas actividades en distintas fechas a lo largo de un año. *Calendario de trabajo. Calendario de actividades.* ‖ **~ de Flora.** M. *Bot.* Tabla de las épocas del año en que florecen ciertas plantas. ‖ **~ eclesiástico.** M. **calendario litúrgico.** ‖ **~ escolar.** M. El que fijan las autoridades académicas para regir las fiestas y días laborales en la enseñanza. ‖ **~ gregoriano.** M. calendario que rectifica los errores del juliano, considerando los años finales de siglo, o años céntuplos, como no bisiestos, excepto si la nu-

meración es exactamente divisible por 400. En la actualidad es el utilizado en el mundo occidental. ‖ **~ juliano.** M. hist. El que considera bisiestos todos los años cuya numeración es múltiplo de 4. ‖ **~ laboral.** M. El que fija el Gobierno para regir las fiestas y días laborables. ‖ **~ litúrgico.** M. El que distribuye las celebraciones rituales de la Iglesia y que comienza con el Adviento. ‖ **~ nuevo.** M. **calendario gregoriano.** ‖ **~ perpetuo.** M. El que puede utilizarse siempre, ya sea por estar fundado en la oportuna distribución de las letras dominicales que señalan los días de la semana y las fiestas movibles en cualquier año, ya por corresponder a un mecanismo ingenioso en el que a voluntad se van cambiando en un disco giratorio o en una faja de papel los números de los días del mes, los nombres de los días de la semana y el de cada mes y el número del año cuyo calendario se quiere formar. ‖ **~ reformado.** M. **calendario gregoriano.**

caléndula. F. **maravilla** (‖ planta compuesta).

calentador, ra. I. ADJ. **1.** Que calienta. *Acción calentadora.* ‖ **II.** M. **2.** Aparato o dispositivo que se utiliza para calentar, especialmente el agua de una vivienda. ‖ **3.** Recipiente con lumbre, agua, vapor o corriente eléctrica, que sirve para calentar la cama, el baño, etc. ‖ **4.** Media de lana, sin pie, que se usa en algunos deportes para evitar el enfriamiento de los músculos. U. m. en pl.

calentamiento. M. **1.** Acción de calentar. ‖ **2.** *Dep.* Serie de ejercicios que hacen los deportistas antes de una competición o de un entrenamiento para desentumecer los músculos y entrar en calor.

calentano, na. ADJ. **1.** Natural de Tierra Caliente. U. t. c. s. ‖ **2.** Perteneciente o relativo a este territorio de Centroamérica.

calentar. TR. **1.** Comunicar calor a un cuerpo haciendo que se eleve su temperatura. *Calentar la comida.* U. t. c. prnl. ‖ **2.** Excitar, exaltar, enardecer. *Las decisiones del árbitro calentaron los ánimos.* U. t. c. prnl. ‖ **3.** coloq. Excitar sexualmente. U. t. c. prnl. ‖ **4.** *Dep.* Desentumecer los músculos antes de practicar un deporte. U. t. c. intr. ¶ MORF. conjug. c. *acertar.*

calentísimo, ma. ADJ. SUP. de **caliente.**

calentito, ta. ADJ. coloq. Recién hecho o sucedido. *Noticias calentitas.*

calentón, na. I. ADJ. **1.** coloq. **caliente** (‖ lujurioso). ‖ **II.** M. **2.** coloq. Acto de calentar deprisa o fugazmente. *Le dio un calentón a la casa.* ‖ **3.** *Esp.* Calentamiento excesivo de una máquina. *Llevé el coche al taller porque tuvo un calentón.*

calentorro, rra. ADJ. **caliente** (‖ lujurioso).

calentura. F. **1. fiebre** (‖ fenómeno patológico). ‖ **2. pupa** (‖ erupción en los labios). ‖ **3.** coloq. Excitación sexual.

calenturiento, ta. ADJ. **1.** Que tiene calentura. *La niña está un poco calenturienta, aún tiene unas décimas.* Apl. a pers., u. t. c. s. ‖ **2.** Exaltado, desbordante. *Mente, imaginación calenturienta.* ‖ **3.** coloq. Que se excita sexualmente con facilidad.

calenturón. M. Fiebre alta.

caleño, ña. ADJ. **1.** Natural de Cali. U. t. c. s. ‖ **2.** Perteneciente o relativo a esta ciudad de Colombia, capital del departamento de Valle del Cauca.

calepino. M. Diccionario latino.

calero, ra. I. ADJ. **1.** Perteneciente o relativo a la cal. *Industria calera.* ‖ **II.** M. **2.** Hombre que saca la piedra caliza y la calcina en el horno. ‖ **3.** Vendedor de cal.

calés. M. calesa. Morf. pl. **caleses.**

calesa. F. Carruaje de cuatro y, más comúnmente, de dos ruedas, con la caja abierta por delante, dos o cuatro asientos y capota de vaqueta.

calesera. F. Cante popular andaluz cuya copla es una seguidilla sin estribillo.

calesero. M. Conductor de calesas.

calesín. M. Carruaje ligero, de cuatro ruedas y dos asientos, del cual tira una sola caballería.

calesita. F. Am. Mer. tiovivo.

caleta. F. Am. Barco que va tocando, fuera de los puertos mayores, en las calas.

caletear. INTR. **1.** Chile. Dicho de un barco: Tocar en todos los puertos de la costa y no solo en los mayores. ‖ **2.** Chile. Dicho de un avión, de un tren o de cualquier otro medio de transporte: Hacer muchas paradas antes de llegar a destino.

caletero, ra. ADJ. Chile. Dicho de una embarcación o de cualquier otro medio de transporte: Que caletean.

caletre. M. coloq. Tino, discernimiento, capacidad.

calibración. F. Acción y efecto de calibrar.

calibrador, ra. I. ADJ. **1.** Que sirve para calibrar. *Tornillo calibrador.* ‖ **II.** M. **2.** Instrumento para calibrar.

calibrar. TR. **1.** Medir o reconocer el calibre de las armas de fuego o de otros tubos. ‖ **2.** Medir o reconocer el calibre de los proyectiles. ‖ **3.** Medir o reconocer el grueso de los alambres, chapas de metal, etc. ‖ **4.** Dar al alambre, al proyectil o al ánima del arma el calibre que se desea. ‖ **5.** Fís. Ajustar, con la mayor exactitud posible, las indicaciones de un instrumento de medida con los valores de la magnitud que ha de medir. ‖ **6.** Apreciar la valía, las cualidades o la importancia de alguien o de algo. *No supo calibrar las consecuencias de su reclamación.*

calibre. M. **1.** Diámetro interior de muchos objetos huecos, como tubos, conductos o cañerías. ‖ **2.** Instrumento provisto de un nonius que mide **calibres**, diámetros y espesores. ‖ **3.** Tamaño, importancia, clase. *Una iniciativa parlamentaria de gran calibre.* ‖ **4.** Mil. Diámetro interior de las armas de fuego. ‖ **5.** Mil. Diámetro del proyectil o de un alambre.

calicanto. M. Am. cal y canto.

calicata. F. **1.** Exploración que se hace en cimentaciones de edificios, muros, firmes de carreteras, etc., para determinar los materiales empleados. ‖ **2.** Exploración que se hace con labores mineras en un terreno, o perforación que se practica para determinar la existencia de minerales o la naturaleza del subsuelo.

caliche. M. **1.** Piedra pequeña que, introducida por descuido en el barro, se calcina al cocerlo. ‖ **2.** Costra de cal que suele desprenderse del enlucido de las paredes. ‖ **3.** Sustancia arenosa que aflora en abundancia, especialmente en el desierto de Atacama, al norte de Chile. Contiene nitrato de sodio y otras sustancias, y constituye la materia prima para la obtención del nitrato de Chile. ‖ **4.** Á. Andes. calichera.

calichera. F. Á. Andes y Chile. Yacimiento de caliche (‖ sustancia arenosa).

caliciflora. ADJ. Bot. Se dice de la planta cuyos pétalos y estambres parecen insertarse en el cáliz. U. t. c. s. f.

caliciforme. ADJ. Bot. Que tiene forma de cáliz. *Sépalos caliciformes.*

calicinal. ADJ. Bot. Perteneciente o relativo al cáliz de las flores. *Hojas, sépalos calicinales.*

calicó. M. Tela delgada de algodón. Morf. pl. **calicós.**

caliculado, da. ADJ. Bot. Dicho de una flor: Que tiene calículo.

calicular. ADJ. Bot. Perteneciente o relativo al calículo.

calículo. M. Bot. Conjunto de brácteas que simulan un cáliz alrededor del verdadero cáliz o del involucro, como en la malva, el clavel y la fresa.

calidad. F. **1.** Propiedad o conjunto de propiedades inherentes a algo, que permiten juzgar su valor. *Esta tela es de buena calidad.* ‖ **2.** Buena calidad, superioridad o excelencia. *La calidad de ese aceite ha conquistado los mercados.* ‖ **3.** Adecuación de un producto o un servicio a las características especificadas. *Control de calidad.* ‖ **~ de vida.** F. Conjunto de condiciones que contribuyen a hacer agradable y valiosa la vida. ‖ **de ~.** LOC.ADJ. Dicho de una persona o de una cosa: Que goza de estimación general. ‖ **en ~ de.** LOC. PREPOS. Con el carácter o la investidura de. ☐ V. **voto de ~.**

calidez. F. Cualidad de cálido.

cálido, da. ADJ. **1.** Que da calor, o porque está caliente, o porque excita ardor en el organismo animal. *Aguas cálidas.* ‖ **2.** Afectuoso o cariñoso. *Cálida acogida.* ‖ **3.** caluroso (‖ que siente calor o lo causa). *Clima cálido.* ‖ **4.** Dicho del colorido: En que predominan los matices dorados o rojizos. *Colores cálidos.*

calidoscópico, ca. ADJ. caleidoscópico.

calidoscopio. M. caleidoscopio.

calientapiés. M. Aparato destinado especialmente a calentar los pies. Morf. pl. invar. *Los calientapiés.*

calientaplatos. M. Utensilio que se emplea para mantener los platos calientes.

calientapollas. COM. vulg. Persona que excita sexualmente a un hombre sin intención de satisfacerlo.

caliente. ADJ. **1.** Que tiene o produce calor. *Agua caliente.* ‖ **2.** Dicho de una habitación, de una vestidura, etc.: Que proporcionan calor y comodidad. ‖ **3.** Dicho de una disputa, de una riña, de una pelea, etc.: Acaloradas, vivas. ‖ **4.** Conflictivo, problemático. *Se elevan las tensiones para un otoño caliente.* ‖ **5.** cálido (‖ en que predominan los matices dorados o rojizos). *Colorido caliente.* ‖ **6.** coloq. Lujurioso, muy propenso al apetito sexual. ‖ **7.** coloq. Excitado sexualmente. ¶ Morf. sup. irreg. **calentísimo.** ‖ **caliente.** INTERJ. Se usa para hacer saber a alguien que está cerca de encontrar un objeto escondido o de acertar algo. ‖ **en ~.** LOC.ADV. **1.** Inmediatamente, sin ningún retraso que haga perder el interés o vehemencia de la acción. ‖ **2.** Bajo la impresión inmediata de las circunstancias del caso. ☐ V. **línea ~, paños ~s, patata ~, perrito ~, perro ~, tierra ~.**

califa. M. hist. Príncipe que, como sucesor de Mahoma, ejerció la suprema potestad religiosa y civil en algunos territorios musulmanes.

califal. ADJ. Perteneciente o relativo a la época en que reinaron los califas.

califato. M. **1.** hist. Dignidad de califa. ‖ **2.** hist. Territorio gobernado por el califa. ‖ **3.** Tiempo que duraba el gobierno de un califa. ‖ **4.** Período histórico en que hubo califas.

calificación. F. **1.** Acción y efecto de calificar. ‖ **2.** Puntuación obtenida en un examen o en cualquier tipo de prueba.

calificado, da. PART. de calificar. ‖ ADJ. **1.** Dicho de una persona: De autoridad, mérito y respeto. *Un calificado miembro de la oposición.* ‖ **2.** Dicho de una cosa:

Que tiene todos los requisitos necesarios. *Pruebas muy calificadas.* ‖ **3.** Dicho de un trabajador: Que está especialmente preparado para una tarea determinada.

calificador, ra. ADJ. Que califica. *Jurado calificador.* ‖ **calificador del Santo Oficio.** M. hist. Teólogo nombrado por este antiguo Tribunal eclesiástico para censurar libros y proposiciones.

calificar. TR. **1.** Expresar o declarar las cualidades o circunstancias de alguien o de algo. *Calificó la sentencia de injusta.* ‖ **2.** Juzgar el grado de suficiencia o la insuficiencia de los conocimientos demostrados por un alumno u opositor en un examen o ejercicio. ‖ **3.** En urbanismo, asignar a un terreno un uso determinado. ‖ **4.** *Gram.* Dicho de un adjetivo: Atribuir una cualidad a un sustantivo.

calificativo, va. **I.** ADJ. **1.** Que califica. *Prueba calificativa.* ‖ **II.** M. **2.** *Gram.* **adjetivo calificativo.**

california. F. *Am. Mer.* Carrera de caballos.

californiano, na. ADJ. **1.** Natural de California. U. t. c. s. ‖ **2.** Perteneciente o relativo a este estado de la Unión norteamericana.

californio. M. Elemento químico radiactivo obtenido artificialmente, de núm. atóm. 98. Metal del grupo de los actínidos, alguno de sus derivados se usa en la industria nuclear. (Símb. *Cf*).

calígine. F. poét. Niebla, oscuridad, tenebrosidad.

caliginoso, sa. ADJ. poét. Denso, oscuro, nebuloso. *Tarde caliginosa.*

caligrafía. F. **1.** Arte de escribir con letra bella y correctamente formada, según diferentes estilos. ‖ **2.** Conjunto de rasgos que caracterizan la escritura de una persona, de un documento, etc. *Tiene muy buena caligrafía.*

caligrafiar. TR. Hacer un escrito con hermosa letra. MORF. conjug. c. *enviar*.

caligráfico, ca. ADJ. Perteneciente o relativo a la caligrafía.

calígrafo, fa. M. y F. **1.** Persona que escribe a mano con letra excelente. ‖ **2.** Persona que tiene especiales conocimientos de caligrafía.

caligrama. M. Escrito, por lo general poético, en que la disposición tipográfica procura representar el contenido del poema.

calima. F. Accidente atmosférico que enturbia el aire y suele producirse por vapores de agua.

calimocho. M. Bebida que consiste en una mezcla de vino tinto y refresco de cola.

calina. F. **calima.**

calinoso, sa. ADJ. Cargado de calina. *Día calinoso.*

calipso. M. Canción y danza propias de las Antillas Menores.

calistenia. F. Conjunto de ejercicios que conducen al desarrollo de la agilidad y fuerza física.

cáliz. M. **1.** Vaso sagrado de oro o plata que sirve en la misa para echar el vino que se va a consagrar. ‖ **2.** poét. Copa o vaso. ‖ **3.** Conjunto de amarguras, aflicciones o trabajos. *Beber, apurar el cáliz de la amargura.* ‖ **4.** *Bot.* Verticilo externo de las flores completas, casi siempre formado por hojas verdosas y más a menudo recias. ‖ **~ actinomorfo.** M. *Bot.* **cáliz regular.** ‖ **~ irregular.** M. *Bot.* El que no queda dividido en dos partes simétricas por todos los planos que pasan por el eje de la flor y por la línea media de un sépalo. ‖ **~ regular.** M. *Bot.* El que queda dividido en dos partes simétricas por cualquier plano que pase por el eje de la flor y por la línea media de un sépalo. ‖ **~ zigomorfo.** M. *Bot.* **cáliz irregular.** ☐ V. **paño de ~.**

caliza. F. Roca formada de carbonato de cal.

calizo, za. ADJ. Dicho de un terreno o de una piedra: Que tienen cal. ☐ V. **espato ~.**

callada. F. Silencio o efecto de callar. ‖ **dar la ~ por respuesta.** LOC.VERB. coloq. Dejar intencionadamente de contestar.

callado, da. PART. de callar. ‖ ADJ. **1.** Silencioso, reservado. ‖ **2.** Hecho con silencio o reserva. *Labor callada.*

callampa. F. **1.** *Á.Andes* y *Chile.* seta. ‖ **2.** *Chile.* chabola (‖ vivienda en zonas suburbanas).

callana. F. **1.** *Am. Mer.* Escoria metalífera que puede beneficiarse. ‖ **2.** *Am. Mer.* Crisol para ensayar metales.

callandito. ADV. M. coloq. En silencio, con disimulo.

callao. M. guijarro.

callar. **I.** TR. **1.** Omitir, no decir algo. *Calló lo más importante.* U. t. c. prnl. ‖ **II.** INTR. **2.** Dicho de una persona: No hablar, guardar silencio. *Calla como un muerto.* U. t. c. prnl. ‖ **3.** Dicho de una persona: *Cuando esto hubo dicho, calló.* U. t. c. prnl. ‖ **4.** Cesar de llorar, de cantar, de tocar un instrumento musical, de alborotar o hacer ruido. U. t. c. prnl. ‖ **5.** Abstenerse de manifestar lo que se siente o se sabe. *Habla ahora o calla para siempre.* U. t. c. prnl. ‖ **6.** Dicho de ciertos animales: Cesar en sus voces; p. ej., dejar de cantar un pájaro, de ladrar un perro, de croar una rana, etc. U. t. c. prnl. ‖ **7.** Dicho del mar, del viento, de un volcán, etc.: Dejar de hacer ruido. U. t. c. prnl. U. m. en leng. poét. ‖ **8.** Dicho de un instrumento musical: Cesar de sonar. U. t. c. prnl.

calle. F. **1.** En una población, vía entre edificios o solares. ‖ **2.** Exterior urbano de los edificios. *Me voy a la calle para despejarme.* ‖ **3.** Camino entre dos hileras de árboles o de otras plantas. ‖ **4.** Por contraste de cárcel, detención, etc., libertad (‖ estado de quien no está preso). *Recién salido a la calle, vuelve a delinquir.* ‖ **5.** El público en general, como conjunto no minoritario que opina, desea, reclama, etc. *Lo dice LA calle.* ‖ **6.** En ciertos juegos de mesa, serie de casillas por las que avanza una pieza o una ficha. ‖ **7.** *Dep.* En ciertas competiciones de atletismo y natación, franja por la que ha de desplazarse cada deportista. ‖ **8.** *Impr.* Línea de espacios vertical u oblicua que se forma ocasionalmente en una composición tipográfica y la afea. ‖ **9.** *Méx.* Tramo de una vía urbana comprendido entre dos esquinas. ‖ **~ de la amargura.** F. Situación angustiosa prolongada. *Lo traen por la calle de la amargura.* ‖ **abrir ~.** LOC.VERB. coloq. Apartar a la gente que está aglomerada, para poder pasar alguien por medio de ella. ‖ **alborotar la ~.** LOC. VERB. coloq. Inquietar a la vecindad. ‖ **coger la ~.** LOC.VERB. coloq. **tomar la puerta.** ‖ **de ~.** LOC.ADJ. Dicho de una prenda de vestir: Que se emplea habitualmente para salir a la calle, distinta de la de etiqueta o de la propia de alguna actividad. U. t. c. loc. adv. *Vino de calle a la fiesta.* ‖ **dejar** a alguien **en la ~.** LOC.VERB. coloq. Quitarle la hacienda o empleo con que se mantenía, o su vivienda. ‖ **doblar la ~.** LOC.VERB. Pasar de una calle a otra transversal. ‖ **echar a la ~.** LOC.VERB. **1.** coloq. Expulsar a alguien de su casa, de un cargo, de un trabajo, etc. ‖ **2.** coloq. Publicar algo. ‖ **echar por la ~ de en medio,** o **del medio.** LOCS.VERBS. coloqs. Adoptar una decisión terminante, superando las vacilaciones. ‖ **echarse a la ~.** LOC.VERB. **1.** Salir de casa. ‖ **2.** amotinarse. ‖ **hacer ~.** LOC.VERB. coloq. **abrir calle.** ‖ **hacer la ~** alguien que practica la prostitución. LOC.VERB. coloq. Buscar a sus clientes en la calle. ‖ **llevar,** o **llevarse,**

de ~. LOCS.VERBS. **1.** coloqs. Ganar con suma facilidad algo que está competido. || **2.** coloqs. Vencer fácilmente en una confrontación dialéctica. || **3.** coloqs. Conquistar a alguien, atraerlo, engatusarlo. || **plantar** a alguien en la ~. LOC.VERB. coloq. **echar a la calle** (|| expulsar). || **poner en la ~.** LOC.VERB. **1.** Sacar a la venta un producto nuevo. || **2.** coloq. **echar a la calle** (|| expulsar). || **quedar,** o **quedarse,** alguien en la ~. LOCS.VERBS. coloqs. Perder la hacienda o los medios con que se mantenía. || **rondar la ~** a una mujer. LOC.VERB. Hacerse notar ante ella, paseando ante su casa o de otro modo. || **tirar por la ~ de en medio,** o **del medio.** LOCS.VERBS. coloqs. echar por la calle de en medio. □ V. **chico de la ~, niño de la ~.**

callecalle. AMB. *Chile.* Planta medicinal de flores blancas, de la familia de las Iridáceas. MORF. pl. **callecalles.**

calleja. F. Calle estrecha.

callejear. INTR. Andar de calle en calle frecuentemente y sin necesidad.

callejeo. M. Acción y efecto de callejear.

callejero, ra. I. ADJ. **1.** Perteneciente o relativo a la calle. Se usa especialmente para referirse a lo que actúa, se mueve o existe en la calle. *Murga callejera.* || **2.** Que gusta de callejear. || **II.** M. **3.** Lista de las calles de una ciudad populosa que traen las guías descriptivas de ella.

callejo. M. **callejón** (|| paso estrecho).

callejón. M. **1.** Paso estrecho y largo entre paredes, casas o elevaciones del terreno. || **2.** *Taurom.* Espacio existente entre la valla o barrera que circunda el ruedo y el muro en que comienza el tendido. || **~ sin salida.** M. coloq. Negocio o conflicto de muy difícil o de imposible resolución.

callicida. M. Sustancia preparada para extirpar los callos.

callista. COM. Persona que se dedica a cortar o extirpar y curar callos, uñeros y otras dolencias de los pies.

callo. M. **1.** Dureza que por presión, roce o lesión se forma en tejidos animales o vegetales. || **2.** *Med.* Cicatriz que se forma en la reunión de los fragmentos de un hueso fracturado. || **3.** pl. Pedazos del estómago de la vaca, ternera o carnero, que se comen guisados. || **~ de hacha.** M. *Méx.* Músculo aductor comestible de varios moluscos marinos bivalvos. || **hacer,** o **tener, ~s.** LOCS. VERBS. coloqs. Habituarse al trabajo, al maltrato o a los vicios.

callosidad. F. Dureza de la especie del callo, menos profunda.

calloso, sa. ADJ. **1.** Que tiene callo. *Mano callosa.* || **2.** Perteneciente o relativo al callo. *Capas callosas.* □ V. **cuerpo ~.**

calma. F. **1.** Estado de la atmósfera cuando no hay viento. || **2.** Paz, tranquilidad. || **3.** coloq. Cachaza, pachorra. || **~ chicha.** F. **1.** Especialmente en el mar, completa quietud del aire. || **2.** coloq. Pereza, indolencia. || **en ~.** LOC.ADV. Dicho del mar: Sin olas. U. t. c. loc. adj.

calmante. ADJ. **1.** Que calma. || **2.** *Med.* Dicho de un medicamento: Que tiene efecto narcótico o que disminuye o hace desaparecer un dolor u otro síntoma molesto. U. m. c. s. m.

calmar. I. TR. **1.** Sosegar, adormecer, templar. *Calmar los ánimos.* U. t. c. prnl. || **2.** Aliviar un dolor o una necesidad. || **II.** INTR. **3.** Estar en calma o tender a ella. *Parece que el viento ha calmado.*

calmazo. M. **calma chicha.**

calmo, ma. ADJ. **1.** Calmado, tranquilo, en descanso. *Mar calmo.* || **2.** Dicho de un terreno o de una tierra: erial: Sin árboles ni matas.

calmoso, sa. ADJ. **1.** Que está en calma. *La ciudad aparecía extrañamente calmosa.* || **2.** coloq. Dicho de una persona: Cachazuda, indolente, perezosa.

calmuco, ca. ADJ. **kalmuko.** Apl. a pers., u. t. c. s.

calmudo, da. ADJ. **calmoso.**

caló. M. Lenguaje de los gitanos españoles.

calomelanos. M. pl. *Quím.* hist. Cloruro de mercurio monovalente que se empleaba como purgante, vermífugo y antisifilítico.

calor. M. **1.** Sensación que se experimenta ante una temperatura elevada. || **2.** Favor, buena acogida. *El calor de sus amigos.* || **3.** Entusiasmo, fervor. *Debatían con calor.* || **4.** *Fís.* Energía que pasa de un cuerpo a otro y es causa de que se equilibren sus temperaturas. || **~ específico.** M. *Fís.* Cantidad de calor que por unidad de masa necesita una sustancia para que su temperatura se eleve un grado centígrado. || **~ natural.** M. El que producen las funciones fisiológicas del organismo. || **~ negro.** M. El producido por un radiador eléctrico, cuyo elemento incandescente está oculto a la vista. || **al ~ de.** LOC. PREPOS. coloq. Al amparo y con la ayuda de. || **coger ~.** LOC.VERB. Recibir la impresión del calor. || **dar ~.** LOC.VERB. Avivar, ayudar a otro para acelerar algo. || **dejarse caer el ~.** LOC.VERB. coloq. Hacer mucho calor. || **entrar en ~.** alguien que tenía frío. LOC. VERB. Empezar a sentirlo. □ V. **bomba de ~, golpe de ~.**

caloría. F. *Fís.* Unidad de energía térmica equivalente a la cantidad de calor necesaria para elevar la temperatura de un gramo de agua en un grado centígrado, de 14,5 a 15,5 °C, a la presión normal; equivale a 4,185 julios (Símb. *cal*). || **~ gramo.** F. *Fís.* **caloría.**

calorífero, ra. I. ADJ. **1.** Que conduce o propaga el calor. *Rayos caloríferos.* || **II.** M. **2.** Aparato con que se calientan las habitaciones. || **3. calientapiés.**

calorífico, ca. ADJ. **1.** Que produce o distribuye calor. *Foco calorífico.* || **2.** Perteneciente o relativo al calor. *Pérdida calorífica.*

calorimetría. F. *Fís.* Medida del calor que se desprende o absorbe en los procesos físicos, químicos o biológicos.

calorimétrico, ca. ADJ. *Fís.* Perteneciente o relativo a la calorimetría.

calorímetro. M. *Fís.* Aparato para medir cantidades de calor.

calorina. F. Calor fuerte y sofocante, bochorno.

caloroso, sa. ADJ. **caluroso.**

calosfrío. M. **escalofrío.** U. m. en pl.

calostro. M. Primera leche que da la hembra después de parida. U. t. en pl. con el mismo significado que en sing.

caluga. F. **1.** *Chile.* Caramelo blando de forma rectangular. || **2.** *Chile.* Envase pequeño de forma rectangular, utilizado para artículos de tocador, especialmente champú y del mismo. || **3.** *Chile.* Objeto cualquiera de esa forma y tamaño.

calumnia. F. **1.** Acusación falsa, hecha maliciosamente para causar daño. || **2.** *Der.* Imputación de un delito hecha a sabiendas de su falsedad.

calumniador, ra. ADJ. Que calumnia. *Artículo calumniador.* Apl. a pers., u. t. c. s.

calumniar. TR. **1.** Atribuir falsa y maliciosamente a alguien palabras, actos o intenciones deshonrosas. || **2.** *Der.* Imputar falsamente un delito. ¶ MORF. conjug. c. *anunciar.* || **calumnia, que algo queda.** EXPR. Se usa para comentar sentenciosamente que siempre permanece algo de la falsedad divulgada con mala intención.

calumnioso, sa. ADJ. Que contiene calumnia. *Acusaciones calumniosas.*

caluro. M. *Am. Cen.* Ave trepadora, de plumaje verde y negro por el cuerpo y negro y blanco por las alas, pico delgado y curvado hacia la punta.

caluroso, sa. ADJ. **1.** Que siente calor o lo causa. *Clima caluroso.* ‖ **2.** Vivo, ardiente. *Caluroso aplauso.*

caluyo. M. Baile tradicional de la región andina.

calva. F. **1.** Parte de la cabeza de la que se ha caído el pelo. ‖ **2.** Sitio en los sembrados, plantíos y arbolados donde falta la vegetación correspondiente. ‖ **3.** Juego que consiste en tirar los jugadores a cierta distancia piedras a la parte superior de un madero sin tocar antes en tierra.

calvados. M. Aguardiente de sidra originario de Francia.

calvario. M. **1.** Lugar, generalmente en las afueras de un poblado, en el que ha habido o hay una o varias cruces. ‖ **2.** coloq. Serie o sucesión de adversidades y pesadumbres.

calvero. M. Paraje sin árboles en el interior de un bosque.

calvicie. F. Falta de pelo en la cabeza.

calvinismo. M. **1.** Doctrina reformista de Calvino, teólogo y reformador francés del siglo XVI. ‖ **2.** Comunidad de los seguidores de Calvino.

calvinista. ADJ. **1.** Perteneciente o relativo al calvinismo. *Tesis calvinistas.* ‖ **2.** Que profesa el calvinismo. U. t. c. s.

calvo, va. ADJ. **1.** Dicho de una persona: Que ha perdido el pelo de la cabeza. U. t. c. s. ‖ **2.** Dicho de un terreno: Sin vegetación alguna.

calza. F. **1.** hist. Prenda de vestir que, según los tiempos, cubría, ciñéndolos, el muslo y la pierna, o bien, en forma holgada, solo el muslo o la mayor parte de él. U. m. en pl. con el mismo significado que en sing. ‖ **2.** Cuña con que se calza. ‖ **medias ~s.** F. pl. hist. Las que solo subían hasta la rodilla.

calzada. F. **1.** Camino pavimentado y ancho. ‖ **2.** Parte de la calle comprendida entre dos aceras. ‖ **3.** En las carreteras, parte central dispuesta para la circulación de vehículos.

calzado, da. PART. de **calzar.** ‖ **I.** ADJ. **1.** Se dice de los religiosos que usan zapatos, en contraposición a los *descalzos.* ‖ **2.** Dicho de un ave: Cuyos tarsos están cubiertos de plumas hasta el nacimiento de los dedos. ‖ **3.** Dicho de un cuadrúpedo: Cuyas patas tienen en su parte inferior color distinto del resto de la extremidad. ‖ **II.** M. **4.** Todo género de zapato, alpargata, etc., que sirve para cubrir y resguardar el pie. □ V. **águila ~, frente calzada.**

calzador. M. Utensilio que ayuda a meter el pie en el zapato. ‖ **entrar** algo **con ~.** LOC.VERB. coloq. Ser dificultoso o estar forzado.

calzar. TR. **1.** Cubrir el pie con el calzado. U. t. c. prnl. ‖ **2.** Proporcionar calzado. *Esta zapatería calza a todos los niños del barrio.* ‖ **3.** Tener una medida de calzado determinada. *Calza un 38.* ‖ **4.** Usar guantes, espuelas, etc., o llevarlos puestos. U. t. c. prnl. ‖ **5.** Poner una cuña debajo de cualquier mueble para que no cojee. ‖ **6.** Poner a un coche o a un carro una cuña u otro obstáculo arrimado a la rueda, para inmovilizarlo cuando está en una cuesta.

calzo. M. **1.** Cuña para calzar algo, como un vehículo o un mueble. ‖ **2.** *Mar.* Cada uno de los maderos de forma adecuada que se disponen a bordo para que en ellos descansen algunos objetos pesados.

calzón. M. **1.** Prenda de vestir con dos perneras, que cubre el cuerpo desde la cintura hasta una altura variable de los muslos. U. m. en pl. con el mismo significado que en sing. ‖ **2.** hist. **pantalón** (‖ prenda interior femenina). ‖ **~ corto.** M. **calzón** (‖ prenda de vestir con dos perneras). ‖ **a ~ quitado.** LOC.ADV. coloq. Sin empacho, con descaro. ‖ **ponerse** una mujer **los calzones.** LOC. VERB. coloq. Mandar o dominar en la casa, supeditando al marido. ‖ **tener bien puestos los calzones,** o **tener muchos calzones.** LOCS.VERBS. coloqs. Ser valiente y esforzado.

calzona. F. Calzón que llega a media pierna, usado especialmente por picadores y vaqueros. U. t. en pl. con el mismo significado que en sing.

calzonazos. ADJ. coloq. Dicho de un hombre: Que se deja gobernar por su pareja. U. m. c. s. m.

calzoncillo. M. Prenda de la ropa interior masculina, que cubre desde la cintura hasta parte de los muslos, cuyas perneras pueden ser de longitud variable. U. m. en pl. con el mismo significado que en sing.

calzoneta. F. *Am. Cen.* Bañador o pantalón corto para cualquier deporte.

cama¹. F. **1.** Mueble destinado a que las personas se acuesten en él, compuesto de un armazón, generalmente con patas, sobre el que se coloca un colchón, almohada y diversas ropas. ‖ **2.** Dicho armazón solo. ‖ **3.** Plaza para un enfermo en el hospital o sanatorio. ‖ **4.** Sitio donde se echan los animales para su descanso. *Cama de liebres. Cama de lobos.* ‖ **5.** Mullido de paja, helechos u otras plantas que en los establos sirve para que el ganado descanse y para hacer estiércol. ‖ **6.** Capa de alimentos que se echa extendida debajo de otra. ‖ **7.** Suelo o plano del carro o carreta. ‖ **8.** *Impr.* Capa de cartón, de papeles o mantilla que se coloca sobre el cilindro impresor una presión adecuada sobre el molde. ‖ **9.** *Mar.* Hoyo que forma en la arena o en el fango una embarcación varada. ‖ **~ de matrimonio.** F. La que tiene capacidad para dos personas. ‖ **~ elástica.** F. *Dep.* Lona sujeta con muelles a un bastidor sobre la que se hacen ejercicios gimnásticos. ‖ **~ mueble.** F. cama articulada que puede plegarse o recogerse para ahorrar espacio y que toma el aspecto de otro mueble. ‖ **~ nido.** F. Conjunto de dos camas que forman un solo mueble, en el que una se guarda debajo de la otra. ‖ **~ redonda.** F. **1.** Aquella en que duermen varias personas. ‖ **2.** Práctica de actos sexuales que realizan conjuntamente varias personas en el mismo lugar. ‖ **~ turca.** F. Especie de sofá ancho, sin respaldo ni brazos, que puede servir para dormir en él. ‖ **caer en ~.** LOC.VERB. Caer enfermo. ‖ **caer en la ~.** LOC.VERB. Acostarse rendido y con mucho sueño. ‖ **estar en ~,** o **guardar ~.** LOCS.VERBS. Permanecer en ella algún tiempo por motivos de salud. ‖ **hacerle** a alguien **la ~.** LOC.VERB. coloq. Trabajar en secreto para perjudicarlo. ‖ **irse a la ~.** LOC.VERB. **acostarse** (‖ para dormir y descansar). □ V. **coche ~, salto de ~, sofá ~.**

cama². F. En el arado, pieza curva de madera o de hierro, en la cual encaja por la parte inferior delantera la reja, y por detrás la esteva; por el otro extremo está afianzada en el timón.

camachuelo. M. **pardillo** (‖ ave paseriforme).

camada. F. **1.** Conjunto de las crías de ciertos animales nacidas en el mismo parto. || **2.** Conjunto o serie de cosas extendidas horizontalmente, de modo que puedan colocarse otras sobre ellas. *Una camada de huevos.* || **3.** coloq. Cuadrilla de ladrones.

camafeo. M. Piedra preciosa, generalmente ónice o ágata, con figura tallada en relieve.

camagua. ADJ. *Am. Cen.* Dicho del maíz: Ya próximo a terminar su maduración y cuyo grano empieza a secarse y endurecerse. || **entre ~ y elote.** LOC.ADV. *Am. Cen.* En una situación intermedia o indefinida.

camagüeyano, na. ADJ. **1.** Natural del Camagüey. U. t. c. s. || **2.** Perteneciente o relativo a esta provincia de Cuba o a su capital.

camal. M. *Á. Andes.* matadero.

camaldulense. I. ADJ. **1.** Perteneciente o relativo a la Orden de la Camáldula, fundada por san Romualdo en el siglo XI. || **II.** M. **2.** Monje de esta orden.

camaleón. M. **1.** Reptil saurio de cuerpo comprimido, cola prensil y ojos de movimiento independiente. Se alimenta de insectos que caza con su lengua, larga y pegajosa, y posee la facultad de cambiar de color según las condiciones ambientales. || **2.** coloq. Persona que tiene habilidad para cambiar de actitud y conducta, adoptando en cada caso la más ventajosa.

camaleónico, ca. ADJ. Perteneciente o relativo al **camaleón** (|| persona que tiene habilidad para cambiar de actitud o de conducta).

camalotal. M. *Am.* Lugar cubierto de camalotes en las orillas de los ríos y pantanos.

camalote. M. **1.** *Am.* Planta gramínea forrajera acuática o propia de lugares pantanosos. || **2.** *Á. Andes* y *Á. R. Plata.* Conjunto formado por agregación de estas plantas y otras que arrastra la corriente de los ríos. || **3.** *Á. guar.* y *Á. R. Plata.* Se usa como nombre para referirse a varias plantas acuáticas y especialmente a ciertas Pontederiáceas que abundan en las orillas de ríos, arroyos, lagunas, etc.

camanance. M. *Am. Cen.* Hoyuelo que se forma a cada lado de la boca en algunas personas cuando se ríen.

camanchaca. F. *Á. Andes* y *Chile.* Niebla espesa y baja.

camandulear. INTR. *Am.* Intrigar, obrar con hipocresía.

camandulero, ra. ADJ. coloq. Hipócrita, astuto y embustero. U. t. c. s.

camanejo, ja. ADJ. **1.** Natural de Camaná. U. t. c. s. || **2.** Perteneciente o relativo a esta provincia del departamento de Arequipa, en el Perú.

cámara. I. F. **1. recinto.** || **2. cámara fotográfica.** || **3.** Aparato destinado a registrar imágenes animadas para el cine o la televisión. || **4. cámara** frigorífica. || **5.** Cada uno de los cuerpos titulares del poder legislativo. ORTOGR. Escr. con may. inicial. || **6.** Organización corporativa para defensa de los intereses de sus miembros en una determinada actividad. *Cámara de comercio. Cámara de la propiedad.* || **7.** Anillo tubular de goma, que forma parte de los neumáticos, y está provisto de una válvula para inyectar aire a presión. || **8.** Sala o pieza principal de una casa. || **9.** En casas de labranza, local alto destinado a recoger y guardar los granos. || **10.** En los buques de guerra, cada uno de los departamentos que se destinan a alojamiento de los generales, jefes y oficiales, y en los mercantes, al de la oficialidad o al servicio común de los pasajeros. || **11.** *Biol.* Cavidad en el interior de un organismo. *Cámara anterior del ojo.* || **II.** COM. **12.** *Cinem.* y *TV.* Técnico especializado en la toma de imágenes. || **~ acorazada.** F. Recinto blindado. || **Cámara Alta.** F. Senado u otro cuerpo legislador análogo. || **Cámara Apostólica.** F. **1.** Tesoro pontificio. || **2.** Junta que lo administra, presidida por el cardenal camarlengo. || **~ ardiente.** F. cámara mortuoria. || **Cámara Baja.** F. Congreso de los Diputados o equivalente, a diferencia de la Cámara Alta. || **~ clara.** F. cámara lúcida. || **~ de aire.** F. *Arq.* Espacio hueco que se deja en el interior de los muros y paredes para que sirva de aislamiento. || **Cámara de Castilla.** F. hist. Tribunal que estaba compuesto por consejeros del de Castilla y por su presidente, dedicado a los asuntos de merced y gracia real. || **~ de combustión.** F. En los motores de explosión, espacio libre entre la cabeza del pistón y la culata, donde se produce la ignición de los gases. || **~ de compensación.** F. Asociación de bancos encaminada a simplificar y facilitar el intercambio de cheques, pagarés, letras, etc., y a saldar las diferencias entre el debe y el haber de cada banco asociado, en cuanto se refiere a tales efectos, con el menor movimiento posible de numerario. || **~ de gas.** F. **1.** Recinto hermético destinado a producir, por medio de gases tóxicos, la muerte de los condenados a esta pena. || **2.** Recinto cerrado en el que se inyectaban gases tóxicos para dar muerte colectiva a prisioneros o detenidos en los campos de concentración. || **Cámara de Indias.** F. hist. Tribunal compuesto de ministros del Consejo de Indias, que ejercía respecto de los dominios de Ultramar las mismas funciones que la Cámara de Castilla respecto de la península Ibérica. || **Cámara de los Comunes.** F. Asamblea parlamentaria y legislativa en Inglaterra, equivalente al Congreso de los Diputados. || **Cámara de los Lores.** F. Asamblea de nobles que, juntamente con la Cámara de los Comunes, constituye el Parlamento en Inglaterra. || **~ de vídeo.** F. Aparato que registra imágenes y sonidos en soporte electrónico, y los reproduce. || **~ de video.** F. *Am.* cámara de vídeo. || **~ fotográfica.** F. Aparato que sirve para hacer fotografías, y que consta de un medio óptico, el objetivo, y de un medio mecánico, el obturador. || **~ lenta.** F. *Cinem.* Rodaje de una película a mayor velocidad de la normal para producir un efecto de lentitud al proyectarla. || **~ lúcida.** F. Aparato óptico en el que, por medio de prismas o espejos, se proyecta la imagen virtual de un objeto exterior en una superficie plana sobre la cual puede dibujarse el contorno y las líneas de dicha imagen. || **~ mortuoria.** F. **capilla ardiente** (|| oratorio donde se celebran las primeras exequias). || **~ oscura.** F. **1.** Artificio óptico consistente en una caja cerrada y opaca con un orificio en su parte anterior por donde entra la luz, la cual reproduce dentro de la caja una imagen invertida de la escena situada ante ella. || **2.** Habitación a oscuras o con iluminación especial, destinada a revelar y procesar películas y placas fotográficas. || **~ rápida.** F. *Cinem.* Rodaje de una película a menor velocidad de la normal para producir un efecto de rapidez al proyectarla. || **a ~ lenta.** LOC.ADV. A velocidad más lenta de la habitual. || **cámara.** INTERJ. Se usa en la filmación de películas, para advertir al actor o grupo de que esté listo para realizar una toma. || **de ~.** LOC.ADJ. **1.** Dicho de una orquesta, de una agrupación musical, de un conjunto coral, etc.: Formados por un número reducido de músicos, como un trío, un quinteto, etc. || **2.** Dicho de la música o de una composición musical: Escrita para una orquesta de cámara. || **3.** Dicho de una sala, de una sesión, de un ciclo musical, etc.: Destinados a ofrecer música de cámara. || **4.** hist. Se decía de quien tenía determinado cometido en el palacio real. □ V. **ayuda de ~, gentilhombre de ~, paje de ~, teatro de ~, ujier de ~.**

camarada. COM. **1.** Persona que está con otras, tratándose con amistad y confianza. || **2.** En ciertos partidos políticos y sindicatos, correligionario o compañero.

camaradería. F. Amistad o relación cordial que mantienen entre sí los buenos camaradas.

camaranchón. M. despect. Desván de la casa, o parte más alta de ella, donde se suelen guardar trastos viejos.

camarero, ra. **I.** M. y F. **1.** Persona que sirve en los hoteles, bares, cafeterías u otros establecimientos análogos, y también en los barcos de pasajeros. || **II.** M. **2.** hist. **camarero mayor.** || **III.** F. **3.** En las cofradías o hermandades religiosas, mujer que tiene a su cargo cuidar el altar y las imágenes. || **4.** hist. **camarera mayor.** || **camarero mayor.** M. hist. En la etiqueta de la casa real de Castilla, jefe de la cámara del rey. || **camarera mayor.** F. hist. Señora de más autoridad entre las que servían a la reina.

camareta. F. **1.** Mar. Cámara de los buques pequeños. || **2.** Mar. Local que en los buques de guerra sirve de alojamiento a los guardias marinas. || **3.** Á. Andes. Mortero usado en las fiestas populares y religiosas para disparar bombas de estruendo.

camarico. M. hist. Ofrenda que hacían los indios americanos a los sacerdotes, y después a los españoles.

camarilla. F. Conjunto de personas que influyen subrepticiamente en los asuntos de Estado o en las decisiones de alguna autoridad superior.

camarín. **1.** En un templo, capilla pequeña, generalmente exenta, donde se rinde culto a una imagen muy venerada. || **2. camerino.**

camarina o **camariña.** M. Arbusto parecido al brezo y de una familia botánica afín, con flores blancas o rosadas, según la especie. Se da en la costa atlántica de la península Ibérica.

camarista. **I.** F. **1.** Criada distinguida de la reina, princesa o infantas. || **II.** COM. **2.** Á. guar. Miembro de la cámara de apelaciones, tribunal de segunda o última instancia.

camarlengo. M. Cardenal de la Iglesia católica, presidente de la Cámara Apostólica y gobernador temporal en sede vacante.

camarógrafo, fa. M. y F. Cinem. y TV. cámara (|| técnico especializado en la toma de imágenes).

camarón. M. **1.** Crustáceo decápodo, macruro, de tres a cuatro centímetros de largo, parecido a una gamba diminuta, de color pardusco. || **2.** Am. Cen. Trabajo eventual de poca remuneración.

camaronear. INTR. **1.** Am. Cen., Chile y Méx. Salir a la pesca de camarones. || **2.** Chile. Sacar camarones de las orillas de los ríos.

camaronero, ra. **I.** ADJ. **1.** Perteneciente o relativo al camarón, especialmente a su explotación. Pesca camaronera. || **2.** Dicho de una embarcación: Destinada a la pesca del camarón y otros pequeños crustáceos. U. t. c. s. m. || **II.** M. y F. **3.** Persona que pesca o vende camarones.

camarote. M. Cada uno de los compartimentos de dimensiones reducidas que hay en los barcos para poner las camas o las literas.

camastro. M. despect. Cama pobre y sin comodidades.

cambado, da. ADJ. Á. Caribe y Á. R. Plata. Estevado o patizambo.

cambalachar. TR. Hacer cambalaches.

cambalache. M. **1.** Trueque hecho con afán de ganancia. || **2.** Trueque de diversos objetos, valiosos o no. U. t. en sent. despect. || **3.** coloq. Trueque, con frecuencia malicioso, de objetos de poco valor. || **4.** Á. guar. y Á. R. Plata. **prendería.**

cambalachear. TR. coloq. **cambalachar.**

cambaleo. M. hist. Compañía de cómicos que estaba compuesta ordinariamente de cinco hombres y una mujer que cantaba.

cámbaro. M. Crustáceo marino, decápodo, braquiuro, más ancho que largo, con el caparazón verde y fuertes pinzas en el primer par de patas. Algunas de sus especies son comestibles.

camberrano, na. ADJ. **canberrano.** Apl. a pers., u. t. c. s.

cambiada. □ V. **larga ~.**

cambiadizo, za. ADJ. **mudadizo.**

cambiador, ra. **I.** ADJ. **1.** Que cambia. Válvula cambiadora de frecuencia. || **II.** M. **2.** Manta pequeña, de tela o plástico, sobre la que se cambia el pañal a los bebés. || **3.** Chile. **guardagujas.** || **4.** Chile. En las máquinas, pieza que sirve para mudar la cuerda o correa de la polea fija a la movible y viceversa.

cambiante. **I.** ADJ. **1.** Que cambia. Sociedad dinámica y cambiante. || **II.** M. **2.** Variedad de colores o visos que hace la luz en algunos cuerpos. Apl. a algunas telas, u. m. en pl.

cambiar. **I.** TR. **1.** Dejar una cosa o situación para tomar otra. U. t. c. intr. Cambiar DE nombre, lugar, destino, oficio, vestido, opinión, gusto, costumbre. U. t. c. prnl. || **2.** Convertir o mudar algo en otra cosa, frecuentemente su contraria. Cambiar la pena en gozo, el odio en amor, la risa en llanto. U. t. c. prnl. || **3.** Dar o tomar algo por otra cosa que se considera del mismo o análogo valor. Cambiar pesos por euros. || **4.** Dirigirse recíprocamente gestos, ideas, miradas, etc. U. t. c. prnl. || **5.** trasladar (|| llevar de un lugar a otro). He cambiado la mesa a otra habitación. || **6.** Quitar el pañal a un bebé y ponerle uno limpio. || **7. devolver** (|| una compra). || **II.** INTR. **8.** Dicho de una persona: Mudar o alterar su condición o apariencia física o moral. Luis ha cambiado mucho. U. t. c. prnl. || **9.** Variar de apariencia, condición o comportamiento. Ha cambiado el viento. Ha cambiado el tiempo. || **10.** En los vehículos de motor y bicicletas, pasar de una marcha o velocidad a otra. || **11.** Equit. En la marcha o carrera, acompasar el paso de modo diferente al que se llevaba. || **12.** Mar. **virar** (|| cambiar de rumbo). || **III.** PRNL. **13.** Mudarse de ropa. ¶ MORF. conjug. c. anunciar.

cambiario, ria. ADJ. Perteneciente o relativo al negocio de cambio o a la letra de cambio.

cambiavía. M. Á. Caribe. **guardagujas.**

cambiazo. dar el ~. LOC.VERB. coloq. Cambiar fraudulentamente una cosa por otra.

cambio. M. **1.** Acción y efecto de cambiar. || **2.** Dinero fraccionario de billetes o monedas de mayor valor. || **3. vuelta** (|| dinero). || **4.** Valor relativo de las monedas de diferentes países. || **5. cambio de velocidades.** || **6.** *Com.* Precio de cotización de los valores mercantiles. || **7.** *Transp.* Mecanismo formado por las agujas y otras piezas de las vías férreas, que sirve para que las locomotoras, los vagones o los tranvías vayan por una u otra de las vías que concurren en un punto. || **~ de velocidades.** M. *Mec.* Sistema que permite cambiar la relación entre velocidad de un motor y la del móvil por él arrastrado. || **libre ~.** M. *Econ.* librecambio. || **a, o en, ~ de.** LOCS. PREPOS. En lugar de, cambiando una cosa por otra. *A cambio de su renuncia, le prometieron una vivienda moderna.* || **a las primeras de ~.** LOC.ADV. **de buenas a primeras.** || **en ~.** LOC.ADV. Por el contrario. *Tú siempre llegas puntual, en cambio yo siempre llego tarde.* □ V. **agente de ~, agente de ~ y bolsa, caja de ~s, contrato de ~, letra de ~, mesa de ~s, tipo de ~.**

cambista. COM. Persona que cambia moneda.

cámbium. M. *Bot.* Estrato celular de las plantas leñosas, responsable del engrosamiento de tallos y raíces. MORF. pl. **cámbiums.**

camboyano, na. ADJ. **1.** Natural de Camboya. U. t. c. s. || **2.** Perteneciente o relativo a este país de Asia.

cambray. M. Especie de lienzo blanco y fino. MORF. pl. **cambrayes.**

cámbrico, ca. ADJ. **1.** *Geol.* Se dice del primero de los seis períodos geológicos en que se divide la era paleozoica, que abarca desde hace 600 millones de años hasta hace 500 millones de años, caracterizado por el predominio de los trilobites y la aparición de muchos filos de invertebrados. U. t. c. s. m. ORTOGR. Escr. con may. inicial c. s. || **2.** *Geol.* Perteneciente o relativo a dicha era. *Fósiles cámbricos.*

cambrón. M. **1.** Arbusto de la familia de las Ramnáceas, de unos dos metros de altura, con ramas divergentes, torcidas, enmarañadas y espinosas, hojas pequeñas y glaucas, flores solitarias blanquecinas y bayas casi redondas. || **2. espino cerval.** || **3. zarza.** || **4.** pl. **espina santa.**

cambronera. F. Arbusto de la familia de las Solanáceas, de unos dos metros de altura, con multitud de ramas mimbreñas, curvas y espinosas, hojas cuneiformes, flores axilares, sonrosadas o purpúreas y bayas rojas elipsoidales. Suele plantarse en los vallados de las heredades.

cambroño. M. Piorno que se cría en las sierras de Guadarrama, Gata y Peña de Francia, en España.

cambucho. M. **1.** *Chile.* Cesta o canasto en que se echan los papeles inútiles, o se guarda la ropa sucia. || **2.** *Chile.* Habitación muy pequeña. || **3.** *Chile.* **cucurucho** (|| papel arrollado en forma cónica). || **4.** *Chile.* Funda o forro de paja que se pone a las botellas para que no se quiebren.

cambuj. M. Mascarilla o antifaz. MORF. pl. **cambujes.**

cambullón. M. *Chile.* Cosa hecha por confabulación, con engaño o malicia, para alterar la vida social o política.

cambur. M. Planta de la familia de las Musáceas, parecida al plátano, pero con la hoja más ovalada y el fruto más redondeado, e igualmente comestible. || **~ titiaro.** M. El de fruto pequeño. || **~ topocho.** M. El fruto semejante a un plátano pequeño.

camedrio. M. Planta de la familia de las Labiadas, pequeña, de tallos duros, vellosos, hojas pequeñas parecidas a las del roble y flores purpúreas en verticilos colgantes, usadas como febrífugo.

camelar. TR. coloq. Seducir, engañar adulando.

camelia. F. **1.** Flor del camelio, inodora, de color blanco, rojo o rosa o jaspeada. || **2. camelio.**

camélido, da. ADJ. *Zool.* Se dice de los rumiantes artiodáctilos que carecen de cuernos y tienen en la cara inferior del pie una excrecencia callosa que comprende los dos dedos; p. ej., el camello, el dromedario y la llama. U. t. c. s. m. ORTOGR. En m. pl., escr. con may. inicial c. taxón. *Los Camélidos.*

camelina. F. Planta de la familia de las Crucíferas, con semillas oleaginosas, de las que se obtiene aceite para diversos usos. Vive en gran parte de Europa.

camelio. M. Arbusto de la familia de las Teáceas, originario del Japón y de China, de hojas perennes, lustrosas y de un verde muy vivo y flores inodoras.

camelista. COM. Persona que practica el camelo, y especialmente la que aparenta conocimientos, virtudes o cualidades que no posee.

camelístico, ca. ADJ. **1.** Perteneciente o relativo al camelo. *Léxico camelístico.* || **2.** Que contiene camelos. *Propuesta camelística.*

camella. F. Hembra del camello.

camellar. INTR. *Am. Cen.* Trabajar arduamente.

camellero. M. Cuidador o conductor de camellos.

camello. M. **1.** Artiodáctilo rumiante, oriundo del Asia central, corpulento y más alto que el caballo, con el cuello largo, la cabeza proporcionalmente pequeña y dos gibas en el dorso, formadas por acumulación de tejido adiposo. || **2.** jerg. Persona que vende drogas tóxicas al por menor. □ V. **pelo de ~.**

camellón. M. **1. caballón.** || **2.** *Chile.* Fierro que une el taco a la suela del zapato y le da firmeza. || **3.** *Méx.* Trozo, a veces ajardinado, que divide las dos calzadas de una avenida.

camelo. M. **1.** coloq. Noticia falsa. || **2.** coloq. Dicho o discurso intencionadamente desprovisto de sentido. || **3.** coloq. Simulación, fingimiento, apariencia engañosa.

camelote. M. Tejido fuerte e impermeable, generalmente de lana.

camembert. M. Queso de origen francés, de pasta blanda, untuosa y suave. MORF. pl. **camemberts.**

camerino. M. **1.** Aposento, individual o colectivo, donde los artistas se visten, maquillan o preparan para actuar. || **2.** *Am.* **vestuario** (|| de un recinto deportivo).

camerístico, ca. ADJ. Perteneciente o relativo a la música de cámara.

camero, ra. **I.** ADJ. **1.** Dicho de una cama: Individual, de medidas que oscilan entre 80 y 105 cm de ancho. || **2.** Perteneciente o relativo a ella. *Colchón camero. Manta camera.* || **II.** M. y F. **3.** Persona que hace camas.

camerunés, sa. ADJ. **1.** Natural del Camerún. U. t. c. s. || **2.** Perteneciente o relativo a este país de África.

camias. F. **1.** *Filip.* Árbol de la familia de las Oxalidáceas, de hojas compuestas, flores rojas en panícula, que crecen directamente del tronco, así como los frutos, que son ovoides, de piel brillante, que cambia del color verde al amarillo verdoso y al marfil o blanco cuando madura, y cuya carne gelatinosa, de la que se hacen conservas dulces. || **2.** *Filip.* Fruto de este árbol.

camilla. F. **1.** Cama estrecha y portátil, que se lleva sobre varas a mano o sobre ruedas, para transportar enfermos, heridos o cadáveres. || **2. mesa camilla.**

camillero, ra. M. y F. **1.** Persona encargada de transportar la camilla. || **2.** *Mil.* Soldado práctico en conducir heridos en camilla y hasta en hacerles algunas curas elementales.

camilo¹. M. hist. Muchacho que los romanos empleaban en el servicio del culto.

camilo². ADJ. Se dice del clérigo que pertenece a la congregación fundada en Roma por san Camilo de Lelis para el servicio de los enfermos. U. t. c. s.

caminador, ra. ADJ. Que camina mucho.

caminante. ADJ. Que camina. Apl. a pers., u. m. c. s.

caminar. **I.** TR. **1.** Andar determinada distancia. *Hoy he caminado diez kilómetros.* ‖ **II.** INTR. **2.** Dicho de una persona o de un animal: Ir andando de un lugar a otro. ‖ **3.** Dicho de una cosa inanimada: Seguir su curso. *Caminar los ríos, los planetas.* ‖ **4.** Dirigirse a un lugar o meta, avanzar hacia él. *Caminar hacia la democracia.* ‖ **~ derecho.** LOC.VERB. coloq. Proceder con rectitud.

caminata. F. **1.** Viaje corto que se hace por diversión. ‖ **2.** coloq. Paseo o recorrido largo y fatigoso.

caminero, ra. ADJ. Perteneciente o relativo al camino. ▢ V. **peón ~.**

camino. M. **1.** Tierra hollada por donde se transita habitualmente. ‖ **2.** Vía que se construye para transitar. ‖ **3.** Trayecto de un lugar a otro. *A mitad de camino, se rompió un eje.* ‖ **4.** Dirección que ha de seguirse para llegar a algún lugar. *Vamos camino de Galicia.* ‖ **5.** Medio o arbitrio para hacer o conseguir algo. *No ha elegido un buen camino para lograr la plaza.* ‖ **~ carretero, o ~ carretil.** M. El que está expedito para el tránsito de carros o de otros vehículos. ‖ **~ cubierto.** M. hist. En las antiguas obras de fortificación permanente, terraplén de tránsito y vigilancia que rodeaba y defendía el foso y tenía a lo largo una banqueta, desde la cual podía hacer fuego la guarnición por encima del glacis, que le servía de parapeto. ‖ **~ de cabras.** M. El estrecho y accidentado. ‖ **~ de herradura.** M. El que es tan estrecho que solo pueden transitar por él caballerías, pero no carros. ‖ **~ de hierro.** M. ferrocarril. ‖ **~ derecho.** M. Manera de lograr algún fin sin andar con rodeos. ‖ **~ de ronda.** M. hist. El exterior e inmediato a la muralla de una plaza o contiguo al borde de ella. ‖ **~ de rosas.** M. *Esp.* Proceso o trayectoria fácil, sin obstáculos ni inconvenientes. *No todo en su carrera ha sido un camino de rosas.* ‖ **~ real.** M. **1.** hist. El construido a expensas del Estado, más ancho que los otros, capaz para carruajes y que ponía en comunicación entre sí poblaciones de cierta importancia. ‖ **2.** Medio más fácil y seguro para la consecución de algún fin. ‖ **~ trillado.** M. **1.** El que es común, usado y frecuentado. ‖ **2.** Modo común o regular de obrar o discurrir. ‖ **~ vecinal.** M. El construido y conservado por el municipio, generalmente más estrecho que las carreteras. ‖ **abrir ~.** LOC.VERB. **1.** Facilitar el tránsito de una parte a otra. ‖ **2.** Hallar, sugerir o allanar el medio de vencer una dificultad o mejorar de fortuna. ‖ 3. Iniciar o inventar algo. ‖ **abrirse ~.** LOC.VERB. **abrir camino** (‖ hallar el medio de vencer una dificultad). ‖ **a medio ~.** LOC.ADV. coloq. Se usa para indicar que una acción no ha llegado a su fin. *Iba para ingeniero, pero se quedó a medio camino.* ‖ **~ a.** LOC. PREPOS. Hacia, en dirección a. ‖ **coger de ~** algo a alguien. LOC.VERB. Estar en la dirección que lleva esa persona. ‖ **coger** alguien **el ~.** LOC.VERB. **tomar la puerta.** ‖ **cruzarse en el ~** de alguien. LOC.VERB. **1.** Entorpecer o impedir el cumplimiento de sus propósitos. ‖ **2.** Influir decididamente en su vida. ‖ **de ~.** LOC.ADV. **de paso**

(‖ aprovechando la ocasión). ‖ **echar cada cual por su ~.** LOC.VERB. **separarse** (‖ tomar caminos distintos). ‖ **hacer, o hacerse, ~.** LOCS.VERBS. Alcanzar fama y provecho en la profesión u oficio que se ejerce. ‖ **ir** dos o más personas **cada cual por su ~.** LOC.VERB. Estar discordes en sus pareceres. ‖ **llevar ~** algo. LOC.VERB. Estar en vías de lograrse. ‖ **no llevar ~** algo. LOC.VERB. No estar puesto en razón. ‖ **ponerse en ~.** LOC.VERB. Emprender viaje. ‖ **salir** a alguien **al ~.** LOC.VERB. **1. salir al encuentro.** ‖ **2. saltear** (‖ robar). ‖ **traer** a alguien **al buen ~.** LOC.VERB. Sacarlo del error o apartarlo de la mala vida.

cámino. M. *Dep.* En baloncesto y balonmano, **pasos** (‖ falta).

camión. M. **1.** Vehículo de cuatro o más ruedas que se usa para transportar grandes cargas. ‖ **2.** *Méx.* **autobús.**

camionada. F. Carga que cabe en un camión.

camionero, ra. M. y F. Persona que conduce un camión.

camioneta. F. **1.** Vehículo automóvil menor que el camión y que sirve para transporte de toda clase de mercancías. ‖ **2. autobús.**

camisa. F. **1.** Prenda de vestir de tela que cubre el torso, abotonada por delante, generalmente con cuello y mangas. ‖ **2.** Prenda interior de tela fina y largura media, que cubre hasta más abajo de la cintura. ‖ **3.** Epidermis de los ofidios, de la que el animal se desprende periódicamente. ‖ **4.** Revestimiento interior de un artefacto o una pieza mecánica. *Las camisas de los cilindros de un motor.* ‖ **5.** Cubierta suelta de papel fuerte con que se protege un libro y lleva impreso el título de la obra. ‖ **6.** Funda metálica en forma de red, con la cual se cubre la llama de ciertos aparatos de alumbrado para que, poniéndose candente, aumente la fuerza luminosa y disminuya el consumo de combustible. ‖ **7.** *Impr.* Lienzo que se pone encima del muletón o pañete, como forro exterior y más suave del rodillo de imprimir. ‖ **8.** *Chile.* Entre los empapeladores, papel ordinario que suele ponerse debajo del fino para que este asiente y pegue mejor. ‖ **~ de fuerza.** F. Especie de camisa fuerte abierta por detrás, con mangas cerradas en su extremidad, propia para sujetar los brazos de quien padece demencia o delirio violento. ‖ **cambiar** alguien **de ~.** LOC.VERB. coloq. **chaquetear** (‖ cambiar de bando). ‖ **dejar** a alguien **sin ~.** LOC.VERB. coloq. **dejar en cueros.** ‖ **jugarse** alguien **hasta la ~.** LOC.VERB. coloq. Tener afición desordenada al juego. ‖ **meterse** alguien **en ~ de once varas.** LOC.VERB. coloq. Inmiscuirse en lo que no le incumbe o no le importa. ‖ **vender** alguien **hasta la ~.** LOC.VERB. coloq. Vender todo lo que tiene por necesidad.

camisería. F. **1.** Tienda en que se venden camisas. ‖ **2.** Taller donde se hacen.

camisero, ra. **I.** ADJ. **1.** Perteneciente o relativo a la camisa. *Línea camisera.* ‖ **2.** Dicho de una prenda de vestir o de alguna de sus partes: Que tiene características propias de la camisa. *Blusa camisera. Cuello camisero.* ‖ **II.** M. y F. **3.** Persona que hace o vende camisas.

camiseta. F. **1.** Camisa corta y con mangas anchas. ‖ **2.** Prenda interior o deportiva que cubre el tronco, generalmente sin cuello. ‖ **sudar la ~.** LOC.VERB. coloq. *Dep.* Esforzarse mucho en el transcurso de un partido.

camisola. F. **1.** Camisa fina y holgada. ‖ **2.** Camiseta deportiva, como la de un club. ‖ **3.** hist. Camisa de lienzo delgado que se ponía sobre la interior, y solía estar guarnecida de puntillas o encajes en la abertura del pecho y en los puños.

camisón. M. **1.** Prenda para dormir, generalmente de mujer, que cubre el tronco y cae suelta hasta una altura variable de las piernas. ‖ **2.** Á. *Andes*, Á. *Caribe* y Á. *guar.* Camisa de mujer. ‖ **3.** Á. *Caribe.* Vestido, traje de mujer, excepto cuando es de seda negra.

camita. ADJ. Descendiente de Cam, hijo del patriarca bíblico Noé. U. t. c. s.

camítico, ca. ADJ. **1.** Se dice de los individuos de la raza que habita ciertas zonas del noreste de África. ‖ **2.** Perteneciente o relativo a los camitas. *Tradiciones camíticas.* ‖ **3.** Se dice del grupo o familia de lenguas del norte y del extremo oriental de África, entre las que destacan el egipcio, el copto, el bereber y el cusita. U. t. c. s. m. *El camítico.* ‖ **4.** Perteneciente o relativo a este grupo o familia de lenguas. *Léxico camítico.*

camito-semítico, ca. ADJ. **1.** Se dice de un grupo o familia de lenguas del suroeste de Asia y del norte y extremo oriental de África que comprende el semítico y el camítico. U. t. c. s. m. *El camito-semítico.* ‖ **2.** Perteneciente o relativo a este grupo o familia de lenguas. *Raíz camito-semítica.* ¶ MORF. pl. **camito-semíticos, cas.**

camoatí. M. **1.** Á. R. *Plata.* Se usa como nombre común para referirse a varias especies de himenópteros, que forman enjambres numerosos cuyos nidos penden de los árboles. Producen una miel oscura y algo áspera. ‖ **2.** Á. R. *Plata.* Nido de estos insectos. ¶ MORF. pl. **camoatíes** o **camoatís.**

camomila. F. **1.** **manzanilla** (‖ hierba compuesta). ‖ **2.** **manzanilla** (‖ flor).

camón. M. *Arq.* Armazón de cañas o listones con que se forman las bóvedas encamonadas.

camorra. F. **1.** Mafia napolitana. ‖ **2.** coloq. **riña.**

camorrear. INTR. Á. *guar.* y Á. R. *Plata.* Reñir, armar camorra.

camorrero, ra. ADJ. coloq. **camorrista.** U. t. c. s.

camorrista. ADJ. coloq. Que fácilmente y por causas leves arma camorras y pendencias. U. t. c. s.

camotal. M. *Am.* Terreno plantado de camotes.

camote. M. **1.** *Am. Cen.*, Á. *Andes*, *Filip.* y *Méx.* **batata.** ‖ **2.** *Chile.* Asunto difícil y enredado. ‖ **3.** *Chile.* Piedra o terrón que se puede lanzar con la mano o que se puede rodar. ‖ **4.** *Chile.* Mentira, embuste. ‖ **5.** malson. *Méx.* **pene.**

camotero, ra. M. y F. **1.** *Méx.* Persona que cultiva camotes. ‖ **2.** *Méx.* Persona que vende camotes.

camotillo. M. *Chile.* Dulce de camote machacado.

campa. ☐ V. **tierra ~.**

campal. ☐ V. **batalla ~, guerra ~.**

campamental. ADJ. **1.** *Esp.* Perteneciente o relativo al **campamento** (‖ lugar donde se establecen temporalmente las fuerzas del Ejército). *Recinto campamental.* ‖ **2.** *Esp.* Propio o característico de un **campamento** (‖ lugar donde se establecen temporalmente las fuerzas del Ejército). *Ambiente muy campamental.*

campamento. M. **1.** Instalación eventual, en terreno abierto, de personas que van de camino o que se reúnen para un fin especial. ‖ **2.** Lugar al aire libre, especialmente dispuesto para albergar viajeros, turistas, personas en vacaciones, etc. ‖ **3.** Acción de acampar. ‖ **4.** *Mil.* Lugar en despoblado donde se establecen temporalmente fuerzas del Ejército. ‖ **5.** *Mil.* Tropa acampada.

campamocha. F. *Méx.* **mantis religiosa.**

campana. F. **1.** Instrumento metálico, generalmente en forma de copa invertida, que suena al ser golpeado por un badajo o por un martillo exterior. ‖ **2.** Cosa que tiene forma semejante a la **campana,** abierta y más ancha en la parte inferior. *Campana de la chimenea. Campana de vidrio.* ‖ **~ de Gauss.** F. *Mat.* Curva en forma de **campana** que representa la distribución estadística de una variable que sigue la ley de Gauss. ‖ **~ extractora.** F. La que sirve para aspirar y extraer el humo y el vapor producidos en un determinado recinto. ‖ **~ neumática.** F. *Tecnol.* Cámara estanca en la que puede regularse la presión del aire. ‖ **a ~ herida,** o **tañida.** LOCS. ADVS. A toque de **campana.** ‖ **echar,** o **lanzar, las ~s al vuelo,** o **a vuelo.** LOCS. VERBS. Celebrar con júbilo un triunfo. ‖ **oír ~s y no saber dónde.** LOC. VERB. coloq. Tener noticias vagas y normalmente inciertas. ‖ **picar la ~.** LOC. VERB. *Mar.* Tocarla a bordo para señalar la hora. ‖ **salvar** a alguien **la ~.** LOC. VERB. coloq. Librarlo de una situación comprometida por una interrupción oportuna. ☐ V. **énula ~, pantalón ~, pantalón de ~, reloj de ~, vuelta de ~.**

campanada. F. **1.** Golpe que da el badajo en la campana. ‖ **2.** Sonido que hace. ‖ **3.** Escándalo o novedad ruidosa. *Con su dimisión, dio la campanada.*

campanario. M. Torre, espadaña o armadura donde se colocan las campanas. ‖ **de ~.** LOC. ADJ. **1.** Dicho de un hecho o de un propósito: Ruin y mezquino. ‖ **2.** Dicho de una cosa: Que, espiritualmente, es limitada, estrecha y falta de sentido de lo universal. *Política de campanario.*

campanazo. M. **campanada.**

campanear. INTR. **1.** Tocar insistentemente las campanas. ‖ **2.** Oscilar, balancear, contonearse. U. t. c. prnl. ‖ **3.** Divulgar al instante un suceso real o verdadero, propalarlo.

campanela. F. Sonido de la cuerda de guitarra que se toca en vacío, en medio de un acorde hecho a bastante distancia del puente del instrumento.

campaneo. M. Reiterado toque de campanas.

campanero, ra. M. y F. **1.** Persona que tiene por oficio tocar las campanas. ‖ **2.** Persona que las fabrica.

campaniforme. ADJ. De forma de campana. *Vaso campaniforme.*

campanil. M. **campanario.**

campanilla. F. **1.** Campana pequeña provista de mango que se hace sonar agitándola con la mano. ‖ **2.** Campana pequeña que suena cuando la mueve un mecanismo. ‖ **3.** **úvula.** ‖ **4.** Flor de la enredadera y otras plantas, cuya corola es de una pieza y de forma de campana. ‖ **de ~s,** o **de muchas ~s.** LOCS. ADJS. coloqs. De mucha relevancia.

campanillazo. M. Toque fuerte de la campanilla.

campanillear. INTR. Tocar reiteradamente la campanilla.

campanilleo. M. Sonido frecuente o continuado de la campanilla.

campanillero, ra. M. y F. Persona que por oficio toca la campanilla.

campano. M. **cencerro.**

campanología. F. Arte del campanólogo.

campanólogo, ga. M. y F. Persona que toca piezas musicales haciendo sonar campanas o vasos de cristal de diferentes tamaños.

campante. ADJ. **1.** Que campa. *Criminalidad campante.* ‖ **2.** coloq. **ufano** (‖ satisfecho). *Se quedó tan campante.*

campanudo, da. ADJ. **1.** Dicho de algunas cosas, como de ciertos trajes de las mujeres: Que tienen alguna semejanza con la forma de la campana. ‖ **2.** Dicho de un vocablo: De sonido fuerte y lleno. ‖ **3.** Dicho del lenguaje o del estilo: Hinchado y retumbante. ‖ **4.** Dicho de una persona: Que se expresa en estilo campanudo.

campánula. F. Planta perenne de la familia de las Campanuláceas, con tallos herbáceos de seis a ocho decímetros de altura, estriados y ramosos, hojas sentadas, oblongas, ásperas y vellosas, y flores grandes, campanudas, blancas, rojizas, moradas o jaspeadas, de pedúnculos largos y en ramilletes piramidales. Se cultiva en los jardines, y florece todo el verano.

campanuláceo, a. ADJ. *Bot.* Se dice de las plantas angiospermas dicotiledóneas con hojas sin estípulas, flores de corola gamopétala y fruto capsular con muchas semillas y de albumen carnoso; p. ej., la campánula y el rapónchigo. U. t. c. s. f. ORTOGR. En f. pl., escr. con may. inicial c. taxón. *Las Campanuláceas.*

campaña. F. **1.** Conjunto de actos o esfuerzos de índole diversa que se dirigen a conseguir un fin determinado. *Campaña contra la malaria.* ‖ **2.** Período de tiempo en el que se realizan diversas actividades encaminadas a un fin determinado. *Campaña política, parlamentaria, periodística, mercantil. Campaña de propaganda.* ‖ **3.** *Heráld.* Pieza de honor, en forma de faja, que ocupa en la parte inferior del escudo todo el ancho de él y la cuarta parte de su altura. ‖ **4.** *Mar.* Período de operaciones de un buque o de una escuadra, desde la salida de un puerto hasta su regreso a él o comienzo de ulterior servicio. ‖ **5.** *Mil.* hist. Tiempo que cada año estaban los ejércitos fuera de cuarteles en operaciones de guerra. ‖ **6.** *Mil.* Duración de determinado servicio militar. ‖ **7.** *Am.* **campo** (‖ terreno fuera de poblado). ‖ **estar, o hallarse, en ~.** LOCS.VERBS. *Mil.* Hallarse en operaciones de guerra. □ V. **artillería de ~, cepo de ~, fortificación de ~, misa de ~, tienda de ~.**

campañol. M. Mamífero roedor, muy parecido al ratón, que vive en galerías subterráneas, comúnmente en las proximidades de estanques y charcas.

campar. INTR. Moverse o actuar con libertad.

campeador. **I.** ADJ. **1.** hist. Se decía del guerrero que sobresalía en el campo con acciones señaladas. ‖ **II.** M. **2.** por antonom. hist. El Cid Ruy Díaz de Vivar. ORTOGR. Escr. con may. inicial.

campear. INTR. **1. sobresalir** (‖ aventajarse). *El retrato campeaba al fondo del salón.* ‖ **2.** Dicho de los animales domésticos: Salir a pacer. ‖ **3.** Dicho de los animales salvajes: Salir de sus cuevas o manidas y andar por el campo.

campechana. F. **1.** *Méx.* Bizcocho hojaldrado. ‖ **2.** *Méx.* Bebida compuesta de diferentes licores mezclados. ‖ **3.** *Méx.* Mezcla de otro tipo, sobre todo en comidas.

campechanía. F. Cualidad de campechano.

campechano, na. ADJ. **1.** Que se comporta con llaneza y cordialidad, sin imponer distancia en el trato. ‖ **2.** Natural de Campeche. U. t. c. s. ‖ **3.** Perteneciente o relativo a este estado de México o a su capital.

campeche. □ V. **palo ~, palo de Campeche.**

campeo. M. **1.** Sitio donde puede campear el ganado holgadamente. ‖ **2.** Salida al campo de un animal doméstico, para pastar.

campeón, na. **I.** M. y F. **1.** Persona que obtiene la primacía en un campeonato. ‖ **2.** Persona que defiende esforzadamente una causa o doctrina. *Campeón de la democracia.* ‖ **II.** M. **3.** hist. Hombre que en los desafíos antiguos entraba en batalla.

campeonato. M. **1.** En ciertos juegos y deportes, certamen o contienda en que se disputa el premio. ‖ **2.** Preeminencia o primacía obtenida en las luchas deportivas. *Fulano se alzó con el campeonato de ciclismo.* ‖ **de ~.** LOC.ADJ. coloq. Que excede lo normal, en lo positivo o en lo negativo. *Un actor; un frío de campeonato.*

campera. F. *Á. guar., Á. R. Plata* y *Chile.* Chaqueta de uso informal o deportivo.

campero, ra. ADJ. **1.** Perteneciente o relativo al **campo** (‖ terreno fuera de poblado). *Ambiente campero.* ‖ **2.** Dicho del ganado o de otros animales: Que duermen en el campo y no se recogen a cubierto. ‖ **3.** Dicho de una bota: De caña alta y sin tacón, y material resistente, apropiada para ciertas tareas del campo. ‖ **4.** *Á. R. Plata.* Dicho de una persona: Muy práctica en el campo, así como en las operaciones y usos peculiares de los cortijos o estancias.

campesinado. M. Conjunto o clase social de los campesinos.

campesino, na. ADJ. **1.** Perteneciente o relativo al campo. *Familias campesinas.* ‖ **2.** Propio o característico de él. *Vida campesina.* ‖ **3.** Dicho de una persona: Que vive y trabaja de ordinario en el campo. U. t. c. s. ‖ **4.** Silvestre, espontáneo, inculto. *Todos somos un poco campesinos.*

campestre. ADJ. **1. campesino** (‖ perteneciente al campo). *Especies campestres.* ‖ **2. campesino** (‖ propio del campo). *Costumbre campestre.* ‖ **3.** Dicho de una fiesta, de una reunión, de una comida, etc.: Que se celebra en el campo.

campiña. F. Espacio grande de tierra llana labrantía.

campirano, na. ADJ. **1.** *Méx.* Entendido en las faenas del campo. U. t. c. s. ‖ **2.** *Méx.* Diestro en el manejo del caballo y en domar o sujetar a otros animales. U. t. c. s.

campismo. M. Actividad consistente en hacer acampadas.

campista. COM. Persona que va de campamento o de acampada.

campo. M. **1.** Terreno extenso fuera de poblado. ‖ **2.** Tierra laborable. ‖ **3.** En contraposición a sierra o monte, **campiña.** ‖ **4.** Conjunto de sembrados, árboles y demás cultivos. *Están perdidos los campos.* ‖ **5.** Terreno de juego, localidades e instalaciones anejas donde se practican o contemplan ciertos deportes, como el fútbol. ‖ **6.** Mitad del terreno de juego que, en ciertos deportes, como el fútbol, corresponde defender a cada uno de los dos equipos. ‖ **7.** Terreno reservado para ciertos ejercicios. *Campo de instrucción.* ‖ **8.** Ámbito real o imaginario propio de una actividad o de un conocimiento. *El campo de sus aventuras. El campo del periodismo.* ‖ **9.** En el grabado y las pinturas, espacio que no tiene figuras o sobre el cual se representan estas. ‖ **10.** *Fís.* Magnitud distribuida en el espacio, mediante la cual se ejercen las acciones a distancia entre partículas, como el campo eléctrico. ‖ **11.** *Heráld.* Superficie total e interior del escudo, donde se dibujan las particiones y figuras, y que debe tener, por lo menos, uno de los esmaltes. ‖ **12.** *Inform.* En un registro de una base de datos, espacio reservado para almacenar un determinado tipo de información. ‖ **13.** *Mil.* Terreno o comarca ocupados por un ejército o por fuerzas considerables de él durante las operaciones de guerra. ‖ **14.** *Mil.* **Ejército** (‖ conjunto de fuerzas de una nación). *Este oficial procedía del campo carlista.* ‖ **15.** *Ópt.* **campo visual.** ‖ **~ de Agramante.** M. Lugar donde hay mucha confusión y en el que nadie se entiende. ‖ **~ de batalla.** M. *Mil.* Sitio donde combaten dos ejércitos. ‖ **~ de concentración.** M. Recinto cercado para reclusos, especialmente presos políticos y prisioneros de guerra. ‖ **~ de exterminio.** M. campo de concentración donde se exterminan prisioneros. ‖ **~ del honor.** M. **1.** Sitio donde conforme a ciertas reglas combaten dos o más personas. ‖ **2. campo de batalla.** ‖ **~ de refugiados.** M. Lugar acondicionado para la instalación temporal de personas que se han visto obligadas a abandonar el lugar en el que viven. ‖ **~ de tiro.** M. *Mil.* Terreno designado para prácticas de tiro con armas de fuego. ‖ **~ eléctrico.** M. *Fís.* Magnitud vectorial que expresa la intensidad de las fuerzas eléctricas. Se mide en voltios/metro. (Símb. *E*). ‖ **~ electromagnético.** M. *Fís.* Asociación de un campo eléctrico y un campo magnético producidos por una carga eléctrica en movimiento. ‖ **~ gravitatorio.** M. *Fís.* Región del espacio en cuyos puntos está definida la intensidad de una fuerza gravitatoria. ‖ **~ magnético.** M. *Fís.* Magnitud vectorial que expresa la intensidad de la fuerza magnética. Su unidad en el Sistema Internacional es el *amperio por metro.* (Símb. *H*). ‖ **~ raso.** M. El que es llano y sin árboles ni casas. ‖ **~ santo.** M. **camposanto.** ‖ **~ semántico.** M. *Ling.* Conjunto de unidades léxicas de una lengua que comparten un núcleo común de rasgos de significado. ‖ **~ visual.** M. **1.** Espacio que abarca la vista estando el ojo inmóvil. ‖ **2.** *Ópt.* Extensión de la superficie o del espacio reproducida en la imagen de un instrumento óptico. ‖ **medio ~.** M. **1.** Zona central de los terrenos de juego. ‖ **2.** Mitad del campo que defiende cada uno de los equipos. ‖ **a ~ abierto.** LOC.ADJ. hist. Se decía del duelo entre caballeros que se efectuaba sin valla hasta rendir el vencedor al vencido, no bastando que este cediese el campo, como bastaba en el palenque cerrado. ‖ **a ~ raso.** LOC.ADV. Al descubierto, a la intemperie. ‖ **a ~ través, o a ~ traviesa, o a ~ travieso.** LOCS.ADVS. Dejando el camino y cruzando el campo. ‖ **batir el ~.** LOC.VERB. *Mil.* Reconocer el terreno. ‖ **~ a través. I.** LOC.ADV. **1.** a campo través. ‖ **II.** LOC. SUST. M. **2.** Carrera de larga distancia a campo través. ‖ **~ a traviesa.** LOC.ADV. a campo través. ‖ **de ~.** LOC.ADJ. Dicho de un trabajo o de una investigación: Que se realizan mediante desplazamiento del investigador al medio donde se encuentra el objeto o se produce el fenómeno estudiado. ‖ **dejar el ~ abierto, desembarazado, expedito, libre,** etc. LOCS.VERBS. Retirarse de algún empeño en que hay competidores. ‖ **descubrir ~, o el ~.** LOCS.VERBS. *Mil.* Reconocer, explorar la situación del ejército enemigo. ‖ **hacer ~.** LOC.VERB. Desembarazar de gente un lugar. ‖ **levantar** alguien **el ~.** LOC.VERB. Dar por terminada una empresa o desistir de ella. ‖ **quedar en el ~.** LOC.VERB. Caer muerto en acción de guerra o en desafío. ‖ **reconocer el ~.** LOC.VERB. Prevenir los inconvenientes en algún negocio. □ V. **casa de ~, día de ~, frutilla del ~, hombre de ~, maestre de ~, maestre de ~ general, mariscal de ~.**

camposantero. M. Guarda y cuidador de un camposanto.

camposanto. M. cementerio (‖ terreno destinado a enterrar cadáveres). MORF. pl. **camposantos.**

campurriano, na. ADJ. **1.** Natural de Campoo. U. t. c. s. ‖ **2.** Perteneciente o relativo a esta comarca de Cantabria, en España.

campus. M. Conjunto de terrenos y edificios pertenecientes a una universidad.

camuesa. F. Fruto del camueso.

camueso. M. Árbol, variedad de manzano.

camuflaje. M. Acción y efecto de camuflar.

camuflar. TR. **1.** Disimular la presencia de alguien o algo u ocultarlos. *Camuflaron los carros de combate. Camuflaban la cocaína dentro de botes de detergente.* ‖ **2.** Disimular dando a algo el aspecto de otra cosa. *Camuflar la ideología de alguien.*

camuyano, na. ADJ. **1.** Natural de Camuy. U. t. c. s. ‖ **2.** Perteneciente o relativo a este municipio de Puerto Rico o a su cabeza.

can. M. **1.** poét. **perro** (‖ mamífero cánido). ‖ **2.** *Arq.* Cabeza de una viga del techo interior, que carga en el muro y sobresale al exterior, sosteniendo la corona de la cornisa.

cana¹. F. Cabello que se ha vuelto blanco. U. m. en pl. ‖ **echar una ~ al aire.** LOC.VERB. coloq. **esparcirse** (‖ divertirse). ‖ **peinar ~s.** LOC.VERB. coloq. Ser viejo.

cana². F. En Cataluña y otras partes, medida de, aproximadamente, dos varas.

canaca. M. *Chile.* Dueño de un burdel.

canaco, ca. ADJ. Indígena de Tahití y otras islas de Oceanía. U. t. c. s.

Canadá. □ V. **bálsamo del ~.**

canadiense. ADJ. **1.** Natural del Canadá. U. t. c. s. ‖ **2.** Perteneciente o relativo a este país de América.

canal. I. M. **1.** Cauce artificial por donde se conduce el agua para darle salida o para otros usos. ‖ **2.** En el mar, lugar estrecho por donde sigue el hilo de la corriente hasta salir a mayor anchura y profundidad. ‖ **3.** Cada una de las vías por donde las aguas o los gases circulan en el seno de la tierra. ‖ **4.** Estrecho marítimo, que a veces es obra de la industria humana; p. ej., el de Suez y el de Panamá. ‖ **5.** Conducto del cuerpo. ‖ **6.** Cada una de las bandas de frecuencia en que puede emitir una estación de televisión y radio. ‖ **7.** Estación de televisión o radio. ‖ **8.** *Fon.* Parte del tracto vocal por el que circula la voz. ‖ **9.** *Ling.* Conducto físico por el que circula el mensaje. ‖ **II.** F. **10.** Llanura larga y estrecha entre dos montañas. ‖ **11.** Teja delgada y mucho más combada que las comunes, que, en los tejados, sirve para formar los conductos por donde corre el agua. ‖ **12.** Cada uno de estos conductos. ‖ **13.** Artesa rectangular para abrevar el ganado vacuno. ‖ **14.** Res muerta y abierta, sin las tripas y demás despojos. ‖ **III.** AMB. **15.** Parte más profunda y limpia de la entrada de un puerto. ‖ **~ torácico.** M. *Anat.* Uno de los dos grandes conductos colectores de la linfa que existen en el cuerpo de los vertebrados, que en el hombre se extiende desde la tercera vértebra lumbar hasta la vena subclavia izquierda, y al cual afluyen los vasos linfáticos de los miembros inferiores del abdomen, del brazo y lado izquierdo de la cabeza, del cuello y del pecho. ‖ **abrir en ~** una res. LOC.VERB. Abrirla de arriba abajo. U. t. en sent. fig. *Los politiqueos lo fatigaban y prefería abrir en canal las carnes de la vida.* □ V. **sombrero de ~.**

canaladura. F. *Arq.* Moldura hueca que se hace en un elemento arquitectónico, en línea vertical.

canaleta. F. **1.** *Á. Andes, Á. guar., Á. R. Plata* y *Chile.* **canalón.** ‖ **2.** *Chile.* Canal pequeño, desagüe.

canalete. M. Remo de pala muy ancha, para gobernar las canoas. Los hay también con dos palas, una a cada extremo.

canalización. F. Acción y efecto de canalizar.

canalizar. TR. **1.** Abrir canales. *Canalizar las vaguadas.* ‖ **2.** Regularizar el cauce o la corriente de un río o arroyo. ‖ **3.** Aprovechar para el riego o la navegación las aguas corrientes o estancadas, dándoles conveniente dirección por medio de canales o acequias. *Canalizar las aguas de un arroyo para regadío.* ‖ **4.** Recoger corrientes de opinión, iniciativas, aspiraciones, actividades, etc., y orientarlas eficazmente, encauzarlas. *Canalizar la agresividad.*

canalizo. M. *Mar.* Canal estrecho entre islas o bajos.

canalla. **I.** F. **1.** Gente baja, ruin. ‖ **II.** COM. **2.** Persona despreciable y de mal proceder.

canallada. F. Acción o dicho propios de un canalla.

canallesco, ca. ADJ. Propio o característico de la canalla o de un canalla.

canalón. M. Conducto que recibe y vierte el agua de los tejados.

canana. F. Cinto dispuesto para llevar cartuchos.

cananeo, a. ADJ. **1.** hist. Natural de la tierra de Canaán. U. t. c. s. ‖ **2.** hist. Perteneciente o relativo a este antiguo pueblo asiático.

canapé. M. **1.** Escaño con el asiento y el respaldo acolchados. ‖ **2.** Soporte acolchado sobre el que se coloca el colchón. ‖ **3.** Porción de pan o de hojaldre cubierta con una pequeña cantidad de comida que se suele servir como aperitivo.

canaricultura. F. Arte de criar canarios.

canario¹, ria. **I.** ADJ. **1.** Natural de Canarias. U. t. c. s. ‖ **2.** Perteneciente o relativo a este archipiélago y comunidad autónoma de España. ‖ **3.** Se dice de la variedad de la lengua española que se habla en las islas Canarias. U. t. c. s. m. *El canario.* ‖ **II.** M. **4.** Pájaro originario de las islas Canarias, que alcanza unos trece centímetros de longitud, de alas puntiagudas, cola larga y ahorquillada, pico cónico y delgado y plumaje amarillo, verdoso o blanquecino, a veces con manchas pardas. Es una de las aves de mejor canto. ‖ **5.** Embarcación latina que se usa en las islas Canarias y en el Mediterráneo. ‖ **6.** *Chile.* Vasija pequeña de barro, que produce un sonido semejante al gorjeo de los pájaros cuando, llena de agua hasta cierta altura, se sopla por el pico.

canario², ria. ADJ. **1.** Natural de Canelones. U. t. c. s. ‖ **2.** Perteneciente o relativo a este departamento del Uruguay o a su capital.

canarismo. M. **1.** Locución, giro o modo de hablar propio de los canarios. ‖ **2.** Amor o apego a las cosas características o típicas de las islas Canarias.

canasta. F. **1.** Cesto de mimbres, ancho de boca, que suele tener dos asas. ‖ **2.** Juego de naipes con dos o más barajas francesas entre dos bandos de jugadores. ‖ **3.** En este juego, reunión de siete naipes del mismo número que se extienden sobre el tapete por un solo jugador o ayudado por sus compañeros. ‖ **4.** En baloncesto, aro metálico sujeto horizontalmente a un tablero vertical, y del que pende una red tubular sin fondo en la que es necesario introducir el balón para el enceste. ‖ **5.** En baloncesto, cada una de las introducciones del balón en la canasta, y que, según las jugadas, vale por uno, dos o tres tantos. ‖ **6.** *Mar.* Conjunto de vueltas de cabo, con que se tiene aferrada, mientras se iza, una vela o una

bandera y que permite largarlas, cuando han llegado a su lugar, con solo dar un estrechón a la tira que se conserva en la mano.

canastada. F. Cantidad que contiene una canasta.

canastera. F. Pájaro insectívoro, que vaga en bandadas buscando alimento. De alas largas y puntiagudas y cola ahorquillada, recuerda, volando, a una gran golondrina parda, pero en el pico y la cabeza recuerda a la perdiz. Su tamaño es de unos 23 cm.

canastero, ra. **I.** M. y F. **1.** Persona que fabrica o vende canastas. ‖ **2.** *Chile.* Vendedor ambulante de alimentos perecederos que lleva su mercancía, especialmente frutas y mariscos, en canastos. ‖ **3.** *Chile.* Persona empleada en una panadería, que traslada el pan en canastos desde el horno al lugar donde se enfría. ‖ **4.** *Chile.* Persona aficionada a la **canasta** (‖ juego de naipes). ‖ **II.** M. **5.** *Chile.* Ave indígena, que hace su nido en forma de canasto alargado. Es de color oscuro por el lomo y vientre y amarillo por la garganta y pecho, y tiene el tamaño de un mirlo.

canastilla. F. **1.** Cesta pequeña de mimbres en que se tienen objetos menudos de uso doméstico. *La canastilla de la costura.* ‖ **2.** Ropa que se prepara para la novia o el niño que ha de nacer. *Hacer, preparar la canastilla.*

canastillo. M. Canasta en forma de bandeja.

canasto. M. **1.** Canasta de boca estrecha. ‖ **2.** *Á. Caribe.* Cesta grande, redonda, de boca ancha. ‖ **canastos.** INTERJ. Se usa para indicar sorpresa.

canberrano, na. ADJ. **1.** Natural de Canberra. U. t. c. s. ‖ **2.** Perteneciente o relativo a esta ciudad, capital de Australia.

cáncamo. M. **1.** **armella.** ‖ **2.** *Mar.* Pieza o cabilla de hierro en forma de armella, que sirve para enganchar motones, amarrar cabos, etc. ‖ **~ de mar.** M. *Mar.* Ola gruesa o fuerte golpe de mar.

cancán. M. **1.** Danza frívola y muy movida, importada de Francia en la segunda mitad del siglo XIX, que hoy se ejecuta solo por mujeres como parte de un espectáculo. ‖ **2.** Enagua con volantes almidonados para ahuecar la falda.

cancanear. INTR. *Am. Cen.* y *Á. Caribe.* **tartamudear.**

cancel. M. **1.** Contrapuerta, generalmente de tres hojas, una de frente y dos laterales, ajustadas estas a las jambas de una puerta de entrada y cerrado todo por un techo para evitar las corrientes de aire y amortiguar los ruidos exteriores. ‖ **2.** Reja, generalmente baja, que en una iglesia separa el presbiterio de la nave. ‖ **3.** Armazón vertical de madera u otra materia, que divide espacios en una sala o habitación. ‖ **4.** *Á. guar., Á. R. Plata* y *Méx.* Puerta, verja o cancela que separa el vestíbulo o el patio del zaguán. En el área del Río de la Plata, u. m. c. f. □ V. **puerta ~.**

cancela. F. **1.** Verja pequeña que se pone en el umbral de algunas casas para reservar el portal o zaguán del libre acceso del público. ‖ **2.** En Andalucía, verja, comúnmente de hierro y muy labrada, que en muchas casas sustituye a la puerta divisoria del portal y el recibimiento o pieza que antecede al patio, de modo que las macetas y otros adornos de este se vean desde la calle.

cancelación. F. **1.** Acción y efecto de cancelar. ‖ **2.** *Der.* Asiento en los libros de los registros públicos, que anula total o parcialmente los efectos de una inscripción o de una anotación preventiva.

cancelar. TR. **1.** Anular, hacer ineficaz un asiento o una nota en un registro. ‖ **2.** Acabar de pagar una deuda. *Cancelar una hipoteca.* ‖ **3.** Borrar de la memoria, abolir, derogar. *Cancelar una audiencia.* ‖ **4.** *Á. Andes.* Despedir a un empleado.

Cancelaría. F. hist. Tribunal romano, por donde se despachaban las gracias apostólicas.

cancelario. M. hist. Hombre que en las universidades tenía la autoridad pontificia y regia para dar los grados.

cáncer. I. ADJ. **1.** Dicho de una persona: Nacida bajo el signo zodiacal de Cáncer. *Yo soy cáncer, ella es piscis.* U. t. c. s. ‖ **II.** M. **2.** Enfermedad neoplásica con transformación de las células, que proliferan de manera anormal e incontrolada. ‖ **3.** Tumor maligno. ‖ **4.** Proliferación en el seno de un grupo social de situaciones o hechos destructivos. *La droga es el cáncer de nuestra sociedad.*

cancerado, da. PART. de **cancerar.** ‖ ADJ. Afectado por el cáncer. *Pulmón cancerado.*

cancerar. I. TR. **1.** Consumir, enflaquecer, destruir. *Cancerar las costumbres.* ‖ **II.** INTR. **2.** Dicho de una úlcera: Degenerar en cancerosa. U. t. c. prnl.

cancerbero, ra. I. M. y F. **1.** coloq. Portero o guarda severo o de bruscos modales. ‖ **II.** M. **2.** *Dep.* **portero** (‖ jugador que defiende la portería).

canceriano, na. ADJ. *Á. R. Plata.* Dicho de una persona: Nacida bajo el signo zodiacal de Cáncer. U. t. c. s.

cancerígeno, na. ADJ. Que puede provocar cáncer. *Agentes cancerígenos.* Apl. a una sustancia, u. t. c. s. m.

cancerología. F. Rama de la medicina que se ocupa del cáncer.

cancerólogo, ga. M. y F. Especialista en cancerología.

canceroso, sa. ADJ. **1.** Perteneciente o relativo al cáncer. *Células cancerosas.* ‖ **2.** Que tiene cáncer. *Le extirparon tejido canceroso del brazo.* Apl. a pers., u. t. c. s.

cancha[1]**.** F. **1.** Espacio destinado a la práctica de ciertos deportes o espectáculos. ‖ **2.** *Am.* Terreno, espacio, local o sitio llano y desembarazado. ‖ **3.** *Am.* Habilidad que se adquiere con la experiencia. ‖ **4.** *Á. guar.* Cantidad que cobra el dueño de una casa de juego. ‖ **dar ~ a alguien.** LOC. VERB. coloq. Reconocerle la capacidad de actuar conforme a su voluntad en un determinado asunto. ‖ **estar en su ~.** LOC. VERB. *Á. guar.* **estar en su elemento.**

cancha[2]**.** F. Maíz o habas tostadas que se comen en América del Sur.

canchal. M. **peñascal.**

canchamina. F. *Á. Andes* y *Chile.* Cancha o patio de una mina, donde se recoge y selecciona el mineral.

canchaminero. M. *Chile.* Hombre que trabaja en una canchamina.

canchear. INTR. *Am. Mer.* Buscar entretenimiento por no trabajar seriamente.

cancheo. M. *Chile.* Acción y efecto de canchear.

canchero, ra. I. ADJ. **1.** *Am. Mer.* Ducho y experto en determinada actividad. ‖ **2.** *Chile.* Dicho de un trabajador: Encargado de una **cancha** (‖ de deportes). ‖ **II.** M. y F. **3.** *Am.* Persona que tiene una cancha de juego o cuida de ella.

cancho. M. Peñasco grande.

canchón. M. *Á. Andes.* Terreno rústico amplio y cercado.

cancilla. F. Puerta hecha a manera de verja, que cierra los huertos, corrales o jardines.

canciller. COM. **1.** En algunos países, presidente del Gobierno. ‖ **2.** En muchos países, ministro de Asuntos Exteriores. ‖ **3.** Empleado auxiliar en las embajadas, legaciones, consulados y agencias diplomáticas y consulares. ‖ **4.** En algunos países, autoridad suprema o rector de la universidad. ‖ **5.** Funcionario de alta jerarquía.

cancilleresco, ca. ADJ. **1.** Perteneciente o relativo a la cancillería. *Documentos cancillerescos.* ‖ **2.** Ajustado al estilo, reglas o fórmulas de cancillería. *Terminología cancilleresca.*

cancillería. F. **1.** Oficio de canciller. ‖ **2.** Oficina especial en las embajadas, legaciones, consulados y agencias diplomáticas y consulares. ‖ **3.** Alto centro diplomático en el cual se dirige la política exterior. U. m. en pl. ‖ **4.** hist. Tribunal superior de justicia. ‖ **Cancillería Apostólica.** F. Oficina romana que registra y expide las disposiciones pontificias, y principalmente las bulas.

cancín, na. ADJ. Dicho de una res lanar: Que tiene más de un año y no llega a dos. U. t. c. s.

canción. F. **1.** Composición, a veces en verso, que se canta, o hecha a propósito para que se pueda poner en música. ‖ **2.** Música con que se canta esta composición. ‖ **3.** Composición lírica a la manera italiana, dividida casi siempre en estancias largas, todas de igual número de versos endecasílabos y heptasílabos, menos la última, que es más breve. ‖ **4.** Cosa dicha con repetición insistente o pesada. *Venir, volver con la misma canción. Ya estás con esa canción.* ‖ **~ de cuna.** F. Cantar con que se procura hacer dormir a los niños, generalmente al mecerlos en la cuna. ‖ **~ de gesta.** F. **cantar de gesta.** ‖ **~ de trilla.** F. Cantar suave y monótono peculiar de los trilladores en su faena. ‖ **ser otra ~.** LOC. VERB. coloq. **ser otro cantar.**

cancioneril. ADJ. **1.** Dicho del estilo: Propio de las antiguas canciones poéticas. ‖ **2.** Perteneciente o relativo a los tipos de poesía culta que se observan en los cancioneros del siglo XV, especialmente la escrita en metros menores.

cancionero. M. Colección de canciones y poesías, por lo común de diversos autores.

cancona. ADJ. *Chile.* Dicho de una mujer: De anchas caderas. U. t. c. s.

cancos. M. pl. *Chile.* Caderas anchas de la mujer.

cancro. M. **1.** **cáncer** (‖ tumor maligno). ‖ **2.** *Bot.* Úlcera que se manifiesta por manchas blancas o rosadas en la corteza de los árboles, la cual se resquebraja por el sitio dañado y segrega un líquido acre y rojizo.

cancunense. ADJ. **1.** Natural de Cancún. U. t. c. s. ‖ **2.** Perteneciente o relativo a esta población del estado de Quintana Roo, en México.

candado. M. Cerradura suelta contenida en una caja de metal, que por medio de armellas asegura puertas, ventanas, tapas de cofres, maletas, etc. ‖ **echar,** o **poner, un ~ a la boca,** o **a los labios.** LOCS. VERBS. coloqs. Callar o guardar un secreto.

cándalo. M. Rama seca.

cande. □ V. **azúcar ~.**

candeal. I. ADJ. **1.** Se dice de una variedad de trigo aristado, con la espiga cuadrada, recta, espiguillas cortas y granos ovales, obtusos y opacos, que da harina blanca de calidad superior. ‖ **2.** Se dice de cualquier variedad de trigo que dé harina blanca. ‖ **3.** Dicho del pan o de la harina: Que proceden de la elaboración del trigo candeal. ‖ **II.** M. **4.** *Á. guar.* y *Á. R. Plata.* Especie de ponche de huevo, leche, canela y aguardiente.

candela. F. **1.** vela (‖ cilindro o prisma de cera). ‖ **2.** coloq. **lumbre** (‖ materia combustible encendida). ‖ **3.** *Fís.* Unidad fotométrica internacional, basada en la radiación de un cuerpo negro a la temperatura de solidificación del platino. Dicha radiación, por centímetro cuadrado, equivale a 60 **candelas**. (Símb. *cd*). ‖ **4.** *Á. Caribe.* incendio. ‖ **ser** alguien ~. LOC.VERB. *Á. Caribe.* Ser ingenioso y astuto.

candelabro. M. Candelero de dos o más brazos, que se sustenta sobre su pie o sujeto en la pared.

candelada. F. hoguera.

candelecho. M. Choza levantada sobre estacas, desde donde el viñador otea y guarda toda la viña.

candelejón, na. ADJ. *Á. Andes.* **cándido** (‖ simple, sin malicia).

candelero. M. **1.** Utensilio que sirve para mantener derecha la vela o candela, y consiste en un cilindro hueco unido a un pie por una columna pequeña. ‖ **2.** Fabricante o vendedor de **candelas** (‖ velas de encender). ‖ **3.** *Mar.* Cada uno de los puntales verticales, generalmente de metal, que se colocan en diversos lugares de una embarcación para asegurar en ellos cuerdas, telas, listones o barras y formar barandales y otros accesorios. ‖ **en ~,** o **en el ~.** LOCS.ADVS. **1.** coloqs. En circunstancia de poder o autoridad, fama o éxito. *Estar, poner en el candelero.* ‖ **2.** coloqs. Se usan para dar a entender la extremada publicidad de un suceso o noticia.

candelilla. F. **1.** Planta euforbiácea que da un jugo lechoso muy purgante. ‖ **2.** *Chile.* Luciérnaga, gusano de luz. ‖ **3.** *Chile.* **fuego fatuo.** U. m. en pl.

candelón. M. *Ant.* **mangle.**

candente. ADJ. **1.** Dicho de un cuerpo, generalmente metal: Que se enrojece o blanquea por la acción del calor. *Hierro candente.* ‖ **2.** Que provoca un vivo interés. *Candente actualidad.* □ V. **cuestión** ~.

candi. □ V. **azúcar** ~.

candidatear. TR. **1.** *Chile.* **postular** (‖ proponer un candidato). ‖ **2.** *Chile.* Trabajar activamente en favor de un determinado candidato. U. t. c. prnl.

candidato, ta. M. y F. **1.** Persona que pretende alguna dignidad, honor o cargo. ‖ **2.** Persona propuesta o indicada para una dignidad o un cargo, aunque no lo solicite.

candidatura. F. **1.** Reunión de candidatos a un empleo. ‖ **2.** Aspiración a cualquier honor o cargo o a la propuesta para él. ‖ **3.** Propuesta de persona para una dignidad o un cargo. ‖ **4.** Papeleta en que va escrito o impreso el nombre de uno o varios candidatos.

candidez. F. Cualidad de cándido.

candidiasis. F. *Med.* Infección de la piel y las mucosas producida por hongos del género *Candida.*

cándido, da. ADJ. **1.** Sencillo, sin malicia ni doblez. ‖ **2.** Simple, poco experimentado. ‖ **3.** **blanco** (‖ de color de nieve o leche). *Cándida nieve.*

candiel. M. Dulce preparado con vino blanco, yemas de huevo, azúcar y algún otro ingrediente.

candil. M. **1.** Utensilio para alumbrar, dotado de un recipiente de aceite y mecha y una varilla con gancho para colgarlo. ‖ **2.** Punta alta de las cuernas de los venados. ‖ **3.** *Méx.* **araña** (‖ lámpara de techo). ‖ **~ de la calle y oscuridad de su casa.** LOC.ADJ. *Á. Caribe* y *Méx.* Dicho de una persona: Atenta y obsequiosa con los extraños, pero no con los familiares. ‖ **pescar al** ~. LOC.VERB. Hacerlo de noche, deslumbrando a los peces con una tea o antorcha.

candilejas. F. pl. Línea de luces en el proscenio del teatro.

candilera. F. Mata de la familia de las Labiadas, de hojas lineales y flores amarillas con el cáliz cubierto de pelos largos.

candiota. ADJ. **1.** Natural de Candía. U. t. c. s. ‖ **2.** Perteneciente o relativo a esta isla del Mediterráneo, hoy Creta, o a la ciudad que actualmente lleva este nombre, en Creta.

candombe. M. **1.** Baile de ritmo muy vivo, de procedencia africana, muy popular todavía en ciertos carnavales de América del Sur. ‖ **2.** Tambor prolongado, de un solo parche, que se usa para acompañar este baile.

candor. M. Sinceridad, sencillez, ingenuidad y pureza del ánimo.

candoroso, sa. ADJ. Que tiene candor. *Sonrisa candorosa.*

candray. M. Embarcación pequeña de dos proas, que se usa en el tráfico de algunos puertos. MORF. pl. **candrayes** o **candráis.**

cané. M. Juego de azar parecido al monte.

caneca. F. Frasco cilíndrico de barro vidriado, que sirve para contener ginebra.

canecillo. M. *Arq.* **modillón.**

caneco. M. **caneca.**

canéfora. F. hist. En algunas fiestas de la Antigüedad, doncella pagana que llevaba en la cabeza un canastillo con flores, ofrendas y cosas necesarias para los sacrificios.

canela. F. **1.** Corteza de las ramas del canelo, quitada la epidermis, de color rojo amarillento y muy aromática. ‖ **2.** coloq. Cosa muy fina y exquisita. ‖ **~ en rama.** F. canela sin moler. ‖ **~ fina.** F. canela molida. □ V. **leche de** ~.

canelero. M. Árbol originario de Ceilán, de la familia de las Lauráceas, que alcanza de siete a ocho metros de altura, con tronco liso, flores terminales blancas y aromáticas, y por fruto drupas ovales de color pardo azulado. La segunda corteza de sus ramas es la canela.

canelo, la. **I.** ADJ. **1.** Dicho especialmente de los perros y de los caballos: De color de **canela** (‖ corteza). ‖ **II.** M. **2.** Árbol originario de Ceilán, de la familia de las Lauráceas, que alcanza de siete a ocho metros de altura, con tronco liso, flores terminales blancas y aromáticas, y por fruto drupas ovales de color pardo azulado. La segunda corteza de sus ramas es la canela. ‖ **3.** Árbol de la familia de las Magnoliáceas, de madera relativamente dura. Sus hojas oblongas son persistentes, y las flores, pequeñas con los pétalos blancos y el cáliz rojo.

canelón[1]. M. **1.** Confite largo que tiene dentro una raja larga de canela o de acitrón. ‖ **2.** Cada una de ciertas labores tubulares de pasamanería; p. ej., los flecos huecos y las caídas de las charreteras de oro o plata de los militares. ‖ **3.** *Á. R. Plata.* Árbol siempre verde de la familia de las Mirsináceas, de gran porte y hojas verde oscuro, con flores pequeñas en ramitos axilares. Común en ornamentación, posee también usos industriales.

canelón[2]. M. Pasta alimenticia de harina en forma de lámina cuadrada con la que se envuelve un relleno. U. m. en pl.

canesú. M. **1.** Cuerpo de vestido de mujer corto y sin mangas. ‖ **2.** Pieza superior de la camisa o blusa a la que se pegan el cuello, las mangas y el resto de la prenda. ¶ MORF. pl. **canesús.**

canga. F. *Am. Mer.* Mineral de hierro con arcilla.

cangalla. F. *Chile.* Conjunto de desperdicios de los minerales.

cangallar. TR. *Chile.* Robar en las minas metales o piedras metalíferas.

cangallero. M. **1.** *Chile.* Ladrón de metales o piedras metalíferas de la mina donde trabaja. ‖ **2.** *Chile.* Comprador de cangalla robada.

cangilón. M. **1.** Vasija de barro o metal que sirve para sacar agua de los pozos y ríos, atada con otras a una maroma doble que descansa sobre la rueda de la noria. ‖ **2.** Cada uno de los recipientes de hierro que forman parte de ciertas dragas y extraen del fondo de los puertos, ríos, etc., el fango, piedras y arena que los obstruyen.

cangreja. F. *Mar.* **vela cangreja.**

cangrejal. M. *Á. guar.* Terreno pantanoso e intransitable, donde abundan cangrejos pequeños y negruzcos.

cangrejero, ra. M. y F. Persona que pesca o vende cangrejos. □ V. **garcilla ~.**

cangrejo. M. **1.** Cada uno de los artrópodos crustáceos del orden de los Decápodos. ‖ **2.** *Mar.* Verga que tiene en uno de sus extremos una boca semicircular por donde ajusta con el palo del buque, la cual puede correr de arriba abajo o viceversa, y girar a su alrededor mediante los cabos que se emplean para manejarla. ‖ **~ de mar.** M. **cámbaro.** ‖ **~ de río.** M. Crustáceo decápodo, macruro, de unos diez centímetros de largo, con caparazón de color verdoso y gruesas pinzas en los extremos de las patas del primer par. Abunda en muchos ríos españoles, es comestible y su carne es muy apreciada. ‖ **~ ermitaño.** M. Crustáceo decápodo de abdomen muy blando, que se protege alojándose en conchas vacías de caracoles marinos. ‖ **~ moro.** M. *Am.* El de mar, con manchas rojas. ‖ **~ violinista.** M. Crustáceo que agita constantemente su pinza derecha como si tocara un violín.

cangro. M. *Méx.* **cáncer** (‖ tumor maligno).

canguis. M. coloq. Miedo, temor.

canguro. **I.** M. **1.** Mamífero marsupial, herbívoro, propio de Australia e islas adyacentes, con las extremidades posteriores muy desarrolladas, mediante las cuales se traslada a saltos. La cola es también muy robusta, y se apoya en ella cuando está parado. ‖ **2.** Prenda de abrigo corta, generalmente de tela impermeable, con capucha y un gran bolsillo en la parte delantera. ‖ **II.** COM. **3.** *Esp.* Persona, generalmente joven, que se encarga de atender a niños pequeños en ausencia corta de los padres. □ V. **rata ~.**

caníbal. ADJ. **1.** **antropófago.** U. t. c. s. ‖ **2.** Se dice de los salvajes de las Antillas, que eran tenidos por antropófagos. U. t. c. s. ‖ **3.** Cruel y feroz. U. t. c. s.

canibalesco, ca. ADJ. Propio o característico de caníbales.

canibalismo. M. **1.** Antropofagia atribuida a los caníbales. ‖ **2.** Ferocidad o inhumanidad propias de caníbales.

canica. F. **1.** Juego de niños que se hace con bolas pequeñas de barro, vidrio u otra materia dura. U. m. en pl. ‖ **2.** Cada una de estas bolas.

caniche. ADJ. Se dice de un perro de compañía de pequeño tamaño con pelo denso y rizoso y orejas caídas. U. t. c. s.

canicie. F. Color cano del pelo.

canícula. F. **1.** Período del año en que es más fuerte el calor. ‖ **2.** *Astr.* Tiempo del nacimiento de Sirio cercano

al Sol, que antiguamente coincidía con la época más calurosa del año, pero que hoy no se verifica hasta fines de agosto.

canicular. ADJ. Perteneciente o relativo a la canícula.

cánido. ADJ. *Zool.* Se dice de los mamíferos carnívoros digitígrados, de uñas no retráctiles, con cinco dedos en las patas anteriores y cuatro en las posteriores; p. ej., el perro y el lobo. U. t. c. s. m. ORTOGR. En m. pl., escr. con may. inicial c. taxón. *Los Cánidos.*

canijo, ja. **I.** ADJ. **1.** Bajo, pequeño. Apl. a pers., u. t. c. s. ‖ **2.** coloq. Débil y enfermizo. Apl. a pers., u. t. c. s. ‖ **II.** M. y F. **3.** *Méx.* Mala persona.

canilla. F. **1.** Cada uno de los huesos largos de la pierna o del brazo, y especialmente la tibia. ‖ **2.** **espita** (‖ canuto de la cuba). ‖ **3.** En las máquinas de tejer y coser, carrete metálico en que se devana la seda o el hilo y que va dentro de la lanzadera. ‖ **4.** coloq. Pierna, especialmente si es muy delgada. ‖ **5.** *Á. guar.* y *Á. R. Plata.* **grifo** (‖ llave para regular el paso de los líquidos). ‖ **6.** *Méx.* Fuerza física.

canillera. F. **1.** hist. **espinillera** (‖ pieza de la armadura). ‖ **2.** *Am. Cen.* y *Á. Caribe.* Temblor de piernas, originado por el miedo o por otra causa. ‖ **3.** *Á. Andes,* *Á. R. Plata* y *Chile.* **espinillera** (‖ pieza que protege la espinilla).

canillita. COM. *Am.* Vendedor callejero de periódicos.

canilludo, da. ADJ. *Am. Cen.* y *Am. Mer.* Que tiene las piernas largas.

canina. F. Excremento de perro.

canindeyuense. ADJ. **1.** Natural de Canindeyú. U. t. c. s. ‖ **2.** Perteneciente o relativo a este departamento del Paraguay.

canino, na. **I.** ADJ. **1.** Perteneciente o relativo al can. *Raza canina.* ‖ **2.** Que tiene semejanza con las propiedades del perro. *Fidelidad canina.* ‖ **II.** M. **3.** **colmillo** (‖ diente canino). □ V. **diente ~, hambre ~.**

canje. M. En la diplomacia, la milicia y el comercio, cambio, trueque o sustitución. *Canje de notas diplomáticas. Canje de prisioneros de guerra. Canje de láminas representativas de valores.*

canjear. TR. En la diplomacia, la milicia y el comercio, hacer canje.

cannabáceo, a. ADJ. *Bot.* Se dice de las plantas angiospermas dicotiledóneas, herbáceas, sin látex, con tallo de fibras tenaces, hojas opuestas, flores unisexuales dispuestas en cimas, fruto en cariópside o aquenio y semillas sin albumen; p. ej., el cáñamo y el lúpulo. U. t. c. s. f. ORTOGR. En f. pl., escr. con may. inicial c. taxón. *Las Cannabáceas.*

cánnabis o **cannabis.** M. Cáñamo índico, usado como estupefaciente. U. menos c. f.

cannáceo, a. ADJ. *Bot.* Se dice de las plantas angiospermas monocotiledóneas, perennes, con raíz fibrosa, hojas alternas, sencillas, anchas, envainadoras en la base del tallo, flores irregulares en racimo o en panoja y fruto en cápsula; p. ej., la caña de Indias. U. t. c. s. f. ORTOGR. En f. pl., escr. con may. inicial c. taxón. *Las Cannáceas.*

cano, na. ADJ. **1.** Dicho del pelo: **blanco** (‖ de color de nieve o leche). ‖ **2.** Que tiene el cabello o la barba total o casi totalmente blancos. ‖ **3.** poét. **blanco** (‖ de color de nieve o leche). *Las cimas canas de la cordillera.* □ V. **hierba ~.**

canoa. F. **1.** Embarcación de remo muy estrecha, ordinariamente de una pieza, sin quilla y sin diferencia de forma entre proa y popa. ‖ **2.** Bote muy ligero que llevan algunos buques, generalmente para uso del capitán o comandante. ‖ **3.** *Am.* Canal de madera u otra materia para conducir el agua. ‖ **4.** *Á. Caribe* y *Chile.* Especie de artesa o cajón de forma oblonga que sirve para dar de comer a los animales y para otros usos. ‖ **5.** *Chile.* Vaina grande y ancha de los coquitos de la palmera. ‖ **6.** *Chile.* Canal del tejado, que generalmente es de cinc. ‖ **7.** *Chile.* Especie de cubierta de plástico que sirve para cubrir los tubos fluorescentes. ‖ ~ **trajinera.** F. Embarcación utilizada para transportar carga en los lagos del Valle de México. ☐ V. **sombrero de ~.**

canoada. F. *Á. guar.* Carga completa de una canoa.

canódromo. M. Terreno convenientemente preparado para las carreras de galgos.

canoero, ra. M. y F. Persona que gobierna la canoa.

canon. M. **1.** Regla o precepto. ‖ **2.** Regla de las proporciones de la figura humana, conforme al tipo ideal aceptado por los escultores egipcios y griegos. ‖ **3.** Modelo de características perfectas. ‖ **4.** Prestación pecuniaria periódica que grava una concesión gubernativa o un disfrute en el dominio público, regulado en minería según el número de pertenencias o de hectáreas, esté o no explotadas. ‖ **5.** Percepción pecuniaria convenida o estatuida para cada unidad métrica que se extraiga de un yacimiento o que sea objeto de otra operación mercantil o industrial, como el embarque, el lavado, la calcinación, etc. ‖ **6.** Decisión o regla establecida en algún concilio de la Iglesia católica sobre el dogma o la disciplina. ‖ **7.** Catálogo de los libros tenidos por la Iglesia católica u otra confesión religiosa como auténticamente sagrados. ‖ **8.** En el catolicismo, oración central fija de la misa. ‖ **9.** *Der.* Precio del arrendamiento rústico de un inmueble. ‖ **10.** *Mús.* Composición de contrapunto en que sucesivamente van entrando las voces, repitiendo o imitando cada una el canto de la que le antecede. ‖ **11.** pl. **derecho canónico.** ‖ **12.** pl. irón. Conjunto de normas o reglas establecidas por la costumbre como propias de cualquier actividad. *Torear según* LOS *cánones. Visitó a todos los directivos de la empresa, como mandan* LOS *cánones.* ‖ ~ **de vertidos.** M. Cantidad abonada para compensar los perjuicios causados al medioambiente por una instalación. ☐ V. **privilegio del ~.**

canonical. ADJ. Perteneciente o relativo al canónigo. *Vivienda canonical.*

canonicato. M. **canonjía** (‖ prebenda de iglesia).

canónico, ca. ADJ. **1.** Que se ajusta exactamente a las características de un canon. *Modelo canónico.* ‖ **2.** Con arreglo a los sagrados cánones y demás disposiciones eclesiásticas. ‖ **3.** Se dice de los libros y epístolas que se contienen en el canon de los libros auténticos de la Sagrada Escritura. ☐ V. **derecho ~, horas ~s, penitencia ~.**

canónigo. M. Eclesiástico que tiene una canonjía. ‖ ~ **doctoral.** M. Prebendado de oficio. Es el asesor jurídico del cabildo catedral y debe estar graduado en derecho canónico o ser perito en cánones. ‖ ~ **lectoral.** M. Prebendado de oficio. Es el teólogo del cabildo, y deberá ser licenciado o doctor en teología. ‖ ~ **magistral.** M. Prebendado de oficio. Es el predicador propio del cabildo. ‖ ~ **penitenciario.** M. Prebendado de oficio. Es el confesor propio del cabildo. ‖ ~ **reglar,** o ~ **regular.** M. El perteneciente a cabildo que observa vida conventual,

siguiendo generalmente la regla de san Agustín, como en la Orden Premonstratense y en las colegiatas de Covadonga y Roncesvalles.

canonista. COM. Persona que profesa el derecho canónico o es versada en él.

canonización. F. Acción y efecto de canonizar.

canonizar. TR. **1.** Declarar solemnemente santo y poner en el catálogo de ellos a un siervo de Dios, ya beatificado. ‖ **2.** Calificar de bueno a alguien o algo, aun cuando no lo sea. *Numerosos dichos y refranes canonizan el dinero.* ‖ **3.** Aprobar y aplaudir algo. *La novela ha sido canonizada por la crítica.*

canonjía. F. **1.** Prebenda por la que se pertenece al cabildo de iglesia catedral o colegial. ‖ **2.** coloq. Empleo de poco trabajo y bastante provecho.

canope. M. *Arqueol.* Vaso de las antiguas tumbas de Egipto, que estaba destinado a contener las vísceras de los cadáveres momificados.

canoro, ra. ADJ. **1.** Dicho de un ave: De canto grato y melodioso. *El canoro ruiseñor.* ‖ **2.** Dicho de la voz de las aves y de las personas: Grata y melodiosa. U. t. en sent. fig. *Instrumento canoro. Poesía canora.*

canoso, sa. ADJ. Que tiene muchas canas. *Cabellera canosa.*

canovanense. ADJ. **1.** Natural de Cánovas. U. t. c. s. ‖ **2.** Perteneciente o relativo a este municipio de Puerto Rico o a su cabeza.

canquén. M. *Chile.* Ganso silvestre que tiene la cabeza y el cuello cenicientos, el pecho, plumas y cola bermejos, y las patas negras y anaranjadas. La hembra tiene en casi todo el cuerpo fajas negras. En algunos lugares es doméstico.

cansado, da. PART. de **cansar.** ‖ ADJ. **1.** Dicho de una cosa: Que **declina** (‖ decae). *Pluma cansada.* ‖ **2.** Dicho de una cosa: Que se muestra degenerada o ha perdido la fuerza. *Viejo y cansado corazón.* ‖ **3.** Que produce cansancio. *Su trabajo es muy cansado.* ‖ **estar** alguien ~ **de** algo. LOC.VERB. coloq. Haberlo realizado mucho. *Estoy cansado de viajar en avión; llevo veinte años haciéndolo.* ☐ V. **vista ~.**

cansancio. M. **1.** Falta de fuerzas que resulta de haberse fatigado. ‖ **2.** Hastío, tedio, fastidio.

cansar. TR. **1.** Causar cansancio. U. t. c. prnl. *Me canso al subir la escalera.* ‖ **2.** Enfadar, molestar. *Me cansa su insistencia.* U. t. c. prnl. ‖ **3.** Quitar fertilidad a la tierra, bien por la continuidad o la índole de la cosecha o bien por la clase de los abonos. U. t. c. prnl. ‖ **no ~se de** algo. LOC.VERB. **1.** Hacerlo insistentemente con el fin de conseguir algo. *No se cansa de pedirme que le compre el disco.* ‖ **2.** Disfrutar de hacerlo continua y repetidamente. *No se cansa de leer.*

cansera. F. Cansancio, pereza, desidia, fatiga.

cansino, na. ADJ. **1.** Que cansa o hace que disminuya la fuerza o el interés. *El ritmo cansino de su voz nos aburría a todos.* ‖ **2.** Dicho de una persona o de un animal: Que tienen su capacidad de trabajo disminuida por el cansancio. ‖ **3.** Que por la lentitud y pesadez de los movimientos revela cansancio. *Andar cansino.*

canta. F. *Á. Caribe.* Copla popular escrita en octosílabos.

cantable. I. ADJ. **1.** *Mús.* Que se debe interpretar despacio y de manera melodiosa y expresiva. ‖ **II.** M. **2.** Parte que el autor del libreto de una zarzuela escribe en versos, debidamente acentuados, para que puedan ponerse en música. ‖ **3.** En una zarzuela, escena en que se canta, para diferenciarla de aquella en que se habla. ‖ **4.** *Mús.* Trozo de música melodioso y expresivo.

cantábrico, ca. ADJ. Perteneciente o relativo al mar Cantábrico o a la tierra adyacente a ese mar. *Cornisa cantábrica.*

cántabro, bra. ADJ. **1.** Natural de Cantabria. U. t. c. s. ‖ **2.** Perteneciente o relativo a esta comunidad autónoma de España. ‖ **3.** hist. Se dice del individuo de un antiguo pueblo prerromano, habitante de una zona más amplia que la actual Cantabria. U. t. c. s.

cantado, da. estar ~. LOC.VERB. coloq. Ser fácilmente previsible. □ V. **misa** ~.

cantador, ra. M. y F. **1.** Persona que tiene habilidad para cantar coplas populares. ‖ **2.** Persona que tiene por oficio cantarlas.

cantaleta. F. **1.** hist. Canción burlesca con que, ordinariamente de noche, se hacía mofa de una o varias personas. ‖ **2.** *Am.* estribillo (‖ voz o frase que se dice con frecuencia). ‖ **3.** *Á. Caribe.* Regañina reiterada.

cantaletear. **I.** TR. **1.** *Am.* Repetir algo hasta causar fastidio. U. t. c. intr. ‖ **II.** INTR. **2.** *Á. Caribe.* Regañar reiteradamente.

cantamisa. F. *Am.* Acto de cantar su primera misa un sacerdote.

cantante. COM. Persona que canta por profesión. □ V. **bajo** ~, **café-**~, **voz** ~.

cantaor, ra. M. y F. Cantante de flamenco.

cantar[1]. **I.** INTR. **1.** Dicho de una persona: Producir con la voz sonidos melodiosos, formando palabras o sin formarlas. *Cantar con buena voz.* U. t. c. tr. *Cantar una canción, un salmo. Cantar zarzuela.* ‖ **2.** Dicho de algunos animales, especialmente de las aves: Producir sonidos continuados y generalmente melodiosos. *Canta un ruiseñor. Cantaba un grillo, una rana.* U. t. c. tr. ‖ **3.** Dicho de ciertos artefactos: Sonar reiteradamente. *Cantar los ejes de un carro. Cantar una ametralladora.* ‖ **4.** Componer o recitar textos en verso para destacar la significación de algo o de alguien. *Canté de amores.* U. t. c. tr. *Cantar a la tierra natal. Cantar a la amada.* ‖ **5.** coloq. Descubrir o confesar, generalmente bajo presión. U. t. c. tr. *El detenido lo ha cantado todo.* ‖ **6.** *Mús.* Ejecutar con un instrumento el canto de una pieza concertante. ‖ **II.** TR. **7.** En ciertos juegos de naipes, declarar el número de puntos conseguidos al obtener alguna combinación especial de cartas. *Canté las cuarenta, las veinte en oros.* ‖ **8.** En el juego del bingo, declarar que se han completado los números de una línea o de todo el cartón. *Han cantado línea. He cantado un bingo.* ‖ **9.** celebrar (‖ alabar). *Cantar las maravillas de la vida campestre.* ‖ **10.** coloq. Decirle a alguien algo de forma clara y sin rodeos, y aunque le moleste. *Le cantó lo que pensaba de él.* ‖ **~ alguien de plano.** LOC.VERB. coloq. Confesar todo lo que se le pregunta o sabe. ‖ **~las alguien claras.** LOC.VERB. coloq. Decir lo que piensa de forma clara y sin rodeos, aunque pueda molestar.

cantar[2]. M. **1.** Copla o breve composición poética puesta en música para cantarse, o adaptable a alguno de los aires populares, como el fandango, la jota, etc. ‖ **2.** Especie de saloma que usan los trabajadores de tierra. ‖ **~ de gesta.** M. Poesía popular en que se referían hechos de personajes históricos, legendarios o tradicionales. ‖ **ser** algo **otro** ~. LOC.VERB. coloq. Ser distinto.

cántara. F. **1.** cántaro. ‖ **2.** Medida de capacidad para líquidos, que tiene ocho azumbres y equivale a 16,13 L.

cantarela. F. En el violín o en la guitarra, **prima** (‖ cuerda más delgada).

cantarera. F. Poyo de fábrica o armazón de madera que sirve para poner los cántaros.

cantarería. F. Lugar donde se venden cántaros.

cantarero, ra. M. y F. alfarero.

cantárida. F. Insecto coleóptero, que alcanza de 15 a 20 mm de largo y es de color verde oscuro brillante; vive en las ramas de los tilos y, sobre todo, de los fresnos. Se empleaba en medicina.

cantarilla. F. Vasija de barro, sin baño, del tamaño y forma de una jarra ordinaria y boca redonda.

cantarín, na. ADJ. **1.** Dicho de un sonido: Suave y agradable al oído. *Risa cantarina. Arroyo cantarín.* ‖ **2.** coloq. Aficionado con exceso a cantar.

cántaro. M. **1.** Vasija grande de barro o metal, angosta de boca, ancha por la barriga y estrecha por el pie y por lo común con una o dos asas. ‖ **2.** Líquido que cabe en un cántaro. *Bebió medio cántaro de agua.* ‖ **3.** Medida de vino, de diferente cabida según las distintas regiones de España. ‖ **a ~s.** LOC.ADV. En abundancia, con mucha fuerza. *Llover a cántaros.* □ V. **moza de** ~.

cantata. F. Composición poética de alguna extensión, escrita para que se le ponga música y se cante.

cantatriz. F. Mujer que canta por profesión.

cantautor, ra. M. y F. Cantante, por lo común solista, que suele ser autor de sus propias composiciones, en las que prevalece sobre la música un mensaje de intención crítica o poética.

cantazo. M. Golpe dado con un **canto** (‖ trozo de piedra).

cante. M. **1.** Acción y efecto de cantar cualquier canto popular andaluz o próximo. ‖ **2.** Canto de estas características. ‖ **~ flamenco.** M. El andaluz agitanado. ‖ **~ hondo**, o **~ jondo.** M. El más genuino andaluz, de profundo sentimiento.

cantear. TR. **1.** Labrar los cantos de una tabla, piedra u otro material. ‖ **2.** Mover levemente. U. t. c. prnl. *No llegó a cantearse.* ‖ **3.** *Chile.* Labrar la piedra de sillería para las construcciones.

cantera. F. **1.** Sitio de donde se saca piedra, greda u otra sustancia análoga para obras varias. ‖ **2.** Lugar, institución, etc., de procedencia de individuos especialmente dotados para una determinada actividad. *El equipo solo ficha jugadores de la cantera regional. Esta Facultad ha sido siempre una buena cantera de investigadores.*

canterano, na. ADJ. Dicho de un deportista: Que procede de la cantera de su equipo. U. t. c. s.

cantería. F. **1.** Arte de labrar las piedras para las construcciones. ‖ **2.** Obra hecha de piedra labrada. □ V. **escoplo de** ~.

cantero. M. **1.** Encargado de labrar las piedras para las construcciones. ‖ **2.** Hombre que tiene por oficio extraer piedras de una cantera. ‖ **3.** Extremo de algunas cosas duras que se pueden partir con facilidad. *Un cantero de pan.* ‖ **4.** Cada una de las porciones, por lo común bien delimitadas, en que se divide una tierra de labor para facilitar su riego. ‖ **5.** *Am.* Cuadro de un jardín o de una huerta.

cántico. M. **1.** Cada una de las composiciones poéticas de los libros sagrados y los litúrgicos en que sublime o arrebatadamente se dan gracias o tributan alabanzas a Dios; p. ej., los *Cánticos de Moisés,* el *Tedeum,* el *Magní-*

ficat, etc. || **2.** poét. Poesía profana. *Cántico de alegría. Cántico de amor. Cántico guerrero, nupcial.*

cantidad. I. F. **1.** Porción de una magnitud. || **2.** Cierto número de unidades. || **3.** Porción grande o abundancia de algo. *Cantidad de peces.* || **4.** Porción indeterminada de dinero. *Ha ingresado una importante cantidad.* || **5.** Fon. y Métr. En ciertas lenguas, como el griego y el latín, duración relativa del tiempo de emisión de las vocales y sílabas, clasificadas habitualmente en breves y largas. || **6.** Mat. Número que resulta de una medida u operación. || **II.** ADV.C. **7.** coloq. **mucho** (|| con abundancia). *Me gusta cantidad.* || **~ alzada.** F. Suma total de dinero que se considera suficiente para algún objeto. || **~ concurrente.** F. La necesaria para completar cierta suma. || **~ constante.** F. Mat. **constante** (|| cantidad que tiene un valor fijo). || **~ de movimiento.** F. Fís. Magnitud vectorial que resulta de multiplicar la masa de un móvil por su velocidad. || **~ de sustancia.** F. Fís. y Quím. Magnitud que expresa el número de unidades elementales, como gramos, moléculas, átomos, etc., contenidas en un sistema material. Su unidad en el Sistema Internacional es el mol. || **~ discreta.** F. Mat. La que consta de unidades o partes separadas unas de otras, como los árboles de un monte, los soldados de un ejército, los granos de una espiga, etc. || **~ imaginaria.** F. Mat. La que se produce al extraer la raíz cuadrada de una **cantidad** negativa. || **~ negativa.** F. Mat. La que por su naturaleza disminuye el valor de las **cantidades** positivas a que se contrapone. En los cálculos, a la expresión de esta **cantidad** se antepone siempre el signo (-) menos. || **~ positiva.** F. Mat. La que agregada a otra la aumenta. En las expresiones algebraicas y numéricas va precedida del signo (+) más, y siendo única, o encabezando un polinomio, no lleva signo alguno. || **~ racional.** F. Mat. Aquella en cuya expresión no entra radical alguno. || **~ real.** F. Mat. La expresada por un número real. || **~ variable.** F. Mat. **variable.** || **~es industriales.** F. pl. coloq. **abundancia** (|| gran **cantidad**). || **en ~.** LOC.ADV. coloq. Con abundancia. || **en ~es industriales.** LOC.ADV. coloq. Con abundancia. *Exportaban carne en cantidades industriales.* □ V. **mayoría de ~.**

cantiga o **cántiga.** F. Antigua composición poética destinada al canto.

cantil. M. **1.** Sitio o lugar que forma escalón en la costa o en el fondo del mar. || **2.** Am. Borde de un despeñadero.

cantilena. F. **cantinela.**

cantimplora. F. Frasco de metal aplanado y revestido de material aislante para llevar la bebida.

cantina. F. **1.** Puesto público en que se venden bebidas y algunos comestibles. || **2.** Am. **taberna.** || **3.** Méx. Mueble para guardar las bebidas, copas, etc. || **4.** pl. Méx. Dos bolsas cuadradas que forman, con sus tapas, que, unidas, se colocan junto al borrén trasero de la silla de montar, quedando una a cada lado, como las alforjas, y sirven para llevar comida.

cantinela. F. **1.** Cantar, copla, composición poética breve, hecha generalmente para que se cante. || **2.** coloq. Repetición molesta e inoportuna de algo. *Siempre vienen con esa cantinela.*

cantinero, ra. I. M. y F. **1.** Persona que tiene **cantina** (|| puesto de bebidas). || **II.** M. **2.** Méx. En los bares, tabernas y cantinas, hombre encargado de preparar y servir las bebidas. || **III.** F. **3.** hist. Mujer que tenía por oficio servir bebidas a la tropa, incluso en las acciones de guerra.

cantinflada. F. Méx. Dicho o acción propios de quien habla o actúa como Cantinflas, actor mexicano.

cantinflas. M. Méx. Persona que habla o actúa como Cantinflas, actor mexicano.

cantinflear. INTR. **1.** Méx. Hablar de forma disparatada e incongruente y sin decir nada. || **2.** Méx. Actuar de la misma manera.

cantinfleo. M. Chile. Acción y efecto de hablar mucho con escasa o nula coherencia.

cantinflero, ra. ADJ. Chile. Que habitualmente dice cosas sin sustancia ni fundamento.

cantinflesco, ca. ADJ. Méx. **acantinflado.**

cantiña. F. coloq. Breve composición poética puesta en música, y en especial la usada popularmente.

cantista. ADJ. **cantor.** U. t. c. s.

cantizal. M. Terreno donde hay muchos cantos y guijarros.

canto[1]. M. **1.** Acción y efecto de **cantar** (|| producir una persona sonidos melodiosos). || **2.** Acción y efecto de **cantar** (|| producir un animal sonidos continuados). || **3.** Arte de cantar. || **4.** Cada una de las partes en que se divide el poema épico. || **5.** Composición de otro género. *Canto fúnebre, guerrero, nupcial.* || **6.** Composición lírica. *Los cantos del poeta.* || **7.** Exaltación de algo o alguien. *El cuadro es un canto a la naturaleza.* || **8.** Mús. Parte melódica que da carácter a una pieza de música concertante. || **~ ambrosiano.** M. El introducido por san Ambrosio en la iglesia de Milán. || **~ del cisne.** M. Última obra o actuación de alguien. || **~ de órgano,** o **~ figurado.** M. El que se compone de notas diferentes en forma y duración y se puede acomodar a distintos ritmos o compases. || **~ de sirena.** M. Discurso elaborado con palabras agradables y convincentes, pero que esconden alguna seducción o engaño. U. m. en pl. || **~ gregoriano,** o **~ llano.** M. El propio de la liturgia cristiana latina, cuyos puntos o notas son de igual y uniforme figura y proceden con la misma medida de tiempo. || **al ~ del gallo,** o **de los gallos.** LOCS.ADVS. coloqs. A la medianoche, que es cuando regularmente cantan la primera vez, o al amanecer.

canto[2]. M. **1.** Extremidad, lado, punta, esquina o remate de algo. *Canto de mesa. Canto de vestido.* || **2.** Corte del libro, opuesto al lomo. || **3.** Grueso de algo. *El canto de la tabla mide tres centímetros.* || **4.** Trozo de piedra. || **~ pelado,** o **~ rodado.** M. Piedra alisada y redondeada a fuerza de rodar impulsada por las aguas. || **al ~.** LOC.ADV. De manera inmediata y efectiva. *Tendremos pelea al canto.* || **darse con un ~ en los dientes,** o **en los pechos.** LOCS.VERBS. coloqs. Darse por contento cuando lo que ocurre es más favorable o menos adverso de lo que podía esperarse. || **de ~.** LOC.ADV. De lado, no de plano. □ V. **cal y ~.**

cantollanista. COM. Persona versada en el arte del canto llano.

cantón. M. **1.** Cada una de las divisiones administrativas del territorio de ciertos Estados, como Suiza, Francia y algunos americanos. || **2.** **esquina.** || **3.** Heráld. Cada uno de los cuatro ángulos que pueden considerarse en el escudo, y sirven para designar el lugar de algunas piezas. *Cantón diestro del jefe.* || **~ de honor.** M. Heráld. **franco cuartel.**

cantonal. ADJ. **1.** Partidario o defensor del cantonalismo. U. t. c. s. || **2.** Perteneciente o relativo al cantón o al cantonalismo. *Capital cantonal.*

cantonalismo. M. **1.** Sistema político que aspira a dividir el Estado en cantones casi independientes. ‖ **2.** Desconcierto político caracterizado por una gran relajación del poder soberano en la nación.

cantonalista. ADJ. **cantonal** (‖ partidario del cantonalismo). U. t. c. s.

cantonera. F. **1.** Pieza que se pone en las esquinas de las tapas de los libros o de las carpetas, de los muebles o de otros objetos para protegerlos, adornarlos o fijarlos a una base. ‖ **2. prostituta.**

cantonés, sa. **I.** ADJ. **1.** Natural de Cantón. U. t. c. s. ‖ **2.** Perteneciente o relativo a esta provincia de China o a su capital. ‖ **II.** M. **3.** Lengua del tronco chino hablada en el sur de China.

cantor, ra. ADJ. Que canta, principalmente si lo tiene por oficio. U. t. c. s.

cantoral. M. libro de coro.

cantueso. M. Planta perenne, de la familia de las Labiadas, semejante al espliego, de cinco a seis decímetros de altura, con tallos derechos y ramosos, hojas oblongas, estrechas y vellosas, y flores olorosas y moradas, en espiga que remata en un penacho.

canturrear. INTR. coloq. Cantar a media voz.

canturreo. M. coloq. Acción de canturrear.

canturriar. INTR. coloq. **canturrear.** MORF. conjug. c. *anunciar.*

cantuta. F. *Am. Mer.* **clavellina** (‖ clavel).

cánula. F. **1.** Tubo corto que se emplea en diferentes operaciones de cirugía o que forma parte de aparatos físicos o quirúrgicos. ‖ **2. Caña pequeña.**

canutero. M. *Am.* Mango de la pluma de escribir.

canutillo. M. Tubo pequeño de vidrio que se emplea en trabajos de pasamanería. □ V. **carbón de ~.**

canuto. M. **1.** Tubo de longitud y grosor no muy grandes. ‖ **2.** Pastel de hojaldre en forma de rollo relleno de crema, nata, etc. ‖ **3. cañuto.** ‖ **4.** *Am. Cen.* Mango de la pluma de escribir.

caña. F. **1.** Tallo de las plantas gramíneas, por lo común hueco y nudoso. ‖ **2.** Planta gramínea, indígena de la Europa meridional, con tallo leñoso, hueco, flexible y de tres a cuatro metros de altura, hojas anchas, un tanto ásperas, y flores en panojas muy ramosas. Se cría en lugares húmedos. ‖ **3. caña de Indias.** ‖ **4. canilla** (‖ hueso de la pierna o del brazo). ‖ **5. tuétano.** ‖ **6.** Parte de la bota o de la media que cubre la zona comprendida entre la rodilla y el pie. ‖ **7.** Vaso de forma cilíndrica o ligeramente cónica, alto y estrecho, que se usa para beber vino o cerveza. ‖ **8.** Vaso de otra forma para cerveza. ‖ **9.** Líquido contenido en este vaso. ‖ **10.** Medida de aquel vino. ‖ **11. caña de azúcar.** ‖ **12. caña de pescar.** ‖ **13.** *Arq.* **fuste** (‖ de la columna). ‖ **14.** pl. hist. Fiesta de a caballo en que diferentes cuadrillas hacían varias escaramuzas, arrojándose recíprocamente las cañas, de las que se resguardaban con las adargas. ‖ **15.** pl. Canción popular de procedencia andaluza. ‖ **~ amarga.** F. Planta gramínea de la América tropical, con tallos derechos, de unos dos metros de altura, hojas prolongadas y aserradas finamente, y flores unisexuales en panojas ramosísimas y difusas. ‖ **~ brava.** F. *Am. Cen., Á. Andes* y *Á. Caribe.* Gramínea silvestre muy dura, con cuyos tallos se hacen tabiques y se emplean en los tejados para sostener las tejas. ‖ **~ de azúcar.** F. Planta gramínea, originaria de la India, con el tallo leñoso, de unos dos metros de altura, hojas largas, lampiñas, y flores purpúreas en panoja pi-

ramidal, cuyo tallo está lleno de un tejido esponjoso y dulce, del que se extrae azúcar. ‖ **~ de Indias.** F. Planta herbácea de la familia de las Cannáceas, de metro y medio de altura, con grandes hojas aovadas y espigas de flores encarnadas. El fruto es una cápsula llena de muchas semillas globosas. ‖ **~ de la India.** F. Se usa como nombre para referirse a diversas plantas vivaces, de la familia de las Palmas, con tallos que alcanzan gran longitud, nudosos a trechos, delgados, sarmentosos y muy fuertes, hojas abrazadoras en los nudos, lisas y flexibles, zarcillos espinosos, flores de tres pétalos, y fruto parecido a la baya y rojo como la cereza. Vive en los bosques de la India y otros países de Oriente, y de su tallo se hacen bastones. ‖ **~ del ancla.** F. *Mar.* Parte comprendida entre la cruz y el arganeo. ‖ **~ del timón.** F. *Mar.* Palanca encajada en la cabeza del timón y con la cual se maneja. ‖ **~ de pescar.** F. La que sirve para pescar y lleva en el extremo más delgado una cuerda de la que pende el sedal con el anzuelo. ‖ **~ de vaca.** F. **1.** Hueso de la pierna de la vaca. ‖ **2.** Tuétano de este hueso. ‖ **~ dulce.** F. **caña de azúcar.** ‖ **correr ~s.** LOC. VERB. hist. Hacer fiesta a caballo en que se arrojaban las cañas. □ V. **miel de ~, miel de ~s.**

cañabrava. F. *Am.* caña brava. MORF. pl. **cañabravas.**

cañada. F. **1.** Vía para los ganados trashumantes, que originalmente debía tener 90 varas de ancho. ‖ **2.** Espacio de tierra entre dos alturas poco distantes entre sí. ‖ **3. caña de vaca** (‖ tuétano). ‖ **4.** *Á. Andes* y *Á. guar.* Terreno bajo entre lomas, cuchillas o sierras, bañado de agua a trechos y en toda su extensión, y con vegetación propia de tierras húmedas. ‖ **real ~.** F. **cañada** (‖ vía para los ganados).

cañadilla. F. Molusco gasterópodo marino comestible, con la concha provista de numerosas espinas y prolongada en un tubo largo y estrecho. De él se extraía el tinte púrpura.

cañadón. M. *Á. guar.* Cauce antiguo y profundo entre dos lomas o sierras.

cañafístola. F. **cañafístula.**

cañafístula. F. **1.** Árbol de la familia de las Papilionáceas, de unos diez metros de altura, con tronco ceniciento y hojas compuestas, flores amarillas en racimos colgantes, y por fruto vainas cilíndricas de color pardo, que contienen una pulpa negruzca y dulce que se usa en medicina. ‖ **2.** Fruto de este árbol. ¶ MORF. pl. **cañafístulas.**

cañaheja. F. **1.** Planta de la familia de las Umbelíferas, de unos dos metros de altura, con raíces crasas, tallo recto, cilíndrico, hueco y ramoso, hojas divididas en tiras muy delgadas y flores amarillas. Por incisiones hechas en la base se saca una gomorresina. ‖ **2.** Tallo principal de esta planta después de cortado y seco.

cañal. M. **1. cañaveral.** ‖ **2.** Cerco de cañas que se hace en los ríos para pescar. ‖ **3.** Canal pequeño que se hace al lado de algún río para que entre la pesca y se pueda recoger con facilidad y abundancia.

cáñama. F. hist. Repartimiento de cierta contribución, que se hacía unas veces de manera proporcional al haber y otras por cabeza.

cañamar. M. Sitio sembrado de cáñamo.

cañamazo. M. **1.** Tela tosca de cáñamo. ‖ **2.** Tela de tejido ralo, dispuesta para bordar en ella con seda o lana de colores. ‖ **3.** La misma tela después de bordada.

cañamelar. M. Plantío de cañas de azúcar.

cañamero, ra. ADJ. Perteneciente o relativo al cáñamo. *Industria cañamera de Tarrasa.*

cañamiel. F. caña de azúcar. MORF. pl. **cañamieles.**

cáñamo. M. **1.** Planta anual de la familia de las Cannabáceas, de unos dos metros de altura, con tallo erguido, ramoso, áspero, hueco y velloso, hojas lanceoladas y opuestas, y flores verdosas. || **2.** Filamento textil de esta planta. || **3.** Lienzo de cáñamo. || **4.** *Am.* Se usa como nombre para referirse a ciertas plantas textiles. || **5.** *Chile.* Bramante de cáñamo. || ~ **de Manila.** M. Filamento del abacá. || ~ **índico.** M. Variedad de cultivo del cáñamo común, de menor talla y peor calidad textil, pero con mucha mayor concentración del alcaloide que segregan los pelos de sus hojas, principalmente en los ápices florales de los individuos femeninos. Tiene propiedades estupefacientes e hipnóticas.

cañamón. M. Simiente del cáñamo, con núcleo blanco, redondo, más pequeño que la pimienta y cubierto de una corteza lisa de color gris verdoso. Se emplea principalmente para alimentar pájaros.

cañamonero, ra. M. y F. Persona que vende cañamones.

cañar. M. **1.** cañaveral. || **2.** Cerco de cañas en los ríos para que entre la pesca.

cañarense. ADJ. **1.** Natural de Cañar. U. t. c. s. || **2.** Perteneciente o relativo a esta provincia de Ecuador.

cañari. I. ADJ. **1.** hist. Se dice del individuo de un pueblo amerindio extinto de la familia yunga, en la región austral ecuatoriana. U. t. c. s. || **2.** hist. Perteneciente o relativo a los cañaris. *Tradiciones cañaris.* || **II.** M. **3.** Lengua hablada por los cañaris.

cañavera. F. carrizo (|| planta gramínea española).

cañaveral. M. **1.** Sitio poblado de cañas o cañaveras. || **2.** Plantío de cañas.

cañazo. M. **1.** Golpe dado con una caña. || **2.** *Am.* Aguardiente de caña.

cañedo. M. cañaveral.

cañería. F. Conducto formado de tubos por donde se distribuye el agua o el gas.

cañero, ra. I. ADJ. **1.** Perteneciente o relativo a la caña de azúcar. *Cultivos cañeros.* || **II.** M. **2.** *Am. Cen.* y *Á. Caribe.* Cultivador y cosechador de caña de azúcar. || **3.** *Méx.* Lugar en donde se deposita la caña en los ingenios.

cañí. ADJ. De raza gitana. U. t. c. s. MORF. pl. **cañís.**

cañicultor, ra. M. y F. *Á. guar.* Persona que cultiva la caña de azúcar.

cañizal. M. cañaveral.

cañizar. M. cañaveral.

cañizo, za. I. ADJ. **1.** *Á. Andes.* Hecho o cubierto de cañas. || **II.** M. **2.** Tejido de cañas y bramante o tomiza que sirve para camas en la cría de gusanos de seda, armazón en los toldos de los carros, sostén del yeso en los cielorrasos, etc.

caño. M. **1.** Pieza de tubería. || **2.** Tubo por donde sale al exterior el chorro. || **3.** Chorro de agua u otro líquido. || **4.** albañal (|| conducto de aguas residuales). || **5.** En el órgano, conducto del aire que produce el sonido. || **6.** Galería de mina. || **7.** *Mar.* Canal angosto, aunque navegable. || **8.** *Mar.* canalizo.

cañón. I. M. **1.** Pieza de artillería, de gran longitud respecto a su calibre, destinada a lanzar balas, metralla o cierta clase de proyectiles huecos. || **2.** Pieza hueca, cilíndrica y larga. *Cañón de escopeta. Cañón de órgano. Cañón de chimenea.* || **3.** **cálamo** (|| parte hueca de las plumas de las aves). || **4.** Pluma del ave cuando empieza a nacer. || **5.** Parte más dura, inmediata a la raíz, del pelo de la barba. || **6.** Paso estrecho o garganta profunda entre dos montañas altas, por donde suelen correr los ríos. || **7.** *Teatro.* Foco de luz concentrada. || **II.** ADJ. **8.** Estupendo, fenomenal, muy bueno. *Está cañón.* || **III.** ADV. M. **9.** coloq. Muy bien. *Nos lo pasamos cañón.* || ~ **de nieve.** M. Aparato que lanza nieve artificial. || ~ **electrónico.** M. *Inform.* Aparato que permite proyectar imágenes procedentes de una computadora o de un vídeo. || ~ **naranjero.** M. El que admite balas del diámetro de una naranja. || ~ **obús.** M. Pieza de artillería muy semejante al cañón ordinario, que se emplea para hacer fuego por elevación con proyectiles huecos. || ~ **rayado.** M. El que tiene en el ánima estrías helicoidales para aumentar su alcance. || **ni a ~.** LOC. ADV. *Á. Andes.* **ni a tiros.** □ V. bóveda de ~, bóveda en ~, carne de ~.

cañonazo. M. **1.** Disparo hecho con cañón. || **2.** Ruido originado por ese disparo. || **3.** Destrozo producido por el disparo del cañón. || **4.** *Dep.* En el fútbol, disparo muy fuerte a la portería contraria. || **ni a ~s.** LOC. ADV. *Á. R. Plata.* **ni a tiros.**

cañonear. TR. Batir a cañonazos. U. t. c. prnl.

cañoneo. M. Acción y efecto de cañonear.

cañonera. F. **1.** tronera (|| para disparar los cañones). || **2.** En las baterías, espacio para colocar la artillería. || **3.** hist. **lancha bombardera.**

cañonero, ra. ADJ. Dicho de un barco o de una lancha: Artillados con algún cañón. U. t. c. s. m. □ V. **lancha ~.**

cañota. F. *Bot.* **carrizo** (|| planta gramínea española).

cañuela. F. **1.** Planta anual, gramínea, de un metro de altura, con hojas anchas, puntiagudas, planas, ligeramente estriadas y panojas laxas, verdes o violáceas. || **2.** *Chile.* Palo o caña en que se envuelve el hilo de las cometas.

cañutillo. □ V. **injerto de ~.**

cañuto. M. En las cañas, en los sarmientos y tallos semejantes, parte intermedia entre nudo y nudo.

cao. M. *Ant.* Ave carnívora de la familia de los Córvidos, de plumaje negro y pico curvo.

caoba. I. F. **1.** Árbol de América, de la familia de las Meliáceas, que alcanza unos 20 m de altura, con tronco recto y grueso, hojas compuestas, flores pequeñas y blancas en panoja colgante y fruto capsular, leñoso, semejante a un huevo de pava, cuya madera es muy estimada. || **II.** ADJ. **2.** Del color rojizo de esta madera. U. t. c. s. m.

caobilla. F. *Bot.* Árbol silvestre de las Antillas, de la familia de las Euforbiáceas, cuya madera es parecida a la caoba, y también imita algo al cedro por su color amarillento.

caobo. M. **caoba** (|| árbol).

caolín. M. Arcilla blanca muy pura que se emplea en la fabricación de porcelanas, aprestos y medicamentos.

caos. M. **1.** Estado amorfo e indefinido que se supone anterior a la ordenación del cosmos. || **2.** Confusión, desorden. *En su habitación reina el caos.* || **3.** *Fís.* y *Mat.* Comportamiento aparentemente errático e impredecible de algunos sistemas dinámicos, aunque su formulación matemática sea en principio determinista.

caótico, ca. ADJ. Perteneciente o relativo al caos. *Proceso caótico.*

capa. F. **1.** Prenda de vestir larga y suelta, sin mangas, abierta por delante, que se lleva sobre los hombros encima del vestido. || **2.** Sustancia u otra cosa que cubre o baña a otra. *Una capa de nieve. Una capa de pintura. Una capa de azúcar.* || **3.** Zona superpuesta a otra u otras, con las que forma un todo. *Capas de la atmósfera. Capas de la sociedad.* || **4.** Hoja tersa de tabaco que envuelve el cigarro puro. || **5.** Color de los caballos y otros animales. || **6.** *Com.* Cantidad que percibe el capitán de una nave, y se hace constar en la póliza de fletamento. || **7.** *Geol.* estrato (|| de los terrenos). || **8.** *Mil.* Especie de revestimiento que se hace con tierra y tepes sobre el talud del parapeto en las obras de campaña, para disimularlas y dar consistencia a las tierras de que están formadas. || **~ de ozono.** F. ozonosfera. || **~ española.** F. La de hombre, de paño, de amplio vuelo, usualmente con los bordes delanteros forrados de terciopelo. || **~ magna.** F. hist. La que se ponían los obispos para asistir a algunas celebraciones litúrgicas y actos capitulares. || **~ pluvial.** F. La que se ponen los ministros ordenados de la Iglesia, es decir, obispos, presbíteros y diáconos, en algunos actos litúrgicos. || **~ torera.** F. La que usan los toreros para su oficio. || **andar de ~ caída.** LOC.VERB. coloq. Padecer gran decadencia en bienes, fortuna o salud. || **bajo ~ de.** LOC. PREPOS. so capa de. || **defender a ~ y espada** a alguien o algo. LOC.VERB. Patrocinarlo a todo trance. || **esperar, estar, o estarse, a la ~.** LOCS.VERBS. *Mar.* Disponer las velas de modo que la embarcación navegue poco. || **hacer de mi, tu, su,** etc., **~ un sayo.** LOCS. VERBS. coloqs. Obrar según el propio albedrío y con libertad en cosas o asuntos que le corresponden o atañen. || **ir de ~ caída.** LOC.VERB. coloq. andar de capa caída. || **ponerse a la ~.** LOC.VERB. *Mar.* esperar a la capa. || **so ~ de.** LOC. PREPOS. Con pretexto o apariencia de. *So capa de ingenuidad escondía su soberbia.* □ V. **comedia de ~ y espada.**

capacete. M. hist. Pieza de la armadura, que cubría y defendía la cabeza.

capachada. F. *Chile.* Cantidad que contiene un capacho.

capacho. M. **1.** Espuerta de juncos o mimbres que suele servir para llevar fruta. || **2.** capazo (|| cesta con asas acondicionada como cuna). || **3.** En las almazaras, sera redonda de esparto que se llena con la aceituna ya molida para prensarla. || **4.** *Á. Caribe.* Planta de la familia de las Cannáceas, cuya raíz es comestible y de uso en medicina. Hay dos variedades: una blanca y otra morada. || **5.** *Á. Caribe.* Raíz de esta planta.

capacidad. F. **1.** Propiedad que tiene una cosa de contener otras dentro de ciertos límites. *Capacidad de una vasija. Capacidad de un local.* || **2.** Aptitud, talento, cualidad que dispone a alguien para el buen ejercicio de algo. *Capacidad para cantar. Capacidad para las matemáticas.* || **3.** *Fís.* volumen (|| magnitud). || **~ de obrar.** F. *Der.* Aptitud para ejercer personalmente un derecho y el cumplimiento de una obligación. || **~ jurídica.** F. *Der.* Aptitud legal para ser sujeto de derechos y obligaciones.

capacitación. F. Acción y efecto de capacitar.

capacitar. TR. Hacer a alguien apto, habilitarlo para algo. U. t. c. prnl.

capadocio, cia. ADJ. **1.** Natural de Capadocia. U. t. c. s. || **2.** Perteneciente o relativo a esta antigua región de Asia Menor.

capador, ra. M. y F. Persona que tiene el oficio de capar.

capadura. F. **1.** Acción y efecto de capar. || **2.** Cicatriz que queda al castrado. || **3.** Hoja de tabaco de calidad inferior, que se emplea para picadura y alguna vez para tripas.

capanga. M. *Á. guar.* Persona que cumple las funciones de capataz, conduciéndose, a veces, con violencia.

capar. TR. **1.** Extirpar o inutilizar los órganos genitales. || **2.** coloq. Disminuir o recortar. *Querían caparle su imaginación.*

caparazón. M. **1.** Cubierta dura, de distinta naturaleza según los casos, que protege el cuerpo de ciertos animales, como los protozoos, los crustáceos o los quelonios. En América, u. t. c. f. || **2.** Cubierta que se pone encima de algunas cosas para protegerlas. *Un caparazón de plástico cubre el tocadiscos.* || **3.** Esqueleto torácico del ave.

caparidáceo, a. ADJ. *Bot.* Se dice de las plantas angiospermas dicotiledóneas herbáceas o arbóreas, sin látex, con hojas simples o compuestas, flores actinomorfas o zigomorfas y fruto en baya o silicua; p. ej., la alcaparra. U. t. c. s. f. ORTOGR. En f. pl., escr. con may. inicial c. taxón. *Las Caparidáceas.*

caparrosa. F. Se usa como nombre común para referirse a varios sulfatos nativos de cobre, hierro o cinc. || **~ azul.** F. Sulfato cúprico, empleado en medicina y tintorería.

capataz, za. M. y F. **1.** Persona que gobierna y vigila a cierto número de trabajadores. || **2.** Persona a cuyo cargo está la labranza y administración de las haciendas del campo. ¶ MORF. U. t. la forma en m. para designar el f.

capaz. ADJ. **1.** Que tiene ámbito o espacio suficiente para recibir o contener en sí otra cosa. *El estuche es capaz para su contenido.* || **2.** Grande o espacioso. *Una sala muy capaz.* || **3.** Apto, con talento o cualidades para algo. *Una profesora muy capaz.* || **4.** Que puede realizar la acción designada. *Un avión capaz de volar mucho tiempo sin repostar.* || **~ que, o es ~ que.** LOCS.ADVS. *Am.* Es posible que, puede ser que, quizá. || **ser** alguien **~** de algo. LOC.VERB. **1.** atreverse (|| determinarse a algún hecho o dicho arriesgado). || **2.** Existir la posibilidad de que haga algo. *Espera, que tu hermano todavía es capaz de venir.*

capazo[1]**.** M. **1.** Espuerta grande de esparto o de palma. || **2.** Cesta con asas acondicionada como cuna, frecuentemente encajada en un armazón con ruedas para facilitar su desplazamiento.

capazo[2]**.** M. Golpe dado con la capa.

capciosidad. F. Cualidad de capcioso.

capcioso, sa. ADJ. Dicho de una pregunta, de una argumentación, de una sugerencia, etc.: Que se hacen para arrancar al contrincante o interlocutor una respuesta que pueda comprometerlo, o que favorezca propósitos de quien las formula.

capea. F. Lidia de becerros o novillos por aficionados.

capear. TR. **1.** *Mar.* Mantenerse sin retroceder más de lo inevitable cuando el viento es duro y contrario. || **2.** *Mar.* Sortear el mal tiempo con adecuadas maniobras. || **3.** *Taurom.* Torear con la capa. || **4.** *Méx.* rebozar (|| un alimento).

capela. a ~. LOC.ADJ. Dicho de una composición musical: Cantada sin acompañamiento de instrumentos. U. t. c. loc. adv. *Cantaron a capela.*

capelán. M. Pez de la familia de los Salmónidos, de color verde oscuro por el lomo, con aletas grises orilladas de negro. Vive en los mares septentrionales y se utiliza generalmente como cebo para la pesca del abadejo.

capellán. M. Sacerdote que desempeña sus funciones religiosas en una institución o en una capilla privada. || **~ mayor de los ejércitos.** M. vicario general castrense.

capellanía. F. Fundación en la que ciertos bienes quedan sujetos al cumplimiento de misas y otras cargas pías.

capelo. M. **1.** Sombrero rojo, insignia de los cardenales. ‖ **2.** Dignidad de cardenal. *El Papa dio el capelo.* ‖ **3.** hist. Derecho que los obispos percibían del estado eclesiástico. ‖ **4.** *Heráld.* Timbre del escudo de los prelados, consistente en el sombrero forrado de gules y los cordones pendientes con quince borlas, en los cardenales, sombrero de sinople para los arzobispos y obispos, y negro o sable para los abades. Las borlas de los cordones son diez para los primeros y seis y tres en los demás. ‖ **5.** *Méx.* **fanal** (‖ campana de cristal para resguardar del polvo).

capeo. M. **1.** Acción de hacer suertes con la capa al toro o al novillo. ‖ **2.** pl. **capea.**

caperol. M. *Mar.* Extremo superior de cualquier pieza de construcción, y especialmente el de la roda en las embarcaciones menores.

caperuza. F. **1.** Bonete que remata en punta inclinada hacia atrás. ‖ **2.** Cubierta de la punta o extremo de una cosa. *Caperuza de un bolígrafo.*

capi. M. **1.** *Am. Mer.* **maíz.** ‖ **2.** *Chile.* Vaina tierna de las leguminosas.

capia. F. *Á.Andes.* Maíz blanco y muy dulce que se emplea en la preparación de golosinas.

capialzado. ADJ. *Arq.* Dicho de un arco o de un dintel: Más levantado por uno de sus frentes para formar el derrame o declive en una puerta o ventana. U. t. c. s. m.

capialzo. M. *Arq.* Pendiente o derrame del intradós de una bóveda.

capicúa. M. **1.** Número que es igual leído de izquierda a derecha que de derecha a izquierda; p. ej., el 1331. U. t. c. adj. ‖ **2.** Billete, boleto, etc., cuyo número es capicúa. U. t. c. adj.

capidengue. M. hist. Especie de pañuelo o manto pequeño con que se cubrían las mujeres.

capilar. **I.** ADJ. **1.** Perteneciente o relativo al cabello. *Higiene capilar.* ‖ **2.** Dicho de un tubo: Muy estrecho, como el cabello. U. t. c. s. m. ‖ **3.** *Fís.* Dicho de un fenómeno: Producido por la capilaridad. ‖ **II.** M. **4.** *Anat.* Cada uno de los vasos muy finos que enlazan en el organismo las circulaciones arterial y venosa, formando redes. ☐ V. **latido ~.**

capilaridad. F. **1.** Cualidad de capilar. ‖ **2.** *Fís.* Fenómeno por el cual la superficie de un líquido en contacto con un sólido se eleva o deprime según aquel moje o no a esta.

capilla. F. **1.** Edificio contiguo a una iglesia o parte integrante de ella, con altar y advocación particular. ‖ **2.** Oratorio privado. ‖ **3.** Pequeño grupo de partidarios de una persona o de una idea. U. m. en dim. U. m. en sent. despect. ‖ **4.** Capucha sujeta al cuello de las capas, gabanes o hábitos. ‖ **5.** *Impr.* Pliego que se entrega suelto durante la impresión de una obra. ‖ **~ ardiente.** F. **1.** La de la iglesia en que se levanta el túmulo y se celebran honras solemnes por algún difunto. ‖ **2.** Oratorio fúnebre provisional donde se celebran las primeras exequias por una persona. ‖ **~ mayor.** F. Parte principal de la iglesia, en que están el presbiterio y el altar mayor. ‖ **~ privada.** F. oratorio privado. ‖ **~ real.** F. **1.** La de regio patronato. ‖ **2.** hist. La que tenía el rey en su palacio. ‖ **estar en ~.** LOC.VERB. **1.** Dicho de un reo: Estar desde que se le notifica la sentencia de muerte hasta la ejecución, en cualquier pieza de la cárcel dispuesta como capilla. ‖ **2.** coloq. Dicho de otra persona: Hallarse en el trance de pasar una prueba o de conocer el resultado de algo que le preocupa. ☐ V. **maestro de ~.**

capillo. M. Gorro de lienzo que se pone a los niños de pecho.

capín. M. *Am. Mer.* Planta forrajera de la familia de las Gramíneas.

capinoteño, ña. ADJ. **1.** Natural de Capinota. U. t. c. s. ‖ **2.** Perteneciente o relativo a esta localidad y provincia del departamento de Cochabamba, en Bolivia.

capirotazo. M. Golpe que se da, generalmente en la cabeza, haciendo resbalar con violencia, sobre la yema del pulgar, el envés de la última falange de otro dedo de la misma mano.

capirote. **I.** M. **1.** Cucurucho de cartón cubierto de tela que usan los penitentes en las procesiones de Semana Santa. ‖ **2.** hist. **coroza** (‖ cono de papel). ‖ **3.** *Cineg.* Caperuza de cuero que se pone a las aves de cetrería para que se estén quietas, hasta que se las eche a volar. ‖ **II.** ADJ. **4.** Dicho de una res vacuna: Que tiene la cabeza de distinto color que el cuerpo. ‖ **de ~.** LOC.ADV. coloq. Se usa para intensificar la expresividad de ciertas voces despectivas a las que sigue. *Tonto, bobo de capirote.*

capisayo. M. Vestidura corta a manera de capotillo abierto, que sirve de capa y sayo.

capista. COM. Persona que usa capa.

capitá. M. *Am. Mer.* Pájaro de cuerpo negro y cabeza de color rojo encendido. MORF. pl. **capitás.**

capitación. F. Repartimiento de tributos y contribuciones por cabezas.

capital. **I.** ADJ. **1.** Dicho de una población: Principal y cabeza de un Estado, provincia o distrito. U. m. c. s. f. ‖ **2.** Principal o muy grande. *Enemigo, virtud capital.* ‖ **3.** Se dice de los siete pecados o vicios que, en la doctrina cristiana, son cabeza u origen de otros; como la soberbia. ‖ **II.** M. **4.** Hacienda, caudal, patrimonio. ‖ **5.** Valor de lo que, de manera periódica o accidental, rinde u ocasiona rentas, intereses o frutos. ‖ **6.** *Der.* Cantidad de dinero que se presta, se impone o se deja a censo sobre una o varias fincas, sobre todo cuando es de alguna importancia. ‖ **7.** *Econ.* Factor de producción constituido por inmuebles, maquinaria o instalaciones de cualquier género, que, en colaboración con otros factores, principalmente el trabajo, se destina a la producción de bienes. ‖ **III.** F. **8.** Población que destaca en algún aspecto o actividad. *La capital de la música. La capital del queso.* ‖ **9.** letra mayúscula. ‖ **~ circulante,** o **~ de rotación.** M. *Econ.* El que, destinado a producir, cambia sucesivamente de forma, siendo primeras materias, productos elaborados, numerario, créditos, etc. ‖ **~ fijo.** M. El que, constituido por inmuebles, instalaciones y maquinarias, se destina, con carácter permanente, a la producción. ‖ **~ líquido.** M. Residuo del activo, detraído el pasivo de una persona física o jurídica. ‖ **~ nacional.** M. *Econ.* Parte del patrimonio nacional constituida por bienes producidos por el hombre. ‖ **~ social.** M. *Econ.* Conjunto de dinero y bienes materiales aportados por los socios a una empresa. ☐ V. **blanqueo de ~es, letra ~, pecado ~, pena ~.**

capitaleño, ña. ADJ. **1.** Natural de Santo Domingo. U. t. c. s. ‖ **2.** Perteneciente o relativo a esta ciudad, capital de la República Dominicana.

capitalidad. F. Cualidad de ser una población cabeza o capital de partido, de provincia, región o Estado.

capitalino, na. ADJ. **1.** Natural de la capital del Estado. U. t. c. s. ‖ **2.** Perteneciente o relativo a la capital del Estado.

capitalismo. M. **1.** Régimen económico fundado en el predominio del capital como elemento de producción y creador de riqueza. ‖ **2.** Conjunto de capitales o capitalistas, considerado como entidad económica.

capitalista. I. ADJ. **1.** Propio o característico del capital o del capitalismo. *Sistema capitalista.* ‖ **2.** Partidario del capitalismo. U. t. c. s. ‖ **II.** COM. **3.** Persona acaudalada, principalmente en dinero o valores, a diferencia del hacendado, poseedor de fincas valiosas. ‖ **4.** Com. Persona que coopera con su capital a uno o más negocios, en oposición a la que contribuye con sus servicios o su pericia. □ V. **socio** ~.

capitalización. F. Acción y efecto de capitalizar.

capitalizar. TR. **1.** Fijar el capital que corresponde a determinado rendimiento o interés, según el tipo que se adopta para el cálculo. ‖ **2.** Agregar al capital el importe de los intereses devengados, para computar sobre la suma los réditos ulteriores, que se denominan interés compuesto. ‖ **3.** Utilizar en propio beneficio una acción o situación, aunque sean ajenas. *El ayuntamiento capitalizó el triunfo del artista local.*

capitán, na. M. y F. **1.** Mil. Oficial de graduación inmediatamente superior al teniente e inferior al comandante. MORF. U. m. la forma en m. para designar el f. *Esa mujer es capitán de infantería.* ‖ **2.** Persona que encabeza una tropa. ‖ **3.** Persona que manda un barco. ‖ **4.** Caudillo militar. ‖ **5.** Jefe de una banda de forajidos. ‖ **6.** Cabeza de un equipo deportivo. ‖ **7.** Persona que lidera un grupo o movimiento humano. ‖ **8.** *Méx.* Jefe de camareros. ‖ ~ **de corbeta.** M. y F. *Mar.* Oficial del cuerpo general de la Armada, cuya categoría equivale a la de comandante de Ejército. ‖ ~ **de fragata.** M. y F. *Mar.* Oficial del cuerpo general de la Armada, cuya categoría equivale a la de la teniente coronel de Ejército. ‖ **capitán de lanzas.** M. hist. El que, en la antigua organización del Ejército español, mandaba cierto número de soldados de caballería armados de lanzas. ‖ **capitán de mar y guerra.** M. hist. El que mandaba navío de guerra. ‖ **capitán de meseros.** M. *Méx.* En los restaurantes y hoteles, jefe de comedor. ‖ ~ **de navío.** M. y F. *Mar.* Oficial del cuerpo general de la Armada, cuya categoría equivale a la de coronel de Ejército. En la organización antigua de la Marina, el capitán de navío de primera clase tenía categoría igual a la de brigadier de Ejército. ‖ **capitán de puerto.** M. Oficial de la Marina de guerra encargado del orden y policía del puerto. ‖ ~ **general. I.** M. y F. **1.** *Mil. Esp.* Oficial general de la categoría más alta en el Ejército. ‖ **2.** *Mil. Esp.* Oficial general que tiene el mando militar supremo en las regiones terrestres y en los departamentos marítimos. ‖ **II.** M. **3.** hist. El que gobernaba, en América, la demarcación territorial llamada capitanía general. □ V. **las cuentas del Gran Capitán.**

capitana. F. Nave en que va embarcado y enarbola su insignia el jefe de una escuadra. U. t. c. adj.

capitanear. TR. **1.** Mandar una tropa haciendo oficio de capitán. ‖ **2.** Guiar o conducir cualquier gente, aunque no sea militar ni armada, o una acción. *Capitanear una expedición a la Antártida.*

capitanía. F. Empleo de capitán. ‖ ~ **de puerto.** F. Oficina del capitán de puerto. ‖ ~ **general.** F. **1.** Cargo que ejerce un capitán general de región o territorio. ‖ **2.** Territorio de esta. ‖ **3.** Edificio donde reside el capitán general, con sus oficinas militares. ‖ **4.** hist. En América, durante la dominación española, extensa demarcación

territorial gobernada con relativa independencia del virreinato a que pertenecía.

capitel. M. *Arq.* Remate superior de la columna o de la pilastra, que la corona con forma y ornamentación que varían según el estilo arquitectónico a que corresponde. ‖ ~ **compuesto.** M. El que tiene ábaco achaflanado, volutas como el jónico y hojas de acanto como el corintio. ‖ ~ **corintio.** M. El formado por hojas de acanto superpuestas, caulículos y volutas en las esquinas. ‖ ~ **dórico.** M. En Grecia, el formado por ábaco liso, equino y anillos. ‖ ~ **jónico.** M. El que tiene voluta doble ancha, de tal modo que su circunferencia rebasa el ábaco. ‖ ~ **toscano.** M. El que tiene ábaco liso, cuarto bocel, collarino también liso y astrágalo.

capitidisminución. F. Acción y efecto de capitidisminuir.

capitidisminuido, da. PART. de **capitidisminuir.** ‖ ADJ. Debilitado, mermado. *Equipo capitidisminuido.*

capitidisminuir. TR. Reducir la capacidad o las posibilidades de alguien o de algo. MORF. conjug. c. *construir.*

capitolino, na. ADJ. Perteneciente o relativo al capitolio. *Júpiter, Monte capitolino.*

capitolio. M. **1.** Palacio que, en algunos países, alberga los órganos legislativos del Estado. ‖ **2.** *Arqueol.* **acrópolis.**

capitoné. I. ADJ. **1.** Dicho especialmente de un asiento o de un respaldo: Acolchado de manera que el relleno sujeto con botones forma dibujos regulares en relieve. *Un sillón capitoné.* U. t. c. s. m. ‖ **II.** M. **2.** Vehículo, generalmente con el interior acolchado, que se utiliza para transportar muebles.

capitoste. M. despect. Persona con influencia, mando, etc.

capítula. F. *Rel.* Pasaje de la Sagrada Escritura que se reza en todas las horas del oficio divino después de los salmos y las antífonas, excepto en maitines.

capitulación. F. **1.** Acción de **capitular²**. ‖ **2.** Concierto o pacto hecho entre dos o más personas sobre algún asunto, comúnmente grave. ‖ **3.** Convenio en que se estipula la rendición de un ejército, plaza o punto fortificado. ‖ **4.** pl. Conciertos que se hacen entre los futuros esposos y se autorizan por escritura pública, de acuerdo con los cuales se ajusta el régimen económico de la sociedad conyugal. ‖ **5.** pl. Escritura pública en que constan tales pactos.

capitular¹. I. ADJ. **1.** Perteneciente o relativo a un cabildo secular o eclesiástico o al capítulo de una orden. *Casas capitulares.* ‖ **2.** *Impr.* Se dice de la letra mayúscula impresa o manuscrita. U. t. c. s. f. ‖ **3.** *Impr.* Se dice de la letra que empieza el capítulo de un libro, o un párrafo, cuando es resaltada en tamaño o por algún adorno. U. t. c. s. f. ‖ **II.** M. **4.** Individuo de alguna comunidad eclesiástica o secular con voto en ella, como el canónigo en su cabildo y el regidor en su ayuntamiento. □ V. **sala** ~, **vicario** ~.

capitular². INTR. **1.** Dicho de una plaza de guerra o de un cuerpo de tropas: Entregarse bajo determinadas condiciones. ‖ **2.** Abandonar una pugna o discusión por cansancio o por la fuerza de los argumentos contrarios. ‖ **3.** Pactar, hacer algún ajuste o concierto. U. t. c. tr. *España y Portugal capitularon una serie de cláusulas en el Tratado de Tordesillas.*

capítulo. M. **1.** División que se hace en los libros y en cualquier otro escrito. ‖ **2.** En radio y televisión, cada una de las partes en que se divide un argumento dramático o documental para su emisión. ‖ **3.** Junta que hacen los religiosos y clérigos regulares a determinados tiempos, conforme a los Estatutos de sus órdenes, para las elecciones de prelados y para otros asuntos. ‖ **4.** En las órdenes militares, junta de los caballeros y demás vocales de alguna de ellas para sus asuntos comunes. ‖ **5.** En las órdenes militares, junta para poner el hábito a algún caballero. ‖ **6.** Cabildo secular. ‖ **7.** hist. Reprensión grave que se daba a un religioso en presencia de su comunidad. ‖ **8.** *Bot.* cabezuela. ‖ **~s matrimoniales.** M. **1.** pl. **capitulaciones** (‖ conciertos de los futuros esposos). ‖ **2.** pl. **capitulaciones** (‖ escritura en que constan tales pactos). ‖ **llamar** a alguien **a ~.** LOC.VERB. Pedirle cuentas de sus actos, reprenderlo. ‖ **ser ~ aparte.** LOC. VERB. Ser cuestión distinta o que merece una consideración más detenida. ‖ **traer** a alguien **a ~.** LOC.VERB. llamar a capítulo.

capo. M. Jefe de una mafia, especialmente de narcotraficantes.

capó. M. Cubierta del motor del automóvil. MORF. pl. **capós.**

capón, na. I. ADJ. **1.** Dicho de un hombre o de un animal: Que ha sufrido castración. U. t. c. s. ‖ **II.** M. **2.** Pollo que se castra cuando es pequeño, y se ceba para comerlo. ‖ **capón de leche.** M. El cebado en una jaula de madera especialmente diseñada para ello.

capona. F. hist. Hombrera militar a modo de pala como la charretera, pero sin canelones, que sirvió de divisa, generalmente, en los cuerpos montados.

caponera. F. Yegua que guía como cabestro una manada de caballos o mulas.

caporal, la. I. M. y F. **1.** Persona que hace de cabeza de alguna gente y la manda. ‖ **2.** Persona que tiene a su cargo el ganado que se emplea en la labranza. ‖ **II.** M. **3.** *Mil.* cabo de escuadra. ‖ **4.** *Am.* Capataz de una estancia de ganado.

capororoca. M. *Á. guar.* Árbol de la familia de las Mirsináceas, de tronco empinado, ramas altas y hojas de color verde oscuro que, arrojadas al fuego, estallan ruidosamente.

capota. F. **1.** Cubierta plegable que llevan algunos vehículos. ‖ **2.** Tocado ceñido a la cabeza y sujeto con cintas por debajo de la barbilla.

capotar. INTR. **1.** Dicho de un vehículo automóvil: Volcar, quedando en posición invertida. ‖ **2.** Dicho de un aparato de aviación: Dar con el morro en tierra.

capotazo. M. En el toreo, suerte hecha con el capote para ofuscar o detener al toro.

capote. M. **1.** Capa de abrigo hecha con mangas y con menor vuelo que la capa común. ‖ **2.** Especie de gabán ceñido al cuerpo y con largos faldones, usado por los soldados. ‖ **3. capote de brega.** ‖ **4. capote de monte.** ‖ **~ de brega.** M. Capa de color vivo, por lo común rojo, algo más larga que el capote de paseo, que los toreros para la lidia. ‖ **~ de monte.** M. Manta de jerga o paño, con una abertura en el centro para sacar la cabeza, y a veces con botones para cerrar los costados. ‖ **~ de paseo.** M. Capa corta de seda con esclavina, bordada de oro o plata con lentejuelas, que los toreros de a pie usan en el desfile de las cuadrillas y al entrar y salir de la plaza.

capotear. TR. Hacer suertes con la capa al toro o al novillo.

capotillo. M. hist. Prenda a manera de capote o capa, que llegaba hasta la cintura. ‖ **~ de dos faldas, o ~ de dos haldas.** M. hist. Capote que para distintivo ponía el antiguo Tribunal eclesiástico de la Inquisición a los penitentes reconciliados.

capotudo, da. ADJ. ceñudo.

capricho. M. **1.** Determinación que se toma arbitrariamente, inspirada por un antojo, por humor o por deleite en lo extravagante y original. ‖ **2.** Persona, animal o cosa que es objeto de tal determinación. ‖ **3.** Obra de arte en que el ingenio o la fantasía rompen la observancia de las reglas. ‖ **4.** *Mús.* Pieza compuesta de forma libre y fantasiosa.

caprichoso, sa. ADJ. **1.** Que obra por capricho y lo sigue con tenacidad. *Es un niño malcriado y caprichoso.* U. t. c. s. ‖ **2.** Que se hace por capricho. U. t. en sent. fig. *En los acantilados las rocas presentan formas caprichosas.*

caprichudo, da. ADJ. Que obra por capricho.

capricorniano, na. ADJ. *Á. R. Plata.* Dicho de una persona: Nacida bajo el signo zodiacal de Capricornio. U. t. c. s.

capricornio. ADJ. Dicho de una persona: Nacida bajo el signo zodiacal de Capricornio. *Yo soy capricornio, ella es piscis.* U. t. c. s.

caprifoliáceo, a. ADJ. *Bot.* Se dice de las matas y arbustos angiospermos de hojas opuestas, cáliz adherente al ovario y semillas con albumen carnoso, de cubierta crustácea; p. ej., el saúco, el mundillo o bola de nieve, el durillo y la madreselva. U. t. c. s. f. ORTOGR. En f. pl., escr. con may. inicial c. taxón. *Las Caprifoliáceas.*

caprino, na. ADJ. cabruno.

caprípedo, da. ADJ. De pies de cabra. *Fauno caprípedo.*

cápsula. F. **1.** Envoltura insípida y soluble de ciertos medicamentos desagradables al paladar. ‖ **2.** Conjunto de la cápsula y el medicamento en ella incluido. ‖ **3.** Pieza cilíndrica de metal que contiene la carga y el fulminante. ‖ **4.** Parte de la nave espacial donde se instalan los tripulantes. ‖ **5.** *Bot.* Fruto seco, con una o más cavidades que contienen varias semillas y cuya dehiscencia se efectúa según el plano que no es perpendicular al eje del fruto; p. ej., el de la amapola. ‖ **6.** *Quím.* Vasija de bordes muy bajos que se emplea principalmente para evaporar líquidos.

capsular. ADJ. **1.** Perteneciente o relativo a la cápsula. *Pared capsular.* ‖ **2.** Semejante a la cápsula. *Fruto capsular.*

captación. F. Acción y efecto de captar.

captador, ra. ADJ. Que capta. Apl. a pers., u. t. c. s. *Captador de herencias.*

captar. TR. **1.** Percibir por medio de los sentidos o de la inteligencia, percatarse, comprender. *Captar un ruido, un propósito oculto.* ‖ **2.** Recoger convenientemente el agua de uno o más manantiales. ‖ **3.** Recibir, recoger sonidos, imágenes, ondas, emisiones radiodifundidas. ‖ **4.** Atraer a alguien, ganar su voluntad o afecto. *Captar adeptos para una causa.* ‖ **5.** Atraer, conseguir, lograr benevolencia, estimación, atención, antipatía, etc. *Captar el interés del público.* U. t. c. prnl.

captor, ra. I. ADJ. **1.** Que capta. Apl. a pers., u. t. c. s. *Trabaja como captora de jóvenes talentos.* ‖ **2.** Que captura. Apl. a pers., u. t. c. s. *Huyó de sus captores.* ‖ **II.** M. **3.** *Am.* En el mar, **apresador.**

captura. F. Acción y efecto de capturar.

capturar. TR. **1.** Aprehender a alguien que es o se reputa delincuente, y no se entrega voluntariamente. *Capturaron a los secuestradores.* ‖ **2.** Aprehender, apoderarse de cualquier persona, animal o cosa que ofrezca resistencia. *Las plantas carnívoras comen los insectos que capturan.*

capucha. F. **1.** Pieza de una prenda de vestir que sirve para cubrir la cabeza y se puede echar a la espalda. ‖ **2.** Prenda de tela que cubre la cabeza y el rostro. ‖ **3.** *Impr.* **acento circunflejo.**

capuchina. F. **1.** Planta trepadora de la familia de las Tropeoláceas, de tallos sarmentosos, que alcanza de tres a cuatro metros de longitud, con hojas alternas peltadas y flores en forma de capucha, de color rojo anaranjado, olor aromático suave y sabor algo picante. Es originaria del Perú, se cultiva por adorno en los jardines, y es comestible. ‖ **2.** Lamparilla portátil de metal, con apagador en forma de capucha. ‖ **3.** Dulce de yema cocido al baño María, y comúnmente en forma de capucha. ‖ **4.** *Impr.* Conjunto de dos o más chibaletes unidos por su parte posterior.

capuchino, na. I. ADJ. **1.** Se dice del religioso descalzo que pertenece a la orden reformada de San Francisco. U. t. c. s. ‖ **2.** Perteneciente o relativo a la orden de los **capuchinos.** *Hábito capuchino.* ‖ **II.** M. **3. café capuchino.** ‖ **4.** *Ant.* Cometa pequeña de papel y sin varillas. □ V. **café ~, mono ~.**

capuchón. M. **1. capirote** (‖ cucurucho de las procesiones de Semana Santa). ‖ **2. capucha** (‖ pieza de una prenda para cubrir la cabeza). ‖ **3.** Cubierta con que se tapa o protege una cosa o parte de ella. *El capuchón de la pluma estilográfica.* ‖ **4.** hist. Abrigo, a manera de capucha, que solían usar las mujeres, sobre todo de noche.

capuera. F. Á. *guar.* Parte de selva desbrozada para el cultivo.

capuleto. M. hist. Individuo de una familia veronesa, enemiga tradicional de la de los Montescos. U. t. en sent. fig. *Las querellas entre ellos adquirieron tintes de capuletos y montescos.*

capulí. M. **1.** Árbol de América, de la familia de las Rosáceas, especie de cerezo que alcanza unos quince metros de altura. ‖ **2.** Fruto de este árbol. ‖ **3.** Árbol silvestre, de la familia de las Tiliáceas, que alcanza hasta 20 m de altura, de ramas velludas con hojas oblongas, flores blancas, fruta globosa, pequeña, rojiza y agradable. ‖ **4.** Á. *Andes.* Fruto de una planta solanácea, parecido a una uva, de sabor agridulce, que se emplea como condimento. ¶ MORF. pl. **capulíes** o **capulís.**

capulín. M. **1. capulí** (‖ árbol rosáceo). ‖ **2.** *Méx.* Cereza que produce el capulí.

capulina. F. *Méx.* Araña negra muy venenosa. □ V. **vida ~.**

capullo. M. **1.** Botón de las flores, especialmente de la rosa. ‖ **2.** Envoltura de forma oval dentro de la cual se encierra, hilando su baba, el gusano de seda para transformarse en crisálida. ‖ **3.** Obra análoga de las larvas de otros insectos. ‖ **4.** malson. **prepucio.** ‖ **5.** coloq. **novato.** ‖ **en ~.** LOC.ADJ. coloq. Dicho de una cosa: Que está en sus comienzos y ya muestra lo que puede llegar a ser.

capuz. M. **1. capucha** (‖ pieza de una prenda para cubrir la cabeza). ‖ **2.** hist. Vestidura larga y holgada, con capucha y una cola que arrastraba, que se ponía encima de la ropa, y servía en los lutos. ‖ **3.** hist. Capa o capote que antiguamente se usaba por gala.

capuzar. TR. **chapuzar.**

caquéctico, ca. ADJ. **1.** *Bot.* y *Med.* Perteneciente o relativo a la caquexia. *Síndrome caquéctico.* ‖ **2.** Que padece caquexia. U. t. c. s.

caquetense. ADJ. **1.** Natural del Caquetá. U. t. c. s. ‖ **2.** Perteneciente o relativo a este departamento de Colombia.

caqueteño, ña. ADJ. **caquetense.** Apl. a pers., u. t. c. s.

caquetío, a. ADJ. **1.** hist. Se dice del individuo de un pueblo amerindio que habitaba el estado venezolano de Falcón y el noroeste del estado de Lara, entre la península de Paraguaná y las márgenes del río Tocuyo. U. t. c. s. ‖ **2.** hist. Perteneciente o relativo a los **caquetíos.** *Poblado caquetío.*

caquexia. F. **1.** *Bot.* Decoloración de las partes verdes de las plantas por falta de luz. ‖ **2.** *Med.* Estado de extrema desnutrición producido por enfermedades consuntivas, como la tuberculosis, las supuraciones, el cáncer, la anorexia, etc.

caqui¹. M. **1.** Árbol de la familia de las Ebenáceas, originario del Japón y de China, del que se cultivan numerosas variedades en Europa y América del Sur. Su fruto, dulce y carnoso, del tamaño de una manzana aproximadamente, es comestible. ‖ **2.** Fruto de este árbol.

caqui². M. **1.** Tela resistente, cuyo color varía desde el amarillo de ocre al verde gris, empleada principalmente para uniformes militares. ‖ **2.** Color de esta tela. U. t. c. adj. ‖ **3.** Uniforme militar.

car. M. *Mar.* Extremo inferior y más grueso de la entena.

cara¹. I. F. **1.** Parte anterior de la cabeza humana desde el principio de la frente hasta la punta de la barbilla. ‖ **2.** Parte anterior de la cabeza de algunos animales. ‖ **3. semblante** (‖ representación de algún estado de ánimo en el rostro). *José me recibió con buena cara.* ‖ **4.** Superficie de algo. *Las caras de una moneda. Las caras de una hoja de papel.* ‖ **5. anverso** (‖ de las monedas y medallas). ‖ **6.** Presencia de alguien. *Lo hizo en su cara. Hay caras nuevas.* ‖ **7.** Aspecto o apariencia de una cosa o asunto. *El negocio tiene buena cara.* ‖ **8.** coloq. **desfachatez.** *Fulano tiene mucha cara. Se necesita cara para hacer eso.* ‖ **9.** *Agr.* Conjunto de entalladuras contiguas hechas en un árbol. ‖ **10.** *Geom.* Cada una de las superficies que forman o limitan un poliedro. ‖ **II.** ADJ. **1.** coloq. **caradura** (‖ sinvergüenza). U. t. c. s. ‖ **~ de cemento.** F. coloq. **desfachatez.** ‖ **~ de perro.** F. coloq. Semblante expresivo de hostilidad o de reprobación. ‖ **~ de pocos amigos.** F. coloq. La que tiene el aspecto desagradable o adusto. ‖ **~ de póquer.** F. coloq. La inescrutable. ‖ **~ de vinagre.** F. coloq. **cara de pocos amigos.** ‖ **~ larga.** F. coloq. La que expresa tristeza o contrariedad. ‖ **~ o cruz,** o **~ y cruz.** F. Juego de las chapas. ‖ **a ~ descubierta.** LOC.ADV. Sin disimulo. ‖ **a ~ o cruz,** o **a ~ y cruz.** LOCS.ADVS. **1.** Dicho de tirar una moneda: Apostando uno a que, cuando caiga, quedará hacia arriba la **cara,** y el otro a que quedará la cruz. ‖ **2.** Denota que, entre dos posibilidades, se confía al azar la solución de algo. ‖ **a ~ o sello.** LOC.ADV. *a cara o cruz* (‖ apostando). ‖ **caérsele** a alguien **la ~ de vergüenza.** LOC.VERB. coloq. Sentirse muy avergonzado. ‖ **~ a.** LOC.PREPOS. **1.** Mirando en dirección a. *Cara a la pared.* ‖ **2. con vistas a.** *Hay que mejorar el equipo cara al campeonato.* ‖ **~ a ~.** LOC.ADV. **1.** En presencia de alguien y al descubierto. *Pudo ver cara a cara a sus secuestradores.* ‖ **2.** En presencia de algunas cosas inanimadas. *Enfrentarse a los temores cara a cara.* ‖ **~ dura.** LOC.ADJ. **caradura.** U. t. c. s. ‖ **cruzarle la ~** a alguien. LOC.VERB. Darle en ella una bofetada, un golpe, etc. ‖ **dar en ~** a alguien. LOC.VERB. Reconvenirlo recordándole algo que se juzga censurable. ‖ **dar la ~.** LOC.VERB. **1.** Responder de los propios actos y afrontar sus consecuencias. *Yo doy la cara, no me escondo de nadie.* ‖ **2.** Adoptar una actitud comprometida y valiente, mientras otros se inhiben. *Dar la cara por un ideal.* ‖ **dar** alguien **la ~ por** otra persona. LOC.VERB. **1.** Salir en su defensa. ‖ **2.** coloq. Responder por ella. ‖ **de ~.** LOC.ADV. enfrente (‖ en parte opuesta o delante). *Da el sol de cara.* ‖ **decírselo a la ~** a alguien. LOC.VERB. coloq. Denota la conformidad entre las inclinaciones o costumbres de una persona y su semblante. U. m. en sent. peyor. ‖ **de dos ~s.** LOC.ADJ. Dicho de una persona: De distinta opinión respecto a lo mismo según la ocasión o el interlocutor. ‖ **echar a la ~,** o **en ~,** o **en la ~,** a alguien algo. LOCS.VERBS. **dar en cara.** ‖ **echarse a la ~.** LOC.VERB. **1.** Colocar una escopeta, un fusil, etc., en posición de apuntar. ‖ **2.** Encontrarse a alguien a quien se mira con disgusto u hostilidad. *Es el mayor cínico que me he echado a la cara en mi vida.* ‖ **escupir en la ~** a alguien. LOC.VERB. coloq. Burlarse de él cara a cara, despreciándolo. ‖ **guardar la ~.** LOC.VERB. Ocultarse, procurar no ser visto ni conocido. ‖ **lavar la ~.** LOC.VERB. coloq. Mejorar de manera superficial el aspecto externo de una cosa o el cariz de un asunto. ‖ **no conocer la ~ al miedo, a la necesidad,** etc. LOCS.VERBS. coloqs. No tener miedo, necesidad, etc. ‖ **no mirarle la ~** a alguien. LOC.VERB. coloq. Estar enfado con él. ‖ **no tener** alguien **~.** LOC.VERB. Méx. No atreverse. ‖ **no volver la ~ atrás.** LOC.VERB. Proseguir con tesón y constancia lo empezado. ‖ **partirle** a alguien **la ~.** LOC.VERB. coloq. Dejarlo en una pelea muy maltrecho. U. m. c. amenaza. ‖ **plantar ~** a alguien. LOC.VERB. coloq. Desafiarlo, oponerse a él, resistir a su autoridad. ‖ **poner buena ~** a alguien, a una idea o a una propuesta. LOC.VERB. coloq. Acoger bien. ‖ **poner mala ~** a alguien, a una idea, o a una propuesta. LOC.VERB. coloq. Acoger mal. ‖ **por la ~.** LOC.ADV. coloq. Dicho de aspirar a algo o de hacerlo: Con atrevimiento y sin cumplir los requisitos para ello. ‖ **por mi, tu, su,** etc., **bella,** o **linda, ~.** LOCS.ADVS. coloqs. Se usan para tachar de injustificada una pretensión de quien carece de méritos para lograrla. ‖ **romperle la ~** a alguien. LOC.VERB. coloq. **partirle la cara.** ‖ **romperse la ~ por** alguien, o **por** algo. LOC.VERB. Defenderlo con vehemencia. *Se rompe la cara por su equipo.* ‖ **sacar** alguien **la ~ por** otra persona. LOC.VERB. coloq. **dar la cara por** otra persona. ‖ **salvar la ~.** LOC.VERB. En una situación desairada, lograr la anuencia ajena a una explicación que preserve la propia dignidad o decoro. ‖ **verse las ~s** una persona con otra. LOC.VERB. coloq. Encontrarse para manifestar vivamente enojo o para reñir.

cara². **I.** ADJ. **1.** Se dice del individuo de un pueblo amerindio, primer poblador de la Costa y la Sierra norte ecuatoriana. U. t. c. s. ‖ **2.** Perteneciente o relativo a los caras. *Población cara.* ‖ **II.** M. **3.** Lengua hablada por los caras.

caraba. **ser la ~** alguien o algo. LOC.VERB. Ser fuera de serie, extraordinario, tanto para bien como para mal.

carabalí. ADJ. Se dice del individuo de raza negra de la región africana de la costa de Calabar. U. t. c. s. MORF. pl. **carabalíes** o **carabalís.**

carabao. M. Rumiante parecido al búfalo, pero de color gris azulado y cuernos largos, aplanados y dirigidos hacia atrás, principal animal de tiro en Filipinas.

carabela. F. hist. Antigua embarcación muy ligera, larga y estrecha, con una sola cubierta, espolón a proa, popa llana, con tres palos y cofa solo en el mayor, entenas en los tres para velas latinas, y algunas vergas de cruz en el mayor y en el de proa. ‖ **~ portuguesa.** F. Zool. Cnidario marino colonial, con una vejiga flotadora de la que cuelgan los individuos, algunos de los cuales tienen largos filamentos provistos de células urticantes cuya picadura puede ser grave.

carábido. ADJ. Zool. Se dice de los insectos coleópteros, carnívoros, que son muy voraces, y beneficiosos para la agricultura, porque destruyen muchas orugas y otros animales perjudiciales. U. t. c. s. m. ORTOGR. En m. pl., escr. con may. inicial c. taxón. *Los Carábidos.*

carabina. F. Arma de fuego, portátil, compuesta de las mismas piezas que el fusil, pero de menor longitud. ‖ **ser** alguien o algo **la ~ de Ambrosio,** o **lo mismo que la ~ de Ambrosio.** LOCS.VERBS. coloqs. No servir para nada.

carabinero¹. M. **1.** Soldado destinado a la persecución del contrabando. ‖ **2.** hist. Soldado que usaba carabina.

carabinero². M. Crustáceo de carne comestible semejante a la quisquilla, pero de mayor tamaño.

cárabo. M. **1.** autillo. ‖ **2.** Insecto coleóptero, tipo de la familia de los Carábidos, que es el de mayor tamaño de ellos y llega a alcanzar cuatro centímetros de largo. Durante el día vive debajo de las piedras. ‖ **3.** Entre los moros, embarcación pequeña, de vela y remo.

carabobeño, ña. ADJ. **1.** Natural de Carabobo. U. t. c. s. ‖ **2.** Perteneciente o relativo a este estado de Venezuela.

caracense. ADJ. **guadalajareño.** Apl. a pers., u. t. c. s.

caraceño, ña. ADJ. **1.** Natural de Carazo. U. t. c. s. ‖ **2.** Perteneciente o relativo a este departamento de Nicaragua.

caracha o **carache.** M. **1.** Enfermedad de las llamas y otros animales, semejante a la sarna o roña. ‖ **2.** Am. Sarna de las personas.

carachento, ta. ADJ. Am. Mer. **sarnoso.**

caracho. INTERJ. **caramba.**

carachoso, sa. ADJ. Á. Andes. **sarnoso.**

carachupa. F. Á. Andes. **zarigüeya.**

caracol. M. **1.** Cada uno de los moluscos con concha de la clase de los Gasterópodos. De sus muchas especies, algunas de las cuales son comestibles, unas viven en el mar, otras en las aguas dulces y otras son terrestres. ‖ **2.** Concha de **caracol.** ‖ **3.** Rizo de pelo. ‖ **4.** Anat. Una de las cavidades que constituyen el laberinto del oído de los vertebrados, que en los mamíferos es un conducto arrollado en espiral. ‖ **5.** Equit. Cada una de las vueltas y giros que el jinete hace dar al caballo. ‖ **6.** pl. Variedad del cante andaluz, caracterizada por la repetición de la palabra **caracoles** a modo de estribillo. ‖ **caracoles.** INTERJ. **caramba.** □ V. **escalera de ~.**

caracola. F. **1.** Concha de un caracol marino de gran tamaño, de forma cónica. ‖ **2.** Bollo con forma espiral.

caracolada. F. Guisado de caracoles.

caracolear. INTR. Dicho de un caballo: Hacer **caracoles** (‖ vueltas y giros).

caracoleo. M. Acción y efecto de caracolear.

caracolero, ra. M. y F. Persona que coge o vende caracoles.

caracolillo. M. Clase de café muy estimado, cuyo grano es más pequeño y redondo que el común.

carácter. M. **1.** Conjunto de cualidades o circunstancias propias de una cosa, de una persona o de una colectividad, que las distingue, por su modo de ser u obrar, de las demás. *El carácter español. El carácter insufrible de Eladio.* ‖ **2.** Condición dada a alguien o a algo por la dignidad que sustenta o la función que desempeña. *El carácter de juez. El carácter de padre. Medidas de carácter transitorio.* ‖ **3.** Fuerza y elevación de ánimo natural de alguien, firmeza, energía. *Un hombre de carácter.* ‖ **4.** Signo de escritura o de imprenta. U. m. en pl. *En cada línea caben 70 caracteres.* ‖ **5.** Estilo o forma de los signos de la escritura o de los tipos de la imprenta. *Carácter redondo. Caracteres elzevirianos.* ‖ **6.** Señal espiritual que los sacramentos del bautismo, la confirmación o el orden imprimen en el alma de un cristiano y que le confieren capacidades específicas dentro de la vida de la Iglesia. ¶ Morf. pl. **caracteres.** ‖ **~ adquirido.** M. Cada uno de los rasgos anatómicos o funcionales no heredados, sino adquiridos por el animal durante su vida. ‖ **~ heredado.** M. Cada uno de los rasgos funcionales o anatómicos que se transmiten de una generación a otra, en los animales y plantas. ‖ **~ sexual.** M. Cada uno de los rasgos anatómicos o funcionales que distinguen al organismo del macho y al de la hembra. ‖ **imprimir ~** un cargo, un empleo o un honor. Loc.verb. Dar o dotar de ciertas condiciones esenciales y permanentes a alguien o a algo. ☐ V. **actor de ~, actriz de ~, comedia de ~, dama de ~.**

caracterial. ADJ. Perteneciente o relativo al carácter de una persona. *Cualidades caracteriales.*

característica. F. **1.** Cualidad que da carácter o sirve para distinguir a alguien o algo de sus semejantes. ‖ **2.** *Mat.* Parte entera de un logaritmo. ‖ **3.** *Á. guar.* y *Á. R. Plata.* **prefijo** (‖ del teléfono).

característico, ca. **I.** ADJ. **1.** Dicho de una cualidad: Que da carácter o sirve para distinguir a alguien o algo de sus semejantes. **II.** F. **2. actriz de carácter.**

caracterización. F. Acción y efecto de caracterizar o caracterizarse.

caracterizado, da. PART. de **caracterizar.** ‖ ADJ. Distinguido, autorizado por cualidades o méritos personales, por categoría social o por oficio público.

caracterizador, ra. ADJ. Que caracteriza. *Rasgos caracterizadores.*

caracterizar. **I.** TR. **1.** Determinar los atributos peculiares de alguien o de algo, de modo que claramente se distinga de los demás. U. t. c. prnl. *Los valles glaciares se caracterizan por su forma en* u. ‖ **2.** Dicho de un actor: Representar su papel con la verdad y fuerza de expresión necesarias para reconocer al personaje representado. ‖ **II.** PRNL. **3.** Dicho de un actor: Maquillarse o vestirse conforme al tipo o figura que ha de representar.

caracterología. F. *Psicol.* Disciplina que estudia el carácter de los seres humanos.

caracterológico, ca. ADJ. *Psicol.* Perteneciente o relativo a la caracterología.

caracú. M. **1.** *Á. guar.* y *Á. R. Plata.* Tuétano de los animales, en particular vacunos. ‖ **2.** *Á. guar.* y *Á. R. Plata.* Hueso que lo contiene. ¶ Morf. pl. **caracúes** o **caracús.**

caracul. ADJ. Se dice de una variedad de ganado ovino procedente del Asia central, que se distingue por la cola ancha y el pelo rizado.

caradriforme. ADJ. *Zool.* Se dice de un grupo de aves de tamaño pequeño o mediano, zancudas y de pico generalmente largo, la mayoría de las cuales viven en la costa o son marinas, como las limícolas, las gaviotas y las alcas. U. t. c. s. f. Ortogr. En f. pl., escr. con may. inicial c. taxón. *Las Caradriformes.*

caradura. **I.** ADJ. **1.** coloq. Sinvergüenza, descarado. U. t. c. s. ‖ **II.** F. **2.** coloq. **desfachatez.** ¶ Morf. pl. **caraduras.**

caraguatá. F. **1.** Especie de agave o pita del Río de la Plata y otros lugares de América. Es buena planta textil. ‖ **2.** *Am.* Filamento producido por esta planta textil. ¶ Morf. pl. **caraguatás.**

caraja. F. despect. malson. *Á. Caribe.* Se usa para suplir el nombre de una mujer que no se quiere mencionar para desvalorizarla.

carajada. F. **1.** malson. Necedad, sandez. ‖ **2.** *Méx.* **maldad** (‖ acción mala).

carajazo. INTERJ. *Méx.* Se usa para denotar enfado o disgusto.

carajillo. M. Bebida que se prepara generalmente añadiendo una bebida alcohólica fuerte al café caliente.

carajo. M. **1.** malson. Miembro viril. ‖ **2.** despect. malson. *Á. Caribe.* Se usa para suplir el nombre de un hombre que no se quiere mencionar para desvalorizarlo. ‖ **al ~.** EXPR. malson. Denota enfado o rechazo. *Al carajo el informe.* ‖ **carajo.** INTERJ. malson. Se usa para expresar disgusto, rechazo, sorpresa, asombro, etc. ‖ **del ~.** LOC. ADJ. malson. Muy grande o intenso. *Un susto, un frío del carajo.* ‖ **importar** algo **un ~** a alguien. LOC.VERB. malson. No importarle nada. ‖ **irse** algo **al ~.** LOC.VERB. malson. Echarse a perder, tener mal fin. ‖ **mandar** a alguien **al ~.** LOC.VERB. malson. Rechazarlo con insolencia y desdén. ‖ **qué ~.** EXPR. malson. Denota negación, decisión, contrariedad, etc. ‖ **un ~.** **I.** LOC.ADV. **1.** malson. Absolutamente nada. *No entiendes un carajo.* ‖ **II.** EXPR. **2.** malson. Se usa para negar o rechazar. ‖ **3.** malson. Se usa para ponderar. *Cuesta un carajo.*

caramañola. F. *Á. guar.* Recipiente de aluminio en forma de cantimplora, que usan los soldados para llevar agua.

caramba. INTERJ. Denota extrañeza o enfado.

carambada. F. *Am. Cen.* Cosa de poco valor.

carámbano. M. Pedazo de hielo más o menos largo y puntiagudo.

carambola. F. **1.** Lance del juego de billar en el que la bola arrojada toca a otras dos. ‖ **2.** Lance de caza que consiste en matar dos piezas de un solo disparo. ‖ **3.** Casualidad favorable. ‖ **4.** Fruto del carambolo, del tamaño de un huevo de gallina, amarillo y de sabor agrio, que contiene pepitas en cuatro celdillas. ‖ **5.** coloq. Doble resultado que se alcanza mediante una sola acción.

carambolear. **I.** INTR. **1.** *Chile.* Mover de un lado a otro. ‖ **II.** PRNL. **2.** *Chile.* **achisparse.**

carambolero, ra. M. y F. *Chile.* **carambolista.**

carambolista. COM. Persona que hace bien o frecuentemente carambolas en el billar.

carambolo. M. Árbol de la familia de las Oxalidáceas, indígena de la India y de otros países intertropicales del antiguo continente, que alcanza unos tres metros de altura, con hojas compuestas de folíolos aovados, flores rojas y bayas amarillas y comestibles.

caramelizar. TR. **acaramelar** (‖ bañar de azúcar en punto de caramelo). U. t. c. prnl.

caramelo. M. **1.** Azúcar fundido y endurecido. ‖ **2.** Golosina hecha con **caramelo** y aromatizada con esencias de frutas, hierbas, etc. ‖ **3.** *Filip.* **azucarillo.** □ V. **punto de ~.**

caramillo. M. **1.** Flauta pequeña de caña, madera o hueso, con sonido muy agudo. ‖ **2. zampoña** (‖ instrumento compuesto de muchas flautas).

carancho. M. **1.** *Á. Andes* y *Á. R. Plata.* Ave del orden de las Falconiformes, de medio metro de longitud y color general pardusco con la parte superior de la cabeza más oscura. Se alimenta de animales muertos, insectos, reptiles, etc. Vive desde el sur de los Estados Unidos de América hasta Tierra de Fuego. ‖ **2.** *Á. Andes.* **búho.**

caranegra. I. ADJ. **1.** *Á. R. Plata.* Se dice de una oveja de raza especial. U. t. c. s. f. ‖ **II.** M. **2.** *Á. Caribe.* Mono araña de cara negra.

carángano. M. **1.** *Am.* **piojo** (‖ insecto hemíptero). ‖ **2.** *Á. Caribe.* Instrumento musical mixto de cuerda y percusión, de origen africano. Consiste en una tabla o caña a la que se ata una cuerda tensa sobre la que se coloca una vejiga de res inflada que sirve de resonador.

caranqui. I. ADJ. **1.** hist. Se dice del individuo de un pueblo amerindio, exterminado por los incas, que habitaba en el norte de la actual República del Ecuador. U. t. c. s. ‖ **2.** hist. Perteneciente o relativo a los **caranquis.** *Tradición caranqui.* ‖ **II.** M. **3.** Lengua hablada por los **caranquis.**

carantón, na. ADJ. *Á. Andes.* Dicho de una persona: Que tiene la cara grande.

carantoña. F. coloq. Halago y caricia que se hacen a alguien para conseguir de él algo. U. m. en pl.

carao. M. *Am. Cen.* Árbol de la familia de las Papilionáceas, con flores rosadas, dispuestas en racimos, y frutos provistos de celdillas que contienen una especie de melaza.

carapacho. M. Caparazón de las tortugas, los cangrejos y otros animales.

carape. INTERJ. **caramba.**

carapulca. F. Guisado criollo del Perú, hecho a base de chuños, con carne, ají y otros ingredientes.

caraqueño, ña. ADJ. **1.** Natural de Caracas. U. t. c. s. ‖ **2.** Perteneciente o relativo a esta ciudad, capital de Venezuela.

carasol. M. **solana** (‖ sitio donde da el sol).

carate. M. Enfermedad tropical caracterizada por lesiones pigmentarias en la piel, de color blancuzco, rojizo o azul oscuro.

caratoso, sa. ADJ. *Á. Caribe.* Que padece carate, o alguna enfermedad cutánea semejante.

carátula. F. **1.** Cubierta o portada de un libro o de los estuches de discos, casetes, cintas de vídeo, etc. ‖ **2.** Máscara para ocultar la cara. ‖ **3.** *Méx.* **esfera** (‖ del reloj).

Caravaca. □ V. **cruz de ~.**

caravana. F. **1.** Grupo o comitiva de personas que, en cabalgaduras o vehículos, viajan o se desplazan unos tras otros. ‖ **2.** Hilera o conjunto de hileras de vehículos que, por dificultades en la carretera, avanzan lentamente y a veces con frecuentes retenciones. ‖ **3.** Vehículo acondicionado para hacer vida en él, con motor propio o remolcado por un automóvil. ‖ **4.** *Méx.* **reverencia** (‖ inclinación del cuerpo en señal de respeto). ‖ **5.** pl. *Á. R. Plata.* **pendientes** (‖ aretes). ‖ **en ~.** LOC. ADV. En disposición de **caravana.** U. t. c. adj.

caravanero. M. Guía de una **caravana** (‖ grupo o comitiva).

caravasar. M. En Oriente, posada destinada a las **caravanas** (‖ grupos o comitivas).

caray. INTERJ. **caramba.**

carayá. M. *Am. Mer.* **mono aullador.** MORF. pl. **carayás.**

carbógeno. M. Polvo que sirve para preparar el agua de Seltz.

carbón. M. **1.** Materia sólida, ligera, negra y muy combustible, que resulta de la destilación o de la combustión incompleta de la leña o de otros cuerpos orgánicos. ‖ **2. carbón de piedra.** ‖ **3.** Brasa o ascua después de apagada. ‖ **4. carboncillo** (‖ de dibujar). ‖ **~ animal.** M. El que por calcinación se obtiene de los huesos y sirve para decolorar ciertos líquidos. ‖ **~ de arranque.** M. El que se hace de raíces. ‖ **~ de canutillo.** M. El que se fabrica de las ramas delgadas de algunos árboles. ‖ **~ de piedra,** o **~ mineral.** M. Sustancia fósil, dura, bituminosa y térrea, de color oscuro o casi negro, que resulta de la descomposición lenta de la materia leñosa, y arde con menos facilidad, pero dando más calor que el **carbón** vegetal. ‖ **~ vegetal.** M. El de leña. □ V. **papel ~.**

carbonada. F. **1.** Carne cocida picada, y después asada en las ascuas o en las parrillas. ‖ **2.** *Á. Andes, Á. R. Plata* y *Chile.* Guiso compuesto de carne en trozos, choclo, zapallo, papa, arroz y, en ocasiones, durazno u otra fruta, generalmente verde.

carbonara. ADJ. **a la carbonara.** *Tallarines carbonara.* ‖ **a la ~.** LOC. ADJ. Dicho de la pasta italiana: Preparada generalmente con panceta, huevo batido y abundante queso.

carbonario, ria. I. ADJ. **1.** hist. Se decía de cada una de ciertas sociedades secretas fundadas en Italia en el siglo XIX con fines políticos o revolucionarios. *Las logias carbonarias.* ‖ **II.** M. **2.** hist. Individuo afiliado a alguna de estas sociedades.

carbonarismo. M. hist. Movimiento de los carbonarios.

carbonatado, da. ADJ. *Quím.* Se dice de toda base combinada con el ácido carbónico, formando carbonato. *Cal carbonatada.*

carbonato. M. *Quím.* Sal del ácido carbónico con una base.

carboncillo. M. **1.** Palillo de brezo, sauce u otra madera ligera, que, carbonizado, sirve para dibujar. ‖ **2.** Dibujo hecho con este palillo. ‖ **3.** *Chile.* **carbonilla** (‖ carbón mineral menudo).

carbonear. TR. **1.** Hacer carbón de leña. ‖ **2.** Dicho de un buque: Embarcar carbón para transporte o para su consumo.

carboneo. M. Acción y efecto de carbonear.

carbonera. F. **1.** Lugar donde se guarda carbón. ‖ **2.** Pila de leña, cubierta de arcilla para el carboneo. ‖ **3.** *Chile.* En los trenes, parte del ténder en que va el carbón.

carbonería. F. **1.** Puesto o almacén donde se vende carbón. ‖ **2.** *Chile.* Instalación destinada en los campos a hacer carbón de leña mediante el empleo de hornos.

carbonero, ra. I. ADJ. **1.** Perteneciente o relativo al carbón. *Puerto carbonero.* ‖ **II.** M. y F. **2.** Persona que fabrica o vende carbón. ‖ **III.** M. **3.** *Ant.* Se usa como nombre genérico común a varias plantas de diferentes familias, como las Mimosáceas o las Euforbiáceas, cuya madera se utiliza para hacer carbón.

carbónico, ca. ADJ. *Quím.* Se dice de muchas combinaciones o mezclas en que entra el carbono. □ V. **ácido ~, anhídrido ~, nieve ~.**

carbonífero, ra. ADJ. **1.** Dicho de un terreno: Que contiene carbón mineral. || **2.** *Geol.* Se dice del quinto período de la era paleozoica, que abarca desde hace 360 millones de años hasta hace 286 millones de años, caracterizado por la aparición de los reptiles y grandes bosques pantanosos que dieron lugar a los yacimientos de carbón mineral. U. t. c. s. m. ORTOGR. Escr. con may. inicial c. s. || **3.** *Geol.* Perteneciente o relativo a dicho período. *Fauna carbonífera.*

carbonilla. F. **1.** Carbón mineral menudo que, como residuo, suele quedar al mover y trasladar el grueso. || **2.** Conjunto de trozos menudos de carbón a medio quemar que pasan a través de la parrilla de los hogares.

carbonilo. M. *Quím.* Radical formado por un átomo de carbono y otro de oxígeno. (Fórm. *CO–*).

carbonita. F. Sustancia explosiva, compuesta de nitroglicerina, sulfuro de benzol y un polvo hecho con aserrín, nitrato de potasio o sodio y carbonato de sodio, que se emplea con los mismos fines que la dinamita.

carbonización. F. Acción y efecto de carbonizar.

carbonizar. TR. Reducir a carbón un cuerpo orgánico. U. t. c. prnl.

carbono. M. Elemento químico de núm. atóm. 6. Es extraordinariamente abundante en la naturaleza, tanto en los seres vivos como en el mundo mineral y en la atmósfera. Se presenta en varias formas alotrópicas, como el diamante, el grafito y el carbón. Constituye la base de la química orgánica, y, además de su importancia biológica, tiene gran variedad de usos y aplicaciones en sus distintas formas. Uno de sus isótopos, el **carbono** 14, es radiactivo y se utiliza para fechar objetos y restos antiguos, y como trazador en la investigación biológica. (Símb. *C*). □ V. **acero al ~, dióxido de ~, hidrato de ~.**

carbonoso, sa. ADJ. **1.** Que tiene carbón. *Residuos carbonosos.* || **2.** Parecido al carbón. *Manchas carbonosas.*

carborundo. M. *Quím.* Carburo de silicio que se prepara sometiendo a elevadísima temperatura una mezcla de coque, arena silícea y cloruro de sodio, y resulta una masa cristalina que por su gran dureza, próxima a la del diamante, se usa para sustituir ventajosamente al asperón y al esmeril.

carboxílico, ca. ADJ. *Quím.* Perteneciente o relativo al carboxilo.

carboxilo. M. *Quím.* Radical que caracteriza a los ácidos orgánicos. (Fórm. *–COOH*).

carbunclo. M. **1.** carbúnculo. || **2.** carbunco.

carbunco. M. *Med.* Enfermedad virulenta y contagiosa, frecuente y mortífera en el ganado lanar, vacuno, cabrío y a veces en el caballar. Es transmisible al hombre, en el que se denomina ántrax maligno, y está causada por una bacteria específica. || **~ sintomático.** M. *Med.* Enfermedad virulenta, contagiosa, muy mortífera en los animales jóvenes del ganado vacuno o lanar. No se transmite al hombre y está causada por una bacteria que no es la del **carbunco** común.

carbuncoso, sa. ADJ. *Med.* Perteneciente o relativo al carbunco.

carbúnculo. M. rubí.

carburación. F. **1.** Proceso en el que se combinan el carbono y el hierro para producir el acero. || **2.** *Quím.* Acción y efecto de carburar.

carburador. M. **1.** Aparato que sirve para carburar. || **2.** Pieza de los automóviles, donde se efectúa la carburación.

carburante. M. Mezcla de hidrocarburos que se emplea en los motores de explosión.

carburar. **I.** TR. **1.** *Quím.* Mezclar el aire atmosférico con los gases o vapores de los carburantes para hacerlos combustibles o detonantes. || **II.** INTR. **2.** coloq. Dicho de una persona o de una cosa: funcionar. U. m. con neg. *Juan no carbura. Esta máquina no carbura.*

carburo. M. *Quím.* Combinación del carbono con un radical simple.

carca. ADJ. **1.** despect. hist. **carlista.** U. t. c. s. || **2.** coloq. De actitudes retrógradas. U. t. c. s.

carcacha. F. *Á. Caribe, Chile* y *Méx.* Máquina, aparato o vehículo inútil y desvencijado.

carcaj. M. **1.** hist. **aljaba.** || **2.** *Am.* Funda de cuero para el rifle. ¶ MORF. pl. **carcajes.**

carcajada. F. Risa impetuosa y ruidosa.

carcajear. **I.** INTR. **1.** Reír a carcajadas. U. t. c. prnl. || **II.** PRNL. **2.** Burlarse de alguien o de algo. *Se carcajea DE todo.*

carcajeo. M. Acción de **carcajear** (|| reír a carcajadas).

carcamal. M. coloq. Persona decrépita y achacosa. U. t. c. adj. U. m. en sent. despect.

carcamán, na. M. y F. *Á. R. Plata* y *Méx.* **carcamal.**

cárcamo. M. Hoyo, zanja.

carcañal. M. **calcañar.**

carcasa. F. **1.** Armazón o estructura de un objeto. || **2.** Esqueleto de un animal.

cárcava. F. Hoya o zanja grande que suelen hacer las avenidas de agua.

cárcel. F. Local destinado a reclusión de presos.

carcelario, ria. ADJ. Perteneciente o relativo a la cárcel. *Fiebre carcelaria.*

carcelazo. M. *Á. Caribe.* **encarcelamiento.**

carcelera. F. Canto popular andaluz, cuyo tema son los trabajos y penalidades de los presidiarios.

carcelería. F. Detención forzada, aunque no sea en la cárcel.

carcelero, ra. **I.** ADJ. **1.** **carcelario.** || **II.** M. y F. **2.** Persona que está al cuidado de la cárcel.

carchense. ADJ. **1.** Natural de Carchi. U. t. c. s. || **2.** Perteneciente o relativo a esta provincia de Ecuador.

carcinógeno, na. ADJ. *Med.* Dicho de una sustancia o de un agente: Que producen cáncer.

carcinoma. M. *Med.* Tumor maligno derivado de estructuras epiteliales.

cárcola. F. **premidera.**

carcoma. F. **1.** Se usa como nombre para referirse a diversas especies de insectos coleópteros, muy pequeños y de color oscuro, cuyas larvas roen y taladran la madera produciendo a veces un ruido perceptible. || **2.** Polvo que produce este insecto después de digerir la madera que ha roído. || **3.** Preocupación grave y continua que mortifica y consume a quien la tiene.

carcomer. **I.** TR. **1.** Dicho de la carcoma: Roer la madera. || **2.** Consumir poco a poco la salud, la virtud, etc. *Los celos están carcomiendo su relación.* U. t. c. prnl. || **II.** PRNL. **3.** Dicho de una cosa: Llenarse de carcoma.

carda. F. Especie de cepillo con púas de alambre usado en la industria textil para limpiar y separar unas fibras de otras.

cardado. M. Acción y efecto de cardar.

cardador, ra. I. M. y F. **1.** Persona cuyo oficio es cardar. ‖ **II.** M. **2.** Miriápodo de cuerpo cilíndrico y liso, con poros laterales por donde sale un licor fétido. Se alimenta de sustancias en descomposición, y, cuando se ve sorprendido, se arrolla en espiral.

cardal. M. **cardizal.**

cardamomo. M. Planta medicinal, especie de amomo, con el fruto más pequeño, triangular y correoso, y las semillas angulosas, aromáticas y de sabor algo picante.

cardán. M. *Mec.* Mecanismo que permite transmitir un movimiento de rotación a dos ejes de direcciones distintas.

cardar. TR. **1.** Preparar con la carda una materia textil para el hilado. ‖ **2.** Sacar suavemente el pelo con la carda a los paños, felpas u otros tejidos. ‖ **3.** Peinar, cepillar el pelo desde la punta hasta la raíz a fin de que, al alisar ligeramente su superficie, quede hueco.

cardelina. F. **jilguero.**

cardenal¹. M. **1.** Cada uno de los prelados que componen el colegio consultivo del papa y forman el cónclave para su elección. ‖ **2.** Pájaro americano que alcanza doce centímetros de longitud, ceniciento, con una faja negra alrededor del pico, que se extiende hasta el cuello, y con un alto penacho rojo. Es muy erguido, inquieto y arisco, pero se halla bien en la jaula. Su canto es sonoro, variado y agradable. El de Venezuela es más pequeño, y tiene el pico y los pies negros, el pecho rojizo, el lomo azul oscuro y el penacho rojo, en forma de mitra. ‖ **3.** *Chile.* **geranio.**

cardenal². M. Mancha amoratada, negruzca o amarillenta de la piel a consecuencia de un golpe u otra causa.

cardenalato. M. Dignidad de cardenal.

cardenalicio, cia. ADJ. Perteneciente o relativo al cardenal (‖ prelado).

cardencha. F. Planta bienal, de la familia de las Dipsacáceas, que alcanza unos dos metros de altura, con las hojas aserradas, espinosas y que abrazan al tallo, y flores purpúreas, terminales, cuyos involucros, largos, rígidos y con la punta en figura de anzuelo, forman cabezas que usan los pelaires para sacar el pelo a los paños en la percha.

cardenillo. M. **1.** Color verde claro semejante al del acetato de cobre. ‖ **2.** Acetato de cobre que se emplea en la pintura. ‖ **3.** *Quím.* Mezcla venenosa de acetatos básicos de cobre. Es una materia verdosa o azulada, que se forma en los objetos de cobre o sus aleaciones.

cárdeno, na. ADJ. **1.** De color amoratado. *Túnica cárdena.* ‖ **2.** Dicho de un toro: De pelo negro y blanco.

cardíaco, ca o **cardiaco, ca.** ADJ. **1.** Perteneciente o relativo al corazón. *Soplo cardíaco.* ‖ **2.** Que padece una dolencia de corazón. U. t. en sent. fig. *El partido de fútbol nos tuvo cardíacos hasta el final.* U. t. c. s. □ V. **gasto ~.**

cardial. ADJ. **cardíaco.**

cardias. M. *Anat.* En los vertebrados terrestres, orificio que sirve de comunicación entre el estómago y el esófago.

cárdigan. M. Chaqueta deportiva de punto, con escote en pico, generalmente sin cuello. MORF. pl. invar. *Los cárdigan.*

cardillo¹. M. Planta bienal, de la familia de las Compuestas, que se cría en sembrados y barbechos, con flores amarillentas y hojas rizadas y espinosas por la margen, de las cuales la penca se come cocida cuando está tierna.

cardillo². M. *Méx.* Viso o reflejo del sol producido por un espejo u otro cuerpo brillante, que sirve por lo común de entretenimiento a los niños.

cardinal. ADJ. **1.** Principal, fundamental. *Objetivo cardinal.* ‖ **2.** *Gram.* Dicho de un adjetivo numeral: Que expresa exclusivamente cuántos son los seres de que se trata; p. ej., *diez, ciento.* □ V. **número ~, punto ~, virtud ~.**

cardiocirugía. F. Cirugía del corazón.

cardiocirujano, na. M. y F. Médico especialista en cardiocirugía.

cardiografía. F. *Med.* Estudio y descripción del corazón.

cardiógrafo. M. *Med.* Aparato que registra gráficamente la intensidad y el ritmo de los movimientos del corazón.

cardiograma. M. *Med.* Trazado que se obtiene con el cardiógrafo.

cardiología. F. Estudio del corazón y de sus funciones y enfermedades.

cardiológico, ca. ADJ. Perteneciente o relativo a la cardiología. *Pruebas cardiológicas.*

cardiólogo, ga. M. y F. Médico especializado en las enfermedades del corazón.

cardiópata. ADJ. Que padece alguna afección cardíaca. U. t. c. s.

cardiopatía. F. *Med.* Enfermedad del corazón.

cardiorrespiratorio, ria. ADJ. *Med.* Perteneciente o relativo al corazón o al aparato respiratorio. *Parada cardiorrespiratoria.*

cardiotónico, ca. ADJ. *Med.* Que estimula y refuerza la actividad cardíaca.

cardiovascular. ADJ. *Med.* Perteneciente o relativo al corazón o al aparato circulatorio. *Enfermedad cardiovascular.*

cardizal. M. Sitio en que abundan los cardos y otras plantas.

cardo. M. **1.** Planta anual, de la familia de las Compuestas, que alcanza un metro de altura, de hojas grandes y espinosas como las de la alcachofa, flores azules en cabezuela, y pencas que se comen crudas o cocidas, después de aporcada la planta para que resulten más blancas, tiernas y sabrosas. ‖ **2.** coloq. Persona arisca. ‖ ~ **ajonjero,** o ~ **aljonjero.** M. **ajonjera.** ‖ ~ **bendito.** M. **cardo santo.** ‖ ~ **borriqueño,** o ~ **borriquero.** M. El que llega a unos tres metros de altura, con las hojas rizadas y espinosas, el tallo con dos bordes membranosos, y flores purpúreas en cabezuelas terminales. ‖ ~ **corredor.** M. Planta anual, de la familia de las Umbelíferas, de un metro de altura, tallo subdividido, hojas coriáceas, espinosas por el borde, flores blancas en cabezuelas y fruto ovoide espinoso. ‖ ~ **estrellado.** M. El de tallo peloso, hojas con lacinias y flores blancas o purpúreas, dispuestas en cabezuelas laterales y sentadas, con espinas blancas. ‖ ~ **lechar,** o ~ **lechero.** M. El de tallo derecho y leñoso, que alcanza unos dos metros de altura, de hojas grandes, sinuosas, dentadas y con espinas, flores de color amarillento rojizo, solitarias, terminales y sentadas. La planta está cubierta de un jugo viscoso y blanquecino. ‖ ~ **mariano.** M. El de tallos derechos, hojas abrazadoras, escotadas, espinosas por el margen y manchadas de blanco, y flores purpúreas en cabezuelas terminales. ‖ ~ **santo.** M. El de tallo cuadrangular, ramoso y velludo, que alcanza de tres a cuatro decímetros de altura, hojas envainadoras con dientes espinosos y flores amarillas dispuestas en cabezuelas terminales y escamosas. El zumo es narcótico y purgante, pero de uso peligroso.

cardón. M. **1. cardencha.** || **2.** *Am.* Planta cactácea de la que existen varias especies. || **3.** *Chile.* **chagual** (|| planta bromeliácea).

cardonal. M. *Á. Caribe* y *Chile.* Terreno poblado de **cardones** (|| plantas bromeliáceas).

cardumen. M. **banco** (|| conjunto de peces).

carear. I. TR. **1.** Poner a una o varias personas en presencia de otra u otras, con objeto de apurar la verdad de dichos o hechos. || **2.** Dirigir el ganado hacia alguna parte. || **3.** Dicho del ganado: Pacer o pastar cuando va de camino. || **II.** PRNL. **4.** Dicho de dos o más personas: Ponerse resueltamente cara a cara a fin de resolver algún asunto desagradable para cualquiera de ellas.

carecer. INTR. Tener falta de algo. *Carece DE sentido del tiempo.* MORF. conjug. c. *agradecer.*

carelio, lia. ADJ. **1.** Natural de Carelia. U. t. c. s. || **2.** Perteneciente o relativo a esta república de la Federación Rusa.

carena. F. **1. fondos** (|| parte sumergida del casco de un buque). || **2.** *Mar.* Reparación que se hace en el casco de la nave para hacerlo estanco.

carenada. □ V. **escama ~.**

carenado. M. **1.** Revestimiento de fibra de vidrio, plástico u otro material que se adapta a las motocicletas y a otros vehículos con fines ornamentales y aerodinámicos. || **2.** Acción y efecto de carenar.

carenar. TR. **1.** Añadir accesorios ornamentales o aerodinámicos a una motocicleta o a otro vehículo. || **2.** *Mar.* Reparar el casco de la nave.

carencia. F. **1.** Falta o privación de algo. || **2.** En un seguro, período en el que el cliente nuevo no puede disfrutar de determinados servicios ofrecidos. || **3.** *Med.* Falta de determinadas sustancias en la ración alimenticia, especialmente vitaminas. *Enfermedades por carencia.*

carencial. ADJ. *Med.* Perteneciente o relativo a la **carencia** (|| de determinadas sustancias en la ración alimenticia). □ V. **enfermedad ~.**

carenero. M. *Mar.* Sitio en que se carenan buques.

carente. ADJ. Que carece.

careo. M. Acción y efecto de carear o carearse.

carero, ra. ADJ. coloq. Que acostumbra vender caro.

carestía. F. **1.** Precio alto de las cosas de uso común. || **2.** Falta o escasez de algo, y, por antonom., de víveres.

careta. F. **1.** Máscara o mascarilla de cartón u otra materia, para cubrir la cara. || **2.** En la esgrima, máscara de red metálica que resguarda la cara de los golpes del contrario. || **3.** Aspecto o imagen que ofrece una persona y que oculta su estado real o su verdadera naturaleza. *Solo mostraba su careta de persona firme.* || **4.** Parte delantera de la cabeza del cerdo, salada para su conservación.

careto, ta. ADJ. **1.** Dicho de un animal de raza caballar o vacuna: Que tiene la cara blanca, y la frente y el resto de la cabeza de color oscuro. || **2.** *Am. Cen.* Dicho de una persona: Que tiene la cara sucia.

caretón. M. *Filip.* Hombre que recolecta **tuba** (|| savia).

carey. M. **1.** Tortuga de mar, de hasta un metro de longitud, con las extremidades anteriores más largas que las posteriores, los pies palmeados, las mandíbulas festoneadas y el espaldar de color pardo o leonado y dividido en segmentos imbricados. Su carne es indigesta,

pero sus huevos se aprecian como manjar excelente Abunda en las costas de las Indias Orientales y del golfo de México, donde se pesca por el valor que tiene en el comercio. || **2.** Materia córnea que se saca en chapas delgadas calentando por debajo las escamas del carey. ¶ MORF. pl. **careyes.**

carga. F. **1.** Acción y efecto de cargar. || **2.** Cosa transportada a hombros, a lomo o en cualquier vehículo. || **3.** Peso sostenido por una estructura. || **4.** Repuesto del depósito o chasis de un utensilio o aparato cuyo contenido se agota periódicamente. *Carga de un bolígrafo. Carga de una batería.* || **5.** Impuesto o tributo ligado a una propiedad o a un estado y al uso que de estos se hace. *Cargas fiscales.* || **6.** Obligación aneja a un estado, empleo u oficio. *Ser director general tiene sus cargas.* || **7.** Persona o cosa que produce molestia, preocupación o sufrimiento. || **8.** Cantidad de sustancia explosiva que se pone en un arma de fuego, en una mina, en un barreno, etc. || **9.** Unidad de medida de algunos productos forestales, como leñas, carbones, frutos, etc. || **10.** Cantidad de granos, que en unas partes es de cuatro fanegas y en otras de tres. || **11.** Embestida o ataque resuelto al enemigo o, en situaciones que afectan al orden público, la efectuada por los cuerpos de Policía contra quienes lo alteran. || **~ concejil.** F. Servicio o gravamen exigible a todos los vecinos no exentos por la ley; p. ej., los de alojamientos, bagajes, etc. || **~ de aposento.** F. hist. La que durante el siglo XVII impuso a las casas de Madrid que tenían dos pisos la obligación de ceder uno de ellos al rey para alojamiento de la corte. Era redimible mediante el pago de una contribución anual. || **~ de profundidad.** F. Explosivo que se arroja para atacar o destruir objetivos submarinos. || **~ eléctrica.** F. *Electr.* Cantidad de electricidad acumulada en un cuerpo. || **~ explosiva.** F. Componente de proyectiles y otros dispositivos destinado a producir una explosión. || **~ hueca.** F. *Mil.* carga explosiva con una concavidad en la parte delantera del proyectil, usada para perforar blindajes. || **~ real.** F. Gravamen impuesto sobre bienes inmuebles, quienquiera que sea el poseedor de estos. || **echar** alguien **la ~** a otra persona. LOC.VERB. coloq. Transferirle lo más pesado de la obligación propia. || **echar** alguien **las ~s** a otra persona. LOC.VERB. coloq. Imputarle lo que no ha hecho. || **llevar la ~.** LOC.VERB. Asumir las preocupaciones o trabajos de algo. || **volver a la ~.** LOC.VERB. Insistir en un empeño o tema. □ V. **bestia de ~, burra de ~, burro de ~, indio de ~.**

cargadero. M. **1.** Sitio donde se cargan y descargan las mercancías que se transportan. || **2.** *Arq.* **dintel.**

cargado, da. PART. de **cargar.** || ADJ. **1.** Dicho de la atmósfera o del tiempo: **bochornosos.** || **2.** *Heráld.* Dicho de la pieza o de las armas: Sobre las que se han pintado otra u otras que no sean brisura.

cargador, ra. I. ADJ. **1.** Que carga. *Las palas cargadoras comenzarán a retirar los escombros.* Apl. a un aparato, u. t. c. s. m. || **II.** M. y F. **2.** Persona encargada de embarcar las mercancías que se han transportadas. || **3.** Persona que tiene por oficio conducir cargas. || **4.** En la caza de ojeo, persona que carga las escopetas. || **5.** *Mil.* Sirviente que introduce la carga en las piezas de artillería. || **III.** M. **6.** Estuche metálico con un muelle impulsor en el que se disponen los proyectiles para las armas automáticas ligeras. || **7.** Bieldo grande para cargar y encerrar la paja. || **8.** *Chile.* Sarmiento algo recortado en la poda, que se deja para que lleve el peso del nuevo fruto.

cargamento. M. Conjunto de mercancías que carga una embarcación.

cargante. ADJ. coloq. Que carga, molesta, incomoda o cansa por su insistencia o modo de ser. U. t. c. s.

cargar. I. TR. **1.** Poner o echar peso sobre una persona o sobre un animal de carga. ‖ **2.** Embarcar o poner en un vehículo mercancías para transportarlas. ‖ **3.** Introducir la carga o el cartucho en el cañón, recámara, etc., de un arma de fuego. ‖ **4.** Proveer a algún utensilio o aparato de aquello que necesita para funcionar. *Cargar una pluma estilográfica, una máquina fotográfica.* ‖ **5.** Acumular energía eléctrica en un cuerpo o aparato. ‖ **6.** Acopiar con abundancia algunas cosas. *Cargar un escrito de tópicos.* ‖ **7.** Poner en una bebida abundante cantidad del componente básico para hacerla más fuerte. *No cargues tanto el café.* ‖ **8.** Comer o beber con exceso. *Cargó demasiado.* U. t. c. prnl. *No te cargues mucho.* ‖ **9.** Imponer a alguien o algo un gravamen, carga u obligación. ‖ **10.** Poner peso en un dado con tal arte que tienda a caer sobre una de sus caras. ‖ **11.** Imputar, achacar a alguien algo. *Cargar las culpas.* ‖ **12.** En algunos juegos de naipes, echar sobre la carta jugada otra que la gane. ‖ **13.** coloq. Incomodar, molestar, cansar. *Me estás cargando.* ‖ **14.** Com. Anotar en las cuentas las partidas que correspondan al debe. ‖ **15.** Com. Añadir un costo al precio de algo. *Le hemos cargado doce euros por gastos de envío.* ‖ **16.** Inform. Almacenar en la memoria principal de una computadora u ordenador el programa o programas que se vayan a utilizar. ‖ **17.** Mar. Cerrar o recoger los paños de las velas, dejándolas listas para ser aferradas. ‖ **18.** Á. Caribe. **llevar** (‖ tener, estar provisto). *Cargar dinero.* ‖ **II.** INTR. **19.** Efectuar una carga contra el enemigo o contra una multitud. ‖ **20.** Dicho de un jugador: En el fútbol y otros juegos similares, desplazar de su sitio a otro mediante un choque violento con el cuerpo. ‖ **21.** Mantener, tomar o echarse sobre sí algún peso. *Cargar con el saco.* ‖ **22.** Dicho de una cosa: Descansar sobre otra. *Todo el peso carga sobre la parte trasera.* ‖ **23.** Llevarse, tomar. *Cargó CON todo lo que pudo robar.* ‖ **24.** Tomar o tener sobre sí alguna obligación o preocupación. *Carga con toda la responsabilidad.* ‖ **25.** Fon. Dicho del acento tónico o de la intensidad de la voz: Recaer sobre un sonido o una sílaba. ‖ **III.** PRNL. **26.** Dicho del tiempo, del cielo, del horizonte, etc.: Caracterizarse por una progresiva aglomeración y condensación de nubes. ‖ **27.** Llenarse o llegar a tener abundancia de ciertas cosas. *Cargarse alguien DE razón. Cargarse DE años. Cargarse DE hijos. Cargarse DE lágrimas los ojos.* ‖ **28.** Suspender a alguien en un examen o ejercicio. *Se cargaron A Tomás en la última convocatoria.* ‖ **29.** coloq. **matar** (‖ quitar la vida). *Se cargaron A un delincuente.*

cargazón. F. **1.** cargamento. ‖ **2.** Pesadez sentida en alguna parte del cuerpo, como la cabeza, el estómago, etc. ‖ **3.** Aglomeración de nubes espesas. ‖ **4.** Á. R. Plata. Recargamiento, exceso de adornos.

cargo. M. **1.** Dignidad, empleo, oficio. ‖ **2.** Persona que lo desempeña. ‖ **3.** Falta que se imputa a alguien en su comportamiento. ‖ **4.** En las cuentas, conjunto de cantidades de las que se debe dar satisfacción. ‖ **5.** Pago que se hace o debe hacerse con dinero de una cuenta. ‖ **6.** Apunte que de él se hace. ‖ **7.** Chile. Certificado que al pie de los escritos pone el secretario judicial para señalar el

día o la hora en que fueron presentados. ‖ ~ **de conciencia.** M. Remordimiento o sentimiento de culpabilidad. ‖ ~ **público.** M. **1.** El que se desempeña en las Administraciones públicas o en los órganos constitucionales y que, a diferencia de los ocupados por funcionarios profesionales, tiene carácter electivo o de confianza. ‖ **2.** Persona que lo desempeña. ‖ **alto** ~. M. **1.** Empleo de elevada responsabilidad. ‖ **2.** Persona que lo desempeña. ‖ **a** ~ **de.** LOC. PREPOS. **1.** Se usa para indicar que algo está confiado al cuidado de una persona. *Dejó las llaves a cargo del portero.* ‖ **2.** A expensas, a costa, por cuenta de. *Los gastos correrán a cargo del comprador.* ‖ **con** ~ **a.** LOC. PREPOS. **a cargo de** (‖ a expensas de). ‖ **hacerse** ~ **de** algo. LOC. VERB. **1.** Encargarse de ello. ‖ **2.** Formar concepto de ello. □ V. **pliego de** ~**s, testigo de** ~.

cargoso, sa. ADJ. Que causa disgusto, padecimiento o fatiga. *Insistencia cargosa.*

carguero, ra. I. ADJ. **1.** Que lleva carga. *Avión carguero.* ‖ **II.** M. y F. **2.** Persona que se dedica a llevar cargas. ‖ **III.** M. **3.** Buque, tren, etc., de carga.

carguío. M. **carga** (‖ cosa transportada a hombros o en un vehículo).

cariacontecido, da. ADJ. coloq. Que muestra en el semblante pena, turbación o sobresalto.

carialegre. ADJ. **1.** De semblante risueño. ‖ **2.** Que se ríe con facilidad.

cariancho, cha. ADJ. coloq. Que tiene ancha la cara.

cariar. TR. Producir caries. U. m. c. prnl. MORF. conjug. c. *enviar.*

cariátide. F. Arq. Estatua de mujer con traje talar, que hace oficio de columna o pilastra.

caribe. I. ADJ. **1.** Se dice del individuo de un pueblo que en otro tiempo dominó una parte de las Antillas y se extendió por el norte de América del Sur. U. t. c. s. ‖ **2.** Perteneciente o relativo a este pueblo. *Cultura caribe.* ‖ **3.** Á. Caribe. Picante, que excita el paladar. *Ají caribe.* ‖ **4.** Ant. Que **pica** (‖ muerde). *Hormiga caribe.* ‖ **II.** M. **5.** Lengua de los caribes, dividida en numerosos dialectos. ‖ **6.** Á. Caribe. **piraña.**

caribeño, ña. ADJ. **1.** Dicho de una persona: Habitante de la región del Caribe. U. t. c. s. ‖ **2.** Perteneciente o relativo al mar Caribe, o a los territorios que baña. *Música caribeña.*

caribú. M. Reno salvaje del Canadá. MORF. pl. **caribúes** o **caribús.**

caricáceo, a. ADJ. Bot. Se dice de los árboles angiospermos dicotiledóneos con tallo poco ramificado y jugoso, flores generalmente unisexuales, de cáliz muy pequeño y corola gamopétala y pentámera, fruto en baya, de carne apretada en el exterior y pulposa en el interior, con semillas semejantes a las de las Cucurbitáceas; p. ej., el papayo. U. t. c. s. f. ORTOGR. En f. pl., escr. con may. inicial c. taxón. *Las Caricáceas.*

caricato, ta. I. M. y F. **1.** Actor cómico especializado en la imitación de personajes conocidos. ‖ **II.** M. **2.** Bajo cantante que en la ópera hace los papeles de bufo.

caricatura. F. **1.** Dibujo satírico en que se deforman las facciones y el aspecto de alguien. ‖ **2.** Obra de arte que ridiculiza o toma en broma el modelo que tiene por objeto. ‖ **3.** despect. Obra que no alcanza a ser aquello que pretende. ‖ **4.** pl. Méx. Serie de dibujos animados. ‖ **5.** pl. Méx. Película de cine hecha de una serie de dibujos animados que simulan el movimiento.

caricatural. ADJ. **caricaturesco.**

caricaturar. TR. caricaturizar.

caricaturesco, ca. ADJ. **1.** Perteneciente o relativo a la caricatura o hecho al modo de esta. *Retrato caricaturesco.* || **2.** Parecido a una caricatura o digno de ella, ridículo. *Afirmación caricaturesca.*

caricaturista. COM. Dibujante de caricaturas.

caricaturización. F. Acción y efecto de caricaturizar.

caricaturizar. TR. Representar por medio de caricatura a alguien o algo.

caricia. F. Demostración cariñosa que consiste en rozar suavemente con la mano el cuerpo de una persona, de un animal, etc.

caricioso, sa. ADJ. afectuoso.

caridad. F. **1.** En la religión cristiana, una de las tres virtudes teologales, que consiste en amar a Dios sobre todas las cosas, y al prójimo como a nosotros mismos. || **2.** Limosna que se da, o auxilio que se presta a los necesitados. || **3.** Actitud solidaria con el sufrimiento ajeno. || **4.** Refresco de vino, pan y queso u otro refrigerio, que en algunos lugares dan las cofradías a quienes asisten a la fiesta del santo que se celebra. || **5.** Se usa como fórmula de tratamiento en ciertas órdenes religiosas de mujeres y en alguna cofradía devota de varones. *Su, vuestra caridad.* || **por ~.** EXPR. coloq. Se usa para pedir clemencia, comprensión o benevolencia. ☐ V. **hija de la Caridad, obra de ~.**

caries. F. **1.** *Med.* Destrucción localizada de tejidos duros. || **2. caries dentaria.** || **3.** tizón (‖ hongo parásito de los cereales). || **~ dentaria.** F. Erosión del esmalte de los dientes producida por bacterias.

carilargo, ga. ADJ. coloq. Que tiene larga la cara.

carilla. F. **1.** Plana o página. || **2.** Planta procedente de China, de la familia de las Papilionáceas, parecida a la judía, pero con tallos más cortos, vainas muy estrechas y largas, y semillas pequeñas, blancas, con una manchita negra y redonda en uno de los extremos.

carillón. M. **1.** Grupo de campanas alojado en una torre, que producen un sonido armónico por estar acordadas. || **2.** Juego de tubos o planchas de acero que producen un sonido musical. || **3.** Reloj con **carillón.**

cariña. I. ADJ. **1.** Se dice del individuo de un pueblo amerindio que habita entre los límites de los estados de Anzoátegui, Monagas y Bolívar, al este de Venezuela. U. t. c. s. || **2.** Perteneciente o relativo a los **cariñas.** *Poblado cariña.* || **II.** M. **3.** Lengua de filiación caribe que hablan los **cariñas.**

cariñena. M. Vino tinto, que se elabora en la ciudad de este nombre de la provincia de Zaragoza, en España.

cariño. M. **1.** Inclinación de amor o buen afecto que se siente hacia alguien o algo. || **2.** Manifestación de dicho sentimiento. U. m. en pl. || **3.** Esmero, afición con que se hace una labor o se trata una cosa.

cariñoso, sa. ADJ. afectuoso.

cario, ria. ADJ. **1.** hist. Natural de la Caria. U. t. c. s. || **2.** hist. Perteneciente o relativo a esta antigua región de Asia Menor.

carioca. ADJ. **1.** Natural de Río de Janeiro. U. t. c. s. || **2.** Perteneciente o relativo a esta ciudad del Brasil o a su provincia.

cariocariáceo, a. ADJ. *Bot.* Se dice de las plantas angiospermas dicotiledóneas, casi siempre leñosas, con frutos en drupa provistos de una o cuatro semillas que pueden contener proteínas y lípidos, pero nunca hidratos de carbono, y hojas divididas en tres lóbulos.

U. t. c. s. f. ORTOGR. En f. pl., escr. con may. inicial c. taxón. *Las Cariocariáceas.*

cariocinesis. F. *Biol.* División del núcleo de la célula.

cariocinético, ca. ADJ. *Biol.* Perteneciente o relativo a la cariocinesis.

cariofiláceo, a. ADJ. *Bot.* Se dice de las hierbas o matas angiospermas dicotiledóneas, con tallos erguidos, nudosos y articulados, o tendidos, frecuentemente provistos de estípulas membranosas, flores regulares, hermafroditas, y fruto en cápsula; p. ej., el clavel. U. t. c. s. f. ORTOGR. En f. pl., escr. con may. inicial c. taxón. *Las Cariofiláceas.*

cariópside. F. *Bot.* Fruto seco e indehiscente a cuya única semilla está íntimamente adherido el pericarpio; p. ej., el grano de trigo.

cariotipo. M. *Biol.* Juego completo de los pares de cromosomas de una célula, de forma, tamaño y número característicos de cada especie.

carirredondo, da. ADJ. coloq. Que tiene redonda la cara.

carisma. M. **1.** Especial capacidad de algunas personas para atraer o fascinar. || **2.** *Rel.* Don gratuito que Dios concede a algunas personas en beneficio de la comunidad.

carismático, ca. ADJ. **1.** Perteneciente o relativo al carisma. *Fuerza carismática.* || **2.** Que tiene carisma. || **3.** Perteneciente o relativo al grupo cristiano que enfatiza la oración en común. *Ritos carismáticos.* || **4.** Integrante de este grupo. U. t. c. s.

caristio, tia. ADJ. **1.** hist. Se dice de un pueblo hispánico prerromano, de nombre probablemente indoeuropeo, que habitaba al oeste del río Deva, en territorios correspondientes a parte de las actuales provincias de Guipúzcoa y Vizcaya. || **2.** hist. Se dice del individuo que formaba este pueblo. U. t. c. s. || **3.** hist. Perteneciente o relativo a los **caristios.** *Tradiciones caristias.*

caritativo, va. ADJ. **1.** Que ejercita la caridad. || **2.** Perteneciente o relativo a la caridad. *Fines caritativos.*

carite. M. Á. *Caribe.* Pez del mar Caribe, de cuerpo alargado, hocico largo, lomo gris oscuro azulado y vientre plateado, que alcanza más de 80 cm de longitud. Su carne es comestible.

cariz. M. Aspecto que presenta un asunto o negocio.

carlanca. F. Collar ancho y fuerte, erizado de puntas de hierro, que preserva a los mastines de las mordeduras de los lobos.

carlancón, na. M. y F. Persona astuta. U. t. c. adj.

carlinga. F. **1.** En el interior de los aviones, espacio destinado para la tripulación y los pasajeros. || **2.** *Mar.* Hueco, generalmente cuadrado, en que se encaja la mecha de un palo u otra pieza semejante.

carlismo. M. hist. Doctrina política que se originó por las pretensiones del infante don Carlos de Borbón de suceder a Fernando VII contra la entronización de Isabel II de España, y que defendía el absolutismo y propugnaba reformas dentro de una continuidad tradicionalista.

carlista. ADJ. **1.** hist. Perteneciente o relativo al carlismo. *Causa carlista.* || **2.** hist. Partidario del carlismo. U. t. c. s.

carlón. M. Á. R. *Plata.* Vino tinto que se produce en varios lugares.

carlota. F. Torta hecha con leche, huevos, azúcar, cola de pescado y vainilla. || **~ rusa.** F. **carlota.**

carlovingio, gia. ADJ. hist. carolingio. Apl. a pers., u. t. c. s.

carmañola. F. Especie de chaqueta de paño burdo, con cuello estrecho y adornos sobrepuestos de pana o pañete.

carmelita. ADJ. **1.** Se dice del religioso de la Orden del Carmen, fundada en el siglo XIII. U. t. c. s. ‖ **2. carmelitano.** ‖ **3.** *Chile.* Se dice del color pardo, castaño claro o acanelado.

carmelitano, na. ADJ. Perteneciente o relativo a la Orden del Carmen, fundada en el siglo XIII.

carmen. M. En Granada, quinta con huerto o jardín.

carmesí. ADJ. **1.** Se dice del color de grana dado por el insecto quermes. U. t. c. s. m. ‖ **2.** De este color. *Seda carmesí.* ¶ MORF. pl. **carmesíes** o **carmesís.**

carmín. M. **1.** Materia de color rojo encendido. ‖ **2.** Este mismo color. ‖ **3. pintalabios.** ☐ V. **hierba ~.**

carminativo, va. ADJ. *Med.* Dicho de un medicamento: Que favorece la expulsión de los gases desarrollados en el tubo digestivo. U. t. c. s. m.

carmíneo, a. ADJ. De color de carmín.

carminoso, sa. ADJ. De color que tira a carmín.

carnación. F. Color de carne.

carnada. F. **1.** Cebo animal para pescar o cazar. ‖ **2.** coloq. añagaza (‖ artificio para atraer con engaño).

carnadura. F. Musculatura, robustez o abundancia de carnes.

carnal. ADJ. **1.** Perteneciente o relativo a la **carne** (‖ parte corporal del hombre). *Amor, belleza carnal.* ‖ **2.** Lascivo o lujurioso. ☐ V. **hermano ~, primo ~, sobrino ~, tío ~, trato ~.**

carnalidad. F. Vicio y deleite de la carne.

carnauba. F. Especie de palmera alta, originaria del Brasil y muy abundante en toda América del Sur. Su madera se emplea en construcción. De sus hojas, en forma de abanico, se hacen pantallas y sombreros, y produce además una cera excelente.

carnaval. M. **1.** Serie de tres días que preceden al comienzo de la Cuaresma. ‖ **2.** Fiesta popular que se celebra en tales días, consistente en mascaradas, comparsas, bailes y otros festejos bulliciosos. U. t. en pl. con el mismo significado que en sing. ‖ **3.** despect. Conjunto de informalidades y actuaciones engañosas que se reprochan en una reunión o en el trato de un negocio. ‖ **ser un ~** una reunión de personas. LOC.VERB. coloq. Ser muy alegre y ruidosa.

carnavalada. F. Acción o broma propia del tiempo de carnaval.

carnavalesco, ca. ADJ. Perteneciente o relativo al carnaval.

carnaza. F. **1. carnada** (‖ cebo). ‖ **2.** despect. Víctima inocente, que carga sobre sí el riesgo o el daño que incumbe a otro. *Servir alguien de carnaza. Echar a alguien de carnaza.*

carne. F. **1.** Parte muscular del cuerpo de los animales. ‖ **2. carne** comestible de vaca, ternera, cerdo, ave, etc. ‖ **3.** Parte mollar de la fruta, que está bajo la cáscara o el pellejo. ‖ **4.** Parte material o corporal del hombre, considerada en oposición al *espíritu.* ‖ **5.** Uno de los tres enemigos del alma, que, según el catecismo de la doctrina cristiana, inclina a la sensualidad y lascivia. ‖ **~ blanca.** F. La comestible de reses tiernas o de aves. ‖ **~ de cañón.** F. **1.** Tropa inconsideradamente expuesta a peligro de muerte. ‖ **2.** coloq. Gente ordinaria, tratada

sin miramientos. ‖ **~ de gallina.** F. Aspecto que toma la epidermis del cuerpo humano, semejante a la piel de las gallinas, cuando se tiene frío, horror o miedo. ‖ **~ de membrillo.** F. codoñate. ‖ **~ de res.** F. *Am.* carne de vaca o de buey. ‖ **criar,** o **echar, ~s** alguien que estaba flaco. LOCS.VERBS. coloqs. Ir engordando. ‖ **en ~ viva.** LOC.ADJ. Dicho de una parte del cuerpo animal: Accidentalmente despojada de epidermis. U. t. c. loc. adv. ‖ **hacerse ~.** LOC.VERB. Encarnarse, tomar realidad. ‖ **metido, da en ~s.** LOC.ADJ. Dicho de una persona: Algo gruesa, sin llegar a la obesidad. ‖ **poner toda la ~ en el asador.** LOC. VERB. coloq. Arriesgarlo todo de una vez, o extremar el esfuerzo. ‖ **ser de ~ y hueso.** LOC.VERB. coloq. Ser sensible como los demás a las experiencias y vicisitudes de la vida humana. ‖ **temblarle las ~s** a alguien. LOC.VERB. coloq. Tener gran miedo y horror de algo. ☐ V. **bula de ~, mosca de la ~, resurrección de la ~.**

carné. M. **1.** Documento que se expide a favor de una persona, generalmente provisto de su fotografía y que la faculta para ejercer ciertas actividades o la acredita como miembro de una determinada agrupación. ‖ **2.** Libro pequeño de apuntaciones. ‖ **~ de identidad.** M. Documento oficial destinado a identificar al titular.

carneada. F. *Am.* Acción y efecto de carnear.

carnear. TR. *Am.* Matar y descuartizar las reses, para aprovechar su carne.

cárneo, a. ADJ. De color semejante al de la piel humana blanca.

carneraje. M. *Chile.* Rebaño de carneros.

carnero. M. **1.** Mamífero rumiante, que alcanza de siete a ocho decímetros de altura hasta la cruz, con frente convexa, cuernos huecos, angulosos, arrugados transversalmente y arrollados en espiral, y lana espesa, blanca, negra o rojiza. ‖ **2.** *Á. guar.* y *Á. R. Plata.* esquirol (‖ trabajador que no se adhiere a una huelga). ‖ **3.** *Chile.* Persona que no tiene voluntad ni iniciativa propias. ☐ V. **ojos de ~, ojos de ~ degollado, siesta del ~, vuelta de ~.**

carnestolendas. F. pl. carnaval.

carnicería. F. **1.** Tienda o lugar donde se vende al por menor la carne para el consumo. ‖ **2.** Destrozo y mortandad de gente causados por la guerra u otra gran catástrofe. ‖ **3.** Herida, lesión, etc., con efusión de sangre.

carnicero, ra. I. M. y F. **1.** Persona que vende carne. ‖ **II.** ADJ. **2.** Dicho de un animal: Que da muerte a otros para comérselos. U. t. c. s. ‖ **3.** Cruel, sanguinario, inhumano.

cárnico, ca. ADJ. Perteneciente o relativo a las carnes destinadas al consumo. *Industrias cárnicas.*

carnitas. F. pl. *Méx.* Carne frita que se come en tacos.

carnívoro, ra. ADJ. **1.** Dicho de un animal: Que se alimenta de carne o puede hacerlo, por oposición al herbívoro o frugívoro. ‖ **2.** Se dice de ciertas plantas de la familia de las Droseráceas y otras afines, que se nutren de ciertos insectos que cogen por medio de órganos dispuestos para ello. ‖ **3.** *Zool.* Se dice de los mamíferos terrestres, unguiculados, cuya dentición se caracteriza por tener caninos robustos y molares cortantes; p. ej., el oso, la hiena y el tigre. U. t. c. s. m. ORTOGR. En m. pl., escr. con may. inicial c. taxón. *Los Carnívoros.*

carnosidad. F. Carne irregular que sobresale en alguna parte del cuerpo.

carnoso, sa. ADJ. **1.** De carne de animal. *Órgano carnoso.* ‖ **2.** Que tiene muchas carnes. *Labios carnosos.*

|| **3.** *Bot.* Dicho de un órgano vegetal: Formado por parénquima blando.

carnudo, da. ADJ. **carnoso** (|| que tiene muchas carnes).

caro, ra. I. ADJ. **1.** De precio elevado. *El caviar es caro.* || **2.** Dicho de cualquier cosa vendida, comprada u ofrecida: A un precio más alto que el de otra tomada como punto de referencia, la cual es más barata con relación a aquella. *Un automóvil muy caro.* || **3.** Amado, querido. *Caro amigo.* || **II.** ADV. M. **4.** A un precio alto o subido. *Lo compró caro.*

carolinense, sa. ADJ. **1.** Natural de Carolina. U. t. c. s. || **2.** Perteneciente o relativo a este municipio de Puerto Rico o a su cabeza.

carolingio, gia. ADJ. **1.** hist. Se dice de los integrantes de la dinastía encabezada por el emperador Carlomagno. U. t. c. s. || **2.** hist. Perteneciente o relativo a Carlomagno y a su dinastía o a su tiempo. *Época carolingia.*

carolino, na. ADJ. hist. Perteneciente o relativo a algún Carlos, especialmente Carlos V, o a su reinado.

carona. F. Pedazo de tela gruesa acolchado que, entre la silla o albarda y el sudadero, sirve para que no se lastimen las caballerías.

carota. I. ADJ. **1.** coloq. **caradura** (|| sinvergüenza). U. t. c. s. || **II.** F. **2.** **desfachatez.**

caroteno. M. *Quím.* Cada uno de los hidrocarburos no saturados, de origen vegetal y color rojo, anaranjado o amarillo. Se encuentran en el tomate, la zanahoria, la yema de huevo, etc., y en los animales se transforman en las vitaminas A.

carótida. ADJ. *Anat.* Se dice de cada una de las dos arterias, propias de los vertebrados, que por uno y otro lado del cuello llevan la sangre a la cabeza. U. m. c. s. f.

carotina. F. **caroteno.**

carozo. M. **1.** Hueso del melocotón y otras frutas. || **2.** *Am.* Cada una de las diferentes partes más o menos duras de algunas frutas.

carpa[1]. F. Pez teleósteo fisóstomo, verdoso por encima y amarillo por abajo, de boca pequeña sin dientes, escamas grandes y una sola aleta dorsal, que vive muchos años en las aguas dulces. Hay una especie procedente de China, de color rojo y dorado.

carpa[2]. F. **1.** Gran toldo que cubre un circo o cualquier otro recinto amplio. || **2.** *Am.* **tienda de campaña.** || **3.** *Am. Mer.* Tienda de playa.

carpanel. ☐ V. **arco** ~.

carpe. M. Planta leñosa de la familia de las Betuláceas, con hojas aserradas y lampiñas, flores femeninas en racimos flojos, frutos de una sola semilla, con brácteas de tres lóbulos y mucho mayores que los frutos.

carpelar. ADJ. *Bot.* Perteneciente o relativo a los carpelos.

carpelo. M. *Bot.* Hoja transformada para formar un pistilo o parte de un pistilo.

carpeta. F. **1.** Útil de escritorio consistente en una pieza rectangular, generalmente de cartón o plástico, que, doblada por la mitad y atada con cintas, gomas o por cualquier otro medio, sirve para guardar o clasificar papeles, dibujos o documentos. || **2.** Cartera grande, generalmente de piel, que sirve para escribir sobre ella y para guardar dentro papeles. || **3.** *Inform.* **subdirectorio.** || **4.** *Á. R. Plata.* Tapete de adorno o protección que se coloca sobre algunos muebles o bandejas. || **5.** *Á. guar.* y *Á. R. Plata.* Tapete verde, que cubre la mesa de juego.

carpetano, na. ADJ. **1.** hist. Se dice de un pueblo prerromano que ocupaba la actual provincia de Madrid y parte de las de Guadalajara, Toledo y Ciudad Real, y de los individuos que componían dicho pueblo. Apl. a pers., u. t. c. s. || **2.** hist. Perteneciente o relativo a los carpetanos. *Asentamientos carpetanos.*

carpetazo. dar ~. LOC. VERB. **1.** En las oficinas, dejar tácita y arbitrariamente sin curso ni resolución una solicitud o expediente. || **2.** Dar por terminado un asunto o desistir de proseguirlo.

carpetovetónico, ca. ADJ. **1.** Perteneciente o relativo a los carpetanos y vetones. || **2.** Dicho de una persona, de una costumbre, de una idea, etc.: Que se tienen por españolas a ultranza, y sirven de bandera frente a todo influjo foráneo. U. m. en sent. despect.

carpiano, na. ADJ. *Anat.* Perteneciente o relativo al carpo.

carpincho. M. *Am.* Roedor americano de hábitos acuáticos, que alcanza el metro y medio de longitud y llega a pesar más de 80 kg. Tiene la cabeza cuadrada, el hocico romo y las orejas y los ojos pequeños. Su piel se utiliza en peletería.

carpintear. INTR. **1.** Trabajar en el oficio de carpintero. || **2.** coloq. Hacer obra de carpintero por afición y mero entretenimiento.

carpinterear. INTR. *Chile.* Labrar o trabajar madera por gusto, no por oficio.

carpintereo. M. *Chile.* Acción y efecto de carpinterear.

carpintería. F. **1.** Taller o tienda en donde trabaja el carpintero. || **2.** Oficio de carpintero. || **3.** Obra o labor del carpintero. || ~ **metálica.** F. La que en vez de madera emplea metales para la construcción de muebles, armaduras de puertas y ventanas, etc.

carpinteril. ADJ. Perteneciente o relativo al carpintero o a la carpintería.

carpintero, ra. M. y F. Persona que por oficio trabaja y labra madera, ordinariamente común. || **carpintero de armar.** M. **carpintero** que hace las armaduras, entramados y demás armazones de madera para los edificios. || **carpintero de ribera.** M. **carpintero** que trabaja en obras navales. ☐ V. **pájaro** ~.

carpir. TR. *Am.* Limpiar o escardar la tierra, quitando la hierba inútil o perjudicial.

carpo. M. *Anat.* Conjunto de huesos que, en número variable, forman parte del esqueleto de las extremidades anteriores de los batracios, reptiles y mamíferos, y que por un lado está articulado con el cúbito y el radio y por otro con los huesos metacarpianos. En el hombre constituye el esqueleto de la muñeca y está compuesto de ocho huesos íntimamente unidos y dispuestos en dos filas.

carqueja. F. Arbusto dioico de 30 a 60 cm de altura, áfilo, que posee tallos articulados, provistos longitudinalmente de dos alas de 2 a 5 mm de ancho, y se multiplica por división de matas.

carquesia. F. Mata leñosa, de la familia de las Papilionáceas, parecida a la retama, con ramas rastreras y ramillas herbáceas, hojas escasas, alternas, lanceoladas, algo vellosas y flores amarillas. Es medicinal.

carra. F. En los teatros, plataforma deslizante sobre la que va un decorado o parte de él, que aparece, desaparece o se desplaza según lo requiera la representación.

carraca[1]. F. **1.** hist. Antigua nave de transporte de hasta 2000 t, inventada por los italianos. || **2.** despect. Barco viejo o tardo en navegar. ‖ **3.** despect. Artefacto deteriorado o caduco.

carraca². F. **1.** Instrumento de madera, en que los dientes de una rueda, levantando consecutivamente una o más lengüetas, producen un ruido seco y desagradable. ‖ **2.** Pájaro de tamaño algo menor que la corneja, de cabeza, alas y vientre azules, dorso castaño y pico ganchudo en la punta. Es ave migratoria que pasa el verano en Europa, donde cría. ‖ **3.** *Mec.* Conjunto de rueda dentada y lengüeta que tienen algunos mecanismos para que el movimiento oscilatorio solo actúe en un sentido.

carrada. F. carretada (‖ carga de un carro).

carraleja. F. Insecto coleóptero, de color por lo común negro y con rayas transversales rojas, que carece de alas posteriores, tiene élitros cortos y abdomen que arrastra al andar.

carramplón. M. Tachuela del calzado.

carrao. M. *Á. Caribe.* Ave gruiforme de pico largo y plumaje pardo con rayas blancas, que vive en ciénagas y pantanos.

carrasca. F. Encina, generalmente pequeña, o mata de ella.

carrascal. M. **1.** Sitio o monte poblado de carrascas. ‖ **2.** *Chile.* pedregal.

carrasco. M. carrasca. □ V. pino ~.

carraspear. INTR. Emitir una tosecilla repetidas veces a fin de aclarar la garganta y evitar el enronquecimiento de la voz.

carraspeo. M. Acción y efecto de carraspear.

carraspera. F. **1.** carraspeo. ‖ **2.** coloq. Aspereza de la garganta, que obliga a aclararla tosiendo.

carraspiento, ta. ADJ. *Chile.* Que carraspea para aclarar la garganta.

carrasposo, sa. ADJ. **1.** Que padece carraspera crónica. U. t. c. s. ‖ **2.** *Á. Caribe.* Dicho de una cosa: Áspera al tacto, que raspa la mano.

carrasqueño, ña. ADJ. **1.** Perteneciente o relativo a la carrasca. *Superficie carrasqueña.* ‖ **2.** Semejante a ella. *Árbol carrasqueño.* □ V. roble ~.

carrejo. M. pasillo (‖ pieza de paso de un edificio).

carreñense. ADJ. **1.** Natural de Puerto Carreño. U. t. c. s. ‖ **2.** Perteneciente o relativo a esta ciudad de Colombia, capital del departamento de Vichada.

carrera. F. **1.** Acción de correr las personas o los animales cierto espacio. ‖ **2.** Pugna de velocidad entre personas que corren, guían vehículos o montan animales. ‖ **3.** Pugna de velocidad entre animales no cabalgados, como avestruces, galgos, liebres, etc. ‖ **4.** Cada uno de los servicios de un taxi o un vehículo de alquiler transportando clientes de un punto a otro. ‖ **5.** Conjunto de estudios que habilitan para el ejercicio de una profesión. ‖ **6.** Profesión o actividad que exige una formación académica previa y, generalmente, la superación de un concurso público para acceder a aquella. *Siguió la carrera de las armas. Cubrieron su puesto con un diplomático de carrera.* ‖ **7.** Curso profesional de relieve. *La carrera de un cantante. La carrera de un futbolista.* ‖ **8.** Ejercicio de una profesión o actividad. *Un médico con largos años de carrera.* ‖ **9.** Camino real o carretera. ‖ **10.** Calle que fue antes camino. *La carrera de San Jerónimo.* ‖ **11.** Trayecto o recorrido señalado para un desfile, procesión, etc. *En su segunda carrera, la Virgen va al encuentro del Cristo.* ‖ **12.** Línea regular de navegación. *El barco hace su carrera entre Puno y un puerto boliviano.*

‖ **13.** Conjunto o serie de cosas puestas en orden o hilera. *Carrera de árboles.* ‖ **14.** Línea o puntos que se sueltan en la media o en otro tejido análogo. ‖ **15.** Curso o duración de la vida humana. *La oscura carrera de su vida.* ‖ **16.** *Arq.* Viga horizontal para sostener otras, o para enlace de las construcciones. ‖ **17.** *Dep.* En béisbol, recorrido que hace el bateador por las diferentes bases tras golpear la pelota. ‖ **18.** *Mús.* carrerilla. ‖ **19.** pl. Pugna de velocidad entre caballos de raza especial montados por yoqueis. ‖ **~ de Indias.** F. hist. Navegación que se hacía a las Indias con naves que iban y volvían con mercancías. ‖ **~ de relevos.** F. *Dep.* Modalidad de competición atlética en la que, en un recorrido determinado, los participantes de cada equipo se reemplazan manteniendo la continuidad del movimiento. ‖ **~ fiscal.** F. Conjunto de los funcionarios que integran el ministerio fiscal. ‖ **~ judicial.** F. Conjunto de los jueces y magistrados profesionales. ‖ **a la ~.** LOC.ADV. **a más correr.** ‖ **cubrir la ~.** LOC.VERB. Situar a ambos lados del recorrido de un cortejo o desfile fuerzas del Ejército o de vigilancia para impedir el acceso del público. ‖ **dar ~ a alguien.** LOC.VERB. Costearle los estudios hasta habilitarle para ejercer alguna facultad, arte u oficio. ‖ **de ~.** LOC.ADV. Con facilidad y presteza. ‖ **hacer ~.** LOC.VERB. Prosperar en sociedad. ‖ **hacer la ~** una prostituta. LOC.VERB. Recorrer la calle a la busca de clientes. ‖ **tomar ~.** LOC.VERB. Retroceder para poder avanzar con más ímpetu.

carrerear. TR. *Méx.* apresurar.

carrerilla. F. **1.** Carrera corta para tomar impulso, generalmente antes de un salto. ‖ **2.** En la danza española, serie de dos pasos cortos acelerados hacia adelante, inclinándose a uno u otro lado. ‖ **3.** *Mús.* Subida o bajada, por lo común de una octava, pasando ligeramente por los puntos intermedios. ‖ **4.** *Mús.* Notas que expresan la carrerilla. ‖ **de ~.** LOC.ADV. coloq. De memoria y de corrido, sin enterarse mucho de lo que se ha leído o estudiado. *Decir, saber de carrerilla.* ‖ **hacer algo de ~.** LOC. VERB. Hacerlo seguido y deprisa. ‖ **tomar ~.** LOC.VERB. tomar carrera.

carrerista. COM. Persona que hace carreras de bicicletas u otros vehículos.

carrero. M. carretero (‖ encargado de guiar las caballerías).

carreta. F. **1.** Carro largo, estrecho y más bajo que el ordinario, cuyo plano se prolonga en una lanza en que se sujeta el yugo. Comúnmente tiene solo dos ruedas, sin herrar. ‖ **2.** Carro cerrado por los lados, que no tiene las ruedas herradas, sino calzadas con pinas de madera. □ V. carros y ~s.

carretada. F. **1.** Carga que lleva una carreta o un carro. ‖ **2.** coloq. Gran cantidad de cosas. ‖ **a ~s.** LOC.ADV. coloq. En abundancia.

carrete. M. **1.** Cilindro de madera, metal, plástico, etc., generalmente taladrado por el eje, con rebordes en sus bases, que sirve para devanar y mantener arrollados en él hilos, alambres, cordeles, cables, cintas, etc. ‖ **2.** Cilindro de la caña de pescar en que se enrolla el sedal. ‖ **3.** Cilindro en el que se enrolla la película fotográfica. ‖ **4.** Rollo de película para hacer fotografías. ‖ **5.** Cilindro de metal o plástico, taladrado y de poca altura, con dos láminas circulares en sus extremos, entre las cuales se arrolla la cinta de una máquina de escribir. ‖ **6.** *Fís.* bobina (‖ de circuito eléctrico). ‖ **dar ~.** LOC.VERB. **1.** Ir largando el sedal para que no lo rompa el pez grande que ha caído en el anzuelo. || **2.** Entretener el empeño de alguien con estudiadas dilatorias.

carretear. INTR. *Am.* Dicho de un avión: Desplazarse sobre la pista durante el despegue y el aterrizaje.

carretel. M. **1.** *Mar.* Carrete grande, propio para enrollar cables. || **2.** *Am.* Carrete de hilo para coser.

carretela. F. **1.** hist. Coche de cuatro asientos, con caja poco profunda y cubierta plegadiza. || **2.** *Chile.* Vehículo de dos o cuatro ruedas, de tracción animal o humana, que se dedica por lo general al acarreo de bultos.

carreteo. M. **1.** *Am.* Desplazamiento de los aviones por las pistas del aeropuerto al aterrizar o antes de despegar. || **2.** *Chile.* Transporte en carreta.

carretera. F. Camino público, ancho y espacioso, pavimentado y dispuesto para el tránsito de vehículos. ☐ V. **luz de ~.**

carretería. F. **1.** Transporte en carreta. || **2.** Taller en que se fabrican o reparan carros y carretas.

carretero. M. **1.** Fabricante de carros y carretas. || **2.** Encargado de guiar las caballerías o los bueyes que tiran de tales vehículos. || **3.** Persona que habla o se comporta con escasa educación o blasfema con facilidad. || **hablar,** o **jurar, como un ~.** LOCS.VERBS. coloqs. Blasfemar, o echar muchas maldiciones. ☐ V. **camino ~.**

carretil. ADJ. Perteneciente o relativo a la carreta. ☐ V. **camino ~.**

carretilla. F. **1.** Carro pequeño de mano, generalmente de una sola rueda, con un cajón para poner la carga y, en la parte posterior, dos varas para dirigirlo y dos pies en que descansa, utilizado en las obras para trasladar tierra, arena y otros materiales. || **2. buscapiés.** || **3.** *Chile.* **mandíbula** (|| pieza de la boca de los vertebrados). || **4.** *Chile.* **carrete** (|| cilindro para devanar hilos, alambres, cables, etc.). || **de ~.** LOC.ADV. coloq. **de carrerilla.**

carretillero. M. Conductor de una carretilla.

carretón. M. Carro pequeño, especie de cajón abierto, con dos o cuatro ruedas, que puede ser arrastrado por una caballería.

carretoncillo. M. Carro muy pequeño.

carretonero. M. Conductor de un carretón.

carricerín. M. Pájaro insectívoro que se distingue del carricero por su plumaje pardo manchado con listas o filas de motas en el occipucio, y por ser un poco menor.

carricero. M. Pequeño pájaro insectívoro de color pardo casi uniforme. Su tamaño es de 12,5 a 19 cm. Generalmente habita en los carrizales y vegetación próxima al agua.

carricoche. M. **1.** hist. Carro cubierto cuya caja era como la de un coche. || **2.** despect. Coche viejo o de mala figura.

carricuba. F. hist. Carro que tiene un depósito para transportar líquidos.

carriel. M. *Á. Caribe.* Bolsa de cuero, como las usadas por los peregrinos, pendiente del cinto y con varias divisiones.

carril. M. **1.** Camino capaz tan solo para el paso de un carro. || **2.** En las vías férreas, cada una de las barras de hierro o de acero laminado que, formando dos líneas paralelas, sustentan y guían las locomotoras y vagones que ruedan sobre ellas. || **3.** Ranura guía sobre la que se desliza un objeto en una dirección determinada, como en una puerta de corredera. || **4.** En una vía pública, cada banda longitudinal destinada al tránsito de una sola fila de vehículos. || **~ de aceleración.** M. En una vía pública, el destinado a los vehículos que se incorporan a ella y

que les permite acelerar para adecuar su velocidad a la de otros automóviles.

carrillada. F. Parte grasa que tiene el puerco a uno y otro lado de la cara.

carrillera. F. **1.** Quijada de ciertos animales. || **2.** Cada una de las dos correas, por lo común cubiertas de escamas de metal, que forman el barboquejo del casco o morrión.

carrillo. M. Parte carnosa de la cara, desde los pómulos hasta la parte baja de la mandíbula. || **comer,** o **masticar, a dos ~s.** LOCS.VERBS. coloqs. Comer con rapidez y voracidad.

carrillón. M. **carillón.**

carrilludo, da. ADJ. Que tiene abultados los carrillos.

carriola. F. **1.** Cama baja o tarima con ruedas. || **2.** *Méx.* **coche de niño.**

carrizal. M. Sitio poblado de carrizos.

carrizo. M. **1.** Planta gramínea, indígena de España, con la raíz larga, rastrera y dulce, tallo de dos metros, hojas planas, lineales y lanceoladas, y flores en panojas anchas y copudas. Se cría cerca del agua y sus hojas sirven para forraje. Sus tallos servían para construir cielorrasos, y sus panojas, para hacer escobas. || **2.** Planta indígena de Venezuela, gramínea, de tallos nudosos y de seis a siete centímetros de diámetro, que contienen agua dulce y fresca.

carro. M. **1.** Carruaje de dos ruedas, con lanza o varas para enganchar el tiro, y cuyo armazón consiste en un bastidor con listones o cuerdas para sostener la carga, y varales o tablas en los costados, y a veces en los frentes, para sujetarla. || **2.** Vehículo o armazón con ruedas que se emplea para transportar objetos diversos, como el cesto de la compra, libros, comida, equipaje, etc. || **3.** Carga de un carro. || **4.** coloq. Cantidad grande de algo. *Un carro de preocupaciones. Tengo un carro de asuntos sin resolver.* || **5.** *Mec.* Pieza de algunas máquinas dotada de un movimiento de traslación horizontal, como la que sostiene el papel en las máquinas de escribir o la que sirve de portaherramientas en el torno. || **6.** *Mil.* **carro de combate.** || **7.** *Am.* automóvil (|| vehículo pequeño o mediano). || **~ de asalto.** M. Tanque grande, fuertemente blindado y de mucho poder ofensivo. || **~ de combate.** M. Vehículo de guerra blindado y articulado que, moviéndose sobre una llanta flexible o cadena sin fin, puede ir por terrenos escabrosos. || **~ triunfal.** M. El grande con asientos, pintado y adornado, que se usa en las procesiones y festejos. || **~s y carretas.** M. pl. coloq. Contrariedades, contratiempos o incomodidades graves que se soportan pacientemente. *Aguantaron carros y carretas.* || **parar el ~.** LOC.VERB. coloq. Contener o moderar a quien está enojado u obra arrebatadamente. || **subirse** alguien **al ~.** LOC.VERB. coloq. Aprovechar una situación favorable para sacar partido de ella. *Subirse al carro de los cambios.* || **tirar del ~.** LOC.VERB. coloq. Pesar sobre una o más personas exclusivamente el trabajo en que otras debieran o pudieran tomar parte.

carrocería. F. Parte de los vehículos automóviles o ferroviarios que, asentada sobre el bastidor, reviste el motor y otros elementos, y en cuyo interior se acomodan los pasajeros o la carga.

carrocero, ra. I. ADJ. **1.** Perteneciente o relativo a la carroza o a la carrocería. *Industrias carroceras.* || **II.** M. y F. **2.** Persona que fabrica, monta o repara carrocerías. || **III.** M. **3.** Constructor de carruajes.

carromatero. M. Encargado de gobernar un carromato.

carromato. M. Carro grande de dos ruedas, con dos varas para enganchar una caballería o más en reata, y que suele tener bolsas de cuerda para recibir la carga, y un toldo de lienzo y cañas.

carroña. F. **1.** Carne corrompida. || **2.** Persona, idea o cosa ruin y despreciable.

carroñero, ra. ADJ. **1.** Perteneciente o relativo a la carroña. *Restos carroñeros.* || **2.** Dicho de un animal: Que se alimenta principalmente de carroña. *Ave carroñera.* U. t. c. s.

carroñoso, sa. ADJ. Que huele a carroña. *Crines carroñosas.*

carroza. F. **1.** Coche grande, ricamente vestido y adornado. || **2.** carroza que se construye para funciones públicas. || **3.** *Mar.* Armazón de hierro o madera que, cubierto con una funda o toldo, generalmente de lona, sirve para defender de la intemperie algunas partes del buque. Lo llevan, en particular, las góndolas y falúas. || **4.** *Á. Caribe* y *Méx.* **coche fúnebre.**

carrozable. ADJ. *Á. Andes.* Dicho de un camino: Destinado al tránsito de vehículos.

carrozar. TR. Poner carrocería a un vehículo.

carruaje. M. Vehículo formado por un armazón de madera o hierro, montado sobre ruedas.

carrusel. M. **1.** Espectáculo en que varios jinetes ejecutan vistosas evoluciones. || **2. tiovivo.**

cárstico, ca. ADJ. **kárstico.**

carta. F. **1.** Papel escrito, y ordinariamente cerrado, que una persona envía a otra para comunicarse con ella. || **2.** Cada una de las cartulinas que componen la baraja. || **3. carta magna.** || **4.** En un restaurante o establecimiento análogo, lista de platos y bebidas que se pueden elegir. || **5. mapa** (|| de la Tierra o parte de ella). || **~ abierta.** F. La dirigida a una persona y destinada a la publicidad. || **~ astral.** F. Gráfico de la posición de los planetas y de otros factores que concurren en el instante del nacimiento de una persona, a partir del cual los astrólogos interpretan los rasgos y tendencias constitucionales de esta. || **~ blanca.** F. **1.** La que se da a una autoridad para que obre discrecionalmente. || **2.** coloq. **manos libres.** || **~ de ajuste.** F. En los televisores, gráfico fijo con líneas y colores para poder ajustar la imagen. || **~ de crédito.** F. La que ordena a alguien que dé a otra persona dinero por cuenta de quien la escribe. || **~ de gracia.** F. hist. Antiguo privilegio real de exenciones, fueros e inmunidades. || **~ de marear.** F. Mapa en que se describe el mar, o una porción de él, con sus costas o los lugares donde hay escollos o bajíos. || **~ de naturaleza.** F. *Der.* Concesión discrecional a un extranjero de la nacionalidad de un país sin necesidad de requisitos determinados. || **~ de pago.** F. Documento en que el acreedor confiesa haber recibido el importe o parte de la deuda. || **~ de Urías.** F. Medio falso y traidor que alguien emplea para dañar a otra persona, abusando de su confianza y buena fe. || **~ de venta.** F. Escritura pública en la que se vende algo. || **~ magna.** F. Constitución escrita o código fundamental de un Estado. || **~ náutica.** F. **carta de marear.** || **~ orden.** F. La que contiene una orden o mandato. || **~ pastoral.** F. Escrito o discurso que con instrucciones o exhortaciones dirige un prelado a sus diocesanos. || **~ puebla.** F. hist. Diploma en que se contenía el repartimiento de tierras y derechos que se concedían a los nuevos pobladores del sitio o lugar en que

se fundaba un pueblo. || **~ real.** F. hist. Antiguo privilegio otorgado por los reyes. || **~ urgente.** F. La que se envía y entrega al destinatario con preferencia a la carta ordinaria. || **~s credenciales.** F. pl. Las que se dan a un embajador o ministro para que un Estado extranjero lo admita y reconozca por tal. || **a ~ cabal.** LOC. ADV. De manera intachable. *Es honrado a carta cabal.* || **echar las ~s.** LOC. VERB. Hacer con los naipes ciertas combinaciones con las que se pretende adivinar cosas ocultas o del futuro. || **jugar** alguien **bien ~s.** LOC. VERB. Desempeñarse con astucia en un asunto delicado. || **jugar la última ~.** LOC. VERB. Emplear el último recurso en casos de apuro. || **jugárselo todo a una ~.** LOC. VERB. **jugarse el todo por el todo.** || **perder con buenas ~s.** LOC. VERB. coloq. Perder alguna pretensión, teniendo méritos y buenos medios para conseguirla. || **poner** alguien **las ~s boca arriba.** LOC. VERB. Poner de manifiesto un propósito u opinión que se guardaba oculto. || **tomar ~s en** algún negocio. LOC. VERB. coloq. Intervenir en él.

cartabón. M. **1.** Plantilla de madera, plástico u otro material en forma de triángulo rectángulo escaleno que se utiliza en delineación. || **2.** *Arq.* Ángulo que forman en el caballete las dos vertientes de una armadura de tejado.

cartagenero, ra. ADJ. **1.** Natural de Cartagena, ciudad de la provincia de Murcia, en España. U. t. c. s. || **2.** Natural de Cartagena, ciudad de Colombia, capital del departamento de Bolívar. U. t. c. s. || **3.** Perteneciente o relativo a alguna de estas ciudades.

cartaginense. ADJ. **1.** hist. **cartaginés** (|| natural de Cartago). U. t. c. s. || **2.** hist. **cartaginés** (|| perteneciente a esta antigua ciudad y reino de África).

cartaginés, sa. ADJ. **1.** hist. Natural de Cartago, antigua ciudad y reino del norte de África. U. t. c. s. || **2.** Natural de Cartago, cantón y provincia de Costa Rica, o de su capital. U. t. c. s. || **3.** Perteneciente o relativo a aquella antigua ciudad y reino, o a esta provincia y cantón y su capital.

cártamo. M. **alazor.**

cartapacio. M. **1.** Funda de cartón u otra materia adecuada, en que se meten libros y papeles. || **2.** Conjunto de papeles contenidos en una carpeta. || **3.** Cuaderno para escribir o tomar apuntes.

cartearse. PRNL. Corresponderse por cartas.

cartel[1]. M. **1.** Lámina de papel u otra materia en que hay inscripciones o figuras y que se exhibe con fines noticieros, de publicidad, etc. || **2.** hist. Escrito que se hacía público y en que alguien desafiaba a otra persona para reñir con ella. || **de ~.** LOC. ADJ. Dicho de una persona: Que tiene gran prestigio. || **en ~.** LOC. ADJ. Dicho de un espectáculo: Que se está representando. *Película en cartel.* U. t. c. loc. adv. || **tener ~.** LOC. VERB. coloq. Tener la reputación bien asentada en una materia determinada.

cartel[2] o **cártel.** M. **1.** Organización ilícita vinculada al tráfico de drogas o de armas. || **2.** *Econ.* Grupo de empresas que establece un convenio para evitar la mutua competencia y regular la producción, venta y precios en determinado campo industrial.

cartela. F. **1.** Pedazo de cartón, madera u otra materia, especie de tarjeta, destinado para poner o escribir en él algo. || **2.** Ménsula, especie de modillón, de más altura que vuelo. || **3.** *Herál.* Cada una de las piezas heráldicas ordinarias, pequeñas y de forma rectangular, que se ponen verticalmente y en serie en la parte superior del escudo.

cartelera. F. **1.** Cartel anunciador de funciones teatrales o de otros espectáculos. ‖ **2.** Sección de los periódicos donde se anuncian estas funciones y espectáculos. ‖ **3.** Armazón con superficie adecuada para fijar los carteles o anuncios públicos.

cartelero, ra. ADJ. Dicho de un espectáculo, de un autor, de un artista, de un torero, etc.: Que tienen cartel o atraen al público.

cartelista. COM. Persona que tiene por oficio diseñar o pintar carteles, anuncios, etc.

carteo. M. Acción y efecto de cartearse.

cárter. M. *Mec.* En los automóviles y otras máquinas, pieza o conjunto de piezas que protege determinados mecanismos y a veces contiene el lubricante. MORF. pl. **cárteres.**

cartera. F. **1.** Objeto cuadrangular de pequeñas dimensiones, hecho de piel u otro material, plegado por su mitad, que puede llevarse en el bolsillo y sirve para contener documentos, tarjetas, billetes de banco, etc. ‖ **2.** Objeto de forma cuadrangular, hecho de cuero u otra materia generalmente flexible, con asa para llevarlo y que puede contener documentos, papeles, libros, etc. ‖ **3.** Cubierta formada de dos hojas rectangulares de cartón o piel, unidas por uno de sus lados, que sirve para dibujar o escribir sobre ella y para resguardar y llevar estampas o papeles. ‖ **4.** Bolso de mujer pequeño y plano que se lleva en la mano, generalmente sin asa. ‖ **5.** Empleo de **ministro** (‖ persona que forma parte del Gobierno). *La cartera de Educación.* ‖ **6.** Ejercicio de las funciones propias de cada ministerio. ‖ **7.** *Com.* Conjunto de valores o efectos comerciales de curso legal, que forman parte del activo de un comerciante, banco o sociedad y, por ext., de un particular. ‖ **8.** *Am.* Bolso de las mujeres. ‖ **~ de clientes.** F. *Econ.* Conjunto de clientes fijos de una empresa. ‖ **~ de pedidos.** F. *Econ.* Conjunto de encargos pendientes que tiene una empresa, un vendedor, un profesional, etc. ‖ **~ de valores.** F. *Econ.* **cartera** (‖ conjunto de valores que forman parte del activo de un comerciante o sociedad). ‖ **en ~.** LOC. ADJ. Dicho de un asunto, de un proyecto, etc.: Previstos para ser tratados o resueltos próximamente. U. m. c. loc. adv. *Dejaron tres asuntos en cartera para la siguiente reunión.* ☐ **ministro sin ~.**

cartería. F. **1.** Empleo de cartero. ‖ **2.** Oficina inferior de correos, donde se recibe y despacha la correspondencia pública.

carterista. COM. Ladrón de carteras de bolsillo.

cartero, ra. M. y F. Persona cuya profesión consiste en repartir las cartas y otros envíos postales.

cartesianismo. M. Sistema filosófico de Descartes, filósofo y matemático francés, y de sus discípulos.

cartesiano, na. ADJ. **1.** Perteneciente o relativo al cartesianismo. *Conceptos cartesianos.* ‖ **2.** Partidario de este sistema. U. t. c. s. ☐ V. **coordenada ~.**

carteta. F. Juego de cartas en que se saca una para los puntos y otra para el banquero, y de ellas gana la primera que hace pareja con las que van saliendo de la baraja.

cartilaginoso, sa. ADJ. **1.** *Anat.* Perteneciente o relativo a los cartílagos. *Esqueleto cartilaginoso.* ‖ **2.** Semejante al cartílago o de tal naturaleza. *Sustancia cartilaginosa.* ☐ V. **tejido ~.**

cartílago. M. *Anat.* Tejido esquelético flexible de los vertebrados y algunos invertebrados, formado por grupos aislados de células incluidos en una matriz de colágeno.

cartilla. F. **1.** Cuaderno pequeño, impreso, que contiene las letras del alfabeto y los primeros rudimentos para aprender a leer. ‖ **2.** Tratado breve y elemental de algún oficio o arte. ‖ **3.** Cuaderno o libreta donde se anotan ciertas circunstancias o vicisitudes que interesan a determinada persona, como las que dan las cajas de ahorros a los imponentes. ‖ **~ militar.** F. La que se da al soldado cuando se licencia y en la que se hacen constar, además de los datos personales, las vicisitudes de su servicio, las obligaciones a que queda sujeto, etc. ‖ **cantarle, o leerle, a alguien la ~.** LOCS. VERBS. coloqs. Reprenderlo, advirtiendo lo que debe hacer en algún asunto. ‖ **saberse la ~, o tener aprendida la ~.** LOCS. VERBS. Haber recibido instrucciones sobre el modo de proceder en determinado asunto.

cartivana. F. Tira de papel o tela que se pone en las láminas u hojas sueltas para que se puedan encuadernar de modo conveniente.

cartografía. F. **1.** Arte de trazar mapas geográficos. ‖ **2.** Ciencia que los estudia.

cartografiar. TR. Levantar y trazar la carta geográfica de una porción de superficie terrestre. MORF. conjug. c. *enviar.*

cartográfico, ca. ADJ. Perteneciente o relativo a la cartografía.

cartógrafo, fa. M. y F. Persona que traza cartas geográficas.

cartomancia o cartomancía. F. Arte que pretende adivinar el futuro por medio de los naipes.

cartomántico, ca. ADJ. **1.** Que practica la cartomancia. U. t. c. s. ‖ **2.** Perteneciente o relativo a la cartomancia. *Dotes cartománticas.*

cartón. M. **1.** Conjunto de varias hojas superpuestas de pasta de papel que, en estado húmedo, se adhieren unas a otras por compresión y se secan después por evaporación. ‖ **2.** Hoja de tamaño variable, hecha de pasta de trapo, papel viejo y otras materias. ‖ **3.** En la lotería casera y en el bingo, cartulina con números diversos para participar en cada juego. ‖ **4.** Envase de **cartón** que suele contener diez cajetillas de cigarrillos. ‖ **5.** *Pint.* Dibujo sobre papel o lienzo, a veces coloreado, de una composición o figura, ejecutado en el mismo tamaño que ha de tener la obra de pintura, mosaico, tapicería o vidriería para la que servirá de modelo. ‖ **~ piedra.** M. Pasta de **cartón** o papel, yeso y aceite secante que luego se endurece mucho y con la cual puede hacerse toda clase de figuras. ‖ **ser de ~ piedra.** LOC. VERB. **1.** Dicho de una cosa: Ser falsa, artificial. ‖ **2.** Dicho de una persona: Ser **insensible** (‖ que no siente lo que causa dolor).

cartonaje. M. Conjunto de cartones.

cartoné. M. *Impr.* Encuadernación que se hace con tapas de cartón y forro de papel.

cartonero, ra. **I.** ADJ. **1.** Perteneciente o relativo al cartón. *Empresa cartonera.* ‖ **II.** M. y F. **2.** Persona que hace o vende cartones u obras hechas en cartón.

cartonista. COM. Persona que tiene por oficio proyectar tapices y alfombras mediante dibujos en colores.

cartuchera. F. **1.** Caja o cinto, generalmente de cuero, y destinados a llevar la dotación individual de cartuchos de un arma de fuego. ‖ **2.** coloq. Acumulación de grasa en la parte lateral superior de los muslos de la mujer. || **3.** *Á. Caribe.* **plumier.**

cartucho. M. **1.** Carga de pólvora y municiones, o de pólvora sola, correspondiente a cada tiro de algún arma de fuego, envuelta en papel o lienzo o encerrada en un tubo metálico, para cargar de una vez. || **2.** Envoltorio cilíndrico de monedas de una misma clase. || **3.** Dispositivo intercambiable, provisto de lo necesario para que funcionen ciertas máquinas, aparatos o instrumentos. *Un cartucho fotográfico. Un cartucho de una estilográfica.* || **4.** Bolsa hecha de cartulina, para contener dulces, frutas y cosas semejantes. || **5. cucurucho** (|| papel arrollado en forma cónica). || **quemar el último ~.** LOC. VERB. Emplear el último recurso en casos apurados.

cartuja. F. Monasterio o convento de la Orden de la Cartuja.

cartujano, na. ADJ. **1. cartujo.** Apl. a pers., u. t. c. s. || **2.** Dicho de un caballo: Que ofrece las señales más características de la raza andaluza.

cartujo, ja. ADJ. **1.** Se dice del religioso de la Orden de la Cartuja, fundada por san Bruno el año 1086. U. t. c. s. || **2.** Perteneciente o relativo a esta orden. *Convento cartujo.*

cartulario. M. hist. En algunos archivos, libro becerro o **tumbo²**.

cartulina. F. Cartón delgado, generalmente terso, que se usa para tarjetas, diplomas y cosas análogas.

carúncula. F. Especie de carnosidad de color rojo vivo y naturaleza eréctil, que poseen en la cabeza algunos animales, como el pavo y el gallo.

carvallo. M. **roble** (|| árbol).

casa. F. **1.** Edificio para habitar. *Una casa de ocho plantas.* || **2.** Edificio de una o pocas plantas destinado a vivienda unifamiliar, en oposición a *piso. Quieren vender el piso y comprarse una casa.* || **3. piso** (|| vivienda). *Mi casa está en el 3.º C.* || **4.** Edificio, mobiliario, régimen de vida, etc., de alguien. *Echo de menos las comodidades de casa.* || **5. familia** (|| grupo de personas que viven juntas). *La administración de cada casa.* || **6.** Descendencia o linaje que tiene un mismo apellido y viene del mismo origen. *Casa de los Ríos.* || **7.** Establecimiento industrial o mercantil. *Esta casa es la más antigua en su ramo.* || **8.** Institución de carácter sociocultural y recreativo que agrupa a personas con vínculos geográficos o intereses comunes. *Casa de Galicia. Casa de la cultura.* || **9.** Sede de esta institución. || **10.** hist. Conjunto de estados, vasallos y rentas que poseía un señor. || **11.** pl. *Chile.* **casa** principal de un fundo. || **~ abierta.** F. Domicilio, estudio o despacho de quien ejerce una profesión, un arte o una industria. || **~ civil.** F. En España, conjunto de personas que tenían a su cargo los servicios no militares del palacio o residencia del jefe del Estado. || **~ consistorial.** F. casa de la villa o ciudad adonde concurren los concejales de su ayuntamiento a celebrar sus juntas. || **~ cuartel.** F. Puesto o destacamento permanente de un cuerpo armado dotado de viviendas destinadas a los individuos de este cuerpo y sus familias. || **~ cuna.** F. **inclusa.** || **~ cural.** F. casa parroquial. || **~ de altos.** F. *Am.* Vivienda que tiene dos o más pisos sobre la planta baja. || **~ de baños.** F. Establecimiento en que se tienen baños para el servicio público. || **~ de beneficencia.** F. Hospital, hospicio o asilo. || **~ de campo.** F. La que está fuera de poblado y sirve para cuidar del cultivo, para recrearse o para ambos objetos a la vez. || **~ de citas.** F. Aquella en

que se facilita, clandestinamente, y a cambio de dinero, habitación para las relaciones sexuales. || **~ de comidas.** F. **figón.** || **~ de Dios.** F. Templo o iglesia. || **~ de empeño,** o **~ de empeños.** F. Establecimiento donde se presta dinero mediante la entrega condicionada de alhajas o ropas u otros bienes muebles, en prenda. || **~ de huéspedes.** F. Aquella en que, mediante cierto precio, se da estancia y comida, o solo alojamiento, a algunas personas. || **~ de juego.** F. La que está destinada a la explotación de juegos de azar. || **~ de labor,** o **~ de labranza.** F. Aquella en que habitan los labradores y en la que tienen sus ganados y aperos. || **~ de lenocinio.** F. La de prostitutas. || **~ de locos.** F. **1. manicomio.** || **2.** coloq. Lugar donde hay mucho bullicio, inquietud y falta de autoridad. || **~ del rey.** F. **1.** casa real. || **2.** En España, conjunto de personas civiles y militares que asisten al rey en el desempeño de sus funciones. || **~ del Señor.** F. casa de Dios. || **~ de malicia.** F. hist. Cada una de las que, con cabida para alojar dos familias, se edificaban en Madrid durante el siglo XVII, sobre traza arquitectónica en fachada de un solo piso, rehuyendo así la carga de aposento. || **~ de mancebía.** F. casa de lenocinio. || **~ de moneda.** F. La destinada a fundir, fabricar y acuñar moneda. || **~ de oración.** F. casa de Dios. || **~ de postas.** F. hist. Parada donde tomaban caballos de refresco los correos y quienes viajaban en posta. || **~ de préstamos.** F. casa de empeño. || **~ de prostitución.** F. casa de lenocinio. || **~ de pupilos.** F. casa de huéspedes. || **~ de putas.** F. **1.** coloq. casa de lenocinio. || **2.** coloq. Lugar de gran desorden. || **~ de recreo.** F. La situada en el campo como lugar de descanso y distracción. || **~ de socorro.** F. Establecimiento benéfico donde se prestan los primeros auxilios facultativos a heridos o víctimas de una enfermedad repentina. || **~ de tócame Roque.** F. coloq. Aquella en que vive mucha gente y hay mala dirección y el consiguiente desorden. || **~ de tolerancia.** F. casa de lenocinio. || **~ de trato.** F. casa de lenocinio. || **~ de vecindad.** F. La que contiene muchas viviendas reducidas, por lo común con acceso a patios y corredores. || **~ dezmera,** o **~ excusada.** F. hist. La principal de cada parroquia que, por privilegio pontificio, pagaba sus diezmos a la real Hacienda en vez de pagarlos a la Iglesia. || **~ fuerte.** F. **1.** La fabricada para habitar en ella, con medios para defenderse de los enemigos. || **2.** La muy acaudalada. || **~ grande.** F. casa aristocrática o importante por su riqueza. || **~ militar.** F. En España, conjunto de militares que se hallaban como ayudantes al servicio inmediato del jefe del Estado. || **~ mortuoria.** F. casa donde recientemente ha muerto alguna persona. || **~ parroquial.** F. La destinada a vivienda del párroco y que, generalmente, es propiedad de la Iglesia. || **~ paterna.** F. casa de los padres. || **~ pública.** F. casa de lenocinio. || **~ real.** F. **1.** palacio (|| casa de los reyes). || **2.** Personas reales y conjunto de sus familias. || **~ rectoral.** F. casa parroquial. || **~ rodante.** F. *Am.* caravana (|| vehículo acondicionado para cocinar y dormir en él). || **~ solar,** o **~ solariega.** F. La más antigua y noble de una familia. || **las ~s.** F. pl. *Á. R. Plata* y *Chile.* En una estancia, casco o edificio principal. || **ah de,** o **de la, ~.** LOCS. INTERJS. Se usan para llamar en casa ajena. || **caérsele** a alguien **la ~ encima.** LOC. VERB. **1.** coloq. Hacerse insoportable la permanencia en ella. || **2.** coloq. Sobrevenirle grave contrariedad o contratiempo. || **como una ~.** LOC. ADJ. coloq. Dicho de una cosa: Muy grande o de gran envergadura.

|| **de entre** ~. LOC. ADV. *Á. R. Plata.* Con vestido llano y casero. U. t. c. loc. adj. || **de la** ~. LOC. ADJ. Se dice, en los establecimientos que sirven o venden comidas y bebidas, de aquellas que preparan o sirven habitualmente o constituyen su especialidad. *Vino de la casa. Postre de la casa.* || **echar,** o **tirar, la** ~ **por la ventana.** LOCS. VERBS. coloqs. Gastar con esplendidez en un convite o con cualquier otro motivo. || **en** ~. LOC. ADV. En la casa propia. || **guardar la** ~. LOC. VERB. Estarse en ella por necesidad. || **no tener** ~ **ni hogar.** LOC. VERB. 1. coloq. Ser sumamente pobre. || 2. coloq. Ser un vagabundo. || **para andar por** ~. LOC. ADJ. Dicho de un procedimiento, de una solución, de una explicación, etc.: De poco valor, hechos sin rigor. || **poner** ~ quien antes no la tenía. LOC. VERB. Tomar casa, haciéndose cabeza de familia. || **poner la** ~ a alguien. LOC. VERB. Amueblársela para que pueda habitar en ella. || **ser** alguien **como de la** ~, o **de la** ~. LOCS. VERBS. Ser muy amigo de la familia, y merecer de ella un trato llano y desinhibido. || **ser** alguien **muy de** ~. LOC. VERB. coloq. Ser muy hogareño, poco amigo de salir a divertirse. □ V. **ama de** ~, **amo de** ~, **cuerpo de** ~, **gentilhombre de la** ~, **mujer de su** ~.

casabe. M. 1. Torta que se hace en varias partes de América con una harina sacada de la raíz de la mandioca. || 2. Harina con la que se hace dicha torta.

casaca. F. Vestidura ceñida al cuerpo, generalmente de uniforme, con mangas que llegan hasta la muñeca, y con faldones hasta las corvas.

casación. F. *Der.* Acción de **casar²**. □ V. **recurso de** ~.

casadero, ra. ADJ. Que está en edad de casarse.

casado, da. PART. de **casar¹.** || **I.** ADJ. 1. Dicho de una persona: Que ha contraído matrimonio. U. t. c. s. || **II.** M. 2. *Impr.* Modo de colocar las páginas en la platina para que, doblado el pliego, queden numeradas correlativamente.

casal. M. 1. casa de labor. || 2. Solar o casa solariega. || 3. *Á. guar.* y *Á. R. Plata.* Pareja de macho y hembra.

casamata. F. *Mil.* Emplazamiento muy resistente para instalar una o más piezas de artillería.

casamentero, ra. ADJ. Dicho de una persona: Que propone una boda o interviene en el ajuste de ella. U. t. c. s.

casamiento. M. 1. Acción y efecto de **casar** (|| contraer matrimonio). || 2. Ceremonia nupcial. || 3. *Der.* Contrato por el que un hombre y una mujer se comprometen a vivir en matrimonio.

casanarense. ADJ. casanareño.

casanareño, ña. ADJ. 1. Natural de Casanare. U. t. c. s. || 2. Perteneciente o relativo a este departamento de Colombia.

casanova. M. Hombre famoso por sus aventuras amorosas.

casapuerta. F. Zaguán o portal. MORF. pl. **casapuertas.**

casaquilla. F. Casaca muy corta.

casar¹. I. INTR. 1. Contraer matrimonio. U. m. c. prnl. || 2. Dicho de dos o más cosas: Corresponder, conformarse, cuadrar. *Las versiones de los testigos no casan.* || **II.** TR. 3. Dicho de un ministro de la Iglesia o de una autoridad civil competente: Autorizar el matrimonio de dos personas. *El cura casó a la pareja.* || 4. Unir, juntar o hacer coincidir algo con otra cosa. *Casar la oferta con la demanda.* || 5. Disponer y ordenar algo de manera que haga juego con otra cosa o tengan correspondencia entre sí. *Casó los cojines con el sofá.* U. t. c. intr. || 6. coloq. Dicho de un padre o de un superior: Disponer el

casamiento de alguien que está bajo su autoridad. || **no** ~**se con nadie.** LOC. VERB. coloq. Conservar la independencia de opinión o actitud.

casar². TR. *Der.* Anular, abrogar, derogar.

casar³. M. Conjunto de casas que no llegan a formar pueblo.

casatienda. F. Tienda junta con la vivienda del comerciante. MORF. pl. **casatiendas.**

casba. F. Barrio antiguo de las ciudades norteafricanas.

cascabel. M. 1. Bola hueca de metal, ordinariamente del tamaño de una avellana o de una nuez, con asa y una abertura debajo rematada en dos agujeros. Lleva dentro una pieza de hierro o latón para que, moviéndolo, suene. Sirve para ponerlo al cuello a algunos animales, en los jaeces de los caballos y para otros usos. || 2. Remate posterior, en forma casi esférica, de algunos cañones de artillería. || 3. coloq. Persona muy alegre. || **poner el** ~ **al gato.** LOC. VERB. coloq. Arrojarse a alguna acción peligrosa o muy difícil. *¿Quién le pone el cascabel al gato?* □ V. **serpiente de** ~.

cascabelear. INTR. Hacer sonar cascabeles o producir un sonido semejante al de los cascabeles.

cascabeleo. M. Ruido de cascabeles o de voces o risas que lo recuerdan.

cascabelero, ra. ADJ. coloq. Dicho de una persona: De poco seso y particularmente alegre y desenfadada. U. t. c. s.

cascabillo. M. 1. Cascarilla en que se contiene el grano de trigo o de cebada. || 2. Cúpula de la bellota.

cascada. F. 1. Caída desde cierta altura del agua de un río u otra corriente por brusco desnivel del cauce. || 2. *Inform.* Presentación de documentos en la pantalla de una computadora u ordenador en forma de ventanas superpuestas escalonadamente, que producen un efecto de perspectiva. □ V. **reacción en** ~.

cascado, da. PART. de **cascar.** || ADJ. 1. Gastado o muy trabajado. *Anciano, tocadiscos cascado.* || 2. Dicho especialmente de la voz: Que carece de fuerza, sonoridad, entonación, etc.

cascajal. M. Lugar en donde hay mucho **cascajo** (|| guijo).

cascajar. M. Lugar en donde hay mucho **cascajo** (|| guijo).

cascajera. F. cascajal.

cascajo. M. 1. Guijo, conjunto de fragmentos de piedra y de otras cosas que se quiebran. || 2. Trasto o mueble viejo. || **estar hecho un** ~. LOC. VERB. coloq. Estar decrépito.

cascajoso, sa. ADJ. Abundante en piedras o guijo. *Suelo cascajoso.*

cascalote. M. Árbol americano, de la familia de las Mimosáceas, muy alto y grueso, cuyo fruto abunda en tanino y se emplea para curtir, y también en medicina como astringente.

cascanueces. M. Instrumento de hierro o de madera, especie de tenaza, para partir nueces.

cascar. I. TR. 1. Romper algo duro o quebradizo. *Cascar un huevo.* U. t. c. prnl. || 2. coloq. Dar a alguien golpes con la mano o con otra cosa. || 3. coloq. Estropear, dañar algo. U. t. c. prnl. || **II.** INTR. 4. Dicho de una cosa: **romperse** (|| quebrarse). *La luna del escaparate cascó sin que nadie la tocara.* U. t. c. prnl.

cáscara. F. 1. Corteza o cubierta exterior de los huevos, de algunas frutas y de otras cosas. || 2. Corteza de los árboles. ‖ **~ sagrada.** F. Corteza de una planta leñosa, de la familia de las Ramnáceas, que vive en América Septentrional. Se utiliza en medicina por sus propiedades tónicas y laxantes.

cascarilla. F. **1.** Corteza de un árbol de América, de la familia de las Euforbiáceas, amarga, aromática y medicinal, que cuando se quema despide un olor como de almizcle. ‖ **2.** Quina delgada, y más comúnmente la de Loja. ‖ **3.** Cáscara de cacao tostada, de cuya infusión se hace una bebida que se toma caliente. ‖ **4.** Cáscara fina de los cereales y de algunos frutos secos. ‖ **5.** hist. Blanquete hecho de cáscara de huevo.

cascarita. F. *Méx.* Partido de fútbol informal y amistoso.

cascarón. M. Cáscara de huevo de cualquier ave, y en particular la rota por el pollo al salir de él. ‖ **~ de nuez.** M. coloq. Embarcación muy pequeña para el uso a que se destina.

cascarrabias. COM. coloq. Persona que fácilmente se enoja, riñe o demuestra enfado.

cascarria. F. Lodo o barro que se coge y seca en la parte de la ropa que va cerca del suelo. U. m. en pl.

cascarriento, ta. ADJ. Que tiene muchas cascarrias.

cascás. M. *Chile.* Insecto coleóptero, notable por sus mandíbulas en forma de gancho. MORF. pl. **cascases.**

casco. M. **1.** Fragmento que queda de un vaso o vasija al romperse. ‖ **2. casco de metralla.** ‖ **3.** Cáscara dura de algunos frutos. ‖ **4. gajo** (‖ cada una de las divisiones interiores de algunas frutas). ‖ **5.** Cada una de las capas gruesas de la cebolla. ‖ **6.** Cobertura de metal o de otra materia, que se usa para proteger la cabeza de heridas, contusiones, etc. ‖ **7.** hist. Pieza de la armadura, que cubre y defiende la cabeza. ‖ **8.** Recipiente, como una botella, cuando está vacío. ‖ **9.** Cuerpo de la nave, exceptuando el aparejo y las máquinas. ‖ **10. cráneo.** ‖ **11.** En las caballerías, uña del pie o de la mano, que se corta y alisa para sentar la herradura. ‖ **12.** *Heráld.* Pieza que imita el casco de la armadura y sirve para timbrar el escudo, poniéndolo inmediatamente encima de la línea superior del jefe. ‖ **13.** *Chile.* Suelo de una propiedad rústica, aparte de los edificios y plantaciones. ‖ **14.** pl. Cabeza de carnero o de vaca, quitados los sesos y la lengua. ‖ **15.** pl. Aparato que consta de dos auriculares unidos por una tira de metal curvada o algo semejante, que se ajusta a la cabeza y se usa para una mejor recepción de los sonidos. ‖ **~ de estancia.** M. *Á. R. Plata.* Espacio ocupado por las edificaciones centrales de una estancia. ‖ **~ de metralla.** M. Fragmento de una bomba o proyectil producido por su explosión. ‖ **~ de población,** o **~ urbano.** M. Conjunto de edificaciones de una ciudad, hasta donde termina su agrupación. ‖ **~s azules.** M. pl. Tropas que por encargo de las Naciones Unidas intervienen como fuerzas neutrales en zonas conflictivas. ‖ **ligero, ra de ~s.** LOC.ADJ. coloq. Dicho de una persona: De poca madurez y reflexión.

cascorvo, va. ADJ. *Á. Caribe* y *Méx.* Patizambo, que tiene los pies torcidos y vueltos hacia afuera.

cascote. M. **1.** Fragmento de alguna edificación derribada o en ruinas. ‖ **2.** Conjunto de escombros, usado para otras obras nuevas.

caseína. F. *Quím.* Proteína de la leche, rica en fósforo, que, junto con otros componentes de ella, forma la cuajada que se emplea para fabricar queso.

caseoso, sa. ADJ. **1.** Perteneciente o relativo al queso. *Derivados caseosos.* ‖ **2.** Semejante a él. *Masa caseosa.*

‖ **3.** *Med.* Dicho de un tejido: Que, por necrosis, adquiere una consistencia semejante a la del queso.

casería. F. casa de labor.

caserío. M. **1.** Conjunto de casas. *A lo lejos se divisa el caserío de El Escorial.* ‖ **2.** Conjunto formado por un número reducido de casas. ‖ **3.** Casa de labor típica del País Vasco y Navarra.

caserna. F. Reducto, a prueba de bomba, que se construye debajo de los baluartes y sirve para alojar soldados y también para almacenar víveres y otras cosas.

casero, ra. I. ADJ. **1.** Que se hace o cría en casa o pertenece a ella. *Pan, conejo casero.* ‖ **2.** Que se hace con medios rudimentarios. *Una bomba de fabricación casera.* ‖ **3.** Que se hace en las casas, entre personas de confianza, sin aparato ni cumplimiento. *Función casera.* ‖ **4.** Dicho de un juez deportivo o de un arbitraje: Que favorece al equipo en cuyo campo se juega. ‖ **5.** coloq. Según el saber popular, sin dificultad o ciencia, aunque eficaz. *Ejemplo casero.* ‖ **6.** coloq. Dicho de una persona: Que está frecuentemente en su casa. ‖ **II.** M. y F. **7.** Dueño de alguna casa, que la alquila a otro. ‖ **8.** Persona que lleva la administración de ella. ‖ **9.** Persona que cuida de una casa y vive en ella, estando ausente el dueño. ‖ **10.** Arrendatario agrícola de tierras que forman una casería. ‖ **11.** *Á. Andes* y *Chile.* **parroquiano** (‖ persona que acostumbra a ir a una misma tienda). ‖ **12.** *Á. Andes* y *Chile.* Vendedor asiduo, respecto de su cliente. □ V. **remedio ~.**

caserón. M. Casa muy grande y destartalada.

caseta. F. **1.** Casa pequeña que solo tiene el piso bajo. ‖ **2.** Casilla donde se cambian de ropa los bañistas. ‖ **3.** Vestuario para los deportistas. ‖ **4.** En una feria o exposición, puesto en que se muestran o venden determinados productos, o se proporciona información acerca de algo. ‖ **~ de derrota.** F. *Mar.* Cámara o habitación sobre cubierta, en que se guardan los mapas y derroteros. ‖ **~ de feria.** F. barraca de feria. ‖ **~ telefónica.** F. *Méx.* cabina (‖ telefónica).

casete¹. I. AMB. **1.** Caja pequeña de material plástico que contiene una cinta magnética para el registro y reproducción del sonido, o, en informática, para el almacenamiento y lectura de la información suministrada a través de la computadora u ordenador. ‖ **II.** M. **2.** Pequeño magnetófono que utiliza casetes.

casete². M. coloq. radiocasete.

casi. ADV. C. Poco menos de, de manera aproximada, con corta diferencia, por poco. U. t. repetido. *Casi, casi me caigo.* ‖ **~ que.** EXPR. coloq. Tiene sentido modal. *Casi que parece de ayer.*

casia. F. *Bot.* Arbusto de la India, de la familia de las Papilionáceas, de unos cuatro metros de altura, con ramas espinosas, hojas compuestas y puntiagudas, flores amarillas y olorosas, y semillas negras y duras.

casida. F. Composición poética arábiga o persa, monorrima, de asuntos variados, y con un número indeterminado de versos.

casilla. F. **1.** Casa o albergue pequeño y aislado, del guarda de un campo, paso a nivel, etc. ‖ **2.** Escaque del ajedrez o del juego de damas. ‖ **3.** Cada uno de los compartimentos en que quedan divididos los tableros de otros juegos. ‖ **4.** Cada una de las divisiones del papel rayado verticalmente o en cuadrículas, en que se anotan separados y en orden guarismos u otros datos. ‖ **5.** Cada uno de los senos o divisiones del casillero. ‖ **6.** Cada uno de los compartimentos que se hacen en algunas cajas, estanterías o recipientes. || **~ postal.** F. *Am.* **apartado de correos.** || **sacar** a alguien **de sus ~s.** LOC.VERB. **1.** coloq. Alterar su método de vida. || **2.** coloq. Hacerle perder la paciencia. || **salir,** o **salirse** alguien **de sus ~s.** LOCS.VERBS. coloqs. Excederse, especialmente por ira u otra pasión.

casillero. M. Mueble con varios senos o divisiones, para tener clasificados papeles u otros objetos.

casimir. M. **cachemir.**

casimira. F. **cachemir.**

casinete. M. **1.** *Á.Andes* y *Chile.* Tela de calidad inferior al cachemir. || **2.** *Á.Andes.* Pañete barato.

casino. M. **1.** Local de ocio destinado a la práctica de juegos de azar y en el que también se ofrecen espectáculos musicales o de otro tipo. || **2. club** (|| Asociación de personas con intereses comunes). || **3.** Asociación análoga, formada por los adeptos a un partido político o por personas de una misma clase o condición. *Casino liberal, agrícola, militar.* || **4.** Edificio en que se reúne esta sociedad.

casis. F. Planta muy parecida al grosellero, pero de fruto negro.

casiterita. F. Dióxido de estaño, mineral de color pardo y brillo diamantino, del que principalmente se extrae el estaño.

caso. M. **1.** Ocasión o coyuntura. *Esto sucede en la mayoría de los casos.* || **2.** Asunto de que se trata o que se propone para consultar a alguien y pedirle su dictamen. || **3.** Suceso, acontecimiento. *Me contó su caso.* || **4.** Suceso notorio, escandaloso o incluso delictivo, cuyas circunstancias atraen la curiosidad del público. || **5.** Persona que se distingue de las demás para bien o para mal. *Antonia es un caso.* U. m. en sent. peyor. || **6.** Cada uno de los asuntos en cuya averiguación trabaja la Policía o que se dirimen en juicio ante los tribunales de justicia. || **7.** Cada una de las invasiones individuales de una enfermedad, principalmente si es epidémica. || **8.** *Gram.* Marca flexiva que, en muchas lenguas, sirve para expresar diferentes relaciones sintácticas. || **9.** *Gram.* Tradicionalmente, función expresada mediante esas marcas. || **10.** *Am.* Relato popular de una situación, real o ficticia, que se ofrece como ejemplo. || **~ clínico.** M. **1.** *Med.* Proceso morboso individual, especialmente de los no habituales. || **2.** Persona rara, extravagante. *Rosaura es un caso clínico.* || **~ de conciencia.** M. Punto dudoso en materia moral. || **~ de honra.** M. Lance en que está empeñada la reputación personal. || **~ fortuito.** M. **1.** Suceso por lo común dañoso, que acontece por azar, sin poder imputar a nadie su origen. || **2.** *Der.* Suceso ajeno a la voluntad del obligado, que excusa el cumplimiento de obligaciones. || **~ perdido.** M. Persona de mala conducta cuya enmienda no es de esperar. || **a ~ hecho.** LOC.ADV. **a cosa hecha.** || **~ de,** o **en ~ de.** LOCS.PREPOS. Si sucede tal cosa. || **en todo ~.** LOC.ADV. **1.** Sea lo que fuere. || **2.** A lo sumo. || **3.** Al menos, como mínimo. || **hacer al ~** algo. LOC.VERB. coloq. Venir al propósito de lo que se trata. || **hacer ~ a** alguien, o **a** algo. LOC.VERB. **1.** Prestarle la atención que merece. || **2.** Obedecer, ser dócil. *Estos niños no hacen caso a su padre.* || **3.** Acceder o asentir a lo solicitado. *Si se hace caso a su propuesta...* || **4.** Conceder credibilidad a rumores, noticias, etc. *No vamos a hacer caso a esas historias.* || **hacer ~ de** alguien, o **de** algo. LOC. VERB. coloq. **hacer caso a** alguien, o **a** algo (|| prestar atención). || **hacer ~ omiso.** LOC.VERB. Prescindir de

algo o no tenerlo en cuenta. || **ni ~.** EXPR. coloq. Se usa para indicar que algo no se toma o no debe ser tomado en consideración. || **poner por ~.** LOC.VERB. **1.** Dar por supuesto algo. || **2.** Poner por ejemplo. || **ser del ~** algo. LOC.VERB. coloq. **hacer al caso.** || **si es ~.** LOC.ADV. **si acaso.** || **vamos al ~.** EXPR. coloq. Se usa para que, dejando lo accesorio o inútil, se pase a tratar de lo principal. || **venir al ~** algo. LOC.VERB. coloq. **hacer al caso.**

casón. M. Casa señorial.

casona. F. Casa señorial antigua.

casorio. M. coloq. Casamiento hecho sin juicio ni consideración, o de poco lucimiento.

caspa. F. Conjunto de escamillas blancuzcas que se forman en el cuero cabelludo.

caspiento, ta. ADJ. *Á.Andes.* **casposo.**

caspiroleta. F. *Á. Caribe.* Bebida compuesta de leche caliente, huevos, canela, aguardiente, azúcar y algún otro ingrediente.

cáspita. INTERJ. Se usa para denotar extrañeza o admiración.

casposo, sa. ADJ. Lleno de caspa.

casquería. F. Tienda del casquero.

casquero, ra. M. y F. Persona que vende vísceras y otras partes comestibles de la res no consideradas carne.

casquete. M. **1.** Cubierta de tela, cuero, papel, etc., que se ajusta al casco de la cabeza. || **2.** Media peluca que cubre solamente una parte de la cabeza. || **3.** Cerco de cabellera postiza que imita al pelo natural y lo suple. || **4.** hist. Pieza de la armadura que cubría y defendía la cabeza. || **~ esférico.** M. *Geom.* Parte de la superficie de la esfera, cortada por un plano que no pasa por su centro. || **~ polar.** M. *Geogr.* Superficie terrestre comprendida entre el círculo polar y el polo respectivo.

casquillo. M. **1.** Parte metálica del cartucho de cartón. || **2.** Cartucho metálico vacío. || **3.** Parte metálica fijada en la bombilla de una lámpara eléctrica, que permite conectar esta con el circuito. || **4.** *Tecnol.* Pieza hueca y cilíndrica que se introduce en un orificio con el fin de reducir su diámetro interior. || **5.** *Am. Cen.* **herradura** (|| de las caballerías).

casquilucio, cia. ADJ. **casquivano.**

casquivano, na. I. ADJ. **1.** coloq. Dicho de una persona: De poca madurez y reflexión. U. t. c. s. || **II.** F. **2.** Mujer que no tiene formalidad en su trato con el sexo masculino. U. t. c. adj.

casta. F. **1.** Ascendencia o linaje de las personas y de los animales. || **2.** En la India, grupo social al que se pertenece por nacimiento y que, dentro de una etnia, se diferencia por su rango e impone la endogamia. || **3.** En otras sociedades, grupo que forma una clase especial y tiende a permanecer separado de los demás por su raza, religión, etc. *La casta gobernante.* || **4.** Especie o calidad de algo. *Vinos de buena casta.* || **5.** *Zool.* En una sociedad animal, conjunto de individuos caracterizados por una misma estructura o función, como las abejas obreras en una colmena.

castaña. F. **1.** Fruto comestible del castaño, del tamaño de la nuez y cubierto de una cáscara gruesa y correosa de color pardo oscuro. || **2.** Especie de moño que se hace con el pelo en la parte posterior de la cabeza. || **~ de Indias,** o **~ loca.** F. *Esp.* Fruto no comestible del castaño de Indias, semejante a la castaña común. || **~ pilonga.** F. La que se ha secado al humo y se guarda todo el año.

castañal. M. **castañar.**

castañar. M. Sitio poblado de castaños.

castañear. INTR. *Méx.* Dicho de los dientes: **castañetear.** U. t. c. tr.

castañero, ra. M. y F. Persona que vende castañas.

castañeta. F. **1. castañuela** (‖ instrumento musical). ‖ **2.** Sonido que resulta de juntar la yema del dedo de en medio con la del pulgar, y hacerla resbalar con fuerza y rapidez para que choque en el pulpejo. ‖ **3.** Pez chileno, de unos dos decímetros de longitud, de color azul apizarrado por el dorso y plateado por el vientre. ‖ **4.** Lazo de cintas negras que, sujeto con la coleta, se ponen los toreros en la parte posterior de la cabeza cuando salen a lidiar.

castañeteado. M. Son que se hace con las castañuelas, tocándolas para bailar.

castañetear. **I.** INTR. **1.** Tocar las **castañuelas** (‖ instrumento musical). ‖ **2.** Dicho de los dientes: Sonarle a alguien, dando los de una mandíbula contra los de la otra. U. t. c. tr. ‖ **II.** TR. **3.** Chasquear los dedos.

castañeteo. M. Acción de castañetear.

castaño, ña. **I.** ADJ. **1.** Dicho de un color: Propio de la cáscara de la castaña. U. t. c. s. m. *El castaño.* ‖ **2.** Que tiene este color. *Pelo castaño.* ‖ **3.** Dicho de una persona: Que tiene el pelo castaño. ‖ **II.** M. **4.** Árbol de la familia de las Fagáceas, de unos 20 m de altura, con tronco grueso, copa ancha y redonda, hojas grandes, lanceoladas, aserradas y correosas, flores blancas y frutos a manera de zurrones espinosos parecidos al erizo, que encierran la castaña. ‖ **castaño de Indias.** M. Árbol de la familia de las Hipocastanáceas, de madera blanca y amarillenta, hojas palmeadas compuestas de siete hojuelas, flores en racimos derechos, y fruto que contiene las semillas. Es planta de adorno originaria de la India. ‖ **pasar de ~ oscuro** algo. LOC.VERB. coloq. Ser muy enojoso o grave.

castañuela. F. **1.** Instrumento musical de percusión, compuesto de dos piezas cóncavas de madera u otro material. Por medio de un cordón que atraviesa la parte superior del instrumento, se sujeta este al dedo pulgar o al de en medio y se repica con los demás dedos. ‖ **2.** Planta ciperácea, delgada y larga, cuya raíz es un tubérculo negruzco. Se cría en la Andalucía Baja, en lagunas y sitios pantanosos, y sirve para cubrir las chozas y para otros usos. ‖ **estar como unas ~s.** LOC.VERB. coloq. Estar muy alegre.

castellanía. F. **1.** Territorio o señorío con leyes particulares y jurisdicción propia. ‖ **2. castellanidad** (‖ carácter de castellano).

castellanidad. F. **1.** Carácter y condición de castellano. ‖ **2.** Peculiaridad de Castilla, región española, y de lo castellano.

castellanismo. M. **1.** Locución, giro o modo de hablar propio de los castellanos. ‖ **2.** Palabra o modo de hablar castellanos en otra lengua. ‖ **3.** Amor o apego a las cosas características o típicas de Castilla.

castellanización. F. Acción y efecto de castellanizar o castellanizarse.

castellanizar. **I.** TR. **1.** Dar carácter castellano. U. t. c. prnl. ‖ **2.** Dar forma castellana a un vocablo de otro idioma. ‖ **II.** PRNL. **3.** Hacerse hablante del castellano.

castellano, na. **I.** ADJ. **1.** Natural de Castilla. U. t. c. s. ‖ **2.** Perteneciente o relativo a esta región de España. ‖ **3.** Perteneciente o relativo al **castellano** (‖ lengua española). *Gramática castellana.* ‖ **4.** Perteneciente o relativo al **castellano** (‖ dialecto). *La articulación castellana de la* s. ‖ **5.** Dicho de una gallina: De cierta variedad negra muy ponedora. ‖ **II.** M. y F. **6.** hist. Señor de un castillo. ‖ **III.** M. **7.** hist. Alcaide o gobernador de un castillo. ‖ **8.** Lengua española, especialmente cuando se quiere introducir una distinción respecto a otras lenguas habladas también como propias en España. ‖ **9.** Dialecto románico nacido en Castilla, del que tuvo su origen la lengua española. ‖ **10.** Variedad de la lengua española hablada modernamente en Castilla. ‖ **11.** hist. Cincuentava parte del marco oro, equivalente a ocho tomines o a unos 46 dg. ‖ **12.** hist. Moneda de oro castellana de la Edad Media. □ V. **verso de arte mayor ~.**

castellanohablante. ADJ. Que tiene el castellano como lengua materna o propia. Apl. a pers., u. t. c. s.

castellano-leonés, sa o **castellanoleonés, sa.** ADJ. **1.** Natural de Castilla y León. U. t. c. s. ‖ **2.** Perteneciente o relativo a esta comunidad autónoma de España. ¶ MORF. pl. **castellano-leoneses, sas** o **castellanoleoneses, sas.**

castellano-manchego, ga o **castellanomanchego, ga.** ADJ. **1.** Natural de Castilla-La Mancha. U. t. c. s. ‖ **2.** Perteneciente o relativo a esta comunidad autónoma de España. ¶ MORF. pl. **castellano-manchegos, gas** o **castellanomanchegos, gas.**

castellanoparlante. ADJ. **castellanohablante.** Apl. a pers., u. t. c. s.

castellonense. ADJ. **1.** Natural de Castellón de la Plana. U. t. c. s. ‖ **2.** Perteneciente o relativo a esta ciudad de España o a su provincia.

casticismo. M. **1.** Afición a lo castizo en las costumbres, usos y modales. ‖ **2.** Actitud de quienes al hablar o escribir evitan los extranjerismos y prefieren el empleo de voces y giros de su propia lengua, aunque estén desusados.

casticista. **I.** ADJ. **1.** Perteneciente o relativo al casticismo. *Actitud casticista.* ‖ **II.** COM. **2.** Persona que practica el casticismo. U. t. c. adj.

castidad. F. **1.** Cualidad de casto. ‖ **2.** Virtud de quien se abstiene de todo goce carnal. ‖ **~ conyugal.** F. La que se guardan mutuamente los casados. □ V. **cinturón de ~.**

castigador, ra. ADJ. **1.** Que castiga. Apl. a pers., u. t. c. s. ‖ **2.** coloq. Que enamora. Apl. a pers., u. t. c. s.

castigar. TR. **1.** Ejecutar algún castigo en un culpado. ‖ **2.** Mortificar y afligir. *Hay otro hombre dentro de mí que me castiga.* ‖ **3. escarmentar** (‖ corregir con rigor a quien ha errado). *Lo castigaron por llegar tarde.* ‖ **4.** Estimular con el látigo o con las espuelas a una cabalgadura para que acelere la marcha.

castigo. M. **1.** Pena que se impone a quien ha cometido un delito o falta. ‖ **2.** Persona o cosa que causa molestias o sufrimiento. ‖ **3.** *Chile.* Acción y efecto de aminorar gastos. ‖ **máximo ~.** M. *Dep.* **penalti.** ‖ **ser de ~** algo. LOC.VERB. Ser penoso o arduo. □ V. **golpe de ~.**

castilla. F. *Chile.* **bayetón.** □ V. **algodón de Castilla, Cámara de Castilla, pendón de Castilla.**

castillejo. M. Andamio que se arma para levantar pesos considerables, generalmente en la construcción de edificios.

castillete. M. Armazón que sirve para sostener algo.

castillo. M. **1.** Lugar fuerte, cercado de murallas, baluartes, fosos y otras fortificaciones. ‖ **2.** *Heráld.* Figura que representa una o más torres unidas por cortinas.

‖ **3.** *Mar.* Parte de la cubierta alta o principal del buque, comprendida entre el palo trinquete y la proa. ‖ **4.** *Mar.* Cubierta parcial que, en la misma sección, tienen algunos buques a la altura de la borda. ‖ **~ de fuego.** M. En algunos festejos públicos, armazón con fuegos artificiales. ‖ **~ de popa.** M. *Mar.* **toldilla.** ‖ **~s en el aire.** M. pl. Ilusiones lisonjeras con poco o ningún fundamento. *Hacer castillos en el aire.* ‖ **hacer,** o **levantar, ~s de naipes.** LOCS.VERBS. coloqs. Confiar en el logro de algo, contando para ello con medios débiles e ineficaces.

castizo, za. ADJ. **1.** Típico, puro, genuino de cualquier país, región o localidad. *Triana es un barrio castizo de Sevilla.* Apl. a pers., u. t. c. s. ‖ **2.** Dicho del lenguaje: Puro y sin mezcla de voces ni giros extraños. ‖ **3.** Á. guar. Dicho de un hombre: Muy prolífico.

casto, ta. ADJ. **1.** Dicho de una persona: Que se abstiene de todo goce sexual, o se atiene a lo que se considera como lícito. ‖ **2.** Que no posee en sí sensualidad. *Casto amor, deleite.*

castor. M. **1.** Mamífero roedor, de cuerpo grueso, que llega a tener 65 cm de largo, cubierto de pelo castaño muy fino, con patas cortas, pies con cinco dedos palmeados, y cola aplastada, oval y escamosa. Vive mucho en el agua, se alimenta de hojas, cortezas y raíces de los árboles, y construye con destreza sus viviendas a orillas de ríos o lagos, haciendo verdaderos diques de gran extensión. Se lo caza para quitarle la piel, que se aprovecha en peletería, así como para extraerle el castóreo. Habita en Asia, en América Septentrional y en el norte de Europa. ‖ **2.** Pelo de este animal. ‖ **3.** Paño o fieltro hecho con pelo de castor.

castoreño. M. Sombrero de copa redonda y ala circular, usado por el picador.

castóreo. M. *Zool.* Sustancia crasa, untuosa, de color castaño, aspecto resinoso y olor fuerte y desagradable, segregada por dos glándulas abdominales que tiene el castor. Es medicamento antiespasmódico.

castra. F. Acción de castrar.

castración. F. Acción y efecto de **castrar** (‖ los órganos genitales). ☐ V. **complejo de ~.**

castrado. M. Hombre que ha sufrido castración.

castrador, ra. I. ADJ. **1.** Que se utiliza para **castrar** (‖ los órganos genitales). *Una cuchilla castradora.* ‖ **2.** **castrante.** ‖ II. M. y F. **3.** Persona que tiene por oficio extirpar los órganos genitales a ciertos animales.

castrante. ADJ. Que **castra** (‖ acompleja). *Sociedad castrante.*

castrar. TR. **1.** **capar** (‖ los órganos genitales). ‖ **2.** Debilitar, apocar. *Pretenden castrar sus reivindicaciones.* ‖ **3.** **acomplejar** (‖ inducir en alguien un sentimiento de inferioridad). ‖ **4.** **podar** (‖ cortar las ramas superfluas). ‖ **5.** Quitar a las colmenas panales con miel, dejando los suficientes para que las abejas puedan mantenerse y fabricar nueva miel.

castrato. M. *Mús.* hist. Cantante al que se castraba en la infancia para que conservara el timbre de voz agudo.

castrense. ADJ. Perteneciente o relativo al Ejército y al estado o profesión militar. ☐ V. **vicario general ~.**

castrino, na. ADJ. **1.** Natural de Castro. U. t. c. s. ‖ **2.** Perteneciente o relativo a esta ciudad de Chile, capital de la provincia de Chiloé.

castrismo. M. Movimiento político de ideología comunista, iniciado con la revolución cubana triunfante en 1959.

castrista. ADJ. **1.** Perteneciente o relativo al castrismo. *Revolución castrista.* ‖ **2.** Partidario del castrismo. U. t. c. s.

castro. M. hist. Poblado fortificado en la Iberia romana.

castrón. M. Macho cabrío, morueco o puerco castrado.

castúo, a. I. ADJ. **1.** hist. Mantenedor de la casta de labradores que, en Extremadura, cultivaron por sí mismos sus propias tierras. ‖ **2.** **extremeño** (‖ natural de Extremadura). U. t. c. s. ‖ II. M. **3.** Modalidad de habla de Extremadura.

casual. ADJ. **1.** Que sucede por casualidad. *Encuentro casual.* ‖ **2.** *Gram.* Perteneciente o relativo al caso. *Flexión casual.* ‖ **por un ~.** LOC.ADV. coloq. Por casualidad. *¿Has visto mi bolígrafo, por un casual?*

casualidad. F. Combinación de circunstancias que no se pueden prever ni evitar.

casualmente. ADV. M. **1.** Por casualidad, de manera impensada. ‖ **2.** *Am.* Precisamente, ni más ni menos. *Es usted casualmente a quien buscaba.*

casuariforme. ADJ. *Zool.* Se dice de las aves afines al avestruz, habitantes de la región australiana y que, en clasificaciones hoy en desuso, formaban junto a aquel el grupo de las llamadas Corredoras. U. t. c. s. f. ORTOGR. En f. pl., escr. con may. inicial c. taxón. *Las Casuariformes.*

casuarina. F. Árbol de la familia de las Casuarináceas, que crece en Australia, Java, Madagascar y Nueva Zelanda. Sus ramas producen con el viento un sonido algo musical.

casuarináceo, a. ADJ. *Bot.* Se dice de las plantas angiospermas dicotiledóneas, leñosas, que crecen en Australia y en otras islas del océano Pacífico, y por muchos de sus caracteres se asemejan a las gimnospermas. Tienen flores unisexuales sin perianto o con perianto sencillo, y están provistas las masculinas de un solo estambre. La polinización se verifica por medio del viento; p. ej., la casuarina. U. t. c. s. f. ORTOGR. En f. pl., escr. con may. inicial c. taxón. *Las Casuarináceas.*

casuario. M. *Zool.* Ave casuariforme de menor tamaño que el avestruz, con tres dedos en cada pie, la cabeza de colores rojo y azul y sobre ella una protuberancia ósea cubierta con un estuche córneo. Hay pocas especies, que habitan en Nueva Guinea, Australia e islas vecinas.

casuismo. M. Doctrina casuística.

casuista. ADJ. Dicho de un autor: Que expone casos prácticos de teología moral. U. t. c. s.

casuística. F. **1.** En teología moral, aplicación de los principios morales a los casos concretos de las acciones humanas. ‖ **2.** Consideración de los diversos casos particulares que se pueden prever en determinada materia.

casuístico, ca. ADJ. Perteneciente o relativo al casuista o a la casuística. *Estudio casuístico.*

casulla. F. Vestidura que se pone el sacerdote sobre las demás para celebrar la misa, consistente en una pieza alargada, con una abertura en el centro para pasar la cabeza.

casus belli. (Locución latina). M. **1.** Caso o motivo de guerra. ‖ **2.** Motivo que origina o puede originar cualquier conflicto o enfrentamiento. ¶ MORF. pl. invar. *Los casus belli.*

cata. F. **1.** Acción y efecto de catar. ‖ **2.** Porción de algo que se prueba.

catabólico, ca. ADJ. *Biol.* Perteneciente o relativo al catabolismo.

catabolismo. M. *Biol.* Conjunto de procesos metabólicos de degradación de sustancias para obtener otras más simples.

catacaldos. COM. Persona entrometida.

cataclismo. M. **1.** Trastorno grande producido por un fenómeno natural. || **2.** Gran trastorno en el orden social o político. || **3.** coloq. Disgusto, contratiempo, suceso que altera la vida cotidiana.

catacresis. F. *Ret.* Tropo que consiste en dar a una palabra sentido traslaticio para designar algo que carece de nombre especial; p. ej., *la hoja de la espada; una hoja de papel.*

catacumba. F. hist. Subterráneo en el cual los primitivos cristianos, especialmente en Roma, enterraban sus muertos y practicaban las ceremonias del culto.

catadióptrico, ca. ADJ. *Ópt.* Dicho de un sistema óptico: Que produce la refracción total de los rayos luminosos que recibe, con independencia de su orientación. U. t. c. s. m.

catador, ra. M. y F. **1.** Persona que cata. *Catador de perfumes.* || **2.** Persona que tiene por oficio catar los vinos para informar de su calidad y sazón.

catadura. F. Gesto o semblante. *Mala, fea catadura.*

catafalco. M. Túmulo adornado con magnificencia, que suele ponerse en los templos para las exequias solemnes.

catáfora. F. *Ling.* Deixis que desempeñan algunas palabras, como los pronombres, para anticipar el significado de una parte del discurso que va a ser emitida a continuación; p. ej., *esto* en *lo que dijo es esto: que renunciaba.*

catafórico, ca. ADJ. *Ling.* Perteneciente o relativo a la catáfora. □ V. **deixis ~.**

catalán, na. ADJ. **1.** Natural de Cataluña. U. t. c. s. || **2.** Perteneciente o relativo a este antiguo principado, hoy comunidad autónoma de España. || **3.** Se dice de la lengua romance que se habla en Cataluña y en otros dominios de la antigua Corona de Aragón. U. t. c. s. m. *El catalán.* || **4.** Perteneciente o relativo a esta lengua. *Léxico, vocablo catalán.* □ V. **crema ~.**

catalanidad. F. Cualidad o carácter de lo catalán.

catalanismo. M. **1.** Locución, giro o modo de hablar propio de los catalanes. || **2.** Amor o apego a las cosas características o típicas de Cataluña.

catalanista. ADJ. **1.** Perteneciente o relativo al catalanismo. *Tradición catalanista.* || **2.** Partidario del catalanismo. U. t. c. s.

catalanización. F. Acción y efecto de catalanizar.

catalanizar. TR. Dar carácter catalán. U. t. c. prnl.

catalanohablante. ADJ. Que tiene el catalán como lengua materna o propia. Apl. a pers., u. t. c. s.

catalanoparlante. ADJ. **catalanohablante.** Apl. a pers., u. t. c. s.

cataláunico, ca. ADJ. hist. Perteneciente o relativo a la antigua Catalaunia, hoy Châlons de Marne, en Francia. Se dice de los campos en que fue derrotado Atila, rey de los hunos.

catalejo. M. Instrumento óptico manual y extensible, que permite ver a larga distancia.

catalepsia. F. *Med.* Accidente nervioso repentino, de índole histérica, que suspende las sensaciones e inmoviliza el cuerpo en cualquier postura en que se le coloque.

cataléptico, ca. ADJ. **1.** *Med.* Perteneciente o relativo a la catalepsia. *Síntomas catalépticos.* || **2.** Atacado de catalepsia. U. t. c. s.

catalina. F. coloq. Excremento humano.

catálisis. F. *Quím.* Alteración de la velocidad de una reacción, generalmente aumentándola, mediante la adición de un catalizador.

catalítico, ca. ADJ. *Quím.* Perteneciente o relativo a la catálisis.

catalizador, ra. **I.** ADJ. **1.** *Quím.* Dicho de una sustancia: Que, en pequeña cantidad, altera la velocidad de una reacción química, por lo general aumentándola, y se recupera sin cambios esenciales al final de la reacción. U. t. c. s. m. || **2.** Dicho de una persona o de una cosa: Que estimulan el desarrollo de un proceso. *Fuerza, voluntad catalizadora.* U. t. c. s. m. *El alcalde fue el catalizador de las reformas urbanas.* || **II.** M. **3.** *Mec.* Dispositivo de los motores de explosión que, mediante una sustancia **catalizadora,** produce reacciones que disminuyen la toxicidad de los gases de la combustión.

catalizar. TR. **1.** Producir una catálisis. || **2.** Favorecer o acelerar el desarrollo de un proceso. *El concierto catalizó la alegría del público.*

catalogación. F. Acción y efecto de catalogar.

catalogador, ra. **I.** ADJ. **1.** Que cataloga. *Agencia catalogadora.* || **II.** M. y F. **2.** Persona que forma catálogos.

catalogar. TR. **1.** Apuntar, registrar ordenadamente libros, documentos, etc., formando catálogo de ellos. || **2.** Incluir en un catálogo. *Los botánicos catalogan nuevas especies cada año.* || **3.** Clasificar, encasillar dentro de una clase o grupo. *Te han catalogado como un vago.*

catálogo. M. Relación ordenada en la que se incluyen o describen de forma individual libros, documentos, personas, objetos, etc., que están relacionados entre sí. U. t. en sent. fig. *El actor poseía un extenso catálogo de registros.*

catalpa. F. Árbol de adorno, de la familia de las Bignoniáceas, de unos diez metros de altura, con hojas en verticilo, grandes y acorazonadas, flores en pequeños haces terminales, blancas, con puntos purpúreos, y por fruto vainas largas, casi cilíndricas.

catamarán. M. Embarcación, por lo común de vela, de dos cascos unidos.

catamarqueño, ña. ADJ. **1.** Natural de Catamarca, provincia de la Argentina, o de San Fernando del Valle de Catamarca, su capital. U. t. c. s. || **2.** Perteneciente o relativo a esta provincia o a su capital.

catamenial. ADJ. Que tiene relación con la función menstrual.

catana. F. Especie de alfanje usado originalmente por algunos pueblos de Oriente.

catanga. F. *Chile.* **escarabajo** (|| insecto coleóptero).

catañense. ADJ. **1.** Natural de Cataño. U. t. c. s. || **2.** Perteneciente o relativo a este municipio de Puerto Rico o a su cabeza.

cataplasma. F. Tópico de consistencia blanda, que se aplica para varios efectos medicinales, y más particularmente el que es calmante o emoliente.

cataplexia. F. **1.** Embotamiento súbito de la sensibilidad en una parte del cuerpo. || **2.** *Med.* Especie de asombro o estupefacción que se manifiesta, sobre todo, en los ojos.

cataplum. ONOMAT. Se usa para imitar un ruido, una explosión o un golpe.

catapulta. F. **1.** hist. Máquina militar antigua para arrojar piedras o saetas. || **2.** Mecanismo lanzador de aviones para facilitar su despegue en plataformas u otros espacios reducidos.

catapultar. TR. **1.** Lanzar con catapulta. || **2.** Dar auge, impulso o fama a algo o a alguien, o llevarlo hasta una meta determinada. *El premio lo catapultó a la fama.*

catapum o **catapún.** ONOMAT. **cataplum.**

catar. TR. Probar, gustar algo para examinar su sabor o sazón.

catarata. F. **1.** Cascada o salto grande de agua. || **2.** Opacidad del cristalino del ojo o del humor vítreo, que impide el paso de los rayos luminosos y conduce a la ceguera. || **batir la ~.** LOC.VERB. *Med.* Hacerla bajar a la parte inferior de la cámara posterior del globo ocular. || **extraer la ~.** LOC.VERB. *Med.* Sacar el cristalino por una abertura hecha en la córnea transparente.

catarí. ADJ. **1.** Natural de Qatar. U. t. c. s. || **2.** Perteneciente o relativo a este país de Asia. ¶ MORF. pl. **cataríes** o **cataris.**

catarinita. F. *Méx.* Coleóptero pequeño y de color rojo.

cátaro, ra. ADJ. **1.** hist. Perteneciente o relativo a varias sectas heréticas que se extendieron por Europa durante los siglos XI-XIII, y propugnaban la necesidad de llevar una vida ascética y la renuncia al mundo para alcanzar la perfección. || **2.** hist. Seguidor de esta secta. U. m. c. s. m. pl.

catarral. ADJ. Perteneciente o relativo al catarro.

catarriento, ta. ADJ. **1.** *Chile* y *Méx.* Propenso a contraer catarros. || **2.** *Chile* y *Méx.* Que padece catarro.

catarrino, na. ADJ. *Zool.* Se dice de los simios asiáticos y africanos cuyas fosas nasales están separadas por un tabique cartilaginoso, tan estrecho que las ventanas de la nariz quedan dirigidas hacia abajo. U. t. c. s. m. ORTOGR. En m. pl., escr. con may. inicial c. taxón. *Los Catarrinos.*

catarro. M. Inflamación aguda o crónica de las membranas mucosas, con aumento de la secreción habitual de moco.

catarroso, sa. ADJ. **1.** Que habitualmente padece catarro. U. t. c. s. || **2.** Que padece catarro, normalmente ligero.

catarsis. F. **1.** hist. Entre los antiguos griegos, purificación ritual de personas o cosas afectadas de alguna impureza. || **2.** Efecto purificador y liberador que causa la tragedia en los espectadores suscitando la compasión, el horror y otras emociones. || **3.** Purificación, liberación o transformación interior suscitadas por una experiencia vital profunda.

catártico, ca. ADJ. Perteneciente o relativo a la catarsis psíquica o determinante de ella.

catartiforme. ADJ. *Zool.* Se dice de las aves rapaces carroñeras, propias de América y semejantes al buitre europeo; p. ej., el cóndor y el aura. U. t. c. s. f. ORTOGR. En f. pl., escr. con may. inicial c. taxón. *Las Catartiformes.*

catastral. ADJ. Perteneciente o relativo al catastro.

catastro. M. **1.** Censo y padrón estadístico de las fincas rústicas y urbanas. || **2.** hist. Contribución real que pagaban nobles y plebeyos, y se imponía sobre todas las rentas fijas y posesiones que producían frutos anuales, fijos o eventuales, como los censos, las hierbas, los molinos, las casas, los ganados, etc.

catástrofe. F. **1.** Suceso que produce gran destrucción o daño. || **2.** Cosa de mala calidad o que resulta mal, produce mala impresión, está mal hecha, etc. *Esta pluma es una catástrofe. El estreno fue una catástrofe. El encuadernador ha dejado el libro hecho una catástrofe.* || **3.** Última parte del poema dramático, con el desenlace, es-

pecialmente cuando es doloroso. || **4.** Cambio brusco de estado de un sistema dinámico, provocado por una mínima alteración de uno de sus parámetros.

catastrófico, ca. ADJ. **1.** Perteneciente o relativo a una catástrofe. *Situación catastrófica.* || **2.** Con caracteres de tal. *Accidente catastrófico.* || **3.** Desastroso, muy malo. *Los jugadores locales tuvieron una actuación catastrófica. El resultado de mi visita fue catastrófico.* □ V. **zona ~.**

catastrofismo. M. **1.** Teoría según la cual los mayores cambios geológicos y biológicos se debieron a catástrofes naturales. || **2.** Actitud de quien, exagerando con fines generalmente intimidatorios, denuncia o pronostica gravísimos males.

catastrofista. ADJ. Que practica el catastrofismo. U. t. c. s.

catatonía o **catatonia.** F. *Psicol.* Síndrome esquizofrénico, con rigidez muscular y estupor mental, algunas veces acompañado de una gran excitación.

catatónico, ca. ADJ. *Psicol.* Perteneciente o relativo a la catatonía.

catavientos. □ V. **manga ~.**

catavino. M. **1.** Jarro pequeño o taza utilizados para dar a probar el vino de las cubas o tinajas. || **2.** Copa de cristal fino con la que se examinan, huelen y prueban los mostos y los vinos.

catear. TR. **1.** Buscar, descubrir, espiar, acechar. *Catear los movimientos de alguien.* || **2.** *Am.* Allanar la casa de alguien. || **3.** *Am.* Explorar terrenos en busca de alguna veta minera.

catecismo. M. **1.** Libro de instrucción elemental que contiene la doctrina cristiana, escrito con frecuencia en forma de preguntas y respuestas. || **2.** Obra que, redactada frecuentemente en preguntas y respuestas, contiene la exposición sucinta de alguna ciencia o arte. *El catecismo de la arquitectura.* || **3.** **catequesis** (|| lugar o reunión donde se imparte la doctrina cristiana).

catecolamina. F. *Biol.* Derivado de la tirosina, como la dopamina y la adrenalina.

catecú. M. Sustancia medicinal astringente, que por decocción se extrae de los frutos verdes y de la parte central del leño de una especie de acacia. Se utiliza industrialmente para proteger redes de pesca contra la putrefacción. MORF. pl. **catecúes** o **catecús.**

catecumenado. M. **1.** Ejercicio de dar instrucción en la fe católica con el fin de recibir el bautismo. || **2.** Tiempo en que se imparte o recibe esta instrucción.

catecúmeno, na. M. y F. Persona que se está instruyendo en la doctrina y misterios de la fe católica, con el fin de recibir el bautismo. □ V. **óleo de los ~s.**

cátedra. F. **1.** Empleo y ejercicio del catedrático. || **2.** Facultad o materia particular que enseña un catedrático. *Cátedra de literatura.* || **3. aula.** || **4.** hist. Asiento elevado, desde donde el maestro da lección a los discípulos. || **5.** hist. Especie de púlpito con asiento, donde los catedráticos y maestros leen y explican las ciencias a sus discípulos. || **6.** Capital o matriz donde reside el prelado. || **7.** Lugar que ocupa el obispo en su catedral, desde el que preside las celebraciones litúrgicas. || **~ de san Pedro.** F. En la Iglesia católica, **papado** (|| dignidad de papa). || **poner,** o **sentar, ~.** LOCS.VERBS. Pronunciarse docta y concluyentemente sobre alguna materia o asunto. U. m. en sent. irón. □ V. **libertad de ~.**

catedral. F. **iglesia catedral.**

catedralicio, cia. ADJ. Perteneciente o relativo a una catedral.

catedrático, ca. M. y F. Profesor titular de una **cáte-dra** (‖ facultad o materia). ‖ **catedrático de prima.** M. hist. El que tenía este tiempo destinado para sus lecciones.

categorema. M. Fil. Modo general de enunciación que se puede predicar de un sujeto.

categoremático, ca. ADJ. Fil. Se dice de las palabras que tienen sentido por sí mismas, a diferencia de las que lo tienen solo como elementos de relación. Se opone a *sincategoremático*.

categoría. F. **1.** Cada una de las clases establecidas en una profesión, carrera o actividad. *Cada una de las categorías lleva asignado un sueldo.* ‖ **2.** Condición social de unas personas respecto de las demás. ‖ **3.** Uno de los diferentes elementos de clasificación que suelen emplearse en las ciencias. ‖ **4.** Fil. En la lógica aristotélica, cada una de las diez nociones abstractas y generales, es decir, la sustancia, la cantidad, la cualidad, la relación, la acción, la pasión, el lugar, el tiempo, la situación y el hábito. ‖ **5.** Fil. En la crítica de Kant, cada una de las formas del entendimiento, es decir, la cantidad, la cualidad, la relación y la modalidad. ‖ **6.** Gram. **accidente gramatical.** ‖ **~ gramatical.** F. **1.** Gram. **accidente gramatical.** ‖ **2.** Gram. **parte de la oración.** ‖ **de ~.** LOC.ADJ. **1.** Dicho de una persona: De elevada condición o mérito. ‖ **2.** Dicho de una cosa: Buena, elegante o valiosa. ‖ **3.** Dicho de una cosa: **importante.** *Un negocio de categoría. Un disgusto de categoría.*

categórico, ca. ADJ. Se dice del juicio o raciocinio en que se afirma o niega sin restricción ni condición.

categorización. F. Acción y efecto de categorizar.

categorizar. TR. Organizar o clasificar por categorías.

catenaria. F. **1.** Curva formada por una cadena, cuerda o cosa semejante suspendida entre dos puntos no situados en la misma vertical. U. t. c. adj. ‖ **2.** Sistema de suspensión de un cable eléctrico en el aire, mantenido a una altura fija del suelo, del que mediante un trole o pantógrafo toman la corriente algunos vehículos, como tranvías, trenes, etc.

catenario, ria. ADJ. Perteneciente o relativo a la cadena.

cateo. M. Am. Acción y efecto de **catear** (‖ explorar en busca de una veta).

catequesis. F. **1.** Ejercicio de instruir en cosas pertenecientes a la religión. ‖ **2.** Lugar o reunión donde se imparte la doctrina cristiana.

catequético, ca. ADJ. **catequístico.**

catequismo. M. **catequesis** (‖ ejercicio de instruir en cosas pertenecientes a la religión).

catequista. COM. **1.** Persona que instruye a los catecúmenos. ‖ **2.** Persona que imparte **catequesis** (‖ ejercicio de instruir en cosas pertenecientes a la religión).

catequístico, ca. ADJ. Perteneciente o relativo a la catequesis.

catequización. F. Acción y efecto de catequizar.

catequizador, ra. M. y F. **1.** **catequista** (‖ persona que instruye a los catecúmenos). ‖ **2.** Persona que intenta persuadir a otra de que ejecute o consienta lo que antes era contrario a su voluntad.

catequizar. TR. **1.** Instruir en la doctrina de la fe católica. ‖ **2.** Persuadir a alguien de que ejecute o consienta algo que es contrario a su voluntad.

caterva. F. Multitud de personas o cosas consideradas en grupo, pero sin concierto, o de poco valor e importancia. U. t. en sent. peyor.

catete. ADJ. *Chile.* Que molesta, incomoda o cansa por su insistencia o modo de ser. U. t. c. s.

catéter. M. Med. Sonda que se introduce por cualquier conducto del organismo, natural o artificial, para explorarlo o dilatarlo o para servir de guía y vehículo a otros instrumentos. MORF. pl. **catéteres.**

cateterismo. M. Med. Acto quirúrgico o exploratorio que consiste en introducir un catéter en un conducto o cavidad.

cateto[1]. M. Geom. Cada uno de los dos lados que forman el ángulo recto en un triángulo rectángulo.

cateto[2], ta. M. y F. despect. Lugareño, palurdo.

catilinaria. F. Escrito o discurso vehemente dirigido contra alguna persona.

catinga. F. **1.** Olor que algunas personas exhalan al transpirar. ‖ **2.** Am. Olor fuerte y desagradable propio de algunos animales y plantas.

catingudo, da. ADJ. Am. Dicho de una cosa: Que tiene **catinga** (‖ olor desagradable).

catión. M. Fís. Ion con carga positiva.

catire, ra. ADJ. Am. Dicho de una persona: Rubia, en especial con el pelo rojizo y ojos verdosos o amarillentos, por lo común hija de blanco y mulata, o viceversa.

catita. F. Chile. Ave de la misma familia que los loros y cacatúas, de 10 a 20 cm de longitud, coloración general verde brillante y hábitos gregarios. Varias de sus especies pueden pronunciar algunas palabras.

catleya. F. Se usa como nombre para referirse a un género de plantas de la familia de las Orquidáceas, propias de la América tropical y cuyas flores son de gran belleza.

cato. M. Am. Cen. **puñetazo.**

catódico, ca. ADJ. Electr. Perteneciente o relativo al cátodo. □ V. **tubo de rayos ~s.**

cátodo. M. Electr. Electrodo negativo.

catolicidad. F. Universalidad de la Iglesia romana.

catolicismo. M. **1.** Comunidad y gremio universal de quienes viven en la religión católica. ‖ **2.** Creencia de la Iglesia católica.

católico, ca. ADJ. **1.** Perteneciente o relativo al catolicismo o a los **católicos** (‖ que profesan la religión católica). *Templos católicos.* ‖ **2.** Que profesa la religión católica. Apl. a pers., u. t. c. s. ‖ **3.** **universal** (‖ que comprende o es común a todos). Afirmando esta pretensión se calificó así a la Iglesia romana. ‖ **4.** Dicho de una doctrina: Verdadera, cierta, creída por toda la Iglesia. ‖ **5.** Se ha utilizado como título de los reyes de España desde Fernando V e Isabel I. ‖ **6.** coloq. Sano y perfecto. *Hoy no está muy católico.* □ V. **epístola ~, fe ~, iglesia ~, religión ~.**

catón[1]. M. Censor severo.

catón[2]. M. hist. Libro compuesto de frases y períodos cortos y graduados para ejercitar en la lectura a los principiantes.

catóptrica. F. Parte de la óptica que trata de las propiedades de la luz refleja.

catorce. I. ADJ. **1.** Diez más cuatro. ‖ **2.** **decimocuarto.** *Luis catorce. Número catorce. Año catorce.* Apl. a los días del mes, u. t. c. s. m. *El catorce de abril.* ‖ **II.** M. **3.** Conjunto de signos con que se representa el número catorce. *En la pared había un catorce medio borrado.*

‖ **III.** F. **4.** pl. Segunda hora en punto después de las doce de mediodía. *El almuerzo comenzará a las catorce treinta.*

catorceavo, va. ADJ. Se dice de cada una de las catorce partes iguales en que se divide un todo. U. t. c. s. m.

catos. M. pl. hist. Pueblo germano que habitó las tierras que hoy forman los antiguos ducados de Hesse y Nassau y el territorio de Westfalia.

catre. M. Cama ligera para una sola persona. ‖ **~ de tijera.** M. El que tiene lecho de tela o de cuerdas entrelazadas, y armazón compuesto de dos largueros y cuatro pies cruzados en aspa y sujetos con una clavija para poderlo plegar.

catrín, na. ADJ. *Am. Cen.* y *Méx.* Bien vestido, engalanado. U. t. c. s.

caturra. F. *Chile.* Cotorra o loro pequeño.

caucano, na. ADJ. **1.** Natural de Cauca. U. t. c. s. ‖ **2.** Perteneciente o relativo a este departamento de Colombia.

caucasiano, na. ADJ. Perteneciente o relativo a la cordillera del Cáucaso.

caucásico, ca. ADJ. **1.** caucasiano. ‖ **2.** Se dice de la raza blanca o indoeuropea, por suponerla oriunda del Cáucaso.

cauce. M. **1.** Lecho de los ríos y arroyos. ‖ **2.** Conducto descubierto o acequia por donde corren las aguas para riegos u otros usos. ‖ **3.** Modo, procedimiento o norma. *La vida política discurría por antiguos cauces.*

caucel. M. *Am. Cen.* Felino americano de casi un metro de longitud, pelaje pardo con manchas oscuras y rayas negras, que habita en selvas tropicales, desde el norte de México hasta el norte de la Argentina.

caucha. F. *Chile.* Especie de cardo, de hojas lanceoladas, de 20 cm de longitud. Se usa como antídoto de la picadura de la araña venenosa.

caucháu. M. *Chile.* Fruto de la luma.

cauchero, ra. I. ADJ. **1.** Perteneciente o relativo al caucho (‖ látex). *Explotación cauchera.* ‖ **II.** M. y F. **2.** Persona que busca o trabaja el caucho (‖ látex).

caucho. M. **1.** Látex producido por varias moráceas y euforbiáceas intertropicales, que, después de coagulado, es una masa impermeable muy elástica, y tiene muchas aplicaciones en la industria. ‖ **2.** *Am.* hevea. ‖ **3.** *Á. Caribe.* Cubierta exterior del neumático. ‖ **4.** *Á. Caribe.* Prenda de vestir que se usa para resguardarse de la lluvia.

caución. F. **1.** Prevención, precaución o cautela. ‖ **2.** Garantía o protección prestada a alguien. ‖ **3.** *Der.* Garantía que presta una persona u otra en su lugar para asegurar el cumplimiento de una obligación actual o eventual. ‖ **~ juratoria.** F. *Der.* hist. La que se abonaba con juramento.

cauda. F. hist. Falda o cola de la capa magna.

caudal¹. I. ADJ. **1.** caudaloso. ‖ **II.** M. **2.** Cantidad de agua que mana o corre. ‖ **3.** Hacienda, bienes de cualquier especie, y más comúnmente dinero. ‖ **4.** Abundancia de cosas que no sean dinero o hacienda. *Derrocha caudales de paciencia.* ‖ **5.** *Fís.* Cantidad de un líquido o un gas que fluye en un determinado lugar por unidad de tiempo. ▢ V. **águila ~, caja de ~es.**

caudal². ADJ. Perteneciente o relativo a la cola. ▢ V. **aleta ~.**

caudaloso, sa. ADJ. De mucha agua. *Río, lago, manantial caudaloso.*

caudillaje. M. **1.** Mando o gobierno de un caudillo. ‖ **2.** *Am.* caciquismo. ‖ **3.** *Am. Mer.* Época del predominio histórico de caudillos. ‖ **4.** *Á. Andes* y *Á. R. Plata.* Conjunto de caudillos. ‖ **5.** *Á. Andes* y *Á. R. Plata.* Sucesión histórica de caudillos.

caudillismo. M. Sistema de **caudillaje** (‖ gobierno de un caudillo).

caudillo. M. **1.** Hombre que, como cabeza, guía y manda la gente de guerra. ‖ **2.** Hombre que dirige algún gremio, comunidad o cuerpo.

caudino, na. ADJ. **1.** hist. Natural de Caudio. U. t. c. s. ‖ **2.** hist. Perteneciente o relativo a esta ciudad de Samnio, país de la Italia antigua.

caulículo. M. *Arq.* Cada uno de los vástagos que nacen del interior de las hojas que adornan el capitel corintio, y van a enroscarse en los ángulos y medios del ábaco.

caulinar. ADJ. *Bot.* Perteneciente o relativo al tallo.

cauque. M. **1.** *Chile.* Pejerrey grande. ‖ **2.** *Chile.* Persona lista y viva.

cauquén. M. *Chile.* canquén.

cauquenino, na. ADJ. **1.** Natural de Cauquenes. U. t. c. s. ‖ **2.** Perteneciente o relativo a esta provincia de Chile o a su capital.

cauri. M. Molusco gasterópodo que abunda en las costas de Oriente y cuya concha blanca y brillante servía de moneda en la India y costas africanas.

causa. F. **1.** Fundamento u origen de algo. ‖ **2.** Motivo o razón para obrar. ‖ **3.** Empresa o doctrina que se toma interés o partido. *Sigue la causa de los revolucionarios.* ‖ **4.** litigio (‖ pleito judicial). ‖ **5.** *Der.* Proceso criminal que se instruye de oficio o a instancia de parte. ‖ **6.** *Der.* En los negocios jurídicos, razón objetiva determinante de las obligaciones que se asumen en ellos y que condiciona su validez. ‖ **~ eficiente.** F. *Fil.* Lo que con su acción produce o crea algo. ‖ **~ final.** F. *Fil.* Fin con que o por que se hace algo. ‖ **~ formal.** F. La que hace que algo sea formalmente lo que es. ‖ **~ ilícita.** F. La que se opone a las leyes o a la moral. ‖ **~ instrumental.** F. La que sirve de instrumento. ‖ **~ primera.** F. *Fil.* La que con independencia absoluta produce el efecto, y así, solo Dios sería propiamente causa primera. ‖ **~ pública.** F. Utilidad y bien del común. ‖ **~ segunda.** F. *Fil.* La que produce su efecto con dependencia de la primera. ‖ **a ~ de.** LOC. PREPOS. Por el motivo que se indica. ‖ **formar,** o **hacer,** alguien **~ común con** otra persona. LOCS.VERBS. Aunarse para un mismo fin. ▢ V. **donación por ~ de muerte.**

causador, ra. ADJ. Que causa. Apl. a pers., u. t. c. s.

causal. I. ADJ. **1.** Que se refiere a la causa o se relaciona con ella. *Relación causal.* ‖ **II.** F. **2.** *Am.* Causa o motivo. U. m. en leng. jurídico. ▢ V. **conjunción ~.**

causalidad. F. **1.** Causa, origen, principio. ‖ **2.** *Fil.* Ley en virtud de la cual se producen efectos.

causante. I. ADJ. **1.** Que causa. *Gérmenes causantes de la infección.* Apl. a pers., u. t. c. s. ‖ **II.** M. **2.** *Der.* Persona de quien proviene el derecho que alguien tiene. ‖ **III.** COM. **3.** *Méx.* contribuyente (‖ persona que paga un impuesto).

causar. TR. Ser causa, razón y motivo de que suceda algo. U. t. c. prnl. MORF. V. conjug. modelo.

causativo, va. ADJ. Que es origen o causa de algo. ▢ V. **verbo ~.**

causeta. F. *Chile.* Cierta hierba que nace entre el lino.

causticidad. F. **1.** Cualidad de **cáustico** (‖ que quema y destruye los tejidos animales). ‖ **2.** Malignidad en lo que se dice o escribe.

cáustico, ca. ADJ. **1.** Dicho de una cosa: Que quema y destruye los tejidos animales. *Sosa cáustica.* ‖ **2.** Mordaz, agresivo. *Ironía cáustica.*

cautela. F. Precaución y reserva con que se procede.

cautelar[1]**. I.** TR. **1.** Prevenir, precaver. ‖ **II.** PRNL. **2.** Precaverse, recelarse.

cautelar[2]**.** ADJ. **1.** *Der.* Preventivo, precautorio. *La junta de distrito ordenó la suspensión cautelar de las obras.* ‖ **2.** *Der.* Dicho de una medida o de una regla: Destinada a prevenir la consecución de determinado fin o precaver lo que pueda dificultarlo. *Acción, procedimiento, sentencia cautelar.* □ V. **medidas ~es.**

cauteloso, sa. ADJ. **1.** Que obra con cautela. *Detective cauteloso.* ‖ **2.** Dicho de una acción u otra cosa: Hecha con cautela.

cauterio. M. **1.** cauterización. ‖ **2.** Medio que corrige o ataja eficazmente algún mal. ‖ **3.** *Med.* Agente o instrumento para cauterizar.

cauterización. F. *Med.* Acción y efecto de cauterizar.

cauterizador, ra. ADJ. Que cauteriza. Apl. a pers., u. t. c. s.

cauterizar. TR. *Med.* Quemar una herida o destruir un tejido con una sustancia cáustica, un objeto candente o aplicando corriente eléctrica.

cautivador, ra. ADJ. Que cautiva. *Sonrisa, ciudad cautivadora.*

cautivar. TR. **1.** Aprisionar al enemigo en la guerra, privándole de libertad. ‖ **2.** atraer (‖ ganar). *Cautivar la atención, la voluntad.* ‖ **3.** Ejercer irresistible influencia en el ánimo por medio de atractivo físico o moral. *Lo cautivó con su encanto.*

cautiverio. M. **1.** Privación de libertad en manos de un enemigo. ‖ **2.** Vida en la cárcel. ‖ **3.** Privación de la libertad a los animales no domésticos. ‖ **4.** Estado de vida de estos animales.

cautividad. F. cautiverio.

cautivo, va. ADJ. **1.** Aprisionado en la guerra. U. t. c. s. ‖ **2.** Dicho de un animal: Privado de libertad. □ V. **globo ~.**

cauto, ta. ADJ. Que obra con sagacidad o precaución.

cava[1]**.** F. Acción de cavar y, más comúnmente, la labor que se hace a las viñas, cavándolas.

cava[2]**. I.** F. **1.** Cueva donde se elabora cierto vino espumoso, al estilo del que se fabrica en Champaña, región del norte de Francia. ‖ **2.** hist. En palacio, dependencia donde se cuidaba del agua y del vino que bebían las personas reales. ‖ **II.** M. **3.** Vino espumoso blanco o rosado, elaborado al estilo del que se fabrica en Champaña.

cava[3]**.** F. vena cava.

cavador, ra. M. y F. Persona que tiene por oficio cavar la tierra.

caván. M. Medida filipina de capacidad para áridos, igual a una fanega, cuatro celemines y medio cuartillo, o a 75 l aproximadamente.

cavar. TR. **1.** Levantar y mover la tierra con la azada, el azadón u otro instrumento semejante. *Cavar un terreno.* ‖ **2.** Hacer un hoyo u otra cavidad en la tierra. *Cavar un pozo.*

cavatina. F. *Mús.* Aria de cortas dimensiones, que a veces consta de dos tiempos o partes.

cávea. F. *Arqueol.* Cada una de las dos zonas en que se dividía la gradería de los teatros y de los circos romanos.

caverna. F. **1.** Concavidad profunda, subterránea o entre rocas. ‖ **2.** *Med.* Hueco que resulta en algunos tejidos orgánicos después de eliminado un nódulo, o de salir el pus de un absceso, y en algunas úlceras cuando ha habido pérdida de sustancia.

cavernario, ria. ADJ. Propio o característico de las cavernas. *Lobreguez cavernaria.*

cavernícola. ADJ. **1.** Que vive en las cavernas. Apl. a pers., u. t. c. s. ‖ **2.** despect. coloq. retrógrado (‖ partidario de instituciones propias de tiempos pasados).

cavernoso, sa. ADJ. **1.** Perteneciente o relativo a la caverna. *Humedad cavernosa.* ‖ **2.** Semejante a la caverna en alguna de sus cualidades. *Oscuridad cavernosa.* ‖ **3.** Dicho de la voz, de la tos, o de cualquier sonido: Sordos y broncos. ‖ **4.** Que tiene muchas cavernas. *Terrenos cavernosos.*

caveto. M. *Arq.* Moldura cóncava cuyo perfil es un cuarto de círculo.

cavia. M. conejillo de Indias (‖ mamífero roedor).

caviar. M. Manjar que consiste en huevas de esturión frescas y salpresadas.

cavidad. F. Espacio hueco dentro de un cuerpo cualquiera. ‖ **~ paleal.** F. *Zool.* Espacio prácticamente cerrado, formado por un repliegue libre del manto de los moluscos, donde se sitúan las branquias.

cavilación. F. Acción y efecto de cavilar.

cavilar. TR. Pensar con intención o profundidad en algo. U. t. c. intr.

caviloso, sa. ADJ. Que por suspicacia, desconfianza y aprensión, se deja preocupar por alguna idea, dándole excesiva importancia y deduciendo consecuencias imaginarias.

cavo, va. ADJ. cóncavo (‖ que se asemeja al interior de una circunferencia o una esfera). □ V. **pie ~, vena ~.**

cayada. F. cayado.

cayado. M. Palo o bastón curvo por la parte superior, especialmente el de los pastores para prender y retener las reses. ‖ **~ de la aorta.** M. Arco que describe esta arteria cerca de su nacimiento en el ventrículo izquierdo, para descender a lo largo del tórax y del abdomen.

cayán. M. *Filip.* Toldo abovedado hecho con tiras de caña de bambú.

cayana. F. *Chile.* Vasija de barro para tostar granos.

cayapa. I. ADJ. **1.** Se dice del individuo de un pueblo amerindio que habita la costa ecuatoriana. U. t. c. s. ‖ **2.** Perteneciente o relativo a los cayapas. *Arte cayapa.* ‖ **II.** M. **3.** Lengua hablada por los cayapas.

cayena. F. Especia muy picante extraída del guindillo de Indias.

cayente. ADJ. Que cae. *Ramas débiles y cayentes.*

cayeyano, na. ADJ. **1.** Natural de Cayey. U. t. c. s. ‖ **2.** Perteneciente o relativo a este municipio de Puerto Rico o a su cabeza.

cayo. M. Cada una de las islas rasas, arenosas, frecuentemente anegadizas y cubiertas en gran parte de mangle, muy comunes en el mar de las Antillas y en el golfo mexicano.

cayote. □ V. **cidra ~.**

cayuco. M. **1.** Embarcación india de una pieza, más pequeña que la canoa, con el fondo plano y sin quilla, que se gobierna y mueve con el canalete. ‖ **2.** Embarcación de forma similar a la de la canoa, construida originalmente de una sola pieza y usada por los pescadores de Guinea Ecuatorial y otros países de África.

caz. M. Canal para tomar el agua y conducirla a donde es aprovechada.

caza. **I.** F. **1.** Acción de cazar. ‖ **2.** Conjunto de animales no domesticados antes y después de cazados. ‖ **3.** Seguimiento, persecución. ‖ **II.** M. **4. avión de caza.** ‖ **~ de brujas.** F. Persecución debida a prejuicios sociales o políticos. ‖ **~ mayor.** F. La de jabalíes, lobos, ciervos u otros animales semejantes. ‖ **~ menor.** F. La de liebres, conejos, perdices, palomas u otros animales semejantes. ‖ **andar a ~, o a la ~, de** algo. LOCS.VERBS. coloqs. Buscarlo afanosamente. ‖ **dar ~.** LOC.VERB. **1.** Perseguir a un animal para cogerlo o matarlo. U. t. en sent. fig. *Dar caza a un fugitivo.* ‖ **2.** Alcanzar el objeto de la persecución. ‖ **levantar** alguien **la ~.** LOC.VERB. Ojearla. □ V. **avión de ~, cuerno de ~, partida de ~.**

cazabe. M. casabe.

cazabombardero. M. Avión de combate que combina la capacidad de perseguir a otro, enemigo, con la de arrojar bombas sobre un determinado objetivo.

cazadero. M. Sitio en que se caza o apropiado para cazar.

cazador, ra. **I.** ADJ. **1.** Dicho de una persona: Que caza por oficio o por diversión. U. t. c. s. ‖ **2.** Dicho de un animal: Que por instinto persigue y caza otros animales. *Perro, gato cazador.* ‖ **II.** M. **3.** Soldado de tropa ligera.

cazadora. F. Especie de chaqueta corta y ajustada a la cadera, de línea deportiva, hecha de material resistente, como paño, cuero, etc.

cazadotes. M. Hombre que trata de casarse con una mujer rica.

cazalla. F. Aguardiente fabricado en Cazalla de la Sierra, población de la provincia de Sevilla, en España.

cazar. TR. **1.** Buscar o seguir a las aves, fieras y otras muchas clases de animales para cobrarlos o matarlos. ‖ **2.** coloq. Adquirir con destreza algo difícil o que no se esperaba. *Cazar una exclusiva periodística.* ‖ **3.** coloq. Entender algo rápidamente. *Nunca caza mis ironías.* ‖ **4.** coloq. Sorprender a alguien en un descuido, error o acción que desearía ocultar. ‖ **5.** Dep. Dicho de un jugador: Cometer una falta violenta sin intención de tocar el balón. ‖ **6.** Dep. Alcanzar al corredor o corredores que van por delante. ‖ **7.** Mar. Poner tirante la escota, hasta que el puño de la vela quede lo más cerca posible de la borda.

cazarrecompensas. COM. Persona que se dedica a perseguir a aquellos por quienes se ofrece recompensa, para cobrarla. U. t. en sent. fig. *Como un genuino cazarrecompensas, siempre escribía afanándose en la consecución de un premio literario.*

cazata. F. cacería (‖ partida de caza).

cazatalentos. COM. Persona dedicada a buscar individuos idóneos para ser contratados por compañías necesitadas de ellos.

cazatorpedero. M. Mar. Buque de guerra pequeño y bien armado, de marcha muy rápida, destinado a la persecución de los torpederos enemigos.

cazcarria. F. *Esp.* cascarria.

cazcarriento, ta. ADJ. cascarriento.

cazo. M. **1.** Recipiente de cocina, de metal, porcelana, etc., generalmente más ancho por la boca que por el fondo, pero a veces cilíndrico, con mango y, por lo general, un pico para verter. ‖ **2.** Utensilio de cocina que consta de un recipiente semiesférico con mango largo y que se destina a transvasar alimentos líquidos o de poca consistencia de un recipiente a otro. ‖ **3.** Cantidad de alimento que cabe en este utensilio. *Se ha comido cinco cazos de lentejas.* ‖ **4.** Recipiente metálico con mango, que tiene diversos usos industriales.

cazoleta. F. **1.** Pieza de hierro u otro metal, que se pone debajo del puño de la espada y del sable, y sirve para resguardar la mano. ‖ **2.** Receptáculo pequeño que llevan algunos objetos, como el palo del boliche, el depósito del tabaco en la pipa o el narguile, etc. ‖ **3.** hist. Pieza del mecanismo de disparo de las armas de chispa, inmediata al oído del cañón. Era semiesférica y se llenaba de pólvora, para que, recibiendo las chispas del pedernal, inflamase la carga e hiciese disparar el tiro.

cazón. M. Pez selacio del suborden de los Escuálidos, de unos dos metros de largo, de cuerpo esbelto y semejante al del marrajo, aunque su aleta caudal no es semilunar y la cola carece de salientes longitudinales afilados en su raíz. Tiene los dientes agudos y cortantes.

cazuela. F. **1.** Vasija, por lo común redonda y de barro, más ancha que honda, que sirve para guisar y otros usos. ‖ **2.** Guisado que se hace en ella, compuesto de varias legumbres y carne. ‖ **3.** Recipiente de cocina, hecho de metal, más ancho que alto, con dos asas y tapa. ‖ **4.** En los teatros, galería alta o paraíso. ‖ **5.** hist. En el corral de comedias, sitio que ocupaban las mujeres.

cazurrería. F. Cualidad de cazurro.

cazurro, rra. ADJ. **1.** Malicioso, reservado y de pocas palabras. U. t. c. s. ‖ **2.** Tosco, basto, zafio. ‖ **3.** Torpe, lento en comprender.

CD. (Sigla del inglés *Compact Disc*). M. **1. disco compacto.** ‖ **2.** Aparato lector de discos compactos. ¶ MORF. pl. invar. *Los CD.*

CD-ROM. (Sigla del inglés *Compact Disc Read-Only Memory*). M. *Inform.* Disco compacto que utiliza rayos láser para almacenar y leer grandes cantidades de información en formato digital. MORF. pl. invar. *Los CD-ROM.*

ce. F. Nombre de la letra *c.* MORF. pl. **ces.** ‖ **~ por be.** LOC.ADV. **punto por punto.**

ceanoto. M. Planta ramnácea americana y oceánica, cuya especie más importante se emplea por los indios americanos contra la disentería y la sífilis.

ceba. F. Alimentación abundante y esmerada que para su engorde se da al ganado, especialmente al que sirve para el sustento del hombre.

cebada. F. **1.** Planta anual de la familia de las Gramíneas, parecida al trigo, con cañas de algo más de seis decímetros, espigas prolongadas, flexibles, un poco arqueadas, y semilla ventruda, puntiaguda por ambas extremidades y adherida al cascabillo, que termina en arista larga. Sirve de alimento a diversos animales, y tiene además otros usos. ‖ **2.** Conjunto de granos de esta planta. ‖ **~ ladilla.** F. Especie de cebada cuya espiga tiene dos órdenes de granos, y estos son chatos y pesados. ‖ **~ perlada.** F. La mondada y redondeada a máquina.

cebadal. M. Terreno sembrado de cebada.

cebadera. F. Morral o manta que sirve de pesebre para dar cebada al ganado en el campo.

cebadero. M. Lugar destinado a cebar animales.

cebadilla. F. **1.** Especie de cebada que crece espontánea en las paredes y caminos. Tiene unos tres decímetros de altura, hojas blandas y vellosas, y espigas terminales densas con aristas muy largas. ‖ **2.** Fruto de una planta mexicana del mismo género que el eléboro blanco. Es una cápsula de la forma, tamaño y color de tres granos de cebada reunidos, y contiene seis semillas negruzcas, algo relucientes y arrugadas, cuyo polvo se usa como estornutatorio y para matar insectos.

cebado, da. PART. de cebar. || ADJ. *Am.* Dicho de una fiera: Que, por haber probado carne humana, es más temible. □ V. **lobo ~**.

cebador, ra. I. ADJ. **1.** Que ceba. *Bomba cebadora de gasolina. Niño cebador de patos.* || **II.** M. y F. **2.** *Á. R. Plata.* Persona que ceba el mate. || **III.** M. **3.** *Tecnol.* Dispositivo que sirve para iniciar un proceso físico o químico.

cebadura. F. **1.** Acción y efecto de cebar o cebarse. || **2.** *Á. R. Plata.* Cantidad de yerba que se pone en el mate cuando se prepara la infusión.

cebar. I. TR. **1.** Dar comida a los animales para aumentar su peso. || **2.** Dar a los animales comida para atraerlos o alimentarlos. || **3.** Poner cebo en una trampa, o en un aparejo de pesca o de caza para atraer a los animales. || **4.** Alimentar, fomentar; p. ej., echar aceite a la luz, leña al fuego, mineral al horno, etc. || **5.** Poner el cebo o materia explosiva en armas de fuego o artefactos destinados a explotar. || **6.** Poner una máquina o un aparato en condiciones de empezar a funcionar; p. ej., una bomba hidráulica llenándola de líquido. || **7.** *Á. R. Plata.* Preparar el mate añadiendo agua caliente a la yerba. || **II.** PRNL. **8.** Entregarse con mucha eficacia e intensidad a algo. *Los cineastas norteamericanos se ceban en películas de acción.* || **9.** Encarnizarse, ensañarse. *Se cebó en su víctima.*

cebellina. □ V. **marta ~**.

cebiche. M. *Am.* Plato de pescado o marisco crudo cortado en trozos pequeños y preparado en un adobo de jugo de limón o naranja agria, cebolla picada, sal y ají.

cebil. M. Árbol leguminoso que vive en el Río de la Plata. Es alto y corpulento, su madera se emplea en las construcciones, sus hojas las come el ganado en años de escasez, y su corteza, que contiene mucho tanino, es un curtiente enérgico.

cebo. M. **1.** Comida que se da a los animales para alimentarlos, engordarlos o atraerlos. || **2.** En la pesca, alimento, real o simulado, con que se atrae a los peces. || **3.** Porción de materia explosiva que se coloca en determinados puntos de las armas de fuego, los proyectiles huecos, los torpedos y los barrenos, para producir, al inflamarse, la explosión de la carga.

cebolla. F. **1.** Planta hortense, de la familia de las Liliáceas, con tallo de seis a ocho decímetros de altura, hueco, fusiforme e hinchado hacia la base, hojas abrazadoras y cilíndricas, flores de color blanco verdoso en umbela redonda, y raíz fibrosa que nace de un bulbo esferoidal, blanco o rojizo, formado de capas tiernas y jugosas, de olor fuerte y sabor más o menos picante. || **2.** Bulbo de esta planta que se come tierna antes de florecer. || **3. bulbo.** || **~ albarrana.** F. Planta perenne y medicinal, de la familia de las Liliáceas, como de metro y medio de altura, con las hojas de color verde oscuro, aovadas, lanceoladas, onduladas por los bordes y algo carnosas, flores blancas en racimo, y un bulbo semejante al de la cebolla común, con los cascos interiores más gruesos, viscosos, muy acres y amargos. || **~ escalonia.** F. Planta perenne de la familia de las Liliáceas, con tallo de tres a cinco decímetros de altura, hojas finas, aleznadas y tan largas como el tallo; flores moradas y muchos bulbos, agregados como en el ajo común, blancos por dentro y rojizos por fuera. Es planta originaria de Asia, se cultiva en las huertas y se emplea como condimento. □ V. **papel ~, tela de ~**.

cebollana. F. Planta muy parecida a la cebolla, con el tallo cilíndrico, de unos cuatro decímetros de altura, las flores violadas, uno o varios bulbos pequeños y ovoides, de sabor dulce, y hojas jugosas, que se comen en ensalada.

cebollero, ra. ADJ. Perteneciente o relativo a la cebolla. *Aroma cebollero.* □ V. **alacrán ~, grillo ~**.

cebolleta. F. **1.** Planta muy parecida a la cebolla, con el bulbo pequeño y parte de las hojas comestibles. || **2.** Cebolla común que, después del invierno, se vuelve a plantar y se come tierna antes de florecer.

cebollino. M. **1. cebollana.** || **2.** Persona torpe e ignorante.

cebón, na. I. ADJ. **1.** Dicho de un animal: Que está cebado. U. t. c. s. || **II.** M. **2. puerco.**

ceborrincha. F. Cebolla silvestre y cáustica.

cebra. F. **1.** Animal solípedo del África austral, parecido al asno, de pelo blanco amarillento, con listas transversales pardas o negras. Hay varias especies, y alguna del tamaño del caballo. || **2.** *Á. R. Plata.* **paso de cebra.**

cebrado, da. ADJ. Dicho de algunos animales, especialmente del caballo o de la yegua: Que tienen, como la cebra, manchas negras transversales, por lo común alrededor de los antebrazos, piernas o corvejones, o debajo de estas partes.

cebruno, na. ADJ. Dicho del color del caballo: Intermedio entre el oscuro y zaino.

cebú. M. Variedad del toro común, caracterizada por la giba adiposa que tiene sobre el lomo. Vive doméstico en la India y en África. MORF. pl. **cebúes** o **cebús.**

cebuano, na. I. ADJ. **1.** Natural de Cebú. U. t. c. s. || **2.** Perteneciente o relativo a esta isla del archipiélago filipino. || **II.** M. **3.** Lengua cebuana.

cebucán. M. *Á. Caribe.* Especie de colador hecho de hojas de palma entretejidas, que se utiliza para exprimir la yuca rallada y eliminar su zumo venenoso, a fin de hacer el casabe.

ceca[1]**.** F. hist. Casa donde se labra moneda.

ceca[2]**. de la ~ a la meca.** LOC. ADV. coloq. De una parte a otra, de aquí para allí.

cecal. ADJ. Perteneciente o relativo al intestino ciego. □ V. **apéndice ~**.

ceceante. ADJ. **1.** Perteneciente o relativo al ceceo. *Pronunciación, articulación ceceante.* || **2.** Que cecea al hablar. U. t. c. s.

cecear. INTR. Pronunciar la *s* con articulación igual o semejante a la que corresponde a la letra *z* en el centro y norte de España. Es propio de algunas zonas del sur de la península Ibérica y su difusión en América es muy limitada.

ceceo. M. Acción y efecto de cecear.

ceceoso, sa. ADJ. Que cecea al hablar. U. t. c. s.

cecial. M. Merluza u otro pescado parecido a ella, seco y curado al aire. U. t. c. adj. *Pescado cecial.*

cecina. F. **1.** Carne salada, enjuta y secada al aire, al sol o al humo. || **2.** *Á. guar.* y *Á. R. Plata.* Tira de carne de vacuno, delgada, seca y sin sal. || **3.** *Chile.* Embutido de carne.

cedazo. M. Instrumento compuesto de un aro y de una tela, por lo común de cerdas, más o menos clara, que cierra la parte inferior. Sirve para separar las partes más finas de las gruesas de algunas cosas, como la harina, el suero, etc.

cedé. M. CD.

cedente. ADJ. Dicho de una persona o de una entidad: Que **cede** (‖ traspasa una cosa, acción o derecho). Apl. a pers., u. t. c. s.

ceder. I. TR. **1.** Dar, transferir, traspasar a alguien una cosa, acción o derecho. *Ceder el paso.* ‖ **2.** Perder tiempo, espacio, posición, etc., en favor de un rival. *El ciclista cedió seis minutos respecto del líder.* ‖ **3.** Dep. Dicho de un jugador: Pasar la pelota a otro de su equipo, cuando ambos están cerca. ‖ **II.** INTR. **4.** Rendirse, someterse. *No cedas a sus pretensiones.* ‖ **5.** Dicho del viento, de la fiebre, etc.: Mitigarse, disminuir su fuerza. ‖ **6.** Dicho de una cosa: Disminuir o cesar su resistencia. *Los muelles del sofá han cedido.* ‖ **7.** Dicho de algo sometido a una fuerza excesiva: Romperse o soltarse. *Cedió la cuerda.* ‖ **8.** Dicho de una persona o de una cosa: Ser inferior a otra con la que se compara.

cederrón. M. **CD-ROM.**

cedilla. F. **1.** Signo ortográfico formado por una *c* y una virgulilla escrita en su parte inferior (ç), que en español medieval y clásico, así como en otras lenguas, representa ante las vocales *a, o, u,* la misma articulación que la *c* tiene ante *e, i.* ‖ **2.** Esta misma virgulilla.

cedizo, za. ADJ. Dicho de alguna cosa de comer: Que empieza a pudrirse o corromperse.

cedro. M. Árbol de la familia de las Abietáceas, que alcanza unos 40 m de altura, con tronco grueso y derecho, ramas horizontales, hojas persistentes casi punzantes, flores rojas al principio y después amarillas, y cuyo fruto es como una piña pequeña formada por escamas muy apretadas. ‖ ~ **del Líbano.** M. cedro.

cedrón. M. **1.** Planta verbenácea, originaria del Perú, aromática, con propiedades medicinales, que florece durante el verano y el otoño. ‖ **2.** Planta de Costa Rica, Nicaragua y Honduras, cuyas semillas, muy amargas, se emplean contra las calenturas y el veneno de las serpientes.

cédula. F. **1.** Documento en que se reconoce una deuda u otra obligación. ‖ **2.** Papel o pergamino escrito o para escribir en él algo. ‖ ~ **de identidad.** F. Am. **carné de identidad.** ‖ ~ **de vecindad,** o ~ **personal.** F. hist. Documento oficial que expresaba el nombre, profesión, domicilio y demás circunstancias de cada individuo. ‖ ~ **real.** F. hist. Despacho del rey, expedido por algún consejo o tribunal superior, en que se concedía una merced o se tomaba alguna providencia.

cedular. TR. Á. Caribe. Expedir una cédula de identidad, de ciudadanía, etc.

cedulario. M. Colección de reales cédulas.

cedulón. M. **1.** Edicto o anuncio que se fija en sitios públicos. ‖ **2.** **pasquín** (‖ escrito anónimo).

cefalalgia. F. Med. **cefalea.**

cefalea. F. Dolor de cabeza.

cefálico, ca. ADJ. Anat. Perteneciente o relativo a la cabeza. ☐ V. **índice ~, vena ~.**

cefalópodo. ADJ. Zool. Se dice de los moluscos marinos que tienen el manto en forma de saco con una abertura por la cual sale la cabeza, que se distingue bien del resto del cuerpo y está rodeada de tentáculos largos a propósito para la natación y provistos de ventosas. U. t. c. s. m. ORTOGR. En m. pl., escr. con may. inicial c. taxón. *Los Cefalópodos.*

cefalorraquídeo, a. ADJ. **1.** Anat. Se dice del sistema nervioso cerebroespinal por hallarse este alojado en la cabeza y en la columna vertebral. ‖ **2.** Se dice del líquido incoloro y transparente, ligeramente alcalino, en el que están sumergidos los centros nerviosos de los vertebrados, que llena también los ventrículos del encéfalo y ejerce una acción protectora de aquellos órganos.

cefalotórax. M. Zool. Parte del cuerpo de los crustáceos y arácnidos que está formada por la unión de la cabeza y el tórax.

céfiro. M. **1.** **poniente** (‖ viento). ‖ **2.** poét. Viento suave y apacible. ‖ **3.** Tela de algodón casi transparente y de colores variados.

cegador, ra. ADJ. Que ciega o deslumbra. *Luz, claridad cegadora.*

cegajoso, sa. ADJ. Que habitualmente tiene cargados y llorosos los ojos. Apl. a pers., u. t. c. s.

cegar. I. TR. **1.** Quitar la vista a alguien. ‖ **2.** Dicho de una luz repentina e intensa: Dejar momentáneamente ciego a alguien. U. t. c. prnl. ‖ **3.** Turbar la razón, ofuscar el entendimiento. *Sé objetivo, no te ciegue la pasión.* U. t. c. intr. ‖ **4.** Cerrar, macizar algo que antes estaba hueco o abierto. *Cegar una puerta, un pozo, una cañería.* U. t. c. prnl. ‖ **5.** Impedir, obstaculizar con broza, piedras u otros estorbos el tránsito por un conducto, una vereda u otro paso estrecho. *Cegar un hormiguero.* ‖ **6.** Disminuir el calado de un canal, puerto o rada por los acarreos de arenas, tierra o limo, hasta quedar impracticable para la navegación. ‖ **II.** INTR. **7.** Perder enteramente la vista. ¶ MORF. conjug. c. *acertar.*

cegato, ta. ADJ. coloq. Corto de vista, o de vista escasa. U. t. c. s.

cegesimal. ADJ. Perteneciente o relativo al sistema de unidades basado en el centímetro, el gramo y el segundo. ☐ V. **Sistema Cegesimal.**

cegua. F. Am. Cen. **ciguanaba.**

ceguedad. F. **ceguera.**

ceguera. F. **1.** Total privación de la vista. ‖ **2.** Alucinación, afecto que ofusca la razón.

ceiba. F. Árbol americano bombacáceo, de 15 a 30 m de altura, de tronco grueso, ramas rojizas, flores rojas tintóreas y frutos de 10 a 30 cm de longitud, que contienen seis semillas envueltas en una especie de algodón.

ceibeño, ña. ADJ. **1.** Natural de La Ceiba, ciudad de Honduras, capital del departamento de Atlántida. U. t. c. s. ‖ **2.** Natural de Ceiba, municipio de Puerto Rico, o de su cabeza. U. t. c. s. ‖ **3.** Perteneciente o relativo a aquella ciudad o a este municipio y su cabeza.

ceibo. M. Árbol americano, de la familia de las Papilionáceas, notable por sus flores de cinco pétalos, rojas y brillantes, que nacen antes que las hojas, que son lanceoladas, verdes por la cara superior y gríseas por el envés. Su fruto, de unos quince centímetros de largo, es peludo y con semillas ovoides. Tiene diferentes nombres según la región en que se cría.

ceilandés, sa. ADJ. **ceilanés.** Apl. a pers., u. t. c. s.

ceilanés, sa. ADJ. **1.** Natural de Ceilán. U. t. c. s. ‖ **2.** Perteneciente o relativo a esta isla de Asia, hoy Sri Lanka.

ceja. F. **1.** Parte prominente y curvilínea cubierta de pelo, sobre la cuenca del ojo. ‖ **2.** Pelo que la cubre. ‖ **3.** Parte que sobresale un poco en las encuadernaciones de los libros, en los vestidos, en algunas obras de arquitectura y carpintería, etc. ‖ **4.** Parte superior o cumbre del monte o sierra. ‖ **5.** Mús. Listón que tienen los instrumentos de cuerda entre el clavijero y el mástil, para apoyo y separación de las cuerdas. ‖ **6.** Mús. **cejilla** (‖ pieza que se sujeta al mástil de la guitarra). ‖ **7.**

Á. *R. Plata*. Borde de un bosque, que a distancia aparece como banda o faja de vegetación elevada. ‖ **arquear las ~s.** LOC.VERB. coloq. Levantarlas, poniéndolas en forma de arco, como sucede cuando alguien se admira. ‖ **dar a alguien entre ~ y ~.** LOC.VERB. coloq. Decirle en su cara algo que le sea muy sensible. ‖ **llevar** alguien, o **metérsele,** o **ponérsele,** a alguien, **entre ~ y ~** algo. LOCS.VERBS. coloqs. ‖ **quemarse las ~s.** LOC.VERB. coloq. Estudiar mucho. ‖ **tener** a alguien **entre ~s,** o **entre ~ y ~.** LOCS.VERBS. coloqs. Mirarlo con prevención desfavorable. ‖ **tener entre ~ y ~** algo. LOC. VERB. coloq. Fijarse en un pensamiento o propósito.

cejar. INTR. Aflojar o ceder en un negocio, empeño o discusión.

cejijunto, ta. ADJ. **1.** Que tiene las cejas muy pobladas de pelo hacia el entrecejo, por lo que casi se juntan. ‖ **2.** ceñudo.

cejilla. F. **1.** *Mús.* ceja (‖ listón de los instrumentos de cuerda). ‖ **2.** Pieza suelta que, aplicada transversalmente sobre la encordadura de la guitarra y sujeta al mástil por medio de una abrazadera o de otro modo, sirve para elevar por igual el tono del instrumento.

cejudo, da. ADJ. Que tiene las cejas muy pobladas y largas.

cejuela. F. *Mús.* cejilla (‖ pieza que se sujeta al mástil de la guitarra).

celacanto. M. *Zool.* Pez de aproximadamente 1,5 m de largo y 60 kg de peso, color negro azulado, escamas grandes, aletas lobuladas de base carnosa y la caudal dividida en tres partes. Se ha encontrado en el océano Índico y se considera un fósil viviente, ya que sus parientes más cercanos se extinguieron hace 60 millones de años.

celada¹. F. hist. Pieza de la armadura que servía para cubrir y defender la cabeza.

celada². F. **1.** Emboscada de gente armada en un lugar oculto, acechando al enemigo para asaltarlo descuidado o desprevenido. ‖ **2.** Engaño o fraude dispuesto con artificio o disimulo. ‖ **caer en la ~.** LOC.VERB. Caer en la trampa (‖ ardid).

celado, da. PART. de celar². ‖ ADJ. Oculto, encubierto. *Espiaba desde un palco celado.*

celadón. M. Color verde claro que se da a ciertas telas en los países de Levante, tiñéndolas primero de azul bajo y después de amarillo.

celador, ra. I. ADJ. **1.** Que vigila. *Lo considero celador de mis intereses.* ‖ **II.** M. y F. **2.** Persona destinada por la autoridad para ejercer la vigilancia.

celaduría. F. Oficina o despacho del celador.

celaje. M. Aspecto que presenta el cielo cuando hay nubes tenues y de varios matices. U. m. en pl.

celar¹. TR. **1.** Procurar con particular cuidado el cumplimiento y observancia de las leyes, estatutos u otras obligaciones o encargos. ‖ **2.** Observar los movimientos y acciones de una persona por recelos que se tienen de ella.

celar². TR. encubrir (‖ ocultar). U. t. c. prnl.

celastráceo, a. ADJ. *Bot.* Se dice de los árboles y arbustos angiospermos dicotiledóneos que tienen hojas opuestas o alternas, con estípulas, flores hermafroditas o unisexuales, con cáliz y corola tetrámeros o pentámeros, fruto seco, dehiscente, y semillas con arilo; p. ej., el bonetero. U. t. c. s. f. ORTOGR. En f. pl., escr. con may. inicial c. taxón. *Las Celastráceas.*

celda. F. **1.** Cada uno de los aposentos donde se encierra a los presos en las cárceles celulares. ‖ **2.** Aposento des-

tinado al religioso o religiosa en su convento. ‖ **3.** celdilla (‖ de los panales). ‖ **4.** celdilla (‖ huecos que ocupan las simientes en la cápsula).

celdilla. F. **1.** Cada una de las casillas de que se componen los panales de las abejas, avispas y otros insectos. ‖ **2.** nicho. ‖ **3.** Pequeña celda, cavidad o seno. ‖ **4.** Biol. Cada uno de los huecos que ocupan las simientes en la cápsula.

celebérrimo, ma. ADJ. SUP. de célebre.

celebración. F. Acción de celebrar.

celebrado, da. PART. de celebrar. ‖ ADJ. célebre. *Le concedieron el premio al celebrado escritor.*

celebrador, ra. ADJ. Que celebra (‖ aplaude algo).

celebrante. I. ADJ. **1.** Que celebra. *Familias celebrantes de la festividad se reúnen a comer junto al río.* ‖ **II.** M. **2.** Sacerdote que está diciendo misa o preparado para decirla.

celebrar. TR. **1.** Conmemorar, festejar una fecha, un acontecimiento. *Celebramos el cumpleaños de Juan.* ‖ **2.** Alabar, aplaudir algo. *Celebro tu sabia decisión.* ‖ **3.** Reverenciar, venerar solemnemente con culto público los misterios de la religión y la memoria de sus santos. ‖ **4.** Realizar un acto, una reunión, un espectáculo, etc. U. t. c. prnl. *El partido se celebrará el sábado.* ‖ **5.** decir misa. U. t. c. intr.

célebre. ADJ. **1.** famoso (‖ que tiene fama). ‖ **2.** famoso (‖ que llama la atención por ser muy singular y extravagante). *Mi hermana, siempre tan célebre.* ¶ MORF. sup. irreg. **celebérrimo.**

celebridad. F. **1.** Fama, renombre o aplauso que tiene alguien o algo. ‖ **2.** Persona famosa.

celemín. M. **1.** Medida de capacidad para áridos, que tiene 4 cuartillos y equivale en Castilla a 4,625 l aproximadamente. ‖ **2.** Porción de grano, semillas u otra cosa semejante que llena exactamente la medida del celemín. ‖ **3.** hist. Medida antigua superficial que en Castilla equivalía a 537 m² aproximadamente, y era el espacio de terreno que se consideraba necesario para sembrar un celemín de trigo.

celentéreo. ADJ. *Zool.* Se dice de los animales con simetría radiada, cuyo cuerpo presenta una cavidad única gastrovascular, que comunica con el exterior por un orificio que es a la vez boca y ano; p. ej., los pólipos, las medusas y los ctenóforos. U. t. c. s. m. ORTOGR. En m. pl., escr. con may. inicial c. taxón en desuso. *Los Celentéreos.*

celeque. ADJ. *Am. Cen.* Dicho de la fruta: **verde** (‖ que aún no está madura).

célere. ADJ. Pronto, rápido. *Movimiento célere.*

celeridad. F. Prontitud, rapidez, velocidad.

celesta. F. *Mús.* Instrumento de teclado en que los macillos producen el sonido golpeando láminas de acero.

celeste. I. ADJ. **1.** Perteneciente o relativo al cielo. *Los cuerpos celestes.* ‖ **II.** M. **2.** azul celeste. U. t. c. adj. *Una camisa celeste.* ☐ V. bóveda ~, esfera ~, mapa ~, mecánica ~.

celestial. ADJ. **1.** Perteneciente o relativo al cielo, considerado como la mansión eterna de los bienaventurados. *La morada celestial.* ‖ **2.** Perfecto, delicioso. *Sabor celestial.* ☐ V. corte ~, música ~, patria ~.

celestina¹. F. **1.** alcahueta (‖ mujer que concierta una relación amorosa). ‖ **2.** irón. Persona que facilita o promueve de manera encubierta contactos con fines políticos, comerciales o de otro tipo.

celestina². F. Mineral formado por sulfato de estroncio, de color azulado generalmente y de fractura concoidea. Es insoluble en los ácidos y comunica a la llama vivo color carmesí.

celestinaje. M. Acción de celestinear.

celestinear. INTR. Ejercer o practicar la función propia de una celestina¹.

celestineo. M. Acción de celestinear.

celestinesco, ca. ADJ. Perteneciente o relativo a la celestina¹.

celíaca o **celiaca.** F. Med. Diarrea blanquecina.

celíaco, ca o **celiaco, ca.** ADJ. **1.** Anat. Perteneciente o relativo al vientre o a los intestinos. *Flujo celíaco.* ‖ **2.** Enfermo de celíaca. U. t. c. s. ‖ **3.** Perteneciente o relativo a esta enfermedad. *Síntomas celíacos.* □ V. arteria ~.

celibato. M. soltería.

célibe. ADJ. Dicho de una persona: Que no ha contraído matrimonio. U. t. c. s.

célico, ca. ADJ. poét. celeste.

celidonia. F. Hierba de la familia de las Papaveráceas, con tallo ramoso de unos cinco decímetros de altura, hojas verdes por encima y amarillentas por el envés, flores en umbela, pequeñas y amarillas, y por frutos vainas capsulares muy delgadas. Por cualquier parte que se corte, echa un jugo amarillo y cáustico que se ha usado en medicina, principalmente para quitar las verrugas.

celinda. F. **1.** Arbusto de la familia de las Saxifragáceas, con tallos de hasta dos metros de altura, muy ramosos, de hojas sencillas, aovadas, puntiagudas y casi lampiñas, flores dispuestas en racimos, con el tubo del cáliz aovado y la corola de cuatro a cinco pétalos, blancos y muy fragantes, muchos estambres y cuatro o cinco estilos. ‖ **2.** Flor de esta planta.

celista. COM. violoncelista.

cella. F. Arq. hist. Espacio interior, de forma rectangular, que constituye el núcleo de la construcción en los templos griegos y romanos, y comunica por uno de sus lados con el pronaos o pórtico.

cellisca. F. Temporal de agua y nieve muy menuda, impelidas con fuerza por el viento.

celo¹. M. **1.** Cuidado, diligencia, esmero que alguien pone al hacer algo. ‖ **2.** Interés extremado y activo que alguien siente por una causa o por una persona. ‖ **3.** Recelo que alguien siente de que cualquier afecto o bien que disfrute o pretenda llegue a ser alcanzado por otro. U. m. en pl. ‖ **4.** En los animales irracionales, apetito de la generación. ‖ **5.** Época en que los animales sienten este apetito. ‖ **6.** pl. Sospecha, inquietud y recelo de que la persona amada haya mudado o mude su cariño, poniéndolo en otra. ‖ **dar ~s** alguien a otra persona. LOC.VERB. Darle motivo para que los sienta. □ V. huelga de ~.

celo². (Acortamiento del inglés *cellotape,* y este de *Sellotape,* marca reg.). M. Cinta de celulosa o plástico, adhesiva por uno de sus lados, que se emplea para pegar. □ V. papel ~.

celofán. (Del francés *Cellophane,* marca reg.). M. Película transparente y flexible, que se obtiene por regeneración de la celulosa contenida en las soluciones de viscosa y se utiliza principalmente como envase o envoltura.

celoma. M. Anat. Cavidad revestida de epitelio que en el hombre y ciertos grupos de animales se desarrolla entre la pared del cuerpo y las vísceras.

celomado, da. ADJ. Anat. Dicho de un animal: Que presenta celoma. U. t. c. s. m.

celosía. F. **1.** Enrejado de listones pequeños, de madera o de hierro, que se pone en las ventanas de los edificios y otros huecos análogos, para que las personas que están en el interior vean sin ser vistas. ‖ **2.** Enrejado parecido a la celosía.

celoso, sa. ADJ. **1.** Que tiene **celos** (‖ sospecha de que la persona amada mude su cariño). ‖ **2.** Que tiene **celo** (‖ interés). *Somos muy celosos de nuestra intimidad.* ‖ **3.** Á. Caribe. Dicho de un mecanismo: Sensible al más ligero contacto.

celotipia. F. Pasión de los celos.

Celsius. □ V. grado ~.

celta. I. ADJ. **1.** hist. Se dice de un grupo de pueblos indoeuropeos establecidos antiguamente en la mayor parte de la Galia, en las islas Británicas, y en buena parte de España y Portugal, así como en Italia del norte, Suiza, Alemania del oeste y sur, Austria, Bohemia y la Galacia en el Asia Menor. ‖ **2.** hist. Se dice de los individuos que formaban estos pueblos. U. t. c. s. ‖ **3.** hist. Perteneciente o relativo a los celtas. *Música celta.* ‖ **II.** M. **4.** Idioma de los celtas.

celtibérico, ca. ADJ. **1.** hist. **celtíbero** (‖ del pueblo celtíbero). Apl. a pers., u. t. c. s. ‖ **2.** hist. Perteneciente o relativo a los celtíberos o a Celtiberia, territorio de la Hispania Tarraconense que se extendía por gran parte de las actuales provincias de Burgos, Zaragoza, Teruel, Cuenca, Guadalajara y Soria. *Territorio celtibérico.*

celtíbero, ra o **celtibero, ra.** ADJ. **1.** hist. Se dice de un pueblo de la España prerromana, de lengua céltica, establecido en gran parte de las actuales provincias de Burgos, Zaragoza, Teruel, Cuenca, Guadalajara y Soria. ‖ **2.** hist. Se dice de los individuos que formaban este pueblo. U. t. c. s. ‖ **3.** hist. Perteneciente o relativo a los celtíberos o a Celtiberia. *Ritos celtíberos.* ‖ **4.** Se dice de la lengua celta continental, hoy extinta, que hablaban los celtíberos. U. t. c. s. m. *El celtíbero.* ‖ **5.** Perteneciente o relativo a esta lengua. *Léxico celtíbero.* ‖ **6.** despect. Dicho de una persona, de una cosa, de una actitud, etc.: Característicamente españolas, en sus aspectos considerados por tradición negativos. Apl. a pers., u. t. c. s.

céltico, ca. ADJ. **1.** hist. Perteneciente o relativo a los celtas. ‖ **2.** hist. Se dice de los pueblos así llamados en sentido estricto, que en la Antigüedad se establecieron en el sur de Lusitania y norte de la Bética, sobre territorios que hoy corresponderían al sur de Portugal y a parte de las provincias de Badajoz, Sevilla y Córdoba. ‖ **3.** hist. Se dice de los individuos que componían estos pueblos. U. t. c. s.

celtídeo, a. ADJ. Bot. Se dice de los árboles o arbustos pertenecientes a la familia de las Ulmáceas, con hojas alternas, enteras o aserradas, casi siempre de tres nervios, estípulas caedizas, flores hermafroditas o unisexuales, en racimo o en panoja, y por frutos drupas carnosas con una sola semilla; p. ej., el almez. U. t. c. s. ORTOGR. En f. pl., escr. con may. inicial c. taxón. *Las Celtídeas.*

celtismo. M. Rasgo lingüístico del celta empleado en otra lengua.

celtista. COM. Especialista en la lengua y la cultura célticas.

celtolatino, na. ADJ. Dicho de una palabra: De origen céltico e incorporada al latín.

célula. F. **1.** Biol. Unidad fundamental de los organismos vivos, generalmente de tamaño microscópico, capaz reproducción independiente y formada por un citoplasma y un núcleo rodeados por una membrana. ‖ **2.** Grupo reducido de personas que funciona de modo independiente dentro de una organización política, religiosa, etc. ‖ **~ fotoeléctrica.** F. Dispositivo que transforma energía luminosa en energía eléctrica. ‖ **~ hija.** F. Biol. célula respecto a otra de la que procede por división. ‖ **~ huevo.** F. cigoto. ‖ **~ madre.** F. **1.** Biol. La que se reproduce dando lugar a dos o más células hijas. ‖ **2.** Biol. célula troncal. ‖ **3.** Biol. **célula totipotente.** ‖ **~ totipotente.** F. Biol. célula embrionaria con capacidad para generar un organismo completo. ‖ **~ troncal.** F. Biol. célula indiferenciada que puede dar lugar a distintos tipos de tejidos, como los constituidos por células hepáticas, nerviosas, epiteliales o a las diversas estirpes de células sanguíneas. □ V. **anemia de ~s falciformes.**

celular. I. ADJ. **1.** Perteneciente o relativo a las células. *Biología celular.* ‖ **2.** Formado por células. *Cordón celular.* ‖ **3.** Dicho de un establecimiento penitenciario: Constituido por celdas individuales. *Cumple condena en una prisión celular.* ‖ **II.** M. **4.** Am. teléfono celular. □ V. **coche ~, división ~, furgón ~, gemación ~, membrana ~, pared ~, respiración ~, tejido ~, teléfono ~.**

celulasa. F. Bioquím. Enzima que fragmenta la celulosa en sus componentes.

celulítico, ca. ADJ. **1.** Perteneciente o relativo a la celulitis. *Síntomas celulíticos.* ‖ **2.** Afectado de celulitis. *Tejidos celulíticos.*

celulitis. F. **1.** coloq. Acumulación subcutánea de grasa en ciertas partes del cuerpo, que toman el aspecto de la piel de la naranja. ‖ **2.** Med. Inflamación del tejido conjuntivo subcutáneo.

celuloide. M. **1.** Sustancia fabricada con piroxilina y alcanfor. Es un cuerpo sólido, casi transparente y muy elástico, que se emplea en la industria fotográfica y cinematográfica y en las artes para imitar el marfil, la concha, el coral, etc. ‖ **2. película** (‖ cinta de celuloide preparada para ser impresionada fotográficamente). ‖ **3. película** (‖ cinta de celuloide que contiene imágenes). ‖ **4.** Industria o mundo del cine.

celulosa. F. Quím. Polisacárido que forma la pared de las células vegetales. Es el componente fundamental del papel.

celulósico, ca. ADJ. Perteneciente o relativo a la celulosa.

cema. F. Méx. Pan de salvado, con alguna porción corta de harina.

cémbalo. M. clavicémbalo.

cementación. F. Acción y efecto de cementar.

cementar. TR. **1.** encementar. *Cementar ladrillos.* ‖ **2. pegar** (‖ adherir una cosa con otra). *Cementar arena.* U. t. c. prnl. ‖ **3.** Calentar una pieza de metal en contacto con otra materia en polvo o en pasta.

cementera. F. Industria dedicada a la fabricación de cemento.

cementerial. ADJ. Perteneciente o relativo al cementerio.

cementerio. M. **1.** Terreno, generalmente cercado, destinado a enterrar cadáveres. ‖ **2.** Lugar destinado al depósito de residuos de ciertas industrias o de maquinaria fuera de uso. *Cementerio nuclear. Cementerio de coches.*

cementero, ra. ADJ. Perteneciente o relativo al cemento. *Industria cementera.*

cemento. M. **1.** Mezcla formada de arcilla y materiales calcáreos, sometida a cocción y muy finamente molida, que mezclada a su vez con agua se solidifica y endurece. ‖ **2.** Masa mineral que une los fragmentos o arenas de que se componen algunas rocas. ‖ **3.** Anat. Tejido óseo que cubre el marfil en la raíz de los dientes de los vertebrados. ‖ **~ de Pórtland.** M. cemento hidráulico semejante, por su color, a la piedra de las canteras inglesas de Pórtland. ‖ **~ hidráulico.** M. cemento (‖ mezcla de arcilla y materiales calcáreos). □ V. **cara de ~.**

cemita. F. **1.** Am. Cen. Pastel formado por dos capas de pan de salvado, con relleno de dulce, hecho con alguna fruta tropical. ‖ **2.** Méx. Pan de salvado, con alguna porción corta de harina.

cempasúchil. M. **1.** Planta herbácea de la familia de las Compuestas, originaria de México, con flores amarillas o anaranjadas, con olor fuerte, que tiene usos medicinales. ‖ **2.** Flor de esta planta.

cena. F. **1.** Última comida del día, que se hace al atardecer o por la noche. ‖ **2.** Acción de cenar. *La cena duró tres horas.* ‖ **3.** Reunión de personas para cenar. ‖ **última ~.** F. La de Jesucristo con sus apóstoles.

cenáculo. M. **1.** Reunión poco numerosa de personas que profesan las mismas ideas, y más comúnmente de literatos y artistas. ‖ **2.** Sala en que Jesucristo celebró la última cena.

cenador. M. Espacio, comúnmente redondo, que suele haber en los jardines, cercado y vestido de plantas trepadoras, parras o árboles.

cenaduría. F. Méx. Restaurante en que se sirven comidas por la noche.

cenagal. M. Sitio o lugar lleno de cieno.

cenagoso, sa. ADJ. Lleno de cieno. *Laguna cenagosa.*

cenar. I. INTR. **1.** Tomar la cena. ‖ **II.** TR. **2.** Comer en la cena tal o cual cosa. *Cenar perdices.*

cenceño, ña. ADJ. Dicho de una persona, de un animal o de una planta: Delgados o enjutos.

cencerrada. F. Ruido desagradable que se hace con cencerros o con otros utensilios metálicos para realizar una protesta cualquiera o como burla.

cencerro. M. Campana pequeña y cilíndrica, tosca por lo común, hecha con chapa de hierro o de cobre, que se usa para el ganado y suele atarse al pescuezo de las reses. ‖ **a ~s tapados.** LOC.ADV. De manera callada y cautelosa.

cencido, da. ADJ. Dicho de la hierba, de una dehesa o de un terreno: Que aún no han sido hollados.

cencuate. M. Méx. Culebra venenosa de más de un metro de longitud y pintada de diversos colores.

cendal. M. Tela de seda o lino muy delgada y transparente.

cenefa. F. **1.** Lista sobrepuesta o tejida en los bordes de las cortinas, doseles, pañuelos, etc., de la misma tela y a veces de otra distinta. ‖ **2.** Dibujo de ornamentación que se pone a lo largo de los muros, pavimentos y techos, consistente, por lo general, en elementos repetidos de un mismo adorno. ‖ **3.** Mar. Madero grueso que rodea una cofa, o en que termina y apoya su armazón. ‖ **4.** Mar. Tira de lona que cuelga de las relingas del toldo, para que no entre el sol por el costado.

cenestesia. F. Psicol. Sensación general del estado del propio cuerpo.

cenestésico, ca. ADJ. Psicol. Perteneciente o relativo a la cenestesia.

cenia. F. Azud o máquina simple para elevar el agua y regar terrenos, muy usada al norte de la provincia de Valencia.

cenicero. M. **1.** Recipiente donde se dejan la ceniza y residuos del cigarro. ‖ **2.** Espacio que hay debajo de la rejilla del hogar, para que en él caiga la ceniza.

cenícero. M. *Am. Mer.* Árbol de copa ancha, de la familia de las Mimosáceas, que se cubre de flores rosadas o rojas, según la variedad, y cuya fruta, en vainas, sirve de alimento al ganado.

cenicienta. F. Persona o cosa injustamente postergada, despreciada.

ceniciento, ta. ADJ. De color de ceniza.

cenicilla. F. oídio.

cenit o **cénit.** M. **1.** *Astr.* Intersección de la vertical de un lugar con la esfera celeste, por encima de la cabeza del observador. ‖ **2.** Punto culminante o momento de apogeo de alguien o algo. *Está en el cenit de su gloria.* ¶ MORF. pl. **cenits** o **cénits.**

cenital. ADJ. Perteneciente o relativo al cenit. *Fase cenital.* ☐ V. **ángulo ~, luz ~.**

ceniza. F. **1.** Polvo de color gris claro que queda después de una combustión completa, formado, generalmente, por sales alcalinas y térreas, sílice y óxidos metálicos. ‖ **2.** oídio. ‖ **3.** *Pint.* Aparejo de ceniza y cola para imprimir los lienzos que se van a pintar, especialmente al temple. ‖ **4.** pl. Reliquias o residuos de un cadáver. ‖ **convertir en ~s** algo. LOC.VERB. **reducir a cenizas.** ‖ **hacer ~,** o **~s,** algo. LOCS.VERBS. **1. reducir a cenizas.** ‖ **2.** coloqs. Destruirlo, o disiparlo del todo. ‖ **reducir a ~s** algo. LOC.VERB. Destruirlo, reduciéndolo a partes muy pequeñas. *La artillería redujo a cenizas la muralla.* ☐ V. **Miércoles de Ceniza.**

cenizal. M. Sitio donde se recoge o echa la ceniza.

cenizo, za. I. ADJ. **1.** De color de la ceniza. ‖ **II.** M. **2.** Planta silvestre, de la familia de las Quenopodiáceas, con tallo herbáceo, blanquecino, erguido, de seis a ocho decímetros de altura; hojas romboidales, dentadas, verdes por encima y cenicientas por el envés, y flores verdosas en panoja.

cenizoso, sa. ADJ. De color de ceniza.

cenobial. ADJ. Perteneciente o relativo al cenobio.

cenobio. M. **monasterio.**

cenobita. COM. Persona que profesa la vida monástica.

cenobítico, ca. ADJ. Perteneciente o relativo al cenobita.

cenotafio. M. Monumento funerario en el cual no está el cadáver del personaje a quien se dedica.

cenote. M. Depósito de agua manantial, que se halla en el estado mexicano de Yucatán y otras partes de América, generalmente a alguna profundidad.

cenozoico, ca. ADJ. **1.** *Geol.* Se dice de la era geológica que abarca desde el fin del Mesozoico, hace unos 65 millones de años, hasta nuestros días. Comprende los períodos terciario y cuaternario. U. t. c. s. m. ORTOGR. Escr. con may. inicial c. s. ‖ **2.** *Geol.* Perteneciente o relativo a esta era. *Fauna cenozoica.*

censador, ra. M. y F. *Á.Andes.* **censista.**

censal. I. ADJ. **1. censual.** ‖ **II.** M. **2. censo** (‖ contrato por el que se sujeta un inmueble al pago de una pensión anual).

censar. I. TR. **1.** Incluir o registrar en el censo. ‖ **II.** INTR. **2.** Hacer el censo o empadronamiento de los habitantes de algún lugar.

censatario, ria. ADJ. Dicho de una persona: Obligada a pagar los réditos de un censo. U. m. c. s.

censista. COM. Funcionario que interviene en la confección de censos demográficos o electorales.

censitario, ria. ADJ. Dicho de un sufragio, de un voto etc.: Limitado a las personas incluidas en un censo restringido.

censo. M. **1.** Padrón o lista de la población o riqueza de una nación o pueblo. ‖ **2. censo electoral.** ‖ **3.** Cierta **carga** (‖ impuesto, tributo). ‖ **4.** hist. Contribución o tributo que entre los antiguos romanos se pagaba por cabeza, en reconocimiento de vasallaje y sujeción. ‖ **5.** Der. Contrato por el cual se sujeta un inmueble al pago de un canon o pensión anual, bien como interés perpetuo de un capital recibido, bien como reconocimiento de la propiedad cedida inicialmente. ‖ **~ electoral.** M. Registro general de ciudadanos con derecho a voto.

censor, ra. I. ADJ. **1.** Que censura. *Actitud censora.* ‖ **II.** M. y F. **2.** Persona a quien se encomienda la función de ejercitar la censura previa. ‖ **3.** En las academias y otras corporaciones, persona encargada principalmente de velar por la observancia de estatutos, reglamentos y acuerdos. ‖ **4.** Persona que es propensa a murmurar o criticar las acciones o cualidades de los demás. ‖ **III.** M. **5.** hist. Magistrado de la república romana, a cuyo cargo estaba formar el censo de la ciudad, velar sobre las costumbres de los ciudadanos y aplicar castigos.

censorio, ria. ADJ. Perteneciente o relativo al censor o a la censura.

censual. ADJ. Perteneciente o relativo al censo.

censualista. COM. Persona a cuyo favor se impone o está impuesto un censo, o la que tiene derecho a percibir sus réditos.

censura. F. **1.** Dictamen y juicio que se hace o da acerca de una obra o escrito. ‖ **2.** Nota, corrección o reprobación de algo. ‖ **3.** Murmuración, detracción. ‖ **4.** Intervención que ejerce el censor gubernativo. ‖ **5.** Pena eclesiástica impuesta por algún delito con arreglo a los cánones. ‖ **6.** *Psicol.* Vigilancia que ejercen el yo y el superyó sobre el ello, para impedir el acceso a la consciencia de impulsos nocivos para el equilibrio psíquico. ‖ **~ previa,** o **previa ~.** F. Examen y aprobación que de ciertas obras hace un censor autorizado antes de hacerse públicas. ☐ V. **voto de ~.**

censurable. ADJ. Digno de censura. *Conducta censurable.*

censurador, ra. ADJ. Que censura.

censurar. TR. **1.** Corregir, reprobar o reprender por malo algo. *Censurar las malas costumbres.* ‖ **2.** Murmurar, vituperar. ‖ **3.** Dicho del censor oficial o de otra clase: Ejercer su función; imponer, en calidad de tal, supresiones o cambios.

cent. M. Céntimo de euro. MORF. pl. **cents.**

centaura o **centaurea.** F. Planta perenne, de la familia de las Compuestas, de tallo ramoso, recto, de uno a dos metros de altura, con hojas grandes divididas en lacinias aserradas desigualmente, y flores de color pardo purpúreo en corimbo irregular, con cáliz de cabecilla escamosa. ‖ **~ menor.** F. Planta de la familia de las Gencianáceas, con tallo de tres a cuatro decímetros de altura, cuadrangular, lampiño por abajo y ramoso por arriba, hojas radicales lisas, pequeñas, aovadas y estrechas, y casi lineales las superiores, flores en ramillete, róseas o blancas y de forma de embudo partido en cinco pétalos.

centauro. M. Monstruo fingido por los antiguos, mitad hombre y mitad caballo.

centavo. M. En algunos países, moneda que vale la centésima parte de la unidad monetaria.

centella. F. **1.** chispa eléctrica. || **2.** chispa (|| partícula encendida). || **3.** Persona o cosa muy veloz. *En su trabajo es una centella. Pasó rápido como una centella.* || **4.** *Chile.* ranúnculo. □ V. hierba ~.

centellar. INTR. centellear.

centelleante. ADJ. Que centellea. U. t. en sent. fig. *Ojos centelleantes.*

centellear. INTR. Despedir destellos vivos y rápidos de manera intermitente. U. t. en sent. fig. *Su mirada centelleó.*

centelleo. M. Acción y efecto de centellear.

centén. M. hist. Moneda española de oro, que valía 100 reales.

centena. F. Conjunto de 100 unidades.

centenal. M. Sitio sembrado de centeno.

centenar. M. centena. || **a ~es.** LOC. ADV. Se usa para ponderar la abundancia de algo.

centenario, ria. I. ADJ. **1.** Que tiene 100 años de edad, o poco más o menos. *Olivo centenario.* Apl. a pers., u. t. c. s. || **II.** M. **2.** Día en que se cumplen una o más centenas de años del nacimiento o muerte de alguna persona ilustre, o de algún suceso famoso. *Centenario de Cervantes. Segundo centenario del Dos de Mayo.* || **3.** Conjunto de fiestas o actos que alguna vez se celebran con dichos motivos.

centenero, ra. ADJ. Dicho de un terreno: En que se da bien el centeno.

centeno. M. **1.** Planta anual, de la familia de las Gramíneas, muy parecida al trigo, con el tallo delgado, fuerte y flexible, de uno a dos metros de altura; hojas planas y estrechas, espiga larga, estrecha y comprimida, de la que se desprenden con facilidad los granos, que son de forma oblonga, puntiagudos por un extremo y envueltos en un cascabillo áspero por el dorso y terminado en arista. || **2.** Conjunto de granos de esta planta. Es muy alimenticia y sirve para los mismos usos que el trigo.

centésima. F. Cada una de las 100 partes iguales en que se dividen ciertas unidades de medida. *Rebajó la marca en trece centésimas.*

centesimal. ADJ. Que tiene como base la división de la unidad en 100 partes iguales. *Composición centesimal. Escala centesimal.*

centésimo, ma. I. ADJ. **1.** Que sigue inmediatamente en orden al o a lo nonagésimo noveno. || **2.** Se dice de cada una de las 100 partes iguales en que se divide un todo. U. t. c. s. m. || **II.** M. **3.** Fracción de la unidad monetaria de algunos países americanos.

centígrado, da. ADJ. **1.** Dicho de una escala: En que cada división vale un grado centígrado. || **2.** Dicho de un termómetro: Que se ajusta a esta escala. □ V. grado ~.

centigramo. M. Centésima parte de un gramo. (Símb. *cg*).

centilitro. M. Medida de capacidad que tiene la centésima parte de un litro. (Símb. *cl*).

centimano, na o **centímano, na.** ADJ. De 100 manos, como Briareo y otros gigantes que, según la mitología, tenían 100 manos. U. t. c. s.

centímetro. M. **1.** Centésima parte de un metro. (Símb. *cm*). || **2.** *Á. R. Plata.* cinta métrica.

céntimo. M. En algunos países, moneda, acuñada o no, que vale la centésima parte de la unidad monetaria.

centinela. I. F. **1.** vigilancia (|| servicio para vigilar). || **II.** COM. **2.** *Mil.* Soldado que vela guardando el puesto que se le encarga. || **3.** Persona que está observando algo.

centolla. F. centollo.

centollo. M. Crustáceo decápodo marino, braquiuro, de caparazón casi redondo cubierto de pelos y tubérculos ganchudos, y con cinco pares de patas largas y vellosas. Vive entre las piedras y su carne es muy apreciada.

centón. M. Obra literaria, en verso o prosa, compuesta enteramente, o en la mayor parte, de sentencias y expresiones ajenas.

centrado. M. Acción y efecto de **centrar** (|| colocar de modo que el centro coincida).

central. I. ADJ. **1.** Que está en el centro físico. *Patio central.* U. t. en sent. fig. *El jueves comienza el período central del certamen.* || **2.** Dicho de un lugar: Que está entre dos extremos. *América Central.* || **3.** Que ejerce su acción sobre todo un campo o territorio. *Gobierno central.* || **4.** Esencial, fundamental, básico. *La idea central de su doctrina.* || **5.** Dicho de ciertas organizaciones o instalaciones: **principales.** *Estación, oficina central.* U. t. c. s. f. *La central de correos. La central de nuestra compañía.* || **6.** Dicho de un futbolista o de un jugador de otros deportes: Que actúa por el centro de la defensa. U. t. c. s. || **7.** *Fon.* Dicho de un sonido: Que se articula en el centro de la cavidad bucal. *Vocal central.* || **II.** F. **8.** Cada una de las diversas instalaciones donde se produce, por diferentes medios, energía eléctrica. *Central nuclear, térmica, hidroeléctrica.* || **9.** *Á. Caribe.* ingenio de azúcar. □ V. Administración ~, aduana ~, calefacción ~, cilindro ~, Estado Mayor Central.

centralense. ADJ. **1.** Natural de Central. U. t. c. s. || **2.** Perteneciente o relativo a este departamento del Paraguay.

centralidad. F. Condición de central.

centralismo. M. Doctrina de los centralistas.

centralista. ADJ. **1.** Perteneciente o relativo a la centralización política o administrativa. *Criterios centralistas.* || **2.** Partidario de este tipo de centralización. U. t. c. s.

centralita. F. **1.** Aparato que conecta una o varias líneas telefónicas con diversos teléfonos instalados en los locales de una misma entidad. || **2.** Lugar, dentro del mismo edificio, donde está instalado este aparato.

centralización. F. Acción y efecto de centralizar.

centralizado. □ V. cierre ~.

centralizador, ra. ADJ. Que centraliza. *Organismo centralizador.*

centralizar. TR. **1.** Reunir varias cosas en un centro común. *Centralizar los fondos de diversas bibliotecas.* U. t. c. prnl. || **2.** Hacer que varias cosas dependan de un poder central. *Centralizar la gestión de una empresa.* U. t. c. prnl. || **3.** Dicho del poder público: Asumir facultades atribuidas a organismos locales.

centrar. I. TR. **1.** Colocar algo de modo que su centro coincida con el de otra cosa. *Centrar la computadora en la mesa.* || **2.** Hacer que se reúnan en el lugar conveniente los proyectiles de un arma de fuego, los rayos procedentes de un foco luminoso, etc. || **3.** Colocar el centro de algo en un punto. *El éxito del equipo hay que centrarlo en su entrenador.* || **4.** Poner algo en su sitio o en el sitio adecuado. *El moderador centra el debate y evita digresiones.*

|| **5.** Dirigir el interés o la atención hacia algo concreto. *Ha centrado su investigación en la época de Carlos V.* U. t. c. prnl. *Se ha centrado en los estudios sobre Cervantes.* || **6.** Dicho de una persona: Atraer sobre sí la atención, el interés, las miradas, etc., de quienes se hallan a su alrededor. U. t. c. prnl. *Todas las miradas se centraron en ella.* || **7.** Proporcionar un estado de equilibrio y seguridad. U. t. c. prnl. *Durante el último curso se ha centrado mucho.* || **II.** INTR. **8.** Dep. Dicho de un jugador: En el fútbol, lanzar el balón desde un lado del terreno hacia la parte central próxima a la portería contraria.

céntrico, ca. ADJ. Que está en el centro. *Piso céntrico.* □ V. **punto ~.**

centrífuga. F. *Mec.* Máquina que separa los distintos componentes de una mezcla por la acción de la fuerza centrífuga.

centrifugación. F. Acción de centrifugar.

centrifugado. M. Acción y efecto de centrifugar.

centrifugador, ra. ADJ. Que centrifuga.

centrifugar. TR. **1.** Aprovechar la fuerza centrífuga para secar ciertas sustancias o para separar los componentes de una masa o mezcla según sus distintas densidades. || **2.** Escurrir la ropa por medio de la centrifugación.

centrífugo, ga. ADJ. *Mec.* Que se aleja del centro o tiende a alejar de él. □ V. **azúcar ~, bomba ~, fuerza ~.**

centrípeto, ta. ADJ. *Mec.* Que se mueve hacia el centro o atrae hacia él. □ V. **fuerza ~.**

centrismo. M. **centro** (|| tendencia o agrupación política de ideología intermedia).

centrista. ADJ. **1.** Perteneciente o relativo al **centro** (|| tendencia o agrupación política de ideología intermedia). *Propuesta centrista.* || **2.** Partidario de una política de centro. U. t. c. s.

centro. M. **1.** Punto interior que aproximadamente equidista de los límites de una figura, superficie, territorio, etc. || **2.** Tendencia o agrupación política cuya ideología es intermedia entre la derecha y la izquierda. || **3.** Instituto dedicado a cultivar o a fomentar determinados estudios e investigaciones. || **4.** Parte central de una ciudad o de un barrio. || **5.** Punto o calles más concurridos de una población o en los cuales hay más actividad comercial o burocrática. || **6.** Lugar en que se desarrolla más intensamente una actividad determinada. *Centro industrial.* || **7.** Lugar donde se reúnen, acuden o concentran personas o grupos por algún motivo o con alguna finalidad. *Centro de operaciones.* || **8.** Lugar donde se reúne o produce algo en cantidades importantes. *Centro editorial.* || **9.** Fin u objeto principal a que se aspira o del que se siente atracción. *Se convirtió en el centro de todas las miradas.* || **10.** Dep. En el fútbol, acción y efecto de centrar. || **11.** Geom. Punto interior del círculo, del que equidistan todos los de la circunferencia. || **12.** Geom. En la esfera, punto interior del cual equidistan todos los de la superficie. || **13.** Geom. En los polígonos y poliedros regulares, centro respectivo de la circunferencia y la esfera circunscritas. || **~ comercial.** M. Complejo formado por establecimientos dedicados a actividades comerciales y de ocio. || **~ de flores.** M. Adorno de flores u otros elementos vegetales montado en un soporte. || **~ de gravedad.** M. *Fís.* En un cuerpo material, punto fijo sobre el que actúa la resultante de las fuerzas de atracción de la gravedad. || **~ de la batalla.** M. *Mil.* Parte del ejército que está en medio de

las dos alas. || **~ de mesa.** M. Vasija de porcelana, cristal o metal, que se utiliza frecuentemente para colocar flores en medio de las mesas de comedor. || **~ de simetría.** M. Geom. Punto de una figura u objeto, tal que cualquier recta que por él pase ha de encontrar a ambos lados y a la misma distancia puntos correspondientes || **~ nervioso.** M. Zool. Parte del sistema nervioso, que recibe estímulos periféricos y transmite las respuestas correspondientes a los órganos que afecta. □ V. **delantero ~.**

centroafricano, na. ADJ. **1.** Natural del África central. U. t. c. s. || **2.** Natural de la República Centroafricana. U. t. c. s. || **3.** Perteneciente o relativo a aquella zona o a este país de África.

centroamericano, na. ADJ. **1.** Natural de Centroamérica. U. t. c. s. || **2.** Perteneciente o relativo a esta parte de América.

centrocampista. COM. En el fútbol y otros juegos deportivos, miembro de un equipo que tiene como misión principal contener los avances del equipo contrario en el centro del campo y ayudar tanto a la defensa como a la delantera del equipo propio.

centroderecha. AMB. Tendencia política que integra el centro y la derecha.

centroeuropeo, a. ADJ. **1.** Natural de la Europa central. U. t. c. s. || **2.** Perteneciente o relativo a esta parte de Europa.

centroizquierda. AMB. Tendencia política que integra el centro y la izquierda.

centunvirato. M. hist. Consejo de los centunviros

centunviro. M. hist. Cada uno de los 100 ciudadanos que en la antigua Roma asistían al pretor urbano encargado de fallar en juicios sobre asuntos civiles.

centuplicar. TR. **1.** Hacer 100 veces mayor algo. U. t. c. prnl. *La producción se ha centuplicado con las nuevas máquinas.* || **2.** Dicho de una cosa: Ser cien veces mayor que otra. *El presupuesto del campeón centuplica el de un equipo modesto.*

céntuplo, pla. ADJ. Se dice del producto de la multiplicación por 100 de una cantidad cualquiera. U. m. c. s. m. *Pagó el céntuplo del valor original.*

centuria. F. **1.** siglo (|| período de 100 años). || **2.** hist. En la milicia romana, compañía de 100 hombres.

centurión. M. hist. En la milicia romana, jefe de una centuria.

cenutrio. M. coloq. Hombre lerdo, estúpido.

cenzontle. M. Pájaro americano de plumaje pardo y con las extremidades de las alas y de la cola, el pecho y el vientre blancos. Su canto es muy variado y melodioso

ceñida. F. Náut. Navegación a vela contra el viento.

ceñido, da. PART. de **ceñir.** || ADJ. Apretado, ajustado *Pantalones ceñidos.*

ceñidor. M. Faja, cinta, correa o cordel con que se ciñe el cuerpo por la cintura.

ceñidura. F. Acción y efecto de ceñir o ceñirse.

ceñiglo. M. **cenizo** (|| planta quenopodiácea).

ceñimiento. M. Acción y efecto de ceñir o ceñirse.

ceñir. **I.** TR. **1.** Rodear, ajustar o apretar la cintura, el cuerpo, el vestido u otra cosa. || **2.** Dicho de una cosa: Cerrar o rodear a otra. *El río ciñe la ciudad.* || **3.** Mar. ir de bolina. || **II.** PRNL. **4.** Moderarse en los gastos, en las palabras, etc. || **5.** Amoldarse, concretarse a una ocupación, trabajo o asunto. *Ceñirse al guion.* || **6.** Pegarse o aproximarse mucho a algo. *La motocicleta se ceñirá lo más posible al arcén.* ¶ MORF. V. conjug. modelo.

ceño. M. **1.** Demostración o señal de enfado y enojo que se hace con el rostro, bajando las cejas y arrugando la frente. || **2. entrecejo.**

ceñudo, da. ADJ. Dicho de una persona: Que pone ceño.

cepa. F. **1.** Parte del tronco de un árbol o planta, que está dentro de tierra y unida a las raíces. || **2.** Tronco de la vid, del cual brotan los sarmientos, y, por ext., toda la planta. || **3.** Raíz o principio de algunas cosas, como el de las astas y colas de los animales. || **4.** Tronco u origen de una familia o linaje. || **5.** *Biol.* Grupo de organismos emparentados, como las bacterias, los hongos o los virus, cuya ascendencia común es conocida. || **6.** *Méx.* **hoyo.** || **de buena ~.** LOC. ADJ. De calidad u origen reconocidos por buenos. *Quiso poblar las tierras con colonos de buena cepa.* || **de pura ~.** LOC.ADJ. Dicho de una persona: Auténtica, con los caracteres propios de una clase. *Un andaluz de pura cepa.*

cepellón. M. Pella de tierra que se deja adherida a las raíces de los vegetales para trasplantarlos.

cepillada. F. *Á.Andes.* **cepilladura.**

cepilladura. F. Acción y efecto de cepillar.

cepillar. **I.** TR. **1.** Quitar el polvo o la suciedad con un cepillo de cerdas u otro objeto que desempeñe la misma función. U. t. c. prnl. || **2.** Peinar el cabello con un cepillo. U. t. c. prnl. || **3.** Alisar con un cepillo la madera o los metales. U. t. c. prnl. || **4.** coloq. Quitar a alguien el dinero. || **5.** *Am.* **adular.** || **II.** PRNL. **6.** coloq. **matar** (|| quitar la vida). || **7.** coloq. Liquidar un asunto rápidamente. || **8.** coloq. Acabar con una gran cantidad de algo. || **9.** vulg. Poseer sexualmente a alguien.

cepillo. M. **1.** Instrumento hecho de cerdas distribuidas en un armazón, que sirve para distintos usos de limpieza. || **2.** Instrumento de carpintería formado por un prisma cuadrangular de madera dura, que lleva embutido, en una abertura transversal y sujeto por una cuña, un hierro acerado con filo, el cual sobresale un poco de la cara que ha de frotar con la madera cuya superficie se quiere alisar. || **3.** Instrumento semejante al anterior, pero todo de hierro, que se usa para alisar metales. || **4.** Caja de madera u otra materia, con cerradura y una abertura por la que se introducen las limosnas, que se fija en las iglesias y otros lugares. || **a ~.** LOC.ADV. Dicho de cortar el cabello: Corto y de punta. U. t. c. loc. adj.

cepo. M. **1.** Artefacto de distintas formas y mecanismos que sirve para cazar animales mediante un dispositivo que se cierra aprisionando al animal cuando este lo toca. || **2.** Instrumento que sirve para inmovilizar automóviles aparcados en zona prohibida. || **3.** hist. Instrumento hecho de dos maderos gruesos, que unidos forman en el medio unos agujeros redondos, en los cuales se aseguraba la garganta o la pierna del reo, juntando los maderos. || **4. cepillo** (|| caja para limosnas). || **5.** Madero grueso y de más de medio metro de alto, en que se fijan y asientan los instrumentos con que trabajan los herreros, cerrajeros y operarios de otros oficios. || **~ de campaña.** M. *Am.* hist. Castigo militar que se ejecutaba oprimiendo al reo entre dos fusiles, uno de los cuales pasaba bajo las corvas y el otro sobre la nuca, ligados por una correa. || **~ del ancla.** M. *Mar.* Pieza de madera o hierro que se adapta a la caña del ancla cerca del arganeo, en sentido perpendicular a ella y al plano de los brazos, y sirve para que alguna de las uñas penetre y agarre en el fondo.

ceporro. M. Cepa vieja que se arranca para la lumbre.

cera. F. **1.** Sustancia sólida, blanda, amarillenta y fundible que segregan las abejas para formar las celdillas de los panales y que se emplea principalmente para hacer velas. También la fabrican algunos otros insectos. || **2.** Sustancia semejante a esta, que se emplea para depilar. || **3.** Producto que se usa para abrillantar muebles y suelos. || **4.** Sustancia crasa segregada por ciertas glándulas, parecidas a las sudoríparas, que existen en el conducto auditivo externo. || **5.** Lápiz compuesto de una materia colorante y cera. || **6.** *Bot.* Sustancia muy parecida a la cera elaborada por insectos que la depositan, en algunas plantas, sobre las hojas, flores y frutos. || **7.** *Zool.* Membrana que rodea la base del pico de algunas aves, como las rapaces, gallinas y palomas. || **~ amarilla.** F. La que tiene el color que saca comúnmente del panal, después de separada de la miel derretida y colada. || **~ blanca.** F. La que, reducida a hojas, se blanquea puesta al sol. || **~ virgen.** F. La que está en el panal y sin labrarse. || **hacer,** o **hacerse, la ~.** LOCS.VERBS. Depilar, o depilarse, por el procedimiento de extender sobre la piel cera derretida y retirarla cuando se enfría y solidifica. □ V. **árbol de la ~.**

cerámica. F. **1.** Arte de fabricar vasijas y otros objetos de barro, loza y porcelana. || **2.** Conjunto de estos objetos.

cerámico, ca. ADJ. Perteneciente o relativo a la cerámica.

ceramista. COM. Persona que fabrica objetos de cerámica.

cerbatana. F. Canuto en que se introducen flechas u otras cosas, para hacerla salir impetuosamente, soplando con violencia por uno de sus extremos.

cerca¹. F. Vallado, tapia o muro que se pone alrededor de algún sitio, heredad o casa para protegerlo o dividirlo.

cerca². ADV.L. Próxima o inmediatamente. U. t. c. adv. t. || **~ de.** **I.** LOC.PREPOS. **1.** Junto a. *Ponte cerca de mí. Vive cerca de la escuela.* || **2.** Se usa para designar la residencia de un ministro en determinada corte extranjera. *Embajador cerca de la Santa Sede. Cerca de Su Majestad Católica.* || **II.** LOC.ADV. **3.** Con un complemento de cantidad, **casi.** *Murieron cerca de dos mil personas.* || **de ~.** LOC.ADV. A corta distancia.

cercado. M. **1.** Huerto, prado u otro sitio rodeado de valla, tapia u otra cosa para su protección. || **2. cerca¹.**

cercador, ra. ADJ. Que cerca. *Valla metálica cercadora.*

cercamiento. M. Acción y efecto de cercar.

cercanamente. ADV.L. Próximamente, a poca distancia. U. t. c. adv. t.

cercanía. F. **1.** Cualidad de cercano. || **2.** Lugar cercano o circundante. || **3.** pl. u. c. sing. m. **tren de cercanías.**

cercano, na. ADJ. Próximo, inmediato. *Hoteles cercanos al centro.*

cercar. TR. **1.** Rodear o circunvalar un sitio con un vallado, una tapia o un muro, de manera que quede cerrado, resguardado y separado de otros. || **2.** Poner cerco o sitio a una plaza, ciudad o fortaleza. || **3.** Dicho de mucha gente: Rodear a alguien o algo.

cercaria. F. *Zool.* Forma larvaria con cola de ciertos gusanos trematodos.

cercén. a ~. LOC.ADV. Enteramente y en redondo. *Cortar un brazo a cercén.*

cercenadura. F. Acción y efecto de cercenar.

cercenamiento. M. **cercenadura.**

cercenar. TR. **1.** Cortar las extremidades de algo. *Cercenar una mano.* || **2.** Disminuir o acortar. *Cercenar el gasto, la familia.*

cerceta. F. Ave del orden de las Palmípedas, del tamaño de una paloma, con la cola corta y el pico grueso y ancho por la parte superior, que cubre a la inferior. Es parda, cenicienta, salpicada de pequeños lunares más oscuros, con un orden de plumas blancas en las alas, y otro de verdes tornasoladas por la mitad.

cercha. F. 1. *Arq.* Regla delgada y flexible de madera, que sirve para medir superficies cóncavas o convexas. || 2. *Constr.* cimbra (|| armazón que sostiene un arco).

cerciorarse. PRNL. Asegurarse de la verdad de algo. *Cerciórate DE la hora de su vuelo.*

cerco. M. 1. Aquello que ciñe o rodea. *El cerco de un cedazo.* || 2. cerca¹. || 3. Asedio que pone un ejército, rodeando una plaza o ciudad para combatirla. || 4. corrillo. || 5. halo. || 6. marco (|| pieza que rodea algunas cosas). || levantar el ~. LOC.VERB. Desistir del sitio o asedio de una plaza. || poner ~ a una plaza. LOC.VERB. Sitiarla o ponerle sitio.

cercopiteco. M. Mono catarrino, propio de África, de formas ligeras, provisto de abazones y con las callosidades isquiáticas muy desarrolladas.

cerda. F. 1. Pelo grueso, duro y largo que tienen las caballerías en la cola y en la parte superior del cuello. || 2. Pelo de otros animales, como el jabalí, puerco, etc., que, aunque más corto, es recio. || 3. Pelo de cepillo, de brocha, etc., de materia animal o artificial. || 4. Hembra del cerdo. || 5. coloq. puerca (|| mujer sucia). U. t. c. adj. || 6. coloq. puerca (|| mujer grosera). U. t. c. adj. || 7. coloq. puerca (|| mujer ruin). U. t. c. adj. □ V. ganado de ~.

cerdada. F. guarrada.

cerdamen. M. Manojo de cerdas atadas y dispuestas para hacer brochas, cepillos, etc.

cerdear. INTR. Dicho de las cuerdas de un instrumento: Sonar mal o ásperamente.

cerdo. M. 1. Mamífero artiodáctilo del grupo de los Suidos, que se cría en domesticidad para aprovechar su cuerpo en la alimentación humana y en otros usos. || 2. coloq. puerco (|| hombre sucio). U. t. c. adj. || 3. coloq. puerco (|| hombre grosero). U. t. c. adj. || 4. coloq. puerco (|| hombre ruin). U. t. c. adj. || como un ~. LOC.ADV. despect. En exceso. *Sangrar, sudar, comer como un cerdo.* □ V. queso de ~.

cerdoso, sa. I. ADJ. 1. Que cría y tiene muchas cerdas. *Jabalí cerdoso.* || 2. Parecido a ellas por su aspereza. *Pelo cerdoso.* || II. M. 3. jabalí.

cereal. I. ADJ. 1. Se dice de las plantas gramíneas que dan frutos farináceos, o de estos mismos frutos, como el trigo, el centeno y la cebada. *Cultivo cereal.* U. t. c. s. m. || 2. Perteneciente o relativo a la diosa Ceres. || II. M. 3. Conjunto de las semillas de estas plantas. *Mercado de cereales.* || 4. pl. Alimento elaborado con estas semillas y que suele estar enriquecido con vitaminas y otras sustancias. *Los niños desayunan cereales con leche.*

cerealista. ADJ. Perteneciente o relativo a la producción y comercio de cereales. *Primer congreso cerealista.*

cerebelo. M. *Anat.* Uno de los centros nerviosos constitutivos del encéfalo, que ocupa la parte posterior de la cavidad craneana.

cerebración. F. Proceso mental que se considera resultado de la actividad cerebral.

cerebral. ADJ. 1. Perteneciente o relativo al cerebro. *Desarrollo cerebral.* || 2. Intelectual, en oposición a *emocional, apasionado, vital,* etc. *Arte cerebral.* Apl. a pers.,

u. t. c. s. □ V. circunvolución ~, conmoción ~, corteza ~, hemisferio ~.

cerebralismo. M. Predominio de lo cerebral o preferencia por ello.

cerebro. M. 1. *Anat.* Uno de los centros nerviosos constitutivos del encéfalo, existente en todos los vertebrados y situado en la parte anterior y superior de la cavidad craneal. || 2. cabeza (|| juicio, talento, capacidad). *Tiene mucho cerebro.* || 3. Persona que concibe o dirige un plan de acción. || 4. Persona sobresaliente en actividades culturales, científicas o técnicas. || ~ de mosquito. M. coloq. Poca inteligencia. *Tienes cerebro de mosquito.* || ~ electrónico. M. Dispositivo electrónico que regula automáticamente las secuencias de un proceso mecánico, químico, de cálculo, etc. || ~ gris. M. Persona que dirige una organización o una actividad y pasa inadvertida. || lavar el ~ a alguien. LOC.VERB. coloq. Cambiarle la manera de pensar. || secársele el ~ a alguien. LOC.VERB. coloq. Quedarse incapacitado para discurrir normalmente. □ V. fuga de ~s.

cerebroespinal. ADJ. *Anat.* Que tiene relación con el cerebro y con la espina dorsal. Se dice principalmente del sistema constituido por los centros nerviosos de los vertebrados, y del líquido cefalorraquídeo.

cereceda. F. cerezal.

ceremonia. F. 1. Acto reglado por ley, estatuto o costumbre, para dar culto a las cosas divinas, o reverencia y honor a las profanas. || 2. Ademán afectado, en obsequio de alguien o algo. *Saludó con mucha ceremonia.* □ V. maestro de ~s, traje de ~.

ceremonial. I. ADJ. 1. Perteneciente o relativo al uso de las ceremonias. *Traje ceremonial.* || II. M. 2. Serie o conjunto de formalidades para cualquier acto público o solemne.

ceremonioso, sa. ADJ. 1. Que observa con puntualidad las ceremonias. *Trato ceremonioso.* || 2. Que gusta de ceremonias y cumplidos exagerados. *Es muy ceremonioso con los visitantes.*

céreo, a. ADJ. De cera. *Secreciones céreas.*

cerería. F. Casa o local donde se trabaja, guarda o vende la cera.

cerero, ra. M. y F. Persona que labra o vende la cera. || cerero mayor. M. hist. En la casa real, hombre que tenía a su cargo el lugar donde se guardaba y repartía la cera.

cereza. I. F. 1. Fruto del cerezo. Es una drupa con rabillo largo, casi redonda, de unos dos centímetros de diámetro, con surco lateral, piel lisa de color encarnado más o menos oscuro, y pulpa muy jugosa, dulce y comestible. || 2. Grado de incandescencia de algunos metales, que toman un color rojo vivo. Se llama también rojo cereza. || 3. *Am. Cen.* y *Á. Caribe.* Cáscara del grano del café. || II. M. 4. Color rojo oscuro que ofrecen algunos minerales, como el antimonio rojo. U. t. c. adj.

cerezal. M. Sitio poblado de cerezos.

cerezo. M. 1. Árbol frutal de la familia de las Rosáceas, de unos cinco metros de altura, que tiene tronco liso y ramoso, copa abierta, hojas ásperas lanceoladas, flores blancas y por fruto la cereza. Su madera, de color castaño claro, se emplea en ebanistería. || 2. Arbusto de América Central y Venezuela, de la familia de las Malpigiáceas, con hojas opuestas, muy enteras y pecioladas, flores en racimos terminales, y fruto redondo. Crece en lugares llanos y secos, y de las ramas, que son nudosas, flexibles y resistentes, se hacen bastones. ‖ ~ **silvestre.** M. **cornejo.** ☐ V. **laurel** ~.

cerilla. F. Varilla fina de cera, madera, cartón, etc., con una cabeza de fósforo que se enciende al frotarla con una superficie adecuada.

cerillero, ra. I. M. y F. **1.** Persona que vende cerillas y también tabaco, en cafés, bares y locales de este tipo. ‖ **II.** M. **2.** fosforera.

cerillo. M. **1.** Vela de cera, muy delgada y larga. ‖ **2.** Méx. cerilla.

cerio. M. Elemento químico de núm. atóm. 58. Metal de las tierras raras, es muy escaso en la litosfera, donde aparece disperso en diversos minerales. De color pardo rojizo, arde como el magnesio, y alguno de sus derivados se usan en pirotecnia y como materiales cerámicos. (Símb. *Ce*).

cermeña. F. Fruto del cermeño, que madura al fin de la primavera.

cermeño. M. Especie de peral, con las hojas de forma de corazón, vellosas por el envés, y cuyo fruto es la cermeña.

cernedor. M. Torno para cerner harina.

cerneja. F. Mechón de pelo que tienen las caballerías detrás del menudillo, de longitud, espesor y finura diferentes según las razas. U. m. en pl.

cerner. I. TR. **1.** Separar con el cedazo la harina del salvado, o cualquier otra materia reducida a polvo, de manera que lo más grueso quede sobre la tela, y lo fino caiga al sitio destinado para recogerlo. ‖ **2.** Depurar, afinar los pensamientos y las acciones. *Cierne todas sus ideas.* ‖ **II.** PRNL. **3.** Dicho de un ave: Mover sus alas, manteniéndose en el aire sin apartarse del sitio en que está. ‖ **4.** Dicho de un mal: Amenazar de cerca. *La amenaza terrorista se cernía sobre la ceremonia de inauguración.* ¶ MORF. conjug. c. *entender.*

cernícalo. M. Ave de rapiña, común en España, de unos cuatro decímetros de largo, con cabeza abultada, pico y uñas negros y fuertes, y plumaje rojizo más oscuro por la espalda que por el pecho y manchado de negro.

cernidillo. M. Modo de andar con pasos cortos y contoneándose.

cernido. M. Acción de cerner.

cernidura. F. Acción de cerner.

cernir. TR. cerner. MORF. conjug. c. *discernir.*

cero. I. ADJ. **1.** Número que expresa una cantidad nula, nada, ninguno. *Cero puntos.* ‖ **2.** Que corresponde al punto de origen en una serie o escala. *Kilómetro cero de la etapa.* ‖ **II.** M. **3.** Signo con que se representa el cero. ‖ **4.** Puntuación mínima en cualquier ejercicio o competición. ‖ **5.** En un aparato de medida, punto de origen de la escala. *En el termómetro, el nivel de mercurio se ha quedado en el cero.* ‖ **6.** Mat. Signo sin valor propio, que en la numeración arábiga sirve para ocupar los lugares donde no haya cifra significativa. Colocado a la derecha de un número entero, decuplica su valor; a la izquierda, no lo modifica. ‖ ~ **absoluto.** M. Fís. Mínima temperatura alcanzable según los principios de la termodinámica, que corresponde a –273,16 °C. ‖ ~ **de una función.** M. Mat. Valor de la variable que anula la función. ‖ **a** ~. LOC.ADV. **1.** Sin nada. *La cuenta ha quedado a cero.* ‖ **2.** Sin que se hayan marcado goles en un partido. *Han acabado a cero.* ‖ **al** ~. LOC.ADV. Dicho de cortar el pelo: **al rape.** ‖ **de** ~, o **desde** ~. LOCS.ADVS. Desde el principio, o sin contar con recursos. ‖ **ser alguien** ~, o **un** ~, **a la iz-**

quierda. LOCS.VERBS. **1.** coloqs. Ser inútil, o no valer para nada. ‖ **2.** coloqs. No ser valorado o tenido en cuenta por las personas de su entorno. ☐ V. **fojas** ~, **grado** ~, **morfema** ~.

ceroso, sa. ADJ. Que tiene cera, o se parece a ella. *Piel blanca y cerosa.*

cerote. M. Mezcla de pez y cera, o de pez y aceite, que usan los zapateros para encerar los hilos con que cosen el calzado.

cerotear. INTR. *Chile.* Dicho de la cera de las velas encendidas: **gotear.**

ceroto. M. Preparado farmacéutico que tiene por base una mezcla de cera y aceite, y se diferencia del ungüento en no contener resinas.

cerquillo. M. **1.** Círculo de cabello que queda después de rapar la parte superior e inferior de la cabeza, como se estilaba en algunas órdenes religiosas masculinas. ‖ **2.** Á.Andes. **flequillo.**

cerradero. M. **1.** Parte de la cerradura, en forma de caja, en la cual penetra el pestillo, situada en el marco o en la otra hoja de la puerta o mueble. ‖ **2.** Agujero que se suele hacer en algunos marcos para el mismo fin, aunque no se le ponga caja de chapa.

cerrado, da. PART. de **cerrar.** ‖ **I.** ADJ. **1.** Dicho de un lugar o de un espacio: Que tiene poca o ninguna comunicación con el exterior. ‖ **2.** Dicho de una cosa: Densa y compacta. *Niebla cerrada.* ‖ **3.** Dicho de una lista o de un texto: Que están completos y no admiten cambios. ‖ **4.** Estricto, rígido, terminante. *Un criterio muy cerrado.* ‖ **5.** Dicho del acento o de la pronunciación: Que presentan rasgos locales muy marcados, generalmente con dificultad para la comprensión. ‖ **6.** coloq. Dicho de una persona: Muy callada, disimulada y silenciosa o torpe de entendimiento. *Cerrado de mollera.* ‖ **7.** Fon. Dicho de un sonido: Que se articula estrechando el paso del aire, pudiendo llegar hasta la oclusión total. *Vocal cerrada.* ‖ **II.** M. **8.** cercado (‖ huerto con valla). ‖ **9.** cerca[1]. ☐ V. aplauso ~, barba ~, cólico ~, curva ~, descarga ~, economía ~, monte ~, noche ~, orden cerrado, testamento ~.

cerrador, ra. I. ADJ. **1.** Que cierra. *Máquina cerradora.* Apl. a pers., u. t. c. s. ‖ **II.** M. **2.** Cosa con que se cierra otra. *El joyero tiene el cerrador roto.*

cerradura. F. Mecanismo de metal que se fija en puertas, cajones, arcas, etc., y sirve para cerrarlos por medio de uno o más pestillos que se accionan con la llave.

cerraja[1]. F. cerradura.

cerraja[2]. F. Hierba de la familia de las Compuestas, de seis a ocho decímetros de altura, con tallo hueco y ramoso, hojas lampiñas, jugosas, oblongas y con dientecillos espinosos en el margen, y flores amarillas en corimbos terminales. ☐ V. **agua de** ~s.

cerrajería. F. **1.** Taller y tienda donde se fabrican o venden cerraduras y otros instrumentos de hierro. ‖ **2.** Oficio de cerrajero. ‖ **3.** *Constr.* Conjunto de cerraduras, picaportes y demás herrajes de un edificio o de una vivienda.

cerrajero, ra. M. y F. Persona que hace o arregla cerraduras, llaves, candados, cerrojos y otras cosas de hierro.

cerrajón. M. Cerro alto y escarpado.

cerramiento. M. **1.** Acción y efecto de cerrar o cerrarse. ‖ **2.** Cosa que cierra o tapa cualquier abertura, conducto o paso. ‖ **3.** Cercado y coto. ‖ **4.** Entre albañiles, división que se hace con tabique, y no con pared gruesa, en una pieza o estancia. ☐ V. **derecho de** ~.

cerrar. **I.** TR. **1.** Asegurar con cerradura, pasador, pestillo u otro instrumento, una puerta, ventana, tapa, etc., para impedir que se abra. U. t. c. prnl. || **2.** Encajar en su marco la hoja o las hojas de una puerta, balcón, ventana, etc., de manera que impidan el paso del aire o de la luz. *Cerrar una ventana.* U. t. c. prnl. || **3.** Hacer que el interior de un edificio, recinto, receptáculo, etc., quede incomunicado con el espacio exterior. *Cerrar una habitación.* || **4.** Juntar los párpados, los labios, o los dientes de abajo con los de arriba, haciendo desaparecer la abertura que forman estas partes del cuerpo cuando están separadas. || **5.** Juntar o aproximar los extremos libres de dos miembros del cuerpo, o de dos partes de una cosa articuladas por el otro extremo. *Cerrar las piernas, las tijeras, una navaja.* || **6.** Juntar todas las hojas de un libro, cuaderno, etc., de manera que no se puedan ver las páginas interiores. U. t. c. prnl. || **7.** Volver a hacer entrar en su hueco los cajones de una mesa o cualquier otro mueble, de los cuales se haya tirado hacia fuera sin sacarlos del todo. || **8.** Estorbar o impedir el tránsito por un paso, camino u otra vía. *Cerrar una carretera.* || **9.** Cercar, vallar, rodear, acordonar. *Una tapia blanca cierra el jardín.* || **10.** Tapar, macizar u obstruir aberturas, huecos, conductos, etc. *Cerrar un boquete.* U. t. c. prnl. || **11.** Poner un grifo, espita, llave de paso, etc., en la posición que impida la salida o circulación del fluido contenido en el recipiente o conducto en que se hallan colocados dichos instrumentos. || **12.** Interrumpir el paso de un fluido mediante un grifo o dispositivo similar. *Cierra el agua antes de irte.* || **13.** Formar la clave de un arco o de una bóveda. || **14.** Completar un perfil o figura uniendo el final del trazado con el principio de él. *Cerrar una circunferencia.* || **15.** Cicatrizar una herida o una llaga. U. t. c. prnl. || **16.** Encoger, doblar o plegar lo que estaba extendido, o encogerlo más de lo que ya estaba y apretarlo. *Cerrar la mano, un abanico, un paraguas.* || **17.** Apiñar, agrupar, unir estrechamente. *Cerrar la formación de una escuadra.* U. t. c. prnl. || **18.** Disponer, pegar o lacrar cartas, paquetes, sobres, cubiertas o cosas semejantes, de modo que no sea posible ver lo que contienen, ni abrirlos sin despegarlos o romperlos por alguna parte. || **19.** Concluir algo o ponerle término. *Cerrar el debate.* || **20.** Declarar fenecido el plazo dentro del cual era posible tomar parte en un certamen, un concurso de opositores, suscripción, empréstito, etc. *Cerrar el plazo de matrícula.* || **21.** Poner fin a las tareas, ejercicios o negocios propios de un cuerpo o establecimiento político, administrativo, científico, literario, artístico, comercial o industrial. *Cerrar las Cortes.* U. t. c. prnl. || **22.** Dar por concertado y firme un ajuste, un trato o un contrato. || **23.** Interrumpir la actividad de un establecimiento u organismo. *Cerrar una tienda, una empresa.* || **24.** Ir en último lugar de una serie ordenada. *Cerrar la marcha, el desfile, la lista, el festival.* || **25.** encerrar (|| meter). *Cerrar las ovejas.* U. t. c. prnl. || **26.** Fon. Hacer que se aproximen entre sí los órganos articuladores al emitir un sonido, estrechando el paso del aire. U. t. c. prnl. || **II.** INTR. **27.** Dicho de una cosa: cerrarse o poderse cerrar. *El armario cierra bien. La puerta cierra mal.* || **28.** Dicho de un establecimiento u organismo: Interrumpir la atención a los usuarios. *Este comercio cierra de dos a cinco de la tarde.* || **29.** En el juego del dominó, poner una ficha que impida seguir colocando las demás que aún tengan los jugadores. || **30.** Dicho de la noche: Llegar a su plenitud. U. t. c. prnl. *La noche se cierra.* || **31.** Dicho de una herida: cicatrizar. U. t. c. prnl. || **III.** PRNL. **32.** Dicho de una flor: Pasar a tener sus pétalos juntos sobre el botón o capullo. || **33.** Dicho del cielo: encapotarse. || **34.** Dicho del vehículo o del conductor que toma una curva: Ceñirse al lado de mayor curvatura. || **35.** Mantenerse firme en un propósito. ¶ MORF. conjug. c. *acertar.* || **~se en falso** una herida. LOC.VERB. Curarse mal, aunque en lo exterior aparente estar bien.

cerrateño, ña. ADJ. **1.** Natural del Cerrato. U. t. c. s. || **2.** Perteneciente o relativo a esta comarca de las provincias de Palencia, Valladolid y Burgos, en España.

cerrazón. F. **1.** Incapacidad de comprender algo por ignorancia o prejuicio. || **2.** Obstinación, obcecación. || **3.** Oscuridad grande que suele preceder a las tempestades, cubriéndose el cielo de nubes muy negras. || **4.** Fon. Cualidad que adquiere un sonido al cerrarse los órganos articuladores. || **5.** *Á. R. Plata.* Niebla espesa que dificulta la visibilidad.

cerreño, ña. ADJ. **1.** Natural de Cerro de Pasco. U. t. c. s. || **2.** Perteneciente o relativo a esta ciudad del Perú, capital del departamento de Pasco.

cerrero, ra. ADJ. **1.** cerril (|| no domado). *Caballos cerreros.* || **2.** Am. Dicho de una persona: Inculta, brusca. || **3.** *Á. Caribe.* Dicho de un líquido, como el café: Muy cargado o fuerte y sin endulzar.

cerril. ADJ. **1.** Dicho del ganado mular, caballar o vacuno: No domado. || **2.** Dicho de una persona: Que se obstina en una actitud o parecer, sin admitir trato ni razonamiento. || **3.** Dicho de un terreno: Áspero y escabroso.

cerrilidad. F. Cualidad o condición de cerril.

cerrilismo. M. cerrilidad.

cerro. M. Elevación de tierra aislada y de menor altura que el monte o la montaña. || **~ testigo.** M. Geogr. Relieve de forma de cono o pirámide truncados, a consecuencia de la mayor resistencia del estrato superior, residuo de la erosión de materiales de origen sedimentario.

cerrojazo. M. Acción de echar el cerrojo con energía y brusquedad. || **dar el ~.** LOC.VERB. Clausurar o finalizar bruscamente cualquier actividad, reunión, charla, etc.

cerrojillo. M. Pájaro de 12 cm de largo desde la punta del pico hasta la extremidad de la cola, y 17 de envergadura. El plumaje del macho es negro en el dorso, cabeza y cola, y blanco en la frente, pecho, abdomen y parte de las alas; la hembra es de color aplomado por el lomo y blanquecino el vientre.

cerrojo. M. **1.** Barrita metálica provista de una manija, que se desliza por el interior de unos soportes para dejar cerrada una puerta, una ventana o una tapa. || **2.** En los fusiles y otras armas ligeras, cilindro metálico que contiene los elementos de percusión, de obturación y de extracción del casquillo. || **3.** Dep. En el fútbol y otros deportes, sistema de juego muy defensivo.

cerrolarguense. ADJ. **1.** Natural de Cerro Largo. U. t. c. s. || **2.** Perteneciente o relativo a este departamento del Uruguay.

certamen. M. **1.** Concurso abierto para estimular con premios determinadas actividades o competiciones. || **2.** Función literaria en que se argumenta o disputa sobre algún asunto, comúnmente poético.

certería. F. Acierto, tino y destreza en tirar.

certero, ra. ADJ. **1.** Diestro y seguro en tirar. *Tirador certero.* || **2.** Seguro, acertado. *Dictamen certero.* || **3.** Cierto, sabedor, bien informado. *Crítico certero.*

certeza. F. **1.** Conocimiento seguro y claro de algo. *No se sabe con certeza quién cometió el crimen.* ‖ **2.** Firme adhesión de la mente a algo conocible, sin temor de errar. *Certeza matemática.*

certidumbre. F. **certeza.**

certificación. F. **1.** Acción y efecto de certificar. ‖ **2.** Documento en que se asegura la verdad de un hecho.

certificado. M. **1.** Carta o paquete que se certifican por medio del servicio postal. ‖ **2. certificación** (‖ documento).

certificador, ra. ADJ. Que certifica. *Entidad certificadora acreditada.*

certificar. TR. **1.** Asegurar, afirmar, dar por cierto algo. *El médico de guardia certificó su fallecimiento.* U. t. c. prnl. ‖ **2.** Obtener, mediante pago, un certificado o resguardo por el cual el servicio de correos se obliga a hacer llegar a su destino una carta o un paquete que se remite por esa vía. *Certificar una carta.* ‖ **3.** *Der.* Hacer constar por escrito una realidad de hecho por quien tenga fe pública o atribución para ello.

certísimo, ma. ADJ. SUP. de **cierto.**

certitud. F. **certeza.**

cerúleo, a. ADJ. De color azul como el del cielo despejado, de la altamar o de los grandes lagos.

cerumen. M. **cera** (‖ del conducto auditivo externo).

cerval. □ V. **espino ~, gato ~, jara ~, lobo ~, miedo ~.**

cervantismo. M. Estudio de la vida y obras de Cervantes.

cervantista. ADJ. Especialista dedicado al estudio de la vida y de las obras de Miguel de Cervantes. *Profesor cervantista.* U. m. c. s.

cervatillo. M. **almizclero** (‖ mamífero artiodáctilo).

cervato. M. Ciervo menor de seis meses.

cervecería. F. **1.** Local donde se vende y se toma cerveza. ‖ **2.** Fábrica de cerveza.

cervecero, ra. I. ADJ. **1.** Perteneciente o relativo a la cerveza. *Industria cervecera.* ‖ **2.** coloq. Aficionado al consumo de cerveza. ‖ **II.** M. y F. **3.** Persona que hace cerveza. ‖ **4.** Dueño de una cervecería.

cerveza. F. Bebida alcohólica hecha con granos germinados de cebada u otros cereales fermentados en agua, y aromatizada con lúpulo, boj, casia, etc.

cervical. I. ADJ. **1.** Perteneciente o relativo a la cerviz. *Canal cervical.* ‖ **II.** F. **2.** Vértebra cervical. U. m. en pl. *Le duelen las cervicales.*

cérvido, da. ADJ. *Zool.* Se dice de los mamíferos artiodáctilos rumiantes cuyos machos tienen cuernos ramificados que caen y se renuevan periódicamente; p. ej., el ciervo y el reno. U. t. c. s. m. ORTOGR. En m. pl., escr. con may. inicial c. taxón. *Los Cérvidos.*

cerviguillo. M. Parte exterior de la cerviz, cuando es gruesa y abultada.

cerviz. F. Parte dorsal del cuello, que en el hombre y en la mayoría de los mamíferos consta de siete vértebras, de varios músculos y de la piel. ‖ **agachar, bajar, o doblar, la ~.** LOCS.VERBS. Humillarse, deponiendo el orgullo y altivez. ‖ **ser de dura ~.** LOC.VERB. Ser indómito.

cervuno, na. ADJ. **1.** Perteneciente o relativo al ciervo. *Celo cervuno.* ‖ **2.** Parecido a él. *Rostro cervuno.* □ V. **jara ~.**

cesación. F. **cese** (‖ acción y efecto de cesar). *Cesación de las actividades.*

cesante. ADJ. **1.** Que cesa o ha cesado. *Actor cesante.* ‖ **2.** Dicho de un empleado del Gobierno: Que es privado de su empleo, dejándole, en algunos casos, parte del sueldo. *Ministro cesante.* U. t. c. s. ‖ **3.** *Chile.* Dicho de una persona: Que ha quedado sin trabajo. U. t. c. s. □ V. **lucro ~.**

cesantear. TR. *Á. Caribe.* Despedir a un empleado.

cesantía. F. **1.** Estado de cesante. ‖ **2.** Paga que, según las leyes, disfruta el empleado cesante en quien concurren ciertas circunstancias. ‖ **3.** Correctivo por el que se priva al empleado de su destino, sin que lo incapacite para volver a desempeñarlo.

cesar. INTR. **1.** Dicho de una cosa: Suspenderse o acabarse. *Cesar la lluvia.* ‖ **2.** Dejar de desempeñar algún empleo o cargo. *Cesar como ministra.* ‖ **3.** Dejar de hacer lo que se está haciendo. *Cesar en su apoyo al deporte. Cesar de llorar.*

césar. M. hist. **emperador** (‖ jefe supremo del Imperio romano). *La Roma de los césares.*

cesaraugustano, na. ADJ. **1.** Natural de la antigua Cesaraugusta, hoy Zaragoza. U. t. c. s. ‖ **2.** Perteneciente o relativo a esta ciudad de España.

cesárea. F. *Med.* **operación cesárea.**

cesarense. ADJ. **1.** Natural de Cesar. U. t. c. s. ‖ **2.** Perteneciente o relativo a este departamento de Colombia.

cesáreo, a. ADJ. Perteneciente o relativo al imperio o a la majestad imperial.

cesariano, na. ADJ. **1.** hist. Perteneciente o relativo a Julio César, general y estadista romano del siglo I a. C. ‖ **2.** hist. Partidario de este emperador. U. t. c. s.

cesarismo. M. Sistema de gobierno en el cual una sola persona asume y ejerce los poderes públicos.

cesarista. ADJ. **1.** Perteneciente o relativo al cesarismo. *Gestión cesarista.* ‖ **2.** Partidario del cesarismo. U. t. c. s.

cese. M. **1.** Acción y efecto de **cesar** (‖ acabarse). *Cese de las hostilidades.* ‖ **2.** Acción y efecto de **cesar** (‖ en un empleo o cargo). ‖ **3.** Nota o documento en el que se consigna el cese de un empleo o cargo. ‖ **dar el ~ a alguien.** LOC.VERB. Destituirlo de su empleo o cargo.

cesio. M. Elemento químico de núm. atóm. 55. Metal alcalino, escaso en la litosfera, se encuentra en aguas minerales y en las cenizas de algunas plantas. De color plateado, dúctil y blando, reacciona violentamente con el agua. Se usa en la fabricación de células fotoeléctricas. (Símb. *Cs*).

cesión. F. **1.** Renuncia a una posesión, acción o derecho, que alguien hace en favor de otra persona. ‖ **2.** *Dep.* Pase del balón a corta distancia. ‖ **~ de bienes.** F. *Der.* La que hace el deudor en pago de sus deudas.

cesionario, ria. ADJ. Dicho de una persona o de una entidad: Que recibe una cesión hecha en su favor. Apl. a pers., u. t. c. s.

cesolfaút. M. hist. En la música antigua, indicación del tono que empieza en el primer grado de la escala diatónica de do y se desarrolla según los preceptos del canto llano o del canto figurado.

césped. M. **1.** Hierba menuda y tupida que cubre el suelo. ‖ **2.** *Dep.* Terreno de juego con yerba. ¶ MORF. pl. **céspedes.** ‖ **~ inglés.** M. **ballico.**

cespedera. F. Prado de donde se sacan tepes.

cespitoso, sa. ADJ. Que crece en forma de la hierba del césped. *Especies cespitosas.*

cesta. F. **1.** Recipiente tejido con mimbres, juncos, cañas, varillas de sauce u otra madera flexible, que sirve para recoger o llevar ropas, frutas y otros objetos. ‖ **2.** Especie de pala de tiras de madera de castaño entretejidas, cóncava y en forma de uña, que, sujeta a la mano, sirve para jugar a la pelota. ‖ **3.** hist. Carruaje de cuatro asientos con caja de mimbre cubierta por un toldo y provista de cortinas plegables. ‖ **4.** En baloncesto, **canasta** (‖ aro con red). ‖ **5.** En baloncesto, **canasta** (‖ introducción del balón). ‖ **~ de la compra.** F. Precio de los alimentos. ‖ **~ de remonte.** F. La de jugar, más corta que la ordinaria y de curvatura muy reducida.

cestada. F. Cantidad que contiene una cesta.

cestería. F. **1.** Sitio donde se hacen cestos o cestas. ‖ **2.** Tienda donde se venden. ‖ **3.** Arte del cestero.

cesteril. ADJ. *Chile.* Perteneciente o relativo al baloncesto.

cestero, ra. M. y F. Persona que hace o vende cestos o cestas.

cesto[1]**.** M. **1.** Cesta grande y más alta que ancha, formada a veces con mimbres, tiras de caña o varas de sauce sin pulir. ‖ **2.** *Dep.* En baloncesto, **canasta** (‖ aro con red). ‖ **~ de los papeles.** M. **papelera** (‖ recipiente).

cesto[2]**.** M. hist. Armadura de la mano, usada en el pugilato por los antiguos atletas romanos, consistente en un conjunto de correas guarnecidas con puntas de metal que se ataba alrededor de la mano y de la muñeca, y a veces subía hasta el codo.

cestodo. ADJ. *Zool.* Se dice de los gusanos platelmintos de cuerpo largo y aplanado, semejante a una cinta y dividido en segmentos, que carecen de aparato digestivo. Viven en cavidades del cuerpo de otros animales, a cuyas paredes se fijan mediante ventosas o ganchos, y se alimentan absorbiendo por su piel líquidos nutritivos del cuerpo de su huésped; p. ej., la solitaria. U. t. c. s. m. ORTOGR. En m. pl., escr. con may. inicial c. taxón. *Los Cestodos.*

cesura. F. **1.** En la poesía moderna, corte o pausa que se hace en el verso después de cada uno de los acentos métricos reguladores de su armonía. ‖ **2.** En la poesía griega y latina, sílaba con que termina una palabra, después de haber formado un pie, y sirve para empezar otro.

cetáceo, a. ADJ. *Zool.* Se dice de los mamíferos pisciformes, marinos, algunos de gran tamaño, que tienen las aberturas nasales en lo alto de la cabeza, por las cuales sale el aire espirado. Tienen los miembros anteriores transformados en aletas, sin los posteriores, y el cuerpo terminado en una sola aleta horizontal; p. ej., la ballena y el delfín. Viven en todos los mares. U. t. c. s. m. ORTOGR. En m. pl., escr. con may. inicial c. taxón. *Los Cetáceos.*

cetárea. F. cetaria.

cetaria. F. Vivero, situado en comunicación con el mar, de langostas y otros crustáceos destinados al consumo.

cetme. M. Fusil ligero que puede disparar igualmente balas aisladas o ráfagas.

cetona. F. *Quím.* Compuesto orgánico caracterizado por la presencia de un grupo carbonilo.

cetonemia. F. *Med.* Presencia de compuestos cetónicos en la sangre por alteración del metabolismo.

cetonia. F. Insecto coleóptero, con reflejos metálicos, que frecuenta las flores. Su larva vive en las colmenas y se alimenta de miel.

cetónico, ca. ADJ. *Quím.* Que tiene un radical carbonilo unido a un hidrocarburo monovalente.

cetonuria. F. *Med.* Presencia de compuestos cetónicos en la orina.

cetrería. F. **1.** Arte de criar, domesticar, enseñar y curar los halcones y demás aves que servían para la caza de volatería. ‖ **2.** Caza de aves y algunos cuadrúpedos que se hacía con halcones, azores y otros pájaros que perseguían la presa hasta herirla o matarla.

cetrero, ra. M. y F. Cazador que ejerce la cetrería.

cetrino, na. ADJ. **1.** Dicho de un color: Amarillo verdoso. ‖ **2.** De color cetrino. *Tez cetrina.* ‖ **3.** Melancólico y adusto.

cetro. M. **1.** Vara de oro u otra materia preciosa, labrada con primor, que usan emperadores y reyes por insignia de su dignidad. ‖ **2.** Autoridad de un rey o emperador. ‖ **3.** Vara de plata, o de madera dorada, plateada o pintada, que usan en sus actos públicos las congregaciones, cofradías o sacramentales, llevándola sus mayordomos o diputados. ‖ **4.** Supremacía en algo. *París tiene el cetro de la moda.*

ceutí. ADJ. **1.** Natural de Ceuta. U. t. c. s. ‖ **2.** Perteneciente o relativo a esta ciudad autónoma española, situada en el norte de África. ¶ MORF. pl. **ceutíes** o **ceutís.** □ V. **limón ~.**

ceviche. M. *Am.* cebiche.

cevichería. F. *Á. Andes.* Establecimiento en que se hacen y sirven ceviches.

cevichero, ra. M. y F. *Á. Andes.* Persona que hace y vende ceviches.

CH

ch. F. Dígrafo que, por representar un solo sonido consonántico de articulación africada, palatal y sorda, como en *mucho* o *noche,* es considerado desde 1803 cuarta letra del abecedario español. Su nombre es *che.* ORTOGR. En la escritura es inseparable.

cha. M. *Filip.* té.

chabacanada. F. chabacanería.

chabacanería. F. **1.** Falta de arte, gusto y mérito estimable. ‖ **2.** Dicho bajo o insustancial.

chabacano, na. I. ADJ. **1.** Sin arte o grosero y de mal gusto. *Expresión chabacana.* ‖ **II.** M. **2.** Lengua hablada en las ciudades filipinas de Zamboanga, Basilan y Cavite, en la que predomina el vocabulario y las frases españolas sobre una estructura gramatical tagala o bisaya. ‖ **3.** *Méx.* albaricoque.

chabola. F. **1.** Vivienda de escasas proporciones y pobre construcción, que suele edificarse en zonas suburbanas. ‖ **2.** **cabaña** (‖ construcción rústica).

chabolismo. M. Abundancia de chabolas en los suburbios, como síntoma de miseria social.

chabolista. I. ADJ. **1.** Perteneciente o relativo a las chabolas. *Poblado chabolista.* ‖ **II.** COM. **2.** Persona que vive en una chabola.

chacabucano, na. ADJ. **1.** Natural de Chacabuco. U. t. c. s. ‖ **2.** Perteneciente o relativo a esta provincia de Chile.

chacal. M. Mamífero carnívoro de la familia de los Cánidos, de un tamaño medio entre el lobo y la zorra, parecido al primero en la forma y el color, y a la segunda en la disposición de la cola. Vive en las regiones templadas de Asia y África. Es carroñero y de costumbres gregarias.

chacalín. M. *Am. Cen.* **camarón** (‖ crustáceo).

chácara[1]**.** F. *Am.* chacra.

chácara[2]**.** M. *Á. Caribe.* **monedero** (‖ para llevar dinero en metálico).

chacarera. F. **1.** Baile popular argentino, de parejas sueltas, y cuyo ritmo, variable según la región de procedencia, es de tres por cuatro, alternando con seis por ocho. ‖ **2.** Música y letra de este baile.

chacarería. F. **1.** *Chile.* Cultivo de chacras. ‖ **2.** *Chile.* Conjunto de productos de horticultura.

chacarona. F. Pez teleósteo, acantopterigio, de la misma familia que el dentón, pero de tamaño algo menor que este y con los ojos relativamente mayores. Vive en los mares del sur de España y se extiende hasta las costas del Sáhara.

chácena. F. En algunos teatros, amplio espacio rectangular, en el centro del muro del fondo del escenario bajo la jácena que lo sostiene, usado como acceso posterior al escenario, como depósito de bultos o como prolongación de la escena.

chacha. F. coloq. **sirvienta.**

chachachá. M. **1.** Baile moderno de origen cubano, derivado de la rumba y el mambo. ‖ **2.** Música y ritmo de este baile. ¶ MORF. pl. **chachachás.**

chachacoma. F. *Chile.* Planta de la cordillera andina, de flores amarillas y de uso en la medicina casera.

chachalaca. F. **1.** *Am. Cen.* y *Méx.* Ave galliforme de plumaje café verdoso y vientre blanco; el macho tiene cresta y barbas. Es voladora y vocinglera y su carne es comestible. ‖ **2.** *Am. Cen.* y *Méx.* Persona que habla en exceso.

chachalaquear. INTR. *Am. Cen.* Hablar en voz alta, insistente y molesta.

chachapoyano, na. ADJ. **1.** Natural de Chachapoyas. U. t. c. s. ‖ **2.** Perteneciente o relativo a esta ciudad del Perú, capital del departamento de Amazonas.

cháchara. F. **1.** Conversación frívola. ‖ **2.** coloq. Abundancia de palabras inútiles. ‖ **3.** pl. Baratijas, cachivaches.

chacharear. INTR. **1.** coloq. **parlar** (‖ hablar mucho). ‖ **2.** *Méx.* Negociar con cosas de poco valor.

chacharero, ra. ADJ. *Méx.* Quincallero, buhonero. U. t. c. s.

chachi. I. ADJ. **1. cayapa.** Apl. a pers., u. t. c. s. ‖ **II.** M. **2. cayapa** (‖ lengua).

chacina. F. **1.** Carne de puerco adobada, de la que se suelen hacer chorizos y otros embutidos. ‖ **2.** Conjunto de embutidos y conservas hechos con esta carne.

chacinería. F. Tienda en que se vende chacina.

chacinero, ra. M. y F. Persona que hace o vende chacina.

chaco. M. hist. Montería con ojeo, que hacían antiguamente los indios de América del Sur estrechando en círculo la caza para cobrarla.

chacó. M. Morrión propio de la caballería ligera, usado después por tropas de otras armas. MORF. pl. **chacós.**

chacolí. M. Vino ligero algo agrio que se hace en el País Vasco, en Cantabria y en Chile. MORF. pl. **chacolís.**

chacoloteo. M. Ruido que hace una herradura por estar floja o faltarle clavos.

chacona. F. **1.** hist. Baile español de los siglos XVI y XVII, muy extendido por Europa. ‖ **2.** hist. Música de este baile. ‖ **3.** hist. Pieza instrumental inspirada en él.

chacota. F. **1.** Alboroto y alegría mezclados de bromas y carcajadas, con que se celebra algo. ‖ **2.** Broma, burla. *Tomar a chacota a alguien o algo. Hacer chacota de alguien o algo.*

chacotear. INTR. Burlarse, bromear, divertirse con alboroto y risa.

chacoteo. M. Acción y efecto de chacotear.

chacra. F. *Am. Mer.* Alquería o granja.

chacuaco. M. *Méx.* **chimenea** (‖ conducto para que salga el humo).

chacualear. INTR. *Méx.* Chapotear, chapalear en el agua.

chadiano, na. ADJ. **1.** Natural del Chad. U. t. c. s. ‖ **2.** Perteneciente o relativo a este país de África.

chádico, ca. ADJ. **1.** Se dice del grupo o familia de lenguas camíticas habladas en Níger, Nigeria, el Camerún, Ghana, el Chad y la República Centroafricana. U. t. c. s. m. *El chádico.* ‖ **2.** Perteneciente o relativo a este grupo o familia de lenguas. *Léxico chádico.*

chador. M. Velo con que las mujeres musulmanas se cubren la cabeza y parte del rostro.

chafaldete. M. *Mar.* Cabo que sirve para cargar los puños de gavias y juanetes llevándolos al centro de sus respectivas vergas.

chafalonía. F. Conjunto de objetos inservibles de plata u oro, para fundir.

chafar. TR. **1.** Aplastar lo que está erguido o lo que es blando o frágil, como la hierba, el pelo de ciertos tejidos, las uvas, los huevos, etc. U. t. c. prnl. ‖ **2.** Estropear, echar a perder. U. t. en sent. fig. *Me chafó la oportunidad de dar la noticia.* ‖ **3.** Arrugar y deslucir la ropa, maltratándola. *Le estrujaron el gabán y hasta le chafaron el sombrero.*

chafardero, ra. ADJ. Amigo de chismes y cuentos. U. t. c. s.

chafarote. M. Alfanje corto y ancho, que suele ser curvo hacia la punta.

chafarrinada. F. Borrón o mancha que desluce algo.

chafarrinón. M. **chafarrinada.**

chafirete. M. despect. *Méx.* **chófer.**

chaflán. M. **1.** Plano largo y estrecho que, en lugar de esquina, une dos paramentos o superficies planas, que forman ángulo. ‖ **2.** *Á. Andes.* **vado** (‖ modificación de las aceras para facilitar el paso de vehículos).

Chagas. □ V. **mal de ~.**

chagra. COM. Campesino ecuatoriano.

chagual. M. **1.** *Á. Andes* y *Chile.* Planta bromeliácea terrestre, de hojas lineales y aplanadas, armadas con fuertes aguijones, de las que se extraen fibras para hacer cordeles. Su fruto carnoso es comestible. ‖ **2.** *Chile.* Fruto de esta planta.

chaguala. F. *Á. Caribe.* Zapato viejo.

chaguarama. F. *Am. Cen.* **chaguaramo.**

chaguaramo. M. *Am. Cen.* Árbol gigantesco de la familia de las Palmáceas, con hojas como plumas, delgadas y ondeadas en la punta, a veces en forma de abanico, y fruto farináceo, dulce y nutritivo. Se usa principalmente este árbol como adorno en jardines y alamedas.

chagüite. M. *Am. Cen.* **bananal.**

chai. F. jerg. **prostituta.**

chaima. I. ADJ. **1.** Se dice del individuo de un pueblo amerindio que habita al noreste de Venezuela. U. t. c. s. ‖ **2.** Perteneciente o relativo a los chaimas. *Cerámica chaima.* ‖ **II.** M. **3.** Dialecto caribe de los chaimas.

chaira. F. **1.** Cuchilla que usan los zapateros para cortar la suela. ‖ **2.** Cilindro de acero que usan los carniceros y otros oficiales para afilar sus cuchillas.

chaitenino, na. ADJ. **1.** Natural de Chaitén. U. t. c. s. ‖ **2.** Perteneciente o relativo a esta ciudad de Chile, capital de la provincia de Palena.

chajá. M. *Á. guar.* y *Á. R. Plata.* Ave zancuda de más de medio metro de longitud, de color gris claro, cuello largo, plumas altas en la cabeza y dos púas en la parte anterior de sus grandes alas. Anda erguida y con lentitud, y lanza un fuerte grito. Se domestica con facilidad. MORF. pl. **chajás.**

chajulense. ADJ. **1.** Natural de Chajul. U. t. c. s. || **2.** Perteneciente o relativo a este municipio de Guatemala o a su cabecera, en el departamento de Quiché.

chal. M. Paño de seda o lana, mucho más largo que ancho, y que, puesto en los hombros, sirve a las mujeres como abrigo o adorno.

chala. F. **1.** *Á. Andes* y *Á. R. Plata.* Hoja que envuelve la mazorca del maíz. || **2.** *Chile.* **chalala.**

chalaco, ca. ADJ. Natural de El Callao, provincia constitucional y puerto del Perú. U. t. c. s.

chalado, da. PART. de **chalar.** || ADJ. coloq. Alelado, falto de seso o juicio. U. t. c. s.

chaladura. F. **1. enamoramiento.** || **2.** coloq. Extravagancia, locura, manía.

chalala. F. *Chile.* Sandalia de cuero crudo.

chalán, na. I. ADJ. **1.** Dicho de una persona: Que trata en compras y ventas, especialmente de caballos u otros cuadrúpedos, y tiene para ello maña y persuasión. U. t. c. s. || **II.** M. **2.** *Am.* **picador** (|| domador de caballos). || **3.** *Méx.* Ayudante de un albañil, un pintor, etc.

chalana. F. Embarcación menor, de fondo plano, proa aguda y popa cuadrada, que sirve para transportes en aguas de poco fondo.

chalanear. TR. **1.** Tratar los negocios con maña y destreza propias de chalanes. || **2.** *Am.* Adiestrar caballos.

chalaneo. M. Acción y efecto de chalanear.

chalanería. F. Artificio y astucia de que se valen los chalanes para vender y comprar.

chalar. TR. coloq. Enloquecer, alelar. U. t. c. prnl.

chalateco, ca. ADJ. **1.** Natural de Chalatenango. U. t. c. s. || **2.** Perteneciente o relativo a este departamento de El Salvador o a su cabecera.

chalaza. F. Cada uno de los dos filamentos que sostienen la yema del huevo en medio de la clara.

chalcha. F. *Chile.* Papada de los animales, especialmente de los vacunos. U. m. en pl.

chalchal. M. *Á. R. Plata.* Árbol de la familia de las Sapindáceas, de hasta diez metros de altura, con fruto rojo y flores blancas amarillentas dispuestas en racimos. Se emplea como planta ornamental.

chale. COM. *Méx.* Persona, residente en México, originaria de China, descendiente de chinos o con rasgos orientales.

chalé. M. Edificio de una o pocas plantas, con jardín, destinado especialmente a vivienda unifamiliar.

chaleco. M. **1.** Prenda de vestir sin mangas, que cubre el tronco hasta la cintura y se suele poner encima de la camisa o blusa. || **2.** hist. Jubón de paño de color, cuyas mangas no llegaban más que a los codos, puesto sobre la camisa, escotado, abierto por delante y con ojales u ojetes. Era prenda común entre los turcos. || **a ~.** LOC. ADV. *Am. Cen.* y *Méx.* **por fuerza** (|| violentamente).

chalequero, ra. M. y F. Persona que tiene por oficio hacer chalecos.

chalet. M. **chalé.** MORF. pl. **chalets.**

chalina. F. **1.** Corbata de caídas largas. || **2.** *Am.* Chal estrecho.

chalona. F. *Á. Andes.* Carne de oveja, salada y seca al sol.

chalota. F. **chalote.**

chalote. AMB. Planta perenne de la familia de las Liliáceas, con tallo de tres a cinco decímetros de altura, hojas finas, aleznadas y tan largas como el tallo; flores mo-

radas y muchos bulbos, agregados como en el ajo común, blancos por dentro y rojizos por fuera. Es planta originaria de Asia, se cultiva en las huertas y se emplea como condimento.

chalupa. F. **1.** Embarcación pequeña, que suele tener cubierta y dos palos para velas. || **2. lancha** (|| embarcación que llevan a bordo los grandes buques). || **3.** *Méx.* Tortilla de maíz gruesa, pequeña y ovalada, con algún condimento por encima.

chamaco, ca. M. y F. *Méx.* Muchacho, niño.

chamagoso, sa. ADJ. *Méx.* Mugriento, astroso.

chamal. M. **1.** *Chile.* hist. Antigua prenda de vestir mapuche hecha con un paño rectangular, que la mujer llevaba a modo de túnica y el hombre sujetaba a la cintura. || **2.** *Chile.* Manta de las indias en la misma región.

chamán. M. Hechicero al que se supone dotado de poderes sobrenaturales para sanar a los enfermos, adivinar, invocar a los espíritus, etc.

chamánico, ca. ADJ. Perteneciente o relativo al chamanismo. *Prácticas chamánicas.*

chamanismo. M. Conjunto de creencias y prácticas referentes a los chamanes.

chamanístico, ca. ADJ. **chamánico.**

chamarasca. F. Leña menuda, conjunto de hojas y palillos delgados que, prendiéndoles fuego, levantan mucha llama sin consistencia ni duración.

chamarilear. TR. Vender trastos viejos.

chamarileo. M. Acción y efecto de chamarilear.

chamarilería. F. Establecimiento donde se compran y venden trastos viejos.

chamarilero, ra. M. y F. Persona que se dedica a comprar y vender objetos de lance y trastos viejos.

chamarra. F. Vestidura de jerga o paño burdo, parecida a la zamarra.

chamarreta. F. Casaquilla que no ajusta al cuerpo, larga hasta poco más abajo de la cintura, abierta por delante, redonda y con mangas.

chamba. F. *Am. Cen.*, *Á. Andes* y *Méx.* Empleo, trabajo.

chambeador, ra. ADJ. *Méx.* **trabajador** (|| muy aplicado al trabajo).

chambear. INTR. *Am. Cen.* y *Méx.* Trabajar, tener una chamba.

chambelán. M. hist. Camarlengo, gentilhombre de cámara.

chambergo, ga. I. ADJ. **1.** hist. Se dice de ciertas prendas del uniforme del regimiento creado en Madrid durante la minoría de edad de Carlos II para su guardia. *Casaca chamberga.* || **II.** M. **2.** hist. **sombrero chambergo.**

chambismo. M. *Méx.* **pluriempleo.**

chambón, na. ADJ. **1.** coloq. De escasa habilidad en el juego, caza o deportes. U. t. c. s. || **2.** coloq. Poco hábil en otra actividad. U. t. c. s.

chambonada. F. **1.** coloq. Desacierto propio del chambón. || **2.** *Á. Caribe.* **chapuza** (|| obra sin arte ni esmero).

chambra. F. Vestidura corta, especie de blusa con poco o ningún adorno, que usan las mujeres sobre la camisa.

chambrana. F. **1.** Cada uno de los travesaños que unen entre sí las partes de una silla, de una mesa o de otro mueble, para darles mayor seguridad. || **2.** *Arq.* Labor o adorno de piedra o madera, que se pone alrededor de las puertas, ventanas, chimeneas, etc.

chambrita. F. *Méx.* Chaqueta tejida de bebé.

chamburo. M. Árbol de América Meridional, de la familia de las Caricáceas, con grandes hojas, agrupadas en la parte superior, y que produce una baya comestible en dulce y en sorbete.

chamelo. M. Variedad del juego de dominó, en que intervienen cuatro jugadores de los que solo actúan tres en cada mano.

chamelote. M. **camelote.**

chamico. M. *Am. Mer.* y *Ant.* Arbusto silvestre de la familia de las Solanáceas, variedad de estramonio, de follaje sombrío, hojas grandes dentadas, blancas y moradas, fruto como un huevo verdoso, erizado de púas, de olor nauseabundo y sabor amargo. Es narcótico y venenoso, pero lo emplean como medicina en las afecciones del pecho.

chamiza. F. **1.** Hierba silvestre y medicinal, de la familia de las Gramíneas, que nace en tierras frescas y aguanosas. Su vástago, de uno a dos metros de alto y cinco o seis milímetros de grueso, es fofo y de mucha hebra, y sus hojas, anchas, cortas y de color ceniciento. Sirve para techumbre de chozas y casas rústicas. ‖ **2.** Leña menuda que sirve para los hornos.

chamizo. M. **1.** Choza cubierta de chamiza. ‖ **2.** Árbol medio quemado o chamuscado.

chamorro, rra. I. ADJ. **1.** Dicho de un animal: Que tiene la cabeza esquilada. U. t. c. s. ‖ **II.** M. **2.** *Méx.* En las carnes de abasto, pantorrilla de un animal.

champa¹. F. **1.** *Á. Andes* y *Chile.* Raigambre, tepe, cepellón. ‖ **2.** *Chile.* Leña y pasto que se emplean para encender el fuego. ‖ **3.** *Chile.* Terrón de tierra con pasto duro.

champa². F. *Am. Cen.* Casucha que sirve de vivienda.

champán o **champaña.** M. Vino espumoso blanco o rosado, originario de Francia.

champear. TR. *Á. Andes* y *Chile.* Cubrir una superficie, como un jardín, con tepes.

champiñón. M. **1.** Se usa como nombre común para referirse a varias especies de hongos agaricáceos, algunos de los cuales son comestibles. ‖ **2.** *Chile.* Seta comestible.

champola. F. *Am. Cen.* y *Ant.* Refresco hecho con guanábana u otras frutas y leche.

champú. M. Loción para el cabello. MORF. pl. **champús.**

champudo, da. ADJ. *Á. Andes* y *Chile.* De cabello enmarañado, desgreñado.

champurrado. M. *Méx.* Atole de chocolate.

champuz. M. *Á. Andes.* Gachas de harina de trigo con maíz cocido y membrillo.

chamuchina. F. *Am.* populacho.

chamullar. INTR. coloq. **hablar.**

chamuscar. TR. Quemar algo por la parte exterior. U. t. c. prnl.

chamusco. M. **chamusquina.**

chamusquina. F. Acción y efecto de chamuscar.

chan. M. *Am. Cen.* **chía.**

chaná. I. ADJ. **1.** hist. Se dice del indio americano, que, en la época de la conquista española, habitaba en las cuencas del Paraná, hasta el río Corrientes, y del Uruguay inferior, y en las islas de Entre Ríos y Buenos Aires. ‖ **2.** hist. Perteneciente o relativo a los indios chanás o a su lengua. *Costumbre chaná.* ‖ **II.** M. **3.** Lengua de estos indios. ¶ MORF. pl. **chanás.**

chanca. F. **1.** *Á. Andes* y *Chile.* **trituración.** ‖ **2.** *Chile.* **paliza** (‖ serie de golpes).

chancaca. F. *Am.* Tableta rectangular hecha con la miel que se obtiene de la caña de azúcar.

chancadora. F. *Á. Andes* y *Chile.* **trituradora.**

chancar. TR. *Am. Cen., Á. Andes* y *Chile.* Triturar, machacar, moler, especialmente minerales.

chance. AMB. Oportunidad o posibilidad de conseguir algo. *No tiene chance para ese cargo.*

chancear. INTR. **bromear.** U. m. c. prnl.

chancero, ra. ADJ. Que acostumbra a bromear.

chancha. F. **1.** *Am.* **cerda** (‖ hembra del cerdo). ‖ **2.** *Am.* **puerca** (‖ mujer sucia). U. t. c. adj.

chancho. M. **1.** *Am.* **cerdo** (‖ mamífero artiodáctilo). ‖ **2.** *Am.* **puerco** (‖ hombre sucio). U. t. c. adj.

chanchullero, ra. ADJ. coloq. Que gusta de andar en chanchullos. U. t. c. s.

chanchullo. M. coloq. Manejo ilícito para conseguir un fin, y especialmente para lucrarse.

chancla. F. **chancleta.** ‖ **en ~s.** LOC. ADV. **en chancletas.**

chancleta. F. Chinela sin talón, o chinela o zapato con el talón doblado, que suele usarse dentro de casa. ‖ **en ~s.** LOC. ADV. Sin llevar calzado el talón del zapato.

chancletear. INTR. Andar en chancletas.

chancleteo. M. Ruido o golpeteo de las chancletas cuando se anda con ellas.

chanclo. M. Zapato grande de goma u otra materia elástica, en que entra el pie calzado.

chancomer. TR. *Am. Cen.* Gastar, corroer, roer.

chancro. M. Úlcera contagiosa de origen venéreo o sifilítico.

chándal. M. *Esp.* Ropa deportiva que consta de un pantalón y una chaqueta o jersey amplios. MORF. pl. **chándales.**

chanelar. TR. jerg. **entender¹.**

chanfaina. F. Guisado hecho de bofes o livianos picados.

chanfle. M. **1.** *Á. R. Plata.* Golpe o corte oblicuo producido en alguna cosa. ‖ **2.** *Méx.* En el fútbol y en los deportes de raqueta, efecto de rotación que se da a la pelota.

chanflón, na. ADJ. Dicho de una persona o de una cosa: **despreciable.** Apl. a pers., u. t. c. s.

changa. F. **1.** *Am. Mer.* Burla, broma, chuscada. ‖ **2.** *Á. R. Plata.* Ocupación transitoria, por lo común en tareas menores.

changador, ra. M. y F. *Am. Mer.* Persona que en los sitios públicos se encarga de transportar equipajes.

changar. TR. Romper, descomponer, destrozar.

changarro. M. *Méx.* **tendejón** (‖ tienda pequeña).

changle. M. *Chile.* Planta parásita, especie de hongo que crece en varios árboles. Es comestible.

chango, ga. I. ADJ. **1.** *Ant.* Bromista, guasón. U. t. c. s. ‖ **II.** M. y F. **2.** *Á. Andes.* Niño, muchacho. ‖ **III.** M. **3.** *Méx.* **mono** (‖ simio).

changurro. M. Plato vasco popular hecho con centollo cocido y desmenuzado en su caparazón.

chanquete. M. Pez pequeño comestible, de la misma familia que el gobio, de cuerpo comprimido y traslúcido, que por su tamaño y aspecto recuerda a la cría del boquerón.

chantaje. M. **extorsión.**

chantajear. TR. **extorsionar.**

chantajista. COM. **extorsionista.**

chantarse. PRNL. *Chile.* **empecinarse.**

chantillí. M. Crema usada en pastelería hecha de nata batida. MORF. pl. **chantillís.**

chanza. F. **1.** Dicho festivo y gracioso. ‖ **2.** Hecho burlesco para recrear el ánimo o ejercitar el ingenio.

chañar. M. **1.** *Á. R. Plata* y *Chile.* Árbol de la familia de las Papilionáceas, espinoso, de corteza amarilla. Sus legumbres son dulces y comestibles. ‖ **2.** Á. R. *Plata* y *Chile.* Fruto de este árbol.

chañaralino, na. ADJ. **1.** Natural de Chañaral. U. t. c. s. ‖ **2.** Perteneciente o relativo a esta provincia de Chile o a su capital.

chao. INTERJ. **1. adiós** (‖ para despedirse). ‖ **2.** Se usa para despedirse de alguien a quien se espera volver a ver pronto o en el mismo día.

chapa. F. **1.** Hoja o lámina de metal, madera u otra materia. ‖ **2.** Tapón metálico que cierra herméticamente las botellas. ‖ **3. placa** (‖ distintivo de los agentes de Policía). ‖ **4.** Conjunto de las piezas circulares concéntricas que tapan el hogar de las cocinas económicas. ‖ **5. chapeta.** ‖ **6. cerradura.** U. m. en América. ‖ **7.** Á. R. *Plata.* **matrícula** (‖ placa que llevan los vehículos). ‖ **8.** pl. Juego infantil en que se utilizan las chapas de las botellas.

chapado, da. ~ **a la antigua.** LOC.ADJ. Dicho de una persona: Muy apegada a los hábitos y costumbres de sus mayores.

chapalear. INTR. **chapotear** (‖ sonar el agua batida por las manos o los pies).

chapaleo. M. Acción y efecto de chapalear.

chapaleteo. M. Acción y efecto de chapalear.

chapapote. M. Asfalto más o menos espeso que se halla en México, las Antillas y Venezuela.

chapar. TR. Cubrir o guarnecer con chapa.

chapareño, ña. ADJ. **1.** Natural de Chapare. U. t. c. s. ‖ **2.** Perteneciente o relativo a esta provincia del departamento de Cochabamba, en Bolivia.

chaparra. F. **1. coscoja** (‖ árbol). ‖ **2. chaparro.**

chaparrada. F. **chaparrón** (‖ lluvia fuerte).

chaparral. M. Sitio poblado de chaparros.

chaparreras. F. pl. Especie de zahones de piel adobada que se usan en México.

chaparro, rra. I. ADJ. **1.** Dicho de una persona: **achaparrada.** U. t. c. s. ‖ **II.** M. **2.** Mata de encina o roble, de muchas ramas y poca altura.

chaparrón. M. **1.** Lluvia fuerte de corta duración. ‖ **2.** Abundancia o muchedumbre de algo. *Un chaparrón de insultos.* ‖ **3.** Ant. Riña, regaño, reprimenda.

chaparrudo, da. ADJ. Dicho de una persona: **achaparrada.**

chapata. F. Tipo de pan crujiente, de forma aplastada y alargada.

chapatal. M. Lodazal o ciénaga.

chape. M. **1.** *Chile.* Trenza de pelo. ‖ **2.** *Chile.* Se usa como nombre para referirse a ciertas clases de moluscos, alguno comestible.

chapeado, da. ADJ. *Méx.* Dicho de una persona: Que tiene las mejillas sonrosadas o con buenos colores.

chapear. TR. **1. chapar.** ‖ **2.** *Am. Cen.* y *Ant.* Limpiar la tierra de malezas y hierbas con el machete.

chapela. F. Boina de gran vuelo.

chapeo. M. **sombrero** (‖ prenda de vestir para cubrir la cabeza).

chapería. F. Adorno hecho de muchas chapas.

chaperón¹. M. *Arq.* Alero de madera que se suele poner en los patios para apoyar en él los canalones. □ V. **alero de ~.**

chaperón², na. M. y F. Á. *Caribe* y *Méx.* Persona que acompaña a una pareja o a una joven como carabina. En Chile, u. solo c. f.

chapeta. F. Mancha de color encendido que suele salir en las mejillas.

chapeteado, da. ADJ. *Méx.* **chapeado.**

chapetón. M. **chaparrón** (‖ lluvia fuerte).

chapico. M. *Chile.* Arbusto solanáceo, siempre verde, con hojas espinosas que se usan para teñir de amarillo.

chapín¹. M. hist. Chanclo de corcho, forrado de cordobán, muy usado en algún tiempo por las mujeres.

chapín², na. ADJ. *Am. Cen.* **guatemalteco.** Apl. a pers., u. t. c. s.

chapinada. F. *Am. Cen.* Dicho o hecho propio de un **chapín².**

chapinería. F. hist. Oficio de chapinero.

chapinero. M. hist. Hombre que por oficio hacía o vendía chapines.

chapinismo. M. *Am. Cen.* Vocablo, giro o modo especial de hablar de los **chapines².**

chapinizarse. PRNL. *Am. Cen.* Adquirir las costumbres y los modales de los **chapines².**

chapista. COM. Persona que trabaja la chapa.

chapistería. F. **1.** Taller donde se trabaja la chapa. ‖ **2.** Arte de trabajar la chapa.

chapitel. M. **1.** Remate de las torres que se levanta en forma piramidal. ‖ **2. capitel.**

chapó. M. Juego de billar que se juega en mesa grande, con troneras y con cinco palillos que se colocan en el centro de la mesa y que tienen distinto valor para el tanteo. Consigue la victoria el equipo o jugador que hace primero 30 tantos o el que derriba todos los palillos en una sola jugada. ‖ **chapó.** INTERJ. Se usa para expresar admiración por algo o por alguien.

chapodar. TR. Cortar ramas de los árboles, aclarándolos, a fin de que no se envicien.

chapopote. M. *Méx.* **chapapote.**

chapoteadero. M. *Méx.* Estanque de muy poca profundidad para niños.

chapotear. INTR. **1.** Dicho del agua: Sonar batida por los pies o las manos. ‖ **2.** Producir ruido al mover las manos o los pies en el agua o el lodo, o al pisar estos. U. t. c. tr.

chapoteo. M. Acción y efecto de chapotear.

chapucear. TR. coloq. Hacer algo deprisa y mal.

chapucería. F. **1.** Tosquedad, imperfección en cualquier artefacto. ‖ **2. chapuza** (‖ obra sin arte ni esmero).

chapucero, ra. ADJ. **1.** Dicho de una persona: Que trabaja tosca y groseramente. U. t. c. s. ‖ **2.** Dicho de una cosa: Hecha de este modo. *Trabajo chapucero.* ‖ **3. embustero.** U. t. c. s.

chapulín. M. *Am. Cen.* y *Méx.* Langosta, cigarrón.

chapurrar. TR. **chapurrear.**

chapurrear. TR. Hablar con dificultad un idioma, pronunciándolo mal y usando en él vocablos y giros exóticos. U. t. c. intr. *Chapurrea en español.*

chapurreo. M. Torpeza en el habla de quien no domina bien un idioma.

chapuz¹. M. Acción de chapuzar.

chapuz². M. **chapuza.**

chapuza. F. **1.** Obra hecha sin arte ni esmero. ‖ **2.** Obra o labor de poca importancia. ‖ **3.** *Méx.* **estafa** (‖ acción y efecto de estafar). ‖ **4.** pl. u. c. sing. com. coloq. Persona que lleva a cabo **chapuzas** (‖ obras sin arte ni esmero).

chapuzar. TR. Meter a alguien de cabeza en el agua. U. t. c. intr. y c. prnl.

chapuzón. M. Acción y efecto de chapuzar.

chaqué. M. Prenda exterior de hombre, especie de chaqueta, que a partir de la cintura se abre hacia atrás formando dos faldones. Se usa como traje de etiqueta con pantalón rayado.

chaqueño, ña. ADJ. **1.** Natural de la región sudamericana del Chaco. U. t. c. s. ‖ **2.** Natural del Chaco, región de Bolivia. U. t. c. s. ‖ **3.** Natural del Chaco, provincia de la Argentina. U. t. c. s. ‖ **4.** Natural del Gran Chaco, provincia del departamento de Tarija, en Bolivia. U. t. c. s. ‖ **5.** Perteneciente o relativo a aquellas regiones o a alguna de estas provincias.

chaqueta. F. **1.** Prenda exterior de vestir, con mangas y abierta por delante, que cubre el tronco. ‖ **2.** *Méx.* **masturbación.** □ V. **traje de ~.**

chaquete. M. Juego parecido al de las damas, pero en el que los dados deciden el movimiento de las piezas.

chaquetear. INTR. **1.** Acobardarse ante una dificultad. ‖ **2.** Huir ante el enemigo. ‖ **3.** coloq. Cambiar de bando o partido por conveniencia personal. ‖ **4.** *Chile.* Impedir por malas artes, normalmente el desprestigio, que alguien se destaque o sobresalga. ‖ **5.** *Méx.* **masturbar.** U. t. c. prnl.

chaqueteo. M. **1.** coloq. Cambio interesado, y a veces repetido, de ideas o de partido. ‖ **2.** *Chile.* Acción y efecto de chaquetear.

chaquetero, ra. ADJ. coloq. Que **chaquetea** (‖ cambia de bando o partido).

chaquetilla. F. Chaqueta corta y ajustada, generalmente con adornos. ‖ **~ torera.** F. **1.** La que usan los toreros en el traje de lidia. ‖ **2.** Prenda de corte semejante.

chaquetón. M. Prenda exterior de más abrigo y algo más larga que la chaqueta.

chaqui. M. *Á.Andes.* **resaca** (‖ malestar por haber bebido en exceso).

chaquira. F. **1.** hist. Conjunto de cuentas, abalorios, etc., de distintas materias que llevaban los españoles para vender a los indígenas americanos. ‖ **2.** Sarta, collar, brazalete hecho con cuentas, abalorios, conchas, etc., usado como adorno.

charada. F. Acertijo en que se trata de adivinar una palabra, haciendo una indicación sobre su significado y el de las palabras que resultan tomando una o varias sílabas de aquella.

charal. M. Pez teleósteo, fisóstomo, muy comprimido, de unos cinco centímetros de longitud, lleno de espinas, y de color plateado, que se cría con abundancia en las lagunas del estado de Michoacán, en México, y, curado al sol, es artículo de comercio bastante importante.

charamusca. F. *Méx.* Confitura en forma de tirabuzón, hecha de azúcar ordinario, mezclada con otras sustancias y acaramelada.

charanga. F. **1.** Banda de música formada por instrumentos de viento y percusión. ‖ **2.** Banda de música de carácter jocoso.

charango. M. Instrumento musical de cuerda, usado especialmente en la zona andina, parecido a una pequeña guitarra de cinco cuerdas dobles y cuya caja de resonancia está hecha con caparazón de armadillo.

charapa. ADJ. **1.** Natural de Iquitos. U. t. c. s. ‖ **2.** Perteneciente o relativo a esta ciudad del Perú, capital del departamento de Loreto.

charca. F. Depósito algo considerable de agua, detenida en el terreno, natural o artificial.

charcal. M. Sitio en que abundan los charcos.

charcas. M. pl. hist. Indios de la América Meridional sujetos al imperio de los Incas.

charcha. F. *Chile.* **chalcha.**

charco. M. Agua, u otro líquido, detenidos en un hoyo o cavidad de la tierra o del piso. ‖ **cruzar,** o **pasar, el ~.** LOCS.VERBS. coloqs. Cruzar el mar, por lo general el Atlántico.

charcutería. F. **chacinería.**

charcutero, ra. M. y F. Persona que vende productos de charcutería.

charla. F. **1.** Disertación oral ante un público, sin solemnidad ni excesivas preocupaciones formales. ‖ **2.** zorzal charlo. ‖ **3.** coloq. Acción de charlar.

charlar. **I.** INTR. **1.** Conversar, platicar. ‖ **2.** coloq. Hablar mucho, sin sustancia o fuera de propósito. ‖ **II.** TR. **3.** parlar (‖ revelar, decir lo que se debe callar).

charlatán, na. **I.** ADJ. **1.** Que habla mucho y sin sustancia. U. t. c. s. ‖ **2.** Hablador indiscreto. U. t. c. s. ‖ **3.** embaucador. U. t. c. s. ‖ **II.** M. y F. **4.** Persona que se dedica a la venta ambulante y anuncia a voces su mercancía.

charlatanear. INTR. **charlar.**

charlatanería. F. **1.** Cualidad de charlatán. ‖ **2.** locuacidad.

charlatanismo. M. Charlatanería, especialmente cuando es habitual en una persona o común a varias.

charlestón. M. Baile creado por la comunidad de origen africano de los Estados Unidos, que estuvo de moda en Europa a partir de 1920. MORF. pl. **charlestones.**

charleta. F. coloq. Charla distendida, amistosa.

charlista. COM. Persona que pronuncia **charlas** (‖ disertaciones orales).

charlo. □ V. zorzal ~.

charlón, na. ADJ. *Á.Andes.* **charlatán** (‖ hablador).

charlotada. F. **1.** Festejo taurino bufo. ‖ **2.** Actuación pública, colectiva, grotesca o ridícula.

charlotear. INTR. **charlar.**

charloteo. M. Acción de charlotear.

charneca. F. **lentisco.**

charnela. F. **1.** **bisagra.** ‖ **2.** **gozne** (‖ herraje articulado). ‖ **3.** Zool. Articulación de las dos piezas componentes de una concha bivalva.

charol. M. **1.** Barniz muy lustroso y permanente, que conserva su brillo sin agrietarse y se adhiere perfectamente a la superficie del cuerpo a que se aplica. ‖ **2.** Cuero con este barniz. *Zapatos de charol.* ‖ **3.** *Am. Cen.* **bandeja** (‖ pieza para servir).

charola. M. *Á.Andes* y *Méx.* **bandeja** (‖ pieza para servir).

charolado, da. PART. de **charolar.** ‖ ADJ. Que tiene **lustre** (‖ brillo).

charolar. TR. Barnizar con charol o con otro líquido que lo imite.

charolista. COM. Persona que tiene por oficio charolar.

charque. M. *Á. guar.* y *Á. R. Plata.* **charqui.**

charquear. TR. *Á.Andes, Á. guar., Á. R. Plata* y *Chile.* Hacer charqui.

charqui. M. *Á.Andes, Á. R. Plata* y *Chile.* Carne salada y secada al aire o al sol para que se conserve.

charquicán. M. *Á. Andes* y *Chile.* Guiso hecho a base de charqui, ají, zapallo y otros ingredientes.

charrada. F. Baile propio de los charros salmantinos.

charrán¹. ADJ. Pícaro o sinvergüenza. U. t. c. s.

charrán². M. Ave marina de cuerpo grácil, con la parte superior de la cabeza de color negro, pico largo y afilado y cola profundamente ahorquillada. Hay varias especies que, junto a fumareles y pagazas, se denominan golondrinas de mar.

charranada. F. Acción propia del **charrán**[1].

charrancito. M. Ave marina del mismo género que el charrán, pero de menor tamaño, pico amarillo y cola menos ahorquillada.

charrar. TR. Contar o referir algún suceso indiscretamente.

charrasqueado, da. ADJ. *Méx.* Que tiene una cicatriz de herida con arma blanca.

charreada. F. *Méx.* Fiesta de **charros** (‖ jinetes).

charretera. F. Divisa militar de oro, plata, seda u otra materia, en forma de pala, que se sujeta al hombro por una presilla y de la cual pende un fleco como de un decímetro de largo.

charro, rra. **I.** ADJ. **1.** Aldeano de Salamanca, y especialmente el de la región que comprende Alba, Vitigudino, Ciudad Rodrigo y Ledesma. U. t. c. s. ‖ **2.** Perteneciente o relativo a estos aldeanos. *Traje charro. Habla charra.* ‖ **3.** Dicho de una cosa: Recargada de adornos, abigarrada o de mal gusto. ‖ **4.** *Méx.* Propio o característico de un **charro** (‖ jinete). ‖ **II.** M. **5.** *Méx.* Jinete o caballista que viste traje especial compuesto de chaqueta corta y pantalón ajustado, camisa blanca y sombrero de ala ancha y alta copa cónica. U. t. c. adj.

charrúa. **I.** ADJ. **1.** hist. Se dice del individuo de los pueblos amerindios que habitaban la costa septentrional del Río de la Plata. U. t. c. s. ‖ **2.** hist. Perteneciente o relativo a los charrúas. *Tradiciones charrúas.* ‖ **II.** M. **3.** Lengua hablada por los charrúas.

chárter. ADJ. **1.** Dicho de un vuelo de aviación: Organizado con horario, recorrido y tarifa independientes de los vuelos regulares. U. t. c. s. m. *Llegaron en un chárter.* ‖ **2.** Perteneciente o relativo a los chárteres. *Una compañía chárter.* ¶ MORF. pl. **chárteres.**

chas. al chas chas. LOC.ADV. *Méx.* **al contado.**

chasca[1]**.** F. Ramaje que se coloca sobre la leña dispuesta para hacer carbón.

chasca[2]**.** F. *Á.Andes* y *Chile.* Cabello enmarañado.

chascar. **I.** TR. **1.** Romper algo quebradizo o que da un chasquido. *Chascar piñones.* ‖ **II.** INTR. **2.** Dar chasquidos. ‖ **3.** engullir. U. t. c. tr. *Chascar papas y gofio.*

chascarrillo. M. Anécdota ligera y picante, cuentecillo agudo o frase de sentido equívoco y gracioso.

chascarro. M. **chascarrillo.**

chasco[1]**.** M. Decepción que causa un suceso contrario a lo que se esperaba. *Buen chasco se ha llevado Mariano.*

chasco[2]**, ca.** ADJ. *Am. Cen.* Dicho del pelo o del plumaje: **enmarañado** (‖ enredado).

chascón, na. ADJ. *Chile.* Enmarañado, enredado, greñudo. U. t. c. s.

chasconear. TR. *Chile.* Enredar, enmarañar.

chasis. M. **1.** Bastidor del automóvil. ‖ **2.** *Fotogr.* Bastidor donde se colocan las placas fotográficas. ‖ **quedarse en el ~.** LOC.VERB. coloq. **estar en los huesos.**

chasís. M. *Am. Cen.* y *Méx.* **chasis.** MORF. pl. **chasises.**

chasque. M. *Á. guar.* y *Á. R. Plata.* **chasqui.**

chasquear. INTR. **1.** Causar un **chasco**[1]**.** ‖ **2.** Dar chasquidos.

chasquero, ra. ADJ. *Á. R. Plata.* Perteneciente o relativo al chasqui.

chasqui. M. **1.** *Am. Mer.* hist. En el Imperio incaico, mensajero que transmitía órdenes y noticias. ‖ **2.** *Am. Mer.* Emisario, correo.

chasquido. M. **1.** Ruido seco y súbito que produce el romperse, rajarse o desgajarse algo, como la madera cuando se abre por sequedad o por cambio de tiempo. ‖ **2.** Ruido que se produce con la lengua al separarla súbitamente del paladar. ‖ **3.** Sonido o estallido que se hace con el látigo cuando se sacude en el aire con violencia. ‖ **4.** Ruido semejante a los mencionados.

chasquilla. F. *Chile.* **flequillo.**

chat. M. **1.** Conversación entre varias personas a través de Internet mediante el intercambio de mensajes electrónicos. ‖ **2.** Servicio que permite mantener este tipo de conversaciones. ¶ MORF. pl. **chats.**

chata. F. **1.** Orinal plano, con borde entrante y mango hueco, por donde se vacía, que se usa para los enfermos que no pueden incorporarse en la cama. ‖ **2.** **chalana.**

chatarra. F. **1.** Conjunto de trozos de metal viejo o desecho, especialmente el hierro. ‖ **2.** Escoria que deja el mineral de hierro. ‖ **3.** coloq. Máquina o aparato viejo, que ya no funciona. ‖ **4.** coloq. Conjunto de monedas metálicas de poco valor. ‖ **5.** coloq. Adorno personal de poco valor. *No llevo joyas, es todo chatarra.* ‖ **6.** *Á. R. Plata* y *Méx.* Se usa en aposición para indicar que lo designado por el sustantivo al que se pospone es de muy baja calidad. *Comida chatarra.*

chatarrería. F. Almacén en el que se vende o compra chatarra.

chatarrero, ra. M. y F. Persona que se dedica a recoger, almacenar o vender chatarra.

chatear. INTR. *Inform.* Conversar mediante chats.

chatedad. F. Cualidad de chato.

chatero, ra. ADJ. despect. *Chile.* Funcionario auxiliar de un hospital dedicado a cuidar de los enfermos.

chato, ta. ADJ. **1.** Que tiene la nariz poco prominente y como aplastada. Apl. a pers., u. t. c. s. ‖ **2.** Dicho de una nariz: Que tiene esta forma. ‖ **3.** Dicho de una cosa: Que tiene menos relieve, longitud o elevación de lo normal. *Una vasija, una silueta chata.* ‖ **4.** Intelectualmente pobre, o corto de miras. *Una realidad chata. Un discurso chato.*

chatura. F. **1.** Cualidad de chato (‖ que tiene menos relieve de lo normal). *La chatura interminable de aquel valle.* ‖ **2.** Cualidad de **chato** (‖ intelectualmente pobre). *Despreciaba la chatura y la mediocridad.*

chaucha. F. **1.** *Á. guar.* y *Á. R. Plata.* Judía verde. ‖ **2.** *Á. R. Plata.* **vaina** (‖ cáscara de algunas semillas). ‖ **3.** *Chile.* Moneda chica de plata o níquel. ‖ **4.** *Chile.* Moneda de plata de baja ley. ‖ **5.** *Chile.* Patata temprana o menuda que se deja para simiente. ‖ **6.** *Chile.* hist. Antigua moneda divisionaria de escaso valor. ‖ **7.** pl. *Chile.* Escasa cantidad de dinero.

chauchera. F. *Chile.* **portamonedas.**

chauvinismo. M. **chovinismo.**

chauvinista. COM. **chovinista.**

chaval, la. M. y F. coloq. Niño o joven. U. menos c. adj.

chaveta. **I.** F. **1.** Clavo hendido en casi toda su longitud que, introducido por el agujero de un hierro o madero, se remacha separando las dos mitades de su punta. ‖ **2.** Clavija o pasador que se pone en el agujero de una barra e impide que se salgan las piezas que la barra sujeta. ‖ **3.** coloq. Cabeza humana. *Hoy me duele la chaveta.* ‖ **II.** ADJ. **4.** coloq. **loco** (‖ que ha perdido la razón). *Se ha vuelto chaveta.*

chavetero. M. Alojamiento practicado en las dos piezas que se tratan de unir, y por el cual se introduce a presión una chaveta.

chavo[1]. M. coloq. Moneda de poco valor. *Vendió su casa por cuatro chavos.*

chavo[2], **va.** ADJ. *Méx.* **muchacho** (‖ niño que no ha llegado a la adolescencia). U. t. c. s.

chavó. M. jerg. **muchacho.** MORF. pl. **chavós.**

chaya. F. *Chile.* **confeti** (‖ conjunto de pedazos pequeños de papel).

chayote. **I.** M. **1.** Fruto de la chayotera, de aproximadamente diez centímetros de longitud, de color verde claro, forma alargada y superficie rugosa con algunos pelos punzantes. Es comestible. ‖ **II.** F. **2.** Planta trepadora americana, de la familia de las Cucurbitáceas, de tallo liso, delgado y muy resistente, hojas acorazonadas divididas en tres lóbulos, flores pequeñas, acampanadas, de color blanco con ligeras tonalidades verdosas. Su fruto es el chayote.

chayotera. F. Planta trepadora americana, de la familia de las Cucurbitáceas, de tallo liso, delgado y muy resistente, hojas acorazonadas divididas en tres lóbulos, flores pequeñas, acampanadas, de color blanco con ligeras tonalidades verdosas. Su fruto es el chayote.

chaza. F. *Mar.* Espacio que media entre dos portas de una batería.

che[1]. F. Nombre del dígrafo *ch.* MORF. pl. **ches.**

che[2]. INTERJ. *Á. guar.* y *Á. R. Plata.* Se usa para llamar, detener o pedir atención a alguien, o para denotar asombro o sorpresa.

checa. F. **1.** hist. Comité de policía secreta en la Rusia soviética. ‖ **2.** hist. Organismo semejante que ha funcionado en otros países y que no respetaba los derechos humanos. ‖ **3.** hist. Local en que actuaban estos organismos.

checar. TR. *Méx.* **chequear.**

checheno, na. ADJ. **1.** Natural de Chechenia. U. t. c. s. ‖ **2.** Perteneciente o relativo a esta república de la Federación Rusa.

checo, ca. **I.** ADJ. **1.** Natural de la República Checa. U. t. c. s. ‖ **2.** Perteneciente o relativo a este país europeo. ‖ **3.** **checoslovaco.** U. t. c. s. ‖ **II.** M. **4.** Lengua de los checos, una de las lenguas eslavas.

checoeslovaco, ca. ADJ. **checoslovaco.** Apl. a pers., u. t. c. s.

checoslovaco, ca. ADJ. **1.** Natural de Checoslovaquia. U. t. c. s. ‖ **2.** Perteneciente o relativo a esta antigua nación europea.

chef. COM. Jefe de cocina, en especial de un restaurante. MORF. pl. **chefs.**

cheira. F. **chaira.**

chele. **I.** ADJ. **1.** *Am. Cen.* De color blanco. Apl. a pers., u. t. c. s. ‖ **II.** M. **2.** *Am. Cen.* **legaña.**

cheli. M. *Esp.* Jerga con elementos castizos, marginales y contraculturales.

chelín[1]. COM. Moneda inglesa que equivalía a la vigésima parte de una libra.

chelín[2]. M. Unidad monetaria de Austria anterior al euro.

chelista. COM. **violonchelista.**

chelo. **I.** M. **1.** **violonchelo.** ‖ **II.** COM. **2.** **violonchelista.**

chepa. **I.** F. **1.** **joroba** (‖ curvatura anómala de la columna vertebral). ‖ **II.** COM. **2.** **jorobado.** U. t. c. adj.

chépica. F. *Chile.* **grama** (‖ planta gramínea).

cheposo, sa. ADJ. Que tiene chepa. U. t. c. s.

cheque. **I.** M. **1.** Mandato escrito de pago, para cobrar una cantidad determinada de los fondos que quien lo expide tiene disponibles en un banco. ‖ **II.** F. **2.** *Á. Caribe.* Válvula que permite el paso del líquido en una sola dirección. ‖ ~ **al portador.** M. El que se paga sin más requisito. ‖ ~ **conformado.** M. Aquel cuyo cobro está garantizado por el banco. ‖ ~ **cruzado.** M. Aquel en cuyo anverso se indica, entre dos líneas diagonales paralelas, el nombre del banquero o sociedad por medio de los cuales ha de hacerse efectivo. En algunos países bastan, en ciertos casos, las dos líneas diagonales paralelas sin otra indicación. ‖ ~ **de viaje,** o ~ **de viajero.** M. El que extiende un banco u otra entidad a nombre de una persona y va provisto de la firma de esta. Puede hacerse efectivo en un banco o pagarse con él en un establecimiento comercial, hotelero, etc., firmándolo el titular nuevamente delante del pagador o cajero. ‖ ~ **en blanco.** M. El que extiende el expedidor sin señalar la cantidad que cobrará el destinatario. ‖ ~ **nominativo.** M. El que lleva el nombre de la persona autorizada para cobrarlo.

chequear. **I.** TR. **1.** Examinar, controlar, cotejar. ‖ **II.** PRNL. **2.** Hacerse un chequeo.

chequén. M. *Chile.* Especie de arrayán, de hojas elípticas, de igual color por ambas caras y con puntos pequeños en la interna.

chequeo. M. **1.** Examen, control, cotejo. *El chequeo de un motor.* ‖ **2.** Reconocimiento médico general.

chequera. F. Talonario de cheques.

chercán. M. *Chile.* Pájaro semejante al ruiseñor en la forma y el color, pero de canto mucho menos dulce. Es insectívoro y muy doméstico.

cherkés, sa. ADJ. **1.** Natural de Karacháyevo-Cherkesia. U. t. c. s. ‖ **2.** Perteneciente o relativo a esta república de la Federación Rusa.

cherna. F. **mero**[1].

cheso, sa. **I.** ADJ. **1.** Natural de Hecho. U. t. c. s. ‖ **2.** Perteneciente o relativo a este valle de la provincia de Huesca, en España. ‖ **II.** M. **3.** Habla aragonesa de este valle.

chéster. M. Queso de origen inglés, elaborado con leche de vaca.

cheto, ta. ADJ. *Á. R. Plata.* Dicho de una cosa: Que es distinguida o selecta.

chetumalense. ADJ. **chetumaleño.** Apl. a pers., u. t. c. s.

chetumaleño, ña. ADJ. **1.** Natural de Chetumal. U. t. c. s. ‖ **2.** Perteneciente o relativo a esta ciudad de México, capital del estado de Quintana Roo.

cheuto, ta. ADJ. *Chile.* Dicho de una persona: Que tiene el labio partido o deformado.

chévere. **I.** ADJ. **1.** *Á. Andes* y *Ant.* Primoroso, gracioso, bonito, elegante, agradable. ‖ **2.** *Á. Andes* y *Á. Caribe.* Estupendo, buenísimo, excelente. *Un peinado chévere.* U. t. c. adv. ‖ **3.** *Á. Caribe.* Benévolo, indulgente. *Un profesor chévere. Un examen chévere.* ‖ **II.** M. **4.** fest. *Á. Caribe.* **petimetre.** ‖ **III.** ADV. M. **5.** *Á. Caribe.* Perfectamente, muy bien.

cheviot. M. **1.** Lana de cordero de Escocia. ‖ **2.** Paño que se hace con esta lana. ¶ MORF. pl. **cheviots.**

cheyene. ADJ. **1.** Se dice del indio de una tribu que vivía al sur del lago Superior, en los Estados Unidos de América. U. t. c. s. ‖ **2.** Perteneciente o relativo a esta tribu. *Poblado cheyene.*

chía. F. Semilla de una especie de salvia. Remojada en agua, suelta gran cantidad de mucílago, que, con azúcar y zumo de limón, es un refresco muy usado en México. Molida, produce un aceite secante.

chiapaneco, ca. ADJ. **1.** Natural de Chiapas. U. t. c. s. || **2.** Perteneciente o relativo a este estado de México.

chibalete. M. *Impr.* Armazón de madera donde se colocan las cajas para componer.

chibcha. I. ADJ. **1.** hist. Se dice del individuo de un pueblo que habitó en las tierras altas de Bogotá y Tunja. U. t. c. s. || **2.** Perteneciente o relativo a este pueblo. *Cerámica chibcha.* || **II.** M. **3.** Idioma de los chibchas.

chibola. F. **1.** *Am. Cen.* y *Á. Andes.* **chibolo** (|| cuerpo pequeño y esférico). || **2.** *Am. Cen.* y *Á. Andes.* **chichón.**

chibolo. M. **1.** *Am. Cen.* y *Á. Andes.* **chichón.** || **2.** *Am. Cen.* Cuerpo pequeño y esférico.

chic. I. ADJ. **1.** Elegante, distinguido, a la moda. *Es una mujer muy chic.* MORF. pl. invar. o **chics.** || **II.** M. **2.** Elegancia, distinción. *Tiene chic.* MORF. pl. **chics.**

chica. F. En el juego del mus, segundo lance de la partida, en el que se tienen en cuenta las cartas de menos valor.

chicalé. M. *Am. Cen.* Ave paseriforme de la misma familia que el quetzal, con el plumaje de vivos colores.

chicalote. M. Planta anual de la familia de las Papaveráceas, de tallo ramoso, hojas dentadas y espinosas y semilla en cápsula ovoide. Se cultiva en Europa como planta de adorno y se emplea en medicina.

chicana. F. Artimaña, procedimiento de mala fe, especialmente el utilizado en un pleito por alguna de las partes.

chicanero, ra. ADJ. Dicho de una persona: Que emplea chicanas.

chicano, na. ADJ. **1.** Se dice del ciudadano de los Estados Unidos de América perteneciente a la minoría de origen mexicano allí existente. U. t. c. s. || **2.** Perteneciente o relativo a dicha minoría. *Barrio chicano.*

chicha[1]. **no ser** alguien o algo **ni ~ ni limonada.** LOC. VERB. coloq. No valer para nada, ser baladí.

chicha[2]. F. **1.** Bebida alcohólica que resulta de la fermentación del maíz en agua azucarada, y que se usa en algunos países de América. || **2.** *Á. Caribe.* Bebida refrescante hecha con arroz, leche y especias. || **3.** *Chile.* Bebida que se obtiene de la fermentación del zumo de la uva o de la manzana.

chicha[3]. □ V. **calma ~.**

chícharo. M. Guisante, garbanzo, judía.

chicharra. F. **1.** cigarra. || **2.** Juguete que usan los niños por Navidad, consistente, por regla general, en un canuto corto, tapado por uno de sus extremos con un pergamino estirado, en cuyo centro se coloca una cerda o una hebra de seda encerada. Pasando por ellas los dedos, hace un ruido tan desagradable como el canto de la cigarra. || **3.** Timbre eléctrico de sonido sordo. || **4.** coloq. Persona muy habladora.

chicharrear. INTR. Sonar o imitar el ruido que hace la chicharra.

chicharrera. F. Calor excesivo.

chicharro. M. **1.** jurel. || **2.** **chicharrón** (|| residuo frito que queda de la manteca del cerdo).

chicharrón. M. **1.** Residuo frito que queda después de derretida la manteca del cerdo. || **2.** Residuo del sebo de la manteca de otros animales. || **3.** coloq. Persona muy tostada por el sol. || **4.** *Am.* Piel del cerdo joven, oreada y

frita. || **5.** pl. Fiambre formado por trozos de carne de distintas partes del cerdo, prensado en moldes.

chiche. I. ADJ. **1.** *Á. guar., Á. R. Plata* y *Chile.* Pequeño, delicado, bonito. || **II.** M. **2.** *Am.* Pecho de la mujer. || **3.** *Á. R. Plata.* **juguete** (|| objeto con que se entretienen los niños).

chichear. INTR. sisear. U. t. c. tr.

chichería. F. *Am.* Casa o tienda donde se vende **chicha[2].**

chichero, ra. I. ADJ. **1.** *Am.* Perteneciente o relativo a la **chicha** (|| bebida alcohólica de maíz). || **2.** *Am.* Se dice especialmente de los lugares donde se fabrica o vende esta bebida alcohólica, y también de los objetos que sirven para fabricarla o guardarla. || **II.** M. y F. **3.** *Am.* Persona que fabrica o vende **chicha** (|| bebida alcohólica de maíz).

chichi. ADJ. *Am. Cen.* fácil (|| que se puede hacer sin fuerzo).

chichicaste o **chichicastle.** M. *Am. Cen.* Arbusto silvestre, especie de ortiga, espinoso, de tallo fibroso que se utiliza para cordelería. Tiene hojas grandes, alternas, dentadas, verdes, peludas por encima y más pálidas en la parte inferior, flores amarillas agrupadas y por fruto una baya blanca.

chichicasteco, ca. ADJ. **1.** Natural de Chichicastenango. U. t. c. s. || **2.** Perteneciente o relativo a este municipio de Guatemala, en el departamento de Quiché.

chichicuilote. M. *Méx.* Ave limícola, semejante al zarapito, pero más pequeña, y de color gris, pico largo y delgado. Es comestible y se domestica con facilidad.

chichigua. F. *Am. Cen.* ama (|| mujer que cría una criatura ajena).

chichimeco, ca. ADJ. **1.** hist. Se dice del individuo de una tribu que se estableció en Tezcuco y, mezclada con otras que habitaban el territorio mexicano, fundó el reino de Acolhuacán. U. m. c. s. pl. || **2.** hist. Se dice de los indios que habitaban al poniente y norte de México. U. m. c. s. pl. || **3.** hist. Perteneciente o relativo a los chichimecos. ¶ MORF. U. m., para referirse al masculino, la forma **chichimeca.** *Los chichimecas. El origen chichimeca.*

chichisbeo. M. **1.** Galanteo, obsequio y servicio cortesano asiduo de un hombre a una mujer. || **2.** Este mismo hombre.

chichón. M. Bulto que de resultas de un golpe se hace en la cabeza.

chichona. ADJ. *Méx.* Dicho de una mujer: De grandes pechos. U. t. c. s.

chichonera. F. Gorro con armadura adecuada para preservar a los niños y a algunos deportistas de golpes en la cabeza.

chiclán. ADJ. ciclán.

chiclanero, ra. ADJ. **1.** Natural de Chiclana. U. t. c. s. || **2.** Perteneciente o relativo a alguna de estas villas de las provincias de Jaén o de Cádiz, en España.

chiclayano, na. ADJ. **1.** Natural de Chiclayo. U. t. c. s. || **2.** Perteneciente o relativo a esta ciudad del Perú, capital del departamento de Lambayeque.

chicle. M. **1.** Pastilla masticable aromatizada, que no se traga, de textura semejante a la goma. || **2.** Gomorresina que fluye del tronco del chicozapote haciéndole incisiones al empezar la estación lluviosa. Es masticatorio, usado por el pueblo y se vende en panes.

chiclé. M. *Tecnol.* En algunos motores de explosión, dispositivo que regula el paso del combustible al carburador.

chiclear. TR. *Am. Cen.* Dedicarse a la explotación del **chicle** (‖ gomorresina que fluye del chicozapote).

chiclero, ra. I. ADJ. **1.** *Méx.* Perteneciente o relativo al **chicle** (‖ gomorresina que fluye del chicozapote). *Actividad chiclera.* ‖ **II.** M. y F. **2.** *Méx.* Persona que se dedica a la industria del **chicle** (‖ gomorresina que fluye del chicozapote).

chicloso, sa. I. ADJ. **1. pegajoso** (‖ que se pega con facilidad). *Masa chiclosa.* ‖ **II.** M. **2.** *Méx.* Dulce de leche de la consistencia del chicle.

chico, ca. I. ADJ. **1. pequeño** (‖ que tiene poco tamaño). *Un tornillo, un guante chico.* ‖ **2. niño.** U. t. c. s. ‖ **3. muchacho.** U. t. c. s. ‖ **II.** M. y F. **4.** Hombre o mujer, sin especificar la edad, cuando esta no es muy avanzada. ‖ **5.** coloq. Se usa como tratamiento de confianza dirigido a personas de la misma edad o más jóvenes. ‖ **6.** coloq. Se usa con calificativos encomiásticos para referirse a personas adultas. *Es un chico estupendo.* ‖ **III.** M. **7.** Muchacho que hace recados y ayuda en trabajos de poca importancia en las oficinas, comercios y otros establecimientos análogos. ‖ **IV.** F. **8.** Criada, empleada que trabaja en las ocupaciones caseras. ‖ **chica de,** o **del, conjunto.** F. Muchacha que, en las revistas musicales y espectáculos semejantes, forma parte del conjunto que canta y baila. ‖ **~ de la calle.** M. y F. **niño de la calle.** ‖ **como ~ con zapatos nuevos.** LOC.ADV. coloq. **como niño con zapatos nuevos.** ☐ V. **~ zapote, género ~, patria ~, perra ~, ve ~, zapote ~.**

chicoria. F. **achicoria.**

chicotazo. M. *Am.* Golpe dado con el **chicote** (‖ látigo).

chicote. M. **1.** Cabo o punta de un cigarro puro ya fumado. ‖ **2.** *Mar.* Extremo, remate o punta de cuerda, o pedazo pequeño separado de ella. ‖ **3.** *Am.* **látigo** (‖ azote).

chicotear. TR. *Am.* Dar chicotazos.

chicozapote. M. **chico zapote.**

chicuelina. F. *Taurom.* Lance que se realiza con el capote por delante y los brazos a la altura del pecho, en el que el torero da media vuelta al tiempo que el toro pasa por el engaño.

chifla[1]. F. **1.** Acción y efecto de **chiflar** (‖ silbar). ‖ **2.** Especie de silbato.

chifla[2]. F. Cuchilla ancha y casi cuadrada, de acero, de corte curvo y mango de madera colocado en el dorso, con que los encuadernadores y guanteros raspan y adelgazan las pieles.

chiflado, da. PART. de **chiflar.** ‖ ADJ. **1.** coloq. Dicho de una persona: Que tiene algo perturbada la razón. U. t. c. s. ‖ **2.** coloq. Dicho de una persona: Que siente atracción exagerada por algo o por alguien. U. t. c. s. *Es un chiflado de la música.*

chifladura. F. **1.** coloq. Acción y efecto de chiflarse. ‖ **2.** coloq. **manía** (‖ extravagancia).

chiflar. I. INTR. **1.** coloq. Gustar o atraer mucho a alguien. *Nos chiflan los pasteles.* ‖ **2.** Silbar con la chifla, o imitar su sonido con la boca. U. t. c. tr. *La chiflaron en el escenario.* ‖ **II.** PRNL. **3.** coloq. Dicho de una persona: Perder la energía de las facultades mentales. ‖ **4.** coloq. Tener sorbido el seso por alguien o algo. *Se chifló POR su persona.*

chifle. M. **chifla** (‖ especie de silbato).

chiflete. M. **chifla** (‖ especie de silbato).

chiflido. M. **1.** Sonido de la **chifla** (‖ especie de silbato). ‖ **2.** Silbo que lo imita.

chiflo. M. **chifla** (‖ especie de silbato).

chiflón. M. *Am.* Viento que se cuela o corriente muy leve de aire.

chifonier. M. Cómoda alta y estrecha con cajones. MORF. pl. **chifonieres.**

chihuahua. ADJ. Se dice de un perro de tamaño pequeño y sin pelo. U. t. c. s. ‖ **chihuahua.** INTERJ. eufem. *Méx.* Se usa para expresar sorpresa o enfado.

chihuahuense. ADJ. **1.** Natural de Chihuahua. U. t. c. s. ‖ **2.** Perteneciente o relativo a este estado de México o a su capital.

chihuahueño, ña. ADJ. **chihuahuense.** Apl. a pers., u. t. c. s.

chií. ADJ. **1.** Perteneciente o relativo al chiismo. *Doctrina chií.* ‖ **2.** Partidario del chiismo. U. t. c. s. ¶ MORF. pl. **chiíes** o **chiís.**

chiismo. M. Rama de la religión islámica que considera a Alí, sucesor de Mahoma, y a sus descendientes, únicos imanes legítimos.

chiita. ADJ. **chií.** Apl. a pers., u. t. c. s.

chilaba. F. Pieza de vestir con capucha que usan los moros.

chilacayote. M. **cidra cayote.**

chilaquila. F. *Am. Cen.* Tortilla de maíz con relleno de queso, hierbas y chile.

chilaquiles. M. pl. *Méx.* Guiso compuesto de tortillas de maíz, despedazadas y cocidas en caldo y salsa de chile.

chilar. M. *Am. Cen.* y *Méx.* Terreno poblado de chiles.

chilate. M. *Am. Cen.* Bebida común hecha con chile, maíz tostado y cacao.

chilca. F. *Á. Andes.* Arbusto resinoso de la familia de las Compuestas, que crece en las faldas de las montañas de todo el continente americano.

chilco. M. *Chile.* Fucsia silvestre.

chile[1]. M. *Am. Cen.* y *Méx.* **pimiento.** ‖ **~ ancho.** M. *Méx.* Variedad cuyo fruto es grande, rojo oscuro, y se usa seco. ‖ **~ chipotle.** M. *Méx.* **chipotle.** ‖ **~ guajillo.** M. *Méx.* Variedad cuyo fruto es marrón rojizo, largo y estrecho. ‖ **~ habanero.** M. *Méx.* Variedad muy picante, en forma de pera de color naranja, que se consume fresco. ‖ **~ jalapeño.** M. *Méx.* Variedad cuyo fruto es pequeño, grueso y verde oscuro. ‖ **~ mulato.** M. *Méx.* chile poblano seco. ‖ **~ poblano.** M. *Méx.* Variedad cuyo fruto maduro es largo y de color café oscuro. ‖ **~ serrano,** o **~ verde.** M. *Méx.* Variedad cuyo fruto es muy picante, pequeño, de color verde y se usa fresco. ‖ **a medios ~s.** LOC.ADJ. *Méx.* Medio borracho. U. t. c. loc. adv.

Chile[2]. ☐ V. **coco de ~, nitrato de ~, nitro de ~.**

chilechiquense. ADJ. **1.** Natural de Chile Chico. U. t. c. s. ‖ **2.** Perteneciente o relativo a esta ciudad de Chile, capital de la provincia de General Carrera.

chilenismo. M. Vocablo, giro o modo de hablar propio de los chilenos.

chileno, na. ADJ. **1.** Natural de Chile. U. t. c. s. ‖ **2.** Perteneciente o relativo a este país de América.

chilindrón. M. Guiso hecho con trozos de carne de ave, cerdo o cordero, rehogados con tomate, pimiento y otros ingredientes. U. t. c. f.

chilla[1]. F. Tabla delgada de ínfima calidad, cuyo ancho varía entre doce y catorce centímetros y dos metros y medio de largo.

chilla[2]. F. *Chile.* Especie de zorra de menor tamaño que la europea común.

chillador, ra. ADJ. Que chilla. *Pájaros chilladores.*

chillanejo, ja. ADJ. **1.** Natural de Chillán. U. t. c. s. ‖ **2.** Perteneciente o relativo a esta ciudad de Chile, capital de la provincia de Ñuble.

chillanense. ADJ. **chillanejo.** Apl. a pers., u. t. c. s.

chillar. INTR. **1.** Dar chillidos. ‖ **2.** gritar (‖ levantar la voz). U. t. c. tr. ‖ **3.** Reprender a alguien dando voces. ‖ **4. chirriar.** ‖ **5.** Pint. Dicho de un color: Destacarse con demasiada viveza o estar mal combinado con otros.

chillería. F. Conjunto de chillidos o voces descompasadas.

chillido. M. Sonido inarticulado de la voz, agudo y desagradable.

chillón, na. ADJ. **1.** Dicho de un sonido: Agudo y desagradable. *Voz chillona.* ‖ **2.** Dicho de un color: Demasiado vivo o mal combinado con otro u otros. ‖ **3.** coloq. Que chilla mucho. Apl. a pers., u. t. c. s.

chilmolero, ra. ADJ. Méx. latoso. U. t. c. s.

chilote¹. M. Am. Cen. jilote.

chilote², ta. ADJ. **1.** Natural de Chiloé. U. t. c. s. ‖ **2.** Perteneciente o relativo a esta isla, a este archipiélago o a esta provincia de Chile.

chilpancingueño, ña. ADJ. **1.** Natural de Chilpancingo. U. t. c. s. ‖ **2.** Perteneciente o relativo a esta ciudad de México, capital del estado de Guerrero.

chilpayate, ta. M. y F. Méx. Niño de corta edad.

chilpe. M. Chile. andrajo.

chilposo, sa. ADJ. Chile. Andrajoso, harapiento.

chiltepe. M. **1.** Am. Cen. Planta herbácea o arbustiva muy ramificada, de la familia de las Solanáceas, de flor blanca y fruto rojo, aunque existen variedades de otros colores, redondo u ovoide y de ápice obtuso, que se usa en cocina como condimento picante. ‖ **2.** Am. Cen. Fruto de esta planta.

chimalteco, ca. ADJ. **1.** Natural de Chimaltenango. U. t. c. s. ‖ **2.** Perteneciente o relativo a este departamento de Guatemala o a su cabecera.

chimango. M. Ave del orden de las Falconiformes, extensamente distribuida en la Argentina y en el Uruguay, de unos 40 cm de longitud y coloración general pardo oscuro.

chimbaguele. M. Participante en el canto y baile de origen africano que se celebra en las fiestas de los estados venezolanos de Trujillo y Zulia.

chimbambas. en las ~. LOC.ADV. coloq. en las quimbambas.

chimbo, ba. ADJ. Am. Se dice de una especie de dulce hecho con huevos, almendras y almíbar. U. t. c. s. m.

chimboracense. ADJ. **1.** Natural de Chimborazo. U. t. c. s. ‖ **2.** Perteneciente o relativo a esta provincia de Ecuador.

chimenea. F. **1.** Conducto para que salga el humo que resulta de la combustión. ‖ **2.** Hogar o fogón para guisar o calentarse, con su conducto para que salga el humo. ‖ **3. chimenea francesa.** ‖ **4.** Dep. En alpinismo, grieta vertical en una pared de roca o de hielo, por la que el escalador puede subir apoyándose en uno y otro lado. ‖ **5.** Geol. Conducto a través del cual un volcán expulsa material de erupción. ‖ **6.** Ingen. Excavación estrecha que se abre en el cielo de una labor de mina, o hueco que resulta a causa de un hundimiento. ‖ **~ francesa.** F. La que se hace solo para calentarse y se guarnece con un marco y una repisa en su parte superior.

chimó. M. Pasta de extracto de tabaco cocido y carbonato de sosa cristalizado, que saborean los habitantes de la cordillera occidental de Venezuela llevándola en la boca.

chimpancé. M. Mono antropomorfo, poco más bajo que el hombre, de brazos largos, pues las manos le llegan a las rodillas cuando el animal está en posición vertical. Tiene cabeza grande, barba y cejas prominentes, nariz aplastada y todo el cuerpo cubierto de pelo de color pardo negruzco. Habita en el centro de África, forma agrupaciones poco numerosas y construye en las cimas de los árboles nidos en que habita. Se domestica fácilmente.

chimpinilla. F. Am. Cen. espinilla (‖ parte anterior de la pierna).

chimú. I. ADJ. **1.** hist. Se dice del individuo de un pueblo amerindio que habitaba en el norte del Perú. U. t. c. s. ‖ **2.** hist. Perteneciente o relativo a los chimúes. *Cultura chimú.* ‖ **II.** M. **3.** Lengua hablada por los chimúes. ¶ MORF. pl. **chimúes** o **chimús**.

chimuelo, la. ADJ. Méx. Dicho de una persona: Que carece de uno o más dientes. U. t. c. s.

chin. M. Ant. Poca cantidad.

china¹. F. **1.** Piedra pequeña y a veces redondeada. ‖ **2.** Juego de muchachos en que metiendo en el puño una piedrecita u otra cosa semejante, y presentando las dos manos cerradas, pide quien señala la mano en que está la piedra. ‖ **tocarle** a alguien **la ~.** LOC.VERB. Corresponderle por azar algo desafortunado.

china². F. porcelana (‖ loza fina).

china³. F. V. chino².

chinaca. F. despect. Méx. pobretería (‖ conjunto de pobres).

chinampa. F. Terreno de corta extensión en las lagunas vecinas a la ciudad de México, donde se cultivan flores y verduras. Antiguamente estos huertos eran flotantes.

chinandegano, na. ADJ. **1.** Natural de Chinandega. U. t. c. s. ‖ **2.** Perteneciente o relativo a este departamento de Nicaragua o a su cabecera.

chinarro. M. Piedra algo mayor que una **china¹.**

chinazo. M. Golpe dado con una **china** (‖ piedra pequeña).

chinchano, na. ADJ. **1.** Natural de Chincha. U. t. c. s. ‖ **2.** Perteneciente o relativo a esta provincia del departamento de Ica, en el Perú.

chinche. I. F. **1.** Insecto hemíptero, de color rojo oscuro, cuerpo muy aplastado, casi elíptico, de cuatro o cinco milímetros de largo, antenas cortas y cabeza inclinada hacia abajo. Es nocturno, fétido y sumamente incómodo, pues chupa la sangre humana taladrando la piel con picaduras irritantes. U. menos c. m. ‖ **2. chincheta.** U. menos c. m. ‖ **II.** COM. **3.** coloq. Persona chinchosa. U. t. c. adj. ‖ **caer,** o **morir, como ~s.** LOCS.VERBS. coloqs. Haber gran mortandad.

chinchemolle. M. Chile. Insecto sin alas, que habita bajo las piedras y se distingue por su olor nauseabundo.

chincheta. F. Clavo pequeño, metálico, de cabeza circular y chata y punta acerada, que sirve para fijar papeles en una superficie, o para otros fines parecidos.

chinchilla. F. **1.** Mamífero roedor, propio de la América Meridional, poco mayor que la ardilla y parecido a esta, pero con pelaje gris, más claro por el vientre que por el lomo, y de una finura y suavidad extraordinarias. Vive en madrigueras subterráneas, y su piel es muy estimada para forros y guarniciones de vestidos de abrigo. ‖ **2.** Piel de este animal.

chinchimén. M. *Chile*. Especie de nutria de mar, de unos 30 cm de longitud sin la cola.

chinchín[1]. M. *Chile*. Arbusto siempre verde, de la familia de las Poligaláceas, de hojas pareadas y de dos bayas, flores en espigas de color amarillo, a veces olorosas.

chinchín[2]. **I.** ONOMAT. **1.** Se usa para imitar el sonido de una banda de música, especialmente de los platillos. ‖ **II.** M. **2.** Música populachera, ramplona y pegadiza.

chinchín[3]. INTERJ. Se usa para acompañar el choque de copas o vasos en un brindis.

chinchipense. ADJ. **1.** Natural de Zamora Chinchipe. U. t. c. s. ‖ **2.** Perteneciente o relativo a esta provincia de Ecuador.

chinchón[1]. M. Bebida anisada fabricada en Chinchón, pueblo de la provincia de Madrid, en España.

chinchón[2]. M. **1.** Juego de naipes en el que cada jugador debe agrupar sus siete cartas en tríos, cuartetos o escaleras. ‖ **2.** En este juego, reunión de las siete cartas en escalera del mismo palo.

chinchona. F. *Am. Mer.* **quina.**

chinchorrear. **I.** TR. **1.** Molestar, fastidiar. ‖ **II.** INTR. **2.** Traer y llevar cuentos y chismes.

chinchorro. M. **1.** Embarcación de remos, la más pequeña de a bordo. ‖ **2.** Hamaca ligera, tejida de cordeles o fibra.

chinchoso, sa. ADJ. coloq. Dicho de una persona: Molesta y pesada.

chinchulín. M. *Á. R. Plata*. Intestino delgado comestible de ovinos o vacunos.

chincol. M. *Am. Mer.* Pájaro de la familia de los Fringílidos, de canto muy melodioso, pico grueso, fuerte y cónico, y color pardo rojizo, con copete.

chiné. ADJ. Se dice de cierta clase de telas rameadas o de varios colores combinados.

chinear. TR. **1.** *Am. Cen.* Llevar en brazos o a cuestas. ‖ **2.** *Am. Cen.* Mimar, cuidar con cariño y esmero. ‖ **3.** *Am. Cen.* Cuidar niños como **china** (‖ niñera).

chinela. F. Calzado, especie de zapato, sin talón, de suela ligera, y que por lo común solo se usa dentro de casa.

chinero. M. Armario o alacena en que se guardan piezas de china o de porcelana, cristal, etc.

chinesco, ca. **I.** ADJ. **1.** Propio o característico de China. *Porcelana chinesca.* ‖ **II.** M. **2.** Instrumento musical, propio de bandas militares, compuesto de una armadura metálica, de la que penden campanillas y cascabeles, y un mango de madera para hacerlo sonar sacudiéndolo a compás. U. m. en pl. ☐ V. **sombras ~s.**

chinga. F. malson. *Méx.* **paliza** (‖ serie de golpes).

chingada. F. V. **chingado.**

chingadazo. M. malson. *Méx.* Golpe fuerte.

chingadera. F. **1.** malson. *Méx.* Acción ruin. ‖ **2.** malson. *Méx.* **cosa** (‖ objeto).

chingado, da. PART. de **chingar.** ‖ **I.** ADJ. **1.** malson. *Méx.* Que ha sufrido daño. ‖ **II.** F. **2.** malson. *Méx.* **prostituta.** ‖ **ah, chingado.** LOC. INTERJ. malson. *Méx.* Se usa para expresar sorpresa o protesta. ‖ **a la ~.** LOC. ADV. malson. *Méx.* Se usa para manifestar el desagrado o desaprobación de lo que alguien propone o hace. *Me mandó a la chingada. ¡Váyase a la chingada!* ‖ **de la ~.** LOC. ADJ. malson. *Méx.* **pésimo.** U. t. c. loc. adv. ☐ V. **hijo de la ~.**

chingana. F. **1.** *Am. Mer.* Taberna en que suele haber canto y baile. ‖ **2.** *Am. Mer.* Restaurante de mala calidad.

chingar. **I.** TR. **1.** Importunar, molestar. ‖ **2.** malson. Practicar el coito. ‖ **3.** *Am. Cen.* Cortar el rabo a un animal. ‖ **II.** INTR. **4.** *Á. R. Plata*. Colgar desparejadamente el orillo de una prenda. ‖ **III.** PRNL. **5.** *Chile*. No acertar, fracasar, frustrarse, fallar.

chingo, ga. **I.** ADJ. **1.** *Am. Cen.* **chato** (‖ de nariz poco prominente). ‖ **2.** *Am. Cen.* Dicho de un animal: **rabón.** ‖ **3.** *Am. Cen.* Dicho de un vestido: **corto** (‖ que no tiene la extensión que le corresponde). ‖ **II.** M. **4.** malson. *Méx.* **montón** (‖ número considerable).

chingón, na. ADJ. malson. *Méx.* Dicho de una persona: Competente en una actividad o rama del saber. U. t. c. s.

chingue. M. *Chile*. **mofeta** (‖ mamífero carnicero).

chino[1], **na.** **I.** ADJ. **1.** Natural de China. U. t. c. s. ‖ **2.** Perteneciente o relativo a este país de Asia. ‖ **II.** M. **3.** Idioma de los chinos. ‖ **4.** Colador en forma de embudo. ‖ **5.** coloq. Lenguaje incomprensible. *No sé a qué te refieres, porque me estás hablando en chino.* ‖ **de chinos.** LOC. ADJ. Dicho de un trabajo, de una labor, etc.: Muy difíciles y que requieren gran paciencia. ‖ **engañar** a alguien **como a un ~.** LOC. VERB. Aprovecharse de su credulidad. ☐ V. **barrio ~, cuento ~, naranja ~, papel de China, tinta ~.**

chino[2], **na.** **I.** ADJ. **1.** *Am.* Dicho de una persona: De ojos rasgados. U. t. c. s. ‖ **2.** *Á. guar.* y *Á. R. Plata*. Dicho de una persona: **aindiada.** U. t. c. s. ‖ **II.** M. y F. **3.** afect. *Am. Mer.* Se usa para designar a alguien, de manera cariñosa o despectiva. ‖ **III.** F. **4.** *Am. Cen.* **niñera.**

chinos. M. pl. Juego que consiste en tratar de adivinar el número total de monedas que esconden los jugadores en el puño.

chip. M. *Electr.* Pequeña pieza de material semiconductor que contiene múltiples circuitos integrados con los que se realizan numerosas funciones en computadoras y dispositivos electrónicos. MORF. pl. **chips.**

chipá. M. *Á. guar.* Torta de harina de maíz o mandioca y queso. MORF. pl. **chipás.**

chipichipi. M. **1.** *Á. Caribe.* **coquina.** ‖ **2.** *Méx.* **llovizna.**

chipirón. M. Calamar de pequeño tamaño.

chiporro. M. **1.** *Chile*. Cordero nuevo. ‖ **2.** *Chile*. Cuero de cordero nuevo que se usa, por lo común, como forro de prendas de abrigo. ‖ **3.** *Chile*. Marinero joven.

chipote. M. **1.** *Am. Cen.* **manotada.** ‖ **2.** *Méx.* **chichón.**

chipotle. M. *Méx.* Variedad de chile picante, de color rojo ladrillo, que se usa secado al humo. ☐ V. **chile ~.**

chipriota. ADJ. **1.** Natural de Chipre. U. t. c. s. ‖ **2.** Perteneciente o relativo a este país de Asia, en el Mediterráneo.

chiqueadores. M. pl. *Méx.* Rodajas de papel, como de una pulgada de diámetro, que, untadas de sebo u otra sustancia, se pegan en las sienes como remedio casero para los dolores de cabeza.

chiquear. TR. *Méx.* Mimar, acariciar con exceso, consentir.

chiquero. M. **1.** **pocilga** (‖ establo para ganado de cerda). ‖ **2.** Cada uno de los compartimentos del toril en que están los toros encerrados antes de empezar la corrida.

chiqüigüite o **chiquihuite.** M. *Méx.* Cesto o canasta de mimbre, bejuco o carrizo sin asas.

chiquilín, na. M. y F. coloq. Niño pequeño.

chiquillada. F. Acción propia de chiquillos.

chiquillería. F. Multitud, concurrencia de chiquillos.

chiquillo, lla. ADJ. **1.** niño. U. t. c. s. || **2.** muchacho. U. t. c. s.

chiquimulteco, ca. ADJ. **1.** Natural de Chiquimula. U. t. c. s. || **2.** Perteneciente o relativo a este departamento de Guatemala o a su cabecera.

chiquirín. M. *Am. Cen.* Insecto semejante a la cigarra, pero de canto más agudo y fuerte.

chiquirritín, na. ADJ. coloq. Dicho de un niño: De muy corta edad. U. t. c. s.

chiquitano¹, na. ADJ. **1.** Natural de la Chiquitania. U. t. c. s. || **2.** Perteneciente o relativo a esta región del oriente de Bolivia.

chiquitano², na. ADJ. **1.** Natural de Chiquitos. U. t. c. s. || **2.** Perteneciente o relativo a esta provincia del departamento de Santa Cruz de la Sierra, en Bolivia.

chiquitas. andarse en, o **con, ~.** LOCS.VERBS. coloqs. Usar contemplaciones, pretextos, subterfugios o rodeos para esquivar o diferir una medida o una obligación. U. m. con neg.

chiquitín, na. ADJ. coloq. Dicho de un niño: De muy corta edad. U. t. c. s.

chiquito. M. Vaso pequeño de vino.

chirca. F. *Am.* Árbol de la familia de las Euforbiáceas, de regular tamaño, de madera dura, hoja áspera, flores amarillas, acampanadas y fruto como almendra, que destruye las muelas, aun sin hacer presión con ellas.

chircal. M. *Am.* Terreno poblado de chircas.

chiribita. F. **chispa** (|| partícula encendida). U. m. en pl. || **hacer,** o **hacerle,** a alguien **~s los ojos.** LOCS.VERBS. Expresar en la mirada la ilusión de que algo deseado va a suceder pronto.

chiribital. M. *Á. Caribe.* erial.

chiricano, na. ADJ. **1.** Natural de Chiriquí. U. t. c. s. || **2.** Perteneciente o relativo a esta provincia de Panamá.

chirigota. F. **1.** Conjunto que en carnaval canta canciones humorísticas. || **2.** coloq. Dicho o palabras de burla.

chiriguano, na. I. ADJ. **1.** Se dice del individuo de un pueblo amerindio de ascendencia guaraní que desde el siglo XVI habita la región del Chaco salteño. U. m. c. s. pl. || **2.** Perteneciente o relativo a los chiriguanos. *Región chiriguana.* || **II.** M. **3.** Lengua hablada por los chiriguanos.

chirigüe. M. *Chile.* Pájaro común, de color de aceituna por encima, alas negras, garganta, pecho y abdomen amarillos y pico y patas brunos.

chirimbolo. M. **1.** Objeto de forma extraña que no se sabe cómo nombrar. || **2.** coloq. Utensilio, vasija o cosa análoga. U. m. en pl.

chirimía. I. F. **1.** Instrumento musical de viento, hecho de madera, a la manera de un clarinete, de unos siete decímetros de largo, con diez agujeros y boquilla con lengüeta de caña. || **II.** COM. **2.** Músico que ejerce o profesa el arte de tocar la chirimía.

chirimoya. F. Fruto del chirimoyo. Es una baya verdosa con pepitas negras y pulpa blanca, cuyo tamaño varía desde el de una manzana al de un melón.

chirimoyo. M. Árbol de la familia de las Anonáceas, originario de la América Central y Venezuela, de unos ocho metros de altura, con tronco ramoso, copa poblada, hojas elípticas y puntiagudas, y flores fragantes, solitarias, de pétalos verdosos y casi triangulares. Su fruto es la chirimoya.

chiringa. F. *Ant.* **cometa** (|| armazón plano y ligero).

chiringuito. M. Quiosco o puesto de bebidas al aire libre.

chiripa. F. coloq. **carambola** (|| casualidad favorable).

chiripá. M. **1.** hist. Prenda exterior de vestir que usaron los gauchos de la Argentina, Río Grande del Sur, en el Brasil, el Paraguay y el Uruguay, y que consistía en un paño rectangular que, pasado por la entrepierna, se sujetaba a la cintura. || **2.** *Á. R. Plata.* Pañal que se pone a los niños. ¶ MORF. pl. **chiripás.**

chirivía. F. Planta de la familia de las Umbelíferas, con tallo acanalado de nueve a doce centímetros de alto, hojas parecidas a las del apio, flores pequeñas y amarillas, semillas de dos en dos, y raíz fusiforme blanca o rojiza, carnosa y comestible.

chirivisco. M. *Am. Cen.* Zarzal seco.

chirla. F. Molusco lamelibranquio bivalvo parecido a la almeja, pero de menor tamaño.

chirlata. F. Timba de ínfima especie, donde solo se juegan pequeñas cantidades de dinero.

chirle. ADJ. **1.** coloq. Insípido, insustancial. *Salsa chirle.* || **2.** *Á. Andes* y *Á. R. Plata.* Falto de consistencia, blando. || **3.** *Á. R. Plata.* De poco interés, sin gracia.

chirlo. M. **1.** coloq. Herida prolongada en la cara, como la que hace la cuchillada. || **2.** coloq. Señal o cicatriz que deja después de curada.

chirmol. M. *Am. Cen.* Salsa o guisado de chile con tomate y otra legumbre.

chirolas. F. pl. *Á. R. Plata.* Poco dinero.

chirona. F. coloq. **cárcel.** *Meter, estar en chirona.*

chirote. M. *Á. Andes.* Especie de pardillo, de canto dulce, pero menos arisco que el europeo, pues se domestica pronto.

chirpial. M. Pie joven, procedente de brote de la cepa o raíz de un árbol.

chirrear. INTR. **chirriar.**

chirreo. M. Acción y efecto de chirriar.

chirriador, ra. ADJ. Que chirría. *Pájaros chirriadores.*

chirriante. ADJ. Que chirría. *Sonido chirriante.*

chirriar. INTR. **1.** Dicho de una sustancia: Dar sonido agudo al penetrarla un calor intenso; como cuando se fríe tocino en el aceite hirviendo. || **2.** Dicho de una cosa: **rechinar.** *La puerta, los ejes del carro chirrían.* || **3.** Dicho de los pájaros que no cantan con armonía: **chillar** (|| dar chillidos). ¶ MORF. conjug. c. *enviar.*

chirrichote. ADJ. Necio, presumido. U. t. c. s.

chirrido. M. **1.** Sonido agudo, continuado y desagradable, generalmente producido por el roce de dos cosas. || **2.** Voz o sonido agudo y desagradable de algunas aves u otros animales, como el grillo, la chicharra, etc.

chirrión. M. **1.** Carro fuerte de dos ruedas cuyo eje gira con ellas. || **2.** *Am.* Látigo o rebenque fuerte hecho de cuero.

chirula. F. Flauta pequeña, que se usa en el País Vasco.

chirusa o **chiruza.** F. despect. *Á. R. Plata.* Mujer de comportamiento vulgar y afectado.

chis¹. M. infant. **orina.** *Hacer chis.*

chis². INTERJ. **1.** Se usa para llamar a alguien. || **2.** **chitón.** Se usa acompañada con algún ademán, como el de poner el dedo índice en los labios.

chiscar. TR. Sacar chispas del eslabón chocándolo con el pedernal.

chiscón. M. **tabuco.**

chisguete. M. coloq. Chorro fino de un líquido cualquiera que sale violentamente.

chisme. M. **1.** Noticia verdadera o falsa, o comentario con que generalmente se pretende indisponer a unas personas con otras o se murmura de alguna. ‖ **2. chisme de vecindad.** ‖ **~ de vecindad.** M. El que versa sobre algo de poca importancia.

chismear. INTR. Traer y llevar chismes.

chismería. F. **chisme** (‖ noticia que pretende indisponer).

chismografía. F. **1.** coloq. Ocupación de chismear. ‖ **2.** coloq. Relación de los chismes y cuentos que corren.

chismorrear. INTR. coloq. Dicho de varias personas: Contarse chismes mutuamente.

chismorreo. M. coloq. Acción y efecto de chismorrear.

chismorrería. F. coloq. **chismorreo.**

chismosear. INTR. *Chile.* **chismorrear.**

chismoso, sa. ADJ. Que chismea o es dado a chismear. U. t. c. s.

chispa. F. **1.** Partícula encendida que salta de la lumbre, del hierro herido por el pedernal, etc. ‖ **2. chispa eléctrica.** ‖ **3.** Gota de lluvia menuda y escasa. ‖ **4. penetración** (‖ perspicacia de ingenio). *Miguel tiene mucha chispa.* ‖ **5.** coloq. Partícula de cualquier cosa. *No le dieron ni una chispa de pan. Saltó de la sartén una chispa de aceite.* ‖ **6.** coloq. Porción mínima de algo. U. m. con neg. *No corre una chispa de aire.* ‖ **7.** coloq. **borrachera** (‖ estado de la persona ebria). ‖ **~ eléctrica.** F. Descarga luminosa entre dos cuerpos cargados con muy diferente potencial eléctrico. ‖ **chispas.** INTERJ. Se usa para ponderar lo extraordinario de algo. ‖ **echar ~s.** LOC.VERB. **1.** coloq. Dar muestras de enojo y furor. ‖ **2.** coloq. Prorrumpir en amenazas. ‖ **dar ~, o ~s.** LOCS.VERBS. coloqs. Mostrar inteligencia o eficacia. □ V. **fusil de ~, piedra de ~.**

chispazo. M. **1.** Acción de saltar la chispa del fuego. ‖ **2.** Salto violento de una chispa entre dos conductores con distinta carga eléctrica. ‖ **3.** Suceso aislado y de poca entidad que, como señal o muestra, precede o sigue al conjunto de otros de mayor importancia. U. m. en pl.

chispeante. ADJ. **1.** Que chispea. *Bengala chispeante.* ‖ **2.** Dicho de un escrito o de un discurso: Que abunda en destellos de ingenio y agudeza.

chispear. I. INTR. IMPERS. **1.** Llover muy poco, cayendo solo algunas gotas pequeñas. ‖ **II.** INTR. **2.** Echar chispas. *El fuego chispea.* ‖ **3.** Relucir o brillar mucho. *Sus ojos chispeaban de emoción.*

chispo, pa. ADJ. coloq. Achispado, bebido.

chisporrotear. INTR. coloq. Dicho del fuego o de un cuerpo encendido: Despedir chispas reiteradamente.

chisporroteo. M. coloq. Acción y efecto de chisporrotear.

chisquero. M. Encendedor de bolsillo.

chist. INTERJ. **chis²**.

chistar. INTR. **1.** Emitir algún sonido con intención de hablar. U. m. con neg. ‖ **2. contestar** (‖ replicar). U. m. con neg. ‖ **3.** Llamar la atención de alguien con el sonido *chist.*

chiste. M. **1.** Dicho u ocurrencia agudos y graciosos. ‖ **2.** Dibujo de prensa, con texto o sin él, de intención humorística, caricaturesca o crítica, que generalmente trata temas de actualidad. ‖ **3.** Suceso gracioso y festivo. ‖ **4. chanza.** *Hace chiste de todo.* ‖ **5.** Dificultad, obstáculo. *La preparación de esta comida no tiene ningún chiste.* ‖ **~ gráfico.** M. **chiste** (‖ dibujo de prensa). ‖ **caer**

en el ~. LOC.VERB. coloq. Advertir el fin disimulado con que se dice o hace algo. ‖ **tener ~ algo.** LOC.VERB. **1.** irón. **tener gracia** (‖ resultar agradable). ‖ **2.** *Am.* Tener alguna dificultad.

chistera. F. **1. sombrero de copa.** ‖ **2.** Cesta estrecha por la boca y ancha por abajo, que llevan los pescadores para echar los peces.

chistorra. F. Embutido de origen navarro semejante al chorizo, pero más delgado.

chistoso, sa. ADJ. **1.** Que acostumbra a hacer chistes. ‖ **2.** Que tiene chiste. *Intervenciones chistosas.*

chistu. M. Flauta recta de madera con boquilla de pico usada en el País Vasco.

chistulari. M. Músico del País Vasco que acompaña las danzas populares con el chistu y el tamboril.

chita. a la ~ callando. LOC.ADV. coloq. De manera callada, con disimulo.

chito. M. **1.** Juego que consiste en arrojar tejos o discos de hierro contra un pequeño cilindro de madera, sobre el que se han colocado las monedas apostadas por los jugadores, para derribarlo. ‖ **2.** Tejo usado en este juego.

chitón. INTERJ. Se usa para imponer silencio.

chitreano, na. ADJ. **1.** Natural de Chitré. U. t. c. s. ‖ **2.** Perteneciente o relativo a esta ciudad de Panamá, cabecera de la provincia de Herrera.

chiva¹. F. **1.** *Am. Cen.* Manta, colcha. ‖ **2.** pl. *Méx.* **enseres.**

chiva². F. **1.** Cría hembra de la cabra, desde que no mama hasta que llega a la edad de procrear. ‖ **2. perilla** (‖ porción de pelo). ‖ **3.** *Á. Caribe* y *Á. R. Plata.* **cabra** (‖ mamífero rumiante). ‖ **estar como una ~.** LOC.VERB. coloq. estar como una cabra.

chivar. I. TR. **1.** *Am.* Fastidiar, molestar, engañar. U. t. c. prnl. ‖ **II.** PRNL. **2.** coloq. **delatar.**

chivarra. F. Chiva desde uno a los dos años de edad.

chivarro. M. Chivo desde uno a los dos años de su edad.

chivatada. F. coloq. Acción propia del **chivato** (‖ soplón).

chivatazo. M. coloq. Acción propia del **chivato** (‖ soplón).

chivatear. I. TR. **1.** *Á. Caribe.* Acusar, delatar. ‖ **II.** INTR. **2.** *Á. Andes.* Dicho de los niños: Retozar bulliciosamente, con gritería. ‖ **3.** *Chile.* Gritar imitando la gritería de los mapuches al acometer.

chivateo. M. *Chile.* Acción y efecto de **chivatear** (‖ gritar).

chivato, ta. I. ADJ. **1.** coloq. **soplón.** U. m. c. s. ‖ **II.** **2.** Chivo que pasa de seis meses y no llega al año. ‖ **3.** Dispositivo que advierte de una anormalidad o que llama la atención sobre algo.

chivearse. PRNL. **1.** *Méx.* Huir por miedo. ‖ **2.** *Méx.* avergonzarse.

chivo. M. **1.** Cría macho de la cabra, desde que no mama hasta que llega a la edad de procrear. ‖ **2.** *Á. Caribe* y *Á. R. Plata.* **cabrón** (‖ macho de la cabra). ‖ **~ expiatorio.** M. **1.** hist. Macho cabrío que el sumo sacerdote sacrificaba por los pecados de los israelitas. ‖ **2. cabeza de turco.** □ V. **barbas de ~.**

chivudo, da. ADJ. *Á. Andes* y *Á. Caribe.* Que lleva barba larga. U. t. c. s.

choapino, na. I. ADJ. **1.** Natural de Choapa. U. t. c. s. ‖ **2.** Perteneciente o relativo a esta provincia de Chile. ‖ **II.** M. **3.** *Chile.* Alfombra tejida a mano.

chocador, ra. ADJ. Que choca. Apl. a pers., u. t. c. s.

chocante. ADJ. **1.** Que causa extrañeza. *Verte aquí resulta chocante.* || **2.** Gracioso, chocarrero. *Égloga chocante.* || **3.** Am. Antipático, fastidioso, presuntuoso. || **4.** Am. Que causa incomodidad, desagrado o rechazo.

chocantería. F. **1.** Á. *Caribe, Chile* y *Méx.* Impertinencia, cosa desagradable y molesta. || **2.** *Méx.* **pedantería.**

chocar. I. INTR. **1.** Dicho de una persona o de una cosa: Encontrarse violentamente con otra. || **2. combatir** (|| pelear). *Los dos ejércitos chocaron en el valle.* || **3.** Indisponerse o malquistarse con alguien. *Chocaron poco tiempo después de conocerse.* || **4.** Causar extrañeza o enfado. *Esto me choca.* || II. TR. **5.** Hacer que algo **choque.** *El niño chocó el triciclo con la pared.* || **6.** Darse las manos en señal de saludo, conformidad, enhorabuena, etc. U. t. c. intr. || **7.** Dicho de quienes brindan: Juntar las copas.

chocarrería. F. Chiste grosero.

chocarrero, ra. ADJ. **1.** Que tiene chocarrería. *Palabras chocarreras.* || **2.** Que tiene por costumbre decir chocarrerías. U. t. c. s.

chocha. F. **1. becada.** || **2. chirla.**

chochear. INTR. **1.** coloq. Tener debilitadas las facultades mentales por efecto de la edad. || **2.** coloq. Extremar el cariño y afición a personas o cosas, a punto de conducirse como quien **chochea.**

chochera. F. coloq. **chochez.**

chochez. F. **1.** despect. coloq. Cualidad de chocho. || **2.** coloq. Dicho o hecho de persona que chochea.

chochín. M. Ave paseriforme de pequeño tamaño, rechoncha, de color pardo profusamente listado y cola corta que levanta cuando se posa. Se alimenta de insectos y es común en Europa.

chocho[1]. M. **1. altramuz** (|| fruto). || **2. altramuz** (|| semilla). || **3.** vulg. **coño** (|| vulva y vagina). || **4.** Á. *Caribe.* Árbol leguminoso de hojas pubescentes y de semillas de color rojo encendido.

chocho[2]**, cha.** ADJ. **1.** coloq. Que chochea. || **2.** coloq. Lelo de puro cariño.

choclillo. M. *Chile.* Corte de carne de res redondo y alargado, con poca grasa.

choclo[1]. M. Especie de sandalia de madera o suela gruesa, que se pone debajo del calzado y se sujeta por encima del pie con una o dos tiras de cuero, y sirve para preservarse de la humedad y del lodo.

choclo[2]. M. **1.** *Am. Mer.* Mazorca tierna de maíz. || **2.** *Am. Mer.* **humita** (|| comida criolla).

choclón. M. *Chile.* Muchedumbre desordenada de personas.

choco, ca. I. ADJ. **1.** *Chile.* **rabón.** || II. M. **2. jibia.** || **3.** *Am. Mer.* **perro de aguas.**

chocoano, na. ADJ. **1.** Natural del Chocó. U. t. c. s. || **2.** Perteneciente o relativo a este departamento de Colombia.

chocoe. M. Pueblo amerindio de Panamá, que habita en la provincia de Darién, fronteriza con Colombia.

chocolatada. F. Comida cuyo principal componente es el chocolate caliente.

chocolate. M. **1.** Pasta hecha con cacao y azúcar molidos, a la que generalmente se añade canela o vainilla. || **2.** Bebida que se hace de esta pasta desleída y cocida en agua o en leche. □ V. **pasta de ~.**

chocolateado, da. ADJ. Que tiene chocolate. *Bebida chocolateada.*

chocolatera. F. Vasija en que se sirve el **chocolate** (|| bebida).

chocolatería. F. **1.** Casa donde se fabrica y se vende chocolate. || **2.** Casa donde se sirve al público chocolate, para tomarlo en el acto.

chocolatero, ra. I. ADJ. **1.** Muy aficionado a tomar chocolate. U. t. c. s. || II. M. y F. **2.** Persona que tiene por oficio labrar o vender chocolate.

chocolatín. M. **chocolatina.**

chocolatina. F. Tableta delgada de chocolate.

chocoso. M. *Chile.* Pan de masa batida.

chofer. COM. *Am.* **chófer.**

chófer. COM. Persona que, por oficio, conduce un automóvil.

chola. F. coloq. **cabeza** (|| parte superior del cuerpo).

cholga o **cholgua.** F. *Chile.* Molusco bivalvo marino comestible, de la misma familia que el mejillón, pero de mayor tamaño. Abunda en la zona del canal de Beagle y del estrecho de Magallanes.

cholguán. M. *Chile.* Madera prensada de pino, en forma de planchas.

cholo, la. ADJ. *Am.* Mestizo de sangre europea e indígena. U. t. c. s.

cholulteco, ca. ADJ. **1.** Natural de Cholula. U. t. c. s. || **2.** Perteneciente o relativo a esta población del estado de Puebla, en México.

cholutecano, na. ADJ. **1.** Natural de Choluteca. U. t. c. s. || **2.** Perteneciente o relativo a este departamento de Honduras o a su capital.

chomba. F. Á. *guar.* y *Chile.* Prenda de punto ligera, poco ceñida y larga hasta la cintura, con mangas cortas y cuello abierto.

chompa. F. Á. *Andes* y Á. *guar.* **jersey.**

chompipe. M. *Am. Cen.* **pavo** (|| ave galliforme).

chongo. M. *Méx.* Moño de pelo. || **~s zamoranos.** M. pl. *Méx.* Dulce que se hace de pan frito, o leche cuajada y un almíbar.

chono, na. I. ADJ. **1.** hist. Se dice del individuo de un pueblo amerindio extinguido de la zona austral de Chile. U. t. c. s. || **2.** hist. Perteneciente o relativo a los **chonos.** *Cultura chona.* || II. M. **3.** Lengua hablada por los **chonos.**

chonta. F. *Am. Mer.* Árbol, variedad de palma, cuya madera, fuerte y dura, se emplea en bastones y otros objetos de adorno por su color oscuro y jaspeado.

chontal. ADJ. **matagalpa.** U. t. c. s.

chontaleño, ña. ADJ. **1.** Natural de Chontales. U. t. c. s. || **2.** Perteneciente o relativo a este departamento de Nicaragua.

chopal. M. **chopera.**

chopazo. M. **1.** *Chile.* **puñetazo.** || **2.** *Chile.* Golpe dado con el chope.

chope. M. **1.** *Chile.* Palo con un extremo plano para sacar de la tierra los bulbos, raíces y para otros usos del campo. || **2.** *Chile.* **raño.**

chopear. INTR. *Chile.* Trabajar con el chope.

chóped. M. Embutido semejante a la mortadela. MORF. pl. **chópedes.**

chopera. F. Sitio poblado de chopos.

chopito. M. Molusco cefalópodo comestible, semejante a la jibia pero de tamaño mucho menor.

chopo. M. Se usa como nombre para designar varias especies de álamos. *Chopo balsámico, bastardo, blanco. Chopo de la Carolina. Chopo lombardo, negro, temblón.*

choque[1]. M. **1.** Encuentro violento de una persona o de una cosa con otra. || **2.** Contienda, disputa, riña o desazón con una o más personas. ‖ **3.** *Mil.* Combate o pelea de reducidas proporciones. ‖ **de ~.** LOC.ADJ. Dicho especialmente de un cuerpo o unidad militar o policial: Entrenados para entrar directa y enérgicamente en acción. ☐ V. **coches de ~, onda de ~.**

choque². M. **1.** *Med.* Estado de profunda depresión nerviosa y circulatoria, sin pérdida de la consciencia, que se produce después de intensas conmociones, principalmente traumatismos graves y operaciones quirúrgicas. ‖ **2.** Emoción o impresión fuertes. ‖ **~ eléctrico.** M. **electrochoque.** ‖ **de ~.** LOC.ADJ. Dicho del remedio aplicado a algo o a alguien: De acción muy enérgica y rápida. *Tratamiento de choque.*

choquezuela. F. **rótula** (‖ hueso).

chorcha. F. **chocha.**

choricero, ra. I. ADJ. **1.** Perteneciente o relativo al chorizo¹. *Masa choricera.* ‖ **II.** M. y F. **2.** Persona que hace o vende chorizos.

choripán. M. *Á. guar.* y *Á. R. Plata.* Emparedado de chorizo asado.

chorizo¹. M. **1.** Pedazo corto de tripa lleno de carne, regularmente de puerco, picada y adobada, el cual se cura al humo. ‖ **2.** *Á. R. Plata.* Haz hecho con barro, mezclado con paja, que se utiliza para hacer las paredes de los ranchos.

chorizo², za. M. y F. hist. Componente de uno de los bandos en que se dividían los aficionados al teatro en el Madrid del siglo XVIII y comienzos del XIX.

chorlitejo. M. Ave limícola de menor tamaño que el chorlito, dorso oliváceo y vientre y garganta blancos, con manchas negras en la cara y el pecho.

chorlito. M. **1.** Ave limícola de aspecto compacto, unos 25 cm de largo, patas largas, cuello grueso y pico corto y robusto. El diseño del plumaje varía con las especies, aunque predominan los dorsos pardos o grises moteados de oscuro. Vive en las costas y fabrica su nido en el suelo. ‖ **2.** coloq. **cabeza de chorlito.**

choro¹. M. vulg. Ratero, descuidero, ladronzuelo.

choro², ra. I. ADJ. **1.** *Chile.* Dicho de una persona: Audaz, resuelta. U. t. c. s. ‖ **II.** M. **2.** *Á. Andes* y *Chile.* **mejillón.**

chorotega. I. ADJ. **1.** hist. Se dice del individuo de un pueblo amerindio que habitó desde el sur de México hasta Nicaragua. U. t. c. s. ‖ **2.** hist. Perteneciente o relativo a los chorotegas. *Cerámica chorotega.* ‖ **II.** M. **3.** Lengua hablada por los chorotegas.

choroy. M. *Chile.* Especie de papagayo, término medio entre el loro y la catita. Anda en bandadas y perjudica mucho los sembrados. MORF. pl. **choroyes.**

chorra. I. F. **1.** malson. **pene.** ‖ **II.** COM. **2.** Persona tonta, estúpida. U. t. en pl. c. sing. *Un chorras.*

chorreada. F. Pequeña cantidad de líquido que se vierte a chorro.

chorreado, da. PART. de **chorrear.** ‖ ADJ. **1.** Dicho de una res vacuna: Que tiene el pelo con rayas verticales, de color más oscuro que el general de la capa. ‖ **2.** *Am.* Sucio, manchado.

chorreadura. F. **1. chorreo.** ‖ **2.** Mancha que deja en alguna cosa un líquido que ha caído sobre ella chorreando.

chorrear. I. TR. **1.** Dejar caer o soltar un líquido formando chorro. *Salió del río chorreando agua. Vino chorreando sangre.* ‖ **2.** Aplicar sobre una superficie un chorro líquido con material granular, como arena, con

objeto de alisarla o quitarle impurezas o adherencias. ‖ **II.** INTR. **3.** Dicho de un líquido: Caer formando chorro. ‖ **4.** Dicho de un líquido: Salir lentamente y goteando.

chorreo. M. **1.** Acción y efecto de chorrear. ‖ **2.** Gasto incesante, innecesario y, a la larga, excesivo.

chorreón. M. **1.** Golpe o chorro de un líquido que sale improvisadamente. ‖ **2.** Huella o mancha que deja ese chorro.

chorrera. F. **1.** Guarnición de encaje que se pone en la abertura de la camisola por la parte del pecho. ‖ **2.** Trecho corto de río en que el agua, por causa de un gran declive, corre con mucha velocidad. ‖ **3. cascada.**

chorretón. M. **1.** Golpe o chorro de un líquido que sale improvisadamente. ‖ **2.** Mancha o huella que produce ese chorro.

chorrillo. sembrar a ~. LOC.VERB. *Agr.* Echar seguido el grano en el surco abierto por el arado.

chorro. M. **1.** Porción de líquido o de gas que, con más o menos violencia, sale por una parte estrecha, como un orificio, un tubo, un grifo, etc. ‖ **2.** Caída sucesiva de cosas iguales y menudas. *Un chorro de trigo. Un chorro de monedas.* ‖ **3.** Sucesión o salida abundante e impetuosa de algo. *Un chorro de gente.* ‖ **~ de voz.** M. Plenitud de la voz. ‖ **a ~.** LOC.ADJ. *Chile.* Dicho de un ladrón: Que arrebata a la carrera algún bien a alguien. ‖ **a ~s.** LOC.ADV. En abundancia, con rapidez. ‖ **beber a ~.** LOC.VERB. Beber un líquido, sin arrimar los labios a la vasija o recipiente que lo contiene, cuando el líquido forma chorro. ‖ **soltar el ~.** LOC.VERB. coloq. Reír a carcajadas. ☐ V. **corriente en ~, propulsión a ~.**

chortal. M. Laguna pequeña formada por un manantial poco abundante que brota en el fondo de ella.

chortí. I. ADJ. **1.** Se dice del individuo de un pueblo amerindio de la familia maya de Guatemala y Honduras. U. t. c. s. ‖ **2.** Perteneciente o relativo a los chortíes. *Artesanía chortí.* ‖ **II.** M. **3.** Lengua hablada por los chortíes. ¶ MORF. pl. **chortíes** o **chortís.**

chota. F. **1.** Cría hembra de la cabra mientras mama. ‖ **2. ternera** (‖ cría hembra de la vaca).

chotacabras. AMB. Ave insectívora, de unos 25 cm de largo, pico pequeño, fino y algo curvo en la punta, plumaje gris con manchas y rayas negras en la cabeza, cuello y espalda, y algo rojizo por el vientre, collar incompleto blanquecino, varias cerdillas alrededor de la boca, ojos grandes, alas largas y cola cuadrada. Busca su alimento principalmente durante el crepúsculo y gusta mucho de los insectos que se crían en los rediles, adonde acude en su busca, por lo cual se ha supuesto que mamaba de las cabras y ovejas.

chotano, na. ADJ. **1.** Natural de Chota. U. t. c. s. ‖ **2.** Perteneciente o relativo a esta provincia del departamento peruano de Cajamarca.

chotear. I. TR. **1.** *Méx.* **desacreditar.** U. t. c. prnl. ‖ **II.** PRNL. **2.** vulg. Burlarse de alguien o de algo.

choteo. M. vulg. Burla, pitorreo.

chotis. M. **1.** Baile agarrado y lento que suele ejecutarse dando tres pasos a la izquierda, tres a la derecha y vueltas. ‖ **2.** Música de este baile.

choto. M. **1.** Cría macho de la cabra mientras mama. ‖ **2. ternero.**

chotuno, na. ADJ. Se dice del ganado cabrío mientras está mamando. ‖ **oler a chotuno.** LOC.VERB. Despedir cierto mal olor, semejante al del ganado cabrío.

chova. F. Ave de la familia de los Córvidos, de plumaje negro lustroso y patas rojas. En España habitan dos especies, que se distinguen por sus picos: rojo y largo en una y amarillo y corto en la otra.

chovinismo. M. Exaltación desmesurada de lo nacional frente a lo extranjero.

chovinista. ADJ. Que manifiesta chovinismo. Apl. a pers., u. t. c. s.

choya. F. *Am. Cen.* Pereza, pachorra, pesadez.

choza. F. **cabaña** (‖ construcción rústica).

chozno, na. M. y F. Nieto en cuarta generación, hijo del tataranieto.

chozo. M. Choza pequeña.

chubasco. M. **1.** Chaparrón o aguacero con mucho viento. ‖ **2.** Adversidad o contratiempo transitorios, pero que entorpecen o malogran algún propósito. ‖ **3.** *Mar.* Nubarrón oscuro y cargado de humedad que se presenta en el horizonte repentinamente, y que, empujado por un viento fuerte, puede resolverse en agua o viento.

chubasquero. M. **impermeable.**

chubesqui. (De *Choubertsky,* marca reg.). M. Estufa para calefacción, de dobles paredes y forma cilíndrica que, por lo general, funciona con carbón.

chubutense. ADJ. **1.** Natural de Chubut. U. t. c. s. ‖ **2.** Perteneciente o relativo a esta provincia de la Argentina.

chucanear. INTR. *Am. Cen.* Hacer el **bufón** (‖ truhan).

chucao. M. *Chile.* Pájaro del tamaño del zorzal, de plumaje pardo, y que habita en lo más espeso de los bosques.

chúcaro, ra. ADJ. *Am.* Dicho principalmente del ganado vacuno y del caballar y mular aún no desbravado: Arisco, bravío.

chucha. F. despect. **perra** (‖ hembra del perro).

chuchazo. M. *Á. Caribe.* Latigazo dado con el **chucho**[3].

chuchería. F. **1.** Cosa de poca importancia, pero pulida y delicada. ‖ **2.** Producto comestible menudo, que principalmente los niños consumen como golosina.

chucho[1]. M. **1.** despect. **perro** (‖ mamífero cánido). ‖ **2.** *Am. Mer.* Pez pequeño como el arenque y de carne muy estimada. ‖ **chucho.** INTERJ. Se usa para contener o espantar al perro.

chucho[2]. M. **1.** *Am.* **escalofrío.** ‖ **2.** *Am.* Fiebre producida por el paludismo, fiebre intermitente.

chucho[3]. M. *Á. Caribe.* **látigo** (‖ azote).

chucho[4]. M. *Chile.* Ave de rapiña, diurna y nocturna, de poco tamaño y cuyo graznido se toma vulgarmente como de mal agüero para la casa en que lo lanza.

chuchoca. F. *Am. Mer.* Especie de frangollo o maíz cocido y seco, que se usa como condimento.

chuchumeco, ca. **I.** ADJ. **1.** hist. **chichimeco.** Apl. a pers., u. t. c. s. ‖ **II.** M. **2.** despect. Se usa para zaherir al hombre ruin.

chucrut. M. Col blanca fermentada en salmuera. MORF. pl. **chucruts.**

chueca. F. Juego que se hace poniéndose los jugadores unos enfrente de otros en dos bandas iguales, procurando cada uno que una bola pequeña, impelida con palos por los contrarios, no pase la raya que señala su término.

chueco, ca. ADJ. **1.** *Am.* Dicho de una cosa: **torcida** (‖ que no es recta). *Boca chueca.* ‖ **2.** *Am.* **estevado.** ‖ **3.** *Am.* Dicho de una cosa: Mal hecha o defectuosa. *Un aparato chueco.* ‖ **4.** *Am.* Dicho de una persona: **torcida**

(‖ que no obra con rectitud). U. t. c. s. ‖ **5.** *Am.* Deshonesto o ilícito. *Negocio chueco.*

chuecura. F. **1.** *Méx.* Cualidad de chueco. ‖ **2.** *Méx.* Acción propia de una persona **chueca** (‖ torcida, que no obra con rectitud).

chufa. F. Cada uno de los tubérculos que a modo de nudos, de un centímetro de largo, tienen las raíces de una especie de juncia, de cañas triangulares y hojas aquilladas. Son amarillentos por fuera, blancos por dentro, de sabor dulce, y con ellos se hace una horchata refrescante.

chuico. M. *Chile.* Damajuana de cierta capacidad.

chuj. **I.** ADJ. **1.** Se dice del individuo de un pueblo amerindio de la familia maya de Guatemala. U. t. c. s. ‖ **2.** Perteneciente o relativo a los **chujes.** *Poblado chuj.* ‖ **II.** M. **3.** Lengua hablada por los **chujes.** ¶ MORF. pl. **chujes.**

chulada. F. **1.** Acción indecorosa, propia de gente de mala educación o baja condición. ‖ **2.** Dicho o hecho gracioso con cierta soltura y desenfado. ‖ **3.** coloq. Cosa **chula** (‖ linda). ‖ **4.** *Méx.* Belleza de las personas.

chulángano, na. ADJ. despect. De marcada chulería. Apl. a pers., u. t. c. s.

chulapo, pa. M. y F. hist. **chulo** (‖ individuo de las clases populares de Madrid).

chulear. **I.** TR. **1.** coloq. Hacer burla de alguien con gracia y chiste. *Ese chico chulea a todo el mundo.* U. t. c. prnl. ‖ **2.** coloq. Abusar de alguien, explotarlo. *Vivía de chulear a su mujer.* ‖ **3.** *Méx.* **piropear.** ‖ **II.** PRNL. **4.** coloq. **jactarse.** *Se chuleaba de sus últimas andanzas.*

chulería. F. **1.** Cierto aire o gracia en las palabras o ademanes. ‖ **2.** Dicho o hecho jactancioso. ‖ **3.** Conjunto o reunión de chulos.

chulesco, ca. ADJ. Perteneciente o relativo a los chulos. *Gesto chulesco.*

chuleta. F. Costilla con carne de animal vacuno, lanar, porcino, etc.

chuletada. F. Comida de chuletas a la parrilla.

chulla. ADJ. *Á. Andes.* Dicho de un objeto que se usa en número par: Que se queda solo. *Un guante chulla. Una media chulla.*

chulo, la. **I.** ADJ. **1.** Que habla y obra con chulería. U. t. c. s. ‖ **2.** **chulesco.** *Lengua chula.* ‖ **3.** coloq. Lindo, bonito, gracioso. *Un bolso chulo.* ‖ **4.** *Méx.* **guapo** (‖ bien parecido). ‖ **II.** M. y F. **5.** hist. Individuo de las clases populares de Madrid, que se distinguía por cierta afectación y jactancia en el traje y en el modo de conducirse. ‖ **III.** M. **6.** coloq. **rufián** (‖ hombre que trafica con prostitutas).

chumacera. F. **1.** Pieza de metal o madera, con una muesca en que descansa y gira cualquier eje de maquinaria. ‖ **2.** *Mar.* Tabla pequeña que se pone sobre el borde de la lancha u otra embarcación de remo, y en cuyo medio está el escálamo. Sirve para que no se gaste el borde con el continuo roce del remo. ‖ **3.** *Mar.* Rebajo semicircular practicado en la falca de los botes, generalmente forrado de hierro o bronce, que sirve para que en él juegue el remo. Sustituye al escálamo.

chumbe. M. *Am. Mer.* **ceñidor.**

chumbera. F. **higuera chumba.**

chumbo, ba. □ V. **higo ~, higuera ~.**

chumpa. F. *Am. Cen.* **cazadora.**

chumpe. M. *Am. Cen.* **pavo** (‖ ave galliforme).

chumpipe. M. *Am. Cen.* **pavo** (‖ ave galliforme).

chuncho, cha. ADJ. *Á. Andes.* Se dice generalmente de los naturales de la región selvática escasamente incorporados a la civilización occidental. U. t. c. s.

chunchules. M. pl. *Chile.* Intestinos lavados, cocidos y trenzados que se suelen asar a la parrilla.

chunga. F. coloq. Burla festiva. *Estar de chunga. Tomar a chunga.*

chuña. F. **1.** Ave sudamericana, del mismo orden que las grullas, con cola larga y plumaje grisáceo. En el arranque de su pico lleva una serie de plumas finas, dispuestas en abanico. Anida en las ramas bajas de los árboles. ‖ **2.** *Chile.* **arrebatiña.**

chuño. M. **1.** *Am. Mer.* Fécula de la patata. ‖ **2.** *Á. Andes.* Papa deshidratada, muy usada en la comida criolla de las regiones andinas.

chupa. F. **1.** Chaqueta, chaquetilla. ‖ **2. cazadora.** ‖ **3.** hist. Parte del vestido que cubría el tronco del cuerpo, a veces con faldillas de la cintura abajo y con mangas ajustadas. Se ponía generalmente, incluso en traje militar, debajo de la casaca, aunque a veces se usaba también sin casaca, y así se generalizó después como traje menos solemne, más sencillo o más modesto.

chupa-chup, chupa-chups o **chupachús.** (De *Chupa Chups,* marca reg.). M. Caramelo de forma esférica, con un palito que sirve de mango para poder chuparlo. MORF. pl. **chupa-chups** o **chupachuses.**

chupacirios. M. despect. Persona **beata** (‖ que frecuenta mucho los templos).

chupada. F. Acción de chupar.

chupado, da. PART. de **chupar.** ‖ ADJ. **1.** coloq. Muy flaco y extenuado. ‖ **2.** coloq. Muy fácil. *Un examen chupado.*

chupador, ra. **I.** ADJ. **1.** Que chupa. *Insectos chupadores.* ‖ **II.** M. **2.** Pieza redondeada de marfil, pasta, caucho, etc., que se da a los niños en la época de la primera dentición para que chupen y refresquen la boca.

chupaflor. M. *Á. Caribe* y *Méx.* **colibrí.**

chupalla. F. **1.** *Chile.* Planta bromeliácea que tiene las hojas en forma de roseta y cuyo jugo se emplea en la medicina casera. ‖ **2.** *Chile.* Sombrero de paja hecho con tirillas de las hojas de esta planta.

chupamirto. M. *Méx.* **colibrí.**

chupar. **I.** TR. **1.** Sacar o traer con los labios y la lengua el jugo o la sustancia de algo. *Chupar una naranja.* U. t. c. intr. ‖ **2.** Humedecer con la boca y con la lengua. U. t. c. prnl. *Chuparse el dedo.* ‖ **3.** Dicho de los vegetales: Embeber en sí el agua o la humedad. ‖ **4.** coloq. **absorber** (‖ ejercer atracción). *El mantel chupó todo el vino derramado.* ‖ **5.** coloq. Ir quitando o consumiendo la hacienda o bienes de alguien con pretextos y engaños. ‖ **6.** Dep. En un deporte de equipo, abusar del juego individual. ‖ **II.** INTR. **7.** *Á. guar.* Ingerir bebidas alcohólicas. ‖ **III.** PRNL. **8.** Irse enflaqueciendo o desmejorando. ‖ **9.** coloq. Soportar algo desagradable.

chuparrosa. AMB. *Méx.* **colibrí.**

chupatintas. COM. despect. Oficinista de poca categoría.

chupe. M. *Á. Andes* y *Chile.* Guisado hecho de papas en caldo, al que se le añade carne o pescado, mariscos, huevos, ají, tomates y otros ingredientes.

chuperretear. TR. Chupetear mucho.

chupete. M. **1.** Objeto con una parte de goma o materia similar en forma de pezón que se da a los niños para que chupen. ‖ **2. tetilla** (‖ del biberón).

chupetear. TR. Chupar poco y con frecuencia. U. t. c. intr.

chupeteo. M. Acción de chupetear.

chupetín. M. Especie de justillo o jubón con faldillas pequeñas.

chupetón. M. Acción y efecto de chupar con fuerza.

chupilca. F. *Chile.* Bebida popular hecha a base de harina tostada desleída en chicha o vino.

chupinazo. M. **1.** Disparo hecho con un cohete que señala el comienzo de un festejo. ‖ **2.** Dep. En el fútbol, chut potente, normalmente hacia la portería contraria.

chupito. M. Sorbito de vino u otro licor.

chupo. M. *Am. Mer.* Grano, divieso.

chupón, na. **I.** ADJ. **1.** Que chupa. *Labios carnosos y chupones. Delantero chupón.* ‖ **II.** M. **2.** Vástago que brota en las ramas principales, en el tronco y aun en las raíces de los árboles y les chupa la savia y mengua el fruto. ‖ **3.** Cañón de chimenea. ‖ **4.** *Am.* **biberón.** ‖ **5.** *Am.* **chupada.** ‖ **6.** *Am.* **chupetón.** ‖ **7.** *Chile.* Planta de la familia de las Bromeliáceas. ‖ **8.** *Chile.* Fruto de esta planta. ‖ **9.** *Méx.* **chupador.**

chuquisaqueño, ña. ADJ. **1.** Natural de Chuquisaca. U. t. c. s. ‖ **2.** Perteneciente o relativo a este departamento de Bolivia.

chura. F. *Á. guar.* Víscera comestible de los animales, especialmente de los vacunos.

churana. F. *Am. Mer.* Aljaba que usan los indios.

churco. M. Planta oxalidácea gigantesca, propia de Chile.

churero, ra. M. y F. *Á. guar.* Persona que vende vísceras en el mercado.

churo. M. *Á. Andes.* **caracol** (‖ molusco gasterópodo).

churra. F. ortega.

churrascar. TR. **churruscar.**

churrasco. M. Carne asada a la plancha o a la parrilla.

churrasquear. INTR. *Á. guar.* y *Á. R. Plata.* Hacer y comer churrascos.

churrería. F. Lugar en donde se hacen y venden **churros** (‖ frutas de sartén).

churrero, ra. M. y F. Persona que hace o vende **churros** (‖ frutas de sartén).

churrete. M. Mancha que ensucia la cara, las manos u otra parte visible del cuerpo.

churretoso, sa. ADJ. Lleno de churretes.

churrigueresco, ca. ADJ. **1.** Perteneciente o relativo al churriguerismo. *Fachada de estilo churrigueresco.* ‖ **2.** despect. Exageradamente adornado. *El espejo, de marco dorado y churrigueresco, desentona en el austero dormitorio.*

churriguerismo. M. Estilo de ornamentación recargada empleado por Churriguera, arquitecto y escultor barroco de fines del siglo XVII, y sus imitadores en la arquitectura española del siglo XVIII.

churrinche. M. *Á. R. Plata.* Pájaro de unos doce centímetros de longitud, insectívoro, que habita en parques y campos arbolados. El plumaje del dorso es pardo y el de la parte ventral es blanquecino en la hembra y rojo escarlata en el macho, que tiene además el pecho, el cuello y parte de la cabeza del mismo color.

churro[1]. M. **1.** Fruta de sartén, de la misma masa que se emplea para los buñuelos y de forma cilíndrica estriada. ‖ **2.** coloq. **chapuza** (‖ obra sin arte ni esmero). ‖ **a freír ~s.** LOC. ADV. coloq. **a freír espárragos.** ‖ **como ~s.** LOC. ADV. coloq. Con mucha facilidad. *Esos discos se han vendido como churros.*

churro², rra. ADJ. **1.** Dicho de un carnero o de una oveja: Que tienen las patas y la cabeza cubiertas de pelo grueso, corto y rígido, y cuya lana es basta y larga. U. t. c. s. ‖ **2.** Se dice de esta lana.

churruscar. TR. Asar o tostar demasiado algo, como el pan, un guisado, etc. U. m. c. prnl.

churumbel. M. Niño, muchacho.

churumbela. F. Instrumento de viento, semejante a la chirimía.

chus. sin decir ~ ni mus. LOC.ADV. coloq. sin decir palabra.

chuscada. F. Dicho o hecho del chusco.

chusco, ca. I. ADJ. **1.** Que tiene gracia y picardía. *Comentario chusco.* Apl. a pers., u. t. c. s. ‖ **II.** M. **2.** Pedazo de pan, mendrugo o panecillo.

chusma. F. **1.** Conjunto de gente soez. ‖ **2.** hist. Conjunto de los galeotes que servían en las galeras reales.

chusmaje. M. *Am.* chusma (‖ gente soez).

chuspa. F. *Am. Mer.* Bolsa, morral.

chut. M. En el fútbol, acción y efecto de chutar. MORF. pl. chuts.

chutar. INTR. En el fútbol, lanzar fuertemente el balón con el pie, normalmente hacia la meta contraria.

chute. M. *Chile.* patada.

chuvasio, sia. ADJ. **1.** Natural de Chuvasia. U. t. c. s. ‖ **2.** Perteneciente o relativo a esta república de la Federación Rusa.

chuyo, ya. ADJ. *Á. Andes.* Dicho especialmente de algún alimento: Aguado, poco espeso.

chuza. F. **1.** *Á. R. Plata.* Especie de lanza rudimentaria y tosca. ‖ **2.** *Méx.* En el juego del boliche o bolos, lance que consiste en derribar todos los palos de una vez y con solo una bola. ‖ **hacer ~.** LOC.VERB. *Méx.* Acabar con algo, destruirlo por completo.

chuzazo. M. Golpe dado con el chuzo.

chuzo. M. **1.** Palo armado con un pincho de hierro, que se usa para defenderse y atacar. ‖ **2.** *Chile.* Barra de hierro cilíndrica y puntiaguda, que se usa para abrir los suelos.

chuzón, na. ADJ. Que tiene gracia para burlarse de otros en la conversación. U. t. c. s.

ciaboga. F. **1.** *Mar.* Vuelta que se da a una embarcación bogando avante los remos de una banda y al revés o para atrás los de la otra. También puede hacerse manejando un solo remo. ‖ **2.** *Mar.* Igual maniobra hecha por un buque de vapor sirviéndose del timón y la máquina.

cialeño, ña. ADJ. **1.** Natural de Ciales. U. t. c. s. ‖ **2.** Perteneciente o relativo a este municipio de Puerto Rico o a su cabeza.

cian. I. ADJ. **1.** De un color azul verdoso, complementario del rojo. ‖ **II.** M. **2.** Color cian.

cianhídrico. □ V. ácido ~.

cianita. F. Turmalina de color azul o silicato natural de alúmina.

cianosis. F. *Med.* Coloración azul y alguna vez negruzca o amoratada de la piel, debida a trastornos circulatorios.

cianótico, ca. ADJ. **1.** *Med.* Perteneciente o relativo a la cianosis. *Color cianótico.* ‖ **2.** Que la padece.

cianuro. M. **1.** *Quím.* Sal del ácido cianhídrico. ‖ **2.** Sustancia venenosa constituida por cianuro de potasio.

ciar. INTR. *Mar.* Remar hacia atrás. MORF. conjug. c. *enviar.*

ciática. F. *Med.* Neuralgia del nervio ciático.

ciático, ca. I. ADJ. **1.** *Anat.* Perteneciente o relativo al ciático o a la ciática. *Dolor ciático.* ‖ **II.** M. **2.** *Anat.* nervio ciático.

ciato. M. *Arqueol.* Vaso usado por los romanos para trasegar los líquidos.

cibaeño, ña. ADJ. **1.** Natural de Cibao. U. t. c. s. ‖ **2.** Perteneciente o relativo a esta región de la República Dominicana.

cibeleo, a. ADJ. poét. Perteneciente o relativo a la diosa Cibeles.

cibelina. □ V. marta ~.

ciberespacio. M. Ámbito artificial creado por medios informáticos.

cibernauta. COM. Persona que navega por ciberespacios.

cibernética. F. Estudio de las analogías entre los sistemas de control y comunicación de los seres vivos y los de las máquinas; y en particular, el de las aplicaciones de los mecanismos de regulación biológica a la tecnología.

cibernético, ca. ADJ. **1.** Perteneciente o relativo a la cibernética. *Simulación cibernética.* ‖ **2.** Creado y regulado mediante computadora u ordenador. *Arte cibernético.* ‖ **3.** Perteneciente o relativo a la realidad virtual. *Viaje cibernético.*

ciborg. M. Ser formado por materia viva y dispositivos electrónicos. MORF. pl. **ciborgs.**

ciborio. M. copón.

cica. F. Planta de la familia de las Cicadáceas, originaria de Java. Alcanza de uno a dos metros de altura, con el tronco o estípite simple, leñoso, cubierto de cicatrices. Tiene hojas de medio metro a dos metros de largo, rígidas, pinnadas, con las pinnas lineales, de color verde oscuro en la cara superior, más claro en la inferior, con los márgenes doblados; estróbilos masculinos oblongos, cilíndricos, erguidos, de 30 a 40 cm de largo, leñosos, castaños, con escamas aplanadas; hojas carpelares con dos o más óvulos, flores dioicas y semillas rojas. Se multiplica por hijuelos. Es planta ornamental.

cicadáceo, a. ADJ. *Bot.* Se dice de las plantas gimnospermas propias de los países tropicales, semejantes a las palmeras y helechos arborescentes, como el sagú. U. t. c. s. f. ORTOGR. En f. pl., escr. con may. inicial c. taxón. *Las Cicadáceas.*

cicatería. F. **1.** Cualidad de cicatero. ‖ **2.** Acción propia del cicatero.

cicatero, ra. ADJ. Mezquino, ruin, miserable, que escatima lo que debe dar. U. t. c. s.

cicatricial. ADJ. Perteneciente o relativo a la cicatriz.

cicatriz. F. **1.** Señal que queda en los tejidos orgánicos después de curada una herida o llaga. ‖ **2.** Impresión que queda en el ánimo por algún sentimiento pasado. *Las cicatrices de un amor perdido.*

cicatrización. F. Acción y efecto de cicatrizar.

cicatrizal. ADJ. Perteneciente o relativo a la cicatriz.

cicatrizante. ADJ. Que cicatriza. Apl. a un medicamento o un producto, u. t. c. s. m.

cicatrizar. TR. Completar la curación de las llagas o heridas, hasta que queden bien cerradas. U. t. c. intr. y c. prnl.

cícero. M. *Impr.* Unidad de medida tipográfica usada para la justificación de líneas, páginas, etc., que tiene 12 puntos y equivale a 4,512 mm.

cicerón, na. M. y F. Persona muy elocuente.

cicerone. COM. Persona que enseña y explica las curiosidades de una localidad, edificio, etc.

cicindela. F. Insecto coleóptero, zoófago, cuya larva vive en agujeros que hace en el suelo y en los cuales aguarda a su presa para devorarla.

ciclamen. M. **pamporcino.**

ciclamor. M. Árbol de la familia de las Papilionáceas, que alcanza unos seis metros de altura, con tronco y ramas tortuosos, hojas sencillas y acorazonadas, flores de color carmesí anteriores a las hojas y en racimos abundantes, que nacen en las ramas o en el mismo tronco. Es planta de adorno, muy común en España.

ciclán. ADJ. Que tiene un solo testículo. U. t. c. s.

cíclico, ca. ADJ. **1.** Perteneciente o relativo al ciclo. *Recurrencias cíclicas.* ‖ **2.** Se dice de la enseñanza o instrucción gradual de una o varias materias. ‖ **3.** *Quím.* Perteneciente o relativo a las estructuras moleculares en anillo, como la del benceno.

ciclismo. M. Deporte que se practica montando en la bicicleta.

ciclista. **I.** COM. **1.** Persona que anda o sabe andar en bicicleta. U. t. c. adj. ‖ **2.** Persona que practica el ciclismo. U. t. c. adj. ‖ **II.** ADJ. **3.** Perteneciente o relativo al ciclismo. *Carrera ciclista.*

ciclístico, ca. ADJ. **ciclista** (‖ perteneciente al ciclismo).

ciclo. M. **1.** Período de tiempo o cierto número de años que, acabados, se vuelven a contar de nuevo. ‖ **2.** Serie de fases por las que pasa un fenómeno periódico. ‖ **3.** Conjunto de una serie de fenómenos u operaciones que se repiten ordenadamente. *Ciclo de un motor de explosión. Ciclo de la corriente eléctrica.* ‖ **4.** Serie de conferencias u otros actos de carácter cultural relacionados entre sí, generalmente por el tema. ‖ **5.** Cada uno de los bloques de cursos en que se divide un plan de estudios. ‖ **6.** Conjunto de tradiciones épicas concernientes a determinado período de tiempo, a un grupo de sucesos o a un personaje heroico. *El ciclo troyano. El ciclo bretón. El ciclo del rey Artús o Arturo.* ‖ **~ económico.** M. Alternancia de las fases expansiva y depresiva en la evolución de una economía. ‖ **~ estral.** M. *Biol.* ciclo biológico reproductivo bajo control hormonal. ‖ **~ lunar.** M. Período de 19 años, en que los novilunios y demás fases de la Luna vuelven a suceder en los mismos días del año, con diferencia de hora y media aproximadamente.

cicloide. F. *Geom.* Curva plana descrita por un punto dado de una circunferencia cuando esta rueda por una línea recta.

ciclomotor. M. Bicicleta con un motor de pequeña cilindrada, que no puede alcanzar mucha velocidad.

ciclón. M. **1.** huracán. ‖ **2.** centrífuga. ‖ **3.** *Meteor.* borrasca (‖ perturbación caracterizada por fuertes vientos).

ciclonal. ADJ. ciclónico.

ciclónico, ca. ADJ. Perteneciente o relativo al ciclón y, en especial, a la rotación de sus vientos.

cíclope. M. Gigante de la mitología griega con un solo ojo.

ciclópeo, a. ADJ. **1.** Perteneciente o relativo a los cíclopes. *Ojo ciclópeo.* ‖ **2.** gigantesco. *Esfuerzo ciclópeo. Montaña ciclópea.* ‖ **3.** Dicho de ciertas construcciones antiquísimas: Que se distinguen por el enorme tamaño de sus piedras, unidas por lo común sin argamasa.

ciclorama. M. **1.** Vista pintada en un gran cilindro hueco, en cuyo centro hay una plataforma circular, aislada, para los espectadores, y cubierta por lo alto a fin de hacer invisible la luz cenital. ‖ **2.** En el teatro, gran superficie cóncava situada al fondo del escenario, hasta gran altura, sobre la que se proyectan el cielo y los efectos cinematográficos, como los crepúsculos, el paso de nubes, las tormentas, etc.

ciclostil o ciclostilo. M. Aparato destinado a copiar muchas veces un escrito o dibujo por medio de una tinta especial sobre una plancha gelatinosa. ‖ **a ~.** LOCS.ADVS. Mediante el procedimiento o técnica que se emplea para copiar con este aparato.

ciclóstomo. ADJ. *Zool.* Se dice de los peces de cuerpo largo y cilíndrico, esqueleto cartilaginoso, piel sin escamas, con seis o siete pares de branquias contenidas en cavidades en forma de bolsas, y boca circular, que les sirve para la succión de sus alimentos; como la lamprea. U. t. c. s. m. ORTOGR. En m. pl., escr. con may. inicial c. taxón. *Los Ciclóstomos.*

ciclotimia. F. *Med.* psicosis maníaco-depresiva.

ciclotímico, ca. ADJ. **1.** *Med.* Perteneciente o relativo a la ciclotimia. *Impulso ciclotímico.* ‖ **2.** Que padece ciclotimia. U. t. c. s.

ciclotrón. M. *Fís.* Acelerador circular de partículas subatómicas cargadas que imprime a estas un movimiento en espiral cada vez más rápido con el fin de que sirvan como proyectiles para bombardear núcleos atómicos.

cicloturismo. M. Turismo que se practica en bicicleta.

cicloturista. **I.** ADJ. **1.** Perteneciente o relativo al cicloturismo. *Moda cicloturista.* ‖ **II.** COM. **2.** Persona que practica el cicloturismo.

ciconiforme. ADJ. *Zool.* Se dice de las aves generalmente grandes, de patas largas con cuatro dedos, unidos tres de ellos por una membrana, de cuello largo y flexible y pico recto, puntiagudo y fuerte; p. ej., la cigüeña, la garza y la grulla. U. t. c. s. f. ORTOGR. En f. pl., escr. con may. inicial c. taxón. *Las Ciconiformes.*

cicuta. F. **1.** Planta de la familia de las Umbelíferas, de unos dos metros de altura, con tallo rollizo, estriado, hueco, manchado de color purpúreo en la base y muy ramoso en lo alto, hojas blandas, fétidas, verdinegras, triangulares y divididas en gajos elípticos, puntiagudos y dentados, flores blancas, pequeñas, y semilla negruzca menuda. Su zumo es venenoso y se usa como medicina. ‖ **2.** Veneno preparado con el jugo de esta planta.

cid. M. Hombre fuerte y muy valeroso. MORF. pl. **cides.**

cidra. F. Fruto del cidro, semejante al limón, y comúnmente mayor, oblongo y algunas veces esférico. La corteza es gorda, carnosa y sembrada de vejigas muy espesas, llenas de aceite volátil, de olor muy desagradable, y el centro, pequeño y agrio. Se usa en medicina. ‖ **~ cayote.** F. **1.** Planta cucurbitácea. ‖ **2.** Fruto de esta planta, de corteza lisa y verde con manchas blanquecinas y amarillentas, y simiente comúnmente negra. Su carne es jugosa, blanca, y tan fibrosa que después de cocida se asemeja a una cabellera enredada, de la cual se hace el dulce llamado cabello de ángel.

cidrayota. F. *Chile.* Planta trepadora americana, de la familia de las Cucurbitáceas, de tallo liso, delgado y muy resistente, hojas acorazonadas divididas en tres lóbulos, flores pequeñas, acampanadas, de color blanco con ligeras tonalidades verdosas. Su fruto es el chayote.

cidreño, ña. ADJ. **1.** Natural de Cidra. U. t. c. s. ‖ **2.** Perteneciente o relativo a este municipio de Puerto Rico o a su cabeza.

cidro. M. Árbol de la familia de las Rutáceas, con tronco liso y ramoso de unos cinco metros de altura, hojas permanentes, duras y agudas, verdes y lustrosas por encima, rojizas por el envés, y flores encarnadas olorosas. Su fruto es la cidra.

ciego, ga. I. ADJ. **1.** Privado de la vista. Apl. a pers., u. t. c. s. || **2.** Poseído con vehemencia de alguna pasión. *Ciego de ira. Ciego de amor.* || **3.** Ofuscado, alucinado. *Está ciego; volverá a intentarlo.* || **4.** Dicho de un sentimiento o de una inclinación: Muy fuertes, que se manifiestan sin dudas. *Fe ciega.* || **5.** Dicho de un conducto o de un vano: Obstruido o tapiado. *Arco ciego.* || **6.** Dicho de un muro o de una pared: Que no tienen aberturas. || **7.** Dicho del pan o del queso: Que no tiene ojos. || **8.** coloq. Atiborrado de comida, bebida o drogas. *Se puso ciego de mariscos.* || **II.** M. **9.** **intestino ciego.** || **10.** Á. R. *Plata.* Jugador que tiene malas cartas o no tiene triunfos. || **a ciegas.** LOC.ADV. **1.** De manera ciega (|| ofuscada). || **2.** Sin conocimiento, sin reflexión. □ V. **cita a ciegas, gallina ~, intestino ~, nudo ~, obediencia ~, palos de ciego, piedra ~, pozo ~, romance de ciego.**

cielito. M. Á. R. *Plata.* Baile campesino acompañado por tonada en el que las parejas ejecutan variadas figuras. *EL cielito.*

cielo. M. **1.** Esfera aparente azul y diáfana que rodea la Tierra. || **2.** **atmósfera** (|| que rodea la Tierra). || **3.** Dios o su Providencia. U. t. en pl. con el mismo significado que en sing. *¡Valedme, cielos!* || **4.** coloq. Se emplea como apelativo cariñoso para dirigirse o aludir a una persona. *Mi cielo. Cielo mío.* || **5.** coloq. Persona o cosa consideradas cariñosamente con embeleso. *Esta niña es un cielo.* || **6.** *Rel.* Morada en que los ángeles, los santos y los bienaventurados gozan de la presencia de Dios. U. t. en pl. con el mismo significado que en sing. ORTOGR. Escr. t. con may. inicial. || **7.** *Rel.* Gloria o bienaventuranza. ORTOGR. Escr. t. con may. inicial. || **~ de la boca.** M. **paladar** (|| parte interior y superior de la boca). || **~ raso.** M. **cielorraso.** || **el séptimo ~.** M. coloq. Lugar extremadamente placentero. || **a ~ abierto.** LOC.ADV. Sin techo ni cobertura alguna. || **a ~ descubierto.** LOC.ADV. **al descubierto.** || **bajado, da del ~.** LOC.ADJ. coloq. **llovido del cielo.** || **cielos.** INTERJ. Se usa para denotar sorpresa, asombro o sentimientos similares. || **clamar algo al ~.** LOC.VERB. Ser manifiestamente escandaloso. || **coger el ~ con las manos.** LOC.VERB. coloq. Enfadarse mucho, manifestándolo con demostraciones exteriores. || **desgarrarse el ~.** LOC.VERB. Ser muy copiosa la lluvia, o muy fuerte una tempestad. || **escupir** alguien **al ~.** LOC.VERB. Decir o hacer algo inconveniente que se vuelve en su daño. || **ganarse** alguien **el ~.** LOC.VERB. Ser digno de alabanza y admiración por su abnegación o sufrimiento. || **juntársele** a alguien **el ~ con la tierra.** LOC.VERB. coloq. Verse impensadamente en un trance grave o peligroso. || **llovido, da del ~.** LOC.ADJ. coloq. Que llega impensadamente, en tiempo o lugar en que más convenía. || **mover ~ y tierra;** o **remover ~,** o **~s, y tierra.** LOCS.VERBS. coloqs. Hacer con suma diligencia todas las gestiones posibles para lograr algo. || **venido, da del ~.** LOC.ADJ. coloq. **llovido del cielo.** || **ver** alguien **el ~,** o **los ~s, abiertos.** LOCS.VERBS. coloqs. Presentársele ocasión o coyuntura favorable para salir de un apuro o conseguir lo que deseaba. || **volar al ~.** LOC. VERB. eufem. **morir** (|| llegar al término de la vida). □ V. **árbol del ~, reino de los ~s, tocino de ~, voz del ~.**

cielorraso. M. En el interior de los edificios, techo de superficie plana y lisa. MORF. pl. **cielorrasos.**

ciempiés. M. Miriápodo de cuerpo prolongado y estrecho, con un par de patas en cada uno de los 21 anillos en que tiene dividido el cuerpo. Posee dos antenas, cuatro ojos, y en la boca mandíbulas córneas y ganchudas que, al morder el animal, sueltan un veneno activo. Vive oculto entre las piedras y en lugares húmedos. MORF. pl. invar. *Los ciempiés.*

cien. ADJ. **1.** ciento. *Cien doblones. Cien años.* || **2.** ponder. Expresa una cantidad indeterminada. *Te lo he dicho cien veces.* || **~ por ~.** LOC.ADV. En su totalidad, del principio al fin. || **a ~.** LOC.ADV. coloq. En o con un alto grado de excitación. *Poner a cien. Ir a cien.*

ciénaga. F. Lugar lleno de cieno o pantanoso.

ciencia. F. **1.** Conjunto de conocimientos obtenidos mediante la observación y el razonamiento, sistemáticamente estructurados y de los que se deducen principios y leyes generales. || **2.** Cada una de las áreas de la ciencia que tiene un método o un objeto de estudio determinados. *Ciencias químicas.* || **3.** Saber o erudición. *Tener mucha, o poca, ciencia. Ser un pozo de ciencia. Hombre de ciencia y virtud.* || **4.** Habilidad, maestría, conjunto de conocimientos en cualquier cosa. *La ciencia de la persona vividora.* || **5.** coloq. Dificultad de realización o de comprensión. *La ciencia de este guiso está en la cantidad de pimentón que se le echa.* || **6.** pl. Conjunto de conocimientos relativos a las ciencias exactas, fisicoquímicas y naturales. *Facultad de Ciencias. Se le dan peor las ciencias que las letras.* || **~ ficción.** F. Género de obras literarias o cinematográficas, cuyo contenido se basa en hipotéticos logros científicos y técnicos del futuro. || **~ infusa.** F. **1.** Conocimiento recibido directamente de Dios. || **2.** Saber no adquirido mediante el estudio. U. m. en sent. irón. || **~ pura.** F. Estudio de los fenómenos naturales y otros aspectos del saber por sí mismos, sin tener en cuenta sus aplicaciones. || **gaya ~.** F. Arte de la poesía. || **~s exactas.** F. pl. **matemáticas.** || **~s humanas.** F. pl. Las que, como la psicología, antropología, sociología, historia, filosofía, etc., se ocupan de aspectos del hombre no estudiados en las ciencias naturales. || **~s naturales.** F. pl. Las que tienen por objeto el estudio de la naturaleza, como la geología, la botánica, la zoología, etc. A veces se incluyen la física, la química, etc. || **~s ocultas.** F. pl. Conocimientos y prácticas misteriosos, como la magia, la alquimia, la astrología, etc., que, desde la antigüedad, pretenden penetrar y dominar los secretos de la naturaleza. || **~s puras.** F. pl. Las que no tienen en cuenta su aplicación práctica. || **~s sociales.** F. pl. **ciencias humanas.** || **a,** o **de, ~ cierta.** LOCS.ADVS. Con toda seguridad, sin duda alguna. *Saber a ciencia cierta.* || **a ~ y paciencia.** LOC.ADV. Con noticia, permisión o tolerancia de alguien. || **no tener ~** algo. LOC. VERB. coloq. Ser fácil de realizar. || **ser,** o **parecer,** algo **de ~ ficción.** LOCS.VERBS. Resultar increíble por su exageración o exceso de fantasía. || **tener poca ~** algo. LOC. VERB. coloq. **no tener ciencia.** □ V. **árbol de la ~ del bien y del mal.**

ciénega. F. ciénaga.

ciénego. M. Á. *Andes.* ciénaga.

cienfueguero, ra. ADJ. **1.** Natural de Cienfuegos. U. t. c. s. || **2.** Perteneciente o relativo a esta provincia de Cuba o a su capital.

cienmilésima. F. Cada una de las 100 000 partes iguales en que se dividen ciertas unidades de medida. *Detecta variaciones de cienmilésimas de milímetro.*

cienmilésimo, ma. ADJ. **1.** Se dice de cada una de las 100 000 partes iguales en que se divide un todo. U. t. c. s. m. ‖ **2.** Que ocupa en una serie el lugar al cual preceden otros 99 999 lugares.

cienmillonésima. F. Cada una de las partes iguales de una unidad de medida dividida en 100 millones de ellas. *Longitudes de onda menores de una cienmillonésima de metro.*

cienmillonésimo, ma. ADJ. **1.** Se dice de cada una de las 100 millones de partes iguales en que se divide un todo. U. t. c. s. m. ‖ **2.** Que ocupa en una serie el lugar al cual preceden otros 99 999 999 lugares.

cienmilmillonésima. F. Cada una de las partes iguales de una unidad de medida dividida en 100 000 millones de ellas. *Longitudes de onda de cienmilmillonésimas de metro.*

cienmilmillonésimo, ma. ADJ. **1.** Se dice de cada una de las 100 000 millones de partes iguales en que se divide un todo. U. t. c. s. m. ‖ **2.** Que ocupa en una serie el lugar al cual preceden otros 99 999 999 999 lugares.

cieno. M. Lodo blando que forma depósito en ríos, y sobre todo en lagunas o en sitios bajos y húmedos.

cientificidad. F. Cualidad de científico.

cientificismo. M. **1.** Doctrina según la cual los métodos científicos deben extenderse a todos los dominios de la vida intelectual y moral sin excepción. ‖ **2.** Teoría según la cual los únicos conocimientos válidos son los que se adquieren mediante las ciencias experimentales.

cientificista. ADJ. **1.** Perteneciente o relativo al cientificismo. *Interpretación cientificista.* ‖ **2.** Partidario del cientificismo o inclinado a él. U. t. c. s.

científico, ca. ADJ. **1.** Perteneciente o relativo a la ciencia. *Experimento científico.* ‖ **2.** Que se dedica a una o más ciencias. Apl. a pers., u. t. c. s. *Un científico español.* ‖ **3.** Que tiene que ver con las exigencias de precisión y objetividad propias de la metodología de las ciencias. *Rigor científico.* ☐ V. **griego ~, latín ~.**

cientifismo. M. cientificismo.

cientifista. ADJ. cientificista. Apl. a pers., u. t. c. s.

ciento. I. ADJ. **1.** Diez veces diez. ‖ **2.** centésimo (‖ que sigue en orden al nonagésimo noveno). *Número ciento ocho. Año ciento treinta y dos.* ‖ **II.** M. **3.** Signo o conjunto de signos con que se representa el número ciento. *En la pared había un ciento medio borrado.* ‖ **4.** centena. *Un ciento de agujas. Varios cientos de invitados.* ‖ **5.** pl. Juego de naipes que comúnmente se juega entre dos. Quien llega primero a hacer 100 puntos, según las leyes establecidas, gana. ‖ **6.** pl. hist. Tributo que llegó hasta el cuatro por ciento de las cosas que se vendían y pagaban alcabala. ‖ **~ por ~.** LOC.ADV. cien por cien. ‖ **por ~.** LOC.ADV. De cada ciento. Se representa con el signo %. ‖ **dar** alguien **~ y raya** a otra persona. LOC.VERB. coloq. Excederle mucho en cualquier habilidad o mérito. ☐ V. **Consejo de Ciento.**

cierne. en ~. LOC.ADJ. **1.** Dicho de la vid, del olivo, del trigo y de otras plantas: En flor. U. t. c. loc. adv. ‖ **2. en ciernes.** ‖ **en ~s.** LOC.ADJ. En proceso de formación. *Periodista en ciernes.*

cierre. M. **1.** Acción y efecto de cerrar o cerrarse. *El cierre de una carta. El cierre de un abanico.* ‖ **2.** Cosa que sirve para cerrar. *El cierre de un collar.* ‖ **3.** cierre metálico. ‖ **4.** Conclusión de la programación diaria de una cadena de televisión o de una emisora de radio. ‖ **5.** Trabajo, acto, obra concreta, que termina o completa algo. *El* cierre del relato. *El cierre de la campaña.* ‖ **6.** Impr. En periódicos, revistas y otras publicaciones análogas, acción de dar por terminada la admisión de originales para la edición que está en prensa. ‖ **~ centralizado.** M. Mecanismo que permite abrir o cerrar todas las puertas de un automóvil desde una sola cerradura. ‖ **~ en fundido.** M. Cinem. Desaparición gradual de la imagen cinematográfica hasta la total oscuridad. ‖ **~ metálico.** M. Cortina metálica que se puede arrollar y que cierra y defiende la puerta de una tienda u otro establecimiento. ‖ **~ patronal.** M. cierre de una empresa decretado por sus dueños como medida de presión para que los trabajadores acepten sus condiciones. ‖ **~ relámpago.** M. Á. R. Plata. cremallera (‖ de prendas de vestir, bolsos y cosas semejantes). ‖ **echar el ~.** LOC.VERB. Cerrar un establecimiento al término de la jornada laboral.

cierro. M. Chile. Cerca, tapia o vallado.

cierto, ta. I. ADJ. **1.** Conocido como verdadero, seguro, indubitable. *Negocio cierto.* ‖ **2.** Se usa precediendo inmediatamente al sustantivo en sentido indeterminado. *Cierto lugar. Cierta noche.* ‖ **3.** Sabedor, seguro de la verdad de algún hecho. *Está cierto de su posición.* ¶ MORF. sup. irreg. certísimo. ‖ **II.** ADV. AFIRM. **4. de cierto.** ‖ **de cierto.** LOC.ADV. Con certeza. ‖ **no, por cierto.** LOC.ADV. No, en verdad. ‖ **por cierto.** LOC.ADV. A propósito, viniendo al caso de lo que se dice.

cierva. F. Hembra del ciervo.

ciervo. M. Animal mamífero rumiante, de 1,30 m de altura más o menos, esbelto, de pelo áspero, corto y pardo rojizo en verano y gris en invierno. Es más claro por el vientre que por el lomo, y tiene patas largas y cola muy corta. El macho está armado de astas o cuernas estriadas y ramosas, que pierde y renueva todos los años, aumentando con el tiempo el número de puntas, que llega a diez en cada asta. Es animal indomesticable y se caza para utilizar su piel, sus astas y su carne. ‖ **~ volante.** M. Insecto coleóptero de unos cinco centímetros de largo, parecido al escarabajo, de color negro, con cuatro alas, y las mandíbulas lustrosas, ahorquilladas y ramosas, como los cuernos del ciervo.

cierzo. M. Viento septentrional más o menos inclinado a levante o a poniente, según la situación geográfica de la región en que sopla.

cifosis. F. Med. Curvatura defectuosa de la columna vertebral, de convexidad posterior.

cifra. F. **1.** Número dígito. ‖ **2.** Signo con que se representa este número. ‖ **3.** Escritura en que se usan signos, guarismos o letras convencionales, y que solo puede comprenderse conociendo la clave. ‖ **4.** Enlace de dos o más letras, generalmente las iniciales de nombres y apellidos, que como abreviatura se emplea en sellos, marcas, etc. ‖ **5.** Cantidad de dinero. ‖ **6.** Modo vulgar de escribir música por números. ‖ **en ~.** LOC. ADV. Con brevedad, en compendio. ☐ V. **guerra de ~s.**

cifrado, da. PART. de cifrar. ‖ ADJ. Escrito en cifra. ☐ V. **bajo ~.**

cifrar. TR. **1.** Transcribir en guarismos, letras o símbolos, de acuerdo con una clave, un mensaje o texto cuyo contenido se quiere proteger. ‖ **2.** Valorar cuantitativamente, en especial pérdidas y ganancias. ‖ **3.** Reducir exclusivamente a una cosa, una persona o una idea determinadas lo que ordinariamente procede de varias causas. *Cifrar la dicha EN la estimación pública. Cifrar la esperanza EN Dios.*

cigala. F. Crustáceo marino, de color claro y caparazón duro, semejante al cangrejo de río. Es comestible y los hay de gran tamaño.

cigarra. F. Insecto hemíptero, del suborden de los Homópteros, de unos cuatro centímetros de largo, de color comúnmente verdoso amarillento, con cabeza gruesa, ojos salientes, antenas pequeñas, cuatro alas membranosas y abdomen cónico, en cuya base tienen los machos un aparato con el cual producen un ruido estridente y monótono. Después de adultos solo viven un verano.

cigarral. M. Casa de recreo y huerto que la rodea, en los alrededores de Toledo y con vistas a la ciudad.

cigarrera. F. **1.** Caja o mueble pequeño en que se tienen a la vista cigarros puros. ‖ **2. petaca** (‖ para llevar cigarros o cigarrillos).

cigarrería. F. Am. Tienda en donde se venden cigarros.

cigarrero, ra. M. y F. Persona que hace o vende cigarros.

cigarrillo. M. Cigarro pequeño de picadura envuelta en un papel de fumar.

cigarro. M. **1.** Rollo de hojas de tabaco, que se enciende por un extremo y se chupa o fuma por el opuesto. ‖ **2. cigarrillo.** ‖ **~ puro.** M. puro.

cigarrón. M. **1. saltamontes.** ‖ **2.** Á. Caribe. **abejorro.**

cigofiláceo, a. ADJ. Bot. Se dice de las plantas, normalmente leñosas, angiospermas dicotiledóneas, que tienen hojas compuestas, opuestas por lo común, flores actinomorfas, con cáliz y corola tetrámeros o pentámeros, el primero sin glándulas, fruto en cápsula, en drupa o en baya, y semillas con albumen córneo o sin albumen; p. ej., la morsana, el abrojo y el guayacán. U. t. c. s. f. ORTOGR. En f. pl., escr. con may. inicial c. taxón. Las Cigofiláceas.

cigomático, ca. ADJ. Anat. Perteneciente o relativo a la mejilla o al pómulo. Arco cigomático.

cigoñal. M. Pértiga apoyada sobre un pie de horquilla, y dispuesta de modo que, atando una vasija a un extremo y tirando de otro, puede sacarse agua de pozos poco profundos.

cigoñino. M. Pollo de la cigüeña.

cigoto. M. Biol. Célula resultante de la unión del gameto masculino con el femenino en la reproducción sexual de los animales y de las plantas.

ciguanaba. F. Am. Cen. En la tradición popular, fantasma en forma de mujer que se aparece de noche a los hombres para espantarlos.

ciguatera. F. Enfermedad que suelen contraer los peces y crustáceos de las costas del golfo de México y que produce perniciosos efectos a las personas que los comen.

ciguato, ta. ADJ. Que padece ciguatera. U. t. c. s.

cigüeña. F. Ave zancuda, como de un metro de altura, de cabeza redonda, cuello largo, cuerpo generalmente blanco, alas negras, patas largas y rojas, lo mismo que el pico, con el cual crotora sacudiendo rápidamente la parte superior sobre la inferior. Es ave de paso, anida en las torres y árboles elevados, y se alimenta de sabandijas. ‖ **~ negra.** F. La que se distingue principalmente de la ordinaria por el color negro metálico de su plumaje. ☐ V. **pico de ~.**

cigüeñal. M. Mec. Eje con codos que transforma un movimiento rectilíneo en circular.

cigüeño. M. Macho de la cigüeña.

cigüeñuela. F. Ave zancuda, menor que la cigüeña, de plumaje blanco, algo sonrosado por el pecho y abdomen;

nuca, espaldas y alas negras, cola cenicienta, pico largo recto y anaranjado y pies rojos.

cilantro. M. Hierba de la familia de las Umbelíferas, con tallo lampiño de seis a ocho decímetros de altura, hojas inferiores divididas en segmentos dentados, y filiformes las superiores, flores rojizas y simiente elipsoidal, aromática y de virtud estomacal.

ciliado, da. ADJ. **1.** Biol. Que tiene cilios. Epitelio ciliado. ‖ **2.** Zool. Se dice de los protozoos de aguas dulces o marinas, alguno parásito, provistos de cilios, como el paramecio. U. t. c. s. m. ORTOGR. En m. pl., escr. con may. inicial c. taxón. Los Ciliados.

ciliar. ADJ. Anat. y Biol. Perteneciente o relativo a las cejas o a los cilios.

cilicio. M. Faja de cerdas o de cadenillas de hierro con puntas, ceñida al cuerpo junto a la carne, que para mortificación usan algunas personas.

cilindrada. F. Mec. Capacidad del cilindro o cilindros de un motor, expresada en centímetros cúbicos.

cilindrar. TR. Comprimir con un cilindro o un rodillo.

cilíndrico, ca. ADJ. **1.** De forma de cilindro. Cañón, cuerpo cilíndrico. ‖ **2.** Geom. Perteneciente o relativo al cilindro. Hélice cilíndrica. ☐ V. **superficie ~.**

cilindro. M. **1.** Geom. Cuerpo limitado por una superficie cilíndrica cerrada y dos planos que la cortan. ‖ **2.** Geom. por antonom. El recto y circular. ‖ **3.** Impr. Pieza de la máquina que, girando sobre el molde, o sobre el papel si ella tiene los moldes, hace la impresión. ‖ **4.** Impr. Pieza que por su movimiento de rotación bate y toma la tinta con que los rodillos han de bañar el molde. ‖ **5.** Mec. Tubo en que se mueve el émbolo de una máquina. ‖ **6.** Méx. **organillo.** ‖ **~ central.** M. Bot. Parte interior del tallo y de la raíz de las plantas fanerógamas, que está rodeada por la corteza y formada principalmente por la médula y por haces de vasos leñosos y cribosos. ‖ **~ circular.** M. Geom. El de bases circulares. ‖ **~ oblicuo.** M. Geom. El de bases oblicuas a las generatrices de la superficie cilíndrica. ‖ **~ recto.** M. Geom. El de bases perpendiculares a las generatrices de la superficie cilíndrica. ‖ **~ truncado.** M. Geom. El terminado por dos planos no paralelos.

cilio. M. Biol. Orgánulo celular filiforme, de función locomotora en un medio líquido.

cilla. F. hist. Casa o cámara donde se recogían los granos.

cillero. M. **1.** Bodega, despensa o sitio seguro para guardar algunas cosas. ‖ **2.** hist. Encargado de guardar los granos y frutos de los diezmos en la cilla, dar cuenta de ellos, y entregarlos a los partícipes. ‖ **3.** hist. **cilla.**

cima. F. **1.** Punto más alto de los montes, cerros y collados. ‖ **2.** Parte más alta de los árboles. ‖ **3.** Culminación, ápice, punto más alto que alcanzan una cualidad, una sensación o un proceso, y también un ser, considerado en su propio desarrollo o en comparación con el que han alcanzado otros seres. Cervantes alcanza su cima con el Quijote. ‖ **4.** Bot. Inflorescencia cuyo eje tiene una flor en su extremo. ‖ **dar ~ a** algo. LOC.VERB. Concluirlo felizmente, llevarlo hasta su fin y perfección.

cimacio. M. **1.** Arq. **gola** (‖ moldura en forma de s). ‖ **2.** Arq. Miembro suelto, con ábaco de gran desarrollo, que va sobre el capitel, con aumento del plano superior de apoyo. Es elemento medieval casi constante y típico.

cimarrón, na. **I.** ADJ. **1.** Mar. Dicho de un marinero: Indolente y poco trabajador. U. t. c. s. ‖ **2.** Am. Dicho de un animal doméstico: Que huye al campo y se hace montaraz. ‖ **3.** *Am.* Dicho de un animal: Salvaje, no domesticado. ‖ **4.** *Am.* Dicho de una planta silvestre: De cuyo nombre o especie hay otra cultivada. ‖ **5.** *Am.* hist. Se dice del esclavo que se refugiaba en los montes buscando la libertad. U. t. c. s. ‖ **II.** M. **6.** *Á. R. Plata.* **mate amargo.** ☐ V. **apio ~, borrego ~, mate ~.**

cimarronada. F. *Am.* Manada de animales cimarrones.

cimba. F. *Á. Andes.* Trenza hecha con cualquier material, y especialmente con el cabello.

cimbalaria. F. Hierba de la familia de las Escrofulariáceas, que se cría en las peñas y murallas, con tallos delgados, ramosos y capaces de arraigar, hojas carnosas parecidas a las de la hiedra, pero más redondas, y flores pedunculadas, de corola entera y purpúrea, con una mancha amarilla. Se usa en jardinería.

cimbalero, ra. M. y F. *Mús.* Tañedor de címbalo.

cimbalillo. M. Campana pequeña, especialmente la que en las catedrales y otras iglesias se toca después de las campanas grandes para entrar en el coro.

címbalo. M. **1.** cimbalillo. ‖ **2.** hist. Instrumento musical muy parecido o casi idéntico a los platillos, que usaban los griegos y romanos en algunas de sus ceremonias religiosas.

cimbel. M. Ave o figura de ella que se emplea como señuelo para cazar otras.

cimborrio. M. *Arq.* Cuerpo cilíndrico que sirve de base a la cúpula y descansa inmediatamente sobre los arcos torales.

cimbra. F. **1.** *Arq.* Vuelta o curvatura de la superficie interior de un arco o bóveda. ‖ **2.** *Constr.* Armazón que sostiene el peso de un arco o de otra construcción, destinada a salvar un vano, en tanto no está en condiciones de sostenerse por sí misma.

cimbrar. TR. **1.** Doblar o hacer vibrar algo. *El golpe hizo cimbrar la casa.* U. t. c. prnl. ‖ **2.** Mover con garbo el cuerpo al andar. U. m. c. prnl.

cimbreante. ADJ. **flexible** (‖ que tiene disposición para doblarse).

cimbrear. TR. cimbrar. U. t. c. prnl. U. m. en España.

cimbreño, ña. ADJ. Dicho de una persona: Delgada y que mueve el talle con soltura y facilidad.

cimbreo. M. Acción y efecto de cimbrar.

cimbrio, bria. ADJ. **1.** hist. Se dice del individuo de un pueblo que habitó antiguamente en Jutlandia. U. m. c. s. pl. ‖ **2.** Se dice de la lengua germánica, hoy extinta, que hablaban los cimbrios. U. t. c. s. m. *El cimbrio.* ‖ **3.** Perteneciente o relativo a esta lengua. *Léxico cimbrio.*

cimbrón. M. *Á. R. Plata.* Tirón fuerte y súbito del lazo u otra cuerda.

cimbronazo. M. **1.** Sacudida muy violenta, vibración fuerte. ‖ **2.** *Á. R. Plata.* Estremecimiento nervioso muy fuerte. ‖ **3.** *Á. R. Plata.* cimbrón.

cimentación. F. Acción y efecto de cimentar.

cimentador, ra. ADJ. Que cimienta. *Principios cimentadores de un movimiento literario.*

cimental. ADJ. **fundamental.**

cimentar. TR. **1.** Echar o poner los cimientos de un edificio u obra. ‖ **2.** **fundar** (‖ edificar una ciudad, o un edificio). ‖ **3.** Establecer o asentar los principios de algo espiritual, como las virtudes, las ciencias, etc. ¶ MORF. conjug. c. *acertar.* U. m. c. reg.

cimenterio. M. cementerio.

cimera. F. *Heráld.* Adorno que en las armas se pone sobre la cima del yelmo o celada; p. ej., una cabeza de perro, un grifo, un castillo, etc.

cimerio, ria. ADJ. **1.** hist. Se dice del individuo de un pueblo que moró largo tiempo en la margen oriental de la laguna Meótides o mar de Azof, y que, según presumen algunos, dio nombre a Crimea. U. m. c. s. pl. ‖ **2.** hist. Perteneciente o relativo a este pueblo o a esta región. *Tradiciones cimerias.*

cimero, ra. ADJ. Situado en la cima o en la parte más alta o destacada de algo. *Posición, novela cimera.*

cimiento. M. **1.** Parte del edificio que está debajo de tierra y sobre la que estriba toda la fábrica. U. m. en pl. ‖ **2.** Principio y raíz de algo. U. m. en pl. *Los cimientos de la fe.* ‖ **abrir los ~s.** LOC. VERB. Hacer la excavación o zanjas en que se han de fabricar los cimientos.

cimillo. M. Vara larga y flexible que se ata por un extremo a la rama de un árbol y por el medio a otra, y en el otro extremo se pone sujeta un ave, que sirve de señuelo para cazar.

cimitarra. F. Especie de sable usado por turcos y persas.

cinabrio. M. **1.** Mineral compuesto de azufre y mercurio, muy pesado y de color rojo oscuro, del que se extrae, por calcinación y sublimación, el mercurio o azogue. ‖ **2.** bermellón.

cinacina. F. *Á. R. Plata.* Árbol espinoso de la familia de las Leguminosas, de hoja estrecha y menuda y flor olorosa amarilla y roja. Tiene poca altura y se emplea en setos vivos. La semilla es medicinal.

cinamomo. M. **1.** Árbol exótico y de adorno, de la familia de las Meliáceas, que alcanza unos seis metros de altura, con hojas alternas, compuestas de hojuelas lampiñas y dentadas, flores en racimos axilares de color de violeta y cápsulas del tamaño de garbanzos, que sirven para cuentas de rosario. Su madera es dura y aromática. ‖ **2.** Sustancia aromática que, según unas interpretaciones, es la mirra, y según otras, la canela. ‖ **3.** *Filip.* **alheña** (‖ arbusto oleáceo). ‖ **4.** *Filip.* **alheña** (‖ flor de este arbusto).

cinc. M. Elemento químico de núm. atóm. 30. Metal abundante en la litosfera, se encuentra en forma de sulfuro, carbonato o silicato. De color blanco, brillante y blando, se usa desde antiguo en la fabricación de pilas eléctricas, para formar aleaciones como el latón, y para galvanizar el hierro y el acero. (Símb. *Zn*). MORF. pl. **cincs.**

cincado, da. I. ADJ. **1.** Dicho de un objeto: Cubierto con un baño de cinc. ‖ **II.** M. **2.** Baño de cinc.

cincel. M. Herramienta de 20 a 30 cm de largo, con boca acerada y recta de doble bisel, que sirve para labrar a golpe de martillo piedras y metales.

cincelado. M. cinceladura.

cincelador, ra. M. y F. Persona que, por oficio o por afición, cincela.

cinceladura. F. Acción y efecto de cincelar.

cincelar. TR. Labrar, grabar con cincel en piedras o metales.

cincha. F. Faja de cáñamo, lana, cerda, cuero o esparto, con que se asegura la silla o albarda sobre la caballgadura, ciñéndola por detrás de los codillos o por debajo de la barriga, y apretándola con una o más hebillas. ‖ **a raja ~.** LOC. ADV. **1.** *Á. R. Plata.* **a mata caballo.** ‖ **2.** *Á. R. Plata.* Con exceso, sin medida.

cinchado, da. ADJ. *Am.* Dicho de un animal: Cuyo pelaje presenta una o más fajas de distinto color en la barriga.

cinchar. TR. **1.** Asegurar la silla o albarda apretando las cinchas. ‖ **2.** Asegurar con **cinchos** (‖ aros de hierro). *Cinchar un baúl.*

cinchazo. M. Golpe que se da con el **cincho** (‖ cinturón).

cinchera. F. Parte del cuerpo de las caballerías en que se pone la cincha.

cincho. M. **1. cinturón** (‖ para sujetar o ceñir a la cintura una prenda de vestir). ‖ **2.** Cinto para llevar la espada o el sable. ‖ **3.** Aro de hierro con que se aseguran o refuerzan barriles, ruedas, maderos ensamblados, edificios, etc. ‖ **4.** Pleita de esparto que forma el contorno de la encella. ‖ **5.** *Arq.* Porción de arco saliente en el intradós de una bóveda en cañón. ‖ **6.** *Méx.* **cincha.**

cinchón. M. *Á. R. Plata.* Cincha angosta con una argolla en un extremo, que hace oficio de sobrecincha.

cinco. **I.** ADJ. **1.** Cuatro más uno. ‖ **2. quinto** (‖ que sigue en orden al cuarto). *Número cinco. Año cinco.* Apl. a los días del mes, u. t. c. s. m. *El cinco de mayo.* ‖ **II.** M. **3.** Signo o conjunto de signos con que se representa el número cinco. ‖ **4.** Naipe que tiene cinco señales. *El cinco de oros.* ‖ **5.** Guitarrillo venezolano de cinco cuerdas. ‖ **6.** *Chile.* Cantidad mínima. *No vale un cinco.* ‖ **7.** *Chile.* hist. Antigua moneda de plata de valor de cinco centavos. ‖ **8.** F. pl. Quinta hora a partir de mediodía o de medianoche. *Se levanta a las cinco y media.* ‖ **esos ~.** M. pl. coloq. **mano** (‖ del cuerpo humano). *Vengan esos cinco. Choca esos cinco.* ‖ **estar sin ~, o no tener ni ~.** LOCS.VERBS. coloqs. No tener nada de dinero. □ V. **compás de ~ por ocho.**

cincoenrama. F. Hierba de la familia de las Rosáceas, con tallos de cuatro a seis decímetros de largo, rastreros y capaces de arraigar, hojas compuestas de cinco hojuelas aovadas y dentadas, flores solitarias, amarillas y raíz delgada y de color pardo rojizo, que se usa en medicina.

cincuenta. **I.** ADJ. **1.** Cinco veces diez. ‖ **2. quincuagésimo** (‖ que sigue en orden al cuadragésimo noveno). *Número cincuenta. Año cincuenta.* ‖ **II.** M. **3.** Signo o conjunto de signos con que se representa el número cincuenta.

cincuentavo, va. ADJ. Se dice de cada una de las 50 partes iguales en que se divide un todo. U. t. c. s. m.

cincuentena. F. Conjunto de 50 unidades.

cincuentenario. M. **1.** Fecha en que se cumplen 50 años de algún suceso. ‖ **2.** Conmemoración que se hace en esta fecha. *Asistieron muchas autoridades al cincuentenario de la empresa.*

cincuentón, na. ADJ. coloq. **quincuagenario.** U. t. c. s. U. m. en sent. despect.

cine. M. **1.** Técnica, arte e industria de la cinematografía. ‖ **2.** Local o sala donde como espectáculo se exhiben películas cinematográficas. ‖ **~ continuado.** M. *Á. R. Plata.* **sesión continua.** ‖ **~ de autor.** M. El realizado por un director que además es guionista, y procura imprimir a su obra un estilo propio. ‖ **~ mudo.** M. Aquel en que la proyección es silenciosa, sin acompañamiento de sonidos ni voces. ‖ **~ sonoro.** M. coloq. El que reproduce por medio de una banda sonora las voces, ruidos, música, etc. ‖ **de ~.** LOC.ADJ. coloq. Dicho de una cosa: Que, por su riqueza, belleza o lujo, parece más propia de la ficción cinematográfica que de la realidad.

cineasta. COM. Persona que trabaja en la industria artística del cine, en función destacada.

cineclub. M. Asociación para la difusión de la cultura cinematográfica, que organiza la proyección y comen-tario de determinadas películas. MORF. pl. **cineclubs** o **cineclubes.**

cinefilia. F. Afición al cine.

cinéfilo, la. ADJ. Aficionado al cine. U. t. c. s.

cinegética. F. Arte de la caza.

cinegético, ca. ADJ. Perteneciente o relativo a la cinegética.

cinema. M. **cine.**

cinemascope. (Marca reg.). M. Procedimiento cinematográfico que consiste en utilizar en el rodaje una lente especial que comprime la imagen lateralmente ampliando el campo visual, mientras que al proyectarla le devuelve sus proporciones normales.

cinemateca. F. **filmoteca.**

cinemática. F. Parte de la física que estudia el movimiento prescindiendo de las fuerzas que lo producen.

cinemático, ca. ADJ. **1.** Perteneciente o relativo al movimiento. *Estudio cinemático del pedaleo de un ciclista.* ‖ **2.** *Fís.* Perteneciente o relativo a la cinemática. *Leyes cinemáticas.*

cinematografía. F. Captación y proyección sobre una pantalla de imágenes fotográficas en movimiento.

cinematografiar. TR. **filmar.** MORF. conjug. c. *enviar.*

cinematográfico, ca. ADJ. Perteneciente o relativo al cine o a la cinematografía. □ V. **cinta ~.**

cinematografista. COM. **cineasta.**

cinematógrafo. M. **1. cine.** ‖ **2.** *Cinem.* **proyector.**

cinerama. (Marca reg.). M. Sistema de proyección cinematográfica, sobre una pantalla muy ancha, de la imagen yuxtapuesta de tres proyectores o de la de un proyector múltiple.

cineraria. F. *Bot.* Se usa como nombre para referirse a un género de plantas compuestas, cuya especie principal es la cineraria común, bienal, de tallo como de 50 cm; hojas elegantes, alternas y dentadas, y flores olorosas, de color diverso, según las variedades, y de duración prolongada. Es muy estimada como planta de adorno.

cinerario, ria. ADJ. Destinado a contener cenizas de cadáveres. *Urna cineraria.*

cinésica. F. *Psicol.* Disciplina que estudia el significado expresivo de los gestos y de los movimientos corporales que acompañan los actos lingüísticos.

cinestesia. F. *Psicol.* Percepción del equilibrio y de la posición de las partes del cuerpo.

cineteca. F. *Méx.* **filmoteca.**

cinética. F. **1.** *Fís.* **cinemática.** ‖ **2.** Estudio de la velocidad a la que se producen ciertos procesos; p. ej., las reacciones químicas o enzimáticas.

cinético, ca. ADJ. *Fís.* Perteneciente o relativo al movimiento. □ V. **energía ~.**

cingalés, sa. ADJ. **1.** Se dice del individuo de la etnia mayoritaria de Sri Lanka, antigua Ceilán. U. t. c. s. ‖ **2.** Perteneciente o relativo a los cingaleses. *Costumbres cingalesas.*

cíngaro, ra. ADJ. **1.** gitano (‖ de un pueblo originario de la India). U. t. c. s. ‖ **2.** gitano (‖ propio de los gitanos). *Traje cíngaro.*

cingiberáceo, a. ADJ. *Bot.* Se dice de las plantas angiospermas monocotiledóneas, herbáceas, con rizoma rastrero o tuberoso, hojas alternas, sencillas, con pecíolos envainadores, flores terminales o radicales en espiga, racimo o panoja, y frutos capsulares con semillas de albumen amiláceo; p. ej., el jengibre y el amomo. U. t. c. s. f. ORTOGR. En f. pl., escr. con may. inicial c. taxón. *Las Cingiberáceas.*

cíngulo. M. Cordón o cinta de seda o de lino, con una borla en cada extremo, que sirve para ceñirse el sacerdote al alba.

cínico, ca. ADJ. **1.** Que muestra **cinismo** (‖ desvergüenza). *Mirada, alegría cínica.* Apl. a pers., u. t. c. s. ‖ **2.** Se dice de cierta escuela que nació de la división de los discípulos de Sócrates, y de la cual fue fundador Antístenes, y Diógenes su más señalado representante. Apl. a los miembros de esta escuela, u. t. c. s. ‖ **3.** Perteneciente o relativo a esta escuela. *Doctrinas cínicas.*

cínife. M. mosquito (‖ insecto díptero).

cinismo. M. **1.** Desvergüenza en el mentir o en la defensa y práctica de acciones o doctrinas vituperables. ‖ **2.** Obscenidad descarada. ‖ **3.** Doctrina de los cínicos, que expresa desprecio hacia las convenciones sociales y a las normas y valores morales.

cinocéfalo. M. Mamífero cuadrumano que se cría en África, de unos siete decímetros de largo, con cabeza redonda, hocico semejante al del perro dogo, cara rodeada de vello blanquecino, manos negras, lomo pardo verdoso, y gris el resto del cuerpo, cola larga y callosidades isquiáticas.

cinoglosa. F. Hierba de la familia de las Borragináceas, con raíz fusiforme, negra por fuera y blanca por dentro, tallo velloso de seis a ocho decímetros, hojas largas y lanceoladas cubiertas de un vello suave y blanquecino, y flores violáceas en racimos derechos. La planta es de mal olor y la corteza de su raíz se emplea en medicina como pectoral.

cinqueño, ña. ADJ. Dicho de una res bovina: Que tiene cinco hierbas o años. U. t. c. s.

cinquillo. M. Juego de naipes.

cinta. F. **1.** Tira de tela u otro material de propiedades semejantes que sirve para atar, ceñir o adornar. ‖ **2.** Tira de papel, celuloide, plástico u otra materia flexible. ‖ **3.** **cinta métrica.** ‖ **4.** cinta impregnada de tinta que se usa en las máquinas de escribir. ‖ **5.** **cinta cinematográfica.** ‖ **6.** **cinta magnética.** ‖ **7.** **casete** (‖ caja de plástico que contiene una cinta magnética). ‖ **8.** Red de cáñamo para pescar atunes. ‖ **9.** **cinta transportadora.** ‖ **10.** Hilera de baldosas que se pone en los solados, paralela a las paredes y arrimada a ellas. ‖ **11.** Planta perenne de adorno, de la familia de las Gramíneas, con hojas anchas, listadas de blanco y verde, ásperas por los bordes, y flores en panoja alargada, mezclada de blanco y violeta. ‖ **12.** **cinta de munición.** ‖ **13.** *Dep.* En gimnasia rítmica, aparato para efectuar ejercicios que consiste en una tira provista de un palo pequeño. ‖ **14.** *Dep.* Modalidad de gimnasia rítmica que se practica con dicho aparato. ‖ **15.** *Mar.* Serie de maderos que van por fuera del costado del buque desde proa a popa, y sirven de refuerzo a la tablazón. ‖ **~ aisladora, o ~ aislante.** F. La impregnada en una solución adhesiva, que se emplea para recubrir los empalmes de los conductores eléctricos. ‖ **~ cinematográfica.** F. **película** (‖ cinta de celuloide que contiene imágenes). ‖ **~ de frenos.** F. Á. R. Plata. ferodo. ‖ **~ de lomo.** F. *Esp.* Tira de carne de lomo de cerdo. ‖ **~ de munición.** F. *Mil.* Tira continua donde se alojan los cartuchos para la alimentación de armas automáticas como las ametralladoras. ‖ **~ magnética.** F. cinta revestida de una sustancia magnética que registra las señales producidas por los sonidos, imágenes o datos para su posterior reproducción. ‖ **~ magnetofónica.** F. cinta magnética que se usa para grabar y repro-

ducir sonidos. ‖ **~ métrica.** F. Tira de acero u otro material flexible dividida en metros y centímetros, u otras unidades, que sirve para medir longitudes. ‖ **~ transportadora.** F. Dispositivo mecánico formado por una banda móvil que traslada mercancías, equipajes, personas, etc.

cintar. TR. *Arq.* Poner cintas o fajas imitadas, como adorno, en las construcciones.

cintarazo. M. Golpe que se da en la espalda con un cinto, un látigo, etc.

cintilar. TR. Brillar, centellear.

cintillo. M. hist. Cordoncillo de seda, labrado con flores a trechos y otras labores hechas de la misma materia, que se usaba en los sombreros para ceñir la copa. Se hacían también de cerdas, plata, oro y pedrería.

cinto. M. **1.** cinturón (‖ tira para sujetar o ceñir a la cintura). ‖ **2.** Á. R. Plata. Cinturón de cuero curtido, propio de la vestimenta del gaucho, provisto de bolsillos y adornado con una rastra.

cintura. F. **1.** Parte más estrecha del tronco del cuerpo humano, por encima de las caderas. ‖ **2.** Parte de una prenda de vestir que corresponde a esta parte del cuerpo. ‖ **meter** a alguien **en ~.** LOC.VERB. coloq. Someterlo a una conducta que se considera correcta.

cinturilla. F. Cinta o tira de tela fuerte o armada, que se pone a veces en la cintura de los vestidos, particularmente en las faldas.

cinturón. M. **1.** Tira, especialmente de cuero y en general provista de una hebilla, que se usa para sujetar o ceñir a la cintura una prenda de vestir. ‖ **2.** Serie de cosas que rodean a otra. *Cinturón de baluartes. Los municipios del cinturón de Barcelona.* ‖ **3.** **cinturón de seguridad.** ‖ **4.** **cinturón de ronda.** ‖ **5.** En las artes marciales, categoría o grado conseguido por el luchador y que se distinguen por el color del **cinturón** que sujeta el kimono. ‖ **~ de castidad.** M. hist. Utensilio de metal o cuero con cerradura, que se usaba en la Edad Media cuando se quería impedir que una mujer tuviera relaciones sexuales. ‖ **~ de ronda.** M. Carretera de circunvalación que rodea un núcleo urbano. ‖ **~ de seguridad.** M. Tira o conjunto de tiras que sujetan a los viajeros a su asiento del coche, del avión, etc. ‖ **~ industrial.** M. Zona de instalaciones industriales en torno a un núcleo de población. ‖ **~ verde.** M. Zona de vegetación que rodea a una ciudad. ‖ **apretarse el ~.** LOC. VERB. Tener que reducir por escasez de medios los gastos.

cipayo. M. **1.** hist. Soldado indio de los siglos XVIII y XIX al servicio de Francia, Portugal y Gran Bretaña. ‖ **2.** despect. Secuaz a sueldo.

ciperáceo, a. ADJ. *Bot.* Se dice de las plantas angiospermas, monocotiledóneas, herbáceas, anuales o perennes, con rizoma corto dividido en fibras, o rastrero, tallos por lo común triangulares y sin nudos, hojas envainadoras, a veces sin limbo, flores en espigas solitarias o aglomeradas en cabezuelas, cariópsides por frutos, y semilla con albumen amiláceo o carnoso; como la juncia, la castañuela y el papiro. U. t. c. s. f. ORTOGR. En f. pl., escr. con may. inicial c. taxón. *Las Ciperáceas.*

cipo. M. Pilastra o trozo de columna erigido en memoria de alguna persona difunta.

cipotazo. M. porrazo.

cipote[1]**.** M. **1.** Hombre torpe o bobo. ‖ **2.** Palillo del tambor. ‖ **3.** vulg. **miembro viril.**

cipote[2]**, ta.** M. y F. *Am. Cen.* **niño** (‖ persona que está en la niñez).

ciprés. M. Árbol de la familia de las Cupresáceas, que alcanza de 15 a 20 m de altura, con tronco derecho, ramas erguidas y cortas, copa espesa y cónica, hojas pequeñas en filas imbricadas, persistentes y verdinegras, flores amarillentas terminales, y frutos globosos de unos tres centímetros de diámetro. Su madera es rojiza y olorosa y pasa por incorruptible. □ V. **nuez de ~.**

cipresal. M. Sitio poblado de cipreses.

circa. PREP. hacia (‖ alrededor de). *Circa 1700.*

circadiano, na. ADJ. Perteneciente o relativo a un período de aproximadamente 24 horas. Se aplica especialmente a ciertos fenómenos biológicos que ocurren rítmicamente alrededor de la misma hora, como la sucesión de vigilia y sueño.

circasiano, na. ADJ. **1.** Natural de Circasia. U. t. c. s. ‖ **2.** Perteneciente o relativo a esta región del Cáucaso.

circense. ADJ. **1.** Perteneciente o relativo al espectáculo del circo. *Número circense.* ‖ **2.** Propio o característico del circo. *Al final, la reunión se convirtió en un espectáculo circense.* ‖ **3.** hist. Se dice de los juegos o espectáculos que hacían los romanos en el circo.

circo. M. **1.** Edificio o recinto cubierto por una carpa, con gradería para los espectadores, que tiene en medio una o varias pistas donde actúan malabaristas, payasos, equilibristas, animales amaestrados, etc. ‖ **2.** Este mismo espectáculo. ‖ **3.** Conjunto de artistas, animales y objetos que forman parte de este espectáculo. ‖ **4.** hist. Lugar destinado entre los antiguos romanos para algunos espectáculos, especialmente para la carrera de carros o caballos. ‖ **5.** Depresión semicircular en un macizo montañoso, rodeada de paredes abruptas. ‖ **6.** Cráter lunar. ‖ **7.** coloq. Confusión, desorden, caos. *Su casa es un circo.*

circón. M. Silicato de circonio, más o menos transparente, blanco o amarillento rojizo, que difícilmente produce raya en el cuarzo y posee en alto grado la propiedad de duplicar las imágenes de los objetos. Se halla en cristales rodados entre los terrenos de aluvión de la India y se usa como piedra fina.

circona. F. *Quím.* Óxido de circonio, de color blanco, insoluble en el agua y muy refractario. Al calentarlo en ciertas condiciones, despide una luz blanca e intensa.

circonio. M. Elemento químico de núm. atóm. 40. Metal no muy abundante en la litosfera, se encuentra casi siempre en forma de silicato, en el circón. De color negro o gris acerado, es refractario, mal conductor de la electricidad y de gran resistencia mecánica y a la corrosión. Se usa en lámparas de incandescencia, tubos de vacío y en las industrias cerámica, química, aeronáutica y nuclear. (Símb. *Zr*).

circonita. COM. Gema artificial de óxido de circonio, usada en joyería a imitación del diamante.

circuir. TR. Rodear, cercar. MORF. conjug. c. *construir.*

circuito. M. **1.** Trayecto en curva cerrada, previamente fijado para carreras de automóviles, motocicletas, bicicletas, etc. ‖ **2.** Recorrido previamente fijado que suele terminar en el punto de partida. ‖ **3.** Red o conjunto organizado de establecimientos, pruebas deportivas o cosas semejantes. ‖ **4.** *Electr.* Conjunto de conductores que recorre una corriente eléctrica, y en el cual hay generalmente intercalados aparatos productores o consumidores de esta corriente. ‖ **~ impreso.** M. *Electr.* circuito

con diversos componentes que se obtiene por impresión sobre un soporte aislante. ‖ **~ integrado.** M. *Electr.* Combinación de elementos de circuito miniaturizados que se alojan en un único soporte o chip, generalmente de silicio. ‖ **~ magnético.** M. *Electr.* Parte de una máquina o aparato electromagnético, generalmente de hierro, por donde fluye, en trayecto cerrado, la inducción magnética.

circulación. F. **1.** Acción de circular. ‖ **2.** Tránsito por las vías públicas, y, por antonom., el de automóviles. ‖ **3.** *Econ.* Movimiento de los productos, monedas, signos de crédito y, en general, de la riqueza. ‖ **~ de la sangre,** o **~ sanguínea.** F. Movimiento regular de la sangre que, partiendo del corazón, se distribuye por las arterias a todo el cuerpo y vuelve a aquel a través de las venas. □ V. **libertad de ~.**

circulante. ADJ. Que circula. *Ideas circulantes. Sangre circulante.* □ V. **activo ~, biblioteca ~, capital ~.**

circular[1]**. I.** ADJ. **1.** Perteneciente o relativo al círculo. *Forma circular.* ‖ **2.** De forma de círculo. *Recipiente circular.* ‖ **3.** Dicho de un proceso: Que parece no tener fin porque acaba en el punto que empieza. *Un relato circular.* ‖ **4.** Dicho de un razonamiento o de una definición: Que relacionan dos elementos que se explican recíprocamente. ‖ **II.** F. **5.** Orden que una autoridad superior dirige a todos o gran parte de sus subalternos. ‖ **6.** Cada una de las cartas o avisos iguales dirigidos a diversas personas para darles conocimiento de algo. □ V. **cilindro ~, cono ~, función ~.**

circular[2]**.** INTR. **1.** Moverse por un lugar. *Los invitados circulan por el jardín; los vehículos, por la vía pública; el aire, por las habitaciones.* ‖ **2.** Dicho de una cosa: Correr o pasar de unas personas a otras. *Circuló una noticia, un escrito.* ‖ **3.** Dicho de una orden, de una instrucción, etc., verbal o escrita: Partir de un centro dirigidas en iguales términos a varias personas. U. t. c. tr. ‖ **4.** Dicho de una cosa: Salir por una vía y volver por otra al punto de partida. *La sangre circula por las arterias y las venas; la electricidad, por los alambres.* ‖ **5.** *Com.* Dicho de los valores: Pasar de una persona a otra mediante trueque o cambio.

circularidad. F. Cualidad de **circular**[1].

circulatorio, ria. ADJ. Perteneciente o relativo a la circulación.

círculo. M. **1.** *Geom.* Área o superficie plana contenida dentro de una circunferencia. ‖ **2. circunferencia.** ‖ **3. club** (‖ sociedad de personas con intereses comunes). ‖ **4. casino** (‖ asociación de adeptos de un partido político). ‖ **5. casino** (‖ edificio en que se reúne). ‖ **6.** Sector o ambiente social. U. m. en pl. *Círculos financieros, aristocráticos, sindicales.* ‖ **~ acimutal.** M. *Mar.* Instrumento náutico portátil que consiste en un platillo horizontal y graduado, alrededor de cuyo centro gira una alidada provista de dos dioptras, con las cuales se enfilan los objetos exteriores para conocer el rumbo a que demoran, por la combinación de las indicaciones del instrumento con las de la brújula. ‖ **~ algebraico.** M. *Mat.* El que se hace con números y con letras que representan cantidades. ‖ **~ azimutal.** M. *Mar.* círculo acimutal. ‖ **~ horario.** M. *Astr.* círculo graduado de los instrumentos que miden coordenadas celestes, utilizado para apreciar la ascensión recta del astro observado. ‖ **~ mágico.** M. Espacio acotado por una superficie con el fin de obtener poderes o efectos mágicos. ‖ **~ máximo.** M. *Geom.* El formado por un plano que pasa por el centro de la esfera y la divide en dos partes iguales o hemisferios. ‖ ~ **meridiano**. M. *Astr.* Anteojo montado sobre un eje y acoplado a uno o varios círculos graduados, por el cual se observa y determina la culminación de los astros. ‖ ~ **polar**. M. **1**. *Astr.* Cada uno de los dos círculos menores de la esfera celeste, paralelos al ecuador y que pasan por los polos. ‖ **2**. *Geogr.* Cada uno de los dos círculos menores del globo terrestre, situados a los 66,5° de latitud N y S, y denominados respectivamente ártico y antártico. ‖ ~ **vicioso**. M. **1**. Vicio del discurso que se comete cuando dos cosas se explican una por otra recíprocamente, y ambas quedan sin explicación; p. ej., *abrir es lo contrario de cerrar, y cerrar es lo contrario de abrir.* ‖ **2**. Situación repetitiva que no conduce a buen efecto. ☐ V. **la cuadratura del ~, polo de un ~ en la esfera.**

circumpolar. ADJ. Que está alrededor del polo. *Región circumpolar.*

circuncidar. TR. Cortar circularmente una porción del prepucio a alguien.

circuncisión. F. **1**. Acción y efecto de circuncidar, práctica ritual en varias religiones. ‖ **2**. por antonom. circuncisión de Jesucristo. ORTOGR. Escr. con may. inicial. ‖ **3**. hist. Fiesta con que anualmente celebraba la Iglesia este misterio, el día 1 de enero. ORTOGR. Escr. con may. inicial. ‖ **4**. *Med.* Práctica quirúrgica para corregir la fimosis.

circunciso, sa. ADJ. **1**. Dicho de un hombre: Que ha sufrido la circuncisión. U. t. c. s. ‖ **2**. Judío o moro.

circundante. ADJ. Que circunda algo. *Realidad circundante.*

circundar. TR. Cercar, rodear.

circunferencia. F. **1**. *Geom.* Curva plana, cerrada, cuyos puntos son equidistantes de otro, el centro, situado en el mismo plano. ‖ **2**. Contorno de una superficie, territorio, mar, etc.

circunferencial. ADJ. Perteneciente o relativo a la circunferencia.

circunflejo. M. acento circunflejo.

circunloquio. M. Rodeo de palabras para dar a entender algo que hubiera podido expresarse más brevemente.

circunnavegación. F. Acción y efecto de circunnavegar.

circunnavegar. TR. **1**. Navegar alrededor de algún lugar. *Circunnavegar una isla.* ‖ **2**. Dicho de un buque: Dar la vuelta al mundo.

circunscribir. I. TR. **1**. Reducir a ciertos límites o términos algo. *Circunscribimos nuestra exposición a los hechos originales.* ‖ **2**. *Geom.* Formar una línea cerrada o superficie que envuelva exteriormente a otra figura, por contener todos sus vértices o por estar compuesta de lados o caras tangentes todos ellos a la figura interior o inscrita. ‖ II. PRNL. **3**. ceñirse (‖ concretarse a una ocupación o asunto). ¶ MORF. part. irreg. **circunscrito**. Á. R. Plata. part. irreg. **circunscripto**.

circunscripción. F. **1**. División administrativa, militar, electoral o eclesiástica de un territorio. ‖ **2**. Acción y efecto de circunscribir.

circunscripto, ta. PART. IRREG. Á. R. Plata. **circunscrito**.

circunscrito, ta. PART. IRREG. de **circunscribir**.

circunspección. F. **1**. Prudencia ante las circunstancias, para comportarse comedidamente. ‖ **2**. Seriedad, decoro y gravedad en acciones y palabras.

circunspecto, ta. ADJ. Que se conduce con circunspección.

circunstancia. F. **1**. Accidente de tiempo, lugar, modo, etc., que está unido a la sustancia de algún hecho o dicho. ‖ **2**. Conjunto de lo que está en torno a alguien; el mundo en cuanto mundo de alguien. ‖ ~ **agravante**. F. *Der.* Motivo legal para aumentar la responsabilidad penal del condenado. ‖ ~ **atenuante**. F. *Der.* Motivo legal para disminuirla. ‖ ~ **eximente**. F. *Der.* Motivo legal para librar de responsabilidad criminal al acusado; p. ej., legítima defensa. ‖ **de ~s**. LOC.ADJ. Dicho de una cosa: Que de algún modo está influida por una situación ocasional. ‖ **en las ~s presentes**. LOC.ADV. En el estado de los negocios, o según van las cosas.

circunstanciado, da. PART. de **circunstanciar**. ‖ ADJ. Que se refiere o explica sin omitir ninguna circunstancia o particularidad. *Informe circunstanciado.*

circunstancial. ADJ. Que implica o denota alguna circunstancia o depende de ella. *Factores circunstanciales. Enemigos circunstanciales.* ☐ V. **complemento ~**.

circunstanciar. TR. Determinar las circunstancias de algo. MORF. conjug. c. **anunciar**.

circunstante. ADJ. **1**. Que está alrededor. *Realidad circunstante.* ‖ **2**. Dicho de una persona: Que está presente, asiste o concurre. U. t. c. s.

circunvalación. F. **1**. Acción de circunvalar. ‖ **2**. Vía de tránsito rodado que circunda un núcleo urbano al que se puede acceder por diferentes entradas. ‖ **3**. *Mil.* Línea de atrincheramientos u otros medios de resistencia, que sirven de defensa a una plaza o una posición. ☐ V. **línea de ~**.

circunvalar. TR. Cercar, ceñir, rodear una ciudad, una fortaleza, etc.

circunvecino, na. ADJ. Dicho de un lugar o de un objeto: Que se halla próximo y alrededor de otro.

circunvolar. TR. Volar alrededor. MORF. conjug. c. **contar**.

circunvolución. F. **1**. circunvolución cerebral. ‖ **2**. Vuelta o rodeo de alguna cosa. *Las circunvoluciones de su imaginación.* ‖ ~ **cerebral**. F. Cada uno de los relieves que se observan en la superficie exterior del cerebro, separados unos de otros por las anfractuosidades.

cirenaico, ca. ADJ. **1**. hist. Natural de Cirene. U. t. c. s. ‖ **2**. hist. Perteneciente o relativo a esta ciudad de la Cirenaica, región del África antigua. ‖ **3**. Se dice de la escuela filosófica fundada por Aristipo, discípulo de Sócrates, que establece como principio de conocimiento las sensaciones placenteras. Apl. a los miembros de esta escuela, u. t. c. s. ‖ **4**. Perteneciente o relativo a esta escuela. *Ideales cirenaicos.*

cireneo, a. ADJ. **1**. hist. cirenaico (‖ natural de Cirene). U. t. c. s. ‖ **2**. hist. cirenaico (‖ perteneciente a esta ciudad).

cirial. M. Cada uno de los candeleros altos que llevan los acólitos en algunas funciones de iglesia.

cirílico, ca. ADJ. **1**. Se dice del alfabeto usado en ruso y otras lenguas. U. t. c. s. m. *El cirílico.* ‖ **2**. Perteneciente o relativo a este alfabeto. *Caracteres cirílicos.*

cirineo, a. ADJ. **1**. hist. cirenaico (‖ natural de Cirene). U. t. c. s. ‖ **2**. hist. cirenaico (‖ perteneciente a esta ciudad).

cirio. M. Vela de cera, larga y gruesa. ‖ ~ **pascual**. M. El muy grueso. Se bendice el Sábado Santo, y arde en la iglesia hasta el día de la Ascensión.

cirrípedo. ADJ. *Zool.* Se dice de los crustáceos marinos, hermafroditas, cuyas larvas son libres y nadadoras. En el estado adulto viven fijos sobre los objetos sumergidos, por lo común mediante un pedúnculo. Tienen el cuerpo rodeado de un caparazón compuesto de varias placas calcáreas; p. ej., el percebe y la bellota de mar. Algunas especies son parásitas. U. t. c. s. m. ORTOGR. En m. pl., escr. con may. inicial c. taxón. *Los Cirrípedos.*

cirro. M. **1.** *Bot.* zarcillo (|| órgano de algunas plantas para asirse a los tallos de otras). || **2.** *Meteor.* Nube blanca y ligera, en forma de barbas de pluma o filamentos de lana cardada, que se presenta en las regiones superiores de la atmósfera.

cirrosis. F. *Med.* Enfermedad caracterizada por una lesión que se desenvuelve en las vísceras, especialmente en el hígado, y consiste en la induración de los elementos conjuntivos y atrofia de los demás.

cirroso, sa. ADJ. Que tiene cirros. *Cielo cirroso.*

cirrótico, ca. ADJ. **1.** *Med.* Perteneciente o relativo a la cirrosis. *Lesiones cirróticas.* || **2.** Que padece cirrosis. U. t. c. s.

ciruela. F. Fruto del ciruelo. Es una drupa, muy variable en forma, color y tamaño según la variedad del árbol que la produce. El epicarpio suele separarse fácilmente del mesocarpio, que es más o menos dulce y jugoso y a veces está adherido al endocarpio. || ~ **claudia.** F. ciruela redonda, de color verde claro y muy jugosa y dulce.

ciruelillo. M. *Chile.* Árbol o arbusto de la familia de las Proteáceas, de follaje persistente, flores rojas, dispuestas en racimos compactos y tronco liso, rojizo o ceniciento. Su madera se emplea en ebanistería.

ciruelo. M. Árbol frutal de la familia de las Rosáceas, de seis a siete metros de altura, con las hojas entre aovadas y lanceoladas, dentadas y un poco acanaladas, los ramos mochos y la flor blanca. Su fruto es la ciruela.

cirugía. F. **1.** Parte de la medicina que tiene por objeto curar las enfermedades por medio de operación. || **2.** Actividad y técnica correspondientes. || ~ **estética.** F. **1.** *Med.* Rama de la cirugía plástica, en la cual es objetivo principal el embellecimiento de una parte del cuerpo. || **2.** Operación quirúrgica realizada con este objetivo. || ~ **menor,** o ~ **ministrante.** F. La que comprende ciertas operaciones secundarias que no suele practicar el médico. || ~ **plástica.** F. **1.** *Med.* Especialidad quirúrgica cuyo objetivo es restablecer, mejorar o embellecer la forma de una parte del cuerpo. || **2.** Operación quirúrgica realizada con este objetivo.

cirujano, na. M. y F. Persona que profesa la cirugía. || **cirujano romancista.** M. hist. cirujano que no sabía latín.

cisalpino, na. ADJ. Situado entre los Alpes y Roma. *Valles cisalpinos.*

cisandino, na. ADJ. Del lado de acá de los Andes. *Litoral cisandino.*

ciscarse. PRNL. eufem. cagarse. *Ciscarse de miedo. Me cisco en lo que diga el alcalde.*

cisco. M. Carbón vegetal menudo. || **hacer ~.** LOC.VERB. coloq. hacer trizas.

cisma. M. **1.** División o separación en el seno de una iglesia o religión. || **2.** Escisión, discordia, desavenencia.

cismático, ca. ADJ. **1.** Perteneciente o relativo al cisma. *Movimiento cismático.* || **2.** Que se aparta de la autoridad reconocida, especialmente en materia de religión. *Iglesia cismática.* Apl. a pers., u. t. c. s. || **3.** Dicho de una persona: Que introduce cisma o discordia en un pueblo o comunidad. U. t. c. s.

cismontano, na. ADJ. Situado en la parte de acá de los montes, respecto al punto o lugar desde donde se considera. *Astures cismontanos.*

cisne. M. **1.** Ave palmípeda, de plumaje blanco, cabeza pequeña, pico de igual ancho en toda su extensión y de color anaranjado, y en los bordes y el tubérculo de la base negro. Tiene cuello muy largo y flexible, patas cortas y alas grandes. || **2.** Ave palmípeda congénere con la especie anterior, semejante a ella en la forma, pero de plumaje negro. Es originaria de Australia y está naturalizada en Europa. □ V. **canto del ~, cuello ~, cuello de ~.**

cisoria. □ V. **arte ~.**

cista. F. *Arqueol.* Enterramiento que consiste en cuatro losas laterales y una quinta que hace de cubierta.

cistáceo, a. ADJ. *Bot.* Se dice de las matas o de los arbustos angiospermos dicotiledóneos, con hojas sencillas, casi siempre opuestas, flores por lo común en corimbo o en panoja, y fruto en cápsula con semillas de albumen amiláceo; p. ej., la jara y la estepa blanca. U. t. c. s. f. ORTOGR. En f. pl., escr. con may. inicial c. taxón. *Las Cistáceas.*

cisterciense. ADJ. **1.** Perteneciente o relativo a la Orden del Císter, fundada por san Roberto en el siglo XI. || **2.** Se dice del religioso de la Orden del Císter. U. t. c. s.

cisterna. F. **1.** Depósito subterráneo donde se recoge y conserva el agua de lluvia o la que se lleva de algún río o manantial. || **2.** Depósito de agua de un retrete o urinario. || **3.** Usado en aposición tras un nombre común que designa vehículo o nave, significa que estos están construidos para transportar líquidos. *Camión cisterna. Barco cisterna.*

cisticerco. M. *Med.* Larva de tenia, que vive encerrada en un quiste vesicular, en el tejido conjuntivo subcutáneo o en un músculo de algunos mamíferos, especialmente del cerdo o de la vaca, y que, después de haber pasado al intestino de una persona que ha comido la carne cruda de este animal, se desarrolla, adquiriendo la forma de solitaria adulta.

cisticercosis. F. *Med.* Enfermedad causada por la presencia de muchos cisticercos en los órganos de un animal o del hombre.

cístico. □ V. **conducto ~.**

cistitis. F. *Med.* Inflamación del cuello de la vejiga de la orina.

cistoscopia. F. *Med.* Examen del interior de la vejiga de la orina por medio del cistoscopio.

cistoscopio. M. *Med.* Endoscopio para explorar la superficie interior de la vejiga de la orina.

cistotomía. F. *Med.* Incisión de la vejiga para operar en el interior de este órgano.

cisura. F. Rotura o abertura pequeña que se hace en cualquier cosa.

cita. F. **1.** Asignación de día, hora y lugar para verse o hablarse dos o más personas. || **2.** Reunión o encuentro entre dos o más personas, previamente acordado. *Trabajaron mucho en su primera cita.* || **3.** Nota de ley, doctrina, autoridad o cualquier otro texto que se alega para prueba de lo que se dice o refiere. || **4.** **mención.** || ~ a **ciegas.** F. La que se concierta entre dos personas que no se conocen. □ V. **casa de ~s.**

citación. F. **1.** Acción de citar. || **2.** *Der.* Acto de la autoridad judicial o administrativa por el que se convoca a una persona para una comparecencia. || **3.** Documento en el que consta dicha citación.

citador, ra. ADJ. Que cita. Apl. a pers., u. t. c. s.

citania. F. hist. Ciudad fortificada, propia de los pueblos prerromanos que habitaban el noroeste de la península Ibérica.

citar. TR. **1.** Avisar a alguien señalándole día, hora y lugar para tratar de algún negocio. U. t. c. prnl. || **2.** Referir, anotar o mencionar los autores, textos o lugares que se alegan o discuten en lo que se dice o escribe. || **3.** Hacer mención de alguien o de algo. *No quiere ser citado cuando se habla de su familia.* || **4.** En las corridas de toros, provocar a la fiera para que embista, o para que acuda a determinado lugar. || **5.** *Der.* Notificar una resolución administrativa o judicial con el fin de que su destinatario comparezca ante la autoridad que la dictó.

cítara. F. **1.** Instrumento musical antiguo semejante a la lira, pero con caja de resonancia de madera. Modernamente esta caja tiene forma trapezoidal y el número de sus cuerdas varía de 20 a 30. Se toca con púa. || **2.** Instrumento musical semejante al laúd pero más pequeño, que se toca con púa y tiene tres órdenes de cuerdas.

citarista. COM. Persona que ejerce el arte de tocar la cítara.

citatoria. F. Documento con el que se convoca a una persona para que comparezca ante alguien.

citatorio, ria. ADJ. Dicho de un documento: Con que se convoca a una persona para que comparezca ante alguien.

citereo, a. ADJ. Perteneciente o relativo a Afrodita, venerada en la isla de Citera.

citerior. ADJ. Situado de la parte de acá de un sitio o territorio. Se usa en contraposición a *ulterior. Los romanos llamaron Hispania citerior a la Tarraconense, y ulterior a la Lusitana y a la Bética.*

citocinesis. F. *Biol.* División del citoplasma celular.

citocromo. M. *Biol.* Proteína coloreada que contiene hierro y participa en la fotosíntesis y en los procesos de respiración celular.

citodiagnóstico. M. *Med.* Procedimiento diagnóstico basado en el examen de las células contenidas en un exudado o trasudado.

citogenética. F. *Biol.* Estudio de la estructura y función de los cromosomas celulares.

cítola. F. Tabla de madera, pendiente de una cuerda sobre la piedra del molino harinero, para que la tolva vaya despidiendo el grano, y para saber que se para el molino, cuando deja de golpear.

citología. F. **1.** Parte de la biología que estudia la célula. || **2.** *Med.* **citodiagnóstico.**

citólogo, ga. M. y F. Persona especializada en citología.

citoplasma. M. *Biol.* Región celular situada entre la membrana plasmática y el núcleo, con los órganos celulares que contiene.

citoplasmático, ca. ADJ. *Biol.* Perteneciente o relativo al citoplasma.

citoplásmico, ca. ADJ. *Biol.* **citoplasmático.**

citoquina. F. *Bioquím.* Péptido responsable del crecimiento y la diferenciación de distintos tipos de células.

citosina. F. *Bioquím.* Base nitrogenada fundamental, componente del ADN y del ARN. (Símb. *C*).

citostático, ca. ADJ. *Med.* Dicho de un medicamento: Que frena la proliferación celular, por lo que se usa en tratamientos antitumorales. U. t. c. s. m.

citrato. M. *Quím.* Sal del ácido cítrico.

cítrico, ca. I. ADJ. **1.** Perteneciente o relativo al limón. *Aroma cítrico.* || **II.** M. **2.** pl. **agrios** (|| frutas agrias o agridulces). || **3.** pl. Plantas que producen agrios; p. ej., el limonero, el naranjo, etc. □ V. **ácido ~.**

citrícola. ADJ. Perteneciente o relativo al cultivo de cítricos.

citricultura. F. Cultivo de cítricos.

citrino, na. ADJ. De color amarillo verdoso.

citrón. M. **limón.**

ciudad. F. **1.** Conjunto de edificios y calles, regidos por un ayuntamiento, cuya población densa y numerosa se dedica por lo común a actividades no agrícolas. || **2.** Ámbito de lo urbano, en oposición a lo rural. || **3.** hist. Título de algunas poblaciones que gozaban de mayores preeminencias que las villas. || **~ deportiva.** F. Conjunto urbano formado por instalaciones deportivas y otras dependencias anejas. || **~ dormitorio.** F. Conjunto suburbano de una gran ciudad cuya población laboral se desplaza a diario a su lugar de trabajo. || **~ jardín.** F. Conjunto urbano formado por casas unifamiliares, provista cada una de jardín. || **~ lineal.** F. La que ocupa una faja de terreno de varios kilómetros de longitud y de poca anchura, con una sola avenida central y calles transversales que van a dar al campo. || **~ sanitaria.** F. Conjunto urbano formado por un gran hospital y otras dependencias anejas. || **~ satélite.** F. Núcleo urbano dotado de cierta autonomía funcional, pero dependiente de otro mayor y más completo, del cual se halla en relativa cercanía. || **~ universitaria.** F. Conjunto de edificios situados en terreno acotado al efecto, destinados a la enseñanza superior, y más especialmente la que es propia de las universidades. □ V. **gas ~.**

ciudadanía. F. **1.** Cualidad y derecho de ciudadano. || **2.** Conjunto de los ciudadanos de un pueblo o nación. || **3.** Comportamiento propio de un buen ciudadano.

ciudadano, na. I. ADJ. **1.** Natural o vecino de una ciudad. U. t. c. s. || **2.** Perteneciente o relativo a la ciudad o a los ciudadanos. *Vida ciudadana.* || **II.** M. y F. **3.** Persona considerada como miembro activo de un Estado, titular de derechos políticos y sometido a sus leyes. || **III.** M. **4.** hist. Habitante libre de las ciudades antiguas. □ V. **seguridad ~.**

ciudadela. F. Recinto de fortificación permanente en el interior de una plaza, que sirve para dominarla o de último refugio a su guarnición.

ciudadrealeño, ña. ADJ. **1.** Natural de Ciudad Real. U. t. c. s. || **2.** Perteneciente o relativo a esta ciudad de España o a su provincia.

civeta. F. gato de algalia.

cívico, ca. ADJ. **1. ciudadano** (|| perteneciente a la ciudad o a los ciudadanos). *Derechos cívicos.* || **2.** Perteneciente o relativo al civismo. *Conciencia cívica.* || **3.** Que muestra o denota civismo. *Debemos ser más cívicos cada día.* □ V. **corona ~, libreta ~, valor ~.**

civil. I. ADJ. **1.** Perteneciente o relativo a las relaciones e intereses privados en orden al estado de las personas, régimen de la familia, sucesiones, condición de los bienes, contratos y responsabilidad por daños. *Ley, acción, pleito, demanda civil.* || **2.** Que no es militar ni eclesiástico o religioso. *Cementerio civil.* Apl. a pers., u. t. c. s. || **3.** Sociable, urbano, atento. *Comportamiento civil.* || **II.** M. **4.** coloq. **guardiacivil.** || **casarse por lo ~.** LOC. VERB. Contraer matrimonio civil. || **de ~.** LOC. ADV. de paisano. U. t. c. loc. adj. □ V. **año ~, arquitectura ~, aviación ~, casa ~, Código Civil, corona ~, derecho ~, derechos ~es, desobediencia ~, estado ~, frutos ~es, guardia ~, guerra ~, interdicción ~, matrimonio ~,**

muerte ~, posesión ~, proceso ~, registro ~, sanidad ~, sociedad ~, usurpación de estado ~.

civilidad. F. Sociabilidad, urbanidad.

civilista. I. ADJ. **1.** Dicho de un jurista: Especialista en derecho civil. || **II.** COM. **2.** Persona que profesa el derecho civil, o tiene en él especiales conocimientos.

civilización. F. **1.** Conjunto de costumbres, saberes y artes propio de una sociedad humana. || **2.** Estadio de la evolución de esa sociedad. || **3. progreso** (|| avance). *Ha llegado la civilización a ese pueblo.* || **4.** Acción y efecto de civilizar.

civilizador, ra. ADJ. Que civiliza. Apl. a pers., u. t. c. s.

civilizar. TR. **1.** Elevar el nivel cultural de sociedades poco adelantadas. U. t. c. prnl. || **2.** Mejorar la formación y comportamiento de personas o grupos sociales. U. t. c. prnl.

civismo. I. M. **1.** Comportamiento respetuoso del ciudadano con las normas de convivencia pública. || **II.** F. **2.** Celo por las instituciones e intereses de la patria.

cizalla. F. **1.** Instrumento parecido a unas tijeras grandes, con el cual se cortan en frío las planchas de metal. En algunos modelos, una de las hojas es fija. U. t. en pl. con el mismo significado que en sing. || **2.** Especie de guillotina que sirve para cortar cartones y cartulinas en pequeñas cantidades y a tamaño reducido.

cizalladura. F. *Mec.* Deformación producida en un sólido por la acción de dos fuerzas opuestas, iguales y paralelas.

cizallar. TR. Cortar con la cizalla.

cizaña. F. **1.** Planta anual de la familia de las Gramíneas, cuyas cañas crecen hasta más de 1 m, con hojas estrechas de 20 cm de largo, y flores en espigas terminales comprimidas, con aristas agudas. Se cría espontáneamente en los sembrados y la harina de su semilla es venenosa. || **2.** Cosa que hace daño a otra, maleándola o echándola a perder. || **3.** Disensión o enemistad. *No duda en sembrar cizaña.*

cizañero, ra. ADJ. Que tiene el hábito de encizañar. *Programa cizañero.* Apl. a pers., u. t. c. s.

clac¹. F. **claque.** MORF. pl. **clacs.**

clac². ONOMAT. Se usa para imitar un sonido seco y de breve duración, como el del pestillo de una puerta que se cierra, el de un gatillo que se aprieta, etc. U. t. c. s. m. MORF. pl. c. s. **clacs.**

clamar. I. TR. **1. exigir** (|| pedir imperiosamente). *Clamar venganza, justicia.* || **II.** INTR. **2.** Quejarse, dar voces lastimosas, pidiendo favor o ayuda. || **3.** Dicho de algunas cosas inanimadas: Manifestar necesidad de algo. *La tierra clama por agua.* || **4.** Emitir la palabra con vehemencia o de manera grave y solemne. U. t. c. tr. *El acusado clama su inocencia.*

clámide. F. hist. Capa corta y ligera que usaron los griegos, principalmente para montar a caballo, y que después adoptaron los romanos.

clamor. M. **1.** Grito vehemente de una multitud. U. t. en sent. fig. *El clamor de la prensa.* || **2.** Grito o voz que se profiere con vigor y esfuerzo. || **3.** Voz lastimosa que indica aflicción o tristeza. || **4.** Toque de campanas por difuntos.

clamorear. TR. Rogar con quejas o voces lastimeras para conseguir algo.

clamoreo. M. **1.** Clamor repetido o continuado. || **2.** coloq. Ruego molesto y repetido.

clamoroso, sa. ADJ. **1.** Que va acompañado de clamor. *Triunfo, llanto clamoroso.* || **2.** Muy grande, extraordinario. *Un clamoroso silencio.*

clan. M. **1.** En Escocia, conjunto de personas unidas por un vínculo familiar. || **2.** Grupo, predominantemente familiar, unido por fuertes vínculos y con tendencia exclusivista.

clandestinidad. F. Cualidad de clandestino.

clandestino, na. ADJ. Secreto, oculto, y especialmente hecho o dicho secretamente por temor a la ley o para eludirla. *Clínica clandestina.*

claque. F. **1.** Grupo de personas que asisten a un espectáculo con el fin de aplaudir en momentos señalados. || **2.** Grupo de personas que aplauden, defienden o alaban las acciones de otra buscando algún provecho.

claqué. M. Baile caracterizado principalmente por el zapateo que el bailarín realiza con la punta y el tacón de sus zapatos, reforzados en ambas partes con unas láminas de metal que le permiten marcar el ritmo.

claqueta. F. **1.** *Cinem.* Utensilio compuesto de dos planchas de madera, unidas por una bisagra, que se hacen chocar ante la cámara para sincronizar sonido e imagen. || **2.** *Cinem.* Aparato electrónico que realiza la misma función.

claquetista. COM. *Cinem.* Persona que maneja la claqueta.

clara. F. **1.** Materia blanquecina, líquida y transparente, de naturaleza proteínica, que rodea la yema del huevo de las aves y ha sido segregada por pequeñas glándulas existentes en las paredes del oviducto. || **2.** En un bosque, parte rala o despoblada de árboles. || **3.** Cerveza con gaseosa.

claraboya. F. Ventana abierta en el techo o en la parte alta de las paredes.

clarea. F. Bebida que se hace con vino claro, azúcar o miel, canela y otras cosas aromáticas.

clarear. I. TR. **1.** Dar claridad. *El sol clarea las praderas.* U. t. c. intr. || **2.** Hacer más claro o menos denso algo. U. t. c. intr. *El pelo le empieza a clarear.* || **II.** INTR. IMPERS. **3.** Empezar a amanecer. || **4.** Irse abriendo y disipando el nublado. || **III.** PRNL. **5. transparentarse.**

clareo. M. Acción de limpiar un monte de arbustos y malezas.

clarete. M. vino clarete.

claretiano, na. I. ADJ. **1.** Perteneciente o relativo a san Antonio M.ª Claret, a sus doctrinas e instituciones. || **II.** M. **2.** Religioso de la congregación de Hijos del Corazón de María, fundada en 1849 por san Antonio M.ª Claret. || **III.** F. **3.** Religiosa de la congregación de Misioneras de María Inmaculada, dedicada a las misiones y a la enseñanza de las niñas.

claridad. F. **1.** Cualidad de claro. || **2.** Efecto que causa la luz iluminando un espacio, de modo que se distinga lo que hay en él. || **3.** Distinción con que por medio de los sentidos, y más especialmente de la vista y del oído, percibimos las sensaciones, y por medio de la inteligencia, las ideas. || **4.** *Rel.* Una de las cuatro dotes de los cuerpos gloriosos, que consiste en el resplandor y luz que en sí tienen.

claridoso, sa. ADJ. *Méx.* Que acostumbra decir palabras francas sin atenuarlas.

clarificación. F. Acción de clarificar.

clarificador, ra. ADJ. Que clarifica. *Afán clarificador.*

clarificar. TR. **1.** Aclarar algo, quitarle los impedimentos que lo ofuscan. *Clarificar una situación, un asunto.* || **2.** Poner claro, limpio, y purgar de heces lo que estaba denso, turbio o espeso, especialmente un licor o el azúcar para hacer almíbar.

clarín. I. M. **1.** Instrumento musical de viento, de metal, semejante a la trompeta, pero más pequeño y de sonidos más agudos. || **2.** Registro del órgano, compuesto de tubos de estaño con lengüeta, cuyos sonidos son una octava más agudos que los del registro análogo llamado trompeta. || **3.** *Mil.* Trompeta pequeña usada para toques reglamentarios en las unidades montadas del Ejército. || **4.** *Chile.* guisante de olor. || **II.** COM. **5.** Persona que ejerce o profesa el arte de tocar el clarín. || **~ de la selva.** M. *Méx.* Cierta ave canora.

clarinero, ra. M. y F. clarín (|| persona que toca este instrumento).

clarinete. I. M. **1.** Instrumento musical de viento, que se compone de una boquilla de lengüeta de caña, un tubo formado por varias piezas de madera dura, con agujeros que se tapan con los dedos o se cierran con llave, y un pabellón de clarín. Alcanza cerca de cuatro octavas y se usa mucho en orquestas y bandas militares. || **II.** COM. **2.** clarinetista.

clarinetista. COM. Músico que toca el clarinete.

clarión. M. Pasta hecha de yeso mate y greda, que se usa como lápiz para dibujar en los lienzos imprimados lo que se va a pintar, y para escribir en los encerados de las aulas.

clarisa. ADJ. Se dice de la religiosa que pertenece a la segunda Orden de San Francisco, fundada por santa Clara en el siglo XIII. U. t. c. s.

clarividencia. F. **1.** Facultad de comprender y discernir claramente las cosas. || **2.** Penetración, perspicacia. || **3.** Facultad paranormal de percibir cosas lejanas o no perceptibles por el ojo. || **4.** Facultad de adivinar hechos futuros u ocurridos en otros lugares.

clarividente. ADJ. Dicho de una persona: Que posee clarividencia. U. t. c. s.

claro, ra. I. ADJ. **1.** Bañado de luz. *Habitación clara.* || **2.** Que se distingue bien. *Señalización clara.* || **3.** Limpio, puro, desembarazado. *Vista, pronunciación clara.* || **4.** Transparente y terso. *Agua clara. Cristal claro.* || **5.** Dicho de las cosas líquidas mezcladas con algunos ingredientes, como el chocolate: Que no están muy trabadas ni espesas. || **6.** Más ensanchado o con más espacios e intermedios de lo regular. *Pelo claro.* || **7.** Dicho de un color: No subido o no muy cargado de tinte. *Azul, castaño claro.* || **8.** De color claro. *Un vestido claro.* || **9.** Dicho de un sonido: Neto y puro. *Voz clara.* || **10.** Inteligible, fácil de comprender. *Lenguaje claro. Explicación clara. Cuentas claras.* || **11.** Evidente, cierto, manifiesto. *Verdad clara. Hecho claro.* || **12.** Expresado de manera fácil de comprender. *Mensaje claro.* || **13.** Dicho de una persona: Que se expresa de esta manera. || **14.** Dicho del tiempo, del día, de la noche, etc.: En que está el cielo despejado y sin nubes. || **15.** Dicho de un tejido: **ralo.** || **16.** Perspicaz, agudo. *Mente clara.* || **17.** Ilustre, insigne, famoso. *Claro linaje.* || **II.** M. **18.** Espacio sin árboles en el interior de un bosque. || **19.** Tiempo durante el cual se suspende una peroración o discurso. || **20.** Espacio o intermedio que hay entre algunas cosas; como en las procesiones, líneas de tropas, sembrados, etc. || **21.** *Fotogr.* y *Pint.* Porción de luz que baña la figura u otra parte

de la imagen. || **III.** ADV. M. **22.** Con claridad. *Hablaba claro.* || **claro de luna.** M. Momento corto en que la luna se muestra en noche oscura con toda claridad. || **~ oscuro,** o **claro y oscuro.** M. *Pint.* claroscuro (|| distribución de la luz y de las sombras en un cuadro). || **a la ~,** o **a las ~s.** LOCS. ADVS. De manera pública y manifiesta. || **claro.** INTERJ. Se usa para dar por cierto o asegurar lo que se dice. || **claro está.** LOC. INTERJ. claro. || **por lo ~.** LOC. ADV. Con claridad, de manera manifiesta, sin rodeos. || **tener claro ~.** LOC. VERB. coloq. Estar seguro de ello, no tener dudas. || V. **cámara ~, intervalo ~.**

claror. M. Resplandor o claridad.

claroscuro. M. **1.** *Pint.* Distribución muy acusada de la luz y de las sombras en un cuadro. || **2.** Conjunto de rasgos contradictorios de una persona, de una situación o de una cosa.

clase. F. **1.** Conjunto de elementos con caracteres comunes. *Venden lápices de tres clases.* || **2.** Orden o número de personas del mismo grado, calidad u oficio. *clase de los trabajadores.* || **3.** Grupo de alumnos que reciben enseñanza en una misma aula. || **4.** **aula.** || **5.** Lección que explica el profesor a sus alumnos. || **6.** Actividad escolar. *Hoy no ha habido clase en la Facultad.* || **7.** En los establecimientos de enseñanza, cada una de las asignaturas a que se destina separadamente determinado tiempo. || **8.** Distinción, categoría. *Sus hermanos tienen mucha clase.* || **9. clase social.** *Clase alta, baja.* || **10.** *Bot.* y *Zool.* Grupo taxonómico que comprende varios órdenes de plantas o de animales con muchos caracteres comunes. *Clase de las Angiospermas. Clase de los mamíferos.* || **~ de tropa.** F. *Mil.* Nivel inferior de los Ejércitos de Tierra y Aire y del Cuerpo de Infantería de Marina, constituido por soldados, cabos y cabos primeros. || **~ media.** F. Conjunto social integrado por personas cuyos ingresos les permiten una vida desahogada en un mayor o menor grado. || **~ social.** F. Conjunto de personas que pertenecen al mismo nivel social y que presentan cierta afinidad de costumbres, medios económicos, intereses, etc. || **~s pasivas.** F. pl. Conjunto de personas que no trabajan y que normalmente perciben una pensión. □ V. **conciencia de ~.**

clasicismo. M. **1.** Estilo literario o artístico fundado en la imitación de los modelos de la Antigüedad griega o romana. || **2.** Condición de clásico o tradicional.

clasicista. ADJ. **1.** Perteneciente o relativo al clasicismo. *Un edificio clasicista.* || **2.** Partidario del clasicismo. U. t. c. s.

clásico, ca. I. ADJ. **1.** Se dice del período de tiempo de mayor plenitud de una cultura, de una civilización, etc. || **2.** Dicho de un autor, de una obra, de un género, etc.: Que pertenecen a dicho período. Apl. a un autor o a una obra, u. t. c. s. m. *Un clásico del cine.* || **3.** Dicho de un autor o de una obra: Que se tienen por modelos dignos de imitación en cualquier arte o ciencia. U. t. c. s. || **4.** Perteneciente o relativo al momento histórico de una ciencia, en el que se establecen teorías y modelos que son la base de su desarrollo posterior. *Química clásica.* || **5.** Perteneciente o relativo a la literatura o al arte de la Antigüedad griega y romana. *Filología, mitología clásica.* || **6.** Que se inspira en el arte y el mundo clásicos o los imita. *Frente al estilo clásico de los poetas del XVIII, surgirá el apasionamiento de los románticos.* || **7.** Dicho de la música y de otras artes relacionadas con ella: De tradición culta. || **8.** Que no se aparta de lo tradicional, de las reglas establecidas por la costumbre y el uso. *Un traje de corte clásico.* || **9.** Típico, característico. *Actúa con el comportamiento clásico de un profesor.* || **II.** M. **10.** Á. R. *Plata.* Competición hípica de importancia que se celebra anualmente. □ V. **Antigüedad** ~, **árabe** ~, **latín** ~.

clasificación. F. **1.** Acción y efecto de clasificar. || **2.** Relación de las personas clasificadas en una determinada prueba. || **~ periódica.** F. **sistema periódico.**

clasificado, da. PART. de clasificar. || **I.** M. y F. **1.** Persona que ha obtenido los resultados necesarios para entrar o mantenerse en una competición. U. t. c. adj. || **II.** M. **2.** Anuncio por líneas o palabras en la prensa periódica.

clasificador, ra. **I.** ADJ. **1.** Que clasifica. *Comisión clasificadora.* Apl. a pers., u. t. c. s. || **II.** M. **2.** Mueble de despacho con varios cajones para guardar separadamente y con orden los papeles.

clasificar. **I.** TR. **1.** Ordenar o disponer por clases. *Clasificar las plantas por sus hojas.* || **2.** Dar carácter secreto o reservado a un documento. || **II.** PRNL. **3.** Obtener determinado puesto en una competición. *Se clasificó segundo.* || **4.** Conseguir un puesto que permite continuar en una competición o torneo deportivo. *Se clasificó para los cuartos de final.* En América, u. t. c. intr. *Los italianos clasificaron para la final.*

clasificatorio, ria. ADJ. Que clasifica o que sirve para clasificar. *Fase clasificatoria.*

clasismo. M. Actitud de quienes defienden la discriminación por motivos de pertenencia a otra clase social.

clasista. ADJ. **1.** Dicho de una cosa: Peculiar de una clase social. *Privilegio clasista.* || **2.** Perteneciente o relativo al clasismo. *Mentalidad clasista.* || **3.** Dicho de una persona: Que es partidaria de las diferencias de clase o se comporta con fuerte conciencia de ellas. U. t. c. s.

clástico, ca. ADJ. *Geol.* Dicho de algunos materiales geológicos: Que están formados por fragmentos de diferentes rocas.

claudia. □ V. **ciruela** ~.

claudicación. F. Acción y efecto de claudicar. || **~ intermitente.** F. *Med.* Síntoma caracterizado por la cojera dolorosa, producida por el acto de andar, que aparece principalmente en la tromboangitis obliterante.

claudicante. ADJ. **1.** Que claudica ante una presión o tentación. || **2.** Que cojea o anda de manera insegura.

claudicar. INTR. **1.** Acabar por ceder a una presión o una tentación. || **2.** *Med.* Quedar afectado un órgano a consecuencia de la interrupción de la circulación de la sangre en un vaso que lo irriga.

claustra. F. **claustro** (|| galería del patio de una iglesia o convento).

claustral. ADJ. **1.** Perteneciente o relativo al claustro. *Procesión claustral.* || **2.** Se dice de cada miembro del claustro de un centro docente. U. t. c. s.

claustrillo. M. hist. Salón de algunas universidades en que se celebraban ciertos actos académicos de segundo orden.

claustro. M. **1.** Galería que cerca el patio principal de una iglesia o convento. || **2.** Junta que interviene en el gobierno de las universidades y centros dependientes de un rectorado. || **3.** Conjunto de profesores de un centro docente en ciertos grados de la enseñanza. || **4.** Reunión de los miembros del claustro de un centro docente. || **5.** Estado monástico. || **~ materno.** M. **útero.**

claustrofobia. F. Angustia producida por la permanencia en lugares cerrados.

claustrofóbico, ca. ADJ. **1.** Perteneciente o relativo a la claustrofobia. *Un impulso claustrofóbico.* || **2.** Que padece claustrofobia. U. t. c. s.

cláusula. F. **1.** *Der.* Cada una de las disposiciones de un contrato, tratado, testamento o cualquier otro documento análogo, público o privado. || **2.** *Gram.* y *Ret.* Tradicionalmente, conjunto de palabras que, formando sentido completo, encierran una sola oración o varias íntimamente relacionadas entre sí. || **~ compuesta.** F. *Gram.* y *Ret.* La que consta de dos o más oraciones. || **~ de conciencia.** F. *Esp.* Facultad reconocida a una persona, en ciertos casos, de negarse a realizar un acto normalmente obligatorio, por ser contrario a sus convicciones. *Cláusula de conciencia de un periodista. Cláusula de conciencia de un médico.* || **~ penal.** F. *Der.* Estipulación en las obligaciones de una sanción, generalmente pecuniaria, que sustituye, salvo pacto en contrario, a las indemnizaciones por incumplimiento o retardo. || **~ simple.** F. *Gram.* y *Ret.* La que consta de una sola oración.

clausulado. M. Conjunto de cláusulas.

clausular. TR. Cerrar o terminar el período; poner fin a lo que se estaba diciendo.

clausura. F. **1.** Acción de clausurar. || **2.** Acto solemne con que se terminan o suspenden las deliberaciones de un congreso, un tribunal, etc. || **3.** En los conventos de religiosos, recinto interior donde no pueden entrar mujeres. || **4.** En los conventos de religiosas, aquel donde no pueden entrar hombres ni mujeres. || **5.** Obligación que tienen las personas religiosas de no salir de cierto recinto, y prohibición a las seglares de entrar en él. || **6.** Vida religiosa o en clausura.

clausurar. TR. **1.** cerrar (|| poner fin). *Clausurar el curso escolar.* || **2.** Cerrar, inhabilitar temporal o permanentemente un edificio, un local, etc. *Clausurar un camino.*

clava. F. hist. Palo toscamente labrado, como de un metro de largo, que va aumentando de diámetro desde la empuñadura hasta el extremo opuesto, y que se usaba como arma.

clavadismo. M. *Méx.* Deporte que consiste en hacer clavados.

clavado, da. PART. de clavar. || **I.** ADJ. **1.** Fijo, puntual. *Fueron dos horas clavadas.* || **2.** Acertado, adecuado, oportuno. *La actriz ha estado clavada en su papel.* || **3.** coloq. **idéntico** (|| muy parecido). *Ese chal es clavado al mío.* || **4.** coloq. Sorprendido, desconcertado. *Me quedé clavado después de lo que me dijo; no sabía qué hacer.* || **II.** M. **5.** *Am. Mer.* y *Méx.* En natación, zambullida vertical.

clavar. TR. **1.** Introducir un clavo u otra cosa aguda, a fuerza de golpes, en un cuerpo. *Clavar una tachuela.* || **2.** Asegurar con clavos una cosa en otra. *Clavar una placa en la puerta.* || **3.** Introducir una cosa puntiaguda. U. t. c. prnl. *Se me clavó una espina.* || **4.** Fijar, parar, poner. *Clavó los ojos en ella.* || **5.** Inutilizar un cañón introduciendo en el oído un clavo de acero a golpe de mazo. || **6.** coloq. Engañar a alguien perjudicándolo. U. t. c. prnl. || **7.** coloq. Perjudicar a alguien cobrándole más de lo justo.

clavazón. F. Conjunto de clavos puestos en alguna cosa, o preparados para ponerlos.

clave. **I.** F. **1.** Código de signos convenidos para la transmisión de mensajes secretos o privados. || **2.** Conjunto de reglas y correspondencias que explican este código. ‖ **3.** Dato o idea por los cuales se hace comprensible algo que era enigmático. *Desentrañaron las claves del asesinato.* ‖ **4.** Se usa en aposición para referirse a algo básico, fundamental, decisivo. *Jornada clave. Fechas clave. Tema clave.* U. t. c. adj. *Conceptos claves.* ‖ **5.** *Arq.* Piedra con que se cierra el arco o bóveda. ‖ **6.** *Inform.* **contraseña** (‖ secuencia de caracteres). *La clave de una computadora.* ‖ **7.** *Mús.* Signo que se pone al principio del pentagrama para determinar el nombre de las notas. ‖ **8.** *Á. Caribe.* Instrumento musical de percusión que consiste en dos palos pequeños que se golpean uno contra otro. U. m. en pl. ‖ **II.** M. **9.** clavecín. ‖ **de ~,** o **en ~.** LOCS. ADJS. Se dice de la obra literaria en que los personajes y sucesos fingidos encubren otros reales. *Novela, comedia de clave.* ‖ **en ~ de.** LOC. PREPS. Con el carácter o el tono de. *En clave de humor.* □ V. **palabra ~.**

clavecín. M. Instrumento musical de cuerdas y teclado que se caracteriza por el modo de herir dichas cuerdas desde abajo por picos de pluma que hacen el oficio de plectros.

clavecinista. COM. Músico que toca el clavecín.

clavel. M. **1.** Planta de la familia de las Cariofiláceas, de tres a cuatro decímetros de altura, con tallos nudosos y delgados, hojas largas, estrechas, puntiagudas y de color gris; muchas flores terminales, con cáliz cilíndrico y cinco pétalos de color rojo subido y muy fragantes. Se la cultiva por lo hermoso de sus flores, que se hacen dobles y adquieren colores muy diversos. ‖ **2.** Flor de esta planta.

clavelito. M. **1.** Especie de clavel con tallos rectos de más de tres decímetros de altura, ramosos, con multitud de flores dispuestas en corimbos desparramados, que despiden aroma suave por la tarde y por la noche, y tienen pétalos blancos o de color de rosa divididos en lacinias hendidas de través en tiras largas. ‖ **2.** Flor de esta planta.

clavellina. F. **1.** Clavel, principalmente el de flores sencillas. ‖ **2.** Planta semejante al clavel común, pero de tallos, hojas y flores más pequeños. ‖ **3.** Flor de esta planta.

clavelón. M. Planta herbácea mexicana, de la familia de las Compuestas, de tallo y ramas erguidas, hojas recortadas y flores amarillas y fétidas. Es muy común en los jardines, y su fruto y raíz son purgantes.

clavería. F. *Méx.* En las catedrales, oficina que entiende en la recaudación y distribución de las rentas del cabildo.

clavero[1]. M. Árbol tropical, de la familia de las Mirtáceas, de unos seis metros de altura, copa piramidal, hojas opuestas, ovales, enteras, lisas y coriáceas, flores róseas en corimbo, con cáliz de color rojo oscuro y de cuatro divisiones, y por fruto drupa como la cereza, con almendra negra, aromática y gomosa. Los capullos de sus flores son los clavos de especia.

clavero[2]. M. hist. En algunas órdenes militares, caballero que tenía cierta dignidad y a cuyo cargo estaba la custodia y defensa del principal castillo o convento.

clavete. M. *Mús.* Púa con que se tañe la bandurria.

clavetear. TR. **1.** Sujetar con clavos. *Clavetear las tablillas de las ventanas.* ‖ **2.** Guarnecer o adornar con clavos de oro, plata u otro metal una caja, una puerta, un coche, etc.

claveteo. M. Acción de clavetear.

clavicembalista. COM. clavecinista.

clavicémbalo. M. **clavecín.**

clavicímbano. M. **clavecín.**

clavicordio. M. Instrumento musical de cuerdas y teclado, cuyo mecanismo se reduce a una palanca, una de cuyas extremidades, que forma la tecla, desciende por la presión del dedo, mientras la otra, bruscamente elevada, hiere la cuerda por debajo con un trozo de latón que lleva en la punta.

clavícula. F. *Anat.* Cada uno de los dos huesos situados transversalmente y con alguna oblicuidad en uno y otro lado de la parte superior del pecho, y articulados por dentro con el esternón y por fuera con el acromion del omóplato.

clavicular. ADJ. *Anat.* Perteneciente o relativo a la clavícula.

claviforme. ADJ. Que tiene forma de clava o porra. *Signos claviformes.*

clavija. F. **1.** Trozo cilíndrico o ligeramente cónico de madera, metal u otra materia apropiada, que se encaja en un taladro hecho al efecto en una pieza sólida. ‖ **2.** Pieza de madera con oreja que se usa en los instrumentos musicales con astil, para asegurar y arrollar las cuerdas. ‖ **3.** Pieza de hierro con espiga cuadrada que se usa en los instrumentos musicales de clavijero con igual objeto. ‖ **4.** Pieza de material aislante con varillas metálicas que se introducen en las hembrillas para establecer una conexión eléctrica. ‖ **5.** Pieza con una varilla metálica que sirve para conectar un teléfono a la red. ‖ **apretar las ~s** a alguien. LOC. VERB. coloq. Adoptar con él una actitud rígida y severa.

clavijero. M. **1.** Pieza maciza, larga y estrecha, de madera o hierro, en que están alojadas las clavijas de los pianos, clavicordios y otros instrumentos análogos. ‖ **2.** *Agr.* Parte del timón del arado en la cual están los agujeros para poner la clavija.

clavillo. M. **1.** **clavo** (‖ capullo seco de la flor del clavero). ‖ **2.** Cada una de las puntas de hierro colocadas en el puente y en el secreto del piano, para dar dirección a las cuerdas.

claviórgano. M. Instrumento musical muy armonioso, que tiene cuerdas como un clave y flautas o cañones como un órgano.

clavo. M. **1.** Pieza metálica, larga y delgada, con cabeza y punta, que sirve para introducirla en alguna parte, o para asegurar una cosa a otra. ‖ **2.** Capullo seco de la flor del **clavero[1].** Tiene la forma de un clavo pequeño, con una cabeza redonda formada por los pétalos y rodeada de cuatro puntas, que son las divisiones del cáliz, de color pardo oscuro, de olor muy aromático y sabor acre y picante. Es medicinal y se usa como especia en diferentes condimentos. ‖ **3.** jaqueca. ‖ **4.** Daño o perjuicio que alguien recibe. ‖ **5.** Dolor agudo, o preocupación o pena que acongoja. ‖ **6.** coloq. Persona o cosa molesta, engorrosa. ‖ **7.** *Med.* Tejido muerto que se desprende del divieso. ‖ **8.** *Á. Caribe.* Deformación en la planta de los pies que molesta para caminar. ‖ **~ de olor.** M. **clavo** (‖ capullo seco de la flor del clavero). ‖ **agarrarse a,** o **de, un ~ ardiendo.** LOCS. VERBS. coloqs. Valerse de cualquier recurso o medio, por difícil o arriesgado que sea, para salvarse de un peligro, evitar un mal que amenaza o conseguir alguna otra cosa. ‖ **dar en el ~.** LOC. VERB. coloq. Acertar en lo que se hace o dice, especialmente cuando es dudosa la resolución. ‖ **dar una en el ~ y ciento en la herradura.** LOC. VERB. coloq. Acertar por casualidad, equivocarse a menudo. ‖ **de ~ pasado.** LOC. ADJ. De toda evidencia. ‖ **hacer ~** los materiales de una edificación o la piedra del firme de un camino. LOC.VERB. *Constr.* Unirse y trabarse sólidamente. ‖ **no dar una en el ~.** LOC.VERB. coloq. No acertar en absoluto en lo que se hace o dice. ‖ **no tener un ~.** LOC.VERB. coloq. Estar sin dinero. ‖ **por los ~s de Cristo.** EXPR. coloq. Se usa para rogar a alguien encarecidamente. ‖ **sacar un ~ con otro ~.** LOC. VERB. coloq. Se usa para dar a entender que a veces un mal o una preocupación hacen olvidar o no sentir otros que antes molestaban. ‖ **sacarse el ~.** LOC.VERB. **1.** coloq. Satisfacer un deseo largamente anhelado. ‖ **2.** coloq. Desquitarse, resarcirse.

claxon. (Del inglés *Klaxon*, marca reg.). M. *Esp.* Bocina eléctrica. MORF. pl. **cláxones.**

clema. F. Pieza para realizar empalmes eléctricos.

clemátide. F. Planta medicinal, de la familia de las Ranunculáceas, de tallo rojizo, sarmentoso y trepador, hojas opuestas y compuestas de hojuelas acorazonadas y dentadas, y flores blancas, azuladas o violetas y de olor suave.

clembuterol. M. *Veter.* Esteroide anabolizante que produce un engorde artificial del ganado.

clemencia. F. Compasión, moderación al aplicar justicia.

clemente. ADJ. Que tiene clemencia.

clementina. F. **naranja clementina.**

clepsidra. F. **reloj de agua.**

cleptomanía. F. Propensión morbosa al hurto.

cleptómano, na. ADJ. Que padece cleptomanía. U. t. c. s.

clerecía. F. **1.** Conjunto de personas eclesiásticas que componen el clero. ‖ **2.** Oficio u ocupación de clérigos. □ V. **mester de ~.**

clerical. ADJ. **1.** Perteneciente o relativo al clérigo. *Hábito, estado clerical.* ‖ **2.** Marcadamente afecto y sumiso al clero y a sus directrices. *Actitud clerical.*

clericalismo. M. **1.** Influencia excesiva del clero en los asuntos políticos. ‖ **2.** Intervención excesiva del clero en la vida de la Iglesia, que impide el ejercicio de los derechos a los demás miembros del pueblo de Dios. ‖ **3.** Marcada afección y sumisión al clero y a sus directrices.

clerigalla. F. despect. **clero.**

clérigo. M. **1.** Hombre que ha recibido las órdenes sagradas. ‖ **2.** hist. En la Edad Media, hombre letrado y de estudios escolásticos, aunque no tuviese orden alguna, en oposición al indocto y especialmente a quien no sabía latín. ‖ **3.** hist. En la Edad Media, hombre sabio en general, aunque fuese pagano. ‖ **~ de misa.** M. Presbítero o sacerdote.

clero. M. **1.** Conjunto de los clérigos. ‖ **2.** Clase sacerdotal en la Iglesia católica. ‖ **~ regular.** M. El que se liga con los tres votos religiosos de pobreza, obediencia y castidad. ‖ **~ secular.** M. El que no hace dichos votos.

clerofobia. F. **anticlericalismo** (‖ animosidad contra todo lo relacionado con el clero).

clerófobo, ba. ADJ. **anticlerical** (‖ contrario al clero). Apl. a pers., u. t. c. s.

clic. I. ONOMAT. **1.** Se usa para reproducir ciertos sonidos, como el que se produce al apretar el gatillo de un arma, pulsar un interruptor, etc. U. t. c. s. m. ‖ **II.** M. **2.** Pulsación que se hace en alguno de los botones del ratón de una computadora u ordenador. ¶ MORF. pl. c. s. **clics.**

cliché. M. **1.** Tira de película fotográfica revelada, con imágenes negativas. ‖ **2.** Lugar común, idea o expresión demasiado repetida o formularia. ‖ **3.** *Impr.* Plancha clisada, y especialmente la que representa algún grabado.

clienta. F. Mujer que compra en un establecimiento o utiliza los servicios de un profesional o un establecimiento.

cliente. COM. **1.** Persona que compra en un establecimiento o utiliza los servicios de un profesional o un establecimiento. ‖ **2. parroquiano** (‖ persona que acostumbra a ir a una misma tienda). ‖ **3.** Persona que está bajo la protección o tutela de otra. ‖ **4.** *Inform.* Programa o dispositivo que solicita determinados servicios a un servidor del que depende. ‖ **~-servidor.** M. *Inform.* Modelo de comunicación entre computadoras u ordenadores conectados a una red, en el que uno de ellos, llamado servidor, satisface las peticiones de otro, llamado cliente. □ V. **cartera de ~s.**

clientela. F. Conjunto de los clientes de una persona o de un establecimiento.

clientelismo. M. Sistema de protección y amparo con que los poderosos patrocinan a quienes se acogen a ellos a cambio de su sumisión y de sus servicios.

clima. M. **1.** Conjunto de condiciones atmosféricas que caracterizan una región. ‖ **2.** Temperatura particular y demás condiciones atmosféricas y telúricas de cada país. ‖ **3. ambiente** (‖ condiciones o circunstancias físicas, sociales, etc.). *Clima intelectual, político.* ‖ **4.** País, región.

climatérico, ca. ADJ. *Biol.* Perteneciente o relativo a cualquiera de los períodos de la vida considerados como críticos, especialmente el de la declinación sexual.

climaterio. M. *Biol.* Período de la vida que precede y sigue a la extinción de la función genital.

climático, ca. ADJ. Perteneciente o relativo al clima.

climatización. F. Acción y efecto de climatizar.

climatizador, ra. I. ADJ. **1.** Que climatiza. *Sistema climatizador.* ‖ **II.** M. **2.** Aparato para climatizar.

climatizar. TR. Dar a un espacio cerrado las condiciones de temperatura, humedad del aire y a veces también de presión, necesarias para la salud o la comodidad de quienes lo ocupan.

climatología. F. **1.** Tratado del clima. ‖ **2.** Conjunto de las condiciones propias de un determinado clima.

climatológico, ca. ADJ. Perteneciente o relativo a la climatología.

climatólogo, ga. M. y F. Especialista en climatología.

clímax. M. **1.** Punto más alto o culminación de un proceso. ‖ **2.** Momento culminante de un poema o de una acción dramática.

climograma. F. *Meteor.* Gráfico que representa los valores medios de pluviosidad y temperatura de una zona en un período determinado.

clínica. F. **1.** Establecimiento sanitario, generalmente privado, donde se diagnostica y trata la enfermedad de un paciente, que puede estar ingresado o ser atendido en forma ambulatoria. ‖ **2.** Ejercicio práctico de la medicina relacionado con la observación directa del paciente y con su tratamiento. *Un tratado de clínica.* ‖ **3.** Conjunto de las manifestaciones de una enfermedad.

clínico, ca. I. ADJ. **1.** Perteneciente o relativo al ejercicio práctico de la medicina basado en la observación directa de los pacientes y su tratamiento. *Signo, síntoma clínico.* ‖ **II.** M. y F. **2.** Persona consagrada al ejercicio práctico de la medicina. □ V. **análisis ~, caso ~, cuadro ~, historia ~, ojo ~, termómetro ~.**

clinómetro. M. *Fís.* Aparato que mide la diferencia de calado entre la proa y la popa de un buque.

clinopodio. M. Hierba de la familia de las Labiadas, con raíz vivaz y rastrera, tallo de medio metro de altura, cuadrangular, ramoso y velloso, hojas opuestas, aovadas y dentadas, y flores en cabezuela terminal, blancas o purpúreas, ligeramente aromáticas, acompañadas de brácteas cerdosas.

clip¹. M. **1.** Utensilio hecho con un trozo de alambre, u otro material, doblado sobre sí mismo, que sirve para sujetar papeles. || **2.** Sistema de pinza para fijar mediante presión broches, horquillas, etc. *Pendientes de clip.* ¶ MORF. pl. **clips.**

clip². M. videoclip. MORF. pl. **clips.**

clíper. M. **1.** Buque de vela, fino, ligero y muy resistente. || **2.** Avión grande para el transporte transatlántico de pasajeros. ¶ MORF. pl. **clíperes.**

clisar. TR. *Impr.* Reproducir con planchas de metal la composición de imprenta, o grabados en relieve, de que previamente se ha sacado un molde.

clisé. M. **cliché.**

clister. M. **enema.**

clítico, ca. ADJ. *Gram.* Dicho de un elemento gramatical átono: Que se liga morfológicamente a una forma anterior o posterior. U. m. c. s. m.

clítoris. M. *Anat.* Órgano pequeño, carnoso y eréctil, que sobresale en la parte anterior de la vulva. □ V. **prepucio del ~.**

cloaca. F. **1.** Conducto por donde van las aguas sucias o las inmundicias de las poblaciones. || **2.** Lugar sucio, inmundo. *Aquel rincón es una cloaca.* || **3.** *Zool.* Porción final, ensanchada y dilatable, del intestino de las aves y otros animales, en la cual desembocan los conductos genitales y urinarios.

cloacal. ADJ. Perteneciente o relativo a la cloaca.

cloasma. M. *Med.* Conjunto de manchas irregulares en forma de placas de color amarillo oscuro, que aparecen principalmente en la cara, durante el embarazo y ciertos estados anormales.

cloche. M. **1.** *Á. Caribe.* embrague (|| mecanismo). || **2.** *Á. Caribe.* embrague (|| pedal).

clon. M. **1.** *Biol.* Conjunto de células u organismos genéticamente idénticos, originado por reproducción asexual a partir de una única célula u organismo o por división artificial de estados embrionarios iniciales. || **2.** *Biol.* Conjunto de fragmentos idénticos de ácido desoxirribonucleico obtenidos a partir de una misma secuencia original.

clonación. F. *Biol.* Acción y efecto de clonar.

clonar. TR. *Biol.* Producir clones.

clónico, ca. ADJ. **1.** *Biol.* Perteneciente o relativo al clon. *Reproducción clónica.* || **2.** Idéntico a un patrón. *Computadora clónica.* Apl. a una máquina o un aparato, u. t. c. s. m.

clonqui. M. *Chile.* Planta muy común semejante al abrepuño.

cloque. M. **1.** bichero. || **2.** Garfio con asta que sirve para enganchar los atunes en las almadrabas.

cloquear. INTR. Dicho de la gallina clueca: Emitir su sonido característico.

cloqueo. M. Cacareo sordo de la gallina clueca.

cloquera. F. Estado de las gallinas y otras aves, que las incita a permanecer sobre los huevos para incubarlos o empollarlos.

cloración. F. *Quím.* Acción y efecto de clorar.

cloral. M. *Quím.* Derivado clorado del etanol, que con el agua forma un hidrato sólido y se usa en medicina como anestésico.

clorar. TR. **1.** *Quím.* Introducir átomos de cloro en la molécula de un compuesto químico. || **2.** Tratar con cloro las aguas para hacerlas potables o mejorar sus condiciones higiénicas.

clorato. M. *Quím.* Sal del ácido clórico.

clorhídrico, ca. ADJ. *Quím.* Perteneciente o relativo a las combinaciones del cloro y del hidrógeno. □ V. **ácido ~.**

clórico, ca. ADJ. *Quím.* Perteneciente o relativo al cloro.

clorita. F. Mineral de color verdoso y brillo anacarado, compuesto de un silicato y un aluminato hidratados de magnesia y óxido de hierro.

cloro. M. Elemento químico de núm. atóm. 17. Muy abundante en la litosfera, se encuentra en forma de cloruros en el agua de mar, en depósitos salinos y en tejidos animales y vegetales. Gas de color verde amarillento y olor sofocante, es muy venenoso, altamente reactivo y se licua con facilidad. Se usa para blanquear y como plaguicida, en la desinfección de aguas y en la industria de los plásticos. (Símb. *Cl*).

clorofila. F. *Biol.* y *Quím.* Pigmento propio de las plantas verdes y de ciertas bacterias, que participa en el proceso de la fotosíntesis.

clorofílico, ca. ADJ. *Biol.* y *Quím.* Perteneciente o relativo a la clorofila.

cloroformar. TR. *Méx.* Aplicar el cloroformo para producir la anestesia.

cloroformo. M. *Quím.* Líquido incoloro, aromático y de sabor azucarado y picante, derivado triclorado del metano, que se empleó en medicina como anestésico. (Fórm. Cl_3CH).

cloroplasto. M. *Biol.* Orgánulo de las células vegetales en el que tiene lugar la fotosíntesis.

clorosis. F. **1.** *Bot.* Amarilleo de las partes verdes de una planta debido a la falta de actividad de sus cloroplastos. || **2.** *Med.* Enfermedad producida por deficiencia de hierro en la dieta, y caracterizada por anemia con palidez verdosa y otros síntomas.

clorótico, ca. ADJ. Que padece clorosis. U. t. c. s. □ V. **anemia ~.**

cloruro. M. *Quím.* Sal del ácido clorhídrico. || **~ de sodio,** o **~ sódico.** M. *Quím.* **sal** (|| sustancia blanca y cristalina).

clóset. M. *Am.* Armario empotrado. MORF. pl. **clósets.**

club. M. **1.** Sociedad fundada por un grupo de personas con intereses comunes y dedicada a actividades de distinta especie, principalmente recreativas, deportivas o culturales. || **2.** Lugar donde se reúnen los miembros de estas sociedades. *Va al club todos los domingos.* || **3.** hist. Junta de individuos que se constituían en sociedad política, a veces clandestina. ¶ MORF. pl. **clubs** o **clubes.** || **~ nocturno.** M. Lugar de esparcimiento donde se bebe y se baila y en el que suelen ofrecerse espectáculos musicales, habitualmente de noche.

clueco, ca. ADJ. Se dice de la gallina y de otras aves cuando se echan sobre los huevos para empollarlos. U. t. c. s.

cluniacense. **I.** ADJ. **1.** Perteneciente o relativo al monasterio o congregación de Cluni, en Borgoña, que seguía la regla de san Benito. || **II.** M. **2.** Religioso de esta congregación.

cneoráceo, a. ADJ. *Bot.* Se dice de las plantas angiospermas dicotiledóneas afines a las Cigofiláceas; p. ej., el olivillo. U. t. c. s. f. ORTOGR. En f. pl., escr. con may. inicial c. taxón. *Las Cneoráceas.*

cnidario. ADJ. *Zool.* Se dice de ciertos celentéreos provistos de células urticantes, que salvo rara excepción, como la hidra de las aguas dulces, son marinos, de vida planctónica, como las medusas, o viven fijos en el fondo, como las actinias, a veces en colonias como los corales o las madréporas. U. t. c. s. m. ORTOGR. En m. pl., escr. con may. inicial c. taxón. *Los Cnidarios.*

coa¹. F. **1.** *Ant.* hist. Palo aguzado que los indios taínos usaban en la labranza para abrir hoyos en los conucos. || **2.** *Méx.* Especie de palo usado para la labranza.

coa². M. *Chile.* Jerga hablada por la gente del hampa.

coacción. F. **1.** Fuerza o violencia que se hace a alguien para obligarlo a que diga o ejecute algo. || **2.** *Der.* Poder legítimo del derecho para imponer su cumplimiento o prevalecer sobre su infracción.

coaccionar. TR. Ejercer coacción.

coacervar. TR. Juntar o amontonar.

coactividad. F. Cualidad de coactivo.

coactivo, va. ADJ. Que ejerce coacción o resulta de ella. *Presiones coactivas.*

coadjutor, ra. I. M. y F. **1.** Persona que ayuda y acompaña a otra en ciertas cosas. || **II.** M. **2.** Eclesiástico que ayuda al cura párroco.

coadjutoría. F. Empleo o cargo de coadjutor.

coadunar. TR. Unir, mezclar e incorporar unas cosas con otras. *Coadunar la verdad con la libertad.* U. t. c. prnl.

coadyuvador, ra. M. y F. Persona que coadyuva.

coadyuvante. I. ADJ. **1.** Que coadyuva. *Factor coadyuvante.* Apl. a pers., u. t. c. s. || **II.** M. **2.** Cosa que coadyuva. *Es recomendable la natación como coadyuvante en el tratamiento de las dolencias de espalda.*

coadyuvar. INTR. Contribuir, asistir o ayudar a la consecución de algo.

coagulación. F. Acción y efecto de coagular.

coagulador, ra. ADJ. Que coagula. *Glándula coaguladora.*

coagulante. ADJ. Que coagula. Apl. a una sustancia, u. t. c. s. m.

coagular. TR. Cuajar, solidificar un líquido, especialmente la sangre. U. t. c. prnl.

coágulo. M. **1.** Grumo extraído de un líquido coagulado. || **2.** Masa coagulada. || **3.** Coagulación de la sangre.

coahuilense. ADJ. **1.** Natural de Coahuila. U. t. c. s. || **2.** Perteneciente o relativo a este estado de México.

coalescencia. F. Propiedad de las cosas de unirse o fundirse.

coalescente. ADJ. **1.** Que une o funde. *Las propiedades coalescentes del grupo humano.* || **2.** Dicho de una cosa: Que se une o funde. *Ejércitos coalescentes.*

coalición. F. Unión transitoria de personas, grupos políticos o países con un interés determinado.

coalicionista. COM. **1.** Miembro de una coalición. || **2.** Partidario de ella.

coaligado, da. PART. de **coaligarse.** || ADJ. Que participa en una coalición. U. t. c. s.

coaligarse. PRNL. coligarse.

coameño, ña. ADJ. **1.** Natural de Coamo. U. t. c. s. || **2.** Perteneciente o relativo a este municipio de Puerto Rico o a su cabeza.

coana. F. *Anat.* Cada uno de los orificios nasales internos que comunican los tractos respiratorio y deglutorio del aparato digestivo.

coaptación. F. **1.** Adaptación de una cosa con otra. || **2.** *Med.* Acción de colocar en sus relaciones naturales los fragmentos de un hueso fracturado. || **3.** *Med.* Acción de restituir en su sitio un hueso dislocado.

coartación. F. Acción y efecto de coartar.

coartada. F. **1.** Argumento de inculpabilidad de un reo por hallarse en el momento del crimen en otro lugar. || **2.** Pretexto, disculpa.

coartar. TR. Limitar, restringir, no conceder enteramente algo. *Coartar la voluntad, la jurisdicción.*

coatí. M. Mamífero carnicero plantígrado, americano, de cabeza alargada y hocico estrecho con nariz muy saliente y puntiaguda, orejas cortas y redondeadas y pelaje largo y tupido. Tiene uñas fuertes y curvas que le sirven para trepar a los árboles. MORF. pl. **coaties** o **coatís.**

coautor, ra. M. y F. Autor con otro u otros.

coaxial. ADJ. Se dice de la figura o cuerpo, compuesto de diferentes partes cilíndricas, que tienen común su eje de simetría. ☐ V. **cable ~.**

coba. F. coloq. Halago o adulación fingidos. *Dar coba.*

cobalto. M. Elemento químico de núm. atóm. 27. Metal escaso en la litosfera, se encuentra muy diseminado en diversos minerales, en forma de sulfuros y compuestos de arsénico. De color gris o blanco rojizo, se parece al hierro en muchas propiedades. Se utiliza en la industria metalúrgica, y algunos de sus derivados, de color azul, se usan como colorantes en la fabricación de vidrios, esmaltes y pinturas. Uno de sus isótopos, el cobalto 60, es radiactivo y tiene aplicaciones industriales y médicas, como la bomba de cobalto. (Símb. *Co*). ☐ V. **azul de ~, bomba de ~.**

cobaltoterapia. F. *Med.* Tratamiento de tumores por la radiación gamma del cobalto 60 producida en una bomba de cobalto.

cobanero, ra. ADJ. **1.** Natural de Cobán. U. t. c. s. || **2.** Perteneciente o relativo a esta ciudad de Guatemala, cabecera del departamento de Alta Verapaz.

cobarde. ADJ. **1.** Pusilánime, sin valor ni espíritu para afrontar situaciones peligrosas o arriesgadas. *Hombre cobarde. Época de conformismo cobarde.* Apl. a pers., u. t. c. s. || **2.** Hecho con cobardía. *Agresión cobarde.*

cobardear. INTR. Tener o mostrar cobardía.

cobardía. F. Falta de ánimo y valor.

cobardón, na. ADJ. Cobarde o algo cobarde.

cobaya. AMB. conejillo de Indias.

cobayo. M. conejillo de Indias.

cobea. F. *Am. Cen.* Planta enredadera, de la familia de las Convolvuláceas, que llama la atención por sus flores de color violáceo.

cobertera. F. **1.** Pieza llana de metal o de barro, de forma generalmente circular, y con un asidero en medio, que sirve para tapar las ollas o para otros usos. || **2.** Cada una de las plumas que cubren la base de las alas o de la cola de las aves.

cobertizo. M. **1.** Sitio cubierto para resguardar de la intemperie personas, animales o efectos. || **2.** Tejado que sale fuera de la pared y sirve para guarecerse de la lluvia.

cobertor. M. **1.** colcha. || **2.** Manta o cobertura de abrigo para la cama.

cobertura. F. **1.** Acción y efecto de cubrir o cubrirse. || **2. cubierta** (|| para tapar o resguardar algo). || **3.** Cantidad o porcentaje abarcado por una cosa o una actividad. *La cobertura de una póliza de seguros.* || **4.** Extensión territorial que abarcan diversos servicios, especialmente los de telecomunicaciones. *Cobertura regional. Cobertura nacional.* || **5.** Conjunto de medios técnicos y humanos que hacen posible una información. || **6.** En el fútbol y otros deportes, **línea defensiva.** || **7.** Metálico, divisas u otros valores que sirven de garantía para la emisión de billetes de banco o para otras operaciones financieras o mercantiles.

cobija. F. **1.** Teja que se pone con la parte cóncava hacia abajo abrazando sus lados dos canales de tejado. || **2.** Mantilla corta para abrigar la cabeza. || **3. cubierta** (|| para tapar o resguardar algo). || **4.** *Am.* Ropa de cama y especialmente la de abrigo. || **5.** *Am.* **manta** (|| para abrigarse).

cobijador, ra. ADJ. Que cobija. *Árbol cobijador.*

cobijano, na. ADJ. **1.** Natural de Cobija. U. t. c. s. || **2.** Perteneciente o relativo a esta ciudad de Bolivia, capital del departamento de Pando.

cobijar. TR. **1.** Dar refugio, guarecer a alguien, generalmente de la intemperie. *El pórtico que los cobijaba parecía un ala.* U. t. c. prnl. || **2.** Amparar a alguien, dándole afecto y protección. *Ella, muy materna, la cobija en sus brazos.* || **3.** Encerrar, contener en sí algo que no es manifiesto a todos. *El museo cobija riquezas inauditas.* U. t. c. prnl. || **4.** Cubrir, tapar. *La techumbre cobija dos naves paralelas.*

cobijo. M. **1.** Refugio, lugar en el que alguien o algo está protegido de la intemperie u otras cosas. || **2.** Amparo, protección.

cobla. F. Conjunto de músicos, generalmente once, que se dedican a tocar sardanas.

cobra¹. F. Cierto número de yeguas enlazadas y amaestradas para la trilla.

cobra². F. serpiente de anteojos.

cobra³. F. *Cineg.* Acción de buscar el perro la pieza muerta o herida, hasta traerla al cazador.

cobrador, ra. M. y F. Persona que tiene por oficio cobrar, percibir una cantidad adeudada.

cobranza. F. cobro (|| acción y efecto de cobrar).

cobrar. **I.** TR. **1.** Recibir dinero como pago de una deuda. U. t. c. intr. *Cobrar en metálico.* || **2. recobrar** (|| volver a tomar lo que antes se tenía). *Ese tema cobra impulso de nuevo.* || **3.** Tomar o sentir ciertos afectos, pasiones o sentimientos. *Cobrar cariño a Juan. Cobrar espíritu, valor.* || **4.** Tirar de una cuerda, soga, etc., e irla recogiendo. || **5. adquirir.** *Cobrar buena fama.* || **6.** despect. Recibir dinero a cambio de un favor ilícito. *El favor de hoy será cobrado mañana.* || **7.** *Cineg.* Obtener o recoger una pieza de caza abatida. || **II.** INTR. **8.** coloq. Dicho especialmente de muchachos: Recibir un castigo corporal. || **III.** PRNL. **9. recobrarse** (|| volver en sí). || **10.** Indemnizarse, compensarse de un favor hecho o de un daño recibido. U. t. c. tr. || **11.** Llevarse víctimas. *El terremoto se cobró numerosas vidas humanas.*

cobratorio, ria. ADJ. Perteneciente o relativo al **cobro** (|| acción y efecto de cobrar). *Cuaderno cobratorio.*

cobre. M. **1.** Elemento químico de núm. atóm. 29. Metal abundante en la litosfera, se encuentra nativo o, más corrientemente, en forma de sulfuro. De color rojo pardo, brillante, maleable y excelente conductor del calor y la electricidad, forma aleaciones como el latón o el bronce, y se usa en la industria eléctrica, así como para fabricar alambre, monedas y utensilios diversos. (Símb. *Cu*.) || **2.** Batería de cocina, cuando es de **cobre.** || **3.** pl. *Mús.* Conjunto de los instrumentos metálicos de viento de una orquesta. || **~ quemado.** M. Sulfato de cobre. || **~ verde.** M. **malaquita.** □ V. **Edad del Cobre.**

cobreado. M. Acción y efecto de dar o cubrir de cobre.

cobreño, ña. ADJ. De cobre.

cobrizo, za. ADJ. **1.** Dicho de un mineral: Que contiene cobre. || **2.** Parecido al cobre en el color. *Piel cobriza.*

cobro. M. **1.** Acción y efecto de **cobrar** (|| como pago). || **2.** *Cineg.* Acción de **cobrar** (|| una pieza de caza). || **a ~ revertido.** LOC.ADJ. Se dice de la llamada telefónica cuyo importe paga quien la recibe. U. t. c. loc. adv. *Telefonear a cobro revertido.* || **poner en ~** algo. LOC.VERB. Colocarlo en lugar donde esté seguro. || **ponerse alguien en ~.** LOC. VERB. Acogerse, refugiarse donde pueda estar a salvo.

coca¹. F. **1.** Arbusto de la familia de las Eritroxiláceas, con hojas alternas, aovadas, enteras, de estípulas axilares y flores blanquecinas. Indígena de América del Sur, se cultiva en la India y en Java y de ella se extrae la cocaína. || **2.** Hoja de este arbusto.

coca². ~ **de Levante.** F. **1.** *Bot.* Arbusto tropical de la familia de las Menispermáceas. || **2.** Fruto de este arbusto.

coca³. F. **1.** Cada una de las dos porciones en que se divide el cabello, dejando más o menos descubierta la frente y sujetándolo por detrás de las orejas. || **2.** coloq. **cabeza** (|| parte superior del cuerpo). || **3.** *Mar.* Vuelta que toma un cabo, por vicio de torsión.

coca⁴. F. coloq. **cocaína.**

cocacho. M. *Am. Mer.* **coscorrón** (|| golpe dado en la cabeza con los nudillos).

cocada. F. Dulce compuesto principalmente de la médula rallada del coco.

cocaína. F. **1.** Alcaloide de la planta de la coca que se usa mucho en medicina como anestésico de las membranas mucosas, y en inyección hipodérmica como anestésico local de la región en que se inyecte. || **2.** Droga adictiva que se obtiene de las hojas de la coca. || **~ en piedra.** F. La que, sometida a un tratamiento químico, se consume en pequeños cristales o piedrecitas que crujen al quemarse.

cocainomanía. F. Adicción a la cocaína.

cocainómano, na. ADJ. **1.** Perteneciente o relativo a la cocainomanía. *Hábito cocainómano.* || **2.** Adicto a la cocaína. U. t. c. s.

cocal¹. M. *Á. Andes.* Terreno donde se cría o cultiva **coca** (|| arbusto).

cocal². M. *Am.* **cocotal.**

cocalero, ra. ADJ. **1.** Que cultiva o explota la **coca¹.** *Región cocalera. Campesino cocalero.* Apl. a pers., u. t. c. s. || **2.** *Á.Andes.* Perteneciente o relativo a los **cocales¹.**

cocama. **I.** ADJ. **1.** Se dice del individuo de un pueblo amerindio que habita en el río Ucayali, en el Gran Chaco y en el departamento de Loreto, en el Perú, en ambas orillas del bajo Marañón. U. t. c. s. || **2.** Perteneciente o relativo a los **cocamas.** *Artesanía cocama.* || **II.** M. **3.** Lengua hablada por los **cocamas.**

cocaví. M. **1.** *Am. Mer.* Provisión de **coca¹.** || **2.** *Am. Mer.* Provisión de víveres que llevan quienes viajan a caballo. ¶ MORF. pl. **cocavíes** o **cocavís.**

coccidio. ADJ. *Zool.* Se dice de los protozoos esporozoos que casi siempre viven parásitos dentro de células, especialmente epiteliales, de muchos animales, donde permanecen hasta el momento de la reproducción, saliendo entonces los individuos hijos para instalarse a su vez en sendas células. Muchos son patógenos. U. t. c. s. m. ORTOGR. En m. pl., escr. con may. inicial c. taxón. *Los Coccidios.*

coccígeo, a. ADJ. *Anat.* Perteneciente o relativo al cóccix.

cocción. F. Acción y efecto de cocer o cocerse.

cóccix. M. *Anat.* coxis.

coceador, ra. ADJ. Dicho de un animal: Que da muchas coces.

cocear. INTR. Dar o tirar coces.

cocedero. M. Pieza o lugar en que se cuece algo. *Cocedero de vino. Cocedero de mariscos.*

cocedor. M. **1.** Maestro u operario que en ciertas industrias se ocupa en la cocción o concentración de un producto. || **2.** cocedero.

cocedura. F. Acción y efecto de cocer o cocerse.

cocer. **I.** TR. **1.** Hacer comestible un alimento crudo sometiéndolo a ebullición o a la acción del vapor. || **2.** Someter pan, cerámica, piedra caliza, etc., a la acción del calor en un horno, para que pierdan humedad y adquieran determinadas propiedades. || **3.** Preparar o tramar algo con sigilo. U. t. c. prnl. *Algo se cuece en esa reunión.* || **II.** INTR. **4.** Dicho de un líquido: **hervir.** *El agua está cociendo.* U. t. c. tr. || **5.** Dicho de algunos líquidos, como el vino: **fermentar.** || **III.** PRNL. **6.** Padecer intensamente y por largo tiempo un dolor o incomodidad. || **7.** coloq. **asarse.** ¶ MORF. conjug. c. *mover.* || **duro de ~ y peor de comer.** EXPR. Se usa para dar a entender que las cosas que por su naturaleza son aviesas y malignas, dificultosamente las reduce a razón el tiempo y la disciplina.

cocha[1]. F. Á. *Andes.* Laguna, charco.

cocha[2]. F. cerda (|| hembra del cerdo).

cochabambino, na. ADJ. **1.** Natural de Cochabamba. U. t. c. s. || **2.** Perteneciente o relativo a este departamento de Bolivia o a su capital.

cochambre. F. coloq. Suciedad, cosa puerca, grasienta y de mal olor. U. menos c. m.

cochambrero, ra. ADJ. coloq. cochambroso.

cochambroso, sa. ADJ. coloq. Lleno de cochambre.

cochayuyo. M. *Am. Mer.* Alga marina comestible cuyo talo, en forma de cinta, puede alcanzar más de tres metros de longitud y dos decímetros de anchura.

coche. M. **1. automóvil** (|| vehículo pequeño o mediano). || **2.** Carruaje de cuatro ruedas de tracción animal, con una caja, dentro de la cual hay asiento para dos o más personas. || **3.** Vagón del tren o del metro. || **4.** Vehículo de una flota de autobuses, autocares o tranvías. || **5. coche de niño. || ~ cama.** M. Vagón de ferrocarril dividido en varios compartimentos cuyos asientos y respaldos pueden convertirse en camas o literas. || **~ celular.** M. Vehículo acondicionado para transportar personas arrestadas por la autoridad. || **~ de línea.** M. Autobús que hace el servicio regular de viajeros entre poblaciones. || **~ de niño.** M. Vehículo pequeño de forma de cuna, sobre cuatro ruedas, que, empujado por una persona, sirve para transportar a un niño. || **~ de plaza,** o **~ de punto.** M. El matriculado y numerado con destino al servicio público por alquiler y que tiene un punto fijo de parada en plaza o calle. || **~ escoba.** M. El que va recogiendo a los corredores que abandonan una carrera. || **~ fúnebre.** M. El destinado a la conducción de cadáve-

res al cementerio. || **~ parado.** M. Balcón o mirador en parte pública y transitada, en que se logra la diversión sin salir a buscarla. || **~ patrulla.** M. El que utiliza la policía en sus labores de vigilancia y prevención de los delitos. || **~ utilitario.** M. El que es modesto y de escaso consumo. || **~s de choque.** M. pl. Atracción de feria que consiste en una plataforma metálica sobre la que ruedan y chocan coches pequeños provistos de bandas protectoras de goma.

cochera. F. Sitio donde se encierran los coches y autobuses. □ V. **puerta ~.**

cochero, ra. M. y F. Persona que conduce un coche, normalmente de caballos.

cochifrito. M. Guisado, muy usado entre ganaderos y pastores, que ordinariamente se hace de tajadas de cabrito o cordero, y después de medio cocido se fríe, sazonándolo con especias, vinagre y pimentón.

cochina. F. **1. cerda** (|| hembra del cerdo). || **2.** Cerda cebada que se destina a la matanza. || **3.** coloq. Mujer muy sucia y desaseada. U. t. c. adj. || **4.** coloq. Mujer grosera, sin modales. U. t. c. adj.

cochinada. F. **1.** coloq. Porquería, suciedad. || **2.** coloq. Acción indecorosa. || **3.** coloq. Acción malintencionada que perjudica a alguien.

cochinilla[1]. F. Crustáceo isópodo terrestre, de uno a dos centímetros de largo, de figura aovada, de color ceniciento oscuro con manchas laterales amarillentas, y patas muy cortas. Cuando se le toca, se hace una bola. Se cría en lugares húmedos.

cochinilla[2]. F. **1.** Insecto hemíptero, originario de México, del tamaño de una chinche, pero con el cuerpo arrugado transversalmente y cubierto de un vello blancuzco, cabeza cónica, antenas cortas y trompa filiforme. Vive sobre el nopal, y, reducido a polvo, se empleaba mucho, y se usa todavía, para dar color de grana a la seda, lana y otras cosas. || **2.** Materia colorante obtenida de dicho insecto. □ V. **nopal de la ~.**

cochinillo. M. Cochino o cerdo de leche.

cochino. M. **1. cerdo** (|| mamífero artiodáctilo). || **2.** Cerdo cebado que se destina a la matanza. || **3.** coloq. Hombre muy sucio y desaseado. U. t. c. adj. || **4.** coloq. Hombre grosero, sin modales. U. t. c. adj.

cochiquera. F. pocilga.

cochitril. M. **1.** coloq. **pocilga.** || **2.** coloq. **cuchitril.**

cocho. M. cerdo (|| mamífero artiodáctilo).

cochranino, na. ADJ. **1.** Natural de Cochrane. U. t. c. s. || **2.** Perteneciente o relativo a esta ciudad de Chile, capital de la provincia de Capitán Prat.

cochura. F. cocción.

cocido. M. **1.** Acción y efecto de cocer. || **2. olla** (|| comida preparada con carne, tocino, legumbres y hortalizas). □ V. **mate ~.**

cociente. M. *Mat.* Resultado que se obtiene al dividir una cantidad por otra, y que expresa cuántas veces está contenido el divisor en el dividendo. || **~ intelectual.** M. *Psicol.* Cifra que expresa la inteligencia relativa de una persona y que se determina dividiendo su edad mental por su edad física. □ V. **razón por ~.**

cocimiento. M. **1.** Acción y efecto de cocer o cocerse. || **2.** Líquido cocido con hierbas u otras sustancias medicinales, que se hace para beber y para otros usos.

cocina. F. **1.** Pieza o sitio de la casa en el cual se guisa la comida. || **2.** Aparato que hace las veces de fogón, con hornillos o fuegos y a veces horno. Puede calentar con carbón, gas, electricidad, etc. ‖ **3.** Arte o manera especial de guisar de cada país y de cada cocinero. *Buena cocina. Cocina española, italiana, francesa.* ‖ **~ económica.** F. Aparato de hierro en el cual la circulación de la llama y el humo del fogón comunica el calor a varios compartimientos y economiza así combustible. ☐ V. **batería de ~, galopín de ~, maestro de ~, pícaro de ~, sal de ~.**

cocinado. M. Acción de cocinar.

cocinar. TR. Guisar los alimentos. U. t. c. intr.

cocinería. F. *Chile.* figón.

cocinero, ra. I. M. y F. **1.** Persona que tiene por oficio guisar los alimentos. ‖ **II.** ADJ. **2.** Que cocina. *Hermana cocinera.*

cocinilla. F. **1.** Aparato, por lo común de hojalata, con lamparilla de alcohol, que sirve para calentar agua y hacer cocimientos y para otros usos análogos. ‖ **2.** Chimenea para calentarse.

cocinita. F. cocinilla.

cóclea. F. **1.** *Anat.* Caracol del oído de los vertebrados terrestres. ‖ **2.** Aparato para elevar agua, consistente en un tubo arrollado en hélice alrededor de un cilindro giratorio sobre su eje, oblicuo al horizonte, y cuya base se sumerge en el depósito.

coclear. ADJ. **1.** *Anat.* Perteneciente o relativo a la cóclea. *Implante coclear.* ‖ **2.** *Bot.* En forma de espiral.

coclearia. F. Hierba medicinal de la familia de las Crucíferas, de dos o tres decímetros de altura, hojas acucharadas, tiernas y de sabor parecido al del berro, y flores blancas en racimo.

coclesano, na. ADJ. **1.** Natural de Coclé. U. t. c. s. ‖ **2.** Perteneciente o relativo a esta provincia de Panamá.

coco¹. M. **1.** Árbol de América, de la familia de las Palmas, que suele alcanzar de 20 a 25 m de altura, con las hojas divididas en lacinias ensiformes plegadas hacia atrás, y flores en racimos. Suele producir anualmente dos o tres veces su fruto. Del tronco se saca una bebida alcohólica. ‖ **2.** Fruto de este árbol, que es de la forma y tamaño de un melón regular, cubierto de dos cortezas, al modo que la nuez, la primera fibrosa y la segunda muy dura; por dentro y adherida a esta tiene una pulpa blanca, y en la cavidad central un líquido refrescante. De la carne se hacen dulces y se saca aceite. ‖ **3.** Cada una de las partes o capas que constituyen este fruto. ‖ **4.** coloq. Cabeza humana. ‖ **5.** *Méx.* coscorrón. ‖ **~ de Chile.** M. *Chile.* coquito. ‖ **comer el ~** a alguien. LOC.VERB. coloq. Ocupar insistentemente su pensamiento con ideas ajenas, induciéndole a hacer cosas que de otro modo no haría. U. t. con el verbo c. prnl. ☐ V. **agua de ~, palma de ~.**

coco². M. Fantasma con que se mete miedo a los niños. ‖ **parecer, o ser, un ~.** LOCS.VERBS. coloqs. Ser muy feo.

coco³. M. Bacteria de forma esférica.

cocobolo. M. Árbol de América, de la familia de las Poligonáceas, que alcanza unos 30 m de altura, con tronco grueso y derecho, hojas muy grandes, casi redondas, rugosas y de color verde rojizo, flores encarnadas en racimos, y frutos parecidos a la guinda.

cococha. F. Cada una de las protuberancias carnosas que existen en la parte baja de la cabeza de la merluza y del bacalao, y que, como manjar, es muy apreciado.

cocodrilo. M. Reptil del orden de los Emidosaurios, que alcanza de cuatro a cinco metros de largo, cubierto de escamas durísimas de forma de escudo, de color ver-

doso oscuro con manchas amarillento-rojizas. Tiene el hocico oblongo, la lengua corta y casi enteramente adherida a la mandíbula inferior, los dos pies de atrás, palmeados, y la cola, comprimida y con dos crestas laterales en la parte superior. Vive en los grandes ríos de las regiones intertropicales, nada y corre con mucha rapidez, y es temible por su voracidad. ☐ V. **lágrimas de ~.**

cocol. M. *Méx.* Panecillo que tiene forma de rombo.

cocoliche. M. **1.** *Á. R. Plata.* Jerga híbrida que hablan ciertos inmigrantes italianos mezclando su habla con el español. ‖ **2.** *Á. R. Plata.* Italiano que habla de este modo.

cocolón. M. *Á. Andes* y *Á. Caribe.* Arroz tostado que queda pegado al cocerlo en el fondo de la olla.

cócono. M. *Méx.* pavo (‖ ave galliforme).

cocorota. F. coronilla (‖ parte más eminente de la cabeza).

cocotal. M. Sitio poblado de cocoteros.

cocotero. M. coco (‖ árbol palmáceo).

cocotología. F. papiroflexia.

coctel o **cóctel.** M. **1.** Bebida compuesta de una mezcla de licores a la que se añaden por lo común otros ingredientes. ‖ **2.** Reunión o fiesta donde se toman estas bebidas, generalmente por la tarde. *Esta noche voy a un coctel.* ‖ **3.** Mezcla de cosas diversas. *Coctel de drogas. Coctel de sonidos.* ¶ MORF. pl. **cocteles** o **cócteles.** ‖ **~ de mariscos.** M. Plato a base de mariscos acompañado por algún tipo de salsa. ‖ **~ molotov.** M. Explosivo de fabricación casera, generalmente una botella provista de mecha.

coctelera. F. Recipiente destinado a mezclar los licores del coctel.

coctelería. F. **1.** Arte de preparar cocteles. ‖ **2.** Establecimiento especializado en la preparación y en el servicio de cocteles.

cocuy. M. *Am. Mer.* y *Ant.* cocuyo. MORF. pl. **cocuyes.**

cocuyo. M. Insecto coleóptero de la América tropical, de unos tres centímetros de longitud, oblongo, pardo y con dos manchas amarillentas a los lados del tórax, por las cuales despide de noche una luz azulada bastante viva.

coda. F. **1.** *Métr.* Conjunto de versos que se añaden como remate a ciertos poemas. ‖ **2.** *Mús.* Adición brillante al período final de una pieza de música. ‖ **3.** *Mús.* Repetición final de una pieza bailable.

codal. M. **1.** hist. Pieza de la armadura antigua, que cubría y defendía el codo. ‖ **2.** *Arq.* Barra de hierro o de madera, con agujeros y pasadores, que sirve para mantener paralelos los tableros de un tapial. ‖ **3.** *Arq.* Madero atravesado horizontalmente entre las dos jambas de un vano o entre las dos paredes de una excavación, para evitar que se muevan o se desplomen.

codaste. M. *Mar.* Madero grueso puesto verticalmente sobre el extremo de la quilla inmediato a la popa, que sirve de fundamento a todo el armazón de esta parte del buque. En las embarcaciones de hierro forma una sola pieza con la quilla.

codazo. M. Golpe dado con el codo.

codear. I. TR. **1.** Dar golpes con los codos. ‖ **II.** INTR. **2.** *Am. Mer.* Pedir con insistencia. ‖ **III.** PRNL. **3.** Dicho de una persona: Tener trato habitual, de igual a igual, con otra o con cierto grupo social.

codeína. F. Alcaloide que se extrae del opio y se usa como calmante.

codeo. M. Acción y efecto de codear o codearse.

codera. F. **1.** Pieza de remiendo, refuerzo o adorno que se pone en el codo de una prenda de vestir. || **2.** En las prendas de vestir, deformación o desgaste por la parte del codo. || **3.** Banda elástica que algunos deportistas se ponen en los codos para protegerlos. || **4.** *Mar.* Cabo grueso con que se amarra el buque, por la popa, a otra embarcación, a una boya o a tierra, para mantenerlo presentando el costado en determinada dirección.

codeso. M. Mata de la familia de las Papilionáceas, de uno a dos metros de altura, ramosa, con hojas compuestas de tres hojuelas, flores amarillas y en las vainas del fruto semillas arriñonadas.

codeudor, ra. M. y F. Persona que con otra u otras participa en una deuda.

códice. M. **1.** hist. Libro anterior a la invención de la imprenta. || **2.** hist. Libro manuscrito de cierta antigüedad.

codicia. F. **1.** Afán excesivo de riquezas. || **2.** Deseo vehemente de algunas cosas buenas. *Codicia de fama.*

codiciable. ADJ. apetecible.

codiciar. TR. Desear con ansia las riquezas u otras cosas. MORF. conjug. c. *anunciar.*

codicilo. M. **1.** *Der.* Antiguamente, y hoy en Cataluña, toda disposición de última voluntad que no contiene la institución del heredero y que puede otorgarse en ausencia de testamento o como complemento de él. || **2.** *Der.* Documento en que se contienen tales disposiciones.

codicioso, sa. ADJ. Que tiene codicia. *Ojos codiciosos.* Apl. a pers., u. t. c. s.

codicología. F. Ciencia que estudia los códices.

codificación. F. Acción y efecto de codificar.

codificador, ra. **I.** ADJ. **1.** Que codifica. *Equipo codificador.* Apl. a pers., u. t. c. s. || **II.** M. **2.** Aparato que sirve para codificar.

codificar. TR. **1.** Hacer o formar un cuerpo de leyes metódico y sistemático. || **2.** Transformar mediante las reglas de un código la formulación de un mensaje.

código. M. **1.** Conjunto de normas legales sistemáticas que regulan unitariamente una materia determinada. || **2.** Recopilación sistemática de diversas leyes. || **3.** Combinación de signos que tiene un determinado valor dentro de un sistema establecido. *El código de una tarjeta de crédito.* || **4.** Sistema de signos y de reglas que permite formular y comprender mensajes secretos. || **5.** Conjunto de reglas o preceptos sobre cualquier materia. *Código de conducta.* || **Código Civil.** M. *Der.* Texto legal que contiene lo estatuido sobre régimen jurídico, aplicable a personas, bienes, sucesiones, obligaciones y contratos. || **~ de barras.** M. Conjunto de signos formado por una serie de líneas y números asociados a ellas, que se pone sobre los productos de consumo y que se utiliza para la gestión informática de las existencias. || **Código de Comercio.** M. *Der.* Texto legal que regula las materias concernientes al comercio y los comerciantes. || **~ de señales.** M. *Mar.* Sistema convencional que consiste en una combinación de banderas, faroles o destellos luminosos, que usan los buques para comunicarse. || **~ genético.** M. *Biol.* Clave de la información contenida en los genes que expresa la correspondencia universal entre la secuencia de los ácidos nucleicos y la de las proteínas y constituye el fundamento de la transmisión de los caracteres hereditarios. || **~ morse.** M. morse. || **Código Penal.** M. *Der.* Texto legal que define los delitos y las faltas, sus correspondientes penas y las responsabilidades de ello derivadas. || **~ postal.** M. **1.** Relación de números formados por cifras que funcionan como clave de zonas, poblaciones y distritos, a efectos de la clasificación y distribución del correo. || **2.** Cada uno de esos números, que figura en las señas de los objetos postales. || **arrimar al ~.** LOC.VERB. Á. R. Plata. Hacer sentir el peso de la ley.

codillo. M. **1.** En los animales cuadrúpedos, articulación del brazo próxima al pecho. || **2.** Parte comprendida desde esta articulación hasta la rodilla. || **3.** Entre cazadores, parte de la res que está debajo del brazuelo izquierdo. || **4.** En algunos juegos de cartas, lance de perder quien ha entrado, por haber hecho más bazas que él alguno de los otros jugadores.

codirección. F. Dirección ejercida junto con otra u otras personas.

codirector, ra. ADJ. Que dirige junto con otra u otras personas. U. t. c. s.

codirigir. TR. Dirigir junto con otra u otras personas.

codo[1]**.** M. **1.** Parte posterior y prominente de la articulación del brazo con el antebrazo. || **2.** Articulación del brazo de los cuadrúpedos. || **3.** Trozo de tubo, doblado en ángulo o en arco, que sirve para variar la dirección recta de una tubería. || **4.** Parte de una prenda de vestir que cubre el codo. || **5.** Medida lineal, que se tomó de la distancia que media desde el codo a la extremidad de la mano. || **6.** Am. Cen. Persona tacaña, mezquina. U. t. c. adj. || **~ a ~.** LOC. ADV. En compañía o cooperación. || **~ con ~.** LOC.ADV. **1.** codo a codo. || **2.** Dicho de conducir a los presos: Con los codos atados por detrás. || **de ~s** LOC.ADV. Dejando reposar sobre los codos el peso del cuerpo. || **duro, ra de ~.** LOC.ADJ. Am. Cen. Tacaño, mezquino. || **empinar el ~.** LOC.VERB. coloq. Ingerir mucho vino u otras bebidas alcohólicas. || **hablar por los ~s** LOC.VERB. coloq. Hablar demasiado. || **meterse, o estar metido, hasta los ~s en** algo. LOCS.VERBS. coloqs. Estar comprometido activamente en una tarea o empresa. || **ser del ~.** LOC.VERB. Am. Cen. Ser tacaño, mezquino. □ V. **tacto de ~s.**

codo[2]**, da.** ADJ. Am. Cen. y Méx. tacaño.

codón. M. Biol. Triplete que, en un ARN mensajero, codifica la incorporación de aminoácidos específicos en la síntesis biológica de proteínas.

codoñate. M. Dulce de membrillo.

codorniz. F. Ave gallinácea, de unos dos decímetros de largo, con alas puntiagudas, la cola muy corta, los pies sin espolón, el pico oscuro, las cejas blancas, la cabeza, el lomo y las alas de color pardo con rayas más oscuras y la parte inferior gris amarillenta. Es común en España, de donde emigra a África en otoño.

coedición. F. Edición promovida y financiada por dos o más personas o entidades.

coeducación. F. Educación que se da juntamente a jóvenes de ambos sexos.

coeducar. TR. Enseñar en una misma aula y con el mismo sistema educativo a alumnos de uno y otro sexo.

coeficiente. M. **1.** Fís. y Quím. Expresión numérica de una propiedad o característica de un cuerpo, que generalmente se presenta como una relación entre dos magnitudes. *Coeficiente de dilatación.* || **2.** Mat. Factor constante que multiplica una expresión, situado generalmente a su izquierda. || **~ de escorrentía.** M. Relación entre el agua de lluvia que cae en una zona determinada y el agua que corre; diferencia entre el agua caída y el agua filtrada. || **~ intelectual.** M. Psicol. cociente intelectual.

coenzima. M. *Bioquím.* Componente orgánico no proteínico de una enzima, que interviene en la reacción catalizada por esta.

coerción. F. **1.** Presión ejercida sobre alguien para forzar su voluntad o su conducta. *Sobran amenazas y coerciones.* || **2.** Represión, inhibición, restricción. *La libertad no es solo ausencia de coerción.*

coercitivo, va. ADJ. **1.** Que sirve para forzar la voluntad o la conducta de alguien. *Medidas coercitivas.* || **2.** Represivo, inhibitorio. *Poder coercitivo.*

coetáneo, a. ADJ. **1.** De la misma edad. Apl. a pers., u. t. c. s. || **2.** contemporáneo. Apl. a pers., u. t. c. s.

coexistencia. F. Existencia de una persona o de una cosa a la vez que otra u otras.

coexistente. ADJ. Que coexiste.

coexistir. INTR. Dicho de una persona o de una cosa: Existir a la vez que otra u otras.

cofa. F. *Mar.* Plataforma colocada horizontalmente en el cuello de un palo para fijar los obenques de gavia, facilitar la maniobra de las velas altas, y antiguamente, también para hacer fuego desde allí en los combates.

cofactor. M. **1.** Factor que, en unión de otros, contribuye a producir algo. || **2.** *Bioquím.* Pequeña molécula necesaria para la actividad de una enzima.

cofán. I. ADJ. **1.** Se dice del individuo de un pueblo amerindio que habita en la región oriental ecuatoriana. U. t. c. s. || **2.** Perteneciente o relativo a los cofanes. *Artesanía cofán.* || **II.** M. **3.** Lengua hablada por los cofanes.

cofia. F. **1.** Prenda femenina de cabeza, generalmente blanca y de pequeño tamaño, que llevan enfermeras, camareras, criadas, etc., como complemento de su uniforme. || **2.** hist. Red de seda o hilo, que se ajusta a la cabeza con una cinta pasada por su jareta, que usaban los hombres y las mujeres para recoger el pelo. || **3.** hist. Gorra que usaban las mujeres para abrigar y adornar la cabeza, hecha de encajes, blondas, cintas, etc., y de varias formas y tamaños.

cofrade. COM. Persona que pertenece a una cofradía.

cofradía. F. **1.** Congregación o hermandad que forman algunos devotos, con autorización competente, para ejercitarse en obras de piedad. || **2.** Gremio, compañía o unión de gentes para un fin determinado. *Cofradía de pescadores.*

cofre. M. **1.** Caja resistente de metal o madera con tapa y cerradura para guardar objetos de valor. || **2.** baúl (|| mueble parecido al arca). || **3.** *Méx.* Parte del automóvil que contiene el motor.

cofundador, ra. ADJ. Dicho de una persona: Que, juntamente con otra u otras, funda algo.

cogedor, ra. I. ADJ. **1.** Que coge. *Mujeres cogedoras de café.* || **II.** M. **2.** Especie de cajón de madera u otro material sin cubierta ni tabla por delante, y con un mango por detrás, que sirve para recoger la basura que se barre y saca de las casas.

cogeneración. F. *Tecnol.* Producción asociada de energía eléctrica y calor en una planta termoeléctrica, para su utilización industrial.

coger. I. TR. **1.** Asir, agarrar o tomar. *Coger un libro.* U. t. c. prnl. || **2.** Recibir en sí algo. *La tierra no ha cogido bastante agua.* || **3.** Recoger o recolectar algo. *Coger la ropa, el trigo.* || **4.** Hallar, encontrar. *Me cogió descuidado. Procura cogerlo de buen humor.* || **5.** Descubrir un engaño, penetrar un secreto, sorprender a alguien en un descuido. *¡Te cogí!* || **6.** Captar una emisión de radio o te-

levisión. *No cogemos todos los canales.* || **7.** Tomar u ocupar un sitio u otra cosa. *Están cogidas las butacas.* || **8.** Sobrevenir, sorprender. *Me cogió la hora, la noche, la tempestad.* || **9.** Alcanzar a quien va delante. || **10.** Incorporarse a algo que ya ha empezado. *Cogió el curso a la mitad.* || **11.** Tomar, prender, apresar. *Todavía no han cogido a los ladrones.* || **12.** Tomar, recibir o adquirir algo. *Coger velocidad. Coger fuerzas. Coger una costumbre. Coger unas entradas de teatro.* || **13.** Entender, comprender. *No he cogido el chiste.* || **14.** Aprender algo. *Ha cogido enseguida el acento.* || **15.** Tomar por escrito lo que otra persona va hablando. *El taquígrafo coge 120 palabras.* || **16.** Escoger, elegir. *Cogió dos asignaturas opcionales.* || **17.** pillar (|| aprisionar con daño). *La puerta le cogió un dedo.* U. t. c. prnl. || **18.** Dicho de un toro: Herir o enganchar a alguien con los cuernos. || **19.** Dicho de un vehículo: Atropellar a alguien. || **20.** Montarse en un vehículo. *Ha cogido el avión.* || **21.** Dicho del macho de determinadas especies: Cubrir a la hembra. || **22.** coloq. Ocupar cierto espacio. *La alfombra coge toda la sala.* || **23.** coloq. Contraer ciertas enfermedades o empezar a padecer ciertos estados físicos o anímicos. *Cogió una pulmonía. Cogió una rabieta.* || **II.** INTR. **24.** Dicho de una cosa: Encontrarse en determinada situación respecto a alguien. *Tu casa me coge de camino. Eso coge muy lejos.* || **25.** Encaminarse, tomar una dirección. *Me he perdido porque he cogido por la izquierda.* U. t. c. tr. *Coged el camino del castillo.* || **26.** coloq. **tomar** (|| resolverse a efectuar una acción). *Cogió y se fue.* || **27.** malson. *Am.* Realizar el acto sexual. || **aquí te cojo, aquí te mato.** EXPR. coloq. **aquí te pillo, aquí te mato.** || **~la con** alguien. LOC.VERB. coloq. **tomarla con alguien.**

cogestión. F. **1.** Gestión en común. || **2.** Participación del personal en la administración o gestión de una empresa.

cogida. F. Acto de coger el toro a un torero.

cogitabundo, da. ADJ. Muy pensativo.

cogitación. F. Acción y efecto de reflexionar o meditar.

cogitativo, va. ADJ. Que tiene facultad de pensar. *Capacidad cogitativa.*

cognación. F. Parentesco de consanguinidad por la línea femenina entre los descendientes de un tronco común.

cognado, da. I. ADJ. **1.** *Gram.* Emparentado morfológicamente. *Sustantivo cognado.* || **II.** M. y F. **2.** Pariente por cognación.

cognición. F. **conocimiento** (|| acción y efecto de conocer).

cognitivo, va. ADJ. Perteneciente o relativo al conocimiento.

cognomen. M. hist. Sobrenombre usado en Roma para destacar rasgos físicos o acciones de una persona, que se extendía a su familia o gentes afines. MORF. pl. **cognómenes.**

cognomento. M. Renombre que adquiere una persona por causa de sus virtudes o defectos, o un pueblo por notables circunstancias o acaecimientos; p. ej., *Alejandro Magno, Dionisio el Tirano, la imperial Toledo.*

cognoscible. ADJ. Que se puede conocer, o es capaz de ser conocido. *Mundo cognoscible.*

cognoscitivo, va. ADJ. Que es capaz de conocer. *Potencia cognoscitiva.*

cogollero. M. Á. *Caribe.* Gusano de unos tres centímetros de longitud, que vive en el cogollo del tabaco y destruye la hoja. Es de color blanco con vetas oscuras y cabeza dura, con dos garras o dientes.

cogollo. M. **1.** Parte interior y más apretada de la lechuga, la berza y otras hortalizas. || **2.** Brote que arrojan los árboles y otras plantas. || **3.** Parte más escogida, mejor. *El cogollo de la Universidad.*

cogombrillo. M. cohombrillo amargo.

cogombro. M. cohombro.

cogorza. F. coloq. **borrachera** (|| estado de la persona ebria).

cogote. M. Parte superior y posterior del cuello. || **estar hasta el ~.** LOC.VERB. coloq. **estar hasta la coronilla.**

cogotear. TR. *Chile.* Asaltar con violencia a alguien.

cogoteo. M. *Chile.* Acción y efecto de cogotear.

cogotudo, da. I. ADJ. **1.** Dicho de una persona: Que tiene excesivamente grueso el cogote. || **II.** M. y F. **2.** *Am.* Plebeyo enriquecido.

cóguil. M. *Chile.* Fruto comestible del **pilpil**[1].

coguilera. F. Especie de enredadera de Chile, de la familia de las Vitáceas, cuyo tallo, que es muy resistente, se emplea en la fabricación de cestos y canastos.

coguionista. COM. Persona que escribe juntamente con otra u otras el guion de una película cinematográfica o de un programa de radio o de televisión.

cogujada. F. Pájaro de la misma familia que la alondra y muy semejante a esta, de la que se distingue por tener en la cabeza un largo moño puntiagudo. Es muy andadora y anida comúnmente en los sembrados.

cogulla. F. Hábito o ropa exterior que visten varios religiosos monacales.

cohabitación. F. Acción de cohabitar.

cohabitar. INTR. **1.** Habitar juntamente con otra u otras personas. || **2.** Hacer vida marital. || **3.** Dicho especialmente de partidos políticos, o miembros de ellos: **coexistir.**

cohechar. TR. Sobornar, corromper con dádivas al juez, a una persona que intervenga en el juicio o a cualquier funcionario público, para que, contra justicia o derecho, haga o deje de hacer lo que se le pide.

cohecho. M. *Der.* Delito consistente en sobornar a un juez o a un funcionario en el ejercicio de sus funciones, o en la aceptación del soborno por parte de aquellos.

coheredero, ra. M. y F. Heredero juntamente con otra u otras personas.

coherencia. F. **1.** Conexión, relación o unión de unas cosas con otras. || **2.** Actitud lógica y consecuente con los principios que se profesan. || **3.** *Fís.* Unión entre las moléculas de un cuerpo. || **4.** *Ling.* Estado de un sistema lingüístico o de un texto cuando sus componentes aparecen en conjuntos solidarios. *La coherencia del sistema de adverbios de lugar en español se manifiesta en tres grados.*

coherente. ADJ. Que tiene coherencia. *Reglamentación coherente.*

cohesión. F. **1.** Acción y efecto de reunirse o adherirse las cosas entre sí o la materia de que están formadas. || **2. enlace** (|| unión de algo con otra cosa). || **3.** *Fís.* Fuerza de atracción que mantiene unidas las moléculas de un cuerpo.

cohesionador, ra. ADJ. Que produce cohesión. *Fuerza cohesionadora.*

cohesionar. TR. Unir, dar cohesión. U. t. c. prnl.

cohesivo, va. ADJ. Que produce cohesión. *Gel cohesivo.*

cohete. M. **1.** Tubo cargado de pólvora y adherido al extremo de una varilla ligera. Encendida la mecha que v en la parte inferior del tubo, la reacción que produce los gases expulsados le imprime un rápido movimient hacia la altura donde estalla con fuerte estampido. || **2** Artefacto que se mueve en el espacio por propulsión chorro y que se puede emplear como arma de guerra como instrumento de investigación científica. || **3.** *Mé* **barreno** (|| agujero lleno de materia explosiva). || **4** *Méx.* Cartucho de dinamita. || **5.** fest. *Méx.* **borracher** (|| estado de la persona ebria). || **6.** *Méx.* Lío, enredo, pr blema. || **como un ~.** LOC.ADV. coloq. **como una flech**

cohetería. F. **1.** Taller o fábrica donde se hacen coh tes. || **2.** Tienda donde se venden. || **3.** Disparo de c hetes. || **4.** Conjunto de cohetes que se disparan junto || **5.** Arte de emplear cohetes en la guerra o en la inve tigación espacial.

cohetero, ra. M. y F. Persona que fabrica y vende c hetes y otros artificios de fuego.

cohibición. F. Acción y efecto de cohibir.

cohibido, da. PART. de **cohibir.** || ADJ. Tímido, am drentado. *Gesto cohibido.*

cohibir. TR. Refrenar, reprimir, contener. U. t. c. prn MORF. conjug. c. *prohibir.*

cohombrillo. ~ **amargo.** M. **1.** Planta medicinal, de l familia de las Cucurbitáceas, con tallos rastreros, hoja acorazonadas, blanquecinas, ásperas y vellosas por envés, y flores amarillas. || **2.** Fruto de esta planta, d tamaño de un huevo de paloma, aunque algo más larg cuando se le toca, estando maduro se desprende y arro con fuerza las semillas y el jugo, que es muy amarg

cohombro. M. **1.** Planta hortense, variedad de pepino. || **2.** Fruto de esta planta, largo y torcido. || **3.** churr || ~ **de mar.** M. Equinodermo de la clase de los Holot ridos, unisexual, con piel coriácea, cuerpo cilíndrico tentáculos muy ramificados alrededor de la boca. Se co trae tan violentamente cuando se le molesta, que a vec arroja por la boca las vísceras, que fácilmente regener después.

cohonestar. TR. **1.** Dar apariencia de justa o razon ble a una acción que no lo es. *La persona violenta busc razones con que cohonestar sus actos.* || **2.** Hacer compa tible una cualidad, actitud o acción con otra. *Cohonest exigencias contrarias.*

cohorte. F. **1.** Conjunto, número, serie. *Cohorte de m les.* || **2.** hist. Unidad táctica del antiguo ejército roman que tuvo diversas composiciones.

coicoy. M. *Chile.* Sapo pequeño que tiene en la espald cuatro protuberancias a manera de ojos. MORF. pl. co **coyes.**

coihaiquino, na. ADJ. **1.** Natural de Coihaique. U. t. c. || **2.** Perteneciente o relativo a esta provincia de Chile a su capital.

coihué. M. *Chile.* Árbol de la familia de las Fagáceas, gran porte y amplia copa ovoide, con hojas coriáceas persistentes.

coima[1]**.** F. concubina.

coima[2]**.** F. *Am.* soborno (|| dádiva con que se soborna

coime. M. Hombre que cuida del garito y presta co usura a los jugadores.

coimear. TR. *Am. Mer.* Recibir o dar **coimas**[2].

coimero, ra. M. y F. *Am.* Persona que da o recibe co mas[2].

coincidencia. F. Acción y efecto de coincidir.

coincidente. ADJ. Que coincide. *Criterio coincidente.*

coincidir. INTR. **1.** Dicho de una cosa: Convenir con otra, ser conforme con ella. ‖ **2.** Dicho de dos o más cosas: Ocurrir a un mismo tiempo, convenir en el modo, ocasión u otras circunstancias. ‖ **3.** Dicho de una cosa: Ajustarse con otra, confundirse con ella, por superposición o por otro medio cualquiera. ‖ **4.** Dicho de dos o más personas: Concurrir simultáneamente en un mismo lugar. ‖ **5.** Dicho de dos o más personas: Estar de acuerdo en una idea, opinión o parecer sobre algo.

coipo. M. *Chile.* Roedor de hábitos acuáticos, cuyo pelaje, entre bayo ocráceo y castaño, es valorado comercialmente. Tiene las orejas redondas, el hocico largo y cubierto de barbas, las patas cortas y la cola larga desprovista de pelos.

coirón. M. *Chile.* Planta xerófila, de la familia de las Gramíneas, que alcanza los 50 cm de altura, de hojas, duras y punzantes, de color verde amarillento. Se emplea para techar chozas y constituye un importante recurso forrajero.

coironal. M. *Chile.* Terreno en que abunda el coirón.

coital. ADJ. Perteneciente o relativo al coito.

coito. M. Cópula sexual.

coitus interruptus. (Locución latina). M. Método anticonceptivo que consiste en la interrupción del coito antes de que culmine.

cojear. INTR. **1.** Andar inclinando el cuerpo más a un lado que a otro, por no poder sentar con regularidad e igualdad los pies. ‖ **2.** Dicho de una mesa o de cualquier otro mueble: Moverse por tener alguna pata más o menos larga que las demás, o por desigualdad del piso. ‖ **3.** coloq. Faltar a la rectitud en algunas ocasiones. ‖ **4.** coloq. Adolecer de algún vicio o defecto.

cojedeño, ña. ADJ. **1.** Natural de Cojedes. U. t. c. s. ‖ **2.** Perteneciente o relativo a este estado de Venezuela.

cojera. F. Condición de cojo.

cojijo. M. Inquietud moral apremiante.

cojín. M. Almohadón que sirve para sentarse, arrodillarse o apoyar sobre él cómodamente alguna parte del cuerpo. ‖ **~ de aire.** M. **bolsa de aire.**

cojinete. M. **1.** hist. **almohadilla** (‖ de las cajas de coser). ‖ **2.** Pieza de hierro con que se sujetan los carriles a las traviesas del ferrocarril. ‖ **3.** *Impr.* Cada una de las piezas de metal que sujetan el cilindro. ‖ **4.** *Mec.* Pieza o conjunto de piezas en que se apoya y gira el eje de un mecanismo.

cojinillo. M. *Á. R. Plata.* Manta pequeña de lana o vellón, que se coloca sobre el lomillo del recado de montar.

cojinúa. F. *Ant.* Pez de unos 30 cm de longitud, color plateado, cola ahorquillada abierta, aletas largas, ojos negros con cerco blanquecino, y escamas comunes y pequeñas. Su carne es comestible.

cojitranco, ca. ADJ. despect. Dicho de una persona: Que cojea de forma llamativa, dando pasos largos o trancos. U. t. c. s.

cojo, ja. ADJ. **1.** Dicho de una persona o de un animal: Que cojean, bien por falta de una pierna o pie, bien por pérdida del uso normal de cualquiera de estos miembros. Apl. a pers., u. t. c. s. ‖ **2.** Dicho de algunas cosas inanimadas, como un banco o una mesa: Que se balancean a un lado y a otro. ‖ **3.** Dicho de cosas inmateriales: Mal fundadas o incompletas. *Razonamiento cojo.*

cojón. M. malson. **testículo.** ‖ **cojones.** INTERJ. malson. Se usa para expresar diversos estados de ánimo, especialmente extrañeza o enfado.

cojonudo, da. ADJ. malson. Estupendo, magnífico, excelente. *Playas cojonudas.*

cojudez. F. *Am.* Cualidad de cojudo.

cojudo, da. ADJ. *Am.* Tonto, bobo.

cojuelo. ☐ V. **diablo ~.**

cojutepecano, na. ADJ. **1.** Natural de Cojutepeque. U. t. c. s. ‖ **2.** Perteneciente o relativo a esta ciudad de El Salvador, cabecera del departamento de Cuscatlán.

cok. M. **coque.** MORF. pl. **coks.**

col. F. Planta hortense, de la familia de las Crucíferas, con hojas radicales muy anchas por lo común y de pencas gruesas, flores en panoja al extremo de un bohordo, pequeñas, blancas o amarillas, y semilla muy menuda. Se cultivan muchas variedades, todas comestibles, que se distinguen por el color y la forma de sus hojas. La más vulgar tiene las pencas blancas. ‖ **~ de Bruselas.** F. Variedad que, en vez de desarrollarse en un solo cogollo, tiene tallos alrededor de los cuales crecen apretados muchos cogollos pequeños. ‖ **~ lombarda.** F. **lombarda** (‖ especie de berza de color morado).

cola[1]. **I.** F. **1.** Extremidad posterior del cuerpo y de la columna vertebral de algunos animales. ‖ **2.** Conjunto de cerdas que tienen ciertos animales en esta parte del cuerpo. ‖ **3.** Conjunto de plumas fuertes y más o menos largas que tienen las aves en la rabadilla. ‖ **4. cola de caballo** (‖ clase de peinado). ‖ **5.** Porción que en algunas ropas talares se prolonga por la parte posterior y se lleva comúnmente arrastrando. ‖ **6.** Punta o extremo posterior de algo, por oposición a *cabeza* o *principio. La cola del avión.* ‖ **7.** Apéndice luminoso que suelen tener los cometas. ‖ **8.** Apéndice prolongado que se une a algo. ‖ **9.** Hilera de personas que esperan vez. ‖ **10.** coloq. Pene del hombre. ‖ **11.** *Mús.* Detención en la última sílaba de lo que se canta. ‖ **II.** M. **12.** Hombre que está en último lugar en una competición o juego. ‖ **~ de caballo.** F. **1.** Planta de la clase de las Equisetíneas, con tallo de cuatro a seis decímetros de altura, huecos anudados de trecho en trecho y envainados unos en otros, que terminan en una especie de ramillete de hojas filiformes, a manera de cola de caballo. Crece en los prados y después de seca sirve para limpiar las matrices de las letras de imprenta y para otros usos. ‖ **2.** Clase de peinado, generalmente femenino, que consiste en recoger el pelo, largo y pendiente, en la parte superior de la nuca, sujetándolo con una goma, pasador, etc. ‖ **~ de milano.** F. *Carp.* Espiga de ensambladura, en forma de trapecio, más ancha por la cabeza que por el arranque. ‖ **~ de paja.** F. *Á. R. Plata.* **remordimiento.** *Andar con cola de paja.* ‖ **~ de zorra.** F. Planta perenne de la familia de las Gramíneas, con raíz articulada, tallo de 30 a 80 cm, hojas planas, lineales y lanceoladas, y flores en panoja cilíndrica con aristas largas y paralelas. ‖ **a la ~.** LOC.ADV. **1.** coloq. **detrás** (‖ en la parte posterior). ‖ **2.** coloq. Al final de la **cola** (‖ hilera de personas). ‖ **guardar,** o **hacer, ~.** LOCS.VERBS. cologs. Esperar vez, formando hilera con otras personas. ‖ **traer ~** algo. LOC.VERB. coloq. Tener consecuencias, generalmente negativas. ☐ V. **bata de ~, furgón de ~, gato de nueve ~s, gato de siete ~s, la pescadilla que se muerde la ~, látigo de nueve ~s, látigo de siete ~s, una pescadilla que se muerde la ~, vagón de ~.**

cola². F. Sustancia pastosa que sirve como adhesivo, especialmente en carpintería. ‖ **~ de pescado.** F. Gelatina hecha con la vejiga de los esturiones. ‖ **no pegar ni con ~** algo. LOC.VERB. coloq. Ser notoriamente incongruente con otra cosa, no venir a cuento.

cola³. F. **1.** Bot. Semilla de un árbol ecuatorial, de la familia de las Esterculiáceas, de la que se extrae una sustancia estimulante. ‖ **2.** Sustancia estimulante extraída de esta semilla. ‖ **3.** Bebida refrescante que contiene esta sustancia. ☐ V. **nuez de ~.**

colaboración. F. **1.** Acción y efecto de colaborar. ‖ **2.** Texto escrito por alguien que colabora en un periódico o en una revista.

colaboracionista. COM. despect. Persona que presta su colaboración a un régimen político que la mayoría de los ciudadanos considera contrario a la patria.

colaborador, ra. I. ADJ. **1.** Que colabora. *Entidad colaboradora.* Apl. a pers., u. t. c. s. ‖ **II.** M. y F. **2.** Compañero en la realización de alguna obra, especialmente literaria. ‖ **3.** Persona que escribe habitualmente en un periódico, sin pertenecer a la plantilla de redactores.

colaborar. INTR. **1.** Trabajar con otra u otras personas en la realización de una obra. ‖ **2.** Escribir habitualmente en un periódico o en una revista, sin pertenecer a la plantilla de redactores. ‖ **3. contribuir** (‖ concurrir con una cantidad). *Contribuir al mantenimiento de una iglesia.*

colación. F. **1.** Acto de colar o conferir canónicamente un beneficio eclesiástico, o de conferir un grado de universidad. ‖ **2.** Territorio o parte de vecindario que pertenece a cada parroquia en particular. ‖ **3.** Refacción que se acostumbra a tomar por la noche en los días de ayuno. ‖ **4.** Refacción de dulces, pastas y a veces fiambres, con que se obsequia a un huésped o se celebra algún suceso. ‖ **5.** hist. Conferencia o conversación que tenían los antiguos monjes sobre cosas espirituales. ‖ **6.** Cotejo que se hace de una cosa con otra. ‖ **7.** Am. Golosina hecha de masa moldeada en diferentes formas y recubierta de azúcar. ‖ **~ de bienes.** F. Der. Manifestación que al partir una herencia se hace de los bienes que un heredero forzoso recibió gratuitamente del causante en vida de este, para que sean contados en la computación de legítimas y mejoras. ‖ **sacar a ~** a alguien o algo. LOC. VERB. Hacer mención de él o de ello. ‖ **traer a ~.** LOC.VERB. Aducir pruebas o razones a favor de una causa.

colacionar. TR. **1.** cotejar. *Está colacionando textos antiguos.* ‖ **2.** Incluir algo en la colación de bienes. *El tribunal lo colaciona.* ‖ **3.** Hacer la colación de un beneficio eclesiástico.

colada. F. **1.** Acción y efecto de **colar².** ‖ **2.** Lavado de ropa sucia de una casa. ‖ **3.** Ropa lavada. ‖ **4.** Dep. **internada.** ‖ **5.** Geol. Masa de lava que se desplaza, hasta que se solidifica, por la ladera de un volcán. ‖ **6.** Ingen. Sangría que se hace en los altos hornos para que salga el hierro fundido. ‖ **7.** Taurom. Situación en la que el toro toma mal el engaño y pasa muy cerca del torero o lo golpea. ‖ **8.** Tecnol. Vertido del metal fundido en un molde o recipiente. ‖ **9.** Á. Andes. Especie de mazamorra hecha con harina y agua o leche, a la que, en algunos sitios, se añade sal y, en otros, azúcar.

coladera. F. Cedazo pequeño para licores.

coladero. M. **1.** Lugar por el que es fácil colarse. U. t. en sent. fig. *Esa ley se ha convertido en un coladero. La defensa del equipo es un coladero.* ‖ **2.** En el léxico estudiantil, centro docente o acto de exámenes que se caracterizan por su extrema benevolencia al juzgar. ‖ **3.** colador.

colado. ☐ V. **aire ~, hierro ~.**

colador. M. Instrumento para colar un líquido.

colágeno, na. I. ADJ. **1.** Bioquím. y Zool. Perteneciente o relativo a una proteína fibrosa del tejido conjuntivo, de los cartílagos y de los huesos, que se transforma en gelatina por efecto de la cocción. *Fibras colágenas.* ‖ **II.** M. **2.** Bioquím. y Zool. Esta proteína.

colagogo, ga. ADJ. Dicho de una sustancia o de un medicamento: Que provocan la evacuación de la bilis. U. t. c. s. m.

colapez. F. cola de pescado.

colapsar. I. TR. **1.** Producir colapso. ‖ **II.** INTR. **2.** Sufrir colapso o caer en él. U. t. c. prnl. ‖ **3.** Dicho de una actividad: Decrecer o disminuir intensamente.

colapso. M. **1.** Destrucción, ruina de una institución, sistema, estructura, etc. ‖ **2.** Paralización a que pueden llegar el tráfico y otras actividades. ‖ **3.** Med. Estado de postración extrema y baja tensión sanguínea, con insuficiencia circulatoria. ‖ **4.** Med. Disminución anormal del tono de las paredes de una parte orgánica hueca, con decrecimiento o supresión de su luz.

colar¹. TR. Conferir canónicamente un beneficio eclesiástico.

colar². I. TR. **1.** Pasar un líquido por un utensilio adecuado para quitarle las partículas sólidas que contiene. ‖ **2.** Introducir a alguien en un lugar a escondidas o sin permiso. ‖ **II.** PRNL. **3.** Dicho de una cosa: Entrar por un lugar estrecho. *El frío se colaba por las rendijas de la puerta.* ‖ **4.** coloq. Introducirse a escondidas o sin permiso en alguna parte. ‖ **5.** Á. R. Plata. Dicho de un jugador: Especialmente en el fútbol, avanzar rápidamente con el balón internándose en la defensa contraria. ¶ MORF. conjug. c. *contar.*

colateral. ADJ. **1.** Dicho especialmente de las naves y de los altares: Que están a uno y otro lado de otro principal. ‖ **2.** Dicho de un pariente: Que no lo es por línea recta. U. t. c. s. ☐ V. **línea ~.**

colativo, va. ADJ. Dicho especialmente de un beneficio eclesiástico: Que no se puede gozar sin colación canónica.

colcha. F. Cobertura de cama que sirve de adorno y abrigo.

colchagüino, na. ADJ. **1.** Natural de Colchagua. U. t. c. s. ‖ **2.** Perteneciente o relativo a esta provincia de Chile.

colchar. TR. Mar. corchar.

colchón. M. **1.** Pieza rectangular, rellena de lana u otro material blando o elástico, que se pone sobre la cama para dormir en ella. ‖ **2.** Capa blanda de algún material que cubre una superficie. *Un colchón de hojas.* ‖ **3.** Elemento que sirve para aliviar una situación difícil. *Encontró una excusa que le sirvió de colchón.* ‖ **~ de aire.** M. **1.** El de tela impermeable lleno de aire. ‖ **2.** Capa de aire a presión interpuesta entre dos superficies para evitar su contacto y amortiguar sus movimientos. ‖ **~ de muelles.** M. El relleno de muelles.

colchonería. F. Tienda en que se hacen o venden colchones, almohadas, cojines y otros objetos semejantes.

colchonero, ra. I. ADJ. **1.** Perteneciente o relativo a los colchones. *Industria colchonera.* ‖ **II.** M. y F. **2.** Persona que tiene por oficio hacer o vender colchones. ☐ V. **aguja ~.**

colchoneta. F. **1.** Cojín largo y delgado que se pone encima del asiento de un sofá, de un banco o de otro mueble semejante. || **2.** Colchón delgado. || **3.** Colchón de aire impermeable. || **4.** *Dep.* Colchón delgado o grueso sobre el que se realizan ejercicios de gimnasia.

cole. M. **1.** coloq. **colegio** (|| establecimiento de enseñanza). || **2.** coloq. **colegio** (|| edificio). || **3.** coloq. **colegio** (|| clase).

coleada. F. **1.** Sacudida o movimiento de la cola de los peces y otros animales. || **2.** *Méx.* Acto de derribar una res tirándole de la cola.

coleador. M. *Á. Caribe* y *Méx.* Hombre que en las corridas de toros y en las haciendas tira de la cola de una res para derribarla en la carrera.

colear. **I.** INTR. **1.** Mover con frecuencia la cola. || **II.** TR. **2.** En las corridas de toros, sujetar la res por la cola, por lo común cuando embiste al picador caído. || **3.** *Á. Caribe* y *Méx.* Tirar, corriendo a pie o a caballo, de la cola de una res para derribarla.

colección. F. **1.** Conjunto ordenado de cosas, por lo común de una misma clase y reunidas por su especial interés o valor. *Colección de escritos. Colección de mapas.* || **2.** Serie de libros, discos, láminas, etc., publicados por una editorial bajo un epígrafe común, generalmente con las mismas características de formato y tipografía. || **3.** Gran cantidad de personas o cosas. *Colección de cretinos. Colección de despropósitos.* || **4.** Conjunto de las creaciones que presenta un diseñador de moda para una temporada. *Colección primavera-verano.* || **5.** Acumulación de una sustancia orgánica. *Colección de sangre.*

coleccionable. **I.** ADJ. **1.** Que se puede coleccionar. *Fascículos coleccionables.* || **II.** M. **2.** Libro u obra que se publican por entregas periódicas. || **3.** Cada una de estas entregas.

coleccionador, ra. M. y F. Persona que colecciona.

coleccionar. TR. Formar colección. *Coleccionar monedas, manuscritos.*

coleccionismo. M. Afición a coleccionar objetos.

coleccionista. COM. Persona que colecciona.

colecistitis. F. *Med.* Inflamación aguda o crónica de la vesícula biliar.

colecta. F. **1.** Recaudación de donativos voluntarios, generalmente para fines benéficos. || **2.** Primera de las oraciones que dice quien celebra la misa, recogiendo las intenciones de los fieles.

colectánea. F. colección.

colectar. TR. recaudar.

colectivero. M. *Á. Andes.* Conductor de un **colectivo** (|| autobús).

colectividad. F. Conjunto de personas reunidas o concertadas para un fin.

colectivismo. M. Doctrina que tiende a suprimir la propiedad particular, transferirla a la colectividad y confiar al Estado la distribución de la riqueza.

colectivista. ADJ. **1.** Perteneciente o relativo al colectivismo. *Doctrinas colectivistas.* || **2.** Partidario de dicho sistema. U. t. c. s.

colectivización. F. Acción y efecto de colectivizar.

colectivizar. TR. Transformar lo particular en colectivo.

colectivo, va. **I.** ADJ. **1.** Perteneciente o relativo a una agrupación de individuos. *Memoria colectiva.* || **II.** M. **2.** Grupo unido por lazos profesionales, laborales, etc. || **3.** *Á. Andes* y *Á. guar.* **autobús.** □ V. **compañía regular** ~, conflicto ~, convención ~ de trabajo, convenio ~, histeria ~, inconsciente ~, negociación ~, nombre ~, sociedad regular ~.

colectomía. F. *Med.* Extirpación quirúrgica, parcial o total, del colon.

colector, ra. **I.** ADJ. **1.** Que recoge. *Dispositivos colectores.* || **2.** **recaudador.** || **II.** M. y F. **3.** **coleccionista.** || **4.** Persona que reúne para su estudio y conocimiento, documentos, textos, objetos, etc. || **III.** M. **5.** Caño o canal que recoge todas las aguas procedentes de un avenamiento o las sobrantes del riego. || **6.** Conducto subterráneo en el cual vierten las alcantarillas sus aguas. || **7.** *Electr.* Anillo de cobre al que se aplican las escobillas para comunicar el inducido con el circuito exterior.

colédoco. ADJ. *Anat.* Se dice del conducto formado por la unión de los conductos cístico y hepático, procedentes de la vesícula biliar y del hígado, respectivamente, y que desemboca en el duodeno. U. t. c. s. m.

colega. COM. **1.** Compañero en un colegio, iglesia, corporación o ejercicio. || **2.** coloq. Amigo, compañero.

colegatario, ria. M. y F. Persona a quien se le ha legado algo juntamente con otra u otras personas.

colegiación. F. Acción y efecto de colegiar o colegiarse.

colegiado, da. PART. de **colegiar.** || **I.** ADJ. **1.** Dicho de un cuerpo: Constituido en colegio. *El profesorado colegiado de Madrid.* || **2.** Dicho de una cosa: Realizada por personas de la misma categoría. *Los partidos tomaron la decisión colegiada de apoyar al Gobierno.* || **II.** M. y F. **3.** *Dep.* Árbitro de un juego o deporte que es miembro de un colegio oficialmente reconocido. □ V. **órgano** ~.

colegial. **I.** ADJ. **1.** Perteneciente o relativo al colegio. *Lenguaje colegial.* || **2.** *Der.* Perteneciente o relativo a los órganos colegiados. *Organización colegial.* || **II.** M. **3.** Alumno que asiste a un colegio. || **4.** Alumno que tiene plaza en un colegio mayor. || **5.** *Chile.* Pájaro que vive a orillas de los ríos y lagunas y tiene unos trece centímetros de longitud. La hembra es de color ceniciento y el macho negro y rojo. || **III.** F. **6.** **iglesia colegial.**

colegiala. F. Alumna que asiste a un colegio.

colegialidad. F. Cualidad de la asociación que se organiza como un colegio o una corporación.

colegiar. **I.** TR. **1.** Inscribir a alguien en un colegio profesional. U. m. c. prnl. || **II.** PRNL. **2.** Dicho de los individuos de una misma profesión o clase: Reunirse en colegio. ¶ MORF. conjug. c. *anunciar.*

colegiata. F. **iglesia colegial.**

colegiatura. F. Plaza de colegial.

colegio. M. **1.** Establecimiento de enseñanza para niños y jóvenes. || **2.** Edificio del colegio. || **3.** Conjunto de alumnos del colegio. *Todo el colegio fue a la excursión.* || **4.** Sociedad o corporación de personas de una misma profesión, a la que generalmente se atribuyen funciones de ordenación y disciplina de la actividad profesional. *Colegio de abogados. Colegio de médicos.* || **5.** coloq. Clase o clases que se dan en un colegio. *Mañana no hay colegio.* || **Colegio Apostólico.** M. Conjunto de los apóstoles (|| discípulos de Jesucristo). || ~ **electoral.** M. **1.** Grupo de electores que pueden ejercer su derecho al voto en un determinado lugar. || **2.** Sitio donde pueden acudir para votar. || ~ **mayor.** M. Residencia de estudiantes universitarios reconocida como tal oficialmente y sometida muchas veces a un régimen especial. || ~ **menor.** M. Residencia de estudiantes no universitarios sometidos muchas veces a un régimen especial. || ~ **militar.** M. hist.

Casa y escuela destinadas a la educación e instrucción de los jóvenes que se dedicaban a la milicia. ‖ **~ universitario.** M. Centro docente, dependiente de una universidad para impartir enseñanzas del primer ciclo universitario.

colegir. TR. **inferir** (‖ sacar consecuencia). MORF. conjug. c. *pedir.*

colegislador, ra. ADJ. Dicho de un cuerpo: Que concurre con otro para la formación de las leyes.

colemono. M. *Chile.* Licor hecho con aguardiente, leche, café y especias.

coleo. M. Acción de colear.

coleóptero. ADJ. *Zool.* Se dice de los insectos que tienen boca dispuesta para masticar, caparazón consistente y dos élitros córneos que cubren dos alas membranosas, plegadas al través cuando el animal no vuela; p. ej., el escarabajo, el cocuyo, la cantárida y el gorgojo. U. t. c. s. m. ORTOGR. En m. pl., escr. con may. inicial c. taxón. *Los Coleópteros.*

cólera. **I.** F. **1.** Ira, enojo, enfado. ‖ **II.** M. **2.** *Med.* Enfermedad epidémica aguda de origen bacteriano, caracterizada por vómitos repetidos y diarrea aguda. ‖ **~ asiático,** o **~ morbo.** M. *Med.* Enfermedad infecciosa y epidémica, originaria de la India, caracterizada por vómitos, deposiciones acuosas, abundantes calambres, supresión de la orina y postración general. ‖ **descargar la ~ en** alguien. LOC.VERB. **descargar la ira en** alguien. ‖ **montar en ~.** LOC.VERB. **encolerizarse.**

colérico, ca. ADJ. **1.** Perteneciente o relativo a la cólera. *Reacción colérica.* ‖ **2.** Que fácilmente se deja llevar de la cólera. *Es una persona impaciente y colérica.* ‖ **3.** *Med.* Perteneciente o relativo al cólera. *Síntoma colérico.* ‖ **4.** Atacado de **cólera** (‖ enfermedad). U. t. c. s.

coleriforme. ADJ. *Med.* Dicho de una enfermedad: Que tiene algunos síntomas parecidos a los del cólera. *Diarrea, fiebre coleriforme.*

colero. M. **1.** *Am.* En algunas labores de minas, ayudante del capataz o jefe de las labores. ‖ **2.** *Á. Caribe.* **colista.**

colesterol. M. *Bioquím.* Alcohol esteroideo, blanco e insoluble en agua. Participa en la estructura de algunas proteínas plasmáticas y a su presencia en exceso se atribuye la génesis de la aterosclerosis.

colesterolemia. F. *Biol.* Tasa de colesterol en la sangre.

coleta. F. **1.** Mechón de cabello entretejido o suelto, sujeto con un lazo o goma, que se hace en la cabeza. ‖ **2.** Cabello envuelto desde el cogote en una cinta en forma de cola, que, generalmente postiza, usan los toreros. ‖ **cortarse la ~.** LOC.VERB. **1.** Dicho de un torero: Dejar su oficio. ‖ **2.** Apartarse de alguna afición o dejar una costumbre.

coletazo. M. **1.** Golpe dado con la **cola**[1]. ‖ **2.** Sacudida que dan con la cola los peces moribundos. ‖ **3.** Última manifestación de una actividad próxima a extinguirse.

coletero. M. Goma, lazo o cualquier otro utensilio para recoger el pelo y hacer una coleta.

coletilla. F. **1.** **coleta** (‖ cabello envuelto que usan los toreros). ‖ **2.** Adición breve a lo escrito o hablado, por lo común con el fin de salvar alguna omisión o de reforzar compendiosamente lo que antes se ha dicho.

coleto. M. Vestidura hecha de piel, por lo común de ante, con mangas o sin ellas, que cubre el cuerpo, ciñéndolo hasta la cintura. ‖ **echarse** algo **al ~.** LOC.VERB. coloq. Co-

mérselo o bebérselo. ‖ **para mi, tu, su,** etc., **~.** LOCS.ADVS. Para mis, tus, etc., adentros. *Dije, pensé, resolví para m* coleto.

colgadero. M. Gancho, escarpia o cualquier otro ins trumento que sirve para colgar de él algo.

colgadizo. M. Tejadillo saliente de una pared y soste nido solamente con tornapuntas.

colgado, da. PART. de **colgar.** ‖ ADJ. **1.** Anhelosament pendiente o dependiente en grado sumo. *Estar, quedars colgado.* ‖ **2.** coloq. Dicho de una persona: Burlada frustrada en sus esperanzas o deseos. *Dejar, quedar col gado.* ‖ **3.** coloq. Que se encuentra bajo los efectos d una droga. Apl. a pers., u. t. c. s.

colgador. M. Utensilio para colgar ropa.

colgadura. F. Tapiz o tela con que se cubre y adorn una pared exterior o interior, un balcón, etc., con motivo de alguna celebración o festividad. U. m. en pl.

colgajo. M. **1.** Trapo o cosa despreciable que cuelga p. ej., los pedazos de la ropa rota o descosida. ‖ **2.** *Mec* Porción de piel sana que en las operaciones quirúrgica se reserva para cubrir la herida.

colgamiento. M. Acción y efecto de colgar.

colgandero, ra. ADJ. **colgante.**

colgante. **I.** ADJ. **1.** Que cuelga. *Ramas colgantes.* ‖ **II** M. **2.** Joya que pende o cuelga. □ V. **puente ~.**

colgar. **I.** TR. **1.** Situar algo o a alguien sin que llegu al suelo. U. t. c. prnl. *Colgarse de una cuerda.* ‖ **2.** Expo ner pinturas, dibujos o fotografías. *Colgar la obra de u pintor célebre.* ‖ **3.** Colocar el auricular del teléfono e su sitio interrumpiendo o dando por terminada una con versación telefónica. U. t. c. intr. ‖ **4.** Imputar, achaca *Le colgaron el vicio de la bebida.* ‖ **5.** Abandonar un profesión o actividad, renunciar a ellas. *Colgar los hábi tos, los libros.* ‖ **6.** coloq. **ahorcar** (‖ a alguien). U. t. c prnl. ‖ **7.** *Inform.* Introducir una información en una pá gina web para su difusión. ‖ **II.** INTR. **8.** Dicho de una cosa, como una campana, una borla, etc.: Estar en el air pendiente o asida de otra. ‖ **9.** Dicho de un edificio: Es tar construido al borde de una ladera muy pendiente ‖ **10.** Dicho de una parte de un vestido, un tapiz, d una cortina, etc.: Bajar más que otra, ser desiguales su bordes. ‖ **III.** PRNL. **11.** Apoyarse sobre algo, descan sando el peso sobre ello. *Colgarse del brazo.* ‖ **12.** coloq Hablar durante mucho tiempo por teléfono. ‖ **13.** *Inform* Dicho de una computadora u ordenador: **bloquearse** U. t. c. tr. ¶ MORF. conjug. c. *contar.*

colibacilo. M. *Biol.* Bacilo que se halla normalmente en e intestino del hombre y de algunos animales, y que, en de terminadas circunstancias, puede producir septicemias

colibacilosis. F. *Med.* Septicemia producida por el coli bacilo.

colibrí. M. **1.** Pájaro americano, insectívoro, de tamañ muy pequeño y pico largo y débil. ‖ **2.** **pájaro mosca** ¶ MORF. pl. **colibríes** o **colibrís.**

cólica. F. Cólico pasajero determinado por indigestión caracterizado por vómitos y evacuaciones de vientre que resuelven espontáneamente la dolencia.

cólico, ca. **I.** ADJ. **1.** Perteneciente o relativo al colon *Arteria cólica. Dolor cólico.* ‖ **II.** M. **2.** Acceso doloroso localizado en los intestinos y caracterizado por violen tos retortijones, ansiedad, sudores y vómitos. ‖ **~ bi lioso.** M. El que se presenta con abundancia de bilis ‖ **~ cerrado.** M. Aquel en que el estreñimiento es pertí naz y aumenta la gravedad de la dolencia. ‖ **~ hepátic**

M. Acceso de dolor violento determinado por el paso de las concreciones anómalas contenidas en la vejiga de la hiel a través de los conductos de esta para salir al intestino. || **cólico miserere.** M. Oclusión intestinal aguda, por causas diferentes, que determina un estado gravísimo cuyo síntoma más característico es el vómito de los excrementos. || **~ nefrítico, o cólico renal.** M. Acceso de dolor violentísimo, determinado por el paso de las concreciones anormales formadas en el riñón por los uréteres, hasta desembocar en la vejiga de la orina.

colicoli. M. *Chile.* Especie de tábano, de color pardo, muy común y molesto.

coliflor. F. Variedad de col que al entallecerse produce un conjunto de diversas cabezuelas o grumos blancos.

coligación. F. Acción y efecto de coligarse.

coligarse. PRNL. Dicho de una o de varias personas: Unirse, confederarse con otra u otras para algún fin.

coliguacho. M. *Chile.* Moscardón negro, especie de tábano, con los bordes del tórax y el abdomen cubiertos de pelos anaranjados o rojizos.

coligual. M. *Chile.* Terreno poblado de coligüe.

coligüe. M. *Chile.* Planta de la familia de las Gramíneas, cuyas cañas son rectas, de corteza lisa y muy resistente. Con ellas se hacían lanzas, y tienen hoy un cierto uso en la fabricación de muebles.

colilarga. F. *Chile.* Pájaro insectívoro, de color rojizo por encima, alas grises oscuras, capucha bermeja y que tiene en la cola dos plumas más largas que todo el cuerpo.

colilla. F. Resto del cigarro, que se tira por no poder o no querer fumarlo.

colillero, ra. M. y F. Persona que recoge por calles, cafés, etc., las colillas que tiran los fumadores.

colimador. M. **1.** *Fís.* Anteojo que va montado sobre los grandes telescopios astronómicos para facilitar su enfoque. || **2. mira telescópica.**

colimbo. M. Ave palmípeda, con membranas interdigitales completas, pico comprimido y alas cortas pero útiles para el vuelo. Su posición es casi vertical, por tener las patas muy atrás. Vive en las costas de países fríos y se alimenta de peces y otros animales marítimos.

colimense. ADJ. **1.** Natural de Colima. U. t. c. s. || **2.** Perteneciente o relativo a este estado de México o a su capital.

colimeño. ADJ. **colimense.** Apl. a pers., u. t. c. s.

colín, na. I. ADJ. **1.** Dicho de un animal: Que tiene la cola cortada. || **II.** M. **2.** Barra de pan pequeña, larga y muy delgada. || **3.** Piano de cola de dimensiones reducidas.

colina[1]. F. Elevación natural de terreno, menor que una montaña.

colina[2]. F. *Quím.* Sustancia básica existente en la bilis de muchos animales, que forma parte de las membranas celulares y actúa como neurotransmisor.

colinabo. M. Berza de hojas sueltas sin formar repollo.

colinano, na. ADJ. **1.** Natural de Colina. U. t. c. s. || **2.** Perteneciente o relativo a esta ciudad de Chile, capital de la provincia de Chacabuco.

colindancia. F. Condición de colindante.

colindante. ADJ. **1.** Dicho de dos o más campos o edificios: Contiguos entre sí. || **2.** *Der.* Se dice de los propietarios de dichas fincas. || **3.** *Der.* Se dice de los términos municipales y de los municipios que son limítrofes unos de otros.

colindar. INTR. Dicho de dos o más fincas: Lindar entre sí.

colineal. ADJ. *Geom.* Se dice de los puntos que se encuentran en la misma recta.

colinense. ADJ. **colinano.** Apl. a pers., u. t. c. s.

colinérgico, ca. ADJ. *Biol.* Perteneciente o relativo a la transmisión nerviosa que utiliza como neurotransmisor la colina.

colino, na. ADJ. Dicho de un animal: **colín.**

colipavo, va. ADJ. Se dice de cierta clase de palomas que tienen la cola más ancha que las demás.

colirio. M. Medicamento compuesto de una o más sustancias disueltas o diluidas en algún líquido, o pulverizadas y mezcladas, que se emplea en las enfermedades de los ojos.

colirrojo. M. Pájaro de la misma familia que el tordo, con la cola y sus coberteras dorsales de color castaño rojizo.

coliseo. M. **1.** Sala construida para espectáculos públicos. || **2.** *Á. Andes.* Recinto cerrado para algunos juegos deportivos.

colisión. F. **1.** Choque de dos cuerpos. || **2.** Oposición y pugna de ideas, principios o intereses, o de las personas que los representan.

colisionar. INTR. **1.** Dicho de dos o más vehículos: Chocar con violencia. || **2.** Dicho de dos personas o de dos cosas: Estar en desacuerdo, ser contrarias.

colista. ADJ. Dicho de un equipo o de un deportista: Que ocupa el último lugar de la clasificación. U. t. c. s.

colitis. F. *Med.* Inflamación del colon.

colla[1]. F. **1.** Arte de pesca compuesto por determinado número de nasas colocadas en fila cuando se calan. || **2.** Cuadrilla de jornaleros en los puertos.

colla[2]. ADJ. **1.** Se dice del individuo mestizo de los pueblos diaguitas, quechuas, aimaras y otros, asentados en la Puna o provenientes de ella. U. t. c. s. || **2.** Perteneciente o relativo a los collas. *Tradición colla.*

collada. F. **collado** (|| de una sierra por donde se pasa fácilmente).

collado. M. **1.** Tierra que se levanta como un cerro, menos elevada que el monte. || **2.** Depresión suave por donde se puede pasar fácilmente de un lado a otro de una sierra.

collar. M. **1.** Adorno que ciñe o rodea el cuello. || **2.** Insignia de algunas magistraturas, dignidades y órdenes de caballería. || **3.** Faja de plumas que ciertas aves tienen alrededor del cuello, y que se distingue por su color. || **4.** Aro, por lo común de cuero, que se ciñe al cuello de los animales domésticos para adorno, sujeción o defensa. || **5.** *Heráld.* Ornamento del escudo que lo circuye, llevando pendiente de la punta la condecoración correspondiente. □ V. **pecarí de ~.**

collarín. M. **1.** Aparato ortopédico que se ajusta en torno al cuello y sirve para inmovilizar las vértebras cervicales. || **2.** Reborde que rodea el orificio de la espoleta de las bombas, y sirve para facilitar su manejo. || **3.** *Arq.* **collarino.**

collarino. M. *Arq.* En los órdenes dórico y jónico romanos, toscano, árabe y grecorromano del Renacimiento, parte inferior del capitel, entre el astrágalo y el tambor.

colleja[1]. F. Hierba de la familia de las Cariofiláceas, de cuatro a ocho decímetros de altura, con hojas lanceoladas, blanquecinas y suaves, tallos ahorquillados y flores blancas en panoja colgante. Es muy común en los sembrados y lugares incultos, y se come en algunas partes como verdura.

colleja². F. Golpe que se da en la nuca con la palma de la mano.

collera¹. F. Collar de cuero o lona, relleno de borra o paja, que se pone al cuello a las caballerías o a los bueyes para que no les haga daño el horcate.

collera². F. **1.** Cadena de presidiarios. ‖ **2.** pl. *Chile.* **gemelos** (‖ del puño de la camisa).

collerón. M. Collera de lujo, fuerte y ligera, que se usa para los caballos de los coches.

colliguay. M. *Chile.* Arbusto euforbiáceo cuya leña, al quemarse, es aromática. Tiene hojas alternas, lanceoladas, aserradas, coriáceas y pecioladas. Su altura total es de un metro, y el jugo de su raíz venenoso. MORF. pl. **colliguayes.**

colmado, da. PART. de **colmar.** ‖ **I.** ADJ. **1.** Abundante, copioso, completo. *Despensa colmada.* ‖ **II.** M. **2.** Tienda de comestibles. ‖ **3.** Lugar donde se sirven comidas especiales, principalmente mariscos.

colmar. TR. **1.** Llenar una medida, un cajón, un cesto, etc., de modo que lo que se echa en ellos exceda su capacidad y levante más que los bordes. ‖ **2.** Dar con abundancia. *La colmaba de atenciones.* ‖ **3.** Satisfacer plenamente deseos, aspiraciones, etc. *Colmó sus expectativas.* U. t. c. prnl.

colmatar. TR. *Geol.* Rellenar una hondonada o depresión del terreno mediante sedimentación de materiales transportados por el agua.

colmena. F. **1.** Habitación natural de las abejas. ‖ **2.** Enjambre que vive en la colmena. ‖ **3.** Recipiente construido para habitáculo de las abejas. ‖ **4.** Lugar o edificio en el que vive mucha gente apiñada. □ V. **posada de ~s.**

colmenar. M. Lugar donde están las colmenas.

colmenero, ra. M. y F. Persona que tiene colmenas o cuida de ellas.

colmenilla. F. Hongo comestible de sombrerete aovado, consistente y carnoso, tallo liso y cilíndrico, y color amarillento oscuro por encima y más claro por debajo.

colmillada. F. colmillazo.

colmillazo. M. **1.** Golpe dado con el colmillo. ‖ **2.** Herida así producida.

colmillo. M. **1.** Diente agudo y fuerte, colocado en cada uno de los lados de las hileras que forman los dientes incisivos de los mamíferos, entre el más lateral de aquellos y la primera muela. ‖ **2.** Cada uno de los dos dientes incisivos prolongados en forma de cuerno, que tienen los elefantes en la mandíbula superior. ‖ **enseñar los ~s.** LOC.VERB. coloq. Manifestar fortaleza, hacerse temer o respetar.

colmilludo, da. ADJ. **1.** Que tiene grandes colmillos. ‖ **2.** *Méx.* Sagaz, astuto, difícil de engañar.

colmo¹. M. **1.** Porción de materia o de cosas de poco volumen que sobresale por encima de los bordes del vaso que las contiene. ‖ **2.** Complemento o término de algo. ‖ **ser** algo **el ~.** LOC.VERB. coloq. Haber llegado a tal punto que razonablemente no se puede superar.

colmo². M. **1.** Paja, generalmente de centeno, que se usa para cubrir cabañas. ‖ **2.** Techo de paja.

colocación. F. **1.** Acción y efecto de colocar. ‖ **2.** Empleo o destino.

colocar. **I.** TR. **1.** Poner a alguien o algo en su debido lugar. *Colocar la ropa en el armario.* U. t. c. prnl. ‖ **2.**

Acomodar a alguien, poniéndolo en algún estado o empleo. U. t. c. prnl. *Se ha colocado en una agencia de viajes.* ‖ **3.** Invertir dinero. *Ha colocado su capital en el mercado de valores.* ‖ **4.** Encontrar mercado para algún producto. *Ha colocado su artículo en un periódico.* ‖ **5.** coloq. Dicho del alcohol o de una droga: Causar un estado eufórico. U. t. c. intr. ‖ **II.** PRNL. **6.** coloq. Dicho de una persona: Ponerse bajo los efectos del alcohol o de una droga.

colocasia. F. Hierba de la familia de las Aráceas, originaria de la India, con las hojas grandes, de forma aovada y onduladas por su margen, y la flor de color de rosa. Tiene la raíz carnosa y muy acre cuando está fresca, pero si se cuece pierde el mal gusto, y se usa como alimento, igualmente que las hojas.

colocho, cha. **I.** M. y F. **1.** *Am. Cen.* Persona de pelo rizado. U. t. c. adj. ‖ **II.** M. **2.** *Am. Cen.* **viruta.** ‖ **3.** *Am. Cen.* Rizo, tirabuzón, bucle.

colochón, na. M. y F. *Am. Cen.* **colocho** (‖ persona de pelo rizado). U. t. c. adj.

colocolo. M. *Chile.* Especie de gato montés.

colocutor, ra. M. y F. Cada una de las personas que toman parte en un coloquio o conversación.

colodión. M. Disolución en éter de la nitrocelulosa, empleada como aglutinante en cirugía y para la preparación de placas fotográficas.

colodra. F. **cuerna** (‖ vaso de cuerno).

colodrillo. M. Parte posterior de la cabeza.

colofón. M. **1.** *Impr.* Anotación al final de los libros, que indica el nombre del impresor y el lugar y fecha de la impresión, o alguna de estas circunstancias. ‖ **2.** Remate final de un proceso. *La velada tuvo un brillante colofón con las palabras del presidente.*

colofonia. F. Resina sólida, producto de la destilación de la trementina, empleada en farmacia y para otros usos.

coloidal. ADJ. *Quím.* Perteneciente o relativo a los coloides. □ V. **disolución ~, suspensión ~.**

coloide. M. *Quím.* Dispersión de partículas o macromoléculas en un medio continuo. U. t. c. adj.

colombianismo. M. Vocablo, giro o modo de hablar propio de los colombianos.

colombiano, na. ADJ. **1.** Natural de Colombia. U. t. c. s. ‖ **2.** Perteneciente o relativo a este país de América.

colombicultura. F. Arte de criar y fomentar la reproducción de palomas.

colombina. F. Persona cuyo vestido en un espectáculo o fiesta remeda el de Colombina, personaje femenino de la comedia del arte.

colombino, na. ADJ. hist. Perteneciente o relativo a Cristóbal Colón.

colombo. M. *Bot.* Planta de la familia de las Menispermáceas, originaria de países tropicales, cuya raíz amarga y de color amarillento, se emplea en medicina como astringente.

colombofilia. F. **1.** Técnica de la cría de palomas, en especial mensajeras. ‖ **2.** Deportivamente, afición a poseer, criar, adiestrar, etc., palomas.

colombófilo, la. **I.** ADJ. **1.** Perteneciente o relativo a la colombofilia. *Sociedad colombófila.* ‖ **II.** M. y F. **2.** Persona aficionada o dedicada a la colombofilia.

colombroño. M. tocayo.

colon. M. *Anat.* Porción del intestino grueso de los mamíferos, que empieza donde concluye el ciego, cuando este existe, y acaba donde comienza el recto.

colón. M. Unidad monetaria de Costa Rica y de El Salvador. □ V. **huevo de Colón.**

colonato. M. Sistema de explotación de las tierras por medio de colonos.

colonense. ADJ. **1.** Natural de Colón. U. t. c. s. ‖ **2.** Perteneciente o relativo a esta provincia de Panamá o a su cabecera. ‖ **3. coloneño.** Apl. a pers., u. t. c. s.

coloneño, ña. ADJ. **1.** Natural de Colón. U. t. c. s. ‖ **2.** Perteneciente o relativo a este departamento de Honduras.

colonia¹. F. **1.** Conjunto de personas procedentes de un territorio que van a otro para establecerse en él. ‖ **2.** Territorio o lugar donde se establecen estas personas. ‖ **3.** Territorio dominado y administrado por una potencia extranjera. ‖ **4.** Conjunto de los naturales de un país, región o provincia que habitan en otro territorio. *Colonia asturiana en Madrid.* ‖ **5.** Grupo de viviendas semejantes o construidas con una idea urbanística de conjunto. ‖ **6.** Residencia veraniega para vacaciones infantiles, generalmente en el campo o en la playa. *Ha mandado a sus hijos a una colonia de verano.* ‖ **7.** Grupo de animales de una misma especie que conviven en un territorio limitado. *Colonia de garzas.* ‖ **8.** Animal que por proliferación vegetativa, en general por gemación, forma un cuerpo único de numerosos zooides unidos entre sí. ‖ **9.** *Méx.* En una ciudad, **barrio** (‖ cada una de las zonas en que se divide).

colonia². F. **agua de Colonia.**

coloniaje. M. *Am.* Período histórico en que los países de América formaron parte de la nación española.

colonial. ADJ. **1.** Perteneciente o relativo a la **colonia¹.** *Época colonial.* ‖ **2.** *Com.* **ultramarino** (‖ dicho de un género o comestible). *Frutos coloniales.*

colonialismo. M. Tendencia a mantener un territorio en el régimen colonial.

colonialista. ADJ. **1.** Perteneciente o relativo al colonialismo. *Expansión colonialista.* ‖ **2.** Partidario del colonialismo. U. t. c. s.

coloniense. ADJ. **1.** Natural de Colonia, departamento del Uruguay, o de Colonia del Sacramento, su capital. U. t. c. s. ‖ **2.** Perteneciente o relativo a este departamento o a su capital.

colonización. F. Acción y efecto de colonizar.

colonizador, ra. ADJ. Que coloniza. Apl. a pers., u. t. c. s.

colonizar. TR. **1.** Formar o establecer colonia en un país. ‖ **2.** Fijar en un terreno la morada de sus cultivadores.

colono, na. M. y F. **1.** Persona que coloniza un territorio o que habita en una **colonia¹.** ‖ **2.** Labrador que cultiva y labra una heredad por arrendamiento y suele vivir en ella.

colonoscopia. F. *Med.* Exploración del interior del colon mediante un colonoscopio.

colonoscopio. M. *Med.* Endoscopio especial para explorar el interior del colon.

coloquial. ADJ. **1.** Perteneciente o relativo al coloquio. *Intercambio coloquial.* ‖ **2.** Propio o característico de una conversación informal y distendida. *Tono, estilo coloquial.*

coloquialismo. M. **1.** Palabra o expresión coloquial. *Su novela estaba llena de coloquialismos.* ‖ **2.** Tendencia a utilizar coloquialismos.

coloquíntida. F. **1.** Planta de la familia de las Cucurbitáceas, con tallos rastreros y pelosos de dos a tres me-

tros de largo, hojas hendidas en cinco lóbulos dentados, ásperas, vellosas y blanquecinas por el envés, flores amarillas, axilares y solitarias. ‖ **2.** Fruto de esta planta, de corteza lisa, de la forma, color y tamaño de la naranja y muy amargo, que se emplean en medicina como purgante.

coloquio. M. **1.** Conversación entre dos o más personas. ‖ **2.** Reunión en que se convoca a un número limitado de personas para que debatan un problema, sin que necesariamente haya de recaer acuerdo. ‖ **3.** Discusión que puede seguir a una disertación, sobre las cuestiones tratadas en ella. ‖ **4.** Género de composición literaria, prosaica o poética, en forma de diálogo.

color. M. **1.** Sensación producida por los rayos luminosos que impresionan los órganos visuales y que depende de la longitud de onda. ‖ **2.** color natural de la tez humana. *Ya tiene mejor color.* ‖ **3.** Sustancia preparada para pintar o teñir. ‖ **4.** **colorido** (‖ de una pintura). ‖ **5.** Carácter peculiar de algunas cosas. *Este pueblo tiene un color muy particular.* ‖ **6.** Cualidad especial que distingue el estilo. *Pintó con colores trágicos o sombríos. El actor dio a su papel un nuevo color.* ‖ **7.** Matiz de opinión o fracción política. *Fulano pertenece a este o al otro color. Gobierno de un solo color.* ‖ **8.** *Fís.* Propiedad de la luz transmitida, reflejada o emitida por un objeto, que depende de su longitud de onda. ‖ **9.** *Heráld.* Cada uno de los cinco colores heráldicos, opuestos a los dos metales. ‖ **10.** pl. colores que una entidad, equipo o club de carácter deportivo adopta como símbolos propios en su bandera y en los uniformes de sus atletas o jugadores. ‖ **~ del espectro solar, ~ del iris,** o **~ elemental.** M. *Fís.* Cada una de las siete radiaciones en que se descompone la luz blanca del Sol al atravesar un prisma óptico, es decir, rojo, naranja, amarillo, verde, azul, añil y violeta. ‖ **~ local.** M. Conjunto de rasgos peculiares de una región o lugar, de carácter popular y pintoresco. *En ninguna parte encontrará el viajero más color local que en el Albaicín.* ‖ **~es complementarios.** M. pl. *Fís.* Los colores puros que, reunidos por ciertos procedimientos, dan el color blanco. ‖ **~es nacionales.** M. pl. Los que adopta como distintivo cada nación y usa en su pabellón, banderas y escarapelas. ‖ **dar ~,** o **~es.** LOCS.VERBS. **pintar** (‖ cubrir con un color una superficie). ‖ **de ~.** LOC.ADJ. **1.** Dicho de una tela o de un vestido: Que no son negros, blancos ni grises. ‖ **2.** Dicho de una persona: Que no pertenece a la raza blanca, y más especialmente que es negra o mulata. *Gente de color. Hombres de color.* ‖ **de ~ de rosa,** o **~ rosa.** LOC.ADJ. Feliz y sin complicaciones. U. t. c. locs. advs. ‖ **en ~. I.** LOC.ADJ. **1.** Dicho especialmente de una película, de una fotografía o de un televisor: Que reproducen los colores. ‖ **II.** LOC.ADV. **2.** Con colores. *Garantizó que las fotografías saldrían en color.* ‖ **haber ~.** LOC.VERB. coloq. Existir animación, interés, satisfacción, etc., en competiciones, festejos, reuniones, etc. ‖ **mudar** alguien **de ~.** LOC.VERB. coloq. Alterarse, mostrándolo en un cambio del rostro. ‖ **no haber ~.** EXPR. coloq. No existir comparación posible entre algo y otra cosa que es mucho mejor. ‖ **perder el ~.** LOC.VERB. coloq. Decaer el color natural, o deslucirlo. ‖ **pintar** algo **con negros ~es.** LOC.VERB. Considerarlo melancólicamente o con un aspecto negativo. ‖ **ponerse** alguien **de mil ~es.** LOC.VERB. coloq. Mudársele el color del rostro por vergüenza o cólera reprimida. ‖ **robar el ~.** LOC. VERB. Hacer perder el color. ‖ **sacarle** a alguien **los ~es,**

o **sacarle los ~es a la cara,** o **al rostro.** LOCS.VERBS. coloqs. Sonrojarlo, avergonzarlo. ‖ **salirle** a alguien **los ~es,** o **salirle los ~es a la cara,** o **al rostro.** LOCS.VERBS. coloqs. Ponerse colorado de vergüenza. ‖ **so ~.** LOC.ADV. Con, o bajo, pretexto. ‖ **tomar ~** algunos frutos y, por ext., otras cosas. LOC.VERB. Empezar a madurar. ‖ **tomar** algo **el ~.** LOC.VERB. Teñirse o impregnarse bien de él. ‖ **un ~ se le iba y otro se le venía.** EXPR. coloq. Denota la turbación de ánimo. ▢ V. **escalera de ~, lápiz de ~, pez de ~es.**

coloración. F. **1.** Acción de colorar. *Hacen la coloración de las telas con métodos artesanales.* ‖ **2.** Color que se da a una cosa o que toma esa cosa. *La coloración amarillenta de su piel denota mala salud.*

colorado, da. ADJ. Que por naturaleza o arte tiene color más o menos rojo. ▢ V. **tuna ~.**

colorante. I. ADJ. **1.** Que da color. Apl. a una sustancia o un producto, u. t. c. s. m. *Teñir con colorantes naturales.* ‖ **II.** M. **2.** Sustancia que añadida a ciertos alimentos sirve para darles color o teñirlos. *Esta mermelada no tiene colorantes.*

colorar. TR. Dar color a una cosa o teñirla.

coloratura. F. *Mús.* En el canto, adorno virtuosista de una melodía. ‖ **de ~.** LOC.ADJ. *Mús.* Especializado en ejecutar coloraturas. *Una soprano con voz de coloratura.*

colorear. I. TR. **1.** Dar color, teñir de color. U. t. c. intr. ‖ **II.** INTR. **2.** Dicho de algunos frutos, como la cereza, la guinda, el tomate, el pimiento, etc.: Tomar el color encarnado de su madurez.

colorete. M. Cosmético, por lo general de tonos rojizos, que se aplica en las mejillas para darles color.

colorido, da. I. ADJ. **1.** Que tiene color. *Espectáculo colorido.* ‖ **II.** M. **2.** Disposición y grado de intensidad de los diversos colores de una pintura.

colorimetría. F. *Quím.* Procedimiento de análisis químico fundado en la medida de la intensidad del color de las disoluciones.

colorimétrico, ca. ADJ. *Quím.* Perteneciente o relativo a la colorimetría.

colorímetro. M. *Quím.* Instrumento utilizado en colorimetría.

colorín, na. I. ADJ. **1.** *Chile.* pelirrojo. ‖ **II.** M. **2.** Color vivo y sobresaliente, principalmente cuando está contrapuesto a otros. U. m. en pl. *Este cuadro tiene muchos colorines. Esta mujer gusta de colorines.* ‖ **3.** jilguero. ‖ **4.** *Esp.* Magacín que se publica como suplemento en algunos periódicos. ‖ **colorín colorado, este cuento se ha acabado.** EXPR. coloq. Se usa como estribillo final de los cuentos infantiles, y para indicar el término de alguna narración hablada o escrita.

colorinche. ADJ. *Am. Mer.* De muchos colores vivos y mal combinados. U. t. c. s. m.

colorismo. M. **1.** En pintura, tendencia a dar especial realce al color. ‖ **2.** En literatura y otras artes, uso de recursos que suscitan impresiones o imágenes vivaces.

colorista. ADJ. **1.** Dicho de un artista o de una obra: Que se caracterizan por el uso del colorismo. ‖ **2.** Perteneciente o relativo al colorismo. *Tradición colorista.*

colosal. ADJ. **1.** Enorme, de dimensiones extraordinarias. *Un estadio colosal.* ‖ **2.** Bonísimo, extraordinario. *Unas amigas colosales.*

colosalismo. M. **1.** En arte, cualidad de colosal (‖ enorme). ‖ **2.** despect. Tendencia a lo excesivo o de un tamaño exagerado.

colosalista. ADJ. Que se caracteriza por su colosalismo. *Monumentalismo colosalista.*

colosense. ADJ. **1.** hist. Natural de Colosas. U. t. c. s. ‖ **2.** hist. Perteneciente o relativo a esta ciudad de Frigia, antigua región de Asia Menor.

coloso. M. **1.** Estatua de una magnitud que excede mucho a la natural, como fue la del coloso de Rodas. ‖ **2.** Persona, animal o cosa de gran tamaño. ‖ **3.** Persona o cosa que por sus cualidades sobresale muchísimo.

colostomía. F. **1.** *Med.* Operación quirúrgica consistente en dar al colon una vía de salida a través de la pared abdominal. ‖ **2.** *Med.* Orificio resultante de esta operación.

colquicáceo, a. ADJ. *Bot.* Se dice de las hierbas de la familia de las Liliáceas, perennes, con raíz bulbosa, hojas radicales, enteras y envainadoras, flores radicales o axilares en bohordo o tallo, frutos casi siempre capsulares y semillas en gran número con albumen carnoso o duro; p. ej., el cólquico y el eléboro blanco. U. t. c. s. f.

cólquico. M. Hierba de la familia de las Liliáceas, de doce a catorce centímetros de altura, con tres o cuatro hojas planas, lanceoladas y derechas, sépalos y pétalos de igual forma y color, soldados por sus uñas en forma de tubo largo y delgado, y frutos capsulares de la forma y tamaño de la nuez. Su raíz, semejante a la del tulipán, está envuelta en una túnica negra, es amarga y se emplea en medicina contra la hidropesía y el reuma.

colúbrido. M. *Zool.* Individuo de la clase de los Reptiles ofidios, de que es tipo la culebra común. Carecen de aparato venenoso y tienen en el borde de la mandíbula superior dientes fijos y casi iguales. U. m. en pl.

columbario. M. **1.** En los cementerios, conjunto de nichos. ‖ **2.** hist. En los cementerios de los antiguos romanos, conjunto de nichos donde colocaban las urnas cinerarias.

columbiforme. ADJ. Dicho de un ave: Semejante a una paloma, de cuerpo grueso y robusto, cabeza y pico pequeños y patas cortas; p. ej., la paloma torcaz y la tórtola. U. t. c. s. f. ORTOGR. En f. pl., escr. con may. inicial c. taxón. *Las Columbiformes.*

columbrar. TR. **1.** Divisar, ver desde lejos algo, sin distinguirlo bien. *Columbró el valle desde la cumbre.* ‖ **2.** Rastrear o conjeturar por indicios algo. *Columbraron que pasaba algo extraño.*

columelar. ▢ V. **diente ~.**

columna. F. **1.** Soporte vertical de gran altura respecto a su sección transversal. ‖ **2.** En impresos o manuscritos, cada una de las partes en que se dividen las planas por medio de una línea o un espacio en blanco que las separa de arriba abajo. ‖ **3.** Forma que toman algunos fluidos, en su movimiento ascendente. *Columna de fuego. Columna de humo.* ‖ **4. columna vertebral.** ‖ **5.** Persona o cosa que sirve de amparo, apoyo o protección. ‖ **6.** *Fís.* Porción de fluido contenido en un cilindro vertical. ‖ **7.** *Mar.* Cada una de las líneas o filas de buques en que se divide una escuadra numerosa para el ataque. ‖ **8.** *Mil.* Formación de tropa o de unidades militares que marchan una tras otra. ‖ **9.** *Quím.* Dispositivo en forma de torre que se emplea para la separación de los gases o líquidos de una mezcla o disolución. ‖ **~ acanalada.** F. *Arq.* Aquella cuyo fuste está adornado con estrías unidas una a otra o separadas por un filete, como las columnas de estilo dórico griego. ‖ **~ adosada.** F. *Arq.* La que está pegada a un muro u otro cuerpo de la edificación. ‖ ~ **blindada.** F. *Mil.* La que está provista de gran número de carros de combate y tropas de infantería. ‖ ~ **compuesta.** F. *Arq.* La perteneciente al orden compuesto. Sus proporciones son las de la corintia, y su capitel tiene las hojas de acanto del corintio con las volutas del jónico en lugar de caulículos. ‖ ~ **corintia.** F. *Arq.* La perteneciente al orden corintio. Su capitel está adornado con hojas de acanto y caulículos. ‖ ~ **de honor.** F. *Mil.* columna militar empleada en desfile para rendir honores a un alto personaje. ‖ ~ **dórica.** F. *Arq.* La perteneciente al orden dórico. Su capitel se compone de un ábaco con un equino o un cuarto bocel, y las más antiguas no tenían basa. ‖ ~ **gótica.** F. *Arq.* La perteneciente al estilo ojival. Consiste en un haz de columnillas, y tiene el capitel adornado con hojas muy recortadas, como las del cardo. ‖ ~ **jónica.** F. *Arq.* La perteneciente al orden jónico. Su capitel está adornado con volutas. ‖ ~ **románica.** F. *Arq.* La perteneciente al estilo románico. Es de poca altura, con capitel de ábaco grueso y tambor ricamente historiado, fuste liso y basa característica o imitada de las clásicas. Va generalmente adosada a los pilares y machones o pareada en arquerías. ‖ ~ **salomónica.** F. *Arq.* La que tiene el fuste contorneado en espiral. ‖ ~ **toscana.** F. *Arq.* La perteneciente al orden toscano. Su altura es de catorce módulos, fuste liso con mucho éntasis, capitel de molduras y basa ática simplificada. ‖ ~ **vertebral.** F. *Anat.* Eje del esqueleto de los animales vertebrados, situado a lo largo de la línea media dorsal del cuerpo y formado por una serie de huesos cortos o vértebras, dispuestos en fila y articulados entre sí. U. t. en sent. fig. *El manifiesto de Marx y Engels es la columna vertebral del comunismo.* ‖ **quinta ~.** F. Grupo organizado que en un país en guerra actúa clandestinamente en favor del enemigo. U. t. en sent. fig. *El pacifismo a ultranza, ¿es un movimiento del bien, o la quinta columna del mal?*

columnario, ria. ADJ. hist. Se dice de la moneda de plata acuñada en América durante el siglo XVIII y cuyo reverso tiene la representación de dos mundos timbrados de una corona entre dos columnas también coronadas y en el margen la inscripción *Plus Ultra.*

columnata. F. Serie de columnas que sostienen o adornan un edificio.

columnista. COM. Redactor o colaborador de un periódico, al que contribuye regularmente con comentarios firmados e insertos en una columna especial.

columpiar. I. TR. **1.** Impeler a quien está sobre un columpio. U. t. c. prnl. ‖ **2.** Mecer, balancear, mover acompasadamente algo. *Columpiar los brazos.* U. t. c. prnl. ‖ **II.** PRNL. **3.** No tomar partido entre una cosa u otra. *Se columpiaba entre un equipo y su rival.* ‖ **4.** Equivocarse con cierta sensación de ridículo. *Creo que, al intervenir, me he columpiado.* ‖ **5.** coloq. Mover el cuerpo de un lado a otro cuando se anda. ¶ MORF. conjug. c. *anunciar.*

columpio. M. Cuerda fuerte atada en alto por sus dos extremos, para que se siente alguna persona en el seno que forma en el medio, asiéndose con las manos en los dos ramales, y pueda mecerse por impulso propio o ajeno. También los hay compuestos de uno o varios asientos pendientes de un armazón de hierro o madera.

coluro. M. *Astr.* Cada uno de los dos círculos máximos de la esfera celeste, los cuales pasan por los polos del mundo y cortan a la eclíptica.

colutorio. M. *Med.* Enjuagatorio medicinal.

colza. F. Especie de col, de cuyas semillas se extrae aceite.

coma[1]**.** F. **1.** Signo ortográfico (,) que indica una pausa breve. Se emplea para separar elementos dentro de un mismo enunciado; p. ej., en *La pluma, el bolígrafo y el lápiz sirven para escribir. Aquello, no obstante, era difícil de entender.* Se utiliza también para delimitar incisos de carácter explicativo, vocativo o interjectivo; p. ej., en *El palacete, un hermoso edificio, amenazaba ruina. Tú, chico, ven aquí. ¡Bah, eso no importa!* Sirve asimismo para evitar posibles confusiones en el sentido de un enunciado; p. ej., en *He hecho la paella como me dijiste. / He hecho la paella, como me dijiste.* Se emplea igualmente para marcar la anteposición de algún elemento oracional, p. ej., en *Tras tantas horas de trabajo, solo deseaba descansar*, y para separar la parte entera de la decimal en las expresiones numéricas; p. ej., en *58,25.* ‖ **2.** *Mús.* Parte en que se considera dividido el tono, y que corresponde a la diferencia entre uno mayor y otro menor. ‖ **3.** *Ópt.* Aberración o defecto de un instrumento que reproduce la imagen de un punto con forma semejante a la coma ortográfica. ‖ **sin faltar una ~.** LOC.ADV. coloq. Se usa para ponderar la puntualidad de una relación estudiada, o de un recado de palabra. ☐ V. **punto y ~.**

coma[2]**.** M. Estado patológico que se caracteriza por la pérdida de la consciencia, la sensibilidad y la capacidad motora voluntaria.

comadre. F. **1.** Madrina de bautizo de una criatura respecto del padre, o la madre, o el padrino de esta. ‖ **2.** Madre de una criatura respecto del padrino o madrina de esta. ‖ **3.** coloq. **alcahueta** (‖ mujer que concierta una relación amorosa). ‖ **4.** coloq. Vecina y amiga con quien tiene otra mujer más trato y confianza que con las demás.

comadrear. INTR. coloq. Dicho en especial de las mujeres: Chismear, murmurar.

comadreja. F. Mamífero carnicero nocturno, de unos 25 cm de largo, de cabeza pequeña, patas cortas y pelo de color pardo rojizo por el lomo y blanco por debajo, y parda la punta de la cola. Es muy vivo y ligero; mata los ratones, topos y otros animales pequeños, y es muy perjudicial, pues se come los huevos de las aves y les mata las crías.

comadreo. M. coloq. Acción y efecto de comadrear.

comadrería. F. coloq. Chismes y cuentos propios de comadrero.

comadrero, ra. ADJ. Dicho de una persona: Holgazana y que anda buscando conversaciones por las casas. U. t. c. s.

comadrón, na. M. y F. partero.

comal. M. *Am. Cen.* y *Méx.* Disco de barro o de metal que se utiliza para cocer tortillas de maíz o para tostar granos de café o de cacao.

comalapense. ADJ. **1.** Natural de Comalapa. U. t. c. s. ‖ **2.** Perteneciente o relativo a este municipio de Guatemala o a su cabecera, en el departamento de Chimaltenango.

comanche. I. ADJ. **1.** Se dice del individuo de un grupo de pueblos amerindios que vivía en tribus en Texas y Nuevo México. U. t. c. s. ‖ **2.** Perteneciente o relativo a los comanches. *Territorios comanches.* ‖ **II.** M. **3.** Lengua hablada por los comanches.

comanda. F. Pedido que se hace al camarero en un restaurante.

comandancia. F. 1. Empleo de comandante. || 2. Edificio, cuartel o departamento donde se hallan las oficinas de este cargo. || 3. Territorio bajo la autoridad de un comandante militar. || ~ **de Marina.** F. Subdivisión de un departamento marítimo.

comandante. COM. 1. *Mil.* Jefe militar de categoría comprendida entre las de capitán y teniente coronel. || 2. *Mil.* Militar que ejerce el mando en ocasiones determinadas, aunque no tenga el empleo jerárquico de comandante. || 3. *Mar.* Jefe u oficial de la Armada que manda un buque de guerra. || 4. Piloto que tiene el mando de un avión.

comandita. F. *Com.* sociedad comanditaria. || **en ~.** LOC. ADV. 1. *Com.* En sociedad comanditaria. || 2. coloq. En grupo. U. m. en sent. irón. □ V. **compañía en ~, sociedad en ~.**

comanditar. TR. Aprontar los fondos necesarios para una empresa comercial o industrial, sin contraer obligación mercantil alguna.

comanditario, ria. ADJ. *Com.* Perteneciente o relativo a la comandita. □ V. **compañía ~, sociedad ~, sociedad ~ por acciones.**

comando. M. 1. Pequeño grupo de tropas de choque, destinado a hacer incursiones ofensivas en terreno enemigo. || 2. Grupo armado de terroristas.

comarca. F. 1. Territorio que, en un país o una región, se identifica por determinadas características físicas o culturales. || 2. *Der.* Entidad administrativa compuesta por una pluralidad de municipios en el seno de una provincia.

comarcal. ADJ. Perteneciente o relativo a la comarca.

comarcano, na. ADJ. Dicho de poblaciones, campos, tierras, etc.: **cercanos.**

comatoso, sa. ADJ. 1. *Med.* Perteneciente o relativo al **coma**². *Estado comatoso.* || 2. Dicho de un enfermo: Que está en coma.

comayagüense. ADJ. 1. Natural de Comayagua. U. t. c. s. || 2. Perteneciente o relativo a este departamento de Honduras o a su capital.

comba. F. 1. Juego de niños que consiste en saltar por encima de una cuerda que se hace pasar por debajo de los pies y sobre la cabeza de quien salta. || 2. Esta misma cuerda. || 3. Inflexión que toman algunos cuerpos sólidos cuando se encorvan; como los maderos, las barras, etc.

combar. TR. Torcer, encorvar algo, como la madera, el hierro, etc. U. t. c. prnl.

combarcano, na. ADJ. *Filip.* Dicho de una persona: Que es compañera de viaje en un barco. U. t. c. s.

combate. M. 1. Pelea entre personas o animales. || 2. Acción bélica o pelea en que intervienen fuerzas militares de alguna importancia. || 3. Lucha o batalla interior del ánimo. *Combate de pensamientos. Combate de pasiones.* || **fuera de ~.** LOC. ADV. Se usa para referirse a quien ha sido vencido de manera que se le impide continuar la lucha. *Estar, quedar fuera de combate. Dejar fuera de combate.* U. t. en sent. fig. *Su respuesta me dejó fuera de combate.* □ V. **bandera de ~, carro de ~.**

combatiente. I. ADJ. 1. Que combate. *Fuerzas combatientes.* Apl. a pers., u. m. c. s. || II. COM. 2. Cada uno de los soldados que componen un ejército. || III. M. 3. Ave caradriforme de plumaje estival, apagado en las hembras y muy vistoso en los machos, que exhiben un collar de plumas y efectúan complicadas danzas en época de celo. Es ave invernal y de paso en España.

combatir. I. INTR. 1. **pelear.** U. t. c. tr. || II. TR. 2. Dicho de algunas cosas inanimadas, como las olas del mar, los vientos, etc.: Batir, sacudir. || 3. Atacar, reprimir, refrenar lo que se considera un mal o daño, oponerse a su difusión. *Combatir una epidemia, el absentismo, el terrorismo.*

combatividad. F. Cualidad o condición de combativo.

combativo, va. ADJ. Dispuesto o proclive al combate a la contienda o a la polémica. *Capacidad combativa.*

combazo. M. *Á. Andes* y *Chile.* **puñetazo.**

combés. M. *Mar.* Espacio en la cubierta superior desde el palo mayor hasta el castillo de proa. MORF. pl. **combeses.**

combinación. F. 1. Acción y efecto de combinar o combinarse. || 2. Unión de dos cosas en un mismo sujeto. || 3. Bebida compuesta de varios licores, especialmente vermú y ginebra. || 4. Conjunto de signos ordenados de forma determinada, que solo conocen una o varias personas y se emplean para abrir o hacer funcionar ciertos mecanismos o aparatos, como cajas fuertes, cajeros automáticos, etc. || 5. Renovación o reorganización de cargos políticos. || 6. En los diccionarios, conjunto de vocablos que empiezan con unas mismas letras y van colocados por orden alfabético; p. ej., los que empiezan por *ab,* por *ba,* por *ca,* etc. || 7. Prenda de vestir que usan las mujeres por encima de la ropa interior y debajo del vestido. || 8. *Mat.* Cada uno de los subconjuntos de un número determinado de elementos de un conjunto finito dado, que difieren al menos en un elemento; p. ej., *abc, agc, bcd, acd.*

combinado. M. 1. **combinación** (|| bebida compuesta de varios licores). || 2. *Dep.* Equipo formado por jugadores procedentes de varios clubes. □ V. **plato ~.**

combinar. I. TR. 1. Unir cosas diversas, de manera que formen un compuesto o conjunto. *Combinar cerveza con limón.* || 2. **concertar** (|| traer a identidad de fines). *Combinaba tradición y modernidad.* || 3. *Dep.* Dicho de varios jugadores del mismo equipo: En fútbol especialmente, pasarse el balón. U. m. c. intr. || 4. *Quím.* Unir dos o más sustancias en proporciones determinadas, para formar otra nueva con propiedades distintas. U. t. c. prnl. || II. INTR. 5. **pegar** (|| armonizar). *Los lunares y los cuadros no combinan.* || III. PRNL. 6. Dicho de dos o más personas: Ponerse de acuerdo para una acción conjunta. *Si nos combinamos obtendremos más ventajas.*

combinatoria. F. Parte de las matemáticas que estudia el número de posibilidades de ordenación, selección e intercambio de los elementos de un conjunto, es decir, las combinaciones, variaciones y permutaciones.

combinatorio, ria. ADJ. 1. Perteneciente o relativo a la combinación. *Diccionario combinatorio.* || 2. *Mat.* Perteneciente o relativo a la combinatoria.

combo¹, ba. ADJ. **combado.**

combo². M. 1. *Á. Andes* y *Chile.* **puñetazo.** || 2. *Á. Caribe.* Conjunto de personas que realizan una misma actividad. || 3. *Á. Caribe.* Grupo musical de salsa.

combretáceo, a. ADJ. *Bot.* Se dice de los árboles o arbustos angiospermos dicotiledóneos, con hojas alternas u opuestas, sin estípulas, flores axilares o terminales en espiga, y por frutos drupas con semillas solitarias; como el júcaro. U. t. c. s. f. ORTOGR. En f. pl., escr. con may. inicial c. taxón. *Las Combretáceas.*

comburente. ADJ. *Fís.* Que provoca o favorece la combustión. Apl. a un agente, u. t. c. s. m.

combustibilidad. F. Cualidad de combustible.

combustible. I. ADJ. **1.** Que puede arder, especialmente con facilidad. *Materiales combustibles.* || **II.** M. **2.** Leña, carbón, petróleo, etc., que se usa en las cocinas, chimeneas, hornos, fraguas y máquinas cuyo agente es el fuego. || ~ **nuclear.** M. Material que se emplea para producir energía en forma de calor mediante reacciones nucleares.

combustión. F. **1.** Acción de arder o quemar. || **2.** *Quím.* Reacción química entre el oxígeno y un material oxidable, acompañada de desprendimiento de energía y que habitualmente se manifiesta por incandescencia o llama. || ~ **nuclear.** F. Conjunto de reacciones nucleares con producción continuada de enormes cantidades de calor, que tiene lugar en las estrellas y en los reactores nucleares. □ V. **cámara de ~.**

comechingón, na. I. ADJ. **1.** hist. Se dice del individuo de un pueblo amerindio, perteneciente a los grupos que, en la época de la conquista española, habitaban en las sierras de Córdoba y San Luis, en la Argentina. U. t. c. s. || **2.** hist. Perteneciente o relativo a los comechingones. *Poblado comechingón.* || **II.** M. **3.** Lengua hablada por los comechingones.

comedero. M. **1.** Vasija o cajón donde se echa la comida a las aves y otros animales. || **2.** Sitio a donde acude a comer el ganado.

comedia. F. **1.** Pieza teatral en cuya acción suelen predominar los aspectos placenteros, festivos o humorísticos, con desenlace casi siempre feliz. || **2.** Obra teatral. || **3.** Género cómico. *El actor sobresale más en la comedia que en el drama.* || **4.** Farsa o fingimiento. *Ya está bien de tanta comedia.* || ~ **de capa y espada.** F. En el teatro del siglo XVII, la de lances amatorios y caballerescos de su tiempo. || ~ **de carácter.** F. Aquella cuyo fin principal es el de resaltar un tipo humano. || ~ **de costumbres.** F. La que describe, normalmente con intención crítica, los actos y usos de la vida social. || ~ **de enredo.** F. La de trama intrincada y situaciones sorprendentes. || ~ **de figurón.** F. En el teatro clásico español, variedad de la de carácter que presentaba un protagonista ridículo o pintoresco. || ~ **del arte.** F. La originada en Italia, en el siglo XVI, cuyos personajes fijos, es decir, Arlequín, Colombina, Pantalón, etc., improvisaban la acción y el diálogo, sobre una pauta preestablecida. || ~ **de magia.** F. Entre los siglos XVII y XIX, la que presentaba personajes relacionados con la magia o la brujería y numerosos efectos escénicos de carácter prodigioso. || ~ **de situación.** F. **1.** Aquella en que se da más importancia a las situaciones que al carácter de los personajes. || **2.** En televisión, la que forma parte de una serie que se desarrolla en el mismo lugar y con los mismos personajes. || ~ **dramática.** F. Aquella en que las adversidades dominan en algunas situaciones o en su desenlace. || ~ **musical.** F. **musical** (|| género teatral o cinematográfico). || ~ **nueva.** F. **1.** En la Grecia antigua, la que se originó como reacción frente a la comedia tradicional de Aristófanes y cuyos moldes se han mantenido básicamente hasta la actualidad. || **2.** La española de la Edad de Oro, fijada por Lope de Vega. || **alta ~.** F. La que presenta situaciones urbanas contemporáneas y relativas a la aristocracia o la alta burguesía. || **hacer la ~.** LOC.VERB. coloq. Aparentar para algún fin lo que en realidad no se siente. □ V. **paso de ~.**

comediante, ta. M. y F. **1.** Actor o actriz profesionales. MORF. U. t. la forma en m. para designar el f. *Julia es buena comediante.* || **2.** coloq. Persona que para algún fin aparenta lo que no siente en realidad. U. t. c. adj. MORF. U. t. la forma en m. para designar el f.

comedido, da. PART. de **comedirse.** || ADJ. **1.** Prudente, moderado. || **2.** *Am. Mer.* **servicial** (|| pronto a servir).

comedimiento. M. Moderación, urbanidad.

comedio. M. **1.** Centro o medio de un reino o sitio. || **2.** Intermedio o espacio de tiempo que media entre dos épocas o tiempos señalados.

comediógrafo, fa. M. y F. Persona que escribe comedias.

comedirse. PRNL. **1.** Moderarse, contenerse. || **2.** *Am.* Ofrecerse o disponerse para algo. ¶ MORF. conjug. c. *pedir.*

comedón. M. **barro** (|| grano del rostro).

comedor, ra. I. ADJ. **1.** Que come mucho. || **II.** M. **2.** Pieza destinada en las casas para comer. || **3.** Mobiliario de esta pieza. || **4.** Establecimiento destinado para servir comidas a personas determinadas y a veces al público.

comején. M. Se usa como nombre para referirse a diversas especies de termes en América del Sur.

comelón, na. ADJ. *Am. Cen., Á. Andes, Á. Caribe* y *Méx.* **comilón.**

comemierda. COM. vulg. Persona que es considerada despreciable.

comendador. M. **1.** Caballero que tiene encomienda en alguna de las órdenes militares o de caballería. || **2.** Hombre que en las órdenes de distinción tiene dignidad superior a la de caballero e inferior a la de gran cruz. || ~ **mayor.** M. Dignidad en algunas órdenes militares, inmediatamente inferior a la de maestre.

comendadora. F. **1.** Superiora o prelada de los conventos de las antiguas órdenes militares, o de ciertas órdenes religiosas como la Merced. || **2.** Religiosa de ciertos conventos de esas órdenes. *Las comendadoras de Santiago.*

comensal. COM. Cada una de las personas que comen en una misma mesa.

comentador, ra. M. y F. Persona que comenta.

comentar. TR. **1.** Hacer **comentarios** (|| juicios o consideraciones). || **2.** Declarar el contenido de un escrito, para que se entienda con más facilidad.

comentario. M. **1.** Juicio, parecer, mención o consideración que se hace, oralmente o por escrito, acerca de alguien o algo. || **2.** Explicación de un texto para su mejor intelección. || **sin ~s. 1.** EXPR. Se usa, como cierre abrupto, para zanjar la cuestión de que se está hablando. || **II.** LOC.ADV. **2. sin más comentarios.** || **sin más ~s.** LOC.ADV. Sin decir ni explicar nada más.

comentarista. COM. **1.** Persona que comenta regularmente noticias, por lo general de actualidad, en los medios de comunicación. || **2.** Persona que escribe comentarios.

comento. M. **1.** Acción y efecto de comentar. || **2. comentario** (|| explicación de un texto).

comenzar. I. TR. **1. empezar** (|| dar principio). *Comenzó su carrera en el teatro.* || **II.** INTR. **2.** Dicho de una cosa: **empezar** (|| tener principio). *Ahora comienza la misa. Aquí comienza el tratado.* || **3.** Pasar a realizar una acción. *Comienza a comer.* ¶ MORF. conjug. c. *acertar.* || **comienza y no acaba.** EXPR. coloq. Denota que alguien se detiene o alarga demasiado en algún discurso, o que, por mucho que se dilate, siempre le queda qué decir.

comer¹. I. TR. **1.** Masticar y deglutir un alimento sólido. U. t. c. intr. *No es bueno comer tan deprisa.* ‖ **2.** Ingerir alimento. *Comer pollo, pescado.* U. t. c. intr. *No es posible vivir sin comer.* ‖ **3.** Producir comezón física o moral. *Le comen los piojos, los celos.* ‖ **4.** Gastar, corroer, consumir. *El orín come el hierro. El agua come las piedras.* U. t. c. prnl. ‖ **5.** En los juegos de ajedrez, de las damas, etc., ganar una pieza al contrario. ‖ **6.** Dicho de la luz: Poner el color desvaído. U. t. c. prnl. ‖ **7.** coloq. Disfrutar, gozar alguna renta. ‖ **II.** INTR. **8.** Tomar la **comida** (‖ alimento que se toma al mediodía). *Hoy no como en casa.* U. t. c. tr. ‖ **9.** Tomar la **cena** (‖ última comida del día). ‖ **III.** PRNL. **10.** Omitir alguna frase, letra, párrafo, etc., cuando se habla o escribe. ‖ **11.** Gastar, consumir, desbaratar la hacienda, el caudal, etc. *Los administradores se lo han comido todo.* ‖ **12.** Llevar encogidas prendas como calcetines, medias, etc., de modo que se van metiendo dentro de los zapatos. *Estírate los calcetines porque te los vas comiendo.* ‖ **~se** algo a otra cosa. LOC.VERB. coloq. Anularla o hacerla desmerecer. ‖ **~ vivo** a alguien. LOC.VERB. **1.** Tener gran enojo contra él, o desear vengarse de él. ‖ **2.** Dicho de algunas cosas: Producirle molestia. ‖ **3.** Dicho de algunos animales que pican: Producirle desazón. ‖ **sin ~lo ni beberlo.** LOC. ADV. coloq. Sin haber tenido parte en la causa o motivo del daño o provecho que se sigue. ‖ **tener** alguien **qué ~.** LOC.VERB. coloq. Tener lo conveniente para su alimento y decencia. U. m. con neg.

comer². ser de buen ~. LOC.VERB. comer mucho habitualmente.

comerciable. ADJ. Se dice de los géneros con que se puede comerciar.

comercial. I. ADJ. **1.** Perteneciente o relativo al comercio o a los comerciantes. *Tradición comercial.* ‖ **2.** Dicho de una cosa: Que tiene fácil aceptación en el mercado que le es propio. *Un envase muy comercial.* ‖ **II.** M. **3.** *Am.* **anuncio** (‖ soporte visual o auditivo en que se transmite un mensaje publicitario). ‖ **III.** COM. **4.** agente comercial. □ V. **aviación ~, balanza ~, centro ~, efectos ~es, nombre ~, papel ~.**

comercialismo. M. Tendencia a anteponer el interés comercial sobre cualquier otro valor.

comercialización. F. Acción y efecto de comercializar.

comercializar. TR. **1.** Dar a un producto condiciones y vías de distribución para su venta. ‖ **2.** Poner a la venta un producto. *Van a comercializar una nueva marca de café.*

comerciante. I. ADJ. **1.** Que comercia. *Clase comerciante.* Apl. a pers., u. t. c. s. ‖ **II.** COM. **2.** Persona propietaria de un comercio.

comerciar. INTR. Negociar comprando y vendiendo o permutando géneros. MORF. conjug. c. *anunciar.*

comercio. M. **1.** Negociación que se hace comprando y vendiendo o intercambiando bienes y servicios. ‖ **2.** Conjunto de estas negociaciones. ‖ **3.** Tienda, almacén, establecimiento comercial. ‖ **4.** Conjunto o clase de los comerciantes. ‖ **5.** Comunicación y trato secreto, por lo común ilícito, entre dos personas de distinto sexo. ‖ **~ de cabotaje.** M. **cabotaje** (‖ tráfico marítimo en las costas). □ V. **artículo de ~, balanza de ~, Código de Comercio, libertad de ~.**

comerieño, ña. ADJ. **1.** Natural de Comerío. U. t. c. s. ‖ **2.** Perteneciente o relativo a este municipio de Puerto Rico o a su cabeza.

comestible. I. ADJ. **1.** Que se puede comer. *Seta comestible.* ‖ **II.** M. **2.** Todo género de mantenimiento. U. m. en pl.

cometa. I. M. **1.** *Astr.* Astro generalmente formado por un núcleo poco denso y una atmósfera luminosa que lo precede, lo envuelve o lo sigue, según su posición respecto del Sol, y que describe una órbita muy excéntrica. ‖ **II.** F. **2.** Armazón plano y muy ligero, por lo común de cañas, sobre el cual se extiende y pega papel o tela. En la parte inferior se le pone una especie de cola formada con cintas o trozos de papel, y, sujeta hacia el medio a un hilo o bramante muy largo, se arroja al aire, que la va elevando.

cometer. TR. Caer, incurrir en una culpa, yerro, falta, etc.

cometido. M. **1.** **comisión** (‖ encargo). ‖ **2.** Incumbencia, obligación moral.

comezón. F. **1.** Picazón que se padece en alguna parte del cuerpo o en todo él. ‖ **2.** Desazón moral, especialmente la que ocasiona el deseo o apetito de algo mientras no se logra.

cómic. M. **1.** Serie o secuencia de viñetas con desarrollo narrativo. ‖ **2.** Libro o revista que contiene estas viñetas. ¶ MORF. pl. **cómics.**

comicastro. M. Cómico malo.

comicial. ADJ. Perteneciente o relativo a los comicios.

comicidad. F. Cualidad de **cómico** (‖ que divierte y hace reír).

comicios. M. **1.** pl. Elecciones para designar cargos políticos. ‖ **2.** pl. hist. Junta que tenían los romanos para tratar de los negocios públicos, y, por ext., otras reuniones.

cómico, ca. I. ADJ. **1.** Que divierte y hace reír. *Situación cómica.* ‖ **2.** Perteneciente o relativo a la comedia. *Género cómico.* ‖ **3.** Dicho de un actor: Que representa papeles jocosos. U. t. c. s. ‖ **II.** M. y F. **4.** **comediante.** ‖ **~ de la legua.** M. y F. hist. El que iba haciendo sus representaciones de pueblo en pueblo. □ V. **tira ~, vis cómica.**

comida. F. **1.** **alimento** (‖ conjunto de cosas que se comen o beben para subsistir). *Tener horror a la comida.* ‖ **2.** Alimento que se toma al mediodía o primeras horas de la tarde. ‖ **3.** **cena.** ‖ **4.** Acción de comer. *La comida duró tres horas.* ‖ **5.** Reunión de personas para almorzar. *El lunes tenemos una comida.* ‖ **~ rápida.** F. La que se produce de forma industrial y estandarizada para su consumo inmediato. ‖ **reposar la ~.** LOC.VERB. Descansar después de haber comido. □ V. **casa de ~s.**

comidilla. F. coloq. Tema preferido en alguna murmuración o conversación de carácter satírico.

comido, da. PART. de **comer¹.** ‖ ADJ. **1.** Que ha comido. *No voy a tomar nada porque vengo comido de casa.* ‖ **2.** Que está alimentado. *¡Qué mofletes tiene tu hijo, se nota que esta bien comido!* ‖ **lo ~ por lo servido.** EXPR. Se usa para dar a entender el corto producto de un oficio o empleo.

comienzo. M. Principio, origen y raíz de algo. ‖ **a ~,** o **a ~s, de.** LOCS.ADVS. **a principio.** ‖ **dar ~** algo. LOC.VERB. empezar. ‖ **dar ~ a** algo. LOC.VERB. Empezarlo.

comilitón. M. **conmilitón.**

comillas. F. **1.** pl. Signo ortográfico doble (« », " " o ' ') usado para enmarcar la reproducción de citas textuales y, en la narrativa, de los parlamentos de los personajes o de su discurso interior, las citas de títulos de artículos, poemas, capítulos de obras, cuadros, etc., así como las palabras y expresiones que se desea resaltar por ser impropias, vulgares o de otras lenguas. || **2. comillas simples.** || **~ españolas.** F. pl. comillas en forma de ángulo («») que deben abarcar a las demás cuando hayan de entrecomillarse partes de un texto ya entrecomillado; p. ej., en *«El conductor pensaba: "¿Y si se me 'escuajeringa' el motor?"».* || **~ inglesas.** F. pl. comillas (" ") que se colocan en la parte superior. || **~ latinas.** F. pl. **comillas españolas.** || **~ simples.** F. pl. comillas que constan de un solo rasgo de apertura y otro de cierre (' '), y se emplean para indicar que una palabra o expresión está siendo utilizada en su valor conceptual o como definición de otro; p. ej., en *"Cefalea" quiere decir 'dolor de cabeza'.*

comilón, na. ADJ. coloq. Que come mucho o desordenadamente. Apl. a pers., u. t. c. s.

comilona. F. coloq. Comida muy abundante y variada.

cominería. F. Minucia, cosa o asunto insignificante. U. m. en pl.

cominero, ra. ADJ. **1.** Dicho de una persona: Que se entretiene en cominerías. U. t. c. s. || **2.** Dicho de una persona: Preocupada por pequeñeces y minucias.

cominillo. M. **1. cizaña** (|| planta gramínea). || **2.** *Chile.* **escrúpulo** (|| recelo).

comino. M. **1.** Hierba de la familia de las Umbelíferas, con tallo ramoso y acanalado, hojas divididas en lacinias filiformes y agudas, flores pequeñas, blancas o rojizas, y semillas de forma aovada, unidas de dos en dos, convexas y estriadas por una parte, planas por la otra, de color pardo, olor aromático y sabor acre, las cuales se usan en medicina y para condimento. || **2.** Semilla de esta planta. || **3.** coloq. Persona de pequeño tamaño, comúnmente niño. || **importar** algo a alguien **un ~,** o **no valer** algo **un ~.** LOCS.VERBS. coloqs. Ser insignificante, de poco o ningún valor.

comís. M. Ayudante de camarero en el servicio de bares y restaurantes. MORF. pl. **comises.**

comisaría. F. **1.** Empleo del comisario. || **2.** Oficina del comisario. || **~ de Policía.** F. *Esp.* Cada una de las que, con horario permanente, existen en las capitales de provincia distribuidas por distritos.

comisariar. TR. Organizar una exposición o muestra artística o cultural. MORF. conjug. c. *enviar.*

comisariato. M. *Am. Cen.* **economato.**

comisario, ria. M. y F. **1.** Persona que tiene poder y facultad de otra para ejecutar alguna orden o entender en algún negocio. || **2. comisario de Policía.** || **3.** Miembro de la Comisión comunitaria. || **4.** Persona a quien se le encomienda la organización y dirección de una exposición o de otra actividad cultural o académica de duración determinada. || **comisario de guerra.** M. *Mil.* Jefe de Administración militar al cual se encomiendan diversas funciones de intendencia e intervención. || **comisario de la Inquisición,** o **comisario del Santo Oficio.** M. hist. Cada uno de los ministros sacerdotes que representaba a este antiguo tribunal eclesiástico en los pueblos principales del reino. || **~ de Policía.** M. y F. Funcionario de rango superior en la organización policial. || **~ político, ca.** M. y F. **1.** En los regímenes comunistas, jefe ideológico de una unidad militar. || **2.** En una entidad, una empresa, etc., persona vinculada a algún sector del poder dominante que ejerce un tipo de control ideológico o político. □ V. **revista de comisario.**

comisión. F. **1.** Acción de cometer. || **2.** Conjunto de personas encargadas por la ley, o por una corporación o autoridad, de ejercer unas determinadas competencias permanentes o entender en algún asunto específico. || **3.** Porcentaje que percibe un agente sobre el producto de una venta o negocio. *Recibe una comisión. Trabaja a comisión.* || **4.** Orden y facultad que alguien da por escrito a otra persona para que ejecute algún encargo o entienda en algún negocio. || **5.** Encargo que alguien da a otra persona para que haga algo. || **Comisión comunitaria.** F. *Der.* Institución del derecho comunitario, que ejerce el poder ejecutivo en la Unión Europea. || **~ de servicio.** F. *Der.* Situación de una persona que, con autorización de la autoridad correspondiente, presta sus servicios transitoriamente fuera de su puesto habitual de trabajo. || **~ mercantil.** F. **1.** *Der.* Mandato conferido al comisionista, sea o no dependiente de quien le apodera. || **2.** *Der.* Retribución de esta clase de mandato. □ V. **pecado de ~.**

comisionado, da. PART. de **comisionar.** || ADJ. Encargado de una comisión. Apl. a pers., u. t. c. s. || **comisionado de apremio.** M. Encargado por la Hacienda de ejecutar los apremios.

comisionar. TR. Dar comisión a una o más personas para entender en algún negocio o encargo.

comisionista. COM. *Com.* Persona que se emplea en desempeñar comisiones mercantiles.

comisquear. TR. Comer a menudo de varias cosas en cortas cantidades.

comistrajo. M. coloq. Mezcla irregular y extravagante de alimentos.

comisura. F. Punto de unión de ciertas partes similares del cuerpo; como los labios y los párpados.

comité. M. **1. comisión** (|| de personas encargadas para un asunto). || **2.** Órgano dirigente de un partido político o de una de sus secciones. || **3.** *Á. R. Plata.* Local de un partido político donde se desarrollan actividades de información, de adoctrinamiento y de propaganda. || **~ de empresa.** M. Órgano representativo de los trabajadores de una empresa o centro de trabajo para la defensa de sus intereses.

comitente. ADJ. Que comete. U. m. c. s.

comitiva. F. **acompañamiento** (|| gente que va acompañando a alguien).

cómitre. M. hist. Hombre que en las galeras vigilaba y dirigía la boga y otras maniobras y a cuyo cargo estaba el castigo de remeros y forzados.

como. I. ADV. M. **1.** Del modo o la manera que. *Hazlo como te digo. Sal de apuros como puedas.* || **2.** En sentido comparativo denota idea de equivalencia, semejanza o igualdad, y significa generalmente el modo o la manera que, o a modo o manera de. *Es rubio como el oro. Se quedó como muerto.* En este sentido corresponde a menudo con *si, tal, tan* y *tanto.* || **3.** De manera aproximada, más o menos. *Hace como un año que vivo aquí.* || **4. según** (|| conforme). *Esto fue lo que sucedió, como fácilmente puede probarse.* || **II.** ADV.M. INTERROG. **5.** De qué modo, de qué manera. ORTOGR. Escr. con acento. *¿Cómo está el enfermo? No sé cómo agradecerle tantos favores.* U. t. c. adv. excl. *¡Cómo llueve!* || **6.** Por qué motivo, causa o razón; en virtud de qué. ORTOGR. Escr. con acento. *¿Cómo no fuiste ayer a paseo? No sé cómo no lo mato.* || **III.** CONJ. **7.** En frases condicionales y seguida de subjuntivo, tiene como apódosis una amenaza. *Como no te enmiendes, de-*

jaremos de ser amigos. ‖ **8.** Se usa como conjunción causal. *Como recibí tarde el aviso, no pude llegar a tiempo.* U. t. con la conj. *que. Lo sé de fijo, como que el percance ocurrió delante de mí.* ‖ **9.** Introduce una subordinada sustantiva con función de complemento directo. *Ya verás como al final se cae.* ‖ **IV.** PREP. **10. en calidad de.** *Asiste a la boda como testigo.* ‖ **cómo.** INTERJ. Se usa para denotar extrañeza o enfado. ‖ **¿cómo así?** EXPR. Denota extrañeza o admiración, y se emplea para pedir explicación de algo que no se esperaba o no parecía natural. ‖ **¿cómo no?** EXPR. **1.** ¿cómo podría ser de otro modo? *Mañana partiré, y ¿cómo no, si lo he prometido?* ‖ **2.** Sí, claro. *¿Quiere sentarse? —¿Cómo no?* ‖ **~ ser.** EXPR. Á. R. Plata y Chile. Se usa para introducir una ejemplificación. *No se pueden comer juntas dos proteínas diferentes, como ser carne y huevos.* ‖ **a ~ dé lugar.** LOC.ADV. De manera forzosa, a toda costa.

cómoda. F. Mueble con tablero de mesa y tres o cuatro cajones que ocupan todo el frente y sirven para guardar ropa.

comodato. □ V. **contrato de ~.**

comodidad. F. **1.** Cualidad de cómodo. ‖ **2.** Cosa necesaria para vivir a gusto o cómodo. U. m. en pl. *La casa tiene muchas comodidades.*

comodín[1]. M. **1.** En algunos juegos de naipes, carta que puede tomar el valor de otra, según las necesidades del jugador. ‖ **2.** Cosa que se hace servir para fines diversos, según conviene a quien la usa. *El dinero es siempre un excelente comodín.*

comodín[2], **na.** ADJ. Méx. **comodón.**

comodino, na. ADJ. Méx. **comodón.**

cómodo, da. I. ADJ. **1.** Conveniente, oportuno, acomodado, fácil, proporcional. *Zapato, trabajo cómodo.* ‖ **2.** Dicho de una persona: Que se encuentra en una situación cómoda. *No me siento cómodo hablando en público.* ‖ **3.** Amante de la comodidad. U. t. c. s. ‖ **II.** M. **4.** Méx. Recipiente para excretar en la cama los enfermos.

comodón, na. ADJ. coloq. Dicho de una persona: Amante de la comodidad. U. t. c. s.

comodoro. M. Mar. En Inglaterra y otras naciones, capitán de navío cuando manda más de tres buques.

comoquiera. ADV.M. De cualquier manera.

comorense. ADJ. **1.** Natural de las Comoras. U. t. c. s. ‖ **2.** Perteneciente o relativo a este país de África.

compa[1]. M. Am. **compadre.**

compa[2]. COM. coloq. **compañero.**

compacidad. F. **compactibilidad.**

compactación. F. Acción y efecto de compactar.

compactar. TR. Hacer compacto algo.

compactera. F. Á. R. Plata. Dispositivo de una computadora o de un equipo de audio donde se colocan los discos compactos para su lectura.

compactibilidad. F. Cualidad de compacto.

compacto, ta. I. ADJ. **1.** Dicho de un cuerpo: De textura apretada y poco porosa. *La caoba es más compacta que el pino.* ‖ **2.** Denso, condensado. *Masa compacta.* ‖ **3.** Dicho de un equipo estereofónico: Que reúne en una sola pieza diversos aparatos para la reproducción del sonido. U. t. c. s. m. ‖ **4.** Impr. Dicho de la impresión: Que en poco espacio tiene mucha lectura. ‖ **II.** M. **5. disco compacto.** ‖ **6.** Impr. Tipo ordinario muy alto y estrecho. □ V. **disco ~.**

compadecer. I. TR. **1.** Sentir lástima o pena por la desgracia o el sufrimiento ajenos. U. t. c. prnl. *Compa-*

decerse DE alguien. ‖ **II.** PRNL. **2.** Dicho de una cosa: Venir bien con otra, convenir con ella. *La resolución no se compadece* CON *el espíritu de la asociación.* ¶ MORF. conjug. c. *agradecer.*

compadrada. F. Á. R. Plata. Acción de jactarse.

compadrazgo. M. **1.** Conexión o afinidad que contrae con los padres de una criatura el padrino que la saca de pila o asiste a la confirmación. ‖ **2.** Unión o concierto de varias personas para alabarse o ayudarse mutuamente.

compadre. M. **1.** Padrino de bautizo de una criatura, respecto del padre o la madre o la madrina de aquella. ‖ **2.** Padre de una criatura, respecto del padrino o madrina de esta. ‖ **3.** Con respecto a los padres del confirmado, el padrino en el sacramento de la confirmación, según el rito católico. ‖ **4.** coloq. Amigo o conocido. U. m. en vocat. ‖ **5.** Á. R. Plata. **compadrito.** U. t. c. adj.

compadrear. I. INTR. **1.** Hacer o tener amistad, generalmente con fines poco lícitos. ‖ **II.** TR. **2.** Á. guar. y Á. R. Plata. **provocar** (‖ irritar).

compadreo. M. Unión de personas para ayudarse mutuamente. U. m. en sent. despect.

compadrito, ta. I. ADJ. **1.** Á. R. Plata. Perteneciente o relativo al compadrito, a sus costumbres, ropas, etc. *Tiene un deje compadrito al hablar.* ‖ **II.** M. **2.** Á. R. Plata. Tipo popular, jactancioso, provocativo, pendenciero, afectado en sus maneras y en su vestir.

compadrón, na. I. ADJ. **1.** Á. R. Plata. **compadrito.** *Un tango compadrón. Una actitud compadrona.* ‖ **II.** M. **2.** Á. R. Plata. **compadrito.**

compaginación. F. Acción de compaginar o compaginarse.

compaginada. F. Impr. Página resultante de ajustar galeradas.

compaginado, da. PART. de **compaginar.** ‖ ADJ. Impr. Dicho de una página: Resultante de ajustar galeradas.

compaginador, ra. M. y F. Persona que compagina.

compaginar. I. TR. **1.** Poner en buen orden cosas que tienen alguna conexión o relación mutua. *Compaginar aficiones y trabajo.* U. t. c. prnl. ‖ **2.** Impr. **ajustar** (‖ las galeradas para formar planas). ‖ **II.** PRNL. **3.** Dicho de una cosa: Corresponder bien con otra.

companaje. M. Comida fiambre que se toma con pan, y a veces se reduce a queso o cebolla.

compango. M. **companaje.**

compaña. F. **compañía.** *Adiós, Pedro y la compaña.*

compañerismo. M. Armonía y buena correspondencia entre compañeros.

compañero, ra. M. y F. **1.** Persona que acompaña a otra para algún fin. ‖ **2.** Cada uno de los individuos de que se compone un cuerpo o una comunidad, como un cabildo, un colegio, etc. ‖ **3.** En varios juegos, cada uno de los jugadores que se unen y ayudan contra los otros. ‖ **4.** Persona que tiene o corre una misma suerte o fortuna con otra. ‖ **5.** Cosa que hace juego o tiene correspondencia con otra u otras. *Este guante no es compañero de aquel.* ‖ **6.** coloq. Persona con la que se convive maritalmente.

compañía. F. **1.** Efecto de acompañar. ‖ **2.** Persona o personas que acompañan a otra u otras. ‖ **3.** Sociedad o junta de varias personas unidas para un mismo fin, frecuentemente mercantil. ‖ **4.** En el teatro, cuerpo de actores, cantantes o bailarines formado para representar. ‖ **5.** Mil. Unidad de infantería, de ingenieros o de un servicio, mandada normalmente por un capitán y que casi siempre forma parte de un batallón. ‖ **~ comandita-**

ria, o ~ **en comandita.** F. *Com.* sociedad comanditaria. || ~ **regular colectiva.** F. *Com.* sociedad regular colectiva. || ~ **de verso.** F. hist. compañía teatral que representaba obras sin música ni danza. || **de ~.** LOC.ADJ. **1.** Dicho de una persona: Que acompaña y ayuda a otra. *Señora, dama de compañía.* || **2.** Dicho de un animal doméstico: Que se tiene por la sola utilidad de su compañía. *Perro, gato de compañía.* □ V. **regla de ~.**

compañón. M. testículo. U. m. en pl. || ~ **de perro.** M. Hierba vivaz de la familia de las Orquidáceas, con tallo lampiño, de unos tres decímetros de altura, dos hojas radicales lanceoladas, las del tallo lineales y sentadas, flores en espiga, blancas y olorosas, y dos tubérculos pequeños y redondos.

comparable. ADJ. Que puede o merece compararse con alguien o algo. *Su dolor es solo comparable a nuestra lástima.*

comparación. F. **1.** Acción y efecto de comparar. || **2.** símil (|| retórico).

comparado, da. PART. de **comparar.** || ADJ. Que procede por comparación. *Literatura comparada.* □ V. **gramática ~, lingüística ~.**

comparanza. F. vulg. comparación (|| acción y efecto de comparar).

comparar. TR. Analizar con atención una cosa o a una persona para establecer sus semejanzas o diferencias con otra.

comparatismo. M. **1.** Corriente lingüística que surgió a principios del siglo XIX, cuyo objeto era determinar el parentesco genético entre las lenguas. || **2.** Método de investigación que compara fenómenos equiparables. *Comparatismo literario, histórico, cultural.*

comparatista. **I.** ADJ. **1.** Perteneciente o relativo al comparatismo. *Filología comparatista. Método comparatista.* || **II.** COM. **2.** Persona versada en estudios comparados.

comparativamente. ADV.M. Con comparación. || ~ **a.** LOC. PREPOS. En comparación con, con relación a.

comparativo, va. ADJ. Dicho de una cosa: Que compara o sirve para hacer comparación. *Juicio comparativo.* □ V. **adjetivo ~, adverbio ~, agravio ~, conjunción ~.**

comparecencia. F. **1.** *Der.* Acción y efecto de comparecer. || **2.** *Der.* Personación de una parte en un proceso. || **3.** *Der.* Audiencia de las partes para que el juez o tribunal dicte una resolución incidental. || ~ **parlamentaria.** F. Presentación del Gobierno, de sus miembros, así como de otros cargos, ante los órganos parlamentarios a efectos de informe y debate.

comparecer. INTR. **1.** Dicho de una persona: Presentarse ante una autoridad u otra persona. || **2.** *Der.* Dicho de una persona: Presentarse personalmente o por poder ante un órgano público, especialmente ante un juez o tribunal. ¶ MORF. conjug. c. *agradecer.*

compareciente. COM. *Der.* Persona que comparece ante un juez, un tribunal, un notario o un órgano público.

comparsa. **I.** F. **1.** Conjunto de personas que en las representaciones teatrales o en los filmes figuran y no hablan, o carecen de papel principal. || **2.** Grupo de personas que, vestidas de la misma manera, participan en carnaval o en otras fiestas. || **II.** COM. **3.** Participante en una comparsa. || **4.** Persona o entidad que ocupa un puesto secundario, sin protagonismo. *Intervino en la preparación del libro como mero comparsa.*

comparsería. F. Conjunto de comparsas que participan en las representaciones teatrales o en los filmes.

compartidor, ra. M. y F. Persona que comparte en unión con otra u otras.

compartimentación. F. Acción y efecto de compartimentar.

compartimentar. TR. Dividir algo en elementos menores.

compartimento. M. **1.** Cada parte de aquellas en que se ha dividido un espacio, como un edificio, un vagón de viajeros, etc. || **2.** *Mil.* Zona bien delimitada de terreno en la que actúa una unidad. || ~ **estanco.** M. *Mar.* Sección de un buque que puede quedar aislada de las adyacentes, especialmente ante la inundación del agua, mediante el cierre de puertas y escotillas adecuadas. U. t. en sent. fig. *No quiero que la crítica me meta en un compartimento estanco, como esos actores que siempre hacen de malos.*

compartimiento. M. compartimento.

compartir. TR. **1.** Repartir, dividir, distribuir algo en partes. *Compartir un bocadillo.* || **2.** Participar en algo. *Comparto tu inquietud.*

compás. M. **1.** Instrumento formado por dos piernas puntiagudas, unidas en su extremidad superior por un eje para que puedan abrirse o cerrarse. Sirve para trazar circunferencias o arcos y tomar distancias. || **2.** Atrio o lonja de una iglesia o convento. || **3.** En las minas, **brújula** (|| instrumento para determinar la dirección de la superficie terrestre). || **4.** *Esgr.* Movimiento que hace el cuerpo cuando deja un lugar para ocupar otro. || **5.** *Mar.* **brújula** (|| para indicar el rumbo de una nave). || **6.** *Mús.* Signo que determina el ritmo en cada composición o parte de ella y las relaciones de valor entre los sonidos. || **7.** *Mús.* Movimiento de la mano con que se marca cada uno de estos períodos. || **8.** *Mús.* Ritmo o cadencia de una pieza musical. || **9.** *Mús.* Espacio del pentagrama en que se escriben todas las notas correspondientes a un compás y se limita por cada lado con una raya vertical. ¶ MORF. pl. **compases.** || ~ **binario.** M. *Mús.* El de un número par de tiempos. || ~ **curvo.** M. *Esgr.* Movimiento o paso que se da a derecha o izquierda, siguiendo el círculo que comprenden los pies de los tiradores. || ~ **de cinco por ocho.** M. *Mús.* El que no contiene más que la duración de cinco corcheas. || ~ **de doce por ocho.** M. *Mús.* El que tiene la duración asignada a doce corcheas. || ~ **de dos por cuatro.** M. *Mús.* El que tiene la duración asignada a dos negras. || ~ **de espera.** M. **1.** *Mús.* Silencio que dura todo el tiempo de un compás. || **2.** Detención de un asunto por corto tiempo. || ~ **de espesores,** o ~ **de gruesos.** M. compás de piernas curvas con las puntas hacia adentro, para medir espesores o gruesos. || ~ **de nueve por ocho.** M. *Mús.* El que tiene la duración asignada a nueve corcheas. || ~ **de proporción.** M. compás que tiene el eje móvil en una ranura abierta a lo largo de las piernas, que terminan en punta por sus dos extremidades. || ~ **de seis por ocho.** M. *Mús.* El que tiene la duración asignada a seis corcheas. || ~ **de tres por cuatro.** M. *Mús.* El que tiene la duración asignada a tres negras. || ~ **mayor.** M. *Mús.* El que tiene doble duración que el compasillo. || ~ **recto.** M. *Esgr.* Paso que se da hacia adelante por la línea del diámetro, para acortar el medio de proporción, empezando con el pie derecho. || ~ **ternario.** M. *Mús.* El que se compone de tres tiempos o de un múltiplo de tres. || **llevar el ~.** LOC.VERB. Gobernar una orquesta o capilla de música.

compasar. TR. **1.** Arreglar, medir, proporcionar algo de modo que ni sobre ni falte. *Compasar el gasto, el tiempo.* ‖ **2.** *Mús.* Dividir en tiempos iguales las composiciones, formando líneas perpendiculares que cortan el pentagrama.

compasear. TR. *Mús.* **compasar** (‖ dividir en tiempos iguales las composiciones).

compaseo. M. *Mús.* Acción y efecto de marcar o señalar los compases.

compasillo. M. *Mús.* Compás que tiene la duración de cuatro negras distribuidas en cuatro partes, y se señala con una *C* al comienzo después de la clave.

compasión. F. Sentimiento de conmiseración y lástima que se tiene hacia quienes sufren penalidades o desgracias.

compasivo, va. ADJ. **1.** Que tiene compasión. ‖ **2.** Que fácilmente se mueve a compasión. ‖ **3.** Que implica o denota compasión. *Mirada compasiva.*

compatibilidad. F. Cualidad de compatible.

compatibilizar. TR. Hacer compatible.

compatible. ADJ. **1.** Que tiene aptitud o proporción para unirse o concurrir en un mismo lugar o sujeto. *Ley compatible con la Constitución. Caracteres compatibles.* ‖ **2.** *Inform.* Que puede funcionar directamente con otro dispositivo, aparato o programa. Apl. a una computadora u ordenador, u. t. c. s. m.

compatricio, cia. M. y F. **compatriota.**

compatriota. COM. Persona de la misma patria que otra.

compeler. TR. Obligar a alguien, con fuerza o por autoridad, a que haga lo que no quiere.

compendiador, ra. ADJ. Que compendia. Apl. a pers., u. t. c. s.

compendiar. TR. Reducir a compendio. MORF. conjug. c. *anunciar.*

compendio. M. Breve y sumaria exposición, oral o escrita, de lo más sustancial de una materia ya expuesta latamente. ‖ **en ~.** LOC. ADV. Con precisión y brevedad.

compendioso, sa. ADJ. **1.** Que está, se escribe, o se dice en compendio. *Respuesta compendiosa.* ‖ **2.** Que reúne o engloba resumidamente muchas cosas. *Obra compendiosa del saber filosófico.*

compenetración. F. Acción y efecto de compenetrarse.

compenetrarse. PRNL. **1.** Dicho de dos o más personas: Identificarse en ideas y sentimientos. ‖ **2.** Dicho de dos o más cosas distintas: Influirse hasta, a veces, identificarse. *Aquí lo real y lo ideal se compenetran.* ‖ **3.** Dicho de las partículas de una sustancia: Penetrar entre las de otra, o recíprocamente. ‖ **4.** *Méx.* Entender completamente.

compensación. F. **1.** Acción y efecto de compensar. ‖ **2.** Intercambio de cheques, letras u otros valores, entre entidades de crédito, con liquidación periódica de los créditos y débitos recíprocos. ‖ **3.** *Der.* Modo de extinguir obligaciones vencidas, dinerarias o de cosas fungibles, entre personas que son recíprocamente acreedoras y deudoras. Consiste en dar por pagada la deuda de cada uno por la cantidad concurrente. ‖ **4.** *Der.* Sistema de ejecución de planes urbanísticos en virtud del cual los propietarios de terrenos de un mismo polígono asumen la gestión de dicha ejecución, repartiéndose los beneficios y las cargas de esta. ‖ **5.** *Med.* Estado funcional de un órgano enfermo, especialmente el corazón, en el cual

este es capaz de subvenir a las exigencias habituales del organismo a que pertenece. □ V. **cámara de ~.**

compensador, ra. ADJ. Que compensa. Apl. a un aparato, u. t. c. s. m.

compensar. I. TR. **1.** Igualar en sentido opuesto el efecto de una cosa con el de otra. *Compensar la dilatación de un cuerpo con la contracción de otro. Compensar las pérdidas con las ganancias.* U. t. c. prnl. ‖ **2.** Dar algo o hacer un beneficio en resarcimiento del daño, perjuicio o disgusto que se ha causado. U. t. c. prnl. ‖ **3.** Dicho de una cosa: Ser suficiente para que alguien considere bien empleado su esfuerzo. U. t. c. intr. *No compensa sacrificarse tanto.* ‖ II. PRNL. **4.** *Med.* Dicho de un órgano enfermo: Llegar a un estado de compensación.

compensativo, va. ADJ. **compensatorio.**

compensatorio, ria. ADJ. Que **compensa** (‖ iguala). *Mecanismo compensatorio.* □ V. **pensión ~.**

competencia[1]. F. **1.** Disputa o contienda entre dos o más personas sobre algo. ‖ **2.** Oposición o rivalidad entre dos o más que aspiran a obtener la misma cosa. ‖ **3.** Situación de empresas que rivalizan en un mercado ofreciendo o demandando un mismo producto o servicio. ‖ **4.** Persona o grupo rival. *Se ha pasado a LA competencia.* ‖ **5.** *Am.* Competición deportiva.

competencia[2]. F. **1.** **incumbencia.** ‖ **2.** Pericia, aptitud, idoneidad para hacer algo o intervenir en un asunto determinado. ‖ **3.** Atribución que legitima a un juez o a otra autoridad u órgano para el conocimiento o resolución de un asunto.

competencial. ADJ. Perteneciente o relativo al conjunto de competencias de una organización política.

competente. ADJ. **1.** Que tiene competencia. *Lo defiende un abogado muy competente.* ‖ **2.** Que le corresponde hacer algo por su competencia. *Recurrieron ante el tribunal competente.*

competer. INTR. Dicho de una cosa: Pertenecer, tocar o incumbir a alguien. MORF. U. solo en infinit., en ger., en part. y en 3.ª pers.

competición. F. **1.** Competencia o rivalidad de quienes se disputan una misma cosa o la pretenden. ‖ **2.** Acción y efecto de competir, y más propiamente en materia de deportes.

competidor, ra. ADJ. Que compite. *Empresas competidoras.* Apl. a pers., u. t. c. s.

competir. INTR. **1.** Dicho de dos o más personas: Contender entre sí, aspirando unas y otras con empeño a una misma cosa. U. t. c. prnl. ‖ **2.** Dicho de una cosa: Igualar a otra análoga, en la perfección o en las propiedades. ¶ MORF. conjug. c. *pedir.*

competitividad. F. **1.** Capacidad de competir. ‖ **2.** Rivalidad para la consecución de un fin.

competitivo, va. ADJ. **1.** Perteneciente o relativo a la competición. *Calendario competitivo.* ‖ **2.** Capaz de competir. *Precios competitivos.* ‖ **3.** Inclinado a competir. *Es un tipo ambicioso y competitivo.*

compilación. F. **1.** Acción de compilar. ‖ **2.** Obra que reúne informaciones, preceptos o doctrinas aparecidas antes por separado o en otras obras.

compilador, ra. ADJ. Que compila. Apl. a pers., u. t. c. s.

compilar. TR. Allegar o reunir, en un solo cuerpo de obra, partes, extractos o materias de otros varios libros o documentos.

compilatorio, ria. ADJ. Perteneciente o relativo a la compilación.

compincharse. PRNL. Dicho de dos o más personas: Ponerse de acuerdo con malicia o picardía para actuar como compinches.

compinche. COM. **1.** coloq. Amigo, camarada. ‖ **2.** coloq. **amigote.**

compitales. F. pl. hist. Fiestas que los romanos hacían a sus lares protectores de las encrucijadas.

complacedor, ra. ADJ. Que complace. Apl. a pers., u. t. c. s.

complacencia. F. **1.** Satisfacción, placer y contento que resulta de algo. *Mira las fotografías de su hijo con complacencia.* ‖ **2.** Acción de complacer o complacerse. *La obra se hace pesada por su complacencia en los pequeños detalles.*

complacer. **I.** TR. **1.** Causar a alguien satisfacción o placer, agradarle. *Nos complace mucho el trato recibido.* ‖ **2.** Dicho de una persona: Acceder a lo que otra desea y puede serle útil o agradable. *Su padre le compró una moto para complacerlo.* ‖ **II.** PRNL. **3.** Alegrarse y tener satisfacción en algo. *Se complace en rememorar el pasado.* ¶ MORF. conjug. c. *agradecer.*

complaciente. ADJ. **1.** Que complace o se complace. *No hallo nada complaciente a mi alrededor.* ‖ **2.** Propenso a complacer. *Se casó con un hombre complaciente.*

compleción. F. **1.** Acción y efecto de completar. ‖ **2.** Cualidad de completo.

complejidad. F. Cualidad de complejo.

complejo, ja. **I.** ADJ. **1.** Que se compone de elementos diversos. *Oración compleja.* ‖ **2. complicado** (‖ enmarañado, difícil). *Problema complejo.* ‖ **II.** **3.** Conjunto o unión de dos o más cosas. *Complejo vitamínico.* ‖ **4. complejo industrial.** ‖ **5.** Conjunto de edificios o instalaciones agrupados para una actividad común. ‖ **6.** *Psicol.* Conjunto de ideas, emociones y tendencias generalmente reprimidas y asociadas a experiencias del sujeto, que perturban su comportamiento. ‖ **complejo de castración.** M. *Psicol.* El que tiene como origen el temor a verse privado de los órganos genitales. ‖ **complejo de Edipo.** M. Fase en el desarrollo psíquico y sexual durante la cual algunos niños sienten amor por el progenitor del sexo contrario y celos por el del mismo sexo. ‖ **complejo de Electra.** M. Refiriéndose a las niñas, **complejo de Edipo.** ‖ **complejo industrial.** M. Conjunto de establecimientos industriales generalmente próximos unos a otros. ☐ V. **número ~.**

complementación. F. Acción y efecto de complementar.

complementar. TR. **1.** Dar complemento a algo. U. t. c. prnl. *Ambos enfoques se complementan.* ‖ **2.** *Gram.* Añadir palabras como complementos de otras.

complementariedad. F. Cualidad de complementario.

complementario, ria. ADJ. **1.** Que sirve para completar o perfeccionar algo. *Informe complementario.* ‖ **2.** En la lotería primitiva, se dice de un número que, añadido a otros cinco acertados, forma una combinación a la que corresponde el segundo premio. U. m. c. s. m. ☐ V. **aire ~, ángulo ~, arco ~, colores ~s.**

complemento. M. **1.** Cosa, cualidad o circunstancia que se añade a otra para hacerla íntegra o perfecta. ‖ **2.** Retribución que percibe el trabajador por circunstancias singulares de su puesto de trabajo. ‖ **3.** *Biol.* Conjunto de proteínas plasmáticas que actúan mediante reacción en cascada y se fijan finalmente sobre la pared de células ajenas al organismo como las bacterias, a las que destruye. ‖ **4.** *Geom.* Ángulo que sumado con otro completa uno recto. ‖ **5.** *Ling.* Palabra, sintagma o proposición que, en una oración, determina el significado de uno o de varios componentes de ella, sobre todo del verbo, e, incluso, de la oración entera. ‖ **6.** pl. Accesorios de la indumentaria femenina o masculina. ‖ **~ agente.** M. *Gram.* **agente** (‖ palabra que designa al que realiza la acción del verbo). ‖ **~ circunstancial.** M. *Gram.* El que expresa circunstancias de la acción verbal, como lugar, tiempo, modo, instrumento, etc. ‖ **~ de régimen.** M. *Gram.* complemento con preposición exigido o seleccionado por un verbo, adjetivo o sustantivo. ‖ **~ directo.** M. *Gram.* Nombre, pronombre, grupo o proposición en función nominal que completa el significado de un verbo transitivo. ‖ **~ indirecto.** M. *Gram.* Nombre, pronombre, grupo o proposición en función nominal, que completa el significado de un verbo transitivo o intransitivo, expresando el destinatario o beneficiario de la acción, o el que experimenta algún proceso. ‖ **~ predicativo.** M. *Gram.* El que se predica de algún elemento nominal a través de un verbo no copulativo; p. ej., *Llegó cansado. Lo nombraron alcalde. Considero inapropiado que obres así.* ‖ **~ regido.** M. *Gram.* complemento de régimen.

completar. TR. **1.** Añadir a una magnitud o cantidad las partes que le faltan. ‖ **2.** Dar término o conclusión a una cosa o a un proceso.

completas. F. pl. Última parte del oficio divino, con que se terminan las horas canónicas del día.

completez. F. **completitud.**

completitud. F. Cualidad de completo.

completivo, va. ADJ. **1.** Que completa y llena. *Técnica, organización completiva.* ‖ **2.** *Gram.* Se dice de las oraciones subordinadas sustantivas, particularmente las introducidas por la conjunción *que* y muchas de infinitivo. ☐ V. **conjunción ~.**

completo, ta. ADJ. **1.** Lleno, cabal. *Aparcamiento completo.* ‖ **2.** Acabado, perfecto. *Colección completa. Bienestar completo.* ‖ **por completo.** LOC. ADV. Sin que nada falte. ☐ V. **flor ~, pensión ~.**

completud. F. **completitud.**

complexión. F. Conjunto de características físicas de un individuo, que determina su aspecto, fuerza y vitalidad.

complicación. F. **1.** Acción de complicar. ‖ **2.** Dificultad o enredo procedentes de la concurrencia y encuentro de cosas diversas. ‖ **3. complejidad.**

complicado, da. PART. de complicar. ‖ ADJ. **1.** Enmarañado, de difícil comprensión. *Argumento complicado.* ‖ **2.** Compuesto de gran número de piezas. *Mecanismo complicado.* ‖ **3.** Dicho de una persona: Cuyo carácter y conducta no son fáciles de entender.

complicar. TR. **1.** Mezclar, unir cosas diversas entre sí. ‖ **2.** Enredar, dificultar, confundir. *Complicar el problema.* U. t. c. prnl.

cómplice. **I.** ADJ. **1.** Que manifiesta o siente solidaridad o camaradería. *Un gesto cómplice.* ‖ **II.** COM. **2.** *Der.* Participante o asociado en crimen o culpa imputable a dos o más personas. ‖ **3.** *Der.* Persona que, sin ser autora de un delito o una falta, coopera a su ejecución con actos anteriores o simultáneos.

complicidad. F. Cualidad de cómplice.

complot. M. **1.** Conjuración o conspiración de carácter político o social. ‖ **2.** coloq. Confabulación entre dos o más personas contra otra u otras. ‖ **3.** coloq. Trama, intriga. ¶ Morf. pl. **complots.**

complotado, da. part. de **complotar.** ‖ adj. **conjurado.** U. t. c. s.

complotar. intr. *Am.* Confabularse, tramar una conjura, por lo general con fines políticos. U. t. c. prnl.

complutense. adj. **1.** Natural de Alcalá de Henares. U. t. c. s. ‖ **2.** Perteneciente o relativo a esta ciudad de la provincia de Madrid, en España. ‖ **3.** Perteneciente o relativo a la Universidad de Alcalá de Henares, trasladada en el siglo xix a Madrid y hoy llamada **Complutense.** *Claustro complutense.*

componedor, ra. I. m. y f. **1.** Persona que compone. ‖ **2.** *Chile.* Persona hábil en tratar dislocaciones de huesos. ‖ **II.** m. **3.** *Impr.* Regla de madera o hierro con un borde a lo largo y un tope en uno de los extremos, en la cual se colocan una a una las letras y signos que han de componer un renglón. ‖ **amigable ~.** m. y f. *Der.* Persona a la que las partes de un conflicto confían la solución equitativa de él.

componenda. f. **1.** Arreglo o transacción censurable o de carácter inmoral. ‖ **2.** coloq. Avenencia para evitar un daño.

componente. I. adj. **1.** Que compone o entra en la composición de un todo. *Cada uno de los grupos componentes de la coalición.* Apl. a pers., u. t. c. s. ‖ **II.** m. **2.** Cosa que entra en la composición de otra.

componer. I. tr. **1.** Formar de varias cosas una, juntándolas y colocándolas con cierto modo y orden. *Componer un rompecabezas.* ‖ **2.** Constituir, formar, dar ser a un cuerpo o unión de varias cosas o personas. Apl. a las partes de que consta un todo, respecto de él mismo, u. t. c. prnl. *El cuerpo humano se compone de cabeza, tronco y extremidades.* ‖ **3.** Hacer o producir obras científicas o literarias y algunas de las artísticas. *Componer un tratado de matemáticas, un drama, una poesía, una ópera, un baile.* ‖ **4.** Ordenar, concertar, reparar lo desordenado, descompuesto o roto. *Componer el mecanismo de un reloj.* ‖ **5. adornar** (‖ engalanar con adornos). *Componer la casa.* ‖ **6.** Engalanar a alguien. U. t. c. prnl. *Se compuso muy bien para la fiesta.* ‖ **7.** Ajustar y concordar, poner en paz a los enemistados, y concertar a los discordes. U. t. c. prnl. ‖ **8.** coloq. Reforzar, restaurar, restablecer. *El vino me ha compuesto el estómago.* ‖ **9.** *Impr.* Formar las palabras, líneas y planas, juntando las letras o caracteres. ‖ **10.** *Am.* Restituir a su lugar los huesos dislocados. ‖ **II.** intr. **11.** Crear obras musicales o escribir versos. ¶ Morf. conjug. c. *poner*; part. irreg. **compuesto. ‖ allá se las componga, o se las compongan, o te las compongas.** exprs. coloqs. Se usan para denotar que quien habla se desliga de la posición o decisión de otro. ‖ **componérselas.** loc. verb. coloq. Ingeniarse para salir de un apuro o lograr algún fin. *Compóntelas como puedas. No sé cómo componérmelas.*

comportamiento. m. Manera de comportarse.

comportar. I. tr. **1.** Implicar, conllevar. *La operación comporta un riesgo.* ‖ **II.** prnl. **2.** Portarse, conducirse.

composición. f. **1.** Acción y efecto de componer. ‖ **2.** Obra musical o literaria. ‖ **3.** Escrito en que un alumno desarrolla un tema dado, para ejercitar su dominio del idioma, su habilidad expositiva, su sensibilidad literaria, etc. ‖ **4.** Ajuste, convenio entre dos o más personas. ‖ **5.** Parte de la música que enseña las reglas para la formación del canto y del acompañamiento. ‖ **6.** *Esc.* y *Pint.* Arte de agrupar las figuras y accesorios para conseguir el mejor efecto, según lo que se haya de representar. ‖ **7.** *Gram.* Procedimiento por el cual se forman palabras juntando dos vocablos con variación morfológica o sin ella; como en *cejijunto, lavavajillas.* Se aplica también a las voces formadas con vocablos de otras lenguas, especialmente del latín y el griego; como en *neuralgia, videoconferencia.* ‖ **8.** *Impr.* Conjunto de líneas, galeradas y páginas, antes de la imposición. ‖ **9.** *Transp.* Conjunto de los vagones que forman un tren. ‖ **hacer,** o **hacerse** alguien, **~ de lugar.** locs. verbs. Meditar todas las circunstancias de un negocio, y formar con este conocimiento el plan conducente a su más acertada dirección.

compositivo, va. adj. Perteneciente o relativo a la composición. *El genio compositivo de Mozart.* ☐ V. **elemento ~.**

compositor, ra. adj. **1.** Que compone. Apl. a pers., u. t. c. s. *Compositor de imprenta.* ‖ **2.** Que hace composiciones musicales. U. t. c. s.

compost. m. Humus obtenido artificialmente por descomposición bioquímica en caliente de residuos orgánicos. Morf. pl. invar. *Los compost.*

compostaje. m. Elaboración de compost.

Compostela. ☐ V. **jacinto de ~.**

compostelano, na. adj. **1.** Natural de Compostela, hoy Santiago de Compostela. U. t. c. s. ‖ **2.** Perteneciente o relativo a esta ciudad de la provincia de La Coruña y capital de Galicia, en España.

compostura. f. **1.** Modestia, mesura y circunspección. ‖ **2.** Aseo, adorno, aliño de alguien o algo. ‖ **3.** Arreglo de una cosa descompuesta, maltratada o rota. ‖ **4.** Construcción y hechura de un todo que consta de varias partes.

compota. f. Dulce de fruta cocida con agua y azúcar.

compotera. f. Vasija, comúnmente de cristal, con padera, en que se sirve compota o dulce de almíbar.

compra. f. **1.** Acción de comprar. ‖ **2.** Conjunto de los comestibles que se compran para el gasto diario de las casas. U. solo en sing. ‖ **3.** Objeto comprado. ☐ V. **cesta de la ~, contrato de ~** y **venta.**

comprador, ra. adj. Que compra. Apl. a pers., u. t. c. s.

comprar. tr. **1.** Obtener algo con dinero. ‖ **2. sobornar.** *Quisieron comprar al árbitro.*

compraventa. f. **1.** Acción o actividad de comprar y vender. ‖ **2.** *Der.* **contrato de compraventa.**

comprehensión. f. **comprensión.**

comprehensivo, va. adj. **comprensivo.**

comprender. tr. **1.** Entender, alcanzar, penetrar. *No han comprendido bien el teorema.* ‖ **2.** Contener, incluir en sí algo. *El libro comprende doce capítulos.* U. t. c. prnl. ‖ **3.** Encontrar justificados o naturales los actos o sentimientos de otro. *Comprendo sus temores. Comprendo su protesta.*

comprensibilidad. f. Cualidad de comprensible.

comprensible. adj. Que se puede comprender. *Razones comprensibles.*

comprensión. f. **1.** Acción de comprender. ‖ **2.** Facultad, capacidad o perspicacia para entender y penetrar las cosas. ‖ **3.** Actitud comprensiva o tolerante. ‖ **4.** *Fil.* Conjunto de caracteres o notas que integran un concepto.

comprensivo, va. adj. **1.** Dicho de una persona, de una tendencia o de una actitud: **tolerante.** ‖ **2.** Propio o característico de la persona comprensiva. *Gesto comprensivo.* || **3.** Que **comprende** (|| contiene o incluye). *Una exposición comprensiva de las distintas tendencias de la pintura actual.*

compresa. F. **1.** Lienzo fino o gasa que, doblada varias veces y por lo común esterilizada, se emplea para contener hemorragias, cubrir heridas, aplicar calor, frío o ciertos medicamentos. || **2. compresa higiénica.** || **~ higiénica.** F. Tira desechable de celulosa u otra materia similar que sirve para absorber el flujo menstrual de la mujer.

compresibilidad. F. Cualidad de compresible.

compresible. ADJ. Que se puede comprimir. *Gas compresible.*

compresión. F. **1.** Acción y efecto de comprimir. || **2.** *Mec.* Presión a que está sometido un cuerpo por la acción de fuerzas opuestas que tienden a disminuir su volumen. || **3.** *Mec.* En los motores de explosión, segunda fase del ciclo, en la que la mezcla combustible es sometida a presión por el pistón.

compresivo, va. ADJ. Dicho de una cosa: Que comprime. *Vendajes compresivos.*

compresor, ra. ADJ. Que comprime. Apl. a una máquina o un aparato, u. t. c. s. m.

comprimario, ria. M. y F. *Mús.* Cantante de teatro que hace los segundos papeles.

comprimido, da. PART. de **comprimir.** || **I.** ADJ. **1.** *Zool.* Estrechado lateralmente, o sea, en el sentido del plano medianero, como ocurre en el pez luna, el sargo o el lenguado. || **II.** M. **2.** Pastilla pequeña que se obtiene por compresión de sus ingredientes previamente reducidos a polvo. □ V. **aire ~, azúcar ~, escopeta de aire ~.**

comprimir. TR. **1.** Oprimir, apretar, estrechar, reducir a menor volumen. *Las medias no deben comprimir las piernas.* U. t. c. prnl. || **2. reprimir** (|| contener). *Procura comprimir tus deseos.* U. t. c. prnl.

comprobación. F. Acción y efecto de comprobar.

comprobante. I. M. **1.** Recibo o documento que confirma un trato o gestión. || **II.** ADJ. **2.** Que comprueba. *Funcionario comprobante.*

comprobar. TR. Verificar, confirmar la veracidad o exactitud de algo. MORF. conjug. c. *contar.*

comprobatorio, ria. ADJ. Que comprueba. *Documento comprobatorio.*

comprometedor, ra. ADJ. Que compromete. *Asuntos comprometedores.*

comprometer. I. TR. **1.** Exponer o poner en riesgo a alguien o algo en una acción o caso aventurado. *Las indiscreciones de tu amigo me han comprometido.* U. t. c. prnl. || **2.** Constituir a alguien en una obligación, hacerle responsable de algo. *Pedir un presupuesto no te compromete a nada. Las pruebas te comprometen en el crimen.* U. m. c. prnl. || **II.** PRNL. **3.** Contraer un compromiso.

comprometido, da. PART. de **comprometer.** || ADJ. Que está en riesgo, apuro o situación dificultosa. *Posición comprometida.*

comprometimiento. M. Acción y efecto de comprometer o comprometerse.

compromisario, ria. I. ADJ. **1.** Dicho de una persona: Que recibe la delegación de otras para que concierte, resuelva o efectúe algo. U. t. c. s. || **II.** M. y F. **2.** Representante de los electores primarios para votar en elecciones de segundo o ulterior grado.

compromiso. M. **1.** Obligación contraída. || **2.** Dificultad, embarazo, empeño. *Estoy en un compromiso.* || **3.** Promesa de matrimonio. *Fiesta de compromiso.* || **4.** Palabra dada. *Dar un compromiso de defensa y ayuda.* || **de ~.** LOC.ADJ. Dicho de una solución, de una respuesta, etc.: Que se dan por obligación o necesidad, para complacer. || **sin ~. I.** LOC.ADV. **1.** Sin contraer ninguna obligación. *Se puede probar el traje sin compromiso.* || **II.** LOC.ADJ. **2.** Sin novio o novia. *Está soltero y sin compromiso.*

compromisorio, ria. ADJ. Perteneciente o relativo al compromiso. *Cláusula compromisoria.*

comprovinciano, na. M. y F. Persona de la misma provincia que otra.

compueblano, na. ADJ. Dicho de dos o más personas: Nacidas en un mismo pueblo. U. t. c. s.

compuerta. F. Plancha fuerte de madera o de hierro, que se desliza por carriles o correderas, y se coloca en los canales, diques, etc., para graduar o cortar el paso del agua.

compuesto, ta. PART. IRREG. de **componer.** || **I.** ADJ. **1.** Formado por más de un elemento. *Apellido compuesto.* || **2.** *Bot.* Se dice de las plantas angiospermas, dicotiledóneas, hierbas, arbustos y algunos árboles, que se distinguen por sus hojas simples o sencillas, y por sus flores reunidas en cabezuelas sobre un receptáculo común; p. ej., la dalia, la pataca, el ajenjo, el alazor, la alcachofa y el cardo. U. t. c. s. f. ORTOGR. En f. pl., escr. con may. inicial c. taxón. *Las Compuestas.* || **3.** *Gram.* Dicho de un vocablo: Formado por composición de dos o más voces simples; p. ej., *cortaplumas, vaivén.* U. t. c. s. m. || **II.** M. **4.** Unión de varias cosas que componen un todo. || **5.** *Quím.* **cuerpo compuesto.** □ V. **capitel ~, cláusula ~, columna ~, condicional ~, cuerpo ~, flor ~, futuro ~, gerundio ~, hoja ~, infinitivo ~, interés ~, número ~, ojo ~, oración ~, orden compuesto, potencial ~, pretérito perfecto ~, quebrado ~, regla de tres ~, tiempo ~.**

compulsa. F. **1.** Acción y efecto de compulsar. || **2.** *Der.* Copia de un documento cotejada con su original.

compulsar. TR. Cotejar una copia con el documento original para determinar su exactitud.

compulsión. F. **1.** Inclinación, pasión vehemente y contumaz por algo o alguien. || **2.** *Der.* Apremio que se hace a una persona por parte de un juez o de una autoridad, compeliéndola a realizar algo o a soportar una decisión o una situación ajenas.

compulsivo, va. ADJ. **1.** Que muestra apremio o compulsión. *Un hábito compulsivo.* || **2.** Que tiene virtud de compeler. *Una mujer compulsiva.* || **3.** *Psicol.* Que tiene impulsos irresistibles.

compunción. F. **1.** Sentimiento o dolor de haber cometido un pecado. || **2.** Sentimiento que causa el dolor ajeno.

compungido, da. PART. de **compungir.** || ADJ. Atribulado, dolorido.

compungir. I. TR. **1.** Mover a compunción. || **II.** PRNL. **2.** Dicho de una persona: Contristarse o dolerse de alguna culpa o pecado propio, o de la aflicción ajena.

computación. F. **1.** cómputo. || **2.** *Am.* informática.

computacional. ADJ. **1.** Perteneciente o relativo a la informática. || **2.** *Inform.* Dicho de un estudio o de un proceso: Que se adapta a ser tratado mediante computadora u ordenador. □ V. **lingüística ~.**

computador, ra. I. ADJ. **1.** Que **computa** (|| calcula). *Máquina computadora.* || **II.** M. **2. calculador** (|| aparato que obtiene el resultado de cálculos matemáticos). ‖ **3. computador electrónico. ‖ ~ electrónico.** M. Máquina electrónica, analógica o digital, dotada de una memoria de gran capacidad y de métodos de tratamiento de la información, capaz de resolver problemas matemáticos y lógicos mediante la utilización automática de programas informáticos. ‖ **computador personal.** M. **computadora personal.**

computadora. F. **1. calculador** (‖ aparato que obtiene el resultado de cálculos matemáticos). ‖ **2. computadora electrónica. ‖ ~ electrónica.** F. Máquina electrónica, analógica o digital, dotada de una memoria de gran capacidad y de métodos de tratamiento de la información, capaz de resolver problemas matemáticos y lógicos mediante la utilización automática de programas informáticos. ‖ **~ personal.** F. computadora electrónica de dimensiones reducidas, con limitaciones de capacidad de memoria y velocidad, pero con total autonomía.

computadorizar. TR. **computarizar.**

computar. TR. **1.** Contar o calcular por números algo, principalmente los años, tiempos y edades. ‖ **2.** Tomar algo en cuenta, en general o de manera determinada. U. t. c. prnl. *Se computan los años de servicio en otros cuerpos. Los partidos ganados se computan con dos puntos.*

computarizar. TR. Someter datos al tratamiento de una computadora u ordenador.

cómputo. M. Cuenta o cálculo. ‖ **~ eclesiástico.** M. Conjunto de cálculos necesarios para determinar el día de la Pascua de Resurrección y demás fiestas movibles.

comulgante. ADJ. Que comulga. U. t. c. s.

comulgar. INTR. **1.** Recibir la sagrada comunión. ‖ **2.** Coincidir en ideas o sentimientos con otra persona.

comulgatorio. M. En una iglesia católica, barandilla ante la que se arrodillan los fieles para comulgar.

común. I. ADJ. **1.** Dicho de una cosa: Que, no siendo privativa de nadie, pertenece o se extiende a varios. *Bienes, pastos comunes.* ‖ **2.** Corriente, recibido y admitido de todos o de la mayor parte. *Precio, uso, opinión común.* ‖ **3.** Ordinario, vulgar, frecuente y muy sabido. *Error común.* ‖ **II.** M. **4.** Todo el pueblo de cualquier ciudad, villa o lugar. ‖ **5.** Comunidad, generalidad de personas. ‖ **6. retrete** (‖ aposento). **‖ el ~ de las gentes.** M. La mayor parte de las gentes. **‖ en ~.** LOC.ADV. En comunidad, entre dos o más personas, de manera conjunta. U. t. c. loc. adj. **‖ por lo ~.** LOC.ADV. **comúnmente.** ☐ V. **año ~, bienes comunes, Cámara de los Comunes, ~ denominador, ~ divisor, denominador ~, derecho ~, era ~, fosa ~, lugar ~, manzanilla ~, máximo ~ divisor, nombre ~, nombre ~ en cuanto al género, sal ~, sensorio ~, sentido ~, voz ~.**

comuna. F. **1.** Grupo de personas que viven juntas sin someterse a las normas sociales establecidas. ‖ **2.** Forma de organización social y económica basada en la propiedad colectiva y en la eliminación de los tradicionales valores familiares. ‖ **3.** Am. **municipio** (‖ conjunto de los habitantes de un mismo término).

comunal. ADJ. **1. común.** *Pastos comunales.* ‖ **2.** Am. Perteneciente o relativo a la comuna. *Experiencia comunal.*

comunero, ra. I. ADJ. **1.** hist. Perteneciente o relativo a las Comunidades de Castilla. *Rebelión comunera.* ‖ **II.** M. y F. **2.** hist. Persona que seguía el partido de las Comunidades de Castilla. ‖ **III.** M. **3.** Der. Hombre que participa en una comunidad de bienes o derechos.

comunicabilidad. F. Cualidad de comunicable.

comunicable. ADJ. Que se puede comunicar o es digno de comunicarse. *Salones comunicables.*

comunicación. F. **1.** Acción de comunicar o comunicarse. ‖ **2.** Trato, correspondencia entre dos o más personas. ‖ **3.** Transmisión de señales mediante un código común al emisor y al receptor. ‖ **4.** Unión que se establece entre ciertas cosas, tales como mares, pueblos, casas o habitaciones, mediante pasos, crujías, escaleras, vías, canales, cables y otros recursos. ‖ **5.** Cada uno de estos medios de unión entre dichas cosas. ‖ **6.** Papel escrito en que se comunica algo oficialmente. ‖ **7.** Escrito sobre un tema determinado que el autor presenta a un congreso o reunión de especialistas para su conocimiento y discusión. ‖ **8.** pl. Correos, telégrafos, teléfonos, etc. *Palacio de Comunicaciones.* ☐ V. **medio de ~, vía de ~.**

comunicacional. ADJ. Perteneciente o relativo a la comunicación.

comunicado, da. PART. de **comunicar.** ‖ **I.** ADJ. **1.** Dicho de un lugar: Con acceso a los medios de transporte. *Un barrio bien comunicado.* ‖ **II.** M. **2.** Nota, declaración o parte que se comunica para conocimiento público. *Comunicado de prensa.*

comunicador, ra. ADJ. **1.** Que comunica o sirve para comunicar. *Función comunicadora.* ‖ **2.** Dicho de una persona con una actividad pública: Que se considera capacitada para sintonizar fácilmente con las masas. U. t. c. s.

comunicante. ADJ. Que comunica. Apl. a pers., u. t. c. s. ☐ V. **vasos ~s.**

comunicar. I. TR. **1.** Descubrir, manifestar o hacer saber a alguien algo. *No me han comunicado su renuncia.* ‖ **2.** Hacer a otro partícipe de lo que uno tiene. *Me comunicó su optimismo.* U. t. c. intr. ‖ **3.** Transmitir señales mediante un código común al emisor y al receptor. ‖ **4.** Establecer medios de acceso entre poblaciones o lugares. *El puente comunica los dos lados de la bahía.* U. t. c. prnl. ‖ **II.** INTR. **5.** Dicho de un teléfono: Dar, al marcar un número, la señal indicadora de que la línea está ocupada por otra comunicación. ‖ **III.** PRNL. **6.** Dicho de cosas inanimadas: Tener correspondencia o paso con otras. *La cocina se comunica con el salón.* U. t. c. intr. ‖ **7.** Extenderse, propagarse. *El incendio se comunicó a las casas vecinas.*

comunicatividad. F. Cualidad de comunicativo.

comunicativo, va. ADJ. **1.** Perteneciente o relativo a la comunicación. *Acto comunicativo.* ‖ **2.** Que tiene aptitud o inclinación y propensión natural a comunicar a alguien lo que posee. ‖ **3.** Fácil y accesible al trato de los demás. ‖ **4.** Propio o característico de una persona comunicativa. *Carácter comunicativo.*

comunicología. F. Ciencia de carácter interdisciplinario que estudia los sistemas de comunicación humana y sus medios.

comunicólogo, ga. M. y F. Especialista en comunicología.

comunidad. F. **1.** Conjunto de las personas de un pueblo, región o nación. ‖ **2.** Conjunto de naciones unidas por acuerdos políticos y económicos. *Comunidad Europea.* ‖ **3.** Conjunto de personas vinculadas por características o intereses comunes. *Comunidad católica, lingüística.* ‖ **4. comunidad autónoma.** ‖ **5.** Junta o congregación de personas que viven unidas bajo ciertas constituciones y reglas, como los conventos, colegios, etc. || **6.** Cualidad de **común** (|| que pertenece o se extiende a varios). || **7.** pl. hist. Levantamientos populares, principalmente los de Castilla en tiempos de Carlos I. ORTOGR. Escr. con may. inicial. || ~ **autónoma.** F. Entidad territorial que, dentro del ordenamiento constitucional del Estado español, está dotada de autonomía legislativa y competencias ejecutivas, así como de la facultad de administrarse mediante sus propios representantes. || **de ~.** LOC. ADV. **en común.**

comunión. F. **1. sacramento del altar.** || **2.** En el cristianismo, acto de recibir los fieles la eucaristía. || **3.** Parte correspondiente de la misa. *Durante la comunión, el coro cantaba.* || **4.** Congregación de personas que profesan la misma fe religiosa. || **5.** Participación en lo común. || **6.** Trato familiar, comunicación de unas personas con otras. || ~ **de los santos.** F. Participación que los fieles tienen y gozan de los bienes espirituales, mutuamente entre sí, como partes y miembros de un mismo cuerpo.

comunismo. M. **1.** Doctrina que establece una organización social en que los bienes son propiedad común. || **2.** Doctrina formulada por Karl Marx y Friedrich Engels, teóricos socialistas alemanes del siglo XIX, que interpreta la historia como lucha de clases y propugna una sociedad igualitaria, suprimiendo la propiedad privada de los medios de producción. || **3.** Movimiento político inspirado en esta doctrina. || ~ **libertario.** M. El inspirado en las doctrinas de Mijaíl Bakunin y Piotr Kropotkin, anarquistas rusos del siglo XIX, que considera imprescindible la previa destrucción y desaparición del Estado para instaurar el comunismo. || ~ **primitivo.** M. Según Karl Marx, organización propia de las primeras comunidades humanas.

comunista. ADJ. **1.** Perteneciente o relativo al comunismo. *Ideología comunista.* || **2.** Partidario de este sistema. U. t. c. s.

comunitario, ria. ADJ. **1.** Perteneciente o relativo a la comunidad. *Piscina comunitaria.* || **2.** por antonom. Perteneciente o relativo a la Unión Europea. □ V. **acervo ~, Comisión ~, derecho ~.**

comúnmente. ADV. M. Con frecuencia.

con. PREP. **1.** Denota el medio, modo o instrumento que sirve para hacer algo. *Se come con cuchara.* || **2.** En unión y en compañía. *Voy con mi hermana.* || **3.** Expresa las circunstancias con que se ejecuta o sucede algo. *Come con ansia.* || **4.** Antepuesta al infinitivo, equivale a gerundio. *Con declarar, se eximió de la responsabilidad.* || **5.** A pesar de. *Me extraña que no la haya saludado, con lo amigas que eran.* || **6.** Contrapone lo que se dice en una exclamación con una realidad expresa o implícita. *¡Con lo hermosa que era esta calle y ahora la han estropeado!* || ~ **que.** LOC. CONJUNT. CONDIC. **con tal de que.**

conativo, va. ADJ. Perteneciente o relativo al conato, o que tiene carácter de tal. Se usa especialmente con referencia a los conatos o impulsos psíquicos.

conato. M. **1.** Inicio de una acción que se frustra antes de llegar a su término. || **2.** Propensión, tendencia, propósito. *El conato ascendente de los precios.* || **3.** Empeño y esfuerzo en la ejecución de algo.

concatedral. F. Iglesia constituida en dignidad de catedral, pero unida con otra y con un solo capítulo para las dos.

concatenación. F. **1.** Acción y efecto de concatenar. || **2.** Ret. Figura consistente en emplear al principio de

dos o más cláusulas o miembros del período la última voz del miembro o cláusula inmediatamente anterior.

concatenamiento. M. concatenación.

concatenar. TR. Unir o enlazar unas cosas con otras. U. t. c. prnl.

concausa. F. Cosa que, juntamente con otra, es causa de algún efecto.

concavidad. F. **1.** Cualidad de cóncavo. || **2.** Parte o sitio cóncavo.

cóncavo, va. I. ADJ. **1.** Geom. Dicho de una curva o de una superficie: Que se asemeja al interior de una circunferencia o una esfera. || **II.** M. **2.** concavidad (|| parte cóncava).

concebir. I. TR. **1.** Comprender, encontrar justificación a los actos o sentimientos de alguien. *No concibo su negativa.* || **2.** Comenzar a sentir alguna pasión o afecto. *Concebir temores.* || **II.** INTR. **3.** Dicho de una hembra: Quedar preñada. U. t. c. tr. || **4.** Formar idea, hacer concepto de algo. U. t. c. tr. *Concibieron un plan diabólico.* ¶ MORF. conjug. c. *pedir.*

conceder. TR. **1.** Dar, otorgar. *Le concedieron el perdón.* || **2.** Asentir, convenir en algún extremo con los argumentos que se oponen a la tesis sustentada. *Concedo que tengas razón.* || **3.** Atribuir una cualidad o condición, discutida o no, a alguien o algo. *No concedí importancia a aquel suceso.*

concejal, la. M. y F. Miembro de una corporación municipal. MORF. U. t. la forma en m. para designar el f. *Luisa es concejal.*

concejalía. F. **1.** Oficio o cargo de concejal. || **2.** Cada uno de los departamentos asignados a un concejal. *Concejalía de sanidad.*

concejil. ADJ. **1.** Perteneciente o relativo al concejo. *Casa concejil.* || **2.** Común a los vecinos de un pueblo. *Bienes concejiles.* □ V. **carga ~.**

concejo. M. **1. casa consistorial.** || **2. ayuntamiento** (|| corporación municipal). || **3. municipio.** || **4.** Sesión celebrada por los individuos de un concejo. || ~ **abierto.** M. El que se tiene en público, convocando a él a todos los vecinos del pueblo.

concelebrada. □ V. **misa ~.**

concelebrar. TR. Dicho de varios sacerdotes: Celebrar conjuntamente la misa.

concento. M. Canto acordado y armonioso de diversas voces.

concentración. F. **1.** Acción y efecto de concentrar o concentrarse. || **2.** Fís. Magnitud que expresa la cantidad de una sustancia por unidad de volumen. Su unidad en el Sistema Internacional es el *mol por metro cúbico* (mol/m^3). || ~ **parcelaria.** F. Agrupación de diversas fincas rústicas de reducida extensión, para unificar y facilitar el cultivo. □ V. **campo de ~.**

concentrado, da. PART. de **concentrar.** || **I.** ADJ. **1.** Muy atento o pendiente de una actividad o competición. *Está concentrado en el estudio. Está concentrado en el partido de fútbol.* || **II.** M. **2.** Sustancia a la que se ha retirado parte del líquido para disminuir su volumen. □ V. **alimento ~.**

concentrador, ra. ADJ. Que concentra. Apl. a un aparato, u. t. c. s. m.

concentrar. I. TR. **1.** Reunir en un centro o punto lo que estaba separado. U. t. c. prnl. *Las borrascas se concentran en el Atlántico.* || **2.** Congregar un número generalmente grande de personas para que patenticen una actitud determinada. U. m. c. prnl. *Se concentraron en la plaza para protestar.* ‖ **3.** Recluir a los componentes de un equipo deportivo antes de competir. U. t. c. prnl. ‖ **4.** Reducir en ciertas sustancias el líquido para disminuir su volumen. *Caldo concentrado.* ‖ **5.** *Quím.* Aumentar la proporción de la materia disuelta en el disolvente. ‖ **II.** PRNL. **6.** reconcentrarse (‖ abstraerse). ‖ **7.** Atender o reflexionar profundamente.

concéntrico, ca. ADJ. *Geom.* Dicho de figuras y de sólidos: Que tienen un mismo centro.

concepción. F. **1.** Acción y efecto de concebir. ‖ **2.** por antonom. concepción de la Virgen. ORTOGR. Escr. con may. inicial. ‖ **3.** Fiesta con que anualmente celebra la Iglesia católica el dogma de la Inmaculada Concepción. ORTOGR. Escr. con may. inicial.

concepcionero, ra. ADJ. **1.** Natural de Concepción. U. t. c. s. ‖ **2.** Perteneciente o relativo a este departamento del Paraguay o a su capital.

concepcionista. ADJ. Se dice de la religiosa que pertenece a la tercera orden franciscana, llamada de la Inmaculada Concepción. U. m. c. s. f.

conceptismo. M. Estilo literario caracterizado por asociaciones de ideas rebuscadas, paradójicas o ingeniosas.

conceptista. ADJ. **1.** Dicho de un escritor: Que usa del conceptismo en sus obras. U. m. c. s. ‖ **2.** Perteneciente o relativo al conceptismo. *Metáfora conceptista.*

conceptivo, va. ADJ. Que puede concebir. *Etapa conceptiva.*

concepto. M. **1.** Idea que concibe o forma el entendimiento. ‖ **2.** Pensamiento expresado con palabras. ‖ **3.** Opinión, juicio. *¿Qué concepto tienes de la cuestión?* ‖ **4.** Crédito en que se tiene a alguien o algo. *Tiene muy buen concepto de sus empleados.* ‖ **bajo ningún ~.** LOC.ADV. De ninguna manera, o en ningún caso. ‖ **en ~ de.** LOC. PREPOS. Como, o en calidad de. ‖ **formar ~.** LOC.VERB. Determinar algo en la mente después de examinadas las circunstancias.

conceptuación. F. Acción y efecto de conceptuar.

conceptual. ADJ. Perteneciente o relativo al concepto.

conceptualismo. M. Movimiento artístico surgido hacia el final de la década de 1960 que, restando importancia a la obra de arte en cuanto objeto material o resultado meritorio de una ejecución, hace hincapié, en cambio, en el concepto o idea del proceso artístico.

conceptualista. ADJ. **1.** Perteneciente o relativo al conceptualismo. *Doctrinas conceptualistas.* ‖ **2.** Partidario de este movimiento. U. t. c. s.

conceptualizar. TR. Forjar conceptos acerca de algo.

conceptuar. TR. Formar concepto de algo. MORF. conjug. c. *actuar.*

conceptuosidad. F. Cualidad de conceptuoso.

conceptuoso, sa. ADJ. **1.** Dicho de una persona o de una cosa: Sentenciosa, aguda, llena de conceptos. *Escritor, estilo conceptuoso.* ‖ **2.** peyor. Abstruso, oscuro.

concerniente. ADJ. Que concierne. *Artículos concernientes a Ortega.*

concernir. INTR. Atañer, afectar, interesar. U. t. c. tr. MORF. conjug. c. *discernir.* U. solo en infinit., en ger., en part. y en 3.ª pers.

concertación. F. **1.** Acción y efecto de **concertar** (‖ pactar, tratar un negocio). *Política de concertación.* ‖ **2.** concierto (‖ ajuste o convenio). *Concertación social.*

concertada. □ V. enseñanza ~.

concertador, ra. ADJ. Que concierta. Apl. a pers., u. t. c. s.

concertante. ADJ. *Mús.* Dicho de una pieza: Compuesta de varias voces entre las cuales se distribuye el canto. U. t. c. s. m.

concertar. **I.** TR. **1.** Ajustar, tratar del precio de algo. *Concertar el precio de las primas del seguro.* ‖ **2.** Pactar, ajustar, tratar, acordar un negocio. *Concertar una cita.* U. t. c. prnl. ‖ **3.** Traer a identidad de fines o propósitos cosas diversas o intenciones diferentes. *Coordinar y concertar acciones.* U. t. c. prnl. ‖ **4.** Acordar entre sí voces o instrumentos musicales. ‖ **II.** INTR. **5.** Dicho de una cosa: **concordar** (‖ armonizar o estar de acuerdo con otra). *Lo visceral no concierta con lo geométrico.* ‖ **6.** *Gram.* Dicho de dos o más palabras variables: Concordar en los accidentes gramaticales. U. t. c. tr. ¶ MORF. conjug. c. *acertar.*

concertina. F. *Mús.* Acordeón de forma hexagonal u octagonal, de fuelle muy largo y teclados en ambas caras o cubiertas.

concertino. M. *Mús.* Violinista primero de una orquesta, encargado de la ejecución de los solos.

concertista. COM. Músico que toma parte en la ejecución de un concierto en calidad de solista.

concesión. F. **1.** Acción de conceder. ‖ **2.** Otorgamiento que una empresa hace a otra, o a un particular, de vender y administrar sus productos en una localidad o país distinto. ‖ **3.** Acción y efecto de ceder en una posición ideológica o en una actitud adoptada. *En los acuerdos enseguida hace concesiones.* ‖ **4.** *Der.* Negocio jurídico por el cual la Administración cede a una persona facultades de uso privativo de una pertenencia del dominio público o la gestión de un servicio público en plazo determinado bajo ciertas condiciones.

concesionar. TR. *Á. guar.* y *Méx.* Otorgar una concesión.

concesionario, ria. ADJ. Dicho de una persona o de una entidad: A la que se hace o transfiere una concesión. Apl. a una entidad, u. t. c. s. m.

concesivo, va. ADJ. Perteneciente o relativo a la concesión. *Tono concesivo.* □ V. conjunción ~.

concha. F. **1.** Cubierta, formada en su mayor parte por carbonato cálcico, que protege el cuerpo de los moluscos y que puede constar de una sola pieza o valva, como en los caracoles, de dos, como en las almejas, o de ocho, como en los quitones. U. t. en sent. fig. *Se ha encerrado en su concha y no habla con nadie.* ‖ **2.** Caparazón de las tortugas y de algunos crustáceos. ‖ **3.** concha de la madreperla. ‖ **4.** carey (‖ materia córnea). ‖ **5.** Mueble en forma de un cuarto de superficie esférica, u otra parecida, que se coloca en el medio del proscenio de los teatros para ocultar al apuntador y reflejar la voz de este hacia los actores. ‖ **6.** Cosa que tiene la forma de la concha de los animales. ‖ **7.** Seno, a veces poco profundo, pero muy cerrado, en la costa del mar. ‖ **8.** *Heráld.* venera (‖ insignia). ‖ **9.** *Am.* desplante (‖ acto lleno de arrogancia o descaro). ‖ **10.** malson. *Á. R. Plata* y *Chile.* coño (‖ vulva y vagina). ‖ **11.** *Á. Caribe.* cáscara (‖ corteza o cubierta exterior). ‖ **12.** *Á. Caribe.* Corteza de los árboles. ‖ **~ de peregrino.** F. venera (‖ concha). ‖ **~ de perla.** F. madreperla. ‖ **meterse** alguien **en su ~.** LOC. VERB. Retraerse, negarse a tratar con la gente o a tomar parte en negocios o esparcimientos.

conchabar. I. TR. **1.** *Am. Mer.* Contratar a alguien para un servicio de orden inferior, generalmente doméstico. U. t. c. prnl. ‖ **II.** PRNL. **2.** coloq. Dicho de dos o más personas: Ponerse de acuerdo para un fin, con frecuencia ilícito.

concho¹. M. *Am.* Poso, sedimento, restos de la comida.

concho². M. Pericarpio o corteza de algunos frutos.

concho³. INTERJ. eufem. **coño.**

conchuela. F. Fondo del mar cubierto de conchas rotas.

conciencia. F. **1. consciencia.** ‖ **2.** Conocimiento y sentimiento del bien y del mal. ‖ **~ de clase.** F. Sentimiento de pertenencia a un determinado grupo social. ‖ **~ errónea.** F. *Rel.* La que con ignorancia juzga lo verdadero por falso, o lo falso por verdadero, teniendo lo bueno por malo o lo malo por bueno. ‖ **a ~.** LOC.ADV. Con empeño y rigor, sin regatear esfuerzo. ‖ **acusar la ~** a alguien. LOC.VERB. Remorderle alguna mala acción. ‖ **ajustarse** alguien **con** su **~.** LOC.VERB. Seguir en el modo de obrar lo que le dicta su propia conciencia. Se dice más comúnmente cuando es sobre aquello en que hay duda de si se puede ejecutar o no lícitamente. ‖ **argüir la ~** a alguien. LOC.VERB. **acusar la conciencia.** ‖ **cobrar ~.** LOC.VERB. **tomar conciencia.** ‖ **en ~.** LOC.ADV. Según conciencia, de conformidad con ella. ‖ **escarabajear,** o **escarbar, la ~.** LOCS.VERBS. Remorder la conciencia a alguien. ‖ **estrecho, cha de ~.** LOC.ADJ. Dicho de una persona: Que es muy ajustada al rigor de la ley o la moral. ‖ **manchar la ~.** LOC.VERB. **manchar el alma.** ‖ **tomar ~ de** algo. LOC.VERB. Darse cuenta, percatarse de ello. □ V. **cargo de ~, caso de ~, cláusula de ~, el gusanillo de la ~, examen de ~, libertad de ~, objeción de ~, objetor de ~, voz de la ~.**

concienciación. F. Acción y efecto de concienciar o concienciarse.

concienciar. I. TR. **1.** Hacer que alguien sea consciente de algo. U. t. c. prnl. ‖ **II.** PRNL. **2.** Adquirir conciencia de algo. ¶ MORF. conjug. c. *anunciar.*

concientización. F. *Am.* **concienciación.**

concientizar. TR. *Am.* **concienciar.**

concienzudo, da. ADJ. **1.** Dicho de una persona: Que estudia o hace las cosas con mucha atención o detenimiento. ‖ **2.** Dicho de una cosa: Que se hace de esta manera. *Trabajo concienzudo.*

concierto. M. **1.** Buen orden y disposición de las cosas. ‖ **2.** Ajuste o convenio entre dos o más personas o entidades sobre algo. ‖ **3.** Función de música en que se ejecutan composiciones sueltas. ‖ **4.** Composición musical para diversos instrumentos en que uno o varios llevan la parte principal. *Concierto de violín y orquesta.* ‖ **~ económico.** M. Convenio entre la Hacienda y los contribuyentes, gremios o corporaciones, que reemplaza las normas generales de tributación con otros medios de cobro o con un tanto alzado de ingreso. ‖ **de ~.** LOC.ADV. De común acuerdo.

conciliábulo. M. **1.** Junta o reunión para tratar de algo que se quiere mantener oculto. ‖ **2.** Concilio no convocado por autoridad legítima.

conciliación. F. **1.** Acción y efecto de conciliar. ‖ **2.** *Der.* Acuerdo de los litigantes para evitar un pleito o desistir del ya iniciado. □ V. **acto de ~.**

conciliador, ra. ADJ. Que concilia o es propenso a conciliar. *Fórmulas conciliadoras.* Apl. a pers., u. t. c. s.

conciliar¹. I. ADJ. **1.** Perteneciente o relativo a los concilios. *Decisión, decreto conciliar.* ‖ **II.** COM. **2.** Persona que asiste a un concilio. □ V. **seminario ~.**

conciliar². TR. 1. Componer y ajustar los ánimos de quienes estaban opuestos entre sí. ‖ **2.** Conformar dos o más proposiciones o doctrinas al parecer contrarias. *Debemos conciliar intereses sociales y económicos.* ¶ MORF. conjug. c. *anunciar.*

conciliatorio, ria. ADJ. Dicho de una cosa: Que puede conciliar o se dirige a este fin. *Declaraciones conciliatorias.*

concilio. M. **1.** Junta o congreso de los obispos y otros eclesiásticos de la Iglesia católica, o de parte de ella, para deliberar y decidir sobre las materias de dogmas y de disciplina. ‖ **2.** Junta o congreso para tratar algo. ‖ **~ ecuménico,** o **~ general.** M. Junta de los obispos de todos los Estados y reinos de la cristiandad, convocados legítimamente.

concisión. F. Brevedad y economía de medios en el modo de expresar un concepto con exactitud.

conciso, sa. ADJ. Que tiene concisión. *Preguntas concisas.*

concitación. F. Acción y efecto de concitar.

concitador, ra. F. Que concita. Apl. a pers., u. t. c. s.

concitar. TR. **1.** Promover inquietudes y pasiones en el ánimo de los demás. *Concitar el odio.* U. m. c. prnl. ‖ **2.** Reunir, congregar. *Concitar a los aliados.*

conciudadano, na. M. y F. Cada uno de los ciudadanos de una misma ciudad o nación, respecto de los demás.

cónclave. M. **1.** Junta de los cardenales de la Iglesia católica, reunida para elegir papa. ‖ **2.** Lugar donde se reúnen los cardenales para elegir papa. ‖ **3.** Junta o congreso de gentes que se reúnen para tratar algún asunto.

conclavista. M. Familiar o criado que entra en el cónclave para asistir o servir a los cardenales.

concluir. TR. **1.** Acabar o finalizar algo. U. t. c. intr. *Los campeonatos han concluido.* ‖ **2.** Determinar y resolver sobre lo que se ha tratado. *Concluyeron que irían todos.* ‖ **3.** Inferir, deducir una verdad de otras que se admiten, demuestran o presuponen. *Tras su larga declaración, concluyeron que no estaba loco.* ‖ **4.** *Esgr.* Ganarle la espada al contrario por el puño o guarnición, de manera que no pueda usarla. ¶ MORF. conjug. c. *construir.*

conclusión. F. **1.** Acción y efecto de concluir. ‖ **2.** Fin y terminación de algo. ‖ **3.** Resolución que se ha tomado sobre una materia después de haberla tratado. ‖ **4.** *Fil.* Proposición que se deduce de las premisas. ‖ **en ~.** LOC. ADV. En suma, por último, finalmente.

conclusivo, va. ADJ. Que concluye o finaliza algo, o sirve para terminarlo y concluirlo. *Resultado conclusivo.*

concluyente. ADJ. **1.** Que concluye. *La parte concluyente del informe.* ‖ **2.** Resolutorio, irrebatible. *Pruebas concluyentes.*

concoide. ADJ. **concoideo.**

concoideo, a. ADJ. Dicho de la fractura de los cuerpos sólidos que resulta en formas curvas: Semejante a la concha.

concomerse. PRNL. Sentir comezón interior, consumirse de impaciencia, pesar u otro sentimiento.

concomitancia. F. **1.** Coincidencia deliberada o casual de dos o más factores en la producción de un efecto. ‖ **2.** Relación, afinidad o punto en común. U. m. en pl. *Se analizaron las concomitancias entre ambos autores.*

concomitante. ADJ. Que aparece o actúa de manera conjunta con otra cosa. *Factores concomitantes.*

concón. M. *Chile.* **autillo.**

concordancia. F. **1.** Correspondencia o conformidad de una cosa con otra. || **2.** *Gram.* Conformidad de accidentes entre dos o más palabras variables. || **3.** *Mús.* Justa proporción que guardan entre sí las voces que suenan juntas. || **4.** pl. Índice de todas las palabras de un libro o del conjunto de la obra de un autor, con todas las citas de los lugares en que se hallan. || **~ vizcaína.** F. La que usa mal los géneros de los sustantivos, aplicando el femenino al que debe ser masculino, y viceversa.

concordante. ADJ. Que concuerda o coincide. *Razones, actividades concordantes.*

concordar. **I.** TR. **1.** Poner de acuerdo lo que no lo está. || **II.** INTR. **2.** Dicho de una cosa o una persona: Armonizar o estar de acuerdo con otra. *La copia de la escritura concuerda con su original. No concuerdan en sus ideas políticas.* || **3.** *Gram.* Estar en concordancia. *El sujeto debe concordar.* ¶ MORF. conjug. c. *contar.*

concordatario, ria. ADJ. Perteneciente o relativo al concordato.

concordato. M. Tratado o convenio sobre asuntos eclesiásticos que el Gobierno de un Estado hace con la Santa Sede.

concorde. ADJ. Conforme, uniforme, de un mismo sentir y parecer. *Declaraciones concordes con el dogma.*

concordia. F. **1.** Conformidad, unión. || **2.** Ajuste o convenio entre personas que contienden o litigan. || **3.** Instrumento jurídico, autorizado en debida forma, en el cual se contiene lo tratado y convenido entre las partes.

concreción. F. **1.** Acción y efecto de concretar. || **2.** Masa formada por acumulación de partículas.

concrecionar. TR. Formar concreciones. U. t. c. prnl.

concretar. **I.** TR. **1.** Hacer concreto. *Concretar un proyecto.* || **2.** Reducir a lo más esencial y seguro la materia sobre la que se habla o escribe. *Volverán a reunirse para concretar los acuerdos logrados ayer.* || **II.** PRNL. **3.** Ajustarse a tratar o hablar de una sola cosa, con exclusión de otros asuntos. *Concretándonos a nuestro caso.*

concretización. F. **concreción** (|| acción y efecto de concretar).

concretizar. TR. **concretar** (|| hacer concreto).

concreto[1], ta. **I.** ADJ. **1.** Dicho de un objeto: Considerado en sí mismo, particularmente en oposición a lo *abstracto* y *general,* con exclusión de cuanto pueda serle extraño o accesorio. *¿Buscaba algo concreto para su regalo?* || **2.** Preciso, determinado, sin vaguedad. *Época concreta.* || **II.** M. **3.** **concreción.** || **en concreto.** LOC. ADV. De un modo concreto. □ V. **nombre ~, número ~.**

concreto[2]. M. *Am.* hormigón.

concubinario. M. Hombre que tiene concubina.

concubinato. M. Relación marital de un hombre con una mujer sin estar casados.

concubino, na. M. y F. Persona que vive en concubinato.

concúbito. M. coito.

conculcación. F. Acción y efecto de conculcar.

conculcador, ra. ADJ. Que conculca. *Política conculcadora de las leyes.*

conculcar. TR. Quebrantar una ley, obligación o principio. *Ese convenio conculca la legalidad vigente.*

concuñado, da. M. y F. **1.** Cónyuge de una persona respecto del cónyuge de otra persona hermana de aquella. || **2.** Hermano o hermana de una de dos personas unidas en matrimonio respecto de las hermanas o hermanos de la otra.

concuño, ña. M. y F. *Am.* concuñado.

concupiscencia. F. En la moral católica, deseo de bienes terrenos y, en especial, apetito desordenado de placeres deshonestos.

concupiscente. ADJ. Dominado por la concupiscencia.

concupiscible. ADJ. En ética, se dice de la tendencia de la voluntad hacia el bien sensible. □ V. **apetito ~.**

concurrencia. F. **1.** Acción de concurrir. || **2.** Conjunto de personas que asisten a un acto o reunión. || **3.** Coincidencia, concurso simultáneo de varias circunstancias. || **4.** Asistencia, participación.

concurrente. ADJ. Que concurre. Apl. a pers., u. t. c. s. □ V. **cantidad ~.**

concurrido, da. PART. de **concurrir.** || ADJ. Se dice de los lugares, de los espectáculos, etc., a donde concurre el público. *Paseo muy concurrido. Conferencia poco concurrida.*

concurrir. INTR. **1.** Dicho de diferentes personas, sucesos o cosas: Juntarse en un mismo lugar o tiempo. || **2.** Dicho de diferentes cualidades o circunstancias: Coincidir en alguien o en algo. || **3.** Tomar parte en un concurso.

concursado, da. PART. de **concursar.** || M. y F. Deudor declarado legalmente en concurso de acreedores.

concursante. **I.** ADJ. **1.** Que concursa. *Películas concursantes en el festival.* || **II.** COM. **2.** Persona que toma parte en un concurso convocado para otorgar premios, seleccionar personas, conceder la ejecución de obras o la prestación de servicios.

concursar. TR. Tomar parte en un concurso, convocado para otorgar premios, seleccionar personas, conceder la ejecución de obras o la prestación de servicios.

concurso. M. **1.** Competición, prueba entre varios candidatos para conseguir un premio. *Concurso de tiro.* || **2.** Competencia entre quienes aspiran a encargarse de ejecutar una obra o prestar un servicio bajo determinadas condiciones, a fin de elegir la propuesta que ofrezca mayores ventajas. || **3.** Oposición que por medio de ejercicios científicos, artísticos o literarios, o alegando méritos, se hace a determinados puestos de trabajo. || **4.** **concurrencia** (|| conjunto de personas). *Hubo gran concurso de gente.* || **5.** Reunión simultánea de sucesos, circunstancias o cosas diferentes. || **6.** Asistencia, participación, colaboración. || **~ de acreedores.** M. *Der.* Juicio universal para aplicar los haberes de un deudor no comerciante al pago de sus acreedores.

concusión. F. Exacción arbitraria hecha por un funcionario público en provecho propio.

concusionario, ria. ADJ. Que comete concusión. U. t. c. s.

condado. M. **1.** Dignidad honorífica de conde. || **2.** Territorio o lugar a que se refiere el título nobiliario de conde y sobre el cual este ejercía antiguamente señorío. || **3.** Circunscripción administrativa en los países anglosajones.

condal. ADJ. Perteneciente o relativo al conde o a su dignidad.

conde. M. **1.** Hombre que tiene un título nobiliario inferior al de marqués y superior al de vizconde. || **2.** Marido de la condesa. || **3.** hist. Entre los godos españoles, dignidad con cargo y funciones muy diversas, como los condes de los tesoros, de las escuelas, palatinos y otros. En lo militar, su categoría era inferior a la de duque. || **4.** hist. En los primeros siglos de la Edad Media, gobernador de una comarca o territorio. □ V. **corona de ~**.

condecir. INTR. Convenir, concertar o guardar armonía una cosa con otra. MORF. conjug. c. *decir*, U. t. el fut. imperf. de indic. y el condic. regs. U. solo en infinit., en ger., en part. y en 3.ª pers.; part. irreg. **condicho**.

condecoración. F. **1.** Acción de condecorar. || **2.** Cruz, venera u otra insignia semejante de honor y distinción.

condecorar. TR. Dar a alguien honores o condecoraciones.

condena. F. **1.** Acción de condenar. || **2.** Castigo o pena impuestos por un juez o un tribunal. U. t. en sent. fig. *Madrugar es una condena.* || **~ condicional.** F. Der. Beneficio de no cumplir una condena privativa de libertad, que se concede a quienes delinquen por primera vez si no delinquen de nuevo dentro de un cierto plazo.

condenable. ADJ. Digno de ser condenado. *Acto condenable.*

condenación. F. **1.** Acción y efecto de condenar. || **2.** Rel. por antonom. condenación eterna. ORTOGR. Escr. con may. inicial.

condenado, da. PART. de **condenar**. || ADJ. **1.** réprobo. U. t. c. s. || **2.** coloq. Endemoniado, perverso, nocivo. *¡Condenado pájaro!* || **como un ~.** LOC.ADV. coloq. Con exceso, mucho. *Corre como un condenado.*

condenador, ra. ADJ. Que condena o censura. *Dedo condenador.* Apl. a pers., u. t. c. s.

condenar. I. TR. **1.** Dicho de un juez: Pronunciar sentencia, imponiendo al reo la pena correspondiente o dictando en juicio civil, o en otras jurisdicciones, fallo que no se limite a absolver de la demanda. || **2.** Forzar a alguien a hacer algo penoso. *Condenar a no salir. Condenar a no andar.* || **3.** Reprobar una doctrina, unos hechos, una conducta, etc., que se tienen por malos y perniciosos. || **4.** Tabicar una habitación o incomunicarla con las demás, teniéndola siempre cerrada. || **5.** Cerrar permanentemente o tapiar una puerta, una ventana, un pasadizo, etc. || **6.** Dicho de una cosa: Conducir inevitablemente a una situación no deseada. *La vida sedentaria condena a la obesidad.* || **II.** PRNL. **7.** Incurrir en la pena eterna.

condenatorio, ria. ADJ. **1.** Que contiene condena o puede motivarla. *Actitud condenatoria.* || **2.** Dicho de un pronunciamiento judicial: Que castiga al reo o que manda al litigante que entregue una cosa o cumpla ciertas obligaciones.

condensación. F. Acción y efecto de condensar.

condensada. □ V. **leche ~**.

condensador, ra. I. ADJ. **1.** Que condensa. *Unidad condensadora.* || **II.** M. **2. condensador eléctrico.** || **3.** Fís. Recipiente que tienen algunas máquinas de vapor para que este se licue en él por la acción del agua fría. || **~ eléctrico.** M. Electr. Sistema de dos conductores, separados por una lámina dieléctrica, que sirve para almacenar cargas eléctricas.

condensar. TR. **1.** Convertir un vapor en líquido o en sólido. U. t. c. prnl. *El vaho se condensa en las ventanas.* || **2.** Reducir algo a menor volumen, y darle más consistencia si es líquido. *Condensar la salsa.* U. t. c. prnl. || **3.** Concentrar lo disperso. *El libro condensa muchas de sus ideas expuestas en otros lugares.* U. t. c. prnl. || **4.** Au-

mentar la oscuridad de la sombra, de las tinieblas, etc. U. t. c. prnl. *La noche se condensa afuera.* || **5.** Sintetizar, resumir, compendiar. *Condensar las enseñanzas de un pintor.*

condesa. F. **1.** Mujer que tiene un título nobiliario inferior al de marquesa y superior al de vizcondesa. || **2.** Mujer del conde.

condescendencia. F. **1.** Acción y efecto de condescender. || **2.** Cualidad de condescendiente.

condescender. INTR. Acomodarse por bondad al gusto y voluntad de alguien. MORF. conjug. c. *entender*.

condescendiente. ADJ. **1.** Que condesciende. *Tuteo condescendiente.* || **2.** Pronto, dispuesto a condescender.

condestable. M. **1.** hist. En la Edad Media, hombre que ejercía la primera dignidad de la milicia. || **2.** Mar. Hombre que hace veces de sargento en las brigadas de artillería de Marina.

condicho, cha. PART. IRREG. de **condecir**.

condición. F. **1.** Índole, naturaleza o propiedad de las cosas. || **2.** Natural, carácter o genio de las personas. || **3.** Estado, situación especial en que se halla alguien o algo. || **4.** Constitución primitiva y fundamental de un pueblo. || **5.** Situación o circunstancia indispensable para la existencia de otra. *El enemigo se rindió sin condiciones.* || **6.** hist. Calidad del nacimiento o estado que se reconocía en una persona; como el de noble, el de plebeyo, el de libre, el de siervo, etc. || **7.** Cualidad de noble. *Es hombre de condición.* || **8.** Der. Acontecimiento futuro e incierto del que por determinación legal o convencional depende la eficacia inicial o la resolución posterior de ciertos actos jurídicos. || **9.** pl. Aptitud o disposición. || **10.** pl. Circunstancias que afectan a un proceso o al estado de una persona o cosa. *En estas condiciones no se puede trabajar. Las condiciones de vida no nos eran favorables.* || **condiciones normales.** F. pl. Fís. y Quím. Circunstancias estándar, establecidas por convenio, bajo las que se define el estado físico de un cuerpo, es decir, cero grados centígrados y una atmósfera de presión. || **de ~.** LOC.ADV. De suerte, de manera. || **en condiciones.** LOC. ADV. A punto, bien dispuesto o apto para el fin deseado. U. t. c. loc. adj. || **quebrarle** a alguien **la ~.** LOC.VERB. Abatirle el orgullo o corregirlo de sus defectos, contrariándolo. || **tener ~.** LOC.VERB. Ser de genio áspero y fuerte. □ V. **pliego de condiciones**.

condicionado. □ V. **estímulo ~, reflejo ~**.

condicional. I. ADJ. **1.** Que incluye y lleva consigo una condición o requisito. *Su respuesta fue un sí condicional.* || **II.** M. **2.** Gram. Tiempo que expresa acción futura en relación con el pasado del que se parte; p. ej., *Prometió que escribiría*. En ciertos casos es permutable por el pretérito imperfecto o el pretérito pluscuamperfecto de subjuntivo, más en las formas compuestas que en las simples, excepto en los verbos modales; p. ej., *Deberías (debieras) estudiar más. Si hubiera venido antes, lo habríamos (hubiéramos) acompañado.* El condicional, simple o compuesto, puede expresar, igual que el futuro, la probabilidad, pero referida al pasado, y su valor temporal equivale entonces al pretérito imperfecto o pretérito pluscuamperfecto de indicativo; p. ej., a *Juan no vino hoy; estará enfermo*, correspondería *Juan no vino ayer; estaría enfermo.* || **3.** Gram. **condicional simple.** || **~ compuesto, o ~ perfecto.** M. Gram. El que se forma con el verbo auxiliar *haber*; p. ej., *habría amado, habría temido, habría vivido.* || **~ simple.** M. Gram. El que se

forma sin verbo auxiliar; p. ej., *amaría, temería, viviría.*
□ V. **condena ~, conjunción ~, libertad ~.**

condicionamiento. M. **1.** Acción y efecto de condicionar. ‖ **2.** Limitación, restricción. U. m. en pl.

condicionante. ADJ. Que determina o condiciona. Apl. a un factor, u. t. c. s. m.

condicionar. TR. **1.** Hacer depender algo de una condición. *Condicionó su asistencia a la presencia de oyentes.* ‖ **2.** Influir de manera importante en el comportamiento de alguien o en el desarrollo de algo. *La enfermedad condicionó su conducta posterior. El estado de la vía condiciona la velocidad del tren.*

condigno, na. ADJ. Dicho de una cosa: Que corresponde a otra o se sigue naturalmente de ella; como el premio a la virtud, y la pena al delito. □ V. **mérito de condigno.**

cóndilo. M. *Anat.* Eminencia redondeada en la extremidad de un hueso, que forma articulación encajando en el hueco correspondiente de otro hueso.

condimentación. F. Acción y efecto de condimentar.

condimentar. TR. **sazonar** (‖ la comida).

condimento. M. Sustancia que sirve para sazonar la comida y darle buen sabor.

condiscípulo, la. M. y F. Persona que, en relación con otra u otras en sus mismas circunstancias, estudia o ha estudiado bajo la dirección de un mismo maestro.

condolencia. F. **1.** Participación en el pesar ajeno. ‖ **2.** **pésame.**

condolerse. PRNL. **compadecerse** (‖ sentir lástima). MORF. conjug. c. *mover.*

condominio¹. M. *Der.* Dominio de una cosa en común por dos o más personas.

condominio². M. *Am.* Edificio poseído en régimen de propiedad horizontal.

condón. M. **preservativo** (‖ funda elástica).

condonación. F. Acción y efecto de condonar.

condonante. ADJ. Que condona. U. t. c. s.

condonar. TR. Perdonar o remitir una pena de muerte o una deuda.

cóndor. M. Ave rapaz del orden de las Catartiformes, de poco más de un metro de longitud y de tres de envergadura, con la cabeza y el cuello desnudos, y en aquella carúnculas en forma de cresta y barbas; plumaje fuerte de color negro azulado, collar blanco, y blancas también la espalda y la parte superior de las alas; cola pequeña y pies negros. Habita en los Andes y es la mayor de las aves que vuelan.

condoro. M. *Chile.* Torpeza grave y vergonzosa.

condotiero. M. **1.** hist. Comandante o jefe de soldados mercenarios italianos y, por ext., de otros países. ‖ **2.** Soldado mercenario.

condrila. F. Planta herbácea de la familia de las Compuestas, con tallo de cuatro a seis decímetros de largo, velloso y mimbreño, hojas inferiores lobuladas, y lineales las superiores, y flores amarillas en cabezuelas pequeñas. Es comestible y de su raíz se saca liga.

condritis. F. *Med.* Inflamación del tejido cartilaginoso.

condroma. M. *Med.* Tumor producido a expensas del tejido cartilaginoso.

conducción. F. **1.** Acción y efecto de **conducir** (‖ llevar algo). ‖ **2.** Conjunto de conductos dispuestos para el paso de algún fluido. □ V. **contrato de locación y ~.**

conducencia. F. **conducción.**

conducente. ADJ. Que **conduce** (‖ guía a un objetivo o a una situación). *Las enseñanzas conducentes a la obtención del título oficial.*

conducir. **I.** TR. **1.** Llevar, transportar de una parte a otra. *El autobús nos condujo al aeropuerto.* ‖ **2.** Guiar o dirigir hacia un lugar. *La condujo hacia lo alto del torreón.* ‖ **3.** Guiar o dirigir a un objetivo o a una situación. U. t. c. intr. *La perseverancia conduce al éxito.* ‖ **4.** Guiar o dirigir un negocio o la actuación de una colectividad. *Una mujer enérgica conduce la empresa.* ‖ **5.** *Esp.* Guiar un vehículo automóvil. U. t. c. intr. ‖ **II.** PRNL. **6.** Manejarse, portarse, comportarse, proceder de una u otra manera, bien o mal. *Se conducen como animales.* ¶ MORF. V. conjug. modelo.

conducta. F. **1.** Manera con que una persona se comporta en su vida y acciones. ‖ **2.** *Psicol.* Conjunto de las acciones con que un ser vivo responde a una situación. □ V. **asociación de ~.**

conductismo. M. **1.** *Psicol.* Orientación metodológica que estudia el comportamiento que sigue a una relación de estímulo y respuesta sin ser consciente de esa relación. ‖ **2.** *Psicol.* Estudio de la conducta en términos de estímulos y respuestas.

conductista. ADJ. **1.** *Psicol.* Perteneciente o relativo al conductismo. *Teoría conductista.* ‖ **2.** Partidario del conductismo. U. t. c. s.

conductividad. F. **1.** Cualidad de conductivo. ‖ **2.** *Fís.* Propiedad que tienen los cuerpos de transmitir el calor o la electricidad.

conductivo, va. ADJ. Dicho de una cosa: Que tiene virtud de conducir.

conducto. M. **1.** Canal, comúnmente tapado, que sirve para dar paso y salida a las aguas y otras cosas. ‖ **2.** Conducción de aire o gases construida con chapa metálica u otro material. ‖ **3.** Cada uno de los tubos o canales que, en gran número, se hallan en los cuerpos organizados para la vida y sirven a las funciones fisiológicas. ‖ **4.** Mediación o intervención de una persona para la solución de un negocio, obtención de noticias, etc. ‖ **5.** Medio o vía que se sigue en algún negocio. ‖ **~ arterioso.** M. *Anat.* Arteria que en el feto une la arteria pulmonar a la aorta, y que desaparece normalmente después del nacimiento. ‖ **~ auditivo externo.** M. *Anat.* Tubo que forma parte del órgano de audición de los mamíferos y se extiende desde la base de la oreja hasta el oído medio. ‖ **~ cístico.** M. *Anat.* El que da salida a los productos de la vesícula biliar y que, al unirse al **conducto** hepático, forma el colédoco. ‖ **~ deferente.** M. *Anat.* **conducto** excretor y eyaculador en cada uno de los testículos. ‖ **~ hepático.** M. *Anat.* **conducto** excretor de la bilis que, desde el final de los más gruesos canales biliares que salen del hígado, va a unirse al **conducto** cístico. ‖ **~ raquídeo.** M. *Anat.* El que contiene la médula espinal, formado por los agujeros vertebrales sucesivos. ‖ **por ~ de.** LOC. PREPOS. **por medio de.**

conductor, ra. **I.** ADJ. **1.** Que conduce. Apl. a pers., u. t. c. s. ‖ **2.** *Fís.* Dicho de un cuerpo: Que conduce el calor o la electricidad. U. t. c. s. m. ‖ **II.** M. y F. **3.** Persona que conduce un vehículo o realiza esta actividad como oficio.

conductual. ADJ. Perteneciente o relativo a la **conducta** (‖ manera en que una persona se comporta en su vida).

condueño, ña. M. y F. Compañero de otra persona en el dominio o señorío de algo.

conectar. **I.** TR. **1.** Unir, enlazar, establecer relación, poner en comunicación. *Conectar al pueblo con la natu-*

raleza. U. t. c. intr. y c. prnl. || **2.** *Tecnol.* Enlazar entre sí aparatos o sistemas, de forma que entre ellos pueda fluir algo material o inmaterial, como agua, energía, señales, etc. U. t. c. intr. y c. prnl. || **II.** INTR. **3.** Lograr una buena comunicación con alguien.

conectivo, va. ADJ. Que une, ligando partes de un mismo aparato o sistema. *Tejido conectivo.*

conector, ra. ADJ. **1.** Que conecta. Apl. a una pieza o un dispositivo, u. t. c. s. m. || **2.** *Ling.* Se dice de los elementos que ponen en conexión diferentes partes de un texto o diferentes textos. U. m. c. s. m.

coneja. F. **1.** Hembra del conejo. || **2.** coloq. Hembra que pare muy a menudo.

conejera. F. **1.** Madriguera donde se crían conejos. || **2.** Cueva estrecha y larga, semejante a las que hacen los conejos para sus madrigueras.

conejero, ra. ADJ. Dicho especialmente de un perro: Que caza conejos.

conejil. ADJ. **1.** Perteneciente o relativo al conejo. *Especie conejil.* || **2.** Dicho especialmente de la sonrisa de una persona: Que revela una cierta intención disimulada.

conejillo. ~ **de Indias.** M. **1.** Mamífero del orden de los Roedores, parecido al conejo, pero más pequeño, con orejas cortas, cola casi nula, tres dedos en las patas posteriores y cuatro en las anteriores. Se usa mucho en experimentos de medicina y bacteriología. || **2.** Animal o persona sometidos a observación o experimentación.

conejito. M. Planta herbácea de la familia de las Ranunculáceas que se cultiva en los jardines por sus flores.

conejo. M. **1.** Mamífero del orden de los Lagomorfos, de unos cuatro decímetros de largo, comprendida la cola. Tiene pelo espeso de color ordinariamente gris, orejas tan largas como la cabeza, patas posteriores más largas que las anteriores, aquellas con cuatro dedos y estas con cinco, y cola muy corta. Vive en madrigueras, se domestica fácilmente, su carne es comestible y su pelo se emplea para fieltros y otras manufacturas. || **2.** *Méx.* Músculo que va desde el omóplato a la parte superior del radio y, al contraerse, dobla el antebrazo sobre el brazo.

conexidad. F. conexión.

conexión. F. **1.** Enlace, atadura, trabazón, concatenación de una cosa con otra. || **2.** Acción y efecto de conectar. || **3.** *Tecnol.* Punto donde se realiza el enlace entre aparatos o sistemas. || **4.** pl. Amistades, mancomunidad de ideas o de intereses.

conexionarse. PRNL. Contraer conexiones.

conexivo, va. ADJ. Que puede unir o juntar una cosa con otra. *Estructuras conexivas.*

conexo, xa. ADJ. Dicho de una cosa: Que está enlazada o relacionada con otra. *Fenómenos conexos.*

confabulación. F. Acción y efecto de confabularse. U. m. en sent. negat.

confabulador, ra. M. y F. Persona que confabula o toma parte en una confabulación.

confabularse. PRNL. Dicho de dos o más personas: Ponerse de acuerdo para emprender algún plan, generalmente ilícito. *Se confabuló CON Pedro.*

confalón. M. Bandera, estandarte, pendón.

confección. F. **1.** Acción de preparar o hacer determinadas cosas, como bebidas, medicamentos, venenos, perfumes, etc., generalmente por mezcla o combinación de otras. || **2.** Hechura de prendas de vestir. || **3.** pl. Prendas de vestir que se venden hechas, a diferencia de las que se encargan a medida. || **de** ~. LOC.ADJ. Se dice de es-

tas prendas de vestir. *Traje de confección.* U. t. c. loc. adv. *Vestirse de confección.*

confeccionador, ra. ADJ. Que confecciona. Apl. a pers., u. t. c. s.

confeccionar. TR. **1.** Hacer determinadas cosas materiales, especialmente compuestas, como licores, dulces, venenos, prendas de vestir, etc. || **2.** Preparar o hacer obras de entendimiento, como presupuestos, estadísticas, etc.

confeccionista. ADJ. Dicho de una persona: Que se dedica a la fabricación o comercio de ropas hechas. U. m. c. s.

confederación. F. **1.** Alianza, liga, unión o pacto entre personas, grupos o Estados. || **2.** Conjunto resultante de esta alianza, sea un organismo, una entidad o un Estado. *Confederación Helvética.*

confederado, da. PART. de **confederar.** || ADJ. Que entra o está en una confederación. Apl. a pers., u. t. c. s.

confederal. ADJ. confederativo. *Organización confederal del Estado.*

confederar. TR. Hacer alianza, liga, unión o pacto entre varios. U. m. c. prnl.

confederativo, va. ADJ. Perteneciente o relativo a la confederación.

cónfer. M. Voz que se utiliza en los escritos para indicar que se debe consultar algo, generalmente abreviada en *cf.* o *cfr.* MORF. pl. invar. *Los cónfer.*

conferencia. F. **1.** Disertación en público sobre algún punto doctrinal. || **2.** Plática entre dos o más personas para tratar de algún punto o negocio. || **3.** Reunión de representantes de Gobiernos o Estados, de comunidades eclesiásticas y de agrupaciones de otra índole, para tratar asuntos de su competencia. || **4.** Comunicación telefónica interurbana o internacional. || ~ **cumbre.** F. La celebrada entre jefes de Estado o de Gobierno para consultar o decidir cuestiones importantes. || ~ **de prensa.** F. **rueda de prensa.**

conferenciante. COM. Persona que diserta en público sobre algún punto doctrinal.

conferenciar. INTR. Dicho de una o de varias personas: Platicar con otra u otras para tratar de algún punto o negocio. MORF. conjug. c. *anunciar.*

conferencista. COM. *Am.* conferenciante.

conferir. TR. **1.** Conceder, asignar a alguien dignidad, empleo, facultades o derechos. || **2.** Atribuir o prestar una cualidad no física a alguien o algo. *Esta circunstancia confiere especial valor a los hechos.* ¶ MORF. conjug. c. *sentir.*

confesante. ADJ. Que confiesa. U. t. c. s.

confesar. TR. **1.** Dicho de una persona: Expresar voluntariamente sus actos, ideas o sentimientos verdaderos. U. t. c. prnl. *Se confesó aficionada a la pintura.* || **2.** Dicho de una persona: Reconocer y declarar, obligada por la fuerza de la razón o por otro motivo, lo que ella no reconocería ni declararía. *Confesar la verdad.* || **3.** Dicho de un penitente: Declarar al confesor en el sacramento de la penitencia los pecados que ha cometido. U. t. c. prnl. || **4.** Dicho de un confesor: Oír al penitente en el sacramento de la penitencia. || **5.** *Der.* Dicho de un reo o de un litigante: Declarar personalmente ante el juez. ¶ MORF. conjug. c. *acertar.*

confesión. F. **1.** Declaración que alguien hace de lo que sabe, espontáneamente o preguntado por otro. || **2.** Documento en que aparece esa declaración. || **3.** En el catolicismo, sacramento de la penitencia. ‖ **4.** Parte de la celebración del sacramento de la penitencia, en la que el penitente declara al confesor los pecados cometidos. ‖ **5.** Credo religioso. ‖ **6.** Conjunto de personas que lo profesan. ‖ **7.** *Der.* Declaración personal del litigante o del reo ante el juez en el juicio. ‖ **8.** pl. Relato que alguien hace de su propia vida para explicarla a los demás. *Confesiones de san Agustín. Confesiones de Rousseau.* ‖ **~ general.** F. **1.** La que se hace de los pecados de toda la vida pasada, o de una gran parte de ella. ‖ **2.** Fórmula y oración que tiene dispuesta la Iglesia católica para prepararse los fieles a recibir algunos sacramentos, que se usa también en el oficio divino y otras ocasiones. ☐ V. **hijo de ~.**

confesional. ADJ. Perteneciente o relativo a una confesión religiosa.

confesionalidad. F. Cualidad de confesional.

confesionario. M. En las iglesias, recinto aislado dentro del cual se coloca el sacerdote para oír las confesiones sacramentales.

confeso, sa. ADJ. **1.** Dicho de una persona: Que ha confesado su delito o culpa. U. t. en sent. fig. *Es un admirador confeso del cine europeo.* ‖ **2.** hist. Se decía del judío convertido. U. t. c. s.

confesonario. M. confesionario.

confesor. M. Sacerdote que, con licencia del ordinario, confiesa a los penitentes.

confeti. M. **1.** Conjunto de pedazos pequeños de papel de varios colores, recortados en varias formas, que se arrojan las personas unas a otras en los días de carnaval y, en general, en cualquier otra celebración festiva. ‖ **2.** Cada uno de esos pedazos pequeños de papel. MORF. pl. **confetis.**

confiabilidad. F. fiabilidad.

confiable. ADJ. fiable. U. m. en América.

confiado, da. PART. de **confiar.** ‖ ADJ. **1.** Crédulo, imprevisor. *No se puede ser tan confiado.* ‖ **2.** Presumido, satisfecho de sí mismo. *Iba muy confiado al examen.* ‖ **3.** Propio o característico de la persona confiada. *Actitud confiada.*

confianza. F. **1.** Esperanza firme que se tiene en alguien o algo. ‖ **2.** Seguridad que alguien tiene en sí mismo. ‖ **3.** Presunción y vana opinión de sí mismo. ‖ **4.** Ánimo, aliento, vigor para obrar. ‖ **5. familiaridad** (‖ en el trato). ‖ **6.** Familiaridad o libertad excesiva. U. m. en pl. **‖ de ~.** LOC.ADJ. **1.** Dicho de una persona: Con quien se tiene trato íntimo o familiar. ‖ **2.** Dicho de una persona: En quien se puede confiar. ‖ **3.** Dicho de una cosa: Que posee las cualidades recomendables para el fin a que se destina. ‖ **en ~.** LOC.ADV. **1.** Con seguridad y confianza. ‖ **2.** Con reserva e intimidad. ☐ V. **abuso de ~, cuestión de ~, voto de ~.**

confianzudo, da. ADJ. **1.** Propenso a comportarse con familiaridad en el trato. ‖ **2.** Que se toma excesivas confianzas. ‖ **3.** Propio o característico de la persona confianzuda. *Tono confianzudo.*

confiar. **I.** TR. **1.** Encargar o poner al cuidado de alguien algún negocio u otra cosa. *Confiar la vigilancia a una empresa de seguridad.* ‖ **2.** Depositar en alguien, sin más seguridad que la buena fe y la opinión que de él se tiene, la hacienda, el secreto o cualquier otra cosa. U. t. c. prnl. ‖ **II.** INTR. **3.** Tener confianza en alguien o en algo. *Confió EN sus colegas.* ‖ **III.** PRNL. **4.** Actuar sin tomar las debidas precauciones por exceso de confianza.

Se confió y no tuvo tiempo para acabar el examen. ¶ MORF. conjug. c. *enviar.*

confidencia. F. **1.** Revelación secreta, noticia reservada. ‖ **2.** Confianza estrecha e íntima.

confidencial. ADJ. **1.** Que se hace o se dice en confianza o con seguridad recíproca entre dos o más personas. *Carta confidencial.* ‖ **2.** Propio de la confidencia. *Aire confidencial.*

confidencialidad. F. Cualidad de confidencial.

confidente. **I.** ADJ. **1.** Fiel, seguro, de confianza. *Tono confidente.* ‖ **II.** COM. **2.** Persona a quien otra fía sus secretos o le encarga la ejecución de cosas reservadas. ‖ **3.** Persona que sirve de espía, y trae noticias de lo que pasa en el campo enemigo o entre gentes sospechosas. ‖ **III.** M. **4.** Canapé de dos asientos, especialmente aquel cuya forma permite a una persona sentarse enfrente de otra.

configuración. F. **1.** Disposición de las partes que componen una cosa y le dan su forma y sus propiedades. *La configuración de las calles de una ciudad.* ‖ **2.** *Inform.* Conjunto de los aparatos y programas que constituyen un sistema informático.

configurar. TR. Dar determinada forma a algo. U. t. c. prnl.

confín. M. **1.** Término o raya que divide las poblaciones, provincias, territorios, etc., y señala los límites de cada uno. U. t. en sent. fig. *Los hechos sobrepasan los confines de la realidad.* ‖ **2.** Último término a que alcanza la vista.

confinación. F. confinamiento.

confinado, da. PART. de **confinar.** ‖ ADJ. Dicho de una persona: Condenada a vivir en una residencia obligatoria. U. t. c. s.

confinamiento. M. Acción y efecto de confinar.

confinante. ADJ. Que confina con otro punto o lugar. *Reinos confinantes.*

confinar. **I.** TR. **1.** Desterrar a alguien, señalándole una residencia obligatoria. *Confinaron a Napoleón en la isla de Elba.* ‖ **2.** Recluir dentro de unos límites. *Confinaban a los judíos en campos de concentración.* U. t. c. prnl. ‖ **II.** INTR. **3.** lindar (‖ estar contiguo).

confirmación. F. **1.** Acción y efecto de confirmar. ‖ **2.** Nueva prueba de la verdad y certeza de un suceso, dictamen u otra cosa. ‖ **3.** Uno de los siete sacramentos de la Iglesia católica, por el cual quien ha recibido la fe del bautismo se confirma y corrobora en ella y recibe el don del Espíritu Santo. ‖ **4.** *Ret.* Parte del discurso, en que se aducen pruebas para demostrar la proposición.

confirmador, ra. ADJ. Que confirma. *Observaciones confirmadoras.*

confirmante. ADJ. Que confirma. Apl. a pers., u. t. c. s.

confirmar. **I.** TR. **1.** Corroborar la verdad, certeza o el grado de probabilidad de algo. *Hay que confirmar la veracidad de la hipótesis.* ‖ **2.** Revalidar lo ya aprobado. *Confirmaron su nombramiento como ministro.* ‖ **3.** Asegurar, dar a alguien o algo mayor firmeza o seguridad. *La llamé por teléfono para confirmárselo.* U. t. c. prnl. ‖ **4.** Administrar el sacramento de la confirmación. ‖ **5.** *Der.* En los contratos o actos jurídicos con vicio subsanable de nulidad, remediar este defecto expresa o tácitamente. ‖ **II.** PRNL. **6.** Recibir el sacramento de la confirmación.

confirmativo, va. ADJ. **confirmatorio.**

confirmatorio, ria. ADJ. Dicho de un auto o de una sentencia: Por los que se confirman otros dados anteriormente.

confiscación. F. 1. *Der.* Pena o sanción consistente en la apropiación por el Estado de la totalidad del patrimonio de una persona. || 2. *Der.* **decomiso** (|| pena accesoria).

confiscar. TR. 1. *Der.* Efectuar una **confiscación** (|| apropiación). || 2. *Der.* **decomisar.**

confiscatorio, ria. ADJ. 1. Perteneciente o relativo a la confiscación. *Propósito confiscatorio.* || 2. Dicho especialmente de un impuesto: Que detrae una proporción excesiva de la renta gravada.

confit. M. Carne guisada, generalmente de pato, cerdo o pavo, que se conserva en su propia grasa. MORF. pl. **confits.**

confitada. □ V. **biznaga ~.**

confitar. TR. 1. Cubrir con un baño de azúcar las frutas o semillas para hacerlas más agradables al paladar. || 2. Cocinar algo en aceite a fuego lento.

confite. M. Pasta hecha de azúcar y algún otro ingrediente, ordinariamente en forma de bolas de varios tamaños. U. m. en pl.

confíteor. M. Oración que se dice en la misa y en la confesión. MORF. pl. invar. *Los confíteor.*

confitería. F. 1. Establecimiento donde los confiteros hacen y venden los dulces, y que a veces es también salón de té. || 2. Arte de elaborar dulces y confituras. || 3. Conjunto de dulces y confituras.

confitero, ra. M. y F. Persona que tiene por oficio hacer o vender todo género de dulces y confituras.

confitura. F. Fruta u otra cosa confitada.

conflagración. F. Perturbación repentina y violenta de pueblos o naciones.

conflictividad. F. 1. Cualidad de conflictivo. *Lo expulsaron por su conflictividad.* || 2. Conjunto de hechos que tienen esa cualidad. *Aumenta la conflictividad laboral.*

conflictivo, va. ADJ. 1. Que origina conflicto. *Ley conflictiva.* || 2. Dicho de un tiempo, de una situación, de una circunstancia, etc.: En que hay conflicto.

conflicto. M. 1. Combate, lucha, pelea. U. t. en sent. fig. *Conflicto moral.* || 2. Enfrentamiento armado. || 3. Apuro, situación desgraciada y de difícil salida. *Estamos en un grave conflicto: se nos ha acabado la comida.* || 4. Problema, cuestión, materia de discusión. *Conflicto de competencia. Conflicto de jurisdicción.* || 5. *Psicol.* Coexistencia de tendencias contradictorias en el individuo, capaces de generar angustia y trastornos neuróticos. || **~ colectivo.** M. *Der.* En las relaciones laborales, el que enfrenta a los trabajadores, a través de sus representantes, con los empresarios. Afecta a una empresa o a un sector económico y su resolución tiene efectos generales.

conflictual. ADJ. Perteneciente o relativo al conflicto.

confluencia. F. 1. Acción de confluir. || 2. Lugar donde confluyen los caminos, los ríos y otras corrientes de agua.

confluente. ADJ. Que confluye. *Zonas confluentes.*

confluir. INTR. 1. Dicho de dos o más ríos u otras corrientes de agua: **juntarse** (|| unirse). || 2. Dicho de dos o más caminos: **juntarse** (|| unirse). || 3. Dicho de mucha gente o de cosas que vienen de diversas partes: Concurrir en un sitio. || 4. Dicho de ideas, circunstancias, propósitos, etc.: Coincidir en un mismo fin. ¶ MORF. conjug. c. *construir.*

confluyente. ADJ. Que confluye. *Ríos confluyentes.*

conformación. F. Colocación, distribución de las partes que forman un conjunto.

conformado. □ V. **cheque ~.**

conformar. I. TR. 1. Ajustar, concordar algo con otra cosa. U. t. c. intr. y c. prnl. *Tiene que conformarse a la legislación vigente.* || 2. Dar forma a algo. *El alcalde se propuso conformar la ciudad de otra manera.* || 3. *Econ.* Dicho de un banco: Diligenciar un cheque garantizando su pago. || II. INTR. 4. Dicho de una persona: Convenir con otra, ser de su misma opinión y dictamen. U. m. c. prnl. || III. PRNL. 5. Darse por satisfecho. *Nadie se conforma con lo que tiene.* || 6. Sujetarse voluntariamente a hacer o sufrir algo por lo cual se siente alguna repugnancia.

conforme. I. ADJ. 1. Acorde con alguien en un mismo dictamen, o unido con él para alguna acción o empresa. || 2. Resignado y paciente en las adversidades. || II. M. 3. Asentimiento que se pone al pie de un escrito. *El ministro puso el conforme.* || III. ADV. M. 4. Denota relaciones de conformidad, correspondencia o modo. *Todo queda conforme estaba.* || IV. CONJ. 5. **según y como.** || **~ a.** LOC. PREPOS. Con arreglo a, a tenor de, en proporción o correspondencia a, de la misma suerte o manera que. *Conforme a derecho. Conforme a lo prescrito. Conforme a lo que anoche determinamos. Se te pagará conforme a lo que trabajes.*

conformidad. F. 1. Igualdad, correspondencia de una cosa con otra. || 2. Unión, concordia y buena correspondencia entre dos o más personas. || 3. Simetría y debida proporción entre las partes que componen un todo. || 4. Adhesión íntima y total de una persona a otra. || 5. Asenso, aprobación. || 6. Documento en que consta esa aprobación. || 7. Tolerancia y sufrimiento en las adversidades. || **de,** o **en, ~.** LOCS. ADVS. Con unión y **conformidad.** || **en esta,** o **en tal, ~.** LOCS. ADVS. En este supuesto, bajo esta condición.

conformismo. M. Práctica de quien fácilmente se adapta a cualquier circunstancia de carácter público o privado.

conformista. ADJ. Que practica el conformismo. U. t. c. s.

confort. M. Aquello que produce bienestar y comodidades.

confortabilidad. F. Cualidad de confortable.

confortable. ADJ. 1. Que produce comodidad. *Sillón confortable.* || 2. Que conforta, alienta o consuela. *Sensación confortable.*

confortación. F. Acción y efecto de confortar.

confortador, ra. ADJ. Que conforta. *Calidez confortadora.*

confortamiento. M. **confortación.**

confortante. ADJ. Que conforta. *Hoguera confortante.*

confortar. TR. 1. Dar vigor, espíritu y fuerza. *Un vaso de leche te confortará.* U. t. c. prnl. || 2. Animar, alentar, consolar al afligido. *Tu compañía me conforta en estos momentos dolorosos.* U. t. c. prnl.

confortativo, va. ADJ. Dicho de una cosa: Que tiene virtud de confortar. U. t. c. s. m.

conforto. M. **confortación.**

confraternidad. F. 1. **hermandad** (|| de parentesco). || 2. **hermandad** (|| de amistad).

confraternización. F. Acción y efecto de confraternizar.

confraternizar. INTR. Tratarse con amistad y camaradería.

confrontación. F. Acción y efecto de confrontar.

confrontar. I. TR. 1. Carear una persona con otra. || 2. Cotejar una cosa con otra, y especialmente escritos. || II. INTR. 3. Hacer frente a alguien o algo. U. t. c. prnl. *Las tropas se confrontaron* CON *el enemigo.* En América, u. t. c. tr. *Confrontaba una difícil situación.*

confucianismo. M. Conjunto de creencias y prácticas religiosas establecidas por Confucio en China en el siglo VI a. C.

confuciano, na. ADJ. 1. Perteneciente o relativo a Confucio o a su doctrina. *La filosofía confuciana.* || 2. Con rasgos característicos de la doctrina de este sabio chino. *Unas ideas muy confucianas.* || 3. Que profesa las creencias establecidas por Confucio. U. t. c. s.

confucionismo. M. **confucianismo.**

confucionista. ADJ. **confuciano.** Apl. a pers., u. t. c. s.

confundidor, ra. ADJ. Que confunde. Apl. a pers., u. t. c. s.

confundir. TR. 1. Mezclar, fundir cosas diversas, de manera que no puedan reconocerse o distinguirse. *La oscuridad confunde los contornos de las cosas.* U. m. c. prnl. *Su voz se confundía en el griterío.* || 2. Perturbar, desordenar las cosas o los ánimos. *Su estrategia confundió a los jugadores.* U. t. c. prnl. || 3. **equivocar.** *Los daltónicos confunden el rojo y el verde.* U. t. c. prnl. *Me confundí de calle y me perdí.* || 4. Hacer que alguien se quede sin capacidad de respuesta en una disputa. *Acabó por confundirlo.* || 5. Turbar a alguien de manera que no acierte a explicarse. *Lo confundió con sus preguntas.* U. t. c. prnl.

confusión. F. 1. Acción y efecto de **confundir** (|| mezclar). || 2. Acción y efecto de **confundir** (|| perturbar, desordenar). || 3. Perplejidad, desasosiego, turbación de ánimo. || 4. Equivocación, error. || 5. Abatimiento, humillación. || 6. *Der.* Modo de extinguirse las obligaciones por reunirse en una misma persona el crédito y la deuda.

confusionismo. M. 1. Confusión y oscuridad en las ideas o en el lenguaje. || 2. *Psicol.* Estado de pensamiento infantil donde se mezclan las cosas.

confusionista. I. ADJ. 1. Perteneciente o relativo al confusionismo. *Actitud confusionista.* || II. COM. 2. Persona que lo practica.

confuso, sa. ADJ. 1. Mezclado, revuelto. *Confuso montón de hojas.* || 2. Oscuro, dudoso. *Ideología confusa.* || 3. Poco perceptible, difícil de distinguir. *Sonido confuso.* || 4. Difícil de comprender. *El gráfico resulta confuso.* || 5. Turbado, temeroso, perplejo. *Está tan confuso que no sabe qué decisión tomar.*

confutación. F. Acción y efecto de confutar.

confutar. TR. Impugnar de modo convincente la opinión contraria.

conga. F. 1. Danza popular de Cuba, de origen africano, que se ejecuta por grupos colocados en fila doble y al compás de un tambor. || 2. Música con que se acompaña este baile. || 3. pl. Tambores con los que se acompaña la conga y otros ritmos.

congal. M. *Méx.* prostíbulo.

congelación. F. Acción y efecto de congelar.

congelado, da. PART. de congelar. || I. ADJ. 1. Extremadamente frío. *¡Qué frío!, tengo los pies congelados.* || II. M. 2. Acción y efecto de congelar.

congelador, ra. I. ADJ. 1. Que congela. || II. M. 2. Electrodoméstico independiente o integrado en un frigorífico que sirve para congelar y conservar alimentos.

congelamiento. M. **congelación.**

congelar. I. TR. 1. Helar un líquido. U. t. c. prnl. || 2. Someter alimentos a muy baja temperatura para que se conserven en buenas condiciones hasta su ulterior consumo. || 3. Dicho del frío: Dañar los tejidos orgánicos y especialmente producir la necrosis de una parte del cuerpo expuesta a bajas temperaturas. U. m. c. prnl. || 4. Detener un proceso o una actividad por tiempo indefinido. *Congelar la emisión de un nuevo programa televisivo.* || 5. *Cinem.* Detener el movimiento de una escena, de un plano o de una imagen. || 6. *Econ.* Dicho de un Gobierno: Inmovilizar fondos o créditos particulares prohibiendo toda clase de operaciones con ellos. || 7. *Econ.* Declarar inmodificables sueldos, salarios o precios. || II. PRNL. 8. coloq. Sentir mucho frío.

congénere. ADJ. Del mismo género, de un mismo origen o de la propia derivación. Apl. a pers., u. t. c. s.

congenial. ADJ. 1. De igual genio. *Son personas congeniales.* || 2. Dicho de una persona o de una cosa: Que, por ir bien con el genio o carácter de alguien, le resulta atractiva o simpática.

congeniar. INTR. Dicho de dos o más personas: Avenirse por tener genio, carácter o inclinaciones coincidentes. MORF. conjug. c. *anunciar.*

congénito, ta. ADJ. 1. Que se engendra juntamente con algo. *Anomalías congénitas.* || 2. Connatural, como nacido con uno mismo. *La corrupción es congénita al hombre.*

congestión. F. Acción y efecto de congestionar.

congestionar. TR. 1. Acumular en exceso sangre en alguna parte del cuerpo. U. t. c. prnl. || 2. Obstruir o entorpecer el paso, la circulación o el movimiento de algo. *El accidente congestionó el tráfico.* U. t. c. prnl.

congestivo, va. ADJ. 1. *Med.* Perteneciente o relativo a la congestión. *Proceso congestivo.* || 2. *Med.* Propenso a ella. *Pulmones congestivos.*

conglobar. TR. Unir, juntar cosas o partes, de modo que formen un conjunto o montón. U. t. c. prnl.

conglomeración. F. Acción y efecto de conglomerar.

conglomeradas. □ V. **flores** ~.

conglomerado. M. 1. Producto obtenido por conglomeración. *Conglomerado asfáltico.* En sent. fig. *conglomerado de empresas.* || 2. **aglomerado** (|| plancha de madera). || 3. *Geol.* Masa formada por fragmentos redondeados de diversas rocas o sustancias minerales unidos por un cemento.

conglomerante. ADJ. Dicho de un material: Capaz de unir fragmentos de una o varias sustancias y dar cohesión al conjunto por efecto de transformaciones químicas en su masa, que originan nuevos compuestos. U. t. c. s. m.

conglomerar. TR. **aglomerar.** U. t. c. prnl.

conglutinar. TR. **aglutinar.** U. t. c. prnl.

congo, ga. ADJ. **congoleño.** Apl. a pers., u. t. c. s.

congoja. F. Desmayo, fatiga, angustia y aflicción del ánimo.

congojar. TR. **acongojar.** U. t. c. prnl.

congojoso, sa. ADJ. 1. Que causa u ocasiona congoja. *Realidad congojosa.* || 2. Angustiado, afligido. *Espíritu congojoso.*

congoleño, ña. ADJ. 1. Natural del Congo, país de África. U. t. c. s. || 2. Natural de la República Democrática del Congo, país de África. U. t. c. s. || 3. Perteneciente o relativo a alguno de estos países.

congolés, sa. ADJ. **congoleño.** Apl. a pers., u. t. c. s.

congona. F. *Chile.* Hierba lampiña, de la familia de las Piperáceas y originaria del Perú, con hojas verticiladas, pecioladas, enteras y algo pestañosas en la punta, y flores en espigas terminales.

congosto. M. Desfiladero entre montañas.

congraciamiento. M. Acción y efecto de congraciar.

congraciar. TR. Conseguir la benevolencia o el afecto de alguien. U. m. c. prnl. MORF. conjug. c. *anunciar.*

congratulación. F. Acción y efecto de congratular.

congratular. TR. Manifestar alegría y satisfacción a la persona a quien ha acaecido un suceso feliz. U. t. c. prnl.

congratulatorio, ria. ADJ. Que implica o denota congratulación. *Mensajes congratulatorios.*

congregación. F. **1.** Junta para tratar de uno o más negocios. || **2. congregación religiosa.** || **3.** Hermandad autorizada de devotos. || **4.** Cuerpo o comunidad de sacerdotes seculares, dedicados al ejercicio de los ministerios eclesiásticos. || **5.** En el Vaticano, cualquiera de las juntas compuestas de cardenales, prelados y otras personas, para el despacho de varios asuntos. *Congregación del Concilio. Congregación de Propaganda. Congregación de Ritos.* || **6.** En algunas órdenes regulares, **capítulo** (|| junta que celebran los religiosos y clérigos regulares). || **7.** En algunas órdenes religiosas, reunión de muchos monasterios de una misma orden bajo la dirección de un superior general. || **~ de los fieles.** F. Iglesia católica universal. || **~ religiosa.** F. Instituto religioso aprobado por la autoridad competente, cuyos miembros emiten votos simples.

congregante, ta. M. y F. Individuo de una congregación.

congregar. TR. Juntar, reunir. U. t. c. prnl.

congresal. I. ADJ. **1.** *Á.Andes* y *Chile.* **congresual.** || **II.** COM. **2.** *Am.* **congresista** (|| miembro de un congreso).

congresista. COM. **1.** Miembro de un congreso científico, económico, etc. || **2.** En algunos países, miembro del Congreso.

congreso. M. **1.** Conferencia generalmente periódica en que los miembros de una asociación, cuerpo, organismo, profesión, etc., se reúnen para debatir cuestiones previamente fijadas. || **2.** Junta de varias personas para deliberar sobre algún negocio. || **3. Congreso de los Diputados.** ORTOGR. Escr. con may. inicial. || **4.** Edificio donde los diputados a Cortes celebran sus sesiones. ORTOGR. Escr. con may. inicial. || **5.** En algunos países, asamblea nacional. ORTOGR. Escr. con may. inicial. || **6.** En algunos países, como los Estados Unidos de América, conjunto de las dos Cámaras legislativas. ORTOGR. Escr. con may. inicial. || **Congreso de los Diputados.** M. Asamblea legislativa formada por representantes del pueblo elegidos por sufragio universal.

congresual. ADJ. **1.** Perteneciente o relativo al congreso. *Reglamento congresual.* || **2.** Propio o característico de él. *Decisión congresual.*

congrio. M. Pez teleósteo, del suborden de los Fisóstomos, que alcanza de uno a dos metros de largo, con el cuerpo gris oscuro, casi cilíndrico, bordes negros en las aletas dorsal y anal, y carne blanca y comestible.

congrua. F. *Der.* Renta mínima de un oficio eclesiástico o civil o de una capellanía para poder sostener dignamente a su titular.

congruencia. F. **1.** Conveniencia, coherencia, relación lógica. || **2.** *Der.* Conformidad entre los pronunciamientos del fallo y las pretensiones de las partes formuladas en el juicio. || **3.** *Mat.* Expresión algebraica que manifiesta la igualdad de los restos de las divisiones de dos números congruentes por su módulo y que suele representarse con tres rayas horizontales (≡) puestas entre dichos números.

congruente. ADJ. Conveniente, coherente, lógico. *Solución congruente.* □ V. **números ~s.**

congruo, grua. ADJ. **congruente.** □ V. **mérito de congruo.**

cónica. F. *Geom.* Cada una de las curvas que resultan de la intersección de un plano con un cono circular recto, lo que origina una elipse, una parábola o una hipérbola.

conicidad. F. Forma o figura cónica.

cónico, ca. ADJ. **1.** *Geom.* Perteneciente o relativo al cono. *Aspecto cónico.* || **2.** De forma de cono. *Techo cónico. Bala cónica.* □ V. **superficie ~.**

conífero, ra. ADJ. *Bot.* Se dice de los árboles y arbustos gimnospermos de hojas persistentes, aciculares o en forma de escamas, fruto en cono, y ramas que presentan un contorno cónico; p. ej., el ciprés, el pino y la sabina. U. t. c. s. f. ORTOGR. En f. pl., escr. con may. inicial c. taxón. *Las Coníferas.*

conjetura. F. **1.** Juicio que se forma de las cosas o acaecimientos por indicios y observaciones. || **2.** *Ecd.* Lección no atestiguada en la tradición textual y que la edición crítica reconstruye de acuerdo con otros indicios.

conjetural. ADJ. Fundado en conjeturas. *Datos conjeturales.*

conjeturar. TR. Formar juicio de algo por indicios y observaciones.

conjuez. M. Juez juntamente con otro en un mismo negocio.

conjugación. F. **1.** Acción de conjugar. || **2.** *Biol.* Fusión de núcleos celulares con fines reproductivos. || **3.** *Gram.* Serie ordenada de las distintas formas de un mismo verbo o comunes a un grupo de verbos de igual flexión, con las cuales se muestran sus diferentes modos, tiempos, números y personas. || **4.** *Gram.* Cada uno de los grupos en que se clasifican los verbos de igual flexión de una lengua. *Los verbos cuyo infinitivo termina en -ar pertenecen a la primera conjugación.*

conjugado, da. PART. de **conjugar.** || ADJ. *Mat.* Dicho de líneas o cantidades: Que están enlazadas por alguna ley o relación determinada. *Valores conjugados de una función.* □ V. **proteína ~.**

conjugar. TR. **1.** Combinar varias cosas entre sí. *Conjugar utilidad y belleza.* || **2.** *Gram.* Enunciar en serie ordenada las distintas formas de un mismo verbo que muestran sus diferentes modos, tiempos, números y personas.

conjunción. F. **1.** Unión de dos o más cosas. *Conjunción de intereses.* || **2.** *Astr.* Situación relativa de dos o más astros cuando se encuentran alineados con el punto de observación. || **3.** *Gram.* Palabra invariable que encabeza diversos tipos de oraciones subordinadas que unen vocablos o secuencias sintácticamente equivalentes. || **~ adversativa.** F. *Gram.* La que denota oposición o diferencia entre la frase que precede y la que sigue; p. ej., *pero.* || **~ causal.** F. *Gram.* La que precede a la oración en que se motiva lo manifestado en la oración principal o en alguna predicación implícita; p. ej., *porque.* || **~ comparativa.** F. *Gram.* La que denota idea de comparación; p. ej., *como.* || **~ completiva.** F. *Gram.* La que encabeza oraciones subordinadas sustantivas; p. ej., *que.* || **~ concesiva.**

F. *Gram.* La que precede a una oración subordinada que expresa una objeción o dificultad para lo que se dice en la oración principal, sin que ese obstáculo impida su realización; p. ej., *aunque*. ‖ **~ condicional.** F. *Gram.* La que denota condición o necesidad de que se verifique alguna circunstancia; p. ej., *si*. ‖ **~ coordinante.** F. *Gram.* La que une palabras, grupos sintácticos u oraciones gramaticalmente equivalentes; p. ej., *y, o*. ‖ **~ copulativa.** F. *Gram.* La que coordina de manera aditiva una oración con otra, o elementos análogos de una misma secuencia; p. ej., *y, ni*. ‖ **~ distributiva.** F. *Gram.* La que se reitera aplicada a términos diversos que se dan como opciones; p. ej., *Tomando ora la espada, ora la pluma. Ya de una manera, ya de otra*. ‖ **~ disyuntiva.** F. *Gram.* La que denota exclusión, alternancia o contraposición entre dos o más personas, cosas o ideas; p. ej., *o*. ‖ **~ final.** F. *Gram.* La que, como *que* en algunos usos, o algunas locuciones conjuntivas como *a fin de que*, denota el fin u objeto de lo manifestado en la oración principal; p. ej., *Vuélvete, que te veamos*. ‖ **~ ilativa.** F. *Gram.* Tradicionalmente, la que enuncia una deducción de lo que se ha manifestado; p. ej., *La gente ha cerrado los paraguas, conque ha cesado de llover*. ‖ **~ subordinante.** F. *Gram.* La que introduce palabras, grupos sintácticos u oraciones, subordinándolos a algún otro elemento del enunciado.

conjuntar. TR. Combinar un conjunto con armonía.

conjuntiva. F. *Anat.* Membrana mucosa muy fina que tapiza interiormente los párpados de los vertebrados y se extiende a la parte anterior del globo ocular, reduciéndose al pasar sobre la córnea a una tenue capa epitelial.

conjuntival. ADJ. *Anat.* Perteneciente o relativo a la conjuntiva.

conjuntivitis. F. *Med.* Inflamación de la conjuntiva.

conjuntivo, va. ADJ. **1.** Que junta y une una cosa con otra. *Fibras conjuntivas*. ‖ **2.** *Gram.* Perteneciente o relativo a la conjunción. *Función conjuntiva*. □ V. **locución ~, tejido ~.**

conjunto, ta. I. ADJ. **1.** Unido o contiguo a otra cosa. *Superficie conjunta. Valor conjunto*. ‖ **2.** Mezclado, incorporado con otra cosa distinta. *Reunión conjunta de los distintos organismos*. ‖ **II.** M. **3.** Unión de varias personas o cosas. ‖ **4.** Juego de vestir femenino hecho generalmente con tejido de punto y compuesto de jersey y chaqueta, o también de otras prendas. ‖ **5.** Totalidad de los elementos o cosas poseedores de una propiedad común, que los distingue de otros; p. ej., los números pares. ‖ **6.** Grupo de personas que actúan bailando y cantando en algunos espectáculos teatrales, como variedades o revistas. ‖ **7.** Orquesta formada por un pequeño número de ejecutantes que cultivan la música ligera acompañando a un cantante o cantando ellos mismos. ‖ **8.** Equipo deportivo. ‖ **9.** *Mat.* Totalidad de los entes matemáticos que tienen una propiedad común. *El conjunto de los números primos*. ‖ **~ vacío.** M. *Mat.* El que no contiene ningún elemento. ‖ **~s disjuntos.** M. pl. *Mat.* Los que no tienen ningún elemento común. ‖ **en conjunto.** LOC. ADV. En su totalidad, sin atender a detalles. *El espectáculo me pareció en conjunto muy atractivo*. □ V. **chica de conjunto, chica del ~.**

conjura. F. conjuración.

conjuración. F. Acción y efecto de conjurar.

conjurado, da. PART. de **conjurar.** ‖ ADJ. Que entra en una conjuración. *Secreto conjurado*. Apl. a pers., u. t. c. s.

conjurador, ra. ADJ. Que conjura. *Evocación conjuradora*. Apl. a pers., u. t. c. s.

conjurar. I. INTR. **1.** Ligarse con alguien, mediante juramento, para algún fin. U. t. c. prnl. *Se conjuraron para recuperar su honor*. ‖ **2.** Conspirar, uniéndose muchas personas o cosas contra alguien, para hacerle daño o perderle. U. t. c. prnl. *Los oficiales se conjuraron contra el impostor*. ‖ **II.** TR. **3.** Dicho de quien tiene potestad para ello: Decir exorcismos. ‖ **4.** Impedir, evitar, alejar un daño o peligro. ‖ **5.** Rogar encarecidamente, pedir con instancia y con alguna fórmula de autoridad algo.

conjuro. M. **1.** Acción y efecto de **conjurar** (‖ decir exorcismos). ‖ **2.** Fórmula mágica que se dice, recita o escribe para conseguir algo que se desea. ‖ **3.** Ruego encarecido. ‖ **al ~ de.** LOC. PREPOS. A instigación de algo que mueve o estimula como un hechizo. *Al conjuro de estos versos se levanta un enjambre de visiones*.

conllevar. TR. **1.** Implicar, suponer, acarrear. *El cambio conlleva ciertos riesgos*. ‖ **2.** Sufrir, soportar las impertinencias o el genio de alguien. *Hay que conllevar su mal genio*. ‖ **3.** Sufrir otra cosa adversa y penosa. *No consigue conllevar esta mala racha*.

conmemorable. ADJ. Digno de conmemoración. *Suceso conmemorable*.

conmemoración. F. **1.** Memoria o recuerdo que se hace de alguien o algo, especialmente si se celebra con un acto o ceremonia. ‖ **2.** En el oficio eclesiástico, memoria que se hace de un santo, feria, vigilia o infraoctava en las vísperas, laudes y misa, cuando el rezo del día es de otro santo o festividad mayor. ‖ **~ de los difuntos.** F. La que anualmente celebra la Iglesia católica el día 2 de noviembre por los fieles difuntos.

conmemorar. TR. Hacer memoria o conmemoración.

conmemorativo, va. ADJ. Que recuerda a alguien o algo, o hace conmemoración de ello. *Monumento, sello conmemorativo. Fundación, estatua, inscripción conmemorativa*.

conmensurable. ADJ. *Mat.* Se dice de las cantidades cuya razón es un número racional.

conmensurar. TR. Medir con igualdad o debida proporción.

conmigo. PRON. PERSON. Forma que toma el pronombre de la 1.ª persona del singular cuando va precedido de la preposición *con*.

conmilitón. M. Soldado compañero de otro en la guerra.

conminación. F. **1.** Acción y efecto de conminar. ‖ **2.** *Ret.* Figura que consiste en amenazar con males terribles a personas o cosas personificadas.

conminador, ra. ADJ. Que conmina. *Palabras conminadoras*.

conminar. TR. **1.** Apremiar con potestad a alguien para que obedezca. ‖ **2.** *Der.* Dicho de la autoridad: Requerir a alguien el cumplimiento de un mandato, bajo pena o sanción determinadas.

conminativo, va. ADJ. Que conmina o tiene la cualidad de conminar. *Voz conminativa*.

conminatorio, ria. ADJ. **1.** Que conmina. *Tono conminatorio*. ‖ **2.** Dicho de un mandamiento: Que incluye amenaza de alguna pena.

conminuta. □ V. **fractura ~.**

conmiseración. F. Compasión que se tiene del mal de alguien.

conmiserativo, va. ADJ. Que siente o manifiesta conmiseración. *Mirada conmiserativa.*

conmoción. F. **1.** Movimiento o perturbación violenta del ánimo o del cuerpo. || **2. conmoción cerebral.** || **3.** Tumulto, levantamiento, alteración de un Estado, provincia o pueblo. || **4.** Movimiento sísmico muy perceptible. || **~ cerebral.** F. Estado de aturdimiento o de pérdida del conocimiento, producido por un golpe en la cabeza, por una descarga eléctrica o por los efectos de una violenta explosión.

conmocionar. TR. Producir conmoción. U. t. c. prnl.

conmovedor, ra. ADJ. Que conmueve. *Escena conmovedora.*

conmover. TR. **1. enternecer** (|| mover a ternura). *Sus continuas muestras de afecto acabaron por conmovernos.* U. t. c. prnl. || **2.** Perturbar, inquietar, alterar, mover fuertemente o con eficacia. *El ataque de la artillería no conmovió nuestras defensas.* U. t. c. prnl. ¶ MORF. conjug. c. *mover.*

conmutación. F. Acción y efecto de conmutar. || **~ de pena.** F. *Der.* Indulto parcial que altera la naturaleza del castigo en favor del reo.

conmutador, ra. **I.** ADJ. **1.** Que conmuta. *Llave conmutadora.* || **II.** M. **2.** *Fís.* Dispositivo de los aparatos eléctricos que sirve para que una corriente cambie de conductor. || **3.** *Am.* **centralita** (|| telefónica).

conmutar. TR. **1.** Cambiar una cosa por otra. *Conmutar los términos de una suma.* || **2.** Sustituir penas o castigos impuestos por otros menos graves.

conmutatividad. F. Cualidad de conmutativo.

conmutativo, va. ADJ. *Mat.* Dicho de ciertas operaciones: Cuyo resultado no varía cambiando el orden de sus términos o elementos. □ V. **justicia ~.**

connacional. ADJ. Que pertenece a la misma nación que otro. Apl. a pers., u. t. c. s.

connatural. ADJ. Propio o conforme a la naturaleza del ser viviente.

connaturalizar. TR. Hacer connatural.

connivencia. F. **1.** Disimulo o tolerancia en el superior acerca de las transgresiones que cometen sus subordinados contra las reglas o las leyes bajo las cuales viven. || **2. confabulación.**

connivente. ADJ. **1.** Que forma connivencia. || **2.** *Bot.* Dicho de las hojas u otras partes de una planta: Que tienden a aproximarse.

connotación. F. Acción y efecto de connotar.

connotado, da. PART. de **connotar.** || ADJ. *Am.* Distinguido, notable.

connotar. TR. *Ling.* Dicho de una palabra: Conllevar, además de su significado propio o específico, otro de tipo expresivo o apelativo.

connotativo, va. ADJ. **1.** *Ling.* Que connota. *Léxico connotativo.* || **2.** *Ling.* Perteneciente o relativo a la connotación. *Sentido connotativo.*

connubio. M. poét. **matrimonio** (|| unión de hombre y mujer concertada mediante determinados ritos).

cono. M. **1.** *Geom.* Sólido limitado por un plano que corta a una superficie cónica cerrada. || **2.** *Geom.* por antonom. **cono** circular y recto. || **3.** Montaña o agrupación de lavas, cenizas y otras materias, de forma cónica. || **4.** *Anat.* Prolongación de forma cónica de cada una de ciertas células de la retina de los vertebrados, que está situada en la llamada capa de los **conos** y bastoncillos y recibe las impresiones luminosas de color. || **5.** *Bot.* Fruto de las coníferas. || **~ circular.** M. *Geom.* El de base circular. || **~ oblicuo.** M. *Geom.* El de base oblicua a su eje. || **~ recto.** M. *Geom.* El de base perpendicular a su eje. || **~ truncado.** M. *Geom.* Parte de **cono** comprendida entre la base y otro plano que corta todas sus generatrices.

conocedor, ra. ADJ. **1.** Que conoce. *Soy conocedor de mis limitaciones.* || **2.** Experto, entendido en alguna materia. U. t. c. s. *Un gran conocedor de la literatura inglesa.*

conocer. **I.** TR. **1.** Llegar a tener en la mente la naturaleza, cualidades y relaciones de las cosas. *Conocer la composición de un mineral.* || **2.** Entender, advertir, saber, echar de ver. *¿Cómo has conocido mi afición por la pintura?* || **3.** Percibir el objeto como distinto de todo lo que no es él. *Conoce más de cien tipos de mariposa.* || **4.** Tener trato y comunicación con alguien. *Lo conozco desde hace años.* U. t. c. prnl. || **5.** Experimentar, sentir. *Alejandro Magno no conoció la derrota.* || **6.** Tener relaciones sexuales con alguien. *No conoce varón.* || **II.** INTR. **7.** *Der.* Actuar en un asunto con facultad legítima para ello. *El juez conoce DEL pleito.* || **III.** PRNL. **8.** Juzgarse justamente. ¶ MORF. conjug. c. *agradecer.* || **se conoce que.** LOC. CONJUNT. coloq. **a lo que parece.**

conocido, da. PART. de **conocer.** || **I.** ADJ. **1.** Distinguido, acreditado, ilustre. *Restaurante conocido. Conocida escritora.* || **II.** M. y F. **2.** Persona con quien se tiene trato o comunicación, pero no amistad. □ V. **hidalgo de solar ~.**

conocimiento. M. **1.** Acción y efecto de conocer. || **2.** Entendimiento, inteligencia, razón natural. || **3.** Noción, saber o noticia elemental de algo. U. m. en pl. || **4. conocido** (|| persona con quien se tiene algún trato, pero no amistad). || **5.** *Com.* Documento que da el capitán de un buque mercante, en que declara tener embarcadas en él ciertas mercancías que entregará a la persona y en el puerto designados por el remitente. || **6.** *Com.* Documento o firma que se exige o se da para identificar a quien pretende cobrar una letra de cambio, cheque, etc., cuando el pagador no lo conoce. || **7.** *Psicol.* Estado de vigilia en que una persona es consciente de lo que le rodea. || **8.** pl. Saber o sabiduría. || **venir en ~ de** algo. LOC. VERB. Llegar a enterarse de ello.

conoide. M. *Geom.* Sólido limitado por una superficie curva con punta o vértice a semejanza del cono.

conopial. □ V. **arco ~.**

conque. **I.** CONJ. ILAT. **1.** Se usa para enunciar una consecuencia natural de lo que acaba de decirse. *Ya llueve, conque puedes cerrar el paraguas.* || **2.** Se usa para introducir una frase exclamativa que expresa sorpresa o censura al interlocutor. *¡Conque te ha tocado la lotería! ¡Conque hoy me pagabas la deuda!* || **II.** M. **3.** coloq. Condición con que se hace o se promete algo.

conquense. ADJ. **1.** Natural de Cuenca. U. t. c. s. || **2.** Perteneciente o relativo a esta ciudad de España o a su provincia.

conquista. F. **1.** Acción y efecto de conquistar. || **2.** Cosa conquistada. || **3.** Persona cuyo amor se logra.

conquistador, ra. ADJ. Que conquista. Apl. a pers., u. t. c. s.

conquistar. TR. **1.** Ganar, mediante operación de guerra, un territorio, población, posición, etc. || **2.** Ganar, conseguir algo, generalmente con esfuerzo, habilidad o venciendo algunas dificultades. *Conquistar una posición social elevada.* || **3.** Dicho de una persona: Ganar la voluntad de otra, o traerla a su partido. || **4.** Lograr el amor de alguien, cautivar su ánimo.

consabido, da. ADJ. **1.** Que es sabido por cuantos intervienen en un acto de comunicación. *Concluyó con los consabidos versos del poeta.* || **2.** Conocido, habitual, característico. *Las consabidas tormentas de verano.*

consagración. F. Acción y efecto de consagrar.

consagrar. I. TR. **1.** Hacer sagrado a alguien o algo. || **2.** Conferir a alguien o algo fama o preeminencia en determinado ámbito o actividad. *Aquella novela lo consagró como gran escritor.* U. t. c. prnl. *La computadora se ha consagrado como instrumento imprescindible.* || **3.** Dicho de una autoridad competente: Reconocer o establecer firmemente algo. *El tribunal consagró su libertad de expresión.* || **4.** Dedicar, ofrecer a Dios por culto o voto una persona o cosa. U. t. c. prnl. || **5.** Dedicar con suma eficacia y ardor algo a determinado fin. *Consagrar la vida a la defensa de la verdad.* U. t. c. prnl. *Consagrarse al estudio.* || **II.** INTR. **6.** Rel. Dicho de un sacerdote: Pronunciar en la misa las palabras que operan la transustanciación. U. t. c. tr.

consagratorio, ria. ADJ. Perteneciente o relativo a la consagración.

consanguineidad. F. consanguinidad.

consanguíneo, a. ADJ. Dicho de una persona: Que tiene parentesco de consanguinidad con otra. U. t. c. s. □ V. **hermano ~.**

consanguinidad. F. Parentesco próximo y natural de una o más personas que tienen un mismo antepasado.

consciencia. F. **1.** Conocimiento inmediato que el sujeto tiene de sí mismo, de sus actos y reflexiones. || **2.** Capacidad de los seres humanos de verse y reconocerse a sí mismos y de juzgar sobre esa visión y reconocimiento. || **3.** Conocimiento reflexivo de las cosas. || **4.** Actividad mental a la que solo puede tener acceso el propio sujeto. || **5.** Psicol. Acto psíquico por el que un individuo se percibe a sí mismo en el mundo.

consciente. ADJ. **1.** Que siente, piensa, quiere y obra con conocimiento de lo que hace. || **2.** Dicho de una cosa: Que se hace en estas condiciones. *Afirmación, negación consciente.* || **3.** Con pleno uso de los sentidos y facultades. *Tras el choque no dejó de estar consciente.*

conscripción. F. Á. Andes. servicio militar.

conscripto. M. Am. Mer. y Méx. Soldado mientras recibe la instrucción militar obligatoria. □ V. **padre ~.**

consecución. F. Acción y efecto de conseguir.

consecuencia. F. **1.** Hecho o acontecimiento que se sigue o resulta de otro. || **2.** Correspondencia lógica entre la conducta de una persona y los principios que profesa. || **3.** Fil. Proposición deducida de otra o de otras, y que al ser afirmadas o negadas sus premisas es ineludible su afirmación o negación. || **4.** Fil. Ilación o enlace del consiguiente con sus premisas. || **a ~ de.** LOC. PREPOS. Por efecto, como resultado de. || **en ~.** LOC. ADV. Se usa para denotar que algo que se hace o ha de hacer es conforme a lo dicho, mandado o acordado anteriormente. || **guardar ~.** LOC. VERB. Proceder con orden y conformidad en los dichos o hechos. || **por ~.** LOC. ADV. Se usa para dar a entender que algo se sigue o infiere de otra cosa. || **tener, o traer ~s** un hecho o suceso. LOCS. VERBS. Tener o traer resultas, o producir necesariamente efectos.

consecuente. I. ADJ. **1.** Que sigue a algo anterior o se deduce de ello. *Una reacción consecuente A los acontecimientos producidos.* || **2.** Dicho de una persona: Que

obra de acuerdo con sus principios. *Sé consecuente CON tus ideas.* || **II.** M. **3.** Gram. Elemento nominal u oracional al que se hace referencia en una relación catafórica. || **4.** Mat. Segundo término de una razón, por diferencia o por cociente, a distinción del primero, que se llama *antecedente.*

consecutivo, va. ADJ. Dicho de una cosa: Que sigue inmediatamente a otra o es consecuencia de ella.

conseguir. TR. Alcanzar, obtener, lograr lo que se pretende o desea. MORF. conjug. c. *pedir.*

conseja. F. Cuento, fábula o patraña de sabor antiguo.

consejería. F. **1.** Lugar, establecimiento, oficina, etc., donde funciona un **consejo** (|| órgano colegiado que dirige una organización pública). || **2.** Cargo de consejero. || **3.** Departamento de gobierno de una comunidad autónoma. || **4.** Am. asesoramiento. *Servicio de consejería familiar.*

consejero, ra. M. y F. **1.** Persona que aconseja o sirve para aconsejar. || **2.** Miembro de algún consejo. || **3.** Aquello que sirve de advertencia para la conducta de la vida. *La ira no es buena consejera.* || **4.** Titular de una **consejería** (|| departamento de gobierno). || **~ de embajada.** M. y F. Representante de una determinada categoría de la carrera diplomática.

consejo. M. **1.** Parecer o dictamen que se da o toma para hacer o no hacer algo. || **2.** Órgano colegiado con la función de informar al Gobierno o a la Administración sobre determinadas materias. *Consejo económico y social. Consejo de Universidades. Consejo escolar.* || **3.** Órgano colegiado que dirige o administra una organización pública. *Consejo de Ministros. Consejo de Seguridad de Naciones Unidas. Consejo de Gobierno.* || **4.** Reunión de los miembros de este órgano. || **5.** Órgano de administración de las sociedades mercantiles. *Consejos de administración.* || **6.** hist. Órgano superior de gobierno que asistía al rey en la administración del reino y para impartir justicia, y que tomaba el nombre del territorio o materia de su competencia. *Consejo de Castilla. Consejo de Aragón. Consejo de Flandes.* || **Consejo de Ciento.** M. hist. Corporación tradicional del ayuntamiento de Barcelona. || **~ de disciplina.** M. El que se constituye en los centros docentes oficiales y en ciertas carreras, para proponer las sanciones reglamentarias. || **Consejo de Estado.** M. En España y otros países, el más alto cuerpo consultivo del Gobierno en los asuntos políticos y administrativos. || **~ de guerra.** M. **1.** Tribunal compuesto de generales, jefes u oficiales, que, con asistencia de un asesor del cuerpo jurídico, entiende en las causas de la jurisdicción militar. || **2.** hist. El que antiguamente ejercía jurisdicción sobre los cuerpos armados españoles de mar y tierra. || **Consejo de Indias.** M. hist. El que intervenía en los negocios provenientes de las posesiones españolas de Ultramar. || **Consejo de la Inquisición.** M. Antiguo tribunal supremo en las causas sobre delitos contra la fe y sus conexos. || **Consejo insular.** M. En el archipiélago español de las islas Baleares, entidad local que representa a la población de cada isla y gestiona sus intereses. || **Consejo Real.** M. hist. Antes de los Reyes Católicos, el único Consejo superior que asistía al rey o juzgaba en su nombre, y desde entonces, tras la diversificación de los Consejos por territorios o materias, el Consejo de Castilla. || **Consejo Real de España y Ultramar.** M. hist. El que por espacio de algunos años sustituyó al de Estado, suprimido entonces y restablecido después. ‖ **tomar ~ de** alguien. LOC.VERB. Consultar con él lo que se debe ejecutar o seguir en algún caso dudoso.

consensar. TR. *Am. Cen.* y *Méx.* **consensuar.**

consenso. M. Acuerdo producido por consentimiento entre todos los miembros de un grupo o entre varios grupos.

consensual. ADJ. Perteneciente o relativo al consenso. ☐ V. **contrato ~.**

consensuar. TR. Adoptar una decisión de común acuerdo entre dos o más partes. MORF. conjug. c. *actuar.*

consentido, da. PART. de **consentir.** ‖ ADJ. **1.** Dicho de un marido: Que sufre la infidelidad de su mujer. ‖ **2.** Dicho de un niño: Mimado. U. t. c. s.

consentidor, ra. ADJ. Que consiente que se haga algo, debiendo y pudiendo estorbarlo. *Ademán consentidor.* U. t. c. s.

consentimiento. M. **1.** Acción y efecto de consentir. ‖ **2.** *Der.* Manifestación de voluntad, expresa o tácita, por la cual un sujeto se vincula jurídicamente. ‖ **3.** *Der.* En los contratos, conformidad que sobre su contenido expresan las partes. ‖ **~ informado.** M. *Der.* El que ha de prestar el enfermo o, de resultarle imposible, sus allegados, antes de iniciarse un tratamiento médico o quirúrgico, tras la información que debe transmitirle el médico de las razones y riesgos de dicho tratamiento.

consentir. TR. **1.** Permitir algo o condescender en que se haga. U. t. c. intr. *No consintió en venir.* ‖ **2.** Mimar a los hijos, ser muy indulgente con los niños o con los inferiores. ¶ MORF. conjug. c. *sentir.*

conserje. COM. Persona que tiene a su cuidado la custodia, limpieza y llaves de un edificio o establecimiento público.

conserjería. F. **1.** Oficio y empleo de conserje. ‖ **2.** Habitación que el conserje ocupa en el edificio que está a su cuidado.

conserva. F. **1.** Carne, pescado, fruta, etc., preparados convenientemente y envasados herméticamente para ser conservados comestibles durante mucho tiempo. ‖ **2.** Pimientos, pepinos y otras cosas parecidas comestibles que se preparan con vinagre. ‖ **3.** *Mar.* Compañía que se hacen varias embarcaciones navegando juntas para auxiliarse o defenderse, y más comúnmente cuando alguna o algunas de guerra van escoltando a las mercantes. ‖ **en ~.** LOC.ADJ. Dicho de un alimento: Que ha sido preparado para el consumo posterior.

conservación. F. Acción y efecto de conservar.

conservacionismo. M. Actitud de quienes conceden a la protección de la naturaleza y del medioambiente un valor fundamental.

conservacionista. ADJ. **ecologista.** Apl. a pers., u. t. c. s.

conservador, ra. **I.** ADJ. **1.** Que conserva. Apl. a pers., u. t. c. s. *Los conservadores del medioambiente.* ‖ **2.** En política, especialmente favorable a la continuidad en las formas de vida colectiva y adverso a los cambios bruscos o radicales. Apl. a pers., u. t. c. s. ‖ **3.** **tradicional** (‖ que sigue las ideas del pasado). *Viste de una forma conservadora y clásica.* ‖ **II.** M. y F. **4.** En algunas instituciones, persona que cuida de sus fondos, documentos e intereses. *El conservador del Museo del Prado.*

conservadorismo. M. **conservadurismo.**

conservadurismo. M. **1.** Doctrina política de los partidos conservadores. ‖ **2.** Actitud conservadora en política, ideología, etc.

conservante. **I.** ADJ. **1.** Que conserva. *Poder conservante.* ‖ **II.** M. **2.** Sustancia que añadida a ciertos alimentos sirve para conservarlos sin alterar sus cualidades.

conservar. TR. **1.** Mantener algo o cuidar de su permanencia. *Conserva todo su vigor.* U. t. c. prnl. ‖ **2.** Continuar la práctica de costumbres, virtudes y cosas semejantes. ‖ **3.** Guardar con cuidado algo. *El museo conserva manuscritos del autor.* ‖ **4.** Mantener vivo y sin daño a alguien. U. t. c. prnl. *El abuelo se conserva a pesar de sus años.*

conservativo, va. ADJ. Que conserva algo. *Enfoque conservativo.*

conservatorio. M. Establecimiento, oficial por lo común, en el que se dan enseñanzas de música, declamación y otras artes conexas.

conservería. F. Arte de hacer conservas.

conservero, ra. **I.** ADJ. **1.** Perteneciente o relativo a las conservas. *Industria conservera.* ‖ **II.** M. y F. **2.** Persona que posee una industria conservera.

considerable. ADJ. Suficientemente grande, cuantioso o importante. *Fortuna considerable.*

consideración. F. **1.** Acción y efecto de considerar. ‖ **2.** Urbanidad, respeto. ‖ **en ~ a.** LOC. PREPOS. **en atención a.** ‖ **ser de ~** algo. LOC.VERB. Ser de importancia, monta o consecuencia. ‖ **tomar en ~** algo. LOC.VERB. **1.** Considerarlo digno de atención. ‖ **2.** Dicho de una asamblea: Declarar que una proposición merece ser discutida.

considerado, da. PART. de **considerar.** ‖ ADJ. **1.** Que tiene por costumbre obrar con atención y respeto. *Un joven muy considerado me cedió su asiento.* ‖ **2.** Que recibe de los demás muestras repetidas de atención y respeto.

considerando. M. Cada una de las razones esenciales que preceden y sirven de apoyo a un fallo o dictamen y empiezan con dicha palabra.

considerar. TR. **1.** Pensar, meditar algo con atención y cuidado. *Consideremos estas dos posibilidades.* ‖ **2.** Juzgar, estimar. *Considero que es una buena persona.* U. t. c. prnl. ‖ **3.** Tratar a alguien con urbanidad o respeto. *En la empresa lo han considerado desde el primer día.*

considerativo, va. ADJ. Dicho de una cosa: Que considera.

consigna. F. **1.** En agrupaciones políticas, sindicales, etc., orden que una persona u organismo dirigente da a los subordinados o afiliados. ‖ **2.** En las estaciones de ferrocarril, aeropuertos, etc., local en que los viajeros depositan temporalmente equipajes, paquetes, etc. ‖ **3.** *Mil.* Contraseña para darse a conocer o tener libre acceso a un lugar.

consignación. F. **1.** Acción de consignar. ‖ **2.** Cantidad consignada para atender a determinados gastos o servicios. ‖ **3.** *Der.* Forma de pago de una obligación, consistente en depositar la cosa o la cantidad debida a disposición del acreedor o del juez.

consignar. TR. **1.** Asentar en un presupuesto una partida para atender a determinados gastos o servicios. ‖ **2.** Asentar opiniones, votos, doctrinas, hechos, circunstancias, datos, etc., por escrito, a menudo con formalidad jurídica o de modo solemne. ‖ **3.** *Com.* Enviar las mercancías a manos de un agente o comisionista. ‖ **4.** *Der.* Depositar la cosa o cantidad debida a disposición del acreedor o del juez.

consignatario. M. **1.** *Com.* Persona para quien va destinado un buque, un cargamento o una partida de mercancías. || **2.** *Com.* Persona que en los puertos de mar representa al armador de un buque para ocuparse de los asuntos administrativos que se relacionan con su carga y pasaje.

consigo. PRON. PERSON. Forma que toma el pronombre de la 3.ª persona del singular o del plural cuando va precedido de la preposición *con*.

consiguiente. I. ADJ. **1.** Que depende y se deduce de otra cosa. *Tras su condena y consiguiente entrada en prisión, aceptó su culpabilidad.* || **II.** M. **2.** *Fil.* Proposición que, admitidas las premisas, es innegable. || **de ~,** o **por ~.** LOCS. ADVS. Por consecuencia, en virtud de lo antecedente.

consiguientemente. ADV. M. **por consecuencia.**

consiliario, ria. M. y F. **1. consejero** (|| persona que aconseja o sirve para aconsejar). || **2.** En algunas corporaciones y sociedades, persona elegida para asistir con su consejo al superior que las gobierna, o tomar parte con él en ciertas decisiones.

consistencia. F. **1.** Duración, estabilidad, solidez. || **2.** Trabazón, coherencia entre las partículas de una masa o los elementos de un conjunto.

consistente. ADJ. **1.** Que consiste. *Premio consistente en unas vacaciones pagadas.* || **2.** Que tiene consistencia. *Una masa consistente.*

consistir. INTR. Dicho de una cosa: Estribar, estar fundada en otra. *Su trabajo consiste EN corregir pruebas.*

consistorial. I. ADJ. **1.** Perteneciente o relativo al consistorio. *Actividad consistorial.* || **2.** hist. Dicho de una dignidad: Que se proclama en el consistorio del papa; como los obispados y abadías en que el abad, a presentación del rey, sacaba bulas por Cancelaría Apostólica para obtenerla. || **II.** COM. **3.** Persona que forma parte de un consistorio. □ V. **casa ~.**

consistorio. M. **1.** En algunas ciudades y villas principales de España, ayuntamiento o cabildo secular. || **2.** Casa o sitio en donde se juntan los consistoriales o capitulares para celebrar consistorio. || **3.** Junta o consejo que celebra el papa con asistencia de los cardenales de la Iglesia católica.

consocio, cia. M. y F. Socio con respecto a otro u otros.

consola. F. **1.** Mesa hecha para estar arrimada a la pared, comúnmente sin cajones y con un segundo tablero inmediato al suelo. || **2.** Dispositivo que, integrado o no en una máquina, contiene los instrumentos para su control y operación. || **3. videoconsola.**

consolación. F. Acción y efecto de consolar. □ V. **premio de ~.**

consolador, ra. ADJ. Que consuela. Apl. a pers., u. t. c. s.

consolar. TR. Aliviar la pena o aflicción de alguien. U. t. c. prnl. MORF. conjug. c. *contar*.

consolatorio, ria. ADJ. **consolador.**

consolidación. F. Acción y efecto de consolidar.

consolidar. TR. **1.** Dar firmeza y solidez a algo. *Consolidar un muro.* || **2.** Asegurar del todo, afianzar más y más algo, como la amistad, la alianza, etc. || **3.** Reunir, volver a juntar lo que antes se había quebrado o roto, de modo que quede firme. || **4.** Convertir un crédito o una deuda provisional en definitiva y estable. || **5.** *Econ.* Integrar en uno solo los balances de una sociedad matriz con los de sus empresas filiales.

consomé. M. Caldo de carne concentrado.

consonancia. F. **1.** Identidad de sonido en la terminación de dos palabras desde la vocal que lleva el acento.

|| **2.** Relación de igualdad o conformidad que tienen algunas cosas entre sí. || **3.** *Mús.* Cualidad de aquellos sonidos que, oídos simultáneamente, producen efecto agradable.

consonante. I. ADJ. **1.** Se dice de cualquier voz con respecto a otra de la misma consonancia. U. t. c. s. m. || **2.** Que tiene relación de igualdad o conformidad con otra cosa, de la cual es correspondiente y correlativa. *Inversión consonante con las necesidades de la empresa.* || **3.** *Mús.* Que forma consonancia. U. t. c. s. m. || **II.** F. **4. letra consonante.** || **5.** *Fon.* Sonido en cuya pronunciación se interrumpe en algún punto del canal vocal el paso del aire espirado, como en *p, t,* o se produce una estrechez que le hace salir con fricación, como en *f, s, z*. □ V. **letra ~.**

consonántico, ca. ADJ. Perteneciente o relativo a las consonantes. *Articulación consonántica.*

consonantismo. M. *Fon.* Sistema consonántico de una lengua.

consonantización. F. *Fon.* Acción y efecto de consonantizar.

consonantizar. TR. *Fon.* Transformar en consonante una vocal, como la *u* de *Paulo* en la *b* de *Pablo*. U. m. c. prnl.

consonar. INTR. **1.** Dicho de algunas cosas: Tener igualdad, conformidad o relación entre sí. *La interpretación de los hechos consuena con el código vigente.* || **2.** *Mús.* Formar consonancia. ¶ MORF. conjug. c. *contar*.

cónsono, na. ADJ. **consonante** (|| que tiene relación de conformidad).

consorcio. M. Agrupación de entidades para negocios importantes.

consorte. I. ADJ. **1.** Dicho de una persona: Que recibe el título, condición, nombre de la profesión, etc., por razón de matrimonio con la persona que los posee por derecho propio. *Rey, duquesa consorte.* U. t. c. s. || **II.** COM. **2. cónyuge.**

conspicuo, cua. ADJ. Ilustre, visible, sobresaliente. *Conspicuos oradores.*

conspiración. F. Acción de conspirar.

conspirado, da. M. y F. **conspirador.**

conspirador, ra. M. y F. Persona que conspira.

conspirar. INTR. **1.** Dicho de varias personas: Unirse contra su superior o soberano. || **2.** Dicho de varias personas: Unirse contra un particular para hacerle daño.

conspirativo, va. ADJ. Perteneciente o relativo a una conspiración. *Complicidad conspirativa.*

conspiratorio, ria. ADJ. **conspirativo.**

constancia¹. F. Firmeza y perseverancia del ánimo en las resoluciones y en los propósitos.

constancia². F. **1.** Acción y efecto de hacer constar algo de manera fehaciente. || **2.** Certeza, exactitud de algún hecho o dicho. || **3.** Escrito en que se ha hecho constar algún acto o hecho, a veces de manera fehaciente. *Para constancia. Dejar, haber constancia.*

constante. I. ADJ. **1.** Que tiene constancia. *Nunca acaba lo que empieza porque es poco constante.* || **2.** Dicho de una cosa: Persistente, durable. *Una fuente constante de preocupación.* || **3.** Reiterado de manera continua. U. t. c. s. f. *La ironía es una constante en su obra.* || **4.** Que consta. *Quiere dejar constante su inocencia.* || **II.** F. **5.** *Mat.* Cantidad que tiene un valor fijo en un determinado proceso, cálculo, etc. || **6.** pl. **constantes vitales.** || **~s vitales.** F. pl. *Med.* Datos relativos a la composición y a las funciones del organismo, como la concentración de glucosa y de urea en la sangre, el grado de acidez del suero sanguíneo, la tensión arterial, etc., cuyos valores deben mantenerse dentro de ciertos límites para el mantenimiento de las condiciones fisiológicas normales. □ V. **cantidad** ~.

constantiniano, na. ADJ. Perteneciente o relativo a los principios encarnados por el emperador romano Constantino.

constantinopolitano, na. ADJ. **1.** Natural de Constantinopla, hoy Estambul. U. t. c. s. ‖ **2.** Perteneciente o relativo a esta ciudad de Turquía.

constar. INTR. **1.** Dicho de una cosa: Ser cierta o manifiesta. *Les consta que yo había llegado antes.* ‖ **2.** Dicho de una cosa: Quedar registrada por escrito, o notificada oralmente a una o varias personas. *Su renuncia consta en el acta.* ‖ **3.** Dicho de un todo: Tener determinadas partes. *Un soneto consta de dos cuartetos y dos tercetos.*

constatación. F. Acción y efecto de constatar.

constatar. TR. Comprobar un hecho, establecer su veracidad, dar constancia de él.

constelación. F. **1.** Conjunto de estrellas que, mediante trazos imaginarios sobre la aparente superficie celeste, forman un dibujo que evoca determinada figura, como la de un animal, un personaje mitológico, etc. ‖ **2.** Conjunto, reunión armoniosa.

constelado, da. PART. de **constelar**. ‖ ADJ. Lleno, cubierto. *Campo constelado de flores.*

constelar. TR. Tachonar, cubrir, llenar.

consternación. F. Acción y efecto de consternar.

consternar. TR. Conturbar mucho y abatir el ánimo. U. m. c. prnl.

constipación. ~ **de vientre.** F. Med. estreñimiento.

constipado. M. catarro.

constiparse. PRNL. acatarrarse.

constitución. F. **1.** Acción de constituir. ‖ **2.** Esencia y calidades de una cosa que hacen que sea lo que es y la diferencian de las demás. ‖ **3.** Biol. **complexión.** ‖ **4.** Der. Ley fundamental de un Estado que define el régimen básico de los derechos y libertades de los ciudadanos y los poderes e instituciones de la organización política. ORTOGR. Escr. con may. inicial. ‖ ~ **apostólica.** F. Documento papal, en forma de bula, rescripto o breve, que contiene alguna decisión o mandato.

constitucional. ADJ. **1.** Perteneciente o relativo a la Constitución de un Estado. *Reforma constitucional.* ‖ **2.** Partidario de ella. U. t. c. s. ‖ V. **garantías ~es.**

constitucionalidad. F. Cualidad de constitucional.

constitucionalismo. M. **1.** Sistema político regulado por un texto constitucional. ‖ **2.** Ideología partidaria de este sistema político.

constitucionalista. I. ADJ. **1.** Perteneciente o relativo al constitucionalismo. *Doctrina constitucionalista.* ‖ **2.** Partidario del constitucionalismo. U. t. c. s. ‖ **3.** Que defiende la Constitución vigente en un Estado. *Los partidos constitucionalistas se opusieron a quienes pretendían ignorar la Constitución.* ‖ **II.** COM. **4.** Jurista especializado en derecho constitucional.

constitucionalización. F. Acción y efecto de constitucionalizar.

constitucionalizar. TR. Dar carácter constitucional a una norma o a un derecho.

constitucionalmente. ADV. M. Conforme o con arreglo a lo dispuesto por la Constitución.

constituir. **I.** TR. **1.** Formar, componer, ser. *El Sol y los planetas constituyen el sistema solar. El robo constituye delito.* ‖ **2.** Establecer, erigir, fundar. *Constituir una familia, un Estado.* U. t. c. prnl. *Constituirse en tribunal.* ‖ **3.** Asignar, otorgar, dotar a alguien o algo de una nueva posición o condición. *El testamento la constituyó heredera universal.* ‖ **4.** Obligar a alguien a hacer algo. *Constituir EN una obligación.* ‖ **II.** PRNL. **5.** Asumir obligación, cargo o cuidado. *Se constituyó EN fiador.* ¶ MORF. conjug. c. *construir.*

constitutivo, va. ADJ. Que forma parte esencial o fundamental de algo y lo distingue de los demás. Apl. a un elemento, u. t. c. s. m.

constituyente. **I.** ADJ. **1.** Que constituye o establece. Apl. a un elemento, u. t. c. s. m. ‖ **2.** Dicho de las Cortes, asambleas, convenciones, congresos, etc.: Convocados para elaborar o reformar la Constitución del Estado. U. t. c. s. f. ‖ **II.** COM. **3.** Persona elegida como miembro de una asamblea constituyente. □ V. **poder** ~.

constreñimiento. M. Apremio y compulsión que se hace a alguien para que ejecute algo.

constreñir. TR. **1.** Obligar, compeler a alguien a que haga y ejecute algo. *Las deudas lo constriñeron a pedir dinero prestado.* ‖ **2.** Oprimir, reducir, limitar. *Las reglas rígidas constriñen la imaginación.* ‖ **3.** Med. Apretar y cerrar, como oprimiendo. ¶ MORF. conjug. c. *ceñir.*

constricción. F. Acción y efecto de constreñir.

constrictivo, va. ADJ. Que constriñe. *Reglas constrictivas.*

constrictor, ra. ADJ. Que produce constricción. *Músculos constrictores.* Apl. a un medicamento, u. t. c. s. m.

construcción. F. **1.** Acción de construir. ‖ **2.** Arte de construir. ‖ **3.** Obra construida o edificada. ‖ **4.** Gram. Secuencia de palabras vinculadas gramaticalmente entre sí. ‖ **5.** pl. Juguete infantil que consta de piezas de madera u otro material, de distintas formas, con las cuales se imitan edificios, puentes, etc. ‖ ~ **absoluta.** F. Gram. Expresión en la que se vincula sin verbo copulativo un sujeto y un elemento predicativo. Establece alguna circunstancia con respecto a la oración a la que suele preceder con autonomía fónica; p. ej., *En silencio la casa, pudimos ya acostarnos. Limpia la armadura, vistiósela. Muerto el perro, se acabó la rabia. Dicho esto, calló. Mañana llegarán, Dios mediante.* □ V. **figura de** ~.

constructivismo. M. Movimiento de arte de vanguardia, interesado especialmente por la organización de los planos y la expresión del volumen utilizando materiales de la época industrial.

constructivo, va. ADJ. Que construye o sirve para construir, por oposición a lo que destruye. *Crítica constructiva.*

constructor, ra. **I.** ADJ. **1.** Que construye. *Empresa constructora.* Apl. a pers., u. t. c. s. ‖ **II.** M. y F. **2.** Persona que se dedica a la construcción de edificios u otras obras semejantes.

constructora. F. Empresa que se dedica a la construcción.

construir. TR. **1.** Fabricar, edificar, hacer de nueva planta una obra de arquitectura o ingeniería, un monumento o en general cualquier obra pública. ‖ **2.** Hacer algo utilizando los elementos adecuados. *Construyó un imperio financiero.* ‖ **3.** Gram. Ordenar las palabras o unirlas entre sí con arreglo a las leyes de la gramática. ¶ MORF. V. conjug. modelo.

consubstancial. ADJ. consustancial.

consubstancialidad. F. consustancialidad.

consuegro, gra. I. M. y F. **1.** Padre o madre de una de dos personas unidas en matrimonio, respecto del padre o madre de la otra. ‖ **II.** M. **2.** pl. El consuegro y la consuegra. *Compartíamos mesa con nuestros consuegros.*

consuelda. F. Planta herbácea de la familia de las Borragináceas, vellosa, con tallo de seis a ocho decímetros de altura, grueso y erguido, hojas ovales y pecioladas las inferiores, lanceoladas y envainadoras las superiores, flores de forma de embudo, en racimos colgantes, blancas, amarillentas o rojizas, y rizoma mucilaginoso que se emplea en medicina. ‖ **~ menor.** F. Hierba de la familia de las Labiadas, con tallos de dos a tres decímetros de altura, hojas pecioladas y enteras, y flores azules en espiga apretada. Se ha empleado en medicina para curar llagas y heridas.

consuelo. M. Descanso y alivio de la pena, molestia o fatiga que aflige y oprime el ánimo. ‖ **sin ~.** LOC.ADV. coloq. Sin medida ni tasa. *Gasta sin consuelo.*

consueta. M. **apuntador** (‖ en el teatro).

consuetudinario, ria. ADJ. **1.** Que es de costumbre. *Tradición jurídica consuetudinaria.* ‖ **2.** Rel. Dicho de una persona: Que tiene costumbre de cometer alguna culpa.

cónsul. I. COM. **1.** Persona autorizada en una población de un Estado extranjero para proteger las personas e intereses de los individuos de la nación que lo nombra. ‖ **II.** M. **2.** hist. Cada uno de los jueces que componían el consulado como tribunal de comercio. ‖ **3.** hist. Cada uno de los dos magistrados que durante un año tenían en la república romana la suprema autoridad. ‖ **~ general.** COM. Jefe del servicio consular de su nación en el país en que reside.

consulado. M. **1.** Cargo de cónsul de una potencia. ‖ **2.** Casa u oficina en que despacha el cónsul. ‖ **3.** hist. Dignidad de cónsul. ‖ **4.** Tiempo que duraba la dignidad de cónsul. ‖ **5.** hist. Tribunal de comercio que juzgaba y resolvía los pleitos de los comerciantes de mar y tierra.

consular. ADJ. **1.** Perteneciente o relativo al cónsul y a su jurisdicción. *Oficina consular.* ‖ **2.** hist. Perteneciente o relativo a la dignidad de cónsul romano. *Provincia, familia consular.*

consulesa. F. En algunos países, mujer que desempeña el cargo de cónsul.

consulta. F. **1.** Acción y efecto de consultar. ‖ **2.** Parecer o dictamen que por escrito o de palabra se pide o se da acerca de algo. ‖ **3.** Conferencia entre profesionales para resolver algo. ‖ **4.** Acción de atender el médico a sus pacientes en un espacio de tiempo determinado. ‖ **5.** **consultorio** (‖ local en que el médico recibe a los pacientes). ‖ **6.** hist. Dictamen que los consejos, tribunales u otros cuerpos daban por escrito al rey, sobre un asunto que requería su real resolución, o proponiendo personas para un empleo.

consultante. ADJ. Que consulta. *Familia consultante.* U. t. c. s.

consultar. TR. **1.** Examinar, tratar un asunto con una o varias personas. *Consultaré su propuesta con mis hermanos.* ‖ **2.** Buscar documentación o datos sobre algún asunto o materia. *Consultar un diccionario.* ‖ **3.** Pedir parecer, dictamen o consejo. *Vamos a consultar a un abogado.*

consultivo, va. ADJ. **1.** Dicho de una materia: Que debe ser consultada con el jefe del Estado por los conse-

jos o tribunales. ‖ **2.** Dicho de una junta o de una corporación: Establecida para ser oída y consultada por quienes gobiernan.

consultor, ra. I. ADJ. **1.** Que da su parecer, consultado sobre algún asunto. U. t. c. s. ‖ **II.** M. y F. **2.** Persona experta en una materia sobre la que asesora profesionalmente.

consultora. F. Empresa que proporciona asesoramiento técnico.

consultoría. F. **1.** Actividad del consultor. ‖ **2.** Despacho o local donde trabaja el consultor.

consultorio. M. **1.** Establecimiento privado donde se despachan informes o consultas sobre materias técnicas. ‖ **2.** Local en que el médico recibe y atiende a sus pacientes. ‖ **3.** Sección que en los periódicos o emisoras de radio está destinada a contestar las preguntas que les hace el público.

consumación. F. Acción y efecto de consumar. ‖ **la ~ de los siglos.** F. El fin del mundo.

consumado, da. PART. de **consumar.** ‖ ADJ. Dicho de una persona: Que, en su oficio o especialidad, ha acreditado cierto grado de excelencia o perfección. *Un bailarín consumado.* ☐ V. **hecho ~.**

consumador, ra. ADJ. Que consuma. Apl. a pers., u. t. c. s.

consumar. TR. **1.** Llevar a cabo totalmente algo. *Consumar la redención del género humano. Consumar un sacrificio, un crimen.* ‖ **2.** Dicho de los legítimamente casados: Realizar el primer acto sexual pleno. *Consumar el matrimonio.*

consumible. ADJ. Que puede consumirse. Apl. a un producto, u. t. c. s. m.

consumición. F. **1.** Acción de consumir. ‖ **2.** Conjunto de cosas que se consumen en un café, bar o establecimiento público.

consumido, da. PART. de **consumir.** ‖ ADJ. coloq. Muy flaco, extenuado y macilento.

consumidor, ra. I. ADJ. **1.** Que consume. *Industrias consumidoras de energía eléctrica.* ‖ **II.** M. y F. **2.** Persona que compra productos de consumo.

consumir. TR. **1.** Destruir, extinguir. U. t. c. prnl. *Consumirse una vela.* ‖ **2.** Utilizar comestibles u otros bienes para satisfacer necesidades o deseos. ‖ **3.** Gastar energía o un producto energético. ‖ **4.** Desazonar, apurar, afligir. *Las preocupaciones lo consumen.* U. t. c. prnl. ‖ **5.** Poner muy flaco y débil a alguien. U. t. c. prnl. *El abuelo iba consumiéndose poco a poco.* ‖ **6.** Dicho de un sacerdote: Recibir o tomar la comunión en la misa. U. t. c. intr.

consumismo. M. Tendencia inmoderada a adquirir, gastar o consumir bienes, no siempre necesarios.

consumista. ADJ. **1.** Perteneciente o relativo al consumismo. *Fiebre consumista.* ‖ **2.** Que practica el consumismo. U. t. c. s.

consumo. M. **1.** Acción y efecto de **consumir** (‖ comestibles u otros bienes). ‖ **2.** Acción y efecto de **consumir** (‖ gastar energía). ‖ **3.** pl. Impuesto municipal sobre los comestibles y otros géneros que se introducen en una población para venderlos o consumirlos en ella. ‖ **de ~.** LOC.ADJ. Dicho de la sociedad o de la civilización: Que está basada en un sistema tendente a estimular la producción y uso de bienes no estrictamente necesarios. ☐ V. **índice de precios al ~.**

consunción. F. **1.** Acción y efecto de consumir. ‖ **2.** tenuación, enflaquecimiento.

consuno. de ~. LOC. ADV. De manera conjunta, en unión, de común acuerdo.

consuntivo, va. ADJ. Que tiene virtud de consumir. *Gasto consuntivo.*

consunto, ta. ADJ. consumido.

consustancial. ADJ. **1.** Propio o característico de la naturaleza de alguien o algo, o inherente a ella. *El espíritu de supervivencia es consustancial al ser humano.* || **2.** *Rel.* Que es de la misma sustancia, naturaleza indivisible y esencia que otro.

consustancialidad. F. Cualidad de consustancial.

contabilidad. F. **1.** Sistema adoptado para llevar la cuenta y razón en las oficinas públicas y particulares. || **2.** Oficina del contable. || **~ nacional.** F. Sistema de cuentas conectadas para registrar las magnitudes básicas de la economía nacional, resultantes de las operaciones de los agentes macroeconómicos.

contabilizar. TR. **1.** Apuntar una partida o cantidad en los libros de cuentas. || **2.** Contar o numerar algo. *Contabilizaron los votos de la mesa electoral.*

contable. I. ADJ. **1.** Que puede ser contado. *Series fácilmente contables.* || **2.** Perteneciente o relativo a la contabilidad. *Irregularidad contable.* || **II.** COM. **3. tenedor de libros.** □ V. **auditoría ~, nombre ~, nombre no ~.**

contactar. INTR. Establecer contacto o comunicación con alguien. *El domingo contactaron con él.* U. t. c. tr.

contacto. M. **1.** Acción y efecto de tocarse dos o más cosas. || **2.** Conexión entre dos partes de un circuito eléctrico. || **3.** Dispositivo para producir esa conexión. *Dele al contacto para ver si arranca el coche.* || **4. enlace** (|| persona que establece relación entre otras). || **5.** Relación o trato que se establece entre dos o más personas o entidades. || **6.** *Fotogr.* Impresión positiva, obtenida por contacto, de un negativo fotográfico. U. m. en pl. □ V. **lente de ~.**

contactología. F. Técnica de fabricación y aplicación de lentes de contacto.

contactólogo, ga. M. y F. Especialista en contactología.

contado, da. PART. de contar. || ADJ. raro (|| escaso). *Conduce en contadas ocasiones.* || **al contado.** LOC. ADV. **1.** Con dinero contante. || **2.** Con pago inmediato en moneda efectiva o su equivalente. || **de contado.** LOC. ADV. Al instante, inmediatamente. || **por de contado.** LOC. ADV. **por descontado.** □ V. **dinero al ~.**

contador, ra. I. ADJ. **1.** Que cuenta. *Máquina contadora de billetes.* Apl. a pers., u. t. c. s. || **II.** M. y F. **2. contable** (|| tenedor de libros). || **III.** M. **3.** Mecanismo o sistema que indica el resultado de una sucesión numérica o del paso de un fluido. || **~ partidor.** M. Persona nombrada por el testador, y en su defecto por el juez, para que proceda a realizar la partición de una herencia.

contaduría. F. **1.** Oficio de contador. || **2.** Oficina del contador. || **3.** Oficina donde se lleva la cuenta y razón de los caudales o gastos de una institución, administración, etc. || **4.** Administración de un espectáculo público, en donde se expenden los billetes con anticipación. || **~ de provincia.** F. Oficina donde se lleva la cuenta y razón de las contribuciones de cada pueblo y de los productos de las rentas públicas, en la provincia en donde se halla establecida. || **~ general.** F. hist. Oficina subordinada a un tribunal, además de las que había en el Consejo de Hacienda, para reconocer y calificar todas las cuentas de los caudales del rey y del fisco, relativos al

ramo particular para el que estaba establecido, y del cual tomó su denominación; como la contaduría general de las Órdenes, etc. Actualmente están muchas reformadas o suprimidas.

contagiar. I. TR. **1.** Transmitir una enfermedad a alguien. U. t. en sent. fig. *Nos contagió su entusiasmo.* || **II.** PRNL. **2.** Adquirir por contagio una enfermedad. U. t. en sent. fig. *Me contagié de su risa.* ¶ MORF. conjug. c. *anunciar.*

contagio. M. **1.** Transmisión, por contacto inmediato o mediato, de una enfermedad específica. || **2.** Transmisión de hábitos, actitudes, simpatías, etc., a consecuencia de influencias de una u otro orden.

contagiosidad. F. Cualidad de contagioso.

contagioso, sa. ADJ. **1.** Dicho de una enfermedad: Que se pega y comunica por contagio. || **2.** Que se pega o propaga fácilmente. *Risa contagiosa.* || **3.** Dicho de una persona o de un animal: Que pueden contagiar una enfermedad.

contaminación. F. **1.** Acción y efecto de contaminar. || **2.** *Ecd.* Fenómeno que se produce cuando una copia se realiza utilizando diversos modelos discordantes entre sí.

contaminador, ra. ADJ. Que contamina. *Agente contaminador.*

contaminante. ADJ. Que contamina. Apl. a un producto o un agente, u. t. c. s. m.

contaminar. TR. **1.** Alterar nocivamente la pureza o las condiciones normales de una cosa o un medio por agentes químicos o físicos. *Contaminar los ríos.* U. t. c. prnl. || **2.** Contagiar, infectar. *Lo pusieron en cuarentena para que no contaminara a nadie.* U. t. c. prnl. || **3.** Alterar la forma de un vocablo o texto por la influencia de otro. || **4.** Pervertir, corromper la fe o las costumbres. U. t. c. prnl.

contante. □ V. **dinero ~, dinero ~ y sonante, moneda ~ y sonante.**

contar. I. TR. **1.** Numerar o computar las cosas considerándolas como unidades homogéneas. *Contar los días, las ovejas.* || **2.** Referir un suceso, sea verdadero o fabuloso. || **3.** Poner a alguien en el número, clase u opinión que le corresponde. *Siempre te he contado entre los mejores.* U. t. c. prnl. || **4.** Tener determinada edad. *Contaba siete años.* U. t. c. intr. *Contaba CON treinta años.* || **II.** INTR. **5.** Decir los números correlativamente. *Ya sabe contar hasta diez.* || **6.** Importar, ser de consideración. *Un pequeño error no cuenta.* || **7.** Tener en cuenta a alguien. *Contó CON ellos para el convite.* || **8.** Tener en cuenta, considerar. *Y cuenta que esto no es todo.* || **9.** Tener, disponer de una cualidad o de cierto número de personas o cosas. *El equipo cuenta CON once jugadores. Cuento CON su simpatía.* || **10.** Confiar o tener por cierto que alguien o algo servirá para el logro de lo que se desea. *Contamos CON tu hermana PARA el viaje.* || **11.** Tener la certeza de que ocurrirá algo. *Contábamos con que iba a hacer calor, pero llovió.* || **12.** Equivaler a algo o tener la consideración de ello. *El sábado cuenta como día laborable.* ¶ MORF. V. conjug. modelo. || **¿qué cuentas?, ¿qué contáis?, ¿qué cuenta usted?, o ¿qué cuentan ustedes?** EXPRS. Se usan para expresar el interés del hablante por la vida y asuntos del interlocutor.

contario. M. Moldura en forma de cuentas como de rosario, puestas en una misma dirección.

contemplación. F. **1.** Acción de contemplar. ‖ **2.** Consideración, atención o miramiento que se guarda a alguien. ‖ **3.** pl. Miramientos que cohíben de hacer algo. *Le cuesta mucho actuar; siempre está con contemplaciones.*

contemplador, ra. ADJ. **contemplativo.** Apl. a pers., u. t. c. s.

contemplar. TR. **1.** Poner la atención en algo material o espiritual. *Contemplar el cielo. Contemplar el paso del tiempo.* ‖ **2. considerar** (‖ juzgar). *Contemplar la posibilidad de hacer algo.* ‖ **3.** Rel. Dicho del alma: Ocuparse con intensidad en pensar en Dios y considerar sus atributos divinos o los misterios de la religión.

contemplativo, va. ADJ. **1.** Perteneciente o relativo a la contemplación. *Momentos contemplativos.* ‖ **2.** Que contempla. ‖ **3.** Que acostumbra meditar intensamente. ‖ **4.** Que acostumbra complacer a otros por bondad o por cálculo. ‖ **5.** Especulativo, teórico, en oposición a *pragmático* o *activo.* ‖ **6.** Rel. Perteneciente o relativo a la contemplación de las cosas divinas.

contemporaneidad. F. Cualidad de contemporáneo.

contemporáneo, a. ADJ. **1.** Existente en el mismo tiempo que otra persona o cosa. Apl. a pers., u. t. c. s. ‖ **2.** Perteneciente o relativo al tiempo o época en que se vive. *Las sociedades contemporáneas.* ‖ **3.** Perteneciente o relativo a la Edad Contemporánea. □ V. **Edad Contemporánea.**

contemporización. F. Acción y efecto de contemporizar.

contemporizador, ra. ADJ. Que contemporiza. *Gesto contemporizador.* Apl. a pers., u. t. c. s.

contemporizar. INTR. Acomodarse al gusto o dictamen ajeno por algún respeto o fin particular.

contención. F. Acción y efecto de **contener** (‖ sujetar el movimiento de un cuerpo). *Un muro de contención.*

contencioso. M. **conflicto.** *Contencioso Iglesia-Estado.*

contencioso-administrativo, va. ADJ. Der. Se dice del orden jurisdiccional instituido para controlar la legalidad de la actuación administrativa y el sometimiento de esta a los fines que la justifiquen. MORF. pl. **contencioso-administrativos, vas.**

contendedor, ra. M. y F. Persona que contiende.

contender. INTR. **1. lidiar** (‖ pelear, batallar). ‖ **2.** Disputar, debatir, altercar. ‖ **3.** Discutir, contraponer opiniones, puntos de vista, etc. ¶ MORF. conjug. c. *entender.*

contendiente. ADJ. Que contiende. Apl. a pers., u. t. c. s.

contendor. M. Am. Mer. **contendedor.**

contenedor¹. M. **1.** Embalaje metálico grande y recuperable, de tipos y dimensiones normalizados internacionalmente y con dispositivos para facilitar su manejo. ‖ **2.** Recipiente amplio para depositar residuos diversos.

contenedor², ra. ADJ. Que contiene. *Cámara contenedora.*

contenencia. F. Danza. Paso de lado, en el cual parece que se contiene o detiene quien danza.

contener. TR. **1.** Dicho de una cosa: Llevar o encerrar dentro de sí a otra. *La caja contenía media docena de libros.* U. t. c. prnl. ‖ **2.** Reprimir o sujetar el movimiento o impulso de un cuerpo. *La bombona contiene sin dificultades la fuerza del gas.* U. t. c. prnl. ‖ **3.** Reprimir o moderar una pasión. U. t. c. prnl. *No sé cómo pudo contenerse.* ¶ MORF. conjug. c. *tener.*

contenido, da. PART. de **contener.** ‖ **I.** ADJ. **1.** Que se conduce con moderación o templanza. ‖ **II.** M. **2.** Cosa que se contiene dentro de otra. ‖ **3.** Conjunto de cosas que se expresan en un escrito, un discurso o una obra. ‖ **4.** Tabla de materias, especie de índice. ‖ **5.** Ling. **plano del contenido.**

contenta. F. Com. **endoso.**

contentadizo, za. ADJ. Dicho de una persona: Que fácilmente se aviene a admitir lo que se le da, dice o propone.

contentamiento. M. **contento.**

contentar. **I.** TR. **1.** Satisfacer el gusto o las aspiraciones de alguien. *Es difícil contentar a todo el mundo.* ‖ **2.** Poner contenta o alegre a una persona triste o enfadada. *Intentó contentarla haciéndole carantoñas.* U. t. c. prnl. ‖ **3.** Com. **endosar.** ‖ **II.** PRNL. **4.** Darse por contento, quedar contento. ‖ **5.** Dicho de quienes estaban disgustados: **reconciliarse** (‖ volver a tener buenas relaciones).

contentivo, va. ADJ. Que contiene. *Frasco contentivo.*

contento, ta. **I.** ADJ. **1.** Alegre, satisfecho. ‖ **II.** M. **2.** Alegría, satisfacción. ‖ **no caber de ~.** LOC.VERB. coloq. Sentirse muy satisfecho.

contentura. F. **contento.**

conteo. M. **1.** Cálculo, valoración. ‖ **2.** Am. **cuenta** (‖ acción y efecto de contar).

contera. F. Pieza, comúnmente de metal, que se pone en el extremo opuesto al puño del bastón, del paraguas y de otros objetos.

conterráneo, a. ADJ. **coterráneo.** U. t. c. s.

contertulio, lia. M. y F. coloq. **tertuliano.**

contesta. F. Am. **contestación.**

contestación. F. **1.** Acción y efecto de contestar. ‖ **2. disputa.** ‖ **3.** Polémica, oposición o protesta, a veces violenta, contra lo establecido. ‖ **~ a la demanda.** F. Der. Escrito en que el demandado opone excepciones o defensas a la acción del demandante.

contestador, ra. **I.** ADJ. **1.** Que contesta. *Te dejó un mensaje en la máquina contestadora. Alumno rebelde y contestador.* Apl. a pers., u. t. c. s. ‖ **II.** M. **2. contestador automático.** ‖ **~ automático.** M. Aparato que, conectado al teléfono, emite automáticamente mensajes grabados y registra las llamadas recibidas.

contestano, na. ADJ. **1.** hist. Se dice de un pueblo ibérico que habitaba la Contestania, región de la Hispania Tarraconense cuyo territorio comprendía el sur de la actual provincia de Valencia, toda la de Alicante y parte de la de Murcia. ‖ **2.** hist. Se dice de los individuos que componían este pueblo. U. t. c. s. ‖ **3.** hist. Perteneciente o relativo a los contestanos o a la Contestania. *Vestigios contestanos.*

contestar. **I.** TR. **1.** Decir o escribir algo para resolver una pregunta o atender a una comunicación. *Contestó que no iba a volver.* U. t. c. intr. *Golpearon muchas veces la puerta, pero nadie contestó.* ‖ **II.** INTR. **2.** Replicar, impugnar. *Estaban insultándolo, pero no quiso contestar.* ‖ **3.** Adoptar actitud polémica y a veces de oposición o protesta violenta contra lo establecido, ya sean las autoridades y sus actos, ya formas de vida, posiciones ideológicas, etc.

contestatario, ria. ADJ. Que **contesta** (‖ adopta actitud polémica). U. t. c. s.

conteste. ADJ. Dicho de un testigo: Que declara lo mismo que ha declarado otro, sin discrepar en nada.

contestón, na. ADJ. Dicho de una persona: Que replica, por sistema, de malos modos, a superiores o mayores. U. t. c. s.

contexto. M. **1.** Entorno lingüístico del cual depende el sentido y el valor de una palabra, frase o fragmento considerados. ‖ **2.** Entorno físico o de situación, ya sea político, histórico, cultural o de cualquier otra índole, en el cual se considera un hecho.

contextual. ADJ. Perteneciente o relativo al contexto. *Aspectos contextuales.*

contextualizar. TR. Situar en un determinado contexto.

contextura. F. **1.** Disposición y unión respectiva de las partes que juntas componen un todo. ‖ **2. contexto.** ‖ **3.** Manera de estar físicamente constituida una persona.

conticinio. M. Hora de la noche, en que todo está en silencio.

contienda. F. **1.** Lidia, pelea, riña, batalla. ‖ **2.** Disputa, discusión, debate. ‖ **3.** *Dep.* Encuentro entre dos equipos.

contigo. PRON. PERSON. Forma que toma el pronombre de la 2.ª persona del singular cuando va precedido de la preposición *con.*

contigüidad. F. Condición de contiguo.

contiguo, gua. ADJ. Que está tocando a otra cosa. *Vivienda contigua.*

continencia. F. **1.** Moderación de las pasiones o sentimientos. ‖ **2.** Abstinencia sexual. ‖ **3.** Acción de contener.

continental[1]**.** ADJ. Perteneciente o relativo a los países de un continente. □ V. **aguas ~es, deriva ~, plataforma ~, talud ~.**

continental[2]**.** M. **1.** hist. Agencia privada que se dedicaba al servicio de mensajes. ‖ **2.** hist. Mensaje enviado a través de esta agencia y portado por uno de sus empleados.

continente. I. ADJ. **1.** Dicho de una cosa: Que contiene. *Envoltorio, espacio continente.* U. t. c. s. m. ‖ **2.** Dicho de una persona: Que posee y practica la virtud de la continencia. ‖ **II.** M. **3.** Aire del semblante y actitud y compostura del cuerpo. ‖ **4.** *Geogr.* Cada una de las grandes extensiones de tierra separadas por los océanos.

contingencia. F. **1.** Posibilidad de que algo suceda o no suceda. ‖ **2.** Cosa que puede suceder o no suceder. ‖ **3. riesgo.**

contingentar. TR. Fijar un cupo, especialmente en la distribución de mercancías y servicios.

contingente. I. ADJ. **1.** Que puede suceder o no suceder. *Propiedad contingente.* ‖ **II.** M. **2.** Parte que cada uno paga o pone cuando son muchos quienes contribuyen para un mismo fin. ‖ **3.** Cuota que se señala a un país o a un industrial para la importación de determinadas mercancías. ‖ **4.** Fuerzas militares de que dispone el mando. ‖ **5.** Grupo, conjunto de personas o cosas que se distinguen entre otros por su mayor aportación o colaboración en alguna circunstancia. □ V. **futuro ~.**

continuación. F. **1.** Acción de continuar. ‖ **2.** Cosa que sigue a otra. ‖ **a ~.** LOC. ADV. Inmediatamente después.

continuado. □ V. **cine ~.**

continuador, ra. ADJ. Dicho de una persona: Que prosigue y continúa algo empezado por otra. U. t. c. s.

continuar. I. TR. **1.** Proseguir lo comenzado. *No van a continuar las obras de la carretera.* ‖ **II.** INTR. **2.** Durar, permanecer. *El volcán continúa activo.* ‖ **III.** PRNL. **3.**

Seguir, extenderse. *El pasillo se continúa hasta la terraza.* ¶ MORF. conjug. c. *actuar.*

continuativo, va. ADJ. Que implica o denota idea de continuación. *Sentido continuativo.*

continuidad. F. **1.** Unión natural que tienen entre sí las partes del continuo. ‖ **2.** *Mat.* Cualidad o condición de las funciones o transformaciones continuas. □ V. **solución de ~.**

continuismo. M. Situación en la que el poder de un político, un régimen, un sistema, etc., se prolonga de modo indefinido, sin indicios de cambio o renovación.

continuista. ADJ. **1.** Dicho de un político, de un régimen, de un partido, etc.: Que son partidarios del continuismo o que tienden a él. Apl. a pers., u. t. c. s. ‖ **2.** Perteneciente o relativo al continuismo. *Política continuista.*

continuo, nua. I. ADJ. **1.** Que dura, obra, se hace o se extiende sin interrupción. *Ruido continuo. Llanura continua.* ‖ **2.** Dicho de dos o más cosas: Que tienen unión entre sí. *Fachadas continuas.* ‖ **3.** *Mat.* Dicho de una función: Cuyo valor cambia gradualmente con el de la variable independiente. ‖ **II.** M. **4.** Todo compuesto de partes unidas entre sí. ‖ **a la ~.** LOC. ADV. De manera continuada, con continuación. ‖ **de continuo.** LOC. ADV. Sin interrupción. □ V. **bajo ~, corriente ~, fracción ~, movimiento ~, nombre ~, papel ~, programa ~, proporción ~, sesión ~.**

contonearse. PRNL. Hacer al andar movimientos afectados con los hombros y caderas.

contoneo. M. Acción de contonearse.

contorcerse. PRNL. Sufrir o afectar contorsiones. MORF. conjug. c. *mover.*

contornado, da. PART. de **contornar.** ‖ ADJ. *Heráld.* Dicho de un animal o de su cabeza: Vueltos a la siniestra del escudo.

contornar. TR. **contornear.**

contornear. TR. **1.** Dar vueltas alrededor de un sitio. ‖ **2.** *Pint.* Perfilar, hacer los contornos o perfiles de una figura.

contorneo. M. Acción y efecto de contornear.

contorno. M. **1.** Territorio o conjunto de parajes de que está rodeado un lugar o una población. U. m. en pl. ‖ **2.** Conjunto de las líneas que limitan una figura o composición. ‖ **3.** *Ling.* En lexicografía, conjunto de los elementos de la definición que informan sobre el contexto habitual del vocablo definido, en oposición a los elementos que informan sobre su contenido. ‖ **en ~.** LOC. ADV. **alrededor.**

contorsión. F. Movimiento anómalo del cuerpo o de parte de él, que origina una actitud forzada y a veces grotesca.

contorsionarse. PRNL. Hacer contorsiones.

contorsionista. COM. Persona que ejecuta contorsiones difíciles en los circos.

contra[1]**. I.** PREP. **1.** Denota oposición y contrariedad. *La lucha contra la deforestación.* ‖ **2. enfrente.** *Se colocó contra el sol.* ‖ **3.** A cambio de. *Entrega de un objeto contra recibo.* ‖ **II.** M. **4.** Concepto opuesto o contrario a otro. *Tomás es incapaz de defender el pro y el contra.* ‖ **5.** *Mús.* Pedal del órgano. ‖ **6.** pl. *Mús.* Bajos más profundos en algunos órganos. ‖ **III.** F. **7.** coloq. Dificultad, inconveniente. ‖ **8.** *Esgr.* Parada que consiste en un movimiento circular rapidísimo de la espada, que así recorre todas las líneas de una parada general. ‖ **9.** *Á. Caribe.* Brebaje para contrarrestar el veneno de las mordeduras de serpiente o los efectos de los embrujos, hechicerías o maleficios. ‖ **a la ~.** LOC.ADV. **1.** En actitud contraria a una opinión, un criterio o un orden imperante. U. t. c. loc. adj. ‖ **2.** *Dep.* Al contraataque. ‖ **en ~.** LOC.ADV. En oposición de algo. ‖ **hacer** a alguien **la ~.** LOC.VERB. coloq. Oponerse a lo que quiere o le importa. ‖ **llevar** a alguien **la ~.** LOC.VERB. coloq. llevar la contraria. □ V. **gol en ~.**

contra². F. contraventana.

contra³. I. F. **1.** Movimiento de oposición al Gobierno revolucionario de Nicaragua en la década de 1980. ‖ **II.** ADJ. **2.** Perteneciente o relativo a la contra. *Organizaciones contras.* ‖ **3.** Partidario de dicho movimiento. U. t. c. s.

contraalmirante. COM. *Mar.* Oficial general de la Armada, inmediatamente superior al capitán de navío e inferior al vicealmirante.

contraanálisis. M. **1.** Análisis clínico para comprobar los resultados de otro anterior. ‖ **2.** *Esp.* Resultado de este análisis.

contraargumentación. F. Acción y efecto de contraargumentar.

contraargumentar. INTR. Argumentar como respuesta a una argumentación anterior, especialmente para oponerse a ella. U. t. c. tr.

contraargumento. M. Argumento que se emplea para oponerlo a otro anterior.

contraatacar. TR. Reaccionar ofensivamente contra el avance del enemigo, del rival o del equipo contrario.

contraataque. M. **1.** Reacción ofensiva contra el avance del enemigo, de un rival o del equipo contrario. ‖ **2.** pl. *Mil.* Líneas fortificadas que oponen los sitiados a los ataques de los sitiadores.

contrabajete. M. Composición musical para voz de bajo profundo.

contrabajista. COM. contrabajo (‖ músico).

contrabajo. I. M. **1.** Instrumento musical de cuerda tocado con arco, el más grande y el de sonido más grave entre los de su familia. El intérprete, que está sentado, lo apoya en el suelo para tocarlo. ‖ **2.** *Mús.* Voz más grave y profunda que la del bajo ordinario. ‖ **3.** *Mús.* Persona que tiene esta voz. ‖ **II.** COM. **4.** Músico que toca el contrabajo.

contrabajón. M. *Mús.* Instrumento de viento que suena una octava más grave que el bajón.

contrabajonista. COM. *Mús.* Persona que toca el contrabajón.

contrabalancear. TR. Compensar, contrapesar.

contrabandear. INTR. Ejercitar el contrabando.

contrabandeo. M. Acción de contrabandear.

contrabandista. I. ADJ. **1.** Que practica el contrabando. *Barco contrabandista.* Apl. a pers., u. t. c. s. ‖ **II.** COM. **2.** Persona que se dedica a la defraudación de la renta de aduanas.

contrabando. M. **1.** Comercio o producción de géneros prohibidos por las leyes a los particulares. ‖ **2.** Introducción o exportación de géneros sin pagar los derechos de aduana a que están sometidos legalmente. ‖ **3.** Mercancías o géneros prohibidos o introducidos fraudulentamente. ‖ **4.** Aquello que es o tiene apariencia de ilícito, aunque no lo sea. *Venir de contrabando. Llevar algún contrabando.* ‖ **5.** Cosa que se hace contra el uso ordinario.

contrabarrera. F. Segunda fila de asientos en los tendidos de las plazas de toros.

contrabatería. F. *Mil.* Batería que se pone en contra de otra del enemigo.

contrabloqueo. M. *Mar.* En la guerra moderna, conjunto de operaciones destinadas a restar eficacia al bloqueo enemigo o a destruir las armas que para mantenerlo se emplean.

contracambio. M. *Com.* Importe del segundo cambio que se origina al recambiar una letra.

contracancha. F. Faja de terreno contigua y paralela a la cancha del frontón.

contracara. F. Aspecto o lado negativo, alternativo u opuesto de algo.

contracción. F. **1.** Acción y efecto de contraer o contraerse. ‖ **2.** *Gram.* Fenómeno morfofonológico que consiste en unir dos palabras, la segunda de las cuales suele empezar por vocal, en una sola; p. ej., *al* por *a el; del* por *de el; esotro* por *ese otro.*

contracepción. F. anticoncepción.

contraceptivo, va. ADJ. anticonceptivo. U. t. c. s. m.

contrachapado, da. ADJ. Dicho de un tablero: Formado por varias capas finas de madera encoladas de modo que sus fibras queden entrecruzadas. U. t. c. s. m.

contrachapeado, da. ADJ. contrachapado. U. t. c. s. m.

contraclave. F. *Arq.* Cada una de las dovelas inmediatas a la clave de un arco o bóveda.

contraconcepción. F. anticoncepción.

contraconceptivo, va. ADJ. anticonceptivo. U. t. c. s. m.

contracorriente. F. Corriente que fluye en sentido contrario a otra. ‖ **a ~.** LOC.ADV. **1.** En contra de la corriente. *Nadar a contracorriente.* ‖ **2.** En contra de la opinión general. *Vivir a contracorriente.*

contractibilidad. F. contractilidad (‖ facultad de contraerse).

contráctil. ADJ. Capaz de contraerse con facilidad. *Fibras contráctiles.*

contractilidad. F. **1.** Cualidad de contráctil. ‖ **2.** Facultad de contraerse que poseen ciertas partes de cuerpos organizados.

contractivo, va. ADJ. Que contrae. *Política fiscal contractiva.*

contracto, ta. ADJ. Formado por contracción. *Del es una forma contracta.*

contractual. ADJ. Procedente del contrato o derivado de él. *Relación contractual.*

contractura. F. *Med.* Contracción involuntaria, duradera o permanente, de uno o más grupos musculares.

contracubierta. F. Cubierta de la parte trasera de un libro o de una revista.

contracultura. F. **1.** Movimiento social que rechaza los valores, modos de vida y cultura dominantes. ‖ **2.** Conjunto de valores característicos de este movimiento y, por ext., de otras actitudes de oposición al sistema de vida vigente.

contracultural. ADJ. Perteneciente o relativo a la contracultura. *Movimiento contracultural.*

contracurva. F. En una carretera, un camino, etc., curva situada a continuación de otra y de sentido contrario.

contradanza. F. Baile de figuras, que ejecutan muchas parejas a un tiempo.

contradecir. TR. **1.** Dicho de una persona: Decir lo contrario de lo que otra afirma, o negar lo que da por cierto. U. t. c. prnl. ‖ **2.** Dicho de una cosa: Probar que algo no es cierto o no es correcto. *Los últimos análisis contradicen el diagnóstico.* ¶ MORF. conjug. c. *decir*, salvo la 2.ª pers. sing. del imper.: *contradice.* U. t. el fut. imperf. de indic. y el condic. regs.; part. irreg. **contradicho.**

contradicción. F. **1.** Acción y efecto de contradecir. ‖ **2.** Afirmación y negación de proposiciones que al oponerse recíprocamente se invalidan. ‖ **3. oposición** (‖ contrariedad). ☐ V. **espíritu de ~, principio de ~.**

contradicho, cha. PART. IRREG. de **contradecir.**

contradictor, ra. ADJ. Que contradice. Apl. a pers., u. t. c. s.

contradictoria. F. *Fil.* Cada una de las dos proposiciones, de las cuales una afirma lo que la otra niega, y no pueden ser a un mismo tiempo verdaderas ni a un mismo tiempo falsas.

contradictorio, ria. ADJ. **1.** Que tiene contradicción con algo. ‖ **2.** Dicho de una persona: Dada a contradecirse. ☐ V. **juicio ~.**

contradiós. M. Acción absurda o vituperable. MORF. pl. **contradioses.**

contraejemplo. M. Ejemplo que contradice lo que se ha pretendido mostrar con otro.

contraer. I. TR. **1.** Estrechar, juntar algo con otra cosa. *Contraer el puño.* ‖ **2.** Celebrar el contrato matrimonial. *Contraer matrimonio. Contraer nupcias.* ‖ **3.** Adquirir costumbres, vicios, enfermedades, resabios, deudas, etc. ‖ **4.** Asumir obligaciones o compromisos. ‖ **5.** Reducir el discurso a una idea, a un solo punto. U. t. c. prnl. ‖ **II.** PRNL. **6.** Reducirse a menor tamaño. *Contraerse un músculo.* U. t. c. tr. ¶ MORF. conjug. c. *traer.*

contraescarpa. F. *Mil.* Pared en talud del foso enfrente de la escarpa.

contraespionaje. M. Servicio de defensa de un país contra el espionaje de potencias extranjeras.

contrafagot. M. Instrumento musical, análogo al fagot, cuya tesitura es una octava más grave que la de este. MORF. pl. **contrafagots.**

contrafallar. TR. En algunos juegos de naipes, poner un triunfo superior al que había jugado quien falló antes.

contrafigura. F. Persona o maniquí con aspecto muy parecido al de uno de los personajes de la obra dramática u otro espectáculo teatral, que a los ojos del público aparenta ser este mismo personaje.

contrafilo. M. Filo que se suele sacar algunas veces a las armas blancas de un solo corte, por la parte opuesta a este y en el extremo inmediato a la punta.

contrafoque. M. *Mar.* Foque, más pequeño y de lona más gruesa que el principal, que se enverga y orienta más adentro que él, o sea por su cara de popa.

contrafoso. M. En los teatros, segundo foso, practicado debajo del primero.

contrafuerte. M. **1.** Pieza de cuero con que se refuerza el calzado, por la parte del talón. ‖ **2.** Cadena secundaria de montañas. ‖ **3.** *Arq.* Machón saliente en el paramento de un muro, para fortalecerlo. ‖ **4.** *Mil.* Fuerte que se hace enfrente de otro.

contrafuga. F. *Mús.* Especie de fuga, en la cual la imitación del tema se ejecuta en sentido inverso.

contragolpe. M. **1.** Golpe dado en respuesta a otro. U. t. en sent. fig. *Se trató de dar un golpe del Congreso contra el Gobierno, y este dio un contragolpe.* ‖ **2.** *Dep.* Reacción ofensiva contra el avance del equipo contrario. ‖ **3.**

Med. Efecto producido por un golpe en sitio distinto del que sufre la contusión.

contraguerrilla. F. Tropa ligera organizada para operar contra las guerrillas.

contrahacer. TR. **1.** Hacer una copia de una cosa tan parecida a ella que apenas se distingan una de otra. ‖ **2.** Falsificar algo con malos propósitos. *Contrahacer billetes.* ‖ **3.** Imitar, remedar. *Tomó la gorra queriendo contrahacer a un militar.* ¶ MORF. conjug. c. *hacer.* Se acentúa en los hiatos que lo exigen: *contrahíce, contrahízo...;* part. irreg. **contrahecho.**

contrahecho, cha. PART. IRREG. de **contrahacer.** ‖ ADJ. Que tiene torcido o corcovado el cuerpo. Apl. a pers., u. t. c. s.

contrahechura. F. Imitación fraudulenta de algo.

contrahílo. a ~. LOC. ADV. Dicho de tejer: En dirección opuesta al hilo.

contrahuella. F. Plano vertical del escalón o peldaño.

contraindicación. F. *Med.* Acción y efecto de contraindicar.

contraindicado, da. PART. de **contraindicar.** ‖ ADJ. *Med.* Dicho de un agente terapéutico: Perjudicial en una determinada afección o dolencia.

contraindicante. M. *Med.* Síntoma que contradice la indicación del remedio que parecía conveniente.

contraindicar. TR. *Med.* Señalar como perjudicial, en ciertos casos, determinado remedio, alimento o acción.

contrainsurgencia. F. Operación militar o política opuesta a una insurgencia con el fin de sofocarla.

contrainteligencia. F. **contraespionaje.**

contralmirante. COM. *Mar.* **contraalmirante.**

contralor. M. *Am.* Funcionario encargado de examinar las cuentas y la legalidad de los gastos oficiales.

contraloría. F. *Am.* Órgano encargado de examinar la legalidad y corrección de los gastos públicos.

contralto. I. M. **1.** *Mús.* Voz media entre la tiple y la de tenor. ‖ **II.** COM. **2.** *Mús.* Persona que tiene esta voz.

contraluz. M. **1.** Vista o aspecto de las cosas desde el lado opuesto a la luz. U. menos c. f. ‖ **2.** Fotografía tomada en estas condiciones. U. menos c. f.

contramaestre. M. **1.** Jefe de uno o más talleres o tajos de obra. ‖ **2.** *Mar.* Oficial de mar que dirige la marinería, bajo las órdenes del oficial de guerra.

contramanifestación. F. Manifestación convocada en oposición a otra de modo que se celebren simultáneamente.

contramano. a ~. LOC. ADV. En dirección contraria a la corriente o a la prescrita por la autoridad.

contramarca. F. **1.** Segunda marca que se pone en fardos, animales, armas y otras cosas para distinguirlos de los que no llevan más que la primera, o para otros fines. ‖ **2.** Derecho de cobrar un impuesto, poniendo su señal en las mercancías que ya lo pagaron. ‖ **3.** Este mismo impuesto. ‖ **4.** Marca con que se resella una moneda o medalla.

contramarcar. TR. Poner contramarca.

contramarcha. F. **1.** Retroceso que se hace del camino que se lleva. ‖ **2.** *Mar.* Cambio sucesivo de rumbo, en un mismo punto, de todos los buques de una línea. ‖ **3.** *Mil.* Evolución con que una tropa vuelve el frente a donde tenía la espalda.

contramarchar. INTR. *Mil.* Hacer contramarcha.

contramarco. M. *Carp.* Segundo marco que se clava en el cerco o marco que está fijo en la pared, para poner en él las puertas vidrieras.

contramarea. F. Marea contraria a otra.

contramina. F. *Ingen.* Comunicación de dos o más minas, por donde se logra limpiarlas, extraer los desmontes y sacar los minerales.

contramuelle. M. Muelle, generalmente opuesto a otro principal.

contramuralla. F. *Mil.* falsabraga.

contramuro. M. *Mil.* falsabraga.

contranatural. ADJ. Contrario al orden de la naturaleza.

contraofensiva. F. *Mil.* Ofensiva que se emprende para contrarrestar la del enemigo. U. t. en sent. fig. *Las empresas rivales montarán una contraofensiva publicitaria.*

contraoferta. F. Oferta que se hace frente a otra anterior.

contraorden. F. Orden con que se revoca otra que antes se ha dado.

contrapar. M. *Arq.* Cabrio de la armadura del tejado.

contrapariente. ADJ. Pariente de parientes. U. m. c. s.

contrapartida. F. 1. Cosa que tiene por objeto compensar lo que se recibe de alguien. || 2. Asiento que figura en el haber y tiene su compensación en el debe, o viceversa.

contrapás. M. *Danza.* Cierta figura o paso en la contradanza. MORF. **contrapases.**

contrapaso. M. *Mús.* En el canto, emisión o interpretación, por unos cantantes, de las notas normales, en tanto que otros hacen la inflexión que sirve de cobertura a la voz.

contrapear. TR. *Carp.* Aplicar unas piezas de madera contra otras, de manera que sus fibras estén cruzadas.

contrapelo. a ~. LOC.ADV. 1. Contra la inclinación o dirección natural del pelo. || 2. coloq. Contra el curso o modo natural de algo, violentamente.

contrapesar. TR. 1. Servir de contrapeso. *Su cuerpo contrapesa el del niño.* || 2. Igualar, compensar, subsanar algo con otra cosa. *Su actuación contrapesaba las consecuencias del accidente.*

contrapeso. M. 1. Peso que se pone a la parte contraria de otro para que queden en equilibrio. || 2. Cosa que se considera y estima suficiente para equilibrar o moderar otra que preponda y excede. *El contrapeso sindical de la política empresarial.*

contrapicado. M. *Cinem.* y *TV.* Procedimiento inverso al picado.

contrapié. a ~. LOC.ADV. En posición forzada, en mala postura de los pies. U. t. en sent. fig. *Los avances tecnológicos me han cogido a contrapié; no puedo seguirlos.*

contrapilastra. F. *Arq.* Resalte que se hace en el paramento de un muro a uno y otro lado de una pilastra o media columna unida a él.

contrapoder. M. Poder que intenta contrarrestar al poder establecido.

contraponer. TR. 1. Comparar o cotejar algo con otra cosa contraria o distinta. *El autor contrapone la alegría de vivir a la triste sociedad de aquella época.* || 2. Poner una cosa contra otra para estorbarle su efecto. U. t. c. prnl. *Su acción se contrapone a las anteriores.* ¶ MORF. conjug. c. *poner*; part. irreg. **contrapuesto.**

contraportada. F. 1. *Impr.* Página que se pone frente a la portada con el nombre de la serie a que pertenece el libro y otros detalles sobre este. || 2. Última página de una publicación periódica.

contraposición. F. Acción y efecto de contraponer.

contraprestación. F. *Der.* Prestación que debe una parte contratante por razón de la que ha recibido o debe recibir de la otra.

contraproducente. ADJ. Se dice del dicho o acto cuyos efectos son opuestos a la intención con que se profiere o ejecuta.

contraprogramación. F. Estrategia televisiva que consiste en modificar de manera sorpresiva la programación anunciada para contrarrestar la de la competencia.

contraproposición. F. **contrapropuesta.**

contrapropuesta. F. Propuesta que pretende sustituir a otra ya formulada.

contraprueba. F. *Impr.* Segunda prueba que sacan los impresores o estampadores.

contrapuerta. F. Puerta situada inmediatamente detrás de otra.

contrapuesto, ta. PART. IRREG. de **contraponer.**

contrapuntear. I. TR. 1. *Mús.* Cantar de contrapunto. || II. INTR. 2. *Am. Mer.* Dicho de dos o más cantantes populares: Cantar versos improvisados. U. t. c. prnl. || 3. *Á. Andes* y *Ant.* competir. U. t. c. prnl. || 4. *Á. Andes, Á. Caribe* y *Méx.* Dicho de dos o más personas: Estar en disputa. U. t. c. prnl. || III. PRNL. 5. Dicho de dos o más personas: Picarse o resentirse entre sí.

contrapunteo. M. 1. Acción y efecto de **contrapuntearse** (|| resentirse). || 2. *Am. Mer., Ant.* y *Méx.* Confrontación de pareceres. || 3. *Á. Caribe.* Acción y efecto de **contrapuntear** (|| cantar versos improvisados).

contrapuntista. COM. *Mús.* Compositor que practica el contrapunto con cierta preferencia o con mucha pericia.

contrapuntístico, ca. ADJ. *Mús.* Perteneciente o relativo al contrapunto.

contrapunto. M. 1. *Mús.* Concordancia armoniosa de voces contrapuestas. || 2. *Mús.* Arte de combinar, según ciertas reglas, dos o más melodías diferentes. || 3. Contraste entre dos cosas simultáneas. || 4. *Á. Andes* y *Chile.* Desafío de dos o más poetas populares. || 5. *Á. Caribe.* Ejecución musical en la que compiten dos cantadores, que se acompañan con ritmo de joropo llanero. □ V. **payada de ~.**

contrariar. TR. 1. Contradecir, resistir las intenciones y propósitos, procurar que no se cumplan. || 2. Disgustar, enfadar. *Acepté una taza por no contrariarlo.* U. t. c. prnl. ¶ MORF. conjug. c. *enviar.*

contrariedad. F. 1. Oposición que tiene una cosa con otra. || 2. Accidente que impide o retarda el logro de un deseo. || 3. Disgusto o enfado.

contrario, ria. I. ADJ. 1. Dicho de una persona o de una cosa: Que se muestra completamente diferente a otra; en el otro extremo. *Idea contraria.* U. t. c. s. || 2. Que daña o perjudica. *Discurso contrario a los intereses del país.* || II. M. y F. 3. Persona que tiene enemistad con otra. || 4. Persona que lucha, contiende o está en oposición con otra. U. t. c. adj. || **al ~.** LOC.ADV. Al revés, de un modo opuesto. || **de lo ~.** LOC.ADV. En caso contrario. || **en contrario.** LOC.ADV. en contra. || **llevar** a alguien **la ~.** LOC.VERB. coloq. Decir o hacer lo contrario de lo que dice, opina o desea. ‖ **por el, o lo, ~.** LOCS. ADVS. **al contrario.**

contrarreforma. F. **1.** hist. Movimiento religioso, intelectual y político destinado a combatir la reforma protestante. ORTOGR. Escr. con may. inicial. ‖ **2.** Reforma contraria a otra reforma. *Contrarreforma fiscal.*

contrarreloj. ADJ. Se dice de la carrera, generalmente ciclista, en que los participantes corren distanciados desde la salida y se clasifican según el tiempo invertido por cada uno para llegar a la meta. U. t. en sent. fig. *Edición contrarreloj.* U. t. c. s. f. MORF. pl. **contrarrelojes**; pl. invar. c. adj. *Etapas contrarreloj.*

contrarrelojista. COM. Ciclista especializado en carreras contrarreloj.

contrarréplica. F. Contestación dada a una réplica.

contrarrestar. TR. **1.** Resistir, hacer frente y oposición. *Contrarrestar un ataque.* ‖ **2.** Paliar, neutralizar el efecto de algo. *Contrarrestar una enfermedad. Contrarrestar una opinión.* ‖ **3.** Volver la pelota desde la parte del saque.

contrarresto. M. Acción y efecto de contrarrestar.

contrarrevolución. F. Revolución en sentido contrario de otra anterior.

contrarrevolucionario, ria. **I.** ADJ. **1.** Perteneciente o relativo a la contrarrevolución. *Período contrarrevolucionario.* ‖ **II.** M. y F. **2.** Persona que favorece o es partidaria de la contrarrevolución.

contrasentido. M. **1.** Interpretación contraria al sentido natural de las palabras o expresiones. ‖ **2.** Concepto opuesto a lo que parecería deducirse de proposiciones antecedentes. ‖ **3.** Despropósito, disparate.

contraseña. F. **1.** Seña secreta que permite el acceso a algo, a alguien o a un grupo de personas antes inaccesible. ‖ **2.** Segunda marca en animales y cosas para distinguirlos mejor. ‖ **3.** *Inform.* Secuencia de caracteres secreta que permite el acceso de un usuario a un sistema. ‖ **4.** *Mil.* Palabra o signo que, juntamente con el santo y seña, asegura el mutuo reconocimiento de personas, rondas y centinelas.

contraseñar. TR. Poner una contraseña en uno o más objetos.

contrastante. ADJ. Que **contrasta** (‖ muestra notable diferencia con algo).

contrastar. **I.** TR. **1.** Ensayar o comprobar y fijar la ley, peso y valor de las monedas o de otros objetos de oro o plata, y sellar estos últimos con la marca del contraste cuando ejecuta la operación el perito oficial. ‖ **2.** Comprobar la exactitud de pesas y medidas por ministerio público, para que estén ajustadas a la ley, y acreditarlo sellándolas. ‖ **3.** Comprobar la exactitud o autenticidad de algo. *Su método curativo está suficientemente contrastado.* ‖ **II.** INTR. **4.** Dicho de una cosa: Mostrar notable diferencia, o condiciones opuestas, con otra, cuando se comparan ambas.

contraste. M. **1.** Acción y efecto de contrastar. ‖ **2.** Oposición, contraposición o diferencia notable que existe entre personas o cosas. ‖ **3.** En la imagen fotográfica o televisiva, inexistencia o escasez de tonos intermedios, de tal manera que resaltan mucho lo claro y lo oscuro. ‖ **4.** Marca que se graba en objetos de metal noble como garantía de haber sido contrastado. ‖ **5.** Persona u oficina dedicada al examen de medidas. ‖ **6.** Relación entre el brillo de las diferentes partes de una imagen. ‖ **7.** Sustancia que introducida en el organismo

hace observables, por rayos X u otro medio exploratorio, órganos que sin ella no lo serían.

contrastivo, va. ADJ. *Ling.* Que compara elementos o sistemas de dos lenguas con vistas a describir sus diferencias. *Gramática contrastiva.*

contrata. F. **1.** Instrumento, escritura o simple obligación firmada con que las partes aseguran los contratos que han hecho. ‖ **2.** Ese mismo contrato o convenio. ‖ **3.** Contrato que se hace con el Gobierno, con una corporación o con un particular, para ejecutar una obra material o prestar un servicio por precio o precios determinados.

contratación. F. Acción y efecto de contratar.

contratante. ADJ. Que contrata. *Parte contratante.* Apl. a pers., u. t. c. s.

contratapa. F. Carne de vaca que está entre la babilla y la tapa.

contratar. TR. **1.** Pactar, convenir, comerciar, hacer contratos o contratas. *Contratar la ejecución de un pozo.* ‖ **2.** Ajustar a alguien para algún servicio. *Contratar una secretaria.*

contratenor. M. **1.** *Mús.* Voz masculina que posee un timbre femenino. ‖ **2.** *Mús.* Cantante que tiene voz de contratenor.

contratiempo. M. Accidente o suceso inoportuno que obstaculiza o impide el curso normal de algo. **‖ a ~.** LOC. ADV. *Mús.* Se usa cuando la duración de una nota se extiende a dos tiempos del compás, no comprendiendo sino una parte del primero.

contratista. COM. Persona que por contrata ejecuta una obra material o está encargada de un servicio para el Gobierno, para una corporación o para un particular. U. t. c. adj.

contrato. M. **1.** Pacto o convenio, oral o escrito, entre partes que se obligan sobre una materia o cosa determinada, y a cuyo cumplimiento pueden ser compelidas. ‖ **2.** Documento que recoge las condiciones de este convenio. ‖ **~ administrativo.** M. *Der.* Aquel en que una de las partes es la Administración pública y tiene por objeto un servicio o actividad públicos. ‖ **~ aleatorio.** M. *Der.* contrato en el que una de las prestaciones consiste en un hecho fortuito o eventual; p. ej., el contrato de seguro. ‖ **~ consensual.** M. *Der.* El que se perfecciona por el solo consentimiento. ‖ **~ de alquiler.** M. *Der.* contrato de arrendamiento de cosa. ‖ **~ de arrendamiento.** M. **1.** *Der.* contrato de locación y conducción. ‖ **2.** *Der.* Aquel por el cual una persona se obliga a ejecutar una obra o prestar un servicio a otro mediante cierto precio. ‖ **~ de cambio.** M. *Com.* Aquel en cuya virtud se recibe de alguien cierta cantidad de dinero para ponerlo a disposición o a la orden de quien lo entrega, en pueblo distinto, para lo cual se le da letra o libranza. ‖ **~ de comodato.** M. *Der.* Préstamo de uso, con la obligación de devolver la cosa prestada en un determinado plazo. ‖ **~ de compraventa, o ~ de compra y venta.** M. *Der.* El que tiene por objeto la entrega de una cosa determinada a cambio de un precio cierto. ‖ **~ de depósito.** M. *Der.* Acuerdo destinado a procurar la guarda y custodia de una cosa mueble ajena, que impone a quien recibe dicha cosa la obligación de devolverla en cuanto lo requiera la persona que hizo la entrega. ‖ **~ de locación y conducción.** M. *Der.* Convención mutua en virtud de la cual se obliga el dueño de bienes muebles o inmuebles a conceder a alguien el uso y disfrute de ellos por tiempo determinado, mediante cierto precio o servicio que ha de satisfacer quien los recibe. || **~ de obra.** M. El que dura hasta la finalización de un trabajo determinado. || **~ de seguro.** M. *Der.* contrato por el que una persona se obliga, mediante el cobro de un precio o prima y para el caso de que se produzca el hecho cuyo riesgo es objeto de cobertura, a indemnizar, dentro de los límites pactados, los daños producidos al asegurado. || **~ de sociedad.** M. *Der.* El que obliga a dos o más personas a poner en común dinero, bienes o servicios, para la consecución de un fin común, normalmente lucrativo. || **~ perfecto.** M. Aquel que tiene todos los requisitos para su plena eficacia jurídica.

contratorpedero. M. **cazatorpedero.**

contratransferencia. F. En el psicoanálisis, conjunto de reacciones afectivas conscientes o inconscientes del psicoanalista hacia ciertos sentimientos del paciente.

contratuerca. F. Tuerca auxiliar que se superpone a otra para evitar que esta se afloje por efecto de la vibración o por otras causas.

contravalación. F. *Mil.* Acción y efecto de contravalar.

contravalar. TR. *Mil.* Construir por el frente del ejército que sitia una plaza una línea fortificada semejante a la que se construye por la retaguardia.

contravalor. M. Precio o valor que se da a cambio de lo que se recibe.

contravención. F. Acción y efecto de contravenir.

contraveneno. M. Medicamento para contrarrestar los efectos del veneno.

contravenir. TR. Obrar en contra de lo que está mandado. *Contravenir un precepto.* U. menos c. intr. *Contravenir a la normativa legal.* MORF. conjug. c. *venir.*

contraventana. F. **1.** Puerta que interiormente cierra sobre la vidriera. || **2.** Puerta de madera que se pone en la parte de afuera para mayor protección de las ventanas y vidrieras.

contraventor, ra. ADJ. Que contraviene. U. t. c. s.

contrayente. ADJ. Que contrae. Apl. a pers., u. m. c. s.

contre. M. *Chile.* **molleja** (|| estómago de las aves).

contreras. M. coloq. Individuo que lleva la contraria en sus actos o en sus palabras.

contri. M. *Chile.* **molleja** (|| estómago de las aves).

contribución. F. **1.** Acción de contribuir. || **2.** Cosa con que se contribuye. *Sus investigaciones fueron una contribución a la medicina moderna.* || **3.** Cuota o cantidad que se paga para algún fin, y principalmente la que se impone para las cargas del Estado. || **~ de guerra.** F. Exacción extraordinaria que los ejércitos beligerantes imponen a las poblaciones que toman u ocupan. || **~ directa.** F. La que pesa sobre personas, bienes o usos determinados. || **~ indirecta.** F. La que grava determinados actos de producción, comercio o consumo. || **~ territorial.** F. La que ha de tributar la riqueza rústica. || **~ urbana.** F. La que se impone a los bienes inmuebles en centros de población. || **poner a ~.** LOC.VERB. Recurrir a cualesquiera medios que pueden cooperar en la consecución de un fin.

contribuidor, ra. ADJ. Que contribuye. Apl. a pers., u. t. c. s.

contribuir. **I.** INTR. **1.** Dicho de una persona: Dar o pagar la cuota que le corresponde por un impuesto o repartimiento. || **II.** TR. **2.** Concurrir voluntariamente con una cantidad para determinado fin. || **3.** Ayudar y

concurrir con otros al logro de algún fin. ¶ MORF. conjug. c. *construir.*

contributario, ria. M. y F. Tributario o contribuyent▮ con otras personas en el pago de un tributo.

contributivo, va. ADJ. Perteneciente o relativo a la▮ contribuciones y otros impuestos. □ V. **pensión ~, pen▮ sión no ~.**

contribuyente. **I.** ADJ. **1.** Que contribuye. *La educ▮ ción es un factor contribuyente a la reducción de la p▮ breza.* || **II.** COM. **2.** *Der.* Persona obligada por ley a▮ pago de un impuesto.

contrición. F. **1.** En el sacramento de la penitencia, d▮ lor y pesar de haber pecado ofendiendo a Dios. || **2.** Arre▮ pentimiento de una culpa cometida.

contrincante. COM. Persona que pretende algo e▮ competencia con otra u otras.

contristar. TR. Afligir, entristecer. U. t. c. prnl.

contrito, ta. ADJ. Que siente contrición. *Delincuent▮ contrito.*

control. M. **1.** Comprobación, inspección, fiscalización▮ intervención. || **2.** Dominio, mando, preponderancia▮ || **3.** Oficina, despacho, dependencia, etc., donde se con▮ trola. || **4.** **puesto de control.** || **5.** Regulación, manua▮ o automática, sobre un sistema. || **6.** *Mec.* Mando o dis▮ positivo de regulación. || **7.** *Mec.* Tablero o panel dond▮ se encuentran los mandos. U. m. en pl. || **~ de natalidad▮** M. Limitación del número de nacimientos. || **~ remot▮** M. Dispositivo que regula a distancia el funcionamient▮ de un aparato, mecanismo o sistema. □ V. **puesto de ~▮ torre de ~.**

controlador, ra. **I.** M. y F. **1.** Persona que controla▮ U. t. c. adj. || **2. controlador aéreo.** || **II.** M. **3.** *Inform.* Pro▮ grama que permite a una computadora u ordenado▮ manejar los componentes que tiene instalados. || **~ aé▮ reo, a.** M. y F. Técnico especializado que tiene a su carg▮ la orientación, regulación, vigilancia, etc., del despegu▮ y aterrizaje de aviones en un aeropuerto.

controlar. **I.** TR. **1.** Ejercer el control. *El cerebro con▮ trola los movimientos del cuerpo.* || **II.** PRNL. **2.** mode▮ rarse. *Cuando bebe no sabe controlarse.*

controversia. F. Discusión de opiniones contrapuestas▮ entre dos o más personas.

controversial. ADJ. *Am.* controvertido.

controversista. COM. Persona que escribe o trata so▮ bre puntos de controversia.

controvertido, da. PART. de **controvertir.** || ADJ. Que▮ es objeto de discusión y da lugar a opiniones contra▮ puestas. *Temas controvertidos.*

controvertir. INTR. Discutir extensa y detenidament▮ sobre una materia defendiendo opiniones contrapues▮ tas. U. t. c. tr. MORF. conjug. c. *sentir.*

contubernio. M. **1.** Alianza o liga vituperable. || **2.** Co▮ habitación ilícita.

contumacia. F. Tenacidad y dureza en mantener un▮ error.

contumaz. ADJ. **1.** Rebelde, obstinado y tenaz en man▮ tener un error. *Bebedor contumaz.* || **2.** Propio o carac▮ terístico de una persona contumaz. *Pasión contumaz.*

contumelia. F. Oprobio, injuria u ofensa dicha a al▮ guien en su cara.

contundencia. F. Cualidad de **contundente** (|| que pro▮ duce impresión en el ánimo).

contundente. ADJ. **1.** Dicho de un instrumento o de▮ un acto: Que produce contusión. || **2.** Que produce gran▮

impresión en el ánimo, convenciéndolo. *Argumento, razón, prueba contundente.*

ontundir. TR. Magullar, golpear. U. t. c. prnl.

onturbación. F. Inquietud, turbación.

onturbado, da. PART. de conturbar. ‖ ADJ. Revuelto, intranquilo. *Ánimo conturbado.*

onturbador, ra. ADJ. Que conturba. *Situación conturbadora.*

onturbar. TR. Alterar, turbar, inquietar. U. t. c. prnl.

ontusión. F. Daño que recibe alguna parte del cuerpo por golpe que no causa herida exterior.

ontusionar. TR. magullar. U. t. c. prnl.

ontuso, sa. ADJ. Que ha recibido contusión. Apl. a pers., u. t. c. s. ☐ V. **herida** ~.

onuco. M. **1.** *Ant.* hist. Porción de tierra que los indios taínos dedicaban al cultivo. ‖ **2.** *Á. Caribe.* Parcela de tierra de poca extensión destinada al cultivo de frutos a pequeña escala, casi sin regadío ni laboreo.

onuquero, ra. M. y F. *Á. Caribe.* Propietario o habitante de un conuco.

onurbación. F. Conjunto de varios núcleos urbanos inicialmente independientes y contiguos por sus márgenes, que al crecer acaban formando una unidad funcional.

onvalecencia. F. Estado del convaleciente.

onvalecer. INTR. **1.** Recobrar las fuerzas perdidas por enfermedad. ‖ **2.** Dicho de una persona o de una colectividad: Salir del estado de postración o peligro en que se encuentran. ¶ MORF. conjug. c. *agradecer.*

onvaleciente. ADJ. Que convalece. Apl. a pers., u. t. c. s.

onvalidación. F. Acción y efecto de convalidar.

onvalidar. TR. **1.** En un país, institución, facultad, sección, etc., dar validez académica a estudios aprobados en otro país, institución, etc. ‖ **2.** Confirmar o revalidar, especialmente los actos jurídicos. *Convalidar unos plebiscitos de los años 30.*

onvección. F. *Fís.* Transporte en un fluido de una magnitud física, como masa, electricidad o calor, por desplazamiento de sus moléculas debido a diferencias de temperatura.

onvecino, na. ADJ. Que tiene vecindad con otro en una misma localidad. *Familias convecinas.* U. t. c. s.

onvectivo, va. ADJ. *Fís.* Perteneciente o relativo a la convección.

onvector, ra. I. ADJ. **1.** *Fís.* Perteneciente o relativo a la convección. *Fusión convectora.* ‖ **II.** M. **2.** Aparato de calefacción que transmite el calor por convección del aire.

onvencedor, ra. ADJ. Que convence. *Labia convencedora.* Apl. a pers., u. t. c. s.

onvencer. TR. Incitar, mover con razones a alguien a hacer algo o a mudar de dictamen o de comportamiento. U. t. c. prnl. *Terminó por convencerse DE que le convenía.*

onvencimiento. M. Acción y efecto de convencer.

onvención. F. **1.** Ajuste y concierto entre dos o más personas o entidades. ‖ **2.** Norma o práctica admitida tácitamente, que responde a precedentes o a la costumbre. ‖ **3.** Reunión general de un partido político o de una agrupación de otro carácter, para fijar programas, elegir candidatos o resolver otros asuntos. ‖ ~ **colectiva de trabajo.** F. *Am.* convenio colectivo.

onvencional. ADJ. **1.** Perteneciente o relativo al convenio o pacto. *Bases convencionales de un tratado.* ‖ **2.** Que resulta o se establece en virtud de preceden-

tes o de costumbre. *Acuerdo convencional.* ‖ **3.** Dicho de una persona, de una actitud, de una idea, etc.: Poco originales y acomodadizas. ‖ **4.** Dicho de un acto, de una costumbre, de una indumentaria, etc.: Que se atienen a las normas mayoritarias observadas. ‖ **5.** Dicho de un arma: Tradicional, por oposición a las biológicas, nucleares o químicas. ‖ **6.** Dicho de un conflicto bélico: En que solo se utiliza armamento convencional.

convencionalismo. M. Forma de conducta que, por tradición o uso social, adopta como norma un grupo determinado. U. m. en pl.

convencionalista. ADJ. **1.** Perteneciente o relativo al convencionalismo. *Ideas convencionalistas.* ‖ **2.** Que actúa según convencionalismos. U. t. c. s.

convenenciero, ra. ADJ. Que solo atiende a sus conveniencias, sin otras miras ni preocupaciones. *Actitud convenenciera.*

convenible. ADJ. **conveniente.**

conveniencia. F. **1.** Utilidad, provecho. ‖ **2.** Ajuste, concierto y convenio. ‖ **3.** Correlación y conformidad entre cosas distintas. ‖ **4. comodidad.** ‖ **5.** pl. **convencionalismos.**

conveniente. ADJ. Útil, oportuno, provechoso. *Tratamiento conveniente.*

convenio. M. **1.** Ajuste, convención, contrato. ‖ **2. convenio colectivo.** ‖ ~ **colectivo.** M. Acuerdo vinculante entre los representantes de los trabajadores y los empresarios de un sector o empresa determinados, que regula las condiciones laborales.

convenir. I. INTR. **1.** Importar, ser a propósito, ser conveniente. *Conviene que no haga mucho calor.* ‖ **2.** Ser de un mismo parecer y dictamen. *Los peritos convinieron EN que era una falsificación.* ‖ **3.** Corresponder, pertenecer. *La definición no conviene a la palabra.* ‖ **II.** TR. **4.** Decidir algo de acuerdo con otra u otras personas. *Convinieron que la noticia no se hiciera pública. Convinieron el precio del local.* ¶ MORF. conjug. c. *venir.* ‖ **conviene a saber.** EXPR. **es a saber.**

conventículo. M. Junta ilícita y clandestina de algunas personas.

conventillear. INTR. *Á. R. Plata* y *Chile.* **chismorrear.**

conventilleo. M. *Á. R. Plata* y *Chile.* **chismorreo.**

conventillero, ra. ADJ. *Á. R. Plata* y *Chile.* **chismoso.** U. t. c. s.

conventillo. M. **casa de vecindad.**

convento. M. **1.** Casa o monasterio en que viven los religiosos bajo las reglas de su instituto. ‖ **2.** Comunidad de religiosos que habitan en una misma casa. ‖ ~ **jurídico.** M. hist. Distrito judicial establecido en Hispania y otras provincias, a cuyas capitales acudía el gobernador con su consejo para administrar justicia.

conventual. I. ADJ. **1.** Perteneciente o relativo al convento. *Dulces conventuales.* ‖ **II.** M. **2.** Religioso que reside en un convento, o es individuo de una comunidad. ‖ **3.** Religioso franciscano cuya orden posee rentas. Los hubo en España, y hoy se conservan en otros países.

convergencia. F. Acción y efecto de converger.

convergente. ADJ. Que converge. ☐ V. **serie** ~, **sucesión** ~.

converger. INTR. **1.** Dicho de dos o más líneas: Tender a unirse en un punto. *Las dos calles convergen en la plazoleta.* ‖ **2.** Coincidir en la misma posición ante algo controvertido. *Sus opiniones convergen en la crítica a los* estatutos. || **3.** *Mat.* Dicho de una sucesión: Aproximarse a un límite.

convergir. INTR. converger.

conversa. F. coloq. Conversación, palique.

conversable. ADJ. Tratable, sociable, comunicable.

conversación. F. **1.** Acción y efecto de hablar familiarmente una o varias personas con otra u otras. || **2.** pl. Reuniones mantenidas para hablar de un tema. || **dar ~.** LOC.VERB. Entretener a alguien hablando con él. || **dejar caer** algo **en la ~.** LOC.VERB. coloq. Decirlo afectando descuido.

conversacional. ADJ. **1.** Perteneciente o relativo a la conversación. *Grabación conversacional.* || **2.** Dicho del lenguaje: **coloquial.**

conversador, ra. ADJ. Dicho de una persona: Que sabe hacer amena e interesante la conversación. U. t. c. s.

conversar. INTR. **1.** Dicho de una o de varias personas: Hablar con otra u otras. En América, u. t. c. tr. *Ya hemos conversado ese asunto.* || **2.** *Mil.* Hacer conversión.

conversatorio. M. *Ant.* Reunión concertada para tratar un tema. *Conversatorios de paz.*

conversión. F. **1.** Acción y efecto de convertir o convertirse. || **2.** *Mil.* Mutación del frente, de una fila, girando sobre uno de sus extremos.

conversivo, va. ADJ. Que tiene virtud de convertir algo en otra cosa. *Crisis conversivas.*

converso, sa. **I.** ADJ. **1.** Dicho de un musulmán o de un judío: Convertido al cristianismo. U. t. c. s. || **2.** Que ha cambiado de religión o de ideología. || **II.** M. **3.** En algunas órdenes y congregaciones religiosas, **lego** (|| profeso sin opción al sacerdocio).

convertibilidad. F. Cualidad de convertible. || **~ monetaria.** F. Condición de las monedas susceptibles de ser cambiadas libremente por oro o por otra moneda más generalmente aceptada en los mercados mundiales.

convertible. ADJ. **1.** *Econ.* Se dice de un activo susceptible de ser fácilmente transformado en dinero. || **2.** *Am.* **descapotable.** U. m. c. s. m.

convertidor, ra. **I.** ADJ. **1.** Que convierte o sirve para convertir. Apl. a un aparato, dispositivo o sistema, u. m. c. s. m. *Convertidor de corrientes eléctricas, analógico-digital.* || **II.** M. **2.** Aparato ideado en 1859 por el ingeniero inglés Bessemer, para convertir la fundición de hierro en acero.

convertir. **I.** TR. **1.** Hacer que alguien o algo se transforme en algo distinto de lo que era. *La locura lo ha convertido en un asesino.* U. t. c. prnl. *La piedra se ha convertido en polvo.* || **2.** Ganar a alguien para que profese una religión o la practique. U. t. c. prnl. *Se ha convertido al budismo.* || **3.** *Dep.* **transformar** (|| conseguir un tanto). || **II.** PRNL. **4.** *Fil.* Dicho de una palabra o de una proposición: Sustituirse por otra de igual significación. ¶ MORF. conjug. c. *sentir.*

convexidad. F. **1.** Cualidad de convexo. || **2.** Parte o sitio convexo.

convexo, xa. ADJ. Dicho de una curva o de una superficie: Que se asemeja al exterior de una circunferencia o de una esfera.

convicción. F. **1.** **convencimiento.** || **2.** Idea religiosa, ética o política a la que se está fuertemente adherido. U. m. en pl. *No puedo obrar en contra de mis convicciones.*

convicto, ta. **I.** ADJ. **1.** *Der.* Se dice del reo a quien legalmente se le ha probado su delito, aunque no lo haya confesado. || **II.** M. y F. **2.** **presidiario.**

convictorio. M. En los colegios de jesuitas, departamento donde viven los educandos.

convidado, da. PART. de **convidar.** || M. y F. Persona qu recibe un convite. || **como el ~ de piedra.** LOC. AD Como una estatua, mudo, quieto y grave.

convidador, ra. ADJ. Que convida. Apl. a pers., u. t. c.

convidar. TR. **1.** Dicho de una persona: Rogar a otr que la acompañe a comer o a una función o a cualquie otra cosa que se haga como obsequio. || **2.** Dar motiv para algo; persuadir, inducir o incitar a ello. *El lugar n convida al silencio.* U. t. c. intr. || **3.** Ofrecer algo a a guien. *Convidarla* CON *un obsequio.*

convincente. ADJ. Que convence. *Demostración co vincente.*

convite. M. **1.** Acción y efecto de convidar. || **2.** Funció y especialmente comida o banquete a que es convidad alguien.

convival. ADJ. Perteneciente o relativo al convite.

convivencia. F. Acción de convivir.

conviviente. **I.** ADJ. **1.** Que convive. *Pueblos conv vientes en un mismo Estado.* || **II.** COM. **2.** Cada una d las personas con quienes comúnmente se vive.

convivio. M. **convite.**

convivir. INTR. Vivir en compañía de otro u otros.

convocación. F. Acción de convocar.

convocador, ra. ADJ. Que convoca. *Organismos cor vocadores.* Apl. a pers., u. t. c. s.

convocante. ADJ. Que **convoca** (|| cita). Apl. a pers u. t. c. s.

convocar. TR. **1.** Citar, llamar a una o más persona para que concurran a un lugar o acto determinado. || **2** Anunciar, hacer público un acto, como un concurso unas oposiciones, una huelga, etc., para que pueda par ticipar quien esté interesado.

convocatoria. F. **1.** Anuncio o escrito con que se cor voca. || **2.** Acción de convocar. *Aprobó en la convocatori de septiembre.*

convocatorio, ria. ADJ. Que convoca. *Poder convoca torio.*

convolvuláceo, a. ADJ. *Bot.* Se dice de los árboles, ma tas y hierbas angiospermos dicotiledóneos, que tiene hojas alternas, corola en forma de tubo o campana, co cinco pliegues, y semillas con albumen mucilaginoso p. ej., la batata, la maravilla y la cuscuta. U. t. c. s. f ORTOGR. En f. pl., escr. con may. inicial c. taxón. *La Convolvuláceas.*

convoy. M. **1.** **tren** (|| medio de transporte). || **2.** Con junto de los buques o vehículos, efectos o pertrechos es coltados. || **3.** Escolta o guardia que se destina para lle var con seguridad y protección algo por mar o po tierra. || **4.** Conjunto de las vinagreras para el servici de la mesa. || **5.** coloq. Séquito o acompañamiento ¶ MORF. pl. **convoyes.**

convoyar. TR. Escoltar lo que se conduce de una parte a otra, para que vaya resguardado.

convulsión. F. **1.** Contracción intensa e involuntari de los músculos del cuerpo, de origen patológico. || **2** Agitación violenta de agrupaciones políticas o sociales que trastorna la normalidad de la vida colectiva. || **3** *Geol.* Sacudida de la tierra o del mar por efecto de un mo vimiento sísmico.

convulsionante. ADJ. Se dice de la terapéutica que se propone la curación o alivio de determinadas enferme dades, principalmente mentales, mediante el empleo de drogas o métodos físicos que producen convulsiones en el enfermo.

convulsionar. TR. Producir convulsiones. U. t. en sent. fig. *La inestabilidad social convulsionó el país.*

convulsionario, ria. ADJ. Dicho especialmente de un vidente o de un poseso: Que padece convulsiones.

convulsivo, va. ADJ. Perteneciente o relativo a la convulsión. *Movimientos convulsivos.* □ V. **tos ~.**

convulso, sa. ADJ. **1.** Atacado de convulsiones. *Apareció su brazo convulso.* ‖ **2.** Que se halla muy excitado. □ V. **tos ~.**

conyugal. ADJ. Perteneciente o relativo a los cónyuges. □ V. **castidad ~, débito ~, sociedad ~.**

cónyuge. COM. Persona unida a otra en matrimonio.

coña. F. coloq. Guasa, burla disimulada.

coñac. M. Aguardiente de graduación alcohólica muy elevada, obtenido por la destilación de vinos flojos y añejado en toneles de roble. MORF. pl. **coñacs.**

coñazo. M. coloq. Persona o cosa latosa, insoportable.

coñete. ADJ. *Á. Andes* y *Chile.* **tacaño.**

coño. I. M. **1.** malson. Vulva y vagina del aparato genital femenino. ‖ **2.** despect. *Chile.* **español** (‖ natural de España). ‖ **II.** ADJ. **3.** *Chile.* **tacaño.** ‖ **coño.** INTERJ. malson. Se usa para expresar diversos estados de ánimo, especialmente extrañeza o enfado.

cooficial. ADJ. Dicho especialmente de una lengua: Que es oficial junto con otra u otras lenguas.

cooficialidad. F. Condición de cooficial.

cooperación. F. Acción y efecto de cooperar.

cooperador, ra. ADJ. Que coopera. *Muestra una actitud cooperadora.* Apl. a pers., u. t. c. s. ‖ **~ necesario.** M. Der. Persona que, sin ejecutarlo directamente, participa en el delito mediante un acto imprescindible para su producción.

cooperante. I. ADJ. **1.** Que coopera. *Institución cooperante.* ‖ **II.** COM. **2.** Persona que ayuda al desarrollo de un país necesitado de él social y económicamente. □ V. **gracia ~.**

cooperar. INTR. Obrar juntamente con otro u otros para un mismo fin.

cooperativa. F. **sociedad cooperativa.**

cooperativismo. M. Tendencia a organizar un régimen de cooperación en algunos aspectos del orden económico y social.

cooperativista. ADJ. **1.** Perteneciente o relativo a la cooperación. *Presiones cooperativistas.* ‖ **2.** Partidario del cooperativismo. U. t. c. s. ‖ **3.** Que forma parte de una sociedad cooperativa. *Trabajador cooperativista.* U. t. c. s.

cooperativo, va. ADJ. **1.** Perteneciente o relativo a la cooperación. *Trabajo cooperativo.* ‖ **2.** Perteneciente o relativo a la cooperativa. *Movimiento cooperativo.* □ V. **sociedad ~.**

cooptación. F. Acción y efecto de cooptar.

cooptar. TR. Llenar las vacantes que se producen en el seno de una corporación mediante el voto de los integrantes de ella.

coordenada. F. Cada una de las líneas que sirven para determinar la posición de un punto con respecto a los ejes de referencia. U. m. en pl. ‖ **~ cartesiana.** F. Geom. Cada una de las rectas que son paralelas a cada uno de los dos ejes de referencia, trazados sobre un plano, o a alguna de las intersecciones de tres planos, con respecto a los cuales se determina la posición de un punto del espacio por las longitudes de dichas rectas, contadas desde los ejes o planos no paralelos a ellas. ‖ **~ polar.** F. Geom. Cada una de las que determinan la posición de un punto cualquiera sobre un plano, es decir, la longitud del radio vector comprendida entre el punto y el polo, y el ángulo formado por dicho radio con la línea recta llamada eje polar. □ V. **eje de ~s, origen de las ~s.**

coordenado, da. ADJ. Geom. Se dice de las líneas que sirven para determinar la posición de un punto, y de los ejes o planos a que se refieren aquellas líneas. □ V. **plano ~.**

coordinación. F. **1.** Acción y efecto de coordinar. ‖ **2.** Gram. Relación gramatical que existe entre palabras o grupos sintácticos del mismo nivel jerárquico, de forma que ninguno de ellos esté subordinado al otro.

coordinado, da. PART. de **coordinar.** ‖ ADJ. Gram. Se dice de los elementos u oraciones unidos entre sí. □ V. **oración ~.**

coordinador, ra. ADJ. Que coordina. Apl. a pers., u. t. c. s.

coordinadora. F. Junta encargada de coordinar.

coordinante. □ V. **conjunción ~.**

coordinar. TR. **1.** Disponer cosas metódicamente. *Coordinar los colores de la ropa.* ‖ **2.** Concertar medios, esfuerzos, etc., para una acción común. *Coordinar una operación policial.*

coordinativo, va. ADJ. Que puede coordinar. *Actividades coordinativas.*

copa. F. **1.** Vaso con pie para beber. ‖ **2.** Líquido que cabe en una copa. *Copa de vino.* ‖ **3.** Unidad de consumo de una bebida alcohólica. *A la cuarta copa, se emborrachó.* ‖ **4.** Conjunto de ramas y hojas que forma la parte superior de un árbol. ‖ **5.** Parte hueca del sombrero, en que entra la cabeza. ‖ **6.** Cada una de las partes huecas del sujetador de las mujeres. ‖ **7.** Brasero que tiene la forma de copa, y se hace de latón, cobre, barro o plata, con dos asas para llevarlo de una parte a otra. ‖ **8.** Cubierta cóncava de este brasero. ‖ **9.** Cada uno de los naipes del palo de copas. ‖ **10.** As de copas. ‖ **11.** Premio que se concede en certámenes deportivos. *Fue el capitán del equipo quien recibió la copa.* ‖ **12.** Competición deportiva para lograr este premio. *La primera fase de la Copa América terminó con dos resultados sorprendentes.* ‖ **13.** pl. Uno de los cuatro palos de la baraja española, en cuyos naipes se representan una o varias figuras de copas. ‖ **apurar la ~ del dolor, de la desgracia,** etc. LOCS. VERBS. Llegar al extremo del dolor y pena, de la calamidad e infortunio. □ V. **sombrero de ~, sombrero de ~ alta.**

copado, da. ADJ. *Á. Caribe.* Sobrecargado de trabajo.

copaiba. F. **1.** Árbol de la familia de las Papilionáceas, propio de América Meridional, que alcanza de 15 a 20 m de altura, copa poco poblada, hojas alternas compuestas de un número par de hojuelas ovaladas, enteras y lustrosas, y flores blancas de cuatro pétalos, en espigas axilares. Su tronco da el bálsamo de copaiba. ‖ **2.** Oleorresina de este árbol, blanca la primera que sale y dorada y más espesa la segunda. Se emplea en medicina contra las inflamaciones de las mucosas.

copal. I. ADJ. **1.** Se dice de una resina casi incolora, muy dura y sin olor ni sabor, que se emplea en barnices duros de buena calidad. U. t. c. s. m. ‖ **II.** M. **2.** Se usa como nombre común para referirse a varios árboles de la familia de las Burseráceas, de los cuales se extrae la resina del mismo nombre. En México se usa para sahumar templos o casas.

copaneco, ca. ADJ. **1.** Natural de Copán, departamento de Honduras, o de Santa Rosa de Copán, su capital. U. t. c. s. ‖ **2.** Perteneciente o relativo a este departamento y su capital.

copar. TR. **1.** Conseguir en una elección todos los puestos. *El disco ha copado los primeros puestos de las listas de ventas.* ‖ **2.** En los juegos de azar, hacer una puesta equivalente a todo el dinero con que responde la banca. ‖ **3.** *Mil.* Sorprender o cortar la retirada a una fuerza militar, haciéndola prisionera. U. t. en sent. fig. *Los demás contertulios la coparon y no supo qué contestar.*

coparticipación. F. Acción de participar a la vez con otro en algo.

copartícipe. COM. Persona que tiene participación con otra en algo.

copartidario, ria. ADJ. Que pertenece al mismo partido político. U. t. c. s.

copatrocinador, ra. ADJ. Que patrocina juntamente con otra u otras personas o entidades. *Empresa copatrocinadora.* U. m. c. s.

copatrocinar. TR. Patrocinar junto con otro u otros. *El ayuntamiento copatrocinó el congreso sobre salud.*

copear. INTR. coloq. Tomar copas.

copec. M. kopek. MORF. pl. **copecs.**

copeicillo. M. *Am.* Árbol de la familia de las Gutíferas, del mismo género que el copey, pero más pequeño que él. Se cultiva como planta de adorno.

copela. F. Vaso de forma de cono truncado, hecho con cenizas de huesos calcinados, donde se ensayan y purifican los minerales de oro o plata.

copelación. F. Acción y efecto de copelar.

copelar. TR. Fundir minerales o metales en copela para ensayos, o en hornos de copela para operaciones metalúrgicas.

copeo. M. coloq. Acción y efecto de copear.

copépodo. ADJ. *Biol.* Se dice de ciertos crustáceos de pequeño tamaño, marinos o de agua dulce, que viven libres, formando parte del plancton. U. t. c. s. m. ORTOGR. En m. pl., escr. con may. inicial c. taxón. *Los Copépodos.*

copera. F. V. **copero.**

copernicanismo. M. *Fil.* Conjunto de teorías basadas en la hipótesis heliocéntrica del astrónomo Copérnico.

copernicano, na. ADJ. **1.** hist. Perteneciente o relativo a Nicolás Copérnico, astrónomo polaco de los siglos XV y XVI. *Sistema copernicano.* ‖ **2.** Conforme al sistema de Copérnico. *Visión copernicana.* ‖ **3.** Partidario de este sistema. U. t. c. s. ‖ **4.** Dicho de un cambio de comportamiento, de una manera de pensar, etc.: Muy marcados. *Giro copernicano.*

copero, ra. **I.** ADJ. **1.** Perteneciente o relativo a la copa deportiva o a la competición para ganarla. *Partido copero.* ‖ **2.** Dicho de un juego, de un jugador o de un equipo: Apto para ganar una copa deportiva. ‖ **II.** M. **3.** hist. Hombre que tenía por oficio traer la copa y dar de beber a su señor. ‖ **III.** F. **4.** *Á. R. Plata.* Mujer de alterne.

copete. M. **1.** Pelo que se lleva levantado sobre la frente. ‖ **2.** Moño o penacho de plumas que tienen algunas aves en lo alto de la cabeza, como la abubilla, la cogujada y el pavo real. ‖ **3.** Adorno que suele ponerse en la parte superior de los espejos, sillones y otros muebles. ‖ **4.** En los sorbetes y bebidas heladas, colmo que tienen los vasos. ‖ **5.** *Á. guar.* y *Á. R. Plata.* Breve resumen y anticipación de una noticia periodística, que sigue inmediatamente al título. ‖ **6.** *Á. R. Plata.* Espuma o yerba seca que corona la boca del mate bien cebado. ‖ **bajar** a al guien **el ~.** LOC. VERB. coloq. **bajarle los humos.** ‖ d alto **~.** LOC. ADJ. Dicho de una persona, y especialment de una dama: Noble o linajuda.

copetín. M. **1.** *Am.* aperitivo (‖ bebida que se toma ar tes de una comida principal). ‖ **2.** *Á. guar.* aperitivo (‖ cc mida).

copetinera. F. *Chile.* Mujer de alterne.

copetón, na. ADJ. *Am. Mer.* Dicho de un ave: Que os tenta copete (‖ moño o penacho).

copetudo, da. ADJ. **1.** Que tiene copete. ‖ **2.** coloq. D cho de una persona: Que se envanece de su nacimient o de otras circunstancias que la distinguen.

copey. M. *Am. Cen.* y *Á. Caribe.* Árbol de la familia de la Gutíferas, de mucha altura, hojas dobles y carnosas flores inodoras amarillas y rojas, con apariencia d cera, y fruto esférico, pequeño y venenoso. MORF. pl. co peyes.

copia. F. **1.** Acción de copiar. *La copia de obras de ar está legislada.* ‖ **2.** Muchedumbre o abundancia de algo *Gran copia de gente.* ‖ **3.** Reproducción literal de un es crito o de una partitura. ‖ **4.** Obra de arte que reproduc fielmente un original. ‖ **5.** Reproducción exacta de un objeto por medios mecánicos. *La copia de una llave.* ‖ **6** Imitación de una obra ajena, con la pretensión de qu parezca original. ‖ **7.** Persona que se parece mucho otra. *Pedro es una copia de su padre.* ‖ **8.** Cada uno de lo ejemplares que resultan de reproducir una fotografía una película, una cinta magnética, un programa infor mático, etc. ‖ **~ intermedia.** F. *Cinem.* Prueba positiva d una película en celuloide de grano fino, para obtene de ella pruebas negativas, con las cuales se obtienen la copias para la exhibición.

copiador, ra. **I.** ADJ. **1.** Que copia. *Máquina copiador de llaves.* Apl. a pers., u. t. c. s. ‖ **II.** M. **2.** **libro cc piador.**

copiadora. F. Multicopista o fotocopiadora.

copiapino, na. ADJ. **1.** Natural de Copiapó. U. t. c. ‖ **2.** Perteneciente o relativo a esta provincia de Chile a su capital.

copiar. TR. **1.** Escribir en una parte lo que está escrit en otra. ‖ **2.** Escribir lo que dice alguien en un discurs seguido. *Copiar apuntes en clase.* ‖ **3.** Sacar copia de u dibujo o de una obra de pintura o escultura. ‖ **4.** Imita la naturaleza en las obras de pintura y escultura. ‖ **5** Imitar servilmente el estilo o las obras de escritores o a tistas. ‖ **6.** Imitar o remedar a alguien. ‖ **7.** En un ejei cicio de examen escrito, ayudarse consultando subrep ticiamente el ejercicio de otro examinando, libros apuntes. U. m. c. intr. *Lo sorprendieron copiando.* ¶ MOR conjug. c. *anunciar.*

copihue. M. **1.** Planta ornamental de tallo voluble, d la familia de las Liliáceas, que da una flor roja, a vece blanca, y una baya parecida al ají antes de madurar. E originaria de la zona austral de América Meridional ‖ **2.** Flor de esta planta.

copilador, ra. ADJ. **compilador.** Apl. a pers., u. t. c. ‖ **copilar.** TR. **compilar.**

copiloto. COM. Piloto auxiliar.

copinol. M. *Am. Cen.* Árbol de la familia de las Papilic náceas, propio de la América tropical, de unos siete me tros de altura, con copa espesa, tronco rugoso, hojas divididas en hojuelas ovales, lisas y coriáceas, flores en ramillete, de color amarillo claro, fruto en vaina pardusca con varias semillas. Su madera, dura y rojiza, se emplea en ebanistería.

copión, na. ADJ. coloq. Dicho de una persona: Que copia o imita obras o conductas ajenas. U. t. c. s. U. m. en sent. despect. ‖ **copión en blanco y negro.** M. *Cinem.* Copia de trabajo de una filmación revelada en blanco y negro y empleada durante el montaje.

copioso, sa. ADJ. Abundante, numeroso, cuantioso. *Comida copiosa.*

copista. COM. Persona que se dedica a copiar escritos ajenos.

copistería. F. Establecimiento donde se hacen copias.

copla. F. **1.** Combinación métrica o estrofa. ‖ **2.** Composición poética que consta solo de una cuarteta de romance, de una seguidilla, de una redondilla o de otras combinaciones breves, y que por lo común sirve de letra en las canciones populares. ‖ **3.** Canción popular española con influencia sobre todo del flamenco y de tema principalmente amoroso. ‖ **4.** Género musical correspondiente a este tipo de canciones. ‖ **5.** pl. coloq. **versos.** ‖ **~ de arte mayor.** F. La que se compone de ocho versos de doce sílabas cada uno, de los cuales riman entre sí el primero, cuarto, quinto y octavo; el segundo y tercero, y el sexto y séptimo. ‖ **~ de pie quebrado.** F. Combinación métrica en que alterna el verso corto de este nombre con otros más largos.

coplanario, ria. ADJ. Dicho de dos o más líneas o figuras: Que están en un mismo plano.

coplero, ra. M. y F. Persona que compone, canta o vende coplas, jácaras, romances y otras poesías.

copo¹. M. **1.** Cada una de las porciones de nieve trabada que caen cuando nieva. ‖ **2.** Porción de una sustancia cuya forma recuerda la de un copo. *He desayunado copos de avena.* ‖ **3.** Mechón o porción de cáñamo, lana, lino, algodón u otra materia que está en disposición de hilarse. ‖ **4.** Grumo o coágulo.

copo². M. **1.** Acción de copar. ‖ **2.** Bolsa o saco de red con que terminan varias artes de pesca. ‖ **3.** Pesca hecha con una de estas artes.

copón. M. *Rel.* En el culto católico, vaso sagrado en forma de copa grande, que contiene las hostias consagradas. ‖ **del ~.** LOC.ADJ. malson. Muy grande, tremendo. ‖ **el ~.** LOC.ADJ. malson. El colmo.

coposo, sa. ADJ. Dicho comúnmente de un árbol: Que tiene copa.

copra. F. Médula del coco de la palma.

copresidente, ta. M. y F. Presidente junto con otro u otros presidentes.

copretérito. M. *Gram.* En la terminología de A. Bello, pretérito imperfecto de indicativo.

copríncipe. M. En el Principado de Andorra, cada una de las dos personas que comparten la jefatura del Estado.

coproducción. F. **1.** Acción de coproducir. ‖ **2.** Especialmente en cine, televisión, música y teatro, producción realizada en común entre diversas empresas, generalmente de distintos países.

coproducir. TR. Especialmente en cine, televisión, música y teatro, producir algo en común entre diversas empresas, generalmente de distintos países. MORF. conjug. c. *conducir.*

coproductor, ra. ADJ. Especialmente en cine, televisión, música y teatro, que produce en común con otras empresas, generalmente de distintos países. Apl. a pers., u. t. c. s.

coprofagia. F. Ingestión de excrementos.

coprófago, ga. ADJ. Que ingiere excrementos. *Especies coprófagas.* U. t. c. s.

coprolalia. F. Tendencia patológica a proferir obscenidades.

coprolito. M. **1.** Excremento fósil. ‖ **2.** *Med.* Cálculo intestinal formado de concreción fecal endurecida.

copropiedad. F. Propiedad compartida por dos o más personas o entidades.

copropietario, ria. ADJ. Que tiene dominio en algo juntamente con otro u otros. Apl. a pers., u. t. c. s.

coprotagonista. COM. Protagonista junto con otro u otros protagonistas.

coprotagonizar. TR. Protagonizar algo juntamente con otro u otros protagonistas.

copto, ta. **I.** ADJ. **1.** Cristiano de Egipto. U. t. c. s. ‖ **2.** Perteneciente o relativo a los coptos. *Rito copto.* ‖ **II.** M. **3.** Idioma antiguo de los egipcios, que se conserva en la liturgia propia del rito copto.

copucha. F. **1.** *Chile.* **mentira** (‖ expresión contraria a lo que se sabe). ‖ **2.** *Chile.* Vejiga que sirve para varios usos domésticos. ‖ **hacer ~s.** LOC.VERB. *Chile.* Inflar los carrillos.

copuchar o **copuchear.** INTR. *Chile.* Propalar noticias alarmantes, exagerando los hechos.

copuchento, ta. ADJ. *Chile.* Mentiroso, que propala noticias exageradas, que abulta las cosas.

copudo, da. ADJ. Dicho comúnmente de un árbol: Que tiene mucha copa.

cópula¹. F. **1.** Acción de copular. ‖ **2.** *Fil.* Término que une el predicado con el sujeto. ‖ **3.** *Gram.* **verbo copulativo.**

cópula². F. *Arq.* **cúpula** (‖ bóveda).

copulación. F. Acción de unirse en **cópula¹.**

copulador, ra. ADJ. Que copula o sirve para copular. *Órgano copulador.*

copular. INTR. Unirse o juntarse sexualmente. U. t. c. prnl.

copulativo, va. ADJ. Que ata, liga y junta una cosa con otra. □ V. **conjunción ~, verbo ~.**

coque. M. **1.** Combustible sólido, ligero y poroso que resulta de calcinar ciertas clases de carbón mineral. ‖ **2.** *Quím.* Residuo que se obtiene por eliminación de las materias volátiles de un combustible sólido o líquido.

coquear. INTR. *Á. Andes.* Extraer, en la boca, el jugo del acullico.

coquería. F. Fábrica donde se quema la hulla para la obtención del coque.

coqueta. F. Mueble de tocador, con espejo, usado especialmente para peinarse y maquillarse.

coquetear. INTR. **1.** En el juego amoroso, dar señales sin comprometerse. *No quiere una relación estable, solo está coqueteando con ella.* ‖ **2.** Dicho de una persona: Tener una relación o implicación pasajera en un asunto en el que no se compromete del todo o finge no hacerlo. *En su juventud coqueteó con la política. Los acróbatas coquetean con la muerte.* ‖ **3.** Tratar de agradar por mera vanidad con medios estudiados. *Coqueteó con el público durante toda la función.*

coqueteo. M. **coquetería.**

coquetería. F. **1.** Acción y efecto de coquetear. ‖ **2.** Estudiada afectación en los modales y adornos.

coquetismo. M. coquetería.

coqueto, ta. ADJ. **1.** Dicho de una persona: Que coquetea. U. t. c. s. ‖ **2.** Dicho de una persona: Presumida, esmerada en su arreglo personal y en todo cuanto pueda hacerla parecer atractiva. U. t. c. s. ‖ **3.** Dicho de una cosa: Pulcra, cuidada, graciosa. *Casa coqueta. Jardín, salón coqueto.*

coquetón, na. ADJ. **1.** Dicho de un hombre: Que procura agradar a muchas mujeres. U. t. c. s. ‖ **2.** coloq. Gracioso, atractivo, agradable.

coquimbano, na. ADJ. **1.** Natural de Coquimbo. U. t. c. s. ‖ **2.** Perteneciente o relativo a esta ciudad de Chile, capital de la provincia de Elqui.

coquina. F. Molusco acéfalo, cuyas valvas, de tres a cuatro centímetros de largo, son finas, ovales, muy aplastadas, y de color gris blanquecino con manchas rojizas. Abunda en las costas gaditanas y su carne es comestible.

coquito. M. Á. *Andes.* Fruto de una especie de palma, del tamaño de una ciruela.

coquizar. TR. Convertir la hulla en coque.

cora¹. F. hist. En la España musulmana, división territorial poco extensa.

cora². **I.** ADJ. **1.** Se dice del grupo indígena que habitaba el estado mexicano de Nayarit. U. t. c. s. m. ‖ **2.** Perteneciente o relativo a este grupo. *Tradición cora.* ‖ **II.** M. **3.** Lengua hablada por estos indios.

coracero. M. Soldado de caballería armado de coraza.

coracha. F. Saco de cuero que sirve para conducir tabaco, cacao y otros géneros de América.

coracoides. □ V. apófisis ~.

coraje. M. **1.** Impetuosa decisión y esfuerzo del ánimo, valor. ‖ **2.** Irritación, ira.

corajoso, sa. ADJ. Enojado, irritado.

corajudo, da. ADJ. **1.** colérico (‖ que fácilmente se encoleriza). ‖ **2.** Valeroso, esforzado, valiente.

coral¹. **I.** M. **1.** Celentéreo antozoo, del orden de los Octocoralarios, que vive en colonias cuyos individuos están unidos entre sí por un polipero calcáreo y ramificado de color rojo o rosado. ‖ **2.** Polipero del coral, que, después de pulimentado, se emplea en joyería. ‖ **3.** pl. Sartas de cuentas de coral, que se usan como adorno. ‖ **4.** pl. Carúnculas rojas del cuello y cabeza del pavo. ‖ **II.** F. **5.** coralillo. En México, u. c. m. ‖ **fino, na como un ~,** o **más fino, na que un ~.** LOCS.ADJS. Astuto, sagaz.

coral². **I.** ADJ. **1.** Perteneciente o relativo al coro. *Música coral.* ‖ **II.** M. **2.** *Mús.* Composición vocal armonizada a cuatro voces, de ritmo lento y solemne, ajustada a un texto de carácter religioso y que se ejecuta principalmente en las iglesias protestantes. ‖ **3.** Composición instrumental análoga a este canto. ‖ **III.** F. **4. masa coral.** □ V. hábitos ~es, masa ~.

coralífero, ra. ADJ. Dicho del fondo del mar, de las rocas, de las islas, etc.: Que tienen corales.

coralígeno, na. ADJ. Que produce coral. *Paredes coralígenas.*

coralillo. M. Serpiente de unos siete decímetros de longitud, muy delgada y con anillos rojos, amarillos y negros alternativamente. Es propia de América Meridional y muy venenosa.

coralina. F. **1.** coral (‖ celentéreo antozoo). ‖ **2.** Alga ramosa, articulada, compuesta de tallos parecidos a los de ciertos musgos, de color rojizo, gelatinosa y cubierta

por lo común con una costra de caliza blanca. Vive adhe rida a las rocas submarinas, fue considerada anti guamente como una variedad de coral y se emplea e medicina como vermífugo.

coralino, na. ADJ. De coral o parecido a él. *Formacio nes coralinas.*

corambre. F. **1.** Conjunto de cueros o pellejos, curti dos o sin curtir, de algunos animales, y en especial de toro, de la vaca, del buey o del macho cabrío. ‖ **2. cuer** (‖ odre).

córam pópulo. (Locución latina). LOC.ADV. **en público**

coránico, ca. ADJ. Perteneciente o relativo al Corán, libr en que se contienen las revelaciones de Dios a Mahoma

coraza. F. **1.** hist. Armadura de hierro o acero, com puesta de peto y espaldar. ‖ **2.** Protección, defensa. *S pone la coraza de la indiferencia.* ‖ **3. blindaje** (‖ con junto de planchas para blindar). ‖ **4.** *Zool.* Cubierta dur que protege el cuerpo de los reptiles quelonios, con aber turas para la cabeza, las patas y la cola. Está formad por la yuxtaposición de placas dérmicas, algunas d ellas soldadas a ciertos huesos.

corazón. M. **1.** *Anat.* Órgano de naturaleza muscular, co mún a todos los vertebrados y a muchos invertebrados que actúa como impulsor de la sangre y que en el hom bre está situado en la cavidad torácica. ‖ **2.** Uno de lo cuatro palos de la baraja francesa. U. m. en pl. ‖ **3** Ánimo, valor, temple. ‖ **4.** Buena voluntad. ‖ **5. dedo co razón.** ‖ **6.** Centro de algo. *El corazón de una manzano* ‖ **7.** Figura de corazón representada en cualquier su perficie o material. ‖ **8.** *Heráld.* Punto central del escudo ‖ **el ~ en un puño.** M. Indica un estado de angustia, aflic ción o depresión. *Meter, poner, tener el corazón en un puño* ‖ **abrir** alguien **su ~ a otra persona.** LOC.VERB. Descu brirle o declararle su intimidad. ‖ **a ~ abierto.** LOC.AD Med. En una intervención quirúrgica, desviando la circu lación por medio de un corazón artificial, antes d abrir las cavidades cardíacas. ‖ **anunciarle** a alguien **el ~** algo. LOC.VERB. **darle el corazón.** ‖ **arrancársele** a a guien **el ~.** LOC.VERB. Sentir gran dolor o conmiseración por algún suceso lastimoso. ‖ **atravesar el ~.** LOC.VER Mover a lástima o compasión; penetrar de dolor a a guien. ‖ **blando, da de ~.** LOC.ADJ. Que de todo se com padece. ‖ **clavarle,** o **clavársele,** a alguien **en el ~** alg LOCS.VERBS. Causarle, o sufrir, gran aflicción o senti miento. ‖ **con el ~ en la mano.** LOC.ADV. Con toda fran queza y sinceridad. ‖ **darle,** o **decirle,** a alguien **el ~** algo LOCS.VERBS. coloqs. Hacérselo presentir. ‖ **declarar** al guien **su ~.** LOC.VERB. Manifestar reservadamente la in tención que tiene, o el dolor o afán que padece. ‖ **de ~** LOC.ADV. Con verdad, seguridad y afecto. ‖ **del ~.** LOC.AD Dicho de una revista o de una noticia de prensa: Que re coge sucesos relativos a las personas famosas, especial mente vicisitudes de su vida privada. ‖ **dilatar el ~.** LO VERB. Causar o sentir consuelo o desahogo en las aflic ciones por medio de la esperanza o la conformidad. ‖ **en cogérsele** a alguien **el ~.** LOC.VERB. coloq. **acobardarse** ‖ **ensanchar el ~.** LOC.VERB. Causar o sentir consuelo desahogo en las aflicciones por medio de la esperanza o la conformidad. ‖ **helársele** a alguien **el ~.** LOC.VERB. Que darse atónito, suspenso o pasmado, a causa de un susto mala noticia. ‖ **llevar** alguien **el ~ en la mano,** o **en las manos.** LOCS.VERBS. coloqs. Ser franco y sincero. ‖ **ter se** alguien **en el ~** a otra persona. LOC.VERB. coloq. Ma nifestarle con alguna ponderación el cariño y amor qu le tiene. ‖ **no caberle** a alguien **el ~ en el pecho.** LOC. VERB. Ser magnánimo. ‖ **no tener ~.** LOC.VERB. **1.** Ser insensible. ‖ **2. no tener alma.** ‖ **no tener ~ para** decir, hacer, presenciar, etc., algo. LOC.VERB. No tener ánimo o valor bastante para ello. ‖ **partir** algo **el ~.** LOC.VERB. **partir el alma.** ‖ **partírsele** a alguien **el ~.** LOC.VERB. **partírsele el alma.** ‖ **quebrar** algo **el ~.** LOC.VERB. **partir el alma.** ‖ **salirle** a alguien **del ~** algo. LOC.VERB. Hacerlo o decirlo con toda verdad, sin ficción ni disimulo. ‖ **ser todo ~.** LOC. VERB. Ser muy generoso, bien dispuesto o benevolente. ‖ **tener el ~ en la mano,** o **en las manos.** LOCS. VERBS. coloqs. **llevar el corazón en la mano.** ‖ **tener mucho ~.** LOC.VERB. **1.** Tener nobleza y ardor en los sentimientos. ‖ **2.** Tener mucho valor. ‖ **tener un ~ de oro.** LOC.VERB. **ser todo corazón.** ‖ **tener** alguien **un ~ que no le cabe en el pecho.** LOC.VERB. coloq. **ser todo corazón.** ‖ **tocarle** a alguien **en el ~.** LOC.VERB. Mover su ánimo para el bien. □ V. **alas del ~, dedo ~, dolor de ~, pedazo del ~.**

corazonada. F. **1.** presentimiento. ‖ **2.** Impulso espontáneo con que alguien se mueve a ejecutar algo arriesgado y difícil.

corazoncillo. M. Planta herbácea medicinal de la familia de las Gutíferas, con tallo de seis a ocho decímetros de altura, ramoso en la parte superior, hojas pequeñas, elípticas, llenas de glandulitas traslúcidas y puntos negros, flores amarillas en manojos y frutos capsulares acorazonados y resinosos.

corazonista. ADJ. **1.** Perteneciente o relativo a los Sagrados Corazones de Jesús y María. *Apostolado corazonista.* ‖ **2.** Se dice de la congregación religiosa de los Sagrados Corazones y de sus miembros. Apl. a pers., u. t. c. s.

corbacho. M. hist. Vergajo con que el cómitre castigaba a los forzados.

corbata. F. **1.** Tira de seda o de otra materia adecuada que se anuda o enlaza alrededor del cuello, dejando caer los extremos. ‖ **2.** Banda o cinta guarnecida con bordado o fleco de oro o plata, que con un lazo o nudo, y caídas a lo largo las puntas, se ata en las banderas y estandartes en el cuello de la moharra como insignia de honor. ‖ **3.** En el teatro, parte del proscenio comprendida entre el borde del escenario y la línea donde suele descansar el telón. ‖ **4.** Pastel de hojaldre con almendras en forma de corbata. ‖ **~ de moño.** F. *Méx.* **pajarita** (‖ corbata que se anuda por delante en forma de lazo).

corbatero, ra. M. y F. Persona que hace o vende corbatas.

corbatín. M. Corbata corta que solo da una vuelta al cuello y se ajusta por detrás con un broche, o por delante con un lazo sin caídas.

corbeta. F. **1.** hist. Embarcación de guerra, con tres palos y vela cuadrada, semejante a la fragata, aunque más pequeña. ‖ **2.** Buque de guerra inferior a la fragata, de menor tonelaje que esta, semejante a ella en armamento antisubmarino y antiaéreo, y dedicado especialmente a la escolta de convoyes. □ V. **capitán de ~.**

corcel. M. Caballo ligero de mucha alzada.

corchar. TR. *Mar.* Unir las filásticas de un cordón o los cordones de un cabo, torciéndolos uno sobre otro.

corchea. F. *Mús.* Figura o nota musical cuyo valor es la octava parte del compasillo.

corchera. F. *Dep.* Cada una de las cuerdas provistas de flotadores de corcho u otro material, que se tienden tensas y paralelas para delimitar zonas o calles en la superficie del agua.

corchero, ra. ADJ. Perteneciente o relativo al corcho y a sus aplicaciones. *Industria corchera.*

corchete. M. **1.** Especie de broche, compuesto de macho y hembra, que se hace de alambre, de plata u otro metal y sirve para abrochar algo. ‖ **2.** Signo ortográfico doble ([ ]) usado para encerrar información complementaria o aclaratoria. Se emplea habitualmente cuando es necesario introducir alguna precisión en un enunciado que ya va entre paréntesis; p. ej., en *Una de las últimas novelas de Galdós (algunos consideran su obra* Fortunata y Jacinta *[1886-87] la mejor novela española del siglo* XIX*) fue* El caballero encantado *(1909).* También se utilizan, encerrando tres puntos suspensivos, para indicar que se ha omitido parte de un texto transcrito; p. ej., en *No pudo ver mi sonrisa [...] por lo negra que estaba la noche.* ‖ **3.** hist. Ministro inferior de justicia que se encargaba de prender a los delincuentes.

corcho. M. **1.** Tejido vegetal constituido por células en las que la celulosa de su membrana ha sufrido una transformación química y ha quedado convertida en una sustancia impermeable y elástica. Se encuentra en la zona periférica del tronco, de las ramas y de las raíces, generalmente en forma de láminas delgadas, pero puede alcanzar un desarrollo extraordinario, hasta formar capas de varios centímetros de espesor, como en la corteza del alcornoque. ‖ **2. colmena** (‖ habitación natural de las abejas). ‖ **3. colmena** (‖ recipiente para habitáculo de las abejas). ‖ **4.** Tapón que se hace de corcho para las botellas, cántaros, etc. ‖ **5.** Pieza flotante de corcho o de otra materia, de tamaño y forma variable, que, sola o con otras, sirve para sujetar las artes de pesca, y mantenerlas a una determinada profundidad. ‖ **flotar,** o **sobrenadar, como el ~ en el agua.** LOCS.VERBS. coloqs. Prevalecer y salir bien parado en los cambios o reveses de fortuna.

córcholis. INTERJ. eufem. **caramba.**

corchoso, sa. ADJ. Semejante al corcho en la apariencia o condición. *Corteza corchosa.*

corchotaponero, ra. ADJ. Perteneciente o relativo a la industria de los tapones de corcho.

corcolén. M. *Chile.* Arbusto siempre verde, de la familia de las Bixáceas, parecido al aromo por sus flores, aunque menos oloroso.

corcova. F. **joroba** (‖ curvatura anómala de la columna vertebral).

corcovado, da. PART. de **corcovar.** ‖ ADJ. Que tiene una o más corcovas. Apl. a pers., u. t. c. s.

corcovar. TR. Encorvar o hacer que algo tenga corcova.

corcovear. INTR. Dar corcovos.

corcoveo. M. *Á. Caribe.* **corcovo.**

corcovo. M. Salto que dan algunos animales encorvando el lomo.

cordada. F. Grupo de alpinistas sujetos por una misma cuerda.

cordado, da. ADJ. *Zool.* Se dice de los metazoos que tienen notocordio, bien constituido o rudimentario, durante toda su vida o, por lo menos, en determinadas fases de su desarrollo. U. t. c. s. m. ORTOGR. En m. pl., escr. con may. inicial c. taxón. *Los Cordados.*

cordaje. M. **1.** Conjunto de cuerdas de un instrumento musical de cuerda, de una raqueta de tenis, etc. ‖ **2.** *Mar.* Jarcia de una embarcación.

cordal[1]. M. **1.** Pieza colocada en la parte inferior de la tapa de los instrumentos de cuerda, que sirve para atar estas por el cabo opuesto al que se sujeta en las clavijas. || **2.** Línea superior de una sucesión de montañas.

cordal[2]. F. muela del juicio.

cordel. M. **1.** Cuerda delgada. || **2.** Vía pastoril para los ganados trashumantes, que, según la legislación de la Mesta, es de 45 varas de ancho. || **3.** *Á. Andes.* Cuerda que se arrolla al peón o trompo para hacerlo bailar. || **~ de merinas.** M. Servidumbre establecida en algunas fincas para el paso del ganado trashumante, de menos anchura que la cañada. || **a ~.** LOC. ADV. Dicho de situar edificios, arboledas, caminos, etc.: En línea recta. □ V. literatura de ~, pliegos de ~.

cordelería. F. **1.** Oficio de cordelero. || **2.** Sitio donde se hacen cordeles y otras obras de cáñamo. || **3.** Tienda donde se venden. || **4.** Conjunto de cuerdas.

cordelero, ra. I. ADJ. **1.** Perteneciente o relativo al cordel. *Industria cordelera.* || **II.** M. y F. **2.** Persona que tiene por oficio hacer o vender cordeles y otras obras de cáñamo.

cordellate. M. Tejido basto de lana, cuya trama forma cordoncillo.

cordera. F. **1.** Cría hembra de la oveja. || **2.** Mujer mansa, dócil y humilde.

corderil. ADJ. Perteneciente o relativo al cordero.

corderillo. M. Piel de cordero adobada con su lana.

cordero. M. **1.** Cría de la oveja. || **2.** Hombre manso, dócil y humilde. || **3.** por antonom. Jesucristo, Hijo de Dios. ORTOGR. Escr. con may. inicial. || **Cordero de Dios.** M. Cordero. || **~ pascual.** M. **1.** El que se come para celebrar la Pascua judía o cristiana. || **2.** cordero joven mayor que el lechal. □ V. piel de ~.

cordial. I. ADJ. **1.** Que tiene virtud para fortalecer el corazón. *Tónico cordial.* || **2.** Afectuoso, de corazón. *Saludo cordial.* || **II.** M. **3.** Bebida que se da a los enfermos, compuesta de varios ingredientes propios para confortarlos. □ V. dedo ~, flores ~es.

cordialidad. F. **1.** Cualidad de cordial (|| afectuoso). || **2.** Franqueza, sinceridad.

cordiforme. ADJ. acorazonado.

cordilla. F. **1.** Trenza de tripas de carnero, que se suele dar a comer a los gatos. || **2.** Desperdicio de tripas u otras partes de las reses que se aplica al mismo uso.

cordillera. F. Serie de montañas enlazadas entre sí.

cordillerano, na. ADJ. **1.** Perteneciente o relativo a la cordillera, y especialmente a la de los Andes. *Lagos cordilleranos.* U. m. en América. || **2.** Natural de la Cordillera. U. t. c. s. || **3.** Perteneciente o relativo a este departamento del Paraguay. □ V. perdiz ~.

cordimariano, na. M. y F. Religioso perteneciente a alguna de las congregaciones o instituciones que incluyen en su título oficial el nombre del corazón de María.

cordino. M. *Dep.* En alpinismo, cuerda auxiliar, más delgada que la normal.

corditis. F. *Med.* Inflamación de las cuerdas vocales.

córdoba. M. Unidad monetaria de Nicaragua.

cordobán. M. Piel curtida de macho cabrío o de cabra.

cordobés, sa. ADJ. **1.** Natural de Córdoba, ciudad de España, o de su provincia. U. t. c. s. || **2.** Natural de Córdoba, provincia de la Argentina, o de su capital. U. t. c. s. || **3.** Natural de Córdoba, departamento de Colombia. U. t. c. s. || **4.** Perteneciente o relativo a aquellas ciudades y provincias o a este departamento. □ V. sombrero ~.

cordón. M. **1.** Cuerda, por lo común redonda, de seda, lino, lana u otra materia filiforme. || **2.** Cuerda con qu se ciñen el hábito los religiosos de algunas órdenes. || **3** Conjunto de puestos de tropa o gente colocados de di tancia en distancia para cortar la comunicación de u territorio con otros e impedir el paso. *Cordón policia* || **4.** *Á. guar., Á. R. Plata y Chile.* bordillo. || **5.** *Á. Andes.* Cab cubierto de material aislante, que se emplea en las in talaciones eléctricas. || **6.** pl. Divisa que los militares d cierto empleo y destino llevan colgando del hombro d recho, consistente en un cordón de plata u oro, cuya puntas cuelgan iguales y rematan en dos herretes o bo las. || **~ sanitario.** M. Conjunto de elementos, medios, di posiciones, etc., que se organizan en algún lugar o pa para detener la propagación de epidemias, plagas, et || **~ umbilical.** M. *Anat.* Conjunto de vasos que unen l placenta de la madre con el vientre del feto, para qu este se nutra hasta el momento del nacimiento.

cordonazo. M. **1.** Golpe dado con un cordón. || **~ de sa Francisco.** M. Entre marineros, temporal o borrasca qu suelen experimentarse hacia el equinoccio de otoñ

cordoncillo. M. **1.** Cada una de las listas o rayas e trechas y algo abultadas que forma el tejido en alguna telas. || **2.** Labor que se hace en el canto de las moneda para que no las falsifiquen fácilmente ni las cercener || **3.** Cierto bordado lineal. || **4.** *Á. Andes.* Arbusto con fl res diminutas a lo largo del tallo, que pertenece a l familia de las Piperáceas.

cordonería. F. **1.** Conjunto de objetos que fabrica cordonero. || **2.** Oficio de cordonero. || **3.** Obrador dond se hacen cordones. || **4.** Tienda donde se venden.

cordonero, ra. M. y F. Persona que tiene por oficio ha cer o vender cordones, flecos, etc.

cordura. F. Prudencia, sensatez, buen juicio.

corea. M. *Med.* Enfermedad crónica o aguda del sistem nervioso central, que ataca principalmente a los niñ y se manifiesta por movimientos desordenados, invo luntarios, bruscos, de amplitud desmesurada, que afe tan a los miembros y a la cabeza y en los casos graves todo el cuerpo.

coreano, na. I. ADJ. **1.** Natural de Corea. U. t. c. s. || **2** Perteneciente o relativo a alguno de los dos países d Asia, Corea del Norte o Corea del Sur, que llevan est nombre. || **II.** M. **3.** Lengua propia de los coreano

corear. TR. **1.** Aclamar, aplaudir. *Corearon el discurs* || **2.** Dicho de varias personas: Cantar, recitar o hablar la vez. *Corear la lección.*

coreografía. F. **1.** Arte de componer bailes. || **2.** Art de la danza. || **3.** Conjunto de pasos y figuras de un e pectáculo de danza o baile.

coreografiar. TR. Hacer la coreografía de un espec táculo de danza o baile. MORF. conjug. c. *enviar.*

coreográfico, ca. ADJ. Perteneciente o relativo a la co reografía.

coreógrafo, fa. M. y F. Persona que crea la coreografí de un espectáculo de danza o baile.

coreuta. COM. hist. Persona que formaba parte del cor en la tragedia griega.

coriáceo, a. ADJ. **1.** Perteneciente o relativo al cuer *Piel coriácea.* || **2.** Parecido a él. *Hojas coriáceas.*

coriandro. M. cilantro.

coriano, na. ADJ. **1.** Natural de Coro. U. t. c. s. || **2.** Per teneciente o relativo a esta ciudad de Venezuela, capit del estado de Falcón.

coriariáceo, a. ADJ. *Bot.* Se dice de las plantas angiospermas dicotiledóneas, leñosas o herbáceas, con hojas opuestas o verticiladas, enteras y sin estípulas, flores pentámeras, regulares, hermafroditas, solitarias o en racimos, fruto indehiscente, y semillas con albumen córneo; p. ej., la emborrachacabras. U. t. c. s. f. ORTOGR. En f. pl., escr. con may. inicial c. taxón. *Las Coriariáceas.*

coribante. M. hist. Sacerdote de Cibeles, que en las fiestas de esta diosa danzaba, con movimientos descompuestos y extraordinarios, al son de ciertos instrumentos.

corifeo. M. **1.** Persona que es seguida de otras en una opinión, ideología o partido. ‖ **2.** Seguidor, partidario. U. m. en pl. ‖ **3.** hist. En las tragedias griegas, director del coro.

coriláceo, a. ADJ. *Bot.* Se dice de los árboles y arbustos de la familia de las Betuláceas, de hojas sencillas, alternas y con estípulas, flores en amentos, cúpula foliácea, y fruto indehiscente con semilla sin albumen; p. ej., el avellano y el carpe. U. t. c. s. f. ORTOGR. En f. pl., escr. con may. inicial c. taxón. *Las Coriláceas.*

corimbo. M. *Bot.* Inflorescencia en la que los pedúnculos florales nacen en distintos puntos del eje de aquella y terminan aproximadamente a la misma altura.

corindón. M. Piedra preciosa, la más dura después del diamante. Es alúmina cristalizada, y hay variedades de diversos colores y formas.

corinteño, ña. ADJ. **1.** Natural de Corinto. U. t. c. s. ‖ **2.** Perteneciente o relativo a este municipio y departamento de Nicaragua.

corintio, tia. ADJ. **1.** Natural de Corinto. U. t. c. s. ‖ **2.** Perteneciente o relativo a esta ciudad de Grecia. ☐ V. **basa ~, capitel ~, columna ~, orden corintio.**

corinto. M. Color de las pasas de Corinto, rojo oscuro, cercano a violáceo. U. t. c. adj. *Color corinto.* ☐ V. **pasa de Corinto.**

corion. M. *Biol.* Una de las envolturas del embrión de los reptiles, las aves y los mamíferos.

coripateño, ña. ADJ. **1.** Natural de Coripata. U. t. c. s. ‖ **2.** Perteneciente o relativo a esta localidad de la provincia de Nor Yungas, en el departamento de La Paz, Bolivia.

corisanto. M. *Chile.* Planta orquidácea.

corista. **I.** COM. **1.** Persona que canta en un coro, especialmente de ópera o zarzuela. ‖ **II.** F. **2.** En revistas musicales y espectáculos similares, mujer que canta y baila en el coro.

corito, ta. ADJ. Desnudo o en cueros. *Cuerpo corito.*

coriza. F. romadizo.

corladura. F. Barniz que, dado sobre una pieza plateada y bruñida, la hace parecer dorada.

cormorán. M. **cuervo marino.**

cornac. M. Hombre que en la India y otras regiones de Asia doma, guía y cuida un elefante. MORF. pl. **cornacs.**

cornáceo, a. ADJ. *Bot.* Se dice de los árboles y arbustos, rara vez hierbas perennes, angiospermos dicotiledóneos, con hojas sencillas y opuestas, flores generalmente tetrámeras actinomorfas, hermafroditas o unisexuales, reunidas en cabezuela, umbela o corimbo, y fruto en forma de drupa semejante a una baya, con una a cuatro semillas; p. ej., el cornejo. U. t. c. s. f. ORTOGR. En f. pl., escr. con may. inicial c. taxón. *Las Cornáceas.*

cornada. F. **1.** Golpe dado por un animal con la punta del cuerno. ‖ **2.** *Taurom.* Herida penetrante de cierta importancia causada por el asta de una res vacuna al cornear.

cornado. M. hist. Moneda antigua de cobre con una cuarta parte de plata, que tenía grabada una corona, y circuló en tiempo del rey Sancho IV de Castilla y de sus sucesores hasta los Reyes Católicos.

cornal. M. **coyunda** (‖ correa o soga con que se uncen los bueyes).

cornalina. F. Ágata de color de sangre o rojiza.

cornalón, na. ADJ. Dicho de un toro: Que tiene muy grandes los cuernos.

cornamenta. F. Conjunto de los cuernos de algunos cuadrúpedos, como el toro, la vaca, el venado y otros, especialmente cuando son de gran tamaño. U. t. en sent. fig. *En cuanto pudo, le puso la cornamenta a su pareja.*

cornamusa. F. **1.** Trompeta larga de metal, que en el medio de su longitud hace una rosca muy grande, y tiene muy ancho el pabellón. ‖ **2.** Instrumento rústico, compuesto de una especie de odre y varios cañutos donde se produce el sonido. ‖ **3.** *Mar.* Pieza de metal o madera que, curvada en sus extremos y fija por su punto medio, sirve para amarrar los cabos.

córnea. F. *Anat.* Membrana dura y transparente, situada en la parte anterior del globo ocular de los vertebrados y cefalópodos decápodos, engastada en la abertura anterior de la esclerótica y un poco más abombada que esta. A través de ella se ve el iris.

corneal. ADJ. *Anat.* y *Ópt.* Perteneciente o relativo a la córnea. *Prótesis corneal.*

cornear. TR. Dar cornadas.

corneja. F. **1.** Especie de cuervo que alcanza de 45 a 50 cm de longitud y 1 m o algo más de envergadura, con plumaje completamente negro y de brillo metálico en el cuello y dorso. El pico está un poco curvado en la mandíbula superior, y las alas plegadas no alcanzan el extremo de la cola. Vive en el oeste y sur de Europa y en algunas regiones de Asia. ‖ **2.** Ave rapaz nocturna semejante al búho, pero mucho más pequeña que este, con plumaje en que domina el color castaño ceniciento y en la cabeza dos plumas en forma de cuernos pequeños.

cornejo. M. Arbusto muy ramoso, de la familia de las Cornáceas, de tres a cuatro metros de altura, con ramas de corteza roja en invierno, hojas opuestas, enteras y aovadas, flores blancas en cima, y por fruto drupas redondas, carnosas y de color negro con pintas encarnadas.

córneo, a. ADJ. De cuerno, o de consistencia parecida a él. *Apéndice córneo.*

córner. M. **1.** *Dep.* **saque de esquina.** ‖ **2.** *Dep.* Lance del juego del fútbol en el que sale el balón del campo de juego cruzando una de las líneas de meta, tras haber sido tocado en último lugar por un jugador del bando defensor. ¶ MORF. pl. **córneres.**

cornerina. F. cornalina.

corneta. **I.** F. **1.** Instrumento musical de viento, semejante al clarín, aunque mayor y de sonidos más graves. ‖ **2.** Bandera pequeña terminada en dos puntas y con una escotadura angular en medio de ellas, que usaban en el Ejército los regimientos de dragones, y en la Marina sirve de insignia, cuya significación ha variado según los tiempos. ‖ **II.** COM. **3.** Persona que ejerce o profesa el arte de tocar la corneta. ‖ **~ de llaves.** F. Instrumento musical de viento, para banda y orquesta, parecido a la corneta, y con diversos orificios en el tubo, que se abren y cierran por medio de llaves. ‖ ~ **de monte.** F. Trompa de caza. ‖ ~ **de órdenes.** COM. Soldado que sigue al jefe para dar los toques de mando.

cornete. M. *Anat.* Cada una de las pequeñas láminas óseas y de forma abarquillada situadas en el interior de las fosas nasales.

cornetín. **I.** M. **1.** Instrumento musical de metal, que tiene casi la misma extensión que el clarín. Los hay simples, de cilindro y de pistones, y estos últimos son los que se usan más generalmente, tanto en las bandas y charangas como en las orquestas. ‖ **2.** *Mil.* Especie de clarín usado para dar los toques reglamentarios a las tropas de infantería del Ejército. ‖ **II.** COM. **3.** Persona que ejerce o profesa el arte de tocar el cornetín. ‖ ~ **de órdenes.** COM. corneta de órdenes.

cornezuelo. M. **1.** Variedad de aceituna de más de dos centímetros de largo y curvada como un cuerno. ‖ **2.** Hongo pequeño que vive parásito en los ovarios de las flores del centeno y los destruye, cuyo micelio se transforma después en un cuerpo alargado y algo curvado, como un cuerno, que cae al suelo en otoño y germina en la primavera siguiente, diseminándose entonces las esporas que en él se han formado. Se usa como medicamento.

corniabierto, ta. ADJ. Dicho de un toro: Que tiene los cuernos muy abiertos o separados entre sí.

cornicabra. F. **1.** terebinto. ‖ **2.** Variedad de aceituna larga y puntiaguda. ‖ **3.** Higuera silvestre. ‖ **4.** Mata de la familia de las Asclepiadáceas, derecha, ramosa, de hojas oblongas y opuestas, flores blanquecinas, y fruto de ocho a diez centímetros de largo, puntiagudo y algo curvo. Florece en verano y se encuentra en Canarias, en África y en las costas del Levante español.

corniforme. ADJ. De forma de cuerno. *Apéndice corniforme.*

cornigacho, cha. ADJ. Dicho de un toro: Que tiene los cuernos ligeramente inclinados hacia abajo.

cornijal. M. Punta, ángulo o esquina de un terreno, un edificio, etc.

cornisa. F. **1.** *Arq.* Coronamiento compuesto de molduras, o cuerpo voladizo con molduras, que sirve de remate a otro. ‖ **2.** *Arq.* Parte superior del cornisamento de un pedestal o edificio. ‖ **3.** Faja horizontal estrecha que corre al borde de un precipicio o acantilado. *Carretera de cornisa.*

cornisamento. M. *Arq.* Conjunto de molduras que coronan un edificio o un orden de arquitectura. Ordinariamente se compone de arquitrabe, friso y cornisa.

cornista. COM. Músico que toca el corno inglés.

corniveleto, ta. ADJ. Dicho de un toro: Cuyos cuernos, por ser poco curvos, quedan altos y derechos.

cornizo. M. cornejo.

corno. COM. cornista. ‖ ~ **inglés.** M. Oboe de mayor tamaño que el ordinario y de sonido más grave.

cornucopia. F. **1.** Espejo de marco tallado y dorado, que suele tener en la parte inferior uno o más brazos para poner velas cuya luz reverbere en el mismo espejo. ‖ **2.** Vaso en forma de cuerno que representa la abundancia.

cornuda. F. Á. *Caribe.* pez martillo.

cornudo, da. ADJ. **1.** Que tiene cuernos. ‖ **2.** Dicho del marido: Cuya mujer le ha faltado a la fidelidad conyugal. U. t. c. s.

cornúpeta. COM. Animal dotado de cuernos y, po[r] antonom., el toro de lidia.

coro[1]. M. **1.** Conjunto de personas que en una óper[a] u otra función musical cantan simultáneamente un[a] pieza concertada. ‖ **2.** Conjunto de personas reunida[s] para cantar, alabar o celebrar algo. ‖ **3.** Conjunto d[e] personas que dicen lo mismo al mismo tiempo. *El cor[o] de fanes grita el nombre de su ídolo.* ‖ **4.** hist. En la dra[ma]turgia grecolatina, conjunto de actores que cantaba[n] la parte lírica que acompañaba el curso de la acció[n.] ‖ **5.** hist. Parte que cantaba este coro. ‖ **6.** Unión o con[junto] de tres o cuatro voces, que son ordinariamente u[n] primero y un segundo tiple, un contralto y un tenor, [o] bien un tiple, un contralto, un tenor y un bajo. *Esta com[posición es a dos coros. Tiple de primer coro. Tenor d[e] segundo coro.* ‖ **7.** Pieza musical cantada por un con[junto] de personas. ‖ **8.** Conjunto de eclesiásticos, rel[i]giosos congregados en el templo para cantar o rezar lo[s] divinos oficios. *El coro de Toledo es muy numeroso.* ‖ **9.** Rezo y canto de las horas canónicas. *En la catedral, e[l] coro de la mañana empieza a las diez.* ‖ **10.** Cada una d[e] las dos bandas, derecha e izquierda, en que se divide e[l] coro para cantar alternadamente. *Aquel canónigo es d[el] coro derecho.* ‖ **11.** Recinto del templo donde se junta e[l] clero para cantar los oficios divinos. ‖ **12.** Recinto ele[va]vado, sobre la entrada del templo, destinado en su or[i]gen a un grupo de cantores. ‖ **13.** Sitio o lugar de lo[s] conventos de monjas en que se reúnen para asistir [a] los oficios y demás prácticas devotas. ‖ **14.** *Rel.* Ciert[o] número de espíritus angélicos que componen un orde[n.] Los coros son nueve. ‖ **a** ~. LOC. ADV. Cantando o di[ci]ciendo varias personas simultáneamente una mism[a] cosa. ‖ **hacer** ~. LOC. VERB. Unirse, acompañar a alguie[n] en sus opiniones. ☐ V. **infante de** ~, **libro de** ~, **niñ[o] de** ~, **vicario de** ~.

coro[2]. **de** ~. LOC. ADV. De memoria. *Decir; saber, toma[r] de coro.*

corográfico, ca. ADJ. Perteneciente o relativo a la des[c]cripción de un país, de una región o de una provincia[.]

coroideo, a. ADJ. **1.** *Anat.* Dicho de ciertas membrana[s:] Ricas en vasos. ‖ **2.** *Anat.* Perteneciente o relativo a l[as] coroides. *Venas coroideas.*

coroides. F. *Anat.* Membrana delgada, de color pard[o] más o menos oscuro, situada entre la esclerótica y la r[e]tina de los ojos de los vertebrados. Tiene una abertur[a] posterior que da paso al nervio óptico, y otra má[s] grande, en su parte anterior, cuyos bordes se continúa[n] con unos repliegues que rodean la cara interna del iri[s.]

corojo. M. Árbol americano de la familia de las Palma[s,] cuyos frutos son del tamaño de un huevo de paloma, y d[e] ellos se saca, cociéndolos, una sustancia grasa emplead[a] como manteca.

corola. F. *Bot.* Segundo verticilo de las flores completa[s,] situado entre el cáliz y los órganos sexuales, y que tien[e] por lo común vivos colores. ‖ ~ **actinomorfa.** F. *Bot.* co[rola regular.* ‖ ~ **irregular.** F. *Bot.* La que no queda divi[di]dida en dos partes simétricas por todos los planos qu[e] pasan por el eje de la flor y por la línea media de un pé[ta]talo. ‖ ~ **regular.** F. *Bot.* La que queda dividida en dos par[tes simétricas por cualquier plano que pase por el eje d[e] la flor y por la línea media de un pétalo. ‖ ~ **zigomorfa.** F. *Bot.* corola irregular.

corolario. M. Proposición que se deduce fácilmente d[e] lo demostrado antes.

coroliflora. ADJ. *Bot.* Dicho de una planta: Que tiene los estambres soldados con la corola, de modo que parecen insertos en esta. U. t. c. s. f.

corolino, na. ADJ. *Bot.* Perteneciente o relativo a la corola de las flores.

corona. F. **1.** Cerco de flores, de ramas o de metal con que se ciñe la cabeza, como adorno, insignia honorífica o símbolo de dignidad. ‖ **2.** Dignidad real. ‖ **3.** En los regímenes monárquicos, órgano constitucional al que corresponde la jefatura del Estado. ORTOGR. Escr. con may. inicial. ‖ **4.** Reino o monarquía. ORTOGR. Escr. con may. inicial. *La Corona de España, la de Inglaterra.* ‖ **5.** Patrimonio y facultad del rey. *Las posesiones de la Corona.* ORTOGR. Escr. con may. inicial. ‖ **6.** Señal de premio, galardón o recompensa. *Recibió la corona de su predecesora.* ‖ **7.** Conjunto de flores o de hojas o de las dos cosas a la vez dispuestas en círculo. *Corona funeraria.* ‖ **8.** Unidad monetaria actual de algunos países. ‖ **9.** Cosa de forma circular, especialmente en una parte alta. *Corona de estrellas.* ‖ **10.** aureola (‖ de las imágenes sagradas). ‖ **11.** coronilla (‖ parte más eminente de la cabeza). ‖ **12.** Rosario de siete dieces que se reza a la Virgen María. ‖ **13.** Sarta de cuentas con las que se reza. ‖ **14.** halo (‖ meteoro luminoso). ‖ **15.** Rueda pequeña y dentada que, en algunos relojes de bolsillo o de pulsera, sirve para darles cuerda o ponerlos en hora. ‖ **16.** Pieza o elemento artificial con que se protege o sustituye la **corona** (‖ de los dientes). ‖ **17.** arandela (‖ para evitar el roce entre dos piezas). ‖ **18.** coronamiento (‖ fin de una obra). ‖ **19.** **corona solar.** ‖ **20.** Cima de una colina o de otra altura aislada. ‖ **21.** hist. Moneda antigua de oro o plata que circuló en diversos Estados y en distintas épocas. ‖ **22.** *Anat.* Parte de los dientes de los mamíferos que sobresale de la encía. ‖ **23.** *Arq.* Una de las partes de que se compone la cornisa, que está debajo del cimacio. ‖ **24.** *Fon.* Predorso de la lengua. ‖ **25.** *Geom.* Porción de plano comprendida entre dos circunferencias concéntricas. ‖ **26.** *Mec.* Engranaje tallado en una pieza metálica con forma de corona geométrica, que es parte del diferencial de los automóviles. ‖ ~ **cívica,** o ~ **civil.** F. hist. La de ramas de encina, con que se recompensaba al ciudadano romano que había salvado la vida a otro en una acción de guerra. ‖ ~ **de barón.** F. *Heráld.* La de oro esmaltada y ceñida por un brazalete doble o por un hilo de perlas. ‖ ~ **de conde.** F. *Heráld.* La de oro, que remata en 18 perlas. ‖ ~ **de duque.** F. *Heráld.* **corona ducal.** ‖ ~ **de hierro.** F. hist. La que usaban los emperadores de Alemania cuando se coronaban como reyes de los longobardos. ‖ ~ **de infante.** F. La que es como la real, salvo que no tiene diademas y por lo cual queda abierta. ‖ ~ **del príncipe de Asturias.** F. *Heráld.* La que es como la real, a excepción de tener cuatro diademas en vez de ocho. ‖ ~ **de marqués.** F. *Heráld.* La de oro, con cuatro florones y cuatro ramos, compuesto cada uno de tres perlas, de manera que entre cada dos florones haya tres perlas, dos apareadas y otra encima de ellas. ‖ ~ **de rey.** F. **1.** Hierba medicinal de la familia de las Globulariáceas, con hojas lanceoladas, algunas de ellas con tres dientes y otras enteras, el tallo casi leñoso, y flores amarillas, irregulares, dispuestas en cabezuelas en forma de **corona.** ‖ **2.** *Heráld.* **corona real** (‖ la de oro y pedrería con ocho florones, y cerrada con diademas y cruz encima). ‖ ~ **de vizconde.** F. *Heráld.* La de oro, guarnecida solo de cuatro perlas gruesas sostenidas por puntas del mismo metal. ‖ ~ **ducal.** F. *Heráld.* La de oro, sin

diademas y con el círculo engastado de pedrería y perlas, y realzado con ocho florones semejantes a las hojas de apio. ‖ ~ **imperial.** F. *Heráld.* La de oro, con muchas perlas, ocho florones, y cerrada con diademas y cruz encima. ‖ ~ **mural.** F. **1.** La que remata el escudo de muchas poblaciones. ‖ **2.** La que figura la parte superior de una torre con almenas. ‖ ~ **olímpica.** F. hist. La de ramas de olivo, que se daba a los vencedores en los juegos olímpicos. ‖ ~ **real.** F. **1.** **corona de rey** (‖ hierba medicinal). ‖ **2.** *Heráld.* La de oro y pedrería, con ocho florones de distinta altura, cerrada con diademas a imitación de la imperial. ‖ ~ **solar.** F. *Astr.* Aureola que se observa alrededor del Sol durante los eclipses totales. ‖ ~ **triunfal.** F. hist. La que se daba al general cuando entraba triunfalmente en Roma. Al principio fue de laurel y después de oro. ‖ **ceñir,** o **ceñirse, la** ~. LOCS. VERBS. Empezar a reinar. □ V. **injerto de** ~, **mensaje de la Corona.**

coronación. F. **1.** Acto de coronar un soberano. ‖ **2.** coronamiento (‖ fin de una obra). ‖ **3.** Adorno de un edificio en su parte superior.

coronada. □ V. **testa** ~.

coronador, ra. ADJ. Que corona. Apl. a pers., u. t. c. s.

coronal. ADJ. *Fon.* Dicho de una consonante: Que se articula situando la parte predorsal de la lengua, en posición plana, frente a la parte alta de los incisivos superiores. *La* s *coronal.* U. t. c. s. f.

coronamiento. M. **1.** Fin de una obra. ‖ **2.** *Arq.* Adorno que se pone en la parte superior del edificio y le sirve como de corona. ‖ **3.** *Mar.* Parte de borda que corresponde a la popa del buque.

coronar. **I.** TR. **1.** Poner la corona en la cabeza, ceremonia que regularmente se hace con los emperadores y reyes cuando entran a reinar. U. t. c. prnl. ‖ **2.** En el juego de damas, poner una ficha sobre otra cuando esta llega a ser dama. ‖ **3.** En el ajedrez, alcanzar con un peón la última fila del tablero para cambiarlo por otra pieza cualquiera, excepto el rey. ‖ **4.** Perfeccionar, completar una obra. *Coronar un edificio.* ‖ **5.** recompensar (‖ premiar). *El éxito coronó su esfuerzo.* ‖ **6.** Ponerse en la parte superior de una fortaleza, eminencia, etc. *Coronamos la cima del monte.* ‖ **7.** Dicho de una cosa: Estar situada en la parte más alta de otra. *El Partenón corona la Acrópolis.* ‖ **8.** coloq. Dicho de una persona: Engañar a su pareja con otra persona. ‖ **II.** PRNL. **9.** Dejarse ver la cabeza del feto en el momento del parto.

coronaria. F. arteria coronaria. U. m. en pl.

coronario, ria. ADJ. **1.** Perteneciente o relativo a las arterias coronarias. *Trastornos, riesgos coronarios.* ‖ **2.** Que padece una enfermedad **coronaria.** □ V. **arteria** ~, **puente** ~.

corondel. M. **1.** *Impr.* Regleta o listón, de madera o metal, que ponen los impresores en el molde, de arriba abajo, para dividir la plana en columnas. ‖ **2.** *Impr.* Blanco producido por el uso de esta regleta.

coronel[1]. COM. *Mil.* Jefe militar que manda un regimiento. □ V. **teniente** ~.

coronel[2]. M. *Heráld.* Corona heráldica.

coronilla. F. **1.** Parte más eminente de la cabeza. ‖ **2.** tonsura (‖ porción tonsurada). ‖ **3.** *Á. R. Plata.* Árbol espinoso y de madera dura de hasta ocho metros de altura, de tronco tortuoso de color morado, copa redondeada y hojas pequeñas, coriáceas y brillantes. Su madera se utiliza para postes, carbón y leña. ‖ ~ **real.** F. **corona de rey** (‖ hierba medicinal). ‖ **estar** alguien **hasta la** ~. LOC.

VERB. coloq. Estar cansado y harto de sufrir alguna pretensión o exigencia.

coronta. F. Á. *Andes* y *Chile*. Zuro del choclo.

coroza. F. **1.** hist. Cono alargado de papel engrudado que como señal afrentosa se ponía en la cabeza de ciertos condenados, y llevaba pintadas figuras alusivas al delito o a su castigo. ‖ **2.** Capa de junco o de paja usada por los labradores en Galicia como defensa contra la lluvia, y que suele tener caperuza o capirote.

corozal. M. Á. *Caribe*. Terreno poblado de **corozos** (‖ palmeras).

corozaleño, ña. ADJ. **1.** Natural de Corozal. U. t. c. s. ‖ **2.** Perteneciente o relativo a este municipio de Puerto Rico o a su cabeza.

corozo. M. **1.** Corazón de la mazorca. ‖ **2.** Á. *Caribe*. Se usa como nombre para referirse a varias palmeras, de tronco de 6 a 9 m de altura, revestido de fuertes espinas, hojas pinnadas con hojuelas lineales, angostas y puntiagudas y fruto en drupa globular de 35 a 45 cm de diámetro. ‖ **3.** Á. *Caribe*. Fruto de estas palmeras.

corpanchón. M. Cuerpo de ave despojado de las pechugas y patas.

corpiño. M. **1.** Prenda de vestir femenina, sin mangas, escotada y ajustada, que cubre el cuerpo hasta la cintura. ‖ **2.** Á. R. *Plata*. **sostén** (‖ prenda interior femenina).

corporación. F. **1.** Organización compuesta por personas que, como miembros de ella, la gobiernan. ‖ **2.** Empresa, normalmente de grandes dimensiones, en especial si agrupa a otras menores.

corporal. I. ADJ. **1.** Perteneciente o relativo al cuerpo, especialmente al humano. *Presencia corporal. Pena corporal.* ‖ **II.** M. **2.** Lienzo que se extiende en el altar, encima del ara, para poner sobre él la hostia y el cáliz. U. m. en pl. □ V. **expresión** ~.

corporalidad. F. Cualidad de corporal.

corporativismo. M. **1.** Doctrina política y social que propugna la intervención del Estado en la solución de los conflictos de orden laboral, mediante la creación de corporaciones profesionales que agrupen a trabajadores y empresarios. ‖ **2.** En un grupo o sector profesional, tendencia abusiva a la solidaridad interna y a la defensa de los intereses del cuerpo.

corporativista. ADJ. **1.** Perteneciente o relativo al corporativismo. *Representación corporativista.* ‖ **2.** Partidario del corporativismo. U. t. c. s.

corporativo, va. ADJ. Perteneciente o relativo a una corporación. *Informe corporativo.*

corporeidad. F. Cualidad de corpóreo.

córpore insepulto. (Locución latina). **I.** LOC.ADJ. **1.** Dicho de una misa o de un funeral: de cuerpo presente. ‖ **II.** LOC.ADV. **2.** Sin enterrar. *La mantuvieron durante sesenta horas córpore insepulto.*

corporeizar. TR. Dar cuerpo a una idea u otra cosa no material. U. t. c. prnl. MORF. conjug. c. *peinar* y c. *descafeinar.*

corpóreo, a. ADJ. **1.** Que tiene cuerpo o consistencia. *Seres corpóreos.* ‖ **2.** Perteneciente o relativo al cuerpo o a su condición de tal. *Geometría corpórea.*

corporificar. TR. **corporeizar.**

corporizar. TR. **corporeizar.** U. t. c. prnl.

corps. M. hist. Se usa para referirse a algunos empleos que se destinaban principalmente al servicio del rey. □ V. **guardia de Corps, sumiller de** ~.

corpudo, da. ADJ. **corpulento.**

corpulencia. F. Grandeza y magnitud de un cuerpo natural o artificial.

corpulento, ta. ADJ. De gran corpulencia. *Árboles corpulentos.*

Corpus[1]. M. Jueves, sexagésimo día después del Domingo de Pascua de Resurrección, en el cual celebra la Iglesia católica la festividad de la institución de la eucaristía.

corpus[2]. M. Conjunto lo más extenso y ordenado posible de datos o textos científicos, literarios, etc., que pueden servir de base a una investigación. MORF. pl. invar. *Los corpus.*

corpuscular. ADJ. Que tiene corpúsculos. *Estructura corpuscular.*

corpúsculo. M. Cuerpo muy pequeño, célula, molécula, partícula, elemento.

corral. M. **1.** Sitio cerrado y descubierto, en las casas o en el campo, que sirve habitualmente para guardar animales. ‖ **2.** Especie de cercado que se hace en los ríos o en la costa del mar, para encerrar la pesca y cogerla. ‖ **3.** hist. Casa, patio o teatro donde se representaban las comedias. ‖ **4.** *Taurom*. Recinto que existe en las plazas de toros y encerraderos con departamentos comunicados entre sí por puertas, para facilitar el apartado de las reses. ‖ **5.** Á. *Caribe*. **parque** (‖ pequeño recinto para niños que aún no andan). ‖ **6.** Á. *Caribe*. Solar que se utiliza como huerto o para la cría de animales.

corrala. F. En Madrid especialmente, casa de vecindad antigua constituida por viviendas de reducidas dimensiones a las que se accede por puertas situadas en galerías o corredores que dan a un gran patio interior.

corralada. F. Corral, sitio cerrado y descubierto, y especialmente el que en Asturias y en Cantabria suele hallarse delante de la casa.

corralero, ra. I. ADJ. **1.** Perteneciente o relativo al corral. *Animal corralero.* ‖ **II.** M. y F. **2.** Persona que tiene corral donde seca y amontona el estiércol que acarrea de las caballerizas, para venderlo después. Por lo común cría también gallinas, pavos y aun cerdos.

corralito. M. **parque** (‖ pequeño recinto para niños que aún no andan).

corraliza. F. **corral** (‖ sitio cerrado para guardar animales).

correa. F. **1.** Tira de cuero u otro material que sirve para atar, ceñir o colgar. ‖ **2.** Cinturón, especialmente de cuero, para sujetar los pantalones. ‖ **3.** Cinturón de cuero con una tira pendiente, que se usa en algunos hábitos religiosos. ‖ **4.** Conjunto de dos tiras de cuero u otro material que, prendidas de un objeto y provistas de un sistema de engarce entre sí, se usan para ceñir o sujetar aquel objeto. *La correa del reloj.* ‖ **5.** Flexibilidad y extensión de que es capaz una cosa correosa, como la miel o una rama verde. ‖ **6.** Aguante, paciencia para soportar ciertos trabajos, bromas, burlas, etc. *¡Qué correa tienes, hija!* ‖ **7.** *Arq*. Cada uno de los maderos que se colocan horizontalmente sobre los pares de los cuchillos de una armadura para asegurar en ellos los contrapares. ‖ ~ **de transmisión.** F. La que, unida en sus extremos sirve, en las máquinas, para transmitir el movimiento rotativo de una rueda o polea a otra.

correaje. M. **1.** Conjunto de correas que hay en una cosa. ‖ **2.** Conjunto de correas que forman parte del equipo individual en los cuerpos armados.

correazo. M. Golpe dado con una correa.

correcaminos. M. *Méx.* Ave del orden de las Cuculiformes, de plumaje de color café grisáceo, alas y cola verde bronce, y coronilla de color de ante, que vive en zonas de hasta 2000 m de altura.

corrección. F. **1.** Acción y efecto de **corregir** (‖ enmendar lo errado). ‖ **2.** Cualidad de **correcto** (‖ libre de errores o defectos). ‖ **3.** Cualidad de la persona de conducta irreprochable. ‖ **4.** Represión o censura de un delito, de una falta o de un defecto. *Ejercicios de corrección fonética.* ‖ **5.** Alteración o cambio que se hace en las obras escritas o de otro género, para quitarles defectos o errores, o para darles mayor perfección. *Corrección de estilo.* ‖ **~ disciplinaria.** F. Castigo leve que el superior impone por faltas de algún subordinado. ‖ **~ fraterna.** F. Reconvención con que privadamente se advierte y corrige al prójimo un defecto.

correccional. **I.** M. **1.** correccional de menores. ‖ **2.** Establecimiento penitenciario destinado al cumplimiento de las penas de prisión y de presidio correccional. ‖ **II.** ADJ. **3.** Que conduce a la **corrección** (‖ reprensión de un delito). *Centro correccional.* ‖ **~ de menores.** M. Establecimiento donde se recluye a los menores de edad que han cometido algún delito.

correctivo, va. **I.** ADJ. **1.** Que corrige. *Efecto correctivo del castigo.* ‖ **2.** Que atenúa o subsana. Apl. a una acción o un elemento, u. t. c. s. m. ‖ **II.** M. **3.** Castigo o sanción generalmente leve. *Un duro correctivo electoral.*

correcto, ta. ADJ. **1.** Dicho del lenguaje, del estilo, del dibujo, etc.: Libres de errores o defectos, conformes a las reglas. ‖ **2.** Dicho de una persona: De conducta irreprochable.

corrector, ra. **I.** ADJ. **1.** Dicho de una cosa: Que corrige. *Medidas correctoras.* U. t. c. s. m. ‖ **II.** M. y F. **2.** *Impr.* Persona encargada de corregir las pruebas.

corredentor, ra. ADJ. Redentor juntamente con otro u otros. U. t. c. s.

corredera. F. **1.** En ciertas máquinas o artefactos, ranura o carril por donde resbala otra pieza que se le adapta. ‖ **2.** Calle que fue antes lugar destinado para correr caballos. ‖ **3.** *Mar.* Cordel dividido en partes iguales, sujeto y arrollado por uno de sus extremos a un carretel, y atado por el otro a la barquilla, con la cual forma un aparato destinado a medir lo que recorre la nave. ‖ **4.** *Mar.* Este mismo aparato o cualquier otro de los destinados al propio objeto. ‖ **5.** *Mec.* Pieza que en las máquinas abre y cierra alternativamente los agujeros por donde entra y sale el vapor en los cilindros. ‖ **de ~.** LOC. ADJ. Dicho de una puerta o de una ventana: Que en lugar de abrirse girando sobre los goznes lo hace deslizándose vertical o lateralmente por un carril o una ranura.

corredero, ra. **I.** ADJ. **1.** Dicho especialmente de una puerta o de una ventana: Que corre sobre carriles. ‖ **II.** M. **2.** Lugar apropiado para el acoso y derribo de las reses vacunas.

corredizo, za. ADJ. Que se desata o se corre con facilidad, como una lazada o un nudo.

corredor, ra. **I.** ADJ. **1.** Que corre mucho. Apl. a pers., u. t. c. s. ‖ **2.** Se dice de las aves de gran tamaño, de mandíbulas cortas y robustas, esternón en forma de escudo y sin quilla, y alas muy cortas que no les sirven para volar; p. ej., el avestruz y el casuario. U. t. c. s. f. ORTOGR. En f. pl., escr. con may. inicial c. taxón en desuso. *Las Corredoras.* ‖ **II.** M. y F. **3.** Persona que practica la carrera en competiciones deportivas. ‖ **4.** Mandatario que,

como comerciante acreditado, actúa vendiendo o comprando por cuenta de uno o varios mandantes. ‖ **III.** M. **5. pasillo** (‖ pieza de paso de un edificio). ‖ **6.** Cada una de las galerías que corren alrededor del patio de algunas casas, al cual tienen balcones o ventanas, si son corredores cerrados; o una balaustrada continua de piedra, hierro o madera, o meramente un pretil de cal y canto, si son corredores altos y descubiertos. ‖ **7. corredor aéreo.** ‖ **~ aéreo.** M. Ruta obligada en un determinado trayecto. ‖ **~ de fondo.** M. y F. *Dep.* Persona que participa en carreras de resistencia. □ V. **cardo ~, sapo ~.**

correduría. F. Oficio o ejercicio de corredor.

corregente. ADJ. Que tiene o ejerce la regencia juntamente con otra persona. U. t. c. s.

corregidor. M. **1.** hist. Magistrado que en su territorio ejercía la jurisdicción real y entendía en las causas y en el castigo de los delitos. ‖ **2.** hist. Juez que libremente nombraba el rey en algunas poblaciones importantes para presidir el ayuntamiento y ejercer varias funciones gubernativas.

corregimiento. M. **1.** hist. Empleo u oficio de corregidor. ‖ **2.** hist. Territorio de su jurisdicción. ‖ **3.** hist. Oficina del corregidor.

corregir. TR. **1.** Enmendar lo errado. *Corregir erratas.* ‖ **2.** Advertir, amonestar, reprender. *Corregir el comportamiento de alguien.* ‖ **3.** Dicho de un profesor: Señalar los errores en los exámenes o trabajos de sus alumnos, generalmente para darles una calificación. ‖ **4.** Disminuir, templar, moderar la actividad de algo. *Corregir el efecto de un medicamento.* ¶ MORF. conjug. c. *pedir.*

corregüela. F. correhuela.

correhuela. F. **1.** Planta de la familia de las Poligonáceas, con hojas enteras, oblongas y pequeñas, tallos cilíndricos con muchos nudos y tendidos sobre la tierra, y semilla pequeña y muy apetecida de las aves. Es medicinal. ‖ **2.** Mata de la familia de las Convolvuláceas, de tallos largos y rastreros que se enroscan en los objetos que encuentran; hojas alternas, acorazonadas y con pecíolos cortos, flores acampanadas, blancas o rosadas, y raíz con jugo lechoso. Se emplea para curar las llagas y heridas.

correlación. F. **1.** Correspondencia o relación recíproca entre dos o más cosas o series de cosas. ‖ **2.** *Fon.* Conjunto de dos series de fonemas opuestas por los mismos rasgos distintivos. ‖ **3.** *Fon.* Relación que se establece entre estas series. ‖ **4.** *Mat.* Medida de la dependencia existente entre variantes aleatorias.

correlativo, va. ADJ. Dicho de dos o más personas o cosas: Que tienen entre sí correlación o sucesión inmediata.

correlato. M. Término que corresponde a otro en una correlación.

correligionario, ria. ADJ. **1.** Que profesa la misma religión que otra persona. U. t. c. s. ‖ **2.** Que tiene la misma opinión política que otra persona, especialmente si está inscrito en el mismo partido. U. t. c. s.

correlimos. M. *Zool.* Ave limícola del orden de las Caradriformes, de hasta 25 cm de longitud, coloración críptica parda o rojiza y pico largo y fino. Es común en las costas arenosas.

correlón, na. ADJ. *Á. Caribe.* Dicho de una persona o de un animal: Que corren mucho.

correntada. F. *Am.* Corriente impetuosa de agua desbordada.

correntino, na. ADJ. **1.** Natural de Corrientes. U. t. c. s. || **2.** Perteneciente o relativo a esta provincia de la Argentina o a su capital.

correntón, na. ADJ. **1.** Amigo de **corretear** (|| andar de calle en calle, o de casa en casa). || **2.** Muy desenvuelto, festivo y bromista.

correntoso, sa. ADJ. *Am.* **torrentoso.**

correo. M. **1.** Servicio público que tiene por objeto el transporte de la correspondencia oficial y privada. U. t. en pl. con el mismo significado que en sing. || **2.** Persona que tiene por oficio llevar y traer la correspondencia de un lugar a otro. || **3.** Persona que lleva un mensaje u otro envío. || **4.** Vapor, coche, tren, etc., que lleva correspondencia. || **5.** Conjunto de cartas o pliegos de cualquier clase que se despachan o reciben. *Martín está leyendo el correo.* || **6.** Persona que lleva de un lugar a otro información, mercancías, objetos, etc., de manera clandestina. *Un correo del narcotráfico.* || **7. correo electrónico.** || **8.** pl. Edificio donde se recibe y entrega la correspondencia. || **~ aéreo.** M. Correspondencia que se expide por avión. || **~ electrónico.** M. **1.** Sistema de transmisión de mensajes por computadora u ordenador a través de redes informáticas. || **2.** Información transmitida a través de este sistema. *Ha recibido un correo electrónico del periódico.* || **~ mayor.** M. hist. Empleo que ejercía o tenía persona calificada, y a cuyo cargo estaba todo el servicio postal de España. || **~ urgente.** M. El que, respecto del ordinario, recibe una preferencia tanto en el envío como en su entrega. || **echar al ~** una carta, una postal, etc. LOC.VERB. Depositarla en un buzón para que sea enviada por correo. □ V. **apartado de ~s, lista de ~s, tren ~.**

correoso, sa. ADJ. **1.** Que fácilmente se doblega y extiende sin romperse. *La cáscara de la castaña es gruesa y correosa.* || **2.** Dúctil, maleable. *Un árbol de madera correosa.* U. t. en sent. fig. *Tiempo correoso.* U. t. en sent. despect. || **3.** Dicho del pan y de otros alimentos: Que, por la humedad u otros motivos, pierden cualidades o se revienen. || **4.** Dicho de una persona: Que en trabajos, deportes, quehaceres, etc., dispone de mucha resistencia física. *Es un tipo correoso y eficiente.*

correr. **I.** INTR. **1.** Ir deprisa. || **2.** Hacer algo con rapidez. *Si queremos terminar el trabajo, hay que correr más.* || **3.** Dicho de un fluido como el aire, el agua, el aceite, etc.: Moverse progresivamente de una parte a otra. || **4.** Dicho del viento: Soplar o dominar. || **5.** Dicho de un río: Caminar o ir por un lugar. || **6.** Ir, pasar, extenderse de una parte a otra. *El camino corre por la ladera. La cordillera corre de norte a sur.* || **7.** Dicho del tiempo: Transcurrir, tener curso. *Corre el mes, el año, las horas, los días, el tiempo, el plazo.* || **8.** Dicho de una persona: Andar rápidamente y con tanto impulso que, entre un paso y el siguiente, quedan por un momento ambos pies en el aire. || **9.** Dicho de una noticia, de un rumor, etc.: Circular, propalarse, difundirse. U. t. c. prnl. || **10.** Dicho del curso o despacho de algo: Estar a cargo de alguien. *Eso corre de mi cuenta.* || **11.** Dicho de una paga, de un sueldo o de un salario: Ir devengándose. || **12.** Partir irreflexivamente a poner en ejecución algo. *Corrió a sentarse a su lado.* || **13.** Dicho de una cosa: Estar admitida o recibida. *Correr una moneda en un país.* || **14.** Entender en algo, encargarse de ello. *Corro CON el encargo. Corro POR ello.* || **15.** Mar. Navegar con poca o ninguna vela, a causa de la mucha fuerza del viento. || **II.** TR. **16.** Sa-

car a carrera, por diversión, apuesta o experimento, e cuadrúpedo en que se cabalga. *Correr un caballo.* || **17** Perseguir, acosar. *Lo corrieron por toda la calle.* || **18.** li diar (|| los toros). || **19.** Hacer que una cosa pase o se des lice de un lado a otro, cambiarla de sitio. *Corre esa mesa Correr un poco los botones.* U. t. c. prnl. || **20. echar** (|| de poner a alguien de su empleo). *Lo corrieron a los tres días.* || **21.** Echar, pasar un cerrojo, una llave, etc. || **22** Echar o tender un velo, una cortina, etc., cuando están levantados o recogidos; y levantarlos o recogerlos, cuan do están tendidos o echados. || **23.** Estar expuesto a cier tas contingencias determinadas o indeterminadas arrostrarlas, pasar por ellas. *Correr peligro. Correr aven turas.* || **24. recorrer** (|| atravesar un espacio). *Adolfo ha corrido medio mundo.* || **25. recorrer** (|| efectuar un tra yecto). *Correr la recta final.* || **26.** hist. Recorrer en son de guerra territorio enemigo. *La proeza de Cortés consistió en correr el campo enemigo con pocos hombres.* || **27.** Avergonzar y confundir. U. t. c. prnl. || **III.** PRNL. **28.** Dicho de quienes están en línea: Moverse a un lado u otro. || **29.** Dicho de una cosa: Pasarse, deslizarse con mucha o demasiada facilidad. *Todos los bultos del maletero se corrieron al tomar la curva.* || **30.** Dicho de un color, de una tinta, de una mancha, etc.: Extenderse fuera de su lugar. || **31.** coloq. Eyacular o experimentar el orgasmo. || **32.** coloq. Ofrecer por algo más de lo debido. *No te corras al pagarle.* || **al ~ de la pluma.** LOC.ADV. a **vuelapluma.** *Escribir al correr de la pluma.* || **al ~ del tiempo.** LOC.ADV. **andando el tiempo.** || **a más ~.** LOCS. ADVS. Con la máxima velocidad, violencia o ligereza posible. || **~la.** LOC.VERB. coloq. Andar en diversiones o en lances peligrosos o ilícitos, especialmente si es a deshora de la noche.

correría. F. **1.** Viaje, por lo común corto, a varios puntos, volviendo a aquel en que se tiene la residencia. U. m. en pl. || **2.** hist. Hostilidad que hace la gente de guerra, arrasando y saqueando el país.

correspondencia. F. **1.** Acción de corresponder o corresponderse. || **2. correo** (|| conjunto de cartas que se despachan o reciben). *Se ha publicado su correspondencia privada.* || **3.** Comunicación por escrito entre dos o más personas. *Mantienen correspondencia desde que se conocieron.* || **4.** Relación que realmente existe o convencionalmente se establece entre los elementos de distintos conjuntos o colecciones. || **5.** Relación entre términos de distintas series o sistemas que tienen en cada uno igual significado, caracteres o función. *Estas palabras no tienen correspondencia en japonés.* || **6.** Comunicación entre habitaciones, estancias, ámbitos o líneas de metro. || **~ biunívoca.** F. *Mat.* La que existe o se establece entre los elementos de dos conjuntos cuando, además de ser unívoca, es recíproca; es decir, cuando a cada elemento del segundo conjunto corresponde, sin ambigüedad, uno del primero. || **~ inversa,** o **~ recíproca.** F. *Mat.* La que invierte una correspondencia entre dos conjuntos, relacionando los elementos del segundo con los del primero en sentido opuesto al original. || **~ unívoca.** F. *Mat.* Aquella en que a cada elemento del primer conjunto corresponde inequívocamente un elemento del segundo.

corresponder. **I.** INTR. **1.** Pagar con igualdad, relativa o proporcionalmente, afectos, beneficios, etc. *La gente lo saludaba y él correspondía con una sonrisa.* U. t. c. tr. || **2.** Tocar o pertenecer. *Eso le corresponde al* *médico.* ‖ **3.** Dicho de una cosa: Tener proporción con otra. U. t. c. prnl. *Los resultados se corresponden con el esfuerzo realizado.* ‖ **4.** Dicho de un elemento de un conjunto, de una colección, de una serie o de un sistema: Tener relación, realmente existente o convencionalmente establecida, con un elemento de otro. ‖ **II.** PRNL. **5.** Atenderse y amarse recíprocamente. ‖ **6.** Dicho de una habitación, de una estancia o de un ámbito: Comunicarse con otro.

correspondiente. ADJ. **1.** Proporcionado, conveniente, oportuno. *Se colocará en el hoyo correspondiente.* ‖ **2.** Se dice de cada uno de los miembros no numerarios de una corporación, que por lo general residen fuera de la sede de esta y colaboran con ella por correspondencia, con deberes y derechos variables según los reglamentos de cada corporación. *Académico correspondiente.* ‖ **3.** Que tiene correspondencia con una persona o con una corporación. U. t. c. s. *Un correspondiente anónimo.*

corresponsabilidad. F. Responsabilidad compartida.

corresponsal. **I.** COM. **1.** Persona que habitualmente y por encargo de un periódico, cadena de televisión, etc., envía noticias de actualidad desde otra población o país extranjero. ‖ **II.** **2.** **correspondiente** (‖ que tiene correspondencia). U. t. c. s. *Mi corresponsal durante el servicio militar.*

corresponsalía. F. **1.** Cargo de corresponsal de un periódico, cadena de televisión, agencia de noticias, etc. ‖ **2.** Lugar donde se ejerce el cargo de corresponsal.

corretaje. M. **1.** Comisión que perciben los corredores de comercio sobre las operaciones que realizan. ‖ **2.** Diligencia y trabajo que pone el corredor en los ajustes y ventas. *Se dedicó al corretaje de productos agrícolas durante dos años.*

correteada. F. Á. *Andes, Chile* y *Méx.* Acción y efecto de **corretear** (‖ correr).

corretear. **I.** INTR. **1.** coloq. Correr en varias direcciones dentro de limitado espacio por juego o diversión. ‖ **2.** coloq. Andar de calle en calle o de casa en casa. ‖ **II.** TR. **3.** Á. *Andes, Chile* y *Méx.* **correr** (‖ perseguir). ‖ **4.** Á. *R. Plata.* Hacer un recorrido por los negocios de uno o varios ramos para realizar ventas o para conseguir pedidos de compra. *Corretea vinos.*

correteo. M. Acción y efecto de corretear.

corretón, na. ADJ. **1.** Que corretea o gusta de corretear. *Mozo corretón.* ‖ **2.** *Taurom.* Dicho de un toro de lidia: Que corre por el ruedo sin atender al engaño.

correturnos. COM. Obrero suplente del fijo cuando este libra.

correveidile. COM. coloq. Persona que lleva y trae cuentos y chismes. MORF. pl. invar. o **correveidiles**.

corrida. F. **1.** corrida de toros. ‖ **2.** **carrera** (‖ acción de correr). *Corrida de San Silvestre.* ‖ **3.** vulg. **orgasmo**. ‖ **4.** *Esp.* Conjunto de toros que se lidian en una corrida. *Es un ganadero que este año ha llevado una corrida muy floja a Sevilla.* ‖ **5.** Á. *R. Plata.* **carrera** (‖ puntos que se sueltan en un tejido). ‖ **~ de toros.** F. Fiesta que consiste en lidiar cierto número de toros en una plaza cerrada.

corrido, da. PART. de **correr**. ‖ **I.** ADJ. **1.** Que excede un poco del peso o de la medida que se trata. *Tres kilos corridos.* ‖ **2.** Avergonzado, confundido. *Quedó muy corrido.* ‖ **3.** Dicho de una parte de un edificio: Continua, seguida. *Arquitrabe corrido.* ‖ **4.** coloq. Dicho de una persona: De mundo, experimentada y astuta. ‖ **II.** M. **5.** Cobertizo hecho a lo largo de las paredes de los corrales. ‖ **6.** Romance cantado, propio de Andalucía. ‖ **7.** *Am.* Ro-

mance o composición octosilábica con variedad de asonancias. ‖ **8.** *Méx.* Cierto baile y la música que lo acompaña. ‖ **corrido de la costa.** M. Romance o jácara que se suele acompañar con la guitarra al son del fandango. ‖ **de corrido.** LOC.ADV. **1.** Con presteza y sin entorpecimientos. ‖ **2.** De memoria. □ V. **alero ~, balcón ~, barba ~, letra ~, semana ~.**

corriente. **I.** ADJ. **1.** Que corre. *Arroyos corrientes y cristalinos.* ‖ **2.** Dicho de una semana, de un mes, de un año o de un siglo: Actuales o que van transcurriendo. ‖ **3.** Que sucede con frecuencia. *Estas lluvias son corrientes en otoño.* ‖ **4.** Medio, común, regular, no extraordinario. *Un piso muy corriente.* ‖ **II.** F. **5.** Movimiento de traslación continuado, permanente o accidental, de una masa de materia fluida, como el agua o el aire, en una dirección determinada. ‖ **6.** Masa de materia fluida que se mueve de este modo. ‖ **7.** **corriente eléctrica.** ‖ **8.** corriente de aire que se establece en una casa o habitación entre las puertas y ventanas. *Cierra la ventana, que hay corriente.* ‖ **9.** Curso, movimiento o tendencia de los sentimientos o de las ideas. ‖ **~ alterna.** F. *Electr.* La eléctrica que invierte periódicamente el sentido de su movimiento con una determinada frecuencia. ‖ **~ continua.** F. *Electr.* La eléctrica que fluye siempre en el mismo sentido. ‖ **~ eléctrica.** F. **1.** *Electr.* Magnitud física que expresa la cantidad de electricidad que fluye por un conductor en la unidad de tiempo. Su unidad en el Sistema Internacional es el *amperio* (A). ‖ **2.** *Electr.* Flujo de cargas eléctricas a través de un conductor. ‖ **~ en chorro.** F. *Meteor.* Haz de vientos de forma tubular y una anchura de 500 km que, en la zona de transición entre la troposfera y la estratosfera, a una altura de 10 a 12 km se mueve de oeste a este a gran velocidad. ‖ **al ~.** LOC.ADV. Sin atraso, con exactitud. *Lleva al corriente su negociado.* ‖ **~ y moliente.** LOC.ADJ. coloq. **corriente** (‖ medio, común). ‖ **dejarse llevar de la ~.** LOC.VERB. Conformarse con la opinión de la mayoría, aunque se conozca que no es la más acertada. ‖ **estar al ~ de** algo. LOC.VERB. Estar enterado de ello. ‖ **ir contra ~,** o **contra la ~.** LOCS. VERBS. **navegar contra corriente.** ‖ **llevarle** a alguien **la ~.** LOC.VERB. Seguirle el humor, mostrarse conforme con lo que dice o hace. ‖ **navegar contra ~,** o **contra la ~.** LOCS.VERBS. **1.** Pugnar contra el común sentir o la costumbre. ‖ **2.** Esforzarse por lograr algo, luchando con graves dificultades o inconvenientes. ‖ **poner** a alguien **al ~ de** algo. LOC.VERB. Enterarlo de ello. ‖ **seguir la ~.** LOC.VERB. Seguir la opinión de la mayoría sin examinarla. ‖ **seguirle** a alguien **la ~.** LOC.VERB. coloq. **llevarle la corriente.** □ V. **agua ~, cuenta ~, intensidad de la ~, moneda ~.**

corrillo. M. Corro donde se juntan algunas personas a discutir y hablar, separados del resto de la gente. En pl., u. m. en sent. peyor.

corrimiento. M. **1.** Acción y efecto de correr o correrse. ‖ **2.** *Agr.* Accidente que padece la vid en la época de la floración cuando, por efecto del frío, del viento o de la lluvia, se imposibilita o entorpece la fecundación y resultan los racimos desmedrados o sin fruto.

corro. M. **1.** Grupo de personas reunidas formando un círculo. ‖ **2.** Juego de niños que forman un círculo, cogidos de las manos, y cantan dando vueltas en derredor. ‖ **3.** Espacio circular o casi circular. *Corro de montañas.* ‖ **hacer ~.** LOC.VERB. Hacer lugar, apartando o apartándose la gente que está apiñada o reunida sin orden. ‖ **ha-**

cer ~ aparte varias personas. LOC.VERB. Reunirse en un pequeño grupo dentro de una reunión mayor, para hablar entre sí.

corroboración. F. Acción y efecto de corroborar.

corroborante. ADJ. Que corrobora. *Elemento corroborante.*

corroborar. TR. Dar mayor fuerza a la razón, al argumento o a la opinión aducidos, con nuevos raciocinios o datos. U. t. c. prnl.

corroborativo, va. ADJ. Que corrobora o confirma. *Testigo corroborativo.*

corroer. TR. **1.** Desgastar lentamente una cosa como royéndola. *La carcoma ha corroído la madera.* U. t. c. prnl. || **2.** Sentir los efectos de una gran pena o del remordimiento hasta hacerse visibles en el semblante o arruinar la salud. || **3.** Producir corrosión química. U. t. c. prnl. ¶ MORF. conjug. c. *roer.*

corromper. TR. **1.** Echar a perder, dañar, pudrir. U. t. c. prnl. *Corromperse la carne por el paso del tiempo.* || **2.** Sobornar a alguien con dádivas o de otra manera. U. t. c. prnl. || **3.** Pervertir o seducir a alguien. *Corromper a un menor.* U. t. c. intr. y c. prnl. || **4.** Estragar, viciar. *Corromper las costumbres, el habla, la literatura.* U. t. c. prnl.

corroncha. F. *Am. Cen.* Superficie escamosa, áspera y dura.

corroncho. M. *Á. Caribe.* Se usa como nombre para referirse a varias especies de peces de agua dulce, de pequeño tamaño, con caparazón duro de color marrón oscuro, escamoso y áspero al tacto. Su carne es blanca y comestible.

corronchoso, sa. ADJ. *Á. Caribe.* Escamoso, áspero, duro.

corrosión. F. **1.** Acción y efecto de corroer. || **2.** *Quím.* Destrucción paulatina de los cuerpos metálicos por acción de agentes externos, persista o no su forma.

corrosivo, va. ADJ. **1.** Que corroe o tiene virtud de corroer. *Líquido corrosivo.* || **2.** Dicho de una persona, de su lenguaje, de su humor, etc.: Mordaces, incisivos, hirientes. □ V. **sublimado ~.**

corrugar. TR. Dotar a una superficie lisa de estrías o resaltes de forma regular y conveniente para asegurar su inmovilidad respecto de otra inmediata, facilitar la adherencia de esta, protegerla, etc. *Cartón corrugado.*

corrupción. F. **1.** Acción y efecto de corromper. || **2.** Vicio o abuso introducido en las cosas no materiales. *Corrupción de costumbres.* || **3.** *Der.* En las organizaciones, especialmente en las públicas, práctica consistente en la utilización de las funciones y medios de aquellas en provecho, económico o de otra índole, de sus gestores. || **~ de menores.** F. *Der.* Delito consistente en promover o favorecer la prostitución de menores o adultos incapaces, su utilización en actividades pornográficas o su participación en actos sexuales que perjudiquen el desarrollo de su personalidad.

corruptela. F. **1.** **corrupción.** || **2.** Mala costumbre o abuso, especialmente los introducidos contra la ley.

corruptibilidad. F. Cualidad de corruptible.

corruptible. ADJ. Que puede corromperse. *Material corruptible.*

corruptivo, va. ADJ. Que corrompe o tiene virtud para corromper. *Prácticas corruptivas.*

corrupto, ta. ADJ. Que se deja o ha dejado sobornar, pervertir o viciar. *Sistema corrupto.* Apl. a pers., u. t. c. s.

corruptor, ra. ADJ. Que corrompe. Apl. a pers. u. t. c. s.

corruscante. ADJ. **curruscante.**

corsario, ria. I. ADJ. **1.** hist. Se dice del buque que andaba al corso, con permiso del Gobierno de su nación. || **2.** hist. Se dice del capitán de un buque corsario y de su tripulación. U. t. c. s. || **II.** M. y F. **3. pirata.**

corsé. M. **1.** Prenda interior armada con ballenas usada por las mujeres para ceñirse el cuerpo desde debajo del pecho hasta las caderas. || **2. corsé ortopédico.** || **~ ortopédico.** M. El que tiene por objeto corregir o prevenir las desviaciones de la columna vertebral.

corselete. M. Prenda de uso femenino que ciñe el talle y se ata con cordones sobre el cuerpo.

corsetería. F. Tienda donde se venden corsés.

corso¹. M. *Mar.* hist. Campaña que hacían por el mar los buques mercantes con permiso de su Gobierno para perseguir a los piratas o a las embarcaciones enemigas. *Ir, salir a corso. Venir de corso.* □ V. **patente de ~.**

corso², sa. ADJ. **1.** Natural de Córcega. U. t. c. s. || **2.** Perteneciente o relativo a esta isla de Francia, en el Mediterráneo.

corta. F. Acción de cortar árboles, arbustos y otras plantas en los bosques y cañaverales.

cortacésped. F. Máquina para recortar el césped en los jardines. MORF. pl. **cortacéspedes.**

cortacircuitos. M. *Electr.* Aparato que automáticamente interrumpe la corriente eléctrica cuando es excesiva o peligrosa.

cortacorriente. M. **interruptor** (|| de una corriente eléctrica).

cortada. F. **1.** Acción y efecto de cortar. || **2. rebanada.** || **3.** Abertura o corte entre dos montañas. || **4.** *Am.* Herida hecha con un instrumento cortante. || **5.** *Á. R. Plata.* **atajo** (|| senda).

cortadera. F. *Am.* Planta ciperácea de hojas alternas, largas, angostas y aplanadas, cuyos bordes cortan como una navaja. Tiene flores rojizas y baya amarilla. Se cría en lugares pantanosos y se usa el tallo para tejer cuerdas y sombreros.

cortadillo. □ V. **azúcar de ~.**

cortado, da. PART. de cortar. || **I.** ADJ. **1.** Dicho del estilo de un escritor: Que, por regla general, expresa los conceptos con cláusulas breves y sueltas. || **2.** Turbado, falto de palabras. U. t. c. s. || **3.** *Heráld.* Se dice de las piezas o muebles, los animales y los miembros de ellos cuya mitad superior es de un esmalte y la inferior de otro. || **II.** M. **4. café cortado.** □ V. **escudo ~, palo ~.**

cortador, ra. I. ADJ. **1.** Que corta. *Operario cortador de caña.* Apl. a una máquina, u. t. c. s. m. || **II.** M. y F. **2.** En las sastrerías, zapaterías, talleres de costura y otros semejantes, persona encargada de cortar los trajes o las piezas de cada objeto que en ellos se fabrican.

cortadora. F. Máquina que sirve para cortar.

cortadura. F. **1.** Separación o división hecha en un cuerpo continuo por un instrumento o cosa cortante. || **2.** Herida producida con un instrumento cortante. || **3.** Abertura o paso entre dos montañas.

cortafierro. M. *Á. guar.* y *Á. R. Plata.* **cortafrío.**

cortafrío. M. Cincel fuerte para cortar hierro frío a golpes de martillo.

cortafuego o cortafuegos. M. *Agr.* Vereda ancha que se hace en los sembrados y montes para que no se propaguen los incendios.

cortante. ADJ. Que corta. *Objetos cortantes.*

cortapapel. M. *Am.* plegadera.

cortapapeles. M. plegadera.

cortapastas. M. Molde para cortar porciones de masa o pasta alimenticia.

cortapisa. F. 1. Condición o restricción con que se concede o se posee algo. ‖ 2. Obstáculo, dificultad. U. m. en pl.

cortaplumas. M. Navaja pequeña.

cortapuros. M. Utensilio que sirve para cortar la punta de los cigarros puros.

cortar. I. TR. 1. Dividir algo o separar sus partes con algún instrumento cortante. ‖ 2. Dar con las tijeras u otro instrumento la forma conveniente y apropiada a las diferentes piezas de que se compone una prenda de vestir o calzar. ‖ 3. Hender un fluido. *Una flecha corta el aire; un buque, el agua.* ‖ 4. Separar o dividir algo en dos porciones. *Los ríos cortan un territorio.* ‖ 5. En el juego de naipes, alzar parte de ellos dividiendo la baraja. ‖ 6. Dicho del aire o del frío: Ser tan penetrantes que parece que cortan y traspasan la piel. U. t. c. prnl. ‖ 7. Atajar, detener, entorpecer, impedir el curso o paso a las cosas. *Cortar el agua cerrando una válvula.* ‖ 8. recortar. *Cortar el pelo.* ‖ 9. Suspender, interrumpir algo, principalmente una conversación o plática. ‖ 10. Mezclar un líquido con otro para modificar su fuerza o su sabor. *Cortar el café.* ‖ 11. Adulterar una droga con una sustancia que rebaja su pureza. U. t. c. prnl. ‖ 12. Hacer que los componentes de ciertos líquidos pierdan cohesión. U. m. c. prnl. *Cortarse la leche. Cortarse una salsa.* ‖ 13. castrar (‖ las colmenas). ‖ 14. Impedir que el jabón haga espuma. U. m. c. prnl. ‖ 15. *Geom.* Dicho de una línea, de una superficie o de un cuerpo: Atravesar otro elemento geométrico. U. t. c. prnl. ‖ II. INTR. 16. Tener buen o mal filo un instrumento con el que se corta. *El cuchillo no corta.* ‖ 17. Tomar el camino más corto. *Corta por allí, llegaremos antes.* ‖ 18. *Chile.* Tomar una dirección, echarse a andar. *Cortó para el jardín.* ‖ III. PRNL. 19. Herirse o hacerse un corte. ‖ 20. coloq. Turbarse, no tener palabras por causa de la turbación. *No te cortes.* ‖ ~la. LOC.VERB. 1. *Chile.* Dejar de hacer algo que molesta a alguien. ‖ 2. *Méx.* Romper una amistad.

cortaúñas. M. Especie de tenazas pequeñas, alicates o pinzas con la boca afilada y curvada hacia dentro.

corte[1]. M. 1. Acción y efecto de cortar o cortarse. ‖ 2. Filo del instrumento con que se corta. ‖ 3. Herida producida por un instrumento cortante. ‖ 4. Sección por donde ha sido cortada una pieza de carne, un embutido, etc. *Este jamón tiene buen corte.* ‖ 5. Arte de cortar las diferentes piezas que requiere la hechura de un vestido, de un calzado u otras cosas. *Taller de corte y confección.* ‖ 6. Cantidad de tela o cuero necesaria y bastante para hacer una prenda de vestir o calzar. *Un corte de cachemira.* ‖ 7. corta. ‖ 8. Superficie que forma cada uno de los bordes o cantos de un libro. ‖ 9. *Arq.* sección (‖ de un edificio). ‖ 10. *Am.* siega. ‖ 11. *Chile.* Servicio o pequeña diligencia que se encomienda a alguien y por la cual se da algún pago. ‖ ~ de manga, o ~ de mangas. M. coloqs. Además de significado obsceno y despectivo que se hace con la mano, a veces extendiendo el dedo corazón entre el índice y el anular doblados. A la vez se levanta el brazo doblado y se golpea en él con la otra mano. *Dar, hacer un corte de mangas.* ‖ dar ~ algo a alguien. LOC.VERB. coloq. Darle vergüenza, apuro, etc. ‖ dar un ~ a alguien.

LOC.VERB. coloq. Responderle de forma rápida, ingeniosa y ofensiva. □ V. **alicate de ~, ángulo de ~, helado de ~, nota de ~.**

corte[2]. F. 1. Población donde habitualmente reside el soberano en las monarquías. ‖ 2. Conjunto de todas las personas que componen la familia y el acompañamiento habitual del rey. ‖ 3. Entorno de personas que rodean a alguien famoso o importante. ‖ 4. Corral o establo donde se recoge de noche el ganado. ‖ 5. Aprisco donde se encierran las ovejas. ‖ 6. *Am.* Tribunal de justicia. ‖ 7. pl. En España, aquella o aquellas Cámaras que, en representación del pueblo, ejercen el poder legislativo y controlan la acción del Gobierno. Actualmente son el Congreso de los Diputados y el Senado. ORTOGR. Escr. con may. inicial. ‖ 8. pl. hist. En el Antiguo Régimen, asamblea representativa convocada por el rey y que ejercía fundamentalmente el poder de fijar y recaudar impuestos y de elevar peticiones. ORTOGR. Escr. con may. inicial. ‖ ~ celestial. F. En el cristianismo, conjunto de los bienaventurados que acompañan a Dios en el cielo y gozan de su visión. ‖ ~ de los milagros. F. Conjunto de mendigos y gentes de mal vivir que habitan en un determinado lugar. ‖ **Corte Penal Internacional.** F. Tribunal de carácter supranacional creado por acuerdo de los Estados o por organizaciones internacionales, con la función de enjuiciar y condenar por los delitos más graves de relevancia internacional, como los de genocidio, los de lesa humanidad, etc., cometidos por personas individuales. ‖ hacer la ~. LOC.VERB. 1. Acudir a palacio, o a la casa de un superior o magnate, en muestra de obsequioso respeto. ‖ 2. cortejar (‖ galantear). □ V. **cuaderno de Cortes, diputado a Cortes, procurador a Cortes, procurador de Cortes, procurador en Cortes.**

cortedad. F. 1. Pequeñez y poca extensión de algo. ‖ 2. Falta o escasez de talento, de valor, de instrucción, etc. ‖ 3. Encogimiento, poquedad de ánimo.

cortejador, ra. ADJ. Que corteja. U. t. c. s.

cortejar. TR. 1. galantear (‖ requebrar). *Lleva meses cortejándola, pero aún no le ha pedido una cita.* ‖ 2. Asistir, acompañar a alguien, contribuyendo a lo que sea de su agrado. *Corteja a sus socios.*

cortejo. M. 1. Acción de cortejar. ‖ 2. Conjunto de personas que forma el acompañamiento en una ceremonia. ‖ 3. coloq. Persona que tiene relaciones amorosas con otra.

cortés. ADJ. Atento, comedido, afable. *Saludo cortés.*

cortesana. F. V. **cortesano.**

cortesanamente. ADV. M. Con cortesanía.

cortesanía. F. Atención, urbanidad, comedimiento.

cortesano, na. I. ADJ. 1. Perteneciente o relativo a la corte. *Pintor cortesano.* ‖ II. M. 2. hist. **palaciego** (‖ hombre que servía en palacio). ‖ III. F. 3. Prostituta de calidad. □ V. **letra ~.**

cortesía. F. 1. Demostración o acto con que se manifiesta la atención, respeto o afecto que tiene alguien a otra persona. ‖ 2. cortesanía. ‖ 3. regalo (‖ dádiva). ‖ 4. Gracia o merced. *Por cortesía del hotel.* ‖ 5. *Impr.* Hoja, página o parte de ella que se deja en blanco en algunos impresos, entre dos capítulos o al principio de ellos. □ V. **fórmula de ~.**

corteza[1]. F. 1. *Anat.* y *Biol.* Parte exterior y dura de ciertos frutos y algunos alimentos; p. ej., la del limón, el pan, el queso, etc. ‖ 2. *Anat.* y *Biol.* Superficie de órganos animales o vegetales. *Corteza de los árboles. Corteza renal.*

‖ **3.** por antonom. Piel de cerdo frita. ‖ **4.** Exterioridad de una cosa no material. *La corteza de sus intenciones.* ‖ **~ atómica.** F. *Fís.* Parte exterior del átomo, constituida por electrones distribuidos en órbitas alrededor del núcleo. ‖ **~ cerebral.** F. *Anat.* Capa más superficial del cerebro, que en algunos animales superiores está constituida por la sustancia gris.

corteza². F. ortega.

cortical. ADJ. *Anat.* y *Biol.* Perteneciente o relativo a la corteza.

corticoide. M. *Biol.* Cada una de las hormonas esteroideas producidas por la corteza de las glándulas adrenales, y sus derivados. Pueden sintetizarse artificialmente y tienen aplicaciones terapéuticas, principalmente como antiinflamatorios.

cortijada. F. Conjunto de habitaciones fijas, levantadas por los labradores o dueños de un cortijo.

cortijero, ra. M. y F. Persona que cuida de un cortijo y vive en él.

cortijo. M. Finca rústica con vivienda y dependencias adecuadas, típica de amplias zonas de la España meridional.

cortina. F. **1.** Tela que por lo común cuelga de puertas y ventanas como adorno o para aislar de la luz y de miradas ajenas. ‖ **2.** Cosa que encubre y oculta algo. *Una cortina de secretos.* ‖ **3.** *Mil.* Lienzo de muralla que está entre dos baluartes. ‖ **~ de humo.** F. 1. *Mar.* y *Mil.* Masa densa de humo, que se produce artificialmente para dificultar la visión. ‖ **2.** Artificio de ocultación. ‖ **~ de muelle.** F. Muro de sostenimiento a orillas de un río o del mar, sobre todo en los puertos, para facilitar las operaciones de embarque y desembarque. ‖ **correr la ~.** LOC.VERB. Pasar en silencio u ocultar algo.

cortinado. M. *Á. R. Plata.* cortinaje.

cortinaje. M. Conjunto o juego de cortinas.

cortinal. M. Pedazo de tierra cercado, inmediato a un pueblo o a casas de campo, que ordinariamente se siembra todos los años.

cortinilla. F. Cortina pequeña que se coloca en la parte interior de los cristales de balcones, ventanas, puertas vidrieras, portezuelas de coches, etc., para resguardarse del sol o impedir la vista desde fuera.

cortisona. F. Hormona producida por la corteza de las glándulas adrenales, reguladora del metabolismo de los hidratos de carbono. Entre sus diversas aplicaciones, y las de sus derivados, se cuenta el tratamiento de insuficiencias de las glándulas suprarrenales y estados alérgicos e inflamatorios.

corto¹, ta. ADJ. **1.** Dicho de una cosa: Que no tiene la extensión que le corresponde. *Las mangas le están cortas.* ‖ **2.** Dicho de una cosa: Que es pequeña en comparación con otras de su misma especie. *Un pasillo muy corto.* ‖ **3.** De poca duración, estimación o entidad. *Ceremonia corta.* ‖ **4.** Escaso o defectuoso. *Presupuesto corto. Corta formación.* ‖ **5.** Que no alcanza al punto de su destino. *Bola, bala corta.* ‖ **6.** De escaso talento o poca instrucción. ‖ **7.** apocado. ‖ **a la ~ o a la larga.** LOC. ADV. Más tarde o más temprano. ‖ **ni ~ ni perezoso, sa.** LOC.ADJ. Que actúa con decisión, sin timidez. ‖ **quedarse ~** alguien o algo. LOC.VERB. No llegar a donde debía o podía llegar. *Me he quedado corta con la comida.* U. t. en sent. fig. *Te quedas corto al decir que es guapa.* □ V. **arma ~, caldo ~, calzón ~, luz ~, nueve ~, onda ~, pantalón ~, paso ~, telón ~, traje ~, ve ~, vista ~.**

corto². M. cortometraje.

cortocircuitar. TR. **1.** Producir un cortocircuito en algo. U. t. c. prnl. ‖ **2.** *Esp.* Obstaculizar o bloquear algo. *Las declaraciones del embajador cortocircuitaron las negociaciones.*

cortocircuito. M. *Electr.* Circuito que se produce accidentalmente por contacto entre dos conductores de polos opuestos y suele ocasionar una descarga.

cortometraje. M. Película de corta e imprecisa duración. MORF. pl. **cortometrajes.**

cortón. M. **1.** *Méx.* separación (‖ acción y efecto de separarse). ‖ **2.** *Méx.* Frase cortante para callar a alguien.

coruñés, sa. ADJ. **1.** Natural de La Coruña. U. t. c. s. ‖ **2.** Perteneciente o relativo a esta ciudad de España o a su provincia.

coruscante. ADJ. poét. Que brilla. *Luceros coruscantes.*

corusco, ca. ADJ. poét. Que brilla. *Coruscos hilos áureos.*

corva. F. Parte de la pierna, opuesta a la rodilla, por donde se dobla.

corvadura. F. curvatura.

corvejón. M. *Zool.* Articulación situada entre la parte inferior de la pierna y superior de la caña, y a la cual se deben los principales movimientos de flexión y extensión de las extremidades posteriores en los cuadrúpedos.

corveta. F. Movimiento que se enseña al caballo, haciéndolo andar con los brazos en el aire.

córvido, da. ADJ. *Zool.* Se dice de las aves paseriformes de tamaño grande, pico largo y fuerte y plumaje generalmente oscuro o negro; p. ej., el cuervo, la urraca y el arrendajo. U. t. c. s. m. ORTOGR. En m. pl., escr. con may. inicial c. taxón. *Los Córvidos.*

corvina. F. Pez teleósteo marino, del suborden de los Acantopterigios, de unos cinco decímetros de largo, color pardo con manchas negras en el lomo y plateado por el vientre; cabeza obtusa, boca con muchos dientes, dos aletas dorsales, aleta caudal con sus radios centrales más largos que los laterales, y aleta anal con espinas muy fuertes.

corvino, na. ADJ. Perteneciente o relativo al cuervo o parecido a él. *Aspecto corvino.*

corvo, va. I. ADJ. **1.** Arqueado o combado. *Pico corvo.* ‖ **II.** M. **2.** Machete curvo utilizado en la labranza y, por ext., cuchillo que se usa como arma.

corza. F. Hembra del corzo.

corzo. M. Mamífero rumiante de la familia de los Cérvidos, algo mayor que la cabra, rabón y de color gris rojizo. Tiene las cuernas pequeñas, verrugosas y ahorquilladas hacia la punta.

cosa. F. **1.** Lo que tiene entidad, ya sea corporal o espiritual, natural o artificial, concreta, abstracta o virtual. ‖ **2.** Objeto inanimado, por oposición a ser viviente. ‖ **3.** Asunto, tema o negocio. ‖ **4.** *Der.* bien. ‖ **~ del otro jueves.** F. coloq. Aquello que hace mucho tiempo que pasó. ‖ **~ de oír,** o **~ de ver.** F. cosa digna de ser oída o vista, que es capaz de llamar la atención. ‖ **~ dura.** F. cosa rigurosa o intolerable. ‖ **~ fina.** F. coloq. Se usa para expresar que algo o alguien es excelente. ‖ **~ juzgada.** F. **1.** cosa que se da por resuelta e indiscutible y de que es ocioso tratar. ‖ **2.** *Der.* Efecto de una resolución judicial firme, que impide abrir un nuevo proceso sobre el mismo objeto. ‖ **~ no vista,** o **~ nunca vista.** F. coloqs. cosa muy extraña y sorprendente. ‖ **poca,** o **poquita, ~.** LOCS.ADJS. **1.** coloqs. Dicho de una persona: Poco corpulenta, pusilánime o poco importante. ‖ **2.** Dicho una cosa: De escasa importancia o poco relevante. ‖ **a otra ~, mariposa.** EXPR. coloq. Se usa para señalar el final de una actividad y la disposición o posibilidad de dedicarse a otra. *Acabamos este trabajo y a otra cosa, mariposa.* ‖ **~s de alguien.** EXPR. coloq. Se usa para explicar o disimular las rarezas o extravagancias de alguna persona, que ya no causan extrañeza por ser frecuentes en ella. ‖ **a ~ hecha.** LOC.ADV. **1.** Con éxito seguro. ‖ **2.** Con intención, adrede. ‖ **ante todas ~s.** LOC.ADV. **ante todo.** ‖ **como quien no quiere la ~.** LOC.ADV. coloq. Con disimulo. ‖ **como si tal ~.** LOC.ADV. coloq. Como si no hubiera pasado nada. ‖ **~ con ~.** LOC.ADV. Denota desarreglo, falta de orden o incoherencia. *En aquella casa no hay cosa con cosa. No dejó cosa con cosa. No dirá cosa con cosa.* ‖ **~ de.** LOC. PREPOS. coloq. Cerca de, o poco más o menos. *Cosa de ocho días tardará en concluirse la obra.* ‖ **~ mala.** LOC.ADV. coloq. Mucho, en cantidad. ‖ **~ rara.** EXPR. Se usa para manifestar la admiración, extrañeza o novedad que causa algo. ‖ **~s que van y vienen.** EXPR. coloq. Se usa para consolar a alguien en lo que padece o le sucede, aludiendo a la alternada sucesión o inestabilidad de las cosas. ‖ **dejarlo como ~ perdida.** LOC.VERB. coloq. No hacer caso de la persona o cosa a que no se puede poner enmienda o remedio. ‖ **ni ~ que lo valga.** EXPR. Se usa para incluir en una negación no solamente lo expresado, sino también todo lo análogo o equivalente. ‖ **no haber tal ~.** LOC.VERB. No ser así, ser falso lo que se dice. ‖ **no sea ~ que.** LOC. CONJUNT. Se usa para indicar prevención o cautela. ‖ **no ser ~ del otro mundo.** LOC.VERB. Se usa para afirmar que aquello de que se trata no es nada extraño ni sale de la esfera de lo usual y sabido. ‖ **¿qué ~?** EXPR. coloq. ¿Qué dice? o ¿qué hay? ‖ **ser algo ~ de alguien.** LOC.VERB. Ser de su aprecio, estimación, interés, etc. ‖ **ser ~ de.** LOC.VERB. coloq. Se usa seguida de un infinitivo para expresar la conveniencia de hacer lo que este significa. *Es cosa de pensarlo. Es cosa de marcharse.* □ V. **estado de ~s.**

cosaco, ca. I. ADJ. **1.** Se dice del habitante de varios distritos del sur de Rusia. U. t. c. s. ‖ **II.** M. **2.** hist. Soldado ruso de caballería ligera. ‖ **3.** coloq. Persona de gran fuerza y resistencia física. *Bebe como un cosaco.*

cosario. M. **1.** Hombre que conduce personas o cosas de un pueblo a otro. ‖ **2.** Cazador de oficio.

coscachear. TR. *Chile.* Dar coscachos.

coscacho. M. Á. *Andes* y *Chile.* **coscorrón** (‖ golpe dado en la cabeza con los nudillos).

coscoja. F. **1.** Árbol achaparrado semejante a la encina, en el que con preferencia vive el quermes que produce una agalla. ‖ **2.** Á. R. *Plata.* Rueda de metal colocada en el bocado del freno o de la brida.

coscojar. M. Sitio poblado de coscojas.

coscolino, na. I. ADJ. **1.** *Méx.* enamoradizo. U. t. c. s. ‖ **II.** M. y F. **2.** *Méx.* Persona descocada.

coscoroba. F. *Chile.* Cisne relativamente pequeño, con plumaje totalmente blanco y patas y pico de color salmón. Anida en lagunas de espesa vegetación en los Andes australes.

coscorrón. M. **1.** Golpe en la cabeza, que no produce sangre y duele. ‖ **2.** Golpe dado en la cabeza con los nudillos de la mano cerrada. ‖ **3.** *Chile.* Variedad de poroto, cuyo grano es de tono grisáceo y de coloración jaspeada.

coscurro. M. mendrugo.

cosecante. F. *Mat.* Función trigonométrica inversa del seno de un ángulo o de un arco.

cosecha. F. **1.** Conjunto de frutos, generalmente de un cultivo, que se recogen de la tierra al llegar a la sazón; como de trigo, cebada, uva, aceituna, etc. ‖ **2.** Producto que se obtiene de dichos frutos mediante el tratamiento adecuado. *Cosecha de aceite. Cosecha de vino.* ‖ **3.** Temporada en que se recogen los frutos. *Pagaré a la cosecha.* ‖ **4.** Ocupación de recoger los frutos de la tierra. ‖ **5.** Conjunto de lo que alguien obtiene como resultado de sus cualidades o de sus actos, o por coincidencia de acaecimientos. *Cosecha de aplausos. Cosecha de disgustos.* ‖ **ser** algo **de la ~** de alguien. LOC.VERB. coloq. Ser de su propio ingenio o invención.

cosechador, ra. ADJ. Que cosecha.

cosechadora. F. Máquina movida sobre ruedas, autopropulsada o por arrastre, que siega la mies y limpia y envasa el grano en su recorrido por los sembrados.

cosechar. I. INTR. **1.** Hacer la cosecha. U. t. c. tr. *Cosechar el trigo.* ‖ **II.** TR. **2.** Ganarse, atraerse o concitarse simpatías, odios, fracasos, éxitos, etc.

cosechero, ra. I. ADJ. **1.** Perteneciente o relativo a la cosecha. *Temporada cosechera.* ‖ **II.** M. y F. **2.** Persona que tiene cosecha.

coselete. M. hist. Coraza ligera, generalmente de cuero, que usaban ciertos soldados de infantería.

coseno. M. *Mat.* Seno del complemento de un ángulo o de un arco.

coser. I. TR. **1.** Unir con hilo, generalmente enhebrado en la aguja, dos o más pedazos de tela, cuero u otra materia. ‖ **2.** Unir una cosa con otra, de manera que queden muy juntas o pegadas. *Coser una herida.* ‖ **3.** Producir a alguien varias heridas en el cuerpo con arma punzante, o de otro tipo. *Lo cosieron a puñaladas. Lo cosieron a balazos.* ‖ **II.** INTR. **4.** Hacer labores de aguja. ‖ **~ y cantar.** EXPR. coloq. Denota que aquello que se tiene que hacer no ofrece dificultad ninguna.

cosido. M. Acción y efecto de coser.

cosificación. F. Acción y efecto de cosificar.

cosificar. TR. **1.** Convertir algo en cosa. *El capitalismo cosifica la vida social.* ‖ **2.** Reducir a la condición de cosa aquello que no lo es. *La medicina actual tiende a cosificar a los enfermos.*

cosmética. F. Arte de aplicar los productos cosméticos.

cosmético, ca. ADJ. **1.** Dicho de un producto: Que se utiliza para la higiene o belleza del cuerpo, especialmente del rostro. U. t. c. s. m. U. t. en sent. fig. *Acusan a la reforma de ser un cosmético para pintar la fachada, dejando intacto el interior.* ‖ **2.** Perteneciente o relativo a los productos cosméticos. *La industria cosmética.*

cosmetología. F. cosmética.

cosmetólogo, ga. M. y F. Especialista en cosmética.

cósmico, ca. ADJ. Perteneciente o relativo al cosmos. *Evolución cósmica.*

cosmódromo. M. En los países de la antigua Unión Soviética, **base espacial.**

cosmogonía. F. **1.** Relato mítico relativo a los orígenes del mundo. ‖ **2.** Teoría científica que trata del origen y la evolución del universo.

cosmogónico, ca. ADJ. Perteneciente o relativo a la cosmogonía. *Leyendas cosmogónicas.*

cosmografía. F. Descripción astronómica del mundo, o astronomía descriptiva.

cosmográfico, ca. ADJ. Perteneciente o relativo a la cosmografía. *Tratado cosmográfico.*

cosmógrafo, fa. M. y F. Persona que profesa la cosmografía o tiene en ella especiales conocimientos.

cosmología. F. Parte de la astronomía que trata de las leyes generales, del origen y de la evolución del universo.

cosmológico, ca. ADJ. Perteneciente o relativo a la cosmología. *Sistema cosmológico.*

cosmólogo, ga. M. y F. Persona que profesa la cosmología o tiene en ella especiales conocimientos.

cosmonauta. COM. astronauta.

cosmonáutica. F. astronáutica.

cosmonáutico, ca. ADJ. astronáutico.

cosmopolita. ADJ. 1. Dicho de una persona: Que se ha movido o se mueve por muchos países y se muestra abierto a sus culturas y costumbres. U. t. c. s. ‖ 2. Dicho de un lugar o de un ambiente: Donde confluyen personas de diversas naciones, costumbres, etc. ‖ 3. Dicho de un ser vivo: Que habita o puede habitar en la mayor parte de los climas y lugares. *El perro es una especie cosmopolita.*

cosmopolitismo. M. Doctrina y género de vida de los cosmopolitas.

cosmos. M. 1. mundo (‖ conjunto de todo lo existente). U. t. en sent. fig. *El hombre es un pequeño cosmos.* ‖ 2. Espacio exterior a la Tierra.

cosmovisión. F. Manera de ver e interpretar el mundo.

coso. M. Plaza, sitio o lugar cercado, donde se corren y lidian toros y se celebran otras fiestas públicas.

cospel. M. Disco de metal dispuesto para recibir la acuñación en la fabricación de las monedas.

cosquillas. F. pl. Sensación que se experimenta en algunas partes del cuerpo cuando son ligeramente tocadas, y consiste en cierta conmoción desagradable que suele provocar involuntariamente la risa. ‖ **buscarle a** alguien **las ~.** LOC.VERB. coloq. Emplear, para impacientarlo, los medios que al efecto se consideren más a propósito. ‖ **hacerle** a alguien **~** algo. LOC.VERB. 1. coloq. Excitarle el deseo o la curiosidad. ‖ 2. coloq. Hacerle temer o recelar un mal o daño.

cosquillear. INTR. Hacer cosquillas. U. t. c. tr.

cosquilleo. M. 1. Sensación que producen las cosquillas. ‖ 2. Sensación semejante a ella.

cosquilloso, sa. ADJ. Que siente mucho las cosquillas.

costa¹. F. 1. costo. ‖ 2. pl. Der. Gastos de un proceso judicial. ‖ **a ~ de.** LOC.PREPOS. 1. Con el trabajo, fatiga o dispendio causado por algo. *Lo consiguió a costa de un gran esfuerzo.* ‖ 2. A expensas de, por cuenta de. *Se mantiene a costa de sus antiguos méritos.* ‖ **a toda ~.** LOC.ADV. Sin limitación en el gasto o en el trabajo. ‖ **condenar en ~s** a alguien. LOC.VERB. Der. Decidir en una sentencia que, como parte vencida en un proceso, reintegre a la otra los gastos que este le haya ocasionado. ☐ V. **ayuda de ~.**

costa². F. 1. Orilla del mar, de un río, de un lago, etc. ‖ 2. Franja de tierra próxima a ella. *Veranea en un pueblo de la costa levantina.* ‖ **barajar la ~.** LOC.VERB. Mar. Navegar cerca de la costa y paralelamente a ella, siguiendo sus sinuosidades y huyendo de sus peligros. ☐ V. **artillería de ~, corrido de la ~.**

costado. M. 1. Cada una de las dos partes laterales del cuerpo humano que están entre pecho, espalda, sobacos y vacíos. ‖ 2. lado. ‖ 3. Mar. Cada uno de los dos lados del casco de un buque, y muy especialmente la parte que corresponde a la obra muerta. ‖ 4. pl. En la genealogía, líneas de los abuelos paternos y maternos de una persona. *Noble de todos cuatro costados.* ‖ **dar el ~** un buque LOC.VERB. Mar. Presentar en el combate todo el lado para la descarga de la artillería. ‖ **por los cuatro ~s.** LOC ADV. Por todas partes. ☐ V. **punto de ~.**

costal. **I.** ADJ. 1. Perteneciente o relativo a las costillas *Dolor costal.* ‖ **II.** M. 2. Saco grande de tela ordinaria en que comúnmente se transportan granos, semillas u otras cosas. ‖ **estar hecho un ~ de huesos.** LOC.VERB. coloq. Estar muy flaco.

costalada. F. coloq. Golpe que alguien da al caer de espaldas o de costado.

costalazo. M. coloq. **costalada.**

costalearse. PRNL. 1. Chile. Sufrir una costalada. ‖ 2. Chile. Sufrir un desengaño o decepción.

costalero, ra. M. y F. Persona que lleva a hombros un paso de una procesión.

costana. F. Calle en cuesta o pendiente.

costanera. F. 1. cuesta. ‖ 2. Á. Andes, Á. guar. y Á. R. Plata. Avenida o paseo que se extiende a lo largo de una costa

costanero, ra. ADJ. 1. Perteneciente o relativo a la costa. *Pueblo costanero. Embarcación, navegación costanera.* ‖ 2. Que está en cuesta. *Viñas costaneras.*

costanilla. F. En algunas poblaciones, calle corta de mayor declive que las cercanas.

costar. INTR. 1. Dicho de una cosa: Ser comprada o adquirida por determinado precio. *Me costó 100 euros.* ‖ 2 Dicho de una cosa: Estar en venta a determinado precio *¿Cuánto cuesta ese libro?* ‖ 3. Dicho de una cosa: Causar u ocasionar preocupación, desvelo, perjuicio, dificultad etc. *Me costó un disgusto.* ¶ MORF. conjug. c. *contar.* ‖ **~le** a alguien **caro** algo. LOC.VERB. coloq. Resultarle de su ejecución mucho perjuicio o daño.

costarricense. ADJ. 1. Natural de Costa Rica. U. t. c. s ‖ 2. Perteneciente o relativo a este país de América

costarriqueñismo. M. Vocablo, giro o locución propios de los costarricenses.

coste. M. Gasto realizado para la obtención o adquisición de una cosa o de un servicio. U. t. en sent. fig. *No valoraron el coste social de la reforma.* ‖ **~ de producción** M. Econ. Conjunto de gastos para la producción de bienes y servicios. ‖ **~ marginal.** M. Econ. Aumento de los costes de producción al incrementar en una unidad la cantidad producida.

costear¹. TR. Pagar o satisfacer los gastos. *Costear lo estudios de alguien. Costear una expedición.*

costear². TR. 1. Ir navegando sin perder de vista la costa. ‖ 2. Ir por el costado o lado de algo, bordearlo. *Costear un barrio.*

costeño, ña. ADJ. 1. Perteneciente o relativo a la costa *Pueblos costeños.* ‖ 2. Natural de la costa de un país U. t. c. s.

costero, ra. **I.** ADJ. 1. costanero (‖ perteneciente a la costa). *Carretera costera.* ‖ 2. Lateral, situado a un costado. *Una región costera a otra.* ‖ **II.** M. 3. Cada una de las dos piezas más inmediatas a la corteza, que salen al aserrar un tronco, en el sentido de su longitud ☐ V. **pesca ~.**

costilla. F. 1. Cada uno de los huesos largos y curvos que nacen de la columna vertebral y van hacia el pecho ‖ 2. Cosa de forma de costilla. *Las costillas de los barcos. Las costillas de las sillas.* ‖ 3. coloq. Mujer propia ‖ 4. Bot. Línea o pliegue saliente en la superficie de frutos y hojas. ‖ 5. Mar. cuaderna. ‖ 6. pl. coloq. Espalda del cuerpo humano. ‖ **~ falsa.** F. La que no está apoyada el esternón. ‖ ~ **flotante**. F. La que, situada entre los músculos del abdomen, tiene su extremo libre sin alcanzar al cartílago que une las falsas al esternón. ‖ ~ **verdadera**. F. La que está apoyada en el esternón.

costillaje. M. coloq. **costillar.**

costillar. M. **1**. Conjunto de costillas. ‖ **2**. Parte del cuerpo en la cual están.

costino, na. ADJ. *Chile*. Dicho especialmente de una persona o de un animal: **costaneros** (‖ pertenecientes a la costa).

costo. M. Gasto realizado para la obtención o adquisición de una cosa o de un servicio. U. t. en sent. fig. *Un elevado costo moral*. ‖ **a ~ de**. LOC. PREPOS. *Am*. **a costa de**.

costoso, sa. ADJ. **1**. Que cuesta mucho o es de gran precio. *Costoso armamento*. ‖ **2**. Que supone gran esfuerzo o trabajo. *Labor de investigación costosa*. ‖ **3**. Que acarrea daño o sentimiento. *Decisión sentimentalmente costosa*.

costra. F. **1**. Cubierta o corteza exterior que se endurece o seca sobre una cosa húmeda o blanda. ‖ **2**. Superficie endurecida que se forma en las llagas o granos cuando se van secando.

costrada. F. Especie de empanada cubierta con una costra de azúcar, huevos y pan.

costrón. M. Trozo de pan frito, cortado en forma regular, con que se adornan ciertos guisos.

costroso, sa. ADJ. **1**. Que tiene costras. *Úlcera costrosa*. ‖ **2**. Cochambroso, sucio, desaseado. *Mantel costroso*.

costumbre. F. **1**. Hábito, modo habitual de obrar o proceder establecido por tradición o por la repetición de los mismos actos y que puede llegar a adquirir fuerza de precepto. ‖ **2**. Aquello que por carácter o propensión se hace más comúnmente. ‖ **3**. pl. Conjunto de cualidades o inclinaciones y usos que forman el carácter distintivo de una nación o persona. ‖ **de ~**. LOC.ADJ. Usual y ordinario. U. t. c. loc. adv. □ V. **comedia de ~s.**

costumbrismo. M. En las obras literarias y pictóricas, atención que se presta al retrato de las costumbres típicas de un país o región.

costumbrista. I. ADJ. **1**. Perteneciente o relativo al costumbrismo. *Relatos costumbristas*. ‖ **II.** COM. **2**. Escritor o pintor que cultiva el costumbrismo. U. t. c. adj.

costura. F. **1**. Acción de coser. ‖ **2**. Labor que está cosiéndose y se halla sin acabar. ‖ **3**. Oficio de coser. ‖ **4**. Serie de puntadas que une dos piezas cosidas. ‖ **5**. Unión hecha con clavos o roblones, especialmente la de los maderos o planchas del casco de un buque. ‖ **6**. *Mar*. Línea de separación entre dos tablones puestos en contacto y que se calafatea para impedir que entre el agua. ‖ **alta ~**. F. Moda realizada por un diseñador de renombre. ‖ **meter** a alguien **en ~**. LOC.VERB. coloq. **meter en cintura.**

costurear. INTR. *Chile*. Coser artesanalmente.

costureo. M. *Chile*. Acción y efecto de costurear.

costurero, ra. I. M. y F. **1**. Persona que tiene por oficio coser, o cortar y coser, ropa blanca y algunas prendas de vestir. ‖ **2**. Persona que cose de sastrería. ‖ **II.** M. **3**. Caja o canastilla para guardar los útiles de costura. ‖ **4**. Mesa pequeña con cajón y almohadilla, para la costura. ‖ **5**. Cuarto de costura.

costurón. M. Cicatriz o señal muy visible de una herida o llaga.

cota¹. F. hist. Arma defensiva del cuerpo, que primero se hacía de cuero y guarnecida de cabezas de clavos o anillos de hierro, y después de mallas de hierro entrelazadas.

cota². F. **1**. Altura o nivel en una escala de valores. ‖ **2**. Cima de una elevación del terreno. ‖ **3**. *Mat*. Altura de un punto sobre un plano horizontal de referencia. ‖ **4**. *Mat*. Elemento de un conjunto que limita, inferior o superiormente, los elementos de la sucesión de un subconjunto.

cotangente. F. *Mat*. Función trigonométrica inversa de la tangente de un ángulo o de un arco.

cotarro. M. **1**. Ladera de un barranco. ‖ **2**. coloq. Asunto o situación. *Él es quien alborota el cotarro*.

cote. M. *Mar*. Vuelta que se da al chicote de un cabo, pasándolo por dentro del seno.

cotejar. TR. Confrontar algo con otra u otras cosas; compararlas teniéndolas a la vista.

cotejo. M. Acción y efecto de cotejar.

cotera. F. Cerro bajo, pero de pendiente pronunciada.

coterráneo, a. ADJ. Natural de la misma tierra que otra persona. U. t. c. s.

cotidianeidad. F. **cotidianidad.**

cotidianidad. F. Cualidad de cotidiano.

cotidiano, na. ADJ. **diario.**

cotiledón. M. *Bot*. Primera hoja del embrión de las plantas fanerógamas.

cotiledóneo, a. ADJ. **1**. *Bot*. Perteneciente o relativo al cotiledón. *Cuerpo cotiledóneo*. ‖ **2**. *Bot*. Se dice de las plantas cuyo embrión contiene uno o más cotiledones, rasgo que en la antigua clasificación botánica caracterizaba a las plantas fanerógamas. U. t. c. s. f. ORTOGR. En f. pl., escr. con may. inicial c. taxón en desuso. *Las Cotiledóneas*.

cotilla. COM. coloq. Persona amiga de chismes y cuentos. U. t. c. adj.

cotillear. INTR. coloq. **chismorrear.**

cotilleo. M. coloq. Acción y efecto de cotillear.

cotillería. F. coloq. **cotilleo.**

cotillón. M. **1**. Fiesta y baile que se celebra en un día señalado, como el de fin de año o Reyes. ‖ **2**. hist. Danza con figuras, y generalmente en compás de vals, que solía ejecutarse al fin de los bailes de sociedad. ‖ **3**. hist. Baile en que al final se ejecutaba tal danza.

cotilo. M. *Anat*. Cavidad de un hueso en que entra la cabeza de otro.

cotín. M. **cutí.**

cotiza. F. Especie de sandalia que usa la gente rústica en Venezuela.

cotización. F. Acción y efecto de cotizar. □ V. **base de ~.**

cotizado, da. PART. de **cotizar**. ‖ ADJ. Estimado favorablemente. *Es una soprano muy cotizada*.

cotizar. TR. **1**. Dicho de una persona: Pagar la parte correspondiente de gastos colectivos, las cuotas de la seguridad social, etc. U. t. c. intr. *Lleva cotizando desde que empezó a trabajar*. ‖ **2**. Poner o fijar precio a algo. *Cotizaron la obra en 3000 pesos*. ‖ **3**. Estimar, particularmente de forma pública, a alguien o algo en relación con un fin determinado. *Siempre ha sido muy cotizado para promocionar la moda*. ‖ **4**. *Com*. Publicar en la bolsa el precio de los efectos públicos allí negociados. U. t. c. intr. ‖ **5**. *Am*. Imponer una cuota.

coto¹. M. **1**. Terreno acotado. ‖ **2**. Población de una o más parroquias situadas en territorio de señorío. ‖ **poner ~.** LOC.VERB. Impedir que continúen desmanes, vicios, abusos, etc.

coto². M. *Am. Mer*. **bocio.**

cotón. M. Tela de algodón estampada de varios colores.

cotona. F. *Am.* Camiseta fuerte de algodón, u otra materia, según los países.

cotonada. F. Tela de algodón o lino, con fondo liso y flores como de realce, aunque tejidas, o con fondo listado y flores de varios colores.

cotonía. F. Tela blanca de algodón labrada comúnmente de cordoncillo.

cotopaxense. ADJ. **1.** Natural de Cotopaxi. U. t. c. s. ‖ **2.** Perteneciente o relativo a esta provincia de Ecuador.

cotoperís. M. **1.** *Á. Caribe.* Árbol polígamo de 10 a 18 m de altura, con hojas alternas y flores blancas. ‖ **2.** *Á. Caribe.* Fruto comestible de este árbol, globoso, denso y algo tomentoso, de semilla aovada grande. ¶ MORF. pl. **cotoperises.**

cotorra. F. **1.** Papagayo pequeño. ‖ **2.** Ave prensora americana, parecida al papagayo, con las mejillas cubiertas de pluma, alas y cola largas y puntiagudas, y colores varios, en que domina el verde. ‖ **3.** coloq. Persona habladora.

cotorrear. INTR. coloq. Hablar con exceso y con bullicio.

cotorreo. M. coloq. Acción y efecto de cotorrear.

cotorrera. F. prostituta.

cotorro, rra. ADJ. *Méx.* Dicho de una cosa: Bonita, atractiva, interesante.

cotorrón, na. ADJ. Dicho de una persona: Que, siendo vieja, presume de joven.

cototo, ta. I. ADJ. **1.** *Chile.* En lenguaje juvenil, grande, notable. ‖ **II.** M. **2.** *Chile.* **chichón.**

cotovía. F. cogujada.

cotudo, da. ADJ. *Am. Mer.* Que tiene **coto²**.

cotufa. F. **1.** Golosina, golllería. ‖ **2.** Palomita de maíz. ‖ **3.** chufa.

cotuisano, na. ADJ. **1.** Natural de Sánchez Ramírez, provincia de la República Dominicana, o de su capital, Cotuí. U. t. c. s. ‖ **2.** Perteneciente o relativo a esta provincia o a su capital.

coturno. M. **1.** hist. Calzado de suela de corcho sumamente gruesa usado por los actores trágicos de la Antigüedad grecorromana para parecer más altos. ‖ **2.** hist. Calzado inventado por los griegos y adoptado por los romanos, que cubría hasta la pantorrilla. ‖ **de alto ~.** LOC. ADJ. De categoría elevada.

covacha. F. **1.** Cueva pequeña. ‖ **2.** despect. Vivienda o aposento pobre, incómodo, oscuro, pequeño.

covachuela. F. **1.** hist. Cada una de las tiendas pequeñas que había en los sótanos de algunas iglesias y de otros edificios antiguos. ‖ **2.** hist. Oficina pública.

covachuelista. COM. hist. Oficial de una de las **covachuelas** (‖ oficinas públicas).

covadera. F. *Chile.* Espacio de tierra de donde se extrae guano.

covalente. ADJ. *Quím.* Dicho de un enlace: Que tiene lugar entre átomos al compartir pares de electrones.

coxa. F. *Zool.* Primera de las cinco piezas de que constan las patas de los insectos, que por un lado está articulada con el tórax y por otro con el trocánter.

coxal. ADJ. *Anat.* Perteneciente o relativo a la cadera.

coxalgia. F. *Med.* Artritis muy dolorosa causada por infección en la cadera, generalmente debida a tuberculosis.

coxis. M. *Anat.* Hueso propio de los vertebrados que carecen de cola, formado por la unión de las últimas vértebras y articulado por su base con el hueso sacro.

coy. M. *Mar.* Trozo de lona o tejido de malla en forma de rectángulo que, colgado de sus cabezas, sirve de cama a bordo. MORF. pl. **coyes** o **cois.**

coya. F. hist. Entre los antiguos incas, mujer del emperador, señora soberana o princesa.

coyán. M. *Chile.* Especie de haya.

coyhaiquino, na. ADJ. **coihaiquino.** Apl. a pers., u. t. c. s.

coyocho. M. **1.** *Chile.* **nabo** (‖ planta crucífera). ‖ **2.** *Chile.* Raíz de esta planta.

coyol. M. **1.** *Am. Cen.* y *Méx.* Palmera de mediana altura, de cuyo tronco, provisto de espinas largas y fuertes, se extrae una bebida que fermenta rápidamente. Produce en grandes racimos una fruta de pulpa amarillenta y cuesco durísimo y negro del que se hacen dijes y cuentas de rosario, botones, sortijas y otros adornos. ‖ **2.** *Am. Cen.* y *Méx.* Fruto de este árbol. ‖ **3.** *Am. Cen.* **testículo.**

coyote. M. **1.** Especie de lobo que se cría en México y otros países de América, de color gris amarillento y del tamaño de un perro mastín. ‖ **2.** *Méx.* Persona que se encarga oficiosamente de hacer trámites, especialmente para los emigrantes que no tienen los papeles en regla, mediante una remuneración.

coyoteo. M. *Méx.* Actuación como **coyote** (‖ persona que oficiosamente hace trámites).

coyotería. F. *Méx.* **coyoteo.**

coyotero, ra. I. ADJ. **1.** *Am.* Dicho de un perro: Amaestrado para perseguir a los coyotes. U. t. c. s. ‖ **II.** M. **2.** *Am.* Trampa para cazar coyotes.

coyunda. F. **1.** Correa fuerte y ancha, o soga de cáñamo, con que se uncen los bueyes. ‖ **2.** Correa para atar las abarcas. ‖ **3.** Unión conyugal. ‖ **4.** Sujeción o dominio.

coyuntura. F. **1.** Articulación o trabazón movible de un hueso con otro. ‖ **2.** Sazón, oportunidad para algo. ‖ **3.** Combinación de factores y circunstancias que, para la decisión de un asunto importante, se presenta en una nación. *Coyuntura económica.*

coyuntural. ADJ. Que depende de la **coyuntura** (‖ combinación de factores).

coz. F. **1.** Sacudida violenta que hacen los cuadrúpedos con alguna de las patas. ‖ **2.** Golpe que dan con este movimiento. ‖ **3.** coloq. Golpe que da una persona moviendo el pie con violencia hacia atrás. ‖ **dar coces contra el aguijón.** LOC. VERB. Obstinarse en resistir a fuerza superior.

crac¹. ONOMAT. Se usa para imitar el sonido de algo que se quiebra.

crac². M. quiebra (‖ comercial). MORF. pl. **cracs.**

cracoviana. F. hist. Baile originario de la ciudad de Cracovia, muy popular en España a mediados del siglo XIX.

crampón. M. *Dep.* Pieza de metal con púas que se sujeta a la suela de la bota para escalar o caminar sobre el hielo o la nieve.

cran. M. *Impr.* Muesca que tiene cada letra de imprenta para que, al colocarla en el componedor, pueda el cajista conocer si ha quedado en la posición conveniente.

craneal. ADJ. Perteneciente o relativo al cráneo. ☐ V. **bóveda ~.**

craneano, na. ADJ. **craneal.**

cranear. I. TR. **1.** *Chile.* Inventar o descubrir la solución a un problema. ‖ **II.** INTR. **2.** *Chile.* **reflexionar.**

cráneo. M. *Anat.* Caja ósea en que está contenido el encéfalo. ☐ V. **base del ~.**

craneoencefálico, ca. ADJ. Que afecta al cráneo y al encéfalo. *Traumatismo craneoencefálico.*

craneofacial. ADJ. Perteneciente o relativo al cráneo y a la cara. *Cirugía, desarrollo craneofacial.*

craneopatía. F. Med. Enfermedad del cráneo.

crápula. **I.** M. **1.** Hombre de vida licenciosa. ‖ **II.** F. **2.** Disipación, libertinaje.

crapuloso, sa. ADJ. Dado a la crápula. *Vida crapulosa.* Apl. a pers., u. t. c. s.

crasamente. ADV. M. Con suma ignorancia.

crascitar. INTR. Dicho del cuervo: **graznar.**

crasitud. F. gordura (‖ tejido adiposo).

craso, sa. ADJ. **1. indisculpable.** *Craso error. Ignorancia crasa.* ‖ **2.** Grueso, gordo o espeso.

crasuláceo, a. ADJ. Bot. Se dice de las hierbas y de los arbustos angiospermos dicotiledóneos, con hojas carnosas sin estípulas, flores en cima y por frutos folículos dehiscentes con semillas de albumen carnoso; p. ej., el ombligo de Venus y la uva de gato. U. t. c. s. f. ORTOGR. En f. pl., escr. con may. inicial c. taxón. *Las Crasuláceas.*

cráter. M. **1.** Depresión topográfica más o menos circular formada por explosión volcánica y por la cual sale humo, ceniza, lava, fango u otras materias, cuando el volcán está en actividad. ‖ **2.** Depresión semejante formada por caída de meteoritos en la superficie de la Tierra y de la Luna. ‖ **3.** Depresión por lo común de forma circular y márgenes elevados.

crátera o **cratera.** F. *Arqueol.* En Grecia y Roma, vasija grande y ancha donde se mezclaba el vino con agua antes de servirlo.

crateriforme. ADJ. Que tiene forma de cráter. *Orografía crateriforme.*

crayola. M. *Méx.* **cera** (‖ lápiz).

crayón. M. Lápiz o barrita para dibujar o colorear.

creación. F. **1.** Acción de **crear** (‖ establecer). ‖ **2.** Acción de **crear** (‖ instituir). ‖ **3.** Acto de crear o sacar Dios algo de la nada. ORTOGR. Escr. con may. inicial. ‖ **4.** En la tradición judeocristiana, **mundo** (‖ conjunto de todo lo existente). ‖ **5.** Obra de ingenio, de arte o artesanía muy laboriosa, o que revela una gran inventiva. *Su discurso nos sorprendió porque fue toda una creación.*

creacionismo. M. **1.** Doctrina poética que proclama la total autonomía del poema, el cual no ha de imitar o reflejar a la naturaleza en sus apariencias, sino en sus leyes biológicas y constitución orgánica. ‖ **2.** Biol. Doctrina que, en contraposición a la teoría de la evolución, defiende que cada una de las especies es el resultado de un acto particular de creación. ‖ **3.** Fil. y Rel. Teoría según la cual Dios creó el mundo de la nada e interviene directamente en la creación del alma humana en el momento de la concepción.

creacionista. ADJ. **1.** Perteneciente o relativo al creacionismo. *Doctrina creacionista.* ‖ **2.** Seguidor del creacionismo. U. t. c. s.

creador, ra. ADJ. **1.** Que crea, establece o funda algo. *Poeta, artista, ingeniero creador. Facultades creadoras. Mente creadora.* Apl. a pers., u. t. c. s. ‖ **2.** Se dice de Dios, que sacó todas las cosas de la nada. U. m. c. s. ORTOGR. Escr. con may. inicial c. s.

creados. □ V. **intereses ~.**

crear. TR. **1.** Producir algo de la nada. *Dios creó cielos y tierra.* ‖ **2.** Establecer, fundar, introducir por vez primera algo; hacerlo nacer o darle vida. *Crear una industria, un género literario, un sistema filosófico, un orden*

político. *Crear necesidades, derechos, abusos.* ‖ **3.** Instituir un nuevo empleo o dignidad. *Crear el oficio de condestable.* ‖ **4.** Hacer, por elección o nombramiento, a alguien lo que antes no era. Se usa especialmente referido a dignidades muy elevadas, por lo común eclesiásticas y vitalicias. *Fue creado papa. Será creado cardenal.*

creatividad. F. **1.** Facultad de crear. ‖ **2.** Capacidad de creación.

creativo, va. **I.** ADJ. **1.** Que posee o estimula la capacidad de creación, invención, etc. *Trabajo creativo. Persona creativa.* ‖ **II.** M. y F. **2.** Persona que se encarga profesionalmente de la concepción de una campaña publicitaria.

creatura. F. poét. **criatura.**

crecedero, ra. ADJ. **1.** Que está en aptitud de crecer. *Ciudades crecederas.* ‖ **2.** Dicho de un vestido de niño: Que se hace de modo que le pueda servir aunque crezca.

crecepelo. M. Producto destinado a hacer crecer el pelo para aliviar la calvicie.

crecer. **I.** INTR. **1.** Dicho de un ser orgánico: Tomar aumento natural. Apl. a pers., se dice principalmente de la estatura. ‖ **2.** Dicho de una cosa: Recibir aumento por añadírsele nueva materia. *Crecer el río, el montón.* ‖ **3.** Adquirir aumento. *Crecer el tumulto.* ‖ **4.** En las labores de punto, ir añadiendo puntos regularmente a los que están prendidos en la aguja, para que resulte aumentado su número en la vuelta siguiente. U. m. c. tr. ‖ **5.** Dicho de la Luna: Aumentar su parte iluminada visible desde la Tierra. ‖ **6.** Dicho del valor de una moneda: **aumentar.** ‖ **II.** PRNL. **7.** Dicho de una persona: Tomar mayor autoridad, importancia o atrevimiento. ¶ MORF. conjug. c. *agradecer.*

creces. con ~. LOC. ADV. Con aumento o con gran abundancia.

crecida. F. Aumento del caudal de los ríos y arroyos.

crecido, da. PART. de **crecer.** ‖ ADJ. Grande o numeroso. *Cantidad crecida.*

creciente. **I.** ADJ. **1.** Que crece. *Tensión creciente.* ‖ **II.** M. **2.** *Heráld.* Figura heráldica que representa una luna en su primer cuarto, y con las puntas hacia arriba. ‖ **III.** F. **3. crecida.** ‖ **4.** Subida del agua del mar por efecto de la marea. □ V. **cuarto ~, diptongo ~, luna ~.**

crecimiento. M. Acción y efecto de crecer. *Crecimiento de la población.*

credencia. F. **1.** Mesa o repisa que se pone inmediata al altar, a fin de tener a mano lo necesario para la celebración de los divinos oficios. ‖ **2.** hist. Aparador en que se ponían los frascos de vino y de agua de que, previa la salva, había de beber el rey o alguna persona principal.

credencial. **I.** ADJ. **1.** Que acredita. *Los documentos carecen de valor credencial.* ‖ **II.** F. **2.** Real orden u otro documento que sirve para que a un empleado se dé posesión de su plaza, sin perjuicio de obtener luego el título correspondiente. ‖ **3.** pl. **cartas credenciales.**

credibilidad. F. Capacidad de ser creído.

crediticio, cia. ADJ. Perteneciente o relativo al crédito público o privado.

crédito. M. **1.** Cantidad de dinero, o cosa equivalente, que alguien debe a una persona o entidad, y que el acreedor tiene derecho de exigir y cobrar. ‖ **2.** Apoyo, abono, comprobación. ‖ **3.** Reputación, fama, autoridad. U. m. en sent. favorable. *Es persona de crédito.* ‖ **4. carta de crédito.** ‖ **5.** Situación económica o condiciones morales que facultan a una persona o entidad para obtener de otra fondos o mercancías. ‖ **6.** Opinión que goza alguien de que cumplirá puntualmente los compromisos que contraiga. ‖ **7.** En la enseñanza universitaria, unidad de valoración de una asignatura o un curso, equivalente a un determinado número de horas lectivas. *Me piden 32 créditos para preparar la tesis.* ‖ **8.** pl. Relación de personas que han intervenido en la realización de una película o un programa de televisión, que aparece al principio o al final de su proyección. ‖ **~ abierto.** M. Carta de crédito y orden que se da a favor de alguien para que se le entregue el dinero que pida, sin limitación de cantidad. ‖ **~ sindicado.** M. El que es concedido, en una única operación, por varias entidades de crédito. ‖ **~ público.** M. Concepto que merece cualquier Estado en orden a su legalidad en el cumplimiento de sus contratos y obligaciones. ‖ **abrir un ~** a alguien. LOC.VERB. *Com.* Autorizarlo por medio de documento para que pueda recibir de alguien la cantidad que necesite o hasta cierta suma. ‖ **dar ~.** LOC.VERB. creer. □ V. **carta de ~, cuenta de ~, tarjeta de ~, títulos de ~, transferencia de ~.**

credo. M. **1.** Oración en la que se contienen los principales artículos de la fe enseñada por los apóstoles. ORTOGR. Escr. t. con may. inicial. ‖ **2.** Conjunto de doctrinas comunes a una colectividad. ‖ **en un ~.** LOC.ADV. coloq. En breve espacio de tiempo.

credulidad. F. Cualidad de crédulo.

crédulo, la. ADJ. Que cree ligera o fácilmente. *Lector crédulo.*

creencia. F. **1.** Firme asentimiento y conformidad con algo. ‖ **2.** Completo crédito que se presta a un hecho o noticia como seguros o ciertos. ‖ **3.** Religión, doctrina.

creer. TR. **1.** Tener por cierto algo que el entendimiento no alcanza o que no está comprobado o demostrado. *Creer que existe la reencarnación.* U. t. c. prnl. *No me creo su versión.* ‖ **2.** Pensar, juzgar, sospechar algo o estar persuadido de ello. *Creo que debería haber danza en todos los colegios.* ‖ **3.** Tener algo por verosímil o probable. *Creo que está en la cocina.* ‖ **4.** Dar asenso, apoyo o confianza a alguien. *¿Nunca me habéis de creer?* U. t. c. intr. *Creemos EN él.* ‖ **5.** Dar firme asenso a las verdades reveladas por Dios. ‖ **6.** creer en Dios. ¶ MORF. conjug. c. *leer.* ‖ **no creas.** EXPR. coloq. Se usa para dar a entender que no es descaminado algo que se va a enunciar. Se usa también en otras personas del verbo. ‖ **ya lo creo.** LOC. INTERJ. digo (‖ es evidente).

creído, da. PART. de **creer.** ‖ ADJ. **1.** coloq. Dicho de una persona: Vanidosa, orgullosa o muy pagada de sí misma. U. t. c. s. ‖ **2. confiado.** *Es un pobre diablo, creído de que los demás lo van a ayudar.*

crema[1]**. I.** F. **1.** Sustancia grasa contenida en la leche. ‖ **2.** Nata de la leche. ‖ **3. crema pastelera.** ‖ **4.** Sopa espesa. *Crema de cangrejos. Crema de espinacas.* ‖ **5.** Licor dulce y bastante espeso. *Crema de café.* ‖ **6.** Producto cosmético o médico de consistencia pastosa. ‖ **7.** Pasta untuosa para limpiar y dar brillo a las pieles curtidas, en especial las del calzado. ‖ **8.** Lo más distinguido de un grupo social cualquiera. *LA crema.* ‖ **II.** ADJ. **9.** Dicho de un color: Castaño claro. U. t. c. s. m. *Un crema claro.* ‖ **~ catalana.** F. Natillas espesas tostadas por encima con una plancha de hierro candente. ‖ **~ pastelera.** F. Natillas, algo espesas, que se emplean para relleno o adorno de pasteles.

crema[2]**.** F. *Ortogr.* **diéresis** (‖ signo ortográfico).

cremación. F. incineración.

cremallera. F. **1.** Cierre que se aplica a una abertura longitudinal en prendas de vestir, bolsos y cosas semejantes. Consiste en dos tiras de tela guarnecidas en sus orillas de pequeños dientes, generalmente de metal o plástico, que se traban o destraban entre sí al efectuar un movimiento de apertura o cierre por medio de un cursor. ‖ **2.** Barra metálica con dientes en uno de sus cantos, para engranar con un piñón y convertir un movimiento circular en rectilíneo o viceversa.

cremar. TR. incinerar.

crematística. F. Interés pecuniario de un negocio.

crematístico, ca. ADJ. Perteneciente o relativo a la crematística.

crematorio, ria. I. ADJ. **1.** Perteneciente o relativo a la cremación de los cadáveres y materias deletéreas. *Proceso crematorio.* ‖ **II.** M. **2.** Lugar donde se hace la cremación. □ V. **horno ~.**

crémor. M. *Quím.* Sal potásica del ácido tartárico, que se halla en la uva, en el tamarindo y en otros frutos, y se usa como purgante en medicina y como mordiente en tintorería.

cremosidad. F. Cualidad de cremoso.

cremoso, sa. ADJ. **1.** De la naturaleza o aspecto de la crema. *Líquido cremoso.* ‖ **2.** Que tiene mucha crema. *Quesos cremosos.*

crencha. F. **1.** Raya que divide el cabello en dos partes. ‖ **2.** Cada una de estas partes.

creosota. F. *Quím.* hist. Líquido viscoso, de color pardo amarillento y sabor urente y cáustico, que se extraía del alquitrán y servía para preservar de la putrefacción las carnes, las maderas, y para otros usos.

crep. I. M. **1. crepé.** ‖ **II.** F. **2. filloa.** U. m. en pl. ¶ MORF. pl. **creps.**

crepa. F. *Méx.* **filloa.**

crepe. F. **filloa.** U. t. c. m.

crepé. M. Tejido de lana, seda o algodón, de superficie rugosa.

crepería. F. Establecimiento donde se hacen y venden creps.

crepitación. F. **1.** Acción y efecto de crepitar. ‖ **2.** *Med.* Ruido que en el cuerpo produce el roce mutuo de los extremos de un hueso fracturado, el aire al penetrar en los pulmones, etc.

crepitante. ADJ. Que crepita. *Hoguera crepitante.*

crepitar. INTR. Producir sonidos repetidos, rápidos y secos, como el de la sal en el fuego.

crepuscular. ADJ. **1.** Perteneciente o relativo al crepúsculo. *Cielo crepuscular.* U. t. en sent. fig. *Una obra crepuscular.* ‖ **2.** Se dice del estado de ánimo, intermedio entre la consciencia y la inconsciencia, que se produce inmediatamente antes o después del sueño natural, o bien a consecuencia de accidentes patológicos, o de la anestesia general.

crepúsculo. M. **1.** Claridad que hay desde que raya el día hasta que sale el sol, y desde que este se pone hasta que es de noche. ‖ **2.** Tiempo que dura esta claridad. ‖ **3.** Fase declinante que precede al final de algo. *El crepúsculo del verano, de la vida.*

cresa. F. Conjunto de huevos amontonados que ponen las moscas sobre las carnes.

creso. M. Hombre que posee grandes riquezas.

crespo, pa. I. ADJ. **1.** Dicho del cabello: Ensortijado o rizado de forma natural. ‖ **2.** Dicho de las hojas de algunas plantas: Que están retorcidas o encarrujadas. ‖ **II.** M. **3. rizo** (‖ mechón de pelo ensortijado). □ V. **uva** ~.

crespón. M. **1.** Gasa en que la urdimbre está más retorcida que la trama. ‖ **2.** Tela negra que se usa en señal de luto.

cresta. F. **1.** Carnosidad roja que tienen sobre la cabeza el gallo y algunas otras aves. ‖ **2. copete** (‖ moño de plumas de ciertas aves). ‖ **3.** Protuberancia de poca extensión y altura que ofrecen algunos animales, aunque no sea carnosa, ni de pluma. ‖ **4.** Cumbre de agudos peñascos de una montaña. ‖ **5.** Cima de una ola, generalmente coronada de espuma. ‖ **6.** coloq. Mechón de pelo levantado, que se extiende por la parte superior y central de la cabeza, especialmente característico de algunos grupos urbanos juveniles. ‖ **alzar,** o **levantar, la** ~. LOCS.VERBS. Mostrar soberbia. ‖ **dar en la** ~ a alguien. LOC.VERB. coloq. Mortificarlo, humillarlo. ‖ **estar en la** ~ **de la ola.** LOC.VERB. Estar en el mejor momento, en el apogeo.

crestado, da. ADJ. Que tiene cresta. *Búho crestado.*

crestería. F. Arq. Adorno de labores caladas muy utilizado en el estilo ojival, que se colocaba en los caballetes y otras partes altas de los edificios.

crestomatía. F. Colección de escritos selectos para la enseñanza.

crestón. M. **1.** hist. Parte de la celada que, en forma de cresta, se levantaba sobre la cabeza y en la cual se ponían las plumas. ‖ **2.** Ingen. Parte superior de un filón o de una masa de rocas, cuando sobresale en la superficie del terreno.

crestudo, da. ADJ. Que tiene mucha cresta. *Pato crestudo.*

creta. F. Carbonato de cal terroso.

cretáceo, a. ADJ. cretácico. U. t. c. s. m. ORTOGR. Escr. con may. inicial c. s.

cretácico, ca. ADJ. **1.** Geol. Se dice del tercer y último período de la era mesozoica, que abarca desde hace 144 millones de años hasta hace 65 millones de años, caracterizado por el levantamiento de las grandes cordilleras del Himalaya y los Andes, la aparición de las plantas con flores y la extinción de los dinosaurios. U. t. c. s. m. ORTOGR. Escr. con may. inicial c. s. ‖ **2.** Geol. Perteneciente o relativo a dicho período. *Fósiles cretácicos.*

cretense. ADJ. **1.** Natural de Creta. U. t. c. s. ‖ **2.** Perteneciente o relativo a esta isla del Mediterráneo.

cretinez. F. Tontería, estupidez.

cretinismo. M. **1.** Enfermedad caracterizada por un peculiar retraso de la inteligencia, acompañado, por lo común, de defectos del desarrollo orgánico. ‖ **2.** Estupidez, idiotez, falta de talento.

cretino, na. ADJ. **1.** Que padece cretinismo. U. t. c. s. ‖ **2.** Estúpido, necio. U. t. c. s.

cretona. F. En tapicería, tela fuerte comúnmente de algodón, blanca o estampada.

creyente. ADJ. Que cree, especialmente el que profesa determinada fe religiosa. U. t. c. s.

cría. F. **1.** Acción de criar a los hombres, o a las aves, peces y otros animales. ‖ **2.** Niño o animal mientras se está criando. ‖ **3.** Conjunto de hijos que tienen de un parto, o en un nido, los animales. □ V. **ama de** ~.

criadero. M. **1.** Lugar adonde se trasplantan, para que se críen, los árboles silvestres o los sembrados en almáciga. ‖ **2.** Lugar destinado para la cría de los animales. ‖ **3.** Ingen. Agregado de sustancias inorgánicas de útil

explotación, que de manera natural se halla entre la masa de un terreno.

criadilla. F. **1.** En los animales de matadero, **testículo.** ‖ **2. patata** (‖ tubérculo). ‖ ~ **de tierra.** F. Hongo carnoso, de buen olor, figura redondeada, de tres a cuatro centímetros de diámetro, negruzco por fuera y blanquecino o pardo rojizo por dentro. Se cría bajo tierra, y guisado es muy sabroso. U. m. en pl.

criado, da. PART. de **criar.** ‖ **I.** ADJ. **1.** Dicho de una persona: Que ha recibido una determinada educación. *Bien, mal criado.* ‖ **II.** M. y F. **2.** Persona que sirve por un salario, y especialmente la que se emplea en el servicio doméstico. ‖ **salirle** a alguien **la** ~ **respondona.** LOC.VERB. coloq. Verse increpado y confundido por la misma persona a quien creía tener vencida y supeditada.

criador, ra. **I.** ADJ. **1.** Rel. Atributo que se da solo a Dios, como hacedor de todas las cosas. U. t. c. s. ‖ **II.** M. y F. **2.** Persona que tiene a su cargo, o por oficio, criar caballos, perros, gallinas, etc.

críalo. M. Ave cuculiforme, con un moño característico. Pone sus huevos en los nidos de las urracas (o de otros córvidos), que los incuban y alimentan a los pollos.

criandera. F. Am. nodriza.

crianza. F. **1.** Acción y efecto de criar, especialmente las madres o nodrizas mientras dura la lactancia. ‖ **2.** Época de la lactancia. ‖ **3.** Proceso de elaboración de los vinos. ‖ **4.** Urbanidad, cortesía. *Tiene buena crianza.* ‖ **5.** Chile. Conjunto de animales nacidos en una hacienda y destinados a ella. □ V. **palabras de buena** ~.

criar. **I.** TR. **1.** Dicho de una madre o de una nodriza: Nutrir y alimentar al niño con la leche de sus pechos, o con biberón. U. t. c. intr. ‖ **2.** Alimentar, cuidar y cebar aves u otros animales. ‖ **3.** Dicho de un animal: Producir, cuidar y alimentar a sus hijos. ‖ **4.** Instruir, educar y dirigir. *La estoy criando para que sea una mujer de recursos.* ‖ **5.** Dicho de una cosa o de un ser vivo: Originar, producir algo. *La ropa cría polilla.* U. t. c. prnl. ‖ **6.** Someter un vino, después de la fermentación más viva, a ciertas operaciones y cuidados. ‖ **7.** Dar ocasión y motivo para algo. *Criar fama.* ‖ **8.** Rel. Producir algo de nada, dar ser a lo que antes no lo tenía, lo cual solo es propio de Dios. ‖ **9.** PRNL. Dicho de un ser vivo: Desarrollarse, crecer. *La niña se ha criado muy sana.* ¶ MORF. conjug. c. *enviar.* ‖ **estar** alguien **criado.** LOC.VERB. coloq. Poder bandearse o cuidarse, sin otra persona que lo dirija o lo ayude.

criatura. F. **1.** Niño recién nacido o de poco tiempo. ‖ **2.** Feto antes de nacer. ‖ **3. hechura** (‖ persona respecto de otra a quien debe su empleo). ‖ **4.** coloq. Persona de muy poca edad. ‖ **5.** coloq. Persona mayor que tiene propiedades de niño. ‖ **6.** Rel. Cosa criada. *Las criaturas de Dios.*

criba. F. **1.** Cuero agujereado y fijado en un aro de madera, que sirve para cribar. También se fabrica de plancha metálica con agujeros, o con red de malla de alambre. ‖ **2.** Cada uno de los aparatos mecánicos que se emplean en agricultura para cribar semillas, o en minería para lavar y limpiar los minerales. ‖ **3.** Selección rigurosa. *Someter a criba. Superar, pasar la criba.* ‖ **4.** Bot. Cada uno de los tabiques membranosos, transversales u oblicuos, situados en el interior de los vasos cribosos de las plantas y que tienen pequeños orificios por los que pasa la savia descendente. ‖ **estar** algo **como una** ~, o **hecho una** ~. LOCS.VERBS. coloqs. Estar muy roto y lleno de agujeros.

cribado, da. PART. de cribar. || **I.** ADJ. **1.** Dicho del carbón mineral escogido: Cuyos trozos han de tener un tamaño reglamentario superior a 45 mm. || **II.** M. **2.** Acción y efecto de cribar.

cribar. TR. **1.** Limpiar el trigo u otra semilla, por medio de la criba, del polvo, tierra, neguilla y demás impurezas. || **2.** Pasar una semilla, un mineral u otra materia por la criba para separar las partes menudas de las gruesas. || **3.** Seleccionar rigurosamente. *Cribar los proyectos presentados a un concurso.*

criboso. □ V. **vaso ~.**

cric. M. **gato** (|| máquina para levantar pesos). MORF. pl. **crics.**

crica. F. Partes pudendas de la mujer.

cricoides. ADJ. *Anat.* Se dice del cartílago anular inferior de la laringe de los mamíferos. U. m. c. s. m.

cricrí. ONOMAT. Se usa para imitar el canto del grillo.

crimen. M. **1.** Acción voluntaria de matar o herir gravemente a alguien. || **2.** Delito grave. || **3.** Acción indebida o reprensible.

criminal. ADJ. **1.** Que ha cometido o procurado cometer un crimen. U. t. c. s. || **2.** Perteneciente o relativo al crimen o que de él toma origen. *Investigación criminal.* || **3.** Dicho de una ley, de un instituto o de una acción: Destinados a perseguir y castigar los crímenes o delitos. □ V. **derecho ~, proceso ~.**

criminalidad. F. **1.** Cualidad o circunstancia que hace que una acción sea criminosa. || **2.** Número proporcional de crímenes.

criminalista. ADJ. **1.** Dicho de un jurista: Especialista en derecho penal. U. t. c. s. || **2.** Se dice de la persona especializada en el estudio del crimen y también de este mismo estudio. Apl. a pers., u. t. c. s. || **3.** hist. Se dice del escribano que actuaba en el enjuiciamiento criminal.

criminalización. F. Acción de criminalizar.

criminalizar. TR. Atribuir carácter criminal a alguien o algo. U. t. en sent. fig. *Criminalizar a los malos estudiantes.*

criminar. TR. **acriminar.**

criminología. F. Ciencia social que estudia las causas y circunstancias de los distintos delitos, la personalidad de los delincuentes y el tratamiento adecuado para su represión.

criminológico, ca. ADJ. Perteneciente o relativo a la criminología. *Instituto español criminológico.*

criminólogo, ga. ADJ. Experto en criminología. U. t. c. s.

criminoso, sa. I. ADJ. **1. criminal.** || **II.** M. y F. **2.** Delincuente o reo.

crin. F. Conjunto de cerdas que tienen algunos animales en la parte superior del cuello. U. t. en pl. con el mismo significado que en sing.

crinado, da. ADJ. poét. Que tiene largo el cabello.

crinolina. F. **1.** Tejido hecho con urdimbre de crin de caballo. || **2.** hist. **miriñaque** (|| armazón).

crío, a. M. y F. **1.** Niño que se está criando. || **2.** coloq. Persona de conducta irreflexiva o ingenua.

criocauterio. M. *Med.* Aparato que destruye tejidos con fines quirúrgicos aplicando muy bajas temperaturas.

criocirugía. F. *Med.* Aplicación de las bajas temperatura a las técnicas quirúrgicas.

criogenia. F. **1.** *Tecnol.* Obtención de muy bajas temperaturas. || **2.** *Tecnol.* Estudio de los procesos que tienen lugar a temperaturas extremadamente bajas.

criogénico, ca. ADJ. *Tecnol.* Perteneciente o relativo a la criogenia.

criolla. F. Canción y danza popular cubana, en compás de seis por ocho.

criollaje. M. *Á. R. Plata.* Conjunto de criollos.

criollismo. M. **1.** Carácter, rasgo o peculiaridad criollos. || **2.** Tendencia a exaltar las cualidades de lo criollo. || **3.** Movimiento literario hispanoamericano del primer tercio del siglo XX inspirado en las tradiciones criollas.

criollo, lla. ADJ. **1.** Dicho de un hijo y, en general, de un descendiente de padres europeos: Nacido en los antiguos territorios españoles de América y en algunas colonias europeas de dicho continente. U. t. c. s. || **2.** Dicho de una persona: Nacida en un país hispanoamericano, para resaltar que posee las cualidades estimadas como características de aquel país. U. t. c. s. || **3.** Autóctono, propio, distintivo de un país hispanoamericano. *El ajo es criollo y no español.* || **4.** Peculiar, propio de Hispanoamérica. *Vals criollo.* || **5.** Se dice de los idiomas que han surgido en comunidades precisadas a convivir con otras comunidades de lengua distinta y que están constituidos por elementos procedentes de ambas lenguas. Se aplica especialmente a los idiomas que han formado, sobre base española, francesa, inglesa, holandesa o portuguesa, las comunidades africanas o indígenas de ciertos territorios originariamente coloniales. U. t. c. s. m. *El criollo.* || **6.** hist. Se decía de la persona de raza negra nacida en América hispana, por oposición a la que había sido llevada de África como esclava. U. t. c. s. || **a la ~.** LOC.ADV. **1.** A la manera criolla. || **2.** *Am.* Con llaneza, sin etiqueta.

crioscopia o crioscopía. F. Determinación del punto de congelación de un líquido en el que se halla disuelta una sustancia, para conocer el grado de concentración de la solución.

criostato. M. *Fís.* Recipiente aislado térmicamente, que permite mantener temperaturas muy bajas.

crioterapia. F. *Med.* Terapia basada en el empleo de bajas temperaturas.

cripta. F. **1.** Lugar subterráneo en que se acostumbraba enterrar a los muertos. || **2.** Piso subterráneo destinado al culto en una iglesia. || **3.** *Bot.* Oquedad más o menos profunda en un parénquima.

críptico, ca. ADJ. **1.** Perteneciente o relativo a la criptografía. *Claves crípticas.* || **2.** Oscuro, enigmático. *Frases crípticas.* || **3.** *Bot.* y *Zool.* Que se camufla en su entorno mediante su color, su olor o su aspecto. *Plumaje críptico.*

criptógamo, ma. ADJ. *Bot.* Se dice de los vegetales o de las plantas que carecen de flores. U. t. c. s. f. ORTOGR. En f. pl., escr. con may. inicial c. taxón. *Las Criptógamas.*

criptografía. F. Arte de escribir con clave secreta o de un modo enigmático.

criptográfico, ca. ADJ. Perteneciente o relativo a la criptografía. *Escritura criptográfica.*

criptograma. M. **1.** Documento cifrado. || **2.** Especie de crucigrama en el que, propuesta una serie de conceptos, se han de sustituir por palabras que los signifiquen, cuyas letras, trasladadas a un casillero, componen una frase.

criptorquidia. F. *Med.* Ausencia de uno o de ambos testículos en el escroto.

críquet. M. Juego de pelota que se practica con palas de madera.

crisálida. F. *Zool.* En los insectos con metamorfosis completa, estado quiescente previo al de adulto.

crisanta. F. *Chile.* Mujer que domina a su marido.

crisantema. F. **crisantemo.**

crisantemo. M. **1.** Planta perenne de la familia de las Compuestas, con tallos anuales, casi leñosos, de seis a ocho decímetros de alto, hojas alternas, aovadas, con senos y hendiduras muy profundas, verdes por encima y blanquecinas por el envés, y flores abundantes, pedunculadas, solitarias, axilares y terminales, de colores variados, pero frecuentemente moradas. Procede de China y se cultiva en los jardines, donde florece durante el otoño. || **2.** Flor de esta planta.

crisis. F. **1.** Cambio brusco en el curso de una enfermedad, ya sea para mejorarse, ya para agravarse el paciente. || **2.** Mutación importante en el desarrollo de otros procesos, ya de orden físico, ya históricos o espirituales. || **3.** Situación de un asunto o proceso cuando está en duda la continuación, modificación o cese. || **4.** Momento decisivo de un negocio grave y de consecuencias importantes. || **5.** Escasez, carestía. *La crisis del petróleo.* || **6.** Situación dificultosa o complicada. || **7. crisis ministerial.** || **~ ministerial.** F. Situación en que se encuentra un ministerio desde el momento en que uno o varios de sus individuos han presentado la dimisión de sus cargos, hasta aquel en que se nombran las personas que han de sustituirlos. □ V. **gabinete de ~.**

crisma. I. M. **1.** Aceite y bálsamo mezclados que consagran los obispos el Jueves Santo para ungir a quienes se bautizan y se confirman, y también a los obispos y sacerdotes cuando se consagran o se ordenan. En leng. coloq., u. m. c. f. || II. F. **2.** coloq. **cabeza** (|| parte superior del cuerpo). || **romper la ~** a alguien. LOC. VERB. coloq. **descalabrar** (|| herir en la cabeza).

crismera. F. Vaso o ampolla, generalmente de plata, en que se guarda el crisma.

crismón. M. Monograma de Cristo, compuesto de las dos primeras letras de este nombre en griego.

crisobalanáceo, a. ADJ. *Bot.* Se dice de las plantas leñosas angiospermas, dicotiledóneas, siempre verdes, que viven en los países tropicales, especialmente en América Meridional. Dan frutos en drupa, comestibles, y son muy parecidas a las rosáceas, de las que difieren por tener flores zigomorfas, con los filamentos de los estambres más o menos soldados, y por otros caracteres anatómicos; p. ej., el hicaco. U. t. c. s. f. ORTOGR. En f. pl., escr. con may. inicial c. taxón. *Las Crisobalanáceas.*

crisoberilo. M. Piedra preciosa de color verde amarillento, con visos opalinos, compuesta de alúmina, berilio y algo de óxido de hierro.

crisocola. F. *Arqueol.* Sustancia que los antiguos empleaban para soldar el oro. Era un silicato hidratado de cobre, con algo de sílice y agua.

crisol. M. **1.** Recipiente hecho de material refractario, que se emplea para fundir alguna materia a temperatura muy elevada. U. t. en sent. fig. *Un crisol de culturas.* || **2.** *Ingen.* Cavidad que en la parte inferior de los hornos sirve para recibir el metal fundido.

crisopeya. F. hist. Arte con que se pretendía transmutar los metales en oro.

crispación. F. Acción y efecto de crispar.

crispadura. F. **crispación.**

crispamiento. M. **crispación.**

crispante. ADJ. Que irrita o exaspera. *Ruido crispante.*

crispar. TR. **1.** Causar contracción repentina y pasajera en el tejido muscular o en cualquier otro de naturaleza contráctil. U. t. c. prnl. || **2.** coloq. Irritar, exasperar. U. t. c. prnl.

cristal. M. **1.** Sólido cuyos átomos y moléculas están regular y repetidamente distribuidos en el espacio. || **2.** Trozo de cristal. *Iba descalzo y me clavé un cristal.* || **3.** Vidrio, especialmente el de alta calidad. *Cristal de La Granja.* || **4.** Pieza de vidrio u otra sustancia semejante que cubre un hueco en una ventana, en una vitrina, etc. || **5.** Lente de las gafas. || **6.** *Geol.* Cuerpo sólido que naturalmente tiene forma poliédrica más o menos regular; p. ej., las sales, las piedras, los metales y otros. || **~ de roca.** M. Cuarzo cristalizado, incoloro y transparente. || **~ líquido.** M. Líquido con una doble refringencia, que cambia por acción de un campo eléctrico y que se utiliza en las pantallas de ciertos aparatos eléctricos. || **~ tártaro.** M. Tártaro purificado y cristalizado.

cristalera. F. Cierre o puerta de cristales.

cristalería. F. **1.** Establecimiento donde se fabrican o venden objetos de cristal. || **2.** Conjunto de estos mismos objetos. || **3.** Parte de la vajilla que consiste en vasos, copas y jarras de cristal.

cristalero, ra. M. y F. **vidriero.**

cristalino, na. I. ADJ. **1.** De cristal. *Estructura cristalina.* || **2.** Parecido al cristal. *Agua cristalina.* || **3.** *Fís.* Que tiene la estructura molecular de los cristales. || II. M. **4.** *Anat.* Cuerpo en forma de lente biconvexa, situado detrás de la pupila del ojo de los vertebrados y de los cefalópodos.

cristalización. F. Acción y efecto de cristalizar. □ V. **agua de ~.**

cristalizado, da. PART. de **cristalizar.** || ADJ. **1.** Dicho de una sustancia: Que ha adquirido estructura cristalina. *Se presenta cristalizado en formas piramidales.* || **2.** Que ha llegado a adquirir una forma clara y definitiva. *Formas de conducta cristalizadas.* □ V. **fruta ~.**

cristalizar. I. TR. **1.** Hacer tomar la forma cristalina, mediante operaciones adecuadas, a ciertas sustancias. || II. INTR. **2.** Dicho de una sustancia: Tomar la forma cristalina. U. t. c. prnl. || **3.** Dicho de las ideas, los sentimientos o los deseos de una persona o de una colectividad: Tomar forma clara y precisa, perdiendo su indeterminación.

cristalografía. F. *Geol.* Descripción de las formas que toman los cuerpos al cristalizar.

cristalográfico, ca. ADJ. *Geol.* Perteneciente o relativo a la cristalografía. *Simetría cristalográfica.* □ V. **sistema ~.**

cristaloide. M. Sustancia que, en disolución, atraviesa las láminas porosas que no dan paso a los coloides.

cristero, ra. ADJ. hist. Se dice de quienes, al grito de «¡Viva Cristo Rey!», en México, se rebelaban, por los años 1926 a 1929, durante el conflicto entre la Iglesia y el Estado. U. t. c. s.

cristianar. TR. **bautizar** (|| administrar el bautismo).

cristiandad. F. **1.** Conjunto de los fieles que profesan la religión cristiana. || **2.** Conjunto de países de religión cristiana.

cristianísimo, ma. ADJ. hist. Se aplicaba como tratamiento a los reyes de Francia.

cristianismo. M. **1.** Religión cristiana. || **2.** Conjunto de los fieles cristianos.

cristianización. F. Acción y efecto de cristianizar.

cristianizar. TR. **1.** Conformar algo con el dogma o con el rito cristiano. U. t. c. prnl. ‖ **2.** Convertir al cristianismo. U. t. c. prnl.

cristiano, na. **I.** ADJ. **1.** Perteneciente o relativo a la religión de Cristo. *Liturgia cristiana.* ‖ **2.** Que profesa la fe de Cristo. U. t. c. s. ‖ **II.** M. **3.** Hermano o prójimo. ‖ **4.** coloq. Persona o alma viviente. *Por la calle no pasa un cristiano.* ‖ ~ **nuevo, va.** M. y F. hist. Persona que se convierte a la religión cristiana y se bautiza siendo adulto. ‖ ~ **viejo, ja.** M. y F. hist. Descendiente de cristianos, sin mezcla conocida de moro, judío o gentil. ‖ **decir,** o **hablar, en cristiano.** LOCS. VERBS. **1.** coloqs. Expresarse en términos llanos y fácilmente comprensibles, o en la lengua que todos entienden. ‖ **2.** coloqs. Hablar en castellano. □ V. **democracia ~, doctrina ~, era ~, griego ~, latín ~, moros y cristianos.**

cristianodemócrata. ADJ. democristiano. Apl. a pers., u. t. c. s. MORF. pl. **cristianodemócratas.**

cristino, na. ADJ. hist. Partidario de Isabel II, bajo la regencia de su madre María Cristina de Borbón, contra el pretendiente don Carlos. U. t. c. s.

cristo. M. **1.** En la teología cristiana, el Hijo de Dios, hecho hombre. ORTOGR. Escr. con may. inicial. ‖ **2.** crucifijo. ORTOGR. Escr. t. con may. inicial. ‖ **todo ~.** M. coloq. Todo cristiano, todas las personas, todo el mundo. ‖ **poner** a alguien **como un ~.** LOC.VERB. coloq. Maltratarlo, herirlo o azotarlo con mucho rigor y crueldad. □ V. **era de Cristo.**

cristobalense. ADJ. sancristobalense. Apl. a pers., u. t. c. s.

cristofué. M. Pájaro algo mayor que la alondra, de color entre amarillo y verde, que abunda mucho en los valles de Venezuela.

cristología. F. Tratado de lo referente a Cristo.

cristológico, ca. ADJ. Perteneciente o relativo a Cristo o a la cristología.

criterio. M. **1.** Norma para conocer la verdad. ‖ **2.** Juicio o discernimiento.

critérium. M. *Dep.* Competición que no tiene carácter oficial, en la que intervienen deportistas de gran categoría. MORF. pl. **critériums.**

crítica. F. **1.** Examen y juicio acerca de alguien o algo y, en particular, el que se expresa públicamente sobre un espectáculo, un libro, una obra artística, etc. ‖ **2.** Conjunto de los juicios públicos sobre una obra, un concierto, un espectáculo, etc. ‖ **3.** Conjunto de las personas que, con una misma especialización, ejercen la crítica en los medios de difusión. *Al estreno de esa comedia no asistió la crítica.* ‖ **4.** **murmuración.** ‖ **5.** **censura** (‖ reprobación). ‖ ~ **textual.** F. *Ecd.* Estudio de las técnicas conducentes a la reconstrucción de un original perdido.

criticar. TR. **1.** Juzgar las cosas, fundándose en los principios de la ciencia o en las reglas del arte. *El tribunal debe criticar la tesis doctoral.* ‖ **2.** Censurar, vituperar algo o a alguien. *Criticaron su proselitismo.*

criticastro, tra. M. y F. despect. Crítico que sin apoyo ni fundamento ni doctrina censura y satiriza las obras de ingenio.

criticidad. F. Condición de crítico.

criticismo. M. **1.** Sistema filosófico de Immanuel Kant, filósofo alemán del siglo XVIII. ‖ **2.** Teoría metodológica que somete a crítica la posibilidad del conocimiento, sus límites y sus fuentes.

crítico, ca. **I.** ADJ. **1.** Perteneciente o relativo a la crítica. *Artículo crítico.* ‖ **2.** Perteneciente o relativo a la crisis. *Período crítico.* ‖ **3.** Se dice del estado, momento, punto, etc., en que esta se produce. ‖ **4.** Dicho del tiempo, de un punto, de una ocasión, etc.: Más oportunos, o que deben aprovecharse o atenderse. ‖ **5.** Inclinado a enjuiciar hechos y conductas de forma generalmente desfavorable. ‖ **II.** M. y F. **6.** Persona que ejerce profesionalmente la **crítica** (‖ juicio sobre un espectáculo, un libro, etc.). □ V. **aparato ~, día ~, edad ~, edición ~, punto ~, temperatura ~.**

criticón, na. ADJ. coloq. Que todo lo censura, sin perdonar ni aun las más ligeras faltas. U. t. c. s.

critiqueo. M. coloq. murmuración.

croar. INTR. Dicho de una rana: **cantar** (‖ producir sonidos continuados).

croata. **I.** ADJ. **1.** Natural de Croacia. U. t. c. s. ‖ **2.** Perteneciente o relativo a este país de Europa. ‖ **II.** M. **3.** Idioma croata, variedad del serbocroata.

crocante. **I.** ADJ. **1.** Dicho de una pasta cocida o frita: Que cruje al mascarla. ‖ **II.** M. **2.** guirlache.

crocanti. M. Helado cubierto de una capa de chocolate y trozos pequeños de almendra.

croché. M. ganchillo.

croco. M. **1.** azafrán (‖ planta iridácea). ‖ **2.** azafrán (‖ estigma de la flor).

crocodilo. M. cocodrilo.

crol. M. *Dep.* Estilo de natación que consiste en batir constantemente las piernas y en mover alternativamente los brazos hacia delante sacándolos del agua.

crolista. COM. *Dep.* Nadador especializado en el estilo crol.

cromado. M. Acción y efecto de cromar.

cromar. TR. Dar un baño de cromo a los objetos metálicos para hacerlos inoxidables.

cromático, ca. ADJ. **1.** Perteneciente o relativo a los colores. *Matiz cromático.* ‖ **2.** *Mús.* Se dice de uno de los tres géneros del sistema musical, el que procede por semitonos. ‖ **3.** *Ópt.* Dicho de un cristal o de un instrumento óptico: Que presenta al ojo del observador los objetos contorneados con los visos y colores del arcoíris. □ V. **aberración ~, diatónico ~, diatónico ~ enarmónico, semitono ~.**

cromatina. F. *Biol.* Sustancia compleja constituida por ácidos nucleicos y proteínas, que se encuentra en el núcleo de las células y se tiñe por los colorantes básicos de anilina.

cromatismo. M. **1.** Conjunto o gama de colores. ‖ **2.** *Mús.* Cualidad de cromático. ‖ **3.** *Ópt.* aberración cromática.

cromatografía. F. *Quím.* Método de análisis químico para la separación de los componentes de una mezcla por distribución entre dos fases, una estacionaria y otra móvil, que en un principio se utilizó para separar sustancias coloreadas.

cromatógrafo. M. *Quím.* Aparato que sirve para realizar cromatografías.

crómlech. M. Monumento megalítico consistente en una serie de piedras o menhires que cercan un corto espacio de terreno llano y de forma elíptica o circular. MORF. pl. invar. *Los crómlech.*

cromo[1]. M. Elemento químico de núm. atóm. 24. Metal escaso en la litosfera, se encuentra generalmente en forma de óxido. De color blanco plateado, brillante, duro y quebradizo, es muy resistente a la corrosión, por lo que se emplea como protector de otros metales. Sus sales, de variados colores, se usan como mordientes. (Símb. *Cr*).

cromo². M. Estampa, papel o tarjeta con figura o figuras en colores, especialmente de menor tamaño destinada a juegos y colecciones propios de niños. ‖ **estar hecho un ~.** LOC.VERB. coloq. Ir muy arreglado y compuesto. U. m. en sent. irón.

cromóforo, ra. ADJ. *Quím.* Se dice del grupo funcional causante de la coloración de una sustancia. U. t. c. s. m.

cromolitografía. F. **1.** Arte de litografiar con varios colores, que se obtienen por impresiones sucesivas. ‖ **2.** Estampa obtenida por medio de este arte.

cromosfera. F. *Astr.* Zona superior de la envoltura gaseosa del Sol, de color rojo y constituida principalmente por hidrógeno inflamado.

cromósfera. F. *Am.* cromosfera.

cromosoma. M. *Biol.* Filamento condensado de ácido desoxirribonucleico, visible en el núcleo de las células durante la mitosis. Su número es constante para cada especie animal o vegetal.

cromosómico, ca. ADJ. *Biol.* Perteneciente o relativo al cromosoma.

cron. M. Unidad de tiempo geológico, equivalente a un millón de años.

crónica. F. **1.** Narración histórica en que se sigue el orden temporal de los acontecimientos. ‖ **2.** Artículo periodístico o información radiofónica o televisiva sobre temas de actualidad.

cronicidad. F. Cualidad de crónico.

cronicismo. M. **1.** *Med.* Larga duración de una dolencia. ‖ **2.** *Med.* Estado crónico de un enfermo.

crónico, ca. ADJ. **1.** Dicho de una enfermedad: **larga** (‖ continuada). ‖ **2.** Dicho de un enfermo: Que padece una enfermedad crónica. ‖ **3.** Dicho de una dolencia: **habitual.** ‖ **4.** Dicho de un vicio: **inveterado.** ‖ **5.** Que viene de tiempo atrás. *Frenesí crónico.*

cronicón. M. Breve narración histórica expuesta en orden cronológico.

cronificación. F. *Med.* Acción y efecto de cronificar.

cronificar. TR. *Med.* Hacer crónico algo, especialmente una enfermedad. U. t. c. prnl. *Se le ha cronificado la tos.*

cronista. COM. **1.** Autor de crónicas. ‖ **2.** Historiador oficial de una institución.

cronístico, ca. ADJ. Perteneciente o relativo a la crónica o al cronista.

crono. M. **1.** *Dep.* Tiempo medido con cronómetro, en pruebas de velocidad. ‖ **2.** *Dep.* **cronómetro.**

cronoescalada. F. *Dep.* En competiciones ciclistas, prueba contrarreloj que se disputa en un trayecto ascendente.

cronografía. F. **cronología.**

cronógrafo, fa. **I.** M. y F. **1.** Persona que profesa la cronografía o tiene en ella especiales conocimientos. ‖ **II.** M. **2.** Aparato que sirve para registrar gráficamente el tiempo que transcurre entre sucesos consecutivos. ‖ **3.** Reloj o aparato que sirve para medir con exactitud tiempos sumamente pequeños.

cronograma. M. Calendario de trabajo.

cronología. F. **1.** Ciencia que tiene por objeto determinar el orden y fechas de los sucesos históricos. ‖ **2.** Serie de personas o sucesos por orden de fechas.

cronológico, ca. ADJ. Perteneciente o relativo a la cronología.

cronometrador, ra. M. y F. Persona que cronometra.

cronometraje. M. Acción y efecto de cronometrar.

cronometrar. TR. Medir con el cronómetro.

cronometría. F. Medida exacta del tiempo.

cronométrico, ca. ADJ. Perteneciente o relativo a la cronometría o al cronómetro.

cronómetro. M. Reloj de gran precisión para medir fracciones de tiempo muy pequeñas, utilizado en industria y en competiciones deportivas.

croque. M. Golpe que se da en la cabeza o con ella.

croqueta. F. Porción de masa hecha con un picadillo de jamón, carne, pescado, huevo, etc., que, ligado con besamel, se reboza en huevo y pan rallado y se fríe en aceite abundante. Suele tener forma redonda u ovalada.

croquis. M. **1.** Diseño ligero de un terreno, paisaje o posición militar, que se hace a ojo y sin valerse de instrumentos geométricos. ‖ **2.** Diseño hecho sin precisión ni detalles.

crótalo. M. **1.** Serpiente venenosa de América, que tiene en el extremo de la cola unos anillos óseos, con los cuales hace al moverse cierto ruido particular. ‖ **2.** hist. Instrumento musical de percusión usado antiguamente y semejante a la castañuela. ‖ **3.** poét. **castañuela.**

crotón. M. **ricino.**

crotorar. INTR. Dicho de una cigüeña: Producir el ruido peculiar de su pico.

cruasán. M. Bollo de hojaldre en forma de media luna. MORF. pl. **cruasanes.**

cruce. M. **1.** Acción de **cruzar** (‖ atravesar una cosa sobre otra). ‖ **2.** Punto donde se cortan mutuamente dos líneas. *El cruce de dos caminos.* ‖ **3.** Paso destinado a los peatones. ‖ **4.** Acción y efecto de **cruzar** (‖ animales para mejorar las castas). ‖ **5.** Interferencia telefónica o de emisiones radiadas. □ V. **luz de ~.**

cruceiro. M. Unidad monetaria del Brasil anterior al real.

cruceño, ña. ADJ. **1.** Natural de alguno de los pueblos que, tanto en España como en América, llevan el nombre de Cruz o Cruces. U. t. c. s. ‖ **2.** Natural de Santa Cruz, departamento de Bolivia, o de Santa Cruz de la Sierra, su capital. U. t. c. s. ‖ **3.** Perteneciente o relativo a aquellos lugares o a este departamento y su capital.

crucera. F. *Á. R. Plata.* Se usa como nombre genérico para referirse a dos especies de ofidios venenosos de aspecto muy similar. Miden hasta un metro y medio de longitud, tienen color castaño claro con dibujos de tonos más oscuros, y se alimentan de batracios, aves, huevos y pequeños roedores.

crucería. F. Sistema constructivo propio del estilo gótico, en el cual la forma de bóveda se logra mediante el cruce de arcos diagonales, llamados también ojivas o nervios.

crucero. M. **1.** Cruz de piedra, de dimensiones variables, que se coloca en el cruce de caminos y en los atrios. Suele alzarse sobre una plataforma con peldaños y tiene esculpido el crucifijo y, frecuentemente además, la Piedad o Quinta Angustia. Abundan en Galicia, Irlanda y Bretaña. ‖ **2.** Espacio en que se cruzan la nave principal de una iglesia y la que la atraviesa. ‖ **3.** **encrucijada** (‖ lugar donde se cruzan calles o caminos). ‖ **4.** Viaje de recreo en barco, con distintas escalas. ‖ **5.** *Impr.* Línea por donde se ha doblado el pliego de papel al ponerlo en resmas. ‖ **6.** *Impr.* Listón de hierro que en la imposición sirve para dividir la forma en dos partes. ‖ **7.** *Mar.* Buque de guerra de gran velocidad y radio de acción, compatibles con fuerte armamento. *Crucero ligero. Crucero de combate.* ‖ **8.** *Mar.* Determinada extensión de mar en que cruzan uno o más buques. ☐ V. **arco** ~, **misil de** ~, **velocidad de** ~.

cruceta. F. **1.** Cada una de las cruces o de las aspas que resultan de la intersección de dos series de líneas paralelas, especialmente en enrejados o en labores y adornos femeninos. ‖ **2.** *Mar.* Plataforma que en la cabeza de los masteleros sirve para los mismos fines que la cofa en los palos mayores, de la cual se diferencia en ser más pequeña y no estar cercada con tablas. ‖ **3.** *Mec.* En los motores de automóviles y otras máquinas, pieza que sirve de articulación entre el vástago del émbolo y la biela.

crucial. ADJ. Dicho de una situación o de un momento: Críticos, decisivos.

cruciferario. M. Encargado de llevar la cruz delante de los arzobispos en las procesiones y otras funciones sagradas.

crucífero, ra. ADJ. *Bot.* Se dice de las plantas angiospermas dicotiledóneas que tienen hojas alternas, cuatro sépalos en dos filas, corola cruciforme, estambres de glándulas verdosas en su base y semillas sin albumen; p. ej., el alhelí, el berro, la col, el nabo y la mostaza. U. t. c. s. f. ORTOGR. En f. pl., escr. con may. inicial c. taxón. *Las Crucíferas.*

crucificado, da. PART. de **crucificar.** ‖ ADJ. Dicho de una persona: Fijada o clavada en una cruz. U. t. c. s.

crucificar. TR. **1.** Fijar o clavar en una cruz a alguien. ‖ **2.** coloq. **sacrificar** (‖ poner en un riesgo en provecho de un fin o interés). *Esto me crucifica.*

crucifijo. M. Efigie o imagen de Cristo crucificado.

crucifixión. F. Acción y efecto de crucificar.

cruciforme. ADJ. De forma de cruz. *Planta cruciforme.*

crucigrama. M. **1.** Pasatiempo que consiste en llenar los huecos de un dibujo con letras, de manera que, leídas estas en sentido horizontal y vertical, formen determinadas palabras cuyo significado se sugiere. ‖ **2.** Este mismo dibujo.

crucigramista. **I.** ADJ. **1.** Perteneciente o relativo a los crucigramas. *Afición crucigramista.* ‖ **II.** COM. **2.** Persona que se dedica a inventar crucigramas. ‖ **3.** Persona aficionada a resolver crucigramas.

cruda. F. *Méx.* **resaca** (‖ malestar por haber bebido en exceso).

crudelísimo, ma. ADJ. SUP. de **cruel.**

crudeza. F. **1.** Cualidad o estado de algunas cosas que no tienen la suavidad o sazón necesaria. ‖ **2.** Rigor o aspereza.

crudillo. M. Tela áspera y dura, semejante al lienzo crudo, usada para entretelas y bolsillos.

crudo, da. ADJ. **1.** Dicho de un comestible: Que no está preparado por medio de la acción del fuego, o que no lo está hasta el punto conveniente. ‖ **2.** Dicho de la fruta: Que no está en sazón. ‖ **3.** Dicho de algunas cosas, como la seda, el lienzo, el cuero, etc.: Que no están preparadas o curadas. ‖ **4.** Dicho de un proceso, de un negocio, etc.: Que no están suficientemente elaborados. ‖ **5.** Dicho de un color: Parecido al de la seda cruda y al de la lana sin blanquear. ‖ **6.** Se dice del mineral viscoso que una vez refinado proporciona el petróleo, el asfalto y otros productos. U. t. c. s. m. ‖ **7.** Cruel, áspero, despiadado. ‖ **8.** Dicho del tiempo: Muy frío y destemplado. ‖ **9.** *Ling.* Dicho de un extranjerismo: Que no ha sido sometido a

adaptación formal. ‖ **10.** *Méx.* Dicho de una persona: Que tiene resaca al día siguiente de una borrachera. ‖ **en crudo.** LOC. ADV. De manera cruda, sin miramientos. ☐ V. **seda** ~.

cruel. ADJ. **1.** Que se deleita en hacer sufrir o se complace en los padecimientos ajenos. *No seas cruel con el pobre animal.* ‖ **2.** Insufrible, excesivo. *Hace un frío cruel. Tuvo unos dolores crueles.* ‖ **3.** Sangriento, duro, violento. *Batalla, golpe cruel.* ¶ MORF. sup. irreg. **crudelísimo.**

crueldad. F. **1.** Cualidad de cruel. ‖ **2.** Acción cruel e inhumana.

cruento, ta. ADJ. **sangriento.**

crujía. F. **1.** Tránsito largo de algunos edificios que da acceso a las piezas que hay a los lados. ‖ **2.** En los hospitales, sala larga en que hay camas a uno y otro costado y a veces en el medio de ella. ‖ **3.** *Arq.* Espacio comprendido entre dos muros de carga. ‖ **4.** *Mar.* Espacio de popa a proa en medio de la cubierta del buque. ‖ **pasar** ~. LOC. VERB. coloq. **correr una trinquetada.**

crujido. M. Acción y efecto de crujir.

crujiente. ADJ. Que cruje. *Pan crujiente.*

crujir. INTR. Dicho de algunos cuerpos, como las telas de seda, las maderas, los dientes, etc.: Hacer cierto ruido cuando rozan unos con otros o se rompen.

crumiro, ra. ADJ. *Á. R. Plata* y *Chile.* Dicho de un trabajador: Que no acata la huelga dispuesta por el sindicato.

crup. M. **difteria.**

crupal. ADJ. Perteneciente o relativo al crup. *Voz, respiración, tos crupal.*

crupier. COM. Persona contratada en los casinos para dirigir el juego, repartir las cartas, controlar las apuestas, etc. MORF. pl. **crupieres.**

crural. ADJ. Perteneciente o relativo al muslo.

crustáceo, a. ADJ. **1.** *Zool.* Se dice de los animales artrópodos de respiración branquial, con dos pares de antenas, cubiertos por un caparazón generalmente calcificado, y que tienen un número variable de apéndices. U. t. c. s. m. ORTOGR. En m. pl., escr. con may. inicial c. taxón. *Los Crustáceos.* ‖ **2.** Que tiene costra. *Líquenes crustáceos.*

cruz. F. **1.** Figura formada por dos líneas que atraviesan o cortan perpendicularmente. ‖ **2.** hist. Patíbulo formado por un madero dispuesto verticalmente y atravesado en su parte superior por otro más corto, en los cuales se clavaban o sujetaban las manos y pies de los condenados a este suplicio. ‖ **3.** Imagen o figura de este suplicio. ‖ **4.** Insignia y señal de cristiano, en memoria de haber padecido en ella Jesucristo. ‖ **5.** Distintivo de muchas órdenes religiosas, militares y civiles, más o menos parecido a una cruz. ‖ **6.** Por oposición a la cara de las monedas, reverso en el que solían figurar los escudos de armas, generalmente divididos en cruz. ‖ **7.** Parte más alta del lomo de algunos animales, donde se cruzan los huesos de las extremidades anteriores con la columna vertebral. ‖ **8.** Parte del árbol en que termina el tronco y empiezan las ramas. ‖ **9.** Signo gráfico en forma de cruz, que, puesto en libros u otros escritos junto al nombre de una persona, indica que ha muerto. ‖ **10.** Peso, carga o trabajo. ‖ **11.** *Heráld.* Pieza honorable que se forma con el palo y la faja. ‖ **12.** *Mar.* Punto medio de la verga de figura simétrica. ‖ **13.** *Mar.* Unión de la caña del ancla con los brazos. ‖ ~ **ancorada.** F. *Heráld.* Aquella cuyos extremos terminan en una especie de áncora. || **~ de Alcántara.** F. La de Calatrava, sin otra diferencia que tener en el escudete del centro un peral de color verde. || **~ de Calatrava.** F. La de color rojo y brazos iguales, terminados en flores de lis muy abiertas. || **~ de Caravaca.** F. **cruz patriarcal.** || **~ decusata.** F. La que tiene forma de aspa. || **~ de Jerusalén.** F. La griega, ensanchada por sus cuatro extremidades a manera de puntas de flecha. || **~ de Malta.** F. Trozo cuadrado de lienzo con un corte diagonal en cada uno de sus ángulos, que se usa como pieza de apósito. || **~ de Montesa.** F. cruz sencilla, de color rojo y brazos iguales. || **~ de san Andrés.** F. **1.** aspa (|| conjunto de los palos que forman una X). || **2.** *Carp.* Figura formada por dos palos o maderos que se cruzan en ángulos agudos y obtusos, resultando un aspa. || **~ de san Antonio.** F. La que solo consta de tres brazos, con un asa o anilla en lugar del brazo superior. || **~ de Santiago.** F. La de color rojo, en forma de espada, que es lo que simboliza. || **~ gamada.** F. La que tiene cuatro brazos acodados como la letra gamma mayúscula del alfabeto griego. Se ha adoptado como símbolo religioso, político o racista. || **~ griega.** F. La que se compone de un palo y un travesaño iguales, que se cortan en los puntos medios. || **~ latina.** F. La de forma ordinaria, cuyo travesaño divide al palo en partes desiguales. || **~ patriarcal.** F. La compuesta de un pie y dos travesaños paralelos y desiguales que forman cuatro brazos. || **~ potenzada.** F. La que tiene pequeños travesaños en sus cuatro extremidades. || **~ sencilla.** F. La de categoría inferior a la encomienda y gran cruz en las condecoraciones que, como la de Carlos III, suelen tener los tres grados. || **gran ~.** F. **1.** La de mayor categoría en ciertas órdenes de distinción, como la de Carlos III, San Fernando, etc. || **2.** Dignidad superior que en las referidas órdenes representa la gran cruz. *Caballero gran cruz de Isabel la Católica.* || **~ diablo.** LOC. INTERJ. Á. guar. y Á. R. Plata. Se usa para conjurar un peligro, especialmente el que se atribuye a poderes malignos. || **de la ~ a la fecha.** LOC. ADV. Desde el principio hasta el fin. || **en ~.** LOC. ADV. **1.** Con los brazos extendidos horizontalmente. || **2.** *Heráld.* Dicho de dividirse el escudo: Con dos líneas, la una vertical y la otra horizontal. || **hacerle** a alguien **la ~.** LOC. VERB. coloq. Se usa para dar a entender que nos queremos librar o guardar de él. || **hacerse cruces.** LOC. VERB. coloq. Demostrar la admiración o extrañeza que causa algo. || **por esta,** o **por estas, que son cruces.** EXPRS. Se usan como especie de fórmula de juramento en son de amenaza al mismo tiempo que se hace una o dos cruces con los dedos pulgar e índice. || **trasquilar a cruces** a alguien. LOC. VERB. Cortarle el pelo desigual y sin esmero. □ V. **buque de ~, cara o ~, cara y ~, iglesia en ~ griega, iglesia en ~ latina, Invención de la Santa Cruz, señal de la ~, vela de ~, víbora de la ~.**

cruza. F. *Am.* **cruce** (|| de los animales).

cruzada. F. **1.** hist. Expedición militar contra los infieles, especialmente para recuperar los Santos Lugares, que publicaba el papa concediendo indulgencias a quienes en ella participaban. ORTOGR. Escr. con may. inicial. || **2. campaña** (|| en pro de algún fin). *Cruzada contra el alcoholismo.* □ V. **bula de la Santa Cruzada.**

cruzado, da. PART. de **cruzar.** || **I.** ADJ. **1.** Dicho de una prenda de vestir: Que tiene el ancho necesario para poder sobreponer un delantero sobre otro. *Chaqueta, abrigo cruzado.* || **2.** Dicho de un animal: Nacido de padres de distintas castas. || **3.** Dicho de un caballero: Que trae la cruz de una orden militar. U. t. c. s. || **4.** hist. Que participa en una Cruzada. U. t. c. s. || **II.** M. **5.** Postura en la guitarra, que se hace pisando las cuerdas primera y tercera en el segundo traste, y la segunda en el tercero. || **6.** hist. Moneda antigua de Castilla, de plata o de vellón, mandada acuñar por Enrique II. La de plata tenía una cruz en el anverso. || **7.** hist. **excelente de la granada.** || **8.** hist. Moneda antigua de plata, de Portugal. □ V. **cheque ~, fuego ~, palabras ~s.**

cruzamiento. M. **1.** Acción de **cruzar** (|| animales para mejorar las castas). || **2. cruce.**

cruzar. **I.** TR. **1.** Recorrer un lugar de un extremo a otro. *Ha cruzado el continente.* || **2.** Pasar al otro lado de algo, como un camino, una calle, etc. *Cruzar el río.* || **3.** Atravesar una cosa sobre otra en forma de cruz. || **4.** Apoyar un brazo sobre el otro por delante del pecho. || **5.** Montar una pierna sobre la otra estando sentado. || **6.** Dar machos de distinta procedencia a las hembras de los animales de la misma especie para mejorar las castas. || **7.** Investir a alguien con la cruz y el hábito de una de las cuatro órdenes militares o de otro instituto semejante, con las solemnidades establecidas. || **8.** Trazar dos rayas paralelas en un cheque para que este solo pueda cobrarse por medio de una cuenta corriente. || **9.** *Mar.* Navegar en todas direcciones dentro de un espacio determinado con fines diversos. || **II.** PRNL. **10.** Dicho de dos personas o cosas: Pasar por un punto o camino en dirección opuesta. || **11.** Dicho de una cosa: **atravesarse** (|| ponerse en medio de otras). || **12.** Recibir la investidura de una orden militar o de otro instituto semejante. || **13.** hist. Tomar la cruz, alistándose en una Cruzada. || **14.** *Geom.* Dicho de una línea: Pasar a cierta distancia de otra no situada en el mismo plano, sin cortarla ni serle paralela. || **15.** *Gram.* Dicho de dos palabras o formas gramaticales generalmente sinónimas: Originar otra que ofrece caracteres de cada una de aquellas; p. ej., *papa* y *batata* se han **cruzado** en *patata.*

ctenóforo. ADJ. *Zool.* Se dice de ciertos celentéreos, exclusivamente marinos, con cuerpo gelatinoso y transparente, que suelen ser flotantes y están provistos de unas bandas ciliadas. U. t. c. s. m. ORTOGR. En m. pl., escr. con may. inicial c. taxón. *Los Ctenóforos.*

cu. F. Nombre de la letra *q.* MORF. pl. **cus.** *Chile.* pl. **cúes.**

cuaderna. F. *Mar.* Cada una de las piezas curvas cuya base o parte inferior encaja en la quilla del buque y desde allí arrancan a derecha e izquierda, en dos ramas simétricas, formando como las costillas del casco. || **~ maestra.** F. *Mar.* La que se coloca en el punto de mayor anchura del casco. □ V. **~ vía.**

cuadernal. M. *Mar.* Conjunto de dos o tres poleas paralelamente colocadas dentro de un mismo aro de metal.

cuadernillo. M. Conjunto de cinco pliegos de papel, que es la quinta parte de una mano.

cuaderno. M. **1.** Conjunto de algunos pliegos de papel, doblados y cosidos en forma de libro. || **2.** Libro pequeño o conjunto de papel en que se lleva la cuenta y razón, o en que se escriben algunas noticias, ordenanzas o instrucciones. *Cuaderno de ventas. Cuaderno de navegación.* || **~ de bitácora.** M. **1.** *Mar.* Libro en que se apunta el rumbo, velocidad, maniobras y demás accidentes de la navegación. || **2.** Página web personal utilizada a modo de diario donde también se registran los comentarios de los visitantes. || **~ de Cortes.** M. hist.

Extracto y relato oficial de los acuerdos tomados en cada reunión de ellas, y que se imprimía y publicaba desde el siglo XVI.

cuadra. F. **1.** caballeriza. ‖ **2.** Conjunto de caballos, generalmente de carreras, que suele llevar el nombre del dueño. ‖ **3.** Lugar muy sucio. ‖ **4.** Sala de un cuartel, hospital o prisión, en que duermen muchos. ‖ **5.** Espacio de una calle comprendido entre dos esquinas; lado o una manzana. U. m. en América. ‖ **6.** *Am.* Medida de longitud, variable según los países, y comprendida más o menos entre los 100 y 150 m. □ V. **vela ~.**

cuadrada. F. *Mús.* Figura o nota musical que vale dos compases mayores.

cuadrado, da. I. ADJ. **1.** Dicho de una figura plana: Cerrada por cuatro líneas rectas iguales que forman otros tantos ángulos rectos. U. t. c. s. m. ‖ **2.** Dicho de un cuerpo prismático: De sección cuadrada. ‖ **3.** Perteneciente o relativo al cuadrado. *Forma cuadrada.* ‖ **4.** Se dice de las medidas de superficie para indicar que equivalen a la superficie de un cuadrado cuyo lado tenga la longitud correspondiente. *Pie cuadrado.* ‖ **II.** M. **5.** *Impr.* Pieza de metal del cuerpo de las letras, que se pone entre ellas para formar espacios, intervalos o blancos, o para afianzar y sostener las letras. ‖ **6.** *Mat.* Producto que resulta de multiplicar una cantidad por sí misma. ‖ **~ mágico.** M. Figura formada por números dispuestos en cuadro, de tal modo que sea constante la suma de cada línea horizontal y vertical y de cada diagonal. □ V. **cabeza ~, legua ~, metro ~, raíz ~, vara ~.**

cuadragenario, ria. ADJ. Dicho de una persona: Que tiene entre 40 y 49 años. U. t. c. s.

cuadragésimo, ma. ADJ. **1.** Que sigue inmediatamente en orden al o a lo trigésimo noveno. ‖ **2.** Se dice de cada una de las 40 partes iguales en que se divide un todo. U. t. c. s. m.

cuadrangular. I. ADJ. **1.** Que tiene o forma cuatro ángulos. *Plaza cuadrangular.* ‖ **II.** M. **2.** *Am.* jonrón.

cuadrante. M. **1.** Almohada cuadrada de cama. ‖ **2.** Reloj solar trazado en un plano. ‖ **3.** hist. Moneda romana de cobre, equivalente a la cuarta parte de un as. ‖ **4.** *Geom.* Cuarta parte de la circunferencia o del círculo comprendida entre dos radios perpendiculares. ‖ **5.** *Mar.* Cada una de las cuatro partes en que se consideran divididos el horizonte y la rosa de los vientos, denominadas primero, segundo, tercero y cuarto, contando desde el Norte hacia el Este.

cuadrar. I. TR. **1.** Hacer que coincidan los totales del debe y del haber de una cuenta, un balance, etc. *Cuadrar los resultados.* ‖ **2.** Dar a algo forma de cuadrado. *Cuadrar el círculo.* ‖ **3.** *Carp.* Trabajar o formar los maderos en cuadro. ‖ **4.** *Pint.* cuadricular². ‖ **5.** *Taurom.* igualar. U. t. c. intr. ‖ **6.** *Á. Caribe.* Asegurar bienestar, lograr éxito. U. t. c. prnl. ‖ **II.** INTR. **7.** Dicho de una cosa: Conformarse o ajustarse con otra. *La sonrisa no cuadra con sus intenciones.* ‖ **8.** Dicho de una cosa: Resultar cómoda o conveniente. *Si te cuadra, pasa por mi casa.* ‖ **9.** Dicho de una cuenta: Coincidir los totales del debe y del haber. ‖ **III.** PRNL. **10.** *Equit.* Dicho de un caballo: Pararse, quedando con los cuatro remos en firme. ‖ **11.** *Mil.* Adoptar la postura de firmes. ‖ **12.** *Chile.* Suscribirse con una importante cantidad de dinero, o dar de hecho esa cantidad o valor.

cuadrático, ca. ADJ. *Mat.* Perteneciente o relativo al cuadrado. □ V. **media ~.**

cuadratín. M. **1.** *Impr.* cuadrado (‖ pieza de metal que se pone entre las letras para dejar espacios o blancos en lo impreso). ‖ **2.** Signo (□) que se emplea en lo impreso para indicar alguna observación especial.

cuadratura. la ~ del círculo. F. coloq. Se usa para indicar la imposibilidad de algo.

cuádrica. F. *Mat.* Lugar geométrico de los puntos del espacio cuyas coordenadas cartesianas satisfacen una ecuación de segundo grado; p. ej., una elipse.

cuádriceps. M. *Anat.* Músculo situado en la parte anterior del muslo y dividido en cuatro partes, que interviene en la extensión de la pierna y en la flexión del muslo sobre la pelvis. U. t. c. adj.

cuadrícula. F. Conjunto de los cuadrados que resultan de cortarse perpendicularmente dos series de rectas paralelas.

cuadriculación. F. Acción y efecto de cuadricular.

cuadricular¹. ADJ. Perteneciente o relativo a la cuadrícula. *Forma cuadricular.*

cuadricular². TR. **1.** Trazar líneas que formen una cuadrícula. *Cuadricular un plano.* ‖ **2.** Someter a esquemas o comportamientos rígidos. *Quieren cuadricularnos la mente.* U. t. c. prnl.

cuadrienal. ADJ. cuatrienal.

cuadrienio. M. cuatrienio.

cuadriga. F. **1.** hist. Carro tirado por cuatro caballos de frente, y especialmente el usado en la Antigüedad para las carreras del circo y en los triunfos. ‖ **2.** hist. Tiro de cuatro caballos enganchados paralelamente en línea.

cuadril. M. **1.** anca (‖ mitad lateral de la parte posterior de diversos animales). ‖ **2.** cadera (‖ parte saliente formada por los huesos superiores de la pelvis).

cuadrilátero, ra. I. ADJ. **1.** *Geom.* Dicho de un polígono: Que tiene cuatro ángulos y cuatro lados. U. m. c. s. m. ‖ **II.** M. **2.** Espacio limitado por cuerdas y con suelo de lona donde tienen lugar combates de boxeo y de otros tipos de lucha.

cuadrilla. F. **1.** Grupo de personas reunidas para el desempeño de algunos oficios o para ciertos fines. *Cuadrilla de albañiles. Cuadrilla de malhechores.* ‖ **2.** pandilla (‖ grupo de amigos). ‖ **3.** Conjunto de perros que se dedican a la caza. ‖ **4.** *Taurom.* Conjunto formado por un matador con sus banderilleros y picadores.

cuadrillazo. M. *Chile.* Asalto, ataque de varias personas contra una.

cuadrilongo, ga. I. ADJ. **1.** Perteneciente o relativo al rectángulo. *Forma cuadrilonga.* ‖ **II.** M. **2.** rectángulo (‖ paralelogramo).

cuadringentésimo, ma. ADJ. **1.** Que sigue inmediatamente en orden al o a lo tricentésimo nonagésimo noveno. ‖ **2.** Se dice de cada una de las 400 partes iguales en que se divide un todo. U. t. c. s. m.

cuadriplicar. TR. cuadruplicar.

cuadrivio. M. hist. En la Edad Media, conjunto de las cuatro artes matemáticas, aritmética, música, geometría y astrología o astronomía, que, junto con el trivio, constituía los estudios que impartían las universidades.

cuadro. M. **1.** cuadrado (‖ figura plana cerrada por cuatro rectas iguales). ‖ **2.** Lienzo, lámina, etc., de pintura. ‖ **3.** marco (‖ pieza que rodea algunas cosas). ‖ **4.** En los jardines, parte de tierra labrada regularmente en cuadro y adornada con varias labores de flores y hierbas. ‖ **5.** En los frontones del juego de pelota vasca, cada una de las divisiones hechas en el muro lateral, para marcar el saque y el pase. ‖ **6.** Cada una de las partes breves en que se dividen los actos de algunas obras dramáticas. ‖ **7.** En la obra dramática y otros espectáculos teatrales, agrupación de personajes que durante algunos momentos permanecen en determinada actitud a vista del público. ‖ **8.** Descripción, por escrito o de palabra, de un espectáculo o suceso, tan viva y animada, que el lector o el oyente pueda representarse en la imaginación la cosa descrita. ‖ **9.** Conjunto de nombres, cifras u otros datos presentados gráficamente, de manera que se advierta la relación existente entre ellos. ‖ **10.** Espectáculo de la naturaleza, o agrupación de personas o cosas, que se ofrece a la vista y es capaz de conmover el ánimo. ‖ **11.** Conjunto de personas que trabajan en equipo. *El cuadro de locutores de la emisora.* ‖ **12.** *Mil.* Formación de la infantería que se dispone a modo de cuadrilátero para hacer frente al enemigo por sus cuatro costados. ‖ **13.** pl. En el Ejército, en una empresa, en la Administración pública, etc., conjunto de mandos o directivos. ‖ ~ **clínico.** M. *Med.* Conjunto de síntomas que presenta un enfermo o que caracterizan una enfermedad. ‖ ~ **de distribución.** M. *Electr.* Tablero con dispositivos e instrumentos para el control de una instalación eléctrica. ‖ ~ **flamenco.** M. Conjunto de personas que cantan, bailan y tocan instrumentos interpretando música de carácter flamenco. ‖ ~ **médico.** M. Conjunto de los facultativos de una institución o equipo sanitario. ‖ ~ **plástico.** M. **cuadro vivo.** ‖ ~ **sinóptico.** M. Exposición de una materia en una plana, en forma de epígrafes comprendidos dentro de llaves u otros signos gráficos, de modo que el conjunto se puede abarcar de una vez con la vista. ‖ ~ **vivo.** M. Representación de una obra de arte o una escena por personas que permanecen inmóviles y en silencio en determinadas actitudes. U. m. en pl. ‖ **en** ~. LOC.ADV. En forma de cuadrado. ‖ **estar,** o **quedarse, en** ~. LOCS.VERBS. **1.** Dicho de un grupo: Quedar reducido a un corto número de miembros. ‖ **2.** *Mil.* Dicho de un cuerpo: Estar, o quedarse, sin tropa, conservando sus jefes, oficiales, sargentos y cabos. ‖ **3.** *Esp.* Dicho de una institución o de una empresa: Quedarse con su actividad reducida al mínimo. ‖ **hecho, cha un** ~. LOC.ADJ. *Esp.* Dicho de una persona: Desaliñada, sucia o poco presentable.

cuadrumano, na o **cuadrúmano, na.** ADJ. *Zool.* Se dice de los animales mamíferos en cuyas extremidades, tanto torácicas como abdominales, el dedo pulgar es oponible a los otros dedos. U. t. c. s.

cuadrúpedo, da. ADJ. Dicho de un animal: De cuatro pies. U. t. c. s.

cuádruple. ADJ. **1.** Que contiene un número cuatro veces exactamente. U. t. c. s. m. *El cuádruple de lo previsto.* ‖ **2.** Se dice de la serie de cuatro cosas iguales o semejantes. *Cuádruple alianza.*

cuadruplicación. F. Acción y efecto de cuadruplicar.

cuadruplicar. TR. **1.** Hacer cuádruple algo. U. t. c. prnl. *Se ha cuadruplicado la población.* ‖ **2.** Dicho de una cosa: Ser cuatro veces mayor que otra. *Las reservas cuadruplican los recursos circulantes.*

cuajada. F. Producto lácteo cremoso que se obtiene al cuajar la leche y separarla del suero.

cuajaleche. M. Planta anual de la familia de las Rubiáceas, parecida al galio, de tallo ramoso, velludo en los nudos y con aguijones echados hacia atrás en los ángulos, verticilos de ocho hojas lineales, lanceoladas y ás-

peras en la margen, y fruto globoso lleno de cerdas pequeñas y ganchosas en su ápice.

cuajar¹. M. Última de las cuatro cavidades en que se divide el estómago de los rumiantes.

cuajar². **I.** TR. **1.** Transformar una sustancia líquida en una masa sólida y pastosa. Se usa especialmente referido a sustancias que contienen albúmina, como la leche, el huevo, etc. *Cuajar una tortilla.* U. t. c. prnl. ‖ **2.** Llenar algo de muchas cosas. *Cuajar de lazos el árbol de Navidad.* U. t. c. prnl. ‖ **II.** INTR. **3.** Dicho de la nieve o del agua: Formar superficies sólidas. ‖ **4.** Dicho del fruto: Granar, nacer y formarse en árboles y plantas. ‖ **5.** coloq. Dicho de una cosa: Lograrse, tener efecto. *Cuajó la pretensión.* U. t. c. prnl. ‖ **6.** coloq. Gustar, agradar. *Fulano no me cuaja.*

cuajarón. M. Porción de sangre o de otro líquido que se ha cuajado.

cuajiote. M. *Am. Cen.* Planta que produce una goma que se usa en medicina.

cuajo. M. **1.** *Quím.* Fermento de la mucosa del estómago de los mamíferos en el período de lactancia, que coagula la caseína de la leche. ‖ **2.** Efecto de **cuajar².** ‖ **3.** **cuajar¹.** ‖ **de** ~. LOC.ADV. De raíz, sacando enteramente algo del lugar en que estaba arraigado. *Arrancó el árbol de cuajo.*

cual. **I.** PRON. RELAT. **1.** Forma átona que solo presenta variación de número. *Me interesa, sea cual sea el precio.* ‖ **2.** Junto con el artículo determinado, que marca la variación de género y número, forma el pronombre relativo compuesto *el cual, la cual, los cuales, las cuales, lo cual. Esa era su opinión, de la cual no disiento. Tuvo cuatro hijos, al más joven de los cuales he conocido yo.* U. menos c. adj. *A grandes voces llamó a Sancho; el cual Sancho, oyéndose llamar, dejó a los pastores.* ‖ **II.** PRON. CORRELAT. **3.** Se usa en correlación con *tal, tales.* U. menos c. adj. *Cuales palabras te dicen, tal corazón te ponen.* ‖ **III.** PRON. INTERROG. **4.** Se utiliza en preguntas para identificar a alguien o algo. ORTOGR. Escr. con acento. *¿A cuál de ellos prefieres?* En América, u. t. c. adj. *¿De cuál joven estamos hablando?* ‖ **IV.** PRON. EXCL. **5.** U. en sent. ponder. ORTOGR. Escr. con acento. *¡Cuál no sería mi asombro al comprobarlo!* ‖ **V.** PRON. INDEF. **6.** Se usa en disyunciones con el valor de *uno ... otro; este, aquel, el de más allá,* etc. ORTOGR. Escr. con acento. *A cuál cubre, a cuál ciega, a cuál embiste.* ‖ **VI.** ADV. RELAT. **7. como.** U. t. en leng. poét. *Traía el aire grave, cual si fuese a tratar de negocios.* ‖ **VII.** ADV. M. **8. así como** (‖ denotando comparación). ‖ **a** ~ **más.** LOC.ADV. Se usa para ponderar que una cualidad es tan viva en unos individuos que no se sabe quién aventaja a los otros. ORTOGR. Escr. con acento. *Eran tres hermanas a cuál más diferente.*

cualesquier. ADJ. INDEF. **cualesquiera.** U. ante s. pl.

cualesquiera. PRON. INDEF. PL. de cualquiera.

cualidad. F. **1.** Cada uno de los caracteres, naturales o adquiridos, que distinguen a las personas, a los seres vivos en general o a las cosas. ‖ **2.** Manera de ser de alguien o algo.

cualificación. F. Preparación para ejercer determinada actividad o profesión.

cualificado, da. PART. de **cualificar.** ‖ ADJ. **calificado.** U. m. en España.

cualificar. TR. **1.** Atribuir o apreciar cualidades. *Es un síndrome fácil de cualificar.* ‖ **2.** Especializar a alguien para desempeñar un trabajo. *Su formación lo cualifica para el puesto.*

cualitativo, va. ADJ. Que denota cualidad. □ V. **análisis ~**.

cualquier. ADJ. INDEF. **cualquiera**. U. ante s. sing. □ V. **~ hijo de vecino**.

cualquiera. I. PRON. INDEF. **1.** Una persona indeterminada, alguno, sea el que fuere. *Eso no lo puede hacer cualquiera.* U. t. c. adj. indef. *Un alumno cualquiera.* ‖ **II.** F. **2.** Mujer de mala vida. ‖ **III.** COM. **3.** Persona de poca importancia o indigna de consideración.

cuan. I. ADV. C. EXCL. **1.** Se usa para encarecer el grado o la intensidad. ORTOGR. Escr. con acento. *¡Cuán rápidamente caminan las malas nuevas! No puedes imaginarte cuán desgraciado soy.* ‖ **II.** ADV. CORRELAT. **2.** Se usa, en relación con *tan*, en comparaciones de equivalencia o igualdad. *El castigo será tan grande, cuan grande fue la culpa.*

cuando. I. CONJ. T. **1.** En el tiempo, en el punto, en la ocasión en que. *Me compadecerás cuando sepas mis desventuras. Ven a buscarme cuando sean las diez.* ‖ **II.** ADV. T. **2.** En sentido interrogativo y exclamativo, en qué tiempo. ORTOGR. Escr. con acento. *¿Cuándo piensas venir? No sé cuándo. ¡Cuándo aprenderás!* ‖ **III.** CONJ. **3.** En caso de que, si. *Cuando es irrealizable un intento, ¿por qué insistir en ello?* ‖ **IV.** CONJ. CONTINUATIVA. **4.** Puesto que. *Cuando tú lo dices, verdad será.* ‖ **V.** CONJ. CONC. **5.** A pesar de que. *Se desespera a menudo, cuando lo importante es estar vivo.* ‖ **VI.** ADV. DISTRIB. **6.** Unas veces y otras veces. ORTOGR. Escr. con acento. *Siempre está riñendo, cuándo con motivo, cuándo sin él.* ‖ **VII.** PREP. **7.** coloq. En frases sin verbo, adquiere función prepositiva. *Yo, cuando niño, vivía en Cáceres.* ‖ **~ más.** LOC. ADV. **a lo más.** ‖ **~ menos.** LOC. ADV. **por lo menos.** ‖ **~ mucho.** LOC. ADV. **a lo más.** ‖ **~ no.** EXPR. De otra suerte, en caso contrario. ‖ **¿de cuándo acá?** EXPR. Se usa para indicar que algo está o sucede fuera de lo regular y acostumbrado. ‖ **de ~ en ~,** o **de ~ en vez.** LOCS. ADVS. Algunas veces, de tiempo en tiempo.

cuantía. F. **1. cantidad** (‖ porción de una magnitud). ‖ **2. cantidad** (‖ porción grande o abundancia de algo). ‖ **3.** Medida o cantidad indeterminada o vagamente determinada de las cosas. ‖ **de mayor ~.** LOC. ADJ. Dicho de una persona o de una cosa: De importancia. ‖ **de menor ~.** LOC. ADJ. Dicho de una persona o de una cosa: De poca importancia.

cuántico, ca. ADJ. **1.** *Fís.* Se dice de la teoría formulada por el físico alemán Max Planck y de todo lo que a ella concierne. ‖ **2.** *Fís.* Perteneciente o relativo a los cuantos de energía. *Mecánica cuántica.*

cuantificación. F. **1.** Acción y efecto de cuantificar. ‖ **2.** *Fil.* En una proposición, lo que determina el ámbito o extensión de un concepto.

cuantificador. M. **1.** Elemento o palabra que cuantifica. ‖ **2.** *Mat.* Símbolo antepuesto que relaciona una o más variables con una cantidad. ‖ **~ existencial.** M. *Mat.* Símbolo que indica que existe al menos un elemento de un conjunto que cumple una determinada propiedad. (Símb. ∃). ‖ **~ universal.** M. *Mat.* Símbolo que indica que todos los elementos de un conjunto cumplen una determinada propiedad. (Símb. ∀).

cuantificar. TR. **1.** Expresar numéricamente una magnitud. ‖ **2.** *Fil.* Explicitar la cantidad en los enunciados o juicios.

cuantioso, sa. ADJ. Grande en cantidad o número. *Gastos cuantiosos.*

cuantitativo, va. ADJ. Perteneciente o relativo a la cantidad. *Incremento cuantitativo.* □ V. **análisis ~**.

cuantizar. TR. *Fís.* Aplicar los conceptos y métodos de la mecánica cuántica al estudio de un fenómeno físico.

cuanto[1]. M. *Fís.* Salto que experimenta la energía de un corpúsculo cuando absorbe o emite radiación. Es proporcional a la frecuencia de esta última.

cuanto[2], ta. I. ADJ. RELAT. C. **1.** Todos los que, todas las que. Se usa con referencia a un nombre expreso o sobrentendido. *La más hermosa de cuantas virtudes poseo.* U. menos en sing. *Entró en cuanta tienda encontró en su camino.* U. m. c. pron. *Cuantos la veían se admiraban.* ‖ **II.** PRON. RELAT. C. N. **2.** Todo lo que. *Superior a cuanto se conoce.* ‖ **III.** PRON. CORRELAT. C. **3.** Se usa en todas sus formas en correlación con *tanto(s), tanta(s)* y agrupado con *más* y *menos*. Puede faltar el término de la correlación. Algunas veces equivale a *como. Cuanto más se tiene tanto más se desea. Cuanta más altura, menos oxígeno hay.* ‖ **IV.** ADV. RELAT. C. **4.** Se emplea *cuanto* en correlación con *tanto* y *tan* y agrupado con *más, menos, mayor* y *menor.* Falta a veces el término de la correlación. *Cuanto mayor es el tratamiento, tanto más efectivo el resultado. Tan sobrados de ilusión cuanto escasos de medios.* ‖ **V.** ADJ. INTERROG. **5.** Se usa para inquirir o ponderar el número, la cantidad, el precio, el tiempo, el grado, etc., de algo. ORTOGR. Escr. con acento. *¿Cuántas estanterías quieres? ‖ **VI.** ADV. INTERROG. **6.** Expresa cantidad o intensidad. ORTOGR. Escr. con acento. *¿Cuánto quieres a tu mamá?* ‖ **VII.** ADJ. EXCL. **7.** Se usa para ponderar el número, la cantidad, el precio, el tiempo, el grado, etc. de algo. ORTOGR. Escr. con acento. *¡Cuántos libros tienes!* U. t. c. pron. *¡Cuántos se cambiarían por ti!* ‖ **VIII.** ADV. EXCL. **8.** Expresa cantidad o intensidad. ORTOGR. Escr. con acento. *¡Cuánto me alegro de verte!* ‖ **cuanto a.** LOC. ADV. **en cuanto a.** ‖ **cuanto antes.** LOC. ADV. Con diligencia, lo más pronto posible. ‖ **cuanto más.** LOC. ADV. Se usa para contraponer a lo que ya se ha dicho lo que se va a decir, denotando en este segundo miembro de la frase idea de encarecimiento o ponderación. U. t. c. loc. conjunt. *Se rompen las amistades antiguas, cuanto más las recientes.* ‖ **cuanto más que.** LOC. ADV. Denota haber para algo otra cosa mayor causa o razón que la que ya se ha indicado. U. t. c. loc. conjunt. *Y pues no hay quien nos vea, menos habrá quien nos note de cobardes. Cuanto más que yo he oído muchas veces predicar al cura de nuestro lugar; que vuestra merced muy bien conoce, que quien busca el peligro perece en él.* ‖ **en cuanto. I.** LOC. ADV. **1.** Al punto que, tan pronto como. *En cuanto anochezca iré a buscarte.* ‖ **2. por cuanto.** *Rechazan las expulsiones rápidas, en cuanto niegan los derechos de los deportados.* ‖ **II.** LOC. PREPOS. **3.** Como, en calidad de. *En cuanto miembro de su generación, desempeñó un papel importante.* ‖ **en cuanto a.** LOC. ADV. Por lo que toca o corresponde a. ‖ **por cuanto.** LOC. ADV. Se usa para señalar la razón que se va a dar de algo. □ V. **no sé cuántos.**

cuaquerismo. M. Doctrina religiosa de los cuáqueros.

cuáquero, ra. M. y F. Individuo de una doctrina religiosa unitaria, nacida en Inglaterra a mediados del siglo XVII, sin culto externo ni jerarquía eclesiástica. Se distingue por lo llano de sus costumbres, y en un principio manifestaba su entusiasmo religioso con temblores y contorsiones.

cuarcita. F. Roca formada por cuarzo, de color blanco lechoso, gris o rojiza si está teñida por el óxido de hierro, de estructura granulosa o compacta. Forma depósitos considerables y contiene accidentalmente muchos minerales, entre ellos el oro.

cuarenta. I. ADJ. **1.** Cuatro veces diez. ‖ **2. cuadragésimo** (‖ que sigue en orden al trigésimo noveno). *Número cuarenta. Año cuarenta.* ‖ **II.** M. **3.** Conjunto de signos con que se representa el número cuarenta. ‖ **las ~.** F. pl. Número de puntos que gana en el tute quien reúne el caballo y el rey del palo que es triunfo y lo declara o canta al ganar una baza. ‖ **acusar,** o **cantar, a** alguien **las ~.** LOCS. VERBS. coloqs. Decirle con resolución y desenfado lo que se piensa aun cuando le moleste. □ V. **~ horas, treinta** y **~.**

cuarentavo, va. ADJ. Se dice de cada una de las 40 partes iguales en que se divide un todo. U. t. c. s. m.

cuarentena. F. **1.** Conjunto de 40 unidades. ‖ **2.** Tiempo de 40 días, meses o años. ‖ **3.** Aislamiento preventivo a que se somete durante un período de tiempo, por razones sanitarias, a personas o animales.

cuarentón, na. ADJ. coloq. **cuadragenario.** U. t. c. s. U. m. en sent. despect.

Cuaresma. F. En algunas iglesias cristianas, tiempo litúrgico de preparación de la Pascua de Resurrección, desde el Miércoles de Ceniza hasta el Jueves Santo, y que se caracteriza por ser un período de penitencia.

cuaresmal. ADJ. Perteneciente o relativo a la Cuaresma.

cuarta. F. **1. palmo** (‖ distancia desde el extremo del pulgar al del meñique). ‖ **2.** Cada una de las cuatro partes iguales en que se divide un todo. ‖ **3.** En el juego de los cientos, las cuatro cartas que se siguen en orden de un mismo palo. ‖ **4.** En la guitarra y otros instrumentos de cuerda, la que está en cuarto lugar empezando por la prima. ‖ **5.** Marcha del motor de un vehículo que tiene mayor velocidad y menor potencia que la primera, la segunda y la tercera, y menor velocidad y mayor potencia que la quinta. ‖ **6.** *Mar.* Cada una de las 32 partes en que está dividida la rosa de los vientos. ‖ **7.** *Mil.* Sección formada por la cuarta parte de una compañía de infantería a las órdenes de un oficial o de un sargento. ‖ **8.** *Mús.* Intervalo entre una nota y la cuarta anterior o posterior de la escala, compuesto de dos tonos y un semitono mayor. ‖ **9.** *Ant.* **disciplina** (‖ instrumento para azotar). ‖ **10.** *Méx.* Látigo corto para las caballerías.

cuartal. M. Pan que regularmente tiene la cuarta parte de una hogaza o de otro pan.

cuartana. F. Calentura, casi siempre de origen palúdico, que entra con frío, de cuatro en cuatro días. □ V. **fiebre ~.**

cuartar. TR. *Agr.* Dar la cuarta vuelta de arado a las tierras que se han de sembrar de cereales.

cuartazo. M. *Ant.* Golpe dado con la **cuarta** (‖ disciplina).

cuarteamiento. M. Acción y efecto de cuartear o cuartearse.

cuartear. I. TR. **1.** Partir o dividir algo en cuartas partes. *Cuartear un conejo.* ‖ **2.** Dividir en más o menos partes. *Las rejas de las ventanas cuarteaban la luz de la habitación.* ‖ **3.** *Á. R. Plata.* Enganchar a un vehículo, para ayuda, otra yunta o caballería. ‖ **II.** PRNL. **4.** Dicho de una pared, de un techo, etc.: Henderse, rajarse, agrietarse.

cuartel. M. **1.** *Heráld.* Cada una de las divisiones o subdivisiones de un escudo. ‖ **2.** *Mil.* Edificio destinado al alojamiento de la tropa. ‖ **3.** *Mil.* Alojamiento que se señala en los lugares a las tropas al retirarse de campaña. ‖ **4.** *Mil.* Buen trato que los vencedores ofrecen a los vencidos, cuando estos se rinden. U. t. en sent. fig., referido a cualquier confrontación. *No le da cuartel en la controversia.* ‖ **5.** *Náut.* Armazón de tablas con que se cierran las bocas de las escotillas, escotillones, etc. ‖ **~ de invierno.** M. Lugar donde se establece un ejército durante el invierno. U. m. en pl. U. m. en sent. fig. *Los indigentes se replegaron pacíficamente a su cuartel de invierno, la calle.* ‖ **~ general.** M. **1.** Población, campamento o instalaciones donde se establece con su Estado Mayor el jefe de una división, de un ejército o un mando superior. ‖ **2.** *Mil.* Departamento u organismo en que se establece el mando superior de los ejércitos o de la Armada. ‖ **franco ~.** M. *Heráld.* Primer cuartel del escudo, o cantón diestro del jefe, un poco menor que el verdadero cuartel, para diferenciarlo de este, que es siempre la cuarta parte del escudo. □ V. **casa ~, guerra sin ~.**

cuartelada. F. Pronunciamiento militar.

cuartelar. TR. *Heráld.* Dividir o partir el escudo en los cuarteles que ha de tener.

cuartelario, ria. ADJ. **1.** Propio o característico de los cuarteles. *Guisos cuartelarios.* ‖ **2.** despect. **cuartelero** (‖ zafio). *Habla cuartelaria.*

cuartelazo. M. **cuartelada.**

cuartelero, ra. I. ADJ. **1.** Perteneciente o relativo al cuartel. *Ruido cuartelero.* ‖ **2.** Dicho del lenguaje: Zafio, grosero. ‖ **II.** M. **3.** *Mil.* Soldado especialmente destinado a cuidar del aseo y seguridad del dormitorio de su compañía.

cuartelillo. M. Lugar o edificio en que se aloja una sección de tropa, especialmente el de la Guardia Civil.

cuarteo. M. Acción de cuartear o de cuartearse.

cuarterola. F. Barril que hace la cuarta parte de un tonel.

cuarterón[1], na. ADJ. Nacido en América de mestizo y española, o de español y mestiza. U. t. c. s.

cuarterón[2]. M. **1. cuarta** (‖ cada una de las cuatro partes iguales en que se divide un todo). ‖ **2.** hist. Cuarta parte de una libra. ‖ **3. postigo** (‖ puerta pequeña de algunas ventanas). ‖ **4.** Cada uno de los cuadros que hay entre los peinazos de las puertas y ventanas.

cuarteta. F. **1. redondilla** (‖ combinación métrica). ‖ **2.** Combinación métrica que consta de cuatro versos octosílabos, de los cuales riman el segundo y el último. ‖ **3.** Estrofa de cuatro versos.

cuarteto. M. **1.** Conjunto de cuatro personas o cosas. ‖ **2.** Combinación métrica de cuatro versos de arte mayor, que pueden rimar el primero con el último y el segundo con el tercero. ‖ **3.** *Mús.* Composición para cantarse a cuatro voces diferentes, o para tocarse por cuatro instrumentos distintos entre sí. ‖ **4.** *Mús.* Conjunto de estas cuatro voces o instrumentos.

cuartil. M. *Mat.* Cualquiera de los percentiles 25, 50 ó 75.

cuartilla. F. **1.** Hoja de papel para escribir cuyo tamaño es el de la cuarta parte de un pliego. U. en apos. *Tamaño cuartilla.* ‖ **2.** Medida de capacidad para líquidos, cuarta parte de la cántara. ‖ **3.** Cuarta parte de una arroba. ‖ **4.** Medida de capacidad para áridos, cuarta parte de una fanega, equivalente a 1387 cl aproximadamente. ‖ **5.** En las caballerías, parte que media entre los menudillos y la corona del casco. ‖ **6.** hist. Antigua moneda mexicana de plata, que valía tres centavos de peso y un octavo.

cuartillo. M. **1.** Medida de líquidos, cuarta parte de una azumbre, equivalente a 504 ml. ‖ **2.** Medida de capacidad para áridos, cuarta parte de un celemín, equivalente a 1156 ml aproximadamente. ‖ **3.** hist. Cuarta parte de un real. ‖ **4.** hist. Moneda de vellón ligada con plata, que mandó labrar el rey Enrique IV de Castilla, y valía la cuarta parte de un real.

cuarto, ta. **I.** ADJ. **1.** Que sigue inmediatamente en orden al o a lo tercero. ‖ **2.** Se dice de cada una de las cuatro partes iguales en que se divide un todo. U. t. c. s. m. ‖ **II.** M. **3.** **habitación** (‖ espacio entre tabiques de una vivienda). ‖ **4.** **dormitorio.** ‖ **5.** **piso** (‖ vivienda). ‖ **6.** Cada una de las cuatro hojas o partes de que se compone un vestido. ‖ **7.** Cada una de las cuatro partes en que se divide la hora. ‖ **8.** Cada una de las cuatro partes en que se considera dividido el cuerpo de los cuadrúpedos y aves. ‖ **9.** Cada una de las suertes, aunque no sean cuatro, en que se divide una gran extensión de terreno para vender los pastos. ‖ **10.** Servidumbre de un rey o de una reina. *Cuarto militar de Su Majestad.* ‖ **11.** hist. Moneda de cobre española cuyo valor era el de cuatro maravedís de vellón. ‖ **12.** *Mil.* Cada uno de los cuatro grupos o secciones en que suele dividirse la fuerza de las guardias o piquetes para repartir el servicio con igualdad. ‖ **13.** *Mil.* Tiempo que está de centinela o vigilante cada uno de los de tropa. ‖ **14.** pl. coloq. **dinero** (‖ moneda corriente). ‖ **cuarto creciente.** M. Segundo cuarto de la Luna, en que va aumentando su superficie visible. ‖ **cuarto de aseo.** M. En una vivienda, pieza pequeña, con lavabo y retrete. ‖ **cuarto de banderas.** M. **1.** *Mil.* Sala o pieza de los cuarteles, en que se custodian las banderas. ‖ **2.** *Náut.* Local del barco, con encasillados, donde se guardan las banderas nacionales y extranjeras y las de los códigos de señales. ‖ **cuarto de baño.** M. En una vivienda, pieza con lavabo, retrete, bañera y otros sanitarios. ‖ **cuarto de derrota.** M. *Náut.* Local del buque donde se guardan y consultan las cartas marinas, derroteros, cuadernos de faros, etc., así como el instrumental náutico para hallar la situación en la mar. ‖ **cuarto de estar.** M. Pieza que comparten los habitantes de una vivienda para conversar, leer, ver la televisión, etc. ‖ **~ delantero.** M. Mitad de la parte anterior del cuerpo de algunos animales. ‖ **cuarto de Luna.** M. cuarta parte del ciclo lunar, especialmente entre la luna llena y la luna nueva. ‖ **cuarto menguante.** M. cuarto de la Luna, en que va disminuyendo su superficie visible. ‖ **~ oscuro.** M. **1.** En una vivienda, pieza carente de luz exterior que suele destinarse a trastero. ‖ **2.** **cámara oscura** (‖ habitación). ‖ **~ trasero.** M. Mitad de la parte posterior del cuerpo de algunos animales. ‖ **cuarto y mitad.** M. Cantidad de alguna materia cuyo peso es de 375 g. ‖ **cuartos de final.** M. pl. Conjunto de las cuatro antepenúltimas competiciones cuyos ganadores pasan a las semifinales de un campeonato o concurso que se gana por eliminación del contrario. ‖ **cuarto a cuarto.** LOC.ADV. *Esp.* Denota la totalidad de un pago o ahorro, o lo paulatino de su acumulación. ‖ **de tres al ~.** LOC.ADJ. coloq. Se usa para denotar y ponderar la poca estimación, aprecio y valor de algo. ‖ **echar** alguien **su cuarto a espadas.** LOC.VERB. coloq. Tomar parte oficiosamente en la conversación de otros. ‖ **en cuarto.** LOC.ADJ. **1.** Dicho de un libro, de un folleto, etc.: Que tiene el tamaño de la cuarta parte de

un pliego. ‖ **2.** Dicho de un libro: De altura comprendida entre 23 y 32 cm. ‖ **en cuarto mayor.** LOC.ADJ. Dicho de un libro, de un folleto, etc.: Cuyo tamaño es igual a la cuarta parte de un pliego de papel de marca superior a la ordinaria en España. ‖ **en cuarto menor.** LOC.ADJ. En cuarto inferior a la marca ordinaria. ‖ **estar sin un ~.** LOC.VERB. coloq. no tener un cuarto. ‖ **hacer** a alguien **cuartos.** LOC.VERB. Descuartizarlo. ‖ **ni qué ocho cuartos.** EXPR. coloq. Se usa para subrayar el desacuerdo con algo, disconformidad que previamente se ha expresado de una forma exclamativa. *¡Qué dieta ni qué ocho cuartos!* ‖ **no tener un ~.** LOC.VERB. coloq. Estar muy falto de dinero. ‖ **tres cuartos.** LOC.ADJ. Dicho especialmente de ciertas prendas de vestir, como un abrigo, un chaquetón, etc.: Que tienen aproximadamente las tres cuartas partes del largo habitual. U. t. c. loc. sust. m. *tres cuartos de cuero.* □ V. ~ **bocel.**

cuartofinalista. ADJ. Que contiene en los cuartos de final de una competición o concurso. U. t. c. s.

cuartón. M. **1.** Madero que resulta de aserrar longitudinalmente en cruz una pieza enteriza. ‖ **2.** Pieza de tierra de labor, por lo común de forma cuadrangular.

cuarzo. M. Mineral formado por la sílice, de fractura concoidea, brillo vítreo, incoloro, en estado puro, y color que varía según las sustancias con que está mezclado, y tan duro que raya el acero. ‖ **~ ahumado.** M. El de color negruzco, como si estuviese manchado de humo. ‖ **~ hialino.** M. **cristal de roca.** □ V. **reloj de ~.**

cuásar. M. *Astr.* quásar. MORF. pl. **cuásares.**

cuasi. ADV. C. casi.

cuasia. F. Planta de la familia de las Simarubáceas, notable por el amargo sabor de su corteza y raíz, que se emplean en medicina.

cuatachismo. M. *Méx.* nepotismo.

cuatacho, cha. ADJ. *Méx.* amigote.

cuate, ta. ADJ. **1.** *Méx.* Camarada, amigo íntimo. U. t. c. s. ‖ **2.** *Méx.* **mellizo** (‖ nacido del mismo parto). U. t. c. s. ‖ **3.** *Méx.* Igual o semejante.

cuaternario, ria. ADJ. **1.** Compuesto de cuatro elementos, unidades o guarismos. *Compuesto cuaternario.* ‖ **2.** *Geol.* Se dice del segundo período de la era cenozoica, que abarca desde hace dos millones de años hasta la actualidad, caracterizado por la aparición del hombre y la alternancia de períodos glaciales y templados. U. t. c. s. m. ORTOGR. Escr. con may. inicial c. s. ‖ **3.** *Geol.* Perteneciente o relativo a dicho período. *Arte cuaternario.*

cuatralbo, ba. **I.** ADJ. **1.** Dicho de un animal: Que tiene blancos los cuatro pies. ‖ **II.** M. **2.** hist. Jefe o cabo de cuatro galeras.

cuatreño, ña. ADJ. Dicho de una res bovina: Que tiene cuatro hierbas o años y no ha cumplido cinco. U. t. c. s. *Salió al ruedo un cuatreño con casta.*

cuatrero, ra. ADJ. Que hurta o roba cuadrúpedos. U. m. c. s.

cuatricromía. F. *Impr.* Impresión de un grabado a cuatro colores; los de la tricromía, más un gris o negro.

cuatrienal. ADJ. **1.** Que sucede o se repite cada cuatrienio. *Elecciones cuatrienales.* ‖ **2.** Que dura un cuatrienio. *Plan cuatrienal.*

cuatrienio. M. Tiempo de cuatro años.

cuatrillizo, za. ADJ. Nacido de un parto cuádruple. U. t. c. s.

cuatrillón. M. Un millón de trillones, que se expresa por la unidad seguida de 24 ceros.

cuatrimestral. ADJ. **1.** Que sucede o se repite cada cuatrimestre. *Reunión cuatrimestral.* ‖ **2.** Que dura un cuatrimestre. *Asignatura cuatrimestral.*

cuatrimestre. M. Tiempo de cuatro meses.

cuatrimotor. ADJ. Dicho especialmente de un avión: Que tiene cuatro motores. U. t. c. s. m.

cuatripartito, ta. ADJ. Que consta de cuatro partes, órdenes o clases. *Comité cuatripartito.*

cuatro. I. ADJ. **1.** Tres más uno. ‖ **2.** Se usa con valor indeterminado para indicar escasa cantidad. *Solo le quedan cuatro pelos.* ‖ **3. cuarto** (‖ que sigue en orden al tercero). *Número cuatro. Año cuatro.* Apl. a los días del mes, u. t. c. s. m. *El cuatro de agosto.* ‖ **II.** M. **4.** Signo o conjunto de signos con que se representa el número cuatro. ‖ **5.** Naipe que tiene cuatro señales. *El cuatro de oros.* ‖ **6.** Composición que se canta a cuatro voces. ‖ **7.** Guitarrilla venezolana de cuatro cuerdas. ‖ **III.** F. **8.** pl. Cuarta hora a partir de mediodía o de medianoche. *Llegó a las cuatro de la mañana.* □ V. **compás de dos por ~, compás de tres por ~, ~ gatos, ~ gotas, ~ letras, ~ ojos, ~ palabras, las ~ esquinas, las ~ reglas, razón doble de ~ números, real de a ~, sapo de ~ ojos.**

cuatrocentista. ADJ. Perteneciente o relativo al siglo XV. *Pintura cuatrocentista.*

cuatrocientos, tas. I. ADJ. **1.** Cuatro veces ciento. ‖ **2. cuadringentésimo** (‖ que sigue en orden al tricentésimo nonagésimo noveno). *Número cuatrocientos. Año cuatrocientos.* ‖ **II.** M. **3.** Conjunto de signos con que se representa el número cuatrocientos.

cuba. F. **1.** Recipiente de madera, que sirve para contener agua, vino, aceite u otros líquidos. Se compone de duelas unidas y aseguradas con aros de hierro, madera, etc., y los extremos se cierran con tablas. También se hace de chapa metálica. ‖ **2.** Líquido que cabe en una cuba. *Cuba de agua.* ‖ **estar como una ~.** LOC.VERB. coloq. Estar muy borracho.

cubalibre. M. Bebida usualmente compuesta por ron y refresco de cola. En algunos lugares de América, u. c. f. MORF. pl. **cubalibres.**

cubanismo. M. Locución, giro o modo de hablar propio y peculiar de los cubanos.

cubanito. M. *Á. R. Plata.* Galleta rellena con dulce de leche o crema y recubierta de chocolate.

cubano, na. ADJ. **1.** Natural de Cuba. U. t. c. s. ‖ **2.** Perteneciente o relativo a este país de América.

cubero. M. Fabricante o vendedor de cubas.

cubertería. F. Conjunto de cucharas, tenedores, cuchillos y utensilios semejantes para el servicio de mesa.

cubertura. F. **cubierta** (‖ para tapar o resguardar algo).

cubeta. F. **1.** Recipiente, por lo común rectangular, de porcelana, plástico u otras materias, muy usado en operaciones químicas, y especialmente en las fotográficas. ‖ **2.** Depresión del terreno ocupada por aguas permanentes o temporales y que constituye una cuenca cerrada. ‖ **3.** Parte inferior del arpa, donde están colocados los resortes de los pedales. ‖ **4.** *Méx.* **cubo** (‖ recipiente de forma de cono truncado).

cubetada. F. *Méx.* Cantidad que cabe en una cubeta.

cubicación. F. *Geom.* Acción y efecto de cubicar.

cubicar. TR. *Geom.* Medir un volumen.

cúbico, ca. ADJ. **1.** Perteneciente o relativo al cubo geométrico. ‖ **2.** De forma de cubo geométrico, o parecido a él. *Pieza cúbica.* ‖ **3.** Se dice del sistema cristalográfico cuyos ejes de simetría son los de un cubo y según el cual cristalizan el diamante, la sal común, la galena y otras sustancias. ‖ **4.** *Mat.* Se aplica a las unidades de volumen para indicar que equivalen al volumen de un cubo cuyo lado tenga la unidad de longitud correspondiente. *Pie cúbico.* □ V. **metro ~, raíz ~.**

cubiculario. M. hist. Encargado de servir en la cámara o a las inmediatas órdenes de príncipes o grandes señores.

cubículo. M. Pequeño recinto o alcoba.

cubierta. F. **1.** Cosa que se pone encima de otra para taparla o resguardarla. *Cubierta de cama. Cubierta de mesa.* ‖ **2.** Parte exterior delantera que cubre los pliegos de un libro y que suele reproducir los datos de la portada. ‖ **3.** Cada una de las partes, anterior y posterior, que cubre los pliegos de un libro. U. m. en pl. ‖ **4.** Banda de caucho reforzado que protege exteriormente la cámara de los neumáticos y es la que sufre el roce con el suelo. ‖ **5.** *Arq.* Parte exterior de la techumbre de un edificio. ‖ **6.** *Mar.* Cada uno de los pisos de un navío situados a diferente altura y especialmente el superior. □ V. **galería ~, oficial de puente y ~.**

cubiertería. F. *Á. Caribe.* **cubertería.**

cubierto. M. **1.** Servicio de mesa que se pone a cada uno de los que han de comer, compuesto de plato, cuchillo, tenedor y cuchara, pan y servilleta. ‖ **2.** Juego compuesto de cuchara, tenedor y cuchillo. ‖ **3.** Comida que en los restaurantes y establecimientos análogos se da por un precio fijo y que consiste en determinados platos. ‖ **a ~.** LOC.ADV. En lugar resguardado, defendido, protegido. □ V. **caballero ~, camino ~.**

cubil. M. Sitio donde los animales, principalmente las fieras, se recogen para dormir. U. t. en sent. fig. *Cuando se enfada, se encierra en su cubil.*

cubilar. M. **majada** (‖ lugar donde se recoge el ganado).

cubilete. M. **1.** Recipiente estrecho y hondo, algo más ancho por la boca que por la base, generalmente de cuero, que se emplea para mover los dados o para algunos juegos de manos. ‖ **2.** Recipiente pequeño, de forma cilíndrica, que se emplea en algunos juegos como el parchís para mover y tirar los dados. ‖ **3.** Recipiente de cobre u hojalata, redondo o abarquillado y más ancho por la boca que por el suelo, que usan como molde los cocineros y pasteleros para varios usos de sus oficios. ‖ **4.** hist. Vaso de vidrio, plata u otra materia, más ancho por la boca que por el suelo, que antiguamente servía para beber.

cubileteo. M. Empleo de artificios para lograr un propósito.

cubilote. M. Horno cilíndrico vertical, de chapa de hierro, revestido interiormente con ladrillos refractarios, en el que se funde el arrabio para obtener el hierro colado.

cubismo. M. Escuela y teoría estética aplicable a las artes plásticas y del diseño, que se caracteriza por la imitación, empleo o predominio de formas geométricas, como triángulos, cubos y otros sólidos.

cubista. ADJ. **1.** Perteneciente o relativo al cubismo. *Lienzo cubista.* ‖ **2.** Que practica el cubismo. U. t. c. s.

cubital. ADJ. Perteneciente o relativo al codo.

cubitera. F. Recipiente para cubitos de hielo.

cubito. M. Trozo pequeño de hielo, generalmente en forma de cubo, que se añade a una bebida para enfriarla.

cúbito. M. *Anat.* Hueso más grueso y largo de los dos que forman el antebrazo.

cubo¹. M. **1.** Recipiente de madera, metal u otra materia, por lo común de forma de cono truncado, con asa en la circunferencia mayor, que es la de encima, y fondo en la menor. ‖ **2.** Pieza central en que se encajan los radios de las ruedas de los vehículos. ‖ **3.** Estanque que se hace en los molinos para recoger el agua cuando es poca, a fin de que, reunida mayor cantidad, pueda mover la muela.

cubo². M. **1.** *Geom.* Sólido regular limitado por seis cuadrados iguales. ‖ **2.** *Mat.* Tercera potencia de un número o expresión algebraica, que se obtiene multiplicando estas cantidades dos veces por sí mismas.

cuboides. M. *Anat.* **hueso cuboides.**

cubrecabeza o **cubrecabezas.** M. Prenda que se emplea para proteger la cabeza.

cubrecama. M. **colcha.**

cubrecorsé. M. hist. Prenda de vestir que usaban las mujeres inmediatamente encima del corsé.

cubrenuca. F. *Mil.* Parte inferior del casco, que cubre y resguarda la nuca.

cubreobjetos. M. Lámina delgada transparente, generalmente de cristal, que se coloca sobre una preparación microscópica para protegerla y facilitar su observación.

cubrición. F. Acción y efecto de **cubrir** (‖ el macho a la hembra).

cubrimiento. M. Acción y efecto de cubrir.

cubrir. I. TR. **1.** Ocultar y tapar algo con otra cosa. *Cubrió su rostro con las manos.* U. t. c. prnl. ‖ **2.** Depositar o extender algo sobre la superficie de otra cosa. *Cubrir el pastel con chocolate.* U. t. c. prnl. ‖ **3.** Ocultar o disimular algo con arte, de modo que aparente ser otra cosa. *Intenta cubrir nuestras carencias.* ‖ **4.** Dicho del macho: Fecundar a la hembra. ‖ **5.** Poner el techo a un edificio. ‖ **6.** Techar un espacio que está a la intemperie. *Cubrir la terraza con un toldo.* ‖ **7.** Proteger la acción ofensiva o defensiva de otra u otras personas. *Cubrir la retirada.* ‖ **8.** Ocupar, llenar, completar. *Cubrir el jardín de rosas.* ‖ **9.** Hacer que, por adjudicación a una persona, deje de estar vacante una plaza o puesto de trabajo. ‖ **10.** Pagar o satisfacer una deuda o una necesidad, gastos o servicios. *El seguro cubre todos los gastos.* ‖ **11.** Suscribir enteramente una emisión de títulos de deuda pública o valor comercial. ‖ **12.** Recorrer una distancia. *Cubrió los 100 m en diez segundos.* ‖ **13.** Dicho de un informador: Seguir de cerca las incidencias de un acontecimiento para dar noticia pública de ellas. *Cubrir la información del viaje real. Cubrir el viaje real.* ‖ **14.** Prodigar muestras de afecto o desafecto. *Cubrir a alguien DE besos. Cubrir a alguien DE improperios.* ‖ **15.** *Dep.* Marcar a un jugador del equipo contrario o vigilar una zona del campo. *El defensa se ocupó de cubrir al delantero.* ‖ **II.** PRNL. **16.** Ponerse el sombrero, la gorra, etc. ‖ **17.** hist. Dicho de un grande de España: Celebrar la ceremonia por la cual tomaban posesión de su dignidad poniéndose el sombrero delante del rey. ‖ **18.** Prevenirse, protegerse de cualquier responsabilidad, riesgo o perjuicio. ‖ **19.** Dicho del cielo: **nublarse.** ‖ **20.** *Mil.* Dicho de un soldado: Desplazarse lateralmente en formación hasta quedar situado detrás y en la misma hilera que el anterior. ¶ MORF. part. irreg. **cubierto.**

cuca. F. **1.** **cucaracha.** ‖ **2.** coloq. **coño** (‖ vulva y vagina). ‖ **3.** *Chile.* Ave zancuda semejante a la garza europea, en color y figura, pero más grande, y caracterizada por su grito desagradable y su vuelo torpe y desgarbado. ‖ **4.** *Chile.* Furgón de la Policía para transportar detenidos.

cucaña. F. **1.** Palo largo, untado de jabón o de grasa, por el cual se trepa, si se clava verticalmente en el suelo, o se anda, si se coloca horizontalmente a cierta distancia de la superficie del agua, para coger como premio un objeto atado a su extremidad. ‖ **2.** Diversión de ver trepar o avanzar por dicho palo.

cucar. TR. **guiñar** (‖ cerrar un ojo momentáneamente).

cucaracha. F. **1.** Insecto ortóptero, nocturno y corredor, de unos tres centímetros de largo, cuerpo deprimido, aplanado, de color negro por encima y rojizo por debajo, alas y élitros rudimentarios en la hembra, antenas filiformes, las seis patas casi iguales y el abdomen terminado por dos puntas articuladas. ‖ **2.** Insecto del mismo género que el anterior, con el cuerpo rojizo, élitros un poco más largos que el cuerpo y alas plegadas en abanico. Es propio de América.

cucarachero. M. *Á. Caribe.* Lugar donde abundan las cucarachas.

cucarda. F. **escarapela.**

cucarro, rra. ADJ. *Chile.* Mareado, que tiene mareo.

cucha. F. Yacija del perro.

cuchara. F. **1.** Utensilio que se compone de una parte cóncava prolongada en un mango, y que sirve, especialmente, para llevar a la boca los alimentos líquidos o blandos. ‖ **2.** Cada uno de los utensilios que se emplean para diversos fines y tienen forma semejante a la de la cuchara común. ‖ **3.** *Mec.* Pieza cóncava de gran tamaño y móvil de algunas máquinas, que sirve para el arranque, transporte y descarga de materiales disgregados. ‖ **4.** *Am.* **llana.** ‖ **media ~.** F. coloq. Persona de mediano entendimiento o habilidad en cualquier arte, oficio, etc. ‖ **de ~.** LOC.ADJ. despect. hist. Se decía de los jefes y oficiales del Ejército procedentes de la clase de tropa. ‖ **meter** alguien **su ~.** LOC.VERB. Introducirse inoportunamente en la conversación de otros o en asuntos ajenos. ☐ V. **pato ~.**

cucharada. F. Porción que cabe en una cuchara.

cucharadita. F. Porción que cabe en una cucharilla.

cucharear. I. TR. **1.** Sacar con cuchara. ‖ **II.** INTR. **2.** Meter y sacar la cuchara en la olla para revolver lo que hay en ella. ‖ **3.** Meterse o mezclarse sin necesidad en los negocios ajenos.

cucharero. M. Listón de tela fuerte o de madera, con agujeros, para colocar las cucharas en la cocina.

cuchareta. F. **espátula** (‖ ave ciconiforme).

cucharilla. F. **1.** Cuchara pequeña. ‖ **2.** Artificio para pescar con caña que tiene varios anzuelos y está provisto de una pieza metálica que con su brillo y movimiento atrae a los peces.

cucharón. M. Cazo con mango, o cuchara grande, que sirve para repartir ciertos alimentos en la mesa y para ciertos usos culinarios.

cuché. ☐ V. **papel ~.**

cucheta. F. Litera de los barcos, ferrocarriles, etc.

cuchichear. INTR. Hablar en voz baja o al oído a alguien, de modo que otros no se enteren.

cuchicheo. M. Acción y efecto de cuchichear.

cuchilla. F. **1.** Instrumento compuesto de una hoja muy ancha de hierro acerado, de un solo corte, con su mango para manejarlo. ‖ **2.** Hoja de cualquier arma blanca de corte. || **3. hoja de afeitar.** || **4.** Parte cortante de algunas máquinas o utensilios. || **5.** Lámina metálica que forma parte de un patín de hielo. || **6.** *Á. Caribe* y *Á. R. Plata.* Eminencia muy prolongada, cuyas pendientes se extienden suavemente hasta la tierra llana.

cuchillada. F. **1.** Golpe de cuchillo, espada u otra arma de corte. || **2.** Herida que resulta de este golpe. || **3.** pl. hist. Aberturas que se hacían en los vestidos para que por ellas se viese otra tela de distinto color u otra prenda lujosa.

cuchillar. M. Montaña con varias elevaciones escarpadas.

cuchillazo. M. **1. cuchillada** (|| golpe dado con el cuchillo). || **2. cuchillada** (|| herida).

cuchillería. F. **1.** Oficio de cuchillero. || **2.** Taller en donde se hacen cuchillos. || **3.** Tienda en donde se venden.

cuchillero, ra. M. y F. Persona que fabrica o vende cuchillos.

cuchillo. M. **1.** Instrumento para cortar formado por una hoja de metal de un corte solo y con mango. || **2.** Cada uno de los colmillos inferiores del jabalí. || **3.** Cosa cortada o terminada en ángulo agudo, como una tabla cortada al sesgo, una habitación con paredes oblicuas, una pieza de tierra de forma triangular, etc. || **4.** *Arq.* Conjunto de piezas de madera o hierro que, colocado verticalmente sobre apoyos, sostiene la cubierta de un edificio o el piso de un puente o una cimbra. || **~ de armadura.** M. *Arq.* Triángulo que forman dos pares y un tirante con sus demás piezas. || **~ de monte.** M. El grande que usan los cazadores. || **~ mangorrero.** M. El tosco y mal forjado. || **pasar a ~.** LOC.VERB. Dar la muerte, especialmente en una plaza tomada por asalto. ☐ V. **vela de ~.**

cuchipanda. F. coloq. Comida que toman juntas y con alegría varias personas.

cuchitril. M. Habitación estrecha y desaseada.

cucho¹. I. INTERJ. **1.** *Chile.* Se usa para llamar al gato. U. m. en dim. || **II.** M. **2.** *Chile.* gato (|| mamífero félido). || **hacerse** alguien **el ~.** LOC.VERB. *Chile.* Hacerse el inocente, el desentendido.

cucho², cha. ADJ. *Méx.* Nacido con malformaciones en la nariz o la boca o en las extremidades U. t. c. s.

cuchuflí. M. *Chile.* Barquillo relleno con dulce de leche. MORF. pl. **cuchuflíes** o **cuchuflís.**

cuclillas. en ~. LOC.ADV. Dicho de doblar el cuerpo: De suerte que las nalgas se acerquen al suelo o descansen en los calcañares.

cuclillo. M. Ave trepadora, poco menor que una tórtola, con plumaje de color de ceniza, azulado por encima, más claro y con rayas pardas por el pecho y abdomen, cola negra con pintas blancas, y alas pardas. La hembra pone sus huevos en los nidos de otras aves.

cuco, ca. I. ADJ. **1.** Taimado y astuto, que ante todo mira por su medra o comodidad. U. t. c. s. || **II.** M. **2. cuclillo.** || **3.** Oruga o larva de cierta mariposa nocturna. Tiene de tres a cuatro centímetros de largo, los costados vellosos y con pintas blancas, tres articulaciones amarillentas junto a la cabeza, y las demás pardas, con una faja más clara y rojiza en el lomo. ☐ V. **reloj de cuco.**

cucú. INTERJ. Se usa para imitar el canto del cuclillo. U. t. c. s. m. MORF. pl. c. s. **cucús.**

cuculí. M. *Á. Andes* y *Chile.* Especie de paloma silvestre del tamaño de la doméstica, pero de forma más esbelta, de color ceniza y con una faja de azul muy vivo alrededor de cada ojo. MORF. pl. **cuculíes** o **cuculís.**

cuculiforme. ADJ. *Zool.* Se dice de las aves de tamaño medio, cola larga y alas cortas y finas, con el pico largo y curvado y los pies con dos dedos dirigidos hacia delante y dos hacia atrás; p. ej., el cuco y el críalo. Suelen poner los huevos en nidos ajenos. U. t. c. s. f. ORTOGR. En f. pl., escr. con may. inicial c. taxón. *Las Cuculiformes.*

cucúrbita. F. retorta.

cucurbitáceo, a. ADJ. *Bot.* Se dice de las plantas angiospermas dicotiledóneas de tallo sarmentoso, por lo común con pelo áspero, hojas sencillas y alternas, flores regularmente unisexuales de cinco sépalos y cinco estambres, fruto carnoso y semilla sin albumen; p. ej., la calabaza, el melón, el pepino y la balsamina. U. t. c. s. f. ORTOGR. En f. pl., escr. con may. inicial c. taxón. *Las Cucurbitáceas.*

cucurucho. M. **1.** Papel, cartón, barquillo, etc., arrollado en forma cónica, empleado para contener dulces, confites, helados, cosas menudas, etc. U. t. en sent. fig. *La fama no perdona, y menos en este cucurucho del mundo.* || **2.** Capirote cónico de penitentes y disciplinantes. || **3.** *Am. Cen.* y *Á. Caribe.* Parte más alta de un árbol, de una casa, etc. || **4.** *Á. Caribe.* colina¹.

cucuteño, ña. ADJ. **1.** Natural de Cúcuta. U. t. c. s. || **2.** Perteneciente o relativo a esta ciudad de Colombia, capital del departamento de Norte de Santander.

cucuy. M. *Am. Mer.* y *Ant.* cocuyo. MORF. pl. **cucuyes.**

cucuyo. M. *Am. Mer.* y *Ant.* cocuyo.

cueca. F. **1.** Baile de pareja suelta, en el que se representa el asedio amoroso de una mujer por un hombre. Los bailarines, que llevan un pañuelo en sus manos derechas, trazan figuras circulares, con vueltas y medias vueltas, interrumpidas por diversos floreos. Bailado en el oeste de América del Sur, desde Colombia hasta la Argentina y Bolivia, tiene distintas variedades según las regiones y las épocas. || **2.** Música de este baile. ☐ V. **pie de ~.**

cuelga. F. Acción y efecto de colgar frutos u otros comestibles para su conservación. || **de ~.** F. Dicho de un fruto: Que se cuelga para conservarse.

cuellicorto, ta. ADJ. Que tiene corto el cuello.

cuellierguido, da. ADJ. Tieso y levantado de cuello. U. t. en sent. fig. *Es una mujer soberbia y cuellierguida.*

cuellinegro. ☐ V. **zampullín ~.**

cuello. M. **1.** Parte del cuerpo que une la cabeza con el tronco. || **2.** Parte superior y más estrecha de una vasija. || **3.** Parte de algunas prendas de vestir que rodea o cubre el cuello. || **4.** Pieza suelta de encaje, piel, etc., que, para adorno o abrigo, se pone alrededor del cuello. || **5.** Parte más estrecha y delgada de un cuerpo, especialmente si es redondo; p. ej., el palo de un buque. || **~ alto.** M. El de algunas prendas de punto que se ciñe al cuello y se dobla sobre sí mismo. || **~ blando.** M. El de camisa no almidonado. || **~ cisne.** M. cuello alto. || **~ de botella.** M. Estrechamiento que hace más lento el paso por algún lugar. *La supresión de un carril en la autopista produjo un cuello de botella.* || **~ de cisne.** M. cuello alto. || **~ del útero.** M. *Anat.* cuello uterino. || **~ de pajarita.** M. El de camisa levantado y con las puntas dobladas hacia afuera. || **~ duro.** M. El de camisa almidonado. || **~ escarolado.** M. hist. Adorno antiguo de lienzo, sobrepuesto al cabezón de la camisa y encañonado con molde. || **~ uterino.** M. *Anat.* Parte inferior y más estrecha del útero, que comunica con el fondo de la vagina. || **~ vuelto.** M. **cuello alto.** || **hablar** alguien **para el ~ de su camisa.** LOC.VERB. Hablar tan bajo que nadie oye lo que dice. || **hasta el ~.** LOC.ADV. coloq. **del todo.** *Se metió hasta el cuello en aquel turbio asunto.* || **tener** a alguien **cogido por el ~.** LOC.VERB. coloq. Dominarlo.

cuenca. F. **1.** Cavidad en que está cada uno de los ojos. || **2.** Territorio cuyas aguas afluyen todas a un mismo río, lago o mar. || **3.** Territorio rodeado de alturas.

cuencano, na. ADJ. **1.** Natural de Cuenca. U. t. c. s. || **2.** Perteneciente o relativo a esta ciudad de Ecuador, capital de la provincia de Azuay.

cuenco. M. **1.** Recipiente no muy grande de barro u otra materia, hondo y ancho, y sin borde o labio. || **2.** **concavidad** (|| parte cóncava).

cuenta. F. **1.** Acción y efecto de contar. || **2.** Cálculo u operación aritmética. *Cuenta de multiplicar.* || **3.** Pliego o papel en que está escrita alguna cuenta compuesta de varias partidas, que al fin se suman o restan. || **4.** Depósito de dinero en una entidad financiera. || **5.** Razón, satisfacción de algo. *No tengo que dar cuenta de mis acciones.* || **6.** Cada una de las bolas ensartadas que componen el rosario y sirven para llevar la cuenta de las oraciones que se rezan. || **7.** Cada una de las piezas ensartadas o taladradas que componen un collar. || **8.** Incumbencia, cargo, obligación, deber. *Correr por cuenta de uno. Ser de su cuenta. Quedar por su cuenta.* || **9.** Beneficio, provecho, ventaja. || **~ acreedora.** F. La que presenta saldo favorable a su titular. || **~ atrás.** F. **1.** En astronáutica, cómputo en sentido contrario al de los minutos y segundos que preceden al lanzamiento de un cohete. || **2.** La del tiempo cada vez menor que falta para un acontecimiento previsto. || **~ corriente.** F. La que, para ir asentando las partidas de debe y haber, se lleva a las personas o entidades a cuyo nombre está abierta. || **~ de crédito.** F. cuenta corriente en la que la entidad financiera autoriza al titular para disponer de una cantidad superior a la de su saldo favorable. || **~ deudora.** F. La que presenta saldo en contra de su titular. || **~ en participación.** F. Com. La que se verifica sin establecer sociedad formal, interesándose unos comerciantes en las operaciones de otros. || **las ~s del Gran Capitán.** F. pl. coloq. Las exorbitantes y arbitrarias. || **a ~.** LOC.ADV. Como anticipo o señal de una suma que ha de ser liquidada. *Dejé en la tienda dinero a cuenta.* || **a ~ de.** LOC. PREPOS. **1.** En compensación, anticipo o a cambio de. *Quédate con el coche a cuenta de lo que te debo.* || **2.** A propósito de. *¿A cuenta de qué protestas ahora?* || **ajustar ~s, o las ~s,** a alguien. LOCS.VERBS. Darle una lección o tomar medidas contra él. || **caer en la ~.** LOC.VERB. coloq. **dar en ello.** || **con ~ y razón.** LOC.ADV. Con precaución y advertencia. || **dar** alguien **buena ~ de** algo. LOC.VERB. Acabarlo o consumirlo totalmente. || **dar ~ de** algo. LOC.VERB. coloq. Dar fin de algo destruyéndolo o malgastándolo. || **darse ~ de** algo. LOC.VERB. **1.** Advertirlo, percatarse de ello. || **2.** coloq. Comprenderlo, entenderlo. || **de ~.** LOC. ADJ. Dicho de una persona: De importancia. *Hombre de cuenta.* || **de ~, o de ~ y riesgo, de** alguien. LOCS.ADVS. Bajo su responsabilidad. || **echar ~s.** LOC.VERB. **1. echar la cuenta** (|| hacer cómputo). || **2.** Reflexionar sobre el pro y el contra de algún asunto. || **echar la ~.** LOC.VERB. **1.** Ajustarla. || **2.** Hacer cómputo del importe, gasto o utilidad de algo. || **en resumidas ~s.** LOC.ADV. coloq. En conclusión o con brevedad. || **entrar** algo **en ~.** LOC.VERB.

Ser tenido presente y en consideración en lo que se intenta o trata. || **estar fuera de ~,** o de **~s,** una mujer. LOCS.VERBS. Haber cumplido los nueve meses de embarazo. || **habida ~ de** algo. LOC.VERB. Teniéndolo en cuenta, a la vista de ello. || **hacer,** o **hacerse, ~, la ~,** o de **~.** LOCS.VERBS. Figurarse o dar por supuesto. || **llevar la ~.** LOC.VERB. Tener el cuidado de asentar y anotar las partidas que la han de componer. || **más de la ~.** LOC. ADV. Más de lo debido o de lo conveniente. || **menos de la ~.** LOC.ADV. Menos de lo debido o de lo conveniente. || **no querer** alguien **~s con** otra persona. LOC.VERB. No querer tratar con ella. || **no salirle** a alguien **la ~.** LOC. VERB. Fallar sus cálculos y esperanzas. || **pasar la ~.** LOC.VERB. **1.** Enviar a un cliente o deudor la nota de lo que ha de pagar. || **2.** coloq. Dicho de una persona que aparentó servir con desinterés: Reclamar recompensa o reciprocidad. || **pedir** alguien **~,** o **~s.** LOCS.VERBS. Solicitar la razón o el motivo de lo que se ejecuta o dice. || **perder la ~.** LOC.VERB. No acordarse con precisión de algo por su antigüedad o abundancia. || **por ~ ajena.** LOC.ADJ. Dicho de una persona: Que trabaja como asalariada. U. t. c. loc. adv. || **por ~ de.** LOC. PREPOS. En nombre de alguien o algo, o a su costo. *Los gastos corren por cuenta de la empresa.* || **por ~ propia. I.** LOC.ADJ. **1.** Dicho de una persona: Que trabaja como no asalariada o que tiene su propio negocio. U. t. c. loc. adv. *Decidió establecerse por cuenta propia.* || **II.** LOC.ADV. **2.** Con independencia, sin contar con nadie. *Está decidido a obrar por cuenta propia.* || **por ~ y riesgo** de alguien. LOC.ADV. Por cuenta propia o bajo su responsabilidad. || **por mi, tu, su,** etc., **~.** LOCS.ADVS. A mi, tu, su, etc., juicio, sin contar con otros. || **salir de ~,** o de **~s** una mujer. LOCS.VERBS. Haber cumplido el período de gestación sin dar a luz. || **tener ~ algo.** LOC.VERB. Ser útil, conveniente o provechoso. || **tener en ~.** LOC.VERB. Tener presente, considerar. || **tomar ~s.** LOC.VERB. **1.** Examinar y comprobar las que alguien presenta o le piden. || **2.** Examinar minuciosamente los actos de alguien. || **tomar en ~.** LOC.VERB. **tener en cuenta.** || **tomar** alguien **por su ~** algo. LOC.VERB. Asumir un cuidado o una responsabilidad. || **traer ~** algo. LOC.VERB. coloq. **tener cuenta.** □ V. ajuste de **~s,** arreglo de **~s,** estado de **~s,** pájaro de **~,** Tribunal de Cuentas, valor en **~,** valor recibido en **~s.**

cuentacorrentista. COM. Persona que tiene cuenta corriente en un establecimiento bancario.

cuentagotas. M. Utensilio, generalmente de cristal y goma, dispuesto para verter un líquido gota a gota. || **~ con ~.** LOC.ADV. coloq. Poco a poco, lentamente o con escasez. *Su padre le suministraba el dinero con cuentagotas.*

cuentahabiente. COM. *Méx.* **cuentacorrentista.**

cuentakilómetros. M. Aparato que registra los kilómetros recorridos por un vehículo automóvil mediante un mecanismo conectado con las ruedas. Suele llevar un indicador que va marcando la velocidad a que marcha el vehículo.

cuentarrevoluciones. M. Aparato que sirve para medir la velocidad de rotación de un motor, o de otro mecanismo, expresada en número de vueltas por unidad de tiempo.

cuentero, ra. ADJ. coloq. **cuentista** (|| que acostumbra a contar chismes). U. t. c. s.

cuentista. I. ADJ. **1.** coloq. Dicho de una persona: Que acostumbra a contar enredos, chismes o embustes.

U. t. c. s. || **2.** coloq. Dicho de una persona: Que por vanidad u otro motivo semejante exagera o falsea la realidad. U. t. c. s. || **II.** COM. **3.** Persona que suele narrar o escribir cuentos.

cuentística. F. Género narrativo representado por el **cuento** (‖ narración breve).

cuentístico, ca. ADJ. Perteneciente o relativo al **cuento** (‖ narración breve).

cuento. M. **1.** Narración breve de ficción. || **2.** Relación, de palabra o por escrito, de un suceso falso o de pura invención. || **3.** coloq. Embuste, engaño. *Tener mucho cuento. Vivir del cuento.* || **4.** coloq. Relato, generalmente indiscreto, de un suceso. *Vino con el cuento de que habían despedido a varios empleados.* || **5.** coloq. Chisme o enredo que se cuenta a una persona para ponerla a mal con otra. || **~ chino.** M. coloq. **cuento** (‖ embuste). || **~ de viejas.** M. Noticia o relación que se cree falsa o fabulosa. || **el ~ de nunca acabar.** M. coloq. Asunto o negocio que se dilata y embrolla de modo que nunca se le ve el fin. || **a ~.** LOC.ADV. Al caso, a propósito. || **dejarse de ~s.** LOC.VERB. coloq. Omitir los rodeos e ir a lo sustancial de algo. || **echarle** a algo **mucho ~.** LOC.VERB. Adornar exageradamente lo que se hace o dice. || **ese es el ~.** EXPR. coloq. En eso consiste la dificultad o la sustancia de lo que se trata. || **estar en el ~.** LOC.VERB. Estar bien informado. || **saber** alguien **su ~.** LOC.VERB. coloq. Obrar con reflexión, o por motivos que no quiere o no puede manifestar. || **sin ~.** LOC. ADV. Sin cuenta, o sin número. || **traer a ~** algo. LOC.VERB. Introducirlo en un discurso o conversación, con oportunidad o sin ella, o con particular interés. || **venir a ~** algo. LOC.VERB. **1.** coloq. **hacer al caso.** || **2.** coloq. Ser útil o conveniente por algún concepto. || **venirle** a alguien **con ~s.** LOC.VERB. coloq. Contarle lo que no le importa o que no quiere saber.

cuera. F. hist. Especie de chaqueta de piel, que se usaba antiguamente sobre el jubón.

cuerazo. M. **1.** *Am. Cen., Á. Caribe* y *Méx.* **latigazo.** || **2.** *Méx.* Persona muy guapa.

cuerda. F. **1.** Conjunto de hilos de lino, cáñamo, cerda u otra materia semejante, que torcidos forman un solo cuerpo más o menos grueso, largo y flexible. Sirve para atar, suspender pesos, etc. || **2.** Hilo, originariamente de tripa de animal y después de distintas sustancias materiales o artificiales, que se utiliza en muchos instrumentos musicales para producir los sonidos por su vibración. || **3.** Resorte o muelle para poner en funcionamiento un mecanismo. *La cuerda de un reloj. La cuerda de un juguete.* || **4.** Cada una de las cuerdas o cadenas que sostienen las pesas en los relojes de este nombre, y arrolladas en poleas o cilindros imprimen el movimiento a toda la máquina. || **5.** Talla normal del ganado caballar, y que equivale a siete cuartas, o sea 1,47 m. || **6.** Borde de un estrato de roca que queda descubierto en la falda de una montaña. || **7. cordal** (‖ línea superior de una sucesión de montañas). || **8.** *Constr.* Línea de arranque de una bóveda o arco. || **9.** *Dep.* Aparato de gimnasia que consiste en un cordel de cáñamo o plástico de medidas reglamentarias, provisto de mangos. || **10.** *Dep.* Modalidad de gimnasia rítmica que se practica con dicho aparato. || **11.** *Dep.* Perímetro interior de una pista de carreras. || **12.** *Geom.* Segmento de recta entre dos puntos de un arco. || **13.** *Mús.* Conjunto de instrumentos de **cuerda** de una orquesta. U. t. en pl. con el mismo significado que en sing. || **14.** *Mús.* Cada una de

las cuatro voces fundamentales de bajo, tenor, contralto y tiple. || **15.** *Mús.* Número de notas que alcanza la voz. || **16.** pl. *Dep.* Bandas elásticas que limitan un cuadrilátero. || **~ de presos.** F. Conjunto de penados que van atados fuera de los presidios. || **~ falsa.** F. *Mús.* La que es disonante y no se puede ajustar ni templar con las demás del instrumento. || **~ floja.** F. Alambre con poca tensión sobre el cual hacen sus ejercicios los funámbulos. || **~s vocales.** F. pl. *Anat.* Par de pliegues de la mucosa laríngea que abren o cierran la glotis y vibran para producir la voz. || **bajo ~.** LOC.ADV. Con reserva, por medios ocultos. *Le daban dinero bajo cuerda.* || **contra las ~s.** LOC.ADV. En una situación comprometida de la que es difícil salir. *La oposición puso al Gobierno contra las cuerdas.* U. t. c. loc. adj. || **dar ~.** LOC.VERB. **1.** Halagar la pasión que domina a alguien, o hacer que la conversación recaiga sobre el asunto de que es más propenso a hablar. || **2.** Tensar el muelle que pone en marcha a los mecanismos que funcionan con **cuerda.** || **3.** Dar tensión al muelle de un reloj con una llave u otro medio, o subir las pesas, para que marche la máquina. || **4.** *Equit.* Obligar al potro en doma a recorrer la pista circular del picadero, mandándolo desde el centro de ella con un cordel. || **en la ~ floja.** LOC.ADV. En situación inestable, conflictiva o peligrosa. || **llevar la ~.** LOC.VERB. En las carreras de caballos, correr por la curva más inmediata al centro de la pista. || **por debajo de ~.** LOC.ADV. **bajo cuerda.** || **ser** alguien **de la ~,** o **de la misma ~,** de otra persona. LOCS.VERBS. Ser de su opinión o carácter. || **tener ~ para rato.** LOC. VERB. **1.** coloq. Ser propenso a hablar con demasiada extensión. || **2.** coloq. Durar mucho. || **tener mucha ~.** LOC.VERB. coloq. Tener por delante mucha vida, ofrecer signo de buena salud. ☐ V. **instrumento de ~, mozo de ~.**

cuerdo, da. ADJ. **1.** Que está en su juicio. U. t. c. s. || **2.** Prudente, que reflexiona antes de determinar. U. t. c. s.

cuereada. F. **1.** *Am. Cen.* y *Méx.* Acción y efecto de **cuerear** (‖ azotar). || **2.** *Am. Mer.* hist. Temporada en que se preparaban los cueros secos, principalmente vacunos, desde matar y desollar las reses y secar las pieles al sol y al aire, hasta entregarlas al comercio.

cuerear. TR. **1.** *Am. Cen.* y *Méx.* **azotar.** || **2.** *Am. Mer.* hist. Ocuparse en las faenas de la cuereada.

cuerina. F. *Á. R. Plata.* Material sintético fino que se usa en el calzado de mala calidad y en muebles como sustituto del cuero.

cueriza. F. *Am.* **azotaina.**

cuerna. F. **1. cornamenta.** || **2.** Cuerno macizo, que algunos animales, como el ciervo, mudan todos los años. || **3.** Vaso rústico hecho con un cuerno de res vacuna, quitada la parte maciza y tapado en el fondo con un taco de madera. || **4.** Trompa de hechura semejante al cuerno bovino, usada por guardas y otras gentes campesinas para comunicarse.

cuérnago. M. **cauce.**

cuernavaquense. ADJ. **1.** Natural de Cuernavaca. U. t. c. s. || **2.** Perteneciente o relativo a esta ciudad de México, capital del estado de Morelos.

cuernavaqueño, ña. ADJ. **cuernavaquense.** Apl. a pers., u. t. c. s.

cuerno. M. **1.** Prolongación ósea cubierta por una capa epidérmica o por una vaina dura y consistente, que tienen algunos animales en la región frontal. || **2.** Protuberancia dura y puntiaguda que el rinoceronte tiene sobre la mandíbula superior. ‖ **3.** Instrumento musical de viento, de forma curva, generalmente de cuerno, que tiene el sonido como de trompa. ‖ **4.** Materia que forma la capa exterior de las astas de las reses vacunas y que se emplea en la industria para hacer diversos objetos. ‖ **5.** Cada una de las dos puntas que se ven en la luna en cuarto creciente y cuarto menguante. ‖ **6.** irón. coloq. Infidelidad matrimonial. U. m. en pl. *Llevar los cuernos. Poner los cuernos.* ‖ **7.** pl. Extremidades de algunas cosas que rematan en punta y tienen alguna semejanza con los cuernos. *Los cuernos de un cruasán.* ‖ **~ de caza.** M. Trompa que se usa en las monterías. ‖ **~ de la abundancia.** M. **cornucopia** (‖ vaso de forma de cuerno que representa la abundancia). ‖ **al ~.** LOC.ADV. coloq. **a paseo.** *Lo tuve que mandar al cuerno. Váyase usted al cuerno.* ‖ **cuerno.** INTERJ. fest. Se usa para expresar sorpresa o asombro. ‖ **en los ~s del toro.** LOC.ADV. coloq. En un inminente peligro. *Andar, dejar, verse en los cuernos del toro.* ‖ **importarle** a alguien **un ~** algo o alguien. LOC.VERB. coloq. Traerle sin cuidado. ‖ **irse algo al ~.** LOC. VERB. coloq. Fracasar, frustrarse, estropearse. *Su negocio se ha ido al cuerno.* ‖ **levantar** a alguien **hasta, o sobre, el ~, o los ~s, de la luna.** LOCS.VERBS. coloqs. Alabarlo, encarecerlo desmedidamente. ‖ **no valer un ~.** LOC.VERB. coloq. Valer poco o nada. ‖ **romperse** alguien **los ~s.** LOC.VERB. coloq. Esforzarse, trabajar mucho. ‖ **un ~, o y un ~.** LOCS. INTERJS. Se usan para denotar negación o rechazo.

cuero. M. **1.** Pellejo que cubre la carne de los animales después de curtido y preparado para los diferentes usos a que se aplica en la industria. ‖ **2.** Ese mismo pellejo antes de curtir. ‖ **3. odre.** ‖ **4.** En el fútbol y otros deportes, **balón** (‖ pelota grande). ‖ **~ cabelludo.** M. Piel en donde nace el cabello. ‖ **dejar** a alguien **en ~s.** LOC.VERB. Arruinarlo enteramente. ‖ **en ~s, o en ~s vivos.** LOCS. ADVS. coloqs. Sin vestido alguno. ‖ **entre ~ y carne.** LOC. ADV. **1.** Debajo de la piel. ‖ **2.** De manera íntima y connatural.

cuerpo. M. **1.** Aquello que tiene extensión limitada, perceptible por los sentidos. ‖ **2.** Conjunto de los sistemas orgánicos que constituyen un ser vivo. ‖ **3.** Tronco del cuerpo, a diferencia de la cabeza y las extremidades. ‖ **4.** Talle y disposición personal. *Era alto, pero no tenía buen cuerpo.* ‖ **5.** Parte del vestido, que cubre desde el cuello o los hombros hasta la cintura. *Las mangas se cosen directamente al cuerpo.* ‖ **6. volumen** (‖ libro encuadernado). *La librería tiene dos mil cuerpos.* ‖ **7.** Conjunto de las cosas que se dicen en la obra escrita o el libro, con excepción de los índices y preliminares. ‖ **8.** Grueso de los tejidos, papel, chapas y otras cosas semejantes. ‖ **9. cuerpo de caballo.** *El caballo ganó por tres cuerpos.* ‖ **10.** En los líquidos, espesura o densidad. *Este vino tiene mucho cuerpo.* ‖ **11. cadáver.** ‖ **12.** Conjunto de personas que forman un pueblo, una república, una comunidad o una asociación. *Cuerpo de voluntarios.* ‖ **13.** Conjunto de personas que desempeñan una misma profesión. *Cuerpo diplomático. Cuerpo de funcionarios.* ‖ **14.** Cada una de las partes, que pueden ser independientes, cuando se las considera unidas a otra principal. *Un armario de dos cuerpos.* ‖ **15.** Geom. Objeto material en que pueden apreciarse las tres dimensiones principales, longitud, anchura y altura. ‖ **16.** Impr. Tamaño de los caracteres de imprenta. *El libro está impreso en letra del cuerpo diez.* ‖ **17.** Mil. Conjunto de soldados con sus respectivos oficiales. ‖ **~ amarillo.** M. *Anat.* Tejido amarillento que llena la cavidad de los folículos ováricos después de la liberación del óvulo maduro. Segrega una hormona femenina y persiste cuando el óvulo ha sido fecundado. ‖ **~ calloso.** M. *Anat.* Lámina de sustancia blanca que media entre los dos hemisferios cerebrales. ‖ **~ compuesto.** M. *Quím.* El que puede descomponerse en otros de naturaleza más simple. ‖ **~ de baile.** M. El coreográfico, o sea el conjunto de bailarines de un teatro. ‖ **~ de bomba.** M. Tubo dentro del cual juega el émbolo de la bomba hidráulica. ‖ **~ de caballo.** M. Largo de un caballo. ‖ **~ de casa. I.** M. **1.** Conjunto de faenas domésticas que están a cargo de un sirviente, con exclusión de las que corresponden al cocinero. ‖ **II.** COM. **2.** Sirviente que tiene a su cargo el cuerpo de casa. ‖ **~ de doctrina.** M. Conjunto de conocimientos o teorías fundamentales de una ciencia o disciplina. ‖ **~ de ejército.** M. *Mil.* Gran unidad integrada por dos o más divisiones, así como por unidades homogéneas y servicios auxiliares. ‖ **~ de guardia.** M. **1.** *Mil.* Cierto número de soldados destinado a hacer guardia. ‖ **2.** *Mil.* Lugar en que se encuentra su mando. ‖ **~ del delito.** M. *Der.* Cosa en que, o con que, se ha cometido un delito, o en la cual existen las señales de él. ‖ **~ extraño.** M. Objeto alojado en un organismo del que es ajeno. ‖ **~ glorioso.** M. *Rel.* En la doctrina católica, el de los bienaventurados después de la resurrección. ‖ **~ lúteo.** M. *Anat.* **cuerpo amarillo.** ‖ **~ muerto.** M. *Mar.* Boya donde se amarran los buques en fondeadero. ‖ **~ negro.** M. *Fís.* El que absorbe completamente las radiaciones que inciden sobre él, cualquiera que sea su índole y dirección. ‖ **~ serrano.** M. *Esp.* El gallardo. ‖ **~ simple.** M. *Quím.* **elemento** (‖ sustancia constituida por átomos con el mismo número de protones). ‖ **~ sin alma.** M. Persona que no tiene viveza ni actividad. ‖ **~ mal ~.** M. Malestar físico que siente alguien. ‖ **~ a ~.** LOC.ADV. Sin una prenda de abrigo exterior. ‖ **a ~ de rey.** LOC.ADV. Con toda comodidad. *Estar, vivir a cuerpo de rey.* ‖ **a ~ descubierto.** LOC.ADV. **1.** Sin protección. ‖ **2.** De manera descubierta y patente. *Enfrentarse al problema a cuerpo descubierto.* ‖ **~ a ~.** LOC.ADJ. Se dice del enfrentamiento entre dos personas, sin armas o con armas blancas, en el que se produce un contacto físico directo entre los adversarios. U. t. c. loc. adv. *Combatir, luchar cuerpo a cuerpo.* U. t. en sent. fig. *Ella está evitando el cuerpo a cuerpo con la realidad.* ‖ **~ a tierra.** LOC.ADV. Con el cuerpo pegado al suelo, para protegerse o para no ser visto. ‖ **~ de Cristo, o ~ de tal.** LOCS. INTERJS. Se usan para denotar ira o enfado. ‖ **dar con el ~ en tierra.** LOC.VERB. coloq. Caer al suelo. ‖ **dar ~.** LOC.VERB. **1.** Espesar lo que está claro o demasiado líquido. ‖ **2.** Realizar algo que se ha pensado antes. ‖ **de ~ entero.** LOC. ADJ. **1.** Dicho de una persona: Cabal, completa. ‖ **2.** Dicho de un retrato, de una fotografía, de un espejo, etc.: Que reproducen todo el cuerpo de una persona. ‖ **de ~ presente.** LOC.ADJ. Dicho de un cadáver: Expuesto y preparado para ser llevado al enterramiento o al crematorio. U. t. c. loc. adv. ‖ **de medio ~.** LOC.ADJ. Dicho de un retrato, de una fotografía, de un espejo, etc.: Que reproducen la mitad superior del cuerpo. ‖ **en ~ y alma.** LOC.ADV. coloq. Enteramente, sin dejar nada. ‖ **hacer de ~, o del ~.** LOCS.VERBS. coloqs. **evacuar** (‖ expeler excrementos). ‖ **huir** alguien **el ~.** LOC.VERB. **hurtar el cuerpo** (‖ moverse con ligereza para evitar un golpe). ‖ **hurtar** alguien **el ~.** LOC.VERB. **1.** Moverse con prontitud y ligereza, para evitar el golpe que va dirigido contra él. || **2.** Evitar entrar en una dificultad o empeño. || **no quedarse** alguien **con nada en el ~.** LOC.VERB. coloq. No omitir nada de lo que quería decir, sin atender a ninguna consideración. || **pedirle** a alguien **el ~** algo. LOC. VERB. coloq. Apetecerlo, desearlo. || **sacarle el ~** a alguien o a algo. LOC.VERB. Á. Caribe y Méx. Evitarlo. || **tomar ~** algo. LOC.VERB. Aumentar de poco a mucho. *La sospecha fue tomando cuerpo.* ▢ V. **caja del ~, espejo de ~ entero, misa de ~ presente.**

cuerudo, da. ADJ. Am. Cen. Dicho de una persona: De tal condición que no le hacen mella las críticas.

cuervo. M. **1.** Pájaro carnívoro, mayor que la paloma, de plumaje negro con visos pavonados, pico cónico, grueso y más largo que la cabeza, tarsos fuertes, alas de un metro de envergadura, con las mayores remeras en medio, y cola de contorno redondeado. || **2.** Á. R. Plata. aura[2]. || **~ marino.** M. Ave palmípeda del tamaño de un ganso, con plumaje de color gris oscuro, collar blanco, cabeza, moño, cuello y alas negros, patas muy cortas y pico largo, aplastado y con punta doblada. Nada y vuela muy bien, habita en las costas y alguna vez se le halla tierra adentro.

cuesco[1]**.** M. **1.** Hueso de la fruta; p. ej., el de la guinda, el durazno, etc. || **2.** coloq. Pedo ruidoso.

cuesco[2]**.** M. **1.** Á. Caribe. Cierta palmera indígena. || **2.** Á. Caribe. Fruto de esta palma. || **3.** Á. Caribe. Aceite sacado de la nuez de este fruto.

cuesta. F. Terreno en pendiente. || **~ de enero.** F. coloq. Período de dificultades económicas que coincide con este mes a consecuencia de los gastos extraordinarios hechos durante las fiestas de Navidad. || **a ~s.** LOC.ADV. **1.** Sobre los hombros o las espaldas. *Siempre va con sus hijos a cuestas.* || **2.** A su cargo, sobre sí. *Con su responsabilidad a cuestas.* || **hacérsele a** alguien **~ arriba** algo. LOC.VERB. Sentirlo mucho, hacerlo con repugnancia y trabajo grande. || **ir** alguien o algo **~ abajo.** LOC.VERB. Decaer, declinar hacia su fin o a la miseria. || **llevar** a alguien **a ~s.** LOC.VERB. coloq. Cargarse con sus obligaciones o necesidades. || **tener** a alguien **a ~s.** LOC.VERB. coloq. Tenerlo enteramente a su cargo y a sus expensas.

cuestación. F. Petición o demanda de limosnas para un objeto piadoso o benéfico.

cuestión. F. **1.** Asunto o materia. *Tratar una cuestión.* || **2.** Punto o materia de carácter dudoso o discutible. *Elude la cuestión básica del problema.* || **3.** gresca. *No tiene cuestiones con nadie.* || **4.** Pregunta que se hace con intención dialéctica para averiguar la verdad de algo. *El formulario contiene cuestiones sobre la vida privada.* || **5.** Problema que debe ser resuelto por métodos científicos. *Resolver cuestiones matemáticas.* || **~ candente.** F. Aquella que acalora los ánimos. || **~ de confianza.** F. cuestión que puede plantear el presidente del Gobierno ante el Congreso de los Diputados sobre su programa o sobre una declaración de política general, y cuya respuesta negativa comporta el cese del Gobierno. || **~ de gabinete.** F. **1.** La que afecta o puede afectar a la existencia o continuación de un ministerio. *Lo reivindicamos, pero no hacemos cuestión de gabinete.* || **2.** La de mucha importancia para alguien. || **~ de nombre.** F. La que se suscita o mantiene sobre lo accidental o accesorio, o sobre la designación de las cosas, a pesar de convenir en la sustancia y en lo principal. || **~ determinada.** F. Mat. Aquella que tiene un número determinado de soluciones. || **~ prejudicial.**

F. **1.** Der. Asunto que, con carácter previo, debe resolverse por una jurisdicción distinta o por la propia que está conociendo de un proceso. || **2.** Der. La que, a petición de los tribunales de los Estados miembros cuando aplican derecho comunitario, corresponde decidir a los órganos jurisdiccionales de la Unión Europea. || **agitarse una ~.** LOC.VERB. Tratarse con valor o viveza. || **~ de.** LOC. PREPOS. coloq. **cosa de.** || **en ~.** LOC.ADJ. De que se está tratando. *No pudieron resolver el asunto en cuestión. El autor en cuestión era poco conocido.* ▢ V. **estado de la ~.**

cuestionable. ADJ. Dudoso, problemático y que se puede disputar o controvertir. *Decisión cuestionable.*

cuestionamiento. M. Acción y efecto de cuestionar.

cuestionar. TR. **1.** Poner en duda lo afirmado por alguien. *Cuestionar la veracidad de una noticia.* || **2.** Controvertir un punto dudoso, proponiendo las razones, pruebas y fundamentos de una y otra parte. *Cuestiona con datos su utilidad.*

cuestionario. M. Lista de preguntas que se proponen con cualquier fin.

cuestor. M. **1.** Persona que pide limosna con fines benéficos. || **2.** hist. Magistrado romano que en la ciudad y en los ejércitos tenía funciones de carácter fiscal principalmente.

cuestura. F. hist. Dignidad o empleo de cuestor romano.

cuete. M. **1.** Méx. Corte de carne que se saca del muslo de la res. || **2.** Méx. **borrachera** (|| estado de la persona ebria).

cueto. M. **1.** Colina de forma cónica, aislada y, por lo común, peñascosa. || **2.** Sitio alto y defendido.

cueva. F. **1.** Cavidad subterránea más o menos extensa, natural o construida artificialmente. || **2. sótano.** || **~ de ladrones.** F. **1.** Casa donde se acoge gente de mal vivir. || **2.** coloq. Lugar donde se estafa o se cobra más de lo debido.

cuévano. M. **1.** Cesto grande y hondo, poco más ancho de arriba que de abajo, tejido de mimbres, usado especialmente para llevar la uva en el tiempo de la vendimia. || **2.** Cesto más pequeño, con dos asas con que se afianza en los hombros, que llevan las pasiegas a la espalda, a manera de mochila, para transportar géneros o para llevar a sus hijos pequeños.

cúfico, ca. ADJ. Se dice de ciertos caracteres empleados antiguamente en la escritura arábiga.

cui. M. Á. R. Plata y Chile. **conejillo de Indias** (|| mamífero roedor).

cuico. M. despect. Méx. Guarda o agente de Policía.

cuidado. M. **1.** Solicitud y atención para hacer bien algo. || **2.** Acción de **cuidar** (|| asistir, guardar, conservar). *El cuidado de los enfermos. El cuidado de la ropa.* || **3.** Recelo, preocupación, temor. || **correr** algo **al ~ de** alguien. LOC.VERB. Estar obligado a responder de ello. || **cuidado.** INTERJ. **1.** Se usa para amenazar o para advertir la proximidad de un peligro o la contingencia de caer en error. || **2.** Se usa con sentido ponderativo o para llamar la atención. *¡Cuidado que es listo el muchacho!* || **~ conmigo.** LOC. INTERJ. Se usa para amenazar a alguien. || **de ~.** LOC.ADJ. coloq. Dicho de una persona: Sospechosa, peligrosa. || **estar de ~.** LOC.VERB. coloq. Estar gravemente enfermo o en peligro de muerte. || **salir de ~, o de su ~,** una mujer. LOCS.VERBS. **parir** (|| expeler el feto). || **sin ~.** LOC.ADV. coloq. Indiferente o sin inquietud ni preocupación alguna. *Traer sin cuidado.* ▢ V. **unidad de ~s intensivos.**

cuidador, ra. ADJ. Dicho de una persona: Que cuida. U. m. c. s.

cuidadoso, sa. ADJ. **1.** Solícito y diligente en ejecutar con exactitud algo. || **2.** Atento, vigilante. *Debían estar cuidadosos al remover la leña.* || **3.** Propio o característico de una persona cuidadosa. *Un cuidadoso examen.*

cuidar. I. TR. **1.** Poner diligencia, atención y solicitud en la ejecución de algo. *Cuida mucho su aspecto.* || **2.** Asistir, guardar, conservar. *Cuidar a un enfermo, la casa, la ropa.* U. t. c. intr. *Cuidar DE la hacienda. Cuidar DE los niños.* || **II.** PRNL. **3.** Mirar por la propia salud, darse buena vida. *¡Cómo se cuida tu hermano!* || **4.** Vivir con advertencia respecto de algo. *No se cuida DE la maledicencia.*

cuido. M. Acción de cuidar, especialmente de cosas materiales. *El cuido del ganado.*

cuija. F. *Méx.* Reptil pequeño y muy delgado de la misma familia de la salamanquesa.

cuilapense. ADJ. **1.** Natural de Cuilapa. U. t. c. s. || **2.** Perteneciente o relativo a esta ciudad de Guatemala, cabecera del departamento de Santa Rosa.

cuis. M. *Á. R. Plata* y *Chile.* **conejillo de Indias** (|| mamífero roedor). MORF. pl. **cuises.**

cuita[1]. F. Aflicción, desventura.

cuita[2]. F. *Am. Cen.* Estiércol de las aves.

cuitado, da. ADJ. **1.** Afligido, desventurado. || **2.** Apocado, de poca resolución y ánimo.

cuitear. INTR. *Am. Cen.* Dicho de un ave: **defecar.** U. m. c. prnl.

cuitlacoche. M. *Méx.* Hongo negruzco comestible parásito del maíz.

cuja. F. *Am.* Cama de distintos tipos y materiales.

cuje. M. *Am.* Vara horizontal que se coloca sobre otras dos verticales, en la que se cuelgan las mancuernas en la recolección del tabaco.

cují. M. *Á. Caribe.* **aromo.** MORF. pl. **cujíes** o **cujís.**

culada. F. Golpe dado con las nalgas o cayendo sobre ellas.

culantrillo. M. Hierba de la clase de las Filicíneas, con hojas de uno a dos decímetros, divididas en lóbulos a manera de hojuelas redondeadas, con pedúnculos delgados, negruzcos y lustrosos. Se cría en las paredes de los pozos y otros sitios húmedos, y su infusión suele usarse como medicamento pectoral y para provocar la menstruación de las mujeres.

culantro. M. **cilantro.**

cular. ADJ. **1.** Dicho de una morcilla o de un chorizo: Hechos con la tripa más gruesa. || **2.** Perteneciente o relativo al culo. *Zona cular.*

culata. F. **1.** Parte posterior de la escopeta, pistola o fusil, que sirve para asir y afianzar estas armas cuando se hace la puntería y se disparan. || **2.** Parte posterior del tubo de cualquier arma grande o pieza de artillería. || **3.** Parte posterior o más retirada de algo; como la trasera del coche de caballos. || **4. anca** (|| grupa de una caballería). || **5.** *Mec.* Pieza metálica que se ajusta al bloque de los motores de explosión y cierra el cuerpo de los cilindros. || **6.** *Am.* **hastial** (|| fachada).

culatazo. M. **1.** Golpe dado con la culata de un arma. || **2.** Retroceso o golpe que da el fusil, la escopeta, etc., en el momento de disparar.

culatín. M. Suplemento plegable o extensible de ciertas armas portátiles, como las metralletas, que permite apoyarlas en el hombro para efectuar el tiro.

culear. INTR. **1.** Mover el culo. || **2.** Dicho de un automóvil: Mover su parte trasera al dar una curva o al patinar en un suelo resbaladizo.

culebra. F. Reptil ofidio sin pies, de cuerpo aproximadamente cilíndrico y muy largo respecto de su grueso; cabeza aplanada, boca grande y piel pintada simétricamente con colores diversos, escamosa, y cuya parte externa o epidermis muda por completo el animal de tiempo en tiempo. Hay muchas especies, distintas en tamaño, coloración y costumbres. || **~ de agua.** F. *Méx.* Columna de agua que se eleva desde el mar con movimiento giratorio por efecto de un torbellino atmosférico.

culebrear. INTR. Andar formando eses y pasándose de un lado a otro.

culebrense. ADJ. **1.** Natural de Culebra. U. t. c. s. || **2.** Perteneciente o relativo a este municipio de Puerto Rico o a su cabeza.

culebreo. M. Acción y efecto de culebrear.

culebrera. F. **águila culebrera.**

culebrilla. F. **1.** Enfermedad viral que se manifiesta por un exantema en el que las vesículas se disponen a lo largo de los nervios, por lo cual son muy dolorosas. || **2. anfisbena.** || **~ de agua.** F. Especie de culebra de pequeño tamaño. Vive en sitios húmedos y puede nadar gracias a las rápidas ondulaciones de su cuerpo.

culebrina. F. **1.** Meteoro eléctrico y luminoso con apariencia de línea ondulada. || **2.** hist. Antigua pieza de artillería, larga y de poco calibre.

culebrón. M. **1.** Telenovela sumamente larga y de acentuado carácter melodramático. || **2.** despect. Historia real con caracteres de culebrón televisivo, es decir, insólita, lacrimógena y sumamente larga. *Algunos medios informativos se han convertido en culebrones.*

culeca. ADJ. *Am.* **clueca.**

culén. M. Arbusto leguminoso, indígena de Chile. La infusión de sus hojas, flores y tallo se toma como medicamento contra las enfermedades del estómago.

culera. F. **1.** Remiendo en los calzones o pantalones sobre la parte que cubre las nalgas. || **2.** En algunas prendas de vestir, parte que cubre las nalgas. || **3.** Mancha o desgaste en la parte de la prenda que cubre las nalgas.

culero, ra. ADJ. *Méx.* **miedoso.**

culi o **culí.** M. En la India, China y otros países de Oriente, trabajador o criado indígena. MORF. pl. **culis** o **culíes** –o **culís**–.

culiacanense. ADJ. **1.** Natural de Culiacán. U. t. c. s. || **2.** Perteneciente o relativo a esta ciudad de México, capital del estado de Sinaloa.

culillo. M. *Am. Cen.* y *Á. Caribe.* **miedo** (|| perturbación angustiosa del ánimo). *Dar culillo.*

culinaria. F. Arte de guisar.

culinario, ria. ADJ. Perteneciente o relativo a la cocina. *Tradición culinaria.*

culipandear. INTR. *Á. Caribe.* Evadir con astucia una dificultad prevista para no enfrentarla. U. t. c. prnl.

culle. M. *Chile.* Hierba oxalidácea, cuyo zumo se usa como bebida refrescante.

culmen. M. **cumbre** (|| mayor elevación de algo). *Su poesía es el culmen de la belleza.*

culminación. F. Acción y efecto de culminar.

culminante. ADJ. **1.** Se dice de lo más elevado de un monte, edificio, etc. *Zona culminante de la cordillera.* || **2.** Superior, sobresaliente, principal. *Momento culminante.*

culminar. I. TR. **1.** Dar fin o cima a una tarea. ‖ **II.** INTR. **2.** Dicho de una cosa: Llegar al grado más elevado, significativo o extremado que pueda tener.

culo. M. **1.** Conjunto de las dos nalgas. ‖ **2.** En algunos animales, zona carnosa que rodea el ano. ‖ **3.** ano. ‖ **4.** Extremidad inferior o posterior de algunas cosas. *Culo del pepino. Culo del vaso.* ‖ **5.** coloq. Escasa porción de líquido que queda en el fondo de un vaso. ‖ **~ de pollo.** M. Punto mal cosido en la media o tela, de modo que sobresale y abulta. ‖ **el ~ del mundo.** M. coloq. Lugar muy lejano. ‖ **a ~ pajarero.** LOC.ADV. Con el culo desnudo. ‖ **a tomar por ~, o por el ~.** LOCS.ADVS. **1.** malsons. Se usan para desechar algo, o para despedir a alguien, con desprecio o sin miramiento. *Manda ese trabajo a tomar por culo y búscate otro.* ‖ **2.** malsons. Se usan para manifestar que algo se ha estropeado o que un asunto ha fracasado. *El televisor se ha ido a tomar por culo.* ‖ **3.** malsons. Muy lejos. *Lanzó el balón a tomar por culo.* ‖ **caerse de ~.** LOC.VERB. coloq. Quedarse atónito y desconcertado ante algo inesperado. ‖ **con el ~ al aire.** LOC. ADV. coloq. En situación comprometida por haberse descubierto algo. *Su actuación nos dejó con el culo al aire.* ‖ **confundir el ~ con las témporas.** LOC.VERB. coloq. Identificar dos cosas completamente distintas. ‖ **dar por ~, o por el ~.** LOCS.VERBS. **1.** malsons. **sodomizar.** ‖ **2.** malsons. **fastidiar** (‖ enfadar). ‖ **del ~.** LOC.ADV. coloq. Se usa para intensificar la expresividad de ciertas voces despectivas a las que sigue. *Tonto, bobo del culo.* ‖ **hasta el ~.** LOC.ADJ. malson. **hasta las narices.** *Está hasta el culo de que lo manden.* ‖ **ir de ~.** LOC.VERB. **1.** coloq. Dicho de una persona: **estar lista.** ‖ **2.** coloq. Dicho de una cosa: Ir muy mal o desarrollarse de manera insatisfactoria. *Nuestras expectativas de beneficios van de culo.* ‖ **lamer el ~ a alguien.** LOC.VERB. malson. Adularlo servilmente para conseguir algo de él. ‖ **meterse** alguien algo **por el ~.** LOC.VERB. malson. Se usa para rechazar enfáticamente algo que generalmente se ha pedido o que ha sido ofrecido. *Ahora te metes tu dinero por el culo.* ‖ **mojarse** alguien **el ~.** LOC.VERB. coloq. **mojarse** (‖ comprometerse). ‖ **pasarse** algo **por el ~.** LOC. VERB. malson. Despreciarlo, desdeñarlo. ‖ **que me, te, le,** etc., **den por ~, o por el ~.** EXPRS. malsons. Se usan para expresar vehementemente rechazo, desprecio, desinterés, etc., hacia algo o hacia alguien. ‖ **tomar por ~, o por el ~.** LOCS.VERBS. malsons. Ser sodomizado. □ V. **ojo del ~.**

culombio. M. *Fís.* Unidad de cantidad de electricidad y carga eléctrica del Sistema Internacional, equivalente a la cantidad de electricidad transportada en un segundo por una corriente de un amperio. (Símb. *C*).

culón, na. ADJ. coloq. Que tiene muy abultadas las nalgas.

culote. M. *Mil.* Parte de hierro que algunos proyectiles tienen en el sitio opuesto a la boca de la espoleta, con diversos fines.

culpa. F. **1.** Imputación a alguien de una determinada acción como consecuencia de su conducta. *Tú tienes la culpa de lo sucedido.* ‖ **2.** Hecho de ser causante de algo. *La cosecha se arruinó por culpa de la lluvia.* ‖ **3.** *Der.* Omisión de la diligencia exigible a alguien, que implica que el hecho injusto o dañoso resultante motive su responsabilidad civil o penal. ‖ **4.** *Psicol.* Acción u omisión que provoca un sentimiento de responsabilidad por un daño causado. ‖ **echar la ~ a alguien.** LOC.VERB. Atribuirle la falta o delito que se presume ha cometido.

culpabilidad. F. **1.** Cualidad de culpable. ‖ **2.** *Der.* Reproche que se hace a quien le es imputable una actuación contraria a derecho, de manera deliberada o por negligencia, a efectos de la exigencia de responsabilidad.

culpabilizar. TR. **culpar.**

culpable. ADJ. **1.** Se dice de la persona a quien se imputa una acción u omisión ilícitas por haberlas cometido de forma deliberada o con negligencia de sus deberes. U. t. c. s. ‖ **2.** Se dice de las acciones y cosas inanimadas a las que se puede culpar. *La lluvia fue culpable del accidente.* ‖ **3.** *Der.* Dicho de una persona: Declarada responsable civil o penalmente. U. t. c. s.

culpado, da. PART. de **culpar.** ‖ ADJ. Que ha cometido culpa. U. t. c. s.

culpar. TR. Atribuir la culpa. U. t. c. prnl.

culpeo. M. *Chile.* Especie de zorra más grande que la común europea, de color más oscuro y cola menos pelosa.

culposo, sa. ADJ. Dicho de un acto o de una omisión imprudente o negligente: Que originan responsabilidades.

culteranismo. M. Estilo literario desarrollado en España desde finales del siglo XVI y a lo largo del siglo XVII, caracterizado, entre otros rasgos, por la abundancia de metáforas inusitadas, el uso reiterado de cultismos y la complejidad sintáctica.

culterano, na. ADJ. **1.** Perteneciente o relativo al culteranismo. *Poema culterano.* ‖ **2.** Dicho de un escritor: Que practica este estilo literario. U. t. c. s.

cultismo. M. **1.** Palabra culta, generalmente de origen grecolatino, usada en la lengua intelectual, literaria y científica. ‖ **2.** *Ling.* Vocablo procedente de una lengua clásica que penetra por vía culta en una lengua moderna sin pasar por las transformaciones fonéticas normales de las voces populares. ‖ **3.** *Ling.* Construcción o acepción propias y privativas de una lengua clásica y recreadas en una lengua moderna, casi siempre con fines expresivos. *Cultismo semántico. Cultismo sintáctico.*

cultivación. F. Cultivo o cultura.

cultivado, da. PART. de **cultivar.** ‖ ADJ. Dicho de una persona: Que ha adquirido cultura y refinamiento.

cultivador, ra. I. ADJ. **1.** Que cultiva. *Países cultivadores de café.* Apl. a pers., u. t. c. s. ‖ **II.** M. **2.** Instrumento agrícola destinado a cultivar la tierra durante el desarrollo de las plantas.

cultivar. TR. **1.** Dar a la tierra y a las plantas las labores necesarias para que fructifiquen. ‖ **2.** Poner los medios necesarios para mantener y estrechar el conocimiento, el trato o la amistad. ‖ **3.** Desarrollar, ejercitar el talento, el ingenio, la memoria, etc. ‖ **4.** Ejercitarse en las artes, las ciencias, las lenguas, etc. ‖ **5.** *Biol.* Sembrar y hacer que se desarrollen microorganismos sobre sustancias apropiadas. ‖ **6.** *Biol.* Criar y explotar seres vivos con fines industriales, económicos o científicos.

cultivo. M. **1.** Acción de cultivar. ‖ **2.** Tierra cultivada. U. m. en pl. ‖ **3.** Planta, fruto u otro producto cultivado. ‖ **4.** Cría y explotación de seres vivos con fines científicos, económicos o industriales. *Cultivo del hongo de la penicilina. Cultivo del gusano de seda.* ‖ **5.** *Biol.* y *Med.* Método de obtención de microorganismos, células o tejidos mediante siembras controladas en medios adecuados. ‖ **6.** *Biol.* y *Med.* Población de microorganismos o tejidos así obtenidos. ‖ **~ intensivo.** M. El que prescinde de los barbechos y, mediante abonos y riegos, hace que la tierra, sin descansar, produzca las cosechas. □ V. **caldo de ~, estufa de ~, rotación de ~s.**

culto, ta. I. ADJ. **1.** Dotado de las calidades que provienen de la cultura o instrucción. *Persona culta. Pueblo, lenguaje culto.* || **II.** M. **2.** Homenaje externo de respeto y amor que el cristiano tributa a Dios, a la Virgen, a los ángeles, a los santos y a los beatos. || **3.** Conjunto de ritos y ceremonias litúrgicas con que se tributa homenaje. || **4.** Admiración afectuosa de que son objeto algunas cosas. *Rendir culto a la belleza.* || **5. cultivo.** || **~ externo.** M. *Rel.* El que consiste en demostraciones exteriores, como sacrificios, procesiones, cantos sagrados, adoraciones, súplicas, ofrendas y dones. || **~ supersticioso.** M. El que se da a quien no se debe dar, o se le tributa indebidamente aunque lo merezca. □ V. **libertad de cultos, tolerancia de cultos.**

cultor, ra. ADJ. **1. cultivador.** Apl. a pers., u. t. c. s. *Los cultores de la sencillez.* || **2.** Que adora o venera algo. U. t. c. s. *Los cultores de otras religiones.*

cultrún. M. *Chile.* Instrumento de percusión utilizado en rituales mapuches.

cultura. F. **1.** Conjunto de conocimientos que permite a alguien desarrollar su juicio crítico. || **2.** Conjunto de modos de vida y costumbres, conocimientos y grado de desarrollo artístico, científico, industrial, en una época, grupo social, etc. *La cultura maya.* || **3. cultivo.** || **~ física.** F. Conjunto de conocimientos sobre gimnasia y deportes, y práctica de ellos, encaminados al pleno desarrollo de las facultades corporales. || **~ popular.** F. Conjunto de las manifestaciones en que se expresa la vida tradicional de un pueblo.

cultural. ADJ. Perteneciente o relativo a la cultura.

culturalismo. M. Utilización, a veces ostentosa, de referencias cultas en obras de creación artística o intelectual.

culturalista. ADJ. **1.** Que practica el culturalismo. || **2.** Influido por el culturalismo. *Novela culturalista.*

culturismo. M. Práctica de ejercicios gimnásticos encaminada al excesivo desarrollo de los músculos.

culturista. COM. Persona que practica el culturismo.

culturización. F. Acción y efecto de culturizar.

culturizar. TR. Civilizar, incluir en una cultura.

cuma. F. *Am. Cen.* Cuchillo curvo para rozar y podar.

cumanagoto, ta. I. ADJ. **1.** Se dice del individuo de un pueblo amerindio de la familia caribe que habitó en la antigua provincia de Nueva Andalucía o Cumaná, y cuyos descendientes habitan actualmente al norte del estado de Anzoátegui, en Venezuela. U. t. c. s. || **2.** Perteneciente o relativo a los cumanagotos. *Tradiciones cumanagotas.* || **II.** M. **3.** Lengua de filiación caribe hablada por los cumanagotos.

cumanés, sa. ADJ. **1.** Natural de Cumaná. U. t. c. s. || **2.** Perteneciente o relativo a esta ciudad de Venezuela, capital del estado de Sucre.

cumba. F. *Am. Cen.* Calabaza ancha y redonda que se utiliza para contener líquidos.

cumbé. M. **1.** Danza de la Guinea Ecuatorial. || **2.** Son de esta danza.

cumbia. F. **1.** Danza popular de Colombia y Panamá, una de cuyas figuras se caracteriza por llevar los danzantes una vela encendida en la mano. || **2.** Música de esta danza.

cumbre. F. **1.** Cima o parte superior de un monte. || **2.** Mayor elevación de algo o último grado a que puede llegar. *La cumbre del deporte mundial.* || **3.** Reunión de máximos dignatarios nacionales o internacionales para tra-

tar asuntos de especial importancia. *Cumbre de ministros de Asuntos Exteriores.* □ V. **conferencia ~.**

cumbrera. F. **1. parhilera.** || **2. dintel** (|| parte superior de puertas y ventanas). || **3. caballete** (|| del tejado). || **4. cumbre** (|| de un monte).

cúmel. M. Aguardiente aromatizado con comino, de sabor muy dulce.

cumiche. M. *Am. Cen.* Hijo más joven de una familia.

cum laude. (Locución latina). LOC.ADJ. Se dice de la calificación máxima de ciertas notas. MORF. pl. invar. *Sobresalientes cum laude.* U. t. c. loc. adv. *Se doctoró cum laude.*

cumpleañero, ra. M. y F. *Am.* Persona que celebra su cumpleaños.

cumpleaños. M. Aniversario del nacimiento de una persona.

cumplido, da. PART. de **cumplir.** || **I.** ADJ. **1.** Acabado, perfecto. *Cumplido resumen. Victoria cumplida.* || **2.** Dicho de una cosa: Larga o abundante. *Se da cumplida cuenta de las causas.* || **3.** Exacto en todos los cumplidos, atenciones o muestras de urbanidad para con todos. *Siempre me felicita; es muy cumplido.* || **II.** M. **4.** Acción obsequiosa o muestra de urbanidad. *Es hacer un cumplido dar un parabién o un pésame.* □ V. **visita de cumplido.**

cumplidor, ra. ADJ. Que cumple o da cumplimiento. Apl. a pers., u. t. c. s.

cumplimentación. F. **1.** Acto de cumplimentar un documento con los datos necesarios. || **2.** Ejecución de los despachos u órdenes superiores.

cumplimentar. TR. **1.** Dar parabién o hacer visita de cumplimiento a alguien con motivo de algún acaecimiento. *Fueron cumplimentados por personal de la embajada.* || **2. rellenar** (|| cubrir con los datos necesarios). *Cumplimentar un informe médico.* || **3.** Poner en ejecución los despachos u órdenes superiores. *No pudo cumplimentar el mandato de la comisión.*

cumplimiento. M. **1.** Acción y efecto de cumplir o cumplirse. || **2. cumplido** (|| acción obsequiosa). *Se deshizo en cortesías y cumplimientos.* □ V. **visita de ~.**

cumplir. I. TR. **1.** Ejecutar, llevar a efecto. *Cumplir un deber, una orden, un encargo, un deseo, una promesa.* || **2.** Llegar a tener la edad que se indica o un número cabal de años o meses. *Hoy cumple Juan catorce años.* || **II.** INTR. **3.** Dicho de una persona: Hacer aquello que debe o a lo que está obligado. *Cumplir con Dios. Cumplir con un amigo. Cumplió como debía.* || **4.** Dicho de una persona: Terminar en la milicia el tiempo de servicio a que está obligada. || **5.** Ser el tiempo o día en que termina una obligación, empeño o plazo. U. t. c. prnl. || **6.** Convenir, importar. *Cumple recordar que la elección ha sido especial.* || **7.** Satisfacer la obligación de cortesía que se tiene para con alguien. *Cumplir* CON *los invitados.* || **8.** Hacer una expresión o cumplido en nombre de alguien. *Cumpla usted* POR *mí.* || **III.** PRNL. **9.** Verificarse, realizarse. *Se han cumplido las previsiones.* || **~ con todos.** LOC.VERB. Hacer a cada uno el obsequio que le corresponde. || **por ~.** LOC.ADV. Por mera cortesía o solamente por no caer en falta. *Le hizo una visita por cumplir.*

cumulativo, va. ADJ. **acumulativo.**

cúmulo. M. **1.** Junta, unión o suma de muchas cosas no materiales, como negocios, trabajos, razones, etc. || **2. montón** (|| conjunto de cosas sin orden unas encima de otras). *Cúmulo de ropa sucia.* || **3.** *Meteor.* Conjunto de nubes propias del verano, que tiene apariencia de montañas nevadas con bordes brillantes. || **~ estelar.** M. *Astr.*

Agrupación, muy espesa a la vista, de estrellas de pequeña magnitud.

cumulonimbo. M. *Meteor.* Nube oscura que forma frentes muy altos y provoca violentas tormentas. MORF. pl. **cumulonimbos.**

cuna[1]. F. **1.** Cama pequeña para niños, con bordes altos o barandillas laterales, a veces dispuesta para poderla mecer. ‖ **2. inclusa.** ‖ **3. patria** (‖ lugar, ciudad o país en que se ha nacido). ‖ **4.** Estirpe, familia o linaje. *De ilustre cuna.* ‖ **5.** Origen o principio de algo. *La cuna del flamenco.* ‖ **6.** *Mil.* Componente de una pieza de artillería que soporta la boca de fuego y permite su desplazamiento axial en el retroceso. ‖ **conocer** a alguien **desde** su ~. LOC.VERB. Conocerlo desde muy niño. □ V. **canción de ~, casa ~.**

cuna[2]. **I.** ADJ. **1.** Se dice de los indios que habitan en algunas regiones de Panamá y Colombia. U. t. c. s. ‖ **2.** *kuna*[2]. Apl. a pers., u. t. c. s. ‖ **II.** M. **3.** Lengua de los cunas. ¶ MORF. pl. **cunas.**

cuncuna. F. *Chile.* oruga (‖ larva de los Lepidópteros).

cundeamor. M. Á. *Caribe.* **cundiamor.**

cundiamor. M. Á. *Caribe.* Planta trepadora, de la familia de las Cucurbitáceas, de flores en forma de jazmines y frutos amarillos, que contienen semillas muy rojas.

cundidor, ra. ADJ. Dicho de una cosa: Que cunde.

cundinamarqués, sa. ADJ. **1.** Natural de Cundinamarca. U. t. c. s. ‖ **2.** Perteneciente o relativo a este departamento de Colombia.

cundir. INTR. **1.** Dicho de una cosa: Propagarse o multiplicarse. *En este monte cunde la hiedra.* ‖ **2.** Dicho de una cosa: Dar mucho de sí, aumentar de volumen. *El arroz y el garbanzo cunden al cocerse.* ‖ **3.** Dicho de una cosa inmaterial: Extenderse, propagarse. *Que no cunda el pánico.* ‖ **4.** Dicho de un trabajo material o intelectual: adelantar (‖ progresar). ‖ **5.** Dicho de un líquido, especialmente del aceite: Extenderse hacia todas partes.

cunear. TR. **acunar.**

cuneiforme. ADJ. De forma de cuña. Se usa más referido a ciertos caracteres de forma de cuña o de clavo, que algunos pueblos de Asia usaron antiguamente en la escritura.

cunero, ra. ADJ. **1.** Dicho de un candidato o diputado a Cortes: Extraño al distrito y patrocinado por el Gobierno. ‖ **2. expósito.** U. t. c. s.

cuneta. F. Zanja en cada uno de los lados de un camino o carretera para recibir las aguas de lluvia.

cunicultor, ra. M. y F. Persona que practica la cunicultura.

cunicultura. F. Arte de criar conejos para aprovechar su carne y sus productos.

cunnilingus. M. Práctica sexual consistente en aplicar la boca a la vulva.

cuña. F. **1.** Pieza de madera o de metal terminada en ángulo diedro muy agudo. Sirve para hender o dividir cuerpos sólidos, para ajustar o apretar uno con otro, para calzarlos o para llenar alguna raja o hueco. ‖ **2.** Objeto que se emplea para estos mismos fines. ‖ **3.** Recipiente de poca altura y forma adecuada para recoger la orina y el excremento del enfermo que no puede abandonar el lecho. ‖ **4. palanca** (‖ valimiento, influencia). ‖ **5.** En un periódico, noticia breve que se imprime para mejor ajuste de la plana. ‖ **6.** En radio y televisión, espacio breve destinado normalmente a la publicidad. ‖ **7.** *Meteor.* Formación de determinadas presiones que penetran en zonas de presión distinta causando cambios atmosféricos.

cuñado, da. M. y F. **1.** Hermano del cónyuge. ‖ **2.** Cónyuge del hermano. ‖ **3. concuñado** (‖ cónyuge de alguien respecto del cónyuge de otra persona hermana de aquel). ‖ **4.** *Am.* Se usa como fórmula de tratamiento afectivo para dirigirse a los amigos.

cuño. M. **1.** Troquel, ordinariamente de acero, con que se sellan la moneda, las medallas y otras cosas análogas. ‖ **2.** Impresión o señal que deja este sello. ‖ **de nuevo ~.** LOC.ADJ. Nuevo, o de reciente aparición. *Profesor de nuevo cuño. Carrera de nuevo cuño.*

cuota. F. **1.** Parte o porción fija y proporcional. ‖ **2.** Cantidad que se paga regularmente a asociaciones, comunidades, seguridad social, etc. ‖ **3.** hist. Pago en metálico mediante el cual se permitía a los reclutas gozar de ciertas ventajas y reducción de plazo en el servicio militar. ‖ **~ de audiencia.** F. Porcentaje de participación de un medio de comunicación o un programa en el índice general de audiencia. ‖ **~ tributaria.** F. *Der.* Cantidad de dinero que corresponde pagar a un sujeto pasivo como consecuencia de la aplicación de un tributo. □ V. **soldado de ~.**

cuotear. TR. *Chile.* **prorratear.**

cuotidiano, na. ADJ. **cotidiano.**

cupé. M. **1.** Automóvil de línea deportiva, con dos puertas laterales y, generalmente, de dos plazas. ‖ **2.** hist. **berlina** (‖ coche de caballos cerrado, de dos asientos comúnmente). ¶ MORF. pl. **cupés.**

cupido. M. **1.** Representación pictórica o escultórica del amor, en la forma de un niño desnudo y alado que suele llevar los ojos vendados y porta flechas, arco y carcaj. ‖ **2.** Hombre enamoradizo y galanteador.

cuplé. M. Canción corta y ligera, que se canta en teatros y otros locales de espectáculo.

cupletista. COM. Cantante de cuplés.

cupo. M. **1.** Parte proporcional que corresponde a un pueblo o a un particular en un impuesto, empréstito o servicio. ‖ **2.** Parte, porcentaje en general. ‖ **3.** *Am. Cen., Á. Caribe* y *Méx.* **cabida** (‖ espacio para contener). □ V. **excedente de ~.**

cupón. M. **1.** Cédula impresa que acredita la participación en una lotería. ‖ **2.** Parte que se corta de un anuncio, invitación, bono, etc., y que da derecho a tomar parte en concursos, sorteos, o a obtener una rebaja en las compras. ‖ **3.** *Com.* Cada una de las partes de un documento de la deuda pública o de una empresa, que periódicamente se van cortando para presentarlas al cobro de los intereses vencidos. ‖ **cupones en rama.** M. pl. *Com.* Los que están ya cortados de los títulos respectivos, y se negocian o diligencian por separado de estos.

cupresáceo, a. ADJ. *Bot.* Se dice de las plantas fanerógamas del subtipo de las Gimnospermas, arbustivas o arbóreas y muy ramificadas, con hojas persistentes durante varios años, lineales o escamosas y siempre sentadas; flores unisexuales, monoicas o dioicas y semillas con dos o más cotiledones que en muchos casos tienen dos aletas laterales; p. ej., el ciprés. U. t. c. s. f. ORTOGR. En f. pl., escr. con may. inicial c. taxón. *Las Cupresáceas.*

cúprico, ca. ADJ. *Quím.* Se dice de los compuestos de cobre bivalente.

cuprífero, ra. ADJ. Que tiene venas de cobre, o que lleva o contiene cobre. *Mineral cuprífero.*

cuproníquel. M. **1.** Aleación de cobre o níquel empleada para fabricar monedas. ‖ **2.** hist. Moneda española que valía 25 céntimos de peseta.

cuproso, sa. ADJ. *Quím*. Se dice de los compuestos de cobre monovalente.

cúpula. F. **1.** *Arq*. Bóveda en forma de una media esfera u otra aproximada, con que suele cubrirse todo un edificio o parte de él. ‖ **2.** Conjunto de los máximos dirigentes de un partido, administración, organismo o empresa. ‖ **3.** *Bot*. Involucro a manera de copa, foliáceo, escamoso o leñoso, que cubre más o menos el fruto en la encina, el avellano, el castaño y otras plantas. ‖ **falsa ~.** F. *Arq*. Forma primitiva de cúpula, obtenida por aproximación sucesiva de hiladas.

cupulino. M. *Arq*. Cuerpo superior, a veces especie de linterna, que se añade a la cúpula.

cuquería. F. **1.** Cualidad de **cuco** (‖ taimado y astuto). ‖ **2.** Picardía, malicia, astucia.

cura. I. M. **1.** En la Iglesia católica, sacerdote encargado, en virtud del oficio que tiene, del cuidado, instrucción y doctrina espiritual de una feligresía. ‖ **2.** coloq. Sacerdote católico. ‖ **II.** F. **3.** curación. ‖ **4.** Método curativo. ‖ **~ de almas. 1.** Cargo que tiene el párroco de cuidar, instruir y administrar los sacramentos a sus feligreses. ‖ **2.** Responsabilidad que tiene el sacerdote respecto de los fieles que han sido confiados a su ministerio. ‖ **~ propio.** M. Párroco en propiedad de una feligresía. ‖ **alargar la ~.** LOC.VERB. Prolongar sin necesidad un negocio, cuando a quien lo alarga se le sigue de esto alguna utilidad. ‖ **no tener ~.** LOC.VERB. coloq. Ser incorregible. ‖ **tener ~** un enfermo o una enfermedad. LOC.VERB. Poder curarse. *Este paralítico aún tiene cura.*

curaca. M. *Am. Mer.* Cacique, potentado o gobernador.

curación. F. Acción y efecto de curar.

curadera. F. *Chile*. **borrachera** (‖ estado de la persona ebria).

curado, da. PART. de **curar.** ‖ **I.** ADJ. **1.** Endurecido, seco, fortalecido o curtido. *Queso curado.* ‖ **II.** M. **2.** *Méx.* **pulque curado.**

curador, ra. I. ADJ. **1.** Que tiene cuidado de algo. Apl. a pers., u. t. c. s. *Curador de museos.* ‖ **2.** Que cura. *Recetas curadoras.* Apl. a pers., u. t. c. s. ‖ **II.** M. y F. **3. tutor** (‖ persona que ejerce la tutela).

curagua. F. *Am. Mer.* Maíz de grano muy duro y hojas dentadas.

cural. □ V. **casa ~.**

curandería. F. Arte y práctica del curandero.

curanderismo. M. **1.** **curandería.** ‖ **2.** Intrusión de los curanderos en el ejercicio de la medicina.

curandero, ra. M. y F. **1.** Persona que, sin ser médico, ejerce prácticas curativas empíricas o rituales. ‖ **2.** Persona que ejerce la medicina sin título oficial.

curanto. M. *Chile*. Comida a base de legumbres, mariscos o carne, cocida sobre piedras muy calientes en un hoyo que se recubre con hojas.

curar. I. TR. **1.** Aplicar con éxito a un paciente los remedios correspondientes a la remisión de una lesión o dolencia. U. t. c. prnl. ‖ **2.** Sanar las dolencias o pasiones del alma. ‖ **3.** Remediar un mal. *Curar el mal de amores.* ‖ **4.** Preparar la carne o el pescado por medio de la sal, el humo, etc., para que, perdiendo la humedad, se conserve por mucho tiempo. ‖ **5.** Curtir y preparar una piel para usos industriales. ‖ **6.** Conservar entre cieno y agua o al aire libre, según el uso para que estén destinadas, las maderas cortadas mucho tiempo antes de ser usadas. ‖ **7.** *Á. Caribe*. Preparar la hoja del tabaco sometiéndola a un proceso especial. ‖ **II.** INTR.

8. sanar (‖ recobrar la salud). U. t. c. prnl. ‖ **9.** Cuida de algo, poner cuidado. *Lo dijo sin curar DE aducir prue bas.* U. t. c. prnl. *Siguió adelante sin curarse DE los obs táculos.*

curare. M. Sustancia negra, resinosa y amarga, extraor dinariamente tóxica, que se extrae de varias especies d plantas y que tiene la propiedad de paralizar las placa motoras de los nervios de los músculos.

curasao. M. Licor fabricado con corteza de naranja otros ingredientes.

curativo, va. ADJ. Que sirve para curar. *Efectos cura tivos.*

curato. M. **parroquia** (‖ territorio bajo la jurisdiccić espiritual del cura).

curazao. M. **curasao.**

curazoleño, ña. ADJ. **1.** Natural de Curazao. U. t. c. s ‖ **2.** Perteneciente o relativo a esta isla de las Antilla neerlandesas.

curcucho, cha. ADJ. *Am. Cen.* **jorobado.** U. t. c. s.

cúrcuma. F. **1.** Planta vivaz monocotiledónea, proce dente de la India, cuya raíz se parece al jengibre, huel como él y es algo amarga. ‖ **2.** Sustancia resinosa amarilla que se extrae de esta raíz. Toma color rojo sar guíneo por la acción de los álcalis, y sirve de reactivo e química, y en tintorería para teñir de amarillo.

curcuncho, cha. ADJ. *Á. Andes* y *Chile*. **jorobadc** U. t. c. s.

curda. I. ADJ. **1.** coloq. **ebrio** (‖ embriagado por la be bida). U. t. c. s. ‖ **II.** F. **2.** coloq. **borrachera** (‖ estado d la persona ebria).

curdo, da. ADJ. **kurdo.** Apl. a pers., u. t. c. s.

cureña. F. Armazón compuesto de dos planchas latera les fuertemente unidas por medio de travesaños y pasa dores, colocados sobre ruedas o sobre correderas, y en e cual se monta el cañón de artillería. ‖ **a ~ rasa.** LOC.AD *Mil*. Sin parapeto o defensa que cubra la batería.

curí. M. *Am. Mer.* Árbol gimnospermo de la clase de la Coníferas, resinoso, de tronco recto y elevado, con rama que salen horizontalmente y luego se encorvan haci arriba, y de hojas cortas, recias y punzantes. Su fruto e una piña grande, con piñones también grandes y co mestibles. MORF. pl. **curíes** o **curís.**

curia. F. Conjunto de abogados, escribanos, procuradore y empleados en la Administración de Justicia. ‖ **~ po tificia,** o **~ romana.** F. Conjunto de las congregaciones tribunales que existen en la corte del Pontífice roman para el gobierno de la Iglesia católica.

curial. I. ADJ. **1.** Perteneciente o relativo a la curia, especialmente a la romana. *Organismo curial.* ‖ **II.** N **2.** Empleado subalterno de los tribunales de justicia, que se ocupa en activar en ellos el despacho de los neg cios ajenos.

curialesco, ca. ADJ. Propio o peculiar de la curia. U. n en sent. peyor. *Estilo curialesco. Sutileza curialesca.*

curicano, na. ADJ. **1.** Natural de Curicó. U. t. c. s. ‖ **2** Perteneciente o relativo a esta provincia de Chile o a s capital.

curiche. M. *Chile*. Persona de color oscuro o negro.

curio¹. M. *Quím*. Elemento químico radiactivo producid artificialmente, de núm. atóm. 96. Metal de color y bri llo parecidos a los del acero, tiene una elevada toxicida y alguno de sus isótopos se utiliza como fuente de ener gía termoeléctrica en vehículos espaciales. (Símb. *Cn* del latín científico *curium*).

curio². M. *Fís.* Unidad de radiactividad, equivalente a $3,7 \times 10^{10}$ *becquerels*, o desintegraciones por segundo. (Símb. *Ci*).

curiosamente. ADV. M. **1.** Con curiosidad. ‖ **2.** Con aseo o limpieza. ‖ **3.** Con cuidado, solicitud o diligencia.

curiosear. INTR. **1.** Ocuparse en averiguar lo que alguien hace o dice. ‖ **2.** Procurar, sin necesidad y a veces con impertinencia, enterarse de algo. ‖ **3. fisgonear.** U. t. c. tr. *Curioseándolo todo.*

curioseo. M. Acción y efecto de curiosear.

curiosidad. F. **1.** Deseo de saber o averiguar alguien lo que no le concierne. ‖ **2.** Vicio que lleva a alguien a inquirir lo que no debiera importarle. ‖ **3.** Cosa curiosa o primorosa.

curioso¹, sa. ADJ. **1.** Que tiene curiosidad. U. t. c. s. ‖ **2.** Que excita curiosidad. *Curiosos árboles.* ‖ **3.** Limpio y aseado. *La habitación está curiosa.*

curioso². M. *Am.* **curandero.**

curita. (De *Curitas*, marca reg.). F. **tirita.**

curricán. M. Aparejo de pesca de un solo anzuelo, que suele largarse por la popa del buque cuando navega.

curricular. ADJ. Perteneciente o relativo al currículo. *Desarrollo curricular.*

currículo. M. **1.** Plan de estudios. ‖ **2.** Conjunto de estudios y prácticas destinadas a que el alumno desarrolle plenamente sus posibilidades. ‖ **3. currículum vítae.**

currículum vítae. (Locución latina). M. Relación de los títulos, honores, cargos, trabajos realizados, datos biográficos, etc., que califican a una persona. MORF. pl. invar. *Los currículum vítae.*

urruca. F. Pájaro canoro de diez a doce centímetros de largo, con plumaje pardo por encima y blanco por debajo, cabeza negruzca y pico recto y delgado. Es insectívoro y el que con preferencia escoge el cuco para que empolle sus huevos.

urruscante. ADJ. Dicho de un alimento tostado: Que cruje. *Pan curruscante.*

urrusco. M. **cuscurro.**

ursar. **I.** TR. **1.** Estudiar una materia, asistiendo a las explicaciones del profesor en cualquier establecimiento de enseñanza. ‖ **2.** Dar curso a una solicitud, a una instancia, a un expediente, etc., o enviarlos al tribunal o a la autoridad a que deben ir. ‖ **II.** INTR. **3.** Dicho de una enfermedad: Seguir su curso. *La neumonía suele cursar con fiebre.*

ursera. F. *Am.* **diarrea.**

ursi. ADJ. **1.** despect. Dicho de una persona: Que presume de fina y elegante sin serlo. U. t. c. s. ‖ **2.** despect. Dicho de una cosa: Que, con apariencia de elegancia o riqueza, es ridícula y de mal gusto. ¶ MORF. sup. irreg. **cursilísimo.**

ursilada. F. **1.** despect. Acción propia del cursi. ‖ **2.** despect. Cosa cursi. *Ese adorno es una cursilada.*

ursilería. F. **1.** despect. Cualidad de cursi. ‖ **2.** despect. Acto o cosa cursi. ‖ **3.** coloq. Conjunto o reunión de cursis.

ursilísimo, ma. ADJ. SUP. de **cursi.**

ursillista. COM. Persona que interviene en un cursillo.

ursillo. M. Curso breve sobre cualquier materia.

ursilón, na. ADJ. despect. **cursi.**

ursiva. F. **letra cursiva.**

urso. M. **1.** En un centro de enseñanza, tiempo señalado en cada año para asistir a oír las lecciones. ‖ **2.** Ac-

tividad de otro tipo desarrollada dentro del período de un año. ‖ **3.** Estudio sobre una materia, desarrollada con unidad. *Se matriculó en un curso de dibujo.* ‖ **4.** Tratado sobre una materia explicada o destinada a ser explicada durante cierto tiempo. *Curso de lingüística general.* ‖ **5.** Conjunto de alumnos que asisten al mismo grado de estudios. ‖ **6.** Serie de informes, consultas, etc., que precede a la resolución de un expediente. *Dar curso a una solicitud. Seguir su curso el negocio, el proceso.* ‖ **7.** Paso, evolución de algo. *El curso del tiempo. El curso de la enfermedad. El curso de los sucesos.* ‖ **8.** Movimiento del agua o de cualquier líquido que se traslada en masa continua por un cauce. *El curso del río.* ‖ **9.** Circulación, difusión entre las gentes. ‖ **10.** Dirección o carrera. ‖ **~ forzoso.** M. Obligación impuesta por el Gobierno de aceptar con fuerza liberatoria de pago monedas sin valor intrínseco apreciable, títulos del Estado o billetes de banco. ‖ **~ posoperatorio.** M. *Med.* Proceso que sigue el estado del enfermo sometido a operación quirúrgica, desde esta hasta la curación o la muerte del paciente. ‖ **de ~ legal.** LOC. ADJ. Dicho de la moneda de un país: Que está vigente en un determinado momento.

cursor. M. **1.** Marca móvil, por lo común luminosa, en forma de círculo, flecha o signo semejante, que sirve como indicador en la pantalla de diversos aparatos, p. ej., de una computadora u ordenador. ‖ **2.** *Mec.* Pieza pequeña que se desliza a lo largo de otra mayor en algunos aparatos.

curtido, da. PART. de **curtir.** ‖ **I.** ADJ. **1.** coloq. **experimentado.** ‖ **2.** Á. *Caribe.* **renegrido** (‖ por la suciedad). ‖ **II.** M. **3.** Acción y efecto de curtir. ‖ **4.** Cuero curtido. U. m. en pl.

curtidor, ra. M. y F. Persona que tiene por oficio curtir pieles.

curtiduría. F. Sitio o taller donde se curten y trabajan las pieles.

curtiembre. F. *Am.* **curtiduría.**

curtiente. ADJ. Dicho de una sustancia: Que sirve para curtir. U. t. c. s. m.

curtir. TR. **1.** Someter la piel de un animal a un tratamiento que la hace flexible y la prepara para que se pueda emplear como material en industrias diversas. ‖ **2.** Dicho del sol o del aire: Endurecer o tostar el cutis de la persona que anda a la intemperie. U. m. c. prnl. ‖ **3.** Acostumbrar a alguien a la vida dura y a sufrir adversidades que puedan sobrellevarse con el paso del tiempo. U. t. c. prnl. ‖ **4.** Hacer que alguien pase a tener experiencia en algo, especialmente en un trabajo. U. t. c. prnl.

curuguá. M. *Am. Mer.* Enredadera que da un fruto amarillo y negro semejante a la calabaza, de unos 30 cm de longitud, y aromática, que comunica su aroma a los objetos que en ella se ponen, pues su cáscara sirve de vasija. MORF. pl. **curuguás.**

curul. F. Á. *Andes* y *Méx.* **escaño** (‖ asiento de los parlamentarios). □ V. **silla ~.**

curuma. ADJ. *Am. Cen.* Dicho de una comida: Muy salada.

cururo. M. *Chile.* Especie de rata campestre, de color negro y muy dañina.

cururú. M. Batracio del orden de los Anuros, propio de la América tropical, que tiene los dedos libres en las extremidades torácicas y palmeadas las abdominales. La hembra de este animal lleva los huevos sobre el dorso, donde permanecen, en alvéolos formados por hipertrofia de la piel, hasta alcanzar su completo desarrollo. MORF. pl. **cururúes** o **cururús**.

curuvica. F. Á. *guar.* Fragmento diminuto que resulta de la trituración de una piedra, y, por ext., de cualquier otro material sólido.

curva. F. **1.** Línea, dirección curva. *La curva de una playa. La curva de la nariz.* || **2.** Línea que representa gráficamente la magnitud de un fenómeno según los valores que va tomando una de sus variables. *Curva de temperatura. Curva de mortalidad.* || **3.** Tramo curvo de una carretera, de un camino, de una línea férrea, etc. || **4.** *Geom.* Línea que no es recta en ninguna de sus porciones. || **5.** *Mar.* Pieza fuerte de madera, que se aparta de la figura recta y sirve para asegurar dos maderos ligados en ángulo. || **6.** pl. coloq. Formas acentuadas de la silueta femenina. || **~ abierta.** F. En las carreteras, caminos, etc., la que, por tener escasa curvatura, pueden tomar los vehículos sin moderar considerablemente su marcha. || **~ cerrada.** F. **1.** La que vuelve al punto de partida. || **2.** En las carreteras, caminos, etc., la que, por tener gran curvatura, deben tomar muy lentamente los vehículos. || **~ de nivel.** F. *Topogr.* Línea formada por los puntos del terreno que se encuentran a la misma altura. || **coger,** o **tomar, una ~** un vehículo o su conductor. LOCS. VERBS. Pasar de un tramo recto de camino o carretera a un tramo curvo. □ V. **grado de una ~.**

curvado, da. PART. de **curvar.** || ADJ. Que tiene forma curva. *Espalda curvada.*

curvar. TR. Doblar y torcer algo poniéndolo curvo. U. t. c. prnl.

curvatura. F. Cualidad de curvo; desviación continua respecto de la dirección recta. En una circunferencia es la inversa del radio.

curvilíneo, a. ADJ. *Geom.* Que se compone de líneas curvas.

curvímetro. M. Instrumento para medir con facilidad las líneas de un plano.

curvo, va. ADJ. **1.** Dicho de una línea: Que constantemente se va apartando de la dirección recta sin formar ángulos. || **2.** Perteneciente o relativo a una línea o una superficie curva. *Forma curva.* || **3.** Dicho de una cosa: Que tiene forma curva. *Cejas curvas.* □ V. **compás ~, superficie ~.**

cuscatleco, ca. ADJ. **1.** Natural de Cuscatlán. || **2.** Perteneciente o relativo a este departamento de El Salvador.

cusco. M. *Á. R. Plata.* cuzco.

cuscurro. M. Parte del pan más tostada que corresponde a los extremos o al borde.

cuscús. M. Comida típica magrebí, hecha con sémola en grano y salsa, servida con carne o verduras. MORF. pl. **cuscuses.**

cuscuta. F. Planta parásita de la familia de las Convolvuláceas, de tallos filiformes, rojizos o amarillentos, sin hojas, con flores rosadas y simiente redonda. Vive con preferencia sobre el cáñamo, la alfalfa y otras plantas que necesitan mucha agua, y se usó en medicina contra la hidropesía.

cusita. I. ADJ. **1.** Descendiente de Cus, hijo de Cam y nieto de Noé. || **II.** M. **2.** Grupo de lenguas camíticas habladas en el África oriental.

cusma. M. *Á. Andes.* Saya de algodón usada por los indígenas que viven en las selvas.

cúspide. F. **1.** Cumbre puntiaguda de los montes. || **2.** Remate superior de algo, que tiende a formar punta. *L cúspide de una torre.* || **3. cumbre** (|| mayor elevación d algo). *La cúspide del deporte mundial.*

custodia. F. **1.** Acción y efecto de custodiar. || **2.** Per sona o escolta encargada de custodiar a un preso. || **3** *Rel.* En el culto católico, pieza de oro, plata u otro meta donde se expone la hostia consagrada a la adoración d los fieles. || **4.** *Rel.* En el culto católico, templete o tron generalmente de plata y de grandes dimensiones, dond se coloca la custodia para trasladarla en las procesio nes. || **5.** *Chile.* consigna (|| de una estación o aero puerto).

custodiar. TR. Guardar con cuidado y vigilancia. MOR conjug. c. *anunciar.*

custodio. M. Encargado de custodiar. □ V. **ángel ~.**

cusuco. M. *Am. Cen.* armadillo.

cususa. F. *Am. Cen.* Aguardiente de caña.

cutáneo, a. ADJ. Perteneciente o relativo al cutis. *Erup ción cutánea.*

cúter. M. **1.** Cuchilla recambiable que se guarda dentr de su propio mango y sirve para cortar papel, cartón otro material parecido. || **2.** Embarcación con velas tra pezoidales, una cangreja o mesana en un palo chico c locado hacia popa, y varios foques. ¶ MORF. pl. **cúteres**

cutí. M. Tela de lienzo rayado o con otros dibujos que s usa comúnmente para cubiertas de colchones. MORF. p **cutíes** o **cutís.**

cutícula. F. **1.** película (|| piel delgada y delicada). || **2** *Anat.* **epidermis.** || **3.** *Zool.* Capa segregada por la ep dermis, más o menos dura e impermeable, que cubre l superficie del cuerpo de ciertos animales; p. ej., la de lo anélidos y los artrópodos.

cuticular. ADJ. Perteneciente o relativo a la cutícula *Membrana cuticular.*

cutis. M. **1.** Piel que cubre el cuerpo humano, princ palmente la del rostro. U. menos c. f. || **2.** *Anat.* **dermi**

cutre. ADJ. coloq. Tacaño, miserable. U. t. c. s.

cuy. M. *Am. Mer.* conejillo de Indias (|| mamífero roedor MORF. pl. **cuyes.**

cuyabro, bra. ADJ. armenio (|| natural de Armeni ciudad de Colombia). Apl. a pers., u. t. c. s.

cuyada. F. *Á. Andes.* Comilona de cuy asado.

cuyano, na. ADJ. **1.** Natural de Cuyo. U. t. c. s. || **2.** Per teneciente o relativo a esta región de la Argentina, qu comprende las provincias de Mendoza, San Juan y S Luis.

cuye. M. *Chile.* conejillo de Indias (|| mamífero roedor

cuyero. M. *Á. Andes.* Lugar cerrado en que se crían cuye

cuyo[1], ya. ADJ. RELAT. Usado con valor posesivo, con cierta no con su antecedente, que es el nombre del po seedor, sino con el nombre de la persona o cosa poseíd *En un lugar de la Mancha, de cuyo nombre no quier acordarme. Una obra cuyas fuentes son harto conocida*

cuyo[2]. M. *Méx.* conejillo de Indias (|| mamífero roedor

cuzcatleco, ca. ADJ. **cuscatleco.** Apl. a pers., u. t. c.

cuzco. M. Perro pequeño.

cuzcuz. M. **cuscús.**

cuzqueño, ña. ADJ. **1.** Natural del Cuzco. U. t. c. s. || **2** Perteneciente o relativo a este departamento del Perú a su capital.

d. F. **1.** Cuarta letra del abecedario latino internacional y quinta del español, que representa un fonema consonántico dental y sonoro. Su nombre es *de*. ‖ **2.** Letra numeral que tiene el valor de 500 en la numeración romana. ORTOGR. Escr. con may.

dable. ADJ. Hacedero, posible.

da capo. LOC. ADV. *Mús*. Se usa para indicar que debe volverse al principio cuando se llega a cierta parte del trozo que se ejecuta.

dacha. F. Casa de campo rusa.

dacio, cia. ADJ. **1.** hist. Natural de Dacia. U. t. c. s. ‖ **2.** hist. Perteneciente o relativo a este país de la Europa antigua.

dacriocistitis. F. *Med*. Inflamación del saco lagrimal, que puede dar lugar a la rija.

dacriorrea. F. *Med*. Exceso de flujo lagrimal.

dactilar. ADJ. **digital** (‖ perteneciente a los dedos). ☐ V. **huella ~, impresión ~.**

dactílico, ca. ADJ. Dicho de una composición: Escrita en versos formados por dáctilos. ☐ V. **endecasílabo ~.**

dactilión. M. *Mús*. hist. Aparato que se colocaba en el teclado de los pianos para dar agilidad y seguridad a los dedos del principiante.

dáctilo. M. **1.** Pie de la poesía griega y latina, compuesto de tres sílabas, la primera, larga, y las otras dos, breves. ‖ **2.** En la métrica española, pie formado por una sílaba tónica y dos átonas. U. t. c. adj.

dactilografía. F. **mecanografía.**

dactilografiar. TR. **mecanografiar.** MORF. conjug. c. *enviar*.

dactilográfico, ca. ADJ. **mecanográfico.**

dactilógrafo, fa. M. y F. **mecanógrafo.**

dactilología. F. Arte de hablar por signos que, en equivalencia a las letras del abecedario, se hacen con los dedos de la mano.

dactilológico, ca. ADJ. Perteneciente o relativo a la dactilología. *Alfabeto dactilológico.*

dactiloscopia. F. Estudio de las impresiones digitales, utilizadas para la identificación de las personas.

dactiloscópico, ca. ADJ. Perteneciente o relativo a la dactiloscopia. *Fichas dactiloscópicas.*

dadá. I. ADJ. **1.** dadaísta. ‖ II. M. **2.** dadaísmo. ¶ MORF. pl. **dadás.**

dadaísmo. M. Movimiento vanguardista literario y artístico surgido durante la Primera Guerra Mundial, caracterizado por su negación de los cánones estéticos establecidos, y que abrió camino a formas de expresión de la irracionalidad.

dadaísta. ADJ. **1.** Perteneciente o relativo al dadaísmo. *Poética dadaísta.* ‖ **2.** Adepto al dadaísmo o cultivador de este movimiento. U. t. c. s.

dádiva. F. Cosa que se da de manera gratuita.

dadivosidad. F. Cualidad de dadivoso.

dadivoso, sa. ADJ. Liberal, generoso, propenso a hacer dádivas.

dado¹. M. **1.** Pieza cúbica de hueso, marfil u otra materia, en cuyas caras hay señalados puntos desde uno hasta seis, o diferentes figuras, y que sirve para varios juegos de fortuna o de azar. ‖ **2.** Pieza u objeto con forma cúbica. *Dados de queso.*

dado², da. PART. de **dar.** ‖ ADJ. **1.** Inclinado, que tiene tendencia a algo. *Es muy dada a llevar la contraria.* ‖ **2.** Concreto, determinado, establecido. *Acudir a una hora dada.* ‖ **dado que.** LOC. CONJUNT. **1.** Siempre que, en la suposición de que. *Dado que sea verdad lo que dices, cuenta con mi aprobación y mi ayuda.* ‖ **2. pues** (‖ denotando causa, motivo o razón). *Dado que no viene nadie, se suspende la sesión.*

dador, ra. I. ADJ. **1.** Que da. *Principio dador de vida.* Apl. a pers., u. t. c. s. ‖ II. M. **2.** *Com*. Librador de una letra de cambio.

daga. F. Arma blanca, de hoja corta y con guarnición para cubrir el puño, y gavilanes para los quites, generalmente con dos cortes y a veces uno, tres o cuatro filos.

daguerrotipia. F. hist. Arte de fijar en chapas metálicas, convenientemente preparadas, las imágenes recogidas con la cámara oscura.

daguerrotipo. M. **1.** hist. **daguerrotipia.** ‖ **2.** hist. Aparato que se empleaba en este arte. ‖ **3.** hist. Retrato o vista que se obtenía por los procedimientos de dicho arte.

daguestaní. ADJ. **1.** Natural de Daguestán. U. t. c. s. ‖ **2.** Perteneciente o relativo a esta república de la Federación Rusa. ¶ MORF. pl. **daguestaníes** o **daguestanís.**

daguestano, na. ADJ. **daguestaní.** Apl. a pers., u. t. c. s.

dahír. M. En Marruecos, carta abierta con órdenes del rey.

daifa. F. **concubina.**

daimio. M. hist. En el antiguo régimen japonés, señor feudal.

daiquirí o **daiquiri.** M. Coctel preparado con zumo de limón, ron y azúcar. MORF. pl. **daiquirís** o **daiquiris.**

dajabonero, ra. ADJ. **1.** Natural de Dajabón. U. t. c. s. ‖ **2.** Perteneciente o relativo a esta provincia de la República Dominicana o a su capital.

dajao. M. *Ant.* Pez de río, muy común y comestible, de unos 30 cm de longitud, que tiene el lomo oscuro, el vientre plateado y la cola ahorquillada.

dalaga. F. *Filip.* Mujer soltera, doncella y joven.

dalái lama. M. Supremo dirigente espiritual y político del Tíbet. MORF. pl. **dalái lamas.**

dalia. F. **1.** Planta anual de la familia de las Compuestas, con tallo herbáceo, ramoso, de doce a quince decímetros de altura, hojas opuestas divididas en cinco o siete hojuelas ovaladas y con dientes en el margen, flores terminales o axilares de botón central amarillo y corola grande, circular, de muchos pétalos, dispuestos con suma regularidad y muy variada coloración; las semillas son cuadrangulares y negras y la raíz es un tubérculo. || **2.** Flor de esta planta.

dallador, ra. M. y F. Persona que siega la hierba con el dalle.

dalle. M. guadaña.

dálmata. I. ADJ. **1.** Natural de Dalmacia. U. t. c. s. || **2.** Perteneciente o relativo a esta región de Croacia. || **3.** Se dice de los perros de cierta raza, caracterizados por un pelaje corto, de color blanco con pequeñas manchas oscuras. U. t. c. s. || **II.** M. **4. dalmático** (|| lengua románica).

dalmática. F. **1.** Vestidura sagrada que se pone encima del alba, cubre el cuerpo por delante y detrás, y lleva para tapar los brazos una especie de mangas anchas y abiertas. || **2.** hist. Túnica blanca con mangas anchas y cortas y adornada de púrpura, que tomaron de los dálmatas los antiguos romanos. || **3.** hist. Túnica abierta por los lados, usada antiguamente por la gente de guerra, por los reyes de armas y ahora por los maceros.

dalmático, ca. I. ADJ. **1. dálmata** (|| perteneciente a Dalmacia). || **II.** M. **2.** Lengua románica que se habló en las costas de Dalmacia.

daltónico, ca. ADJ. Que padece de daltonismo. U. t. c. s.

daltonismo. M. Defecto de la vista, que consiste en no percibir determinados colores o en confundir algunos de los que se perciben.

dama¹. F. **1.** Mujer noble o distinguida. || **2.** En palacio y en las casas grandes, acompañante o servidora de la señora principal o de sus allegadas. || **3.** poét. mujer. || **4.** Actriz que desempeña el papel principal de una comedia o cualquier otra de las actrices jerarquizadas según la importancia relativa de su interpretación. *Primera, segunda dama.* || **5.** En el ajedrez, **reina.** || **6.** Naipe de cada palo de la baraja francesa marcado con una Q, que tiene estampada la figura de una reina. *Póquer de damas.* || **7.** En el juego de damas, pieza que, por haber llegado a la primera línea del contrario, se corona con otra pieza y puede correr toda la línea. || **8.** pl. Juego que se ejecuta en un tablero de 64 escaques, con dos conjuntos de fichas distinguidos por el color. || **~ de carácter.** F. *Teatro.* **actriz de carácter.** || **~ de honor.** F. **1.** En algunas ceremonias y actos, muchacha que forma parte del cortejo de la agasajada. *Las damas de honor de la novia.* || **2.** hist. **señora de honor.** || **~ de noche.** F. Planta de la familia de las Solanáceas, de flores blancas, muy olorosas durante la noche. || **~ joven.** F. Actriz que desempeña los papeles de mujer muy joven. || **primera ~.** En algunos países, esposa del presidente.

dama². F. gamo.

dama³. F. testigo (|| hito de tierra).

damajuana. F. Recipiente de vidrio o barro cocido, de cuello corto, a veces protegido por un revestimiento, que sirve para contener líquidos.

damascado, da. ADJ. adamascado.

damasceno, na. ADJ. **1.** Natural de Damasco. U. t. c. s. || **2.** Perteneciente o relativo a esta ciudad, capital de Siria.

damasco. M. **1.** Tela fuerte de seda o lana y con dibujos formados con el tejido. || **2.** Árbol, variedad del albaricoquero. || **3.** Fruto de este árbol.

damasquina. F. Planta anual, originaria de México, de la familia de las Compuestas, con tallos ramosos de seis a siete decímetros de altura, hojas divididas en hojuelas lanceoladas y dentadas, flores solitarias, axilares o terminales, de mal olor, con pétalos de color purpúreo mezclado de amarillo y semillas largas, angulosas y con vilano pajizo.

damasquinado. M. ataujía (|| obra con filamentos de oro o plata).

damasquinador, ra. M. y F. Persona que por oficio ejecuta el damasquinado.

damasquinar. TR. Hacer labores de ataujía en armas y otros objetos de hierro y acero.

damasquino, na. ADJ. **1. damasceno** (|| perteneciente a Damasco). *Origen damasquino.* || **2.** Dicho comúnmente de un arma blanca: De temple muy fino y hermosas aguas. || **3.** Dicho de la ropa u otro objeto: Hecho con **damasco** (|| tela fuerte). *Un palio damasquino.*

damería. F. Melindre, delicadeza, aire desdeñoso.

damero. M. **1.** Tablero del juego de damas. || **2.** Planta de una zona urbanizada constituida por cuadros o rectángulos. || **3.** Cuadrícula cuyas casillas, por pasatiempo, se llenan con letras que componen un texto.

damiana. F. *Méx.* Planta cuyas hojas se usaban como tónico y afrodisíaco.

damisela. F. **1.** Moza bonita, alegre y que presume de dama. || **2.** Prostituta de calidad.

damnificado, da. PART. de **damnificar.** || ADJ. Que ha sufrido grave daño de carácter colectivo. Apl. a pers., u. t. c. s.

damnificar. TR. Causar daño.

Damocles. □ V. **espada de ~.**

dan. M. En las artes marciales tradicionales, cada uno de los diez grados superiores concedidos a partir del cinturón negro.

danaide. F. *Mit.* Cada una de las 50 hijas de Danao, de las que 49 mataron a sus maridos la noche de bodas y fueron condenadas en el Hades a llenar de agua un tonel agujereado.

dandi. M. Hombre que se distingue por su extremada elegancia y buen tono.

dandismo. M. Cualidad de dandi.

danés, sa. I. ADJ. **1.** Natural de Dinamarca. U. t. c. s. || **2.** Perteneciente o relativo a este país de Europa. || **II.** M. **3.** Lengua que se habla en Dinamarca.

dánico, ca. ADJ. danés (|| perteneciente a Dinamarca).

danta. F. *Á. Caribe.* tapir.

dantesco, ca. ADJ. Dicho de una escena, de una situación, etc.: Que causan espanto.

danto. M. *Am. Cen.* Pájaro de unos tres decímetros de longitud, de plumaje negro azulado y pecho rojizo y sin plumas, pero con un cordoncillo carnoso. Tiene un copete o penacho que se prolonga hasta la extremidad del pico. Vive en las selvas oscuras y su voz parece un mugido débil.

danubiano, na. ADJ. Perteneciente o relativo al Danubio, río de la Europa central, o a los territorios que baña.

danza. F. **1.** baile (‖ acción de bailar). ‖ **2.** baile (‖ manera de bailar). ‖ **3.** Conjunto de danzantes. ‖ **4.** coloq. Movimiento o trajín de quien va continuamente de un lado a otro. ‖ ~ **de espadas.** F. La que se hace con espadas en la mano, golpeando con ellas a compás de la música. También se hace con palos y llevando escudos. ‖ ~ **de la muerte.** F. Representación originalmente medieval, gráfica o literaria, de un cortejo o baile presidido por la figura de la muerte como poder igualador de todos los estamentos. ‖ ~ **prima.** F. Baile muy antiguo, que conservan asturianos y gallegos, y se hace formando una rueda con las manos enlazadas, mientras alguien entona una canción y los demás le corresponden.

danzador, ra. ADJ. Que danza. Apl. a pers., u. t. c. s.

danzante, ta. M. y F. Persona que danza en procesiones y bailes públicos.

danzar. INTR. **1.** Dicho de una persona: **bailar** (‖ ejecutar movimientos acompasados). U. t. c. tr. *Danzar un vals.* ‖ **2.** Dicho de una cosa: Moverse con aceleración, agitándose y saltando. *Sus manos danzaban sobre la mesa.*

danzarín, na. M. y F. Persona que danza con destreza.

danzón. M. **1.** Baile cubano, semejante a la habanera. ‖ **2.** Música de este baile.

dañador, ra. ADJ. Que daña. Apl. a pers., u. t. c. s.

dañar. TR. **1.** Causar perjuicio, deterioro, dolor o molestia. *Él no dañaría a nadie.* U. t. c. prnl. ‖ **2.** Maltratar o echar a perder algo. *La helada dañó la cosecha.* U. t. c. prnl.

dañino, na. ADJ. Dicho comúnmente de algunos animales: Que dañan o hacen perjuicio.

daño. M. **1.** Efecto de dañar. ‖ **2.** Am. Maleficio, mal de ojo. ‖ **3.** pl. Der. Delito consistente en causar **daños** de manera deliberada en la propiedad ajena. ‖ ~**s y perjuicios.** M. pl. Compensación que se exige a quien ha causado un **daño**, para reparar este. ‖ **en** ~ de alguien o algo. LOC.ADV. En perjuicio suyo. □ V. lucros y ~s, pena de ~.

dañoso, sa. ADJ. Que daña. *Consecuencias dañosas.*

dar. **I.** TR. **1.** entregar. *Le dimos los libros a tu madre.* ‖ **2.** donar. *Dar sangre.* ‖ **3.** Ofrecer materia para algo. *Dar tema para una composición.* ‖ **4.** Conferir, proveer en alguien un empleo u oficio. *Le dieron el oficio de canciller.* ‖ **5.** Ordenar, aplicar. *Dar remedio, consuelo, un consejo.* ‖ **6.** Conceder, otorgar. *Dar licencia.* ‖ **7.** Suponer, declarar, considerar. *Lo doy POR visto. Lo dieron POR inocente.* U. t. c. prnl. *Se dio POR perdido. Lo daban POR muerto.* ‖ **8.** Dicho de la tierra o de una planta: **producir** (‖ rendir fruto). *La higuera da brevas e higos.* U. t. c. prnl. *Aquí se dan bien las patatas.* ‖ **9.** **producir** (‖ rentar un interés). *Un olivar da buena renta.* ‖ **10.** **producir** (‖ hacer que algo suceda). *Dar disgustos. Dar risa. Dar pena.* ‖ **11.** Exhibir un espectáculo o una película. ‖ **12.** Impartir una lección, pronunciar una conferencia o charla. ‖ **13.** Recibir una clase. *Ayer dimos clase de matemáticas.* ‖ **14.** Dicho de un alumno: Recitar la lección. ‖ **15.** En el juego de naipes, repartir las cartas a los jugadores. ‖ **16.** Untar o bañar algo. *Dar de barniz una puerta.* ‖ **17.** Comunicar, hacer saber la enhorabuena, el pésame, etc. ‖ **18.** Hacer, practicar, ejecutar una acción. *Dar un abrazo, dar saltos.* ‖ **19.** Hacer sufrir un golpe o daño. *Dar un bofetón, un tiro.* U. t. c. intr. *Dar DE bofetones. Dar*

DE palos. ‖ **20.** Accionar el mecanismo que hace fluir el gas, la electricidad, etc. *Dar el agua, la luz.* ‖ **21.** Dicho de un reloj: Hacer sonar sucesivamente las campanadas correspondientes a la hora que sea. *El reloj dio las cinco.* U. t. c. intr. *Han dado las cinco.* ‖ **22.** Dicho de una persona: Echar a perder la tranquilidad, la diversión o el descanso de otra. *Me has dado el día, la comida.* ‖ **23.** Dicho de una o de varias personas: Obsequiar con un banquete, un baile, etc., a otras. ‖ **24.** Presagiar, anunciar. *Me da el corazón que fulano sanará.* ‖ **II.** INTR. **25.** Ser indiferente. *Da igual. Tanto da.* ‖ **26.** Dicho de una enfermedad, de una pasión súbita del ánimo, etc.: Sobrevenir y empezar a sentirla física o moralmente. *Dar un síncope, un dolor, frío. A mí me va a dar algo. ¿Qué te ha dado?* ‖ **27.** Encontrar a alguien o algo. *Dar CON Isabel. Dar CON el escondrijo.* ‖ **28.** Acometer a alguien con furia. *Dieron SOBRE el enemigo.* ‖ **29.** Chocar, golpear contra algo. U. t. c. prnl. *¿Dónde te has dado? Aquellos dos se daban con furia.* ‖ **30.** Acertar, atinar. *Dar EN la solución.* ‖ **31.** Caer de un modo determinado. *Dar DE cabeza. Dar DE espaldas.* ‖ **32.** Servir o costear a alguien el almuerzo, la comida, etc. *Dar DE comer. Dar DE cenar.* ‖ **33.** Dicho de una cosa: Estar situada, mirar, hacia una determinada parte. *La puerta da a la calle. La ventana da al norte.* ‖ **34.** Caer, incurrir. *Dar en un error.* ‖ **35.** Dicho del sol, del aire, etc.: Incidir sobre alguna superficie. ‖ **36.** Ser suficiente para algo. *Su paciencia no dio para más.* ‖ **37.** Declarar o considerar. *Dieron POR muertos a los náufragos.* ‖ **38.** Causar un determinado efecto en un medio o situación. *Da bien en televisión. Da mal en la radio.* ‖ **39.** Ir, o hacer ir, a parar, o caer, o hacer caer, algo o a alguien en alguna parte. *Di CON él EN el suelo.* ‖ **40.** Convenir en una proposición. *Dieron en decir que el futuro era incierto.* ‖ **41.** coloq. Accionar cualquier mecanismo u objeto. *Darle A la manivela.* ‖ **42.** Practicar como hábito o insistentemente. *Darle A la lectura. Darle AL vino.* ‖ **43.** Empezar a experimentar vivo interés. *Le dio POR la jardinería.* ‖ **III.** PRNL. **44.** Dicho de una cosa: Suceder, existir, determinar. *Se da el caso.* ‖ **45.** Entregarse con ahínco o por vicio a algo, o ejecutar una acción viva o reiteradamente. *Darse a la bebida. Darse A leer.* ‖ **46.** Ejecutar determinadas acciones mentales. *Darse a creer. Darse a imaginar.* ‖ **47.** Méx. **darse por vencido** (‖ reconocerse equivocado). ¶ MORF. V. conjug. modelo. ‖ **a todo** ~. **I.** LOC.ADJ. **1.** Méx. Muy bueno. ‖ **II.** LOC.ADV. **2.** Méx. Muy bien. ‖ **dale.** INTERJ. **vuelta** (‖ para reprobar con enfado). U. t. repetida. ‖ **dale que dale,** o **que le das,** o **que le darás.** LOCS. INTERJS. Se usan con la misma significación, aunque más reforzada, que la sola interjección *dale.* ‖ **dale que te pego.** LOC. INTERJ. **dale.** ‖ ~ **a conocer** algo. LOC.VERB. Manifestarlo con hechos o dichos. ‖ ~ **a entender** algo. LOC.VERB. **1.** Explicarlo de modo que lo comprenda bien el que no lo percibía. ‖ **2.** Insinuarlo o apuntarlo sin decirlo con claridad. ‖ ~ **algo bueno por** algo. LOC.VERB. coloq. **dar una mano por** algo. ‖ ~ **un empleo,** un oficio u ocupación **de comer** a alguien. LOC.VERB. Proporcionarle el necesario sustento. ‖ ~ **de sí.** LOC.VERB. **1.** Dicho especialmente de la ropa: Extenderse, ensancharse. ‖ **2.** Rendir, producir. *Su sueldo, su inteligencia da poco de sí.* ‖ ~ **en ello.** LOC.VERB. Llegar a conocer algo que no se lograba comprender o en que no se había parado la atención. ‖ ~ **a alguien en qué pensar.** LOC.VERB. **darle** ocasión o motivo para sospechar que hay en una cosa algo más de lo que se manifiesta. ‖ ~ **a** alguien **mascado** algo. LOC.VERB. coloq. dárselo explicado o casi concluido, de manera que le cueste poco trabajo hacerlo o entenderlo. ‖ ~ **por conclusa** una causa. LOC.VERB. *Der.* Declararla terminada y a punto de sentenciarla. ‖ ~ algo **por sentado.** LOC. VERB. darlo por seguro o cierto de antemano. ‖ ~ **que decir.** LOC.VERB. Ofrecer ocasión a murmuración y a censura. ‖ ~ **que hablar.** LOC.VERB. 1. Concitar la atención pública por algún tiempo. ‖ 2. **dar que decir.** ‖ ~ **que hacer.** LOC.VERB. Causar molestia o perjuicios. ‖ ~ **que pensar.** LOC.VERB. **dar en qué pensar.** ‖ ~ **que sentir.** LOC.VERB. Causar pesadumbre o perjuicio. ‖ ~**se** alguien **a conocer.** LOC.VERB. 1. Hacer saber quién es, buscar la fama. ‖ 2. Descubrir su carácter y cualidades. ‖ ~**se a entender.** LOC.VERB. Explicarse por señas o por cualquier medio, en términos de ser comprendido. ‖ **dárselas** alguien **de** algo. LOC.VERB. coloq. Presumir de alguna cualidad. ‖ **dársele** a alguien **bien, mal, mejor,** etc., **algo.** LOCS.VERBS. coloqs. Tener más o menos habilidad o inteligencia para ello. ‖ **dársele** a alguien **mucho, poco,** etc., **de** algo. LOCS.VERBS. coloqs. Importarle mucho, poco, etc. ‖ ~**se** alguien **por enterado.** LOC.VERB. Manifestar con señales o palabras que se tiene o se adquiere conocimiento. ‖ ~**se** alguien **por vencido.** LOC. VERB. 1. En una contienda, un debate o un juego, reconocerse equivocado. ‖ 2. coloq. No atinar ni responder a la pregunta oscura que se le ha hecho, y particularmente cuando no acierta una adivinanza. ‖ ~ **y tomar.** LOC.VERB. 1. Discurrir, altercar. *En esto hay mucho que dar y tomar.* ‖ 2. *Equit.* Aflojar y tirar alternativamente de las riendas para refrescar la boca del caballo. ‖ **para ~ y tomar.** LOC.ADV. En abundancia.

dardo. M. 1. Arma arrojadiza, semejante a una lanza pequeña y delgada, que se tira con la mano. ‖ 2. Dicho satírico o agresivo y molesto.

darico. M. hist. Moneda persa de oro, que hizo acuñar Darío.

darienita. ADJ. 1. Natural de Darién. U. t. c. s. ‖ 2. Perteneciente o relativo a esta provincia de Panamá.

dársena. F. En aguas navegables, parte resguardada artificialmente para surgidero o para cargar y descargar cómodamente embarcaciones.

darwinismo. M. *Biol.* Teoría según la cual la evolución de las especies se produce por selección natural de los individuos, y se perpetúa por la herencia.

darwinista. ADJ. 1. *Biol.* Perteneciente o relativo al darwinismo. *Teorías darwinistas.* ‖ 2. Partidario del darwinismo. U. t. c. s.

dasocrático, ca. ADJ. Perteneciente o relativo a la ordenación de los montes a fin de obtener la mayor renta anual y constante, dentro de la especie, método y turno de beneficio que se hayan adoptado.

dasonómico, ca. ADJ. Perteneciente o relativo al estudio de la conservación, cultivo y aprovechamiento de los montes.

data. F. 1. Nota o indicación del lugar y tiempo en que se hace o sucede algo y especialmente la que se pone al principio o al fin de una carta o de cualquier otro documento. ‖ 2. Tiempo en que ocurre o se hace algo. ‖ 3. *Com.* En una cuenta, partida o partidas que componen el descargo de lo recibido. ‖ **larga ~.** F. Tiempo antiguo o remoto. *Eso es de larga data.*

datación. F. Acción y efecto de datar.

datar. **I.** TR. 1. Poner la data. ‖ 2. Determinar la data de un documento, obra de arte, suceso, etc. ‖ 3. *Com.* Poner en las cuentas lo correspondiente a la data. ‖ **II.** INTR. 4. Dicho de una cosa: Haber tenido principio en el tiempo que se determina. *Nuestra amistad data del año pasado.*

dataría. F. Tribunal de la curia romana por donde se despachaban diversos asuntos, como provisiones de beneficios, pensiones, dispensas matrimoniales, etc.

datario. M. Prelado que preside y gobierna la dataría.

datear. INTR. *Chile.* Entregar datos confidenciales para que puedan ser utilizados para obtener un beneficio personal.

dátil. M. 1. Fruto de la palmera, de forma elipsoidal prolongada, de unos cuatro centímetros de largo por dos de grueso, cubierto con una película amarilla, carne blanquecina comestible y hueso casi cilíndrico, muy duro y con un surco a lo largo. ‖ ~ **de mar.** M. Molusco lamelibranquio cuya concha, algo más larga que el fruto de la palmera, se asemeja a este por el color y por la forma. Es comestible y se aloja en cavidades que él mismo hace perforando las rocas.

datilado, da. ADJ. De color de dátil maduro, o parecido a él.

datilera. ADJ. Dicho de una palmera: Que da fruto. U. t. c. s. f.

datismo. M. *Ret.* Empleo inmotivado de vocablos sinónimos.

dativo. M. *Gram.* Caso de la declinación latina y de otras lenguas que en español equivale al objeto indirecto del verbo. ‖ ~ **ético.** M. *Gram.* Pronombre no necesario para el sentido de la frase, que designa a la persona afectada por la acción o interesada por ella. ‖ ~ **posesivo.** M. *Gram.* En ciertas lenguas, el que designa al poseedor. ‖ ~ **simpatético.** M. *Gram.* En ciertas lenguas, el que indica relación personal en oraciones nominales y que presenta un valor próximo al dativo posesivo.

dato. M. 1. Información sobre algo concreto que permite su conocimiento exacto o sirve para deducir las consecuencias derivadas de un hecho. *A este problema le faltan datos numéricos.* ‖ 2. Documento, testimonio, fundamento. □ V. **banco de ~s, base de ~s, procesamiento de ~s, protección de ~s.**

datura. F. *Bot.* Se usa como nombre para referirse a un género de plantas al que pertenece el estramonio.

daudá. F. *Chile.* Planta de América Meridional, de la familia de las Moráceas, con tallo nudoso, de cinco a seis decímetros de altura, hojas contrapuestas de dos en dos, ensiformes y dentadas, flores axilares, pequeñas y amarillas, y raíz fusiforme, blanca, amarga y de olor aromático, que se ha usado en medicina como contraveneno. MORF. pl. **daudás.**

David. □ V. **estrella de ~, lágrimas de ~.**

davideño, ña. ADJ. 1. Natural de David. U. t. c. s. ‖ 2. Perteneciente o relativo a esta ciudad de Panamá, cabecera de la provincia de Chiriquí.

davídico, ca. ADJ. Perteneciente o relativo a David, rey de Israel, o a su poesía y estilo.

dazibao. M. En la República Popular China, periódico mural a veces manuscrito, generalmente de contenido político, expuesto en lugares públicos.

DDT. (Sigla de Dicloro-Difenil-Tricloroetano, marca reg.). M. Sustancia tóxica usada como insecticida. MORF. pl. invar. *Fumigó con todos los DDT conocidos.*

de¹. F. Nombre de la letra *d*. MORF. pl. **des.**

de². PREP. **1.** Denota posesión o pertenencia. *La casa de mi padre. La paciencia de Job.* || **2.** Se usa para crear diversas locuciones adverbiales de modo. *Almorzó de pie. Le dieron de puñaladas. Se viste de prestado. Lo conozco de vista.* || **3.** Denota de dónde es, viene o sale alguien o algo. *La piedra es de Colmenar. Vengo de Aranjuez. No sale de casa.* || **4.** Denota la materia de que está hecho algo. *Vaso de plata. Vestido de seda.* || **5.** Se usa para señalar lo contenido en algo. *Un vaso de agua. Un plato de asado.* || **6.** Denota asunto o materia. *Este libro trata de la última guerra. Una clase de matemáticas. Hablaban de la boda.* || **7.** Denota la causa u origen de algo. *Murió de un infarto. Fiebre del heno.* || **8.** Se usa para expresar la naturaleza, condición o cualidad de alguien o algo. *Hombre de valor. Entrañas de fiera.* || **9.** Se usa para determinar o fijar con mayor viveza la aplicación de un nombre apelativo. *El mes de noviembre. La ciudad de Asunción.* || **10. desde** (|| con idea de punto en el espacio o en el tiempo). *De Madrid a Toledo. Abierto de nueve a una.* || **11.** Se usa precedida de sustantivo, adjetivo o adverbio, y seguida de infinitivo. *Es hora de caminar. Harto de trabajar. Lejos de pensar.* || **12.** Se usa seguida de infinitivo con valor condicional. *De saberlo antes, habría venido.* || **13.** Se usa precedida de un verbo para formar perífrasis verbales. *Dejó de estudiar. Acaba de llegar.* || **14.** Se usa con ciertos nombres para determinar el tiempo en que sucede algo. *De madrugada. De mañana. De noche. De viejo. De niño.* || **15.** Se usa para reforzar un calificativo. *El bueno de Pedro.* || **16.** Se usa como nota de ilación. *De esto se sigue. De aquello se infiere.* || **17.** Se usa con valor partitivo. *Dame un poco de agua.* || **18.** Denota la rápida ejecución de algo. *De UN trago se bebió la tisana. De UN salto se puso en la calle. Acabemos de UNA vez.* || **19.** Se usa entre distintas partes de la oración con expresiones de lástima, queja o amenaza. *¡Pobre de mi hermano! ¡Ay de los vencidos!* || **20.** Se usa para la creación de locuciones prepositivas a partir de adverbios, nombres, etc. *Antes de. Respecto de. Alrededor de. A diferencia de.* || **21.** Se usa también combinada con otras preposiciones. *De a tres. De a bordo. De por sí. Por de pronto. Tras de sí.* || **22.** Se usa en ciertas construcciones con el agente de la pasiva. *Acompañado de sus amigos. Dejado de la mano de Dios. Abrumado de deudas.* || **23.** Se usa para introducir el término de la comparación. *He comido más de lo debido. Es peor de lo que pensaba. Ahora escribe más de veinte artículos al año.* || **24. para.** *Ropa de deporte.*

dea. F. poét. **diosa.**

deambulación. F. Acción de deambular.

deambular. INTR. Andar, caminar sin dirección determinada.

deambulatorio, ria. I. ADJ. **1.** Perteneciente o relativo a la acción de deambular. *Actividad deambulatoria.* || **II.** M. **2.** *Arq.* En las catedrales y otras iglesias, espacio transitable situado detrás del presbiterio que da ingreso a otras capillas situadas en el ábside.

deán. M. Canónigo que preside el cabildo de la catedral.

debacle. F. **desastre.**

debajo. ADV. L. En lugar o puesto inferior, respecto de otro superior. || **~ de.** LOC. PREPOS. En lugar inferior a. || **por ~ de.** LOC. PREPOS. Se usa para indicar inferioridad cuantitativa o cualitativa. *La cosecha agrícola ha que-*

dado este año muy por debajo de lo normal. Una remuneración por debajo del salario mínimo.

debate. M. **1. controversia.** || **2.** Contienda, lucha, combate.

debatir. I. TR. **1.** Altercar, contender, discutir, disputar sobre algo. *Debatir un punto importante.* U. t. c. intr. *Debatieron sobre desempleo.* || **II.** PRNL. **2.** Luchar resistiéndose, esforzarse, agitarse.

debe. M. *Com.* Una de las dos partes en que se dividen las cuentas corrientes, cuyas columnas comprenden todas las cantidades que se cargan al individuo o a la entidad a quien se abre la cuenta.

debelación. F. Acción y efecto de debelar.

debelador, ra. ADJ. Que debela. Apl. a pers., u. t. c. s.

debelar. TR. Rendir a fuerza de armas al enemigo.

deber¹. TR. **1.** Estar obligado a algo por la ley divina, natural o positiva. U. t. c. prnl. *Deberse a la patria.* || **2.** Tener obligación de corresponder a alguien en lo moral. *Todos los partidos deben apoyar al Gobierno en estos momentos.* || **3.** Cumplir obligaciones nacidas de respeto, gratitud u otros motivos. *Debes visitar a tus padres regularmente.* || **4. adeudar** (|| tener una deuda material con alguien). *Pedro debe mil euros a Juan.* || **5.** Tener por causa, ser consecuencia de. U. t. c. prnl. *La escasez de los pastos se debe a la sequía.* || **6.** Se usa como auxiliar en las perífrasis, en las que añade una nota de inseguridad o probabilidad al verbo principal. *Debe DE hacer frío. Debieron DE salir a pelear.* || **no ~ nada** algo a otra cosa. LOC. VERB. coloq. No ser inferior a ella.

deber². M. **1.** Cosa que se tiene obligación de hacer. *El deber del cristiano. El deber del ciudadano.* || **2. deuda** (|| obligación de pagar). || **3.** Ejercicio que, como complemento de lo aprendido en clase, se encarga, para hacerlo fuera de ella, al alumno de los primeros grados de enseñanza. U. m. en pl. □ V. **omisión del ~ de socorro.**

debida. □ V. **obediencia ~.**

debido. como es ~. LOC. ADV. Como corresponde o es lícito. || **~ a.** LOC. PREPOS. A causa de, en virtud de.

débil. ADJ. **1.** De poco vigor o de poca fuerza o resistencia. *Está muy débil tras la enfermedad.* || **2.** Poco poderoso. *País débil.* Apl. a pers., u. t. c. s. *Siempre defiende a los débiles.* || **3.** Que por flojedad de ánimo cede fácilmente ante la insistencia o el afecto. || **4.** Escaso o deficiente, en lo físico o en lo moral. *Apariencia, argumento débil.* || **5.** Dicho de una moneda o de una divisa: Que internacionalmente no inspira confianza. *La peseta era entonces una moneda débil.* □ V. **punto ~, sexo ~.**

debilidad. F. **1.** Falta de vigor o fuerza física. || **2.** Carencia de energía o vigor en las cualidades o resoluciones del ánimo. || **3. afecto².** *Sentía por él una gran debilidad.* || **4.** coloq. Sensación de hambre.

debilitación. F. Acción y efecto de debilitar.

debilitamiento. M. Acción y efecto de debilitar.

debilitante. ADJ. Que debilita. *Enfermedad debilitante.*

debilitar. TR. Disminuir la fuerza, el vigor o el poder de alguien o algo. U. t. c. prnl.

debitar. TR. *Á. R. Plata.* Cargar una cantidad de dinero en el debe de una cuenta corriente.

débito. M. **1. deuda.** || **2. débito conyugal.** || **~ conyugal.** M. En el matrimonio canónico, obligación que tienen los cónyuges de unirse en virtud del amor mutuo para engendrar los hijos que han de educar.

debla. F. hist. Cante popular andaluz, de carácter melancólico y con copla de cuatro versos.

debut. M. **1.** Presentación o primera actuación en público de una compañía teatral o de un artista. ‖ **2.** Primera actuación de alguien en una actividad cualquiera. ¶ MORF. pl. **debuts.**

debutante. I. ADJ. **1.** Que debuta. *Equipo debutante.* Apl. a pers., u. t. c. s. ‖ **II.** F. **2.** Muchacha que hace su presentación en sociedad, generalmente en la misma ocasión que otras.

debutar. INTR. **1.** Dicho de una compañía teatral o de un artista: Presentarse por primera vez ante el público. ‖ **2.** Dicho de una persona en cualquier otra actividad: Presentarse por primera vez ante el público.

década. F. **1.** Período de diez años referido a las decenas del siglo. *La segunda década de este siglo.* ‖ **2.** **decenio.** ‖ **3.** Período de diez días. *La primera década de febrero.*

decadencia. F. **1.** Deterioro, principio de debilidad o de ruina. ‖ **2.** En historia o en arte, período en el que esto sucede.

decadente. ADJ. **1.** Que decae. *Empresa decadente.* ‖ **2.** **decaído.** *Mundo decadente.* ‖ **3.** **decadentista.** *Arte decadente.* Apl. a pers., u. t. c. s. ‖ **4.** Que gusta de lo pasado de moda estéticamente. *Estilo decadente.*

decadentismo. M. Tendencia estética de fines del siglo XIX caracterizada por el cultivo del arte como fin en sí mismo y el gusto por las formas exquisitamente refinadas, con desdén de las convenciones burguesas.

decadentista. ADJ. **1.** Perteneciente o relativo al decadentismo. *Obra, rasgo decadentista.* ‖ **2.** Seguidor del decadentismo. U. t. c. s.

decaedro. M. *Geom.* Sólido que tiene diez caras.

decaer. INTR. **1.** Dicho de una persona o de una cosa: Ir a menos, perder alguna parte de las condiciones o propiedades que constituían su fuerza, bondad, importancia o valor. ‖ **2.** *Mar.* Dicho de una embarcación: Separarse del rumbo que pretende seguir, arrastrada por la marejada, el viento o la corriente. ¶ MORF. conjug. c. *caer.*

decágono, na. ADJ. *Geom.* Dicho de un polígono: Que tiene diez ángulos y diez lados. U. m. c. s. m.

decaído, da. PART. de **decaer.** ‖ ADJ. **1.** Que se halla en decadencia. *Imperio decaído.* ‖ **2.** Abatido, débil. *Ánimo decaído.*

decaimiento. M. **1.** **decadencia** (‖ deterioro). ‖ **2.** Abatimiento, desaliento.

decalcificación. F. *Med.* **descalcificación.**

decalcificar. TR. *Med.* **descalcificar.** U. t. c. prnl.

decálogo. M. **1.** Conjunto de los diez mandamientos de la ley de Dios. ORTOGR. Escr. con may. inicial. ‖ **2.** Conjunto de normas o consejos que, aunque no sean diez, son básicos para el desarrollo de cualquier actividad.

decalvar. TR. Rasurar a alguien todo el cabello, como castigo.

decámetro. M. Medida de longitud que equivale a diez metros. (Símb. *dam,* antes *Dm*).

decanato. M. **1.** Dignidad de decano. ‖ **2.** Conjunto de dependencias destinadas oficialmente al decano para el desempeño de sus funciones. ‖ **3.** Período de tiempo en el que ejerce la dignidad el decano.

decano, na. M. y F. **1.** Miembro más antiguo de una comunidad, cuerpo, junta, etc. U. t. c. adj. ‖ **2.** Persona con título de tal es nombrada para presidir una corporación o una facultad universitaria, aunque no sea el miembro más antiguo.

decantación. F. Acción y efecto de **decantar².**

decantador, ra. ADJ. Dicho de un recipiente o de una instalación: Que sirve para separar dos sustancias por decantación. U. t. c. s. m.

decantar¹. TR. Propalar, ponderar, engrandecer.

decantar². **I.** TR. **1.** Separar un líquido del poso que contiene, vertiéndolo suavemente en otro recipiente. *Decantar el vino.* ‖ **2.** *Quím.* Separar sustancias no miscibles de diferente densidad en un medio líquido. U. t. c. prnl. ‖ **II.** PRNL. **3.** Inclinarse, tomar partido, decidirse.

decapado. M. *Ingen.* Acción y efecto de decapar.

decapante. ADJ. *Ingen.* Dicho de un producto: Que se usa para decapar. U. t. c. s. m.

decapar. TR. *Ingen.* Quitar por métodos fisicoquímicos la capa de óxido, pintura, etc., que cubre cualquier objeto metálico.

decapitación. F. Acción y efecto de decapitar.

decapitar. TR. Cortar la cabeza.

decápodo. ADJ. **1.** *Zool.* Se dice de los crustáceos que tienen diez patas; p. ej., el cangrejo de río y la langosta. U. t. c. s. m. ‖ **2.** *Zool.* Se dice de los cefalópodos con dos branquias que tienen diez tentáculos provistos de ventosas, dos de los cuales son más largos que los demás; p. ej., el calamar. U. t. c. s. m. ¶ ORTOGR. En m. pl., escr. con may. inicial c. taxón. *Los Decápodos.*

decasílabo, ba. ADJ. Que consta de diez sílabas. Apl. a un verso, u. t. c. s. m.

decástilo, la. ADJ. *Arq.* Dicho especialmente de un edificio de estilo clásico: Que presenta una fila de diez columnas en la fachada.

decatleta. COM. *Dep.* Atleta de decatlón.

decatlón. M. *Dep.* En atletismo, conjunto de diez pruebas practicadas por el mismo atleta.

deceleración. F. **desaceleración.**

decelerar. TR. **desacelerar.** U. t. c. intr.

decembrino, na. ADJ. **1.** Perteneciente o relativo a diciembre. *Fiestas decembrinas.* ‖ **2.** Propio o característico de este mes. *Frío decembrino.*

decena. F. **1.** Conjunto de diez unidades. ‖ **2.** *Mús.* Octava de la tercera.

decenal. ADJ. **1.** Que sucede o se repite cada decenio. *Subasta decenal.* ‖ **2.** Que dura un decenio. *Plan decenal.*

decenario. M. Sarta de diez cuentas pequeñas y una más gruesa, con una cruz por remate o sortija que sirve para cogerla en el dedo y llevar la cuenta de lo que se reza.

decencia. F. **1.** Dignidad en los actos y en las palabras, conforme al estado o calidad de las personas. ‖ **2.** Recato, honestidad, modestia. ‖ **3.** Aseo, compostura y adorno correspondiente a cada persona o cosa.

decenio. M. Tiempo de diez años.

decente. ADJ. **1.** Honesto, justo, debido. ‖ **2.** Propio o característico de una persona decente. *Vida decente.* ‖ **3.** Adornado, aunque sin lujo, con limpieza y aseo. *Tiene una casa decente.* ‖ **4.** Digno, que obra con dignidad. *Trabajador decente.* ‖ **5.** De buena calidad o en cantidad suficiente. *Comida decente.*

decenviro. M. hist. Cada uno de los diez magistrados superiores a quienes los antiguos romanos dieron el encargo de componer las leyes de las doce tablas, y que también gobernaron durante algún tiempo la república en lugar de los cónsules.

decepción. F. Pesar causado por un desengaño.

decepcionante. ADJ. Que decepciona, que no responde a lo que se esperaba. *Resultados decepcionantes.*

decepcionar. TR. Desengañar, desilusionar. U. t. c. prnl.

deceso. M. Muerte natural o civil.

dechado. M. **1.** Ejemplar, muestra que se tiene presente para imitar. ‖ **2.** Ejemplo y modelo de virtudes y perfecciones, o de vicios y maldades. ‖ **3.** Labor de hilo ejecutada en lienzo para aprender, imitando las diferentes muestras.

decibelio. M. *Fís.* Unidad empleada para expresar la relación entre dos potencias eléctricas o acústicas; es diez veces el logaritmo decimal de su relación numérica.

decidido, da. PART. de **decidir.** ‖ ADJ. **1.** Resuelto, audaz, que actúa con decisión. U. t. c. s. ‖ **2.** Propio o característico de una persona decidida. *Carácter decidido.*

decidir. TR. **1.** Cortar la dificultad, formar juicio definitivo sobre algo dudoso o contestable. *Decidir una cuestión.* ‖ **2.** **resolver** (‖ tomar determinación de algo). *Decidieron poner el dinero a buen recaudo.* U. t. c. prnl. ‖ **3.** Mover a alguien la voluntad, a fin de que tome cierta determinación. *Oír la sirena fue lo que la decidió a levantarse.*

decidor, ra. ADJ. **1.** Que dice. *Síntomas decidores.* ‖ **2.** Que habla con facilidad y gracia. U. t. c. s.

decigramo. M. Décima parte de un gramo. (Símb. *dg*).

decilitro. M. Décima parte de un litro. (Símb. *dl*).

décima. F. **1.** Combinación métrica de diez versos octosílabos, de los cuales, por regla general, rima el primero con el cuarto y el quinto; el segundo, con el tercero; el sexto, con el séptimo y el último, y el octavo, con el noveno. Admite punto final o dos puntos después del cuarto verso, y no los admite después del quinto. ‖ **2.** décima parte de un grado de fiebre en el termómetro clínico. ‖ **3.** Cada una de las diez partes iguales en que se dividen ciertas unidades de medida. *Un grosor de cuatro décimas de micra.* ‖ **4.** hist. Moneda de cobre que equivalía a la décima parte de un real de vellón.

decimal. ADJ. **1.** Se dice del sistema métrico de pesas y medidas, cuyas unidades son múltiplos o divisores de diez respecto a la principal de cada clase. ‖ **2.** *Mat.* Se dice del sistema de numeración cuya base es diez. ‖ **3.** *Mat.* Se dice de cada uno de los dígitos que aparecen a la derecha de la coma en la notación decimal de un número. U. t. c. s. m. *En los precios deben figurar los decimales.* ☐ V. fracción ~, logaritmo ~, numeración ~, número ~, parte ~, quebrado ~, Sistema Métrico Decimal.

decimanovena. F. Uno de los registros de trompetería del órgano.

decímetro. M. Décima parte de un metro. (Símb. *dm*).

décimo, ma. **I.** ADJ. **1.** Que sigue inmediatamente en orden al o a lo noveno. ‖ **2.** Se dice de cada una de las diez partes iguales en que se divide un todo. U. t. c. s. m. ‖ **II.** M. **3.** décima parte del billete de lotería.

decimoctavo, va. ADJ. Que sigue inmediatamente en orden al o a lo decimoséptimo.

decimocuarto, ta. ADJ. Que sigue inmediatamente en orden al o a lo decimotercero.

decimonónico, ca. ADJ. **1.** Perteneciente o relativo al siglo XIX. *La novela decimonónica.* ‖ **2.** despect. Anticuado o pasado de moda. *Ideas decimonónicas.*

decimonono, na. ADJ. decimonoveno.

decimonoveno, na. ADJ. Que sigue inmediatamente en orden al o a lo decimoctavo.

decimoprimer. ADJ. decimoprimero. U. ante s. m. sing. *Nuestro decimoprimer aniversario.*

decimoprimero, ra. ADJ. undécimo (‖ que sigue en orden al décimo).

decimoquinto, ta. ADJ. Que sigue inmediatamente en orden al o a lo decimocuarto.

decimosegundo, da. ADJ. duodécimo (‖ que sigue al undécimo).

decimoséptimo, ma. ADJ. Que sigue inmediatamente en orden al o a lo decimosexto.

decimosexto, ta. ADJ. Que sigue inmediatamente en orden al o a lo decimoquinto.

decimotercer. ADJ. decimotercero. U. ante s. m. sing. *Decimotercer concurso de poesía.*

decimotercero, ra. ADJ. Que sigue inmediatamente en orden al o a lo duodécimo.

decimotercio, cia. ADJ. decimotercero.

decir[1]. **I.** TR. **1.** Manifestar con palabras el pensamiento. *Dice que vayamos.* U. t. c. prnl. ‖ **2.** Asegurar, sostener, opinar. *El articulista dice que fue un accidente.* ‖ **3.** Nombrar o llamar. *Allí les dicen chozas.* ‖ **4.** Denotar algo o dar muestras de ello. *El semblante de Juan dice su mal genio. Su vestido dice su pobreza.* ‖ **5.** Dicho de un libro, de un escrito, etc.: Contener ciertos temas, ideas, etc. *La Escritura dice... La Historia de Mariana dice...* ‖ **II.** INTR. **6.** Dicho de una cosa: Convenir, armonizar con otra. *El verde dice con el azul.* ‖ **7.** Dar noticia de algo o de alguien. *Dime DE mi familia.* ‖ **III.** PRNL. **8.** Expresar un pensamiento mentalmente, o sin dirigir a otro la palabra. *Me dije: esta es la mía.* ¶ MORF. V. conjug. modelo; part. irreg. **dicho.** ‖ **como aquel que dice.** EXPR. coloq. **como si dijéramos.** ‖ **como dijo el otro.** EXPR. coloq. Se usa para apoyar, con autoridad del saber popular, algo que se da como evidente. ‖ **como quien dice.** EXPR. coloq. **como si dijéramos.** ‖ **como quien no dice nada.** EXPR. **1.** Denota que es cosa de consideración lo que se ha dicho o va a decirse. ‖ **2.** Se usa para indicar que no es fácil o baladí aquello de que se trata, sino muy difícil o importante. ‖ **como si dijéramos.** EXPR. coloq. Se usa para explicar, y también para suavizar, lo que se ha afirmado. ‖ **cualquiera lo diría.** EXPR. Se usa para expresar extrañeza o protesta ante algo que aparenta ser lo contrario. ‖ **~ bien.** LOC.VERB. Hablar con verdad, o explicarse con gracia y facilidad. ‖ **~ de repente** algo. LOC.VERB. **improvisar.** ‖ **~ de sí.** LOC.VERB. **afirmar** (‖ dar por cierto). ‖ **~ entre sí,** o **para sí** alguien. LOCS.VERBS. Razonar consigo mismo. ‖ **~ por ~.** LOC.VERB. Hablar sin fundamento. ‖ **decírselo** a alguien **deletreado.** LOC.VERB. coloq. decir con la mayor claridad algo a quien se desentiende de ello. ‖ **~ y hacer.** LOC.VERB. Ejecutar con mucha ligereza y prontitud. ‖ **diga,** o **dígame.** EXPRS. Se usan cuando se responde al teléfono. ‖ **digamos.** EXPR. coloq. **por decirlo así.** ‖ **digo.** INTERJ. **1.** Se usa para expresar sorpresa, asombro, etc. ‖ **2.** Es evidente, no cabe duda. ‖ **digo algo.** EXPR. coloq. Se usa para llamar la atención de los oyentes y ponderar la importancia de lo que se habla. ‖ **di que.** EXPR. coloq. Se usa a principio de frase para apoyar o encarecer lo que se va a decir. *Di que yo estaba cansado, por eso no discutí.* ‖ **ello dirá.** EXPR. coloq. Se usa para dar a entender que más adelante se conocerá el resultado de algo o lo que haya de cierto en ello. ‖ **el qué dirán.** LOC. SUST. M. La opinión pública reflejada en murmuraciones que cohíben los actos. ‖ **es ~.** EXPR. **es a saber.** ‖ **hasta**

~ basta. LOC. ADV. En muy alto grado, en abundancia. *Mi hijo tiene amigos hasta decir basta.* || **he dicho.** EXPR. Se usa para indicar quien habla que ha concluido su intervención. || **ni que ~ tiene.** EXPR. Se usa para dar a entender que algo es evidente o sabido de todos. || **no ~** alguien **malo ni bueno.** LOC. VERB. **1.** No contestar. || **2.** No decir su sentir, no decir nada sobre un asunto. || **3.** Guardar culpable silencio y actitud tolerante. || **no ~ nada** algo a alguien. LOC. VERB. coloq. No despertar su interés, no importarle. || **no digamos.** EXPR. **1.** ni que decir tiene. || **2.** coloq. Se usa para dar a entender que no es completamente exacto o seguro lo que se afirma, pero le falta poco para serlo. || **no digo nada.** EXPR. Se usa para omitir voluntariamente lo que se pudiera decir y no se dice al darse por sabido. || **no me digas,** o **no me diga usted.** EXPRS. coloqs. Se usan para denotar sorpresa o contrariedad. || **por ~lo así.** EXPR. Se usa para presentar la palabra o palabras que se dan como expresión aproximada de lo que se pretende significar. || **por mejor ~.** EXPR. Se usa para corregir lo que se ha dicho, ampliando, restringiendo o aclarando lo enunciación. || **que digamos.** EXPR. coloq. Se usa para afirmar y ponderar aquello mismo que se dice con negación en el primer elemento de las frases de que forma parte. *No es ambicioso, que digamos. No llueve, que digamos.* || **qué me dices.** EXPR. coloq. **no me digas.** || **que se dice pronto,** o **que ya es ~.** EXPRS. coloqs. Se usan para ponderar la magnitud o naturaleza de algo que sorprende por su carácter inusitado. *Había 5000 personas en la plaza, que se dice pronto. Se ha casado cuatro veces, que ya es decir.* || **quién lo diría.** EXPR. Se usa para indicar incredulidad. || **ser** algo que se afirma **mucho ~.** EXPR. coloq. Se usa para refutar algo, creyéndolo improbable. *Llamarle amigo es mucho decir.* || **y que lo digas.** EXPR. coloq. Se usa para expresar asentimiento.

decir². M. dicho (|| palabra o conjunto de palabras). || **~ de las gentes.** M. Murmuración o censura pública. || **es un ~,** o **vamos al ~,** o **voy al ~.** EXPRS. coloqs. **como si dijéramos.**

decisión. F. **1.** Determinación, resolución que se toma o se da en una cosa dudosa. || **2.** Firmeza de carácter.

decisivo, va. ADJ. **1.** Que decide o resuelve. *Razón decisiva. Decreto decisivo.* || **2.** Que tiene consecuencias importantes. *Un paso decisivo.*

decisorio, ria. ADJ. Que tiene virtud para decidir. *Comisión decisoria.*

declamación. F. **1.** Acción y efecto de declamar. || **2.** Arte de decir o recitar en el teatro.

declamador, ra. ADJ. Que declama. *Tono declamador.* Apl. a pers., u. t. c. s.

declamar. INTR. **1.** Hablar con demasiado calor y vehemencia, y particularmente hacer alguna invectiva con aspereza. || **2.** Recitar la prosa o el verso con la entonación, los ademanes y el gesto convenientes. U. t. c. tr.

declamatorio, ria. ADJ. Dicho del estilo o del tono: Enfático o exagerado.

declaración. F. **1.** Acción y efecto de declarar o declararse. || **2.** Manifestación o explicación de lo que otro u otros dudan o ignoran. || **3.** Manifestación del ánimo o de la intención. || **4.** Documento en que se declara algo. || **5.** Der. Manifestación formal que realiza una persona con efectos jurídicos, especialmente la que hacen las partes, testigos o peritos en un proceso. || **~ de la renta,** o **~ tributaria.** F. Der. La que se hace a la Administración tributaria manifestando la naturaleza y circunstancias del hecho imponible.

declarado, da. PART. de declarar. || ADJ. Manifiesto, ostensible. *Son enemigos declarados.* □ V. **valores ~s.**

declarador, ra. ADJ. Que declara o expone. U. t. c. s.

declarante. **I.** ADJ. **1.** Que declara. *Empresas declarantes del impuesto de sociedades.* Apl. a pers., u. m. c. s. || **II.** COM. **2.** Der. Persona que declara ante el juez.

declarar. **I.** TR. **1.** Manifestar, hacer público. *Declaró la verdad.* || **2.** Dicho de quien tiene autoridad para ello: Manifestar una decisión sobre el estado o la condición de alguien o algo. *El Gobierno declara el estado de excepción. El juez lo declaró culpable.* || **3.** Hacer conocer a la Administración pública la naturaleza y circunstancias del hecho imponible. || **II.** INTR. **4.** Der. Manifestar ante el órgano competente hechos con relevancia jurídica. *El testigo declaró ante el juez.* || **III.** PRNL. **5.** Manifestar el ánimo, la intención o el afecto. *Se declaró dispuesto a luchar hasta el final.* || **6.** Dicho de una cosa: Manifestarse o empezar a advertirse su acción. *Se declaró una epidemia, un incendio.* || **7.** Dicho de un enamorado: Manifestar su amor a la persona amada pidiéndole relaciones. || **8.** Dicho de una persona: Manifestar o comunicar su estado o condición. *Se declaró objetor, neutral, en huelga.*

declarativo, va. ADJ. Que declara o explica de una manera perceptible algo que de suyo no es o no está claro. □ V. **juicio ~.**

declaratoria. F. Méx. Declaración pública.

declaratorio, ria. ADJ. Que declara o explica lo que no se sabía o estaba dudoso. *Sentencia declaratoria.*

declinación. F. **1.** decadencia (|| deterioro). *La declinación de un imperio.* || **2.** Caída, descenso o declive. *La declinación de la luz solar.* || **3.** Astr. Distancia angular de un astro al ecuador celeste, que equivale a la latitud terrestre. || **4.** Gram. Acción y efecto de declinar (|| las formas de una palabra). || **5.** Gram. En las lenguas con flexión casual, serie ordenada de todas las formas que presenta una palabra como manifestación de los diferentes casos. || **6.** Gram. Paradigma de flexión casual que presenta una palabra, y que sirve como modelo para declinar otras palabras. || **7.** Topogr. Ángulo que forma un plano vertical, o una alineación, con el meridiano del lugar que se considere. || **~ de la aguja,** o **~ magnética.** Ángulo variable que forma la dirección de la brújula con la meridiana de cada lugar.

declinante. ADJ. Que declina. *Luz declinante.*

declinar. **I.** TR. **1.** Rechazar cortésmente una invitación. || **2.** Gram. En las lenguas con flexión casual, enunciar las formas que presenta una palabra como manifestación de los diferentes casos. U. t. c. intr. *No sabe declinar.* || **II.** INTR. **3.** Decaer, menguar, ir perdiendo en salud, inteligencia, riqueza, lozanía, etc. || **4.** Dicho de una cosa: Caminar o aproximarse a su fin y término. *Declinar el sol, el día.*

declinómetro. M. Mar. Instrumento para medir la declinación magnética.

declive. M. **1.** Pendiente, cuesta o inclinación del terreno o de la superficie de otra cosa. || **2.** decadencia.

decocción. F. **1.** Acción y efecto de cocer en agua sustancias vegetales o animales. || **2.** Producto líquido que se obtiene por medio de esta decocción.

decodificación. F. descodificación.

decodificador, ra. **I.** ADJ. **1.** descodificador. || **II.** M. **2.** descodificador (|| dispositivo).

decodificar. TR. descodificar.

decoloración. F. Acción y efecto de decolorar.

decolorante. ADJ. Que decolora. Apl. a un producto, u. t. c. s. m.

decolorar. TR. Quitar o amortiguar el color. U. t. c. prnl.

decomisar. TR. **1.** Declarar que algo ha caído en decomiso. ‖ **2.** Incautarse de ello como pena.

decomiso. M. **1.** Der. Cosa decomisada. ‖ **2.** Der. Pena accesoria a la principal que consiste en la privación definitiva de los instrumentos y del producto del delito o falta.

deconstrucción. F. **1.** Acción y efecto de deconstruir. ‖ **2.** Fil. Desmontaje de un concepto o de una construcción intelectual por medio de su análisis, mostrando así contradicciones y ambigüedades.

deconstruccionismo. M. Teoría que sostiene la imposibilidad de fijar el significado de un texto o de cada una de sus partes, debido a que cada lectura implica una nueva interpretación de lo leído.

deconstruir. TR. Deshacer analíticamente los elementos que constituyen una estructura conceptual. MORF. conjug. c. *construir.*

decoración. F. **1.** Acción y efecto de decorar. ‖ **2.** Cosa que decora. ‖ **3.** Conjunto de elementos que adornan una habitación, un ambiente, etc. ‖ **4.** Arte que estudia la combinación de los elementos ornamentales. ‖ **5.** *Cinem.* y *Teatro.* **decorado** (‖ conjunto de elementos con que se crea un ambiente).

decorado. M. **1. decoración** (‖ conjunto de elementos que adornan). ‖ **2.** *Cinem.* y *Teatro.* Conjunto de elementos con que se crea un lugar o un ambiente en un escenario, un plató, etc.

decorador, ra. M. y F. **1.** Persona que decora. ‖ **2.** Persona que trabaja profesionalmente en las diversas variantes de la decoración. ‖ **3. escenógrafo.**

decorar. TR. Adornar, embellecer una cosa o un sitio.

decorativismo. M. Tendencia al predominio o al exceso de ornamento en un estilo artístico.

decorativista. ADJ. Perteneciente o relativo al decorativismo. *Gusto decorativista.*

decorativo, va. ADJ. **1.** Perteneciente o relativo a la decoración. *Excesos decorativos.* ‖ **2.** Que decora o es apropiado para decorar. *Objeto decorativo.* ‖ **3.** Con apariencia de ser importante sin serlo. *Un título decorativo.* □ V. **arte decorativa, figura ~.**

decoro. M. **1.** Circunspección, gravedad. ‖ **2.** Pureza, honestidad, recato. ‖ **3.** Honra, pundonor, estimación. ‖ **4.** Nivel mínimo de calidad de vida para que la dignidad de alguien no sufra menoscabo. *Su sueldo le permite vivir con decoro.*

decoroso, sa. ADJ. **1.** Dicho de una persona: Que tiene decoro y pundonor. ‖ **2.** Dicho de una cosa: Que tiene o manifiesta decoro. *Conducta decorosa.*

decorticación. F. Med. Acción y efecto de decorticar.

decorticar. TR. Med. Extirpar la corteza de una formación orgánica normal o patológica.

decrecer. INTR. **menguar** (‖ disminuir). MORF. conjug. c. *agradecer.*

decreciente. ADJ. Que decrece. *Ritmo, luz decreciente.* □ V. **diptongo ~.**

decrecimiento. M. **disminución.**

decremento. M. **disminución.**

decrepitar. INTR. Crepitar por la acción del fuego.

decrépito, ta. ADJ. **1.** Dicho de una persona: Que por su vejez tiene muy disminuidas las facultades. ‖ **2.** Dicho de una cosa: Que ha llegado a su última decadencia. *País decrépito.*

decrepitud. F. Estado de decrépito.

decrescendo. **I.** ADV. M. **1.** Mús. Disminuyendo gradualmente la intensidad del sonido. ‖ **II.** M. **2.** Mús. Pasaje de una composición musical que se ejecuta de esta manera.

decretal. F. **1.** Epístola papal en respuesta a una consulta, que adquiere carácter normativo. ‖ **2.** pl. Libro en que están recopiladas las epístolas o decisiones pontificias.

decretar. TR. Dicho de la persona que tiene autoridad o facultades para ello: Resolver, decidir.

decretazo. M. coloq. Decreto que implica una reforma drástica y repentina en aspectos de gran repercusión social, económica y política. *El decretazo motivó la huelga.*

decreto. M. **1.** Decisión de un gobernante o de una autoridad, o de un tribunal o juez, sobre la materia o negocio en que tengan competencia. ‖ **2.** Constitución que ordena o forma el papa consultado a los cardenales. ‖ **~ de urgencia.** M. **decreto** ley promulgado por razones de urgencia. ‖ **~ legislativo.** M. Der. Disposición del Gobierno que desarrolla una delegación legislativa otorgada por las Cortes. ‖ **~ ley.** M. Der. Disposición legislativa provisional que puede dictar el Gobierno en caso de extraordinaria y urgente necesidad, y que requiere para su definitiva eficacia la ratificación ulterior por parte del órgano legislativo. ‖ **por real ~.** LOC. ADV. coloq. Porque sí, de forma inapelable.

decúbito. M. Posición que toman las personas o los animales cuando se echan horizontalmente. ‖ **~ lateral.** M. Aquel en que el cuerpo está echado de costado. *Lo encontraron en posición decúbito lateral izquierdo.* ‖ **~ prono.** M. Aquel en que el cuerpo yace sobre el pecho y el vientre. ‖ **~ supino.** M. Aquel en que el cuerpo descansa sobre la espalda.

decuplicar. TR. **1.** Hacer diez veces mayor algo. U. t. c. prnl. *El número de aspirantes se ha decuplicado.* ‖ **2.** Dicho de una cosa: Ser diez veces mayor que otra. *Nuestra oferta decuplica la de nuestros competidores.*

décuplo, pla. ADJ. Que contiene un número diez veces exactamente. U. m. c. s. m. *Obtuvo el décuplo de lo que había invertido.*

decuria. F. hist. En la antigua milicia romana, escuadra de diez soldados.

decurión. M. **1.** hist. Jefe de una decuria. ‖ **2.** hist. En las colonias o municipios romanos, individuo de la corporación que los gobernaba, a la manera de los senadores de Roma.

decurrente. ADJ. Bot. Dicho de una hoja: Que tiene el limbo extendido a lo largo del tallo como si estuviera adherida a él.

decurso. M. Sucesión o continuación del tiempo.

decusado, da. ADJ. Bot. Dicho de dos hojas: Dispuestas en forma de cruz.

decusata. □ V. **cruz ~.**

dedada. F. Porción que con el dedo se puede tomar de una sustancia que no es del todo líquida, como la miel, el almíbar, etc.

dedal. M. Utensilio pequeño, ligeramente cónico y hueco, con la superficie llena de hoyuelos y cerrado a veces por un casquete esférico para proteger el dedo al coser.

dedalera. F. **digital** (‖ planta escrofulariácea).

dédalo. M. laberinto (‖ cosa confusa y enredada).

dedazo. M. *Méx.* Designación de un candidato a un puesto público, de parte del poder ejecutivo, sin las formalidades de rigor.

dedeo. M. *Mús.* Agilidad y destreza de los dedos al tocar un instrumento.

dedeté. M. DDT.

dedicación. F. **1.** Acción y efecto de dedicarse intensamente a una profesión o trabajo. ‖ **2.** Celebración del día en que se hace memoria de haberse consagrado o dedicado un templo, un altar, etc. ‖ **~ exclusiva, o ~ plena.** F. La que por compromiso o contrato ocupa todo el tiempo disponible, con exclusión de cualquier otro trabajo.

dedicar. TR. **1.** Consagrar, destinar algo al culto religioso o también a un fin u uso profano. ‖ **2.** Dirigir a alguien, como obsequio, un objeto cualquiera, y principalmente una obra literaria o artística. ‖ **3.** Emplear, destinar, aplicar. U. t. c. prnl. *Se ha dedicado a la política.*

dedicatoria. F. Carta o nota dirigida a la persona a quien se dedica una obra, y que en los escritos se sitúa al principio, impresa o manuscrita.

dedicatorio, ria. ADJ. Que tiene o supone dedicación. *Lápida dedicatoria.*

dedil. M. Cada una de las fundas, de cuero o de otra materia, que se ponen en los dedos para que no se lastimen o manchen.

dedillo. al ~. LOC.ADV. coloq. Se usa para indicar que algo se ha aprendido o se sabe con detalle y perfecta seguridad.

dedo. M. **1.** Cada uno de los cinco apéndices articulados en que terminan la mano y el pie del hombre y, en el mismo o menor número, de muchos animales. ‖ **2.** Porción de una cosa, del ancho aproximado de un dedo. *Un dedo de agua.* ‖ **3.** hist. Medida de longitud, duodécima parte del palmo, que equivale a unos 18 mm. ‖ **~ anular.** M. El de la mano, con tres falanges, situado al lado del meñique. ‖ **~ corazón, o ~ cordial.** M. El más largo de la mano, con tres falanges y situado en el centro. ‖ **~ de Dios.** M. Omnipotencia divina, manifestada en algún suceso extraordinario. *El dedo de Dios les marcó el camino.* ‖ **~ gordo.** M. **1.** dedo pulgar. ‖ **2.** El que ocupa una posición equivalente en el pie. ‖ **~ índice.** M. El de la mano, con tres falanges, situado a continuación del pulgar. ‖ **~ meñique.** M. El de tres falanges, situado en el lado exterior de la mano o del pie. ‖ **~ pulgar.** M. El del lado interior de la mano, que en el hombre tiene solo dos falanges y se opone a los demás para asir. ‖ **a ~.** LOC.ADV. **1.** coloq. Dicho de elegir o nombrar: Mediante designación personal de quien la hace. ‖ **2.** coloq. Dicho de viajar: En autostop. ‖ **a dos ~s de.** LOC. PREPOS. coloq. Muy cerca de, a punto de. ‖ **alzar el ~.** LOC.VERB. Levantar un dedo o la mano para pedir la palabra o mostrar acuerdo con lo que se propone. ‖ **chuparse el ~.** LOC.VERB. coloq. **mamarse el dedo.** ‖ **contar con, o por, los ~s.** LOCS.VERBS. Numerar o sumar, estableciendo una correspondencia entre la sucesión de los dedos y la de los números o sumandos considerados. ‖ **contarse** algo **con los ~s, o con los ~s de la mano, o de una mano.** LOCS.VERBS. Ser muy escaso. ‖ **de chuparse los ~s.** LOC.ADJ. coloq. **para chuparse los dedos.** ‖ **derribar con un ~.** LOC. VERB. coloq. Se usa para ponderar la endeblez de alguien o de algo, o la fortaleza del sujeto agente. ‖ **hacer ~.** LOC.

VERB. **1.** coloq. Hacer señas para indicar a los automovi[listas] que se pretende viajar utilizando el sistema del au[tostop]. ‖ **2.** coloq. Viajar utilizando el sistema del autos[top]. *Hice dedo hasta Barcelona.* ‖ **hacer ~s.** LOC.VERB[.] Practicar o ejercer movimientos con los dedos para ad[quirir] soltura en el uso del piano u otro instrument[o]. ‖ **levantar el ~.** LOC.VERB. coloq. **alzar el dedo.** ‖ **ma[marse] el ~.** LOC.VERB. coloq. Parecer ingenuo. ‖ **mor[derse] los ~s.** LOC.VERB. coloq. Reprimirse, contener l[a] cólera. ‖ **no chuparse, o no mamarse, el ~.** LOCS.VERB[.] coloqs. Ser despierto y no dejarse engaña[r]. ‖ **no tene[r] dos ~s de frente.** LOC.VERB. Ser de poco entendimient[o] o juicio. ‖ **no mover un ~.** LOC.VERB. **1.** No tomarse nin[gún] trabajo o molestia por algo o por alguien. ‖ **2.** N[o] obrar en favor de alguien cuando él u otra persona po[r] él lo ha pedido. ‖ **para chuparse los ~s.** LOC.ADJ. coloq[.] Muy bueno. ‖ **poner bien los ~s.** LOC.VERB. Tocar u[n] instrumento con destreza y habilidad. ‖ **poner el ~ e[n] la llaga.** LOC.VERB. Conocer y señalar el verdadero orige[n] de un mal, el punto difícil de una cuestión, aquello qu[e] más afecta a la persona de quien se habla. ‖ **poner a al[-]guien los cinco ~s en la cara.** LOC.VERB. coloq. Darle un[a] bofetada. ‖ **señalar** a alguien **con el ~.** LOC.VERB. coloq[.] Llamar la atención sobre él, normalmente con intenció[n] descalificadora. ☐ V. **yema del ~.**

dedocracia. F. coloq. Práctica de nombrar personas [a] dedo, abusando de autoridad.

dedocrático, ca. ADJ. coloq. Perteneciente o relativ[o] a la dedocracia. *Elección dedocrática.*

deducción. F. **1.** Acción y efecto de deducir. ‖ **2.** Fil. Mé[-] todo por el cual se procede lógicamente de lo universa[l] a lo particular. ‖ **~ fiscal.** F. Der. desgravación.

deducibilidad. F. Posibilidad de ser deducido, espe[-] cialmente hablando de cantidades de dinero.

deducible. ☐ V. **gasto ~.**

deducir. TR. **1.** Sacar consecuencias de un principi[o,] proposición o supuesto. *De sus hipótesis deduje mi teorí[a.]* ‖ **2.** inferir (‖ sacar consecuencia de algo). *Deduje su or[i-]gen por el acento.* ‖ **3.** Rebajar, restar, descontar algun[a] partida de una cantidad. ¶ MORF. conjug. c. *conducir.*

deductivo, va. ADJ. **1.** Que obra o procede por dedu[c-] ción. *Método deductivo.* ‖ **2.** Perteneciente o relativo a l[a] deducción. *Capacidad deductiva.*

de facto. (Locución latina). LOC.ADJ. **de hecho** (‖ sin aju[s-] tarse a una norma legal previa). U. t. c. loc. adv.

defecación. F. Acción y efecto de defecar.

defecador, ra. ADJ. Que defeca.

defecar. TR. Expeler los excrementos. U. m. c. intr.

defección. F. Acción de separarse con deslealtad de l[a] causa, partido o asociación a que se pertenecía.

defectibilidad. F. Cualidad de defectible.

defectible. ADJ. Que puede faltar.

defectivo, va. I. ADJ. **1. defectuoso.** ‖ **II.** M. **2.** *Gram[.]* **verbo defectivo.**

defecto. M. **1.** Carencia de alguna cualidad propia d[e] algo. ‖ **2.** Imperfección en algo o en alguien. ‖ **3.** pl. *Imp[r.]* Pliegos que sobran o faltan en el número completo de [la] tirada. ‖ **en ~ de.** LOC. PREPOS. A falta de algo, especial[-] mente de algún requisito. ‖ **en su ~.** LOC.ADV. A falt[a] de la persona o cosa de que se habla, especialmente d[e] algún requisito. ‖ **por ~. I.** LOC.ADJ. **1.** Dicho de un[a] inexactitud: Que no llega al límite que debiera. ‖ **II.** LOC[.] ADV. **2.** *Inform.* Dicho de seleccionar una opción: De ma[-] nera automática si no se elige otra.

defectuoso, sa. ADJ. Imperfecto o falto de algo.

defender. I. TR. **1.** Amparar, librar, proteger. U. t. c. prnl. || **2.** Mantener, conservar, sostener algo contra el dictamen ajeno. *Sigue defendiendo sus extrañas teorías.* || **3.** Abogar, alegar en favor de alguien. *Su abogado la defendió mal.* || **II.** PRNL. **4.** Gozar de una cierta holgura económica. ¶ MORF. conjug. c. *entender.*

defendido, da. PART. de **defender.** || ADJ. Se dice de la persona a quien defiende un abogado. U. t. c. s.

defenestración. F. Acción y efecto de defenestrar.

defenestrar. TR. **1.** Arrojar a alguien por una ventana. || **2.** Destituir o expulsar a alguien de un puesto, cargo, situación, etc.

defensa. I. F. **1.** Acción y efecto de defender o defenderse. || **2.** Arma, instrumento u otra cosa con que alguien se defiende. || **3.** Amparo, protección, socorro. *Fuimos en su defensa.* || **4.** Obra de fortificación que sirve para defender una plaza, un campamento, etc. U. m. en pl. || **5.** Mecanismo natural por el que un organismo se protege de agresiones externas. U. t. en pl. con el mismo significado que en sing. *Está muy bajo de defensas.* || **6. línea defensiva.** || **7.** *Der.* Razón o motivo que se alega en juicio para contradecir o desvirtuar la pretensión del demandante. || **8.** *Der.* Abogado defensor del litigante o del reo. U. m. en pl. cuando hay varios reos en el mismo juicio. || **9.** *Méx.* parachoques. || **10.** pl. Colmillos del elefante, cuernos del toro, etc. || **11.** pl. *Mar.* Pedazos de cable viejo, rollo de esparto, pedazo de madera corto y grueso, etc., que se cuelgan del costado de la embarcación para que este no se lastime durante las faenas de meter efectos a bordo o sacarlos, o en las atracadas a muelles, escolleras, embarcaciones, etc. || **II.** COM. **12.** Cada uno de los jugadores que forman la línea defensiva. || **~ personal.** F. Técnica de defensa sin armas, con recursos de boxeo, lucha y artes marciales. || **legítima ~.** F. *Der.* Actuación en defensa de una persona o de los derechos propios o ajenos, en respuesta proporcionada a un ataque ilegítimo. Es circunstancia eximente de responsabilidad penal. □ V. **mecanismo de ~.**

defensión. F. Protección, defensa.

defensiva. a la ~. LOC.ADV. **1.** En estado de defenderse, sin querer acometer ni ofender al enemigo. || **2.** En actitud recelosa y con temor de ser agredido física o moralmente.

defensivo, va. ADJ. **1.** Que sirve para defender, reparar o resguardar. *Baluarte defensivo.* || **2.** Perteneciente o relativo a la defensa. *Errores defensivos.* □ V. **arma ~, línea ~.**

defensor, ra. ADJ. Que defiende o protege. *Política defensora de los derechos humanos.* Apl. a pers., u. t. c. s. || **~ del pueblo.** M. y F. Persona comisionada por un parlamento para velar por los derechos fundamentales de los ciudadanos ante los organismos gubernamentales. || **~ del menor.** M. y F. *Der.* Persona que en algunos ordenamientos tiene asignada la función de proteger a los menores cuando sus derechos se ven amenazados o les son desconocidos. || **defensor del vínculo.** M. *Der.* El que en los procesos canónicos matrimoniales o sobre nulidad del matrimonio, defiende la validez de este.

defensoría. F. **1.** *Am.* Ministerio o ejercicio de defensor. || **2.** *Am.* Oficina del defensor.

defeño, ña. ADJ. **1.** Natural de la ciudad de México o del Distrito Federal. U. t. c. s. || **2.** Perteneciente o relativo a la ciudad de México o al Distrito Federal.

deferencia. F. Muestra de respeto o de cortesía.

deferente. ADJ. Respetuoso, cortés. *Trato deferente.* □ V. **conducto ~.**

deferir. TR. **1.** Dicho de una autoridad: Remitir una decisión a otra. || **2.** Comunicar, dar parte de la jurisdicción o poder. ¶ MORF. conjug. c. *sentir.*

deficiencia. F. defecto (|| imperfección). || **~ mental.** F. Funcionamiento intelectual inferior a lo normal que se manifiesta desde la infancia y está asociado a desajustes en el comportamiento.

deficiente. ADJ. **1.** Falto o incompleto. *Deficiente oxigenación de la sangre.* || **2.** Que tiene algún defecto o que no alcanza el nivel considerado normal. *Organización deficiente.* || **3. subnormal.** U. t. c. s.

déficit. M. **1.** En el comercio, descubierto que resulta comparando el haber o caudal existente con el fondo o capital puesto en la empresa. || **2.** En la Administración pública, parte que falta para levantar las cargas del Estado, reunidas todas las cantidades destinadas a cubrirlas. || **3.** Falta o escasez de algo que se juzga necesario. *El enfermo tiene déficit de glóbulos rojos. La ciudad tiene déficit de viviendas.* || MORF. pl. **déficits.** || **~ presupuestario,** o **~ público.** M. El referido a los presupuestos del Estado u otras entidades públicas.

deficitario, ria. ADJ. Que implica déficit.

definición. F. **1.** Acción y efecto de definir. || **2.** Proposición que expone con claridad y exactitud los caracteres genéricos y diferenciales de algo material o inmaterial. || **3.** Decisión o determinación de una duda, pleito o contienda, por autoridad legítima. *Las definiciones del Concilio. Las definiciones del papa.* || **4.** Nitidez con que se perciben los detalles de una imagen observada mediante instrumentos ópticos, o bien de la formada sobre una película fotográfica o pantalla de televisión.

definido. □ V. **artículo ~.**

definidor, ra. I. ADJ. **1.** Que define o determina. *Rasgo definidor.* Apl. a pers., u. t. c. s. || **II.** M. **2.** Cada uno de los religiosos que, con el prelado principal, forman el definitorio, para gobernar la orden y resolver los casos más graves. || **definidor general.** M. Religioso que concurre con el general de la orden para el gobierno de toda ella. || **definidor provincial.** M. Religioso que solo asiste en una provincia.

definir. I. TR. **1.** Fijar con claridad, exactitud y precisión la significación de una palabra o la naturaleza de una persona o cosa. U. t. c. prnl. || **2.** Decidir, determinar, resolver algo dudoso. *Todavía no ha definido su postura.* U. t. c. prnl. || **II.** PRNL. **3.** Adoptar con decisión una actitud.

definitivo, va. ADJ. Que decide, resuelve o concluye. *Solución definitiva.* || **en definitiva.** LOC.ADV. En conclusión, en fin de cuentas.

definitorio, ria. I. ADJ. **1.** Que sirve para definir o diferenciar. *Características definitorias.* || **II.** M. **2.** Cuerpo que, con el general o provincial de una orden, componen para regirla los religiosos definidores generales o provinciales. || **3.** Junta o congregación que celebran los definidores.

deflación. F. *Econ.* Descenso del nivel de precios, debido, generalmente, a una fase de depresión económica o a otras causas.

deflacionario, ria. ADJ. **1.** *Econ.* Perteneciente o relativo a la deflación. *Etapa deflacionaria.* || **2.** *Econ.* Que tiende a producirla. *Política deflacionaria.*

deflacionista. ADJ. deflacionario.

deflactar. TR. *Econ.* Transformar valores monetarios nominales en otros expresados en monedas de poder adquisitivo constante.

deflactor. M. *Econ.* Coeficiente utilizado para la operación de deflactar.

deflagración. F. Acción y efecto de deflagrar.

deflagrar. INTR. Dicho de una sustancia: Arder súbitamente con llama y sin explosión.

deflexión. F. *Fís.* Desviación de la dirección de una corriente.

defoliación. F. *Agr.* Caída prematura de las hojas de los árboles y plantas, producida por enfermedad, contaminación ambiental o acción humana.

defoliante. ADJ. *Agr.* Que provoca la caída artificial de las hojas de las plantas. Apl. a un producto, u. t. c. s. m.

defoliar. TR. *Agr.* Provocar la caída artificial de las hojas de las plantas. MORF. conjug. c. *anunciar.*

deforestación. F. Acción y efecto de deforestar.

deforestar. TR. Despojar un terreno de plantas forestales.

deformación. F. Acción y efecto de deformar. || **~ profesional.** F. Hábito de hacer o pensar ciertas cosas debido a la profesión que se ejerce.

deformador, ra. ADJ. Que deforma. Apl. a pers., u. t. c. s.

deformante. ADJ. Que deforma. *Espejo deformante.* □ V. artrosis ~.

deformar. TR. **1.** Hacer que algo pierda su forma regular o natural. *Deformar unos zapatos.* U. t. c. prnl. || **2.** tergiversar. *Deformar la realidad.*

deforme. ADJ. Desproporcionado o irregular en la forma.

deformidad. F. **1.** Cualidad de deforme. || **2.** Cosa deforme.

defraudación. F. Acción y efecto de defraudar.

defraudador, ra. ADJ. Que defrauda. Apl. a pers., u. t. c. s.

defraudar. TR. **1.** Eludir o burlar el pago de los impuestos o contribuciones. *Defraudó millones a Hacienda.* || **2.** Frustrar, desvanecer la confianza o la esperanza que se ponía en alguien o en algo. *Su última película me ha defraudado.* || **3.** Privar a alguien, con abuso de su confianza o con infidelidad a las obligaciones propias, de lo que le toca de derecho. ¶ MORF. conjug. c. *causar.*

defunción. F. Muerte de una persona.

degeneración. F. **1.** Acción y efecto de degenerar. || **2.** *Biol.* Deterioro estructural o funcional de células o tejidos. || **3.** *Med.* Pérdida progresiva de la normalidad psíquica y moral y de las reacciones nerviosas de un individuo a consecuencia de las enfermedades adquiridas o hereditarias.

degenerado, da. PART. de **degenerar.** || ADJ. Dicho de una persona: De condición mental y moral anormal o depravada, acompañada por lo común de peculiares estigmas físicos. U. t. c. s.

degenerante. ADJ. Que degenera. *Sonido degenerante.*

degenerar. INTR. **1.** Dicho de una persona o de una cosa: Decaer, desdecir, declinar, no corresponder a su primera calidad o a su primitivo valor o estado. || **2.** Dicho de una persona: Decaer de la antigua nobleza de sus antepasados, no corresponder a las virtudes de sus mayores o a las que ella tuvo en otro tiempo. || **3.** *Biol.* Dicho de una célula o de un tejido: Deteriorarse estructural o funcionalmente.

degenerativo, va. ADJ. Que causa o produce degeneración. □ V. atrofia ~.

degenere. M. *Méx.* Deterioro, decaimiento.

deglución. F. Acción y efecto de deglutir.

deglutir. TR. Tragar los alimentos y, en general, hacer pasar de la boca al estómago cualquier sustancia sólida o líquida. U. t. c. intr.

deglutorio, ria. ADJ. Perteneciente o relativo a la deglución. *Trastornos deglutorios.*

degollación. F. Acción y efecto de degollar.

degolladero. M. **1.** Sitio destinado para degollar las reses. || **2.** hist. Tablado o cadalso que se hacía para degollar a un delincuente. || **llevar** a alguien **al ~.** LOC.VERB. coloq. Ponerle en gravísimo riesgo.

degollado. □ V. ojos de carnero ~.

degollador, ra. ADJ. Que degüella. Apl. a pers., u. t. c. s.

degollar. TR. **1.** Cortar la garganta o el cuello a una persona o animal. || **2.** Destruir, arruinar. *Los recientes sucesos degollaron sus esperanzas.* ¶ MORF. conjug. c. *contar.*

degollina. F. **matanza** (|| acción y efecto de matar).

degradación. F. Acción y efecto de degradar.

degradador, ra. ADJ. degradante. Apl. a pers., u. t. c. s.

degradante. ADJ. Que degrada. *Tratos degradantes.*

degradar. TR. **1.** Privar a alguien de las dignidades, honores, empleos o privilegios que tiene. || **2.** Reducir o desgastar las cualidades inherentes a alguien o algo. *Los vertidos tóxicos degradan el medioambiente.* || **3.** Humillar, rebajar, envilecer. U. t. c. prnl. *Su nivel de vida se degradó por completo.* || **4.** *Pint.* Disminuir el tamaño y viveza del color de las figuras de un cuadro, según la distancia a que se suponen colocadas. || **5.** *Quím.* Transformar una sustancia compleja en otra de constitución más sencilla.

degüello. M. Acción de degollar. || **a ~.** LOC.ADV. Sin dar cuartel.

degustación. F. Acción de degustar.

degustador, ra. M. y F. Persona que degusta con deleite.

degustar. TR. **1.** Probar o catar, generalmente con deleite, alimentos o bebidas. || **2.** Saborear y percibir con deleite otras sensaciones agradables. *Degustar una buena novela.*

dehesa. F. Tierra generalmente acotada y por lo común destinada a pastos.

dehiscencia. F. **1.** *Anat.* Apertura natural o espontánea de un órgano. || **2.** *Bot.* Acción de abrirse naturalmente las anteras de una flor o el pericarpio de un fruto, para dar salida al polen o a la semilla.

dehiscente. ADJ. *Bot.* Dicho de un fruto: Cuyo pericarpio se abre naturalmente para que salga la semilla.

deicida. ADJ. Se dice de quienes dieron muerte a Jesucristo. U. t. c. s.

deicidio. M. Crimen del deicida.

deíctico, ca. **I.** ADJ. **1.** *Ling.* Perteneciente o relativo a la deixis. *Función deíctica.* || **II.** M. **2.** *Ling.* Elemento gramatical que realiza una deixis.

deidad. F. **1.** Ser divino o esencia divina. || **2.** Cada uno de los dioses de las diversas religiones.

deificación. F. Acción y efecto de deificar o deificarse.

deificar. **I.** TR. **1.** divinizar (|| hacer o suponer divino a alguien o algo). || **2.** Divinizar algo por medio de la participación de la gracia. || **3.** Ensalzar excesivamente a alguien. || **II.** PRNL. **4.** Dicho del alma: En la teología mística, unirse íntimamente con Dios en el éxtasis, y transformarse en Él por participación, no de esencia, sino de gracia.

deífico, ca. ADJ. Perteneciente o relativo a Dios.

deísmo. M. Doctrina que reconoce un dios como autor de la naturaleza, pero sin admitir revelación ni culto externo.

deísta. ADJ. Que profesa el deísmo. U. t. c. s.

deitano, na. ADJ. **1.** hist. Natural de Deitania. U. t. c. s. || **2.** hist. Perteneciente o relativo a esta región de la Hispania Tarraconense, comprendida en su mayor parte en la actual provincia de Murcia.

de iure. (Locución latina). LOC. ADV. Por virtud o por ministerio del derecho o de la ley. Se contrapone a *de facto,* de hecho.

deixis o **deíxis.** F. *Ling.* Señalamiento que se realiza mediante ciertos elementos lingüísticos que muestran, como *este, esa;* que indican una persona, como *yo, vosotros;* o un lugar, como *allí, arriba;* o un tiempo, como *ayer, ahora.* El señalamiento puede referirse a otros elementos del discurso o presentes solo en la memoria. *Invité a tus hermanos y a tus primos, pero estos no aceptaron. Aquellos días fueron magníficos.* || ~ **anafórica.** F. *Ling.* La que se produce mediante anáfora. || ~ **catafórica.** F. *Ling.* La que se produce mediante catáfora.

dejación. F. **1.** Acción y efecto de dejar. || **2.** *Der.* Cesión, desistimiento, abandono de bienes, acciones, etc.

dejada. F. **1.** En algunos deportes, especialmente el tenis, acción y efecto de dejar caer la pelota suavemente, de manera que bote muy poco y resulte muy difícil devolverla. || **2.** *Méx.* Viaje en vehículo, especialmente en taxi.

dejadez. F. Pereza, negligencia, abandono de sí mismo o de las cosas propias.

dejado, da. PART. de **dejar.** || ADJ. Flojo y negligente, que no cuida de su conveniencia o aseo.

dejar. **I.** TR. **1.** Soltar algo. *Deja las bolsas en la mesa.* || **2.** Hacer que alguien o algo queden en un lugar al no sujetarlos o vigilarlos. *Voy a dejar a los niños en la guardería.* || **3.** Retirarse o apartarse de algo o de alguien. *No dejó a Tomás en toda la tarde.* || **4.** Consentir, permitir, no impedir. *Sus padres no lo dejaron ir a la fiesta.* || **5.** Valer, producir ganancia. *Aquel negocio le dejó mil euros.* || **6.** Desamparar, abandonar. *Ha dejado a su novio.* || **7.** Encargar, encomendar. *Dejó la casa al cuidado de su hijo.* || **8.** Faltar, ausentarse. *Dejé la ciudad.* || **9.** Dicho de una persona: Disponer u ordenar algo al ausentarse o partir, para que sea utilizado después o para que otro lo atienda en su ausencia. || **10.** No inquietar, perturbar ni molestar. *Déjame en paz.* || **11.** Nombrar, designar. *Murió sin dejar herederos.* || **12.** Dicho de la persona que se ausenta o de la que hace testamento: Dar algo a otra persona. || **13.** **prestar** (|| entregar algo a alguien temporalmente, para que lo utilice y después lo restituya). || **14.** Abandonar, no proseguir una actividad. *Ha dejado los estudios.* U. t. c. prnl. || **15. olvidar** (|| dejar de tener en la memoria). U. t. c. prnl. *Se dejó las gafas en la cafetería.* || **16.** Se usa como verbo auxiliar, unido a algunos participios pasivos, para explicar una precaución o provisión acerca de lo que el participio significa. *Dejar dicho, escrito.* || **17.** Se usa como verbo auxiliar, con algunos participios pasivos y adjetivos, para expresar un resultado. *Dejar asombrado, convencido, inútil.* || **II.** INTR. **18.** Interrumpir una acción. *Dejar de fumar. Dejar*

de hablar. || **III.** PRNL. **19.** Abandonarse, descuidarse por desánimo o pereza. || **20.** Se usa como verbo auxiliar, unido a algunos infinitivos, para indicar el modo especial de suceder o ejecutarse lo que significa el verbo que se le une. *Dejarse querer, sentir, beber.* || ~ **aparte.** LOC. VERB. Omitir parte de un discurso por pasar a otro más urgente. || ~ **atrás** a alguien o algo. LOC. VERB. Adelantarlo, aventajarlo. || ~ a alguien **bizco.** LOC. VERB. coloq. Causarle asombro. || ~ **caer.** LOC. VERB. Decir algo con intención oculta. || ~ **correr** algo. LOC. VERB. Permitirlo, tolerarlo o disimularlo. || ~ a alguien **plantado.** LOC. VERB. **1.** Abandonarlo. || **2.** coloq. **dar un plantón.** || ~ alguien o algo **que desear.** LOC. VERB. Ser defectuoso, imperfecto, faltarle mucho para alcanzar la perfección. *El mapa deja* MUCHO *que desear. La higiene de la ciudad deja* BASTANTE *que desear.* || ~**se caer.** LOC. VERB. **1.** Decir algo con intención, pero con disimulo. || **2.** coloq. Insinuar algo como al descuido. || **3.** coloq. Presentarse inesperadamente. || **4.** coloq. Ceder por causa de una calamidad o un contratiempo, aflojar en un empeño o pretensión por las dificultades que se encuentran. || ~ a alguien **seco.** LOC. VERB. coloq. dejarlo muerto en el acto. || ~**se llevar.** LOC. VERB. Tener voluntad débil para seguir la propia opinión. || ~**se ver.** LOC. VERB. **1.** Dicho de lo que estaba oculto o retirado: Descubrirse, aparecer. || **2.** Concurrir a una casa o a una reunión: *No la hemos visto últimamente por aquí; déjese usted ver.* || ~ a alguien **tirado.** LOC. VERB. coloq. Abandonarlo a su suerte. || ~ **vivir.** LOC. VERB. No importunar a los demás ni entrometerse en sus asuntos. || **no** ~ **de.** EXPR. Se usa seguido de infinitivo para afirmar por lítotes, a veces irónica, lo que el infinitivo y sus posibles complementos expresan. *Eso no deja de tener gracia* (eso tiene gracia). || **no me dejará mentir.** EXPR. coloq. Se usa para afirmar algo, atestiguando con alguien que lo sabe ciertamente o con otra cosa que lo prueba.

dejazón. F. *Am. Cen.* dejadez.

deje. M. **1.** dejo (|| modo particular de la voz). || **2.** dejo (|| acento peculiar).

dejo. M. **1.** Modo particular de pronunciación y de inflexión de la voz que acusa un estado de ánimo transitorio o peculiar del hablante. || **2.** Acento peculiar del habla de determinada región. || **3.** Gusto o sabor que queda de la comida o bebida. || **4.** Placer o disgusto que queda después de una acción.

de jure. (Locución latina). LOC. ADV. **de iure.**

del. CONTRACC. De el. *La naturaleza del hombre,* por *la naturaleza de el hombre. Del águila,* por *de el águila.*

delación. F. Acusación, denuncia.

delantal. M. **1.** Prenda de vestir que, atada a la cintura, se usa para cubrir la delantera de la falda, y por analogía, el que usan algunos artesanos, los criados, los camareros y los niños. || **2.** Prenda de cuero o tela fuerte, que, colgada del cuello, sirve en ciertos oficios para proteger la ropa desde lo alto del pecho hasta por debajo de las rodillas. || **3.** Prenda exterior de tela ligera que cubre el cuerpo desde el cuello hasta el muslo o la rodilla y que llevan los niños, los empleados, los dependientes, etc., para proteger la ropa en la escuela o en el trabajo.

delante. ADV. L. **1.** Con prioridad de lugar, en la parte anterior o en sitio detrás del cual hay alguien o algo. || **2.** enfrente. || ~ **de.** LOC. PREPOS. **1.** A la vista, en presencia de. *Cubrirse delante del rey. Decir algo delante de* *testigos.* ‖ **2. frente a** (‖ enfrente de). *Delante de la puerta.*

delantera. F. **1.** Parte anterior de algo. *Delantera de un automóvil.* ‖ **2.** En algunos recintos de espectáculos, fila primera de ciertas zonas. ‖ **3.** Espacio o distancia con que alguien se adelanta o anticipa a otra persona en el camino. ‖ **4. línea delantera.** ‖ **5.** coloq. Pechos de la mujer. ‖ **6.** *Esp.* Localidad de la fila delantera. ‖ **7.** pl. **zahón.** ‖ **coger,** o **ganar, la ~** a alguien. LOCS.VERBS. **1.** Adelantarlo cuando se compite en velocidad. ‖ **2.** Aventajarlo, ponérsele delante. ‖ **3.** Anticipársele en una acción. ‖ **llevar la ~.** LOC.VERB. Ir delante de otro. ‖ **tomar la ~.** LOC.VERB. **coger la delantera.**

delantero, ra. I. ADJ. **1.** Que está o va delante. ‖ **II.** M. y F. **2.** En el fútbol y otros deportes, jugador que forma parte de la línea delantera. ‖ **III.** M. **3.** En una prenda de vestir, pieza que forma la parte anterior. ‖ **4.** En los partidos de pelota por parejas, jugador que hace los saques y actúa en los primeros cuadros del frontón. ‖ **~ centro.** M. y F. En fútbol y otros deportes, jugador que ocupa el centro de la línea delantera. □ V. **cuarto ~, línea ~.**

delatador, ra. ADJ. Que **delata** (‖ descubre o pone de manifiesto algo oculto).

delatar. I. TR. **1.** Revelar a la autoridad un delito, designando al autor para que sea castigado, y sin ser parte obligada del juicio el denunciador, sino por su voluntad. ‖ **2.** Descubrir, poner de manifiesto algo oculto y por lo común reprochable. *Su actitud delataba una soberbia intolerable.* ‖ **II.** PRNL. **3.** Dicho de una persona: Hacer patente su intención involuntariamente.

delator, ra. ADJ. Denunciador, acusador. Apl. a pers., u. t. c. s.

delco. (Del acrónimo inglés de *Dayton Engineering Laboratories Company*; marca reg.). M. *Mec.* En los motores de explosión, aparato distribuidor que hace llegar por turno la corriente de alto voltaje a cada una de las bujías.

dele. M. *Impr.* En las pruebas de imprenta, signo con que el corrector indica al margen que ha de quitarse una palabra, letra o nota.

deleble. ADJ. Que puede borrarse o se borra fácilmente. *Tinta deleble.*

delectación. F. deleite. ‖ **~ morosa.** F. Complacencia deliberada en un objeto o pensamiento prohibido, sin ánimo de ponerlo por obra.

delegación. F. **1.** Acción y efecto de delegar. ‖ **2.** Cargo de delegado. ‖ **3.** Oficina del delegado. ‖ **4.** Conjunto o reunión de delegados. ‖ **5.** *Méx.* Circunscripción política y administrativa dentro de una ciudad. ‖ **6.** *Méx.* Edificio que ocupan las autoridades de una delegación. ‖ **~ legislativa.** F. *Der.* La que acuerda el poder legislativo en favor del Gobierno para que este dicte normas con rango de ley mediante decreto legislativo.

delegado, da. PART. de **delegar.** ‖ ADJ. Dicho de una persona: En quien se delega una facultad o jurisdicción. U. t. c. s.

delegar. TR. Dicho de una persona: Dar la jurisdicción que tiene por su dignidad u oficio a otra, para que haga sus veces o para conferirle su representación. *Delegó en su hijo la decisión sobre el futuro de la empresa.* U. t. c. intr. *Después de su último infarto, prefirió delegar más en su socio.*

delegatorio, ria. ADJ. Que delega, o encierra alguna delegación. *Proyecto delegatorio.*

deleitable. ADJ. deleitoso.

deleitación. F. deleite.

deleitar. TR. Producir deleite. U. t. c. prnl. MORF. conjug c. *peinar.*

deleite. M. **1.** Placer del ánimo. ‖ **2.** Placer sensual

deleitoso, sa. ADJ. Que causa deleite.

deletéreo, a. ADJ. Mortífero, venenoso. U. t. en sent fig. *Una deletérea influencia.*

deletrear. TR. Pronunciar aislada y separadamente las letras de una o más palabras.

deletreo. M. Acción de deletrear.

deleznable. ADJ. **1.** Despreciable, de poco valor. *Argu mento deleznable.* ‖ **2.** Poco durable, inconsistente, de poca resistencia. *Plástico deleznable.* ‖ **3.** Que se rompe disgrega o deshace fácilmente. *Piedra deleznable.*

délfico, ca. ADJ. Perteneciente o relativo a la ciuda griega de Delfos o al oráculo de Apolo en Delfos.

delfín[1]. M. Cetáceo piscívoro, de dos y medio a tres me tros de largo, oscuro por encima, blanquecino por de bajo, de cabeza voluminosa, ojos pequeños y pestañoso boca muy grande, dientes cónicos en ambas mandíbulas hocico delgado y agudo, y una sola abertura nasal. Viv en los mares templados y tropicales.

delfín[2]. M. **1.** hist. Primogénito del rey de Francia. ‖ **2** Sucesor, designado o probable, de un político o de una personalidad importante.

delfina. F. hist. Mujer del delfín de Francia.

delfinario. M. Establecimiento destinado a la exhibi ción de delfines vivos.

delgadez. F. Cualidad de delgado.

delgado, da. ADJ. **1.** Flaco, de pocas carnes. ‖ **2.** Tenue de poco espesor. *Delgada capa de chocolate.* ‖ **3.** Delicado suave. *Voz delgada.* □ V. **intestino ~.**

deliberación. F. Acción y efecto de deliberar.

deliberado, da. PART. de **deliberar.** ‖ ADJ. Voluntario intencionado, hecho a propósito. *Acción deliberada.*

deliberante. ADJ. **1.** Que delibera. *Reunión meramente deliberante.* Apl. a pers., u. t. c. s. ‖ **2.** Dicho de una junta o de una corporación: Que toma por mayoría de voto acuerdos que trascienden a la vida de la colectividad co eficacia ejecutiva.

deliberar. I. INTR. **1.** Considerar atenta y detenida mente el pro y el contra de los motivos de una decisión antes de adoptarla, y la razón o sinrazón de los votos an tes de emitirlos. ‖ **II.** TR. **2.** Resolver algo con premedi tación.

deliberativo, va. ADJ. Perteneciente o relativo a la de liberación. *Clima político deliberativo.*

delicadez. F. delicadeza.

delicadeza. F. **1.** finura. ‖ **2.** Atención y exquisito mi ramiento con las personas o las cosas, en las obras o en las palabras. ‖ **3.** Ternura, suavidad. ‖ **4. escrupulosi dad.**

delicado, da. ADJ. **1.** Fino, atento, suave, tierno. ‖ **2** Débil, flaco, delgado, enfermizo. ‖ **3.** Quebradizo, fáci de deteriorarse. *Vaso, color delicado.* ‖ **4.** Sabroso, rega lado, gustoso. *Manjar delicado.* ‖ **5.** Difícil, expuesto a contingencias. *Punto delicado. Materia delicada.* ‖ **6** Primoroso, fino, exquisito. *Delicada decoración.* ‖ **7** Bien parecido, agraciado. *Rostro delicado. Facciones de licadas.* ‖ **8.** Suspicaz, fácil de resentirse o enojarse. ‖ **9** Que procede con escrupulosidad o miramiento.

delicia. F. **1.** Placer muy intenso del ánimo. ‖ **2.** Place sensual muy vivo. ‖ **3.** Persona o cosa que causan deli cia. *Este niño es la delicia de sus padres.*

delicioso, sa. ADJ. Capaz de causar delicia, muy agradable. *Noche deliciosa.*

delictivo, va. ADJ. **1.** Perteneciente o relativo al delito. *Tipificación delictiva.* ‖ **2.** Que implica delito o tiene carácter de delito. *Acto delictivo.*

delictual. ADJ. **delictivo.**

delictuoso, sa. ADJ. **delictivo.**

delicuescencia. F. Cualidad de delicuescente.

delicuescente. ADJ. **1.** Dicho principalmente de una costumbre o de un estilo literario o artístico: Inconsistentes, sin vigor, decadentes. ‖ **2.** *Quím.* Que tiene la propiedad de atraer la humedad del aire y disolverse lentamente.

delimitación. F. Acción y efecto de delimitar.

delimitador, ra. ADJ. Que delimita. *Fronteras delimitadoras.*

delimitar. TR. Determinar o fijar con precisión los límites de algo.

delincuencia. F. **1.** Acción de delinquir. ‖ **2.** Conjunto de delitos, en general o referidos a un país, época o especialidad en ellos. ‖ **3.** Colectividad de delincuentes.

delincuencial. ADJ. Perteneciente o relativo a la delincuencia. *Conducta delincuencial.*

delincuente. ADJ. Que delinque. U. m. c. s.

delineación. F. Acción y efecto de delinear.

delineamento. M. **delineación.**

delineante. COM. Persona que tiene por oficio trazar planos.

delinear. TR. Trazar las líneas de una figura.

delinquir. INTR. Cometer delito. □ V. **proposición para ~.**

deliquio. M. Éxtasis, arrobamiento.

delirante. ADJ. **1.** Dicho de una persona: Que delira. U. t. c. s. ‖ **2.** Producido por un delirio o propio de él, disparatado. *Una fantasía delirante.*

delirar. INTR. **1.** Desvariar, tener perturbada la razón por una enfermedad o una pasión violenta. ‖ **2.** Decir o hacer despropósitos o disparates.

delirio. M. **1.** Acción y efecto de delirar. ‖ **2.** *Psicol.* Confusión mental caracterizada por alucinaciones, reiteración de pensamientos absurdos e incoherencia. ‖ **~ de grandezas.** M. Actitud de la persona que se manifiesta con apariencia muy superior a la que realmente le corresponde. ‖ **~ paranoide.** M. *Psicol.* Síndrome atenuado de la paranoia caracterizado por egolatría, manía persecutoria, suspicacia y agresividad. ‖ **con ~.** LOC.ADV. con locura.

delírium trémens. (Locución latina). M. Delirio caracterizado por una gran agitación y alucinaciones, que sufren los alcohólicos crónicos. MORF. pl. invar. *Los delírium trémens.*

delito. M. **1.** Culpa, quebrantamiento de la ley. ‖ **2.** Acción o cosa reprobable. *Comer tanto es un delito. Es un delito gastar tanto en un traje.* ‖ **3.** *Der.* Acción u omisión voluntaria o imprudente penada por la ley. ‖ **~ de sangre.** F. *Der.* El que causa lesión corporal grave o muerte. □ V. **cuerpo del ~.**

delta. I. F. **1.** Cuarta letra del alfabeto griego (Δ, δ), que corresponde a *d* latina. ‖ **2.** *Mat.* Símbolo (–) de la diferencia entre dos valores próximos de una magnitud. ‖ **II.** M. **3.** Terreno comprendido entre los brazos de un río en su desembocadura.

deltaico, ca. ADJ. Perteneciente o relativo al delta. *Llanuras deltaicas.*

deltano, na. ADJ. **1.** Natural de Delta Amacuro. U. t. c. s. ‖ **2.** Perteneciente o relativo a este estado de Venezuela.

deltoides. ADJ. *Anat.* Se dice del músculo propio de los mamíferos, de forma triangular, que en el hombre va desde la clavícula al omóplato y cubre la articulación de este con el húmero. U. t. c. s. m.

delusión. F. ilusión (‖ concepto o imagen sin verdadera realidad).

delusivo, va. ADJ. engañoso.

demacración. F. Acción y efecto de demacrar.

demacrado, da. PART. de **demacrar.** ‖ ADJ. Que muestra demacración. *Rostro demacrado.*

demacrar. TR. Enflaquecer, hacer perder carnes por causa física o moral. U. t. c. prnl.

demagogia. F. **1.** Práctica política consistente en ganarse con halagos el favor popular. ‖ **2.** Degeneración de la democracia, consistente en que los políticos, mediante concesiones y halagos a los sentimientos elementales de los ciudadanos, tratan de conseguir o mantener el poder.

demagógico, ca. ADJ. Perteneciente o relativo a la demagogia o al demagogo. *Términos demagógicos.*

demagogo, ga. I. ADJ. **1.** Que practica la demagogia. U. t. c. s. ‖ **II.** M. y F. **2.** Orador revolucionario que intenta ganar influencia mediante discursos que agiten a la plebe. ‖ **3.** hist. Cabeza o caudillo de una facción popular.

demanda. F. **1.** Súplica, petición, solicitud. *No atendió sus demandas.* ‖ **2.** busca (‖ acción de buscar). *Escribir es ir en demanda de un conocimiento que solo la palabra conquista.* ‖ **3.** Intento o propósito de hacer algo. *Morir en la demanda.* ‖ **4.** *Com.* pedido (‖ encargo de géneros). ‖ **5.** *Der.* Petición que el litigante que inicia un proceso formula y justifica en el juicio. ‖ **6.** *Der.* Escrito con el que normalmente se inicia un proceso y en el que, exponiendo los hechos y los fundamentos de derecho que se crean aplicables, se solicita del juez un pronunciamiento favorable a una determinada pretensión. ‖ **7.** *Econ.* Cuantía global de las compras de bienes y servicios realizados o previstos por una colectividad. ‖ **~s y respuestas.** F. pl. Altercados y disputas que ocurren en un asunto. ‖ **contestar la ~** el demandado. LOC.VERB. *Der.* Oponerse a las pretensiones del actor. □ V. **contestación a la ~.**

demandadero, ra. M. y F. **1.** Persona destinada para hacer los recados de las monjas fuera del convento, o de los presos fuera de la cárcel. ‖ **2.** Persona que hace los recados de una casa y no vive en ella.

demandado, da. PART. de **demandar.** ‖ M. y F. *Der.* Persona a quien se pide algo en juicio.

demandador, ra. ADJ. Que demanda o pide. Apl. a pers., u. t. c. s.

demandante. I. ADJ. **1.** Que demanda. *La parte demandante.* Apl. a pers., u. t. c. s. ‖ **II.** COM. **2.** *Der.* Persona que demanda o pide una cosa en juicio.

demandar. TR. **1.** Pedir, rogar. *Demandan soluciones.* ‖ **2.** preguntar: *¿Quién lo demanda?* ‖ **3.** *Der.* Entablar demanda.

demanial. ADJ. Perteneciente o relativo al dominio público. *Bienes demaniales.*

demarcación. F. **1.** Acción y efecto de demarcar. ‖ **2.** Terreno demarcado. ‖ **3.** En las divisiones territoriales, parte comprendida en cada jurisdicción.

demarcador, ra. ADJ. Que demarca. Apl. a pers., u. t. c. s.

demarcar. TR. Delinear, señalar los límites o confines de un país o terreno, especialmente de las concesiones mineras.

demarraje. M. *Dep.* Acción y efecto de demarrar.

demarrar. INTR. *Dep.* En ciclismo, acelerar la marcha para dejar atrás el pelotón.

demás. I. ADJ. **1.** Se usa precedido de los artículos *lo, la, los, las,* con el sentido de 'lo otro, la otra, los otros o los restantes, las otras'. *LO, LA, LOS, LAS demás.* || **II.** ADJ. INDEF. **2.** Otras personas o cosas. *Estaban Antonio Y demás compañeros.* U. t. c. pron. *Había libros, cuadernos Y demás.* || **III.** ADV. C. **3. además.** || **por ~.** LOC. ADV. **1.** Con exceso. || **2.** En vano, sin utilidad. || **por lo ~.** LOC. ADV. Por lo que hace relación a otras consideraciones. *He querido probarle que no se conduce como debe; por lo demás, yo no estoy enojado con él.*

demasía. F. **1.** exceso. *Prefiero pecar por demasía.* || **2.** atrevimiento (|| acción y efecto de atreverse a algo arriesgado). || **3.** Insolencia, descortesía, desafuero. || **en ~.** LOC. ADV. Con exceso.

demasiadamente. ADV. C. **demasiado.**

demasiado, da. I. ADJ. **1.** Que es en demasía, o tiene demasía. *Demasiada humedad.* U. t. c. pron. *En cuanto a los libros, ya te dije que habías comprado demasiados.* || **II.** ADV. C. **2.** Con exceso. *Come demasiado.*

demencia. F. **1.** Locura, trastorno de la razón. || **2.** *Med.* y *Psicol.* Deterioro progresivo e irreversible de las facultades mentales que causa graves trastornos de conducta. *Demencia senil.*

demenciado, da. ADJ. Que padece **demencia** (|| deterioro de las facultades mentales). U. t. c. s.

demencial. ADJ. **1.** Perteneciente o relativo a la demencia. *Síndrome demencial.* || **2.** Caótico, absurdo, incomprensible. *Precios demenciales.*

demente. ADJ. **1.** Loco, falto de juicio. U. t. c. s. || **2.** Que padece **demencia** (|| deterioro de las facultades mentales). U. t. c. s.

demeritar. TR. *Am.* Empañar, quitar mérito.

demérito. M. **1.** Falta de mérito. || **2.** Acción, circunstancia o cualidad por la cual se desmerece.

demiúrgico, ca. ADJ. **1.** *Fil.* Perteneciente o relativo al demiurgo. *Mito demiúrgico.* || **2.** *Fil.* Propio o característico de él. *Explicación demiúrgica.*

demiurgo. M. **1.** *Fil.* En la filosofía platónica, divinidad que crea y armoniza el universo. || **2.** *Fil.* En la filosofía de los gnósticos, alma universal, principio activo del mundo.

demo. AMB. Versión demostrativa de un programa informático o de una grabación musical utilizada con fines de promoción. En América, u. m. c. m.

democracia. F. **1.** Doctrina política según la cual la soberanía reside en el pueblo, que ejerce el poder por medio de representantes elegidos por sufragio universal. || **2.** Sistema de gobierno fundado en esta doctrina. || **~ cristiana.** F. Movimiento político que aúna los principios democráticos con algunos postulados de la doctrina y el pensamiento social cristianos. || **~ orgánica.** F. Sistema de gobierno que, en España, sustituía el pluralismo sindical y político por la propuesta de una cohesión nacional fundada en la familia, el municipio y los sindicatos verticales. || **~ popular.** F. Sistema de gobierno de los regímenes políticos de inspiración marxista.

demócrata. ADJ. Partidario de la democracia. U. t. c. s.

democratacristiano, na. ADJ. **democristiano.** Apl a pers., u. t. c. s. MORF. pl. **democratacristianos.**

democrático, ca. ADJ. Perteneciente o relativo a la democracia. *Elecciones democráticas.*

democratización. F. Acción y efecto de democratizar.

democratizador, ra. ADJ. Que democratiza o persigue la democratización. *Proceso democratizador.*

democratizar. TR. Hacer demócratas a las personas o democráticas las cosas. U. t. c. prnl.

democristiano, na. I. ADJ. **1.** Perteneciente o relativo al movimiento político conocido como Democracia Cristiana en Italia y otros afines en distintos países. *Electorado democristiano.* || **II.** M. y F. **2.** Persona que profesa esta ideología.

demodé. ADJ. Pasado de moda. *Peinado demodé.*

demodular. TR. *Electr.* Extraer la información contenida en una señal modulada.

demografía. F. Estudio estadístico de una colectividad humana, referido a un determinado momento o a su evolución.

demográfico, ca. ADJ. Perteneciente o relativo a la demografía. *Densidad demográfica.*

demógrafo, fa. M. y F. Persona que ejerce la demografía o tiene en ella especiales conocimientos.

demoledor, ra. ADJ. Que demuele. Apl. a pers., u. t. c. s.

demoler. TR. Deshacer, derribar, dejar en ruinas. MORF. conjug. c. *mover.*

demolición. F. Acción y efecto de demoler.

demoníaco, ca o **demoniaco, ca.** ADJ. **1.** Perteneciente o relativo al demonio. *Rituales demoníacos.* || **2.** endemoniado (|| poseído). U. t. c. s.

demonio. M. **1.** diablo (|| ángel rebelado). || **2.** diablo (|| príncipe de los ángeles rebelados). *EL demonio.* || **3.** En la doctrina cristiana, uno de los tres enemigos del alma. || **4.** Espíritu que incita al mal. || **5.** Sentimiento u obsesión persistente y torturadora. *El demonio de los celos. Los demonios interiores.* || **6.** En la Antigüedad, genio o ser sobrenatural. *El demonio de Sócrates.* || **7.** coloq. Persona muy perversa, traviesa o hábil. *Tu cuñada es el demonio. Esos niños son el mismísimo demonio.* || **~s familiares.** M. pl. Rasgos que se consideran como defectos u obsesiones, propios de un grupo social o de una persona. || **a ~s. I.** LOC. ADJ. **1.** coloq. Dicho de un olor o de un sabor: Muy malo o desagradable. || **II.** LOC. ADV. **2.** coloq. Muy mal. *Huele, sabe a demonios.* || **cómo ~s.** LOC. INTERJ. **qué diablos.** || **como un ~.** LOC. ADV. coloq. Con exceso, más de lo habitual. *Es feo como un demonio.* || **del ~,** o **de mil ~s.** LOCS. ADJS. coloqs. Extraordinario, tremendo. *Hace un frío del demonio.* || **~ demonios.** INTERJS. diablo. || **llevarse** a alguien **el ~,** o **los ~s,** o **todos los ~s.** LOCS. VERBS. Encolerizarse o irritarse mucho. || **ponerse** alguien **como un ~,** o **hecho un ~.** LOCS. VERBS. llevarse el demonio. || **qué ~s.** LOC. INTERJ. **qué diablos.** || **tener el ~,** o **los ~s, en el cuerpo.** LOCS. VERBS. coloqs. Ser excesivamente inquieto o travieso.

demonismo. M. Creencia en el demonio u otros seres maléficos.

demonología. F. Estudio sobre la naturaleza y cualidades de los demonios.

demonológico, ca. ADJ. Perteneciente o relativo a la demonología. *Tradiciones demonológicas.*

demonólogo, ga. M. y F. Especialista en demonología.

demonomanía. F. Manía que padece quien se cree poseído del demonio.

demontre. M. coloq. eufem. demonio (‖ ángel rebelado). ‖ **demontre, o demontres.** INTERJS. eufems. **demonio.**

demora. F. **1.** Tardanza, dilación. ‖ **2.** hist. En la América colonial, temporada de ocho meses que debían trabajar los indios en las minas. ‖ **3.** Der. Tardanza en el cumplimiento de una obligación desde que es exigible. ‖ **4.** Mar. Dirección o rumbo en que se halla u observa un objeto, con relación a la de otro dado o conocido. ☐ V. **intereses de ~.**

demorar. I. TR. **1.** retardar. *Demoró excesivamente la entrega del informe.* ‖ **II.** INTR. **2.** Detenerse o entretenerse en una parte. *Podemos demorar allí un rato.* U. t. c. prnl. ‖ **3.** Tardar en hacer una cosa. U. t. c. prnl. *Se demoró en llegar porque había mucho tráfico.* ‖ **4.** Mar. Dicho de un objeto: Corresponder a un rumbo o dirección determinada, respecto a otro lugar o al sitio desde donde se observa.

demorón, na. ADJ. Á. Andes. lento (‖ tardo o pausado).

demoroso, sa. ADJ. Chile. lento (‖ tardo o pausado). Apl. a pers., u. t. c. s.

demoscopia. F. Estudio de las opiniones, aficiones y comportamiento humanos mediante sondeos de opinión.

demoscópico, ca. ADJ. Perteneciente o relativo a la demoscopia. *Estudio demoscópico.*

demostración. F. **1.** Acción y efecto de demostrar. ‖ **2.** Ostentación o manifestación pública de fuerza, poder, riqueza, habilidad, etc. ‖ **3.** Fil. Prueba de algo, partiendo de verdades universales y evidentes. ‖ **4.** Fil. Comprobación, por hechos ciertos o experimentos repetidos, de un principio o de una teoría. ‖ **5.** Fil. Fin y término del procedimiento deductivo.

demostrador, ra. ADJ. Que demuestra. Apl. a pers., u. t. c. s.

demostrar. TR. **1.** Manifestar, declarar. *Demuestra mucho valor.* ‖ **2.** Probar, sirviéndose de cualquier género de demostración. *No llegó a demostrar con datos la validez de sus afirmaciones.* ‖ **3.** Fil. Mostrar, hacer ver que una verdad particular está comprendida en otra universal, de la que se tiene entera certeza. ¶ MORF. conjug. c. contar.

demostrativo, va. I. ADJ. **1.** Que demuestra. *Ejemplo demostrativo.* ‖ **II.** M. **2.** Gram. pronombre demostrativo. ☐ V. **adjetivo ~, adverbio ~, pronombre ~.**

demótico, ca. I. ADJ. **1.** Se dice de la escritura del antiguo Egipto, cuya forma simplificada hierática era propia de la casta sacerdotal. ‖ **II.** M. **2.** Variedad hablada de la lengua griega moderna.

demudar. TR. Cambiar repentinamente el color, el gesto o la expresión del semblante. U. t. c. prnl.

denar. M. Unidad monetaria de la Antigua República Yugoslava de Macedonia.

denario. M. **1.** hist. Moneda romana de plata, equivalente a diez ases o cuatro sestercios. ‖ **2.** hist. Moneda romana de oro, que valía 100 sestercios.

dendrita. F. **1.** Concreción mineral que en forma de ramas de árbol suele presentarse en las fisuras y juntas de las rocas. ‖ **2.** Biol. Prolongación ramificada de una célula nerviosa, mediante la que esta recibe estímulos externos. ‖ **3.** Ingen. Cristal metálico, producido generalmente por solidificación y caracterizado por una estructura parecida a la de un árbol de muchas ramas.

dendrítico, ca. ADJ. Con forma de dendrita. *Arborización dendrítica.*

denegación. F. Acción y efecto de denegar. ‖ **~ de auxilio.** F. Delito que se comete desobedeciendo de manera injustificada un requerimiento de la autoridad o eludiendo sin excusa legal una función o un cargo públicos.

denegar. I. TR. **1.** No conceder lo que se pide o solicita. ‖ **II.** INTR. **2.** Decir que no, especialmente con gestos. ¶ MORF. conjug. c. acertar.

denegatorio, ria. ADJ. Que incluye denegación. *Resolución denegatoria.*

denegrido, da. ADJ. De color que tira a negro.

dengoso, sa. ADJ. melindroso.

dengue¹. M. **1.** Melindre que consiste en afectar delicadezas, males y, a veces, disgusto de lo que más se quiere o desea. ‖ **2.** Esclavina de paño, usada por las mujeres, que llega hasta la mitad de la espalda, se cruza por el pecho, y las puntas se sujetan detrás del talle. ‖ **3.** Med. Enfermedad febril, epidémica y contagiosa, que se manifiesta por dolores de los miembros y un exantema semejante al de la escarlatina.

dengue². M. **1.** Chile. Planta herbácea, ramosa, de hojas opuestas, ovaladas y carnosas, y flores inodoras, rojas, amarillas o blancas, pedunculadas en haces terminales que se marchitan al menor contacto. ‖ **2.** Chile. Flor de esta planta.

denigración. F. Acción y efecto de denigrar.

denigrador, ra. ADJ. Que denigra. Apl. a pers., u. t. c. s.

denigrante. ADJ. Que denigra. *Trato denigrante.*

denigrar. TR. **1.** Desacreditar, ofender la opinión o fama de alguien. *Denigraron al monarca hasta hacerle abdicar.* ‖ **2.** injuriar. *En este libro se denigra a los habitantes del lugar.*

denigrativo, va. ADJ. Que denigra. *Escrito denigrativo. Palabra denigrativa.*

denigratorio, ria. ADJ. Perteneciente o relativo a la denigración. *Informaciones denigratorias.*

denodado, da. ADJ. Intrépido, esforzado, atrevido. *Lucha denodada.*

denominación. F. Nombre, título o sobrenombre con que se distinguen las personas y las cosas. ‖ **~ de origen.** F. denominación oficial asignada a ciertos productos como garantía de su procedencia y calidad.

denominador, ra. I. ADJ. **1.** Que denomina. *Palabra denominadora de una realidad.* ‖ **II.** M. **2.** Mat. En las fracciones, número que expresa las partes iguales en que una cantidad se considera dividida. ‖ **3.** Mat. En los cocientes de dos expresiones o términos, el que actúa como divisor. ‖ **denominador común, o común denominador.** M. **1.** Mat. Respecto a un conjunto de quebrados, número múltiplo de todos los denominadores. ‖ **2.** Carácter o cualidad que comparten un conjunto de personas o cosas.

denominar. TR. Nombrar, señalar o distinguir con un título particular a alguien o algo. U. t. c. prnl.

denominativo, va. ADJ. Que implica o denota denominación.

denostable. ADJ. vituperable.

denostación. F. denuesto.

denostador, ra. ADJ. Que injuria o agravia de palabra. U. t. c. s.

denostar. TR. Injuriar gravemente, infamar de palabra. MORF. conjug. c. contar.

denotación. F. Acción y efecto de denotar.

denotar. TR. **1.** Indicar, anunciar, significar. *Su actitud denota falta de confianza.* ‖ **2.** *Ling.* Dicho de una palabra o de una expresión: Significar objetivamente. Se opone a *connotar.*

denotativo, va. ADJ. **1.** Que denota. *Término denotativo.* ‖ **2.** Perteneciente o relativo a la denotación. *Aspecto denotativo.*

densidad. F. **1.** Cualidad de denso. ‖ **2. densidad de población.** ‖ **3.** *Fís.* Magnitud que expresa la relación entre la masa y el volumen de un cuerpo. Su unidad en el Sistema Internacional es el *kilogramo por metro cúbico* (kg/m³). ‖ **4.** *Fotogr.* En una emulsión fotográfica, ennegrecimiento de la imagen, proporcional a la cantidad de luz a la que esta ha sido expuesta. ‖ **~ de población.** F. Número de individuos de la misma especie que viven por unidad de superficie.

densificación. F. Acción y efecto de densificar.

densificar. TR. Hacer denso algo. U. t. c. prnl.

densimetría. F. *Fís.* Medida de la densidad.

densímetro. M. *Fís.* Instrumento que sirve para determinar la densidad o el peso específico de los líquidos o de los sólidos.

densitometría. F. **1.** *Ópt.* Medida del grado de absorción lumínica por un medio transparente según la intensidad de la luz que transmite o refleja. ‖ **2.** *Med.* Aplicación de esta técnica para determinar el contenido de calcio en los huesos.

denso, sa. ADJ. **1.** Compacto, apretado, espeso. *Densa niebla.* ‖ **2.** Que contiene mucha masa con respecto a su volumen. *Sopa muy densa.* ‖ **3.** De mucho contenido o profundidad en poco espacio. *Libro denso.*

dentado, da. PART. de **dentar.** ‖ ADJ. Que tiene dientes, o puntas parecidas a ellos. *Superficie dentada.* ▢ V. **hoja ~, rueda ~.**

dentadura. F. Conjunto de dientes, muelas y colmillos que tiene en la boca una persona o un animal.

dental. ADJ. **1.** Perteneciente o relativo a los dientes. *Higiene dental.* ‖ **2.** *Fon.* Dicho de una consonante: Que se articula aplicando o acercando la lengua a la cara interior de los incisivos superiores; p. ej., la *t.* U. t. c. s. f. ▢ V. **protésico, ca ~.**

dentar. TR. Formar dientes a algo, como a la hoz, la sierra, etc. MORF. conjug. c. *acertar.*

dentario, ria. ADJ. Perteneciente o relativo a los dientes. ▢ V. **caries ~, fórmula ~, pulpa ~.**

dente. al ~. LOC.ADJ. Dicho de los tallarines, los macarrones, etc.: Cocidos de manera que conserven una cierta consistencia. U. t. c. loc. adv.

dentellada. F. **1.** Acción de mover la mandíbula con alguna fuerza sin mascar cosa alguna. ‖ **2.** Herida que dejan los dientes en la parte donde muerden. *Tiene una dentellada en el brazo.* ‖ **a ~s.** LOC.ADV. Con los dientes. *Morder, herir, romper a dentelladas.*

dentellado, da. ADJ. Que tiene dientes.

dentellear. TR. Mordiscar, clavar los dientes.

dentera. F. Sensación desagradable que se experimenta en los dientes y encías al comer sustancias agrias o acerbas, oír ciertos ruidos desagradables, tocar determinados cuerpos y aun con solo el recuerdo de estas cosas.

dentición. F. **1.** Acción y efecto de echar la dentadura. ‖ **2.** Tiempo en que se echa. ‖ **3.** *Zool.* Clase y número de dientes que caracterizan a un animal mamífero, según la especie a que pertenece.

denticulado, da. ADJ. *Arq.* Que tiene dentículos. *Bordes denticulados.*

denticular. ADJ. Con forma de dientes. *Llantas denticulares.*

dentículo. M. *Arq.* Cada uno de los adornos con forma de paralelepípedo rectángulo que, formando fila, se colocan en la parte superior del friso del orden jónico y en algunos otros elementos arquitectónicos. ‖ **~ dérmico.** M. *Zool.* Órgano tegumentario, especie de placa pequeña, con una punta saliente muy dura, recubierta por una sustancia análoga al esmalte dentario que, en lugar de escamas, desarrollan algunos peces, como los tiburones y las rayas.

dentífrico, ca. ADJ. Dicho de polvos, pastas, aguas, etc.: Que se usan para limpiar y mantener sana la dentadura. U. t. c. s. m.

dentina. F. Marfil de los dientes.

dentirrostro, tra. ADJ. *Zool.* Se dice de los pájaros cuyo pico tiene un saliente en forma de diente más o menos visible en el extremo de la mandíbula superior; p. ej., el cuervo y el tordo.

dentista. COM. Persona profesionalmente dedicada a cuidar la dentadura, reponer artificialmente sus faltas y curar sus enfermedades. ▢ V. **mecánico ~.**

dentistería. F. **1.** *Am. Mer.* odontología. ‖ **2.** *Á. Caribe.* Consultorio del dentista.

dentoalveolar. ADJ. *Fon.* Dicho de una consonante: Cuya articulación requiere que la lengua toque los incisivos y los alvéolos. U. t. c. s. f.

dentón, na. I. ADJ. **1.** coloq. **dentudo.** ‖ **II.** M. **2.** Pez teleósteo marino, del suborden de los Acantopterigios, de unos ocho decímetros de largo, cabeza, ojos y boca grandes, dientes cónicos en ambas mandíbulas y dos o tres de los centrales muy salientes, cuerpo comprimido, de color azulado por el lomo, argentado por los costados y vientre, aletas rojizas y cola ahorquillada. Es de carne blanca y comestible y abunda en el Mediterráneo.

dentro. ADV. L. **1.** En la parte interior de un espacio o término real o imaginario. *Se frota por dentro.* ‖ **2.** En el ámbito de la conciencia. *Me ha salido de dentro.* ‖ **a ~.** LOC.ADV. **adentro.** ‖ **~ de.** LOC. PREPOS. **1.** Se usa para indicar el término de un período de tiempo visto desde la perspectiva del presente. *Dentro de dos meses.* ‖ **2.** En el interior de un espacio real o imaginario. *Dentro de un cajón. Dentro del alma.* ‖ **~ o fuera.** EXPR. coloq. Se usa para incitar a alguien a tomar una resolución. ‖ **por de ~.** LOC.ADV. Por dentro.

dentudo, da. ADJ. Que tiene dientes desproporcionados. *Niño dentudo.*

denuedo. M. Brío, esfuerzo, valor.

denuesto. M. Injuria grave de palabra o por escrito.

denuncia. F. **1.** Acción y efecto de denunciar. ‖ **2.** *Der.* Documento en que se da noticia a la autoridad competente de la comisión de un delito o de una falta.

denunciador, ra. I. ADJ. **1.** Que denuncia. *Artículo denunciador. Periodista denunciador.* ‖ **II.** M. y F. **2. denunciante.**

denunciante. I. ADJ. **1.** Que denuncia. *Síntoma denunciante de una enfermedad. Entidad denunciante.* ‖ **II.** COM. **2.** *Der.* Persona que hace una denuncia ante los tribunales o ante la Administración.

denunciar. TR. **1.** Noticiar, avisar. *La letra irregular denuncia la alteración del pulso.* ‖ **2.** Participar o declarar oficialmente el estado ilegal, irregular o inconveniente de algo. *La asociación de vecinos denunció la falta de limpieza de su barrio.* || **3.** *Der.* Dar a la autoridad judicial o administrativa parte o noticia de una actuación ilícita o de un suceso irregular. || **4.** *Der.* Dicho de una de las partes: Notificar la rescisión de un contrato, la terminación de un tratado, etc. ¶ Morf. conjug. c. *anunciar.*

denunciatorio, ria. ADJ. Perteneciente o relativo a la denuncia. *Alegación denunciatoria.*

denuncio. M. *Am.* denuncia.

deontología. F. Conjunto de los deberes relacionados con el ejercicio de determinadas profesiones.

deontológico, ca. ADJ. Perteneciente o relativo a la deontología. *Código deontológico.*

deparador, ra. ADJ. Que depara.

deparar. TR. Suministrar, proporcionar, conceder. *El azar me deparó la ayuda necesaria.*

departamental. ADJ. Perteneciente o relativo a un departamento ministerial, universitario o a una división de territorio. *Estructura departamental.*

departamento. M. **1.** Cada una de las partes en que se divide un territorio cualquiera, un edificio, un vehículo, una caja, etc. || **2.** Ministerio o ramo de la Administración pública. *Departamento de Justicia.* || **3.** Distrito a que se extiende la jurisdicción o mando de un capitán general de Marina. || **4.** En las universidades, unidad administrativa de docencia e investigación, formada por una o varias cátedras de intereses afines. *Departamento de Historia.* || **5. piso** (|| vivienda). || **6.** En algunos países de América, **provincia** (|| división de un territorio sujeta a una autoridad administrativa). □ V. **tienda por ~s.**

departir. INTR. Hablar, conversar.

depauperación. F. **1.** Acción y efecto de depauperar. || **2.** *Med.* Debilitación del organismo, enflaquecimiento, extenuación.

depauperar. TR. **1. empobrecer.** || **2.** *Med.* Debilitar, extenuar. U. m. c. prnl.

dependencia. F. **1.** Subordinación a un poder mayor. || **2. drogodependencia.** || **3.** Relación de origen o conexión. || **4.** Sección o colectividad subordinada a un poder. || **5.** Oficina pública o privada, dependiente de otra superior. || **6.** En un comercio, conjunto de dependientes. || **7.** Cada habitación o espacio dedicados a los servicios de una casa. *Aire acondicionado en cada una de las dependencias.* || **8.** *Der.* Situación de una persona que no puede valerse por sí misma. || **9.** *Med.* y *Psicol.* Necesidad compulsiva de alguna sustancia, como alcohol, tabaco o drogas, para experimentar sus efectos o calmar el malestar producido por su privación.

depender. INTR. **1.** Estar subordinado a una autoridad o jurisdicción. *Depender DE la juez. Depender DE la realeza.* || **2.** Producirse o ser causado o condicionado por alguien o algo. *Mi fortuna dependía DE las apuestas.* || **3.** Estar o quedar al arbitrio de una voluntad. *Depender DE un capricho.* || **4.** Vivir de la protección de alguien, o estar atenido a un recurso solo. *Depender DE un pariente rico. Depender DE mi sueldo.* || **5.** *Gram.* Dicho de un elemento gramatical: Estar subordinado a otro, servirle de complemento o ser regido por él. || **depende, o eso depende.** EXPRS. coloqs. Se usan para indicar que solo se comparte lo enunciado por el interlocutor si se cumplen determinadas condiciones.

dependienta. F. En una tienda, empleada que tiene a su cargo atender a los clientes.

dependiente. I. ADJ. **1.** Que depende. *Carácter dependiente.* || **II.** COM. **2.** En una tienda, empleado que tiene a su cargo atender a los clientes. || **III.** M. **3.** Persona que sirve a otra o es subalterna de una autoridad.

depilación. F. Acción y efecto de depilar.

depilar. TR. **1.** Arrancar el pelo o el vello para dejar libre de él la piel que cubre. U. t. c. prnl. || **2.** Hacerlo desaparecer mediante sustancias depilatorias, electricidad o rayos X. U. t. c. prnl.

depilatorio, ria. ADJ. Dicho de una untura o de otro medio: Que se emplean para hacer caer el pelo o el vello. U. t. c. s. m.

deplorable. ADJ. **1.** Que merece ser deplorado. *Vicio deplorable.* || **2.** Desastroso, detestable. *Situación deplorable.*

deplorar. TR. Sentir viva y profundamente un suceso.

deponente. I. ADJ. **1.** Que **depone** (|| declara ante una autoridad). U. t. c. s. || **II.** M. **2.** *Gram.* **verbo deponente.**

deponer. I. TR. **1.** Dejar, separar, apartar de sí. *Deponer las armas.* || **2.** Privar a alguien de su empleo, o degradarlo de los honores o dignidad que tenía. *Fue depuesto por un golpe militar.* || **3.** Afirmar, atestiguar, aseverar. *Pedro depone que ha visto lo ocurrido.* || **4.** *Der.* Declarar ante una autoridad judicial. || **II.** INTR. **5. mover el vientre.** ¶ Morf. conjug. c. *poner;* part. irreg. **depuesto.**

deportación. F. Acción y efecto de deportar.

deportar. TR. Desterrar a alguien a un lugar, por lo regular extranjero, y confinarlo allí por razones políticas o como castigo.

deporte. M. **1.** Actividad física, ejercida como juego o competición, cuya práctica supone entrenamiento y sujeción a normas. || **2.** Recreación, pasatiempo, placer, diversión o ejercicio físico, por lo común al aire libre. || **~ de aventura.** M. El que consiste en la práctica de una actividad física, a veces arriesgada, desarrollada en espacios naturales. || **~ de riesgo.** M. El que consiste en la práctica de una actividad física que supone un gran peligro. || **por ~.** LOC.ADV. Por gusto, de manera desinteresada. U. t. en sent. irón. □ V. **pantalón de ~, zapatilla de ~.**

deportista. COM. **1.** Persona que por afición o profesionalmente practica algún deporte. || **2.** Persona aficionada a los deportes o entendida en ellos. U. t. c. adj.

deportivas. F. pl. *Esp.* zapatillas de deporte.

deportividad. F. Proceder **deportivo** (|| ajustado a las normas de corrección). U. t. en sent. fig. *Sobrelleva las críticas con deportividad.*

deportivo, va. I. ADJ. **1.** Perteneciente o relativo al deporte. *Prensa deportiva.* || **2.** Que sirve o se utiliza para practicar un deporte. *Instalaciones deportivas.* || **3.** Ajustado a normas de corrección semejantes a las que deben observarse en el deporte. *Comportamiento deportivo.* || **4.** Dicho de la ropa y de la forma de vestir: Cómoda e informal. Se usa en oposición a *de vestir.* || **II.** M. **5. automóvil deportivo.** □ V. **ciudad ~, puerto ~, zapatilla ~.**

deposición[1]**.** F. **1.** Exposición o declaración que se hace de algo. || **2.** Privación o degradación de empleo o dignidad.

deposición[2]**.** F. **1.** Acción y efecto de deponer. || **2.** Evacuación de vientre.

depositante. ADJ. Que **deposita** (|| pone bienes o cosas de valor bajo custodia). Apl. a pers., u. t. c. s.

depositar. I. TR. 1. Poner bienes u objetos de valor bajo la custodia o guarda de persona física o jurídica que quede en la obligación de responder de ellos cuando se le pidan. *Depositó los títulos en la caja de seguridad.* || 2. Encomendar, confiar a alguien algo. *Depositar la confianza EN alguien.* || 3. Colocar un cadáver provisionalmente en un lugar apropiado hasta que se le dé sepultura. || 4. Colocar algo en un sitio determinado y por tiempo indefinido. *Depositó las cenizas en la urna.* || 5. sedimentar (|| dejar sedimento). *La reacción deposita partículas sólidas.* || 6. Poner, dejar, colocar. *Depositó el paquete en el suelo.* U. t. c. prnl. *El polvo en suspensión se deposita en los muebles.* || II. PRNL. 7. Dicho de una materia: Separarse del líquido en el que está en suspensión, cayendo al fondo.

depositaría. F. 1. Lugar donde se hacen los depósitos. || 2. Tesorería u oficina del depositario que tiene a su cargo los caudales de una depositaría.

depositario, ria. I. ADJ. 1. Perteneciente o relativo al depósito. *Entidad depositaria.* || 2. Que contiene o encierra algo. *Cajones depositarios.* || II. M. y F. 3. Persona en quien se deposita algo. || 4. Persona que tiene a su cargo los bienes de una depositaría. || **depositario general.** M. hist. El que tenía a su cargo el oficio o empleo público que había en algunas ciudades y villas para custodiar caudales de menores, redenciones de censos, etc., que se depositaban en arcas.

depósito. M. 1. Acción y efecto de depositar. *Pendiente de depósito.* || 2. Cosa depositada. *Hizo un depósito de 1000 euros.* || 3. Lugar o recipiente donde se deposita. *Depósito de agua.* || 4. Sedimento de un líquido. *Depósito lacustre.* || 5. **depósito de cadáveres.** || 6. Der. Contrato por el que alguien se compromete a guardar algo por encargo de otra persona. || 7. Mil. Organismo adscrito a una zona de reclutamiento, en el cual quedan concentrados los reclutas que por diversas causas no pueden ir inmediatamente al servicio activo. || ~ **de cadáveres.** M. Lugar, generalmente provisto de refrigeración, donde se depositan los cadáveres que, por motivo de investigación científica o judicial, no pueden ser enterrados en el tiempo habitual. || ~ **franco.** M. Lugar donde se sitúan mercancías importadas que pueden permanecer libres de derechos de aduanas hasta el momento de reexportarlas. || ~ **judicial.** M. Der. El que se practica haciendo depositario al juez. || ~ **legal.** M. En la legislación española, provisión de cierto número de ejemplares de una obra literaria, musical, etc., con ocasión de su publicación, al centro correspondiente por parte del autor o de sus editores. || **en** ~. LOC.ADJ. Dicho de una mercancía: Entregada para su exposición y eventual venta. U. t. c. loc. adv. □ V. **contrato de** ~.

depravación. F. Acción y efecto de depravar.

depravado, da. PART. de depravar. || ADJ. Demasiado viciado en las costumbres. U. t. c. s.

depravar. TR. Viciar, adulterar, pervertir, especialmente a alguien. U. m. c. prnl.

depre. I. ADJ. 1. coloq. Dicho de una persona o de su carácter: depresivos (|| que sufren depresión). || II. F. 2. coloq. **depresión** (|| síndrome caracterizado por una tristeza profunda).

deprecación. F. 1. Ruego, súplica, petición. || 2. Ret. Figura que consiste en dirigir un ruego o súplica ferviente.

deprecante. ADJ. Que ruega, pide, suplica con eficacia o instancia. Apl. a pers., u. t. c. s.

deprecativo, va. ADJ. Perteneciente o relativo a la deprecación. *Escrito deprecativo.*

deprecatorio, ria. ADJ. deprecativo.

depreciación. F. Disminución del valor o precio de algo, con relación al que antes tenía o comparándolo con otras cosas de su clase.

depreciar. TR. Disminuir o rebajar el valor o precio de algo. U. t. c. prnl. MORF. conjug. c. *anunciar.*

depredación. F. Acción y efecto de depredar.

depredador, ra. ADJ. Que depreda. Apl. a pers. o animales, u. t. c. s.

depredar. TR. 1. Robar, saquear con violencia y destrozo. *Depredar una población.* || 2. Dicho de un animal: Cazar a otros de distinta especie para su subsistencia.

deprender. TR. aprender.

depresión. F. 1. Acción y efecto de deprimir o deprimirse. || 2. En un terreno u otra superficie, concavidad de alguna extensión. || 3. Período de baja actividad económica general, caracterizado por desempleo masivo, deflación, decreciente uso de recursos y bajo nivel de inversiones. || 4. **depresión atmosférica.** || 5. Psicol. Síndrome caracterizado por una tristeza profunda y por la inhibición de las funciones psíquicas, a veces con trastornos neurovegetativos. || ~ **atmosférica.** F. Meteor. Zona de baja presión atmosférica. || ~ **barométrica.** Descenso de la columna indicadora de la presión del aire en el barómetro. || ~ **de horizonte.** F. Mar. Ángulo formado en el ojo del observador por las líneas horizontal y tangente a la superficie del mar.

depresivo, va. ADJ. 1. Perteneciente o relativo a la depresión. *Síntomas depresivos.* || 2. Que deprime el ánimo. *Película depresiva.* || 3. Dicho de una persona o de su carácter: Que sufren depresión o son propensos a ella. Apl. a pers., u. t. c. s. □ V. **psicosis maníaco-depresiva.**

depresor, ra. I. ADJ. 1. Que deprime (|| hunde). *Acción depresora.* || II. M. 2. Med. Instrumento, como el que se aplica a la base de la lengua para dejar libre la cavidad faríngea, usado para **deprimir** (|| hundir).

deprimente. ADJ. depresivo (|| que deprime el ánimo).

deprimido, da. PART. de deprimir. || ADJ. 1. Que sufre decaimiento del ánimo. || 2. Económicamente decaído, empobrecido o atrasado. *Los sectores más deprimidos de la población.* || 3. Que padece un síndrome de depresión. U. t. c. s. || 4. Zool. Aplastado en sentido dorsoventral, o sea del plano frontal; p. ej., la cabeza del pejesapo o el cuerpo de la raya y el torpedo.

deprimir. I. TR. 1. Producir decaimiento del ánimo. U. t. c. prnl. *No te deprimas.* || 2. Hundir alguna parte de un cuerpo. *Deprimir el abdomen.* || II. PRNL. 3. Dicho de un cuerpo: Disminuir su volumen o cambiar de forma por virtud de algún hundimiento parcial. *Se deprime por el centro formando un embudo.* || 4. Dicho de una superficie o de una línea: Aparecer baja con referencia a las inmediatas. *La meseta se deprime.* || 5. Med. Padecer un síndrome de depresión.

deprisa. ADV. M. Con celeridad, presteza o prontitud. || ~ **y corriendo.** LOC.ADV. Con la mayor celeridad, de manera atropellada, sin detención o pausa alguna.

de profundis. (Locución latina). M. 1. Salmo penitencial. ORTOGR. Escr. con may. inicial. *Rezaron el De profundis.* || 2. Acto de cantarlo o rezarlo.

depuesto, ta. PART. IRREG. de **deponer.**

depuración. F. Acción y efecto de depurar.

depurado, da. PART. de **depurar.** || ADJ. Pulido, trabajado, elaborado cuidadosamente. *Lenguaje depurado.*

depurador, ra. ADJ. Que depura. Apl. a pers., u. t. c. s.

depuradora. F. Aparato o instalación para depurar o limpiar algo, especialmente las aguas.

depurar. TR. **1.** Limpiar, purificar. U. t. c. prnl. *Con este tratamiento se depura el organismo.* || **2.** Rehabilitar en el ejercicio de su cargo a quien por causas políticas estaba separado o en suspenso. || **3.** Someter a un funcionario a expediente para sancionar su conducta política. || **4.** Eliminar de un cuerpo, organización, partido político, etc., a los miembros considerados disidentes. *Fue depurado por oponerse a la línea política de los dirigentes.*

depurativo, va. ADJ. *Med.* Dicho de un medicamento: Que purifica el organismo y, principalmente, la sangre. U. t. c. s. m.

dequeísmo. M. *Gram.* Empleo indebido de *de que* cuando el régimen verbal no lo admite; p. ej., *°Le dije de que viniera.*

dequeísta. ADJ. Que incurre en el dequeísmo. Apl. a pers., u. t. c. s.

derbi. M. **1.** Competición hípica, especialmente aquella que se celebra anualmente y en la que corren ejemplares de pura sangre de tres años de edad. || **2.** Encuentro, por lo común futbolístico, entre dos equipos cuyos seguidores mantienen constante rivalidad, casi siempre por motivos regionales o localistas.

derecera. F. *Am.* derechera.

derecha. F. **1. mano derecha.** || **2.** Parte derecha de algo o de alguien. *Las butacas de la derecha están reservadas.* || **3.** Dirección correspondiente al lado derecho. *Tuerza por la primera a la derecha.* || **4.** En las asambleas parlamentarias, conjunto de representantes de los partidos conservadores. || **5.** Conjunto de personas que profesan ideas conservadoras. || **a ~s.** LOC. ADV. **1.** Con acierto, con destreza, con justicia. *No hago nada a derechas.* || **2.** Dicho de avanzar con movimiento helicoidal: Hacia la derecha, girando en el mismo sentido que las manecillas de un reloj. *El tornillo va a derechas.* || **de ~, o de ~s.** LOCS. ADJS. **derechista.**

derechamente. ADV. M. **1. en derechura.** *Caminó derechamente hacia la hoguera.* || **2.** Con prudencia, discreción, destreza y justicia. || **3.** De manera directa, a las claras.

derechazo. M. **1.** Golpe fuerte dado con el puño o con el pie derechos. || **2.** *Taurom.* Pase de muleta dado con la mano derecha.

derechera. F. Vía o senda derecha, a distinción de la que da un rodeo.

derechero, ra. ADJ. Justo, recto, arreglado. *Leyes derecheras.*

derechismo. M. Conjunto de principios y doctrinas de la derecha política.

derechista. **I.** ADJ. **1.** Perteneciente o relativo a la derecha política. *Ofensiva derechista. Filas derechistas.* || **2.** Propio o característico de la derecha política. *Ideología derechista.* || **II.** COM. **3.** Persona que profesa los ideales de la derecha política.

derechito. ADV. M. coloq. **derecho** (|| derechamente).

derecho, cha. **I.** ADJ. **1.** Recto, igual, seguido, sin torcerse a un lado ni a otro. *Esta pared no está derecha.* || **2.** directo (|| que va sin detenerse en puntos intermedios).

Id derechos al asunto. || **3.** Dicho de una parte del cuerpo humano: Que está situada en el lado opuesto al del corazón. *Los diestros utilizan la mano derecha.* || **4.** Que está situado en el lado opuesto al del corazón del observador. *Al transitar por el camino, acércate a la orilla derecha.* || **5.** Que cae hacia la parte derecha de un objeto. *El jardín que hay a la parte derecha de la casa.* || **6.** Dicho de lo que hay en una cosa que se mueve: Que está en su parte derecha o cae hacia ella, según el sentido de su marcha o avance. *El faro derecho del autobús. La orilla derecha del río.* || **II.** M. **7.** Facultad del ser humano para hacer legítimamente lo que conduce a los fines de su vida. *Reclama tus derechos.* || **8.** Facultad de hacer o exigir todo aquello que la ley o la autoridad establece en nuestro favor, o que el dueño de una cosa nos permite en ella. *Tengo derecho a entrar en mi casa.* || **9.** Conjunto de facultades y obligaciones que derivan del estado de una persona, o de sus relaciones con respecto a otras. *El derecho del padre. Los derechos de la amistad.* || **10.** Conjunto de principios y normas, expresivos de una idea de justicia y de orden, que regulan las relaciones humanas en toda sociedad y cuya observancia puede ser impuesta de manera coactiva. || **11.** Ciencia que estudia estos principios y preceptos. || **12.** Lado de una tela, papel, tabla, etc., en el cual, por ser el que ha de verse, aparecen la labor y el color con la perfección conveniente. || **13.** Cantidad que se paga, según un arancel, por la utilización de cosas o servicios de una administración pública, corporativa o privada. U. m. en pl. *Derechos aduaneros.* || **III.** ADV. M. **14. derechamente.** *Caminaron derecho hacia el monte.* || **~ administrativo.** M. Parte del ordenamiento jurídico que regula las Administraciones públicas, su organización y sus servicios, así como sus relaciones con los ciudadanos. || **~ adquirido.** M. El que una determinada persona tiene en virtud de una ley y que ha de ser respetado por la legislación posterior. U. m. en pl. || **derecho al pataleo.** M. coloq. Última y vana actitud de protesta que adopta o puede adoptar quien se siente defraudado en sus derechos. || **~ canónico.** M. Ordenamiento que regula la organización de la Iglesia católica y las facultades y obligaciones de sus miembros. || **derecho civil.** M. El que regula las relaciones privadas de los ciudadanos entre sí. || **derecho común.** M. **1.** hist. derecho romano reelaborado por los glosadores y posglosadores, que se aplicaba durante la Edad Media en toda Europa. || **2.** En España, derecho civil general, por oposición a los derechos autonómicos o forales. || **3.** derecho civil, por oposición a los derechos especiales como el administrativo, el mercantil, etc. || **~ comunitario.** M. Ordenamiento jurídico propio de la Unión Europea, que se aplica con preferencia sobre los ordenamientos particulares de los Estados que la componen. || **derecho criminal.** M. **derecho penal.** || **derecho de admisión.** M. Facultad por la que el titular de un establecimiento abierto al público se reserva la decisión de denegar la entrada a este. || **derecho de asilo.** M. El que permite a los perseguidos políticos ser acogidos en un país extranjero. || **derecho de autor.** M. El que la ley reconoce al autor de una obra intelectual o artística para autorizar su reproducción y participar en los beneficios que esta genere. || **derecho de cerramiento.** M. Facultad que tiene todo propietario de inmuebles de cerrarlos, y que históricamente significó la exclusión de derechos señoriales sobre los fundos privados. || **derecho**

de ejecución. M. El de autor que corresponde a los ejecutantes o intérpretes de obras musicales o literarias. ‖ **derecho de entrada.** M. El que se paga por ciertos géneros cuando se introducen en un puerto o aduana. ‖ **derecho de gentes.** M. derecho internacional. ‖ **derecho del trabajo.** M. derecho laboral. ‖ **derecho de patronato.** M. **1.** Conjunto de privilegios y facultades del patrono, según el estatuto de fundación. ‖ **2.** El que tradicionalmente han ejercido los reyes o jefes de Estado de presentar a la Santa Sede personas para los cargos episcopales. ‖ **derecho de pernada.** M. **1.** hist. Rito feudal en el que el señor, tocando con la pierna el lecho nupcial, simbolizaba la servidumbre de la descendencia del nuevo matrimonio. ‖ **2.** hist. En algunos territorios, derecho que se atribuyó al señor feudal para yacer con la esposa del siervo en su noche de bodas. ‖ **derecho de rectificación, o derecho de réplica.** M. El que la ley concede a toda persona para que se rectifique la información, difundida por cualquier medio de comunicación, de hechos que considere inexactos y cuya divulgación pueda perjudicarla. ‖ ~ **divino.** M. El que, según ciertas religiones, procede de Dios. ‖ ~ **eclesiástico.** M. derecho del Estado que regula el régimen de las confesiones religiosas en el orden civil. ‖ ~ **financiero.** M. Sector del ordenamiento que comprende el derecho tributario, el régimen presupuestario y el de los gastos públicos. ‖ **derecho internacional.** M. El que regula las relaciones entre los Estados. ‖ **derecho laboral.** M. El que se refiere a las relaciones de trabajo y los derechos y deberes de los trabajadores. ‖ **derecho mercantil.** M. El que regula el estatuto de los empresarios y sus actividades específicas. ‖ **derecho municipal.** M. El que regula el régimen de los concejos o municipios, como corporaciones y en relación con los vecindarios respectivos. ‖ **derecho natural.** M. Conjunto de principios, derivados de la naturaleza humana y compartidos por amplios sectores de una sociedad, que inspiran el derecho positivo. ‖ **derecho penal.** M. El que define las conductas que se consideran delitos o faltas y determina las penas o medidas de seguridad que han de imponerse a sus responsables. ‖ **derecho personal.** M. El que, a diferencia del derecho real, regula las relaciones de las personas. ‖ ~ **personalísimo.** M. El que es inherente a las personas y no puede ser transmitido; p. ej., el derecho al honor. ‖ ~ **político.** M. **1.** El que regula el orden y funcionamiento de los poderes del Estado y sus relaciones con los ciudadanos. ‖ **2.** derecho fundamental de participación política; p. ej., el derecho de sufragio, de reunión, etc. ‖ ~ **positivo.** M. El que está vigente y se aplica en un país o territorio determinado. ‖ ~ **privado.** M. El que regula la condición de los bienes y de las personas y las relaciones de estas entre sí. ‖ **derecho procesal.** M. El que regula los procesos judiciales. ‖ ~ **público.** M. El que tiene por objeto regular el orden general del Estado y sus relaciones con los súbditos o con los demás Estados. ‖ **derecho real.** M. El que recae sobre una cosa y es eficaz frente a todos. ‖ ~ **subjetivo.** M. Ámbito de libre actuación de las personas, judicialmente protegido, en relación con determinados bienes o intereses y respecto al comportamiento exigible a otros sujetos. ‖ ~ **supletorio.** M. Aquel al que se recurre en defecto del principalmente aplicable. ‖ ~ **transitorio.** M. El que regula los efectos de la sustitución de una norma por otra respecto de las relaciones establecidas o iniciadas bajo la vigencia de la primera de ellas. ‖ ~ **tributario.** M. El que regula el régimen de los tributos y de los precios públicos. ‖ **derechos civiles.** M. pl. derechos fundamentales. ‖ **derechos de antena.** M. pl. Los de emisión por radio o por televisión de una película cinematográfica, una competición deportiva, etc. ‖ **derechos de autor.** M. **1.** pl. Cantidad que se cobra por derecho de autor. ‖ **2.** pl. derecho de autor. ‖ **derechos de entrada.** M. pl. derecho de entrada. ‖ **derechos fundamentales.** M. pl. Los que, por ser inherentes a la dignidad humana y por resultar necesarios para el libre desarrollo de la personalidad, son normalmente recogidos por las constituciones modernas asignándoles un valor jurídico superior. ‖ ~**s humanos.** M. pl. Especialmente en el ámbito internacional, derechos fundamentales. ‖ **derechos reales.** M. pl. derechos de una persona sobre las cosas. ‖ **al** ~. LOC.ADV. a derechas. ‖ **de derecho.** LOC.ADV. Con arreglo a derecho. ‖ **2.** Se usa para indicar lo que es legítimo en comparación con lo que existe meramente, pero con abstracción de esta cualidad. Se contrapone a de hecho. *Poder de hecho, juez de derecho.* ‖ **estar** alguien **en su derecho.** LOC.VERB. Tener derecho. ‖ **no hay derecho.** LOC. INTERJ. Se usa como protesta ante algo que se considera injusto. ‖ **por derecho.** LOC. ADV. *Taurom.* Dicho de atacar al toro con el estoque en la suerte de matar: Con rectitud, sin desviarse de la línea que arrancando del lugar ocupado por el diestro se continuaría con la del espinazo del toro. ‖ **usar** alguien **de su derecho.** LOC.VERB. Ejercer su libertad lícitamente en cualquier línea. ⬚ V. **abuso de derecho, brazo ~, camino ~, Estado de derecho, mano ~, pie ~.**

derechohabiente. ADJ. Dicho de una persona: Que deriva su derecho de otra. U. t. c. s.

derechura. F. Cualidad de derecho. ‖ **en** ~. LOC.ADV. **1.** Por el camino recto. ‖ **2.** Sin detenerse ni pararse.

deriva. F. **1.** Variación lenta y continua de una propiedad que puede ser medida respecto de un valor, dirección o punto preestablecido; p. ej., la desviación de un móvil respecto a su trayectoria teórica. ‖ **2.** Evolución que se produce en una determinada dirección, especialmente si esta se considera negativa. *La deriva burocrática del régimen.* ‖ **3.** *Mar.* Abatimiento o desvío de la nave respecto del rumbo establecido, por efecto del viento, del mar o de la corriente. ‖ ~ **continental.** F. *Geol.* Desplazamiento lento y continuo de las masas continentales sobre un magma fluido en el curso de los tiempos geológicos. ‖ ~ **genética.** F. *Biol.* Evolución del genoma de una población a lo largo de sucesivas generaciones. ‖ **a la** ~. LOC.ADV. **1.** *Mar.* Dicho de navegar o de flotar: A merced de la corriente o del viento. ‖ **2.** Sin dirección o propósito fijo, a merced de las circunstancias. *Su carrera va a la deriva.*

derivación. F. **1.** Acción y efecto de sacar o separar una parte del todo, o de su origen y principio; como el agua que se saca de un río para una acequia. ‖ **2.** Conexión a una conducción principal de agua, de electricidad, de sangre, etc. ‖ **3.** *Electr.* Escape eléctrico producido por la pérdida de aislamiento entre conductores. ‖ **4.** *Gram.* Procedimiento por el cual se forman vocablos alterando la estructura de otros mediante formantes no flexivos como los sufijos; p. ej., *cuchillada,* de *cuchillo; marina,* de *mar.* ‖ ~ **regresiva.** F. *Gram.* La inversa, con acortamiento de la palabra, para formar un supuesto primitivo; p. ej., *legislar;* de *legislador.*

derivada. F. *Mat.* Valor límite de la relación entre el incremento del valor de una función y el incremento de la variable independiente, cuando este tiende a cero.

derivado, da. PART. de **derivar.** ‖ ADJ. **1.** *Gram.* Dicho de un vocablo: Que se ha formado por derivación. U. t. c. s. m. ‖ **2.** *Quím.* Dicho de un producto: Que se obtiene de otro. U. t. c. s. m.

derivar. **I.** INTR. **1.** Dicho de una cosa: Traer su origen de otra. U. t. c. prnl. *Las consecuencias que de ello se derivan.* ‖ **2.** Encaminarse a otro lugar o transformarse en algo distinto. *La conversación derivó en discusión.* ‖ **3.** *Gram.* Dicho de una palabra: Proceder de cierta raíz o de alguna otra palabra. U. t. c. tr. *Algunos derivan* adrede *del latín* ad directum, *pero otros no.* U. t. c. prnl. ‖ **4.** *Mar.* Dicho de un buque: **abatir** (‖ desviarse de su rumbo). ‖ **II.** TR. **5.** Encaminar, conducir algo de una parte a otra. *Lo han derivado al especialista.* ‖ **6.** *Mat.* Obtener la derivada de una función. U. t. c. intr.

derivativo, va. ADJ. *Gram.* Dicho de una palabra que se origina de otra: Que implica o denota derivación.

dermatitis. F. *Med.* Inflamación de la piel.

dermatoesqueleto. M. *Zool.* Piel o parte de ella engrosada y muy endurecida, ya sea por la acumulación de materias quitinosas o calcáreas sobre la epidermis, frecuentemente en forma de conchas o caparazones, como en los celentéreos, moluscos y artrópodos, ya por haberse producido en la dermis piezas calcificadas u osificadas, como son las escamas de los peces y las placas óseas cutáneas de muchos equinodermos, reptiles y mamíferos.

dermatología. F. Rama de la medicina que trata de las enfermedades de la piel.

dermatológico, ca. ADJ. *Med.* Perteneciente o relativo a la dermatología.

dermatólogo, ga. M. y F. Especialista en las enfermedades de la piel.

dermatosis. F. *Med.* Enfermedad de la piel, que se manifiesta por costras, manchas, granos u otra forma de erupción.

dérmico, ca. ADJ. *Anat.* Perteneciente o relativo a la dermis y, en general, a la piel o cubierta exterior del animal. *Lesiones dérmicas.* □ V. **dentículo ~.**

dermis. F. *Anat.* Capa conjuntiva que forma parte de la piel de los vertebrados, más gruesa que la epidermis y situada debajo de esta.

dermitis. F. *Med.* **dermatitis.**

dermofarmacia. F. Rama de la farmacia que estudia, fabrica y expende productos de cosmética no relacionados con patologías.

dermoprotección. F. Acción protectora de la piel, propia de algunas sustancias contenidas en jabones y productos cosméticos.

dermoprotector, ra. ADJ. Dicho de un jabón o de un producto cosmético: Que contiene sustancias protectoras de la piel. U. t. c. s. m.

derogación. F. Acción y efecto de derogar.

derogar. TR. Dejar sin efecto una norma vigente.

derogatorio, ria. ADJ. Que deroga. *Cláusula derogatoria.*

derrama. F. **1.** Repartimiento de un gasto eventual, y especialmente de una contribución. ‖ **2.** Contribución temporal o extraordinaria.

derramada. □ V. **bilis ~.**

derramador, ra. ADJ. Que derrama. Apl. a pers., u. t. c. s.

derramamiento. M. Acción y efecto de derramar o derramarse.

derramar. **I.** TR. **1.** Verter, esparcir cosas líquidas o menudas. U. t. c. prnl. *Que no se derrame más sangre.* ‖ **2.** Repartir, distribuir entre los vecinos de un pueblo, de una finca urbana, etc., los tributos con que deben contribuir al Estado o a quien tenga facultades para exigirlos. ‖ **II.** PRNL. **3.** Esparcirse, desmandarse por varias partes con desorden y confusión. *La epidemia se derramó por el occidente europeo.* ‖ **4.** Dicho de un arroyo o de una corriente de agua: Desaguar, desembocar.

derrame. M. **1.** **derramamiento.** ‖ **2.** Sesgo o corte oblicuo que se forma en los muros para que las puertas y ventanas abran más sus hojas o para que entre más luz. ‖ **3.** Declive de la tierra por el cual corre o puede correr el agua. ‖ **4.** *Med.* Acumulación anormal de un líquido en una cavidad del organismo o salida de este fuera del cuerpo. ‖ **5.** pl. *Chile.* Aguas sobrantes de un predio, que, por inclinación natural del terreno, vierten en otro inferior.

derrapar. INTR. Dicho de un vehículo: Patinar desviándose lateralmente de la dirección que llevaba.

derrape. M. Acción y efecto de derrapar.

derredor. M. Contorno de una cosa. ‖ **en ~.** LOC. ADV. **alrededor.**

derrelicto. M. *Mar.* Buque u objeto abandonado en el mar.

derrengado, da. PART. de **derrengar.** ‖ ADJ. Muy cansado.

derrengar. TR. **1.** Lastimar gravemente las caderas, el espinazo o los lomos de una persona o de un animal. U. t. c. prnl. *El toro se derrengó tras el rejón.* ‖ **2.** Torcer, inclinar a un lado más que a otro. U. t. c. prnl. *La librería comenzó a derrengarse por la carcoma.*

derretido, da. PART. de **derretir.** ‖ ADJ. Amartelado, enamorado. *Mirada derretida.*

derretimiento. M. Acción y efecto de derretir o derretirse.

derretir. **I.** TR. **1.** Disolver por medio del calor algo sólido, congelado o pastoso. *Derretir chocolate al baño María.* U. t. c. prnl. ‖ **2.** Consumir, gastar, disipar la hacienda, el dinero, los muebles. ‖ **II.** PRNL. **3.** Enardecerse en el amor divino o profano. *Su corazón se derretía de amor por ella.* ‖ **4.** coloq. Enamorarse con prontitud y facilidad. ¶ MORF. conjug. c. *pedir.*

derriba. F. *Am. Cen.* **desmonte** (‖ acción y efecto de desmontar).

derribado, da. PART. de **derribar.** ‖ ADJ. Dicho del anca de una caballería: Que es más baja de lo normal.

derribador, ra. ADJ. Que derriba. Apl. a pers., u. t. c. s.

derribamiento. M. **derribo.**

derribar. **I.** TR. **1.** Demoler, echar a tierra muros o edificios. ‖ **2.** Tirar contra la tierra, hacer dar en el suelo a una persona, animal o cosa. *Me derribó de un empujón.* ‖ **3.** Trastornar, echar a rodar lo que está levantado o puesto en alto. *La onda expansiva derribó la mesa.* ‖ **4.** Hacer perder a alguien el cargo, poder, estimación o dignidad adquiridos. *Derribar un sistema político.* ‖ **II.** PRNL. **5.** Tirarse a tierra, echarse al suelo por impulso propio o por accidente involuntario.

derribo. M. **1.** Acción y efecto de derribar. ‖ **2.** Conjunto de materiales que se sacan de la demolición. ‖ **3.** Lugar donde se derriba.

derrocamiento. M. Acción y efecto de derrocar.

derrocar. TR. **1.** En política especialmente, derribar, arrojar a alguien del estado o fortuna que tiene. ‖ **2.** Echar por tierra, deshacer un edificio.

derrochador, ra. ADJ. Que derrocha el caudal. *Sociedad derrochadora.* Apl. a pers., u. t. c. s.

derrochar. TR. **1.** Malgastar el dinero o la hacienda. ‖ **2.** Emplear excesivamente otras cosas que se poseen, como el valor, las energías, el humor, etc.

derroche. M. Acción y efecto de derrochar.

derrochón, na. ADJ. coloq. **derrochador.** U. t. c. s.

derrota[1]. F. **1.** Camino, vereda o senda de tierra. ‖ **2.** *Mar.* Rumbo o dirección que llevan en su navegación las embarcaciones. □ V. **caseta de ~, cuarto de ~.**

derrota[2]. F. **1.** Acción y efecto de derrotar o ser derrotado. ‖ **2.** *Mil.* Vencimiento por completo de tropas enemigas, seguido por lo común de fuga desordenada.

derrotado, da. PART. de **derrotar.** ‖ ADJ. Vencido en el ánimo, deprimido.

derrotar. I. TR. **1.** Vencer y hacer huir con desorden al ejército contrario. ‖ **2.** Vencer o ganar en enfrentamientos cotidianos. *El partido del Gobierno ha sido derrotado en las elecciones.* ‖ **3.** Disipar, romper, destrozar hacienda, muebles o vestidos. ‖ **4.** Destruir, arruinar a alguien en la salud o en los bienes. *La muerte de su hijo lo ha derrotado.* ‖ **II.** INTR. **5.** *Taurom.* Dar derrotes.

derrote. M. *Taurom.* Cornada que da el toro levantando la cabeza con un cambio brusco de dirección.

derrotero. M. **1.** Camino, rumbo, medio tomado para llegar al fin propuesto. ‖ **2.** *Mar.* Línea señalada en la carta de marear para el gobierno de los pilotos en los viajes. ‖ **3.** *Mar.* Dirección que se da por escrito para un viaje de mar. ‖ **4.** *Mar.* Libro que contiene estos caminos o derrotas.

derrotismo. M. Tendencia a propagar el desaliento en el propio país con noticias o ideas pesimistas acerca del resultado de una guerra o, por ext., acerca de cualquier otra empresa.

derrotista. ADJ. Que practica el derrotismo. U. t. c. s.

derrubio. M. Tierra que se cae o desmorona por la acción lenta de un cauce de agua o por la humedad.

derruir. TR. Derribar, destruir un edificio. MORF. conjug. c. *construir.*

derrumbadero. M. **despeñadero.**

derrumbamiento. M. Acción y efecto de derrumbar.

derrumbar. TR. **1.** Derribar, demoler una construcción o parte de ella. U. t. c. prnl. ‖ **2.** Precipitar, despeñar. U. t. c. prnl. U. t. en sent. fig. *Tras la noticia se derrumbaron sus ilusiones.*

derrumbe. M. **1.** Acción y efecto de derrumbar. ‖ **2.** **despeñadero.**

derviche. M. Religioso musulmán perteneciente a una cofradía de carácter ascético o místico y que generalmente ha hecho voto de pobreza.

desabastecer. TR. Desproveer, dejar de surtir a una persona o a un pueblo de los productos necesarios o impedir que lleguen donde los esperan o necesitan. U. t. c. prnl. MORF. conjug. c. *agradecer.*

desabastecimiento. M. Falta de determinados productos en un establecimiento comercial o en una población.

desaborido, da. ADJ. Sin sabor. *Uvas desaboridas.*

desabotonar. TR. Sacar los botones de los ojales. U. t. c. prnl.

desabrido, da. PART. de **desabrir.** ‖ ADJ. **1.** Dicho de una fruta o de otro alimento: Que carecen de gusto, o apenas lo tienen, o lo tienen malo. ‖ **2.** Dicho del tiempo: Destemplado, desigual. ‖ **3.** Áspero y desagradable. *Gesto desabrido.*

desabrigado, da. PART. de **desabrigar.** ‖ ADJ. Desamparado, sin favor ni apoyo. *Campos desabrigados.*

desabrigar. TR. Descubrir, desarropar, quitar el abrigo. U. t. c. prnl.

desabrigo. M. Desamparo, abandono.

desabrimiento. M. **1.** Falta de sabor, sazón o buen gusto en la fruta u otro alimento. ‖ **2.** Dureza de genio, aspereza en el trato. ‖ **3.** Disgusto, desazón interior.

desabrir. TR. Disgustar, desazonar el ánimo de alguien. U. t. c. prnl.

desabrochar. TR. Desasir los broches, corchetes, botones u otra cosa con que se ajusta la ropa. U. t. c. prnl.

desacatador, ra. ADJ. Que desacata. Apl. a pers., u. t. c. s.

desacatamiento. M. **desacato.**

desacatar. TR. **1.** No acatar una norma, ley, orden, etc. ‖ **2.** Faltar a la reverencia o respeto que se debe a alguien. *No debes desacatar al juez.*

desacato. M. **1.** Falta del debido respeto a los superiores. ‖ **2.** Irreverencia para con las cosas sagradas. ‖ **3.** *Der.* En algunos ordenamientos, delito que se comete calumniando, injuriando, insultando o amenazando a una autoridad en el ejercicio de sus funciones o con ocasión de ellas, ya sea de hecho o de palabra, ya en escrito que se le dirija.

desaceitado, da. ADJ. Que está sin aceite debiendo tenerlo. *Cerrojo desaceitado.*

desaceleración. F. Acción y efecto de desacelerar.

desacelerar. TR. Disminuir la velocidad. U. t. c. intr.

desacertado, da. PART. de **desacertar.** ‖ ADJ. **1.** Que yerra u obra sin acierto. *El delantero estuvo muy desacertado y falló dos goles claros.* ‖ **2.** Que implica o denota desacierto. *Comentario desacertado.*

desacertar. INTR. **errar** (‖ no acertar). MORF. conjug. c. *acertar.*

desacierto. M. **1.** Acción de desacertar. ‖ **2.** Dicho o hecho desacertado.

desacomedido, da. ADJ. *Am.* Poco servicial.

desacomodado, da. PART. de **desacomodar.** ‖ ADJ. Dicho de una persona: Que no tiene los medios y conveniencias competentes para mantener su estado.

desacomodar. TR. **1.** Privar de la comodidad. ‖ **2.** *Á. R. Plata* y *Méx.* **desarreglar.**

desacomodo. M. Acción y efecto de desacomodar.

desacompasado, da. ADJ. Que ha perdido el ritmo o el compás. *Trote desacompasado.*

desaconsejable. ADJ. Que debe ser desaconsejado. *Opción desaconsejable.*

desaconsejar. TR. Disuadir, persuadir a alguien de lo contrario a aquello que tiene meditado o resuelto.

desacoplamiento. M. Acción y efecto de desacoplar.

desacoplar. TR. Separar lo que estaba acoplado.

desacordar. TR. Destemplar un instrumento musical o templarlo de modo que esté más alto o más bajo que el que da el tono. U. t. c. prnl. MORF. conjug. c. *contar.*

desacorde. ADJ. **1.** Que no iguala, conforma o concuerda con algo. *Algunos militantes están desacordes con las decisiones tomadas.* ‖ **2.** Dicho de un instrumento musical: Destemplado, o templado en distinto tono.

desacostumbrado, da. PART. de **desacostumbrar.** ‖ ADJ. Fuera del uso y orden común. *Esfuerzos desacostumbrados.*

desacostumbrar. TR. Hacer perder o dejar el uso y costumbre que se tiene. U. t. c. prnl.

desacralización. F. Acción y efecto de desacralizar o desacralizarse.

desacralizar. I. TR. **1.** Quitar el carácter sagrado. || **II.** PRNL. **2.** Perder el carácter sagrado.

desacreditado, da. PART. de **desacreditar.** || ADJ. Que ha perdido la buena opinión de que gozaba. *Político desacreditado.*

desacreditador, ra. ADJ. Que desacredita. Apl. a pers., u. t. c. s.

desacreditar. TR. Disminuir o quitar la reputación de alguien, o el valor y la estimación de algo.

desactivación. F. Acción y efecto de desactivar.

desactivar. TR. **1.** Anular una potencia activa, como la de un proceso fisicoquímico, un plan económico, etc. || **2.** Inutilizar los dispositivos que harían estallar un artefacto explosivo.

desactualizado, da. ADJ. **1.** Á. R. Plata. Dicho de un profesional: Que no está al tanto de los últimos conocimientos o avances en la materia o en su área de dominio. || **2.** Á. R. Plata. Dicho de una persona: Que no está al tanto de los últimos acontecimientos. || **3.** Á. R. Plata. Dicho de una cosa: Que ya no es actual.

desacuerdo. M. Discordia o disconformidad en los dictámenes o acciones.

desadormecer. TR. Despertar a alguien. U. t. c. prnl. MORF. conjug. c. *agradecer.*

desadornar. TR. Quitar el adorno o compostura.

desaduanar. TR. Á. R. Plata y Chile. Retirar efectos y mercancías de una aduana, previo el pago de los derechos arancelarios.

desafección. F. Mala voluntad.

desafectado, da. ADJ. Dicho de un edificio, de un establecimiento o de un lugar público: Abandonado, o que ya no tiene el uso al que estaba destinado. *Iglesia desafectada. Bodegas desafectadas.*

desafecto, ta. I. ADJ. **1.** Que no siente estima por algo o muestra hacia ello desvío o indiferencia. *Antiguo fumador desafecto al tabaco.* || **2.** Opuesto, contrario. *Gente desafecta al régimen político.* || **II.** M. **3.** **malquerencia.**

desaferrar. TR. Desasir, soltar lo que está aferrado. U. t. c. prnl.

desafiador, ra. ADJ. Que desafía. *Actitud desafiadora.* Apl. a pers., u. t. c. s.

desafiante. ADJ. Que desafía. *Una mirada desafiante.*

desafiar. TR. **1.** Retar, provocar a singular combate, batalla o pelea. *Lo desafió a un duelo a espada.* || **2.** Contender, competir con alguien en cosas que requieren fuerza, agilidad o destreza. *Lo desafió al billar.* || **3.** Enfrentarse a las dificultades con decisión. *Se hicieron a la mar desafiando la tormenta.* ¶ MORF. conjug. c. *enviar.*

desafilar. TR. Embotar el filo de un arma o herramienta. U. t. c. prnl.

desafinación. F. Acción y efecto de desafinar.

desafinado, da. PART. de **desafinar.** || ADJ. Que muestra desafinación.

desafinar. INTR. **1.** *Mús.* Dicho de la voz o de un instrumento: Desviarse algo del punto de la perfecta entonación, desacordándose y causando desagrado al oído. U. t. c. prnl. || **2.** coloq. Decir en una conversación algo indiscreto o inoportuno.

desafío. M. Acción y efecto de desafiar.

desaforado, da. PART. de **desaforar.** || ADJ. **1.** Grande con exceso, desmedido, fuera de lo común. *Un apetito desaforado.* || **2.** Que obra con violencia y sin control. *Los nervios la tienen desaforada.*

desaforar. I. TR. **1.** Privar a alguien del fuero o exención que goza, por haber cometido algún delito de los señalados para este caso. || **II.** PRNL. **2.** Descomponerse, atreverse, descomedirse. ¶ MORF. conjug. c. *contar.*

desafortunado, da. ADJ. **1.** Sin fortuna. *Destino desafortunado.* || **2.** Desacertado, inoportuno. *Comentario desafortunado.*

desafuero. M. **1.** Acto violento contra la ley. || **2.** Acción contraria a las buenas costumbres o a los consejos de la sana razón.

desagradable. ADJ. Que desagrada o disgusta. *Incidente desagradable.*

desagradar. INTR. Disgustar, fastidiar, causar desagrado.

desagradecer. TR. **1.** No corresponder debidamente al beneficio recibido. || **2.** Desconocer el beneficio que se recibe. ¶ MORF. conjug. c. *agradecer.*

desagradecido, da. PART. de **desagradecer.** || ADJ. **1.** Dicho de una persona: Que desagradece. U. t. c. s. || **2.** Dicho de una cosa: Que no compensa el esfuerzo o atenciones que se le dedica. *Un trabajo muy desagradecido.*

desagradecimiento. M. Acción y efecto de desagradecer.

desagrado. M. Disgusto, descontento.

desagraviar. TR. **1.** Borrar o reparar el agravio hecho, dando al ofendido satisfacción cumplida. U. t. c. prnl. || **2.** Resarcir o compensar el perjuicio causado. U. t. c. prnl. ¶ MORF. conjug. c. *anunciar.*

desagravio. M. Acción y efecto de desagraviar.

desagregación. F. Acción y efecto de desagregar.

desagregar. TR. Separar, apartar una cosa de otra. U. m. c. prnl.

desaguadero. M. **1.** Conducto o canal por donde se da salida a las aguas. || **2.** Motivo continuo de gastar, que consume el caudal o endeuda y empobrece a quien lo sufre.

desaguar. I. TR. **1.** Extraer, echar el agua de un sitio o lugar. *Desaguar un badén.* || **2.** Disipar, consumir. *Desaguar los recelos.* || **II.** INTR. **3.** Dicho de un río: Entrar en el mar, desembocar en él. || **4.** Dicho de un recipiente o de una concavidad: Dar salida a las aguas que contiene. U. t. c. prnl. || **5.** coloq. **orinar.** || **III.** PRNL. **6.** Exonerarse por vómito o deposición. ¶ MORF. conjug. c. *averiguar.*

desagüe. M. **1.** Acción y efecto de desaguar o desaguarse. || **2.** **desaguadero** (|| conducto de salida de las aguas).

desaguisado. M. **1.** Destrozo o daño grande. || **2.** Acto contra la ley o la razón.

desahijar. TR. Apartar en el ganado las crías de las madres. MORF. conjug. c. *aislar.*

desahogado, da. PART. de **desahogar.** || ADJ. **1.** Que vive con desahogo. || **2.** Dicho de un lugar: Desembarazado, donde no hay demasiada reunión de cosas o mucha apretura y confusión de personas. || **3.** Descarado, que muestra demasiada libertad y desenvoltura. *Modales desahogados.*

desahogar. I. TR. **1.** Aliviar el ánimo de la pasión, fatiga o preocupación que lo oprime. U. t. c. prnl. *Se desahogó llorando un rato.* || **2.** Manifestar violentamente un sentimiento o un estado de ánimo aliviándose así de él. *Suele desahogar su cólera con su familia.* U. t. c. prnl. ‖ **II.** PRNL. **3.** Decir a alguien el sentimiento o queja que se tiene de él. ‖ **4.** Hacer confidencias a alguien, refiriéndole lo que le da pena o fatiga.

desahogo. M. **1.** Alivio de la pena, trabajo o aflicción. ‖ **2.** Ensanche, dilatación, esparcimiento. ‖ **3.** Desembarazo, desenvoltura, descaro. ‖ **vivir con ~.** LOC.VERB. coloq. Tener bastantes recursos para vivir con comodidad y sin empeños.

desahuciar. TR. **1.** Dicho de un dueño o de un arrendador: Despedir al inquilino o arrendatario mediante una acción legal. ‖ **2.** Dicho de un médico: Admitir que un enfermo no tiene posibilidad de curación. ‖ **3.** Quitar a alguien toda esperanza de conseguir lo que desea. U. t. c. prnl. ¶ MORF. conjug. c. *anunciar* y c. *causar.*

desahucio. M. Acción y efecto de **desahuciar** (‖ despedir a un inquilino).

desairado, da. PART. de **desairar.** ‖ ADJ. **1.** Que carece de garbo y gracia. *La faena del torero resultó sosa y desairada.* ‖ **2.** Que no queda airoso en lo que pretende o en lo que tiene a su cargo. *Salió desairado del proyecto en el que estaba comprometido.* ‖ **3.** Menospreciado, desatendido. *Se sentía desairada y herida en su amor propio.*

desairar. TR. Humillar, desatender a alguien. MORF. conjug. c. *bailar.*

desaire. M. **1.** Falta de garbo o de gentileza. ‖ **2.** Acción y efecto de desairar.

desajustar. TR. Hacer que algo deje de estar ajustado. *El golpe ha desajustado la puerta.* U. t. c. prnl.

desajuste. M. Acción y efecto de desajustar.

desalación. F. Acción y efecto de desalar.

desalado, da. ADJ. Ansioso, acelerado. *Gesto desalado.*

desalar. TR. **1.** Quitar la sal a algo, como a la cecina, al pescado salado, etc. ‖ **2.** desalinizar.

desalentador, ra. ADJ. Que causa desaliento. *Noticias desalentadoras.*

desalentar. TR. Quitar el ánimo, acobardar. U. t. c. prnl. MORF. conjug. c. *acertar.*

desaliento. M. Decaimiento del ánimo, desfallecimiento de las fuerzas.

desalineación. F. Acción y efecto de desalinear.

desalinear. TR. Hacer perder la línea recta. U. t. c. prnl.

desalinización. F. Acción y efecto de desalinizar.

desalinizador, ra. ADJ. Dicho de un método: Usado para eliminar la sal del agua de mar.

desalinizadora. F. Instalación industrial donde se lleva a cabo el proceso de desalinización del agua del mar.

desalinizar. TR. Quitar la sal del agua del mar o de las aguas salobres, para hacerlas potables o útiles para otros fines.

desaliñado, da. PART. de **desaliñar.** ‖ ADJ. Que adolece de desaliño.

desaliñar. TR. Descomponer, ajar el adorno, atavío o compostura. U. t. c. prnl.

desaliño. M. Desaseo, descompostura, falta de aliño.

desalmado, da. PART. de **desalmar.** ‖ ADJ. Cruel, inhumano. Apl. a pers., u. t. c. s.

desalmar. TR. Quitar la fuerza y virtud a algo. U. t. c. prnl.

desalmidonar. TR. Quitar a la ropa el almidón que se le había dado.

desalojamiento. M. Acción y efecto de desalojar.

desalojar. TR. **1.** Sacar o hacer salir de un lugar a alguien o algo. *Los bomberos desalojaron el edificio.* ‖ **2.** Abandonar un puesto o un lugar. *Los alumnos desalojaron las aulas.* ‖ **3.** desplazar. *Un cuerpo sumergido en un líquido desaloja un volumen igual a su peso.*

desalojo. M. desalojamiento.

desalquilar. I. TR. **1.** Dejar una vivienda u otra cosa que se tenía alquilada. ‖ **2.** Poner fin a un alquiler. U. m. c. prnl. ‖ **II.** PRNL. **3.** Dicho de una vivienda u otro local: Quedar sin inquilinos.

desalterar. TR. Quitar la alteración, sosegar, apaciguar.

desamar. TR. Dejar de amar, abandonar el cariño o afición que se tenía.

desamarrar. TR. **1.** Quitar las amarras. U. t. c. prnl. ‖ **2.** *Mar.* Dejar a un buque sobre una sola ancla o amarra.

desambientado, da. ADJ. Que no está en su ambiente habitual.

desambiguación. F. *Ling.* Acción de desambiguar.

desambiguar. TR. *Ling.* Efectuar las operaciones necesarias para que una palabra, frase o texto pierdan su ambigüedad. MORF. conjug. c. *averiguar.*

desamor. M. **1.** Falta de amor o amistad. ‖ **2.** Enemistad, aborrecimiento.

desamorado, da. ADJ. Que no tiene amor o no lo manifiesta.

desamortización. F. Acción y efecto de desamortizar.

desamortizador, ra. ADJ. Que desamortiza. *Proceso desamortizador.* Apl. a pers., u. t. c. s.

desamortizar. TR. Dejar libres los bienes amortizados.

desamparar. TR. **1.** Abandonar, dejar sin amparo ni favor a alguien o algo que lo pide o necesita. ‖ **2.** Ausentarse, abandonar un lugar o sitio. *No debes desamparar tu trabajo.*

desamparo. M. Acción y efecto de desamparar.

desamueblar. TR. Dejar sin muebles un edificio o parte de él.

desandar. TR. retroceder (‖ volver atrás). U. t. en sent. fig. *Afronta las consecuencias, no puedes desandar lo andado en tu profesión.* MORF. conjug. c. *andar.*

desangelado, da. ADJ. Falto de **ángel** (‖ gracia, simpatía). *Aspecto desangelado.*

desangramiento. M. Acción y efecto de desangrar o desangrarse.

desangrar. I. TR. **1.** Sacar la sangre a una persona o a un animal en gran cantidad o con mucho exceso. ‖ **2.** Desaguar un lago, estanque, etc. ‖ **3.** Empobrecer a alguien, gastándole y disipándole la hacienda insensiblemente. *Su hijo lo está desangrando.* ‖ **II.** PRNL. **4.** Perder mucha sangre o perderla toda.

desanimación. F. Falta de **animación** (‖ concurso de gente).

desanimado, da. PART. de **desanimar.** ‖ ADJ. **1.** Acobardado, deprimido. ‖ **2.** Dicho de un lugar, de un espectáculo, de una reunión, etc.: Poco concurridos.

desanimar. TR. desalentar. U. t. c. prnl.

desánimo. M. Desaliento, falta de ánimo.

desanudar. TR. **1.** Deshacer o desatar el nudo. *Desanudar la corbata.* ‖ **2.** Aclarar, disolver lo que está enredado y enmarañado. *Sus palabras desanudaron el malentendido.*

desapacible. ADJ. **1.** Dicho del tiempo: Inestable, destemplado. *Una noche desapacible.* ‖ **2.** Que causa disgusto o enfado o es desagradable. *Lugar, carácter desapacible.*

desaparcar. TR. Retirar un vehículo de donde estaba aparcado. U. t. en sent. fig. *Desaparcar un proyecto de ley.* U. t. c. intr.

desaparear. TR. Separar una de dos cosas que hacían par.

desaparecer. I. INTR. 1. Dejar de estar a la vista o dejar de estar en un lugar. *La mancha ha desaparecido.* En América, u. t. c. prnl. *Se desapareció sin despedirse.* ‖ 2. Dejar de existir. *Los dinosaurios desaparecieron hace millones de años.* ‖ II. TR. 3. *Am.* Hacer desaparecer. *Hace años desaparecieron a su hermano.* ¶ MORF. conjug. c. *agradecer.*

desaparecido, da. PART. de **desaparecer.** ‖ ADJ. 1. Dicho de una persona: Que se halla en paradero desconocido, sin que se sepa si vive. U. t. c. s. ‖ 2. eufem. **muerto** (‖ sin vida). Apl. a pers., u. t. c. s.

desaparecimiento. M. **desaparición.**

desaparición. F. Acción y efecto de desaparecer.

desapartar. TR. **apartar.** U. t. c. prnl.

desapasionado, da. PART. de **desapasionar.** ‖ ADJ. Falto de pasión, imparcial. *Análisis desapasionado.*

desapasionar. TR. Quitar, desarraigar la pasión o preferencia que se tiene hacia alguien o hacia algo. U. m. c. prnl.

desapegar. I. TR. 1. **despegar** (‖ apartar, desasir algo de otra cosa a la que estaba pegada o unida). U. t. c. prnl. ‖ II. PRNL. 2. Apartarse, desprenderse del afecto o afición a alguien o a algo.

desapego. M. Falta de afición o interés, alejamiento, desvío.

desapercibido, da. ADJ. No apercibido. *Tardes desapercibidas.*

desapercibimiento. M. Desprevención, falta de preparación de lo necesario.

desaplicación. F. Falta de aplicación, ociosidad.

desaplicado, da. ADJ. Que no se aplica en el estudio. U. t. c. s.

desapoderado, da. PART. de **desapoderar.** ‖ ADJ. Furioso, violento, desenfrenado. *Tempestad, ambición desapoderada.*

desapoderar. TR. 1. Desposeer, despojar a alguien de lo que tenía o de aquello de que se había apoderado. U. t. c. prnl. ‖ 2. Quitar a alguien el poder que para el desempeño de un encargo o una administración se le había dado.

desaprender. TR. Olvidar lo que se había aprendido.

desaprensión. F. Falta de aprensión o miramiento.

desaprensivo, va. ADJ. 1. Dicho de una persona: Que tiene desaprensión. U. t. c. s. *Unos desaprensivos robaron el bolso a una anciana.* ‖ 2. Propio o característico de una persona desaprensiva. *Comportamiento desaprensivo.*

desaprobación. F. Acción y efecto de desaprobar.

desaprobar. TR. Reprobar, no asentir a algo. MORF. conjug. c. *contar.*

desaprovechado, da. PART. de **desaprovechar.** ‖ ADJ. 1. Dicho de una persona: Que ha tenido la oportunidad de mejorar moral o intelectualmente y no lo ha hecho. U. t. c. s. ‖ 2. Dicho de una cosa: Que no produce el fruto, provecho o utilidad que puede. *Un espacio muy desaprovechado.*

desaprovechamiento. M. Atraso en lo bueno, desperdicio o desmedro de las conveniencias.

desaprovechar. TR. 1. No obtener el máximo rendimiento de algo. *Desaprovechar su talento.* ‖ 2. Omitir una acción, dejar pasar una oportunidad que redundaría en ventaja o provecho propios. *Desaprovechar la ocasión.*

desarbolado, da. PART. de **desarbolar.** ‖ ADJ. 1. Despojado o libre de árboles. *Ladera desarbolada.* ‖ 2. Roto, destartalado. *Murallas desarboladas.* ‖ 3. Que está nervioso y desencajado.

desarbolar. TR. 1. Hacer que alguien o algo se derrumben. U. m. en sent. fig. *Estos datos han desarbolado las teorías de los analistas.* ‖ 2. *Mar.* Destruir, tronchar o derribar los **árboles** (‖ palos de la embarcación).

desarmado, da. PART. de **desarmar.** ‖ ADJ. 1. Desprovisto de armas. *Un vigilante desarmado.* ‖ 2. Que no tiene argumentos para replicar. *Sus humildes palabras lo dejaron desarmado. Si me piden disculpas, quedo desarmado.*

desarmador. M. *Méx.* **destornillador.**

desarmaduría. F. *Chile.* Lugar en el que se desarman máquinas, especialmente vehículos.

desarmar. I. TR. 1. Quitar o hacer entregar a una persona, a un cuerpo o a una plaza las armas que tiene. ‖ 2. Reducir las fuerzas militares de un Estado o su armamento. ‖ 3. Dejar a alguien incapaz de replicar o reaccionar. *Me ha desarmado con sus argumentos.* ‖ 4. Desunir, separar las piezas de que se compone algo, como un reloj, una escopeta, una máquina, un artificio, etc. ‖ 5. *Esgr.* Quitar o arrancar el arma del adversario por un movimiento rápido y fuerte de la suya propia. ‖ II. INTR. 6. Dicho de una nación: Reducir su armamento y fuerzas militares en virtud de un pacto internacional.

desarme. M. 1. Acción y efecto de desarmar. ‖ 2. Arbitrio diplomático para mantener la paz, mediante la voluntaria reducción, equitativamente proporcional, de sus respectivas fuerzas militares, pactada por número suficiente de naciones.

desarmonía. F. Falta de **armonía** (‖ proporción conveniente de unas cosas con otras).

desarraigado, da. PART. de **desarraigar.** ‖ ADJ. Dicho de una persona: Que ha perdido los vínculos afectivos o culturales con su país, familia, etc. U. t. c. s.

desarraigamiento. M. **desarraigo.**

desarraigar. TR. 1. Extinguir, extirpar enteramente una pasión, una costumbre o un vicio. *Desarraigar el alcoholismo de la sociedad.* U. t. c. prnl. ‖ 2. Separar a alguien del lugar o medio donde se ha criado, o cortar los vínculos afectivos que tiene con ellos. U. t. c. prnl. ‖ 3. Arrancar de raíz una planta. *Desarraigaron un olivo centenario para asfaltar la plaza.* U. t. c. prnl. ¶ MORF. conjug. c. *bailar.*

desarraigo. M. Acción y efecto de desarraigar.

desarrapado, da. ADJ. **desharrapado.**

desarreglado, da. PART. de **desarreglar.** ‖ ADJ. Dicho de una persona: Desordenada con sus cosas.

desarreglar. TR. Trastornar, desordenar, sacar de regla. U. t. c. prnl.

desarreglo. M. 1. Falta de regla, desorden. ‖ 2. **trastorno** (‖ alteración de la salud).

desarrimar. TR. Separar, quitar lo que está arrimado.

desarrollar. I. TR. 1. Extender lo que está arrollado, deshacer un rollo. *Desarrollar una bobina.* U. t. c. prnl. ‖ 2. Acrecentar, dar incremento a algo de orden físico, intelectual o moral. *Desarrollar la red ferroviaria.* U. t. c.

prnl. ‖ **3.** Explicar una teoría y llevarla hasta sus últimas consecuencias. ‖ **4.** Exponer o discutir con orden y amplitud cuestiones, temas, lecciones, etc. *Desarrollar la parte teórica con casos prácticos.* ‖ **5.** *Mat.* Efectuar las operaciones de cálculo indicadas en una expresión analítica. ‖ **II.** PRNL. **6.** Suceder, ocurrir, acontecer. *La historia se desarrolla en un internado.* ‖ **7.** Dicho de una comunidad humana: Progresar, crecer económica, social, cultural y políticamente.

desarrollismo. M. *Econ.* Ideología que propugna el desarrollo meramente económico como objetivo prioritario.

desarrollista. ADJ. **1.** *Econ.* Perteneciente o relativo al desarrollismo. *Teorías desarrollistas.* ‖ **2.** *Econ.* Que defiende, favorece o sigue el desarrollismo. *Política desarrollista.* Apl. a pers., u. t. c. s.

desarrollo. M. **1.** Acción y efecto de desarrollar o desarrollarse. ‖ **2.** Combinación entre el plato y el piñón de la bicicleta, que determina la distancia que se avanza con cada pedalada. ‖ **3.** *Econ.* Evolución progresiva de una economía hacia mejores niveles de vida. ‖ ~ **sostenible.** M. desarrollo económico que, cubriendo las necesidades del presente, preserva la posibilidad de que las generaciones futuras satisfagan las suyas. □ V. **polo de** ~.

desarropar. TR. Quitar o apartar la ropa. U. t. c. prnl.

desarrugar. TR. Estirar, quitar las arrugas. U. t. c. prnl.

desarticulación. F. Acción y efecto de desarticular.

desarticular. TR. **1.** Separar dos o más huesos articulados entre sí. U. t. c. prnl. ‖ **2.** Separar las piezas de una máquina o artefacto. U. t. c. prnl. ‖ **3.** Desorganizar, descomponer. *Desarticular las estructuras políticas tradicionales.* ‖ **4.** Dicho de la autoridad: Desorganizar una conspiración, un grupo de malhechores u otra confabulación, deteniendo a los individuos que la forman o a los principales de ellos.

desarzonar. TR. Hacer que el jinete salga violentamente de la silla.

desaseado, da. ADJ. Falto de aseo. *Cuartos desaseados.*

desaseo. M. Falta de aseo.

desasimiento. M. **1.** Acción y efecto de desasir o desasirse. ‖ **2.** Desapego, desinterés.

desasir. **I.** TR. **1.** Soltar, desprender lo asido. U. t. c. prnl. ‖ **II.** PRNL. **2.** **desprenderse** (‖ desposeerse de algo). ¶ MORF. conjug. c. *asir.*

desasistencia. F. Falta de asistencia.

desasistir. TR. Dejar sin asistencia o ayuda, desamparar.

desasnar. TR. coloq. Hacer perder a alguien la rudeza, o quitarle la rusticidad por medio de la enseñanza. U. t. c. prnl.

desasosegador, ra. ADJ. **desasosegante.**

desasosegante. ADJ. Que causa desasosiego. *Sensación desasosegante.*

desasosegar. TR. Privar de sosiego. U. t. c. prnl. MORF. conjug. c. *acertar.*

desasosiego. M. Falta de sosiego.

desastillar. TR. *Am.* Sacar astillas de la madera.

desastrado, da. ADJ. **1.** Infausto, infeliz. *Su desastrada vida sentimental.* ‖ **2.** Dicho de una persona: Andrajosa y desaseada. U. t. c. s.

desastre. M. **1.** Desgracia grande, suceso infeliz y lamentable. ‖ **2.** Cosa de mala calidad, mal resultado, mala organización, mal aspecto, etc. *Un desastre de oficina.*

‖ **3.** Persona poco hábil, poco capaz, o a la que todo le sale mal. □ V. **zona de** ~.

desastroso, sa. ADJ. **1.** **desastrado** (‖ infausto, infeliz). *Tuvo una infancia desastrosa.* ‖ **2.** Muy malo. *Me produjo una impresión desastrosa. Dejó allí un recuerdo desastroso. Hizo un examen desastroso.*

desatado, da. PART. de desatar. ‖ ADJ. Que procede sin freno y desordenadamente. *Furia desatada.*

desatar. **I.** TR. **1.** Desenlazar una cosa de otra, soltar lo que está atado. U. t. c. prnl. ‖ **2.** Desencadenar, provocar o producir. U. t. c. prnl. *A media tarde se desató una fuerte tormenta.* ‖ **II.** PRNL. **3.** Excederse en hablar. ‖ **4.** Proceder desordenadamente. ‖ **5.** Perder el encogimiento, temor o extrañeza.

desatascador, ra. **I.** ADJ. **1.** Dicho de una sustancia, de un dispositivo, de un procedimiento, etc.: Que desatascan o sirven para desatascar. U. t. c. s. m. ‖ **II.** M. **2.** Utensilio consistente en una ventosa de goma con un mango, que se usa para desatascar cañerías.

desatascar. TR. **1.** Limpiar, dejar libre un conducto obstruido. U. t. c. prnl. ‖ **2.** Sacar del atascadero. *Desatascar un carro.* U. t. c. prnl.

desatasco. M. Acción y efecto de desatascar.

desataviar. TR. Quitar los atavíos. MORF. conjug. c. *enviar.*

desate. M. **1.** Acción y efecto de **desatarse** (‖ excederse en hablar). ‖ **2.** Acción y efecto de **desatarse** (‖ proceder desordenadamente).

desatención. F. **1.** Falta de atención, distracción. ‖ **2.** Descortesía, falta de urbanidad o respeto. ‖ **3.** Acción de desatender. *La huelga provocará la desatención de los servicios básicos.*

desatender. TR. **1.** No prestar atención a lo que se dice o hace. *Desatender una indicación.* ‖ **2.** No hacer caso o aprecio de alguien o de algo. *Desatendió a su mujer.* ‖ **3.** No corresponder, no asistir con lo que es debido. *Desatendió sus obligaciones.* ¶ MORF. conjug. c. *entender.*

desatentado, da. ADJ. **1.** Que habla u obra fuera de razón y sin tino ni concierto. U. t. c. s. ‖ **2.** Excesivo, desordenado. *Hábitos desatentados.*

desatento, ta. ADJ. **1.** Dicho de una persona: Que aparta o distrae la atención que debía poner en algo. ‖ **2.** Descortés, falto de atención y urbanidad. *Trató de forma desatenta al público.* U. t. c. s.

desaterrar. TR. *Am.* **escombrar** (‖ desembarazar de escombros o tierras un lugar para allanarlo). MORF. conjug. c. *acertar.*

desatinado, da. PART. de desatinar. ‖ ADJ. **1.** Desarreglado, sin tino. *Respuesta desatinada.* ‖ **2.** Que habla o procede sin juicio ni razón. *Estaban todos locos, confusos y desatinados.* U. t. c. s.

desatinar. INTR. **1.** Decir o hacer desatinos. ‖ **2.** Perder el tino, no acertar.

desatino. M. **1.** Falta de tino, tiento o acierto. *Los desatinos del entrenador provocaron la derrota del equipo.* ‖ **2.** Locura, despropósito o error. *Podría obsesionarse con cualquier desatino.*

desatollar. TR. Sacar o librar del atolladero. U. t. c. prnl.

desatorar. TR. **1.** *Ingen.* Quitar los escombros que atoran u obstruyen una excavación. ‖ **2.** *Méx.* Desatascar, desobstruir.

desatornillador. M. **destornillador.**

desatornillar. TR. **1.** Sacar un tornillo dándole vueltas. ‖ **2.** Sacar los tornillos de algo sujeto con ellos. *Desatornilló la cajonera de la mesa.*

desatracar. TR. *Mar.* Separar una embarcación de otra o de la parte en que se atracó. U. t. c. intr. *En el muelle, los cargueros atracaban y desatracaban.*

desatrancar. TR. **1.** Quitar a la puerta la tranca u otra cosa que impide abrirla. ‖ **2.** Limpiar o dejar libre de cualquier impedimento un caño o conducto.

desatranco. M. Acción y efecto de **desatrancar** (‖ limpiar un caño o conducto).

desautorización. F. Acción y efecto de desautorizar.

desautorizado, da. PART. de **desautorizar.** ‖ ADJ. Prohibido, explícitamente denegado. *Actos desautorizados.*

desautorizar. TR. Quitar a alguien o algo autoridad, poder, crédito o estimación. U. t. c. prnl.

desavenencia. F. Oposición, discordia, contrariedad.

desavenido, da. ADJ. Que está discorde o enemistado con alguien.

desaventajado, da. ADJ. Inferior y poco ventajoso. *Situación desaventajada.*

desavisado, da. PART. de **desavisar.** ‖ ADJ. **ignorante** (‖ que no tiene noticia). U. t. c. s.

desavisar. TR. Dar aviso o noticia contraria a la que se había dado.

desayunador. M. *Méx.* Habitación con mesa y sillas, cercana a la cocina, para tomar comidas ligeras.

desayunar. **I.** INTR. **1.** Tomar el desayuno. U. t. c. tr. y c. prnl. *Desayunarse temprano.* ‖ **II.** PRNL. **2.** Tener la primera noticia de un suceso o un acontecimiento que se ignoraba.

desayuno. M. **1.** Alimento ligero que se toma por la mañana antes que ningún otro. ‖ **2.** Acción de desayunar. ‖ **3.** Reunión de personas para desayunar. *Desayuno de trabajo.*

desazolvar. TR. *Méx.* Quitar lo que azolva o ciega un conducto.

desazolve. M. *Méx.* Acción y efecto de desazolvar.

desazón. F. **1.** Disgusto, pesadumbre, inquietud interior. ‖ **2.** **picazón** (‖ molestia que causa un picor). ‖ **3.** Malestar físico vago.

desazonador, ra. ADJ. Que desazona. *Impresión desazonadora.*

desazonar. TR. Disgustar, enfadar, desabrir el ánimo. U. t. c. prnl.

desbalagar. TR. *Méx.* Dispersar, esparcir.

desbancar. TR. **1.** Usurpar, sustituir a alguien en una posición y ocuparla. ‖ **2.** Hacer perder a alguien la amistad, estimación o cariño de otra persona, ganándola para sí. ‖ **3.** Dicho de un jugador: En el juego de la banca y otros de apunte, ganar al banquero todo el fondo de dinero que puso.

desbandada. F. Acción y efecto de desbandarse. ‖ **a la ~.** LOC.ADV. De manera confusa y sin orden, en dispersión.

desbandarse. PRNL. **1.** Desparramarse, huir en desorden. ‖ **2.** Apartarse de la compañía de otros.

desbarajustar. TR. **desordenar** (‖ alterar el orden).

desbarajuste. M. desorden (‖ confusión).

desbaratado, da. PART. de **desbaratar.** ‖ ADJ. coloq. De mala vida, conducta o gobierno.

desbaratador, ra. ADJ. Que desbarata. *Interrupción desbaratadora.*

desbaratamiento. M. Descomposición, desconcierto.

desbaratar. **I.** TR. **1.** Deshacer o arruinar algo. *La guerra les desbarató la vida.* ‖ **2.** Cortar, impedir, estor-

bar algo inmaterial. *Siempre desbarata mis planes.* ‖ **3.** *Mil.* Desordenar, poner en confusión a los contrarios. ‖ **II.** PRNL. **4.** Perder, en las palabras o en las obras, la serenidad o la circunspección habitual. *Se desbarató en llanto.*

desbarate. M. Acción y efecto de desbaratar.

desbarato. M. Acción y efecto de desbaratar.

desbarbado, da. PART. de **desbarbar.** ‖ ADJ. Que carece de barba. U. t. en sent. despect.

desbarbar. TR. Cortar o quitar las barbas de algo, y especialmente los filamentos del borde del papel.

desbarrancadero. M. *Méx.* **despeñadero.**

desbarrancar. **I.** TR. **1.** *Am.* Despeñar, arrojar a un barranco. U. t. c. prnl. ‖ **II.** PRNL. **2.** *Á. Caribe.* Dicho de un cerro: Desprenderse parte de él.

desbarrar. INTR. **1.** Discurrir fuera de razón. ‖ **2.** Errar en lo que se dice o hace.

desbarre. M. Acción y efecto de **desbarrar** (‖ discurrir fuera de razón).

desbarro. M. Acción y efecto de desbarrar.

desbastador. M. Herramienta que sirve para desbastar.

desbastar. TR. **1.** Quitar las partes más bastas a algo que se haya de labrar. *Desbastar un bloque de mármol.* ‖ **2.** Gastar, disminuir, debilitar. *Las olas desbastaron el monumento.* ‖ **3.** Quitar lo basto, encogido y grosero que por falta de educación tienen algunas personas. U. t. c. prnl.

desbaste. M. **1.** Acción y efecto de desbastar. ‖ **2.** Estado de cualquier materia que se destina a labrarse, después de que se la ha despojado de las partes más bastas. *Estar en desbaste una piedra.*

desbloquear. TR. Levantar o eliminar el bloqueo.

desbloqueo. M. Acción y efecto de desbloquear.

desbocado, da. PART. de **desbocar.** ‖ ADJ. coloq. Acostumbrado a decir palabras indecentes, ofensivas y desvergonzadas. U. t. c. s.

desbocamiento. M. Acción y efecto de desbocarse.

desbocar. **I.** TR. **1.** Dicho del cuello o de las mangas de una prenda de vestir: Dar de sí. U. t. c. prnl. ‖ **II.** PRNL. **2.** Dicho de una caballería: Hacerse insensible al freno y dispararse. ‖ **3.** Desmandarse, descomedirse, perder el control. *Durante las agitaciones, el pueblo se desbocó.* ‖ **4.** **dispararse** (‖ crecer inmoderadamente). *La inflación se desbocó.*

desbordamiento. M. Acción y efecto de desbordar o desbordarse.

desbordante. ADJ. **1.** Que desborda o se desborda. *Espumas desbordantes.* ‖ **2.** Que sale de sus límites o de la medida. *Caridad desbordante.*

desbordar. **I.** TR. **1.** Rebasar el límite de lo fijado o previsto. *Su fama desbordó las fronteras. Los acontecimientos han desbordado las expectativas.* U. t. c. prnl. ‖ **2.** Dicho de un asunto: Sobrepasar la capacidad intelectual o emocional de alguien. ‖ **3.** Dicho de un jugador: En un partido de fútbol, adelantar a otro de la defensa contraria esquivándolo. ‖ **II.** INTR. **4.** Salir de los bordes, derramarse. U. m. c. prnl. *El río acabó por desbordarse.* ‖ **III.** PRNL. **5.** Dicho de una pasión o de un vicio: Exaltarse, desmandarse.

desborde. M. **desbordamiento.**

desbotonar. TR. *Am.* Quitar los botones y la guía a las plantas, especialmente a la del tabaco, para impedir su crecimiento y para que ganen en tamaño las hojas.

desbraguetado, da. ADJ. coloq. Que trae desabotonada o mal ajustada la bragueta.

desbravador. M. Hombre que tiene por oficio desbravar potros cerriles.

desbravar. I. TR. **1.** Amansar el ganado cerril, caballar o mular. ‖ **II.** INTR. **2.** Perder o deponer parte de la braveza. U. t. c. prnl.

desbridamiento. M. *Med.* Acción y efecto de desbridar.

desbridar. TR. **1.** *Med.* Dividir con un instrumento cortante tejidos fibrosos que, produciendo estrangulación, pueden originar la gangrena. ‖ **2.** *Med.* Separar las bridas o filamentos que atraviesan una llaga y estorban la libre salida del pus.

desbroce. M. Acción y efecto de desbrozar.

desbrozamiento. M. Acción y efecto de desbrozar.

desbrozar. TR. **1.** Quitar la broza, desembarazar, limpiar. *Desbrozar el terreno.* ‖ **2.** Eliminar los aspectos accesorios o confusos que complican un asunto innecesariamente y entorpecen su comprensión. *Su encuentro sirvió para desbrozar la negociación inmediata.*

descabalado, da. PART. de **descabalar.** ‖ ADJ. **1.** Disperso o desparejado. *Datos descabalados. Calcetín descabalado.* ‖ **2.** Confuso, deslavazado, desordenado. *Ideas descabaladas.*

descabalar. TR. **1.** Quitar o perder algunas de las partes o piezas precisas para construir algo completo o cabal. *Descabalar una vajilla.* U. t. c. prnl. ‖ **2.** Desorganizar, estropear, echar a perder. U. t. c. prnl. *Se han descabalado nuestros planes.*

descabalgar. INTR. Dicho de un jinete: Desmontar, bajar de una caballería.

descabellado, da. PART. de **descabellar.** ‖ ADJ. Fuera de orden, concierto o razón. *Hipótesis descabelladas.*

descabellar. TR. *Taurom.* Matar instantáneamente al toro, hiriéndolo en la cerviz con la punta de la espada o con la puntilla.

descabello. M. *Taurom.* Acción y efecto de descabellar.

descabezado, da. PART. de **descabezar.** ‖ ADJ. Fuera de razón.

descabezamiento. M. Acción y efecto de descabezar.

descabezar. TR. **1.** Quitar o cortar la cabeza. ‖ **2.** Cortar la parte superior o las puntas a algo, como a un árbol, a un madero, a un vástago de una planta, etc. ‖ **3.** *Mil.* Dicho de la cabeza de una columna: Vencer o salvar un obstáculo al rebasarlo.

descachalandrado, da. ADJ. *Am.* Desaliñado, andrajoso.

descacharrante. ADJ. coloq. Cómico, hilarante. *Improvisaciones descacharrantes.*

descacharrar. TR. coloq. **escacharrar.** U. t. c. prnl. U. t. en sent. fig. *Se descacharraron al caer su automóvil por el puente.*

descacharse. PRNL. *Chile.* **descornarse.**

descachazar. TR. *Am.* Quitar la cachaza al guarapo.

descaecimiento. M. Flaqueza, debilidad, falta de fuerzas y vigor en el cuerpo o en el ánimo.

descafeinado, da. PART. de **descafeinar.** ‖ **I.** ADJ. **1.** Que ha sido desprovisto de elementos nocivos o molestos. *Programación descafeinada.* ‖ **2.** Desvirtuado, privado de aspectos fundamentales u originarios. *Autonomías descafeinadas.* ‖ **II.** M. **3.** café descafeinado.

descafeinar. TR. **1.** Extraer o reducir el contenido de cafeína en el café. ‖ **2.** Mermar, atenuar lo que se consi-

dera peligroso o violento. *Descafeinó los proyectos de ruptura.* ¶ MORF. V. conjug. modelo.

descalabradura. F. Herida recibida en la cabeza.

descalabrar. TR. **1.** Herir en la cabeza. U. t. c. prnl. ‖ **2.** Herir o maltratar aunque no sea en la cabeza. ‖ **3.** Causar daño o perjuicio. *Los recientes desastres habían descalabrado al país.*

descalabro. M. Contratiempo, infortunio, daño o pérdida.

descalce. M. **socava.**

descalcez. F. **1.** Cualidad de descalzo. ‖ **2.** Regla que deben observar los religiosos que llevan los pies descalzos.

descalcificación. F. *Med.* Acción y efecto de descalcificar.

descalcificar. TR. *Med.* Eliminar o disminuir la sustancia calcárea contenida en los huesos u otros tejidos orgánicos. U. t. c. prnl.

descalificación. F. Acción y efecto de descalificar.

descalificador, ra. ADJ. Que descalifica o sirve para descalificar (‖ desacreditar).

descalificar. TR. **1.** Desacreditar, desautorizar o incapacitar. *Descalificaron al portavoz del sindicato.* ‖ **2.** Eliminar a un deportista o a un equipo de una competición como sanción por faltar a las normas establecidas.

descalificatorio, ria. ADJ. **descalificador.**

descalzar. TR. Quitar el calzado. U. t. c. prnl.

descalzo, za. ADJ. **1.** Que lleva desnudos los pies. ‖ **2.** Dicho de un fraile o de una monja: Que profesan descalcez. U. t. c. s.

descamación. F. *Med.* Renovación y desprendimiento de la epidermis seca en forma de escamillas, más activa a consecuencia de los exantemas o erupciones cutáneas.

descamar. I. TR. **1.** escamar (‖ quitar las escamas a los peces). ‖ **II.** PRNL. **2.** Dicho de la piel: Caerse en forma de escamillas.

descamativo, va. ADJ. **1.** *Med.* Perteneciente o relativo a la descamación. *Proceso descamativo.* ‖ **2.** *Med.* Que produce descamación. *Lesión descamativa.*

descambiar. TR. Deshacer el trueque o cambio. MORF. conjug. c. *anunciar.*

descaminado, da. PART. de **descaminar.** ‖ ADJ. Equivocado, mal orientado. *Propuesta descaminada.*

descaminar. TR. Apartar a alguien de un buen propósito, aconsejarlo o inducirlo a que haga lo que no es justo ni le conviene. U. t. c. prnl.

descamino. M. **desatino** (‖ despropósito).

descamisado, da. ADJ. **1.** Sin camisa. ‖ **2.** despect. Muy pobre, desharrapado. U. t. c. s.

descampado, da. PART. de **descampar.** ‖ ADJ. Dicho de un terreno: Descubierto, libre y limpio de tropiezos, malezas y espesuras. U. t. c. s. m. ‖ **en descampado.** LOC.ADV. A campo raso, a cielo descubierto, en sitio libre de tropiezos.

descampar. TR. **escampar.**

descangallar o descangayar. TR. Descoyuntar, descomponer, desmadejar. U. t. c. prnl.

descansadero. M. Sitio o lugar donde se descansa o se puede descansar.

descansado, da. PART. de **descansar.** ‖ ADJ. **1.** Que trae en sí una satisfacción que equivale al descanso. *Tras confesar sus culpas se sintió completamente descansado.* ‖ **2.** Dicho de una ocupación: Que requiere poco esfuerzo. *El de farero es un trabajo muy descansado.*

descansar. **I.** INTR. **1.** Cesar en el trabajo, reparar las fuerzas con la quietud. ‖ **2.** Tener algún alivio en las preocupaciones. ‖ **3.** Desahogarse, tener alivio o consuelo comunicando a un amigo o a una persona de confianza los males o penalidades. *Descansaba en ella de los conflictos de su matrimonio.* ‖ **4.** Reposar, dormir. *El enfermo ha descansado dos horas.* ‖ **5.** Dicho de una cosa: Estar asentada o apoyada sobre otra. *El brazo descansaba sobre la almohada.* U. t. c. tr. ‖ **6.** Dicho de una tierra de labor: Estar sin cultivo uno o más años. ‖ **7.** reposar (‖ estar enterrado). ‖ **II.** TR. **8.** Hacer que alguien o una parte de su cuerpo pierdan el cansancio. *Descansar la vista.* U. t. c. intr. *Poner los pies en alto descansa.*

descansillo. M. Meseta en que terminan los tramos de una escalera.

descanso. M. **1.** Quietud, reposo o pausa en el trabajo o fatiga. ‖ **2.** Tiempo dedicado a ello. ‖ **3.** Causa de alivio en la fatiga y en las dificultades físicas o morales. ‖ **4.** descansillo. ‖ **5.** Intermedio en el desarrollo de un espectáculo, audición o sesión. ☐ V. **área de ~, día de ~.**

descantonar. TR. Romper o quebrar las aristas o cantos de algo.

descapitalización. F. **1.** Acción y efecto de descapitalizar. ‖ **2.** Empobrecimiento social o cultural de una comunidad.

descapitalizar. TR. **1.** Dejar a una entidad, empresa, banco, etc., total o parcialmente sin los fondos o recursos que poseía. U. t. c. prnl. ‖ **2.** Hacer perder las riquezas históricas o culturales acumuladas por un país o grupo social. U. t. c. prnl.

descapotable. ADJ. Dicho de un coche: Que tiene capota plegable. U. t. c. s. m.

descapotar. TR. Plegar o bajar la capota de un coche.

descapullar. TR. Quitar el capullo a algo.

descarado, da. PART. de **descararse.** ‖ ADJ. **1.** Que habla u obra con desvergüenza, sin pudor ni respeto humano. U. t. c. s. ‖ **2.** Propio o característico de una persona descarada. *Conducta descarada.*

descarapelar. TR. *Méx.* Descascarar, resquebrajar. U. t. c. prnl.

descararse. PRNL. Hablar u obrar con desvergüenza, descortés y atrevidamente o sin pudor.

descarga. F. **1.** Acción y efecto de descargar. ‖ **2.** **descarga cerrada.** ‖ **3.** *Arq.* Aligeramiento de un cuerpo de construcción cuando se teme que su excesivo peso la derrumbe. ‖ **4.** *Electr.* Pérdida de carga eléctrica. ‖ **~ cerrada.** F. *Mil.* Fuego que se hace de una vez por uno o más batallones, compañías, secciones, etc.

descargadero. M. Sitio destinado para descargar mercancías u otras cosas.

descargador, ra. **I.** ADJ. **1.** Que descarga o sirve para descargar. Apl. a una máquina o un aparato, u. t. c. s. *El camión viene equipado con una descargadora.* ‖ **II.** M. y F. **2.** Persona que tiene por oficio descargar mercancías en los puertos, ferrocarriles, etc.

descargadora. F. Máquina o aparato que sirve para descargar.

descargar. **I.** TR. **1.** Quitar o aliviar la carga. *Descargaba camiones en el mercado.* ‖ **2.** Disparar un arma de fuego. *Descargó el revólver sobre ellos.* ‖ **3.** Extraer la carga a un arma de fuego o a un barreno. ‖ **4.** Anular la tensión eléctrica de un cuerpo. U. t. c. prnl. ‖ **5.** Dar con violencia un golpe. *Descargó un puñetazo en la cara del*

infeliz. U. t. c. intr. ‖ **6.** Dicho de una persona: Librarse del mal humor o la irritación maltratando de palabra u obra a alguien. ‖ **7.** Exonerar a alguien de un cargo u obligación. *La descargó de parte del trabajo de la siega.* ‖ **8.** *Inform.* Transferir información desde un sistema electrónico a otro. ‖ **II.** INTR. **9.** Dicho de un río: Desembocar, desaguar, entrar en el mar o en un lago, donde pierden su nombre o acaban su curso. ‖ **10.** Dicho de una nube: Deshacerse y caer en lluvia o granizo.

descargo. M. **1.** Acción de descargar. ‖ **2.** Satisfacción, respuesta o excusa del cargo que se hace a alguien. *No se dignó efectuar su descargo ante la comisión que lo enjuiciaba.* ‖ **3.** En las cuentas, data o salida que se contrapone al *cargo* o entrada. ‖ **4.** Satisfacción de las obligaciones de justicia y de las que gravan la conciencia. *Aunque tienes razón, en mi descargo he de decir que no me di cuenta.* ☐ V. **testigo de ~.**

descargue. M. Descarga de un peso o transporte.

descarnado, da. PART. de **descarnar.** ‖ ADJ. Dicho de una expresión o de un asunto: Crudos o desagradables, expuestos sin paliativos.

descarnador. M. Instrumento de acero, largo, con una punta en uno de sus extremos, vuelta y aguda, y una lanceta en el otro, que sirve para despegar la encía de la muela o diente que se quiere sacar.

descarnadura. F. Acción y efecto de descarnar.

descarnar. TR. **1.** Quitar al hueso la carne. U. t. c. prnl. ‖ **2.** Hacer perder carnes por causa física o moral. *La enfermedad le ha descarnado las mejillas.* U. t. c. prnl. ‖ **3.** Quitar parte de algo o desmoronarlo. *La nieve descarna los aleros del tejado.* U. t. c. prnl.

descarne. M. Á. R. *Plata.* Cuero de novillo que, una vez depilado, se usa en marroquinería.

descaro. M. Desvergüenza, atrevimiento, insolencia, falta de respeto.

descarozar. TR. *Am.* Quitar el carozo a las frutas.

descarriamiento. M. **descarrío.**

descarriar. **I.** TR. **1.** Apartar a alguien del carril, echarlo fuera de él. ‖ **2.** Apartar del rebaño cierto número de reses. U. t. c. prnl. ‖ **II.** PRNL. **3.** Apartarse de lo justo y razonable. ¶ MORF. conjug. c. *enviar.*

descarrilamiento. M. Acción y efecto de descarrilar.

descarrilar. INTR. Dicho de un tren, de un tranvía, etc.: Salir fuera del carril.

descarrío. M. Acción y efecto de descarriar o descarriarse.

descartable. ADJ. **1.** Que puede o que debe ser **descartado** (‖ excluido). *Hipótesis descartable.* ‖ **2.** *Am.* **desechable** (‖ de un solo uso). *Jeringa descartable.*

descartar. **I.** TR. **1.** Excluir a alguien o algo o apartarlo de sí. ‖ **2.** Rechazar, no admitir. *Descartamos la posibilidad de lluvia.* ‖ **II.** PRNL. **3.** En ciertos juegos, dejar las cartas que se tienen en la mano y se consideran inútiles, sustituyéndolas con otras tantas de las que no se han repartido.

descarte. M. **1.** En algunos juegos de naipes, conjunto de cartas que se desechan o que quedan sin repartir. ‖ **2.** Acción y efecto de descartar o descartarse. *Su nombre entró en la lista de descartes del entrenador.*

descascarar. **I.** TR. **1.** Quitar la cáscara. ‖ **II.** PRNL. **2.** Dicho de una cosa: Levantarse o caerse su superficie o cáscara.

descascarillado. M. Acción y efecto de descascarillar.

descascarillar. TR. Quitar la cascarilla. U. t. c. prnl.

descastado, da. PART. de **descastar**. ‖ ADJ. **1.** Ingrato, que no corresponde al afecto profesado por la familia, los amigos, etc. U. t. c. s. ‖ **2.** despect. Que ha perdido o ha renunciado al vínculo con su origen o identidad social, cultural, nacional, etc. *Un país culturalmente descastado.*

descastar. TR. Acabar con una casta de animales, por lo común dañinos.

descaste. M. Acción y efecto de descastar.

descatalogar. TR. Quitar un libro, un disco, un cuadro, etc., del catálogo del que formaba parte.

descendencia. F. Conjunto de hijos, nietos y demás generaciones sucesivas por línea recta descendente.

descendente. ADJ. Que desciende. *Camino descendente.* ☐ V. **progresión ~**.

descender. **I.** INTR. **1. bajar** (‖ ir desde un lugar a otro más bajo). ‖ **2.** Dicho de una cosa líquida: Caer, fluir, correr. *El río desciende por la garganta.* ‖ **3.** Proceder, por natural propagación, de un mismo principio o persona común, que es la cabeza de la familia. ‖ **4.** Dicho de una persona o de una cosa: Disminuir en calidad o en cantidad. ‖ **5.** Dicho de una cosa: Derivarse, proceder de otra. *Las lenguas románicas descienden del latín.* ‖ **II.** TR. **6.** Recorrer un lugar yendo hacia abajo. *Descendió lentamente la escalera.* ‖ **7.** Poner algo en un lugar más bajo. *Descendieron el ataúd del catafalco.* ¶ MORF. conjug. c. **entender**.

descendiente. COM. **1.** Hijo, nieto o cualquier persona que desciende de otra. ‖ **2.** *Biol.* Ser vivo que desciende directamente de otro.

descendimiento. M. **1.** Acción de **descender** (‖ bajar). ‖ **2.** Bajada que se hizo del cuerpo de Cristo, desde la cruz. ORTOGR. Escr. con may. inicial. ‖ **3.** Representación de este paso que se hace en algunas iglesias el Viernes Santo con un crucifijo.

descenso. M. **1.** Acción y efecto de descender. ‖ **2.** Caída de una dignidad o estado a otro inferior. ‖ **3.** *Dep.* Modalidad de esquí alpino con un descenso en velocidad en el que el esquiador realiza un recorrido determinado pasando entre una serie de puertas.

descentrado, da. PART. de **descentrar**. ‖ ADJ. **1.** Dicho de un instrumento o de una pieza de una máquina: Que tienen el centro fuera de la posición que debe ocupar. ‖ **2.** Que se encuentra fuera del estado o lugar de su natural asiento y acomodo. *Mueve la mesa, que está descentrada.* ‖ **3.** Desorientado, disperso, desequilibrado.

descentralización. F. Acción y efecto de descentralizar.

descentralizador, ra. ADJ. Que descentraliza. *Proceso descentralizador.*

descentralizar. TR. Transferir a diversas corporaciones u oficios parte de la autoridad que antes ejercía el Gobierno del Estado.

descentrar. TR. **1.** Hacer que algo deje de estar centrado. U. t. c. prnl. *El eje del motor se ha descentrado.* ‖ **2.** Hacer que alguien actúe o piense de modo disperso o desordenado. U. t. c. prnl.

desceñir. TR. Desatar, quitar el ceñidor, faja u otra cosa que se lleva alrededor del cuerpo. U. t. c. prnl. MORF. conjug. c. **ceñir**.

descepar[1]. TR. Arrancar de raíz los árboles o plantas que tienen cepa.

descepar[2]. TR. *Mar.* Quitar los cepos a las anclas y anclotes.

descerebración. F. **1.** *Med.* Acción y efecto de descerebrar. ‖ **2.** *Med.* Estado morboso producido por la pérdida de la actividad funcional del cerebro.

descerebrado, da. PART. de **descerebrar**. ‖ ADJ. **1.** Privado de cerebro, o sin actividad funcional en él por lesión medular. ‖ **2.** coloq. De muy escasa inteligencia. U. t. c. s.

descerebrar. TR. *Med.* Producir la inactividad funcional del cerebro.

descerrajar. TR. **1.** Arrancar o violentar la cerradura de una puerta, cofre, escritorio, etc. ‖ **2.** coloq. Disparar con arma de fuego.

deschapar. TR. *Á. Andes.* **descerrajar** (‖ arrancar una cerradura).

descharchar. TR. *Am. Cen.* Destituir, despedir de un cargo o puesto de trabajo.

deschavetado, da. ADJ. *Am.* Chiflado, que ha perdido la chaveta.

descifrador, ra. ADJ. Que descifra. Apl. a pers., u. t. c. s.

desciframiento. M. Acción y efecto de descifrar.

descifrar. TR. **1.** Declarar lo que está escrito en cifra o en caracteres desconocidos, sirviéndose de clave dispuesta para ello, o sin clave, por conjeturas y reglas críticas. ‖ **2.** Penetrar y declarar lo oscuro, intrincado y de difícil inteligencia. *No consigo descifrar su pensamiento.*

descimbrar. TR. *Arq.* Quitar la cimbra después de fabricado un arco o bóveda.

descinchar. TR. Quitar o soltar las cinchas a una caballería.

desclasado, da. PART. de **desclasar**. ‖ ADJ. Que ya no pertenece a la clase social, generalmente alta, de la que proviene, o que ha perdido conciencia de ella. U. t. c. s.

desclasamiento. M. Acción y efecto de desclasar.

desclasar. TR. Hacer que alguien deje de pertenecer a la clase social, generalmente alta, de la que proviene, o que pierda conciencia de ella. U. t. c. prnl.

desclasificación. F. Acción y efecto de desclasificar.

desclasificar. TR. **1.** Sacar a una persona o cosa del conjunto ordenado en que se hallaba. *El corredor fue desclasificado después de haber ganado la medalla de oro.* ‖ **2.** Hacer público lo que está declarado secreto o reservado. *Desclasificaron documentos de la Segunda Guerra Mundial.*

desclavar. TR. **1.** Arrancar o quitar un clavo. ‖ **2.** Quitar o desprender algo del clavo o clavos con que está asegurado. U. t. c. prnl.

descobijar. TR. **descubrir** (‖ destapar).

descocado, da. PART. de **descocarse**. ‖ ADJ. **1.** coloq. Dicho de una persona: Que muestra demasiada libertad y desenvoltura. U. t. c. s. ‖ **2.** Propio o característico de una persona descocada. *Vestido descocado.*

descocarse. PRNL. coloq. Manifestar desparpajo y descaro.

descoco. M. coloq. Demasiada libertad y osadía en palabras y acciones.

descodificación. F. Acción y efecto de descodificar.

descodificador, ra. **I.** ADJ. **1.** Que descodifica. *Tarjeta descodificadora.* ‖ **II.** M. **2.** *Inform.* Dispositivo para descodificar.

descodificar. TR. Aplicar inversamente las reglas de su código a un mensaje codificado para obtener la forma primitiva de este.

descogollar. TR. Quitar los cogollos.

descolchar. TR. *Mar.* Desunir los cordones de los cabos. U. t. c. prnl.

descolgar. **I.** TR. **1.** Bajar lo que está colgado. *Descolgar un cuadro.* || **2.** Bajar o dejar caer poco a poco algo que pende de una cuerda, una cadena o una cinta. *Descolgar un muelle desde la ventana de un piso alto.* || **3.** Levantar el auricular del teléfono. || **4.** *Cineg.* Abatir de un disparo a un pájaro en pleno vuelo. || **II.** PRNL. **5.** Echarse de alto abajo, escurriéndose por una cuerda u otra cosa. || **6.** Dicho de una persona o de una cosa: Ir bajando de un sitio alto o por una pendiente. || **7.** Dicho de un competidor: En ciclismo y otros deportes, quedarse atrás con respecto a los demás. U. t. c. tr. || **8.** Marginarse, apartarse de una ideología, de una línea de comportamiento, de un ambiente o un acuerdo. || **9.** coloq. **salir** (|| decir o hacer algo inesperado). *Se descolgó con una tontería.* ¶ MORF. conjug. c. *contar.*

descollante. ADJ. Que descuella. *Posición descollante.*

descollar. INTR. **sobresalir.** U. t. c. prnl. MORF. conjug. c. *contar.*

descolocación. F. Falta o pérdida de colocación.

descolocar. TR. **1.** Quitar o separar a alguien o algo del lugar que ocupa. U. t. c. prnl. *Por favor, no se descoloquen, mantengan la fila.* || **2.** Desconcertar, confundir. *Mi respuesta lo había descolocado.*

descolonización. F. Supresión de la condición colonial de un territorio.

descolonizador, ra. ADJ. Que descoloniza o pretende la descolonización. *Proceso descolonizador.*

descolonizar. TR. Poner fin a una situación colonial.

descoloramiento. M. **decoloración.**

descolorar. TR. **decolorar.** U. t. c. prnl.

descolorido, da. ADJ. De color pálido. *Labios descoloridos.*

descombrar. TR. Desembarazar un lugar de cosas o materiales que estorban.

descombro. M. Acción y efecto de descombrar.

descomedido, da. PART. de **descomedirse.** || ADJ. **1.** Excesivo, desproporcionado, fuera de lo regular. *Optimismo descomedido.* || **2.** **descortés.** U. t. c. s.

descomedimiento. M. Falta de respeto, desatención, descortesía.

descomedirse. PRNL. Faltar al respeto de obra o de palabra. MORF. conjug. c. *pedir.*

descompaginar. TR. **descomponer** (|| desordenar).

descompasado, da. ADJ. **1.** **desacompasado.** *Respiración descompasada.* || **2.** **descomedido** (|| desproporcionado). *Reacción violenta y descompasada.*

descompensación. F. **1.** Acción y efecto de descompensar. || **2.** *Med.* Estado funcional de un órgano enfermo, especialmente del corazón, que no es capaz de subvenir a las exigencias habituales del organismo a que pertenece.

descompensar. **I.** TR. **1.** Hacer perder la compensación. U. t. c. prnl. || **II.** PRNL. **2.** *Med.* Dicho de un órgano enfermo: Llegar a un estado de descompensación.

descompletar. TR. Dejar incompleto lo que estaba completo.

descomponer. **I.** TR. **1.** Separar las diversas partes que forman un compuesto. *La luz descompone la molécula.* || **2.** Desordenar y desbaratar. U. t. c. prnl. *Su idealismo empezaba a descomponerse.* || **3.** Hacer perder a alguien la serenidad o la calma. U. t. c. prnl. *Su comentario la descompuso.* || **4.** Averiar, estropear, deteriorar. U. t. c.

prnl. *Se ha descompuesto el aire acondicionado.* || **5.** Hacer que un organismo se corrompa o entre en estado de putrefacción. U. t. c. prnl. *Fuera de la nevera el pescado se va a descomponer.* || **6.** Alterar la expresión del rostro, el gesto o la expresión. U. t. c. prnl. || **7.** Provocar en alguien una indisposición o una alteración de su salud, frecuentemente acompañada de diarrea. U. t. c. prnl. || **II.** PRNL. **8.** Dicho del tiempo: Destemplarse o sufrir alteración en su serenidad. ¶ MORF. conjug. c. *poner;* part. irreg. **descompuesto.**

descomposición. F. **1.** Acción y efecto de descomponer o descomponerse. || **2.** coloq. **diarrea.**

descompostura. F. **1.** **descomposición** (|| acción y efecto de descomponer). || **2.** Descaro, falta de respeto, de moderación, de modestia, de cortesía.

descompresión. F. Reducción de la presión a que ha estado sometido un gas o un líquido.

descomprimir. TR. Aminorar o anular la compresión en un cuerpo o en un espacio cerrado.

descompuesto, ta. PART. IRREG. de **descomponer.** || ADJ. **1.** De mal ánimo, alterado. || **2.** Inmodesto, atrevido, descortés. || **3.** *Am. Cen.* **borracho.**

descomulgar. TR. **excomulgar.**

descomunal. ADJ. Extraordinario, monstruoso, enorme, muy distante de lo común en su línea. *Tamaño descomunal.*

desconcentración. F. Acción y efecto de desconcentrar o desconcentrarse.

desconcentrar. **I.** TR. **1.** Hacer que alguien pierda la concentración o la atención puesta en algo. *El ruido desconcentraba a los músicos.* || **2.** Repartir entre varios lugares o entre varias personas algo que está concentrado en un lugar o es responsabilidad de una persona. *Los profesores intentaron desconcentrar el poder del rector.* || **II.** PRNL. **3.** Perder la concentración o la atención. *Me desconcentré unos segundos.*

desconceptuar. TR. **desacreditar.** U. t. c. prnl. MORF. conjug. c. *actuar.*

desconcertado, da. PART. de **desconcertar.** || ADJ. Desbaratado, de mala conducta, sin gobierno.

desconcertador, ra. ADJ. Que desconcierta. *Noticia desconcertadora.*

desconcertante. ADJ. Que produce desconcierto o perplejidad. *Suceso desconcertante.*

desconcertar. **I.** TR. **1.** Sorprender, suspender el ánimo. *Sus palabras lo desconcertaron.* || **2.** **dislocar** (|| sacar de su lugar los huesos del cuerpo). U. t. c. prnl. || **II.** PRNL. **3.** Hacer o decir algo sin la serenidad, el miramiento y orden que corresponde. ¶ MORF. conjug. c. *acertar.*

desconchabar. TR. *Am.* **descomponer** (|| separar las partes de un compuesto). U. t. c. prnl.

desconchado. M. **desconchadura.**

desconchadura. F. **1.** Parte de una pared que ha perdido su enlucido. || **2.** Parte de una pieza de loza que ha perdido el vidriado.

desconchar. TR. Quitar a una pared o a otra superficie parte de su enlucido o revestimiento. U. t. c. prnl.

desconchón. M. Caída de un trozo pequeño del enlucido o de la pintura de una superficie.

desconcierto. M. **1.** Estado de ánimo de desorientación y perplejidad. || **2.** Desorden, desavenencia, descomposición.

desconectado, da. PART. de **desconectar.** || ADJ. Falto de conexión, relación, enlace o comunicación. *Teléfono desconectado.*

desconectar. I. TR. **1.** Suprimir la comunicación eléctrica entre un aparato y la línea general. ‖ **2.** Interrumpir la conexión entre dos o más cosas. *El abandono de la lengua ordinaria desconecta al individuo de su grupo social.* ‖ **3.** *Tecnol.* Interrumpir el enlace entre aparatos o sistemas para que cese el flujo existente entre ellos. ‖ **II.** INTR. **4.** Dejar de tener relación, comunicación, enlace, etc.

desconexión. F. Acción y efecto de desconectar.

desconfiado, da. PART. de **desconfiar.** ‖ ADJ. Dicho de una persona: Que desconfía. U. t. c. s.

desconfianza. F. Falta de confianza.

desconfiar. INTR. No confiar, tener poca seguridad o esperanza. *Desconfía DE las alabanzas.* MORF. conjug. c. *enviar.*

descongelación. F. Acción y efecto de descongelar.

descongelar. TR. **1.** Hacer que cese la congelación de algo. *Descongelar una cañería.* U. t. c. prnl. ‖ **2.** Quitar el hielo a las partes cubiertas por él en un refrigerador.

descongestión. F. Acción y efecto de descongestionar.

descongestionante. ADJ. Que descongestiona. Apl. a un medicamento o una sustancia, u. t. c. s. m.

descongestionar. TR. Disminuir o quitar la congestión. U. t. c. prnl.

descongestivo, va. ADJ. Que descongestiona. Apl. a un medicamento o una sustancia, u. t. c. s. m.

desconocedor, ra. ADJ. Que desconoce.

desconocer. TR. **1.** No conocer. *Desconozco sus intenciones.* ‖ **2.** Darse por desentendido de algo, o afectar que se ignora. *Siempre han desconocido mis méritos.* ‖ **3.** Reconocer la notable mudanza que se halla en alguien o en algo. *Has cambiado mucho; te desconozco.* U. t. c. prnl. ¶ MORF. conjug. c. *agradecer.*

desconocido, da. PART. de **desconocer.** ‖ ADJ. **1.** Ignorado, no conocido de antes. *Sensación desconocida.* Apl. a pers., u. t. c. s. ‖ **2.** Muy cambiado, irreconocible. *Estaba desconocida, pero era la misma.*

desconocimiento. M. Acción y efecto de desconocer.

desconsideración. F. Acción y efecto de desconsiderar.

desconsiderado, da. PART. de **desconsiderar.** ‖ ADJ. Falto de consideración, de advertencia o de consejo. Apl. a pers., u. t. c. s.

desconsiderar. TR. No guardar la consideración debida.

desconsolación. F. Desconsuelo, aflicción.

desconsolado, da. PART. de **desconsolar.** ‖ ADJ. **1.** Dicho de una persona: Que carece de consuelo. ‖ **2.** Que en su aspecto y en sus reflexiones muestra un carácter melancólico, triste y afligido. *Rostro desconsolado.*

desconsolador, ra. ADJ. Que desconsuela. *Noticias desconsoladoras.*

desconsolar. TR. Privar de consuelo, afligir. U. t. c. prnl. MORF. conjug. c. *contar.*

desconsuelo. M. **1.** Angustia y aflicción profunda por falta de consuelo. ‖ **2.** Desfallecimiento, debilidad de estómago.

descontado. dar alguien algo **por ~.** LOC.VERB. coloq. Contar con ello como seguro e indiscutible. ‖ **por ~.** LOC. ADV. coloq. Por supuesto, sin duda alguna.

descontaminación. F. Acción y efecto de descontaminar.

descontaminar. TR. Someter a tratamiento lo que está contaminado, a fin de que pierda sus propiedades nocivas.

descontar. TR. **1.** Rebajar una cantidad al tiempo de pagar una cuenta, una factura, un pagaré, etc. ‖ **2.** Dicho de un árbitro: En ciertos juegos, tener en cuenta el tiempo que el partido ha estado interrumpido, para añadirlo al final, de modo que aquel alcance la duración reglamentaria. ‖ **3.** Dar por cierto o por acaecido. *Preguntó, descontando que la respuesta era obvia.* ‖ **4.** *Com.* Abonar al contado una letra u otro documento no vencido rebajando de su valor la cantidad que se estipule, como intereses del dinero que se anticipa. ¶ MORF. conjug. c. *contar.*

descontentadizo, za. ADJ. **1.** Que se descontenta con facilidad. ‖ **2.** Difícil de contentar.

descontentar. TR. Disgustar, desagradar. U. t. c. prnl.

descontento, ta. I. ADJ. **1.** Insatisfecho con algo o con alguien. *Sectores descontentos.* Apl. a pers., u. t. c. s. ‖ **II.** M. **2.** Disgusto o desagrado.

descontinuar. TR. **1.** Romper o interrumpir la continuación de algo. *Algunos amigos descontinuaron sus estudios.* ‖ **2.** *Am.* Interrumpir la fabricación de una mercancía. *Descontinuaron la fabricación de este automóvil.* ¶ MORF. conjug. c. *actuar.*

descontrol. M. Falta de control, de orden, de disciplina.

descontrolar. I. TR. **1.** No mantener o hacer perder el control de una situación o proceso. ‖ **II.** PRNL. **2.** Perder el propio control.

desconvocar. TR. Anular una convocatoria, especialmente de huelga, manifestación, etc.

desconvocatoria. F. Acción y efecto de desconvocar.

descoordinación. F. Falta o pérdida de coordinación.

descoordinado, da. ADJ. Que carece de coordinación o la ha perdido. *Movimientos descoordinados.*

descorazonador, ra. ADJ. Que **descorazona** (‖ desanima).

descorazonamiento. M. Pérdida de esperanza o ilusión.

descorazonar. TR. **1.** Desanimar, acobardar, amilanar. *El fracaso no la descorazonó.* U. t. c. prnl. ‖ **2.** Arrancar, quitar, sacar el corazón. *Descorazonar las manzanas.*

descorbatado, da. ADJ. **1.** Que no viste con corbata. ‖ **2.** Que no lleva corbata cuando debería llevarla.

descorchado. M. Acción de **descorchar** (‖ una botella).

descorchar. TR. **1.** Sacar el corcho que cierra una botella u otra vasija. ‖ **2.** Quitar o arrancar el corcho al alcornoque.

descorche. M. **1.** Acción y efecto de descorchar. ‖ **2.** Comisión que en locales de alterne obtienen las señoritas que acompañan a los clientes con el fin de que tomen el mayor número posible de consumiciones.

descornar. TR. Quitar, arrancar los cuernos a un animal. U. t. c. prnl. MORF. conjug. c. *contar.*

descoronar. TR. Quitar la corona.

descorrer. TR. Plegar o reunir lo que estaba antes estirado, como las cortinas, el lienzo, etc.

descortés. ADJ. Falto de cortesía. *Comentario descortés.*

descortesía. F. **1.** Falta de cortesía. ‖ **2.** Acto que manifiesta falta de cortesía.

descortezador, ra. ADJ. Que descorteza. *Parásitos descortezadores.*

descortezadora. F. Máquina que sirve para descortezar.

descortezamiento. M. Acción de descortezar.

descortezar. TR. Quitar la corteza al árbol, al pan o a otra cosa. U. t. c. prnl.

descoser. TR. Soltar, cortar, desprender las puntadas de las cosas que estaban cosidas. U. t. c. prnl.

descosido, da. PART. de **descoser.** ‖ **I.** ADJ. **1.** Desordenado, falto del orden y trabazón convenientes. *Dejaba la defensa de su equipo descosida, al tener que retirarse con molestias musculares.* ‖ **II.** M. **2.** En una prenda de vestir o de cualquier otro uso, parte descosida. ‖ **como un ~.** LOC.ADV. coloq. Dicho de hacer algo: Con ahínco o exceso.

descostrar. TR. Quitar la costra.

descotar. TR. escotar¹. U. t. c. prnl.

descote. M. escote¹.

descoyuntamiento. M. Acción y efecto de descoyuntar.

descoyuntar. TR. Desencajar los huesos de su lugar y, en general, descomponer cualquier cosa articulada. U. t. c. prnl. U. t. en sent. fig. *Su matrimonio se descoyuntó en pocos meses.*

descrecer. INTR. **menguar** (‖ disminuir). MORF. conjug. c. *agradecer.*

descrédito. M. Disminución o pérdida de la reputación de las personas, o del valor y estima de las cosas.

descreencia. F. descreimiento.

descreer. INTR. Dudar o desconfiar. MORF. conjug. c. *leer.*

descreído, da. PART. de **descreer.** ‖ ADJ. **1.** Incrédulo, falto de fe. ‖ **2.** Sin creencia, porque ha dejado de tenerla.

descreimiento. M. Falta, abandono de fe, de creencia, especialmente en lo que se refiere a religión.

descremar. TR. Quitar la grasa a la leche.

describir. TR. **1.** Representar a alguien o algo por medio del lenguaje, refiriendo o explicando sus distintas partes, cualidades o circunstancias. ‖ **2.** Moverse a lo largo de una línea. *Los planetas describen elipses. La punta del compás describe una circunferencia.* ¶ MORF. part. irreg. **descrito.** Á. R. Plata. part. irreg. **descripto.**

descripción. F. Acción y efecto de describir.

descriptible. ADJ. Que se puede describir.

descriptivo, va. ADJ. **1.** Que describe. *Narración descriptiva.* ‖ **2.** Perteneciente o relativo a la descripción. *Capacidad descriptiva.* ☐ V. **geometría ~, gramática ~.**

descripto, ta. PART. IRREG. Á. R. Plata. descrito.

descriptor, ra. **I.** ADJ. **1.** Que describe. *Datos descriptores de la situación.* Apl. a pers., u. t. c. s. ‖ **II.** M. **2.** Término o símbolo válido y formalizado que se emplea para representar inequívocamente los conceptos de un documento o de una búsqueda.

descrismarse. PRNL. coloq. Darse un gran golpe en la cabeza.

descristianización. F. Acción y efecto de descristianizar.

descristianizar. TR. Apartar de la fe o de la moral cristiana a un pueblo o a un individuo. U. t. c. prnl.

descrito, ta. PART. IRREG. de **describir.**

descruzar. TR. Deshacer la forma de cruz que presentan algunas cosas.

descuadernar. TR. **1.** desencuadernar. U. t. c. prnl. ‖ **2.** Desbaratar, descomponer. *Descuadernar el juicio.*

descuadrar. INTR. Dicho de una cuenta: No cuadrar, no ajustarse a la realidad.

descuadre. M. Efecto de no cuadrar las cuentas.

descuadrilarse. PRNL. Am. Dicho de un animal: Derrengarse por el cuadril.

descuajar. TR. Agr. Arrancar de raíz o de cuajo plantas o malezas.

descuajaringar. **I.** TR. **1.** Desvencijar, desunir, dislocar algo. U. t. c. prnl. ‖ **II.** PRNL. **2.** coloq. Dicho de las partes del cuerpo: Relajarse por efecto de cansancio. Se usa solo hiperbólicamente.

descuaje. M. Agr. descuajo.

descuajeringado, da. PART. de **descuajeringar.** ‖ ADJ. Am. Descuidado en el aseo y el vestir.

descuajeringar. TR. Am. Desvencijar, desunir, dislocar algo.

descuajo. M. Agr. Acción de descuajar.

descuartelar. TR. Mar. Deshacer la posición acuartelada de las velas, arriando de las escotas otro tanto como se cobró de ellas para acuartelar.

descuartizador, ra. ADJ. Que descuartiza. Apl. a pers., u. t. c. s.

descuartizamiento. M. Acción y efecto de descuartizar.

descuartizar. TR. **1.** Dividir un cuerpo haciéndolo cuartos o más partes. ‖ **2.** Hacer pedazos algo para repartirlo. *Descuartizar el patrimonio familiar.*

descubierta. F. **1.** Mar. hist. Reconocimiento del horizonte, que, al salir y al ponerse el sol, se practicaba en una escuadra por medio de los buques ligeros, y en un buque de guerra solo desde lo alto de los palos. ‖ **2.** Mil. Reconocimiento que a ciertas horas hace la tropa para observar si en las inmediaciones hay enemigos y para inquirir su situación. ‖ **a la ~.** LOC.ADV. al descubierto.

descubierto, ta. PART. IRREG. de **descubrir.** ‖ **I.** ADJ. **1.** Claro o visible y no cubierto u oculto. *Techo con vigas descubiertas.* ‖ **2.** Dicho de una persona: Que lleva la cabeza destocada. ‖ **3.** Dicho de un lugar o de un paisaje: Despejado o espacioso. ‖ **II.** M. **4.** **déficit.** ‖ **~ bancario.** M. Situación en la que el titular de una cuenta ha dispuesto de fondos que exceden del importe de la provisión efectuada al banco. ‖ **al ~.** LOC.ADV. **1.** De manera clara y patente. ‖ **2.** Com. Dicho de realizar una operación mercantil: Sin que los contratantes tengan disponible lo que es objeto de ella.

descubridor, ra. ADJ. **1.** Que descubre o halla algo oculto o no conocido. U. t. c. s. *El descubridor de la penicilina.* ‖ **2.** Que ha descubierto tierras y provincias ignoradas o desconocidas. U. m. c. s. *El descubridor del Amazonas.*

descubrimiento. M. Acción y efecto de descubrir.

descubrir. **I.** TR. **1.** Manifestar, hacer patente. *Prometió no descubrir mi secreto.* ‖ **2.** Destapar lo que está tapado o cubierto. *Descubrir una lápida.* ‖ **3.** Hallar lo que estaba ignorado o escondido, principalmente tierras o mares desconocidos. *Colón descubrió América.* ‖ **4.** Registrar o alcanzar a ver. *La policía ha descubierto una pista.* ‖ **5.** Llegar al conocimiento de algo que se ignoraba. *Servet descubrió la circulación sanguínea.* ‖ **II.** PRNL. **6.** Quitarse de la cabeza el sombrero, la gorra, etc. ‖ **7.** Dicho de una persona: Darse a conocer, cuando por alguna razón, vestido, distancia, etc., no había sido reconocida. ¶ MORF. part. irreg. **descubierto.**

descuelgue. M. Acción y efecto de **descolgarse** (‖ marginarse).

descuento. M. **1.** Acción y efecto de descontar. ‖ **2.** Período de tiempo que, por interrupción de un partido u otra competición deportiva, añade el árbitro al final reglamentario para compensar el tiempo perdido. ‖ **3.** Rebaja, compensación de una parte de la deuda. ‖ **4.** Com.

Cantidad que se rebaja de un crédito como retribución del contrato de descuento.

descuerar. TR. **1.** Desollar, despellejar. U. m. en América. || **2.** Desacreditar a alguien murmurando gravemente de él. *Procuró descuerar a sus enemigos.*

descuidado, da. PART. de **descuidar.** || ADJ. **1.** Que falta al cuidado que debe poner en las cosas. U. t. c. s. || **2.** Desaliñado, que cuida poco de la compostura en el vestir. U. t. c. s. || **3. desprevenido.**

descuidar. I. TR. **1.** No cuidar de alguien o de algo, o no atenderlo con la diligencia debida. *Ha descuidado sus negocios.* || **II.** INTR. **2.** Se usa en imperativo para tranquilizar a alguien sobre tiene una preocupación o para librarlo de una tarea. *Descuida, que yo lo haré.* || **III.** PRNL. **3.** Dejar de tener la atención puesta en algo.

descuidero, ra. ADJ. Dicho de un ratero: Que suele hurtar aprovechándose del descuido ajeno. U. t. c. s.

descuidista. COM. *Á. R. Plata.* **descuidero.**

descuido. M. **1.** Omisión, negligencia, falta de cuidado. || **2.** Olvido, inadvertencia. || **al ~.** LOC. ADV. Con descuido afectado.

desde. PREP. **1.** Denota el punto, en tiempo o lugar, de que procede, se origina o ha de empezar a contarse una cosa, un hecho o una distancia. *Desde la Creación. Desde Madrid. Desde que nací. Desde mi casa.* U. t. en locs. advs. *Desde entonces. Desde ahora. Desde aquí. Desde allí.* || **2.** Se usa para introducir la perspectiva, el enfoque, el aspecto o la opinión que se expresan. *Desde la perspectiva histórica. Desde mi punto de vista.* || **~ ya.** LOC. ADV. Ahora mismo, inmediatamente.

desdecir. I. INTR. **1.** Dicho de una persona o de una cosa: Degenerar de su origen, educación o clase. || **2.** Dicho de una cosa: No convenir, no conformarse con otra. || **3. desmentir** (‖ demostrar la falsedad de algo). *Las pruebas desdijeron su versión.* || **II.** PRNL. **4.** Retractarse de lo dicho. ¶ MORF. conjug. c. *decir,* salvo la 2.ª pers. sing. del imper.: *desdice.* U. t. el fut. imperf. de indic. y el condic. regs.; part. irreg. **desdicho.**

desdén. M. Indiferencia y desapego que denotan menosprecio.

desdentado, da. PART. de **desdentar.** || ADJ. **1.** Que ha perdido los dientes. Apl. a pers., u. t. c. s. || **2.** *Zool.* Se dice de los animales mamíferos que carecen de dientes incisivos, y a veces también de caninos y molares; p. ej., el perico ligero, el armadillo y el oso hormiguero. U. t. c. s. m. ORTOGR. En m. pl., escr. con may. inicial c. taxón. *Los Desdentados.*

desdentar. TR. Quitar o sacar los dientes. MORF. conjug. c. *acertar.*

desdeñador, ra. ADJ. Que desdeña, desestima o desprecia.

desdeñar. TR. Tratar con desdén a alguien o algo.

desdeño. M. **desdén.**

desdeñoso, sa. ADJ. Que manifiesta desdén. *Frases desdeñosas.*

desdibujado, da. PART. de **desdibujar.** || ADJ. Dicho de un dibujo o de otra cosa: Defectuosos o mal conformados.

desdibujar. TR. Hacer que algo pierda la claridad y precisión de sus perfiles o contornos, tanto en el plano real como en el del pensamiento. U. t. c. prnl. *La frontera entre realidad y ficción se desdibujaba en su mente.*

desdicha. F. Desgracia, suerte adversa.

desdichado, da. ADJ. **1. desgraciado** (‖ que padece desgracias). Apl. a pers., u. t. c. s. || **2.** coloq. Sin malicia, pusilánime.

desdicho, cha. PART. IRREG. de **desdecir.**

desdoblamiento. M. **1.** Acción y efecto de desdoblar. || **2.** Fraccionamiento natural o artificial de un compuesto en sus componentes o elementos.

desdoblar. TR. **1.** Extender algo que estaba doblado. *Desdoblar la servilleta.* U. t. c. prnl. || **2.** Formar dos o más cosas por separación de los elementos que suelen estar juntos en otra. *Desdoblar una carretera.* U. t. c. prnl.

desdorar. TR. Deslustrar, deslucir; mancillar la virtud, reputación o fama. U. t. c. prnl.

desdoro. M. Deterioro en la reputación, fama o prestigio.

desdoroso, sa. ADJ. Que desdora. *Reivindicaciones desdorosas.*

desdramatización. F. Acción y efecto de desdramatizar.

desdramatizador, ra. ADJ. Que desdramatiza. *Optimismo desdramatizador.*

desdramatizar. TR. Quitar pasión y virulencia a un asunto.

deseabilidad. F. Capacidad de ser deseado.

deseable. ADJ. Digno de ser deseado. *Posición deseable.*

deseador, ra. ADJ. Que desea o apetece. Apl. a pers., u. t. c. s.

desear. TR. **1.** Aspirar con vehemencia al conocimiento, posesión o disfrute de algo. *Desea un hijo.* || **2.** Anhelar que acontezca o deje de acontecer algún suceso. *Deseo que llueva.* || **3.** Sentir apetencia sexual hacia alguien.

desecación. F. Acción y efecto de desecar.

desecador, ra. ADJ. **desecante.**

desecamiento. M. **desecación.**

desecante. ADJ. Que deseca. Apl. a un producto o un agente, u. t. c. s. m.

desecar. TR. Extraer la humedad. U. t. c. prnl.

desechable. ADJ. **1.** Que puede o debe ser desechado. *Una idea desechable.* || **2.** Que ya no es útil y puede tirarse. *Acumula sartenes, cazuelas viejas y otros objetos desechables.* || **3.** Dicho de un objeto: Destinado a ser usado solo una vez, como una jeringuilla, un pañal, etc.

desechar. TR. **1.** Excluir, desestimar o no admitir algo. *Desecharon el proyecto.* || **2.** Deponer, apartar de sí un pesar, temor, sospecha o mal pensamiento. || **3.** Dejar un vestido u otra cosa de uso para no volver a servirse de ello.

desecho. M. **1.** Parte que queda después de haber escogido lo mejor y más útil de algo. || **2.** Cosa que, por usada o por cualquier otra razón, no sirve a la persona para quien se hizo. || **3.** Residuo, basura. || **4.** Lo más vil y despreciable. || **5.** *Am.* **atajo** (‖ senda).

deseducar. TR. Hacer perder la educación.

desembalaje. M. Acción de desembalar.

desembalar. TR. Deshacer los fardos, quitar el forro o cubierta a las mercancías o a otros efectos.

desembalsar. TR. Dar salida al agua contenida en un embalse, o a parte de ella.

desembalse. M. Acción y efecto de desembalsar.

desembarazado, da. PART. de **desembarazar.** || ADJ. Despejado, libre, que no se embaraza fácilmente. *Camino desembarazado.*

desembarazar. I. TR. **1.** Quitar el impedimento que se opone a algo, dejarlo libre y expedito. *Desembarazar a la ciencia de viejos prejuicios.* U. t. c. prnl. || **II.** PRNL. **2.** Dicho de una persona: Apartar o separar de sí lo que le estorba o incomoda para conseguir un fin.

desembarazo. M. Despejo, desenfado.

desembarcadero. M. Lugar destinado o que se elige para desembarcar.

desembarcar. I. TR. **1.** Sacar de la nave y poner en tierra lo embarcado. ‖ II. INTR. **2.** Salir de una embarcación. U. t. c. prnl. ‖ **3.** Llegar a un lugar, ambiente cultural, organización política o empresa con la intención de iniciar o desarrollar una actividad. *Cumplidos 40 años, desembarcó en la política.* ‖ **4.** Mar. Dicho de una persona: Dejar de pertenecer a la dotación de un buque.

desembarco. M. **1.** Acción de **desembarcar** (‖ salir de una embarcación). ‖ **2.** Acción y efecto de **desembarcar** (‖ llegar a un lugar). ‖ **3.** Mar. Operación militar que realiza en tierra la dotación de un buque o de una escuadra, o las tropas que llevan.

desembarque. M. Acción y efecto de desembarcar.

desembarrar. TR. Limpiar, quitar el barro.

desembocadura. F. **1.** Lugar por donde un río, un canal, etc., desemboca en otro, en el mar o en un lago. U. t. en sent. fig. *La situación actual es la desembocadura lógica del conflicto anterior.* ‖ **2.** Abertura o estrecho por donde se sale de un punto a otro, como de una calle, de un camino, etc.

desembocar. INTR. **1.** Dicho de un río, de un canal, etc.: Entrar, desaguar en otro, en el mar o en un lago. ‖ **2.** Dicho de una calle: Tener salida a otra, a una plaza o a otro lugar. ‖ **3.** Concluir, alcanzar un desenlace. *La negociación puede desembocar en un nuevo acuerdo.*

desembolsar. TR. Pagar o entregar una cantidad de dinero.

desembolso. M. **1.** Entrega de una porción de dinero efectivo y al contado. ‖ **2.** Dispendio, gasto, coste.

desemboque. M. **desembocadura.**

desemborrachar. TR. Quitar la embriaguez. U. t. c. prnl.

desembotar. TR. Hacer que lo que estaba embotado deje de estarlo. *Desembotar el entendimiento.* U. t. c. prnl.

desembozado, da. PART. de **desembozar.** ‖ ADJ. Que se hace sin embozo o sin recato. *Ofensiva desembozada.*

desembozar. TR. Quitar a alguien el embozo. U. t. c. prnl.

desembragar. I. TR. **1.** Desconectar la transmisión del motor. ‖ II. INTR. **2.** Desconectar el motor de la transmisión. *Intenta desembragar con suavidad.*

desembrague. M. Acción y efecto de desembragar.

desembridar. TR. Quitar a una cabalgadura las bridas.

desembrollar. TR. coloq. Desenredar, aclarar.

desembrujar. TR. Deshacer el embrujamiento o hechizo de que alguien se supone víctima.

desembuchar. TR. coloq. Dicho de una persona: Decir todo cuanto sabe y tenía callado.

desemejante. ADJ. Diferente, no semejante. *Costumbres desemejantes.*

desemejanza. F. Diferencia, diversidad.

desempacar. TR. **1.** Sacar las mercancías de las pacas en que van. ‖ **2.** Am. Cen., Á. R. Plata y Méx. Deshacer una maleta.

desempañador. M. En un automóvil, dispositivo para desempañar los cristales.

desempañar. TR. Limpiar el cristal o cualquier otra cosa lustrosa que estaba empañada.

desempapelar. TR. Quitar a una habitación el papel que revestía y adornaba sus paredes.

desempaquetar. TR. Desenvolver lo que estaba en uno o más paquetes.

desemparejar. TR. Desigualar lo que estaba o iba igual y parejo. U. t. c. prnl.

desempastelar. TR. Impr. Deshacer un pastel, colocando cada letra o línea en su lugar correspondiente.

desempatar. TR. Deshacer el empate en una votación o en una competición. U. t. c. intr.

desempate. M. Acción y efecto de desempatar.

desempedrar. TR. **1.** Desencajar y arrancar las piedras de un empedrado. ‖ **2.** Correr desenfrenadamente. *Iba desempedrando las calles.* ¶ MORF. conjug. c. *acertar.*

desempeñar. I. TR. **1.** Cumplir las obligaciones inherentes a una profesión, cargo u oficio; ejercerlos. ‖ **2.** Sacar lo que estaba en poder de otro en garantía de un préstamo, pagando la cantidad acordada. *Va a desempeñar las joyas.* ‖ **3.** Libertar a alguien de los empeños o deudas que tenía contraídos. U. t. c. prnl. *Tras años de trabajo pudo desempeñarse.* ‖ **4.** Ejecutar lo ideado para una obra literaria o artística. *Desempeña el papel de detective en la serie.* ‖ II. PRNL. **5.** Am. Actuar, trabajar, dedicarse a una actividad. *Se desempeñaba como profesor en la Facultad de Humanidades.*

desempeño. M. Acción y efecto de desempeñar o desempeñarse.

desempleado, da. ADJ. Que se halla en situación de paro forzoso. U. t. c. s.

desempleo. M. **1.** Paro forzoso. ‖ **2.** Conjunto de personas que está en esa situación. *El desempleo ha aumentado.* ‖ **3.** Subsidio correspondiente a esa situación. *Podrá cobrar el desempleo durante un año.*

desempolvar. TR. **1.** Quitar el polvo. U. t. c. prnl. ‖ **2.** Traer a la memoria algo ya olvidado o utilizar lo que se desechó mucho tiempo antes.

desempolvoradura. F. Acción y efecto de desempolvorar.

desempolvorar. TR. **desempolvar.** U. t. c. prnl.

desempotrar. TR. Sacar algo de donde estaba empotrado.

desenamorar. TR. Hacer perder el amor que se tiene hacia alguien o algo, o deponer el afecto que se le tenía. U. m. c. prnl.

desencadenamiento. M. Acción y efecto de desencadenar.

desencadenante. ADJ. Dicho de un hecho, de un fenómeno o de una circunstancia: Que son causa inmediata de otro u otros. U. t. c. s. m.

desencadenar. TR. **1.** Quitar la cadena a quien está amarrado con ella. ‖ **2.** Originar o producir movimientos impetuosos de fuerzas naturales. *El viento desencadenó un fuerte oleaje.* U. t. c. prnl. ‖ **3.** Originar o dar salida a afectos, pasiones o sentimientos, o a hechos o series de hechos, generalmente apasionados o violentos. *Aquella frase desencadenó entusiastas aplausos y airadas protestas. La muerte de César desencadenó una nueva guerra civil.* U. t. c. prnl.

desencajamiento. M. Acción y efecto de desencajar o desencajarse.

desencajar. I. TR. **1.** Sacar de su lugar algo, desunirlo del encaje o trabazón que tenía. U. t. c. prnl. ‖ II. PRNL. **2.** Dicho del semblante: Desfigurarse, descomponerse por enfermedad o por tristeza.

desencaje. M. **desencajamiento.**

desencajonamiento. M. Taurom. Acción y efecto de desencajonar.

desencajonar. TR. Taurom. Hacer salir a los toros de los cajones en que han sido transportados a la plaza.

desencallar. TR. Poner a flote una embarcación encallada. U. t. c. intr.

desencaminar. TR. descaminar.

desencantado, da. PART. de **desencantar.** ‖ ADJ. Decepcionado, desengañado.

desencantamiento. M. desencanto.

desencantar. TR. 1. Deshacer el encanto. U. t. c. prnl. ‖ 2. Decepcionar, desilusionar. U. t. c. prnl. *Tenía ilusión, pero pronto se desencantó.*

desencanto. M. Decepción, desilusión.

desenchilarse. PRNL. *Méx.* Hacer que se amortigüe el picor o escozor producido al comer chile. *Se echó sal en la lengua para desenchilarse.*

desenchufar. TR. Separar o desacoplar lo que está enchufado.

desenclavar. TR. desclavar.

desencofrar. TR. Quitar el encofrado.

desencoger. TR. Extender, estirar y dilatar lo que estaba doblado, arrollado o encogido.

desencolar. TR. Despegar lo que estaba pegado con cola. U. t. c. prnl.

desencolerizar. TR. Apaciguar a quien está encolerizado. U. t. c. prnl.

desencordar. TR. Quitar las cuerdas a un instrumento musical. MORF. conjug. c. *contar.*

desencuadernar. TR. Deshacer lo encuadernado, como un cuaderno o un libro. U. t. c. prnl.

desencuentro. M. desacuerdo.

desenfadado, da. ADJ. Desenvuelto, desembarazado, libre. *Aspecto desenfadado.*

desenfado. M. 1. Desenvoltura, despejo y desembarazo. ‖ 2. Diversión o desahogo del ánimo.

desenfocar. TR. Perder o hacer perder el enfoque. U. t. c. intr. y c. prnl.

desenfoque. M. Falta de enfoque.

desenfrenado, da. PART. de **desenfrenar.** ‖ ADJ. Que se comporta sin moderación y con violencia. U. t. c. s.

desenfrenar. I. TR. 1. Quitar el freno a las caballerías. ‖ II. PRNL. 2. Desmandarse, entregarse desordenadamente a los vicios y maldades. ‖ 3. Dicho de una fuerza bruta: **desencadenarse.** *El populacho acabó por desenfrenarse.*

desenfreno. M. Acción y efecto de desenfrenarse.

desenfundar. TR. 1. Quitar la funda a algo. *Desenfundar un instrumento musical.* ‖ 2. Sacar algo de su funda. *Desenfundó la pistola.*

desenfurruñar. TR. Quitar el enfurruñamiento. U. t. c. prnl.

desenganchar. I. TR. 1. Soltar, desprender algo que está enganchado. U. t. c. prnl. *La cadena se ha desenganchado.* ‖ 2. Soltar de un carruaje, trillo, arado, etc., los animales de tiro. ‖ 3. coloq. Hacer que alguien deje un hábito compulsivo, especialmente el de la droga. U. t. c. prnl. ‖ II. PRNL. 4. Desentenderse, librarse de un compromiso o de una obligación.

desenganche. M. Acción y efecto de desenganchar.

desengañado, da. PART. de **desengañar.** ‖ ADJ. Desilusionado, falto de esperanza. *Tono desengañado.*

desengañar. TR. 1. Hacer reconocer el engaño o el error. U. t. c. prnl. *Desengáñate, nunca cumplirá su palabra.* ‖ 2. Quitar esperanzas o ilusiones. *Los resultados electorales han desengañado a buena parte de los militantes.*

desengaño. M. 1. Conocimiento de la verdad, con que se sale del engaño o error en que se estaba. ‖ 2. Efecto de ese conocimiento en el ánimo.

desengarzar. TR. Deshacer el engarce, desprender lo que está engarzado y unido. U. t. c. prnl.

desengavetar. TR. *Am. Cen.* Sacar algo que estaba guardado desde hacía tiempo en una gaveta.

desengranar. TR. Quitar o soltar el engranaje de alguna cosa con otra.

desengrapar. TR. *Am. Cen.* y *Méx.* Quitar grapas.

desengrasar. I. TR. 1. Quitar la grasa. ‖ II. INTR. 2. Neutralizar los efectos de una comida grasa con frutas, sorbetes, etc.

desengrase. M. Acción y efecto de desengrasar.

desengrilletar. TR. *Mar.* Zafar un grillete a una cadena.

desenguantarse. PRNL. Quitarse los guantes.

desenhebrar. TR. Sacar la hebra de la aguja. U. t. c. prnl.

desenjaular. TR. Sacar de la jaula. MORF. conjug. c. *causar.*

desenlace. M. Final de un suceso, de una narración o de una obra dramática.

desenlazar. TR. 1. Desatar los lazos, desasir y soltar lo que está atado con ellos. U. t. c. prnl. ‖ 2. Dar solución a un asunto o a una dificultad. ‖ 3. Resolver la trama de una obra dramática, narrativa o cinematográfica, hasta llegar a su final. U. t. c. prnl.

desenmallar. TR. Sacar de la malla el pescado.

desenmarañar. TR. 1. Desenredar, deshacer el enredo o maraña. *Desenmarañar el cabello.* ‖ 2. Poner en claro algo que estaba oscuro y enredado. *Desenmarañar la trama de corrupción.*

desenmascaramiento. M. Acción y efecto de desenmascarar.

desenmascarar. TR. Dar a conocer tal como es moralmente alguien, descubriendo los propósitos, sentimientos, etc., que procura ocultar.

desenojar. TR. Aplacar, sosegar, hacer perder el enojo. U. t. c. prnl.

desenraizar. TR. **desarraigar** (‖ arrancar de raíz). U. m. en sent. fig. *No pudo desenraizar la epidemia de la ignorancia.* MORF. conjug. c. *aislar.*

desenredar. I. TR. 1. Deshacer el enredo. *Desenredar el pelo.* ‖ II. PRNL. 2. Desenvolverse, salir de una dificultad.

desenredo. M. Acción y efecto de desenredar o desenredarse.

desenrollar. TR. **desarrollar** (‖ extender lo que está arrollado). U. t. c. prnl.

desenroscar. TR. 1. Extender lo que está enroscado. U. t. c. prnl. *La serpiente se desenroscó al oír nuestros pasos.* ‖ 2. Sacar de su asiento lo que está introducido a vuelta de rosca. *Desenroscar el tapón.*

desensamblar. TR. Separar o desunir las piezas ensambladas. U. t. c. prnl.

desensartar. TR. Deshacer la sarta; desprender o soltar lo ensartado.

desensillar. TR. Quitar la silla a una caballería.

desentalingar. TR. *Mar.* Zafar el cable o cadena del arganeo del ancla.

desentechar. TR. *Am. Cen.* **destechar.**

desentejar. TR. 1. *Am. Cen.* y *Á. Caribe.* Quitar las tejas a los tejados de los edificios o a las albardillas de las tapias. ‖ 2. *Am. Cen.* y *Á. Caribe.* Dejar sin defensa algo.

desentenderse. PRNL. **1.** Fingir que no se entiende algo, afectar ignorancia. *Miró hacia otro lado, desentendiéndose de la pregunta.* ‖ **2.** Prescindir de un asunto o negocio, no tomar parte en él. *Se ha desentendido de la dirección de la empresa.* ¶ MORF. conjug. c. *entender.*

desentendimiento. M. Acción de desentenderse.

desenterrador, ra. M. y F. Persona que desentierra.

desenterramiento. M. Acción y efecto de desenterrar.

desenterrar. TR. **1.** Exhumar, descubrir, sacar lo que está debajo de tierra. ‖ **2.** Traer a la memoria lo olvidado y como sepultado en el silencio. *Desenterrar viejas rencillas.* ¶ MORF. conjug. c. *acertar.*

desentierro. M. **desenterramiento.**

desentonar. INTR. **1.** Dicho de una persona o de una cosa: Contrastar con su entorno, por no estar acorde o en armonía con él. U. t. c. prnl. ‖ **2.** *Mús.* Dicho de la voz o de un instrumento: Subir o bajar en su entonación fuera de oportunidad.

desentrañamiento. M. Acción de desentrañar.

desentrañar. TR. **1.** Averiguar, penetrar lo más dificultoso y recóndito de una materia. *Desentrañar un misterio.* ‖ **2.** Sacar, arrancar las entrañas.

desentrenamiento. M. Acción y efecto de desentrenar.

desentrenar. TR. Hacer perder el entrenamiento adquirido. U. t. c. prnl. MORF. U. m. en part. *Estoy desentrenado.*

desentumecer. TR. Hacer que un miembro entorpecido recobre su agilidad y soltura. U. t. c. prnl. MORF. conjug. c. *agradecer.*

desentumecimiento. M. Acción y efecto de desentumecer.

desentumir. TR. **desentumecer.** U. t. c. prnl.

desenvainar. TR. Sacar de la vaina la espada u otra arma blanca. MORF. conjug. c. *bailar.*

desenvoltura. F. **1.** Desembarazo, despejo, desenfado. ‖ **2.** Despejo y facilidad en el decir.

desenvolver. **I.** TR. **1.** Quitar la envoltura. *Desenvolver un regalo.* U. t. c. prnl. ‖ **2.** Extender lo enrollado. *Desenvolver una alfombra.* ‖ **3.** **desarrollar** (‖ acrecentar algo). *No llegó a desenvolver todo su potencial.* ‖ **4. desarrollar** (‖ explicar una teoría). U. t. c. prnl. ‖ **II.** PRNL. **5.** Obrar con despejo y habilidad. *¿Qué tal te desenvuelves en francés?* ¶ MORF. conjug. c. *mover*; part. irreg. **desenvuelto.**

desenvolvimiento. M. Acción y efecto de desenvolver o desenvolverse.

desenvuelto, ta. PART. IRREG. de **desenvolver.** ‖ ADJ. **1.** Dicho de una persona: Que tiene desenvoltura. ‖ **2.** Propio o característico de una persona desenvuelta. *Modales desenvueltos.*

deseo. M. **1.** Acción y efecto de desear. ‖ **2.** Objeto de deseo. ‖ **3.** Impulso, excitación sexual. ‖ **arder en ~s de** algo. LOC.VERB. Anhelarlo con vehemencia.

deseoso, sa. ADJ. Que desea o apetece.

desequilibrado, da. PART. de **desequilibrar.** ‖ ADJ. Falto de sensatez y cordura, llegando a veces a parecer loco. U. t. c. s.

desequilibrar. TR. Hacer perder el equilibrio. U. t. c. prnl.

desequilibrio. M. **1.** Falta de equilibrio. ‖ **2.** Trastorno de la personalidad.

deserción. F. Acción de desertar.

desertar. INTR. **1.** Dicho de un soldado: Desamparar, abandonar sus banderas. U. menos c. prnl. ‖ **2.** Abandonar las obligaciones o los ideales. ‖ **3.** coloq. Abandonar los lugares que se solían frecuentar.

desértico, ca. ADJ. **1.** **desierto** (‖ despoblado). *Calle desértica.* ‖ **2.** Perteneciente o relativo al desierto. *Clima desértico.*

desertificación. F. Acción y efecto de desertificar.

desertificar. TR. Transformar en desierto amplias extensiones de tierras fértiles. U. t. c. prnl.

desertización. F. Acción y efecto de desertizar.

desertizar. TR. **desertificar.** U. t. c. prnl.

desertor, ra. **I.** ADJ. **1.** Que deserta. U. t. c. s. ‖ **II.** M. y F. **2.** Soldado que desampara su bandera.

deservicio. M. Culpa que se comete contra alguien a quien hay obligación de servir.

desescombrar. TR. **escombrar.**

desescombro. M. Acción y efecto de desescombrar.

desespañolizar. TR. Quitar a alguien o algo la condición o el carácter de lo que es español. U. t. c. prnl.

desesperación. F. **1.** Pérdida total de la esperanza. ‖ **2.** Alteración extrema del ánimo causada por cólera, despecho o enojo. ‖ **3.** Persona o cosa que provoca esas emociones.

desesperado, da. PART. de **desesperar.** ‖ ADJ. **1.** Dicho de una persona: Dominada por la desesperación. U. t. c. s. ‖ **2.** Extremo, forzoso, causado por la desesperación. *Una decisión desesperada.* ‖ **3.** Que no tiene remedio o no permite concebir esperanzas. *Un caso desesperado.* ‖ **a la ~.** LOC.ADV. Acudiendo a remedios extremos para lograr lo que no parece posible de otro modo.

desesperante. ADJ. **1.** Que desespera. *Se halla en una situación desesperante.* ‖ **2.** Que produce impaciencia, exasperación o irritación. *Trabaja con desesperante lentitud.*

desesperanza. F. **1.** Falta de esperanza. ‖ **2.** Estado del ánimo en que se ha desvanecido la esperanza.

desesperanzador, ra. ADJ. Que quita la esperanza. *Palabras desesperanzadoras.*

desesperanzar. **I.** TR. **1.** Quitar la esperanza. *La tardanza me ha desesperanzado.* ‖ **II.** PRNL. **2.** Quedarse sin esperanza.

desesperar. TR. **1.** **desesperanzar.** U. t. c. intr. *No hay que desesperar, todo puede solucionarse.* U. t. c. prnl. ‖ **2.** coloq. Impacientar, exasperar. U. t. c. prnl.

desespero. M. **1.** **desesperanza.** ‖ **2.** Á. *Caribe.* **impaciencia.**

desestabilización. F. Acción y efecto de desestabilizar.

desestabilizador, ra. ADJ. Dicho especialmente de lo que compromete o perturba una situación económica, política, etc.: Que desestabiliza.

desestabilizar. TR. **1.** Alterar o perturbar la estabilidad. *El fuerte viento desestabilizó la avioneta.* U. t. c. prnl. ‖ **2.** Comprometer la estabilidad de una situación política o económica. *El terrorismo desestabiliza la economía del país.* U. t. c. prnl.

desestanco. M. Liberación de lo que está estancado.

desestero. M. Operación de levantar o quitar las esteras.

desestiba. F. Acción y efecto de desestibar.

desestibar. TR. Sacar el cargamento de la bodega de un barco y disponerlo para la descarga.

desestima. F. **desestimación.**

desestimación. F. Acción y efecto de desestimar.

desestimar. TR. **1.** Denegar, desechar. *Desestimó mi propuesta.* ‖ **2. tener en poco.** *No desestimes la importancia de ese factor.*

desestimatorio, ria. ADJ. *Der.* Que rechaza una petición, demanda o recurso.

desfachatado, da. ADJ. Descarado, desvergonzado.

desfachatez. F. Descaro, desvergüenza.

desfajar. TR. Quitar a alguien o algo la faja con que estaba ceñido o atado. U. t. c. prnl.

desfalcador, ra. ADJ. Que desfalca. Apl. a pers., u. t. c. s.

desfalcar. TR. Tomar para sí un caudal que se tenía bajo obligación de custodia.

desfalco. M. Acción y efecto de desfalcar.

desfallecer. INTR. Desmayarse, decaer perdiendo el aliento y las fuerzas. MORF. conjug. c. *agradecer.*

desfallecimiento. M. **desmayo** (‖ desaliento).

desfasado, da. PART. de **desfasar.** ‖ ADJ. Que no se ajusta a las corrientes, condiciones o circunstancias del momento. *Proyecto desfasado.*

desfasaje. M. *Am.* Desfase, desajuste.

desfasar. **I.** TR. **1.** Producir una diferencia de fase. ‖ **II.** PRNL. **2.** Dicho de una persona o de una cosa: No ajustarse ni adaptarse a las circunstancias, corrientes o condiciones del momento.

desfase. M. **1.** Diferencia o desajuste entre dos acciones, situaciones o procesos. *Hay un gran desfase entre salarios y precios.* ‖ **2.** En dos procesos periódicos, diferencia entre los valores que, en un momento dado, tiene la respectiva fracción de período. ‖ **3.** Acción y efecto de desfasarse. ‖ **~ horario.** M. El que se produce por la diferencia horaria entre lugares.

desfavorable. ADJ. Poco favorable, perjudicial, contrario, adverso. *Ambiente desfavorable.*

desfavorecer. TR. **1.** Dejar de favorecer a alguien, desairarlo. *La fortuna nos ha desfavorecido.* ‖ **2.** Contradecir, hacer oposición a algo, favoreciendo lo contrario. *La medida desfavorecerá a los núcleos rurales.* ¶ MORF. conjug. c. *agradecer.*

desfavorecido, da. PART. de **desfavorecer.** ‖ ADJ. Que tiene escasos recursos económicos. *Poblaciones desfavorecidas.* Apl. a pers., u. t. c. s.

desfibradora. F. Máquina para desfibrar materiales fibrosos.

desfibrar. TR. Quitar las fibras a las materias que las contienen, como las plantas textiles, maderas, etc.

desfibrilador. M. *Med.* Aparato que aplica descargas eléctricas para restablecer el ritmo cardíaco normal.

desfibrinación. F. *Med.* Destrucción o separación de la fibrina de la sangre.

desfiguración. F. Acción y efecto de desfigurar.

desfigurar. TR. **1.** Afear, ajar la composición, orden y belleza del semblante y de las facciones. *La viruela lo desfiguró.* U. t. c. prnl. ‖ **2.** Disfrazar y encubrir con apariencia diferente el propio semblante, la intención u otra cosa. *Desfiguró su rostro con una barba postiza.* ‖ **3.** Oscurecer e impedir que se perciba la forma y figura de algo. *La niebla comenzó a desfigurar el paisaje.* ‖ **4.** Alterar las verdaderas circunstancias de algo. *Afirmar eso es desfigurar la realidad.*

desfiguro. M. *Méx.* Cosa ridícula.

desfilachar. TR. **deshilachar.**

desfiladero. M. Paso estrecho entre montañas.

desfilar. INTR. **1.** Dicho de varias personas: Marchar en fila. ‖ **2.** coloq. Dicho de varias personas: Salir una tras otra de alguna parte. ‖ **3.** *Mil.* Marchar en orden y formación. ‖ **4.** *Mil.* Dicho de las tropas: En ciertas solemnidades, marchar en formación ante alguna autoridad.

desfile. M. Acción de desfilar.

desflecar. TR. Sacar flecos, destejiendo las orillas o extremos de una tela, cinta o algo semejante.

desflemar. INTR. Echar, expeler las flemas.

desfloración. F. Acción y efecto de desflorar.

desfloramiento. M. Acción y efecto de **desflorar** (‖ desvirgar).

desflorar. TR. **1.** Ajar, quitar la flor o el lustre. *El granizo ha desflorado el jardín.* ‖ **2. desvirgar.** ‖ **3.** Tratar un asunto o una materia superficialmente. *Desfloró temas que requerían mayor profundidad.*

desfogar. **I.** TR. **1.** Manifestar con vehemencia una pasión. U. t. c. prnl. *Se desfogó gritándonos.* ‖ **II.** INTR. **2.** *Mar.* Dicho de una tempestad, de un chubasco, etc.: Resolverse en viento, en agua o en ambas cosas a la vez.

desfogue. M. Acción o manifestación que contribuye a calmar un estado de ánimo vehemente.

desfoliar. TR. *Agr.* **defoliar.** MORF. conjug. c. *anunciar.*

desfondamiento. M. Acción y efecto de desfondar.

desfondar. TR. **1.** Quitar o romper el fondo a un vaso o caja. U. t. c. prnl. ‖ **2.** En competiciones deportivas, quitar fuerza o empuje. U. t. c. prnl. ‖ **3.** *Agr.* Dar a la tierra labores profundas, que a veces exceden de 30 ó 40 cm, a fin de hacerla más permeable, destruir las raíces perjudiciales y airear las capas inferiores.

desfonde. M. Acción y efecto de desfondar.

desforestar. TR. **deforestar.**

desfruncir. TR. **desplegar** (‖ lo que está plegado o fruncido).

desgaire. M. Desaliño, desaire en el manejo del cuerpo y en las acciones, que regularmente suele ser afectado. ‖ **al ~.** LOC. ADV. Con descuido, que puede ser afectado.

desgajamiento. M. **desgaje.**

desgajar. **I.** TR. **1.** Desgarrar, arrancar, separar con violencia la rama del tronco de donde nace. U. t. c. prnl. ‖ **2.** Despedazar, romper, deshacer algo unido y trabado. *Pretenden desgajar una parte de la finca.* ‖ **II.** PRNL. **3.** Dicho de una cosa inamovible: Apartarse, desprenderse de otra a que está unida por alguna parte. *Grupos extremistas se desgajaron del partido.*

desgaje. M. Acción y efecto de desgajar o desgajarse.

desgalgadero. M. **1.** Pedregal en pendiente. ‖ **2. despeñadero.**

desgalgar. TR. **despeñar** (‖ precipitar desde un lugar alto). U. t. c. prnl.

desgalichado, da. ADJ. coloq. Desaliñado, desgarbado.

desgalillarse. PRNL. *Am. Cen.* **desgañitarse.**

desgana. F. **1. inapetencia.** ‖ **2.** Falta de aplicación, tedio, disgusto o repugnancia a algo.

desganado, da. ADJ. **1.** Que tiene desgana. *Después de la enfermedad me quedé desganado.* ‖ **2.** Dicho de una acción: Que revela desgana, o que se hace con desgana. *Aplausos desganados.*

desgano. M. **desgana.**

desgañitarse. PRNL. **1. enronquecerse.** ‖ **2.** coloq. Esforzarse violentamente gritando o voceando.

desgarbado, da. ADJ. Falto de garbo.

desgarbo. M. Falta de garbo.

desgargantarse. PRNL. coloq. **desgañitarse.**

desgarrado, da. PART. de **desgarrar.** ‖ ADJ. **1.** Descarnado, terrible. *Llanto desgarrado.* ‖ **2.** Que procede licenciosamente y con escándalo.

desgarrador, ra. ADJ. **1.** Que desgarra o tiene fuerza para desgarrar. *Mordisco desgarrador.* || **2.** Que produce horror y sufrimiento. *Tragedia desgarradora.*

desgarradura. F. **desgarrón.**

desgarramiento. M. Acción y efecto de desgarrar o desgarrarse.

desgarrar. **I.** TR. **1.** **rasgar**[1]. U. t. c. prnl. || **2.** Dicho de una cosa: Causar gran pena o despertar mucha compasión. *Aquel suceso le desgarró el corazón.* || **II.** PRNL. **3.** Dicho de una persona: Apartarse, separarse, huir de la compañía de otra u otras.

desgarre. M. Acción de **desgarrar** (|| rasgar).

desgarro. M. **1.** Rotura o rompimiento. || **2.** Arrojo, desvergüenza, descaro. || **3.** *Am.* Esfuerzo para arrancar la flema.

desgarrón. M. Rasgón o rotura grande del vestido o de otra cosa semejante.

desgastador, ra. ADJ. Que desgasta, desperdicia o malgasta. *Esfuerzo desgastador.*

desgastar. TR. **1.** Quitar o consumir poco a poco por el uso o el roce parte de algo. U. t. c. prnl. *La tela se desgasta con el tiempo.* || **2.** Hacer perder fuerza, vigor o poder. U. t. c. prnl. *Se desgastó en la subida al primer puerto.*

desgaste. M. Acción y efecto de desgastar.

desglosar. TR. Separar algo de un todo, para estudiarlo o considerarlo por separado.

desglose. M. Acción y efecto de desglosar.

desgobernado, da. PART. de **desgobernar.** || ADJ. Indisciplinado, que se gobierna mal.

desgobernar. TR. Deshacer, perturbar y confundir el buen orden del gobierno. MORF. conjug. c. *acertar.*

desgobierno. M. Desorden, desconcierto, falta de gobierno.

desgonzar. TR. **1.** **desgoznar.** || **2.** Desencajar, desquiciar. U. t. c. prnl. *Su cuerpo se desgonzó al caer en la cama.*

desgoznar. TR. Quitar o arrancar los goznes.

desgracia. F. **1.** Suerte adversa. *Mi amigo tiene desgracia en cuanto emprende.* || **2.** Suceso adverso o funesto. *Ha sufrido una desgracia.* || **3.** Pérdida de gracia, favor, consideración o cariño. *Ha caído en desgracia.*

desgraciado, da. PART. de **desgraciar.** || ADJ. **1.** Que padece desgracias o una desgracia. || **2.** desafortunado. *Un desgraciado accidente.* || **3.** Dicho de una persona: Que inspira compasión o menosprecio. U. t. c. s. || **4.** Falto de gracia y atractivo. || **5.** *Am.* Perverso, ruin, miserable. U. t. c. s. || **6.** *Am.* U. c. insulto grave.

desgraciar. TR. **malograr.** *Con esa decisión desgració su carrera.* U. t. c. prnl. MORF. conjug. c. *anunciar.*

desgranadora. F. Máquina para desgranar productos agrícolas.

desgranar. **I.** TR. **1.** Sacar el grano de algo. U. t. c. prnl. || **2.** Hacer que varias cosas pasen una detrás de otra. *Rezaba desgranando las cuentas de un rosario.* U. t. c. prnl. U. t. en sent. fig. *El reloj desgrana las horas lentamente.* || **II.** PRNL. **3.** Dicho de las piezas ensartadas, como las cuentas de un collar, un rosario, etc.: **soltarse.** U. t. c. tr.

desgrane. M. Acción y efecto de desgranar o desgranarse.

desgranzar. TR. Quitar o separar las granzas.

desgrasante. ADJ. Dicho de un aditivo: Que hace más maleable la arcilla. U. t. c. s. m.

desgrasar. TR. Quitar la grasa a las lanas o a los tejidos que se hacen con ellas.

desgravación. F. Acción y efecto de desgravar.

desgravar. TR. **1.** Rebajar los derechos arancelarios o los impuestos sobre determinados objetos. || **2.** *Der.* Descontar ciertas partidas de la base o de la cuota de un tributo. U. t. c. intr.

desgreñado, da. PART. de **desgreñar.** || ADJ. Despeinado, con el cabello en desorden.

desgreñar. TR. Descomponer, desordenar los cabellos. U. t. c. prnl.

desgreño. M. Desorden, desidia.

desguace. M. **1.** Acción y efecto de desguazar. || **2.** Lugar en que se desguazan vehículos y frecuentemente se ponen a la venta sus piezas útiles. || **3.** Conjunto de materiales que resultan de desguazar algo.

desguañangado, da. PART. de **desguañangar.** || ADJ. *Á. Caribe* y *Chile.* Descuidado en el vestir, desaliñado, desarreglado.

desguañangar. TR. *Am.* Desvencijar, descuajaringar.

desguarnecer. TR. Quitar la guarnición a una plaza, a un castillo, etc. MORF. conjug. c. *agradecer.*

desguazar. TR. Deshacer o desbaratar algo.

deshabitado, da. PART. de **deshabitar.** || ADJ. No habitado. *Pueblo deshabitado.*

deshabitar. TR. **1.** Dejar de vivir en un lugar o casa. || **2.** Dejar sin habitantes una población o un territorio.

deshabituación. F. Acción y efecto de deshabituar.

deshabituar. TR. Hacer perder a una persona o a un animal el hábito o la costumbre que tenía. U. t. c. prnl. MORF. conjug. c. *actuar.*

deshacedor, ra. ADJ. Que deshace. *Deshacedor de injusticias.*

deshacer. **I.** TR. **1.** Quitar la forma a algo, descomponiéndolo. *Deshacer un nudo.* U. t. c. prnl. || **2.** Desgastar, atenuar. U. t. c. prnl. *Las esquinas se han deshecho por la erosión.* || **3.** **derretir** (|| liquidar por medio del calor). U. t. c. prnl. *El chocolate se ha deshecho.* || **4.** Desleír en cosa líquida la que no lo es. U. t. c. prnl. *El jabón se deshace en el agua.* || **5.** Alterar, descomponer un tratado o negocio. || **6.** Afligir mucho, consumir, hacer que alguien esté sumamente impaciente o inquieto. *La incertidumbre de la espera la deshizo.* U. t. c. prnl. || **7.** Estropear, maltratar gravemente. U. t. c. prnl. *Se deshizo la piel de tanto tomar el sol.* || **8.** Dividir, partir, despedazar. *Deshacer una res.* || **9.** Derrotar, romper, poner en fuga un ejército o tropa. || **II.** PRNL. **10.** Desaparecer o desvanecerse de la vista. *Deshacerse la niebla.* || **11.** Trabajar con mucho ahínco y vehemencia. || **12.** Extremar o prodigar manifestaciones de aprecio, afecto, cortesía, o las contrarias. *Deshacerse EN atenciones, elogios, excusas, reverencias, insultos, maldiciones.* || **13.** Desposeerse de algo. *Me deshice DE la mesa.* || **14.** Evitar la compañía o el trato de alguien, o prescindir de sus servicios. *Nos desharemos DE Juan en cuanto podamos.* || **15.** Matar a alguien. *El asesino se deshizo DE la testigo.* ¶ MORF. conjug. c. *hacer;* part. irreg. **deshecho.**

desharrapado, da. ADJ. **1.** Andrajoso, roto y lleno de harapos. Apl. a pers., u. t. c. s. || **2.** Desheredado, muy pobre. Apl. a pers., u. t. c. s.

deshebillar. TR. Soltar o desprender la hebilla o lo que estaba sujeto con ella.

deshebrar. TR. **1.** Sacar las hebras o hilos, destejiendo una tela. || **2.** Deshacer algo en partes muy delgadas, semejantes a hebras. *Deshebrar la carne.*

deshecho, cha. PART. IRREG. de **deshacer.** || ADJ. **1.** Dicho de la lluvia, de una borrasca, de un temporal, etc.: Impetuosos, fuertes, violentos. || **2.** *Am. Mer.* **desaliñado.**

deshelar. TR. Licuar lo que está helado. U. t. c. prnl. MORF. conjug. c. *acertar*.

desheredación. F. Acción y efecto de desheredar.

desheredado, da. PART. de **desheredar**. || ADJ. Pobre, que carece de medios de vida. U. t. c. s.

desheredar. **I.** TR. **1.** Excluir a alguien de la herencia forzosa, expresamente y por causa legal. || **II.** PRNL. **2.** Apartarse y diferenciarse de la propia familia, obrando indignamente.

deshidratación. F. Acción y efecto de deshidratar o deshidratarse.

deshidratado. M. **deshidratación**.

deshidratador, ra. ADJ. Que deshidrata. *Planta deshidratadora de alimentos*.

deshidratante. ADJ. Que deshidrata. Apl. a un agente o un producto, u. t. c. s. m.

deshidratar. **I.** TR. **1.** Privar a un cuerpo o a un organismo del agua que contiene. || **II.** PRNL. **2.** Dicho de un organismo: Perder parte del agua que entra en su composición.

deshielo. M. **1.** Acción y efecto de deshelar. U. t. en sent. fig. *El deshielo de las relaciones entre dos países*. || **2.** Época en que se produce el deshielo.

deshierbar. TR. Quitar o arrancar las hierbas perjudiciales.

deshierbe. M. Méx. Acción y efecto de deshierbar.

deshijar. TR. Am. Quitar los chupones a las plantas.

deshilachar. **I.** TR. **1.** Sacar hilachas de una tela. U. t. c. prnl. || **II.** PRNL. **2.** Perder hilachas por el uso, quedar raído.

deshilado. M. Labor que se hace en una tela sacando de ella varios hilos y formando huecos o calados, que se labran después con la aguja. U. m. en pl.

deshilar. TR. **1.** Sacar hilos de un tejido. || **2.** Destejer una tela por la orilla, dejando pendientes los hilos en forma de flecos.

deshilvanado, da. PART. de **deshilvanar**. || ADJ. Dicho de un discurso, de un pensamiento, etc.: Sin enlace ni trabazón.

deshilvanar. TR. Quitar los hilvanes. U. t. c. prnl.

deshinchar. **I.** TR. **1.** Deshacer o reducir lo hinchado. U. t. c. prnl. *Deshincharse la madera*. || **2.** **desinflar** (|| sacar el aire). *Deshinchar la colchoneta*. U. t. c. prnl. || **II.** PRNL. **3.** Perder la inflamación de la zona del cuerpo afectada por ella. *Deshincharse los pies*. || **4.** Desanimarse o perder las ganas de hacer algo. *A mitad de curso se deshinchó y abandonó los estudios*.

deshipotecar. TR. Levantar un gravamen.

deshojador, ra. ADJ. Que quita las hojas de los árboles. *Sistema deshojador*.

deshojadora. F. Máquina que sirve para quitar las hojas de los árboles.

deshojar. TR. **1.** Quitar las hojas a una planta o los pétalos a una flor. U. t. c. prnl. || **2.** Quitar las vainas al maíz. || **3.** Arrancar las hojas de un libro. || **4.** Consumir, agotar. *Deshojar el tiempo, el patrimonio*.

deshoje. M. Caída de las hojas de las plantas.

deshollinador, ra. **I.** ADJ. **1.** Que deshollina. *Esponja deshollinadora*. Apl. a pers., u. t. c. s. || **II.** M. **2.** Utensilio para deshollinar chimeneas.

deshollinar. TR. Limpiar las chimeneas, quitándoles el hollín.

deshonestidad. F. **1.** Cualidad de deshonesto. || **2.** Dicho o hecho deshonesto.

deshonesto, ta. ADJ. **1.** Falto de honestidad. *Actos deshonestos*. || **2.** No conforme a razón ni a las ideas recibidas por buenas. *Contratistas deshonestos que venden elementos ya caducos*. □ V. **proposiciones ~s**.

deshonor. M. **1.** Pérdida del honor. || **2.** Afrenta, deshonra.

deshonorar. TR. Quitar el honor. U. t. c. prnl.

deshonra. F. **1.** Pérdida de la honra. || **2.** Cosa deshonrosa. *Esto es la deshonra de la promoción*.

deshonrador, ra. ADJ. Que deshonra. Apl. a pers., u. t. c. s.

deshonrar. TR. **1.** Quitar la honra. *El miedo no nos deshonra*. U. t. c. prnl. || **2.** Violar a una mujer.

deshonroso, sa. ADJ. Vergonzoso, indecoroso, indigno. *Expulsión deshonrosa*.

deshora. F. Tiempo inoportuno, no conveniente. || **a ~**, o **a ~s**. LOCS. ADVS. **1.** Fuera de sazón o de tiempo. *Salimos a deshora*. || **2.** De repente, intempestivamente. *Llamó a deshora*.

deshuesado. M. Acción y efecto de deshuesar.

deshuesador, ra. ADJ. Que deshuesa. Apl. a pers., u. t. c. s.

deshuesar. TR. Quitar los huesos a un animal o a la fruta.

deshumanización. F. Acción y efecto de deshumanizar.

deshumanizado, da. PART. de **deshumanizar**. || ADJ. Que ha perdido ciertas características humanas, especialmente los sentimientos. *Arte, trato deshumanizado*.

deshumanizador, ra. ADJ. Que deshumaniza. *Estética deshumanizadora*.

deshumanizante. ADJ. **deshumanizador**.

deshumanizar. TR. Privar de caracteres humanos.

deshumano, na. ADJ. **inhumano**.

deshumedecer. TR. Desecar, quitar la humedad. U. t. c. prnl. MORF. conjug. c. *agradecer*.

desiderata. F. Conjunto de las cosas que se echan de menos y se desean. MORF. pl. **desideratas**.

desiderativo, va. ADJ. Que expresa o indica deseo.

desiderátum. M. **1.** Aspiración, deseo que aún no se ha cumplido. || **2.** **el no va más**. ¶ MORF. pl. **desiderátums**.

desidia. F. Negligencia, inercia.

desidioso, sa. ADJ. Que tiene desidia. U. t. c. s.

desierto, ta. **I.** ADJ. **1.** Despoblado, solo, inhabitado. *Isla desierta*. || **2.** Dicho de una subasta, de un concurso o de un certamen: Que no han tenido adjudicatario o ganador. || **II.** M. **3.** Lugar despoblado. || **4.** Territorio arenoso o pedregoso, que por la falta casi total de lluvias carece de vegetación o la tiene muy escasa. || **clamar en el ~**. LOC. VERB. coloq. **predicar en desierto**. || **predicar en desierto**, o **en el ~**. LOCS. VERBS. coloqs. Intentar, infructuosamente, persuadir a quienes no están dispuestos a admitir razones o ejemplos.

designación. F. **1.** Acción y efecto de **designar** (|| señalar a alguien o algo para cierto fin). || **2.** Ling. Función lingüística mediante la cual se hace referencia a las personas y a las cosas.

designar. TR. **1.** Señalar o destinar a alguien o algo para determinado fin. *Los votos de la mayoría designan al vencedor*. || **2.** Denominar, indicar. *Puntos de diferentes tamaños designan pueblos y ciudades*.

designativo, va. ADJ. **denominativo**.

designio. M. Pensamiento, o propósito del entendimiento, aceptado por la voluntad.

desigual. ADJ. **1.** Que no es igual. *Resultados desiguales*. || **2.** Diverso, variable. *Trabajan con desigual fortuna. España tiene un clima desigual*. || **3.** Que tiene barrancos, quiebras y cuestas. *Terreno desigual.* ‖ **4.** Cubierto de asperezas. *Pavimento desigual.*

desigualar. TR. Hacer a alguien o algo desigual a otra persona o cosa.

desigualdad. F. **1.** Cualidad de desigual. ‖ **2.** Prominencia o depresión de un terreno o de la superficie de un cuerpo. ‖ **3.** *Mat.* Relación de falta de igualdad entre dos cantidades o expresiones.

desilusión. F. Acción y efecto de desilusionar o desilusionarse.

desilusionar. **I.** TR. **1.** Hacer perder las ilusiones. ‖ **II.** PRNL. **2.** Perder las ilusiones. *No es extraño que el paciente se desilusione.* ‖ **3.** desengañarse. *Pensé que me gustaría, pero enseguida me desilusioné.*

desimaginar. TR. Borrar algo de la imaginación o de la memoria.

desimponer. TR. *Impr.* Quitar la imposición de una forma. MORF. conjug. c. *poner;* part. irreg. **desimpuesto.**

desimpresionar. TR. Deshacer la falsa impresión sufrida por alguien. U. t. c. prnl.

desimpuesto, ta. PART. IRREG. de **desimponer.**

desincentivación. F. Acción y efecto de desincentivar.

desincentivador, ra. ADJ. Que disuade, que desanima. *Impuesto desincentivador.*

desincentivar. TR. Disuadir, privar de incentivos.

desincorporar. TR. Separar lo que estaba incorporado. U. t. c. prnl.

desincrustante. ADJ. **1.** Dicho de una sustancia: Que se emplea para evitar o eliminar el depósito de sales que se forma en las paredes de las calderas de vapor, tuberías, embarcaciones, etc. U. t. c. s. m. ‖ **2.** Que desincrusta. *Acción desincrustante.*

desincrustar. TR. Quitar o suprimir incrustaciones.

desindustrialización. F. Acción y efecto de desindustrializar o desindustrializarse.

desindustrializar. **I.** TR. **1.** Provocar la pérdida de industrias en una zona. *Una política equivocada desindustrializó la región.* ‖ **II.** PRNL. **2.** Dicho de un lugar: Sufrir una merma en el número de sus industrias. *El país entero se desindustrializó.*

desinencia. F. *Gram.* Morfema flexivo añadido a la raíz de adjetivos, sustantivos, pronombres y verbos.

desinencial. ADJ. *Gram.* Perteneciente o relativo a la desinencia.

desinfartar. TR. *Med.* Resolver un infarto. U. t. c. prnl.

desinfección. F. Acción y efecto de desinfectar.

desinfectante. ADJ. Que desinfecta o sirve para desinfectar. Apl. a una sustancia o un producto, u. t. c. s. m.

desinfectar. TR. Quitar a algo la infección o la propiedad de causarla, destruyendo los gérmenes nocivos o evitando su desarrollo. U. t. c. prnl.

desinfestar. TR. *Méx.* Limpiar un lugar de ciertos animales, como insectos y roedores.

desinflamar. TR. Quitar la inflamación de lo que está hinchado o inflamado. U. t. c. prnl.

desinflamatorio, ria. ADJ. *Á. R. Plata* y *Méx.* Que quita la inflamación.

desinflar. TR. **1.** Sacar el aire u otra sustancia aeriforme del cuerpo flexible que lo contenía. *Han desinflado las cuatro ruedas del automóvil.* U. t. c. prnl. ‖ **2.** Desanimar, desilusionar rápidamente. U. m. c. prnl. *El equipo se desinfló nada más ver el campo.*

desinformación. F. **1.** Acción y efecto de desinformar. ‖ **2.** Falta de información, ignorancia.

desinformar. TR. **1.** Dar información intencionadamente manipulada al servicio de ciertos fines. ‖ **2.** Dar información insuficiente u omitirla.

desinhibición. F. Pérdida de la inhibición psicológica o fisiológica.

desinhibido, da. PART. de **desinhibir.** ‖ ADJ. Espontáneo, desenvuelto, sin reservas. *Lenguaje desinhibido.*

desinhibir. TR. Prescindir de inhibiciones, comportarse con espontaneidad. U. t. c. prnl.

desinsectación. F. Acción y efecto de desinsectar.

desinsectar. TR. Limpiar de insectos, especialmente de los parásitos del hombre y de los que son nocivos a la salud o a la economía.

desinstalación. F. *Inform.* Acción y efecto de desinstalar.

desinstalar. TR. *Inform.* Eliminar del disco duro de una computadora u ordenador los archivos necesarios para el funcionamiento de un programa.

desintegración. F. Acción y efecto de desintegrar. ‖ ~ **nuclear.** F. Transformación espontánea o provocada de un núcleo atómico, generalmente acompañada de la emisión de fotones u otras partículas.

desintegrar. **I.** TR. **1.** Separar los diversos elementos que forman un todo. *Desintegrar el átomo.* U. t. c. prnl. ‖ **2.** Destruir por completo. U. t. c. prnl. *El satélite se desintegró al caer a tierra.* ‖ **II.** PRNL. **3.** Perder cohesión o fortaleza. *Las antiguas virtudes se desintegran.*

desinteligencia. F. *Á. R. Plata* y *Chile.* Incomprensión, desacuerdo.

desinterés. M. **1.** Falta de interés por algo. ‖ **2.** Desapego y desprendimiento de todo provecho personal, próximo o remoto. *Hay que destacar su desinterés y altruismo.*

desinteresado, da. PART. de **desinteresarse.** ‖ ADJ. **1.** Que no está motivado por un interés personal. *Ayuda desinteresada.* ‖ **2.** Desprendido, apartado del interés. *Público desinteresado.*

desinteresarse. PRNL. Perder el interés que se tenía en algo o en alguien.

desintoxicación. F. Acción y efecto de desintoxicar.

desintoxicar. TR. Combatir la intoxicación o sus efectos. U. t. c. prnl. U. t. en sent. fig. *Le apetecía desintoxicarse de la conversación.*

desinversión. F. *Econ.* Acción y efecto de desinvertir.

desinvertir. TR. *Econ.* Retirar un capital invertido. U. m. c. intr. MORF. conjug. c. *sentir.*

desistimiento. M. Acción y efecto de desistir.

desistir. INTR. **1.** Apartarse de una empresa o intento empezado a ejecutar o proyectado. *Desistió DE su propósito.* En Chile y México, u. t. c. prnl. ‖ **2.** *Der.* Abdicar o abandonar un derecho o una acción procesal.

desjarretadera. F. Instrumento que sirve para desjarretar toros o vacas, compuesto de una cuchilla de acero en forma de media luna, muy cortante, puesta en el extremo de una vara.

desjarretar. TR. Cortar las piernas por el jarrete.

desjugar. TR. Sacar el jugo. U. t. c. prnl.

desjuiciado, da. ADJ. Falto de juicio.

desjuntar. TR. Dividir, separar, apartar. U. t. c. prnl.

deslabonar. TR. **1.** Soltar y desunir un eslabón de otro. U. t. c. prnl. ‖ **2.** Desunir y deshacer algo. *Deslabonar un rompecabezas.* U. t. c. prnl.

deslastrar. TR. Quitar el lastre.

deslateralización. F. *Fon.* Acción y efecto de deslateralizar.

deslateralizar. TR. *Fon.* Transformar una consonante lateral en otra que no lo es, como la segunda *l* del latín *rebellis* en la *d* de *rebelde*, o la *ll* de *caballo* en la pronunciación yeísta *cabayo.* U. t. c. prnl.

deslavar¹. TR. **1.** Desustanciar, quitar fuerza, color y vigor. *Las lluvias del invierno habían deslavado el cartel indicador.* || **2.** Limpiar y lavar algo muy por encima sin aclararlo bien. *Deslavar una cristalera nueva.*

deslavar². TR. *Méx.* Desmoronar la tierra de un cerro a causa de la lluvia.

deslavazado, da. ADJ. **1.** Insustancial, insulso. *Estilo deslavazado.* || **2.** Desordenado, mal compuesto o inconexo. *Película deslavazada.*

deslave. M. *Am.* derrubio.

deslazar. TR. **desenlazar.**

desleal. ADJ. Que obra sin lealtad. U. t. c. s.

deslealtad. F. Falta de lealtad.

deslegalizar. TR. Privar de legalidad a lo que antes la tenía.

deslegitimar. TR. Privar de validez o legitimidad.

desleimiento. M. Acción y efecto de desleír.

desleír. TR. **1.** Disolver y desunir las partes de algunos cuerpos por medio de un líquido. *Desleír el azafrán en el caldo.* U. t. c. prnl. || **2.** Atenuar notablemente la expresión de pensamientos, ideas, conceptos, etc. *El tiempo deslíe las imágenes en la memoria.* ¶ MORF. conjug. c. *sonreír.*

deslendrar. TR. Quitar las liendres. MORF. conjug. c. *acertar.*

deslenguado, da. PART. de **deslenguarse.** || ADJ. Desvergonzado, desbocado, mal hablado. U. t. c. s.

deslenguarse. PRNL. coloq. Insolentarse, prorrumpir en denuestos. MORF. conjug. c. *averiguar.*

desliar¹. TR. Deshacer el lío, desatar lo liado. U. t. c. prnl. MORF. conjug. c. *enviar.*

desliar². TR. Durante la fermentación del mosto, separar las lías que se han depositado en el fondo de la vasija. MORF. conjug. c. *enviar.*

desligar. TR. **1.** Separar, independizar. U. t. c. prnl. *Intentó desligarse del cargo que ocupaba.* || **2.** Desatar, soltar las ligaduras. U. t. c. prnl. *El prisionero se desligó de sus ataduras.* || **3.** Dispensar de la obligación contraída. *Me desligó del compromiso.* || **4.** *Mús.* **picar** (|| hacer sonar las notas de manera muy clara).

deslindar. TR. **1.** Señalar y distinguir los términos de un lugar, provincia o heredad. || **2.** Aclarar algo, de modo que no haya confusión en ello. *Deslindar los conceptos.*

deslinde. M. Acción y efecto de deslindar.

desliz. M. **1.** Desacierto, indiscreción involuntaria, flaqueza en sentido moral, con especial referencia a las relaciones sexuales. || **2.** Acción y efecto de deslizar o deslizarse.

deslizadero. M. Lugar o sitio resbaladizo.

deslizamiento. M. Acción y efecto de deslizar o deslizarse.

deslizante. ADJ. Que desliza o se desliza. *Puertas deslizantes.*

deslizar. **I.** TR. **1.** Arrastrar algo con suavidad por una superficie. U. m. c. prnl. *El glaciar se desliza y se derrite.* || **2.** Hacer llegar algo con cuidado venciendo alguna dificultad. *Deslizar una cuerda entre los escombros.* || **3.** Entregar algo con disimulo. *Le deslizó un billete en el bolsillo.* || **4.** Decir o escribir en un discurso, como al descuido, frases o palabras intencionadas. || **II.** PRNL. **5.**

Dicho de un líquido: Fluir o desplazarse en una determinada dirección. *El río se desliza mansamente.* || **6. resbalar** (|| caer o desprenderse). *El vaso se le deslizó de la mano.* || **7.** Escaparse, evadirse. *Se deslizó de las manos de su asesina.* || **8.** Moverse o esconderse con cautela. *Se deslizaba en las sombras.* || **9.** Evolucionar paulatinamente hacia una determinada actividad, forma de ser, postura ideológica, etc. *Se estaba deslizando hacia posturas conservadoras.* || **10.** Caer en un **desliz** (|| flaqueza).

deslocalización. F. Acción y efecto de deslocalizar.

deslocalizar. TR. Trasladar una industria de una región a otra o de un país a otro, normalmente buscando una mano de obra más barata.

deslomar. TR. **1.** coloq. Romper o maltratar los lomos. *Acabará deslomando al pobre animal.* || **2.** coloq. Agotar o dejar muy cansado a alguien. U. m. c. prnl. *Se desloma para que podamos comer y estudiar.*

deslucido, da. PART. de **deslucir.** || ADJ. **1.** Que carece de lucimiento. *Repertorio deslucido.* || **2.** Que perora o hace otra cosa en público sin lucimiento ni gracia. *El bailaor estuvo muy deslucido.*

deslucimiento. M. Falta de despejo y lucimiento.

deslucir. TR. Quitar la gracia, atractivo o lustre a algo. U. t. c. prnl. MORF. conjug. c. *lucir.*

deslumbrador, ra. ADJ. Que deslumbra. *Revelación deslumbradora.*

deslumbramiento. M. **1.** Acción y efecto de deslumbrar. || **2.** Turbación de la vista por luz excesiva o repentina. || **3.** Ofuscación del entendimiento por efecto de una pasión.

deslumbrante. ADJ. Que deslumbra. *Ceremonia deslumbrante.*

deslumbrar. TR. **1.** Ofuscar la vista o confundirla con el exceso de luz. U. t. c. prnl. *Se deslumbró por el fogonazo.* || **2.** Dejar a alguien confuso o admirado. *Lo deslumbró con su elocuencia.* U. t. c. prnl. || **3.** Producir gran impresión con estudiado exceso de lujo. *El palacio imperial deslumbraba a todos.*

deslustrar. TR. **1.** Quitar el lustre. *Deslustrar una ceremonia.* || **2.** Quitar la transparencia al cristal o al vidrio.

desmadejado, da. PART. de **desmadejar.** || ADJ. Dicho de una persona: Que se siente con flojedad o quebrantamiento en el cuerpo.

desmadejamiento. M. Debilidad, decaimiento del cuerpo.

desmadejar. TR. Causar flojedad en el cuerpo. U. t. c. prnl.

desmadrarse. PRNL. coloq. Conducirse sin respeto ni medida, hasta el punto de perder la mesura y la dignidad.

desmadre. M. **1.** coloq. Acción y efecto de desmadrarse. || **2.** coloq. Exceso desmesurado en palabras o acciones. || **3.** coloq. Juerga desenfrenada.

desmalezar. TR. *Am.* Escardar, desbrozar, quitar la maleza.

desmallar. TR. Deshacer, cortar los puntos de una malla, de una red, de una media, etc.

desmán¹. M. Exceso, desorden, tropelía.

desmán². M. Mamífero parecido al topo, de unos 25 cm de largo, contando la cola, que vive a orillas de ríos y arroyos. || **~ almizclado,** o **~ ruso.** M. El que vive en la región del Volga, y cuyo olor a almizcle es muy acusado.

desmanchar. TR. Quitar manchas.

desmancharse. PRNL. *Am.* Dicho de un animal: Salirse de la manada.

desmandado, da. PART. de **desmandarse**. ‖ ADJ. desobediente.

desmandarse. PRNL. **1.** Descomedirse, propasarse. ‖ **2.** Dicho del ganado: Apartarse o salirse de la manada o rebaño. ‖ **3.** Desordenarse, apartarse de la compañía con que se va. *Es fácil que algún niño se desmande del grupo.*

desmano. a ~. LOC.ADV. **a trasmano** (‖ fuera de los caminos frecuentados).

desmantelado, da. PART. de **desmantelar**. ‖ ADJ. Dicho de una casa o de un palacio: Mal cuidados o despojados de muebles.

desmantelamiento. M. Acción y efecto de desmantelar.

desmantelar. TR. **1.** Clausurar o demoler un edificio u otro tipo de construcción con el fin de interrumpir o impedir una actividad. ‖ **2. desarticular** (‖ desorganizar una conspiración). *La policía desmanteló la organización criminal.* ‖ **3.** Desamparar, abandonar o desabrigar una casa. ‖ **4.** *Mar.* **desarbolar** (‖ derribar los árboles, palos de la embarcación).

desmaña. F. Falta de maña y habilidad.

desmañado, da. ADJ. **1.** Dicho de una persona: Falta de maña, destreza y habilidad. U. t. c. s. ‖ **2.** Propio o característico de una persona desmañada. *Trazos desmañados.*

desmañanarse. PRNL. *Méx.* **madrugar** (‖ levantarse muy temprano).

desmaño. M. Desaliño, descuido.

desmaquillador, ra. ADJ. Dicho de un producto cosmético: Que sirve para desmaquillar. U. m. c. s. m.

desmaquillar. TR. Quitar de la cara el maquillaje u otras sustancias cosméticas. U. t. c. prnl.

desmarcarse. PRNL. **1.** Separarse de un grupo, apartarse. *Desmarcarse de sus aliados.* ‖ **2.** Dicho de un jugador: En algunos deportes, desplazarse para burlar al contrario que lo marca.

desmarque. M. Acción y efecto de desmarcarse.

desmayado, da. PART. de **desmayar**. ‖ ADJ. Que ha perdido fuerza, vigor o ánimo. *Color, estilo desmayado.*

desmayar. I. TR. **1.** Causar desmayo. *La noticia casi lo desmaya.* ‖ **II.** INTR. **2.** Perder el valor, desfallecer de ánimo, acobardarse. ‖ **III.** PRNL. **3.** Perder el sentido y el conocimiento.

desmayo. M. **1.** Desaliento, desánimo. ‖ **2.** Desfallecimiento de las fuerzas, privación de sentido.

desmazalado, da. ADJ. Flojo, caído, dejado.

desmedido, da. ADJ. Desproporcionado, falto de medida, que no tiene término.

desmedrado, da. PART. de **desmedrar**. ‖ ADJ. Que no alcanza el desarrollo normal. *Castaños desmedrados.*

desmedrar. TR. **deteriorar**. U. t. c. prnl.

desmedro. M. Acción y efecto de desmedrar.

desmejora. F. deterioro.

desmejoramiento. M. Acción y efecto de desmejorar.

desmejorar. I. TR. **1.** Hacer perder el lustre y perfección. *Las erratas desmejoran el texto.* U. t. c. prnl. ‖ **II.** INTR. **2.** Ir perdiendo la salud. U. t. c. prnl. *Su padre se desmejoraba a ojos vistas.*

desmelenado, da. PART. de **desmelenar**. ‖ ADJ. **1.** Que se presenta sin la compostura debida. *Iba desmelenada y sin bata.* ‖ **2.** Que procede con arrebato.

desmelenamiento. M. **1.** Acción y efecto de desmelenar o desmelenarse. ‖ **2.** Acción de proceder con arrebato o de presentarse sin la debida compostura.

desmelenar. I. TR. **1.** Descomponer y desordenar el cabello. U. t. c. prnl. ‖ **II.** PRNL. **2.** Enardecerse, enfurecerse. *Se desmelenaba si perdía su equipo.* ‖ **3.** Soltarse, desinhibirse. *Cuando estaban solos, se desmelenaban.*

desmelene. M. Acción y efecto de **desmelenarse** (‖ desinhibirse).

desmembración. F. Acción y efecto de desmembrar.

desmembrador, ra. ADJ. Que desmiembra. *Tendencia desmembradora.*

desmembramiento. M. **desmembración**.

desmembrar. TR. **1.** Dividir y apartar los miembros del cuerpo. ‖ **2.** Dividir, separar algo de otra cosa. U. t. c. prnl. *El antiguo reino se ha desmembrado en varios países.* ¶ MORF. conjug. c. *acertar*. U. t. c. reg.

desmemoria. F. Falta de memoria.

desmemoriado, da. ADJ. **1.** Torpe de memoria. U. t. c. s. ‖ **2.** Falto de ella por completo o a intervalos. U. t. c. s.

desmentida. F. **desmentido**. U. m. en América.

desmentido. M. **1.** Acción y efecto de desmentir o negar la veracidad de algo que ha sido afirmado antes. U. m. en América. ‖ **2. mentís** (‖ comunicado en que se desmiente algo públicamente). U. m. en América.

desmentidor, ra. ADJ. Que desmiente. *Historia desmentidora.* Apl. a pers., u. t. c. s.

desmentir. TR. **1.** Decir a alguien que miente. ‖ **2.** Sostener o demostrar la falsedad de un dicho o hecho. *El libro entero lo desmiente.* ‖ **3.** Desvanecer o disimular algo para que no se conozca. *Desmentir las sospechas, los indicios.* ‖ **4.** Dicho de una persona: Proceder distintamente de lo que se podía esperar de su nacimiento, educación y estado. *Con su manera de hablar desmentían sus orígenes.* ¶ MORF. conjug. c. *sentir*.

desmenuzador, ra. ADJ. Que desmenuza y apura. *Máquina desmenuzadora.*

desmenuzamiento. M. Acción y efecto de desmenuzar.

desmenuzar. TR. **1.** Deshacer algo dividiéndolo en partes menudas. *Desmenuzar un cigarrillo.* U. t. c. prnl. ‖ **2.** Examinar en detalle algo. *Me observaba atentamente, desmenuzando mis reacciones.*

desmerecedor, ra. ADJ. Que desmerece algo o es indigno de ello. *Metáfora desmerecedora.*

desmerecer. I. TR. **1.** Hacer indigno de premio, favor o alabanza. *Su actitud desmerecía el valor de la victoria.* ‖ **II.** INTR. **2.** Dicho de una cosa: Perder parte de su mérito o valor. *Su faena desmereció el final.* ‖ **3.** Dicho de una cosa: Ser inferior a otra con la cual se compara. *Su cocina no desmerece de la de los mejores restaurantes.* ¶ MORF. conjug. c. *agradecer*.

desmerecimiento. M. **demérito**.

desmesura. F. Descomedimiento, falta de mesura.

desmesurado, da. PART. de **desmesurar**. ‖ ADJ. **1.** Excesivo, mayor de lo común. *Precio desmesurado.* ‖ **2.** Descortés, insolente y atrevido. *Comportamiento desmesurado.*

desmesurar. I. TR. **1.** Exagerar una cosa. *Desmesurar los problemas.* ‖ **II.** PRNL. **2.** Perder la modestia, excederse.

desmigajar. TR. Hacer migajas algo, dividirlo y desmenuzarlo en partes pequeñas. U. t. c. prnl.

desmigar. TR. Desmigajar o deshacer el pan para hacer migas. U. t. c. prnl.

desmilitarización. F. Acción y efecto de desmilitarizar.

desmilitarizar. TR. **1.** Suprimir la organización o el carácter militar de una colectividad. *Desmilitarizar la aviación comercial.* ‖ **2.** Desguarnecer de tropas e instalaciones militares un territorio, obedeciendo a un acuerdo internacional.

desminado. M. Acción y efecto de desminar.

desminar. TR. Retirar minas explosivas.

desmineralización. F. *Med.* Disminución o pérdida de una cantidad anormal de elementos minerales, como potasio, calcio, etc.

desmitificación. F. Acción y efecto de desmitificar.

desmitificador, ra. ADJ. Que desmitifica. *Humor desmitificador.*

desmitificar. TR. Disminuir o privar de atributos míticos u otros semejantes.

desmochadura. F. **desmoche.**

desmochar. TR. Quitar, cortar, arrancar o desgajar la parte superior de algo, dejándolo mocho. *Desmochó la res, cortándole las astas. Desmochó el árbol, desnudándolo de las ramas.*

desmoche. M. Acción y efecto de desmochar.

desmolado, da. ADJ. Que ha perdido las muelas.

desmoldar. TR. Sacar algo, como un pastel o una pieza de fundición, del molde en que se ha hecho.

desmonetización. F. Acción y efecto de desmonetizar.

desmonetizar. TR. **1.** Abolir el empleo de un metal para la acuñación de moneda. ‖ **2.** *Á. guar.* **depreciar.** U. t. c. prnl.

desmontable. M. *Mec.* Instrumento de hierro, especie de palanca, para desmontar las cubiertas de las ruedas.

desmontaje. M. Acción y efecto de **desmontar** (‖ desarmar).

desmontar¹. TR. **1.** Cortar en un monte o en parte de él los árboles o matas. ‖ **2.** Rebajar un terreno. ‖ **3.** Deshacer un montón de tierra, broza u otra cosa.

desmontar². TR. **1. desarmar** (‖ desunir, separar las piezas de que se compone algo). *Tuvieron que desmontar el carburador.* ‖ **2.** Separar los elementos de una estructura o sistema intelectual sometiéndolos a análisis. *El oponente trata de desmontar su teoría.* ‖ **3.** Deshacer un edificio o parte de él. ‖ **4.** En algunas armas de fuego, poner el mecanismo de disparar en posición de que no funcione. ‖ **5.** Bajar a alguien de una caballería o de otra cosa. U. t. c. intr. *Desmontó y entró en casa.* U. t. c. prnl.

desmonte. M. **1.** Acción y efecto de **desmontar¹.** ‖ **2.** Porción de terreno desmontado. U. m. en pl. ‖ **3.** Conjunto de fragmentos o despojos de lo desmontado. ‖ **4.** *Am.* Mineral pobre amontonado en la boca de una mina.

desmoralización. F. Acción y efecto de desmoralizar.

desmoralizador, ra. ADJ. Que desmoraliza. *Resultado desmoralizador.*

desmoralizar. TR. **1. desalentar.** U. t. c. prnl. ‖ **2.** Corromper las costumbres con malos ejemplos o doctrinas perniciosas. U. t. c. prnl.

desmoronamiento. M. Acción y efecto de desmoronar o desmoronarse.

desmoronar. I. TR. **1.** Deshacer y derribar poco a poco los edificios. U. m. c. prnl. ‖ **2.** Deshacer las aglomeraciones de sustancias más o menos en cohesión. U. t. c. prnl. *El castillo de arena se desmoronó.* ‖ **II.** PRNL. **3.** Dicho de una persona: Sufrir, física o moralmente, una grave depresión, los efectos de un disgusto, etc. ‖ **4.** Dicho de un imperio, de los bienes, del crédito, etc.: Venir a menos, irse destruyendo.

desmotador, ra. ADJ. Que desmota. *Industria desmotadora.*

desmotadora. F. Máquina que sirve para desmotar.

desmotar. TR. Quitar las semillas al algodón.

desmote. M. Acción y efecto de desmotar, a mano o máquina.

desmotivación. F. Falta o pérdida de motivación.

desmotivar. TR. Desalentar, disuadir.

desmovilización. F. Acción y efecto de desmoviliza

desmovilizar. TR. Licenciar a las personas o a las tr pas movilizadas.

desmultiplicación. F. Disminución del número d vueltas de una pieza giratoria mediante un engranaje e el que esta tiene una rueda con un número de diente mayor que otra que actúa sobre ella.

desnacionalización. F. Acción y efecto de desnaci nalizar.

desnacionalizar. TR. **1.** Privar del carácter nacion a una corporación, una industria, etc., por la inclusió de elementos extranjeros. ‖ **2. privatizar.**

desnarigado, da. PART. de **desnarigar.** ‖ ADJ. Que n tiene narices o las tiene muy pequeñas.

desnarigar. TR. Quitar a alguien las narices.

desnatadora. F. Máquina que sirve para desnata

desnatar. TR. Quitar la nata a la leche o a otros líquido

desnaturalización. F. Acción y efecto de desnatur lizar.

desnaturalizado, da. PART. de **desnaturalizar.** ‖ A Que falta a los deberes que la naturaleza impone a p dres, hijos, hermanos, etc.

desnaturalizar. TR. **1.** Alterar las propiedades o co diciones de algo, desvirtuarlo. *Desnaturalizar una te ría.* ‖ **2.** Alterar una sustancia, como el alcohol o aceite, de manera que deje de ser apta para los usos q tenía, entre ellos el alimentario.

desnivel. M. **1.** Falta de nivel. ‖ **2.** Diferencia de alt ras entre dos o más puntos.

desnivelación. F. Acción y efecto de desnivelar.

desnivelar. TR. **1.** Alterar el nivel existente entre d o más cosas. U. t. c. prnl. *Desnivelarse un puente.* ‖ **2.** d sequilibrar. *Desnivelar la balanza.*

desnortarse. PRNL. Perder el norte o dirección, d sorientarse.

desnucamiento. M. Acción y efecto de desnucar.

desnucar. TR. Causar la muerte a una persona o a u animal por un golpe en la nuca. U. t. c. prnl.

desnuclearización. F. Reducción o eliminación de a mas o instalaciones nucleares de un territorio.

desnuclearizado, da. ADJ. Desprovisto de armas instalaciones nucleares. *Ejército desnuclearizado. Zon desnuclearizada.*

desnudamiento. M. Acción y efecto de desnudar desnudarse.

desnudar. I. TR. **1.** Quitar todo el vestido o parte de é U. t. c. prnl. ‖ **2.** Despojar algo de lo que lo cubre adorna. *Desnudar las paredes de cuadros.* ‖ **II.** PRNL. Desprenderse y apartarse de algo. *Desnudarse de las p siones.*

desnudez. F. Cualidad de desnudo.

desnudismo. M. **nudismo.**

desnudista. ADJ. **nudista.** Apl. a pers., u. t. c. s.

desnudo, da. I. ADJ. **1.** Sin vestido. ‖ **2.** Patente, clar sin rebozo ni doblez. *Contó los hechos desnudos.* ‖ Falto o despojado de lo que cubre o adorna. *Celdas de nudas, húmedas y frías.* ‖ **4.** Falto de algo no materia *Desnudo de méritos.* ‖ **5.** Falto de recursos, sin bienes fortuna. *Es la persona más pobre y más desnuda del pu blo.* ‖ **6.** Muy mal vestido o indecente. *Desnudos com* dos pordioseros. ‖ **7.** *Bot.* Dicho de un órgano vegetal, y especialmente de las flores aclamídeas, como las de los sauces y álamos: Que carece de envolturas protectoras. ‖ **II.** M. **8.** *Esc.* y *Pint.* Figura humana desnuda o cuyas formas se perciben aunque esté vestida. ‖ **al ~.** LOC.ADV. Al descubierto, a la vista de todos.

desnutrición. F. Acción y efecto de desnutrirse.

desnutrirse. PRNL. Dicho de un organismo: Depauperarse por trastorno de la nutrición.

desobedecer. TR. Dicho de una persona: No hacer lo que ordenan las leyes o quienes tienen autoridad. MORF. conjug. c. *agradecer.*

desobediencia. F. Acción y efecto de desobedecer. ‖ **~ civil.** F. Resistencia pacífica a las exigencias o mandatos del poder establecido.

desobediente. ADJ. **1.** Que desobedece. U. t. c. s. ‖ **2.** Propenso a desobedecer. U. t. c. s.

desobstrucción. F. Acción y efecto de desobstruir.

desobstruir. TR. **1.** Quitar las obstrucciones. *Desobstruir las arterias.* ‖ **2.** Desocupar, quitar los obstáculos. *Desobstruir los canales de comunicación.* ¶ MORF. conjug. c. *construir.*

desocupación. F. **1.** Falta de ocupación, ociosidad. ‖ **2.** *Am.* **desempleo** (‖ paro forzoso).

desocupado, da. PART. de **desocupar.** ‖ ADJ. **1.** Sin ocupación, ocioso. *Trabajadores desocupados.* Apl. a pers., u. t. c. s. ‖ **2.** Vacío de personas o cosas. *Habitaciones desocupadas.* ‖ **3.** *Am.* **desempleado.** U. t. c. s.

desocupar. **I.** TR. **1.** Sacar lo que hay dentro de algo. *Desocupar una vivienda.* ‖ **2.** Dejar un lugar libre de obstáculos. *Desocupar una mesa.* ‖ **II.** PRNL. **3.** Desembarazarse de un negocio u ocupación.

desodorante. ADJ. Que destruye los olores molestos o nocivos. Apl. a un producto, u. t. c. s. m.

desodorizante. ADJ. Dicho de una sustancia: Que se usa en las industrias químicas, cosméticas y alimentarias para desodorizar.

desodorizar. TR. Eliminar ciertos olores.

desoír. TR. Desatender, dejar de oír. MORF. conjug. c. *oír.*

desojarse. PRNL. Esforzar la vista mirando o buscando algo.

desolación. F. Acción y efecto de desolar o desolarse.

desolado, da. PART. de **desolar.** ‖ ADJ. Triste, inhóspito, desierto.

desolador, ra. ADJ. **1.** asolador. *Clima desolador.* ‖ **2.** Que causa extrema aflicción. *Respuesta desoladora.*

desolar. **I.** TR. **1.** asolar[1]. *El terremoto desoló la ciudad.* ‖ **2.** Causar a alguien una aflicción extrema. ‖ **II.** PRNL. **3.** Afligirse, angustiarse con extremo. ¶ MORF. conjug. c. *contar.*

desolladero. M. Sitio destinado para desollar las reses.

desollador, ra. ADJ. Que desuella. Apl. a pers., u. t. c. s.

desolladura. F. Acción y efecto de desollar.

desollamiento. M. desolladura.

desollar. TR. **1.** Quitar la piel del cuerpo o de alguno de sus miembros. U. t. c. prnl. ‖ **2.** Causar a alguien grave daño en su persona, honra o hacienda. ¶ MORF. conjug. c. *contar.* ‖ **~ vivo** a alguien. LOC.VERB. **1.** coloq. Obtener de él más dinero del justo y razonable. ‖ **2.** coloq. Murmurar de él acerbamente.

desopilante. ADJ. Festivo, divertido, que produce mucha risa. *Encuesta desopilante.*

desopilar. TR. Curar la opilación. U. t. c. prnl.

desorbitado, da. PART. de **desorbitar.** ‖ ADJ. Dicho de los ojos: Que expresan tanto dolor o asombro que parecen salirse de las órbitas.

desorbitar. TR. **1.** Sacar un cuerpo de órbita. U. t. en sent. fig. *Desorbitar los ojos.* U. t. c. prnl. ‖ **2.** Exagerar, abultar, conceder demasiada importancia a algo. *Desorbitar un problema.*

desorden. M. **1.** Confusión y alteración del orden. ‖ **2.** Perturbación del orden y disciplina de un grupo, de una reunión, de una comunidad de personas. ‖ **3.** Disturbio que altera la tranquilidad pública. U. m. en pl. *Desórdenes públicos.* ‖ **4.** Exceso o abuso. U. m. en pl.

desordenación. F. desorden.

desordenado, da. PART. de **desordenar.** ‖ ADJ. **1.** Que no tiene orden. *Lista desordenada.* ‖ **2.** Dicho de una persona: Que obra sin método y no cuida del orden en sus cosas. ‖ **3.** Que sale del orden o ley moral. *Pasión, vida desordenada.*

desordenar. **I.** TR. **1.** Turbar, confundir y alterar el buen orden. U. t. c. prnl. ‖ **II.** PRNL. **2.** Salir de regla, excederse.

desorejado, da. PART. de **desorejar.** ‖ ADJ. **1.** *Am. Cen.* tonto. ‖ **2.** *Á. R. Plata.* Irresponsable, descarado. ☐ V. **pendón ~.**

desorejamiento. M. Acción y efecto de desorejar.

desorejar. TR. Cortar las orejas.

desorganización. F. Acción y efecto de desorganizar.

desorganizador, ra. ADJ. Que desorganiza. Apl. a pers., u. t. c. s.

desorganizar. TR. Desordenar en sumo grado, cortando o rompiendo las relaciones existentes entre las diferentes partes de un todo. U. t. c. prnl.

desorientación. F. Acción y efecto de desorientar.

desorientador, ra. ADJ. Que desorienta. *Sonidos desorientadores.*

desorientar. TR. **1.** Hacer que alguien pierda la orientación o el conocimiento de la posición que ocupa geográfica o topográficamente. U. t. c. prnl. ‖ **2.** Confundir, ofuscar, extraviar. *Lo desorientó con su respuesta.* U. t. c. prnl.

desornamentado, da. ADJ. Privado o carente de adornos u ornamentos.

desosar. TR. **deshuesar.** MORF. conjug. c. *contar.* Añade –h– en las formas con diptongo. *Deshueso, deshuesas...*

desosegar. TR. **desasosegar.** MORF. conjug. c. *acertar.*

desovar. INTR. Dicho de la hembra de un pez o de un anfibio: Soltar sus huevos o huevas.

desove. M. **1.** Acción y efecto de desovar. ‖ **2.** Época en que desovan las hembras de los peces y anfibios.

desovillar. TR. **1.** Deshacer los ovillos. ‖ **2.** Desenredar y aclarar algo que estaba muy oscuro y enmarañado. U. t. c. prnl.

desoxidante. ADJ. Que desoxida o sirve para desoxidar. Apl. a una sustancia o un producto, u. t. c. s. m.

desoxidar. TR. Limpiar un metal del óxido que lo mancha.

desoxigenación. F. Acción y efecto de desoxigenar.

desoxigenar. TR. Quitar el oxígeno a una sustancia con la cual estaba combinado. U. t. c. prnl.

desoxirribonucleico. ☐ V. **ácido ~.**

desoxirribonucleótido. M. *Bioquím.* Nucleótido cuyo azúcar constituyente es la desoxirribosa.

desoxirribosa. F. *Bioquím.* Molécula derivada de la ribosa, que participa en la estructura de los ácidos desoxirribonucleicos.

despabiladeras. F. pl. Tijeras con que se espabilan velas y candiles.

despabilado, da. PART. de **despabilar.** || M. y F. **espabilado.** U. t. en sent. irón.

despabilador, ra. ADJ. Que espabila.

despabilar. TR. **espabilar.**

despachaderas. F. pl. Soltura en el despacho de los negocios, o en salir de dificultades.

despachado, da. PART. de **despachar.** || ADJ. Que es hábil en el desempeño de un cometido.

despachador, ra. ADJ. Que despacha o tiene a su cargo un despacho. U. t. c. s. U. m. en América.

despachante. ADJ. Que despacha. *Profesionales despachantes.* || **~ de aduana.** COM. Agente de aduanas.

despachar. **I.** TR. **1.** Abreviar y concluir un negocio u otra cosa. || **2.** Resolver o tratar un asunto o negocio. U. t. c. intr. || **3.** Vender un género o una mercancía. || **4.** Despedir, alejar o apartar de sí a alguien. *Lo despachó con cajas destempladas.* || **5. enviar.** || **6.** coloq. Dicho de un tendero o de un dependiente: Atender a los clientes. U. t. c. intr. || **7.** coloq. **matar** (|| quitar la vida). U. t. c. prnl. || **II.** PRNL. **8.** coloq. Dicho de una persona: Decir cuanto le viene en gana. *Se despachó a gusto.*

despacho. M. **1.** Acción y efecto de despachar. *Se encargará del despacho de los asuntos de la Presidencia.* || **2.** Local destinado al estudio o a una gestión profesional. || **3.** Organización que realiza esa gestión. *Despacho de abogados.* || **4.** Mobiliario de este local. || **5.** Tienda o parte del establecimiento donde se venden determinados efectos. *Despacho de quinielas.* || **6.** Comunicación escrita entre el Gobierno de una nación y sus representantes en las potencias extranjeras. || **7.** Comunicación transmitida por telégrafo, por teléfono o por cualquier otro medio de comunicación. || **8.** Cédula, título o comisión que se da a alguien para algún empleo o negocio. || **9.** En algunas minas de América, ensanche contiguo al que se hace en el encuentro de las galerías con el pozo principal.

despachurrar. TR. coloq. Aplastar algo despedazándolo, estrujándolo o apretándolo con fuerza. U. t. c. prnl.

despacio. **I.** ADV. M. **1.** Poco a poco, con lentitud. || **II.** ADV. T. **2.** Por tiempo dilatado. || **con ~.** LOC. ADV. Con lentitud y detenimiento. U. m. en América. || **despacio.** INTERJ. Se usa para pedir a alguien que se modere en lo que está hablando, o en lo que va a hacer con audacia, con demasiada viveza o fuera de razón.

despacioso, sa. ADJ. **espacioso** (|| lento).

despacito. ADV. M. coloq. Muy poco a poco. || **despacito.** INTERJ. **despacio.**

despajar. TR. Apartar la paja del grano.

despalillado. M. Acción y efecto de despalillar.

despalillador, ra. M. y F. Persona que despalilla.

despalillar. TR. **1.** Quitar los palillos o venas gruesas de la hoja del tabaco antes de torcerlo o picarlo. || **2.** Quitar los palillos a las pasas o el escobajo a la uva. || **3.** Á. *Caribe.* Realizar algo con rapidez.

despampanante. ADJ. coloq. Pasmoso, llamativo, que deja atónito por su buena presencia u otras cualidades.

despampanar. TR. coloq. Desconcertar, dejar atónito a alguien.

despanzurramiento. M. coloq. Acción y efecto de despanzurrar.

despanzurrar. TR. **1.** coloq. Romper la panza a una persona o un animal. U. t. c. prnl. || **2.** coloq. Reventar algo que está relleno, esparciendo lo que contiene por

fuera. U. t. c. prnl. *El melón se cayó al suelo y se despa* zurró.

despapar. INTR. *Equit.* Dicho de un caballo: Llevar la ca beza demasiado levantada. U. t. c. tr.

desparecer. INTR. **desaparecer.** U. t. c. prnl. MOR conjug. c. *agradecer.*

desparedar. TR. Quitar las paredes o tapias.

desparejado, da. PART. de **desparejar.** || ADJ. Que n tiene pareja o está mal emparejado. *Mesitas desparejada*

desparejar. TR. Deshacer una pareja. U. t. c. prnl.

desparejo, ja. ADJ. **dispar.**

desparpajado, da. ADJ. **1.** Dicho de una persona Desenvuelta, ufana, que tiene desparpajo. || **2.** Propio característico de una persona **desparpajada.** *Ton desparpajado.*

desparpajo. M. Suma facilidad y desembarazo en el ha blar o en las acciones.

desparramado, da. PART. de **desparramar.** || ADJ. A cho, abierto. *Piernas desparramadas.*

desparramamiento. M. Acción y efecto de despa rramar o desparramarse.

desparramar. **I.** TR. **1.** Esparcir, extender por m chas partes lo que estaba junto. *Desparramó los papele por toda la mesa.* U. t. c. prnl. || **2.** Verter, derramar u fluido por muchas partes. U. t. c. prnl. *Chorros de agu hirviendo se desparramaron.* || **3.** Á. *guar.* Divulgar ur noticia. || **II.** PRNL. **4.** Distraerse, divertirse desorden damente. *Una multitud con resaca de jazz que se despe rrama por la noche donostiarra.*

desparrame. M. **1.** coloq. Acción y efecto de despa rramar (|| esparcir lo que estaba junto). U. t. en sent. f *Un desparrame de calamidades.* || **2.** Acción y efecto de desparramarse (|| divertirse desordenadamente).

desparramo. M. Á. R. *Plata* y *Chile.* Acción y efecto d desparramar.

despatarrar. **I.** TR. **1.** coloq. Abrir excesivament las piernas a alguien. U. t. c. prnl. || **II.** PRNL. **2.** colo Caerse al suelo, abierto de piernas.

despaturrarse. PRNL. *Chile.* Dicho de las partes d cuerpo: Relajarse, hasta hacer que aquel pierda su po tura erguida.

despavorido, da. ADJ. **1.** Dicho de una persona: Llen de pavor. || **2.** Propio o característico de una person **despavorida.** *Ojos despavoridos.*

despearse. PRNL. Dicho de una persona o de un anima Maltratarse los pies por haber caminado mucho.

despechado, da. PART. de **despechar.** || ADJ. **1.** Dich de una persona: Llena de despecho. || **2.** Que implica denota despecho. *Carta despechada.*

despechar. TR. coloq. Destetar a los niños.

despecho. M. Malquerencia nacida en el ánimo p desengaños sufridos en la consecución de los deseos en los empeños de la vanidad. || **a ~ de.** LOC. PREPOS. pesar de.

despechugarse. PRNL. coloq. Mostrar o enseñar el p cho, llevarlo descubierto.

despectivo, va. ADJ. **1.** **despreciativo.** *Comentari despectivos.* || **2.** *Gram.* Dicho de una palabra o de un s fijo: Que manifiestan idea de menosprecio en la signi cación del positivo del que procede; p. ej., *carca, librac villorrio, poetastro, calducho.* U. t. c. s. m.

despedazamiento. M. Acción y efecto de despedaza

despedazar. TR. **1.** Hacer pedazos un cuerpo, div diéndolo en partes sin orden ni concierto. *Los perros* *despedazaron a dentelladas.* U. t. c. prnl. ‖ **2.** Maltratar y destruir algo no material. *Despedazar el alma, la honra.*

despedida. F. **1.** Acción y efecto de despedir a alguien o despedirse. ‖ **2.** En ciertos cantos populares, copla final en que el cantor se despide.

despedimiento. M. **despedida.**

despedir. I. TR. **1.** Soltar, desprender, arrojar algo. *Despedir una flecha, una piedra.* ‖ **2.** Difundir o esparcir. *Despedir olor, rayos de luz.* ‖ **3.** Alejar, deponer a alguien de su cargo, prescindir de sus servicios. *Despedir a un empleado.* U. t. c. prnl. ‖ **4.** Dicho de una persona: Apartar de sí a alguien que le es gravoso o molesto. *Los despedía a patadas cada vez que entraban en su despacho.* ‖ **5.** Acompañar durante algún rato por obsequio a quien sale de una casa o un pueblo, o emprende un viaje. ‖ **II.** PRNL. **6.** Hacer o decir alguna expresión de afecto o cortesía para separarse de alguien. ‖ **7.** Renunciar a la esperanza de poseer o alcanzar algo. *Despídete de ese dinero.* ¶ MORF. conjug. c. *pedir.*

despegado, da. PART. de **despegar.** ‖ ADJ. **1.** coloq. Áspero o desabrido en el trato. ‖ **2.** coloq. Poco cariñoso, que muestra desapego.

despegamiento. M. **desapego.**

despegar. I. TR. **1.** Apartar, desasir y desprender algo de otra cosa a la que estaba pegado o junto. U. t. c. prnl. *Las piezas se han despegado.* ‖ **II.** INTR. **2.** Dicho de un avión, de un helicóptero, de un cohete, etc.: Separarse del suelo, agua o cubierta de un barco al iniciar el vuelo. ‖ **3.** Dicho de una persona o de una empresa: Iniciar una actividad, especialmente después de resolver con esfuerzo preparativos y vicisitudes. ‖ **III.** PRNL. **4. despegarse** (‖ apartarse del afecto a alguien o algo).

despego. M. **desapego.**

despegue. M. **1.** Acción y efecto de **despegar** (‖ un avión, helicóptero, cohete, etc.). ‖ **2.** Acción y efecto de **despegar** (‖ una persona o una empresa).

despeinar. TR. **1.** Deshacer el peinado. *Despeinó sus trenzas con delicadeza.* U. t. c. prnl. ‖ **2.** Descomponer, enmarañar el pelo. *El aire del coche la despeinó.* ¶ MORF. conjug. c. *peinar.* ‖ **sin ~se.** LOC. ADV. coloq. Sin esfuerzo.

despejado, da. PART. de **despejar.** ‖ ADJ. **1.** Dicho del entendimiento o del ingenio: Claro y desembarazado. ‖ **2.** Dicho de una persona: Que lo tiene. ‖ **3.** Espacioso, dilatado, ancho. *Frente, plaza despejada.*

despejar. I. TR. **1.** Desembarazar o desocupar un sitio o espacio. *Despejó la mesa para poder trabajar.* ‖ **2. aclarar** (‖ disipar lo que ofusca la claridad). *Despejar una duda.* ‖ **3.** Hacer que una persona o su cabeza dejen de estar confusas o embotadas, generalmente por una preocupación o malestar o una atmósfera viciada. U. t. c. prnl. *Me despejé al salir a la calle.* ‖ **4.** En algunos deportes, resolver una situación comprometida alejando la pelota de la meta propia. U. t. c. intr. ‖ **5.** *Mat.* Separar, por medio del cálculo, una incógnita de las otras cantidades que la acompañan en una ecuación. ‖ **II.** INTR. **6.** Dicho del día, del tiempo, del cielo, etc.: Quedar libres de nubes. U. t. c. prnl.

despeje. M. En algunos deportes, acción y efecto de **despejar** (‖ alejar la pelota).

despejo. M. **1.** Acción y efecto de despejar. ‖ **2.** Desembarazo, soltura en el trato o en las acciones. ‖ **3.** Entendimiento claro, talento.

despellejada. F. *Méx.* Pérdida parcial de la epidermis debida a la excesiva acción solar.

despellejar. TR. **1.** Quitar el pellejo, desollar. *Despellejar un conejo.* U. t. c. prnl. ‖ **2.** coloq. Murmurar con muy mala intención de alguien. *En cuanto te das la vuelta las vecinas te despellejan.*

despelotarse. PRNL. **1.** coloq. Desnudarse, quitarse la ropa. ‖ **2.** coloq. Alborotarse, disparatar, perder el tino o la formalidad.

despelote. M. coloq. Acción y efecto de despelotarse.

despelucar. TR. *Méx.* Dejar a alguien sin dinero.

despeluchar. TR. **despeluzar.** U. t. c. prnl.

despeluzamiento. M. Acción y efecto de despeluzar.

despeluzar. TR. Descomponer, desordenar el pelo de la cabeza, de la felpa, etc. U. t. c. prnl.

despenador, ra. M. y F. *Á. Andes.* hist. Persona que daba la muerte a los enfermos desahuciados, a petición de los parientes.

despenalización. F. Acción y efecto de despenalizar.

despenalizador, ra. ADJ. Que despenaliza. *Ley despenalizadora.*

despenalizar. TR. Dejar de tipificar como delito o falta una conducta anteriormente castigada por la legislación penal.

despensa. F. **1.** En una casa, una nave, etc., lugar o sitio en el cual se guardan las cosas comestibles. ‖ **2.** Provisión de comestibles.

despensero, ra. M. y F. Persona que tiene a su cargo la despensa.

despeñadero. M. Sitio alto, peñascoso y escarpado, desde donde es fácil despeñarse.

despeñamiento. M. **despeño.**

despeñar. I. TR. **1.** Precipitar y arrojar a alguien o algo desde un lugar alto y peñascoso, o desde una prominencia aunque no tenga peñascos. U. t. c. prnl. ‖ **II.** PRNL. **2.** Precipitarse, desenfrenarse y entregarse ciegamente a pasiones, vicios o maldades.

despeño. M. Acción y efecto de despeñar o despeñarse.

despepitar. TR. Quitar las pepitas o semillas de algún fruto, como del algodón, del melón, etc.

despepitarse. PRNL. **1.** Hablar o gritar con vehemencia o con enojo. ‖ **2.** coloq. Arrojarse sin consideración, hablando u obrando descomedidamente. ‖ **3.** coloq. Mostrar vehementemente afición a algo. *Se despepita POR la ensalada.*

desperado, da. ADJ. Dicho de un delincuente: Que está dispuesto a todo. U. t. c. s.

despercudir. I. TR. **1.** Limpiar o lavar lo que está percudido. *Despercudir las sábanas.* U. m. en América. ‖ **II.** PRNL. **2.** *Am.* Dicho de la piel: Blanquearse, clarearse.

desperdiciar. TR. **1.** Gastar o emplear mal algo. *Desperdiciar el dinero, la comida.* ‖ **2. desaprovechar** (‖ dejar pasar). *Desperdiciar la ocasión, el tiempo.* ¶ MORF. conjug. c. *anunciar.*

desperdicio. M. **1.** Derroche de la hacienda o de otra cosa. ‖ **2.** Residuo de lo que no se puede o no es fácil aprovechar o se deja de utilizar por descuido. ‖ **no tener ~** algo o alguien. LOC. VERB. Ser muy útil, de mucho provecho.

desperdigado, da. PART. de **desperdigar.** ‖ ADJ. Esparcido, separado, disperso. *Frases desperdigadas.*

desperdigamiento. M. Acción y efecto de desperdigar.

desperdigar. TR. Separar, desunir, esparcir. U. t. c. prnl.

desperezarse. PRNL. Extender y estirar los miembros, para sacudir la pereza o librarse del entumecimiento.

desperezo. M. Acción de desperezarse.

desperfecto. M. **1.** Leve deterioro. || **2.** Falta o defecto que desvirtúa el valor y utilidad de algo o deslustra su buena apariencia.

despernado, da. ADJ. Cansado, fatigado y harto de andar.

despernancarse. PRNL. *Am.* Abrirse de piernas, separarlas.

despersonalización. F. Acción y efecto de despersonalizar.

despersonalizar. TR. **1.** Quitar el carácter o atributos de alguien; hacerle perder la identidad. U. t. c. prnl. || **2.** Quitar carácter personal a un hecho, asunto o relación. *Despersonalizar las críticas recibidas.*

despertador, ra. I. ADJ. **1.** Que despierta. *Servicio despertador de telefonía.* || **II.** M. **2.** Reloj que, a la hora en que previamente se le dispuso, activa una alarma para despertar a quien duerme o dar otro aviso. || **3.** Aviso, estímulo; aquello que reanima o despierta. *Su aparición sirvió de revulsivo, de despertador para los jóvenes.* □ V. **reloj ~.**

despertamiento. M. Acción y efecto de despertar.

despertar¹. I. TR. **1.** Cortar, interrumpir el sueño a quien está durmiendo. || **2.** Hacer que alguien vuelva sobre sí o recapacite. *Su comentario la despertó.* || **3.** Mover, excitar. *Despertar el apetito.* || **II.** INTR. **4.** Dejar de dormir. U. t. c. prnl. *Se despertó a las tres de la mañana.* || **5.** Dicho de una persona que era ruda, abobada o simple: Hacerse más prevenida y entendida. ¶ MORF. conjug. c. *acertar.*

despertar². M. despertamiento. U. m. en sent. fig. *El despertar de una nación.*

despezar. TR. Cortar un material de conformidad con la estructura de la obra. MORF. conjug. c. *acertar.*

despezonar. TR. Quitar el pezón a algo. *Despezonar un limón, una lima.*

despezuñarse. PRNL. **1.** *Á. Caribe.* Desvivirse, poner mucho empeño en algo. || **2.** *Á. Caribe.* Caminar muy deprisa.

despiadado, da. ADJ. Inhumano, cruel, sin piedad. *Trato despiadado.*

despicar. TR. *Á. Caribe* y *Á. R. Plata.* Hacer perder al gallo de pelea la parte más aguda del pico. U. t. c. prnl.

despichar. TR. *Á. Caribe.* Aplastar, despachurrar.

despido. M. **1.** Acción y efecto de despedir o despedirse. || **2.** Decisión del empresario por la que pone término a la relación laboral que le unía a un empleado. || **3.** Indemnización o finiquito que recibe el trabajador despedido. || **~ improcedente.** M. El que en un juicio se declara no ajustado a las causas legales. || **~ procedente.** M. El que se ajusta a las causas legales.

despiece. M. despiezo.

despierto, ta. ADJ. **1.** Que no está durmiendo. || **2.** Sagaz y ágil mentalmente.

despiezar. TR. Dividir una cosa en piezas o en las partes que lo componen. *Despiezar un pavo. Despiezar una máquina.*

despiezo. M. Acción y efecto de despiezar.

despilfarrador, ra. ADJ. Que despilfarra. Apl. a pers., u. t. c. s.

despilfarrar. I. TR. **1.** Consumir el caudal en gastos desarreglados. *Despilfarra su fortuna.* || **II.** PRNL. **2.** coloq. Gastar profusamente en alguna ocasión.

despilfarro. M. Gasto excesivo y superfluo.

despintar. TR. Borrar o raspar lo pintado o teñid[o] U. t. c. prnl. || **no despintársele** a una persona alguien algo. LOC.VERB. coloq. Conservar con viveza el recuerd[o] de su figura o aspecto.

despinte. M. *Chile.* Porción de mineral de ley inferior [a] la que se espera o le corresponde.

despiojar. TR. Quitar los piojos. U. t. c. prnl.

despiporre o **despiporren. el ~.** M. coloq. Desb[a]rajuste, desorden. U. m. en sent. fest.

despique. M. Satisfacción que se toma de una ofensa [o] desprecio que se ha recibido y cuya memoria se conse[r]vaba con rencor.

despistada. F. *Méx.* despiste (|| distracción).

despistado, da. PART. de **despistar.** || ADJ. Desorie[n]tado, distraído, que no se da cuenta de lo que ocurre a s[u] alrededor. U. t. c. s.

despistaje. M. Examen médico preventivo para det[ec]tar cáncer o enfermedades venéreas. *Despistaje antiv[e]néreo.*

despistar. I. TR. **1.** Hacer perder la pista. U. t. c. int[r] || **II.** INTR. **2.** Fingir, disimular. || **III.** PRNL. **3.** Extr[a]viarse, perder el rumbo. || **4.** Andar desorientado en a[l]gún asunto o materia. U. t. c. s.

despiste. M. **1.** Cualidad de despistado. || **2.** Distra[c]ción, fallo, olvido, error.

desplacer¹. M. Pena, desazón, disgusto.

desplacer². TR. Disgustar, desazonar, desagradar. MOR[F.] conjug. c. *agradecer.*

desplanchar. TR. Arrugar lo planchado. U. t. c. prn[l.]

desplantación. F. desarraigo.

desplante. M. **1.** Dicho o acto lleno de arrogancia, de[s]caro o desabrimiento. || **2.** *Esgr.* Postura irregular.

desplazado, da. PART. de **desplazar.** || ADJ. Dicho [d]e una persona: Inadaptada, que no se ajusta al ambiente [o] a las circunstancias. U. t. c. s.

desplazamiento. M. **1.** Acción y efecto de desplaza[r] o desplazarse. || **2.** *Mar.* Volumen y peso del agua que d[es]aloja un buque, igual al espacio que ocupa en el agua s[u] casco hasta la línea de flotación.

desplazar. I. TR. **1.** Mover o sacar a alguien o alg[o] del lugar en que está. U. t. c. prnl. *El glaciar se de[s]plaza lentamente.* || **2.** Dicho de un cuerpo sumergid[o] en un líquido: **desplazar** un volumen igual al de s[u] parte sumergida. || **3.** *Mar.* Dicho de un buque: Des[a]lojar un volumen de agua igual al de la parte de s[u] casco sumergida, y cuyo peso es igual al peso total d[el] buque. || **II.** PRNL. **4.** Trasladarse, ir de un lugar [a] otro.

desplegable. I. ADJ. **1.** Que se puede **desplegar** (|| e[x]tender). *Puerta metálica desplegable.* || **2.** Dicho de un[a] ilustración en un libro o en una revista: Que se en[c]uentra plegada en el interior. *Un mapa desplegabl[e].* U. t. c. s. m. *Este mes la revista trae un desplegable.* || [3.] *Inform.* Se dice del recuadro que aparece en la pantal[la] de una computadora u ordenador para mostrar toda[s] las opciones que se pueden elegir. U. t. c. s. m. || **II.** [?] **4.** Folleto o programa informativo que hay que despl[e]gar para leerlo.

desplegar. TR. **1.** Desdoblar, extender lo que está pl[e]gado. *El barco desplegó todas las velas.* U. t. c. prnl. || [2.] Ejercitar, poner en práctica una actividad o manifesta[r] una cualidad. *Desplegó tino e imparcialidad.* || **3.** *Mil.* Ha[ce]r pasar las tropas o los buques del orden cerrado a[l] abierto. U. t. c. prnl. ¶ MORF. conjug. c. *acertar.*

despliegue. M. **1.** Acción y efecto de desplegar. ‖ **2.** Exhibición, demostración. *Despliegue de fuerzas. Despliegue de conocimientos.*

desplomar. I. TR. **1.** Hacer que una pared, un edificio u otra cosa pierdan la posición vertical. ‖ **II.** PRNL. **2.** Dicho especialmente de una pared o de un edificio: Caerse, perder la posición vertical. ‖ **3.** Dicho de una persona: Caerse sin vida o sin conocimiento. ‖ **4.** Arruinarse, perderse. *Su trono se desploma.*

desplome. M. Acción y efecto de desplomar o desplomarse.

desplomo. M. Desviación de la posición vertical en un edificio, una pared, etc.

desplumar. TR. **1.** Quitar las plumas al ave. U. t. c. prnl. ‖ **2.** coloq. **pelar** (‖ quitar los bienes a alguien).

desplume. M. Acción de desplumar.

despoblación. F. Acción y efecto de despoblar.

despoblado. M. Desierto, yermo o sitio no poblado, y especialmente el que en otro tiempo ha tenido población.

despoblador, ra. ADJ. Que despuebla. Apl. a pers., u. t. c. s.

despoblamiento. M. **despoblación.**

despoblar. TR. **1.** Reducir a yermo y desierto lo que estaba habitado, o hacer que disminuya considerablemente la población de un lugar. U. t. c. prnl. *En agosto las ciudades se despueblan.* ‖ **2.** Despojar un sitio de lo que hay en él. *Despoblar un campo de árboles.* ¶ MORF. conjug. c. *contar.*

despojador, ra. ADJ. Que despoja. Apl. a pers., u. t. c. s.

despojamiento. M. **despojo.**

despojar. I. TR. **1.** Privar a alguien de lo que goza y tiene, desposeerle de ello con violencia. *La despojaron de sus joyas.* ‖ **2.** Quitar a algo lo que lo acompaña, cubre o completa. *El tiempo la despojó de su brillo.* ‖ **3.** Extraer de un libro o de un objeto de estudio aquellos datos o informaciones que se consideran de interés. ‖ **II.** PRNL. **4.** Desposeerse de algo voluntariamente. *Se despojaron de los carteles que llevaba cada uno.*

despojo. M. **1.** Acción y efecto de despojar o despojarse. ‖ **2.** Presa, botín del vencedor. ‖ **3.** Vientre, asadura, cabeza y manos de las reses muertas. U. m. en pl. con el mismo significado que en sing. ‖ **4.** Molleja, patas, alones, pescuezo y cabeza de las aves muertas. U. m. en pl. con el mismo significado que en sing. ‖ **5.** pl. Sobras o residuos. *Despojos de la comida.* ‖ **6.** pl. Minerales demasiado pobres para ser molidos, que se venden con la intención de aprovechar el poco metal que contienen. ‖ **7.** pl. Materiales que se pueden aprovechar de un edificio que se derriba. ‖ **8.** pl. **restos mortales.**

despolitización. F. Acción y efecto de despolitizar.

despolitizar. TR. Quitar carácter o voluntad política a alguien o a un hecho. U. t. c. prnl.

despolvar. TR. **desempolvar** (‖ quitar el polvo). U. t. c. prnl.

desportillar. TR. Deteriorar o maltratar algo, quitándole parte del borde o boca y haciendo mella o abertura. U. t. c. prnl.

desposado, da. PART. de **desposar.** ‖ ADJ. Recién casado. U. t. c. s.

desposar. I. TR. **1.** Casar, unir en matrimonio. ‖ **II.** PRNL. **2.** Contraer esponsales. ‖ **3.** Contraer matrimonio.

desposeer. I. TR. **1.** Privar a alguien de lo que posee. ‖ **II.** PRNL. **2.** Dicho de una persona: Renunciar a lo que posee. ¶ MORF. conjug. c. *leer.*

desposeído, da. PART. de **desposeer.** ‖ ADJ. Pobre, desheredado. U. t. c. s. y m. en pl.

desposeimiento. M. Acción y efecto de desposeer o desposeerse.

desposesión. F. Acción de desposeer o desposeerse.

desposorio. M. Promesa mutua que el hombre y la mujer se hacen de contraer matrimonio, y, en especial, casamiento por palabras de presente. U. m. en pl. con el mismo significado que en sing.

despostador, ra. M. y F. Á. R. *Plata.* Persona encargada de despostar.

despostar. TR. Á. R. *Plata* y *Chile.* Descuartizar una res o un ave.

desposte. M. Á. R. *Plata* y *Chile.* Acción y efecto de despostar.

despostillar. TR. *Méx.* **desportillar.** U. t. c. prnl.

déspota. I. M. **1.** Soberano que gobierna sin sujeción a ley alguna. ‖ **2.** hist. Hombre que ejercía mando supremo en algunos pueblos antiguos. ‖ **II.** COM. **3.** Persona que trata con dureza a sus subordinados y abusa de su poder o autoridad.

despótico, ca. ADJ. **1.** Perteneciente o relativo al déspota. *Estado despótico.* ‖ **2.** Propio o característico de él. *Dominio despótico.*

despotismo. M. **1.** Autoridad absoluta no limitada por las leyes. ‖ **2.** Abuso de superioridad, poder o fuerza en el trato con las demás personas. ‖ **~ ilustrado.** M. hist. Política de algunas monarquías absolutas del siglo XVIII, inspirada en las ideas de la Ilustración y el deseo de fomentar la cultura y prosperidad de los súbditos.

despotizar. TR. Á. *Andes.* Gobernar o tratar despóticamente, tiranizar.

despotricar. INTR. coloq. Hablar sin consideración ni reparo, generalmente criticando a los demás. U. t. c. prnl.

despotrique. M. coloq. Acción de despotricar.

despreciable. ADJ. Digno de desprecio. *Cantidad despreciable.*

despreciador, ra. ADJ. Que desprecia.

despreciar. TR. **1.** Desestimar y tener en poco. *Despreciaron su trabajo.* ‖ **2.** Desairar o desdeñar. *Los ignorantes desprecian lo que no entienden.* ¶ MORF. conjug. c. *anunciar.*

despreciativo, va. ADJ. Que indica desprecio. *Tono despreciativo.*

desprecio. M. **1.** Desestimación, falta de aprecio. ‖ **2.** Desaire, desdén.

desprender. I. TR. **1.** Desunir, desatar lo que estaba fijo o unido. *Han desprendido la pintura del techo.* U. t. c. prnl. ‖ **2.** Echar de sí algo. U. t. c. prnl. *Desprenderse chispas de una brasa.* ‖ **3.** Á. *guar.,* Á. R. *Plata* y *Ant.* Desabrochar, desabotonar. U. t. c. prnl. ‖ **II.** PRNL. **4.** Apartarse o desposeerse de algo. *Se ha desprendido DE todos sus libros.* ‖ **5. inferirse** (‖ sacarse consecuencia de algo).

desprendido, da. PART. de **desprender.** ‖ ADJ. Desinteresado, generoso.

desprendimiento. M. **1.** Acción de **desprender** (‖ echar de sí). ‖ **2.** Desapego de las cosas. ‖ **3.** Largueza, desinterés. ‖ **4.** Med. Separación de un órgano o de parte de él del lugar en que estaba. *Desprendimiento de retina.*

despreocupación. F. Estado de ánimo de quien carece de preocupaciones.

despreocupado, da. PART. de **despreocuparse.** ‖ ADJ. **1.** Que no sigue o hace alarde de no seguir las creencias, opiniones o usos generales. ‖ **2.** De carácter ligero, desenfadado. *Un joven alegre y despreocupado.*

despreocuparse. PRNL. **1.** Salir o librarse de una preocupación. *Deje que las cosas sigan su curso, despreocúpese.* ‖ **2.** Desentenderse, apartar de alguien o de algo la atención o el cuidado. *Para ti es siempre fácil despreocuparte de todo.*

despresar. TR. *Am. Mer.* Descuartizar un animal.

desprestigiar. TR. Quitar el prestigio. U. t. c. prnl. MORF. conjug. c. *anunciar.*

desprestigio. M. Acción y efecto de desprestigiar.

despresurización. F. Acción y efecto de despresurizar.

despresurizar. TR. En una aeronave, anular los efectos de la presurización. U. t. c. prnl.

desprevención. F. Falta de prevención o de lo necesario.

desprevenido, da. ADJ. **1.** No preparado, no advertido para algo. *Tu llegada nos pilló desprevenidos.* ‖ **2.** Desapercibido, desprovisto, falto de lo necesario. *La tronera no tiene atuendo alguno; está desprovista, desprevenida, abierta, simplemente.*

desprivatización. F. Acción y efecto de desprivatizar.

desprivatizar. TR. Convertir en pública una empresa privada o de propiedad anónima o limitada.

desproporción. F. Falta de la proporción debida.

desproporcionado, da. PART. de **desproporcionar.** ‖ ADJ. Que no tiene la proporción conveniente o necesaria. *Reacción desproporcionada.*

desproporcionar. TR. Quitar la proporción a algo, sacarlo de moderación y medida.

despropósito. M. Dicho o hecho fuera de razón, de sentido o de conveniencia.

desprotección. F. Falta de protección.

desproteger. TR. Dejar sin protección o amparo.

desprotegido, da. PART. de **desproteger.** ‖ ADJ. **1.** Que no tiene protección. *El adolescente es el ser más desprotegido que existe.* ‖ **2. pobre** (‖ necesitado). *Clases desprotegidas.* U. t. c. s.

desproveer. TR. Privar, despojar a alguien de sus provisiones o de las cosas que le son necesarias. *Desproveer DE un sueldo.* MORF. conjug. c. *leer*; part. irreg. **desprovisto** y reg. **desproveído.**

desprovisto, ta. PART. IRREG. de **desproveer.** ‖ ADJ. **1.** Falto de lo necesario. *Tienen la casa tan desprovista como el bolso.* ‖ **2.** Que carece de algo. *Fue una decisión desprovista DE malicia.*

despueble. M. **despoblación.**

después. **I.** ADV. L. **1.** Denota posterioridad de lugar. *Los estudios están colocados después de las novelas.* ‖ **II.** ADV. T. **2.** Denota posterioridad de tiempo. U. t. en locs. prepos. o conjunts. *Después DE amanecer. Después DE que llegue.* ‖ **III.** ADV. ORD. **3.** Denota posterioridad en el orden, jerarquía o preferencia. *Esquines fue el mejor orador de Grecia después DE Demóstenes.* ‖ **IV.** ADJ. **4. siguiente.** *Murió el año después.* ‖ **V.** CONJ. **5.** A pesar de. *Después de lo que he hecho por ti, me pagas de este modo.* ‖ **hasta ~.** EXPR. Se usa para despedirse.

despulpado. M. Operación de despulpar.

despulpar. TR. Extraer la pulpa de algunos frutos.

despuntar. **I.** TR. **1.** Quitar o gastar la punta. U. t. c. prnl. ‖ **II.** INTR. **2.** Dicho de una planta o de un árbol: Empezar a brotar y entallecer. ‖ **3.** Adelantarse, descollar. *Despunta por su erudición.* ‖ **4.** Dicho especialmente

de la aurora, del alba o del día: Empezar a manifestarse al amanecer.

despunte. M. **1.** Acción y efecto de despuntar. ‖ **2.** *Chile.* Leña de rama delgada.

desquebrajar. TR. *Am. Cen.* y *Méx.* **resquebrajar.** U. m. c. prnl.

desquerer. TR. Dejar de querer. MORF. conjug. c. *querer.*

desquiciador, ra. ADJ. Que desquicia. Apl. a pers., u. t. c. s.

desquiciamiento. M. Acción y efecto de desquiciar.

desquiciar. TR. **1.** Descomponer algo quitándole la firmeza con que se mantenía. *Desquiciaron sus razonamientos.* U. t. c. prnl. ‖ **2.** Trastornar, descomponer, exasperar a alguien. U. t. c. prnl. *Las emanaciones de las plantas aromáticas desquiciaron a la tripulación.* ¶ MORF. conjug. c. *anunciar.* ‖ **3.** Desencajar o sacar de quicio algo. *Desquiciar una puerta, una ventana.* U. t. c. prnl.

desquicio. M. *Á. R. Plata.* **desorden** (‖ confusión). *Todo en aquella sociedad era desquicio y corrupción.*

desquijarar. TR. Rasgar la boca dislocando las quijadas. U. t. c. prnl.

desquitar. TR. **1.** Tomar satisfacción, vengar una ofensa, daño o derrota. U. t. c. prnl. *Intentaba desquitarse de la reprimenda recibida.* ‖ **2.** Particularmente en el juego, reintegrarse de lo perdido, restaurar una pérdida. U. t. c. prnl. ‖ **3. descontar.** *Le desquitan 50 euros del sueldo cada mes.*

desquite. M. Acción y efecto de desquitar.

desrabar. TR. Cortar el rabo o cola, especialmente a las crías de las ovejas.

desramar. TR. Quitar las ramas del tronco de un árbol.

desratización. F. Acción y efecto de desratizar.

desratizar. TR. Exterminar las ratas y ratones en barcos, almacenes, viviendas, etc.

desrielar. **I.** TR. **1.** *Méx.* Quitar los rieles de una vía férrea. ‖ **II.** INTR. **2.** *Am.* **descarrilar.** U. t. c. prnl.

desriñonar. TR. **1. derrengar** (‖ lastimar las caderas). *Desriñonó al pobre animal de un palazo.* U. t. c. prnl. ‖ **2.** Dicho de un esfuerzo físico intenso o un trabajo prolongado: Producir a alguien gran cansancio. U. t. c. prnl. *Todos los días se desriñona para dar de comer a su familia.*

desriscar. TR. *Chile.* Precipitar algo desde un risco o peña. U. t. c. prnl.

desrizar. TR. Deshacer los rizos, descomponer lo rizado. U. t. c. prnl.

destacable. ADJ. Que merece ser destacado. *Cualidades destacables.*

destacado, da. PART. de **destacar.** ‖ ADJ. Notorio, relevante, notable. *Miembros destacados del partido.*

destacamento. M. *Mil.* Grupo de tropa destacada.

destacar. **I.** TR. **1.** Poner de relieve, resaltar. *Destacó la importancia de esta fecha.* ‖ **2.** *Mil.* Separar del cuerpo principal una porción de tropa, para una acción. U. t. c. prnl. ‖ **II.** INTR. **3.** Sobresalir, descollar. U. t. c. prnl.

destajero, ra. M. y F. **destajista.**

destajista. COM. Persona que por cuenta de otra hace algo a destajo.

destajo. M. Obra u ocupación que se ajusta por un tanto alzado, a diferencia de la que se hace a jornal. ‖ **a ~.** LOC. ADV. **1.** Dicho de tomar o de dar una obra: Ajustada por cierta cantidad, por un tanto. ‖ **2.** Con empeño, sin descanso y aprisa para concluir pronto. ‖ **3.** *Chile.* **a bulto.** ‖ **hablar a ~.** LOC. VERB. coloq. Hablar con exceso.

destalonar. TR. Quitar, destruir o descomponer el talón al calzado. U. t. c. prnl.

destapador. M. *Am.* abrebotellas.

destapar. I. TR. **1.** Quitar la tapa o tapón. U. t. c. prnl. ‖ **2.** Descubrir lo que está oculto o cubierto. *Destapar un escándalo.* U. t. c. prnl. ‖ **3.** *Am.* Dar a conocer el nombre del **tapado** (‖ persona que tiene el apoyo de otra para ser promovida a un cargo). ‖ **II.** PRNL. **4.** Dar a conocer habilidades, intenciones o sentimientos propios no manifestados antes.

destape. M. **1.** Acción y efecto de destapar o destaparse. ‖ **2.** En una película, un espectáculo, etc., acción de desnudarse los actores.

destaponar. TR. Quitar el tapón.

destaque. M. Acción de **destacar** (‖ poner de relieve, resaltar).

destartalado, da. ADJ. Descompuesto, desproporcionado y sin orden. *Coche destartalado.*

destártalo. M. Falta de orden, desarreglo.

destazador, ra. M. y F. Persona que tiene por oficio trocear las reses muertas.

destazar. TR. Hacer **piezas** (‖ pedazos).

destechar. TR. Quitar el techo a un edificio.

destejer. TR. **1.** Deshacer lo tejido. *Destejió la malla de cuerdas.* U. t. c. prnl. ‖ **2.** Desbaratar lo que estaba dispuesto o tramado. *Me dejó solo para que destejiera la maraña que había en mi cabeza.* U. t. c. prnl.

destellar. TR. Despedir destellos o emitir rayos, chispazos o ráfagas de luz, generalmente intensos y de breve duración.

destello. M. **1.** Acción de destellar. ‖ **2.** Resplandor vivo y efímero, ráfaga de luz, que se enciende y disminuye o apaga casi instantáneamente.

destemplado, da. PART. de **destemplar.** ‖ ADJ. **1.** Falto de temple o de mesura. *Voces destempladas.* ‖ **2.** Dicho del tiempo: **desapacible.** ‖ **3.** Dicho de una persona: Que siente **destemplanza** (‖ sensación de malestar). ‖ **4.** *Pint.* Dicho de un cuadro o de una pintura: Que tienen disconformidad de tonos. □ V. **cajas ~s.**

destemplanza. F. **1.** Intemperie, desigualdad del tiempo, exceso de calor, frío o humedad. ‖ **2.** Sensación general de malestar, acompañada a veces de escalofríos, con alguna alteración en el pulso, sin que llegue a notarse fiebre. ‖ **3.** Desorden, alteración en las palabras o acciones, falta de moderación.

destemplar. I. TR. **1.** Alterar la armonía o el buen orden de algo. *La fiebre le destempló el juicio.* ‖ **2.** Destruir la concordancia o armonía con que están templados los instrumentos musicales. U. t. c. prnl. ‖ **II.** PRNL. **3.** Sentir malestar físico. ‖ **4.** Descomponerse, alterarse, perder la moderación en acciones o palabras. ‖ **5.** Dicho del acero o de otros metales: Perder el temple. U. t. c. tr. *Destemplar el acero.* ‖ **6.** *Am.* Sentir dentera.

destemple. M. **1. destemplanza** (‖ sensación de malestar). ‖ **2. destemplanza** (‖ desorden, alteración).

destensar. TR. **distender.**

desteñir. TR. **1.** Quitar el tinte, borrar o apagar los colores. U. t. c. intr. y c. prnl. ‖ **2.** Dicho de una cosa: Manchar con su color a otra. U. t. c. prnl. ¶ MORF. conjug. c. *ceñir.*

desternerar. TR. *Á. R. Plata.* Destetar los becerros o separarlos de sus madres.

desternillante. ADJ. Cómico, hilarante. *Respuesta desternillante.*

desternillarse. PRNL. Reírse mucho, sin poder contenerse.

desterrado, da. PART. de **desterrar.** ‖ ADJ. Que sufre pena de destierro. U. t. c. s.

desterrar. I. TR. **1.** Echar a alguien de un territorio o lugar por mandato judicial o decisión gubernamental. ‖ **2. deponer** (‖ apartar de sí). *Desterrar la tristeza, la enfermedad.* ‖ **3.** Desechar o hacer desechar un uso o costumbre. ‖ **II.** PRNL. **4. expatriarse.** *Él se desterró voluntariamente.* ¶ MORF. conjug. c. *acertar.*

desterronar. TR. Quebrantar o deshacer los terrones. U. t. c. prnl.

destetar. TR. **1.** Hacer que deje de mamar el niño o las crías de los animales, procurando su nutrición por otros medios. U. t. c. prnl. ‖ **2.** Apartar a los hijos de las atenciones y comodidades de su casa para que aprendan a desenvolverse por sí mismos. U. t. c. prnl.

destete. M. Acción y efecto de destetar.

destiempo. a ~. LOC. ADV. Fuera de tiempo, sin oportunidad.

destierro. M. **1.** Acción y efecto de desterrar o desterrarse. ‖ **2.** Pena que consiste en expulsar a alguien de un lugar o de un territorio determinado, para que temporal o perpetuamente resida fuera de él. ‖ **3.** Tiempo durante el cual se cumple esta pena. ‖ **4.** Pueblo o lugar en que vive el desterrado. ‖ **5.** Lugar alejado, remoto o de difícil acceso.

destilación. F. Acción y efecto de destilar.

destiladera. F. *Am.* **filtro** (‖ para clarificar un líquido).

destilador, ra. I. ADJ. **1.** Que tiene por oficio destilar agua o licores. U. t. c. s. ‖ **II.** M. **2. alambique.**

destilar. I. TR. **1.** Separar por medio del calor, en alambiques u otros vasos, una sustancia volátil de otras más fijas, enfriando luego su vapor para reducirla nuevamente a líquido. U. t. c. intr. *El queroseno destila a una temperatura comprendida entre 190 y 260 °C.* ‖ **2.** Revelar, hacer surgir lo contenido u oculto. *Sus palabras destilaban ternura.* ‖ **II.** INTR. **3.** Dicho de un líquido: Correr gota a gota. U. t. c. tr. *La llaga destilaba sangre.*

destilatorio. M. alambique.

destilería. F. Local o fábrica en que se hacen destilaciones, especialmente de licores.

destinación. F. **1.** Acción y efecto de destinar. ‖ **2. destino.**

destinado, da. PART. de **destinar.** ‖ ADJ. **predestinado.** *Esa aventura está destinada a fracasar.*

destinar. TR. **1.** Ordenar, señalar o determinar algo para algún fin o efecto. *Destinaron los últimos fondos a la compra de medicinas.* ‖ **2.** Designar el punto o establecimiento en que alguien ha de ejercer el empleo, cargo o comisión que se le ha conferido. *Me destinaron a la sucursal del norte.* ‖ **3.** Designar la ocupación o empleo en que ha de servir alguien. *Fue destinada al servicio de urología.* ‖ **4.** Dirigir un envío a determinada persona o a cierto lugar. *Las armas iban destinadas a un país asiático.*

destinatario, ria. M. y F. Persona a quien va dirigido o destinado algo.

destino. M. **1. hado.** ‖ **2.** Encadenamiento de los sucesos considerado como necesario y fatal. ‖ **3.** Circunstancia de serle favorable o adversa esta supuesta manera de ocurrir los sucesos a alguien o a algo. ‖ **4.** Consignación, señalamiento o aplicación de una cosa o de un lugar para determinado fin. ‖ **5. empleo** (‖ ocupación). ‖ **6.** Lugar o establecimiento en que alguien ejerce su empleo. ‖ **7.** Meta, punto de llegada.

destitución. F. Acción y efecto de destituir.

destituir. TR. Separar a alguien del cargo que ejerce. MORF. conjug. c. *construir*.

destocar. I. TR. 1. Quitar o deshacer el tocado. U. t. c. prnl. ‖ II. PRNL. 2. Descubrirse la cabeza, quitarse el sombrero, montera, gorra, etc.

destorcer. TR. Deshacer lo retorcido aflojando las vueltas o dándolas hacia la parte contraria. U. t. c. prnl. MORF. conjug. c. *mover*.

destornillado, da. PART. de **destornillar**. ‖ ADJ. Inconsiderado, precipitado, sin seso.

destornillador. M. Instrumento de hierro u otra materia, que sirve para destornillar y atornillar.

destornillar. TR. desatornillar.

destrabar. TR. 1. Quitar las trabas. *Destrabar las negociaciones.* U. t. c. prnl. ‖ 2. Desasir, desprender o apartar algo de otra cosa. *Destrabar las manos.* U. t. c. prnl.

destral. M. Hacha pequeña que se maneja por lo general con una sola mano.

destraleja. F. Destral pequeño.

destrenzar. TR. Deshacer la trenza. U. t. c. prnl.

destreza. F. Habilidad, arte o propiedad con que se hace algo.

destrincar. TR. *Mar.* Desamarrar algo o deshacer la trinca que se le tenía dada. U. t. c. prnl.

destripador, ra. ADJ. Que destripa. Apl. a pers., especialmente un asesino, u. t. c. s.

destripamiento. M. Acción y efecto de destripar.

destripar. TR. 1. Quitar, sacar o desgarrar las tripas. *Destriparon el cerdo.* ‖ 2. Sacar lo interior de algo. *Destripamos el televisor y lo volvimos a montar.* ‖ 3. coloq. despachurrar.

destripaterrones. M. despect. Jornalero que cava o ara la tierra.

destrísimo, ma. ADJ. SUP. de **diestro**.

destriunfar. TR. Dicho de un jugador: En algunos juegos de naipes, sacar los triunfos a los otros, obligándolos a echarlos.

destrizar. TR. Destruir completamente, hacer pedazos menudos algo.

destronamiento. M. Acción y efecto de destronar.

destronar. TR. 1. Deponer y privar del reino a alguien, echarlo del trono. *Había que destronar al emperador.* ‖ 2. Quitar a alguien su preponderancia. *Lo destronaron como campeón del mundo de 1500 metros.*

destroncar. TR. 1. Truncar, cortar, interrumpir algo no material. *Destroncar un discurso.* ‖ 2. *Am. Cen.* y *Chile*. descuajar. ‖ 3. *Chile*. Limpiar de troncos un terreno.

destronque. M. 1. Acción y efecto de destroncar. ‖ 2. *Chile*. descuajo.

destrozador, ra. ADJ. Que destroza. Apl. a pers., u. t. c. s.

destrozar. TR. 1. Despedazar, destruir, hacer trozos algo. *Los ladrones destrozaron los muebles.* U. t. c. prnl. ‖ 2. Estropear, maltratar, deteriorar. *Ten más cuidado, estás destrozando el sillón.* ‖ 3. Aniquilar, causar gran quebranto moral. *La guerra destrozó nuestra infancia.* ‖ 4. Fatigar o producir gran malestar físico. U. t. c. prnl. *Se destroza trabajando.* ‖ 5. Derrotar, aplastar al enemigo o contrincante. *De haber atacado entonces, habría destrozado al ejército enemigo.*

destrozo. M. Acción y efecto de destrozar.

destrozón, na. ADJ. Que destroza mucho la ropa, los zapatos, etc. U. t. c. s.

destrozona. F. En el carnaval callejero, máscara ve[s]tida de mujer, con ropas astrosas, sucias, grotescas, et[c].

destrucción. F. 1. Acción y efecto de destruir. ‖ 2 Ruina, asolamiento, pérdida grande y casi irreparabl[e]

destructibilidad. F. Capacidad de ser destruido.

destructividad. F. 1. Capacidad de destrucción. ‖ 2 Tendencia a la destrucción.

destructivo, va. ADJ. Que destruye o tiene poder o f[a]cultad para destruir.

destructor, ra. I. ADJ. 1. Que destruye. *Ambición de[s]tructora.* Apl. a pers., u. t. c. s. ‖ II. M. 2. Buque de gue[r]ra rápido, de tonelaje medio, preparado para misione[s] de escolta así como ofensivas, y equipado con arma[s] mento de toda clase.

destruir. TR. 1. Reducir a pedazos o a cenizas algo ma[terial u ocasionarle un grave daño. *Destruir un edifici[o], una ciudad.* U. t. c. prnl. ‖ 2. Deshacer, inutilizar algo n[o] material. *Destruir un argumento, un proyecto.* ¶ MOR[F.] conjug. c. *construir*.

destusar. TR. *Am. Cen.* Quitar las hojas a las panochas mazorcas de maíz.

desubicado, da. PART. de **desubicar**. ‖ ADJ. *Am.* Dich[o] de una persona: Que no se comporta de acuerdo con la[s] circunstancias y hace o dice cosas inoportunas o incon[venientes. U. t. c. s.

desubicar. I. TR. 1. Situar a alguien o algo fuera de l[u]gar. *Su estilo lo desubica entre los pintores de su gener[a]ción.* U. m. c. prnl. U. m. en América. ‖ II. PRNL. 2. A[m.] *Mer.* Dicho de una persona: Perder la orientación y no sa[ber dónde se encuentra o qué dirección tomar.

desubstanciar. TR. desustanciar. U. t. c. prnl. MOR[F.] conjug. c. *anunciar*.

desuello. M. Acción y efecto de desollar.

desuncir. TR. Quitar el yugo a los animales sujetos a é[l.]

desunión. F. 1. discordia. ‖ 2. Separación de las pa[r]tes que componen un todo, o de las cosas que estaba[n] juntas y unidas.

desunir. TR. 1. Introducir discordia entre quienes es[taban en buena correspondencia. *Desunir a la fami[lia.* U. t. c. prnl. ‖ 2. Apartar, separar algo de otra cos[a.] *Desunir dos cables.* U. t. c. prnl.

desuñir. TR. *Á. R. Plata.* desuncir. MORF. conjug. c. *mulli[r.]

desurtido, da. ADJ. *Am.* Dicho de una tienda o de un es[tablecimiento: Que no están surtidos.

desusado, da. ADJ. 1. Que ya no se usa. *Objetos de[susados.* ‖ 2. Desacostumbrado, insólito. *Comió co[n] desusada ansiedad.*

desuso. M. Falta de **uso** (‖ acción y efecto de usar).

desustanciar. TR. Quitar la fuerza y vigor a algo sa[cándole la sustancia o desvirtuándolo por cualquier otr[o] medio. *Películas como esa desustancian el cine.* U. t. c[. prnl. MORF. conjug. c. *anunciar*.

desvaído, da. PART. de **desvair**. ‖ ADJ. 1. Descolorido de color apagado. *Una camisa de un amarillo desvaíd[o]* ‖ 2. Que ha perdido la fuerza o el vigor, adelgazado, dis[minuido. *Mirada desvaída.* ‖ 3. Vago, desdibujado, im[preciso. *Recuerdo desvaído.*

desvair. TR. Hacer perder el color, la fuerza o la intensi[dad. U. m. c. prnl. MORF. conjug. c. *construir*. U. solo e[n] formas cuya desinencia empieza por -*i*.

desvalido, da. ADJ. Desamparado, privado de ayuda [y] socorro. Apl. a pers., u. t. c. s.

desvalijador, ra. ADJ. Que **desvalija** (‖ despoja). Ap[l.] a pers., u. t. c. s.

desvalijamiento. M. Acción y efecto de desvalijar.

desvalijar. TR. **1.** Quitar o robar el contenido de una maleta o valija. ‖ **2.** Robar todo o gran parte de lo que hay en una casa o en cualquier lugar cerrado. ‖ **3.** Despojar a alguien de su dinero o de sus bienes mediante robo, engaño, juego, etc.

desvalimiento. M. Desamparo, abandono, falta de ayuda o favor.

desvalorar. TR. desvalorizar (‖ quitar valor).

desvalorización. F. Acción y efecto de desvalorizar.

desvalorizar. TR. **1.** Quitar valor, consideración o prestigio a alguien o algo. U. t. c. prnl. *La obra se ha desvalorizado con el tiempo.* ‖ **2. devaluar.** U. t. c. prnl.

desván. M. Parte más alta de la casa, situada inmediatamente debajo del tejado y carente de falso techo, que se destina especialmente a guardar objetos en desuso.

desvanecer. I. TR. **1.** Disgregar o difundir las partículas de un cuerpo en otro. Se usa por lo común para referirse a un color que se atenúa gradualmente. U. t. c. prnl. *El humo se desvanece en el aire.* ‖ **2.** Deshacer, anular. *Desvanecer la duda, la sospecha, el intento.* U. t. c. prnl. ‖ **3.** Quitar de la mente una idea, un recuerdo, etc. *El paso del tiempo desvaneció sus recuerdos.* ‖ **II.** PRNL. **4.** Perder el sentido. U. t. c. tr. ¶ MORF. conjug. c. *agradecer.*

desvanecimiento. M. Acción y efecto de desvanecerse.

desvariado, da. PART. de **desvariar.** ‖ ADJ. **1.** Que delira o dice o hace despropósitos. ‖ **2.** Fuera de regla, orden o concierto, sin tino. *Ideas desvariadas.*

desvariar. INTR. Delirar, decir locuras o despropósitos. MORF. conjug. c. *enviar.*

desvarío. M. **1.** Dicho o hecho fuera de concierto. ‖ **2.** Accidente, que sobreviene a algunos enfermos, de perder la razón y delirar.

desvedar. TR. Alzar o revocar la prohibición de algo.

desvelada. F. *Méx.* Acción y efecto de **desvelarse** (‖ no dormir). ‖ **darse una ~.** LOC.VERB. **desvelarse** (‖ no dormir).

desvelamiento. M. desvelo.

desvelar¹. I. TR. **1.** Quitar, impedir el sueño, no dejar dormir. U. t. c. prnl. *Se desveló con el café.* ‖ **II.** PRNL. **2.** Dicho de una persona: Poner gran cuidado y atención en lo que tiene a su cargo o desea hacer o conseguir.

desvelar². TR. Descubrir, poner de manifiesto. *Nos desveló toda la verdad.*

desvelo. M. Acción y efecto de desvelar o desvelarse.

desvenar. TR. **1.** Sacar de la vena o filón el mineral. ‖ **2.** Quitar las fibras a las hojas de las plantas, como se hace con la del tabaco antes de labrarla.

desvencijar. TR. Aflojar, desunir las partes de algo que estaban y debían estar unidas. U. t. c. prnl.

desvendar. TR. Quitar o desatar la venda con que estaba cubierto algo. *Desvendar los ojos.* U. t. c. prnl.

desventaja. F. **1.** Mengua o perjuicio que se nota por comparación de dos cosas, personas o situaciones. ‖ **2. inconveniente** (‖ impedimento).

desventajoso, sa. ADJ. Que acarrea desventaja. *Condición desventajosa.*

desventura. F. **1. desgracia** (‖ suceso adverso). ‖ **2. desgracia** (‖ suerte adversa).

desventurado, da. ADJ. **1. desgraciado** (‖ que padece desgracias). U. t. c. s. ‖ **2.** Cuitado, apocado, sin espíritu. U. t. c. s. ‖ **3. desgraciado** (‖ desafortunado). *Su desventurada vida.*

desvergonzado, da. ADJ. Que habla u obra con desvergüenza. U. t. c. s.

desvergüenza. F. **1.** Falta de vergüenza, insolencia, descarada ostentación de faltas y vicios. ‖ **2.** Dicho o hecho impúdico o insolente.

desvestir. TR. **desnudar.** U. t. c. prnl. MORF. conjug. c. *pedir.*

desviación. F. **1.** Acción y efecto de desviar. ‖ **2.** Separación lateral de un cuerpo de su posición media. *Desviación del péndulo. Desviación del distribuidor de una máquina de vapor.* ‖ **3.** Tramo de una carretera que se aparta de la general. ‖ **4.** Camino provisional por el que han de circular los vehículos mientras está inutilizado un tramo de carretera. ‖ **5.** Tendencia o hábito anormal en el comportamiento de alguien. ‖ **6.** *Mat.* Diferencia entre la medida de una magnitud y el valor de referencia. ‖ **7.** *Med.* Cambio de la posición natural de los órganos, y en especial de los huesos.

desviacionismo. M. Doctrina o práctica que se aparta de una ortodoxia determinada.

desviacionista. ADJ. **1.** Perteneciente o relativo al desviacionismo. *Ideario desviacionista.* ‖ **2.** Partidario de esta doctrina. U. t. c. s.

desviador, ra. ADJ. Que **desvía** (‖ aparta). *Aparato desviador de llamadas telefónicas.*

desviar. TR. **1.** Apartar, alejar a alguien o algo del camino que seguía. *Desviar el tráfico.* U. t. c. prnl. ‖ **2.** Disuadir o apartar a alguien de la intención, determinación, propósito o dictamen en que estaba. U. t. c. prnl. *Era muy religiosa, pero tras la desgracia se ha desviado.* ‖ **3.** *Esgr.* Separar la espada del contrario, formando otro ángulo, para que no hiera en el punto en que estaba. ¶ MORF. conjug. c. *enviar.*

desvinculación. F. Acción y efecto de desvincular.

desvincular. TR. Anular un vínculo. *Pretenden desvincular el hospital de la fundación.*

desvío. M. **1. desviación** (‖ acción y efecto de desviar). ‖ **2. desviación** (‖ camino provisional, generalmente más largo que el camino normal). ‖ **3. desviación** (‖ tramo de una carretera que se aparta de la general). ‖ **4.** Desapego, desagrado. ‖ **5.** Esquivez, frialdad, indiferencia. ‖ **6.** *Á. R. Plata* y *Chile.* Apartadero de una línea férrea. ‖ **echar por el ~.** LOC.VERB. **1.** *Chile.* **despistar** (‖ hacer perder la pista). ‖ **2.** *Chile.* Prescindir de alguien.

desvirgar. TR. Quitar la virginidad a una doncella.

desvirtuar. TR. Quitar la virtud, sustancia o vigor. *Desvirtuar la ideología de un movimiento.* U. t. c. prnl. MORF. conjug. c. *actuar.*

desvitrificar. TR. Hacer que el vidrio pierda su transparencia por la acción prolongada del calor.

desvivirse. PRNL. Mostrar incesante y vivo interés, solicitud o amor por alguien o algo.

desyerbar. TR. *Am.* **deshierbar.**

desyerbe. M. *Méx.* Acción y efecto de desyerbar.

deszafrar. TR. Separar de un sitio el mineral y la roca arrancados de las excavaciones de las minas.

detall. al ~. LOC.ADV. **al por menor.** U. t. c. loc. adj.

detallar. TR. Tratar, referir algo por partes, minuciosa y circunstanciadamente. *Detallar un presupuesto.*

detalle. M. **1.** Pormenor, parte o fragmento de algo. ‖ **2.** Rasgo de cortesía, amabilidad, afecto, etc. ‖ **3.** Relación, cuenta o lista circunstanciada. ‖ **al ~.** LOC.ADV. **1.** De manera minuciosa, con todo detalle y pormenor. ‖ **2. al por menor.** U. t. c. loc. adj. ‖ **en ~.** LOC.ADV. **al detalle** (‖ de manera minuciosa).

detallismo. M. Cualidad de detallista.

detallista. I. ADJ. **1.** Amante del detalle, minucioso, meticuloso. U. t. c. s. || **2.** Que tiene detalles en su trato con otras personas. U. t. c. s. || **3.** Propio o característico de una persona detallista. *Gesto detallista.* || **II.** COM. **4.** Comerciante que vende al por menor.

detección. F. Acción y efecto de detectar.

detectar. TR. Descubrir la existencia de algo que no era patente. *Detectar un error.*

detective. COM. **1.** Policía especializado en la investigación de crímenes y actos delictivos. || **2. detective privado.** || **~ privado, da.** M. y F. Policía particular que practica investigaciones reservadas y que, en ocasiones, interviene en los procedimientos judiciales.

detectivesco, ca. ADJ. Perteneciente o relativo al detective o a su profesión.

detector. M. **1.** Aparato que sirve para detectar. || **2.** *Electr.* Circuito que realiza la detección de la señal transmitida. || **~ de mentiras.** M. **polígrafo** (|| aparato).

detención. F. **1.** Acción y efecto de detener o detenerse. || **2.** Privación provisional de la libertad, ordenada por una autoridad competente. || **3. detenimiento** (|| dilación, tardanza). || **~ ilegal.** F. *Der.* Delito en que incurre quien, sin ser autoridad, encierra o detiene a alguien privándole de su libertad.

detenedor, ra. ADJ. Que detiene. Apl. a pers., u. t. c. s.

detener. I. TR. **1.** Interrumpir algo, impedir que siga adelante. *Detener la secreción.* U. t. c. prnl. || **2.** Dicho de una autoridad: Prender a alguien. || **II.** PRNL. **3.** Pararse, cesar en el movimiento o en la acción. || **4.** Pararse a considerar algo. ¶ MORF. conjug. c. *tener.* □ V. **vara de ~.**

detenido, da. PART. de **detener.** || ADJ. **1. minucioso.** *Examen detenido.* || **2.** Privado provisionalmente de libertad por una autoridad competente. U. t. c. s.

detenimiento. M. **1.** Dilación, tardanza, prolijidad. || **2. detención** (|| acción y efecto de detener). || **con ~.** LOC. ADV. De manera minuciosa, con mucho cuidado.

detentación. F. Acción y efecto de detentar.

detentador, ra. ADJ. Que detenta. U. t. c. s.

detentar. TR. Retener y ejercer ilegítimamente algún poder o cargo público.

detente. M. hist. Recorte de tela con la imagen del Corazón de Jesús y la leyenda *Detente, bala,* que se usó en las guerras españolas de los siglos XIX y XX, prendido en la ropa sobre el pecho.

detergente. ADJ. **1.** Que limpia químicamente. Apl. a una sustancia o un producto, u. t. c. s. m. || **2.** *Med.* **detersorio.** Apl. a una sustancia o un producto, u. t. c. s. m.

deterger. TR. *Med.* Limpiar una úlcera o una herida.

deterioración. F. **deterioro.**

deteriorar. I. TR. **1.** Estropear, poner en inferior condición algo. *El escándalo ha deteriorado su imagen.* || **II.** PRNL. **2.** Empeorar, degenerar. *Su salud se ha deteriorado.*

deterioro. M. Acción y efecto de deteriorar o deteriorarse.

determinación. F. **1.** Acción y efecto de determinar. || **2.** Osadía, valor. || **3.** Decisión firme. *Tomó la determinación de no volver.*

determinado, da. PART. de **determinar.** || ADJ. Concreto o preciso. *Un determinado momento.* □ V. **artículo ~, cuestión ~, ecuación ~, problema ~.**

determinante. I. ADJ. **1.** Que determina. *Causas determinantes de la enfermedad.* || **II.** M. **2.** *Mat.* Matriz cuadrada, y, por ext., expresión que se obtiene a parti▮ de sus elementos aplicando ciertas reglas.

determinar. TR. **1.** Fijar los términos de algo. *¿Habé▮ determinado las condiciones del contrato?* || **2.** Distingui▮ discernir. *Determinó las causas de la enfermedad.* || **3.** Se▮ ñalar, fijar algo para algún efecto. *Determinar día, hora* || **4.** Tomar resolución. *Ha determinado dejar de fuma▮* U. t. c. prnl. || **5.** Hacer tomar una resolución. *Esto me de▮ terminó a ayudarlo.*

determinativo, va. ADJ. Que determina o resuelve *Elementos determinativos del subdesarrollo.* □ V. **adje▮ tivo ~.**

determinismo. M. **1.** Teoría que supone que la evo▮ lución de los fenómenos naturales está completament▮ determinada por las condiciones iniciales. || **2.** *Fil.* Teo▮ ría filosófica según la cual todos los acontecimientos acciones humanas están prefijados por sucesos y situa▮ ciones anteriores que impiden la libertad de elección▮

determinista. I. ADJ. **1.** Perteneciente o relativo a▮ determinismo. *Escuela, doctrina determinista.* || **II▮** COM. **2.** Persona partidaria del determinismo.

detersivo, va. ADJ. **detersorio.** Apl. a una sustancia un producto, u. t. c. s. m.

detersorio, ria. ADJ. Que tiene virtud de limpiar o pu▮ rificar. Apl. a una sustancia o un producto, u. t. c. s. m▮

detestable. ADJ. Abominable, execrable, aborrecible▮ pésimo. *Conducta detestable.*

detestación. F. Acción y efecto de detestar.

detestar. TR. **aborrecer** (|| tener aversión).

detonación. F. **1.** Acción y efecto de detonar. || **2.** E▮ plosión brusca capaz de iniciar la de un explosivo rel▮ tivamente estable.

detonador, ra. I. ADJ. **1.** Que provoca o causa det▮ nación. U. t. en sent. fig. *Su detención fue el elemento d▮ tonador de la revuelta callejera.* || **II.** M. **2.** Artificio co▮ fulminante que sirve para hacer estallar una carga e▮ plosiva. U. t. en sent. fig. *La invasión fue el detonador d▮ la crisis internacional.*

detonante. I. ADJ. **1.** Que detona. *Material detonant▮* || **2.** Que llama la atención por no armonizar con su e▮ torno. *Imagen detonante.* || **II.** M. **3.** Agente capaz d▮ producir detonación. || **4. desencadenante.**

detonar. I. TR. **1.** Iniciar una explosión o un estallid▮ *El artificiero detonó el explosivo.* || **2.** Llamar la atenció▮ causar asombro, admiración, etc. || **II.** INTR. **3.** Dar e▮ tampido o trueno.

detracción. F. Acción y efecto de detraer.

detractor, ra. ADJ. Adversario, que se opone a una op▮ nión descalificándola. U. t. c. s.

detraer. TR. Restar, sustraer, apartar o desviar. U. t. ▮ prnl. *Se detrae un tanto por ciento de su salario.* MOR▮ conjug. c. *traer.*

detrás. ADV. L. **1.** En la parte posterior, o con posteri▮ ridad de lugar, o en sitio delante del cual está alguien algo. *Salieron de detrás de la tapia. No lo vi, pasó p▮ detrás.* || **2.** En ausencia. *Sé que hablas detrás de m▮* || **~ de.** LOC. PREPOS. Intentando conseguir algo o a ▮ guien. *Va detrás de su dinero.* || **por ~.** LOC. ADV. **detrá▮** (|| en ausencia).

detrimento. M. **1.** Destrucción leve o parcial. || **2.** Pé▮ dida, quebranto de la salud o de los intereses. || **3.** Dañ▮ moral.

detrítico, ca. ADJ. *Geol.* Compuesto de detritos. *Cap▮ detrítica.*

detrito o **detritus.** M. Resultado de la descomposición de una masa sólida en partículas. U. m. en pl. U. m. en geología y en medicina.

deturpación. F. Deformación, afeamiento.

deturpar. TR. Afear, manchar, estropear, deformar.

deuda. F. **1.** Obligación que alguien tiene de pagar, satisfacer o reintegrar a otra persona algo, por lo común dinero. || **2.** Obligación moral contraída con alguien. || **3.** Pecado, culpa u ofensa. *Y perdónanos nuestras deudas.* || **~ amortizable.** F. La del Estado que se ha de amortizar en los plazos previstos por la ley que autoriza su emisión. || **~ exterior.** F. La pública que se paga en el extranjero y con moneda extranjera. || **~ flotante.** F. La pública que no está consolidada, y que, como se compone de vencimientos a término fijo y de otros documentos aún no definitivamente arreglados, puede aumentar o disminuir todos los días. || **~ interior.** F. La pública que se paga en el propio país con moneda nacional. || **~ pública.** F. La que el Estado tiene reconocida por medio de títulos que devengan interés y a veces se amortizan. || **~ tributaria.** F. *Der.* Importe que resulta de la liquidación tributaria. || **contraer ~s.** LOC.VERB. coloq. Hacerse deudor. □ V. **asunción de ~.**

deudo, da. M. y F. **pariente** (|| ascendiente, descendiente o colateral de su familia).

deudor, ra. ADJ. **1.** Que debe, o está obligado a satisfacer una deuda. Apl. a pers., u. t. c. s. || **2.** Dicho de una cuenta: Que en su debe hay que anotar una cantidad. □ V. **cuenta ~.**

deus ex máchina. (Locución latina). M. **1.** En el teatro de la Antigüedad, personaje que representaba una divinidad y que descendía al escenario mediante un mecanismo e intervenía en la trama resolviendo situaciones muy complicadas o trágicas. || **2.** Persona o cosa que, con su intervención, resuelve, de manera poco verosímil, una situación difícil dentro de una obra literaria. || **3.** Persona o cosa capaz de solucionar, sin dificultad aparente, todo tipo de situaciones. ¶ MORF. pl. invar. *Los deus ex máchina.*

deuteragonista. COM. En las obras literarias o análogas, personaje que sigue en importancia al protagonista.

deuterio. M. *Quím.* Isótopo del hidrógeno dos veces más pesado que este. Entra en la constitución del agua pesada.

devaluación. F. Acción y efecto de devaluar.

devaluar. TR. Rebajar el valor de una moneda o de otra cosa, depreciarla. U. t. c. prnl. MORF. conjug. c. *actuar.*

devaluatorio, ria. ADJ. Perteneciente o relativo a la devaluación.

devanadera. F. **1.** Armazón de cañas o de listones de madera cruzados, que gira alrededor de un eje vertical y fijo en un pie, para que, colocadas en aquel las madejas del hilado, puedan devanarse con facilidad. || **2.** Instrumento sobre el que se mueve un bastidor pintado por los dos lados para hacer mutaciones rápidas en los teatros.

devanado. M. *Electr.* **bobina** (|| de un circuito eléctrico).

devanador, ra. ADJ. Que devana. Apl. a pers., u. t. c. s.

devanagari. M. Escritura moderna del sánscrito. U. t. c. adj.

devanar. TR. Ir dando vueltas sucesivas a un hilo, alambre, cuerda, etc., alrededor de un eje, carrete, etc.

devaneo. M. **1.** Distracción o pasatiempo vano o reprensible. || **2.** Amorío pasajero. || **3.** Delirio, desatino, desconcierto.

devastación. F. Acción y efecto de devastar.

devastador, ra. ADJ. Que devasta. *Vendaval devastador.*

devastar. TR. **1.** Destruir un territorio, arrasando sus edificios y asolando sus campos. || **2. destruir** (|| reducir a pedazos o a cenizas). *El fuego devastó la casa.*

develar. TR. **desvelar²**. U. m. en América.

devengar. TR. Adquirir derecho a alguna percepción o retribución por razón de trabajo, servicio u otro título. *Devengar salarios, costas, intereses.*

devengo. M. **1.** Cantidad devengada. || **2.** *Der.* Momento en el que nace la obligación de pago de un tributo.

devenir¹. TR. **1.** Llegar a ser. *Él puede devenir crítico. El miedo puede devenir en paranoia.* || **2.** Sobrevenir, suceder, acaecer. ¶ MORF. conjug. c. *venir.*

devenir². M. **1.** *Fil.* La realidad entendida como proceso o cambio continuo. || **2.** *Fil.* Proceso mediante el cual algo se hace o llega a ser.

deverbal. ADJ. *Gram.* Dicho de una palabra: Que deriva de un verbo; p. ej., *empuje,* de *empujar; salvamento,* de *salvar.* U. t. c. s. m.

de visu. (Locución latina). LOC.ADV. Con los propios ojos.

devoción. F. **1.** Amor, veneración y fervor religiosos. || **2.** Práctica piadosa no obligatoria. || **3.** Inclinación, afición especial. || **4.** Costumbre devota, y, en general, costumbre buena.

devocionario. M. Libro que contiene oraciones para uso de los fieles.

devolución. F. Acción y efecto de devolver. || **~ tributaria.** F. *Der.* Restitución a los contribuyentes, por parte de la Hacienda pública, de las cantidades indebidamente ingresadas.

devolver. I. TR. **1.** Volver algo a su estado anterior. *El aire sano le devolvió el color al rostro.* || **2.** Restituir algo a quien lo tenía antes. *¿Le has devuelto el libro?* || **3.** Corresponder a un favor, un agravio, una visita, etc. || **4.** Entregar al vendedor una compra por no estar conforme con ella, obteniendo el reintegro del dinero u otro objeto de valor equivalente. || **5.** Rechazar un encargo realizado, un proyecto, una factura, etc., por no responder a lo que se esperaba. || **6.** Dar la vuelta a quien ha hecho un pago. || **7.** coloq. **vomitar** (|| lo contenido en el estómago). U. t. c. intr. *Tengo ganas de devolver.* || **II.** PRNL. **8.** *Am.* Volverse, regresar, dar la vuelta. ¶ MORF. conjug. c. *mover;* part. irreg. **devuelto.**

devónico, ca. ADJ. **1.** *Geol.* Se dice del cuarto período de la era paleozoica, que abarca desde hace 408 millones de años hasta hace 360 millones de años, caracterizado por la aparición de los anfibios, los peces de agua dulce y las formaciones de coral. U. t. c. s. m. ORTOGR. Escr. con may. inicial c. s. || **2.** *Geol.* Perteneciente o relativo a dicha era.

devorador, ra. ADJ. Que devora. Apl. a pers., u. t. c. s.

devorar. TR. **1.** Dicho de un animal: Comer su presa. || **2.** Tragar con ansia y apresuradamente. *Devoró el filete.* || **3. consumir** (|| destruir). *Las llamas han devorado el bosque.* || **4.** Dicho de un apetito o de una pasión: Apremiar violentamente. *La soberbia lo devoraba.* || **5.** Consagrar atención ávida a algo. *Devoraba las páginas del libro.* || **6.** Recorrer una distancia muy rápidamente. *Hemos venido devorando kilómetros.*

devoto, ta. ADJ. **1.** Dedicado con fervor a obras de piedad y religión. U. t. c. s. ‖ **2.** Dicho de una imagen, de un templo o de un lugar: Que mueven a devoción. ‖ **3.** Aficionado a alguien. U. t. c. s. *Soy un devoto de ese pintor.*

devuelto, ta. PART. IRREG. de **devolver.**

dextrismo. M. *Med.* Empleo preferente de la mano derecha.

dextro. M. hist. Espacio de terreno alrededor de una iglesia, dentro del cual se gozaba del derecho de asilo y de algunos otros privilegios.

dextrógiro, ra. ADJ. **1.** Que gira en el mismo sentido de las agujas del reloj. *Hélice dextrógira.* ‖ **2.** *Quím.* Dicho de una sustancia o de una disolución: Que hace girar a la derecha el plano de la luz polarizada cuando se mira hacia la fuente. U. t. c. s. m.

deyección. F. **1.** Defecación de los excrementos. ‖ **2.** excremento. U. m. en pl. ‖ **3.** *Geol.* Conjunto de materias arrojadas por un volcán o desprendidas de una montaña.

dezmera. □ V. **casa ~.**

día. M. **1.** Tiempo que la Tierra emplea en dar una vuelta alrededor de su eje; equivale a 24 horas. ‖ **2.** Tiempo en que el Sol está sobre el horizonte. ‖ **3.** Tiempo que hace durante el día o gran parte de él. *Día lluvioso, cubierto, despejado.* ‖ **4.** Momento, ocasión. *El día que le pierdan el respeto, se acabó todo.* ‖ **5.** día en que la Iglesia celebra al santo, el sagrado misterio, etc., del que una persona toma nombre, con respecto a esta misma persona. U. m. en pl. *Hoy son los días de Eugenio.* ‖ **6.** cumpleaños. U. m. en pl. *Hoy celebra sus días.* ‖ **7.** pl. vida. *El fin de sus días.* ‖ **~ astronómico.** M. *Astr.* Tiempo comprendido entre dos pasos consecutivos del Sol por el meridiano superior. ‖ **~ crítico.** M. Aquel del que pende la decisión de una enfermedad o negocio. ‖ **~ de campo.** M. El destinado para divertirse en el campo. ‖ **~ de descanso.** M. día de asueto. ‖ **~ de fiesta.** M. Fiesta de la Iglesia u oficial. ‖ **~ de guardar.** M. día de precepto. ‖ **~ de hacienda.** M. día de trabajo. ‖ **~ del Juicio,** o **~ del Juicio Final.** M. Entre los cristianos, último día de los tiempos, en que Jesucristo juzgará a los vivos y a los muertos. ‖ **~ de los difuntos.** M. El de la conmemoración de los fieles difuntos, el 2 de noviembre. ‖ **~ de los Inocentes.** M. El 28 de diciembre. ‖ **~ de manteles largos.** M. *Méx.* Aquel en que se tienen invitados y se les trata con esplendidez. ‖ **~ de moda.** M. En teatros, circos, exposiciones, etc., día de la semana en que el precio de entrada es mayor, para reservarlo a la gente más acomodada. ‖ **~ de pescado.** M. Aquel en que la Iglesia prohíbe comer carne. ‖ **~ de precepto.** M. Aquel en que manda la Iglesia que se oiga misa y que no se trabaje. ‖ **~ de trabajo.** M. El ordinario, por contraposición al de fiesta. ‖ **~ de vigilia.** M. día de pescado. ‖ **~ feriado.** M. **1.** día festivo. ‖ **2.** Fiesta oficial que no cae en domingo. ‖ **3.** *Der.* día inhábil. ‖ **~ festivo.** M. Fiesta de la Iglesia u oficial. ‖ **~ hábil.** M. *Der.* Aquel que es apto para celebrar actuaciones judiciales o administrativas. ‖ **~ inhábil.** M. *Der.* día no apto para celebrar actuaciones judiciales o administrativas. ‖ **~ intercalar.** M. El que se añade al mes de febrero en cada año bisiesto. ‖ **~ laborable.** M. día de trabajo. ‖ **~ lectivo.** M. En los establecimientos de enseñanza, aquel en que se da clase. ‖ **~ litúrgico.** M. El que, para el culto eclesiástico en el rezo y oficio divino, empieza la Iglesia católica desde la hora de vísperas hasta el siguiente día a la mima hora. ‖ **~ natural.** M. *Fís.* día (‖ tiempo en que el Sol está sobre el horizonte).

‖ **~ puente.** M. El laborable comprendido entre dos festivos y al que, por esta circunstancia, se amplía la vacación. ‖ **~ sidéreo.** M. *Astr.* Tiempo siempre igual que tarda la Tierra en dar una vuelta entera alrededor de su eje polar y con respecto a una estrella determinada. Es 3 min y 56 más corto que el día solar medio. ‖ **~ solar.** M. *Astr.* Tiempo que el Sol emplea aparentemente en dar una vuelta alrededor de la Tierra. ‖ **~s multa.** M. pl. *Der.* Sistema por el que se calcula la cuantía de una multa sobre la base de una cuota diaria fijada en consideración a la situación económica del condenado. ‖ **estos ~s.** M. pl. Los inmediatamente pasados o futuros. ‖ **abrir el ~.** LOC. VERB. amanecer (‖ empezar a aparecer la luz del día). ‖ **a ~s.** LOC. ADV. Unos días sí, y otros no, de vez en cuando, no siempre. ‖ **al ~.** LOC. ADV. al corriente. ‖ **al otro ~.** LOC. ADV. Al día siguiente. ‖ **antes del ~.** LOC. ADV. al amanecer. ‖ **a tantos ~s fecha,** o **vista.** LOCS. ADVS. *Com.* En letras y pagarés, se usa para dar a entender que serán abonados al cumplirse los días que se expresan, a contar desde la fecha o desde la aceptación. ‖ **buen ~.** EXPR. *Am.* buenos días. ‖ **buenos ~s.** EXPR. Se usa como salutación durante la mañana. ‖ **cada tercer ~.** LOC. ADV. un día sí y otro no. ‖ **como del ~ a la noche.** EXPR. Se usa para expresar la mucha diferencia que existe entre dos términos comparados. ‖ **dar los buenos ~s.** LOC. VERB. Saludar por la mañana deseando feliz día. ‖ **de ~ a ~.** LOC. ADV. de un día a otro. ‖ **de ~ en ~.** LOC. ADV. **1.** Se usa para expresar que algo se va dilatando un día y otro, más de lo que se pensaba. ‖ **2.** Se usa para expresar la continuación del tiempo en que se espera o va ejecutando algo. ‖ **de ~s. I.** LOC. ADJ. **1.** Dicho de un niño: Recién nacido. ‖ **II.** LOC. ADV. **2.** Tiempo ha o de algún tiempo. ‖ **del ~.** LOC. ADJ. **1.** De moda o conforme al gusto o al uso predominante o corriente. ‖ **2.** Fresco, reciente, hecho en el mismo día. *Pan del día.* ‖ **de un ~ a otro.** LOC. ADV. Se usa para expresar la prontitud con que se espera un suceso. ‖ **~ de.** EXPR. Se usa para aludir a una fecha de conmemoración u homenaje. *Día del padre. Día de los derechos humanos.* ‖ **~ por ~.** LOC. ADV. diariamente. ‖ **~ por medio.** LOC. ADV. *Am.* un día sí y otro no. ‖ **~ y noche.** LOC. ADV. De manera constante, a todas horas. ‖ **el ~ de hoy.** LOC. ADV. hoy día. ‖ **el ~ del juicio,** o **el ~ del juicio por la tarde.** LOCS. ADVS. coloqs. Muy tarde. ‖ **el ~ de mañana.** LOC. ADV. **1.** mañana (‖ el día que seguirá al de hoy). ‖ **2.** En tiempo venidero. ‖ **el ~ menos pensado.** LOC. ADV. coloq. un buen día. ‖ **el ~ y la noche.** EXPR. Se usa para ponderar la extremada pobreza y desamparo de alguien. *Llegó a Madrid con el día y la noche por todo caudal.* ‖ **el mejor ~.** LOC. ADV. irón. Se usa para indicar que alguien teme para sí, o anuncia a otro, algún contratiempo. ‖ **el otro ~.** LOC. ADV. Uno de los días próximos pasados. ‖ **el santo ~.** LOC. ADV. coloq. todo el santo día. ‖ **en su ~.** LOC. ADV. A su tiempo, en tiempo oportuno. ‖ **hoy ~, hoy en ~.** LOCS. ADVS. En esta época, en estos días que vivimos. ‖ **mañana será otro ~.** EXPR. **1.** Se usa para consolar o amenazar, recordando la inestabilidad de las cosas humanas. ‖ **2.** Se usa para diferir a otro día la ejecución de algo. ‖ **no pasar ~ por** alguien. LOC. VERB. coloq. No envejecer, mantenerse de aspecto joven a pesar de los años. ‖ **tal ~ hará,** o **tal ~ hizo, un año.** EXPRS. coloqs. Se usan para explicar la poca o ninguna preocupación que causa un suceso. ‖ **tener ~s.** LOC. VERB. coloq. Ser desigual y mudable en el trato, en el semblante, en e[...]

humor, etc. ‖ **tener los ~s contados.** LOC.VERB. Hallarse al fin de la vida. ‖ **todo el santo ~.** LOC.ADV. coloq. De manera constante, todo el tiempo. ‖ **un buen ~.** LOC.ADV. Cuando menos se piense. ‖ **un ~ es un ~.** EXPR. Se usa para indicar que alguien se aparta de sus costumbres por algún motivo especial. ‖ **un ~ sí y otro no.** LOC.ADV. En días alternos. ‖ **vivir al ~.** LOC.VERB. Gastar a diario todo aquello de que se dispone, sin ahorrar nada. □ V. **dondiego de ~, flor de un ~, galán de ~, orden del ~, plato del ~.**

diabasa. F. diorita.

diabetes. F. **1.** Med. Enfermedad metabólica caracterizada por eliminación excesiva de orina, adelgazamiento, sed intensa y otros trastornos generales. ‖ **2.** Med. **diabetes mellitus.** ‖ **~ insípida.** F. Med. La producida por una alteración de la hipófisis y caracterizada por poliuria sin presencia de glucosa. ‖ **~ mellitus.** F. Med. Enfermedad metabólica producida por una secreción deficiente de la insulina, lo que produce un exceso de glucosa en la sangre. ‖ **~ renal.** F. Med. La que no se manifiesta por síntomas generales ni por aumento de glucosa en la sangre y se debe a una alteración del riñón. ‖ **~ sacarina.** F. Med. **diabetes mellitus.**

diabético, ca. ADJ. **1.** Med. Perteneciente o relativo a la diabetes. *Coma diabético.* ‖ **2.** Que padece diabetes. U. t. c. s.

diabetología. F. Med. Estudio de la diabetes.

diabetólogo, ga. M. y F. Especialista en diabetología.

diabla. F. **1.** fest. coloq. Diablo hembra. ‖ **2.** En los teatros, batería de luces que, entre bambalinas, cuelga en los escenarios. ‖ **a la ~.** LOC.ADV. coloq. Dicho de hacer algo: Sin esmero, mal.

diablada. F. **1.** Danza típica de la región de Oruro, en Bolivia, llamada así por la careta y el traje de diablo que usan los bailarines. ‖ **2.** Méx. Travesura de poca importancia, especialmente de niños.

diablesco, ca. ADJ. **diabólico.**

diablillo. M. **1.** Persona que se viste de diablo en las procesiones o en carnaval. ‖ **2.** coloq. Persona aguda y enredadora.

diablito. M. **1.** Méx. Aparato usado para robar corriente de las líneas eléctricas públicas. ‖ **2.** Méx. Carretilla de mano sin cajón.

diablo. M. **1.** En la tradición judeocristiana, cada uno de los ángeles rebelados contra Dios y arrojados por Él al abismo. ‖ **2.** Príncipe de esos ángeles, que representa el espíritu del mal. *EL diablo.* ‖ **3.** Persona que tiene mal genio, o es muy traviesa, temeraria y atrevida. ‖ **4.** Persona astuta, sagaz, que tiene sutileza y maña aun en las cosas buenas. ‖ **5.** Méx. **diablito** (‖ aparato para robar corriente). ‖ **~ cojuelo.** M. coloq. **diablo** enredador y travieso. ‖ **pobre ~.** M. coloq. Hombre bonachón y de poca valía. ‖ **~s azules.** M. pl. Am. **delírium trémens.** ‖ **andar el ~ suelto.** LOC.VERB. coloq. Haber grandes disturbios o inquietudes en un pueblo o comunidad, o entre varias personas. ‖ **armarse una de todos los ~s.** LOC.VERB. coloq. Haber un gran alboroto, riña o pendencia, difícil de apaciguar. ‖ **como el ~, o como un ~.** LOCS.ADVS. coloqs. Con exceso, demasiado. *Esto amarga como el diablo. Aquello pesa como un diablo.* ‖ **con mil ~s.** LOC. INTERJ. Se usa para denotar impaciencia y enojo. ‖ **dar al ~** alguien o algo. LOC.VERB. coloq. Manifestar desprecio o indignación hacia ello. ‖ **del ~, o de**

los ~s, o de mil ~s, o de todos los ~s. LOCS.ADJS. Dicho de una cosa: Mala o incómoda. ‖ **diablo, o diablos.** INTERJS. Denotan extrañeza, sorpresa, admiración o disgusto. ‖ **donde el ~ perdió el poncho.** LOC.ADV. Á. Andes, Á. R. Plata y Chile. En lugar muy distante o poco transitado. ‖ **haber una de todos los ~s.** LOC.VERB. coloq. **armarse una de todos los diablos.** ‖ **llevarse el ~** algo. LOC.VERB. coloq. Suceder mal, o al contrario de lo que se esperaba. ‖ **qué ~s.** LOC. INTERJ. Se usa para expresar impaciencia o admiración. ‖ **tener** alguien **el ~, o los ~s, en el cuerpo.** LOCS.VERBS. **1.** coloqs. Ser muy astuto. ‖ **2.** coloqs. Ser muy revoltoso. □ V. **abogado del ~, caballito del ~, higuera del ~, hijo del ~, patín del ~.**

diablura. F. coloq. Travesura de poca importancia, especialmente de niños.

diabólico, ca. ADJ. **1.** Perteneciente o relativo al diablo. *Posesión diabólica.* ‖ **2.** Enrevesado, muy difícil. *Juego diabólico.* ‖ **3.** coloq. Perverso. *Idea diabólica.*

diabolín. M. Pastilla de chocolate cubierta de azúcar y envuelta en un papel con una sentencia.

diabolismo. M. Carácter o comportamiento **diabólico** (‖ perteneciente al diablo).

diábolo. M. Juguete que consiste en una especie de carrete formado por dos conos unidos por el vértice, al cual se imprime un movimiento de rotación por medio de una cuerda atada al extremo de dos varillas, que se manejan haciéndolas subir y bajar alternativamente.

diacitrón. M. Cidra confitada.

diaconado. M. **diaconato.**

diaconal. ADJ. Perteneciente o relativo al diácono.

diaconar. INTR. Hacer las funciones del diácono.

diaconato. M. Orden sacra inmediata al sacerdocio.

diaconía. F. hist. Distrito y término en que antiguamente estaban divididas las iglesias para el socorro de los pobres, al cuidado de un diácono.

diaconisa. F. hist. Mujer que en la Antigüedad era consagrada o bendecida para ejercer determinados ministerios en las Iglesias cristianas.

diácono. M. Ministro eclesiástico y de grado segundo en dignidad, inmediato al sacerdocio.

diacrítico, ca. ADJ. Gram. Dicho de un signo ortográfico: Que sirve para dar a una letra o a una palabra algún valor distintivo. *El adverbio* más *lleva acento diacrítico frente a la conjunción* mas.

diacronía. F. Desarrollo o sucesión de hechos a través del tiempo.

diacrónico, ca. ADJ. **1.** Se dice de los fenómenos que ocurren a lo largo del tiempo, en oposición a los *sincrónicos.* ‖ **2.** Se dice de los estudios referentes a estos fenómenos.

díada. F. Pareja de dos seres o cosas estrecha y especialmente vinculados entre sí.

diadelfos. ADJ. pl. Bot. Dicho de los estambres de una flor: Que están soldados entre sí por sus filamentos, formando dos haces distintos.

diadema. F. **1.** Adorno o aderezo en forma de aro abierto, que sujeta el pelo hacia atrás. ‖ **2.** Joya femenina, en forma de media corona abierta por detrás, que se coloca en la cabeza. ‖ **3.** Arco de los que cierran por la parte superior algunas coronas. ‖ **4.** hist. Faja o cinta blanca que ceñía la cabeza de los reyes como insignia de su dignidad y remataba por detrás en un nudo del cual pendían los cabos por encima de los hombros.

diádico, ca. ADJ. Perteneciente o relativo a la díada.

diádoco. M. En la Grecia moderna, príncipe heredero.

diafanidad. F. Cualidad de diáfano.

diafanizar. TR. Hacer diáfano algo.

diáfano, na. ADJ. **1.** Dicho de un cuerpo: Que deja pasar a su través la luz casi en su totalidad. || **2. claro** (|| limpio). *Lenguaje diáfano. Mirada diáfana.* || **3.** Dicho de un espacio: Despejado, que carece de obstáculos o separaciones. *Sala diáfana.*

diafásico, ca. ADJ. **1.** *Ling.* Se dice de los fenómenos de habla debidos a los diferentes registros lingüísticos. || **2.** *Ling.* Perteneciente o relativo a estos fenómenos. *Variación diafásica.*

diafonía. F. *Telec.* Sonido indeseado producido en el receptor telefónico de un canal como consecuencia del acoplamiento de este canal con otros que den paso a señales del mismo origen acústico.

diaforesis. F. *Med.* **sudor** (|| líquido que segregan las glándulas sudoríparas de la piel).

diaforético, ca. ADJ. *Med.* **sudorífico.** Apl. a una sustancia o un producto, u. t. c. s. m. □ V. **sudor** ~.

diafragma. M. **1.** *Anat.* En el cuerpo de los mamíferos, membrana formada en su mayor parte por fibras musculares, que separa la cavidad torácica de la abdominal. || **2.** Separación, generalmente movible, que intercepta la comunicación entre dos partes de un aparato o de una máquina. || **3.** En los antiguos aparatos fonográficos, lámina flexible que recibe las vibraciones de la aguja al recorrer esta los surcos impresos en el disco. || **4.** Dispositivo anticonceptivo consistente en un disco flexible que se coloca en el fondo de la vagina e impide la entrada de semen al interior del útero. || **5.** En micrófonos, manómetros, etc., lámina metálica fina y elástica que se deforma por la acción de las variaciones de la presión del aire. || **6.** *Bot.* En algunos frutos, como las silicuas, membrana que establece separaciones interiores. || **7.** *Fotogr.* Dispositivo situado en el objetivo de la cámara, que sirve para regular la cantidad de luz que se ha de dejar pasar. || **~ iris.** M. *Fotogr.* El que consta de una serie de placas articuladas cuyo conjunto forma una circunferencia que se estrecha o ensancha para graduar la abertura del objetivo.

diafragmar. TR. *Fotogr.* Cerrar más o menos el diafragma.

diafragmático, ca. ADJ. Perteneciente o relativo al diafragma.

diagnosis. F. **1.** Acción y efecto de diagnosticar. || **2.** *Med.* **diagnóstico** (|| arte o acto de conocer la naturaleza de una enfermedad).

diagnosticar. TR. **1.** Recoger y analizar datos para evaluar problemas de diversa naturaleza. *El estudio tiene como finalidad diagnosticar los problemas de la región.* || **2.** *Med.* Determinar el carácter de una enfermedad mediante el examen de sus signos.

diagnóstico, ca. I. ADJ. **1.** Perteneciente o relativo a la diagnosis. *Prueba diagnóstica.* || **II.** M. **2.** *Med.* Arte o acto de conocer la naturaleza de una enfermedad mediante la observación de sus síntomas y signos. || **3.** *Med.* Calificación que da el médico a la enfermedad según los signos que advierte.

diagonal. ADJ. **1.** *Geom.* Dicho de una línea recta: Que en un polígono va de un vértice a otro no inmediato, y en un poliedro une dos vértices cualesquiera no situados en una misma cara. U. t. c. s. f. || **2.** Dicho de una calle o de una avenida: Que corta oblicuamente a otras paralelas entre sí. U. t. c. s. f. || **3.** Dicho de un tejido: Formado por hilos que no se cruzan en ángulo recto, sino oblicuamente.

diagrama. M. **1.** Dibujo geométrico que sirve para demostrar una proposición, resolver un problema o representar de una manera gráfica la ley de variación de un fenómeno. || **2.** Dibujo en el que se muestran las relaciones entre las diferentes partes de un conjunto o sistema. || **~ de flujo.** M. Representación gráfica de una sucesión de hechos u operaciones en un sistema, como el que refleja una cadena de montaje de automóviles.

diagramación. F. *Á. R. Plata* y *Chile.* Acción y efecto de diagramar.

diagramar. TR. **1.** *Á. Caribe, Á. R. Plata* y *Chile.* Diseñar el formato de una publicación. || **2.** *Á. R. Plata* y *Chile.* Elaborar un esquema, gráfico o dibujo con el fin de mostrar las relaciones entre las diferentes partes de un conjunto.

diaguita. ADJ. **1.** hist. Se dice del individuo del pueblo amerindio que habitó en la región montañosa del noroeste de la Argentina. U. m. c. s. pl. || **2.** hist. Perteneciente o relativo a los **diaguitas**. *Cerámica diaguita.*

dial¹. M. **1.** Superficie graduada, de forma variable, sobre la cual se mueve un indicador, ya sea una aguja, un punto luminoso, etc., que mide o señala una determinada magnitud, como el peso, el voltaje, la longitud de onda, la velocidad, etc. || **2.** En teléfonos y receptores de radio, placa con letras o números sobre los que se mueve un indicador, ya sea un disco, una aguja, un punto luminoso, etc., con el que se selecciona la conexión deseada. || **3.** Conjunto de las emisoras de radio que se captan en un determinado territorio.

dialectal. ADJ. *Ling.* Perteneciente o relativo a un dialecto.

dialectalismo. M. **1.** *Ling.* Voz o giro dialectal. || **2.** *Ling.* Carácter dialectal.

dialéctica. F. **1.** Arte de dialogar, argumentar y discutir. || **2.** En un enfrentamiento, apelación a algún tipo de violencia. *La dialéctica de las armas.* || **3.** Relación entre opuestos. *La dialéctica de vencedores y vencidos.* || **4.** Fil. En la doctrina platónica, proceso intelectual que permite llegar, a través del significado de las palabras, a las realidades trascendentales o ideas del mundo inteligible. || **5.** *Fil.* En la tradición derivada de Hegel, proceso de transformación en el que dos opuestos, tesis y antítesis, se resuelven en una forma superior o síntesis. || **6.** *Fil.* Serie ordenada de verdades o teoremas que se desarrolla en la ciencia o en la sucesión y encadenamiento de los hechos.

dialéctico, ca. I. ADJ. **1.** Perteneciente o relativo a la dialéctica. *Enfrentamiento dialéctico.* || **II.** M. y F. **2.** Persona que profesa la dialéctica. □ V. **materialismo** ~

dialecto. M. **1.** *Ling.* Sistema lingüístico considerado con relación al grupo de los que derivan de un tronco común. *El español es uno de los dialectos nacidos del latín.* || **2.** *Ling.* Sistema lingüístico derivado de otro, normalmente con una concreta limitación geográfica, pero con diferenciación suficiente frente a otros de origen común. || **3.** *Ling.* Estructura lingüística, simultánea a otra, que no alcanza la categoría social de lengua.

dialectología. F. *Ling.* Tratado o estudio de los dialectos.

dialectólogo, ga. M. y F. Persona versada en dialectología, que la profesa o cultiva.

dialefa. F. *Fon.* Hiato o azeuxis, encuentro de dos vocales que se pronuncian en sílabas distintas.

dialipétalo, la. ADJ. *Bot.* Dicho de una corola: Que tiene los pétalos libres, no soldados entre sí.

dialisépalo, la. ADJ. *Bot.* Dicho de un cáliz: Que tiene los sépalos libres, no soldados entre sí.

diálisis. F. *Fís.* y *Quím.* Proceso de difusión selectiva a través de una membrana, que se utiliza para la separación de moléculas de diferente tamaño. || ~ **renal.** F. *Med.* diálisis extracorpórea que elimina de la sangre el exceso de urea producido por una insuficiencia del riñón.

dialítico, ca. ADJ. Perteneciente o relativo a la diálisis.

dializador. M. *Fís.* y *Quím.* Aparato para dializar.

dializar. TR. *Fís.* y *Quím.* Realizar una diálisis.

dialogador, ra. M. y F. dialogante.

dialogal. ADJ. Escrito en diálogo. *Novela dialogal.*

dialogante. **I.** ADJ. **1.** Abierto al diálogo, al entendimiento. *Actitud dialogante. Padre dialogante.* || **II.** COM. **2.** Persona que interviene en un diálogo.

dialogar. **I.** INTR. **1.** Hablar en diálogo. || **II.** TR. **2.** Escribir algo en forma de diálogo.

dialógico, ca. ADJ. **1.** Perteneciente o relativo al diálogo. *Obra de naturaleza dialógica.* || **2.** Que representa forma dialogada. *Propaganda dialógica.* || **3.** Que contempla o que propicia la posibilidad de discusión. *Actitud dialógica.*

dialogismo. M. *Ret.* Figura que se realiza cuando la persona que habla lo hace como si platicara consigo misma, o cuando refiere textualmente sus propios dichos o discursos o los de otras personas, o los de cosas personificadas.

diálogo. M. **1.** Plática entre dos o más personas, que alternativamente manifiestan sus ideas o afectos. || **2.** Obra literaria, en prosa o en verso, o fragmento de ella en que se finge una plática o controversia entre dos o más personajes. || **3.** Género literario constituido por estas obras. || **4.** Discusión o trato en busca de avenencia. || ~ **de sordos.** M. Conversación en la que los interlocutores no se prestan atención. || ~ **social.** M. El que mantienen las representaciones empresariales y de trabajadores con vistas a una actuación concertada en la regulación de las relaciones laborales.

dialoguista. COM. Persona que escribe o compone diálogos.

diamagnético, ca. ADJ. *Fís.* Dicho de un material: Que tiene menor permeabilidad magnética que el vacío, y es repelido por la acción de un fuerte imán.

diamantado, da. ADJ. Parecido al diamante en la dureza o en otra de sus cualidades.

diamante. M. **1.** Piedra preciosa constituida por carbono cristalizado en el sistema cúbico, que se utiliza en joyería por su brillo y transparencia y en la industria por su elevada dureza. || **2.** Lámpara minera de petróleo, dotada de un reflector. || **3.** Uno de los cuatro palos de la baraja francesa. U. m. en pl. || **4.** *Á. Caribe* y *Méx.* Parte interior de un campo de béisbol. || ~ **bruto,** o ~ **en bruto.** M. **1.** El que está aún sin labrar. || **2.** Persona o cosa de valor o potencial grandes, pero sin desarrollar o aprovechar. || ~ **rosa.** M. El que está labrado por la cara superior y queda plano por el envés. □ V. **bodas de** ~, **punta de** ~.

diamantífero, ra. ADJ. Dicho de un lugar o de un terreno: Que contiene diamantes.

diamantino, na. ADJ. **1.** Perteneciente o relativo al diamante. *Luz diamantina.* || **2.** poét. Duro, persistente, inquebrantable. *Corazón diamantino.*

diamantista. COM. Persona que labra o engasta diamantes y otras piedras preciosas.

diamela. F. Jazmín de Arabia, de hojas persistentes, compuestas de siete hojuelas acorazonadas, a menudo soldadas por la base las tres superiores, y flores blancas por dentro, encarnadas por fuera, dobles y muy olorosas. Generalmente se injerta sobre el jazmín común para adelantar su desarrollo y multiplicar la especie.

diametral. ADJ. *Geom.* Perteneciente o relativo al diámetro.

diametralmente. ADV. M. **1.** De un extremo hasta el opuesto. *Piezas colocadas diametralmente.* || **2.** De manera completa o total. *Opiniones diametralmente opuestas.*

diámetro. M. *Geom.* Segmento de recta que pasa por el centro del círculo y cuyos extremos están en la circunferencia. □ V. **línea del** ~.

diana. F. **1.** Punto central de un blanco de tiro. || **2.** Blanco de tiro, constituido habitualmente por una superficie en la que hay dibujadas varias circunferencias concéntricas. || **3.** *Mil.* Toque militar al comienzo de la jornada, para despertar a la tropa. || **4.** Toque de una agrupación musical que señala el comienzo de un día festivo. || **5.** *Biol.* y *Quím.* Célula u órgano al que se dirige la acción de un reactivo, un medicamento, una enzima, etc. || **hacer** ~. LOC. VERB. Acertar en la diana, atinar. U. t. en sent. fig. *Sin darse cuenta, hizo diana con sus observaciones.*

dianche. M. coloq. eufem. **diablo** (|| ángel rebelado).

diantre. M. coloq. eufem. **diablo** (|| ángel rebelado). || **diantre,** o **diantres.** INTERJS. eufems. **diablo.**

diapasón. M. **1.** *Mús.* Trozo de madera que cubre el mástil y sobre el cual se pisan con los dedos las cuerdas del violín y de otros instrumentos análogos. || **2.** *Mús.* **diapasón normal** (|| dispositivo para regular voces e instrumentos). || **3.** *Mús.* Especie de silbato que cumple la misma función que el diapasón normal. || **4.** Tono de voz. || ~ **normal.** M. **1.** *Mús.* Dispositivo de acero doblado en forma de horquilla con pie, que, cuando se hace sonar, da 440 Hz o vibraciones por segundo, correspondientes a la nota *la* natural, utilizada para regular voces e instrumentos musicales. || **2.** *Mús.* Sonido de este instrumento tomado como referencia para la entonación de voces y afinación de instrumentos.

diaporama. M. Técnica audiovisual que consiste en la proyección simultánea de diapositivas sobre una o varias pantallas, mediante proyectores combinados para mezclas, fundidos y sincronización con el sonido.

diapositiva. F. Fotografía positiva sacada en cristal u otra materia transparente.

diarero, ra. M. y F. *Á. Plata.* diariero.

diariamente. ADV. T. Cada día.

diariero, ra. M. y F. *Á. Plata* y *Chile.* Persona que vende diarios.

diario, ria. I. ADJ. **1.** Correspondiente a todos los días. *Salario diario. Comida diaria.* || **II.** M. **2.** Periódico que se publica todos los días. || **3.** Relación histórica de lo que ha ido sucediendo por días, o día por día. || **4.** Valor o gasto correspondiente a lo que hace falta para mantener la casa en un día, y lo que se gasta y come cada día. || **5.** *Com.* **libro diario.** || **diario de navegación.** M. El personal y obligatorio que llevan a bordo en la mar los oficiales de Marina, donde registran los datos náuticos, meteorológicos, acaecimientos, etc., que constan en el cuaderno de bitácora. || **diario de operaciones.** M. El colectivo de las unidades armadas y de los buques de guerra, donde se registran las operaciones en que toman parte y sus vicisitudes más importantes. || **a diario.** LOC. ADV. Todos los días, cada día. || **de diario.** **I.** LOC.ADV. **1. a diario.** || **II.** LOC.ADJ. **2.** Dicho de un vestido: Que se usa ordinariamente, por oposición al de gala. □ V. **libro ~.**

diarismo. M. *Am.* periodismo.

diarquía. F. Autoridad dividida y ejercida simultáneamente entre dos personas, dos instituciones o dos poderes.

diarrea. F. Síntoma o fenómeno morboso que consiste en evacuaciones de vientre líquidas y frecuentes. || **~ mental.** F. coloq. Confusión de ideas.

diarreico, ca. ADJ. Perteneciente o relativo a la diarrea.

diáspora. F. **1.** Dispersión de los judíos exiliados de su país. || **2.** Dispersión de grupos humanos que abandonan su lugar de origen.

diastema. M. *Zool.* Espacio más o menos ancho en la encía de muchos mamíferos, como los roedores, los equinos o los rumiantes, que separa grupos de piezas dentarias.

diástilo, la. ADJ. *Arq.* Dicho de un monumento o de un edificio: Cuyos intercolumnios tienen de vano seis módulos.

diástole. F. *Biol.* Movimiento de dilatación del corazón y de las arterias, cuando la sangre penetra en su cavidad.

diastólico, ca. ADJ. *Biol.* Perteneciente o relativo a la diástole.

diastrático, ca. ADJ. **1.** *Ling.* Se dice de los fenómenos lingüísticos relacionados con el nivel sociocultural de los hablantes. || **2.** *Ling.* Perteneciente o relativo a estos fenómenos. *Variación diastrática.*

diatermia. F. *Med.* Empleo de corrientes eléctricas especiales para elevar la temperatura en partes profundas del cuerpo humano, con fines terapéuticos.

diátesis. F. **1.** *Ling.* Forma de manifestarse morfológica y sintácticamente la **voz** (|| accidente gramatical). *Diátesis pasiva, activa.* || **2.** *Med.* Predisposición orgánica a contraer una determinada enfermedad.

diatomea. F. *Bot.* Alga unicelular, que vive en el mar, en el agua dulce o en la tierra húmeda, y que tiene un caparazón silíceo formado por dos valvas de tamaño desigual.

diatónicamente. ADV. M. En orden diatónico.

diatónico, ca. ADJ. *Mús.* Dicho de uno de los tres géneros del sistema musical: Que procede por dos tonos y un semitono. || **~ cromático, ca.** LOC.ADJ. *Mús.* Se dice del género mixto de diatónico y cromático. || **~ cromático, ca enarmónico, ca.** LOC.ADJ. *Mús.* Se dice del género mixto de los tres del sistema musical. □ V. **semitono ~.**

diatópico, ca. ADJ. **1.** *Ling.* Se dice de los fenómenos que se producen en una lengua en virtud de su extensión geográfica. || **2.** *Ling.* Perteneciente o relativo a estos fenómenos. *Variación diatópica.*

diatriba. F. Discurso o escrito violento e injurioso contra alguien o algo.

dibujante. **I.** ADJ. **1.** Que dibuja. || **II.** COM. **2.** Persona que tiene como profesión el dibujo.

dibujar. **I.** TR. **1.** Delinear en una superficie, y sombrear imitando la figura de un cuerpo. U. t. c. prnl. || **2.** Describir con propiedad un sentimiento o algo inani mado. *En sus novelas dibuja con precisión la sociedad vic toriana.* || **II.** PRNL. **3.** Dicho de lo que estaba callado oculto: Indicarse o revelarse.

dibujo. M. **1.** Arte que enseña a dibujar. || **2.** Delinea ción, figura o imagen ejecutada en claro y oscuro con lá piz, carbón, etc. || **3.** En los encajes, bordados, tejidos etc., figura y disposición de las labores que los adornan || **4.** Conjunto de hendiduras de la banda de rodadura de un neumático. || **~ a mano alzada.** M. El realizado sin apoyar la mano. || **~ del natural.** M. El que se hace co piando directamente del modelo. || **~ lineal.** M. Delinea ción con segmentos de líneas geométricas realizada ge neralmente con ayuda de utensilios como la regla, la escuadra, el compás, el tiralíneas, etc. || **~s animados** M. pl. Los que se fotografían en una película sucesiva mente, y que al ir recogiendo los sucesivos cambios de posición imitan el movimiento de seres vivos. □ V. **pelí cula de ~s animados.**

dicacidad. F. Mordacidad ingeniosa.

dicasterio. M. Se usa como denominación genérica ac tual de todos los grandes organismos de la curia ro mana, como las congregaciones, los tribunales y los ofi cios.

dicción. F. **1.** Manera de hablar o escribir, considerada como buena o mala únicamente por el empleo acertado o desacertado de las palabras y construcciones. || **2.** Ma nera de pronunciar. *Dicción clara y limpia.* || **3. palabra** (|| segmento del discurso). □ V. **figura de ~.**

diccionario. M. **1.** Libro en el que se recogen y expli can de forma ordenada voces de una o más lenguas, de una ciencia o de una materia determinada. || **2.** Catá logo numeroso de noticias importantes de un mismo gé nero, ordenado alfabéticamente. *Diccionario bibliográ fico, biográfico, geográfico.*

diccionarista. COM. lexicógrafo.

dicente. ADJ. Que dice. Apl. a pers., u. t. c. s.

díceres. M. pl. *Am.* Dichos de la gente, habladurías, mur muraciones.

dicha. F. **1.** felicidad. || **2.** Suerte feliz. *Tuve la dicha de conocerla.*

dicharachero, ra. ADJ. **1.** Que prodiga dichos agudos y oportunos. || **2.** coloq. Propenso a prodigar dichara chos. U. t. c. s.

dicharacho. M. coloq. Dicho demasiado vulgar o poco decente.

dicheya. F. *Chile.* Cierta planta herbácea medicinal.

dicho, cha. PART. IRREG. de decir[1]. || **I.** ADJ. **1.** Mencio nado antes. *Dicho individuo. Dichas tierras.* || **II.** M. **2** Palabra o conjunto de palabras con que se expresa oral mente un concepto cabal. *Dicho agudo, oportuno, intem pestivo, malicioso.* || **3.** Ocurrencia chistosa y oportuna || **dicho y hecho.** EXPR. coloq. Se usa para explicar la prontitud con que se hace o se hizo algo. || **lo dicho, di cho.** EXPR. Se usa cuando alguien da a entender que se ratifica en lo que una vez dijo, manteniéndose en ello

dichoso, sa. ADJ. **1.** feliz. || **2.** coloq. Enfadado, mo lesto. *Ya nos ha fastidiado el dichoso niño.*

diciembre. M. Duodécimo mes del año. Tiene 31 días

diciente. ADJ. dicente.

dicotiledóneo, a. ADJ. *Bot.* Se dice de los vegetales cuyo embrión tiene dos cotiledones, como la judía y la malva. U. t. c. s. f. ORTOGR. En f. pl., escr. con may. inicia c. taxón. *Las Dicotiledóneas.*

dicotomía. F. **1.** División en dos partes. || **2.** Bot. Bifurcación de un tallo o de una rama. || **3.** Fil. Método de clasificación que consiste en dividir en dos un concepto sucesivamente.

dicotómico, ca. ADJ. Fil. Perteneciente o relativo a la **dicotomía** (|| método de clasificación).

dicótomo, ma. ADJ. Que se divide en dos. *Imagen dicótoma del ser humano.*

dicroico, ca. ADJ. Fís. Que tiene dicroísmo. *Lámpara dicroica.*

dicroísmo. M. Fís. Propiedad que tienen algunos cuerpos de presentar dos coloraciones diferentes según la dirección en que se los mire.

dictablanda. F. irón. Dictadura poco rigurosa en comparación con otra.

dictado. M. **1.** Acción de dictar para que otro escriba. || **2.** Texto escrito al dictado. || **3.** Calificativo aplicado a una persona. || **4.** pl. Inspiraciones o preceptos de la razón o la conciencia. || **escribir al ~.** LOC.VERB. Escribir lo que otro dicta.

dictador, ra. **I.** M. y F. **1.** En la época moderna, persona que se arroga o recibe todos los poderes políticos y, apoyada en la fuerza, los ejerce sin limitación jurídica. || **2.** Persona que abusa de su autoridad o trata con dureza a los demás. || **II.** M. **3.** hist. Entre los antiguos romanos, magistrado supremo y temporal que se nombraba en tiempos de peligro para la República.

dictadura. F. **1.** Dignidad y cargo de dictador. || **2.** Tiempo que dura. || **3.** En la época moderna, régimen político que, por la fuerza o violencia, concentra todo el poder en una persona o a veces en un grupo u organización y reprime los derechos humanos y las libertades individuales. || **4.** País con esta forma de gobierno. || **5.** hist. En la Antigüedad romana, magistratura extraordinaria ejercida temporalmente con poderes excepcionales. || **6.** Predominio, fuerza dominante. *La dictadura de la moda.*

dictáfono. (Del inglés *Dictaphone*, marca reg.). M. Aparato que registra dictados, conversaciones, etc., y los reproduce cuando conviene, bien por un procedimiento fonográfico, bien magnetofónico.

dictamen. M. Opinión y juicio que se forma o emite sobre algo.

dictaminador, ra. ADJ. Que dictamina. *Comisión dictaminadora.*

dictaminar. INTR. Dar un dictamen.

díctamo. ~ **blanco.** M. Planta de la familia de las Rutáceas, que da un aceite volátil de olor fragante, usado en perfumería y medicina.

dictar. TR. **1.** Decir algo con las pausas necesarias o convenientes para que otra persona lo vaya escribiendo. *Dictar un texto.* || **2.** Dar, expedir, pronunciar leyes, fallos, preceptos, etc. || **3.** Inspirar, sugerir. *Me lo dicta el corazón.* || **4.** Dar, pronunciar, impartir una clase, una conferencia, etc.

dictatorial. ADJ. **1.** Perteneciente o relativo a la dignidad o al cargo de dictador. *Período dictatorial.* || **2.** Dicho de un poder, de una facultad, etc.: Absolutos, arbitrarios, no sujetos a las leyes.

dicterio. M. Dicho denigrativo que insulta y provoca.

didáctica. F. Arte de enseñar.

didáctico, ca. **I.** ADJ. **1.** Perteneciente o relativo a la enseñanza. *Experiencia didáctica.* || **2.** Propio, adecuado para enseñar o instruir. *Método, género didáctico. Un programa muy didáctico.* || **3.** Perteneciente o relativo a

la didáctica. *Tratados didácticos.* || **II.** M. y F. **4.** Persona que tiene como objetivo la enseñanza.

didactismo. M. **1.** Cualidad de didáctico. || **2.** Tendencia o propósito docente o didáctico.

didascalia. F. **1.** Enseñanza, instrucción. || **2.** En el teatro clásico, conjunto de acotaciones al texto. || **3.** En la antigua Grecia, conjunto de catálogos de piezas teatrales representadas, con indicaciones de fecha, premio, etc. || **4.** Indicación añadida al texto de una obra teatral que señala las particularidades de la puesta en escena.

didascálico, ca. ADJ. Dicho especialmente de la poesía: **didáctica.**

didracma. M. hist. Moneda hebrea que valía medio siclo.

diecinueve. **I.** ADJ. **1.** Diez más nueve. || **2.** **decimonoveno.** *Número diecinueve. Año diecinueve.* Apl. a los días del mes, u. t. c. s. m. *El diecinueve de enero.* || **II.** M. **3.** Conjunto de signos con que se representa el número diecinueve. || **III.** F. **4.** pl. Séptima hora en punto después de las doce del mediodía. *La función comenzará a las diecinueve treinta.*

diecinueveavo, va. ADJ. Se dice de cada una de las 19 partes iguales en que se divide un todo. U. t. c. s. m.

dieciochavo, va. ADJ. **dieciochoavo.** U. t. c. s. m.

dieciochesco, ca. ADJ. Perteneciente o relativo al siglo XVIII.

dieciochista. ADJ. **dieciochesco.**

dieciocho. **I.** ADJ. **1.** Diez más ocho. || **2.** **decimoctavo.** *Número dieciocho. Año dieciocho.* Apl. a los días del mes, u. t. c. s. m. *El dieciocho de agosto.* || **II.** M. **3.** Conjunto de signos con que se representa el número dieciocho. || **III.** F. **4.** pl. Sexta hora en punto después de las doce del mediodía. *El partido comenzará a las dieciocho treinta.*

dieciochoavo, va. ADJ. Se dice de cada una de las 18 partes iguales en que se divide un todo. U. t. c. s. m.

dieciséis. **I.** ADJ. **1.** Diez más seis. || **2.** **decimosexto.** *Luis dieciséis. Número dieciséis. Año dieciséis.* Apl. a los días del mes, u. t. c. s. m. *El dieciséis de febrero.* || **II.** M. **3.** Conjunto de signos con que se representa el número dieciséis. || **III.** F. **4.** pl. Cuarta hora en punto después de las doce del mediodía. *La sesión comenzará a las dieciséis treinta.*

dieciseisavo, va. ADJ. Se dice de cada una de las 16 partes iguales en que se divide un todo. U. t. c. s. m. || **dieciseisavos de final.** M. pl. Conjunto de las dieciséis competiciones cuyos ganadores pasan a los octavos de final de un campeonato o concurso que se gana por eliminación del contrario. || **en dieciseisavo.** LOC.ADJ. **1.** Dicho de un libro, de un folleto, etc.: Que tienen el tamaño de la dieciseisava parte del pliego. || **2.** Dicho de un libro: De altura comprendida entre doce y quince centímetros.

diecisiete. **I.** ADJ. **1.** Diez más siete. || **2.** **decimoséptimo.** *Número diecisiete. Año diecisiete.* Apl. a los días del mes, u. t. c. s. m. *El diecisiete de abril.* || **II.** M. **3.** Conjunto de signos con que se representa el número diecisiete. || **III.** F. **4.** pl. Quinta hora en punto después de las doce del mediodía. *La merienda comenzará a las diecisiete treinta.*

diecisieteavo, va. ADJ. Se dice de cada una de las 17 partes iguales en que se divide un todo. U. t. c. s. m.

diedro. M. Geom. **ángulo diedro.**

diégesis. F. En una obra literaria, desarrollo narrativo de los hechos.

Diego. donde digo «digo», no digo «digo», sino digo «Diego». EXPR. coloq. Se usa para advertir a quien incurre en confusión o contradicción y a quien se ve obligado a rectificarse.

dieléctrico, ca. ADJ. Fís. Dicho de un material: Que es poco conductor y a través del cual se ejerce la inducción eléctrica.

diente. M. **1.** Cuerpo duro que, engastado en las mandíbulas del hombre y de muchos animales, queda descubierto en parte, para servir como órgano de masticación o de defensa. ‖ **2.** Cada una de las puntas o resaltes que presentan algunas cosas y en especial ciertos instrumentos o herramientas. *Diente de sierra, de rueda, de peine. Diente de rueda. Diente de peine.* ‖ **3.** Cada uno de los picos que quedan en los bordes de los sellos de correos y en el de ciertos documentos que están unidos a la matriz, cuando se los separa por la línea de puntos taladrados. ‖ **4.** Impr. Huella que se advierte cuando, por estar mal apuntado el pliego, no se corresponden las planas del blanco con las de la retiración. ‖ **~ canino,** o **~ columelar.** M. colmillo (‖ diente agudo). ‖ **~ de ajo.** M. Cada una de las partes en que se divide la cabeza del ajo, separadas por su tela y cáscara particular. ‖ **~ de leche.** M. En el hombre y en los animales que, como el mono, el caballo, etc., mudan con la edad toda la dentadura o parte de ella, el de la primera dentición. ‖ **~ de león.** M. Hierba de la familia de las Compuestas, con hojas radicales, lampiñas, de lóbulos lanceolados y triangulares, y jugo lechoso, flores amarillas de largo pedúnculo hueco, y semilla menuda con vilano abundante y blanquecino. ‖ **~ incisivo.** M. El que se halla en la parte más saliente de las mandíbulas. ‖ **~ molar.** M. muela (‖ diente posterior a los caninos). ‖ **~ premolar.** M. premolar. ‖ **armarse hasta los ~s.** LOC.VERB. coloq. Ir bien provisto de armas. ‖ **crujirle** a alguien **los ~s.** LOC.VERB. coloq. Padecer con mucha rabia, impaciencia y desesperación una pena o un tormento. ‖ **dar ~ con ~.** LOC.VERB. **1.** coloq. Padecer mucho frío. ‖ **2.** coloq. Tener mucho miedo. ‖ **decir** algo **entre ~s.** LOC.VERB. **hablar entre dientes.** ‖ **de ~s afuera.** LOC.ADV. coloq. Con falta de sinceridad al ofrecer o cumplir. ‖ **enseñar** alguien **los ~s** a otra persona. LOC.VERB. coloq. Resistirlo, amenazarlo. ‖ **hablar** alguien **entre ~s.** LOC.VERB. **1.** coloq. Hablar de modo que no se entiende lo que dice. ‖ **2.** coloq. Refunfuñar, gruñir, murmurar. ‖ **hincar,** o **meter,** alguien **el ~.** LOCS.VERBS. **1.** coloqs. Acometer las dificultades de un asunto. ‖ **2.** coloqs. Comer algo difícil de mascar. ‖ **mostrar** alguien **los ~s.** LOC.VERB. coloq. **enseñar los dientes.** ‖ **pelar el ~.** LOC. VERB. Á. Caribe. Halagar y adular a alguien. ‖ **ponerle** a alguien algo **los ~s largos.** LOC.VERB. coloq. Excitarle el deseo por ello. ‖ **rechinarle** a alguien **los ~s.** LOC.VERB. coloq. **crujirle los dientes.** ‖ **sudarle los ~s** a alguien. LOC.VERB. Costarle mucho trabajo algo. ‖ **tener buen ~.** LOC.VERB. coloq. Ser muy comedor. ‖ **tomar,** o **traer,** a alguien **entre ~s.** LOCS.VERBS. **1.** coloqs. Tenerle ojeriza. ‖ **2.** coloqs. Hablar mal de él. □ V. **caja de ~s, pasta de ~s.**

dientón, na. ADJ. Á. Caribe y Méx. dentudo. U. t. c. s.

dientudo, da. ADJ. dentudo.

diéresis. F. **1.** Signo ortográfico (¨) que se sitúa sobre la *u* en las sílabas *gue, gui,* para indicar que dicha vocal debe pronunciarse; p. ej., en *cigüeña, pingüino.* ‖ **2.** Gram. Pronunciación en sílabas distintas de dos vocales que normalmente forman diptongo; p. ej., en *ru-i-na* por

rui-na, vi-o-le-ta por *vio-le-ta.* En el verso, la diéresis e considerada como licencia poética por la preceptiva tra dicional. ‖ **3.** Med. Procedimiento quirúrgico, o conjunt de operaciones, cuyo carácter principal consiste en l división de los tejidos orgánicos. ‖ **4.** Métr. Signo orto gráfico (¨) que se pone sobre la primera vocal del dip tongo cuyas vocales han de pronunciarse separadament como en *viuda, rüido.* Se emplea a veces sobre la vocal dé bil, para deshacer un diptongo en voces de igual estruc tura y de distinta prosodia, como en *pïe,* del verbo *pia.*

diésel. M. **1. motor diésel.** ‖ **2.** Automóvil provisto d motor diésel. ‖ **3. gasoil.** ¶ MORF. pl. **diéseles;** pl. inva en apos. *Automóviles diésel.* □ V. **motor ~.**

díes írae. (Locución latina). M. Secuencia latina recitad en las misas de difuntos. MORF. pl. invar. *Los díes írae*

diestra. F. **mano derecha.**

diestro, tra. I. ADJ. **1. derecho** (‖ que cae a mano de recha). ‖ **2.** Que tiene tendencia natural a servirse pre ferentemente de la mano derecha o también del pie de mismo lado. Apl. a pers., u. t. c. s. ‖ **3.** Hábil, experto e un arte u oficio. ¶ MORF. sup. irreg. **destrísimo.** ‖ **II.** N **4.** Hombre que sabe manejar la espada o las armas. ‖ **5** Matador de toros. ‖ **a diestro y siniestro.** LOC.ADV. Si tino, sin orden, sin discreción ni miramiento. ‖ **de dies tro,** o **del diestro.** LOCS.ADVS. Dicho de llevar a un an mal: Yendo a pie, delante o al lado de él tirando del ro zal. □ V. **mano ~.**

dieta¹. F. **1.** Régimen que se manda observar a los en fermos o convalecientes en el comer y beber, y, por ext esta comida y bebida. ‖ **2.** coloq. Privación completa d comer. ‖ **3.** Biol. Conjunto de sustancias que regula mente se ingieren como alimento. ‖ **~ mediterránea.** Régimen alimenticio de los países de la cuenca del ma Mediterráneo, basado preferentemente en cereales, le gumbres, hortalizas, aceite de oliva y vino.

dieta². F. **1.** Asamblea política y legislativa de algunc Estados europeos y del Japón. ‖ **2.** pl. Estipendio que s da a quienes ejecutan algunas comisiones o encargo por cada día que se ocupan en ellos, o por el tiempo qu emplean en realizarlos.

dietario. M. Libro en que se anotan los ingresos y ga tos diarios de una casa.

dietética. F. Disciplina que trata de la alimentació conveniente.

dietético, ca. ADJ. **1.** Perteneciente o relativo a l **dieta¹.** *Preferencias dietéticas.* ‖ **2.** Perteneciente o rela tivo a la dietética. *Punto de vista dietético.*

dietista. COM. Médico especialista en dietética.

diez. I. ADJ. **1.** Nueve más uno. ‖ **2. décimo** (‖ que si gue en orden al noveno). *Número diez. Año diez.* Apl. los días del mes, u. t. c. s. m. *El diez de septiembre.* ‖ **II** M. **3.** Signo o conjunto de signos con que se represent el número diez. ‖ **4.** Cuenta más gruesa o señalada qu se pone en el rosario para dividir las decenas. ‖ **5.** Nair de la baraja francesa que tiene diez señales. *El diez d corazones.* ‖ **III.** F. **6.** pl. Décima hora a partir de me diodía o de medianoche. *Llegaron a las diez.* ‖ **las ~ d últimas.** F. pl. En ciertos juegos de naipes, diez tanto que gana quien hace la última baza.

diezmal. ADJ. hist. Perteneciente o relativo al diezm

diezmar. TR. **1.** hist. Pagar el diezmo a la Iglesia. ‖ **2** Dicho de una enfermedad, de una guerra, del hambre de cualquier otra calamidad: Causar gran mortanda e un país.

diezmero, ra. M. y F. **1.** hist. Persona que pagaba el diezmo. ‖ **2.** hist. Persona que lo percibía.

diezmilésima. F. Cada una de las 10 000 partes iguales en que se dividen ciertas unidades de medida. *El angstrom equivale a una diezmilésima de micra.*

diezmilésimo, ma. ADJ. **1.** Se dice de cada una de las 10 000 partes iguales en que se divide un todo. U. t. c. s. m. ‖ **2.** Que ocupa en una serie el lugar al cual preceden otros 9 999 lugares.

diezmillo. M. Méx. solomillo.

diezmillonésima. F. Cada una de las partes iguales de una unidad de medida dividida en diez millones de ellas. *Átomos de unas pocas diezmillonésimas de milímetro.*

diezmillonésimo, ma. ADJ. **1.** Se dice de cada una de las partes iguales de un todo dividido en diez millones de ellas. U. t. c. s. m. ‖ **2.** Que ocupa en una serie el lugar al cual preceden otros 9 999 999 lugares.

diezmilmillonésima. F. Cada una de las partes iguales de una unidad de medida dividida en 10 000 millones de ellas. *Cantidades ínfimas de diezmilmillonésimas de gramo.*

diezmilmillonésimo, ma. ADJ. **1.** Se dice de cada una de las partes iguales de un todo dividido en 10 000 millones de ellas. U. t. c. s. m. ‖ **2.** Que ocupa en una serie el lugar al cual preceden otros 9 999 999 999 lugares.

diezmo. M. **1.** hist. Tributo del diez por ciento que sobre el valor de ciertas mercancías recibía el rey. ‖ **2.** hist. Contribución que pagaban los fieles a la Iglesia, consistente en la décima parte de sus frutos.

difamación. F. Acción y efecto de difamar.

difamador, ra. ADJ. Que difama. U. t. c. s.

difamar. TR. Desacreditar a alguien, de palabra o por escrito, publicando algo contra su buena opinión y fama.

difamatorio, ria. ADJ. Que difama.

diferencia. F. **1.** Cualidad o accidente por el cual algo se distingue de otra cosa. ‖ **2.** Variedad entre cosas de una misma especie. ‖ **3.** Controversia, disensión u oposición de dos o más personas entre sí. ‖ **4.** Resultado de comparar dos cantidades. *Diferencia de precio.* ‖ **5.** Mat. resto (‖ resultado de la operación de restar). ‖ **6.** Mús. Diversa modulación, o movimiento, que se hace en el instrumento, o con el cuerpo, bajo un mismo compás. ‖ **a ~ de.** LOC. PREPOS. Se usa para denotar la discrepancia que hay entre dos cosas semejantes, o comparadas entre sí. ‖ **partir la ~.** LOC.VERB. En una controversia o ajuste, ceder cada uno de su parte acercándose al término medio. ☐ V. **razón por ~.**

diferenciación. F. **1.** Acción y efecto de diferenciar o diferenciarse. ‖ **2.** Biol. Conjunto de cambios en la estructura o en la función de una célula, órgano u organismo que conducen a su especialización. ‖ **3.** Mat. Operación por la cual se determina la diferencial de una función.

diferenciador, ra. ADJ. Que diferencia (‖ hace diferente, diverso). *Criterio diferenciador.*

diferencial. I. ADJ. **1.** Perteneciente o relativo a la diferencia entre las cosas. *Un estudio diferencial.* ‖ **2.** Que diferencia o sirve para diferenciar. *Caracteres, matices diferenciales.* ‖ **3.** Mat. Dicho de una cantidad: Infinitamente pequeña. ‖ **II.** M. **4.** Mec. Mecanismo que enlaza tres móviles, de modo que sus velocidades simultáneas de rotación puedan ser diferentes. ‖ **5.** Mec. Engranaje basado en este mecanismo, que se emplea en los vehículos automóviles. ☐ V. **cálculo ~, rasgo ~.**

diferenciar. I. TR. **1.** Hacer distinción, conocer la diversidad de las cosas. *Diferenciar los distintos ecosistemas.* ‖ **2.** Hacer a alguien o algo diferente, diverso de otro. *Su idea de la libertad los diferencia.* ‖ **II.** PRNL. **3.** Dicho de una cosa: Diferir, distinguirse de otra. ‖ **4.** Dicho de una persona: Hacerse notable por sus acciones o cualidades. ‖ **5.** Biol. Dicho de una célula o de un órgano: Especializarse en una función determinada. ¶ MORF. conjug. c. *anunciar.*

diferendo. M. Am. Mer. Diferencia, desacuerdo, discrepancia entre instituciones o Estados.

diferente. I. ADJ. **1.** Diverso, distinto. *Su actitud es ahora diferente.* ‖ **2.** pl. Varios, algunos. *Diferentes autores.* ‖ **II.** ADV. M. **3.** De otra manera, de modo distinto.

diferido. en ~. LOC.ADJ. Dicho de un programa de radio o de televisión: Que se emite con posterioridad a su grabación. U. t. c. loc. adv.

diferir. I. TR. **1.** Aplazar la ejecución de un acto. *Este tratamiento permite diferir la cirugía.* ‖ **II.** INTR. **2.** Dicho de una persona o de una cosa: Distinguirse de otra. ‖ **3.** Disentir, no estar de acuerdo. ¶ MORF. conjug. c. *sentir.*

difícil. ADJ. **1.** Que presenta **obstáculos** (‖ dificultades). *Un examen difícil.* ‖ **2.** Poco probable. *Es difícil que vaya de vacaciones.* ‖ **3.** Dicho de una persona: Descontentadiza o poco tratable. ‖ **4. extraño** (‖ raro). *Tiene una cara muy difícil.*

dificultad. F. **1.** Inconveniente, oposición o contrariedad que impide conseguir, ejecutar o entender bien algo y pronto. ‖ **2.** Duda, argumento y réplica propuesta contra una opinión.

dificultar. TR. **1.** Poner dificultades a las pretensiones de alguien, exponiendo los estorbos que a su logro se oponen. *Dificultar un acuerdo.* ‖ **2.** Hacer difícil algo, introduciendo obstáculos o inconvenientes que antes no tenía. *La tormenta dificultó el rescate.*

dificultoso, sa. ADJ. Difícil, lleno de impedimentos. *Negociación dificultosa.*

difluente. ADJ. Que se esparce o derrama por todas partes.

difracción. F. Ópt. Desviación del rayo luminoso al rozar el borde de un cuerpo opaco.

difractar. TR. Ópt. Producir difracción. U. t. c. prnl.

difteria. F. Med. Enfermedad infecciosa y contagiosa, caracterizada por la formación de falsas membranas en las mucosas, comúnmente de la garganta, en la piel desnuda de epidermis y en toda suerte de heridas al descubierto, con síntomas generales de fiebre y postración.

diftérico, ca. ADJ. Med. Perteneciente o relativo a la difteria.

difumar. TR. esfumar.

difuminar. TR. **1.** Desvanecer o esfumar las líneas o colores con el difumino. ‖ **2.** Hacer perder claridad o intensidad. U. m. c. prnl. *Los recuerdos se difuminan con el tiempo.*

difumino. M. Rollo pequeño de papel estoposo o de piel suave, terminado en punta, que sirve para esfumar.

difundidor, ra. ADJ. Que difunde. *Escritos difundidores de teorías revolucionarias.*

difundir. TR. **1.** Extender, esparcir, propagar físicamente. *Difundir un virus.* U. t. c. prnl. ‖ **2.** Transformar los rayos procedentes de un foco luminoso en luz que se propaga en todas direcciones. U. t. c. prnl. ‖ **3.** Propagar o divulgar conocimientos, noticias, actitudes, costumbres, modas, etc. U. t. c. prnl.

difunto, ta. I. ADJ. **1.** Dicho de una persona: **muerta** (‖ sin vida). U. t. c. s. ‖ II. M. **2. cadáver.** ‖ **el ~ era mayor,** o **era más pequeño.** EXPRS. coloqs. Se usan para aplicar a quien lleva una prenda de vestir mayor o menor de lo que requiere su cuerpo. □ V. **conmemoración de los ~s, día de los ~s, misa de difuntos, oficio de difuntos.**

difusión. F. **1.** Acción y efecto de difundir. ‖ **2.** Extensión, dilatación inconveniente en lo hablado o escrito.

difusivo, va. ADJ. Que tiene la propiedad de difundir.

difuso, sa. ADJ. **1.** Ancho, dilatado. *Una corriente artística generalizada y difusa.* ‖ **2.** Excesivamente dilatado, superabundante en palabras. *Lenguaje, estilo, escritor, orador difuso.* ‖ **3.** Vago, impreciso. *Perfiles difusos.* □ V. **lógica ~.**

difusor, ra. I. ADJ. **1.** Que difunde. *Centro difusor de cultura.* Apl. a pers., u. t. c. s. ‖ II. M. **2.** Aparato para difundir.

difusora. F. Á. R. *Plata.* **radiodifusión** (‖ empresa dedicada a la emisión radiotelefónica).

digamma. F. Letra del primitivo alfabeto griego en forma de F, que tenía el sonido de *f* o *v.*

digerir. TR. **1.** Convertir en el aparato digestivo los alimentos en sustancias asimilables por el organismo. *Digiere con dificultad la leche entera.* ‖ **2.** Sufrir o llevar con paciencia una desgracia o una ofensa. U. m. con neg. *No ha digerido su pérdida.* ‖ **3.** Meditar cuidadosamente algo, para entenderlo o ejecutarlo. *Digerir una idea.* ‖ **4.** Biol. y Quím. Degradar materia orgánica mediante el calor, los reactivos químicos o los microorganismos. ¶ MORF. conjug. c. *sentir.*

digestibilidad. F. Cualidad de digestible.

digestible. ADJ. Que puede ser digerido. *Proteínas digestibles.*

digestión. F. Acción y efecto de digerir.

digestivo, va. ADJ. **1.** Dicho de una operación del organismo o de una parte de él: Que atañe a la digestión. *Tubo digestivo. Funciones digestivas.* ‖ **2.** Que es a propósito para ayudar a la digestión. *La manzanilla es muy digestiva.* Apl. a un medicamento o una sustancia, u. t. c. s. m.

digestor. M. Vasija fuerte de loza o metal, cerrada a tornillo, para separar en el baño María la gelatina de los huesos y el jugo de la carne o de otra sustancia.

digitación. F. Adiestramiento de las manos en la ejecución musical con ciertos instrumentos, especialmente los que tienen teclado.

digitada. □ V. **hoja ~.**

digitador, ra. M. y F. *Chile.* Persona que digita.

digital. I. ADJ. **1.** Perteneciente o relativo a los dedos. *Huella digital.* ‖ **2.** Perteneciente o relativo a los números dígitos y en particular a los instrumentos de medida que los expresan con ellos. *Reloj digital.* ‖ II. F. **3.** Planta herbácea de la familia de las Escrofulariáceas, cuyas hojas se usan en medicina. ‖ **4.** Flor de esta planta. □ V. **firma ~, impresión ~.**

digitalina. F. *Quím.* Principio activo que se extrae de las hojas de la digital o dedalera y se emplea como cardiotónico.

digitalización. F. *Inform.* Acción y efecto de digitalizar.

digitalizar. TR. *Inform.* Registrar datos en forma digital.

digitar. I. TR. **1.** *Chile.* Incorporar datos a la computadora u ordenador utilizando el teclado. ‖ II. INTR. **2.** *Chile.* Manejar los dedos con destreza, especialmente al hacer funcionar un instrumento provisto de teclas o cuerdas.

digitiforme. ADJ. Que tiene la forma de un dedo.

digitígrado, da. ADJ. *Zool.* Dicho de un animal: Que al andar apoya solo los dedos; p. ej., el gato.

dígito. M. *Mat.* **número dígito.**

diglosia. F. Bilingüismo, en especial cuando una de las lenguas goza de prestigio o privilegios sociales o políticos superiores.

dignación. F. Condescendencia con lo que desea o pretende el inferior.

dignarse. PRNL. Servirse, condescender o tener a bien hacer algo. *Se dignó bajar del palco. No se dignó a recibirlos.*

dignatario, ria. M. y F. Persona investida de una dignidad.

dignidad. F. **1.** Cualidad de digno. ‖ **2.** Cargo o empleo honorífico y de autoridad. ‖ **3.** En las catedrales y colegiatas, prebenda que corresponde a un oficio honorífico y preeminente. ‖ **4.** Persona que posee una de estas prebendas. U. t. c. m. ‖ **5.** Prebenda del arzobispo u obispo. *Las rentas de la dignidad.* ‖ **6.** En las órdenes militares de caballería, cargo de maestre, trece, comendador mayor, clavero, etc.

dignificación. F. Acción y efecto de dignificar.

dignificante. ADJ. Que dignifica. *Cánones dignificantes de la convivencia.*

dignificar. TR. Hacer digno o presentar como tal a alguien o algo. U. t. c. prnl.

digno, na. ADJ. **1.** Merecedor de algo. *Digno de reflexión.* ‖ **2.** Correspondiente, proporcionado al mérito y condición de alguien o algo. *Un premio digno de su talento.* ‖ **3.** Que tiene dignidad o se comporta con ella. *Actitud digna.* ‖ **4.** Dicho de una cosa: Que puede aceptarse o usarse sin desdoro. *Salario digno. Vivienda digna.* ‖ **5.** De calidad aceptable. *Una novela muy digna.*

dígrafo. M. *Ling.* Signo ortográfico compuesto de dos letras para representar un fonema; p. ej., en español *ll,* en francés *ou,* en catalán *ny.*

digresión. F. Efecto de romper el hilo del discurso y de hablar en él de cosas que no tengan conexión o íntimo enlace con aquello de que se está tratando.

dihueñe o **dihueñi.** M. *Chile.* Se usa como nombre vulgar para referirse a varios hongos comestibles que crecen en algunos robles, y de los cuales, haciéndolos fermentar, obtienen los indios una especie de chicha.

dije. M. Joya, relicario o alhaja pequeña que se usa como adorno.

dilaceración. F. Acción y efecto de dilacerar.

dilacerar. TR. Desgarrar, despedazar las carnes de personas o animales. U. t. c. prnl.

dilación. F. Demora, tardanza o detención de algo por algún tiempo.

dilapidación. F. Acción y efecto de dilapidar.

dilapidador, ra. ADJ. Que dilapida. U. t. c. s.

dilapidar. TR. Malgastar los bienes propios, o los que alguien tiene a su cargo.

dilatación. F. **1.** Acción y efecto de dilatar o dilatarse. ‖ **2.** *Fís.* Aumento de longitud, superficie o volumen de un cuerpo por separación de sus moléculas con disminución de su densidad. ‖ **3.** *Med.* Procedimiento empleado para aumentar o restablecer el calibre de un conducto, de una cavidad o de un orificio, o mantener libre un trayecto fistuloso.

dilatado, da. PART. de **dilatar.** ‖ ADJ. Extenso, vasto, numeroso. *Propiedad de dilatados contornos.*

dilatador, ra. ADJ. Que **dilata** (‖ extiende). Apl. a un producto, un instrumento o un músculo, u. t. c. s. m.

dilatar. I. TR. **1.** Extender, alargar y hacer mayor algo, o que ocupe más lugar o tiempo. *Dilatar un conducto.* U. t. c. prnl. ‖ **2. diferir** (‖ la ejecución de un acto). *Las obras han obligado a dilatar la inauguración del edificio.* U. t. c. prnl. ‖ **3. propagar** (‖ extender el conocimiento o la afición). *Dilatar la fama, el nombre.* U. t. c. prnl. ‖ **II.** PRNL. **4.** Extenderse mucho en un discurso o escrito. ‖ **5.** *Am. Cen.* y *Méx.* Dicho de una persona o de una cosa: **retardarse.** U. t. c. intr.

dilatar, va. ADJ. Que tiene virtud de dilatar. *Fuerza dilatativa.*

dilatorio, ria. ADJ. **1.** Que causa dilación o aplazamiento. *Tácticas dilatorias.* ‖ **2.** *Der.* Que sirve para prorrogar y extender un término judicial o la tramitación de un asunto.

dilección. F. Afecto honesto, amor reflexivo.

dilecto, ta. ADJ. Amado con dilección.

dilema. M. **1.** Argumento formado de dos proposiciones contrarias disyuntivamente, en las que, negada o concedida cualquiera de las dos, queda demostrada una determinada conclusión. ‖ **2.** Duda, disyuntiva.

dilemático, ca. ADJ. Perteneciente o relativo al dilema.

dileniáceo, a. ADJ. *Bot.* Se dice de las plantas angiospermas dicotiledóneas, leñosas, rara vez herbáceas, con hojas generalmente esparcidas, flores actinomorfas o zigomorfas, con cáliz de tres o más sépalos, corola pentámera y diez o más estambres, fruto en cápsula o baya, y semillas con arilo. U. t. c. s. f. ORTOGR. En f. pl., escr. con may. inicial c. taxón. *Las Dileniáceas.*

diletante. ADJ. **1.** Conocedor o aficionado a las artes, especialmente a la música. U. t. c. s. ‖ **2.** Que cultiva algún campo del saber, o se interesa por él, como aficionado y no como profesional. U. t. c. s. U. t. en sent. peyor.

diletantismo. M. Condición o comportamiento de diletante.

diligencia. F. **1.** Cuidado y actividad en ejecutar algo. ‖ **2.** Prontitud, agilidad, prisa. ‖ **3.** Trámite de un asunto administrativo. ‖ **4.** Constancia escrita de haberlo efectuado. ‖ **5.** hist. Coche grande, dividido en dos o tres departamentos, arrastrado por caballerías y destinado al transporte de viajeros. ‖ **6.** coloq. Negocio, dependencia, solicitud. ‖ **7.** *Der.* Actuación de un órgano judicial para la ordenación del proceso.

diligenciamiento. M. Acción y efecto de diligenciar.

diligenciar. TR. **1.** Poner los medios necesarios para el logro de una solicitud. ‖ **2.** Tramitar un asunto administrativo con constancia escrita de que se hace. ¶ MORF. conjug. c. *anunciar.*

diligente. ADJ. **1.** Cuidadoso, exacto y activo. *Trabajador diligente.* ‖ **2.** Pronto, presto, ligero en el obrar. *Paso diligente.*

dilogía. F. Uso de una palabra con dos significados distintos dentro del mismo enunciado.

dilucidación. F. Acción y efecto de dilucidar.

dilucidador, ra. ADJ. Que dilucida. Apl. a pers., u. t. c. s.

dilucidar. TR. Aclarar y explicar un asunto, especialmente si es confuso o controvertido, para su posible resolución.

dilución. F. Acción y efecto de diluir.

diluir. TR. **1. desleír.** U. t. c. prnl. *El aceite no se diluye en agua.* ‖ **2.** Hacer que algo pierda importancia o intensidad hasta no poderse percibir. *El tiempo ha diluido sus recuerdos.* U. t. c. prnl. ‖ **3.** *Quím.* Disminuir la concentración de una disolución añadiendo disolvente. ¶ MORF. conjug. c. *construir.*

diluvial. ADJ. **1.** Perteneciente o relativo al diluvio. *Aguacero diluvial.* ‖ **2.** *Geol.* Dicho de un terreno: Constituido por enormes depósitos de materias sabulosas que fueron arrastradas por grandes corrientes de agua. U. t. c. s. m.

diluviano, na. ADJ. Que tiene relación con el Diluvio universal, o que hiperbólicamente se compara con él. *Aguacero diluviano.*

diluviar. INTR. IMPERS. Llover a manera de diluvio. MORF. conjug. c. *anunciar.*

diluvio. M. **1.** Inundación de la tierra o de una parte de ella, precedida de copiosas lluvias. ‖ **2.** por antonom. **diluvio** universal con que, según la Biblia, Dios castigó a los hombres en tiempo de Noé. ORTOGR. Escr. con may. inicial. ‖ **3.** coloq. Lluvia muy copiosa. ‖ **4.** coloq. Excesiva abundancia de algo. *Un diluvio de injurias.* ☐ V. **arca del Diluvio.**

diluyente. ADJ. Que diluye. Apl. a un producto, u. t. c. s.

dimanar. INTR. Dicho de una cosa: Provenir, proceder y tener origen de otra.

dimensión. F. **1.** Medida de una magnitud en una determinada dirección. *Las dimensiones del salón.* U. t. en sent. fig. *Un escándalo de grandes dimensiones.* ‖ **2.** Aspecto o vertiente de alguna cosa. *La dimensión espiritual de san Juan de la Cruz.* ‖ **3.** *Fís.* Cada una de las magnitudes que fijan la posición de un punto en el espacio. *Una superficie tiene dos dimensiones: el largo y el ancho.* ‖ **4.** *Fís.* Cada una de las magnitudes fundamentales, tiempo, longitud, masa y carga eléctrica, con que se expresa una variable física.

dimensional. ADJ. Perteneciente o relativo a la dimensión.

dimensionar. TR. **1.** Establecer las dimensiones de algo, generalmente inmaterial. *Se pretende dimensionar el problema actual.* ‖ **2.** Dar mayor dimensión o importancia a algo, generalmente inmaterial. *Han conseguido dimensionar un problema que no era relevante.*

dímero. M. *Quím.* Molécula formada por dos unidades de la misma estructura química. *La sacarosa es un dímero de glucosa y fructosa.*

dimes. ~ y diretes. LOC. SUST. M. pl. coloq. Contestaciones, debates, réplicas entre dos o más personas. *Andar en dimes y diretes.*

dimiario. ADJ. *Zool.* Dicho de un molusco bivalvo: Que tiene dos músculos aductores para cerrar las valvas de la concha; p. ej., la almeja de mar.

diminutivo, va. I. ADJ. **1.** Que tiene cualidad de disminuir o reducir a menos algo. *Educación diminutiva.* ‖ **2.** *Gram.* Dicho de un sufijo: Que denota disminución de tamaño en el objeto designado, p. ej., en *piedrecilla*, o que lo presenta con intención emotiva o apelativa, p. ej., en *¡Qué nochecita más atroz!* Una *limosnita.* Se usa también con adjetivos y adverbios con significación intensiva; p. ej., *ahorita, cerquita, pequeñín.* ‖ **II.** M. **3.** *Gram.* Palabra formada con sufijos diminutivos.

diminuto, ta. ADJ. Muy pequeño. ☐ V. **séptima ~.**

dimisión. F. Renuncia, abandono de un empleo o de una comisión.

dimisionario, ria. ADJ. Que hace o ha hecho dimisión. U. t. c. s.

dimisorias. F. pl. Letras o cartas que dan los prelados a sus súbditos para que puedan ir a recibir de un obispo extraño las sagradas órdenes.

dimitente. ADJ. Que dimite. U. t. c. s.

dimitir. INTR. Renunciar, hacer dejación de algo, como un empleo, una comisión, etc. U. menos c. tr.

dimorfismo. M. **1.** *Biol.* Condición de las especies animales o vegetales que presentan dos formas o dos aspectos anatómicos diferentes. ‖ **2.** *Geol.* Condición de una sustancia que puede cristalizar en dos sistemas diferentes; p. ej., el carbonato cálcico, que se presenta como aragonito y espato calizo.

dimorfo, fa. ADJ. *Biol.* y *Geol.* Que presenta dimorfismo.

din[1]. M. **dinero** (‖ hacienda, fortuna). *El din y el don. El don sin el din;* esto es, dinero y calidad; nobleza sin bienes de fortuna.

DIN[2]. (Acrónimo del alemán *Deutsche Industrie-Norm* 'estándar industrial alemán'). M. Conjunto de formatos normalizados para diversos productos. *Una carta escrita en papel DIN A4.*

dina. F. *Fís.* Unidad de fuerza en el Sistema Cegesimal. Equivale a la fuerza necesaria para mover la masa de un gramo a razón de un centímetro por segundo cada segundo.

dinacho. M. *Chile.* **pangue.**

dinamarqués, sa. ADJ. **danés.** Apl. a pers., u. t. c. s.

dinámica. F. **1.** Parte de la mecánica que trata de las leyes del movimiento en relación con las fuerzas que lo producen. ‖ **2.** Sistema de fuerzas dirigidas a un fin.

dinamicidad. F. Actividad, movimiento, capacidad de impulso o adaptación.

dinámico, ca. ADJ. **1.** Perteneciente o relativo a la fuerza cuando produce movimiento. *Tensión dinámica.* ‖ **2.** Perteneciente o relativo a la dinámica. *Análisis dinámico.* ‖ **3.** coloq. Dicho de una persona: Notable por su energía y actividad.

dinamismo. M. **1.** Energía activa y propulsora. ‖ **2.** Actividad, presteza, diligencia grandes.

dinamita. F. Mezcla explosiva de nitroglicerina con un cuerpo muy poroso.

dinamitar. TR. **1.** Volar algo con dinamita. ‖ **2.** **aniquilar** (‖ destruir enteramente). *Dinamitar una relación.*

dinamitazo. M. Explosión o tiro de dinamita.

dinamitero, ra. ADJ. Dicho de una persona: Que sistemáticamente destruye o trata de destruir personas o cosas por medio de la dinamita. U. t. c. s.

dinamización. F. Acción de dinamizar o de dinamizarse.

dinamizador, ra. ADJ. Que transmite dinamismo. Apl. a pers., u. t. c. s.

dinamizante. ADJ. Que transmite dinamismo. *Factor dinamizante.*

dinamizar. **I.** TR. **1.** Imprimir rapidez e intensidad a un proceso. ‖ **II.** PRNL. **2.** Dicho de una cosa: Adquirir dinamismo.

dinamo o **dínamo.** F. *Fís.* Máquina destinada a transformar la energía mecánica en energía eléctrica, por inducción electromagnética, debida a la rotación de cuerpos conductores en un campo magnético.

dinamógeno, na. ADJ. Que estimula el vigor físico. *Sustancia dinamógena.*

dinamómetro. M. *Mec.* Instrumento para medir fuerzas, basado en la deformación elástica de un muelle calibrado.

dinar. M. **1.** Unidad monetaria de varios países árabes. ‖ **2.** hist. Moneda árabe de oro, cuyo peso era de poco más de cuatro gramos.

dinasta. M. hist. Príncipe o señor que reinaba con el consentimiento o bajo la dependencia de otro soberano.

dinastía. F. **1.** Serie de príncipes soberanos en un determinado país, pertenecientes a una familia. ‖ **2.** Familia en cuyos individuos se perpetúa el poder o la influencia política, económica, cultural, etc.

dinástico, ca. ADJ. **1.** Perteneciente o relativo a la dinastía. *Línea dinástica.* ‖ **2.** Partidario de una dinastía. U. t. c. s.

dinerada. F. Cantidad grande de dinero.

dineral. M. Cantidad grande de dinero.

dinerario, ria. ADJ. Perteneciente o relativo al **dinero** (‖ medio de cambio).

dinerillo. M. coloq. Pequeña cantidad de dinero.

dinero. M. **1.** Moneda corriente. ‖ **2.** Hacienda, fortuna. *José es hombre de dinero.* ‖ **3.** hist. Moneda de plata y cobre usada en Castilla en el siglo XIV y que equivalía a dos cornados. ‖ **4.** *Econ.* Medio de cambio de curso legal. ‖ ~ **a interés.** M. El que se da o recibe a préstamo con interés. ‖ ~ **al contado,** ~ **contante,** o ~ **contante y sonante.** M. **dinero** pronto, efectivo, corriente. ‖ ~ **de plástico.** M. Sistema de pago mediante tarjeta de crédito. ‖ **buen** ~. M. Cantidad importante de **dinero.** ‖ **estar** alguien **podrido de** ~, o **en** ~. LOCS.VERBS. coloqs. Ser muy rico. ‖ **hacer** ~. LOC.VERB. coloq. Juntar caudal, hacerse rico.

dineroso, sa. ADJ. **adinerado.**

dinosaurio. M. *Zool.* Cada uno de los reptiles fósiles que son los animales terrestres más grandes que han existido, con cabeza pequeña, cuello largo, cola robusta y larga, y extremidades posteriores más largas que las anteriores, y otros con las cuatro extremidades casi iguales, como el diplodocus.

dintel. M. **1.** Parte superior de las puertas, ventanas y otros huecos, que carga sobre las jambas. ‖ **2.** *Psicol.* Valor por encima del que un estímulo deja de producir su efecto normal y provoca dolor o daña el órgano sensorial correspondiente.

diñar. ~**la.** LOC.VERB. coloq. **morir** (‖ llegar al término de la vida).

diocesano, na. ADJ. **1.** Perteneciente o relativo a la diócesis. *Archivo diocesano.* ‖ **2.** Dicho de un obispo o de un arzobispo: Que tiene diócesis. U. t. c. s. □ V. **administración** ~, **sínodo** ~.

diócesis. F. Distrito o territorio en que tiene jurisdicción un obispo.

diodo. M. *Electr.* Válvula electrónica, empleada como rectificador, que consta de un ánodo frío y de un cátodo caldeado.

diofántica. □ V. **ecuación** ~.

dioico, ca. ADJ. **1.** *Bot.* Dicho de una planta: Que tiene las flores de cada sexo en pie separado. ‖ **2.** *Bot.* Se dice también de estas mismas flores.

dionisíaco, ca o **dionisiaco, ca.** ADJ. **1.** Perteneciente o relativo al dios griego Dioniso. *Festejos dionisíacos.* ‖ **2.** Impulsivo, instintivo, orgiástico, en contraposición a *apolíneo. Improvisación dionisíaca.*

dioptra. F. **1.** Tablilla metálica que en los instrumentos topográficos y astronómicos sirve para dirigir visuales por una abertura circular o longitudinal que tiene. ‖ **2.** **alidada.**

dioptría. F. *Ópt.* Unidad de medida del poder convergente de una lente, que corresponde a la distancia focal de un metro.

dióptrica. F. Parte de la óptica que trata de los fenómenos de la refracción de la luz.

dióptrico, ca. ADJ. *Ópt.* Perteneciente o relativo a la dióptrica.

diorama. M. Montaje escenográfico que da a las figuras un efecto tridimensional.

diorita. F. Roca eruptiva, granosa, formada por feldespato y un elemento oscuro, que puede ser piroxeno, anfíbol o mica negra.

dios. M. **1.** Ser supremo que en las religiones monoteístas es considerado hacedor del universo. ORTOGR. Escr. con may. inicial. ‖ **2.** Deidad a que dan o han dado culto las diversas religiones. ‖ **Dios Padre.** M. *Rel.* Padre (‖ primera persona de la Santísima Trinidad). ‖ **alabado sea Dios.** EXPR. **1.** Se usa como salutación al entrar en alguna parte. ‖ **2. bendito sea Dios.** ‖ **a la buena de Dios.** LOC.ADV. **1.** coloq. Sin preparación, al azar. ‖ **2.** coloq. Sin artificio ni malicia. ‖ **a la de Dios, o a la de Dios es Cristo, o a lo de Dios.** LOCS.ADVS. coloqs. Dicho de obrar o de emprender un asunto: Sin consideración. ‖ **amanecer Dios.** LOC.VERB. coloq. amanecer (‖ empezar a aparecer la luz del día). ‖ **anda con Dios.** EXPR. **vaya por Dios.** ‖ **ay Dios.** LOC.INTERJ. Se usa para expresar dolor, susto, lástima, etc. ‖ **bendecir Dios** a alguien. LOC.VERB. Hacerle feliz. *Dios te bendiga.* ‖ **bendito sea Dios.** LOC.INTERJ. Se usa para denotar enfado, y también conformidad en un contratiempo. ‖ **cada uno es como Dios lo ha hecho.** EXPR. coloq. Se usa para explicar y disculpar las genialidades de carácter de cada uno. ‖ **clamar a Dios.** LOC.VERB. **1.** Afligirse, desesperarse. ‖ **2.** Dicho de una cosa: Resultar mal hecha o contra ley y justicia. *Eso clama a Dios.* ‖ **como Dios manda.** LOC.ADV. coloq. Bien, con exactitud y acierto. ‖ **como hay Dios.** EXPR. Se usa como fórmula de juramento para afirmar o negar algo. ‖ **con Dios.** EXPR. Se usa para despedirse. ‖ **dejar Dios de su mano** a alguien. LOC.VERB. Proceder tan mal que parezca que Dios lo ha abandonado. ‖ **delante de Dios y de todo el mundo.** LOC.ADV. coloq. Con la mayor publicidad. ‖ **de menos nos hizo Dios.** EXPR. Se usa para explicar la esperanza que se tiene de conseguir lo que se intenta, aunque parezca desproporcionado. ‖ **Dios.** INTERJ. Se usa para expresar admiración, asombro u horror. ‖ **Dios da ciento por uno.** EXPR. Se usa para indicar que los actos de caridad siempre alcanzan gran recompensa para quien los practica. ‖ **Dios dirá.** EXPR. Se usa para remitir a la voluntad de Dios el éxito de lo que nos prometemos. ‖ **Dios es grande.** EXPR. Se usa para consolarse en una desdicha recurriendo al gran poder de Dios, de quien se espera que la remedie. ‖ **Dios mediante.** EXPR. Queriendo Dios. ‖ **Dios me perdone, pero...** EXPR. coloq. Se usa al ir a emitir un juicio desfavorable o temerario. ‖ **Dios mío.** LOC.INTERJ. Se usa para significar admiración, extrañeza, dolor o sobresalto. ‖ **Dios nos asista, o nos la depare buena, o nos coja confesados, o nos tenga de su mano.** EXPRS. Se usan para indicar el deseo de la intervención divina para evitar un mal inminente y, al parecer, inevitable. ‖ **Dios sabe.** EXPR. Se usa para indicar que algo cae fuera de nuestro saber, sea para encarecerlo, sea para darlo como dudoso. *Dios sabe lo que me cuesta. Dios sabe dónde estará.* ‖ **Dios sobre todo.** EXPR. Se usa cuando se duda del resultado de algo. ‖ **Dios y ayuda.** LOC.SUST. coloq. Sumo esfuerzo que es necesario para lograr algún propósito. *Vas a necesitar Dios y ayuda para resolverlo.* U. t. c. loc. adv. ‖ **estar** alguien **con Dios.** LOC.VERB. **gozar de Dios.** ‖ **estar de Dios** algo. LOC.VERB. Estar dispuesto por la Providencia, y por consiguiente ser inevitable. ‖ **gozar** alguien **de Dios.** LOC.VERB. Haber

muerto y conseguido la bienaventuranza. ‖ **hablar con Dios.** LOC.VERB. **orar** (‖ hacer oración). ‖ **herir Dios** a alguien. LOC.VERB. Castigarlo, afligirlo con trabajos y penalidades. ‖ **irse** alguien **con Dios.** LOC.VERB. Marcharse o despedirse. ‖ **juro a Dios.** EXPR. voto a Dios. ‖ **la de Dios es Cristo.** LOC. SUST. F. coloq. Gran disputa, riña o pendencia. *Se va a armar la de Dios es Cristo. Y aquí fue la de Dios es Cristo. Cambió la guitarra y entonces hubo la de Dios es Cristo.* ‖ **no servir a Dios ni al diablo** alguien o algo. LOC.VERB. coloq. Ser inútil o inepto. ‖ **ofender a Dios.** LOC.VERB. **pecar** (‖ quebrantar la ley de Dios). ‖ **oh Dios.** LOC.INTERJ. Se usa para expresar asombro y horror. ‖ **permita Dios.** EXPR. Se usa para manifestar el deseo de que suceda algo. La mayoría de las veces forma parte de una imprecación. ‖ **poner a Dios por testigo.** LOC.VERB. Invocar su santo nombre para aseverar lo que se dice. ‖ **ponerse bien con Dios.** LOC.VERB. Limpiar la conciencia de culpas para volver a gracia. ‖ **por Dios. I.** EXPR. **1.** Se usa para pedir limosna, o reforzar otra súplica cualquiera. ‖ **II.** LOC.INTERJ. **2.** Se usa como fórmula de juramento. ‖ **que Dios goce, o que Dios haya.** EXPRS. Se usan para añadir piadosamente al nombrar a un difunto. ‖ **que Dios lo ampare, que Dios lo bendiga, o que Dios lo socorra.** EXPRS. Se usan para despedir al mendigo cuando no se lo socorre. ‖ **que Dios tenga** a alguien **en la gloria, o en su gloria, o en su santa gloria.** LOCS.VERBS. que en gloria esté. ‖ **quiera Dios.** EXPR. Se usa para explicar la desconfianza de algo salga tan bien como uno se lo promete. ‖ **sabe Dios.** EXPR. Se usa para manifestar la inseguridad o ignorancia de lo que se trata. ‖ **sin encomendarse a Dios ni al diablo.** LOC.ADV. coloq. Dicho de arrojarse a ejecutar algo: Con valor y falta de reflexión. ‖ **válgame, o válgate, Dios.** LOCS. INTERJS. Se usan para manifestar con cierta moderación el disgusto o sorpresa que nos causa algo. ‖ **vaya bendito de Dios.** EXPR. coloq. Se usa para manifestar haber perdonado a alguien algún agravio, o que no se quiere más trato con él. ‖ **vaya con Dios. I.** EXPR. **1.** Se usa para despedir a alguien, cortándole la conversación o el discurso. ‖ **II.** LOC.INTERJ. **2.** Se usa para manifestar la conformidad en la divina voluntad. ‖ **vaya por Dios.** LOC.INTERJ. **1.** Se usa para manifestar conformidad y paciencia al sufrir un contratiempo. ‖ **2.** Se usa para expresar decepción y desagrado. *No podemos ir al teatro: se ha suspendido la función. —¡Vaya por Dios!* ‖ **vaya usted con Dios, o vaya usted mucho con Dios.** EXPRS. coloqs. Se usan para rechazar lo que alguien propone. ‖ **venga Dios y véalo.** EXPR. Se usa para invocar a Dios como testigo de una injusticia. ‖ **venir Dios a ver** a alguien. LOC.VERB. Sucederle impensadamente un caso favorable, especialmente hallándose en gran apuro o necesidad. ‖ **vete con Dios.** EXPR. vaya con Dios. ‖ **vive Dios.** LOC.INTERJ. Se usa como juramento de ira o enojo. ‖ **voto a Dios.** LOC.INTERJ. Se usa como juramento. □ V. **alma de Dios, bendito de Dios, casa de Dios, Cordero de Dios, dedo de Dios, hijo de Dios, la merced de Dios, ley de Dios, ministro de Dios, palabra de Dios, presencia de Dios, Reino de Dios, siervo de Dios, siervo de los siervos de Dios, temor de Dios, tribunal de Dios, varón de Dios.**

diosa. F. Deidad femenina.

dioscoreáceo, a. ADJ. *Bot.* Se dice de las plantas herbáceas angiospermas, monocotiledóneas, con tallos volubles, frecuentemente con raíces tuberosas o rizomas, hojas opuestas o alternas, acorazonadas, flores actinomorfas, comúnmente unisexuales, en racimo o espiga, y frutos en cápsulas o baya; p. ej., el ñame. U. t. c. s. f. ORTOGR. En f. pl., escr. con may. inicial c. taxón. *Las Dioscoreáceas*.

diosma. F. Planta de la familia de las Rutáceas, de hojas diminutas lanceoladas, alternas, y flores blancas. Es muy fragante y se cultiva en la Argentina.

diostedé. M. *Á. Caribe.* tucán.

dióxido. M. *Quím.* Óxido cuya molécula contiene dos átomos de oxígeno. || ~ **de carbono.** M. **anhídrido carbónico.**

diplodoco. M. *Zool.* diplodocus.

diplodocus. M. *Zool.* Dinosaurio de hasta 25 m de longitud, cabeza pequeña y cuello muy largo, propio del Jurásico superior en América del Norte. MORF. pl. invar. *Los diplodocus*.

diploide. ADJ. *Biol.* Que posee un doble juego de cromosomas. (Símb. *2n*).

diploma. M. **1.** Título o credencial que expide una corporación, una facultad, una sociedad literaria, etc., para acreditar un grado académico, una prerrogativa, un premio, etc. || **2.** Despacho, bula, privilegio u otro instrumento autorizado con sello y armas de un soberano, cuyo original queda archivado, y, por ext., documento importante.

diplomacia. F. **1.** Ciencia o conocimiento de los intereses y relaciones de unas naciones con otras. || **2.** Servicio de los Estados en sus relaciones internacionales. || **3.** coloq. Cortesía aparente e interesada. || **4.** coloq. Habilidad, sagacidad y disimulo.

diplomado, da. PART. de **diplomar.** || M. y F. Persona que ha obtenido un diploma. U. t. c. adj.

diplomar. I. TR. **1.** Conceder a alguien un diploma facultativo o de aptitud. || **II.** PRNL. **2.** Obtener un diploma. || **3.** **graduarse** (|| recibir un título).

diplomática. F. Estudio científico de los diplomas y otros documentos, tanto en sus caracteres internos como externos, principalmente para establecer su autenticidad o falsedad.

diplomático, ca. ADJ. **1.** Perteneciente o relativo al diploma. *Colección diplomática.* || **2.** Perteneciente o relativo a la diplomacia. *Relaciones diplomáticas.* || **3.** Dicho de una persona: Que interviene en negocios de Estado entre dos o más naciones. U. t. c. s. || **4.** Afectadamente cortés. || **5.** coloq. Circunspecto, sagaz, disimulado. || □ V. **edición** ~, **inmunidad** ~, **protección** ~, **valija** ~.

diplomatura. F. **1.** Grado universitario que se obtiene tras realizar determinados estudios de menor duración que la licenciatura. || **2.** Estudios necesarios para obtener este grado.

diplopía. F. *Med.* Fenómeno morboso que consiste en ver dobles los objetos.

dipolo. M. *Fís.* Conjunto formado por dos entes físicos de caracteres contrarios u opuestos y muy próximos.

dipsacáceo, a. ADJ. *Bot.* Se dice de las plantas angiospermas dicotiledóneas, herbáceas, con hojas opuestas y sin estípulas, flores zigomorfas en espiga o cabezuela con involucros bien desarrollados, fruto en aquenio con semillas de albumen carnoso; p. ej., la escabiosa y la cardencha. U. t. c. s. f. ORTOGR. En f. pl., escr. con may. inicial c. taxón. *Las Dipsacáceas*.

dipsomanía. F. alcoholismo (|| abuso del alcohol).

dipsomaníaco, ca o **dipsomaniaco, ca.** ADJ. Que padece dipsomanía. U. t. c. s.

dipsómano, na. ADJ. **dipsomaníaco.** U. t. c. s.

díptero, ra. ADJ. **1.** *Arq.* Dicho de un edificio: Que tiene dos costados salientes. || **2.** *Zool.* Dicho de un insecto: Que solo tiene dos alas membranosas, que son las anteriores, con las posteriores transformadas en balancines, o que carecen de alas por adaptación a la vida parasitaria, y con aparato bucal dispuesto para chupar, como la mosca. U. t. c. s. m. ORTOGR. En m. pl., escr. con may. inicial c. taxón. *Los Dípteros*.

dipterocarpáceo, a. ADJ. *Bot.* Se dice de las plantas leñosas angiospermas, dicotiledóneas, exóticas, corpulentas, resinosas, de hojas esparcidas y con estípulas, flores pentámeras, en racimo y rara vez en panoja, fruto capsular con una semilla. U. t. c. s. f. ORTOGR. En f. pl., escr. con may. inicial c. taxón. *Las Dipterocarpáceas*.

díptico. M. **1.** Cuadro o bajorrelieve formado con dos tableros que se cierran por un costado, como las tapas de un libro. || **2.** Conjunto constituido por dos obras que conforman una unidad temática o de contenido.

diptongación. F. *Fon.* Acción y efecto de diptongar.

diptongar. I. TR. **1.** *Fon.* Unir dos vocales en la pronunciación, formando una sola sílaba. *Muchos americanos diptongan la palabra* guion. || **II.** INTR. **2.** *Fon.* Dicho de una vocal: Convertirse en diptongo; p. ej., la o del latín *bŏnus* en bueno. || **3.** *Fon.* Dicho de una palabra: Presentar diptongo en alguna de las formas del paradigma a que pertenece. *El verbo* pensar *diptonga en algunas formas*.

diptongo. M. *Fon.* Secuencia de dos vocales diferentes que se pronuncian en una sola sílaba; p. ej., *aire, puerta, fui.* || ~ **creciente.** M. *Fon.* diptongo cuya segunda vocal constituye el núcleo silábico. || ~ **decreciente.** M. *Fon.* diptongo cuya primera vocal constituye el núcleo silábico.

diputación. F. **1.** Conjunto de los diputados. ORTOGR. Escr. con may. inicial. || **2.** Ejercicio del cargo de diputado. || **Diputación Provincial.** F. **1.** Corporación elegida para dirigir y administrar los intereses de una provincia. || **2.** Edificio o local donde los diputados provinciales celebran sus sesiones.

diputado, da. PART. de **diputar.** || M. y F. **1.** Persona nombrada por elección popular como representante en una cámara legislativa, nacional, regional o provincial. || **2.** Persona nombrada por un cuerpo para representarlo. || ~ **a Cortes.** M. y F. Con arreglo a algunas Constituciones, persona nombrada directamente por los electores para componer la Cámara única, o la de origen más popular cuando hay Senado. || ~ **provincial.** M. y F. En España, persona elegida por un distrito para que lo represente en la Diputación Provincial. □ V. **Congreso de los Diputados.**

diputar. TR. **1.** Dicho de un cuerpo: Destinar y elegir a uno o más de sus individuos para que lo representen en algún acto o solicitud. *La asociación diputó una comisión ante el gobernador.* || **2.** Conceptuar, reputar, tener por. *La diputaron por buena sin efectuar la prueba que la verifique.*

dique. M. **1.** Muro o construcción para contener las aguas. || **2.** Espacio situado al abrigo de un muro, en un lugar resguardado, y en el cual entran los buques para su limpieza, carena o reparación en seco, una vez que el agua ha sido extraída. ‖ **3.** Barrera u obstáculo opuesto al avance de algo que se considera perjudicial. *Opuso un dique al avance de aquellas ideas.* ‖ ~ **flotante.** M. El construido con tanques que se inundan y bajan para que el buque pueda entrar en él, y que se desaguan por medio de bombas, a fin de que, al flotar, quede en seco. ‖ ~ **seco.** M. **dique** (‖ espacio al abrigo de un muro). ‖ **en** ~, o **en el** ~, **seco.** LOCS.ADVS. Sin realizar la actividad o trabajo que normalmente se lleva a cabo. *Lleva dos meses en el dique seco a causa de una lesión.*

dirección. F. **1.** Acción y efecto de dirigir. ‖ **2.** Tendencia de algo inmaterial hacia determinados fines. ‖ **3.** Camino o rumbo que un cuerpo sigue en su movimiento. ‖ **4.** Consejo, enseñanza y preceptos con que se encamina a alguien. ‖ **5.** Conjunto de personas encargadas de dirigir una sociedad, un establecimiento, una explotación, etc. ‖ **6.** Cargo de director. ‖ **7.** Oficina o casa en que despacha el director o los directivos. ‖ **8. domicilio** (‖ de una persona). ‖ **9.** Señas que indican dónde y a quién se envía una carta, documento o bulto, o un mensaje por correo electrónico. ‖ **10.** Línea sobre la que se mueve un punto, que puede ser recorrida en dos sentidos opuestos. ‖ **11.** *Mec.* Mecanismo que sirve para guiar automóviles y otros vehículos. ‖ ~ **asistida.** F. *Mec.* Mecanismo que multiplica la fuerza aplicada al volante de un automóvil para facilitar su manejo. ‖ ~ **de tiro.** F. *Mil.* Conjunto de dispositivos mecánicos y electrónicos para localizar un blanco y calcular y corregir los datos de tiro. ‖ ~ **general.** F. Cada una de las oficinas superiores que dirigen los diferentes ramos en que se divide la Administración pública. *Dirección General de Contribuciones.* ‖ **en** ~ **a.** LOC. PREPOS. **hacia.**

direccional. ADJ. Que funciona preferentemente en una determinada dirección. *Antena direccional.*

direccionalidad. F. Cualidad de direccional.

directa. F. Última de las marchas de un vehículo, que acopla directamente el eje motor al eje de la transmisión.

directiva. F. **1.** Mesa o junta de gobierno de una corporación, sociedad, etc. ‖ **2. directriz** (‖ conjunto de instrucciones). *Hay que establecer directivas claras.* ‖ **3.** En algunos organismos internacionales, disposición de rango superior que han de cumplir todos sus miembros.

directivo, va. ADJ. **1.** Perteneciente o relativo a la dirección. *Puesto directivo.* ‖ **2.** Que tiene facultad o virtud de dirigir. Apl. a pers., u. t. c. s.

directo, ta. ADJ. **1.** Derecho o en línea recta. *Iluminación directa.* ‖ **2.** Que va de una parte a otra sin detenerse en los puntos intermedios. *Autobús directo.* ‖ **3.** Que se encamina derechamente a una mira u objeto. *Lenguaje directo.* ‖ **en directo.** LOC.ADJ. Dicho de un programa de radio o de televisión: Que se emite a la vez que se realiza. U. t. c. loc. adv. □ V. **acción** ~, **complemento** ~, **contribución** ~, **discado** ~, **impuesto** ~, **línea** ~, **movimiento** ~, **objeto** ~, **tiro** ~, **traducción** ~.

director, ra. I. ADJ. **1.** Que dirige. *Consejero director.* ‖ **II.** M. y F. **2.** Persona a cuyo cargo está el régimen o dirección de un negocio, cuerpo o establecimiento especial. ‖ **II** ~ **artístico, ca.** M. y F. Persona que acepta o rechaza las obras teatrales cuya representación se pretende, y señala la orientación artística de la temporada. ‖ ~ **de escena.** M. y F. Persona que dispone todo lo relativo a la representación de las obras teatrales, propiedad de la escena, caracterización y movimiento de los actores, etc.

‖ **director espiritual.** M. Sacerdote que aconseja en asuntos de conciencia a alguien. ‖ ~ **general.** M. y F. Persona que tiene la dirección superior de un cuerpo, de un ramo o de una empresa.

directoral. ADJ. Perteneciente o relativo al director. *Silla directoral. Atribuciones directorales.*

directorio, ria. I. ADJ. **1.** Que es a propósito para dirigir. *Comité directorio.* ‖ **II.** M. **2.** Instrucción para gobernarse en un negocio. ‖ **3.** Junta directiva de ciertas asociaciones, partidos, etc. ‖ **4.** Guía en la que figuran las personas de un conjunto, con indicación de diversos datos de ellas, como su cargo, sus señas, su teléfono, etc. ‖ **5.** *Inform.* Lista de los archivos, ficheros o programas almacenados en la memoria de una computadora u ordenador. ‖ ~ **telefónico.** M. *Méx.* Guía de teléfonos.

directriz. I. ADJ. **1.** Dicho de una cosa: Que determina las condiciones de generación de algo. *Ideas, líneas directrices.* U. t. c. s. f. ‖ **2.** *Geom.* Dicho de una línea, de una figura o de una superficie: Que determina las condiciones de generación de otra línea, figura o superficie. U. t. c. s. f. ¶ MORF. U. solo apl. a susts. f. ‖ **II.** F. **3.** Conjunto de instrucciones o normas generales para la ejecución de algo. U. m. en pl.

dírham. M. **1.** Unidad monetaria de Marruecos y de los Emiratos Árabes Unidos. ‖ **2.** Fracción de la unidad monetaria en varios países islámicos, como Iraq, Libia, Kuwait, etc. ¶ MORF. pl. **dírhams.**

diriambino, na. ADJ. **1.** Natural de Diriamba. U. t. c. s. ‖ **2.** Perteneciente o relativo a este municipio del departamento de Carazo, en Nicaragua.

dirigencia. F. Conjunto de dirigentes políticos, gremiales, etc. U. m. en América.

dirigente. ADJ. Que dirige. Apl. a pers., u. t. c. s.

dirigible. I. ADJ. **1.** Que se puede dirigir. *Antena dirigible.* ‖ **II.** M. **2. globo dirigible.**

dirigida. □ V. **economía** ~.

dirigir. I. TR. **1.** Llevar directamente algo hacia un término o lugar señalado. *Dirigió el barco hacia el puerto.* U. t. c. prnl. ‖ **2.** Guiar, mostrando o dando las señas de un camino. *El cuerpo nos dirigió de regreso a casa.* ‖ **3.** Poner a una carta, caja o cualquier otro bulto las señas que indiquen a dónde y a quién se envía. ‖ **4.** Encaminar la intención y las operaciones a determinado fin. U. t. c. prnl. *Todas las investigaciones se dirigen a encontrar una vacuna contra el sida.* ‖ **5.** Gobernar, regir, dar reglas para el manejo de una dependencia, empresa o pretensión. *Dirige la empresa desde 1978.* ‖ **6.** Aconsejar o gobernar la conciencia de alguien. *Dirigió a sus seguidores hacia sus propios fines.* ‖ **7.** Orientar, guiar, aconsejar a quien realiza un trabajo. *La doctora dirigió todas las operaciones.* ‖ **8.** Dedicar una obra de ingenio. *Dirige sus libros a los adolescentes.* ‖ **9.** Conjuntar y marcar una determinada orientación artística a los componentes de una orquesta o coro, o a quienes intervienen en un espectáculo, asumiendo la responsabilidad de su actuación pública. ‖ **II.** PRNL. **10.** Destinar unas palabras o un escrito a alguien o algo. *El orador se dirigió a la audiencia.*

dirigismo. M. Tendencia del Gobierno o de cualquier autoridad a intervenir de manera abusiva en determinada actividad. *Dirigismo cultural, político, económico.*

dirigista. I. ADJ. **1.** Perteneciente o relativo al dirigismo. *Política dirigista.* ‖ **II.** COM. **2.** Persona que practica el dirigismo o es partidaria de él.

dirimente. ADJ. Que dirime. *Voto dirimente.*

dirimir. TR. Ajustar, concluir una controversia.

disacárido. M. *Biol.* Hidrato de carbono formado por dos monosacáridos; p. ej., la sacarosa y la lactosa.

disartria. F. *Med.* Dificultad para la articulación de las palabras que se observa en algunas enfermedades nerviosas.

discado. M. Á. R. *Plata.* Acción de discar. || **~ directo.** M. Á. R. *Plata.* Sistema de comunicación telefónica que permite hacer llamadas de larga distancia sin tener que recurrir a la operadora.

discal. ADJ. *Anat.* Perteneciente o relativo al disco intervertebral.

discapacidad. F. Cualidad de discapacitado.

discapacitado, da. PART. de **discapacitar.** || ADJ. Dicho de una persona: Que tiene impedida o entorpecida alguna de las actividades cotidianas consideradas normales, por alteración de sus funciones intelectuales o físicas. U. t. c. s.

discapacitar. TR. Dicho de una enfermedad o accidente: Causar a una persona deficiencias físicas o psíquicas que impiden o limitan la realización de actividades consideradas normales.

discar. TR. Á. *guar.* **marcar** (|| pulsar en un teléfono los números de otro).

discente. COM. **estudiante** (|| persona que cursa estudios).

discernidor, ra. ADJ. Que discierne.

discernimiento. M. **1.** Acción y efecto de discernir. || **2.** Capacidad de discernir.

discernir. TR. **1.** Distinguir algo de otra cosa, señalando la diferencia que hay entre ellas. *En la pelea no podía discernir quién era amigo o enemigo.* || **2.** Conceder u otorgar un cargo, distinción u honor. *El jurado discernirá el premio a la mejor periodista del año.* ¶ MORF. V. conjug. modelo.

disciplina. F. **1.** Doctrina, instrucción de una persona, especialmente en lo moral. || **2.** Arte, facultad o ciencia. || **3.** Especialmente en la milicia y en los estados eclesiásticos secular y regular, observancia de las leyes y ordenamientos de la profesión o instituto. || **4.** Instrumento, hecho ordinariamente de cáñamo, con varios ramales, cuyos extremos son más gruesos, y que sirve para azotar. U. m. en pl. con el mismo significado que en sing. || **5.** Acción y efecto de **disciplinar².** || **~ eclesiástica.** F. Conjunto de las disposiciones morales y canónicas de la Iglesia. □ V. **consejo de ~.**

disciplinado, da. PART. de **disciplinar².** || ADJ. **1.** Que guarda la **disciplina** (|| observancia de las leyes). || **2.** Dicho de una flor, especialmente de un clavel: **jaspeada.**

disciplinante. M. Persona que se disciplina públicamente en las procesiones de Semana Santa.

disciplinar¹. ADJ. Perteneciente o relativo a la disciplina.

disciplinar². TR. **1.** Azotar con las disciplinas por mortificación o por castigo. U. t. c. prnl. || **2.** Imponer, hacer guardar la **disciplina** (|| observancia de las leyes). *Tiene suficiente autoridad para disciplinar a su partido.*

disciplinario, ria. ADJ. **1.** Perteneciente o relativo a la disciplina. *Capacidades disciplinarias.* || **2.** Que establece subordinación y sujeción a determinadas reglas. *Régimen disciplinario.* || **3.** Dicho de una pena: Que se impone por vía de corrección. || **4.** Dicho de un cuerpo militar: Formado con soldados condenados a alguna pena. *Batallón disciplinario.* □ V. **corrección ~.**

discipulado. M. **1.** Ejercicio y cualidad del discípulo de una escuela. || **2.** Conjunto de discípulos de una escuela o de un maestro.

discipular. ADJ. Perteneciente o relativo a los discípulos.

discípulo, la. M. y F. **1.** Persona que aprende una doctrina, ciencia o arte bajo la dirección de un maestro. || **2.** Persona que sigue la opinión de una escuela, aun cuando viva en tiempos muy posteriores a los maestros que la establecieron. *Discípulo de Aristóteles. Discípulo de Epicuro.*

disco¹. M. **1.** Cuerpo cilíndrico cuya base es muy grande respecto de su altura. || **2.** Lámina circular, especialmente de plástico, que, con ayuda de un tocadiscos, reproduce sonidos previamente registrados. || **3.** Pieza giratoria de algunos aparatos telefónicos para marcar el número con que se quiere establecer comunicación. || **4.** Pieza metálica en la que hay pintada una señal de las previstas en el Código de la circulación, y que se coloca en lugares bien visibles de las calles y de las carreteras para ordenar el tráfico. || **5.** Cada uno de los tres discos luminosos, verde, rojo y amarillo, de que consta el semáforo eléctrico que regula la circulación. || **6.** Figura circular y plana con que se presentan a nuestra vista el Sol, la Luna y los planetas, y, por ext., cualquier figura circular. || **7.** coloq. Discurso o explicación pesada que se suele repetir con impertinencia. || **8.** *Dep.* Plancha circular cuyo lanzamiento constituye una de las pruebas de ciertas competiciones atléticas. || **~ compacto.** M. disco óptico que se graba en forma digital, lo que permite acumular una gran cantidad de información. || **~ de freno.** M. *Mec.* En las ruedas de un automóvil, pieza giratoria de metal contra la cual presionan las pastillas para frenarlo. || **~ duro.** M. coloq. *Inform.* Dispositivo de memoria de gran capacidad integrado en la computadora u ordenador o conectado a ellos, donde se almacena información. || **~ intervertebral.** M. *Anat.* Formación fibrosa con forma de disco, entre dos vértebras, en cuyo interior hay una masa pulposa. || **~ óptico.** M. disco en el que la información se registra y se lee mediante rayos láser. || **~ rayado.** M. coloq. Persona que repetidamente dice lo mismo. || **~ rígido.** M. *Inform.* disco duro. □ V. **freno de ~, grada de ~s, hernia de ~.**

disco². F. coloq. **discoteca** (|| local público).

discóbolo. M. hist. En la Grecia antigua, atleta lanzador de disco.

discografía. F. **1.** Arte de impresionar y reproducir discos fonográficos. || **2.** Conjunto de discos de un tema, un autor, etc.

discográfico, ca. ADJ. Perteneciente o relativo al disco o a la discografía.

discoidal. ADJ. Con forma de disco. *Estela discoidal.*

díscolo, la. ADJ. Desobediente, que no se comporta con docilidad. U. t. c. s.

discolora. □ V. **hoja ~.**

disconforme. ADJ. **1.** No conforme. *Una interpretación disconforme con la ley.* || **2.** Que manifiesta disconformidad. *Los estudiantes disconformes no iban armados.* Apl. a pers., u. t. c. s.

disconformidad. F. **1.** Diferencia de unas cosas con otras en cuanto a su esencia, forma o fin. || **2.** Oposición, desunión, desacuerdo en los dictámenes o en las voluntades.

discontinuación. F. Acción y efecto de discontinuar.

discontinuar. TR. **descontinuar.** MORF. conjug. c. *actuar.*

discontinuidad. F. Cualidad de discontinuo.

discontinuo, nua. ADJ. **1.** Interrumpido, intermitente o no continuo. ‖ **2.** *Mat.* No continuo. ◻ V. **nombre** ~.

discordancia. F. Contrariedad, diversidad, disconformidad.

discordante. ADJ. **discorde.** Apl. a pers., u. t. c. s. ◻ V. **nota** ~.

discordar. INTR. **1.** Dicho de dos o más cosas: Ser opuestas, desavenidas o diferentes entre sí. *Los colores elegidos no discuerdan.* ‖ **2.** Dicho de una persona: No convenir en opiniones con otra. ¶ MORF. conjug. c. *contar.*

discorde. ADJ. Disconforme, desavenido. *Pareja discorde.*

discordia. F. Oposición, desavenencia de voluntades u opiniones. ◻ V. **manzana de la** ~, **tercero en** ~.

discoteca. F. **1.** Colección de discos. ‖ **2.** Local o mueble en que se alojan esos discos debidamente ordenados. ‖ **3.** Local público donde sirven bebidas y se baila al son de música de discos.

discotequero, ra. ADJ. **1.** Perteneciente o relativo a la discoteca. *Pista discotequera.* ‖ **2.** Propio o característico de este tipo de locales. *Música muy discotequera.* ‖ **3.** Dicho de una persona: Que frecuenta las discotecas. U. t. c. s.

discrasia. F. *Med.* **caquexia** (‖ estado de extrema desnutrición).

discreción. F. **1.** Reserva, prudencia, circunspección. ‖ **2.** Sensatez para formar juicio y tacto para hablar u obrar. ‖ **a** ~. LOC.ADV. **1.** Al arbitrio o buen juicio de alguien. ‖ **2.** Al antojo o voluntad de alguien, sin tasa ni limitación.

discrecional. ADJ. **1.** Que se hace libre y prudencialmente. *El permiso de salida tendrá carácter discrecional.* ‖ **2.** Se dice de la potestad gubernativa en las funciones de su competencia que no están regladas. *Poder discrecional.* ‖ **3.** Dicho de un servicio de transporte: Que no está sujeto a ningún compromiso de regularidad. ◻ V. **servicio** ~.

discrecionalidad. F. Cualidad de discrecional.

discrepancia. F. **1.** Diferencia, desigualdad que resulta de la comparación de las cosas entre sí. ‖ **2.** Disentimiento personal en opiniones o en conducta.

discrepar. INTR. **1.** Dicho de una cosa: Desdecir de otra, diferenciarse, ser desigual. *Sus interpretaciones discrepan.* ‖ **2.** Dicho de una persona: Disentir del parecer o de la conducta de otra. *Discrepo DE sus opiniones.*

discreteo. M. Acción y efecto de cuchichear, hacer comentarios con aire confidencial.

discreto, ta. ADJ. **1.** Dotado de discreción. *Persona discreta.* ‖ **2.** Que incluye o denota discreción. *Conducta discreta. Dicho discreto.* ‖ **3.** Moderado, sin exceso. *Precio, color discreto.* U. t. en sent. peyor. *Es obra ambiciosa, pero de resultados discretos.* ‖ **4.** *Mat.* Dicho de una magnitud: Que toma valores distintos y separados. *La sucesión de los números enteros es discreta, pero la temperatura no.* ◻ V. **cantidad** ~, **nombre** ~.

discretorio. M. En algunas comunidades religiosas, cuerpo que forman los elegidos para asistir al superior como consiliarios.

discrimen. M. *Am. Cen.* y *Á. Andes.* **discriminación.**

discriminación. F. Acción y efecto de discriminar. ‖ ~ **positiva.** F. Protección de carácter extraordinario que se da a un grupo históricamente discriminado, especialmente por razón de sexo, raza, lengua o religión, para lograr su plena integración social.

discriminador, ra. ADJ. Que discrimina. *Sectarismo discriminador.*

discriminar. TR. **1.** Seleccionar excluyendo. *Discriminar ideas.* ‖ **2.** Dar trato de inferioridad a una persona o colectividad por motivos raciales, religiosos, políticos, etc.

discriminatorio, ria. ADJ. Que discrimina. *Ley discriminatoria.*

discromatopsia. F. *Med.* Incapacidad para percibir o discernir los colores.

disculpa. F. Razón que se da o causa que se alega para excusar o purgar una culpa. ‖ **pedir** ~s. LOC.VERB. **disculparse** (‖ pedir indulgencia).

disculpable. ADJ. Que merece disculpa. *Error disculpable.*

disculpar. **I.** TR. **1.** Dar razones o pruebas que descarguen de una culpa o delito. *La quería bien, y por eso la disculpaba.* U. t. c. prnl. ‖ **2.** coloq. No tomar en cuenta o perdonar las faltas y omisiones que alguien comete. ‖ **II.** PRNL. **3.** Pedir indulgencia por lo que ha causado o puede causar daño.

discurrir. **I.** TR. **1.** Inventar algo. *Discurrir una solución, un medio.* ‖ **II.** INTR. **2.** Andar, caminar, correr por diversas partes y lugares. *El camino discurre por lugares muy agrestes.* ‖ **3. correr** (‖ transcurrir el tiempo). ‖ **4.** Dicho de un fluido, como el aire, el agua, el aceite, etc.: **correr.** ‖ **5.** Reflexionar, pensar, hablar acerca de algo, aplicar la inteligencia.

discursar. TR. Discurrir sobre una materia.

discursear. INTR. coloq. Pronunciar discursos.

discursivo, va. ADJ. **1.** Que **discurre** (‖ reflexiona). ‖ **2.** Propio o característico del discurso o del razonamiento. *Pensamiento discursivo.*

discurso. M. **1.** Facultad racional con que se infieren unas cosas de otras, sacándolas por consecuencia de sus principios o conociéndolas por indicios y señales. ‖ **2.** Acto de la facultad discursiva. ‖ **3.** Serie de las palabras y frases empleadas para manifestar lo que se piensa o siente. *Perder, recobrar el hilo del discurso.* ‖ **4.** Razonamiento o exposición sobre algún tema que se lee o pronuncia en público. ‖ **5.** Doctrina, ideología, tesis o punto de vista. ‖ **6.** Escrito o tratado de no mucha extensión, en que se discurre sobre una materia para enseñar o persuadir. ‖ **7.** *Gram.* **oración** (‖ palabra o conjunto de palabras con sentido completo). ‖ **8.** *Ling.* Cadena hablada o escrita.

discusión. F. **1.** Acción y efecto de discutir. ‖ **2.** Análisis o comparación de los resultados de una investigación, a la luz de otros existentes o posibles. ‖ **sin** ~. LOC. ADV. Sin duda, con toda seguridad.

discutible. ADJ. Que se puede o se debe discutir. *Decisión discutible.*

discutidor, ra. ADJ. Propenso a disputas y discusiones, o aficionado a ellas. U. t. c. s.

discutir. TR. **1.** Dicho de dos o más personas: Examinar atenta y particularmente una materia. *Eran las once de la noche y la asamblea seguía discutiendo el proyecto.* ‖ **2.** Contender y alegar razones contra el parecer de alguien. *Todos discutían sus decisiones.* U. m. c. intr. *Discutieron con el contratista sobre el precio de la obra.*

disecación. F. **disección.**

disecador, ra. ADJ. Que diseca. Apl. a pers., u. t. c. s.

disecar[1]. TR. **1.** Dividir en partes un vegetal o el cadáver de un animal para el examen de su estructura normal o de las alteraciones orgánicas. || **2.** Preparar los animales muertos para que conserven la apariencia de cuando estaban vivos.

disecar[2]. TR. Secar algo por motivos o fines diversos. *Una flor disecada entre las hojas de un libro.* U. t. c. prnl.

disección. F. **1.** Acción y efecto de **disecar** (|| dividir en partes un vegetal o un cadáver para su examen). || **2.** Examen, análisis pormenorizado de algo.

diseccionar. TR. **1. disecar** (|| dividir en partes un vegetal o un cadáver para su examen). || **2.** Hacer una **disección** (|| análisis de algo). *En su libro disecciona la burguesía de los años veinte.*

disector, ra. M. y F. Persona que diseca y realiza las operaciones anatómicas.

diseminación. F. Acción y efecto de diseminar.

diseminador, ra. ADJ. Que disemina. *Agente diseminador del mal.*

diseminar. TR. esparcir. U. t. c. prnl.

disensión. F. **1.** Oposición o contrariedad de varias personas en los pareceres o en los propósitos. || **2.** Contienda, riña.

disenso. M. disentimiento.

disentería. F. *Med.* Enfermedad infecciosa que tiene por síntomas característicos la diarrea con pujos y alguna mezcla de sangre.

disentérico, ca. ADJ. *Med.* Perteneciente o relativo a la disentería.

disentimiento. M. Acción y efecto de disentir.

disentir. INTR. No ajustarse al sentir o parecer de alguien. *Disiento de tu opinión.* MORF. conjug. c. *sentir.*

diseñador, ra. M. y F. Persona que diseña.

diseñar. TR. Hacer un diseño.

diseño. M. **1.** Traza o delineación de un edificio o de una figura. || **2.** Proyecto, plan. *Diseño urbanístico.* || **3.** Concepción original de un objeto u obra destinados a la producción en serie. *Diseño gráfico. Diseño industrial.* || **4.** Forma de cada uno de estos objetos. *El diseño de esta silla es de inspiración modernista.* || **5.** Descripción o bosquejo verbal de algo. *El diseño de un futuro político.* □ V. **droga de ~.**

disertación. F. **1.** Acción y efecto de disertar. || **2.** Escrito, lección o conferencia en que se disierta.

disertante. ADJ. Que diserta. U. t. c. s.

disertar. INTR. Razonar, discurrir detenida y metódicamente sobre alguna materia, bien para exponerla, bien para refutar opiniones ajenas.

diserto, ta. ADJ. Que habla con facilidad y con abundancia de argumentos.

disfagia. F. *Biol.* Dificultad o imposibilidad de tragar.

disfasia. F. *Med.* Anomalía en el lenguaje causada por una lesión cerebral.

disfavor. M. **1.** Desaire o desatención para con alguien. || **2.** Suspensión del favor.

disfemismo. M. Modo de decir que consiste en nombrar una realidad con una expresión peyorativa o con intención de rebajarla de categoría, en oposición a *eufemismo.*

disfonía. F. *Med.* Trastorno cualitativo o cuantitativo de la fonación por causas orgánicas o funcionales.

disforme. ADJ. **1.** deforme. *Una sombra disforme.* || **2.** Feo, horroroso, monstruoso.

disformidad. F. deformidad.

disfraz. M. **1.** Vestido de máscara que sirve para las fiestas y saraos, especialmente en carnaval. || **2.** Simulación

para dar a entender algo distinto de lo que se siente. *No engaña a nadie con el disfraz de la modestia.*

disfrazar. I. TR. **1.** Desfigurar la forma natural de alguien o de algo para que no sea conocido. U. t. c. prnl. || **2.** Disimular, desfigurar con palabras y expresiones lo que se siente. *Disfrazar la realidad.* || II. PRNL. **3.** Vestirse de máscara.

disfrutar. I. TR. **1.** Percibir o gozar los productos y utilidades de algo. *Disfrutar la buena comida.* || II. INTR. **2.** Tener alguna condición buena, física o moral, o gozar de comodidad o conveniencia. *Disfrutar DE excelente salud, destreza, estimación, fama,* etc. U. t. c. tr. || **3.** gozar (|| sentir placer).

disfrute. M. Acción y efecto de disfrutar.

disfunción. F. **1.** Desarreglo en el funcionamiento de algo o en la función que le corresponde. || **2.** *Biol.* Alteración cuantitativa o cualitativa de una función orgánica.

disfuncional. ADJ. Perteneciente o relativo a la disfunción.

disgregación. F. Acción y efecto de disgregar.

disgregador, ra. ADJ. Que disgrega. *Pensamiento disgregador.*

disgregante. ADJ. Que disgrega. Apl. a un factor o un elemento, u. t. c. s. m.

disgregar. TR. Separar, desunir, apartar lo que estaba unido. U. t. c. prnl.

disgustar. I. TR. **1.** Causar enfado, pesadumbre o desazón. *Guárdate mucho de disgustar a tu padre.* U. t. c. prnl. || II. PRNL. **2.** Enojarse con alguien, o perder la amistad por enfados o disputas.

disgusto. M. **1.** Sentimiento, pesadumbre e inquietud causados por un accidente o una contrariedad. || **2.** Fastidio o enfado que causa alguien o algo. || **3.** Encuentro enfadoso con alguien, disputa o diferencia. || **a ~.** LOC. ADV. De mala gana, con incomodidad.

disgustoso, sa. ADJ. Desagradable, enfadoso, que causa disgusto. *Querellas disgustosas.*

disidencia. F. **1.** Separación de la doctrina, creencia o conducta común. || **2.** Grave desacuerdo de opiniones.

disidente. ADJ. Que se separa de la doctrina, creencia o conducta común. Apl. a pers., u. t. c. s.

disímbolo, la. ADJ. *Méx.* Disímil, diferente, disconforme.

disimetría. F. Defecto de simetría.

disimétrico, ca. ADJ. Que tiene disimetría. *Diseño disimétrico.*

disímil. ADJ. Desemejante, diferente. *Origen disímil.*

disimilación. F. *Fon.* Acción y efecto de disimilar.

disimilar. TR. **1.** *Fon.* Alterar la articulación de un sonido del habla diferenciándolo de otro igual o semejante, ya estén ambos contiguos, ya meramente cercanos. U. m. c. intr. y c. prnl. || **2.** *Fon.* Omitir por completo la articulación de un sonido en tales condiciones. U. m. c. intr. y c. prnl.

disimilitud. F. desemejanza.

disimulación. F. Acción y efecto de disimular.

disimulado, da. PART. de **disimular.** || ADJ. Que por hábito o carácter disimula o no da a entender lo que siente. U. t. c. s. || **a lo ~, o a la ~.** LOCS. ADVS. Con disimulo. || **hacer la ~.** LOC. VERB. coloq. Afectar y manifestar ignorancia de algo, o no darse por enterado de una expresión o de un acto.

disimulador, ra. ADJ. Que disimula, fingiendo o tolerando. U. t. c. s.

disimular. TR. **1.** Encubrir con astucia la intención. *Con una sonrisa disimulaba sus verdaderas intenciones.* U. t. c. intr. || **2.** Desentenderse del conocimiento de algo. U. t. c. intr. *El ladrón robó el collar a una mujer mientras la gente miraba para otro lado y disimulaba.* || **3.** Ocultar, encubrir algo que se siente y padece. *Disimular el miedo, la pena, la pobreza, el frío.* U. t. c. intr. || **4.** Tolerar, disculpar un desorden, afectando ignorarlo o no dándole importancia. *Puedes disimular tu crimen, pero la simulación no vale ante la propia conciencia.* U. t. c. intr. || **5.** Disfrazar u ocultar algo, para que parezca distinto de lo que es. *Empezó a toser para disimular su risa.*

disimulo. M. Arte con que se oculta lo que se siente, se sospecha, se sabe o se hace.

disipación. F. **1.** Acción y efecto de disipar o disiparse. || **2.** Disolución, relajamiento moral.

disipado, da. PART. de **disipar.** || ADJ. Disoluto, libertino. U. t. c. s.

disipador, ra. ADJ. Que destruye y malgasta la hacienda o caudal. U. t. c. s.

disipar. **I.** TR. **1.** Esparcir y desvanecer las partes que forman por aglomeración un cuerpo. *El sol disipa las nieblas; el viento, las nubes.* U. t. c. prnl. || **2.** Desperdiciar, malgastar la hacienda u otra cosa. *En un año disipó toda su herencia.* || **II.** PRNL. **3.** Evaporarse, resolverse en vapores. || **4.** Dicho de una cosa, como un sueño, una sospecha, etc.: Desvanecerse, quedarse en nada.

disjuntos. □ V. **conjuntos ~.**

dislalia. F. Med. Dificultad de articular las palabras.

dislate. M. **disparate.**

dislexia. F. **1.** Dificultad en el aprendizaje de la lectura, la escritura o el cálculo, frecuentemente asociada con trastornos de la coordinación motora y la atención, pero no de la inteligencia. || **2.** Med. Incapacidad parcial o total para comprender lo que se lee, causada por una lesión cerebral.

disléxico, ca. ADJ. **1.** Perteneciente o relativo a la dislexia. *Trastorno disléxico.* || **2.** Que padece dislexia. U. t. c. s.

dislocación. F. **1.** Acción y efecto de dislocar. || **2.** Fís. Discontinuidad en la estructura de un cristal. || **3.** Geol. Cambio de dirección, en sentido horizontal, de una capa o filón. || **4.** Gram. Alteración del orden natural de palabras de una lengua, con finalidad expresiva.

dislocadura. F. **dislocación.**

dislocar. TR. **1.** Sacar algo de su lugar. Apl. a huesos y articulaciones, u. m. c. prnl. *Se dislocó la muñeca en la caída.* || **2.** Hacer perder el tino o la compostura. U. t. c. prnl. MORF. U. m. en part.

disloque. M. coloq. **desbarajuste.**

dismenorrea. F. Med. Menstruación dolorosa o difícil.

disminución. F. Merma o deterioro de algo, tanto en lo físico como en lo moral. || **ir** algo, como la salud, el crédito, etc., **en ~.** LOC.VERB. Irse perdiendo.

disminuido, da. PART. de **disminuir.** || ADJ. Que ha perdido fuerzas o aptitudes, o las posee en grado menor a lo normal. Apl. a pers., u. t. c. s. □ V. **sexta ~.**

disminuir. TR. Hacer menor la extensión, la intensidad o el número de algo. U. t. c. intr. y c. prnl. MORF. conjug. c. *construir.*

disnea. F. Med. Dificultad de respirar.

disneico, ca. ADJ. **1.** Med. Perteneciente o relativo a la disnea. *Cuadro disneico.* || **2.** Que padece disnea. U. t. c. s.

disociación. F. **1.** Acción y efecto de disociar. || **2.** Quím. Separación de los componentes de una sustancia mediante alguna acción física o química.

disociador, ra. ADJ. Que disocia. *Pensamiento disociador.*

disociar. TR. **1.** Separar algo de otra cosa a la que estaba unida. U. t. c. prnl. *La teoría y la praxis no deben disociarse.* || **2.** Separar los diversos componentes de una sustancia. U. t. c. prnl. *El óxido de cerio se disocia a altas temperaturas.* ¶ MORF. conjug. c. *anunciar.*

disoluble. ADJ. **soluble** (|| que se puede disolver).

disolución. F. **1.** Acción y efecto de disolver. || **2.** Mezcla que resulta de disolver cualquier sustancia en un líquido. || **3.** Relajación y rompimiento de los lazos o vínculos existentes entre varias personas. *Disolución de la sociedad. Disolución de la familia.* || **4.** Relajación de vida y costumbres. || **~ acuosa.** F. Aquella cuyo disolvente es el agua. || **~ coloidal.** F. **suspensión coloidal.** || **~ sólida.** F. Fís. y Quím. La consistente en una mezcla sólida y homogénea de dos o más sustancias. *El bronce es una disolución sólida de cobre y estaño.*

disolutivo, va. ADJ. Que tiene virtud de disolver. *Tratamiento disolutivo de los cálculos renales.*

disoluto, ta. ADJ. Licencioso, entregado a los vicios. U. t. c. s.

disolvente. ADJ. Que disuelve. Apl. a una sustancia o un producto, u. t. c. s. m.

disolver. TR. **1.** Mezclar de forma homogénea las moléculas o iones de un sólido, un líquido o un gas en el seno de otro líquido, llamado disolvente. U. t. c. prnl. || **2.** Separar, desunir lo que estaba unido de cualquier modo. *Disolver el matrimonio, las Cortes.* U. t. c. prnl. *Disolverse una sociedad.* || **3.** Deshacer, destruir, aniquilar. *Disolver cualquier duda.* U. t. c. prnl. ¶ MORF. conjug. c. *mover;* part. irreg. **disuelto.**

disonancia. F. **1.** Sonido desagradable. || **2.** Falta de la conformidad o proporción que naturalmente debe tener algo. *Hay profunda disonancia entre lo que es y lo que podría ser.* || **3.** Mús. Acorde no consonante. || **hacer ~** algo. LOC.VERB. Parecer extraño y fuera de razón.

disonante. ADJ. **1.** Que disuena. *Chirridos disonantes.* || **2.** Que no es regular o discrepa de aquello con que debiera ser conforme. *Conceptos disonantes.* □ V. **tono ~.**

disonar. INTR. **1.** Sonar desagradablemente, faltar a la consonancia y armonía. || **2.** Dicho de una cosa o de las partes de ella entre sí: Discrepar, carecer de conformidad y correspondencia cuando debieran tenerla. || **3.** Dicho de una cosa: Parecer mal y extraña. ¶ MORF. conjug. c. *contar.*

disosmia. F. Med. Dificultad en la percepción de los olores.

dispar. ADJ. Desigual, diferente. *Resultados dispares.*

disparada. F. Á. R. Plata. Acción de echar a correr de repente o de partir con precipitación. || **a la ~.** LOC.ADV. **1.** Á. Andes, Á. R. Plata y Chile. A todo correr. || **2.** Á. Andes, Á. guar. y Chile. De manera precipitada y atolondrada.

disparadero. en el ~. LOC.ADV. En el trance de sentirse obligado a decir o hacer algo.

disparador, ra. **I.** M. y F. **1.** Persona que dispara. || **II.** M. **2.** Pieza que sirve para disparar un arma de fuego. || **3.** Pieza que sirve para hacer funcionar el obturador automático de una cámara fotográfica.

disparar. **I.** TR. **1.** Hacer que un arma despida su carga. *Disparar una flecha con el arco, una bala con el fusil.* || **2.** Dicho de un arma: Despedir su carga. U. t. c. intr. *Esta pistola no dispara bien.* || **3.** Hacer funcionar un disparador. *Disparar la cámara fotográfica.* || **4.** En el fútbol y otros juegos, lanzar el balón con fuerza hacia la meta. U. t. c. intr. || **II.** PRNL. **5.** Dicho de lo que tiene movimiento natural o artificial: Partir o correr sin dirección y precipitadamente. *Dispararse un caballo, un reloj*. En América, u. c. intr. ‖ **6.** Dirigirse precipitadamente hacia un objeto. *El atleta se disparó hacia la meta.* ‖ **7.** Hablar u obrar con extraordinaria violencia y, por lo común, sin razón. *Cuando mi vecina se dispara, no hay quien la aguante.* ‖ **8.** Dicho de una cosa: Crecer, incrementarse inmoderadamente. *Dispararse los precios, la violencia.*

disparatado, da. PART. de **disparatar.** ‖ ADJ. **1.** Dicho de una persona: Que disparata. ‖ **2.** Contrario a la razón. *Disparatadas fantasías.* ‖ **3.** coloq. **terrible** (‖ muy grande).

disparatar. INTR. Decir o hacer algo fuera de razón y regla.

disparate. M. **1.** Hecho o dicho disparatado. ‖ **2.** coloq. **atrocidad** (‖ cantidad grande o excesiva).

disparatero, ra. ADJ. Que disparata con frecuencia. U. t. c. s. U. m. en América.

disparatorio. M. Conversación, discurso o escrito lleno de disparates.

disparejo, ja. ADJ. **dispar.**

disparidad. F. Desemejanza, desigualdad y diferencia de unas cosas respecto de otras.

disparo. M. **1.** Acción y efecto de disparar o dispararse. ‖ **2.** *Mil.* Elemento de munición completo.

dispendio. M. Gasto, por lo general excesivo e innecesario.

dispendioso, sa. ADJ. Costoso, de gasto considerable. *Celebración dispendiosa.*

dispensa. F. **1.** Privilegio, excepción graciosa de lo ordenado por las leyes generales, y más comúnmente el concedido por el papa o por un obispo. ‖ **2.** Documento o escrito que contiene la **dispensa.**

dispensación. F. Acción y efecto de dispensar.

dispensador, ra. I. ADJ. **1.** Que dispensa. *Centro dispensador de medicamentos.* Apl. a pers., u. t. c. s. ‖ **II.** M. **2.** Máquina que sirve para dispensar. *Dispensador de servilletas.*

dispensar. TR. **1.** Dar, conceder, otorgar, distribuir. *Dispensar mercedes, elogios.* ‖ **2.** Expender, despachar un medicamento. ‖ **3.** Eximir de una obligación, o de lo que se quiere considerar como tal. *A las más pequeñas las dispensaban de ayudar en las tareas de la casa.* U. t. c. prnl.

dispensario. M. Establecimiento destinado a prestar asistencia médica y farmacéutica a enfermos que no se alojan en él.

dispepsia. F. *Med.* Enfermedad crónica caracterizada por la digestión laboriosa e imperfecta.

dispéptico, ca. ADJ. **1.** *Med.* Perteneciente o relativo a la dispepsia. *Síntomas dispépticos.* ‖ **2.** Enfermo de dispepsia. U. t. c. s.

dispersar. TR. **1.** Separar y diseminar lo que estaba o solía estar reunido. *Dispersar una manifestación, un rebaño.* U. t. c. prnl. ‖ **2.** Dividir el esfuerzo, la atención o la actividad, aplicándolos desordenadamente en múltiples direcciones. ‖ **3.** *Mil.* Romper, desbaratar al enemigo haciéndolo huir y diseminarse en completo desorden. U. t. c. prnl. ‖ **4.** *Mil.* Desplegar en orden abierto de guerrilla una fuerza. U. m. c. prnl.

dispersión. F. **1.** Acción y efecto de dispersar. ‖ **2.** *Fís.* Descomposición de una radiación en sus diferentes longitudes de onda por la acción del medio de propagación, como la luz cuando atraviesa las gotas de lluvia formando el arcoíris. ‖ **3.** *Fís.* y *Quím.* Sustancia aparentemente homogénea, en cuyo seno hay otra finamente dividida. ‖ **4.** *Mat.* Distribución estadística de un conjunto de valores. ‖ **5.** *Mil.* Distribución aleatoria de los impactos de proyectiles sobre un objetivo. ‖ **6.** *Quím.* Fluido en cuya masa está contenido uniformemente un cuerpo en suspensión o en estado coloidal.

dispersivo, va. ADJ. Que tiene facultad de dispersar. *Factor dispersivo.*

disperso, sa. ADJ. Que está dispersado. Apl. a pers., u. t. c. s.

dispersor, ra. ADJ. Que dispersa. *Agente dispersor de los contaminantes.*

dispierto, ta. ADJ. despierto.

displacer¹. M. **desplacer¹.**

displacer². TR. **desplacer².** MORF. conjug. c. *agradecer.*

displasia. F. *Med.* Anomalía en el desarrollo de un órgano.

displásico, ca. ADJ. *Med.* Perteneciente o relativo a la displasia.

displicencia. F. **1.** Desagrado o indiferencia en el trato. ‖ **2.** Desaliento en la ejecución de una acción, por dudar de su bondad o desconfiar de su éxito.

displicente. ADJ. **1.** Desdeñoso, descontentadizo o de mal humor. *Mirada displicente.* U. t. c. s. ‖ **2.** Que desplace, desagrada y disgusta. *Día displicente.*

disponer. I. TR. **1.** Colocar, poner algo en orden y situación conveniente. *Disponer los documentos sobre la mesa.* U. t. c. prnl. ‖ **2.** Deliberar, determinar, mandar lo que ha de hacerse. *Han dispuesto la evacuación de la ciudad.* ‖ **3. preparar** (‖ prevenir). U. t. c. prnl. *Me dispongo a salir de casa.* ‖ **II.** INTR. **4.** Valerse de alguien o de algo, tenerlo o utilizarlo por suyo. *Disponga usted de mí a su gusto. Disponemos de poco tiempo.* ‖ **5.** Ejercitar en algo facultades de dominio, enajenarlo o gravarlo, en vez de atenerse a la posesión y disfrute. Testar acerca de ello. *En cuanto sea mayor de edad podrá disponer de los bienes heredados.* ¶ MORF. conjug. c. *poner;* part. irreg. **dispuesto.**

disponibilidad. F. **1.** Cualidad o condición de disponible. ‖ **2.** Conjunto de fondos o bienes disponibles en un momento dado. U. m. en pl. ‖ **3.** En funcionarios o militares, situación de disponible.

disponible. ADJ. **1.** Dicho de una cosa: Que se puede disponer libremente de ella o que está lista para usarse o utilizarse. ‖ **2.** Dicho de una persona: Libre de impedimento para prestar servicios a alguien. *Quisieron contratarlo pero no estaba disponible.* ‖ **3.** Dicho de un militar o de un funcionario en servicio activo: Sin destino, pero que puede ser destinado inmediatamente.

disposición. F. **1.** Acción y efecto de disponer. ‖ **2. aptitud** (‖ adecuación para algún fin). *Tiene buena disposición para los negocios.* ‖ **3.** Precepto legal o reglamentario, deliberación, orden y mandato de la autoridad. ‖ **4.** Desembarazo, soltura en preparar y despachar algo que alguien tiene a su cargo. *Salvó el escollo con mucha disposición.* ‖ **5.** Medio que se emplea para ejecutar un propósito, o para evitar o atenuar un mal. *Hay que tomar las disposiciones necesarias para asegurar el acceso.* ‖ **6.** *Ret.* Colocación ordenada o distribución de las diferentes partes de una composición literaria. ‖ **última ~.** F. **testamento** (‖ declaración que de su última voluntad hace una persona). ‖ **a la ~ de.** EXPR. Se usa como fórmula de cortesía para ofrecerse una persona a otra. *Estoy a la disposición de usted.* ‖ **estar,** o **hallarse, en ~** alguien o algo. LOCS. VERBS. Hallarse apto y listo para algún fin.

dispositivo, va. I. ADJ. **1.** Que dispone. *Parte dispositiva de una sentencia.* || II. M. **2.** Mecanismo o artificio para producir una acción prevista. || **3.** Organización para acometer una acción. *Dispositivo policial.* || **~ intrauterino.** M. dispositivo anticonceptivo que se coloca en el interior del útero e impide la anidación del óvulo fecundado.

disprosio. M. Elemento químico de núm. atóm. 66. Metal de las tierras raras, escaso en la naturaleza, se encuentra con otros lantánidos en ciertos minerales. Sus sales son de color amarillo verdoso, y se utiliza en la industria nuclear. (Símb. *Dy*).

dispuesto, ta. PART. IRREG. de **disponer.** || ADJ. Hábil, despejado. *Desde pequeño fue muy dispuesto.* || **bien ~.** LOC.ADJ. **1.** Con ánimo favorable. *Se mostró bien dispuesto a aceptarlo.* || **2.** Con entera salud. || **mal ~.** LOC. ADJ. **1.** Con ánimo adverso. *Mal dispuesto al sacrificio.* || **2.** Sin salud.

disputa. F. Acción y efecto de disputar. || **sin ~.** LOC.ADV. De modo indudable.

disputador, ra. ADJ. **1.** Que disputa. Apl. a pers., u. t. c. s. || **2.** Que tiene el vicio de disputar. Apl. a pers., u. t. c. s.

disputar. TR. **1.** debatir. || **2.** Discutir con calor y vehemencia. U. t. c. intr. *Disputar de, sobre, acerca de una cuestión.* || **3.** Contender, competir, rivalizar. U. t. c. prnl. *La final se disputará el sábado.*

disquera. F. Á. *Caribe.* Empresa que se encarga de la manufactura, producción y distribución de discos musicales.

disquería. F. *Chile.* Local donde se venden casetes y discos compactos.

disquete. M. *Inform.* Disco magnético portátil, de capacidad reducida, que se introduce en una computadora u ordenador para su grabación o lectura.

disquetera. F. *Inform.* Dispositivo donde se inserta el disquete para su grabación o lectura.

disquisición. F. **1.** Examen riguroso que se hace de algo, considerando cada una de sus partes. || **2.** Divagación, digresión. U. m. en pl.

distal. ADJ. *Anat.* Se dice de la parte de un miembro o de un órgano más separada de la línea media.

distancia. F. **1.** Espacio o intervalo de lugar o de tiempo que media entre dos cosas o sucesos. || **2.** Diferencia, desemejanza notable entre unas cosas y otras. || **3.** Alejamiento, desvío, desafecto entre personas. || **4.** *Geom.* Longitud del segmento de recta comprendido entre dos puntos del espacio. || **~ angular.** F. *Astr.* Ángulo formado por las visuales a dos astros próximos en la esfera celeste. || **a ~.** LOC.ADJ. Que se realiza o funciona por correo o a través de los medios de telecomunicación, sin que se requiera la presencia física de los partícipes. *Venta, enseñanza, universidad a distancia.* U. t. c. loc. adv. *Estudia a distancia.* || **guardar las ~s.** LOC.VERB. Observar en el trato con otras personas una actitud que excluya familiaridad o excesiva cordialidad. □ V. **mando a ~.**

distanciador, ra. ADJ. Que distancia. *Enemistad distanciadora.*

distanciamiento. M. **1.** Acción y efecto de distanciar. || **2.** Enfriamiento de la relación amistosa y disminución de la frecuencia en el trato entre dos personas. || **3.** Alejamiento afectivo o intelectual de alguien en su relación con un grupo humano, una institución, una ideología, una creencia o una opinión. || **4.** Recurso artístico, principalmente teatral, mediante el cual se consigue que el espectador o el actor queden psíquicamente distantes de la acción representada, y puedan adoptar ante ella una actitud claramente cognoscitiva y crítica.

distanciar. TR. **1.** Separar, apartar, poner a distancia. U. t. c. prnl. *El líder se distanció del pelotón.* || **2.** Desunir o separar moralmente a las personas por desafecto, diferencias de opinión, etc. U. t. c. prnl. *Se han distanciado mucho últimamente.* ¶ MORF. conjug. c. *anunciar.*

distante. ADJ. **1.** Que dista. *Su casa está distante del pueblo unos 30 km.* || **2.** Apartado, remoto, lejano. *Nada más distante de la verdad.* || **3.** Dicho de una persona: Que rehúye el trato amistoso o la intimidad.

distar. INTR. **1.** Dicho de una cosa: Estar apartada de otra cierto espacio de lugar o de tiempo. || **2.** Dicho de una cosa: Diferenciarse notablemente de otra.

distender. TR. **1.** Aflojar, relajar, disminuir la tensión. U. t. c. prnl. U. t. en sent. fig. *El ambiente se distendió en cuanto se fue.* || **2.** *Med.* Causar una tensión violenta en los tejidos, membranas, etc. U. t. c. prnl. ¶ MORF. conjug. c. *entender.*

distendido, da. PART. de **distender.** || ADJ. Relajado, que no produce tensión. *Ambiente distendido.*

distensión. F. Acción y efecto de distender.

distermia. F. Temperatura anormal del organismo.

dístico¹. M. Composición usual en la poesía griega y latina que consta de dos versos, por lo común un hexámetro seguido de un pentámetro.

dístico², ca. ADJ. *Bot.* Dicho de las hojas, de las flores, de las espigas y demás partes de una planta: Que están situadas en un mismo plano y miran alternativamente a uno y otro lado de un eje.

distinción. F. **1.** Acción y efecto de distinguir o distinguirse. *Sin distinción de credo.* || **2.** Diferencia por la cual una cosa no es otra, o no es semejante a otra. *La única distinción es el color.* || **3.** Prerrogativa, excepción o favor concedido a alguien. || **4.** Objeto que simboliza este honor. || **5.** Elevación sobre lo vulgar, especialmente en elegancia y buenas maneras. || **6.** Miramiento y consideración hacia alguien. *Tratar con distinción. Ser persona de distinción.* || **7.** Buen orden, claridad y precisión en algo. *Toda idea que posee claridad y distinción es verdadera.* || **a ~ de.** LOC. PREPOS. Se usa para explicar la diferencia entre dos cosas que pueden confundirse. *Aranda de Duero se llama así a distinción de otra Aranda que hay en Aragón.* || **hacer ~.** LOC.VERB. Hacer juicio recto de algo, estimarlo en lo que merece.

distingo. M. Reparo, restricción, limitación que se pone con cierta sutileza, meticulosidad o malicia.

distinguido, da. PART. de **distinguir.** || ADJ. Ilustre, noble, esclarecido.

distinguidor, ra. ADJ. Que distingue. *Rasgo distinguidor.*

distinguir. I. TR. **1.** Conocer la diferencia entre unas personas o cosas y otras. *No distingue el rojo del verde.* || **2.** Hacer que una persona o cosa se diferencie de otra por medio de alguna particularidad, señal, divisa, etc. U. t. c. prnl. *Solo se distinguen por el color.* || **3.** Dicho de una cualidad o de un proceder: Caracterizar a alguien o algo. *Juan, con la generosidad que lo distingue, renunció a lo que le ofrecían.* || **4.** Manifestar, declarar la diferencia que hay entre una persona o cosa y otra con la cual se puede confundir. *Los antiguos distinguían entre teoremas y proposiciones.* || **5.** Ver un objeto, diferenciándolo de los demás, a pesar de alguna dificultad que haya para ello, como la lejanía, la falta de diafanidad en el aire, la debilidad de la vista, etc. *Con los prismáticos pude distinguirla enseguida.* ‖ **6.** Otorgar a alguien alguna dignidad, prerrogativa, etc. *Lo distinguieron con la medalla al mérito civil.* ‖ **7.** Hacer particular estimación de unas personas prefiriéndolas a otras. *Carlos V la distinguió con privilegios.* ‖ **II.** PRNL. **8.** Descollar, sobresalir entre otros. *Se distinguió en dibujo.*

distintivo, va. I. ADJ. **1.** Que tiene facultad de distinguir. *Propiedades distintivas.* ‖ **2.** Dicho de una cualidad: Que distingue o caracteriza esencialmente algo. U. t. c. s. m. *Reconoció en ello un distintivo de la sociedad actual.* ‖ **II.** M. **3.** Insignia, señal, marca. □ V. **rasgo ~.**

distinto, ta. I. ADJ. **1.** Que no es lo mismo, que tiene realidad o existencia diferente de aquello otro de que se trata. *Llegamos por caminos distintos.* ‖ **2.** Que no es parecido, que tiene diferentes cualidades. *Todas las casas son distintas.* ‖ **3.** Inteligible, claro, sin confusión. *Separación clara y distinta de los departamentos.* ‖ **4.** pl. Varios, algunos. *Distintos autores.* ‖ **II.** ADV. M. **5.** De otra manera, de modo diferente. *Siempre pensó distinto.*

distocia. F. *Med.* Parto laborioso o difícil.

distócico, ca. ADJ. *Med.* Perteneciente o relativo a la distocia.

dístomo. M. **duela** (‖ gusano trematodo).

distonía. F. *Med.* Alteración del tono fisiológico.

distorsión. F. **1.** Torsión, torcedura. ‖ **2.** Deformación de imágenes, sonidos, señales, etc., producida en su transmisión o reproducción. ‖ **3.** Acción de torcer o desequilibrar la disposición de figuras en general o de elementos artísticos, o de presentar o interpretar hechos, intenciones, etc., deformándolos de modo intencionado. ‖ **4.** *Med.* **esguince** (‖ torcedura de una articulación).

distorsionador, ra. ADJ. **1.** Que causa distorsión en la transmisión de imágenes, sonidos, etc. *Interferencias distorsionadoras.* Apl. a un dispositivo, u. t. c. s. m. ‖ **2.** Que causa **distorsión** (‖ acción de desequilibrar). *Perspectiva distorsionadora.*

distorsionar. TR. Causar distorsión. U. t. c. prnl.

distracción. F. **1.** Acción y efecto de distraer. ‖ **2.** Cosa que atrae la atención apartándola de aquello a que está aplicada, y en especial un espectáculo o un juego que sirve para el descanso.

distraer. TR. **1.** Apartar, desviar, alejar. *El trabajo lo distraerá de sus pensamientos.* U. t. c. prnl. ‖ **2.** **divertir** (‖ entretener). *Le traía libros de la calle para distraerla.* U. t. c. prnl. ‖ **3.** Apartar la atención de alguien del objeto a que la aplicaba o a que debía aplicarla. U. t. c. prnl. *Me distraje y me perdí el final.* ‖ **4.** Malversar fondos, defraudarlos. *Distrajeron dinero de su propio presupuesto.* ¶ MORF. conjug. c. **traer.**

distraído, da. PART. de **distraer.** ‖ ADJ. Dicho de una persona: Que, por distraerse con facilidad, habla u obra sin darse cuenta cabal de sus palabras o de lo que pasa a su alrededor. U. t. c. s. ‖ **hacerse** alguien **el ~.** LOC.VERB. Fingir que no se da cuenta de algo que no le interesa.

distraimiento. M. **distracción.**

distribución. F. **1.** Acción y efecto de distribuir. ‖ **2.** *Com.* Reparto de un producto a los locales en que debe comercializarse. ‖ **3.** *Econ.* Asignación del valor del producto entre los distintos factores de la producción. ‖ **4.** *Mat.* Función que representa las probabilidades que definen una variable aleatoria o un fenómeno aleatorio. □ V. **cuadro de ~.**

distribuidor, ra. I. ADJ. **1.** Que distribuye. *Red distribuidora.* Apl. a pers., u. t. c. s. ‖ **II.** M. **2.** Máquina que sirve para distribuir. *Un distribuidor de golosinas.* ‖ **3.** En algunas casas, pieza de paso que da acceso a varias habitaciones.

distribuidora. F. Empresa dedicada a la distribución de productos comerciales.

distribuir. TR. **1.** Dividir algo entre varias personas, designando lo que a cada una corresponde, según voluntad, conveniencia, regla o derecho. ‖ **2.** Dar a algo su oportuna colocación o el destino conveniente. U. t. c. prnl. *El equipaje se ha distribuido en las dos zonas reservadas para ello.* ‖ **3.** *Com.* Entregar una mercancía a los vendedores y consumidores. ‖ **4.** *Impr.* Deshacer los moldes, repartiendo las letras en los cajetines respectivos. ¶ MORF. conjug. c. **construir.**

distributivo, va. ADJ. Que toca o atañe a distribución. *Equidad distributiva.* □ V. **conjunción ~, justicia ~.**

distrito. M. Cada una de las demarcaciones en que se subdivide un territorio o una población para distribuir y ordenar el ejercicio de los derechos civiles y políticos, o de las funciones públicas, o de los servicios administrativos.

distrofia. F. *Med.* Estado patológico que afecta a la nutrición y al crecimiento. *Distrofia muscular, adiposa.*

distrófico, ca. ADJ. *Med.* Perteneciente o relativo a la distrofia.

disturbar. TR. Perturbar, causar disturbio.

disturbio. M. Alteración, turbación de la paz y concordia.

disuadir. TR. Inducir a alguien con razones a mudar de dictamen o a desistir de un propósito. *La disuadimos DE que aceptara aquel empleo.*

disuasión. F. Acción y efecto de disuadir.

disuasivo, va. ADJ. Que disuade o puede disuadir. *Argumento disuasivo.*

disuasorio, ria. ADJ. **disuasivo.**

disuelto, ta. PART. IRREG. de **disolver.**

disuria. F. *Med.* Expulsión difícil, dolorosa e incompleta de la orina.

disúrico, ca. ADJ. *Med.* Perteneciente o relativo a la disuria.

disyunción. F. **1.** Acción y efecto de separar y desunir. ‖ **2.** *Fil.* Separación de dos realidades, cada una de las cuales está referida intrínsecamente a la otra; p. ej., *masculino* y *femenino; izquierdo* y *derecho.*

disyuntiva. F. Alternativa entre dos cosas, por una de las cuales hay que optar.

disyuntivo, va. ADJ. Que tiene la cualidad de **desunir** (‖ separar). *Relación disyuntiva.* □ V. **conjunción ~.**

disyuntor. M. *Electr.* Dispositivo que corta automáticamente la corriente eléctrica cuando esta sobrepasa una determinada intensidad.

dita. F. *Am. Cen.* y *Chile.* **deuda** (‖ obligación de pagar).

ditirámbico, ca. ADJ. Perteneciente o relativo al ditirambo.

ditirambo. M. **1.** Alabanza exagerada, encomio excesivo. ‖ **2.** Composición poética, comúnmente de carácter laudatorio.

dítono. M. *Mús.* Intervalo que consta de dos tonos.

diu. M. **dispositivo intrauterino.**

diuca. F. Ave de Chile y de la Argentina, de color gris apizarrado, con una lista blanca en el vientre.

diucón. M. *Chile.* Pájaro mayor que la diuca y muy parecido a ella.

diuresis. F. **1.** *Biol.* Excreción de la orina. || **2.** *Biol.* Cantidad de orina producida en un tiempo determinado.

diurético, ca. ADJ. *Med.* Que tiene virtud para aumentar la excreción de la orina. Apl. a un medicamento o una sustancia, u. t. c. s. m.

diurno, na. **I.** ADJ. **1.** Perteneciente o relativo al día. *Luz diurna.* || **2.** *Bot.* Dicho de una planta: Que tiene abiertas sus flores solo de día. || **3.** *Zool.* Dicho de un animal: Que busca el alimento durante el día. || **II.** M. **4.** Libro de rezo eclesiástico, que contiene las horas menores desde laudes hasta completas. □ V. **rapaces diurnas.**

divagación. F. Acción y efecto de divagar.

divagador, ra. ADJ. Que divaga.

divagar. INTR. **1.** Hablar o escribir sin concierto ni propósito fijo y determinado. || **2.** **vagar**[2]. || **3.** Separarse del asunto de que se trata. *Nos llevaban al meollo de la cuestión cuando los demás divagábamos.*

divalente. ADJ. *Quím.* Dicho de un elemento o de un compuesto químico: Que funciona con dos valencias.

diván. M. **1.** Asiento alargado y mullido, por lo común sin respaldo y con almohadones sueltos, en el que una persona puede tenderse. || **2.** Colección de poesías de uno o de varios autores, en alguna de las lenguas orientales, especialmente en árabe, persa o turco.

divergencia. F. **1.** Acción y efecto de divergir. || **2.** Diversidad de opiniones o pareceres.

divergente. ADJ. Que diverge. *Pensamiento divergente.* □ V. **serie ~, sucesión ~.**

divergir. INTR. **1.** Dicho de dos o más líneas o superficies: Irse apartando sucesivamente unas de otras. || **2.** Discordar, discrepar. *Sus opiniones siempre divergen* DE *la norma.*

diversidad. F. **1.** Variedad, desemejanza, diferencia. || **2.** Abundancia, gran cantidad de varias cosas distintas.

diversificación. F. Acción y efecto de diversificar.

diversificar. TR. Convertir en múltiple y diverso lo que era uniforme y único. *Diversificar los intereses.* U. t. c. prnl.

diversiforme. ADJ. Que presenta diversidad de formas. *Conjunto diversiforme.*

diversión. F. **1.** Acción y efecto de divertir. || **2.** Recreo, pasatiempo, solaz. || **3.** *Mil.* Acción de distraer o desviar la atención y fuerzas del enemigo. □ V. **parque de diversiones.**

diversivo, va. ADJ. **1.** Perteneciente o relativo a la diversión o desvío. *Sentido diversivo.* || **2.** *Mil.* Dicho de una operación militar: Que se realiza para distraer o desviar la atención o fuerzas del enemigo.

diverso, sa. ADJ. **1.** De distinta naturaleza, especie, número, forma, etc. *Los más diversos estímulos.* || **2.** **desemejante.** *Se emplean con diverso significado.* || **3.** pl. Varios, algunos. *Hemos revisado diversos casos.*

divertículo. M. *Anat.* Apéndice hueco y terminado en fondo de saco, que aparece en el trayecto del esófago o del intestino, por malformación congénita o por otros motivos patológicos.

divertido, da. PART. de **divertir.** || ADJ. **1.** Que divierte. *Una película muy divertida.* || **2.** Alegre, festivo y de buen humor. *Es una mujer muy divertida.*

divertimento. M. **1.** **divertimiento.** || **2.** Obra artística o literaria de carácter ligero, cuyo fin es solo divertir. || **3.** *Mús.* Composición para un reducido número de instrumentos, de forma más o menos libre, generalmente entre la suite y la sonata.

divertimiento. M. **1.** diversión (|| acción y efecto de divertir). || **2.** diversión (|| recreo, pasatiempo).

divertir. TR. **1.** Entretener, recrear. U. t. c. prnl. || **2.** *Mil.* Dirigir la atención del enemigo a otra o a otras partes, para dividir y debilitar sus fuerzas. ¶ MORF. conjug. c. *sentir.*

dividendo. M. *Mat.* Cantidad que ha de dividirse por otra. || **~ activo.** M. Cuota que, al distribuir ganancias una compañía mercantil, corresponde a cada acción. || **~ pasivo.** M. Cada una de las cantidades parciales que se compromete a satisfacer el suscriptor de una acción u obligación a requerimiento de la entidad emisora.

dividir. TR. **1.** Partir, separar en partes. U. t. c. prnl. *El libro se divide en doce capítulos.* || **2.** Distribuir, repartir entre varios. *Dividió el vino entre todas las barricas.* || **3.** Desunir los ánimos y voluntades introduciendo discordia. *La polémica dividió a la población.* || **4.** *Mat.* Averiguar cuántas veces el dividendo contiene al divisor.

dividivi. M. **1.** Árbol de América Central y de Venezuela, de la familia de las Papilionáceas, cuyo fruto, que contiene mucho tanino, se usa para curtir pieles. Su madera es muy pesada. || **2.** *Á. Caribe.* Tanino tintóreo que se extrae de la raíz de este árbol.

divieso. M. Tumor inflamatorio, pequeño, puntiagudo y doloroso, que se forma en el espesor de la dermis y termina por supuración seguida del desprendimiento del **clavo** (|| tejido muerto).

divinal. ADJ. **divino.** U. m. en leng. poét.

divinamente. ADV. M. **1.** Con divinidad, por medios divinos. || **2.** De manera admirable, con gran perfección y propiedad. *Bailó divinamente.* || **3.** Muy bien. *Lo pasamos divinamente.*

divinidad. F. **1.** Naturaleza divina y esencia del ser de Dios en cuanto Dios. || **2.** **deidad.** || **3.** Persona o cosa dotada de gran beldad, hermosura, preciosidad.

divinización. F. Acción y efecto de divinizar.

divinizar. TR. **1.** Hacer o suponer divino a alguien o algo, o tributarle culto y honores divinos. || **2.** Santificar, hacer sagrado algo. || **3.** Ensalzar desmedidamente. *Divinizar las nuevas tecnologías.*

divino, na. ADJ. **1.** Perteneciente o relativo a Dios. *La ubicuidad es un atributo divino.* || **2.** Perteneciente o relativo a los dioses a que dan culto las diversas religiones. || **3.** coloq. Muy excelente, extraordinariamente primoroso. *Un traje divino.* □ V. **derecho ~, oficio ~, Su Divina Majestad, voluntad ~.**

divisa. F. **1.** Señal exterior para distinguir personas, grados u otras cosas. || **2.** En la lidia, lazo de cintas de colores con que se distinguen los toros de cada ganadero. || **3.** Expresión verbal que formula un pensamiento, un ideal, una forma de conducta, etc., que una persona o un grupo de personas asumen como norma. || **4.** Moneda extranjera referida a la unidad del país de que se trata. U. m. en pl. *Tráfico de divisas.* || **5.** *Heráld.* Lema o mote que se expresa unas veces en términos sucintos, otras por algunas figuras, y otras por ambos modos.

divisar. TR. **1.** Ver, percibir, aunque confusamente, un objeto. *Desde las ventanas altas divisábamos el mar.* || **2.** *Heráld.* Diferenciar, distinguir las armas de familia, añadiéndoles blasones o timbres.

divisibilidad. F. **1.** Capacidad de ser dividido. || **2.** *Fís.* Propiedad general de los cuerpos, por la cual pueden fraccionarse.

divisible. ADJ. *Mat.* Dicho de una cantidad: Que, dividida por otra, da por cociente una cantidad entera.

división. F. **1.** Acción y efecto de **dividir** (‖ separar). ‖ **2.** Acción y efecto de **dividir** (‖ repartir). ‖ **3.** Discordia, desunión de los ánimos y opiniones. ‖ **4.** *Dep.* Cada uno de los grupos en que compiten, según su categoría, los equipos o deportistas. ‖ **5.** *Mat.* Operación de dividir. ‖ **6.** *Mil.* Gran unidad formada por dos o más brigadas o regimientos homogéneos y provista de servicios auxiliares. ‖ **~ acorazada,** o **~ blindada.** F. *Mil.* La que está constituida fundamentalmente por carros de combate o fuerzas transportadas en vehículos blindados. ‖ **~ celular.** F. *Biol.* Proceso de reproducción de las células mediante el que se originan dos o más células hijas. ‖ **~ de poderes.** F. Principio organizativo de los Estados modernos según el cual las funciones legislativa, ejecutiva y judicial se ejercen a través de órganos distintos e independientes entre sí. ‖ **~ motorizada.** F. *Mil.* Aquella en que las tropas son transportadas sobre camiones o vehículos especiales. □ V. **general de ~.**

divisional. ADJ. Perteneciente o relativo a la división.

divisionario, ria. ADJ. divisional. □ V. **moneda ~.**

divisionismo. M. **1.** puntillismo. ‖ **2.** *Am.* Tendencia que propicia y promueve escisiones en el seno de la sociedad.

divisionista. COM. **puntillista.** U. t. c. adj.

divisivo, va. ADJ. Que sirve para dividir. *Proceso divisivo.*

divismo. M. **1.** Cualidad de divo. ‖ **2.** Exceso propio del divo.

divisor, ra. **I.** ADJ. **1.** *Mat.* **submúltiplo.** U. t. c. s. ‖ **II.** M. **2.** *Mat.* Cantidad por la cual ha de dividirse otra. ‖ **común divisor.** M. *Mat.* Aquel por el cual dos o más cantidades son exactamente divisibles; p. ej., el número 3 es común divisor de 9, de 15 y de 18. ‖ **máximo común ~.** M. *Mat.* El mayor de los comunes divisores de dos o más cantidades.

divisoria. F. *Geogr.* y *Geol.* Línea de un terreno desde la cual las aguas corrientes fluyen en direcciones opuestas.

divisorio, ria. ADJ. **1.** Que sirve para dividir o separar. ‖ **2.** *Geogr.* y *Geol.* Dicho de una línea en un terreno: Desde la cual las aguas corrientes fluyen en direcciones opuestas.

divo, va. ADJ. Dicho de un artista del mundo del espectáculo, y en especial de un cantante de ópera: Que goza de fama superlativa. U. t. c. s. U. t. en sent. peyor.

divorciado, da. PART. de **divorciar.** ‖ ADJ. Dicho de una persona: Cuyo vínculo matrimonial ha sido disuelto jurídicamente. U. t. c. s.

divorciar. **I.** TR. **1.** Dicho de un juez competente: Disolver o separar, por sentencia, el matrimonio, con cese efectivo de la convivencia conyugal. ‖ **2.** Separar, apartar personas que vivían en estrecha relación, o cosas que estaban o debían estar juntas. U. t. c. prnl. *Divorciarse de sus ideas.* ‖ **II.** PRNL. **3.** Dicho de una persona: Obtener el divorcio legal de su cónyuge. ¶ MORF. conjug. c. *anunciar.*

divorcio. M. Acción y efecto de divorciar o divorciarse.

divulgación. F. Acción y efecto de divulgar.

divulgador, ra. ADJ. **1.** Perteneciente o relativo a la divulgación. *Actividad divulgadora.* ‖ **2.** Que divulga. Apl. a pers., u. t. c. s.

divulgar. TR. Publicar, extender, poner al alcance del público. U. t. c. prnl.

divulgativo, va. ADJ. **divulgador.**

dizque. ADV. *Am.* Al parecer.

DNA. (Sigla del inglés *Deoxyribonucleic Acid*). M. *Biol.* **ADN.** MORF. pl. invar. *Los DNA.*

DNI. (Sigla de Documento Nacional de Identidad). M. **carné de identidad.** MORF. pl. invar. *Los DNI.*

do¹. M. *Mús.* Primera nota de la escala musical. MORF. pl. **dos.** ‖ **~ de pecho.** M. **1.** Una de las notas más agudas a que alcanza la voz de tenor. ‖ **2.** coloq. Máximo esfuerzo, tesón o arrogancia que se puede poner para realizar un fin.

do². ADV. L. **donde.** U. m. en leng. poét. *Treparon la puna do anida el cóndor.*

dóberman. M. Perro guardián y de defensa, de cuerpo esbelto y musculoso, pelo corto, oscuro y brillante y orejas pequeñas, caracterizado por su agresividad. MORF. pl. invar. *Los dóberman.*

dobla. F. hist. Moneda castellana de oro, acuñada en la Edad Media, de ley, peso y valor variables.

dobladilla. F. hist. Juego antiguo de naipes que principalmente consistía en ir doblando la apuesta a cada lance.

dobladillar. TR. Hacer dobladillos en la ropa.

dobladillo. M. Pliegue que como remate se hace a la ropa en los bordes, doblándola un poco hacia adentro dos veces para coserla.

doblado. □ V. **peón ~.**

doblador, ra. M. y F. Persona que dobla.

dobladura. F. **1.** Parte por donde se ha doblado o plegado algo. ‖ **2.** Señal que queda por donde se dobló.

doblaje. M. En cine y televisión, operación en la que se sustituye la parte hablada por su traducción en otra lengua.

doblamiento. M. Acción y efecto de doblar o doblarse.

doblar. **I.** TR. **1.** Aumentar algo, haciéndolo otro tanto más de lo que era. *Este año he doblado mis ingresos.* ‖ **2.** Ser o tener el doble de edad que alguien o algo. ‖ **3.** Volver una cosa sobre otra. *Doblar una hoja de papel.* U. t. c. intr. y c. prnl. ‖ **4.** Torcer algo encorvándolo. U. t. c. intr. y c. prnl. *La varilla se ha doblado.* ‖ **5.** En la bolsa de valores, prorrogar una operación a plazo. ‖ **6.** Dicho de una embarcación: Pasar por delante de un cabo, de un promontorio, de una punta, etc., y ponerse al otro lado. ‖ **7.** Pasar a otro lado de una esquina, cerro, etc., cambiando de dirección en el camino. *Doblaron a la otra calle. Doblé a la derecha.* ‖ **8.** En cine y televisión, hacer un doblaje. ‖ **9.** En el juego de ajedrez, colocar un peón por tomar una pieza o peón contrario, en columna donde existe ya otro peón del mismo jugador. ‖ **II.** INTR. **10.** Tocar a muerto. ‖ **III.** PRNL. **11.** Ceder a la persuasión, a la fuerza o al interés. U. t. c. intr.

doble. **I.** ADJ. **1.** Que contiene exactamente dos veces una cantidad. Se dice también de cosas no contables. *Esfuerzo doble.* Apl. a una cantidad, u. t. c. s. m. ‖ **2.** Dicho de una cosa: Que va acompañada de otra semejante y que juntas sirven para el mismo fin. *Cristal doble. Doble fila de dientes.* ‖ **3.** Dicho de un tejido y de otras cosas: De más cuerpo que lo sencillo. ‖ **4.** Dicho de una flor: De más hojas que la sencilla. *Clavel doble.* ‖ **5.** Dicho de una ficha de dominó: Que en los cuadrados de su anverso lleva igual número de puntos o no lleva ninguno, quedando en blanco. *El seis doble. La blanca doble.* ‖ **II.** M. **6.** Toque de campanas por los difuntos. ‖ **7.** Operación de bolsa que consiste en comprar o vender al contado un valor, y revenderlo o volverlo a comprar a corto plazo. ‖ **8. sosias.** ‖ **9.** pl. En el tenis y otros deportes, encuentro entre cuatro jugadores, dos por cada bando. ‖ **10.** En baloncesto, infracción que comete un jugador cuando bota el balón con las dos manos o, tras haberlo botado y retenido, lo bota de nuevo. ‖ **III. COM. 11.** Persona que sustituye a un actor cinematográfico en determinados momentos del rodaje. ‖ **IV. ADV.M. 12.** De manera doble. *Las fichas rojas valen doble.* ‖ **al ~. LOC.ADV.** En cantidad doble. *Aumentar la capacidad al doble.* ☐ V. **agente ~, arma de ~ filo, barra ~, ~ albura, ~ barra vertical, ~ bemol, ~ erre, ~ hélice, ~ sostenido, ~ u, ~ ve, erre ~, escalera ~, espía ~, estrella ~, llave ~, partida ~, razón ~ de cuatro números, real de plata ~, tabla de ~ entrada, uve ~, v ~, ve ~.**

doblegamiento. M. Acción y efecto de doblegar.

doblegar. TR. 1. Hacer a alguien que desista de un propósito y se preste a otro. U. t. c. prnl. *No se doblegaron tampoco ante las amenazas.* ‖ **2.** Doblar o torcer encorvando. *El peso de los años no doblegó su espalda.* U. t. c. prnl.

doblemente. ADV.M. Dos veces, o por dos conceptos. *Doblemente satisfecho.*

doblero. M. *Numism.* hist. Moneda mallorquina del siglo XVIII, cuyo valor era poco menos de cuatro maravedís castellanos.

doblete. M. **1.** Sucesión de dos triunfos conseguidos en un plazo breve o determinado de tiempo, especialmente en deporte. *El equipo hizo doblete aquel año: ganó la liga y la copa.* ‖ **2.** *Ling.* Pareja de palabras con un mismo origen etimológico, pero con distinta evolución fonética; p. ej., *cátedra* y *cadera*, del latín *cathedra.* ‖ **hacer ~. LOC.VERB.** Desempeñar dos o más papeles en la misma obra teatral.

doblez. I. M. **1.** Parte que se dobla o pliega en una cosa. U. menos c. f. ‖ **2.** Señal que queda en la parte por donde se dobló. U. menos c. f. ‖ **II.** F. **3.** Astucia o malicia en la manera de obrar, dando a entender lo contrario de lo que se siente. U. menos c. m.

doblón. M. hist. Moneda antigua de oro, con diferente valor según las épocas. ‖ **~ sencillo.** M. hist. Moneda no acuñada que valía 60 reales.

doca. F. Planta rastrera de Chile, de la familia de las Aizoáceas, de flores grandes y rosadas, y fruto comestible, un tanto purgante.

doce. I. ADJ. **1.** Diez más dos. ‖ **2. duodécimo** (‖ que sigue en orden al undécimo). *Carlos doce. Número doce. Año doce.* Apl. a los días del mes, u. t. c. s. m. *El doce de septiembre.* ‖ **II.** M. **3.** Conjunto de signos con que se representa el número **doce.** ‖ **III.** F. **4.** pl. Mediodía o medianoche. *A las doce comienza el nuevo año.* ☐ V. **compás de ~ por ocho.**

doceañista. ADJ. hist. Partidario de la Constitución española de 1812. U. t. c. s.

doceavo, va. ADJ. Se dice de cada una de las doce partes iguales en que se divide un todo. U. t. c. s. m.

docena. F. Conjunto de doce unidades.

docencia. F. Práctica y ejercicio del docente.

docente. ADJ. **1.** Que enseña. Apl. a pers., u. t. c. s. *Centro de formación de docentes.* ‖ **2.** Perteneciente o relativo a la enseñanza. *Actividad docente.*

doceta. ADJ. hist. Que profesa el docetismo. U. t. c. s.

docetismo. M. hist. Herejía de los primeros siglos cristianos, común a ciertos gnósticos y maniqueos, según la cual el cuerpo humano de Cristo no era real, sino aparente e ilusivo.

dócil. ADJ. **1.** Suave, apacible, que recibe fácilmente la enseñanza. *Caballo dócil.* ‖ **2. obediente.** *Alumno dócil.*

‖ **3.** Propio o característico de una persona dócil. *Actitud dócil.* ‖ **4.** Dicho de un metal, de una piedra o de otra cosa: Que se dejan labrar con facilidad.

docilidad. F. Cualidad de dócil.

docimasia. F. Arte de ensayar los minerales para determinar los metales que contienen y en qué proporción.

docto, ta. ADJ. Que a fuerza de estudios ha adquirido más conocimientos que los comunes u ordinarios. U. t. c. s.

doctor, ra. M. y F. **1.** Persona que ha recibido el más alto grado académico universitario. ‖ **2.** Persona a la que la Iglesia católica reconoce un relieve especial debido al importante valor de la doctrina de sus escritos. ‖ **3.** Persona especializada o con amplios conocimientos en una materia. *No soy doctor en esa materia.* ‖ **4.** coloq. Médico, aunque no tenga el grado académico de doctor. ‖ **~ arquitecto, ta.** M. y F. doctor en arquitectura. ‖ **~ ingeniero, ra.** M. y F. doctor en ingeniería.

doctorado. M. **1.** Grado de doctor. ‖ **2.** Estudios necesarios para obtener este grado. ‖ **3.** Conocimiento acabado y pleno en alguna materia.

doctoral. I. ADJ. **1.** Perteneciente o relativo al doctor o al doctorado. *Tesis doctoral.* ‖ **II.** M. **2. canónigo doctoral.**

doctorando, da. M. y F. Persona que está próxima a recibir la borla y grado de doctor.

doctorar. I. TR. **1.** Graduar de doctor a alguien en una universidad. U. t. c. prnl. ‖ **II.** PRNL. **2.** *Taurom.* Dicho de un matador: Tomar la alternativa.

doctrina. F. **1.** Enseñanza que se da para instrucción de alguien. ‖ **2.** Ciencia o sabiduría. *Mucha olla y poca doctrina.* ‖ **3.** Conjunto de ideas u opiniones religiosas, filosóficas, políticas, etc., sustentadas por una persona o grupo. *Doctrina tomista, socialista.* ‖ **4.** Plática que se hace al pueblo, explicándole la doctrina cristiana. ‖ **5.** hist. En América, curato colativo servido por regulares. ‖ **6.** hist. En América, pueblo de indios recién convertidos, cuando todavía no se había establecido en él parroquialidad o curato. ‖ **~ cristiana.** F. La que debe saber el cristiano por razón de sus creencias. ☐ V. **cuerpo de ~, niño de la ~.**

doctrinal. I. ADJ. **1.** Perteneciente o relativo a la doctrina. *Rigor doctrinal.* ‖ **II.** M. **2.** Libro que contiene reglas y preceptos.

doctrinar. TR. **adoctrinar.**

doctrinario, ria. ADJ. **1.** Que ajusta sus ideas y sus actos a una doctrina de una manera dogmática. U. t. c. s. ‖ **2.** Perteneciente o relativo a una doctrina determinada, especialmente la de un partido político o una institución. *Luchas doctrinarias.* ‖ **3.** Dicho de un sistema político o de sus seguidores: Que defienden el pacto de soberanía entre el pueblo y el rey. ☐ V. **liberalismo ~.**

doctrinarismo. M. **1.** Cualidad de doctrinario. ‖ **2.** Pensamiento político de los doctrinarios.

doctrinero. M. **1.** Hombre que explica la doctrina cristiana, y especialmente el que iba con los misioneros para hacer las doctrinas. ‖ **2.** hist. Párroco regular que en América tenía a su cargo un curato o doctrina de indios.

doctrino. M. hist. Niño huérfano recogido en un colegio con el fin de criarlo y educarlo hasta que esté en edad de aprender un oficio. U. t. c. adj.

docudrama. M. Género difundido en cine, radio y televisión, que trata, con técnicas dramáticas, hechos reales propios del género documental.

documentación. F. **1.** Acción y efecto de documentar. ‖ **2.** Documento o conjunto de documentos, preferentemente de carácter oficial, que sirven para la identificación personal o para documentar o acreditar algo.

documentado, da. PART. de **documentar.** ‖ ADJ. **1.** Dicho de una instancia, de una petición, etc.: Acompañadas de los documentos necesarios. ‖ **2.** Dicho de una persona: Que posee noticias o pruebas acerca de un asunto.

documental. ADJ. **1.** Que se funda en documentos, o se refiere a ellos. *Prueba documental.* ‖ **2.** Dicho de una película cinematográfica o de un programa televisivo: Que representan, con carácter informativo o didáctico, hechos, escenas, experimentos, etc., tomados de la realidad. U. t. c. s. m. *Exhibición de documentales.*

documentalista. COM. **1.** Persona dedicada a recopilar datos biográficos, informes, noticias, etc., sobre determinada materia. ‖ **2.** Persona dedicada a hacer cine o televisión documental.

documentar. TR. **1.** Probar, justificar la verdad de algo con documentos. *Documentar una investigación.* ‖ **2.** Instruir o informar a alguien acerca de las noticias y pruebas que atañen a un asunto. U. t. c. prnl. *Documentarse para redactar un informe.*

documentario, ria. ADJ. **documental** (‖ que se funda en documentos). U. m. en América.

documento. M. **1.** Diploma, carta, relación u otro escrito que ilustra acerca de algún hecho, principalmente de los históricos. ‖ **2.** Escrito en que constan datos fidedignos o susceptibles de ser empleados como tales para probar algo. ‖ **~ nacional de identidad.** M. **carné de identidad.** ‖ **~ privado.** M. *Der.* El que redactan y suscriben las partes sin intervención de fedatario público. ‖ **~ público.** M. *Der.* El que, autorizado por funcionario competente para ello, acredita los hechos que refiere y su fecha.

dodecaedro. M. *Geom.* Sólido de doce caras.

dodecafonía. F. *Mús.* **dodecafonismo.**

dodecafónico, ca. ADJ. *Mús.* Perteneciente o relativo al dodecafonismo.

dodecafonismo. M. *Mús.* Sistema atonal en el que se emplean indistintamente los doce intervalos cromáticos en que se divide la escala.

dodecágono. ADJ. *Geom.* Dicho de un polígono: Que tiene doce ángulos y doce lados. U. t. c. s. m.

dodecasílabo, ba. ADJ. Que consta de doce sílabas. Apl. a un verso, u. t. c. s. m.

dodo. M. *hist.* Ave extinta no voladora del tamaño de un pavo, cabeza grande, pico ganchudo y patas robustas, que habitaba en algunas islas del océano Índico.

dogal. M. **1.** Cuerda o soga de la cual con un nudo se forma un lazo para atar las caballerías por el cuello. U. t. en sent. fig. *El dogal de la dictadura.* ‖ **2.** Cuerda para ahorcar a un reo o para algún otro suplicio. ‖ **3.** Lazada escurridiza con que se comienza la atadura de dos maderos.

dogaresa. F. *hist.* Mujer del dux.

dogma. M. **1.** Proposición que se asienta por firme y cierta y como principio innegable de una ciencia. ‖ **2.** Doctrina de Dios revelada por Jesucristo a los hombres y testificada por la Iglesia. ‖ **3.** Fundamento o puntos capitales de todo sistema, ciencia, doctrina o religión.

dogmática. F. Conjunto de dogmas o principios de una doctrina.

dogmáticamente. ADV. M. **1.** Conforme al dogma o a los dogmas. ‖ **2.** Afectando magisterio, atribuyendo a lo que se dice la cualidad de principio innegable.

dogmático, ca. ADJ. **1.** Perteneciente o relativo a los dogmas de la religión. ‖ **2.** Dicho de un autor: Que trata de los dogmas. ‖ **3.** Que profesa el dogmatismo. U. t. c. s. ‖ **4.** Inflexible, que mantiene sus opiniones como verdades inconcusas. □ V. **teología ~.**

dogmatismo. M. **1.** Presunción de quienes quieren que su doctrina o sus aseveraciones sean tenidas por verdades inconcusas. ‖ **2.** Conjunto de las proposiciones que se tienen por principios innegables en una ciencia. ‖ **3.** Conjunto de todo lo que es dogmático en religión. ‖ **4.** Concepción filosófica opuesta al escepticismo, la cual considera la razón humana capaz del conocimiento de verdades absolutas.

dogmatista. COM. Persona que sustenta o introduce nuevas opiniones, enseñándolas como dogmas, contra la doctrina de la religión católica.

dogmatizador, ra. ADJ. **dogmatizante.** U. m. c. s.

dogmatizante. ADJ. Que dogmatiza. *Texto dogmatizante.* U. t. c. s.

dogmatizar. TR. **1.** Afirmar con presunción, como innegables, principios sujetos a examen y contradicción. U. m. c. intr. ‖ **2.** Enseñar los dogmas. U. m. c. intr.

dogo. ADJ. Se dice de un perro de cuerpo y cuello gruesos y cortos, pecho ancho, cabeza redonda, frente cóncava, hocico obtuso, labios gordos, cortos en el centro y colgantes por ambos lados, orejas pequeñas con la punta doblada, patas muy robustas, y pelaje generalmente leonado, corto y recio. Es animal pesado, de fuerza y valor extraordinarios, y se utiliza para la defensa de las propiedades, para las cazas peligrosas y para luchar contra las fieras. U. t. c. s. m.

dola. F. *infant.* **pídola.**

dolama. F. **alifafe.**

dólar. M. **1.** Unidad monetaria de los Estados Unidos de América, el Canadá, Australia, Liberia, Nueva Zelanda y otros países del mundo. ‖ **2.** hist. Moneda de plata de los Estados Unidos de América, el Canadá y Liberia.

dolarización. F. *Am. Cen.* Acción y efecto de dolarizarse.

dolarizarse. PRNL. *Am. Cen.* Oficializarse en un país el uso del dólar estadounidense.

dolencia. F. Indisposición, achaque, enfermedad.

doler. **I.** INTR. **1.** Dicho de una parte del cuerpo: Padecer dolor, mediante causa interior o exterior. *Doler la cabeza, los ojos, las manos.* ‖ **2.** Dicho de una cosa: Causar pesar o aversión. *Le dolió la incomprensión de la gente.* ‖ **II.** PRNL. **3.** Arrepentirse de haber hecho algo y tomar pesar de ello. *Se dolía del fracaso de su gestión.* ‖ **4.** Dicho de una persona: Sentir pesar de no poder hacer lo que quisiera, o de un defecto natural, aunque no sea por culpa suya ni esté en su mano remediarlo. *Feijoo se dolía del atraso general del pensamiento.* ‖ **5.** Compadecerse del mal que alguien padece. *Se duelen de nuestra desgracia.* ‖ **6.** Manifestar dolor o queja por algo. *Se duele DE los riñones.* ¶ MORF. conjug. c. *mover.* ‖ **ahí duele, o ahí le duele.** EXPRS. coloqs. Se usan para indicar que se ha acertado con el motivo de disgusto o preocupación de alguien, o con el quid de un asunto. ‖ **a quien le duele, le duele.** EXPR. coloq. Se usa para denotar que por mucha parte que se tome en los males o preocupaciones de alguien, nunca es tanta como la de quien los tiene o padece.

dolicocefalia. F. Cualidad de dolicocéfalo.

dolicocéfalo, la. ADJ. Dicho de una persona: Que tiene el cráneo de forma muy oval, porque su longitud excede en más de un cuarto a su anchura. U. t. c. s.

dolido, da. PART. de **doler.** || ADJ. Dolorido por un desaire o una ofensa.

doliente. I. ADJ. **1.** enfermo. U. t. c. s. *El 60% de los dolientes padece estas afecciones.* || **2.** dolorido. *Permanecía tendido, doliente y ensangrentado.* || **II.** COM. **3.** En un duelo, pariente del difunto.

dolina. F. *Geol.* Depresión más o menos profunda y de paredes muy inclinadas, típica de los terrenos calizos.

dolmán. M. hist. Chaqueta de uniforme con adornos de alamares y vueltas de piel, usada por ciertos cuerpos de tropa, principalmente los húsares.

dolmen. M. Monumento megalítico en forma de mesa, compuesto de una o más lajas colocadas de plano sobre dos o más piedras verticales.

dolménico, ca. ADJ. Perteneciente o relativo a los dólmenes.

dolo. M. **1.** Engaño, fraude, simulación. || **2.** *Der.* Voluntad deliberada de cometer un delito a sabiendas de su ilicitud. || **3.** *Der.* En los actos jurídicos, voluntad maliciosa de engañar a alguien, de causar un daño o de incumplir una obligación contraída.

dolomía. F. Roca semejante a la caliza y formada por el carbonato doble de cal y magnesia. Es más común que la verdadera caliza.

dolomita. F. dolomía.

dolomítico, ca. ADJ. *Geol.* Semejante a la dolomía, o que tiene esta sustancia. *Roca, formación dolomítica.*

dolor. M. **1.** Sensación molesta y aflictiva de una parte del cuerpo por causa interior o exterior. || **2.** Sentimiento de pena y congoja. || **~ de corazón.** M. Sentimiento, pena, aflicción de haber ofendido a Dios. || **~ latente.** M. dolor sordo. || **~ nefrítico.** M. El causado por piedras o arenas en los riñones. || **~ sordo.** M. El que no es agudo, pero molesta sin interrupción. || **estar** una mujer **con ~es.** LOC. VERB. Estar con los del parto. || **rabiar de ~.** LOC.VERB. coloq. Dar gritos o quejidos por un vehemente dolor.

dolora. F. Breve composición poética de espíritu dramático, que envuelve un pensamiento filosófico.

dolorido, da. ADJ. Que padece o siente dolor físico o moral.

dolorimiento. M. Sensación de dolor físico o moral, vago y poco intenso.

dolorosa. F. irón. coloq. Factura, cuenta que hay que pagar. *LA dolorosa.*

doloroso, sa. I. ADJ. **1.** Que causa o implica dolor físico o moral. *Herida dolorosa.* || **II.** F. **2.** Imagen de la Virgen María en la acción de dolerse por la muerte de Cristo. ORTOGR. Escr. con may. inicial.

doloso, sa. ADJ. Engañoso, fraudulento.

dom. M. Se usa, antepuesto al apellido, como tratamiento honorífico que se da a algunos religiosos cartujos y benedictinos.

doma. F. Acción y efecto de domar.

domada. F. *Méx.* doma.

domador, ra. M. y F. **1.** Persona que doma animales. || **2.** Persona que trabaja en un espectáculo exhibiendo fieras domadas.

domadura. F. Acción y efecto de domar.

domar. TR. **1.** Sujetar, amansar y hacer dócil al animal a fuerza de ejercicio y enseñanza. || **2.** Sujetar, reprimir,

especialmente las pasiones y las conductas desordenadas. *La educación burguesa domaba sus espontáneas inclinaciones.* || **3. domesticar** (|| hacer tratable a alguien que no lo es). *No ha podido domar a sus hijos.* || **4.** Dar flexibilidad y holgura a algo. *Domar unos zapatos, unos pantalones.*

domeñar. TR. Someter, sujetar y rendir.

domesticación. F. Acción y efecto de domesticar.

domesticar. TR. **1.** Reducir, acostumbrar a la vista y compañía del hombre al animal salvaje. || **2.** Hacer tratable a alguien que no lo es, moderar la aspereza de carácter. U. t. c. prnl. *Su díscolo hijo se ha domesticado mucho.*

domesticidad. F. Cualidad de doméstico.

doméstico, ca. I. ADJ. **1.** Perteneciente o relativo a la casa u hogar. *Quehaceres domésticos.* || **2.** Dicho de un animal: Que se cría en la compañía del hombre, a diferencia del que se cría salvaje. || **3.** Dicho de un criado: Que sirve en una casa. U. m. c. s. *El doméstico es el que hace la compra.* || **II.** M. **4.** Ciclista que, en un equipo, tiene la misión de ayudar al corredor principal. □ V. **prelado ~, servicio ~.**

domiciliación. F. Acción y efecto de **domiciliar** (|| autorizar pagos o cobros en una cuenta bancaria).

domiciliar. I. TR. **1.** Dar domicilio. *Domicilió la empresa en su propia casa.* || **2.** Autorizar pagos o cobros con cargo o abono a una cuenta existente en una entidad bancaria. || **II.** PRNL. **3.** Dicho de una persona: Establecer, fijar su domicilio en un lugar. ¶ MORF. conjug. c. *anunciar.*

domiciliario, ria. ADJ. **1.** Perteneciente o relativo al domicilio. *Residuos domiciliarios.* || **2.** Que se ejecuta o se cumple en el domicilio del interesado. *Asistencia domiciliaria.*

domicilio. M. **1.** Morada fija y permanente. || **2.** Lugar en que legalmente se considera establecido alguien para el cumplimiento de sus obligaciones y el ejercicio de sus derechos. || **3.** Casa en que alguien habita o se hospeda. || **4. domicilio social.** || **~ social.** M. El de una empresa o establecimiento. || **a ~.** LOC.ADV. **1.** En el domicilio del interesado. Apl. a suministros, servicios personales, etc., u. t. c. loc. adj. || **2.** *Dep.* En el campo o cancha de que es propietario el equipo visitado.

dominación. F. **1.** Acción y efecto de dominar. || **2.** Señorío o imperio que tiene sobre un territorio quien ejerce la soberanía. *Dominación romana.* || **3.** pl. *Rel.* En la teología tradicional, espíritus bienaventurados que componen el cuarto coro angélico.

dominador, ra. ADJ. Que domina o propende a dominar. Apl. a pers., u. t. c. s.

dominancia. F. **1.** Condición de dominante. || **2.** *Biol.* En genética, expresión de una forma alélica de un gen en fenotipo, y no de su par correspondiente.

dominante. I. ADJ. **1.** Que domina. *País dominante.* || **2.** Dicho de una persona: Que quiere avasallar a otras. || **3.** Dicho de una persona: Que no sufre que se le opongan o la contradigan. || **4.** Se dice del genio o carácter de estas personas. || **5.** Que sobresale, prevalece o es superior entre otras cosas de su orden y clase. *Grupo dominante.* || **6.** *Biol.* En genética, dicho de un carácter hereditario o de su alelo correspondiente: Que se manifiesta en el fenotipo. || **II.** F. **7.** *Mús.* Quinta nota de la escala de cualquier tonalidad, que domina en el acorde perfecto de esta. □ V. **nota ~.**

dominar. I. TR. **1.** Tener dominio sobre algo o alguien. *Dominar la situación.* ‖ **2.** Sujetar, contener, reprimir. *Dominó cada músculo de su cara.* ‖ **3.** Conocer bien una ciencia, un arte, un idioma, etc. ‖ **4.** Divisar una extensión considerable de terreno desde una altura. ‖ **II.** INTR. **5.** Dicho de un monte, de un edificio, etc.: Sobresalir entre otros, ser más alto que ellos. U. t. c. tr. *Este edificio domina la plaza de la Constitución.* ‖ **6.** Dicho de una cosa: Predominar entre otras. *Dominan los tonos claros sobre los oscuros.* U. t. c. tr. ‖ **III.** PRNL. **7.** Reprimirse, ejercer dominio sobre sí mismo. *Parece crisparse, pero se domina.*

dómine. M. **1.** despect. Persona que, sin mérito para ello, adopta el tono de maestro. ‖ **2.** hist. Maestro o preceptor de gramática latina.

domingada. F. Fiesta o diversión que se celebra el domingo.

domingo. M. **1.** Séptimo día de la semana, primero de la semana litúrgica. ‖ **2.** *Méx.* Paga semanal que se da a un niño, generalmente el domingo. ‖ **Domingo de Adviento.** M. Cada uno de los cuatro que preceden a la fiesta de Navidad. ‖ **Domingo de la Santísima Trinidad.** M. Fiesta movible que celebra la Iglesia el domingo siguiente a la solemnidad de Pentecostés. ‖ **Domingo de Pentecostés.** M. Pentecostés. ‖ **Domingo de Ramos.** M. El último de la Cuaresma, que da principio a la Semana Santa. ‖ **Domingo de Resurrección.** M. Aquel en que la Iglesia celebra la Pascua de Resurrección del Señor, que es el domingo inmediato al primer plenilunio después del 20 de marzo. ‖ **~ siete.** LOC.ADJ. Dicho de una persona: Que actúa de aguafiestas en algún negocio, diversión, etc.

dominguero, ra. ADJ. **1.** Perteneciente o relativo al domingo. *Una mañana dominguera.* ‖ **2.** Dicho de una persona: Que acostumbra a componerse y divertirse solamente los domingos o días de fiesta. U. t. c. s. ‖ **3.** despect. Dicho de un conductor inexperto: Que solo utiliza el automóvil los domingos y días festivos. U. t. c. s. ‖ **4.** coloq. Que se suele usar en domingo. *Gorra dominguera.*

dominguillo. M. Muñeco de materia ligera, o hueco, que lleva un contrapeso en la base, y que, movido en cualquier dirección, vuelve siempre a quedar derecho.

dominica o **dominica.** F. **1.** En lenguaje y estilo eclesiástico, domingo. ‖ **2.** Conjunto de textos y lecciones de la Escritura que en el oficio divino corresponden a cada domingo.

dominical. ADJ. **1.** Perteneciente o relativo a la dominica o al domingo. *Descanso dominical.* ‖ **2.** Dicho de un suplemento de prensa: Que se vende los domingos conjuntamente con algunos diarios. U. t. c. s. m. ‖ **3.** *Der.* Perteneciente o relativo al derecho de dominio sobre las cosas. □ V. oración ~.

dominicanismo. M. Locución, giro o modo de hablar propio y peculiar de los dominicanos.

dominicano, na. ADJ. **1.** Natural de la República Dominicana, país de América, o de Santo Domingo, su capital. U. t. c. s. ‖ **2.** Perteneciente o relativo a ese país o a su capital. ‖ **3.** dominico (‖ de la Orden de Santo Domingo). U. t. c. s. ‖ **4.** dominico (‖ perteneciente a dicha orden). *Convento dominicano.*

dominico, ca. ADJ. **1.** Se dice del religioso de la Orden de Santo Domingo. U. t. c. s. ‖ **2.** Perteneciente o relativo a esta orden. *Hábito dominico.* ‖ **3.** *Á. Andes* y *Á. Caribe.* Se dice de una especie de plátano de tamaño pequeño. U. t. c. s. m.

dominio. M. **1.** Poder que alguien tiene de usar y disponer de lo suyo. ‖ **2.** Poder o ascendiente que se ejerce sobre otra u otras personas. ‖ **3.** Territorio sujeto a un Estado. U. m. en pl. ‖ **4.** Territorio donde se habla una lengua o dialecto. *Dominio lingüístico leonés.* ‖ **5.** Ámbito real o imaginario de una actividad. *Dominio de las bellas artes.* ‖ **6.** Buen conocimiento de una ciencia, arte, idioma, etc. *Tiene un gran dominio del inglés.* ‖ **7.** *Der.* Derecho de propiedad. ‖ **8.** *Inform.* Adscripción territorial, tipo de organización o sector de actividad expresados por las letras situadas tras el último punto en una dirección de Internet. ‖ **~ eminente.** M. **1.** hist. El que se consideraba propio del Estado, por razón del bien común, con respecto a la propiedad privada. ‖ **2.** *Am.* Expropiación forzosa. ‖ **~ público.** M. **1.** El de los bienes destinados al uso público, como las plazas, los caminos o el litoral; a un servicio público, como los edificios públicos o los puertos; o cuya concesión compete a la Administración, como las minas o las aguas continentales. Su régimen jurídico implica la propiedad de una Administración pública y un sistema propio de uso y protección. ‖ **2.** Situación en que quedan las obras artísticas e intelectuales tras el vencimiento del plazo que da derecho a su explotación exclusiva por el autor o sus herederos, y que implica la libertad de reproducción, representación o edición. ‖ **ser del ~ público** algo. LOC.VERB. Ser sabido de todos.

dominiqués, sa. ADJ. **1.** Natural de Dominica. U. t. c. s. ‖ **2.** Perteneciente o relativo a este país de América.

dominó. M. **1.** Juego que se hace con 28 fichas rectangulares divididas en dos cuadrados, cada uno de los cuales lleva marcados de uno a seis puntos, o no lleva ninguno. Cada jugador pone por turno una ficha que tenga número igual en uno de sus cuadrados al de cualquiera de los dos que están en los extremos de la línea de las ya jugadas, y gana quien primero coloca todas las suyas o quien se queda con menos puntos, si se cierra el juego. ‖ **2.** Conjunto de las fichas que se emplean en este juego. ‖ **3.** Traje talar con capucha usado en las funciones de máscaras. ¶ MORF. pl. **dominós.** □ V. efecto ~.

domo. M. *Arq.* cúpula (‖ bóveda).

domótica. F. Conjunto de sistemas que automatizan las diferentes instalaciones de una vivienda.

domótico, ca. ADJ. Perteneciente o relativo a la domótica.

dompedro. M. dondiego.

don[1]. M. **1.** Dádiva, presente o regalo. ‖ **2.** Bien natural o sobrenatural que tiene el cristiano, respecto a Dios, de quien lo recibe. ‖ **3.** Gracia especial o habilidad para hacer algo. U. t. en sent. irón. ‖ **~ de acierto.** M. Tino particular que se tiene en el pensar o ejecutar. ‖ **~ de gentes.** M. Disposición peculiar de quien es muy sociable en el trato y tiene facilidad para atraer y persuadir a los demás. ‖ **~ de lenguas.** M. **1.** En la tradición cristiana, capacidad sobrenatural que permite a alguien hablar lenguas que desconoce y, en especial, la concedida por Dios a los apóstoles en Pentecostés. ‖ **2.** Facilidad para aprender o hablar otros idiomas. ‖ **~ de mando.** M. Aptitud personal que para ejercer el mando tiene alguien por su firmeza, su prestigio o alguna otra cualidad.

don[2]. M. Tratamiento de respeto que se antepone a los nombres masculinos de pila. ‖ **~ juan.** M. donjuán. ‖ **~ nadie.** M. Hombre sin valía, poco conocido, de escaso poder e influencia.

donación. F. **1.** Acción y efecto de donar. ‖ **2.** *Der.* Liberalidad de alguien que transmite gratuitamente algo que le pertenece a favor de otra persona que lo acepta. ‖ ~ **entre vivos.** F. *Der.* La que se hace en la cuantía y con las condiciones que exigen las leyes para que tenga efectos en vida del donante. ‖ ~ **mortis causa,** o ~ **por causa de muerte.** F. *Der.* La que se hace para después del fallecimiento del donante y se rige por las reglas de las disposiciones testamentarias.

donado, da. M. y F. **1.** Persona que, previas fórmulas rituales, ha entrado por sirviente en una orden o congregación religiosa, y asiste en ella con cierta especie de hábito religioso, pero sin hacer profesión. ‖ **2.** Persona seglar que se retira a un monasterio, ya sea por devoción y para lucrar gracias espirituales y ciertos privilegios, ya, en tiempos antiguos, para amparo de su persona y seguro de sus bienes.

donador, ra. ADJ. **1.** Que hace donación. U. t. c. s. ‖ **2.** Que hace un **don** (‖ presente). U. t. c. s.

donaire. M. **1.** Discreción y gracia en lo que se dice. ‖ **2.** Chiste o dicho gracioso y agudo. ‖ **3.** Gallardía, soltura y agilidad airosa de cuerpo para andar, danzar, etc. □ V. **figura del ~.**

donairoso, sa. ADJ. Que tiene en sí donaire. *Estilo donairoso.*

donante. I. ADJ. **1.** Que ha donado o pagado algo. U. t. c. s. ‖ **II.** COM. **2.** Persona que voluntariamente cede un órgano, sangre, etc., destinados a personas que lo necesitan. ‖ **3.** hist. Persona que costeaba una obra de arte o arquitectónica, generalmente de tipo religioso, y cuya imagen solía aparecer en estas representada en actitud orante.

donar. TR. **1.** Dicho de una persona: Traspasar graciosamente a otra algo o el derecho que sobre ello tiene. ‖ **2.** Dicho de una persona viva: Ceder voluntariamente su sangre, algún órgano, etc., con destino a personas que lo necesitan. ‖ **3.** Disponer que algún órgano propio sea utilizado para trasplante después de la muerte. ‖ **4.** Autorizar que se haga lo mismo con los órganos de un familiar muerto.

donas. F. pl. Regalos de boda que el novio hace a la novia.

donatario. M. Persona a quien se hace la donación.

donatismo. M. hist. Doctrina de los donatistas.

donatista. ADJ. hist. Que profesaba las doctrinas de Donato, cismático de la Iglesia del siglo IV. U. t. c. s.

donativo. M. Dádiva, regalo, cesión, especialmente con fines benéficos o humanitarios.

doncel. M. **1.** hist. Joven noble aún no armado caballero. ‖ **2.** Chico o mozo. ‖ **3.** hist. Hombre que, después de servir de paje en su niñez a los reyes, pasaba a servir en un cuerpo especial de la milicia. □ V. **pino ~.**

doncella. F. **1.** Mujer que no ha conocido varón. ‖ **2.** Criada que sirve cerca de la señora, o que se ocupa en los quehaceres domésticos ajenos a la cocina. ‖ **3.** Á. *Caribe.* panadizo. □ V. **hierba ~, manzana verde ~.**

doncellez. F. Estado de doncel que no ha conocido mujer, o de doncella que no ha conocido varón.

doncellueca. F. coloq. Doncella entrada ya en edad.

donde. I. ADV. RELAT. L. **1.** En que, en el que, etc. *La calle donde nací.* ‖ **2.** Que, el que, lo que, etc. *La tierra por donde pisa. Las figuras pueden superponerse, de donde se deduce su igualdad.* ‖ **3.** En el sitio donde, en el lugar donde, etc. *Donde hay patrón, no manda marinero.* ‖ **4.** El sitio donde, el lugar donde, etc. *Va a donde lo llevan.*

Desde donde estaban no se veía nada. ‖ **5. adonde.** *En el lugar donde voy os seré más provechoso.* ‖ **II.** ADV. INTERROG. L. **6.** En qué lugar. ORTOGR. Escr. con acento. *¿Dónde estamos?* ‖ **7.** Qué lugar. ORTOGR. Escr. con acento. *Preguntó desde dónde podía disparar. No sabía hacia dónde lo llevaban.* ‖ **8. adónde** (‖ a qué lugar). ORTOGR. Escr. con acento. *¿Dónde vas?* ‖ **III.** PREP. **9.** En casa de, en el sitio de. *Estuve donde Antonio. El banco está donde la fuente.* ‖ **de dónde.** LOC.ADV. Denota idea de imposibilidad o sorpresa. *¡De dónde voy a creer lo que me dice!* ‖ **en ~.** LOC.ADV. **1.** donde. *Emigró a ultramar, en donde se instaló.* ‖ **2. dónde.** ORTOGR. Escr. con acento. *¿En dónde ocurrió eso?* ‖ **por ~.** LOC.ADV. Por lo cual.

dondequiera. ADV. L. En cualquier parte.

dondiego. M. Planta de la familia de las Nictagináceas, con flores blancas, encarnadas, amarillas o jaspeadas de estos colores. Es originaria del Perú y sus flores se abren al anochecer y se cierran al salir el sol. ‖ ~ **de día.** M. Planta anual de la familia de las Convolvuláceas, de tallos rastreros, flores axilares de corolas azules, que se abren con el día y se cierran al ponerse el sol. ‖ ~ **de noche.** M. dondiego.

donguindo. M. Variedad de peral, cuyas peras son más crecidas que las ordinarias, de forma bastante irregular, de color verde amarillento, carne azucarada y relativamente porosa.

donjuán. M. **1.** Seductor de mujeres. ‖ **2. dondiego.**

donjuanear. INTR. Hacer de **donjuán** (‖ seductor).

donjuanesco, ca. ADJ. Propio o característico de un **donjuán** (‖ seductor).

donjuanismo. M. Conjunto de caracteres y cualidades propias de don Juan Tenorio, personaje de varias obras de ficción.

donoso, sa. ADJ. Que tiene donaire y gracia. U. t. en sent. irón. *Donosa ocurrencia. Donosa pregunta.*

donostiarra. ADJ. **1.** Natural de San Sebastián. U. t. c. s. ‖ **2.** Perteneciente o relativo a esta ciudad, capital de la provincia de Guipúzcoa, en España.

donosura. F. Donaire, gracia.

donquijotesco, ca. ADJ. quijotesco.

doña. F. Tratamiento de respeto que se aplica a las mujeres y precede a su nombre de pila.

dopa. F. *Bioquím.* Aminoácido derivado de la tirosina y que participa en la formación de la melanina, utilizado en el tratamiento de la enfermedad de Parkinson.

dopaje. M. *Dep.* Acción y efecto de dopar.

dopamina. F. *Bioquím.* Neurotransmisor derivado de la dopa que actúa en los ganglios basales del cerebro.

dopante. ADJ. Que dopa. *Sustancia dopante.*

dopar. TR. **1.** *Dep.* y *Med.* Administrar fármacos o sustancias estimulantes para potenciar artificialmente el rendimiento del organismo, a veces con peligro para la salud. U. t. c. prnl. ‖ **2.** *Electr.* Introducir en un semiconductor impurezas con el fin de modificar su comportamiento.

doquier. ADV. L. poét. dondequiera.

doquiera. ADV. L. poét. dondequiera.

dorada. F. Pez teleósteo marino, del suborden de los Acantopterigios, que puede alcanzar unos ocho decímetros de largo, y tiene una mancha dorada entre los ojos. Es comestible muy estimado y se pesca en las costas de España.

doradeño, ña. ADJ. **1.** Natural de Dorado. U. t. c. s. ‖ **2.** Perteneciente o relativo a este municipio de Puerto Rico o a su cabeza.

doradilla. F. Helecho de abundantes hojas de seis a ocho decímetros de largo, cubiertas de escamillas doradas por el envés. Se ha usado en medicina como diurético y para curar las llagas y heridas.

doradillo, lla. ADJ. Á. R. Plata. Dicho de una caballería: De color melado brillante.

dorado, da. PART. de **dorar.** || **I.** ADJ. **1.** De color de oro o semejante a él. *Picaporte dorado.* || **2.** Esplendoroso, feliz. *Época dorada.* || **II.** M. **3.** Pez teleósteo, del suborden de los Acantopterigios, que alcanza unos seis decímetros de largo, con colores vivos con reflejos dorados. Es comestible. || **4.** Acción y efecto de dorar. || **5.** pl. Conjunto de adornos metálicos o de objetos de latón. *Los dorados de un mueble. Pasta para limpiar dorados.* ☐ V. **edad ~, siglo ~, sueño ~.**

dorador, ra. M. y F. Persona que tiene por oficio dorar.

doradura. F. Acción y efecto de dorar.

dorar. TR. **1.** Cubrir con oro la superficie de algo. || **2.** Dar el color del oro a algo. *El sol doraba sus cabellos.* U. t. c. prnl. || **3.** Tostar ligeramente algo de comer. *Dorar los ajos.* U. t. c. prnl.

dórico, ca. **I.** ADJ. **1.** hist. **dorio** (|| perteneciente a la Dóride). || **II.** M. **2.** Dialecto de los dorios, uno de los cuatro principales de la lengua griega. ☐ V. **capitel ~, columna ~, orden dórico.**

dorio, ria. ADJ. **1.** hist. Se dice de los individuos de un pueblo de la antigua Grecia que habitó en la Dóride, en la mayor parte del Peloponeso y en otras regiones mediterráneas. U. t. c. s. || **2.** hist. Perteneciente o relativo a este pueblo. *Invasiones dorias.*

dormán. M. hist. **dolmán.**

dormición. F. Tránsito de la Virgen.

dormida. F. **1.** Lugar donde las reses y las aves silvestres acostumbran a pasar la noche. || **2.** Acción de dormir, especialmente pasando la noche. *Tenemos tres dormidas antes de acabar nuestro viaje.* || **3.** Am. Mer. Lugar donde se pernocta.

dormidera. F. **1.** **adormidera.** || **2.** Á. Caribe. **sensitiva.**

dormidero. M. Sitio donde duerme el ganado.

dormidor, ra. ADJ. Que duerme mucho. Apl. a pers., u. t. c. s.

dormilón, na. **I.** ADJ. **1.** coloq. Muy inclinado a dormir. Apl. a pers., u. t. c. s. || **II.** M. **2.** Pájaro de unos 17 cm de longitud, de color ceniciento oscuro y cola larga que mantiene en continuo movimiento. Habita en la costa americana del Pacífico, desde Magallanes hasta el Perú.

dormilona. F. Am. Cen. y Ant. **sensitiva.**

dormir. **I.** INTR. **1.** Estar en estado de reposo que consiste en la inacción o suspensión de los sentidos y de todo movimiento voluntario. U. t. c. prnl. y menos c. tr. *Dormir la siesta, la borrachera.* || **2.** **pernoctar.** || **3.** Descuidarse, obrar en un negocio con menos solicitud de la que se requiere. U. m. c. prnl. || **4.** Dicho de una cosa: Ser objeto de descuido, olvido o postergación. *La propuesta duerme esperando que alguien se decida a presentarla.* || **5.** Dicho de una carta: En ciertos juegos de naipes, como el tresillo, quedar en la baceta sin utilizar. || **II.** TR. **6.** Hacer que alguien se **duerma.** *Dormir a un niño. Dormir a un paciente.* || **III.** PRNL. **7.** Dicho de un miembro: **adormecerse** (|| entorpecerse). ¶ MORF. V. conjug. modelo. ☐ V. **saco de ~.**

dormitar. INTR. Estar o quedarse medio dormido.

dormitorio. M. **1.** En una vivienda, pieza destinada para dormir. || **2.** Mobiliario de esta pieza. *Un dormitorio de estilo moderno.* ☐ V. **ciudad ~.**

dornajo. M. Especie de artesa, pequeña y redonda, que sirve para dar de comer a los cerdos, para fregar o para otros usos.

dornillo. M. Escudilla o cazuela de madera.

dorsal. **I.** ADJ. **1.** Perteneciente o relativo al dorso, espalda o lomo. *Dolor dorsal.* || **2.** Fon. Dicho de un fonema: Que se articula con el dorso de la lengua, en su parte anterior, media o posterior. U. t. c. s. f. || **II.** M. **3.** Trozo de tela con un número, que llevan a la espalda los participantes en muchos deportes. || **III.** COM. **4.** Participante que lleva un **dorsal.** || **IV.** F. **5.** Geol. Parte más elevada de una cordillera. || **~ oceánica.** F. Geol. Cadena montañosa continua en el fondo oceánico. ☐ V. **aleta ~, espina ~, tabes ~.**

dorso. M. Revés o espalda de algo.

dorsoventral. ADJ. Perteneciente o relativo conjuntamente a la espalda y al vientre.

dos. **I.** ADJ. **1.** Uno más uno. || **2.** **segundo** (|| que sigue en orden al primero). *Número dos. Año dos.* Apl. a los días del mes, u. t. c. s. m. *El dos de junio.* || **II.** M. **3.** Signo o conjunto de signos con que se representa el número dos. || **4.** Naipe que tiene dos señales. *El dos de espadas. Tengo tres doses.* || **III.** F. **5.** pl. Segunda hora a partir de mediodía o de medianoche. *Quedamos a las dos.* || **a cada ~ por tres.** LOC. ADV. coloq. **cada dos por tres.** || **cada ~ por tres.** LOC. ADV. coloq. Con frecuencia. || **de ~ en ~.** LOC. ADV. Se usa para expresar que algunas personas o cosas van apareadas. || **en un ~ por tres.** LOC. ADV. coloq. En un momento, rápido. ☐ V. **arma de ~ filos, capotillo de ~ faldas, capotillo de ~ haldas, compás de ~ por cuatro, ~ letras, ~ palabras, ~ puntos, espada de ~ filos, letra de ~ puntos, real de a ~, vino de ~ orejas.**

dosalbo, ba. ADJ. Dicho de una caballería: Que tiene blancos dos pies.

doscientos, tas. **I.** ADJ. **1.** Dos veces ciento. || **2.** **ducentésimo** (|| que sigue en orden al centésimo nonagésimo noveno). *Número doscientos. Año doscientos.* || **II.** M. **3.** Conjunto de signos con que se representa el número doscientos.

dosel. M. Mueble que a cierta altura cubre o resguarda un altar, sitial, lecho, etc., adelantándose en pabellón horizontal y cayendo por detrás como una colgadura.

doselete. M. Miembro arquitectónico voladizo, que, a manera de dosel, se coloca sobre las estatuas, sepulcros, etc.

dosier. M. Informe o expediente.

dosificación. F. Med. Determinación de la dosis de un medicamento.

dosificador, ra. ADJ. Que dosifica o sirve para dosificar. Apl. a una máquina o un mecanismo, u. t. c. s. m.

dosificar. TR. **1.** Dividir o graduar las dosis de un medicamento. || **2.** Graduar la cantidad o porción de otras cosas. *Dosificar las fuerzas.*

dosimetría. F. **1.** Sistema terapéutico que emplea exclusivamente los principios activos de las sustancias medicamentosas en gránulos que contienen siempre la misma dosis para cada una de ellas. || **2.** Fís. Medida de la acumulación de una radiación ionizante.

dosimétrico, ca. ADJ. Perteneciente o relativo a la dosimetría.

dosímetro. M. Aparato que mide dosis, especialmente de radiactividad.

dosis. F. **1.** Toma de medicina que se da al enfermo cada vez. ‖ **2.** Cantidad o porción de algo, material o inmaterial. *Una buena dosis de paciencia.*

dotación. F. **1.** Acción y efecto de dotar. ‖ **2.** Conjunto de aquello con que se dota. ‖ **3.** Conjunto de personas asignadas al servicio de un buque de guerra o de una unidad policial o militar. ‖ **4.** Conjunto de individuos asignados al servicio de un establecimiento público, de una oficina, de una fábrica, de un taller, etc. ‖ **5.** En urbanismo, suelo destinado a usos o instalaciones del conjunto de los ciudadanos.

dotado, da. PART. de dotar. ‖ ADJ. Con particulares condiciones o cualidades para algo. *Dotado para la música.*

dotal. ADJ. Perteneciente o relativo a la dote que lleva la mujer cuando se casa.

dotar. TR. **1.** Constituir dote a la mujer que va a contraer matrimonio o a profesar en alguna orden religiosa. ‖ **2.** Adjudicar bienes para una fundación o instituto benéfico. *El hospital fue generosamente dotado.* ‖ **3.** Dicho de la naturaleza: Dar, conceder ciertos dones o cualidades a alguien. *Fue dotada de una gran voz.* ‖ **4.** Asignar a una oficina, un buque, un establecimiento público, etc., el número de empleados y los enseres que le son necesarios. ‖ **5.** Asignar sueldo o haber a un empleo o cargo cualquiera. ‖ **6.** Equipar, proveer a una cosa de algo que la mejora. *Dotar una máquina de los últimos adelantos.*

dote. I. AMB. **1.** Conjunto de bienes y derechos aportados por la mujer al matrimonio, que tiene como finalidad atender al levantamiento de las cargas comunes y que le deberá ser devuelto una vez disuelto aquel. U. m. c. f. ‖ **2.** Congrua o patrimonio que se entrega al convento o a la orden en que va a tomar estado religioso una profesa. U. m. c. f. ‖ **II.** F. **3.** Excelencia, prenda, calidad o capacidad apreciable de alguien U. m. en pl. *Dotes de mando.* ‖ **4.** Rel. Cada una de las cuatro cualidades que poseen los cuerpos gloriosos de los bienaventurados, es decir, claridad, agilidad, sutileza e impasibilidad. ‖ **constituir la ~.** LOC.VERB. Hacer otorgamiento formal de ella.

dovela. F. **1.** Arq. Piedra labrada en forma de cuña, para formar arcos o bóvedas, el borde del suelo del alfarje, etc. ‖ **2.** Constr. Cada una de las superficies de intradós o de trasdós de las piedras de un arco o bóveda.

dovelar. TR. Constr. Labrar la piedra dándole forma de dovela.

Down. □ V. **síndrome de ~.**

doxología. F. Fórmula de alabanza a la divinidad, especialmente a la Trinidad en la liturgia católica y en la Biblia.

draba. F. Planta herbácea, de la familia de las Crucíferas, de cuatro a cinco decímetros de altura, con flores pequeñas blancas en corimbos que abunda en los sitios húmedos y se ha empleado contra el escorbuto.

dracma. AMB. **1.** Unidad monetaria griega anterior al euro. ‖ **2.** hist. Antigua moneda griega de plata.

draconiano, na. ADJ. Dicho de una ley, de una providencia o de una medida: Sanguinaria o excesivamente severa.

draga. F. **1.** Máquina que se emplea para ahondar y limpiar los puertos, ríos, canales, etc., extrayendo de ellos fango, piedras, arena, etc. ‖ **2.** Barco que lleva esta máquina.

dragado. M. Acción y efecto de dragar.

dragaminas. M. Buque destinado a limpiar de minas los mares.

dragar. TR. Ahondar y limpiar con draga los puertos, los ríos, etc.

drago. M. Árbol de la familia de las Liliáceas, que alcanza de doce a catorce metros de altura, con flores pequeñas, de color blanco verdoso, con estrías encarnadas, y fruto en baya amarillenta. Del tronco se obtiene la sangre de drago, usada en medicina. □ V. **sangre de ~.**

dragomán. M. Intérprete de lenguas.

dragón. M. **1.** Animal fabuloso al que se atribuye forma de serpiente muy corpulenta, con pies y alas, y de gran fiereza y voracidad. ‖ **2.** Reptil del orden de los Saurios, caracterizado por las expansiones de su piel, que forma a los lados del abdomen una especie de alas, o mejor paracaídas, que ayudan a los saltos del animal. Vive ordinariamente subido a los árboles de Filipinas y de la zona tropical del continente asiático, y no pasa de 20 cm de longitud total, de los que 12 corresponden a la cola, relativamente larga y delgada. ‖ **3.** Planta perenne de la familia de las Escrofulariáceas, con tallos erguidos de seis a ocho decímetros de altura, lampiños en la parte inferior y vellosos en la superior, hojas carnosas, lanceoladas, algo obtusas las inferiores, flores de hermosos colores, encarnados o amarillos, en espigas terminales, de corola formada por un tubo dividido en cinco lacinias irregulares y cerrado con una especie de tapadera de distinto color que el tubo, fruto capsular y semillas negruzcas, elipsoidales y algo arrugadas. Se cultiva en los jardines. ‖ **4.** Embarcación de vela de nueve metros de eslora como máximo, usada en competiciones deportivas. ‖ **5.** hist. Soldado que hacía el servicio alternativamente a pie o a caballo. ‖ **~ marino.** M. Pez teleósteo, del suborden de los Acantopterigios, de unos cuatro decímetros de largo, rojizo por el lomo y blanco amarillento con manchas azuladas en los costados, cabeza comprimida, ojos poco distantes entre sí, y aletas muy espinosas. Se cría en las costas de España y es comestible. □ V. **boca de ~.**

dragona. F. **1.** Chile. Fiador de la espada. ‖ **2.** Méx. Capa de hombre, con esclavina y capucha.

dragontea. F. Planta herbácea vivaz, de la familia de las Aráceas, de rizoma feculento y grueso, del cual arrancan hojas grandes divididas en cinco lóbulos lanceolados, con pecíolos anchos que abrazan el escapo, simulando un tallo de seis a ocho decímetros de altura, manchado de negro y verde como la piel de una culebra, espata grande, enrollada por fuera y purpúrea negruzca por dentro, y espádice largo y desnudo en su extremo. Se cultiva como adorno en los jardines, a pesar de su mal olor durante la floración, y es espontánea en varios puntos de España.

dragontino, na. ADJ. Perteneciente o relativo al dragón.

drama. M. **1.** Obra perteneciente a la poesía dramática. ‖ **2.** Obra de teatro o de cine en que prevalecen acciones y situaciones tensas y pasiones conflictivas. ‖ **3.** Suceso de la vida real, capaz de interesar y conmover vivamente. ‖ **4. dramática** (‖ género literario). ‖ **~ litúrgico.** M. Texto literario dialogado, de alguna extensión, desarrollado durante la Edad Media a partir del tropo, que dramatizaba pasajes de los Evangelios, y que se representaba durante los oficios religiosos en algunos días solemnes. || ~ **satírico.** M. En la Grecia antigua, el representado después de una trilogía trágica, para alivio y diversión, con personajes de sátiros interpretados por miembros del coro. || **hacer un ~.** LOC.VERB. coloq. Dar a un suceso tintes dramáticos que no tiene.

dramática. F. **1.** Arte que enseña a componer obras dramáticas. || **2.** Género literario al que pertenecen las obras destinadas a la representación escénica, cuyo argumento se desarrolla de modo exclusivo mediante la acción y el lenguaje directo de los personajes, por lo común dialogado. *Se conoce escasamente la dramática medieval española.*

dramaticidad. F. **dramatismo.**

dramático, ca. ADJ. **1.** Perteneciente o relativo al drama. *Género dramático.* || **2.** Que posee caracteres propios del drama, o que es apto o conveniente para él. *Lenguaje, talento dramático.* || **3.** Dicho de un autor: Que escribe obras dramáticas. U. t. c. s. || **4.** Dicho de un actor: Que representa papeles dramáticos. || **5.** Capaz de interesar y conmover vivamente. *Imágenes dramáticas.* || **6.** Teatral, afectado. *Gesto, tono dramático.* □ V. **comedia ~, situación ~.**

dramatismo. M. **1.** Cualidad de **dramático** (|| que posee caracteres propios del drama). || **2.** Cualidad de **dramático** (|| capaz de interesar y conmover).

dramatización. F. Acción y efecto de dramatizar.

dramatizar. TR. **1.** Dar forma y condiciones dramáticas. *Dramatizar un texto.* || **2.** Exagerar con apariencias dramáticas o afectadas. U. t. c. intr. *No dramatices; no es para tanto.*

dramaturgia. F. **1.** **dramática.** || **2.** Concepción escénica para la representación de un texto dramático.

dramatúrgico, ca. ADJ. Perteneciente o relativo a la dramaturgia.

dramaturgo, ga. M. y F. Autor de obras dramáticas.

dramón. M. coloq. Drama de tintes muy cargados. U. m. en sent. despect.

drapeado. M. Acción y efecto de drapear.

drapear. TR. Colocar o plegar los paños de una vestidura, y, más especialmente, darles la caída conveniente. U. t. c. prnl.

draque. M. *Am.* Bebida confeccionada con agua, aguardiente y nuez moscada.

drástico, ca. ADJ. Riguroso, enérgico, radical, draconiano. *Drástico recorte presupuestario.*

dravidiano, na. ADJ. **dravídico.**

dravídico, ca. ADJ. **1.** Natural de Dravida. U. t. c. s. || **2.** Perteneciente o relativo a esta provincia de la India. || **3.** Se dice de la familia de lenguas habladas al sureste de la India, al norte de Sri Lanka y en la zona pakistaní de Brahui, que no tienen relación genética con ninguna otra familia y cuyo representante más importante es el tamil. U. t. c. s. m. *El dravídico.*

drea. F. infant. **pedrea** (|| combate a pedradas).

drenaje. M. **1.** Acción y efecto de drenar. U. t. en sent. fig. *El drenaje de la actividad parlamentaria.* || **2.** Medio o utensilio que se emplea para drenar.

drenar. TR. **1.** Dar salida y corriente a las aguas muertas o a la excesiva humedad de los terrenos, por medio de zanjas o cañerías. || **2.** *Med.* Asegurar la salida de líquidos, generalmente anormales, de una herida, absceso o cavidad.

drepanocitosis. F. *Med.* Enfermedad hereditaria, que se presenta principalmente en individuos de raza negra.

Se caracteriza por disminución de los glóbulos rojos, los cuales, en su mayoría, toman forma de hoz, y se origina por la presencia de una hemoglobina anormal.

dríade. F. *Mit.* Ninfa de los bosques, cuya vida duraba lo que la del árbol a que se suponía unida.

driblar. TR. En el fútbol y otros deportes, **regatear** (|| hacer regates). U. t. c. intr.

dril. M. Tela fuerte de hilo o de algodón crudos.

driza. F. *Mar.* Cuerda o cabo con que se izan y arrían las vergas, y también el que sirve para izar los cangrejos, las velas de cuchillo y las banderas o gallardetes.

droga. F. **1.** Sustancia mineral, vegetal o animal, que se emplea en la medicina, en la industria o en las bellas artes. || **2.** Sustancia o preparado medicamentoso de efecto estimulante, deprimente, narcótico o alucinógeno. || **3.** Actividad o afición obsesiva. *El fútbol es una droga.* || **4.** **medicamento.** || **5.** *Am. Mer.* Deuda, a veces la que no se piensa pagar. || ~ **blanda.** F. La que no es adictiva o lo es en bajo grado, como las variedades del cáñamo índico. || ~ **de diseño.** F. La obtenida mediante ligeras modificaciones químicas a partir de otra para obtener especiales efectos psicotrópicos. || ~ **dura.** F. La que es fuertemente adictiva, como la heroína y la cocaína. □ V. **tráfico de ~s.**

drogadicción. F. **adicción** (|| hábito de quien se deja dominar por alguna droga).

drogadicto, ta. ADJ. Dicho de una persona: Habituada a las drogas. U. t. c. s.

drogado. M. Acción y efecto de drogar o drogarse.

drogar. I. TR. **1.** Administrar una droga, estimulante, narcótico o alucinógeno, por lo común con fines ilícitos. || **II.** PRNL. **2.** Dicho de una persona: Hacer uso deliberado de drogas en sí misma.

drogodependencia. F. Uso habitual de estupefacientes al que el drogadicto no se puede sustraer.

drogodependiente. ADJ. **drogadicto.** U. t. c. s.

drogota. COM. coloq. **drogadicto.**

droguería. F. **1.** Tienda en que se venden drogas. || **2.** Trato y comercio en drogas. || **3.** *Esp.* Tienda en la que se venden productos de limpieza y pinturas.

droguero, ra. I. ADJ. **1.** *Am. Mer.* y *Méx.* Moroso, mal pagador. || **II.** M. y F. **2.** Persona que hace o vende artículos de droguería.

droguista. COM. **droguero.**

dromedario. M. Artiodáctilo rumiante, propio de Arabia y del norte de África, muy semejante al camello, del cual se distingue principalmente por no tener más que una joroba adiposa en el dorso.

dromomanía. F. Inclinación excesiva u obsesión patológica por trasladarse de un lugar a otro.

dromomaníaco, ca o **dromomaniaco, ca.** ADJ. Que padece dromomanía. U. t. c. s.

drosera. F. Planta de la familia de las Droseráceas, con hojas circulares, en cuyo limbo hay numerosos pelos terminados en cabezuelas glandulosas, los cuales se encorvan sobre el cuerpo del insecto o de cualquier otro animal que se haya posado sobre la hoja, sujetándolo; a continuación sus partes blandas son digeridas por el líquido viscoso, que contiene un fermento parecido a la pepsina, segregado por las glándulas de dichas cabezuelas.

droseráceo, a. ADJ. *Bot.* Se dice de las plantas angiospermas dicotiledóneas, herbáceas, de flores pentámeras con numerosos estambres, con hojas provistas de glándulas secretoras de un líquido viscoso, que contiene un fermento semejante a la pepsina y que les sirve para capturar y digerir insectos y otros animales pequeños. Son propias de las turberas. U. t. c. s. f. ORTOGR. En f. pl., escr. con may. inicial c. taxón. *Las Droseráceas.*

druida. M. hist. Entre los antiguos galos y britanos, miembro de la clase elevada sacerdotal, considerada depositaria del saber sagrado y profano, y estrechamente asociada al poder político.

druídico, ca. ADJ. hist. Perteneciente o relativo a los druidas y a su religión.

druidismo. M. hist. Religión de los druidas.

drupa. F. *Bot.* Fruto de mesocarpio carnoso y endocarpio leñoso y una sola semilla; p. ej., el melocotón y la ciruela.

drupáceo, a. ADJ. *Bot.* De la naturaleza de la drupa, o parecido a ella. *Fruto drupáceo.*

drusa. F. *Geol.* Conjunto de cristales que cubren la superficie de una piedra.

druso, sa. ADJ. **1.** Habitante del Líbano y Siria que profesa una religión derivada de la islámica. U. t. c. s. || **2.** Perteneciente o relativo a los drusos. *Hospitalidad drusa.*

dseda. F. Sexta letra del alfabeto griego (Z, ζ), que corresponde a z en algunas voces griegas del español; p. ej., *zoología, zeugma.*

dual. I. ADJ. **1.** Que reúne dos caracteres o fenómenos distintos. *Naturaleza dual.* || **II.** M. **2.** *Gram.* **número dual.**

dualidad. F. Existencia de dos caracteres o fenómenos distintos en una misma persona o en un mismo estado de cosas.

dualismo. M. **1.** Creencia religiosa de pueblos antiguos, consistente en considerar el universo como formado y mantenido por el concurso de dos principios igualmente necesarios y eternos, y por consiguiente independientes uno de otro. || **2. dualidad.**

dualista. ADJ. **1.** Perteneciente o relativo al dualismo. *Sistema dualista.* || **2.** Partidario del dualismo. U. t. c. s.

dubio. M. *Der.* Especialmente en los tribunales eclesiásticos, aquello que es cuestionable.

dubitable. ADJ. Que se debe o se puede dudar. *Testimonio dubitable.*

dubitación. F. **1. duda.** || **2.** *Ret.* Figura que consiste en manifestar, la persona que habla, duda o perplejidad acerca de lo que debe decir o hacer.

dubitante. ADJ. **dubitativo.**

dubitativo, va. ADJ. **1.** Dicho de una persona: Que tiene o muestra duda. || **2.** Dicho de una cosa: Que implica o denota duda. *Gesto dubitativo.*

dublinés, sa. ADJ. **1.** Natural de Dublín. U. t. c. s. || **2.** Perteneciente o relativo a esta ciudad, capital de Irlanda.

dubnio. M. *Quím.* Elemento químico radiactivo, de núm. atóm. 105. Tiene siete isótopos con una vida media comprendida entre 1,5 y 35 s, y se obtiene mediante bombardeo iónico de elementos pesados. (Símb. *Db*).

ducado. M. **1.** Título o dignidad de duque. || **2.** hist. Territorio o lugar sobre el que recaía este título o en el que ejercía jurisdicción un duque. || **3.** Estado gobernado por un duque. || **4.** hist. Moneda de oro que se usó en España hasta fines del siglo XVI, de valor variable. || **5.** hist. Moneda no acuñada equivalente a once reales de vellón, aumentada en una mitad más por la pragmática de febrero de 1680, y vuelta después a su valor primero. || **~ de oro.** M. hist. **excelente de la granada.** || **~ de plata.** M. hist. **ducado** (|| moneda no acuñada equivalente a once reales de vellón).

ducal. ADJ. Perteneciente o relativo al duque. □ V. **corona ~, manto ~.**

ducentésimo, ma. ADJ. **1.** Que sigue inmediatamente en orden al o a lo centésimo nonagésimo noveno. || **2.** Se dice de cada una de las 200 partes iguales en que se divide un todo. U. t. c. s. m.

ducha. F. **1.** Acción y efecto de duchar. || **2.** Agua que, en forma de lluvia o de chorro, se hace caer en el cuerpo para limpiarlo o refrescarlo, o con propósito medicinal. || **3.** Aparato o instalación que sirve para ducharse. || **4.** Recipiente de loza u otra materia donde se recogen las aguas de la ducha. || **5.** Habitación o lugar donde hay una ducha. || **6.** *Á.Andes y Á. guar.* Cuarto de aseo con ducha, sin bañera.

duchar. TR. **1.** Dar una ducha. U. t. c. prnl. || **2. mojar** (|| humedecer). *Tiró la copa y nos duchó con el vino.*

ducho, cha. ADJ. Experimentado, diestro.

duco. M. Laca de nitrocelulosa, cuya disolución se utiliza para pintar con pistola.

dúctil. ADJ. **1.** Dicho de un metal: Que admite grandes deformaciones mecánicas en frío sin llegar a romperse. || **2.** Dicho de un metal: Que mecánicamente se puede extender en alambres o hilos. || **3.** Dicho de algún cuerpo no metálico: Fácilmente deformable. *Mimbre dúctil.* || **4.** Acomodadizo, de blanda condición, condescendiente.

ductilidad. F. Cualidad de dúctil.

ducto. M. *Am.* Conducto, canal, tubería.

ductor. M. Guía o caudillo.

duda. F. **1.** Suspensión o indeterminación del ánimo entre dos juicios o dos decisiones, o bien acerca de un hecho o una noticia. || **2.** Vacilación del ánimo respecto a las creencias religiosas. || **3.** Cuestión que se propone para ventilarla o resolverla. || **por las ~s,** o **por si las ~s.** LOCS.ADVS. *Am.* **por si acaso.** || **sin ~.** LOC.ADV. De manera indudable, con toda seguridad. □ V. **el beneficio de la ~.**

dudable. ADJ. Que se debe o se puede dudar. *Supuesto dudable.*

dudar. I. INTR. **1.** Tener el ánimo perplejo y suspenso entre resoluciones y juicios contradictorios, sin decidirse por unos o por otros. *Dudaba entre hacerlo o no.* U. t. c. tr. *Después de dudarlo mucho, aceptó la oferta.* || **2.** Desconfiar, sospechar de alguien o algo. *Todos dudábamos de él.* || **II.** TR. **3.** Dar poco crédito a una información que se oye. *Lo dudo.*

dudoso, sa. ADJ. **1.** Que ofrece duda. *Límites dudosos.* || **2.** Que tiene duda. *Está dudoso, no se acaba de decidir.* || **3.** Que es poco probable, que es inseguro o eventual. *Medicamento de dudosa eficacia.*

duela. F. **1.** Cada una de las tablas que forman las paredes curvas de las cubas, de los barriles, etc. || **2.** Gusano platelminto del orden de los Trematodos, aplanado y de forma casi ovalada, con una ventosa en el extremo anterior del cuerpo, en cuyo centro está la boca, y otra en la cara interior del animal, detrás de la primera. Vive parásito en los conductos biliares del carnero y del toro. || **3.** *Méx.* Cada una de las tablas estrechas de un piso o entarimado.

duelista. M. hist. Hombre que se bate en duelo.

duelo[1]**.** M. **1.** hist. Combate o pelea entre dos, a consecuencia de un reto o desafío. || **2.** Enfrentamiento entre dos personas o entre dos grupos. *Duelo dialéctico. Duelo futbolístico.*

duelo[2]**.** M. **1.** Dolor, lástima, aflicción o sentimiento. || **2.** Conjunto de demostraciones que se hacen para manifestar el sentimiento que se tiene por la muerte de alguien. ‖ **3.** Reunión de parientes, amigos o invitados que asisten a la casa mortuoria, a la conducción del cadáver al cementerio, o a los funerales. ‖ **~s y quebrantos.** M. pl. Fritada hecha con huevos y torreznos o sesos, alimentos compatibles con la abstinencia parcial que por precepto eclesiástico se guardaba los sábados en los reinos de Castilla. ‖ **sin ~.** LOC. ADV. Sin tasa, sin escasez, con abundancia.

duende. M. Espíritu fantástico del que se dice que habita en algunas casas y que travesea, causando en ellas trastorno y estruendo. Aparece con figura de viejo o de niño en las narraciones tradicionales. ‖ **andar** alguien **como un ~,** o **parecer un ~.** LOCS. VERBS. coloqs. Aparecer en los lugares donde no se le esperaba. ‖ **tener** alguien **~.** LOC. VERB. Tener encanto, atractivo, etc.

dueño, ña. I. M. y F. **1.** Persona que tiene dominio sobre alguien o algo. ‖ **II.** F. **2.** hist. Monja o beata que vivía antiguamente en comunidad y solía ser mujer principal. ‖ **3.** hist. Mujer viuda que para autoridad y respeto, y para guarda de las demás criadas, había en las casas principales. ‖ **~ de sí mismo, ma.** M. y F. Persona que sabe dominarse y no se deja arrastrar por los primeros impulsos. ‖ **hacerse** alguien **~ de** algo. LOC. VERB. **1.** Adquirir cabal conocimiento de un asunto, dominar alguna dificultad. ‖ **2.** Apropiarse facultades y derechos que no le competen. ‖ **ser ~,** o **muy ~, de** hacer algo. LOCS. VERBS. coloqs. Tener libertad para hacerlo.

duermevela. AMB. Sueño ligero en que se halla el que está dormitando.

duerna. F. artesa.

dueto. M. Dúo musical.

dula. F. **1.** Porción de tierra que, siguiendo un turno, recibe riego de una acequia. ‖ **2.** Conjunto de las cabezas de ganado de los vecinos de un pueblo, que se envían a pastar juntas a un terreno comunal. Se usa especialmente hablando del ganado caballar.

dulcamara. F. Planta sarmentosa, de la familia de las Solanáceas, con tallos ramosos que crecen hasta dos o tres metros, hojas pecioladas, enteras, acorazonadas, agudas y generalmente con dos lóbulos en la base, flores pequeñas, violadas, en ramilletes, sobre pecíolos axilares, y por frutos bayas rojas del tamaño del guisante. Es común en los sitios frondosos, y el cocimiento de sus tallos, que es aromático, se usó en medicina como depurativo.

dulce. I. ADJ. **1.** Que causa cierta sensación suave y agradable al paladar, como la miel, el azúcar, etc. ‖ **2.** Que no es agrio o salobre, comparado con otras cosas de la misma especie. *Frutos dulces.* ‖ **3.** Grato, gustoso y apacible. *Dulces pensamientos.* ‖ **4.** Naturalmente afable, complaciente, dócil. *Persona dulce.* ‖ **5.** Propio o característico de una persona dulce. *Mirada dulce.* ‖ **6.** Dicho de un metal, y especialmente del hierro: Libre de impurezas. ‖ **II.** M. **7.** Alimento compuesto con azúcar; p. ej., el arroz con leche, las natillas, etc. ‖ **8.** Fruta o cualquier otra cosa cocida o compuesta con almíbar o azúcar. *Dulce de membrillo.* ‖ **~ de almíbar.** M. Fruta conservada en almíbar. ‖ **~ de leche.** M. El que se hace con leche azucarada, aromatizada generalmente con vainilla, y sometida a cocción lenta y prolongada. ‖ **~ de platillo,** o **~ seco.** M. dulce (‖ alimento compuesto con azúcar). ‖ **en ~.** LOC. ADJ. Dicho de la fruta: Conservada en almíbar. ‖ **a nadie le amarga un ~.** EXPR. coloq. Denota que cualquier ventaja que se ofrece, por pequeña que sea, no es

de desperdiciar. □ V. **agua ~, almendra ~, caña ~, flauta ~, grabado en ~, hierro ~, jamón en ~, mate ~, naranja ~, palo ~, pera en ~, talla ~, vino ~, yerba ~.**

dulceacuícola. ADJ. dulciacuícola.

dulcedumbre. F. Dulzura, suavidad.

dulcémele. M. **salterio** (‖ instrumento musical).

dulcera. F. Recipiente, ordinariamente de cristal, en que se guarda y sirve el dulce de almíbar.

dulcería. F. confitería.

dulcero, ra. I. ADJ. **1.** coloq. Aficionado al dulce. ‖ **II.** M. y F. **2.** confitero.

dulciacuícola. ADJ. Perteneciente o relativo a las aguas dulces y, en particular, a los organismos que viven en ellas.

dulcificación. F. Acción y efecto de dulcificar.

dulcificar. TR. Volver dulce o más dulce algo o a alguien. U. t. c. prnl.

dulero, ra. M. y F. Pastor o guarda de la **dula** (‖ conjunto de las cabezas de ganado).

dulleta. F. hist. Prenda que usaban los eclesiásticos a modo de gabán talar, por encima de la sotana.

dulzaina. F. Instrumento musical de viento, parecido a la chirimía, pero más corto y de tonos más altos.

dulzainero, ra. M. y F. Persona que toca la dulzaina.

dulzal. □ V. **aceituna ~.**

dulzón, na. ADJ. De sabor dulce, pero desagradable y empalagoso.

dulzor. M. dulzura.

dulzura. F. **1.** Cualidad de dulce. ‖ **2.** Suavidad, deleite. ‖ **3.** Afabilidad, bondad, docilidad.

duma. F. Asamblea legislativa de Rusia.

dum-dum. ADJ. Dicho de una bala de arma de fuego: Que se fragmenta al impactar y produce graves destrozos. U. t. c. s. f. MORF. pl. invar. *Balas dum-dum.*

duna. F. Colina de arena movediza que en los desiertos y en las playas forma y empuja el viento. U. m. en pl.

dundeco, ca. ADJ. *Am. Cen.* **tonto** (‖ falto de entendimiento o de razón).

dundo, da. ADJ. *Am. Cen.* **tonto** (‖ falto de entendimiento o de razón).

dúo. M. **1.** *Mús.* Composición para dos ejecutantes, instrumentales o vocales. ‖ **2.** Conjunto de las dos personas que ejecutan o cantan a dúo. ‖ **3.** Conjunto de las dos personas que desempeñan una tarea común. *El dúo protagonista de la obra.* ‖ **4.** *Á. guar.* Amigo, compañero. ‖ **a ~.** LOC. ADV. **1.** Dicho de cantar o ejecutar una composición musical: Cooperando dos personas al mismo tiempo. ‖ **2.** Con intervención acorde de dos personas. *Contestaron a dúo.*

duodécimo, ma. ADJ. **1.** Que sigue inmediatamente en orden al o a lo undécimo. ‖ **2.** Se dice de cada una de las doce partes iguales en que se divide un todo. U. t. c. s. m.

duodenal. ADJ. *Anat.* Perteneciente o relativo al duodeno.

duodenitis. F. *Med.* Inflamación del duodeno.

duodeno. M. *Anat.* Primera porción del intestino delgado de los mamíferos, que comunica directamente con el estómago y remata en el yeyuno.

duopolio. M. Situación de mercado en que la oferta de un producto o el ejercicio de una actividad se reparte entre dos empresas.

dupla. F. *Am.* Conjunto de dos personas que trabajan habitualmente en equipo.

duples. M. pl. En el juego del mus, reunión de dos parejas o de cuatro cartas de un mismo valor.

dúplex. I. ADJ. **1.** Dicho de un sistema de información: Capaz de transmitir y recibir simultáneamente dos mensajes, uno en cada sentido. || **2.** Se dice también de la operación de transmitir y recibir dichos mensajes. U. t. c. s. m. || **II.** M. **3.** En un edificio de varias plantas, conjunto de dos pisos superpuestos y unidos por una escalera interior, destinado a vivienda independiente.

duplicación. F. Acción y efecto de duplicar.

duplicado. M. **1.** Segundo documento o escrito que se expide del mismo tenor que el primero y con su mismo valor. || **2.** Ejemplar doble o repetido de una obra. || **3.** copia (|| reproducción de un objeto por medios mecánicos). *El duplicado de una llave.* || **por ~.** LOC.ADV. En dos ejemplares.

duplicar. TR. **1.** Hacer doble algo. U. t. c. prnl. *Su imagen se duplicaba en los espejos.* || **2.** Dicho de una cosa: Ser dos veces mayor que otra. *El aforo duplica el del otro salón.* || **3.** Repetir exactamente algo, hacer una copia de ello. *Duplicar un documento.*

dúplice. ADJ. **doble.** *Palabras de dúplice sentido.*

duplicidad. F. Cualidad de dúplice.

duplo, pla. ADJ. **doble** (|| que contiene dos veces una cantidad). U. t. c. s. m.

duplografía. F. *Ecd.* Fenómeno consistente en la repetición errónea de un segmento textual; p. ej., «acababa» donde debiera leerse «acaba» es una errata por **duplografía.**

duque. M. **1.** Hombre que tiene el título nobiliario más alto. || **2.** Marido de la duquesa. □ V. **corona de ~.**

duquesa. F. **1.** Mujer que tiene el título nobiliario más alto. || **2.** Mujer del duque.

durabilidad. F. Cualidad de durable.

durable. ADJ. **duradero.**

duración. F. **1.** Acción y efecto de durar. || **2.** Tiempo que dura algo o que transcurre entre el comienzo y el fin de un proceso.

duradero, ra. ADJ. Que dura o puede durar mucho. *Éxito duradero.*

duraluminio. (Acrónimo del latín *dur*us, duro, o del alemán *Düren*, nombre de la ciudad donde se fabricó por primera vez, y *aluminio;* marca reg.). M. Aleación de aluminio con magnesio, cobre y manganeso, que tiene la dureza del acero.

duramadre. F. *Anat.* Meninge externa de las tres que tienen los batracios, reptiles, aves y mamíferos.

duramen. M. *Bot.* Parte más seca, compacta y de color más oscuro por lo general, del tronco y ramas gruesas de un árbol.

duranguense. ADJ. **1.** Natural de Durango. U. t. c. s. || **2.** Perteneciente o relativo a este estado de México o a su capital.

durangueño, ña. ADJ. **duranguense.** Apl. a pers., u. t. c. s.

durante. PREP. Denota simultaneidad de un acontecimiento con otro. *Durante los días de invierno.*

durar. INTR. **1.** Continuar siendo, obrando, sirviendo, etc. || **2.** Subsistir, permanecer.

durativo, va. ADJ. *Gram.* Que denota duración.

duraznense. ADJ. **1.** Natural de Durazno. U. t. c. s. || **2.** Perteneciente o relativo a este departamento del Uruguay o a su capital.

duraznero. M. Árbol, variedad de melocotonero, cuyo fruto es algo más pequeño.

duraznillo. M. Planta de la familia de las Poligonáceas, con tallos ramosos de seis a doce decímetros de altura, hojas poco pecioladas, lanceoladas, por lo común con una mancha negra; flores róseas o blancas en espigas laterales, y fruto lenticular en vainas envueltas por el perigonio. Es muy común en las orillas de los ríos y arroyos.

durazno. M. **1.** **duraznero.** || **2.** Fruto de este árbol. || **3.** *Á. Andes* y *Chile.* Se usa como nombre genérico para referirse a varias especies de árboles, como el melocotonero, el pérsico y el duraznero. || **4.** *Am.* Fruto de estos árboles.

dureza. F. **1.** Cualidad de duro. || **2.** Tumor o callosidad que se hace en algunas partes del cuerpo. || **3.** *Geol.* Resistencia que opone un mineral a ser rayado por otro. || **~ del agua.** F. Cualidad del agua dura. || **~ de vientre.** F. Dificultad o pereza para la evacuación fecal.

duricia. F. **dureza** (|| tumor o callosidad).

durillo. M. Arbusto de la familia de las Caprifoliáceas, de dos a tres metros de altura, flores blancas en ramilletes terminales, y por fruto drupas de un centímetro de diámetro, azucaradas. Su madera, blanca rojiza, dura y muy compacta, tiene aplicación en obras de taracea.

durmiente. I. ADJ. **1.** Que duerme. *Cuerpo durmiente.* Apl. a pers., u. t. c. s. || **II.** M. **2.** Madero colocado horizontalmente y sobre el cual se apoyan otros, horizontales o verticales. || **3.** *Am.* Traviesa de la vía férrea.

duro, ra. I. ADJ. **1.** Dicho de un cuerpo: Que se resiste a ser labrado, rayado, comprimido o desfigurado, que no se presta a recibir nueva forma o la dificulta mucho. || **2.** Dicho de una cosa: Que no está todo lo blanda, mullida o tierna que debe estar. *Estas manzanas están duras.* || **3.** Fuerte, que resiste y soporta bien la fatiga. || **4.** Áspero, falto de suavidad, excesivamente severo. *Voz dura. Represión dura.* || **5.** Riguroso, sin concesiones, difícil de tolerar. *Sector duro. Política, pornografía dura.* || **6.** Violento, cruel, insensible. || **7.** Dicho del estilo: Áspero, premioso, rígido, falto de suavidad, fluidez y armonía. || **II.** M. **8.** *Esp.* Moneda de cinco pesetas. || **III.** ADV. M. **9.** Con fuerza, con violencia. *Dale duro. Duro con él.* || **estar a las ~s y a las maduras.** LOC. VERB. coloq. Se usa para significar que quien goza de los privilegios de una situación debe cargar asimismo con sus desventajas. □ V. **agua ~, cosa ~, cuello ~, disco ~, droga ~, huevo ~, jabón ~, línea ~, mano ~, paladar ~, peso ~.**

duunvirato. M. **1.** hist. Dignidad y cargo de duunviro. || **2.** hist. Régimen político en que el gobierno estaba encomendado a duunviros.

duunviro. M. **1.** hist. Cada uno de ciertos magistrados en la antigua Roma. || **2.** hist. Cada uno de los dos presidentes de los decuriones en las colonias y municipios romanos.

dux. M. hist. En las repúblicas de Venecia y Génova, príncipe o magistrado supremo. MORF. pl. invar. *Los dux.*

duz. □ V. **palo ~.**

DVD. (Sigla del inglés *Digital Video Disc*). M. Disco óptico que contiene en forma codificada imágenes y sonidos para ser reproducidos en la pantalla de un equipo electrónico. MORF. pl. invar. *Los DVD.*

e¹. F. **1.** Quinta letra del abecedario latino internacional y sexta del español, que representa un fonema vocálico medio y palatal. MORF. pl. **es** o **ees.** ‖ **2.** *Mat.* Símbolo del número trascendente 2,7182..., que es la base de los logaritmos neperianos.

e². CONJ. COPULAT. Se usa, en lugar de *y,* para evitar el hiato, ante palabras que empiezan por *i* como en *Juan e Ignacio,* o por *hi,* cuando esta secuencia no forma parte de un diptongo, como en *padre e hijo.* No reemplaza a la *y* en principio de interrogación o admiración, ni cuando la palabra siguiente empieza por *y* o *hi* cuando forma parte de un diptongo. *¿Y Ignacio? ¡Y Isidoro también comprometido! Ocaña y Yepes. Tigre y hiena.*

ea. INTERJ. Se usa para denotar alguna resolución de la voluntad, o para animar, estimular o incitar. U. t. repetida.

easonense. ADJ. **donostiarra.** Apl. a pers., u. t. c. s.

ebanista. COM. Persona que tiene por oficio trabajar en ébano y otras maderas finas.

ebanistería. F. **1.** Arte del ebanista. ‖ **2.** Taller de ebanista.

ébano. M. Árbol de la familia de las Ebenáceas, de diez a doce metros de altura, de copa ancha, tronco grueso, madera maciza, pesada, lisa, muy negra por el centro y blanquecina hacia la corteza, que es gris; hojas alternas, enteras, lanceoladas, de color verde oscuro, flores verdosas y bayas redondas y amarillentas.

ebenáceo, a. ADJ. *Bot.* Se dice de los árboles o arbustos intertropicales angiospermos dicotiledóneos, con hojas comúnmente alternas y enteras, flores casi siempre unisexuales, axilares, de cáliz persistente y corola regular, caediza, la mayoría de las veces sedosa por fuera, fruto carnoso, globoso u ovoide en forma de baya, que puede ser comestible, semillas de albumen córneo, y madera generalmente negra en el centro, dura y pesada, como el ébano. U. t. c. s. f. ORTOGR. En f. pl., escr. con may. inicial c. taxón. *Las Ebenáceas.*

ebionita. ADJ. hist. Se dice de ciertos herejes de los primeros siglos de la cristiandad, que negaban la divinidad de Jesucristo. U. t. c. s.

ebonita. F. Material compuesto de goma elástica, azufre y aceite de linaza, negro, muy duro y de uso industrial, especialmente como aislante eléctrico.

eboraria. F. Arte de trabajar el marfil.

ebriedad. F. **embriaguez.**

ebrio, bria. ADJ. **1.** Dicho de una persona: Embriagada por la bebida. U. t. c. s. ‖ **2. ciego** (‖ poseído con vehemencia de una pasión). *Ebrio DE entusiasmo. Ebrio DE ira.*

ebullición. F. **1. hervor** (‖ acción y efecto de hervir). ‖ **2.** Estado de agitación.

eburnación. F. *Med.* Aumento morboso de la densidad de un cartílago o un hueso.

ebúrneo, a. ADJ. **1.** De marfil. *Estatuilla ebúrnea.* ‖ **2.** poét. Parecido al marfil. *Piel ebúrnea.*

eccehomo. M. **1.** Imagen de Jesucristo como lo presentó Pilatos al pueblo. ‖ **2.** Persona lacerada, rota, de lastimoso aspecto.

eccema. M. *Med.* Afección cutánea caracterizada por vesículas rojizas y exudativas, que dan lugar a costras y escamas.

eccematoso, sa. ADJ. *Med.* Perteneciente o relativo al eccema.

ecdisis. F. *Zool.* Muda de los artrópodos.

ecdótica. F. Disciplina que estudia los fines y los medios de la edición de textos.

ecdótico, ca. ADJ. Perteneciente o relativo a la ecdótica.

echada. F. Acción y efecto de echar o echarse. *La echada de una piedra.*

echadero. M. Sitio a propósito para echarse a dormir o descansar.

echadizo, za. ADJ. Dicho de escombros, tierras o desperdicios: Que se echan y amontonan en un lugar determinado.

echado, da. PART. de **echar¹.** ‖ ADJ. *Am. Cen.* Indolente, perezoso.

echador, ra. ADJ. **1.** Que echa o arroja. Apl. a pers., u. t. c. s. *Echador de sidra.* ‖ **2.** *Á. Caribe.* **fanfarrón.** U. t. c. s.

echar¹. I. TR. **1.** Hacer que algo vaya a parar a alguna parte, dándole impulso. *Echar mercancías al mar. Echar basura a la calle.* ‖ **2.** Despedir de sí algo. *Echar olor, sangre, chispas.* ‖ **3.** Hacer que algo caiga en sitio determinado. *Echar dinero en un saco. Echar una carta al buzón.* ‖ **4.** Hacer salir a alguien de algún lugar, apartarlo con violencia, por desprecio, castigo, etc. *El profesor me echó de clase.* ‖ **5.** Deponer a alguien de su empleo o dignidad, impidiéndole el ejercicio de ella. *Han echado al vicepresidente.* ‖ **6.** Dicho de una planta: Empezar a tener sus raíces, hojas, flores y frutos. U. t. c. intr. ‖ **7.** Dicho de una persona o de un animal irracional: Empezar a tener cualquier complemento natural de su cuerpo. *Echar los dientes. Estar echando pelo.* ‖ **8.** Juntar los animales machos con las hembras para la generación. ‖ **9.** Dar el movimiento necesario para cerrar a una llave, un cerrojo, un pestillo. ‖ **10.** Inclinar, reclinar o recostar. *Echar el cuerpo atrás, a un lado.* U. t. c. prnl. ‖ **11.** Remitir algo a la suerte. *Echar el asunto a pares o nones.* || **12. jugar** (|| llevar a cabo una partida). *Echar un solitario. Echar una mano de tute.* || **13. jugar** (|| hacer uso de una carta, ficha, etc.). *Si echas esa carta, ganas.* || **14.** Dar o repartir. *Echar algo de comer.* || **15.** Suponer o conjeturar el precio, distancia, edad, etc., que nos son desconocidos. *¿Qué edad le echas?* || **16.** Invertir o gastar en algo el tiempo que se expresa. *Echo dos horas en ir a Toledo.* || **17.** Pronunciar, decir, proferir. *Echar un discurso, un sermón. Echar palabrotas, bravatas.* || **18.** Junto con algunos nombres, tiene la significación de los verbos que se forman de ellos o la de otros equivalentes. *Echar maldiciones. Echar un cigarro. Echar un sueño. Echar la siesta.* || **19.** Adquirir aumento notable en las cualidades o partes del cuerpo expresadas. *Echar mal genio, carnes, barriga, pantorrillas.* || **20.** Derribar, asolar. *Echar abajo. Echar en tierra . Echar por el suelo.* || **21.** Ser causa o motivo de una acción. *Echar una negociación a rodar. Echar una comida a perder.* U. t. c. prnl. || **22. coloq.** Comer o beber algo, tomar una refacción. *Echar un bocado, un trago.* U. t. c. prnl. || **23. coloq.** Representar o ejecutar comedias u otros espectáculos. *Echan una película en televisión.* || **II.** INTR. **24.** Jugar o aventurar dinero a algo. *Echar a la lotería.* || **25.** Iniciar la marcha por una u otra parte. *Echar* POR *la izquierda. Echar* POR *el atajo.* || **26.** Dar principio a una acción. *Echar* A *reír. Echar* A *correr.* En América, u. t. c. tr. *Echar* A *andar un proyecto.* || **27.** Comenzar a ir en alcance de alguien. *Echaron* TRAS *mis amigos.* || **III.** PRNL. **28. arrojarse** (|| precipitarse). *Echarse a un pozo.* || **29. arrojarse** (|| ir violentamente hacia alguien o algo). *Se echó a mí.* || **30.** Tenderse a lo largo del cuerpo en un lecho o en otra parte. *Se echó en el sofá.* || **31.** Dicho de una persona: Tenderse por un rato para descansar. *Se echó cinco minutos.* || **32.** Dicho de las aves: Ponerse sobre los huevos. || **33.** Dicho del viento: Calmarse, sosegarse. || **34.** Dicho de una persona: Dedicarse, aplicarse a algo. *Echarse a la bebida.* || **35.** Dicho de una persona: Entablar determinada relación con otra. *Echarse novia. Echarse un amigo.* || **~ a perder.** LOC.VERB. **1.** Deteriorar una cosa material, inutilizarla. || **2.** Malograr un negocio por no manejarlo bien. || **3.** Pervertir a alguien. || **~ a volar** a alguien o algo. LOC.VERB. Darlo o sacarlo al público. || **~ de ver.** LOC.VERB. Notar, reparar, advertir. || **~lo todo a rodar.** LOC.VERB. **1. coloq.** Desbaratar un negocio o una situación. || **2. coloq.** Dejarse llevar de la cólera faltando a todo miramiento o consideración. || **~se** alguien **a dormir.** LOC.VERB. Descuidar algo, no pensar en ello. || **~se a morir.** LOC.VERB. **coloq.** Abandonar un asunto desesperando de poder conseguir lo que se desea. || **~se a perder.** LOC.VERB. **1.** Dicho especialmente de una comida o de una bebida: Perder su buen sabor y hacerse nociva, como el vino cuando se avinagra o la carne cuando se corrompe. || **2.** Dicho de una persona: Decaer de las virtudes que tenía. || **~se atrás.** LOC.VERB. No cumplir un trato o una promesa. || **~se encima** algo. LOC.VERB. Ser inminente o muy próximo. *Se echan encima las vacaciones.* || **~se encima** de alguien. LOC.VERB. Reprenderlo o recriminarlo con dureza. || **echárselas** alguien **de** algo. LOC.VERB. **coloq. dárselas de** algo.

echar². **~ de menos**, o **~ menos** a alguien o algo. LOCS. VERBS. **1.** Advertir, notar su falta. *Te eché de menos en la reunión.* || **2.** Tener sentimiento y pena por su falta. *Te echo de menos a todas horas.*

echarpe. M. chal.

echona. F. *Chile.* Hoz para segar.

ecijano, na. ADJ. **1.** Natural de Écija. U. t. c. s. || **2.** Perteneciente o relativo a esta ciudad de la provincia de Sevilla, en España.

eclampsia. F. *Med.* Enfermedad de carácter convulsivo, que suelen padecer los niños y las mujeres embarazadas o recién paridas. Acomete con accesos, y va acompañada o seguida ordinariamente de pérdida más o menos completa de las facultades sensitivas e intelectuales.

eclecticismo. M. **1.** Modo de juzgar u obrar que adopta una postura intermedia, en vez de seguir soluciones extremas o bien definidas. || **2.** Escuela filosófica que procura conciliar las doctrinas que parecen mejores o más verosímiles, aunque procedan de diversos sistemas.

ecléctico, ca. ADJ. **1.** Perteneciente o relativo al eclecticismo. *Estilo ecléctico.* || **2.** Dicho de una persona: Que profesa las doctrinas del eclecticismo. U. t. c. s. || **3.** Dicho de una persona: Que adopta una postura ecléctica. U. t. c. s.

eclesial. ADJ. Perteneciente o relativo a la comunidad cristiana o Iglesia de todos los fieles.

eclesiásticamente. ADV.M. **1.** De modo propio de un eclesiástico. || **2.** Por ministerio o con autoridad de la Iglesia.

eclesiástico, ca. **I.** ADJ. **1.** Perteneciente o relativo a la Iglesia y en particular a los clérigos. *Jerarquía eclesiástica.* || **II.** M. **2. clérigo** (|| hombre que ha recibido las órdenes sagradas). □ V. **año ~, calendario ~, cómputo ~, derecho ~, disciplina ~, latín ~, provincia ~.**

eclipsar. **I.** TR. **1.** *Astr.* Dicho de un astro: Causar el eclipse de otro. || **2.** Oscurecer, deslucir. *Esta novela eclipsa todas sus obras anteriores.* U. t. c. prnl. || **II.** PRNL. **3.** *Astr.* Dicho de un astro: Sufrir el eclipse de otro. || **4. coloq.** Evadirse, ausentarse, desaparecer.

eclipse. M. **1.** *Astr.* Ocultación transitoria total o parcial de un astro por interposición de otro cuerpo celeste. || **2.** Relegación de una persona o cosa por la presencia o existencia de otra. *Asistimos al eclipse de los artistas más tradicionales.* || **3.** Ausencia, evasión, desaparición de alguien o algo. || **~ lunar.** M. *Astr.* El que ocurre por interposición de la Tierra entre la Luna y el Sol. || **~ solar.** M. *Astr.* El que ocurre por interposición de la Luna entre el Sol y la Tierra.

eclíptica. F. *Astr.* Círculo formado por la intersección del plano de la órbita terrestre con la esfera celeste, y que aparentemente recorre el Sol durante el año. □ V. **oblicuidad de la ~.**

eclosión. F. **1.** Acción de eclosionar. || **2.** Brote, manifestación, aparición súbita de un movimiento cultural o de otro fenómeno histórico, psicológico, etc. || **3.** *Med.* Acción de abrirse el ovario para dar salida al óvulo.

eclosionar. INTR. **1.** Dicho de un capullo de flor: **abrirse** (|| pasar a tener separados los pétalos). || **2.** Dicho de una crisálida o de un huevo: Romperse para permitir la salida o nacimiento del animal.

eco. M. **1.** Repetición de un sonido reflejado por un cuerpo duro. || **2.** Persona o cosa que imita o repite servilmente aquello que otro dice o que se dice en otra parte. || **3.** Cosa que está muy influida por un antecedente o procede de él. || **4.** Sonido que se percibe débil y confusamente. *Los ecos del tambor. Los ecos de la campana.* || **5.** Composición poética en que se repite dentro o fuera del verso parte de un vocablo, o un vocablo entero, especialmente si es monosílabo, para formar nueva palabra significativa y que sea como eco de la anterior. || **6.** Repetición de las últimas sílabas o palabras que se cantan a media voz por distinto coro de músicos, y en los órganos se hace por registro distinto hecho a propósito para este fin. || **7.** Rumor o noticia vaga de un suceso. || **8.** Resonancia o repercusión de una noticia o suceso. || **9.** pl. Noticias de ciertos ambientes que se publican en un periódico o revista. *Ecos de sociedad.* || **hacerse** alguien ~ **de** algo. LOC. VERB. Contribuir a la difusión de una noticia, rumor, etc. || **tener** ~ algo. LOC. VERB. Propagarse con aceptación.

ecocardiografía. F. *Med.* Ecografía cardíaca.

ecografía. F. **1.** Técnica de exploración del interior de un cuerpo mediante ondas electromagnéticas o acústicas, que registra las reflexiones o ecos producidas en su propagación por las discontinuidades internas. Se emplea en medicina. || **2.** Imagen que se obtiene por este método.

ecográfico, ca. ADJ. Perteneciente o relativo a la ecografía.

ecógrafo. M. Aparato para hacer ecografías.

ecoico, ca. ADJ. **1.** Perteneciente o relativo al eco. *Resonancia ecoica.* || **2. onomatopéyico.** *Nombre ecoico.*

ecolalia. F. *Med.* Perturbación del lenguaje que consiste en repetir el enfermo involuntariamente una palabra o frase que acaba de pronunciar él mismo u otra persona en su presencia.

ecología. F. **1.** Ciencia que estudia las relaciones de los seres vivos entre sí y con su entorno. || **2.** Parte de la sociología que estudia la relación entre los grupos humanos y su ambiente, tanto físico como social. || **3.** Defensa y protección de la naturaleza y del medioambiente. *La juventud está preocupada por la ecología.*

ecológico, ca. ADJ. Perteneciente o relativo a la ecología.

ecologismo. M. Movimiento social y político que, con matices muy diversos, propugna la defensa de la naturaleza y, en muchos casos, la del hombre en ella.

ecologista. ADJ. **1.** Que propugna la necesidad de proteger la naturaleza. Apl. a pers., u. t. c. s. || **2.** Perteneciente o relativo al ecologismo. *Grupo de orientación ecologista.*

ecólogo, ga. M. y F. Persona que cultiva la ecología.

economato. M. Almacén establecido por una empresa o institución para vender entre sus miembros sus productos a un precio más barato.

econÓmetra. COM. Persona que profesa la econometría o tiene en ella especiales conocimientos.

econometría. F. Parte de la ciencia económica que aplica las técnicas matemáticas y estadísticas a las teorías económicas para su verificación y para la solución de los problemas económicos mediante modelos.

econométrico, ca. ADJ. Perteneciente o relativo a la econometría.

economía. F. **1.** Administración eficaz y razonable de los bienes. || **2.** Conjunto de bienes y actividades que integran la riqueza de una colectividad o un individuo. || **3.** Ciencia que estudia los métodos más eficaces para satisfacer las necesidades humanas materiales, mediante el empleo de bienes escasos. || **4.** Contención o adecuada distribución de recursos materiales o expresivos. || **5.** Ahorro de trabajo, tiempo o de otros bienes o servi-

cios. || **6.** pl. Ahorros mantenidos en reserva. || **7.** pl. Reduc ción de gastos anunciados o previstos. || ~ **cerrada.** F. L que establece restricciones comerciales que la aíslan e alto grado del intercambio con el exterior. || ~ **de escala** F. Abaratamiento de los costes unitarios de un producto logrado al aumentar la cantidad total producida. || ~ **de bienestar.** F. La que tiene como objetivo global extende a todos los sectores sociales los servicios y medios fun damentales para una vida digna. || ~ **de mercado.** F. Sis tema económico en el que las decisiones tienden a obte ner el mayor beneficio según los precios de la oferta y l demanda con un mínimo de regulación. || ~ **dirigida.** Sistema en el que el Gobierno fija los objetivos que ha de alcanzar los agentes económicos y sus límites de ac tuación. || ~ **mixta.** F. Sistema económico en el que part de las decisiones se atienen a objetivos y límites im puestos por la autoridad central, adoptándose las res tantes según los mecanismos de mercado. || ~ **planifi cada.** F. Sistema económico en el que la mayoría de la decisiones se rigen por los planes periódicos de la auto ridad central. || ~ **sumergida.** F. Actividad económica practicada al margen de los cauces legales, sin figurar e los registros fiscales ni estadísticos. || ~**s externas.** F. pl Beneficios de una empresa logrados indirectamente po el mero hecho de encontrar en su entorno medios de pro ducción accesibles o empresas con actividades conexas

económicamente. ADV. M. **1.** Con economía. || **2** Con respecto o con relación a la economía.

economicismo. M. Criterio o doctrina que concede a los factores económicos primacía sobre los de cualquier otra índole.

economicista. ADJ. Que analiza los fenómenos socia les haciendo primar los factores económicos. *Hipótesi economicistas.*

económico, ca. ADJ. **1.** Perteneciente o relativo a la economía. *Crecimiento económico.* || **2.** Moderado en gas tar. *Es ahorrativa y económica.* || **3.** Poco costoso, que exige poco gasto. *Tienen un menú muy económico.* □ V. **administración** ~, **agentes económicos, año** ~, **ciclo** ~, **cocina** ~, **concierto** ~, **plan** ~, **régimen** ~, **zona** ~ **exclusiva.**

economismo. M. Doctrina que concede primacía a los factores económicos.

economista. COM. **1.** Titulado en economía. || **2.** Persona dedicada profesionalmente a la economía.

economizador, ra. **I.** ADJ. **1.** Que economiza. *Sistema economizador.* || **II.** M. **2.** Aparato que economiza en algún proceso.

economizar. TR. **1.** ahorrar (|| reservar parte de los ingresos). *Economizar el consumo energético.* U. t. c. intr. || **2.** ahorrar (|| guardar dinero para necesidades futuras). U. t. c. intr. *Si economizamos un poco, podremos hacer ese viaje.* || **3.** ahorrar (|| evitar o excusar algún trabajo, riesgo, etc.). *No economizamos esfuerzos en nuestro trabajo.*

ecónomo. M. **1.** Clérigo que administra los bienes de la diócesis bajo la autoridad del obispo. || **2.** Clérigo que sirve un oficio eclesiástico cuando está vacante, o cuando, por razones legales, no puede el propietario desempeñarlo.

ecosistema. M. Comunidad de los seres vivos cuyos procesos vitales se relacionan entre sí y se desarrollan en función de los factores físicos de un mismo ambiente.

ecotoxicología. F. Ciencia que estudia los efectos tóxicos provocados por los contaminantes sobre los ecosistemas.

ecoturismo. M. Turismo con el que se pretende hacer compatibles el disfrute de la naturaleza y el respeto al equilibrio del medioambiente.

ectasia. F. *Med.* Estado de dilatación de un órgano hueco.

ectodérmico, ca. ADJ. *Biol.* Perteneciente o relativo al ectodermo.

ectodermo. M. *Biol.* En todos los animales, salvo esponjas y celentéreos, capa u hoja externa de las tres en que se disponen las células del blastodermo después de haberse producido la segmentación.

ectopia. F. *Med.* Anomalía de situación de un órgano, y especialmente de las vísceras.

ectópico, ca. ADJ. *Med.* Que se produce fuera del lugar propio. *Embarazo ectópico.*

ectoplasma. M. Supuesta emanación material de un médium, con la que se dice que se forman apariencias de fragmentos orgánicos, seres vivos o cosas.

ectropión. M. *Med.* Inversión hacia fuera del párpado inferior, originada generalmente por un proceso inflamatorio o de parálisis.

ecu. M. Unidad monetaria de la Unión Europea, anterior al euro.

ecuación. F. **1.** *Mat.* Igualdad que contiene una o más incógnitas. || **2.** *Quím.* Expresión simbólica de una reacción química, que indica las cantidades relativas de reactantes y productos. || **~ determinada.** F. *Mat.* Aquella en que la incógnita tiene un número limitado de valores. || **~ diofántica.** F. *Mat.* ecuación algebraica con una o más incógnitas y coeficientes enteros, de la que interesan únicamente sus soluciones enteras. || **~ indeterminada.** F. *Mat.* Aquella en que la incógnita puede tener un número ilimitado de valores. || **~ lineal.** F. *Mat.* Aquella cuyas variables son de primer grado. □ V. **sistema de ecuaciones.**

ecuador. M. **1.** *Astr.* Círculo máximo que se considera en la esfera celeste, perpendicular al eje de la Tierra. || **2.** *Geogr.* **ecuador terrestre.** || **~ terrestre.** M. *Geogr.* Círculo máximo que equidista de los polos de la Tierra. □ V. **paso del ~.**

ecualización. F. Acción y efecto de ecualizar.

ecualizador. M. En los equipos de alta fidelidad, dispositivo que sirve para ecualizar el sonido.

ecualizar. TR. En alta fidelidad, ajustar dentro de determinados valores las frecuencias de reproducción de un sonido con el fin de igualarlo a su emisión originaria.

ecuánime. ADJ. Que tiene ecuanimidad. *Solución ecuánime.*

ecuanimidad. F. **1.** Igualdad y constancia de ánimo. || **2.** Imparcialidad de juicio.

ecuatoguineano, na. ADJ. **1.** Natural de la Guinea Ecuatorial. U. t. c. s. || **2.** Perteneciente o relativo a este país de África.

ecuatorial. ADJ. Perteneciente o relativo al ecuador.

ecuatorianismo. M. Vocablo o giro propio y privativo del lenguaje de los ecuatorianos.

ecuatoriano, na. ADJ. **1.** Natural del Ecuador. U. t. c. s. || **2.** Perteneciente o relativo a este país de América.

ecuestre. ADJ. **1.** Perteneciente o relativo al caballo, y particularmente a la equitación. *Desfile ecuestre.* || **2.** Perteneciente o relativo al caballero, o a la orden de la caballería. *Órdenes ecuestres.* || **3.** *Esc.* y *Pint.* Dicho de una figura: Puesta a caballo. □ V. **estatua ~.**

ecúmene. F. Comunidad humana que habita una porción extensa de la Tierra.

ecuménico, ca. ADJ. Universal, que se extiende a todo el orbe. *Encuentro ecuménico por la paz.* □ V. **concilio ~.**

ecumenismo. M. *Rel.* Tendencia o movimiento que intenta la restauración de la unidad entre todas las iglesias cristianas.

eczema. M. *Med.* eccema.

eczematoso, sa. ADJ. *Med.* eccematoso.

edad. F. **1.** Tiempo que ha vivido una persona o ciertos animales o vegetales. || **2.** Duración de algunas cosas y entidades abstractas. || **3.** Cada uno de los períodos en que se considera dividida la vida humana. *No a todas las edades convienen los mismos ejercicios.* || **4.** Periodización, tradicionalmente usada, en la que se divide la historia que se considera. || **5.** Espacio de años que han corrido de un tiempo a otro. *En la edad de nuestros abuelos.* || **6. edad madura.** || **~ adulta.** F. Aquella en que el organismo humano alcanza su completo desarrollo. || **Edad Antigua.** F. Época de la historia que comprende hasta el fin del Imperio romano. || **~ avanzada.** F. ancianidad (|| último período de la vida). || **Edad Contemporánea.** F. edad histórica más reciente, que suele entenderse como el tiempo transcurrido desde fines del siglo XVIII o principios del XIX. || **~ crítica.** F. En la mujer, período de la menopausia. || **~ de hierro.** F. Tiempo desgraciado. || **~ de la punzada.** F. *Méx.* edad del pavo. || **Edad del Bronce.** F. Período de la Edad de los Metales posterior a la del Cobre y anterior a la del Hierro. || **Edad del Cobre.** F. Primer período de la Edad de los Metales. || **Edad del Hierro.** F. Último período de la Edad de los Metales. || **Edad de los Metales.** F. Período prehistórico que siguió a la Edad de Piedra y durante el cual el hombre empezó a usar útiles y armas de metal. || **~ del pavo.** F. Aquella en que se pasa de la niñez a la adolescencia, lo cual influye en el carácter y en el modo de comportarse. || **~ de merecer.** F. Época en que los jóvenes buscan mujer o marido. || **~ de oro.** F. **1.** Tiempo de paz y de ventura. || **2.** Tiempo en que las letras, las artes, la política, etc., han tenido mayor incremento y esplendor en un pueblo o país. || **Edad de Piedra.** F. Período prehistórico de la humanidad, anterior al uso de los metales, caracterizado por la talla o pulimento de la piedra y que se divide en Paleolítico, Mesolítico y Neolítico. || **~ de plata.** F. Época en que las letras, las artes, la política, etc., de un país o nación tienen florecimiento notable, pero inferior al que alcanzaron antes en la correspondiente edad de oro. || **~ dorada.** F. edad de oro. || **~ escolar.** F. La comprendida entre la señalada para comenzar los primeros estudios y aquella en que el Estado permite trabajar. || **~ madura.** F. La comprendida entre los finales de la juventud y los principios de la vejez. || **Edad Media.** F. Tiempo transcurrido desde el siglo V de la era cristiana hasta fines del siglo XV. || **~ mental.** F. Grado de desarrollo intelectual de una persona, determinado por pruebas de inteligencia en relación con su edad biológica. || **Edad Moderna.** F. Tiempo comprendido entre la Edad Media y la Contemporánea. || **~ provecta.** F. edad madura. || **~ temprana.** F. juventud. || **~ tierna.** F. niñez. || **~ viril.** F. Aquella en que el hombre ha adquirido ya todo el vigor que puede alcanzar y no ha comenzado a declinar. || **tercera ~.** F. **1.** Período avanzado de la vida de las personas, en el que normalmente disminuye la vida laboral activa. || **2.** Conjunto de personas que están en esta etapa de sus vidas. ‖ **avanzado, da de ~.** LOC.ADJ. Dicho de una persona: De edad avanzada. ‖ **de cierta ~.** LOC.ADJ. De edad madura. ‖ **de ~.** LOC. ADJ. Dicho de una persona: Muy avanzada en la madurez. ‖ **entrar** alguien **en ~.** LOC.VERB. Ir pasando de una edad a otra; p. ej., de adolescente a varón o de varón a viejo. ‖ **mayor de ~.** LOC.ADJ. Dicho de una persona: Que ha llegado a la mayoría de edad legal. U. t. c. loc. sust. ‖ **menor de ~.** LOC.ADJ. Dicho de una persona: Que todavía se halla en la minoría de edad. U. t. c. loc. sust. □ V. **flor de la ~, mayoría de ~, minoría de ~, pirámide de ~es.**

edáfico, ca. ADJ. Perteneciente o relativo al suelo, especialmente en lo que respecta a las plantas.

edafología. F. Ciencia que trata de la naturaleza y condiciones del suelo, en su relación con las plantas.

edafológico, ca. ADJ. Perteneciente o relativo a la edafología.

edafólogo, ga. M. y F. Especialista en edafología.

edecán. I. M. **1.** Mil. hist. Ayudante de campo. ‖ **2.** irón. coloq. Auxiliar, acompañante, correveidile. ‖ **II.** COM. **3.** Méx. Persona que ayuda a los participantes en una reunión, congreso, etc.

edema. M. Med. Hinchazón blanda de una parte del cuerpo, que cede a la presión y es ocasionada por la serosidad infiltrada en el tejido celular.

edematoso, sa. ADJ. Med. Perteneciente o relativo al edema.

edén. M. **1.** Paraíso terrenal, morada del primer hombre antes de su desobediencia. ‖ **2.** Lugar muy agradable y delicioso.

edénico, ca. ADJ. Perteneciente o relativo al edén.

edetano, na. ADJ. **1.** hist. Se dice de un pueblo prerromano que habitaba la Edetania, región que después formó parte de la Hispania Tarraconense. ‖ **2.** hist. Se dice del individuo que componía este pueblo. U. t. c. s. ‖ **3.** hist. Perteneciente o relativo a los edetanos o a la Edetania. Región edetana.

edición. F. **1.** Producción impresa de ejemplares de un texto, una obra artística o un documento visual. ‖ **2.** Conjunto de ejemplares de una obra impresos de una sola vez, y, por ext., la reimpresión de un mismo texto. Edición del año 1732. Primera, segunda edición. ‖ **3.** Colección de libros que tienen características comunes, como su formato, el tipo de edición, etc. Edición de bolsillo. Edición de lujo. ‖ **4.** Impresión o grabación de un disco o de una obra audiovisual. ‖ **5.** Cada una de las sucesivas tiradas de un periódico o de sus versiones locales, regionales o internacionales. ‖ **6.** Cada emisión de las varias que tiene un programa informativo de radio o televisión. ‖ **7.** Celebración de determinado certamen, exposición, festival, etc., repetida, con periodicidad o sin ella. Tercera edición de la Feria de Muestras. Cuarta edición de los Juegos Universitarios. ‖ **8.** Ecd. Texto preparado de acuerdo con los criterios de la ecdótica y de la filología. ‖ **~ crítica.** F. Ecd. La establecida sobre la base, documentada, de todos los testimonios e indicios accesibles, con el propósito de reconstruir el texto original o más acorde con la voluntad del autor. ‖ **~ diplomática.** F. Ecd. **edición paleográfica.** ‖ **~ facsimilar.** F. Reproducción exacta de un texto, manuscrito o impreso, o de un dibujo u otra cosa, mediante la fotografía u otro procedimiento. ‖ **~ paleográfica.** F. Ecd. Reproducción fiel de documentos antiguos que mantiene la grafía original. ‖ **~ pirata.** F. La llevada a cabo por quien no tiene dere-

cho a hacerla. ‖ **segunda ~.** F. Persona o cosa muy se mejante a otra, o que es imitación o remedo de ella.

edicto. M. **1.** Mandato, decreto publicado con autorida del príncipe o del magistrado. ‖ **2.** Escrito que se fija e los lugares públicos de las ciudades y poblados, y en e cual se da noticia de algo para que sea notorio a todos

edículo. M. Edificio pequeño.

edificabilidad. F. **1.** Cualidad de edificable. ‖ **2.** Pos bilidad de edificación sobre un suelo según las norma urbanísticas.

edificable. ADJ. Dicho de un terreno: Propio para ed ficar.

edificación. F. **1.** Acción y efecto de **edificar** (‖ hace un edificio). ‖ **2.** Edificio o conjunto de edificios. La ed ficación del barrio es muy densa. ‖ **3.** Efecto de **edifica** (‖ infundir sentimientos de piedad y virtud).

edificador, ra. ADJ. **1.** Que edifica (‖ hace un edificio La fiebre edificadora ha llenado la ciudad de grúas. Ap a pers., u. t. c. s. ‖ **2. edificante.** La acción edificador de sus palabras.

edificante. ADJ. Que **edifica** (‖ infunde sentimientos d piedad y virtud). Comportamiento edificante.

edificar. TR. **1.** Hacer un edificio o mandarlo construi ‖ **2.** Infundir en alguien sentimientos de piedad y vi tud. Dice que con sus palabras edifica a las masas. ‖ **3** Establecer, fundar. Kant edificó un sistema filosófic propio.

edificatorio, ria. ADJ. Perteneciente o relativo a la ed ficación.

edificio. M. Construcción fija, hecha con materiales r sistentes, para habitación humana o para otros uso

edil, la. I. M. y F. **1.** concejal. MORF. U. t. la forma en m para designar el f. Consuelo es edil. ‖ **II.** M. **2.** hist. E tre los antiguos romanos, magistrado a cuyo cargo est ban las obras públicas, y que cuidaba del reparo, ornat y limpieza de los templos, casas y calles de la ciudad d Roma.

edilicio, cia. ADJ. **1.** Perteneciente o relativo al emple de edil. Funciones edilicias. ‖ **2.** Á. Caribe, Á. guar. Á. R. Plata. Perteneciente o relativo a las obras o actividade de carácter municipal, especialmente las relacionada con la edificación. Transformación edilicia de la ciudad

edilidad. F. Dignidad y empleo de edil.

edípico, ca. ADJ. Perteneciente o relativo al compleji de Edipo.

Edipo. □ V. **complejo de ~.**

editar. TR. **1.** Publicar por medio de la imprenta o po otros procedimientos una obra, periódico, folleto, map etc. ‖ **2.** Pagar y administrar una publicación. ‖ **3.** O ganizar las grabaciones originales para la emisión de u programa de radio o televisión. ‖ **4.** Adaptar un texto las normas de estilo de una publicación. ‖ **5.** Inform Abrir un documento con la posibilidad de modificar mediante el programa informático adecuado.

editor, ra. I. ADJ. **1.** Que edita. Entidad editora. ‖ **2** Inform. Dicho de un programa: Que permite abrir y m dificar archivos. U. t. c. s. m. ‖ **II.** M. y F. **3.** Persona qu publica por medio de la imprenta u otro procedimient una obra, ajena por lo regular, un periódico, un disc etc., multiplicando los ejemplares. ‖ **4.** Persona qu edita o adapta un texto. ‖ **~ responsable.** M. y F. Person que, con arreglo a las leyes, firmaba todos los número de los periódicos políticos y respondía de su contenid aunque estuvieran redactados por otros.

editorial. I. ADJ. **1.** Perteneciente o relativo a editores o ediciones. *Novedad editorial.* || **II.** M. **2.** Artículo de fondo no firmado. || **III.** F. **3.** Casa editora.

editorialista. COM. Escritor encargado de redactar en un periódico los artículos de fondo.

editorializar. INTR. Escribir editoriales en un periódico o revista.

editorialmente. ADV. **1.** Por lo que respecta al editor, a la editorial o a la edición. *Su última novela fue, editorialmente, otra derrota.* || **2.** A través de un editorial. *El periódico se ha manifestado editorialmente sobre este asunto.*

edredón. M. Cobertor relleno de plumón, o de algodón, miraguano, etc.

educación. F. **1.** Acción y efecto de educar. || **2.** Instrucción por medio de la acción docente. || **3.** Cortesía, urbanidad. || ~ **especial.** F. La que se imparte a personas afectadas de alguna anomalía mental o física que dificulta su adaptación a la enseñanza ordinaria. || ~ **física.** F. Conjunto de disciplinas y ejercicios encaminados a lograr el desarrollo y perfección corporales.

educacional. ADJ. Perteneciente o relativo a la educación.

educacionista. ADJ. Perteneciente o relativo a la educación.

educado, da. PART. de educar. || ADJ. Que tiene buena educación o urbanidad.

educador, ra. ADJ. **1.** Perteneciente o relativo a la educación. *La labor educadora la comparten padres y profesores.* || **2.** Que educa. *El deporte es educador.* Apl. a pers., u. t. c. s.

educando, da. ADJ. Que está recibiendo educación. U. m. c. s.

educar. TR. **1.** Desarrollar o perfeccionar las facultades intelectuales y morales del niño o del joven por medio de preceptos, ejercicios, ejemplos, etc. || **2.** Perfeccionar, afinar los sentidos. *Educar el gusto.* || **3.** Enseñar los buenos usos de urbanidad y cortesía.

educativo, va. ADJ. **1.** Perteneciente o relativo a la educación. *Política educativa.* || **2.** Que educa o sirve para educar. *Película educativa.*

edulcoración. F. Acción y efecto de edulcorar.

edulcorado, da. PART. de edulcorar. || ADJ. **1.** Que ha recibido edulcoración. *Yogur edulcorado.* || **2.** Dicho de un asunto: Mitigado en sus aspectos más desagradables o hirientes. *Una versión edulcorada de los hechos.* || **3.** Embellecido o mejorado falsamente. *A esta película le han puesto un final edulcorado.*

edulcoramiento. M. Acción y efecto de edulcorar.

edulcorante. I. ADJ. **1.** Que edulcora. *Poder edulcorante.* || **II.** M. **2.** Sustancia que edulcora los alimentos o medicamentos.

edulcorar. TR. **1.** Endulzar cualquier producto de sabor desagradable o amargo con sustancias naturales, como el azúcar, la miel, etc., o sintéticas, como la sacarina. || **2.** Mitigar los aspectos más hirientes o desagradables de un asunto. *Intentaba edulcorar con eufemismos el relato de su vida.* U. t. c. prnl. || **3.** Embellecer o mejorar falsamente algo. *Edulcorar el guion de la telenovela.*

efe. F. Nombre de la letra *f*. MORF. pl. **efes.**

efébico, ca. ADJ. Perteneciente o relativo al efebo.

efebo. M. Adolescente de belleza afeminada.

efectismo. M. **1.** Cualidad de efectista. || **2.** Efecto causado por un procedimiento o recurso empleado para impresionar fuertemente el ánimo.

efectista. ADJ. Que busca ante todo producir fuerte efecto o impresión en el ánimo. *Discurso, espectáculo efectista.*

efectividad. F. **1.** eficacia. *La efectividad de un tratamiento.* || **2.** Realidad, validez. *El documento necesita la firma del director para su efectividad.*

efectivo, va. I. ADJ. **1.** Real y verdadero, en oposición a *quimérico, dudoso* o *nominal. El desenlace efectivo de los hechos narrados.* || **2.** **eficaz** (|| que tiene eficacia). *Un medicamento muy efectivo.* || **3.** Dicho del dinero: En monedas o billetes. U. t. c. s. m. *Maneja grandes cantidades de efectivo.* || **II.** M. **4.** **numerario** (|| moneda acuñada). || **5.** Número de personas que tiene una unidad militar, en contraposición con la plantilla que le corresponde. || **6.** pl. Totalidad de las fuerzas militares o similares que se hallan bajo un solo mando o reciben una misión conjunta. || **7.** pl. Conjunto de personas que integran la plantilla de un taller, de una oficina, de una empresa, etc. || **en efectivo.** LOC.ADV. Con monedas o billetes. || **hacer ~.** LOC.VERB. **1.** llevar a efecto. || **2.** Pagar o cobrar una cantidad, un crédito o un documento. □ V. **valor recibido en efectivo.**

efecto. M. **1.** Aquello que sigue por virtud de una causa. || **2.** Impresión hecha en el ánimo. *Hizo en mi corazón efecto vuestra palabra.* || **3.** Fin para que se hace algo. *El efecto que se desea. Lo destinado al efecto.* || **4.** Documento o valor mercantil, sea nominativo, endosable o al portador. || **5.** Movimiento giratorio que, además de traslación, se da a una bola, pelota, etc., al impulsarla, y que la hace desviarse de su trayectoria normal. || **6.** En la técnica de algunos espectáculos, truco o artificio para provocar determinadas impresiones. U. m. en pl. || **7.** pl. **efectos especiales.** || **8.** pl. Bienes, muebles, enseres. || ~ **bumerán.** M. Resultado de una acción que se vuelve contra su autor. || ~ **dominó.** M. Resultado de una acción que produce una serie de consecuencias en cadena. || ~ **invernadero.** M. Elevación de la temperatura de la atmósfera próxima a la litosfera, por la dificultad de disipación de la radiación calorífica, debido a la presencia de una capa de óxidos de carbono procedentes de las combustiones industriales. || ~ **secundario.** M. *Med.* Consecuencia indirecta y generalmente adversa del uso de un medicamento o terapia. || **~s bancarios,** o **~s comerciales.** M. pl. Documentos de crédito emitidos por bancos o entidades comerciales. || **~s especiales.** M. pl. En la técnica de algunos espectáculos, trucos o artificios para provocar determinadas impresiones que producen ilusión de realidad. || **~s públicos.** M. pl. Documentos de crédito emitidos por el Estado u otras entidades oficiales, que han sido reconocidos por el Gobierno como negociables en bolsa. || **a ~s de.** LOC.PREPOS. Con la finalidad de. || **en ~.** LOC.ADV. En realidad, de verdad. || **hacer ~.** LOC.VERB. **1.** surtir efecto. || **2.** Parecer muy bien, deslumbrar con su aspecto o presentación. || **llevar a ~** un proyecto, un pensamiento, etc. LOC.VERB. Ejecutarlo, ponerlo por obra. || **surtir ~** una medida, un remedio, un consejo, etc. LOC. VERB. Dar el resultado que se deseaba. □ V. **golpe de ~.**

efector, ra. ADJ. **1.** *Anat.* y *Biol.* Dicho de un impulso: Que determina la producción de alguna acción fisiológica en la parte del organismo a que llega. || **2.** *Anat.* y *Biol.* Dicho de un órgano o de una parte orgánica: En los que se manifiesta esa acción.

efectuación. F. Acción de efectuar o efectuarse.

efectuar. I. TR. **1.** Poner por obra, ejecutar algo, especialmente una acción. *Efectuaron un reconocimiento del* *terreno.* ‖ **II.** PRNL. **2.** Cumplirse, hacerse efectivo. ¶ MORF. conjug. c. *actuar.*

efedráceo, a. ADJ. *Bot.* Se dice de las plantas gimnospermas leñosas con tallo muy ramificado y nudoso, hojas pequeñas, flores unisexuales en amento, fruto del tipo de baya; p. ej., el pingopingo. U. t. c. s. f. ORTOGR. En f. pl., escr. con may. inicial c. taxón. *Las Efedráceas.*

efeméride. F. **1.** Acontecimiento notable que se recuerda en cualquier aniversario de él. ‖ **2.** Conmemoración de dicho aniversario.

efemérides. F. **1.** pl. Libro o comentario en que se refieren los hechos de cada día. ‖ **2.** pl. Sucesos notables ocurridos en la fecha en que se está o de la que se trata, pero en años anteriores. ‖ ~ **astronómicas.** F. pl. Libro en que se anotan anualmente las coordenadas de los planetas y de las estrellas fijas, respecto a la eclíptica y al ecuador, así como los eclipses, distancias lunares, ecuaciones de tiempo y otros elementos necesarios para los cálculos puramente astronómicos y para los marinos de situación.

efendi. M. Entre los turcos, se usa como título honorífico.

eferente. ADJ. **1.** *Anat.* y *Biol.* Dicho de una formación anatómica: Que transmite sangre o linfa, una secreción o un impulso energético desde una parte del organismo a otras que respecto de ella son consideradas periféricas. ‖ **2.** *Anat.* y *Biol.* Dicho de un estímulo o de una sustancia: Transmitido de esta manera.

efervescencia. F. **1.** Desprendimiento de burbujas gaseosas a través de un líquido. ‖ **2.** Agitación, ardor, acaloramiento de los ánimos.

efervescente. ADJ. Que está o puede estar en efervescencia. *Sales efervescentes. Imaginación efervescente.*

efesio, sia. ADJ. **1.** hist. Natural de Éfeso. U. t. c. s. ‖ **2.** hist. Perteneciente o relativo a esta antigua ciudad del Asia Menor.

eficacia. F. Capacidad de lograr el efecto que se desea o se espera.

eficaz. ADJ. **1.** Que tiene eficacia. *Es el medicamento más eficaz contra la faringitis.* ‖ **2.** eficiente.

eficiencia. F. Capacidad de disponer de alguien o de algo para conseguir un efecto determinado.

eficiente. ADJ. Dicho de una persona: Competente, apta, que cumple con su cometido. ☐ V. **causa ~.**

efigiar. TR. Representar en efigie. MORF. conjug. c. *anunciar.*

efigie. F. **1.** Imagen, representación de una persona. ‖ **2.** Personificación, representación viva de algo ideal. *La efigie del dolor.*

efímera. F. Insecto de unos dos centímetros de largo, de color ceniciento, con manchas oscuras en las alas y tres cerdas en la parte posterior del cuerpo. Habita en las orillas del agua y apenas vive un día.

efímero, ra. ADJ. Pasajero, de corta duración. *Éxito efímero.*

eflorescencia. F. *Med.* Erupción aguda o crónica, de color rojo subido, con granitos o sin ellos, que se presenta en varias regiones del cuerpo y con particularidad en el rostro.

efluente. M. Líquido que procede de una planta industrial.

efluvio. M. **1.** Emisión de partículas muy pequeñas. *Efluvios de gas.* ‖ **2.** Emanación, irradiación en lo inmaterial. *Efluvios de ternura.*

efod. M. hist. Vestidura de lino fino, corta y sin mangas más o menos lujosa, que se ponían los sacerdotes del judaísmo sobre todas las otras y les cubría especialmente las espaldas. MORF. pl. **efodes.**

éforo. M. hist. Cada uno de los cinco magistrados que elegía el pueblo todos los años en Esparta, con autoridad para contrapesar el poder del Senado y de los reyes.

efraimita. COM. hist. Israelita de la tribu de Efraín.

efugio. M. Evasión, salida, recurso para sortear una dificultad.

efundir. TR. Derramar, verter un líquido.

efusión. F. **1.** Derramamiento de un líquido, y más comúnmente de la sangre. ‖ **2.** Expansión e intensidad en los afectos generosos o alegres del ánimo. *Se abrazaron con efusión.*

efusividad. F. Manera afectuosa y cordial de mostrar los buenos sentimientos a los demás.

efusivo, va. ADJ. Que siente o manifiesta **efusión** (‖ expansión de los afectos generosos).

egabrense. ADJ. **1.** Natural de Cabra. U. t. c. s. ‖ **2.** Perteneciente o relativo a esta ciudad de la provincia de Córdoba, en España.

egarense. ADJ. **1.** Natural de Tarrasa. U. t. c. s. ‖ **2.** Perteneciente o relativo a esta ciudad de la provincia de Barcelona, en España.

Egeria. ☐ V. **ninfa ~.**

égida. F. **1.** Piel de la cabra Amaltea, adornada con la cabeza de Medusa, que es atributo con que se representa a Zeus y a Atenea. ‖ **2.** Protección, defensa.

egipcíaco, ca o **egipciaco, ca.** ADJ. **egipcio.** Apl. a pers., u. t. c. s.

egipciano, na. ADJ. **egipcio.** Apl. a pers., u. t. c. s.

egipcio, cia. I. ADJ. **1.** Natural de Egipto. U. t. c. s. ‖ **2.** Perteneciente o relativo a este país de África. ‖ **II.** M. **3.** Idioma egipcio.

Egipto. ☐ V. **haba de ~.**

egiptología. F. Estudio de la civilización del antiguo Egipto.

egiptológico, ca. ADJ. Perteneciente o relativo a la egiptología.

egiptólogo, ga. M. y F. Persona versada en egiptología.

égloga. F. Composición poética del género bucólico, caracterizada generalmente por una visión idealizada del campo, y en la que suelen aparecer pastores que dialogan acerca de sus afectos y de la vida campestre.

eglógico, ca. ADJ. Perteneciente o relativo a la égloga.

ego. M. **1.** *Psicol.* En el psicoanálisis de Freud, instancia psíquica que se reconoce como *yo,* parcialmente consciente, que controla la motilidad y media entre los instintos del *ello,* los ideales del superyó y la realidad del mundo exterior. ‖ **2.** coloq. Exceso de autoestima.

egocéntrico, ca. ADJ. **1.** Dicho de una persona: Que practica el egocentrismo. ‖ **2.** Perteneciente o relativo a esta actitud. *Lenguaje egocéntrico.*

egocentrismo. M. Exagerada exaltación de la propia personalidad, hasta considerarla como centro de la atención y actividad generales.

egoísmo. M. Inmoderado y excesivo amor a sí mismo, que hace atender desmedidamente al propio interés, sin cuidarse del de los demás.

egoísta. ADJ. **1.** Dicho de una persona: Que tiene egoísmo. U. t. c. s. ‖ **2.** Perteneciente o relativo a esta actitud. *Miras egoístas.*

ególatra. ADJ. Que profesa la egolatría. U. t. c. s.

egolatría. F. Culto, adoración, amor excesivo de sí mismo.

egolátrico, ca. ADJ. Perteneciente o relativo a la egolatría.

egotismo. M. **1.** Prurito de hablar de sí mismo. ‖ **2.** *Psicol.* Sentimiento exagerado de la propia personalidad.

egotista. ADJ. **1.** Perteneciente o relativo al egotismo. *Postura egotista.* ‖ **2.** Dicho de una persona: Que tiene egotismo. U. t. c. s.

egregio, gia. ADJ. Insigne, ilustre. *Egregio escritor.*

egresado, da. PART. de egresar. ‖ M. y F. *Am.* Persona que sale de un establecimiento docente después de haber terminado sus estudios.

egresar. INTR. **1.** Salir de alguna parte. ‖ **2.** *Am.* Acabar un ciclo de estudios en un centro docente.

egreso. M. En las cuentas, partida de salida, que se contrapone al ingreso.

eh. INTERJ. Se usa para preguntar, llamar, despreciar, reprender o advertir.

eibarrés, sa. ADJ. **1.** Natural de Éibar. U. t. c. s. ‖ **2.** Perteneciente o relativo a esta villa de la provincia de Guipúzcoa, en España.

eidético, ca. ADJ. **1.** *Fil.* Que se refiere a la esencia. ‖ **2.** *Psicol.* Perteneciente o relativo al eidetismo. *Capacidad eidética.*

eidetismo. M. *Psicol.* Capacidad de ciertas personas, por lo general niños y artistas plásticos, para reproducir mentalmente con gran exactitud percepciones visuales anteriores.

einstenio. M. Elemento químico radiactivo obtenido artificialmente, de núm. atóm. 99. Pertenece al grupo de los actínidos y se descubrió en los residuos de la primera bomba termonuclear. (Símb. *Es*).

eirá. M. *Á. guar.* Animal carnívoro de la familia de los Mustélidos, que alcanza poco más de un metro de longitud, con patas relativamente largas y pelaje corto, liso y de color pardo oscuro. Se alimenta de pequeños mamíferos y de miel. MORF. pl. **eirás.**

ejarbe. M. Aumento de agua que reciben los ríos a causa de las grandes lluvias.

eje. M. **1.** Barra, varilla o pieza similar que atraviesa un cuerpo giratorio y le sirve de sostén en el movimiento. ‖ **2.** Idea fundamental en un raciocinio. ‖ **3.** Tema predominante en un escrito o discurso. ‖ **4.** Propósito final de una conducta. ‖ **5.** Persona o cosa considerada como el centro de algo, y en torno a la cual gira lo demás. ‖ **6.** Barra horizontal dispuesta perpendicularmente a la línea de tracción de un vehículo y que entra por sus extremos en los bujes de las ruedas. ‖ **7.** Línea que divide por la mitad el ancho de una calle o camino, u otra cosa semejante. ‖ **8.** *Geom.* Recta fija alrededor de la cual se considera que gira un punto para engendrar una línea, una línea para engendrar una superficie o una superficie para engendrar un sólido. ‖ **9.** *Geom.* Diámetro principal de una curva. ‖ **10.** *Mec.* Pieza mecánica que transmite el movimiento de rotación en una máquina. ‖ **~ de abscisas.** M. *Geom.* eje de coordenadas horizontal. ‖ **~ de coordenadas.** M. *Geom.* Cada una de las rectas que se cortan en un mismo punto y que se utilizan para determinar la posición de los demás puntos del plano o del espacio por medio de las líneas coordenadas paralelas a ellos. ‖ **~ de la esfera terrestre.** M. *Astr.* y *Geogr.* eje imaginario alrededor del cual gira la Tierra, y que, prolongado hasta la esfera celeste, determina en ella dos puntos

que se llaman polos. ‖ **~ de ordenadas.** M. *Geom.* eje de coordenadas vertical. ‖ **~ de simetría.** M. *Geom.* Recta que, al ser tomada como eje de giro de una figura o cuerpo, hace que se superpongan todos los puntos análogos. ‖ **dividir,** o **partir,** a alguien **por el ~.** LOCS.VERBS. coloqs. Dejarlo inutilizado para continuar lo que había empezado, causarle un perjuicio o contrariedad, especialmente si es irremediable.

ejecución. F. **1.** Acción y efecto de ejecutar. ‖ **2.** Especialmente en las obras musicales y pictóricas, manera de ejecutar o de hacer algo. ‖ **3.** *Der.* Procedimiento judicial con embargo y venta de bienes para pago de deudas. ☐ V. **derecho de ~.**

ejecutable. ADJ. **1.** Que se puede hacer o ejecutar. *Tarea ejecutable.* ‖ **2.** Dicho de un deudor: Que puede ser demandado por la vía ejecutiva. ‖ **3.** Dicho de un crédito: Que se puede reclamar en esta forma procesal. ‖ **4.** *Inform.* Dicho de un programa: Que se puede ejecutar. U. t. c. s. m.

ejecutante. **I.** ADJ. **1.** Que ejecuta. Apl. a pers., u. t. c. s. ‖ **2.** *Der.* Que ejecuta judicialmente a otro por la paga de un débito. U. t. c. s. ‖ **II.** COM. **3.** Persona que ejecuta una obra musical.

ejecutar. TR. **1.** Poner por obra algo. *Ejecutar una tarea.* ‖ **2.** **ajusticiar.** ‖ **3.** Desempeñar con arte y facilidad algo. *Ejecutar un movimiento gimnástico.* ‖ **4.** Tocar una pieza musical. ‖ **5.** *Der.* Reclamar una deuda por vía o procedimiento ejecutivo. ‖ **6.** *Inform.* Poner en funcionamiento un programa.

ejecutiva. F. Junta directiva de una corporación o sociedad.

ejecutivo, va. **I.** ADJ. **1.** Que ejecuta o hace algo. *Órgano ejecutivo.* Apl. a pers., u. t. c. s. ‖ **2.** Que no da espera ni permite que se difiera la ejecución. *Procedimiento ejecutivo.* ‖ **II.** M. y F. **3.** Persona que forma parte de una comisión ejecutiva o que desempeña un cargo de alta dirección en una empresa. ‖ **III.** M. **4.** **Gobierno.** ORTOGR. Escr. con may. inicial. ☐ V. **agencia ~, agente ~, fuerza ~, poder ~, vía ~.**

ejecutor, ra. ADJ. Que ejecuta o hace algo. *Organismo ejecutor.* Apl. a pers., u. t. c. s. ‖ **ejecutor de la justicia.** M. **verdugo** (‖ funcionario de justicia que ejecuta las penas de muerte).

ejecutoria. F. **1.** Título o diploma en que consta legalmente la nobleza o hidalguía de una persona o familia. ‖ **2.** **timbre** (‖ acción que ennoblece). *Una brillante ejecutoria.*

ejem. INTERJ. Se usa para llamar la atención o dejar en suspenso el discurso.

ejemplar. **I.** ADJ. **1.** Que da buen ejemplo y, como tal, es digno de ser propuesto como modelo. *Vida ejemplar.* ‖ **II.** M. **2.** Escrito, impreso, dibujo, grabado, reproducción, etc., sacado de un mismo original o modelo. *De este libro se han tirado 1000 ejemplares. Ayer compré dos ejemplares de aquel DVD.* ‖ **3.** Cada uno de los individuos de una especie o de un género. ‖ **4.** Cada uno de los objetos de diverso género que forman una colección científica.

ejemplaridad. F. Cualidad de ejemplar.

ejemplario. M. Conjunto de ejemplos.

ejemplarización. F. Acción y efecto de ejemplarizar.

ejemplarizador, ra. ADJ. Que sirve de ejemplo. *Sanción ejemplarizadora.*

ejemplarizante. ADJ. ejemplar.

ejemplarizar. TR. En lo moral, dar ejemplo.

ejemplificación. F. Acción y efecto de ejemplificar.

ejemplificar. TR. Demostrar, ilustrar o autorizar con ejemplos lo que se dice.

ejemplo. M. **1.** Persona, cosa, acción o conducta que pueden inclinar a otros a que las imiten. || **2.** Caso o hecho sucedido en otro tiempo, que se propone para que se imite o para que se evite. || **3.** Hecho, texto o cláusula que se cita para comprobar, ilustrar o autorizar un aserto, una doctrina o una opinión. || **dar ~.** LOC.VERB. Suscitar con las propias obras la imitación de los demás. || **por ~.** EXPR. Se usa cuando se va a poner un ejemplo para comprobar, ilustrar o autorizar lo que antes se ha dicho. || **sin ~.** LOC.ADV. Sin precedente, como caso raro.

ejercer. **I.** TR. **1.** Practicar los actos propios de un oficio, facultad o profesión. U. t. c. intr. *Es abogado, pero no ejerce.* || **2.** Hacer uso de un derecho, capacidad o virtud. *Ejerce sus cualidades de orador.* || **3.** Realizar sobre alguien o algo una acción, influjo, etc. *Ejerció presión sobre las autoridades.* || **II.** INTR. **4.** Poner en práctica formas de comportamiento atribuidas a una determinada condición. *Ejerce DE listo.*

ejercicio. M. **1.** Acción de ejercitar o ejercitarse. || **2.** Acción y efecto de ejercer. || **3.** Conjunto de movimientos corporales que se realizan para mantener o mejorar la forma física. *Es bueno hacer ejercicio. Ejercicios de respiración.* || **4.** Actividad destinada a adquirir, desarrollar o conservar una facultad o cualidad psíquica. *Recordar acontecimientos y fechas es un buen ejercicio mental.* || **5.** Período de tiempo, normalmente un año, en que una institución o empresa dividen su actividad económica. *El ejercicio fiscal del 96. El banco ha tenido un buen ejercicio.* || **6.** Prueba que realiza el opositor o el estudiante para obtener un grado académico o pasar un examen. || **7.** Prueba que reiteradamente realiza quien interviene en competiciones deportivas o quien se adiestra para tomar parte en estas últimas. || **8.** Trabajo práctico que en el aprendizaje de ciertas disciplinas sirve de complemento y comprobación de la enseñanza teórica. *Ejercicio de redacción. Ejercicio de traducción.* || **9.** pl. **ejercicios espirituales.** || **10.** pl. *Mil.* Movimientos y evoluciones militares con que se adiestran los soldados. || **~s espirituales.** M. pl. Los que se practican por algunos días, retirándose de las ocupaciones del mundo y dedicándose a la oración y penitencia, y también los que en días señalados practican los individuos de algunas congregaciones. || **en ~.** LOC.ADJ. Que ejerce su profesión o cargo. U. t. c. loc. adv.

ejercitación. F. Acción de ejercitarse o de emplearse en hacer algo.

ejercitante. **I.** ADJ. **1.** Que ejercita. || **II.** COM. **2.** Persona que hace alguno de los ejercicios de una oposición, o los ejercicios espirituales.

ejercitar. **I.** TR. **1.** Practicar un arte, oficio o profesión. *Ejercita la medicina.* U. t. c. prnl. || **2. ejercer** (|| hacer uso de un derecho, capacidad o virtud). *No necesita ejercitar sus prerrogativas como jefe.* U. t. c. prnl. || **3.** Hacer que alguien aprenda algo mediante la enseñanza y práctica de ello. *Nos ejercitó en el arte de la esgrima.* || **4.** Usar reiteradamente una parte del cuerpo o una facultad psíquica con el fin de estimular su actividad. *Tiene que ejercitar los músculos para recuperar la movilidad de la mano.* U. t. c. prnl. *Con la lectura se ejercita la mente.* || **II.** PRNL. **5.** Repetir muchos actos para adiestrarse en la ejecución de algo.

ejército. M. **1.** Conjunto de fuerzas aéreas o terrestre de una nación. ORTOGR. Escr. con may. inicial. || **2.** Gra unidad integrada por varios cuerpos de ejército, as como por unidades homogéneas y servicios auxiliares || **3.** Colectividad numerosa organizada para la realiza ción de un fin. *Un ejército de repartidores de periódicos* || **4.** hist. Conjunto de tropas militares con los pertrecho correspondientes, unidas en un cuerpo bajo las órdene de un mando. □ V. **capellán mayor de los ~s, cuerpe de ~.**

ejidal. ADJ. *Méx.* Perteneciente o relativo al ejido.

ejidatario, ria. M. y F. *Méx.* Propietario o usufructua rio de un ejido.

ejido. M. **1.** Campo común de un pueblo, lindante con él que no se labra, y donde suelen reunirse los ganados o establecerse las eras. || **2.** *Á. R. Plata.* **término muni cipal.**

ejote. M. *Méx.* Vaina del frijol cuando está tierna y es co mestible.

el, la, lo. ART. DET. Formas de singular en masculino, fe menino y neutro. U. la forma *el* ante s. f. que comienc por *a* tónica. *El águila, el hacha.*

él, ella. **I.** PRON. PERSON. **1.** Formas masculina y feme nina de la 3.ª persona del singular que cumplen la fur ción de sujeto, atributo y término de preposición. || **II** F. **2.** Precedida esta voz de los adverbios *aquí, allí, ah* usados con valor temporal, o de otra expresión d tiempo, y de algunas formas del verbo *ser,* alude inde terminadamente, pero con sentido ponderativo, a u lance grave o apurado que ocurrió, ocurre o habrá d ocurrir en el tiempo indicado. *Aquí, allí fue,* o *será, ella.*

elaboración. F. Acción y efecto de elaborar.

elaborado, da. PART. de **elaborar.** || ADJ. **1.** Que ha sid preparado o dispuesto con interés y cuidado. *Ha leído u. discurso muy elaborado.* || **2. artificioso** (|| hecho co arte y habilidad). *Un estilo elaborado.* || **3.** Dicho de u producto: Que ha sufrido un proceso de elaboración.

elaborador, ra. ADJ. **1.** Que elabora. *Células elabo radoras de la bilis.* Apl. a pers., u. t. c. s. || **2.** Que est especializado en las labores que realiza. Apl. a pers u. t. c. s. *Productores y elaboradores de vino.*

elaborar. TR. **1.** Transformar una cosa u obtener u producto por medio de un trabajo adecuado. U. t. c. prn *En España se elaboran vinos de excepcional calidad.* || **2** Idear o inventar algo complejo. *Elaborar una teoría, u proyecto, un plan.*

elación. F. Hablando del espíritu y del ánimo, elevación grandeza.

elamita. ADJ. **1.** hist. Natural de Elam. U. t. c. s. || **2** hist. Perteneciente o relativo a este país del Asia ant gua.

elanio. ~ azul. M. Ave falconiforme de unos 30 cm d largo, cabeza, cola y partes inferiores blancuzcas, dors gris azulado y hombros negros, que habita en Portuga y el suroeste de España.

elástica. F. Prenda interior de punto, que se usa par abrigar el cuerpo.

elasticidad. F. **1.** Cualidad de elástico. || **2.** *Fís.* Propie dad general de los cuerpos sólidos, en virtud de la cua recobran más o menos completamente su extensión forma, tan pronto como cesa la acción de la fuerza qu las deformaban.

elástico, ca. **I.** ADJ. **1.** Dicho de un cuerpo: Que pued recobrar más o menos completamente su forma y ex tensión tan pronto como cesa la acción que las alteraba. ‖ **2.** Acomodaticio, que puede ajustarse a muy distintas circunstancias. *Moral elástica.* ‖ **3.** Que admite muchas interpretaciones. *Norma elástica.* ‖ **II.** M. **4.** Tejido que tiene elasticidad por su estructura o por las materias que entran en su formación, y se pone en algunas prendas de vestir para que ajusten o den de sí. ‖ **5.** Cinta o cordón elástico. □ V. **cama ~, goma ~.**

elastómero. M. Materia natural o artificial que, como el caucho, tiene gran elasticidad.

elativo. M. **1.** *Gram.* Adjetivo o adverbio en grado superlativo. U. t. c. adj. ‖ **2.** *Gram.* Adjetivo o adverbio cuyo significado se intensifica expresivamente en grado alto; p. ej., *bobalicón, extraordinario.* U. t. c. adj. ‖ **3.** *Ling.* Caso de algunas lenguas flexivas que expresa el movimiento del interior al exterior.

ele¹. F. Nombre de la letra *l.* MORF. pl. **eles.**

ele². INTERJ. Se usa para manifestar asentimiento a algo o alguien. U. t. en sent. irón.

eleagnáceo, a. ADJ. *Bot.* Se dice de los árboles o arbustos angiospermos dicotiledóneos con ramos a veces espinosos, hojas alternas u opuestas, enteras o dentadas, cubiertas de escamas a manera de escudos, flores solitarias y a veces en espiga o en racimo, y frutos drupáceos con semilla de albumen carnoso; p. ej., el árbol del paraíso. U. t. c. s. f. ORTOGR. En f. pl., escr. con may. inicial c. taxón. *Las Eleagnáceas.*

eleático, ca. ADJ. **1.** hist. Natural de Elea. U. t. c. s. ‖ **2.** hist. Perteneciente o relativo a esta ciudad de la Italia antigua. ‖ **3.** Perteneciente o relativo a la escuela filosófica que floreció en Elea.

eleatismo. M. *Fil.* Doctrina del filósofo Parménides de Elea, que sostiene la inmutabilidad y eternidad del ser.

eléboro. M. Se usa como nombre para referirse a un género de plantas de la familia de las Ranunculáceas. ‖ **~ blanco.** M. vedegambre. ‖ **~ negro.** M. Planta de la familia de las Ranunculáceas, de hojas radicales, gruesas, con pecíolo de dos a tres decímetros de largo y divididas en siete segmentos lanceolados, flores por parejas, sobre un bohordo central, con sépalos de color blanco rojizo, pétalos casi nulos y semillas en dos series. La raíz es fétida, acre, algo amarga y muy purgante.

elección. F. **1.** Acción y efecto de elegir. ‖ **2.** Designación, que regularmente se hace por votos, para algún cargo, comisión, etc. ‖ **3.** Libertad para obrar. ‖ **4.** pl. Emisión de votos para designar cargos políticos o de otra naturaleza. ‖ **elecciones primarias.** F. pl. Las que se hacen para designar a un candidato en unas futuras elecciones.

eleccionario, ria. ADJ. *Am.* Perteneciente o relativo a la elección.

electivo, va. ADJ. Que se hace o se da por elección. *Cargo electivo.*

electo, ta. M. y F. Persona elegida o nombrada para una dignidad, un empleo, etc., mientras no toma posesión. □ V. **obispo ~.**

elector, ra. **I.** ADJ. **1.** Que elige o tiene potestad o derecho de elegir. *Comité elector.* Apl. a pers., u. t. c. s. ‖ **II.** M. **2.** hist. Cada uno de los príncipes de Alemania a quienes correspondía la elección y nombramiento de emperador.

electorado. M. **1.** Conjunto de los electores de una circunscripción. ‖ **2.** hist. Estado de Alemania cuyo príncipe era elector.

electoral. ADJ. Perteneciente o relativo a los electores o a las elecciones. *Derechos electorales. Distrito electoral.* □ V. **cabina ~, censo ~, colegio ~, sistema ~.**

electoralismo. M. Consideración de razones puramente electorales en la política de un partido.

electoralista. ADJ. Dicho de una cosa: Que tiene claros fines de propaganda electoral.

electorero, ra. **I.** ADJ. **1.** Perteneciente o relativo a las intrigas o maniobras en elecciones. *Maniobras electoreras.* ‖ **II.** M. y F. **2.** Muñidor de elecciones.

Electra. □ V. **complejo de ~.**

electricidad. F. **1.** *Fís.* Propiedad fundamental de la materia que se manifiesta por la atracción o repulsión entre sus partes, originada por la existencia de electrones, con carga negativa, o protones, con carga positiva. ‖ **2.** *Fís.* Forma de energía basada en esta propiedad, que puede manifestarse en reposo, como electricidad estática, o en movimiento, como corriente eléctrica, y que da lugar a luz, calor, campos magnéticos, etc. ‖ **3.** Parte de la física que estudia los fenómenos eléctricos. ‖ **~ estática.** F. *Fís.* La que aparece en un cuerpo cuando existen en él cargas eléctricas en reposo.

electricista. ADJ. Dicho de una persona: Experta en aplicaciones técnicas y mecánicas de la electricidad. *Ingeniero, perito electricista.* U. m. c. s.

eléctrico, ca. ADJ. **1.** Que tiene o comunica electricidad. *Central eléctrica.* ‖ **2.** Que funciona mediante ella. *Motor eléctrico.* ‖ **3.** Perteneciente o relativo a la electricidad. *Restricciones eléctricas.* □ V. **arco ~, batería ~, bisturí ~, brasero ~, cable ~, campo ~, carga ~, chispa ~, choque ~, condensador ~, corriente ~, guitarra ~, línea ~, luz ~, manta ~, picana ~, portero ~, silla ~.**

electrificación. F. Acción y efecto de electrificar.

electrificar. TR. **1.** Hacer que el sistema de tracción de un ferrocarril o de una máquina funcione por medio de la electricidad. ‖ **2.** Proveer de electricidad a un país, una zona, etc.

electrización. F. Acción y efecto de electrizar.

electrizante. ADJ. Que electriza o exalta. *Mirada, película electrizante.*

electrizar. TR. **1.** Producir la electricidad en un cuerpo, o comunicársela. U. t. c. prnl. ‖ **2.** Exaltar, avivar, entusiasmar. *Su discurso electrizó al público.* U. t. c. prnl.

electrocardiografía. F. Parte de la medicina que estudia la obtención e interpretación de los electrocardiogramas.

electrocardiógrafo. M. *Med.* Aparato que registra las corrientes eléctricas emanadas del músculo cardíaco.

electrocardiograma. M. *Med.* Gráfico obtenido por el electrocardiógrafo.

electrochoque. M. *Med.* Tratamiento de una perturbación mental provocando el coma mediante la aplicación de una descarga eléctrica.

electrocoagulación. F. *Med.* Cauterización de heridas o hemorragias mediante el calor producido por una corriente eléctrica.

electrocución. F. Acción y efecto de electrocutar.

electrocutar. TR. Matar por medio de una corriente o descarga eléctrica. U. t. c. prnl.

electrodo. M. *Fís.* Extremo de un conductor en contacto con un medio, al que lleva o del que recibe una corriente eléctrica.

electrodoméstico. M. Aparato eléctrico que se utiliza en el hogar; p. ej., el refrigerador, el calentador de agua, la plancha, la cocina eléctrica, etc. U. m. en pl. U. t. c. adj. *Aparatos electrodomésticos.*

electroencefalografía. F. Parte de la medicina que estudia la obtención e interpretación de los electroencefalogramas.

electroencefalográfico, ca. ADJ. *Med.* Perteneciente o relativo a la electroencefalografía.

electroencefalógrafo. M. *Med.* Registrador gráfico de las descargas eléctricas de la corteza cerebral.

electroencefalograma. M. *Med.* Gráfico obtenido por el electroencefalógrafo.

electrofisiología. F. Ciencia que estudia los fenómenos eléctricos en los animales y en el hombre.

electrofisiológico, ca. ADJ. Perteneciente o relativo a la electrofisiología.

electroforesis. F. **1.** *Quím.* Desplazamiento de sustancias por la acción de un campo eléctrico. || **2.** *Quím.* Técnica que aplica este fenómeno.

electrógeno, na. ADJ. Que genera electricidad. *Grupo, equipo electrógeno.*

electroimán. M. *Electr.* Imán artificial que consta de un núcleo de hierro dulce rodeado por una bobina por la que pasa una corriente eléctrica.

electrólisis o electrolisis. F. *Quím.* Descomposición de una sustancia en disolución mediante la corriente eléctrica.

electrolítico, ca. ADJ. *Quím.* Perteneciente o relativo a la electrólisis.

electrolito o electrólito. M. *Quím.* Sustancia que se somete a la electrólisis.

electromagnético, ca. ADJ. *Fís.* Se dice de todo fenómeno en que los campos eléctricos y magnéticos están relacionados entre sí. □ V. **campo ~, inducción ~, onda ~.**

electromagnetismo. M. Parte de la física que estudia la interacción de los campos eléctricos y magnéticos.

electromecánico, ca. ADJ. *Electr.* Dicho de un dispositivo o de un aparato mecánico: Accionado o controlado por medio de corrientes eléctricas.

electromedicina. F. *Med.* Aplicación médica de la electricidad.

electromotor, ra. ADJ. *Electr.* Dicho de un aparato o de una máquina: Que transforman la energía eléctrica en trabajo mecánico. U. t. c. s. m.

electromotriz. □ V. **fuerza ~.**

electrón. M. *Fís.* Partícula elemental más ligera que forma parte de los átomos y que contiene la mínima carga posible de electricidad negativa.

electronegativo, va. ADJ. *Quím.* Dicho de una sustancia, de un radical o de un ion: Que, en la electrólisis, se dirigen al polo positivo.

electrónica. F. **1.** *Fís.* y *Tecnol.* Estudio y aplicación del comportamiento de los electrones en diversos medios, como el vacío, los gases y los semiconductores, sometidos a la acción de campos eléctricos y magnéticos. || **2.** Aplicación de estos fenómenos.

electrónico, ca. **I.** ADJ. **1.** *Fís.* Perteneciente o relativo al electrón. || **2.** Perteneciente o relativo a la electrónica. *Aparato electrónico.* || **II.** M. y F. **3.** Especialista en electrónica. □ V. **cañón ~, cerebro ~, computador ~, computadora ~, correo ~, guerra ~, microscopio ~, tarjeta ~.**

electronvoltio. M. *Fís.* Unidad de energía equivalente a la adquirida por un electrón que recorre una diferencia de potencial de un voltio en el vacío. (Símb. *eV*).

electropositivo, va. ADJ. *Quím.* Dicho de una sustancia, de un radical o de un ion: Que, en la electrólisis, se dirigen al polo negativo.

electroquímica. F. Parte de la fisicoquímica que trata de las leyes referentes a la producción de la electricidad por combinaciones químicas, y de su influencia en la composición de los cuerpos.

electroquímico, ca. ADJ. Perteneciente o relativo a la electroquímica.

electroscopio. M. *Electr.* Aparato empleado para conocer si un cuerpo está electrizado.

electrostática. F. Parte de la física que estudia los sistemas de cuerpos electrizados en equilibrio.

electrostático, ca. ADJ. Perteneciente o relativo a la electrostática. □ V. **inducción ~.**

electrotecnia. F. Estudio de las aplicaciones técnicas de la electricidad.

electrotécnico, ca. ADJ. Perteneciente o relativo a la electrotecnia.

electroterapia. F. *Med.* Tratamiento de determinadas enfermedades mediante la electricidad.

electroterápico, ca. ADJ. *Med.* Perteneciente o relativo a la electroterapia.

electrotrén. M. *Esp.* Tren automotor de tracción eléctrica.

electroválvula. F. *Electr.* Válvula accionada por un electroimán, que regula un circuito hidráulico o neumático.

electuario. M. Medicamento de consistencia líquida, pastosa o sólida, compuesto de varios ingredientes, casi siempre vegetales, y cierta cantidad de miel, jarabe o azúcar. En sus composiciones más sencillas tiene la consideración de golosina.

elefanta. F. Hembra del elefante.

elefante. M. Mamífero del orden de los Proboscidios, el mayor de los animales terrestres que viven ahora, pues llega a tres metros de alto y cinco de largo. Tiene el cuerpo de color ceniciento oscuro, la cabeza pequeña, los ojos pequeños, las orejas grandes y colgantes, la nariz y el labio superior unidos y muy prolongados en forma de trompa, que extiende y recoge y le sirve de mano. Carece de caninos y tiene dos dientes incisivos, vulgarmente llamados colmillos, macizos y muy grandes. Se cría en Asia y África, donde lo emplean como animal de carga. || **~ marino.** M. **morsa.** || **ser** algo o alguien **un ~ blanco.** LOC. VERB. Ser costoso de mantener y no producir utilidad alguna.

elefantiasis. F. *Med.* Síndrome caracterizado por el aumento enorme de algunas partes del cuerpo, especialmente de las extremidades inferiores y de los órganos genitales externos. Puede producirse por diversas enfermedades inflamatorias, persistentes, y muy especialmente por los parásitos de los países cálidos del grupo de la filaria.

elefantino, na. ADJ. Perteneciente o relativo al elefante.

elegancia. F. **1.** Cualidad de elegante. || **2.** Forma bella de expresar los pensamientos.

elegante. ADJ. **1.** Dotado de gracia, nobleza y sencillez. || **2.** Airoso, bien proporcionado. *Animal, estilo, movimiento elegante.* || **3.** Dicho de una persona: Que tiene buen gusto y distinción para vestir. U. t. c. s. || **4.** Dicho de una cosa o de un lugar: Que revelan distinción, refinamiento y buen gusto. *Muebles, zapatos elegantes. Barrio elegante.*

elegantizar. TR. Dotar de elegancia. U. t. c. prnl.

elegantoso, sa. ADJ. Á. *Caribe.* Algo elegante.

elegía. F. Composición poética del género lírico, en que se lamenta la muerte de una persona o cualquier otro caso o acontecimiento digno de ser llorado, y la cual en español se escribe generalmente en tercetos o en verso libre. Entre los griegos y latinos, se componía de hexámetros y pentámetros, y admitía también asuntos placenteros.

elegíaco, ca o **elegiaco, ca.** ADJ. **1.** Perteneciente o relativo a la elegía. *Poema elegíaco.* || **2.** Lastimero, triste. *Tono elegíaco.*

elegibilidad. F. Cualidad de elegible.

elegible. ADJ. Que se puede elegir, o tiene capacidad legal para ser elegido.

elegido, da. PART. de **elegir.** || M. y F. **predestinado** (|| escogido por Dios para lograr la gloria).

elegir. TR. **1.** Escoger, preferir a alguien o algo para un fin. *Elegir asignatura.* || **2.** Nombrar por elección para un cargo o dignidad. *Elegir presidente.* ¶ MORF. conjug. c. *pedir.*

elemental. ADJ. **1.** Fundamental, primordial. *Se han violado derechos elementales.* || **2.** Perteneciente o relativo a los elementos o principios de una ciencia o arte. *Física elemental.* || **3.** Obvio, de fácil comprensión, evidente. *No hablemos más de esto, que es elemental.* ☐ V. **color ~, espíritus ~es, partícula ~.**

elementalidad. F. Cualidad de elemental.

elemento. M. **1.** Principio físico o químico que entra en la composición de los cuerpos. || **2.** En la filosofía griega, cada uno de los cuatro principios que componen el universo: tierra, agua, aire y fuego. || **3.** Fundamento, móvil o parte integrante de algo. *La tecnología es uno de los elementos imprescindibles de la riqueza de las naciones.* || **4.** En una estructura formada por piezas, cada una de estas. || **5.** Componente de una agrupación humana. *El elemento conservador. Elementos subversivos.* || **6.** Individuo valorado positiva o negativamente para una acción conjunta. *Pedro es uno de los mejores elementos con que contamos. ¡Menudo elemento es Fulano!* || **7.** *Mat.* Cada uno de los componentes de un conjunto. || **8.** *Quím.* Sustancia constituida por átomos cuyos núcleos tienen el mismo número de protones, cualquiera que sea el número de neutrones. || **9.** pl. Fundamentos y primeros principios de las ciencias y artes. *Elementos de retórica.* || **10.** pl. Fuerzas naturales capaces de alterar las condiciones atmosféricas o climáticas. || **11.** pl. Medios, recursos. || **~ compositivo.** M. *Gram.* Componente no independiente, por lo general de origen griego o latino, que interviene en la formación de palabras compuestas, anteponiéndose o posponiéndose a otro; p. ej., *filo-, grafo-, -ónimo, -scopio.* || **~ inverso.** M. *Mat.* El que, operado con su elemento correspondiente, da como resultado el elemento neutro. || **~ neutro.** M. *Mat.* El que, operado con otro elemento del mismo conjunto, da como resultado este último. *El elemento neutro de la multiplicación es el 1.* || **~ simétrico.** M. *Mat.* **elemento inverso.** || **líquido ~.** M. fest. **agua** (|| líquido transparente). *No hubo más bebida que EL líquido elemento.* || **estar alguien en su ~.** LOC. VERB. Encontrarse en la situación que mejor se adapta a sus gustos e inclinaciones.

elenco. M. **1.** Catálogo, índice. || **2.** Nómina de una compañía teatral. || **3.** Conjunto de personas destacadas que trabajan en una misma tarea o constituyen un grupo o equipo.

elepé. M. LP.

elequeme. M. *Am. Cen.* **bucare.**

eleusino, na. ADJ. Perteneciente o relativo a Eleusis, ciudad griega cercana a Atenas. Se dice sobre todo de los misterios de Ceres que se celebraban en aquella ciudad.

elevación. F. **1.** Acción y efecto de elevar. || **2.** Altura, encumbramiento en lo material o en lo moral. || **3.** Acción de **alzar** (|| en la misa). || **4.** Suspensión, enajenación de los sentidos. || **5.** Exaltación a un puesto, empleo o dignidad de consideración. || **tirar por ~.** LOC. VERB. *Mil.* Tirar de modo que, describiendo el proyectil una curva muy elevada, vaya a caer en el punto a que se dirige.

elevado, da. PART. de **elevar.** || ADJ. **1.** sublime. *Pensamiento elevado.* || **2. alto** (|| levantado). *Cumbres elevadas.* || **3.** Que está a una altura superior. *Paso elevado.*

elevador, ra. **I.** ADJ. **1.** Que eleva. *Carretilla elevadora.* || **II.** M. **2.** Vehículo destinado a subir, bajar o desplazar, mediante un dispositivo especial, mercancías en almacenes, construcciones, etc. || **3. ascensor** (|| aparato para trasladar personas de unos pisos a otros).

elevadora. F. **elevador** (|| vehículo destinado a subir, bajar o desplazar mercancías).

elevadorista. COM. *Méx.* **ascensorista** (|| persona que maneja un ascensor).

elevalunas. M. Mecanismo para subir y bajar los cristales de las ventanillas de los automóviles.

elevamiento. M. **elevación.**

elevar. TR. **1. levantar** (|| mover hacia arriba). *Elevar un brazo.* U. t. c. prnl. || **2. levantar** (|| impulsar hacia cosas altas). *Elevar las miras.* || **3. levantar** (|| esforzar, vigorizar). *Elevar la moral.* || **4.** Colocar a alguien en un puesto o empleo honorífico, mejorar su condición social o política. || **5.** Hacer un edificio o construcción. *Le van a elevar un monumento.* || **6.** Dirigir un escrito o una petición a una autoridad. || **7.** *Mat.* Multiplicar una cantidad o expresión por sí misma un determinado número de veces, indicado por el exponente. *Elevar a una potencia.*

elfo. M. En la mitología escandinava, genio, espíritu del aire.

eliaspiñero, ra. ADJ. **1.** Natural de Elías Piña, provincia de la República Dominicana, o de Comendador, su capital. U. t. c. s. || **2.** Perteneciente o relativo a esta provincia o a su capital.

elidir. TR. **1.** *Fon.* Suprimir la vocal con que acaba una palabra cuando la que sigue empieza con otra vocal; p. ej., *del* por *de el, al* por *a el.* || **2.** *Gram.* Suprimir algún elemento lingüístico del discurso, sin contradicción con las reglas gramaticales; p. ej., *Juan estudia matemáticas y su hermano (estudia) química.*

elijar. TR. En farmacia, cocer una sustancia para extraer su jugo.

eliminación. F. Acción y efecto de eliminar.

eliminador, ra. ADJ. Que elimina. Apl. a pers., u. t. c. s.

eliminar. TR. **1.** Quitar, separar algo, prescindir de ello. *Eliminar una escena.* || **2.** Alejar, excluir a una o a muchas personas de una agrupación o de un asunto. U. t. c. prnl. || **3.** En ciertas competiciones deportivas, vencer al rival, impidiéndole con ello seguir participando en la competición. || **4.** Matar, asesinar. || **5.** *Mat.* En un sistema de ecuaciones con varias incógnitas, hacer desaparecer, por medio del cálculo, una de ellas. ‖ **6.** *Med.* Dicho del organismo: Expeler una sustancia.

eliminatoria. F. En campeonatos o concursos, competición selectiva anterior a los cuartos de final.

eliminatorio, ria. ADJ. Que elimina, que sirve para eliminar. *Partido eliminatorio.*

elipse. F. *Geom.* Lugar geométrico de los puntos del plano cuya suma de distancias a otros dos fijos llamados focos es constante. Resulta de cortar un cono circular por un plano que encuentra a todas las generatrices del mismo lado del vértice.

elipsis. F. *Gram.* Supresión de algún elemento lingüístico del discurso sin contradecir las reglas gramaticales; p. ej., *Juan ha leído el mismo libro que Pedro (ha leído).*

elipsoidal. ADJ. De forma de elipsoide o parecido a él. *Frutos elipsoidales.*

elipsoide. M. *Geom.* Sólido cuyas secciones planas son todas elipses o círculos.

elíptico, ca. ADJ. **1.** Perteneciente o relativo a la elipse. *Funciones elípticas.* ‖ **2.** De forma de elipse o parecido a ella. *Figura elíptica.* ‖ **3.** *Gram.* Perteneciente o relativo a la elipsis. *Sujeto elíptico.*

elíseo, a. ADJ. Perteneciente o relativo al Elíseo o a los Campos Elíseos.

elisión. F. *Gram.* Acción y efecto de elidir.

élite o **elite.** F. Minoría selecta o rectora.

elitismo. M. Sistema favorecedor de las élites.

elitista. ADJ. **1.** Perteneciente o relativo a la élite o al elitismo. *Colegio elitista.* ‖ **2.** Que se comporta como miembro de una élite, que manifiesta gustos y preferencias opuestos a los del común. U. t. c. s. ‖ **3.** Partidario de una élite o del predominio de las élites. U. t. c. s.

élitro. M. *Zool.* Cada una de las dos alas anteriores de los Ortópteros y Coleópteros, las cuales se han endurecido y en muchos casos han quedado convertidas en gruesas láminas córneas, que se yuxtaponen por su borde interno y protegen el par de alas posteriores, las únicas aptas para el vuelo.

elixir. M. **1.** Licor compuesto de diferentes sustancias medicinales, disueltas por lo regular en alcohol. ‖ **2.** Medicamento o remedio maravilloso.

elíxir. M. *Am.* elixir.

elle. F. Nombre del dígrafo *ll.* MORF. pl. **elles.**

ello. **I.** PRON. PERSON. **1.** Forma neutra de la 3.ª persona del singular. Se usa como sujeto en la lengua culta y como término de preposición. ‖ **II.** M. **2.** *Psicol.* En el psicoanálisis de Freud, fuente inconsciente de toda energía psíquica, que contiene la totalidad de los instintos reprimidos y se rige solo por el principio del placer. ‖ **~ es que.** LOC.VERB. Se usa para iniciar la explicación de algo mencionado previamente. ‖ **a ~.** EXPR. Se usa para animar a emprender algo.

ellos, llas. PRON. PERSON. Formas masculina y femenina de la 3.ª persona del plural que cumplen la función de sujeto, atributo y término de preposición. ‖ **a ellos.** LOC. VERB. Se usa para incitar a acometer.

elocución. F. **1.** Manera de hablar para expresar los conceptos. ‖ **2.** Modo de elegir y distribuir los pensamientos y las palabras en el discurso.

elocuencia. F. **1.** Facultad de hablar o escribir de modo eficaz para deleitar, conmover o persuadir. ‖ **2.** Eficacia para persuadir o conmover que tienen las palabras, los gestos o ademanes y cualquier otra acción o cosa capaz

de dar a entender algo con viveza. *La elocuencia de las cifras.*

elocuente. ADJ. **1.** Dicho de una persona: Que habla o escribe con elocuencia. ‖ **2.** Dicho de una cosa: Que tiene elocuencia. *Palabras, comportamientos elocuentes.*

elocutivo, va. ADJ. Perteneciente o relativo a la elocución.

elogiable. ADJ. Digno de elogio. *Actitud elogiable.*

elogiador, ra. ADJ. Que elogia. Apl. a pers., u. t. c. s.

elogiar. TR. Hacer elogios de alguien o de algo. MORF. conjug. c. *anunciar.*

elogio. M. Alabanza de las cualidades y méritos de alguien o de algo.

elogioso, sa. ADJ. Laudatorio, encomiástico. *Informe comentario elogioso.*

elongación. F. **1.** alargamiento. ‖ **2.** *Astr.* Distancia angular de un astro al Sol con relación a la Tierra. ‖ **3.** *Med.* Alargamiento accidental de un miembro o de un nervio.

elongar. TR. Alargar, estirar, hacer algo más largo por tracción mecánica.

elotada. F. *Méx.* Merienda en que se comen elotes.

elote. M. Mazorca tierna de maíz, que se consume, cocida o asada, como alimento en México y otros países de América Central.

elotero, ra. M. y F. *Méx.* Persona que vende elotes.

elquino, na. ADJ. **1.** Natural de Elqui. U. t. c. s. ‖ **2.** Perteneciente o relativo a esta provincia de Chile.

elucidación. F. Aclaración, explicación.

elucidar. TR. dilucidar.

elucubración. F. Acción y efecto de elucubrar.

elucubrador, ra. ADJ. Dicho de una persona: Que hace elucubraciones. U. t. c. s.

elucubrar. TR. **1.** Elaborar una divagación complicada y con apariencia de profundidad. ‖ **2.** Imaginar sin mucho fundamento. U. t. c. intr.

eludir. TR. **1.** Evitar con astucia una dificultad o una obligación. *Eludir el problema. Eludir impuestos.* ‖ **2.** Esquivar el encuentro con alguien o con algo. *Eludió su mirada.* U. t. c. prnl. ‖ **3.** No tener en cuenta algo, por inadvertencia o con intención. *Eludió su reproche.*

elusión. F. Acción y efecto de eludir.

elusivo, va. ADJ. Que elude. *Discurso elusivo.*

elzeviriano, na. ADJ. **1.** hist. Perteneciente o relativo a los Elzevirios, célebre familia de impresores holandeses cuya actividad transcurrió entre 1580 y 1712. *Taller elzeviriano.* ‖ **2.** Perteneciente o relativo a las impresiones modernas en que se emplean tipos semejantes a los usados en aquellas obras. *Edición de lujo, con letras elzevirianas.*

emaciación. F. *Med.* Adelgazamiento morboso.

emanación. F. **1.** Acción y efecto de emanar. ‖ **2.** efluvio.

emanantismo. M. Doctrina panteísta según la cual todas las cosas proceden de Dios por emanación.

emanantista. ADJ. **1.** Perteneciente o relativo al emanantismo. *Principios emanantistas.* ‖ **2.** Partidario de esa doctrina panteísta. U. t. c. s.

emanar. **I.** INTR. **1.** Proceder, derivar, traer origen y principio de algo de cuya sustancia se participa. *En una teocracia se cree que el poder emana de Dios.* ‖ **2.** Dicho de una sustancia volátil: Desprenderse de un cuerpo. *El ramo de flores emana un aroma exquisito.* ‖ **II.** TR. **3.** Emitir, desprender de sí. *Su persona emana simpatía.*

emanatismo. M. emanantismo.

emanatista. ADJ. emanantista.

emancipación. F. Acción y efecto de emancipar o emanciparse.

emancipador, ra. ADJ. Que emancipa. Apl. a pers., u. t. c. s.

emancipar. I. TR. 1. Libertar de la patria potestad, de la tutela o de la servidumbre. U. t. c. prnl. ‖ II. PRNL. 2. Liberarse de cualquier clase de subordinación o dependencia.

emasculación. F. Acción y efecto de emascular.

emascular. TR. **capar** (‖ los órganos genitales).

embadurnador, ra. ADJ. Que embadurna. Apl. a pers., u. t. c. s.

embadurnar. TR. Untar, embarrar, manchar, pintarrajear. U. t. c. prnl.

embaimiento. M. Acción y efecto de embaír.

embaír. TR. Ofuscar, embaucar, hacer creer lo que no es. MORF. U. solo las formas cuya desinencia empieza por -*i*.

embajada. F. 1. Cargo de embajador. ‖ 2. Residencia del embajador. ‖ 3. Oficinas del embajador. ‖ 4. Conjunto de los empleados que el embajador tiene a sus órdenes, y otras personas de su comitiva oficial. ‖ 5. Mensaje para tratar algún asunto de importancia. Se usa con preferencia refiriéndose a los que se envían recíprocamente los jefes de Estado por medio de sus embajadores. ☐ V. **consejero de ~.**

embajador, ra. I. M. y F. 1. Persona con el mayor rango en el servicio diplomático, que representa ante otros Estados al Estado que lo nombra. ‖ 2. **emisario** (‖ mensajero). ‖ 3. Persona, entidad o cosa que, por ser característico de un lugar o país, se considera representativo de ellos. *El jamón es el embajador de la gastronomía española.* ‖ II. F. 4. Fuera de los usos oficiales, mujer de embajador. ☐ V. **introductor de ~es.**

embalador, ra. M. y F. Persona que tiene por oficio embalar.

embaladura. F. *Chile.* embalaje.

embalaje. M. 1. Acción y efecto de **embalar¹.** ‖ 2. Caja o cubierta con que se resguardan los objetos que han de transportarse.

embalar¹. TR. Disponer convenientemente dentro de cubiertas los objetos que han de transportarse.

embalar². I. TR. 1. Hacer que adquiera gran velocidad un motor desprovisto de regulación automática, cuando se suprime la carga. U. t. c. prnl. ‖ II. INTR. 2. Dicho de un corredor o de un móvil: Lanzarse a gran velocidad. U. m. c. prnl. ‖ III. PRNL. 3. coloq. Dejarse llevar por un afán, deseo, sentimiento, etc.

embaldosado. M. 1. Pavimento solado con baldosas. ‖ 2. Acción de embaldosar.

embaldosar. TR. Solar con baldosas.

emballenar. TR. Armar o fortalecer una prenda de vestir o de otra clase con ballenas.

embalsamador, ra. ADJ. Que embalsama. Apl. a pers., u. t. c. s.

embalsamamiento. M. Acción y efecto de embalsamar.

embalsamar. TR. 1. Llenar de sustancias balsámicas las cavidades de los cadáveres, como se hacía antiguamente, o inyectar en los vasos ciertos líquidos, o bien emplear otros diversos medios para preservar de la putrefacción los cuerpos muertos. ‖ 2. Perfumar, aromatizar. *El olor de la lavanda embalsama el aire.* U. t. c. prnl.

embalsar¹. TR. 1. Recoger en una balsa o un embalse. U. t. c. prnl. ‖ 2. **rebalsar.** U. m. c. prnl.

embalsar². TR. *Mar.* Colocar en un balso a alguien o algo para izarlo a un sitio alto donde debe prestar servicio.

embalse. M. 1. Acción y efecto de **embalsar¹.** ‖ 2. Gran depósito que se forma artificialmente, por lo común cerrando la entrada de un valle mediante un dique o presa, y en el que se almacenan las aguas de un río o arroyo, a fin de utilizarlas en el riego de terrenos, en el abastecimiento de poblaciones, en la producción de energía eléctrica, etc.

embanastar. TR. Meter algo en una banasta.

embancarse. PRNL. 1. *Mar.* Dicho de una embarcación: Varar en un banco. ‖ 2. *Chile.* Dicho de un río, de un lago, etc.: Cegarse por las tierras de aluvión.

embanderar. I. TR. 1. Adornar con banderas. *Embanderar los balcones.* U. t. c. prnl. ‖ II. PRNL. 2. *Á. R. Plata.* Adherirse manifiestamente a un partido o a una idea.

embanquetar. TR. *Méx.* Poner aceras en las calles.

embarazado, da. PART. de **embarazar.** ‖ ADJ. Dicho de una mujer: **preñada.** U. t. c. s. f.

embarazador, ra. ADJ. Que embaraza.

embarazar. I. TR. 1. Dejar encinta a una mujer. ‖ 2. Impedir, estorbar, retardar algo. *El gentío embarazaba el paso de la comitiva.* ‖ II. PRNL. 3. Dicho de una mujer: Quedarse embarazada. ‖ 4. Quedar impedido con cualquier embarazo.

embarazo. M. 1. Estado en que se halla la hembra gestante. ‖ 2. Impedimento, dificultad, obstáculo. ‖ 3. Falta de soltura en los modales o en la acción.

embarazoso, sa. ADJ. Que embaraza e incomoda. *Situación, pregunta embarazosa.*

embarcación. F. **barco** (‖ construcción cóncava capaz de flotar). ‖ **~ menor.** F. 1. En los puertos, la de pequeño porte. ‖ 2. Bote del servicio de a bordo.

embarcadero. M. Lugar acondicionado para embarcar mercancías o gente.

embarcador, ra. M. y F. Persona que embarca algo.

embarcar. TR. 1. Introducir personas, mercancías, etc., en una embarcación, tren o avión. U. t. c. intr. y c. prnl. ‖ 2. *Mar.* Destinar a alguien a un buque. ‖ 3. Hacer que alguien intervenga en una empresa difícil o arriesgada. *Lo embarcaron en una aventura.* U. t. c. prnl. ‖ 4. *Á. Caribe.* **dar un plantón.**

embarco. M. Acción y efecto de **embarcar** (‖ introducir en una embarcación, tren o avión). ☐ V. **tarjeta de ~.**

embargante. ADJ. Que dificulta o impide. *Estado embargante.* ‖ **no ~.** LOC. CONJUNT. ADVERS. **sin embargo.**

embargar. TR. 1. Dicho de los sentidos y potencias del alma: Suspender, paralizar a alguien. *La emoción lo embarga.* ‖ 2. *Der.* Retener, en virtud de mandamiento judicial, un bien que queda sujeto a las resultas de un procedimiento o juicio.

embargo. M. 1. Prohibición del comercio y transporte de armas u otros efectos útiles para la guerra, decretada por un Gobierno. ‖ 2. *Der.* Retención, traba o secuestro de bienes por mandamiento de juez o autoridad competente. ‖ **sin ~.** LOC. CONJUNT. ADVERS. No obstante, sin que sirva de impedimento.

embarnecer. INTR. **engrosar** (‖ hacerse más grueso). MORF. conjug. c. *agradecer.*

embarque. M. 1. Acción y efecto de **embarcar** (‖ introducir en una embarcación, tren o avión). ‖ 2. Acción y efecto de **embarcar** (‖ hacer que alguien intervenga en una empresa difícil o arriesgada). ‖ 3. **embolado.** ☐ V. **tarjeta de ~.**

embarrancar. I. INTR. **1.** *Mar.* Dicho de un buque: Varar con violencia encallando en el fondo. U. t. c. tr. || **II.** PRNL. **2.** Atascarse en una dificultad.

embarrar. TR. **1.** Untar y cubrir con barro. *La lluvia embarró los campos.* U. t. c. prnl. || **2.** Manchar con barro. U. t. c. prnl. *Embarrarse los zapatos.* || **3.** *Am.* Calumniar, desacreditar a alguien. U. t. c. prnl. || **4.** *Am.* Causar daño, fastidiar. U. t. c. prnl. || **5.** *Am.* Cometer un delito. U. t. c. prnl. || **6.** *Am. Cen.*, *Á. Andes*, y *Méx.* Complicar a alguien en un asunto sucio. U. t. c. prnl.

embarrialarse. PRNL. **1.** *Am. Cen.* **embarrarse** (|| mancharse con barro). || **2.** *Am. Cen.* **atascarse.**

embarullador, ra. ADJ. coloq. Que embarulla.

embarullar. TR. **1.** coloq. Confundir, mezclar desordenadamente unas cosas con otras. *Embarullar los resultados de las operaciones.* || **2.** coloq. Confundir a alguien. U. t. c. prnl. || **3.** coloq. Hacer algo de manera atropellada, sin orden ni cuidado. U. t. c. prnl.

embastar. TR. Poner albardas a las caballerías.

embastecerse. PRNL. Ponerse **basto** (|| tosco). MORF. conjug. c. *agradecer.*

embate. M. **1.** Golpe impetuoso de mar. || **2.** Acometida impetuosa. U. t. en sent. fig. *Los embates de la vida.* || **3.** *Mar.* Viento fresco y suave que reina en el verano a la orilla del mar.

embaucador, ra. ADJ. Que embauca. U. t. c. s.

embaucamiento. M. Acción y efecto de embaucar.

embaucar. TR. Engañar, aprovechándose de la inexperiencia o candor del engañado. MORF. conjug. c. *causar.*

embaular. TR. Meter dentro de un baúl. MORF. conjug. c. *aunar.*

embazar. TR. Atascar o detener algo en su acción. *Hay cosas que embazan el estómago.* U. t. c. prnl.

embebecer. I. TR. **1.** Entretener, divertir, embelesar. || **II.** PRNL. **2.** Quedarse embelesado. ¶ MORF. conjug. c. *agradecer.*

embebecimiento. M. Enajenación, embelesamiento.

embeber. I. TR. **1.** Dicho de un cuerpo sólido: Absorber a otro líquido. *La esponja embebe el agua.* || **2.** Empapar, llenar de un líquido algo poroso o esponjoso. *Embebieron una esponja en vinagre.* || **3.** Dicho de una cosa: Contener, encerrar dentro de sí a otra. *Las tuberías van embebidas en hormigón.* || **4.** Recoger parte de una cosa en ella misma, reduciéndola o acortándola. *Embeber un vestido, una costura.* || **II.** INTR. **5.** Encogerse, apretarse, tupirse. *El lino y la lana embeben al lavarlos.* || **III.** PRNL. **6.** Instruirse con rigor y profundidad en una doctrina, teoría, etc. || **7.** Entregarse con vivo interés a una tarea, sumergirse en ella.

embejucar. I. TR. **1.** *Á. Caribe.* Cubrir o envolver con bejucos. || **II.** PRNL. **2.** *Á. Caribe.* **enredarse.**

embelecar. TR. Engañar con artificios y falsas apariencias.

embeleco. M. **1.** Embuste, engaño. || **2.** coloq. Persona o cosa fútil, molesta o enfadosa.

embelequería. F. *Am.* Embeleco, engaño.

embelequero, ra. ADJ. Que usa de embelecos.

embelesador, ra. ADJ. Que embelesa. *Una mirada embelesadora.*

embelesamiento. M. **embeleso.**

embelesar. TR. Suspender, arrebatar, cautivar los sentidos. U. t. c. prnl.

embeleso. M. Efecto de embelesar.

embellecedor, ra. I. ADJ. **1.** Que embellece. *Función embellecedora.* || **II.** M. **2.** Cada una de las molduras cromadas de los automóviles, en especial el tapacubos.

embellecer. TR. Hacer o poner bello a alguien o algo. U. t. c. prnl. MORF. conjug. c. *agradecer.*

embellecimiento. M. Acción y efecto de embellecer.

embeodar. TR. **emborrachar.** U. t. c. prnl.

emberá. I. ADJ. **1.** Natural de Emberá. U. t. c. s. || **2.** Perteneciente o relativo a esta comarca indígena de Panamá. || **II.** M. **3.** Lengua de los emberás. ¶ MORF. pl. emberás.

embero. M. Árbol de la familia de las Meliáceas, propio del África ecuatorial y apreciado por su madera.

emberrenchinarse. PRNL. coloq. **emberrincharse.**

emberrincharse. PRNL. coloq. Dicho especialmente de un niño: Enfadarse mucho, encolerizarse.

embestida. F. Acción y efecto de embestir.

embestidor, ra. ADJ. Que embiste.

embestir. TR. **1.** Ir con ímpetu sobre alguien o sobre algo. *El toro embistió al torero.* U. t. c. intr. *Ese toro no embiste.* U. t. en sent. fig. *El camión embistió contra la pared.* || **2.** coloq. Acometer a alguien pidiéndole limosna o prestado, o bien para inducirlo a algo. || **3.** *Mar.* Dicho de un barco: Venir contra otro o dar sobre la costa o un bajo, bien de manera intencionada, bien arrastrado por el viento o las aguas. ¶ MORF. conjug. c. *pedir.*

embetunar. TR. Cubrir algo con betún.

embicar. TR. **1.** *Mar.* Poner una verga en dirección oblicua respecto a la horizontal o como señal de luto a bordo. || **2.** *Mar.* **orzar.**

embijar. TR. Pintar o teñir con bija o con bermellón. U. t. c. prnl.

emblanquecer. I. TR. **1.** **blanquear** (|| poner blanco). *Emblanquecer la fachada.* || **II.** PRNL. **2.** Dicho de una cosa o de otro color: Ponerse o volverse blancos. ¶ MORF. conjug. c. *agradecer.*

emblanquecimiento. M. Acción y efecto de emblanquecer o emblanquecerse.

emblema. M. **1.** Jeroglífico, símbolo o empresa en que se representa alguna figura, al pie de la cual se escribe algún verso o lema que declara el concepto o moralidad que encierra. || **2.** Cosa que es representación simbólica de otra. || **3.** *Á. Andes.* **bandera** (|| tela que se emplea como enseña).

emblemático, ca. ADJ. **1.** Perteneciente o relativo al emblema, o que lo incluye. *Imagen emblemática.* || **2.** Significativo, representativo. *Un edificio emblemático.*

emblematizar. TR. **simbolizar.** *El tango emblematiza la cultura rioplatense.*

embobamiento. M. Suspensión, embeleso.

embobar. I. TR. **1.** Entretener a alguien, tenerlo suspenso y admirado. || **II.** PRNL. **2.** Dicho de una persona: Quedarse suspensa, absorta y admirada.

embobecer. TR. Volver bobo, entontecer a alguien. U. t. c. prnl. MORF. conjug. c. *agradecer.*

embobinar. TR. **bobinar.**

embocado, da. PART. de **embocar.** || ADJ. **abocado.**

embocadura. F. **1.** **entrada** (|| espacio por donde se entra). || **2.** **boquilla** (|| de un instrumento de viento). || **3.** Gusto, sabor de un vino. *Este vino tiene buena embocadura.* || **4.** Lugar por donde los buques pueden penetrar en los ríos que desaguan en el mar. || **5.** En los teatros, marco por cuyo hueco se ve la escena cuando telón se alza y que puede ser doble. El segundo marco suele ser de amplitud regulable.

embocar. I. TR. **1.** Meter por la boca algo. *El perro emboca el pan que se le arroja al aire.* || **2.** Comenzar un empeño o negocio. *Finalmente han embocado la vía de la negociación.* || **II.** INTR. **3.** Entrar por una parte estrecha. U. t. c. prnl.

embochinchar. TR. *Am.* Promover un bochinche, alborotar. U. t. c. prnl.

embodegar. TR. Meter y guardar en la bodega algo. *Embodegar aceite, vino.*

embolada. F. Cada uno de los movimientos de vaivén que hace el émbolo cuando está funcionando dentro del cilindro.

embolado. M. Cometido engorroso, problema o situación difícil que expone al deslucimiento.

embolar. TR. Poner bolas de madera en las puntas de los cuernos del toro para que no pueda herir con ellos.

embolia. F. *Med.* Obstrucción ocasionada por un émbolo formado en un vaso sanguíneo, que impide la circulación en otro vaso menor.

embolismático, ca. ADJ. Dicho principalmente del lenguaje: Confuso, enredado, ininteligible.

embolismo. M. Mezcla y confusión de muchas cosas.

émbolo. M. **1.** *Mec.* Pieza que se mueve alternativamente en el interior de un cuerpo de bomba o del cilindro de una máquina para comprimir un fluido o recibir de él movimiento. || **2.** *Med.* Coágulo, burbuja de aire u otro cuerpo extraño que, presente en la circulación, produce una embolia.

embolsamiento. M. Acción y efecto de embolsar o embolsarse.

embolsar. I. TR. **1.** Guardar algo, especialmente dinero, en la bolsa. || **2. cobrar** (‖ recibir dinero). *Entre los tres llegaban a embolsar un buen sueldo.* || **3.** Dividir una parte del ejército enemigo para aislarla del resto. || **II.** PRNL. **4.** Ganar dinero en un negocio, en el juego, etc.

embonar. TR. *Méx.* Empalmar, unir algo con otra cosa.

emboque. M. *Chile.* **boliche** (‖ juguete).

emboquillado. ADJ. Dicho de un cigarrillo: Provisto de boquilla. U. m. c. s. m.

emboquillar. TR. **1.** Poner boquillas a los cigarrillos. || **2.** Labrar la boca de un barreno. || **3.** Preparar la entrada de una galería o de un túnel.

embornar. TR. *Electr.* Conectar uno o más conductores mediante bornes.

emborrachacabras. F. Mata de la familia de las Coriariáceas, de hojas opuestas o verticiladas, lanceoladas, enteras, con tres nervios y pecíolo corto, flores verdosas en racimos sencillos, frutos pentagonales negros y lustrosos. Sus hojas, ricas en tanino, se utilizan para curtir.

emborrachador, ra. ADJ. Que emborracha. *Cáliz emborrachador.*

emborrachar. I. TR. **1.** Causar embriaguez. || **2.** Empapar en vino, licor o almíbar bizcochos, pasteles, etc. || **3.** Atontar, perturbar, adormecer a una persona o a un animal. *Lo emborrachó con su juego seductor.* U. t. c. prnl. || **II.** PRNL. **4.** Beber vino u otra bebida alcohólica hasta trastornarse los sentidos.

emborrascar. I. TR. **1.** Irritar, alterar. U. t. c. prnl. || **II.** PRNL. **2.** Dicho del tiempo: Hacerse borrascoso.

emborronador, ra. ADJ. Que emborrona. Apl. a pers., u. t. c. s.

emborronar. TR. **1.** Llenar de borrones o garabatos un papel. U. t. c. prnl. || **2.** Escribir deprisa, desaliñadamente o con poca meditación.

emboscada. F. **1.** Especialmente en la guerra, ocultación de una o varias personas en un lugar retirado para atacar por sorpresa a otra u otras. || **2.** Asechanza, maquinación contra alguien.

emboscado. M. Hombre que elude el servicio militar en tiempo de guerra.

emboscar. I. TR. **1.** *Mil.* Poner encubierta una partida de gente para una operación militar. U. m. c. prnl. || **II.** PRNL. **2.** Entrarse u ocultarse entre el ramaje. || **3.** Dicho principalmente de quien esquiva sus obligaciones militares en tiempo de guerra: Escudarse con una ocupación cómoda para mantenerse alejado del cumplimiento de otra.

embotador, ra. ADJ. Que embota. *Siesta embotadora.*

embotamiento. M. Acción y efecto de embotar.

embotar. TR. **1.** Debilitar, hacer menos activo y eficaz algo. *Embotar los sentidos.* U. t. c. prnl. || **2.** Hacer romos los filos y las puntas de las armas y otros instrumentos cortantes. U. m. c. prnl.

embotellado. M. Acción de embotellar los vinos u otros productos.

embotellador, ra. I. ADJ. **1.** Que embotella. *Planta embotelladora.* || **II.** M. y F. **2.** Persona que tiene por oficio embotellar.

embotelladora. F. **1.** Máquina que sirve para embotellar. || **2.** Dependencia de una fábrica en la que se embotellan líquidos. U. t. c. adj. *Planta embotelladora.*

embotellamiento. M. **1.** Acción y efecto de embotellar. || **2.** Congestión de vehículos.

embotellar. I. TR. **1.** Meter el vino u otro líquido o producto en botellas. || **2.** Detener en el surgidero naves enemigas, obstruyendo o impidiendo su salida al mar. || **3.** Acorralar a alguien. || **II.** PRNL. **4.** Dicho del tráfico: Entorpecerse por un exceso de vehículos.

emboticar. TR. *Chile.* Administrar medicinas o jarabes medicinales. U. t. c. prnl.

embovedar. TR. **abovedar** (‖ cubrir con bóveda).

embozar. TR. **1.** Cubrir el rostro por la parte inferior hasta las narices o los ojos. U. m. c. prnl. *Se emboza en su capa.* || **2.** Disfrazar, ocultar con palabras o con acciones algo para que no se entienda fácilmente. *Pretenden embozar la realidad.*

embozo. M. **1.** Doblez de la sábana de la cama por la parte que toca al rostro. || **2.** Parte de la capa, banda u otra cosa con que se cubre el rostro. || **3.** Tira de lana, seda u otra tela con que se guarnece interiormente desde el cuello abajo los lados de la capa. U. m. en pl. || **4.** Prenda de vestir, o parte de ella, con que se cubre el rostro. || **5.** Cautela artificiosa con que se dice o hace algo. *Lo acusaban sin embozo alguno.*

embragar. TR. **1.** Hacer que un eje participe del movimiento de otro por medio de un mecanismo adecuado. || **2.** Accionar el embrague. U. t. c. intr.

embrague. M. **1.** Acción de embragar. || **2.** Mecanismo dispuesto para que un eje participe o no, a voluntad o automáticamente, del movimiento de otro. || **3.** Pedal o manilla con que se acciona dicho mecanismo.

embraguetarse. PRNL. *Taurom.* Torear de muleta sin dejar apenas espacio entre el toro y el torero.

embravecer. TR. Hacer más bravo o enfurecer. U. t. c. prnl. *El mar se embraveció a media tarde.* MORF. conjug. c. *agradecer.*

embrazar. TR. Meter el brazo por el asa de un escudo, para cubrir y defender el cuerpo.

embrear. TR. Untar con brea.

embriagador, ra. ADJ. Que embriaga. *Perfume, paisaje embriagador.*

embriagante. ADJ. embriagador.

embriagar. I. TR. **1.** Causar embriaguez. ‖ **2.** Atontar, perturbar, adormecer. U. t. c. prnl. ‖ **3. enajenar** (‖ extasiar). *La brisa de la noche nos embriagaba.* U. t. c. prnl. ‖ **II.** PRNL. **4.** Perder el dominio de sí por beber en exceso vino o licor.

embriaguez. F. **1.** Perturbación pasajera producida por la ingestión excesiva de bebidas alcohólicas. ‖ **2.** Exaltación y enajenación del ánimo.

embridar. TR. **1.** Poner la brida a las caballerías. ‖ **2.** Someter, sujetar, refrenar. *Embridar los deseos, la inspiración.*

embriogenia. F. Biol. Formación y desarrollo del embrión.

embriogénico, ca. ADJ. Biol. Perteneciente o relativo a la embriogenia.

embriología. F. Biol. Estudio de la formación y el desarrollo de los embriones.

embriológico, ca. ADJ. Biol. Perteneciente o relativo a la embriología.

embriólogo, ga. M. y F. Especialista en embriología.

embrión. M. **1.** Ser vivo en las primeras etapas de su desarrollo, desde la fecundación hasta que el organismo adquiere las características morfológicas de la especie. ‖ **2.** En la especie humana, producto de la concepción hasta fines del tercer mes del embarazo. ‖ **3.** En las plantas fanerógamas, esbozo de la futura planta, contenido en la semilla. ‖ **4.** Principio no desarrollado de algo. *El embrión de un tratado internacional.*

embrionario, ria. ADJ. Perteneciente o relativo al embrión. *Estado embrionario.*

embrocar. TR. Vaciar una vasija en otra, volviéndola bocabajo.

embrochalar. TR. Arq. Sostener las vigas que no pueden cargar en la pared con un madero o brochal atravesado o con una barra de hierro.

embrollar. TR. **1.** Enredar, confundir algo. *Ha embrollado todo el asunto.* U. t. c. prnl. ‖ **2.** Á. guar. y Chile. Apropiarse de algo mediante engaño.

embrollo. M. **1.** Enredo, confusión, maraña. ‖ **2. embuste.** ‖ **3.** Situación embarazosa, conflicto del cual no se sabe cómo salir.

embromador, ra. ADJ. Que embroma.

embromar. TR. **1.** Usar burlas y bromas con alguien por diversión. ‖ **2.** Am. Mer. y Ant. Fastidiar, molestar. U. t. c. prnl. ‖ **3.** Am. Mer. y Ant. Perjudicar, ocasionar un daño moral o material. U. t. c. prnl. ‖ **4.** Á. Andes y Chile. entretener (‖ distraer). U. t. c. prnl.

embrujador, ra. ADJ. Que embruja. *Luz, fórmula embrujadora.*

embrujamiento. M. Acción y efecto de embrujar.

embrujar. TR. Hechizar, trastornar a alguien el juicio o la salud con prácticas supersticiosas.

embrujo. M. **1.** Acción y efecto de embrujar. ‖ **2.** Fascinación, atracción misteriosa y oculta.

embrutecedor, ra. ADJ. Que embrutece. *Drogas embrutecedoras.*

embrutecer. TR. Entorpecer y casi privar a alguien del uso de la razón. U. t. c. prnl. MORF. conjug. c. *agradecer.*

embrutecido, da. PART. de **embrutecer.** ‖ ADJ. Que se ha degradado en sus hábitos intelectuales o sociales.

embrutecimiento. M. Acción y efecto de embrutecer.

embuchado. M. **1.** Tripa rellena con carne de puerco picada, y que, según su tamaño y el aderezo que lleva, recibe varios nombres; p. ej., longaniza, salchicha, etc. ‖ **2.** Tripa con otra clase de relleno, y especialmente de lomo de cerdo.

embuchar. TR. **1.** Embutir carne picada en un buche o tripa de animal. ‖ **2.** Introducir comida en el buche de un ave, para que se alimente. ‖ **3.** coloq. Comer mucho, deprisa y casi sin mascar. ‖ **4.** Impr. Colocar hojas o cuadernillos impresos dentro de otros.

embudo. M. **1.** Instrumento hueco, ancho por arriba y estrecho por abajo, en forma de cono y rematado en un tubo, que sirve para transvasar líquidos. ‖ **2.** Depresión, excavación o agujero cuya forma se asemeja a un embudo o a su corte longitudinal. ‖ **3. cuello de botella.** ☐ V. **ley del ~.**

embullar. TR. Animar a alguien para que tome parte en una diversión bulliciosa. U. t. c. prnl.

embullo. M. **1.** Ant. Bulla, broma. ‖ **2.** Ant. Entusiasmo que mueve a alguien a realizar algo.

emburujarse. PRNL. Á. Caribe y Méx. **arrebujarse** (‖ cubrirse y envolverse).

embuste. M. Mentira disfrazada con artificio.

embustero, ra. ADJ. Que dice embustes. U. t. c. s.

embutición. F. Fabricación mecánica de piezas de diferentes formas embutiendo chapas metálicas.

embutido. M. **1.** Tripa rellena con carne picada, principalmente de cerdo. ‖ **2.** Tripa con otra clase de relleno. ‖ **3.** Obra de madera, marfil, piedra o metal, que se hace encajando y ajustando unas piezas en otras de la misma o diversa materia, pero de distinto color, de lo que resultan varias labores y figuras. ‖ **4.** Acción y efecto de embutir. ‖ **5.** Am. Entredós de bordado o de encaje.

embutidor, ra. M. y F. Persona dedicada a embutir.

embutidora. F. Industria o máquina dedicada a embutir.

embutir. TR. **1.** Hacer embutidos. ‖ **2.** Llenar, meter algo dentro de otra cosa y apretarlo. *Embutir carbón en un saco.* ‖ **3.** Incluir, colocar algo dentro de otra cosa. U. t. c. prnl. *Embutirse muchas personas en un vehículo.* ‖ **4.** Dar a una chapa metálica la forma de un molde o matriz prensándola o golpeándola sobre ellos.

eme[1]. F. Nombre de la letra *m*. MORF. pl. **emes.**

eme[2]. **enviar,** o **mandar,** a alguien o algo **a la ~.** LOCS. VERBS. coloqs. Se usan para manifestar desprecio.

emergencia. F. **1.** Situación de peligro o desastre que requiere una acción inmediata. ‖ **2.** Suceso, accidente que sobreviene. ‖ **3.** Acción y efecto de emerger. ‖ **4.** Á. Caribe. En los hospitales, sección de urgencias. ‖ **5.** Á. Caribe. Atención médica que se recibe en la **emergencia** de un hospital. ‖ **de ~.** LOC.ADJ. Que se lleva a cabo o sirve para salir de una situación de apuro o peligro. ☐ V. **estado de ~.**

emergente. ADJ. **1.** Que emerge. *Escollos emergentes.* ‖ **2.** Que nace, sale y tiene principio de otra cosa. *Una ideología emergente de la situación social.* ‖ **3.** Á. Caribe. Dicho de un jugador de béisbol: Que sustituye a otro en el campo de juego. U. t. c. s.

emerger. INTR. Brotar, salir a la superficie del agua u otro líquido. U. t. en sent. fig. *Si se hacen bien las cosas emerge un sentimiento gratificante.*

emeritense. ADJ. **1.** Natural de Mérida. U. t. c. s. ‖ **2.** Perteneciente o relativo a esta ciudad de la provincia de Badajoz, capital de la comunidad autónoma de Extremadura, en España.

emérito, ta. ADJ. **1.** Dicho de una persona: Que se ha retirado de un empleo o cargo y disfruta algún premio por sus buenos servicios. ‖ **2.** hist. Se dice especialmente del soldado romano ya licenciado que disfrutaba la recompensa debida a sus méritos.

emersión. F. **1.** Acción y efecto de emerger un cuerpo de un líquido. ‖ **2.** Geol. Acción y efecto de emerger un terreno sobre el nivel del mar.

emesis. F. Med. **vómito** (‖ acción de vomitar).

emético, ca. ADJ. Med. **vomitivo** (‖ que provoca el vómito). Apl. a un medicamento, u. t. c. s. m. □ V. **tártaro ~**.

emidosaurio. ADJ. Zool. Se dice de los reptiles que se asemejan mucho por su aspecto a los saurios, de los cuales se distinguen por su mayor tamaño, por estar cubierto su dorso por grandes escamas óseas y por tener los dedos unidos entre sí mediante una membrana. Viven en los ríos de países cálidos o en las inmediaciones de aquellos, son zoófagos, buenos nadadores y temibles por su fuerza y voracidad; p. ej., el caimán y el cocodrilo. U. t. c. s. m. ORTOGR. En m. pl., escr. con may. inicial c. taxón. *Los Emidosaurios.*

emigración. F. **1.** Acción y efecto de emigrar. ‖ **2.** Conjunto de habitantes de un país que trasladan su domicilio a otro por tiempo ilimitado, o, en ocasiones, temporalmente. ‖ **~ golondrina.** F. Aquella en que el emigrante no va a establecerse en otro país, sino a realizar en él ciertos trabajos, y después vuelve a su patria.

emigrado, da. PART. de **emigrar.** ‖ ADJ. Dicho de una persona, sobre todo de la obligada generalmente por circunstancias políticas: Que reside fuera de su patria. U. t. c. s.

emigrante. ADJ. Que emigra. *Nubes emigrantes.* Apl. a pers., u. t. c. s.

emigrar. INTR. **1.** Dicho de una persona, de una familia o de un pueblo: Dejar o abandonar su propio país con ánimo de establecerse en otro extranjero. ‖ **2.** Dicho de algunas especies animales: Cambiar periódicamente de clima o localidad por exigencias de la alimentación o de la reproducción. ‖ **3.** Abandonar la residencia habitual dentro del propio país, en busca de mejores medios de vida. ‖ **4.** Ausentarse temporalmente del propio país para hacer en otro determinadas faenas.

emigratorio, ria. ADJ. Perteneciente o relativo a la emigración.

eminencia. F. **1.** Altura o elevación del terreno. ‖ **2.** Elevación o prominencia que presenta la superficie de un órgano o de una región anatómica cualquiera. ‖ **3.** Excelencia o sublimidad de ingenio, virtud u otra dote del alma. ‖ **4.** Persona eminente en su línea. ‖ **5.** Se usa como tratamiento de honor dirigido a los cardenales de la Iglesia católica y al gran maestre de la Orden de Malta. ‖ **~ gris.** F. Consejero que, de manera poco ostensible, inspira las decisiones de un personaje, de una corporación o de un partido.

eminente. ADJ. **1.** Alto, elevado, que descuella entre los demás. *Iglesia eminente.* ‖ **2.** Que sobresale y aventaja en mérito, precio, extensión u otra cualidad. *Músico eminente.* □ V. **dominio ~**.

eminentísimo, ma. ADJ. Se usa como tratamiento dirigido a los cardenales de la Iglesia católica y al gran maestre de la Orden de Malta.

emir. M. Príncipe o caudillo árabe.

emirato. M. **1.** Dignidad o cargo de emir. ‖ **2.** Territorio gobernado por un emir.

emisario, ria. **I.** M. y F. **1.** Mensajero que se envía para indagar lo que se desea saber, para comunicar a alguien algo, o para concertarse en secreto con tercera o terceras personas. ‖ **II.** M. **2.** Canalización que sirve para evacuar las aguas residuales de una población hacia una depuradora o hacia el mar.

emisión. F. **1.** Acción y efecto de emitir. ‖ **2.** Conjunto de títulos o valores, efectos públicos, de comercio o bancarios, que de una vez se ponen en circulación. ‖ **3.** Programa o conjunto de programas emitidos sin interrupción por radio o televisión. ‖ **4.** Tiempo durante el cual se emiten sin interrupción dichos programas. *Emisión de tarde.* □ V. **espectro de ~**.

emisor, ra. **I.** ADJ. **1.** Que emite. *Banco emisor de moneda.* ‖ **II.** M. y F. **2.** Persona que enuncia el mensaje en un acto de comunicación. ‖ **III.** M. **3.** Electr. Aparato productor de las ondas hercianas emitidas por la estación de origen.

emisora. F. **1.** Estación que emite ondas electromagnéticas. ‖ **2.** Empresa dedicada a la radiodifusión o televisión.

emitir. TR. **1.** Arrojar, exhalar o echar hacia fuera algo. *Emitir quejidos.* ‖ **2.** Producir y poner en circulación papel moneda, títulos o valores, efectos públicos, etc. ‖ **3.** Dar, manifestar por escrito o de viva voz un juicio, un dictamen, una opinión. ‖ **4.** Lanzar ondas hercianas para hacer oír señales, noticias, música, etc.

emmental. M. Queso de origen suizo, semejante al gruyer, hecho de leche de vaca y con agujeros característicos.

emoción. F. **1.** Alteración del ánimo intensa y pasajera, agradable o penosa, que va acompañada de cierta conmoción somática. ‖ **2.** Interés, generalmente expectante, con que se participa en algo que está ocurriendo.

emocional. ADJ. **1.** Perteneciente o relativo a la emoción. *Alteraciones emocionales.* ‖ **2.** **emotivo** (‖ sensible a las emociones). *Ya me conoce, soy muy emocional.*

emocionalidad. F. Cualidad de emocional.

emocionalmente. ADV. En el aspecto **emocional** (‖ perteneciente a la emoción). *Persona emocionalmente estable.*

emocionante. ADJ. Que causa emoción. *Partido, momento emocionante.*

emocionar. TR. Causar emoción. U. t. c. prnl.

emoliente. ADJ. Dicho de un medicamento: Que sirve para ablandar una dureza o un tumor. U. t. c. s. m.

emolumento. M. Remuneración adicional que corresponde a un cargo o empleo. U. m. en pl.

emoticono. M. Inform. Representación de una expresión facial que se utiliza en mensajes electrónicos para aludir al estado de ánimo del remitente.

emotividad. F. Cualidad de emotivo.

emotivo, va. ADJ. **1.** Perteneciente o relativo a la emoción. *Tensión emotiva.* ‖ **2.** Que produce emoción. *Escena emotiva.* ‖ **3.** Sensible a las emociones. *Hombre emotivo.*

empacador, ra. ADJ. Que empaca. *Planta empacadora de pescado.*

empacadora. F. Máquina para empacar.

empacamiento. M. Am. Acción y efecto de empacar.

empacar. **I.** TR. **1.** Empaquetar, encajonar. ‖ **II.** INTR. **2.** Am. Hacer el equipaje. U. t. c. tr.

empacarse. PRNL. Turbarse, retrayéndose de seguir haciendo aquello que se estaba ejecutando.

empachada. F. Méx. Acción y efecto de empacharse de comida.

empachar. I. TR. **1.** Causar **empacho** (‖ indigestión). U. m. c. prnl. ‖ **II.** PRNL. **2.** Avergonzarse, turbarse.

empacho. M. **1.** Indigestión de la comida. ‖ **2.** Cortedad, vergüenza, turbación. *No tuvo empacho en decirle lo que pensaba.*

empachoso, sa. ADJ. Que causa empacho. *Empachoso silencio. Bebida empachosa.*

empadronador, ra. M. y F. Persona que forma los padrones para los tributos y otros fines.

empadronamiento. M. Acción y efecto de empadronar.

empadronar. TR. Asentar o escribir a alguien en el padrón de los moradores de una población, para el gobierno de esta, para el pago de tributos o para otro fin análogo. U. t. c. prnl.

empajar. TR. **1.** Cubrir o rellenar con paja. ‖ **2.** *Chile.* Techar de paja. ‖ **3.** *Chile.* Mezclar con paja algo, especialmente el barro para hacer adobes. ‖ **4.** *Chile.* Echar paja en el suelo de las pesebreras.

empalagamiento. M. **empalago.**

empalagar. TR. **1.** Dicho de una comida, principalmente si es dulce: Causar hastío. U. t. c. prnl. ‖ **2.** Dicho de algo físico, distinto de una comida, o de algo moral: Causar hastío. *Me empalagaba con sus zalamerías.*

empalago. M. Acción y efecto de empalagar.

empalagoso, sa. ADJ. **1.** Dicho de un alimento: Que empalaga. ‖ **2.** Dicho de una persona: Que causa fastidio por su zalamería y afectación. U. t. c. s.

empalamiento. M. Acción y efecto de **empalar** (‖ ensartar en un palo).

empalar¹. I. TR. **1.** Ensartar a alguien en un palo, como se hace con un ave que se va a asar. ‖ **II.** PRNL. **2.** *Chile.* Envararse, arrecirse.

empalar². TR. En algunos deportes, especialmente en el juego de pelota, dar a la bola o a la pelota acertadamente con la pala.

empalicar. TR. *Chile.* Engatusar, enlabiar.

empalidecer. INTR. **palidecer.** MORF. conjug. c. *agradecer.*

empalizada. F. **estacada** (‖ obra hecha de estacas).

empalmar. I. TR. **1.** Juntar dos maderos, sogas, tubos u otras cosas, acoplándolas o entrelazándolas. ‖ **2.** vulg. Excitar sexualmente a un animal macho, produciéndole la erección del pene. U. t. c. intr. y c. prnl. ‖ **3.** Ligar o combinar planes, ideas, acciones, etc. *Empalmó dos períodos electorales.* ‖ **II.** INTR. **4.** Dicho de un medio de transporte, especialmente de un tren: Unirse o combinarse con otro. ‖ **5.** Dicho de una cosa: Seguir o suceder a otra sin interrupción, como una conversación o una diversión tras otra.

empalme. M. **1.** Acción y efecto de empalmar. ‖ **2.** Punto en que se empalma. ‖ **3.** Cosa que empalma con otra.

empamparse. PRNL. *Am. Mer.* Extraviarse en la pampa.

empanada. F. **1.** Masa de pan rellena de carne, pescado, verdura, etc., cocida en el horno. ‖ **2.** *Á. Caribe.* **empanadilla.**

empanadilla. F. Pastel pequeño, aplastado, que se hace doblando la masa sobre sí misma para cubrir con ella el relleno de carne picada, de dulce o de otro alimento.

empanar. TR. **1.** Rebozar con pan rallado un alimento para freírlo. ‖ **2.** Encerrar algo en masa o pan para cocerlo en el horno.

empanizado, da. ADJ. *Am. Cen.* Empanado con pan rallado.

empantalonarse. PRNL. *Méx.* Dicho de un hombre: Presumir de hombría.

empantanada. F. *Á. Caribe* y *Méx.* Acción y efecto de empantanarse (‖ meterse en un pantano).

empantanar. TR. **1.** Llenar de agua un terreno, dejándolo hecho un pantano. U. t. c. prnl. *La bodega se ha empantanado.* ‖ **2.** Meter a alguien en un pantano. U. t. c. prnl. ‖ **3.** Detener, estorbar o impedir el curso de un trabajo o negocio. U. t. c. prnl. *Todo se empantanó por una huelga aérea.*

empanzamiento. M. *Méx.* Sentimiento de molestia en el estómago aun sin haber comido en exceso.

empañadura. F. Acción y efecto de empañar.

empañamiento. M. Acción y efecto de empañar.

empañar. I. TR. **1.** Dicho del vapor de agua: Cubrir un cristal o superficie pulimentada. U. t. c. prnl. ‖ **2.** Quitar la tersura, brillo o diafanidad. *El polvo empañaba las superficies brillantes de los muebles.* U. t. c. prnl. ‖ **3.** Dicho de las lágrimas: Cubrir los ojos. U. t. c. prnl. ‖ **4.** Oscurecer o manchar el honor o la fama, hacer disminuir el mérito o la gloria de una persona o de una acción. U. t. c. prnl. ‖ **II.** PRNL. **5.** Dicho de la voz: Perder su sonoridad o claridad.

empañetar. TR. **1.** *Am. Cen.* y *Á. Caribe.* Cubrir una pared con una mezcla de barro, paja y boñiga. ‖ **2.** *Á. Caribe.* **enlucir.**

empañicar. TR. *Mar.* Recoger en pliegues pequeños el paño de las velas, para aferrarlas.

empapada. F. *Méx.* Acción y efecto de empaparse.

empapamiento. M. Acción y efecto de empapar o empaparse.

empapar. I. TR. **1.** Humedecer algo de modo que quede enteramente penetrado de un líquido. *Empapar una sopa en vino.* U. t. c. prnl. ‖ **2.** Dicho de una cosa: Absorber dentro de sus poros o huecos algún líquido. *La tierra empapa el agua.* U. t. c. prnl. ‖ **3.** Absorber un líquido con un cuerpo esponjoso o poroso. *Empapar con un trapo el agua vertida.* ‖ **4.** Dicho de un líquido: Penetrar los poros o huecos de un cuerpo. *La lluvia empapa los vestidos.* U. t. c. prnl. ‖ **II.** PRNL. **5.** Imbuirse de un afecto, idea o doctrina hasta penetrarse bien de ellos. ‖ **6.** coloq. Enterarse bien de algo.

empapelado. M. **1.** Acción y efecto de empapelar. ‖ **2.** Papel que cubre la superficie de una pared, baúl, etc.

empapelador, ra. M. y F. Persona que empapela.

empapelar. TR. **1.** Cubrir de papel las paredes de una habitación, de un baúl, etc. ‖ **2.** Envolver en papel. *Empapelar un regalo.* ‖ **3.** coloq. Abrir expediente a alguien.

empaque¹. M. **1.** Acción y efecto de empacar. ‖ **2.** Conjunto de materiales que forman la envoltura y armazón de los paquetes, como papeles, telas, cuerdas, cintas, etc.

empaque². M. **1.** Seriedad, gravedad, con algo de afectación o de tiesura. ‖ **2.** Aspecto o apariencia. *Viven en un caserón de empaque muy señorial.* ‖ **3.** *Am.* Detención obstinada de un animal.

empaquetado. M. Acción y efecto de empaquetar.

empaquetador, ra. M. y F. Persona que tiene por oficio empaquetar.

empaquetadura. F. Guarnición de cáñamo, amianto, goma u otros materiales que se coloca en determinadas partes de algunas máquinas para impedir el escape de un fluido.

empaquetar. TR. **1.** Hacer paquetes. *Empaquetar cigarrillos.* || **2.** Acomodar en un recinto un número excesivo de personas. U. t. c. prnl. *Nos empaquetamos los seis en el automóvil.* || **3.** coloq. Imponer un castigo, arresto o sanción.

emparamar. TR. **1.** Á. *Caribe.* Aterir, helar. U. t. c. prnl. || **2.** Á. *Caribe.* Dicho de la lluvia, de la humedad o del relente: **mojar.** U. m. c. prnl.

emparchar. TR. Poner parches. U. t. c. prnl.

empardar. TR. Á. R. *Plata.* Empatar, igualar, particularmente en el juego de cartas.

emparedado, da. PART. de **emparedar.** || **I.** ADJ. **1.** Recluso por castigo, penitencia o propia voluntad. U. t. c. s. || **II.** M. **2.** Porción pequeña de jamón u otro alimento, entre dos rebanadas de pan de molde.

emparedamiento. M. Acción y efecto de emparedar.

emparedar. TR. **1.** Encerrar a alguien entre paredes, sin comunicación alguna. U. t. c. prnl. || **2.** Ocultar algo entre paredes.

emparejamiento. M. Acción y efecto de emparejar.

emparejar. **I.** TR. **1.** Juntar dos personas, animales o cosas formando pareja. U. t. c. prnl. || **2.** Unir las personas o animales de distinto sexo formando pareja. U. m. c. prnl. || **3.** Poner algo a nivel con otra cosa. *Emparejar las baldosas del pavimento.* || **4.** Juntar puertas, ventanas, etc., de modo que ajusten, pero sin cerrarlas. || **5.** *Agr.* Igualar la tierra, nivelarla. || **II.** INTR. **6.** Dicho de una persona: Llegar a ponerse al lado de otra que iba adelantada en la calle o en un camino. || **7.** Dicho de una persona: Ponerse al nivel de otra más avanzada en un estudio o tarea. || **8.** Dicho de una cosa: Ser igual que otra o pareja con otra.

emparentar. **I.** TR. **1.** Señalar o descubrir relaciones de parentesco, origen común o afinidad. *Emparentar familias lingüísticas.* || **II.** INTR. **2.** Contraer parentesco por vía de casamiento. || **3.** Dicho de una cosa: Adquirir relación de afinidad o semejanza con otra. *La psicosis podría emparentar con la esquizofrenia.* ¶ MORF. conjug. c. *acertar.* U. t. c. reg.

emparrado. M. **1.** Parra o conjunto de parras que sobre un armazón de madera, hierro u otra materia, forman cubierta. || **2.** Armazón que sostiene la parra u otra planta trepadora. || **3.** irón. Peinado de los hombres hecho para encubrir, con el pelo de los lados de la cabeza, la calvicie de la parte superior.

emparrar. TR. Hacer o formar emparrado.

emparrillado. M. **1.** Conjunto de barras cruzadas y trabadas horizontalmente para dar base firme a los cimientos de un edificio. || **2.** *Arq.* Obra que se hace de cadenas de madera y macizos de mampostería, para fabricar sobre terrenos falsos o invadidos por el agua.

emparrillar. TR. Asar en parrillas.

empastador, ra. **I.** ADJ. **1.** Que empasta. *Máquina empastadora.* || **II.** M. **2.** *Am.* Encuadernador de libros.

empastadura. F. *Chile.* Acción y efecto de **empastar** (|| encuadernar).

empastar¹. TR. **1.** Rellenar con pasta el hueco de un diente o de una muela producido por la caries. || **2.** Encuadernar en pasta los libros. || **3.** Cubrir de pasta algo. *Empastar un hueco con cemento.* || **4.** *Pint.* Poner el color en bastante cantidad para que no deje ver la imprimación ni el primer dibujo.

empastar². **I.** TR. **1.** *Chile.* Dicho del ganado: Padecer meteorismo por haber comido pasto tierno o en exceso.

U. m. c. prnl. || **2.** *Chile.* Empradizar un terreno. U. t. c. prnl. || **II.** PRNL. **3.** *Chile.* Dicho de un sembrado: Llenarse de maleza.

empaste. M. **1.** Acción y efecto de empastar. || **2.** Pasta con que se llena el hueco hecho por la caries en un diente.

empastelamiento. M. *Impr.* Acción y efecto de empastelar.

empastelar. TR. **1.** *Impr.* Revolver los tipos de un molde de modo que no formen sentido. U. t. c. prnl. || **2.** *Impr.* Mezclar en una caja tipos o fundiciones distintos.

empatar. TR. **1.** Dicho de dos o más contrincantes o partidos políticos que se enfrentan en una votación: Obtener un mismo número de puntos o votos. U. m. c. intr. y c. prnl. || **2.** Dicho de dos o más jugadores o equipos que se enfrentan: Obtener igual puntuación. || **3.** *Am.* Enlazar un cabo con otro. || **4.** *Am.* Atar el anzuelo a la cuerda. || **5.** *Am.* **empalmar** (|| juntar).

empate. M. Acción y efecto de empatar.

empatía. F. Capacidad de identificarse con alguien y compartir sus sentimientos.

empavesada. F. *Mar.* Faja de paño azul o encarnado con franjas blancas, que sirve para adornar las bordas y las cofas de los buques en días de gran solemnidad, y para cubrir los asientos de popa de las falúas o botes. Las hay de lona para el uso común y diario.

empavesado. M. *Mar.* Conjunto de banderas y gallardetes con que se empavesan los buques.

empavesar. TR. *Mar.* Engalanar una embarcación cubriendo las bordas con empavesadas, y adornando los palos y vergas con banderas y gallardetes.

empavonar. TR. **1.** pavonar. || **2.** Á. *Caribe.* Untar, pringar.

empavorecer. TR. Causar pavor, asustar mucho a alguien. MORF. conjug. c. *agradecer.*

empecatado, da. ADJ. **1.** De mala intención, incorregible. || **2.** Dicho de una persona: A quien le salen mal las cosas, como si estuviera dejada de la mano de Dios.

empecer. INTR. Impedir, obstar. *Esto no empece para que sea cierto.* U. t. c. tr. *Sus objeciones no empecen la bondad de la afirmación.* MORF. conjug. c. *agradecer.* U. solo en infinit., en ger., en part. y en 3.ª pers.

empecinado, da. PART. de **empecinarse.** || ADJ. Obstinado, terco, pertinaz.

empecinamiento. M. Acción y efecto de empecinarse.

empecinarse. PRNL. Obstinarse, encapricharse.

empedernido, da. PART. de **empedernir.** || ADJ. Obstinado, tenaz, que tiene un vicio o costumbre muy arraigados. *Fumador empedernido. Habladora empedernida.*

empedernir. **I.** TR. **1.** Endurecer mucho. *Empedernir la fruta.* U. t. c. prnl. || **II.** PRNL. **2.** Hacerse insensible, duro de corazón. ¶ MORF. U. solo las formas cuya desinencia empieza por *-i.*

empedrado, da. PART. de **empedrar.** || **I.** ADJ. **1.** Dicho del cielo: Cubierto de nubes pequeñas que se tocan unas con otras. *Cielo empedrado, suelo mojado.* || **II.** M. **2.** Acción de empedrar. || **3.** Pavimento formado artificialmente de piedras.

empedrador. M. Hombre que tiene por oficio empedrar.

empedramiento. M. Acción y efecto de empedrar.

empedrar. TR. **1.** Cubrir el suelo con piedras ajustadas unas con otras de modo que no puedan moverse. || **2.**

Llenar algo de otras cosas que se ponen en abundancia. *Empedrar un libro de citas. Empedrar un libro de galicismos.* ¶ MORF. conjug. c. *acertar.*

empegar. TR. Bañar o cubrir con pez derretida u otra sustancia semejante el interior o el exterior de los pellejos, barriles y otras vasijas.

empeine[1]. M. Parte inferior del vientre entre las ingles.

empeine[2]. M. **1.** Parte superior del pie, entre la pierna y el principio de los dedos. ‖ **2.** Parte de la bota desde la caña a la pala.

empeine[3]. M. **1.** Enfermedad del cutis, que lo pone áspero y encarnado, causando picazón. ‖ **2.** Planta de la clase de las Hepáticas, dioica, con tallo foliáceo extendido sobre las superficies húmedas, en cuyo envés hay filamentos rizoides y dos series de hojitas. Es de sabor acre y olor fuerte. Se ha usado para curar los empeines y las afecciones del hígado.

empella. F. *Am.* Manteca del puerco tal como se quita de él.

empellar. TR. Empujar, dar empellones.

empellón. M. Empujón fuerte que se da con el cuerpo para sacar de su lugar o asiento a alguien o algo. ‖ **a empellones.** LOC.ADV. coloq. Con violencia y brusquedad.

empelotarse[1]. PRNL. *Á. Caribe, Chile* y *Méx.* Desnudarse, quedarse en pelota.

empelotarse[2]. PRNL. *Á. Caribe.* Formarse grumos durante la cocción de un alimento.

empelucado, da. ADJ. Que lleva peluca.

empenachado, da. PART. de **empenachar.** ‖ ADJ. Que tiene penacho.

empenachar. TR. Adornar con penachos.

empeñado, da. PART. de **empeñar.** ‖ ADJ. Dicho de una disputa o de una reyerta: Acalorada, reñida. *Entablaron una empeñada discusión.*

empeñar. I. TR. **1.** Dejar algo en prenda como garantía del cumplimiento de un compromiso o de la devolución de un préstamo. *Empeñó las joyas de su familia.* ‖ **2.** Emplear un período temporal en alguna acción. *Empeñó dos años de su vida en la composición de la novela.* ‖ **II.** PRNL. **3.** endeudarse. ‖ **4.** Insistir con tesón en algo. *Se empeñaba en no venir.* ‖ **5.** Dicho de acciones de guerra, contiendas, disputas, altercados, etc.: **trabar** (‖ emprender). U. t. c. tr. *La infantería empeñó la batalla.*

empeño. M. **1.** Acción y efecto de empeñar o empeñarse. ‖ **2.** Deseo vehemente de hacer o conseguir algo. ‖ **3.** Objeto a que se dirige. ‖ **4.** Tesón y constancia en seguir una cosa o un intento. □ V. **boleta de ~, casa de ~, casa de ~s.**

empeñoso, sa. ADJ. *Am.* Dicho de una persona: Que muestra tesón y constancia en conseguir un fin.

empeoramiento. M. Acción y efecto de empeorar.

empeorar. TR. Hacer que aquel o aquello que ya era o estaba malo, sea o se ponga peor. U. t. c. intr. y c. prnl.

empequeñecer. TR. Hacer algo más pequeño, o disminuir su importancia o estimación. U. t. c. intr. y c. prnl. MORF. conjug. c. *agradecer.*

empequeñecimiento. M. Acción y efecto de empequeñecer.

emperador. M. **1.** Hombre que posee el título de mayor dignidad dado a los soberanos. Antiguamente se daba a quienes tenían por vasallos a otros reyes o grandes príncipes. *El emperador Alfonso VII. El emperador de Alemania. El emperador de Austria.* ‖ **2.** hist. Jefe supremo del antiguo Imperio romano, que originariamente se elegía por aclamación del Ejército o por decreto del Senado. ‖ **3. pez espada.**

emperatriz. F. **1.** Soberana de un imperio. ‖ **2.** Mujer del emperador.

emperchar. TR. Colgar en la percha.

emperejilar. TR. coloq. Adornar a alguien con profusión y esmero. U. m. c. prnl.

emperezar. I. TR. **1.** Retardar, dilatar, entorpecer el movimiento de algo. *La fatiga lo emperezaba.* ‖ **II.** INTR. **2.** Dejarse dominar por la pereza. U. m. c. prnl. *Empezamos muchas cosas, pero luego nos emperezamos.*

empericarse. PRNL. *Méx.* Encaramarse, subirse, trepar.

emperifollar. TR. coloq. **emperejilar.** U. t. c. prnl.

empero. CONJ.ADVERS. **1. sin embargo.** ‖ **2. pero**[2]

emperramiento. M. coloq. Acción y efecto de emperrarse.

emperrarse. PRNL. coloq. Obstinarse, empeñarse en algo.

empestillarse. PRNL. Dicho de una persona: Mantenerse en su resolución, empeñarse, no ceder.

empezar. I. TR. **1.** Dar principio a algo. *Empezó la lectura del libro por el final.* U. t. c. intr. *Empezar A correr.* ‖ **2.** Iniciar el uso o consumo de algo. *¿Quién ha empezado la tableta de chocolate?* ‖ **II.** INTR. **3.** Dicho de una cosa: Tener principio. *La película empieza a las diez.* ¶ MORF. conjug. c. *acertar.* ‖ **por algo se empieza.** EXPR. Se usa para dar a entender que de principios sin importancia pueden originarse cosas o hechos que la tengan.

empicarse. PRNL. Aficionarse demasiado.

empicotar. TR. Poner a alguien en la picota.

empiece. M. coloq. **comienzo.**

empiema. M. *Med.* Acumulación de pus en la pleura.

empinado, da. PART. de **empinar.** ‖ ADJ. **1.** De gran pendiente. *Camino muy empinado.* ‖ **2.** Muy alto. *Figura empinada.* ‖ **3. estirado.** *Individuos empinados.* ‖ **irse** un animal de carga **a la ~.** LOC.VERB. *Equit.* **encabritarse.**

empinadura. F. **empinamiento.**

empinamiento. M. Acción y efecto de empinar o empinarse.

empinar. I. TR. **1.** Enderezar y levantar en alto. *El avión empinó el morro para despegar.* ‖ **2.** Inclinar mucho el vaso, el jarro, la bota, etc., para beber, levantando en alto la vasija. ‖ **3.** coloq. Beber mucho, especialmente vino. ‖ **II.** PRNL. **4.** Dicho de una persona: Ponerse sobre las puntas de los pies y erguirse. ‖ **5.** Dicho de un cuadrúpedo: Ponerse sobre las patas traseras levantando las manos. ‖ **6.** Dicho de una planta, de una torre, de una montaña, etc.: Alcanzar gran altura.

empingorotado, da. PART. de **empingorotarse.** ‖ ADJ. despect. coloq. Dicho de una persona, y especialmente de la que se engríe por ello: Elevada a posición social ventajosa.

empingorotarse. PRNL. despect. coloq. Darse importancia por pertenecer a una clase social elevada.

empiñonado. M. **piñonate** (‖ pasta de piñones y azúcar).

empipada. F. *Chile.* Atracón, hartazgo.

empiparse. PRNL. *Á. Andes* y *Chile.* Comer hasta hartarse.

empíreo, a. I. ADJ. **1.** Celestial, divino. *Luz empírea.* ‖ **II.** M. **2.** Cielo, paraíso.

empireumático, ca. ADJ. Dicho de las sustancias animales y de algunas vegetales sometidas a fuego violento: Que toman olor y sabor particulares.

empírico, ca. ADJ. **1.** Perteneciente o relativo a la experiencia. *Datos empíricos.* || **2.** Fundado en ella. *Indagación empírica.* || **3.** Que procede empíricamente. Apl. a pers., u. t. c. s. || **4.** Partidario del empirismo filosófico. U. t. c. s. □ V. **fórmula ~.**

empirismo. M. **1.** Conocimiento que se origina desde la experiencia. || **2.** Sistema filosófico fundado principalmente en los datos de la experiencia.

empirista. ADJ. Que profesa el empirismo. U. t. c. s.

empirocriticismo. M. Tendencia filosófica del siglo XIX, que se centra en el análisis crítico de la sola experiencia prescindiendo de cualquier consideración metafísica.

empitonar. TR. *Taurom.* Dicho de una res: Alcanzar el cuerpo de alguien con los pitones. U. t. en sent. fig. *Al cruzar la calle, un camión lo empitonó.*

empizarrar. TR. Cubrir con pizarras la superficie exterior del techo o de alguna otra parte de un edificio.

emplantillar. TR. **1.** *Chile.* Macizar, rellenar con cascotes las zanjas de cimentación. || **2.** *Chile.* Poner plantillas a los zapatos.

emplastar. TR. **1.** Poner emplastos. || **2.** Acicalar con cosméticos y adornos postizos. U. t. c. prnl.

emplastecer. TR. *Pint.* Igualar y llenar con el aparejo las desigualdades de una superficie para poder pintar sobre ella. MORF. conjug. c. *agradecer.*

emplástico, ca. ADJ. Pegajoso, glutinoso, como el emplasto. *Tela emplástica.*

emplasto. M. **1.** Preparado farmacéutico de uso tópico, sólido, moldeable y adhesivo. || **2.** coloq. **parche** (|| pegote). || **estar** alguien **hecho un ~.** LOC.VERB. coloq. Estar cubierto de emplastos y medicinas.

emplazamiento[1]. M. Situación, colocación, ubicación.

emplazamiento[2]. M. Acción y efecto de **emplazar**[1].

emplazar[1]. TR. **1.** Dar a alguien un tiempo determinado para la ejecución de algo. *Los trabajadores emplazan a la empresa a cumplir sus compromisos.* || **2.** Citar a alguien en determinado tiempo y lugar, especialmente para que dé razón de algo. || **3.** *Der.* Citar al demandado con señalamiento del plazo dentro del cual necesitará comparecer en el juicio para ejercitar en él sus defensas, excepciones o reconvenciones.

emplazar[2]. TR. **1.** Poner una pieza de artillería en determinado lugar. || **2.** Poner cualquier otra cosa en determinado lugar. *El caserío estaba emplazado en el llano.*

empleado, da. PART. de **emplear.** || M. y F. Persona que desempeña un destino o empleo. || **~ de hogar.** M. y F. Persona que por un salario o sueldo desempeña los trabajos domésticos o ayuda en ellos.

empleador, ra. **I.** ADJ. **1.** Que emplea. *Entidad empleadora.* || **II.** M. y F. **2.** **patrono** (|| persona que emplea a otra u otras). U. m. en América.

emplear. TR. **1.** Ocupar a alguien, encargándole un negocio, una comisión o un puesto. U. t. c. prnl. || **2.** Gastar, consumir. *Emplea bien sus rentas. Empleáis mal el tiempo.* || **3.** usar (|| hacer servir para algo). *Empleó una caja para guardar sus cosas.*

empleita. F. **pleita.**

empleo. M. **1.** Acción y efecto de emplear. || **2.** Ocupación, oficio. || **3.** *Mil.* Jerarquía o categoría personal. *Empleo de coronel.* || **suspender** a alguien **del ~.** LOC.VERB.

Interrumpirle temporalmente su ejercicio. □ V. **expediente de regulación de ~.**

empleomanía. F. Afán con que se codicia un empleo público retribuido.

emplomado. M. Conjunto de plomos que sujetan los cristales de una vidriera.

emplomadura. F. *Á. guar.* y *Á. R. Plata.* Empaste de un diente o de una muela.

emplomar. TR. **1.** Cubrir, asegurar o soldar algo con plomo. *Emplomar los techos, las vidrieras, los botes de tabaco.* || **2.** *Á. guar.* y *Á. R. Plata.* Empastar un diente o una muela.

emplumar. **I.** TR. **1.** Poner plumas, ya sea para adorno, como en los morriones y sombreros, ya para facilitar el vuelo, como en la flecha. || **2.** Afrentar o castigar a alguien revistiendo su cuerpo con plumas. || **II.** INTR. **3.** *Á. Caribe.* Fugarse, huir, alzar el vuelo. || **emplumársela s.** LOC.VERB. *Chile.* **tomar las de Villadiego.**

empobrecedor, ra. ADJ. Que empobrece. *Economía empobrecedora.*

empobrecer. **I.** TR. **1.** Hacer que alguien pase al estado de pobreza. || **II.** INTR. **2.** Dicho de una persona: Pasar al estado de pobreza. U. m. c. prnl. || **3.** Dicho de una cosa material o inmaterial: Decaer, venir a menos. U. m. c. prnl. ¶ MORF. conjug. c. *agradecer.*

empobrecimiento. M. Acción y efecto de empobrecer.

empolladura. F. Acción y efecto de empollar.

empollar. TR. Dicho de un ave o de un aparato: Calentar huevos para sacar pollos. U. t. c. prnl.

empolvar. **I.** TR. **1.** Echar polvo. *El viento empolvaba la carretera.* || **2.** Echar polvos de tocador en los cabellos o en el rostro. U. t. c. prnl. || **II.** PRNL. **3.** Cubrirse de polvo. *La grabadora se empolvaba sobre la silla.*

emponchado, da. ADJ. *Á. Andes.* y *Á. R. Plata.* Dicho de una persona: Cubierta con el poncho.

emponzoñamiento. M. Acción y efecto de emponzoñar.

emponzoñar. TR. Dar ponzoña a alguien, o corromper algo con ponzoña. U. t. c. prnl.

empopada. F. *Mar.* Navegación hecha con viento duro por la popa.

empopar. INTR. *Mar.* Volver la popa al viento, a la marea o a cualquier objeto. U. t. c. prnl.

emporcar. TR. Ensuciar, llenar de porquería. U. t. c. prnl. MORF. conjug. c. *contar.*

emporio. M. **1.** Ciudad o lugar notable por el florecimiento del comercio y, por ext., de las ciencias, las artes, etc. || **2.** Empresa o conjunto de empresas florecientes. || **3.** Lugar donde concurren para el comercio gentes de diversas naciones. || **4.** *Am. Cen.* Gran establecimiento comercial donde se puede comprar todo lo necesario en una casa.

empotrado. □ V. **armario ~.**

empotramiento. M. Acción y efecto de empotrar o empotrarse.

empotrar. **I.** TR. **1.** Meter algo en la pared o en el suelo, generalmente dejándolo fijo. || **II.** PRNL. **2.** Dicho de una cosa: Incrustarse en otra, especialmente al chocar con violencia contra ella. U. t. c. tr. *Empotró el coche en el escaparate.* U. t. en sent. fig. *Aquel final tan repentino se empotró en un instante, en el instante de la felicidad.*

empotrerar. TR. *Am.* Meter el ganado en el potrero para que paste.

empozar. I. TR. **1.** Meter o echar en un pozo. U. t. c. prnl. ‖ **II.** INTR. **2.** Am. Dicho del agua: Quedar detenida en el terreno formando pozas o charcos.

empradizar. TR. Convertir en prado un terreno. U. t. c. prnl.

emprendedor, ra. ADJ. Que emprende con resolución acciones dificultosas o azarosas.

emprender. TR. **1.** Acometer y comenzar una obra, un negocio, un empeño, especialmente si encierran dificultad o peligro. ‖ **2.** coloq. Acometer a alguien para importunarlo, reprenderlo o reñir con él. *Juan la emprendió* CON *Luis. El joven la emprendió* A *golpes.* ‖ **~la para** un sitio. LOC.VERB. coloq. Tomar el camino con resolución de llegar a un punto. *Al amanecer la emprendimos para el monte.*

empreñador, ra. ADJ. Que empreña. Apl. a pers. o animales, u. t. c. s. m.

empreñar. I. TR. **1.** Fecundar, hacer concebir a la hembra. ‖ **II.** PRNL. **2.** Dicho de una hembra: Quedar preñada.

empresa. F. **1.** Unidad de organización dedicada a actividades industriales, mercantiles o de prestación de servicios con fines lucrativos. ‖ **2.** Acción o tarea que entraña dificultad y cuya ejecución requiere decisión y esfuerzo. ‖ **3.** Símbolo o figura que alude a lo que se intenta conseguir o denota alguna cualidad de la que se hace alarde, acompañada frecuentemente de una palabra o mote. □ V. **comité de ~, libertad de ~.**

empresariado. M. Conjunto de empresas o de empresarios.

empresarial. ADJ. Perteneciente o relativo a las empresas o a los empresarios.

empresario, ria. M. y F. Titular propietario o directivo de una industria, negocio o empresa.

emprestar. TR. Pedir prestado.

empréstito. M. **1.** Préstamo que toma el Estado o una corporación o empresa, especialmente cuando está representado por títulos negociables o al portador. ‖ **2.** Cantidad así prestada.

emprimar. TR. Pint. imprimar.

empuercar. TR. Á. Caribe y Méx. emporcar. U. t. c. prnl.

empujada. F. Á. Caribe y Á. R. Plata. empujón.

empujador, ra. ADJ. Que empuja. Apl. a un dispositivo, u. t. c. s. m.

empujar. TR. **1.** Hacer fuerza contra alguien o algo para moverlo, sostenerlo o rechazarlo. *Empujó la mesa hasta ponerla en el centro.* ‖ **2.** Hacer presión, influir, intrigar para conseguir o para dificultar o impedir algo. *La frustración los empuja a hacer cuanto signifique correr un riesgo.*

empuje. M. **1.** Acción y efecto de empujar. ‖ **2.** Esfuerzo producido por el peso de una bóveda, o por el de las tierras de un muelle o malecón, sobre las paredes que las sostienen. ‖ **3.** Brío, arranque, resolución con que se acomete una empresa. ‖ **4.** Fuerza o valimiento eficaces para empujar.

empujón. M. **1.** Impulso que se da con fuerza para apartar o mover a alguien o algo. ‖ **2.** Avance rápido que se da a una obra trabajando con ahínco en ella. ‖ **a empujones.** LOC.ADV. **1.** Con intermitencias o con desigual intensidad en los impulsos o avances. *Por escasez de dinero, la casa se construye a empujones.* ‖ **2.** coloq. **a empellones.**

empulgar. TR. Méx. Llenar de pulgas. U. t. c. prnl.

empuñadura. F. Guarnición o puño de las armas, o de ciertos objetos, como el paraguas.

empuñar. TR. **1.** Asir algo por el puño o con el puño. *Empuñar la espada, el bastón.* ‖ **2.** Á.Andes y Chile. Cerrar la mano para formar o presentar el puño.

empurrarse. PRNL. Am. Cen. Enfadarse o encolerizarse.

emputecer. TR. **prostituir** (‖ hacer que alguien mantenga relaciones sexuales a cambio de dinero). U. t. c. prnl. U. t. en sent. fig. *La política se está emputeciendo.* MORF. conjug. c. agradecer.

emputecimiento. M. Acción y efecto de emputecer. U. t. en sent. fig. *El emputecimiento de la política.*

emú. M. Ave del orden de las Casuariformes, casi tan grande como el avestruz y parecida a este, pero, por excepción entre las Corredoras, monógama. Su plumaje es bastante ralo, de colorido grisáceo a pardo-amarillento. Vive en zonas de llanura. MORF. pl. **emúes** o **emús.**

emulación. F. **1.** Acción y efecto de emular. ‖ **2.** Deseo intenso de imitar e incluso superar las acciones ajenas. U. m. en sent. favorable.

emulador, ra. ADJ. Que emula o compite con otro. Apl. a pers., u. t. c. s.

emular. TR. Imitar las acciones de otro procurando igualarlas e incluso excederlas. U. t. c. prnl. U. m. en sent. favorable.

emulativo, va. ADJ. Perteneciente o relativo a la **emulación** (‖ acción y efecto de emular).

émulo, la. ADJ. Competidor de alguien o de algo, que procura excederlo o aventajarlo. Apl. a pers., u. m. c. s. U. m. en sent. favorable.

emulsión. F. **1.** Fís. y Quím. Dispersión de un líquido en otro no miscible con él. *La emulsión de aceite en agua.* ‖ **2.** Fotogr. Suspensión coloidal de bromuro de plata en gelatina que forma la capa sensible a la luz del material fotográfico.

emulsionante. ADJ. Dicho de una sustancia: Que permite obtener una emulsión o estabilizarla. U. t. c. s. m.

emulsionar. TR. Producir una emulsión.

en. PREP. **1.** Denota en qué lugar, tiempo o modo se realiza lo expresado por el verbo a que se refiere. *Pedro está en Madrid. Esto sucedió en Pascua. Tener en depósito.* ‖ **2.** Denota aquello en que se ocupa o sobresale alguien. *Trabajar en bioquímica.* ‖ **3.** Denota situación de tránsito. *En prensa. En proyecto.* ‖ **4.** por. *Lo conocí en la voz.* ‖ **5.** Luego que, después que. *En viéndolos, escapó.* ‖ **6.** Denota el término de algunos verbos de movimiento. *Caer en un pozo. Entrar en casa.*

enaciado. M. hist. Súbdito de los reyes cristianos españoles unido estrechamente a los sarracenos por vínculos de amistad o interés.

enagua. F. **1.** Prenda interior femenina, similar a una falda y que se lleva debajo de esta. U. m. en pl. con el mismo significado que en sing. ‖ **2.** **combinación** (‖ prenda de vestir). ‖ **3.** hist. Vestidura de bayeta negra, especie de saya, que usaban los hombres en los lutos mayores y los trompeteros de las procesiones de Semana Santa. ‖ **4.** pl. Méx. Prenda exterior femenina que cuelga desde la cintura. ‖ **pegado a las ~s.** LOC.ADJ. Méx. **pegado a las faldas.**

enagüillas. F. **1.** pl. Especie de falda corta que se pone a algunas imágenes de Cristo crucificado, o que se usa en algunos trajes de hombre, como el escocés o el griego. ‖ **2.** pl. hist. Enagua de bayeta negra que usaban los hombres en algunos lutos mayores.

enajenación. F. **1.** Acción y efecto de enajenar o enajenarse. || **2.** *Der.* **enajenación mental.** || **~ mental.** F. **1.** **locura** (|| privación del juicio). || **2.** *Der.* Estado mental de quien no es responsable de sus actos; puede ser permanente o transitorio.

enajenado, da. PART. de enajenar. || ADJ. Dicho de una persona: Que ha perdido la razón de una manera permanente o transitoria. U. t. c. s.

enajenador, ra. ADJ. enajenante. Apl. a pers., u. t. c. s.

enajenamiento. M. enajenación.

enajenante. ADJ. Que enajena. *Sociedad, ritmo enajenante.*

enajenar. **I.** TR. **1.** Pasar o transmitir a alguien el dominio de algo o algún otro derecho sobre ello. *La participación fue enajenada por el banco.* || **2.** Sacar a alguien fuera de sí, entorpecerle o turbarle el uso de la razón o de los sentidos. *El miedo lo enajenó.* U. t. c. prnl. *Enajenarse por la cólera.* || **3.** Extasiar, embelesar, producir asombro o admiración. *La belleza de la música lo enajenaba.* U. t. c. prnl. || **II.** PRNL. **4.** Desposeerse, privarse de algo. || **5.** Apartarse del trato que se tenía con alguien, por haberse entibiado la relación de amistad. U. t. c. tr.

enálage. F. *Ret.* Figura que consiste en mudar las partes de la oración o sus accidentes; p. ej., poner un tiempo del verbo por otro.

enalbar. TR. Caldear y encender el hierro en la fragua hasta que parece blanco.

enaltecedor, ra. ADJ. Que enaltece. *Gesto enaltecedor.*

enaltecer. TR. ensalzar. U. t. c. prnl. MORF. conjug. c. *agradecer.*

enaltecimiento. M. Acción y efecto de enaltecer.

enamoradizo, za. ADJ. Propenso a enamorarse.

enamorado, da. PART. de enamorar. || ADJ. **1.** Que tiene amor. U. t. c. s. || **2.** Muy aficionado a algo. *Enamorado de la música.* U. t. c. s.

enamorador, ra. ADJ. Que enamora o dice amores. U. t. c. s.

enamoramiento. M. Acción y efecto de enamorar o enamorarse.

enamorar. **I.** TR. **1.** Excitar en alguien la pasión del amor. || **II.** PRNL. **2.** Prendarse de amor de alguien. || **3.** Aficionarse a algo.

enamoriscarse. PRNL. Prendarse de alguien levemente y sin gran empeño.

enangostar. TR. angostar. U. t. c. prnl.

enanismo. M. *Med.* Trastorno del crecimiento, caracterizado por una talla muy inferior a la media de los individuos de la misma edad, especie y raza.

enano, na. **I.** ADJ. **1.** Diminuto en su especie. *Palmera enana.* || **II.** M. y F. **2.** Persona que padece enanismo. || **3.** Persona de estatura muy baja. || **4.** coloq. **niño.** || **III.** M. **5.** Personaje fantástico, de figura humana y muy baja estatura, que aparece en cuentos infantiles o leyendas de tradición popular. || **el ~ de la venta.** M. Personaje ficticio al cual se alude cuando alguien profiere bravatas o amenazas que luego no puede cumplir. || **~ mental.** M. y F. coloq. Persona corta de entendimiento. || **como un ~.** LOC. ADV. coloq. **mucho** (|| con abundancia). *Trabaja como un enano. Me divertí como un enano.* □ V. **estrella ~, palma ~.**

enantes. ADV.T. Á. *Caribe.* recientemente.

enarbolar. TR. Levantar en alto un estandarte, una bandera o algo con lo que se amenaza a otra persona.

enarcar. TR. arquear (|| dar forma de arco). U. t. c. prnl.

enardecedor, ra. ADJ. Que enardece. *Música enardecedora.*

enardecer. TR. Avivar un sentimiento, una pugna, una disputa, etc. U. t. c. prnl. MORF. conjug. c. *agradecer.*

enardecimiento. M. Acción y efecto de enardecer.

enarenar. TR. Cubrir de arena una superficie. U. t. c. prnl.

enarmónico, ca. ADJ. *Mús.* Se dice de uno de los tres géneros del sistema musical que procede por dos semitonos menores y una tercera mayor o dítono. □ V. **diatónico cromático ~, semitono ~.**

enartrosis. F. *Med.* Articulación movible de la parte esférica de un hueso que encaja en una cavidad.

encabalgamiento. M. *Métr.* Distribución en versos o hemistiquios contiguos de partes de una palabra o frase, que de ordinario constituyen una unidad fonética y léxica o sintáctica.

encabalgar. **I.** TR. **1.** Proveer de caballos. || **II.** INTR. **2.** Dicho de una cosa: Descansar, apoyarse sobre otra.

encabezado. M. *Am.* Titular de un periódico.

encabezamiento. M. **1.** Texto que, como advertencia o en otro concepto, se sitúa al principio de un libro o escrito de cualquier clase. || **2.** Conjunto de las palabras con que, según fórmula, se empieza un documento. || **3.** Acción de encabezar o empadronar. || **4.** Registro o padrón de vecinos para la imposición de los tributos. || **5.** Ajuste de la cuota que deben pagar los vecinos por toda la contribución. || **6.** Tanto alzado con que un grupo de contribuyentes satisface al tesoro público determinado impuesto.

encabezar. TR. **1.** Acaudillar, presidir. *Encabezar una rebelión.* || **2.** Poner el encabezamiento de un libro o escrito. || **3.** Iniciar una suscripción o lista. || **4.** Formar la matrícula para el cobro de los tributos. || **5.** Aumentar la parte espiritosa de un vino con otro más fuerte, con aguardiente o con alcohol.

encabestrar. **I.** TR. **1.** *Méx.* Poner el cabestro a los animales. || **II.** PRNL. **2.** *Méx.* Dicho de una caballería: Enredar una mano en el cabestro con que está atada, y no poder sacarla.

encabritar. TR. **1.** Hacer que un caballo se empine, apoyándose sobre los pies y levantando las manos. U. m. c. prnl. || **2.** Hacer que una embarcación, un aeroplano, un automóvil, etc., levante su parte delantera súbitamente hacia arriba. U. m. c. prnl.

encabronar. TR. malson. Enojar, enfadar. U. t. c. prnl.

encabullar. TR. Á. *Caribe.* encabuyar.

encabuyar. TR. Á. *Caribe.* Liar, forrar algo con cabuya.

encachado. M. Enlosado irregular de piedra con juntas de tierra donde nace musgo o hierba.

encachar. **I.** TR. **1.** Hacer un encachado. || **II.** PRNL. **2.** *Chile.* Enfrentarse agresivamente a alguien. || **3.** *Chile.* Vestirse elegantemente.

encadenación. F. encadenamiento.

encadenado, da. PART. de encadenar. || **I.** ADJ. **1.** Dicho de una estrofa: Cuyo primer verso repite en todo o en parte las palabras del último verso de la estrofa precedente. || **2.** Dicho de un verso: Que comienza con la última palabra del anterior. || **II.** M. **3.** *Cinem.* Desaparición de una imagen que se sustituye paulatinamente por otra que aparece en sobreimpresión. □ V. **tercetos ~s.**

encadenamiento. M. **1.** Acción y efecto de encadenar. || **2.** Conexión y trabazón de unas cosas con otras, tanto en lo físico como en lo moral. *Encadenamiento de ideas. Encadenamiento de fenómenos.*

encadenar. TR. **1.** Ligar y atar con cadena. ‖ **2.** Trabar y unir algo con otra cosa. *Encadenar los razonamientos.* ‖ **3.** Dejar a alguien sin movimiento y sin acción. *El miedo a la oscuridad lo encadenaba.*

encajador, ra. M. y F. Persona que encaja.

encajadura. F. Hueco donde encaja algo.

encajar. **I.** TR. **1.** Meter algo, o parte de ello, dentro de otra cosa. *Encajar la llave en la cerradura.* U. t. c. intr. ‖ **2.** Ajustar algo con otra cosa, apretándolo para que no se salga o caiga. *Encajar el eje de la rueda.* ‖ **3.** Unir ajustadamente algo con otra cosa. *Encajar las piezas de un rompecabezas.* U. t. c. intr. ‖ **4.** coloq. Dar un golpe o herir con algo. *Le encajó un tiro.* ‖ **5.** coloq. Aplicar con violencia algo contundente a una parte del cuerpo. *Le encajó el puño en las narices, un tintero en la cabeza.* ‖ **6.** coloq. Hacer oír prolongadamente algo a alguien, causándole molestia o enfado. *Me encajó una arenga. Les quería encajar cincuenta páginas de filosofía ininteligible.* ‖ **II.** INTR. **7.** Dicho de un elemento o de parte de algo: Corresponder con su totalidad. ‖ **8.** Coincidir, estar de acuerdo con un proyecto, idea o hipótesis. *Esta noticia encaja con lo que suponíamos.* ‖ **9.** coloq. **hacer al caso.** ‖ **III.** PRNL. **10.** Dicho de una persona: Meterse en parte estrecha. *Encajarse en un hueco de la pared.*

encaje. M. **1.** Acción de encajar algo en otra cosa. ‖ **2.** Sitio o hueco en que se mete o encaja algo. ‖ **3.** Tejido de mallas, lazadas o calados, con flores, figuras u otras labores, que se hace con bolillos, aguja de coser o de gancho, etc., o bien a máquina. ‖ **4.** Dinero que los bancos tienen en caja. ‖ **~ de bolillos.** M. Tarea difícil y delicada. ‖ **~ legal.** M. *Méx.* **encaje** (‖ dinero que los bancos tienen en caja).

encajero, ra. M. y F. Persona que se dedica a hacer encajes de bolillos o gancho, o que los compone o vende.

encajonado. M. *Arq.* Obra de tapia que se hace encajonando tierra y apisonándola dentro de moldes o tablas puestas en cuchillo, de modo que quede entre ellas un hueco igual al grueso de la pared.

encajonamiento. M. Acción y efecto de encajonar.

encajonar. **I.** TR. **1.** Meter y guardar algo dentro de uno o más cajones. ‖ **2.** Meter en un sitio angosto. *Encajonó el paquete en la estantería.* U. m. c. prnl. ‖ **3.** *Arq.* Reforzar un muro a trechos con machones, formando encajonados. ‖ **4.** *Constr.* Construir cimientos en cajones o zanjas abiertas. ‖ **5.** *Taurom.* Encerrar a los toros en cajones para su traslado, en especial a las plazas donde han de ser lidiados. ‖ **II.** PRNL. **6.** Dicho de un río o de un arroyo: Ahocinarse, correr por una angostura.

encajoso, sa. ADJ. *Méx.* Que molesta por pedigüeño o confianzudo. U. t. c. s.

encalabrinar. TR. **1.** Excitar, irritar. *Encalabrinar los nervios.* U. t. c. prnl. ‖ **2.** Dicho especialmente de un olor o de un vapor: Causar turbación en una persona o en su cabeza. U. t. c. prnl.

encalado. M. **encaladura.**

encalador, ra. ADJ. Que **encala** (‖ blanquea). Apl. a pers., u. t. c. s.

encaladura. F. Acción y efecto de encalar.

encalambrarse. PRNL. **1.** *Á. Caribe.* Entumecerse, aterirse. ‖ **2.** *Á. Caribe.* Padecer calambres.

encalar. TR. **1.** Blanquear con cal algo, principalmente una pared. ‖ **2.** Meter en cal o espolvorear con ella algo. *Para alimentar el pH de las tierras, hay que encalarlas.*

encalillarse. PRNL. *Chile.* **endeudarse.**

encallar. INTR. **1.** Dicho de una embarcación: Dar en arena o piedra, quedando en ellas sin movimiento. U. t. c. prnl. ‖ **2.** No poder salir adelante en un negocio o empresa. U. t. c. prnl.

encallarse. PRNL. Dicho de un alimento: Endurecerse por quedar interrumpida su cocción.

encallecer. **I.** TR. **1.** Endurecer una parte del cuerpo formando en ella callos. *El trabajo en el campo encallece las manos.* U. t. c. prnl. ‖ **2.** Hacer insensible. *Encallecer el corazón, la conciencia.* ‖ **II.** PRNL. **3.** Endurecerse con la costumbre en los trabajos o en los vicios. ¶ MORF. conjug. c. *agradecer.*

encallejonar. TR. Hacer entrar o meter algo por un callejón, o por cualquier parte estrecha y larga a modo de callejón. *Encallejonar los toros.* U. t. c. prnl.

encalmar. **I.** TR. **1.** Tranquilizar, serenar. U. m. c. prnl. ‖ **II.** PRNL. **2.** Dicho del tiempo o del viento: Quedar en calma. ‖ **3.** Dicho de una caballería: Sofocarse o enfermar por exceso de calor o trabajo.

encamado. M. Resultado de encamarse las mieses.

encamarse. PRNL. **1.** Echarse o meterse en la cama por enfermedad. ‖ **2.** **acostarse** (‖ mantener relación sexual con otra persona). ‖ **3.** Dicho de una liebre o de otra pieza de caza: Permanecer agazapada. ‖ **4.** Dicho de una res o de una pieza de caza: Echarse en los sitios que busca para su descanso. ‖ **5.** Dicho de la mies: Echarse o abatirse.

encame. M. Sitio en que se encaman los animales.

encaminamiento. M. Acción y efecto de encaminar.

encaminar. TR. **1.** Enseñar a alguien por dónde ha de ir, ponerlo en camino. U. t. c. prnl. ‖ **2.** Dirigir algo hacia un punto determinado. *No sabía hacia dónde encaminaría mis pasos.* ‖ **3.** Dirigir la intención a un fin determinado, poner los medios que conducen a él.

encamisar. TR. Poner la camisa a alguien. U. t. c. prnl.

encamonado, da. ADJ. *Arq.* Hecho con camones. □ V. **bóveda ~.**

encampanar. **I.** TR. **1.** *Á. Caribe.* Elevar, encumbrar. U. t. c. prnl. ‖ **II.** PRNL. **2.** Ensancharse o ponerse hueco, haciendo alarde de guapo o valentón.

encanallamiento. M. Acción y efecto de encanallar.

encanallar. TR. Corromper, envilecer algo o a alguien. U. t. c. prnl.

encanar. TR. *Á. Caribe.* En el lenguaje del hampa, meter a alguien en la cárcel. U. t. c. prnl.

encanarse. PRNL. Pasmarse por la fuerza del llanto o de la risa.

encancerarse. PRNL. **cancerarse.**

encandecer. TR. Dicho de una cosa: Hacer ascua hasta que quede como blanco de puro encendida. U. t. c. prnl. MORF. conjug. c. *agradecer.*

encandelillar. TR. **1.** *Á. Caribe* y *Chile.* Sobrehilar una tela. ‖ **2.** *Á. Andes.* Encandilar, deslumbrar.

encandilador, ra. ADJ. **deslumbrador.**

encandilar. **I.** TR. **1.** Deslumbrar, embelesar. *Lo encandiló con sus promesas.* ‖ **2.** Despertar o excitar el sentimiento o deseo amoroso. U. t. c. prnl. ‖ **3.** Deslumbrar acercando mucho a los ojos el candil o vela, o presentando de golpe a la vista una cantidad excesiva de luz. U. t. c. prnl. ‖ **II.** PRNL. **4.** *Ant.* **enfadarse.**

encanecer. **I.** INTR. **1.** Ponerse cano. ‖ **2.** Ponerse mohoso. U. t. c. prnl. ‖ **3.** Dicho de una persona: **envejecer** (‖ hacerse vieja). ‖ **II.** TR. **4.** Hacer **encanecer.** *Los*

treinta y siete años del herrero habían empezado a enca-
necerlo. ¶ MORF. conjug. c. *agradecer.*

encanecimiento. M. Efecto de encanecer.

encanijar. TR. **1.** Poner flaco y enfermizo, más comúnmente a los niños. U. t. c. prnl. ‖ **2.** *Méx.* Enfadar, enojar.

encantado, da. PART. de **encantar.** ‖ **I.** ADJ. **1.** coloq.
Distraído o embobado constantemente. ‖ **II.** M. **2.** pl.
Méx. Juego de muchachos en el que unos persiguen a
otro que tiene que quedar quieto o puede quedar libre en
un refugio.

encantador, ra. ADJ. **1.** Que **encanta** (‖ somete a poderes mágicos). U. m. c. s. ‖ **2.** Que hace muy viva y
grata impresión en el alma o en los sentidos.

encantamiento. M. Acción y efecto de encantar.

encantar. **I.** TR. **1.** Someter a poderes mágicos. ‖ **2.**
Atraer o ganar la voluntad de alguien por dones naturales, como la hermosura, la gracia, la simpatía o el talento. *Ella bailó todas las noches y encantó a los pasajeros.* ‖ **II.** INTR. **3.** Gustar en gran medida, agradar
mucho. *Le encanta el cine.*

encante. M. Lugar en que se hacen ventas en pública
subasta.

encanto. M. **1.** encantamiento. ‖ **2.** Persona o cosa
que suspende o embelesa. ‖ **3.** Capacidad de resultar
atractivo. *Un hotel con encanto.* ‖ **4.** pl. Atractivo físico.

encanutar. TR. Poner algo en forma de canuto. U. t. c.
prnl.

encañada. F. Cañada, garganta, o paso entre dos montes.

encañado[1]**.** M. Conducto hecho de caños, o de otro
modo, para conducir el agua.

encañado[2]**.** M. Enrejado o celosía de cañas que se pone
en los jardines para enredar y defender las plantas o
para hacer divisiones.

encañar[1]**.** TR. Hacer pasar el agua por caños o conductos.

encañar[2]**.** INTR. *Agr.* Dicho de un tallo tierno de una
planta, especialmente de los cereales: Empezar a formar
caña. U. t. c. prnl.

encañizada. F. **1.** Cerco que se hace con cañas en las
lagunas, en los ríos o en el mar, para mantener algunos
peces sin que puedan escaparse y poder cogerlos fácilmente. ‖ **2.** encañado[2].

encañonado, da. PART. de **encañonar.** ‖ ADJ. Dicho del
humo o del viento: Que corre con alguna fuerza por sitios estrechos y largos.

encañonar. TR. **1.** Dirigir un arma de fuego contra alguien o algo. ‖ **2.** Dirigir o encaminar algo para que entre por un cañón. *Encañonar un rebaño.* ‖ **3.** Hacer
correr las aguas de un río por un cauce cerrado con bóveda o por una tubería. *Encañonar las aguas del río para
dar movimiento a un molino.* ‖ **4.** Componer o planchar
algo formando pliegues que imitan cañones. *Encañonar
una cofia.*

encaperuzar. TR. Poner la caperuza. U. t. c. prnl.

encapillar. TR. **1.** *Mar.* Enganchar un cabo a un penol
de verga, cuello de palo o mastelero, etc., por medio de
una gaza hecha a tal efecto en uno de sus extremos. ‖ **2.**
Mar. Dicho de un golpe de mar: Alcanzar a una embarcación e inundar su cubierta.

encapirotar. TR. Poner el capirote. U. t. c. prnl.

encapotar. **I.** TR. **1.** Cubrir con el capote. U. t. c. prnl.
‖ **II.** PRNL. **2.** Poner el rostro ceñudo. ‖ **3.** Dicho del
cielo: Cubrirse de nubes tormentosas. ‖ **4.** *Ant.* Dicho comúnmente de un ave: Estar triste y melancólica.

encaprichamiento. M. Acción y efecto de encapricharse.

encapricharse. PRNL. **1.** Dicho de una persona: Empeñarse en sostener o conseguir su capricho. *Es capaz
de encapricharse con eso de salir en la televisión.* ‖ **2.** Cobrar o tener capricho por alguien o algo. *Se encaprichó
con el cuadro.* ‖ **3.** enamoriscarse.

encapsular. TR. Meter en cápsula o cápsulas.

encapuchado, da. PART. de **encapuchar.** ‖ ADJ. Dicho
de una persona: Especialmente en las procesiones de Semana Santa, cubierta con capucha. U. t. c. s.

encapuchar. TR. Cubrir o tapar algo con capucha.
U. t. c. prnl.

encarado, da. bien ~. LOC.ADJ. De buen aspecto, de bellas facciones. ‖ **mal ~.** LOC.ADJ. De mal aspecto, de feas
facciones.

encaramar. TR. **1.** Levantar o subir a alguien o algo a
lugar dificultoso de alcanzar. U. t. c. prnl. ‖ **2.** coloq. **elevar** (‖ colocar en un puesto honorífico). U. t. c. prnl.

encaramiento. M. Acción y efecto de encarar o enca-
rarse.

encarar. **I.** TR. **1.** Poner una cosa, un animal, etc.,
frente a otro. *Encaró su silla hacia mí.* ‖ **2.** Apuntar, dirigir un arma hacia un lugar. ‖ **3.** Hacer frente a un problema, una dificultad, etc. *Hay que buscar ideas que en-
caren los problemas sociales.* U. t. c. prnl. ‖ **II.** INTR. **4.**
Dicho de una persona: Ponerse cara a cara, enfrente y
cerca de otra. U. t. c. prnl. ‖ **III.** PRNL. **5.** Dicho de una
persona o de un animal: Colocarse frente a otro en actitud violenta o agresiva.

encarcelación. F. Acción y efecto de encarcelar.

encarcelada. ☐ V. **nuez ~.**

encarcelamiento. M. Acción y efecto de encarcelar.

encarcelar. TR. Meter a alguien en la cárcel.

encarecedor, ra. ADJ. Que encarece o que exagera.
Normativa encarecedora de tarifas.

encarecer. TR. **1.** Aumentar o subir el precio de algo,
hacerlo caro. U. t. c. intr. y c. prnl. *El petróleo se ha encarecido mucho.* ‖ **2.** Ponderar, alabar mucho algo. *Encare-
cen mucho su buena disposición.* ‖ **3.** Recomendar con
empeño. ¶ MORF. conjug. c. *agradecer.*

encarecimiento. M. Acción y efecto de encarecer.

encargado, da. PART. de **encargar.** ‖ **I.** ADJ. **1.** Que ha
recibido un encargo. *Él es el abogado encargado de la defensa.* U. t. c. s. ‖ **II.** M. y F. **2.** Persona que tiene a su
cargo una casa, un establecimiento, un negocio, etc., en
representación del dueño. ‖ **~ de negocios.** M. y F.
Agente diplomático, inferior en categoría al ministro residente cuando lo reemplaza en el desempeño de sus funciones.

encargar. **I.** TR. **1.** Encomendar, poner algo al cuidado
de alguien. *Encargó la preparación del discurso a su ayudante.* U. t. c. prnl. ‖ **2.** Recomendar, aconsejar, prevenir.
No perdí el contacto, como usted me encargó antes de irse.
‖ **3.** Pedir que se traiga o envíe algo de otro lugar. *En-
cargamos una comida frugal.* ‖ **4.** Imponer una obligación. *Me había encargado que me ocupase de la casa.*
‖ **II.** INTR. **5.** *Á. Caribe.* Dicho de una mujer: Quedar embarazada.

encargo. M. **1.** Acción y efecto de encargar. ‖ **2.** Cosa
encargada. ‖ **3.** **cargo** (‖ empleo). **|| como de ~, o como
hecho de ~.** LOCS.ADVS. Se usan para indicar que algo
reúne todas las condiciones apetecibles. ‖ **estar de ~** una
mujer. LOC.VERB. *Méx.* Estar embarazada.

encariñar. TR. Aficionar a alguien, despertar su cariño hacia algo. U. m. c. prnl.

encarnaceno, na. ADJ. **1.** Natural de Encarnación. U. t. c. s. ‖ **2.** Perteneciente o relativo a esta ciudad del Paraguay, capital del departamento de Itapúa.

encarnación. F. **1.** Acción y efecto de encarnar. ‖ **2.** Acto misterioso de haber tomado carne humana el Verbo Divino en el seno de la Virgen María. ORTOGR. Escr. con may. inicial. ‖ **3.** Personificación, representación o símbolo de una idea, doctrina, etc. *Es la encarnación de la ternura.* ‖ **4.** *Esc.* y *Pint.* Color de carne con que se pinta el desnudo de las figuras humanas.

encarnado, da. PART. de **encarnar.** ‖ **I.** ADJ. **1.** colorado. U. t. c. s. m. ‖ **II.** M. **2.** Color de carne que se da a las estatuas.

encarnadura. F. Disposición atribuida a los tejidos del cuerpo vivo para cicatrizar o reparar sus lesiones. *Tener buena, o mala, encarnadura.*

encarnar. **I.** TR. **1.** Personificar, representar alguna idea, doctrina, etc. *El rey encarna el sentido final de una institución.* ‖ **2.** Representar un personaje de una obra dramática. ‖ **3.** Entre pescadores, colocar la carnada en el anzuelo. ‖ **II.** INTR. **4.** Dicho de un espíritu, de una idea, etc.: Tomar forma corporal. U. t. c. prnl. ‖ **5.** Dicho del Verbo Divino: Según la doctrina cristiana, hacerse hombre. U. t. c. prnl. ‖ **6.** *Impr.* Dicho de una tinta: Estampar bien sobre un papel, o sobre otra. *La tinta azul no ha encarnado bien. El azul ha encarnado sobre el amarillo.* ‖ **III.** PRNL. **7.** Dicho de una uña: Introducirse, al crecer, en las partes blandas que la rodean.

encarnizado, da. PART. de **encarnizarse.** ‖ ADJ. **1.** Dicho de una cosa, especialmente de los ojos: Encendida, ensangrentada, de color de sangre o carne. ‖ **2.** Dicho de una batalla, de una riña, etc.: Muy disputadas y sangrientas.

encarnizamiento. M. **1.** Acción de encarnizarse. ‖ **2.** Crueldad con que alguien se ceba en el daño de otra persona.

encarnizarse. PRNL. Mostrarse cruel contra alguien, persiguiéndolo o perjudicándolo en su opinión o sus intereses.

encaro. M. Acción de mirar a alguien con algún género de cuidado y atención.

encarpetar. TR. **1.** Guardar papeles en carpetas. ‖ **2.** *Á. Andes* y *Chile.* **dar carpetazo** (‖ dejar sin curso un expediente).

encarrerar. TR. *Méx.* Encaminar, dirigir y enderezar un carro, un coche, etc., para que siga el camino o carril debido. U. t. c. prnl.

encarrilar. TR. **1.** Colocar sobre los carriles o rieles un vehículo descarrilado. ‖ **2.** Dirigir a alguien por el camino que le es conveniente. *El padre la encarriló hacia el camino del bien.* ‖ **3.** Dirigir por el rumbo o por los trámites que conducen al acierto una pretensión o expediente que iba por mal camino. *La última oferta de la dirección encarriló las negociaciones.*

encarrillar. TR. encarrilar.

encarrujarse. PRNL. Retorcerse, ensortijarse, plegarse con arrugas menudas. *Encarrujarse el hilo o el cabello.*

encartación. F. hist. Reconocimiento de sujeción que hacían al señor los pueblos y lugares, pagándole como vasallaje la cantidad convenida.

encartado, da. PART. de **encartar.** ‖ M. y F. Persona que ha sido sometida a un proceso judicial.

encartamiento. M. Acción y efecto de encartar.

encartar. TR. **1.** Someter a alguien a un proceso judicial. ‖ **2.** Incluir a alguien en una dependencia, compañía o negociado. *Quedó encartado en la lista definitiva.* ‖ **3.** En los juegos de naipes, jugar al contrario o al compañero carta a la cual pueda servir del palo, especialmente cuando puede matar y está obligado a ello.

encarte. M. **1.** Hoja o fascículo, generalmente de propaganda, que se inserta en una publicación. ‖ **2.** En algunos juegos de naipes, orden casual en que estos quedan al fin de cada mano, el cual suele servir de guía a los jugadores para la siguiente.

encartuchar. TR. *Á.2 Andes* y *Á. Caribe.* Enrollar en forma de cartucho. U. t. c. prnl.

encasamiento. M. Adorno de fajas y molduras en una pared o bóveda.

encasillado. M. **1.** Conjunto de casillas. ‖ **2.** hist. Lista de candidatos adeptos al Gobierno, a quienes este señalaba distrito para las elecciones de diputados.

encasillamiento. M. Acción y efecto de encasillar o encasillarse.

encasillar. **I.** TR. **1.** Clasificar a alguien o algo. *Su propio autor no se atreve a encasillar el libro.* ‖ **2.** Considerar o declarar a alguien, muchas veces arbitrariamente, como adicto a un partido, doctrina, etc. U. m. en sent. peyor. ‖ **3.** Clasificar personas o hechos con criterios poco flexibles o simplistas. *Hay una extraña prisa por encasillar a otra persona.* ‖ **II.** PRNL. **4.** Limitarse a sí mismo, proceder rutinariamente en el ejercicio de un arte o profesión. *No quisiera encasillarme en las canciones mexicanas.* U. t. c. tr.

encasquetar. TR. **1.** coloq. Encajar bien en la cabeza el sombrero, gorra, boina, etc. U. t. c. prnl. ‖ **2.** coloq. Meter a alguien algo en la cabeza, por lo común sin el debido fundamento. *Encasquetarle una opinión.*

encasquillar. **I.** TR. **1.** *Am.* herrar (‖ las caballerías o los bueyes). ‖ **II.** PRNL. **2.** Dicho de un arma de fuego: Atascarse con el casquillo.

encastar. TR. Mejorar una raza o casta de animales, cruzándolos con otros de mejor calidad.

encastillado, da. PART. de **encastillar.** ‖ ADJ. Altivo y soberbio.

encastillamiento. M. Acción y efecto de encastillar o encastillarse.

encastillar. **I.** TR. **1.** apilar. ‖ **II.** PRNL. **2.** Dicho de una persona: Perseverar con tesón, y a veces con obstinación, en su parecer y dictamen, sin atender a razones en contrario. ‖ **3.** Encerrarse en un castillo y hacerse allí fuerte. ‖ **4.** Acudir a parajes altos y ásperos para guarecerse.

encastrar. TR. **1.** Encajar, empotrar. *Encastrar un lavabo en un mueble.* ‖ **2.** *Mec.* Encajar dos piezas.

encauchado, da. **I.** ADJ. **1.** *Am.* Dicho de una tela o de una prenda: Impermeabilizada con caucho. U. t. c. s. ‖ **II.** M. **2.** *Á. Caribe.* Ruana o poncho impermeabilizados con caucho.

encausado, da. PART. de **encausar.** ‖ M. y F. Persona sometida a un procedimiento penal.

encausar. TR. Proceder contra alguien judicialmente. MORF. conjug. c. *causar.*

encáustico, ca. **I.** ADJ. **1.** *Pint.* Dicho de una pintura: Hecha al encausto. ‖ **II.** M. **2.** Preparado de cera y aguarrás para preservar de la humedad la piedra, la madera o las paredes, y darles brillo.

encausto. M. *Pint.* **combustión** (‖ acción de arder). ‖ **pintar al ~.** LOC.VERB. Pintar por medio del fuego, ya sea con ceras coloreadas y desleídas aplicadas por medio de un hierro caliente, o bien calentando los colores previamente, aplicándolos al cuadro con pincel, ya pintando en marfil con punzón o buril encendido, o ya con esmalte sobre vidrio, barro o porcelana.

encauzamiento. M. Acción y efecto de encauzar.

encauzar. TR. **1.** Encerrar en un cauce una corriente o darle dirección por él. ‖ **2.** Encaminar, dirigir por buen camino un asunto, una discusión, etc. ¶ MORF. conjug. c. *causar*.

encebollado. M. Comida aderezada con mucha cebolla y sazonada con especias, rehogado todo ello con aceite.

encebollar. TR. Echar cebolla en abundancia a un guiso.

encefálico, ca. ADJ. *Anat.* Perteneciente o relativo al encéfalo. *Masa encefálica.*

encefalitis. F. *Med.* Inflamación del encéfalo. ‖ **~ letárgica.** F. *Med.* Variedad infecciosa y generalmente epidémica de la encefalitis, caracterizada, entre otros síntomas, por la tendencia prolongada a la somnolencia.

encéfalo. M. *Anat.* Conjunto de órganos que forman parte del sistema nervioso de los vertebrados y están contenidos en la cavidad interna del cráneo.

encefalografía. F. *Med.* Radiografía del cráneo obtenida después de extraer el líquido cefalorraquídeo e inyectar aire en su lugar.

encefalograma. M. *Med.* **electroencefalograma.**

encefalomielitis. F. *Med.* Enfermedad inflamatoria del sistema nervioso central.

encefalopatía. F. *Med.* Alteración patológica del encéfalo. ‖ **~ espongiforme.** F. *Med.* Alteración neurológica producida por priones en la que el cerebro adquiere aspecto esponjoso. Es propia del ganado bovino y transmisible al hombre.

enceguecer. **I.** TR. **1.** **cegar** (‖ quitar la vista). *Una nube de polvo nos enceguece.* ‖ **2.** **cegar** (‖ ofuscar el entendimiento). *La rabia lo encegueció.* U. t. c. prnl. ‖ **II.** INTR. **3.** Perder la vista. U. t. c. prnl. ¶ MORF. conjug. c. *agradecer*.

encelamiento. M. Acción y efecto de encelar o encelarse.

encelar. **I.** TR. **1.** **dar celos.** ‖ **II.** PRNL. **2.** Concebir celos. ‖ **3.** Dicho de un animal: Entrar en celo.

encella. F. Molde para hacer quesos y requesones.

encementar. TR. Poner una capa de cemento sobre una superficie.

encenagar. **I.** TR. **1.** Cubrir o manchar con cieno. *La riada ha encenagado la carretera.* U. t. c. prnl. ‖ **II.** PRNL. **2.** Meterse en el cieno. ‖ **3.** Entregarse a los vicios.

encencerrado, da. ADJ. Que lleva cencerro. *Mansos encencerrados.*

encendedor. M. Aparato que sirve para encender por medio de una llama o de una chispa.

encender. **I.** TR. **1.** Iniciar la combustión de algo. *Encender una vela.* U. t. c. prnl. ‖ **2.** Pegar fuego, incendiar. *Encender una hoguera.* ‖ **3.** Conectar un circuito eléctrico. *Encender la luz, la radio.* ‖ **4.** Causar ardor y encendimiento. *La pimienta enciende la lengua.* U. t. c. prnl. ‖ **5.** Suscitar, ocasionar una guerra. U. t. c. prnl. ‖ **6.** Incitar, inflamar, enardecer. U. t. c. prnl. *Sintió encendérsele la cólera.* ‖ **II.** PRNL. **7.** Ponerse colorado, ruborizarse. ¶ MORF. conjug. c. *entender*.

encendidamente. ADV. M. Con ardor y viveza.

encendido, da. PART. de **encender.** ‖ **I.** ADJ. **1.** De color rojo muy subido. ‖ **II.** M. **2.** En los motores de explosión, inflamación del carburante por medio de una chispa eléctrica. ‖ **3.** Conjunto de la instalación eléctrica y aparatos destinados a producir la chispa.

encendimiento. M. **1.** Acto de arder y abrasarse algo. ‖ **2.** Ardor, inflamación y alteración vehemente de algo. *Encendimiento de la cólera. Encendimiento de la sangre.* ‖ **3.** Enardecimiento de las pasiones humanas.

encenegarse. PRNL. *Méx.* **encenagarse** (‖ meterse en el cieno).

encenizar. TR. Echar ceniza sobre algo. U. t. c. prnl.

encentar. TR. **1.** Comenzar, empezar. *Encentar un puchero.* ‖ **2.** Ulcerar, llagar, herir. U. t. c. prnl.

encepar. TR. **1.** Meter a alguien en el cepo. ‖ **2.** *Mar.* Poner los cepos a las anclas y anclotes. ‖ **II.** INTR. **3.** Dicho de una planta: Echar raíces que penetran bien en la tierra. U. t. c. prnl.

encerado, da. PART. de **encerar.** ‖ **I.** ADJ. **1.** De color de cera. ‖ **II.** M. **2.** Lienzo preparado con cera, aceite de linaza o cualquier materia bituminosa para hacerlo impermeable. ‖ **3.** Cuadro de madera u otro material apropiado, que se usa en las escuelas para escribir o dibujar en él con tiza y poder borrar con facilidad.

encerador, ra. M. y F. Persona que se dedica a encerar pavimentos.

enceradora. F. Máquina eléctrica que hace girar uno o varios cepillos para dar cera y lustre a los pavimentos.

encerar. **I.** TR. **1.** Preparar o dar con cera algo. ‖ **II.** INTR. **2.** Dicho de la mies: Tomar color de cera o amarillear, madurar. U. t. c. prnl.

encerradero. M. Sitio donde se recogen o encierran los rebaños cuando llueve o se los va a esquilar o están recién esquilados.

encerramiento. M. **1.** Acción y efecto de encerrar. ‖ **2.** Lugar en que se encierra.

encerrar. **I.** TR. **1.** Meter a una persona o un animal en un lugar del que no puede salir. ‖ **2.** Internar a alguien en un hospital psiquiátrico o en una prisión. ‖ **3.** Meter algo en sitio del que no pueda sacarse sin tener el instrumento o los medios necesarios. *Por las noche encierra el coche en el garaje.* ‖ **4.** **incluir** (‖ contener). *El libro encierra un enigma.* ‖ **5.** En el juego de damas y en otros de tablero, poner al contrario en estado de que no pueda mover las piezas que le quedan o alguna de ellas. ‖ **6.** En la escritura, poner un símbolo, palabra o fragmento entre determinados signos que los diferencian del resto del texto. *Encerrar un texto entre paréntesis.* ‖ **II.** PRNL. **7.** Ocupar un edificio en señal de protesta. ‖ **8.** Meterse en un lugar cerrado para hacer algo que necesita intimidad o aislamiento. *Por las tardes me encierro a estudiar.* ‖ **9.** Retirarse del mundo, recogerse en una clausura o religión. ‖ **10.** Dicho de una persona: **encastillarse** (‖ perseverar con tesón en su parecer). ¶ MORF. conjug. c. *acertar.* ‖ **~se alguien en sí mismo.** LOC.VERB. No manifestar sus sentimientos.

encerrona. F. **1.** Situación, preparada de antemano, en que se coloca a alguien para obligarlo a que haga algo contra su voluntad. ‖ **2.** Trampa, emboscada. ‖ **3.** En el juego del dominó, cierre hecho cuando los tantos que quedan en la mano son muchos. ‖ **4.** En algunos exámenes, oposiciones, etc., ejercicio que consiste en la preparación, durante un tiempo determinado y en un lugar aislado, de un tema que luego habrá de exponerse ante el tribunal. ‖ **5.** coloq. Retiro o encierro voluntario de una o más personas para algún fin.

encestador, ra. ADJ. Dicho de un jugador de baloncesto: Que encesta. U. t. c. s.

encestar. TR. **1.** Poner, recoger, guardar algo en una cesta. ‖ **2.** En el juego del baloncesto, introducir el balón en el cesto de la meta contraria. U. t. c. intr.

enceste. M. En el juego del baloncesto, acción y efecto de encestar.

encetar. TR. **comenzar.** *Encetar un embutido.*

enchamarrar. TR. *Méx.* Poner una chamarra a alguien.

enchancletar. TR. Llevar zapatos sin acabar de calzarlos, a modo de chancletas. U. t. c. prnl.

enchapado. M. Trabajo o adorno hecho con chapas.

enchapar. TR. **chapar.**

enchapopotar. TR. *Méx.* **asfaltar.**

encharcada. F. Charco o charca.

encharcamiento. M. Acción y efecto de encharcar o encharcarse.

encharcar. I. TR. **1.** Cubrir de agua una parte de terreno que queda como si fuera un charco. U. t. c. prnl. ‖ **II.** PRNL. **2.** Dicho de un órgano humano, especialmente de los pulmones: Llenarse de agua u otros líquidos. ‖ **3.** *Á. Caribe.* Dicho especialmente de los zapatos: Mojarse mucho con la lluvia. ‖ **4.** *Á. Caribe.* Dicho de una persona o de una cosa: Mojarse con agua o barro.

enchicharse. PRNL. *Á. Caribe.* **emborracharse** (‖ beber hasta trastornarse los sentidos).

enchilada. F. **1.** *Am. Cen.* y *Méx.* Tortilla de maíz enrollada rellena de carne y cubierta de salsa de jitomate con chile. ‖ **2.** *Méx.* Acción y efecto de **enchilar** (‖ irritar).

enchilar. TR. **1.** *Am. Cen.* y *Méx.* Condimentar, aderezar con chile un alimento. ‖ **2.** *Méx.* Irritar, enfurecer. U. t. c. prnl.

enchinar. I. TR. **1.** Empedrar con chinas o guijarros. ‖ **2.** *Méx.* Formar rizos con el cabello. U. t. c. prnl. ‖ **II.** PRNL. **3.** *Méx.* Dicho de una persona: Ponérsele la carne de gallina.

enchinchado, da. PART. de **enchincharse.** ‖ ADJ. *Á. R. Plata.* Enojado, irritado.

enchincharse. PRNL. *Á. R. Plata* y *Méx.* **enfadarse.** U. t. c. tr.

enchiqueramiento. M. Acción y efecto de enchiquerar.

enchiquerar. TR. **1.** Meter o encerrar el toro en el chiquero. ‖ **2.** Meter a alguien en la cárcel.

enchironar. TR. coloq. Meter a alguien en chirona.

enchispar. TR. **achispar.** U. t. c. prnl.

enchisterado, da. ADJ. Dicho de una persona: Que lleva puesta una **chistera** (‖ sombrero de copa).

enchivarse. PRNL. *Á. Caribe.* Emberrincharse, encolerizarse.

enchufado, da. PART. de **enchufar.** ‖ M. y F. Persona que ha obtenido un cargo o destino por enchufe.

enchufar. TR. **1.** Ajustar la boca de un caño en la de otro. U. t. c. intr. ‖ **2.** despect. coloq. Colocar en un cargo o destino a alguien que no tiene méritos para ello, por amistad o por influencia política. U. t. c. prnl. ‖ **3.** *Constr.* Acoplar las partes salientes de una pieza en otra. ‖ **4.** *Electr.* Establecer una conexión eléctrica encajando una en otra las dos piezas del enchufe.

enchufe. M. **1.** Dispositivo formado por dos piezas que se encajan una en otra cuando se quiere establecer una conexión eléctrica. ‖ **2.** Parte de un caño o tubo que penetra en otro. ‖ **3.** Sitio donde enchufan dos caños.

enchularse. PRNL. Dicho de una prostituta: Encapricharse de un chulo y estar dominada por él.

enchumbar. TR. *Am.* Empapar de agua.

encía. F. Carne que cubre interiormente las mandíbulas y protege la dentadura.

encíclica. F. Carta solemne que dirige el sumo pontífice a todos los obispos y fieles del orbe católico.

enciclopedia. F. **1.** Conjunto orgánico de todos los conocimientos. ‖ **2.** Obra en que se recogen informaciones correspondientes a muy diversos campos del saber y de las actividades humanas. ‖ **3.** **enciclopedismo.** ‖ **4.** Diccionario enciclopédico.

enciclopédico, ca. ADJ. **1.** Perteneciente o relativo a la enciclopedia. *Lecturas enciclopédicas.* ‖ **2.** Dicho de una persona: Que tiene conocimientos universales.

enciclopedismo. M. **1.** Conjunto de doctrinas profesadas por los autores de la Enciclopedia publicada en Francia a mediados del siglo XVIII, y por quienes participaron del espíritu que inspiró aquella obra. ‖ **2.** Saber de múltiples y diversas cosas, generalmente dando preeminencia a la información sobre la forja de conceptos.

enciclopedista. ADJ. Dicho de una persona: Que profesa el enciclopedismo. U. t. c. s.

encierro. M. **1.** Acción y efecto de encerrar o encerrarse. ‖ **2.** Lugar donde se encierra. ‖ **3.** Acto de llevar los toros a encerrar en el toril. ‖ **4.** Fiesta popular con motivo del encierro. ‖ **5.** **toril.**

encima. I. ADV. L. **1.** En lugar o puesto superior, respecto de otro inferior. *Vive justo aquí encima.* U. t. en sent. fig. *Los de encima pagan más impuestos.* ‖ **2.** Sobre sí, sobre la propia persona. *Me cayó encima.* U. t. en sent. fig. *Echarse encima una responsabilidad.* ‖ **II.** ADV. C. **3.** Además, sobre otra cosa. *Dio seis euros, y otros dos encima.* ‖ **III.** ADV. T. **4.** Muy próximo en el tiempo. *Ya tenemos el verano encima.* ‖ **IV.** ADV. **5.** A pesar de todo. *Ganó un premio, le tocó la lotería y encima se queja.* ‖ **~ de.** LOC. PREPOS. En la parte superior de algo. *Encima de la cama.* ‖ **estar ~ de** alguien o de algo. LOC.VERB. coloq. Vigilarlo con atención, atenderlo con sumo cuidado. ‖ **por ~.** LOC.ADV. De un modo superficial, de pasada, a bulto. ‖ **por ~ de** alguien o de algo. LOC. PREPOS. A pesar de él o de ello, contra su voluntad. ‖ **por ~ de** una cantidad o una cifra. LOC. PREPOS. Superior a otra determinada. ‖ **por ~ de todo.** LOC.ADV. **1.** A pesar de cualquier obstáculo. ‖ **2.** **sobre todo.**

encimar. I. TR. **1.** Poner a alguien o algo sobre otra persona o cosa. U. t. c. intr. ‖ **2.** En el juego del tresillo, aumentar la apuesta. ‖ **II.** PRNL. **3.** Dicho de una persona o de una cosa: Elevarse o levantarse a mayor altura que otra o sobre ella.

encimera. F. Superficie plana, de material resistente, que forma una especie de aparador sobre los muebles bajos de las cocinas y cuartos de baño.

encina. F. Árbol de la familia de las Fagáceas, de diez a doce metros de altura, con tronco grueso, ramificado en varios brazos, de los que parten las ramas, formando una copa grande y redonda, hojas elípticas, algo apuntadas, a veces espinosas, duras, correosas, persistentes, verdinegras por la parte superior y más o menos blanquecinas por el envés, flores de color verde amarillento. Tiene por fruto bellotas dulces o amargas, según las variedades, y madera muy dura y compacta.

encinal. M. encinar.

encinar. M. Sitio poblado de encinas.

encino. M. encina.

encinta. ADJ. Dicho de una mujer: **preñada.** MORF. pl. invar. o **encintas.** *Las jóvenes quedaron encintas.*

encintado. M. **1.** Acción y efecto de **encintar**[1]. ‖ **2.** bordillo.

encintar[1]**.** TR. Adornar, engalanar con cintas.

encintar[2]**.** TR. *Am.* empreñar.

encizañador, ra. ADJ. Que encizaña. U. t. c. s.

encizañar. TR. Sembrar o meter **cizaña** (‖ disensión o enemistad).

enclaustramiento. M. Acción y efecto de enclaustrar o enclaustrarse.

enclaustrar. I. TR. **1.** Encerrar en un claustro. U. t. c. prnl. ‖ **2.** Meter, esconder en un lugar oculto. U. t. c. prnl. ‖ **II.** PRNL. **3.** Apartarse de la vida social para llevar una vida retirada. ¶ MORF. conjug. c. *causar.*

enclavado, da. PART. de **enclavar.** ‖ ADJ. **1.** Dicho de un sitio: Encerrado dentro del área de otro. *Los monasterios enclavados en el Pirineo.* U. t. c. s. ‖ **2.** Dicho de un objeto: Encajado en otro. *Hueso enclavado en la base del cráneo.*

enclavar. TR. Asegurar con clavos algo.

enclave. M. **1.** Territorio incluido en otro con diferentes características políticas, administrativas, geográficas, etc. ‖ **2.** Grupo étnico, político o ideológico inserto en otro y de características diferentes.

enclavijar. TR. Trabar una cosa con otra uniéndolas entre sí.

enclenque. ADJ. Débil, enfermizo. U. t. c. s.

enclisis. F. *Gram.* Unión de una o más palabras, generalmente átonas, a otra tónica que las precede.

enclítico, ca. ADJ. *Gram.* Dicho de una partícula o de una parte de la oración: Que se liga con el vocablo precedente, formando con él una sola palabra; p. ej., en la lengua española son partículas **enclíticas** los pronombres pospuestos al verbo: *aconséjame, sosiégate, dícese.* U. t. c. s. m.

encobijar. TR. cobijar.

encochinar. TR. *Chile* y *Méx.* ensuciar (‖ manchar). U. t. c. prnl.

encocorar. TR. coloq. Fastidiar, molestar con exceso. U. t. c. prnl.

encofrado. M. **1.** Molde formado con tableros o chapas de metal, en el que se vacía el hormigón hasta que fragua, y que se desmonta después. ‖ **2.** *Ingen.* Galería encofrada.

encofrador, ra. M. y F. Persona que se dedica al encofrado en edificios, minas, etc.

encofrar. TR. Formar un encofrado.

encoger. I. TR. **1.** Retirar contrayendo algo, especialmente el cuerpo o sus miembros. U. t. c. prnl. ‖ **2.** Apocar el ánimo. U. t. c. prnl. *Al pisar aquel lugar, mi espíritu se encogió.* ‖ **II.** INTR. **3.** Dicho de una tela o de una ropa: Disminuir a lo largo y ancho, por apretarse su tejido cuando se moja o lava. ‖ **4.** Dicho de una cosa: Disminuir de tamaño al secarse. *Encoger la madera, el cuero.* ‖ **III.** PRNL. **5.** Dicho de una persona: Actuar o reaccionar con cortedad, mostrarse corto de genio.

encogido, da. PART. de **encoger.** ‖ ADJ. Corto de ánimo, apocado. U. t. c. s.

encogimiento. M. **1.** Acción y efecto de encoger o encogerse. ‖ **2.** Cortedad de ánimo.

encolado, da. PART. de **encolar.** ‖ **I.** ADJ. **1.** *Chile.* Muy acicalado, muy paquete. ‖ **II.** M. **2.** Acción y efecto de encolar.

encoladura. F. Acción y efecto de encolar.

encolar. TR. **1.** Pegar con cola algo. ‖ **2.** Dar una o más capas de cola caliente a las superficies que han de pintarse al temple. ‖ **3.** Dar una sustancia adhesiva a los hilos de la urdimbre para facilitar su tejido. ‖ **4.** Preparar la pasta de papel con una sustancia adhesiva para que no embeba y pueda recibir color.

encolerizado, da. PART. de **encolerizar.** ‖ ADJ. Lleno de **cólera** (‖ ira).

encolerizar. TR. Hacer que alguien se ponga colérico. U. t. c. prnl.

encomendar. I. TR. **1.** Encargar a alguien que haga algo o que cuide de algo o de alguien. *Me encomendó una tarea difícil.* ‖ **2.** hist. Dar encomienda, hacer comendador a alguien. ‖ **3.** hist. Dar indios en encomienda. ‖ **II.** INTR. **4.** hist. Llegar a tener encomienda de orden. ‖ **III.** PRNL. **5.** Ponerse en manos de alguien. ¶ MORF. conjug. c. *acertar.*

encomendero, ra. M. y F. **1.** Persona que lleva encargos de otra, y se obliga a dar cuenta y razón de lo que se le encarga y encomienda. ‖ **2.** hist. Persona que por concesión de autoridad competente tenía indios encomendados.

encomiable. ADJ. Digno de encomio o alabanza. *Actitud encomiable.*

encomiar. TR. Alabar con encarecimiento a alguien o algo. MORF. conjug. c. *anunciar.*

encomiástico, ca. ADJ. Que alaba o contiene alabanza. *Artículo encomiástico.*

encomienda. F. **1.** Acción y efecto de encomendar. ‖ **2.** Cosa encomendada. ‖ **3.** En las órdenes civiles, dignidad de comendador. ‖ **4.** Cruz bordada o sobrepuesta que llevan los caballeros de las órdenes militares en la capa o vestido. ‖ **5.** hist. Dignidad dotada de renta, que en las órdenes militares se daba a algunos caballeros. ‖ **6.** hist. Lugar, territorio y rentas de esta dignidad. ‖ **7.** hist. En la América hispana, institución de características muy diversas según tiempos y lugares, por la cual se atribuía a una persona autoridad sobre un grupo de indios. ‖ **8.** *Am.* Paquete que se envía por medio de un servicio de transporte. ‖ **9.** *Am. Cen.* y *Am. Mer.* **paquete postal.** ‖ **~ de servicios.** F. hist. La que se basaba en el trabajo de los indios. ‖ **~ de tributo.** F. hist. La que se basaba en una tributación tasada por la autoridad.

encomio. M. Alabanza encarecida.

encomioso, sa. ADJ. *Chile.* encomiástico.

enconado, da. PART. de **enconar.** ‖ ADJ. Encarnizado, violento y muy obstinado.

enconamiento. M. **1.** encono. ‖ **2.** Inflamación de una parte del cuerpo lastimada por una herida, un arañazo, una espina, etc.

enconar. TR. **1.** Inflamar, empeorar una llaga o parte lastimada del cuerpo. U. m. c. prnl. ‖ **2.** Irritar, exasperar el ánimo contra alguien. U. t. c. prnl.

enconcharse. PRNL. Dicho de una persona: Meterse en su concha, retraerse.

encono. M. Animadversión, rencor arraigado en el ánimo.

enconoso, sa. ADJ. Que ocasiona encono. *Enemigo enconoso.*

encontradizo, za. ADJ. Que se encuentra con algo o alguien. *Miradas encontradizas.* || **hacerse** alguien ~, o el ~. LOCS.VERBS. Salir al encuentro de alguien sin que parezca que se hace a propósito.

encontrado, da. PART. de **encontrar**. || ADJ. Opuesto, contrario, antitético. *Climas encontrados.*

encontrar. I. TR. 1. Dicho de una persona: Llegar a tener a la vista o a su alcance algo o a alguien que buscaba. *No encuentro las llaves.* U. t. c. prnl. || 2. Conseguir algo o a alguien que se buscaba. *He encontrado trabajo.* || 3. Ver casualmente a alguien o algo. U. t. c. prnl. *Me he encontrado un billete de lotería.* || II. PRNL. 4. Oponerse a alguien, enemistarse con él. || 5. Dicho de dos o más personas o cosas: Hallarse y concurrir juntas a un mismo lugar. || 6. Hallarse en cierto estado. *Encontrarse enfermo.* || 7. Hallar algo que causa sorpresa. *Se encontró CON aquella catástrofe.* ¶ MORF. conjug. c. *contar.* || **encontrárselo** alguien **todo hecho.** LOC.VERB. coloq. **hallárselo todo hecho.** || **no ~se.** LOC.VERB. coloq. Estar descentrado. *No nos encontramos en ese ambiente tan selecto.*

encontrón. M. Golpe que da algo con otra cosa cuando una de ellas, o las dos, van impelidas y se encuentran. U. t. en sent. fig. *Son famosos sus encontrones dialécticos.*

encontronazo. M. **encontrón.**

encopetado, da. ADJ. De alto copete, linajudo. *Barrios encopetados.*

encorajar. TR. Dar valor, ánimo y coraje.

encorajinar. TR. Encolerizar a alguien. U. m. c. prnl.

encorar. TR. 1. Cubrir con cuero algo. *Encorar un tambor.* || 2. Hacer que las llagas críen cuero o piel nueva. ¶ MORF. conjug. c. *contar.*

encorbatado, da. PART. de **encorbatarse.** || ADJ. Que viste con corbata.

encorbatarse. PRNL. 1. Ponerse corbata. || 2. Ir muy puesto de corbata.

encorchadura. F. Conjunto de corchos que sirven para sostener flotantes las redes de pesca.

encorchar. TR. 1. Poner tapones de corcho a las botellas. || 2. Colocar la encorchadura en las artes de pesca.

encordadura. F. Conjunto de las cuerdas de los instrumentos de música.

encordar. I. TR. 1. Poner cuerdas a un instrumento de música. || 2. Poner cuerdas a una raqueta de tenis. || 3. Ceñir algo con una cuerda, haciendo que esta dé muchas vueltas alrededor de ello. || II. PRNL. 4. *Dep.* Dicho de un escalador: Atarse a la cuerda de seguridad. ¶ MORF. conjug. c. *contar.*

encordelar. TR. 1. Poner cordeles a algo. *Encordelar las camas antiguas.* || 2. Forrar con cordel en espiral alguna pieza de madera, metal, etc.

encordonar. TR. Sujetar o adornar algo con cordones.

encornado, da. ADJ. Dicho de un toro: Que tiene una determinada encornadura. *Está bien encornado.*

encornadura. F. **cornamenta.**

encorozar. TR. hist. Poner la coroza a alguien por afrenta.

encorralar. TR. Meter y guardar en el corral algo, especialmente el ganado.

encorselar. TR. *Am.* **encorsetar.** U. t. c. prnl.

encorsetar. TR. Poner corsé. U. m. c. prnl. U. t. en sent. fig. *Encorsetó su obra en esquemas fijos.*

encortinar. TR. Colgar y adornar con cortinas algo. *Encortinar un cuarto, un edificio.*

encorvadura. F. **encorvamiento.**

encorvamiento. M. Acción y efecto de encorvar o encorvarse.

encorvar. I. TR. 1. **curvar.** U. t. c. prnl. || II. PRNL. 2. Dicho de una persona: Doblarse por la edad o por enfermedad.

encostrar. INTR. Dicho de una cosa: Formar costra. U. t. c. prnl.

encovar. TR. **encuevar.** U. t. c. prnl. MORF. conjug. c. *contar.* U. t. c. reg.

encrespamiento. M. Acción y efecto de encrespar.

encrespar. TR. 1. Ensortijar, rizar algo, especialmente el cabello. U. t. c. prnl. || 2. Erizar el pelo, plumaje, etc., por alguna impresión fuerte, como el miedo. U. m. c. prnl. || 3. Enfurecer, irritar y agitar a una persona o a un animal. U. t. c. prnl. || 4. Levantar y alborotar las ondas del agua. U. m. c. prnl.

encrestado, da. PART. de **encrestarse.** || ADJ. Ensoberbecido, altivo.

encrestarse. PRNL. Dicho de un ave: Poner tiesa la cresta.

encristalar. TR. Colocar cristales o vidrios en una ventana, puerta, galería, cubierta de patio, etc.

encrucijada. F. 1. Lugar en donde se cruzan dos o más calles o caminos. || 2. Situación difícil en que no se sabe qué conducta seguir.

encuadernación. F. 1. Acción y efecto de encuadernar. || 2. Forro o cubierta de cartón, pergamino u otra materia, que se pone a los libros para proteger sus hojas. || 3. Taller donde se encuaderna.

encuadernador, ra. I. M. y F. 1. Persona que tiene por oficio encuadernar. || II. M. 2. Pasador, pinza o chapa de metal que sirve para sujetar varios pliegos u hojas en forma de cuaderno.

encuadernar. TR. Juntar, unir, coser varios pliegos o cuadernos y ponerles cubiertas.

encuadramiento. M. Acción y efecto de encuadrar.

encuadrar. TR. 1. Encerrar en un marco o cuadro. *Encuadrar un concepto en una teoría general.* || 2. Determinar los límites de algo, incluyéndolo en un esquema u organización. *Encuadrar un verso en el tipo de estructura métrica que le corresponde.* || 3. Distribuir a las personas conforme a un esquema de organización determinado, para que participen en una actividad política, militar, sindical, etc. *Encuadrar a un soldado dentro de una unidad militar.* U. t. c. prnl. || 4. *Cinem.* y *TV.* Delimitar apropiadamente una escena mediante el objetivo de una cámara.

encuadre. M. 1. Acción y efecto de encuadrar. || 2. *Cinem.* y *Fotogr.* Espacio que capta en cada toma el objetivo de una cámara fotográfica o cinematográfica.

encuartelar. TR. *Méx.* **acuartelar** (|| poner la tropa en cuarteles).

encubar. TR. Echar el vino u otro licor en las cubas para guardarlo en ellas.

encubertar. TR. Cubrir con paños o con sedas algo, particularmente los caballos que se cubren de paño o tela de lana negra en demostración de luto, y los que se cubrían de cuero y hierro para la guerra.

encubierto, ta. PART. IRREG. de **encubrir.** || ADJ. Oculto, no manifiesto. Apl. a pers., u. t. c. s.

encubridizo, za. ADJ. Que se puede encubrir fácilmente.

encubridor, ra. I. ADJ. 1. Que encubre. *Estrategia encubridora.* Apl. a pers., u. t. c. s. || II. M. y F. 2. Tapadera, alcahuete.

encubrimiento. M. **1.** Acción y efecto de encubrir. || **2.** *Der.* Conducta delictiva consistente en participar en un delito con posterioridad a su ejecución, evitando el descubrimiento de sus autores o auxiliándolos para que obtengan los beneficios de su acción.

encubrir. TR. **1.** Ocultar algo o no manifestarlo. *Con la ironía encubre su amargura.* U. t. c. prnl. || **2.** Impedir que llegue a saberse algo. *Con su silencio, encubría la indiscreción de su hermano.* || **3.** *Der.* Hacerse responsable de encubrimiento de un delito. ¶ MORF. part. irreg. **encubierto.**

encuentro. M. **1.** Acto de coincidir en un punto dos o más cosas, a veces chocando una contra otra. || **2.** Acto de **encontrarse** (|| hallarse dos o más personas). || **3.** Discusión, pelea o riña. || **4.** Entrevista entre dos o más personas, con el fin de resolver o preparar algún asunto. || **5.** Reunión de expertos en alguna materia con el fin de intercambiar opiniones y experiencias. || **6.** Competición deportiva. || **7.** Ceremonia que se celebra por Semana Santa en algunos lugares, consistente en que una imagen de Jesucristo y otra de la Virgen, después de recorrer calles distintas, se encuentran en una plaza. || **8.** *Mil.* Choque, por lo general inesperado, de las tropas combatientes con sus enemigos. || **9.** pl. En los cuadrúpedos mayores, puntas de las espaldillas que por delante se unen al cuello. || **10.** pl. *Impr.* Claros que se dejan al imprimir para estampar allí letras con tinta de otro color. || **ir al ~** de alguien. LOC.VERB. Ir en su busca para concurrir en un mismo sitio con él. || **llevarse de ~** alguien a otra persona. LOC.VERB. *Méx.* atropellar (|| pasar por encima de otra persona). || **salir** a alguien **al ~.** LOC.VERB. **1.** Salir a recibirlo. || **2.** Prevenir, adelantarse en lo que quiere decir o ejecutar.

encuerar. TR. *Am.* Desnudar, dejar en cueros a alguien. U. t. c. prnl.

encuesta. F. Conjunto de preguntas tipificadas dirigidas a una muestra representativa, para averiguar estados de opinión o diversas cuestiones de hecho.

encuestado, da. PART. de **encuestar.** || ADJ. Dicho de una persona: Que es interrogada para una encuesta. U. t. c. s.

encuestador, ra. M. y F. Persona que realiza una o más encuestas.

encuestar. TR. Interrogar a alguien para una encuesta.

encuevar. TR. Meter o encerrar en una cueva o un hueco. U. t. c. prnl.

enculturación. F. Proceso por el cual una persona adquiere los usos, creencias, tradiciones, etc., de la sociedad en que vive.

encumbrado, da. PART. de **encumbrar.** || ADJ. **elevado** (|| alto).

encumbramiento. M. **1.** Acción y efecto de encumbrar. || **2.** Altura, elevación.

encumbrar. TR. **1.** Levantar en alto. U. t. c. prnl. *La aldea se encumbra entre riscos.* || **2.** Ensalzar, engrandecer a alguien honrándolo o colocándolo en puestos o empleos honoríficos. U. t. c. prnl. *Su amistad desapareció al encumbrarse uno de ellos.*

encunar. TR. Poner al niño en la cuna.

encunetarse. PRNL. *Á. Caribe.* Dicho de un vehículo automotor: Quedar inmovilizado por haber metido una o dos de las ruedas en la cuneta.

encurdarse. PRNL. vulg. **emborracharse** (|| beber hasta trastornarse los sentidos).

encurtido. M. Fruto o legumbre que se ha encurtido. U. m. en pl.

encurtir. TR. Hacer que ciertos frutos o legumbres tomen el sabor del vinagre y se conserven mucho tiempo teniéndolos en este líquido.

ende. por ~. LOC.ADV. **por tanto.**

endeble. ADJ. Débil, flojo, de resistencia insuficiente. U. t. en sent. fig. *La trama de la película es endeble e inverosímil.*

endeblez. F. Cualidad de endeble.

endecasilábico, ca. ADJ. **1.** Que consta de once sílabas. || **2.** Dicho de un poema: Compuesto en endecasílabos.

endecasílabo, ba. ADJ. **1.** Que consta de once sílabas. Apl. a un verso, u. t. c. s. m. || **2.** Compuesto de endecasílabos, o que los tiene en la combinación métrica. *Soneto endecasílabo.* || **~ dactílico,** o **endecasílabo de gaita gallega.** M. Aquel que lleva acento en las sílabas cuarta y séptima. *Muerto le dejo a la orilla del vado.* || **~ sáfico.** M. El que lleva acentos en las sílabas cuarta y octava.

endecha. F. **1.** Canción triste o de lamento. || **2.** Combinación métrica que se emplea repetida en composiciones de asunto luctuoso por lo común, y consta de cuatro versos de seis o siete sílabas, generalmente asonantados.

endechar. TR. Cantar endechas, especialmente en loor de los difuntos; honrar su memoria en los funerales.

endemia. F. *Med.* Enfermedad que reina habitualmente, o en épocas fijas, en un país o comarca.

endémico, ca. ADJ. **1.** Dicho de una cosa, generalmente negativa: Que está muy extendida en un país o región, o es habitual o permanente en ellos. *Pobreza endémica.* || **2.** *Biol.* Propio y exclusivo de determinadas localidades o regiones. *Especies animales endémicas.* || **3.** *Med.* Perteneciente o relativo a la endemia. *Virus endémico.*

endemismo. M. Cualidad de endémico.

endemoniado, da. PART. de **endemoniar.** || ADJ. **1.** Poseído del demonio. Apl. a pers., u. t. c. s. || **2.** coloq. Sumamente perverso, malo, nocivo. *Un plan endemoniado.*

endemoniar. TR. **1.** Introducir los demonios en el cuerpo de alguien. || **2.** coloq. Irritar, encolerizar a alguien. U. t. c. prnl. ¶ MORF. conjug. c. *anunciar.*

endenantes. ADV.T. **1.** vulg. **antes** (|| con prioridad de lugar). || **2.** vulg. **antes** (|| con prioridad de tiempo).

enderezador, ra. ADJ. Que endereza.

enderezamiento. M. Acción de **enderezar** (|| poner derecho lo que está torcido).

enderezar. **I.** TR. **1.** Poner derecho lo que está torcido. *Enderezar un alambre.* U. t. c. prnl. || **2.** Poner derecho o vertical lo que está inclinado o tendido. U. t. c. prnl. *Me enderecé al oír los pasos.* || **3.** Remitir, dedicar. *Al final de su carta, enderezaba una súplica a su familia.* || **4.** Poner en buen estado algo. *La política del Gobierno enderezó la economía del país.* U. t. c. prnl. *Después de la tormenta, la tarde se fue enderezando.* || **5.** Enmendar, corregir, castigar. *Enderezar una mala costumbre.* || **6.** **dirigir** (|| orientar). *Una estrategia política enderezada a suavizar las relaciones internacionales.* || **II.** INTR. **7.** Encaminarse derechamente a un lugar o a una persona. || **III.** PRNL. **8.** Disponerse, encaminarse a lograr un intento.

endeudamiento. M. **1.** Acción y efecto de endeudarse. || **2.** Conjunto de obligaciones de pago contraídas por una nación, empresa o persona.

endeudar. TR. Hacer que una persona o entidad contraiga una deuda. *El último fichaje ha endeudado al club.* U. m. c. prnl. *Se ha endeudado por comprarse un coche de lujo.* MORF. conjug. c. *adeudar.*

endiablada. F. Festejo y función jocosa en que muchos se disfrazan con máscaras y figuras ridículas de diablos, llevando diferentes instrumentos y sonajas con que meten mucho ruido.

endiablado, da. PART. de **endiablar.** || ADJ. **1.** Muy feo, desproporcionado. *Escritura endiablada.* || **2.** Sumamente perverso, malo, nocivo. *Plan endiablado.* || **3.** *Méx.* Dicho del jamón o de otro alimento: Que tiene especias picantes.

endiablar. I. TR. **1.** Introducir los diablos en el cuerpo de alguien. || **II.** PRNL. **2.** Encolerizarse o irritarse exageradamente.

endibia. F. Variedad lisa de escarola, de la que se consume el cogollo de hojas tiernas y pálidas.

endilgar. TR. coloq. Encajar, endosar a alguien algo desagradable o impertinente.

endiñar. TR. coloq. Dar o asestar un golpe.

endiosado, da. PART. de **endiosar.** || ADJ. Que tiene o denota endiosamiento.

endiosamiento. M. Altivez extremada.

endiosar. I. TR. **1.** Elevar a alguien a la divinidad. || **II.** PRNL. **2. ensoberbecerse.**

endivia. F. endibia.

endocardio. M. *Anat.* Membrana serosa que tapiza las cavidades del corazón y está formada por dos capas: una exterior, de tejido conjuntivo, y otra interior, de endotelio.

endocarditis. F. *Med.* Inflamación aguda o crónica del endocardio.

endocarpio. M. *Bot.* Capa interna de las tres que forman el pericarpio de los frutos, que puede ser de consistencia leñosa, como el hueso del melocotón.

endocitosis. F. *Biol.* Proceso por el cual la célula introduce en su interior moléculas grandes o partículas a través de su membrana.

endocrino[1], na. ADJ. **1.** *Biol.* Perteneciente o relativo a las hormonas o secreciones internas. *Sistema endocrino.* || **2.** *Biol.* Dicho de una glándula: Que vierte directamente en la sangre los productos que segrega; p. ej., el tiroides.

endocrino[2]. COM. **endocrinólogo.**

endócrino, na. ADJ. *Méx.* endocrino[1].

endocrinología. F. *Biol.* Estudio de las secreciones internas.

endocrinológico, ca. ADJ. *Biol.* Perteneciente o relativo a la endocrinología.

endocrinólogo, ga. M. y F. Especialista en endocrinología.

endocrinopatía. F. *Med.* Alteración patológica producida en el sistema endocrino.

endodérmico, ca. ADJ. *Biol.* Perteneciente o relativo al endodermo.

endodermo. M. *Biol.* Capa u hoja interna de las tres en que, en todos los animales, salvo esponjas y celentéreos, se disponen las células del blastodermo después de haberse efectuado la segmentación.

endodoncia. F. *Med.* Tratamiento de los conductos radiculares de una pieza dentaria.

endoesqueleto. M. *Anat.* Esqueleto interno.

endogamia. F. **1.** Práctica de contraer matrimonio personas de ascendencia común o naturales de una pequeña localidad o comarca. || **2.** Actitud social de rechazo a la incorporación de miembros ajenos al propio grupo o institución. || **3.** *Biol.* Cruzamiento entre individuos de una raza, comunidad o población aislada genéticamente.

endogámico, ca. ADJ. Perteneciente o relativo a la endogamia. *Conductas endogámicas.*

endógeno, na. ADJ. **1.** Que se origina o nace en el interior, como la célula que se forma dentro de otra. || **2.** Que se origina en virtud de causas internas. *Depresión endógena.*

endolinfa. F. *Anat.* Líquido acuoso que llena el laberinto del oído de los vertebrados.

endometrio. M. *Anat.* Membrana mucosa que tapiza la cavidad uterina.

endometriosis. F. *Med.* Formación de mucosa uterina en órganos distintos del útero.

endometritis. F. *Med.* Inflamación del endometrio.

endomingarse. PRNL. Vestirse con la ropa de fiesta.

endoplásmico. □ V. **retículo ~.**

endorfina. F. Sustancia peptídica producida de forma natural en el encéfalo, que bloquea la sensación de dolor y está relacionada con las respuestas emocionales placenteras.

endorreico, ca. ADJ. *Geol.* Perteneciente o relativo al endorreísmo.

endorreísmo. M. *Geol.* Afluencia de las aguas de un territorio hacia el interior de este, sin desagüe al mar.

endosar. TR. **1.** Trasladar a alguien una carga, trabajo o cosa no apetecible. *Me endosaron la revisión ortográfica.* || **2.** Ceder a favor de alguien una letra de cambio u otro documento de crédito expedido a la orden, haciéndolo así constar al respaldo o dorso.

endosatario, ria. M. y F. Persona a cuyo favor se endosa o puede endosarse un documento de crédito.

endoscopia. F. **1.** *Med.* Técnica de exploración visual de una cavidad o conducto del organismo. || **2.** *Med.* Esta exploración.

endoscopio. M. *Med.* Aparato destinado a practicar la endoscopia.

endose. M. Acción y efecto de endosar.

endoselar. TR. Cubrir con dosel.

endoso. M. **1.** Acción y efecto de endosar. || **2.** Mensaje que para endosar una letra u otro documento a la orden se escribe en su respaldo o dorso.

endospermo. M. *Bot.* Tejido del embrión de las plantas fanerógamas, que les sirve de alimento.

endotelial. ADJ. *Anat.* Perteneciente o relativo al endotelio.

endotelio. M. *Anat.* Tejido formado por células aplanadas y dispuestas en una sola capa, que reviste interiormente las paredes de algunas cavidades orgánicas no comunicadas con el exterior; como en la pleura y en los vasos sanguíneos.

endotelioma. M. *Med.* Tumor, generalmente maligno, originado en el revestimiento celular de los vasos o de las cavidades serosas.

endotérmico, ca. ADJ. *Fís.* Dicho de un proceso: Que va acompañado de absorción de calor.

endovenoso, sa. ADJ. *Med.* **intravenoso.**

endriago. M. Monstruo fabuloso, con facciones humanas y miembros de varias fieras.

endrina. F. Fruto del endrino.

endrino, na. I. ADJ. **1.** De color negro azulado, parecido al de la endrina. ‖ **II.** M. **2.** Ciruelo silvestre con espinas en las ramas, hojas lanceadas y lampiñas, y fruto pequeño, negro azulado y áspero al gusto.

endrogado, da. PART. de **endrogarse.** ‖ ADJ. **1.** Á. Caribe. Dicho de una persona: Que está bajo los efectos de una droga. ‖ **2.** Méx. Endeudado, entrampado.

endrogarse. PRNL. **1.** Á. Caribe. **drogarse** (‖ hacer uso de drogas). ‖ **2.** Méx. **endeudarse.**

endulzamiento. M. Acción y efecto de **endulzar** (‖ hacer llevadero algo).

endulzar. TR. **1.** Hacer dulce algo. Endulzar el café. U. t. c. prnl. ‖ **2.** Suavizar, hacer llevadero un trabajo, disgusto o incomodidad. Los libros le endulzaban la convalecencia. U. t. c. prnl.

endurecedor, ra. ADJ. Que endurece. Apl. a una sustancia o un producto, u. t. c. s. m. Un endurecedor para las uñas.

endurecer. TR. **1.** Poner duro algo. U. t. c. prnl. Endurecerse el pan. ‖ **2.** Robustecer el cuerpo o el espíritu, hacerlos más aptos para el esfuerzo. U. t. c. prnl. ‖ **3.** Hacer a alguien áspero, severo, exigente. El cargo que desempeñaba acabó endureciéndolo. ‖ **4.** Volver cruel, obstinado o insensible a alguien. U. t. c. prnl. Se endureció de tal forma que jamás accedió a perdonarla. ¶ MORF. conjug. c. agradecer.

endurecimiento. M. Acción y efecto de endurecer.

enduro. M. Carrera motociclista de resistencia, disputada a campo traviesa, sobre un trayecto fijado y sorteando obstáculos naturales.

ene. I. F. **1.** Nombre de la letra n. MORF. pl. **enes.** ‖ **2.** En álgebra, nombre del signo potencial indeterminado. ‖ **II.** ADJ. **3.** Denota cantidad indeterminada. Eso costará ene euros.

enea. F. **1.** Planta de la familia de las Tifáceas, que crece en sitios pantanosos hasta dos metros de altura y tiene tallos cilíndricos y sin nudos, hojas envainadoras por la base, ensiformes, y flores en forma de espiga maciza y vellosa, de la cual la mitad inferior es femenina y masculina la superior. ‖ **2.** Hoja de esta planta, empleada para hacer asientos de sillas.

eneágono. ADJ. Geom. Dicho de un polígono: Que tiene nueve ángulos y nueve lados. U. m. c. s. m.

eneasílabo, ba. ADJ. Que consta de nueve sílabas. Apl. a un verso, u. t. c. s. m.

enebral. M. Sitio poblado de enebros.

enebrina. F. Fruto del enebro.

enebro. M. Arbusto de la familia de las Cupresáceas, de tres a cuatro metros de altura, con tronco ramoso, copa espesa, hojas lineales de tres en tres, rígidas, punzantes, blanquecinas por la cara superior y verdes por el margen y el envés, flores en amentos axilares, escamosas, de color pardo rojizo, y por frutos bayas elipsoidales o esféricas de cinco a siete milímetros de diámetro, de color negro azulado, con tres semillas casi ovaladas, pero angulosas en sus extremos. La madera es rojiza, fuerte y olorosa. ‖ ~ **de la miera.** M. El de tronco recto, hojas con dos líneas blanquecinas en el haz superior y frutos rojizos.

eneldo. M. Hierba de la familia de las Umbelíferas, con tallo ramoso, de seis a ocho decímetros de altura, hojas divididas en tiras filiformes, flores amarillas en círculo, con unos 20 radios, y semillas pareadas planas en su cara de contacto, elípticas y con nervios bien señalados. Se ha usado el cocimiento de los frutos como carminativo.

enema. M. **1.** Med. Medicamento líquido que se introduce en el cuerpo por el ano con un instrumento adecuado para impelerlo, y sirve por lo común para limpiar y descargar el vientre. En algunos lugares de América, u. t. c. f. ‖ **2.** Med. Utensilio con que se introduce dicho medicamento. En algunos lugares de América, u. t. c. f.

enemicísimo, ma. ADJ. SUP. de **enemigo.**

enemiga. F. Enemistad, odio, oposición, mala voluntad.

enemigo, ga. I. ADJ. **1. contrario** (‖ que se muestra completamente diferente). Lo mejor es enemigo de lo bueno. ‖ **2.** Dicho de una persona o un país: Contrarios en una guerra. U. t. c. s. m. ¶ MORF. sup. irreg. **enemicísimo.** ‖ **II.** M. y F. **3.** Persona que tiene mala voluntad a otra y le desea o hace mal. ‖ **III.** M. **4.** Conjunto de personas o de países contrarios a otros en una guerra. ‖ **5. diablo** (‖ príncipe de los ángeles rebelados). ‖ ~ **jurado, da.** M. y F. Persona que tiene hecho firme propósito de serlo de otras personas o cosas. ‖ ~ **malo.** M. **diablo** (‖ príncipe de los ángeles rebelados). ‖ **ganar** alguien **enemigos.** LOC. VERB. Adquirirlos, granjeárselos, procurárselos. ‖ **ser** alguien ~ **de** algo. LOC. VERB. No gustar de ello.

enemistad. F. Aversión u odio entre dos o más personas.

enemistar. TR. Hacer a alguien enemigo de otra persona, o hacer perder la amistad. U. t. c. prnl.

eneolítico, ca. ADJ. **1.** Se dice del período prehistórico de transición entre la Edad de la Piedra pulimentada y la del Bronce. U. t. c. s. m. ORTOGR. Escr. con may. inicial c. s. ‖ **2.** Perteneciente o relativo a este período. Instrumentos eneolíticos.

energética. F. Fís. Estudio y aplicaciones de la energía.

energético, ca. ADJ. **1.** Perteneciente o relativo a la energía. Gasto energético. ‖ **2.** Que produce energía. Alimento energético.

energía. F. **1.** Eficacia, poder, virtud para obrar. ‖ **2.** Fís. Capacidad para realizar un trabajo. Se mide en julios. (Símb. E). ‖ ~ **alternativa.** F. La procedente de fuentes distintas a las clásicas como el carbón, el petróleo o el gas; p. ej., la energía eólica. ‖ ~ **atómica.** F. energía nuclear. ‖ ~ **cinética.** F. Fís. La que posee un cuerpo por razón de su movimiento. ‖ ~ **eólica.** F. La generada por la fuerza del viento en un rotor de palas, que se utiliza especialmente para producir electricidad. ‖ ~ **fotovoltaica.** F. energía solar. ‖ ~ **mareomotriz.** F. La obtenida a partir del movimiento de las mareas. ‖ ~ **nuclear.** F. La obtenida por la fusión o fisión de núcleos atómicos. ‖ ~ **potencial.** F. Fís. Capacidad de un cuerpo para realizar trabajo en razón de su posición en un campo de fuerzas. ‖ ~ **radiante.** F. Fís. energía existente en un medio físico, causada por ondas electromagnéticas, mediante las cuales se propaga directamente sin desplazamiento de la materia. ‖ ~ **renovable.** F. energía cuyas fuentes se presentan en la naturaleza de modo continuo y prácticamente inagotable, p. ej., la hidráulica, la solar o la eólica. ‖ ~ **solar.** F. La obtenida a partir de la radiación del Sol y utilizada para usos térmicos mediante dispositivos colectores o para generar electricidad con paneles fotovoltaicos. ‖ ~ **termonuclear.** F. La generada por reacciones de fusión nuclear.

enérgico, ca. ADJ. Que tiene energía. Tono enérgico.

energúmeno, na. M. y F. **1.** Persona furiosa, alborotada. ‖ **2.** Persona poseída del demonio.

enero. M. Primer mes del año. Tiene 31 días. □ V. **cuesta de ~.**

enervación. F. Acción y efecto de enervar.

enervador, ra. ADJ. enervante.

enervamiento. M. Acción y efecto de enervar.

enervante. ADJ. **1.** Que excita los nervios o pone nervioso. *Ruido enervante.* ‖ **2.** Que debilita o quita las fuerzas. *Dolencia enervante.*

enervar. TR. **1.** Poner nervioso. *Me enervas con tus continuas interrupciones.* U. t. c. prnl. ‖ **2.** Debilitar, quitar las fuerzas. *El sufrimiento enervaba su resistencia.* U. t. c. prnl. ‖ **3.** Debilitar la fuerza de las razones o argumentos. *El argumento del fiscal no enerva la presunción de inocencia.* U. t. c. prnl.

enésimo, ma. ADJ. **1.** Se dice del número indeterminado de veces que se repite algo. ‖ **2.** *Mat.* Se dice del lugar indeterminado en una sucesión.

enfadar. TR. Causar enfado. U. t. c. prnl.

enfado. M. **1. enojo** (‖ sentimiento que suscita ira). ‖ **2.** Impresión desagradable y molesta que hacen en el ánimo algunas cosas.

enfadoso, sa. ADJ. Que causa enfado. *Noticia enfadosa.*

enfajar. TR. **1.** Fajar, ceñir o envolver con faja. ‖ **2.** Envolver como una faja. *El río enfaja a la ciudad.*

enfangar. I. TR. **1.** Cubrir de fango algo o meterlo en él. U. m. c. prnl. ‖ II. PRNL. **2.** Entregarse con excesivo afán a placeres sensuales. ‖ **3.** coloq. Mezclarse en negocios innobles y vergonzosos.

enfardador, ra. ADJ. Que enfarda. *Aparato enfardador.*

enfardadora. F. Máquina que sirve para enfardar.

enfardar. TR. Hacer o arreglar fardos.

enfardelar. TR. enfardar.

énfasis. M. **1.** Fuerza de expresión o de entonación con que se quiere realzar la importancia de lo que se dice o se lee. ‖ **2.** Afectación en la expresión, en el tono de la voz o en el gesto. ‖ **3.** *Ret.* Figura que consiste en dar a entender más de lo que realmente se expresa.

enfático, ca. ADJ. **1.** Dicho con énfasis. *Afirmación enfática.* ‖ **2.** Que denota o implica énfasis. *Tono enfático.* ‖ **3.** Dicho de una persona: Que habla o escribe enfáticamente.

enfatización. F. Acción de enfatizar.

enfatizar. I. TR. **1.** Poner énfasis en la expresión de algo. ‖ II. INTR. **2.** Expresarse con énfasis.

enfebrecer. TR. **1.** Causar fiebre. U. t. c. intr. ‖ **2.** Excitar vivamente un sentimiento o pasión. *Sus palabras enfebrecieron a los asistentes.* U. t. c. prnl. ¶ MORF. conjug. c. *agradecer.*

enfebrecido, da. PART. de **enfebrecer.** ‖ ADJ. Exaltado, arrebatado de una pasión. *Imaginación enfebrecida. Discurso enfebrecido.*

enfermada. F. *Méx.* Acción y efecto de enfermar.

enfermar. I. TR. **1.** Causar enfermedad. *El frío acabó por enfermarlo.* ‖ **2.** Debilitar, quitar firmeza. *El aumento de la corrupción enferma a toda la sociedad.* ‖ II. INTR. **3.** Contraer enfermedad. En América, u. m. c. prnl. *No se enferma nunca.*

enfermedad. F. **1.** Alteración más o menos grave de la salud. ‖ **2.** Pasión dañosa o alteración en lo moral o espiritual. *La ambición es enfermedad que difícilmente se cura. Las enfermedades del alma o del espíritu.* ‖ **3.** Anormalidad dañosa en el funcionamiento de una institu-

ción, colectividad, etc. ‖ **~ avanzada.** F. La que ha alcanzado un cierto grado de irreversibilidad. ‖ **~ azul.** F. *Med.* Estado de cianosis permanente, que se produce en los niños que padecen algunas enfermedades congénitas del corazón o de los grandes vasos. ‖ **~ carencial.** F. *Med.* La producida por carencia de determinadas vitaminas en la comida. ‖ **~ de Addison.** F. *Med.* La producida por una lesión de las glándulas suprarrenales, en la que uno de los trastornos dominantes es el color bronceado de la piel. ‖ **~ de Alzheimer.** F. *Med.* Trastorno neurológico progresivo caracterizado por la pérdida de la memoria, de la percepción y del sentido de la orientación, que se produce ordinariamente en la edad senil. ‖ **~ de Bright.** F. *Med.* Nefritis crónica, especialmente la parenquimatosa. ‖ **~ de la piedra.** F. Alteración por agentes ambientales químicos o biológicos de las piedras que constituyen obras arquitectónicas o escultóricas. ‖ **~ del sueño.** F. *Med.* Proceso patológico causado por un protozoo parásito, propio de las regiones tropicales de África, y caracterizado por debilidad extrema, temblores y estado letárgico. ‖ **~ de Parkinson.** F. *Med.* Trastorno neurológico, propio por lo general de personas de edad avanzada, caracterizado por lentitud de los movimientos voluntarios, debilidad y rigidez muscular y temblor rítmico de los miembros. ‖ **~ ocupacional,** o **~ profesional.** F. La que es consecuencia específica de un determinado trabajo.

enfermería. F. **1.** Local o dependencia para enfermos o heridos. ‖ **2.** Profesión y titulación de la persona que se dedica al cuidado y atención de enfermos y heridos, así como a otras tareas sanitarias, siguiendo pautas clínicas. ‖ **3.** Conjunto de estudios requeridos para conseguir esta titulación. *Ha terminado enfermería y en enero empezará a trabajar en el hospital.* ‖ **4.** Conjunto de los enfermos de determinado lugar o tiempo, o de una misma enfermedad.

enfermero, ra. M. y F. Persona dedicada a la asistencia de los enfermos.

enfermizo, za. ADJ. **1.** Que tiene poca salud, que enferma con frecuencia. ‖ **2.** Propio o característico de un enfermo. *Pasión enfermiza.* ‖ **3.** Capaz de ocasionar enfermedades, como algunos alimentos por su mala calidad, algunos lugares por su mala situación, etc.

enfermo, ma. ADJ. Que padece enfermedad. Apl. a pers., u. t. c. s. □ V. **puchero de enfermo, unción de los ~s.**

enfermoso, sa. ADJ. *Am. Cen.* y *Á. Caribe.* enfermizo.

enfervorecer. TR. enfervorizar. MORF. conjug. c. *agradecer.*

enfervorizar. TR. Infundir buen ánimo, fervor, celo ardiente. U. t. c. prnl.

enfeudación. F. hist. Acción y efecto de enfeudar.

enfeudar. TR. hist. Dar en feudo un reino, territorio, ciudad, etc. MORF. conjug. c. *adeudar.*

enfierrador. M. *Chile.* Hombre cuyo oficio es enfierrar.

enfierrar. TR. *Chile.* Poner estructuras de fierro en construcciones con hormigón armado.

enfiestarse. PRNL. *Á. Andes* y *Chile.* Estar de fiesta, divertirse.

enfilación. F. Acción y efecto de enfilar.

enfilar. I. TR. **1.** Comenzar a recorrer una vía larga y estrecha. *El coche enfiló la carretera. El viento enfilaba la calle.* ‖ **2.** Dirigir una visual, bien a lo largo de una regla, bien por medio de miras y otros instrumentos. ‖ **3.**

Poner en fila varias cosas. *Enfilar las botellas en el aparador.* ‖ **4.** Hacer pasar un hilo, cuerda, alambre, etc., por varias cosas. *Enfilar un collar.* ‖ **II.** INTR. **5.** Dirigirse a un lugar determinado. *Enfilamos hacia Pedreña.*

enfisema. M. *Med.* Tumefacción producida por aire o gas en el tejido pulmonar, en el celular o en la piel.

enfisematoso, sa. ADJ. *Med.* Perteneciente o relativo al enfisema.

enflacar. INTR. enflaquecer (‖ ponerse flaco).

enflaquecer. I. TR. **1.** debilitar. *Su sola presencia me enflaquecía el ánimo.* ‖ **II.** INTR. **2.** Ponerse flaco. U. t. c. prnl. ‖ **3.** desmayar (‖ desfallecer). ¶ MORF. conjug. c. *agradecer.*

enflaquecimiento. M. Acción y efecto de enflaquecer.

enfocar. TR. **1.** Hacer que la imagen de un objeto producida en el foco de una lente se recoja con claridad sobre un plano u objeto determinado. ‖ **2.** Centrar en el visor de una cámara fotográfica la imagen que se quiere obtener. ‖ **3.** Proyectar un haz de luz o de partículas sobre un determinado punto. ‖ **4.** Dirigir la atención o el interés hacia un asunto o problema desde unos supuestos previos, para tratar de resolverlo acertadamente.

enfoque. M. Acción y efecto de enfocar.

enfoscado. M. *Constr.* Capa de mortero con que está guarnecido un muro.

enfoscar. I. TR. **1.** *Constr.* Guarnecer con mortero un muro. ‖ **II.** PRNL. **2.** Ponerse hosco y ceñudo.

enfrascar. TR. Echar o meter en frascos algo.

enfrascarse. PRNL. Aplicarse con tanta intensidad a un negocio, disputa o cosa semejante, que no quede atención para otra cosa.

enfrenamiento. M. Acción y efecto de enfrenar.

enfrenar. TR. **1.** Poner el freno al caballo. ‖ **2.** refrenar (‖ reprimir). *Pretendían enfrenar la crueldad del tirano.* U. t. c. prnl. ‖ **3.** *Méx.* frenar (‖ moderar o parar con el freno).

enfrenón. M. *Méx.* Acción y efecto de frenar.

enfrentamiento. M. Acción y efecto de enfrentar.

enfrentar. TR. afrontar. *Enfrentar a un delincuente con un testigo.* U. t. c. prnl. *Enfrentarse en el campo de batalla.*

enfrente. I. ADV. L. **1.** A la parte opuesta, en punto que mira a otro, o que está delante de otro. ‖ **II.** ADV. M. **2.** En contra, en pugna. ☐ V. **la acera de ~.**

enfriador, ra. I. ADJ. **1.** Que enfría. *Silencio cortante y enfriador.* Apl. a una máquina, u. t. c. s. m. ‖ **II.** M. **2.** Lugar o sitio para enfriar.

enfriadora. F. Máquina que sirve para enfriar.

enfriamiento. M. **1.** Acción y efecto de enfriar o enfriarse. ‖ **2.** Indisposición que se caracteriza por síntomas catarrales, ocasionados por la acción del frío.

enfriar. I. TR. **1.** Poner o hacer que se ponga frío algo. U. t. c. intr. y c. prnl. *El arroz se está enfriando.* ‖ **2.** Entibiar los afectos, templar la fuerza y el ardor de las pasiones. U. t. c. prnl. *Su amor se había enfriado.* ‖ **II.** PRNL. **3.** Dicho de una persona: Quedarse fría. ‖ **4.** acatarrarse. ¶ MORF. conjug. c. *enviar.*

enfrijolada. F. *Méx.* Tortilla de maíz frita cubierta de crema de frijol, cebolla picada y queso añejo.

enfrontar. TR. afrontar (‖ hacer frente al enemigo). U. t. c. intr. *Enfrontar con los enemigos.*

enfunchar. TR. *Ant.* Enojar, enfadar. U. t. c. prnl.

enfundar. TR. Poner algo dentro de su funda.

enfuñarse. PRNL. *Ant.* enfurruñarse.

enfurecer. I. TR. **1.** Irritar a alguien, ponerlo furioso. U. t. c. prnl. ‖ **II.** PRNL. **2.** Dicho del viento o del mar: Alborotarse, alterarse. ¶ MORF. conjug. c. *agradecer.*

enfurecimiento. M. Acción y efecto de enfurecer o enfurecerse.

enfurruñamiento. M. Acción y efecto de enfurruñarse.

enfurruñarse. PRNL. coloq. enfadarse.

engabanado, da. ADJ. Cubierto con gabán.

engalanar. TR. Adornar o embellecer a alguien o algo. U. t. c. prnl.

engalgar. TR. *Mar.* Afianzar a la cruz de un ancla el cable de un anclote para que, tendidos o fondeados ambos en la misma dirección, ofrezcan seguridad a la nave en casos de mal tiempo o en fondeaderos de mucha corriente.

engallado, da. PART. de engallar. ‖ ADJ. **1.** Erguido, derecho. ‖ **2.** altanero (‖ altivo).

engallamiento. M. Acción y efecto de engallar o engallarse.

engallar. I. TR. **1.** Levantar la cabeza o erguir el busto, en actitud arrogante. ‖ **II.** PRNL. **2.** Comportarse con arrogancia, adoptar una actitud retadora. ‖ **3.** *Equit.* Dicho de un caballo: Levantar la cabeza y recoger el cuello, obligado por el freno.

enganchador, ra. ADJ. Que engancha.

enganchar. I. TR. **1.** Prender algo con un gancho o colgarlo de él. U. t. c. intr. y c. prnl. ‖ **2.** Prender, asir, trabar, aunque no sea con un gancho. U. t. c. prnl. *Me enganché el vestido con un clavo.* ‖ **3.** Amarrar las caballerías a los carruajes, trillos, arados, etc., de manera que puedan tirar de ellos. U. t. c. intr. ‖ **4.** Conectar un sistema eléctrico o mecánico. *Enganchar la luz, el teléfono.* ‖ **5.** Contratar trabajadores. ‖ **6.** coloq. Atrapar algo o a alguien que se mueve, huye u opone resistencia. *Engancharon al ladrón. ¡Ya verás cuando te enganche!* ‖ **7.** coloq. Atraer a alguien con arte, captar su afecto o su voluntad. ‖ **8.** coloq. Captar intensamente la atención de alguien. *La novela me enganchó.* ‖ **9.** coloq. Dicho de una droga, del juego o de otra actividad: Causar adicción. U. t. c. intr. y c. prnl. *Engancharse a la heroína.* ‖ **II.** PRNL. **10.** *Mil.* Sentar plaza de soldado.

enganche. M. **1.** Acción y efecto de enganchar o engancharse. ‖ **2.** Pieza o aparato dispuestos para enganchar. ☐ V. **banderín de ~.**

enganchón. M. Acción y efecto de enganchar (‖ prender, aunque no sea con gancho).

engañabobos. M. **1.** Cosa que engaña o defrauda con su apariencia. ‖ **2.** coloq. Persona que pretende embaucar o deslumbrar.

engañador, ra. ADJ. Que engaña. *Elocuencia engañadora.*

engañar. I. TR. **1.** Inducir a alguien a tener por cierto lo que no lo es, valiéndose de palabras o de obras aparentes y fingidas. ‖ **2.** Producir ilusión, sobre todo óptica. *La altura de aquellos montes engaña a quienes los ven desde aquí.* ‖ **3.** entretener (‖ distraer). *Engañar el tiempo, el sueño, el hambre.* ‖ **4.** Hacer más apetitoso un alimento. *Con el tomate voy engañando la carne.* ‖ **5.** Incurrir en infidelidad conyugal. ‖ **6.** coloq. engatusar. ‖ **II.** PRNL. **7.** Cerrar los ojos a la verdad, por ser más grato el error. ‖ **8.** equivocarse.

engañifa. F. coloq. Engaño artificioso con apariencia de utilidad.

engañifla. F. *Chile.* engañifa.

engaño. M. **1.** Acción y efecto de engañar. ‖ **2.** Falta de verdad en lo que se dice, hace, cree, piensa o discurre. ‖ **3.** *Taurom.* Muleta o capa que usa el torero para engañar al toro. ‖ **llamarse** alguien **a ~.** LOC.VERB. Retraerse de lo pactado, por haber reconocido engaño en el contrato, o pretender que se deshaga algo, alegando haber sido engañado.

engañoso, sa. ADJ. Falaz, que engaña o da ocasión a engañarse. *Cifras engañosas.*

engarabatar. TR. Poner algo en forma de garabato. U. t. c. prnl.

engarabitar. **I.** TR. **1.** Poner en forma de garabato algo, especialmente los dedos entumecidos por el frío. U. t. c. prnl. ‖ **II.** INTR. **2. trepar** (‖ subir a un lugar alto). U. t. c. prnl.

engaratusar. TR. *Am. Cen.* engatusar.

engarce. M. **1.** Acción y efecto de engarzar. ‖ **2.** Metal en que se engarza algo.

engarfiar. INTR. Echar los garfios para asir con ellos algo. U. t. c. prnl. MORF. conjug. c. *anunciar.*

engargolado. M. *Méx.* Acción y efecto de engargolar.

engargolar. TR. *Méx.* Encuadernar un libro pasando una espiral de plástico a través de los agujeros que se han hecho a lo largo de uno de los bordes.

engarrapatar. TR. *Méx.* Llenar de garrapatas. U. t. c. prnl.

engarrotar. TR. Dicho del frío: Causar entumecimiento de los miembros. U. t. c. prnl.

engarzador, ra. ADJ. Que engarza. Apl. a pers., u. t. c. s.

engarzar. **I.** TR. **1.** Trabar algo con otra u otras cosas, formando cadena. U. t. en sent. fig. *Engarzar las generaciones sucesivas de una familia.* ‖ **2. engastar.** *Engarzar un diamante.* ‖ **II.** PRNL. **3.** *Am.* Dicho de dos o más personas: **enzarzarse** (‖ enredarse sembrando discordias).

engastador, ra. M. y F. Persona que tiene por oficio engastar.

engastar. TR. Encajar y embutir algo en otra cosa. *Una esmeralda engastada en oro.* U. t. en sent. fig. *Engastar palabras en un discurso.*

engaste. M. **1.** Acción y efecto de engastar. ‖ **2.** Cerco o guarnición de metal que abraza y asegura lo que se engasta.

engatillado. M. *Arq.* Obra de madera, generalmente para techar los edificios, en la cual unas piezas están trabadas con otras por medio de chapas de hierro.

engatillar. TR. Unir dos chapas metálicas doblando el borde de cada una, enlazándolas y machacándolas.

engatusador, ra. ADJ. coloq. Que engatusa. U. t. c. s.

engatusamiento. M. coloq. Acción y efecto de engatusar.

engatusar. TR. coloq. Ganar la voluntad de alguien con halagos para conseguir de él algo.

engavetar. TR. *Á. Caribe.* Detener o paralizar un asunto o un documento voluntariamente.

engavillar. TR. agavillar.

engazar. TR. *Mar.* Ajustar y poner gazas de firme a los motones, cuadernales y vigotas.

engendrador, ra. ADJ. Que engendra, cría o produce. *Fuerza engendradora.*

engendramiento. M. Acción y efecto de engendrar.

engendrar. TR. **1.** Procrear, propagar la propia especie. ‖ **2.** Causar, ocasionar, formar. *Engendrar violencia.* U. t. c. prnl.

engendro. M. **1.** Criatura informe que nace sin la proporción debida. ‖ **2.** Persona muy fea. ‖ **3.** Plan, propósito u obra intelectual mal concebidos. ‖ **mal ~.** M. coloq. Muchacho avieso, mal inclinado y de índole perversa.

engentar. TR. *Méx.* Dicho del movimiento de la gente en una ciudad grande: Causar aturdimiento. U. t. c. prnl.

englobar. TR. Incluir o considerar reunidas varias partidas o cosas en una sola.

englutir. TR. engullir.

engobe. M. En alfarería, pasta de arcilla que se aplica a los objetos de barro, antes de cocerlos, para darles una superficie lisa y vidriada.

engolado[1], da. ADJ. *Heráld.* Dicho de una banda, de una cruz, de un aspa o de otra pieza: Cuyos extremos entran en bocas de leones, serpientes, etc.

engolado[2], da. PART. de **engolar.** ‖ ADJ. **1.** Dicho del habla: Afectadamente grave o enfática. ‖ **2.** Dicho de una persona: Fatua, engreída, altanera.

engolamiento. M. **1.** Acción y efecto de engolar. ‖ **2.** Afectación, énfasis en el habla o en la actitud.

engolar. TR. Dar resonancia gutural a la voz.

engolfar. **I.** INTR. **1.** Dicho de una embarcación: Adentrarse mucho en el mar, de manera que ya no se divise desde tierra. U. m. c. prnl. ‖ **II.** PRNL. **2.** Meterse mucho en un negocio, dejarse llevar o arrebatar de un pensamiento o afecto.

engolosinar. **I.** TR. **1.** Excitar el deseo de alguien con algún atractivo. ‖ **II.** PRNL. **2.** Aficionarse, tomar gusto a algo.

engomado, da. PART. de **engomar.** ‖ **I.** ADJ. **1.** *Am. Cen.* Dicho de una persona: Que amanece con **goma** (‖ resaca). ‖ **2.** *Chile.* Muy acicalado. ‖ **II.** M. **3.** Acción y efecto de engomar.

engomar. TR. **1.** Untar de goma los papeles y otros objetos para lograr su adherencia. ‖ **2.** Dar goma desleída a las telas y otros géneros para que queden lustrosos.

engominarse. PRNL. Darse gomina.

engorda. F. **1.** *Chile* y *Méx.* ceba. ‖ **2.** *Chile* y *Méx.* Conjunto de animales vacunos o de cerda que se ceban para la matanza.

engordador, ra. ADJ. Que hace engordar. *Alimentos engordadores.*

engordar. **I.** TR. **1.** Cebar, dar mucho de comer para poner gordo. *Engordar a los cerdos.* ‖ **II.** INTR. **2.** Ponerse gordo. U. t. c. prnl. U. t. en sent. fig. *El número de trabajadores en el censo engordó.*

engorde. M. Acción y efecto de cebar al ganado, especialmente al de cerda.

engorro. M. Obstáculo, impedimento, molestia.

engorroso, sa. ADJ. Dificultoso, molesto.

engoznar. TR. Encajar en un gozne.

engrampar. TR. *Á. R. Plata.* grapar.

engranaje. M. **1.** *Mec.* Conjunto de las piezas que engranan. ‖ **2.** Enlace, trabazón de ideas, circunstancias o hechos.

engranar. INTR. **1.** *Mec.* Dicho de dos ruedas dentadas: Encajar entre sí. ‖ **2.** Enlazar, trabar. *Los personajes y el argumento engranan bien.*

engrandecer. TR. **1.** Aumentar, hacer grande algo. *Engrandecer la ciudad.* ‖ **2.** Exaltar, elevar a alguien a grado o dignidad superior. *El sacrificio engrandece a nuestro pueblo.* U. t. c. prnl. ‖ **3.** Alabar, exagerar. *Las crónicas engrandecieron su figura.* ¶ MORF. conjug. c. *agradecer.*

engrandecimiento. M. **1.** Dilatación, aumento. ‖ **2.** Acción de **engrandecer** (‖ elevar a grado o dignidad superior). ‖ **3. ponderación** (‖ exageración).

engrane. M. *Méx.* En una máquina, **rueda dentada.**

engrapadora. F. *Am.* **grapadora.**

engrapar. TR. *Am.* **grapar.**

engrasador, ra. I. ADJ. **1.** Que engrasa. *Pistola engrasadora.* Apl. a pers., u. t. c. s. ‖ **II.** M. **2.** Dispositivo a través del que se introduce el lubricante en una máquina.

engrasar. TR. **1.** Untar, manchar con pringue o grasa. *Engrasar la sartén con mantequilla.* U. t. c. prnl. ‖ **2.** Untar ciertas partes de una máquina con aceites u otras sustancias lubricantes para disminuir el rozamiento.

engrase. M. Acción y efecto de engrasar.

engreído, da. PART. de **engreír.** ‖ ADJ. Dicho de una persona: Demasiado convencida de su valer.

engreimiento. M. Acción y efecto de engreír.

engreír. TR. **1.** envanecer. U. t. c. prnl. ‖ **2.** *Am.* Encariñar, aficionar. U. m. c. prnl. ¶ MORF. conjug. c. *sonreír.*

engreñado, da. ADJ. **desgreñado.**

engrescar. TR. Incitar a riña. U. t. c. prnl.

engrifar. I. TR. **1.** encrespar (‖ erizar). U. t. c. prnl. ‖ **II.** PRNL. **2.** Dicho de una caballería: **empinarse.**

engrillar. I. TR. **1.** Poner grilletes. ‖ **II.** PRNL. **2.** *Á. Caribe.* Dicho de una caballería: Bajar la cabeza mucho, arrimando la boca al pecho.

engrilletar. TR. *Mar.* Unir o asegurar con un grillete dos trozos de cadena, una cadena y una argolla, etc.

engriparse. PRNL. *Á. R. Plata.* Contraer la gripe.

engrosamiento. M. Acción y efecto de engrosar.

engrosar. I. TR. **1.** Hacer grueso y más corpulento algo, o darle espesor o crasitud. U. t. c. prnl. *El tendón se engruesa en la zona de la lesión.* U. t. en sent. fig. *El capítulo del aprendizaje se ha engrosado mucho en lo que va de siglo.* ‖ **2.** Aumentar, hacer más numeroso un ejército, una multitud, etc. ‖ **II.** INTR. **3.** Hacerse más grueso y corpulento. U. t. c. prnl. ¶ MORF. conjug. c. *contar.* U. t. c. reg.

engrudar. TR. Untar de engrudo algo.

engrudo. M. Masa comúnmente hecha con harina o almidón que se cuece en agua, y sirve para pegar papeles y otras cosas ligeras.

engruesar. TR. **engrosar.** U. t. c. intr. y c. prnl.

engrupido, da. ADJ. **1.** *Á. R. Plata.* Soberbio, fatuo, pretencioso. U. t. c. s. ‖ **2.** *Chile.* Engañado, inducido a tener por cierto lo que no es. U. t. c. prnl.

enguachinar. TR. Llenar de agua. U. t. c. prnl.

engualdrapar. TR. Poner la gualdrapa a una caballería.

enguantado, da. PART. de **enguantar.** ‖ ADJ. Que lleva guantes. *Manos enguantadas.*

enguantar. TR. Cubrir la mano con el guante. U. m. c. prnl.

enguaraparse. PRNL. *Am.* **aguaraparse.**

enguarapetarse. PRNL. *Méx.* Emborracharse, embriagarse.

enguatar. TR. Poner una entretela de guata.

enguijarrado. M. Empedrado de guijarros.

enguirnaldar. TR. Adornar con guirnalda.

engullidor, ra. ADJ. Que engulle. Apl. a pers., u. t. c. s.

engullir. TR. Tragar la comida atropelladamente y sin mascarla. U. t. en sent. fig. *La niebla los engulló.* MORF. conjug. c. *mullir.*

engurrumir. TR. Arrugar, encoger. U. t. c. prnl.

engurruñar. I. TR. **1.** Arrugar, encoger. U. t. c. prnl. ‖ **II.** PRNL. **2.** Dicho de una persona: Encogerse, entristecerse.

engurruñir. TR. Arrugar, encoger. U. t. c. prnl. MORF. conjug. c. *mullir.*

engusanarse. PRNL. *Méx.* **agusanarse.**

enharinar. TR. Cubrir o espolvorear con harina la superficie de algo, manchar de harina. U. t. c. prnl.

enhebrar. TR. Pasar la hebra por el ojo de la aguja o por el agujero de las cuentas, perlas, etc.

enhestar. TR. Levantar en alto, poner derecho y levantado algo. U. t. c. prnl. MORF. conjug. c. *acertar.*

enhiesto, ta. ADJ. Levantado, derecho.

enhilar. TR. **enfilar** (‖ poner en fila). *Enhilar una formación militar.*

enhollinarse. PRNL. **tiznarse** (‖ mancharse con hollín).

enhorabuena. I. F. **1. felicitación** (‖ acción y efecto de felicitar). ‖ **II.** ADV. M. **2.** Con bien, con felicidad. ‖ **3.** Se usa para denotar aprobación, aquiescencia o conformidad. ‖ **III.** INTERJ. **4.** Se usa para felicitar a alguien. *Enhorabuena, ha ganado el primer premio.*

enhoramala. ADV. M. **en hora mala.**

enhornar. TR. Meter algo en el horno para asarlo o cocerlo.

enhorquetar. TR. *Á. R. Plata.* y *Ant.* Poner a horcajadas. U. t. c. prnl.

enhuecar. TR. **ahuecar.**

enhuerar. I. TR. **1.** Volver huero. ‖ **II.** INTR. **2.** Volverse huero. U. t. c. prnl.

enigma. M. **1.** Dicho o conjunto de palabras de sentido artificiosamente encubierto para que sea difícil entenderlo o interpretarlo. ‖ **2.** Dicho o cosa que no se alcanza a comprender, o que difícilmente puede entenderse o interpretarse. *Su actuación fue un enigma para mí.*

enigmático, ca. ADJ. **1.** Que en sí encierra o incluye enigma. *Mensaje enigmático.* ‖ **2.** De significación oscura y misteriosa y muy difícil de penetrar. *Mirada enigmática.*

enjabonada. F. *Á. R. Plata.* y *Méx.* **enjabonado.**

enjabonado. M. Acción y efecto de enjabonar. ☐ V. **palo ~.**

enjabonar. TR. **1. jabonar.** ‖ **2.** coloq. Adular, lisonjear a alguien.

enjaezar. TR. Poner los jaeces a las caballerías.

enjaguar. TR. **enjuagar.** MORF. conjug. c. *averiguar.*

enjagüe. M. *Am.* **enjuague.**

enjalbegado. M. Acción y efecto de enjalbegar.

enjalbegar. TR. Blanquear las paredes con cal, yeso o tierra blanca.

enjalma. F. Especie de aparejo de animal de carga, como una albarda ligera.

enjambre. M. **1.** Multitud de abejas con su reina, que juntas salen de una colmena para formar otra colonia. ‖ **2.** Muchedumbre de personas o animales juntos.

enjaranarse. PRNL. *Am. Cen.* **endeudarse.**

enjardinar. TR. Convertir un terreno en jardín.

enjaretar. TR. **1.** Hacer pasar por una jareta un cordón, cinta o cuerda. ‖ **2.** Hacer deprisa ciertas cosas. *Enjaretó el artículo para el periódico y nos fuimos a cenar.*

enjaular. TR. **1.** Encerrar o poner dentro de una jaula a una persona o animal. ‖ **2.** coloq. Meter en la cárcel a alguien. ¶ MORF. conjug. c. *causar.*

enjetarse. PRNL. *Méx.* Enojarse, montar en cólera.

enjitomatar. TR. *Méx.* Preparar o aderezar un guisado con jitomate.

enjoyar. TR. **1.** Adornar con joyas a alguien o algo. U. t. c. prnl. || **2.** Adornar, embellecer, enriquecer. *Luces de vistosos colores enjoyaban la ciudad.*

enjuagar. TR. **1.** Limpiar la boca y la dentadura con un líquido adecuado. U. m. c. prnl. || **2.** Aclarar y limpiar con agua lo que se ha jabonado o fregado, principalmente las vasijas. || **3.** Lavar ligeramente. U. t. c. prnl. *Enjuagarse las manos.*

enjuagatorio. M. **1.** Acción de enjuagar. || **2.** Agua u otro líquido que sirve para enjuagarse.

enjuague. M. **1.** Acción de enjuagar. || **2.** Agua u otro licor que sirve para enjuagar. || **3.** Negociación oculta y artificiosa para conseguir lo que no se espera lograr por los medios regulares.

enjugar. TR. **1.** Quitar la humedad superficial de algo absorbiéndola con un paño, una esponja, etc. || **2.** Limpiar la humedad que echa de sí el cuerpo, o la que recibe mojándose. *Enjugar las lágrimas, el sudor. Enjugar las manos, el rostro.* U. t. c. prnl. || **3.** Cancelar, extinguir una deuda o un déficit. U. t. c. prnl.

enjuiciamiento. M. **1.** Acción y efecto de enjuiciar. || **2.** *Der.* Instrucción o sustanciación legal de los asuntos en que entienden los jueces o tribunales.

enjuiciar. TR. **1.** Someter una cuestión a examen, discusión y juicio. || **2.** *Der.* Instruir, juzgar o sentenciar una causa. || **3.** *Der.* Sujetar a alguien a juicio. ¶ MORF. conjug. c. *anunciar.*

enjulio o **enjullo.** M. Madero por lo común cilíndrico, colocado horizontalmente en los telares de paños y lienzos, en el cual se va arrollando la urdimbre.

enjundia. F. **1.** Parte más sustanciosa e importante de algo no material. || **2.** Fuerza, vigor. *Un adversario de enjundia.* || **3.** Gordura que las aves tienen en el ovario; p. ej., la de la gallina, la pava, etc. || **4.** Gordura de cualquier animal.

enjundioso, sa. ADJ. **1.** Sustancioso, importante, sólido. *Artículo enjundioso.* || **2.** Que tiene mucha enjundia. *Carne enjundiosa.*

enjuto, ta. ADJ. Delgado, seco o de pocas carnes. *Rostro enjuto.*

enlabiar. TR. Seducir, engañar, atraer con palabras dulces y promesas. MORF. conjug. c. *anunciar.*

enlabio. M. Suspensión, engaño ocasionado por el artificio de las palabras.

enlace. **I.** M. **1.** Acción de enlazar. || **2.** Unión, conexión de algo con otra cosa. || **3. casamiento.** || **4.** *Inform.* Conjunto de caracteres que se utiliza como dirección para acceder a información adicional en un mismo o distinto servidor. || **5.** *Quím.* Unión de dos átomos de un compuesto químico, debida a la existencia de fuerzas de atracción entre ellos. || **II.** COM. **6.** Persona que establece o mantiene relación entre otras, especialmente dentro de alguna organización. || **~ iónico.** M. *Quím.* El que tiene lugar entre átomos por cesión y captura de electrones. || **~ sindical.** COM. Delegado de los trabajadores ante la empresa.

enladrillado. M. Pavimento hecho de ladrillos.

enladrillar. TR. Solar con ladrillos el pavimento.

enlagunar. TR. Convertir un terreno en laguna, cubrirlo de agua. U. t. c. prnl.

enlatado, da. PART. de enlatar. || **I.** ADJ. **1.** Dicho de un programa audiovisual: Que ha sido grabado antes de su emisión. U. t. c. s. m. *Este canal solo emite enlatados.* || **II.** M. **2.** Acción y efecto de enlatar. *Enlatado de espárragos.*

enlatar. TR. Meter en latas.

enlazador, ra. ADJ. Que enlaza. Apl. a pers., u. t. c. s.

enlazamiento. M. enlace.

enlazar. **I.** TR. **1.** Dar enlace a algo con otra cosa, como partes de un edificio, de una máquina, pensamientos, afectos, proposiciones, etc. U. t. c. prnl. || **2.** Aprisionar un animal arrojándole el lazo. || **II.** INTR. **3.** Dicho de un medio de transporte: Llegar a un lugar determinado, a hora conveniente para que los viajeros o las cosas transportadas puedan seguir en otro vehículo hacia su destino.

enlentecer. TR. lentificar. MORF. conjug. c. *agradecer.*

enlentecimiento. M. Acción y efecto de enlentecer.

enlevitado, da. ADJ. Vestido de levita.

enlistar. TR. **1.** *Méx.* alistar (|| inscribir en lista). || **2.** *Méx.* reclutar (|| alistar reclutas).

enlodamiento. M. Acción y efecto de enlodar.

enlodar. TR. **1.** Manchar, ensuciar con lodo. U. t. c. prnl. || **2.** Manchar, infamar, envilecer. *Enlodó el buen nombre de la familia.* U. t. c. prnl.

enloquecedor, ra. ADJ. Que hace enloquecer.

enloquecer. **I.** TR. **1.** Hacer perder el juicio a alguien. U. t. en sent. fig. *Me vas a enloquecer con tus preguntas.* || **II.** INTR. **2.** Volverse loco, perder el juicio. En algunos lugares de América, u. t. c. prnl. || **3.** encantar (|| gustar en gran medida). *Me enloquece el chocolate.* U. t. c. prnl. ¶ MORF. conjug. c. *agradecer.*

enloquecido, da. PART. de enloquecer. || ADJ. **1.** loco². *Lennon fue asesinado por un admirador enloquecido.* || **2.** Lleno de entusiasmo por algo. *Soy un enloquecido aficionado al bel canto.*

enloquecimiento. M. Acción y efecto de enloquecer.

enlosado. M. Suelo cubierto de losas.

enlosar. TR. Cubrir un suelo de losas unidas y ordenadas.

enlozar. TR. *Am.* Cubrir con un baño de loza o de esmalte vítreo.

enlucido. M. Capa de yeso, estuco u otra mezcla, que se da a las paredes de una casa con objeto de obtener una superficie tersa.

enlucir. TR. Poner una capa de yeso o mezcla a las paredes, techos o fachadas de los edificios. MORF. conjug. c. *lucir.*

enlutado, da. PART. de enlutar. || ADJ. **1.** Cubierto de luto. Apl. a pers., u. t. c. s. || **2.** Entristecido, afligido. *Rostros enlutados.* U. t. c. s.

enlutar. TR. **1.** Cubrir de luto. *Espero que la desgracia no enlute esta casa.* U. t. c. prnl. || **2.** oscurecer (|| privar de luz y claridad). *La noche enlutaba el ventanal.* U. t. c. prnl. || **3.** Entristecer, afligir. *Los ojos perdieron algo de la pena que habitualmente los enlutaba.*

enmadejar. TR. *Chile* y *Méx.* Hacer madeja el hilo en un palo indicado específicamente para ello.

enmaderar. TR. Cubrir con madera una superficie.

enmadrarse. PRNL. Dicho de un niño: Encariñarse excesivamente con su madre.

enmagrecer. TR. Poner flaco a alguien, disminuyendo su corpulencia o sus fuerzas. U. t. c. intr. y c. prnl. MORF. conjug. c. *agradecer.*

enmangar. TR. Poner mango a un instrumento.

enmaniguarse. PRNL. *Ant.* Dicho de un terreno: Convertirse en manigua. MORF. conjug. c. *averiguar.*

enmantar. TR. Cubrir con manta. U. t. c. prnl.

enmarañamiento. M. Acción y efecto de enmarañar.

enmarañar. TR. **1.** Enredar, revolver algo. *Enmarañar el cabello, una madeja de seda.* U. t. c. prnl. || **2.** Confundir, enredar un asunto haciendo más difícil su buen éxito. *Enmarañar un pleito, un negocio.* U. t. c. prnl.

enmarcar. TR. **1. encuadrar** (|| encerrar en un marco o cuadro). *Enmarcar un óleo.* || **2. encuadrar** (|| determinar los límites de algo). U. t. c. prnl. *Su vida se enmarca en un ambiente liberal.*

enmaridar. INTR. Dicho de una mujer: **casarse** (|| contraer matrimonio). U. t. c. prnl.

enmaromar. TR. Atar o sujetar con maroma, comúnmente a los toros y otros animales bravos.

enmascarado, da. PART. de **enmascarar.** || M. y F. Persona disfrazada.

enmascaramiento. M. Acción y efecto de **enmascarar** (|| encubrir).

enmascarar. TR. **1.** Cubrir el rostro con máscara. U. t. c. prnl. || **2.** Encubrir, disfrazar. *Enmascarar la verdad.* U. t. c. prnl.

enmasillar. TR. **1.** Sujetar con masilla los cristales a los bastidores de las ventanas o vidrieras. || **2.** Cubrir con masilla los repelos o las grietas de la madera.

enmelar. TR. **1.** Untar con miel. *Enmelar un pastel.* || **2.** Endulzar, hacer suave y agradable algo. *Tomar algo de fruta le sirvió para enmelar el largo camino.* ¶ MORF. conjug. c. *acertar.*

enmendadura. F. Acción y efecto de enmendar defectos.

enmendar. TR. **1.** Arreglar, quitar defectos. *Enmendar la redacción de un texto.* U. t. c. prnl. || **2.** Resarcir, subsanar los daños. *Son pequeños errores, fáciles de enmendar.* || **3.** *Mar.* Variar el rumbo o el fondeadero según las necesidades. ¶ MORF. conjug. c. *acertar.*

enmerdar. TR. Ensuciar, llenar de inmundicia. U. t. c. prnl. U. t. en sent. fig. *La difamación lo enmierda todo.* MORF. conjug. c. *acertar.*

enmienda. F. **1.** Acción y efecto de enmendar. || **2.** Propuesta de variante, adición o reemplazo de un proyecto, dictamen, informe o documento análogo. || **3.** *Der.* En los escritos, rectificación perceptible de errores materiales, la cual debe salvarse al final. || **poner ~.** LOC.VERB. **corregir** (|| enmendar).

enmierdar. TR. **enmerdar.** U. t. c. prnl. U. t. en sent. fig. *La vida política se enmierda con facilidad.*

enmohecer. **I.** TR. **1.** Cubrir de moho algo. U. t. c. intr. y m. c. prnl. || **II.** PRNL. **2.** Inutilizarse, caer en desuso, como el utensilio o máquina que se cubre de moho. ¶ MORF. conjug. c. *agradecer.*

enmohecimiento. M. Acción y efecto de enmohecer o enmohecerse.

enmollecer. TR. **ablandar.** U. t. c. prnl. MORF. conjug. c. *agradecer.*

enmonarse. PRNL. *Á. Andes.* **emborracharse** (|| beber hasta trastornarse los sentidos).

enmontarse. PRNL. **1.** Esconderse en el monte. || **2.** *Am.* Dicho de un campo: Cubrirse de maleza.

enmoquetar. TR. Cubrir de moqueta una superficie.

enmudecer. **I.** TR. **1.** Hacer callar. || **II.** INTR. **2.** Quedar mudo, perder el habla. || **3.** Guardar silencio cuando pudiera o debiera hablar. || **4.** Dicho de un sonido: Extinguirse o desaparecer. ¶ MORF. conjug. c. *agradecer.*

enmudecimiento. M. Acción y efecto de enmudecer.

enmugrar. TR. *Chile* y *Méx.* Cubrir de mugre. U. t. c. prnl.

enmustiar. TR. Poner **mustio** (|| marchito). U. t. c. prnl. MORF. conjug. c. *anunciar.*

ennegrecer. **I.** TR. **1.** Teñir de negro, poner negro. U. t. c. prnl. || **2. enturbiar** (|| oscurecer). *Su vida se está ennegreciendo.* || **II.** INTR. **3.** Ponerse negro o negruzco. U. t. c. prnl. || **4.** Ponerse muy oscuro, nublarse. U. t. c. prnl. *La tarde se ennegrecía.* ¶ MORF. conjug. c. *agradecer.*

ennegrecimiento. M. Acción y efecto de ennegrecer.

ennoblecedor, ra. ADJ. Que ennoblece. *Acción ennoblecedora.*

ennoblecer. TR. **1.** Hacer noble a alguien. U. t. c. prnl. || **2.** Adornar, enriquecer una ciudad, un templo, etc. *Es un hermoso edificio que ennoblece la ciudad.* || **3.** Ilustrar, dignificar, realzar y dar esplendor. *El trabajo ennoblece al hombre.* ¶ MORF. conjug. c. *agradecer.*

ennoblecimiento. M. Acción y efecto de ennoblecer.

ennoviarse. PRNL. coloq. Echarse novio. MORF. conjug. c. *anunciar.*

enojada. F. *Méx.* **enojo.**

enojar. TR. Causar enojo. U. m. c. prnl.

enojo. M. **1.** Sentimiento que suscita ira contra alguien. || **2.** Molestia, pesar, trabajo. U. m. en pl.

enojón, na. ADJ. *Chile* y *Méx.* Que con facilidad se enoja. U. t. c. s.

enojoso, sa. ADJ. Que causa enojo.

enología. F. Conjunto de conocimientos relativos a la elaboración de los vinos.

enológico, ca. ADJ. Perteneciente o relativo a la enología.

enólogo, ga. M. y F. Persona entendida en enología.

enorgullecedor, ra. ADJ. Que enorgullece. *Condecoración enorgullecedora.*

enorgullecer. TR. Llenar de orgullo. U. m. c. prnl. MORF. conjug. c. *agradecer.*

enorme. ADJ. Desmedido, excesivo.

enormidad. F. **1.** Tamaño excesivo o desmedido. || **2.** Exceso de maldad. || **3.** Despropósito, desatino.

enquiciar. TR. Poner la puerta, ventana u otra cosa en su quicio. U. t. c. prnl. MORF. conjug. c. *anunciar.*

enquistamiento. M. Acción y efecto de **enquistarse** (|| paralizarse un proceso).

enquistarse. PRNL. **1.** Dicho de un proceso o de una situación: **paralizarse** (|| detenerse). *Las negociaciones se han enquistado.* || **2.** *Med.* Dicho de un quiste: **desarrollarse** (|| acrecentarse).

enrabiar. TR. **encolerizar.** U. t. c. prnl. MORF. conjug. c. *anunciar.*

enrabietar. TR. **encolerizar.** U. t. c. prnl.

enracimarse. PRNL. **arracimarse.**

enraizamiento. M. Consolidación, arraigo.

enraizar. INTR. **arraigar** (|| echar raíces). U. t. c. prnl. MORF. conjug. c. *aislar.*

enramada. F. **1.** Conjunto de ramas de árboles espesas y entrelazadas naturalmente. || **2.** Adorno formado de ramas de árboles con motivo de alguna fiesta.

enramar. **I.** TR. **1.** Poner ramas en un sitio para adornarlo o para hacer sombra. || **II.** INTR. **2.** Dicho de un árbol: Echar ramas.

enranciar. TR. Poner o hacer rancio algo. U. t. c. prnl. MORF. conjug. c. *anunciar.*

enrarecer. I. TR. 1. Dilatar un cuerpo gaseoso haciéndolo menos denso. U. t. c. prnl. *El aire se va enrareciendo.* || 2. Hacer que escasee, que sea raro algo. U. t. c. intr. y m. c. prnl. *Algunas especies animales se enrarecen cada día más.* || 3. Contaminar el aire de un lugar. U. m. c. prnl. *Se enrarecía el aire con el humo de los cigarros.* || II. PRNL. 4. Dicho de las relaciones de amistad, cordialidad o entendimiento: **enfriarse.** ¶ MORF. conjug. c. *agradecer.*

enrarecimiento. M. Acción y efecto de enrarecer o enrarecerse.

enrasar. I. TR. 1. Llenar un recipiente hasta un determinado nivel o marca. || 2. *Arq.* Hacer que quede plana y lisa la superficie de una obra. *Enrasar una pared, un piso, un techo.* || 3. *Constr.* Igualar una obra con otra, de manera que tengan una misma altura. U. t. c. intr. || II. INTR. 4. *Fís.* Dicho de dos elementos de un aparato: Coincidir, alcanzar el mismo nivel.

enrasillar. TR. *Constr.* Colocar la rasilla a tope entre las barras de hierro que forman el armazón de los pisos.

enreciar. INTR. Engordar, ponerse fuerte. MORF. conjug. c. *anunciar.*

enredadera. F. 1. Planta de tallo voluble o trepador, que se enreda en las varas u otros objetos salientes. U. t. c. adj. || 2. Planta perenne, de la familia de las Convolvuláceas, de tallos largos, sarmentosos y trepadores, hojas en forma de flecha, brácteas lineales, flores en campanillas róseas, con cinco radios más oscuros, y fruto capsular con cuatro semillas pequeñas y negras. Abunda en los campos de España, y otras especies afines, pero exóticas, se cultivan en los jardines.

enredador, ra. ADJ. 1. Que enreda. Apl. a pers., u. t. c. s. || 2. coloq. Chismoso o embustero. U. t. c. s.

enredar. I. TR. 1. Prender con red. *Enredaban a los lobos y los mataban a tiros.* || 2. Enlazar, entretejer, enmarañar algo con otra cosa. U. t. c. prnl. *La cinta elástica se enredó en los cabellos.* || 3. Hacer algo más complicado. *Quiso solucionar el problema, pero lo enredó más.* || 4. Meter discordia o cizaña. *Siempre se las arreglan para enredar las cosas entre los vecinos.* || 5. Meter a alguien en obligación, ocasión o negocios comprometidos o peligrosos. *Los habían enredado en escandalosos negocios.* || 6. Entretener, hacer perder el tiempo. *Enreda al lector en una interminable disquisición terminológica.* || II. INTR. 7. Revolver, inquietarse, travesear. || III. PRNL. 8. Dicho de un asunto: Complicarse al sobrevenir dificultades. || 9. Aturdirse, hacerse un lío. *Ahora habla con más soltura, sin enredarse en sus discursos.* || 10. coloq. amancebarse.

enredijo. M. coloq. **enredo** (|| maraña).

enredo. M. 1. Maraña que resulta de trabarse entre sí desordenadamente los hilos u otras cosas flexibles. || 2. Travesura o inquietud. || 3. Engaño, mentira que ocasiona disturbios, disensiones y pleitos. || 4. Complicación difícil de salvar o remediar en algún suceso o lance de la vida. || 5. Confusión de ideas, falta de claridad en ellas. || 6. En los poemas épico y dramático y en la novela, conjunto de los sucesos, enlazados unos con otros, que preceden a la catástrofe o al desenlace. || 7. coloq. **amancebamiento.** || 8. *Méx.* Manta de lana que se enrolla alrededor de la cintura para formar enaguas. □ V. **comedia de ~.**

enredoso, sa. ADJ. 1. Lleno de enredos, obstáculos y dificultades. *Una historia larga y enredosa.* || 2. **enredador** (|| chismoso). U. t. c. s.

enrejado. M. 1. Conjunto de rejas de un edificio o el de las que cercan, en todo o en parte, un sitio cualquiera, como un jardín, un patio, etc. || 2. Labor, en forma de celosía, hecha por lo común de cañas o varas entretejidas.

enrejar[1]. TR. 1. Cercar con rejas, cañas o varas los huertos, jardines, etc. || 2. Poner rejas en los huecos de un edificio. *Enrejar ventanas.*

enrejar[2]. TR. 1. Á. *Caribe.* Poner maneas a un animal. || 2. Á. *Caribe.* Atar el ternero a una de las patas de la vaca para ordeñarla.

enrevesado, da. ADJ. Difícil, intrincado, oscuro o que con dificultad se puede entender. *Idioma enrevesado.*

enriar. TR. Meter en el agua por algunos días el lino, cáñamo o esparto para su maceración. MORF. conjug. c. *enviar.*

enrielar. TR. 1. *Chile.* **encarrilar** (|| dirigir por el camino conveniente). || 2. *Méx.* **encarrilar** (|| colocar sobre los carriles). U. t. c. prnl.

enripiar. TR. *Constr.* Echar o poner ripio en un hueco. MORF. conjug. c. *anunciar.*

enrique. M. hist. Moneda de oro equivalente a la dobla, mandada acuñar por Enrique IV de Castilla.

enriquecedor, ra. ADJ. Que enriquece. *Debate enriquecedor.*

enriquecer. I. TR. 1. Hacer rica a una persona, comarca, nación, fábrica, industria u otra cosa. *El negocio de las minas ha enriquecido a unos pocos.* U. m. c. prnl. || 2. Aumentar en una mezcla la proporción de uno de sus componentes. *Enriquecer uranio. Enriquecer un alimento con vitaminas.* || 3. Adornar, engrandecer. *Los parques y jardines enriquecen la ciudad.* || II. INTR. 4. Dicho de una persona, de un país, de una empresa, etc.: Prosperar notablemente. U. m. c. prnl. ¶ MORF. conjug. c. *agradecer.*

enriquecimiento. M. Acción y efecto de enriquecer.

enriscado, da. PART. de **enriscar.** || ADJ. Lleno de riscos.

enriscar. I. TR. 1. Levantar, elevar. || II. PRNL. 2. Guarecerse, meterse entre riscos y peñascos.

enristrar[1]. TR. Poner la lanza en el ristre.

enristrar[2]. TR. Hacer ristras. *Enristrar ajos.*

enrizar. TR. rizar. U. t. c. prnl.

enrocar. TR. Realizar el enroque. U. t. c. prnl.

enrocarse. PRNL. Dicho principalmente de un anzuelo, de un arte de pesca, de un ancla, etc.: Trabarse en las rocas del fondo del mar.

enrojar. TR. Calentar el horno.

enrojecer. I. TR. 1. Poner rojo algo con el calor o el fuego. U. t. c. prnl. *El cielo se enrojeció con los fuegos artificiales.* || 2. Dar color rojo. *La sangre enrojeció la almohada.* || II. INTR. 3. **ruborizarse.** || III. PRNL. 4. Dicho del rostro: **encenderse.** U. t. c. tr. ¶ MORF. conjug. c. *agradecer.*

enrojecimiento. M. Acción y efecto de enrojecer o enrojecerse.

enrolamiento. M. Acción y efecto de enrolar o enrolarse. □ V. **libreta de ~.**

enrolar. I. TR. 1. *Mar.* Inscribir a alguien en el rol o lista de tripulantes de un barco mercante. U. t. c. prnl. || II. PRNL. 2. Alistarse, inscribirse en el Ejército, en un partido político u otra organización.

enrollado, da. PART. de **enrollar.** || ADJ. Que tiene forma de rollo.

enrollamiento. M. Acción de **enrollar** (|| poner en forma de rollo).

enrollar. I. TR. **1.** Poner algo en forma de rollo. U. t. c. prnl. *Las hojas de las plantas se enrollan cuando padecen ciertas plagas.* ‖ **2.** coloq. Convencer a alguien para que haga algo, liar. *Enrolló a su padre para que le comprara la moto.* ‖ **II.** PRNL. **3.** coloq. Extenderse demasiado de palabra o por escrito. *En el examen me enrollé llenando dos folios.* ‖ **4.** coloq. Dejarse absorber por una actividad. *Me enrollé* CON *la novela hasta las tres de la mañana. Se enrolla* CON *la política.* ‖ **5.** coloq. Ser sociable. *Se enrolla muy bien* CON *sus compañeros.* ‖ **6.** coloq. Tener relaciones amorosas o eróticas, normalmente pasajeras. *Se ha enrollado* CON *una mujer mayor que él.*

enronchar. TR. *Chile.* Cubrir de ronchas. U. t. c. prnl.

enronquecer. TR. Poner ronco a alguien. U. t. c. intr. y c. prnl. MORF. conjug. c. *agradecer.*

enronquecimiento. M. **ronquera.**

enroñar. TR. Cubrir de orín un objeto de hierro. U. m. c. prnl.

enroque. M. En el juego del ajedrez, movimiento defensivo en que el rey y la torre del mismo bando cambian simultáneamente su posición.

enroscadura. F. Acción y efecto de enroscar.

enroscamiento. M. Acción y efecto de enroscar.

enroscar. TR. **1.** Poner algo en forma de rosca. U. t. c. prnl. *La serpiente se había enroscado.* ‖ **2.** Introducir algo a vuelta de rosca. *No debes enroscar todos los tornillos.*

enrostrar. TR. *Am.* reprochar.

enrubiar. TR. Poner rubio algo, especialmente el cabello. U. t. c. prnl. MORF. conjug. c. *anunciar.*

enrumbar. I. TR. **1.** *Á. Caribe.* **encaminar** (‖ enseñar a alguien por dónde ha de ir). ‖ **2.** *Á. Caribe.* Dirigir la conducta, la conversación o la educación de alguien. ‖ **II.** PRNL. **3.** *Á. Caribe.* Dirigirse o ir a determinado lugar.

ensabanado, da. PART. de **ensabanar.** ‖ ADJ. *Taurom.* Dicho de una res: Que tiene negras u oscuras la cabeza y las extremidades, y blanco el resto del cuerpo.

ensabanar. TR. Cubrir con sábanas. U. t. c. prnl.

ensacador, ra. ADJ. Que ensaca. Apl. a pers., u. t. c. s.

ensacar. TR. Meter algo en un saco.

ensaimada. F. Bollo formado por una tira de pasta hojaldrada dispuesta en espiral.

ensalada. F. **1.** Hortaliza o conjunto de hortalizas mezcladas, cortadas en trozos y aderezadas con sal, aceite, vinagre y otras cosas. ‖ **2.** coloq. Mezcla confusa de cosas sin conexión. *Una ensalada de tiros, explosiones y gritos.* ‖ **~ de frutas.** F. Mezcla de trozos de distintas frutas, generalmente con su propio zumo o en almíbar. ‖ **~ rusa.** F. **ensaladilla rusa.**

ensaladera. F. Fuente honda en que se sirve la ensalada.

ensaladilla. F. **ensaladilla rusa.** ‖ **~ rusa.** F. Ensalada de patata, guisantes, zanahoria y huevo cocido, mezclados con atún u otros ingredientes, que se sirve fría y aderezada con salsa mayonesa.

ensalitrar. TR. *Méx.* Cargar de salitre las tierras o las paredes. U. t. c. prnl.

ensalivar. TR. Llenar o empapar de saliva. U. t. c. prnl.

ensalmador, ra. M. y F. **1.** hist. Persona que tenía por oficio componer los huesos dislocados o rotos. ‖ **2.** hist. Persona de quien se creía que curaba con ensalmos.

ensalmo. M. Modo supersticioso de curar con oraciones y aplicación empírica de varias medicinas. ‖ **por ~.** LOC. ADV. Con gran rapidez y de modo desconocido.

ensalzador, ra. ADJ. Que ensalza. *Propaganda ensalzadora.*

ensalzamiento. M. Acción y efecto de ensalzar.

ensalzar. TR. **1.** **engrandecer** (‖ exaltar). *La película ensalza como héroe al violento.* ‖ **2.** **alabar** (‖ elogiar). *Escritores de todos los tiempos ensalzaron las delicias de la vida retirada.* U. t. c. prnl.

ensambenitar. TR. Poner a alguien el sambenito.

ensamblado. M. Obra de ensambladura.

ensamblador, ra. M. y F. Persona que ensambla.

ensambladura. F. Acción y efecto de ensamblar.

ensamblaje. M. **ensambladura.**

ensamblar. TR. Unir, juntar, ajustar dos o más piezas.

ensamble. M. **ensambladura.**

ensanchamiento. M. Acción y efecto de ensanchar.

ensanchar. TR. Extender, dilatar, aumentar la anchura de algo.

ensanche. M. **1.** Dilatación, extensión. ‖ **2.** Terreno dedicado a nuevas edificaciones en las afueras de una población. ‖ **3.** Conjunto de los edificios que en ese terreno se han construido.

ensangrentar. TR. Manchar o teñir de sangre. U. t. c. prnl. U. t. en sent. fig. *Las rivalidades en el trabajo acabaron por ensangrentar el ambiente.* MORF. conjug. c. *acertar.*

ensañamiento. M. **1.** Acción y efecto de ensañarse. ‖ **2.** *Der.* Circunstancia agravante de la responsabilidad criminal, que consiste en aumentar inhumanamente y de forma deliberada el sufrimiento de la víctima, causándole padecimientos innecesarios para la comisión del delito.

ensañarse. PRNL. Deleitarse en causar el mayor daño y dolor posibles a quien ya no está en condiciones de defenderse.

ensartar. TR. **1.** Pasar un hilo, cuerda, alambre, etc., por el agujero de varias cosas. *Ensartar perlas, cuentas, anillos.* ‖ **2.** Espetar, atravesar, introducir. *Lo ensartó con su espada.* ‖ **3.** Decir muchas cosas sin orden ni conexión. *Ensartó un buen número de lugares comunes.* ‖ **4.** *Am. Mer.* Hacer caer a alguien en un engaño o trampa. U. t. c. prnl. ‖ **5.** *Á. Caribe.* **enhebrar.**

ensayado. □ V. **peso ~.**

ensayador, ra. M. y F. Persona que tiene por oficio ensayar los metales preciosos.

ensayar. TR. **1.** Probar, reconocer algo antes de usarlo. *Ensayan armas nucleares en Mururoa.* ‖ **2.** Preparar el montaje y ejecución de un espectáculo antes de ofrecerlo al público. *En el teatro se está ensayando una obra de Ernesto Delgado.* ‖ **3.** Hacer la prueba de cualquier otro tipo de actuación, antes de realizarla. *Ensayamos paso a paso la ceremonia.* ‖ **4.** Probar la calidad de los minerales o la ley de los metales preciosos. *Cuando se traiga a ensayar mineral de dos yacimientos, hay que separar las muestras para evitar confusiones.*

ensaye. M. Comprobación de los metales que contiene la mena.

ensayismo. M. Cultivo del **ensayo** (‖ género literario).

ensayista. COM. Escritor de ensayos.

ensayística. F. **ensayo** (‖ género literario).

ensayístico, ca. ADJ. Perteneciente o relativo al ensayo o al ensayismo.

ensayo. M. **1.** Acción y efecto de ensayar. ‖ **2.** Escrito en el cual un autor desarrolla sus ideas sin necesidad de mostrar el aparato erudito. ‖ **3.** Género literario al que pertenece este tipo de escrito. ‖ **4.** Operación por la cual se averigua el metal o metales que contiene la mena, y la proporción en que cada uno está con el peso de ella. ‖ **5.** Análisis de la moneda para descubrir su ley. ▢ V. **teatro de ~, tubo de ~.**

ensebado. ▢ V. **palo ~.**

ensebar. TR. Untar con sebo.

enseguida. **I.** ADV. M. **1. inmediatamente.** ‖ **II.** ADV. T. **2.** En muy poco tiempo, sin tardanza. *Aprendes enseguida.*

ensenada. F. Parte de mar que entra en la tierra.

ensenar. TR. *Mar.* Meter en una ensenada una embarcación. U. m. c. prnl.

enseña. F. Insignia o estandarte.

enseñado, da. PART. de enseñar. ‖ ADJ. Educado, acostumbrado. *Está muy mal enseñado.*

enseñador, ra. ADJ. Que enseña. Apl. a pers., u. t. c. s.

enseñamiento. M. enseñanza.

enseñante. ADJ. Que enseña. Apl. a pers., u. t. c. s.

enseñanza. F. **1.** Acción y efecto de enseñar. ‖ **2.** Sistema y método de dar instrucción. ‖ **3.** Ejemplo, acción o suceso que sirve de experiencia, enseñando o advirtiendo cómo se debe obrar en casos análogos. ‖ **4.** pl. Conjunto de conocimientos, principios, ideas, etc., que se enseñan a alguien. ‖ **~ básica.** F. **enseñanza primaria.** ‖ **~ concertada.** F. La que se imparte en centros no estatales con subvención pública. ‖ **~ libre.** F. La que sigue el alumno que no tiene derecho a asistir a las clases de un centro estatal, pero se examina en él para que sus estudios tengan reconocimiento oficial. ‖ **~ media.** F. **enseñanza secundaria.** ‖ **~ mutua.** F. La que los alumnos más adelantados dan a sus condiscípulos bajo la dirección del maestro. ‖ **~ primaria.** F. Primera etapa del sistema educativo de un país. ‖ **~ secundaria.** F. La intermedia entre la primaria y la superior. ‖ **~ superior.** F. La que comprende los estudios especiales que requiere cada profesión o carrera; p. ej., derecho, medicina, etc. ‖ **primera ~.** F. **enseñanza primaria.** ‖ **segunda ~.** F. **enseñanza secundaria.** ▢ V. **libertad de ~, maestro de primera ~.**

enseñar. **I.** TR. **1.** Instruir, adoctrinar, amaestrar con reglas o preceptos. *No me han enseñado las cuatro reglas. Estoy enseñando a mi perro los hábitos más elementales.* ‖ **2.** Dar advertencia, ejemplo o escarmiento que sirva de experiencia y guía para obrar en lo sucesivo. *Les enseñó a andar por la vida.* ‖ **3.** Indicar, dar señas de algo. *Enséñale el camino que debe seguir para llegar antes.* ‖ **4.** Mostrar o exponer algo, para que sea visto y apreciado. *Nos van a enseñar la nueva sala del museo antes de inaugurarla.* ‖ **5.** Dejar aparecer, dejar ver algo involuntariamente. *Va enseñando los hombros.* ‖ **II.** PRNL. **6.** Acostumbrarse, habituarse a algo.

enseñoramiento. M. Acción y efecto de enseñorearse.

enseñorear. **I.** TR. **1.** Dominar algo. ‖ **II.** PRNL. **2.** Hacerse señor y dueño de algo.

enser. M. Utensilio, mueble, instrumento necesario o conveniente en una casa o para el ejercicio de una profesión. U. m. en pl. *Recogió lentamente sus enseres.*

enseriar. **I.** TR. **1.** *Á. Caribe.* Poner el semblante serio. ‖ **2.** *Á. Caribe.* Dar a un asunto o situación un aspecto grave y formal. U. t. c. prnl. ‖ **II.** PRNL. **3.** *Á. Caribe.* Ponerse serio mostrando algún disgusto o desagrado. ¶ MORF. conjug. c. *anunciar.*

ensiforme. ADJ. Que tiene forma de espada. *Hojas ensiformes.*

ensilado. M. Acción y efecto de ensilar.

ensilaje. M. ensilado.

ensilar. TR. Meter los granos, semillas y forraje en el silo.

ensillado, da. PART. de ensillar. ‖ ADJ. Dicho de una caballería: Que tiene el lomo hundido.

ensilladura. F. Entrante que tiene la columna vertebral en la región lumbar.

ensillar. TR. Poner la silla a una caballería.

ensimismamiento. M. **1.** Acción y efecto de ensimismarse. ‖ **2.** *Fil.* Recogimiento en la intimidad de uno mismo, desentendido del mundo exterior, por contraste con *alteración.*

ensimismarse. PRNL. **1. abstraerse.** ‖ **2.** Sumirse o recogerse en la propia intimidad.

ensoberbecer. TR. Causar soberbia en alguien. U. t. c. prnl. MORF. conjug. c. *agradecer.*

ensoberbecimiento. M. Acción y efecto de ensoberbecer.

ensobrado. M. Acción y efecto de ensobrar.

ensobrar. TR. Meter algo en un sobre.

ensogar. TR. Atar con soga.

ensombrecer. **I.** TR. **1.** Oscurecer, cubrir de sombras. U. t. c. prnl. ‖ **II.** PRNL. **2. entristecerse.** ¶ MORF. conjug. c. *agradecer.*

ensombrerado, da. ADJ. coloq. Que lleva puesto sombrero.

ensoñación. F. Acción y efecto de ensoñar.

ensoñador, ra. ADJ. Que tiene ensueños (‖ ilusiones). U. t. c. s.

ensoñar. INTR. Tener ensueños. U. t. c. tr. MORF. conjug. c. *contar.*

ensopada. F. *Á. Caribe.* Acción y efecto de ensoparse (‖ empaparse).

ensopar. TR. **1.** Hacer sopa con el pan, empapándolo. *Ensopar el pan en vino.* ‖ **2.** *Am.* Dicho de un líquido: **empapar** (‖ penetrar los poros). U. t. c. prnl.

ensordecedor, ra. ADJ. Que ensordece. *Ruido ensordecedor.*

ensordecer. **I.** TR. **1.** Ocasionar o causar sordera. ‖ **2.** Aminorar la intensidad de un sonido o ruido. *La tierra del camino ensordece el ruido de los cascos de los caballos.* ‖ **3.** Dicho de un sonido o de un ruido: Perturbar grandemente a alguien por su intensidad. ‖ **4.** *Fon.* Convertir una consonante sonora en sorda. U. t. c. prnl. ‖ **II.** INTR. **5.** Contraer sordera, quedarse sordo. ¶ MORF. conjug. c. *agradecer.*

ensordecimiento. M. Acción y efecto de ensordecer.

ensortijar. TR. Rizar, encrespar el cabello, un hilo, etc., en forma de sortija. U. t. c. prnl.

ensotarse. PRNL. Meterse, ocultarse en un soto.

ensuciador, ra. ADJ. Que ensucia. *Deméritos ensuciadores.*

ensuciamiento. M. Acción y efecto de ensuciar o ensuciarse.

ensuciar. **I.** TR. **1. manchar** (‖ poner sucio algo). U. t. c. prnl. ‖ **2.** Manchar el alma, la nobleza o la fama con vicios o con acciones indignas. ‖ **II.** PRNL. **3.** Hacer las necesidades corporales en la cama, camisa, calzones, etc. ‖ **4.** coloq. Dicho de una persona: Obtener interés o lucro indebido en el caudal, hacienda o negocio que maneja. ¶ MORF. conjug. c. *anunciar.*

ensueño. M. **1.** Sueño o representación fantástica de quien duerme. ‖ **2.** Ilusión, fantasía. ‖ **de ~.** LOC. ADJ. Ideal, fantástico, maravilloso.

entabicado. M. *Méx.* Acción y efecto de entabicar.

entabicar. TR. *Méx.* Colocar un tabique o un muro ligero.

entablado. M. **1.** Conjunto de tablas dispuestas y arregladas en un armazón. || **2.** Suelo formado de tablas.

entablamento. M. *Arq.* **cornisamento.**

entablar. **I.** TR. **1.** Dar comienzo a una conversación, batalla, amistad, etc. || **2.** En el juego de ajedrez, damas y otros análogos, colocar las piezas en sus respectivos lugares para empezar el juego. || **II.** INTR. **3.** *Am.* Igualar, empatar. || **III.** PRNL. **4.** Dicho del viento: Fijarse de una manera continuada en cierta dirección.

entable. ~ **de partida.** M. Inscripción en los libros parroquiales de la que en su día fue omitida.

entablerarse. PRNL. Dicho de un toro: En la corrida, aquerenciarse a los tableros del redondel, arrimándose a la barrera para defenderse de los toreros.

entablillar. TR. Asegurar con tablillas y vendaje un hueso roto.

entado. ~ **en punta.** LOC.ADJ. *Heráld.* Dicho del triángulo curvilíneo: Que tiene su vértice en el centro del escudo y su base en la parte inferior, dentro del cual se coloca alguna empresa, como la granada en las armas de España.

entalegar. TR. Meter algo en talegos o talegas para guardarlo o para algún fin.

entalingar. TR. *Mar.* Asegurar el chicote del cable o cadena al arganeo del ancla.

entalla. F. **entalladura.**

entallador, ra. M. y F. Persona que **entalla**[1].

entalladura. F. Acción y efecto de **entallar**[1].

entallamiento. M. **entalladura.**

entallar[1]. TR. **1.** Hacer figuras de relieve en madera, bronce, mármol, etc. || **2.** Hacer cortes en una pieza de madera para ensamblarla con otra.

entallar[2]. TR. **1.** Hacer o formar el talle de un vestido. || **2.** Ajustar la ropa a la cintura. U. t. c. prnl.

entallecer. INTR. Dicho de una planta o de un árbol: Echar tallos. U. t. c. prnl. MORF. conjug. *c. agradecer.*

entalpía. F. *Fís.* Magnitud termodinámica de un cuerpo, igual a la suma de su energía interna más el producto de su volumen por la presión exterior.

entarimado. M. Entablado del suelo.

entarimar. TR. Cubrir el suelo con tablas o tarima.

entarquinamiento. M. Operación de **entarquinar** (|| rellenar un terreno pantanoso).

entarquinar. TR. **1.** Ensuciar con légamo. || **2.** Rellenar y sanear un terreno pantanoso o una laguna por la sedimentación del légamo que lleva una corriente de agua.

éntasis. F. *Arq.* Parte más abultada del fuste de algunas columnas.

ente. M. **1.** *Fil.* Lo que es, existe o puede existir. || **2.** **entidad** (|| con personalidad jurídica, particularmente si se halla relacionada con el Estado). *Ente público Radiotelevisión Española.* || **3.** coloq. Sujeto ridículo o extravagante. || ~ **de razón.** M. *Fil.* El que no tiene ser real y verdadero y solo existe en el entendimiento. || ~ **local.** M. Cada una de las organizaciones que integran la Administración local.

entecado, da. ADJ. **enteco.**

entechar. TR. *Á. Caribe.* **techar.**

enteco, ca. ADJ. Enfermizo, débil, flaco. *Barba enteca.*

entejar. TR. Cubrir con tejas.

entelequia. F. **1.** En la filosofía de Aristóteles, fin u objetivo de una actividad que la completa y la perfecciona. || **2.** irón. Cosa irreal.

entelerido, da. ADJ. Sobrecogido de frío o de pavor. *Mirada entelerida.*

entena. F. **1.** Vara o palo curvos y muy largos a los cuales está asegurada la vela latina en las embarcaciones de esta clase. || **2.** Madero redondo o en rollo, de gran longitud y diámetro variable.

entenado, da. M. y F. **hijastro.**

entendederas. F. pl. coloq. **entendimiento.** U. m. en sent. irón.

entendedor, ra. ADJ. Que entiende. U. t. c. s.

entender[1]. **I.** TR. **1.** Tener idea clara de las cosas. *No entiendo bien su postura política.* || **2.** Conocer, penetrar. *Cuando oí esa expresión por primera vez, no supe entender su significado.* || **3.** Conocer el ánimo o la intención de alguien. *Ya te entiendo.* || **4.** Discurrir, inferir, deducir. *La policía nunca negocia con el secuestrador, por entender que esta fórmula recompensa al agresor.* || **5.** Creer, pensar, juzgar. *Yo entiendo que sería mejor actuar.* || **II.** INTR. **6.** Tener amplio conocimiento y experiencia en una materia determinada. *Entiende mucho DE vinos.* || **7.** Ocuparse en algo. *Entiende EN mecánica.* || **8.** Dicho de una autoridad: Tener facultad o jurisdicción para intervenir en una determinada materia. *El juez federal entiende EN esa causa.* || **III.** PRNL. **9.** Conocerse, comprenderse a sí mismo. || **10.** Dicho de dos o más personas: Ir de conformidad en un negocio, especialmente cuando tienen entre sí motivos especiales de confianza, secreto y amistad. || **11.** Dicho del hombre y una mujer: Tener alguna relación de carácter amoroso cautelosamente, sin querer que aparezca en público. || **12.** Saber manejar o disponer algo para algún fin. *Se entienden bien CON el nuevo proyecto.* || **13.** Avenirse con alguien para tratar determinados negocios. *Se entiende muy bien CON el director.* ¶ MORF. V. conjug. modelo. || **dar a ~ a alguien algo.** LOC.VERB. Decirlo de manera encubierta o indirecta, o manifestarlo de igual modo mediante acciones o gestos.

entender[2]. M. Opinión, criterio. *Según mi modesto entender, no está bien lo que hace.*

entendido, da. PART. de **entender**[1]. || ADJ. Sabio, docto, perito, diestro. U. t. c. s. || **no darse** alguien **por ~.** LOC. VERB. Hacerse el sordo, aparentar que no se ha **entendido** algo que le atañe. □ V. **valor ~.**

entendimiento. M. **1.** Potencia del alma, en virtud de la cual concibe las cosas, las compara, las juzga, e induce y deduce otras de las que ya conoce. || **2.** Razón humana. || **3.** Buen acuerdo, relación amistosa entre los pueblos o sus Gobiernos. || **de ~.** LOC.ADJ. Muy inteligente.

entenebrecer. TR. Oscurecer, llenar de tinieblas. U. t. c. prnl. MORF. conjug. *c. agradecer.*

entente. F. Pacto, acuerdo, convenio, especialmente entre países o Gobiernos, y, por ext., el que se hace entre empresas para limitar la competencia.

enterado, da. PART. de **enterar**. || **I.** ADJ. **1.** Conocedor y entendido. *El lector enterado.* U. t. c. s. || **II.** coloq. Que presume de saber mucho de algo. U. t. c. s. || **III.** **3.** Nota consistente en la palabra **enterado**, escrita al pie de un documento para hacer constar que la persona o autoridad a la que va destinado se ha dado cuenta de su contenido.

enteralgia. F. *Med.* Dolor intestinal agudo.

enteramente. ADV. M. Cabalmente, de manera plena, del todo.

enterar. TR. **1.** Informar a alguien de algo o instruirlo en cualquier negocio. U. t. c. prnl. ‖ **2.** *Am. Cen.* Pagar, entregar dinero. ‖ **3.** *Á. Andes* y *Chile.* Completar algo, especialmente una cantidad. *Enteraron una suma.*

entercarse. PRNL. obstinarse.

entereza. F. Valor, fortaleza de ánimo.

entérico, ca. ADJ. *Anat.* Perteneciente o relativo a los intestinos.

enterísima. □ V. hoja ~.

enteritis. F. *Med.* Inflamación de la membrana mucosa de los intestinos.

enterizo, za. ADJ. **1.** De una sola pieza. *Columna enteriza.* ‖ **2.** entero. *Enteriza voluntad.* □ V. **madera** ~.

enternecedor, ra. ADJ. Que enternece.

enternecer. TR. **1.** Mover a ternura, por compasión u otro motivo. *No consiguió enternecer al juez.* U. t. c. prnl. ‖ **2.** Ablandar, poner tierno y blando algo. *Enternecer los garbanzos.* U. t. c. prnl. ¶ MORF. conjug. c. *agradecer.*

enternecimiento. M. Acción y efecto de enternecer.

entero, ra. I. ADJ. **1.** Cabal, cumplido, completo, sin falta alguna. *Un año entero.* ‖ **2.** Que no se ha roto o que no ha sido fragmentado. *Ajos enteros.* ‖ **3.** Dicho de un animal: No castrado. ‖ **4.** Robusto, sano. ‖ **5.** Firme, con fortaleza y constancia de ánimo. ‖ **6.** Que no ha perdido la virginidad. ‖ **7.** Dicho de un valor postal: En filatelia, que lleva impreso su precio, a efectos de franqueo, y un dibujo, efigie o grabado. U. t. c. s. m. ‖ **II.** M. **8.** Unidad que mide la variación de la cotización de los valores en bolsa y que es la centésima parte del valor nominal de un título. ‖ **9. punto** (‖ unidad de tanteo). *La cotización subió dos enteros.* ‖ **10.** *Mat.* **número entero.** ‖ **11.** *Am. Cen.* y *Méx.* Billete de lotería. ‖ **partir** alguien **por entero.** LOC.VERB. *Mat.* Dividir una cantidad por un número compuesto de dos o más cifras. ‖ **por entero.** LOC.ADV. enteramente. □ V. **espejo de cuerpo** ~, **hoja** ~, **leche** ~, **número** ~, **parte entera, salva** ~.

enterocolitis. F. *Med.* Inflamación del intestino delgado, del ciego y del colon.

enteropatía. F. *Med.* Alteración patológica producida en el tracto digestivo.

enterrador, ra. M. y F. sepulturero.

enterramiento. M. **1.** Acción y efecto de enterrar (‖ un cadáver). ‖ **2.** sepulcro (‖ obra para dar sepultura a un cadáver). ‖ **3.** Hoyo que se hace en tierra para enterrar un cadáver. ‖ **4.** Lugar en que está enterrado un cadáver.

enterrar. I. TR. **1.** Poner debajo de tierra. *Enterrar una semilla.* ‖ **2.** Dar sepultura a un cadáver. ‖ **3.** Sobrevivir a alguien. *La abuela ha enterrado a toda la familia.* ‖ **4.** Hacer desaparecer algo debajo de otra cosa, como si estuviese oculto bajo tierra. *El trabajo es un buen recurso para enterrar problemas.* ‖ **5.** Arrinconar, relegar al olvido algún negocio, propósito, etc., como si desapareciera de entre lo existente. *Enterrar las ilusiones, las antiguas costumbres.* ‖ **6.** *Am.* Clavar, meter un instrumento punzante. ‖ **II.** PRNL. **7.** Dicho de una persona: Retirarse del trato de los demás, como si estuviera muerto. *Enterrarse en un monasterio. Enterrarse en una aldea.* ¶ MORF. conjug. c. *acertar.*

entibación. F. *Ingen.* Acción y efecto de entibar.

entibador. M. *Ingen.* Operario dedicado a la entibación.

entibar. TR. *Ingen.* En las minas, apuntalar, fortalecer con maderas y tablas las excavaciones que ofrecen riesgo de hundimiento.

entibiar. TR. **1.** Poner tibio un líquido, darle un grado de calor moderado. U. t. c. prnl. ‖ **2.** Templar, quitar fuerza a los afectos y pasiones. U. t. c. prnl. ¶ MORF. conjug. c. *anunciar.*

entibo. M. *Ingen.* En las minas, madero que sirve para apuntalar.

entidad. F. **1.** Colectividad considerada como unidad, y, en especial, cualquier corporación, compañía, institución, etc., tomada como persona jurídica. ‖ **2.** Valor o importancia de algo. *La escasa entidad del problema.* ‖ **3.** *Fil.* Aquello que constituye la esencia o la forma de una cosa. ‖ **de** ~. LOC.ADJ. De sustancia, de consideración, de valor.

entierrar. TR. *Chile.* Manchar de tierra. U. t. c. prnl.

entierro. M. **1.** Acción y efecto de **enterrar** (‖ un cadáver). ‖ **2.** Acompañamiento del cadáver que se lleva a enterrar. ‖ **3.** Sepulcro o sitio en que se ponen los difuntos. ‖ **4.** Tesoro enterrado. ‖ **~ de la sardina.** M. Fiesta carnavalesca que se celebra el Miércoles de Ceniza. ‖ **Santo Entierro.** M. Procesión del Viernes Santo, cuyo paso principal es el enterramiento de Cristo.

entiesar. TR. atiesar.

entintado. M. Acción y efecto de entintar.

entintar. TR. **1.** Manchar o cubrir con tinta. *Entintar la rotativa tipográfica.* ‖ **2.** teñir (‖ dar a algo un color distinto del que tenía). *Entintar un mueble.*

entiznar. TR. tiznar.

entoldado. M. **1.** Toldo o conjunto de toldos colocados y extendidos para dar sombra. ‖ **2.** Lugar cubierto con toldos.

entoldamiento. M. Acción y efecto de entoldar.

entoldar. TR. **1.** Cubrir con toldos los patios, calles, etc., para dar sombra. ‖ **2.** Dicho de las nubes: Cubrir el cielo. U. t. c. prnl.

entomófilo, la. ADJ. **1.** Aficionado a los insectos. ‖ **2.** *Bot.* Dicho de una planta: Que resulta polinizada por intermedio de los insectos.

entomología. F. Parte de la zoología que trata de los insectos.

entomológico, ca. ADJ. *Zool.* Perteneciente o relativo a la entomología.

entomólogo, ga. M. y F. Especialista en entomología.

entonación. F. **1.** Acción y efecto de entonar. ‖ **2.** *Ling.* Modulación de la voz en la secuencia de sonidos del habla, que puede reflejar diferencias de sentido, de intención, de emoción o de origen del hablante, y que, en algunas lenguas, puede ser significativa.

entonamiento. M. Acción y efecto de entonar.

entonar. I. TR. **1.** Cantar algo ajustándose al tono. U. t. c. intr. ‖ **2.** Dar determinado tono a la voz. ‖ **3.** Empezar a cantar algo para que los demás continúen en el mismo tono. ‖ **4.** Fortalecer, vigorizar el organismo. U. t. c. prnl. ‖ **5.** Beber alcohol de forma moderada. U. t. c. prnl. ‖ **6.** *Pint.* Graduar los colores y valores de una obra para obtener un efecto armónico. ‖ **II.** INTR. **7.** Dicho de colores o de cosas que tienen color: Armonizar unos con otros. U. t. c. tr.

entonces. I. ADV.T. **1.** En tal tiempo u ocasión. ‖ **II.** CONJ. ILAT. **2.** En tal caso, siendo así. ‖ **en aquel** ~. LOC. ADV. **entonces** (‖ en tal tiempo u ocasión). ‖ **~, o pues** ~. INTERJS. Se usan para dar a entender que, de lo que se el interlocutor, se saca lo que se tiene por obvia consecuencia.

entongar. TR. Apilar, formar tongadas.

entono. M. Acción y efecto de **entonar** (‖ la voz).

entontecer. **I.** TR. **1.** Poner a alguien tonto. ‖ **II.** INTR. **2.** Volverse tonto. U. t. c. prnl. ¶ MORF. conjug. c. *agradecer*.

entontecimiento. M. Acción y efecto de entontecer.

entorchado. M. **1.** Cuerda o hilo de seda, cubierto con otro hilo de seda, o de metal, retorcido alrededor para darle consistencia, usado para los instrumentos musicales y los bordados. ‖ **2.** hist. Bordado en oro o plata que, como distintivo, llevaban en las vueltas de las mangas del uniforme los militares, los ministros y otros altos funcionarios.

entorchar. TR. **1.** Cubrir un hilo o cuerda enroscándole otro de metal. ‖ **2.** Retorcer varias velas y formar con ellas antorchas.

entornar. TR. **1.** Volver la puerta o la ventana sin cerrarla del todo. ‖ **2.** Cerrar los ojos de manera incompleta. ‖ **3.** Inclinar, ladear, trastornar. U. t. c. prnl. *Se entornó la olla y se vertió el caldo*.

entorno. M. **1.** Conjunto de personas o cosas que rodean a alguien o algo. ‖ **2.** *Inform.* Conjunto de características que definen el lugar y la forma de ejecución de una aplicación. ‖ **3.** *Mat.* Conjunto de puntos vecinos a otro.

entorpecedor, ra. ADJ. Que entorpece.

entorpecer. TR. **1.** Poner torpe. *El calor entorpecía sus gestos*. U. t. c. prnl. ‖ **2.** Retardar, dificultar. *Su intervención entorpeció mis gestiones*. U. t. c. prnl. ‖ **3.** Turbar, oscurecer el entendimiento, el espíritu, el ingenio. U. t. c. prnl. ¶ MORF. conjug. c. *agradecer*.

entorpecimiento. M. Acción y efecto de entorpecer.

entrabar. TR. *Am. Mer.* Trabar, estorbar.

entrada. F. **1.** Espacio por donde se entra a alguna parte. ‖ **2.** Acción de entrar en alguna parte. ‖ **3.** Acto de ser alguien recibido en un consejo, comunidad, religión, etc., o de empezar a gozar de una dignidad, empleo, etc. ‖ **4.** En viviendas, hoteles, etc., pieza o estancia próxima a la puerta principal. ‖ **5.** Facultad para hacer algo. *Quise hablar a Juan del asunto, pero no me dio entrada*. ‖ **6.** Conjunto de personas que asisten a un espectáculo de pago. *En el estreno hubo una gran entrada*. ‖ **7.** Cantidad recaudada en un espectáculo. ‖ **8.** Billete que sirve para entrar en un teatro o en otro sitio. ‖ **9.** Principio de una obra, como una oración, un libro, etc. ‖ **10.** Amistad, favor o familiaridad en una casa o con una persona. *Tenía entrada en las mejores casas del barrio*. ‖ **11.** Prerrogativa y facultad de entrar en piezas señaladas de palacio dada a quienes tienen ciertas dignidades o empleos. ‖ **12.** **entrante** (‖ plato que se toma al principio de una comida). ‖ **13.** Ángulo entrante desprovisto de pelo en la parte superior de la frente. U. m. en pl. ‖ **14.** Caudal que entra en una caja o en poder de alguien. ‖ **15.** Anotación o asiento en una cuenta, fruto de un incremento de activo o de un decremento de pasivo. ‖ **16.** Cantidad que se entrega como primer pago para la compra de algo. ‖ **17.** Invasión que hace el enemigo en un país, ciudad, etc. ‖ **18.** Primeros días del año, del mes, de una estación, etc. *Esta labor se realiza a la entrada del otoño*. ‖ **19.** Cada uno de los datos que se incorpora a un conjunto ordenado de informaciones. ‖ **20.** *Dep.* En algunos deportes, encuentro

entre dos jugadores contrarios, generalmente con el fin de arrebatarle la pelota uno al otro. ‖ **21.** *Inform.* Conjunto de datos que se introducen en un sistema informático. ‖ **22.** *Ling.* En un diccionario o enciclopedia, cada una de las palabras o términos que se definen o traducen. ‖ **23.** *Mús.* Acción de comenzar cada voz o instrumento a tomar parte en la ejecución de una pieza musical, en cualquier momento de esta. ‖ **24.** *Á. Caribe* y *Méx.* En el béisbol, cada una de las divisiones del juego, que consta de un turno de batear para cada uno de los dos equipos. ‖ **~ general.** F. Asientos de la galería alta de un teatro. ‖ **~ por salida.** F. Visita breve. ‖ **de ~.** **I.** LOC.ADJ. **1.** Dicho del grado de una carrera: De ingreso. *La nueva ley beneficia al profesorado de entrada*. ‖ **II.** LOC.ADV. **2.** Para empezar. ‖ **de ~ por salida.** LOC. ADJ. *Méx.* Dicho de una empleada de hogar: Que no vive en la casa en la que trabaja. ☐ V. **bandeja de ~, derecho de ~, derechos de ~, tabla de doble ~**.

entradilla. F. Comienzo de una información periodística que resume lo más importante de ella.

entrado, da. PART. de entrar. ‖ ADJ. Dicho de una estación o de un período de tiempo: Que ya no están en su comienzo pero tampoco han llegado aún a su mitad.

entrador, ra. **I.** ADJ. **1.** *Am.* Simpático, agradable, por su locuacidad. U. t. c. s. ‖ **2.** *Á. Andes*. Que acomete fácilmente empresas arriesgadas. ‖ **3.** *Chile*. Entrometido, intruso. ‖ **II.** M. **4.** Encargado de llevar las reses al matadero para su sacrificio.

entramado. M. **1.** Conjunto de láminas de metal o tiras de material flexible que se cruzan entre sí. ‖ **2.** Este mismo entrecruzamiento. U. t. en sent. fig. *Un entramado de calles*. ‖ **3.** Conjunto de ideas, sentimientos, opiniones, etc., que se entrecruzan en un texto. ‖ **4.** *Arq.* Armazón de madera que sirve para hacer una pared, tabique o suelo, rellenando los huecos con fábrica o tablazón.

entrambos, bas. ADJ. pl. **ambos.** U. t. c. pron. pl.

entrampar. **I.** TR. **1.** Engañar artificiosamente. *Entrampó a los ministros en viejos problemas doctrinales*. ‖ **2.** Hacer que un animal caiga en la trampa. U. t. c. prnl. ‖ **II.** PRNL. **3.** Meterse en un atolladero. ‖ **4.** coloq. **endeudarse**.

entrampillar. TR. Prender, capturar a alguien.

entrante. **I.** ADJ. **1.** Que entra. *El director general entrante*. ‖ **2.** Dicho de una semana, de un mes o de un año: Inmediatamente próximos en el futuro. ‖ **II.** M. **3.** Plato que se toma al principio de una comida. U. m. en pl. ‖ **4.** Parte de una cosa que forma una concavidad con respecto de ella.

entraña. F. **1.** Cada uno de los órganos contenidos en las principales cavidades del cuerpo humano y de los animales. U. m. en pl. ‖ **2.** Parte más íntima o esencial de una cosa o asunto. *La entraña de los textos de Ortega*. ‖ **3.** pl. Cosa más oculta y escondida. *Las entrañas de la tierra*. ‖ **4.** pl. Índole y genio de una persona. *Hombre de buenas entrañas*. ‖ **5.** pl. Parte que está en medio. *Las entrañas de la cerradura*. ‖ **echar** alguien **las ~s.** LOC.VERB. coloq. Vomitar con mucha violencia y muchas ansias. ‖ **no tener ~s.** LOC.VERB. coloq. Ser cruel, desalmado. ‖ **sacar las ~s** a alguien. LOC.VERB. **1.** coloq. Matarlo o hacerle mucho mal. Se dice ordinariamente amenazando. ‖ **2.** coloq. Hacerle gastar cuanto tiene. ☐ V. **pedazo de las ~s.**

entrañable. ADJ. Íntimo, muy afectuoso. *Amistad entrañable*.

entrañar. TR. **1.** Introducir en lo más hondo. U. t. c. prnl. *Y la frase se entraña y golpea muy adentro.* ‖ **2.** Contener, llevar dentro de sí. *La elección entraña riesgos.*

entrapajar. TR. Envolver con trapos alguna parte del cuerpo herida o enferma.

entrapar. **I.** TR. **1.** Llenar el cabello de manteca y polvos para que abulte. ‖ **II.** PRNL. **2.** Dicho de un paño o de una tela: Llenarse de polvo y mugre, de modo que no se pueda limpiar.

entrar. **I.** INTR. **1.** Ir o pasar de fuera adentro. *Entrar en casa. Entrar a casa.* U. t. c. prnl. U. t. en sent. fig. *El parto fue bien y la niña entró en la vida de forma feliz.* ‖ **2.** Pasar por una parte para introducirse en otra. *Entrar por la puerta. Entrar por la ventana.* ‖ **3.** Dicho de una cosa: Encajar o poderse meter en otra, o dentro de otra. *El libro no entra en el cajón del estante. El sombrero entra en la cabeza.* ‖ **4.** Penetrar o introducirse. *El clavo entra en la pared.* ‖ **5.** Empezar a formar parte de una corporación. *Entrar en una sociedad comercial. Entrar en una academia.* ‖ **6.** Dedicarse a algo, especialmente a una carrera o a una profesión. *Entrar en la milicia, en religión.* U. t. c. prnl. ‖ **7.** Dicho de una estación o de cualquier otra parte del año: Empezar o tener principio. *El verano entra el 21 de junio. La Cuaresma entra este año el día tantos de tal mes.* ‖ **8.** Dicho de afectos, estados de ánimo o enfermedades: Empezar a dejarse sentir o a ejercer su influencia. *Entrar el mal humor, la pereza, el tifus, el sueño.* ‖ **9.** Formar parte de la composición de ciertas cosas. *Los cuerpos que entran en una mezcla.* ‖ **10.** Dar principio a la acción de algo. *Entrar A discutir algo.* ‖ **11.** Empezar a sentir lo que el nombre signifique. *Entrar EN calor.* ‖ **12.** Intervenir o tomar parte en lo que el nombre signifique. *Entrar EN un negocio, EN una conjuración, EN un torneo, EN disputas.* ‖ **13.** Formar parte de lo que el nombre signifique. *El postre entra EN el menú.* ‖ **14.** Empezar a estar en la edad que se mencione. *Fulano ha entrado ya EN la pubertad, o ha entrado ya EN los sesenta años.* ‖ **15.** Dicho de un río: Desaguar, desembocar en otro o en el mar. ‖ **16.** Acometer, arremeter. *El toro no entra.* ‖ **17.** Ser admitido o tener entrada en alguna parte. *Mi hermano entra en palacio.* ‖ **18.** Llegar a ejercer influencia en el ánimo de alguien. *A Fulano no hay por donde entrarle.* ‖ **19.** Ser contado con otros en alguna línea o clase. *El hombre entra en la clase de los omnívoros.* ‖ **20.** Dicho de un número de cosas: Emplearse para un fin. *Todas estas piezas entraron en su construcción.* ‖ **21.** Empezar a tener conocimiento o práctica de algo. *No pude entrarle a la lengua griega.* ‖ **22.** coloq. Dicho de una persona o de una cosa: Desagradar o ser antipática o repulsiva. *Su nuera no le entra.* ‖ **23.** *Mús.* Empezar a cantar o tocar en el momento preciso. ‖ **II.** TR. **24.** *Dep.* Dicho de un jugador: En el fútbol y otros deportes, acometer a otro para arrebatarle el balón o atajar su avance. ‖ **III.** PRNL. **25.** Meterse o introducirse en alguna parte. ‖ ~ alguien **a servir.** LOC. VERB. Ser admitido por criado de otra persona en una casa. ‖ ~ **bien** algo. LOC. VERB. Venir al caso u oportunamente. ‖ ~**le** a alguien. LOC. VERB. *Méx.* Golpearlo. ‖ ~**le** a alguien **recio.** LOC. VERB. *Méx.* Comer en exceso. ‖ **no** ~**le** a alguien. LOC. VERB. **1.** coloq. Dicho de una cosa: No ser de su aprobación o dictamen; repugnarle, no creerla. *Su modo de vida no le entra a su padre.* ‖ **2.** coloq. Dicho de un conocimiento o de una ciencia: No poder ser aprendidos o comprendidos. *A este muchacho no le entran las matemáticas.*

entre. PREP. **1.** Denota la situación o estado en medio de dos o más cosas. *Nicaragua está entre Honduras y Costa Rica.* ‖ **2.** Denota estado intermedio. *Entre dulce y agrio.* ‖ **3.** Como uno de. *Lo cuento entre mis amigos.* ‖ **4.** Denota cooperación de dos o más personas o cosas. *Entre cuatro se comieron un cabrito.* ‖ **5.** Según costumbre de. *Entre sastres.* ‖ **6.** Expresa idea de reciprocidad. *Hablaron entre ellos.* ‖ ~ **más.** LOC. CONJUNT. *Am. Cen.* y *Méx.* Cuanto más. *Entre más se tiene, más se desea.* ‖ ~ **menos.** LOC. CONJUNT. *Am. Cen.* y *Méx.* Cuanto menos. *Entre menos estudies, menos sabrás.*

entreabierto, ta. PART. IRREG. de **entreabrir.**

entreabrir. TR. Abrir un poco o a medias una puerta, ventana, etc. U. t. c. prnl. MORF. part. irreg. **entreabierto.**

entreacto. M. **1.** En una representación dramática, **intermedio** (‖ espacio de tiempo durante el cual se interrumpe la representación). ‖ **2.** Baile que se ejecuta en este intermedio.

entrecalle. F. *Arq.* Separación entre dos molduras.

entrecano, na. ADJ. **1.** Dicho del cabello o de la barba: A medio encanecer. ‖ **2.** Dicho de una persona: Que tiene el cabello entrecano.

entrecava. F. Cava ligera y no muy honda.

entrecejo. M. Espacio que hay entre las cejas.

entrecerrar. TR. Entornar una puerta, ventana, postigo, etc. U. t. c. prnl. MORF. conjug. c. *acertar.*

entrechocamiento. M. Acción y efecto de entrechocar.

entrechocar. TR. Dicho de dos cosas: Chocar entre sí. U. t. c. prnl.

entreclaro, ra. ADJ. Que tiene alguna, aunque poca, claridad. *Noche entreclara.*

entrecoger. TR. Coger a alguien o algo de manera que no se pueda escapar, o desprender, sin dificultad.

entrecomar. TR. Poner entre comas una o varias palabras.

entrecomillado. M. **1.** Acción o efecto de entrecomillar. ‖ **2.** Palabra o serie de palabras citadas entre comillas.

entrecomillar. TR. Poner entre comillas una o varias palabras.

entrecortado, da. PART. de **entrecortar.** ‖ ADJ. Dicho de una voz o de un sonido: Que se emiten con intermitencias.

entrecortar. TR. Hacer algo de manera intermitente, en especial hablar, respirar o emitir un sonido.

entrecot. M. Trozo de carne sacado de entre costilla y costilla de la res. MORF. pl. **entrecots.**

entrecruzamiento. M. Acción y efecto de entrecruzar.

entrecruzar. TR. Cruzar dos o más cosas entre sí, enlazar. U. t. c. prnl.

entrecubierta. F. *Mar.* Espacio que hay entre las cubiertas de una embarcación. U. m. en pl.

entrecuesto. M. columna vertebral.

entredicho. M. **1.** Duda que pesa sobre el honor, la virtud, calidad, veracidad, etc., de alguien o algo. *PONER, QUEDAR, ESTAR en entredicho.* ‖ **2.** Censura eclesiástica por la cual se prohíbe a ciertas personas o en determinados lugares el uso de los divinos oficios, la administración y recepción de algunos sacramentos y la sepultura eclesiástica.

entredormirse. PRNL. Caer en un estado próximo al sueño, sin pérdida total de la consciencia. MORF. conjug. c. *dormir.*

entredós. M. **1.** Tira bordada o de encaje que se cose entre dos telas. ‖ **2.** Armario de madera fina y de poca altura que suele colocarse en el lienzo de pared comprendido entre dos balcones de una sala. ¶ MORF. pl. **entredoses.**

entrefino, na. ADJ. **1.** De una calidad media entre lo fino y lo basto. *Tela entrefina.* ‖ **2.** De grosor o tamaño entre lo delgado y lo grueso. *Fideos entrefinos.*

entrega. F. **1.** Acción y efecto de entregar. ‖ **2.** Cantidad de cosas que se entregan de una vez. ‖ **3.** Cada uno de los cuadernos impresos en que se divide y expende un libro publicado por partes, o cada libro o fascículo de una serie coleccionable. ‖ **4.** Atención, interés, esfuerzo, etc., en apoyo de una o varias personas, una acción, un ideal, etc. ‖ **5.** *Arq.* Parte de un sillar o madero que se introduce en la pared. ☐ V. **novela por ~s.**

entregador, ra. ADJ. Que entrega. Apl. a pers., u. t. c. s.

entregamiento. M. Acción y efecto de entregar.

entregar. **I.** TR. **1.** Poner en manos o en poder de otro a alguien o algo. ‖ **II.** PRNL. **2.** Ponerse en manos de alguien, sometiéndose a su dirección o arbitrio. *Se entregó a la policía.* ‖ **3.** Dedicarse enteramente a algo, emplearse en ello. *Se entregó a sus aficiones.* ‖ **4.** Declararse vencido o sin fuerzas para continuar un empeño o trabajo. ‖ **~la.** LOC.VERB. coloq. **morir** (‖ llegar al término de la vida).

entrego. M. Acción y efecto de entregar.

entreguerras. de ~. LOC.ADJ. **1.** Dicho de una cosa: Que ocupa el período de paz entre dos guerras consecutivas. ‖ **2.** Se dice en especial del período que transcurrió, en la historia europea, entre la Primera y la Segunda Guerra Mundial.

entreguismo. M. **1.** Apocamiento del ánimo que induce a aceptar de antemano la victoria del contrario. ‖ **2.** Especialmente en política, sometimiento a las ideas ajenas, deponiendo las propias. ‖ **3.** *Á. Caribe.* Tendencia a vender los intereses patrios a intereses extranjeros.

entreguista. ADJ. Que implica entrega o abandono y renuncia a la lucha. *Persona, actitud entreguista.* Apl. a pers., u. t. c. s.

entrejuntar. TR. *Carp.* Juntar y enlazar los cuarterones o tableros de las puertas, ventanas, etc., con los travesaños.

entrelargo, ga. ADJ. Dicho de una cosa: Que es algo más larga que ancha.

entrelazado. M. **1.** Acción y efecto de entrelazar. ‖ **2.** Motivo ornamental formado por elementos que se entrelazan.

entrelazamiento. M. Acción y efecto de entrelazar.

entrelazar. TR. Enlazar, entretejer algo con otra cosa.

entrelazo. M. entrelazado (‖ motivo ornamental).

entrelínea. F. Cosa escrita entre dos líneas.

entrelinear. TR. Escribir algo que se intercala entre dos líneas.

entreliño. M. Espacio de tierra que en las viñas u olivares se deja entre liño y liño.

entremedias. **I.** ADV.L. **1.** Entre dos lugares o cosas. *En la pared había dos cuadros y, entremedias, un espejo.* ‖ **II.** ADV.T. **2.** Entre dos momentos o tiempos. *Hubo dos reuniones y, entremedias, solo algunos contactos.* ‖ **de,** o **por, ~ de.** LOCS. PREPOS. **entre** (‖ con idea de situación o estado en medio de dos o más cosas).

entremés. M. **1.** Cada uno de los alimentos que se ponen en las mesas para picar de ellos mientras se sirven los platos, y que modernamente se suelen tomar antes de la comida, p. ej., aceitunas, rodajas de embutido, jamón, etc. U. m. en pl. ‖ **2.** Pieza dramática jocosa y de un solo acto, que solía representarse entre una y otra jornada de la comedia, y primitivamente alguna vez en medio de una jornada.

entremesil. ADJ. Perteneciente o relativo al entremés.

entremesista. COM. Persona que compone entremeses o los representa.

entremeter. **I.** TR. **1.** Meter algo entre otras cosas. *Entremetió el libro en la maleta.* ‖ **II.** PRNL. **2.** entrometerse.

entremetido, da. PART. de **entremeter.** ‖ ADJ. **entrometido.** U. t. c. s.

entremezclar. TR. Mezclar unas cosas con otras varias.

entrenador, ra. M. y F. Persona que entrena.

entrenamiento. M. Acción y efecto de entrenar.

entrenar. TR. Preparar o adiestrar a personas o animales, especialmente para la práctica de un deporte. Apl. a pers., u. t. c. intr. y c. prnl. *El corredor de fondo se entrena a diario.*

entreno. M. entrenamiento.

entrenudo. M. Parte del tallo de algunas plantas comprendida entre dos nudos.

entrenzar. TR. Disponer algo en forma de trenza.

entreoír. TR. Oír algo sin percibirlo bien o entenderlo del todo. MORF. conjug. c. *oír.*

entrepanes. M. pl. Tierras no sembradas, entre otras que lo están.

entrepaño. M. **1.** *Arq.* Parte de la pared comprendida entre dos pilastras, dos columnas o dos huecos. ‖ **2.** *Carp.* Anaquel del estante o de la alacena.

entrepelado, da. ADJ. *Veter.* Dicho del ganado caballar: Cuya capa tiene, sobre fondo oscuro, pelos blancos entremezclados.

entrepierna. F. **1.** Parte interior de los muslos. ‖ **2.** Conjunto de las piezas cosidas, entre las hojas de los calzones y pantalones, a la parte interior de los muslos, hacia la horcajadura.

entrepiso. M. Piso que se construye quitando parte de la altura de uno, entre este y el superior.

entreplanta. F. entrepiso.

entreportón. M. *Á. Caribe.* En la casa tradicional, puerta que se encuentra después de la puerta o portón y que separa el zaguán del corredor o vestíbulo.

entrepuente. M. *Mar.* entrecubierta. U. m. en pl.

entrerrenglonadura. F. Cosa escrita en el espacio que media entre dos renglones.

entrerriano, na. ADJ. **1.** Natural de Entre Ríos. U. t. c. s. ‖ **2.** Perteneciente o relativo a esta provincia de la Argentina.

entresaca. F. Acción y efecto de entresacar.

entresacar. TR. **1.** Sacar algo de entre otra cosa. *Entresacó de la grabación la parte más sustancial.* ‖ **2.** Aclarar un monte, cortando algunos árboles, o espaciar las plantas que han nacido muy juntas en un sembrado. ‖ **3.** Cortar parte del cabello cuando este es demasiado espeso.

entresemana. ADV.T. De lunes a viernes, durante la semana normal de trabajo.

entresijo. M. **1.** mesenterio. ‖ **2.** Cosa oculta, interior, escondida. ‖ **tener muchos ~s.** LOC.VERB. **1.** Dicho de una cosa: Tener muchas dificultades o enredos no fáciles de entender o desatar. ‖ **2.** Dicho de una persona: Tener mucha reserva, proceder con cautela y disimulo en lo que hace o discurre.

entresuelo. M. **1.** Piso situado entre el bajo y el primero de una casa. ‖ **2.** Piso bajo levantado más de un metro sobre el nivel de la calle, y que debajo tiene sótanos o piezas abovedadas.

entresueño. M. **1.** Estado intermedio entre la vigilia y el sueño, que se caracteriza por la disminución de lucidez de la consciencia. ‖ **2. duermevela.**

entretanto. ADV.T. Durante el tiempo intermedio expresado. U. t. c. s. m. *En el entretanto, volvió a escribir.*

entretecho. M. *Chile.* Desván, sobrado.

entretejer. TR. **1.** Meter en la tela que se teje hilos diferentes para que hagan distinta labor. ‖ **2.** Trabar y enlazar algo con otra cosa. *Entretejen con su pelo estambres de lana roja.*

entretejimiento. M. Acción y efecto de entretejer.

entretela. F. **1.** Lienzo, holandilla, algodón, etc., que se pone entre la tela y el forro de una prenda de vestir. ‖ **2.** pl. coloq. **entrañas** (‖ cosa más oculta y escondida).

entretención. F. *Am.* Entretenimiento, diversión.

entretenedor, ra. ADJ. Que entretiene. Apl. a pers., u. t. c. s.

entretener. I. TR. **1.** Distraer a alguien impidiéndole hacer algo. U. t. c. prnl. ‖ **2.** Hacer menos molesto y más llevadero algo. *Entretener la espera.* ‖ **3.** Divertir, recrear el ánimo de alguien. ‖ **4.** Dar largas, con pretextos, al despacho de un negocio. ‖ **II.** PRNL. **5.** Divertirse jugando, leyendo, etc. ¶ MORF. conjug. c. *tener.*

entretenido, da. PART. de **entretener.** ‖ **I.** ADJ. **1.** Chistoso, divertido, de genio y humor festivo y alegre. ‖ **II.** F. **2.** Querida a quien su amante sufraga los gastos.

entretenimiento. M. **1.** Acción y efecto de entretener o entretenerse. ‖ **2.** Cosa que sirve para entretener o divertir. ‖ **3.** Mantenimiento o conservación de alguien o algo. *Manual de entretenimiento de un aparato.*

entretiempo. M. Tiempo de primavera o de otoño próximo al verano y de temperatura suave.

entrever. TR. **1.** Ver confusamente algo. ‖ **2.** Conjeturar algo, sospecharlo, adivinarlo. *Detrás de tan amables palabras se entreveían sus intenciones.* ¶ MORF. conjug. c. *ver;* part. irreg. **entrevisto.**

entreverado, da. PART. de **entreverar.** ‖ ADJ. Que tiene interpoladas cosas diferentes. *Historia entreverada de ironía y humor.* ☐ V. **tocino ~.**

entreverar. I. TR. **1.** Mezclar, introducir algo entre otras cosas. ‖ **II.** PRNL. **2.** *Á. Andes* y *Á. R. Plata.* Dicho de personas, de animales o de cosas: Mezclarse desordenadamente.

entrevero. M. **1.** *Á. Andes, Á. guar., Á. R. Plata* y *Chile.* Acción y efecto de entreverarse. ‖ **2.** *Á. Andes, Á. R. Plata* y *Chile.* Confusión, desorden.

entrevía. F. Espacio libre que queda entre los dos rieles de un ferrocarril.

entrevista. F. **1.** Acción y efecto de entrevistar o entrevistarse. ‖ **2.** Concurrencia y conferencia de dos o más personas en lugar determinado, para tratar o resolver un negocio.

entrevistado, da. PART. de **entrevistar.** ‖ ADJ. Que es objeto de una entrevista. U. t. c. s.

entrevistador, ra. M. y F. Persona que hace entrevistas.

entrevistar. I. TR. **1.** Mantener una conversación con una o varias personas acerca de ciertos extremos, para informar al público de sus respuestas. ‖ **II.** PRNL. **2.** Tener una conversación con una o varias personas para un fin determinado.

entrevisto, ta. PART. IRREG. de **entrever.**

entripado, da. ADJ. **1.** Que está o molesta en las tripas. *Dolor entripado.* Apl. a una indisposición, u. t. c. s. m. ‖ **2.** *Ant.* Empapado, mojado.

entristecedor, ra. ADJ. Que entristece. *Noticias entristecedoras.*

entristecer. I. TR. **1.** Causar tristeza. ‖ **2.** Poner de aspecto triste. *Con un toque de pincel entristeció el rostro del cuadro.* ‖ **II.** PRNL. **3.** Ponerse triste y melancólico. ¶ MORF. conjug. c. *agradecer.*

entristecido, da. PART. de **entristecer.** ‖ ADJ. Que transmite, que desprende tristeza. *Entristecido ambiente.*

entristecimiento. M. Acción y efecto de entristecer o entristecerse.

entrojar. TR. Guardar en la troj frutos, y especialmente cereales.

entrometerse. PRNL. Dicho de una persona: Inmiscuirse en lo que no le toca.

entrometido, da. PART. de **entrometerse.** ‖ ADJ. Dicho de una persona: Que tiene costumbre de entrometerse. U. t. c. s.

entrometimiento. M. Acción y efecto de entrometerse.

entrón, na. ADJ. *Méx.* **aventado** (‖ audaz).

entronar. TR. entronizar.

entroncamiento. M. Acción y efecto de entroncar.

entroncar. I. TR. **1.** Establecer o reconocer una relación o dependencia de alguien o de algo con otra persona o cosa. *Paisajes que lo entroncan con pintores del siglo XIX.* ‖ **II.** INTR. **2.** Tener parentesco con un linaje o persona. U. t. c. prnl. ‖ **3.** Contraer parentesco con un linaje o persona. U. t. c. prnl. ‖ **4.** *Am.* Dicho de dos líneas de transporte: **empalmar.** U. t. c. prnl.

entronización. F. Acción y efecto de entronizar.

entronizar. TR. **1.** Colocar en el trono. ‖ **2.** Ensalzar a alguien, colocarlo en alto estado. ‖ **3.** Colocar una imagen o una representación iconográfica en un lugar preferente para que sea venerada o admirada.

entronque. M. **1.** Relación de parentesco entre personas que tienen un tronco común. ‖ **2.** *Ant.* y *Méx.* Acción y efecto de **entroncar** (‖ empalmar).

entropía. F. **1.** *Fís.* Magnitud termodinámica que mide la parte no utilizable de la energía contenida en un sistema. ‖ **2.** *Fís.* Medida del desorden de un sistema. Una masa de una sustancia con sus moléculas regularmente ordenadas, formando un cristal, tiene entropía mucho menor que la misma sustancia en forma de gas con sus moléculas libres y en pleno desorden.

entrópico, ca. ADJ. *Fís.* Perteneciente o relativo a la entropía.

entropillar. TR. *Á. R. Plata.* Acostumbrar a los caballos a vivir en tropilla.

entropión. M. *Med.* Inversión hacia dentro del borde del párpado inferior por contracción muscular o por retracción cicatrizal.

entubación. F. Acción y efecto de entubar.

entubar. TR. **1.** Poner tubos a alguien o algo. ‖ **2.** Encauzar una corriente mediante un tubo. *Entubar un río.*

entuerto. M. **1.** Agravio que se hace a alguien. ‖ **2.** pl. Dolores de vientre que suelen sobrevenir a las mujeres poco después de haber parido.

ntumecer. TR. Impedir, entorpecer el movimiento o acción de un miembro o nervio. U. m. c. prnl. MORF. conjug. c. *agradecer.*

ntumecimiento. M. Acción y efecto de entumecer.

ntumirse. PRNL. Dicho de un miembro o de un músculo: entumecerse.

ntupir. TR. Obstruir o cerrar un conducto. U. t. c. prnl.

nturbiador, ra. ADJ. Que enturbia.

nturbiamiento. M. Acción y efecto de enturbiar.

nturbiar. TR. 1. Hacer o poner turbio algo. *Enturbiar el agua.* U. t. c. prnl. || 2. Oscurecer lo que estaba claro y bien dispuesto. U. t. c. prnl. *Enturbiarse las relaciones.* || 3. Turbar, alterar el orden. *No había problemas que enturbiasen la paz.* ¶ MORF. conjug. c. *anunciar.*

ntusiasmar. TR. 1. Infundir entusiasmo. *Fracasó en su intento de entusiasmar a la tropa.* U. t. c. prnl. || 2. Causar ardiente y fervorosa admiración. *Entusiasmó al público con su actuación.* U. t. c. prnl.

ntusiasmo. M. 1. Exaltación del ánimo, excitado por algo que lo admire o cautive. || 2. Adhesión fervorosa que mueve a favorecer una causa o empeño.

ntusiasta. ADJ. 1. Que siente entusiasmo por alguien o algo. U. t. c. s. || 2. Propenso a entusiasmarse. U. t. c. s. || 3. Perteneciente o relativo al entusiasmo. *Aceptación entusiasta.* || 4. Que denota o expresa entusiasmo. *Aplauso entusiasta.*

ntusiástico, ca. ADJ. Que denota o expresa entusiasmo. *Recibimiento entusiástico.*

nucleación. F. 1. *Biol.* Extracción del núcleo de una célula. || 2. *Med.* Extirpación de un órgano, glándula, quiste, etc., extrayéndolo de donde está alojado.

nuclear. TR. 1. *Biol.* Extraer el núcleo de una célula. || 2. *Med.* Extirpar un órgano globoso, como un tumor o el globo ocular.

nula. ~ campana. F. helenio.

numeración. F. 1. Acción y efecto de enumerar. || 2. Expresión sucesiva de las partes de que consta un todo, de las especies que comprende un género, etc. || 3. Cómputo o cuenta numeral de las cosas. || 4. *Ret.* epílogo (|| última parte del discurso). || 5. *Ret.* epílogo (|| parte del epílogo en que se repiten juntas las razones antes expuestas).

numerar. TR. Enunciar sucesiva y ordenadamente las partes de un conjunto.

numerativo, va. ADJ. 1. Que enumera. *Definición enumerativa.* || 2. Que contiene una enumeración. *Relación enumerativa.*

nunciación. F. Acción y efecto de enunciar.

nunciado. M. 1. enunciación. || 2. *Gram.* Secuencia finita de palabras delimitada por pausas muy marcadas, que puede estar constituida por una o varias oraciones.

nunciar. TR. 1. Expresar breve y sencillamente una idea. || 2. *Mat.* Exponer el conjunto de datos de un problema. ¶ MORF. conjug. c. *anunciar.*

nunciativo, va. ADJ. 1. Que enuncia. *Su intervención tuvo un carácter enunciativo.* || 2. *Ling.* Dicho de una oración: Que afirma o niega.

nuresis. F. *Med.* Incontinencia urinaria.

nurético, ca. ADJ. *Med.* Perteneciente o relativo a la enuresis.

nvaguecer. TR. Hacer que algo se difumine o pierda sus contornos. MORF. conjug. c. *agradecer.*

envainador, ra. ADJ. *Bot.* Dicho de una hoja o de un pecíolo: Que se prolongan o extienden alrededor del tallo formándole una envoltura.

envainar. TR. 1. Meter en la vaina la espada u otra arma blanca. || 2. Ceñir algo con otra cosa a manera de vaina. *Envainar un cable.* ¶ MORF. conjug. c. *bailar.*

envalentonamiento. M. Acción y efecto de envalentonar o envalentonarse.

envalentonar. I. TR. 1. Infundir valentía o arrogancia. *Su presencia me envalentona.* || II. PRNL. 2. Cobrar valentía o presumir de valiente.

envanecer. I. TR. 1. Causar o infundir soberbia o vanidad a alguien. U. t. c. prnl. || II. PRNL. 2. *Chile.* Dicho del fruto de una planta: Quedarse vano por haberse secado o podrido su sustancia. *El trigo se ha envanecido con estas heladas.* U. t. c. tr. ¶ MORF. conjug. c. *agradecer.*

envanecimiento. M. Acción y efecto de envanecer.

envarado, da. PART. de envarar. || ADJ. Dicho de una persona: Estirada, orgullosa. U. t. c. s.

envaramiento. M. Acción y efecto de envarar.

envarar. I. TR. 1. Entorpecer, entumecer o impedir el movimiento de un miembro. U. m. c. prnl. || II. PRNL. 2. ensoberbecerse.

envasado. M. Acción y efecto de envasar.

envasador, ra. ADJ. Que envasa. Apl. a pers., u. t. c. s.

envasadora. F. 1. Empresa donde se envasa. || 2. Máquina que sirve para envasar.

envasar. TR. 1. Echar en vasos o vasijas un líquido. || 2. Poner cualquier otro género en su envase. *Envasar guisantes al vacío.*

envase. M. 1. Recipiente o vaso en que se conservan y transportan ciertos géneros. || 2. Aquello que envuelve o contiene artículos de comercio u otros efectos para conservarlos o transportarlos. || 3. Acción y efecto de envasar.

envegarse. PRNL. *Chile.* Dicho de un terreno: Empantanarse, tener exceso de humedad.

envejecer. I. TR. 1. Hacer viejo a alguien o algo. || II. INTR. 2. Dicho de una persona o de una cosa: Hacerse vieja o antigua. U. t. c. prnl. || 3. Durar, permanecer por mucho tiempo. *No es fácil envejecer en Beirut, cuando se está solo.* || 4. *Tecnol.* Dicho de un material, de un dispositivo o de una máquina: Perder o ver modificadas sus propiedades con el paso del tiempo. ¶ MORF. conjug. c. *agradecer.*

envejecimiento. M. Acción y efecto de envejecer.

envenenador, ra. ADJ. Que envenena. Apl. a pers., u. t. c. s.

envenenamiento. M. Acción y efecto de envenenar.

envenenar. I. TR. 1. Administrar un veneno a una persona o un animal. || 2. Poner veneno a algo. || 3. Crear discordia o enemistad o ser causa de ellas. || 4. Poner de mal humor, irritar. U. t. c. prnl. || 5. Corromper, causar daño moral. || II. PRNL. 6. Experimentar los efectos de un veneno. *Se envenenó con mercurio.*

enverar. INTR. Dicho de una fruta, especialmente de la uva: Empezar a tomar color de madura.

enverdecer. INTR. Dicho de una planta: **reverdecer.** MORF. conjug. c. *agradecer.*

envergadura. F. 1. Distancia entre los extremos de las alas de un avión. || 2. Distancia de los brazos humanos completamente extendidos en cruz. || 3. Importancia, amplitud, alcance. *La envergadura de un proyecto.* || 4. *Mar.* Ancho de una vela contado en el grátil. || 5. *Zool.* Distancia entre las puntas de las alas de las aves cuando aquellas están completamente abiertas. ‖ **de ~.** LOC.ADJ. Importante o que pretende serlo.

envergar. TR. *Mar.* Sujetar, atar las velas a las vergas.

envergue. M. *Mar.* Cabo delgado que pasa por los ollaos de la vela y sirve para afianzarla al nervio de la verga.

envero. M. Color que toman las uvas y otras frutas cuando empiezan a madurar.

envés. M. **1.** Parte opuesta al haz de una tela o de otras cosas. ‖ **2.** *Bot.* Cara inferior de la hoja, opuesta al haz. ¶ MORF. pl. **enveses.**

enviado, da. PART. de **enviar.** ‖ M. y F. Persona que va por mandado de otra con un mensaje, recado o comisión. ‖ **~ extraordinario, ria.** M. y F. Agente diplomático de la misma categoría que el ministro plenipotenciario.

enviar. TR. **1.** Encomendar a alguien que vaya a alguna parte. ‖ **2.** Hacer que algo se dirija o sea llevado a alguna parte. *Te lo envío por correo electrónico.* ¶ MORF. V. conjug. modelo.

enviciamiento. M. Acción y efecto de enviciar o enviciarse.

enviciar. **I.** TR. **1.** Corromper con un vicio. ‖ **II.** PRNL. **2.** Dicho de una persona: Aficionarse demasiado a algo, darse con exceso a ello. ‖ **3.** Dicho de una cosa: Deformarse por haber estado mucho tiempo en mala posición. ¶ MORF. conjug. c. *anunciar.*

envidada. F. Acción y efecto de envidar.

envidar. TR. Hacer envite en el juego.

envidia. F. **1.** Tristeza o pesar del bien ajeno. ‖ **2.** Emulación, deseo de algo que no se posee. ‖ **comerse** alguien **de ~.** LOC.VERB. coloq. Estar enteramente poseído de ella.

envidiable. ADJ. Digno de ser deseado y apetecido. *Salud, humor envidiable.*

envidiar. TR. **1.** Tener envidia, dolerse del bien ajeno. ‖ **2.** Desear, apetecer algo que tienen otros. ¶ MORF. conjug. c. *anunciar.* ‖ **no tener que ~,** o **tener poco que ~,** alguien o algo a otra persona o cosa. LOCS.VERBS. No ser inferior a ella.

envidioso, sa. ADJ. Que tiene envidia. U. t. c. s.

envido. M. **envite** (‖ apuesta).

envigado. M. Conjunto de las vigas de un edificio.

envigar. TR. Asentar las vigas de un edificio. U. t. c. intr.

envilecedor, ra. ADJ. Que envilece. *Enfermedad envilecedora.*

envilecer. **I.** TR. **1.** Hacer vil y despreciable a alguien o algo. ‖ **2.** Hacer que descienda el valor de una moneda, un producto, una acción de bolsa, etc. U. t. c. prnl. ‖ **II.** PRNL. **3.** Dicho de una persona: Rebajarse, perder la estimación que tenía. ¶ MORF. conjug. c. *agradecer.*

envilecimiento. M. Acción y efecto de envilecer.

envinado, da. PART. de **envinar.** ‖ ADJ. *Méx.* Dicho de un alimento: Al que se ha agregado vino.

envinar. TR. Echar vino en el agua.

envío. M. **1.** Acción y efecto de enviar. ‖ **2. remesa.**

envión. M. **empujón.**

enviscar¹. **I.** TR. **1.** Untar alguna cosa con liga para que se peguen en ella los pájaros, a fin de cazarlos. ‖ **II.** PRNL. **2.** Dicho de un pájaro o de un insecto: Pegarse con la liga.

enviscar². TR. **1. azuzar.** ‖ **2.** Irritar, enconar los ánimos.

envite. M. **1.** En algunos juegos de naipes y otros, hecho de apostar, además de los tantos ordinarios, cierta cantidad a un lance. ‖ **2.** Envión, empujón. U. t. en sent. fig. *Los envites de la vida.* ‖ **al primer ~.** LOC.ADV. de buenas a primeras. □ V. **juego de ~.**

enviudar. INTR. Quedar viudo.

envoltorio. M. **1.** Cosa o cosas envueltas. ‖ **2. envo**tura (‖ capa exterior que cubre una cosa). ‖ **3. envoltu** (‖ apariencia).

envoltura. F. **1.** Capa exterior que cubre natural o a tificialmente una cosa. ‖ **2. apariencia** (‖ aspecto ext rior de alguien o algo). ‖ **3.** Acción de envolver.

envolvente. ADJ. Que envuelve o rodea. *Membrana e volvente.*

envolver. TR. **1.** Cubrir un objeto parcial o totalment ciñéndolo de tela, papel u otra cosa análoga. ‖ **2.** Dicr de una cosa: Rodear a otra por todas sus partes. U. t. e sent. fig. *La envidia lo envuelve todo.* ‖ **3.** Vestir al nir con los pañales y mantillas. ‖ **4.** Rodear a alguien, en disputa, de argumentos o sofismas, dejándolo cortado sin salida. ‖ **5.** Mezclar o complicar a alguien en u asunto o negocio, haciéndole tomar parte en él. U. t. c prnl. ‖ **6.** *Mil.* Rebasar por uno de sus extremos la líne de combate del enemigo, colocando a su flanco e inclu a su retaguardia fuerzas que lo ataquen en combinació con las que lo acometen de frente. ¶ MORF. conjug. c. m ver; part. irreg. **envuelto.**

envolvimiento. M. Acción y efecto de envolver.

envuelto, ta. PART. IRREG. de **envolver.**

enyerbado, da. PART. de **enyerbar.** ‖ ADJ. *Méx.* Hech zado con un bebedizo.

enyerbar. **I.** TR. **1.** *Méx.* Dar a alguien un bebedizo v nenoso. ‖ **II.** PRNL. **2.** Dicho de un terreno: Cubrirse yerba.

enyesado. M. Acción y efecto de enyesar. □ V. **vendaje**

enyesar. TR. **1.** Igualar o allanar con yeso las parede los suelos, etc. ‖ **2.** *Med.* **escayolar.**

enyugar. TR. Uncir y poner el yugo a los animales de l branza.

enzarzar. **I.** TR. **1.** Enredar a varios entre sí, se brando discordias y disensiones. U. t. c. prnl. *Se enza zaron en una agria polémica.* ‖ **II.** PRNL. **2.** Enredar en las zarzas, matorrales o cualquier otra cosa. ‖ **3.** M terse en negocios arduos y de salida dificultosa. ‖ **4.** R ñir, pelearse.

enzima. F. *Bioquím.* Proteína que cataliza específic mente cada una de las reacciones bioquímicas del m tabolismo. U. menos c. m.

enzimático, ca. ADJ. *Bioquím.* Perteneciente o relati a las enzimas.

enzimología. F. Ciencia que estudia las enzimas.

enzootia. F. *Veter.* Enfermedad que acomete a una o m especies de animales en determinado territorio, p causa o influencia local.

enzurizar. TR. Azuzar, enzarzar o sembrar la discord entre varias personas.

eñe. F. Nombre de la letra *ñ.* MORF. pl. **eñes.**

eoceno, na. ADJ. **1.** *Geol.* Se dice de la segunda époc del período terciario, que abarca desde hace 58 millon de años hasta hace 37 millones de años. U. t. c. s. ORTOGR. Escr. con may. inicial c. s. ‖ **2.** *Geol.* Perten ciente o relativo a dicha época. *Formaciones eocena*

eólico, ca. ADJ. **1.** hist. Perteneciente o relativo a la E lide. *Tradiciones eólicas.* ‖ **2.** Se dice de uno de los cu tro principales dialectos de la lengua griega, hablado la Eólide. U. t. c. s. m. *El eólico.* ‖ **3.** Perteneciente o lativo a este dialecto. *Léxico eólico.* ‖ **4.** Perteneciente relativo a Eolo, dios de los vientos. *Actividad eólica.* ‖ Perteneciente o relativo al viento. ‖ **6.** Producido o a

:ionado por el viento. *Erosión eólica. Rotor eólico.* ⊐ V. **energía** ~, **parque** ~.

olio, lia. ADJ. eólico.

ón. M. **1.** Unidad de tiempo geológico, equivalente a mil millones de años. ‖ **2.** Período de tiempo indefinido de arga duración.

pa. INTERJ. **1.** *Á. Andes y Chile.* Se usa para animar. ‖ **2.** ᚼ. *Caribe.* **hola.** ‖ **3.** *Chile.* Se usa para detener o avisar le algún peligro.

pactilla. F. Especie de calendario para los eclesiásti-cos, que señala el orden y rito del rezo y oficio divino de :odo el año.

panadiplosis. F. *Ret.* Figura que consiste en repetir al in de una cláusula o frase el mismo vocablo con que ∍mpieza.

panalepsis. F. *Ret.* **epanadiplosis.**

patante. ADJ. Que pretende causar o causa asombro o admiración. *Brillantez epatante.*

patar. TR. Pretender asombrar o producir asombro o admiración. U. t. c. intr.

pazote. M. Planta herbácea anual, de la familia de las Quenopodiáceas, cuyo tallo, asurcado y muy ramoso, se ∍vanta hasta un metro de altura. Tiene hojas lanceola-las, algo dentadas y de color verde oscuro, flores aglo-neradas en racimos laxos y sencillos, y semillas, nítidas / de margen obtusa. Se toman en infusión las hojas y las lores.

péndimo. M. *Anat.* Membrana que tapiza los ven-rículos del cerebro y el conducto central de la médula ∍spinal.

péntesis. F. *Fon.* Figura de dicción que consiste en aña-lir algún sonido dentro de un vocablo; p. ej., en *corónica* ∍or *crónica* y en *tendré* por *tenré.*

pentético, ca. ADJ. *Fon.* Que se añade por epéntesis.

perlano. M. Pez teleósteo, pariente del salmón, de unos ?0 cm de largo, dorso verdoso y vientre blancuzco, con ina banda plateada en los flancos y la mandíbula lige-·amente prominente. Es propio de los mares del norte de ?uropa y frecuenta las desembocaduras de los ríos, londe freza.

pica. F. Poesía épica.

picanto. M. *Anat.* Repliegue cutáneo que cubre el án-gulo interno de los ojos, especialmente desarrollado en os pueblos mongólicos.

picarpio. M. *Bot.* Capa externa de las tres que forman ∍l pericarpio de los frutos; p. ej., la piel del melocotón.

piceno. M. *Gram.* **nombre epiceno.**

picentro. M. Centro superficial del área de perturba-:ión de un fenómeno sísmico, que cae sobre el hipo-:entro.

piciclo. M. hist. Círculo que, en la astronomía ptole-naica, se suponía descrito por un planeta alrededor de ın centro que se movía en otro círculo alrededor de la ᚼierra.

picicloide. F. *Geom.* Curva descrita por un punto dado le una circunferencia al rodar esta sobre el exterior de ∍tra fija.

pico, ca. ADJ. **1.** Perteneciente o relativo a la epopeya o ⵏ la poesía heroica. *Poemas épicos.* ‖ **2.** Dicho de un poeta: ᚼultivador de este género de poesía. U. t. c. s. ‖ **3.** Propio ɔ característico de la poesía épica, apto o conveniente ɔara ella. *Estilo, talento, personaje épico.* ⊐ V. **teatro** ~.

picureísmo. M. **1.** Teoría filosófica enseñada por Epi-:uro, filósofo ateniense del siglo IV a. C., que sostiene

como principio de la existencia humana el bienestar del cuerpo y de la mente. ‖ **2.** Refinado egoísmo que busca el placer exento de todo dolor.

epicúreo, a. ADJ. **1.** Que sigue la doctrina de Epicuro, filósofo ateniense del siglo IV a. C. *Ideas epicúreas.* U. t. c. s. ‖ **2.** Propio o característico de este filósofo. *Ideas epicú-reas.* ‖ **3.** Que busca una vida que tiende al bienestar.

epidemia. F. Enfermedad que se propaga durante algún tiempo por un país, acometiendo simultáneamente a gran número de personas. U. t. en sent. fig. *Una epidemia de suicidios.*

epidémico, ca. ADJ. Perteneciente o relativo a la epi-demia. *Brote epidémico.*

epidemiología. F. Tratado de las epidemias.

epidemiológico, ca. ADJ. Perteneciente o relativo a la epidemiología.

epidemiólogo, ga. M. y F. Persona versada en epide-miología.

epidérmico, ca. ADJ. *Anat.* Perteneciente o relativo a la epidermis.

epidermis. F. **1.** *Anat.* Epitelio ectodérmico que en-vuelve el cuerpo de los animales. Puede estar formada por una sola capa de células, como en los invertebrados, o por numerosas capas celulares superpuestas que cu-bren la dermis, como en los vertebrados. U. t. en sent. fig. *Su ensayo se queda en la epidermis del problema.* ‖ **2.** *Bot.* Membrana formada por una sola capa de células que cu-bre el tallo y las hojas de las pteridófitas y de las faneró-gamas herbáceas.

epidídimo. M. *Anat.* Órgano con aspecto de madeja u ovillo, situado sobre cada uno de los testículos y consti-tuido por la reunión de los vasos seminíferos.

epidural. ADJ. **1.** Se dice del espacio que hay entre la duramadre y la pared ósea del cráneo o del raquis. ‖ **2.** Dicho de un tipo de anestesia: Que se produce por in-yección directa de un anestésico en el espacio epidural de la médula y afecta a un área extensa. U. t. c. s. f.

epifanía. F. **1.** Manifestación, aparición. *La palabra es revelación, epifanía.* ‖ **2.** Festividad que celebra la Igle-sia católica el día 6 de enero, en conmemoración de la Adoración de los Reyes Magos. ORTOGR. Escr. con may. inicial.

epifenómeno. M. *Psicol.* Fenómeno accesorio que acompaña al fenómeno principal y que no tiene influen-cia sobre él.

epífisis. F. **1.** *Anat.* Glándula endocrina situada bajo el cuerpo calloso del cerebro, productora de una hormona que influye en la regulación de la actividad sexual. ‖ **2.** *Anat.* Cada uno de los extremos de los huesos largos, se-parado del cuerpo de estos durante los años de creci-miento por una zona cartilaginosa, cuya osificación pro-gresiva produce el crecimiento del hueso en longitud.

epífito, ta o **epifito, ta.** ADJ. *Bot.* Dicho de un vegetal: Que vive sobre otra planta, sin alimentarse a expensas de esta; p. ej., los musgos y líquenes.

epifonema. M. *Ret.* Exclamación referida a lo que an-teriormente se ha dicho, con la cual se cierra o concluye el pensamiento a que pertenece.

epífora. F. *Med.* Lagrimeo copioso y persistente que apa-rece en algunas enfermedades de los ojos.

epigástrico, ca. ADJ. *Anat.* Perteneciente o relativo al epigastrio.

epigastrio. M. *Anat.* Región del abdomen que se ex-tiende desde la punta del esternón hasta cerca del ombligo, y queda limitada en ambos lados por las costillas falsas.

epigénesis. F. *Biol.* Doctrina según la cual los rasgos que caracterizan a un ser vivo se configuran en el curso del desarrollo, sin estar previamente formados en el huevo fecundado.

epigenético, ca. ADJ. *Biol.* Perteneciente o relativo a la epigénesis.

epigeo, a. ADJ. *Bot.* Dicho de una planta o de alguno de sus órganos: Que se desarrollan sobre el suelo.

epiglotis. F. *Anat.* Lámina cartilaginosa, sujeta a la parte posterior de la lengua de los mamíferos, que tapa la glotis al tiempo de la deglución.

epígono. M. Persona que sigue las huellas de otra, especialmente la que sigue una escuela o un estilo de una generación anterior.

epígrafe. M. **1.** Resumen que suele preceder a cada uno de los capítulos u otras divisiones de una obra científica o literaria, o a un discurso o escrito que no tenga tales divisiones. || **2.** Cita o sentencia que suele ponerse a la cabeza de una obra científica o literaria o de cada uno de sus capítulos o divisiones de otra clase. || **3.** Inscripción en piedra, metal, etc. || **4. rótulo** (|| título).

epigrafía. F. Ciencia cuyo objeto es conocer e interpretar las inscripciones.

epigrafiar. TR. **1. inscribir** (|| en metal, piedra, etc.). *Han epigrafiado la fecha de construcción en la portada.* || **2. titular** (|| poner título). *Epigrafiar una pintura.* ¶ MORF. conjug. c. *enviar.*

epigráfico, ca. ADJ. Perteneciente o relativo a la epigrafía. *Estilo epigráfico.*

epigrafista. COM. Persona versada en epigrafía.

epigrama. M. **1.** Composición poética breve en que, con precisión y agudeza, se expresa un solo pensamiento principal, por lo común festivo o satírico. || **2.** Frase breve e ingeniosa, frecuentemente satírica.

epigramatario, ria. **I.** M. y F. **1.** Persona que hace o compone epigramas. || **II.** M. **2.** Colección de epigramas.

epigramático, ca. ADJ. **1.** Perteneciente o relativo al epigrama. *Género epigramático.* || **2.** Que contiene un epigrama o participa de su índole o propiedades. *Pensamiento epigramático.*

epigramista. COM. Persona que hace o compone epigramas.

epilepsia. F. *Med.* Enfermedad caracterizada principalmente por accesos repentinos, con pérdida brusca del conocimiento y convulsiones.

epiléptico, ca. ADJ. **1.** *Med.* Perteneciente o relativo a la epilepsia. *Síntomas epilépticos.* || **2.** Que padece epilepsia. U. t. c. s. □ V. **aura ~.**

epileptiforme. ADJ. *Med.* Semejante a la epilepsia o a sus manifestaciones.

epilogal. ADJ. Resumido, compendiado. *Capítulo epilogal.*

epilogar. TR. Resumir, compendiar una obra o escrito.

epílogo. M. **1.** Última parte de una obra, en la que se refieren hechos posteriores a los recogidos en ella o reflexiones relacionadas con su tema central. || **2.** Recapitulación de lo dicho en un discurso o en otra composición literaria. || **3.** *Ret.* Última parte del discurso, en que se hace la enumeración de las pruebas y se trata de mover con más eficacia que antes el ánimo del auditorio. || **4.** *Ret.* Parte del epílogo de algunos discursos en que se repiten juntas, con brevedad, las razones antes expuestas separada y extensamente.

epinicio. M. En la poesía griega antigua, himno triu fal, canto de victoria.

episcopado. M. **1.** Dignidad de obispo. || **2.** Época duración del gobierno de un obispo determinado. || : Conjunto de obispos de una nación o del orbe católic

episcopal. ADJ. Perteneciente o relativo al obispo. *O den, jurisdicción episcopal.*

episcopalismo. M. Sistema o doctrina de los canoni tas favorables a la potestad episcopal y adversarios de supremacía pontificia.

episcopio. M. Aparato de proyecciones que sirve pa hacer ver en una pantalla las imágenes de diapositiva y también de cuerpos opacos, como grabados, cuerp sólidos y otros objetos materiales.

episcopologio. M. Catálogo y serie de los obispos una iglesia.

episiotomía. F. *Med.* Incisión quirúrgica en la vulv que se practica en ciertos partos para facilitar la salí del feto y evitar desgarros en el periné.

episódico, ca. ADJ. **1.** Perteneciente o relativo al ep sodio. *Estructura episódica.* || **2.** Que constituye un epis dio o suceso, generalmente secundario, dentro de u conjunto. *Un acontecimiento episódico en su vida.*

episodio. M. **1.** En una obra narrativa o dramátic cada una de las acciones parciales o partes que la int gran. || **2.** Acción secundaria de una obra narrativa dramática. || **3.** Incidente, suceso enlazado con otros q forman un todo o conjunto. *Un episodio de la vida d Cid. Un episodio de la Guerra de la Independencia.* || En radio y televisión, cada una de las partes en que divide una obra dramática para su emisión. || **hacerl** o **hacérsela** a alguien, **de ~s.** LOCS.VERBS. *Méx.* Complic un relato introduciendo incidentes de la imaginació

epistaxis. F. *Med.* Hemorragia nasal.

episteme. F. **1.** En la filosofía platónica, el saber con truido metodológicamente en oposición a las opinion individuales. || **2.** Conocimiento exacto. || **3.** Conjun de conocimientos que condicionan las formas de ente der e interpretar el mundo en determinada época

epistémico, ca. ADJ. Perteneciente o relativo a la epi teme. *Criterio epistémico.*

epistemología. F. Doctrina de los fundamentos y m todos del conocimiento científico.

epistemológico, ca. ADJ. Perteneciente o relativo la epistemología. *Enfoque epistemológico.*

epístola. F. **1.** Carta o misiva que se escribe a alguie || **2.** Parte de la misa, anterior al evangelio, en la que lee o se canta algún pasaje de las epístolas canónica || **3.** Composición poética en que el autor se dirige finge dirigirse a una persona real o imaginaria, y cuy fin suele ser moralizar, instruir o satirizar. || **~ católic** F. Cada una de las escritas por los apóstoles Santiago san Judas, e incluso por san Pedro y san Juan.

epistolar. ADJ. Perteneciente o relativo a la **epístol** (|| carta). *Coleccción epistolar.*

epistolario. M. Libro o cuaderno en que se hallan r cogidas varias cartas o epístolas de un autor o de vario escritas a diferentes personas sobre diversas materia

epistológrafo, fa. M. y F. Persona que se ha disti guido en escribir epístolas.

epitafio. M. Inscripción que se pone sobre un sepulc o en la lápida o lámina colocada junto al enterramient

epitalámico, ca. ADJ. Perteneciente o relativo al ep talamio. *Canto, himno epitalámico.*

pitalamio. M. Composición poética del género lírico, en celebración de una boda.

pítasis. F. Parte del poema dramático, que sigue a la prótasis y precede a la catástrofe. Constituye el enredo, el nudo del poema de este género.

pitelial. ADJ. *Anat.* Perteneciente o relativo al epitelio. ☐ V. **tejido ~.**

pitelio. M. *Anat.* Tejido animal formado por células en estrecho contacto, que reviste la superficie, cavidades y conductos del organismo. || **~ de revestimiento.** M. *Anat.* El que forma la epidermis y la capa externa de las mucosas. || **~ glandular.** M. *Anat.* El que forma la porción secretora de las glándulas. || **~ pigmentario.** M. *Anat.* El que consta de células que contienen melanina. || **~ sensorial.** M. *Anat.* El que forma parte de los órganos de los sentidos.

pitelioma. M. *Med.* Cáncer formado por células epiteliales, derivadas de la piel y del revestimiento mucoso.

píteto. M. Adjetivo o participio cuyo fin principal no es determinar o especificar el nombre, sino caracterizarlo.

pítimo. M. Planta parásita, del mismo género que la cuscuta, con tallos filiformes, encarnados y sin hojas, flores rojizas y simiente menuda y redonda. Vive comúnmente sobre el tomillo.

pítome. M. Resumen o compendio de una obra extensa, que expone lo más fundamental o preciso de la materia tratada en ella.

pizootia. F. **1.** *Veter.* Enfermedad que afecta a una o varias especies de animales, por una causa general y transitoria. Es como la epidemia en el hombre. || **2.** *Chile.* glosopeda.

pizoótico, ca. ADJ. *Veter.* Perteneciente o relativo a la epizootia. *Virus epizoótico.*

po. F. *Biol.* eritropoyetina.

poca. F. **1.** Período de tiempo que se distingue por los hechos históricos en él acaecidos y por sus formas de vida. || **2.** Espacio de tiempo. *En aquella época estaba yo ausente de Madrid. Desde aquella época no nos hemos vuelto a ver.* || **3.** Temporada de considerable duración. || **de ~.** LOC.ADJ. Dicho de una cosa: Típica de tiempos pasados, como un coche, una indumentaria, etc. || **formar, o hacer, ~** un hecho o un suceso. LOCS.VERBS. **1.** Dejar larga memoria. || **2.** Ser, por su importancia, el principio de una **época.**

podo. M. En la poesía griega, tercera parte del canto lírico compuesto de estrofa, antistrofa y **epodo,** división que alguna vez se ha usado también en la poesía castellana.

pónimo, ma. ADJ. Se dice del nombre de una persona o de un lugar que designa un pueblo, una época, una enfermedad, una unidad, etc. U. t. c. s. m.

popeya. F. **1.** Poema narrativo extenso, de elevado estilo, acción grande y pública, personajes heroicos o de suma importancia, y en el cual interviene lo sobrenatural o maravilloso. || **2.** Conjunto de poemas que forman la tradición épica de un pueblo. || **3.** Conjunto de hechos gloriosos dignos de ser cantados épicamente.

poxi. **I.** ADJ. **1.** Se dice de un tipo de resina sintética, dura y resistente, utilizada en la fabricación de plásticos, pegamentos, etc. || **II.** M. **2.** *Quím.* Grupo funcional constituido por un átomo de oxígeno a modo de puente entre dos átomos de carbono contiguos.

psilon. F. Quinta letra del alfabeto griego (E, ε), que corresponde a e breve del latino.

epsomita. F. Sulfato de magnesia natural, que hace amargas y purgantes las aguas de Fuente la Higuera y de otros puntos.

epulón. M. Hombre que come y se regala mucho.

equiángulo, la. ADJ. *Geom.* Dicho de una figura o de un sólido: Que tienen todos sus ángulos iguales entre sí.

equidad. F. **1.** Disposición del ánimo que mueve a dar a cada uno lo que merece. || **2.** Justicia natural, por oposición a la letra de la ley positiva. || **3.** Bondadosa templanza habitual. Propensión a dejarse guiar, o a fallar, por el sentimiento del deber o de la conciencia, más bien que por las prescripciones rigurosas de la justicia o por el texto terminante de la ley.

equidistancia. F. Igualdad de distancia entre varios puntos u objetos.

equidistante. ADJ. Que equidista. U. t. en sent. fig. *Posiciones políticas equidistantes.*

equidistar. INTR. Dicho de un punto, de una línea, de un plano o de un sólido: Hallarse a igual distancia de otro determinado.

equidna. M. Mamífero monotrema, insectívoro, de cabeza pequeña, hocico afilado, lengua larga y muy extensible, con espinas. El cuello, la cola y las patas son cortos; los dedos, provistos de uñas fuertes para cavar; el cuerpo, cubierto de pelo oscuro, entre el que salen unas púas en el dorso y los costados, semejantes a las del erizo.

équido, da. ADJ. *Zool.* Se dice de los mamíferos perisodáctilos que tienen cada extremidad terminada en un solo dedo; p. ej., el caballo y el asno. U. t. c. s. m. ORTOGR. En m. pl., escr. con may. inicial c. taxón. *Los Équidos.*

equilátero, ra. ADJ. *Geom.* Dicho de una figura, especialmente de un triángulo: Que tiene todos sus lados iguales entre sí.

equilibrado, da. PART. de **equilibrar.** || ADJ. Ecuánime, sensato, prudente.

equilibrador, ra. ADJ. Que equilibra. *Fuerzas equilibradoras.*

equilibrar. TR. **1.** Hacer que algo se ponga o quede en equilibrio. *Equilibrar una balanza.* U. t. c. prnl. || **2.** Disponer y hacer que algo no exceda ni supere a otra cosa, manteniéndolas proporcionalmente iguales. *Equilibrar oferta y demanda.*

equilibrio. M. **1.** Estado de un cuerpo cuando fuerzas encontradas que obran en él se compensan destruyéndose mutuamente. || **2.** Situación de un cuerpo que, a pesar de tener poca base de sustentación, se mantiene sin caerse. || **3.** Contrapeso, contrarresto, armonía entre cosas diversas. *El equilibrio de los colores en una pintura.* || **4.** Ecuanimidad, mesura, sensatez en los actos y juicios. || **5.** pl. Actos de contemporización, prudencia o astucia, encaminados a sostener una situación, actitud, opinión, etc., insegura o dificultosa. ☐ V. **barra de ~, sentido del ~.**

equilibrismo. M. Conjunto de ejercicios y juegos que practica el equilibrista.

equilibrista. ADJ. Diestro en hacer juegos de equilibrio. Apl. a pers., u. m. c. s.

equimosis. F. *Med.* Mancha amoratada, negruzca o amarillenta de la piel o de los órganos internos, que resulta de la imbibición de la sangre en los tejidos a consecuencia de un golpe, de una fuerte ligadura o de otras causas.

equino[1]. M. *Arq.* Moldura convexa, característica del capitel dórico.

equino², na. I. ADJ. **1.** Perteneciente o relativo al caballo. *Feria equina.* ‖ **II.** M. **2.** Animal de la especie equina. □ V. **apio ~.**

equinoccial. ADJ. *Astr.* Perteneciente o relativo al equinoccio.

equinoccio. M. *Astr.* Época en que, por hallarse el Sol sobre el ecuador, los días son iguales a las noches en toda la Tierra, lo cual sucede anualmente del 20 al 21 de marzo y del 22 al 23 de septiembre. □ V. **precesión de los ~s.**

equinococo. M. *Zool.* Larva de una tenia de tres a cinco milímetros de largo que vive en el intestino del perro y de otros mamíferos carnívoros. Puede pasar al cuerpo de algunos rumiantes y al del hombre, alojándose con preferencia en el hígado y en los pulmones, donde forma el quiste hidatídico, que puede crecer hasta adquirir gran tamaño.

equinococosis. F. *Med.* Enfermedad producida por el cisticerco de la tenia equinococo.

equinodermo. ADJ. *Zool.* Se dice de los animales metazoos marinos de simetría radiada pentagonal, con un dermatoesqueleto que consta de gránulos calcáreos dispersos en el espesor de la piel o, más frecuentemente, de placas calcáreas yuxtapuestas y a veces provistas de espinas; p. ej., las holoturias y las estrellas de mar. En el dermatoesqueleto hay muchos y pequeños orificios por los que salen apéndices tubuliformes y eréctiles que a veces terminan en ventosa y están dispuestos en series radiales. U. t. c. s. m. ORTOGR. En m. pl., escr. con may. inicial c. taxón. *Los Equinodermos.*

equipaje. M. Conjunto de cosas que se llevan en los viajes.

equipal. M. *Méx.* Especie de sillón hecho de varas entretejidas, con el asiento y el respaldo de cuero o de palma tejida.

equipamiento. M. **1.** Acción y efecto de equipar. ‖ **2.** Conjunto de todos los servicios necesarios en industrias, urbanizaciones, ejércitos, etc.

equipar. TR. **1.** Proveer a alguien de las cosas necesarias para su uso particular, especialmente de ropa. U. t. c. prnl. ‖ **2.** Proveer a una nave de lo necesario para su avío y defensa. ‖ **3.** Proveer del equipo necesario a industrias, urbanizaciones, sanatorios u otros establecimientos.

equiparación. F. Acción y efecto de equiparar.

equiparar. TR. Considerar a alguien o algo igual o equivalente a otra persona o cosa.

equipo. M. **1.** Grupo de personas organizado para una investigación o servicio determinado. ‖ **2.** En ciertos deportes, cada uno de los grupos que se disputan el triunfo. ‖ **3.** Conjunto de ropas y otras cosas para uso particular de una persona, y, en especial, ajuar de una mujer cuando se casa. *Equipo de novia. Equipo de soldado.* ‖ **4.** Colección de utensilios, instrumentos y aparatos especiales para un fin determinado. *Equipo quirúrgico. Equipo de salvamento.* ‖ **5.** *Inform.* Conjunto de aparatos constituido por una computadora u ordenador y sus periféricos. ‖ **caerse con todo el ~.** LOC.VERB. coloq. Fracasar rotundamente, equivocarse de medio a medio. ‖ **en ~.** LOC.ADV. De manera coordinada entre varios. □ V. **bienes de ~.**

equipolente. ADJ. *Geom.* Se dice de los pares de puntos que definen vectores iguales.

equipotencial. ADJ. *Electr.* Que tiene el mismo potencial.

equipotente. ADJ. *Mat.* Se dice de cada uno de dos con juntos entre los que puede establecerse una biyección

equis. I. F. **1.** Nombre de la letra *x.* MORF. pl. invar. *La equis.* ‖ **2.** Nombre del signo de la incógnita en lo cálculos. ‖ **II.** ADJ. **3.** Se dice de un número desconocid o indiferente. *Necesito una cantidad equis, o equis euro*

equisetáceo, a. ADJ. *Bot.* Se dice de las plantas, algu nas de ellas fósiles, pertenecientes a la clase de las Equi setíneas, y cuyo tipo es la cola de caballo. U. t. c. s. ORTOGR. En f. pl., escr. con may. inicial c. taxón *Las Equisetáceas.*

equisetíneo, a. ADJ. *Bot.* Se dice de las plantas cript gamas pteridófitas, la mayoría fósiles, herbáceas, viva ces, con rizoma feculento, tallos rectos, articulados, hue cos, sencillos o ramosos, con fructificación en ramille terminal parecido a un penacho. U. t. c. s. f. ORTOGR. E f. pl., escr. con may. inicial c. taxón. *Las Equisetínea.*

equiseto. M. *Bot.* Se usa como nombre genérico para r ferirse a las plantas pertenecientes a la familia de la Equisetáceas.

equitación. F. **1.** Arte de montar y manejar bien el ca ballo. ‖ **2.** Práctica de montar a caballo.

equitador. M. *Am.* **caballista.**

equitativo, va. ADJ. Que tiene equidad. *Reparto equ tativo.*

équite. M. hist. **caballero** (‖ ciudadano romano).

equivalencia. F. Igualdad en el valor, estimación, p tencia o eficacia de dos o más cosas.

equivalente. ADJ. Que equivale a otra cosa. *Valor equ valente.* Apl. a pers. o cosas, u. t. c. s. m. ‖ **~ gramo.** ʀ Quím. Masa de una sustancia pura cuyo valor en gram se expresa por el mismo número de su equivalent químico. ‖ **~ químico.** M. Cociente de la masa atómic por la valencia.

equivaler. INTR. Dicho de una cosa: Ser igual a otra e la estimación, valor, potencia o eficacia. MORF. conjug. *valer.*

equivocación. F. **1.** Acción y efecto de equivocar. ‖ Cosa hecha con desacierto.

equivocar. TR. Tener o tomar algo por otra cosa, ju gando u obrando desacertadamente. U. m. c. prnl.

equivocidad. F. Cualidad o condición de equívoc

equívoco, ca. I. ADJ. **1.** Que puede entenderse o i terpretarse en varios sentidos, o dar ocasión a juici diversos. *Conducta equívoca.* ‖ **II.** M. **2.** Palabra cuy significación corresponde a diferentes cosas; p. ej., *cá cer, vela, cabo.* ‖ **3.** *Ret.* Figura que consiste en emplea palabras equívocas. ‖ **4.** Acción y efecto de equivoca

era¹. F. **1.** Cada uno de los grandes períodos de la evol ción geológica o cósmica. *Era cuaternaria. Era sola* ‖ **2.** Punto fijo o fecha determinada de un suceso, desde cual se empiezan a contar los años. ‖ **3.** Extenso períod histórico caracterizado por una gran innovación en la formas de vida y de cultura. *Era de los descubrimiento Era atómica.* ‖ **~ común, ~ cristiana,** o **~ de Cristo.** Cómputo de tiempo que empieza a contarse por añc desde el nacimiento de Cristo.

era². F. **1.** Espacio de tierra limpia y firme, algunas vece empedrado, donde se trillan las mieses. ‖ **2.** Cuadro p queño de tierra destinado al cultivo de flores u hortaliza

eral. M. Res vacuna macho de más de un año y que n pasa de dos.

erala. F. Res vacuna hembra de más de un año y que n pasa de dos.

erario. M. **Hacienda** (‖ departamento de la Administración Pública).

erasmismo. M. Forma de humanismo representada por Erasmo, humanista holandés de fines del siglo xv, y sus seguidores.

erbio. M. Elemento químico de núm. atóm. 68. Metal de las tierras raras, muy escaso en la litosfera, se encuentra unido al itrio y al terbio en ciertos minerales. De color gris oscuro, sus sales son rojas, y se ha utilizado para fabricar filamentos de lámparas incandescentes. (Símb. *Er*).

ere. F. Nombre de la letra *r* en su sonido suave, como en *ara, arena*. MORF. pl. **eres**.

erebo. M. Infierno, averno.

erección. F. **1.** Acción y efecto de levantar, levantarse, enderezarse o ponerse rígido algo. ‖ **2.** Fundación o institución.

eréctil. ADJ. Que tiene la facultad o propiedad de levantarse, enderezarse o ponerse rígido. *Órgano eréctil.*

erecto, ta. ADJ. Enderezado, levantado, rígido. *Posición erecta.*

eremita. M. ermitaño.

eremítico, ca. ADJ. Perteneciente o relativo al ermitaño. *Vida eremítica.*

eremitorio. M. Lugar donde hay una o más ermitas.

ergástula. F. hist. En la antigua Roma, cárcel de esclavos.

ergástulo. M. hist. ergástula.

ergio. M. *Fís.* Unidad de trabajo del Sistema Cegesimal, equivalente al realizado por una dina cuando su punto de aplicación recorre un centímetro. (Símb. *erg*).

ergo. CONJ. Por tanto, luego, pues. Se usa en la argumentación silogística. U. t. en sent. fest.

ergometría. F. Medida del esfuerzo de determinados músculos o del organismo en su conjunto.

ergonomía. F. **1.** Estudio de la adaptación de las máquinas, muebles y utensilios a la persona que los emplea habitualmente, para lograr una mayor comodidad y eficacia. ‖ **2.** Cualidad de **ergonómico** (‖ adaptado a las condiciones del usuario). *El puesto de conducción tiene buena ergonomía.*

ergonómico, ca. ADJ. **1.** Perteneciente o relativo a la ergonomía. *Estudio ergonómico.* ‖ **2.** Dicho de un utensilio, de un mueble o de una máquina: Adaptados a las condiciones psicofisiológicas del usuario.

ergonomista. COM. Persona especializada en ergonomía.

ergónomo, ma. M. y F. Persona especializada en ergonomía.

ergoterapia. F. *Med.* Método curativo que utiliza el trabajo manual en la reeducación de los enfermos o impedidos, para su reinserción en la vida social.

ergotismo. M. *Med.* Conjunto de síntomas producidos por la intoxicación con cornezuelo de centeno.

erguimiento. M. Acción y efecto de erguir o erguirse.

erguir. I. TR. **1.** Levantar y poner derecho algo, especialmente el cuello o la cabeza. ‖ **II.** PRNL. **2.** Levantarse o ponerse derecho. ¶ MORF. V. conjug. modelo.

erial. ADJ. Dicho de una tierra o de un campo: Sin cultivar ni labrar. U. m. c. s. m. U. t. en sent. fig. *En aquellos años la cultura era un erial.*

eriazo, za. ADJ. erial. U. t. c. s. m.

ericáceo, a. ADJ. *Bot.* Se dice de las plantas angiospermas dicotiledóneas, de las matas, de los arbustos o de los arbolitos con hojas casi siempre alternas, flores más o menos vistosas, de cáliz persistente partido en tres, cuatro o cinco partes, y por frutos cajas dehiscentes de varias celdillas o bayas, jugosas, con semillas de albumen carnoso; p. ej., el madroño, el brezo común y el arándano. U. t. c. s. f. ORTOGR. En f. pl., escr. con may. inicial c. taxón. *Las Ericáceas.*

erigir. TR. **1.** Fundar, instituir o levantar. *Erigir un templo, una estatua.* ‖ **2.** Dar a alguien o algo un carácter o categoría que antes no tenía. *Erigir un territorio en provincia.* U. t. c. prnl. *Erigirse en vencedor. Erigirse juez.*

erina. F. *Med.* Instrumento metálico de uno o dos ganchos, que utilizan los anatomistas y los cirujanos para sujetar las partes sobre las que operan, o apartarlas de la acción de los instrumentos, a fin de mantener separados los tejidos en una operación.

eringe. F. **cardo corredor.**

erío, a. ADJ. erial. U. m. c. s. m.

erisipela. F. *Med.* Inflamación microbiana de la dermis, caracterizada por el color rojo y comúnmente acompañada de fiebre.

erístico, ca. ADJ. Dicho de una escuela: Que abusa del procedimiento dialéctico hasta el punto de convertirlo en vana disputa.

eritema. ~ solar. M. *Med.* Inflamación superficial producida en la piel por haber estado expuesta al sol.

eritreo, a. ADJ. **1.** Natural de Eritrea. U. t. c. s. ‖ **2.** Perteneciente o relativo a este país de África.

eritrocito. M. *Biol.* hematíe.

eritropoyesis. F. *Biol.* Formación de glóbulos rojos.

eritropoyetina. F. *Biol.* Proteína reguladora de la eritropoyesis.

eritroxiláceo, a. ADJ. *Bot.* Se dice de los árboles y arbustos angiospermos dicotiledóneos que tienen hojas sencillas, esparcidas y con estípulas, flores actinomorfas, blanquecinas o de color amarillo verdoso, apareadas o en panojas pequeñas, y fruto en drupa con una sola semilla. Algunas especies tienen en sus partes leñosas una sustancia tintórea roja; p. ej., la coca. U. t. c. s. f. ORTOGR. En f. pl., escr. con may. inicial c. taxón. *Las Eritroxiláceas.*

erizado, da. PART. de **erizar.** ‖ ADJ. Cubierto de púas o espinas como el puercoespín. *Cuerpo erizado.*

erizamiento. M. Acción y efecto de erizar o erizarse.

erizar. I. TR. **1.** Levantar, poner rígido algo, especialmente el pelo, como las púas de un erizo. U. m. c. prnl. ‖ **2.** Llenar o rodear algo de obstáculos, asperezas, inconvenientes, etc. *Erizaron el camino de dificultades.* ‖ **II.** PRNL. **3.** Inquietarse, azorarse.

erizo. M. **1.** Mamífero insectívoro de unos 20 cm de largo, con el dorso y los costados cubiertos de agudas púas, la cabeza pequeña, el hocico afilado y las patas y la cola muy cortas. En caso de peligro se enrolla en forma de bola. Es animal nocturno y muy útil para la agricultura, por los muchos insectos que consume. ‖ **2.** Zurrón o corteza espinosa en que se crían la castaña y algunos otros frutos. ‖ **~ de mar,** o **~ marino.** M. Animal equinodermo, de cuerpo hemisférico protegido por un dermatoesqueleto calizo formado por placas poligonales y cubierto de espinas articuladas, con la boca en el centro de la cara inferior y el ano en el de la superior. De la boca al ano se extienden cinco series dobles de piezas ambulacrales.

ermita. F. Capilla o santuario, generalmente pequeños, situados por lo común en despoblado y que no suelen tener culto permanente.

ermitaño, ña. I. M. y F. **1.** Persona que vive en soledad, como el monje, y que profesa vida solitaria. U. t. c. adj. ‖ **2.** Persona que vive en una ermita y cuida de ella. ‖ **II.** M. **3. cangrejo ermitaño.**

ermitorio. M. eremitorio.

erogación. F. Acción y efecto de erogar.

erogar. TR. Distribuir, repartir bienes o caudales.

erógeno, na. ADJ. Que produce excitación sexual o es sensible a ella. *Zonas erógenas.*

eros. M. Conjunto de tendencias e impulsos sexuales de la persona.

erosión. F. **1.** Desgaste o destrucción producidos en la superficie de un cuerpo por la fricción continua o violenta de otro. ‖ **2.** Desgaste de la superficie terrestre por agentes externos, como el agua o el viento. ‖ **3.** Lesión superficial de la epidermis, producida por un agente externo o mecánico. ‖ **4.** Desgaste de prestigio o influencia que puede sufrir una persona, una institución, etc.

erosionar. TR. Producir erosión. U. t. c. prnl.

erosivo, va. ADJ. Perteneciente o relativo a la erosión. *Agentes erosivos.*

erótica. F. Atracción muy intensa, semejante a la sexual, que se siente hacia el poder, el dinero, la fama, etc.

erótico, ca. ADJ. **1.** Perteneciente o relativo al amor sensual. *Literatura erótica.* ‖ **2.** Que excita el apetito sexual. *Estímulo erótico.* ‖ **3.** Dicho de una poesía: **amatoria.** ‖ **4.** Dicho de un poeta: Que cultiva la poesía amatoria. □ V. **teléfono ~.**

erotismo. M. **1.** Amor sensual. ‖ **2.** Carácter de lo que excita el amor sensual. ‖ **3.** Exaltación del amor físico en el arte.

erotización. F. Acción y efecto de erotizar.

erotizante. ADJ. Que erotiza. *Anuncios erotizantes.*

erotizar. TR. **1.** Producir excitación sexual. ‖ **2.** Dar a algo carácter erótico. U. t. c. prnl. *La película se erotiza a medida que avanza.*

erotomanía. F. *Med.* Enajenación mental causada por el amor y caracterizada por un delirio erótico.

erotómano, na. ADJ. Que padece erotomanía. U. t. c. s.

errabundo, da. ADJ. Que va de una parte a otra sin tener asiento fijo. *Peregrinación errabunda.*

erradicación. F. Acción de erradicar.

erradicar. TR. Arrancar de raíz. U. t. en sent. fig. *Erradicar la miseria.*

errado, da. PART. de **errar.** ‖ ADJ. Que yerra.

errante. ADJ. Que anda de una parte a otra sin tener asiento fijo. U. t. en sent. fig. *Un espíritu errante y aventurero.* Apl. a pers., u. t. c. s.

errar. I. TR. **1.** No acertar. *Errar el blanco, la vocación.* U. t. c. intr. *Errar EN la respuesta.* ‖ **II.** INTR. **2.** Andar vagando de una parte a otra. ‖ **3.** Dicho del pensamiento, de la imaginación o de la atención: **divagar.** ¶ MORF. V. conjug. modelo. En América, u. t. c. reg.

errata. F. Equivocación material cometida en lo impreso o manuscrito. □ V. **fe de ~s.**

errático, ca. ADJ. **1.** Vagabundo, ambulante, sin domicilio cierto. *Su movimiento es lento y errático.* ‖ **2.** *Med.* Dicho de un dolor crónico: Que va de una parte a otra sin tener asiento fijo, que se siente a veces en una parte del cuerpo, a veces en otra. ‖ **3.** *Med.* Dicho de una calentura: Que se reproduce sin período fijo.

errátil. ADJ. Errante, incierto, variable. *Política errátil.*

erre. F. Nombre de la letra *r,* especialmente en la modalidad múltiple del fonema vibrante al que corresponde.

MORF. pl. **erres.** ‖ **~ doble.** F. Nombre del dígrafo *rr.* ‖ **dc ble ~.** F. **erre doble.**

erro. M. *Am.* Error, yerro.

erróneo, a. ADJ. Que contiene error. *Doctrina erróne• Discurso erróneo.* □ V. **conciencia ~.**

error. M. **1.** Concepto equivocado o juicio falso. ‖ **2.** Ac ción desacertada o equivocada. *Reunir el consejo fue u• error.* ‖ **3.** Cosa hecha erradamente. *En la página s guiente hay tres errores de transcripción.* ‖ **4.** *Der.* Vici• del consentimiento causado por equivocación de buen• fe, que anula el acto jurídico si afecta a lo esencial de • o de su objeto. ‖ **5.** *Fís.* y *Mat.* Diferencia entre el valc medido o calculado y el real.

eructar. INTR. Expeler con ruido por la boca los gase del estómago.

eructo. M. Acción y efecto de eructar.

erudición. F. **1.** Instrucción en varias ciencias, artes otras materias. ‖ **2.** Amplio conocimiento de los docu mentos relativos a una ciencia o arte. ‖ **3.** Lectura va riada, docta y bien aprovechada.

erudito, ta. ADJ. **1.** Instruido en varias ciencias, a• tes y otras materias. U. t. c. s. ‖ **II.** M. y F. **2.** Persona qu• conoce con amplitud los documentos relativos a un• ciencia o arte. ‖ **~ a la violeta.** M. y F. despect. Person• que solo tiene una tintura superficial de ciencias • artes.

erupción. F. **1.** Aparición y desarrollo en la piel, o e• las mucosas, de granos, manchas o vesículas. ‖ **2.** Gran• o mancha de la piel. ‖ **3.** *Geol.* Emisión de materias sól• das, líquidas o gaseosas por aberturas o grietas de l• litosfera. Unas veces es repentina y violenta, como en lc volcanes, y otras lenta y tranquila, como en las solf• taras.

eruptivo, va. ADJ. **1.** Perteneciente o relativo a la eru• ción. *Enfermedad eruptiva.* ‖ **2.** Procedente de ella. *R• cas eruptivas.*

esbarar. INTR. resbalar.

esbeltez. F. Cualidad de esbelto.

esbelto, ta. ADJ. Alto, delgado y de figura proporci• nada.

esbirro. M. Secuaz a sueldo o movido por interés.

esbozar. TR. **1.** bosquejar. *Esbozar las líneas general• de un proyecto.* ‖ **2.** Insinuar un gesto, normalmente d• rostro. *Esbozar una sonrisa.*

esbozo. M. **1.** Acción y efecto de esbozar. ‖ **2.** Bosque• sin perfilar y no acabado. Se usa especialmente h• blando de las artes plásticas, y, por ext., de cualqui• obra del ingenio. ‖ **3.** *Biol.* Tejido, órgano o aparato en brionario que todavía no ha adquirido su forma y e• tructura definitivas.

escabechar. TR. **1.** Echar en escabeche. ‖ **2.** coloq. M• tar a mano airada, y ordinariamente con arma blanc•

escabeche. M. **1.** Salsa o adobo que se hace con acei• frito, vino o vinagre, hojas de laurel y otros ingredie• tes, para conservar y hacer sabrosos los pescados y otr• alimentos. ‖ **2.** Alimento conservado en esta salsa. ‖ **3** Á. Andes y *Chile.* encurtido. ‖ **~ oriental.** M. *Méx.* Guis• yucateco de pollo, o de pollo y puerco, con chile y aj•

escabechina. F. **1.** estrago (‖ matanza). *La bomb• causó una escabechina.* ‖ **2.** Destrozo grande. *Al cortar• el pelo, le hicieron una escabechina.*

escabel. M. **1.** Tarima pequeña que se pone delante • la silla para que descansen los pies de quien está se• tado. ‖ **2.** Asiento pequeño hecho de tablas, sin respald•

‖ **3.** Persona o circunstancia de que alguien se aprovecha para medrar, por lo general ambiciosamente.

scabiosa. F. Planta herbácea, vivaz, de la familia de las Dipsacáceas, con tallo velloso, hueco, de cuatro a seis decímetros de altura, hojas inferiores ovaladas y enteras, y muy lobuladas las superiores, flores en cabezuela semiesférica, con corola azulada y semillas abundantes. El cocimiento de la raíz de esta planta se empleó antiguamente en medicina.

scabrosidad. F. Cualidad de escabroso.

scabroso, sa. ADJ. **1.** Dicho especialmente de un terreno: Desigual, lleno de obstáculos y estorbos. ‖ **2.** Peligroso, que está al borde de lo inconveniente o de lo inmoral. *El argumento escabroso de la novela.*

scabullirse. PRNL. **1.** Dicho de una cosa: Irse o escaparse de entre las manos. ‖ **2.** Dicho de una persona: Apartarse, sin que de momento se note, de la compañía en que estaba. ‖ **3.** Huir de una dificultad con sutileza. ¶ MORF. conjug. c. *mullir.*

scachar. TR. **1.** Cascar, aplastar. *Escachar un huevo.* ‖ **2.** Hacer pedazos, romper. *Escachar un plato.*

scacharrar. TR. Malograr, estropear algo. U. t. c. prnl.

scachifollar. TR. **estropear.** U. t. c. prnl.

scafandra. F. Equipo compuesto de una vestidura impermeable y un casco perfectamente cerrado, con un cristal frente a la cara, y orificios y tubos para renovar el aire, que sirve para permanecer y trabajar debajo del agua.

scafoides. M. *Anat.* **hueso escafoides.**

scala. F. **1.** Escalera de mano, hecha de madera, de cuerda o de ambas cosas. ‖ **2.** Sucesión ordenada de valores distintos de una misma cualidad. *Escala de colores. Escala de dureza.* ‖ **3.** Línea recta dividida en partes iguales que representan metros, kilómetros, etc., y sirve de medida para dibujar proporcionadamente en un mapa o plano las distancias y dimensiones de un terreno, edificio, máquina u otro objeto, y para averiguar sobre el plano las medidas reales de lo dibujado. ‖ **4.** Tamaño de un mapa, plano, diseño, etc., según la escala a que se ajusta. ‖ **5.** Tamaño o proporción en que se desarrolla un plan o idea. *Una ofensiva a gran escala.* ‖ **6.** Detención que hacen las embarcaciones o las aeronaves entre su punto de origen y el de destino final. ‖ **7.** *Fís.* Graduación empleada en diversos instrumentos para medir una magnitud. ‖ **8.** *Mil.* **escalafón.** ‖ **9.** *Mús.* Sucesión diatónica o cromática de las notas musicales. ‖ **~ de gato.** F. *Mar.* escala formada por dos cabos paralelos unidos con travesaños de madera, que se emplea para subir a bordo a alguien fuera de puerto. ‖ **~ del modo.** F. *Mús.* Serie de sonidos del mismo, arreglados entre sí por el orden más inmediato, partiendo del sonido tónico. ‖ **~ de mar y de tierra.** F. *Mar.* Conjunto de escalafones que constituyen el cuerpo general de la Armada, y que están formados, el primero por los marinos con destino de embarque, y el segundo por los que no lo tienen. ‖ **~ de reserva.** F. *Mil.* Escalafón de los militares pertenecientes a las reservas del Ejército o de la Armada. ‖ **~ de temperaturas.** F. Cada una de las maneras convencionales de graduar los termómetros. ‖ **~ de tipos impositivos.** F. Conjunto de tipos de gravamen que se aplican gradualmente a los diferentes niveles de renta. ‖ **~ de viento.** F. *Mar.* La formada a bordo con dos cabos y palos o trozos de cuerda atravesados de uno a otro de aquellos, para que sirvan de escalones. ‖ **~ franca.** F. *Com.* Puerto libre y franco donde los buques de todas las naciones pueden llegar con seguridad para comerciar. ‖ **~ real.** F. *Mar.* La que se arma normalmente en el portalón de estribor de los buques para servicio de los almirantes, jefes, oficiales y otras personas de distinción. ‖ **~ técnica.** F. La que efectúa el piloto por necesidades de la navegación, por ejemplo para repostar combustible. ‖ **a ~.** LOC. ADV. Dicho de elaborar figuras, reproducciones, etc.: Ajustándose a una escala. *El edificio está reproducido a escala.* U. t. c. loc. adj. *Muebles a escala.* ☐ V. **economía de ~.**

escalabrar. TR. **descalabrar.** U. t. c. prnl.

escalada. F. **1.** Acción y efecto de **escalar** (‖ trepar por una pendiente o a una gran altura). ‖ **2.** Acción y efecto de **escalar** (‖ entrar en una plaza fuerte valiéndose de escalas). ‖ **3.** Aumento rápido y por lo general alarmante de algo, como los precios, los actos delictivos, los gastos, los armamentos, etc.

escalador, ra. ADJ. Que escala. Apl. a pers., u. t. c. s.

escalafón. M. Lista de los individuos de una corporación, clasificados según su grado, antigüedad, méritos, etc.

escalamiento. M. Acción y efecto de escalar.

escálamo. M. *Mar.* Estaca pequeña y redonda, encajada en el borde de la embarcación, a la cual se ata el remo.

escalar[1]. TR. **1.** Subir, trepar por una gran pendiente o a una gran altura. ‖ **2.** Entrar en una plaza fuerte u otro lugar valiéndose de escalas. ‖ **3.** Subir, no siempre por buenas artes, a elevadas dignidades.

escalar[2]. ADJ. *Fís.* Dicho de una magnitud física: Que carece de dirección, como la temperatura. U. t. c. s. m.

escaldado, da. PART. de **escaldar.** ‖ ADJ. coloq. Escarmentado, receloso. *Instinto escaldado.*

escaldadura. F. Acción y efecto de escaldar.

escaldar. I. TR. **1.** Introducir algo en agua hirviendo. *Escaldar las verduras.* ‖ **2.** Abrasar con fuego algo, poniéndolo muy rojo y encendido, como el hierro. ‖ II. PRNL. **3.** Dicho de la piel, especialmente la de las ingles: escocerse.

escaldo. M. hist. Poeta escandinavo, autor de cantos heroicos y de sagas.

escaleno. ☐ V. **triángulo ~.**

escalera. F. **1.** Serie de escalones que sirven para subir a los pisos de un edificio o a un plano más elevado, o para bajar de ellos. U. t. en pl. con el mismo significado que en sing. ‖ **2. escalera de mano.** ‖ **3.** En el juego del póquer, reunión de naipes de valor correlativo. ‖ **4.** Trasquilón recto o línea de desigual nivel que deja en el pelo mal cortado. ‖ **5.** Peldaño, escalón. ‖ **~ de caracol.** F. La de forma espiral, seguida y sin ningún descanso. ‖ **~ de color.** F. En el juego del póquer, la formada por naipes de valor correlativo y del mismo palo. ‖ **~ de incendios.** F. escalera metálica destinada a facilitar la salida de un edificio o la entrada en él en caso de incendio. ‖ **~ de mano.** F. Utensilio portátil compuesto de dos largueros en que están encajados transversalmente y a igual distancia unos travesaños que sirven de escalones. ‖ **~ de servicio.** F. escalera accesoria que tienen algunas casas para dar paso a la servidumbre y a los abastecedores. ‖ **~ de tijera,** o **~ doble.** F. La compuesta de dos escaleras de mano unidas con bisagras por la parte superior. ‖ **~ mecánica.** F. La accionada por un motor y cuyos peldaños, enlazados unos a otros sin solución de continuidad, se deslizan en marcha ascendente o descendente. ‖ **de ~**, o **de ~s, abajo**. LOCS.ADJS. hist. Se decía de los sirvientes domésticos. ‖ **en ~**. LOC.ADJ. Dicho de una serie de cosas: Que están colocadas con desigualdad y como en gradas. U. t. c. loc. adv.

escalerilla. F. Escalera de corto número de escalones.

escalfar. TR. **1.** Cocer en agua hirviendo o en caldo un alimento, especialmente los huevos sin la cáscara. ‖ **2.** *Méx.* Descontar, mermar, quitar algo de lo justo.

escalinata. F. Escalera amplia y generalmente artística, en el exterior o en el vestíbulo de un edificio.

escalivada. F. Ensalada compuesta de pimientos, berenjenas y otras hortalizas asadas.

escalmo. M. Estaca fijada en el borde de la embarcación para atar a ella el remo.

escalo. M. Acción de **escalar**[1].

escalofriado, da. PART. de **escalofriar**. ‖ ADJ. Que padece escalofríos.

escalofriante. ADJ. **1.** Pavoroso, terrible. *Accidente escalofriante.* ‖ **2.** Asombroso, sorprendente. *Potencia escalofriante.*

escalofriar. TR. Causar escalofrío. U. t. c. intr. y c. prnl. MORF. conjug. c. *enviar*.

escalofrío. M. **1.** Sensación de frío, por lo común repentina, violenta y acompañada de contracciones musculares, que a veces precede a un ataque de fiebre. U. m. en pl. ‖ **2.** Sensación semejante producida por una emoción intensa, especialmente de terror.

escalón. M. **1.** Cada una de las partes de la escalera de un edificio en que se apoya el pie para subir o bajar. ‖ **2.** Grado a que se asciende en dignidad. ‖ **3.** Paso o medio con que alguien adelanta sus pretensiones o conveniencias. ‖ **4.** *Mil.* Una de las fracciones en que se dividen las tropas de un frente de combate y que se colocan tácticamente con intervalos y a distancias regulares.

escalonado, da. PART. de **escalonar**. ‖ ADJ. Semejante en la superficie a una serie de escalones. *Repisas escalonadas.*

escalonamiento. M. Acción y efecto de escalonar.

escalonar. TR. **1.** Situar ordenadamente personas o cosas de trecho en trecho. U. t. c. prnl. *El departamento se escalonará en tres niveles distintos.* ‖ **2.** Distribuir en tiempos sucesivos las diversas partes de una serie. *Hay que escalonar las vacaciones de los empleados.*

escalonia. F. Planta perenne de la familia de las Liliáceas, con tallo de tres a cinco decímetros de altura, hojas finas, aleznadas y tan largas como el tallo; flores moradas y muchos bulbos, agregados como en el ajo común, blancos por dentro y rojizos por fuera. Es planta originaria de Asia, se cultiva en las huertas y se emplea como condimento. ▢ V. **cebolla ~**.

escaloña. F. Planta perenne de la familia de las Liliáceas, con tallo de tres a cinco decímetros de altura, hojas finas, aleznadas y tan largas como el tallo; flores moradas y muchos bulbos, agregados como en el ajo común, blancos por dentro y rojizos por fuera. Es planta originaria de Asia, se cultiva en las huertas y se emplea como condimento.

escalope. M. Loncha delgada de carne empanada y frita.

escalpelo. M. *Med.* Instrumento en forma de cuchillo pequeño, de hoja fina, puntiaguda, de uno o dos cortes, que se usa en las disecciones anatómicas, autopsias y vivisecciones.

escama. F. **1.** Lámina de origen dérmico o epidérmico, en forma de escudete, que, imbricada con otras muchas

de su clase, suele cubrir total o parcialmente el cue... po de algunos animales, principalmente el de los pece... y reptiles. ‖ **2.** Lámina formada por células epidérmica... unidas y muertas que se desprenden espontáneament... de la piel. ‖ **3.** Cosa que tiene forma de escama. *Puré o... patata en escamas.* ‖ **4.** coloq. Recelo que alguien tien... por el daño o molestia que otra persona le ha causad... o por los que teme. ‖ **5.** *Bot.* Órgano semejante a una ho... pequeña. ‖ **6.** *Zool.* Lámina microscópica del ala de la... mariposas. ‖ **~ carenada**. F. *Zool.* La de las víboras... otros reptiles que presenta un saliente longitudinal... modo de quilla.

escamante. ADJ. coloq. Que produce recelo o desco... fianza. *Actitudes escamantes.*

escamar. TR. **1.** Quitar las escamas a los peces. ‖ **2.** L... brar en forma de escamas. *Chapitel escamado.* ‖ **3.** colo... Hacer que alguien pase a tener recelo o desconfianz... U. m. c. prnl.

escamiforme. ADJ. Que tiene forma de escama. *Hoj... escamiformes.*

escamol. M. *Méx.* **escamole**.

escamole. M. *Méx.* Larva comestible de cierta hormig...

escamondar. TR. **1.** Limpiar los árboles quitándol... las ramas inútiles y las hojas secas. ‖ **2.** Limpiar alg... quitándole lo superfluo y dañoso. *Era necesario esc... mondarle las rodillas.*

escamonea. F. Planta de la familia de las Convolvulá... ceas de la que se extrae una gomorresina medicinal s... lida y muy purgante.

escamoso, sa. ADJ. **1.** Que tiene escamas. *Epitelio e... camoso.* ‖ **2.** *Zool.* Se dice de los reptiles cuyo cuerpo est... cubierto de escamas y que carecen de esqueleto exter... o caparazón; p. ej., los lagartos y las serpientes. U. t. c. s. m... ORTOGR. En m. pl., escr. con may. inicial c. taxón. *L... Escamosos.* ▢ V. **bulbo ~**.

escamoteador, ra. ADJ. Que escamotea. Apl. a pers... u. t. c. s.

escamotear. TR. **1.** Dicho de un jugador de mano... Hacer que desaparezcan a ojos vistas las cosas que m... neja. ‖ **2.** Robar o quitar algo con agilidad y astucia. *L... gró escamotear del pedido cinco o seis relojes.* ‖ **3.** Hac... desaparecer, quitar de en medio de un modo arbitrari... o ilusorio algún asunto o dificultad. *El pleno municip... escamoteó en su plan urbano la reforma de las calle...*

escamoteo. M. Acción y efecto de escamotear.

escampada. F. coloq. Espacio corto durante el cu... deja de caer el agua del cielo en tiempo lluvioso y hay a... guna claridad.

escampado, da. PART. de **escampar**. ‖ ADJ. Dicho... un terreno: Descubierto, sin obstáculos, malezas ni e... pesuras.

escampar. **I.** INTR. IMPERS. **1.** Cesar de llover. ‖ **I**... INTR. **2.** Cesar en una operación, suspender el empeñ... con que se intenta hacer algo. ‖ **3.** *Á. Caribe.* Guarecers... de la lluvia. ‖ **III.** TR. **4.** Despejar, desembarazar un s... tio. ‖ **ya escampa**. EXPR. **1.** coloq. Se usa cuando a... guien insiste pesadamente sobre algo. ‖ **2.** coloq. Se us... cuando tras un daño recibido sobrevienen otros may... res, o cuando una situación empeora, en vez de mejora...

escampavía. F. **1.** Barco pequeño y velero que aco... paña a una embarcación más grande, sirviéndole par... hacer exploraciones. ‖ **2.** Barco muy ligero y de poco c... lado, que emplea la guardia marítima para perseguir... contrabando.

escanciador, ra. ADJ. Que sirve la bebida, especialmente los vinos y licores. U. t. c. s.

escanciar. I. TR. **1.** Echar el vino, servirlo en las mesas y convites. ‖ **II.** INTR. **2.** Beber vino. ¶ MORF. conjug. c. *anunciar.*

escanda. F. Especie de trigo, propia de países fríos y terrenos pobres, de paja dura y corta, cuyo grano se separa difícilmente del cascabillo.

escandalera. F. coloq. Escándalo, alboroto grande.

escandalizador, ra. ADJ. Que escandaliza. Apl. a pers., u. t. c. s.

escandalizar. I. TR. **1.** Causar escándalo. ‖ **II.** PRNL. **2.** Mostrar indignación, real o fingida, por algo.

escandallar. TR. *Com.* Determinar el precio de coste o de venta de una mercancía por los factores de su producción.

escandallo. M. *Com.* En el régimen de tasas, determinación del precio de coste o de venta de una mercancía con relación a los factores que lo integran.

escándalo. M. **1.** Acción o palabra que es causa de que alguien obre mal o piense mal de otra persona. ‖ **2.** Alboroto, tumulto, ruido. ‖ **3.** Desenfreno, desvergüenza, mal ejemplo. ‖ **4.** Asombro, pasmo, admiración. ‖ **~ farisaico.** M. El que se recibe o se aparenta recibir sin causa, mirando como reprensible lo que no lo es. ‖ **~ pasivo.** M. Ruina espiritual o pecado en que cae el prójimo por ocasión del dicho o hecho de otro. □ V. **piedra de ~, piedra del ~.**

escandalosa. F. *Mar.* Vela pequeña que, en buenos tiempos, se orienta sobre la cangreja.

escandaloso, sa. ADJ. **1.** Que causa escándalo. *Titular escandaloso.* Apl. a pers., u. t. c. s. ‖ **2.** Ruidoso, revoltoso, inquieto. *Risa escandalosa.* Apl. a pers., u. t. c. s.

escandinavo, va. ADJ. **1.** Natural de Escandinavia. U. t. c. s. ‖ **2.** Perteneciente o relativo a esta región del norte de Europa.

escandio. M. Elemento químico de núm. atóm. 21. Metal escaso en la litosfera, se encuentra disperso en algunos minerales. De color gris con tintes rosáceos, sus sales son incoloras y su óxido tiene las mismas propiedades que los de las tierras raras. (Símb. *Sc*).

escandir. TR. *Métr.* Medir el verso, contar el número de pies o de sílabas de que consta.

escanear. TR. Pasar por el escáner.

escáner. M. **1.** Aparato que, por medio de ultrasonidos, resonancia magnética, radiaciones ionizantes o rayos X, produce una imagen de órganos o partes internas del cuerpo. ‖ **2.** Prueba o exploración realizada con un **escáner** (‖ aparato). ‖ **3.** *Electr.* Dispositivo que explora un espacio o imagen, y los traduce en señales eléctricas para su procesamiento. *He comprado un escáner para mi computadora.* ¶ MORF. pl. **escáneres.**

escansión. F. *Métr.* Medida de los versos.

escantillar. TR. *Arq.* Tomar una medida o marcar una dimensión a contar desde una línea fija.

escantillón. M. Regla, plantilla o patrón que sirve para trazar las líneas y fijar las dimensiones según las cuales se han de labrar las piezas en diversos artes y oficios mecánicos.

escaño. M. **1.** Puesto, asiento de los parlamentarios en las Cámaras. ‖ **2.** Banco con respaldo en el que pueden sentarse tres o más personas. ‖ **3.** Puesto representativo en una cámara electiva.

escapada. F. **1.** Acción de escapar. ‖ **2.** Abandono temporal de las ocupaciones habituales, generalmente con objeto de divertirse o distraerse. ‖ **en una ~.** LOC.ADV. a escape.

escapado, da. PART. de **escapar.** ‖ **I.** ADJ. **1.** Dicho de un corredor: Que se adelanta a los demás. U. t. c. s. ‖ **II.** ADV. M. **2.** Muy deprisa. *Salid escapado. Entramos escapado.*

escapar. I. INTR. **1.** Salir de un encierro o un peligro. *Escapar de la prisión. Escapar de la enfermedad.* U. t. c. prnl. ‖ **2.** Salir, huir. *Escapar al destino.* U. t. c. prnl. ‖ **II.** PRNL. **3.** Dicho de un líquido o de un gas: Salirse de un depósito, cañería, canal, etc., por algún resquicio. ‖ **4.** Dicho de una cosa que estaba sujeta: **soltarse** (‖ desasirse). *Se me ha escapado un punto de la media.* ‖ **5.** Dicho de un vehículo de transporte público: Marcharse antes de que alguien pueda entrar en él. ‖ **6.** Salir o alejarse del alcance de alguien. *Se me ha escapado un buen negocio.* ‖ **7.** Quedar fuera del dominio o influencia de alguien o de algo. *Hay cosas que se escapan al poder de la voluntad.* U. t. c. intr. ‖ **8.** Dicho de una cosa: Pasar inadvertida a alguien. *Se nos escapó una errata.* ‖ **9.** Dicho de una persona: Decir o hacer algo involuntariamente. *Se le escapó la risa cuando el silencio era absoluto.* ‖ **10.** *Dep.* Dicho de una persona: Adelantarse al grupo en que va corriendo.

escaparate. M. **1.** Espacio exterior de las tiendas, cerrado con cristales, donde se exponen las mercancías a la vista del público. ‖ **2.** Lugar o circunstancia en que se hacen muy patentes las características de alguien o de algo. *La exposición universal es un escaparate para todos los países.* ‖ **3.** Apariencia ostentosa de alguien o algo con el fin de hacerse notar. ‖ **4.** Especie de alacena o armario, con puertas de cristal y con anaqueles para poner imágenes, barros finos, etc. ‖ **5.** *Á. Caribe.* **armario** (‖ mueble).

escaparatismo. M. Técnica del arreglo y adorno de los escaparates.

escaparatista. COM. Persona encargada de disponer artísticamente los objetos que se muestran en los escaparates.

escapatoria. F. **1.** Acción y efecto de evadirse y escaparse. *Dar a alguien escapatoria.* ‖ **2.** coloq. Excusa, efugio y modo de evadirse alguien de la dificultad y aprieto en que se halla.

escape. M. **1.** Acción de escapar o escaparse. ‖ **2.** Fuga de un gas o de un líquido. ‖ **3.** Fuga apresurada con que alguien se libra de recibir el daño que lo amenaza. ‖ **4.** En algunas máquinas, como el reloj, pieza que separándose deja obrar a un muelle, rueda u otra cosa que sujetaba. ‖ **5.** *Mec.* En los motores de explosión, cuarta fase del ciclo, en que los gases de la combustión son expulsados del cilindro por la válvula correspondiente. ‖ **6. tubo de escape.** ‖ **a ~.** LOC.ADV. A todo correr, a toda prisa. ‖ **no haber ~.** LOC.VERB. coloq. No encontrar salida o solución para una dificultad. □ V. **tubo de ~, válvula de ~.**

escapero, ra. M. y F. *Chile.* Ladrón que, realizada su acción, huye rápidamente.

escapismo. M. Actitud de quien se evade o huye mentalmente de la realidad.

escapista. ADJ. **1.** Perteneciente o relativo al escapismo. *Contenidos escapistas.* ‖ **2.** Propenso al escapismo. *Actitud escapista.* Apl. a pers., u. t. c. s.

escapo. M. *Bot.* Tallo herbáceo, florífero, sin hojas, que arranca de la parte baja del vegetal y lleva las flores en su ápice.

escápula. F. *Anat.* omóplato.

escapular[1]. INTR. *Mar.* Dicho de una amarra: Zafarse por deshacerse su nudo o la vuelta que la afianza. U. t. c. prnl.

escapular[2]. ADJ. *Anat.* Perteneciente o relativo a la escápula.

escapulario. M. **1.** Tira o pedazo de tela con una abertura por donde se mete la cabeza, y que cuelga sobre el pecho y la espalda como distintivo de varias órdenes religiosas. ‖ **2.** Objeto devoto formado por dos pedazos pequeños de tela unidos con dos cintas largas para echarlo al cuello. ‖ **3.** Práctica devota en honor de la Virgen del Carmen, que consiste en rezar siete veces el padrenuestro con la avemaría y el gloria.

escaque. M. **1.** Cada una de las casillas cuadradas e iguales, blancas y negras alternadamente, y a veces de otros colores, en que se divide el tablero de ajedrez y el del juego de damas. ‖ **2.** *Heráld.* Cuadro o casilla que resulta de las divisiones del escudo, cortado y partido al menos dos veces.

escaqueado, da. ADJ. Dicho de una obra o de una labor: Repartida o formada en escaques, como el tablero de ajedrez.

escara. F. *Med.* Costra, ordinariamente de color oscuro, que resulta de la mortificación o pérdida de vitalidad de una parte viva afectada de gangrena, o profundamente quemada por la acción del fuego.

escarabajear. INTR. **1.** Andar y moverse desordenadamente, como si se trazaran letras y rasgos mal formados, torcidos y confusos, parecidos en algún modo a los pies de un escarabajo. ‖ **2.** Producir cosquilleo o picazón en alguna parte del cuerpo.

escarabajo. M. **1.** Insecto coleóptero, de antenas con nueve articulaciones terminadas en forma de maza, élitros lisos, cuerpo deprimido, con cabeza rombal y dentada por delante, y patas anteriores desprovistas de tarsos. Busca el estiércol para alimentarse y hacer bolas, dentro de las cuales deposita los huevos. ‖ **2.** Se usa como nombre para referirse a varios coleópteros de cuerpo ovalado, patas cortas y por lo general coprófagos. ‖ **~ bolero.** M. **escarabajo** (‖ insecto coleóptero). ‖ **~ de la patata.** M. Insecto coleóptero de pequeño tamaño, color amarillo y diez líneas negras sobre los élitros. Constituye una plaga en los cultivos de la patata. ‖ **~ pelotero.** M. **escarabajo** (‖ insecto coleóptero). ‖ **~ rinoceronte.** M. Insecto coleóptero de gran tamaño y color castaño oscuro, con una prominencia en el extremo anterior de la cabeza, a modo de cuerno. ‖ **~ sanjuanero.** M. Insecto coleóptero, de dos a tres centímetros de largo, que tiene el cuerpo negro, los élitros de color pardo leonado y rojizas las patas y las antenas. Zumba mucho al volar. El animal adulto roe las hojas de las plantas, y la larva, las raíces.

escaramucear. INTR. Sostener escaramuzas.

escaramujo. M. **1.** Especie de rosal silvestre, con hojas algo agudas y sin vello, de tallo liso, con dos aguijones alternos, flores encarnadas y por fruto una baya aovada, carnosa, coronada de cortaduras, y de color rojo cuando está madura, que se usa en medicina. ‖ **2.** Fruto de este arbusto. ‖ **3. percebe.**

escaramuza. F. **1.** Refriega de poca importancia sostenida especialmente por las avanzadas de los ejércitos. ‖ **2.** Riña, disputa o contienda de poca importancia.

escarapela. F. Divisa compuesta de cintas por lo gene ral de varios colores, fruncidas o formando lazadas a rededor de un punto, que, como distintivo, se coloca e el sombrero, morrión, etc. Se usa también como adorn

escarapelar. I. INTR. **1.** Á. *Caribe* y *Méx.* descasca rarse. ‖ **II.** PRNL. **2.** *Méx.* Dicho de una persona: Poné sele carne de gallina.

escarar. TR. *Med.* Producir escaras. U. t. c. prnl.

escarbadero. M. Sitio donde escarban los jabalíes, l bos y otros animales.

escarbadientes. M. **mondadientes.**

escarbador, ra. I. ADJ. **1.** Que escarba. *Actividad e carbadora.* ‖ **II.** M. **2.** Instrumento para escarbar.

escarbadura. F. Acción y efecto de escarbar.

escarbar. TR. **1.** Rayar o remover repetidamente la s perficie de la tierra, ahondando algo en ella, según su len hacerlo con las patas el toro, el caballo, la gallina, et ‖ **2.** Limpiar los dientes o los oídos sacando la sucieda introducida en ellos. ‖ **3.** Avivar la lumbre, moviéndo con el badil. ‖ **4.** Inquirir curiosamente lo que está alg encubierto y oculto, hasta averiguarlo.

escarcear. INTR. Á. *R. Plata.* Dicho de un caballo: Mover subiendo y bajando la cabeza violenta y repetidament

escarcela. F. **1.** Mochila del cazador, a manera de r ‖ **2.** Adorno femenino, especie de cofia. ‖ **3.** hist. Esp cie de bolsa que pendía de la cintura. ‖ **4.** hist. Parte la armadura que caía desde la cintura y cubría el musl

escarceo. M. **1.** Prueba o tentativa antes de iniciar u acción determinada. ‖ **2.** Movimiento en la superfici del mar, con pequeñas olas que se levantan en los lug res en que hay corrientes. ‖ **3.** pl. **divagación.** ‖ **4.** Tanteo, incursión en algún quehacer que no es el aco tumbrado. ‖ **5.** pl. Tentativa, intento de hacer algo s mucha profundidad o dedicación. ‖ **~ amoroso.** M. Comienzo o iniciación de una relación amorosa. ‖ Aventura amorosa superficial. U. m. en pl.

escarcha. F. Rocío de la noche congelado.

escarchado, da. PART. de **escarchar.** ‖ ADJ. Cubier de escarcha. *Arbustos escarchados.*

escarchar. I. INTR. IMPERS. **1.** Congelarse el rocío qu cae en las noches frías. ‖ **II.** TR. **2.** Preparar confitur de modo que el azúcar cristalice en el exterior como fuese escarcha. ‖ **3.** Preparar una bebida alcohólica h ciendo que el azúcar cristalice en una rama de anís i troducida en la botella. ‖ **4.** Salpicar una superficie partículas de talco o de otra sustancia brillante qu imite la escarcha.

escarda. F. **1.** Acción y efecto de escardar. ‖ **2.** Époc del año a propósito para esta labor. ‖ **3.** Azada pequeñ con que se arrancan los cardos, cardillos y otras hierba que nacen entre los sembrados.

escardadera. F. **almocafre.**

escardador, ra. M. y F. Persona que escarda los ser brados.

escardar. TR. **1.** Arrancar y sacar los cardos y otra hierbas nocivas de los sembrados. ‖ **2.** Separar y apa tar lo malo de lo bueno para que no se confundan. *E cardaron de aspectos drásticos la delgada frontera qu une el cariño con los reproches.*

escardilla. F. **almocafre.**

escardillo. M. Azada pequeña para escardar.

escariador. M. Herramienta para agrandar o redo dear un agujero abierto en metal, o el diámetro de u tubo.

escarificación. F. *Med.* Producción de una escara, de manera accidental o como medio quirúrgico, por el empleo del hierro candente, las pastas cáusticas, etc.

escarificador. M. *Agr.* Instrumento que consiste en un bastidor de madera o de hierro con travesaños armados por su parte inferior de cuchillos de acero, para cortar la tierra y las raíces. Suele estar provisto de dos ruedas laterales y una delantera.

escarificar. TR. **1.** *Agr.* Remover la tierra con el escarificador para que se airee. || **2.** *Med.* Hacer en alguna parte del cuerpo cortaduras e incisiones muy poco profundas para facilitar la entrada o salida de ciertos líquidos.

escarlata. F. **1.** Color carmesí fino, menos subido que el de la grana. U. t. c. adj. || **2.** Tela de este color. || **3.** **escarlatina.**

escarlatina. F. *Med.* Fiebre eruptiva, contagiosa y con frecuencia epidémica, caracterizada por un exantema difuso de la piel, de color rojo subido, por grandes elevaciones de temperatura y por angina.

escarmenar. TR. Desenredar la lana o la seda.

escarmentado, da. PART. de **escarmentar.** || ADJ. Que escarmienta. U. t. c. s.

escarmentar. **I.** TR. **1.** Corregir con rigor, de obra o de palabra, a quien ha errado, para que se enmiende. || **II.** INTR. **2.** Tomar enseñanza de lo que alguien ha visto y experimentado en sí o en otros, para evitar el caer en los mismos peligros. ¶ MORF. conjug. c. *acertar.*

escarmiento. M. **1.** Desengaño, aviso y cautela, adquiridos con la advertencia o la experiencia del daño, error o perjuicio que alguien ha reconocido en sus acciones o en las ajenas. || **2.** Castigo, multa, pena.

escarnecedor, ra. ADJ. Que escarnece. U. t. c. s.

escarnecer. TR. Hacer mofa y burla de alguien. MORF. conjug. c. *agradecer.*

escarnecimiento. M. escarnio.

escarnio. M. Burla tenaz que se hace con el propósito de afrentar.

escarola. F. Planta de la familia de las Compuestas, de hojas rizadas y amargas al gusto, que se dulcifican privándolas de la luz hasta que adquieren un color amarillo pálido.

escarolado, da. PART. de **escarolar.** || ADJ. Rizado como la escarola. *Pelo escarolado.* □ V. **cuello ~.**

escarolar. TR. Disponer algo en forma de hoja de escarola.

escarpa. F. **1.** Declive áspero del terreno. || **2.** *Mil.* Plano inclinado que forma la muralla del cuerpo principal de una plaza, desde el cordón hasta el foso y contraescarpa.

escarpado, da. ADJ. **1.** Que tiene escarpa o gran pendiente. *Terreno escarpado.* || **2.** Dicho de una altura: Que no tiene subida ni bajada transitable o la tiene muy áspera y peligrosa.

escarpadura. F. Declive áspero de cualquier terreno.

escarpe¹. M. Declive áspero del terreno.

escarpe². M. hist. Pieza de la armadura que cubría el pie.

escarpelo. M. Instrumento de hierro, con dientes menudos, que usan los carpinteros, entalladores y escultores para limpiar, raer y raspar las piezas de labor.

escarpia. F. Clavo con cabeza acodillada, que sirve para sujetar bien lo que se cuelga.

escarpidor. M. Peine de púas largas, gruesas y ralas, que sirve para desenredar el cabello.

escarpín. M. **1.** Zapato de una sola suela y de una sola costura. || **2.** Calzado interior de estambre u otra materia, para abrigo del pie, y que se coloca encima de la media o del calcetín. || **3.** *Am. Mer.* **patuco.**

escarramanado, da. ADJ. Dicho de una persona: Que tiene tipo o hechos propios de bravucón.

escarrancharse. PRNL. Caerse al suelo, abierto de piernas.

escarzano. □ V. **arco ~.**

escarzo. M. Panal con borra o suciedad.

escás. M. En el frontón, raya que corre a lo largo de las paredes o del suelo de la cancha, con la cual se limitan los lugares donde debe botar la pelota, para que sea válida la jugada. MORF. pl. **escases.**

escasear. **I.** INTR. **1.** Dicho de una cosa: Faltar, ir a menos. || **II.** TR. **2.** Dar poco, de mala gana y haciendo desear lo que se da.

escasez. F. **1.** Poquedad, mengua de algo. *Escasez de agua.* || **2.** Pobreza o falta de lo necesario para subsistir. *Vivir con escasez.*

escaso, sa. ADJ. **1.** Corto, poco, limitado. *Comida escasa.* || **2.** Falto, no cabal ni entero. *Dos varas escasas de paño. Seis kilómetros escasos.*

escatimar. TR. Disminuir lo que se tiene que dar o hacer, acortándolo todo lo posible.

escatología¹. F. Conjunto de creencias y doctrinas referentes a la vida de ultratumba.

escatología². F. **1.** Tratado de cosas excrementicias. || **2.** Cualidad de **escatológico².**

escatológico¹, ca. ADJ. Perteneciente o relativo a las postrimerías de ultratumba. *Concepción escatológica del mundo.*

escatológico², ca. ADJ. Perteneciente o relativo a los excrementos y suciedades. *Vocablos escatológicos.*

escay. (De *Skai*, marca reg.). M. Material sintético que imita el cuero.

escayola. F. **1.** Yeso calcinado. || **2.** estuco.

escayolar. TR. *Med.* Endurecer con yeso o escayola los apósitos y vendajes destinados a sostener en posición conveniente los huesos rotos o dislocados.

escayolista. COM. Persona que hace obras de escayola.

escena. F. **1.** Sitio o parte del teatro en que se representa o ejecuta la obra dramática o cualquier otro espectáculo teatral. Comprende el espacio en que se figura el lugar de la acción a la vista del público. || **2.** Aquello que se representa en el escenario. *Cambio de escena.* || **3.** Cada una de las partes en que se divide el acto de la obra dramática, y en que están presentes unos mismos personajes. || **4.** En el cine, cada parte de la película que constituye una unidad en sí misma, caracterizada por la presencia de los mismos personajes. || **5.** Arte de la interpretación teatral. *Tu vocación es la escena.* || **6.** Literatura dramática. *La escena española empezó a decaer a fines del siglo* XVII. || **7.** Suceso o manifestación de la vida real que se considera como espectáculo digno de atención. || **8.** Acto o manifestación en que se descubre algo de aparatoso, teatral, y a veces fingido, para impresionar el ánimo. *Vaya escena que me hizo. Nos hizo una escena.* || **desaparecer de la ~.** LOC. VERB. Desaparecer o no dejarse ver. || **estar en ~** un actor. LOC.VERB. Mostrarse en la representación escénica poseído de su papel, especialmente mientras no habla. *Ese actor está siempre en escena.* || **poner en ~** una obra. LOC.VERB. **1.** Representarla, ejecutarla en el teatro. || **2.**

Determinar y ordenar todo lo relativo a la manera en que debe ser representada. □ V. **director de** ~, **puesta en** ~.

escenario. M. **1.** Parte del teatro construida y dispuesta para que en ella se puedan colocar las decoraciones y representar las obras dramáticas o cualquier otro espectáculo teatral. ‖ **2.** En el cine, lugar donde se desarrolla cada escena de la película. ‖ **3.** Lugar en que ocurre o se desarrolla un suceso. ‖ **4.** Conjunto de circunstancias que rodean a una persona o un suceso.

escénico, ca. ADJ. Perteneciente o relativo a la escena. *Espacio escénico.* □ V. **palco** ~.

escenificación. F. Acción y efecto de escenificar.

escenificar. TR. **1.** Dar forma dramática a una obra literaria para ponerla en escena. ‖ **2.** Poner en escena una obra o espectáculo teatral.

escenografía. F. **1.** Arte de proyectar o realizar decoraciones escénicas. ‖ **2.** Conjunto de decorados en la representación escénica. ‖ **3.** Conjunto de circunstancias que rodean un hecho, una actuación, etc.

escenográficamente. ADV. M. Según las reglas de la escenografía.

escenográfico, ca. ADJ. Perteneciente o relativo a la escenografía. *Montaje escenográfico.*

escenógrafo, fa. M. y F. Persona que profesa o cultiva la escenografía.

escepticismo. M. **1.** Desconfianza o duda de la verdad o eficacia de algo. ‖ **2.** Doctrina de ciertos filósofos antiguos y modernos, que consiste en afirmar que la verdad no existe, o que, si existe, el hombre es incapaz de conocerla.

escéptico, ca. ADJ. **1.** Que profesa el escepticismo. *Filósofo escéptico. Hombre escéptico.* U. t. c. s. ‖ **2.** Que no cree o afecta no creer. U. t. c. s.

escifozoo. ADJ. *Zool.* Se dice de los animales celentéreos de vida pelágica en cuyo ciclo vital predomina la fase medusa. Poseen células urticantes que pueden producir heridas de diversa consideración. U. t. c. s. m. ORTOGR. En m. pl., escr. con may. inicial c. taxón en desuso. *Los Escifozoos.*

escila[1]. F. cebolla albarrana.

Escila[2]. **entre** ~ **y Caribdis.** EXPR. Se usa para explicar la situación de quien no puede evitar un peligro sin caer en otro.

escindir. TR. Cortar, dividir, separar. U. t. c. prnl.

escintilación. F. **1.** *Astr.* Variación rápida e irregular del color y brillo de estrellas y astros producida por la turbulencia atmosférica. ‖ **2.** *Fís.* Emisión muy breve de luz producida por el impacto de radiaciones ionizantes o fotones sobre una sustancia luminiscente.

escirro. M. *Med.* Especie de cáncer que consiste en un tumor duro de superficie desigual al tacto y que se produce principalmente en las glándulas, sobre todo en los pechos de las mujeres.

escirroso, sa. ADJ. *Med.* Perteneciente o relativo al escirro.

escisión. F. **1. rompimiento** (‖ desavenencia). ‖ **2.** *Med.* Extirpación de un tejido o un órgano.

escita. ADJ. hist. Natural de Escitia, región de la antigua Europa, entre el Danubio, el mar Negro, el Cáucaso y el Volga. U. t. c. s.

escítico, ca. ADJ. hist. Perteneciente o relativo a la Escitia, región de la antigua Europa, entre el Danubio, el mar Negro, el Cáucaso y el Volga.

esclarea. F. amaro.

esclarecedor, ra. ADJ. Que esclarece. *Respuesta es[clarecedora.

esclarecer. TR. **1.** Poner en claro, dilucidar un asunt[o] o doctrina. *Esclarecer las circunstancias del accident[e]* ‖ **2.** Iluminar, poner claro y luciente algo. *Esclarecer la[s] sombras de la casa.* ‖ **3.** Ennoblecer, hacer famoso a a[l]guien. ‖ **4.** Iluminar, ilustrar el entendimiento. ¶ MOR[F.] conjug. c. *agradecer.*

esclarecido, da. PART. de **esclarecer.** ‖ ADJ. Ilustre, si[n]gular, insigne.

esclarecimiento. M. Acción y efecto de esclarece[r.

esclava. F. Pulsera sin adornos y que no se abre.

esclavina. F. **1.** Vestidura de cuero o tela, que se pon[e] al cuello y sobre los hombros quienes van en romería[s] ‖ **2.** Pieza del vestido que se lleva al cuello y sobre l[os] hombros. ‖ **3.** Pieza sobrepuesta que suele llevar la cap[a] unida al cuello y que cubre los hombros. ‖ **4.** Cuello po[s]tizo y suelto, con un volante de tela de seis u ocho ded[os] de ancho pegado alrededor, usado por los eclesiástico[s.

esclavista. ADJ. Partidario de la esclavitud. U. t. c. s.

esclavitud. F. **1.** Estado de esclavo. ‖ **2.** Sujeción rig[u]rosa y fuerte a las pasiones y afectos. ‖ **3.** Sujeción e[x]cesiva por la cual se ve sometida una persona a otra, o [a] un trabajo u obligación. ‖ **4.** Hermandad o congregació[n] en que se alistan y concurren varias personas a ejerc[i]tarse en ciertos actos de devoción.

esclavización. F. Acción y efecto de esclavizar.

esclavizar. TR. **1.** Hacer esclavo a alguien, reducirlo a e[s]clavitud. ‖ **2.** Tener a alguien muy sujeto e intensamen[te] ocupado. *El cuidado de los trillizos los tiene esclavizad[os.

esclavo, va. I. ADJ. **1.** Dicho de una persona: Que c[a]rece de libertad por estar bajo el dominio de otra. U. t. c. s. ‖ **2.** Sometido rigurosa o fuertemente a un deber, p[a]sión, afecto, vicio, etc., que priva de libertad. *Esclavo [de] su palabra.* U. t. c. s. ‖ **3.** Rendido, obediente, enamorad[o] U. t. c. s. ‖ **II.** M. y F. **4.** Persona alistada en alguna c[o]fradía de esclavitud. ‖ **5.** Persona que trabaja mucho [y] está siempre aplicada a cuidar de su casa y hacienda, [o] a cumplir con las obligaciones de su empleo.

esclavón, na. ADJ. **1.** Natural de Esclavonia. U. t. c. s. ‖ **2.** Perteneciente o relativo a esta región de Croaci[a.

esclerodermia. F. *Med.* Enfermedad crónica de la pie[l] caracterizada por el abultamiento y dureza primero, [y] por la retracción después.

esclerosado, da. PART. de **esclerosar.** ‖ ADJ. *Med.* A[l]terado por esclerosis.

esclerosar. I. TR. **1.** *Med.* Producir esclerosis. ‖ **I[I.]** PRNL. **2.** *Med.* Dicho de un órgano o de un tejido: Alte[rarse por esclerosis.

esclerosis. F. **1.** *Med.* Endurecimiento patológico de u[n] órgano o tejido. ‖ **2.** Embotamiento o rigidez de una fa[cultad anímica. ‖ ~ **múltiple.** F. *Med.* Enfermedad cró[nica producida por la degeneración de la envoltura d[e] las fibras nerviosas, que ocasiona trastornos sensoria[les y del control muscular.

esclerótica. F. *Anat.* Membrana dura, opaca, de colo[r] blanquecino, que cubre casi por completo el ojo de lo[s] vertebrados y cefalópodos decápodos, dejando solo do[s] aberturas, una posterior, pequeña, que da paso al nerv[io] óptico, y otra anterior, más grande, en la que está en[gastada la córnea.

esclerótico, ca. ADJ. **1.** Que tiene las facultades aní[micas embotadas. *Sociedad esclerótica.* ‖ **2.** *Med.* Perte[neciente o relativo a la esclerosis.

esclerotización. F. Acción y efecto de esclerotizar.

esclerotizar. TR. **1.** Detener algo en su proceso de progresión. U. t. c. prnl. *El sistema económico se ha esclerotizado por completo.* || **2.** *Biol.* Endurecer un tejido u órgano por la formación de determinadas proteínas, como el colágeno y la queratina. *Esclerotizar las venas dañadas.* U. t. c. prnl.

esclusa. F. Compartimento, con puertas de entrada y salida, que se construye en un canal de navegación para que los barcos puedan pasar de un tramo a otro de diferente nivel, para lo cual se llena de agua o se vacía el espacio comprendido entre dichas puertas.

escoba. F. **1.** Utensilio compuesto por un haz de ramas flexibles o de filamentos de otro material sujetos normalmente al extremo de un palo o de un mango largo, que sirve para limpiar el suelo. || **2. retama.** || **3.** Juego de naipes entre dos o cuatro personas, consistente en alcanzar quince puntos, cumpliendo ciertas reglas. || **~ de cabezuela.** F. Planta perenne de la familia de las Compuestas, de diez a doce decímetros de altura, con tallo anguloso, ramos mimbreños y velludos, hojas aserradas, ásperas y erizadas, y flores blancas o purpúreas con los cálices cubiertos de espinas muy pequeñas. Es indígena de España y se emplea para hacer escobas. □ V. **coche ~, retama de ~s.**

escobajo. M. Raspa que queda del racimo después de quitarle las uvas.

escobar. TR. Barrer con escoba.

escobazo. M. **1.** Golpe dado con una escoba. || **2.** *Á. R. Plata* y *Chile.* Barredura ligera. || **echar** a alguien **a ~s.** LOC. VERB. coloq. Despedirlo de mala manera.

escobén. M. *Mar.* Cada uno de los agujeros a uno y otro lado de la roda de un buque, por donde pasan los cables o cadenas de amarra.

escobera. F. Retama común.

escobero, ra. I. M. y F. **1.** Persona que hace escobas o las vende. || **II.** M. **2.** Mueble para guardar escobas y otros útiles de limpieza.

escobeta. F. **1.** Escobilla de cerdas o alambre. || **2.** *Méx.* Escobilla de raíz de zacatón, corta y recia. || **3.** *Méx.* Mechón de cerda que sale en el papo a los pavos adultos.

escobetear. TR. *Méx.* Fregar con escobeta.

escobilla. F. **1.** Cepillo para limpiar. || **2.** Escoba pequeña formada de cerdas o de alambre que se usa para limpiar. || **3.** Planta pequeña, especie de brezo, con que se hacen escobas. || **4. cardencha.** || **5.** Mala hierba de tallo leñoso que crece en repastos y cultivos. Se usa en medicina popular, en infusión, para combatir la diarrea infantil. || **6.** *Electr.* Haz de hilos de cobre destinado a mantener el contacto, por frotación, entre dos partes de una máquina eléctrica, una de las cuales está fija mientras la otra se mueve.

escobillado. M. *Am.* En algunos bailes tradicionales, acción y efecto de **escobillar** (|| zapatear suavemente).

escobillar. I. TR. **1.** Limpiar con la **escobilla** (|| cepillo). || **II.** INTR. **2.** *Am.* En algunos bailes tradicionales, zapatear suavemente como si se estuviese barriendo el suelo.

escobilleo. M. *Am.* En algunos bailes tradicionales, acción y efecto de **escobillar** (|| zapatear suavemente).

escobillón. M. **1.** Instrumento compuesto de un palo largo, que tiene en un extremo un cilindro con cerdas alrededor, y sirve para limpiar los cañones de las armas de fuego. || **2.** Cepillo unido a un mango y usado para barrer el suelo.

escobón. M. **1.** Escoba que se pone en un palo largo para barrer y deshollinar. || **2. retama.**

escocedura. F. Acción y efecto de escocerse.

escocer. I. INTR. **1.** Producirse una sensación parecida a la causada por quemadura. || **2.** Producir en el ánimo una impresión molesta o amarga. || **II.** PRNL. **3.** Dicho de una parte del cuerpo: Ponerse rojiza y con mayor o menor inflamación cutánea. || **4.** Sentirse o dolerse. ¶ MORF. conjug. c. *mover.*

escocés, sa. I. ADJ. **1.** Natural de Escocia. U. t. c. s. || **2.** Perteneciente o relativo a este país del Reino Unido. || **3.** Dicho de una tela de rayas de varios colores: Que forma cuadros. || **4.** Dicho de la ropa: Confeccionada con esa tela. || **II.** M. **5.** Lengua de origen céltico hablada en Escocia. || **6.** Güisqui elaborado en Escocia.

Escocia[1]**.** □ V. **bacalao de ~.**

escocia[2]**.** F. *Arq.* Moldura cóncava cuya sección está formada por dos arcos de circunferencias distintas, y más ancha en su parte inferior.

escocimiento. M. Sensación dolorosa por irritación o quemadura de la piel.

escoda. F. Herramienta en forma de martillo, con corte en ambos lados, para labrar piedras y picar paredes.

escofieta. F. hist. Tocado que usaron las mujeres, formado ordinariamente de gasas y otros géneros semejantes.

escofina. F. Herramienta, especie de lima, de dientes gruesos y triangulares, usada para desbastar.

escogedor, ra. ADJ. Que escoge. Apl. a pers., u. t. c. s.

escogencia. F. *Am. Cen.* y *Á. Caribe.* escogimiento.

escoger. TR. Tomar o elegir una o más cosas o personas entre otras.

escogido, da. PART. de escoger. || ADJ. selecto.

escogimiento. M. Acción y efecto de escoger.

escolanía. F. Conjunto o corporación de escolanos.

escolano. M. Cada uno de los niños que, en algunos monasterios, se educan para el servicio del culto, y principalmente para el canto.

escolapio, pia. I. ADJ. **1.** Perteneciente o relativo a la Orden de las Escuelas Pías, fundada a fines del siglo XVI por san José de Calasanz. *Colegios escolapios.* || **II.** M. **2.** Clérigo regular de las Escuelas Pías. || **III.** F. **3.** Religiosa de las Escuelas Pías.

escolar. I. ADJ. **1.** Perteneciente o relativo al estudiante o a la escuela. *Actividades escolares.* || **2.** Dicho de un instrumento educativo: Pensado, en su contenido y en su metodología, para facilitar su comprensión a los alumnos. *Diccionario, enciclopedia escolar.* || **II.** COM. **3.** Alumno que asiste a la escuela para recibir la enseñanza obligatoria. □ V. **año ~, calendario ~, edad ~, graduado ~, grupo ~.**

escolaridad. F. **1.** Conjunto de cursos que un estudiante sigue en un establecimiento docente. || **2.** Tiempo que duran estos cursos. □ V. **libro de ~.**

escolarización. F. Acción y efecto de escolarizar.

escolarizar. TR. Proporcionar escuela a la población infantil para que reciba la enseñanza obligatoria.

escolástica. F. Conjunto de principios y planteamientos que definen una actitud rígida de escuela.

escolasticismo. M. **1.** Filosofía de la Edad Media, cristiana, arábiga y judaica, en la que domina la enseñanza de las doctrinas de Aristóteles, concertada con las respectivas doctrinas religiosas. || **2.** Espíritu exclusivo de escuela en las doctrinas, en los métodos o en el tecnicismo científico.

escolástico, ca. ADJ. **1.** Perteneciente o relativo al escolasticismo. *Teorías escolásticas.* ‖ **2.** Que lo profesa. U. t. c. s. ☐ V. **teología** ~.

escólex. M. *Zool.* Primero de los segmentos de que está formado el cuerpo de los gusanos cestodos. Es más abultado que los que lo siguen inmediatamente, y está provisto de ventosas, y a veces también de ganchos, con los que el animal se fija al cuerpo de su huésped.

escoliador, ra. M. y F. Persona que escolia.

escoliar. TR. Poner escolios a una obra o escrito. MORF. conjug. c. *anunciar.*

escoliasta. COM. Persona que escolia.

escolio. M. Nota que se pone a un texto para explicarlo.

escoliosis. F. *Med.* Desviación del raquis con convexidad lateral.

escollera. F. Obra hecha con piedras echadas al fondo del agua, para formar un dique de defensa contra el oleaje, para servir de cimiento a un muelle o para resguardar el pie de otra obra.

escollo. M. **1.** Peñasco que está a flor de agua o que no se descubre bien. ‖ **2. peligro** (‖ riesgo). ‖ **3.** Dificultad, obstáculo.

escolopendra. F. **1.** Se usa como nombre común para referirse a varias especies de miriápodos de hasta 20 cm de longitud, con cuerpo brillante y numerosas patas dispuestas por parejas. Viven bajo las piedras y pueden producir dolorosas picaduras mediante dos uñas venenosas que poseen en la cabeza. ‖ **2.** Helecho de la familia de las Polipodiáceas, con frondas pecioladas, enteras, de tres a cuatro decímetros de longitud, lanceoladas, y con una escotadura obtusa en la base; cápsulas seminales en líneas oblicuas al nervio medio de la hoja, y raíces muy fibrosas. Se cría en lugares sombríos, y el cocimiento de las frondas, que es amargo y mucilaginoso, se ha empleado como pectoral.

escolta. **I.** F. **1.** Persona, conjunto de personas, frecuentemente soldados o policías, vehículo, barco, avión o conjunto de estos que escoltan algo o a alguien por razones de seguridad. ‖ **2.** Protección o custodia, generalmente policial, que tienen determinadas personas por razones de seguridad. ‖ **3.** Acompañamiento en señal de honra o reverencia. ‖ **II.** COM. **4.** Persona, frecuentemente soldado o policía, que escolta algo o a alguien por razones de seguridad. ‖ **5.** *Dep.* Jugador de baloncesto que tiene como misión auxiliar al base en la organización del juego y, a la vez, contribuir al ataque como alero. ☐ V. **buque** ~.

escoltar. TR. **1.** Resguardar, conducir algo o a alguien para que llegue con seguridad a su destino. *Escoltar al alcalde.* ‖ **2.** Acompañar a alguien, a modo de escolta, en señal de honra o reverencia. *Escoltar un paso procesional.*

escombrar. TR. **1.** Desembarazar de escombros un lugar para dejarlo llano, claro y despejado. ‖ **2.** Desembarazar, limpiar. *Escombrar de la memoria los malos recuerdos.*

escombrera. F. **1.** Conjunto de escombros o desechos. ‖ **2.** Sitio donde se echan los escombros.

escómbrido. ADJ. *Zool.* Se dice de los peces teleósteos acantopterigios cuyo tipo es la caballa. U. t. c. s. m. ORTOGR. En m. pl., escr. con may. inicial c. taxón. *Los Escómbridos.*

escombro. M. **1.** Desecho, broza y cascote que queda de una obra de albañilería o de un edificio en ruinas o derribado. U. m. en pl. ‖ **2.** Desecho de la explotación d■ una mina. ‖ **3.** Ripio de la saca y labra de las piedra■ de una cantera.

escomendrijo. M. Criatura débil y desmedrada.

esconce. M. Ángulo entrante o saliente, rincón o punt■ que interrumpe la línea recta o la dirección que llev■ una superficie cualquiera.

escondedero. M. Lugar o sitio apropiado para escor■ der o guardar algo.

esconder[1]**.** TR. **1.** Ocultar o no manifestar. *El maqu■ llaje esconde los defectos. No pudo esconder su alegría a■ recibir el premio.* U. t. c. prnl. ‖ **2.** Retirar a alguien o alg■ a lugar o sitio secreto. *Esconde los regalos en el trastero■* U. t. c. prnl. ‖ **3.** Incluir y contener en sí algo que no e■ manifiesto a todos. U. t. c. prnl. *Tras su tosquedad se e■ conde un gran corazón.*

esconder[2]**.** M. Juego del escondite.

escondidas. F. pl. *Am.* Juego del escondite. ‖ **a** ~. LO■ ADV. Sin ser visto.

escondidillas. F. pl. *Méx.* Juego del escondite. ‖ **a** ~ LOC.ADV. Sin ser visto.

escondite. M. **1.** Lugar propio para esconder algo o es■ conderse. ‖ **2.** Juego infantil en el que unos se esconde■ y otro busca a los escondidos. U. t. en sent. fig. *La band■ de ladrones sigue jugando al escondite con la policía.*

escondrijo. M. Lugar propio para esconderse, o par■ esconder y guardar en él algo.

escoñar. **I.** TR. **1.** malson. Romper, estropear. U. t. ■ prnl. ‖ **2.** malson. Hacer fracasar. U. t. c. prnl. *Se escoñ■ el invento.* ‖ **II.** PRNL. **3.** malson. Hacerse daño.

escopeta. F. **1.** Arma de fuego portátil, con uno o do■ cañones de siete a ocho decímetros de largo, que suel■ usarse para cazar. ‖ **2.** Persona que caza o tira con es■ copeta. ‖ ~ **de aire comprimido.** F. La que dispara e■ proyectil por medio del aire comprimido dentro de la c■ lata. ‖ ~ **de pistón.** F. La que se ceba con pólvora fulm■ nante encerrada en una cápsula o pistón. ‖ ~ **de salón** F. La pequeña y de poco alcance que se usa para tirar a■ blanco en aposentos, jardines, etc. ‖ ~ **negra.** F. Cazado■ de oficio.

escopetazo. M. **1.** Disparo hecho con escopeta. ‖ **2** Ruido originado por ese disparo. ‖ **3.** Herida o daño pr■ ducido por el disparo de una escopeta. ‖ **4.** Noticia o he■ cho desagradable, súbito e inesperado.

escopetero. M. **1.** Soldado armado de escopeta. ‖ **2** Hombre que sin ser soldado va armado con escopet■ ‖ **3. escopeta negra.**

escoplo. M. *Carp.* Herramienta de hierro acerado, co■ mango de madera, de unos tres decímetros de largo, se■ ción de uno a tres centímetros en cuadro, y boca for■ mada con un bisel. ‖ ~ **de cantería.** M. El de mango d■ hierro, que se usa para labrar la piedra.

escora. F. **1.** *Mar.* Cada uno de los puntales que sosti■ nen los costados del buque en construcción o en var■ dero. ‖ **2.** *Mar.* Inclinación que toma un buque al ced■ al esfuerzo de sus velas, por ladeamiento de la carga ■ otro motivo.

escorar. **I.** TR. **1.** *Mar.* Hacer que un buque se in■ cline de costado. ‖ **II.** INTR. **2.** *Mar.* Dicho de un bu■ que: Inclinarse por la fuerza del viento, o por otra■ causas. ‖ **3.** *Mar.* Dicho de la marea: Llegar a su niv■ más bajo.

escorbútico, ca. ADJ. *Med.* Perteneciente o relativo a■ escorbuto. *Brote escorbútico.*

escorbuto. M. *Med.* Enfermedad general, producida por la escasez o ausencia en la alimentación de vitamina C, y caracterizada por hemorragias cutáneas y musculares, por una alteración especial de las encías y por fenómenos de debilidad general.

escordio. M. Hierba de la familia de las Labiadas, con tallos que se doblan y arraigan fácilmente, muy ramosos, velludos y de uno a dos decímetros, hojas blandas, elípticas, dentadas y vellosas, y flores de corolas azules o purpúreas, en verticilos poco cuajados. Vive en terrenos húmedos y se emplea en medicina.

escoria. F. **1.** Sustancia vítrea que sobrenada en el crisol de los hornos de fundir metales, y procede de la parte menos pura de estos unida con las gangas y fundentes. ‖ **2.** Lava porosa de los volcanes. ‖ **3.** Residuo esponjoso que queda tras la combustión del carbón. ‖ **4.** Cosa vil y de ninguna estimación. *Se junta con la escoria de la sociedad.*

escoriación. F. excoriación.

escorial. M. Sitio donde se han echado o se echan las escorias de las fábricas metalúrgicas.

escoriar. TR. excoriar. MORF. conjug. c. *anunciar.*

escorpiano, na. ADJ. *Á. R. Plata.* Dicho de una persona: Nacida bajo el signo zodiacal de Escorpión. U. t. c. s.

escorpina. F. Pez teleósteo, del orden de los Acantopterigios, de unos dos decímetros de largo, color fusco por el lomo y rojo en todo lo demás, cabeza gruesa, espinosa, con tubérculos y barbillas movibles, muchos dientes en las mandíbulas y en el paladar, una sola aleta dorsal, pero casi dividida en dos partes, de las cuales la anterior está erizada de espinas fuertes y desiguales, que producen picaduras muy dolorosas. Tiene vientre grande, ano muy delantero y cola redonda.

escorpio. ADJ. Dicho de una persona: Nacida bajo el signo zodiacal de Escorpión. *Yo soy escorpio, ella es piscis.* U. t. c. s.

escorpión. I. M. **1.** Arácnido con tráqueas en forma de bolsas y abdomen que se prolonga en una cola formada por seis segmentos y terminada en un aguijón curvo y venenoso. ‖ **2.** Pez muy parecido a la escorpina, pero de mayor tamaño, que es todo rojo y vive en altamar. ‖ **3.** hist. Instrumento de tortura, azote formado de cadenas, en cuyos extremos había puntas o garfios retorcidos como la cola del escorpión. ‖ **II.** ADJ. **4.** Dicho de una persona: Nacida bajo el signo zodiacal de Escorpión. *Yo soy escorpión, ella es piscis.* U. t. c. s.

escorrentía. F. Agua de lluvia que discurre por la superficie de un terreno. □ V. **coeficiente de ~.**

escorzar. TR. *Pint.* Representar, acortándolas, según las reglas de la perspectiva, las cosas que se extienden en sentido perpendicular u oblicuo al plano del papel o lienzo sobre que se pinta.

escorzo. M. *Pint.* Figura o parte de figura escorzada.

escorzonera. F. Hierba de la familia de las Compuestas, con tallo de seis a ocho decímetros, erguido, ramoso y terminado en pedúnculos desnudos, hojas abrazadoras, onduladas, algo vellosas en la base, flores amarillas, y raíz gruesa, carnosa, de corteza negra, que, cocida, se usa como diurético y como alimento.

escota. F. *Mar.* Cabo que sirve para cazar las velas.

escotada. □ V. **hoja ~.**

escotadura. F. **1.** En los teatros, abertura grande que se hace en el tablado para las tramoyas, a diferencia del escotillón, que es abertura pequeña. ‖ **2.** Entrante que resulta en una cosa cuando está cortada, o cuando parece que lo está.

escotar¹. TR. **1.** Hacer escote a una prenda de vestir. ‖ **2.** Cortar algo para acomodarlo a la medida conveniente. *Escotar un zapato.*

escotar². TR. Dicho de una persona: Pagar la parte o cuota que le toca del gasto hecho en común por varias personas. *Se niega a escotar el viaje conmigo.*

escote¹. M. **1.** Abertura hecha en la parte del cuello de un vestido, especialmente la que deja descubierta parte del pecho y de la espalda. ‖ **2.** Parte del busto que queda descubierto por tener escote el vestido.

escote². M. Parte o cuota que corresponde a cada uno por el gasto hecho en común por varias personas. ‖ **a ~.** LOC.ADV. Pagando cada uno la parte que le corresponde en un gasto común.

escotero, ra. ADJ. Que camina a la ligera, sin llevar carga que le estorbe. Apl. a pers., u. t. c. s.

escotilla. F. *Mar.* Cada una de las aberturas que hay en las diversas cubiertas para el servicio del buque.

escotillón. M. **1.** Puerta o trampa que se puede cerrar, situada en el suelo. ‖ **2.** Trozo del piso del escenario que puede levantarse para dejar una abertura por donde salgan a la escena o desaparezcan personas o cosas.

escotín. M. *Mar.* Escota de una vela de cruz, excepto la de las mayores.

escoto, ta. ADJ. **1.** hist. Se dice de un pueblo gaélico de Irlanda que en el siglo VI se estableció en el noroeste de la Gran Bretaña y en el IX se adueñó de la actual Escocia, a la que dio nombre. ‖ **2.** hist. Se dice de los individuos pertenecientes a dicho pueblo. U. t. c. s. ‖ **3.** hist. Perteneciente o relativo a los escotos. *Cultura escota.*

escotoma. M. *Med.* Zona circunscrita de pérdida de visión, debida generalmente a una lesión en la retina.

escozor. M. **1.** Sensación dolorosa, como la que produce una quemadura. ‖ **2.** Sentimiento causado por una pena o desazón.

escriba. M. **1.** Entre los hebreos, doctor e intérprete de la ley. ‖ **2.** hist. En la Antigüedad, copista, amanuense.

escribanía. F. **1.** Oficio de los escribanos públicos. ‖ **2.** Oficina del escribano. ‖ **3.** Oficio u oficina del secretario judicial, a quien se seguía denominando escribano en los juzgados de primera instancia e instrucción. ‖ **4.** escritorio (‖ mueble para guardar papeles). ‖ **5.** Recado de escribir, generalmente compuesto de tintero, salvadera y otras piezas, y colocado en un pie o platillo. ‖ **6.** *Á. guar.* notaría.

escribanil. ADJ. Perteneciente o relativo al oficio o condición del escribano. *Pluma escribanil.*

escribano, na. I. M. y F. **1.** Persona que por oficio público está autorizada para dar fe de las escrituras y demás actos que pasan ante él. ‖ **II.** M. **2.** Ave paseriforme granívora, con pico corto de base ancha y coloración brillante en los machos. ‖ **~ montesino.** M. Ave paseriforme común en España, de cabeza gris con listas negras y el resto del cuerpo ocráceo.

escribiente. COM. Persona que tiene por oficio copiar o poner en limpio escritos ajenos, o escribir lo que se le dicta.

escribir. TR. **1.** Representar las palabras o las ideas con letras u otros signos trazados en papel u otra superficie. ‖ **2.** Componer libros, discursos, etc. U. t. c. intr. ‖ **3.** Comunicar a alguien por escrito algo. U. t. c. intr. *No le he* *escrito a Lidia.* ‖ **4.** Trazar las notas y demás signos de la música. ¶ MORF. part. irreg. **escrito.**

escriño. M. **1.** Cesta o canasta fabricada de paja, cosida con mimbres o cáñamo, que se usa para recoger el salvado y las granzas de los granos, o para dar de comer a los bueyes cuando van de camino. ‖ **2.** Cofre pequeño o caja para guardar joyas, papeles o algún otro objeto precioso.

escrito, ta. PART. IRREG. de **escribir.** ‖ **I.** ADJ. **1.** Que se hace o se manifiesta por medio de la escritura. *Prensa escrita.* ‖ **II.** M. **2.** Carta, documento o cualquier papel manuscrito, mecanografiado o impreso. ‖ **3.** Obra o composición científica o literaria. ‖ **4.** *Der.* Pedimento o alegato en pleito o causa. ‖ **estaba escrito.** EXPR. Así estaba dispuesto. ‖ **no hay nada escrito sobre eso.** EXPR. Se usa para negar cortésmente lo que otro da por cierto o asentado. ‖ **por escrito.** LOC.ADV. Por medio de la escritura. ‖ **tomar** algo **por escrito.** LOC.VERB. Anotar en un papel o libro de memoria lo que se ha visto u oído, para que no se olvide.

escritor, ra. M. y F. **1.** Persona que escribe. ‖ **2.** Autor de obras escritas o impresas.

escritorio. M. **1.** Mueble cerrado, con divisiones en su parte interior para guardar papeles y, a veces, con un tablero sobre el cual se escribe. ‖ **2.** Mesa de despacho. ‖ **3.** Aposento donde tienen su despacho los banqueros, los notarios, los comerciantes, etc. ‖ **4.** *Inform.* Imagen en la pantalla de una computadora u ordenador en la cual figuran los iconos que representan archivos y programas.

escritura. F. **1.** Acción y efecto de escribir. ‖ **2.** Sistema de signos utilizado para escribir. *Escritura alfabética, silábica, ideográfica, jeroglífica.* ‖ **3.** Arte de escribir. ‖ **4.** Documento público, firmado con testigos o sin ellos por la persona o personas que lo otorgan, de todo lo cual da fe el notario. ‖ **5.** por antonom. La Sagrada Escritura o la Biblia. U. t. en pl. con el mismo significado que en sing. ORTOGR. Escr. con may. inicial.

escriturar. TR. *Der.* Hacer constar con escritura pública y en forma legal un otorgamiento o un hecho.

escriturario, ria. M. y F. Persona especializada en el conocimiento de la Sagrada Escritura, o que profesa su enseñanza.

escrófula. F. *Med.* Tumefacción de los ganglios linfáticos, principalmente cervicales, por lo común acompañada de un estado de debilidad general que predispone a las enfermedades infecciosas y sobre todo a la tuberculosis.

escrofularia. F. Planta anual de la familia de las Escrofulariáceas, que crece hasta un metro de altura, con tallo lampiño y nudoso, hojas opuestas, obtusas y acorazonadas, flores en panoja larga de corola pardusca y semillas menudas.

escrofulariáceo, a. ADJ. *Bot.* Se dice de las plantas angiospermas dicotiledóneas que tienen hojas alternas u opuestas, flores en racimo o en espiga, y por frutos cápsulas dehiscentes con semillas de albumen carnoso o córneo; p. ej., la escrofularia, la algarabía y el gordolobo. U. t. c. s. f. ORTOGR. En f. pl., escr. con may. inicial c. taxón. *Las Escrofulariáceas.*

escrofuloso, sa. ADJ. Que padece escrófula. U. t. c. s.

escrotal. ADJ. *Anat.* Perteneciente o relativo al escroto.

escroto. M. *Anat.* Bolsa formada por la piel que cubre los testículos de los mamíferos y por las membranas que los envuelven.

escrupulizar. INTR. Formar **escrúpulo** (‖ duda).

escrúpulo. M. **1.** Duda o recelo que punza la concien cia sobre si algo es o no cierto, si es bueno o malo, s obliga o no obliga; lo que trae inquieto y desasosegad el ánimo. ‖ **2.** Aprensión, asco hacia algo, especialment alimentos. ‖ **3.** Exactitud en la averiguación o en el cum plimiento de un cargo o encargo.

escrupulosidad. F. Exactitud en el examen y aver guación de las cosas y en el estricto cumplimiento de l que alguien emprende o toma a su cargo.

escrupuloso, sa. ADJ. **1.** Que tiene o muestra escrú pulos. Apl. a pers., u. t. c. s. ‖ **2.** Dicho de una cosa: Qu causa escrúpulos. *Intento escrupuloso.* ‖ **3. exacto.** *Pag escrupuloso.*

escrutador, ra. ADJ. **1.** Escudriñador o examinad cuidadoso de alguien o algo. *Ojos escrutadores.* ‖ **2.** D cho de una persona: Que en elecciones y otros actos an logos cuenta y computa los votos. U. t. c. s.

escrutar. TR. **1.** Indagar, examinar cuidadosamente, e plorar. *Escrutar las intenciones de alguien.* ‖ **2.** Recon cer y computar los votos que para elecciones u otros a tos análogos se han dado secretamente por medio d bolas, papeletas o en otra forma.

escrutinio. M. **1.** Examen y averiguación exacta y d ligente que se hace de algo para formar juicio de ell ‖ **2.** Reconocimiento y cómputo de los votos en las ele ciones o en otro acto análogo.

escuadra. F. **1.** Conjunto numeroso de buques de gu rra reunido para ciertas operaciones tácticas. ‖ **2.** Cor número de soldados a las órdenes de un cabo. Es la un dad menor en las fuerzas militares. ‖ **3.** Cuadrilla qu se forma de algún grupo de gente. *Una escuadra de op rarios limpiará el edificio.* ‖ **4.** Plantilla de madera, plá tico u otro material, en forma de triángulo rectángul isósceles, que se utiliza en delineación. ‖ **5.** Pieza de hi rro u otro metal, con dos ramas en ángulo recto, con qu se aseguran las ensambladuras de las maderas. ‖ **~ suti** F. Conjunto de buques de guerra, generalmente p queños, destinados a la vigilancia y defensa de puert y costas. ‖ **a ~.** LOC.ADV. En forma de escuadra o en á gulo recto. *Cortar una piedra a escuadra.* □ V. **cabo de** **mozo de ~, Mozos de Escuadra.**

escuadrar. TR. Labrar o disponer un objeto de mod que sus caras formen con las caras contiguas ángul rectos.

escuadría. F. Conjunto de las dos dimensiones de la se ción transversal de una pieza de madera que está o h de ser labrada a escuadra.

escuadrilla. F. **1.** *Mar.* Escuadra compuesta de buqu de pequeño porte. ‖ **2.** *Mil.* Conjunto de aviones que re lizan un mismo vuelo dirigidos por un jefe.

escuadrón. M. **1.** *Mil.* Unidad de caballería, mandad normalmente por un capitán. ‖ **2.** *Mil.* Unidad aére equivalente al batallón o grupo terrestre. ‖ **3.** *Mil.* Un dad aérea de un número importante de aviones.

escualidez. F. Flaqueza, delgadez, mengua de carne

escuálido[1], da. ADJ. Flaco, macilento.

escuálido[2], da. ADJ. *Zool.* Se dice de los peces selaci que tienen el cuerpo fusiforme, hendiduras branquial a los lados, detrás de la cabeza, y cola robusta; p. ej., cazón y la lija. U. t. c. s. m. ORTOGR. En m. pl., escr. co may. inicial c. taxón. *Los Escuálidos.*

escualo. M. *Zool.* Pez selacio perteneciente al suborde de los Escuálidos.

escucha. I. F. **1.** Acción de escuchar. || **2.** Acción y efecto de espiar una comunicación privada. || **II.** M. **3.** Centinela que se adelanta de noche a las inmediaciones del enemigo para observar sus movimientos. || **III.** COM. **4.** Persona dedicada a escuchar las emisiones de radio o televisión para tomar nota de los defectos o de la información que se emite. || **a la ~.** LOC.ADV. Atento para oír algo. *Estar, ponerse, seguir a la escucha.*

escuchador, ra. ADJ. Que escucha. U. t. c. s. *Es un gran conversador y escuchador.*

escuchar. I. TR. **1.** Prestar atención a lo que se oye. *Escucha cómo canta el ruiseñor.* || **2.** Dar oídos, atender a un aviso, consejo o sugerencia. *Escucha a los ancianos, que han vivido mucho.* || **II.** PRNL. **3.** Hablar o recitar con pausas afectadas.

escuchimizado, da. ADJ. Muy flaco y débil.

escuchón, na. ADJ. Que escucha con curiosidad indiscreta lo que otros hablan, o lo que no debe. U. t. c. s.

escudar. I. TR. **1.** Resguardar y defender a alguien del peligro que lo amenaza. || **2.** Amparar y resguardar con el escudo, oponiéndolo al golpe del contrario. U. t. c. prnl. || **II.** PRNL. **3.** Dicho de una persona: Valerse de algún medio, favor y amparo para justificarse, salir del riesgo o evitar el peligro de que está amenazado.

escudella. F. Guiso típico catalán que se prepara a base de verduras, fideos gruesos y arroz.

escudería. F. **1.** hist. Oficio del escudero. || **2.** *Dep.* Conjunto de automóviles de un mismo equipo de carreras.

escudero. M. **1.** hist. Paje o sirviente que llevaba el escudo al caballero cuando este no lo usaba. || **2.** hist. Hombre que antiguamente se ocupaba de asistir y atender a un señor o persona distinguida. || **3.** hist. Criado que servía a una señora, acompañándola cuando salía de casa y asistiendo en su antecámara. || **4.** hist. Hombre noble y distinguido. || **5.** *Cineg.* Jabalí nuevo que el jabalí viejo trae consigo.

escudete. M. **1.** Objeto semejante a un escudo pequeño. || **2. nenúfar.** □ V. **injerto de ~.**

escudilla. F. Vasija ancha y de forma de una media esfera, que se usa comúnmente para servir en ella la sopa y el caldo.

escudo. M. **1.** Arma defensiva, que se lleva embrazada, para cubrirse y resguardarse de las armas ofensivas y de otras agresiones. || **2. escudo de armas.** || **3.** Unidad monetaria en distintos países y épocas. || **4.** Persona o cosa que se utiliza como protección. *Escudo humano.* || **5.** *Cineg.* Espaldilla del jabalí, que le sirve de defensa en los encuentros con otros. || **6.** *Mar.* **espejo de popa.** || **7.** *Mar.* Tabla vertical que en los botes forma el respaldo del asiento de popa. || **~ acuartelado.** M. *Heráld.* El que está dividido en cuarteles. || **~ antimisil.** M. Sistema de protección frente a los misiles. || **~ cortado.** M. *Heráld.* El que está partido horizontalmente en dos partes iguales. || **~ de armas.** M. *Heráld.* Campo, superficie o espacio de distintas formas en que se representan los blasones de un Estado, población, familia, corporación, etc. || **~ tajado.** M. *Heráld.* El que está dividido diagonalmente con una línea que pasa desde el ángulo siniestro del jefe al diestro de la punta. || **~ tronchado.** M. *Heráld.* El que se divide con una línea diagonal tirada del ángulo diestro del jefe al siniestro de la punta. □ V. **flanco del ~.**

escudriñador, ra. ADJ. Que tiene curiosidad por saber y apurar las cosas secretas. U. t. c. s.

escudriñamiento. M. Acción y efecto de escudriñar.

escudriñar. TR. Examinar, inquirir y averiguar cuidadosamente algo y sus circunstancias.

escuela. F. **1.** Establecimiento público donde se da a los niños la instrucción primaria. || **2.** Establecimiento o institución donde se dan o se reciben ciertos tipos de instrucción. *Escuela de danza.* || **3.** Enseñanza que se da o que se adquiere. || **4.** Conjunto de profesores y alumnos de una misma enseñanza. || **5.** Método, estilo o gusto peculiar de cada maestro para enseñar. || **6.** Conjunto de discípulos y seguidores de una persona o de su doctrina, su arte, etc. || **7.** Conjunto de caracteres comunes que en literatura y en arte distinguen de las demás las obras de una época, región, etc. *Escuela clásica. Escuela holandesa.* || **8.** Lugar real o ideal que puede modelar y enriquecer la experiencia. *La escuela de la desgracia. La escuela del mundo.* || **~ normal.** F. Aquella en que se hacen los estudios y la práctica necesarios para obtener el título de maestro de primera enseñanza. || **~ preparatoria.** F. Establecimiento para estudios previos de otros superiores. || **vieja ~.** F. **1.** Grupo de personas de formación o gustos tradicionales o anticuados. || **2.** Conjunto de saberes que comparten estas personas, y que se considera unas veces mérito y otras algo anticuado. || **crear,** o **hacer, ~** una persona, su pensamiento o su obra. LOCS.VERBS. Conseguir continuidad y desarrollo. □ V. **buque ~, granja ~, maestro de ~.**

escuerzo. M. **sapo** (|| anfibio anuro).

escueto, ta. ADJ. Sin adornos o sin ambages, seco, estricto. *Artículo escueto.*

escuintleco, ca. ADJ. **1.** Natural de Escuintla. U. t. c. s. || **2.** Perteneciente o relativo a este departamento de Guatemala o a su cabecera.

esculcar. TR. **1.** Espiar, inquirir, averiguar con diligencia y cuidado. *No le esculcan sus declaraciones al fisco por azar.* || **2.** Registrar para buscar algo oculto. U. t. c. intr. *¡Que esculquen por todos los rincones!*

esculpir. TR. **1.** Labrar a mano una obra de escultura, especialmente en piedra, madera o metal. || **2.** Grabar algo en hueco o en relieve sobre una superficie de metal, madera o piedra. *Esculpir una placa conmemorativa.*

escultismo. M. Movimiento de juventud que pretende la educación integral del individuo por medio de la propia formación y el contacto con la naturaleza.

escultista. I. ADJ. **1.** Perteneciente o relativo al escultismo. *Espíritu escultista.* || **II.** COM. **2.** Persona que practica el escultismo.

escultor, ra. M. y F. Persona que profesa el arte de la escultura.

escultórico, ca. ADJ. Perteneciente o relativo a la escultura. *Estilos escultóricos.*

escultura. F. **1.** Arte de modelar, tallar o esculpir en barro, piedra, madera, etc., figuras de bulto. || **2.** Obra hecha por el escultor. || **3.** Fundición o vaciado que se forma en los moldes de las esculturas hechas a mano.

escultural. ADJ. **1.** Perteneciente o relativo a la escultura. *Elementos esculturales.* || **2.** Que participa de alguno de los caracteres bellos de la estatua. *Formas esculturales. Actitud escultural.*

escupidera. F. **1.** Pequeño recipiente de loza, metal, madera, etc., que sirve para escupir en él. || **2.** *Á. R. Plata* y *Chile.* **orinal.**

escupidor, ra. ADJ. Que escupe con mucha frecuencia. Apl. a pers., u. t. c. s.

escupir. I. INTR. **1.** Arrojar saliva por la boca. *Escupir en el suelo.* || **II.** TR. **2.** Arrojar de la boca algo como escupiendo. *Escupir sangre.* || **3.** Echar de sí con desprecio algo, teniéndolo por vil o sucio. *No te calles, escúpelo.* || **4.** Dicho de un cuerpo: Despedir a la superficie otra sustancia que estaba mezclada o unida con él. *El volcán escupía fuego.* || **5.** Despedir o arrojar con violencia algo. *Los cañones escupían balas y metralla.* || **6.** vulg. Contar lo que se sabe, confesar.

escupitajo. M. coloq. Porción de saliva, flema u otra sustancia que se expele de una vez.

escupo. M. esputo.

escurana. F. *Am.* oscurana.

escurialense. ADJ. **1.** Natural de El Escorial. U. t. c. s. || **2.** Perteneciente o relativo a esta población de la provincia de Madrid, en España. || **3.** Perteneciente o relativo al monasterio de El Escorial.

escurraja. F. Escurridura, desecho, desperdicio. U. m. en pl.

escurreplatos. M. Mueble usado junto a los fregaderos para poner a escurrir las vasijas fregadas.

escurridero. M. Lugar a propósito para poner a escurrir algo.

escurridizo, za. ADJ. **1.** Que se escurre o desliza fácilmente. *Animal escurridizo.* || **2.** Propio para hacer deslizar o escurrirse. *Terreno escurridizo.* || **hacerse** alguien ~. LOC.VERB. coloq. Escaparse, retirarse, escabullirse.

escurrido, da. PART. de escurrir. || ADJ. **1.** Dicho de una persona: Estrecha de caderas. || **2.** *Méx.* corrido (|| avergonzado, confundido). □ V. hoja ~.

escurridor. M. **1.** Colador de agujeros grandes en donde se echan los alimentos para que escurran el líquido en que están empapados. || **2.** escurreplatos.

escurridura. F. Últimas gotas de un líquido que han quedado en el vaso, jarra, etc. U. m. en pl.

escurrimiento. M. Acción y efecto de escurrir o escurrirse.

escurrir. I. TR. **1.** Apurar los restos o últimas gotas de un líquido que han quedado en un recipiente. *Escurrir el vino, el aceite.* || **2.** Hacer que una cosa empapada de un líquido despida la parte que quedaba detenida. *Escurrir las verduras.* U. t. c. prnl. || **II.** INTR. **3.** Dicho de una vasija: Destilar y dejar caer gota a gota el líquido que contiene. || **4.** Dicho de una cosa: Deslizar y correr por encima de otra. U. t. c. prnl. *Se escurren los pies en el hielo.* || **III.** PRNL. **5.** resbalar (|| caer o desprenderse). *Escurrirse el jabón de las manos.* || **6.** Salir huyendo. *Una figura se escurría hacia la salida.* || **7.** Esquivar algún riesgo, dificultad, etc. *El futbolista se escurrió de la rueda de prensa.*

escusa. F. Derecho que el dueño de una finca o de una ganadería concede a sus guardas, pastores, etc., para que puedan apacentar, sin pagar renta, un corto número de cabezas de ganado de su propiedad, y esto como parte de la retribución convenida.

escusado. M. retrete.

escusón. M. **1.** Reverso de una moneda que tiene representado un escudo. || **2.** *Heráld.* Escudo pequeño representado en otro mayor.

esdrújula. F. *Fon.* Palabra esdrújula.

esdrujulismo. M. *Fon.* Cualidad de esdrújulo.

esdrújulo, la. ADJ. **1.** *Fon.* Dicho de una palabra: Que lleva el acento prosódico en la antepenúltima sílaba; p. ej., *cáscara, máximo, oráculo.* U. t. c. s. m. || **2.** *Fon.* Propio de una palabra esdrújula. *Acentuación esdrújula.* || **3.** *Métr.* Dicho de un verso: Que termina en una palabra esdrújula. *Endecasílabo esdrújulo.* U. t. c. s. m. || **4.** *Métr.* Propio o característico de un verso esdrújulo. *Rima esdrújula. Ritmo esdrújulo.*

ese[1]. F. Nombre de la letra *s.* MORF. pl. eses. || **andar, o ir** alguien **haciendo ~s.** LOCS.VERBS. coloqs. Andar o ir hacia uno y otro lado por estar bebido.

ese[2], **sa.** I. ADJ. DEM. **1.** Designa lo que está cerca de la persona con quien se habla, o representa y señala lo que esta acaba de mencionar. U. t. c. pron. ORTOGR. En este último caso, escr. con acento cuando existe riesgo de anfibología. || **2.** Pospuesto al nombre, tiene a veces valor despectivo. *No conozco al hombre ese.* || **II.** PRON. DEM. **3.** Usado en femenino, designa la ciudad en que está la persona a quien nos dirigimos por escrito. *Llegaré a esa dentro de ocho días.* || **4.** Se usa en diversas frases donde tiene un significado impreciso de *ocasión, vez, situación, jugada,* o equivale a un sustantivo sobrentendido. *¿Ahora me vienes con esas?* ¶ MORF. pl. esos, esas. || **a ese.** LOC. INTERJ. Se usa para incitar a detener a alguien que huye. || **ni por esas.** LOC.ADV. coloq. De ninguna manera, de ningún modo. □ V. esos cinco.

esencia. F. **1.** Aquello que constituye la naturaleza de las cosas, lo permanente e invariable de ellas. || **2.** Lo más importante y característico de una cosa. || **3.** Extracto líquido concentrado de una sustancia generalmente aromática. || **4.** Perfume líquido con gran concentración de la sustancia o sustancias aromáticas. || **5.** *Quím.* Cada una de las sustancias líquidas, formadas por mezclas de hidrocarburos, que se asemejan mucho por sus caracteres físicos a las grasas, pero se distinguen de estas por ser muy volátiles; suelen tener un olor penetrante y son extraídas de plantas de muy diversas familias, principalmente Labiadas, Rutáceas, Umbelíferas y Abietáceas. || **quinta ~.** F. **1.** Entre los alquimistas, principio fundamental de la composición de los cuerpos, por cuyo medio esperaban operar la transmutación de los metales. || **2.** quintaesencia. || **ser de ~** algo. LOC.VERB. Ser preciso, indispensable.

esencial. ADJ. **1.** Perteneciente o relativo a la esencia. *El alma es parte esencial del hombre.* || **2.** Sustancial, principal, notable. *Un papel esencial.* || **3.** Imprescindible o absolutamente necesario. *El coche es esencial para él.* □ V. aceite ~.

esencialidad. F. Cualidad de esencial.

esencialista. ADJ. Defensor a ultranza de determinados valores y creencias. *Político esencialista.*

esenciero. M. Frasco para esencia.

esenio, nia. ADJ. **1.** hist. Se dice del individuo de una secta judía que en tiempos de Cristo practicaba el ascetismo, el celibato y la comunidad de bienes y observaba celosamente los preceptos de la tora[1]. U. t. c. s. || **2.** hist. Perteneciente o relativo a esta secta. *Ritos esenios.*

esfacelarse. PRNL. *Med.* Dicho de un tejido: Alterarse o gangrenarse.

esfacelo. M. *Med.* Parte mortificada de la piel o de los tejidos profundos, que se forma en ciertas heridas o quemaduras.

esfenisciforme. ADJ. *Zool.* Se dice de las aves marinas incapaces de volar, de cuerpo hidrodinámico, cola corta y alas transformadas en una especie de aletas. Son grandes nadadoras y solo van a tierra para criar. Son propias de los mares fríos del hemisferio sur; p. ej., los pingüinos o pájaros bobos. U. t. c. s. f. ORTOGR. En f. pl., escr. con may. inicial c. taxón. *Las Esfenisciformes.*

esfenoidal. ADJ. *Anat.* Perteneciente o relativo al hueso esfenoides.

esfenoides. M. *Anat.* **hueso esfenoides.**

esfera. F. **1.** *Geom.* Sólido terminado por una superficie curva cuyos puntos equidistan todos de otro interior llamado centro. ‖ **2.** *Geom.* Superficie de este sólido. ‖ **3.** Círculo en que giran las manecillas del reloj. ‖ **4.** Clase o condición de una persona. *Salirse de su esfera.* ‖ **5.** Ámbito, espacio a que se extiende o alcanza la virtud de un agente, las facultades y cometido de una persona, etc. ‖ ~ **armilar.** F. Instrumento astronómico, compuesto de aros, graduados o no, que representan las posiciones de los círculos más importantes de la esfera celeste y en cuyo centro suele colocarse un pequeño globo que figura la Tierra. ‖ ~ **celeste.** F. esfera ideal, concéntrica con la terráquea, y en la cual se mueven aparentemente los astros. ‖ ~ **de acción,** o ~ **de actividad.** F. Espacio a que se extiende o alcanza la virtud de cualquier agente. ‖ ~ **terráquea,** o ~ **terrestre.** F. **Tierra.** □ V. **eje de la** ~ **terrestre, polo de un círculo en la** ~.

esfericidad. F. *Geom.* Cualidad de esférico.

esférico, ca. **I.** ADJ. **1.** *Geom.* Perteneciente o relativo a la esfera. *Aspecto esférico.* ‖ **2.** Que tiene su figura. *La Tierra es esférica.* ‖ **II.** M. **3.** *Dep.* **balón.** □ V. **ángulo** ~, **casquete** ~, **huso** ~, **triángulo** ~, **trigonometría** ~.

esferoidal. ADJ. **1.** *Geom.* Perteneciente o relativo al esferoide. *Aspecto esferoidal.* ‖ **2.** Que tiene su forma. *Una escultura esferoidal.*

esferoide. M. *Geom.* Cuerpo de forma parecida a la esfera.

esfigmógrafo. M. *Med.* Instrumento que registra el pulso.

esfigmograma. F. *Med.* Gráfica del pulso arterial obtenida por el esfigmógrafo.

esfigmómetro. M. *Med.* **esfigmógrafo.**

esfinge. F. Monstruo fabuloso, generalmente con cabeza, cuello y pecho humanos y cuerpo y pies de león. ‖ **parecer,** o **ser, una** ~. LOCS.VERBS. Adoptar una actitud reservada o enigmática.

esfíngido. ADJ. *Zool.* Se dice de los insectos lepidópteros con antenas prismáticas y alas estrechas y horizontales en el reposo, que buscan su alimento principalmente en el crepúsculo. Sus orugas llevan un apéndice caudal. Algunas especies son miméticas de otros insectos. U. t. c. s. m. ORTOGR. En m. pl., escr. con may. inicial c. taxón. *Los Esfíngidos.*

esfínter. M. *Anat.* Músculo anular con que se abre y cierra el orificio de una cavidad del cuerpo para dar salida a algún excremento o secreción, o para retenerlos; p. ej., el de la vejiga de la orina o el del ano.

esforzado, da. PART. de **esforzar.** ‖ ADJ. Valiente, animoso, de gran corazón y espíritu. □ V. **caldo** ~.

esforzar. **I.** TR. **1.** Dar o comunicar fuerza o vigor. *Esforzar la memoria.* ‖ **2.** Infundir ánimo o valor. *Esforzar las virtudes de los participantes.* ‖ **II.** PRNL. **3.** Hacer esfuerzos física o moralmente con algún fin. ¶ MORF. conjug. c. *contar.*

esfuerzo. M. **1.** Empleo enérgico de la fuerza física contra algún impulso o resistencia. ‖ **2.** Empleo enérgico del vigor o actividad del ánimo para conseguir algo venciendo dificultades. ‖ **3.** Empleo de elementos costosos

en la consecución de algún fin. *La empresa hizo un esfuerzo para pagar la nómina a sus empleados.*

esfumación. F. Acción y efecto de esfumar o esfumarse.

esfumar. **I.** TR. **1.** *Pint.* Extender los trazos de lápiz restregando el papel con el difumino para dar empaste a las sombras de un dibujo. ‖ **2.** *Pint.* Rebajar los tonos de una composición o parte de ella, y principalmente los contornos, logrando cierto aspecto de vaguedad y lejanía. ‖ **II.** PRNL. **3.** **disiparse** (‖ esparcirse y desvanecerse). ‖ **4.** coloq. Marcharse de un lugar con disimulo y rapidez.

esfuminar. TR. **difuminar** (‖ desvanecer las líneas o colores).

esgarrar. TR. Hacer esfuerzo para arrancar la flema. U. t. c. intr.

esgrafiado. M. **1.** Acción y efecto de esgrafiar. ‖ **2.** Obra hecha con el grafio.

esgrafiar. TR. Trazar dibujos con el grafio en una superficie estofada haciendo saltar en algunos puntos la capa superficial y dejando así al descubierto el color de la siguiente. MORF. conjug. c. *enviar.*

esgrima. F. Arte de esgrimir. □ V. **espada de** ~, **maestro de** ~.

esgrimidor, ra. M. y F. Persona que sabe esgrimir.

esgrimir. TR. **1.** Jugar y manejar la espada, el sable y otras armas blancas, reparando y deteniendo los golpes del contrario, o acometiéndolo. ‖ **2.** Usar una cosa o medio como arma para lograr algún intento. *Esgrimir argumentos.*

esgrimista. COM. *Am. Mer.* **esgrimidor.**

esguince. M. **1.** Torcedura violenta y dolorosa de una articulación, de carácter menos grave que la luxación. ‖ **2.** Ademán hecho con el cuerpo, hurtándolo y torciéndolo para evitar un golpe o una caída. ‖ **3.** Movimiento del rostro o del cuerpo, o gesto con que se demuestra disgusto o desdén.

eslabón. M. **1.** Pieza en forma de anillo o de otra curva cerrada que, enlazada con otras, forma cadena. U. t. en sent. fig. *Los eslabones que constituyen una novela.* ‖ **2.** Elemento necesario para el enlace de acciones, sucesos, etc. ‖ **3.** Hierro acerado del que saltan chispas al chocar con un pedernal.

eslabonamiento. M. Acción y efecto de eslabonar.

eslabonar. TR. **1.** Unir unos eslabones con otros formando cadena. ‖ **2.** Enlazar o encadenar las partes de un discurso o unas cosas con otras. U. t. c. prnl.

eslalon. M. *Dep.* Competición de esquí alpino sobre un trazado descendente en zigzag con pasos obligados. MORF. pl. eslálones.

eslavista. COM. Persona que cultiva el estudio de las lenguas y literaturas eslavas.

eslavo, va. **I.** ADJ. **1.** Se dice de un pueblo que se extendió principalmente por el noreste de Europa. ‖ **2.** Perteneciente o relativo a este pueblo. *Raza eslava.* ‖ **3.** Dicho de una persona: Que procede de este pueblo. U. t. c. s. ‖ **4.** Se dice de la lengua de los antiguos eslavos y de cada una de las que de ella se derivan. ‖ **5.** Perteneciente o relativo a esta lengua. *Prefijo eslavo.* ‖ **II.** M. **6.** Lengua eslava.

eslinga. F. Maroma provista de ganchos para levantar grandes pesos.

eslizón. M. Reptil saurio, de cuerpo muy alargado, cuello corto y extremidades muy reducidas, por lo que se meja una pequeña serpiente con patas diminutas. En España viven dos especies, una con cinco dedos y la otra con tres.

eslogan. M. Fórmula breve y original, utilizada para publicidad, propaganda política, etc. MORF. pl. **eslóganes.**

eslora. F. **1.** *Mar.* Longitud que tiene la nave sobre la primera o principal cubierta desde el codaste a la roda por la parte de adentro. || **2.** pl. *Mar.* Maderos que se ponen encajados en los baos, en el sentido de popa a proa, con el objeto principal de reforzar el asiento de las cubiertas.

esloti. M. Unidad monetaria de Polonia.

eslovaco, ca. I. ADJ. **1.** Natural de Eslovaquia. U. t. c. s. || **2.** Perteneciente o relativo a este país de Europa. || **II.** M. **3.** Lengua de los eslovacos.

esloveno, na. I. ADJ. **1.** Se dice del pueblo eslavo que habita al sur de Austria, en Carniola, Carintia e Istria. U. t. c. s. || **2.** Natural de Eslovenia. U. t. c. s. || **3.** Perteneciente o relativo a este país de Europa. || **II.** M. **4.** Lengua hablada por el pueblo esloveno.

esmaltado. M. Acción y efecto de esmaltar.

esmaltador, ra. M. y F. Persona que tiene por oficio esmaltar.

esmaltar. TR. **1.** Cubrir con esmaltes el oro, la plata, etc. || **2.** Adornar de varios colores y matices algo. *Esmaltar una tela.* || **3.** Combinar flores o matices en ello. *Las flores esmaltan un montículo de césped.* || **4.** Adornar, embellecer, ilustrar. *Esmalta sus libros de diálogos.*

esmalte. M. **1.** Barniz vítreo que por medio de la fusión se adhiere a la porcelana, loza, metales y otras sustancias elaboradas. || **2.** Objeto cubierto o adornado de esmalte. || **3.** Labor que se hace con el esmalte sobre un metal. || **4.** Color azul que se hace fundiendo vidrio con óxido de cobalto y moliendo la pasta que resulta. || **5.** *Anat.* Materia muy dura que forma una capa protectora del marfil en la corona de los dientes de los vertebrados. || **6.** *Heráld.* Cada uno de los siete metales o colores conocidos en el arte heráldico. || **~ de uñas.** M. **pintaúñas.**

esmedregal. M. Cierto pez marino del golfo de México.

esmegma. M. Secreción de las glándulas prepuciales.

esmerado, da. PART. de **esmerar.** || ADJ. **1.** Que se esmera. *Es muy esmerado en su trabajo.* || **2.** Dicho de una cosa: Hecha con esmero, o que implica esmero. *Recibió una esmerada formación humanística.*

esmeralda. I. F. **1.** Piedra fina, silicato de alúmina y glucina, más dura que el cuarzo y teñida de verde por el óxido de cromo. || **II.** ADJ. **2.** Que tiene el color de esta piedra. Apl. al color, u. t. c. s. m. || **~ oriental.** F. corindón.

esmeraldeño, ña. ADJ. **1.** Natural de Esmeraldas. U. t. c. s. || **2.** Perteneciente o relativo a esta provincia de Ecuador o a su capital.

esmeraldino, na. ADJ. Dicho especialmente de un color: Semejante a la esmeralda.

esmerar. I. TR. **1.** Pulir, limpiar. *Esmerar su atuendo.* || **II.** PRNL. **2.** Extremarse, poner sumo cuidado en ser cabal y perfecto.

esmerejón. M. Ave rapaz diurna del mismo género que el alcotán y el cernícalo, con el dorso gris azulado y el vientre claro con bandas oscuras, que en invierno es bastante común en Andalucía.

esmeril. M. **1.** Roca negruzca formada por el corindón granoso, al que ordinariamente acompañan la mica y el hierro oxidado. Es tan dura, que raya todos los cuerpos excepto el diamante, por lo que se emplea en polvos para labrar las piedras preciosas, acoplar cristales, deslustrar el vidrio y pulimentar los metales. || **2.** Piedra artificial o lija, usada para afilar instrumentos metálicos y pulir o desgastar otras cosas.

esmerilar. TR. Pulir algo o deslustrar el vidrio con esmeril o con otra sustancia.

esmero. M. Sumo cuidado y atención diligente en hacer las cosas con perfección.

esmiláceo, a. ADJ. *Bot.* Se dice de las hierbas o matas pertenecientes a la familia de las Liliáceas, de hojas alternas, sentadas, pecioladas o envainadoras, pequeñas y reemplazadas a menudo por ramos filiformes espinosos, flores poco notables, fruto en baya, y raíz de rizoma rastrero; p. ej., el brusco, el espárrago y la zarzaparrilla. U. t. c. s. f.

esmirnio. M. **apio caballar.**

esmirriado, da. ADJ. coloq. Flaco, consumido.

esmog. M. Niebla mezclada con humo y partículas en suspensión, propia de las ciudades industriales. MORF. pl. **esmogs.**

esmoquin. M. Prenda masculina de etiqueta, de menos ceremonia que el frac, a modo de chaqueta sin faldones. MORF. pl. **esmóquines.**

esnifada. F. **1.** jerg. En el lenguaje de la droga, aspiración por la nariz de cocaína u otra sustancia análoga. || **2.** jerg. En el lenguaje de la droga, dosis tomada por este procedimiento.

esnifar. TR. jerg. En el lenguaje de la droga, aspirar por la nariz cocaína u otra droga en polvo.

esnob. COM. Persona que imita con afectación las maneras, opiniones, etc., de aquellos a quienes considera distinguidos. U. t. c. adj. MORF. pl. **esnobs.**

esnobismo. M. Cualidad de esnob.

eso. PRON. DEM. Forma neutra de ese². || **a ~ de.** LOC. PREPOS. Poco antes o después de. *A eso de las siete. A eso del mediodía.* || **en ~.** LOC. ADV. coloq. **entonces.** *En eso llegó su hermano.* || **~ que.** LOC. CONJUNT. ADVERS. Contra la voluntad o gusto de las personas y, por ext., contra la fuerza o resistencia de las cosas.

esofágico, ca. ADJ. *Anat.* Perteneciente o relativo al esófago.

esófago. M. *Anat.* Parte del tubo digestivo que va desde la faringe al estómago.

esotérico, ca. ADJ. **1.** Oculto, reservado. *Enfoque esotérico.* || **2.** Dicho de una cosa: Que es impenetrable o de difícil acceso para la mente. *Expresión esotérica.* || **3.** Se dice de la doctrina que los filósofos de la Antigüedad no comunicaban sino a corto número de sus discípulos. || **4.** Dicho de una doctrina: Que se transmite oralmente a los iniciados.

esoterismo. M. Cualidad de esotérico.

esotro, tra. ADJ. DEM. Ese otro. *Esotro niño. Esotra mesa.* U. t. c. pron. U. m. en leng. poét.

espabilado, da. PART. de **espabilar.** || M. y F. Persona lista, viva, despierta. U. t. en sent. irón. U. t. c. adj. *Es una niña muy espabilada.*

espabilar. I. TR. **1.** Avivar y ejercitar el entendimiento o el ingenio de alguien, hacerle perder la timidez o la torpeza. *El hambre lo ha espabilado.* U. t. c. intr. y c. prnl. || **2.** Quitar la pavesa o la parte ya quemada del pabilo o mecha a velas y candiles. *Espabiló la vela para que brillara más.* || **II.** INTR. **3.** Salir del sueño. || **III.** PRNL. **4.**

Sacudirse el sueño o la pereza. U. t. c. intr. ‖ **5.** Apresurarse, darse prisa en la realización de algo. U. t. c. intr. MORF. U. m. en imper. *Espabílate de una vez y termina.* ‖ **6.** fest. *Am.* Escabullirse, marcharse.

espachurrar. TR. coloq. **despachurrar.** U. t. c. prnl. *Algunos tomates se han espachurrado.*

espaciado. M. Acción y efecto de espaciar.

espaciador, ra. ADJ. Dicho de una tecla, en las máquinas de escribir: Que se pulsa para dejar espacios en blanco. *Pulsa la barra espaciadora.* U. t. c. s. m.

espacial. ADJ. Perteneciente o relativo al espacio. □ V. **base** ~, **lanzadera** ~, **nave** ~, **vehículo** ~.

espaciamiento. M. Acción y efecto de espaciar.

espaciar. TR. **1.** Poner espacio entre las cosas. *Espaciar las reuniones.* ‖ **2.** *Impr.* Separar las palabras, las letras o los renglones con espacios o regletas. ¶ MORF. conjug. c. *anunciar.*

espacio. M. **1.** Extensión que contiene toda la materia existente. ‖ **2.** Parte que ocupa cada objeto sensible. ‖ **3. espacio exterior.** ‖ **4.** Transcurso de tiempo entre dos sucesos. ‖ **5.** Distancia entre dos cuerpos. ‖ **6.** Separación entre las líneas o entre letras o palabras de una misma línea de un texto impreso. ‖ **7.** Programa o parte de la programación de radio o televisión. *Espacio informativo.* ‖ **8.** *Impr.* Pieza de metal que sirve para separar las palabras o poner mayor distancia entre las letras. ‖ **9.** *Impr.* **matriz** (‖ carácter o espacio en blanco). ‖ **10.** *Mat.* Conjunto de entes entre los que se establecen ciertos postulados. *Espacio vectorial.* ‖ **11.** *Mec.* Distancia recorrida por un móvil en cierto tiempo. ‖ **12.** *Mús.* Separación que hay entre las rayas del pentagrama. ‖ **~ aéreo.** M. *Der.* El que se sitúa sobre los límites territoriales de un Estado y respecto del cual este ejerce poderes exclusivos. ‖ **~ exterior.** M. Región del universo que se encuentra más allá de la atmósfera terrestre. ‖ **~ planetario.** M. *Astr.* El que ocupan las órbitas de los planetas en su movimiento alrededor del Sol. ‖ **~ vital.** M. Ámbito territorial que necesiten las colectividades y los pueblos para desarrollarse. ‖ **~s imaginarios.** M. pl. Mundo irreal, fingido por la fantasía. □ V. **geometría del ~.**

espaciosidad. F. **anchura** (‖ capacidad).

espacioso, sa. ADJ. **1.** Ancho, dilatado, vasto. *Salones espaciosos.* ‖ **2.** Lento, pausado, flemático. *Andar espacioso.*

espada. **I.** F. **1.** Arma blanca, larga, recta, aguda y cortante, con guarnición y empuñadura. ‖ **2.** Cada uno de los naipes del palo de espadas. ‖ **3.** As de espadas. ‖ **4.** pl. Uno de los cuatro palos de la baraja española, en cuyos naipes se representan una o varias espadas. ‖ **II.** COM. **5.** Torero que por profesión ejerce el arte de matar los toros con espada. ‖ **~ blanca.** F. La ordinaria, de corte y punta. ‖ **~ de Damocles.** F. Amenaza persistente de un peligro. ‖ **~ de dos filos.** F. **arma de doble filo** (‖ lo que puede dar un resultado contrario al que se persigue). ‖ **~ de esgrima.** F. **1.** hist. **espada negra.** ‖ **2.** La que actualmente se emplea en la esgrima. ‖ **~ negra.** F. *Esgr.* hist. La de hierro, sin lustre ni corte, con un botón en la punta, usada antiguamente. ‖ **primer ~.** M. **1.** Entre toreros, el principal en esta clase. ‖ **2.** Persona sobresaliente en alguna disciplina, arte o destreza. ‖ **primera ~.** F. **primer espada.** ‖ **entrar ~ en mano.** LOC. VERB. Empezar con violencia y rigor algo. ‖ **entre la ~ y la pared.** LOC.ADV. coloq. En situación muy comprome-

tida ante dos opciones difíciles. ‖ **medir la ~ con** alguien. LOC.VERB. Esgrimir con él la espada blanca o negra. ‖ **presentar la ~.** LOC.VERB. *Mil.* Hacer con esta arma el saludo militar al rey o a la bandera. ‖ **sacar la ~ por** alguien o algo. LOC.VERB. Salir a la defensa de alguien o interesarse en el buen éxito de un asunto. □ V. **comedia de capa y ~, danza de ~s, pez ~.**

espadachín. M. **1.** Hombre que sabe manejar bien la espada. ‖ **2.** Hombre que se precia de valiente y es amigo de pendencias.

espadaña. F. **1.** Campanario de una sola pared, en la que están abiertos los huecos para colocar las campanas. ‖ **2.** Planta herbácea, de la familia de las Tifáceas, de metro y medio a dos metros de altura, con las hojas en forma casi de espada, el tallo largo, a manera de junco, con una mazorca cilíndrica al extremo, que después de seca suelta una especie de pelusa o vello blanco, ligero y muy pegajoso. Sus hojas se emplean como las de la enea.

espadañal. M. Sitio húmedo en que se crían con abundancia las **espadañas** (‖ plantas).

espadería. F. **1.** Taller donde se fabrican, guarnecen o componen espadas. ‖ **2.** Tienda donde se venden.

espadero. M. Hombre que hace, guarnece o compone espadas, o que las vende.

espádice. M. *Bot.* Inflorescencia en forma de espiga, con eje carnoso, y casi siempre envuelta en una espata; p. ej., el aro y la cala.

espadilla. F. **1.** Instrumento de madera, especie de machete, que se usa para ablandar y quebrantar el lino o el cáñamo para sacarle el tamo y poderlo hilar. ‖ **2.** Pieza en forma de remo grande, que hace oficio de timón en algunas embarcaciones menores. ‖ **3.** As de espadas. ‖ **4.** *Mar.* Timón provisional que se arma con las piezas disponibles a bordo, cuando se ha perdido el propio.

espadín. M. Espada de hoja muy estrecha o triangular que se usa como prenda de ciertos uniformes.

espadón[1]**.** M. hist. Personaje de elevada jerarquía en la milicia, y, por ext., en otras jerarquías sociales.

espadón[2]**.** M. Hombre castrado.

espagírica. F. Arte de depurar metales.

espagírico, ca. ADJ. Perteneciente o relativo a la espagírica. *Técnicas espagíricas.*

espagueti. M. Pasta alimenticia de harina en forma de cilindros macizos, largos y delgados, más gruesos que los fideos. U. m. en pl. MORF. pl. **espaguetis.**

espahí. M. Soldado de caballería del Ejército francés en Argelia. MORF. pl. **espahíes** o **espahís.**

espalar. TR. Apartar con la pala la nieve que cubre el suelo. U. t. c. intr.

espalda. F. **1.** Parte posterior del cuerpo humano, desde los hombros hasta la cintura. U. t. en pl. con el mismo significado que en sing. ‖ **2.** Parte posterior del tronco de un animal. ‖ **3.** Parte del vestido que corresponde a la espalda. ‖ **4.** Parte posterior de un edificio. *El cine está a la espalda del museo.* U. t. en pl. con el mismo significado que en sing. ‖ **5.** *Dep.* Estilo de natación similar al crol, pero con la espalda hacia abajo. ‖ **~ mojada.** COM. **1.** Persona que desde México pasa o pretende pasar de forma ilegal la frontera hacia los Estados Unidos. ‖ **2.** Persona que entra o pretende entrar ilegalmente en un país, atravesando un mar o un río. ‖ **a ~s** de alguien. LOC.ADV. En su ausencia, sin que se entere, a escondidas de él. ‖ **a ~s vueltas.** LOC.ADV. A traición, por detrás y no cara a cara. ‖ **caer,** o **caerse, de ~s.**

LOCS.VERBS. coloqs. Asombrarse o sorprenderse mucho. ‖ **cargado, da de ~s**. LOC.ADJ. Dicho de una persona: Que presenta una convexidad exagerada en la columna vertebral. ‖ **dar la ~ a alguien o algo**. LOC.VERB. Desairarlo, ignorarlo, desatenderlo. *Quise saludarla y me dio la espalda. Dar la espalda a los honores*. ‖ **dar alguien la ~, o las ~s**. LOCS.VERBS. Volver las espaldas al enemigo, huir de él. ‖ **de ~, o de ~s**. LOCS.ADVS. **1.** Presentando la espalda. *Aparecerán siempre de espaldas.* ‖ **2.** Con la espalda dirigida hacia el sentido de la marcha. *Sale de espaldas.* ‖ **3.** Sobre la espalda. *Tumbado de espaldas.* ‖ **de ~s a**. LOC.PREPOS. Ignorándolo o sin querer considerarlo. *Vivía de espaldas a la realidad.* ‖ **echarse alguien sobre las ~s algo**. LOC.VERB. Hacerse responsable de ello. ‖ **echar algo sobre las ~s de alguien**. LOC.VERB. Ponerlo a su cargo. ‖ **~ contra ~**. LOC.ADV. Apoyándose mutuamente. ‖ **guardar alguien las ~s**. LOC.VERB. coloq. Resguardarse o resguardar a otra persona, mirando por sí, o por ella. ‖ **por la ~**. LOC.ADV. A traición. ‖ **tener alguien buenas ~s**. LOC.VERB. coloq. Tener resistencia y aguante para soportar cualquier trabajo o molestia. ‖ **tener alguien cubiertas, o guardadas, las ~s**. LOCS.VERBS. coloqs. Tener protección superior a la fuerza de los enemigos. ‖ **volver las ~s**. LOC.VERB. **1.** Negarse a alguien, retirarse de su presencia con desprecio. ‖ **2.** Huir, volver atrás.

espaldar. M. **1.** Respaldo de una silla o banco. ‖ **2.** hist. Parte de la coraza que sirve para cubrir y defender la espalda. ‖ **3.** *Zool.* Parte dorsal de la coraza de los quelonios, formada con placas dérmicas soldadas con las vértebras dorsales y lumbares y con las costillas.

espaldarazo. M. **1.** Reconocimiento de la competencia o habilidad suficientes a que ha llegado alguien en una profesión o actividad. ‖ **2.** hist. Golpe dado de plano con la espada en la espalda para armar caballero.

espaldera. F. **1.** Enrejado sobrepuesto a una pared para que por él trepen y se extiendan ciertas plantas, como los jazmines, los rosales, etc. ‖ **2.** pl. Barras de madera fijas a una pared a distintas alturas para realizar ejercicios gimnásticos.

espaldilla. F. **1.** Cuarto delantero de algunas reses, como el cerdo, el cordero, etc. ‖ **2.** Cada uno de los huesos de la espalda en que se articulan los húmeros y las clavículas.

espaldista. COM. Persona especializada en la natación de espalda.

espaldón. M. Barrera para resistir el empuje de las tierras o de las aguas.

espaldudo, da. ADJ. Que tiene grandes espaldas.

espantable. ADJ. Que causa espanto. *Mueca espantable.*

espantada. F. **1.** Huida repentina de un animal. ‖ **2.** Desistimiento súbito, ocasionado por el miedo.

espantadizo, za. ADJ. Que se espanta fácilmente. *Caballo espantadizo.*

espantador, ra. ADJ. Que espanta.

espantajo. M. **1.** Cosa que se pone en un lugar para espantar y especialmente en los sembrados para espantar los pájaros. ‖ **2.** Cosa que por su representación o figura causa infundado temor. ‖ **3.** coloq. Persona estrafalaria y despreciable.

espantalobos. M. Arbusto de la familia de las Papilionáceas, que crece hasta tres metros de altura, con ramas lampiñas, hojas divididas en un número impar de hojuelas acorazonadas, flores amarillas en grupos axilares, fruto en vainas infladas, membranosas y traslúcidas, que producen bastante ruido al chocar unas con otras a impulso del viento.

espantamoscas. M. Utensilio de hierbas o de papel atados a un palo para espantar las moscas.

espantapájaros. M. Espantajo que se pone en los sembrados y en los árboles para ahuyentar los pájaros.

espantar. **I.** TR. **1.** Causar espanto, dar susto, infundir miedo. U. t. c. intr. *Su voz espantaba.* ‖ **2. ojear** (‖ ahuyentar a personas o animales). *Espanta moscas con la cola.* ‖ **II.** PRNL. **3.** Sentir espanto, asustarse.

espantasuegras. M. *Méx*. matasuegras.

espanto. M. **1.** Terror, asombro, consternación. ‖ **2.** Entre curanderos, enfermedad supuestamente causada por un susto. ‖ **3. fantasma** (‖ imagen de una persona muerta). U. m. en pl. *Los espantos que vagan por la noche.* ‖ **de ~**. LOC.ADJ. coloq. **espantoso** (‖ desmesurado). *Tengo un hambre de espanto.* ‖ **estar curado de ~, o de ~s**. LOCS.VERBS. coloqs. Ver con impasibilidad, a causa de experiencia o costumbre, males o daños.

espantoso, sa. ADJ. **1.** Que causa espanto. *Un crimen espantoso.* ‖ **2.** Desmesurado, enorme. *Hace un frío espantoso.* ‖ **3.** Muy feo. *Lleva un traje espantoso.*

España. cierra, ~. LOC.INTERJ. hist. Se usaba en la milicia para animar a los soldados y hacer que acometiesen con valor al enemigo. □ V. **blanco de ~, Consejo Real de ~ y Ultramar, grande de ~, mosca de ~, té de ~**.

español, la. **I.** ADJ. **1.** Natural de España. U. t. c. s. ‖ **2.** Perteneciente o relativo a este país de Europa. ‖ **II.** M. **3.** Lengua común de España y de muchas naciones de América, hablada también como propia en otras partes del mundo. ‖ **a la ~**. LOC.ADV. Al uso de España. □ V. **capa ~, comillas ~s, párrafo ~, pasta ~**.

españolada. F. Acción, espectáculo u obra literaria que exagera el carácter español.

españolear. INTR. Hacer propaganda exagerada de España.

españolería. F. Cualidad o actitud propia de españoles.

españoleta. F. hist. Baile antiguo español.

españolía. F. españolismo.

españolidad. F. **1.** Cualidad de español. ‖ **2.** Carácter genuinamente español.

españolismo. M. **1.** Amor o apego a las cosas características y típicas de España. ‖ **2. hispanismo.** ‖ **3.** Carácter genuinamente español.

españolista. ADJ. Inclinado al españolismo. *Sector españolista.*

españolización. F. Acción y efecto de españolizar.

españolizar. **I.** TR. **1.** Dar carácter español. ‖ **2.** Dar forma española a un vocablo o expresión de otro idioma. ‖ **II.** PRNL. **3.** Tomar carácter español o forma española.

esparadrapo. M. Tira de tela o de papel, con una de sus caras adherente, que se usa para sujetar los vendajes, y excepcionalmente como apósito directo.

esparceta. F. pipirigallo.

esparcidor, ra. ADJ. Que esparce. *Dispositivo esparcidor de vapor.*

esparcimiento. M. **1. diversión** (‖ recreo). ‖ **2.** Conjunto de actividades con que se llena el tiempo libre. *Centro de esparcimiento.* ‖ **3.** Acción y efecto de esparcir.

esparcir. TR. **1.** Extender lo que está junto o amontonado. U. t. c. prnl. *Esparcirse las semillas por el suelo.* ‖ **2.** Divulgar, publicar, extender una noticia. U. t. c. prnl. ‖ **3.** Divertir, desahogar, recrear. U. t. c. prnl. *Esparcirse con el juego.*

espárrago[1]. M. **1.** Planta de la familia de las Liliáceas, con tallo herbáceo, muy ramoso, hojas aciculares y en haces, flores de color blanco verdoso, fruto en bayas rojas del tamaño de un guisante, y raíz en cepa rastrera, que en la primavera produce abundantes yemas de tallo recto y comestible. ‖ **2.** Yema comestible que produce la raíz de esta planta. ‖ **~ triguero**. M. espárrago silvestre, especialmente el que brota en los sembrados de trigo. ‖ **a freír ~s**. LOC.ADV. coloq. Se usa para despedir a alguien con aspereza, enojo o sin miramientos. *Echar, mandar a freír espárragos. Vete a freír espárragos.*

espárrago[2]. M. Mec. Vástago metálico roscado, que está fijo por un extremo, y que, pasando a través de una pieza, sirve para sujetarla por medio de una tuerca.

esparraguera. F. **1.** espárrago (‖ planta liliácea). ‖ **2.** Era o haza de tierra destinada a criar espárragos.

esparraguero, ra. M. y F. **1.** Persona que cultiva espárragos. ‖ **2.** Persona que vende espárragos.

esparrancado, da. ADJ. **1.** Que anda o está muy abierto de piernas. ‖ **2.** Dicho de dos o más cosas: Que, debiendo estar juntas, están muy separadas. *Ramas esparrancadas.*

espartal. M. espartizal.

espartano, na. ADJ. **1.** hist. Natural de Esparta. U. t. c. s. ‖ **2.** hist. Perteneciente o relativo a esta ciudad de la Grecia antigua. ‖ **3.** Austero, sobrio, firme, severo. *Régimen espartano.*

espartería. F. **1.** Oficio de espartero. ‖ **2.** Taller donde se trabajan las obras de esparto.

espartero, ra. M. y F. Persona que fabrica o vende obras de esparto.

espartizal. M. Campo donde se cría esparto.

esparto. M. **1.** Planta de la familia de las Gramíneas, con las cañas de unos 70 cm de altura, hojas radicales de unos 60 cm de longitud, tan arrolladas sobre sí y a lo largo que aparecen como filiformes, duras y tenacísimas, hojas en el tallo más pequeñas. Tiene flores en panoja espigada de 3 dm de largo, y semillas muy menudas. ‖ **2.** Hoja de esta planta, empleada en la industria para hacer sogas, esteras, pasta para fabricar papel, etc.

esparvar. TR. Poner en parva las mieses.

espasmo. M. Med. Contracción involuntaria de los músculos, producida generalmente por mecanismo reflejo.

espasmódico, ca. ADJ. **1.** Med. Perteneciente o relativo al espasmo. *Movimiento espasmódico.* ‖ **2.** Med. Acompañado de este síntoma. *Llanto espasmódico. Colitis espasmódica.*

espasticidad. F. Med. Hipertonía muscular de origen cerebral o medular.

espástico, ca. ADJ. **1.** Med. Perteneciente o relativo a la espasticidad. *Propiedades espásticas.* ‖ **2.** Que está afectado de espasticidad. *Colon espástico.* Apl. a pers., u. t. c. s.

espata. F. Bot. Bráctea grande o conjunto de brácteas que envuelve ciertas inflorescencias, como en la cebolla y en el ajo.

espatarrar. TR. coloq. despatarrar. U. t. c. prnl.

espato. M. Mineral de estructura laminar. ‖ **~ calizo**. M. Caliza cristalizada en romboedros. ‖ **~ de Islandia**. M. espato calizo muy transparente. ‖ **~ flúor**. M. fluorita. ‖ **~ pesado**. M. baritina.

espátula. F. **1.** Paleta, generalmente pequeña, con bordes afilados y mango largo, que utilizan los farmacéuticos y los pintores para hacer ciertas mezclas, y usada también en otros oficios. ‖ **2.** Ave ciconiforme de plu-

maje blanco níveo y pico en forma de espátula, con el extremo amarillo. Cuando adulta tiene una mancha ocre en la base del cuello, y en verano, un moño de plumas en la nuca. Anida en los árboles, formando colonias muy numerosas.

espaviento. M. aspaviento.

especería. F. especiería.

especia. F. Sustancia vegetal aromática que sirve de condimento; p. ej., el clavo, la pimienta, el azafrán, etc.

especial. **I.** ADJ. **1.** Singular o particular, que se diferencia de lo común o general. *Servicio especial.* ‖ **2.** Muy adecuado o propio para algún efecto. *Tratamiento capilar especial.* ‖ **3.** Que está destinado a un fin concreto y esporádico. *Tren, reunión especial.* ‖ **4.** Dicho de un programa radiofónico o de una emisión televisiva: Que se dedican monográficamente a un asunto determinado. U. t. c. s. m. *Especial informativo.* ‖ **II.** ADV.M. **5.** Chile. De manera especial. ‖ **en ~**. LOC.ADV. De manera especial. □ V. **acero ~**, **educación ~**, **efectos ~es**, **relatividad ~**.

especialidad. F. **1.** Cualidad de especial. *Su alta especialidad y originalidad la hacen única.* ‖ **2.** Confección o producto en cuya preparación sobresalen una persona, un establecimiento, una región, etc. ‖ **3.** Rama de una ciencia, arte o actividad, cuyo objeto es una parte limitada de ellas, sobre la cual poseen saberes o habilidades muy precisos quienes la cultivan. ‖ **4.** Medicamento preparado en un laboratorio y autorizado oficialmente para ser despachado en las farmacias con un nombre comercial y registrado. ‖ **con ~**. LOC.ADV. De manera especial.

especialista. **I.** ADJ. **1.** Que cultiva o practica una rama determinada de un arte o una ciencia. U. t. c. s. *Visitó a un especialista en neurología.* ‖ **II.** COM. **2.** Cinem. Persona que realiza escenas peligrosas o que requieren cierta destreza. Suele sustituir como doble a los actores principales.

especialización. F. Acción y efecto de especializar.

especializar. **I.** TR. **1.** Limitar algo a uso o fin determinado. *Han especializado su restaurante en comida asiática.* ‖ **II.** INTR. **2.** Cultivar especialmente una rama determinada de una ciencia o de un arte. U. t. c. prnl.

especie. F. **1.** Conjunto de cosas semejantes entre sí por tener uno o varios caracteres comunes. ‖ **2.** Imagen o idea de un objeto, que se representa en el alma. ‖ **3.** Tema, noticia, proposición. *Propagar una especie falsa.* ‖ **4.** Apariencia, color, sombra. *El diablo se le apareció bajo la especie de un dragón descomunal.* ‖ **5.** Bot. y Zool. Cada uno de los grupos en que se dividen los géneros y que se componen de individuos que, además de los caracteres genéricos, tienen en común otros caracteres por los cuales se asemejan entre sí y se distinguen de los de las demás especies. La especie se subdivide a veces en variedades o razas. ‖ **~s sacramentales**. F. pl. Rel. Accidentes de olor, color y sabor que quedan en el sacramento después de la transustanciación. ‖ **en ~**. LOC.ADV. En frutos o géneros y no en dinero. ‖ **una ~ de**. EXPR. Se antepone a un nombre para indicar que el ser o la cosa de que se trata es muy semejante a lo que aquel nombre designa.

especiería. F. **1.** Tienda en que se venden especias. ‖ **2.** Conjunto de especias.

especiero, ra. **I.** M. y F. **1.** Persona que comercia en especias. ‖ **II.** M. **2.** Armario pequeño con varios cajones para guardar las especias.

especificación. F. **1.** Acción y efecto de especificar. || **2.** Información proporcionada por el fabricante de un producto, la cual describe sus componentes, características y funcionamiento. U. m. en pl.

especificar. TR. **1.** Explicar, declarar con individualidad algo. *Hace poco, los autores especificaron las características comunes a tales sistemas.* || **2.** Fijar o determinar de modo preciso. *No especifica el color.*

especificativo, va. ADJ. Que tiene virtud o eficacia para especificar. *Oraciones especificativas.*

especificidad. F. **1.** Cualidad y condición de **específico** (|| propio de algo). || **2.** Adecuación de algo al fin al que se destina.

específico, ca. ADJ. **1.** Que es propio de algo y lo caracteriza y distingue de otras cosas. *Es una función específica del ojo.* || **2. concreto** (|| preciso, determinado). *Se dan normas específicas para la conservación de este producto.* || **3.** Dicho especialmente de un medicamento: Que está indicado para curar una determinada enfermedad. U. t. c. s. m. □ V. **calor ~, peso ~.**

espécimen. M. Muestra, modelo, ejemplar, normalmente con las características de su especie muy bien definidas. MORF. pl. **especímenes.**

especioso, sa. ADJ. Aparente, engañoso. *Argumento especioso.*

espectacular. ADJ. **1.** Que tiene caracteres propios de espectáculo público. *Desfile espectacular.* || **2. aparatoso** (|| que tiene mucho aparato). *Fachada espectacular.*

espectacularidad. F. Cualidad de espectacular.

espectáculo. M. **1.** Función o diversión pública celebrada en un teatro, en un circo o en cualquier otro edificio o lugar en que se congrega la gente para presenciarla. || **2.** Conjunto de actividades profesionales relacionadas con esta diversión. *La gente, el mundo del espectáculo.* || **3.** Cosa que se ofrece a la vista o a la contemplación intelectual y es capaz de atraer la atención y mover el ánimo infundiéndole deleite, asombro, dolor u otros afectos más o menos vivos o nobles. || **4.** Acción que causa escándalo o gran extrañeza. *Dar un espectáculo.*

espectador, ra. ADJ. **1.** Que asiste a un espectáculo público. Apl. a pers., u. m. c. s. || **2.** Que observa un hecho o es testigo de él. *Una mirada espectadora.* Apl. a pers., u. t. c. s.

espectral. ADJ. Perteneciente o relativo al espectro. □ V. **análisis ~.**

espectro. M. **1. fantasma** (|| imagen de una persona muerta). U. t. en sent. fig. *El espectro de una nueva crisis se cierne sobre la región.* || **2.** *Fís.* Distribución de la intensidad de una radiación en función de una magnitud característica, como la longitud de onda, la energía, la frecuencia o la masa. || **3.** *Fís.* Representación gráfica de cualquiera de estas distribuciones. || **4.** *Med.* **espectro antibiótico.** *Fungicida de amplio espectro.* || **~ antibiótico.** M. *Med.* Conjunto de las especies microbianas contra las que es activo un antibiótico. || **~ de absorción.** M. *Fís.* El luminoso que presenta líneas negras causadas por la absorción de la radiación correspondiente. || **~ de emisión.** M. *Fís.* El que presenta una o más líneas brillantes, producidas por un determinado elemento, que destacan sobre los otros colores. || **~ luminoso.** M. *Fís.* Banda matizada de los colores del iris, que resulta de la descomposición de la luz blanca a través de un prisma o de otro cuerpo que producen refracción. || **~ solar.** M. *Fís.* El

producido por la dispersión de la luz del Sol. || **~ visible.** M. *Fís.* Parte de la radiación electromagnética comprendida entre 400 y 700 nm de longitud de onda. □ V. **color del ~ solar.**

espectrofotometría. F. *Fís.* y *Quím.* Procedimiento analítico fundado en el uso del espectrofotómetro.

espectrofotómetro. M. *Fís.* y *Quím.* Aparato que mide la cantidad de luz absorbida por una sustancia en disolución y compara intensidades espectrales con respecto a una longitud de onda.

espectrografía. F. **1.** *Fís.* **espectroscopia.** || **2.** *Fís.* Imagen obtenida por un espectrógrafo.

espectrógrafo. M. **1.** *Fís.* Espectroscopio dispuesto para la obtención de espectrogramas. || **2.** *Fís.* Aparato que obtiene el espectro de un sonido complejo descomponiéndolo en sus elementos.

espectrograma. M. *Fís.* Registro gráfico o fotográfico de los datos de un espectro.

espectrometría. F. *Fís.* Técnica del empleo de los espectrómetros.

espectrómetro. M. *Fís.* Aparato que produce la separación de partículas o radiaciones de una determinada característica, como la masa, la carga, la longitud de onda, etc., y mide su proporción.

espectroscopia. F. **1.** *Fís.* Conjunto de conocimientos referentes al análisis espectroscópico. || **2.** *Fís.* Imagen obtenida por un espectroscopio.

espectroscópico, ca. ADJ. *Fís.* Perteneciente o relativo al espectroscopio.

espectroscopio. M. *Fís.* Instrumento que sirve para obtener y observar un espectro.

especulación. F. **1.** Acción y efecto de **especular²**. || **2.** *Com.* Operación comercial que se practica con mercancías, valores o efectos públicos, con ánimo de obtener lucro.

especulador, ra. ADJ. Que especula. Apl. a pers., u. m. c. s.

especular¹. ADJ. **1.** Perteneciente o relativo a un espejo. *Imagen especular.* || **2.** Semejante a un espejo. *Mineral especular.* || **3.** Dicho de dos cosas simétricas: Que guardan la misma relación que la que tiene un objeto con su imagen en un espejo. *Puertas especulares.* || **4.** *Ópt.* Dicho de una cosa: Reflejada en un espejo.

especular². **I.** TR. **1.** Meditar, reflexionar con hondura, teorizar. U. t. c. intr. *Especula sobre la esencia humana.* || **II.** INTR. **2.** Perderse en sutilezas o hipótesis sin base real. || **3.** Efectuar operaciones comerciales o financieras, con la esperanza de obtener beneficios basados en las variaciones de los precios o de los cambios. U. m. en sent. peyor. || **4.** Comerciar, traficar. *Especular con oro.* || **5.** Procurar provecho o ganancia fuera del tráfico mercantil.

especulativo, va. ADJ. **1.** Perteneciente o relativo a la especulación. *Operación financiera especulativa.* || **2.** Muy pensativo y dado a la especulación. *Lectores especulativos.* || **3.** Que procede de la mera especulación o discurso, sin haberse reducido a práctica. *Pura filosofía especulativa.* □ V. **gramática ~.**

espéculo. M. *Med.* Instrumento que se emplea para examinar por la reflexión luminosa ciertas cavidades del cuerpo.

espejado, da. ADJ. Claro o limpio como un espejo. *Lago espejado.*

espejear. INTR. Relucir o resplandecer como un espejo.

espejeo. M. **espejismo.**

espejismo. M. **1.** Ilusión óptica debida a la reflexión total de la luz cuando atraviesa capas de aire de densidad distinta, con lo cual los objetos lejanos dan una imagen invertida, ya sea a la altura del suelo, como si se reflejasen en el agua, lo que sucede principalmente en las llanuras de los desiertos, ya en lo alto de la atmósfera, sobre la superficie del mar. ‖ **2. ilusión** (‖ concepto o imagen sin verdadera realidad). *El triunfo electoral fue un espejismo.*

espejo. M. **1.** Tabla de cristal azogado por la parte posterior, y también de acero u otro material bruñido, para que se reflejen en él los objetos que tenga delante. ‖ **2.** Cosa que da imagen de algo. *El teatro es espejo de la vida o de las costumbres.* ‖ **3.** Modelo o dechado digno de estudio e imitación. *Espejo de demócratas.* ‖ **~ de cuerpo entero.** M. espejo grande en que se representa todo o casi todo el cuerpo de quien se mira en él. ‖ **~ de popa.** M. *Mar.* Fachada que presenta la popa desde la bovedilla hasta el coronamiento. ‖ **mirarse en** alguien **como en un ~.** LOC.VERB. coloq. **mirarse** (‖ tener mucho amor y complacerse en las virtudes de alguien). ‖ **mirar en ese ~.** LOC.VERB. Se usa para indicar que algo debe servir de escarmiento.

espejuelo. M. **1.** Yeso cristalizado en láminas brillantes. ‖ **2.** Trozo curvo de madera de unos dos decímetros de largo, con pedazos de espejo y generalmente pintado de rojo, que se hace girar para que, a los reflejos de la luz, acudan las alondras, que así se cazan fácilmente. ‖ **3.** pl. **anteojos** (‖ gafas).

espeleología. F. **1.** Ciencia que estudia la naturaleza, el origen y formación de las cavernas, y su fauna y flora. ‖ **2.** Actividad deportiva consistente en explorar cavernas.

espeleológico, ca. ADJ. Perteneciente o relativo a la espeleología. *Técnicas espeleológicas.*

espeleólogo, ga. M. y F. Persona que se dedica a la espeleología.

espelta. F. escanda.

espelucar. TR. *Am.* **despeluzar.** U. t. c. prnl.

espelunca. F. Cueva, gruta, concavidad tenebrosa.

espeluzar. TR. **despeluzar.** U. t. c. prnl.

espeluznante. ADJ. Que espeluzna. *Gritos espeluznantes.*

espeluznar. TR. Espantar, causar horror. U. t. c. prnl.

espeluzno. M. coloq. Escalofrío, estremecimiento.

espeque. M. Palanca de madera, redonda por una extremidad y cuadrada por la otra, que usan los artilleros.

espera. F. **1.** Acción y efecto de esperar. ‖ **2.** Calma, paciencia, facultad de saberse contener y de no proceder sin reflexión. *Tener espera. Ser persona de espera.* ‖ **3.** Puesto para cazar esperando a que la caza acuda espontáneamente o sin ojeo. ‖ **a ~,** o **a la ~.** LOCS.ADVS. Dicho de cazar: En el puesto, esperando a que la caza acuda sin ojeo. ‖ **en ~.** LOC.ADV. En observación, esperando algo. ☐ V. **compás de ~, quita y ~.**

esperador, ra. ADJ. Que espera. Apl. a pers., u. t. c. s.

esperantista. **I.** ADJ. **1.** Perteneciente o relativo al esperanto. *Movimiento esperantista.* ‖ **II.** COM. **2.** Persona o institución que estudia el esperanto, hace uso de él y lo propaga.

esperanto. M. Idioma creado con idea de que pudiese servir como lengua universal.

esperanza. F. **1.** Estado del ánimo en el cual se nos presenta como posible lo que deseamos. ‖ **2.** Persona o cosa en las que se funda ese sentimiento. *Sus padres eran su última esperanza.* ‖ **3.** *Mat.* Valor medio de una variable aleatoria o de una distribución de probabilidad. ‖ **4.** *Rel.* En la doctrina cristiana, virtud teologal por la que se espera que Dios dé los bienes que ha prometido. ‖ **~ de vida.** F. Tiempo medio que le queda por vivir a un individuo de una población biológica determinada. Para los recién nacidos coincide con la duración media de la vida en dicha población. ‖ **alimentarse de ~s.** LOC. VERB. Esperar, con poco fundamento, que se conseguirá lo deseado o pretendido. ‖ **dar ~,** o **~s,** a alguien. LOCS. VERBS. Darle a entender que puede lograr lo que solicita o desea. ‖ **qué ~s.** LOC. INTERJ. *Á. Caribe* y *Méx.* Se usa para indicar la improbabilidad de que se logre o suceda algo. ☐ V. **ancla de la ~.**

esperanzado, da. PART. de **esperanzar.** ‖ ADJ. Que tiene esperanza de conseguir algo.

esperanzador, ra. ADJ. Que da o infunde esperanza. *Futuro esperanzador.*

esperanzano, na. ADJ. **1.** Natural de La Esperanza. U. t. c. s. ‖ **2.** Perteneciente o relativo a esta ciudad de Honduras, capital del departamento de Intibucá.

esperanzar. TR. Dar o provocar esperanza.

esperar. **I.** TR. **1.** Tener esperanza de conseguir lo que se desea. *Espero aprobar el examen.* ‖ **2.** Creer que ha de suceder algo, especialmente si es favorable. *Espero que llueva.* ‖ **3.** Permanecer en sitio adonde se cree que ha de ir alguien o en donde se presume que ha de ocurrir algo. *Estoy esperando que llegue el tren.* ‖ **4.** Dicho de una mujer: Llevar un hijo en su vientre. ‖ **II.** INTR. **5.** No comenzar a actuar hasta que suceda algo. *Esperó A que sonase la hora para hablar.* ‖ **6.** Dicho de una cosa: Ser inminente o inmediata. *Te espera una buena reprimenda.* ‖ **7.** Poner en alguien la confianza de que hará algún bien. *Espero EN ti.* ‖ **~ sentado.** LOC.VERB. Se usa cuando parece que lo que se espera ha de cumplirse muy tarde o nunca.

esperma. **I.** M. **1.** **semen.** U. menos c. f. ‖ **II.** F. **2.** **esperma de ballena.** U. menos c. m. ‖ **3. cera** (‖ sustancia que segregan las abejas y que se emplea para velas). ‖ **~ de ballena.** F. Sustancia grasa que se extrae de las cavidades del cráneo del cachalote, empleada para hacer velas y en algunos medicamentos. U. menos c. m.

espermático, ca. ADJ. Perteneciente o relativo al esperma. *Producción espermática.*

espermatogénesis. F. *Biol.* Formación de los gametos masculinos, o espermatozoides, en el testículo.

espermatorrea. F. *Med.* Derrame involuntario del esperma fuera del acto sexual.

espermatozoide. M. *Biol.* Gameto masculino, destinado a la fecundación del óvulo.

espermatozoo. M. *Biol.* Espermatozoide de los animales.

espermicida. M. *Med.* Sustancia que inhibe la actividad de los espermatozoides, por lo que se usa como anticonceptivo. U. t. c. adj.

espermiograma. M. **1.** *Med.* Análisis cualitativo y cuantitativo del esperma. ‖ **2.** *Med.* Resultado de este análisis.

espernada. F. Remate de la cadena, que suele tener el eslabón abierto con unas puntas, para meterlo en la argolla que está fijada en un poste o en la pared.

espernancarse. PRNL. *Am.* Abrirse de piernas.

esperpéntico, ca. ADJ. **1.** Perteneciente o relativo al esperpento. *Procesión esperpéntica.* ‖ **2.** Dicho especialmente del lenguaje, del estilo o de otros caracteres: Propios o característicos de los esperpentos o empleados en escritos que participan de su condición.

esperpentizar. TR. Convertir cualquier aspecto de la realidad en algo esperpéntico.

esperpento. M. **1.** Hecho grotesco o desatinado. ‖ **2.** Género literario creado por Ramón del Valle-Inclán, escritor español de la generación del 98, en el que se deforma la realidad, recargando sus rasgos grotescos, sometiendo a una elaboración muy personal el lenguaje coloquial y desgarrado. ‖ **3.** coloq. Persona o cosa notable por su fealdad, desaliño o mala traza.

espesamiento. M. Acción y efecto de espesar.

espesante. ADJ. Dicho de una sustancia o de un agente: Que aumentan el espesor de una disolución. U. t. c. s. m.

espesar. I. TR. **1.** Hacer más denso algo. *La harina espesa el caldo.* ‖ **II.** PRNL. **2.** Dicho de dos o más cosas: Juntarse, unirse, cerrarse y apretarse unas con otras, como hacen los árboles y plantas creciendo y echando ramas.

espeso, sa. ADJ. **1.** Dicho de una masa o de una sustancia fluida o gaseosa: Que tiene mucha densidad o condensación. ‖ **2.** Dicho de dos o más cosas: Que están muy juntas y apretadas, como suele suceder en los trigos, en las arboledas y en los montes. ‖ **3.** Grueso, corpulento, macizo. *Muros espesos.*

espesor. M. **1.** Grosor de un sólido. ‖ **2.** Densidad o condensación de un fluido, un gas o una masa. □ V. **compás de ~es.**

espesura. F. **1.** Cualidad de espeso. ‖ **2.** Lugar muy poblado de árboles y matorrales.

espetado, da. PART. de **espetar.** ‖ ADJ. Estirado, tieso, afectadamente grave.

espetaperro o **espetaperros. a ~.** LOC.ADV. coloq. De estampida, de manera súbita y con mucha precipitación.

espetar. TR. **1.** Atravesar con un instrumento puntiagudo carne, aves, pescados, etc., para asarlos. ‖ **2.** Atravesar, clavar, meter por un cuerpo un instrumento puntiagudo.

espetera. F. **1.** Tabla con garfios en que se cuelgan carnes, aves y utensilios de cocina. ‖ **2.** Conjunto de los utensilios metálicos de cocina que se cuelgan en la espetera.

espeto. M. espetón.

espetón. M. Hierro largo y delgado; p. ej., un estoque.

espía¹. COM. **1.** Persona al servicio de una potencia extranjera para averiguar informaciones secretas, generalmente de carácter militar. ‖ **2.** Persona que con disimulo y secreto observa o escucha lo que pasa, para comunicarlo a quien tiene interés en saberlo. ‖ **~ doble.** COM. **agente doble.**

espía². F. *Mar.* Cabo o estacha que sirve para **espiar².**

espiar¹. TR. **1.** Acechar, observar disimuladamente a alguien o algo. ‖ **2.** Intentar conseguir informaciones secretas sobre un país o una empresa. ¶ MORF. conjug. c. *enviar.*

espiar². INTR. *Mar.* Halar de un cabo firme en un ancla, noray u otro objeto fijo, para hacer andar la nave en dirección a él. MORF. conjug. c. *enviar.*

espicanardo. M. **1.** Hierba de la familia de las Valerianáceas, que se cría en la India y tiene la raíz perenne y aromática, tallo sencillo y velloso, hojas pubescentes, las radicales muy largas y las del tallo sentadas, flores purpúreas en haces opuestos, y fruto en caja. ‖ **2.** Raíz

de esta planta. ‖ **3.** Planta de la India, de la familia de las Gramíneas, con tallos en caña delgada, de cuatro a seis decímetros de altura, hojas envainadoras, lineales y puntiagudas, flores en espigas terminales y rizoma acompañado de numerosas raicillas fibrosas, cuyo extracto da un perfume muy usado por los antiguos. ‖ **4.** Raíz de esta planta.

espichar. INTR. **1.** coloq. **morir** (‖ llegar al término de la vida). ‖ **2.** *Á. Caribe.* Dicho de un neumático: Perder aire a causa de un pinchazo. ‖ **~la.** LOC.VERB. coloq. **morir** (‖ llegar al término de la vida).

espiche. M. Estaca pequeña que sirve para cerrar un agujero, como las que se colocan en las cubas para que no salga el líquido o en los botes para que no se aneguen.

espiga. F. **1.** *Bot.* Inflorescencia cuyas flores son hermafroditas y están sentadas a lo largo de un eje; como en el llantén. ‖ **2.** Fructificación de esta inflorescencia. ‖ **3.** Grano de los cereales. ‖ **4.** Parte de una herramienta o de otro objeto, adelgazada para introducirla en el mango. ‖ **5.** Extremo de un madero cuyo espesor se ha disminuido, ordinariamente en dos terceras partes, para que encaje en el hueco de otro madero, donde se pretende ensamblar. ‖ **6.** Clavo de madera con que se aseguran las tablas o maderos.

espigado, da. PART. de **espigar.** ‖ ADJ. **1.** Alto, crecido de cuerpo. *Una chica muy espigada.* ‖ **2.** En forma de espiga. *Arbustos de ramas espigadas.* ‖ **3.** Dicho de un árbol nuevo: De tronco muy elevado.

espigador, ra. M. y F. Persona que recoge las espigas que quedan o han caído en la siega.

espigar. I. TR. **1.** Coger las espigas que han quedado en el rastrojo. ‖ **2.** Tomar de uno o más escritos, rebuscando acá y allá, datos que a alguien le interesan. U. t. c. intr. ‖ **3.** *Carp.* Hacer la espiga en las maderas que han de entrar en otras. ‖ **II.** INTR. **4.** Dicho de la mies: Empezar a echar espigas. ‖ **III.** PRNL. **5.** Dicho de una persona: Crecer notablemente. ‖ **6.** Dicho de algunas hortalizas, como la lechuga y la alcachofa: Crecer demasiado y dejar de ser propias para la alimentación por haberse endurecido.

espigón. M. **1.** Macizo saliente que se construye a la orilla de un río o en la costa del mar, para defender las márgenes o modificar la corriente. ‖ **2.** Columna que forma el eje de una escalera de caracol.

espigueo. M. En la siega, acción de espigar.

espiguilla. F. **1.** En los tejidos, dibujo formado por una línea como eje y otras laterales, paralelas entre sí y oblicuas al eje. ‖ **2.** Cada una de las espigas pequeñas de las que forman la principal en algunas plantas como la avena y el arroz. ‖ **3.** Planta anual de la familia de las Gramíneas, con el tallo comprimido, hojas lampiñas y flores en panoja sin aristas.

espín. M. *Fís.* Momento intrínseco de rotación de una partícula elemental o de un núcleo atómico. □ V. **puerco ~.**

espina. F. **1.** Púa que nace del tejido leñoso o vascular de algunas plantas. ‖ **2.** Cada una de las piezas óseas largas, delgadas y puntiagudas que forman parte del esqueleto de muchos peces, como la apófisis de las vértebras y los radios duros y rígidos de las aletas. ‖ **3.** **columna vertebral.** ‖ **4.** Pesar íntimo y duradero. *Hace años que tiene clavada la espina de su traición.* ‖ **~ bífida.** F. *Med.* Malformación del extremo caudal de la espina dorsal, que ocasiona la protrusión de la médula. ‖ **~ dorsal.** F. *Anat.* **columna vertebral.** ‖ **~ santa.** F. Arbusto de la familia de las Ramnáceas, que crece hasta cuatro metros de altura, con ramos tortuosos y armados de grandes espinas pareadas, hojas alternas, con tres nervios, ovaladas y agudas, flores pequeñas, amarillas, en racimos axilares, y fruto en drupa con una expansión membranosa y estriada desde el centro a la circunferencia. ‖ **darle** a alguien **mala ~** algo. LOC.VERB. coloq. Hacerle entrar en recelo. ‖ **sacarse** alguien **la ~.** LOC. VERB. coloq. Desquitarse de una pérdida, especialmente en el juego. □ V. **uva ~.**

espinaca. F. Planta hortense, comestible, anual, de la familia de las Quenopodiáceas, con tallo ramoso, hojas radicales, estrechas, agudas y suaves, con pecíolos rojizos, flores dioicas, sin corola, y semillas redondas o con cuernos pequeños, según las variedades.

espinal. ADJ. Perteneciente o relativo a la **espina** (‖ columna vertebral). □ V. **médula ~.**

espinar[1]. TR. **punzar** (‖ herir con un objeto puntiagudo). U. t. c. intr. y c. prnl. *Se espinó con un rosal.*

espinar[2]. M. Sitio poblado de espinos.

espinazo. M. **columna vertebral.** ‖ **doblar el ~.** LOC. VERB. coloq. Humillarse para acatar servilmente.

espinela. F. **décima** (‖ combinación métrica).

espinera. F. **espino.**

espineta. F. Clavicordio pequeño, de una sola cuerda en cada orden.

espingarda. F. hist. Fusil de chispa muy largo.

espingardero. M. hist. Soldado armado de espingarda.

espinilla. F. **1.** Parte anterior de la canilla de la pierna. ‖ **2.** Especie de barro que aparece en la piel y que proviene de la obstrucción del conducto secretor de las glándulas sebáceas.

espinillera. F. **1.** Pieza que protege la espinilla en trabajos peligrosos y en algunos deportes. ‖ **2.** hist. Pieza de la armadura antigua que cubría y defendía la espinilla.

espino. M. Árbol de la familia de las Rosáceas, de cuatro a seis metros de altura, con ramas espinosas, hojas lampiñas y aserradas, flores blancas, olorosas y en corimbo, y fruto ovoide, revestido de piel tierna y rojiza que encierra una pulpa dulce y dos huesecillos casi esféricos. Su madera es dura, y la corteza se emplea en tintorería y como curtiente. ‖ **~ albar,** o **~ blanco.** M. **espino.** ‖ **~ cerval.** M. Arbusto de la familia de las Ramnáceas, con espinas terminales en las ramas, hojas elípticas y festoneadas, flores pequeñas y de color amarillo verdoso, y por frutos drupas negras, cuya semilla se emplea como purgante. ‖ **~ negro.** M. Mata de la familia de las Ramnáceas, muy espesa, con las ramillas terminadas en espina, hojas persistentes, obtusas, casi lineales, flores pequeñas, solitarias, sin corola, y fruto en drupa amarillenta o negra, según los casos, y de unos cuatro milímetros de diámetro. □ V. **alambre de ~.**

espinosismo. M. Doctrina filosófica profesada por Benito Espinosa, filósofo holandés del siglo XVII, que consiste en afirmar la unidad de sustancia, considerando los seres como modos y formas de la sustancia única.

espinoso, sa. ADJ. **1.** Que tiene espinas. *Arbusto espinoso.* ‖ **2.** Arduo, difícil, intrincado. *Cuestión espinosa.*

espinudo, da. ADJ. *Chile.* Que tiene espinas.

espión. M. Persona que espía lo que se dice o hace.

espionaje. M. **1.** Actividad secreta encaminada a obtener información sobre un país, especialmente en lo re-

ferente a su capacidad defensiva y ofensiva. ‖ **2.** Actividad dedicada a obtener información fraudulenta en diversos campos. *Espionaje científico, industrial.* ‖ **3.** Organización dedicada a estas actividades. *El espionaje internacional.* ‖ **4.** Acción de **espiar** (‖ acechar).

espira. F. **1.** Vuelta de una espiral o de una hélice. ‖ **2.** *Arq.* Parte de la basa de la columna, que está encima del plinto.

espiración. F. Acción y efecto de espirar.

espiráculo. M. *Zool.* Orificio respiratorio externo de muchos artrópodos terrestres y algunos vertebrados acuáticos.

espiral. **I.** ADJ. **1.** Perteneciente o relativo a la espira. *Línea, escalera espiral.* ‖ **II.** F. **2.** Curva plana que da vueltas de manera indefinida alrededor de un punto, alejándose de él más en cada una de ellas. ‖ **3.** **hélice** (‖ curva espacial). ‖ **4.** Muelle espiral del volante de un reloj. ‖ **5.** Sucesión creciente de acontecimientos. *Espiral de violencia.*

espirar. **I.** INTR. **1.** Expeler el aire aspirado. U. t. c. tr. ‖ **II.** TR. **2.** *Rel.* Dicho especialmente del Espíritu Santo: Infundir espíritu, animar, mover. ‖ **3.** *Rel.* Dicho del Padre y del Hijo: Producir, por medio de su amor recíproco, al Espíritu Santo.

espiratorio, ria. ADJ. Perteneciente o relativo a la espiración. *Flujo espiratorio.*

espirilo. M. *Biol.* Bacteria flagelada en forma de espiral.

espiritismo. M. Doctrina de quienes suponen que a través de un médium, o de otros modos, se puede comunicar con los espíritus de los muertos.

espiritista. ADJ. **1.** Perteneciente o relativo al espiritismo. *Reunión espiritista.* ‖ **2.** Que profesa esta doctrina. U. t. c. s.

espiritoso, sa. ADJ. Dicho de una cosa, como un licor: Que exhala mucho **espíritu** (‖ vapor muy tenue).

espiritrompa. F. *Zool.* Aparato bucal de las mariposas. Es un largo tubo que el animal utiliza para chupar el néctar de las flores y que recoge después, arrollándolo en espiral.

espíritu. M. **1.** Ser inmaterial y dotado de razón. *Dios es espíritu.* ‖ **2.** Alma racional. *Intimidad infinita y libre, llamada clásicamente alma o espíritu.* ‖ **3.** Don sobrenatural y gracia particular que Dios suele dar a algunas criaturas. *Espíritu de profecía.* ‖ **4.** Principio generador, carácter íntimo, esencia o sustancia de algo. *El espíritu de una ley de una época.* ‖ **5.** Vigor natural y virtud que alienta y fortifica el cuerpo para obrar. *Estaban animados por espíritus o fuerzas vitales.* ‖ **6.** Ánimo, valor, aliento, brío, esfuerzo. *Le faltaba espíritu para ganar.* ‖ **7.** **diablo** (‖ ángel rebelado). U. m. en pl. ‖ **8.** Vapor muy tenue que exhalan el vino y los licores. ‖ **9.** Signo ortográfico con que en la lengua griega se indica la aspiración o falta de ella. ‖ **~ áspero.** M. Signo ortográfico de la lengua griega que indica la aspiración de una vocal inicial. ‖ **~ de contradicción.** M. Genio inclinado a contradecir siempre. ‖ **~ de vino.** M. Alcohol mezclado con menos de la mitad de su peso de agua. ‖ **~ inmundo.** M. En la Escritura Sagrada, **diablo** (‖ ángel rebelado). ‖ **~ maligno.** M. **diablo** (‖ príncipe de los ángeles rebelados). ‖ **Espíritu Santo.** M. *Rel.* Tercera persona de la Santísima Trinidad, que procede igualmente del Padre y del Hijo. ‖ **~ suave.** M. Signo ortográfico de la lengua griega que indica la falta de aspiración de una vocal inicial. ‖ **~ vital.** M. hist. Sustancia ligerísima que se consideraba necesaria para la vida del animal. ‖ **~s animales.** M. pl. hist. Fluidos muy tenues que se suponía que servían para determinar los movimientos de los miembros del cuerpo humano. ‖ **~s elementales.** M. pl. Según ciertas creencias, los que habitan en diversos elementos naturales; p. ej., los gnomos en la tierra, las ondinas en las aguas, los elfos y las sílfides en el aire, etc. ‖ **dar, despedir,** o **exhalar, el ~.** LOCS.VERBS. Expirar, morir. ‖ **levantar el ~.** LOC.VERB. Cobrar ánimo y vigor para ejecutar algo. ‖ **pobre de ~.** LOC.ADJ. **1.** Apocado, tímido. ‖ **2.** Dicho de una persona: Desprendida de los bienes y honores mundanos. □ V. **libertad del ~, Pascua del Espíritu Santo.**

espiritual. I. ADJ. **1.** Perteneciente o relativo al espíritu. *Equilibrio espiritual.* ‖ **2.** Dicho de una persona: Muy sensible y poco interesada por lo material. ‖ **II.** M. **3.** Canto religioso propio de las comunidades negras norteamericanas. ‖ **~ negro.** M. espiritual (‖ canto espiritual). □ V. **director ~, ejercicios ~es, hijo ~, necesidad grave ~, padre ~, parentesco ~, poder ~, retiro ~.**

espiritualidad. F. **1.** Naturaleza y condición de espiritual. ‖ **2.** Cualidad de las cosas espiritualizadas o reducidas a la condición de eclesiásticas. ‖ **3.** Conjunto de ideas referentes a la vida espiritual.

espiritualismo. M. **1.** Doctrina filosófica que reconoce la existencia de otros seres, además de los materiales. ‖ **2.** Sistema filosófico que defiende la esencia espiritual y la inmortalidad del alma, y se contrapone al materialismo.

espiritualista. ADJ. Que profesa la doctrina del espiritualismo. U. t. c. s.

espiritualización. F. Acción y efecto de espiritualizar.

espiritualizar. TR. **1.** Hacer espiritual a alguien por medio de la gracia y el espíritu de piedad. ‖ **2.** Reducir algunos bienes por autoridad legítima a la condición de eclesiásticos, de manera que quien los posee pueda ordenarse a título de ellos, sirviéndole de renta empleable en fines canónicos; pero los bienes mismos no puedan ser enajenados ni gravados mientras se hallen afectos a aquella obligación eclesiástica. ‖ **3.** Adelgazar, atenuar. *Espiritualizar las formas.*

espiritualmente. ADV. M. Con el espíritu.

espirituano, na. ADJ. **1.** Natural de Sancti Spíritus. U. t. c. s. ‖ **2.** Perteneciente o relativo a esta provincia de Cuba o a su capital.

espirituoso, sa. ADJ. espiritoso.

espirometría. F. *Med.* Medición de la capacidad respiratoria de los pulmones.

espirómetro. M. *Med.* Aparato para medir la capacidad respiratoria del pulmón.

espiroqueta. F. *Biol.* Bacteria a menudo patógena, de un taxón que se caracteriza por tener cuerpo arrollado en hélice. A este grupo de bacterias pertenecen las causantes de la sífilis y de la fiebre recurrente en el hombre.

espita. F. **1.** Canuto que se mete en el agujero de la cuba u otra vasija, para que por él salga el licor que esta contiene. ‖ **2.** Dispositivo análogo que permite la salida de gases, líquidos, etc., de un recipiente. ‖ **cerrar la ~.** LOC. VERB. Suprimir una ayuda, normalmente económica, que antes se daba.

esplendente. ADJ. Que esplende. *Esplendente juventud.* U. m. en leng. poét.

esplender. INTR. resplandecer. U. m. en leng. poét.

esplendidez. F. Cualidad de espléndido.

espléndido, da. ADJ. **1.** Magnífico, dotado de singular excelencia. *Libro espléndido.* ‖ **2.** Liberal, desprendido.

esplendor. M. **1.** Lustre, nobleza. *El esplendor de la familia reinante.* ‖ **2.** Apogeo, auge. *El esplendor de la novela del Siglo de Oro.* ‖ **3.** resplandor. *El esplendor de los primeros rayos del sol.*

esplendoroso, sa. ADJ. **1.** Muy brillante, resplandeciente. *Sol esplendoroso.* ‖ **2.** Impresionante por su gran belleza o grandeza. *Jardín esplendoroso.*

esplenectomía. F. *Med.* Extirpación quirúrgica, total o parcial, del bazo.

esplénico, ca. ADJ. *Anat.* Perteneciente o relativo al bazo.

esplenio. M. *Anat.* Músculo largo y plano que une las vértebras cervicales con la cabeza y contribuye a los movimientos de esta.

esplenitis. F. *Med.* Inflamación del bazo.

esplenomegalia. F. *Med.* Inflamación del bazo.

espliego. M. Mata de la familia de las Labiadas, de cuatro a seis decímetros de altura, con tallos leñosos, hojas elípticas, casi lineales, enteras y algo vellosas, flores azules en espiga, de pedúnculo muy largo y delgado, y semilla elipsoidal de color gris. Toda la planta es muy aromática, y principalmente de las flores se extrae un aceite esencial muy usado en perfumería.

esplín. M. Melancolía, tedio de la vida. MORF. pl. **esplines.**

espolazo. M. Golpe o aguijonazo dado con la espuela a la caballería para que ande.

espolear. TR. **1.** Picar con la espuela a la cabalgadura para que ande. ‖ **2.** Avivar, incitar, estimular a alguien para que haga algo.

espoleta. F. Dispositivo que se coloca en las bombas o proyectiles, y sirve para hacer explotar su carga. ‖ **~ retardada.** F. *Mil.* La dispuesta para hacer estallar una bomba o proyectil un tiempo después de ser activado. ‖ **de ~ retardada.** LOC.ADJ. Que, pasado algún tiempo, va a producir efectos inesperados o negativos. *Una decisión de espoleta retardada.*

espoliador, ra. ADJ. expoliador.

espoliar. TR. expoliar. MORF. conjug. c. *anunciar.*

espolín. M. Espuela fija en el tacón de la bota.

espolio. M. **1.** expolio. ‖ **2.** hist. Conjunto de bienes que, por haber sido adquiridos con rentas eclesiásticas, quedaban de propiedad de la Iglesia al morir sin testamento el clérigo que los poseía.

espolique. M. **1.** Mozo que camina junto a la caballería en que va su amo. ‖ **2.** En el juego de la pídola, talonazo que el que salta da en las nalgas del muchacho que está agachado.

espolón. M. **1.** Apófisis ósea en forma de cornezuelo, que tienen en el tarso varias aves gallináceas. ‖ **2.** Malecón que suele hacerse a orillas de los ríos o del mar para contener las aguas, y también al borde de los barrancos y precipicios para seguridad del terreno y de los transeúntes. Se utiliza en algunas poblaciones como sitio de paseo. *El espolón de Burgos, el de Valladolid.* ‖ **3.** Ramal corto y escarpado que parte de una sierra en dirección aproximadamente perpendicular a ella. ‖ **4.** Sabañón que sale en el calcañar. ‖ **5.** hist. Pieza de hierro aguda, afilada y saliente en la proa de las antiguas galeras y de algunos acorazados antiguos, para embestir y echar a pique el buque enemigo. ‖ **6.** *Bot.* Prolongación tubular situada en la base de algunas flores, que unas veces es de la corola, como en la linaria, y otras del cáliz, como en la capuchina. ‖ **tener más espolones que un gallo.** LOC.VERB. coloq. Ser muy viejo.

espolonazo. M. Golpe dado con el espolón.

espolvorear. TR. Esparcir sobre algo otra cosa hecha polvo.

espolvoreo. M. Acción y efecto de espolvorear.

espolvorizar. TR. Esparcir polvo.

espondaico, ca. ADJ. Perteneciente o relativo al espondeo.

espondeo. M. Pie de la poesía griega y latina, compuesto de dos sílabas largas.

espondilitis. F. Med. Inflamación de las vértebras.

espondilosis. F. Med. Se usa como nombre para designar diversas enfermedades caracterizadas por la inflamación y fusión de las vértebras, con rigidez consecutiva de la columna vertebral.

espongiario. ADJ. Zool. Se dice de los animales invertebrados acuáticos, casi todos marinos, en forma de saco o tubo con una sola abertura, que viven reunidos en colonias fijas sobre objetos sumergidos. La pared de su cuerpo está reforzada por diminutas piezas esqueléticas, calcáreas o silíceas, o por fibras entrecruzadas y resistentes, y atravesada por numerosos conductos que comunican la cavidad interna con el exterior y por los cuales circula el agua cargada de las partículas orgánicas de que el animal se alimenta. U. t. c. s. m. ORTOGR. En m. pl., escr. con may. inicial c. taxón. Los Espongiarios.

espongiforme. ☐ V. encefalopatía ~.

esponja. F. 1. Zool. Animal espongiario. ‖ 2. Esqueleto de ciertos Espongiarios, formado por fibras córneas entrecruzadas en todas direcciones, y cuyo conjunto constituye una masa elástica llena de huecos y agujeros que, por capilaridad, absorbe fácilmente los líquidos. U. t. en sent. fig. Bebiendo, es una esponja. ‖ 3. Cuerpo que, por su elasticidad, porosidad y suavidad, sirve como utensilio de limpieza.

esponjar. I. TR. 1. Ahuecar o hacer más poroso un cuerpo. Esponjar la tierra. ‖ II. PRNL. 2. Engreírse, hincharse, envanecerse.

esponjosidad. F. Cualidad de esponjoso.

esponjoso, sa. ADJ. Dicho de un cuerpo: Que es muy poroso, hueco y más ligero de lo que corresponde a su volumen.

esponsales. M. 1. pl. Mutua promesa de casarse que se hacen y aceptan el varón y la mujer. ‖ 2. pl. Der. Promesa de matrimonio hecha en alguna de las formas que la ley requiere para que surta algún efecto civil de mera indemnización en casos excepcionales de incumplimiento no motivado.

espontaneidad. F. 1. Cualidad de espontáneo. ‖ 2. Expresión natural y fácil del pensamiento.

espontáneo, a. I. ADJ. 1. Voluntario o de propio impulso. Manifestación espontánea. ‖ 2. Que se produce sin cultivo o sin cuidados del hombre. Flora espontánea. ‖ 3. Que se produce aparentemente sin causa. Mutación espontánea. ‖ II. M. y F. 4. Persona que durante una corrida se lanza al ruedo a torear. ‖ 5. Persona que por propia iniciativa interviene en algo para lo que no tiene título reconocido. ☐ V. generación ~.

espora. F. 1. Biol. Célula de vegetales criptógamos que, sin tener forma ni estructura de gameto y sin necesidad de unirse con otro elemento análogo para formar un cigoto, se separa de la planta y se divide reiteradamente

hasta constituir un nuevo individuo. ‖ 2. Biol. Forma de resistencia que adoptan las bacterias ante condiciones ambientales desfavorables. ‖ 3. Biol. Cada una de las células que, en un momento dado de la vida de los protozoos esporozoos, se forman por división de estos, producen una membrana resistente que las rodea y, dividiéndose dentro de este quiste, dan origen a los gérmenes que luego se transforman en individuos adultos.

esporádico, ca. ADJ. 1. Dicho de una cosa: Ocasional, sin ostensible enlace con elementos antecedentes ni consecuentes. Contactos esporádicos. ‖ 2. Dicho de una enfermedad: Que no tiene carácter epidémico ni endémico.

esporangio. M. Bot. Cavidad donde se originan y están contenidas las esporas en muchas plantas criptógamas.

esporífero, ra. ADJ. Biol. Que produce esporas.

esporocarpio. M. Bot. Cada uno de los órganos, propios de muchas plantas criptógamas, que contienen los esporangios.

esporofilo. M. 1. Bot. Hoja esporífera de los helechos. ‖ 2. Bot. Cada uno de los carpelos y estambres de las plantas fanerógamas.

esporófito o esporofito. M. Bot. Fase que en la alternancia de generaciones de la mayoría de los vegetales origina las esporas.

esporozoo. ADJ. Zool. Se dice de los protozoos parásitos que en determinado momento de su vida se reproducen por medio de esporas. U. t. c. s. m. ORTOGR. En m. pl., escr. con may. inicial c. taxón. Los Esporozoos.

esportillo. M. hist. Capacho de esparto o de palma que servía para llevar a las casas las provisiones.

esporulación. F. Biol. Formación de esporas.

esporular. INTR. Biol. Dicho de una planta o de una bacteria: Formar esporas.

esposado, da. PART. de esposar. ‖ ADJ. **desposado.** U. t. c. s.

esposar. TR. Sujetar con esposas.

esposas. F. pl. Pareja de manillas unidas entre sí con las que se aprisionan las muñecas de alguien.

esposo, sa. M. y F. Persona casada.

espray. M. 1. aerosol (‖ líquido). ‖ 2. aerosol (‖ recipiente). ¶ MORF. pl. **espráis.**

esprintar. INTR. Realizar un sprint.

esprínter. COM. Corredor, generalmente ciclista, especializado en sprints. MORF. pl. **esprínteres.**

espuela. F. 1. Pieza de metal terminada comúnmente en una rodaja o en una estrella con puntas, que se ajusta al talón del calzado, y se sujeta al pie con correas, para picar a la cabalgadura. ‖ 2. Estímulo, acicate. No hay mejor espuela que la curiosidad. ‖ 3. Última copa que toma un bebedor antes de separarse de sus compañeros. ‖ 4. Am. **espolón** (‖ de las aves). ‖ 5. Chile. Horquilla formada por las clavículas del ave. ‖ ~ **de caballero.** F. 1. Planta herbácea de la familia de las Ranunculáceas, con tallo erguido, ramoso, de cuatro a seis decímetros de altura, hojas largas, estrechas y hendidas al través, flores en espiga, de corolas azules, róseas o blancas, y cáliz prolongado en una punta cual si fuera una espuela. ‖ 2. Flor de esta planta. ‖ **calzar ~.** LOC.VERB. hist. Ser caballero. ‖ **calzar la ~.** LOC.VERB. 1. hist. Ser armado caballero. ‖ 2. hist. Armar caballero. ‖ **calzar las ~s** a alguien. LOC.VERB. hist. Armarlo caballero. ‖ **picar ~s.** LOC.VERB. Avivar con la espuela a la caballería para que camine. ☐ V. **mozo de ~, sapo de ~s.**

espuerta. F. Especie de cesta de esparto, palma u otra materia, con dos asas, que sirve para llevar de una parte a otra escombros, tierra u otras cosas semejantes. ‖ **a ~s.** LOC.ADV. coloq. A montones, en abundancia.

espulgador, ra. ADJ. Que espulga. *Traducciones espulgadoras del Antiguo Testamento.*

espulgar. TR. **1.** Limpiar de pulgas o piojos. U. t. c. prnl. ‖ **2.** Examinar, reconocer algo con cuidado y por partes. *Espulgar un libro.*

espuma. F. **1.** Masa de burbujas que se forman en la superficie de los líquidos, y se adhieren entre sí con más o menos consistencia. ‖ **2.** Parte del jugo y de las impurezas que sobrenadan formando burbujas al cocer ciertas sustancias. *Espuma de la olla. Espuma del almíbar.* ‖ **3. gomaespuma.** ‖ **4.** Plato preparado con claras de huevo que dan consistencia esponjosa a los ingredientes dulces o salados que lo componen. ‖ **~ de mar.** F. Silicato magnésico hidratado, blanquecino, blando, ligero, empleado para hacer pipas de fumar y otros objetos. ‖ **como ~, o como la ~.** LOCS.ADVS. **1.** coloqs. Con ímpetu, celeridad y presteza. *Subir, crecer, descender como la espuma.* ‖ **2.** De modo fugaz, por un instante. ☐ V. **goma ~.**

espumadera. F. Paleta ligeramente cóncava, y con agujeros, con que se espuma el caldo o cualquier otro líquido para purificarlo, o se saca de la sartén lo que se fríe en ella.

espumaje. M. Abundancia de espuma.

espumajear. INTR. Arrojar o echar espumarajos.

espumar. **I.** TR. **1.** Quitar la espuma del caldo o de cualquier líquido. ‖ **II.** INTR. **2.** Hacer espuma, como la que hace la olla, el vino, etc.

espumarajo. M. Saliva espumosa arrojada en gran cantidad por la boca. ‖ **echar** alguien **~s por la boca.** LOC.VERB. coloq. Estar muy descompuesto y colérico.

espumilla. F. **1.** Tejido muy ligero y delicado, semejante al crespón. ‖ **2.** *Am. Cen.* **merengue** (‖ dulce de claras de huevo y azúcar).

espumoso, sa. ADJ. Que tiene o hace mucha espuma. *Líquido espumoso.*

espurio, ria. ADJ. **1. bastardo** (‖ que degenera de su origen o naturaleza). *Alianza espuria.* ‖ **2. falso** (‖ engañoso). *Argumentación espuria.* ☐ V. **hijo ~.**

espurrear. TR. Rociar algo con agua u otro líquido expelido por la boca.

esputar. TR. Arrancar flemas y arrojarlas por la boca.

esputo. M. Flema que se arroja de una vez en cada expectoración.

esqueje. M. Tallo o cogollo que se introduce en tierra para reproducir la planta.

esquela. F. **1.** Aviso de la muerte de una persona que se publica en los periódicos con recuadro de luto. Suele indicar la fecha y el lugar del entierro, funeral, etc. ‖ **2.** Papel en que se dan citas, se hacen invitaciones o se comunican ciertas noticias a varias personas, y que por lo común va impreso o litografiado. ‖ **3.** hist. Carta breve que antes solía cerrarse en forma casi triangular. ‖ **~ mortuoria.** F. **esquela** (‖ aviso de la muerte de una persona).

esquelético, ca. ADJ. **1.** Muy flaco. ‖ **2.** *Anat.* Perteneciente o relativo al esqueleto.

esqueleto. M. **1.** *Anat.* Conjunto de piezas duras y resistentes, por lo regular trabadas o articuladas entre sí, que da consistencia al cuerpo de los animales, sosteniendo o protegiendo sus partes blandas. ‖ **2.** esqueleto

interior de los vertebrados. ‖ **3. dermatoesqueleto.** ‖ **4.** Armazón que sostiene algo. *El esqueleto de un edificio en construcción.* ‖ **5.** Bosquejo, plan de una obra literaria, como un discurso, un sermón, un drama, etc. ‖ **6.** coloq. Persona muy flaca. ‖ **mover el ~.** LOC.VERB. coloq. Bailar, generalmente ritmos modernos.

esquema. M. **1.** Representación gráfica o simbólica de cosas materiales o inmateriales. *He hecho un esquema de mi casa ideal. Esquema del funcionamiento de un sistema electoral.* ‖ **2.** Resumen de un escrito, discurso, teoría, etc., atendiendo solo a sus líneas o caracteres más significativos. *Ha hecho un esquema de su conferencia.* ‖ **3.** Idea o concepto que alguien tiene de algo y que condiciona su comportamiento. U. m. en pl. *Si aceptas ese trabajo tendrás que cambiar de esquemas.* ‖ **en ~.** LOC.ADV. esquemáticamente (‖ por medio de **esquemas**). ‖ **romper** a alguien **los ~s.** LOC.VERB. coloq. Desconcertarlo o turbarlo por un hecho o acontecimiento inesperados.

esquemáticamente. ADV.M. **1.** Por medio de esquemas. ‖ **2.** De forma resumida y breve.

esquemático, ca. ADJ. **1.** Perteneciente o relativo al esquema. *Diagrama esquemático.* ‖ **2.** Que tiende a interpretar cualquier asunto sin percibir sus matices. *Planteamiento esquemático.*

esquematismo. M. Procedimiento esquemático para la exposición de doctrinas.

esquematización. F. Acción y efecto de esquematizar.

esquematizar. TR. Representar algo en forma esquemática.

esquenanto. M. Planta perenne de la familia de las Gramíneas, indígena de la India y Arabia, con tallos duros y llenos, con muchas hojas lineales, estriadas y algo ásperas en los bordes, flores pequeñas, rojizas, agrupadas en panojas unilaterales y lineales. La raíz es blanca, aromática y medicinal, y la emplean en Oriente para dar a las muselinas el olor particular que las distingue.

esquí. M. **1.** Tabla larga y estrecha, de madera o de otro material ligero y elástico, que se usa para deslizarse sobre la nieve, el agua u otra superficie. ‖ **2.** Deporte practicado con esquís. ¶ MORF. pl. **esquís** o **esquíes.** ‖ **~ acuático.** M. Deporte que consiste en deslizarse con esquís rápidamente sobre el agua remolcado por una lancha motora. ‖ **~ alpino.** M. Modalidad de esquí sobre nieve, basada en la velocidad, que combina descenso y eslalon por pendientes pronunciadas. ‖ **~ de fondo.** M. Modalidad de esquí sobre nieve que pone a prueba la resistencia de quien la practica al recorrer largas distancias de suave desnivel. ‖ **~ náutico.** M. **esquí acuático.** ‖ **~ nórdico.** M. Modalidad de esquí sobre nieve que combina pruebas de esquí de fondo, salto y tiro con carabina.

esquiador, ra. M. y F. Persona que esquía.

esquiar. INTR. Patinar con esquís. MORF. conjug. c. *enviar.*

esquicio. M. Apunte de dibujo.

esquife. M. Barco pequeño que se lleva en el navío para saltar a tierra y para otros usos.

esquijama. M. Pijama compuesto de pantalón ajustado a los tobillos y jersey.

esquila[1]**.** F. **1.** Cencerro pequeño, en forma de campana. ‖ **2.** Campana pequeña para convocar a los actos de comunidad en los conventos y otras casas.

esquila[2]**.** F. Acción y efecto de esquilar.

esquila[3]**.** F. **cebolla albarrana.**

esquilador, ra. **I.** ADJ. **1.** Que esquila. *Tijera esquiladora.* ‖ **II.** M. y F. **2.** Persona que tiene por oficio esquilar.

esquilar. TR. Cortar el pelo, vellón o lana de los ganados y otros animales.

esquileo. M. **1.** Acción y efecto de esquilar. || **2.** Tiempo en que se esquila.

esquilmar. TR. **1.** Dicho de una planta: Chupar con exceso el jugo de la tierra. || **2.** Hacer disminuir, agotar una fuente de riqueza sacando de ella mayor provecho que el debido. *Esquilmar los fondos marinos.*

esquilmo. M. *Chile.* Escobajo de la uva.

esquilón. M. Esquila grande.

esquimal. ADJ. **1.** Se dice del pueblo de raza mongólica que, en pequeños grupos dispersos, habita la margen ártica de América del Norte, de Groenlandia y de Asia. || **2.** Se dice del individuo que forma este pueblo. U. t. c. s. || **3.** Perteneciente o relativo a este pueblo. *Cultura esquimal.* || **4.** Se dice de la lengua esquimal-aleutiana hablada por los esquimales. U. t. c. s. m. *El esquimal.* || **5.** Perteneciente o relativo a esta lengua. *Voz esquimal.*

esquimal-aleutiano, na. ADJ. **1.** Se dice del grupo o familia de lenguas que comprende el esquimal y el aleutiano. U. t. c. s. m. *El esquimal-aleutiano.* || **2.** Perteneciente o relativo a este grupo o familia de lenguas. *Raíz esquimal-aleutiana.* ¶ MORF. pl. **esquimal-aleutianos, nas.**

esquina. F. Arista, parte exterior del lugar en que convergen dos lados de una cosa, especialmente las paredes de un edificio. || **las cuatro ~s.** F. Juego de muchachos. Cuatro o más se ponen en los postes, rincones u otros lugares señalados, quedando uno sin puesto; todos los que lo tienen se cambian unos con otros, y quien no lo tiene trata de llegar a uno antes que quien va a tomarlo, y si lo consigue se queda el otro en medio hasta que logra ocupar otro puesto. || **de ~.** LOC.ADJ. Dicho de una habitación: Que da a dos fachadas en ángulo de un edificio. || **hacer ~** un edificio. LOC.VERB. Estar situado en la esquina de la manzana o del grupo de que forma parte. || **pedir** alguien **~.** LOC.VERB. *Méx.* Darse por vencido. □ V. **saque de ~.**

esquinado, da. PART. de **esquinar.** || ADJ. Dicho de una persona: De trato difícil.

esquinar. TR. **1.** Poner en esquina algo. *Esquinar un mueble.* || **2. indisponer** (|| enemistar). U. m. c. prnl.

esquinazo. M. *Chile.* Homenaje que se hace a alguien en un lugar público con música y danzas folclóricas. || **dar ~** a alguien. LOC.VERB. coloq. Rehuir en la calle el encuentro con él, doblando una esquina o variando la dirección que se llevaba.

esquinera. F. **rinconera.**

esquinero, ra. I. ADJ. **1.** Dicho de una cosa: Que se halla colocada en una esquina. || II. F. **2.** Prostituta que suele apostarse en las esquinas de las calles.

esquirla. F. **1.** Astilla de un hueso desprendida de este por caries o por fractura. || **2.** Fragmento desprendido de una piedra, de un cristal, etc.

esquirol. ADJ. **1.** Dicho de una persona: Que se presta a ocupar el puesto de un huelguista. U. t. c. s. || **2.** despect. Dicho de un trabajador: Que no se adhiere a una huelga. U. t. c. s.

esquisto. M. Roca de color negro azulado que se divide con facilidad en láminas.

esquistoso, sa. ADJ. De estructura laminar semejante a la del esquisto. *Superficie esquistosa.*

esquite. M. *Méx.* Rosetas de maíz.

esquivar. I. TR. **1.** Evitar, rehusar. || II. PRNL. **2.** Retraerse, retirarse, excusarse.

esquivez. F. Cualidad de esquivo.

esquivo, va. ADJ. Desdeñoso, áspero, huraño. U. t. en sent. fig. *La suerte le está siendo esquiva.*

esquizofrenia. F. *Med.* Se usa como nombre para designar las enfermedades mentales correspondientes a la antigua demencia precoz, que se declaran hacia la pubertad y se caracterizan por una disociación específica de las funciones psíquicas, que conduce, en los casos graves, a una demencia incurable.

esquizofrénico, ca. ADJ. Que padece esquizofrenia. U. t. c. s.

esquizoide. ADJ. *Med.* Se dice de una constitución mental que predispone a la esquizofrenia.

esrilanqués, sa. ADJ. **1.** Natural de Sri Lanka. U. t. c. s. || **2.** Perteneciente o relativo a este país de Asia.

estabilidad. F. Cualidad de estable. *Estabilidad atmosférica. Estabilidad económica. Estabilidad de un coche.*

estabilización. F. Acción y efecto de estabilizar.

estabilizador, ra. I. ADJ. **1.** Que estabiliza. *Barra estabilizadora.* Apl. a un agente o un dispositivo, u. t. c. s. m. || II. M. **2.** Mecanismo que se añade a un aeroplano, nave, etc., para aumentar su estabilidad.

estabilizante. I. ADJ. **1.** Que estabiliza. *Agente estabilizante.* || II. M. **2.** Sustancia que añadida a ciertos preparados sirve para evitar su degradación.

estabilizar. TR. **1.** Dar a algo estabilidad. *Estabilizar un avión.* || **2.** *Econ.* Fijar y garantizar oficialmente el valor de una moneda circulante en relación con el patrón oro o con otra moneda canjeable por el mismo metal, a fin de evitar las oscilaciones del cambio.

estable. ADJ. **1.** Que se mantiene sin peligro de cambiar, caer o desaparecer. *Temperatura, economía estable.* || **2.** Que permanece en un lugar durante mucho tiempo. *Inquilino estable.* || **3.** Que mantiene o recupera el equilibrio. *Un coche muy estable.*

establecer. I. TR. **1.** Fundar, instituir. *Establecer una monarquía, una fundación.* || **2.** Ordenar, mandar, decretar. *Establecer unas normas.* || **3.** Dejar demostrado y firme un principio, una teoría, una idea, etc. || II. PRNL. **4.** Avecindarse o fijar la residencia en alguna parte. || **5.** Abrir por cuenta propia un establecimiento mercantil o industrial. ¶ MORF. conjug. c. *agradecer.*

establecido. □ V. **orden ~.**

establecimiento. M. **1.** Acción y efecto de establecer o establecerse. || **2.** Fundación, institución o erección. *Establecimiento de una universidad.* || **3.** Lugar donde habitualmente se ejerce una actividad. || **4.** Local de comercio. || **~ de las mareas.** M. *Mar.* Hora en que sucede la pleamar, el día de la conjunción u oposición de la Luna respecto de cada lugar. || **~ de puerto.** M. *Mar.* Diferencia entre la hora en que se verifica la pleamar en un puerto determinado y en una localidad de referencia.

establo. M. Lugar cubierto en que se encierra ganado para su descanso y alimentación.

estabulación. F. Acción y efecto de estabular.

estabular. TR. Meter y guardar ganado en establos.

estaca. F. **1.** Palo afilado en un extremo para clavarlo. || **2.** Rama o palo verde sin raíces que se planta para que se haga árbol. || **3.** Palo grueso que puede manejarse como un bastón. || **4.** *Chile.* Pertenencia de una mina que se concede a los peticionarios mediante ciertos trámites. || **5.** *Chile.* **espolón** (|| de las aves).

estacada. F. **1.** Obra hecha de estacas clavadas en la tierra para defensa, o para atajar un paso. ‖ **2. palenque** (‖ valla para cerrar un terreno). ‖ **dejar** a alguien **en la ~.** LOC.VERB. Abandonarlo, dejándolo comprometido en un peligro o mal negocio. ‖ **quedar, o quedarse,** alguien **en la ~.** LOCS.VERBS. Salir mal de una empresa y sin esperanza de remedio.

estacar. TR. **1.** Fijar en tierra una estaca y atar a ella un animal. ‖ **2.** Señalar un terreno con estacas. ‖ **3.** *Am.* Sujetar, clavar con estacas, especialmente las pieles de los animales, de modo que se mantengan estiradas cuando se extienden en el suelo para que se sequen.

estacazo. M. **1.** Golpe dado con una estaca. ‖ **2.** Golpe o choque de gran intensidad.

estacha. F. **1.** Cuerda o cable atado al arpón con que se pescan las ballenas. ‖ **2.** *Mar.* Cabo que desde un buque se da a otro fondeado o a cualquier objeto fijo para practicar varias faenas. ‖ **dar ~.** LOC.VERB. Largar cuerda para que la ballena se vaya desangrando y muera.

estación. F. **1.** Cada una de las cuatro partes o tiempos en que se divide el año. ‖ **2.** Tiempo, temporada. *En la estación presente.* ‖ **3.** En los ferrocarriles y líneas de autobuses o del metropolitano, sitio donde habitualmente hacen parada los vehículos. ‖ **4.** Edificio o edificios en que están las oficinas y dependencias de una estación del ferrocarril o de autobús. ‖ **5.** Punto y oficina donde se expiden y reciben despachos de telecomunicación. ‖ **6.** Lugar en que se hace alto durante un viaje o paseo. ‖ **7.** Visita que se hace por devoción a las iglesias o altares, deteniéndose a orar delante del Santísimo Sacramento, principalmente en los días de Jueves y Viernes Santo. ‖ **8.** Serie de padrenuestros y avemarías que se rezan visitando el Santísimo Sacramento. ‖ **9.** Cada uno de los altares, cruces o representaciones devotas que jalonan el recorrido del viacrucis, ante los cuales se rezan determinadas oraciones. ‖ **10.** *Rel.* Parada en el curso de una procesión. ‖ **11.** *Telec.* Emisora de radio. ‖ **~ de servicio.** F. Instalación provista de surtidores de gasolina, gasoil, lubricantes, etc., y en la que a veces se pueden engrasar los vehículos automóviles y efectuar ligeras reparaciones en ellos. ‖ **andar estaciones, o las estaciones,** alguien. LOCS.VERBS. Visitar iglesias y rezar las oraciones previstas para ganar indulgencias.

estacional. ADJ. Que tiene estacionalidad. *Calenturas estacionales.*

estacionalidad. F. Relación de dependencia con respecto a una estación del año. *Estacionalidad de las cosechas. Estacionalidad del paro.*

estacionamiento. M. **1.** Acción y efecto de estacionar o estacionarse, especialmente los vehículos. ‖ **2.** Lugar o recinto reservado para estacionar vehículos. ‖ **3.** *Mil.* Lugar donde se establece una tropa, sea cuartel, alojamiento, campamento o vivaque.

estacionar. **I.** TR. **1.** Dejar un vehículo detenido y, normalmente, desocupado, en algún lugar. U. t. c. prnl. ‖ **2.** Situar en un lugar, colocar. *Estacionar tropas en la frontera.* U. t. c. prnl. ‖ **II.** PRNL. **3.** Quedarse estacionario, estancarse.

estacionario, ria. ADJ. **1.** Dicho de una persona o de una cosa: Que se mantiene en el mismo lugar, estado o situación. ‖ **2.** *Fís.* Dicho de un fenómeno físico: Que se reproduce de forma idéntica a lo largo del tiempo.

estada. F. Permanencia, detención o demora en un lugar.

estadía. F. **1.** Detención, estancia. ‖ **2.** *Com.* Cada uno de los días que transcurren después del plazo estipulado para la carga o descarga de un buque mercante, por los cuales se paga un tanto como indemnización. U. m. en pl. ‖ **3.** *Com.* Esta indemnización.

estadígrafo, fa. M. y F. **estadístico.**

estadillo. M. Estado o relación, generalmente tabulada, de cifras o nombres.

estadio. M. **1.** Recinto con graderías para los espectadores, destinado a competiciones deportivas. ‖ **2.** Etapa o fase de un proceso. ‖ **3.** hist. Lugar público de unos 185 metros que servía para ejercitar los caballos en la carrera. También sirvió antiguamente para ejercitarse los hombres en la carrera y en la lucha. ‖ **4.** hist. Distancia o longitud de unos 185 metros. ‖ **5.** *Med.* Período de una enfermedad.

estadista. COM. Persona con gran saber y experiencia en los asuntos del Estado.

estadística. F. **1.** Estudio de los datos cuantitativos de la población, de los recursos naturales e industriales, del tráfico o de cualquier otra manifestación de las sociedades humanas. ‖ **2.** Conjunto de estos datos. ‖ **3.** Rama de la matemática que utiliza grandes conjuntos de datos numéricos para obtener inferencias basadas en el cálculo de probabilidades.

estadístico, ca. **I.** ADJ. **1.** Perteneciente o relativo a la estadística. *Estudio estadístico.* ‖ **II.** M. y F. **2.** Persona que profesa la estadística. ☐ V. **variable ~.**

estadizo, za. ADJ. Que está mucho tiempo sin moverse, orearse o renovarse. *Aire estadizo y malsano. Aguas corrientes y estadizas.*

estado. M. **1.** Situación en que se encuentra alguien o algo, y en especial cada uno de sus sucesivos modos de ser o estar. ‖ **2. estado civil.** ‖ **3.** País soberano, reconocido como tal en el orden internacional, asentado en un territorio determinado y dotado de órganos de gobierno propios. ‖ **4.** Forma de organización política, dotada de poder soberano e independiente, que integra la población de un territorio. ORTOGR. Escr. con may. inicial. ‖ **5.** Conjunto de los poderes y órganos de gobierno de un país soberano. ORTOGR. Escr. con may. inicial. ‖ **6.** En ciertos países organizados como federación, cada uno de los territorios autónomos que la componen. ‖ **7.** Resumen por partidas generales que resulta de las relaciones hechas al por menor. *Estado de las rentas del vecindario.* ‖ **8.** *Fís.* Cada uno de los grados o modos de agregación de las moléculas de un cuerpo. *Estado sólido, líquido, gaseoso.* ‖ **9.** hist. Cada uno de los estamentos en que se consideraba dividido el cuerpo social; p. ej., el eclesiástico, el nobiliario, el plebeyo, etc. ‖ **Estado asociado.** M. El que, con cierta autonomía, participa en las estructuras de gobierno de otro país. Se usa especialmente hablando del Estado Libre Asociado de Puerto Rico. ‖ **Estado autonómico.** M. Estado organizado territorialmente en comunidades autónomas. *España es un Estado autonómico según la Constitución de 1978.* ‖ **~ civil.** M. **1.** Condición de cada persona en relación con los derechos y obligaciones civiles. ‖ **2.** Condición de soltería, matrimonio, viudez, etc., de un individuo. ‖ **~ de alarma.** M. El que declara temporalmente un Gobierno en caso de alteración grave de la normalidad como consecuencia de catástrofes o calamidades públicas, y que habilita para adoptar medidas administrativas excepcionales. ‖ **~ de ánimo.** M. Disposición en que se encuentra alguien, causada por la alegría, la tristeza, el abatimiento, etc. || **~ de bienestar.** M. Organización del Estado en la que este tiende a procurar una mejor redistribución de la renta y mayores prestaciones sociales para quienes menos tienen. || **~ de cosas.** M. Conjunto de circunstancias que concurren en un asunto determinado. || **~ de cuentas.** M. Documento que refleja la situación contable de una empresa. || **Estado de derecho.** M. Estado democrático en el que los poderes públicos íntegramente se someten a las leyes y reconocen las garantías constitucionales. || **~ de emergencia.** M. Situación oficialmente declarada de grave peligro por conflictos sociales, catástrofes naturales u otras razones. || **~ de excepción.** M. El que según la Constitución, generalmente con autorización del Parlamento, declara el Gobierno en el supuesto de perturbación grave del orden público o del funcionamiento de las instituciones democráticas, y que implica la suspensión de garantías constitucionales y el reforzamiento de la autoridad administrativa. || **~ de gracia.** M. **1.** *Rel.* estado de quien está limpio de pecado. || **2.** estado de inspiración, de lucidez o de acierto en que se encuentra alguien. || **~ de guerra.** M. **1.** estado de sitio. || **2.** El de una población en tiempo de guerra, cuando la autoridad civil resigna sus funciones en la autoridad militar. || **~ de inocencia.** M. *Rel.* Aquel en que, según la tradición bíblica, Dios creó a Adán y Eva en la gracia original. || **~ de la cuestión.** M. Situación en que se encuentra, en un momento preciso, un asunto del que se trata. || **~ de la inocencia.** M. *Rel.* estado de inocencia. || **~ de merecer.** M. coloq. edad de merecer. || **~ de opinión.** M. Opinión general o generalizada. || **~ de necesidad.** M. *Der.* Situación de grave peligro, por cuyo urgente remedio se exime de responsabilidad penal en ciertas circunstancias, entre las cuales la más significativa es que el mal causado no sea mayor que el que se trata de evitar. || **~ de prevención.** M. La primera y menos grave de las situaciones anormales reguladas por la legislación de orden público. || **~ de sitio.** M. Situación declarada por el Parlamento cuando se pueda producir un atentado contra la soberanía o independencia del Estado o contra su integridad. || **Estado federal.** M. El compuesto por estados particulares, cuyos poderes territoriales gozan de una autonomía sometida al orden constitucional. || **~ llano.** M. hist. El común del vecindario de un pueblo, a excepción de quienes pertenecían a la nobleza, al clero o al estamento militar. || **Estado Mayor.** M. **1.** *Mil.* Cuerpo de oficiales encargados en los ejércitos de informar técnicamente a los jefes superiores, distribuir las órdenes y procurar y vigilar su cumplimiento. || **2.** *Mil.* Conjunto de los generales y jefes de todos los ramos que componen una división, cuyo cometido consiste en determinar y vigilar todas las operaciones de esta. || **Estado Mayor Central.** M. *Mil.* Organismo superior en el Ejército y en la Armada. || **Estado Mayor General.** M. *Mil.* Conjunto de jefes y oficiales del Estado Mayor y de los demás cuerpos y servicios auxiliares, que constituyen el cuartel general y la secretaría de campaña del general que ejerce el mando superior sobre las tropas en operaciones. || **de Estado.** LOC.ADJ. Dicho de una persona: De aptitud reconocida para dirigir los asuntos políticos. || **en ~.** LOC.ADJ. Dicho de una mujer: Que está gestando. U. t. c. loc. adv. || **en ~ de buena esperanza.** LOC.ADJ. Dicho de una mujer: Que está gestando. U. t. c. loc. adv. || **en ~ in-** teresante. LOC.ADJ. coloq. Dicho de una mujer: Que está gestando. U. t. c. loc. adv. || **tomar ~.** LOC.VERB. Pasar de un estado a otro; como de secular a eclesiástico, de soltero a casado, etc. ☐ V. **abogado del Estado, Consejo de Estado, golpe de Estado, jefe de Estado, materia de Estado, papel del Estado, razón de Estado, reo de Estado, secreto de Estado, usurpación de ~ civil.**

estadounidense. ADJ. **1.** Natural de los Estados Unidos de América. U. t. c. s. || **2.** Perteneciente o relativo a este país.

estafa. F. **1.** Acción y efecto de estafar. || **2.** *Der.* Delito consistente en provocar un perjuicio patrimonial a alguien mediante engaño y con ánimo de lucro.

estafador, ra. M. y F. Persona que estafa.

estafar. TR. **1.** Pedir o sacar dinero o cosas de valor con artificios y engaños, y con ánimo de no pagar. || **2.** *Der.* Cometer alguno de los delitos que se caracterizan por el lucro como fin y el engaño o abuso de confianza como medio.

estafermo. M. **1.** hist. Muñeco giratorio, con un escudo en la mano izquierda y una correa con bolas o sacos de arena en la derecha, que, al ser golpeado en el escudo con una lanza por jugadores que pasaban corriendo, se volvía y golpeaba con las bolas o con los sacos al jugador que no pasaba rápido. || **2.** Persona que está parada y como embobada y sin acción.

estafeta. F. **1.** Casa u oficina del correo, donde se entregan las cartas que se envían, y se recogen las que se reciben. || **2.** Oficina donde se reciben cartas para llevarlas al correo general.

estafiate. M. *Méx.* Cierta planta parecida al ajenjo.

estafilococia. F. *Med.* Infección producida por estafilococos.

estafilococo. M. *Biol.* Cada una de las bacterias de forma redondeada que se agrupan como en racimo.

estafiloma. M. *Med.* Tumor prominente del globo ocular.

estafisagria. F. Planta herbácea de la familia de las Ranunculáceas, con tallo erguido, velloso y de ocho a doce decímetros, hojas grandes divididas en lóbulos enteros o trífidos, flores azules de cuatro hojas, pedunculadas, en espiga terminal poco densa, y fruto capsular con semilla negra, rugosa y amarga. Es hierba venenosa, cuyas semillas contienen un alcaloide, y reducidas a polvo sirven para matar los insectos parásitos.

estagirita. ADJ. **1.** hist. Natural de Estagira. U. t. c. s. || **2.** hist. Perteneciente o relativo a esta antigua ciudad de Macedonia, patria de Aristóteles.

estajanovismo. M. Método ideado para aumentar la productividad laboral, basado en la iniciativa de los trabajadores.

estajanovista. ADJ. **1.** Perteneciente o relativo al estajanovismo. || **2.** Partidario del estajanovismo. U. t. c. s. U. t. en sent. fig. *Es un estajanovista de la escritura.*

estalactita. F. Roca calcárea en forma de cono irregular y con la punta hacia abajo, que se forma en el techo de las cavernas por la filtración lenta de aguas con carbonato cálcico en disolución.

estalagmita. F. Roca calcárea en forma de cono con la punta hacia arriba, que se forma en el suelo de una caverna al gotear desde una estalactita agua con carbonato cálcico en disolución.

estaliniano, na. ADJ. estalinista.

estalinismo. M. Teoría y práctica políticas de Stalin, estadista y revolucionario ruso del siglo XX, consideradas por él como continuación del leninismo.

estalinista. ADJ. **1.** Perteneciente o relativo al estalinismo. *Época estalinista.* || **2.** Partidario del estalinismo. U. t. c. s.

estallar. INTR. **1.** Dicho de una cosa: Reventar de repente, con chasquido o estruendo. *Estallar una rueda.* || **2.** Sobrevenir, ocurrir violentamente. *Estallar un incendio, una revolución.* || **3.** Dicho de una persona: Sentir y manifestar repentina y violentamente ira, alegría u otra pasión o afecto.

estallido. M. Acción y efecto de estallar.

estallo. M. Acción y efecto de estallar.

estambre. M. **1.** Parte del vellón de lana que se compone de hebras largas. || **2.** Hilo formado de estas hebras. || **3.** *Bot.* Órgano masculino en la flor de las fanerógamas, que es una hoja transformada. Consta de la antera y, generalmente, de un filamento que la sostiene.

estamental. ADJ. **1.** Perteneciente o relativo al estamento. *Intereses estamentales.* || **2.** Estructurado u organizado en estamentos. *Sociedad estamental.*

estamento. M. **1.** Estrato de una sociedad, definido por un común estilo de vida o análoga función social. *Estamento nobiliario, militar, intelectual.* || **2.** hist. Cada uno de los dos cuerpos colegisladores establecidos por el Estatuto Real, que eran el de los próceres y el de los procuradores del Reino.

estameña. F. Tejido de lana, sencillo y ordinario, que tiene la urdimbre y la trama de estambre.

estaminal. ADJ. *Bot.* Perteneciente o relativo a los estambres.

estampa. F. **1.** Reproducción de un dibujo, pintura, fotografía, etc., trasladada al papel o a otra materia, por medio del tórculo o prensa, desde la lámina de metal o madera en que está grabada, o desde la piedra litográfica en que está dibujada. || **2.** Papel o tarjeta con esta reproducción. || **3.** por antonom. estampa con una figura religiosa. || **4.** Dibujo que ilustra una publicación. || **5.** Figura total de una persona o animal. || **6.** Imprenta o impresión. *Dar una obra a la estampa.* || **maldita sea mi, tu, su,** etc., **~.** EXPRS. coloqs. Se usan para maldecir a alguien. || **ser la fiel,** o **la viva, ~ de** alguien. LOCS.VERBS. coloqs. Parecerse muchísimo a la persona mencionada.

estampación. F. Acción y efecto de estampar.

estampado, da. PART. de **estampar.** || **I.** ADJ. **1.** Dicho de un tejido: Que tiene estampados a fuego o en frío, con colores o sin ellos, diferentes labores o dibujos. U. t. c. s. m. || **II.** M. **2.** Acción y efecto de estampar. *No me gusta el estampado de esta lámina.*

estampador, ra. ADJ. Que estampa. Apl. a pers., u. t. c. s.

estampar. TR. **1.** Imprimir, sacar en estampas algo; como las letras, las imágenes o dibujos contenidos en un molde. U. t. c. intr. || **2.** Dar forma a una plancha metálica por percusión entre dos matrices, una fija al yunque y la otra al martinete, de modo que forme relieve por un lado y quede hundida por otro. || **3.** Señalar o imprimir algo en otra cosa. *Estampar el pie en la arena.* || **4.** Poner el nombre o la firma en algo. *El notario estampó su firma en el contrato.* || **5.** Imprimir algo en el ánimo. *Estampar un hábito en la mente del niño.* || **6.** coloq. Arrojar a alguien o algo haciéndolo chocar contra algo. *Estampó una botella contra la pared.* U. t. c. prnl.

estampería. F. **1.** Oficina en que se estampan láminas. || **2.** Tienda donde se venden estampas.

estampero, ra. M. y F. Persona que hace o vende estampas.

estampía. de ~. LOC.ADV. de estampida. *Salió de estampía.*

estampida. F. Huida impetuosa que emprende una persona, un animal o, especialmente, un conjunto de ellos. || **de ~,** o **en ~.** LOCS.ADVS. De repente, sin preparación ni anuncio alguno.

estampido. M. Ruido fuerte y seco como el producido por el disparo de un cañón.

estampilla. F. **1.** Especie de sello que contiene en facsímil la firma y rúbrica de una persona, o bien un letrero para estampar en ciertos documentos. || **2.** Am. Sello de correos o fiscal.

estampillado. M. Acción y efecto de estampillar.

estampillar. TR. Marcar con estampilla.

estancación. F. estancamiento.

estancada. □ V. **renta ~.**

estancamiento. M. Acción y efecto de estancar.

estancar. TR. **1.** Detener y parar el curso y corriente de un líquido. U. t. c. prnl. || **2.** Suspender, detener el curso de un asunto, negocio, etc. U. t. c. prnl. *Se han estancado las negociaciones.* || **3.** Prohibir el curso libre de cierta mercancía, concediendo su venta a determinadas personas o entidades. *Estancar el tabaco.*

estancia. F. **1.** Permanencia durante cierto tiempo en un lugar determinado. || **2.** Aposento, sala o cuarto donde se habita ordinariamente. || **3.** Estrofa formada por más de seis versos endecasílabos y heptasílabos que riman en consonante al arbitrio del poeta, y cuya estructura se repite a lo largo del poema. || **4.** Am. Mer. Hacienda de campo destinada al cultivo, y más especialmente a la ganadería. □ V. **casco de ~.**

estanciero, ra. M. y F. Persona que es dueña de una estancia de campo, o que cuida de ella.

estanco, ca. I. ADJ. **1.** Dicho de los compartimentos de un recinto: Incomunicados entre sí. U. t. en sent. fig. *Las regiones no son compartimentos estancos dentro de un país.* || **2.** Cerrado o aislado de manera que no deje pasar el agua u otro líquido. *El revestimiento del casco del barco contribuye a hacer estanco su interior.* || **II.** M. **3.** Sitio o tienda donde se venden géneros estancados, y especialmente sellos, tabaco y cerillas. || **4.** Embargo o prohibición del curso y venta libre de algunas cosas, o asiento que se hace para reservar exclusivamente las ventas de mercancías o géneros, fijando los precios a que se han de vender. || **5.** Am. Cen. Tienda en donde se vende aguardiente. □ V. **compartimento ~.**

estándar. I. ADJ. **1.** Que sirve como tipo, modelo, norma, patrón o referencia. MORF. pl. invar. o **estándares.** *Soluciones estándar. Soluciones estándares.* || **II.** M. **2.** Tipo, modelo, patrón, nivel. *Estándar de vida.* MORF. pl. **estándares.** *Estándares de vida.*

estandarización. F. Acción y efecto de estandarizar.

estandarizado, da. PART. de **estandarizar.** || ADJ. Que tiene características estándar. *Comportamiento estandarizado.*

estandarizar. TR. tipificar (|| ajustar a un tipo o norma).

estandarte. M. **1.** Insignia que usan los cuerpos montados, consistente en un pedazo de tela cuadrado pendiente de un asta, en el cual se bordan o sobreponen el escudo nacional y las armas del cuerpo a que pertenece.

Antiguamente se usó también en la infantería. ‖ **2.** Insignia que usan las corporaciones civiles y religiosas. Consiste en un pedazo de tela generalmente rectangular, donde figura la divisa de aquellas, y lleva su borde superior fijo en una vara que pende horizontal de un astil con el cual forma cruz. U. t. en sent. fig. *Edificio convertido en estandarte DE la nueva arquitectura.* ‖ **~ real.** M. hist. Bandera que se izaba al tope mayor del buque en que se embarcaba una persona real, o a un asta en el edificio en que se alojaba.

estangurria. F. Micción dolorosa.

estanque. M. Balsa construida para recoger el agua, con fines prácticos, como regar, criar peces, etc., o meramente ornamentales.

estanqueidad. F. estanquidad.

estanquero, ra. M. y F. Persona que tiene a su cargo la venta pública del tabaco y otros géneros estancados.

estanquidad. F. Cualidad de **estanco** (‖ cerrado).

estanquillo. M. **1.** Local donde se venden géneros estancados. ‖ **2.** *Méx.* Tienda pequeña de artículos variados.

estante. I. M. **1.** Mueble con anaqueles o entrepaños, y generalmente sin puertas, que sirve para colocar libros, papeles u otras cosas. ‖ **2.** anaquel. ‖ **3.** *Am.* Cada uno de los maderos incorruptibles que, clavados en el suelo, sirven de sostén al armazón de las casas en las ciudades tropicales. ‖ **II.** ADJ. **4.** Dicho del ganado, en especial lanar: Que pasta constantemente dentro del término jurisdiccional en que está amillarado. ‖ **5.** Dicho de una persona: Que es dueña de un ganado estante. *Pastor estante.*

estantería. F. Mueble compuesto de **estantes** (‖ anaqueles).

estantigua. F. Procesión de fantasmas, o fantasma que se ofrece a la vista por la noche, causando pavor y espanto.

estañador. M. Hombre que tiene por oficio estañar.

estañar. TR. **1.** Cubrir o bañar con estaño las piezas y vasijas hechas de otros metales, para el uso inofensivo de ellas. *Estañar un cazo.* ‖ **2.** Asegurar o soldar algo con estaño. *Estañar un circuito.*

estaño. M. Elemento químico de núm. atóm. 50. Metal escaso en la litosfera, se encuentra en la casiterita en forma de dióxido. De color y brillo como la plata, es duro, dúctil y maleable. Se emplea para recubrir y proteger otros metales y en el envasado de alimentos; aleado con el cobre forma el bronce, y con otros metales, se aplica en soldaduras y en odontología. (Símb. *Sn*). □ V. **papel de ~.**

estaquear. TR. *Á. R. Plata.* Torturar a alguien amarrando sus extremidades con tiras de cuero entre cuatro estacas.

estaquillador. M. *Taurom.* Palo que arma la muleta del matador de toros.

estar. I. COP. **1.** Hallarse en un determinado estado. *Estar triste, rico, sordo, convencido, satisfecho.* ‖ **II.** INTR. **2.** Dicho de una persona o de una cosa: Existir, hallarse en este o aquel lugar, situación, etc. *El jefe está en su despacho.* U. t. c. prnl. ‖ **3.** Permanecer o hallarse con cierta estabilidad en un lugar, situación, condición, etc. *El baño está al fondo a la derecha.* ‖ **4.** Se usa con ciertos verbos reflexivos para denotar gran aproximación a lo que tales verbos significan. *Estar muriéndose.* ‖ **5.** Dicho de una prenda de vestir: Sentar o caer bien o mal.

Esa chaqueta le está ancha. ‖ **6.** Se usa con ciertos adjetivos o participios pasivos para expresar irónicamente lo contrario de lo que estos significan. *Estás listo. Estás arreglado.* ‖ **7.** estar dispuesto a ejecutar algo. *Estar A cuentas, A examen.* ‖ **8.** Se usa para indicar la temperatura, la estación, el día, el mes o el año. MORF. U. m. en 1.ª pers. pl. *Estábamos a 5 de enero. ¿A cuántos grados estamos? Estamos en primavera.* ‖ **9.** Dicho de una cosa: Tener un determinado precio en el mercado. *Las patatas están A sesenta céntimos.* ‖ **10.** Vivir o trabajar en compañía de una persona. *Estoy CON mi madre.* ‖ **11.** estar de acuerdo con alguien. *En estos asuntos, estoy CON ella.* ‖ **12.** Avistarse con alguien, generalmente para tratar de un asunto. *Mañana estaré CON Arturo en su despacho.* ‖ **13.** Tener acceso carnal. *Desde hace un año estoy CON Julio.* ‖ **14.** Desempeñar temporalmente un oficio. *Estar DE albañil. Estar DE cocinero.* ‖ **15.** Ejecutar una acción o seguir un proceso, o hallarse en disposición para ello. *Estar DE viaje. Estar DE obra.* ‖ **16.** Consistir, ser causa o motivo de algo. MORF. U. solo en 3.ª pers. sing. *En el trabajo gustoso está la felicidad.* ‖ **17.** Dicho de una cosa: Haber alcanzado un determinado precio. *Este vestido está EN cincuenta euros.* ‖ **18.** Dicho de una persona: Entender algo o estar enterado de ello. *Estoy EN lo que usted dice.* ‖ **19.** Creer algo, estar persuadido de ello. *Estoy EN que vendrá Miguel.* ‖ **20.** Denota la disposición próxima o determinada de hacer algo. *Estar PARA testar, PARA morir. No está PARA bromas.* ‖ **21.** No haberse ejecutado aún, o haberse dejado de ejecutar algo. *Estar POR escribir. Estar POR sazonar.* ‖ **22.** Estar a punto de realizarse la acción denotada por el infinitivo que le sigue. *Estar AL llegar. Estar AL regresar.* ‖ **23.** Dicho de una persona: Hallarse casi determinada a hacer algo. *Estoy POR irme a pasear. Estoy POR romperle la cabeza.* ‖ **24.** estar a favor de alguien o de algo. *Estoy POR Antonio. Estoy POR el color blanco.* ‖ **25.** Hallarse en una determinada situación o actitud. *Estoy QUE no me tengo. Está QUE trina. Está QUE bota.* ‖ **26.** Se usa con el gerundio de verbos durativos para reforzar su aspecto durativo o progresivo. *Está durmiendo. Estaba cantando.* ‖ **27.** coloq. Encontrarse enfermo. *Está del estómago.* ‖ **III.** PRNL. **28.** Detenerse o tardarse en alguna cosa o en alguna parte. *Él bien tranquilo se estaba en casita.* ¶ MORF. V. conjug. modelo. ‖ **bien está.** EXPR. está bien. ‖ **está, o estaba, visto** algo. EXPRS. Se usan para expresar que es evidente. *Está visto que lo echan del trabajo.* ‖ **está bien.** EXPR. Denota aprobación, descontento o enojo. ‖ **~ al caer.** LOC.VERB. **1.** Dicho de un suceso: estar a punto de sobrevenir. *Está al caer tu ascenso.* ‖ **2.** Dicho de una persona: estar a punto de llegar. ‖ **~ a matar** dos o más personas. LOC.VERB. estar muy enemistarse o aborrecerse vivamente. ‖ **~ alguien a todo.** LOC.VERB. Tomar sobre sí el cuidado y las consecuencias de un negocio. ‖ **~ alguien bien.** LOC.VERB. Disfrutar salud, comodidad, etc. ‖ **~ bien con** alguien. LOC.VERB. **1.** Tener buen concepto de él. ‖ **2.** estar concorde con él. ‖ **~ bien de** algo. LOC.VERB. Tenerlo en cantidad suficiente. ‖ **~ de más.** LOC.VERB. **1.** estar sin hacer nada, sin trabajo u ocupación. ‖ **2.** coloq. estar de sobra, ser inútil. *Aquí estoy de más. Lo que ayer dijiste en casa de don Severo estuvo de más.* ‖ **~ en mí, en ti, en sí.** LOCS.VERBS. estar con plena advertencia en lo que dice o hace. *Juliana está muy en sí.* ‖ **~ alguien en todo.** LOC. VERB. Atender a un tiempo a muchas cosas, sin aturdirse por la mucha cantidad de ellas. ‖ **~ un proyecto en ve-**

remos. LOC.VERB. *Méx.* estar muy lejana su realización. ‖ ~**le bien** algo **a** alguien. LOC.VERB. Convenir, ser útil, cuadrar a sus circunstancias. *Aquel empleo le estará bien a Cayetano.* ‖ ~ **listo** alguien. LOC.VERB. coloq. Se usa para manifestar la convicción de que su propósito o esperanza saldrán fallidos. ‖ ~ alguien **loco de contento.** LOC.VERB. coloq. estar muy alegre. ‖ ~ alguien **mal.** LOC. VERB. **1.** Carecer de lo necesario, de lo conveniente, o de comodidades. ‖ **2.** Hallarse enfermo. ‖ ~ **mal con** alguien. LOC.VERB. **1.** Tener mal concepto de él. ‖ **2.** estar desavenido con él. ‖ ~ **mal de** algo. LOC.VERB. estar escaso de ello. ‖ ~ algo **por ver.** LOC.VERB. Ser dudosa su certeza o su ejecución. ‖ ~**se haciendo.** LOC.VERB. *Méx.* **fingir** (‖ simular). ‖ ~ **sobre** alguien, o **sobre** un negocio. LOCS.VERBS. Instar a alguien con frecuencia, o promover un negocio con eficacia. ‖ ~ **viendo** algo. LOC.VERB. Prever que sucederá. *¡Lo estaba viendo!* ‖ **¿estás?, ¿estáis?, ¿está usted?, ¿están ustedes?, ¿estamos?** EXPRS. ¿estás, estáis, etc., enterado, o enterados? ¿Has, o habéis, comprendido bien? □ V. **cuarto de ~, sala de ~.**

estarcido. M. Dibujo que resulta de estarcir.

estarcir. TR. Estampar dibujos, letras o números haciendo pasar el color, con un instrumento adecuado, a través de los recortes efectuados en una chapa. U. t. c. intr. *Plantillas para estarcir.*

estárter. M. Dispositivo de los motores de explosión que facilita su arranque mediante el enriquecimiento de la mezcla de carburación. MORF. pl. **estárteres.**

estasis. F. *Med.* Estancación de sangre o de otro líquido en alguna parte del cuerpo.

estatal. ADJ. **1.** Perteneciente o relativo al Estado. *Colegio estatal.* ‖ **2.** *Méx.* Perteneciente o relativo a los estados mexicanos.

estatalismo. M. estatismo².

estatalista. ADJ. **1.** Perteneciente o relativo al estatalismo. *Planes estatalistas.* ‖ **2.** Partidario del estatalismo. U. t. c. s.

estatalización. F. Conversión de una empresa privada en empresa estatal.

estatalizar. TR. Convertir una empresa privada en una empresa estatal.

estática. F. Parte de la mecánica que estudia las leyes del equilibrio.

estático, ca. ADJ. **1.** Perteneciente o relativo a la estática. *Vuelo estático.* ‖ **2.** Que permanece en un mismo estado, sin mudanza en él. *Sonrisa estática.* ‖ **3.** Dicho de una persona: Que se queda parada de asombro o de emoción. □ V. **bicicleta ~, electricidad ~.**

estatificación. F. estatalización.

estatificar. TR. estatalizar.

estatismo¹. M. Inmovilidad de lo **estático** (‖ que permanece en un mismo estado).

estatismo². M. Tendencia que exalta el poder y la preeminencia del Estado sobre los demás órdenes y entidades.

estatista. ADJ. **1.** Perteneciente o relativo al estatismo². *Economía estatista.* ‖ **2.** Partidario del estatismo². U. t. c. s.

estatización. F. *Am.* estatalización.

estatizar. TR. *Am.* estatalizar.

estatocisto. M. *Zool.* Órgano del sentido del equilibrio de muchos animales invertebrados, consistente en una vesícula con una o varias concreciones calcáreas que se mueven por acción de la gravedad.

estatolito. M. *Zool.* Cada una de las concreciones calcáreas del interior de los estatocistos.

estatua. F. Obra de escultura labrada a imitación del natural. ‖ ~ **ecuestre.** F. La que representa una persona a caballo. ‖ **merecer** alguien **una ~.** LOC.VERB. Se usa para ponderar y engrandecer sus acciones. ‖ **quedarse hecho una ~.** LOC.VERB. Quedarse paralizado por el espanto o la sorpresa.

estatuaria. F. Arte de hacer estatuas.

estatuario¹, ria. ADJ. **1.** Perteneciente o relativo a la estatuaria. *Iconografía estatuaria.* ‖ **2.** Adecuado para una estatua. *Rigidez estatuaria.*

estatuario², ria. ADJ. estatutario.

estatúder. M. hist. Jefe o magistrado supremo de la antigua república de los Países Bajos, que en un principio fue lugarteniente del rey de España. MORF. pl. **estatúderes.**

estatuir. TR. Establecer, ordenar, determinar. MORF. conjug. c. *construir.*

estatura. F. **1.** Altura, medida de una persona desde los pies a la cabeza. ‖ **2. talla** (‖ altura moral o intelectual).

estatus. M. **1.** Posición que una persona ocupa en la sociedad o dentro de un grupo social. ‖ **2.** Situación relativa de algo dentro de un determinado marco de referencia. *El estatus de un concepto dentro de una teoría.*

estatutario, ria. ADJ. **1.** Estipulado en los estatutos. *Disposiciones estatutarias.* ‖ **2.** Perteneciente o relativo a ellos. *Reforma estatutaria.*

estatuto. M. **1.** Regla que tiene fuerza de ley para el gobierno de un cuerpo. ‖ **2.** Ordenamiento eficaz para obligar; p. ej., un contrato, una disposición testamentaria, etc. ‖ **3.** Ley especial básica para el régimen autónomo de una región, dictada por el Estado de que forma parte. ‖ **4.** *Der.* Régimen jurídico al cual están sometidas las personas o las cosas, en relación con la nacionalidad o el territorio. ‖ ~ **personal.** M. *Der.* Régimen jurídico que se determina en consideración a la nacionalidad o condición personal del sujeto. ‖ **Estatuto Real.** M. hist. Ley fundamental del Estado, que se promulgó en España en 1834 y rigió hasta 1836.

estay. M. *Mar.* Cabo que sujeta la cabeza de un mástil al pie del más inmediato, para impedir que caiga hacia la popa. MORF. pl. **estayes** o **estáis.** ‖ ~ **de galope.** M. *Mar.* El más alto de todos, que sirve para sujetar la cabeza de los mastelerillos.

este¹. M. **1.** Punto cardinal del horizonte por donde sale el Sol en los equinoccios. (Símb. *E*). ORTOGR. Escr. con may. inicial. ‖ **2.** Región o territorio situado en la parte este de un país o de un área geográfica determinada. *El este de Europa.* ‖ **3.** Lugar situado al este de otro lugar con cuya posición se compara. *Japón está al este de China.* ‖ **4.** Se usa en aposición para indicar que lo designado por el sustantivo al que se pospone está orientado al Este o procede del este. *Ala este. Viento este.* ‖ **5.** Viento procedente del este. *En la Costa de la Luz soplará este flojo.*

este¹, ta. I. ADJ. DEM. **1.** Designa lo que está cerca de la persona que habla, o representa y señala lo que se acaba de mencionar. U. t. c. pron. ORTOGR. En este último caso escr. con acento cuando existe riesgo de anfibología. ‖ **2.** Pospuesto a un sustantivo, puede indicar enfado o desprecio. ‖ **3.** Dicho de un día, de un mes, de un año o de un siglo, **presente.** ‖ **II.** PRON. DEM. **4.** Usado en femenino, designa la población en que está la persona que se dirige a otra por escrito. *Permaneceré en esta dos semanas.* ‖ **5.** Se usa en diversas frases donde tiene un significado impreciso de *ocasión, vez, situación, jugada,* o equivale a un sustantivo no expresado. *De esta nos quedamos sin médico. A todas estas.* ¶ Morf. pl. **estos, estas.** ‖ **por estas.** Expr. Se usa como fórmula de juramento que se profiere en son de amenaza al mismo tiempo que se hace una o dos cruces con los dedos pulgar e índice. □ V. ~ **mundo y el otro, estos días.**

estearina. F. *Quím.* Éster de ácido esteárico y glicerina. Es una sustancia blanca, insípida e insoluble en agua, que se usa para la fabricación de velas.

esteatita. F. Mineral de color blanco y verdoso, suave, y tan blando que se raya con la uña. Es un silicato de magnesia, que se emplea como sustancia lubricante y, con el nombre de jaboncillo de sastre, sirve para hacer señales en las telas.

esteatosis. F. *Med.* Acumulación patológica de grasa intracelular en un órgano.

estefanote. M. *Á. Caribe.* Planta de la familia de las Asclepiadáceas, que se cultiva en los jardines por sus hermosas flores, de color blanco mate.

estela¹. F. **1.** Señal o rastro de espuma y agua removida que deja tras sí una embarcación u otro cuerpo en movimiento. ‖ **2.** Rastro que deja en el aire un cuerpo en movimiento. *La estela de un avión.* ‖ **3.** Rastro o huella que deja algo que pasa. *La estela de sus triunfos.*

estela². F. pie de león.

estela³. F. Monumento conmemorativo que se erige sobre el suelo en forma de lápida, pedestal o cipo.

estelar. ADJ. **1.** Perteneciente o relativo a las estrellas. *Movimientos estelares.* ‖ **2.** Extraordinario, de gran categoría. *Momentos estelares de la historia.* □ V. **cúmulo ~.**

esteliano, na. ADJ. **1.** Natural de Estelí. U. t. c. s. ‖ **2.** Perteneciente o relativo a este departamento de Nicaragua o a su capital.

estellés, sa. ADJ. **1.** Natural de Estella. U. t. c. s. ‖ **2.** Perteneciente o relativo a esta ciudad de Navarra, en España.

estema. M. *Ecd.* En la crítica textual, esquema de la filiación y transmisión de manuscritos o versiones procedentes del original de una obra.

estenocardia. F. *Med.* angina de pecho.

estenografía. F. taquigrafía.

estenografiar. TR. Escribir en estenografía. Morf. conjug. c. *enviar.*

estenográfico, ca. ADJ. Perteneciente o relativo a la estenografía.

estenógrafo, fa. M. y F. Persona que sabe o profesa la estenografía.

estenordeste. M. estenoreste. Ortogr. Escr. con may. inicial c. punto del horizonte.

estenoreste. M. **1.** Punto del horizonte entre el Este y el Noreste, a igual distancia de ambos. Ortogr. Escr. con may. inicial. ‖ **2.** Viento que sopla de esta parte.

estenosis. F. *Med.* Estrechez, estrechamiento de un orificio o conducto.

estenotipia. F. **1.** Taquigrafía a máquina. ‖ **2.** Máquina para estenotipia.

estenotipista. COM. Persona que escribe en estenotipia.

estentóreo, a. ADJ. Dicho de la voz o del acento: Muy fuertes, ruidosos o retumbantes.

esteño, ña. ADJ. **1.** Natural de Ciudad del Este. U. t. c. s. ‖ **2.** Perteneciente o relativo a esta ciudad del Paraguay, capital del departamento del Alto Paraná.

estepa¹. F. Erial llano y muy extenso.

estepa². F. Mata resinosa de la familia de las Cistáceas, de doce a quince decímetros de altura, con ramas leñosas y erguidas, hojas pecioladas, elípticas, agudas, de color verde oscuro por la parte superior y blanquecinas por el envés, flores de corola grande y blanca, en ramos pedunculados y terminales, con brácteas coriáceas, sépalos ovalados y vellosos, y fruto capsular, aovado, redoso, con cinco ventallas. Se usa como combustible. ‖ ~ **blanca.** F. estepilla. ‖ ~ **negra.** F. jaguarzo. □ V. **jara ~.**

estepario, ria. ADJ. Propio o característico de las **estepas¹.** *Región, planta esteparia.*

estepilla. F. Mata de la familia de las Cistáceas, de un metro de altura aproximadamente, con ramas leñosas y blanquecinas, hojas sentadas, elípticas, algo revueltas por el margen, flores grandes y róseas, y fruto capsular ovoide y velloso.

éster. M. *Quím.* Compuesto orgánico que resulta de sustituir un átomo de hidrógeno de un ácido por un radical alcohólico. *Las grasas son ésteres de la glicerina con ácidos grasos.*

estera. F. Tejido grueso de esparto, juncos, palma, etc., o formado por varias pleitas cosidas, que sirve para cubrir el suelo de las habitaciones y para otros usos.

esteral. M. *Á. guar.* estero (‖ terreno pantanoso).

esterar. TR. Cubrir los suelos con esteras.

estercoladura. F. Acción y efecto de estercolar.

estercolar. **I.** TR. **1.** Echar estiércol en las tierras para fertilizarlas y beneficiarlas. ‖ **II.** INTR. **2.** Dicho de un animal: Echar de sí el excremento o estiércol.

estercolero. M. **1.** Lugar donde se recoge el estiércol. ‖ **2.** Lugar muy sucio.

esterculiáceo, a. ADJ. *Bot.* Se dice de las matas, de los arbustos y de los árboles angiospermos dicotiledóneos, con hojas alternas y vellosas, flores axilares y fruto casi siempre en cápsula, rara vez indehiscente; p. ej., el cacao. U. t. c. s. f. Ortogr. En f. pl., escr. con may. inicial c. taxón. *Las Esterculiáceas.*

estéreo¹. M. Unidad de medida para leña, equivalente a la que puede apilarse en el espacio de un metro cúbico.

estéreo². **I.** ADJ. **1.** estereofónico. *Una grabación estéreo.* ‖ **II.** M. **2.** estereofonía. ‖ **3.** Aparato reproductor de sonido estereofónico.

estereofonía. F. Técnica relativa a la obtención del sonido estereofónico.

estereofónico, ca. ADJ. Dicho de un sonido: Registrado simultáneamente desde dos o más puntos convenientemente distanciados para que, al reproducirlo, dé una sensación de relieve espacial.

estereografía. F. *Geom.* Método para representar objetos tridimensionales en un plano, por medio de sus proyecciones.

estereográfico, ca. ADJ. *Geom.* Perteneciente o relativo a la estereografía. □ V. **proyección ~.**

estereometría. F. Parte de la geometría que trata de la medida de los sólidos.

estereoquímica. F. *Quím.* Estudio de la disposición espacial de los átomos en las moléculas y de sus efectos en las propiedades de estas.

estereorradián. M. *Geom.* Unidad de ángulo sólido del Sistema Internacional, equivalente al que, con su vértice en el centro de una esfera, determina sobre la superficie de esta un área equivalente a la de un cuadrado cuyo lado es igual al radio de la esfera. (Símb. *sr*).

estereoscópico, ca. ADJ. Perteneciente o relativo al estereoscopio.

estereoscopio. M. Aparato óptico en el que, mirando con ambos ojos, se ven dos imágenes de un objeto, que, al fundirse en una, producen una sensación de relieve por estar tomadas con un ángulo diferente para cada ojo.

estereotipado, da. PART. de **estereotipar.** ǁ ADJ. Dicho de un gesto, de una fórmula, de una expresión, etc.: Que se repiten sin variación.

estereotipar. TR. **1.** Fundir en una plancha, por medio del vaciado, la composición de un molde formado con caracteres movibles. ǁ **2.** Imprimir con esas planchas. ǁ **3.** Fijar mediante su repetición frecuente un gesto, una frase, una fórmula artística, etc.

estereotipia. F. **1.** Repetición involuntaria e intempestiva de un gesto, acción o palabra, que ocurre sobre todo en ciertos dementes. ǁ **2.** *Impr.* Procedimiento para reproducir una composición tipográfica, que consiste en oprimir contra los tipos un cartón especial o una lámina de otra materia que sirve de molde para vaciar el metal fundido que sustituye al de la composición. ǁ **3.** *Impr.* Máquina de estereotipar.

estereotípico, ca. ADJ. *Impr.* Perteneciente o relativo a la estereotipia. *Establecimiento estereotípico. Impresión estereotípica.*

estereotipo. M. **1.** Imagen o idea aceptada comúnmente por un grupo o sociedad con carácter inmutable. ǁ **2.** *Impr.* Plancha utilizada en estereotipia.

estereotomía. F. *Arq.* Arte de cortar piedras y otros materiales para utilizarlos en la construcción.

esterería. F. **1.** Lugar donde se hacen esteras. ǁ **2.** Tienda donde se venden.

esterero, ra. M. y F. **1.** Fabricante de esteras. ǁ **2.** Persona que las vende o las cose y acomoda en las habitaciones.

esterificación. F. *Quím.* Acción y efecto de esterificar.

esterificar. TR. *Quím.* Formar un éster mediante la unión de un ácido y un alcohol o un fenol.

estéril. ADJ. **1.** Que no da fruto, o no produce nada. *Mujer, tierra, ingenio, trabajo estéril.* ǁ **2.** Dicho de un año: De cosecha muy escasa. ǁ **3.** *Med.* Libre de gérmenes patógenos.

esterilidad. F. **1.** Cualidad de estéril. ǁ **2.** *Biol.* Incapacidad del macho para fecundar. ǁ **3.** *Biol.* Incapacidad de la hembra para concebir.

esterilización. F. Acción y efecto de esterilizar.

esterilizador, ra. ADJ. **I.** **1.** Que esteriliza. *Planta esterilizadora.* ǁ **II.** M. **2.** Aparato que esteriliza utensilios o instrumentos destruyendo los gérmenes patógenos que haya en ellos.

esterilizar. TR. **1.** Hacer infecundo y estéril lo que antes no lo era. *Esterilizar un cauce fluvial.* U. t. c. prnl. ǁ **2.** *Med.* Destruir los gérmenes patógenos.

esterilla. F. **1.** Pleita estrecha de paja. ǁ **2.** Tejido de paja. ǁ **3.** *Á. Andes* y *Á. Caribe.* Rejilla hecha de paja o de otra fibra vegetal que se utiliza para asientos o respaldos de ciertos muebles. ǁ **4.** *Á. R. Plata* y *Chile.* Rejilla muy liviana de juncos o varillas delgadas unidas entre sí con una costura flexible para que se pueda enrollar y que se utiliza como cortina, cielorraso o estera. ǁ **5.** *Chile.* cañamazo (ǁ tela rala).

esterlina. □ V. **libra ~.**

esternocleidomastoideo. □ V. **músculo ~.**

esternón. M. **1.** *Anat.* Hueso plano situado en la parte anterior del pecho, con el cual se articulan por delante las costillas verdaderas. ǁ **2.** *Zool.* Cada una de las piezas del dermatoesqueleto de los insectos correspondiente a la región ventral de cada uno de los segmentos del tórax.

estero[1]**.** M. **1.** Acto de esterar. ǁ **2.** Temporada en que se estera.

estero[2]**.** M. **1.** estuario. ǁ **2.** Terreno bajo pantanoso, intransitable, que suele llenarse de agua por la lluvia o por la filtración de un río o laguna cercana, y que abunda en plantas acuáticas. ǁ **3.** *Á. Caribe.* charca. ǁ **4.** *Chile.* Arroyo, riachuelo.

esteroide. M. *Quím.* Sustancia de estructura policíclica de la que derivan compuestos de gran importancia biológica, tales como el colesterol, los ácidos biliares, algunas hormonas, etc.

esteroideo, a. ADJ. *Quím.* Dicho de una sustancia o de una estructura química: Que guarda relación con los esteroides.

estertor. M. **1.** Respiración anhelosa, generalmente ronca o silbante, propia de la agonía y del coma. ǁ **2.** *Med.* Ruido de burbuja que se produce en ciertas enfermedades del aparato respiratorio y se percibe por la auscultación.

estertóreo, a. ADJ. Que tiene estertor. *Gemido estertóreo.*

estertoroso, sa. ADJ. Que tiene estertor. *Respiración estertorosa.*

estesudeste. M. **estesureste.** ORTOGR. Escr. con may. inicial c. punto del horizonte.

estesureste. M. **1.** Punto del horizonte entre el Este y el Sureste, a igual distancia entre ambos. ORTOGR. Escr. con may. inicial. ǁ **2.** Viento que sopla de esta parte.

esteta. COM. **1.** Persona que considera el arte como un valor esencial. ǁ **2.** Persona que afecta el culto de la belleza.

estética. F. **1.** Ciencia que trata de la belleza y de la teoría fundamental y filosófica del arte. ǁ **2.** Conjunto de elementos estilísticos y temáticos que caracterizan a un determinado autor o movimiento artístico. *La estética del Modernismo.* ǁ **3.** Armonía y apariencia agradable a la vista, que tiene alguien o algo desde el punto de vista de la belleza. *Da más importancia a la estética que a la comodidad.* ǁ **4.** Conjunto de técnicas y tratamientos utilizados para el embellecimiento del cuerpo. *Centro de estética.* ǁ **5.** **cirugía estética.**

esteticismo. M. Actitud de quienes, al crear o valorar obras literarias y artísticas, conceden importancia primordial a la belleza, anteponiéndola a los aspectos intelectuales, religiosos, morales, sociales, etc.

esteticista. ADJ. **I.** **1.** Perteneciente o relativo al esteticismo. *Inspiración esteticista.* ǁ **II.** COM. **2.** Persona que profesionalmente presta cuidados de embellecimiento a sus clientes.

estético, ca. ADJ. **1.** Perteneciente o relativo a la estética. *Corrientes estéticas.* ǁ **2.** Perteneciente o relativo a la percepción o apreciación de la belleza. *Placer estético.* ǁ **3.** Artístico, de aspecto bello y elegante. *El resultado final de la edificación es poco estético.* □ V. **cirugía ~.**

estetoscopia. F. *Med.* Exploración por medio del estetoscopio.

estetoscopio. M. *Med.* Aparato destinado a auscultar los sonidos del pecho y otras partes del cuerpo, ampliándolos con la menor deformación posible.

esteva. F. Pieza curva y trasera del arado, sobre la cual lleva la mano quien ara, para dirigir la reja y apretarla contra la tierra.

estevado, da. ADJ. Que tiene las piernas arqueadas a semejanza de la esteva, de tal modo que, con los pies juntos, quedan separadas las rodillas. Apl. a pers., u. t. c. s.

estezado. M. Piel de venado u otro animal, curtida y de color encendido, como el del tabaco, que se usa para vestidos.

estiaje. M. **1.** Nivel más bajo o caudal mínimo que en ciertas épocas del año tienen las aguas de un río, estero, laguna, etc., por causa de la sequía. || **2.** Período que dura este nivel.

estiba. F. **1.** *Mar.* Colocación conveniente de los pesos de un buque, y en especial de su carga. || **2.** *Mar.* Conjunto de la carga en cada bodega u otro espacio de un buque.

estibador. M. Obrero que se ocupa en la carga y descarga de un buque y distribuye convenientemente los pesos en él.

estibar. TR. **1.** Apretar materiales o cosas sueltas para que ocupen el menor espacio posible. *Hay que estibar las piezas para su cocción dentro del horno.* || **2.** Distribuir convenientemente la carga en un vehículo. || **3.** *Mar.* Cargar o descargar un buque. || **4.** *Mar.* Distribuir convenientemente en un buque los pesos.

esticomitia. F. Diálogo dramático en el que los interlocutores se responden verso a verso.

estiércol. M. **1.** Excremento de cualquier animal. || **2.** Materia orgánica en descomposición, principalmente excrementos animales, que se destina al abono de las tierras.

estigio, gia. ADJ. **1.** Perteneciente o relativo a la Estigia, laguna del infierno mitológico. || **2.** poét. **infernal** (|| perteneciente al infierno). *Caverna estigia.*

estigma. M. **1.** Marca o señal en el cuerpo. || **2.** Desdoro, afrenta, mala fama. || **3.** Huella impresa sobrenaturalmente en el cuerpo de algunos santos extáticos, como símbolo de la participación de sus almas en la Pasión de Cristo. || **4.** hist. Marca impuesta con hierro candente, bien como pena infamante, bien como signo de esclavitud. || **5.** *Bot.* Cuerpo glanduloso, colocado en la parte superior del pistilo y que recibe el polen en el acto de la fecundación de las plantas. || **6.** *Med.* Lesión orgánica o trastorno funcional que indica enfermedad constitucional y hereditaria. || **7.** *Zool.* Cada uno de los pequeños orificios que tiene el tegumento de los insectos, arácnidos y miriápodos, por los que penetra el aire en su aparato respiratorio, que es traqueal.

estigmatizador, ra. ADJ. Que estigmatiza.

estigmatizar. TR. **1.** Imprimir milagrosamente a alguien las llagas de Cristo. || **2.** Afrentar, infamar. *Algunas personas estigmatizan a los enfermos de sida.*

estilar[1]. **I.** INTR. **1.** Usar, tener por costumbre, practicar. *Se disfrazó según estilaban los romanos.* U. t. c. tr. *Se disfrazó con la ropa que estilaban los romanos.* || **II.** PRNL. **2.** Dicho de una cosa: Ser costumbre o estar de moda. *Ya no se estilan los polisones.*

estilar[2]. TR. *Am.* **destilar** (|| correr lo líquido gota a gota).

estilete. M. **1.** hist. **estilo** (|| pequeño punzón para escribir). || **2.** Puñal de hoja muy estrecha y aguda. || **3.** *Med.* Especie de sonda metálica, delgada y flexible, generalmente de plata, terminada en una bola, que sirve para reconocer ciertas heridas.

estiliano, na. ADJ. **esteliano.** Apl. a pers., u. t. c. s.

estilismo. M. **1.** Tendencia a cuidar del estilo, atendiendo más a la forma que al fondo de la obra literaria. || **2.** Actividad del profesional que se dedica a cuidar del estilo y la imagen, especialmente en el mundo de la moda y la decoración.

estilista. COM. **1.** Escritor que se distingue por lo esmerado y elegante de su estilo. || **2.** Peluquero creativo. || **3.** Persona que se dedica al estilismo y cuidado de la imagen.

estilística. F. Estudio del estilo de la expresión lingüística en general.

estilístico, ca. ADJ. Perteneciente o relativo al estilo de quien habla o escribe.

estilita. ADJ. hist. Dicho de un anacoreta: Que por mayor austeridad vivía sobre una columna. U. t. c. s.

estilización. F. Acción y efecto de estilizar.

estilizar. TR. **1.** Interpretar convencionalmente la forma de un objeto, haciendo más delicados y finos sus rasgos. *La película es un drama en el que la realidad ni se estiliza ni se evade.* || **2.** coloq. Adelgazar la silueta corporal, en todo o en parte. U. t. c. prnl.

estilo. M. **1.** Modo, manera, forma de comportamiento. *Tiene mal estilo.* || **2.** Uso, práctica, costumbre, moda. *Al estilo de Francia.* || **3.** Manera de escribir o de hablar peculiar de un escritor o de un orador. *El estilo de Cervantes.* || **4.** Carácter propio que da a sus obras un artista plástico o un músico. *El estilo de Miguel Ángel. El estilo de Rossini.* || **5.** Conjunto de características que individualizan la tendencia artística de una época. *Estilo neoclásico.* || **6.** Gusto, elegancia o distinción de una persona o cosa. *Pepa viste con estilo.* || **7. gnomon.** || **8.** hist. Punzón con el cual escribían los antiguos en tablas enceradas. || **9.** *Bot.* Columna pequeña, hueca o esponjosa, existente en la mayoría de las flores, que arranca del ovario y sostiene el estigma. || **10.** *Dep.* Cada una de las distintas formas de realizar un deporte. *Prueba en estilo mariposa.* || **11.** *Á. R. Plata.* Composición musical de origen popular, para guitarra y canto, de carácter evocativo y espíritu melancólico. || **~ recitativo.** M. *Mús.* El que consiste en cantar recitando. || **de ~.** LOC.ADJ. Dicho de un mueble o de un objeto de arte: Que pertenece o imita a un estilo antiguo determinado. *Una cómoda de estilo.* || **por el ~.** LOC.ADJ. De semejante manera, en forma parecida. U. t. c. loc. adv. □ V. **libro de ~.**

estilóbato. M. *Arq.* Macizo corrido sobre el cual se apoya una columnata.

estilográfica. F. **pluma estilográfica.**

estilógrafo. M. *Á. Andes.* **pluma estilográfica.**

estiloso, sa. ADJ. coloq. Que tiene estilo, gusto o elegancia. *Tu hermana es estilosa. Llevas un peinado muy estiloso.*

estima. F. **1.** Consideración y aprecio que se hace de alguien o algo por su calidad y circunstancias. || **2.** *Mar.* Concepto aproximado que se forma de la situación del buque por los rumbos y las distancias recorridas en cada uno de ellos. □ V. **punto de ~.**

estimable. ADJ. **1.** Que admite estimación o aprecio. *Los daños no son estimables por ahora.* || **2.** Digno de aprecio y estima. *Resultados muy estimables.*

estimación. F. **1.** Aprecio y valor que se da y en que se tasa y considera algo. || **2.** Aprecio, consideración, afecto. *Ha merecido la estimación del público. Es objeto de mi estimación.* || **~ propia.** F. **amor propio.** || **~ tributaria.** F. *Der.* La que se realiza en ciertos tributos para determinar el valor de la base imponible.

estimador, ra. ADJ. Que estima. Apl. a pers., u. t. c. s.

estimar. TR. **1.** Apreciar, poner precio, evaluar algo. *Estimaron su precio en 100 euros.* || **2.** Juzgar, creer. *Haremos lo dicho, siempre que usted lo estime oportuno.* || **3.** Hacer aprecio y estimación de alguien o de algo. *Estimo mucho a tus padres.* U. t. c. prnl.

estimativa. F. Facultad del alma racional para juzgar el aprecio que merecen las cosas.

estimativo, va. ADJ. Perteneciente o relativo a la estimación o valoración. *Cifras estimativas.*

estimatorio, ria. ADJ. **1.** Perteneciente o relativo a la estimación. *Cálculo estimatorio.* || **2.** Der. Que acepta una petición, demanda o recurso.

estimulación. F. Acción y efecto de estimular.

estimulador, ra. ADJ. Que estimula. *Palabras estimuladoras.*

estimulante. ADJ. **1.** Que estimula. *Situación estimulante.* Apl. a un medicamento, u. t. c. s. m. || **2.** Dicho de una cosa: Que aviva el tono vital. U. m. c. s. *El café es un estimulante.*

estimular. **I.** TR. **1.** Incitar con viveza a la ejecución de algo. *Este programa quiere estimular en los jóvenes el amor por el trabajo.* U. t. c. prnl. || **2.** Avivar una actividad, operación o función. *Las sales potásicas estimulan la función intestinal.* U. t. c. prnl. || **II.** PRNL. **3.** Administrarse una droga para aumentar la propia capacidad de acción.

estímulo. M. **1.** Agente físico, químico, mecánico, etc., que desencadena una reacción funcional en un organismo. || **2.** Incitación para obrar o funcionar. || **~ condicionado.** M. Psicol. El que provoca un reflejo por asociación con un estímulo incondicionado. || **~ incondicionado.** M. Psicol. El que provoca un reflejo sin necesidad de aprendizaje.

estío. M. Estación del año que astronómicamente principia en el solsticio de verano y termina en el equinoccio de otoño.

estipendiar. TR. Dar estipendio. MORF. conjug. c. *anunciar.*

estipendiario, ria. M. y F. Persona que cobra o recibe estipendio.

estipendio. M. Paga o remuneración que se da a alguien por algún servicio.

estípite. M. **1.** Arq. Pilastra en forma de pirámide truncada, con la base menor hacia abajo. || **2.** Bot. Tallo largo y no ramificado de las plantas arbóreas, especialmente de las palmeras.

estíptico, ca. ADJ. Que tiene sabor metálico astringente. *Le recetaron una disolución estíptica.*

estiptiquez. F. Am. estreñimiento.

estípula. F. Bot. Apéndice foliáceo colocado en los lados del pecíolo o en el ángulo que este forma con el tallo.

estipulación. F. Der. Cada una de las disposiciones de un documento público o particular.

estipular. TR. Convenir, concertar, acordar.

estiracáceo, a. ADJ. Bot. Se dice de los árboles y arbustos angiospermos dicotiledóneos, que tienen hojas alternas, simples y sin estípulas, flores solitarias o en racimo, axilares y con brácteas, y frutos por lo común semejantes a una baya, con semillas de albumen carnoso; p. ej., el estoraque y el aceitunillo. U. t. c. s. f. ORTOGR. En f. pl., escr. con may. inicial c. taxón. *Las Estiracáceas.*

estirada. F. Dep. En fútbol, estiramiento rápido del cuerpo que realiza un portero para alcanzar un balón lanzado contra su meta.

estirado, da. PART. de estirar. || **I.** ADJ. **1.** Engreído en su trato con los demás. || **II.** M. **2.** Acción y efecto de estirar.

estiramiento. M. **1.** Acción y efecto de estirar o estirarse. || **2.** Orgullo, ensoberbecimiento. || **3.** Operación de cirugía estética consistente en estirar la piel, generalmente de cara y cuello, para suprimir las arrugas.

estirar. **I.** TR. **1.** Alargar, dilatar algo, extendiéndolo con fuerza para que dé de sí. *Estirar una goma.* U. t. c. prnl. || **2.** Extender algo doblado o encogido, especialmente un miembro del cuerpo. *Estirar el cuello.* || **3.** Planchar ligeramente para quitar las arrugas. *Estirar la sábana.* || **4.** alisar (|| poner liso algo). *Estirar el pelo.* || **5.** Gastar dinero con parsimonia para atender al mayor número posible de necesidades. *Estirar el sueldo.* || **6.** Alargar, ensanchar el dictamen, la opinión, la jurisdicción más de lo que se debe. || **II.** INTR. **7.** Dicho de una persona: **crecer** (|| tomar aumento). U. t. c. prnl. || **III.** PRNL. **8.** Desplegar o mover brazos o piernas para desentumecerlos. || **estira y afloja.** LOC. SUST. M. *Am. Cen.* y *Méx.* **tira y afloja.**

estireno. M. Quím. Hidrocarburo insaturado, oleoso y de olor penetrante, usado en la industria para la fabricación de polímeros plásticos y resinas sintéticas, como el poliéster.

estirón. M. **1.** Acción con que alguien estira o arranca con fuerza algo. || **2.** Crecimiento en altura de una persona. || **dar** alguien **un ~.** LOC.VERB. coloq. Crecer mucho en poco tiempo.

estirpe. F. **1.** Raíz y tronco de una familia o linaje. || **2.** Biol. **cepa** (|| grupo de organismos emparentados).

estivación. F. Adaptación orgánica al calor y sequedad propios del verano.

estival. ADJ. Perteneciente o relativo al estío. *Solsticio estival.*

estivo, va. ADJ. estival.

esto. PRON. DEM. Forma neutra de este[2]. || **en ~.** LOC.ADV. Estando en esto, durante esto, en este tiempo.

estocada. F. **1.** Golpe que se tira de punta con la espada o el estoque. || **2.** Herida que resulta de él. || **~ de puño.** F. Esgr. La que se da sin mover el cuerpo, con solo recoger y extender el brazo.

estocástica. F. Mat. Teoría estadística de los procesos cuya evolución en el tiempo es aleatoria, tal como la secuencia de las tiradas de un dado.

estocástico, ca. ADJ. Perteneciente o relativo al azar. *Variable estocástica.*

Estocolmo. □ V. **síndrome de ~.**

estofa. F. **1.** Tela o tejido de labores, por lo común de seda. || **2.** Calidad, clase. *Gente de baja estofa.*

estofado[1]. M. Guiso que consiste en un alimento condimentado con aceite, vino o vinagre, ajo, cebolla y varias especias, puesto todo en una vasija bien tapada para que cueza a fuego lento sin que pierda vapor ni aroma.

estofado[2]. M. **1.** Acción de estofar[1]. || **2.** Adorno que resulta de estofar un dorado.

estofar[1]. TR. **1.** Labrar a manera de bordado, rellenando con algodón o estopa el hueco entre dos telas, formando encima algunas labores y pespunteándolas y perfilándolas para que sobresalgan y hagan relieve. *Estofar un mantón.* || **2.** Entre doradores, raer con la punta del grafio el color dado sobre el dorado de la madera, formando rayas o líneas para que se descubra el oro y haga visos entre los colores con que se pintó. *Estofar un marco.*

estofar[2]. TR. Hacer el **estofado**[1].

estoicismo. M. **1**. Fortaleza o dominio sobre la propia sensibilidad. ‖ **2**. Escuela fundada por Zenón de Citio, que fundamenta la vida en el equilibrio de la mente y en la liberación de las pasiones. ‖ **3**. Doctrina de los estoicos.

estoico, ca. ADJ. **1**. Fuerte, ecuánime ante la desgracia. *Resistencia estoica*. ‖ **2**. Perteneciente o relativo al estoicismo. *El derecho natural es de origen estoico*. ‖ **3**. Dicho de un filósofo: Que sigue la doctrina del estoicismo. U. t. c. s.

estola. F. **1**. Ornamento sagrado que consiste en una banda de tela de dos metros aproximadamente de largo y unos siete centímetros de ancho, con tres cruces, una en el medio y otra en cada extremo, los cuales se ensanchan gradualmente hasta medir en los bordes doce centímetros. ‖ **2**. Banda larga de piel que usan las mujeres para abrigarse el cuello. ‖ **3**. hist. Vestidura amplia y larga que los griegos y romanos llevaban sobre la camisa y se diferenciaba de la túnica por ir adornada con una franja que ceñía la cintura y caía por detrás hasta el suelo.

estolidez. F. Falta total de razón y discurso.

estólido, da. ADJ. Falto de razón y discurso. Apl. a pers., u. t. c. s.

estolón. M. **1**. *Bot*. Vástago rastrero que nace de la base del tallo y echa a trechos raíces que producen nuevas plantas, como en la fresa. ‖ **2**. *Zool*. Órgano de algunos invertebrados coloniales que une entre sí a los individuos de la colonia.

estoma. M. **1**. *Bot*. Abertura microscópica en la epidermis de las partes verdes de los vegetales superiores que permite el intercambio de gases y líquidos con el exterior. ‖ **2**. *Med*. Abertura al exterior que se practica en un órgano hueco, como el intestino, o entre dos de ellos.

estomacal. ADJ. **1**. Perteneciente o relativo al estómago. *Úlcera estomacal*. ‖ **2**. Que tonifica el estómago y facilita la función gástrica. Apl. a un medicamento o un producto, u. t. c. s. m.

estomagante. ADJ. Que resulta desagradable o antipático. *Vulgaridad estomagante*.

estomagar. TR. **1**. Causar indigestión, empachar. *El potaje me ha estomagado*. ‖ **2**. Causar fastidio o enfado. *Su presunción me estomaga*.

estómago. M. **1**. *Anat*. Órgano del aparato digestivo, situado entre el esófago y el intestino, cuyas paredes segregan los fermentos gástricos. ‖ **2**. coloq. Capacidad para soportar o hacer cosas desagradables. *Hace falta estómago para soportar esa injusticia*. ‖ **3**. coloq. Falta de escrúpulos morales. ‖ **~ agradecido**. M. Persona que responde con sus servicios a ciertos favores o beneficios materiales recibidos. ‖ **asentar el ~** una comida o medicina. LOC. VERB. Sentar bien o ayudar a mejorar una digestión pesada. ‖ **asentarse en el ~** algo. LOC. VERB. No digerirse bien. ‖ **echarse** alguien algo **al ~**. LOC. VERB. coloq. Comer o beber copiosamente. ‖ **revolver el ~** algo a alguien. LOC. VERB. **1**. Removérselo, alterárselo. ‖ **2**. Causarle aversión, repugnancia o antipatía por innoble, inmoral, etc. ‖ **tener** alguien **buen, o mucho, ~**. LOCS. VERBS. **1**. coloqs. Ser poco escrupuloso en lo referido a moralidad. ‖ **2**. coloqs. Sufrir los desaires e injurias que se le hacen sin darse por sentido. □ V. **ardor de ~, boca del ~, calambre de ~**.

estomatitis. F. *Med*. Inflamación de la mucosa bucal.

estomatología. F. Parte de la medicina que trata de las enfermedades de la boca del hombre.

estomatológico, ca. ADJ. *Med*. Perteneciente o relativo a la estomatología.

estomatólogo, ga. M. y F. Especialista en estomatología.

estoniano, na. ADJ. **estonio**. Apl. a pers., u. t. c. s.

estonio, nia. **I**. ADJ. **1**. Natural de Estonia. U. t. c. s. ‖ **2**. Perteneciente o relativo a este país de Europa. ‖ **II**. M. **3**. Lengua finesa hablada por este pueblo.

estopa. F. **1**. Parte basta o gruesa del lino o del cáñamo, que queda en el rastrillo cuando se rastrilla. ‖ **2**. Tela gruesa que se teje y fabrica con la hilaza de la estopa.

estoperol. M. *Am*. **tachón**[2].

estopilla. F. **1**. Parte más fina que la estopa, que queda en el rastrillo al pasar por él por segunda vez el lino o el cáñamo. ‖ **2**. Hilado que se hace con estopilla. ‖ **3**. Tela que se fabrica con ese hilado.

estopín. M. *Mil*. Artificio destinado a inflamar la carga de las armas de fuego.

estoposo, sa. ADJ. Parecido a la estopa. *Lengua estoposa*.

estoque. M. **1**. Espada estrecha, que por lo regular suele ser más larga de lo normal, y con la cual solo se puede herir de punta. ‖ **2**. hist. Arma blanca, especie de espada estrecha, o formada por una varilla de acero de sección cuadrangular y aguzada por la punta, que se llevaba metida en un bastón y con la cual solo se podía herir de punta. ‖ **3**. *Taurom*. En la lidia, espada para matar los toros. □ V. **mozo de ~s**.

estoqueador, ra. M. y F. Torero que estoquea.

estoquear. TR. Herir de punta con espada o estoque.

estoquillo. M. *Chile*. Planta de la familia de las Ciperáceas, con el tallo en forma triangular y cortante, que crece en terrenos húmedos.

estor. M. *Esp*. Cortina de una sola pieza, que se recoge verticalmente. MORF. pl. **estores**.

estoraque. M. **1**. Árbol de la familia de las Estiracáceas, de cuatro a seis metros de altura, con tronco torcido, hojas alternas, blandas, ovaladas, blanquecinas y vellosas por el envés, flores blancas en grupos axilares, y fruto algo carnoso, elipsoidal, con dos huesos o semillas. Con incisiones en el tronco se obtiene un bálsamo muy oloroso, usado en perfumería y medicina. ‖ **2**. Este bálsamo.

estorbar. TR. **1**. Poner dificultad u obstáculo a la ejecución de algo. *Un exceso de líquidos estorba la digestión*. ‖ **2**. Molestar, incomodar. *Le estorbaba tener caras desconocidas husmeando en la casa*. U. t. c. intr. *Este jarrón no hace más que estorbar*.

estorbo. M. Persona o cosa que estorba.

estorboso, sa. ADJ. Que estorba.

estornino. M. Pájaro de cabeza pequeña, pico cónico, amarillo, cuerpo esbelto con plumaje negro de reflejos verdes y morados y pintas blancas, alas y cola largas, y pies rojizos. Mide unos 22 cm desde el pico a la extremidad de la cola, y 35 de envergadura. Es bastante común en España. Se domestica y aprende fácilmente a reproducir los sonidos que se le enseñan. ‖ **~ negro**. M. Especie afín al estornino, que carece de motas. ‖ **~ pinto**. M. **estornino**.

estornudar. INTR. Despedir o arrojar con violencia el aire de los pulmones, por la espiración involuntaria y repentina promovida por un estímulo que actúa sobre la membrana pituitaria.

estornudo. M. Acción y efecto de estornudar.

estornutatorio, ria. ADJ. Que provoca el estornudo. Apl. a una sustancia o un producto, u. t. c. s. m.

estotro, tra. ADJ. DEM. Este otro. *Estotro niño. Estotra mesa.* U. t. c. pron. U. m. en leng. poét.

estrábico, ca. ADJ. **1.** Dicho de los ojos o de la mirada: Desviados respecto de su posición normal. ‖ **2.** Que padece estrabismo. U. t. c. s.

estrabismo. M. *Med.* Disposición anómala de los ojos por la cual los dos ejes visuales no se dirigen a la vez a un mismo objeto.

estrada. F. **1.** Camino o vía que resulta de hollar la tierra. ‖ **2.** Vía que se construye para andar por ella.

estrado. M. **1.** Sitio de honor, algo elevado, en un salón de actos. ‖ **2.** Tarima cubierta con alfombra, sobre la cual se pone el trono real o la mesa presidencial en actos solemnes. ‖ **3.** hist. Lugar o sala de ceremonia donde se sentaban las mujeres y recibían las visitas. ‖ **4.** *Der.* Lugar del edificio en que se administra la justicia, donde en ocasiones se fijan, para conocimiento público, los edictos de notificación, citación o emplazamiento a interesados que no tienen representación en los autos. ‖ **5.** pl. Salas de tribunales, donde los jueces oyen y sentencian los pleitos.

estrafalario, ria. ADJ. **1.** Desaliñado en el vestido o en el porte. U. t. c. s. ‖ **2.** Extravagante en el modo de pensar o en las acciones. U. t. c. s.

estragador, ra. ADJ. Que estraga. *Efecto estragador.*

estragar. TR. **1.** viciar (‖ corromper física o moralmente). *Los lugares cerrados estragaban mi carácter; me volvía criminal.* U. t. c. prnl. ‖ **2.** Causar estrago. *Beber demasiado vino estraga el estómago.*

estrago. M. **1.** Daño hecho en guerra, como una matanza de gente, o la destrucción del campo, del país o del ejército. ‖ **2.** Ruina, daño, asolamiento. ‖ **causar,** o **hacer, ~s.** LOCS.VERBS. Provocar una fuerte atracción o una gran admiración entre un grupo de personas.

estragón. M. Hierba de la familia de las Compuestas, con tallos delgados y ramosos de seis a ocho decímetros, hojas enteras, lanceoladas, muy estrechas y lampiñas, y flores en cabezuelas pequeñas, amarillentas, en el extremo superior de los ramos. Se usa como condimento.

estral. ADJ. *Zool.* Perteneciente o relativo al **estro** (‖ celo de los mamíferos). *Período estral.* ☐ V. **ciclo ~.**

estrambote. M. Conjunto de versos que suele añadirse al fin de una combinación métrica, especialmente del soneto.

estrambótico, ca. ADJ. coloq. Extravagante, irregular y sin orden. *Accesorios estrambóticos. Elección estrambótica.*

estramonio. M. Planta herbácea de la familia de las Solanáceas, con tallos ramosos de cuatro a seis decímetros, hojas grandes, anchas y dentadas, flores grandes, blancas y de un solo pétalo a manera de embudo, y fruto como una nuez, espinoso, y llenas sus celdillas de simientes del tamaño de un cañamón. Toda la planta exhala un olor fuerte, y sus hojas secas se usaban como medicamento contra las afecciones asmáticas, fumándolas mezcladas con tabaco, y las hojas y las semillas, como narcótico y antiespasmódico.

estrangul. M. Pipa de caña o metal que se pone en algunos instrumentos de viento para meterla en la boca y tocar.

estrangulación. F. Acción y efecto de estrangular.

estrangulador, ra. **I.** ADJ. **1.** Que estrangula. Apl. a pers., u. t. c. s. ‖ **II.** M. **2.** Dispositivo que abre o cierra el paso del aire a un carburador.

estrangulamiento. M. **1.** Acción y efecto de estrangular. ‖ **2.** Estrechamiento natural o artificial de un conducto o lugar de paso.

estrangular. TR. **1.** Ahogar a una persona o a un animal oprimiéndoles el cuello hasta impedir la respiración. U. t. c. prnl. ‖ **2.** Dificultar o impedir el paso por una vía o conducto. *El derrumbe estranguló los meandros del río.* ‖ **3.** Impedir con fuerza la realización de un proyecto, la consumación de un intento, etc. *Es difícil estrangular el pensamiento y la rebeldía.* ‖ **4.** *Med.* Interceptar la comunicación de los vasos de una parte del cuerpo por medio de presión o ligadura. U. t. c. prnl.

estraperlear. INTR. Negociar con productos de estraperlo.

estraperlista. COM. Persona que practica el **estraperlo** (‖ comercio ilegal).

estraperlo. M. **1.** Comercio ilegal de artículos intervenidos por el Estado o sujetos a tasa. ‖ **2.** Conjunto de artículos que son objeto de dicho comercio. ‖ **de ~. I.** LOC.ADJ. **1.** Comprado o vendido en el comercio ilegal así llamado. ‖ **II.** LOC.ADV. **2.** Dicho de comerciar: Ilegalmente, de manera clandestina.

estrapontín. M. Asiento supletorio en los vehículos.

estrasburgués, sa. ADJ. **1.** Natural de Estrasburgo. U. t. c. s. ‖ **2.** Perteneciente o relativo a esta ciudad de Francia.

estratagema. F. **1.** Engaño hecho con astucia. ‖ **2.** Ardid de guerra.

estratega. COM. Persona versada en estrategia.

estrategia. F. **1.** Arte de dirigir las operaciones militares. ‖ **2.** Arte para dirigir un asunto.

estratégico, ca. ADJ. **1.** Perteneciente o relativo a la estrategia. *Movimiento estratégico.* ‖ **2.** Dicho de un lugar, de una posición, de una actitud, etc.: De importancia decisiva para el desarrollo de algo.

estratificación. F. **1.** Acción y efecto de estratificar. ‖ **2.** *Geol.* Disposición de las capas o estratos de un terreno.

estratificar. TR. Disponer en estratos. U. m. c. prnl.

estratigrafía. F. **1.** Parte de la geología que estudia la disposición y caracteres de las rocas sedimentarias estratificadas. ‖ **2.** *Geol.* Disposición seriada de las rocas sedimentarias de un terreno o formación. ‖ **3.** Estudio de los estratos arqueológicos, históricos, lingüísticos, sociales, etc.

estratigráfico, ca. ADJ. *Geol.* Perteneciente o relativo a la estratigrafía.

estrato. M. **1.** Conjunto de elementos que, con determinados caracteres comunes, se ha integrado con otros conjuntos previos o posteriores para la formación de una entidad o producto históricos, de una lengua, etc. ‖ **2.** Capa o nivel de una sociedad. ‖ **3.** Cada una de las capas de un tejido orgánico que se sobreponen a otras o se extienden por debajo de ellas. ‖ **4.** Nube que se presenta en forma de faja en el horizonte. ‖ **5.** *Geol.* Masa mineral en forma de capa de espesor más o menos uniforme, que constituye los terrenos sedimentarios. ‖ **6.** *Geol.* Cada una de las capas superpuestas en yacimientos de fósiles, restos arqueológicos, etc.

estratosfera. F. *Meteor.* Zona superior de la atmósfera, desde los 12 a los 100 km de altura.

estratósfera. F. *Am.* estratosfera.

estratosférico, ca. ADJ. Perteneciente o relativo a la estratosfera.

estraza. F. Trapo, pedazo o desecho de ropa basta. ☐ V. **papel de ~.**

estrechamiento. M. Acción y efecto de estrechar o estrecharse.

estrechar. **I.** TR. **1.** Reducir a menor anchura o espacio algo. *Estrechar una falda.* U. t. c. prnl. ‖ **2.** Apretar, reducir a estrechez. *Estrechar al enemigo.* ‖ **3.** Apretar a alguien o algo con los brazos o con la mano en señal de afecto o cariño. *Me estrechó la mano.* ‖ **4.** Hacer más íntima la amistad, intensificar la unión o el cariño entre personas. *Estrechar lazos.* ‖ **5.** Constreñir a alguien mediante preguntas o argumentos a que haga o diga algo. *Durante el interrogatorio, lo estrechó a preguntas.* ‖ **II.** PRNL. **6.** Ceñirse, recogerse, apretarse. ‖ **7.** Dicho de una persona: Reducir el gasto, las necesidades.

estrechez. F. **1.** Escasez de anchura de algo. ‖ **2.** Escasez o limitación apremiante de tiempo. ‖ **3.** Efecto de estrechar o estrecharse. ‖ **4.** Unión o enlace estrecho de algo con otra cosa. ‖ **5.** Amistad íntima entre dos o más personas. ‖ **6.** Austeridad de vida, falta de lo necesario para subsistir. *Pasan grandes estrecheces.* ‖ **7.** Pobreza, limitación, falta de amplitud intelectual o moral. *Estrechez de criterio. Estrechez de miras.*

estrecho, cha. **I.** ADJ. **1.** Que tiene poca anchura. *Pasillo estrecho.* ‖ **2.** Ajustado, apretado. *Vestido, zapato estrecho.* ‖ **3.** Dicho del parentesco: **cercano.** ‖ **4.** Dicho de la amistad: **íntima.** ‖ **5.** Rígido, austero, exacto. *Pensamiento estrecho y unilateral.* ‖ **6.** Dicho de una persona: Que tiene ideas restrictivas sobre las relaciones sexuales. U. t. c. s. ‖ **II.** M. **7.** Paso angosto comprendido entre dos tierras y por el cual se comunica un mar con otro. *El estrecho de Gibraltar, el de Magallanes.* ☐ V. **vía ~.**

estrechón. M. *Mar.* Sacudida de las velas cuando están flojas.

estrechura. F. **1.** Estrechez o angostura de un terreno o paso. ‖ **2.** **estrechez** (‖ austeridad de vida).

estregadura. F. Acción y efecto de estregar.

estregar. TR. Frotar, pasar con fuerza algo sobre otra cosa para dar a esta calor, limpieza, tersura, etc. U. t. c. prnl. MORF. conjug. c. *acertar.* U. t. c. reg.

estrella. F. **1.** Cada uno de los cuerpos celestes que brillan en la noche, excepto la Luna. ‖ **2.** Objeto en forma de estrella, con rayos que parten de un centro común o con un círculo rodeado de puntas. ‖ **3.** Signo en forma de estrella, que indica la graduación de jefes y oficiales de las fuerzas armadas. ‖ **4.** Signo en forma de estrella, que sirve para indicar la categoría de los establecimientos hoteleros. *Hotel de tres estrellas.* ‖ **5.** Sino, hado, destino. *Ha nacido con buena estrella. Mi estrella me condujo allí.* ‖ **6.** Persona, especialmente artista de cine, que sobresale extraordinariamente en su profesión. ‖ **7.** Lunar de pelos blancos, más o menos redondo y de unos tres centímetros de diámetro, que tienen algunos caballos o yeguas en medio de la frente. Se diferencia del lucero en ser de menor tamaño. ‖ **8.** Se usa en aposición para indicar que lo designado por el sustantivo al que se pospone se considera lo más destacado en su género. *Proyecto, juez estrella.* ‖ **9.** *Astr.* Cuerpo celeste que emite energía luminosa, calorífica, etc., producida por reacciones termonucleares. Una estrella típica es el Sol.

‖ **10.** pl. Especie de pasta, en forma de estrellas, que sirve para sopa. ‖ **~ de David.** F. La de seis puntas, símbolo del judaísmo. ‖ **~ de mar.** F. Animal marino del filo de los Equinodermos, con el cuerpo deprimido en forma de estrella, generalmente de cinco puntas o brazos. Posee un dermatoesqueleto formado por placas calcáreas y se alimenta de invertebrados. ‖ **~ de rabo.** F. **cometa** (‖ astro). ‖ **~ doble.** F. *Astr.* Sistema de dos estrellas asociadas que giran alrededor de un centro común de gravedad en órbitas diferentes. ‖ **~ enana.** F. *Astr.* estrella cuya masa está comprendida entre media y veinte veces la masa solar. ‖ **~ fija.** F. *Astr.* Cada una de las que brillan con luz propia y guardan siempre entre sí la misma distancia sensible, por lo cual se las ha considerado como inmóviles. ‖ **~ fugaz.** F. Cuerpo luminoso que suele verse repentinamente en la atmósfera y se mueve con gran velocidad, apagándose pronto. ‖ **~ múltiple.** F. *Astr.* Sistema de más de tres estrellas enlazadas por su mutua atracción. ‖ **~ nova.** F. *Astr.* estrella enana de brillo repentino por una explosión termonuclear en su seno. ‖ **~ supernova.** F. *Astr.* Explosión de una estrella en la que se libera gran cantidad de energía. ‖ **~ variable.** F. *Astr.* La que aumenta y disminuye de claridad en períodos más o menos largos. ‖ **con ~s.** LOC. ADV. Poco después de anochecer, o antes de amanecer. ‖ **nacer** alguien **con ~,** o **tener ~.** LOCS. VERBS. Ser afortunado y atraerse naturalmente la aceptación de las gentes. ‖ **tomar la ~.** LOC. VERB. *Mar.* Tomar la altura de la Estrella Polar. ‖ **ver** alguien **las ~s.** LOC. VERB. coloq. Sentir un dolor muy fuerte y vivo. ☐ V. **lluvia de ~s.**

estrellada. F. Planta perenne de la familia de las Compuestas, de cinco a seis decímetros de altura, con tallo recto, ramoso por arriba, hojas sentadas, lanceoladas y enteras, y flores grandes, azules y en su centro amarillas. Suele cultivarse en los jardines como planta de adorno.

estrellado, da. PART. de estrellar. ‖ ADJ. **1.** De forma de estrella. *Anís estrellado.* ‖ **2.** Dicho de un caballo: Que tiene una estrella en la frente. ☐ V. **cardo ~, huevo ~.**

estrellamar. F. **1.** **estrella de mar.** ‖ **2.** Hierba de la familia de las Plantagináceas, semejante al llantén, del que se diferencia por tener las hojas más estrechas, muy dentadas y extenderse circularmente sobre la tierra a manera de estrella.

estrellar. **I.** TR. **1.** coloq. Arrojar con violencia algo contra otra cosa, haciéndolo pedazos. U. t. c. prnl. ‖ **2.** Freír un huevo. ‖ **II.** PRNL. **3.** Quedar malparado o matarse por efecto de un choque violento contra una superficie dura. ‖ **4.** Fracasar en una pretensión por tropezar contra un obstáculo insuperable. ‖ **5.** Dicho de una persona: Chocar con las ideas u opiniones de otra, contradiciéndolas abiertamente.

estrellato. M. Condición de **estrella** (‖ del espectáculo).

estrellón. M. *Am.* **choque** (‖ encuentro violento).

estremecedor, ra. ADJ. Que estremece. *Sonido estremecedor. Pregunta estremecedora.*

estremecer. **I.** TR. **1.** Hacer temblar algo. *El ruido del cañonazo estremeció las casas.* ‖ **2.** Ocasionar alteración o sobresalto en el ánimo de alguien. *El cuento de aparecidos estremeció a todos los presentes.* ‖ **II.** PRNL. **3.** Temblar con movimiento agitado y repentino. ‖ **4.** Sentir una repentina sacudida nerviosa o sobresalto en el ánimo. ¶ MORF. conjug. c. *agradecer.*

estremecimiento. M. Acción y efecto de estremecer o estremecerse.

estremezón. M. Á. *Caribe.* Acción y efecto de estremecerse.

estrenar. **I.** TR. **1.** Hacer uso por primera vez de algo. *Estrenar un traje, una escopeta, un edificio.* ‖ **2.** Representar o ejecutar un espectáculo público por primera vez. *Estrenar una comedia, una ópera.* ‖ **II.** PRNL. **3.** Dicho de una persona: Empezar a desempeñar un empleo, oficio, encargo, etc., o darse a conocer por vez primera en el ejercicio de un arte, facultad o profesión. ‖ **4.** Dicho de un vendedor o de un negociante: Hacer la primera transacción de cada día.

estrenista. ADJ. Dicho de una persona: Que asiste habitualmente a los estrenos teatrales.

estreno. M. Acción y efecto de estrenar o estrenarse. ‖ **de ~.** LOC.ADJ. Dicho de un local: Dedicado habitualmente a estrenar películas.

estrenuo, nua. ADJ. Fuerte, ágil, valeroso, esforzado. *Trabajo estrenuo.*

estreñido, da. PART. de **estreñir.** ‖ ADJ. **1.** Que padece estreñimiento. ‖ **2.** Miserable, mezquino. *La bombilla derramaba su luz estreñida sobre la escalera.*

estreñimiento. M. Acción y efecto de estreñir.

estreñir. TR. Retrasar el curso del contenido intestinal y dificultar su evacuación. U. t. c. prnl. MORF. conjug. c. *ceñir.*

estrepada. F. **1.** Esfuerzo que se hace de cada vez para tirar de un cabo, de una cadena, etc., y, en especial, el esfuerzo reunido de diversos operarios. ‖ **2.** *Mar.* Esfuerzo que para bogar hace un remero, y en general, el esfuerzo de todos los remeros a la vez. ‖ **3.** *Mar.* **arrancada** (‖ aumento repentino en la velocidad de un buque).

estrépito. M. **1.** Ruido considerable. ‖ **2.** Ostentación, aparato en la realización de algo.

estrepitoso, sa. ADJ. **1.** Que causa estrépito. *Ruido estrepitoso.* ‖ **2.** **aparatoso** (‖ desmedido, exagerado). *Fracaso estrepitoso.*

estreptococia. F. *Med.* Infección producida por los estreptococos.

estreptocócico, ca. ADJ. *Med.* Perteneciente o relativo a la estreptococia.

estreptococo. M. *Biol.* Cada una de las bacterias de forma redondeada que se agrupan en forma de cadena.

estreptomicina. F. *Med.* Antibiótico sintetizado por los hongos del género *Streptomyces,* o por determinadas bacterias, que es activo frente a diversos bacilos, entre otros el de la tuberculosis.

estrés. M. *Med.* Tensión provocada por situaciones agobiantes que originan reacciones psicosomáticas o trastornos psicológicos a veces graves. MORF. pl. **estreses.**

estresante. ADJ. *Med.* Que produce estrés. *Trabajo estresante. Situación estresante.*

estresar. TR. Causar estrés. U. t. c. prnl.

estría. F. **1.** Cada una de las rayas en hueco que suelen tener algunos cuerpos. ‖ **2.** *Arq.* Mediacaña en hueco, que se suele labrar en algunas columnas o pilastras de arriba abajo. ‖ **3.** *Med.* Cada una de las líneas claras que aparecen en la piel en el embarazo y otros procesos, debidas a desgarros bajo la dermis. U. m. en pl.

estriado, da. PART. de **estriar.** ‖ ADJ. Que tiene estrías. *Bordes estriados.* □ V. **músculo ~.**

estriar. **I.** TR. **1.** Alterar una superficie formando en ella estrías. ‖ **II.** PRNL. **2.** Dicho de una cosa: Formar en sí surcos o canales. ¶ MORF. conjug. c. *enviar.*

estribación. F. *Geogr.* Ramal de montaña que deriva de una cordillera. U. m. en pl.

estribar. INTR. **1.** **fundarse** (‖ apoyarse). *¿En qué estriba la dificultad?* ‖ **2.** Dicho de una cosa: Descansar en otra sólida y firme. *El muro estriba sobre una base de piedra.*

estribera. F. **1.** Estribo de la montura de la caballería. ‖ **2.** Á. R. *Plata.* Correa del estribo.

estribillo. M. **1.** Expresión o cláusula en verso, que se repite después de cada estrofa en algunas composiciones líricas, que a veces también empiezan con ella. ‖ **2.** Voz o frase que por hábito se repite con frecuencia.

estribo. M. **1.** Pieza de metal, madera o cuero en que el jinete apoya el pie, la cual está pendiente de la silla de montar mediante una correa. ‖ **2.** Especie de escalón que sirve para subir a los vehículos o bajar de ellos. ‖ **3.** En las plazas de toros, especie de escalón, situado en la barrera por la parte del ruedo, para facilitar el salto de los toreros. ‖ **4.** *Anat.* Huesecillo de la parte media del oído de los mamíferos, articulado con la apófisis lenticular del yunque. ‖ **5.** *Arq.* Macizo de fábrica, que sirve para sostener una bóveda y contrarrestar su empuje. ‖ **perder** alguien **los ~s.** LOC.VERB. **1.** Desbarrar, hablar u obrar fuera de razón. ‖ **2.** Impacientarse mucho.

estribor. M. *Mar.* Banda derecha del navío mirando de popa a proa.

estricnina. F. *Quím.* Alcaloide presente en algunos vegetales, como la nuez vómica y el haba de san Ignacio. Es un veneno muy activo.

estricote. al ~. LOC.ADV. a maltraer.

estrictez. F. *Am.* Cualidad de estricto.

estricto, ta. ADJ. Ajustado enteramente a la necesidad o a la ley y que no admite interpretación. *Reglas estrictas.*

estridencia. F. **1.** Sonido estridente. ‖ **2.** Violencia de la expresión o de la acción.

estridente. ADJ. **1.** Dicho de un sonido: Agudo, desagradable y chirriante. ‖ **2.** Que produce ruido y estruendo. *Conversación estridente.* ‖ **3.** Dicho de una persona o de una cosa: Que, por exagerada o violenta, produce una sensación molestamente llamativa.

estridor. M. Sonido agudo, desagradable y chirriante.

estridular. INTR. Producir estridor, rechinar, chirriar.

estrigiforme. ADJ. *Zool.* Se dice de las aves de cabeza grande y redondeada, pico corto, robusto y ganchudo, ojos dirigidos hacia delante y garras fuertes y afiladas, conocidas como rapaces nocturnas; p. ej., el búho y la lechuza. U. t. c. s. f. ORTOGR. En f. pl., escr. con may. inicial c. taxón. *Las Estrigiformes.*

estro. M. **1.** Inspiración ardiente del poeta o del artista al componer sus obras. ‖ **2.** *Zool.* Período de celo o ardor sexual de los mamíferos.

estróbilo. M. **1.** *Bot.* Infrutescencia de los pinos y otras muchas coníferas, en la que sobre un eje vertical van insertas helicoidalmente las escamas que amparan las semillas. ‖ **2.** *Zool.* Conjunto de órganos de proliferación vegetativa que se forman ordenadamente en algunos invertebrados.

estrobo. M. *Mar.* Pedazo de cabo unido por sus chicotes, que sirve para suspender cosas pesadas, sujetar el remo al escálamo y otros usos semejantes.

estroboscópico, ca. ADJ. *Ópt.* Perteneciente o relativo al estroboscopio. *Luz estroboscópica.*

estroboscopio. M. *Ópt.* Instrumento que permite ver como lentos o inmóviles objetos que se mueven de forma rápida y periódica, mediante su observación intermitente.

estrofa. F. **1.** Cada una de las partes, compuestas del mismo número de versos y ordenadas de modo igual, de que constan algunas composiciones poéticas. ‖ **2.** Cada una de estas partes, aunque no estén ajustadas a exacta simetría. ‖ **3.** En la poesía griega, primera parte del canto lírico compuesto de estrofa y antistrofa, o de estas dos partes y del epodo.

estrofanto. M. Planta apocinácea de cuyas semillas se extrae una sustancia del mismo nombre, que posee acción tónica sobre el corazón.

estrófico, ca. ADJ. **1.** Perteneciente o relativo a la estrofa. *Ritmo estrófico.* ‖ **2.** Que está dividido en estrofas. *Poema estrófico.*

estrógeno. M. *Biol.* Sustancia que provoca el **estro** (‖ celo de los mamíferos).

estroma. M. *Biol.* Trama o armazón de un tejido, que sirve para sostener entre sus mallas los elementos celulares.

estroncio. M. Elemento químico de núm. atóm. 38. Metal abundante en la litosfera, se encuentra en forma de sulfato en la celestina. De color blanco brillante, es blando y se oxida con facilidad. Sus derivados se usan en pirotecnia para dar color rojo, y en las industrias cerámica y del vidrio. Su isótopo radiactivo, estroncio 90, es el más radiotóxico de los productos de fisión, por su fácil incorporación a la cadena alimentaria. (Símb. *Sr*).

estropajo. M. **1.** Porción de esparto machacado, que sirve principalmente para fregar. ‖ **2.** Porción de cualquier otra materia, como plástico, alambre, nailon, etc., que sirve para fregar. ‖ **3.** Desecho, persona o cosa inútil o despreciable. ‖ **servir** alguien **de ~.** LOC.VERB. coloq. Ser tratado sin miramiento. ☐ V. **lengua de ~.**

estropajoso, sa. ADJ. **1.** coloq. Dicho de una persona o de su lengua: **trapajosa.** ‖ **2.** coloq. Dicho de la carne o de otro comestible: Fibrosos, ásperos y difíciles de masticar.

estropear. TR. **1.** Maltratar, deteriorar o afear algo. *Esas casas tan altas estropean el paisaje.* U. t. c. prnl. ‖ **2.** Echar a perder, malograr cualquier asunto o proyecto. *Ojalá que esta decisión no estropee tu futuro.*

estropicio. M. **1.** Destrozo, rotura estrepitosa, por lo común impremeditada, de cosas por lo general frágiles. ‖ **2.** Trastorno ruidoso de escasas consecuencias.

estrucioniforme. ADJ. *Zool.* Se dice de las aves semejantes al avestruz, de cuello largo, cabeza pequeña e incapaces de volar; con las extremidades posteriores de gran tamaño y solo dos dedos, adaptadas a la carrera. Su esqueleto carece de quilla y sus plumas de barbillas. Anidan en el suelo, donde ponen huevos de gran tamaño. U. t. c. s. f. ORTOGR. En f. pl., escr. con may. inicial c. taxón. *Las Estrucioniformes.*

estructura. F. **1.** Distribución de las partes del cuerpo o de otra cosa. ‖ **2.** Distribución y orden de las partes importantes de un edificio. ‖ **3.** Distribución y orden con que está compuesta una obra de ingenio, como un poema, una historia, etc. ‖ **4.** *Arq.* Armadura, generalmente de acero u hormigón armado, que, fija al suelo, sirve de sustentación a un edificio.

estructuración. F. Acción y efecto de estructurar.

estructural. ADJ. Perteneciente o relativo a la estructura. ☐ V. **gramática ~.**

estructuralismo. M. Teoría y método científico que considera un conjunto de datos como una estructura o sistema de interrelaciones.

estructuralista. ADJ. **1.** Perteneciente o relativo al estructuralismo. *Escuela estructuralista.* ‖ **2.** Adepto a esta corriente científica. U. t. c. s.

estructurar. TR. Articular, distribuir, ordenar las partes de un conjunto. U. t. c. prnl.

estruendo. M. Ruido grande.

estruendoso, sa. ADJ. Ruidoso, estrepitoso. *Una carcajada estruendosa.*

estrujador, ra. ADJ. Que estruja. *Máquina estrujadora.*

estrujadora. F. Instrumento para exprimir frutos y otras cosas.

estrujamiento. M. Acción y efecto de estrujar.

estrujar. TR. **1.** Apretar algo para sacarle el zumo. *Estrujar un pomelo.* ‖ **2.** Apretar una cosa blanda de manera que se deforme o se arrugue. *Estrujó el pañuelo entre los dedos.* ‖ **3.** Apretar a alguien y comprimirlo tan fuerte y violentamente, que se llegue a lastimarlo y maltratarlo. *Me estrujó contra la puerta.* ‖ **4.** Abrazar muy fuerte y con mucho cariño. *Estrujó al niño entre sus brazos.* ‖ **5.** coloq. **exprimir** (‖ sacar todo el partido posible).

estrujón. M. **1.** Acción y efecto de estrujar. ‖ **2.** Vuelta dada a la soga de esparto al pie de la uva ya exprimida y reducida a orujo, echándole agua y apretándolo bien para sacar el aguapié.

estuario. M. Desembocadura de un río caudaloso en el mar, caracterizada por tener una forma semejante al corte longitudinal de un embudo, cuyos lados van apartándose en el sentido de la corriente, y por la influencia de las mareas en la unión de las aguas fluviales con las marítimas.

estucado. M. Acción y efecto de estucar.

estucador, ra. M. y F. Persona que hace obras de estuco.

estucar. TR. Dar a algo con estuco o blanquearlo con él.

estuchado. M. Acción y efecto de estuchar.

estuchar. TR. Meter en estuche de papel los terrones de azúcar u otro producto industrial.

estuche. M. **1.** Caja o envoltura para guardar ordenadamente un objeto o varios; como joyas, instrumentos de cirugía, etc. ‖ **2.** Envoltura que reviste y protege algo. ‖ **3.** Conjunto de utensilios que se guardan en el estuche. ‖ **4.** En algunos juegos de naipes, espadilla, malilla y basto, cuando están reunidos en una mano. ‖ **5.** Cada una de las tres cartas de que se compone el **estuche** (‖ juegos de naipes).

estuchería. F. Manufactura y comercio de estuches.

estuchista. COM. Fabricante o constructor de estuches, cajas, envoltorios, etc.

estuco. M. **1.** Masa de yeso blanco y agua de cola, con la cual se hacen y preparan muchos objetos que después se doran o pintan. ‖ **2.** Pasta de cal apagada y mármol pulverizado, con que se da de llana a las alcobas y otras habitaciones, que se barnizan después con aguarrás y cera.

estudiado, da. PART. de **estudiar.** ‖ ADJ. Afectado, amanerado. *Una actitud muy estudiada.*

estudiantado. M. **1.** Conjunto de alumnos o estudiantes como clase social. ‖ **2. alumnado.**

estudiante. **I.** ADJ. **1.** Que estudia. ‖ **II.** COM. **2.** Persona que cursa estudios en un establecimiento de enseñanza. ‖ **~ de la tuna.** COM. Integrante de una estudiantina.

estudiantil. ADJ. Perteneciente o relativo a los estudiantes.

estudiantina. F. Grupo de estudiantes que, vestidos a la usanza tradicional universitaria y provistos de instrumentos musicales, van tocando y cantando por las calles y otros lugares.

estudiantón. M. despect. Estudiante aplicado, pero de escasas luces.

estudiar. TR. **1.** Ejercitar el entendimiento para alcanzar o comprender algo. *Tienes que estudiar física para el examen.* || **2.** Cursar en las universidades o en otros centros docentes. *Estudio cuarto de filología.* U. t. c. intr. || **3. aprender** (|| grabar algo en la memoria). U. t. c. prnl. *Estúdiate los pronombres personales.* || **4. observar** (|| examinar atentamente). *La cuestión merece ser estudiada.* || **5.** Pint. Dibujar de un modelo o del natural. ¶ MORF. conjug. c. *anunciar.*

estudio. M. **1.** Esfuerzo que pone el entendimiento aplicándose a conocer algo. || **2.** Trabajo empleado en aprender y cultivar una ciencia o arte. || **3.** Obra de cierta extensión en que se expone y analiza una cuestión determinada. || **4.** Boceto preparatorio para una obra pictórica o escultórica. || **5.** Lugar de trabajo de un artista, sobre todo plástico, o, en ciertos casos, de un profesional liberal. || **6.** Apartamento de reducidas dimensiones, dedicado por lo general a vivienda o despacho. || **7.** Conjunto de edificios o dependencias destinados al rodaje de películas o a la emisión o grabación de programas radiofónicos, televisivos o musicales. U. m. en pl. || **8.** *Mús.* Composición destinada originalmente a que el ejecutante se ejercite en superar ciertas dificultades técnicas. || **9.** pl. Conjunto de materias que se cursan para alcanzar cierta titulación. *Estudios de bachillerato.* || **~ general.** M. **universidad** (|| institución de enseñanza superior). || **~s mayores.** M. pl. hist. En las universidades, los que se hacían en las facultades mayores. || **dar ~s a** alguien. LOC.VERB. Facilitarle la posibilidad de estudiar. || **en ~.** LOC.ADJ. Dicho de una propuesta o de una iniciativa: Que, por su complejidad, dificultad o importancia, está siendo considerada para adoptar una decisión. || **tener ~s.** LOC.VERB. Haber recibido instrucción, o tener una carrera. □ V. **bolsa de ~s, plan de ~s.**

estudiosidad. F. Inclinación y aplicación al estudio.

estudioso, sa. ADJ. Dado al estudio. U. t. c. s.

estufa. F. **1.** Aparato destinado a calentar un recinto por electricidad o combustión de madera, gas, etc. || **2.** Aparato que se usa para secar, mantener caliente o desinfectar algo. || **3. cocina** (|| aparato que hace las veces de fogón). || **4. invernáculo.** || **5.** Lugar destinado en los baños termales a producir un sudor copioso. || **6.** Especie de carroza grande, cerrada y con cristales. || **~ de cultivo.** F. Aparato en que se mantienen constantes la temperatura y otros factores ambientales, lo que permite y favorece el desarrollo de los cultivos biológicos en él colocados.

estufilla. F. Brasero de mano.

estulticia. F. Necedad, tontería.

estulto, ta. ADJ. Necio, tonto.

estuoso, sa. ADJ. Caluroso, ardiente, como encendido o abrasado. *Sol estuoso. Cuerpos estuosos.* U. m. en leng. poét.

estupefacción. F. Pasmo, estupor.

estupefaciente. I. ADJ. **1.** Que produce estupefacción. *Estupefaciente antología de improperios.* || **II.** M. **2.** Sustancia narcótica que hace perder la sensibilidad; p. ej., la morfina o la cocaína. || **3.** Droga de cualquier tipo. *Brigada de estupefacientes.*

estupefactivo, va. ADJ. Que causa **estupor** (|| pasmo). *Una obra estupefactiva.*

estupefacto, ta. ADJ. Atónito, pasmado.

estupendo, da. ADJ. Admirable, asombroso, pasmoso. *Una frase estupenda.* U. t. c. adv. m. *Lo pasamos estupendo.*

estupidez. F. **1.** Torpeza notable en comprender las cosas. || **2.** Dicho o hecho propio de un estúpido.

estúpido, da. ADJ. **1.** Necio, falto de inteligencia. U. t. c. s. || **2.** Dicho de una cosa: Propia o característica de un estúpido. *Una reacción estúpida.*

estupor. M. **1.** Asombro, pasmo. || **2.** *Med.* Disminución de la actividad de las funciones intelectuales, acompañada de cierto aire o aspecto de asombro o de indiferencia.

estuprador, ra. M. y F. Persona que estupra.

estuprar. TR. Cometer estupro.

estupro. M. *Der.* Delito consistente en el acceso carnal con persona menor de edad mediando engaño o aprovechándose de alguna situación de superioridad.

estuquista. COM. Persona que por oficio hace obras de estuco.

esturión. M. Pez marino que remonta los ríos para desovar. Llega a tener, en algunas especies, hasta cinco metros de longitud, y es de color gris con pintas negras por el lomo, y blanco por el vientre, con cinco filas de escamas a lo largo del cuerpo, grandes, duras y puntiagudas en el centro. Tiene la cabeza pequeña, la mandíbula superior muy prominente, y delante de la boca cuatro apéndices vermiformes, cola ahorquillada y esqueleto cartilaginoso. La carne es comestible, con sus huevas se prepara el caviar, y de la vejiga natatoria seca se obtiene la gelatina llamada cola de pescado.

esvástica. F. **cruz gamada.**

eta. F. Séptima letra del alfabeto griego (H, η), que corresponde a *e* larga del latino.

etalaje. M. Parte de la cavidad interior de los altos hornos, encima de la parte estrecha situada sobre el crisol, donde se completa la reducción de la mena por los gases del combustible.

etamina. F. Tejido de lana, seda o algodón, muy fino, destinado a vestidos femeninos.

etano. M. *Quím.* Hidrocarburo formado por dos átomos de carbono y seis de hidrógeno.

etanol. M. *Quím.* alcohol etílico.

etapa. F. **1.** Trecho de camino de un recorrido determinado. || **2.** Lugar donde se hace una parada de descanso durante un desplazamiento. || **3.** Fase en el desarrollo de una acción u obra. || **por ~s.** LOC.ADV. De manera gradual, por partes sucesivas. || **quemar ~s.** LOC.VERB. En una acción o proceso, pasar rápidamente por las fases programadas.

etario, ria. ADJ. Perteneciente o relativo a la edad de una persona. *Período etario. Franja etaria.*

etarra. I. ADJ. **1.** Perteneciente o relativo a la organización terrorista ETA. *Violencia etarra.* || **II.** M. y F. **2.** Miembro de esta organización.

etcétera. EXPR. Se usa para sustituir el resto de una exposición o enumeración que se sobreentiende o que no interesa expresar. Se emplea generalmente en la abreviatura *etc.* U. t. c. s. m. *Una larga lista de etcéteras.*

éter. M. **1.** *Fís.* Fluido invisible, sin peso y elástico que, según cierta hipótesis obsoleta, llena todo el espacio, y por su movimiento vibratorio transmite la luz, el calor y otras formas de energía. || **2.** *Quím.* Compuesto químico que resulta de la unión de dos moléculas de alcohol con pérdida de una molécula de agua. || **3. éter etílico.** || **4.** poét. Esfera aparente que rodea a la Tierra. || **~ etílico, o ~ sulfúrico.** M. Líquido transparente, inflamable y volátil, de olor penetrante y sabor dulzón, que se obtiene al calentar a elevada temperatura una mezcla de alcohol etílico y ácido sulfúrico. Se empleaba en medicina como antiespasmódico y anestésico.

téreo, a. ADJ. **1.** poét. Vago, vaporoso. *Apariencia etérea.* || **2.** Perteneciente o relativo al éter. *Vapores etéreos.*

ternal. ADJ. Que no tiene fin. *Tiempo eternal.*

ternidad. F. **1.** Perpetuidad sin principio, sucesión ni fin. || **2.** Duración dilatada de siglos y edades. || **3.** coloq. Duración excesivamente prolongada. *Esto dura una eternidad.* || **4.** *Rel.* Posesión simultánea y perfecta de una vida interminable, considerada atributo de Dios. | **5.** *Rel.* Vida perdurable de la persona después de la muerte.

ternizar. I. TR. **1.** Hacer durar o prolongar algo demasiado. U. t. c. prnl. *La reunión se está eternizando.* || **2.** Perpetuar la duración de algo. *Eternizar un recuerdo.* | **II.** PRNL. **3.** coloq. Dicho de una persona: Tardar mucho en hacer algo.

terno, na. I. ADJ. **1.** Que no tiene principio ni fin. *La vida eterna.* || **2.** Que se repite con excesiva frecuencia. *Ya están con sus eternas disputas.* || **3.** coloq. Que se prolonga muchísimo o excesivamente. || **II.** M. **4.** *Rel.* Padre Eterno. ORTOGR. Escr. con may. inicial. || **el ~ femenino.** M. Conjunto de caracteres supuestamente permanentes e inmutables de la psicología femenina. ⏺ V. **nieves ~s, Padre Eterno, sabiduría ~, sueño ~.**

teromanía. F. *Med.* Hábito morboso de aspirar vapores de éter.

tica. F. **1.** Parte de la filosofía que trata del bien y del fundamento de sus valores. || **2.** Conjunto de normas morales que rigen la conducta de la persona en cualquier ámbito de la vida. *Ética profesional, cívica, deportiva.*

ticidad. F. Cualidad de ético.

tico, ca. ADJ. **1.** Perteneciente o relativo a la ética. *Pensamiento ético.* || **2.** Recto, conforme a la moral. *Comportamiento ético.* ☐ V. **dativo ~.**

tileno. M. *Quím.* Gas incoloro, de sabor dulce y muy inflamable. Se obtiene a partir de hidrocarburos alifáticos gaseosos y de diversas fracciones del petróleo.

tílico, ca. ADJ. Se dice de los efectos producidos por el consumo excesivo de alcohol. *Coma etílico.* ☐ V. **alcohol ~, éter ~.**

tilismo. M. *Med.* Intoxicación aguda o crónica por el alcohol etílico.

tilo. M. *Quím.* Radical del etano. (Fórm. C_2H_5-).

timo. M. Raíz o vocablo de que procede otro.

timología. F. **1.** Origen de las palabras, razón de su existencia, de su significación y de su forma. || **2.** Especialidad lingüística que estudia el origen de las palabras consideradas en dichos aspectos. || **~ popular.** F. *Gram.* Interpretación espontánea que se da vulgarmente a una palabra relacionándola con otra de distinto origen. La relación así establecida puede originar cambios semánticos, p. ej., en *altozano,* o provocar deformaciones fonéticas, p. ej., en *nigromancia.*

timológicamente. ADV. M. Según la etimología, conforme a sus reglas.

timológico, ca. ADJ. Perteneciente o relativo a la etimología.

timologista. COM. **1.** Persona que se dedica a investigar la etimología de las palabras. || **2.** Persona entendida en esta materia.

etimologizar. TR. **1.** Sacar o averiguar etimologías. || **2.** Discurrir o trabajar en esta materia.

etimólogo, ga. M. y F. etimologista.

etiología. F. **1.** *Fil.* Estudio sobre las causas de las cosas. || **2.** *Med.* Estudio de las causas de las enfermedades. || **3.** *Med.* Estas causas.

etiológico, ca. ADJ. *Fil.* y *Med.* Perteneciente o relativo a la etiología.

etíope. ADJ. **1.** Natural de Etiopía. U. t. c. s. || **2.** Perteneciente o relativo a este país de África.

etiópico, ca. ADJ. etíope (|| perteneciente a Etiopía).

etiqueta. F. **1.** Ceremonial de los estilos, usos y costumbres que se debe guardar en las casas reales y en actos públicos solemnes. || **2.** Ceremonia en la manera de tratarse las personas particulares o en actos de la vida privada, a diferencia de los usos de confianza o familiaridad. || **3.** Marca, señal o marbete que se coloca en un objeto o en una mercancía, para identificación, valoración, clasificación, etc. || **4.** Calificación identificadora de una dedicación, profesión, significación, ideología, etc. || **de ~.** LOC. ADJ. **1.** Propio de actos solemnes, según un determinado protocolo. || **2.** Dicho de un traje masculino: Requerido para estos actos. U. t. c. loc. adv. *Vestía de etiqueta.*

etiquetado. M. Acción y efecto de etiquetar.

etiquetaje. M. Acción y efecto de etiquetar.

etiquetar. TR. **1.** Colocar etiquetas o marbetes, especialmente a un producto destinado a la venta. || **2.** encasillar (|| clasificar personas o cosas). *La crítica la ha etiquetado como escritora difícil.* U. t. c. prnl.

etiquetero, ra. ADJ. Que gasta muchos cumplidos.

etmoidal. ADJ. *Anat.* Perteneciente o relativo al hueso etmoides.

etmoides. M. *Anat.* hueso etmoides.

etnia. F. Comunidad humana definida por afinidades raciales, lingüísticas, culturales, etc.

étnico, ca. ADJ. Perteneciente o relativo a una nación, raza o etnia.

etnocéntrico, ca. ADJ. *Antrop.* Que practica el etnocentrismo.

etnocentrismo. M. *Antrop.* Tendencia emocional que hace de la cultura propia el criterio exclusivo para interpretar los comportamientos de otros grupos, razas o sociedades.

etnografía. F. Estudio descriptivo de las costumbres y tradiciones de los pueblos.

etnográfico, ca. ADJ. Perteneciente o relativo a la etnografía.

etnógrafo, fa. M. y F. Persona que profesa o cultiva la etnografía.

etnolingüística. F. Disciplina que estudia las relaciones entre la lengua y la cultura de uno o varios pueblos.

etnología. F. Ciencia que estudia las causas y razones de las costumbres y tradiciones de los pueblos.

etnológico, ca. ADJ. Perteneciente o relativo a la etnología.

etnólogo, ga. M. y F. Persona que profesa o cultiva la etnología.

etología. F. **1.** Estudio científico del carácter y modos de comportamiento del hombre. || **2.** Parte de la biología que estudia el comportamiento de los animales.

etológico, ca. ADJ. Perteneciente o relativo a la etología.

etólogo, ga. M. y F. Persona versada en etología.

etopeya. F. *Ret.* Descripción del carácter, acciones y costumbres de una persona.

etrusco, ca. I. ADJ. **1.** hist. Natural de Etruria. U. t. c. s. || **2.** hist. Perteneciente o relativo a este país de la Italia antigua. *Monumento funerario etrusco.* || **II.** M. **3.** Lengua que hablaron los etruscos, de la cual solo se conservan inscripciones.

eucaliptal. M. Lugar poblado de eucaliptos.

eucalipto o **eucaliptus.** M. **1.** Árbol originario de Australia, de la familia de las Mirtáceas, que puede llegar hasta 100 m de altura, con tronco derecho y copa cónica, hojas persistentes, olorosas, glaucas, coriáceas, lanceoladas y colgantes, flores amarillas, axilares, y fruto capsular de tres a cuatro celdas con muchas semillas. El cocimiento de las hojas es febrífugo, la corteza da un buen curtiente y la madera sirve para la construcción y carretería, aunque es de fibra torcida. El árbol es de gran utilidad para sanear terrenos pantanosos. || **2.** Extracto de hojas de este árbol. *Caramelos de eucalipto.*

eucarionte. ADJ. *Biol.* Se dice de las células con núcleo diferenciado envuelto por una membrana y de los organismos constituidos por ellas. U. m. c. s. m.

eucariota. ADJ. *Biol.* eucarionte.

eucaristía. F. **1.** *Rel.* En la Iglesia católica, sacramento instituido por Jesucristo, mediante el cual, por las palabras que el sacerdote pronuncia, se transustancian el pan y el vino en el cuerpo y la sangre de Cristo. || **2.** *Rel.* misa (‖ sacrificio del cuerpo y de la sangre de Cristo). || **3.** *Rel.* Hostia consagrada.

eucarístico, ca. ADJ. *Rel.* Perteneciente o relativo a la eucaristía. *Especies eucarísticas. Sacramento eucarístico.* □ V. pan ~.

euclidiano, na. ADJ. hist. Perteneciente o relativo a Euclides o al método de este matemático griego del siglo III a. C.

eucologio. M. Devocionario que contiene los oficios del domingo y principales fiestas del año.

eudemonía. F. Estado de satisfacción debido generalmente a la situación de uno mismo en la vida.

eudemonismo. M. Teoría ética que establece la felicidad como fundamento de la vida moral.

eufemismo. M. Manifestación suave o decorosa de ideas cuya recta y franca expresión sería dura o malsonante.

eufemístico, ca. ADJ. Perteneciente o relativo al eufemismo.

eufonía. F. Sonoridad agradable que resulta de la acertada combinación de los elementos acústicos de las palabras.

eufónico, ca. ADJ. Que tiene eufonía. *Un nombre eufónico.*

euforbiáceo, a. ADJ. *Bot.* Se dice de las plantas angiospermas dicotiledóneas, hierbas, arbustos o árboles, muchas de las cuales tienen abundante látex, con frecuencia venenoso, flores unisexuales y frutos secos dehiscentes; p. ej., la lechetrezna y el ricino. U. t. c. s. f. ORTOGR. En f. pl., escr. con may. inicial c. taxón. *Las Euforbiáceas.*

euforbio. M. **1.** Planta africana de la familia de las Euforbiáceas, con un tallo carnoso de más de un metro de altura, anguloso, con espinas divididas, cónicas y muy duras, sin hojas, y de la cual, por presión, se saca un zumo muy acre, que al secarse da una sustancia resinosa, usada en medicina como purgante. || **2.** Resina de esta planta.

euforia. F. **1.** Sensación de bienestar, resultado de un perfecta salud o de la administración de medicamentos o drogas. || **2.** Estado de ánimo propenso al opt mismo.

eufórico, ca. ADJ. Perteneciente o relativo a la eufori

euforizante. ADJ. Dicho de una sustancia: Que produc euforia. U. t. c. s. m.

eufrasia. F. Hierba vellosa, de la familia de las Escrof lariáceas, con tallo erguido y ramoso, de uno a dos dec metros de altura, hojas elípticas, dentadas y sin pecíol flores pequeñas, axilares, blancas, con rayas purpúre y una mancha amarilla parecida a un ojo, lo que ha dac fama a la planta como remedio para las enfermedad de la vista.

eugenesia. F. Aplicación de las leyes biológicas de herencia al perfeccionamiento de la especie human

eugenésico, ca. ADJ. Perteneciente o relativo a la e genesia.

eunuco. M. **1.** Hombre castrado. || **2.** hist. Hombre ca trado que se destinaba en los serrallos a la custodia las mujeres. || **3.** hist. En la historia antigua y orienta hombre castrado que desempeñaba cargos de minist o empleado favorito de un rey.

eupatorio. M. *Bot.* Especie de agrimonia.

eurasiático, ca. ADJ. euroasiático.

eureka. INTERJ. Se usa cuando se halla o descubre alg que se busca con afán.

euritmia. F. **1.** Buena disposición y correspondenc de las diversas partes de una obra de arte. || **2.** Regul ridad del pulso.

eurítmico, ca. ADJ. Perteneciente o relativo a la e ritmia.

euro[1]. M. poét. Uno de los cuatro vientos cardinales, q sopla de oriente.

euro[2]. M. Unidad monetaria común a los Estados de Unión Europea.

euroasiático, ca. ADJ. Perteneciente o relativo a E ropa y Asia, consideradas como un todo geográfico.

eurocentrismo. M. Tendencia a considerar los val res culturales, sociales y políticos de tradición europ como modelos universales.

eurocomunismo. M. Tendencia del movimiento c munista defendida por partidarios que actúan en país capitalistas europeos, la cual rechaza el modelo sov tico.

eurocomunista. ADJ. **1.** Perteneciente o relativo eurocomunismo. *Planteamientos eurocomunistas.* || Partidario del eurocomunismo. U. t. c. s.

euroconector. M. Clavija y enchufe adaptados a configuración europea estándar, que sirven para con xiones de sonido e imagen.

eurocracia. F. Conjunto de funcionarios de la Uni Europea y de otras organizaciones europeas.

eurócrata. COM. Funcionario de alguna de las insti ciones de la Unión Europea o de otras organizacion europeas.

eurodiputado, da. M. y F. Diputado del Parlamento la Unión Europea.

eurodivisa. F. Divisa o moneda extranjera negociad invertida en un país europeo.

eurodólar. M. Dólar invertido en un banco o empre instalados fuera de los Estados Unidos de América, pecialmente en Europa, y negociado en el mercado netario internacional.

euroescéptico, ca. ADJ. Que rechaza los proyectos políticos de la Unión Europea o recela de ellos. Apl. a pers., u. t. c. s.

europa. □ V. té de ~.

europeidad. F. Cualidad o condición de europeo.

europeísmo. M. **1.** Predilección por las cosas de Europa. ‖ **2.** Carácter europeo. ‖ **3.** Conjunto de ideologías y movimientos políticos que promueven la unificación de los Estados del continente europeo.

europeísta. ADJ. **1.** Que simpatiza con Europa. U. t. c. s. **2.** Partidario de la unidad o de la hegemonía europeas. U. t. c. s.

europeización. F. Acción y efecto de europeizar.

europeizante. ADJ. Que europeíza. Apl. a pers., u. t. c. s.

europeizar. I. TR. **1.** Dar carácter europeo. ‖ **II.** PRNL. **2.** Tomar carácter europeo. ¶ MORF. conjug. c. *descafeinar*.

europeo, a. ADJ. **1.** Natural de Europa. U. t. c. s. ‖ **2.** Perteneciente o relativo a esta parte del mundo. □ V. **manzanilla ~**.

europio. M. Elemento químico de núm. atóm. 63. Metal de las tierras raras, escaso en la litosfera, aparece con otros metales del mismo grupo en ciertos minerales. Algunos de sus derivados tienen color y se usan en las industrias electrónica y nuclear. (Símb. *Eu*).

euscalduna. I. ADJ. **1.** vasco. ‖ **II.** COM. **2.** Persona que habla vasco.

euscaro, ra. I. ADJ. **1.** Perteneciente o relativo al euskera. ‖ **II.** M. **2.** Lengua vasca.

euskera. ADJ. **1.** vasco (‖ dicho de la lengua europea). U. m. c. s. m. *El euskera*. ‖ **2.** Perteneciente o relativo a esta lengua. *Léxico euskera*. ‖ **~ batúa**. M. Lengua vasca unificada, basada en el dialecto guipuzcoano.

euskera. ADJ. euskera. U. t. c. s. m.

euskérico, ca. ADJ. Perteneciente o relativo al euskera.

eustaquio. □ V. **trompa de ~**.

eutanasia. F. **1.** Acción u omisión que, para evitar sufrimientos a los pacientes desahuciados, acelera su muerte con su consentimiento o sin él. ‖ **2.** *Med.* Muerte sin sufrimiento físico.

eutanásico, ca. ADJ. Perteneciente o relativo a la eutanasia.

eutócico, ca. ADJ. *Med.* Perteneciente o relativo al parto normal.

eutrapelia. F. **1.** Virtud que modera el exceso de las diversiones o entretenimientos. ‖ **2.** Donaire cortés e inofensivo.

eutrapélico, ca. ADJ. Perteneciente o relativo a la eutrapelia.

eutrofización. F. *Ecol.* Incremento de sustancias nutritivas en aguas dulces de lagos y embalses, que provoca un exceso de fitoplancton.

eutropelia. F. eutrapelia.

evacuación. F. Acción y efecto de evacuar.

evacuado, da. PART. de evacuar. ‖ ADJ. Que ha sido obligado a abandonar un lugar por razones militares, políticas, sanitarias, etc. Apl. a pers., u. t. c. s.

evacuante. ADJ. Que evacua. *Enemas evacuantes*.

evacuar. TR. **1.** Desalojar a los habitantes de un lugar para evitarles algún daño. *Ante la inminencia del huracán, las autoridades evacuaron a los ciudadanos.* ‖ **2.** Desocupar algo. *Se resisten a evacuar los territorios ocupados.* ‖ **3.** Dicho de un ser orgánico: Expeler excrementos u otras secreciones. ‖ **4.** Desempeñar un encargo, informe o cosa semejante. ‖ **5.** *Der.* Cumplir un trámite. *Evacuar un traslado, una diligencia.* ‖ **6.** *Med.* Sacar, extraer o dejar salir los líquidos anormales o patológicos del cuerpo. ‖ **7.** *Mil.* Dicho de una tropa o de una guarnición: Abandonar una plaza, una ciudad, una fortaleza, etc. ¶ MORF. conjug. c. *averiguar* y c. *actuar*.

evacuatorio. M. urinario.

evadir. I. TR. **1.** Eludir con arte o astucia una dificultad prevista. *Intenta evadir su responsabilidad en el caso.* U. t. c. prnl. ‖ **2.** Evitar un daño o peligro. *Por aquel camino evadiremos las emboscadas.* U. t. c. prnl. ‖ **3.** Sacar ilegalmente de un país dinero o cualquier tipo de bienes. ‖ **II.** PRNL. **4.** fugarse. ‖ **5.** Desentenderse de cualquier preocupación o inquietud.

evaginación. F. *Biol.* Protuberancia o saliente hueco de un conducto o cavidad orgánicas.

evaluación. F. **1.** Acción y efecto de evaluar. ‖ **2.** Examen escolar. *Hoy tengo la evaluación de matemáticas.*

evaluador, ra. ADJ. Que evalúa. Apl. a pers., u. t. c. s.

evaluar. TR. **1.** Señalar el valor de algo. *Con la prueba se evalúa la capacidad de los candidatos al puesto.* ‖ **2.** Estimar, apreciar, calcular el valor de algo. *Evaluó los daños de la inundación en varios millones.* U. t. c. prnl. ‖ **3.** Estimar los conocimientos, aptitudes y rendimiento de los alumnos. ¶ MORF. conjug. c. *actuar*.

evanecer. TR. Desvanecer o esfumar. U. m. c. prnl. MORF. conjug. c. *agradecer*.

evanescencia. F. **1.** Acción y efecto de evanescerse. ‖ **2.** Cualidad o condición de evanescente.

evanescente. ADJ. Que se desvanece o esfuma. *Resplandor evanescente.*

evanescer. TR. evanecer. U. t. c. prnl.

evangeliario. M. Libro de liturgia que contiene los evangelios de cada día del año.

evangélico, ca. ADJ. **1.** Perteneciente o relativo al Evangelio. *Parábola evangélica.* ‖ **2.** Perteneciente o relativo al protestantismo. *Pastor evangélico.* ‖ **3.** Se dice particularmente de una doctrina formada por la fusión del culto luterano y del calvinista. □ V. **ley ~**.

evangelio. M. **1.** Historia de la vida, doctrina y milagros de Jesucristo, contenida en los cuatro relatos que llevan el nombre de los cuatro evangelistas y que componen el primer libro canónico del Nuevo Testamento. ‖ **2.** Libro que contiene el relato de la vida y mensaje de Jesucristo. ¶ ORTOGR. Escr. con may. inicial. ‖ **3.** En la misa, capítulo tomado de uno de los cuatro libros de los evangelistas. ‖ **4.** *coloq.* Verdad indiscutible. *Sus palabras son el evangelio.* ‖ **Evangelios sinópticos**. M. pl. Los de san Lucas, san Marcos y san Mateo, por presentar tales coincidencias que pueden ser apreciadas visualmente colocándolos juntos.

evangelista. M. Cada uno de los cuatro discípulos de Jesucristo con cuyo nombre se designa uno de los cuatro Evangelios.

evangelización. F. Acción y efecto de evangelizar.

evangelizador, ra. ADJ. **1.** Perteneciente o relativo a la evangelización. *Misión evangelizadora.* ‖ **2.** Que evangeliza. Apl. a pers., u. t. c. s.

evangelizar. TR. Predicar la fe de Jesucristo o las virtudes cristianas.

evaporación. F. Acción y efecto de evaporar o evaporarse.

evaporada. □ V. leche ~.

evaporador, ra. ADJ. Que evapora. *Aparato evaporador.*

evaporar. I. TR. **1.** Convertir en vapor un líquido. U. t. c. prnl. || **2. disipar** (|| desvanecer). U. t. c. prnl. *Sus dudas se han evaporado.* || **II.** PRNL. **3.** Fugarse, desaparecer sin ser notado.

evaporización. F. Acción y efecto de evaporizar.

evaporizar. TR. **vaporizar.** U. t. c. intr. y c. prnl.

evasión. F. Acción y efecto de evadir o evadirse. || **de ~.** LOC.ADJ. Dicho de una obra literaria o cinematográfica, de un programa televisivo o radiofónico, etc.: Que tienen como finalidad entretener o divertir.

evasiva. F. Efugio o medio para eludir una dificultad.

evasivo, va. ADJ. Que incluye una evasiva o la favorece. *Respuesta evasiva. Medios evasivos.*

evasor, ra. ADJ. Que evade o se evade. Apl. a pers., u. t. c. s. *Evasores de capital.*

evento. M. **1. acaecimiento.** || **2.** Á. *Caribe,* Á. *R. Plata* y *Méx.* Suceso importante y programado, de índole social, académica, artística o deportiva. || **a cualquier, o a todo, ~.** LOCS.ADVS. Sin reservas ni preocupaciones.

eventración. F. *Med.* Salida de las vísceras, principalmente de los intestinos y mesenterio, del interior del vientre, por una herida que rasga la pared abdominal o por debilitación de esta pared.

eventual. ADJ. **1.** Sujeto a cualquier contingencia. *El seguro cubre los daños de un eventual accidente.* || **2.** Dicho de un trabajador: Que no pertenece a la plantilla de una empresa y presta sus servicios de manera provisional. U. t. c. s. || **3.** Dicho de un derecho o de un emolumento: Anejo a un empleo fuera de su dotación fija.

eventualidad. F. **1.** Cualidad de eventual. || **2.** Hecho o circunstancia de realización incierta o conjetural.

eventualmente. ADV.M. **1.** Incierta o casualmente. || **2.** De modo opcional. *Se pueden recetar vahos y eventualmente aerosoles.*

eversión. F. Acción de evertir.

evertir. TR. Sacar algo volviéndolo del revés.

evidencia. F. Certeza clara y manifiesta de la que no se puede dudar. *La evidencia de la derrota lo dejó aturdido.* || **en ~.** LOC.ADV. **1.** En ridículo, en situación desairada. *PONER, ESTAR, QUEDAR en evidencia.* || **2.** En conocimiento público, revelando o demostrando algo. *Las últimas investigaciones pusieron en evidencia algo que se venía sospechando.*

evidenciar. TR. Hacer patente y manifiesta la certeza de algo; probar y mostrar que no solo es cierto, sino claro. MORF. conjug. c. *anunciar.*

evidente. ADJ. **1.** Cierto, claro, patente y sin la menor duda. *El fracaso era evidente.* || **2.** Se usa como expresión de asentimiento.

eviscerar. TR. Extraer las vísceras.

evitable. ADJ. Que se puede o debe evitar. *Tensiones evitables.*

evitación. F. Acción y efecto de evitar.

evitar. TR. **1.** Apartar algún daño, peligro o molestia, impidiendo que suceda. || **2.** Excusar, huir de incurrir en algo. *Procura evitar los alimentos grasos.* || **3.** Huir el trato de alguien, apartarse de su comunicación.

eviterno, na. ADJ. *Rel.* Que, habiendo comenzado en el tiempo, no tendrá fin; como los ángeles y las almas racionales.

evo. M. poét. Duración de tiempo sin término.

evocación. F. Acción y efecto de evocar.

evocador, ra. ADJ. Que evoca. *Perfume evocador.*

evocar. TR. **1.** Traer algo a la memoria o a la imagin ción. *Evocar tiempos mejores.* || **2.** Llamar a los espírit y a los muertos, suponiéndolos capaces de acudir a l conjuros e invocaciones.

evocativo, va. ADJ. *Méx.* **evocador.**

evohé. INTERJ. hist. Grito de las bacantes para aclam o invocar a Baco.

evolución. F. **1.** Acción y efecto de evolucionar. || **2.** D sarrollo de las cosas o de los organismos, por medio d cual pasan gradualmente de un estado a otro. || **3.** ev lución biológica. || **4.** Movimiento de una person animal o cosa que se desplazan describiendo líneas cu vas. U. m. en pl. || **5.** Movimiento que hacen las tropas los buques, pasando de unas formaciones a otras pa atacar al enemigo o defenderse de él. || **6.** Cambio conducta, de propósito o de actitud. || **7.** Desarrollo transformación de las ideas o de las teorías. || **8.** Ca bio de forma. || **9.** *Fil.* Serie de transformaciones con nuas que va experimentando la naturaleza y los ser que la componen. || **~ biológica.** F. Proceso continuo transformación de las especies a través de cambios p ducidos en sucesivas generaciones.

evolucionar. INTR. **1.** Dicho de un organismo o de ot cosa: Desenvolverse, desarrollarse, pasando de un esta a otro. || **2.** Mudar de conducta, de propósito o de ac tud. || **3.** Desplazarse describiendo líneas curvas. || Dicho de la tropa o de un buque: Hacer **evolucion** (|| movimientos para atacar o defenderse).

evolucionismo. M. **1.** Teoría basada en la idea de evolución. || **2.** Teoría que explica la transformación las especies por los cambios producidos en sucesivas neraciones.

evolucionista. ADJ. **1.** Perteneciente o relativo a evolución o al evolucionismo. *Teoría evolucionista.* || Partidario del evolucionismo. U. t. c. s.

evolutivo, va. ADJ. Perteneciente o relativo a la evolucić

evónimo. M. **bonetero** (|| arbusto).

ex. I. ADJ. **1.** Que fue y ha dejado de serlo. *Ex minist ex marido.* || **II.** COM. **2.** Persona que ha dejado de s cónyuge o pareja sentimental de otra. ¶ MORF. pl. inv *Sigue viendo a sus ex.*

exabrupto. M. Dicho o ademán inconveniente o in perado, manifestado con viveza.

ex abrupto. (Locución latina). LOC.ADV. De repente, improviso.

exacción. F. **1.** Acción y efecto de exigir impuest prestaciones, multas, deudas, etc. || **2.** Cobro injust violento.

exacerbación. F. Acción y efecto de exacerbar.

exacerbamiento. M. **exacerbación.**

exacerbar. TR. **1.** Agravar o avivar una enfermeda una pasión, una molestia, etc. U. t. c. prnl. || **2.** Intens car, extremar, exagerar. *Exacerbar las contradiccion* || **3.** Irritar, causar muy grave enfado o enojo. U. t. c. pr

exactitud. F. Puntualidad y fidelidad en la ejecución algo.

exacto, ta. ADJ. Puntual, fiel y cabal. *Una interpretaci exacta.* U. t. c. adv. □ V. **ciencias ~s.**

exactor. M. Cobrador o recaudador de los tributos, i puestos o emolumentos.

ex aequo. (Locución latina). LOC.ADV. En una compe ción o en un concurso, en situación de igualdad pa compartir un premio o una posición.

exageración. F. **1.** Acción y efecto de exagerar. ‖ **2.** Concepto, hecho o cosa que traspasa los límites de lo justo, verdadero o razonable.

exagerado, da. PART. de exagerar. ‖ ADJ. **1.** Dicho de una persona: Que exagera. *No seas exagerado en tus alabanzas.* U. t. c. s. ‖ **2.** Excesivo, que incluye en sí exageración. *Precio exagerado.*

exagerar. TR. **1.** Encarecer, dar proporciones excesivas. *Exageró su importancia.* U. t. c. intr. *No exagero; estuve esperándote más de una hora.* ‖ **2.** Decir, representar o hacer algo traspasando los límites de lo verdadero, natural, ordinario, justo o conveniente. *¿No te parece que exageras los cuidados?*

exágono, na. ADJ. *Geom.* hexágono. U. m. c. s. m.

exaltación. F. **1.** Acción y efecto de exaltar o exaltarse. ‖ **2.** Gloria que resulta de una acción muy notable.

exaltado, da. PART. de exaltar. ‖ ADJ. Que se exalta. U. t. c. s.

exaltador, ra. ADJ. Que exalta.

exaltar. I. TR. **1.** Realzar el mérito o circunstancias de alguien. ‖ **2.** Avivar o aumentar un sentimiento o pasión. U. t. c. prnl. *Se exaltaron los ánimos con sus palabras.* ‖ **3.** Elevar a alguien o algo a gran auge o dignidad. *Lo exaltaron a la presidencia.* ‖ **II.** PRNL. **4.** Dejarse arrebatar de una pasión, perdiendo la moderación y la calma.

examen. M. **1.** Indagación y estudio que se hace acerca de las cualidades y circunstancias de una cosa o de un hecho. ‖ **2.** Prueba que se hace de la idoneidad de una persona para el ejercicio y profesión de una facultad, oficio u ocupación, o para comprobar o demostrar el aprovechamiento en los estudios. ‖ **~ de conciencia.** M. Recordación de las palabras, obras y pensamientos con relación a las obligaciones que se tienen. ‖ **libre ~.** M. El que se hace de las doctrinas cristianas sin otro criterio que el texto de la Biblia interpretado conforme al juicio personal y descartando la autoridad de la Iglesia.

examinador, ra. M. y F. Persona que examina.

examinando, da. M. y F. Persona que va a pasar un examen.

examinante. ADJ. Que examina. Apl. a pers., u. t. c. s.

examinar. TR. **1.** Inquirir, investigar, escudriñar con diligencia y cuidado algo. *Examinar un mapa para orientarse.* ‖ **2.** Reconocer la calidad de algo, viendo si contiene algún defecto o error. *La censura examina un libro.* ‖ **3.** Tantear la idoneidad y suficiencia de quienes quieren profesar o ejercer una facultad, oficio u ocupación. U. t. c. prnl.

exangüe. ADJ. **1.** Desangrado, falto de sangre. ‖ **2.** Sin ninguna fuerza, aniquilado. ‖ **3.** muerto (‖ sin vida).

exánime. ADJ. **1.** Sin señal de vida o sin vida. ‖ **2.** Sumamente debilitado, sin aliento, desmayado.

exantema. M. *Med.* Erupción de la piel, de color rojo más o menos subido, que desaparece momentáneamente con la presión del dedo, va acompañada o precedida de calentura, y termina por descamación; como en el sarampión, la escarlatina y otras enfermedades.

exantemático, ca. ADJ. *Med.* Perteneciente o relativo al exantema o acompañado de esta erupción. ⊐ V. **tifus ~.**

exarca. M. **1.** hist. Gobernador de los dominios bizantinos en Italia desde el siglo VI al VIII. ‖ **2.** En la Iglesia griega, dignidad inmediatamente inferior a la de patriarca.

exarcado. M. **1.** Dignidad de exarca. ‖ **2.** Territorio gobernado por un exarca.

exasperación. F. Acción y efecto de exasperar.

exasperante. ADJ. Que exaspera. *Lentitud exasperante. Chiquillos exasperantes.*

exasperar. TR. Irritar, enfurecer, dar motivo de enojo grande a alguien. U. t. c. prnl.

excarcelación. F. Acción y efecto de excarcelar.

excarcelar. TR. Poner en libertad a un preso por mandamiento judicial. U. t. c. prnl.

ex cáthedra o ex cátedra. (Locución latina). LOC. ADV. **1.** Se usa cuando el papa enseña a toda la Iglesia, o define verdades pertenecientes a la fe o a las costumbres. ‖ **2.** coloq. En tono magistral y decisivo.

excavación. F. **1.** Acción y efecto de excavar. ‖ **2.** *Arqueol.* y *Geol.* Procedimiento de investigación que consiste en desenterrar con método adecuado utensilios y restos del pasado.

excavador, ra. ADJ. Que excava. Apl. a pers., u. t. c. s.

excavadora. F. Máquina para excavar.

excavar. TR. **1.** Hacer en el terreno hoyos, zanjas, desmontes, pozos o galerías subterráneas. ‖ **2.** *Agr.* Quitar la tierra de alrededor de las plantas para beneficiarlas.

excedencia. F. Condición de excedente, referida al funcionario público que no ejerce su cargo, o al trabajador que no ocupa su puesto de trabajo durante un tiempo determinado.

excedentario, ria. ADJ. Que excede o sobrepasa a la cantidad necesaria o establecida. *Producción excedentaria.*

excedente. I. ADJ. **1.** sobrante. *Material excedente.* U. t. c. s. m. *Te devolveré el excedente del material.* ‖ **2.** Dicho de un funcionario público: Que se abstiene temporalmente de su puesto o cargo de trabajo. U. t. c. s. ‖ **II.** M. **3. excedente de cupo.** ‖ **4.** Cantidad de mercancías o dinero que sobrepasa las previsiones de producción o de demanda. ‖ **~ de cupo.** M. Mozo que queda libre del servicio militar por haberle correspondido en el sorteo de su quinta un número que lo excluye.

exceder. I. TR. **1.** Dicho de una persona o de una cosa: Ser más grande o aventajada que otra. ‖ **II.** INTR. **2.** Propasarse, ir más allá de lo lícito o razonable. U. m. c. prnl. ‖ **~se alguien a sí mismo.** LOC.VERB. Hacer algo que aventaja a todo lo que se le había visto hasta entonces, sobre todo si su fama es grande.

excelencia. F. **1.** Superior calidad o bondad que hace digno de singular aprecio y estimación algo. ‖ **2.** Tratamiento de respeto y cortesía que se da a algunas personas por su dignidad o empleo. ‖ **por ~.** LOC.ADV. **por antonomasia.**

excelente. I. ADJ. **1.** Que sobresale por sus óptimas cualidades. *Humor excelente.* ‖ **II.** M. **2.** hist. Moneda de oro acuñada por los Reyes Católicos, equivalente a la dobla. ‖ **~ de la granada.** M. hist. Moneda de oro acuñada por los Reyes Católicos, de menos peso y valor que la dobla.

excelentísimo, ma. ADJ. Tratamiento de respeto y cortesía que, antepuesto a *señor* o *señora*, se aplica a la persona a quien corresponde el de excelencia.

excelsitud. F. Cualidad de excelso.

excelso, sa. I. ADJ. **1.** Dicho de una persona o de una cosa: De singular excelencia. *Excelsa majestad. Ánimo excelso.* ‖ **2.** Muy elevado, alto, eminente. *Montes excelsos.* ‖ **II.** M. **3. Dios.** ORTOGR. Escr. con may. inicial. *El Excelso.*

excéntrica. F. *Mec.* Pieza que gira alrededor de un punto que no es su centro geométrico. Tiene por objeto transformar el movimiento circular continuo en rectilíneo alternativo.

excentricidad. F. **1.** Rareza o extravagancia de carácter. ‖ **2.** Dicho o hecho raro, anormal o extravagante. ‖ **3.** *Fís.* Distancia entre el centro geométrico de una pieza y su centro de giro. ‖ **4.** *Geom.* Distancia entre el centro de la elipse y uno de sus focos.

excéntrico, ca. ADJ. **1.** De carácter raro, extravagante. U. t. c. s. ‖ **2.** *Geom.* Que está fuera del centro, o que tiene un centro diferente.

excepción. F. **1.** Acción y efecto de exceptuar. ‖ **2.** Cosa que se aparta de la regla o condición general de las demás de su especie. ‖ **3.** *Der.* Título o motivo jurídico que el demandado alega para hacer ineficaz la acción del demandante; como el pago de la deuda, la prescripción del dominio, etc. ‖ **a ~ de.** LOC. PREPOS. Exceptuando la persona o cosa que se expresa. ‖ **de ~.** LOC. ADJ. **excepcional.** □ V. **estado de ~.**

excepcional. ADJ. **1.** Que constituye excepción de la regla común. *Pianista excepcional.* ‖ **2.** Que se aparta de lo ordinario, o que ocurre rara vez. *Fenómeno excepcional.*

excepcionalidad. F. Cualidad de excepcional.

excepcionar. TR. exceptuar.

exceptivo, va. ADJ. Que constituye o expresa excepción. *Adverbio exceptivo.*

excepto. PREP. A excepción de, fuera de, menos.

exceptuar. TR. Excluir a alguien o algo de la generalidad de lo que se trata o de la regla común. U. t. c. prnl. MORF. conjug. c. *actuar.*

excesivo, va. ADJ. Que excede y sale de regla. *Precio excesivo.*

exceso. M. **1.** Parte que excede y pasa más allá de la medida o regla. ‖ **2.** Cosa que sale en cualquier línea de los límites de lo ordinario o de lo lícito. ‖ **3.** Aquello en que algo excede a otra cosa. ‖ **4.** Abuso, delito o crimen. U. m. en pl. ‖ **~ de poder.** M. *Der.* Vicio por ilegalidad del acto administrativo. ‖ **en ~.** LOC. ADV. Con exceso. ‖ **por ~.** LOC. ADJ. Dicho de una diferencia: Que consiste en sobrepasar lo establecido como normal. U. t. c. loc. adv.

excipiente. M. *Med.* Sustancia inerte que se mezcla con los medicamentos para darles consistencia, forma, sabor u otras cualidades que faciliten su dosificación y uso.

excitabilidad. F. Cualidad de excitable.

excitable. ADJ. **1.** Que se excita fácilmente. *Tiene un carácter muy excitable.* ‖ **2.** Capaz de ser excitado. *Organismo excitable.*

excitación. F. Acción y efecto de excitar.

excitador, ra. ADJ. Que produce excitación. Apl. a pers., u. t. c. s.

excitante. ADJ. Que excita. Apl. a un agente, u. t. c. s. m. *El café es un excitante.*

excitar. TR. **1.** Ocasionar o estimular un deseo, sentimiento o pasión. *Excitar el apetito. Excitar la envidia.* ‖ **2.** Causar en alguien entusiasmo, enojo o alegría. *La idea del viaje me excita.* U. t. c. prnl. *Se excita con la falta de puntualidad de sus empleados.* ‖ **3.** Exhortar o incitar a alguien a hacer algo. *Excitaron a los congregados A tomar el palacio presidencial.* ‖ **4.** Producir a alguien nerviosismo o impaciencia. U. t. c. prnl. *El niño se excita con las visitas.* ‖ **5.** Despertar deseo sexual. U. t. c. prnl. ‖ **6.**

Biol. Producir o intensificar, mediante un estímulo, la actividad de una célula, órgano u organismo. ‖ **7.** *Elect.* Crear un campo magnético mediante el paso de una corriente eléctrica por un conductor, como en un electroimán. ‖ **8.** *Fís.* Hacer pasar un electrón de un nivel cuántico a otro más elevado en un átomo o molécula.

excitativo, va. ADJ. Que tiene virtud o capacidad de excitar o mover. *Sustancia excitativa.*

exclamación. F. **1.** Voz, grito o frase en que se refleja una emoción, sea de alegría, pena, indignación, cólera, asombro o cualquier otro afecto. ‖ **2.** Signo ortográfico doble (¡ !) que se sitúa al comienzo y al final de un enunciado para señalar su entonación exclamativa. ‖ **3.** *Ret.* Figura con que se manifiesta expresando en forma exclamativa un sentimiento, un afecto, una pasión o una consideración de la mente.

exclamar. INTR. Emitir palabras con fuerza o vehemencia para expresar la viveza de un afecto o para dar vigor y eficacia a lo que se dice. U. t. c. tr.

exclamativo, va. ADJ. Propio o característico de la exclamación. *Tono exclamativo. Expresión exclamativa.*

exclamatorio, ria. ADJ. exclamativo.

exclaustración. F. Acción y efecto de exclaustrar.

exclaustrado, da. PART. de exclaustrar. ‖ M. y F. Religioso exclaustrado.

exclaustrar. TR. Permitir u ordenar a un religioso que abandone el claustro. U. t. c. prnl. MORF. conjug. c. *causar.*

excluidor, ra. ADJ. Que excluye. *Oligarquía excluidora.*

excluir. **I.** TR. **1.** Quitar a alguien o algo del lugar que ocupaba o prescindir de él o de ello. *Excluir a alguien de una junta o comunidad. Excluir una partida de la cuenta.* ‖ **2.** Descartar, rechazar o negar la posibilidad de algo. *Los datos excluyen ese supuesto.* ‖ **II.** PRNL. **3.** Dicho de dos cosas: Ser incompatibles. ‖ **4.** Dicho de una persona: Dejar de formar parte de algo voluntariamente. ¶ MORF. conjug. c. *construir.*

exclusión. F. Acción y efecto de excluir.

exclusiva. F. **1.** Privilegio o derecho en virtud del cual una persona o corporación puede hacer algo prohibido a las demás. ‖ **2.** Noticia conseguida y publicada por un solo medio informativo, que se reserva los derechos de su difusión.

exclusive. ADV. M. Se usa para indicar que el último número o la última cosa de que se hizo mención no se toma en cuenta. *Hasta el primero de enero exclusive.*

exclusividad. F. Cualidad de exclusivo.

exclusivismo. M. Obstinada adhesión a una persona, una cosa o una idea, sin prestar atención a las demás que deben ser tenidas en cuenta.

exclusivista. ADJ. **1.** Perteneciente o relativo al exclusivismo. *Actitud exclusivista.* ‖ **2.** Dicho de una persona: Que practica el exclusivismo. U. t. c. s.

exclusivo, va. ADJ. **1.** Único, solo, excluyendo a cualquier otro. *Facultad exclusiva del ser humano.* ‖ **2.** Que excluye o tiene fuerza y virtud para excluir. *Proposiciones exclusivas.* □ V. **dedicación ~, zona económica ~, zona marítima ~.**

excluyente. ADJ. Que excluye, deja fuera o rechaza. *Política excluyente.*

excogitar. TR. Hallar o encontrar algo con el discurso y la meditación.

excombatiente. **I.** ADJ. **1.** Dicho de una persona: Que luchó bajo alguna bandera militar o por alguna causa política. U. t. c. s. ‖ **II.** M. **2.** Hombre que, después de actuar en alguna de las últimas guerras, integró con sus compañeros de armas agrupaciones sociales o políticas en varios países.

excomulgado, da. PART. de **excomulgar.** ‖ M. y F. Persona **excomulgada** (‖ apartada de la comunión).

excomulgar. TR. **1.** Rel. Apartar de la comunión de los fieles y del uso de los sacramentos. ‖ **2.** coloq. Declarar a alguien fuera de la **comunión** (‖ trato con otra u otras personas).

excomunión. F. **1.** Rel. Acción y efecto de excomulgar. ‖ **2.** Rel. Carta o decreto con que se intima y publica dicha censura. ‖ **3.** Rel. Carta o despacho de excomunión que se expide en los tribunales pontificios para el descubrimiento de algo que se sospecha haber sido robado u ocultado maliciosamente.

excoriación. F. Acción y efecto de excoriar.

excoriar. TR. Dañar o arrancar el cutis o el epitelio, quedando la carne descubierta. U. m. c. prnl. MORF. conjug. c. anunciar.

excrecencia. F. Protuberancia, generalmente carnosa, que se produce en animales y plantas, alterando su textura y superficie natural.

excreción. F. Acción y efecto de excretar.

excremental. ADJ. excrementicio.

excrementar. TR. Expeler los excrementos.

excrementicio, cia. ADJ. Perteneciente o relativo a la excreción y a las sustancias excretadas.

excremento. M. Masa de residuos del alimento que, después de hecha la digestión, despide el cuerpo por el ano.

excretar. INTR. **1.** Expeler el excremento. ‖ **2.** Expulsar los residuos metabólicos, como la orina o el anhídrido carbónico de la respiración.

excretor, ra. ADJ. **1.** Anat. Dicho de un órgano: Que sirve para excretar. ‖ **2.** Anat. Dicho de un conducto: Que por él salen de las glándulas los productos que estas han elaborado.

exculpación. F. **1.** Acción y efecto de exculpar. ‖ **2.** Hecho o circunstancia que sirve para exonerar de culpa.

exculpar. TR. Descargar a alguien de culpa. U. t. c. prnl.

exculpatorio, ria. ADJ. Que exculpa. Prueba exculpatoria.

excursión. F. Ida a alguna ciudad, museo o lugar para estudio, recreo o ejercicio físico.

excursionismo. M. Ejercicio y práctica de las excursiones como deporte o con fin científico o artístico.

excursionista. COM. Persona que hace excursiones.

excurso. M. digresión.

excusa[1]**.** F. **1.** Acción de excusar. ‖ **2.** Motivo o pretexto que se invoca para eludir una obligación o disculpar una omisión.

excusa[2]**.** F. escusa.

excusabaraja. F. Cesta de mimbre con tapa.

excusable. ADJ. **1.** Que admite excusa o es digno de ella. Error excusable. ‖ **2.** Que se puede omitir o evitar. Explicaciones excusables.

excusación. F. Acción y efecto de excusar.

excusado[1]**, da. I.** ADJ. **1.** Reservado o separado del uso común. Entrada excusada. ‖ **II.** M. **2.** retrete. □ V. **puerta ~.**

excusado[2]**, da.** PART. de **excusar.** ‖ **I.** ADJ. **1.** Que no hay necesidad de hacer o decir. Excusado es que yo dé razón a todos de mi conducta. ‖ **II.** M. **2.** hist. Derecho que tenía la Hacienda real de elegir, entre todas las casas dezmeras de cada parroquia, una que pagase los diez-

mos al rey, en vez de pagarlos a la Iglesia. ‖ **3.** hist. Cantidad que dichas casas rendían. □ V. **casa ~.**

excusar. TR. **1.** Exponer y alegar causas o razones para sacar libre a alguien de la culpa que se le imputa. U. t. c. prnl. ‖ **2.** Disculpar algo o a alguien. Excúseme, vuelvo en un momento. ‖ **3.** Evitar, impedir que algo perjudicial se ejecute o suceda. Excusar pleitos, discordias. ‖ **4.** Eximir y libertar a alguien del pago de tributos o de un servicio personal. ‖ **5.** Poder evitar, poder dejar de hacer algo, normalmente alegando un pretexto. Excuso decirte que ya no haces falta. Excusó su asistencia. U. t. c. prnl. Se excusó de cantar por su afonía.

execrable. ADJ. Digno de execración. Comportamiento execrable.

execración. F. **1.** Acción y efecto de execrar. ‖ **2.** Pérdida del carácter sagrado de un lugar, sea por profanación, sea por accidente. ‖ **3.** Ret. Figura consistente en las palabras o fórmula con que se execra.

execrar. TR. **1.** Vituperar o reprobar severamente. El Gobierno execró los atentados. ‖ **2.** aborrecer (‖ tener aversión). Execraba su petulancia.

exedra. F. Arq. Construcción descubierta, de planta semicircular, con asientos fijos en la parte interior de la curva, y respaldos también permanentes.

exégesis o **exegesis.** F. Explicación, interpretación.

exégeta o **exegeta.** COM. Persona que interpreta o expone un texto.

exegético, ca. ADJ. Perteneciente o relativo a la exégesis. Tradición exegética.

exención. F. Efecto de eximir. ‖ **~ fiscal.** F. Der. Ventaja fiscal de la que por ley se beneficia un contribuyente y en virtud de la cual es exonerado del pago total o parcial de un tributo.

exentar. TR. Dejar exento. U. t. c. prnl.

exento, ta. ADJ. **1.** Libre, desembarazado de algo. Exento de preocupaciones. Exento de temor. ‖ **2.** Dicho de una persona o de una cosa: No sometida a la jurisdicción ordinaria. Obispado, lugar exento. ‖ **3.** Aislado, independiente. Columna exenta.

exequátur. (Voz latina). M. **1.** Autorización que otorga el jefe de un Estado a los agentes extranjeros para que en su territorio puedan ejercer las funciones propias de sus cargos. ‖ **2.** hist. Voz con que se designaba el pase que daba la autoridad civil de un Estado a las bulas y rescriptos pontificios para su observancia. ¶ MORF. pl. invar. Los exequátur.

exequial. ADJ. Chile. Perteneciente o relativo a las exequias.

exequias. F. pl. Honras fúnebres.

exequible. ADJ. Que se puede hacer, conseguir o llevar a efecto. Ley exequible.

exergo. M. Numism. Parte de una moneda o medalla donde cabe o se pone el nombre de la ceca u otra inscripción, debajo del tipo.

exfoliación. F. **1.** Acción y efecto de exfoliar. ‖ **2.** Tratamiento cosmético para eliminar las células muertas de la piel. ‖ **3.** Med. Pérdida o caída de la epidermis en forma de escamas.

exfoliante. ADJ. Dicho de un producto cosmético: Que elimina las células muertas de la piel. Crema exfoliante. U. t. c. s. m.

exfoliar. TR. **1.** Eliminar de la piel las células muertas. ‖ **2.** Dividir algo en láminas o escamas. U. t. c. prnl. La mica se exfolia al tocarla. ¶ MORF. conjug. c. anunciar.

exfoliativo, va. ADJ. Que divide algo en láminas o escamas. *Dermatitis exfoliativa.*

exhalación. F. 1. Acción y efecto de exhalar. || 2. **rayo** (|| chispa eléctrica). *Salió de casa como una exhalación.*

exhalar. TR. 1. Despedir gases, vapores u olores. || 2. Lanzar, despedir suspiros, quejas, etc.

exhaustividad. F. Cualidad de exhaustivo.

exhaustivo, va. ADJ. Que agota o apura por completo. *Estudio exhaustivo.*

exhausto, ta. ADJ. Enteramente agotado o falto de lo que necesita tener para hallarse en buen estado. *El erario está exhausto de dinero.*

exhibición. F. Acción y efecto de exhibir.

exhibicionismo. M. 1. Prurito de exhibirse. || 2. Perversión consistente en el impulso a mostrar los órganos genitales.

exhibicionista. I. ADJ. 1. Perteneciente o relativo al exhibicionismo. *Afán exhibicionista.* || II. COM. 2. Persona aficionada al exhibicionismo.

exhibidor, ra. I. ADJ. 1. Que exhibe. *Vehículo exhibidor.* Apl. a pers., u. t. c. s. || II. M. y F. 2. Empresario dedicado a la explotación comercial de salas de cine.

exhibir. TR. Manifestar, mostrar en público. *Exhibir una bandera.* U. t. c. prnl.

exhortación. F. 1. Acción de exhortar. || 2. Advertencia o aviso con que se intenta persuadir.

exhortar. TR. Incitar a alguien con palabras, razones y ruegos a que haga o deje de hacer algo.

exhortativo, va. ADJ. exhortatorio.

exhortatorio, ria. ADJ. Que sirve para exhortar. *Discurso exhortatorio. Oración exhortatoria.*

exhorto. M. *Der.* Oficio que un juez o tribunal dirige a otro recabando auxilio para realizar una diligencia procesal fuera del ámbito de su jurisdicción.

exhumación. F. Acción de exhumar.

exhumador, ra. ADJ. Que exhuma. Apl. a pers., u. t. c. s.

exhumar. TR. 1. Desenterrar un cadáver o restos humanos. || 2. Desenterrar ruinas, estatuas, monedas, etc. || 3. Sacar a luz lo olvidado. *Exhumar recuerdos.*

exigencia. F. 1. Acción y efecto de exigir. || 2. Pretensión caprichosa o desmedida.

exigente. ADJ. Que exige mucho. Apl. a pers., u. t. c. s.

exigible. ADJ. Que puede o debe exigirse.

exigir. TR. 1. Pedir imperiosamente algo a lo que se tiene derecho. || 2. Dicho de una cosa: Pedir, por su naturaleza o circunstancia, algún requisito necesario. *La situación exige una intervención urgente.*

exigüidad. F. Cualidad de exiguo.

exiguo, gua. ADJ. Insuficiente, escaso. *Salario exiguo.*

exilado, da. PART. de **exilar**. || ADJ. exiliado. U. t. c. s.

exilar. TR. exiliar. U. t. c. prnl.

exiliado, da. PART. de **exiliar**. || ADJ. Expatriado, generalmente por motivos políticos. U. t. c. s.

exiliar. I. TR. 1. Expulsar a alguien de un territorio. || II. PRNL. 2. Expatriarse, generalmente por motivos políticos. ¶ MORF. conjug. c. *anunciar.*

exilio. M. 1. Expatriación, generalmente por motivos políticos. || 2. Efecto de estar exiliada una persona. || 3. Lugar en que vive el exiliado. || 4. Conjunto de personas exiliadas.

eximente. I. ADJ. 1. Que exime. || II. F. 2. *Der.* circunstancia eximente.

eximio, mia. ADJ. Muy ilustre, excelso. *Creación eximia.*

eximir. TR. Librar, desembarazar de cargas, obligaciones, preocupaciones, culpas, etc. U. t. c. prnl.

exinanido, da. ADJ. Notablemente falto de vigo *Cuerpo exinanido.*

existencia. F. 1. Acto de existir. || 2. Vida del hombre || 3. *Fil.* Por oposición a esencia, realidad concreta de u ente cualquiera. En el léxico del existencialismo, por a tonom., existencia humana. || 4. pl. Mercancías dest nadas a la venta, guardadas en un almacén o tiend

existencial. ADJ. Perteneciente o relativo al acto d existir. □ V. **cuantificador** ~.

existencialismo. M. Movimiento filosófico que trat de fundar el conocimiento de toda realidad sobre la e periencia inmediata de la existencia propia.

existencialista. ADJ. 1. Perteneciente o relativo a existencialismo. *Pensamiento existencialista.* || 2. Part dario del existencialismo. U. m. c. s.

existente. ADJ. Que existe en un determinado mo mento. *Antagonismos existentes.*

existir. INTR. 1. Dicho de una cosa: Ser real y verdader || 2. Tener vida. || 3. Haber, estar, hallarse. *En la Acad mia existe un autógrafo de Cervantes.*

exitismo. M. *Chile.* Afán desmedido de éxito.

éxito. M. 1. Resultado feliz de un negocio, actuación, etc || 2. Buena aceptación que tiene alguien o algo.

exitoso, sa. ADJ. Que tiene éxito popular. *Película ex tosa.*

exlibris. M. Etiqueta o sello grabado que se estampa e el reverso de la tapa de los libros, en la cual consta e nombre del dueño o el de la biblioteca a que pertenec el libro. MORF. pl. invar. *Los exlibris.*

ex libris. (Locución latina). M. exlibris.

exocrino, na. ADJ. 1. *Biol.* Dicho de una glándula: Qu vierte su secreción al tubo digestivo o al exterior del or ganismo. || 2. *Biol.* Dicho de una secreción: Que se viert al tubo digestivo o al exterior del organismo.

éxodo. M. Emigración de un pueblo o de una muche dumbre de personas. U. t. en sent. fig. *En verano se da u éxodo masivo a las playas.*

exoesqueleto. M. *Zool.* dermatoesqueleto.

exoftalmia o **exoftalmía.** F. *Med.* Situación saliente del globo ocular.

exoftálmico, ca. ADJ. *Med.* Perteneciente o relativo a la exoftalmia. □ V. **bocio** ~.

exoftalmos. M. *Med.* exoftalmia.

exogamia. F. 1. *Antrop.* Regla o práctica de contraer matrimonio con cónyuge de distinta tribu o ascenden cia o procedente de otra localidad o comarca. || 2. *Biol.* Cruzamiento entre individuos de distinta raza, comuni dad o población, que conduce a una descendencia cada vez más heterogénea.

exogámico, ca. ADJ. *Antrop.* y *Biol.* Perteneciente o re lativo a la exogamia.

exógeno, na. ADJ. 1. De origen externo. *Factor exó geno.* || 2. *Biol.* Dicho de un órgano: Que se forma en el ex terior de otro, como las esporas de ciertos hongos. || 3. *Geol.* Dicho de una fuerza o de un fenómeno: Que se pro ducen en la superficie terrestre.

exoneración. F. Acción y efecto de exonerar.

exonerar. TR. 1. Aliviar, descargar de peso u obliga ción. *Lo exoneraron del pago de las tasas.* U. t. c. prnl. || 2. Separar, privar o destituir a alguien de un empleo.

exorbitancia. F. Exceso notable con que algo pasa del orden y término regular.

xorbitante. ADJ. Excesivo, exagerado. *Precio exorbitante.*

xorcismo. M. Conjuro contra el diablo.

xorcista. **I.** COM. **1.** Persona que exorciza. || **II.** M. **2.** *Rel.* hist. Clérigo que en virtud de orden o grado menor eclesiástico tenía potestad para exorcizar.

xorcistado. M. *Rel.* hist. Orden de exorcista, que era la tercera de las menores.

xorcizar. TR. *Rel.* Usar oraciones y exorcismos contra el diablo.

xordio. M. **1.** Principio, introducción, preámbulo de una obra literaria, especialmente primera parte del discurso oratorio, la cual tiene por objeto llamar la atención y preparar el ánimo de los oyentes. || **2.** Preámbulo de un razonamiento o conversación familiar.

xornación. F. Acción y efecto de exornar.

xornar. TR. **1.** Adornar, embellecer. *Las flores exornaban el interior del templo.* U. t. c. prnl. || **2.** Amenizar o embellecer el lenguaje escrito o hablado con galas retóricas.

xorno. M. Acción y efecto de exornar.

xotérico, ca. ADJ. **1.** Común, accesible para la gente común, en oposición a *esotérico.* || **2.** Se dice por lo común de la doctrina que los filósofos de la Antigüedad manifestaban públicamente.

xotérmico, ca. ADJ. *Fís.* Dicho de un proceso: Que va acompañado de desprendimiento de calor.

xótico, ca. ADJ. **1.** Extranjero, especialmente si procede de país lejano. *Planta exótica.* || **2.** Extraño, chocante, extravagante.

xotismo. M. Cualidad de exótico.

xpandir. TR. Extender, dilatar, ensanchar, difundir. U. t. c. prnl.

xpansibilidad. F. *Fís.* Propiedad que tiene un cuerpo de expandirse.

xpansible. ADJ. *Fís.* Susceptible de expansión.

xpansión. F. **1.** Acción y efecto de expandir. || **2.** Acción de desahogar al exterior de un modo efusivo cualquier afecto o pensamiento. *Expansión del ánimo.* || **3.** Recreo, asueto, solaz.

xpansionar. **I.** TR. **1.** Expandir, dilatar, ensanchar. || **II.** PRNL. **2.** Desahogarse, tener una expansión. || **3.** Divertirse, distraerse.

xpansionismo. M. **1.** Tendencia de un país a extender sobre otros su dominio económico y político. || **2.** Tendencia de una empresa o entidad a extender su dominio o influencia sobre otras.

xpansionista. ADJ. **1.** Perteneciente o relativo al expansionismo. *Política expansionista.* || **2.** Partidario del expansionismo. U. t. c. s.

xpansivo, va. ADJ. **1.** Perteneciente o relativo a la expansión. *Fase expansiva.* || **2.** Que tiende a extenderse o dilatarse, ocupando mayor espacio. *Onda expansiva.* || **3.** Franco, comunicativo. *Carácter expansivo. Persona expansiva.*

xpatriación. F. Acción y efecto de expatriar o expatriarse.

xpatriado, da. PART. de expatriar. || ADJ. Que vive fuera de su patria. U. t. c. s.

xpatriar. **I.** TR. **1.** Hacer salir de la patria. || **II.** PRNL. **2.** Abandonar la patria. ¶ MORF. conjug. c. *anunciar* y c. *enviar.*

xpectable. ADJ. hist. Se decía como tratamiento dirigido a personas ilustres.

expectación. F. **1.** Espera, generalmente curiosa o tensa, de un acontecimiento que interesa o importa. || **2.** Contemplación de lo que se expone o muestra al público. || **3.** Fiesta que se celebra el día 18 de diciembre en honor de la Virgen María. ORTOGR. Escr. con may. inicial.

expectante. ADJ. Que espera observando, o está a la mira de algo. *Actitud, medicina expectante.*

expectativa. F. **1.** Esperanza de realizar o conseguir algo. || **2.** Posibilidad razonable de que algo suceda. || **3.** Posibilidad de conseguir un derecho, una herencia, un empleo u otra cosa, al ocurrir un suceso que se prevé. || **a la ~.** LOC.ADV. Sin actuar ni tomar una determinación hasta ver qué sucede.

expectoración. F. **1.** Acción y efecto de expectorar. || **2.** Cosa que se expectora.

expectorante. ADJ. *Med.* Que hace expectorar. Apl. a un medicamento o una sustancia, u. t. c. s. m.

expectorar. TR. Arrancar y arrojar por la boca las flemas y secreciones que se depositan en la faringe, la laringe, la tráquea o los bronquios.

expedición. F. **1.** Acción y efecto de expedir. || **2.** Excursión para realizar una empresa en punto distante. *Expedición militar, naval, científica.* || **3.** Conjunto de personas que la realizan. || **4.** Excursión colectiva a alguna ciudad o lugar con un fin científico, artístico o deportivo.

expedicionario, ria. ADJ. Que emprende una expedición o participa en ella. *Tropa expedicionaria. Ejército expedicionario.* Apl. a pers., u. t. c. s.

expedidor, ra. ADJ. Que expide. Apl. a pers., u. t. c. s.

expedientar. TR. Someter a expediente a alguien.

expediente. M. **1.** Asunto o negocio que se sigue sin juicio contradictorio en los tribunales, a solicitud de un interesado o de oficio. || **2.** Conjunto de todos los papeles correspondientes a un asunto o negocio. Se usa especialmente hablando de la serie ordenada de actuaciones administrativas, y también de las judiciales en los actos de jurisdicción voluntaria. || **3.** Procedimiento administrativo en que se enjuicia la actuación de alguien. || **4.** Conjunto de calificaciones e incidencias en la carrera de un estudiante. || **5.** Relación de trabajos realizados por un funcionario o empleado. || **6.** Medio, arbitrio o recurso que se emplea para dar salida a una duda o dificultad, o salvar los inconvenientes que presenta la decisión o curso de un asunto. || **~ de regulación de empleo.** M. *Der.* Procedimiento en virtud del cual la Administración autoriza o deniega a un empresario el despido de un cierto número de trabajadores por causas establecidas en la ley.

expedienteo. M. Tendencia exagerada a formar expedientes, o a prolongar o complicar la instrucción de ellos.

expedir. **I.** TR. **1.** Despachar, extender por escrito, con las formalidades acostumbradas, certificados, órdenes, etc. || **2.** Pronunciar un auto o decreto. || **3.** Remitir, enviar mercancías, telegramas, etc. || **II.** PRNL. **4.** *Chile.* Manejarse, desenvolverse en asuntos o actividades. ¶ MORF. conjug. c. *pedir.*

expeditivo, va. ADJ. Que tiene facilidad en dar salida a un asunto sin muchos miramientos, evitando trámites. *Método expeditivo.*

expedito, ta. ADJ. **1.** Desembarazado, libre de todo estorbo. *Camino expedito.* || **2.** Pronto a obrar.

expeler. TR. expulsar.

expendedor, ra. M. y F. Persona que vende al por menor mercancías o efectos y más particularmente tabaco, sellos, etc., o billetes de entrada para espectáculos.

expendeduría. F. Tienda en que se vende al por menor tabaco u otros efectos, estancados o sujetos a monopolio.

expender. TR. **1.** Vender al por menor. || **2.** Despachar billetes de ferrocarril, de espectáculos, etc. || **3.** Vender efectos de propiedad ajena por encargo de su dueño.

expendición. F. Acción y efecto de expender.

expendio. M. *Am. Mer.* En comercio, venta al por menor.

expensas. F. pl. Gastos, costas. || **a ~ de.** LOC. PREPOS. A costa, por cuenta, a cargo de alguien.

experiencia. F. **1.** Hecho de haber sentido, conocido o presenciado alguien algo. *Lo sé por experiencia.* || **2.** Práctica prolongada que proporciona conocimiento o habilidad para hacer algo. || **3.** Conocimiento de la vida adquirido por las circunstancias o situaciones vividas. || **4.** Circunstancia o acontecimiento vivido por una persona. *La semana pasada tuve una experiencia maravillosa.* || **5. experimento.**

experiencial. ADJ. *Psicol.* Perteneciente o relativo a la experiencia.

experimentación. F. **1.** Acción de experimentar. || **2.** Método científico de investigación, basado en la provocación y estudio de los fenómenos.

experimentado, da. PART. de **experimentar.** || ADJ. Dicho de una persona: Que tiene experiencia.

experimentador, ra. ADJ. Que experimenta o hace experiencias. Apl. a pers., u. t. c. s.

experimental. ADJ. **1.** Fundado en la experiencia, o que se sabe y alcanza por ella. *Física experimental. Conocimiento experimental.* || **2.** Que sirve de experimento, con vistas a posibles perfeccionamientos, aplicaciones y difusión. *Modelo experimental.* || **3.** Que tiende a la búsqueda de nuevas formas estéticas y de técnicas expresivas renovadoras. *Música experimental.* Apl. a pers., u. t. c. s.

experimentalismo. M. **empirismo** (|| sistema fundado en la experiencia).

experimentalista. ADJ. Perteneciente o relativo al experimentalismo. *Pretensión experimentalista.*

experimentar. I. TR. **1.** Probar y examinar prácticamente la virtud y propiedades de algo. *Experimentan un nuevo medicamento.* || **2.** Notar en uno mismo una cosa, una impresión, un sentimiento, etc. *Experimentó un deseo súbito.* || **3.** Dicho de una cosa: Recibir una modificación, cambio o mudanza. *La sociedad ha experimentado cambios muy profundos.* || **II.** INTR. **4.** En las ciencias fisicoquímicas y naturales, hacer operaciones destinadas a descubrir, comprobar o demostrar determinados fenómenos o principios científicos.

experimento. M. Acción y efecto de experimentar.

experto, ta. I. ADJ. **1.** Práctico, hábil, experimentado. *Manos expertas.* Apl. a pers., u. t. c. s. *Es un experto EN este tipo de situaciones.* || **II.** M. y F. **2. perito** (|| persona llamada por los tribunales para informar).

expiación. F. Acción y efecto de expiar.

expiar. TR. **1.** Borrar las culpas, purificarse de ellas por medio de algún sacrificio. *Expiar los pecados.* || **2.** Dicho de un delincuente: Sufrir la pena impuesta por los tribunales. || **3.** Padecer trabajos a causa de desaciertos o malos procederes. || **4.** Purificar algo profanado, como un templo. ¶ MORF. conjug. c. *enviar.*

expiativo, va. ADJ. Que sirve para expiar. *Sacrificio e[xpiativo.*]*piativo.*

expiatorio, ria. ADJ. **1.** Que se hace por expiación. *S[a]crificio expiatorio.* || **2.** Que produce expiación. *Castig[o] expiatorio.* □ V. **chivo ~.**

expiración. F. Acción y efecto de expirar.

expirar. INTR. **1.** Acabar la vida. || **2.** Dicho de un p[eríodo de tiempo: **acabar.** *Expirar el mes, el plazo.*

explanación. F. **1.** Acción y efecto de explanar. || **[2.]** Declaración y explicación de un texto, doctrina o se[n]tencia que tiene el sentido oscuro u ofrece muchas cos[as] que observar.

explanada. F. **1.** Espacio de terreno allanado. || **[2.]** Llano de dimensiones reducidas.

explanar. TR. **1.** Poner llano un terreno, suelo, etc. || **[2.]** Construir terraplenes, hacer desmontes, etc., hasta d[ar] al terreno la nivelación o el declive que se desea. || **3. d[e]clarar** (|| manifestar). *Todavía no ha explanado sus i[n]tenciones.*

explayar. I. TR. **1.** Ensanchar, extender. U. t. c. prn[l.] || **II.** PRNL. **2.** Difundirse, dilatarse. *Explayarse en u[n] discurso.* || **3.** Esparcirse, divertirse. || **4.** Confiarse a a[l]guien, comunicándole algún secreto o intimidad, para desahogar el ánimo.

expletivo, va. ADJ. *Gram.* Dicho de una voz o de un[a] partícula: Que se emplea para añadir un relleno o pa[ra] hacer más armoniosa la locución; p. ej., *No me voy has[ta] que (no) me echen.*

explicación. F. **1.** Declaración o exposición de cua[l]quier materia, doctrina o texto con palabras claras [y] ejemplos, para que se haga más perceptible. || **2.** Sati[s]facción que se da a una persona o colectividad decl[a]rando que las palabras o actos que puede tomar a ofen[sa] carecieron de intención de agravio. U. m. en pl. || **3.** M[a]nifestación o revelación de la causa o motivo de alg[o.]

explicador, ra. ADJ. Que explica o comenta algo. *Tex[to] explicador.* Apl. a pers., u. t. c. s.

explicar. I. TR. **1.** Declarar, manifestar, dar a conoce[r] lo que alguien piensa. *Explicó sus planes.* U. t. c. prn[l.] || **2.** Declarar o exponer cualquier materia, doctrina [o] texto difícil, con palabras muy claras para hacerlos m[ás] comprensibles. || **3.** Enseñar una asignatura. *Expli[car] matemáticas.* || **4.** Dar a conocer la causa o motivo [de] algo. || **5.** Justificar, exculpar palabras o acciones, d[e]clarando que no hubo en ellas intención de agravi[o.] *¿Puedes explicar tu comportamiento?* || **II.** PRNL. **6.** Ll[e]gar a comprender la razón de algo, darse cuenta de ell[o.]

explicativo, va. ADJ. Que explica o sirve para explica[r] algo. *Nota explicativa.*

explicitar. TR. Hacer explícito algo.

explícito, ta. ADJ. Que expresa clara y directamen[te] una cosa. *Mención explícita.* □ V. **función ~.**

explicitud. F. Cualidad de explícito.

exploración. F. Acción y efecto de explorar.

explorador, ra. I. ADJ. **1.** Que explora. *Afán explor[a]dor.* Apl. a pers., u. t. c. s. || **II.** M. y F. **2. escultista.**

explorar. TR. **1.** Reconocer, registrar, inquirir o aver[i]guar con diligencia una cosa o un lugar. || **2.** *Med.* Exa[]minar o reconocer a un paciente con fines diagnóstico[s.]

exploratorio, ria. ADJ. Que sirve para explorar. *Té[c]nicas exploratorias.*

explosión. F. **1.** Liberación brusca de energía que pr[o]duce un incremento rápido de la presión, con despre[n]dimiento de calor, luz y gases, y va acompañada de e[]

truendo y rotura violenta del cuerpo que la contiene. || **2.** Dilatación repentina del gas contenido en un dispositivo mecánico con el fin de producir el movimiento de una de las partes de este, como en el motor del automóvil o en el disparo del arma de fuego. || **3.** Manifestación súbita de ciertas emociones. *Explosión de risa. Explosión de entusiasmo.* || **4.** Desarrollo vertiginoso de algo. *Explosión demográfica.* || **5.** *Fon.* Parte final de la articulación de las consonantes oclusivas cuando no van seguidas por otra consonante; p. ej. en la *p* y la *t* de *padre* o *taza.* || **6.** *Mec.* En los motores de explosión, tercera fase del ciclo, en la que, al inflamarse la mezcla de combustible, se producen gases que empujan el pistón. || **~ atómica,** o **~ nuclear.** F. La que se produce en las bombas atómicas. || **~ termonuclear.** F. La que se produce en las bombas o ingenios termonucleares. ☐ V. **motor de ~.**

explosionar. **I.** TR. **1.** Especialmente en artillería, minería y otras disciplinas afines, provocar una explosión. || **II.** INTR. **2. explotar** (|| hacer explosión).

explosiva. F. *Fon.* Consonante explosiva.

explosivo, va. ADJ. **1.** Que hace o puede hacer explosión. Apl. a una sustancia o una mezcla, u. t. c. s. m. || **2.** Que causa impresión o que llama poderosamente la atención. *Declaraciones explosivas.* || **3.** *Fon.* Dicho de un fonema: Que se pronuncia con oclusión y explosión. || **~ plástico.** M. Mezcla explosiva moldeable. ☐ V. **carga ~.**

explotación. F. **1.** Acción y efecto de **explotar**[1]. || **2.** Conjunto de elementos dedicados a una industria o hacienda agrícola o ganadera. *La compañía ha instalado una magnífica explotación.*

explotador, ra. ADJ. Que explota[1]. Apl. a pers., u. t. c. s.

explotar[1]. TR. **1.** Extraer de las minas la riqueza que contienen. || **2.** Sacar utilidad de un negocio o industria en provecho propio. || **3.** Utilizar abusivamente en provecho propio el trabajo o las cualidades de otra persona.

explotar[2]. INTR. **1.** Estallar, hacer explosión. || **2.** Dicho de una persona: Manifestar violentamente un sentimiento, hasta ese momento reprimido.

exployada. ☐ V. **águila ~.**

expoliación. F. Acción y efecto de expoliar.

expoliador, ra. ADJ. Que expolia o favorece la expoliación. Apl. a pers., u. t. c. s.

expoliar. TR. Despojar con violencia o con iniquidad. MORF. conjug. c. *anunciar.*

expolio. M. Acción y efecto de expoliar.

exponencial. ADJ. Dicho del crecimiento: Cuyo ritmo aumenta cada vez más rápidamente. ☐ V. **función ~.**

exponente. **I.** ADJ. **1.** Que expone. *Elementos exponentes del pasado.* Apl. a pers., u. t. c. s. || **II.** M. **2. prototipo** (|| persona o cosa representativa de lo más característico en un género). || **3.** *Mat.* Número o expresión algebraica que denota la potencia a que se eleva otro número u otra expresión, y se coloca en su parte superior a la derecha.

exponer. TR. **1.** Presentar algo para que sea visto, ponerlo de manifiesto. *Expone sus cuadros en una galería.* U. t. c. intr. || **2.** Hablar de algo para darlo a conocer. *Me expuso sus ideas sobre política.* || **3.** Colocar algo para que reciba la acción de un agente. *Exponer la herida al aire y al sol.* || **4.** Arriesgar, aventurar, poner algo en contingencia de perderse o dañarse. *Ha expuesto su reputación.* U. t. c. prnl. || **5.** Someter una placa fotográfica o un papel sensible a la acción de la luz para que se impresione. ¶ MORF. conjug. c. *poner;* part. irreg. **expuesto.**

exportación. F. **1.** Acción y efecto de exportar. || **2.** Conjunto de mercancías que se exportan.

exportador, ra. ADJ. Que exporta. Apl. a pers., u. t. c. s.

exportar. TR. **1.** Vender géneros a otro país. || **2.** *Inform.* Enviar información, generalmente en forma de archivo, a otro programa o a un periférico de una computadora u ordenador.

exposición. F. **1.** Acción y efecto de exponer. || **2.** Explicación de un tema o asunto por escrito o de palabra. || **3.** Representación que se hace por escrito, comúnmente a una autoridad, pidiendo o reclamando algo. || **4.** Presentación pública de artículos de industria o de artes y ciencias, para estimular la producción, el comercio o la cultura. || **5.** Conjunto de artículos expuestos. || **6.** Conjunto de las noticias dadas en las obras épicas, dramáticas y novelescas, acerca de los antecedentes o causas de la acción. || **7.** *Mús.* En ciertas formas musicales, parte inicial de una composición en la que se presentan el tema o los temas que han de repetirse o desarrollarse después.

exposímetro. M. Dispositivo fotográfico que sirve para medir la intensidad de la luz y que permite determinar el tiempo necesario de exposición de una película.

expositivo, va. ADJ. Que interpreta o explica el sentido genuino de una palabra, texto o doctrina que puede tener varios o es difícil de entender. *Nota expositiva.*

expósito, ta. ADJ. Dicho de un recién nacido: Abandonado o expuesto, o confiado a un establecimiento benéfico. U. m. c. s.

expositor, ra. **I.** ADJ. **1.** Que interpreta, expone y declara algo. *Grupo expositor.* Apl. a pers., u. t. c. s. || **II.** M. y F. **2.** Persona o entidad que concurre a una exposición pública con objetos de su propiedad o industria. || **3.** Persona que expone o explica la Sagrada Escritura, o un texto jurídico. || **III.** M. **4.** Mueble en que se expone algo a la vista del público, para su venta.

exprés. **I.** ADJ. **1.** Dicho de ciertos electrodomésticos: Que funcionan con presión. || **2.** Dicho del café: **expreso.** || **3.** Dicho especialmente de un servicio: **rápido** (|| que se hace muy deprisa). *Si utiliza nuestro servicio exprés, su paquete llegará en 24 horas.* || **II.** M. **4. tren exprés.** ¶ MORF. pl. invar. *Ollas exprés. Cafés exprés. Servicios exprés.*

expresar. **I.** TR. **1.** Manifestar con palabras, miradas o gestos lo que se quiere dar a entender. || **2.** Dicho de un artista: Manifestar con viveza y exactitud los afectos propios del caso. || **II.** PRNL. **3.** Darse a entender por medio de la palabra. *Antonio se expresa bien.*

expresión. F. **1.** Especificación, declaración de algo para darlo a entender. || **2.** Efecto de expresar algo sin palabras. || **3.** Viveza y propiedad con que se manifiestan los afectos en las artes y en la declamación, ejecución o realización de las obras artísticas. || **4.** *Ling.* **plano de la expresión.** || **5.** *Ling.* Aquello que en un enunciado lingüístico manifiesta los sentimientos del hablante. || **6.** *Ling.* Combinación lexicalizada de palabras que no permite variación morfológica. || **7.** *Mat.* Conjunto de términos que representa una cantidad. || **~ algebraica.** F. *Mat.* expresión analítica que solo contiene aquellas funciones calculables con las operaciones del álgebra, es decir, la suma, la multiplicación y sus operaciones inversas. || **~ analítica.** F. *Mat.* Conjunto de números y de símbolos ligados entre sí por los signos de las operaciones del análisis matemático. || **~ corporal.** F. Técnica practicada por el intérprete para expresar circunstancias de su papel por medio de gestos y movimientos, con independencia de la palabra. || **~ genética,** o **~ génica.** F. *Biol.* Proceso mediante el que la información contenida en la estructura química del ácido desoxirribonucleico de los genes se manifiesta en las estructuras de las proteínas. || **reducir** algo **a la mínima ~.** LOC.VERB. Mermarlo, disminuirlo todo lo posible. || **valga la ~.** EXPR. Se usa por el hablante para tratar de pedir disculpas o la aceptación de alguna deficiencia o inexactitud verbal de la que es consciente. □ V. **plano de la ~.**

expresionismo. M. Escuela y tendencia estética que, reaccionando contra el impresionismo, propugna la intensidad de la expresión sincera aun a costa del equilibrio formal.

expresionista. ADJ. **1.** Perteneciente o relativo al expresionismo. *Pintura expresionista.* || **2.** Seguidor de esta escuela. U. t. c. s.

expresividad. F. Cualidad de expresivo.

expresivo, va. ADJ. **1.** Dicho de una persona: Que manifiesta con gran viveza lo que siente o piensa. || **2.** Dicho de cualquier manifestación mímica, oral, escrita, musical o plástica: Que muestra con viveza los sentimientos de la persona que se manifiesta por aquellos medios. || **3.** Característico, típico. *No puede ser más expresivo de lo que puede considerarse un crimen histórico.* || **4.** Que constituye un indicio de algo. *Es un órgano expresivo de la soberanía popular.* || **5.** *Ling.* Perteneciente o relativo a la expresión lingüística. *Función expresiva.* □ V. **órgano ~.**

expreso, sa. I. ADJ. **1.** Claro, patente, especificado. *Deseo expreso.* || **2.** Dicho del café: Preparado en una cafetera exprés. U. t. c. s. m. || **II.** M. **3. tren expreso.** || **4.** Correo extraordinario despachado con una noticia o aviso determinados. □ V. **tren ~.**

exprimidor. M. Instrumento usado para estrujar la materia cuyo zumo se quiere extraer.

exprimir. TR. **1.** Extraer el zumo o líquido de una cosa, apretándola o retorciéndola. *Exprimir limones.* || **2.** Explotar a alguien, abusar de él. || **3.** Sacar de alguien o algo todo el partido posible. *Exprimir la imaginación.* || **4.** Expresar, manifestar. *Exprimir y declarar cualquier concepto.*

exprofeso. ADV. M. **ex profeso.**

ex profeso. LOC.ADV. A propósito, con intención.

expropiación. F. Acción y efecto de expropiar.

expropiador, ra. ADJ. Que expropia. Apl. a pers., u. t. c. s.

expropiar. TR. Dicho de la Administración: Privar a una persona de la titularidad de un bien o de un derecho, dándole a cambio una indemnización. Se efectúa por motivos de utilidad pública o interés social previstos en las leyes. MORF. conjug. c. *anunciar.*

expropiatorio, ria. ADJ. Perteneciente o relativo a la expropiación. *Proyectos, trámites expropiatorios.*

expuesto, ta. PART. IRREG. de **exponer.** || ADJ. **peligroso.**

expugnación. F. Acción y efecto de expugnar.

expugnar. TR. Tomar por las armas una ciudad, una plaza, un castillo, etc.

expulsar. TR. **1.** Echar a una persona de un lugar. || **2.** Arrojar, lanzar algo. *Expulsar humo.* || **3.** Hacer salir algo del organismo. *Expulsar la orina.*

expulsión. F. Acción y efecto de expulsar.

expulsivo, va. ADJ. Que tiene virtud y facultad de expeler. *Medicamento expulsivo.*

expulso, sa. ADJ. Dicho de una persona: Expulsada de un país. U. t. c. s.

expulsor, ra. I. ADJ. **1.** Que expulsa. || **II.** M. **2.** En algunas armas de fuego, mecanismo dispuesto para expulsar los cartuchos vacíos.

expurgación. F. Acción y efecto de expurgar.

expurgador, ra. ADJ. Que expurga. Apl. a pers. u. t. c. s.

expurgar. TR. **1.** Limpiar o purificar algo. *Expurgar un archivo.* || **2.** Dicho de la autoridad competente: Mandar tachar algunas palabras, cláusulas o pasajes de determinados libros o impresos, sin prohibir la lectura de estos.

expurgatorio, ria. I. ADJ. **1.** Que **expurga** (|| limpia) *Proceso expurgatorio.* || **II.** M. **2.** hist. **índice expurgatorio.**

expurgo. M. **expurgación.**

exquisitez. F. **1.** Cualidad de exquisito. || **2.** Cosa exquisita, especialmente un manjar de reducido tamaño y de aspecto y sabor delicados. U. m. en pl. con el mismo significado que en sing. || **3.** pl. Tienda donde se venden alimentos selectos.

exquisito, ta. ADJ. De singular y extraordinaria calidad, primor o gusto en su especie. *Comida exquisita.*

extasiar. TR. **embelesar.** U. m. c. prnl. MORF. conjug. c. *enviar.*

éxtasis. M. **1.** Estado del alma enteramente embargada por un sentimiento de admiración, alegría, etc. || **2.** *Rel.* Estado del alma caracterizado por cierta unión mística con Dios mediante la contemplación y el amor, y por la suspensión del ejercicio de los sentidos.

extático, ca. ADJ. **1.** Perteneciente o relativo al éxtasis. *Trance extático.* || **2.** Que está en éxtasis, o lo tiene con frecuencia o habitualmente.

extemporaneidad. F. Cualidad de extemporáneo.

extemporáneo, a. ADJ. **1.** Impropio del tiempo en que sucede o se hace. *Ideas extemporáneas.* || **2.** Inoportuno, inconveniente. *Salida extemporánea.*

extender. I. TR. **1.** Hacer que algo, aumentando su superficie, ocupe más lugar o espacio que el que antes ocupaba. U. t. c. prnl. *Las áreas desérticas se extienden cada vez más.* || **2.** Esparcir, desparramar lo que está amontonado, junto o espeso. *Extender la hierba segada para que se seque. Extender la pintura con la brocha.* || **3.** Desenvolver, desplegar o desenrollar algo que estaba doblado, arrollado o encogido. *Extender la colchoneta.* U. t. c. prnl. || **4.** Dar mayor amplitud y comprensión que la que tenía a un derecho, una jurisdicción, una autoridad, un conocimiento, etc. U. t. c. prnl. || **5.** Poner por escrito y en la forma acostumbrada una escritura, un auto, un despacho, etc. || **II.** PRNL. **6.** Dicho de un monte, de una llanura, de un campo, de un pueblo, etc.: Ocupar cierta porción de terreno. *El valle de Campoo se extiende por el sur de Cantabria.* || **7.** Ocupar cierta cantidad de tiempo, durar. *El régimen feudal se extiende a lo largo de la Edad Media.* || **8.** Hacer por escrito o de palabra la narración o explicación de algo, dilatada y copiosamente. *Extenderse en detalles.* || **9.** Dicho de una raza, de una especie animal o vegetal, de una profesión, de un uso, de una opinión o de una costumbre: Irse difundiendo donde antes no los había. || **10.** Dicho de una cosa: Alcanzar su fuerza, virtud o eficacia a influir u obrar en otra u otras.

El efecto del medicamento se extiende a todo el organismo. ¶ Morf. conjug. c. *entender.*

extensible. M. *Méx.* Pulsera de reloj.

extensión. F. **1.** Acción y efecto de extender o extenderse. ‖ **2.** Línea conectada a una centralita. ‖ **3.** *Biol.* y *Med.* Preparación para examen microscópico, generalmente de sangre, de exudados o de cultivos bacterianos, en la que estas sustancias se disponen sobre un portaobjeto con ayuda de otro, de manera que forman una capa muy fina. ‖ **4.** *Fil.* Conjunto de objetos designados por un mismo signo o comprendidos en un mismo concepto. ‖ **5.** *Geom.* Medida del espacio ocupado por un cuerpo. ‖ **6.** *Ling.* Ampliación del significado de una palabra a otro concepto relacionado con el originario. ‖ **7.** *Méx.* **alargador** (‖ pieza para alargar). ‖ **en toda la ~ de la palabra.** LOC.ADV. Enteramente, por completo. ☐ V. **silla de ~.**

extensivo, va. ADJ. Que se extiende o se puede extender, comunicar o aplicar a más cosas. *La invitación es extensiva a tus amigos.*

extenso, sa. ADJ. **vasto.** ‖ **por extenso.** LOC.ADV. Con todo detalle.

extensor, ra. ADJ. Que extiende o hace que se extienda algo. Apl. a un músculo, u. t. c. s. m.

extenuación. F. Enflaquecimiento, debilitación de fuerzas materiales. U. t. en sent. fig. *La extenuación moral de la Alemania nazi.*

extenuante. ADJ. Que extenúa. *Trabajo extenuante.*

extenuar. TR. Enflaquecer, debilitar. U. t. c. prnl. Morf. conjug. c. *actuar.*

exterior. **I.** ADJ. **1.** Que está por la parte de fuera. *Humedad, muro exterior.* ‖ **2.** Dicho de una habitación o de una vivienda: Que tiene vistas a la calle. U. t. c. s. m. ‖ **3.** Perteneciente o relativo a otros países, por contraposición a *nacional* e *interior. Comercio exterior.* ‖ **II.** M. **4.** Superficie externa de los cuerpos. *El exterior de la iglesia es de estilo barroco.* ‖ **5.** Espacio que rodea una cosa. *Deben permanecer en el exterior del edificio.* ‖ **6.** Aspecto o porte de una persona. ‖ **7.** pl. *Cinem.* y *TV.* Espacios al aire libre, o decorados que los representan, donde se rueda una película. ☐ V. **deuda ~, espacio ~, polígono ~, sanidad ~.**

exterioridad. F. **1.** Cosa exterior o externa. *La piel es exterioridad.* ‖ **2.** Apariencia, aspecto de las cosas. ‖ **3.** Porte, conducta ostensible de una persona. ‖ **4.** Demostración con que se exhibe un sentimiento o estado de ánimo, aunque en realidad no se sienta. *El dolor no debe mostrarse con exterioridades.* ‖ **5.** Honor de pura ceremonia, pompa de mera ostentación. U. m. en pl.

exteriorización. F. Acción y efecto de exteriorizar.

exteriorizar. TR. Hacer patente, revelar o mostrar algo al exterior. U. t. c. prnl.

exteriormente. ADV.M. **1.** Por la parte exterior. *Exteriormente, tu automóvil se parece al mío.* ‖ **2.** De manera ostensible o aparente. *Exteriormente se encontraba bien.*

exterminación. F. Acción y efecto de exterminar.

exterminador, ra. ADJ. Que extermina. Apl. a pers., u. t. c. s.

exterminar. TR. **1.** Matar o eliminar por completo de un lugar un conjunto de seres vivos. ‖ **2.** Acabar del todo con algo. *Exterminar una costumbre.*

exterminio. M. Acción y efecto de exterminar. ☐ V. **campo de ~.**

externado. M. **1.** Establecimiento de enseñanza donde se reciben alumnos externos. ‖ **2.** Estado y régimen de vida del alumno externo. ‖ **3.** Conjunto de alumnos externos.

externalidad. F. *Econ.* Perjuicio o beneficio experimentado por un individuo o una empresa a causa de acciones ejecutadas por otras personas o entidades.

externar. TR. *Méx.* Manifestar una opinión.

externo, na. ADJ. **1.** Dicho de una cosa: Que obra o se manifiesta al exterior, en comparación o contraposición con lo interno. *La temperatura externa.* ‖ **2.** Dicho de un alumno: Que solo permanece en el colegio o escuela durante las horas de clase. U. t. c. s. ‖ V. **ángulo ~, conducto auditivo ~, culto ~, economías ~s, oído ~.**

extinción. F. Acción y efecto de extinguir o extinguirse.

extinguidor. M. *Am.* **extintor** (‖ aparato para extinguir incendios).

extinguir. **I.** TR. **1.** Hacer que cese el fuego o la luz. U. t. c. prnl. ‖ **2.** Hacer que cesen o se acaben del todo ciertas cosas que desaparecen gradualmente. *Extinguir un sonido, un afecto, una vida.* U. t. c. prnl. ‖ **II.** PRNL. **3.** Dicho de un plazo o de un derecho: Acabarse, vencer. ‖ **a ~.** LOC.ADJ. Dicho de un empleo: Que no se cubre una vez vacante.

extintivo, va. ADJ. **1.** Que causa extinción. *Voluntad extintiva.* ‖ **2.** *Der.* Que hace caducar, perderse o cancelarse una acción o un derecho. ☐ V. **prescripción ~.**

extinto, ta. ADJ. Muerto, fallecido. Apl. a pers., u. t. c. s. ☐ V. **volcán ~.**

extintor, ra. **I.** ADJ. **1.** Que extingue. *Espuma extintora.* ‖ **II.** M. **2.** Aparato para extinguir incendios, que por lo común arroja sobre el fuego un chorro de agua o de una mezcla que dificulta la combustión.

extirpación. F. Acción y efecto de extirpar.

extirpador, ra. ADJ. Que extirpa. Apl. a un aparato, u. t. c. s. m.

extirpar. TR. **1.** Arrancar de cuajo o de raíz. *Extirpar una planta.* ‖ **2.** Acabar del todo con algo, de modo que cese de existir. *Extirpar los vicios, los abusos.* ‖ **3.** *Med.* En una operación quirúrgica, quitar un órgano o una formación patológica.

extornar. TR. *Com.* Pasar una partida del debe al haber, o viceversa.

extorno. M. **1.** *Com.* Acción y efecto de extornar. ‖ **2.** *Com.* Parte de prima que el asegurador devuelve al asegurado a consecuencia de alguna modificación en las condiciones de la póliza contratada.

extorsión. F. **1.** Amenaza de pública difamación o daño semejante que se hace contra alguien, a fin de obtener de él dinero u otro provecho. ‖ **2.** Presión que, mediante amenazas, se ejerce sobre alguien para obligarlo a obrar en determinado sentido.

extorsionador, ra. ADJ. **extorsionista.** Apl. a pers., u. t. c. s.

extorsionar. TR. **1.** Usurpar, arrebatar algo a alguien utilizando la amenaza respaldada por la violencia. ‖ **2.** Causar trastorno, daño o perjuicio.

extorsionista. **I.** ADJ. **1.** Que extorsiona. *Actitud extorsionista.* ‖ **II.** COM. **2.** Persona que causa una extorsión.

extra. **I.** ADJ. **1.** **extraordinario** (‖ añadido a lo normal). *Un gasto extra.* Morf. pl. **extras.** *Trabajos extras.* ‖ **2.** Superior a lo normal. *Aceite extra. De calidad extra.* Morf. pl. invar. *Productos extra.* ‖ **II.** M. **3.** Cosa **extraor-**

dinaria (‖ añadida a la ordinaria). *La revista editará un extra de verano.* ‖ **4.** coloq. Plato extraordinario que no figura en la minuta. ¶ MORF. pl. **extras.** ‖ **5.** pl. Accesorios de ciertas máquinas, como los automóviles, los televisores, etc., que no van incorporados al modelo ordinario. ‖ **III.** F. **6.** coloq. **paga extraordinaria.** MORF. pl. **extras.** ‖ **IV.** COM. **7.** *Cinem.* **figurante** (‖ persona que forma parte de la figuración de una película). MORF. pl. **extras.**

extracción. F. **1.** Acción y efecto de extraer. ‖ **2.** En el juego de la lotería, acto de sacar algunos números con sus respectivas suertes. ‖ **3.** Origen, linaje. U. m. en sent. peyor. *De baja, de humilde extracción.* ‖ **4.** Á. Caribe. En ganadería, veterinaria, etc., parte de la producción de un hato que se puede retirar de él, en un período de tiempo, sin afectar a su productividad.

extracomunitario, ria. ADJ. Que no pertenece a la Unión Europea. Apl. a pers., u. t. c. s.

extracorpóreo, a. ADJ. *Med.* Que está situado u ocurre fuera del cuerpo. *Circulación extracorpórea.*

extractar. TR. Reducir a extracto algo. *Extractar un libro, un escrito.*

extracto. M. **1.** Resumen que se hace de un escrito cualquiera, expresando en términos precisos únicamente lo más sustancial. ‖ **2.** Producto sólido o espeso obtenido por evaporación de un zumo o de una disolución de sustancias vegetales o animales. *Extracto de carne. Extracto vegetal.*

extractor, ra. **I.** M. y F. **1.** Persona que extrae. ‖ **II.** M. **2.** Aparato o pieza de un mecanismo que sirve para extraer. ☐ V. **campana ~.**

extractora. F. **extractor** (‖ aparato que sirve para extraer).

extracurricular. ADJ. Dicho de una cosa: Que no pertenece a un currículo o no está incluido en él. *Estudios extracurriculares.*

extradición. F. Procedimiento por el que las autoridades de un Estado hacen entrega de una persona a las de otro que la reclaman para que pueda ser enjuiciada penalmente en este segundo o cumpla en él una pena ya impuesta.

extraditado, da. PART. de **extraditar.** ‖ ADJ. Dicho de una persona: Que es objeto de una extradición. U. t. c. s.

extraditar. TR. Dicho de un Gobierno: Conceder la extradición de una persona reclamada por la justicia de otro país.

extradós. M. *Arq.* **trasdós.** MORF. pl. **extradoses.**

extraer. TR. **1.** **sacar** (‖ poner algo fuera de donde estaba). *Extraer una muela.* ‖ **2.** Obtener una cosa de otra, de la que forma parte. *Extraen el aceite de oliva DE la aceituna.* ‖ **3.** *Mat.* Averiguar las raíces de una cantidad o expresión algebraica dadas. ‖ **4.** *Quím.* Obtener uno de los componentes de un cuerpo por la acción de disolventes u otros medios. ¶ MORF. conjug. c. *traer.*

extraescolar. ADJ. Dicho de una actividad educativa: Que se realiza fuera del centro de enseñanza o en horario distinto al lectivo.

extrafino, na. ADJ. **1.** Muy fino o delgado. *Fideos extrafinos.* ‖ **2.** De muy buena calidad. *Chocolate extrafino.*

extrajudicial. ADJ. Que se hace o trata fuera de la vía judicial. *Acuerdo extrajudicial.*

extralimitación. F. Acción y efecto de extralimitarse.

extralimitarse. PRNL. Excederse en el uso de facultades o atribuciones.

extralingüístico, ca. ADJ. *Ling.* Se dice de todo elemento externo a la lengua que ayuda a la desambiguación de palabras y frases.

extramarital. ADJ. Dicho especialmente de la relació sentimental o sexual de una persona casada: Que s mantiene fuera del matrimonio.

extramatrimonial. ADJ. **extramarital.**

extramuros. ADV. L. Fuera del recinto de una ciuda villa o lugar.

extranatural. ADJ. Que está o se considera fuera de naturaleza, o no pertenece a ella. *Factor extranatura*

extranjería. F. **1.** Cualidad y condición que por las l yes corresponden al extranjero residente en un paí mientras no está naturalizado en él. ‖ **2.** Sistema o co junto de normas reguladoras de la condición, los act y los intereses de los extranjeros en un país.

extranjerismo. M. **1.** Voz, frase o giro que un idiom toma de otro extranjero. ‖ **2.** Afición desmedida a co tumbres extranjeras.

extranjerizante. ADJ. Que tiende a lo extranjero o imita. *Una actitud extranjerizante.* Apl. a pers., u. t. c.

extranjerizar. TR. Introducir las costumbres extra jeras, mezclándolas con las propias del país. U. t. c. prn

extranjero, ra. **I.** ADJ. **1.** Natural de una nación co respecto a los naturales de cualquier otra. U. m. c. s. ‖ **** Que es o viene de país de otra soberanía. *Modas extra jeras.* ‖ **II.** M. **3.** Toda nación que no es la propia. *EL e tranjero.*

extranjis. de ~. LOC. ADV. De tapadillo, con secreto, s ser visto. *Vendía las botellas de extranjis.*

extrañación. F. Acción y efecto de extrañar.

extrañamiento. M. Acción y efecto de extrañar.

extrañar. **I.** INTR. **1.** Ver u oír con admiración o e trañeza algo. *A Teresa le extrañó que vinieras.* U. m. prnl. *Se extraña DE nuestro comportamiento.* ‖ **II.** TR. **** Sentir la novedad de algo que usamos, echando de m nos lo que nos es habitual. *No he dormido bien porque e trañaba la cama.* ‖ **3.** Echar de menos a alguien o alg sentir su falta. *El niño extrañaba a sus padres.* ‖ **4.** De terrar a país extranjero. U. t. c. prnl. *Tuvo que extrañar por cuestiones políticas.*

extrañeza. F. **1.** Cualidad de raro, extraño, extraord nario. ‖ **2.** Cosa rara, extraña, extraordinaria. ‖ **3.** A miración, novedad. *Causar extrañeza.*

extraño, ña. **I.** ADJ. **1.** Raro, singular. *Tiene un e traño concepto de la vida.* ‖ **2.** **extravagante.** *Extra humor. Extraña manía.* ‖ **3.** Dicho de una persona o una cosa: Que es ajena a la naturaleza o condición otra de la cual forma parte. Apl. a pers., u. t. c. s. *Ped es un extraño en su familia.* ‖ **4.** Que no tiene parte algo. *Su manifestación es extraña a la naturaleza.* ‖ **** De nación, familia o profesión distinta de la que se no bra o sobrentiende, en contraposición a *propio.* Apl. pers., u. t. c. s. *Los propios y los extraños.* ‖ **II.** M. **6.** M vimiento súbito, inesperado y sorprendente. *El caba le hizo un extraño.* ‖ **serle** a alguien **~** algo. LOC. VER No estar práctico en ello o ser impropio para é ☐ V. **cuerpo ~.**

extraoficial. ADJ. Oficioso, no oficial. *Fuentes extrao ciales.*

extraordinaria. F. **paga extraordinaria.**

extraordinario, ria. **I.** ADJ. **1.** Fuera del orden o r gla natural o común. *Sucesos extraordinarios.* ‖ **2.** Añ dido a lo ordinario. *Gastos extraordinarios. Horas extrac* *dinarias.* ‖ **II.** M. **3.** Gasto añadido al presupuesto normal de una persona, una familia, etc. ‖ **4.** Número de un periódico que se publica por algún motivo extraordinario. ‖ **5.** Correo especial que se despacha con urgencia. ☐ V. **enviado ~, paga ~, premio ~.**

extraparlamentario, ria. ADJ. **1.** Dicho de una coalición, de un partido político, etc.: Que no tienen representación en el Parlamento. ‖ **2.** Dicho de una actividad, de un trabajo, etc.: Ajenos a la labor parlamentaria.

extraplano, na. ADJ. Dicho de una cosa: Que es extraordinariamente plana en relación con otras de su especie. *Reloj extraplano.*

extrapolación. F. Acción y efecto de extrapolar.

extrapolar. TR. **1.** Aplicar a un ámbito determinado conclusiones obtenidas en otro. *Extrapolar a la vida cotidiana los datos de una revista sobre consumo.* ‖ **2.** Mat. Averiguar el valor de una magnitud para valores de la variable que se hallan fuera del intervalo en que dicha magnitud es conocida.

extrarradio. M. Parte o zona exterior que rodea el casco y radio de una población.

extrasensorial. ADJ. Dicho de la percepción: En parapsicología, que se produce sin intervención de los sentidos. ☐ V. **percepción ~.**

extrasístole. F. Med. Latido anormal e irregular del corazón, seguido de una pausa en las contracciones y acompañado, por lo común, de sensación de choque o de angustia.

extraterrestre. ADJ. **1.** Dicho de una cosa: Que pertenece al espacio exterior de la Tierra o procede de él. ‖ **2.** Dicho de un objeto o de un ser: Supuestamente venido desde el espacio exterior a la Tierra. Apl. a seres, u. t. c. s.

extraterritorial. ADJ. Que está o se considera fuera del territorio de la propia jurisdicción. *Ley extraterritorial.*

extraterritorialidad. F. Derecho o privilegio fundado en una ficción jurídica que considera el domicilio de los agentes diplomáticos, los buques de guerra, etc., como si estuviesen fuera del territorio donde se encuentran, para seguir sometidos a las leyes de su país de origen.

extrauterino, na. ADJ. Med. Dicho de lo que normalmente está situado u ocurre dentro del útero: Que está situado u ocurre fuera de él. *Embarazo extrauterino.*

extravagancia. F. **1.** Cualidad de extravagante. ‖ **2.** Cosa o acción extravagante.

extravagante. ADJ. **1.** Raro, extraño, desacostumbrado, excesivamente peculiar u original. *Conducta extravagante.* ‖ **2.** Que habla, viste o procede así. U. t. c. s.

extravasación. F. Acción y efecto de extravasarse.

extravasarse. PRNL. Dicho de un líquido: Salirse de su vaso. U. m. en medicina.

extraversión. F. Sentimiento, afecto o pasión que sale fuera de sí por medio de los sentidos.

extravertido, da. ADJ. Dado a la extraversión. Apl. a pers., u. t. c. s.

extraviado, da. PART. de **extraviar.** ‖ ADJ. **1.** De costumbres desordenadas. ‖ **2.** Dicho de un lugar: Poco transitado, apartado.

extraviar. **I.** TR. **1.** Hacer perder el camino. U. t. c. prnl. *Se extraviaron en el bosque.* ‖ **2.** Dicho de la vista o de la mirada: No fijarla en objeto determinado. ‖ **3.** Poner algo en otro lugar que el que debía ocupar. *Le extravió el cuchillo para evitar todo peligro.* ‖ **II.** PRNL. **4.** Dicho de una cosa: No encontrarse en su sitio e ignorarse

su paradero. ‖ **5.** Dejar la carrera y forma de vida que se había empezado y tomar otra distinta. U. m. en sent. peyor. ¶ MORF. conjug. c. *enviar.*

extravío. M. **1.** Acción y efecto de extraviar o extraviarse. ‖ **2.** Desorden en las costumbres.

extremado, da. PART. de **extremar.** ‖ ADJ. **1.** Exagerado, excesivo. *Leyes extremadas.* ‖ **2.** Sumamente bueno o malo en su género. *Extremada suavidad.*

extremar. **I.** TR. **1.** Llevar algo al extremo. *Extremar la precaución.* ‖ **II.** PRNL. **2.** Dicho de una persona: Emplear toda la habilidad y esmero en la ejecución de algo.

extremaunción. F. En la religión católica, sacramento que consiste en la unción con óleo sagrado hecha por el sacerdote a los fieles que se hallan en peligro inminente de morir.

extremeñismo. M. **1.** Locución, giro o modo de hablar propio de los extremeños. ‖ **2.** Amor o apego a las cosas características o típicas de Extremadura.

extremeño, ña. ADJ. **1.** Natural de Extremadura. U. t. c. s. ‖ **2.** Perteneciente o relativo a esta región y comunidad autónoma de España. ‖ **3.** Se dice de la variedad de la lengua española hablada en Extremadura. U. t. c. s. m. *El extremeño.*

extremidad. F. **1.** Parte extrema o última de algo. *Lo tocó con la extremidad de su bastón.* ‖ **2.** Grado último a que algo puede llegar. *Rendían homenaje a la extremidad heroica.* ‖ **3.** pl. Cabeza, pies, manos y cola de los animales. ‖ **4.** pl. Pies y manos del hombre. ‖ **5.** pl. Brazos y piernas o patas, en oposición al tronco.

extremismo. M. Tendencia a adoptar ideas extremas o exageradas, especialmente en política.

extremista. ADJ. Dicho de una persona: Que practica el extremismo. U. t. c. s.

extremo, ma. **I.** ADJ. **1.** Dicho de una cosa: Que está en su grado más intenso, elevado o activo. *Frío, calor extremo.* ‖ **2.** Excesivo, sumo, exagerado. *Ejemplo extremo.* ‖ **3. distante** (‖ apartado). *Barrio extremo.* ‖ **4. último.** *Llegaron al límite extremo de la pobreza.* ‖ **II.** M. **5.** Parte primera o última de algo, principio o fin de ello. *Se abre por uno de sus extremos.* ‖ **6. asunto** (‖ materia de que se trata). *Todavía no se ha discutido ese extremo.* ‖ **7.** Punto último o que puede llegar algo. *Llevó sus ideas al extremo.* ‖ **8.** Invernadero de los ganados trashumantes, y pastos en que pacen en el invierno. ‖ **9.** En el fútbol y otros deportes, miembro de la delantera que, en la alineación del equipo, se sitúa más próximo a las bandas derecha o izquierda del campo. ‖ **10.** Mat. Término primero o último de una proporción. ‖ **con extremo.** LOC. ADV. Muchísimo, con exceso. ‖ **de extremo a extremo.** LOC.ADV. **1.** Desde el principio al fin. ‖ **2.** De un extremo a su contrario. ‖ **en extremo.** LOC.ADV. **con extremo.** ‖ **en último ~.** LOC.ADV. Si no hay más remedio. ‖ **ir, o pasar, de un ~ a otro,** el orden de las cosas o las ideas u opiniones. LOCS.VERBS. Mudarse casi de repente, pasando a las opuestas. ‖ **por extremo.** LOC.ADV. **con extremo.** ☐ V. **necesidad ~.**

extremófilo, la. ADJ. Biol. Dicho de un organismo: Que vive en condiciones ambientales extremas, como las que se dan en las profundidades abisales.

extremosidad. F. Cualidad de extremoso.

extremoso, sa. ADJ. **1.** Que no se modera o no es equilibrado en afectos o acciones, sino que renuncia o cae en un extremo. ‖ **2.** Muy expresivo en demostraciones cariñosas.

extrínseco, ca. ADJ. Externo, no esencial. *Alteraciones de origen extrínseco.*

extroversión. F. extraversión.

extrovertido, da. ADJ. extravertido. Apl. a pers., u. t. c. s.

extrudir. TR. *Tecnol.* Dar forma a una masa metálica, plástica, etc., haciéndola salir por una abertura especialmente dispuesta.

extrusión. F. *Tecnol.* Acción y efecto de extrudir.

extrusor, ra. ADJ. *Tecnol.* Que extrude.

exuberancia. F. Abundancia suma, plenitud extraordinaria.

exuberante. ADJ. Muy abundante y copioso. *Vegetación exuberante.*

exudación. F. *Med.* Acción y efecto de exudar.

exudado. M. *Med.* Producto de la exudación, generalmente por extravasación de la sangre en las inflamaciones.

exudar. I. TR. 1. Dicho de un recipiente: Dejar que salga por sus poros o sus grietas un líquido o una sustancia viscosa. || II. INTR. 2. Dicho de un líquido o de una sustancia viscosa: Salir por los poros o las grietas del recipiente que los contiene.

exudativo, va. ADJ. *Med.* Que produce exudación. *Lesión exudativa.*

exultación. F. Acción y efecto de exultar.

exultante. ADJ. Que muestra gran alegría o satisfacción. *Voz exultante.*

exultar. INTR. Mostrar alegría, gozo o satisfacción.

exvoto. M. 1. Don u ofrenda, como una muleta, una mortaja, una figura de cera, cabellos, cuadros, etc., que los fieles cristianos dedican a Dios, a la Virgen o a los santos en señal y recuerdo de un beneficio recibido, que se cuelgan en los muros o en la techumbre de los templos. || 2. hist. Ofrenda parecida que los gentiles hacían a sus dioses.

eyaculación. F. Acción y efecto de eyacular.

eyaculador, ra. ADJ. *Anat.* Que eyacula o sirve para eyacular.

eyacular. TR. Lanzar con rapidez y fuerza el contenido de un órgano, cavidad o depósito, en particular el semen del hombre o de los animales.

eyaculatorio, ria. ADJ. Perteneciente o relativo a la eyaculación.

eyección. F. Acción y efecto de eyectar.

eyectar. TR. Impulsar con fuerza hacia fuera mediante un mecanismo automático. U. t. c. prnl.

eyector. M. Bomba para extraer fluidos o polvo, en que la presión de salida o descarga es intermedia entre la de entrada y de succión.

ezquite. M. *Méx.* esquite.

f. F. Sexta letra del abecedario latino internacional y séptima del español, que representa un fonema consonántico fricativo, labiodental y sordo. Su nombre es *efe*.

fa. M. *Mús.* Cuarta nota de la escala musical. MORF. pl. **fas.**

fabada. F. Potaje de judías con tocino, chorizo y morcilla, típico de Asturias.

fabordón. M. *Mús.* Contrapunto sobre canto gregoriano usado principalmente para la música religiosa.

fábrica. F. **1.** Establecimiento dotado de la maquinaria, herramienta e instalaciones necesarias para la fabricación de ciertos objetos, obtención de determinados productos o transformación industrial de una fuente de energía. *Fábrica de automóviles. Fábrica de harinas. Fábrica de electricidad.* ǁ **2.** Construcción o parte de ella hecha con piedra o ladrillo y argamasa. *Rellenar los huecos del entramado con fábrica. Una pared de fábrica.* ǁ **3. fabricación.** *Por la muerte del auditor no se pudo acabar la fábrica de la iglesia.* ǁ **4. edificio.** *El cuartel aprovechaba la fábrica de un viejo convento.* ǁ **5.** hist. Fondo que solía haber en las iglesias para repararlas y costear los gastos del culto divino. □ V. **marca de ~, obra de ~.**

fabricación. F. Acción y efecto de fabricar.

fabricador, ra. ADJ. Que inventa o dispone algo no material. Apl. a pers., u. t. c. s. *Fabricador de embustes.*

fabricante. ADJ. Que fabrica. Apl. a pers., u. t. c. s.

fabricar. TR. **1.** Producir objetos en serie, generalmente por medios mecánicos. ǁ **2. elaborar.** *El organismo materno fabrica anticuerpos que pasan al feto.* ǁ **3.** Hacer, disponer o inventar algo no material. *Fabricar alguien su fortuna. Fabricar una mentira.* ǁ **4.** Construir un edificio, un dique, un muro o cosa análoga.

fabril. ADJ. Perteneciente o relativo a las fábricas o a sus operarios.

fábula. F. **1.** Breve relato ficticio, en prosa o verso, con intención didáctica o crítica frecuentemente manifestada en una moraleja final, y en el que pueden intervenir personas, animales y otros seres animados o inanimados. ǁ **2.** Narración de asunto mitológico. *La fábula de Psiquis y Cupido.* ǁ **3.** En las obras de ficción, trama argumental. ǁ **4.** Relación falsa, mentirosa, de pura invención. ǁ **5.** Ficción artificiosa con que se encubre o disimula una verdad. ǁ **6. mitología.** ǁ **~ milesia.** F. Cuento o novela livianos y sin más fin que el de entretener o divertir a los lectores. ǁ **de ~. I.** LOC.ADJ. **1.** coloq. Muy bueno, extraordinario. *Un sueldo de fábula.* ǁ **II.** LOC.ADV. **2.** coloq. Muy bien, fenomenal. *Pasarlo de fábula.*

fabulación. F. **1.** Acción de fabular. ǁ **2. fábula** (ǁ relato falso).

fabulador, ra. M. y F. **1. fabulista.** ǁ **2.** Persona con facilidad para inventar cosas fabulosas o inclinada a ello. U. t. c. adj.

fabular. TR. **1.** Inventar cosas fabulosas. ǁ **2.** Inventar, imaginar tramas o argumentos.

fabulario. M. Repertorio de fábulas.

fabulista. COM. Persona que compone o escribe fábulas literarias, generalmente en verso.

fabulístico, ca. ADJ. Perteneciente o relativo a las fábulas.

fabuloso, sa. ADJ. **1.** Dicho de un relato, de una persona o de una cosa: Maravillosos y fantásticos. ǁ **2.** Extraordinario, excesivo, increíble. *Precios fabulosos. Fabulosa ignorancia.*

faca. F. **1.** Cuchillo curvo. ǁ **2.** Cuchillo de grandes dimensiones y con punta, que suele llevarse envainado en una funda de cuero.

facazo. M. Herida que resulta de un golpe dado con la faca.

facción. F. **1.** Grupo de personas unidas por ideas o intereses comunes dentro de una agrupación o colectividad. ǁ **2.** Grupo de gente amotinada o rebelada. ǁ **3.** Cada una de las partes del rostro humano. U. m. en pl.

faccionario, ria. ADJ. Que se declara a favor de un partido o facción.

faccioso, sa. ADJ. Dicho especialmente de un rebelde armado: Perteneciente a una facción. U. t. c. s.

faceta. F. **1.** Cada uno de los aspectos que se pueden considerar en alguien o algo. ǁ **2.** Cada una de las caras o lados de un poliedro, cuando son pequeñas. Se usa especialmente hablando de las caras de las piedras preciosas talladas.

facha¹. F. **1.** coloq. Traza, figura, aspecto. *Tiene muy buena facha.* ǁ **2.** coloq. Mamarracho, adefesio. *Está hecho una facha.* U. t. c. m. ǁ **3.** *Chile.* **jactancia.** ǁ **en ~s.** LOC.ADV. *Méx.* Con vestimenta extraña o desaliñada. ǁ **ponerse en ~.** LOC.VERB. *Mar.* Parar el curso de una embarcación por medio de las velas, haciéndolas obrar en sentidos contrarios.

facha². ADJ. **1.** despect. coloq. **fascista.** Apl. a pers., u. t. c. s. ǁ **2.** despect. coloq. De ideología política reaccionaria. Apl. a pers., u. t. c. s.

fachada. F. **1.** Paramento exterior de un edificio, generalmente el principal. ǁ **2.** coloq. **presencia** (ǁ talle, figura). *Fulano tiene gran fachada.*

fachenda. F. coloq. Vanidad, jactancia.

fachento, ta. ADJ. *Am. Cen.* **jactancioso.**

facho. ADJ. **1.** Chile. **fascista.** ‖ **2.** Chile. De ideología política reaccionaria.

fachoso, sa. ADJ. **1.** coloq. De mala facha, de figura ridícula. ‖ **2.** Chile. **jactancioso.** ‖ **3.** Méx. Que viste impropiamente.

fachudo, da. ADJ. Méx. Que viste de manera ridícula.

facial. ADJ. Perteneciente o relativo al rostro. *Rasgos faciales.* ☐ V. **ángulo ~, valor ~.**

facies. F. **1.** Apariencia externa de algo. ‖ **2.** Med. Aspecto del semblante en cuanto revela alguna alteración o enfermedad del organismo. ‖ **~ hipocrática.** F. Med. Aspecto característico que presentan generalmente las facciones del enfermo próximo a la muerte.

fácil. **I.** ADJ. **1.** Que se puede hacer sin gran esfuerzo. *Ha sido un examen muy fácil.* ‖ **2.** Que puede suceder con mucha probabilidad. *Es fácil que venga hoy.* ‖ **3.** Dócil, que se puede manejar. *Algunos niños son fáciles y otros no.* ‖ **4.** Dicho especialmente de una mujer: Que se presta sin problemas a mantener relaciones sexuales. ‖ **II.** ADV. M. **5.** Con facilidad. ☐ V. **gatillo ~.**

facilidad. F. **1.** Cualidad de fácil. ‖ **2.** Disposición para hacer algo sin gran trabajo. *Tiene facilidad para conducir.* ‖ **3.** Oportunidad, ocasión propicia para hacer algo. *Aprovechó la facilidad de acomodo para ir a la ciudad.* ‖ **4.** pl. Condiciones especiales que permiten lograr algo o alcanzar un fin con menor esfuerzo. *Facilidades de pago.* ‖ **~ de palabra.** F. facilidad para expresarse con brillantez de manera espontánea. ‖ **dar ~es.** LOC. VERB. **facilitar** (‖ hacer fácil).

facilismo. M. Á. Caribe y Á. R. Plata. Tendencia a hacer o lograr algo sin mucho esfuerzo, de manera fácil y sin sacrificio.

facilitación. F. Acción de facilitar algo.

facilitador, ra. **I.** ADJ. **1.** Que facilita. *Efecto facilitador del sueño.* ‖ **II.** M. y F. **2.** Á. Caribe. Persona que se desempeña como instructor u orientador en una actividad.

facilitar. TR. **1.** Hacer fácil o posible la ejecución de algo o la consecución de un fin. *Facilita la digestión.* ‖ **2.** Proporcionar o entregar. *Nos facilitó las invitaciones.*

facilitón, na. ADJ. **1.** Que presume de facilitar la ejecución de las cosas. U. t. c. s. ‖ **2.** coloq. Que todo lo cree fácil. U. t. c. s.

facilón, na. ADJ. coloq. Excesivamente fácil o sencillo. *Pregunta facilona.*

facineroso, sa. **I.** ADJ. **1.** Delincuente habitual. *Aspecto facineroso.* U. t. c. s. ‖ **II.** M. y F. **2.** Persona malvada, de perversa condición.

facistol. M. Atril grande donde se ponen el libro o libros para cantar en la iglesia. El que sirve para el coro suele tener cuatro caras para poner varios libros.

facón. M. Á. guar. y Á. R. Plata. Cuchillo grande, recto y puntiagudo.

facsímil. M. **1.** Perfecta imitación o reproducción de una firma, de un escrito, de un dibujo, de un impreso, etc. ‖ **2.** fax.

facsimilar. ADJ. Dicho de una reproducción: En facsímil. ☐ V. **edición ~.**

facsímile. M. facsímil (‖ perfecta reproducción de un escrito o un dibujo).

factibilidad. F. Cualidad o condición de factible.

factible. ADJ. Que se puede hacer o que puede suceder. *Operación factible.*

facticidad. F. **1.** Cualidad de fáctico. ‖ **2.** Fil. Carácter contingente de algunos hechos.

facticio, cia. ADJ. **artificial** (‖ no natural).

fáctico, ca. ADJ. **1.** Perteneciente o relativo a los he chos. *Realidad fáctica.* ‖ **2.** Fundamentado en hechos o limitado a ellos, en oposición a *teórico* o *imaginario.* *Argumento fáctico.* ☐ V. **poder ~.**

factitivo. ☐ V. **verbo ~.**

factor, ra. **I.** M. y F. **1.** En las estaciones de ferrocarril, persona que cuida de la recepción, expedición y entrega de los equipajes, encargos, mercancías y animales transportados. ‖ **II.** M. **2.** hist. Oficial real que en las Indias recaudaba las rentas y rendía los tributos en especie pertenecientes a la Corona. ‖ **3.** Elemento, concausa. *Los factores que originaron la revolución.* ‖ **4.** Mat. Cada una de las cantidades o expresiones que se multiplican para formar un producto. ‖ **factor Rh.** M. Med. Antígeno de los hematíes cuya presencia (Rh+) o ausencia (Rh–) es causa de incompatibilidades sanguíneas en transfusiones y embarazos.

factoría. F. **1.** Fábrica o complejo industrial. ‖ **2.** Establecimiento de comercio, especialmente el situado en país colonial.

factorial. **I.** ADJ. **1.** Perteneciente o relativo a uno o varios **factores** (‖ concausas). *Ensayo clínico factorial.* ‖ **2.** Mat. Perteneciente o relativo a uno o varios **factores** (‖ cantidades que se multiplican). *Cálculo factorial.* ‖ **II.** M. **3.** Mat. Producto que resulta de multiplicar un número entero positivo dado por todos los enteros inferiores a él hasta el uno. (Símb. *!*). *El factorial de 4 es 4! = 4 × 3 × 2 × 1 = 24.* ☐ V. **análisis ~.**

factorizar. TR. **1.** Mat. Expresar un número entero como producto de sus divisiones. ‖ **2.** Mat. Descomponer un polinomio en el producto de otros de menor grado.

factótum. M. **1.** Persona de plena confianza de otra y que en nombre de esta despacha sus principales negocios. ‖ **2.** coloq. Persona que desempeña en una casa o dependencia todos los quehaceres. ¶ MORF. pl. **factótums.**

factual. ADJ. **fáctico** (‖ perteneciente a hechos).

factura. F. **1.** Relación de los objetos o artículos comprendidos en una venta, remesa u otra operación de comercio. ‖ **2.** Cuenta detallada de cada una de estas operaciones, con expresión de número, peso o medida, calidad y valor o precio. ‖ **3.** Acción y efecto de hacer. *Cerámica de factura tradicional.* ‖ **4.** Esc. y Pint. **ejecución** (‖ manera de ejecutar algo). ‖ **5.** Á. R. Plata. Conjunto de bollos y bizcochos que se fabrican y venden en las panaderías. ‖ **pasar ~.** LOC. VERB. Pedir una contraprestación a quien se ha hecho un favor o prestado un servicio. U. t. en sent. fig. *Mañana el esfuerzo me pasará factura.*

facturación. F. **1.** Acción y efecto de facturar. ‖ **2.** Suma o conjunto de objetos facturados. *Este año ha subido la facturación total del sector.*

facturar. TR. **1.** Extender las facturas. ‖ **2.** Incluir en ellas cada artículo, bulto u objeto. ‖ **3.** Registrar, entregar en las estaciones de ferrocarril, aeropuertos, etc., equipajes y mercancías para que sean remitidos a su destino.

facultad. F. **1.** Aptitud, potencia física o moral. U. m. en pl. ‖ **2.** Poder o derecho para hacer algo. *Tiene la facultad de elegir lo que más le convenga.* ‖ **3.** Cada una de las divisiones académicas de una universidad, en la que se agrupan los estudios de una carrera determinada. ‖ **4.** Local o conjunto de locales en que funciona dicha división de una universidad. ‖ **5.** Conjunto de personas que conforman una facultad universitaria. *La facultad en pleno se sumó al homenaje.* ‖ ~ **mayor.** F. hist. En las universidades se llamaron así la teología, el derecho y la medicina.

facultar. TR. Conceder facultades a alguien para hacer lo que sin tal requisito no podría.

facultativo, va. I. ADJ. **1.** Opcional, no obligatorio. *La asistencia a clase es facultativa.* ‖ **2.** Perteneciente o relativo al médico. *Recomendación facultativa.* ‖ **3.** Dicho de una persona: Que trabaja al servicio del Estado en un puesto para el que se requieren determinados estudios. U. m. c. s. *Cuerpo de facultativos archiveros.* ‖ **4.** Especializado, técnico. *Términos facultativos. Voces facultativas.* ‖ **5.** Que se deriva o depende de la facultad o poder para hacer algo. *Designación facultativa del Gobierno.* ‖ **II.** M. y F. **6.** Persona titulada en medicina y que ejerce como tal. □ V. **parte facultativo.**

facundia. F. Abundancia de palabras o expresiones, facilidad en el hablar.

facundo, da. ADJ. Fácil y desenvuelto en el hablar.

fado. M. Canción popular portuguesa, especialmente lisboeta, de carácter triste y fatalista.

faena. F. **1.** Trabajo corporal. ‖ **2.** Trabajo mental. ‖ **3.** quehacer. U. m. en pl. *Estamos atareados en diversas faenas.* ‖ **4.** Acción y efecto de **faenar** (‖ matar reses). ‖ **5.** Mala pasada. ‖ **6.** *Taurom.* En el campo, cada una de las operaciones que se verifican con el toro. ‖ **7.** *Taurom.* En la plaza, las que efectúa el diestro durante la lidia, y principalmente la brega con la muleta, preliminar de la estocada. ‖ **~ de aliño.** F. *Taurom.* La que realiza el espada, sin adornos ni intención artística, con el fin de preparar al toro para la suerte de matar. ‖ **entrar,** o **meterse,** alguien **en ~.** LOCS.VERBS. coloqs. Empezar a hacer algo.

faenar. I. TR. **1.** Matar reses y descuartizarlas o prepararlas para el consumo. *Encargó a dos hombres que faenaran el animal.* ‖ **II.** INTR. **2.** Hacer los trabajos de la pesca marina. ‖ **3.** Dicho de la marinería: Realizar sus trabajos. ‖ **4.** Laborar, trabajar. *Desde muy joven ha faenado de mayo a diciembre en la caña de azúcar.*

faenero. M. *Chile.* Obrero del campo.

faetón. M. hist. Carruaje descubierto, de cuatro ruedas, alto y ligero.

fafarachero, ra. ADJ. *Am.* Dicho de una persona: jactanciosa.

fagáceo, a. ADJ. *Bot.* Se dice de los árboles y arbustos angiospermos dicotiledóneos que se distinguen por sus hojas sencillas, casi siempre alternas, flores monoicas y fruto indehiscente con semilla sin albumen, y más o menos cubierto por la cúpula; p. ej., la encina y el castaño. U. t. c. s. f. ORTOGR. En f. pl., escr. con may. inicial c. taxón. *Las Fagáceas.*

fago. M. *Biol.* bacteriófago.

fagocitar. TR. **1.** *Biol.* Dicho de ciertas células u organismos unicelulares: Alimentarse por fagocitosis. ‖ **2.** absorber (‖ asumir, incorporar). *Los culebrones fagocitaron las antiguas novelas radiofónicas y televisivas.*

fagocito. M. *Biol.* Cada una de las células que se hallan en la sangre y en muchos tejidos animales, capaces de apoderarse, mediante la emisión de pseudópodos, de bacterias, cadáveres celulares y, en general, de toda clase de partículas nocivas o inútiles para el organismo, incluyéndolas en su citoplasma y digiriéndolas después.

fagocitosis. F. *Biol.* Captura de partículas microscópicas que realizan ciertas células con fines alimenticios o de defensa, mediante la emisión de pseudópodos.

fagot o **fagote. I.** M. **1.** Instrumento musical de viento, formado por un tubo de madera de unos siete centímetros de grueso y más de un metro de largo, con agujeros y llaves, y con una boquilla de caña puesta en un tudel. ‖ **II.** COM. **2.** fagotista. ¶ MORF. pl. **fagots** o **fagotes.**

fagotista. COM. Persona que toca el fagot.

Fahrenheit. □ V. **grado ~.**

faique. M. *Á. Andes.* Árbol de la familia de las Mimosáceas.

faisán. M. Ave del orden de las Galliformes, del tamaño de un gallo, con un penacho de plumas en la cabeza, cola muy larga y tendida y plumaje de vivos colores en el macho. Es ave de caza muy apreciada por su carne.

faisana. F. Hembra del faisán.

faisanería. F. Corral o cercado para los faisanes.

faja. F. **1.** Tira de tela o tejido con que se rodea el cuerpo por la cintura, dándole una o varias vueltas. ‖ **2.** Prenda interior elástica que ciñe la cintura o esta y las caderas. ‖ **3.** Franja mucho más larga que ancha; p. ej., las del globo terráqueo. ‖ **4.** Tira de papel que, en vez de cubierta o sobre, se pone al libro, periódico o impreso de cualquier clase que se envía de una parte a otra, y especialmente cuando ha de ir por el correo. ‖ **5.** Tira de papel que se pone sobre la cubierta o la sobrecubierta de un libro, con una breve leyenda impresa alusiva a su contenido o a un galardón que se le ha otorgado. ‖ **6.** Insignia propia de algunos cargos militares, civiles o eclesiásticos, consistente en una tira de tela que se pone alrededor de la cintura. ‖ **7.** *Heráld.* Pieza honorable que corta el escudo por el centro y ocupa un tercio de su altura. ‖ **8.** *Á. Caribe.* Cinturón de cuero ancho que llevan los hombres sobre el pantalón, para llevar monedas y el revólver.

fajada. F. *Am.* Acción y efecto de **fajar** (‖ golpear).

fajador, ra. ADJ. **1.** Dicho de un boxeador: Que tiene gran capacidad de aguante. U. t. c. s. ‖ **2.** Dicho de una persona: Capaz de afrontar las contrariedades. U. t. c. s. ‖ **3.** *Á. R. Plata.* Dicho de una persona: Que cobra abusivamente. U. t. c. s.

fajamiento. M. Acción y efecto de fajar o fajarse.

fajar. I. TR. **1.** Rodear, ceñir o envolver con faja una parte del cuerpo. U. t. c. prnl. ‖ **2.** Envolver al niño y ponerle el fajero. ‖ **3.** *Am.* Pegar a alguien, golpearlo. U. t. c. prnl. *Se fajaron. Fajarse a alguien.* ‖ **4.** *Á. R. Plata.* Perjudicar a alguien cobrándole más de lo justo. ‖ **5.** *Ant.* Pedir dinero prestado. ‖ **II.** INTR. **6.** Acometer con violencia a alguien. *Fajó* CON *su vecino.* ‖ **7.** *Méx.* Sobar, manosear lascivamente a alguien. U. t. c. prnl. ‖ **III.** PRNL. **8.** *Am.* Dicho de dos personas: **venir a las manos.** ‖ **9.** *Am. Cen.* y *Á. Caribe.* Trabajar, dedicarse intensamente a un trabajo.

fajardeño, ña. ADJ. **1.** Natural de Fajardo. U. t. c. s. ‖ **2.** Perteneciente o relativo a este municipio de Puerto Rico o a su cabeza.

fajazo. M. *Ant.* Embestida, acometida.

fajero. M. Faja de punto que se pone a los niños de teta.

fajilla. F. Faja que se pone a los impresos.

fajín. M. Ceñidor de seda de determinados colores y distintivos que pueden usar los generales o los jefes de Administración y otros funcionarios.

fajina[1]. F. **1.** Leña ligera para encender. ‖ **2.** *Mil.* Toque que convoca a la tropa para la comida.

fajina². F. **faena**. *Uniforme de fajina.*

fajo. M. Haz o atado.

fajón. M. *Arq.* Arco adherente a una bóveda.

falacia. F. Engaño, fraude o mentira con que se intenta dañar a alguien.

falange. F. **1.** Organización política, generalmente de signo autoritario y estructura paramilitar. ‖ **2.** Conjunto numeroso de personas unidas en cierto orden y para un mismo fin. *25 docentes más se incorporan a la ya numerosa falange de maestros aborígenes.* ‖ **3.** hist. Cuerpo de infantería pesada, que formaba la principal fuerza de los ejércitos griegos. ‖ **4.** *Anat.* Cada uno de los huesos de los dedos. Se distinguen con los adjetivos ordinales *primera, segunda* y *tercera,* comenzando a contar desde el metacarpo o el metatarso. ‖ **5.** *Anat.* Cada una de las partes articuladas de un dedo. ‖ **6.** *Anat.* por antonom. **falange** primera de los dedos.

falangeta. F. *Anat.* Falange tercera de los dedos.

falangina. F. *Anat.* Falange segunda de los dedos.

falangismo. M. Movimiento político y social fundado por José Antonio Primo de Rivera en 1933, y cuyas líneas ideológicas fundamentales son: concepto de España como unidad de destino; desaparición de los partidos políticos y protección oficial de la tradición religiosa española.

falangista. **I.** ADJ. **1.** Perteneciente o relativo al falangismo. ‖ **II.** COM. **2.** Persona afiliada a este movimiento.

falansterio. M. **1.** hist. Comunidad autónoma de producción y consumo, en el sistema de Fourier, socialista utópico francés de principios del siglo XIX. ‖ **2.** hist. Edificio en que, según el sistema de Fourier, habitaba cada una de las falanges en que dividía la sociedad. ‖ **3.** Alojamiento colectivo para mucha gente.

falárica. F. hist. Antigua lanza arrojadiza provista, generalmente, de materia inflamable.

falaropo. M. Se usa como nombre común para referirse a varias aves limícolas, de pico grácil y dedos lobulados. Las hembras son de mayor tamaño y plumaje más brillante que los machos.

falaz. ADJ. **1.** Falso o engañoso. *Argumento falaz.* ‖ **2.** Que halaga y atrae con falsas apariencias. *Falaz mansedumbre. Falaces obsequios.*

falca. F. *Mar.* Tabla delgada que se coloca de canto, y de popa a proa, sobre la borda de las embarcaciones menores para que no entre el agua.

falcata. F. hist. Espada de hoja curva y con estrías longitudinales usada por los antiguos iberos.

falce. F. Hoz o cuchillo curvo.

falciforme. ADJ. Que tiene forma de hoz. *Hoja falciforme.* □ V. **anemia de células ~s.**

falconete. M. hist. Especie de culebrina que arrojaba balas hasta de kilogramo y medio.

falconiano, na. ADJ. **1.** Natural de Falcón. U. t. c. s. ‖ **2.** Perteneciente o relativo a este estado de Venezuela.

falconiforme. ADJ. *Zool.* Se dice de las aves también conocidas como rapaces diurnas, de garras vigorosas, cabeza robusta y pico fuerte y ganchudo, que se alimentan de carne; p. ej., el halcón y el águila. U. t. c. s. f. ORTOGR. En f. pl., escr. con may. inicial c. taxón. *Las Falconiformes.*

falda. F. **1.** Prenda de vestir o parte del vestido, generalmente de mujer, que cae desde la cintura. U. t. en pl. con el mismo significado que en sing. ‖ **2.** Parte de la ropa talar desde la cintura hacia abajo. U. m. en pl. con e[l] mismo significado que en sing. ‖ **3.** Cobertura con qu[e] se viste una mesa camilla y que suele llegar hasta e[l] suelo. U. m. en pl. con el mismo significado que en sin[g.] ‖ **4.** Carne de la res, que cuelga de las agujas, sin asirs[e] a hueso ni costilla. ‖ **5.** Parte baja de los montes o sie[rras.] ‖ **6.** **regazo.** *Tener en la falda al niño.* ‖ **7.** Imp[.] Parte de papel que queda sobrante después de doblado [el] pliego. ‖ **8.** pl. coloq. Mujer o mujeres. *Cuestión de fa[l]das. Aficionado a faldas.* ‖ **~ pantalón.** F. Prenda d[e] vestir que parece una **falda** pero tiene perneras com[o] un pantalón. ‖ **pegado, da a las ~s.** LOC.ADJ. Dicho de u[n] hombre: Que, respecto de las mujeres de su familia, s[e] muestra menos independiente de lo que corresponde [a] su edad. □ V. **capotillo de dos ~s.**

faldamenta. F. Falda de una ropa talar que va desde [la] cintura abajo.

faldamento. M. **faldamenta.**

faldear. TR. Caminar por la falda de un monte o de otr[a] eminencia del terreno.

faldellín. M. **1.** Falda corta. ‖ **2.** Á. *Caribe.* Faldón de bau[-] tizo.

faldeo. M. *Chile.* **falda** (‖ parte baja de un monte).

faldero, ra. ADJ. **1.** Perteneciente o relativo a la fald[a.] *Moda faldera.* ‖ **2.** Dicho de un hombre: **mujerieg[o.]** ‖ **3.** Se dice de un perro de pequeño tamaño que se ut[i-] liza como animal de compañía. U. t. c. s.

faldeta. F. *Teatro.* Lienzo añadido al borde inferior d[e] ciertos telones para no dejar resquicio entre ellos y [el] piso.

faldicorto, ta. ADJ. Corto de faldas. *Jóvenes fald[a] cortas.*

faldillas. F. **1.** pl. En ciertos trajes, partes que cuelga[n] de la cintura abajo. ‖ **2.** pl. Faldas de mesa camilla.

faldón. M. **1.** Falda suelta al aire, que pende de algun[a] ropa. ‖ **2.** Parte inferior de alguna ropa, colgadura, e[tc.] *Los faldones de la camisa.* ‖ **3.** Prenda que se pone a l[os] bebés suelta desde la cintura y larga hasta los pies. ‖ [**4.**] Chapa que cubre la parte inferior de una máquina [o] vehículo. ‖ **5.** *Arq.* Vertiente triangular de un tejad[o.]

faldriquera. F. **faltriquera.**

falena. F. Mariposa de cuerpo delgado y alas anchas y d[é-] biles, cuyas orugas tienen dos pares de falsas patas a[b-] dominales, mediante las cuales pueden mantenerse e[r-] guidas y rígidas sobre las ramas de los árboles, imitan[do] el aspecto de estas.

falencia. F. **1.** Engaño o error. ‖ **2.** *Am. Mer.* Quiebra [de] un comerciante.

falerno. M. hist. Vino de Falerno, en Italia, famoso en [la] antigua Roma.

falibilidad. F. **1.** Cualidad de falible. ‖ **2.** Riesgo o p[o-] sibilidad de engañarse o errar una persona y, por ex[t.,] una entidad o una cosa abstracta. *La falibilidad de [la] justicia. La falibilidad de los juicios humanos.*

falible. ADJ. Que puede faltar o fallar. *Memoria falib[le.]*

fálico, ca. ADJ. Perteneciente o relativo al falo.

falla¹. F. **1.** Defecto, falta. *Hay fallas en la calidad del se[-] vicio.* ‖ **2.** *Geol.* Fractura de la litosfera acompañada [de] deslizamiento de uno de los bordes. ‖ **3.** Avería en u[n] motor. ‖ **4.** Á. *Caribe.* **error** (‖ acción desacertada).

falla². F. **1.** Conjunto de figuras de carácter burlesco qu[e,] dispuestas sobre un tablado, se queman públicamen[te] en Valencia por las fiestas de San José. ‖ **2.** pl. Períod[o] durante el cual se celebran estos festejos.

fallar[1]. TR. Decidir, determinar un litigio, proceso o concurso. U. t. c. intr.

fallar[2]. **I.** TR. **1.** No acertar o equivocarse. *Fallar el tiro, una respuesta.* U. t. c. intr. || **2.** En algunos juegos de cartas, poner un triunfo por no tener el palo que se juega. || **II.** INTR. **3.** Dicho de una cosa o de una persona: No responder como se espera. *Tú me estás fallando.* || **4.** Dicho de una cosa: Dejar de funcionar bien. *Fallar el corazón, la televisión.* || **5.** Dicho de una cosa: Perder su resistencia, rompiéndose o dejando de servir. *Fallar un soporte.* || ~**le.** LOC.VERB. Á. R. *Plata* y *Méx.* Estar loco.

falleba. F. Varilla de hierro acodillada en sus extremos, sujeta en varios anillos y que sirve para asegurar puertas o ventanas.

fallecer. INTR. **morir** (|| llegar al término de la vida). MORF. conjug. c. *agradecer.*

fallecimiento. M. Acción y efecto de fallecer.

fallero, ra. I. ADJ. **1.** Perteneciente o relativo a la **falla**[2]. *Figuras falleras.* || **II.** M. y F. **2.** Persona que por oficio construye las figuras, representaciones simbólicas, etc., que han de quemarse en las fiestas de San José en Valencia. || **3.** Persona que toma parte en las **fallas**[2].

fallido, da. ADJ. **1.** Frustrado, sin efecto. *Intento fallido.* || **2.** Dicho de una cantidad, de un crédito, etc.: **incobrables.** U. t. c. s. m.

fallo[1]. M. **1.** *Der.* Sentencia de un juez o de un tribunal, y en ella, especialmente, el pronunciamiento decisivo o imperativo. || **2.** Decisión tomada por persona competente sobre cualquier asunto dudoso o disputado. *Fallo del concurso de carteles de Navidad.*

fallo[2]**, lla. I.** ADJ. **1.** En algunos juegos de naipes, falto de un palo. *ESTOY fallo A oros.* || **II.** M. **2.** Falta, deficiencia o error. || **3.** Acción y efecto de salir fallido algo. *El fallo de este mecanismo provoca los resultados anómalos.*

falo. M. **pene.**

falocracia. F. Predominio del hombre sobre la mujer, especialmente en la vida pública.

falócrata. ADJ. Partidario de la falocracia. U. t. c. s.

falocrático, ca. ADJ. Perteneciente o relativo a la falocracia.

falopero, ra. ADJ. despect. Á. R. *Plata.* **drogadicto.** U. t. c. s.

Falopio. □ V. **trompa de ~.**

falsa. F. *Méx.* En los libros, hoja que va solo con el título.

falsabilidad. F. En la ciencia, capacidad de una teoría para someterse a todas las pruebas que pretendan mostrar su falsedad.

falsable. ADJ. *Fil.* Dicho de una proposición: Que puede ponerse a prueba y ser desmentida por los hechos o por un experimento adverso.

falsabraga. F. *Mil.* Muro bajo que para mayor defensa se levanta delante del muro principal. MORF. pl. **falsabragas.**

falsación. F. Acción de falsar.

falsacionismo. M. *Fil.* Doctrina que propone la falsabilidad como criterio de demarcación entre la ciencia y lo que no lo es.

falsada. ADJ. *Fil.* Se dice de una teoría cuando se descubre un hecho que la desmiente.

falsar. TR. Rebatir una proposición o una teoría mediante un contraejemplo o una observación empírica.

falsario, ria. ADJ. **1.** Que falsea o falsifica algo. *Publicidad falsaria.* U. t. c. s. || **2.** Que suele hacer falsedades o decir mentiras. U. t. c. s.

falseador, ra. ADJ. Que falsea algo. *Leyenda falseadora de la realidad.*

falseamiento. M. Acción y efecto de falsear.

falsear. I. TR. **1.** Adulterar o corromper algo, como la moneda, la escritura, la doctrina o el pensamiento. || **2.** *Arq.* Desviar un corte ligeramente de la dirección perpendicular. || **II.** INTR. **3.** Flaquear o perder resistencia y firmeza. || **4.** Dicho de una cuerda de un instrumento: Disonar de las demás.

falsedad. F. **1.** Falta de verdad o autenticidad. *La falsedad de los datos invalidó la investigación.* || **2.** Falta de conformidad entre las palabras, las ideas y las cosas. *Una vida llena de falsedades y traiciones.* || **3.** *Der.* Delito consistente en la alteración o simulación de la verdad, con efectos relevantes, hechas en documentos públicos o privados, en monedas, etc.

falseo. M. **1.** *Arq.* Acción y efecto de **falsear** (|| desviar un corte). || **2.** *Arq.* Corte o cara de una piedra o madero falseados.

falseta. F. *Mús.* En la música popular de guitarra, frase melódica o floreo que se intercala entre las sucesiones de acordes destinadas a acompañar la copla.

falsete. M. **1.** *Mús.* Voz más aguda que la natural, que se produce haciendo vibrar las cuerdas superiores de la laringe. || **2.** *Mús.* **falseta.** || **3.** Puerta pequeña y de una hoja, para pasar de una a otra pieza de una casa.

falsía. F. Falsedad, doblez.

falsificación. F. **1.** Acción y efecto de falsificar. || **2.** *Der.* **falsedad.**

falsificador, ra. ADJ. Que falsifica. Apl. a pers., u. t. c. s.

falsificar. TR. **1.** Falsear o adulterar algo. *Falsificar vinos.* || **2.** Fabricar algo falso o falto de ley. *Falsificar dinero.*

falsilla. F. Hoja de papel con líneas muy señaladas, que se pone debajo de otra en que se va a escribir, para que aquellas se transparenten y sirvan de guía.

falso, sa. I. ADJ. **1.** Engañoso, fingido, simulado, falto de ley, de realidad o de veracidad. *Falsa alarma.* || **2.** Incierto y contrario a la verdad. *Citas falsas. Argumentos falsos.* || **3.** Dicho de una persona: Que falsea o miente. || **4.** Dicho de una moneda: Que con intención delictiva se hace imitando la legítima. || **II.** M. **5.** Dobladillo de la parte inferior de una prenda de vestir. || **en falso.** LOC.ADV. **1.** Sin la debida seguridad y resistencia. *Este edificio está hecho en falso.* || **2.** Con intención contraria a la que se quiere dar a entender. *Declarar en falso.* □ V. **abeto ~, acacia ~, álamo ~, costilla ~, cuerda ~, ~ cúpula, ~ membrana, ~ oronja, ~ posición, ~ rienda, ~ ácoro, ~ amigo, ~ flete, ~ techo, ~ testimonio, llave ~, ~ monedero, ~ piedra ~, plátano ~, puerta ~, regla de ~ posición, saúco ~.**

falta. F. **1.** Carencia o privación de algo. || **2.** Defecto o privación de algo necesario o útil. *Falta de medios. Falta de lluvias.* || **3.** Ausencia de una persona del sitio en que debía estar. *Hay que justificar las faltas a clase.* || **4.** Nota con que se hace constar esa ausencia. || **5.** Supresión de la regla o menstruo en la mujer, principalmente durante el embarazo. || **6.** Ausencia de una persona, por fallecimiento u otras causas. *Sigue deprimida por la falta de su marido.* || **7.** Quebrantamiento de una obligación. || **8.** Error de cualquier naturaleza que se halla en una manifestación oral o escrita. || **9.** Defecto que posee alguien o que se le achaca. || **10.** En algunos deportes, caída o golpe de la pelota fuera de los límites señalados. ‖ **11.** Transgresión de las normas de un juego o deporte, sancionada por su reglamento. ‖ **12.** Infracción de las reglas de un deporte. ‖ **13.** *Der.* Infracción voluntaria o culposa de una norma, que puede ser castigada bien penal o administrativamente, bien por el empresario en las relaciones laborales. ‖ **a ~ de.** LOC. PREPOS. Careciendo de o faltando algo. *El permiso está a falta de la firma del director.* ‖ **caer** alguien en **~.** LOC. VERB. No cumplir con lo que debe. ‖ **echar en ~.** LOC.VERB. **echar de menos.** ‖ **hacer ~** alguien o algo. LOC. VERB. Ser preciso para algún fin. ‖ **hacerle** a una persona **~** alguien o algo. LOC.VERB. No tenerlo cuando sería necesario o provechoso. ‖ **lanzar una ~.** LOC.VERB. **tirar una falta.** ‖ **sacar ~s** a alguien. LOC.VERB. Achacarle faltas reales o imaginarias, murmurando de él. ‖ **sacar una ~.** LOC.VERB. **tirar una falta.** ‖ **sin ~.** LOC.ADV. Con puntualidad, con seguridad. ‖ **tirar una ~.** LOC.VERB. En determinados juegos, tirar la pelota o el balón contra la porción de campo defendida por el equipo contrario, cuando este ha cometido una infracción punible. □ V. **juicio de ~s.**

faltante. ADJ. Que falta (‖ no está donde debería). Apl. a pers., u. t. c. s.

faltar. INTR. **1.** Dicho de una cualidad o de una circunstancia: No existir en lo que debiera tenerla. *Falta honradez.* ‖ **2.** Consumirse, acabar, fallecer. *Sus abuelos faltan ya.* ‖ **3.** No acudir a una cita u obligación. ‖ **4.** Dicho de una persona o de una cosa: Estar ausente del lugar en que suele estar. *Antonio falta de su casa desde hace un mes.* ‖ **5.** Dicho de una persona o de una cosa: No estar donde debería. ‖ **6.** Tener que transcurrir el tiempo que se indica para que se realice algo. *Faltan dos meses para las vacaciones.* ‖ **7.** Quedar, restar. *Falta el recuento de votos de Córdoba. Aún faltan cosas por hacer.* ‖ **8.** Dicho de una persona: No corresponder a lo que es, o no cumplir con lo que debe. *Faltó a la lealtad. Faltó a la nobleza.* ‖ **9.** coloq. Tratar con desconsideración o sin el debido respeto a alguien. *Dicho sea sin ánimo de faltarle a usted.* ‖ **eso faltaba,** o **faltaría.** EXPRS. **no faltaba más.** ‖ **faltaría más.** EXPR. **no faltaba más.** ‖ **~ poco para** algo. LOC.VERB. Estar a punto de suceder algo o de acabar una acción. *Falta poco para terminarse el año. Falta poco para llenarse el estanque.* ‖ **no faltaba más.** EXPR. **1.** Se usa para rechazar una proposición por absurda o inadmisible. ‖ **2.** Se usa para manifestar la disposición favorable al cumplimiento de lo que se ha requerido. *Sí, por favor, no faltaba más, pase.* ‖ **no faltaba más sino que.** EXPR. Se usa para encarecer lo extremadamente desagradable, extraño o increíble que sería algo. *No faltaba más sino que al abrir la puerta me lo encontrara en bata.*

faltista. COM. *Méx.* Persona que falta con frecuencia a la escuela o al trabajo.

falto, ta. ADJ. Defectuoso o necesitado de algo. *Falto de gracia.*

faltón, na. ADJ. **1.** coloq. Que falta con frecuencia a sus obligaciones, promesas o citas. ‖ **2.** coloq. Que falta u ofende al hablar. U. t. c. s.

faltoso, sa. ADJ. coloq. Que no tiene cabales sus facultades, falto de juicio.

faltriquera. F. **1.** Bolsillo de las prendas de vestir. ‖ **2.** hist. Bolsillo que se atan las mujeres a la cintura y llevan colgando debajo del vestido o delantal.

falúa. F. Embarcación ligera, alargada y estrecha, utilizada en los puertos y en los ríos.

falucho. M. Embarcación costanera con una vela latina

fama. F. **1.** Opinión que las gentes tienen de alguien. *Tiene muy mala fama.* ‖ **2.** Opinión que la gente tiene de la excelencia de alguien en su profesión o arte. *Bailarina de fama mundial.* ‖ **correr ~** una noticia. LOC.VERB. Divulgarse y esparcirse. ‖ **dar ~.** LOC.VERB. Acreditar a alguien, darlo a conocer. ‖ **ser ~.** LOC.VERB. Decirse, saberse. □ V. **pública voz y ~.**

famélico, ca. ADJ. **1.** hambriento. *Perro famélico.* ‖ **2.** Muy delgado, con aspecto de pasar hambre. *Rostro famélico.*

familia. F. **1.** Grupo de personas emparentadas entre sí que viven juntas. ‖ **2.** Conjunto de ascendientes, descendientes, colaterales y afines de un linaje. ‖ **3.** Hijos o descendencia. *Está casado, pero no tiene familia.* ‖ **4.** Conjunto de personas que comparten alguna condición, opinión o tendencia. *Toda la familia universitaria está de enhorabuena.* ‖ **5.** Conjunto de objetos que presentan características comunes que lo diferencian de otros. *La familia de los instrumentos de cuerda.* ‖ **6.** Cuerpo de una orden o de una comunidad religiosa. *La familia carmelita.* ‖ **7.** coloq. Grupo de personas relacionadas por amistad o trato. ‖ **8.** *Biol.* Taxón constituido por varios géneros naturales que poseen gran número de caracteres comunes. *Familia de las Rosáceas.* ‖ **9.** *Chile.* Enjambre de abejas. ‖ **~ de lenguas.** F. *Ling.* Conjunto de lenguas que derivan de una misma lengua. *La familia de lenguas románicas.* ‖ **~ de palabras,** o **~ léxica.** F. *Ling.* Grupo de palabras relacionadas por procesos generalmente derivativos. ‖ **cargar,** o **cargarse, de ~.** LOCS. VERBS. coloqs. Tener muchos hijos. ‖ **de buena ~.** LOC. ADJ. Dicho de una persona: Cuyos antecesores gozan de respeto y estimación social. ‖ **en ~.** LOC.ADV. **1.** Sin gente extraña, en la intimidad. ‖ **2.** Con pocas personas. □ V. **abandono de ~, hijo de ~, libro de ~, madre de ~, médico de ~, padre de ~.**

familiar. I. ADJ. **1.** Perteneciente o relativo a la familia. *Una costumbre familiar.* ‖ **2.** Conocido previamente. *Su cara me es muy familiar.* ‖ **3.** Dicho del trato: Llano y sin ceremonia. ‖ **4.** Dicho de una palabra, de una frase, del lenguaje, del estilo, etc.: Naturales, sencillos, propios de la conversación normal y corriente. ‖ **5.** Dicho del envase de un producto comercial: Que tiene un tamaño superior al normal y resulta, generalmente, más económico. ‖ **6.** Dicho especialmente de un coche: De gran capacidad y con el portaequipajes trasero incorporado al habitáculo. ‖ **II.** M. **7.** Pariente o deudo de una persona. ‖ **8.** Eclesiástico o seglar que acompaña o asiste a un obispo. ‖ **9.** hist. Ministro del antiguo Tribunal eclesiástico de la Inquisición que estaba presente en los prendimientos y en otras misiones. □ V. **demonios ~es.**

familiaridad. F. **1.** Llaneza, sencillez y confianza en el trato. ‖ **2.** Contacto habitual o conocimiento profundo. *Es admirable su familiaridad con la literatura clásica.* ‖ **3.** Facilidad, naturalidad, desenvoltura. *Se movía con familiaridad en aquella casa.* ‖ **4.** pl. Gestos o actitudes de confianza excesiva o inapropiada en el trato. *No me agradan esas familiaridades.*

familiarizar. I. TR. **1.** Hacer familiar o común algo. *Familiarizar las relaciones sociales.* ‖ **II.** PRNL. **2.** adaptarse (‖ acomodarse). *Familiarizarse con el peligro.*

familión. M. coloq. Familia numerosa.

famoso, sa. ADJ. **1.** Que tiene fama y renombre. *Comedia famosa. Ladrón famoso.* U. t. c. s. *Reunión de famosos*

‖ **2.** coloq. Insigne, excelente en su especie. ‖ **3.** coloq. Que llama la atención por ser muy singular y extravagante. *Famoso tarambana. Ocurrencia famosa.*

fámulo, la. I. M. y F. **1.** coloq. Criado, doméstico. ‖ **II.** M. **2.** Sirviente de la comunidad de un colegio.

fan. COM. **1.** Admirador o seguidor de alguien. ‖ **2.** Entusiasta de algo. *Es un fan de la ópera.* ¶ MORF. pl. **fanes** o **fans.**

fanal. M. **1.** Campana de cristal cerrada por arriba, que sirve para resguardar del polvo lo que se cubre con ella. ‖ **2.** Campana transparente, por lo común de cristal, que sirve para que el aire no apague la luz puesta dentro de ella o para atenuar y matizar el resplandor. ‖ **3.** Farol grande que se coloca en las torres de los puertos para que su luz sirva de señal nocturna. ‖ **4.** Cada una de las grandes lámparas que usan ciertas embarcaciones de pesca para atraer a los peces. ‖ **5.** hist. Cada uno de los grandes faroles que colocados en la popa de los buques servían como insignia de mando.

fanático, ca. ADJ. **1.** Que defiende con tenacidad desmedida y apasionamiento creencias u opiniones, sobre todo religiosas o políticas. U. t. c. s. ‖ **2.** Preocupado o entusiasmado ciegamente por algo. *Fanático de la música.* U. t. c. s.

fanatismo. M. Tenaz preocupación, apasionamiento del fanático.

fanatizar. TR. Provocar o causar fanatismo.

fandango. M. **1.** Antiguo baile español, muy común todavía en Andalucía, cantado con acompañamiento de guitarra, castañuelas y hasta de platillos y violín, a tres tiempos y con movimiento vivo y apasionado. ‖ **2.** Tañido y coplas con que se acompaña.

fandanguero, ra. ADJ. Aficionado a asistir a bailes y festejos. U. t. c. s.

fandanguillo. M. **1.** Baile popular parecido al fandango. ‖ **2.** Música y letra de este baile.

faneca. F. Pez teleósteo marino de dos o tres decímetros de longitud, de color pardusco en el lomo y blanco por el vientre, con tres aletas dorsales, dos ventrales y las abdominales por delante de las torácicas. Abunda en el Cantábrico.

fanega. F. **1.** Medida de capacidad para áridos que, en Castilla, equivale a 55,5 l, pero es muy variable según las diversas regiones de España. ‖ **2.** Porción de granos, legumbres, semillas y cosas semejantes que cabe en esa medida. ‖ **~ de tierra.** F. Medida agraria que, en Castilla, equivale a 64,596 áreas. Esta cifra varía según las regiones.

fanerógamo, ma. ADJ. *Bot.* Se dice de las plantas en que el conjunto de los órganos de la reproducción se presenta en forma de flor, que se distingue a simple vista. En la flor se efectúa la fecundación y, como consecuencia de esta, se desarrollan las semillas, que contienen los embriones de las nuevas plantas. U. t. c. s. f. ORTOGR. En f. pl., escr. con may. inicial c. taxón. *Las Fanerógamas.*

fanfarria. F. **1.** Conjunto musical ruidoso, principalmente a base de instrumentos de metal. ‖ **2.** Música interpretada por esos instrumentos. ‖ **3.** coloq. Baladronada, bravata, jactancia.

fanfarrón, na. ADJ. **1.** Que se precia y hace alarde de lo que no es, y en particular de valiente. U. t. c. s. ‖ **2.** Dicho de una cosa: Que tiene mucha apariencia y hojarasca. *Voz fanfarrona.*

fanfarronada. F. Dicho o hecho propio de los fanfarrones.

fanfarronear. INTR. Hablar con arrogancia echando fanfarronadas.

fanfarronería. F. **1.** Modo de hablar y de portarse los fanfarrones. ‖ **2.** Dicho o hecho propio de los fanfarrones. *Las espléndidas fanfarronerías de don José Ortega.*

fangal. M. Sitio lleno de fango.

fango. M. **1.** Lodo glutinoso que se forma generalmente con los sedimentos térreos en los sitios donde hay agua detenida. ‖ **2.** Vilipendio, degradación. *Llenar o cubrir a alguien de fango.*

fangosidad. F. Cualidad de fangoso.

fangoso, sa. ADJ. **1.** Lleno de fango. *Fondos fangosos.* ‖ **2.** Que tiene la blandura y viscosidad propias del fango. *Consistencia fangosa.*

fantaseador, ra. ADJ. Que fantasea. *Imaginación fantaseadora.*

fantasear. I. INTR. **1.** Dejar correr la fantasía o imaginación. ‖ **II.** TR. **2.** Imaginar algo fantástico.

fantaseo. M. Acción y efecto de dejar correr la imaginación o la fantasía. U. m. en América.

fantasía. F. **1.** Facultad que tiene el ánimo de reproducir por medio de imágenes las cosas pasadas o lejanas, de representar las ideales en forma sensible o de idealizar las reales. ‖ **2.** Imagen formada por la fantasía. U. m. en pl. ‖ **3.** Grado superior de la imaginación; la imaginación en cuanto inventa o produce. ‖ **4.** coloq. Presunción, arrogancia o gravedad afectada. ‖ **5.** *Mús.* Composición instrumental de forma libre o formada sobre motivos de una ópera. ‖ **de ~.** LOC. ADJ. **1.** Dicho de una prenda de vestir o de un adorno: Que no son de forma o gusto corrientes. ‖ **2.** Dicho de un objeto de adorno personal: Que no es de material noble o valioso. ‖ **3.** Dicho de una joya: De imitación.

fantasioso, sa. ADJ. **1.** Que se deja llevar por una imaginación carente de fundamento. U. t. c. s. *Era un fantasioso que tomaba sus planes por realidades.* ‖ **2.** coloq. Vano, presuntuoso.

fantasma. I. M. **1.** Imagen de una persona muerta que, según algunos, se aparece a los vivos. ‖ **2.** Imagen de un objeto que queda impresa en la fantasía. ‖ **3.** Visión quimérica como la que se da en los sueños o en las figuraciones de la imaginación. ‖ **4.** Amenaza de un riesgo inminente o temor de que sobrevenga. *El fantasma de la sequía.* ‖ **5.** coloq. Persona envanecida y presuntuosa. ‖ **II.** ADJ. **6.** Inexistente o falso. MORF. pl. invar. o **fantasmas.** *Ventas fantasma. Ventas fantasmas.* ‖ **7.** Dicho de una población: No habitada. MORF. pl. invar. o **fantasmas.** *Pueblos fantasma. Pueblos fantasmas.*

fantasmada. F. coloq. Dicho o hecho propio de un **fantasma** (‖ persona presuntuosa).

fantasmagoría. F. Ilusión de los sentidos o figuración vana de la inteligencia, desprovista de todo fundamento.

fantasmagórico, ca. ADJ. Perteneciente o relativo a la fantasmagoría.

fantasmal. ADJ. Perteneciente o relativo al **fantasma** (‖ visión quimérica de los sueños o de la imaginación).

fantasmático, ca. ADJ. *Psicol.* Dicho de una representación mental imaginaria: Provocada por el deseo o el temor.

fantasmón, na. I. ADJ. **1.** coloq. Que presume de algo, normalmente exagerando o mintiendo. U. t. c. s. ‖ **II.** M. **2.** Persona disfrazada que sale por la noche para asustar a la gente.

fantástico, ca. ADJ. **1.** Quimérico, fingido, que no tiene realidad y consiste solo en la imaginación. *Un proyecto claramente fantástico.* || **2.** Perteneciente o relativo a la fantasía. *Novela fantástica.* || **3.** coloq. Magnífico, excelente.

fantochada. F. Acción propia de un fantoche.

fantoche. M. **1.** Persona grotesca y desdeñable. || **2.** Sujeto neciamente presumido. || **3.** Persona vestida o maquillada de forma estrafalaria. || **4.** Muñeco grotesco frecuentemente movido por medio de hilos.

fañoso, sa. ADJ. *Á. Caribe.* Que habla con pronunciación nasal.

faquín. M. hist. **mozo de cuerda.**

faquir. I. M. **1.** En la India, asceta que practica duros ejercicios de mortificación. || **3.** Santón musulmán. || **II.** COM. **3.** Artista de circo que hace exhibición de determinado tipo de mortificaciones.

faradio. M. *Fís.* Unidad de capacidad eléctrica del Sistema Internacional, equivalente a la capacidad de un condensador eléctrico cargado con un culombio y con una diferencia de potencial de un voltio. (Símb. *F*).

faralá. M. Volante, adorno compuesto de una tira de tafetán o de otra tela, que rodea las basquiñas, vestidos y enaguas femeninos, especialmente en algunos trajes regionales. Está plegado y cosido por la parte superior, y suelto o al aire por la inferior. U. m. en pl. MORF. pl. **faralaes.**

farallón. M. Roca alta y tajada que sobresale en el mar y alguna vez en tierra firme.

farandola o farándola. F. **1.** Danza de origen provenzal que los bailarines ejecutan colocados en fila y agarrados de la mano. || **2.** Música de esta danza.

farándula. F. **1.** Profesión y ambiente de los actores. || **2.** hist. Antigua compañía ambulante de teatro, especialmente de comedias. || **3.** despect. *Á. Caribe* y *Á. R. Plata.* Mundillo de la vida nocturna formado por figuras de los negocios, el deporte, la política y el espectáculo.

farandulear. INTR. coloq. **farolear.**

farandulero, ra. I. ADJ. **1.** coloq. **charlatán** (|| embaucador). || **II.** M. y F. **2.** coloq. Actor de teatro, especialmente de comedias.

faraón. M. **1.** hist. Cada uno de los antiguos reyes de Egipto anteriores a la conquista de este país por los persas. || **2.** Juego de naipes parecido al monte, y en el cual se emplean dos barajas.

faraónico, ca. ADJ. **1.** hist. Perteneciente o relativo a los faraones. *Tumba faraónica.* || **2.** Grandioso, fastuoso. *Gastos faraónicos.*

faraute. M. **1.** Encargado de llevar y traer mensajes entre personas distantes y que se fían de él. || **2.** hist. Rey de armas de segunda clase, que tenían los generales y grandes señores. || **3.** hist. Actor que en la comedia recitaba o representaba el prólogo o introducción de ella, que después se llamó loa.

fardacho. M. **lagarto** (|| reptil saurio).

fardaje. M. Conjunto de fardos.

fardar. I. TR. **1.** Surtir y abastecer a alguien, especialmente de ropa y vestidos. U. t. c. prnl. || **II.** INTR. **2.** coloq. Presumir, jactarse, alardear.

fardel. M. **1.** Saco o talega que llevan regularmente pastores y caminantes, para las cosas comestibles u otras de su uso. || **2.** **fardo.**

fardería. F. Conjunto de fardos.

fardo. M. Lío grande de ropa u otra cosa, muy apretado, para poder llevarlo de una parte a otra. Se hace regularmente con las mercancías que se han de transportar, cubriéndolas con arpillera o lienzo embreado o encerado.

farellón. M. **farallón.**

farero, ra. M. y F. Empleado o vigilante de un faro.

fárfara[1]. F. Planta herbácea de la familia de las Compuestas, con bohordos de escamas coloridas y de uno a dos decímetros de altura, hojas radicales, grandes, denticuladas, tenues, tomentosas por el envés, y que aparecen después que las flores, que son aisladas, terminales, amarillas y de muchos pétalos. El cocimiento de las hojas y flores se emplea como pectoral.

fárfara[2]. F. Tela o cubierta blanda que tienen los huevos de las aves por la parte interior. || **en ~.** LOC. ADV. A medio hacer o sin la última perfección.

farfolla. F. **1.** Espata o envoltura de las panojas del maíz, mijo y panizo. || **2.** Cosa de mucha apariencia y de poca entidad.

farfullar. TR. coloq. Hablar muy deprisa y atropelladamente.

farfullero, ra. ADJ. coloq. Que farfulla. *Voz farfullera.* Apl. a pers., u. t. c. s.

faria. (De *Farias,* marca reg.). M. Cigarro barato peninsular de tripa de hebra larga. U. t. c. f.

farináceo, a. ADJ. De la naturaleza de la harina, o parecido a ella. *Polvo farináceo.*

faringe. F. *Anat.* Porción ensanchada del tubo digestivo de muchos animales, de paredes generalmente musculosas y situada a continuación de la boca. En el hombre y en los demás mamíferos tiene varias aberturas, por las que comunica con las fosas nasales, con la trompa de Eustaquio, con la laringe y con el esófago.

faríngeo, a. ADJ. *Anat.* Perteneciente o relativo a la faringe.

faringitis. F. *Med.* Inflamación de la faringe.

fariña. F. *Á. guar.* y *Á. R. Plata.* Harina gruesa de mandioca.

fario. M. Suerte, fortuna, sino. *Buen, mal fario.*

farisaico, ca. ADJ. **1.** hist. Propio o característico de los fariseos. *Judaísmo farisaico.* || **2.** hipócrita. *Rictus farisaico.* ◻ V. **escándalo ~.**

farisaísmo. M. hist. Cuerpo, conjunto, secta, costumbres o espíritu de los fariseos.

fariseísmo. M. **1.** hist. **farisaísmo.** || **2.** hipocresía.

fariseo, a. I. M. y F. **1.** Persona hipócrita. || **II.** M. **2.** hist. Entre los judíos, miembro de una secta que afectaba rigor y austeridad, pero eludía los preceptos de la ley y, sobre todo, su espíritu.

farmaceuta. COM. *Á. Caribe.* **farmacéutico.**

farmacéutico, ca. I. ADJ. **1.** Perteneciente o relativo a la farmacia. *Producto farmacéutico.* || **II.** M. y F. **2.** Persona que, provista del correspondiente título académico, profesa o ejerce la farmacia. ◻ V. **forma ~.**

farmacia. F. **1.** Ciencia que enseña a preparar y combinar productos naturales o artificiales como remedios de las enfermedades, o para conservar la salud. || **2.** Profesión de esta ciencia. || **3.** Laboratorio y despacho del farmacéutico.

fármaco. M. **medicamento.**

farmacocinética. F. *Med.* Estudio de la absorción, distribución, transformación y eliminación de un medicamento en un organismo.

farmacocinético, ca. ADJ. *Med.* Perteneciente o relativo a la farmacocinética.

farmacognosia. F. *Med.* Parte de la farmacología que estudia la acción de los medicamentos naturales.

farmacología. F. *Med.* Parte de la materia médica que trata de los medicamentos.

farmacológico, ca. ADJ. *Med.* Perteneciente o relativo a la farmacología.

farmacólogo, ga. M. y F. Persona que profesa la farmacología o tiene en ella especiales conocimientos.

farmacopea. F. *Med.* Repertorio que publica oficialmente cada Estado como norma legal para la preparación, experimentación, prescripción, etc., de los medicamentos.

farmacoterapia. F. *Med.* Tratamiento de las enfermedades mediante drogas.

faro. M. **1.** Torre alta en las costas, con luz en su parte superior, para que durante la noche sirva de señal a los navegantes. ‖ **2.** Cada uno de los focos delanteros de los vehículos automotores. ‖ **3.** Aquello que da luz en un asunto, lo que sirve de guía a la inteligencia o a la conducta. *Faro de la ortodoxia.* ‖ **~ piloto.** M. El que llevan los vehículos automóviles en la parte posterior para indicar su posición.

farol. M. **1.** Caja de vidrio u otra materia transparente, dentro de la cual se pone una luz. ‖ **2.** Farola de una sola luz. ‖ **3.** En el juego, envite falso hecho para desorientar o atemorizar. ‖ **4.** coloq. Hecho o dicho jactancioso que carece de fundamento. *Marcarse, tirarse un farol.* ‖ **5.** *Taurom.* Lance de capa a la verónica, en que el torero, después de echar la capa al toro, la pasa en redondo sobre su propia cabeza y la coloca en sus hombros. ‖ **~ de situación.** M. *Mar.* Cada uno de los *faroles* que se encienden de noche en los buques que navegan, y que por los distintos colores de sus cristales sirven de guía para evitar los abordajes.

farola. F. **1.** Farol grande, generalmente compuesto de varios brazos, con sendas luces, propio para iluminar plazas y paseos públicos. ‖ **2.** Farol grande en la torre de los puertos.

farolazo. M. *Am. Cen.* y *Méx.* Trago de bebida alcohólica.

farolear. INTR. coloq. Hacer ostentación vanidosa o jactanciosa.

faroleo. M. coloq. Acción y efecto de farolear.

farolero, ra. **I.** ADJ. **1.** coloq. Vano, ostentoso, amigo de llamar la atención y de hacer lo que no le corresponde. U. t. c. s. ‖ **II.** M. **2.** hist. Encargado de cuidar de los faroles del alumbrado.

farolillo. M. Farol de papel, celofán o plástico de colores, que sirve para adornar en verbenas y fiestas. ‖ **~ rojo.** M. coloq. El último en una competición u otro lugar.

farra. F. **1.** Fiesta, diversión bulliciosa. ‖ **2.** *Á. guar.* **burla** (‖ acción o palabras con que se pone en ridículo a alguien). ‖ **tomar** a alguien **para la ~.** LOC.VERB. *Á. guar.* y *Á. R. Plata.* Burlarse de él, tomarle el pelo.

fárrago. M. Conjunto de cosas o ideas desordenadas, inconexas o superfluas.

farragoso, sa. ADJ. Que tiene fárrago. *Discurso farragoso.*

farruca. F. **1.** Baile popular andaluz. ‖ **2.** Música de este baile.

farsa. F. **1.** Pieza cómica, breve por lo común, y sin más objeto que hacer reír. ‖ **2.** Enredo, trama para aparentar o engañar.

farsanta. F. coloq. Mujer que finge lo que no es o no siente.

farsante. ADJ. coloq. Que finge lo que no es o no siente. U. m. c. s.

farsantear. INTR. *Chile.* Hablar u obrar como farsante.

farsantería. F. Cualidad de la persona que pretende pasar por lo que no es.

fasces. M. pl. hist. Insignia de los cónsules romanos, que se componía de una segur en un pequeño haz de varas.

fascículo. M. **1. entrega** (‖ cuaderno). ‖ **2.** *Anat.* Haz de fibras musculares.

fascinación. F. Atracción irresistible.

fascinador, ra. ADJ. Que fascina. *Belleza fascinadora.*

fascinante. ADJ. Sumamente atractivo. *Personalidad fascinante.*

fascinar. TR. Atraer irresistiblemente.

fascismo. M. **1.** hist. Movimiento político y social de carácter totalitario que se desarrolló en Italia, en la primera mitad del siglo XX, liderado por Benito Mussolini, y que adoptó como símbolo las fasces romanas. ‖ **2.** Doctrina de este partido italiano y de los movimientos políticos similares surgidos en otros países. ‖ **3.** Actitud autoritaria y antidemocrática que socialmente se considera relacionada con esos movimientos.

fascista. ADJ. **1.** Perteneciente o relativo al fascismo. *Época fascista.* ‖ **2.** Partidario de esta doctrina o movimiento social. U. t. c. s. ‖ **3.** Excesivamente autoritario. U. t. c. s.

fascistizante. ADJ. De tendencia fascista. *Nacionalismo fascistizante.*

fase. F. **1.** Cada uno de los distintos estados sucesivos de un fenómeno natural o histórico, o de una doctrina, negocio, etc. ‖ **2.** *Astr.* Cada una de las diversas apariencias o formas con que se dejan ver la Luna y algunos planetas, según los ilumina el Sol. ‖ **3.** *Electr.* Corriente alterna que es una de las componentes de una corriente polifásica. ‖ **4.** *Fís.* y *Quím.* Cada una de las partes homogéneas físicamente separables en un sistema formado por uno o varios componentes.

fastidiado, da. PART. de **fastidiar.** ‖ ADJ. coloq. Enfermo o achacoso.

fastidiar. **I.** TR. **1.** Enfadar, disgustar o ser molesto a alguien. *Ha discutido con ella para fastidiar a sus padres.* ‖ **2.** coloq. Ocasionar daño material o moral. ‖ **II.** PRNL. **3.** Aguantarse, sufrir con paciencia algún contratiempo inevitable. *Si te han suspendido, te fastidias y estudias más.* ¶ MORF. conjug. c. *anunciar.* ‖ **hay que ~se.** LOC. INTERJ. **1.** Se usa para indicar que es preciso someterse de buena o mala gana a una molestia o inconveniente. ‖ **2.** Se usa para acompañar, enfáticamente, un comentario que revela molestia o enojo. *¡Hay que fastidiarse, el frío que hace aquí!* ‖ **no te fastidia.** LOC. INTERJ. Se usa para acompañar, enfáticamente, un comentario que revela molestia o enojo. *Hazlo tú, que estás más descansado, ¡no te fastidia!*

fastidio. M. Enfado, cansancio, aburrimiento, tedio.

fastidioso, sa. ADJ. Enfadoso, inoportuno; que causa disgusto, desazón y hastío. *Obligación fastidiosa.*

fastigio. M. **cumbre** (‖ mayor elevación de algo).

fasto, ta. **I.** ADJ. **1.** Dicho, por contraposición a *nefasto,* de un día, de un año, etc.: Feliz o venturoso. ‖ **II.** M. **2.** **fausto**[1].

fastos. M. pl. Anales o serie de sucesos por orden cronológico.

fastuosidad. F. Cualidad de fastuoso.

fastuoso, sa. ADJ. **1.** Lujoso, magnífico, digno de verse. *Un palacio fastuoso.* ‖ **2.** Amigo de fausto y lujo. *Un magnate fastuoso.*

fatal. I. ADJ. **1. inevitable.** *Desenlace fatal.* ‖ **2.** Desgraciado, infeliz. *Fatal accidente.* ‖ **3.** Perteneciente o relativo al hado. ‖ **4.** coloq. **malo.** *Tengo un cutis fatal.* ‖ **II.** ADV.M. **5.** coloq. Rematadamente mal. *Lo hiciste fatal.* □ V. **mujer ~.**

fatalidad. F. **1.** Cualidad de fatal. ‖ **2.** Desgracia, desdicha, infelicidad. ‖ **3.** Hado, destino.

fatalismo. M. **1.** Creencia según la cual todo sucede por ineludible predeterminación o destino. ‖ **2.** Actitud resignada de la persona que no ve posibilidad de cambiar el curso de los acontecimientos adversos.

fatalista. I. ADJ. **1.** Perteneciente o relativo al fatalismo. *Actitud fatalista.* ‖ **II.** COM. **2.** Persona que adopta las actitudes propias del fatalismo. U. t. c. adj.

fatamorgana o **fata morgana.** F. **ilusión** (‖ concepto o imagen sin verdadera realidad).

fatídico, ca. ADJ. **1. funesto** (‖ aciago). *Una caída fatídica.* ‖ **2.** Dicho de una cosa o de una persona: Que anuncia o pronostica el porvenir, especialmente si anuncia desgracias.

fatiga. F. **1.** Agitación duradera, cansancio, trabajo intenso y prolongado. ‖ **2.** Molestia ocasionada por un esfuerzo más o menos prolongado o por otras causas y que se manifiesta en la respiración frecuente o difícil. ‖ **3.** Molestia, penalidad, sufrimiento. U. m. en pl. *Pasé muchas fatigas.* ‖ **4.** *Mec.* Pérdida de la resistencia mecánica de un material, al ser sometido largamente a esfuerzos repetidos. ‖ **darle** a alguien **~** algo. LOC.VERB. coloq. Hacerle sentir escrúpulos, reparos, miramientos.

fatigador, ra. ADJ. Que fatiga a alguien. *Jornada fatigadora.*

fatigante. ADJ. Que causa fatiga. *Trabajo, ascensión fatigante.*

fatigar. TR. Causar fatiga. U. t. c. prnl.

fatigoso, sa. ADJ. **1.** Fatigado, agitado. *Duermevela fatigoso.* ‖ **2.** Que causa fatiga. *Ejercicio fatigoso.*

fatimí. ADJ. Descendiente de Fátima, hija de Mahoma. U. t. c. s. MORF. pl. **fatimíes** o **fatimís.**

fatimita. ADJ. **fatimí.** U. t. c. s.

fato. M. Olor, especialmente el desagradable.

fatuidad. F. Presunción, vanidad infundada y ridícula.

fátum. M. poét. **hado.** MORF. pl. **fátums.**

fatuo, tua. ADJ. Lleno de presunción o vanidad infundada y ridícula. *Orgullo fatuo.* Apl. a pers., u. m. c. s. □ V. **fuego ~.**

fauces. F. pl. Parte posterior de la boca de los mamíferos, que se extiende desde el velo del paladar hasta el principio del esófago.

fauna. F. **1.** Conjunto de los animales de un país o región. ‖ **2.** fest. Conjunto o tipo de gente caracterizada por un comportamiento común que frecuenta el mismo ambiente. U. t. en sent. peyor. *El grupo musical agradó a la fauna nocturna que frecuenta ese local.*

faunesco, ca. ADJ. **1.** Perteneciente o relativo al fauno. *Cuentos faunescos.* ‖ **2.** Propio o característico del fauno. *El niño tenía una expresión faunesca.*

fáunico, ca. ADJ. **faunístico.**

faunístico, ca. ADJ. Perteneciente o relativo a la fauna. *Especies faunísticas.*

fauno. M. **1.** *Mit.* Semidiós de los campos y selvas. ‖ **2.** Hombre lascivo.

fáustico, ca. ADJ. Perteneciente o relativo al *Fausto* de Goethe y a la actitud espiritual que el protagonista de esta obra representa.

fausto[1]. M. Gran ornato y pompa exterior, lujo extraordinario.

fausto[2]**, ta.** ADJ. Feliz, afortunado. *Fausto acontecimiento.*

fautor, ra. M. y F. Persona que favorece y ayuda a otra. U. m. en sent. peyor.

favela. F. *Am.* Barraca, chabola.

favila. F. poét. Pavesa o ceniza del fuego.

favonio. M. **1.** Viento que sopla de poniente. U. m. en leng. poét. ‖ **2. céfiro** (‖ viento suave). U. m. en leng. poét.

favor. M. **1.** Ayuda, socorro que se concede a alguien. ‖ **2. privanza.** *Siempre ha gozado del favor del público.* ‖ **a ~.** LOC.ADV. De modo favorable. U. t. c. loc. adj. *Votos a favor.* ‖ **a ~ de.** LOC. PREPOS. **1.** En beneficio y utilidad de alguien. *Una colecta a favor de los despedidos.* ‖ **2.** Con la ayuda de. *A favor del viento o de la marea.* ‖ **de ~.** LOC. ADJ. Dicho de algunas cosas, como billetes de teatro, pases de ferrocarril, etc.: Que se obtienen de manera gratuita. ‖ **en ~ de.** LOC. PREPOS. En beneficio y utilidad de alguien o de algo. ‖ **~ de.** EXPR. *Am. Cen., Á. Caribe, Chile* y *Méx.* **hágame el favor de.** ‖ **hacerle un ~** a alguien. LOC. VERB. coloq. Concederle una relación sexual ocasionalmente. ‖ **hacerle un flaco ~** a alguien. LOC.VERB. coloq. Causarle un perjuicio. ‖ **hágame ~.** EXPR. *Méx.* Se usa para expresar extrañeza. ‖ **hágame,** o **haz,** o **hazme, etc., el ~,** o **el ~ de** algo. EXPRS. **1.** Se usan para formular una petición cortés. ‖ **2.** Se usan para mandar o exigir algo. *Cállate, haz el favor.* ‖ **por ~. I.** EXPR. **1.** Se usa para formular una petición. ‖ **II.** LOC. INTERJ. **2.** Se usa para expresar protesta. ‖ **tener** alguien **a su ~** a otra persona o algo. LOC.VERB. Tenerlo de su parte, dispuesto a acudir en su ayuda o defensa.

favorable. ADJ. **1.** Que favorece. *Trato favorable.* ‖ **2.** Que está a favor o de parte de alguien o de algo. *Se mostró favorable a las reformas.* ‖ **3.** Propicio, apacible, benévolo. *Clima favorable.*

favorecedor, ra. ADJ. Que favorece. *Medidas favorecedoras del ahorro.* Apl. a pers., u. t. c. s.

favorecer, ra. I. TR. **1.** Ayudar, amparar a alguien. *Favorecer a los más necesitados.* ‖ **2.** Apoyar un intento, empresa u opinión. *Favorecer los acuerdos bilaterales.* ‖ **3.** Dar o hacer un favor. ‖ **4.** Mejorar el aspecto o apariencia de alguien o de algo. *El color rojo te favorece.* ‖ **II.** PRNL. **5.** Beneficiarse de algo. *Se favorece DE su posición.* ¶ MORF. conjug. c. *agradecer.*

favorecida. □ V. **trato de nación más ~.**

favoritismo. M. Preferencia dada al favor sobre el mérito o la equidad, especialmente cuando aquella es habitual o predominante.

favorito, ta. I. ADJ. **1.** Estimado y apreciado con preferencia. *Su juguete favorito.* ‖ **2.** Dicho de una persona, de un animal o de una entidad: A que se atribuye la mayor probabilidad de ganar en una competición. U. t. c. s. ‖ **II.** M. y F. **3.** Persona que tiene privanza con un rey o personaje.

fax. M. **1.** Sistema que permite transmitir por la línea telefónica escritos o gráficos. ‖ **2.** Documento recibido por fax. ¶ MORF. pl. **faxes.**

faxear. TR. Enviar por fax.

faya. F. Cierto tejido grueso de seda.

fayuca. F. *Méx.* contrabando (‖ introducción de géneros sin pagar los derechos de aduana).

fayuquear. TR. *Méx.* Ejercitar la fayuca.

fayuquero, ra. M. y F. *Méx.* Persona que se dedica a la fayuca.

faz. F. **1.** Rostro o cara. ‖ **2.** Superficie, vista o lado de una cosa. ‖ **Sacra Faz, o Santa Faz.** F. Imagen del rostro de Jesucristo.

fe. F. **1.** En la religión católica, primera de las tres virtudes teologales, asentimiento a la revelación de Dios, propuesta por la Iglesia. ‖ **2.** Conjunto de creencias de una religión. ‖ **3.** Conjunto de creencias de alguien, de un grupo o de una multitud de personas. ‖ **4.** Confianza, buen concepto que se tiene de alguien o de algo. *Tener fe en el médico.* ‖ **5.** Palabra que se da o promesa que se hace a alguien con cierta solemnidad o publicidad. ‖ **6.** Seguridad, aseveración de que algo es cierto. *El escribano da fe.* ‖ **7.** Documento que certifica la verdad de algo. *Fe de soltería. Fe de bautismo.* ‖ **~ católica.** F. **religión católica.** ‖ **~ de erratas.** F. *Impr.* Lista de las erratas observadas en un libro, inserta en él al final o al comienzo, con la enmienda que de cada una debe hacerse. ‖ **~ de vida.** F. Certificación negativa de defunción y afirmativa de presencia, expedida por un funcionario. ‖ **~ pública.** F. Declaración de la veracidad de un hecho, de un contrato o de cualquier otro acto jurídico, que realizan los notarios u otros funcionarios. ‖ **buena ~.** F. **1.** Rectitud, honradez. ‖ **2.** *Der.* Criterio de conducta al que ha de adaptarse el comportamiento honesto de los sujetos de derecho. ‖ **3.** *Der.* En las relaciones bilaterales, comportamiento adecuado a las expectativas de la otra parte. ‖ **mala ~.** F. **1.** Doblez, alevosía. ‖ **2.** *Der.* Malicia o temeridad con que se hace algo o se posee o detenta algún bien. ‖ **a ~.** LOC.ADV. **en verdad.** ‖ **a ~ mía.** LOC.ADV. Se usa para asegurar algo. ‖ **dar ~.** LOC.VERB. **1.** Dicho de un notario: Ejercitar la fe pública extrajudicial. ‖ **2.** Dicho de un escribano: Ejercitar la fe pública judicial. ‖ **3.** Asegurar algo que se ha visto. ‖ **de buena ~.** LOC.ADV. Con verdad y sinceridad. ‖ **de mala ~.** LOC.ADV. Con malicia o engaño. ‖ **hacer ~** un escrito, una declaración, etc. LOC.VERB. Ser suficiente o tener los requisitos necesarios para que se crea lo que se dice o ejecuta. ‖ **por mi ~.** LOC.ADV. **a fe mía.** ‖ **prestar ~.** LOC.VERB. Dar asenso a lo que otra persona dice. □ V. **artículo de ~, auto de ~, poseedor de buena ~, posesión de buena ~, promotor de la ~, símbolo de la ~.**

fealdad. F. Cualidad de feo.

feble. ADJ. **1.** Débil, flaco. *Feble anatomía.* ‖ **2.** Dicho de una moneda o de una aleación de metales: Falta en peso o en ley.

febrero. M. Segundo mes del año, que en los comunes tiene 28 días y en los bisiestos 29.

febricitante. ADJ. *Med.* Que tiene fiebre o calentura.

febrícula. F. *Med.* Hipertermia prolongada, moderada, por lo común no superior a 38 °C, casi siempre vespertina, de origen infeccioso o nervioso.

febrífugo, ga. ADJ. *Med.* Eficaz contra la fiebre. Apl. a un medicamento, u. t. c. s. m.

febril. ADJ. **1.** Perteneciente o relativo a la fiebre. *Proceso febril.* ‖ **2.** Que tiene fiebre. *Se sentía un poco febril.* ‖ **3.** Ardoroso, desasosegado, inquieto. *Impaciencia, actividad febril.*

febroniano, na. ADJ. hist. Perteneciente o relativo a la doctrina que rebajaba la potestad pontificia y exaltaba la autoridad de los obispos.

fecal. ADJ. Perteneciente o relativo al excremento intestinal. *Residuos fecales.*

fecha. F. **1.** data (‖ indicación del lugar y tiempo). ‖ **2.** data (‖ tiempo en que ocurre o se hace algo). ‖ **3.** Cada uno de los días que transcurren desde uno determinado. *Faltan tres fechas para finalizar el certamen.* ‖ **4.** Tiempo o momento actuales. *Hasta la fecha no hemos tenido noticias de ellos.*

fechador. M. **1.** Estampilla o sello con que se imprime la fecha en documentos. ‖ **2.** *Á. Andes.* **matasellos.**

fechar. TR. **1.** Poner fecha a un escrito. *Fechar una carta.* ‖ **2.** Determinar la fecha de un documento, obra de arte, suceso, etc. *Podría fecharse esa pieza por su estado de conservación.*

fecho. M. Nota que se pone generalmente en las minutas de documentos oficiales o al pie de los acuerdos, como testimonio de que han sido cumplimentados.

fechoría. F. **1.** Mala acción. ‖ **2.** Acto de rebeldía infantil, ingenioso y de poca importancia.

fécula. F. Hidrato de carbono que, en forma de granos microscópicos y como sustancia de reserva, se encuentra principalmente en las células de las semillas, tubérculos y raíces de muchas plantas, de donde se extrae para utilizarlo como alimento o con fines industriales. Hervida en agua, produce un líquido blanquecino y viscoso que toma color azulado en contacto con el yodo.

feculento, ta. ADJ. Que contiene fécula.

fecundación. F. Acción y efecto de fecundar. ‖ **~ artificial.** F. *Biol.* La producida por medios no naturales, tales como la inseminación artificial o la fecundación in vitro.

fecundador, ra. ADJ. Que fecunda. *Poder fecundador.*

fecundar. TR. **1.** *Biol.* Unir la célula reproductora masculina a la femenina para dar origen a un nuevo ser. ‖ **2.** Hacer directamente fecundo o productivo algo por vía de generación u otra semejante. *Fecundar a una hembra.* ‖ **3.** Hacer productivo algo. U. t. en sent. fig. *Fecundar la imaginación.*

fecundativo, va. ADJ. Que tiene virtud de fecundar. *Unión fecundativa.*

fecundidad. F. **1.** Virtud y facultad de producir. ‖ **2.** Cualidad de fecundo. ‖ **3.** Abundancia, fertilidad. ‖ **4.** Reproducción numerosa y dilatada.

fecundo, da. ADJ. **1.** Que ha procreado. *Fue una madre muy fecunda.* ‖ **2.** Que se reproduce o procrea con facilidad o con abundancia. *Los conejos son animales muy fecundos.* ‖ **3.** Fértil, que produce mucha vegetación o hace posible su desarrollo. *Tierra fecunda. El fecundo Nilo.* ‖ **4.** Lleno, con abundancia. *Época fecunda EN buenos escritores. Jornada fecunda DE acontecimientos.* ‖ **5.** Que crea abundantes obras o produce buenos resultados. *Un escritor fecundo. Una idea fecunda.*

fedatario. M. Notario u otro funcionario que da fe pública.

fedayín. **I.** M. **1.** Guerrillero palestino que lucha contra la ocupación israelí. ‖ **II.** ADJ. **2.** Perteneciente o relativo a los fedayines. *Ataque fedayín.*

federación. F. **1.** Acción de federar. ‖ **2.** Organismo, entidad o Estado resultante de dicha acción. ‖ **3.** Organización corporativa de cada una de las actividades deportivas oficialmente reconocidas.

federal. ADJ. **federalista.** Apl. a pers., u. t. c. s. □ V. **Estado ~.**

federalismo. M. Espíritu o sistema de confederación entre corporaciones o estados.

federalista. ADJ. **1.** Partidario del federalismo. U. t. c. s. || **2. federativo.** *Sistema federalista.*

federar. TR. Unir por alianza, liga, unión o pacto entre varios. U. t. c. prnl.

federativo, va. I. ADJ. **1.** Perteneciente o relativo a la federación. *Organización federativa.* || **2.** Se dice del sistema de varios estados que, rigiéndose cada uno por leyes propias, están sujetos en ciertos casos y circunstancias a las decisiones de un Gobierno central. || **II.** M. **3.** Miembro dirigente de una federación, especialmente deportiva.

federica. a la ~. LOC.ADV. A la moda de los tiempos de Federico el Grande de Prusia.

feérico, ca. ADJ. Perteneciente o relativo a las hadas. *Relato feérico.*

féferes. M. pl. Á. *Caribe.* Bártulos, trastos, baratijas.

fehaciente. ADJ. Que da fe, fidedigno. *Prueba fehaciente.*

felación. F. Estimulación bucal del pene.

feldespático, ca. ADJ. **1.** Perteneciente o relativo al feldespato. *Naturaleza feldespática.* || **2.** Que contiene feldespato. *Porcelana feldespática.*

feldespato. M. Se usa como nombre común para referirse a diversas especies minerales, de color blanco, amarillento o rojizo, brillo resinoso o nacarado y gran dureza, que forman parte de rocas ígneas, como el granito. Químicamente son silicatos complejos de aluminio con sodio, potasio o calcio, y cantidades pequeñas de óxidos de magnesio y hierro. Entre los feldespatos más importantes está la ortosa.

felibre. M. Poeta provenzal moderno.

felicidad. F. **1.** Estado de grata satisfacción espiritual y física. || **2.** Persona, situación, objeto o conjunto de ellos que contribuyen a hacer feliz. *Mi familia es mi felicidad.* || **3.** Ausencia de inconvenientes o tropiezos. *Viajar con felicidad.* || **felicidades.** INTERJ. Se usa para expresar felicitación o enhorabuena.

felicitación. F. **1.** Acción y efecto de felicitar. || **2.** Tarjeta postal, telegrama, etc., con que se felicita.

felicitar. TR. **1.** Manifestar a alguien la satisfacción que se experimenta con motivo de algún suceso fausto para él. *Tras la función, entramos a felicitar a la primera actriz.* U. t. c. prnl. *Se felicitó por no haber claudicado.* || **2.** Expresar el deseo de que alguien sea venturoso. *Siempre nos felicitamos en Navidad.*

félido, da. ADJ. *Zool.* Se dice de los mamíferos digitígrados del orden de los Carnívoros, que tienen la cabeza redondeada y hocico corto, patas anteriores con cinco dedos y posteriores con cuatro, uñas agudas y retráctiles; p. ej., el león y el gato. U. t. c. s. m. ORTOGR. En m. pl., escr. con may. inicial c. taxón. *Los Félidos.*

feligrés, sa. M. y F. Persona que pertenece a determinada parroquia.

feligresía. F. **1.** Conjunto de feligreses de una parroquia. || **2.** Territorio encomendado a un párroco.

felino, na. ADJ. **1.** Perteneciente o relativo al gato. *Ronroneo felino.* || **2.** Que parece de gato. *Sigilo felino.* || **3.** Se dice de los animales que pertenecen a la familia zoológica de los Félidos. U. t. c. s. m.

felipe. M. Á. *guar.* y Á. *R. Plata.* Pan ovalado con costra algo dura y miga muy esponjosa.

feliz. ADJ. **1.** Que tiene felicidad. *Hombre feliz.* U. t. en sent. fig. *Estado feliz.* || **2.** Que causa felicidad. *Noticia feliz.* || **3.** Dicho de un pensamiento, de una frase o de una expresión: Oportunos, acertados, eficaces. *Dicho, ocurrencia, idea feliz.* || **4.** Que ocurre o sucede con feli-

cidad. *Campaña feliz.* || **no hacer ~** algo a alguien. LOC. VERB. coloq. Desagradarle o no parecerle conveniente.

felón, na. ADJ. Que comete felonía. U. t. c. s.

felonía. F. Deslealtad, traición, acción fea.

felpa. F. Tejido de seda, algodón, etc., que tiene pelo por el haz.

felpudo, da. I. ADJ. **1.** Tejido en forma de felpa. *Toalla felpuda.* || **2.** Que parece de felpa. *Las orejas felpudas del lobo.* || **II.** M. **3.** Estera gruesa y afelpada que se usa principalmente en la entrada de las casas como limpiabarros, o para pasillos de mucho tránsito.

femenil. ADJ. Perteneciente o relativo a la mujer.

femenino, na. I. ADJ. **1.** Perteneciente o relativo a la mujer. *Representación parlamentaria femenina.* || **2.** Propio o característico de la mujer. *Ademanes femeninos.* || **3.** De sexo femenino. *Personal femenino de la empresa.* || **4.** De rasgos sobre los que tradicionalmente se ha construido un estereotipo de la mujer. || **5.** Dicho de un ser vivo: Dotado de órganos para ser fecundado. *La planta de la vainilla puede ser masculina o femenina.* || **6.** Perteneciente o relativo a este ser. *Gametos femeninos.* || **7.** *Gram.* Perteneciente o relativo al género femenino. *Terminación femenina.* || **II.** M. **8.** Palabra de género femenino. *Los femeninos en español suelen acabar en a.* || **9.** *Gram.* género femenino. *Un sustantivo en femenino.* □ V. **el eterno ~, género ~.**

fementido, da. ADJ. **1.** Dicho de una persona: Falta de fe y palabra. || **2.** Dicho de una cosa: Engañosa, falsa.

fémina. F. **mujer** (|| persona del sexo femenino).

femineidad. F. Cualidad de femenino.

femíneo, a. ADJ. femenino.

feminidad. F. **1.** Cualidad de femenino. || **2.** *Med.* Estado anormal del varón en que aparecen uno o varios caracteres sexuales femeninos.

feminismo. M. **1.** Doctrina social favorable a la mujer, a quien concede capacidad y derechos reservados antes a los hombres. || **2.** Movimiento que exige para las mujeres iguales derechos que para los hombres.

feminista. ADJ. **1.** Perteneciente o relativo al feminismo. *Teorías feministas.* || **2.** Partidario del feminismo. U. t. c. s. *Feminista acérrimo.*

feminización. F. *Biol.* Aparición de determinados caracteres sexuales femeninos, como el desarrollo de la mama o la anchura excesiva de la pelvis en algunos hombres.

feminizar. TR. Dar presencia o carácter femeninos a algo o a alguien. *Decidieron feminizar de manera equitativa el consejo.*

feminoide. ADJ. Dicho de un varón: Que tiene ciertos rasgos femeninos.

femoral. ADJ. *Anat.* Perteneciente o relativo al fémur.

femtogramo. M. Milbillonésima (10^{-15}) parte del gramo. (Símb. *fg*).

fémur. M. **1.** Hueso del muslo, que se articula por uno de sus extremos con el coxis y por el otro con la tibia y el peroné. || **2.** *Zool.* Artejo de las patas de los insectos, articulado por uno de sus extremos con el trocánter y por el otro con la tibia.

fenecer. INTR. **1.** morir (|| llegar al término de la vida). || **2.** Dicho de una cosa: Acabarse, terminarse o tener fin. ¶ MORF. conjug. c. *agradecer.*

fenecimiento. M. Acción y efecto de fenecer.

fenicado, da. ADJ. Que tiene ácido fénico. *Vaselina fenicada.*

fenicio, cia. I. ADJ. **1.** hist. Natural de Fenicia. U. t. c. s. ‖ **2.** hist. Perteneciente o relativo a este país del Asia antigua. ‖ **3.** Que tiene habilidad para comerciar o negociar y sacar el máximo beneficio. U. t. en sent. despect. U. t. c. s. ‖ **II.** M. **4.** Antigua lengua semítica hablada por los fenicios.

fénico. ☐ V. ácido ~.

fenilalanina. F. Bioquím. Aminoácido de estructura aromática presente en las proteínas y de carácter biológicamente esencial en el hombre.

fenilcetonuria. F. Med. Anomalía hereditaria que consiste en la alteración del metabolismo de la fenilalanina, que puede provocar retraso en el desarrollo y deficiencia mental.

fénix. M. **1.** Ave fabulosa que los antiguos creyeron que era única y renacía de sus cenizas. ‖ **2.** Persona o cosa exquisita o única en su especie. El fénix de los ingenios.

fenogreco. M. alholva.

fenol. M. Quím. Alcohol derivado del benceno, obtenido por destilación de los aceites de alquitrán. Se usa como antiséptico en medicina.

fenología. F. Biol. Estudio de los fenómenos biológicos en relación con el clima, particularmente en los cambios estacionales.

fenológico, ca. ADJ. Biol. Perteneciente o relativo a la fenología.

fenomenal. I. ADJ. **1.** coloq. Estupendo, admirable, muy bueno. Es un chico fenomenal. ‖ **2.** coloq. Tremendo, muy grande. Un cuello de puntas fenomenales. ‖ **II.** ADV. M. **3.** De modo asombroso o admirable. Lo pasamos fenomenal aquella tarde.

fenomenalismo. M. Fil. Teoría idealista que, partiendo de Immanuel Kant, filósofo alemán del siglo XVIII, afirma que los objetos solo pueden ser conocidos tal como aparecen y no como son en sí.

fenomenalista. ADJ. Fil. Perteneciente o relativo al fenomenalismo. Teoría fenomenalista. ‖ **2.** Seguidor del fenomenalismo. U. t. c. s.

fenoménico, ca. ADJ. Fil. Perteneciente o relativo al fenómeno como apariencia o manifestación de algo.

fenomenismo. M. Fil. Teoría filosófica según la cual lo que es es lo que aparece y solo podemos conocer esa apariencia en la cual se funda nuestro conocimiento.

fenomenista. ADJ. **1.** Fil. Perteneciente o relativo al fenomenismo. Empirismo fenomenista. ‖ **2.** Seguidor del fenomenismo. U. t. c. s.

fenómeno. I. M. **1.** Toda manifestación que se hace presente a la consciencia de un individuo y aparece como objeto de su percepción. ‖ **2.** Cosa extraordinaria y sorprendente. ‖ **3.** coloq. Persona o animal monstruoso. ‖ **4.** coloq. Persona sobresaliente en su línea. ‖ **5.** Fil. En la filosofía de Immanuel Kant, filósofo alemán del siglo XVIII, lo que es objeto de la experiencia sensible. ‖ **II.** ADJ. **6.** coloq. Muy bueno, magnífico, sensacional. Es un tío fenómeno. U. t. c. adv. Lo pasamos fenómeno.

fenomenología. F. **1.** Fil. Teoría de los fenómenos o de lo que aparece. ‖ **2.** Fil. En Friedrich Hegel, filósofo alemán de fines del siglo XVIII y comienzos del XIX, dialéctica interna del espíritu que presenta las formas de la consciencia hasta llegar al saber absoluto. ‖ **3.** Fil. Método filosófico desarrollado por Edmund Husserl, filósofo alemán de fines del siglo XIX y comienzos del XX, que, partiendo de la descripción de las entidades y cosas presentes a la intuición intelectual, logra captar la esencia pura de dichas entidades, trascendente a la misma consciencia.

fenomenológico, ca. ADJ. Fil. Perteneciente o relativo a la fenomenología.

fenotípico, ca. ADJ. Biol. Perteneciente o relativo al fenotipo.

fenotipo. M. Biol. Manifestación visible del genotipo en un determinado ambiente.

feo, a. I. ADJ. **1.** Desprovisto de belleza y hermosura. Edificio feo. ‖ **2.** Que causa desagrado o aversión. Acción fea. ‖ **3.** De aspecto malo o desfavorable. El asunto se pone feo. ‖ **II.** M. **4.** coloq. Desaire manifiesto y grosero. Le hizo muchos feos. ☐ V. sexo ~.

feracidad. F. Fertilidad, fecundidad de los campos.

feraz. ADJ. Fértil, copioso de frutos. Valle feraz.

féretro. M. Caja o andas en que se llevan a enterrar los difuntos.

feria. F. **1.** Mercado de mayor importancia que el común, en lugar público y días señalados. ‖ **2.** Fiestas que se celebran con tal ocasión. ‖ **3.** Lugar público en que están expuestos los animales, géneros o cosas para su venta. Voy a la feria. En la feria hay mucha gente. ‖ **4.** Conjunto de instalaciones recreativas, como tiovivos, circos, casetas de tiro al blanco, etc., y de puestos de venta de dulces y de chucherías, que, con ocasión de determinadas fiestas, se montan en las poblaciones. ‖ **5.** Instalación donde se exponen los productos de un solo ramo industrial o comercial, como libros, muebles, juguetes, etc., para su promoción y venta. ‖ **6.** En el lenguaje eclesiástico, cualquiera de los días de la semana, excepto el sábado y domingo; p. ej., la segunda feria es el lunes; la tercera, el martes, etc. ‖ **~ de muestras.** F. Instalación donde, con periodicidad determinada, se exponen máquinas, herramientas, vehículos, aparatos y otros productos industriales o de comercio, para promover su conocimiento y venta. ‖ **irle** a alguien **como en ~.** LOC. VERB. Méx. Irle muy mal. ☐ V. barraca de ~, caseta de ~.

feriado. M. día feriado.

ferial. I. ADJ. **1.** Perteneciente o relativo a las ferias. Recinto ferial. ‖ **II.** M. **2.** feria (‖ lugar público en que se celebra). ‖ **3.** feria (‖ mercado).

feriante. ADJ. Que acude a la feria para comprar o vender. U. t. c. s.

feriar. TR. Comprar en la feria. MORF. conjug. c. anunciar.

ferina. ☐ V. tos ~.

fermata. F. **1.** Mús. Sucesión de notas de adorno, por lo común en forma de cadencia, que se ejecuta suspendiendo momentáneamente el compás. ‖ **2.** Mús. calderón (‖ signo que representa la suspensión del movimiento del compás).

fermentación. F. Acción y efecto de fermentar.

fermentado. ☐ V. pan ~.

fermentador, ra. ADJ. Que fermenta o hace fermentar. Bacteria fermentadora.

fermentar. I. INTR. **1.** Dicho de los hidratos de carbono: Degradarse por acción enzimática, dando lugar a productos sencillos, como el alcohol etílico. ‖ **II.** TR. **2.** Hacer o producir la fermentación.

fermentativo, va. ADJ. Que tiene la propiedad de hacer fermentar. Reacción fermentativa.

fermento. M. **1.** enzima. ‖ **2.** Causa o motivo de agitación o alteración de los ánimos. ‖ **3.** Influjo que induce a la realización de un proceso o de una actividad.

fermio. M. **1.** Elemento químico de núm. atóm. 100. Pertenece al grupo de los actínidos y fue hallado en los residuos de la primera bomba termonuclear. (Símb. *Fm*). ‖ **2.** Unidad de longitud empleada en física nuclear. Equivale a 10^{-12} mm.

fermión. M. *Fís.* Partícula elemental que, como el protón y el electrón, sigue la estadística de Fermi-Dirac.

fernandino[1]**, na.** ADJ. **1.** hist. Perteneciente o relativo a Fernando VII. *Farolas fernandinas.* ‖ **2.** hist. Partidario de este rey. U. t. c. s.

fernandino[2]**, na.** ADJ. **1.** Natural de Maldonado. U. t. c. s. ‖ **2.** Perteneciente o relativo a este departamento del Uruguay o a su capital.

ferocidad. F. **1.** Cualidad de feroz. ‖ **2.** Dicho o hecho brutal, cruel o atrevido.

ferodo. (Marca reg.). M. Material formado con fibras de amianto e hilos metálicos, que se emplea principalmente para forrar las zapatas de los frenos.

feroz. ADJ. **1.** Dicho de un animal: Fiero, agresivo. ‖ **2.** Brutal, agresivo, cruel, despiadado. *Un enemigo feroz. Una caricatura feroz.* ‖ **3.** Enorme, muy intenso. *Un viento, un miedo feroz.*

ferrada. F. Maza armada de hierro, como la de Hércules.

ferrado. M. **1.** Medida agraria, usada en Galicia, cuya superficie varía desde 4,288 hasta 6,395 áreas. ‖ **2.** Medida de capacidad para áridos en la misma región, que varía desde 13,13 hasta 16,15 l.

ferrallista. M. Operario encargado de doblar y colocar convenientemente las piezas de hierro para formar el esqueleto de una obra de hormigón armado.

ferrar. TR. Guarnecer, cubrir con hierro algo. MORF. conjug. c. *acertar.*

férreo, a. ADJ. **1.** De hierro o que tiene sus propiedades. *Materiales férreos.* ‖ **2.** Duro, tenaz. *Control férreo.* □ V. línea ~, vía ~.

ferrería. F. Taller en donde se beneficia el mineral de hierro, reduciéndolo a metal.

ferreruelo. M. herreruelo.

ferretería. F. **1.** Tienda donde se venden diversos objetos de metal o de otras materias, como cerraduras, clavos, herramientas, vasijas, etc. ‖ **2.** Conjunto de objetos de hierro que se venden en las ferreterías. ‖ **3.** Comercio de hierro.

ferretero, ra. M. y F. Propietario o encargado de una ferretería.

férrico, ca. ADJ. *Quím.* Se dice de las combinaciones de hierro trivalente.

ferrita. F. **1.** *Electr.* Material mal conductor formado por conglomeración de partículas de óxido de hierro, y empleado por sus propiedades magnéticas en altas frecuencias. ‖ **2.** *Ingen.* Disolución sólida del carbono en la fase alotrópica del hierro a alta temperatura.

ferrobús. M. Tren ligero con motor de explosión y tracción en ambos extremos.

ferrocarril. M. **1.** Camino con dos carriles de hierro paralelos, sobre los cuales ruedan los trenes. ‖ **2.** **tren** (‖ medio de transporte). ‖ **3.** Conjunto de instalaciones, vehículos y equipos que constituyen este medio de transporte. ‖ **~ suburbano.** M. El que pone en comunicación el centro de las grandes ciudades con los núcleos populares, industriales, etc., de las afueras.

ferrolano, na. ADJ. **1.** Natural del Ferrol. U. t. c. s. ‖ **2.** Perteneciente o relativo a esta ciudad de la provincia de La Coruña, en España.

ferromagnético, ca. ADJ. *Electr.* Perteneciente o relativo al ferromagnetismo.

ferromagnetismo. M. *Electr.* Propiedad de los materiales que, como el hierro, tienen muy alta permeabilidad magnética, se imantan y pueden llegar a la saturación.

ferrón. M. Empleado en una ferrería.

ferropénico, ca. ADJ. *Med.* Se dice de un tipo de anemia caracterizado por la deficiencia metabólica de hierro en los glóbulos rojos.

ferroprusiato. M. *Impr.* Copia fotográfica obtenida en papel sensibilizado con una sal férrica de potasio, de color azul intenso, que se usó en la reproducción de planos y dibujos y en trabajos de imprenta.

ferroso, sa. ADJ. *Quím.* Se dice de las combinaciones de hierro bivalente.

ferrovía. F. ferrocarril.

ferrovial. ADJ. Perteneciente o relativo a las vías férreas.

ferroviario, ria. **I.** ADJ. **1.** Perteneciente o relativo a las vías férreas. *Nudo ferroviario.* ‖ **II.** M. y F. **2.** Empleado de ferrocarriles.

ferrugiento, ta. ADJ. Que contiene hierro o está dotado de alguna de sus propiedades. *Aldaba ferrugienta.*

ferruginoso, sa. ADJ. **1.** Dicho de un mineral: Que contiene visiblemente hierro. ‖ **2.** Dicho de un agua mineral: En cuya composición entra alguna sal de hierro.

fértil. ADJ. **1.** Dicho especialmente de la tierra: Que produce mucho. ‖ **2.** Que está en condiciones de reproducirse. *Hembra fértil.* ‖ **3.** Se dice del año en que la tierra produce abundantes frutos.

fertilidad. F. Cualidad de fértil.

fertilización. F. Acción y efecto de fertilizar. U. t. en sent. fig. *La fertilización de la inteligencia.*

fertilizador, ra. ADJ. Que fertiliza. *Limo fertilizador.*

fertilizante. ADJ. Que fertiliza. Apl. a una sustancia o un producto, u. t. c. s. m.

fertilizar. TR. Disponer la tierra para que dé más fruto.

férula. F. **1.** Autoridad o poder despótico. *Estar uno bajo la férula de otro.* ‖ **2.** *Med.* Tablilla flexible y resistente que se emplea en el tratamiento de las fracturas.

férvido, da. ADJ. Que arde. *Brasas férvidas. Férvidos amantes.*

ferviente. ADJ. fervoroso.

fervor. M. **1.** Celo ardiente hacia las cosas de piedad y religión. ‖ **2.** Entusiasmo o ardor con que se hace algo.

fervoroso, sa. ADJ. Que tiene fervor activo y eficaz. *Fervorosa ovación.*

festejador, ra. ADJ. Que festeja. Apl. a pers., u. t. c. s.

festejar. TR. **1.** Celebrar algo con fiestas. ‖ **2.** Hacer festejos en obsequio de alguien. ‖ **3.** Requebrar a una mujer.

festejo. M. **1.** Acción y efecto de festejar. ‖ **2.** pl. festejos públicos.

festero, ra. M. y F. fiestero.

festín. M. Banquete espléndido.

festinación. F. Celeridad, prisa, rapidez.

festinar. TR. *Am.* Apresurar, precipitar, activar.

festival. M. **1.** Fiesta, especialmente musical. ‖ **2.** Conjunto de representaciones dedicadas a un artista o a un arte.

festividad. F. **1.** Día festivo en que la Iglesia celebra algún misterio o a un santo. ‖ **2.** Fiesta o solemnidad con que se celebra algo.

festivo, va. I. ADJ. **1.** Solemne, digno de celebrarse. *Actividades festivas.* || **2.** Alegre, jubiloso y gozoso. *Ambiente festivo.* || **3.** Chistoso, agudo. *Artículo festivo.* || **II.** M. **4.** día festivo.

festón. M. **1.** Bordado de realce en que por un lado queda rematada cada puntada con un nudo, de tal modo que puede cortarse la tela a raíz del bordado sin que este se deshaga. || **2.** Bordado, dibujo o recorte en forma de ondas o puntas, que adorna la orilla o borde de algo. || **3.** *Arq. hist.* Adorno a manera de festón, en las puertas de los templos antiguos.

festonar. TR. **festonear.**

festoneado, da. PART. de **festonear.** || ADJ. Que tiene el borde en forma de festón o de onda. *Hoja festoneada.*

festonear. TR. **1.** Adornar con festón. || **2.** Bordar festones.

feta. F. *Á. R. Plata.* Lonja de fiambre o de queso.

fetal. ADJ. Perteneciente o relativo al feto.

fetiche. M. Ídolo u objeto de culto al que se atribuye poderes sobrenaturales, especialmente entre los pueblos primitivos.

fetichismo. M. **1.** Culto de los fetiches. || **2.** Idolatría, veneración excesiva. || **3.** *Psicol.* Desviación sexual que consiste en fijar alguna parte del cuerpo humano o alguna prenda relacionada con él como objeto de la excitación y el deseo.

fetichista. I. ADJ. **1.** Perteneciente o relativo al fetichismo. *Religión fetichista.* || **II.** COM. **2.** Persona que profesa este culto.

fetidez. F. Hediondez, hedor.

fétido, da. ADJ. **hediondo** (|| que despide hedor). □ V. **bomba ~.**

feto. M. **1.** Embrión de los mamíferos placentarios y marsupiales, desde que se implanta en el útero hasta el momento del parto. || **2.** *coloq.* Persona muy fea.

feúcho, cha. ADJ. *despect. coloq.* Se usa para encarecer la fealdad de alguien o algo. U. t. en sent. afect.

feúco, ca. ADJ. *despect. coloq.* **feúcho.**

feudal. ADJ. **1.** *hist.* Perteneciente o relativo al feudo. *Señor feudal.* || **2.** *hist.* Perteneciente o relativo a la organización política y social basada en los feudos, o al tiempo de la Edad Media en que estos estuvieron en vigor.

feudalidad. F. *hist.* Cualidad, condición o constitución del feudo.

feudalismo. M. **1.** *hist.* Organización social de la Edad Media basada en los feudos. || **2.** Época feudal.

feudatario, ria. ADJ. *hist.* Sujeto y obligado a pagar feudo. U. t. c. s.

feudo. M. **1.** *hist.* Contrato por el cual los soberanos y los grandes señores concedían en la Edad Media tierras o rentas en usufructo, obligándose quien las recibía a guardar fidelidad de vasallo al donante, prestarle el servicio militar y acudir a las asambleas políticas y judiciales que el señor convocaba. || **2.** *hist.* Dignidad o bien que se concedía en feudo. || **3.** Propiedad o bien exclusivo. *Su asignatura era su feudo.*

fez. M. Gorro de fieltro rojo y de forma de cubilete, usado especialmente por los moros, en la actualidad, y hasta 1925 por los turcos. MORF. pl. **feces.**

fi. F. Vigésima primera letra del alfabeto griego (Φ, φ), que corresponde a *ph* del latino, y a ese mismo dígrafo o a *f* en las lenguas neolatinas.

fiabilidad. F. **1.** Cualidad de fiable. || **2.** Probabilidad de buen funcionamiento de algo.

fiable. ADJ. **1.** Dicho de una persona: Que es digna de confianza. || **2.** Que ofrece seguridad o buenos resultados. *Mecanismo fiable. Método fiable.* || **3.** Digno de ser creído, fidedigno, sin error. *Datos fiables.*

fiado. al ~. LOC. ADV. Se usa para expresar que alguien compra, vende, contrata o juega sin dar o tomar de presente lo que debe pagar o recibir.

fiador, ra. I. M. y F. **1.** Persona que responde por otra de una obligación de pago, comprometiéndose a cumplirla si no lo hace quien la contrajo. || **2.** Persona que fía una mercancía al venderla. || **II.** M. **3.** Cordón que llevan algunos objetos para impedir que se caigan o pierdan al usarlos; p. ej., el que cosido en el interior del cuello de la capa o manteo se coloca alrededor de la garganta; el que lleva al sable en su empuñadura para colocarlo alrededor de la mano y de la muñeca; o el que llevan los instrumentos quirúrgicos destinados a introducirse en el interior de una herida. || **4.** Pieza con que se asegura algo para que no se mueva; p. ej., el fiador de la escopeta. || **5.** *Chile.* **barboquejo.**

fiambre. I. ADJ. **1.** Se dice de la carne o del pescado que, después de asados o cocidos, se comen fríos, y también de la carne curada. U. t. c. s. M. || **II.** M. **2.** *coloq.* **cadáver.**

fiambrera. F. **1.** Cacerola, ordinariamente cilíndrica y con tapa bien ajustada, que sirve para llevar la comida fuera de casa. || **2.** *Á. R. Plata.* Armazón en forma de jaula para proteger los alimentos de los insectos.

fiambrería. F. *Á. guar.* y *Á. R. Plata.* Tienda donde se venden o preparan fiambres.

fianza. F. **1.** Prenda que da el contratante en seguridad del buen cumplimiento de su obligación. || **2.** Cosa que se sujeta a esta responsabilidad, especialmente cuando es dinero, que pasa a poder del acreedor, o se deposita y consigna. || **3.** Obligación que alguien adquiere de hacer algo a lo que otra persona se ha obligado en caso de que esta no lo haga. || **4.** Persona que abona a otra para la seguridad de una obligación. || **dar ~.** LOC. VERB. *Der.* Presentar ante el juez persona o bienes que queden obligados al pago en caso de faltar el principal a su obligación.

fiar. I. TR. **1.** Vender sin tomar el precio de contado, para recibirlo más adelante. || **2.** Dicho de una persona: Asegurar que cumplirá lo que otra promete, o pagará lo que debe, obligándose, en caso de que no lo haga, a satisfacer por ella. || **3.** Dar o comunicar a alguien algo en confianza. *Os fío mi mayor secreto.* U. t. c. prnl. || **II.** PRNL. Confiar en alguien. *No me fío DE él.* U. menos c. intr. *fía en nadie.* ¶ MORF. conjug. c. **enviar.** || **ser de ~** alguien o algo. LOC. VERB. Merecer por sus cualidades que se confíe en él o en ello.

fiasco. M. Fracaso, decepción. *Sus amores terminaron en completo fiasco.*

fíat. M. Consentimiento o mandato para que algo tenga efecto. MORF. pl. **fíats.**

fibra. F. **1.** Cada uno de los filamentos que entran en la composición de los tejidos orgánicos vegetales o animales. || **2.** Cada uno de los filamentos que presentan en su textura algunos minerales, como el amianto. || **3.** Filamento obtenido por procedimiento químico, y de principal uso en la industria textil. || **4.** Vigor, energía y robustez. || **~ muscular.** F. *Anat.* Cada una de las células contráctiles que constituyen los músculos. || **~ nerviosa.** F. *Anat.* Conjunto formado por un axón o grupo de axones y la envoltura, más o menos complicada, que los rodea. ‖ **~ óptica.** F. *Tecnol.* Hilo o haz de hilos de material altamente transparente por el cual se transmite información a grandes distancias mediante señales luminosas.

fibrilación. F. *Med.* Contracción espontánea e incontrolada de las fibras del músculo cardíaco.

fibrilar. INTR. *Med.* Dicho de las fibras del músculo cardíaco: Contraerse espontánea e incontroladamente.

fibrina. F. *Quím.* Sustancia proteínica, insoluble en el agua y en los líquidos salinos, producida por la coagulación de otra sustancia también proteínica que se halla disuelta en ciertos líquidos orgánicos como la sangre, la linfa, etc.

fibrocemento. M. Mezcla de cemento y fibra de amianto, que se emplea para la fabricación de planchas, tuberías, depósitos, etc.

fibroma. M. *Med.* Tumor benigno formado exclusivamente por tejido fibroso.

fibrosis. F. *Med.* Formación patológica de tejido fibroso.

fibroso, sa. ADJ. **1.** Perteneciente o relativo a la fibra. *Proteínas fibrosas.* ‖ **2.** Que tiene muchas fibras. *La pulpa de la fruta es fibrosa.* ☐ V. **tejido ~.**

fíbula. F. hist. Especie de hebilla o broche que se utilizaba para sujetar las prendas de vestir.

ficción. F. **1.** Acción y efecto de fingir. ‖ **2.** Cosa fingida. ‖ **3.** Clase de obras literarias o cinematográficas, generalmente narrativas, que tratan de sucesos y personajes imaginarios. *Obra, libro de ficción.* ☐ V. **ciencia ~.**

ficcional. ADJ. Perteneciente o relativo a la ficción.

ficha. F. **1.** Pieza pequeña, generalmente plana y delgada, que se usa para abrir o cerrar barreras, poner en marcha determinados aparatos, etc. ‖ **2.** Pieza pequeña que, como contraseña, se usa en guardarropas, aparcamientos y sitios análogos. ‖ **3.** Cada una de las piezas que se usan en algunos juegos. ‖ **4.** Pieza pequeña a la que se asigna un valor convenido y que se usa en sustitución de la moneda en casinos, establecimientos industriales, etc. ‖ **5.** Pieza pequeña, generalmente plana y delgada, que se usa para señalar los tantos que se ganan o pierden en el juego. ‖ **6.** Papel o cartulina, generalmente rectangular y de pequeño tamaño, en que se anotan datos generales, bibliográficos, jurídicos, económicos, médicos, policiales, etc., y que se archiva verticalmente con otras del mismo formato. ‖ **7.** Pieza de cartón o cartulina con que se controlan o comprueban las entradas y salidas del trabajo. ‖ **8.** Persona peligrosa; pícaro, bribón. ‖ **~ artística.** F. *Cinem.* y *TV.* Disposición en los títulos de una película de los componentes del equipo artístico que intervienen en ella, como el director, los actores, los autores, los guionistas, los compositores, los decoradores, etc. ‖ **~ técnica.** F. *Cinem.* y *TV.* Lista en la que se enumeran los componentes del equipo técnico que han intervenido en la realización de una película, como los operadores, los ingenieros de sonido, los ayudantes, los maquilladores, los electricistas, etc.

fichaje. M. **1.** Acción y efecto de fichar a un jugador, atleta o técnico deportivo. ‖ **2.** Acción y efecto de obtener los servicios o la ayuda de alguien.

fichar. **I.** TR. **1.** Anotar en fichas datos que interesan. ‖ **2.** Hacer la ficha policial, médica, etc., de alguien. ‖ **3.** Contratar a un deportista para que forme parte de un equipo o club, y, por ext., a una persona para que desarrolle otra profesión o actividad. ‖ **4.** coloq. Poner a al-

guien en el número de aquellas personas que se miran con prevención y desconfianza. ‖ **II.** INTR. **5.** Marcar en una ficha, por medio de una máquina con reloj, la hora de entrada y salida de un centro de trabajo, como justificación personal de asistencia y puntualidad. ‖ **6.** Justificar esta asistencia y puntualidad por cualquier otro procedimiento, como una cinta, una ficha magnética, etc. ‖ **7.** *Dep.* Dicho de una persona: Comprometerse a actuar como jugador o como técnico en algún club o entidad deportiva, y, por ext., a desarrollar otra profesión o actividad.

fichero. M. **1.** Caja o mueble con cajonería donde se pueden guardar ordenadamente las fichas. ‖ **2.** *Inform.* archivo (‖ conjunto de información).

ficticio, cia. ADJ. Fingido, imaginario o falso. *Entusiasmo ficticio.*

fictivo, va. ADJ. Que vive o existe en la ficción literaria. *Mundo fictivo.*

ficus. M. Planta de clima subtropical, de porte arbóreo o arbustivo, con hojas grandes, lanceoladas y de haz brillante.

fidedigno, na. ADJ. Digno de fe y crédito. *Informe fidedigno.*

fideero, ra. M. y F. Persona que fabrica fideos u otras pastas semejantes.

fideicomisario, ria. ADJ. **1.** *Der.* Dicho de una persona: A quien se destina un fideicomiso. U. t. c. s. ‖ **2.** *Der.* Perteneciente o relativo al fideicomiso.

fideicomiso. M. *Der.* Disposición por la cual el testador deja su hacienda o parte de ella encomendada a la buena fe de alguien para que, en caso y tiempo determinados, la transmita a otra persona o la invierta del modo que se le señala.

fideísmo. M. Tendencia teológica que insiste especialmente en la fe, disminuyendo la capacidad de la razón para conocer las verdades religiosas.

fidelidad. F. **1.** Lealtad, observancia de la fe que alguien debe a otra persona. ‖ **2.** Puntualidad, exactitud en la ejecución de algo. ‖ **alta ~.** F. Reproducción muy fiel del sonido.

fidelísimo, ma. ADJ. SUP. de **fiel.**

fidelización. F. Acción y efecto de fidelizar.

fidelizar. TR. Conseguir, de diferentes modos, que los empleados y clientes de una empresa permanezcan fieles a ella.

fideo. M. **1.** Pasta alimenticia de harina en forma de cuerda delgada. U. m. en pl. ‖ **2.** coloq. Persona muy delgada.

fideuá. F. Plato semejante a la paella hecho con fideos en lugar de arroz. MORF. pl. **fideuás.**

fiducia. F. confianza.

fiduciario, ria. ADJ. Que depende del crédito y confianza que merezca. *Circulación fiduciaria.* ☐ V. **moneda ~.**

fiebre. F. **1.** Fenómeno patológico que se manifiesta por elevación de la temperatura normal del cuerpo y mayor frecuencia del pulso y la respiración. U. t. en pl. para designar ciertas enfermedades infecciosas que cursan con aumento de temperatura. *Cogió unas fiebres.* ‖ **2.** Viva y ardorosa agitación producida por una causa moral. *Fiebre de los negocios.* ‖ **~ aftosa.** F. glosopeda. ‖ **~ amarilla.** F. *Med.* Enfermedad endémica de las costas de las Antillas y del golfo de México, desde donde solía transmitirse a otros puntos de América, así como también a las costas de Europa y de África favorables para su desarrollo, ocasionando asoladoras epidemias. Es provocada por un virus que se transmite por la picadura de ciertos mosquitos. ‖ **~ cuartana.** F. **cuartana.** ‖ **~ de Malta.** F. La muy intensa, con temperatura irregular y sudores abundantes, que es de larga duración y tiene frecuentes recaídas. ‖ **~ del heno.** F. Estado alérgico, propio de la primavera o el verano, producido por la inhalación del polen o de otros alérgenos. ‖ **~ palúdica.** F. *Med.* La producida por un protozoo y transmitida por la picadura de una especie de mosquito que abunda en los terrenos pantanosos. ‖ **~ perniciosa.** F. Forma especialmente grave del paludismo. ‖ **~ puerperal.** F. La que padecen algunas mujeres después del parto. ‖ **~ recurrente.** F. 1. La que reaparece después de interrupciones. ‖ **2.** Cada una de las enfermedades producidas por algunas especies de espiroquetas inoculadas por piojos o por garrapatas y que se caracterizan por accesos febriles seguidos de apirexia. ‖ **~ remitente.** F. La que durante su curso presenta alternativas de aumento y disminución en su intensidad. ‖ **~ terciana.** F. **terciana.** ‖ **~ tifoidea.** F. *Med.* Infección intestinal producida por un microbio que produce lesiones en el sistema linfático asociado al intestino delgado.

fiel. I. ADJ. **1.** Que guarda fe, o es constante en sus afectos, en el cumplimiento de sus obligaciones y no defrauda la confianza depositada en él. ‖ **2.** Exacto, conforme a la verdad. *Memoria fiel.* ‖ **3.** por antonom. Cristiano que acata las normas de la Iglesia. U. t. c. s. ‖ **4.** Creyente de otras religiones. ¶ MORF. sup. irreg. **fidelísimo.** ‖ **II.** M. **5.** Aguja de las balanzas y romanas, que se pone vertical cuando hay perfecta igualdad en los pesos comparados. □ V. **congregación de los ~es.**

fielato. M. hist. Oficina a la entrada de las poblaciones en la cual se pagaban los derechos de consumo.

fieltro. M. **1.** Especie de paño no tejido que resulta de conglomerar borra, lana o pelo. ‖ **2.** Sombrero, capote, alfombra, etc., hechos de fieltro.

fiera. F. **1.** **carnívoro** (‖ mamífero unguiculado). ‖ **2.** Animal indómito y carnicero. ‖ **3.** Persona cruel o de carácter malo y violento. ‖ **hecho, cha una ~.** LOC.ADJ. coloq. Muy irritado. *Está, se puso hecho una fiera.* ‖ **ser alguien una ~.** LOC.VERB. coloq. Tener aptitudes notables y demostrarlas. ‖ **ser una ~ para, o en,** algo. LOCS.VERBS. coloqs. Dedicarse a ello con gran actividad.

fiereza. F. **1.** En los animales, cualidad de fiero. ‖ **2.** Inhumanidad, crueldad de ánimo.

fiero, ra. ADJ. **1.** Dicho de un animal: Salvaje o agresivo. ‖ **2.** Duro o intratable. *Carácter fiero.* ‖ **3.** Grande, excesivo, descompasado. *Fiero individualismo.*

fierro. M. *Am.* **hierro.**

fiesta. F. **1.** Día en que se celebra alguna solemnidad y en el que, por lo común, están cerradas las oficinas y determinados establecimientos. ‖ **2.** Día que la Iglesia celebra con especial solemnidad. ‖ **3.** Solemnidad con que se celebra la memoria de un santo. ‖ **4.** Diversión o júbilo. ‖ **5.** Conjunto de actos organizados para la diversión o disfrute de un grupo o de una colectividad. ‖ **6.** Reunión de gente para celebrar algo o divertirse. ‖ **7.** Agasajo, caricia u obsequio que se hace para ganar la voluntad de alguien, o como expresión de cariño. U. m. en pl. *El perro hace fiestas a su amo.* ‖ **8.** coloq. Burla, broma. ‖ **9.** pl. Sucesión de varios días festivos en que se celebra una solemnidad. *Pasadas las fiestas de Navidad,*

volveremos al trabajo. ‖ **~ de guardar.** F. En la religión católica, día en que hay obligación de oír misa. ‖ **~ de precepto.** F. **fiesta de guardar.** ‖ **~ movible.** F. La que la Iglesia no celebra todos los años en el mismo día; como la Pascua de Resurrección. ‖ **~s reales.** F. pl. Festejos hechos en obsequio de un rey. ‖ **aguar, o aguarse, la ~.** LOCS.VERBS. coloqs. Estropear o estropearse una situación grata por una intervención o por un suceso inoportuno. ‖ **coronar la ~.** LOC.VERB. Completarla con un hecho notable. U. m. en sent. irón. ‖ **estar** alguien **de ~.** LOC.VERB. **1.** No trabajar en una determinada fecha. ‖ **2.** coloq. Estar alegre o con ganas de broma. ‖ **guardar las ~s.** LOC.VERB. **santificar las fiestas.** ‖ **hacer ~.** LOC. VERB. **1.** Dejar la labor o el trabajo un día, como si fuera de fiesta. ‖ **2.** Agasajar u obsequiar a alguien para ganar su voluntad o como expresión de cariño. ‖ **hacer ~s.** LOC.VERB. **hacer fiesta** (‖ agasajar). ‖ **no estar** alguien **para ~s.** LOC.VERB. coloq. Estar triste, deprimido o irritable. ‖ **santificar las ~s.** LOC.VERB. En la religión católica, cesar la actividad laboral y participar en cultos establecidos. ‖ **se acabó la ~.** EXPR. **1.** coloq. Se usa para interrumpir y cortar una discusión o asunto cualquiera, manifestando hastío y saciedad. ‖ **2.** coloq. Se usa para interrumpir un festejo alborotado. ‖ **tengamos la ~ en paz.** EXPR. coloq. Se usa para pedir a alguien, en son de amenaza o consejo, que no siga dando motivo de discusión o reyerta. □ V. **día de ~, fin de ~, sala de ~s.**

fiestero, ra. ADJ. Amigo de fiestas. U. t. c. s.

fifí. COM. Á. R. *Plata* y *Méx.* Persona presumida y que se ocupa de seguir las modas. MORF. pl. **fifíes** o **fifís.**

fifiriche. ADJ. **1.** *Méx.* **raquítico** (‖ muy delgado). ‖ **2.** *Méx.* Dicho de una persona: Que se ocupa mucho de su arreglo personal.

fígaro. M. Barbero de oficio.

figle. I. M. **1.** Instrumento musical de viento, que consiste en un tubo largo de latón, doblado por la mitad, de diámetro gradualmente mayor desde la boquilla hasta el pabellón, y con llaves o pistones que abren o cierran el paso al aire. ‖ **II.** COM. **2.** Persona que toca este instrumento.

figón. M. Casa de poca categoría, donde se guisan y venden cosas de comer.

figonero, ra. M. y F. Persona que tiene figón.

figulina. F. Estatuilla de cerámica.

figura. I. F. **1.** Forma exterior de un cuerpo por la cual se diferencia de otro. ‖ **2.** Estatua o pintura que representa el cuerpo de un hombre o animal. ‖ **3.** Persona que destaca en determinada actividad. ‖ **4.** Cada uno de los tres naipes de cada palo que representan personas; el rey, el caballo y la sota. ‖ **5.** En algunos juegos, **as** (‖ carta de cada palo de la baraja). ‖ **6.** En la notación musical, signo de una nota o de un silencio. ‖ **7.** Personaje de la obra dramática. ‖ **8.** Actor que lo representa. ‖ **9.** **ilustración** (‖ estampa, grabado de un libro). ‖ **10.** Cambio de colocación de los bailarines en una danza. ‖ **11.** Cosa que representa o significa otra. *La cruz es figura del cristianismo.* ‖ **12.** *Geom.* Espacio cerrado por líneas o superficies. ‖ **13.** *Ret.* Cada uno de ciertos modos de hablar que se apartan de los más habituales con fines expresivos o estilísticos; p. ej., *soledad sonora.* ‖ **II.** M. **14.** **figurón** (‖ hombre que aparenta más de lo que es). ‖ **~ de bulto.** F. La que se hace de piedra, madera u otra materia. ‖ **~ de construcción.** F. *Ret.* Tradicionalmente, cada uno de los distintos modos de construcción gramatical con que, siguiendo la sintaxis figurada, se quebrantan las leyes de la considerada regular o normal. || ~ **decorativa.** F. Persona que ocupa un puesto sin ejercer las funciones esenciales de este, o asiste a un acto solemne sin tomar en él parte activa. || ~ **de dicción.** F. *Ret.* Tradicionalmente, cada una de las varias alteraciones que experimentan los vocablos, bien por aumento, bien por trasposición de sonidos, bien por contracción de dos de ellos. || ~ **del donaire.** F. gracioso (|| de las comedias). || **buena** ~. F. La de partes armónicas y bien proporcionadas. || **mala** ~. F. La de partes no armónicas y mal proporcionadas. || **hacer** ~. LOC.VERB. Tener autoridad y representación en el mundo, o quererlo aparentar.

figuración. F. **1.** Acción y efecto de figurar o figurarse algo. || **2.** *Cinem.* Conjunto de personas que aparecen en escena sin hablar ni intervenir directamente en la acción.

figurado, da. PART. de **figurar.** || ADJ. **1.** Que usa figuras retóricas. *Lenguaje, estilo figurado.* || **2.** Se dice del sentido en que se toman las palabras para que denoten idea distinta de la que recta y literalmente significan. || **3.** Dicho de una voz o de una frase: De sentido figurado. □ V. **canto** ~, **sol** ~.

figural. ADJ. Perteneciente o relativo a la figura. *Contorno figural.*

figuranta. F. **1.** Comparsa de teatro. || **2.** Figurante de una película.

figurante. I. ADJ. **1.** Que figura. *Actor figurante.* || **II.** COM. **2.** Comparsa de teatro. || **3.** Persona que forma parte de la figuración de una película.

figurar. I. TR. **1.** Disponer, delinear y formar la figura de algo. *Figuraba una casa.* || **2.** Aparentar, fingir. *Figuró una retirada.* || **II.** INTR. **3.** Pertenecer al número de determinadas personas o cosas, aparecer como alguien o algo. || **4.** Destacar, brillar en alguna actividad. || **III.** PRNL. **5.** Imaginarse, fantasear, suponer algo que no se conoce.

figurativo, va. ADJ. Dicho del arte o de un artista: Que representa cosas reales, en oposición al arte y artistas *abstractos.* Apl. a pers., u. t. c. s. || **no** ~. LOC.ADJ. **1.** Dicho del arte: **abstracto.** || **2.** Dicho de un artista: Que cultiva el arte abstracto.

figurín. M. **1.** Dibujo o modelo pequeño para los trajes y adornos de moda. || **2.** lechuguino.

figurinista. COM. Persona que se dedica a hacer figurines.

figurita. F. Á. *Andes* y Á. R. *Plata.* **cromo²**.

figurón. M. **1.** Hombre que aparenta más de lo que es. || **2.** Protagonista de la comedia de figurón. □ V. **comedia de** ~.

fija. F. **1.** Á. R. *Plata* y *Chile.* En el lenguaje hípico, triunfo seguro que se adjudica a un competidor, y, por ext., el propio competidor. *Tener la fija. Ser una fija.* || **2.** Á. R. *Plata.* Información pretendidamente cierta respecto de algún asunto controvertido o posible.

fijación. F. Acción y efecto de fijar o fijarse.

fijado, da. PART. de **fijar.** || **I.** ADJ. **1.** *Méx.* Observador, que repara en muchas cosas, que las nota. *No seas fijado, que tú también tienes defectos.* || **II.** M. **2.** Acción y efecto de fijar una fotografía o un dibujo.

fijador, ra. I. ADJ. **1.** Que fija. *Bacterias fijadoras de nitrógeno.* || **II.** M. **2.** Preparación cosmética glutinosa que se usa para asentar el cabello. || **3.** *Fotogr.* Líquido que sirve para fijar. || **4.** *Pint.* Líquido que, esparcido por medio

de un pulverizador, sirve para fijar dibujos hechos con carbón o con lápiz.

fijamente. ADV. M. Con atención y cuidado.

fijapelo. M. **fijador** (|| del cabello).

fijar. I. TR. **1.** Clavar, asegurar un cuerpo en otro. *Fijar un clavo.* || **2.** Pegar con una sustancia adhesiva. *Fijar en la pared anuncios y carteles.* || **3.** Hacer fijo o estable algo. *Fijó su residencia en París.* U. t. c. prnl. || **4.** Determinar, limitar, precisar, designar de un modo cierto. *Fijar el sentido de una palabra, la hora de una cita.* || **5.** Poner o aplicar intensamente. *Fijar la mirada, la atención.* || **6.** *Arq.* Adherir las piedras, introduciendo el mortero en las juntas mediante una paleta. || **7.** *Biol.* Impregnar preparaciones celulares o tisulares con ciertos líquidos como el formol o el alcohol, con el fin de impedir su descomposición. || **8.** *Fotogr.* Hacer que la imagen fotográfica impresionada en una emulsión quede inalterable a la acción de la luz. || **9.** *Pint.* Hacer que un dibujo, una pintura, etc., quede inalterable a la acción de la luz o de otros agentes atmosféricos. || **II.** PRNL. **10.** Atender, reparar, notar. *Fíjate EN que apenas sobresale.*

fijeza. F. **1.** Firmeza, seguridad de opinión. || **2.** Persistencia, continuidad.

fijo, ja. I. ADJ. **1.** Firme, asegurado. *Listones fijos a la pared.* || **2.** Permanentemente establecido sobre reglas determinadas, y no expuesto a movimiento o alteración. *Sueldo, día fijo.* || **II.** ADV. **3. de fijo.** *Está muy nublado: fijo que hoy llueve.* || **a la** ~. LOC.ADV. *Chile.* **de fijo.** || **de fijo.** LOC.ADV. Seguramente, sin duda. || **en fija.** LOC.ADV. Á. guar. y Á. R. *Plata.* **de fijo.** || **esa es la** ~. EXPR. coloq. Se usa para aprobar como cierto algo. □ V. **barra** ~, **capital** ~, **estrella** ~, **idea** ~, **polea** ~, **precio** ~.

fila. F. **1.** Serie de personas o cosas colocadas en línea. || **2.** *Mar.* Formación de buques de guerra en línea. || **3.** *Mil.* Línea que los soldados forman de frente, hombro con hombro. || **4.** pl. Fuerzas militares. *Cundió el pánico en las filas enemigas. Lo llamaron a filas.* || **5.** pl. Agrupación política. *He formado constantemente en las filas de la oposición.* || ~ **india.** F. La que forman varias personas una tras otra. || **en** ~. LOC.ADV. Dicho de disponer algunas cosas: En línea recta. || **en** ~**s.** LOC.ADV. En servicio activo en el Ejército.

filacteria. F. **1.** Cada una de las dos pequeñas envolturas de cuero que contienen tiras de pergamino con ciertos pasajes de la Escritura, y que los judíos ortodoxos, durante ciertos rezos, llevan sujetas, una al brazo izquierdo, y otra a la frente. || **2.** Cinta con inscripciones que aparece en pinturas, esculturas, escudos de armas, etc.

filadelfio, fia. ADJ. **1.** Natural de Filadelfia. U. t. c. s. || **2.** Perteneciente o relativo a esta ciudad del Paraguay, capital del departamento de Boquerón.

filadelfo, fa. ADJ. *Bot.* Se dice de los arbustos pertenecientes a la familia de las Saxifragáceas, como la celinda, originarios de América, que tienen tallos fistulosos, hojas opuestas, pecioladas, sencillas, sin estípulas, y flores regulares, ordinariamente blancas y olorosas. U. t. c. s. f.

filamento. M. **1.** Cuerpo filiforme, flexible o rígido. || **2.** Hilo que se pone incandescente en el interior de las bombillas al encenderlas. || **3.** *Bot.* Parte del estambre de las flores que sujeta la antera.

filamentoso, sa. ADJ. Que tiene filamentos. *Estructura filamentosa.*

filantropía. F. Amor al género humano.

filantrópico, ca. ADJ. Perteneciente o relativo a la filantropía. *Rasgo filantrópico.*

filantropismo. M. **filantropía.**

filántropo, pa. M. y F. Persona que se distingue por el amor a sus semejantes y por sus obras en bien de la comunidad. U. t. c. adj.

filar. TR. *Mar.* Arriar progresivamente un cable o cabo que está trabajando.

filaria. F. Se usa como nombre para referirse a un género de nematodos tropicales, parásitos del organismo humano y de los animales. Una de sus especies se aloja y propaga en el tejido subcutáneo, en la vejiga de la orina, en el escroto y en los ganglios linfáticos de la pelvis y del abdomen, y da origen a la elefantiasis por obstrucción de los vasos linfáticos.

filariasis. F. *Med.* Enfermedad producida por filarias.

filarmónica. F. **1.** Orquesta o sociedad musical. ‖ **2.** coloq. **armónica.**

filarmónico, ca. ADJ. **1.** Apasionado por la música. Apl. a pers., u. t. c. s. ‖ **2. musical** (‖ perteneciente a la música). *Afición filarmónica.* ‖ **3.** Se dice de orquestas, sociedades musicales, etc.

filástica. F. *Mar.* Conjunto de hilos sacados de cables viejos, con que se forman los cabos y jarcias.

filatelia. F. Afición a coleccionar y estudiar sellos de correos.

filatélico, ca. **I.** ADJ. **1.** Perteneciente o relativo a la filatelia. *Mercado filatélico.* ‖ **II.** M. y F. **2.** Coleccionista de sellos.

filatelista. ADJ. Dicho de una persona: Que se dedica a la filatelia. U. t. c. s.

filazo. M. *Am. Cen.* Golpe dado con el cuchillo o el machete. ‖ **darse de ~.** LOC. VERB. *Am. Cen.* Pelear con cuchillo o con machete.

filete. M. **1.** Lonja delgada de carne magra o de pescado limpio de raspas. ‖ **2.** Línea o lista fina que sirve de adorno. ‖ **3.** Componente de una moldura en forma de lista larga y angosta. ‖ **4.** *Equit.* Bocado compuesto de dos hierros cilíndricos, pequeños, delgados y articulados en el centro, a cuyos extremos hay unas argollas, en las cuales se colocan las correas de las riendas. Sirve para que los potros se acostumbren a recibir el bocado. ‖ **5.** *Impr.* Pieza de metal cuya superficie termina en una o más rayas de diferentes gruesos, y que, en la impresión, sirve para distinguir el texto de las notas y para otros usos. ‖ **6.** *Impr.* Adorno consistente en varias líneas, que pueden disponerse de distintos modos, y que se usa en las encuadernaciones, especialmente en las de lujo. ‖ **~ ruso.** M. Trozo de carne picada, mezclada con harina, perejil y ajo, que, rebozado en huevo y pan rallado, se fríe.

fileteado. M. *Á. R. Plata.* Artesanía que consiste en pintar filetes para ornamentación.

filetear. TR. **1.** Adornar con filetes. ‖ **2.** *Á. Caribe.* **sobrehilar.**

filia. F. Afición o amor a algo.

filiación. F. **1.** Señas personales de cualquier individuo. ‖ **2.** Acción y efecto de filiar. ‖ **3.** Procedencia de los hijos respecto a los padres. ‖ **4.** Dependencia de una doctrina, afiliación a una corporación, sociedad, partido político, etc. ‖ **5.** Dependencia que tienen algunas personas o cosas respecto de otra u otras principales.

filial. ADJ. **1.** Perteneciente o relativo al hijo. *Amor filial.* ‖ **2.** Dicho de una entidad: Que depende de otra principal. U. t. c. s. f.

filialmente. ADV. M. Con amor de hijo.

filiar. TR. Tomar la filiación a alguien. MORF. conjug. c. *anunciar.*

filibusterismo. M. **1.** hist. Actividad de los filibusteros. ‖ **2.** Obstruccionismo parlamentario.

filibustero. M. **1.** hist. Pirata que por el siglo XVII formó parte de los grupos que infestaron el mar de las Antillas. ‖ **2.** hist. Hombre que trabajaba por la emancipación de las que fueron provincias ultramarinas de España.

filicida. COM. Persona que mata a su hijo. U. t. c. adj.

filicidio. M. Muerte dada por un padre o una madre a su propio hijo.

filicíneo, a. ADJ. *Bot.* Se dice de las plantas criptógamas pteridófitas conocidas como helechos, herbáceas o leñosas, con tallo subterráneo horizontal, del cual nacen por un lado numerosas raíces y por el otro hojas compuestas con muchos folíolos. U. t. c. s. f. ORTOGR. En f. pl., escr. con may. inicial c. taxón. *Las Filicíneas.*

filiforme. ADJ. Que tiene forma o apariencia de hilo. *Raíz filiforme.* □ V. **pulso.**

filigrana. F. **1.** Obra formada de hilos de oro y plata, unidos y soldados con mucha perfección y delicadeza. ‖ **2.** Cosa delicada y pulida. ‖ **3.** Señal o marca transparente hecha en el papel al tiempo de fabricarlo.

filin. M. Estilo musical romántico surgido en la década de 1940.

filipéndula. F. Hierba de la familia de las Rosáceas, con tallos sencillos de cuatro a seis decímetros de altura, hojas divididas en muchos segmentos desiguales, lanceolados y lampiños, estípulas semicirculares y dentadas, flores en corimbos terminales, blancas o ligeramente rosadas. Las raíces son tubérculos de mucha fécula astringente, y unidos entre sí por una especie de hilos.

filipense. ADJ. **1.** hist. Natural de Filipos. U. t. c. s. ‖ **2.** hist. Perteneciente o relativo a esta antigua ciudad de Grecia.

filípica. F. Invectiva, censura acre.

filipina. F. *Méx.* Chaqueta de dril, sin solapas, que visten los hombres.

filipinismo. M. **1.** Vocablo o giro propio de los filipinos que hablan español. ‖ **2.** Afición a las cosas de Filipinas.

filipinista. COM. Especialista en la lengua y la cultura de Filipinas.

filipino, na. ADJ. **1.** Natural de Filipinas. U. t. c. s. ‖ **2.** Perteneciente o relativo a este país de Asia. ‖ **3.** hist. Perteneciente o relativo a Felipe II, rey de España o a sus inmediatos sucesores.

filisteo, a. ADJ. **1.** hist. Se dice del individuo de una pequeña nación que ocupaba la costa del Mediterráneo al norte de Egipto, y que luchó contra los israelitas. U. t. c. s. ‖ **2.** hist. Perteneciente o relativo a los filisteos. *Templo filisteo.* ‖ **3.** Dicho de una persona: De espíritu vulgar, de escasos conocimientos y poca sensibilidad artística o literaria. U. m. c. s. m.

filloa. F. Fruta de sartén, que se hace con masa de harina, yemas de huevo batidas y un poco de leche.

film. M. **filme.** MORF. pl. **films.**

filmación. F. Acción y efecto de filmar.

filmador, ra. ADJ. Que filma. Apl. a pers., u. t. c. s.

filmadora. F. Máquina para filmar.

filmar. TR. **1.** Registrar imágenes en una película cinematográfica. *Filmar la ceremonia.* ‖ **2.** Rodar una película.

filme. M. Película cinematográfica.

fílmico, ca. ADJ. Perteneciente o relativo al filme.

filmina. F. **1.** Cada una de las diapositivas de una serie organizada con propósitos pedagógicos. ‖ **2. diapositiva.**

filmografía. F. Relación de trabajos de un cineasta, actor, director, guionista, etc.

filmográfico, ca. ADJ. Perteneciente o relativo a la filmografía. *Primera etapa filmográfica de Buñuel.*

filmología. F. Estudio de las obras cinematográficas desde el punto de vista técnico, artístico o social.

filmoteca. F. **1.** Lugar donde conservan los filmes para su estudio y exhibición. ‖ **2.** Sala en la que se proyectan estos filmes. ‖ **3.** Conjunto o colección de filmes.

filo[1]. M. Arista o borde agudo de un instrumento cortante. ‖ **al ~ de.** LOC. PREPOS. Muy poco antes o después de. *Al filo de las tres de la madrugada.* ‖ **dar ~, o un ~.** LOCS. VERBS. Amolar, afilar. ‖ **hacer** alguien algo **en el ~ de una espada.** LOC. VERB. coloq. Hacerlo en ocasión difícil o arriesgada. ‖ **herir por los mismos ~s** alguien. LOC. VERB. Valerse de las mismas razones o acciones de otra persona para impugnarla o mortificarla. □ V. **arma de doble ~, arma de dos ~s, espada de dos ~s.**

filo[2]. M. *Biol.* Categoría taxonómica fundamental de la clasificación biológica, que agrupa a los organismos de ascendencia común y que responden a un mismo modelo de organización, como los moluscos, los cordados o los anélidos.

filodio. M. *Bot.* Pecíolo muy ensanchado, a manera de la lámina de una hoja.

filófago, ga. ADJ. *Zool.* Que se alimenta de hojas. Apl. a animales, u. t. c. s.

filogenético, ca. ADJ. *Biol.* Perteneciente o relativo a la filogenia.

filogenia. F. **1.** Parte de la biología que se ocupa de las relaciones de parentesco entre los distintos grupos de seres vivos. ‖ **2.** *Biol.* Origen y desarrollo evolutivo de las especies y, en general, de las estirpes de los seres vivos.

filología. F. **1.** Ciencia que estudia una cultura tal como se manifiesta en su lengua y en su literatura, principalmente a través de los textos escritos. ‖ **2.** Técnica que se aplica a los textos para reconstruirlos, fijarlos e interpretarlos. ‖ **3. lingüística.**

filológica. F. filología.

filológicamente. ADV. M. Con arreglo a los principios de la filología.

filológico, ca. ADJ. Perteneciente o relativo a la filología.

filólogo, ga. M. y F. Persona versada en filología.

filomela. F. poét. **ruiseñor.**

filón. M. **1.** Masa metalífera o pétrea que rellena una antigua quiebra de las rocas de un terreno. ‖ **2.** Materia, negocio, recurso del que se espera sacar gran provecho.

filopluma. F. *Zool.* Pluma filiforme, con unas pocas barbas libres en el ápice.

filoso, sa. ADJ. Afilado, que tiene filo. *Machete filoso.*

filosofal. □ V. **piedra ~.**

filosofar. INTR. **1.** Examinar algo como filósofo, o discurrir acerca de ello con razones filosóficas. ‖ **2.** coloq. Meditar, hacer soliloquios.

filosofía. F. **1.** Conjunto de saberes que busca establecer, de manera racional, los principios más generales que organizan y orientan el conocimiento de la realidad, así como el sentido del obrar humano. ‖ **2.** Doctrina fi-

losófica. *La filosofía de Kant.* ‖ **3.** Fortaleza o serenidad de ánimo para soportar las vicisitudes de la vida. ‖ **4.** Manera de pensar o de ver las cosas. *Su filosofía era aquella de vivir y dejar vivir.* ‖ **~ analítica.** F. *Fil.* Corriente filosófica, de tradición anglosajona, que destaca la importancia del lenguaje, de su verificabilidad y precisión en el análisis de las proposiciones filosóficas. ‖ **~ moral.** F. La que trata de la bondad o malicia de las acciones humanas.

filosófico, ca. ADJ. Perteneciente o relativo a la filosofía.

filósofo, fa. M. y F. Persona que estudia, profesa o sabe la filosofía.

filosoviético, ca. ADJ. Inclinado en el afecto a lo soviético. *Régimen filosoviético.*

filoxera. F. Insecto hemíptero, oriundo de América del Norte, parecido al pulgón, de color amarillento, de menos de medio milímetro de largo, que ataca primero las hojas y después los filamentos de las raíces de las vides, y se multiplica con tal rapidez, que en poco tiempo aniquila los viñedos de una comarca.

filoxérico, ca. ADJ. Perteneciente o relativo a la filoxera.

filtración. F. Acción de filtrar.

filtrado. M. **1.** Acción de pasar un líquido a través de un filtro. ‖ **2.** Líquido que ha pasado a través de un filtro.

filtrador, ra. ADJ. Que filtra. *Planta filtradora de agua.*

filtraje. M. Acción de filtrar.

filtrante. ADJ. Que filtra o sirve de filtro.

filtrar. **I.** TR. **1.** Hacer pasar un fluido por un filtro. ‖ **2.** Seleccionar datos o aspectos para configurar una información. ‖ **3.** Divulgar indebidamente información secreta o confidencial. U. t. c. prnl. ‖ **II.** INTR. **4.** Dicho de un líquido: Penetrar a través de un cuerpo sólido. U. t. c. prnl.

filtro[1]. M. **1.** Materia porosa, como el fieltro, el papel, la esponja, el carbón, la piedra, etc., o masa de arena o piedras menudas a través de la cual se hace pasar un líquido para clarificarlo de los materiales que lleva en suspensión. ‖ **2.** Sistema de selección en un proceso según criterios previamente establecidos. ‖ **3.** Dispositivo que elimina o selecciona determinadas frecuencias o radiaciones. □ V. **papel de ~.**

filtro[2]. M. Bebida o composición con que se pretende ganar el amor de una persona.

filudo, da. ADJ. *Am.* De filo muy agudo.

fimbria. F. Borde inferior de la vestidura talar.

fimo. M. Estiércol, cieno.

fimosis. F. *Med.* Estrechez del orificio del prepucio, que impide la salida del glande.

fin. M. **1.** Término, remate o consumación de algo. ‖ **2.** Límite, confín. ‖ **3.** Objeto o motivo con que se ejecuta algo. ‖ **~ de fiesta.** M. **1.** Espectáculo extraordinario después de una función. ‖ **2.** Final notable, por lo común impertinente, de una conversación, asunto, etc. ‖ **3.** Pieza corta con la cual se terminaba un espectáculo teatral. ‖ **~ de semana.** M. Parte de la semana que comprende normalmente el sábado y el domingo. ‖ **~ último.** M. Aquel a cuya consecución se dirigen la intención y los medios del que obra. ‖ **a ~, o a ~es.** LOCS. ADVS. En los últimos días del período de tiempo que se indica. *Vuelve a fin de año. Nació a fines de julio.* ‖ **a ~ de.** LOC. PREPOS. Con objeto de, para. *A fin de averiguar la verdad.* ‖ **a ~ cuentas.** LOC. ADV. En resumen, en definitiva. ‖ **a ~ de**

que. LOC. CONJUNT. FINAL. Con objeto de que, para que. *A fin de que no haya nuevas dilaciones.* ‖ **al ~.** LOC.ADV. Por último, después de vencidos todos los obstáculos. ‖ **al ~ de la jornada.** LOC.ADV. Al cabo de cierto tiempo; al concluirse, al descubrirse algo. ‖ **al ~ del mundo.** LOC.ADV. En sitio muy apartado. ‖ **al ~ y a la postre, o al ~ y al cabo.** LOCS.ADVS. al fin. ‖ **con el ~ de.** LOC. PREPOS. **a fin de.** ‖ **con el ~ de que.** LOC. CONJUNT. FINAL. a fin de que. ‖ **dar ~ a** algo. LOC.VERB. Acabarlo, concluirlo. ‖ **en ~.** LOC.ADV. **1.** Finalmente, últimamente. ‖ **2.** En suma, en resumidas cuentas, en pocas palabras. ‖ **en ~ de cuentas.** LOC.ADV. a fin de cuentas. ‖ **llegar a ~ de mes.** LOC.VERB. coloq. Tener dinero suficiente en los últimos días del mes para los gastos necesarios. *Con ese sueldo no llega a fin de mes.* ‖ **poner ~ a** algo. LOC. VERB. dar fin a algo. ‖ **por ~.** LOC.ADV. Se usa para expresar con cierto énfasis el término de una situación de espera. ‖ **sin ~.** LOC.ADJ. **1.** Sin número, innumerables, sin límite. ‖ **2.** Dicho de una correa, de una cadena, de una cinta, etc.: Cerradas, que pueden girar continuamente.

finado, da. PART. de finar. ‖ M. y F. Persona muerta.

final. I. ADJ. **1.** Que remata, cierra o perfecciona algo. *Etapa final del campeonato.* ‖ **II.** M. **2.** Término y remate de algo. ‖ **III.** F. **3.** Última y decisiva competición en un campeonato o concurso. ‖ **a ~, o a ~es, de.** LOCS. ADVS. Al término de. *Cobrar a final de mes. Me examino a finales de junio.* ‖ **llegar a ~ de mes.** LOC.VERB. coloq. llegar a fin de mes. ‖ □ V. **causa ~, conjunción ~, cuartos de ~, día del Juicio Final, dieciseisavos de ~, Juicio Final, octavos de ~, perseverancia ~, punto ~, recta ~, treintaidosavos de ~.**

finalidad. F. Fin con que o por que se hace algo.

finalista. I. COM. **1.** Cada uno de los que llegan a la prueba final, después de haber resultado vencedores en los concursos previos de un campeonato. U. t. c. adj. ‖ **II.** ADJ. **2.** Dicho de un autor o de una obra: Que en un certamen literario llegan a la votación final. Apl. a pers., u. t. c. s.

finalización. F. Acción de finalizar.

finalizar. I. TR. **1.** Concluir una obra, darle fin. ‖ **II.** INTR. **2.** Dicho de una cosa: Extinguirse, consumirse o acabarse.

finalmente. ADV.M. Últimamente, en conclusión.

financiación. F. Acción y efecto de financiar.

financiador, ra. ADJ. Que financia. Apl. a pers., u. t. c. s.

financiamiento. M. Acción y efecto de financiar.

financiar. TR. **1.** Aportar el dinero necesario para una empresa. ‖ **2.** Sufragar los gastos de una actividad, de una obra, etc. ¶ MORF. conjug. c. *anunciar.*

financiera. F. Econ. Entidad financiera distinta de un banco o una caja de ahorros.

financiero, ra. I. ADJ. **1.** Perteneciente o relativo a la Hacienda pública, a las cuestiones bancarias y bursátiles o a los grandes negocios mercantiles. *Escándalo financiero.* ‖ **II.** M. y F. **2.** Persona versada en la teoría o en la práctica de estas mismas materias. □ V. **activo ~, derecho ~.**

financista. COM. *Am. Mer.* Persona versada en cuestiones bancarias o bursátiles.

finanzas. F. **1.** pl. Conjunto de actividades relacionadas con el dinero que se invierte. ‖ **2.** pl. Caudales, bienes. ‖ **3.** pl. Hacienda pública.

finar. INTR. Fallecer, morir.

finca. F. Propiedad de bienes inmuebles, rústica o urbana.

fincar. INTR. Adquirir fincas. U. t. c. prnl.

finés, sa. I. ADJ. **1.** hist. Se dice del individuo de un pueblo antiguo que se extendió por varios países del norte de Europa, y el cual dio nombre a Finlandia, poblada hoy por gente de la raza finesa. U. t. c. s. ‖ **2.** hist. Perteneciente o relativo a los fineses. *Cultura finesa.* ‖ **3.** finlandés. Apl. a pers., u. t. c. s. ‖ **II.** M. **4.** Idioma finés.

fineta. F. Tela de algodón de tejido diagonal compacto y fino.

fineza. F. **1.** Pureza y bondad de algo en su línea. ‖ **2.** Acción o dicho con que alguien da a entender el amor y benevolencia que tiene a otra persona. ‖ **3.** Dádiva pequeña y de cariño. ‖ **4.** Delicadeza y primor.

fingido, da. PART. de fingir. ‖ ADJ. **1.** Simulado, insincero o falso. *Alegría, cojera fingida.* ‖ **2.** Dicho de una persona: Que finge o engaña. *No te fíes de ese, que es muy fingido.* U. t. c. s.

fingidor, ra. ADJ. Que finge. *Palabras fingidoras de ignorancia.* Apl. a pers., u. t. c. s.

fingimiento. M. Acción y efecto de fingir.

fingir. TR. **1.** Dar a entender lo que no es cierto. *Fingió sorpresa.* U. t. c. prnl. ‖ **2.** Simular, aparentar. *Finge ser ciego.* ‖ **3.** Dar existencia ideal a lo que realmente no la tiene. U. t. c. prnl.

finiquitar. TR. **1.** Terminar, saldar una cuenta. ‖ **2.** coloq. Acabar, concluir, rematar.

finiquito. M. Remate de las cuentas, o certificación que se da para constancia de que están ajustadas y satisfecho el saldo que resulta de ellas. ‖ **dar ~.** LOC.VERB. coloq. Acabar con el caudal o con otra cosa.

finisecular. ADJ. Perteneciente o relativo al fin de un siglo determinado.

finito, ta. ADJ. Que tiene fin, término, límite. *Distancia finita.*

finitud. F. Cualidad de finito.

finlandés, sa. I. ADJ. **1.** Natural de Finlandia. U. t. c. s. ‖ **2.** Perteneciente o relativo a este país de Europa. ‖ **II.** M. **3.** Idioma finlandés.

fino, na. I. ADJ. **1.** Delgado, sutil. *Trazo fino.* ‖ **2.** Dicho de una persona: Delgada, esbelta y de facciones delicadas. ‖ **3.** De exquisita educación; urbano y cortés. ‖ **4.** Delicado y de buena calidad en su especie. *Chocolate fino.* ‖ **5.** Dicho de un sentido: **agudo.** *Tiene un oído muy fino.* ‖ **6.** Suave, terso. *Cutis fino.* ‖ **7.** Astuto, sagaz. ‖ **9.** Dicho de un metal: Muy depurado. ‖ **10.** Dicho del jerez: Muy seco, de color pálido, y cuya graduación oscila entre 15 y 17 grados. U. t. c. s. m. ‖ **11.** *Mar.* Dicho de un buque: Que por su traza corta el agua con facilidad. ‖ **II.** M. **12.** pl. Polvo de carbón mineral arrastrado por las aguas durante el lavado, y que se recupera por tratamiento de dichas aguas. □ V. **canela ~, cosa ~, manzanilla ~, piedra ~.**

finolis. ADJ. coloq. Dicho de una persona: Que afecta finura y delicadeza. U. t. c. s.

fino-ugrio, gria. ADJ. **1.** Perteneciente o relativo a los fineses y a otros pueblos de lengua semejante. *Tradiciones fino-ugrias.* ‖ **2.** Se dice de un grupo o familia de lenguas urálicas, entre las que destacan el finés, el lapón, el húngaro y el estoniano. U. t. c. s. m. *El fino-ugrio.* ‖ **3.** Perteneciente o relativo a este grupo o familia de lenguas. *Origen fino-ugrio.* ¶ MORF. pl. **fino-ugrios, grias.**

finoúgrio, gria. ADJ. **1.** Perteneciente o relativo a los fineses y a otros pueblos de lengua urálica. *Poblaciones finoúgrias.* ‖ **2.** Se dice de un grupo o familia de lenguas urálicas, entre las que destacan el finés, el lapón, el húngaro y el estonio. U. t. c. s. m. *El finoúgrio.* ‖ **3.** Perteneciente o relativo a este grupo o familia de lenguas. *Fonética finoúgria.*

finquero, ra. M. y F. Persona que explota una finca rústica.

finta. F. **1.** Ademán o amago que se hace con intención de engañar a alguien. ‖ **2.** *Esgr.* Amago de golpe para tocar con otro. Se hace para engañar al contrario, que acude a parar el primer golpe.

fintar. INTR. Hacer fintas.

fintear. INTR. *Am.* fintar.

finura. F. Cualidad de fino.

fiofío. M. *Chile.* Pájaro insectívoro, de plumaje verde aceitunado, blanquecino por el vientre y la garganta, y con una cresta blanca.

fiordo. M. Golfo estrecho y profundo, entre montañas de laderas abruptas, formado por los glaciares durante el período cuaternario.

fique. M. **1.** *Á. Caribe.* Planta textil de la familia de las Amarilidáceas, con hojas o pencas radicales, carnosas, en forma de pirámide triangular un poco acanalada, de color verde oscuro, de un metro de longitud y quince centímetros de anchura, aproximadamente. ‖ **2.** *Á. Caribe.* Fibra vegetal de la que se hacen cuerdas.

firma. F. **1.** Nombre y apellido, o título, que una persona escribe de su propia mano en un documento, para darle autenticidad o para expresar que aprueba su contenido. ‖ **2.** Conjunto de documentos que se presenta a quien corresponda para que los firme. ‖ **3.** Acto de firmarlos. ‖ **4.** Razón social o empresa. ‖ **5.** sello (‖ carácter peculiar o especial). ‖ **6.** Autor o persona importante en el campo periodístico o artístico, especialmente literario. ‖ **~ digital.** F. *Inform.* Información cifrada que identifica al autor de un documento electrónico. ‖ **media ~.** F. En los documentos oficiales, aquella en que se omite el nombre de pila. ‖ **dar** alguien **la ~** a otra persona. LOC.VERB. *Com.* Confiarle la representación y la dirección de su casa o de una dependencia. ‖ **llevar** alguien **la ~ de** otra persona. LOC.VERB. *Com.* Tener la representación y dirección de la casa de otro o de una dependencia.

firmamento. M. Cielo, especialmente cuando en él aparecen los astros.

firmante. ADJ. Que firma. *Los sindicatos firmantes del acuerdo.* Apl. a pers., u. m. c. s.

firmar. I. TR. **1.** Dicho de una persona: Poner su firma. ‖ **II.** PRNL. **2.** Usar tal o cual nombre o título en la firma. ‖ **~ en blanco** alguien. LOC.VERB. Poner su firma en papel que, en todo o en parte, no está escrito, para que otro escriba en él lo convenido o lo que quiera.

firme. I. ADJ. **1.** Estable, fuerte, que no se mueve ni vacila. *Estantería firme.* ‖ **2.** Entero, constante, que no se deja dominar ni abatir. *Carácter firme.* ‖ **3.** Dicho de una resolución o de una sentencia: Que decide definitivamente una controversia y no es susceptible de ulterior recurso. ‖ **II.** M. **4.** Capa sólida de terreno, sobre la que se puede cimentar. ‖ **5.** Capa de guijo o de piedra machacada que sirve para consolidar el piso de una carretera. ‖ **6.** pl. *Mil.* Postura que consiste en estar parado con los tacones juntos, los pies en escuadra y los brazos rígidos pegados al cuerpo. ‖ **III.** ADV.M. **7.** Con firmeza,

con valor, con violencia. *Sujetó firme sus brazos.* ‖ **de ~.** LOC.ADV. **1.** Con constancia y ardor, sin parar. ‖ **2.** Con solidez. ‖ **3.** Con reciedumbre, con violencia. ‖ **en ~.** LOC.ADV. **1.** Dicho de concertar una operación comercial: Con carácter definitivo. ‖ **2.** *Com.* Dicho de hacer o contratar una operación de bolsa: De manera definitiva o a plazo fijo. ‖ **firmes.** INTERJ. *Mil.* Se usa para ordenar que se adopte la postura de firmes. ‖ **pararse ~.** LOC.VERB. *Á. Caribe.* Adoptar una actitud decidida. ☐ V. **parada en ~, resolución judicial ~, sentencia ~, tierra ~.**

firmeza. F. **1.** Cualidad de firme. ‖ **2.** Entereza, constancia, fuerza moral de quien no se deja dominar ni abatir. ‖ **3.** *Á. R. Plata.* Baile popular de galanteo, de pareja suelta, cuyos pasos y movimientos van ejecutándose según las órdenes expresadas en el estribillo, que siempre es cantado. *LA firmeza.*

firulete. M. *Am. Mer.* Adorno superfluo y de mal gusto. U. m. en pl.

fiscal. I. ADJ. **1.** Perteneciente o relativo al fisco o al oficio de fiscal. *Cargas fiscales.* ‖ **II.** COM. **2.** Persona que representa y ejerce el ministerio público en los tribunales. ‖ **3.** hist. En el Antiguo Régimen, ministro encargado de defender los intereses del fisco. ‖ **4.** *Chile.* Seglar que cuida de una capilla rural, dirige las funciones del culto y auxilia al párroco, por quien es nombrado. ☐ V. **abogado ~, agencia ~, agente ~, caballo ~, carrera ~, deducción ~, exención ~, ministerio ~, paraíso ~, presión ~, zona ~.**

fiscala. F. Mujer que representa y ejerce el ministerio público en los tribunales.

fiscalía. F. **1.** Oficio y empleo de fiscal. ‖ **2.** Oficina o despacho del fiscal.

fiscalidad. F. Sistema fiscal o conjunto de leyes relativas a los impuestos.

fiscalizable. ADJ. Que se puede o se debe fiscalizar. *Ingresos fiscalizables.*

fiscalización. F. Acción y efecto de fiscalizar.

fiscalizador, ra. ADJ. Que fiscaliza. Apl. a pers., u. t. c. s.

fiscalizar. TR. **1.** Hacer el oficio de fiscal. ‖ **2.** Criticar y traer a juicio las acciones u obras de alguien.

fisco. M. **1.** Hacienda, tesoro público. ‖ **2.** Conjunto de los organismos públicos que se ocupan de la recaudación de impuestos.

fiscorno. M. Instrumento musical de metal parecido al bugle y que es uno de los que componen la cobla.

fisga. F. **1.** Arpón de tres dientes para pescar peces grandes. ‖ **2.** Burla que con arte se hace de alguien, usando palabras irónicas o acciones disimuladas.

fisgar. TR. Husmear indagando.

fisgón, na. ADJ. Aficionado a husmear. U. t. c. s.

fisgonear. TR. Fisgar, husmear por costumbre.

fisgoneo. M. Acción y efecto de fisgonear.

fisiatra. COM. Persona que profesa o practica la fisiatría.

fisiatría. F. Naturismo médico.

física. F. Ciencia que estudia las propiedades de la materia y de la energía, considerando tan solo los atributos capaces de medida.

fisicalismo. M. *Fil.* Teoría epistemológica del neopositivismo, según la cual las ciencias humanas deben organizarse según la metodología de las ciencias físicas.

físicamente. ADV.M. **1.** Con el cuerpo. ‖ **2.** Real y verdaderamente.

físico, ca. I. ADJ. **1.** Perteneciente o relativo a la física. *Experimento físico.* ‖ **2.** Perteneciente o relativo a la constitución y naturaleza corpórea, en contraposición a *moral. Agotamiento físico.* ‖ **II.** M. y F. **3.** Persona que profesa la física o tiene en ella especiales conocimientos. ‖ **III.** M. **4.** Exterior de una persona; lo que forma su constitución y naturaleza. ▢ V. **cultura ~, educación ~, geografía ~, imposibilidad ~, persona ~, soporte ~.**

fisicoquímica. F. Parte de las ciencias naturales que estudia los fenómenos comunes a la física y a la química.

fisicoquímico, ca. ADJ. Perteneciente o relativo a la fisicoquímica.

fisio. COM. coloq. fisioterapeuta.

fisiocracia. F. hist. Sistema económico que atribuía exclusivamente a la naturaleza el origen de la riqueza.

fisiócrata. COM. hist. Partidario de la fisiocracia.

fisiognomía. F. *Psicol.* Estudio del carácter a través del aspecto físico y, sobre todo, a través de la fisonomía del individuo.

fisiognómica. F. **fisiognomía.**

fisiognómico, ca. ADJ. *Psicol.* Perteneciente o relativo a la fisiognomía.

fisiografía. F. Geografía física.

fisiográfico, ca. ADJ. Perteneciente o relativo a la fisiografía.

fisiología. F. Ciencia que tiene por objeto el estudio de las funciones de los seres orgánicos.

fisiológico, ca. ADJ. Perteneciente o relativo a la fisiología. ▢ V. **atrofia ~, suero ~.**

fisiólogo, ga. M. y F. Persona que estudia o profesa la fisiología.

fisión. F. **1.** Escisión, rotura. ‖ **2.** *Biol.* División celular por estrangulamiento y separación de porciones de citoplasma. ‖ **3.** *Fís.* **fisión nuclear.** ‖ **~ nuclear.** F. *Fís.* Rotura del núcleo de un átomo mediante el bombardeo con neutrones, que produce un gran desprendimiento de energía.

fisionar. TR. **1.** Producir una fisión. U. t. c. prnl. ‖ **2.** *Fís.* Producir una fisión nuclear. U. t. c. prnl.

fisionomía. F. **fisonomía.**

fisiopatología. F. *Med.* Estudio de la relación entre las funciones del organismo y sus posibles alteraciones.

fisiopatológico, ca. ADJ. *Med.* Perteneciente o relativo a la fisiopatología.

fisioterapeuta. COM. Persona especializada en aplicar la fisioterapia.

fisioterapéutico, ca. ADJ. **fisioterápico.**

fisioterapia. F. Tratamiento de lesiones, especialmente traumáticas, por medios físicos, como el calor, el frío o el ultrasonido, o por ejercicios, masajes o medios mecánicos.

fisioterápico, ca. ADJ. Perteneciente o relativo a la fisioterapia.

fisípedo, da. ADJ. De pezuñas partidas. Apl. a animales, u. t. c. s.

fisonomía. F. **1.** Aspecto particular del rostro de una persona. ‖ **2.** Aspecto exterior de las cosas.

fisonómico, ca. ADJ. Perteneciente o relativo a la fisonomía.

fisonomista. ADJ. **1.** Que se dedica a estudiar la fisonomía. U. t. c. s. ‖ **2.** Que tiene facilidad natural para recordar y distinguir a las personas por su fisonomía. U. t. c. s.

fisóstomo, ma. ADJ. *Zool.* Se dice de los peces teleósteos con aletas de radios blandos y flexibles y de las cua-

les las abdominales están situadas detrás de las pectorales, o no existen; p. ej., muchos peces marinos y la mayoría de los de agua dulce. U. t. c. s. m. ORTOGR. En m. pl., escr. con may. inicial c. taxón en desuso. *Los Fisóstomos.*

fistol. M. *Méx.* Alfiler que se prende como adorno en la corbata.

fístula. F. **1.** Instrumento musical de viento, parecido a una flauta. ‖ **2.** Cañón o arcaduz por donde pasa el agua u otro líquido. ‖ **3.** *Med.* Conducto anormal, ulcerado y estrecho, que se abre en la piel o en las membranas mucosas.

fistuloso. ADJ. Parecido a una fístula. *Tallo fistuloso.*

fisura. F. **1.** Grieta que se produce en un objeto. U. t. en sent. fig. *La fisura entre las civilizaciones.* ‖ **2.** *Geol.* Hendidura que se encuentra en una masa mineral. ‖ **3.** *Med.* Hendidura de un hueso, que no llega a romperlo. ‖ **4.** *Med.* Grieta en el ano. ‖ **sin ~s.** LOC.ADJ. Dicho de una actitud, de una idea, etc.: Consistentes, compactas. *Una sin fisuras.*

fisurar. TR. *Á. R. Plata* y *Chile.* Producir una fisura. U. t. c. prnl.

fitófago, ga. ADJ. Que se alimenta de materias vegetales. Apl. a animales, u. t. c. s.

fitografía. F. Parte de la botánica que tiene por objeto la descripción de las plantas.

fitógrafo, fa. M. y F. Persona que profesa o sabe la fitografía.

fitolacáceo, a. ADJ. *Bot.* Se dice de las plantas angiospermas dicotiledóneas, por lo común lampiñas, con hojas alternas, simples y membranosas o algo carnosas, flores casi siempre hermafroditas, fruto semejante a una baya y a veces de otras formas, y semilla de albumen amiláceo; p. ej., la hierba carmín y el ombú. U. t. c. s. f. ORTOGR. En f. pl., escr. con may. inicial c. taxón. *Las Fitolacáceas.*

fitopatología. F. *Bot.* Estudio de las enfermedades de los vegetales.

fitoplancton. M. *Biol.* Plancton marino o de agua dulce, constituido predominantemente por organismos vegetales, como ciertas algas microscópicas.

fitosanitario, ria. ADJ. *Bot.* Perteneciente o relativo a la prevención y curación de las enfermedades de las plantas.

fitosociología. F. *Ecol.* Estudio de las comunidades vegetales en sí mismas y como parte del ecosistema.

fitoterapia. F. Tratamiento de las enfermedades mediante plantas o sustancias vegetales.

fiyiano, na. ADJ. **1.** Natural de Fiyi. U. t. c. s. ‖ **2.** Perteneciente o relativo a este país de Oceanía.

flabelo. M. Abanico grande con mango largo.

flaccidez. F. flacidez.

fláccido, da. ADJ. flácido.

flacidez. F. Cualidad de flácido.

flácido, da. ADJ. Flaco, flojo, sin consistencia. *Músculo flácido.*

flaco, ca. ADJ. **1.** De pocas carnes. *Perro flaco.* ‖ **2.** Flojo, sin fuerzas, sin vigor para resistir. *Flaco de ánimo.* ‖ **3.** Endeble, sin fuerza. *Argumento, fundamento flaco.* ▢ V. **punto ~, vacas ~s.**

flacuchento, ta. ADJ. *Á. Andes* y *Chile.* flacucho.

flacucho, cha. ADJ. despect. coloq. Algo flaco. U. m. en sent. afect.

flacura. F. Cualidad de flaco.

flagelación. F. Acción de flagelar.

flagelado, da. PART. de **flagelar**. ‖ ADJ. *Biol.* Dicho de una célula o de un microorganismo y especialmente de ciertos protozoos: Que tienen uno o varios flagelos. U. t. c. s. m. ORTOGR. En m. pl., escr. con may. inicial c. taxón. *Los Flagelados.*

flagelador, ra. ADJ. Que flagela. Apl. a pers., u. t. c. s.

flagelante. I. M. **1.** disciplinante. ‖ **II.** ADJ. **2.** Que flagela o se flagela. *Pensamientos flagelantes.*

flagelar. TR. **1.** Maltratar con azotes. U. t. c. prnl. ‖ **2.** vituperar. *La crítica flageló al dramaturgo.*

flagelo. M. **1.** Instrumento para azotar. ‖ **2.** Aflicción, calamidad. *Los flagelos de la humanidad.* ‖ **3.** *Biol.* En ciertas células, orgánulo filiforme semejante a un cilio, pero más largo y capaz de diferentes movimientos.

flagrancia. F. Cualidad de flagrante.

flagrante. ADJ. **1.** Que se está ejecutando actualmente. *Delito flagrante.* ‖ **2.** De tal evidencia que no necesita pruebas. *Contradicción flagrante.* ‖ **en ~.** LOC.ADV. En el mismo momento de estarse cometiendo un delito, sin que el autor haya podido huir.

flama. F. llama[1].

flamante. ADJ. **1.** Dicho de una cosa: Acabada de hacer o de estrenar. *Automóvil flamante.* ‖ **2.** Nuevo en una actividad o clase, recién entrado en ella. *Novio flamante.* ‖ **3.** Lúcido, resplandeciente. *Flamante espada.*

flambear. TR. Rociar un alimento con un licor y prenderle fuego.

flamboyán. M. *Méx.* Árbol de la familia de las Leguminosas, oriundo de la India, que en el verano echa flores de color rojo anaranjado en ramillete.

flamear. I. TR. **1.** Pasar por una llama las aves desplumadas o la piel de un animal para acabar de quitarles los restos de plumas o los pelos. U. t. c. prnl. ‖ **2.** *Med.* Quemar alcohol u otro líquido inflamable en superficies o vasijas que se quieren esterilizar. ‖ **II.** INTR. **3.** Dicho de una bandera: Ondear movida por el viento, sin llegar a desplegarse enteramente. ‖ **4.** Dicho de las grímpolas y flámulas, o de la vela de un buque: Ondear por estar en la línea de dirección del viento. ‖ **5.** Despedir llamas.

flamen. M. hist. Sacerdote romano destinado al culto de una deidad. ‖ **~ quirinal.** M. hist. El de Rómulo.

flamenco, ca. I. ADJ. **1.** Natural de Flandes. U. t. c. s. ‖ **2.** Perteneciente o relativo a esta región histórica de Europa. ‖ **3.** Se dice de ciertas manifestaciones socioculturales asociadas generalmente al pueblo gitano, con especial arraigo en Andalucía. *Baile, aire flamenco.* ‖ **II.** M. **4.** Idioma flamenco. ‖ **5.** Cante y baile flamenco. ‖ **6.** Ave de pico, cuello y patas muy largos, plumaje blanco en cuello, pecho y abdomen, y rojo intenso en cabeza, cola, dorso de las alas, pies y parte superior del pico. □ V. **cante ~, cuadro ~, juerga ~.**

flamencología. F. Conjunto de conocimientos, técnicas, etc., sobre el cante y el baile flamencos.

flamencólogo, ga. ADJ. Dicho de una persona: Experta en flamencología. U. t. c. s.

flamenquería. F. Chulería, insolencia.

flamenquilla. F. maravilla (‖ planta compuesta).

flameo. M. Acción y efecto de flamear.

flamígero, ra. ADJ. **1.** Que arroja o despide llamas. *Arma flamígera.* ‖ **2.** Que imita su forma. *Bandera flamígera.* □ V. **gótico ~.**

flámula. F. Especie de grímpola.

flan. M. **1.** Dulce que se hace con yemas de huevo, leche y azúcar, y se cuaja en el baño María, dentro de un molde generalmente bañado de azúcar tostada. Suele llevar también harina, y con frecuencia se le añade algún otro ingrediente, como café, naranja, vainilla, etc. ‖ **2.** Materia moldeada en esa forma. ‖ **como un ~,** o **hecho un ~.** LOCS.ADJS. coloqs. Muy nervioso o excitado.

flanco. M. **1.** Cada una de las dos partes laterales de un cuerpo considerado de frente. *El flanco derecho. Por el flanco izquierdo.* ‖ **2.** Lado o costado de un buque. ‖ **3.** Lado de una fuerza militar, o zona lateral e inmediata a ella. ‖ **4.** *Mil.* Parte del baluarte que hace ángulo entrante con la cortina y saliente con el frente. ‖ **~ del escudo.** M. *Heráld.* Cada uno de sus costados en el sentido de su longitud, y de un tercio de su anchura.

flanera. F. Molde en que se cuaja el flan.

flanero. M. flanera.

flanqueado, da. PART. de **flanquear**. ‖ ADJ. **1.** Dicho de una cosa: Que tiene a sus flancos o costados otras que lo acompañan o completan. *Camino flanqueado de chopos.* ‖ **2.** Defendido o protegido por los flancos. *Navío flanqueado por fragatas.* ‖ **3.** *Heráld.* Dicho de una figura: Que parte el escudo del lado de los flancos, ya sea por medios óvalos, ya por medios rombos, que corren desde el ángulo del jefe al de la punta del mismo lado de donde toman su principio.

flanquear. TR. **1.** Estar colocado al flanco o lado de algo. ‖ **2.** *Mil.* Proteger los propios flancos. ‖ **3.** *Mil.* Amenazar los flancos del adversario.

flanqueo. M. Acción y efecto de flanquear.

flap. M. *Aer.* Superficie auxiliar del ala de un avión, ajustable en vuelo, cuya misión es incrementar su sustentación. MORF. pl. **flaps.**

flaquear. INTR. **1.** Debilitarse, ir perdiendo fuerza. ‖ **2.** Desanimarse, aflojar en una acción.

flaquencia. F. *Am. Cen.* y *Ant.* flaqueza.

flaqueza. F. **1.** debilidad (‖ falta de vigor). ‖ **2.** Acción defectuosa cometida por debilidad, especialmente de la carne.

flato. M. **1.** Acumulación molesta de gases en el tubo digestivo, a veces de origen patológico. ‖ **2.** *Am. Cen.* y *Á. Caribe.* melancolía (‖ tristeza).

flatulencia. F. Indisposición o molestia del flatulento.

flatulento, ta. ADJ. **1.** Que causa flatos. *Alimento flatulento.* ‖ **2.** Que los padece. U. t. c. s.

flauta. I. F. **1.** Instrumento musical de viento, de madera u otro material, en forma de tubo con varios agujeros circulares que se tapan con los dedos o con llaves. ‖ **2.** *Á. guar.* y *Á. R. Plata.* Pan alargado y ensanchado a la mitad, con costra dura y miga blanca y esponjosa. ‖ **3.** *Méx.* Taco más largo de lo común, hecho de una tortilla de maíz enrollada, rellena de carne y frita. ‖ **II.** COM. **4.** flautista. ‖ **~ dulce.** F. La que tiene la boquilla en el extremo del primer tubo y en forma de boquilla. ‖ **~ transversa.** F. *Méx.* flauta travesera. ‖ **~ traversa.** F. *Am.* flauta travesera. ‖ **~ travesera.** F. La que se coloca de través, y se digita de izquierda a derecha, para tocarla. Tiene cerrado el extremo superior del primer tubo, hacia la mitad del cual está la embocadura en forma de agujero ovalado, mayor que los demás. ‖ **la ~.** LOC. INTERJ. *Á. R. Plata.* Se usa para indicar admiración o sorpresa. ‖ **sonó la ~ por casualidad,** o **sonó la ~.** EXPRS. coloqs. Se usan para indicar que un acierto ha sido casual.

flautado. M. Uno de los registros del órgano, compuesto de cañones, cuyo sonido imita el de las flautas.

flautín. I. M. **1.** Flauta pequeña, de tono agudo y penetrante, cuyos sonidos corresponden a los de la flauta ordinaria, pero en una octava alta. Se usa en las orquestas, y más en las bandas militares. ‖ II. COM. **2.** Músico que toca este instrumento.

flautista. COM. Músico que toca la flauta.

flavo, va. ADJ. De color entre amarillo y rojo, como el de la miel o el del oro. *Túnica flava.*

flébil. ADJ. poét. Lamentable, triste, lacrimoso. *Flébil destino.*

flebitis. F. *Med.* Inflamación de las venas.

flebotomía. F. **1.** *Med.* Arte de **sangrar** (‖ abrir o punzar una vena). ‖ **2.** *Med.* Acción y efecto de **sangrar** (‖ abrir o punzar una vena).

flecha. F. **1. saeta** (‖ arma arrojadiza). ‖ **2.** Indicador de dirección en forma de saeta. ‖ **3.** *Arq.* Remate puntiagudo de una torre o de un campanario. ‖ **4.** *Geom.* Distancia máxima de los puntos de una curva a la recta que une sus extremos. *El arco del puente tiene una flecha de 10 m.* ‖ **como una ~.** LOC.ADV. coloq. De manera veloz, con celeridad.

flechador, ra. M. y F. Persona que dispara flechas.

flechadura. F. *Mar.* Conjunto de flechastes de una tabla de jarcia.

flechar. TR. **1.** Herir o matar a alguien con flechas. ‖ **2.** coloq. Inspirar amor, cautivar los sentidos repentinamente.

flechaste. M. *Mar.* Cada uno de los cordeles horizontales que, ligados a los obenques, como a medio metro de distancia entre sí y en toda la extensión de jarcias mayores y de gavia, sirven de escalones a la marinería para subir a ejecutar las maniobras en lo alto de los palos.

flechazo. M. **1.** Daño o herida que causa una flecha. ‖ **2.** coloq. Amor que repentinamente se siente o se inspira.

flechería. F. Conjunto de muchas flechas disparadas.

flechero, ra. M. y F. Persona que se sirve del arco y de las flechas.

flechilla. F. *Á. R. Plata.* Se usa como nombre genérico para referirse a varias especies de gramíneas, cuyos frutos suelen ser punzantes y perjudiciales para el ganado. Se utilizan como forrajeras cuando todavía están tiernas.

fleco. M. **1.** Adorno compuesto de una serie de hilos o cordoncillos colgantes de una tira de tela o de pasamanería. ‖ **2.** Borde deshilachado por el uso en una tela vieja. ‖ **3.** coloq. Detalle o aspecto que queda por resolver en un asunto o negociación.

fleje. M. **1.** Tira de chapa de hierro o de cualquier otro material resistente con que se hacen arcos para asegurar las duelas de cubas y toneles y las balas de ciertas mercancías. ‖ **2.** Pieza alargada y curva de acero que, aislada o con otras, sirve para muelles o resortes.

flema. F. **1.** Mucosidad pegajosa que se arroja por la boca, procedente de las vías respiratorias. ‖ **2.** hist. Uno de los cuatro humores en que la medicina antigua dividía los del cuerpo humano. ‖ **3.** Calma excesiva, impasibilidad. *Gastar flema.*

flemático, ca. ADJ. Tranquilo, impasible. *Carácter flemático. Policía flemático.*

flemón. M. **1.** Tumor en las encías. ‖ **2.** *Med.* Inflamación aguda del tejido celular en cualquier parte del cuerpo.

flemonoso, sa. ADJ. *Med.* Perteneciente o relativo al flemón.

fleo. M. Especie de gramínea con glumas fructíferas tiernas.

flequillo. M. Porción de cabello recortado que a manera de fleco se deja caer sobre la frente.

fleta. F. **1.** *Á. Caribe.* Fricción dada en el cuerpo con una sustancia medicinal. ‖ **2.** *Chile.* **paliza** (‖ serie de golpes).

fletado, da. PART. de **fletar.** ‖ ADJ. *Á. Caribe.* Dicho de un vehículo: Alquilado para transportar mercancías o carga.

fletador, ra. I. M. y F. **1.** Persona que fleta. ‖ II. M. **2.** *Com.* En el contrato de fletamento, encargado de entregar la carga que ha de transportarse.

fletamento. M. **1.** Acción de fletar o fletarse. ‖ **2.** *Com.* Contrato mercantil en que se estipula el flete.

fletán. M. Pez marino del orden de los Pleuronectiformes, semejante al gallo y a la platija, que puede alcanzar 3 m de longitud y 250 kg de peso. Es de color oscuro, vive en aguas profundas del Atlántico norte, Groenlandia y Terranova. Es apreciado por su carne y el aceite de su hígado. ‖ **~ negro.** M. Pez marino semejante al fletán, de hasta 1 m de longitud y 45 kg de peso. Es de color negruzco, vive en aguas profundas de los mares árticos y es apreciado por su carne.

fletanero. M. Barco equipado para la pesca y preparación comercial del fletán.

fletar. TR. **1.** Dar o tomar a flete un buque y, por ext., otro vehículo terrestre o aéreo. ‖ **2.** Embarcar personas o mercancías en una nave para su transporte. U. t. c. prnl. ‖ **3.** *Am.* Alquilar un animal o un vehículo para transportar personas o cargas. ‖ **4.** *Á. guar., Á. R. Plata* y *Chile.* Despedir a alguien de un lugar o de un empleo contra su voluntad. ‖ **5.** *Chile.* Soltar palabras o acciones inconvenientes o agresivas. *Le fletó una desvergüenza, una bofetada.*

flete. M. **1.** Precio estipulado por el alquiler de una nave o de una parte de ella. ‖ **2.** Carga de un buque. ‖ **3.** *Am.* Precio del alquiler de un medio de transporte. ‖ **4.** *Am.* Carga que se transporta por mar o por tierra. *Los arrieros buscan flete.* ‖ **5.** *Á. R. Plata.* Caballo de montar de muy buenas cualidades. ‖ **6.** *Á. R. Plata.* Vehículo que, por alquiler, transporta bultos o mercancías. ‖ **falso ~.** M. Cantidad que se paga cuando no se usa la nave o la parte de ella que se ha alquilado.

fletero, ra. I. ADJ. **1.** *Am.* Dicho de una embarcación, de un carro o de otro vehículo: Que se alquilan para transporte. ‖ **2.** *Am.* Dicho de una persona: Que tiene por oficio hacer transportes. U. t. c. s. ‖ II. M. **3.** *Á. Andes* y *Chile.* En los puertos, hombre que se encarga de transportar mercancías o personas entre las naves y los muelles.

flexibilidad. F. Cualidad de flexible.

flexibilizar. TR. Hacer flexible algo, darle flexibilidad. U. t. c. prnl.

flexible. I. ADJ. **1.** Que tiene disposición para doblarse fácilmente. *Vara flexible.* ‖ **2.** Dicho de una persona: Que en un enfrentamiento se pliega con facilidad a la opinión, a la voluntad o a la actitud de otro o de otros. ‖ **3.** Propio o característico de una persona flexible. *Carácter flexible.* ‖ **4.** Que no se sujeta a normas estrictas, a dogmas o a trabas. *Ideología, legislación flexible.* ‖ **5.** Susceptible de cambios o variaciones según las circunstancias o necesidades. *Horario, programa flexible.* ‖ II. M. **6.** Cable formado de hilos finos de cobre recubiertos de una capa aislante, que se emplea como conductor eléctrico. □ V. **sombrero ~.**

flexión. F. **1.** Acción y efecto de doblar el cuerpo o algún miembro. ‖ **2.** Encorvamiento transitorio que experimenta un sólido por la acción de una fuerza que lo deforma elásticamente. ‖ **3.** *Gram.* Alteración que experimentan las voces variables con el cambio de desinencias, de la vocal de la raíz o de otros elementos.

flexional. ADJ. *Gram.* Perteneciente o relativo a la flexión gramatical.

flexionar. TR. Hacer flexiones.

flexivo, va. ADJ. **1.** *Gram.* Perteneciente o relativo a la flexión gramatical. *Paradigma flexivo.* ‖ **2.** *Gram.* Que tiene flexión gramatical. *Formas flexivas de la conjugación.* □ V. **lengua ~.**

flexo. M. Lámpara de mesa con brazo flexible que permite concentrar la luz en un espacio determinado.

flexor, ra. ADJ. Que dobla o hace que algo se doble con movimiento de flexión. *Tendón flexor.* Apl. a un músculo, u. t. c. s. m.

flexuoso, sa. ADJ. Que forma ondas. *Mar flexuoso.*

flexura. F. Pliegue, curva, doblez.

flictena. F. *Med.* Vejiga pequeña o ampolla cutánea que contiene sustancias acuosas y no pus.

flirtear. INTR. coquetear (‖ dar señales sin comprometerse).

flirteo. M. Juego amoroso que no se formaliza ni supone compromiso.

floculación. F. *Quím.* Agregación de partículas sólidas en una dispersión coloidal, en general por la adición de algún agente.

floculante. M. *Quím.* Agente que produce floculación.

flóculo. M. *Quím.* Grumo que aparece en una floculación.

floema. M. *Bot.* Tejido vivo de las plantas vasculares que transporta sustancias orgánicas e inorgánicas de una parte a otra de estos organismos.

flogisto. M. *Quím. hist.* Principio imaginado por Stahl, químico alemán del siglo XVIII, que formaba parte de todos los cuerpos y era causa de su combustión.

flojear. INTR. **1.** Obrar con pereza y descuido, aflojar en el trabajo. ‖ **2.** flaquear.

flojedad. F. **1.** Debilidad o cansancio. ‖ **2.** Pereza, negligencia o descuido.

flojera. F. flojedad.

flojo, ja. ADJ. **1.** Mal atado, poco apretado o poco tirante. *Nudo flojo.* ‖ **2.** Que no tiene mucha actividad, fortaleza o calidad. *Vino flojo. Argumento flojo.* ‖ **3.** Perezoso, negligente, descuidado y tardo en las operaciones. U. t. c. s. ‖ **4.** Apocado, cobarde. *No seas flojo, mantente firme.* U. t. c. s. ‖ **5.** *Fon.* Dicho de un sonido: Que se articula con escasa tensión muscular. □ V. **cuerda ~.**

flor. F. **1.** Brote de muchas plantas, formado por hojas de colores, del que se formará el fruto. ‖ **2.** *Bot.* Brote reproductor de las plantas fanerógamas, y, por ext., de muchas otras, que consta de hojas fértiles, los carpelos y estambres, y hojas no fértiles, acompañantes, que forman el perianto. ‖ **3.** Parte mejor y más escogida de algo. *Flor del ejército. Pan de flor. La flor de la harina.* ‖ **4.** virginidad. ‖ **5.** Piropo, requiebro. U. m. en pl. ‖ **6.** Nata que hace el vino en lo alto de la vasija. ‖ **7.** Dulce que imita en su forma a la flor, hecho con huevos, leche y harina, que se fríe en aceite y se rocía con azúcar o miel. ‖ **8.** En las pieles adobadas, parte exterior, que admite pulimento. ‖ **9.** *Chile.* Mancha blanca de las uñas. ‖ **~ completa.** F. *Bot.* La que consta de cáliz, corola, estambres y pistilos. ‖ **~ compuesta.** F. *Bot.* Inflorescencia formada de muchas florecillas en un receptáculo común. ‖ **~ de azufre.** F. Azufre sublimado. ‖ **~ de Jamaica.** F. *Méx.* flor rojiza de una planta malvácea, que se usa para preparar una bebida refrescante. ‖ **~ de la edad.** F. juventud (‖ edad). ‖ **~ de la maravilla.** F. Planta de adorno, originaria de México, de la familia de las Iridáceas, con flores grandes, terminales, que se marchitan a las pocas horas de abiertas, y tienen la corola de una pieza, dividida en seis lacinias, las tres exteriores más largas que las otras y todas de color de púrpura con manchas como las de la piel del tigre. ‖ **~ de la Pasión.** F. *Méx.* pasionaria. ‖ **~ de la Trinidad.** F. trinitaria. ‖ **~ de la vida.** F. juventud (‖ edad). ‖ **~ de lis.** F. Forma heráldica de la flor del lirio, que se compone de un grupo de tres hojas, la del medio grande y ancha, y las de los costados más estrechas y curvadas, terminadas todas por un remate más pequeño en la parte inferior. ‖ **~ de muerto.** F. maravilla (‖ planta compuesta). ‖ **~ de muertos.** F. *Méx.* cempasúchil. ‖ **~ de Nochebuena.** F. Planta de la familia de las Euforbiáceas, originaria de México y América Central, con hojas pubescentes, de borde entero, y pequeñas flores de color amarillo. Durante la floración las hojas cercanas a la inflorescencia se vuelven rojas. Crece en climas cálidos y se cultiva como ornamental. ‖ **~ de un día.** F. *Méx.* flor de la maravilla. ‖ **~ incompleta.** F. *Bot.* La que carece de alguna o algunas de las partes de la completa. ‖ **~ irregular.** F. *Bot.* La que es zigomorfa. ‖ **~ regular.** F. *Bot.* La que es actinomorfa. ‖ **~ y nata.** F. flor (‖ lo más escogido de algo). *La flor y nata de la sociedad.* ‖ **~es conglomeradas.** F. pl. *Bot.* Las que en gran número se contienen en un pedúnculo ramoso, estrechamente unidas y sin orden. ‖ **~es cordiales.** F. pl. Mezcla de ciertas flores, cuya infusión se da a los enfermos como sudorífico. ‖ **~es de maíz.** F. pl. Rosetas de maíz. ‖ **~es solitarias.** F. pl. *Bot.* Las que nacen aisladas unas de otras en una planta. ‖ **a ~ de agua.** LOC.ADV. En la superficie, sobre o cerca de la superficie del agua. ‖ **a ~ de cuño.** LOC.ADJ. *Numism.* Dicho de una moneda o de una medalla: De excelente conservación. ‖ **a ~ de piel.** LOC. ADJ. A punto de mostrarse o dejarse ver. ‖ **a ~ de tierra.** LOC.ADV. En la superficie, sobre o cerca de la superficie de la tierra. ‖ **dar** alguien **en la ~ de** algo. LOC.VERB. Contraer la costumbre de hacer o decir algo. ‖ **decir ~es.** LOC.VERB. **echar flores.** LOC.VERB. **de ~ en ~.** LOC.ADV. Sin constancia, mudando continuamente de ocupación u objetivo. ‖ **echar ~es.** LOC.VERB. requebrar. ‖ **en ~.** LOC.ADJ. **1.** En el estado inmediatamente anterior a la madurez. U. t. c. loc. adv. ‖ **2.** En el de mayor esplendor o belleza. U. t. c. loc. adv. □ V. **azúcar de ~, batalla de ~es, centro de ~es, harina de ~, Pascua de Flores.**

flora. F. **1.** Conjunto de plantas de un país o de una región. ‖ **2.** Conjunto de microorganismos adaptados a un medio determinado. *Flora intestinal.* □ V. **calendario de Flora, reloj de Flora.**

floración. F. **1.** Acción de florecer. ‖ **2.** *Bot.* Tiempo que duran abiertas las flores de las plantas de una misma especie.

floral. ADJ. **1.** Perteneciente o relativo a la flor. *Verticilo floral. Ofrenda floral.* ‖ **2.** pl. hist. Se dice de las fiestas o juegos que celebraban los romanos en honor de la diosa Flora, a cuya imitación se instituyeron después en Provenza y en otras partes. □ V. **juegos ~es.**

flordelisado, da. PART. de **flordelisar.** ‖ ADJ. Que tiene forma de flor de lis o está adornado con flores de lis. *Cruz flordelisada.*

flordelisar. TR. *Heráld.* Adornar con flores de lis.

floreado, da. PART. de **florear.** ‖ ADJ. Que tiene flores pintadas como adorno. *Tela floreada.*

floreal. M. hist. Octavo mes del calendario francés de la Revolución, cuyos días primero y último coincidían, respectivamente, con el 20 de abril y el 19 de mayo.

florear. I. TR. **1.** Adornar y guarnecer con flores. ‖ **2.** coloq. Echar piropos a una mujer. ‖ **3.** *Mús.* Desarrollar con adornos una melodía. ‖ **4.** *Chile.* Escoger lo mejor de algo. ‖ **II.** INTR. **5.** Tocar dos o tres cuerdas de la guitarra con tres dedos sucesivamente sin parar, formando así un sonido continuado. ‖ **6.** *Am.* Dicho de una planta: **florecer.**

florecer. I. INTR. **1.** Echar flor. U. t. c. tr. ‖ **2.** Dicho de una persona o de una cosa, incluso abstracta, como la justicia, las ciencias, etc.: Prosperar, crecer en riqueza o reputación. ‖ **3.** Dicho de una persona o de una cosa insignes: Existir en un tiempo o época determinada. ‖ **II.** PRNL. **4.** Dicho especialmente del queso o del pan: Ponerse mohoso. ¶ MORF. conjug. c. *agradecer.*

floreciente. ADJ. Favorable, venturoso, próspero. *Negocio floreciente.*

florecimiento. M. Acción y efecto de florecer o florecerse.

florecino, na. ADJ. **1.** Natural de Flores. U. t. c. s. ‖ **2.** Perteneciente o relativo a este departamento del Uruguay.

Florencia. ☐ V. **raja de ~.**

florenciano, na. ADJ. **1.** Natural de Florencia. U. t. c. s. ‖ **2.** Perteneciente o relativo a esta ciudad de Colombia, capital del departamento de Caquetá.

florense. ADJ. **1.** Natural de Flores. U. t. c. s. ‖ **2.** Perteneciente o relativo a esta ciudad de Guatemala, cabecera del departamento de Petén.

florentino, na. ADJ. **1.** Natural de Florencia. U. t. c. s. ‖ **2.** Perteneciente o relativo a esta ciudad de Italia.

floreño, ña. ADJ. **florense.** Apl. a pers., u. t. c. s.

floreo. M. **1.** Dicho vano y superfluo empleado sin otro fin que el de hacer alarde de ingenio, o el de halagar o lisonjear al oyente, o solo por mero pasatiempo. ‖ **2.** *Danza.* En la danza española, movimiento de vaivén de un pie en el aire cuando el otro permanece en el suelo. ‖ **3.** *Esgr.* Vibración o movimiento de la punta de la espada. ‖ **4.** *Mús.* Acción de **florear** (‖ tocar dos o tres cuerdas de la guitarra).

florería. F. Tienda donde se venden flores y plantas de adorno.

florero, ra. I. M. y F. **1.** Persona que vende flores. ‖ **II.** M. **2.** Vaso para poner flores.

floresta. F. **1.** Terreno frondoso y agradable poblado de árboles. ‖ **2.** Reunión de cosas agradables y de buen gusto.

floretazo. M. Golpe dado con el florete.

florete. M. **1.** Esgrima con espadín. ‖ **2.** Espadín destinado a la enseñanza o ejercicio de este juego. Es de cuatro aristas, y no suele tener aro en la empuñadura. ☐ V. **azúcar ~.**

floretear. INTR. Manejar el florete.

floretista. COM. Persona diestra en el juego del florete.

floricultor, ra. M. y F. Persona dedicada a la floricultura.

floricultura. F. **1.** Cultivo de las flores. ‖ **2.** Arte que lo enseña.

floridamente. ADV. M. Con elegancia y gracia.

floridano, na. ADJ. **1.** Natural de Florida. U. t. c. s. ‖ **2.** Perteneciente o relativo a este estado de la Unión norteamericana.

floridense. ADJ. **1.** Natural de Florida. U. t. c. s. ‖ **2.** Perteneciente o relativo a este departamento del Uruguay o a su capital.

florideño, ña. ADJ. **1.** Natural de Florida. U. t. c. s. ‖ **2.** Perteneciente o relativo a este municipio de Puerto Rico o a su cabeza.

floridiano, na. ADJ. **florideño.** Apl. a pers., u. t. c. s.

florido, da. ADJ. **1.** Que tiene flores. *Campo florido.* ‖ **2.** Muy escogido. *Interpretó lo más florido de su producción.* ‖ **3.** Dicho del lenguaje o del estilo: Profusamente exornado de galas retóricas. ☐ V. **agua ~, gótico ~, letra ~, Pascua Florida.**

florífero, ra. ADJ. Que lleva o produce flores. *Arbusto florífero.*

florilegio. M. Colección de trozos selectos de materias literarias.

florín. M. **1.** Unidad monetaria de varios países. ‖ **2.** hist. Moneda de oro mandada acuñar por los reyes de Aragón copiando los florines o ducados de Florencia, que fueron moneda internacional en la Edad Media.

floripondio. M. **1.** Arbusto del Perú, de la familia de las Solanáceas, que crece hasta tres metros de altura, con tronco leñoso, hojas grandes, alternas, oblongas, enteras y vellosas, flores solitarias, blancas, en forma de embudo, de unos tres decímetros de longitud, de olor delicioso, pero perjudicial si se aspira mucho tiempo, y fruto elipsoidal, con muchas semillas pequeñas de forma de riñón. ‖ **2.** despect. Flor grande que suele figurar en adornos de mal gusto.

florista. COM. Persona que vende flores o prepara adornos florales para su venta.

floristería. F. **florería.** U. m. en España y América Central.

florístico, ca. ADJ. Perteneciente o relativo a la flora.

floritura. F. **1.** *Mús.* Adorno en el canto. ‖ **2.** Adorno en cualquier ejercicio o en otra cosa.

florón. M. **1.** Adorno hecho a manera de flor muy grande, que se usa en pintura y arquitectura en el centro de los techos de las habitaciones. ‖ **2.** Hecho que da lustre, que honra. ‖ **3.** *Heráld.* Adorno, a manera de flor, que se pone en el círculo de algunas coronas.

flósculo. M. *Bot.* Cada una de las flores de corola tubular que forman parte de una cabezuela.

flota. F. **1.** Conjunto de barcos mercantes de un país, de una compañía de navegación o de una línea marítima. ‖ **2.** Conjunto de otras embarcaciones que tienen un destino común. *Flota de guerra. Flota pesquera.* ‖ **3.** Conjunto de aparatos de aviación para un servicio determinado. ‖ **4.** Conjunto de vehículos de una empresa.

flotabilidad. F. Capacidad de flotar.

flotación. F. **1.** Acción y efecto de flotar. ‖ **2.** *Econ.* Situación de la moneda cuya cotización oscila según los movimientos del mercado, por carecer de tipo de cambio fijado oficialmente. ‖ **3.** *Ingen.* Proceso para concentrar y separar sólidos de granulometría fina que presentan distintas propiedades superficiales, generalmente mezclas de minerales y gangas. Se hace por medio de espumas que retienen los materiales no mojados por el agua. ☐ V. **línea de ~.**

flotador, ra. I. ADJ. **1.** Que flota o sobrenada en un líquido. *Boya flotadora.* ‖ **II.** M. **2.** Aparato que sirve para determinar el nivel de un líquido o para regular su salida. ‖ **3.** Cuerpo destinado a flotar en un líquido. ‖ **4.** Pieza hecha de una materia flotante, como corcho, caucho o plástico, llena de aire en estos últimos casos, que se sujeta al cuerpo de quien se introduce en el agua para evitar que se hunda.

flotamiento. M. flotación.

flotante. ADJ. Que flota. *Algas flotantes.* □ V. **costilla ~, deuda ~, dique ~, pontón ~.**

flotar. INTR. **1.** Dicho de un cuerpo: Sostenerse en la superficie de un líquido. ‖ **2.** Dicho de un cuerpo: Sostenerse en suspensión en un líquido o gas. ‖ **3.** Dicho de algo inmaterial: Estar en el ambiente influyendo en el ánimo. *Flotaba sobre los reunidos un aire de tristeza.* ‖ **4.** ondear (‖ moverse formando ondas). *Las banderas flotaban al viento.*

flote. M. flotación (‖ acción y efecto de flotar). ‖ **a ~.** LOC.ADV. **1.** flotando. *Se procederá a poner a flote las tres embarcaciones.* ‖ **2.** A salvo, fuera de peligro, dificultad o apuro. *Sacaron a flote el negocio de su padre.*

flotilla. F. Flota compuesta de buques pequeños.

fluctuación. F. **1.** Acción y efecto de fluctuar. ‖ **2.** Diferencia entre el valor instantáneo de una cantidad fluctuante y su valor normal. ‖ **3.** Irresolución, indeterminación o duda con que alguien vacila, sin acertar a resolverse.

fluctuante. ADJ. Que fluctúa. *Mercado fluctuante.*

fluctuar. INTR. **1.** oscilar (‖ crecer y disminuir alternativamente). ‖ **2.** Dicho de un cuerpo: Vacilar sobre las aguas por el movimiento agitado de ellas. *Es una nave que fluctúa sin hundirse.* ‖ **3.** Vacilar o dudar en la resolución de algo. *Un hombre que fluctuaba entre ambas posiciones.* ¶ MORF. conjug. c. *actuar.*

fluencia. F. Acción y efecto de fluir.

fluente. ADJ. fluyente.

fluidez. F. Cualidad de fluido.

fluidificación. F. Acción y efecto de fluidificar.

fluidificante. I. ADJ. **1.** Que fluidifica. *Acción fluidificante.* ‖ **II.** M. **2.** Medicamento que hace más fluidas las secreciones viscosas.

fluidificar. TR. Hacer fluido algo.

fluido, da. PART. de **fluir.** ‖ **I.** ADJ. **1.** Se dice de las sustancias en estado líquido o gaseoso. U. t. c. s. m. ‖ **2.** Dicho del lenguaje o del estilo: Corriente y fácil. ‖ **II.** M. **3.** Corriente eléctrica.

fluir. INTR. **1.** Dicho de un líquido o de un gas: **correr.** U. t. en sent. fig. *Una masa de gente fluye por la avenida.* ‖ **2.** Dicho de una idea o de una palabra: Brotar con facilidad de la mente o de la boca. ¶ MORF. conjug. c. *construir.*

flujo. M. **1.** Acción y efecto de fluir. ‖ **2.** Movimiento de ascenso de la marea. ‖ **~ blanco.** M. *Med.* Excreción anormal procedente de las vías genitales de la mujer. ‖ **~ de fondos.** M. *Econ.* Movimientos financieros entre agentes económicos o entre grandes sectores del sistema. ‖ **~ de palabras.** M. Abundancia excesiva de vocablos. ‖ **~ de vientre.** M. Indisposición que consiste en la frecuente evacuación del vientre. ‖ **~ luminoso.** M. *Fís.* Magnitud que expresa la energía luminosa emitida o recibida por un cuerpo en la unidad de tiempo. Su unidad en el Sistema Internacional es el *lumen.* □ V. **diagrama de ~.**

fluminense. ADJ. **1.** Natural de Río de Janeiro, ciudad del Brasil. U. t. c. s. ‖ **2.** Natural de Los Ríos, provincia de Ecuador, o de Babahoyo, su capital. U. t. c. s. ‖ **3.** Perteneciente o relativo a aquella ciudad o esta provincia y su capital.

flúor. M. Elemento químico de núm. atóm. 9. Del grupo de los halógenos, abundante en la litosfera, se encuentra en forma de fluoruros en minerales como la fluorita. Gas de color amarillo verdoso, olor sofocante, tóxico y muy reactivo, se usa para obtener fluoruros metálicos, que se añaden al agua potable y a los productos dentífricos para prevenir la caries dental. (Símb. *F*). □ V. **espato ~.**

fluorar. TR. Añadir pequeñas cantidades de fluoruros al agua potable o a productos dentífricos como protección contra la caries dental.

fluorescencia. F. *Fís.* Luminiscencia debida a la excitación de una sustancia que absorbe radiaciones, y que cesa al desaparecer dicha excitación.

fluorescente. I. ADJ. **1.** Perteneciente o relativo a la fluorescencia. *Resplandor fluorescente.* ‖ **2.** Que tiene fluorescencia. *Letras fluorescentes.* ‖ **II.** M. **3.** tubo fluorescente.

fluorina. F. fluorita.

fluorita. F. Mineral compuesto de flúor y calcio, cristalino, compacto y de colores brillantes y variados. Tiene uso en las artes decorativas, en metalurgia como fundente y, sobre todo, en el grabado del cristal.

fluoruro. M. *Quím.* Sal del ácido fluorhídrico.

fluvial. ADJ. Perteneciente o relativo al río.

flux. M. *Am.* terno (‖ de chaqueta, chaleco y pantalón). MORF. pl. **fluxes.**

fluxión. F. **1.** Acumulación patológica de líquidos en el organismo. ‖ **2.** Constipado de nariz.

fluyente. ADJ. Que fluye. *Agua fluyente.*

FM. (Sigla del inglés *Frequency Modulation*). F. **frecuencia modulada.**

fobia. F. **1.** Aversión obsesiva a alguien o algo. ‖ **2.** Temor irracional compulsivo.

fóbico, ca. ADJ. **1.** Que padece fobia. U. t. c. s. ‖ **2.** Perteneciente o relativo a la fobia. *Objeto fóbico.* ‖ **3.** Propio o característico de ella. *Conducta fóbica.* ‖ **4.** Que produce fobia. *Neurosis fóbicas.*

foca. F. Mamífero pinnípedo, propio de mares fríos y de peso y talla variables según las especies. Es de costumbres acuáticas, por lo que sus extremidades tienen forma de aleta, y se acerca a la costa para criar.

focal. ADJ. *Fís.* y *Geom.* Perteneciente o relativo al foco. *Distancia focal.*

focalización. F. Acción y efecto de focalizar.

focalizar. TR. Centrar, concentrar, dirigir. U. t. c. prnl. *La máxima intensidad se focaliza en los extremos.*

focense. ADJ. **1.** Natural de Focea, ciudad de Asia Menor. U. t. c. s. ‖ **2.** Natural de Foz, villa de la provincia de Lugo, en España. U. t. c. s. ‖ **3.** Perteneciente o relativo a aquella ciudad o esta villa.

focha. F. Ave gruiforme nadadora de hasta tres decímetros de largo, plumaje negro con reflejos grises, pico y frente blancos, alas anchas, cola corta y redondeada y pies de color verdoso amarillento, con dedos largos y lobulados.

foco. M. **1.** Lámpara eléctrica de luz muy potente concentrada en una dirección. ‖ **2.** Lugar real o imaginario en que está como reconcentrado algo con toda su fuerza y eficacia, y desde el cual se propaga o ejerce influencia. *Foco de ilustración. Foco de vicios.* ‖ **3.** *Fís.* Punto donde se reúnen los rayos luminosos o caloríficos reflejados por un espejo cóncavo o refractados por una lente. ‖ **4.** *Fís.* Punto, aparato o reflector de donde parte un haz de rayos luminosos o caloríficos. ‖ **5.** *Geom.* Punto fijo que se utiliza en la generación de las cónicas. La elipse y la hipérbola tienen dos focos, y la parábola uno solo. ‖ **6.** *Á. R. Plata*. **faro** (‖ de los vehículos automotores).

fofo, fa. ADJ. Esponjoso, blando y de poca consistencia. *Carnes fofas.*

fogaje. M. **1.** *Á. Caribe*. **bochorno** (‖ calor). ‖ **2.** *Ant.* Encendimiento pasajero del rostro.

fogarada. F. Llama fuerte que levanta el fuego.

fogata. F. Fuego que levanta mucha llama.

fogón. M. **1.** Sitio adecuado en las cocinas para hacer fuego y guisar. ‖ **2.** Oído de las armas de fuego, y especialmente de los cañones, obuses, morteros, etc. ‖ **3.** En las calderas de las máquinas de vapor, lugar destinado a contener el combustible. ‖ **4.** *Am.* Fuego de leña que se hace en el suelo. ‖ **5.** *Am. Mer.* y *Ant.* En ranchos y estancias, lugar donde se hace el fuego para cocinar. ‖ **6.** *Am. Cen.* y *Á. Caribe*. Cocina rústica de leña, construida con cemento o barro sobre una mesa, y que puede incluir una parrilla. ‖ **7.** *Á. R. Plata*. Reunión de amigos junto al fuego.

fogonadura. F. **1.** Abertura en un piso de madera para dar paso a un pie derecho que sirve de sostén a algún objeto elevado. ‖ **2.** *Mar.* Cada uno de los agujeros que tienen las cubiertas de la embarcación para que pasen por ellos los palos a fijarse en sus carlingas.

fogonazo. M. Llamarada instantánea que algunas materias inflamables, como la pólvora, el magnesio, etc., producen al inflamarse.

fogonero. M. Encargado de cuidar del fogón, sobre todo en las máquinas de vapor.

fogosidad. F. Cualidad de fogoso.

fogoso, sa. ADJ. Ardiente, exageradamente vivo. *Palabras fogosas.*

foguear. TR. Acostumbrar a alguien a las penalidades y trabajos de un estado u ocupación. U. t. c. prnl. *Se fogueó en campeonatos regionales.*

fogueo. M. Acción y efecto de foguear.

foja. F. *Méx.* Hoja de papel, sobre todo de un documento oficial. ‖ **~ de servicios.** F. *Á. R. Plata*. **hoja de servicios.** ‖ **~s cero.** LOC.ADV. *Chile*. Como al comienzo, sin cambios. *Instan a que el régimen vuelva a fojas cero. Ahora nos encontramos en fojas cero.*

folclor. M. folclore.

folclore. M. Conjunto de creencias, costumbres, artesanías, etc., tradicionales de un pueblo.

folclórico, ca. **I.** ADJ. **1.** Perteneciente o relativo al folclore. *Repertorio folclórico.* ‖ **2.** Dicho de costumbres, canciones, bailes, etc., y de sus intérpretes: De carácter tradicional y popular. ‖ **II.** F. **3.** Cantante de coplas y canciones aflamencadas o de influencia andaluza.

folclorista. COM. Persona versada en el folclore.

fólder. M. *Am.* **carpeta** (‖ útil de escritorio para guardar papeles). MORF. pl. **fólderes.**

folía. F. **1.** Canto y baile popular de las islas Canarias. ‖ **2.** pl. hist. Tañido y mudanza de un baile español, que solía bailar alguien solo con castañuelas.

foliáceo, a. ADJ. **1.** *Bot.* Perteneciente o relativo a las hojas de las plantas. *Especies foliáceas.* ‖ **2.** Que tiene estructura laminar. *Mineral foliáceo.*

foliación. F. **1.** Acción y efecto de **foliar**[1]. ‖ **2.** Serie numerada de los folios de un escrito o de un impreso. ‖ **3.** *Bot.* Acción de echar hojas una planta. ‖ **4.** *Bot.* Modo de estar colocadas las hojas en una planta. ‖ **5.** *Geol.* Estructura en láminas propia de la rocas metamórficas.

foliar[1]. TR. Numerar los folios de un libro o de un cuaderno. MORF. conjug. c. *anunciar.*

foliar[2]. ADJ. Perteneciente o relativo a la hoja. *Estructura foliar.*

foliatura. F. foliación.

folicular. ADJ. En forma de folículo.

foliculario. M. despect. Folletista, periodista.

folículo. M. **1.** *Anat.* Glándula, en forma de saco, situada en el espesor de la piel o de las mucosas. ‖ **2.** *Bot.* Fruto sencillo y seco, que se abre solo por un lado y tiene una sola cavidad que comúnmente encierra varias semillas. ‖ **~ de Graaf.** M. *Biol.* El que se forma en los ovarios de los mamíferos y aísla unos óvulos de otros.

folijones. M. pl. hist. Son y danza que se usaban en Castilla la Vieja con arpa, guitarra, violín, tamboril y castañuelas.

folio. M. **1.** Hoja de papel que resulta de doblar una vez el pliego de marca ordinaria. ‖ **2.** Hoja de un libro o de un cuaderno. ‖ **~ recto.** M. Primera página de un folio, cuando solo ella está numerada. ‖ **~ verso.** M. folio vuelto. ‖ **~ vuelto.** M. Revés o segunda plana de la hoja del libro que no está numerada sino en la primera. ‖ **en ~.** LOC.ADJ. **1.** Dicho de un libro o de un folleto: Que tiene el tamaño de la mitad de un pliego. ‖ **2.** Dicho de un libro: De altura de 33 cm o más. ‖ **en ~ mayor.** LOC.ADJ. En folio superior a la marca ordinaria. ‖ **en ~ menor.** LOC. ADJ. En folio inferior a la marca ordinaria.

folíolo o **foliolo.** M. *Bot.* Cada una de las hojuelas de una hoja compuesta.

folk. **I.** ADJ. **1.** Dicho de la música ligera: Que está inspirada en temas o motivos de la música folclórica. ‖ **2.** Perteneciente o relativo a la música folk. *Un grupo folk.* ‖ **II.** M. **3.** Música folk. ¶ MORF. pl. **folks.**

folklor. M. folclore.

folklore. M. folclore.

folklorista. COM. folclorista.

folkórico, ca. ADJ. folclórico.

follaje. M. **1.** Conjunto de hojas de los árboles y de otras plantas. ‖ **2.** Adorno de cogollos y hojas con que se guarnece y engalana algo.

follar. TR. vulg. Practicar el coito. U. t. c. intr.

folletín. M. **1.** Escrito, insertado a veces en la parte inferior de las planas de los periódicos, que trata de materias ajenas a la actualidad; como ensayos, novelas, etc. ‖ **2.** Tipo de relato propio de las novelas por entregas, emocionante y poco verosímil. ‖ **3.** Pieza teatral o cinematográfica de características similares a las del folletín novelesco. ‖ **4.** Situación insólita propia de una obra folletinesca.

folletinesco, ca. ADJ. **1.** Perteneciente o relativo al folletín. *Cadencia folletinesca de publicación.* ‖ **2.** Propio o característico de los folletines, o de las situaciones reales comparables a las de ellos. *Vida folletinesca.*

folletinista. COM. Persona que escribe folletines.

folletista. COM. Persona que escribe folletos.

folleto. M. Obra impresa, no periódica, de reducido número de hojas.

folletón. M. folletín.

follisca. F. *Am. Cen.* y *Á. Caribe*. pendencia.

follón, na. **I.** ADJ. **1.** Vano, arrogante, cobarde y de ruin proceder. U. t. c. s. ‖ **II.** M. **2.** Asunto pesado o enojoso.

fome. ADJ. *Chile*. Aburrido, sin gracia.

fomentador, ra. ADJ. Que fomenta. Apl. a pers., u. t. c. s.

fomentar. TR. Promover, impulsar o proteger algo. *Fomentar el deporte.*

fomento. M. **1.** Acción y efecto de fomentar. *Se ha establecido una política de fomento a esa zona durante años atrasada.* || **2.** *Der.* Acción de la Administración consistente en promover, normalmente mediante incentivos económicos o fiscales, que los particulares realicen por sí mismos actividades consideradas de utilidad general. *Plan de fomento del turismo rural.* || **3.** *Med.* Medicamento líquido que se aplica con paños exteriormente.

fonación. F. Emisión de la voz o de la palabra.

fonador, ra. ADJ. Que interviene en la fonación. *Aparato fonador.*

fonda. F. **1.** Establecimiento público, de categoría inferior a la del hotel, o de tipo más antiguo, donde se da hospedaje y se sirven comidas. || **2.** Servicio y conjunto de cámara, comedor y cocina de un buque mercante. || **3.** *Á. Andes, Chile* y *Méx.* Puesto o cantina en que se despachan comidas y bebidas.

fondac. M. En Marruecos, hospedería y almacén donde se negocia con las mercancías que llevan allí los traficantes. MORF. pl. **fondacs.**

fondeadero. M. Lugar de profundidad suficiente para que la embarcación pueda fondear.

fondeado, da. PART. de **fondear.** || ADJ. *Am.* Rico, acaudalado, que tiene dinero.

fondear. **I.** INTR. **1.** *Mar.* Dicho de una embarcación o de cualquier otro cuerpo flotante: Asegurarse por medio de anclas que se agarren al fondo de las aguas o de grandes pesos que descansen en él. U. t. c. tr. || **II.** TR. **2.** Examinar con cuidado algo hasta llegar a sus principios, o a alguien para cerciorarse de su aptitud o conocimientos. || **III.** PRNL. **3.** *Am.* Acumular fondos, enriquecerse.

fondeo. M. Acción de **fondear** (|| asegurar una embarcación por medio de anclas).

fondero, ra. M. y F. *Méx.* **fondista**[1].

fondillón. M. Vino rancio de Alicante, en España.

fondillos. M. pl. Parte trasera de los calzones o pantalones.

fondista[1]**.** COM. Persona que tiene a su cargo una fonda.

fondista[2]**.** COM. *Dep.* Deportista que participa en carreras de largo recorrido.

fondo. M. **1.** Parte inferior de una cosa hueca. *Fondo de una caja.* || **2.** Superficie sólida sobre la cual está el agua. *Fondo del mar. Fondo de un pozo.* || **3.** Zona más alejada de la entrada o de un determinado punto de referencia. *El fondo del pasillo. El fondo de la calle.* || **4.** Color o dibujo que cubre una superficie y sobre el cual resaltan los adornos, dibujos o manchas de otro u otros colores. *Un mármol de fondo rojo. Un papel con flores sobre fondo amarillo.* || **5.** Caudal o conjunto de bienes que posee una persona o comunidad. || **6.** Condición o índole de alguien. *Persona de buen fondo.* || **7.** Porción de dinero. U. m. en pl. || **8. hondura.** *Una entrada de mar con mucho fondo.* || **9.** Extensión interior de un edificio. *Esta casa tiene mucho fondo, aunque poca fachada.* || **10.** Parte principal y esencial de algo, en contraposición a la *forma.* || **11.** Conjunto de impresos y manuscritos que tiene una biblioteca. || **12.** Cada una de las colecciones de impresos o manuscritos de una biblioteca que ingresan de una determinada procedencia. || **13.** Conjunto de libros publicados por una editorial. || **14.** Caudal de algo. *Fondo de sabiduría. Fondo de malicia.* || **15.** Falda de debajo sobre la cual se arma el vestido. || **16.** *Dep.* Resistencia física, reserva de energía corporal para aguantar esfuerzos prolongados. || **17.** *Dep.* En atletismo, carrera de largo recorrido. || **18.** *Der.* En un proceso, cuestión de derecho sustantivo, por contraposición a las de trámite y admisión. || **19.** *Pint.* Espacio que no tiene figuras o sobre el cual se representan. || **20.** *Á. Caribe.* **combinación** (|| prenda de vestir). || **21.** *Á. R. Plata.* Patio interior o posterior de una casa. || **22.** *Méx.* Saya blanca que las mujeres llevan debajo de las enaguas. || **23.** pl. *Com.* Caudales, dinero, papel moneda, etc., pertenecientes al tesoro público o al haber de un negociante. || **24.** pl. *Mar.* Parte sumergida del casco de un buque. || **~ de inversión.** M. *Der.* El que agrupa los capitales destinados a la inversión de una pluralidad de personas. || **~ de pensiones.** M. *Der.* El que agrupa las aportaciones de un conjunto de planes de pensiones. || **~ mutual.** M. *Der.* El que en una mutua de seguros se constituye para responder de los riesgos asegurados. || **~s de amortización.** M. pl. *Com.* Los destinados a extinguir una deuda o a reintegrar un haber de la depreciación o destrucción de bienes que lo integran. || **~s propios.** M. pl. *Der.* En una sociedad, los aportados por los socios o producto de su actividad mercantil. || **~s reservados, o ~s secretos.** M. pl. Créditos autorizados por el presupuesto del Estado para gastos de seguridad exterior o interior cuya utilización no hay obligación de justificar. || **bajos ~s.** M. pl. Sectores marginales de las grandes ciudades donde abunda la gente del hampa. || **a ~.** LOC. ADV. Enteramente, con profundidad, hasta el límite de las posibilidades. *Trató la cuestión a fondo.* || **a ~ perdido.** LOC. ADV. Dicho de entregar un dinero: Para no recuperarlo. U. t. c. loc. adj. || **dar ~.** LOC. VERB. **1.** Terminar, agotarse. || **2.** *Mar.* **fondear** (|| asegurar por medio de anclas). || **de tres, cinco,** etc., **en ~.** LOC. ADV. En filas de sentido transversal al de la marcha y compuestas por el número de seres dotados de movimiento que se expresa. U. t. c. loc. adj. || **en el ~.** LOC. ADV. En realidad, en lo esencial. *En el fondo, es buena persona.* || **irse a ~.** LOC. VERB. **1.** Dicho de una embarcación u otro objeto flotante: Hundirse en el agua. || **2.** *Esgr.* Dicho de un esgrimidor: Tenderse hacia delante para tirar una estocada. || **tocar ~.** LOC. VERB. Llegar al límite de una situación desfavorable. □ V. **artículo de ~, corredor de ~, esquí de ~, flujo de ~s, mar de ~, pozo sin ~, provisión de ~s, telón de ~.**

fondón, na. ADJ. despect. coloq. Dicho de una persona: Que ha perdido la gallardía y agilidad por haber engordado.

fondongo, ga. ADJ. *Méx.* Sucio, desaseado. U. t. c. s.

fonema. M. *Fon.* Cada una de las unidades fonológicas mínimas que en el sistema de una lengua pueden oponerse a otras en contraste significativo; p. ej., las consonantes iniciales de *pozo* y *gozo, mata* y *bata;* las interiores de *cala* y *cara;* las finales de *par* y *paz;* las vocales de *tan* y *ten, sal* y *sol,* etc. Dentro de cada fonema caben distintos alófonos.

fonemático, ca. ADJ. *Fon.* Perteneciente o relativo al fonema o al sistema fonológico.

fonendoscopio. M. *Med.* Estetoscopio en el que el tubo rígido se sustituye por dos tubos de goma que enlazan la boquilla que se aplica al organismo con dos auriculares o dos botones perforados que se introducen en los oídos.

fonética. F. **1.** Estudio acerca de los sonidos de uno o varios idiomas, sea en su fisiología y acústica, sea en su evolución histórica. || **2.** Conjunto de los sonidos de un idioma.

fonético, ca. ADJ. **1.** Perteneciente o relativo a la voz humana. *Capacidades fonéticas.* || **2.** Se dice de todo alfabeto o escritura cuyos elementos representan sonidos. || **3.** *Fon.* Dicho de un alfabeto, de una ortografía o de un sistema de transcripción: Que tratan de representar los sonidos con mayor exactitud que la ortografía convencional. □ V. **ley ~.**

fonetismo. M. **1.** Conjunto de caracteres fonéticos de un idioma. || **2.** Adaptación de la escritura a la más exacta representación de los sonidos de un idioma.

fonetista. COM. Persona versada en fonética.

foniatra. COM. Especialista en foniatría.

foniatría. F. Parte de la medicina dedicada a las enfermedades de los órganos de la fonación.

fónico, ca. ADJ. Perteneciente o relativo a la voz o al sonido. □ V. **cadena ~, grupo ~.**

fonio. M. *Acús.* Unidad de medida de la sonoridad, equivalente a un decibelio del sonido cuya frecuencia sea de 1000 hercios.

fono. M. *Á. Andes* y *Chile.* **auricular** (|| del aparato telefónico).

fonografía. F. Arte de grabar sonidos para reproducirlos por medio del fonógrafo.

fonográfico, ca. ADJ. Perteneciente o relativo al fonógrafo.

fonógrafo. M. **1. gramófono.** || **2.** *Fís.* hist. Instrumento para registrar y reproducir las vibraciones de cualquier sonido en un disco o cilindro.

fonograma. M. *Fon.* Letra o conjunto de letras que representan un fonema.

fonología. F. Rama de la lingüística que estudia los elementos fónicos, atendiendo a su valor distintivo y funcional.

fonológico, ca. ADJ. *Fon.* Perteneciente o relativo a la fonología.

fonologización. F. *Fon.* Conversión en fonema de un elemento fonético.

fonólogo, ga. M. y F. Persona entendida en fonología.

fonometría. F. Estudio de la intensidad de los sonidos.

fonómetro. M. Aparato para medir la intensidad del sonido.

fonoteca. F. Colección o archivo de cintas magnetofónicas, discos, etc., impresionados con la palabra hablada, con música u otros sonidos.

fonsadera. F. **1.** hist. Servicio personal en la guerra, que se prestaba antiguamente. || **2.** hist. Tributo que se pagaba para atender a los gastos de la guerra.

fontana. F. **1.** poét. Manantial que brota de la tierra. || **2.** Construcción por la que sale o se hace salir agua.

fontanal. I. ADJ. **1.** Perteneciente o relativo a la fuente. *Aguas fontanales.* || II. M. **2.** Sitio que abunda en manantiales.

fontanar. M. Manantial de agua.

fontanela. F. *Anat.* Cada uno de los espacios membranosos que hay en el cráneo antes de su osificación completa.

fontanería. F. **1.** Arte del fontanero. || **2.** Conjunto de conductos por donde se dirige y distribuye el agua. || **3.** Establecimiento y taller del fontanero.

fontanero, ra. M. y F. Persona especializada en la instalación, mantenimiento y reparación de las conducciones de agua y otros fluidos, así como de otros servicios sanitarios y de calefacción en los edificios.

foque. M. *Mar.* Toda vela triangular que se orienta y amura sobre el bauprés y, por antonom., la mayor y principal de ellas, que es la que se enverga en un nervio que baja hasta la cabeza del botalón de aquel nombre.

forado. M. *Am. Mer.* Horado hecho en una pared.

forajido, da. ADJ. Dicho de una persona: Delincuente que anda fuera de poblado, huyendo de la justicia. U. t. c. s.

foral. ADJ. **1.** Perteneciente o relativo al fuero. *Régimen foral.* || **2.** Dicho de una norma o de una institución: Que se rige por un derecho histórico mantenido por la Constitución y las leyes. *Decreto foral. Diputación foral.*

foramen. M. Agujero o taladro.

foraminífero, ra. ADJ. *Zool.* Se dice de los protozoos rizópodos acuáticos, casi todos marinos, con pseudópodos que se ramifican y juntan unos con otros para formar extensas redes y con caparazón de forma y composición química variadas; p. ej., el numulites. U. t. c. s. m. ORTOGR. En m. pl., escr. con may. inicial c. taxón. *Los Foraminíferos.*

foráneo, a. ADJ. Forastero, extraño. *Costumbre foránea. Excursionistas foráneos.* □ V. **vicario ~.**

forastero, ra. ADJ. **1.** Que es o viene de fuera del lugar. *Costumbres forasteras.* || **2.** Dicho de una persona: Que vive o está en un lugar de donde no es vecina y donde no ha nacido. U. t. c. s. || **3.** Extraño, ajeno. *Refugiados de aspecto forastero.* □ V. **guía de forasteros.**

forcejar. INTR. **1.** Hacer fuerza para vencer una resistencia. || **2.** Oponerse con fuerza, contradecir tenazmente. *Forcejó con firmeza para evitar la injusticia.*

forcejear. INTR. **1.** Hacer fuerza para vencer una resistencia. || **2.** Oponerse con fuerza, contradecir tenazmente. *Hubo que forcejear mucho hasta que al final redujeron la lista a 20.*

forcejeo. M. Acción de forcejear.

fórceps. M. *Med.* Instrumento en forma de tenaza, que se usa para la extracción de las criaturas en los partos difíciles. U. t. en sent. fig. *Le sacaron la información con fórceps.*

forcípula. F. Instrumento utilizado para medir el diámetro del tronco de los árboles.

forense. I. ADJ. **1.** Perteneciente o relativo al foro. *Retórica forense.* || II. COM. **2. médico forense.**

forero, ra. M. y F. Dueño de una finca dada a foro.

foresta. F. Terreno poblado de plantas forestales.

forestación. F. Acción y efecto de forestar.

forestal. ADJ. Perteneciente o relativo a los bosques y a los aprovechamientos de leñas, pastos, etc. □ V. **aprovechamiento ~, ordenación ~, repoblación ~.**

forestar. TR. Poblar un terreno con plantas forestales.

forfait. M. Contrato hecho con forfait. MORF. pl. **forfaits.** || **a ~.** LOC. ADV. Mediante el procedimiento de comprar o vender un conjunto de cosas o servicios conviniendo anticipadamente un precio global. U. t. c. loc. adj.

forillo. M. En el teatro, telón pequeño que se pone detrás de un decorado practicable.

forinto. M. Unidad monetaria de Hungría.

forja. F. **1.** Lugar donde se reduce a metal el mineral de hierro. || **2.** Acción y efecto de forjar.

forjado. M. Relleno con que se hacen las separaciones de los pisos de un edificio. □ V. **hierro ~.**

forjador, ra. I. ADJ. **1.** Que forja. Apl. a pers., u. t. c. s. *Es un excelente forjador de actores.* || II. M. y F. **2.** Persona que tiene por oficio forjar.

forjar. TR. **1.** Dar la primera forma con el martillo a cualquier pieza de metal. || **2.** *Arq.* Llenar con bovedillas o tableros de rasilla los espacios que hay entre viga y viga. || **3.** Inventar, fingir. *La joven ha forjado mil embustes.* U. t. c. prnl. || **4.** Crear o formar. *Los romanos forjaron un gran imperio.*

forlón. M. hist. Coche antiguo de caballos de cuatro asientos, sin estribos, cerrado con puertas, colgada la caja sobre correas y puesta entre dos varas de madera.

forma. F. **1.** Configuración externa de algo. || **2.** Modo de proceder en algo. || **3.** Modo, manera. *Forma de andar. Forma de hablar.* || **4.** Disposición física o moral para realizar una determinada actividad. *Estar en forma. Estar en baja forma.* || **5. formato.** *El atractivo de ese libro radica en su forma.* || **6.** Estilo o modo de expresar las ideas, a diferencia de lo que constituye el contenido de la obra literaria. || **7.** Molde en que se vacía y forma algo. || **8.** En la escritura, especial configuración que tiene la de cada persona, o la usada en un país o tiempo determinado. || **9.** *Arq.* Cada arco en que descansa la bóveda baída. || **10.** *Der.* Conjunto de requisitos externos o aspectos de expresión en los actos jurídicos. || **11.** *Der.* Conjunto de cuestiones procesales en contraposición al fondo del pleito o causa. || **12.** *Fil.* Principio activo que determina la materia para que sea algo concreto. || **13.** *Fil.* Principio activo que da a algo su entidad, sustancial o accidental. || **14.** *Impr.* Molde que se pone en la prensa para imprimir una cara de todo el pliego. || **15.** *Rel.* En el culto católico, pan ácimo, cortado regularmente en forma circular, que sirve para la celebración de la eucaristía y la comunión de los fieles. || **16.** *Rel.* En el culto católico, palabras rituales que, aplicadas por el ministro competente a la materia de cada sacramento, integran la esencia de este. || **17.** pl. Configuración del cuerpo humano, especialmente los pechos y caderas de la mujer. || **18.** pl. Maneras o modos de comportarse adecuadamente. *Guardar las formas.* || **~ farmacéutica.** F. *Med.* Modo de preparar los medicamentos para su administración. || **~ no personal.** F. *Gram.* forma del verbo que no expresa número ni persona gramatical. || **~ personal.** F. *Gram.* forma del verbo que expresa modo, tiempo, número y persona gramaticales a través de la flexión; p. ej., *amo, amabas, amasen.* || **~ sonata.** F. *Mús.* Composición instrumental desarrollada en un único movimiento y estructurada en varias secciones. || **dar** alguien **~.** LOC. VERB. Formular con exactitud o dar expresión adecuada a lo que estaba impreciso. *Algo no le permitía darle forma a este pensamiento.* || **de ~ que.** LOC. CONJUNT. Indica consecuencia y resultado. *Lo expuso muy ordenadamente, de forma que convenció.* || **en ~.** LOC. ADV. Como es debido. *Un flujo de producción constante es lo que mantiene en forma la maquinaria productiva.* || **en toda ~.** LOC. ADV. Bien, con toda formalidad y cuidado. *Organizar un homenaje en toda forma.*

formación. F. **1.** Acción y efecto de formar o formarse. || **2.** *Geol.* Conjunto de rocas o masas minerales que presentan caracteres geológicos y paleontológicos semejantes. || **3.** *Mil.* Reunión ordenada de un cuerpo de tropas o de barcos de guerra.

formador, ra. I. ADJ. **1.** Que forma o pone en orden. *Fuerzas formadoras del relieve.* Apl. a pers., u. t. c. s. || **II.** M. **2.** *Méx.* Hombre que da formato a un libro o revista.

formal. ADJ. **1.** Perteneciente o relativo a la forma, por contraposición a *esencial. Defectos formales.* || **2.** Que tiene formalidad. *Ceremonia formal.* || **3.** Dicho de una persona: Seria, amiga de la verdad y enemiga de bromas. □ V. **causa ~, lógica ~, precepto ~ de obediencia.**

formaldehído. M. *Quím.* Gas incoloro de olor acre, resultante de la oxidación del alcohol metílico.

formaleta. F. Armazón que sostiene un arco.

formalidad. F. **1.** Exactitud, puntualidad y consecuencia en las acciones. || **2.** Cada uno de los requisitos para ejecutar algo. U. m. en pl. || **3.** Modo de ejecutar con la exactitud debida un acto público. || **4.** Seriedad, compostura en algún acto.

formalismo. M. **1.** Tendencia o actitud de aplicar con rigor las normas externas. || **2.** Rigurosa aplicación y observancia, en la enseñanza o en la indagación científica, del método recomendado por alguna escuela. *Formalismo religioso.*

formalista. ADJ. **1.** Perteneciente o relativo al formalismo. || **2.** Dicho de una persona: Que en cualquier asunto observa con rigor las formas y tradiciones. U. t. c. s.

formalización. F. Acción y efecto de formalizar o formalizarse.

formalizar. I. TR. **1.** Revestir algo de los requisitos legales. *Formalizar un expediente, un ingreso, un asiento.* || **2.** Concretar, precisar. *Formalizar un cargo, una oposición.* || **3.** Dar carácter de seriedad a lo que no la tenía. *Formalizar un noviazgo.* || **II.** PRNL. **4.** Dicho de una persona: Hacerse seria y responsable.

formante. M. **1.** *Ling.* Cada uno de los elementos de las palabras que le dan un significado gramatical o léxico. || **2.** *Ling.* Cada uno de los rasgos identificables de un sonido o de un fonema.

formar. I. TR. **1.** Dar forma a algo. *Las olas formaron esta escarpada costa.* || **2.** Juntar y congregar personas o cosas, uniéndolas entre sí para que hagan aquellas un cuerpo y estas un todo. *Formaron un equipo con los menores de 25 años. El viento forma dunas en la costa.* U. t. c. prnl. || **3.** Dicho de dos o más personas o cosas: Hacer o componer el todo del cual son partes. *Cinco pruebas formarán el programa de la jornada del sábado.* || **4.** Criar, educar, adiestrar. *Lleva 40 años formando a deportistas de primera fila.* || **5.** *Mil.* Poner en orden. *Formar el escuadrón.* || **6.** *Méx.* Preparar el formato de las páginas de un texto, hasta dejarlas listas para imprimir. || **II.** INTR. **7.** Dicho de una persona: Colocarse en una formación, cortejo, etc. || **III.** PRNL. **8.** Dicho de una persona: Adquirir más o menos desarrollo, aptitud o habilidad en lo físico o en lo moral.

formatear. TR. *Inform.* Dar formato a un disco.

formateo. M. *Inform.* Acción y efecto de formatear.

formativo, va. ADJ. Que forma o da forma. *Curso formativo.*

formato. M. **1.** Tamaño de un impreso, expresado en relación con el número de hojas que comprende cada pliego, es decir, folio, cuarto, octavo, dieciseisavo, o indicando la longitud y anchura de la plana. || **2.** Tamaño de una fotografía, de un cuadro, etc. || **3.** Conjunto de características técnicas y de presentación de una publicación periódica o de un programa de televisión o radio. || **4.** *Inform.* Estructura de un disco dividido en campos y pistas según un determinado sistema operativo, lo que permite almacenar en él información.

formenterano, na. ADJ. **1.** Natural de Formentera. U. t. c. s. || **2.** Perteneciente o relativo a esta isla del archipiélago de las Baleares, en España.

formero. M. *Arq.* Cada uno de los arcos en que descansa una bóveda baída.

formica. (Marca reg.). F. Conglomerado de papel impregnado y revestido de resina artificial, que se adhiere a ciertas maderas para protegerlas.

Formica. (De *Formica*, marca reg.). F. *Á. Andes* y *Á. R. Plata.* fórmica.

formícido, da. ADJ. *Zool.* Se dice de las hormigas y de los artrópodos semejantes. U. t. c. s. m. ORTOGR. En m. pl., escr. con may. inicial c. taxón. *Los Formícidos.*

fórmico. □ V. ácido ~.

formidable. ADJ. **1.** Excesivamente grande en su línea. *Las formidables dificultades de la orografía.* || **2.** magnífico. *Un discurso formidable.*

formol. M. *Quím.* Disolución acuosa al 40 por 100 de formaldehído.

formón. M. Instrumento de carpintería, semejante al escoplo, pero más ancho de boca y menos grueso.

formoseño, ña. ADJ. **1.** Natural de Formosa. U. t. c. s. || **2.** Perteneciente o relativo a esta provincia de la Argentina o a su capital.

fórmula. F. **1.** Medio práctico propuesto para resolver un asunto controvertido o ejecutar algo difícil. *No hallaron una fórmula de acuerdo.* || **2.** Manera fija de relactar algo. || **3.** Composición de una mezcla e instrucciones para su elaboración. || **4.** *Dep.* Categoría de automóviles de competición, cuyos niveles se designan por numerales. *Gran premio de fórmula 1.* || **5.** *Mat.* Ecuación o regla que relaciona objetos matemáticos o cantidades. || **6.** *Quím.* Combinación de símbolos químicos que expresa la composición de una molécula. || **~ de cortesía.** F. Expresión con que se manifiesta atención o respeto a alguien. || **~ dentaria.** F. Expresión abreviada del número y clase de dientes de los mamíferos. || **~ empírica.** F. *Fís.* y *Quím.* La que indica solamente los símbolos de los átomos presentes en una molécula y la relación numérica entre ellos, sin indicar su estructura. || **~ leucocitaria.** F. *Med.* Proporción de los diversos tipos de leucocitos en la sangre circulante. || **~ magistral.** F. *Med.* Medicamento que solo se prepara por prescripción facultativa. || **por ~.** LOC. ADV. Para cubrir las apariencias, sin convicción, para salir del paso. *Los guardias examinaron por fórmula su pasaporte.*

formulación. F. Acción y efecto de **formular¹**.

formular¹. TR. **1.** Expresar, manifestar. || **2.** Reducir a términos claros y precisos un mandato, una proposición, una denuncia, etc. || **3.** *Mat.* Representar mediante signos matemáticos las relaciones entre las diferentes magnitudes de un enunciado. || **4.** *Quím.* Representar mediante símbolos químicos la composición de una sustancia o de las sustancias que intervienen en una reacción.

formular². ADJ. Que tiene cualidades de fórmula. *Dicciones formulares.*

formulario, ria. I. ADJ. **1.** Perteneciente o relativo a las fórmulas o al formulismo. *Rituales formularios.* || **2.** Dicho de una cosa: Que se hace por fórmula, cubriendo las apariencias. *Lamentaciones formularias.* || II. M. **3.** Impreso con espacios en blanco. || **4.** Libro o escrito en que se contienen fórmulas que se han de observar a petición, expedición o ejecución de algo.

formulismo. M. Excesivo apego a las fórmulas en la resolución y ejecución de cualquier asunto, especialmente de los oficiales y burocráticos.

formulista. ADJ. Partidario del formulismo. U. t. c. s.

fornicación. F. Acción de fornicar.

fornicador, ra. ADJ. Que fornica, o que tiene el hábito de fornicar. U. t. c. s.

fornicar. INTR. Tener ayuntamiento o cópula carnal fuera del matrimonio. U. t. c. tr.

fornicario, ria. ADJ. **1.** Perteneciente o relativo a la fornicación. || **2. fornicador.** U. t. c. s.

fornicio. M. **fornicación.**

fornido, da. ADJ. **1.** Robusto y de mucho hueso. *Espalda fornida.* || **2.** Dicho de una cosa: Recia, fuerte. *Fornidos muros de piedra.*

foro. M. **1.** Reunión para discutir asuntos de interés actual ante un auditorio que a veces interviene en la discusión. || **2.** Parte del escenario o de las decoraciones teatrales opuesta a la embocadura. || **3.** Contrato consensual por el cual alguien cede a otra persona, ordinariamente por tres generaciones, el dominio útil de algo mediante cierto canon o pensión. || **4.** Canon o pensión que se paga en virtud de este contrato. || **5.** hist. En la antigua Roma, plaza donde se trataban los negocios públicos y se celebraban los juicios. || **6.** *Méx.* plató. || **desaparecer, irse, retirarse, o salir, por el ~.** LOCS. VERBS. **hacer mutis por el foro** (|| salir). □ V. **telón de ~.**

forofo, fa. ADJ. **1.** coloq. Partidario entusiasta de un equipo deportivo. U. t. c. s. || **2.** coloq. Partidario de una persona destacada en alguna actividad. U. t. c. s.

forrado, da. ADJ. *Á. guar.* aperado.

forraje. M. **1.** Hierba que se da al ganado, especialmente en la primavera. || **2.** Pasto seco conservado para alimentación del ganado. || **3.** Cereal destinado a la alimentación del ganado.

forrajear. TR. Segar y recoger el forraje.

forrajero, ra. ADJ. Dicho de una planta o de alguna de sus partes: Que sirve para forraje. □ V. **remolacha ~.**

forrar. I. TR. **1.** Poner forro a algo. || II. PRNL. **2.** coloq. enriquecerse. || **3.** coloq. Hartarse, atiborrarse.

forro. M. **1.** Abrigo, defensa o cubierta con que se reviste algo, especialmente la parte interior de las ropas o vestidos. || **2.** Cubierta, generalmente de papel, que se pone a un libro o a un cuaderno para protegerlos. || **3.** *Mar.* Conjunto de tablones con que se cubre interior y exteriormente el esqueleto del buque. || **4.** *Mar.* Conjunto de planchas de cobre o de tablas con que se revisten los fondos del buque. || **5.** malson. *Á. R. Plata.* preservativo. || **6.** *Méx.* Persona muy guapa. || **~ polar.** M. **1.** Tejido sintético que protege mucho del frío. || **2.** Prenda de abrigo que se confecciona con este tejido. || **ni por el ~.** LOC. ADV. **1.** Ni por asomo, ni lo más mínimo. || **2.** coloq. Se usa para denotar que alguien desconoce completamente una ciencia o los libros que de ella tratan. *No conocer, no haber visto la genética ni por el forro.*

fortachón, na. ADJ. coloq. Recio y fornido; que tiene grandes fuerzas y pujanza. *Mozo fortachón.*

fortalecedor, ra. ADJ. Que fortalece. *Crema fortalecedora de la piel.*

fortalecer. TR. Hacer más fuerte o vigoroso. U. t. c. prnl. MORF. conjug. c. *agradecer.*

fortalecimiento. M. Acción y efecto de fortalecer.

fortaleza. F. **1.** Fuerza y vigor. ‖ **2.** En la doctrina cristiana, virtud cardinal que consiste en vencer el temor y huir de la temeridad. ‖ **3.** Recinto fortificado; p. ej., un castillo, una ciudadela, etc.

fortepiano. M. *Mús.* piano.

fortificación. F. **1.** Acción de fortificar. ‖ **2.** Obra o conjunto de obras con que se fortifica un pueblo o un sitio cualquiera. ‖ **3. arquitectura militar. ‖ ~ de campaña.** F. La que se hace para defender por tiempo limitado un campo u otra posición militar.

fortificador, ra. ADJ. Que fortifica. *Actividad fortificadora.*

fortificar. TR. **1.** Dar vigor y fuerza material o moralmente. *La gimnasia fortifica la salud.* ‖ **2.** Hacer fuerte con obras de defensa un pueblo o un sitio cualquiera, para que pueda resistir a los ataques del enemigo. U. t. c. prnl.

fortín. M. **1.** Fuerte pequeño. U. t. en sent. fig. *Se refugia en el fortín de su casa y no sale.* ‖ **2.** Una de las obras que se levantan en los atrincheramientos de un ejército para su mayor defensa.

fortísimo, ma. ADJ. SUP. de **fuerte.**

fortuito, ta. ADJ. Que sucede inopinada y casualmente. *Encuentro fortuito.* ☐ V. **caso ~.**

fortuna. F. **1.** Encadenamiento de los sucesos, considerado como fortuito. *No sabemos lo que nos depara la fortuna.* ‖ **2.** Suerte favorable. *Todo le sale bien; es persona de mucha fortuna.* ‖ **3. éxito** (‖ buena aceptación). *El libro no tuvo fortuna.* ‖ **4.** Hacienda, capital, caudal. **‖ por ~.** LOC.ADV. De manera afortunada. ‖ **probar ~.** LOC.VERB. Intentar una empresa cuyo buen término se considera difícil o dudoso. ☐ V. **bienes de ~, caballero de ~, golpe de ~, lance de ~, moza de ~, rueda de la ~.**

fórum. M. **1.** foro (‖ reunión para discutir asuntos de interés actual). ‖ **2.** Lugar donde se celebra dicho foro.

forúnculo. M. *Med.* Inflamación purulenta producida por la infección bacteriana de un folículo piloso.

forzado, da. PART. de **forzar.** ‖ **I.** ADJ. **1.** No espontáneo. *Risa forzada.* ‖ **2. forzoso.** *Asistencia forzada.* ‖ **II.** M. **3.** hist. Galeote condenado a servir al remo en las galeras. ☐ V. **trabajos ~s.**

forzador. M. Hombre que hace fuerza o violencia a otra persona, especialmente a una mujer.

forzamiento. M. Acción de **forzar** (‖ hacer fuerza).

forzar. TR. **1.** Hacer fuerza o violencia física para conseguir algo que habitualmente no debe ser conseguido por la fuerza. *Forzar una puerta.* ‖ **2.** Poseer sexualmente a alguien contra su voluntad. ‖ **3.** Obligar o precisar a que se ejecute algo. *Forzaron la paralización de las obras.* U. t. c. prnl. ¶ MORF. conjug. c. *contar.*

forzosa. F. coloq. Precisión ineludible en que uno se encuentra de hacer algo contra su voluntad. *LA forzosa.*

forzosidad. F. Cualidad de forzoso.

forzoso, sa. ADJ. **1.** Ineludible, inevitable. *Jubilación forzosa.* ‖ **2.** Obligado por circunstancias imprevistas. *Aterrizaje forzoso.* ☐ V. **curso ~, heredero ~, sucesión ~, trabajos ~s.**

forzudo, da. ADJ. Que tiene grandes fuerzas.

fosa. F. **1.** Enterramiento, sepulcro. ‖ **2.** Hoyo en la tierra para enterrar uno o más cadáveres. ‖ **3.** *Anat.* Cada una de ciertas cavidades en el cuerpo de los animales. *Las fosas nasales.* ‖ **~ común.** F. Lugar donde se entierran los restos humanos exhumados de sepulturas tem-

porales o los muertos que, por cualquier razón, no pueden enterrarse en sepultura propia. ‖ **~ séptica.** F. poz negro. ‖ **~ tectónica.** F. *Geol.* Estructura geológica formada por una zona alargada de la litosfera, hundida respecto a los bloques laterales.

fosca. F. Oscuridad de la atmósfera.

fosco, ca. ADJ. **1.** Dicho del pelo: Alborotado o ahuecado. ‖ **2.** De color oscuro, que tira a negro. *Rincón fosco* ‖ **3. hosco.** *Ademanes medrosos y foscos.*

fosfatado, da. ADJ. Que tiene fosfato. *Harina fosfatada*

fosfato. M. *Quím.* Sal o éster del ácido fosfórico.

fosfaturia. F. *Med.* Pérdida excesiva de ácido fosfórico por la orina.

fosfeno. M. *Med.* Sensación visual producida por la excitación mecánica de la retina o por una presión sobre el globo ocular.

fosforado, da. ADJ. Que contiene **fósforo** (‖ elemento químico). *Compuesto fosforado.*

fosforecer. INTR. fosforescer. MORF. conjug. c. *agradecer.*

fosforera. F. Estuche o caja en que se guardan o se llevan los fósforos.

fosforero, ra. ADJ. Perteneciente o relativo a los fósforos. *Empresa fosforera.*

fosforescencia. F. **1.** Luminiscencia que permanece algún tiempo al cesar la causa que la produce. ‖ **2.** Luminiscencia persistente de origen químico; p. ej., la de las luciérnagas.

fosforescente. ADJ. Que tiene fosforescencia. *Pintura fosforescente.*

fosforescer. INTR. Manifestar fosforescencia o luminiscencia.

fosfórico, ca. ADJ. **1.** Perteneciente o relativo al fósforo. *Componente fosfórico.* ‖ **2.** *Quím.* Se dice de los derivados de fósforo en los que este actúa con valencia cinco.

fosforilar. TR. *Quím.* Introducir un resto de ácido fosfórico en una molécula.

fosforita. F. Mineral compacto o terroso, de color blanco amarillento, formado por el fosfato de cal. Se emplea como abono en agricultura después de añadirle ácido sulfúrico para hacerlo soluble.

fósforo. M. **1.** Elemento químico de núm. atóm. 1 Muy abundante en la litosfera, tanto en los seres vivos como en el mundo mineral, se presenta en varias formas alotrópicas, todas inflamables y fosforescentes. Además de su importancia biológica como constituyente de huesos, dientes y tejidos vivos, se usa en la industria fosforera, en la pirotecnia, en la síntesis de compuestos orgánicos y, en forma de fosfatos, entra en la composición de fertilizantes agrícolas y detergentes. (Símb. *P*). ‖ **2.** Trozo de cerilla, madera o cartón, con cabeza de **fósforo** y un cuerpo oxidante, que sirve para encender fuego. ‖ **3.** Meollo, entendimiento, agudeza, ingenio.

fosgeno. M. *Quím.* Gas asfixiante usado en la Primera Guerra Mundial y utilizado actualmente en la fabricación de plásticos. (Fórm. $COCl_2$).

fósil. ADJ. **1.** Se dice de la sustancia de origen orgánico más o menos petrificada, que por causas naturales se encuentra en las capas terrestres. U. t. c. s. m. ‖ **2.** Se dice del vestigio que denota la existencia de organismos que no son de la época geológica actual. U. t. c. s. m. ‖ **3.** coloq. Viejo, anticuado.

fosilización. F. Acción y efecto de fosilizar o fosilizarse.

fosilizar. I. INTR. **1.** Dicho de un cuerpo orgánico: Convertirse en fósil. U. t. c. prnl. ‖ **II.** PRNL. **2.** coloq. **anquilosarse** (‖ paralizarse).

foso. M. **1.** hoyo. ‖ **2.** Piso inferior del escenario, cavidad espaciosa a la que el tablado sirve como de techo. ‖ **3.** En los garajes y talleres mecánicos, excavación que permite arreglar cómodamente desde abajo la máquina colocada encima. ‖ **4.** *Dep.* Espacio lleno de arena donde cae el atleta tras el salto de longitud. ‖ **5.** *Mil.* Excavación profunda que circuye la fortaleza.

foto. F. coloq. fotografía (‖ estampa obtenida).

fotoalergia. F. *Med.* Reacción cutánea anormal a la luz, por intervención de un mecanismo inmunitario.

fotoalérgico, ca. ADJ. *Med.* Perteneciente o relativo a la fotoalergia.

fotocatálisis. F. *Quím.* Aumento de la velocidad de una reacción química por efecto de la luz o de otras formas de energía radiante.

fotocomponedora. F. *Impr.* Máquina de fotocomposición.

fotocomposición. F. *Impr.* Sistema de composición que proyecta sobre una película fotosensible los caracteres gráficos.

fotoconductividad. F. *Fís.* Conductividad variable, propia de los cuerpos fotoconductores.

fotoconductor, ra. ADJ. *Fís.* Dicho de un cuerpo: Cuya conductividad eléctrica varía según la intensidad de la luz que lo ilumina.

fotocopia. F. Reproducción fotográfica de imágenes directamente sobre papel.

fotocopiador, ra. ADJ. Que fotocopia. *Máquina fotocopiadora.*

fotocopiadora. F. Máquina para fotocopiar.

fotocopiar. TR. Reproducir mediante fotocopias. MORF. conjug. c. *anunciar.*

fotocromático, ca. ADJ. *Ópt.* Que cambia de color disminuyendo su transparencia al aumentar la intensidad de la luz. *Cristales fotocromáticos.*

fotocromo. M. *Ópt.* Sustancia que cambia de color según la longitud de onda de la luz que la ilumina.

fotodegradable. ADJ. Dicho de un material o de una sustancia: Que pueden ser degradados por la exposición prolongada a la luz.

fotodiodo. M. *Electr.* Diodo semiconductor cuya corriente varía con la luz que lo ilumina.

fotoelectricidad. F. *Fís.* Electricidad producida por el desprendimiento de electrones debido a la acción de la luz y de otras radiaciones electromagnéticas.

fotoeléctrico, ca. ADJ. *Fís.* Perteneciente o relativo a la fotoelectricidad. ◻ V. **célula ~.**

fotoenvejecimiento. M. Degradación de una sustancia o tejido por acción de la luz.

fotofobia. F. *Med.* Rechazo patológico a la luz.

fotófobo, ba. ADJ. Que padece fotofobia. U. t. c. s.

fotogenia. F. Cualidad de fotogénico.

fotogénico, ca. ADJ. Que resulta bien en fotografía. *Mirada fotogénica.*

fotograbado. M. **1.** Procedimiento de grabar un cliché fotográfico sobre planchas de cinc, cobre, etc. ‖ **2.** Lámina grabada o estampada por este procedimiento. ‖ **3.** Plancha de impresión metálica en relieve.

fotograbador, ra. M. y F. *Impr.* Persona profesionalmente dedicada a hacer fotograbados.

fotografía. F. **1.** Arte de fijar y reproducir por medio de reacciones químicas, en superficies convenientemente preparadas, las imágenes recogidas en el fondo de una cámara oscura. ‖ **2.** Estampa obtenida por medio de este arte. ‖ **3.** Taller en que se ejerce este arte. ‖ **4.** Representación o descripción que por su exactitud se asemeja a la fotografía.

fotografiar. TR. **1.** Hacer fotografías. U. t. c. intr. y c. prnl. ‖ **2.** Describir de palabra o por escrito sucesos, cosas o personas, en términos tan precisos y claros y con tal verdad que parecen presentarse ante la vista. ¶ MORF. conjug. c. *enviar.*

fotográfico, ca. ADJ. Perteneciente o relativo a la fotografía. ◻ V. **cámara ~, montaje ~.**

fotógrafo, fa. M. y F. **1.** Persona que hace fotografías. ‖ **2.** Persona que tiene por oficio hacer fotografías.

fotograma. M. Cada una de las imágenes que se suceden en una película cinematográfica.

fotogrametría. F. Procedimiento para obtener planos de grandes extensiones de terreno por medio de fotografías, tomadas generalmente desde una aeronave.

fotólisis o **fotolisis.** F. *Quím.* Descomposición de una sustancia por acción de la luz.

fotolito. M. **1.** Estampa obtenida por medio de la fotolitografía. ‖ **2.** Cliché fotográfico de un original que se usa en ciertas formas de impresión.

fotolitografía. F. Arte de fijar y reproducir dibujos en piedra litográfica, mediante la acción química de la luz sobre sustancias convenientemente preparadas.

fotolitográfico, ca. ADJ. Perteneciente o relativo a la fotolitografía.

fotoluminiscencia. F. Emisión de luz como consecuencia de la absorción previa de una radiación, como sucede en la fluorescencia y la fosforescencia.

fotomatón. (Marca reg.). M. Cabina equipada para hacer pequeñas fotografías en pocos minutos.

fotomecánica. F. Técnica que emplea métodos fotomecánicos.

fotomecánico, ca. ADJ. Dicho de un procedimiento de impresión: Obtenido a base de clichés fotográficos.

fotometría. F. Parte de la óptica que trata de las leyes relativas a la intensidad de la luz y de los métodos para medirla.

fotométrico, ca. ADJ. *Fís.* Perteneciente o relativo al fotómetro o a la fotometría. *Medidas fotométricas.*

fotómetro. M. *Fís.* Instrumento que mide la intensidad de la luz.

fotomontaje. F. Composición fotográfica en que se utilizan fotografías con intención artística, publicitaria, etc.

fotón. M. *Fís.* Cada una de las partículas que constituyen la luz y, en general, la radiación electromagnética en aquellos fenómenos en que se manifiesta su naturaleza corpuscular.

fotonovela. F. Relato, normalmente de carácter amoroso, formado por una sucesión de fotografías de los personajes, acompañadas de trozos de diálogo que permiten seguir el argumento.

fotoquímica. F. Parte de la química que estudia la interacción de las radiaciones luminosas y las moléculas, así como los cambios físicos y químicos que resultan de ella.

fotoquímico, ca. ADJ. *Quím.* Perteneciente o relativo a la fotoquímica.

fotosensible. ADJ. Sensible a la luz. *Emulsión fotosensible.*

fotosfera. F. *Astr.* Capa externa del Sol formada por gases ionizados que emiten luz.

fotósfera. F. *Am.* fotosfera.

fotosíntesis. F. Proceso metabólico específico de ciertas células de los organismos autótrofos, por el que se sintetizan sustancias orgánicas a partir de otras inorgánicas, utilizando la energía luminosa.

fototerapia. F. *Med.* Tratamiento de las enfermedades por la acción de la luz.

fototipia. F. **1.** Procedimiento para reproducir clichés fotográficos sobre una capa de gelatina especial, extendida sobre cristal o cobre. || **2.** Arte de estampar esas reproducciones. || **3.** Lámina estampada por este procedimiento.

fototípico, ca. ADJ. Perteneciente o relativo a la fototipia. *Reproducción fototípica.*

fototoxicidad. F. *Med.* Acción anormal de la luz sobre la piel, debida a la administración local o general de determinadas sustancias químicas, como las sulfamidas, ciertos antibióticos, etc.

fototóxico, ca. ADJ. *Med.* Perteneciente o relativo a la fototoxicidad.

fototropismo. M. *Biol.* Tropismo provocado por la luz, como el de la flor del girasol.

fotovoltaico, ca. ADJ. *Electr.* Perteneciente o relativo a la generación de fuerza electromotriz por la acción de la luz. *Paneles fotovoltaicos.* □ V. **energía ~.**

fotuto. M. **1.** *Á. Caribe.* Instrumento de viento que produce un ruido prolongado y fuerte como el de una trompa o caracola. || **2.** *Ant.* Pito cónico de cartón con boquilla de madera.

fóvea. F. *Anat.* Porción pequeña de la retina de los primates, carente de bastoncillos y con gran cantidad de conos, que constituye el punto de máxima agudeza visual.

fovismo. M. Movimiento pictórico que exaltaba el color puro, y que se desarrolló en París a comienzos del siglo XX.

fox terrier. M. Perro pequeño y bastante fuerte y veloz, de pelo corto y hocico de perfil cuadrado. MORF. pl. **fox terrieres.**

foxtrot o **fox-trot.** M. **1.** Baile de ritmo cortado y alegre, originario de los Estados Unidos de América, y que estuvo de moda a principios del siglo XX. || **2.** Música de este baile. ¶ MORF. pl. **foxtrots** o **fox-trots.**

frac. M. Vestidura de hombre, que por delante llega hasta la cintura y por detrás tiene dos faldones más o menos anchos y largos. MORF. pl. **fracs.**

fracasado, da. PART. de fracasar. || ADJ. Dicho de una persona: Desacreditada a causa de los fracasos padecidos en sus intentos o aspiraciones. U. t. c. s.

fracasar. INTR. **1.** Dicho de una pretensión o de un proyecto: **frustrarse** (|| malograrse). || **2.** Dicho de una persona: Tener resultado adverso en un negocio. || **3.** Dicho especialmente de una embarcación cuando ha tropezado con un escollo: Romperse, hacerse pedazos y desmenuzarse.

fracaso. M. **1.** Resultado adverso de una empresa o negocio. || **2.** *Med.* Disfunción brusca de un órgano. *Fracaso renal.*

fracatán. M. *Ant.* sinnúmero.

fracción. F. **1.** Cada una de las partes separadas de un todo o consideradas como separadas. || **2.** Cada uno de

los grupos de un partido u organización, que difieren entre sí o del conjunto, y que pueden llegar a independizarse. || **3.** *Fís.* y *Quím.* Cada una de las partes en que se separa una mezcla sometida a ciertos procesos, como la destilación. *La gasolina es una fracción de la destilación del petróleo.* || **4.** *Mat.* Expresión que indica una división || **5.** *Mat.* **número quebrado.** || **~ continua.** F. *Mat.* Suma de un número y una fracción cuyo denominador es la suma de un número y una fracción, y así sucesivamente; puede tener un número finito o infinito de términos. || **~ decimal.** F. *Mat.* Aquella cuyo denominador es una potencia de diez. || **~ impropia.** F. *Mat.* Aquella cuyo numerador es mayor que el denominador, y por consiguiente es mayor que la unidad. || **~ propia.** F. *Mat.* La que tiene el numerador menor que el denominador y por consiguiente es menor que la unidad.

fraccionamiento. M. **1.** Acción y efecto de fraccionar. || **2.** *Méx.* **urbanización** (|| núcleo residencial urbanizado).

fraccionar. TR. Dividir algo en partes o fracciones. U. t. c. prnl.

fraccionario, ria. ADJ. Perteneciente o relativo a la fracción de un todo. *Nuestro conocimiento de la realidad es fraccionario.* □ V. **moneda ~, número ~, parte fraccionaria.**

fractal. M. *Fís.* y *Mat.* Figura plana o espacial, compuesta de infinitos elementos, que tiene la propiedad de que su aspecto y distribución estadística no cambian cualquiera que sea la escala con que se observe. U. t. c. adj.

fractura. F. **1.** Acción y efecto de fracturar. || **2.** Rotura de un hueso. || **~ conminuta.** F. *Med.* Aquella en que el hueso queda reducido a fragmentos menudos.

fracturar. TR. Romper o quebrantar con violencia algo. U. t. c. prnl.

fraga. F. breñal.

fragancia. F. Olor suave y delicioso.

fragante. ADJ. Que tiene o despide fragancia. *Planta fragante.*

fragaria. F. fresa[1].

fragata. F. **1.** hist. Buque de tres palos, con cofas y vergas en todos ellos. La de guerra tenía solo una batería corrida entre los puentes, además de la de cubierta. || **2.** Buque de guerra más ligero en tonelaje que el crucero, de alta velocidad y proyectado para misiones de escolta, dotado especialmente de armamento antisubmarino y antiaéreo. || **~ ligera.** F. corbeta. □ V. **alférez de ~, capitán de ~.**

frágil. ADJ. **1.** Quebradizo, y que con facilidad se hace pedazos. *Cabello frágil.* || **2.** Débil, que puede deteriorarse con facilidad. *Tiene una salud frágil.* || **3.** Dicho de una persona: Que cae fácilmente en algún pecado, especialmente contra la castidad.

fragilidad. F. Cualidad de frágil.

fragmentación. F. Acción y efecto de fragmentar.

fragmentador, ra. ADJ. Que fragmenta. *Una acción política fragmentadora.*

fragmentar. TR. Reducir a fragmentos. U. t. c. prnl. U. t. en sent. fig. *El grupo se ha fragmentado.*

fragmentario, ria. ADJ. **1.** Que aparece en fragmentos. *Fósiles humanos fragmentarios.* || **2.** Incompleto, no acabado. *Informaciones fragmentarias.*

fragmentarismo. M. Modo de presentarse algo en fragmentos. *El fragmentarismo del romancero.*

fragmento. M. **1.** Parte o porción pequeña de algunas cosas rotas o partidas. || **2.** Trozo de una obra literaria o musical. || **3.** Parte conservada de un libro o escrito

fragor. M. Ruido estruendoso.

fragoroso, sa. ADJ. Fragoso, estruendoso, estrepitoso. *Fragoroso torrente.*

fragosidad. F. **1.** Aspereza y espesura de los montes. ‖ **2.** Camino o terreno lleno de asperezas y breñas.

fragoso, sa. ADJ. **1.** Áspero, intrincado, lleno de grietas, malezas y breñas. *Cerros fragosos.* ‖ **2.** **estrepitoso.** *Lucha fragosa.*

fragua. F. **1.** Fogón en que se caldean los metales para forjarlos, avivando el fuego mediante una corriente horizontal de aire producida por un fuelle o por otro aparato análogo. ‖ **2.** Taller donde está instalado este fogón.

fraguado. M. Acción y efecto de **fraguar** (‖ endurecerse).

fraguador, ra. ADJ. peyor. Que **fragua** (‖ idea y discurre algo). *Fraguador de enredos.* Apl. a pers., u. t. c. s.

fraguar. **I.** TR. **1.** Forjar metales. *Fraguar una espada.* ‖ **2.** Idear, discurrir y trazar la disposición de algo. *Fraguar una conspiración.* U. m. en sent. peyor. ‖ **II.** INTR. **3.** *Arq.* Dicho de la cal, del yeso o de otras masas: Trabar y endurecerse consistentemente en la obra fabricada con ellos. ¶ MORF. conjug. c. *averiguar.*

fraile. M. Religioso de ciertas órdenes, ligado por votos solemnes.

frailecillo. M. **1.** Ave caradriforme de la misma familia que las alcas, de plumaje blanco y negro y pico muy alto, comprimido lateralmente y pintado de brillantes colores. ‖ **2.** **avefría.**

frailejón. M. *Á. Caribe.* Planta de la familia de las Compuestas, que alcanza hasta dos metros de altura, crece en los páramos, tiene hojas anchas, gruesas y aterciopeladas, y flor de un color amarillo de oro. Produce una resina muy apreciada.

frailero, ra. ADJ. **1.** Propio o característico de los frailes. *Sillón frailero.* ‖ **2.** *Carp.* Dicho de una ventana: Cuyo postigo va colgado de la misma hoja y no del cerco.

frailuno, na. ADJ. despect. coloq. Propio o característico de los frailes.

framboyán. M. *Méx.* **flamboyán.**

frambuesa. F. Fruto del frambueso, semejante a la zarzamora, algo velloso, de olor fragante y suave, y sabor agridulce.

frambueso. M. Planta de la familia de las Rosáceas, con tallos delgados, erguidos, doblados en la punta, espinosos y algo garzos, hojas verdes por encima, blanquecinas por el envés, partidas en tres o cinco lóbulos, acorazonado el del medio. Las flores son blancas, axilares, y su fruto es la frambuesa.

francachela. F. coloq. Reunión de varias personas para regalarse y divertirse comiendo y bebiendo, en general de manera descomedida.

francamente. ADV. M. **1.** Con franqueza y sinceridad. ‖ **2.** Con franquicia o exención.

francés, sa. **I.** ADJ. **1.** Natural de Francia. U. t. c. s. ‖ **2.** Perteneciente o relativo a este país de Europa. ‖ **II.** M. **3.** Lengua francesa. ‖ **a la ~.** LOC. ADV. **1.** Al uso de Francia. ‖ **2.** De repente, sin decir una palabra de despedida. *Se despidió a la francesa. Me marché a la francesa.* □ V. **chimenea ~, mal ~, pan ~, párrafo ~.**

francesada. F. **1.** Dicho o hecho propio y característico de los franceses. ‖ **2.** hist. Invasión francesa de España en 1808. *El archivo se quemó cuando la francesada.*

francesilla. F. **1.** Planta anual de la familia de las Ranunculáceas, con hojas radicales, pecioladas, enteras o recortadas, tallo central con hojas de tres en tres, divididas en segmentos hendidos, flores terminales, grandes, muy variadas de color, y raíces en tubérculos pequeños, agrupados en un centro común. Se cultiva en los jardines. ‖ **2.** Panecillo de masa muy esponjosa, poco cocido y de forma alargada.

francesismo. M. **1.** Giro o modo de hablar propio y privativo de la lengua francesa. ‖ **2.** Vocablo o giro de esta lengua empleado en otra. ‖ **3.** Empleo de vocablos o giros franceses en otro idioma.

franchute, ta. M. y F. despect. **francés.**

francio. M. Elemento químico de núm. atóm. 87. Metal alcalino raro en la litosfera, posee el equivalente químico más elevado de todos los elementos y todos sus isótopos son inestables. (Símb. *Fr*).

franciscano, na. ADJ. **1.** Se dice del religioso de la Orden de San Francisco. U. t. c. s. ‖ **2.** Perteneciente o relativo a esta orden. *Convento franciscano.* ‖ **3.** coloq. Que participa de algunas de las virtudes propias de san Francisco de Asís. *Humildad franciscana.*

francisco, ca. ADJ. Se dice del religioso de la Orden de San Francisco. U. t. c. s. □ V. **cordonazo de san Francisco.**

francmasón, na. M. y F. Persona que pertenece a la francmasonería.

francmasonería. F. Asociación secreta de personas que profesan principios de fraternidad mutua, usan emblemas y signos especiales, y se agrupan en logias.

francmasónico, ca. ADJ. Perteneciente o relativo a la francmasonería.

franco, ca. **I.** ADJ. **1.** Sencillo, sincero, ingenuo y leal en su trato. ‖ **2.** **desembarazado.** *Entrada franca.* ‖ **3.** Patente, claro, sin lugar a dudas. *Franca mejoría.* ‖ **4.** Dicho de una cosa: Libre de impuestos y contribuciones. ‖ **5.** Dicho de un lugar o de un puerto: Que goza de esta exención. ‖ **6.** hist. Se dice de los pueblos germanos de Franconia y del bajo Rin que conquistaron Francia y le dieron su nombre. ‖ **7.** Se dice de la lengua que usaron estos pueblos. U. t. c. s. m. *El franco.* ‖ **8.** Perteneciente o relativo a esta lengua. *Léxico franco.* ‖ **9.** **francés.** Apl. a pers., u. t. c. s. ‖ **10.** Exento de servicio, libre de obligación o trabajo en deberes de carácter militar. ‖ **11.** *Com.* Dicho de un precio, denota que los gastos causados por una mercancía hasta llegar al lugar que se indica no son de cuenta del comprador. *Franco almacén. Franco vagón.* ‖ **II.** M. **12.** Unidad monetaria de Francia anterior al euro, y actualmente oficial en Suiza, Liechtenstein y varios países africanos. □ V. **depósito ~, escala ~, ~ bordo, ~ cuartel, golpe ~, lengua ~, línea de ~ bordo, piso ~, puerta ~, puerto ~, zona ~.**

francocanadiense. ADJ. Canadiense de ascendencia y lengua francesas. U. t. c. s. MORF. pl. **francocanadienses.**

francofilia. F. Simpatía o admiración por lo francés.

francófilo, la. ADJ. Que simpatiza con lo francés o lo admira. U. t. c. s.

francofobia. F. Aversión o rechazo hacia lo francés.

francófobo, ba. ADJ. Que siente aversión por lo francés o lo rechaza. U. t. c. s.

francofonía. F. **1.** Conjunto de las personas francófonas. ‖ **2.** Territorio o conjunto de territorios francófonos. ‖ **3.** Cualidad de francófono.

francófono, na. ADJ. Dicho de una persona o de una comunidad: Que tiene el francés como lengua usual de expresión. Apl. a pers., u. t. c. s.

francolín. M. Ave del orden de las Galliformes, del tamaño y forma de la perdiz, de la cual se distingue por el plumaje, que es negro en la cabeza, pecho y vientre, y gris con pintas blancas en la espalda. Tiene un collar castaño muy señalado.

francomacorisano, na. ADJ. **1.** Natural de Duarte, provincia de la República Dominicana, o de San Francisco de Macorís, su capital. U. t. c. s. ‖ **2.** Perteneciente o relativo a esta provincia o a su capital.

francotirador, ra. M. y F. **1.** Persona aislada que, apostada, ataca con armas de fuego. ‖ **2.** Persona que actúa aisladamente y por su cuenta en cualquier actividad sin observar la disciplina del grupo.

franela. F. **1.** Tejido fino de lana o algodón, ligeramente cardado por una de sus caras. ‖ **2.** *Taurom.* **muleta** (‖ de los toreros). ‖ **3.** *Á. Caribe.* **camiseta** (‖ prenda interior).

frangible. ADJ. Capaz de quebrarse o partirse. *Material frangible.*

frangollero, ra. ADJ. *Am.* Que hace las cosas mal y deprisa.

frangollo. M. **1.** Conjunto de granos quebrantados de cereales y legumbres. ‖ **2.** Cosa hecha deprisa y mal. ‖ **3.** *Ant.* Dulce hecho de plátano machacado.

frangollón, na. ADJ. *Am.* Dicho de una persona: Que hace deprisa y mal algo.

franja. F. Faja, lista o tira.

franjar o **franjear.** TR. Guarnecer con franjas.

franqueamiento. M. Acción y efecto de franquear el paso.

franquear. I. TR. **1.** Abrir camino, desembarazar, quitar los impedimentos que estorban e impiden el curso de algo. *Franquear el paso.* ‖ **2.** Pasar de un lado a otro o a través de algo. *Franquear la puerta.* ‖ **3.** Pagar previamente en sellos el porte de un objeto que se remite por el correo. ‖ **4.** Liberar a alguien de una contribución, tributo, etc. ‖ **5.** Conceder algo con generosidad. *Me franqueó toda la información de que disponía.* ‖ **II.** PRNL. **6.** Dicho de una persona: Descubrir su interior a otra. *Se franqueó CON un amigo.*

franqueo. M. **1.** Acción y efecto de **franquear** (‖ pagar en sellos el porte de un objeto que se remite por el correo). ‖ **2.** Cantidad que se paga en sellos.

franqueza. F. **1.** sinceridad. ‖ **2.** Libertad, exención.

franquía. F. *Mar.* Situación en la cual un buque tiene paso franco para hacerse a la mar o tomar determinado rumbo. *Poner, ganar, estar en franquía.*

franquicia. F. **1.** Exención que se concede a alguien para no pagar derechos por las mercancías que introduce o saca, o por el aprovechamiento de algún servicio público. ‖ **2.** Concesión de derechos de explotación de un producto, actividad o nombre comercial, otorgada por una empresa a una o varias personas en una zona determinada. ‖ **3.** *Der.* En el contrato de seguro, cuantía mínima del daño a partir de la cual surge la obligación del asegurador.

franquiciado, da. PART. de **franquiciar.** ‖ ADJ. Titular de una **franquicia** (‖ concesión). *Tienda franquiciada.* Apl. a pers., u. t. c. s.

franquiciar. TR. Dicho del titular de una patente: Conceder a otra persona o entidad el derecho de usar aquella con fines industriales o comerciales. MORF. conjug. c. *anunciar.*

franquismo. M. **1.** Movimiento político y social de tendencia totalitaria, iniciado en España durante la Guerra Civil de 1936-1939, en torno al general Franco, y desarrollado durante los años que ocupó la jefatura del Estado. ‖ **2.** Período histórico que comprende el gobierno del general Franco.

franquista. ADJ. **1.** Perteneciente o relativo al franquismo. *Época franquista.* ‖ **2.** Partidario del franquismo o seguidor de él. U. t. c. s.

fraque. M. frac.

frasca. F. Frasco de vidrio transparente, con base cuadrangular y cuello bajo, destinado a contener vino.

frasco. M. **1.** Vaso de cuello estrecho, hecho de vidrio u otra materia, que sirve para contener líquidos, sustancias en polvo, comprimidos, etc. ‖ **2.** Contenido de un frasco.

frase. F. **1.** Conjunto de palabras que basta para formar sentido, especialmente cuando no llega a constituir oración. ‖ **2.** **frase hecha.** ‖ **3.** *Gram.* **grupo** (‖ conjunto de palabras). ‖ **4.** *Ling.* Expresión acuñada constituida generalmente por dos o más palabras cuyo significado conjunto no se deduce de los elementos que la componen. ‖ **~ hecha.** F. **1.** La que es de uso común y expresa una sentencia a modo de proverbio. *En el medio está la virtud. Nunca segundas partes fueron buenas.* ‖ **2.** La que, en sentido figurado y con forma inalterable, es de uso común y no incluye sentencia alguna. *¡Aquí fue Troya! Como anillo al dedo.* ‖ **~ musical.** F. Período de una composición delimitado por una cadencia y que tiene sentido propio. ‖ **~ proverbial.** F. **frase hecha** (‖ la que expresa una sentencia). ‖ **~ sacramental.** F. Fórmula consagrada por el uso o por la ley para determinadas circunstancias o determinados conceptos.

frasear. INTR. **1.** Formar, enunciar o entonar las frases. U. t. c. tr. ‖ **2.** *Mús.* Cantar o ejecutar una pieza musical, deslindando bien las frases y expresándolas con nitidez y arte.

fraseo. M. *Mús.* Acción y efecto de frasear.

fraseología. F. **1.** palabrería. ‖ **2.** Conjunto de frases hechas, locuciones figuradas, metáforas y comparaciones fijadas, modismos y refranes, existentes en una lengua, en el uso individual o en el de algún grupo. ‖ **3.** Parte de la lingüística que estudia las frases, los refranes, los modismos, los proverbios y otras unidades de sintaxis total o parcialmente fijas.

fraseológico, ca. ADJ. Perteneciente o relativo a la fraseología.

frasquerío. M. *Chile.* Conjunto de frascos de formas, tamaños y colores variados.

fratás. M. *Arq.* Utensilio compuesto de una tabla pequeña y lisa, cuadrada o redonda, con un tarugo en medio para agarrarla. Sirve para alisar una superficie enfoscada, humedeciéndola primero. MORF. pl. **fratases.**

fraternal. ADJ. Propio o característico de hermanos. *Amor, caridad fraternal.*

fraternidad. F. Amistad o afecto entre hermanos o entre quienes se tratan como tales.

fraternizar. INTR. **1.** Unirse y tratarse como hermanos. ‖ **2.** Tratarse amistosamente. *Los soldados fraternizaban con la población civil.*

fraterno, na. ADJ. Perteneciente o relativo a los hermanos. □ V. **corrección ~.**

fratría. F. **1.** hist. Entre los antiguos griegos, subdivisión de una tribu que tenía sacrificios y ritos propios. ‖ **2.** Sociedad íntima, hermandad, cofradía.

fratricida. COM. Persona que mata a su hermano. U. t. c. adj. *Luchas fratricidas.*

fratricidio. M. Muerte dada por alguien a su propio hermano.

fraude. M. **1.** Acción contraria a la verdad y a la rectitud, que perjudica a la persona contra quien se comete. ‖ **2.** Acto tendente a eludir una disposición legal en perjuicio del Estado o de terceros. ‖ **en ~ de acreedores.** LOC.ADJ. *Der.* Se dice del acto del deudor, generalmente simulado y rescindible, que deja al acreedor sin medio de cobrar lo que se le debe. U. t. c. loc. adv.

fraudulento, ta. ADJ. Engañoso, falaz. *Votación fraudulenta.*

fraustina. F. hist. Cabeza de madera en que se solían preparar las tocas y moños de las mujeres.

fray. M. **fraile.** Se usa ante los nombres de los religiosos de ciertas órdenes.

fraybentino, na. ADJ. **1.** Natural de Fray Bentos. U. t. c. s. ‖ **2.** Perteneciente o relativo a esta ciudad del Uruguay, capital del departamento de Río Negro.

frazada. F. Manta peluda que se echa sobre la cama. U. m. en América.

freático, ca. ADJ. **1.** Dicho del agua: Que está acumulada en el subsuelo y puede aprovecharse por medio de pozos. ‖ **2.** Se dice de la capa del subsuelo que contiene estas aguas.

frecuencia. F. **1.** Repetición mayor o menor de un acto o de un suceso. ‖ **2.** Número de veces que se repite un proceso periódico por unidad de tiempo. *La frecuencia de esta emisora es de tantos kilociclos por segundo.* ‖ **3.** *Estad.* Número de elementos comprendidos dentro de un intervalo en una distribución determinada. ‖ **~ modulada.** F. *Telec.* Emisión de radio que utiliza la modulación de frecuencia. □ V. **banda de ~, modulación de ~.**

frecuentación. F. Acción de frecuentar.

frecuentador, ra. ADJ. Que frecuenta. Apl. a pers., u. t. c. s.

frecuentar. TR. **1.** Acudir con frecuencia a un lugar. *Frecuentar una casa.* ‖ **2.** Repetir un acto a menudo. *El autor frecuenta este tipo de obras.* ‖ **3.** Tratar con frecuencia a alguien. *Ya no frecuentamos las mismas amistades.*

frecuentativo. M. *Gram.* verbo iterativo. □ V. **verbo ~.**

frecuente. ADJ. **1.** Repetido a menudo. *Sus discusiones son cada vez más frecuentes.* ‖ **2.** Usual, común. *Enfermedad poco frecuente.*

fregadero. M. Pila de fregar.

fregado, da. PART. de **fregar.** ‖ **I.** ADJ. **1.** *Am. Cen.* y *Am. Mer.* Exigente, severo. ‖ **2.** *Am. Cen.* y *Am. Mer.* Dicho de una persona: Majadera, enfadosa, inoportuna. ‖ **3.** *Am. Cen., Á. Andes* y *Méx.* Bellaco, perverso. ‖ **4.** *Am. Cen.* Astuto, taimado. ‖ **5.** *Á. Andes.* **terco.** ‖ **6.** *Méx.* Arruinado física, económica o moralmente. ‖ **II.** M. **7.** Acción y efecto de fregar. ‖ **8.** coloq. Lance, discusión o contienda desordenada en que puede haber algún riesgo imprevisto.

fregador, ra. ADJ. Que friega. Apl. a pers., u. t. c. s.

fregadura. F. **fregado** (‖ acción y efecto de fregar).

fregar. TR. **1.** Limpiar algo restregándolo con un estropajo, un cepillo, etc., empapado en agua y jabón u otro líquido adecuado. ‖ **2.** Restregar con fuerza una cosa con otra. *Fregaba la ropa sobre la tabla.* ¶ MORF. conjug. c. *acertar.*

fregatina. F. *Chile.* Situación o hecho incómodo o tedioso.

fregatriz. F. **fregona** (‖ criada).

fregón, na. **I.** ADJ. **1.** *Am. Cen., Á. Andes* y *Méx.* Que produce molestias, que fastidia. ‖ **II.** F. **2.** despect. Criada que sirve en la cocina y friega. ‖ **3.** despect. *Esp.* Mujer tosca e inculta.

fregona. F. Utensilio para fregar los suelos sin necesidad de arrodillarse.

freidora. F. Electrodoméstico usado para freír.

freidura. F. Acción y efecto de freír.

freiduría. F. Local donde se fríe pescado para la venta.

freír. **I.** TR. **1.** Hacer que un alimento crudo llegue a estar en disposición de poderse comer, teniéndolo el tiempo necesario en aceite o grasa hirviendo. U. t. c. intr. y c. prnl. ‖ **2.** Mortificar pesada e insistentemente. *Me tiene frito con sus necedades.* ‖ **3.** coloq. **acribillar.** *Lo frieron a tiros.* ‖ **II.** PRNL. **4.** coloq. **asarse.** ¶ MORF. conjug. c. *sonreír;* part. irreg. **frito** y reg. **freído.**

freire. M. Caballero profeso de alguna de las órdenes militares.

frejol o **fréjol.** M. frijol.

frémito. M. bramido.

frenada. F. **1.** *Am.* **frenazo.** ‖ **2.** *Á. R. Plata.* **regañina.** *Dar, pegar a alguien una frenada.*

frenado. M. Acción y efecto de frenar.

frenar. TR. **1.** Moderar o parar con el freno el movimiento de una máquina o de un vehículo. ‖ **2.** **enfrenar.** *Frenar un golpe.* ‖ **3.** Moderar los ímpetus. *Es más prudente frenar el excesivo optimismo.*

frenazo. M. Acción de frenar súbita y violentamente.

frenero. M. Fabricante o vendedor de frenos para caballerías.

frenesí. M. Violenta exaltación y perturbación del ánimo. MORF. pl. **frenesíes** o **frenesís.**

frenético, ca. ADJ. **1.** Poseído de frenesí. *Búsqueda frenética.* ‖ **2.** Furioso, rabioso. *Me pones frenético con tus continuos reproches.*

frenetizar. TR. Encolerizar, poner frenético. U. t. c. prnl.

frenillo. M. **1.** Membrana que sujeta la lengua por la línea media de la parte inferior, y que, cuando se desarrolla demasiado, impide mamar o hablar con soltura. ‖ **2.** Ligamento que sujeta el prepucio al bálano. ‖ **3.** *Am. Cen.* y *Á. Caribe.* Cada una de las cuerdas o tirantes que lleva la cometa, y que convergen en la cuerda que la sujeta. ‖ **4.** *Am. Cen.* y *Á. Caribe.* Aparato que se coloca en la dentadura para corregir imperfecciones.

freno. M. **1.** Mecanismo que sirve en las máquinas y vehículos para moderar o detener el movimiento. ‖ **2.** Pedal o manilla con que se acciona dicho mecanismo. ‖ **3.** Instrumento de hierro que sirve para sujetar y gobernar las caballerías. ‖ **4.** Sujeción que se pone a alguien para moderar sus acciones. ‖ **~ de disco.** M. *Mec.* En las ruedas de los automóviles, sistema de frenado que utiliza un disco giratorio como superficie de fricción, contra el que se aprietan las pastillas para disminuir la velocidad del vehículo. ‖ **~ de mano.** M. *Mec.* Sistema de frenado, aplicado generalmente a las ruedas traseras de un automóvil, que se acciona manualmente desde el habitáculo. ‖ **~ de tambor.** M. *Mec.* Sistema de frenado de los automóviles, en que las zapatas hacen presión sobre la circunferencia interior de un tambor metálico para disminuir la velocidad del vehículo. ‖ **morder el ~** un caballo. LOC.VERB. *Equit.* **tascar el freno.** ‖ **saborear el ~** un caballo. LOC.VERB. *Equit.* Mover, haciendo espuma, las piezas que se le ponen en el freno para refrescarle la boca. ‖ **tascar el ~.** LOC.VERB. **1.** *Equit.* Dicho de un caballo:

Morder el bocado o moverlo entre los dientes. ‖ **2.** Dicho de una persona: Resistir la sujeción que se le impone, pero sufriéndola a su pesar. □ V. **cinta de** ~**s, disco de** ~, **pastilla de** ~.

frenología. F. hist. Doctrina psicológica según la cual las facultades psíquicas están localizadas en zonas precisas del cerebro y en correspondencia con relieves del cráneo. El examen de estos permitiría reconocer el carácter y aptitudes de la persona.

frenológico, ca. ADJ. hist. Perteneciente o relativo a la frenología.

frenólogo. M. hist. Hombre que profesaba la frenología.

frenopático, ca. I. ADJ. **1.** Perteneciente o relativo a la enfermedad mental. *Ciencia frenopática.* ‖ **II.** M. **2.** Hospital frenopático.

frentazo. darse alguien **un** ~. LOC.VERB. *Méx.* Tropezar con un obstáculo.

frente. I. F. **1.** Parte superior de la cara, comprendida entre una y otra sien, y desde encima de los ojos hasta que empieza la vuelta del cráneo. ‖ **II.** M. **2.** Fachada o parte primera que se ofrece a la vista en un edificio u otra cosa. ‖ **3.** Coalición de partidos políticos, organizaciones, etc. ‖ **4.** *Meteor.* Zona de contacto de dos masas de aire de distinta temperatura y humedad, que se desplaza dando lugar a cambios meteorológicos. ‖ **5.** *Mil.* Cada uno de los dos lienzos de muralla que desde los extremos de los flancos se van a juntar para cerrar el baluarte y formar su ángulo. ‖ **6.** *Mil.* Primera fila de la tropa formada o acampada. *El escuadrón tenía diez hombres de frente.* ‖ **7.** *Mil.* Extensión o línea de territorio continuo en que se enfrentan los ejércitos con cierta permanencia o duración. ‖ ~ **calzada.** F. La que es poco espaciosa, por nacer el cabello a corta distancia de las cejas. ‖ ~ **de batalla.** M. *Mil.* Extensión que ocupa una porción de tropa o un ejército formado en batalla. ‖ ~ **único.** F. Coalición de fuerzas distintas con una dirección común para fines sociales o políticos. ‖ **segundo** ~. M. *Méx.* querida. ‖ **al** ~. LOC.ADV. **1.** delante. ‖ **2.** Hacia delante. ‖ **3.** *Am.* enfrente (‖ a la parte opuesta). ‖ **al** ~ **de.** LOC. PREPOS. Al mando de. ‖ **arrugar** alguien **la** ~. LOC. VERB. coloq. Mostrar en el semblante ira, enojo o miedo. ‖ **con la** ~ **levantada,** o **muy alta.** LOCS.ADVS. **1.** coloqs. Con tranquilidad o serenidad. ‖ **2.** coloqs. Con orgullo o altanería. ‖ **dar el** ~ a alguien. LOC.VERB. *Á. Caribe.* Desafiarlo, oponerse a él, resistir a su autoridad. ‖ **de** ~. LOC. ADV. **1.** Con la parte delantera orientada en el sentido de la marcha. ‖ **2.** Con gran resolución, ímpetu y actividad. *Llevar, acometer de frente.* ‖ **3.** Con franqueza. ‖ **en** ~. LOC.ADV. enfrente. ‖ ~ **a.** LOC. PREPOS. Enfrente de, delante de algo. ‖ **2.** Contra o en contra de algo o alguien. ‖ ~ **a** ~. LOC.ADV. cara a cara. ‖ ~ **por** ~. LOC.ADV. Exactamente delante de algo o alguien. ‖ **hacer** ~. LOC.VERB. **plantar cara.** ‖ **ponerse al** ~. LOC.VERB. Asumir el mando o la dirección de una colectividad o conjunto de personas. ‖ **traerlo** alguien **escrito en la** ~. LOC.VERB. No acertar a disimular su condición personal, o lo que le está sucediendo, manifestándolo en el semblante y en otras acciones visibles.

freón. (Del inglés *Freon*, marca reg.). M. Gas o líquido no inflamable que contiene flúor, empleado especialmente como refrigerante.

fresa¹. I. F. **1.** Planta de la familia de las Rosáceas, con tallos rastreros, nudosos y con estolones, hojas pecioladas, vellosas, blanquecinas por el envés, divididas en tres segmentos aovados y con dientes gruesos en el mar gen; flores pedunculadas, blancas o amarillentas, solita rias o en corimbos poco nutridos, y fruto casi redond algo apuntado, de un centímetro de largo, rojo, suculent y fragante. ‖ **2.** Fruto de esta planta. ‖ **II.** ADJ. **3.** Dich de un color: Rojo, semejante al de este fruto. U. t. c. s. m *Un fresa claro.* ‖ **4.** De color fresa. *Un bolso fresa.*

fresa². F. Herramienta de movimiento circular continu constituida por una serie de buriles o cuchillas conv nientemente espaciados entre sí y que trabajan uno de pués de otro en la máquina de labrar metales o fresarlo

fresado. M. Acción y efecto de fresar.

fresador, ra. M. y F. Operario encargado de manejar la diferentes clases de máquinas para fresar.

fresadora. F. Máquina provista de fresas que sirve par labrar metales.

fresal. M. Terreno plantado de fresas.

fresar. TR. Abrir agujeros y, en general, labrar metale por medio de la **fresa².**

fresca. F. **1.** Frío moderado. *Tomar la fresca.* ‖ **2.** Fresc de las primeras horas de la mañana o de las últimas de l tarde, en tiempo caluroso. *Salir con la fresca.* ‖ **3.** coloq. E presión desenfadada y algo desagradable.

frescachón, na. ADJ. Muy robusto y de color san □ V. **viento** ~.

fresco, ca. I. ADJ. **1.** Moderadamente frío, con relació a nuestra temperatura, a la de la atmósfera o a la de cua quier otro cuerpo. *Bebidas frescas.* ‖ **2.** Reciente, acabad de hacer, de coger, etc. *Queso fresco.* U. t. en sent. fig. *No cia fresca.* ‖ **3.** Dicho de un alimento: No congelado. ‖ Sereno y que no se inmuta. *A pesar de las amenazas, e taba tan fresco.* ‖ **5.** Descansado, que no da muestras de f tiga. *Después de dos horas de partido, aún parece fresc* ‖ **6.** Dicho de una tela: Delgada y ligera, como el tafetán, gasa, etc. ‖ **7.** coloq. desvergonzado. U. t. c. s. ‖ **II.** M. **8** Frío moderado. ‖ **9.** Pescado fresco, sin salar. ‖ **10.** pi tura al fresco. ‖ **11.** *Am. Cen.* y *Á. Andes.* refresco (‖ bebid fría). ‖ **al** ~. LOC.ADV. **al sereno.** ‖ **estar,** o **quedar,** a guien ~. LOCS.VERBS. coloqs. Se usan para indicar que no cumplirán sus esperanzas. *Si piensas que iré, estás fresc Pedro cree que voy a ir a su casa; está fresco.* ‖ **tomar** a guien **el** ~. LOC.VERB. Ponerse en alguna parte para goz de él. ‖ **traer al** ~ algo a alguien. LOC.VERB. coloq. Serle co pletamente indiferente. □ V. **pintura al** ~, **viento** ~.

frescor. M. Frescura o fresco.

frescura. F. **1.** Cualidad de fresco. ‖ **2.** Desembarazo, d senfado, desvergüenza. *Con toda frescura me venía a ped dinero prestado.* ‖ **3.** Descuido, negligencia y poco celo. mozo toma las cosas con frescura.* ‖ **4.** Dicho picante, re puesta fuera de propósito. *Me respondió una frescura.*

fresera. F. fresa (‖ planta rosácea).

fresero, ra. M. y F. Persona que vende **fresas** (‖ frutos

fresneda. F. Sitio o lugar de muchos fresnos.

fresnillo. M. díctamo blanco.

fresno. M. Árbol de la familia de las Oleáceas, con tron grueso, de 25 a 30 m de altura, corteza cenicienta y mu ramoso; hojas compuestas de hojuelas sentadas, elípt cas, agudas en el ápice y con dientes marginales; flor pequeñas, blanquecinas, en panojas cortas, primero er guidas y al final colgantes, y fruto seco con una expa sión membranosa y semilla elipsoidal.

fresón. M. Fruto de una fresera oriundo de Chile, sem jante a la fresa, pero de volumen mucho mayor, de col rojo amarillento y sabor más ácido.

fresquera. F. **1.** Especie de jaula que se coloca en sitio ventilado para conservar frescos algunos líquidos o comestibles. ‖ **2.** Cámara frigorífica casera.

fresquero, ra. M. y F. Persona que transporta o vende pescado fresco.

fresquilla. F. Especie de melocotón o prisco.

fresquista. COM. Persona que pinta al fresco.

freu. M. *Mar.* Canal estrecho entre dos islas o entre una isla y tierra firme.

freudiano, na. ADJ. **1.** Perteneciente o relativo a Sigmund Freud o a su obra. *La obra freudiana.* ‖ **2.** Con rasgos característicos de la obra de este médico austríaco. *Una visión muy freudiana de la personalidad.* ‖ **3.** Partidario de la doctrina de Freud.

frey. M. Se usa para dirigirse a los religiosos de las órdenes militares, a distinción de las otras órdenes, en que se llaman fray.

freza. F. **1.** desove. ‖ **2.** Tiempo del desove. ‖ **3.** Conjunto de huevos de los peces, y pescado menudo recién nacido de ellos.

frezadero. M. Lugar donde los peces acuden a desovar.

frezar. INTR. desovar.

friabilidad. F. Cualidad de friable.

friable. ADJ. Que se desmenuza fácilmente. *Roca friable.*

frialdad. F. **1.** Sensación que proviene de la falta de calor. ‖ **2.** Indiferencia, desapego, poco interés. ‖ **3.** Ausencia anormal de apetito o placer sexual.

fricación. F. Acción y efecto de frotar o refregar.

fricandó. M. Guisado de la cocina francesa. MORF. pl. **fricandós.**

fricasé. M. Guisado de la cocina francesa, cuya salsa se bate con huevos.

fricativa. F. *Fon.* Consonante fricativa.

fricativo, va. ADJ. *Fon.* Dicho de una consonante: Que se articula permitiendo una salida continua del aire emitido, y hace que este produzca cierta fricción o roce en los órganos bucales; p. ej., la *f, s, z, j.*

fricción. F. **1.** Acción y efecto de friccionar. ‖ **2.** Roce de dos cuerpos en contacto. ‖ **3.** pl. Desavenencias entre personas o colectividades.

friccionar. TR. Restregar, dar friegas.

friega. F. **1.** Remedio consistente en restregar alguna parte del cuerpo con un paño o cepillo o con las manos. ‖ **2.** coloq. Tunda, zurra. ‖ **3.** *Am.* molestia (‖ enfado).

friegaplatos. **I.** M. **1.** lavaplatos (‖ máquina). ‖ **II.** COM. **2.** lavaplatos (‖ persona que lava platos).

frigidez. F. **1.** Ausencia anormal de deseo o de goce sexual. ‖ **2.** frialdad (‖ sensación de falta de calor).

frigidísimo, ma. ADJ. SUP. de frío.

frígido, da. ADJ. **1.** Que padece frigidez (‖ ausencia de deseo o goce sexual). U. t. c. s. ‖ **2.** poét. frío. *Viento frígido.*

frigio, gia. ADJ. **1.** hist. Natural de Frigia. U. t. c. s. ‖ **2.** hist. Perteneciente o relativo a este país del Asia antigua. □ V. gorro ~.

frigoría. F. Unidad de medida de absorción del calor, empleada en la técnica de la refrigeración; corresponde a la absorción de una kilocaloría.

frigorífico, ca. **I.** ADJ. **1.** Dicho especialmente de una mezcla o de un dispositivo: Que producen artificialmente gran descenso de temperatura. ‖ **2.** Dicho de una cámara o de un lugar: Enfriados artificialmente para conservar frutas, carnes u otras materias. ‖ **II.** M. **3.** Aparato electrodoméstico, cámara o mueble que produce frío para conservar alimentos u otras sustancias.

frigorista. COM. Persona especializada en el montaje, la conservación y la reparación de instalaciones frigoríficas.

frijol o **fríjol.** M. **1.** judía (‖ planta papilionácea) U. m. en América. ‖ **2.** Fruto y semilla de esta planta. U. m. en América.

frijolar. M. Terreno sembrado de frijoles.

frimario. M. hist. Tercer mes del calendario francés de la Revolución, cuyos días primero y último coincidían, respectivamente, con el 21 de noviembre y el 20 de diciembre.

fringílido, da. ADJ. *Zool.* Se dice de las aves del orden de los Pájaros que en la cara posterior de los tarsos tienen dos surcos laterales; p. ej., el gorrión y el jilguero. U. t. c. s. m. ORTOGR. En m. pl., escr. con may. inicial c. taxón. *Los Fringílidos.*

frío, a. **I.** ADJ. **1.** Dicho de un cuerpo: Que tiene una temperatura muy inferior a la ordinaria del ambiente. ‖ **2.** Que, respecto de una persona o cosa, muestra indiferencia, desapego o desafecto, o que no toma interés por ella. *Estuvo muy fría con los niños.* ‖ **3.** Sin gracia, espíritu ni agudeza. *Respuesta fría.* ‖ **4.** Indiferente al placer sexual. ‖ **5.** Dicho de un color: Que produce efectos sedantes, como el azul o el verde. ¶ MORF. sup. irreg. **frigidísimo.** ‖ **II.** M. **6.** Temperatura baja. ‖ **7.** Sensación que se experimenta ante una temperatura baja. ‖ **en frío.** LOC.ADV. Sin estar bajo la impresión inmediata de las circunstancias del caso. ‖ **dejar a** alguien ~ algo. LOC.VERB. No causarle la menor impresión. ‖ **frío.** INTERJ. Se usa para advertir a alguien que está lejos de encontrar un objeto escondido o de acertar algo. ‖ **no darle** a alguien algo **frío ni calor,** o **no entrarle** a alguien **frío ni calor por** algo. LOCS.VERBS. coloqs. Dejarle indiferente. ‖ **quedarse** alguien ~. LOC.VERB. Quedarse asustado o aturdido por algún suceso o desengaño inesperados. □ V. **ave ~, cadena de frío, gota ~, guerra ~, salva ~, sangre ~.**

friolento, ta. ADJ. friolero.

friolera. F. **1.** Cosa de poca importancia. U. m. c. antífrasis. ‖ **2.** irón. Gran cantidad de algo, especialmente de dinero.

friolero, ra. ADJ. Muy sensible al frío. *Frioleros gorriones.*

frisa. F. *Chile.* Pelo de algunas telas, como el de la felpa.

frisar. TR. acercarse. Se usa generalmente hablando de edad. *Frisaba los cincuenta años.* U. t. c. intr. *Frisaba en los cincuenta años.*

frisca. F. *Chile.* Castigo que se da a alguien, especialmente de azotes o golpes.

frisio, sia. ADJ. frisón. Apl. a pers., u. t. c. s.

friso. M. **1.** Faja más o menos ancha que suele pintarse en la parte inferior de las paredes, de distinto color que estas. También puede ser de papel pintado, azulejos, mármol, etc. ‖ **2.** *Arq.* Parte del cornisamento que media entre el arquitrabe y la cornisa, donde suelen ponerse follajes y otros adornos.

frisón, na. **I.** ADJ. **1.** Natural de Frisia. U. t. c. s. ‖ **2.** Perteneciente o relativo a esta provincia de los Países Bajos. ‖ **3.** Se dice de los caballos que vienen de Frisia o son de aquella casta, los cuales tienen muy fuertes y anchos los pies. U. t. c. s. ‖ **II.** M. **4.** Lengua germánica hablada por los frisones.

frisuelo. M. Especie de fruta de sartén.

frita. F. Composición de arena y sosa para fabricar vidrio.

fritada. F. Conjunto de cosas fritas. *Fritada de pajarillos.*

fritanga. F. Fritada, especialmente la abundante en grasa. U. t. en sent. despect.

fritanguería. F. *Chile.* Negocio donde se prepara, y a veces se consume, pescado frito.

fritanguero, ra. M. y F. *Méx.* Persona que fríe alimentos para venderlos.

fritar. TR. 1. Someter los materiales vitrificables a altas temperaturas. || 2. *Am.* freír (|| un alimento en aceite o grasa).

frito, ta. PART. IRREG. de freír. || M. Comida frita. || **dejar a alguien ~.** LOC.VERB. coloq. Matarlo. || **quedarse** alguien **~.** LOC.VERB. coloq. **dormirse** (|| estar en estado de reposo). || **tener, o traer, a** alguien **~.** LOCS.VERBS. coloqs. Cansarlo con insistentes molestias. □ V. **huevo ~, leche ~, torta ~.**

fritura. F. Conjunto de cosas fritas.

friulano, na. **I.** ADJ. 1. Natural del Friul. U. t. c. s. || 2. Perteneciente o relativo a esta región de Italia. || **II.** M. 3. Lengua neolatina, afín al grisón, hablada en el Friul.

frivolidad. F. Cualidad de frívolo.

frivolización. F. Acción y efecto de frivolizar. *La frivolización de la política.*

frivolizar. TR. Tomar con frivolidad algo.

frívolo, la. ADJ. 1. Ligero, veleidoso, insustancial. *Comentario frívolo.* Apl. a pers., u. t. c. s. || 2. Se dice de los espectáculos ligeros y sensuales, de sus textos, canciones y bailes, y de las personas que los interpretan. || 3. Dicho de una publicación: Que trata temas ligeros, con predominio de lo sensual.

fronda. F. 1. Conjunto de hojas o ramas que forman espesura. || 2. *Bot.* Hoja de los helechos.

fronde. M. fronda (|| de los helechos).

frondosidad. F. Cualidad de frondoso.

frondoso, sa. ADJ. 1. Abundante en hojas y ramas. *Árbol de copa frondosa.* || 2. Abundante en árboles que forman espesura. *Bosque frondoso.*

frontal. **I.** ADJ. 1. Perteneciente o relativo a la parte delantera de una cosa, a diferencia de sus lados. *Zona frontal.* || 2. Dicho de una oposición, de un ataque, de un choque, etc.: Directos o de frente. || 3. *Anat.* Perteneciente o relativo a la **frente** (|| parte superior de la cara). *Músculos frontales.* || **II.** M. 4. Paramento de sedas, metal u otra materia con que se adorna la parte delantera de la mesa de altar. || 5. *Anat.* **hueso frontal.**

frontenis. M. Deporte que se juega en un frontón y en el que se emplean pelotas y raquetas similares a las de tenis.

frontera. F. 1. Confín de un Estado. || 2. **límite.** U. m. en pl. *Su codicia no tiene fronteras.*

fronterizo, za. ADJ. 1. Que está en la frontera. *Ciudad fronteriza.* || 2. Dicho de un Estado: Que tiene frontera con otro.

frontero, ra. ADJ. Puesto y colocado enfrente. *Tabique frontero.*

frontil. M. Pieza acolchada de materia basta, regularmente de esparto, que se pone a los bueyes entre la frente y la coyunda, a fin de que esta no les haga daño.

frontino, na. ADJ. Dicho de un animal cuadrúpedo: Que tiene alguna señal en la frente.

frontis. M. 1. Fachada o frontispicio de un edificio o de otra cosa. || 2. Muro del frontón o trinquete contra el que se lanza la pelota.

frontispicio. M. 1. Fachada o delantera de un edificio, mueble u otra cosa. || 2. Página de un libro anterior a la portada, que suele contener el título y algún grabado o viñeta. || 3. *Arq.* **frontón** (|| remate triangular de una fachada).

frontón. M. 1. En el juego de la pelota, pared principal contra la cual se lanza la pelota. || 2. Edificio o sitio dispuesto para este juego. || 3. **pelota vasca.** || 4. Parte del muro de una veta donde trabajan los mineros para adelantar horizontalmente la excavación de la mina. || 5. *Arq.* Remate triangular de una fachada o de un pórtico. Se coloca también encima de puertas y ventanas.

frotación. F. Acción de frotar.

frotador, ra. ADJ. Que frota. Apl. a pers., u. t. c. s.

frotamiento. M. Acción de frotar.

frotar. TR. Pasar muchas veces algo sobre otra cosa con más o menos fuerza. U. t. c. prnl.

frote. M. frotamiento.

frotis. M. **extensión** (|| preparación para examen microscópico).

fructidor. M. hist. Duodécimo mes del calendario francés de la Revolución, cuyos días primero y último coincidían, respectivamente, con el 18 de agosto y el 16 de septiembre.

fructífero, ra. ADJ. Que produce fruto. *Esfuerzo fructífero.*

fructificación. F. Acción y efecto de fructificar.

fructificar. INTR. 1. Dicho de una planta: Dar fruto. || 2. Dicho de una cosa: Producir utilidad. *Las negociaciones no fructificaron.*

fructosa. F. *Bioquím.* Azúcar de la fruta; monosacárido que, unido a la glucosa, constituye la sacarosa.

fructuoso, sa. ADJ. Que da fruto o utilidad. *Investigación fructuosa.*

frufrú. ONOMAT. Se usa para imitar el ruido que produce el roce de la seda o de otra tela semejante. U. t. c. s. M. MORF. pl. c. s. **frufrús.**

frugal. ADJ. 1. Dicho de una persona: Parca en comer y beber. || 2. Propio o característico de una persona frugal. *Vida, almuerzo frugal.*

frugalidad. F. Cualidad de frugal.

frugívoro, ra. ADJ. Dicho de un animal: Que se alimenta de frutos.

fruición. F. 1. Goce muy vivo en el bien que alguien posee. || 2. Complacencia, goce. *El malvado tiene fruición en ver llorar.*

fruir. INTR. gozar. U. t. c. tr. MORF. conjug. c. *construir.*

fruitivo, va. ADJ. Propio para causar placer con su posesión. *Contemplación fruitiva.*

frumentario, ria. ADJ. Perteneciente o relativo al trigo y otros cereales.

frunce. M. Arruga o pliegue, o serie de arrugas o pliegues menudos que se hacen en una tela, papel, piel, etc.

fruncido. M. frunce.

fruncidor, ra. ADJ. Que frunce. *Cinta fruncidora.*

fruncimiento. M. Acción y efecto de fruncir.

fruncir. TR. 1. Arrugar la frente y las cejas en señal de disgusto o de ira. || 2. Recoger el paño u otras telas, haciendo en ellas arrugas pequeñas. || 3. Estrechar y recoger algo, reduciéndolo a menor extensión. *Fruncir la boca.*

fruslería. F. Cosa de poco valor o entidad.

frustración. F. Acción y efecto de frustrar.

frustráneo, a. ADJ. Que no produce el efecto apetecido. *Proyecto frustráneo.*

frustrante. ADJ. Que frustra. *Experiencia frustrante.*

frustrar. TR. **1.** Privar a alguien de lo que esperaba. || **2.** Dejar sin efecto, malograr un intento. *Frustrar el avance enemigo.* U. t. c. prnl. || **3.** Der. Dejar sin efecto un propósito contra la intención de quien procura realizarlo. *Frustrar un delito.* U. t. c. prnl.

fruta. F. Fruto comestible de ciertas plantas cultivadas; p. ej., la pera, la guinda, la fresa, etc. || ~ **cristalizada.** F. *Méx.* fruta escarchada. || ~ **de horno.** F. *Méx.* Conjunto de productos de repostería. || ~ **del país.** F. La producida en él, no importada. || ~ **del tiempo.** F. La que se come en la misma estación en que madura. || ~ **de sartén.** F. Pasta de harina, a la que se añaden huevos y azúcar o sal, hecha en diferentes formas, y frita después en manteca o aceite. || ~ **prohibida.** F. Cosa que no está permitido usar. || ~ **seca.** F. La que por la condición de su cáscara, o por haber sido sometida a la desecación, se conserva comestible todo el año. □ V. **ensalada de ~s, mosca de la ~.**

frutal. ADJ. **1.** Dicho de un árbol: Que lleva fruta. U. t. c. s. m. || **2.** Perteneciente o relativo a la fruta. *Aroma frutal.*

frutecer. INTR. fructificar. MORF. conjug. c. *agradecer.*

frutería. F. Tienda o puesto donde se vende fruta.

frutero, ra. I. ADJ. **1.** Que sirve para llevar o para contener fruta. *Buque frutero. Plato frutero.* || **II.** M. y F. **2.** Persona que vende fruta. || **III.** M. **3.** Plato hecho a propósito para servir la fruta.

frútice. M. Bot. Planta casi leñosa y de aspecto semejante al de los arbustos; p. ej., el rosal.

frutícola. ADJ. Perteneciente o relativo a la fruticultura.

fruticoso, sa. ADJ. Bot. Que tiene la naturaleza o cualidades del frútice.

fruticultura. F. **1.** Cultivo de las plantas que producen frutas. || **2.** Arte que enseña ese cultivo.

frutilla. F. *Am. Mer.* Especie de fresón. || ~ **del campo.** F. *Chile.* Arbusto de la familia de las Ramnáceas, de ramas alargadas y derechas.

frutillar. M. *Am. Mer.* Terreno donde se crían frutillas.

frutillero, ra. M. y F. *Am. Mer.* Vendedor ambulante de frutillas.

fruto. M. **1.** Bot. Producto del desarrollo del ovario de una flor después de la fecundación. En él quedan contenidas las semillas. Con frecuencia cooperan a la formación del fruto tanto el cáliz como el receptáculo floral y otros órganos. || **2.** Hijo, con relación a un matrimonio, y, especialmente, con relación a la mujer. || **3.** Producción del ingenio o del trabajo humano. || **4.** Producto o resultado obtenido. || **5.** pl. Producciones de la tierra con que se hace cosecha. || ~ **prohibido.** M. fruta prohibida. || ~**s civiles.** M. pl. Der. Utilidad que producen las cosas por su rendimiento económico. || **sacar** ~. LOC.VERB. Conseguir efecto favorable de las diligencias que se hacen o medios que se ponen. *Este predicador saca mucho fruto con sus sermones.*

fu. ONOMAT. Se usa para imitar el bufido del gato. || **ni ~ ni fa.** EXPR. coloq. Se usa para indicar que algo es indiferente, que no es ni bueno ni malo.

fuagrás. M. Paté de hígado, generalmente de ave o cerdo. MORF. pl. **fuagrases.**

fuchi. INTERJ. *Méx.* Se usa para expresar asco, desagrado o rechazo. || **hacer el ~** a alguien o a algo. LOC.VERB. *Méx.* No aceptarlo, rechazarlo, desdeñarlo.

fucilazo. M. Relámpago que ilumina la atmósfera en el horizonte por la noche.

fuco. M. Alga parda de ramificación dicótoma abundante en las costas, que se utiliza industrialmente para la obtención de agar-agar y yodo.

fucsia. I. F. **1.** Arbusto de la familia de las Oenoteráceas, con ramos lampiños, hojas ovales, agudas y dentadas, y flores de color rojo oscuro, de diversos matices, colgantes, de pedúnculos largos, cáliz cilíndrico, con cuatro lóbulos y corola de cuatro pétalos. Es planta de adorno, procedente de América Meridional. || **II.** ADJ. **2.** Dicho de una cosa: Que tiene el color de la flor de esta planta. Apl. al color, u. t. c. s. m.

fucsina. F. Colorante rojo derivado de la anilina, que se emplea en tinciones biológicas, industriales textiles y papeleras y otras aplicaciones.

fudre. M. Recipiente para el vino, generalmente de gran tamaño.

fuego. M. **1.** Calor y luz producidos por la combustión. || **2.** Materia encendida en brasa o llama; p. ej., el carbón, la leña, etc. || **3.** incendio. || **4.** quemador. *Una cocina de tres fuegos.* || **5.** Efecto de disparar las armas de fuego. || **6.** Ardor que excitan algunas pasiones del ánimo; como el amor, la ira, etc. || **7.** Viveza o empeño de una acción o disputa. || **8.** hogar (|| familia). *Este lugar tiene 100 fuegos.* || **9.** hist. Hoguera que se hacía en las atalayas de la costa o en otros lugares para advertir de un peligro u otro acontecimiento. || **10.** pl. **fuegos artificiales.** ~ **artificial.** M. Cohete o artefacto de pólvora, que se usa para diversión. U. m. en pl. || ~ **cruzado.** M. El que se hace contra un blanco desde varios lados, generalmente opuestos. || ~ **de Santelmo,** o ~ **de san Telmo.** M. Meteoro ígneo que, al hallarse muy cargada de electricidad la atmósfera, suele dejarse ver en los mástiles y vergas de las embarcaciones, especialmente después de la tempestad. || ~ **fatuo.** M. Inflamación de ciertas materias que se elevan de las sustancias animales o vegetales en putrefacción, y forman pequeñas llamas que se ven moverse por el aire a poca distancia de la tierra, especialmente en los lugares pantanosos y en los cementerios. || ~ **graneado.** M. Mil. El que se hace por los soldados individualmente y con la mayor rapidez posible. || ~ **griego.** M. hist. Mixto incendiario que se inventó en Grecia para abrasar las naves. || ~ **nutrido.** M. **fuego graneado.** || **a** ~ **lento,** o **manso.** LOCS. ADVS. Poco a poco y sin ruido. || **a** ~ **y sangre.** LOC.ADV. **a sangre y fuego.** || **apagar los** ~**s.** LOC.VERB. Mil. Hacer cesar con la artillería los fuegos de la del enemigo. || **atizar el** ~. LOC.VERB. Avivar una contienda, fomentar una discordia. || **dar** ~. LOC.VERB. Proporcionar a alguien lumbre con mechero, cerillas, etc., para que encienda lo que va a fumar. || **echar** alguien ~ **por los ojos.** LOC. VERB. Manifestar gran furor o ira. || **entrar** alguien **en** ~. LOC.VERB. Tomar parte por primera vez en una acción de guerra. || **estar** alguien **entre dos** ~**s.** LOC.VERB. coloq. Estar entre dos situaciones difíciles y comprometedoras para él. || **fuego.** INTERJ. **1.** Se usa para pedir auxilio en un incendio. || **2.** Mil. Se usa para ordenar a la tropa que dispare las armas. || **hacer** ~. LOC.VERB. Mil. Disparar una o varias armas de fuego. || **jugar con** ~. LOC.VERB. Empeñarse imprudentemente, por pasatiempo y diversión, en algo que puede ocasionar sinsabores o perjuicios. || **pegar** ~. LOC.VERB. **incendiar.** || **romper el** ~. LOC.VERB. **1.** Comenzar a disparar. || **2.** Iniciar una pelea o disputa. || **tocar a** ~. LOC.VERB. Hacer con las campanas señal de que hay algún incendio.

□ V. **arma de** ~, **bautismo de** ~, **boca de** ~, **castillo de** ~, **lengua de** ~, **línea de** ~, **ópalo de** ~, **prueba de** ~, **toro de** ~.

fueguino, na. ADJ. **1.** Natural de Tierra del Fuego, Antártida e islas del Atlántico Sur, provincia de la Argentina. U. t. c. s. || **2.** Natural de Tierra del Fuego, provincia de Chile. U. t. c. s. || **3.** Perteneciente o relativo a alguna de estas provincias.

fuel. M. Fracción del petróleo natural, obtenida por refinación y destilación, que se utiliza como combustible.

fuelle. M. **1.** Instrumento para recoger aire y lanzarlo con una dirección determinada, que esencialmente se reduce a una caja con tapa y fondo de madera, costados de piel flexible, una válvula por donde entra el aire y un cañón por donde sale cuando, plegándose los costados, se reduce el volumen del aparato. || **2.** Bolsa de cuero de la gaita gallega. || **3.** Pieza de piel u otra materia plegable que se pone en los lados de un bolso, una cartera, etc., para poder aumentar su capacidad. || **4.** coloq. Capacidad respiratoria.

fueloil. M. fuel.

fuente. F. **1.** Manantial de agua que brota de la tierra. || **2.** Aparato o artificio con que se hace salir el agua en los jardines y en las casas, calles o plazas. || **3.** Obra de arquitectura hecha de fábrica, piedra, hierro, etc., que sirve para que salga el agua por uno o muchos caños dispuestos en ella. || **4.** Plato grande, más o menos hondo, que se usa para servir los alimentos. || **5.** Cantidad de comida que cabe en este plato. || **6.** Principio, fundamento u origen de algo. || **7.** Material que sirve de información a un investigador o de inspiración a un autor. || **8.** Aquello de que fluye con abundancia un líquido. || **~s de información.** F. **1.** pl. Confidencias, declaraciones o documentos que sirven de base para la elaboración de una noticia o reportaje periodístico. || **2.** pl. Personas que emiten esas declaraciones. || **beber** alguien **en buenas ~s.** LOC.VERB. coloq. Recibir conocimientos de buenos maestros o en buenas obras, o adquirir noticias de personas o en lugares dignos de todo crédito. □ V. **pluma** ~.

fuer. a ~ **de.** LOC. PREPOS. En razón de, en virtud de, a manera de.

fuera. ADV. L. A la parte o en la parte exterior de algo. *Está fuera. Me voy fuera.* || **estar** alguien ~ **de sí.** LOC. VERB. Estar alterado por la furia. || **fuera.** INTERJ. **1.** afuera. Se usa más para denotar desaprobación. U. t. repetida. || **2.** Se usa para exhortar o invitar a quitar algo o a alguien de donde está. *¡Fuera gorros! ¡Fuera libros! ¡Fuera corruptos!* || ~ **borda,** o ~ **bordo.** LOCS.ADJS. **1.** Mec. Dicho de un motor de explosión: Provisto de una hélice que se coloca en la parte exterior de la popa de una embarcación. || **2.** Dicho de una embarcación: Que lleva este tipo de motor. U. t. c. loc. sust. || ~ **de.** LOC. PREPOS. **1.** En lugar distinto a. *Comer fuera de casa.* || **2.** Excepto, salvo. *Fuera de eso, pídeme lo que quieras. Fuera de estos dos cuadros, los otros valen poco.* || **3.** Además de, aparte de. *Fuera de que pueden sobrevenir accidentes imprevistos, este parque de atracciones es muy aburrido.* || **4.** Con algunos sustantivos, sin. *Fuera de sospecha. Fuera de peligro.* || ~ **de borda,** o ~ **de bordo.** LOCS.ADJS. fuera borda.

fueraborda. **I.** ADJ. **1.** fuera borda. MORF. pl. invar. *Lanchas fueraborda.* || **II.** M. **2.** Embarcación provista de un motor fuera borda. U. menos c. f.

fuerabordo. M. fueraborda.

fuereño, ña. ADJ. *Am. Cen.* y *Méx.* forastero. U. t. c. s

fuerista. ADJ. Perteneciente o relativo a los fueros. *Regionalismo fuerista.*

fuero. M. **1.** Históricamente, norma o código dados para un territorio determinado y que la Constitución española de 1978 ha mantenido en Navarra y en el País Vasco. || **2.** Jurisdicción, poder. *Fuero eclesiástico, secular.* || **3.** Compilación de leyes. *Fuero Juzgo. Fuero Real.* || **4.** Cada uno de los privilegios y exenciones que se conceden a una provincia, a una ciudad o a una persona. U. m. en pl. || **5.** Privilegio, prerrogativa o derecho moral que se reconoce a ciertas actividades, principios, virtudes, etc., por su propia naturaleza. U. m. en pl. *Los fueros de la poesía. Los fueros del arte. Los fueros de la razón.* || **6.** *Der.* Competencia a la que legalmente están sometidas las partes y que por derecho les corresponde. || **7.** *Der.* Competencia jurisdiccional especial que corresponde a ciertas personas por razón de su cargo. *Fuero parlamentario.* || ~ **interior,** o ~ **interno.** M. Libertad de la conciencia para aprobar las buenas obras y reprobar las malas. □ V. **privilegio del** ~.

fuerte. **I.** ADJ. **1.** Que tiene gran resistencia. *Cordel, pared fuerte.* || **2.** Robusto, corpulento y que tiene grandes fuerzas. *Buey fuerte.* || **3.** De carácter firme, animoso. *Mujer fuerte.* || **4.** Que goza de buena salud. *Espero a estar más fuerte para levantarme de la cama.* || **5.** Dicho de un lugar: Resguardado con obras de defensa que lo hacen capaz de resistir los ataques del enemigo. || **6.** Dicho de una sensación: Que se percibe con intensidad. *Olor, sabor fuerte.* || **7.** **poderoso.** *Un país fuerte.* || **8.** Dicho de una moneda o de una divisa: Que internacionalmente inspira confianza. || **9.** Terrible, grave, excesivo. *Fuerte accidente.* || **10.** Muy vigoroso y activo. *Vino, tabaco fuerte.* || **11.** Que tiene fuerza para convencer. *Razón fuerte.* || **12.** Versado en una ciencia o un arte. *Está fuerte en matemáticas.* || **13.** eufem. Dicho de una persona: Que está gorda. || **14.** Dicho de una obra de ficción: Que tiene un contenido erótico o violento. ¶ MORF. sup. irreg. **fortísimo.** || **15.** *Fon.* Dicho de un sonido: Muy perceptible. Se usa referido específicamente a las vocales *a, e, o.* || **16.** *Gram.* Dicho de una forma gramatical: Que tiene el acento en el tema; p. ej., *amo, dijo.* Se aplica especialmente a pretéritos como *dije, hizo* y a participios como *dicho, escrito.* || **II.** M. **17.** Recinto fortificado. || **18.** Actividad a que alguien tiene más afición o en que más sobresale. *El canto es su fuerte.* || **19.** *Mús.* Esfuerzo de la voz en el pasaje o nota señalados con el signo representado con una *f.* || **III.** ADV. M. **20.** Con fuerza. || **21.** Con abundancia. *Almorzar, comer, merendar, cenar fuerte.* □ V. **agua** ~, **caja** ~, **casa** ~, **peso** ~, **plato** ~, **plaza** ~, **punto** ~, **sexo** ~.

fuerza. F. **1.** Vigor, robustez y capacidad para mover algo o a alguien que tenga peso o haga resistencia; como para levantar una piedra, tirar una barra, etc. || **2.** Aplicación del poder físico o moral. *Apriétalo con fuerza. Se necesita mucha fuerza para soportar tantas desgracias.* || **3.** Capacidad para soportar un empuje o resistir un empuje. *La fuerza de unas vigas. La fuerza del dique.* || **4.** Virtud y eficacia natural que las cosas tienen en sí. || **5.** Acto de obligar a alguien a que asienta a algo, o a que lo haga. || **6.** *Mec.* Causa capaz de modificar el estado de reposo o de movimiento de un cuerpo o de deformarlo. || **7.** pl. *Mil.* Gente de guerra y demás pertrechos militares. || ~ **aérea.** F. arma aérea. || ~ **animal.** F. La del ser viviente cuando se emplea como motriz. ‖ **~ bruta.** F. La material, en oposición a la que da el derecho o la razón. ‖ **~ centrífuga.** F. *Mec.* fuerza de inercia que se manifiesta en todo cuerpo hacia fuera cuando se le obliga a describir una trayectoria curva. Es igual y contraria a la centrípeta. ‖ **~ centrípeta.** F. *Mec.* Aquella que es preciso aplicar a un cuerpo para que, venciendo la inercia, describa una trayectoria curva. ‖ **~ de inercia.** F. *Mec.* Resistencia que oponen los cuerpos a cambiar el estado o la dirección de su movimiento. ‖ **~ de voluntad.** F. Capacidad de una persona para superar obstáculos o dificultades o para cumplir con sus obligaciones. ‖ **~ ejecutiva.** F. *Der.* Calidad de determinados títulos escritos o de resoluciones judiciales o administrativas que pueden imponerse mediante vía o juicio ejecutivos. ‖ **~ electromotriz.** F. *Electr.* Magnitud física que se mide por la diferencia de potencial originada entre los extremos de un circuito abierto o por la corriente que produce en un circuito cerrado. ‖ **~ irresistible.** F. *Der.* La que, por anular la voluntad del autor de una acción, puede limitar o excluir su responsabilidad. ‖ **~ liberatoria.** F. *Der.* La que legalmente se concede al dinero de curso legal para extinguir las obligaciones. ‖ **~ magnetomotriz.** F. *Electr.* Causa productora de los campos magnéticos creados por las corrientes eléctricas. ‖ **~ mayor.** F. *Der.* La que, por no poderse prever o resistir, exime del cumplimiento de alguna obligación. ‖ **~ pública.** F. Cuerpo de agentes de la autoridad encargados de mantener el orden. ‖ **~s armadas.** F. pl. El Ejército, la Armada y la Aviación. ‖ **~s vivas.** F. pl. Personas o clases representativas de una ciudad, región, país, etc., por su autoridad o por su influencia social. ‖ **a ~ de.** LOC. PREPOS. Se usa, seguida de un sustantivo o de un verbo, para indicar la intensidad o abundancia del objeto designado por el sustantivo, o la insistente reiteración de la acción expresada por el verbo. *A fuerza de estudio. A fuerza de dinero. A fuerza de correr, cayó rendido.* ‖ **a ~ de brazos.** LOC. ADV. coloq. *A fuerza de trabajo.* ‖ **a la ~.** LOC. ADV. **por fuerza.** ‖ **a la ~ ahorcan.** EXPR. coloq. Se usa para dar a entender que alguien se ve o se ha visto obligado a hacer algo contra su voluntad. ‖ **a viva ~.** LOC. ADV. Con violencia, con todo el vigor posible. ‖ **cobrar ~** un enfermo. LOC. VERB. Convalecer o recuperarse poco a poco. ‖ **en ~ de.** LOC. PREPOS. A causa de, en virtud de. ‖ **hacer ~.** LOC. VERB. Forcejear, obligar, forzar, violentar. ‖ **por ~.** LOC. ADV. **1.** De manera violenta, contra la propia voluntad. ‖ **2.** De manera necesaria, indudable. ‖ **sacar** alguien **~s de flaqueza.** LOC. VERB. Hacer un esfuerzo extraordinario a fin de lograr aquello para que se considera débil o impotente. ‖ **ser ~.** LOC. VERB. Ser necesario o forzoso. *Es fuerza tomar alguna resolución.* □ V. **camisa de ~, momento de una ~, par de ~s, recurso de ~.**

fuet. M. Embutido estrecho y largo, parecido al salchichón, típico de Cataluña. MORF. pl. **fuets.**

fufú. M. *Á. Caribe.* Comida de origen africano, hecha de plátano, ñame o calabaza. MORF. pl. **fufúes** o **fufús.**

fuga. F. **1.** Huida apresurada. ‖ **2.** Abandono inesperado del domicilio familiar o del ambiente habitual. ‖ **3.** Salida de gas o líquido por un orificio o por una abertura producidos accidentalmente. ‖ **4.** *Mús.* Composición que gira sobre un tema y su contrapunto, repetidos con cierto artificio por diferentes tonos. ‖ **~ de cerebros.** F. Emigración al extranjero de numerosas personas destacadas en asuntos científicos, culturales o técnicos, para

ejercer allí su profesión, en detrimento de los intereses de su país.

fugacidad. F. Cualidad de fugaz.

fugar. I. INTR. **1.** *Á. Andes* y *Á. R. Plata.* Escapar, huir. *No se sabe nada de él desde que fugó.* ‖ **II.** PRNL. **2.** Escaparse, huir.

fugaz. ADJ. **1.** De muy corta duración. *Moda fugaz.* ‖ **2.** Que huye y desaparece con velocidad. *Sombras fugaces.* □ V. **estrella ~.**

fugitivo, va. ADJ. **1.** Que anda huyendo y escondiéndose. Apl. a pers., u. t. c. s. ‖ **2.** Que pasa muy aprisa y como huyendo. *Rostros fugitivos.* ‖ **3.** Caduco, perecedero; que tiene corta duración y desaparece con facilidad. *Vida fugitiva.*

fuina. F. garduña.

fulano, na. I. M. y F. **1.** Se usa para aludir a alguien cuyo nombre se ignora o no se quiere expresar. Con referencia a una persona determinada, u. en sent. despect. ‖ **2.** Persona indeterminada o imaginaria. ‖ **3.** querido. ‖ **II.** F. **4.** prostituta.

fular. M. Pañuelo para el cuello o bufanda de seda muy fina, por lo general con dibujos estampados.

fulcro. M. Punto de apoyo de la palanca.

fulero, ra. ADJ. **1.** Dicho de una persona: Falsa, embustera, o simplemente charlatana y sin seso. U. t. c. s. ‖ **2.** coloq. Chapucero, inaceptable, poco útil.

fulgente. ADJ. Brillante, resplandeciente. *Espada fulgente.*

fúlgido, da. ADJ. Brillante, resplandeciente. *Sol fúlgido.*

fulgir. INTR. **resplandecer.**

fulgor. M. Resplandor y brillantez.

fulguración. F. **1.** Acción y efecto de fulgurar. ‖ **2.** Accidente causado por el rayo.

fulgurante. ADJ. **1.** Que fulgura. *Astro fulgurante.* ‖ **2.** Muy rápido. *Su éxito fue fulgurante.*

fulgurar. INTR. **1.** Brillar, resplandecer, despedir rayos de luz. ‖ **2.** Destacar por su brillantez.

fulguroso, sa. ADJ. Que fulgura o despide fulgor. *Llamarada fulgurosa.*

fuliginoso, sa. ADJ. Denegrido, oscurecido, tiznado. *Cielo fuliginoso.*

fullería. F. **1.** Trampa y engaño que se comete en el juego. ‖ **2.** Astucia, cautela y arte con que se pretende engañar.

fullero, ra. ADJ. Que hace fullerías. U. t. c. s.

fulmar. M. Ave marina semejante a la gaviota, pero con el cuello más ancho, las alas sin puntas negras y el pico amarillo con las fosas nasales tubulares. Es propia del norte de Europa y rara en los mares españoles.

fulminación. F. Acción de fulminar.

fulminador, ra. ADJ. Que fulmina. *Rayo fulminador.*

fulminante. ADJ. **1.** Que fulmina. *Rayo fulminante.* ‖ **2.** Súbito, muy rápido y de efecto inmediato. *Réplica fulminante. Éxito fulminante.* ‖ **3.** Dicho de una materia: Capaz de hacer estallar cargas explosivas. U. t. c. s. m.

fulminar. TR. **1.** Dicho de un rayo eléctrico: Dar muerte. ‖ **2.** Matar con un rayo eléctrico. ‖ **3.** Dicho de un rayo: Herir o dañar árboles o edificios, montes, torres, etc. ‖ **4.** Dicho de un proyectil o de un arma: Matar o herir a alguien. ‖ **5.** Matar o herir con ellos. ‖ **6.** Dicho de una enfermedad: Causar muerte repentina. ‖ **7.** Dejar rendido o muy impresionado a alguien con una mirada de ira o de amor, o con una voz airada. ‖ **8.** Dictar, imponer una sentencia, una excomunión, una censura, etc.

fulmíneo, a. ADJ. Que participa de las propiedades del rayo. *Energía fulmínea.*

fumada. F. Porción de humo que se toma de una vez fumando un cigarro.

fumadero. M. Local destinado a los fumadores.

fumador, ra. ADJ. Que tiene costumbre de fumar. U. t. c. s. || **~ pasivo, va.** M. y F. Persona que no fuma, pero respira el humo producido por quienes fuman a su alrededor.

fumante. ADJ. **1.** Que **fuma** (|| aspira o despide humo). || **2.** *Quím.* Dicho de una sustancia: Que, a la temperatura ambiente, emite vapores visibles.

fumar. I. INTR. **1.** Aspirar y despedir el humo del tabaco, opio, etc. U. t. c. tr. || **II.** PRNL. **2.** coloq. Gastar, consumir indebidamente algo. *Se fumó la paga del mes y anda sin un cuarto.* □ V. **papel de ~.**

fumarada. F. Porción de humo que sale de una vez.

fumarel. M. Se usa como nombre común para referirse a varias aves marinas de plumaje blanco y negro, alas largas, cola ahorquillada y pico afilado. Junto con los charranes y pagazas constituyen las llamadas golondrinas de mar.

fumaria. F. Hierba de la familia de las Papaveráceas, con tallo tendido, hueco, ramoso y de cuatro a seis decímetros de largo, hojas de color verde amarillento, alternas, partidas en segmentos oblongos y puntiagudos, flores pequeñas en espiga, de color purpúreo y casi negras en el ápice, y frutos esferoidales en racimos poco apretados. El jugo de esta planta, que es de sabor amargo, se usa algo en medicina.

fumarola. F. **1.** Emisión de gases y vapores procedentes de un conducto volcánico o de un flujo de lava. || **2.** Grieta de la tierra por donde salen gases sulfurosos o vapores de agua cargados de algunas otras sustancias.

fumata¹. F. Nube de humo que anuncia el resultado de la votación en la elección de papa. U. t. en sent. fig. *Al final de la reunión hubo fumata blanca y todos firmaron el pacto.*

fumata². F. jerg. Acción de fumar droga en grupo.

fumífero, ra. ADJ. poét. Que echa o despide humo.

fumigación. F. Acción de fumigar.

fumigador, ra. I. M. y F. **1.** Persona que fumiga. || **II.** M. **2.** Aparato para fumigar.

fumigar. TR. **1.** Desinfectar por medio de humo, gas o vapores adecuados. || **2.** Combatir por estos medios, o valiéndose de polvos en suspensión, las plagas de insectos y otros organismos nocivos.

fumigatorio, ria. ADJ. Perteneciente o relativo a la fumigación.

fumígeno, na. ADJ. Que produce humo. *Bote fumígeno.*

fumista. M. Fabricante o reparador de cocinas, chimeneas o estufas.

fumistería. F. Tienda o taller de cocinas o estufas.

fumón, na. ADJ. Á. Andes. Adicto a fumar marihuana.

fumoso, sa. ADJ. Que abunda en humo, o lo despide en gran cantidad. *Cocción fumosa.*

funambulesco, ca. ADJ. **1.** Perteneciente o relativo al **funámbulo** (|| acróbata que realiza ejercicios). *Espectáculo funambulesco.* || **2.** Extravagante, exagerado, llamativo, grotesco. *Situación funambulesca.* || **3.** Hábil para desenvolverse entre tendencias u opiniones opuestas.

funambulismo. M. **1.** Arte del **funámbulo** (|| acróbata que realiza ejercicios). || **2.** Habilidad para desen-

volverse ventajosamente entre diversas tendencias opiniones opuestas, especialmente en política.

funámbulo, la. M. y F. **1.** Acróbata que realiza ejerci cios sobre la cuerda floja o el alambre. || **2.** Persona qu sabe actuar con habilidad, especialmente en la vida s cial y política.

funche. M. *Ant.* Especie de gachas de harina de maíz

función. F. **1.** Capacidad de actuar propia de los s res vivos y de sus órganos, y de las máquinas o instr mentos. || **2.** Tarea que corresponde realizar a una in titución o entidad, o a sus órganos o personas. || **3** Acto solemne, especialmente el religioso. || **4.** Repr sentación de una obra teatral, o proyección de un película. || **5.** Obra teatral representada o filme pr yectado. || **6.** Representación o realización de un e pectáculo. || **7.** Escándalo o alboroto que se produce e una reunión. || **8.** Fiesta mayor de un pueblo o feste particular de ella. || **9.** *Ling.* Papel relacional que, en estructura gramatical de la oración, desempeña un el mento fónico, morfológico, léxico o sintagmático. || **1** *Ling.* Relación que los elementos de una estructura gra matical mantienen entre sí. || **11.** *Ling.* Cada uno de l usos del lenguaje para representar la realidad, expr sar los sentimientos del hablante, incitar la actuació del oyente o referirse metalingüísticamente a sí mi mo. || **12.** *Mat.* Relación entre dos conjuntos que asign a cada elemento del primero un elemento del segund o ninguno. || **~ circular.** F. *Mat.* **función trigonomé trica.** || **~ explícita.** F. *Mat.* Aquella en que el valor d la variable dependiente es directamente calculable partir de los valores que toman la variable o variable independientes. || **~ exponencial.** F. *Mat.* La represe tada por $f(x) = a^x$, en la que la *x,* variable indepe diente, es un exponente. || **~ implícita.** F. *Mat.* Aquell en que el valor de la variable dependiente no es dire tamente calculable a partir de los valores que toman variable o variables independientes. || **~ invers** F. *Mat.* **función** recíproca asociada a una **función** i vertible. || **~ invertible.** F. *Mat.* Aquella cuya relació recíproca es también una **función.** || **~ lineal.** F. *M* Aquella cuya variable o variables son de primer grad || **~ pública.** F. **1.** La que desempeñan los entes públ cos. || **2.** Conjunto del personal al servicio de las A ministraciones públicas. || **~ trigonométrica.** F. *M* Cada una de las **funciones** que dan las distintas rel ciones entre los lados y los ángulos de un triángu rectángulo. || **en ~ de.** LOC. PREPOS. Dependiendo de, acuerdo con. || **en funciones.** LOC. ADJ. En sustitució de quien ejerce en propiedad el cargo. □ V. **cero d una ~, polo de una ~.**

funcional. ADJ. **1.** Perteneciente o relativo a las fu ciones. *Competencia, procedimiento funcional.* || **2.** dice de todo aquello en cuyo diseño u organización ha atendido, sobre todo, a la facilidad, utilidad y c modidad de su empleo. *Mobiliario funcional.* || **3.** D cho de una obra o de una técnica: Eficazmente ad cuada a sus fines. || **4.** Perteneciente o relativo a l funciones biológicas o psíquicas. *Recuperación funci nal.* || **5.** *Ling.* Perteneciente o relativo al funcionali mo. *Estudio funcional.* || **6.** *Ling.* Se dice de las unidad gramaticales de relación, a diferencia de las unid des con contenido léxico. || **7.** *Ling.* Se dice de divers escuelas lingüísticas que estudian el lenguaje aten diendo a la función que desempeñan los elemento idiomáticos. ‖ **8.** *Med.* Se dice de los síntomas y trastornos en los cuales la alteración morbosa de los órganos no va acompañada de lesiones visibles y es, por tanto, susceptible de desaparición rápida y total. ☐ V. **gramática ~, grupo ~.**

funcionalidad. F. Cualidad de funcional.

funcionalismo. M. **1.** Tendencia de la arquitectura racionalista moderna, que hace prevalecer los elementos formales y prácticos. ‖ **2.** *Ling.* Escuela lingüística de los funcionalistas.

funcionalista. ADJ. *Ling.* Que sigue los métodos y estudios que se basan en una interpretación funcional de la lengua. Apl. a pers., u. t. c. s.

funcionamiento. M. Acción y efecto de funcionar.

funcionar. INTR. **1.** Dicho de una persona, de una máquina, etc.: Ejecutar las funciones que les son propias. ‖ **2.** Ir, marchar o resultar bien. *El negocio funciona como esperaba.*

funcionariado. M. **1.** Condición de funcionario. *Acceso al funcionariado.* ‖ **2.** Conjunto de los funcionarios.

funcionarial. ADJ. Perteneciente o relativo al empleo de funcionario.

funcionario, ria. M. y F. **1.** Persona que desempeña profesionalmente un empleo público. ‖ **2.** *Á. Andes* y *Á. R. Plata.* Empleado jerárquico, particularmente el estatal.

funcionarismo. M. **burocracia.**

funda. F. Cubierta o bolsa de cuero, paño, lienzo u otro material con que se envuelve algo para conservarlo y resguardarlo.

fundación. F. **1.** Acción y efecto de fundar. ‖ **2.** Principio, establecimiento y origen de algo. ‖ **3.** *Der.* Persona jurídica dedicada a la beneficencia, ciencia, enseñanza, o piedad, que continúa y cumple la voluntad de quien la erige.

fundacional. ADJ. Perteneciente o relativo a la fundación. *Acta fundacional de la organización.*

fundadamente. ADV. M. Con fundamento.

fundador, ra. ADJ. Que funda. Apl. a pers., u. t. c. s.

fundamental. ADJ. **1.** Que sirve de fundamento o es lo principal en algo. *Estudiamos las leyes fundamentales de la física.* ‖ **2.** De la máxima importancia. *Es fundamental que obedezcas al médico.* ☐ V. **derechos ~es, ley ~, libertades ~es, piedra ~.**

fundamentalismo. M. **1.** Movimiento religioso y político de masas que pretende restaurar la pureza islámica mediante la aplicación estricta de la ley coránica a la vida social. ‖ **2.** Creencia religiosa basada en una interpretación literal de la Biblia, surgida en Norteamérica en coincidencia con la Primera Guerra Mundial. ‖ **3.** Exigencia intransigente de sometimiento a una doctrina o práctica establecida.

fundamentalista. ADJ. **1.** Perteneciente o relativo al fundamentalismo. *Convicciones fundamentalistas.* ‖ **2.** Partidario o seguidor de cualquier fundamentalismo. U. t. c. s.

fundamentar. TR. **1.** Establecer, asegurar y hacer firme algo. *Fundamentar una teoría.* ‖ **2.** Echar los fundamentos o cimientos de un edificio.

fundamento. M. **1.** Principio y cimiento en que estriba y sobre el que se apoya un edificio u otra cosa. ‖ **2.** Razón principal o motivo con que se pretende afianzar y asegurar algo. ‖ **3.** Raíz, principio y origen en que estriba y tiene su mayor fuerza algo no material. ‖ **4.** Seriedad, formalidad de una persona. *Este niño no tiene fundamento.*

fundar. TR. **1.** Establecer, crear. *Fundar un imperio, una asociación.* ‖ **2.** Edificar materialmente una ciudad, un colegio, un hospital, etc. ‖ **3.** Erigir, instituir una universidad, una obra pía, etc., dándoles rentas y estatutos para que subsistan y se conserven. ‖ **4.** Apoyar algo con motivos y razones eficaces o con discursos. *Fundar una sentencia, un dictamen.* U. t. c. prnl. ‖ **5.** Estribar, apoyar, armar alguna cosa material sobre otra. U. t. c. prnl. *La cabaña se funda sobre postes sólidos.*

fundente. I. ADJ. **1.** *Quím.* Que facilita la fundición. *Aditivos fundentes.* ‖ **II.** M. **2.** *Quím.* Sustancia que se mezcla con otra para facilitar la fusión de esta.

fundición. F. **1.** Acción y efecto de fundir o fundirse. ‖ **2.** Fábrica en que se funden los metales. ‖ **3.** Aleación de hierro y carbono que contiene más del 2 por 100 de este. Se usa principalmente para obtener piezas por moldeo del material fundido. ‖ **4.** *Impr.* Surtido o conjunto de todos los moldes o letras de una clase para imprimir.

fundido, da. PART. de **fundir.** ‖ **I.** ADJ. **1.** *Am.* Muy cansado, abatido. ‖ **II.** M. **2.** *Cinem.* y *TV.* Transición gradual de un plano a otro durante su proyección en la pantalla, o de un sonido a otro en la banda sonora. ‖ **3.** *Cinem.* y *TV.* Mezcla de los últimos momentos de una secuencia de imagen o sonido con los primeros de otra. ☐ V. **acero ~, cierre en fundido, hierro ~.**

fundidor, ra. M. y F. Persona que tiene por oficio fundir.

fundidora. F. *Impr.* Máquina que sirve para fundir tipos de imprenta o tejas de los cartones de estereotipia.

fundillo. M. **1.** *Á. Caribe* y *Méx.* **trasero** (‖ nalgas). U. m. en pl. con el mismo significado que en sing. ‖ **2.** pl. *Chile.* **calzón** (‖ prenda de vestir con dos perneras).

fundir. I. TR. **1.** Derretir y licuar los metales, los minerales u otros cuerpos sólidos. U. t. c. intr. y c. prnl. ‖ **2.** Dar forma en moldes al metal fundido. *Fundir cañones, estatuas.* ‖ **3.** Estropear un aparato o un dispositivo eléctrico. U. t. c. prnl. ‖ **4.** Reducir a una sola dos o más cosas diferentes. U. t. c. prnl. *Fundirse dos pueblos.* ‖ **5.** coloq. Gastar, despilfarrar. ‖ **6.** *Cinem.* y *TV.* Mezclar los últimos momentos de una imagen o sonido con los primeros de otra secuencia. ‖ **II.** PRNL. **7.** Dicho de diversos intereses, ideas o partidos: **unirse.** ‖ **8.** *Á. Andes, Á. Caribe* y *Á. R. Plata.* Dicho de un motor o de un vehículo: Quedar inservible.

fundo. M. Heredad o finca rústica.

fúnebre. ADJ. **1.** Perteneciente o relativo a los difuntos. *Honras fúnebres.* ‖ **2.** Muy triste, luctuoso, funesto. *Ambiente fúnebre.* ☐ V. **coche ~.**

funeral. I. ADJ. **1.** Perteneciente o relativo al entierro y a las exequias. *Comitiva funeral.* ‖ **II.** M. **2.** **exequias.** U. t. en pl. con el mismo significado que en sing.

funerala. a la ~. LOC. ADV. Dicho de llevar las armas los militares: En señal de duelo, con las bocas o las puntas hacia abajo.

funeraria. F. **1.** Empresa que se encarga de proveer las cajas, coches fúnebres y demás objetos pertenecientes a los entierros. ‖ **2.** *Á. Caribe.* **tanatorio.**

funerario, ria. ADJ. Perteneciente o relativo al entierro y a las exequias.

funéreo, a. ADJ. poét. Perteneciente o relativo a los difuntos.

funesto, ta. ADJ. **1.** Aciago, que es origen de pesares o de ruina. *Funesto presagio.* ‖ **2.** Triste y desgraciado. *Acontecimiento de funesto recuerdo.*

fungible. ADJ. Que se consume con el uso. *Bienes fungibles.*

fungicida. ADJ. Dicho de un agente: Que destruye los hongos. U. t. c. s. m.

fúngico, ca. ADJ. Perteneciente o relativo a los hongos.

fungiforme. ADJ. Que tiene forma de hongo.

fungir. INTR. **1.** Desempeñar un empleo o cargo. *Fungir de presidente. Fungir como secretario.* ‖ **2.** *Á. Caribe.* Ejercer un oficio o una función, a veces sin el nombramiento correspondiente. *Fungir de alcalde.*

fungistático, ca. ADJ. Dicho de una sustancia: Que impide o inhibe la actividad vital de los hongos. U. t. c. s. m.

fungosidad. F. *Med.* Excrecencia carnosa producida por hongos patógenos.

fungoso, sa. ADJ. **1.** Perteneciente o relativo a los hongos. *Enfermedad fungosa.* ‖ **2.** Esponjoso, fofo, ahuecado y lleno de poros. *Sustancia fungosa.*

funicular. ADJ. **1.** Dicho de un vehículo o de un artefacto: Cuya tracción se hace por medio de una cuerda, cable o cadena. U. t. c. s. m. ‖ **2.** *Bot.* Perteneciente o relativo a los funículos. *Porción funicular.*

funículo. M. *Bot.* Cordón que une a la placenta cada uno de los óvulos.

fuñingue. ADJ. *Chile.* Dicho de una persona: Débil, tímida o enclenque.

furcia. F. despect. **prostituta.**

fúrcula. F. *Zool.* Hueso de las aves con aspecto de horquilla, formado por la soldadura de ambas clavículas.

furgón. M. **1.** Vehículo móvil cubierto, con un espacio amplio destinado al transporte de personas o mercancías. ‖ **2.** Vagón de tren principalmente destinado al transporte de correspondencia, equipajes y mercancías. ‖ **~ celular.** M. **coche celular.** ‖ **~ de cola.** M. El que cierra la composición de un tren. ‖ **ser** alguien **el ~ de cola.** LOC.VERB. Ser el último en una actividad.

furgoneta. F. Vehículo automóvil cubierto, más pequeño que el camión, destinado al reparto de mercancías.

furia. F. **1.** Ira exaltada. ‖ **2.** Persona muy irritada y colérica. ‖ **3.** Actividad y violenta agitación de las cosas inanimadas. *La furia del viento. La furia del mar.* ‖ **4.** Prisa, velocidad y vehemencia con que se ejecuta algo. *Limpiaron con furia todo el local.* ‖ **5.** *Mit.* Cada una de las tres divinidades infernales en que se personificaban la venganza o los remordimientos.

furibundo, da. ADJ. **1.** Airado, colérico, muy propenso a enfurecerse. ‖ **2.** Que denota o implica furor. *Batalla furibunda. Miradas furibundas.* ‖ **3.** Extremadamente entusiasta o partidario. *Seguidores furibundos de su equipo de fútbol.*

fúrico, ca. ADJ. *Á. Caribe* y *Méx.* **furioso** (‖ poseído de furia).

furierismo. M. hist. Sistema utópico de organización social propuesto por Charles Fourier, que excluía la propiedad privada y la familia, y agrupaba a las personas en falansterios.

furierista. ADJ. **1.** hist. Perteneciente o relativo al furierismo. *Ideas furieristas.* ‖ **2.** hist. Partidario de esta doctrina. U. t. c. s.

furioso, sa. ADJ. **1.** Poseído de furia. ‖ **2.** Violento, terrible. *Furiosa tempestad.*

furnia. F. *Ant.* Sima abierta en dirección vertical y por lo común en terreno peñascoso.

furo, ra. ADJ. Dicho de una persona: **huraña.**

furor. M. **1.** Cólera, ira exaltada. ‖ **2.** En la demencia o en delirios pasajeros, agitación violenta con los signos exteriores de la cólera. ‖ **3.** Prisa, vehemencia. *Irrumpieron en la sala con furor.* ‖ **4.** Actividad y violencia de las cosas. *El furor de la tormenta.* ‖ **5.** Momento de mayor intensidad de una moda o costumbre. *En pleno furor del impresionismo.* ‖ **~ uterino.** M. *Med.* Deseo violento e insaciable en la mujer de entregarse a la cópula. ‖ **hacer ~.** LOC.VERB. Ponerse o estar muy de moda.

furriel. M. *Mil.* Cabo que tiene a su cargo la distribución de suministros de determinadas unidades, así como el nombramiento del personal destinado al servicio de la tropa correspondiente.

furtivismo. M. Práctica de la persona que caza, pesca o hace leña en finca ajena, a escondidas de su dueño.

furtivo, va. ADJ. **1.** Que se hace a escondidas. *Miradas furtivas.* ‖ **2.** Dicho de una persona: Que caza, pesca o hace leña en finca ajena, a escondidas de su dueño. U. t. c. s.

furúnculo. M. *Med.* **forúnculo.**

fusa. F. *Mús.* Nota de música, cuyo valor es la mitad de la semicorchea.

fusca. F. jerg. **pistola** (‖ arma de fuego de corto alcance).

fusco, ca. ADJ. Oscuro, que tira a negro. *Plumaje fusco.*

fuselaje. M. Cuerpo del avión donde van los pasajeros y las mercancías.

fusibilidad. F. Cualidad de fusible.

fusible. I. ADJ. **1.** Que puede fundirse. *Cuerpos fusibles.* ‖ **II. 2.** Hilo o chapa metálica, fácil de fundirse, que se coloca en algunas partes de las instalaciones eléctricas, para que, cuando la corriente sea excesiva, la interrumpa fundiéndose.

fusiforme. ADJ. De forma de huso.

fusil. M. Arma de fuego, portátil, destinada al uso de los soldados de infantería. Consta de un cañón de hierro o de acero, de ocho a diez decímetros de longitud ordinariamente, de un mecanismo con que se dispara, y de la caja a que este y aquel van unidos. Los modernos fusiles, de calibre menor que sus antecesores, son semiautomáticos o automáticos, y emplean cargador para los proyectiles. ‖ **~ automático.** M. **arma automática.** ‖ **~ de chispa.** M. hist. El que funcionaba mediante la chispa de un pedernal. ‖ **~ de pistón.** M. hist. El que funcionaba gracias a una cápsula que contenía pólvora fulminante. ‖ **~ de repetición.** M. El que utiliza un cargador con varios cartuchos que se disparan sucesivamente.

fusilamiento. M. Acción y efecto de fusilar.

fusilar. TR. **1.** Ejecutar a alguien con una descarga de fusilería. ‖ **2.** coloq. Plagiar, copiar trozos o ideas de un original sin citar el nombre del autor.

fusilazo. M. **1.** Disparo hecho con fusil. ‖ **2.** **fucilazo.**

fusilería. F. **1.** Conjunto de fusiles. ‖ **2.** Conjunto de soldados fusileros. ‖ **3.** Fuego de fusiles.

fusilero, ra. ADJ. **1.** Perteneciente o relativo al fusil. *Ruido fusilero.* ‖ **2.** Dicho de un soldado de infantería: Armado con fusil y bayoneta. U. m. c. s. ‖ □ V. **marcha real ~.**

fusión. F. **1.** Acción y efecto de fundir o fundirse. ‖ **2.** Unión de intereses, ideas o partidos. ‖ **3.** *Econ.* Integración de varias empresas en una sola entidad, que suele estar legalmente regulada para evitar excesivas concentraciones de poder sobre el mercado. ‖ **4.** *Fís.* **fusión nuclear.** ‖ **~ nuclear.** F. *Fís.* Reacción nuclear, producida por la unión de dos núcleos atómicos ligeros, que da lugar a un núcleo más pesado, con gran desprendimiento de energía. *La energía solar se origina por la fusión nuclear del hidrógeno en el Sol.*

fusionar. TR. Producir una fusión. U. t. c. prnl.

fusionista. ADJ. Partidario de la **fusión** (|| unión de intereses, ideas o partidos). U. t. c. s.

fusta. F. Vara flexible o látigo largo y delgado que por el extremo superior tiene una trencilla de correa que se usa para estimular a los caballos.

fustán. M. **1.** Tela gruesa de algodón, con pelo por una de sus caras. || **2.** *Am. Cen.* y *Am. Mer.* Enagua, combinación.

fuste. M. **1.** Nervio, sustancia o entidad. *Hombre de fuste.* || **2.** Fundamento de algo no material, como un discurso, una oración, un escrito, etc. || **3.** vástago (|| conjunto del tallo y las hojas). || **4.** *Arq.* Parte de la columna que media entre el capitel y la basa.

fustigación. F. Acción y efecto de fustigar.

fustigador, ra. ADJ. Que fustiga. Apl. a pers., u. t. c. s.

fustigar. TR. **1.** Dar azotes. || **2.** Vituperar, censurar con dureza.

fútbol o **futbol.** M. Juego entre dos equipos de once jugadores cada uno, cuya finalidad es hacer entrar un balón por una portería conforme a reglas determinadas, de las que la más característica es que no puede ser tocado con las manos ni con los brazos. || **~ americano.** M. Deporte de origen estadounidense, más parecido al *rugby* que al **fútbol**, cuyos jugadores llevan aparatosas protecciones para la cabeza y el cuerpo, dada la violencia del juego. || **~ sala.** M. Modalidad del **fútbol**, que se juega en un recinto más pequeño, generalmente cubierto, con cinco jugadores por equipo.

futbolero, ra. **I.** ADJ. **1.** Perteneciente o relativo al fútbol. *Estadios futboleros.* || **II.** M. y F. **2.** coloq. Persona aficionada al fútbol o que practica este deporte. U. t. c. adj.

futbolín. (Diminutivo de *fútbol;* marca reg.). M. Juego en que unas figuras pequeñas accionadas mecánicamente remedan un partido de fútbol.

futbolista. COM. Jugador de fútbol.

futbolístico, ca. ADJ. Perteneciente o relativo al fútbol.

futbolizar. TR. *Chile.* Identificar toda actividad o inquietud con el fútbol.

futesa. F. Fruslería, nadería.

fútil. ADJ. De poco aprecio o importancia. *Comentario fútil.*

futilidad. F. **1.** Poca o ninguna importancia de algo. || **2.** Cosa inútil o de poca importancia.

futón. M. Colchoneta de algodón que sirve como asiento o como cama, típica del Japón.

futre. M. **1.** *Am. Mer.* lechuguino. || **2.** *Am. Mer.* Persona vestida con atildamiento.

futura. F. Derecho a la sucesión de un empleo o beneficio antes de estar vacante.

futurible. ADJ. Se dice de lo futuro condicionado, que no será con seguridad, sino que sería si se diese una condición determinada. *Sociedad futurible.* U. t. c. s. m.

futurición. F. Condición de estar orientado o proyectado hacia el futuro, como la vida humana.

futuridad. F. Condición o cualidad de futuro.

futurismo. M. **1.** Actitud espiritual, cultural, política, etc., orientada hacia el futuro. || **2.** Movimiento impulsado al comienzo del siglo XX por el poeta italiano Marinetti, que trataba de adaptar el arte al dinamismo de los avances de la técnica.

futurista. ADJ. **1.** Perteneciente o relativo al futurismo. *Manifiesto futurista.* || **2.** Partidario del futurismo. U. t. c. s.

futurizo, za. ADJ. Orientado o proyectado hacia el futuro. *Destacó la condición futuriza del hombre.*

futuro, ra. **I.** ADJ. **1.** Que está por venir. *Generaciones futuras.* Apl. al tiempo, u. t. c. s. m. || **II.** M. y F. **2.** coloq. Persona que tiene compromiso formal de casamiento con otra de distinto sexo. || **III.** M. **3.** *Econ.* Valor o mercancía cuya entrega se pacta para después de un cierto plazo, pero cuyo precio queda fijado al concertar la operación. || **4.** *Gram.* Tiempo que sirve para denotar una acción, un proceso o un estado posteriores al momento en que se habla; p. ej., *amaré, habré amado, amare, hubiere amado.* || **~ compuesto.** M. *Gram.* El que denota acción, proceso o estado **futuros** respecto al momento en que se habla, pero pasados con relación a una acción, un proceso o un estado posteriores a dicho momento; p. ej., *habrá amado, habrá temido, habrá vivido.* Denota asimismo la probabilidad de una acción o un estado de cosas anteriores al momento en que se habla; p. ej., *Pareces cansado, habrás estado de juerga.* || **futuro contingente.** M. Lo que puede suceder o no. || **~ imperfecto.** M. *Gram.* **futuro simple.** || **~ perfecto.** M. *Gram.* **futuro compuesto.** || **futuro simple.** M. *Gram.* El que manifiesta de un modo absoluto que algo existirá o tendrá lugar en un momento posterior al momento en que se habla; p. ej., *amará, temerá, vivirá.* Denota también una acción o un estado que, según conjetura o probabilidad, se produce o existe en el momento presente; p. ej., *¿Dónde está Juan? Estará en la biblioteca.* Puede también tener valor de imperativo; p. ej., *Amarás al prójimo como a ti mismo.* □ V. **la vida ~.**

futurología. F. Conjunto de los estudios que se proponen predecir científicamente el futuro del hombre.

futurólogo, ga. M. y F. Persona que profesa o cultiva la futurología.

g

g. F. Séptima letra del abecedario latino internacional y octava del español, que representa, ante las vocales *e, i*, un fonema consonántico fricativo, velar y sordo, y, en los demás casos, un fonema consonántico velar y sonoro. Su nombre es *ge*. ORTOGR. Para representar el fonema velar y sonoro ante *e, i*, se escribe una *u* interpuesta, que no se pronuncia; p. ej., en *guedeja, guisa*. En los casos en que la *u* se pronuncia en alguna de estas combinaciones, debe llevar diéresis; p. ej., en *Sigüenza, argüir.*

gabacho, cha. ADJ. despect. coloq. **francés.** Apl. a pers., u. m. c. s.

gabán. M. **1.** Prenda que abriga. || **2.** *Á. Caribe.* Ave zancuda de las Ciconiformes, con plumaje blanco y algunas plumas negras en las alas y la cola, pico largo, grueso, de color negro grisáceo.

gabardina. F. **1.** Tela resistente de tejido diagonal. || **2.** Impermeable confeccionado de esta tela. || **3.** Envoltura de harina o pan rallado y huevo con la que se rebozan algunos alimentos.

gabarra. F. **1.** Barco pequeño y chato destinado a la carga y descarga en los puertos. || **2.** Embarcación mayor que la lancha, con árbol y mastelero, y generalmente con cubierta.

gabarrero. M. **1.** Conductor de una gabarra. || **2.** Cargador o descargador de ella.

gabela. F. **1.** Tributo, impuesto o contribución que se paga al Estado. || **2.** Carga, servidumbre, gravamen. || **3.** *Á. Caribe.* Provecho, ventaja.

gabinete. M. **1.** Habitación más reducida que la sala, donde se recibe a las personas de confianza. || **2.** Conjunto de muebles para un gabinete. || **3.** Oficina de un organismo encargada de atender determinados asuntos. *Gabinete de prensa del Ministerio.* || **4.** Local en que se exhibe una colección de objetos curiosos o destinados al estudio de una ciencia o arte. *Gabinete de ciencias naturales.* || **5.** Habitación provista de los aparatos necesarios, donde el dentista u otro facultativo examina y trata a sus pacientes. || **6.** Cuerpo de ministros del Estado. *El gabinete en pleno acudió a visitar al rey.* || **7.** hist. Aposento que servía de tocador a las mujeres. || **~ de crisis.** M. El constituido por altos cargos del Gobierno para afrontar una situación excepcional. || **de ~.** LOC.ADJ. **1.** Dicho de una persona: Que escribe o trata de una materia, conociéndola solo por teoría, sin tener en ella práctica. || **2.** Dicho de una materia o de un asunto: Que responden a un conocimiento o elaboración meramente teóricos, artificiales o alejados de la realidad. □ V. **cuestión de ~.**

gablete. M. *Arq.* Remate formado por dos líneas rectas y ápice agudo, que se ponía en los edificios de estilo ojival.

gabonés, sa. ADJ. **1.** Natural del Gabón. U. t. c. s. || **2.** Perteneciente o relativo a este país de África.

gacela. F. Se usa como nombre común para referirse a varios antílopes de talla mediana que habitan en zonas semidesérticas o de sabana de África y el Oriente Próximo. Es muy celebrada por su agilidad y gracia corporal. Tanto los machos como las hembras tienen cuernos.

gaceta. F. **1.** Publicación periódica en la que se dan noticias comerciales, administrativas, literarias o de otra índole. || **2.** *Esp.* hist. Diario oficial del Gobierno.

gacetero, ra. M. y F. Persona que escribe para las gacetas o las vende.

gacetilla. F. **1.** Parte de un periódico destinada a la inserción de noticias cortas. || **2.** Cada una de estas noticias.

gacetillero, ra. M. y F. **1.** Persona que redacta gacetillas. || **2.** despect. **periodista.**

gacha. F. **1.** *Á. Caribe.* **cuenco** (|| recipiente de barro). || **2.** pl. Comida compuesta de harina cocida con agua y sal, que se puede aderezar con leche, miel u otros ingredientes.

gacho, cha. ADJ. Encorvado, inclinado hacia la tierra. *Orejas gachas.* || **a gachas.** LOC.ADV. coloq. **a gatas.** □ V. **sombrero ~.**

gachupín, na. M. y F. despect. *Méx.* Español establecido en América.

gaditano, na. ADJ. **1.** Natural de Cádiz. U. t. c. s. || **2.** Perteneciente o relativo a esta ciudad de España o a su provincia.

gadolinio. M. *Quím.* Elemento químico de núm. atóm. 64. Metal de las tierras raras, muy escaso en la litosfera, donde aparece en algunos minerales. De aspecto similar al acero, su obtención es una de las más costosas de todos los elementos. Se utiliza en la industria nuclear y alguno de sus derivados se usa como catalizador (Símb. *Gd*).

gaélico, ca. ADJ. Se dice de los dialectos de la lengua céltica que se hablan en ciertas comarcas de Irlanda y Escocia. U. t. c. s. m. *El gaélico.*

gafa. F. **1.** Anteojos que se sujetan a las orejas o de alguna manera por detrás de la cabeza. U. t. en pl. con el mismo significado que en sing. || **2.** Instrumento para armar la ballesta, que atrae con fuerza la cuerda hasta montarla en la nuez. || **3.** **grapa** (|| pieza de hierro para unir o sujetar dos cosas).

gafar. TR. Transmitir o comunicar mala suerte a alguien o algo.

gafe. ADJ. Dicho de una persona: Que trae mala suerte. U. t. c. s.

gafetí. M. eupatorio. MORF. pl. gafetíes o gafetís.

gafo, fa. ADJ. Am. Cen. y Á. Caribe. Dicho de una caballería o de un animal vacuno: Despeados por haber andado mucho sin herraduras.

gag. M. Efecto cómico rápido e inesperado en un filme o, por ext., en otro tipo de espectáculo. MORF. pl. gags.

gagá. ADJ. coloq. Dicho de una persona de edad: Que ya ha perdido parte de sus facultades mentales, lelo. U. t. c. s. MORF. pl. gagás.

gago, ga. ADJ. tartamudo.

gaguear. INTR. tartamudear.

gaguera. F. tartamudez.

gaita. F. **1.** Instrumento musical de viento formado por una bolsa de cuero o fuelle que tiene acoplados varios tubos por los que sale el aire produciendo el sonido. ‖ **2.** Instrumento musical de viento parecido a una flauta o chirimía de unos 40 cm de largo. ‖ ~ **zamorana.** F. Instrumento musical formado por una caja alargada que contiene cuerdas, a las que hiere una rueda movida por una manivela. Las cuerdas se pisan por medio de teclas dispuestas a un lado de la caja. □ V. **endecasílabo de ~ gallega.**

gaitería. F. Vestido o adorno, o modo de vestir y adornarse, de varios colores fuertes, alegres y contrapuestos.

gaitero, ra. **I.** M. y F. **1.** Persona que toca la gaita, en particular si lo hace profesionalmente. ‖ **II.** ADJ. **2.** Perteneciente o relativo a la gaita o al gaitero. Música, tradición gaitera.

gaje. M. emolumento. U. m. en pl. Con la ayuda de otros gajes, como vender lotería, conseguían salir adelante. ‖ ~**s del oficio.** M. pl. Molestias o perjuicios que se experimentan con motivo del empleo u ocupación.

gajo. M. **1.** Cada una de las partes en que está naturalmente dividido el interior de algunos frutos, como la naranja, el limón, la granada, etc. ‖ **2.** Rama de árbol, sobre todo cuando está desprendida del tronco. ‖ **3.** Cada uno de los grupos de uvas en que se divide el racimo. ‖ **4.** Racimo apiñado de cualquier fruta. Gajo de ciruelas. Gajo de guindas. ‖ **5.** Cada una de las partes, a manera de ondas, que sobresalen en el borde de una cosa.

gala. F. **1.** Fiesta en la que se exige vestido especial y lujoso. ‖ **2.** Actuación artística de carácter excepcional. ‖ **3.** Cosa más esmerada, exquisita o selecta. Esa colección es la gala del museo. ‖ **4.** Ant. Obsequio que se hace dando una moneda de corto valor a alguien por haber sobresalido en alguna habilidad o como propina. ‖ **5.** pl. Trajes, joyas y demás artículos de lujo que se poseen y ostentan. ‖ **de ~.** **I.** LOC.ADJ. **1.** Dicho de un uniforme o de un traje: Del mayor lujo, en contraposición al que se usa para diario. ‖ **2.** Dicho de una ceremonia, de una fiesta o de un espectáculo: En que se exige vestido especial de esta clase. Función de gala. ‖ **II.** LOC.ADV. **3.** Con indumentaria de especial lujo o vistosidad. Vestir de gala. Ir de gala. ‖ **de media ~.** LOC.ADJ. Dicho de un uniforme o de un traje: Que por ciertas prendas o adornos se diferencia del de gala y del de diario. ‖ **hacer ~ de,** o **tener a ~** algo. LOCS.VERBS. Preciarse y gloriarse de ello.

galabardera. F. **1.** Rosal silvestre. ‖ **2.** Fruto de este arbusto.

galáctico, ca. ADJ. Astr. Perteneciente o relativo a la Vía Láctea o a cualquier otra galaxia.

galactocele. M. Med. Quiste en una glándula mamaria producido por obstrucción de un conducto excretor de leche.

galactóforo, ra. ADJ. Anat. Se dice de los conductos por donde pasa la leche hasta llegar a los pezones de las mamas.

galactosa. F. Quím. Azúcar que se prepara mediante hidrólisis de la lactosa.

galafate. M. Ladrón que roba con arte, disimulo o engaño.

galaico, ca. ADJ. **1.** Perteneciente o relativo a Galicia. Cordillera galaica. Literatura galaica. ‖ **2.** hist. Se dice de un pueblo hispánico prerromano que habitaba territorios correspondientes a la actual Galicia y zona norte de Portugal. ‖ **3.** hist. Se dice de los individuos pertenecientes a este pueblo. U. t. c. s.

galaicoportugués, sa o **galaico-portugués, sa.** ADJ. gallegoportugués. MORF. pl. galaicoportugueses, sas o galaico-portugueses, sas.

galán. M. **1.** Actor de teatro o cine que representa papeles principales, sobre todo de carácter amoroso. ‖ **2.** Hombre de buen semblante, bien proporcionado y airoso. ‖ **3.** Hombre que galantea a una mujer. ‖ ~ **de día.** M. Arbusto de la familia de las Solanáceas, propio de la América tropical, de hojas apuntadas, verdes, lustrosas por encima, pálidas por el envés, flores blancas en forma de clavo, seis o más en un pedúnculo, y por fruto unas bayas esféricas moradas. ‖ ~ **de noche.** M. **1.** Mueble de alcoba que sirve de percha, especialmente para la ropa masculina. ‖ **2.** Arbusto ramoso de la familia de las Solanáceas, propio de la América tropical, que lleva en su parte superior hojas alternas de olor muy fuerte, con flores blancuzcas de cinco pétalos soldados por la parte inferior a manera de tubo, muy olorosas por la noche, y por fruto unas bayas esféricas de color perla. ‖ **3.** Ant. Cactácea con flores grandes blancas y olorosas, que se abren por la noche.

galanga. F. **1.** Planta exótica de la familia de las Cingiberáceas, de hojas radicales, enteras, planas, envainadoras, con el nervio medio prominente, flores blanquecinas, tubulares, en espiga sobre un bohordo central, y raíz en rizoma nudoso de unos dos centímetros de diámetro, parda por fuera, roja por dentro, aromática, amarga y picante. ‖ **2.** Rizoma de esta planta, usado antiguamente en medicina.

galanía. F. galanura.

galano, na. ADJ. **1.** Bien adornado. Capa galana. ‖ **2.** Dispuesto con buen gusto e intención de agradar. Una casa muy galana. ‖ **3.** Que viste bien, con aseo, compostura y primor. Iba muy galana del brazo de él. ‖ **4.** Dicho de una producción del ingenio: Elegante y gallarda. Discurso, estilo galano. Comparación galana.

galante. ADJ. **1.** Dicho generalmente de un hombre: Atento, cortés, obsequioso, en especial con las damas. ‖ **2.** Dicho de una obra artística: Que trata con picardía un tema amoroso. Literatura galante. ‖ **3.** Dicho de una mujer: Que gusta de galanteos. ‖ **4.** Dicho de una mujer: De costumbres licenciosas.

galanteador. ADJ. Que galantea. U. t. c. s.

galantear. TR. **1.** Requebrar a una mujer. ‖ **2.** Procurar captarse el amor de una mujer, especialmente para seducirla.

galanteo. M. Acción de galantear.

galantería. F. **1.** Acción o expresión obsequiosa, cortesana o de urbanidad. || **2.** Liberalidad, generosidad.

galantina. F. Fiambre de carne blanca rellena con otro tipo de carne y recubierta de gelatina.

galanura. F. **1.** Elegancia y gallardía en el modo de expresar los conceptos. || **2.** Gracia, gentileza.

galápago. M. **1.** Reptil del orden de los Quelonios, parecido a la tortuga, con membranas interdigitales. || **2.** *Arq.* Cimbra pequeña. || **3.** *Equit.* Silla de montar, ligera y sin ningún resalte, a la inglesa. || **4.** *Mar.* Pieza de madera o metal, de varias hechuras, que, colocada firme en el costado, en cubierta u otro punto del buque, facilita el laboreo de cabos o cables mediante roldanas que en ella juegan. || **5.** *Á. Caribe.* Silla de montar para señora.

galapaguense. ADJ. **galapagueño.** Apl. a pers., u. t. c. s.

galapagueño, ña. ADJ. **1.** Natural de Galápagos. U. t. c. s. || **2.** Perteneciente o relativo a esta provincia de Ecuador.

galardón. M. Premio o recompensa de los méritos o servicios.

galardonar. TR. Premiar o remunerar los servicios o méritos de alguien.

gálata. ADJ. **1.** hist. Natural de Galacia. U. t. c. s. || **2.** hist. Perteneciente o relativo a este país del Asia antigua.

galaxia. F. **1.** *Astr.* Conjunto de gran tamaño constituido por numerosísimas estrellas, polvo cósmico, gases y partículas. || **2.** por antonom. La Vía Láctea. □ V. **guerra de las ~s.**

gálbano. M. Gomorresina de color gris amarillento, más o menos sólida y de olor aromático, que se saca de una planta de la familia de las Umbelíferas, espontánea en Siria. Se ha usado en medicina y entraba en la composición del perfume quemado por los judíos ante el altar de oro o del tabernáculo.

galeato. ADJ. Dicho del prólogo de una obra: Que la defiende de los reparos y objeciones que se le han puesto o se le pueden poner.

galeaza. F. hist. Embarcación, la mayor de las que se usaban de remos y velas. Llevaba tres mástiles, el trinquete, el maestro y otro cercano a la popa, del que carecían las galeras ordinarias.

galega. F. Planta de la familia de las Papilionáceas, con tallos de ocho a doce decímetros de altura, ramosos y herbáceos, hojas compuestas de 11 a 17 hojuelas enteras, lanceoladas y de borde grueso, flores blancas, azuladas o rojizas, en panojas axilares pendientes de un largo pecíolo, y fruto en vaina estriada con muchas semillas. Se ha empleado en medicina y hoy se cultiva en los jardines.

galena. F. Mineral compuesto de azufre y plomo, de color gris y lustre intenso. Es la mejor mena del plomo.

galenismo. M. Doctrina de Galeno, médico griego del siglo II.

galeno. M. coloq. **médico** (|| hombre autorizado para ejercer la medicina).

galeón. M. hist. Bajel grande de vela, parecido a la galera y con tres o cuatro palos, en los que orientaban, generalmente, velas de cruz. Los había de guerra y mercantes.

galeota. F. hist. Galera menor, que tenía 16 ó 20 remos por banda, y solo un hombre a cada remo. Llevaba dos palos y algunos cañones pequeños.

galeote. M. hist. Hombre que remaba forzado en las galeras.

galera. F. **1.** hist. Embarcación de vela y remo, la más larga de quilla y de menor calado entre las de vela latina. || **2.** Carro grande de cuatro ruedas para transportar personas, ordinariamente con cubierta o toldo de lienzo fuerte. || **3.** *Impr.* Tabla guarnecida por tres de sus lados de unos listones con rebajo, en que entra otra tablita delgada. Servía para poner las líneas de letras que iba componiendo el cajista, formando con ellas la galerada. || **4.** *Impr.* **galerada** (|| prueba de la composición). || **5.** *Am. Cen.* Cobertizo, tinglado. || **6.** pl. hist. Pena de servir remando en las galeras reales, que se imponía a ciertos delincuentes. *Condenar a galeras.* || **sacar** algo **de la ~** LOC. VERB. *Á. R. Plata.* Sorprender a alguien con un hecho inesperado.

galerada. F. **1.** *Impr.* Prueba de la composición, sin ajustar, que se saca para corregirla. || **2.** *Impr.* Trozo de composición que se ponía en una galera o en un galerín.

galería. F. **1.** Pieza o corredor largos y espaciosos, con muchas ventanas, o sostenidos por columnas o pilares. || **2.** Lugar, normalmente con salas comunicadas entre sí, donde se exponen obras de arte. || **3.** **galería de arte.** || **4.** Conjunto de retratos, fotografías o bustos de personas notables. *Una galería de hombres o mujeres sobresalientes.* || **5.** Conjunto de personas notables. *Una galería de grandes novelistas.* || **6.** Cada uno de los caminos subterráneos que se excavan en las minas y se utilizan para comunicación, ventilación, desagüe y descanso. || **7.** Camino excavado bajo una superficie. *La galería hecha por un topo.* || **8.** Gente fácil de contentar, que aprueba o desaprueba actuaciones públicas. *Habla para la galería.* || **9.** Armazón que se coloca en la parte superior de una puerta o balcón para colgar en él las cortinas. || **10.** En una cárcel, conjunto de celdas ordenadas en torno a un pasillo común. || **11.** *Mar.* Espacio de popa a proa en medio de la cubierta. || **12.** *Mar.* Cada uno de los balcones de la popa del navío. || **13.** pl. Tienda o almacén de cierta importancia. || **14.** pl. En un edificio, pasaje interior abierto al público en el que hay establecimientos comerciales. || **~ cubierta.** F. Construcción megalítica, especie de corredor con techo. || **~ de arte.** F. Establecimiento comercial donde se exponen y venden cuadros, esculturas y otros objetos de arte.

galerín. M. *Impr.* Tabla de madera, o plancha de metal, larga y estrecha, con un listón en su parte inferior y costado derecho, que forma ángulo recto, donde los cajistas, colocándolo en la caja diagonalmente, depositaban las líneas de composición según las iban haciendo, hasta que se llenaban y formaban una galerada.

galerista. COM. Dueño o gestor de una galería de arte.

galerístico, ca. ADJ. Perteneciente o relativo a una galería de arte. *El mercado galerístico.*

galerna. F. Viento súbito y borrascoso que, en la costa septentrional de España, suele soplar entre el oeste y el noroeste.

galerón. M. **1.** *Am. Cen.* y *Á. guar.* **cobertizo** (|| sitio abierto). || **2.** *Á. Caribe.* Aire popular al son del cual se baila y se cantan cuartetas, seguidillas, glosas o romances. || **3.** *Á. guar.* **sombrero de copa.**

galés, sa. I. ADJ. **1.** Natural de Gales. U. t. c. s. || **2.** Perteneciente o relativo a este país del Reino Unido. || **3.** Perteneciente o relativo al idioma galés. *Pronunciación galesa.* || **II.** M. **4.** Idioma galés, uno de los célticos

galga. F. **1.** Piedra grande que, desprendida de lo alto de una cuesta, baja rodando y dando saltos. ‖ **2.** Tira metálica de espesor calibrado utilizada para medir holguras o espacios estrechos. ‖ **3.** *Mar.* Orinque o anclote con que se engalga o refuerza en malos tiempos el ancla fondeada, y, por ext., ayuda que se da al ancla empotrada en tierra, haciendo firme en su cruz un calabrote que se amarra a un noray, para evitar que el esfuerzo del buque pueda arrancarla.

galgo, ga. ADJ. Se dice de un perro muy ligero, con la cabeza pequeña, los ojos grandes, el hocico puntiagudo, las orejas delgadas y colgantes, el cuerpo delgado y el cuello, la cola y las patas largas. U. t. c. s.

galiana. F. **cañada** (‖ vía para los ganados).

gálibo. M. **1.** Figura ideal, cuyo perímetro marca las dimensiones máximas de la sección transversal autorizadas a los vehículos cargados, que hayan de pasar por túneles, arcos, etc. ‖ **2.** Arco de hierro en forma de U invertida, que sirve en las estaciones de los ferrocarriles para comprobar si los vagones con su carga máxima pueden circular por los túneles y bajo los pasos elevados. ‖ **3.** Plantilla o patrón para trazar o comprobar un perfil. ‖ **4.** *Arq.* Buen aspecto de una columna por la acertada proporción de sus dimensiones. ‖ **5.** *Mar.* Forma del barco.

galicado, da. ADJ. Dicho de un estilo, de una frase o una palabra: Que tienen influencia de la lengua francesa.

galicanismo. M. hist. Sistema doctrinal iniciado en Francia, que postulaba la disminución del poder del papa en favor del episcopado y de los grados inferiores de la jerarquía eclesiástica y la subordinación de la Iglesia al Estado.

galicano, na. ADJ. **1.** Perteneciente o relativo a las Galias. Se usa principalmente referido a la Iglesia de Francia y a su especial liturgia y disciplina. ‖ **2.** Dicho de un estilo o de una frase: De influencia francesa.

galiciano, na. ADJ. Perteneciente o relativo a Galicia, comunidad autónoma de España.

galicismo. M. **1.** Idiotismo propio de la lengua francesa. ‖ **2.** Vocablo o giro de esta lengua empleado en otra. ‖ **3.** Empleo de vocablos o giros de la lengua francesa en distinto idioma.

galicista. COM. Persona que incurre frecuentemente en galicismos, hablando o escribiendo. U. t. c. adj.

gálico, ca. ADJ. Perteneciente o relativo a las Galias.

galicoso, sa. ADJ. Que padece sífilis. U. t. c. s.

galileo, a. **I.** ADJ. **1.** Natural de Galilea. U. t. c. s. ‖ **2.** Perteneciente o relativo a este país de Tierra Santa. ‖ **II.** M. **3.** Era usado por algunos para referirse, por oprobio, a Jesucristo y a los cristianos.

galillo. M. **1.** Campanilla del velo del paladar. ‖ **2.** coloq. **garguero** (‖ parte superior de la tráquea).

galimatías. M. **1.** coloq. Lenguaje oscuro por la impropiedad de la frase o por la confusión de las ideas. ‖ **2.** coloq. Confusión, desorden, lío.

galio[1]**.** M. Hierba de la familia de las Rubiáceas, con tallos erguidos, de tres a seis decímetros, delgados, nudosos y ramosos; hojas lineales, surcadas, casi filiformes y puntiagudas, flores amarillas en panojas terminales muy apretadas, y fruto en drupa con dos semillas en forma de riñón. Se ha usado en medicina y sirve en la fabricación de quesos para cuajar la leche.

galio[2]**.** M. Elemento químico de núm. atóm. 31. Metal escaso en la litosfera, se encuentra en minerales de aluminio y de cinc. De color gris, funde alrededor de los 30 °C. Se usa en la fabricación de semiconductores, de termómetros de cuarzo, en las lámparas de arco y en odontología. (Símb. *Ga*).

gallada. F. *Á. Andes.* **pandilla** (‖ grupo de amigos).

galladura. F. Pinta como de sangre, menor que una lenteja, que en la yema del huevo puesto por la gallina señala que está fecundado.

gallarda. F. **1.** Especie de danza, muy airosa, de la escuela española. ‖ **2.** Tañido de esta danza.

gallardear. INTR. Ostentar gallardía en hacer algo. U. t. c. prnl.

gallardete. M. *Mar.* Tira o faja volante que va disminuyendo hasta rematar en punta, y se pone en lo alto de los mástiles de la embarcación, o en otra parte, como insignia, o para adorno, aviso o señal.

gallardía. F. Cualidad de gallardo.

gallardo, da. ADJ. **1.** Elegante y airoso. *Porte gallardo.* ‖ **2.** Bizarro, valiente. *Gallardo soldado.*

gallareta. F. **focha.**

gallarón. M. **sisón.**

gallaruza. F. Vestido de gente montañesa, con capucha para defender la cabeza del frío y de las aguas.

gallear. **I.** TR. **1.** Dicho del gallo: Cubrir a la gallina. ‖ **II.** INTR. **2.** Pretender sobresalir entre otros con presunción o jactancia. ‖ **3.** coloq. Presumir de hombría, alzar la voz con amenazas y gritos.

gallegada. F. Palabra o acción propia de gallegos.

gallego, ga. **I.** ADJ. **1.** Natural de Galicia. U. t. c. s. ‖ **2.** Perteneciente o relativo a esta comunidad autónoma de España. ‖ **3.** *Á. Caribe* y *Á. R. Plata.* Dicho de una persona: Nacida en España o de ascendencia española. U. t. c. s. ‖ **4.** Perteneciente o relativo a la lengua de los gallegos. *Acento gallego.* ‖ **II.** M. **5.** Lengua de los gallegos. ‖ **6.** *Ant.* Ave palmípeda de plumaje ceniciento, rabadilla, vientre y cola blancos, patas, pico y párpados rojizos. ☐ V. **caldo ~, endecasílabo de gaita ~, nabo ~.**

gallegohablante. ADJ. Que tiene el gallego como lengua materna o propia. Apl. a pers., u. t. c. s.

gallegoparlante. ADJ. **gallegohablante.** Apl. a pers., u. t. c. s.

gallegoportugués, sa o **gallego-portugués, sa.** **I.** ADJ. **1.** *Ling.* Perteneciente o relativo a la antigua lengua romance de la que derivan el gallego y el portugués. *Lírica gallegoportuguesa.* ‖ **2.** *Ling.* Perteneciente o relativo al grupo de lenguas románicas utilizadas en los dominios lingüísticos de Galicia y Portugal. *Fonética gallegoportuguesa.* ‖ **II.** M. **3.** Antigua lengua romance de la que derivan el gallego y el portugués. ¶ MORF. pl. **gallegoportugueses** o **gallego-portugueses, sas.**

galleguense. ADJ. **1.** Natural de Río Gallegos. U. t. c. s. ‖ **2.** Perteneciente o relativo a esta ciudad de la Argentina, capital de la provincia de Santa Cruz.

galleguismo. M. **1.** Locución, giro o modo de hablar propio de los gallegos. ‖ **2.** Amor o apego a las cosas características o típicas de Galicia.

galleguista. **I.** ADJ. **1.** Perteneciente o relativo al galleguismo. *Reivindicación galleguista.* ‖ **II.** COM. **2.** Persona de actitud favorable al galleguismo. U. t. c. adj.

galleo. M. Jactancia, presunción.

gallera. F. **1.** Gallinero en que se crían los gallos de pelea. ‖ **2.** Edificio construido expresamente para las riñas de gallos. ‖ **alborotarse la ~.** LOC. VERB. *Méx.* Suscitarse un alboroto o un bullicio.

gallería. F. *Am.* gallera.

gallero, ra. **I.** ADJ. **1.** *Am.* Aficionado a las riñas de gallos. U. t. c. s. ‖ **II.** M. y F. **2.** Persona que se dedica a la cría de gallos de pelea.

galleta. F. **1.** Pasta compuesta de harina, azúcar y a veces huevo, manteca o confituras diversas, que, dividida en trozos pequeños y moldeados de distintas formas, se cuecen al horno. ‖ **2.** Pan sin levadura para los barcos. ‖ **3.** Carbón mineral lavado y clasificado, cuyos trozos han de tener un tamaño reglamentario comprendido entre 25 y 45 mm. ‖ **4.** coloq. Cachete, bofetada. ‖ **5.** *Mar.* Disco de bordes redondeados en que rematan los palos y las astas de banderas. ‖ **6.** *Mar.* Escudo de la gorra del marino. ‖ **7.** *Á. guar.* Bollo de pan con costra unas veces ligeramente dura y otras crocante. ‖ **8.** *Chile.* Pan de salvado para los trabajadores del campo. ‖ **~ maría.** F. galleta redonda de masa fina, sin relleno ni cobertura.

galletería. F. Lugar donde se fabrican las galletas.

galletero, ra. **I.** ADJ. **1.** Perteneciente o relativo a las galletas. *Fábrica galletera.* ‖ **II.** M. y F. **2.** Persona que trabaja en la fabricación de galletas. ‖ **III.** M. **3.** Recipiente en que se conservan y sirven las galletas.

galliforme. ADJ. *Zool.* Se dice de las aves de costumbres terrestres y aspecto compacto, con patas robustas, que usan para escarbar en el suelo, y pico corto ligeramente curvado. Las alas son cortas y el vuelo, aunque rápido, suele ser poco sostenido. Generalmente presentan carúnculas faciales coloreadas; p. ej., la gallina, la perdiz y el faisán. U. t. c. s. f. ORTOGR. En f. pl., escr. con may. inicial c. taxón. *Las Galliformes.*

gallina. **I.** F. **1.** Hembra del gallo, de menor tamaño que este, cresta pequeña o rudimentaria, cola sin coberteras prolongadas y tarsos sin espolones. ‖ **II.** COM. **2.** coloq. Persona cobarde, pusilánime y tímida. *Esteban es un gallina.* U. t. c. adj. ‖ **~ ciega.** F. **1.** Juego de muchachos, en que uno, con los ojos vendados, trata de atrapar a otro y adivinar quién es; si lo logra, pasa el atrapado a ocupar su puesto. ‖ **2.** *Chile.* Ave solitaria y nocturna. Se alimenta de insectos que caza al vuelo durante la noche. ‖ **~ de agua.** F. focha. ‖ **~ de Guinea.** F. Ave galliforme, poco mayor que la gallina común, de cabeza pelada, cresta ósea, carúnculas rojizas en las mejillas y plumaje negro azulado, con manchas blancas, pequeñas y redondas, simétricamente distribuidas por todo el cuerpo; cola corta y puntiaguda, lo mismo en el macho que en la hembra, y tarsos sin espolones. Originaria del país de su nombre, se ha domesticado en Europa, y su carne es muy estimada. ‖ **la ~ de los huevos de oro.** F. Aquello de lo que se obtiene un gran beneficio. *Si renuncias a ese contrato, estás matando a la gallina de los huevos de oro.* ‖ **acostarse** alguien **con las ~s.** LOC.VERB. coloq. Acostarse muy temprano. ‖ **como ~ en corral ajeno.** LOC.ADV. coloq. Sintiéndose incómodo y confuso entre gente desconocida. ☐ V. **caldo de ~, carne de ~, leche de ~, pie de ~, piel de ~.**

gallináceo, a. ADJ. Se dice de la gallina y de las aves del orden de las Galliformes. U. t. c. s. f. ORTOGR. En f. pl., escr. con may. inicial c. taxón en desuso. *Las Gallináceas.*

gallinaza. F. **1.** aura². ‖ **2.** Excremento o estiércol de las gallinas.

gallinazo. M. *Á. Andes.* zopilote. ☐ V. **rey ~.**

gallinejas. F. pl. Tripas fritas de gallina u otras aves, y a veces de otros animales, que se venden en las calles o en establecimientos populares.

gallinero. M. **1.** Lugar o cobertizo donde las aves de corral se recogen a dormir. ‖ **2.** Conjunto de gallinas que se crían en una granja o casa. ‖ **3.** coloq. Paraíso de un cine, teatro o local análogo. ‖ **4.** coloq. Reunión donde el griterío o la discusión embarullada y confusa impide el mutuo entendimiento. ‖ **alborotar el ~.** LOC.VERB. coloq. Alterar con palabras o acciones a un grupo de personas.

gallineta. F. **1.** focha. ‖ **2.** escorpina. ‖ **3.** *Á. Caribe* y *Chile.* gallina de Guinea.

gallipato. M. Batracio del orden de los Urodelos, que alcanza unos 30 cm de largo. Tiene dos filas de dientes en el paladar, comprimida la cola, y las costillas horadan la piel y se hacen salientes a voluntad del animal. Vive en los estanques cenagosos y en las fuentes.

gallipavo. M. **pavo** (‖ ave galliforme).

gallístico, ca. ADJ. Perteneciente o relativo a los gallos, y especialmente a las peleas de estos. *Circo gallístico.*

gallito. M. coloq. Hombre presuntuoso o jactancioso. U. t. c. adj.

gallo. M. **1.** Ave del orden de las Galliformes, de aspecto arrogante, cabeza adornada de una cresta roja, carnosa y ordinariamente erguida, pico corto, grueso y arqueado, carúnculas rojas y pendientes a uno y otro lado de la cara. Tiene plumaje abundante, lustroso y a menudo con visos irisados, cola de catorce plumas cortas y levantadas, sobre las que se alzan y prolongan en arco las coberteras, y tarsos fuertes, escamosos, armados de espolones largos y agudos. ‖ **2.** Pez marino del orden de los Acantopterigios, de unos 20 cm de largo, cabeza pequeña, boca prominente, cuerpo comprimido, verdoso por encima y plateado por el vientre, aletas pequeñas, la dorsal en forma de cresta de un gallo, y cola redonda. ‖ **3.** coloq. Nota falsa y chillona que emite quien canta, perora o habla. ‖ **4.** coloq. Hombre fuerte, valiente. U. t. c. adj. *Es muy gallo.* ‖ **5.** coloq. Hombre que trata de imponerse a los demás por su agresividad o jactancia. ‖ **6.** coloq. Hombre que en una casa, pueblo o comunidad, todo lo manda o lo quiere mandar y disponer a su voluntad. ‖ **7.** *Méx.* serenata. ‖ **~ de pelea.** M. Persona valiente y que no se deja intimidar por nadie. ‖ **~ de roca.** M. Pájaro dentirrostro que habita en Colombia, Venezuela y el Perú. ‖ **en menos que canta un ~.** LOC.ADV. coloq. En muy poco tiempo, en un instante. ‖ **entre ~s y media noche.** LOC.ADV. a deshora. ‖ **levantar** alguien **el ~.** LOC. VERB. Manifestar soberbia o arrogancia en la conversación o en el trato. ‖ **otro ~ me, te, le,** etc., **cantara.** EXPR. coloq. Mejor sería mi, tu, su, etc., suerte. ☐ V. **misa de ~, misa del ~, ojo de ~, pata de ~, peso ~, pie de ~.**

gallocresta. F. **1.** Planta medicinal, especie de salvia, con las hojas obtusas, festoneadas y de forma algo semejante a la cresta del gallo, el tallo anguloso y como de medio metro de alto, y la flor encarnada. ‖ **2.** Planta herbácea de la familia de las Escrofulariáceas, con tallo derecho, sencillo o ramoso, hojas lanceoladas, acorazonadas en la base, aserradas por el margen, y flores amarillentas en espiga.

gallofa. F. Verdura u hortaliza que sirve para ensaladas, menestras y otros usos.

gallofero, ra. ADJ. Holgazán y vagabundo que anda pidiendo limosna. U. t. c. s.

gallofo, fa. ADJ. gallofero. U. t. c. s.

galludo. M. Especie de tiburón que abunda en las costas orientales y meridionales de España y en las de Marruecos.

galo, la. I. ADJ. **1.** hist. Natural de la Galia. U. t. c. s. ‖ **2.** hist. Perteneciente o relativo a este país de la antigua Europa. ‖ **3. francés.** Apl. a pers., u. t. c. s. ‖ **II.** M. **4.** Antigua lengua céltica de las Galias.

galocha. F. Calzado de madera con refuerzos de hierro, usado en algunos lugares para andar por la nieve, por el lodo o por suelo muy mojado.

galolatino, na. ADJ. **1.** Se dice de la variedad del latín caracterizada por elementos lingüísticos galos, que se habló en la Galia. U. t. c. s. m. *El galolatino.* ‖ **2.** Perteneciente o relativo a esta variedad. *Léxico galolatino.* ¶ MORF. pl. **galolatinos, nas.**

galón[1]. M. **1.** Tejido fuerte y estrecho, a manera de cinta, que sirve para guarnecer vestidos u otras cosas. ‖ **2.** *Mar.* Listón de madera que guarnece exteriormente el costado de la embarcación por la parte superior, y a la superficie del agua. ‖ **3.** *Mil.* Distintivo que llevan en el brazo o en la bocamanga diferentes clases del Ejército o de cualquier otra fuerza organizada militarmente, hasta el coronel inclusive.

galón[2]. M. Medida de capacidad para líquidos, usada en Gran Bretaña, donde equivale a algo más de 4,546 L y en América del Norte, donde equivale a 3,785 L.

galonear. TR. Guarnecer o adornar con galones los vestidos u otras cosas.

galop. M. **1.** Danza húngara, usada también en otros pueblos. ‖ **2.** Música de este baile. ¶ MORF. pl. **galops.**

galopa. F. galop.

galopada. F. Carrera a galope.

galopante. ADJ. **1.** Que galopa. *Corcel galopante.* ‖ **2.** Dicho de algún proceso, y en especial de alguna enfermedad: De desarrollo y desenlace muy rápidos.

galopar. INTR. **1.** Dicho de una caballería: Ir a galope. ‖ **2.** Cabalgar en caballo que va a galope.

galope. M. Marcha de la caballería, más rápida que el trote. Se descompone en cuatro tiempos: apoyo de uno de los pies; apoyo de la mano y del pie contrapuestos, que quedan libres; apoyo en la mano contraria, y suspensión o salto. ‖ **~ sostenido.** M. *Equit.* Marcha del caballo a galope, pero acompasadamente y sin gran celeridad: no es aire natural, sino de escuela. ‖ **~ tendido.** M. *Equit.* Movimiento máximo del galope, a todo correr del caballo. ‖ **medio ~.** M. *Equit.* galope sostenido. ‖ **a, o al, ~.** LOCS. ADVS. Con prisa y aceleración. ▢ V. **estay de ~.**

galopín. M. **1.** Muchacho mal vestido, sucio y desharrapado, por abandono. ‖ **2.** Pícaro, bribón. ‖ **~ de cocina.** M. Criado que sirve en los oficios más humildes de la cocina.

galorromance. ADJ. *Ling.* galorrománico. Apl. a un grupo de lenguas, u. t. c. s. m. *El galorromance.*

galorrománico, ca. I. ADJ. **1.** *Ling.* Perteneciente o relativo al conjunto de variedades lingüísticas originadas del latín hablado en el antiguo territorio de las Galias. ‖ **II.** M. **2.** *Ling.* Grupo formado por dichas variedades lingüísticas. ¶ MORF. pl. **galorrománicos, cas.**

galpón. M. *Am. Mer.* Cobertizo grande con paredes o sin ellas.

galucha. F. Á. *Caribe.* galope.

galuchar. INTR. Á. *Caribe.* galopar.

galvanismo. M. **1.** *Biol.* Producción de fenómenos fisiológicos mediante corrientes eléctricas. ‖ **2.** *Fís.* Electricidad producida por una reacción química.

galvanización. F. **1.** Acción y efecto de galvanizar. ‖ **2.** *Med.* Utilización del galvanismo para el diagnóstico y tratamiento de enfermedades.

galvanizado. M. galvanización.

galvanizador, ra. I. ADJ. **1.** Que galvaniza. *Planta galvanizadora.* ‖ **II.** M. y F. **2.** Persona encargada de un proceso industrial de galvanización.

galvanizar. TR. **1.** Aplicar una capa de metal sobre otro mediante una corriente eléctrica. *Galvanizar una chapa.* ‖ **2.** Dar un baño de cinc fundido a una superficie metálica, para que no se oxide. ‖ **3.** Reactivar súbitamente cualquier actividad o sentimiento humanos. *Sus palabras galvanizaron la solidaridad ciudadana.*

galvano. M. Reproducción, por lo común artística, hecha por galvanoplastia.

galvanómetro. M. *Fís.* Instrumento muy sensible que mide la intensidad de pequeñas corrientes eléctricas.

galvanoplastia. F. *Fís.* Recubrimiento, por depósito electrolítico, de un cuerpo sólido con una capa metálica.

galvanoplástico, ca. ADJ. *Fís.* Perteneciente o relativo a la galvanoplastia.

galvanostegia. F. Tipo de galvanoplastia en que es de metal el cuerpo que se recubre con una capa metálica electrolítica.

gama[1]. F. Hembra del gamo, del cual se distingue por la falta de cuernos.

gama[2]. F. **1.** Escala, gradación de colores. ‖ **2.** Serie de elementos que pertenecen a una misma clase o categoría. *Toda la gama de productos cosméticos.* ‖ **3.** *Mús.* Escala musical. ‖ **4.** *Mús.* Tabla o escala con que se enseña la entonación de las notas de la música.

gamada. ▢ V. **cruz ~.**

gamalote. F. Á. *Andes.* camalote (‖ planta gramínea).

gamarra. F. Correa de poco más de un metro de longitud que, partiendo de la cincha, pasa por entre los brazos del caballo, se asegura en el pretal de la silla y llega a la muserola, donde se afianza.

gamarza. F. alharma.

gamba. F. Crustáceo semejante al langostino, pero algo menor, y sin los surcos que tiene aquel en el caparazón. Habita en el Mediterráneo y es comestible.

gambado, da. ADJ. *Ant.* patizambo.

gamberrada. F. Acción propia del gamberro.

gamberrismo. M. Conducta propia de un gamberro.

gamberro, rra. ADJ. Que comete actos de grosería o incivilidad. U. t. c. s.

gambeta. F. **1.** En el fútbol, regate. ‖ **2.** Á. *R. Plata.* Ademán hecho con el cuerpo, hurtándolo y torciéndolo para evitar un golpe o una caída.

gambetear. INTR. Hacer gambetas.

gambeteo. M. Acción y efecto de gambetear.

gambiano, na. ADJ. **1.** Natural de Gambia. U. t. c. s. ‖ **2.** Perteneciente o relativo a este país de África.

gambito. M. En el juego de ajedrez, lance que consiste en sacrificar, al principio de la partida, algún peón u otra pieza, o ambos, para lograr una posición favorable.

gamboa. F. Variedad de membrillo injertado, más blanco, jugoso y suave que los comunes.

gambusino. M. *Méx.* Buscador de oro.

gambux. M. cambuj.

gambuza. F. *Mar.* En un barco mercante, **despensa** (‖ lugar donde se guardan los comestibles).

gameto. M. *Biol.* Cada una de las células sexuales, masculina y femenina, que al unirse forman el huevo de las plantas y de los animales.

gametófito o **gametofito.** M. *Bot.* Fase que en la alternancia de generaciones de la mayoría de los vegetales origina los gametos.

gamma. F. **1.** Tercera letra del alfabeto griego (Γ, γ), que corresponde a *g* del latino. ‖ **2.** Unidad de medida, no aceptada por el Sistema Internacional de unidades, equivalente a una millonésima de gramo. □ V. **rayos** ~.

gammaglobulina. F. *Bioquím.* y *Med.* Fracción más abundante de las inmunoglobulinas del suero sanguíneo.

gammagrafía. F. **1.** *Med.* Técnica radiológica que registra la radiación gamma emitida por un órgano al que previamente se ha administrado una sustancia emisora de esta radiación. ‖ **2.** *Med.* y *Tecnol.* Técnica de obtención de imágenes de objetos mediante rayos gamma. ‖ **3.** *Med.* Imagen obtenida mediante estas técnicas.

gamo. M. Mamífero rumiante de la familia de los Cérvidos, originario del mediodía de Europa, de unos 90 cm de altura hasta la cruz, pelaje rojizo oscuro salpicado de multitud de manchas pequeñas y de color blanco, que es también el de las nalgas y parte inferior de la cola; cabeza erguida y con cuernos en forma de pala terminada por uno o dos candiles dirigidos hacia delante o hacia atrás.

gamón. M. Planta de la familia de las Liliáceas, con hojas erguidas, largas, en figura de espada, flores blancas con una línea rojiza en cada pétalo, en espiga apretada, sobre un escapo rollizo de un metro aproximadamente de altura. Las raíces son tubérculos fusiformes e íntimamente unidos por uno de sus extremos, cuyo cocimiento se ha empleado para combatir las enfermedades cutáneas.

gamonal. M. *Am. Cen.* y *Am. Mer.* **cacique** (‖ de pueblo).

gamonalismo. M. *Am. Cen.* y *Am. Mer.* **caciquismo.**

gamonita. F. gamón.

gamopétalo, la. ADJ. *Bot.* Dicho de una corola: Cuyos pétalos están soldados entre sí.

gamosépalo, la. ADJ. *Bot.* Dicho de un cáliz: Cuyos sépalos están soldados entre sí.

gamuza. F. **1.** Antílope del tamaño de una cabra grande, con astas lisas y rectas, terminadas a manera de anzuelo, y capa oscura, que vive en los Alpes y los Pirineos. ‖ **2.** Piel de la gamuza, que, después de curtida, queda suave, aterciopelada y de color amarillo pálido. ‖ **3.** Tejido o paño de lana, de tacto y aspecto semejantes a los de la piel de la gamuza. ‖ **4.** Bayeta de este tejido u otro similar, que se emplea para la limpieza.

gamuzado, da. ADJ. De color de gamuza, amarillo pálido.

gana. F. Deseo, apetito, voluntad de algo. U. m. en pl. con el mismo significado que en sing. *Ganas DE comer. Ganas DE dormir.* ‖ **abrir,** o **abrirse, las ~s de comer.** LOCS. VERBS. Excitar el apetito. ‖ **con ~s.** LOC.ADV. coloq. En exceso, mucho. *Es feo con ganas. Llovía con ganas.* ‖ **darle a alguien la ~,** o **la real ~.** LOCS.VERBS. coloqs. Querer hacer algo con razón o sin ella. ‖ **darle a alguien ~s de algo.** LOC.VERB. Entrarle el deseo de hacerlo. ‖ **de buena ~.** LOC.ADV. Con gusto o voluntad. ‖ **de ~.** LOC. ADV. Con fuerza o ahínco. ‖ **de mala ~.** LOC.ADV. Con resistencia y fastidio. ‖ **hacer** alguien **lo que le da la ~.** LOC.VERB. coloq. Seguir el propio gusto o arbitrio sin atender a nada más. ‖ **las ~s.** LOC. INTERJ. Se usa para indicar que alguien se queda sin ver cumplido su deseo. ‖ **ni ~s.** LOC INTERJ. Se usa para indicar la falta de gana de hacer algo. ‖ **quedarse** alguien **con las ~s.** LOC.VERB. Verse privado de algo en el momento en que iba a alcanzarlo. ‖ **tenerle ~s** a alguien. LOC.VERB. coloq. Desear que llegue la ocasión de hacerle mal. ‖ **venir en ~,** o **en ~s** algo a alguien. LOCS.VERBS. coloqs. Apetecerle. *Puedes hacer lo que te venga en gana.*

ganadería. F. **1.** Conjunto de los ganados de una región o país. ‖ **2.** Conjunto de reses bravas de la misma casta que se conocen con el nombre del propietario. ‖ **3.** Crianza o trato de ganados.

ganadero, ra. **I.** ADJ. **1.** Perteneciente o relativo al ganado. *Explotación ganadera.* ‖ **2.** Dicho de un animal: Que acompaña al ganado. ‖ **II.** M. y F. **3.** Dueño de ganados, que trata en ellos. ‖ **4.** Persona que cuida del ganado.

ganado. M. Conjunto de animales cuadrúpedos que se apacientan y andan juntas. *Ganado ovino, cabrío, vacuno.* ‖ **~ bravo.** M. El no domado o domesticado, especialmente el de toros para la lidia. ‖ **~ de cerda.** M. El que se compone de cerdos. ‖ **~ de pata hendida,** o **~ de pezuña hendida.** M. El formado por bueyes, vacas, carneros, ovejas, cabras y cerdos. ‖ **~ mayor.** M. El que se compone de cabezas o reses mayores, como bueyes, mulas, yeguas, etc. ‖ **~ menor.** M. El que se compone de reses o cabezas menores, como ovejas, cabras, etc. ‖ **~ menudo.** M. Conjunto de las crías del ganado.

ganador, ra. ADJ. Que gana. Apl. a pers., u. t. c. s.

ganancia. F. **1.** Acción y efecto de ganar. ‖ **2.** Utilidad que resulta del trato, del comercio o de otra acción. ‖ **~s y pérdidas.** F. pl. *Com.* Cuenta en que anotan los tenedores de libros el aumento o disminución que va sufriendo el haber del comerciante en las operaciones mercantiles. En el debe de la contabilidad se anotan las pérdidas, y en el haber, las ganancias del comerciante. ‖ **no arrendar la ~,** o **las ~s,** a alguien. LOCS.VERBS. coloqs. Se usan para dar a entender que alguien está en peligro, o expuesto a un trabajo o castigo a que ha dado ocasión.

ganancial. **I.** ADJ. **1.** Perteneciente o relativo a la ganancia. *Costos gananciales.* ‖ **II.** M. **2.** pl. **bienes gananciales.** □ V. **sociedad de ~es.**

ganancioso, sa. ADJ. **1.** Que ocasiona ganancias. *Una medida gananciosa.* ‖ **2.** Dicho de una persona: Que sale con ganancias de un trato, comercio u otra cosa. U. t. c. s.

ganapán. M. **1.** Hombre que se gana la vida llevando recados o transportando bultos de un punto a otro. ‖ **2.** Hombre rudo y tosco.

ganapierde. M. **1.** Manera especial de jugar a las damas, en que gana quien logra perder todas las piezas. ‖ **2.** Cada uno de los demás juegos en que se conviene que pierda el ganador.

ganar. **I.** TR. **1.** Adquirir caudal o aumentarlo con cualquier género de comercio, industria o trabajo. *Ha ganado mil euros en la operación.* ‖ **2.** Obtener un jornal o sueldo en un empleo o trabajo. *¿Cuánto ganas como fontanero?* ‖ **3.** Obtener lo que se disputa en un juego, batalla, oposición, pleito, etc. U. t. c. intr. *Ganar al ajedrez.* ‖ **4.** Conquistar o tomar una plaza, ciudad, territorio o fuerte. ‖ **5.** Llegar al sitio o lugar que se pretende. *Ganar la orilla, la cumbre.* ‖ **6.** Captar la voluntad de alguien. *Me han ganado para su causa.* U. t. c. prnl. ‖ **7.** Lograr o adquirir algo. *Ganar la honra, el favor, la incli-*

nación, la gracia. U. t. c. prnl. ‖ **8.** Aventajar, exceder a alguien en algo. *Nos ganan en orden y en limpieza.* ‖ **9.** *Mar.* Avanzar, acercándose a un objeto o a un rumbo determinado. ‖ **II.** INTR. **10.** Mejorar, medrar, prosperar. ‖ **a la,** o **al, gana pierde.** LOCS.ADVS. Al ganapierde. ‖ **no ~** alguien **para** algo. LOC.VERB. coloq. Padecer con demasiada frecuencia una situación desagradable o que no le compensa. *No gano para sustos. No ganaba para desaires.*

ganchete. de medio ~. LOC.ADV. **1.** Mal, con desaliño, sin la perfección debida. ‖ **2.** Dicho de sentarse: De manera insegura, sin ocupar todo el asiento.

ganchillo. M. **1. aguja de gancho.** ‖ **2.** Labor o acción de trabajar con aguja de gancho.

ganchito. M. **1.** *Esp.* Aperitivo ligero y crujiente, de forma alargada o de gancho, generalmente hecho con maíz o patata. ‖ **2.** *Á. R. Plata.* **grapa** (‖ pieza metálica para sujetar papeles).

gancho. M. **1.** Instrumento curvo y por lo común puntiagudo en uno o ambos extremos, que sirve para prender, agarrar o colgar algo. ‖ **2.** Pedazo que queda en el árbol cuando se rompe una rama. ‖ **3.** Batida corta que coge poco terreno. ‖ **4.** coloq. Compinche de quien vende o rifa públicamente algo, o que se mezcla con el público para animar con su ejemplo a los compradores. ‖ **5.** coloq. Atractivo, especialmente de una mujer. *Aquella mujer tenía mucho gancho.* ‖ **6.** *Dep.* En baloncesto, tiro a canasta arqueando el brazo sobre la cabeza. ‖ **7.** *Dep.* En boxeo, golpe dado de abajo arriba con el brazo arqueado. ‖ **8.** *Am.* Horquilla para sujetar el pelo. ‖ **9.** *Am. Cen.* y *Á. Caribe.* **percha** (‖ utensilio donde se cuelga la ropa). ‖ **con ~.** LOC.ADJ. *Chile.* Dicho de un evento social o de una función: Que liberan de pago al acompañante. ‖ **echar a** alguien **el ~.** LOC.VERB. coloq. Prenderlo, atraparlo, atraerlo con maña. ‖ **hacer mal ~** a alguien. LOC.VERB. *Chile.* Malquistarlo. □ V. **aguja de ~, alfiler de ~.**

ganchoso, sa. ADJ. Que tiene gancho o se asemeja a él. *Hueso ganchoso.*

ganchudo, da. ADJ. **1.** Que tiene forma de gancho. *Letra ganchuda.* ‖ **2.** *Anat.* Se dice de un hueso del carpo con la apófisis en forma de garfio. U. t. c. s. m.

gándara. F. Tierra baja, inculta y llena de maleza.

gandido, da. ADJ. *Á. Caribe.* Comilón, hambrón.

gandinga. F. **1.** Mineral menudo y lavado. ‖ **2.** *Ant.* Guiso que se prepara con las asaduras o entrañas del puerco, papas y abundante salsa con tomate y especias varias.

gandul¹. M. **1.** *Am. Cen.* y *Á. Caribe.* **guandú.** ‖ **2.** *Ant.* Semilla de esta planta.

gandul², la. I. ADJ. **1.** holgazán. U. t. c. s. ‖ **II.** M. **2.** Individuo de ciertos pueblos de indios salvajes.

gandulear. INTR. Hacer vida de **gandul** (‖ holgazán).

gandulería. F. Cualidad de **gandul** (‖ holgazán).

ganga¹. F. **1.** Ave del orden de las Columbiformes, algo mayor que la tórtola y de aspecto semejante, gorja negra, con un lunar rojo en la pechuga, y el resto del plumaje negro, pardo y blanco. ‖ **2.** Bien que se adquiere a un precio muy por debajo del que normalmente le corresponde.

ganga². F. *Ingen.* Materia que acompaña a los minerales y que se separa de ellos como inútil.

ganglio. M. **1. ganglio linfático.** ‖ **2.** *Med.* Quiste pequeño que se forma en los tendones y en las aponeurosis. ‖ **~ linfático.** M. *Anat.* Cada uno de los órganos inter-

calados en el trayecto de los vasos linfáticos, que actúan como filtros para la linfa y en la maduración de los linfocitos. ‖ **~ nervioso.** M. *Anat.* Centro nervioso constituido por una masa de neuronas intercalada en el trayecto de los nervios.

ganglionar. ADJ. *Anat.* Perteneciente o relativo a los ganglios.

gangocho. M. *Am. Cen., Á. Andes* y *Chile.* **guangoche.**

gangosidad. F. Cualidad de gangoso.

gangoso, sa. ADJ. **1.** Que habla gangueando. U. t. c. s. ‖ **2.** Se dice de este modo de hablar. *Soniquete gangoso.*

gangrena. F. Muerte de los tejidos por falta de riego sanguíneo, generalmente a causa de una herida seguida de infección y putrefacción.

gangrenarse. PRNL. Padecer gangrena.

gangrenoso, sa. ADJ. Afectado de gangrena. *Llaga gangrenosa.*

ganguear. INTR. Hablar con resonancia nasal producida por algún defecto en los conductos de la nariz.

gangueo. M. Acción y efecto de ganguear.

gánguil. M. **1.** Barco de pesca, con dos proas y una vela latina. ‖ **2.** Barco destinado a recibir, conducir y verter en altamar el fango, la arena, la piedra, etc., que extrae la draga.

ganoso, sa. ADJ. Deseoso y que tiene gana de algo.

gansa. F. **1.** Hembra del ganso. ‖ **2. ganso bravo.** ‖ **3.** Mujer tarda, perezosa, descuidada. U. t. c. adj. ‖ **4.** Mujer malcriada, torpe, incapaz. U. t. c. adj. ‖ **5.** coloq. Mujer que presume de chistosa y aguda, sin serlo. U. t. c. adj.

gansada. F. coloq. Hecho o dicho propio de una persona **gansa** (‖ que presume de chistosa).

ganso. M. **1.** Ave palmípeda del orden de las Anseriformes, de hasta 90 cm de longitud, con plumaje básicamente gris y pico y patas de color naranja, rosa o amarillo según la especie. Es migratoria y vive en herbazales cercanos al agua en Europa, Asia y Norteamérica. Existen razas domésticas, como la oca, que se crían por su carne y por su hígado. ‖ **2.** Hombre tardo, perezoso, descuidado. U. t. c. adj. ‖ **3.** Hombre malcriado, torpe, incapaz. U. t. c. adj. ‖ **4.** coloq. Hombre que presume de chistoso y agudo, sin serlo. U. t. c. adj. ‖ **~ bravo.** M. *ganso* silvestre, sin domesticar. □ V. **paso de ~.**

gánster. COM. Miembro de una banda organizada de malhechores que actúa en las grandes ciudades. MORF. pl. **gánsteres.**

gansterismo. M. Conducta propia del gánster.

ganzúa. F. Alambre fuerte y doblado por una punta, especie de garfio, con que, a falta de llave, pueden correrse los pestillos de las cerraduras.

gañán. M. **1.** Mozo de labranza. ‖ **2.** Hombre fuerte y rudo.

gañanía. F. **1.** Conjunto de gañanes. ‖ **2.** Casa en que se recogen.

gañido. M. **1.** Aullido del perro cuando lo maltratan. ‖ **2.** Quejido de otros animales.

gañir. INTR. **1.** Dicho de un perro: Aullar con gritos agudos y repetidos cuando lo maltratan. ‖ **2.** Dicho de otro animal: Quejarse con voz semejante al gañido del perro. ‖ **3.** Dicho de un ave: **graznar.** ¶ MORF. conjug. c. *mullir.*

gañote. M. coloq. Garguero, gaznate.

gaonera. F. *Taurom.* Lance que el torero realiza citando al toro de frente mientras se coloca el capote por detrás del cuerpo.

gap. M. Vacío o distancia excesiva entre dos términos que se contrastan. *Un gap entre la oferta y la demanda.* MORF. pl. **gaps.**

garabatear. INTR. Hacer garabatos con la pluma, el lápiz, etc. U. t. c. tr.

garabateo. M. Acción y efecto de garabatear.

garabatero, ra. ADJ. *Chile.* Dicho de una persona: Que acostumbra decir palabrotas.

garabato. M. **1.** Rasgo irregular hecho con la pluma, el lápiz, etc. ‖ **2.** Instrumento de hierro cuya punta forma un semicírculo. Sirve para tener colgado algo, o para asirlo o agarrarlo. ‖ **3.** pl. Escritura mal trazada.

garabatoso, sa. ADJ. Dicho de una escritura: Llena de garabatos.

garaje. M. **1.** Local destinado a guardar automóviles. ‖ **2.** Taller de reparación de vehículos.

garamanta o garamante. ADJ. **1.** hist. Se dice del individuo de un pueblo antiguo de la Libia interior. U. t. c. s. ‖ **2.** hist. Perteneciente o relativo a este pueblo. *Tradición garamanta.*

garambaina. F. **1.** Adorno de mal gusto y superfluo en los vestidos u otras cosas. ‖ **2.** pl. coloq. Cosas y dichos inútiles.

garambullo. M. **1.** *Méx.* Cacto que tiene por fruto una tuna pequeña roja. ‖ **2.** *Méx.* Fruto de ese cacto.

garandumba. F. Á. *guar.* hist. Embarcación grande a manera de balsa, que se usaba para conducir carga siguiendo la corriente de los ríos.

garante. ADJ. Que da garantía. Apl. a pers., u. t. c. s.

garantía. F. **1.** Efecto de afianzar lo estipulado. ‖ **2.** Fianza, prenda. ‖ **3.** Cosa que asegura y protege contra algún riesgo o necesidad. ‖ **4.** Seguridad o certeza que se tiene sobre algo. *Lo hizo con la garantía de que no se producirán complicaciones.* ‖ **5.** Compromiso temporal del fabricante o vendedor, por el que se obliga a reparar gratuitamente algo vendido, en caso de avería. ‖ **6.** Documento que garantiza este compromiso. ‖ **~s constitucionales.** F. pl. Derechos que la Constitución de un Estado reconoce a todos los ciudadanos. ‖ **de ~, o de ~s.** LOCS.ADJS. Que ofrece confianza. □ V. **suspensión de ~s.**

garantir. TR. Dar garantía. MORF. U. solo las formas cuya desinencia empieza por *-i.* En algunos lugares de América, u. en otras formas.

garantizador, ra. ADJ. Que garantiza. *Función garantizadora del cumplimiento de la Constitución.*

garantizar. TR. Dar garantía.

garañón. M. **1.** Asno, caballo o camello semental. ‖ **2.** Hombre sexualmente muy potente.

garapiña. F. Estado del líquido que se solidifica formando grumos.

garapiñar. TR. Bañar golosinas en el almíbar que forma grumos.

garata. F. pelea.

garbancero, ra. **I.** ADJ. **1.** Dicho especialmente de un terreno o de un tiempo: En que se dan bien los garbanzos. ‖ **II.** M. y F. **2.** Persona o cosa ordinaria y vulgar.

garbanza. F. Garbanzo mayor, más blanco y de mejor calidad que el corriente.

garbanzal. M. Tierra sembrada de garbanzos.

garbanzo. M. **1.** Planta herbácea de la familia de las Papilionáceas, de cuatro o cinco decímetros de altura, tallo duro y ramoso, hojas compuestas de hojuelas elípticas y aserradas por el margen, flores blancas, axilares y pedunculadas, y fruto en vaina inflada, pelosa, con una

o dos semillas amarillentas, de un centímetro aproximadamente de diámetro, gibosas y con un ápice curvo. ‖ **2.** Semilla de esta planta. ‖ **~ de pega.** M. Bola pequeña con carga explosiva que los muchachos arrojan al suelo o contra las paredes para asustar a la gente. ‖ **~ negro.** M. Persona que se distingue entre las de su clase o grupo por sus malas condiciones morales o de carácter. ‖ **~s de a libra.** M. pl. Cosa rara o extraordinaria. ‖ **ganarse** alguien **los ~s.** LOC.VERB. coloq. Sustentarse con el producto de su trabajo.

garbear¹. INTR. Pasear, moverse.

garbear². TR. robar.

garbeo. M. **paseo** (‖ acción de pasearse). *Dar, darse un garbeo.*

garbillador, ra. ADJ. Dicho de una persona: Que criba el grano. U. t. c. s.

garbo. M. **1.** Gallardía, buen aire y disposición de cuerpo. ‖ **2.** Gracia y perfección que se da a algo.

garboso, sa. ADJ. Airoso, gallardo y bien dispuesto. *Andares garbosos. Caballero garboso.*

garceta. F. **1.** Ave zancuda, de unos 40 cm de alto y 65 de envergadura. Tiene plumaje blanco, cabeza con penacho corto, del cual salen dos plumas filiformes pendientes, pico recto, negro y largo, cuello muy delgado, buche adornado con plumas finas y prolongadas, y tarsos negros. ‖ **2.** *Cineg.* Cada una de las puntas inferiores de las astas del venado.

garcilasista. ADJ. Cultivador del movimiento poético que, imitando a Garcilaso de la Vega, se desarrolló durante los años posteriores a la Guerra Civil española. U. t. c. s.

garcilla. F. *Zool.* Ave semejante a la garza, pero de tamaño menor. ‖ **~ bueyera.** F. La de plumaje blanco, con plumas ocráceas en la nuca y el dorso. ‖ **~ cangrejera.** F. La de color pardo terroso, con las partes inferiores blancas.

gardenia. F. **1.** Arbusto originario del Asia oriental, de la familia de las Rubiáceas, con tallos espinosos de unos dos metros de altura, hojas lisas, grandes, ovaladas, agudas por ambos extremos y de color verde brillante, flores terminales, solitarias, de pétalos gruesos, blancas y olorosas, y fruto en baya de pulpa amarillenta. ‖ **2.** Flor de esta planta.

gardingo. M. hist. Entre los visigodos, individuo de uno de los órdenes del oficio palatino, inferior a los duques y condes.

garduña. F. Mamífero carnicero, de unos tres decímetros de largo, cabeza pequeña, orejas redondas, cuello largo, patas cortas, pelo castaño por el lomo, pardo en la cola y blanco en la garganta y pecho. Es nocturno y muy perjudicial, porque destruye las crías de muchos animales útiles.

garduño. M. garduña. □ V. **gato ~.**

garete. **al ~.** **I.** LOC.ADV. **1.** a la deriva. ‖ **II.** EXPR. coloq. Denota enfado o rechazo. *Al garete el informe. Lo mandó al garete.* ‖ **irse** algo **al ~.** LOC.VERB. coloq. Fracasar o malograrse. *Su fortuna se fue al garete.*

garfa. F. Cada una de las uñas de las manos en los animales que las tienen curvas.

garfio. M. Instrumento de hierro, curvo y puntiagudo, que sirve para aferrar algún objeto.

gargajear. INTR. Arrojar gargajos.

gargajeo. M. Acción y efecto de gargajear.

gargajo. M. Mucosidad pegajosa procedente de las vías respiratorias que se expulsa de una vez.

gargajoso, sa. ADJ. Que gargajea con frecuencia.

gargal. M. *Chile.* Agalla del roble.

garganchón. M. **garguero** (‖ parte superior de la tráquea).

garganta. F. **1.** Parte anterior del cuello. ‖ **2.** Espacio interno comprendido entre el velo del paladar y la entrada del esófago y de la laringe. ‖ **3.** Voz de un cantante. ‖ **4. cuello** (‖ parte más estrecha y delgada de una cosa). *Garganta de un bolo.* ‖ **5.** Parte superior del pie, por donde está unido con la pierna. ‖ **6.** Estrechura de montes, ríos u otros lugares. ‖ **7.** *Arq.* Parte más delgada y estrecha de una columna, de un balaustre o de otra pieza semejante. ‖ **tener** a alguien **atravesado en la ~.** LOC. VERB. coloq. **no tragar.** ‖ **tener** alguien **buena ~.** LOC.VERB. Ejecutar mucho con la voz en el canto. □ V. **nudo en la ~, paso de ~.**

garganteo. M. Acción de cantar haciendo quiebros con la garganta.

gargantilla. F. Adorno femenino que rodea el cuello.

gargantillo, lla. ADJ. Dicho de una res: De cuello oscuro, con una mancha clara parecida a un collar.

gárgara. F. Acción de mantener un líquido en la garganta, con la boca hacia arriba, sin tragarlo y expulsando el aire, lo cual produce un ruido semejante al del agua en ebullición. U. m. en pl.

gargarear. INTR. *Am.* Hacer gárgaras.

gargarismo. M. **1.** Acción de gargarizar. ‖ **2.** Licor que sirve para hacer gárgaras.

gargarizar. INTR. Hacer gárgaras.

gargavero. M. Instrumento musical de viento, compuesto de dos flautas dulces con una sola boquilla.

gárgola. F. Parte final, por lo común vistosamente adornada, del caño o canal por donde se vierte el agua de los tejados o de las fuentes.

gargolismo. M. *Med.* Enfermedad hereditaria del metabolismo de los lípidos, que produce alteraciones nerviosas, deficiencia mental y una deformación del rostro que le da aspecto de gárgola.

garguero o **gargüero.** M. **1.** Parte superior de la tráquea. ‖ **2. tráquea** (‖ parte de las vías respiratorias).

garífuna. I. ADJ. **1.** Se dice del individuo de un pueblo producto de la mezcla de arahuacos, caribes insulares y negros africanos esclavos en las Antillas que los ingleses deportaron de la isla de San Vicente a Roatán, en 1797, y después se extendieron por la costa atlántica de Honduras, Belice, Guatemala y Nicaragua. U. t. c. s. ‖ **2.** Perteneciente o relativo a los garífunas. *Cultura garífuna.* ‖ **II.** M. **3.** Lengua hablada por los garífunas.

garita. F. **1.** Torre pequeña de fábrica o de madera fuerte, con ventanillas largas y estrechas, que se coloca en los puntos salientes de las fortificaciones para abrigo y defensa de los centinelas. ‖ **2.** Casilla pequeña, para defensa y comodidad de centinelas, vigilantes, guardafrenos, etc. ‖ **3.** Cuarto pequeño que suelen tener los porteros en el portal para poder ver quién entra y sale.

garitero, ra. M. y F. **1.** Persona que tiene por su cuenta un garito. ‖ **2.** Jugador que habitualmente acude a los garitos.

garito. M. **1.** Casa clandestina donde juegan los tahúres o fulleros. ‖ **2.** Establecimiento de diversión, especialmente el de mala fama.

garlito. M. Especie de nasa que tiene en lo más estrecho una red dispuesta de tal forma que, entrando el pez por la malla, no puede salir.

garlopa. F. *Carp.* Cepillo largo y con puño, que sirve para igualar las superficies de la madera ya cepillada, especialmente en las junturas de las tablas.

garnacha[1]**.** F. **1.** Vestidura talar que usan los togados, con mangas y un sobrecuello grande, que cae desde los hombros a las espaldas. ‖ **2.** *Méx.* Tortilla gruesa con salsa de chile y otros ingredientes.

garnacha[2]**.** F. **1.** Especie de uva roja que tira a morada, muy fina, de muy buen gusto y muy dulce. ‖ **2.** Vino que se hace con esta uva. □ V. **vino de ~.**

garoso, sa. ADJ. *Á. Caribe.* Hambrón, comilón.

garra. F. **1.** Mano o pie del animal, cuando están armados de uñas curvas, fuertes y agudas, como en el león y el águila. ‖ **2.** Mano del hombre. *Quita esa garra de ahí.* ‖ **3.** Fuerza, empuje. *El nuevo automóvil tiene mucha garra.* ‖ **4.** *Á. R. Plata.* Extremidad del cuero por donde se afianza en las estacas al estirarlo. ‖ **5.** pl. En peletería, parte menos apreciada de la piel, que corresponde a la pata. ‖ **6.** pl. *Am.* Desgarrones, harapos. ‖ **caer en las ~s** de alguien. LOC.VERB. Caer en sus manos temiendo o recelando grave daño. ‖ **echar** a alguien o algo **la ~.** LOC.VERB. coloq. Cogerlo o prenderlo. ‖ **sacar** a alguien **de las ~s** de otra persona. LOC.VERB. Libertarlo de su poder. ‖ **tener ~** alguien o algo. LOC.VERB. **1.** Ejercer un fuerte poder de atracción, convicción o persuasión. ‖ **2.** coloq. Disponer de cualidades de convicción, captación o persuasión.

garrafa. F. **1.** Vasija esférica, que remata en un cuello largo y estrecho. ‖ **2.** *Á. R. Plata.* **bombona** (‖ vasija metálica). ‖ **de ~.** LOC.ADJ. coloq. Dicho de una bebida alcohólica: Que se distribuye a granel y es de mala calidad.

garrafal. ADJ. **1.** Se dice de algunas faltas graves de la expresión y de algunas acciones. *Error, mentira garrafal.* ‖ **2.** Se dice de cierta especie de guindas y cerezas, mayores y menos tiernas que las comunes. ‖ **3.** Se dice de los árboles que las producen.

garrafina. F. Juego de dominó, con limitación de pérdidas, en el que intervienen cuatro jugadores, uno de los cuales ha de quedar como único ganador.

garrafón. M. **damajuana.** ‖ **de ~.** LOC.ADJ. coloq. **de garrafa.**

garrapata. F. Ácaro de forma ovalada, de cuatro a seis milímetros de largo, con las patas terminadas en dos uñas mediante las cuales se agarra al cuerpo de ciertos mamíferos para chuparles la sangre, que suele ingerir en tal cantidad que su cuerpo llega a hacerse casi esférico.

garrapatear. INTR. Hacer garrapatos. U. t. c. tr.

garrapatero. M. *Á. Caribe.* Ave de pico curvo, pecho blanco y alas negras, que se alimenta de garrapatas que quita al ganado.

garrapato. M. **1.** Rasgo caprichoso e irregular hecho con la pluma. ‖ **2.** pl. Letras o rasgos mal trazados con la pluma.

garrapiñada. F. **1.** Almendra garrapiñada. ‖ **2.** *Á. R. Plata.* Conjunto de maní garrapiñado.

garrapiñado, da. PART. de **garrapiñar.** ‖ ADJ. Dicho de una almendra: Bañada en un almíbar que forma grumos.

garrapiñar. TR. garapiñar.

garrar o **garrear.** INTR. *Mar.* Dicho de un buque: Ir hacia atrás arrastrando el ancla, por no haber esta hecho presa, o por haberse desprendido.

garrido, da. ADJ. **1.** Dicho de una persona: Gallarda o robusta. || **2.** Dicho de una mujer: Lozana y bien parecida.

garrobo. M. *Am. Cen.* Reptil de 1,6 m de longitud, con cresta desde el cuello hasta la mitad de la cola, parecido a la iguana, pero de color más oscuro. Se encuentra desde México hasta Panamá.

garrocha. F. **1.** Vara para picar toros, de cuatro metros de largo, cinco centímetros de grueso y una punta de acero de tres filos, llamada puya, sujeta en el extremo por donde se presenta a la fiera. Se emplea especialmente en el acoso y derribo, a caballo, de reses bravas y en faenas camperas de apartado y conducción de ganado vacuno. || **2. pértiga** (|| vara para alcanzar grandes alturas).

garrochista. COM. Persona que utiliza la **garrocha** (|| vara para picar toros).

garrofa. F. **algarroba** (|| fruto).

garrón. M. Extremo de la pata del conejo, de la res y otros animales, por donde se cuelgan después de muertos.

garronear. TR. *Á. R. Plata.* Aprovecharse de algo o de alguien, generalmente con astucia o abuso.

garrota. F. **1. garrote** (|| palo grueso y fuerte). || **2. cayado.**

garrotazo. M. Golpe dado con un garrote.

garrote. M. **1.** Palo grueso y fuerte que puede manejarse como si fuera un bastón. || **2.** Procedimiento para ejecutar a un condenado comprimiéndole la garganta con una soga retorcida con un palo, con un aro metálico u oprimiéndole la nuca con un tornillo. || **3. torniquete** (|| instrumento para contener una hemorragia). || **~ vil.** M. **1.** Condena de un delincuente a morir dándole garrote. || **2.** Instrumento con que se ejecuta. || **dar ~.** LOC. VERB. Ejecutar el suplicio o el tormento de garrote.

garrotillo. M. *Med.* hist. Difteria grave u otra forma de angina maligna que solía producir la muerte por sofocación.

garrotín. M. hist. Baile muy popular a fines del siglo XIX.

garrucha. F. polea.

garrulería. F. Charla de persona gárrula.

gárrulo, la. ADJ. **1.** Dicho de un ave: Que canta, gorjea o chirría mucho. || **2.** Dicho de una persona: Muy habladora o charlatana. || **3.** Dicho de una cosa, como el viento, un arroyo, etc.: Que hace ruido continuado.

garúa. F. *Am.* llovizna.

garuar. INTR. IMPERS. *Am.* lloviznar. MORF. conjug. c. *actuar.*

garvín. M. hist. Cofia hecha de red que usaron las mujeres como adorno.

garza. F. Ave zancuda, de cabeza pequeña, con moño largo y gris, pico prolongado y negro, amarillento por la base. La cerviz, los lados del cuello, las alas y la cola, de color ceniciento; el cuerpo, verdoso por encima y pardo blanquecino por debajo; los tarsos amarillentos, las uñas negras y las plumas de las alas con una mancha blanca en su extremo. Vive a orillas de los ríos y pantanos. || **~ real.** F. Ave zancuda, de cabeza pequeña, con moño largo, negro y brillante, dorso azulado, vientre blanco, así como el pecho, que tiene manchas negruzcas casi elípticas, alas grises, con las plumas mayores negras, tarsos verdosos y pico largo y amarillo, más oscuro hacia la punta. Abunda en España en los terrenos aguanosos.

garzo, za. ADJ. Dicho especialmente de los ojos: De color azulado.

garzón[1]. M. **1.** Joven, mozo. || **2.** Niño, hijo varón. || **3.** hist. En el cuerpo de Guardias de Corps, ayudante por quien el capitán comunicaba las órdenes.

garzón[2]. M. *Á. Caribe.* Ave de la especie de las garzas reales, de cabeza sin pluma, pico muy largo, collar rojo, alas negras y vientre blanco. Tiene en la mandíbula inferior una especie de bolsa donde deposita agua.

gas. M. **1.** Fluido que tiende a expandirse de modo indefinido y que se caracteriza por su pequeña densidad, como el aire. || **2.** Cada uno de los gases combustibles empleados para usos domésticos o industriales. || **3.** Mezcla de carburante y de aire que alimenta el motor de un vehículo automóvil. || **4.** pl. por antonom. gases que se producen en el aparato digestivo. || **~ ciudad.** M. gas combustible de composición semejante al del alumbrado, que se obtiene por tratamiento industrial de la nafta y que se distribuye en redes urbanas. || **~ de alumbrado.** M. gas combustible con un 25% de metano, obtenido de la hulla y que se utilizó para iluminar la vía pública. || **~ hilarante.** M. Óxido nitroso, usado por tener propiedades anestésicas. || **~ mostaza.** M. gas tóxico de color amarillento, utilizado como arma de guerra. || **~ natural.** M. gas combustible procedente de formaciones geológicas y compuesto principalmente por metano. || **~ noble.** M. *Quím.* Cada uno de los elementos químicos de un grupo formado por helio, neón, argón, kriptón, xenón y radón, que por su estructura atómica son químicamente inactivos. Todos ellos existen en el aire atmosférico. || **~ pobre.** M. Mezcla de gases de poder luminoso muy débil, cuyos principales componentes son el hidrógeno y el óxido de carbono. Se produce por la acción del vapor de agua y del aire sobre el carbón candente. || **a todo ~.** LOC.ADV. coloq. A toda velocidad. || **dar**, o **meter**, **~.** LOCS.VERBS. **1.** coloqs. Actuar sobre el acelerador de un vehículo automóvil para aumentar la velocidad de su motor. || **2.** coloqs. Apresurar la ejecución de algo. □ V. **cámara de ~, polvo de ~.**

gasa. F. **1.** Tela de seda o hilo muy clara y fina. || **2.** Banda de tejido muy ralo, que, esterilizada o impregnada de sustancias medicamentosas, se usa en cirugía. || **3.** Tejido de algodón absorbente que se pone para empapar los excrementos de los niños.

gascón, na. **I.** ADJ. **1.** Natural de Gascuña. U. t. c. s. || **2.** Perteneciente o relativo a esta antigua provincia de Francia. || **II.** M. **3.** Conjunto de dialectos románicos que se hablan en dicha región.

gasear. TR. Someter a la acción de gases asfixiantes, tóxicos, lacrimógenos, etc. *Durante la Segunda Guerra Mundial fueron gaseadas millones de personas.*

gaseoducto. M. gasoducto.

gaseosa. F. Bebida refrescante, efervescente y sin alcohol.

gaseoso, sa. ADJ. **1.** Propio o característico de un gas. *Estado gaseoso.* || **2.** Que se halla en estado de gas. *Residuos gaseosos.* || **3.** Dicho de un líquido: Que desprende gases. *Refresco gaseoso.*

gasero, ra. **I.** ADJ. **1.** Perteneciente o relativo a la industria de los gases combustibles. *Empresa gasera.* || **II.** M. **2.** *Esp.* Buque destinado al transporte de gas.

gasificación. F. *Quím.* Acción y efecto de gasificar.

gasificar. TR. *Quím.* Incorporar gas a una sustancia, especialmente a un líquido. *Gasificar el vino.*

gasista. M. Operario que tiene por oficio la colocación y arreglo de los aparatos necesarios para el alumbrado por medio del gas y demás usos de este.

gasoducto. M. Tubería de grueso calibre y gran longitud para conducir a distancia gas combustible, procedente por lo general de emanaciones naturales.

gasógeno. M. **1.** Aparato para obtener gases. || **2.** Aparato instalado en algunos vehículos automóviles, para producir carburo de hidrógeno empleado como carburante.

gasoil. M. Fracción destilada del petróleo crudo, que se purifica especialmente para eliminar el azufre. Se usa normalmente como combustible.

gasóleo. M. *Esp.* gasoil.

gasolero, ra. ADJ. *Á. guar.* y *Á. R. Plata.* Dicho de un vehículo automóvil, de una máquina o de un motor: Que usan gasoil como combustible. U. t. c. s.

gasolina. F. Mezcla de hidrocarburos líquidos volátiles e inflamables obtenidos del petróleo crudo, que se usa como combustible en diversos tipos de motores.

gasolinera. F. **1.** Establecimiento donde se vende gasolina. || **2.** Lancha automóvil con motor de gasolina.

gasometría. F. Método del análisis químico, basado en la medición de los gases desprendidos en las reacciones.

gasométrico, ca. ADJ. Perteneciente o relativo a la gasometría.

gasómetro. M. **1.** Aparato que en las fábricas de gas de alumbrado hace que el fluido salga con uniformidad por efecto de una presión sostenida y constante. || **2.** Sitio y edificio donde está el aparato.

gastado, da. PART. de gastar. || ADJ. **1.** Debilitado, disminuido, borrado con el uso. *Traje gastado.* || **2.** Dicho de una persona: Decaída de su vigor físico o de su prestigio.

gastador, ra. **I.** ADJ. **1.** Que gasta mucho dinero. Apl. a pers., u. t. c. s. || **II.** M. **2.** *Mil.* hist. Soldado que se aplicaba a los trabajos de abrir trincheras y otros semejantes, o bien a franquear el paso en las marchas, para lo cual llevan palas, hachas y picos. || **3.** *Mil.* Soldado, generalmente más alto que sus compañeros, que desfila a la cabeza de una formación.

gastar. TR. **1.** Emplear el dinero en algo. || **2.** Deteriorar con el uso. *Gastar los zapatos.* U. t. c. prnl. || **3.** **consumir** (|| gastar energía). *Gastar gasolina.* || **4.** Tener habitualmente. *Gastar mal humor.* || **5.** Usar, poseer, llevar. *Gastar gafas de sol.* || **6.** Hacer una broma. || **~las,** o **gastárselas.** LOCS.VERBS. coloqs. Proceder, portarse. *Así las gastas tú. Bien sé cómo las gasta el vecino.*

gasterópodo. ADJ. *Zool.* Se dice de los moluscos terrestres o acuáticos que tienen un pie carnoso mediante el cual se arrastran. La cabeza es más o menos cilíndrica y lleva en su extremo anterior la boca y en su parte dorsal uno o dos pares de tentáculos, y el cuerpo se halla comúnmente protegido por una concha de una pieza y de forma muy variable, según las especies, casi siempre arrollada en espiral; p. ej., la púrpura y los caracoles. U. t. c. s. m. ORTOGR. En m. pl., escr. con may. inicial c. taxón. *Los Gasterópodos.*

gasto. M. **1.** Acción de gastar. || **2.** Cantidad que se ha gastado o se gasta. || **3.** *Fís.* Cantidad de líquido o de gas que, en determinadas circunstancias, pasa por un orificio o por una tubería cada unidad de tiempo. || **~ cardíaco.** M. *Med.* Volumen de sangre bombeada por el corazón en una unidad de tiempo determinada. || **~ deducible.**

M. *Der.* Cantidad que por ley puede restar el contribuyente al fijar la base imponible de un tributo. || **~ público.** M. El que realizan las Administraciones públicas. || **~ social.** M. Partida del gasto público destinada a cubrir necesidades básicas de los ciudadanos. U. t. en pl. con el mismo significado que en sing. || **~s de representación.** M. pl. Asignación presupuestaria aneja a ciertos cargos públicos o privados para atender a sus actividades sociales. || **correr** alguien **con el ~,** o **con los ~s.** LOCS.VERBS. Tomar a su cargo las expensas de algo, pagarlo. || **cubrir ~s.** LOC.VERB. Producir lo justo para resarcirse del coste de algo.

gastoso, sa. ADJ. Que gasta mucho. *Ayuntamiento gastoso.*

gastralgia. F. *Med.* Dolor de estómago.

gastrectomía. F. *Med.* Ablación quirúrgica del estómago.

gástrico, ca. ADJ. *Med.* Perteneciente o relativo al estómago. *Fiebre gástrica.* □ V. jugo ~.

gastritis. F. *Med.* Inflamación del estómago.

gastroenteritis. F. *Med.* Inflamación simultánea de la membrana mucosa del estómago y de la de los intestinos.

gastroenterología. F. **1.** Rama de la medicina que se ocupa del estómago y de los intestinos y de sus enfermedades. || **2.** Rama de la medicina que se ocupa de todo el aparato digestivo y de sus enfermedades.

gastroenterológico, ca. ADJ. *Med.* Perteneciente o relativo a la gastroenterología.

gastroenterólogo, ga. M. y F. Persona especializada en gastroenterología.

gastroenterostomía. F. *Med.* Comunicación quirúrgica del estómago con una región del intestino.

gastrointestinal. ADJ. *Med.* Perteneciente o relativo al estómago y a los intestinos. *Trastorno gastrointestinal.*

gastronomía. F. **1.** Arte de preparar una buena comida. || **2.** Afición a comer de manera exquisita.

gastronómico, ca. ADJ. Perteneciente o relativo a la gastronomía.

gastrónomo, ma. M. y F. Persona entendida en gastronomía.

gastropatía. F. *Med.* Enfermedad del estómago.

gastroscopia. F. *Med.* Endoscopia del estómago.

gastroscopio. M. *Med.* Endoscopio para el examen del estómago.

gastrovascular. ADJ. *Zool.* Se dice de la única cavidad del cuerpo de los celentéreos, en la cual se efectúa la digestión de los alimentos que han entrado en ella por una boca rodeada de varios tentáculos.

gata. F. **1.** Hembra del gato. || **2.** *Am. Cen., Á. Andes* y *Chile.* gato (|| máquina para levantar pesos). || **3.** *Am. Cen.* Pez selacio marino de color pardo amarillo, con largas barbillas en el borde anterior de los orificios nasales. Alcanza cuatro metros de longitud, vive en el Atlántico tropical y su carne es comestible. □ V. **aparejo de ~, uña ~.**

gatas. a ~. LOC.ADV. Dicho de ponerse o andar una persona: Con pies y manos en el suelo, como los gatos y demás cuadrúpedos. || **salir** alguien **a ~.** LOC.VERB. coloq. Librarse con gran trabajo y dificultad de un peligro o apuro.

gateado, da. PART. de gatear. || ADJ. Semejante en algún aspecto al gato. *Ojos grandes y gateados.*

gatear. INTR. **1.** Andar a gatas. || **2.** Trepar como los gatos, y especialmente subir por un tronco o asta valiéndose de los brazos y las piernas.

gatera. F. **1.** Agujero hecho en una pared, en un tejado o en una puerta para que puedan entrar o salir los gatos, o con otros fines. ‖ **2.** *Mar.* Agujero circular, revestido de hierro y abierto en las cubiertas de los buques, por el cual sale la cadena de la caja donde está estibada.

gatillazo. M. Error de puntería ocasionado al ejercer excesiva presión sobre el gatillo de un arma de fuego.

gatillo. M. **1.** Pieza del disparador de un arma que se aprieta con el dedo para hacerlo funcionar. ‖ **2.** Instrumento de hierro, especie de tenazas o alicates, con que se sacan las muelas y dientes. ‖ **3.** *Chile.* Crines largas que se dejan a las caballerías en la cruz y de las cuales se asen los jinetes para montar. ‖ **~ fácil.** M. Propensión, por parte de quien habitualmente porta armas, a disparar sin que exista causa que justifique la acción.

gato. M. **1.** Mamífero carnívoro de la familia de los Félidos, digitígrado, doméstico, de unos cinco decímetros de largo desde la cabeza hasta el arranque de la cola, que por sí sola mide dos decímetros aproximadamente. Tiene cabeza redonda, lengua muy áspera, patas cortas y pelaje espeso, suave, de color blanco, gris, pardo, rojizo o negro. ‖ **2.** Máquina compuesta de un engranaje de piñón y cremallera, con un trinquete de seguridad, que sirve para levantar grandes pesos a poca altura. También se hace con una tuerca y un husillo. ‖ **3.** hist. Bolso o talego en que se guardaba el dinero. ‖ **4.** hist. Dinero que se guardaba en él. ‖ **5.** *Á. R. Plata.* Baile de movimientos rápidos, de pareja suelta que suele acompañarse de coplas cuya letra coincide con las distintas figuras. ‖ **~ cerval.** M. Especie de gato cuya cola llega a 35 cm de longitud. Tiene la cabeza gruesa, con pelos largos alrededor de la cara, pelaje gris, corto, suave y con muchas manchas negras que forman anillos en la cola. Vive en el centro y mediodía de España, trepa a los árboles y es muy dañino. Su piel se usa en peletería. ‖ **~ de algalia.** M. Mamífero vivérrido oriundo de Asia, de un metro de largo desde la cabeza hasta la extremidad de la cola, que mide cerca de cuatro decímetros, de color gris con fajas transversales negras, estrechas y paralelas, crines cortas en el lomo, y cerca del ano una especie de bolsa donde el animal segrega la algalia. ‖ **~ de Angora.** M. gato de pelo muy largo, procedente de Angora, en Asia Menor. ‖ **~ de nueve colas,** o **~ de siete colas.** M. látigo de nueve colas. ‖ **~ garduño.** M. *Esp.* garduña. ‖ **~ montés.** M. Especie de gato poco mayor que el doméstico, con pelaje gris rojizo, rayado de bandas negras, y cola leonada con la punta y dos anillos también negros. Vive en los montes del norte de España. ‖ **~ siamés.** M. gato procedente de Asia, de pelo muy corto y color ocre amarillento o gris, con la cara, las orejas y la cola más oscuras. ‖ **hasta el ~.** M. coloq. **todo el mundo.** ‖ **cuatro ~s.** M. pl. despect. coloq. Poca gente y sin importancia. ‖ **hasta los ~s.** M. pl. coloq. **todo el mundo.** ‖ **como ~ boca,** o **panza, arriba.** LOCS.ADVS. coloqs. En actitud de defensa exasperada. ‖ **dar ~ por liebre.** LOC.VERB. coloq. Engañar en la calidad de algo por medio de otra cosa inferior que se le asemeja. ‖ **de ~.** LOC.ADJ. Dicho de un lavado: Ligero y con poca agua. ‖ **haber ~ encerrado.** LOC.VERB. coloq. Haber causa o razón oculta o secreta, o manejos ocultos. ‖ **lavarse a lo ~.** LOC.VERB. coloq. Lavarse sin mojarse apenas y especialmente hacerlo pasándose por la cara un paño mojado. ‖ **llevarse el ~ al agua.** LOC.VERB. Triunfar en una competencia, salir ganancioso. ‖ **vender ~ por liebre.** LOC.VERB. coloq.

dar gato por liebre. ☐ V. **escala de ~, lengua de ~, ojo de ~, ojos de ~, uva de ~.**

gatuna. F. gatuña.

gatuno, na. ADJ. Perteneciente o relativo al gato.

gatuña. F. Planta herbácea de la familia de las Papilionáceas, con tallos ramosos, delgados, casi tendidos, duros y espinosos, hojas compuestas de tres hojuelas pequeñas, elípticas y dentadas, flores solitarias, axilares, rojizas o blancas, y fruto en vainas ovales, con pocas semillas. Es muy común en los sembrados, y la raíz se ha empleado como aperitivo.

gatuperio. M. coloq. Embrollo, enjuague, intriga.

gauchada. F. *Am. Mer.* Servicio o favor ocasional prestado con buena disposición.

gauchear. INTR. *Á. R. Plata.* Seguir costumbres de gaucho.

gauchesco, ca. ADJ. Perteneciente o relativo al gaucho.

gaucho, cha. **I.** ADJ. **1.** *Á. R. Plata.* Perteneciente o relativo a los gauchos. *Un apero gaucho.* ‖ **2.** *Á. R. Plata.* Dicho de una persona: Noble, valiente y generosa. ‖ **II.** M. **3.** hist. Mestizo que, en los siglos XVIII y XIX, habitaba la Argentina, el Uruguay y Río Grande del Sur, en el Brasil, era jinete trashumante y diestro en los trabajos ganaderos. ‖ **4.** *Á. R. Plata.* Hombre de campo, experimentado en las faenas ganaderas tradicionales.

Gauss. ☐ V. **campana de ~.**

gavanzo. M. **1.** Rosal silvestre. ‖ **2.** Fruto de este arbusto.

gavera. F. **1.** *Á. Caribe.* Molde en que se hace la teja. ‖ **2.** *Á. Caribe.* Aparato de madera con varios compartimentos, donde se enfría y espesa la miel de caña obtenida en los trapiches.

gaveta. F. **1.** Cajón corredizo que hay en los escritorios y sirve para guardar lo que se quiere tener a mano. ‖ **2.** *Mar.* Tina pequeña, ovalada, usualmente de madera, provista de asa, donde se sirve la comida a los ranchos de a bordo. ‖ **3.** *Mar.* Balde pequeño, en general de madera, de forma troncocónica, con asa, para servir el vino a la marinería y tropa.

gavetero. M. *Ant.* Mueble con gavetas.

gavia. F. **1.** *Mar.* Vela que se coloca en el mastelero que va sobre el palo mayor de las naves. ‖ **2.** *Mar.* Cada una de las velas correspondientes en los otros dos masteleros. *El navío navega con las tres gavias, porque lleva gavia, velacho y sobremesana.*

gavial. M. Reptil del orden de los Emidosaurios, propio de los ríos de la India, parecido al cocodrilo, de unos ocho metros de largo, con el hocico muy prolongado y puntiagudo y las membranas de los pies dentadas.

gaviero. M. *Mar.* Marinero a cuyo cuidado está la gavia y el registrar cuanto se pueda ver desde ella.

gaviete. M. *Mar.* Madero curvo, robusto y con una roldana en la cabeza, que se coloca en la popa de la lancha para levar con ella un ancla, halando del cable o del orinque encapillado previamente sobre dicha roldana.

gavilán. M. **1.** Ave rapaz, de unos tres decímetros de largo desde el pico a la extremidad de la cola, con plumaje gris azulado en la parte superior del cuerpo, blanco con fajas onduladas de color pardo rojizo en el cuello, pecho y vientre, y cola parda con cinco rayas negras. La hembra es un tercio mayor y de plumaje más claro. ‖ **2.** Cada uno de los dos hierros que salen de la guarnición de la espada y sirven para defender la mano y la cabeza de los golpes del contrario. ‖ **3.** Hierro cortante que tiene en la punta de abajo la aguijada, con el que el gañán limpia el arado y lo desbroza. ‖ **4.** Flor del cardo. ‖ **5.** Composición musical popular, típica del Llano venezolano y colombiano, con ritmo de joropo y coplas alusivas a los hábitos del gavilán. ‖ **6.** *Am. Cen.* y *Á. Caribe.* **uñero** (‖ herida que produce la uña). ‖ **7.** *Á. Caribe.* Ave rapaz diurna, de plumaje de color cobre, con patas largas de dedos cortos.

gavilla. F. **1.** Conjunto de sarmientos, cañas, mieses, ramas, hierba, etc., mayor que el manojo y menor que el haz. ‖ **2.** Junta de muchas personas y comúnmente de baja calidad. *Gavilla de pícaros.*

gavillero. M. *Chile.* Jornalero que con el bieldo echa las gavillas al carro.

gavina. F. gaviota.

gavión. M. Cilindro de grandes dimensiones, tejido de mimbres o ramas, relleno de tierra o piedra y usado en obras hidráulicas.

gaviota. F. Ave palmípeda, de unos 75 cm de largo desde el pico hasta el fin de la cola y 1 m de envergadura. Tiene plumaje muy tupido, blanco en general, dorso ceniciento; negras, pero de extremo blanco, las tres plumas mayores de las alas, pico anaranjado y pies rojizos. Vive en las costas, vuela mucho, es muy voraz y se alimenta principalmente de los peces que coge en el mar. Hay otras especies muy parecidas, pero más pequeñas.

gavota. F. **1.** *hist.* Especie de baile entre dos personas. ‖ **2.** *hist.* Música que acompaña a este baile.

gay. **I.** ADJ. **1.** Perteneciente o relativo a la homosexualidad. *Orgullo gay.* ‖ **II.** M. **2.** Hombre homosexual. ¶ MORF. pl. gais.

gayadura. F. Guarnición y adorno del vestido o de otra cosa, hecho con listas de otro color.

gayo, ya. ADJ. Alegre, vistoso. *Mantón gayo.* □ V. ~ ciencia.

gayola. F. jaula.

gayomba. F. Arbusto de la familia de las Papilionáceas, de dos a tres metros de altura, con tallo fuerte y erguido, ramas estriadas, verdes y con aspecto de junco mientras son jóvenes, hojas escasas, sencillas, casi sentadas y oblongas, flores grandes, olorosas, amarillas, en ramos pendientes, y fruto en vainas lineales, negruzcas, lustrosas cuando están maduras, y con diez o doce semillas arriñonadas.

gayuba. F. **1.** Mata de la familia de las Ericáceas, tendida, siempre verde y ramosa, con hojas amontonadas, lustrosas, elípticas, pecioladas y enteras, flores en racimos terminales, de corola blanca o sonrosada, y fruto en drupa roja y esférica de seis a ocho milímetros de diámetro. El cocimiento de las hojas y frutos se suele emplear como diurético. ‖ **2.** Fruto de esta planta.

gaza. F. Lazo que se forma en el extremo de un cabo doblándolo y uniéndolo con costura o ligada, y que sirve para enganchar o ceñir algo o suspenderlo de alguna parte.

gazapera. F. Madriguera que hacen los conejos para guarecerse y criar a sus hijos.

gazapo[1]. M. Conejo nuevo.

gazapo[2]. M. coloq. Yerro que por inadvertencia deja escapar quien escribe o habla.

gazmoñería. F. Afectación de modestia, devoción o escrúpulos.

gazmoño, ña. ADJ. Que afecta devoción, escrúpulos y virtudes que no tiene. U. t. c. s.

gaznápiro, ra. ADJ. Palurdo, simplón, torpe, que se queda embobado con cualquier cosa. U. m. c. s.

gaznatada. F. *Am. Cen.* Bofetada en la mejilla.

gaznate. M. **1.** garguero. ‖ **2.** *Méx.* Dulce hecho de piña o de coco.

gazofilacio. M. hist. Lugar donde se recogían las limosnas, rentas y riquezas del templo de Jerusalén.

gazpacho. M. Sopa fría que se hace regularmente con pedazos de pan y con aceite, vinagre, sal, ajo, cebolla y otros aditamentos. ‖ **~s manchegos.** M. pl. Guiso que hacen los pastores con diversas carnes de cacería, troceadas y deshuesadas, extendido sobre un fondo de masa de pan.

ge. F. Nombre de la letra *g.* MORF. pl. ges.

gea. F. Conjunto del reino inorgánico de un país o región.

géiser. M. Fuente termal intermitente, en forma de surtidor. MORF. pl. géiseres.

gel. M. **1.** Estado que adopta una materia en dispersión coloidal cuando experimenta floculación o coagulación. ‖ **2.** Producto cosmético en estado de gel.

gelatina. F. Sustancia sólida, incolora y transparente cuando está pura, e inodora, insípida y notable por su mucha coherencia. Procede de la transformación del colágeno del tejido conjuntivo y de los huesos y cartílagos por efecto de la cocción.

gelatinoso, sa. ADJ. **1.** Abundante en gelatina. *Carne gelatinosa.* ‖ **2.** Parecido a ella, especialmente por la consistencia. *Masa de aspecto gelatinoso.*

gelidez. F. Cualidad de gélido.

gélido, da. ADJ. **1.** Helado, muy frío. *Aguas gélidas.* ‖ **2.** Distante, poco afectuoso. *Una acogida gélida.*

gelignita. F. Explosivo del grupo de las dinamitas formado por una mezcla de nitroglicerina, colodión, nitrato de potasio y aserrín.

gema. F. **1.** Se usa como nombre genérico para referirse a las piedras preciosas. ‖ **2.** Parte de un madero escuadrado donde, por escasez de dimensiones, ha quedado parte de la corteza. □ V. sal ~.

gemación. F. **1.** *Bot.* Desarrollo de la yema o botón para la producción de una rama, hoja o flor. ‖ **2.** *Bot.* y *Zool.* Modo de reproducción asexual, propio de muchas plantas y de muchos animales invertebrados, que se caracteriza por separarse del organismo una pequeña porción de él, llamada yema, la cual se desarrolla hasta formar un individuo semejante al reproductor. ‖ **~ celular.** F. *Biol.* División celular en la que el citoplasma se escinde en dos partes de tamaño muy desigual, la menor de las cuales se conoce con el nombre de yema.

gemebundo, da. ADJ. Que gime profundamente. *Voces gemebundas.*

gemelar. ADJ. Perteneciente o relativo a los hijos o hermanos gemelos. *Parto gemelar. Pareja gemelar.*

gemelo, la. **I.** ADJ. **1.** Dicho de un hermano: Nacido en el mismo parto que otro y originado por la fecundación del mismo óvulo. U. t. c. s. ‖ **2.** Dicho de un hermano: Nacido del mismo parto, y más especialmente de un parto doble. U. t. c. s. ‖ **3.** Se dice ordinariamente de los elementos iguales de diversos órdenes que, apareados, cooperan a un mismo fin. *Ruedas gemelas. Sillones gemelos.* ‖ **II.** M. **4.** Cada uno de los pasadores formados por dos piezas unidas por un pequeño vástago o por una cadena y que se usan para cerrar el puño de la camisa. ‖ **5.** *Anat.* músculo gemelo. ‖ **6.** pl. Anteojo binocular. ‖ **~ fraterno, na.** LOC. ADJ. gemelo bivitelino.

U. t. c. loc. sust. ‖ ~ **idéntico, ca.** LOC.ADJ. gemelo univitelino. U. t. c. loc. sust. □ V. **músculo** ~.

gemido. M. Acción y efecto de gemir.

gemidor, ra. ADJ. Que gime. *Viento gemidor.*

geminación. F. **1.** Acción y efecto de geminar. ‖ **2.** *Ling.* Repetición inmediata de una consonante en la pronunciación o en la escritura.

geminar. TR. Duplicar, repetir. U. t. c. prnl.

geminiano, na. ADJ. *Á. R. Plata.* Dicho de una persona: Nacida bajo el signo zodiacal de Géminis. U. t. c. s.

géminis. ADJ. Dicho de una persona: Nacida bajo el signo zodiacal de Géminis. *Yo soy géminis, ella es piscis.* U. t. c. s.

gemir. INTR. **1.** Expresar, de manera natural y con sonido y voz lastimera, la pena y el dolor. ‖ **2.** Dicho de un animal o de una cosa: Aullar o sonar, con semejanza al gemido del hombre. *El viento gime.* ¶ MORF. conjug. c. *pedir.*

gemología. F. Ciencia que trata de las **gemas** (‖ piedras preciosas).

gemológico, ca. ADJ. Perteneciente o relativo a la gemología.

gemólogo, ga. M. y F. Persona que profesa la gemología o está versada en ella.

gen. M. *Biol.* Secuencia de ADN que constituye la unidad funcional para la transmisión de los caracteres hereditarios.

gena. F. **1.** Arbusto de la familia de las Oleáceas, de unos dos metros de altura, ramoso, con hojas casi persistentes, opuestas, aovadas, lisas y lustrosas; flores pequeñas, blancas y olorosas, en racimos terminales, y por frutos bayas negras, redondas y del tamaño de un guisante. ‖ **2.** Polvo amarillo o rojo a que se reducen las hojas de la gena, utilizado como tinte, especialmente para el pelo.

genciana. F. Planta vivaz de la familia de las Gencianáceas, con tallo sencillo, erguido, fistuloso, de un metro aproximadamente de altura. Tiene hojas grandes elípticas, enteras, lustrosas, con cinco o siete nervios longitudinales, pecioladas las inferiores y abrazadoras las de encima, flores amarillas, que forman pequeños haces en el ápice del tallo y en las axilas, fruto capsular, ovoide, con muchas semillas, y raíz gruesa, carnosa, de color amarillo rojizo, de olor fuerte y sabor muy amargo. Se emplea en medicina como tónica y febrífuga.

gencianáceo, a. ADJ. *Bot.* Se dice de las hierbas angiospermas dicotiledóneas, lampiñas por lo común, amargas, con hojas opuestas, envainadoras y sin estípulas, flores terminales o axilares, solitarias o en manojo, corimbo, racimo o cima, frutos capsulares, raras veces en forma de baya, y semillas con albumen carnoso; como la genciana y la centaura menor. U. t. c. s. f. ORTOGR. En f. pl., escr. con may. inicial c. taxón. *Las Gencianáceas.*

gendarme. M. En Francia y otros países, agente de Policía destinado a mantener el orden y la seguridad pública.

gendarmería. F. **1.** Cuerpo de tropa de los gendarmes. ‖ **2.** Cuartel o puesto de gendarmes.

gene. M. *Am. Cen.* y *Méx.* gen.

genealogía. F. **1.** Serie de progenitores y ascendientes de cada persona, y, por ext., de un animal de raza. ‖ **2.** Escrito que la contiene. ‖ **3.** Documento en que se hace constar la ascendencia de un animal de raza. ‖ **4.** Disciplina que estudia la genealogía de las personas. ‖ **5.**

Origen y precedentes de algo. *La genealogía de un vino.* ‖ **6.** *Biol.* filogenia (‖ origen y desarrollo evolutivo de los seres vivos).

genealógico, ca. ADJ. Perteneciente o relativo a la genealogía. *Libro, papel genealógico.* □ V. **árbol** ~.

genealogista. COM. Persona entendida en genealogías y linajes, y que escribe sobre ellos.

generación. F. **1.** Acción y efecto de **generar** (‖ procrear). *Órganos de la generación.* ‖ **2.** Acción y efecto de **generar** (‖ producir). *Generación de empleo.* ‖ **3.** Sucesión de descendientes en línea recta. ‖ **4.** Conjunto de las personas que tienen aproximadamente la misma edad. *La generación de nuestros padres.* ‖ **5.** Conjunto de personas que, por haber nacido en fechas próximas y recibido educación e influjos culturales y sociales semejantes, reaccionan ante algún estímulo común de manera comparable. *La generación del 98.* ‖ **6.** Cada una de las fases de una técnica en evolución, en que se aportan avances e innovaciones respecto a la fase anterior. *Computadoras de quinta generación.* ‖ ~ **espontánea.** F. *Biol.* hist. Aparición, según creencia antigua, de una nueva especie de seres vivos sin ascendencia genética. ‖ **de ~ en ~.** LOC.ADV. De padres a hijos, a lo largo del tiempo. *Ciertas costumbres se transmiten de generación en generación.* ‖ **por ~ espontánea.** LOC.ADV. Sin causa aparente.

generacional. ADJ. Perteneciente o relativo a una generación de coetáneos. *Relevo generacional.*

generador, ra. I. ADJ. **1.** Que genera. *Ley generadora de desigualdades.* ‖ **II.** M. **2.** En las máquinas, parte que produce la fuerza o energía, como en las de vapor, la caldera, y en la electricidad, una dinamo.

general. I. ADJ. **1.** Común a todos los individuos que constituyen un todo, o a muchos objetos, aunque sean de naturaleza diferente. *Regla general.* ‖ **2.** Común, frecuente, usual. *Una práctica general en nuestra sociedad.* ‖ **3.** Que no está especializado o no es específico. *Medicina general. Nociones generales.* ‖ **II.** M. **4.** Prelado superior de una orden religiosa. ‖ **5.** *Esp.* Mayoría de un conjunto de cosas o personas. *El general de la sociedad.* ‖ **III.** COM. **6.** *Mil.* Oficial general del Ejército con la graduación de capitán general, teniente general, general de división o general de brigada, y los correspondientes en la Armada en los cuerpos distintos del cuerpo general. ‖ ~ **brigadier.** M. *Mil. Méx.* brigadier (‖ oficial del Ejército mexicano). ‖ ~ **de brigada.** COM. *Mil.* Oficial general de graduación inmediatamente superior al coronel e inferior al general de división. ‖ ~ **de división.** COM. **1.** *Mil.* Oficial general de graduación inmediatamente superior al general de brigada e inferior al teniente general. ‖ **2.** *Mil. Méx.* Oficial que tiene el grado más alto del Ejército. ‖ ~ **en jefe.** COM. *Mil.* general que tiene el mando superior de un ejército. ‖ **en** ~, **o por lo** ~. LOCS.ADVS. **1.** En común, con generalidad. ‖ **2.** Sin especificar ni individualizar cosa alguna. □ V. abogado ~, absolución ~, anestesia ~, capitán ~, capitanía ~, concilio ~, confesión ~, cónsul ~, contaduría ~, cuartel ~, definidor ~, depositario ~, dirección ~, director ~, entrada ~, Estado Mayor General, estudio ~, gramática ~, huelga ~, inquisidor ~, inspector ~, lingüística ~, maestre de campo ~, ministro ~, oficial ~, parada ~, renta ~, teniente ~, vicario ~, vicario ~ castrense, voluntad ~.

generala. F. *Mil.* Toque de tambor, corneta o clarín para que las fuerzas de una guarnición o campo tomen las armas.

generalato. M. **1.** Oficio o ministerio del general de las órdenes religiosas. ‖ **2.** Conjunto de los generales de uno o varios ejércitos. ‖ **3.** *Mil.* Empleo o grado de general.

generalidad. F. **1.** Mayoría, muchedumbre o casi totalidad de los individuos u objetos que componen una clase o un todo sin determinación de persona o cosa particular. *La generalidad de los hombres.* ‖ **2.** Cosa que se dice o escribe con vaguedad o falta de precisión. *Contestó con una generalidad y volvió la espalda.* ‖ **3.** Cada uno de los organismos que gobiernan respectivamente Cataluña y la Comunidad Valenciana, según lo establecido por la Constitución española y por los Estatutos de aquellos territorios autónomos. ORTOGR. Escr. con may. inicial. ‖ **4.** pl. Conocimientos generales relativos a una ciencia.

generalísimo. M. Jefe que manda el estado militar en paz y en guerra, con autoridad sobre todos los generales del Ejército.

generalista. ADJ. Dicho de una persona: Que en su profesión domina un amplio campo de conocimientos. *Médico generalista.* U. t. c. s.

generalización. F. Acción y efecto de generalizar.

generalizador, ra. ADJ. Que generaliza. *Afirmación generalizadora y demagógica.*

generalizar. TR. **1.** Hacer algo público o común. U. t. c. prnl. *Generalizarse una moda.* ‖ **2.** Considerar y tratar de manera general cualquier punto o cuestión. U. t. c. intr. *No generalices; no todos los políticos son así.* ‖ **3.** Abstraer lo que es común y esencial a muchas cosas, para formar un concepto general que las comprenda todas.

generar. TR. **1.** procrear. *Generar su descendencia.* ‖ **2.** Producir, causar algo. *Generar un conflicto.*

generativo, va. ADJ. Dicho de una cosa: Que tiene virtud de engendrar. *Los genitales son órganos generativos.* ☐ V. **gramática ~.**

generatriz. ADJ. **1.** *Fís.* Dicho de una máquina: Que convierte la energía mecánica en eléctrica. U. t. c. s. f. ‖ **2.** *Geom.* Dicho de una línea o de una figura: Que por su movimiento engendra, respectivamente, una figura o un sólido geométrico. U. t. c. s. f. ¶ MORF. U. solo apl. a susts. f.

genérico, ca. ADJ. **1.** Común a varias especies. *Denominación genérica.* ‖ **2.** Dicho de un medicamento: Que tiene la misma composición que un específico, y se comercializa bajo la denominación de su principio activo. U. t. c. s. m.

género. M. **1.** Conjunto de seres que tienen uno o varios caracteres comunes. *El género animal.* ‖ **2.** Clase o tipo a que pertenecen personas o cosas. *Ese género de bromas no me gusta.* ‖ **3.** En el comercio, **mercancía.** ‖ **4.** Tela o tejido. *Géneros de algodón. Géneros de hilo.* ‖ **5.** En las artes, sobre todo en la literatura, cada una de las distintas categorías o clases en que se pueden ordenar las obras según rasgos comunes de forma y de contenido. ‖ **6.** *Biol.* Taxón que agrupa a especies que comparten ciertos caracteres. ‖ **7.** *Gram.* Clase a la que pertenece un nombre sustantivo o un pronombre por el hecho de concertar con él una forma y, generalmente solo una, de la flexión del adjetivo y del pronombre. En las lenguas indoeuropeas estas formas son tres en determinados adjetivos y pronombres: masculina, femenina y neutra. ‖ **8.** *Gram.* Cada una de estas formas. ‖ **9.** *Gram.* Forma por la que se distinguen algunas veces los nombres sustantivos según pertenezcan a una u otra de las tres clases. ‖ **~ chico.** M. Clase de obras teatrales musicales de corta duración y de ambiente por lo general costumbrista o popular. ‖ **~ femenino.** M. **1.** *Gram.* En los nombres y en algunos pronombres, rasgo inherente de las voces que designan personas del sexo femenino, muchos animales hembra, seres inanimados y algunos conceptos abstractos. ‖ **2.** *Gram.* En algunos adjetivos, determinantes y otras clases de palabras, rasgo gramatical de concordancia con los sustantivos de género femenino. ‖ **~ humano.** M. Conjunto de todos los seres humanos. ‖ **~ masculino.** M. **1.** *Gram.* En los nombres y en algunos pronombres, rasgo inherente de las voces que designan personas del sexo masculino, algunos animales macho, seres inanimados y algunos conceptos abstractos. ‖ **2.** *Gram.* En algunos adjetivos, determinantes y otras clases de palabras, rasgo gramatical de concordancia con los sustantivos de género masculino. ‖ **~ neutro.** M. *Gram.* En algunas lenguas indoeuropeas, el de los sustantivos no clasificados como masculinos ni femeninos y el de los pronombres que los representan o que designan conjuntos sin noción de persona. En español no existen sustantivos neutros, ni hay formas neutras especiales en la flexión del adjetivo; solo el artículo, el pronombre personal de tercera persona, los demostrativos y algunos otros pronombres tienen formas neutras diferenciadas en singular. ☐ V. **nombre común en cuanto al ~, valor recibido en ~s.**

generosidad. F. Cualidad de generoso.

generoso, sa. ADJ. **1.** Dicho de una persona: Que da lo que tiene de manera desinteresada. *Es muy generoso dando propinas.* ‖ **2.** Que obra con magnanimidad y nobleza de ánimo. *Los misioneros son personas generosas.* ‖ **3.** Abundante, amplio. *Plato generoso. Escote generoso.* ☐ V. **vino ~.**

genesíaco, ca o **genesiaco, ca.** ADJ. Perteneciente o relativo a la génesis. *Mito genesíaco de un pueblo.*

genésico, ca. ADJ. Perteneciente o relativo a la generación. *Instinto genésico.*

génesis. **I.** F. **1.** Origen o principio de algo. ‖ **2.** Serie encadenada de hechos y de causas que conducen a un resultado. ‖ **II.** M. **3.** Título del primer libro del Antiguo Testamento, en que se da una explicación del origen del mundo. ORTOGR. Escr. con may. inicial.

genética. F. Parte de la biología que trata de la herencia y de lo relacionado con ella.

genético, ca. **I.** ADJ. **1.** *Biol.* Perteneciente o relativo a la genética. *Estudio genético.* ‖ **2.** Perteneciente o relativo a la génesis u origen de las cosas. *Claves genéticas del nazismo.* ‖ **II.** M. y F. **3.** genetista. ☐ V. **código ~, deriva ~, expresión ~, información ~, ingeniería ~.**

genetista. COM. Persona que cultiva o domina los estudios de genética.

genial. ADJ. **1.** Que revela genio creador. *Idea genial.* ‖ **2.** Placentero, que causa deleite o alegría. *Hizo un tiempo genial.* ‖ **3.** Magnífico, estupendo. *Coche genial.* U. t. c. adv.

genialidad. F. **1.** Cualidad de genial. ‖ **2.** Dicho, hecho o idea geniales. U. m. en sent. irón.

génico, ca. ADJ. *Biol.* Perteneciente o relativo a los genes. ☐ V. **expresión ~, información ~.**

genio. M. **1.** Índole o condición según la cual obra alguien comúnmente. *Es de genio apacible.* ‖ **2.** Disposición ocasional del ánimo por la cual este se manifiesta alegre, áspero o desabrido. *Ya está de mejor genio.* || **3.** Mal carácter, temperamento difícil. *Qué genio tiene Ernesto.* || **4.** Capacidad mental extraordinaria para crear o inventar cosas nuevas y admirables. || **5.** Persona dotada de esta facultad. *Calderón es un genio.* || **6.** Índole o condición peculiar de algunas cosas. *El genio de la lengua.* || **7. carácter** (|| firmeza y energía). || **8.** En la gentilidad, cada una de ciertas deidades menores, tutelares o enemigas. || **9.** Ser fabuloso con figura humana, que interviene en cuentos y leyendas orientales. *El genio de la lámpara de Aladino.* || **10.** En las artes, ángel o figura que se coloca al lado de una divinidad, o para representar una alegoría. || **corto, ta de ~.** LOC.ADJ. tímido.

genista. F. retama.

genital. I. ADJ. **1.** Que sirve para la generación. *Órganos genitales.* || **II.** M. **2.** pl. Órganos sexuales externos.

genitivo, va. I. ADJ. **1.** Que puede engendrar y producir algo. *Cruce genitivo entre especies.* || **II.** M. **2.** *Gram.* Uno de los casos de la declinación de algunas lenguas, generalmente de valores muy variados, que puede denotar propiedad, posesión o pertenencia, el objeto sobre el que recae o que produce la acción expresada por un nombre, la cualidad o la cantidad de alguien o algo, el precio de lo que puede venderse, el todo del cual se menciona una parte, la naturaleza de algo, etc.

genitor, ra. ADJ. Que engendra. Apl. a pers. o animales, u. m. c. s.

genitourinario, ria. ADJ. *Anat.* Perteneciente o relativo a las vías y órganos genitales y urinarios.

genízaro, ra. ADJ. hist. jenízaro.

genocida. ADJ. **1.** Que comete genocidio. Apl. a pers., u. m. c. s. || **2.** Perteneciente o relativo al genocidio. *Acción genocida.*

genocidio. M. Exterminio o eliminación sistemática de un grupo social por motivo de raza, de etnia, de religión, de política o de nacionalidad.

genoma. M. *Biol.* Conjunto de los genes de un individuo o de una especie, contenido en un juego haploide de cromosomas.

genotípico, ca. ADJ. *Biol.* Perteneciente o relativo al genotipo.

genotipo. M. *Biol.* Conjunto de los genes de un individuo, incluida su composición alélica.

genovés, sa. ADJ. **1.** Natural de Génova. U. t. c. s. || **2.** Perteneciente o relativo a esta ciudad de Italia. || **3.** Se dice de la variedad italorrománica hablada en Génova. U. t. c. s. m. *El genovés.* || **4.** Perteneciente o relativo a esta variedad. *Léxico genovés.*

gente. F. **1.** Pluralidad de personas. *Hay mucha gente.* || **2.** Cada una de las clases que pueden distinguirse en la sociedad. *Gente del pueblo. Gente rica o de dinero.* || **3.** Con respecto a quien manda, conjunto de quienes dependen de él. || **4.** coloq. **familia** (|| grupo de personas que viven juntas). *¿Cómo está tu gente?* || **5.** *Am.* **persona** (|| individuo). || **6.** *Am.* Persona decente. *Ser gente. Creerse gente. Hacerse gente.* || **~ bien.** F. La de posición social y económica elevada. || **~ gorda.** F. coloq. La importante o de buena posición. || **~ menuda.** F. coloq. **niños** (|| personas que están en la niñez). || **~ perdida.** F. La vagabunda, haragana o de mal vivir. || **buena ~.** LOC.ADJ. coloq. Dicho de una persona: Que es buena, que tiene bondad. || **mala ~.** LOC.ADJ. Dicho de una persona: **malvada.** || **ser** alguien **como la ~.** LOC.VERB. *Am.* Ser como es debido, recto, irreprochable. □ V. **bocanada de ~, de-**

cir de las **~s,** derecho de **~s,** don de **~s,** el Apóstol de las **~s,** el común de las **~s,** trato de **~s.**

gentil. ADJ. **1.** Entre los judíos, se dice de la persona o comunidad que profesa otra religión. U. t. c. s. || **2. pagano**[2]. U. t. c. s. || **3.** Hermoso o elegante. *Gentil mozo. Gentil donaire.* || **4.** Amable, cortés. *Es muy gentil con sus compañeros.* □ V. **el Apóstol de los ~es.**

gentileshombres. M. pl. de **gentilhombre.**

gentileza. F. **1.** Cualidad de gentil. || **2.** Obsequio o patrocinio económico. *Este libro es una gentileza de la editorial.*

gentilhombre. M. hist. Hombre de condición distinguida que servía en las casas de los grandes. MORF. pl. **gentilhombres** o **gentileshombres.** || **~ de boca.** M. hist. Integrante del cortejo real en las comidas, funciones de capilla y otras solemnidades públicas. || **~ de cámara.** M. hist. Cortesano que acompañaba al rey en sus aposentos privados, auxiliando al sumiller de corps. || **~ de la casa.** M. hist. El siguiente al de boca en la antigua jerarquía palatina.

gentilicio, cia. I. ADJ. **1.** Perteneciente o relativo a las gentes o naciones. *Tradición gentilicia.* || **2.** Perteneciente o relativo al linaje o familia. *Estructuras gentilicias.* || **II.** M. **3.** *Gram.* adjetivo gentilicio.

gentílico, ca. ADJ. Perteneciente o relativo a los gentiles. *Deidad gentílica.*

gentilidad. F. **1.** Conjunto de los gentiles. || **2.** Religión de los gentiles.

gentilismo. M. gentilidad.

gentío. M. Gran concurrencia o afluencia de personas en un lugar.

gentualla. F. despect. gentuza.

gentuza. F. **1.** despect. Grupo o tipo de gente que es considerada despreciable. *Me destrozaron el coche. ¡Qué gentuza!* || **2.** Grupo de gente socialmente marginal. *En aquel barrio hay mucha gentuza.*

genuflexión. F. Acción y efecto de doblar la rodilla, bajándola hacia el suelo, ordinariamente en señal de reverencia.

genuflexo, xa. ADJ. arrodillado.

genuino, na. ADJ. **1.** Auténtico, legítimo. *Interés genuino. Versión genuina.* || **2.** Propio o característico. *Producto genuino de una época.*

geo. COM. Miembro del grupo perteneciente a la Policía o a las fuerzas armadas españolas destinado a operaciones especiales.

geobotánica. F. Estudio de la relación entre la vida vegetal y el medio terrestre.

geobotánico, ca. ADJ. *Biol.* Perteneciente o relativo a la geobotánica.

geocéntrico, ca. ADJ. **1.** hist. Perteneciente o relativo al geocentrismo. *Teoría geocéntrica.* || **2.** Perteneciente o relativo al centro de la Tierra. *Temperatura geocéntrica.*

geocentrismo. M. hist. Teoría astronómica sostenida fundamentalmente por Ptolomeo, astrónomo y matemático griego del siglo II, que consideraba la Tierra como centro del universo.

geoda. F. *Geol.* Hueco de una roca, tapizado de una sustancia generalmente cristalizada.

geodesia. F. Ciencia matemática que tiene por objeto determinar la figura y magnitud del globo terrestre o de gran parte de él, y construir los mapas correspondientes.

geodésico, ca. ADJ. Perteneciente o relativo a la geodesia. □ V. **línea** ~.

geodesta. COM. Persona versada en geodesia.

geodinámica. F. *Geol.* Estudio de las modificaciones de la litosfera, sus causas y consecuencias.

geoestacionario, ria. ADJ. *Tecnol.* Dicho de un satélite artificial: Que viaja de oeste a este a una altura superior a los 36 000 km sobre el ecuador y a la misma velocidad que la rotación de la Tierra, por lo que parece que está siempre en el mismo sitio.

geoestrategia. F. Estudio de la influencia de la geografía en la estrategia.

geofagia. F. *Med.* Hábito morboso de comer tierra o sustancias similares no nutritivas.

geófago, ga. ADJ. *Med.* Que come tierra. U. t. c. s.

geofísica. F. Parte de la geología que estudia la física terrestre.

geofísico, ca. I. ADJ. 1. Perteneciente o relativo a la geofísica. *Laboratorio geofísico.* ‖ II. M. y F. 2. Especialista en geofísica.

geogenia. F. Parte de la geología que trata del origen y formación de la Tierra.

geogénico, ca. ADJ. *Geol.* Perteneciente o relativo a la geogenia.

geognosia. F. Parte de la geología que estudia la estructura y composición de las rocas que forman la Tierra.

geognóstico, ca. ADJ. *Geol.* Perteneciente o relativo a la geognosia.

geografía. F. 1. Ciencia que trata de la descripción de la Tierra. ‖ 2. Territorio, paisaje. U. t. en sent. fig. *La geografía moral de un pueblo.* ‖ ~ **astronómica.** F. **cosmografía.** ‖ ~ **física.** F. Parte de la geografía que trata de la configuración de las tierras y los mares. ‖ ~ **histórica.** F. La que estudia la distribución de los Estados y pueblos de la Tierra a través de las distintas épocas. ‖ ~ **lingüística.** F. La que estudia la distribución de los fenómenos lingüísticos de un idioma sobre el territorio en que este se habla. ‖ ~ **política.** F. Parte de la geografía que trata de la distribución y organización de la Tierra como morada del hombre.

geográficamente. ADV. M. Según las reglas de la geografía.

geográfico, ca. ADJ. Perteneciente o relativo a la geografía.

geógrafo, fa. M. y F. Persona que profesa la geografía o tiene en ella especiales conocimientos.

geoide. M. Forma teórica de la Tierra determinada por la geodesia.

geología. F. Ciencia que trata de la forma exterior e interior del globo terrestre, de la naturaleza de las materias que lo componen y de su formación, de los cambios o alteraciones que estas han experimentado desde su origen, y de la colocación que tienen en su actual estado.

geológico, ca. ADJ. Perteneciente o relativo a la geología. □ V. **tiempo** ~.

geólogo, ga. M. y F. Persona que profesa la geología o tiene en ella especiales conocimientos.

geomagnético, ca. ADJ. Perteneciente o relativo al geomagnetismo. *Campo geomagnético.*

geomagnetismo. M. Conjunto de fenómenos relativos a las propiedades magnéticas de la Tierra.

geomancia o **geomancía.** F. Especie de magia y adivinación que se pretende hacer valiéndose de los cuerpos terrestres o con líneas, círculos o puntos hechos en la tierra.

geomántico, ca. ADJ. Perteneciente o relativo a la geomancia.

geómetra. COM. Persona que profesa la geometría o tiene en ella especiales conocimientos.

geometral. ADJ. geométrico.

geometría. F. Estudio de las propiedades y de las medidas de las figuras en el plano o en el espacio. ‖ ~ **algorítmica.** F. *Mat.* Aplicación del álgebra a la geometría para resolver por medio del cálculo ciertos problemas de la extensión. ‖ ~ **analítica.** F. *Mat.* Estudio de figuras que utiliza un sistema de coordenadas y los métodos del análisis matemático. ‖ ~ **del espacio.** F. *Mat.* Parte de la geometría que considera las figuras cuyos puntos no están todos en un mismo plano. ‖ ~ **descriptiva.** F. *Mat.* Parte de las matemáticas que tiene por objeto resolver los problemas de la geometría del espacio por medio de operaciones efectuadas en un plano y representar en él las figuras de los sólidos. ‖ ~ **plana.** F. *Mat.* Parte de la geometría que considera las figuras cuyos puntos están todos en un plano. ‖ ~ **proyectiva.** F. Rama de la geometría que trata de las proyecciones de las figuras sobre un plano.

geométrico, ca. ADJ. 1. Perteneciente o relativo a la geometría. *Formas geométricas.* ‖ 2. De formas geométricas. *Decoración geométrica.* ‖ 3. Muy exacto. *Demostración geométrica. Cálculo geométrico.* □ V. **lugar** ~, **media** ~, **plano** ~, **progresión** ~, **razón** ~.

geomorfología. F. *Geol.* Estudio de las características propias de la litosfera.

geopolítica. F. Estudio de los condicionamientos geográficos de la política.

geopolítico, ca. I. ADJ. 1. Perteneciente o relativo a la geopolítica. *Tratado geopolítico.* ‖ 2. Relacionado con el punto de vista geográfico y político de una región. *Situación, importancia geopolítica.* ‖ II. M. y F. 3. Especialista en geopolítica.

geoquímica. F. Estudio de la distribución, proporción y asociación de los elementos químicos de la litosfera, y de las leyes que las condicionan.

geoquímico, ca. I. ADJ. 1. Perteneciente o relativo a la geoquímica. ‖ II. M. y F. 2. Especialista en geoquímica.

georgiano[1], na. I. ADJ. 1. Natural de Georgia. U. t. c. s. ‖ 2. Perteneciente o relativo a este país de Asia. ‖ II. M. 3. Lengua hablada en Georgia.

georgiano[2], na. I. ADJ. 1. Se dice de un estilo de arquitectura del siglo XVIII en Inglaterra y los Estados Unidos de América. ‖ 2. Natural del estado de Georgia. U. t. c. s. ‖ 3. Perteneciente o relativo a este estado de la Unión norteamericana.

geórgica. F. Obra que tiene relación con la agricultura. Apl. a las obras literarias, u. m. en pl.

geórgico, ca. ADJ. Perteneciente o relativo al campo. *Vida geórgica.*

geotécnica. F. Aplicación de principios de ingeniería a la ejecución de obras públicas en función de las características de los materiales de la litosfera.

geotécnico, ca. ADJ. Perteneciente o relativo a la geotécnica.

geotermal. ADJ. 1. Dicho del agua: Que brota caliente por atravesar zonas profundas de la litosfera. ‖ 2. Dicho de una fuente: Que hace manar agua geotermal. ‖ 3.

Dicho de la energía o de una planta energética: Que aprovecha el calor de las zonas profundas de la litosfera.

geotermia. F. **1.** Conjunto de los fenómenos térmicos internos del globo terrestre. ‖ **2.** Estudio científico de estos fenómenos, considerados como una fuente de energía.

geotropismo. M. *Biol.* Tropismo producido fundamentalmente por la acción de la gravedad, como el que experimentan las plantas.

geraniáceo, a. ADJ. *Bot.* Se dice de las hierbas o matas angiospermas dicotiledóneas, con ramos articulados y estípulas, hojas alternas u opuestas, y flores solitarias o en umbela, que dan tres o cinco frutos membranosos e indehiscentes y con una sola semilla; p. ej., el geranio y la aguja de pastor. U. t. c. s. f. ORTOGR. En f. pl., escr. con may. inicial c. taxón. *Las Geraniáceas.*

geranio. M. **1.** Planta de la familia de las Geraniáceas, con tallos herbáceos de dos a cuatro decímetros de altura y ramosos, hojas opuestas, pecioladas y de borde ondulado, flores en umbela apretada, y frutos capsulares, alargados, unidos de cinco en cinco, cada uno con su semilla. Hay varias especies, que se distinguen por el tamaño de las hojas, vellosas o no y más o menos recortadas, y, sobre todo, por el olor y coloración de las flores. Los geranios, originarios del África austral, se cultivan en los jardines. ‖ **2.** Flor de esta planta.

gerbera. F. Planta de la familia de las Compuestas, con flores muy vistosas, como grandes margaritas, muy utilizadas en florerías. Procede de África del Sur.

gerencia. F. **1.** Cargo de gerente. ‖ **2.** Gestión que le incumbe. ‖ **3.** Oficina del gerente.

gerenta. F. *Am.* Mujer que lleva la gestión administrativa de una empresa o institución.

gerente. COM. Persona que lleva la gestión administrativa de una empresa o institución.

geriatra. COM. Médico especializado en geriatría.

geriatría. F. *Med.* Estudio de la vejez y terapia de sus enfermedades.

geriátrico, ca. I. ADJ. **1.** *Med.* Perteneciente o relativo a la geriatría. *Estudios geriátricos.* ‖ **II.** M. **2.** Hospital o clínica donde se trata a ancianos enfermos.

gerifalte. M. **1.** Halcón de gran tamaño, que vive ordinariamente en el norte de Europa. ‖ **2.** Persona descollante en cualquier actividad. U. m. en sent. irón.

germanesco, ca. ADJ. Perteneciente o relativo a la germanía.

germanía. F. **1.** Jerga o manera de hablar de ladrones y rufianes, usada por ellos solos y compuesta de voces del idioma español con significación distinta de la verdadera, y de otros muchos vocablos de orígenes muy diversos. ‖ **2.** hist. En el antiguo reino de Valencia, hermandad o gremio.

germánico, ca. ADJ. **1.** hist. Perteneciente o relativo a Germania o a los germanos. *Dioses germánicos.* ‖ **2.** Perteneciente o relativo a Alemania. *Expresionismo germánico.* ‖ **3.** Se dice de un grupo o familia de lenguas indoeuropeas habladas por los pueblos germanos, entre las que destacan el nórdico, el gótico, el alemán, el neerlandés, el frisón y el anglosajón. U. t. c. s. m. *El germánico.* ‖ **4.** Perteneciente o relativo a este grupo o familia de lenguas. *Raíz germánica.*

germanio. M. *Quím.* Elemento químico de núm. atóm. 32. Metal escaso en la litosfera, se encuentra en los residuos de la metalurgia del cinc y en las cenizas de algunos carbones. De color gris, brillante y frágil, se usa en la fabricación de transistores y detectores de radiación, y aleado, para dar resistencia al aluminio y dureza al magnesio. (Símb. *Ge*).

germanismo. M. **1.** Idiotismo de la lengua alemana. ‖ **2.** Vocablo o giro de esta lengua empleado en otra. ‖ **3.** Empleo de vocablos o giros alemanes en otro idioma.

germanista. COM. **1.** Especialista en la lengua y la cultura alemanas. ‖ **2.** Especialista en la lengua y la cultura germánicas.

germanización. F. Acción y efecto de germanizar.

germanizar. TR. Dar carácter germánico, o inclinarse a las cosas germánicas. U. t. c. prnl.

germano, na. ADJ. **1.** hist. Natural u oriundo de Germania, antigua región de la Europa central. U. t. c. s. ‖ **2. alemán.** Apl. a pers., u. t. c. s.

germanofilia. F. Simpatía o admiración por lo alemán.

germanófilo, la. ADJ. Que simpatiza con lo alemán o lo admira. U. t. c. s.

germanofobia. F. Aversión o rechazo hacia lo alemán.

germanófobo, ba. ADJ. Que siente aversión por lo alemán o lo rechaza. U. t. c. s.

germen. M. **1.** Esbozo que da principio al desarrollo de un ser vivo. ‖ **2.** Parte de la semilla de que se forma la planta. *Germen de trigo.* ‖ **3. germen patógeno.** ‖ **4.** Principio u origen de una cosa material o moral. *Este discurso fue el germen de la revolución.* ‖ ~ **patógeno.** M. *Med.* Microorganismo que puede causar o propagar enfermedades.

germicida. ADJ. Que destruye gérmenes, especialmente los dañinos. Apl. a un agente o un producto, u. t. c. s. m.

germinación. F. Acción de germinar.

germinador, ra. I. ADJ. **1.** Que hace germinar. *Condiciones germinadoras.* ‖ **II.** M. **2.** Cámara acondicionada para la germinación de las semillas.

germinal. I. ADJ. **1.** Perteneciente o relativo al germen. *Fuerza germinal.* ‖ **II.** M. **2.** hist. Séptimo mes del calendario francés de la Revolución, cuyos días primero y último coincidían, respectivamente, con el 21 de marzo y el 19 de abril.

germinar. INTR. **1.** Dicho de un vegetal: Comenzar a desarrollarse desde la semilla. ‖ **2.** Dicho de algo moral o abstracto: Brotar, crecer, desarrollarse. *Su superficialidad evitó que germinara en ellos la tristeza.*

germinativo, va. ADJ. Que puede germinar o causar germinación. *Células germinativas.*

gerontocracia. F. Gobierno o dominio ejercido por los ancianos.

gerontócrata. COM. Persona que forma parte de la gerontocracia. U. t. c. adj.

gerontología. F. Ciencia que trata de la vejez y los fenómenos que la caracterizan.

gerontológico, ca. ADJ. Perteneciente o relativo a la gerontología.

gerontólogo, ga. M. y F. Persona versada en gerontología.

geropsiquiatría. F. *Med.* Psiquiatría aplicada a los ancianos.

gerundense. ADJ. **1.** Natural de Gerona. U. t. c. s. ‖ **2.** Perteneciente o relativo a esta ciudad de España o a su provincia.

gerundio. M. *Gram.* Forma invariable no personal del verbo, cuya terminación regular, en español, es *-ando* en los verbos de la primera conjugación, *-iendo* o *-yendo* en los de la segunda y tercera; p. ej., *cantando, cayendo, partiendo*. Suele denotar acción o estado durativos; p. ej., *Estoy leyendo. Seguiré trabajando*. Tiene más generalmente carácter adverbial; p. ej., *Vino corriendo. Hablando se entiende la gente*. Se emplea a veces en construcciones absolutas; p. ej., *Consultando el diccionario, descubrí esa palabra*. || ~ **compuesto**. M. *Gram*. El que se forma con el gerundio del verbo *haber* y el participio del verbo que se conjuga; p. ej., *habiendo estado*.

gerundivo. M. *Gram*. Participio latino de futuro pasivo en -*ndus*; p. ej., *hortandus, exhauriendus*.

gesneriáceo, a. ADJ. *Bot*. Se dice de las plantas angiospermas dicotiledóneas, herbáceas, rara vez leñosas, afines a las escrofulariáceas y orobancáceas, de las que difieren por ciertos caracteres morfológicos de sus ovarios. Casi todas viven en países intertropicales, y muchas son ornamentales y muy apreciadas en jardinería; como la gloxínea. U. t. c. s. f. ORTOGR. En f. pl., escr. con may. inicial c. taxón. *Las Gesneriáceas*.

gesta. F. Hecho o conjunto de hechos memorables. □ V. **canción de ~, cantar de ~**.

gestación. F. **1**. Acción y efecto de gestar. || **2**. Embarazo, preñez.

gestante. ADJ. **1**. Que gesta. *Proceso gestante*. || **2**. Dicho de una mujer: **preñada**. U. t. c. s. f.

gestar. TR. **1**. Dicho de una hembra: Llevar y sustentar en su seno el embrión o feto hasta el momento del parto. U. t. c. intr. || **2**. Preparar o desarrollar algo, especialmente un sentimiento, una idea o una tendencia individual o colectiva. U. t. c. prnl.

gestatoria. □ V. **silla ~**.

gestear. INTR. Hacer gestos.

gestero, ra. ADJ. Que tiene el hábito de hacer demasiados gestos.

gesticulación. F. Acción y efecto de gesticular.

gesticulador, ra. ADJ. Que gesticula.

gesticulante. ADJ. Que gesticula. *Manos gesticulantes. Actor gesticulante*.

gesticular. INTR. Hacer gestos.

gestión. F. **1**. Acción dirigida a conseguir o resolver algo. || **2**. Acción y efecto de administrar.

gestionar. TR. Hacer **gestiones** (|| acciones dirigidas a conseguir algo).

gesto. M. **1**. Movimiento del rostro, de las manos o de otras partes del cuerpo con que se expresan diversos sentimientos o estados de ánimo. || **2**. Semblante, cara, rostro. *Tenía el gesto preocupado*. || **3**. Acto o hecho. *Este gesto no tuvo consecuencias estratégicas*. || **4**. Movimiento exagerado del rostro por hábito o enfermedad. || **estar de buen ~**. LOC.VERB. Estar de buen humor. || **estar de mal ~**. LOC.VERB. Estar de mal humor. || **hacer ~s a algo.** LOC.VERB. coloq. Despreciarlo o mostrarse poco contento de ello. || **torcer el ~**. LOC.VERB. Mostrar enfado o enojo en el semblante.

gestor, ra. **I**. ADJ. **1**. Que gestiona. *Comisión gestora*. Apl. a pers., u. t. c. s. || **II**. M. y F. **2**. *Com*. Persona de una empresa que participa en la administración de esta. || ~ **administrativo, va.** M. y F. Persona que se dedica profesionalmente a promover y activar en las oficinas públicas asuntos particulares o de sociedades.

gestora. F. Comisión o empresa que gestiona o se dedica a gestionar.

gestoría. F. Oficina del gestor.

gestual. ADJ. **1**. Perteneciente o relativo a los gestos. *Automatismo gestual*. || **2**. Que se hace con gestos. *Comunicación gestual*.

gestualidad. F. Conjunto de **gestos** (|| movimientos con que se expresan sentimientos).

gestudo, da. ADJ. coloq. Que acostumbra a poner mal gesto. U. t. c. s.

ghanés, sa. ADJ. **1**. Natural de Ghana. U. t. c. s. || **2**. Perteneciente o relativo a este país de África.

giba. F. joroba[1].

gibado, da. PART. de **gibar**. || ADJ. Jorobado, corcovado.

gibar. TR. corcovar.

gibelino, na. ADJ. **1**. hist. En la Edad Media, partidario de los emperadores de Alemania contra los güelfos, defensores de los papas. U. t. c. s. || **2**. hist. Perteneciente o relativo a los gibelinos. *Ideal gibelino*.

gibón. M. Se usa como nombre común para referirse a varias especies de monos antropomorfos, arborícolas, que se caracterizan por tener los brazos muy largos, callosidades isquiáticas pequeñas y carecer de cola y abazones.

giboso, sa. ADJ. Que tiene giba. U. t. c. s.

gibraltareño, ña. ADJ. **1**. Natural de Gibraltar. U. t. c. s. || **2**. Perteneciente o relativo a esta ciudad, situada al sur de España.

giga. F. **1**. hist. Baile antiguo que se ejecutaba en compás de seis por ocho, con aire acelerado. || **2**. hist. Música correspondiente a este baile.

giganta. F. **1**. Mujer que excede mucho en su estatura a la que se considera normal. || **2**. Ser fabuloso de enorme estatura, con figura de mujer, que aparece en cuentos y fábulas mitológicas.

gigante. **I**. ADJ. **1**. Mucho mayor que lo considerado como normal. *Pensamiento, esfuerzo gigante. Tamaño gigante*. || **II**. M. **2**. Ser fabuloso de enorme estatura, con figura de hombre, que aparece en cuentos y fábulas mitológicas. || **3**. Persona que excede mucho en su estatura a la que se considera normal. || **4**. **gigantón** (|| figura gigantesca que suele llevarse en algunas procesiones). *Gigantes y cabezudos*. || **5**. Persona que destaca extraordinariamente en una actividad o posee una cualidad en grado muy elevado. *Es un gigante de la informática*.

gigantea. F. girasol (|| planta compuesta).

gigantesco, ca. ADJ. Excesivo o muy sobresaliente en su línea. *Árbol gigantesco. Fuerzas gigantescas*.

gigantez. F. Tamaño que excede mucho de lo regular.

gigantilla. F. **1**. Figura femenina de **cabezudo** (|| figura con una gran cabeza de cartón). || **2**. pl. Juego infantil en que un niño está a horcajadas sobre los hombros de otro.

gigantillo. M. Figura de enano de gran cabeza.

gigantismo. M. *Med*. Trastorno del crecimiento caracterizado por un desarrollo excesivo del organismo.

gigantón, na. **I**. M. y F. **1**. Cada una de las figuras gigantescas que suelen llevarse en algunas procesiones. || **II**. M. **2**. Planta compuesta, especie de dalia, de flores moradas.

gijonés, sa. ADJ. **1**. Natural de Gijón. U. t. c. s. || **2**. Perteneciente o relativo a esta ciudad de la provincia de Asturias, en España.

gil, la. ADJ. Á. R. *Plata*. Dicho de una persona: **simple** (|| incauta). U. t. c. s.

gilipollas. ADJ. vulg. Tonto, lelo. U. t. c. s.

gilipollez. F. vulg. Dicho o hecho propio de un gilipollas.

gimnasia. F. **1.** Conjunto de movimientos reglados para desarrollar y mantener en buen estado físico el cuerpo. ‖ **2.** Práctica o ejercicio que adiestra en cualquier actividad o función. *Gimnasia mental.* ‖ **~ artística.** F. *Dep.* Especialidad gimnástica que se practica con diversos aparatos o sin ellos sobre una superficie de medidas reglamentarias. ‖ **~ rítmica.** F. *Dep.* Conjunto de ejercicios que, acompañados de música, pasos de danza y con el empleo a veces de algunos accesorios, se realizan sobre una pista. ‖ **~ sueca.** F. *Dep.* Sistema de gimnasia universal que pone en movimiento determinados músculos sin esfuerzos intensos ni evoluciones violentas, mediante ejercicios naturales y cómodos. ‖ **confundir la ~ con la magnesia.** LOC.VERB. coloq. Identificar dos cosas completamente distintas.

gimnasio. M. Establecimiento donde se practica la gimnasia.

gimnasta. COM. Deportista que practica la gimnasia artística o la rítmica.

gimnástico, ca. ADJ. Perteneciente o relativo a la gimnasia. *Ejercicios gimnásticos.*

gimnosofista. M. hist. En la historiografía griega, se usó como nombre para referirse a algunos ascetas de la India.

gimnospermo, ma. ADJ. *Bot.* Se dice de las plantas fanerógamas cuyos carpelos no llegan a constituir una cavidad cerrada que contenga los óvulos, y, por tanto, las semillas quedan al descubierto; p. ej., el pino y el ciprés. U. t. c. s. f. ORTOGR. En f. pl., escr. con may. inicial c. taxón. *Las Gimnospermas.*

gimnoto. M. Pez teleósteo fisóstomo, muy parecido a la anguila y de más de un metro de longitud, que vive en los ríos de América Meridional y tiene la particularidad de producir descargas eléctricas que paralizan a animales bastante grandes.

gimotear. INTR. **1.** despect. Gemir con insistencia y con poca fuerza, por causa leve. ‖ **2.** Hacer los gestos y suspiros del llanto sin llegar a él.

gimoteo. M. despect. Acción y efecto de gimotear.

ginandra. ADJ. *Bot.* Dicho de una planta: Con flores hermafroditas y cuyos estambres están soldados con el pistilo.

ginebra[1]. F. Instrumento grosero con que se acompaña rudamente un canto popular. Se compone de una serie de palos, tablas o huesos que, ensartados por ambas puntas y en disminución gradual, producen cierto ruido cuando se rascan con otro palo.

ginebra[2]. F. Bebida alcohólica obtenida de semillas y aromatizada con las bayas del enebro.

ginebrada. F. Torta pequeña hecha con masa de hojaldre y con los bordes levantados formando picos, que se rellena con un batido de la misma masa con leche cuajada.

ginebrino, na. ADJ. **1.** Natural de Ginebra. U. t. c. s. ‖ **2.** Perteneciente o relativo a esta ciudad de Suiza.

gineceo. M. **1.** hist. Entre los antiguos griegos, zona de la casa reservada para habitación de las mujeres. ‖ **2.** Sitio en el que solo hay mujeres. U. t. en sent. irón. ‖ **3.** *Bot.* Verticilo floral femenino de las plantas fanerógamas, constituido por uno o más carpelos, que forman el pistilo.

ginecocracia. F. Gobierno de las mujeres.

ginecología. F. Parte de la medicina que trata de las enfermedades propias de la mujer.

ginecológico, ca. ADJ. *Med.* Perteneciente o relativo a la ginecología.

ginecólogo, ga. M. y F. Persona que profesa la ginecología.

ginecomastia. F. *Med.* Volumen excesivo de las mamas de un hombre, producido por alteración hormonal.

ginefobia. F. Aversión obsesiva hacia las mujeres.

ginesta. F. retama.

gineta. F. jineta[1].

gingival. ADJ. *Med.* Perteneciente o relativo a las encías. *Dolores gingivales.*

gingivitis. F. *Med.* Inflamación patológica de las encías.

giobertita. F. Carbonato de magnesia, de color blanco, que se presenta cristalizado en el sistema romboédrico.

gira. F. **1.** Excursión o viaje de una o varias personas por distintos lugares, con vuelta al punto de partida. ‖ **2.** Serie de actuaciones sucesivas de una compañía teatral o de un artista en diferentes localidades. ‖ **a la ~.** LOC.ADV. *Mar.* Dicho de fondear un buque: Con una o dos anclas y amarrado a una boya, de manera que gire presentando siempre la proa al impulso del viento o de la corriente.

giradiscos. M. **1.** Plato del tocadiscos. ‖ **2.** tocadiscos.

girador, ra. I. ADJ. **1.** Que gira. *Espejos giradores.* ‖ **II.** M. y F. **2.** *Com.* Persona o entidad que expide una letra de cambio u otra orden de pago.

giralda. F. Veleta de torre que tiene figura humana o de animal.

girándula. F. Rueda llena de cohetes que gira despidiéndolos.

girante. ADJ. Que gira. *Aspas girantes.*

girar. I. TR. **1.** Mover una figura o un objeto alrededor de un punto o de un eje. *Girar el volante del automóvil.* ‖ **2.** Enviar dinero por giro postal, telegráfico, etc. ‖ **3.** *Der.* Expedir libranzas, talones, letras de cambio u otras órdenes de pago. ‖ **II.** INTR. **4.** Dicho de una cosa: Dar vueltas sobre un eje o en torno a un punto. ‖ **5.** Dicho de una conversación, de un negocio o de algo similar: Desarrollarse en torno a un tema dado. ‖ **6.** Desviarse o cambiar con respecto a la dirección inicial. *La calle gira a la derecha.* ‖ **7.** *Com.* Hacer las operaciones mercantiles de una empresa.

girasol. M. **1.** Planta anual oriunda del Perú, de la familia de las Compuestas, con tallo herbáceo, derecho, de unos tres centímetros de grueso y cerca de dos metros de altura, hojas alternas, pecioladas y acorazonadas, flores terminales, que se doblan en la madurez, amarillas, de dos a tres decímetros de diámetro, y fruto con muchas semillas negruzcas, casi elipsoidales, comestibles, y de las que puede extraerse un aceite bueno para condimento. Se cultiva para la obtención del aceite, y en menor escala para consumir las semillas. ‖ **2.** Flor de esta planta.

giratorio, ria. ADJ. Que gira o se mueve alrededor. *Disco giratorio.* ▢ V. **plataforma ~, puerta ~.**

giro[1]. M. **1.** Acción y efecto de girar. ‖ **2.** Dirección que se da a una conversación, a un negocio y sus diferentes fases. ‖ **3.** Estructura especial de la frase, o manera de estar las palabras ordenadas para expresar un concepto. *Empleaba giros extranjeros al hablar español.* ‖ **4.** *Com.* Movimiento o traslación de caudales por medio de letras, libranzas, etc. ‖ **5.** *Com.* Conjunto de operaciones o negocios de una empresa. ‖ **~ postal.** M. El que realizan las oficinas de correos. ‖ **~ telegráfico.** M. El que se hace por mediación de las oficinas de telégrafos.

giro[2], **ra.** ADJ. *Am.* Dicho de un gallo: De color oscuro, con las plumas del cuello y de las alas amarillas o, a veces, plateadas.

giroflé. M. **clavero**[1].

girola. F. *Arq.* Nave o conjunto de naves que en la arquitectura románica o gótica circundan el altar mayor, rodeadas por el ábside, y, por ext., la misma nave en catedrales o iglesias de cualquier estilo.

girondino, na. ADJ. **1.** hist. Se dice de un grupo de diputados de la Asamblea Legislativa francesa durante la Revolución. || **2.** hist. Se dice del individuo perteneciente a este grupo. U. t. c. s.

giroscópico, ca. ADJ. *Fís.* Perteneciente o relativo al giroscopio. *Estabilidad giroscópica.* □ V. **brújula ~.**

giroscopio. M. *Fís.* Aparato consistente en un disco circular que gira sobre un eje libre y demuestra la rotación del globo terrestre.

giróscopo. M. *Fís.* Aparato consistente en un disco que gira rápidamente sobre un eje libre que se mantiene en una dirección constante. Se utiliza en la estabilización de barcos y aviones.

giróstato o **girostato.** M. *Mec.* Aparato constituido principalmente por un volante pesado que gira rápidamente y tiende a conservar el plano de rotación reaccionando contra cualquier fuerza que lo aparte de dicho plano.

giróvago, ga. ADJ. **1.** vagabundo. || **2.** hist. Se dice del monje que, por no sujetarse a la vida regular de los anacoretas y cenobitas, vagaba de uno en otro monasterio. U. t. c. s.

gis. M. **clarión.** MORF. pl. **gises.**

gitanear. INTR. **1.** Halagar con zalamería y gracia para conseguir lo que se desea. || **2.** despect. Tratar de engañar en las compras y ventas.

gitanería. F. **1.** Carácter gitano. || **2.** Reunión o conjunto de gitanos. || **3.** despect. Dicho o hecho propio y peculiar de los gitanos.

gitanesco, ca. ADJ. Propio o característico de los gitanos.

gitanismo. M. **1.** Conjunto de costumbres y maneras que caracterizan a los gitanos. || **2.** Vocablo o giro propio de la lengua que hablan los gitanos.

gitano, na. ADJ. **1.** Se dice de los individuos de un pueblo originario de la India, extendido por diversos países, que mantienen en gran parte un nomadismo y han conservado rasgos físicos y culturales propios. U. t. c. s. || **2.** Propio o característico de los gitanos. *Copla gitana.* || **3.** Que tiene gracia y arte para ganarse las voluntades de otros. Se usa más como elogio, y especialmente referido a una mujer. U. t. c. s. || **4.** despect. coloq. Que estafa u obra con engaño. U. t. c. s. □ V. **brazo de gitano.**

glabro, bra. ADJ. Calvo, lampiño. *Hojas glabras.*

glaciación. F. *Geol.* Cada una de las grandes invasiones de hielo que en épocas remotas acontecieron en zonas muy extensas de distintos continentes.

glacial. ADJ. **1.** Helado, muy frío. *Zona glacial.* || **2.** Que hace helar o helarse. *Viento glacial.* || **3.** Frío, desafecto. *Tono glacial.* || **4.** *Geogr.* Dicho de la tierra o del mar: Que están en las zonas glaciales.

glaciar. **I.** M. **1.** Masa de hielo acumulada en las zonas de las cordilleras por encima del límite de las nieves perpetuas y cuya parte inferior se desliza muy lentamente, como si fuese un río de hielo. || **II.** ADJ. **2.** Perteneciente o relativo al glaciar. *Movimiento glaciar.*

glaciarismo. M. Conjunto de fenómenos relacionados con los glaciares.

glaciología. F. Ciencia que estudia la glaciación y los fenómenos con ella relacionados.

glacis. M. *Mil.* En una fortificación permanente, declive desde el camino cubierto hacia el campo.

gladiador, ra. M. y F. hist. Persona que en los juegos del circo romano luchaba con otra o con fieras.

gladiatorio, ria. ADJ. hist. Perteneciente o relativo a los gladiadores. *Sacrificio gladiatorio.*

gladiola. M. *Méx.* gladiolo.

gladiolo o **gladíolo.** M. Planta de la familia de las Iridáceas, de cuatro a seis decímetros de altura, con hojas radicales, enterísimas, en forma de estoque, y flores en espiga terminal, rojas, de corola partida por el borde en seis lacinias desiguales. Es espontánea en terrenos húmedos y se cultiva en los jardines.

glagolítico, ca. ADJ. Se dice del alfabeto o de la escritura de antiguos pueblos eslavos que sirvió de base al cirílico de Bulgaria. U. t. c. s. m. *El glagolítico.*

glamoroso, sa. ADJ. **glamuroso.**

glamuroso, sa. ADJ. Que tiene *glamour.*

glande. M. Cabeza del miembro viril.

glándula. F. **1.** *Anat.* Órgano cuya función es producir una secreción que puede verterse a través de la piel o de las mucosas, como las glándulas salivales y sudoríparas, o al torrente sanguíneo, como el tiroides. || **2.** *Bot.* Órgano de los vegetales cuya función es producir secreciones, como los aromas de las flores. || **~ adrenal.** F. *Anat.* Cada uno de los dos órganos situados en contacto con el riñón, compuesto de dos partes diferenciadas, una externa, que segrega corticoides, y otra interna, que produce adrenalina. || **~ pineal.** F. *Anat.* **epífisis** (|| glándula endocrina). || **~ pituitaria.** F. *Anat.* **hipófisis.** || **~ suprarrenal.** F. *Anat.* glándula adrenal situada en el hombre en la parte superior de los riñones.

glandular. ADJ. Perteneciente o relativo a las glándulas. *Sistema glandular.* □ V. **epitelio ~.**

glanduloso, sa. ADJ. Que tiene glándulas, o está compuesto de ellas. *Fruto velloso y glanduloso.*

glas. □ V. **azúcar ~.**

glasé. M. Tafetán de mucho brillo.

glasear. TR. **1.** En pastelería y repostería, recubrir con una capa de almíbar o de azúcar glas. || **2.** Hacer, con diversos medios, que un alimento quede brillante. *Glasear la carne asada.* || **3.** Dar brillo a la superficie de algo. *Glasear papel, tela.*

glasto. M. Planta bienal de la familia de las Crucíferas, con tallo herbáceo, ramoso, de seis a ocho decímetros de altura, hojas grandes, garzas, lanceoladas, flores pequeñas, amarillas, en racimos que forman un gran ramillete, y fruto en vaina elíptica, negra y casi plana, con una semilla comprimida, tres veces más larga que ancha. De las hojas de esta planta, antes muy cultivada, se saca un color análogo al del añil.

glaucio. M. Hierba de la familia de las Papaveráceas, con tallos de cuatro a seis decímetros de altura, ramosos en la base, lampiños y amarillentos, hojas grandes, de jugo acre, elípticas, de borde muy hendido, flores solitarias, de cuatro pétalos amarillos, y fruto capsular con semillas aovadas. Crece comúnmente en terrenos estériles y arenosos.

glauco, ca. ADJ. Verde claro.

glaucoma. M. *Med.* Enfermedad del ojo, caracterizada por el aumento de la presión intraocular, dureza del globo ocular, atrofia de la mácula y ceguera.

glaucomatoso, sa. ADJ. *Med.* Perteneciente o relativo al glaucoma. *Alteración glaucomatosa.*

gleba. F. **1.** Terrón que se levanta con el arado. ‖ **2.** Tierra, especialmente la cultivada. □ V. **siervo de la ~.**

glera. F. **1.** cascajar. ‖ **2.** arenal.

glía. F. *Anat.* neuroglia.

glial. ADJ. *Anat.* Perteneciente o relativo a la glía.

glicemia. F. glucemia. U. m. en América.

glicérido. M. *Quím.* Éster de los ácidos grasos con la glicerina.

glicerina. F. Líquido incoloro, espeso y dulce, que se encuentra en todos los cuerpos grasos como base de su composición. Se usa mucho en farmacia y perfumería, pero sobre todo para preparar la nitroglicerina, base de la dinamita. Químicamente es un alcohol.

glicina. F. **1.** Planta papilionácea, de origen chino, que puede alcanzar gran tamaño y produce racimos de flores perfumadas de color azulado o malva, o, con menos frecuencia, blanco o rosa pálido. ‖ **2.** *Bioquím.* Aminoácido proteico presente en el azúcar de caña y en los colágenos.

glicinia. F. glicina (‖ planta papilionácea).

glicocola. F. glicina (‖ aminoácido proteico).

glicol. M. *Quím.* Molécula que posee grupos alcohólicos sobre átomos de carbono adyacentes.

glicólisis o **glicolisis.** F. *Bioquím.* Conjunto de reacciones químicas del interior de la célula que degradan algunos azúcares, obteniendo energía en el proceso.

glicoproteína. F. *Bioquím.* Proteína conjugada cuyos componentes no proteicos son hidratos de carbono; p. ej., las inmunoglobulinas.

glioma. M. *Med.* Tumor de las células gliales.

glíptica. F. Arte de grabar en piedras duras.

gliptoteca. F. **1.** Colección de piedras grabadas. ‖ **2.** Museo de escultura.

global. ADJ. **1.** Tomado en conjunto. *Planificación global.* ‖ **2.** Perteneciente o relativo al planeta o globo terráqueo. *Calentamiento global.*

globalización. F. **1.** Acción de **globalizar** (‖ integrar cosas diversas). *Haría falta una globalización de los datos parciales obtenidos.* ‖ **2.** Extensión del ámbito propio de las instituciones sociales, políticas y jurídicas a un plano internacional. *El Tribunal Penal Internacional es un efecto de la globalización.* ‖ **3.** Difusión mundial de modos, valores o tendencias que fomenta la uniformidad de gustos y costumbres. *La globalización del consumo.* ‖ **4.** *Econ.* Proceso por el que las economías y mercados, con el desarrollo de las tecnologías de la comunicación, adquieren una dimensión mundial, de modo que dependen cada vez más de los mercados externos y menos de la acción reguladora de los Gobiernos.

globalizador, ra. ADJ. Que globaliza. *Proceso globalizador.*

globalizar. TR. **1.** Integrar en un todo cosas diversas. *Globalizar los distintos aspectos de una planificación.* ‖ **2.** Universalizar, dar a algo carácter mundial. *Globalizar las recomendaciones de la ecología.*

globo. M. **1.** esfera (‖ sólido de superficie curva cuyos puntos equidistan del centro). ‖ **2.** Tierra. ‖ **3.** globo aerostático. ‖ **4.** Receptáculo de materia flexible lleno de gas, que sirve de juguete para los niños, como decoración en fiestas, etc. ‖ **5.** Especie de fanal con que se cubre una luz para que no moleste a la vista o simplemente por adorno. ‖ **6.** En tebeos, caricaturas y chistes gráficos, **bocadillo.** ‖ **7.** En algunos deportes, trayecto-

ria curva que sigue la pelota al ser lanzada muy alto. ‖ **~ aerostático.** M. Bolsa de material impermeable y de poco peso, de forma más o menos esférica, llena de un gas de menor densidad que el aire, cuya fuerza ascensional es mayor que el peso del conjunto. ‖ **~ cautivo.** M. El que está sujeto a tierra con un cable y puede servir de observatorio. ‖ **~ dirigible.** M. globo fusiforme que se desplaza movido por motores y hélices, y que lleva una o varias barquillas para pasajeros. ‖ **~ ocular.** M. *Anat.* Ojo, separado de los músculos y demás tejidos que lo rodean. ‖ **~ sonda.** M. **1.** globo no tripulado, que se utiliza para estudios meteorológicos. ‖ **2.** Noticia que se difunde con el objetivo de observar la reacción que produce y obrar en consecuencia. ‖ **~ terráqueo,** o **~ terrestre.** M. **1.** Tierra. ‖ **2.** Esfera en cuya superficie se representa la disposición que las tierras y mares tienen en el planeta Tierra. ‖ **en ~.** **I.** LOC.ADV. **1.** En conjunto, sin detallar. *Vistos en globo, se nota poca diferencia.* ‖ **II.** LOC.ADJ. **2.** inseguro. *Vi nuestro proyecto en globo.*

globoso, sa. ADJ. De forma de globo. *Copa globosa.*

globular. ADJ. **1.** Perteneciente o relativo a los glóbulos. *Volumen globular.* ‖ **2.** De forma de glóbulo. *Estructura globular.* ‖ **3.** Compuesto de glóbulos. *Cúmulos estelares globulares.*

globulariáceo, a. ADJ. *Bot.* Se dice de las plantas angiospermas dicotiledóneas, hierbas perennes, matas o arbustos, como la corona de rey, con hojas alternas, simples y sin estípulas, flores en cabezuelas, comúnmente terminales, y por frutos cariópsides con semilla de albumen carnoso. U. t. c. s. f. ORTOGR. En f. pl., escr. con may. inicial c. taxón. *Las Globulariáceas.*

globulina. F. *Biol.* Proteína del suero sanguíneo, de mayor peso molecular que las albúminas y de distintas propiedades eléctricas.

glóbulo. M. Pequeño cuerpo esférico. ‖ **~ blanco.** M. Célula globosa e incolora de la sangre. ‖ **~ rojo.** M. Célula globosa y roja de la sangre.

globuloso, sa. ADJ. Compuesto de glóbulos. *Baya globulosa.*

glomérulo. M. **1.** *Anat.* Agrupamiento denso, a modo de madeja, de vasos, glándulas o nervios. ‖ **2.** *Bot.* Inflorescencia formada por agrupamiento denso de flores sentadas, sin pedúnculo.

gloria. **I.** F. **1.** Reputación, fama y honor extraordinarios que resultan de las buenas acciones y grandes cualidades de una persona. ‖ **2.** Persona o cosa que ennoblece o hace ilustre en algún manera a uno u otras. *Ramón y Cajal es gloria de España.* ‖ **3.** Alabanza o culto. *Los frailes vivían entregados a la gloria de Dios.* ‖ **4.** Majestad, esplendor, magnificencia. *Gloria imperial.* ‖ **5.** Pastel abarquillado, hecho de masa de hojaldre, al que se echan yemas de huevo batidas, manjar blanco, azúcar y otras cosas. ‖ **6.** Pavimento hecho sobre un hueco abovedado, en cuyo interior se quema paja u otro combustible para calentar la habitación. ‖ **7.** En pintura, porción de cielo, en que se representan ángeles, resplandores, etc. ‖ **8.** coloq. Gusto o placer. *Da gloria verlo.* ‖ **9.** *Rel.* En la doctrina cristiana, estado de los bienaventurados en el cielo, definido por la contemplación de Dios. ‖ **10.** *Rel.* En el cristianismo, lugar ideal en el que se encuentran los bienaventurados en presencia de Dios. ‖ **II.** M. **11.** Oración que comienza con las palabras *Gloria al Padre* y que suele rezarse después de otras oraciones. ‖ **12.** Cántico o rezo de la misa en latín, que comienza con las palabras *Gloria in excelsis Deo*. ‖ **13. gloria Patri.** ‖ **vieja ~.** F. Persona que destacó en otro tiempo en alguna actividad. ‖ **a ~.** LOC.ADV. coloq. Muy bien. *Oler, saber a gloria*. ‖ **cubrirse** alguien **de ~.** LOC.VERB. irón. coloq. **meter la pata.** ‖ **en la ~.** LOC.ADV. coloq. Muy a gusto, con comodidad. ‖ **en mis, tus,** etc., **~s.** LOCS.ADVS. En situación extraordinariamente placentera. ‖ **que en ~, o en santa ~, esté; o que ~, o santa ~, haya.** EXPRS. Se usan a continuación de nombrar a un difunto. ‖ **tocar a ~** una campana. LOC.VERB. Tocar en son de fiesta. □ V. **Sábado de Gloria.**

gloriado. M. *Am. Cen.* y *Am. Mer.* Especie de ponche hecho con aguardiente.

gloriapatri. M. **gloria Patri.**

gloria Patri. (Locución latina). M. Versículo latino de alabanza a la Trinidad que se dice después del padrenuestro y avemaría y al fin de los salmos e himnos cristianos. MORF. pl. invar. *Los gloria Patri.*

gloriar. I. TR. **1.** glorificar. ‖ **II.** PRNL. **2.** Preciarse demasiado o jactarse mucho de algo. *Bien se podría gloriar Babilonia de sus muros.* ‖ **3.** Complacerse, alegrarse mucho. *El padre se gloria de las acciones del hijo.* ¶ MORF. conjug. c. *enviar.*

glorieta. F. **1.** Plaza donde desembocan por lo común varias calles o alamedas. ‖ **2.** Plazoleta, por lo común en un jardín, donde suele haber un cenador. ‖ **3. cenador.** *La banda tocaba desde la glorieta cercana.*

glorificación. F. Acción y efecto de glorificar o glorificarse.

glorificar. I. TR. **1.** Hacer glorioso algo o a alguien que no lo era. *El romanticismo glorificó los sentimientos.* ‖ **2.** Reconocer y ensalzar a quien es glorioso tributándole alabanzas. ‖ **II.** PRNL. **3.** gloriarse.

glorioso, sa. ADJ. **1.** Digno de honor y alabanza. *Conquistador, discurso glorioso.* ‖ **2.** Perteneciente o relativo a la gloria. *Días gloriosos.* ‖ **3.** Rel. Que goza de Dios en la gloria, y especialmente cuando ha sobresalido en virtudes o merecimientos. ‖ **II.** F. **4.** por antonom. La Virgen María. ORTOGR. Escr. con may. inicial. □ V. **cuerpo ~.**

glosa. F. **1.** Explicación o comentario de un texto oscuro o difícil de entender. ‖ **2.** Composición poética a cuyo final, o al de cada una de sus estrofas, se hacen entrar rimando y formando sentido uno o más versos anticipadamente propuestos. ‖ **3.** *Mús.* Variación que ejecuta el músico sobre unas mismas notas, pero sin sujetarse rigurosamente a ellas.

glosador, ra. ADJ. **1.** Que glosa. Apl. a pers., u. t. c. s. ‖ **2.** *Der.* hist. Comentarista medieval del derecho romano clásico. U. m. en pl.

glosar. TR. **1.** Hacer, poner o escribir glosas. ‖ **2.** Comentar palabras y dichos propios o ajenos, ampliándolos.

glosario. M. **1.** Catálogo de palabras oscuras o desusadas, con definición o explicación de cada una de ellas. ‖ **2.** Catálogo de palabras de una misma disciplina, de un mismo campo de estudio, etc., definidas o comentadas. ‖ **3.** Conjunto de glosas o comentarios, normalmente sobre textos de un mismo autor.

glosemática. F. *Ling.* Corriente lingüística cultivada por la escuela de Copenhague.

glosolalia. F. **1. don de lenguas** (‖ capacidad sobrenatural). ‖ **2.** *Psicol.* Lenguaje ininteligible, compuesto por palabras inventadas y secuencias rítmicas y repetitivas, propio del habla infantil, y también común en estados de trance o en ciertos cuadros psicopatológicos.

glosopeda. F. *Veter.* Enfermedad epizoótica de los ganados, que se manifiesta por fiebre y por el desarrollo de vesículas o flictenas pequeñas en la boca y entre las pezuñas.

glotal. ADJ. *Fon.* Dicho de un sonido: Que se articula en la región de la glotis. U. t. c. s. f.

glótico, ca. ADJ. *Anat.* Perteneciente o relativo a la glotis. *Vibración glótica.*

glotis. F. *Anat.* Orificio o abertura anterior de la laringe.

glotón, na. I. ADJ. **1.** Que come con exceso y con ansia. *Niños glotones.* Apl. a pers., u. t. c. s. ‖ **II.** M. **2.** Animal carnívoro ártico, del tamaño de un zorro grande.

glotonear. INTR. Comer con glotonería.

glotonería. F. **1.** Acción de comer con exceso y con ansia. ‖ **2.** Cualidad de glotón.

gloxínea. F. Planta de jardín, bulbosa, de flores acampanadas, originaria de América del Sur y perteneciente a la familia de las Gesneriáceas.

glucemia. F. **1.** *Med.* Presencia de glucosa en la sangre. ‖ **2.** *Med.* Medida de la cantidad de glucosa presente en la sangre.

glucina. F. *Quím.* Óxido de berilio que entra en la composición del berilo y de la esmeralda, y que, combinado con los ácidos, forma sales de sabor dulce.

glucógeno. M. *Quím.* Hidrato de carbono semejante al almidón, de color blanco, que se encuentra en el hígado y, en menor cantidad, en los músculos y en varios tejidos, así como en los hongos y otras plantas criptógamas. Es una sustancia de reserva que, en el momento de ser utilizada por el organismo, se transforma en glucosa.

glucólisis o glucolisis. F. *Bioquím.* glicólisis.

glucómetro. M. Aparato para apreciar la cantidad de azúcar que tiene un líquido.

glucosa. F. *Quím.* Azúcar de seis átomos de carbono. Es un sólido blanco, muy soluble en agua, de sabor muy dulce, que se encuentra en muchos frutos maduros.

glucósido. M. *Quím.* Cada una de las sustancias orgánicas, existentes en muchos vegetales, que mediante hidrólisis producida por la acción de ácidos diluidos dan, como productos de descomposición, glucosa y otros cuerpos. Muchos de ellos son venenos enérgicos, y en dosis pequeñísimas se usan como medicamentos.

glucosuria. F. *Med.* Presencia de glucosa en la orina, síntoma de un estado patológico del organismo.

gluglú. ONOMAT. Se usa para representar el ruido del agua al sumirse o dejar escapar el aire. U. t. c. s. m. MORF. pl. c. s. **gluglús** o **gluglúes.**

gluma. F. *Bot.* Cubierta floral de las plantas gramíneas, que se compone de dos ventallas a manera de escamas, insertas debajo del ovario.

gluten. M. **1.** Sustancia pegajosa que puede servir para unir una cosa a otra. ‖ **2.** *Bot.* Proteína de reserva nutritiva que se encuentra en las semillas de las gramíneas junto con el almidón.

glúteo, a. I. ADJ. **1.** Perteneciente o relativo a la nalga. *Arteria glútea. Región glútea.* ‖ **II.** M. **2.** *Anat.* **músculo glúteo.**

glutinoso, sa. ADJ. Pegajoso, y que sirve para pegar y trabar una cosa con otra; p. ej., el engrudo, la liga, etc.

gneis. M. Roca de estructura pizarrosa e igual composición que el granito. MORF. pl. **gneises.**

gnéisico, ca. ADJ. Perteneciente o relativo al gneis. *Suelos gnéisicos.*

gnetáceo, a. ADJ. *Bot.* Se dice de las plantas gimnospermas, árboles o arbustos, frecuentemente bejucos, con hojas laminares, de forma de escama o aovadas, flores unisexuales, por lo común dioicas, reunidas en inflorescencias ramificadas, y frutos semejantes a una baya. U. t. c. s. f. ORTOGR. En f. pl., escr. con may. inicial c. taxón. *Las Gnetáceas.*

gnómico, ca. ADJ. **1.** Dicho de un poeta: Que escribe o compone sentencias y reglas de moral en pocos versos. U. t. c. s. || **2.** Dicho de una poesía: De este género.

gnomo. M. Ser fantástico, reputado por los cabalistas como espíritu o genio de la Tierra, y que después se ha imaginado en forma de enano que guardaba o trabajaba los criaderos de las minas.

gnomon. M. Indicador de las horas en los relojes de sol más comunes, frecuentemente en forma de un **estilo** (|| punzón). MORF. pl. **gnómones.**

gnomónica. F. Ciencia que enseña el modo de hacer los relojes de sol.

gnosis. F. **1.** Conocimiento absoluto e intuitivo, especialmente de la divinidad, que pretendían alcanzar los gnósticos. || **2. gnosticismo.**

gnosticismo. M. Doctrina filosófica y religiosa de los primeros siglos de la Iglesia, mezcla de la cristiana con creencias judaicas y orientales, que se dividió en varias sectas y pretendía tener un conocimiento intuitivo y misterioso de las cosas divinas.

gnóstico, ca. ADJ. **1.** Perteneciente o relativo al gnosticismo. *Antecedentes del pensamiento gnóstico.* || **2.** Que profesa el gnosticismo. U. t. c. s.

gobelino. M. Tapiz hecho en la fábrica que estableció el rey de Francia Luis XVI en la de tejidos fundada por Gobelin, o fabricado a imitación suya.

gobernabilidad. F. **1.** Cualidad de lo que puede ser gobernado. || **2. gobernanza.**

gobernación. F. **1.** Acción y efecto de gobernar o gobernarse. || **2.** Ejercicio del gobierno. || **3.** En algunos países, territorio que depende del Gobierno nacional.

gobernador, ra. I. ADJ. **1.** Que gobierna. *Fuerza gobernadora.* Apl. a pers., u. t. c. s. || **II.** M. y F. **2.** Persona que desempeña el mando de una provincia, de una ciudad o de un territorio. || **3.** Representante del Gobierno en algún establecimiento público. *Gobernador del Banco de España.*

gobernadorcillo. M. *Filip.* hist. Durante el régimen español, **alcalde pedáneo.**

gobernanta. F. **1.** Mujer que en los grandes hoteles tiene a su cargo el servicio de un piso en lo tocante a limpieza de habitaciones, conservación del mobiliario, alfombras y demás enseres. || **2.** Encargada de la administración de una casa o institución.

gobernante. I. ADJ. **1.** Que gobierna. *Partido gobernante.* Apl. a pers., u. m. c. s. || **II.** M. **2.** coloq. Hombre que se mete a gobernar algo.

gobernanza. F. Arte o manera de gobernar que se propone como objetivo el logro de un desarrollo económico, social e institucional duradero, promoviendo un sano equilibrio entre el Estado, la sociedad civil y el mercado de la economía.

gobernar. I. TR. **1.** Mandar con autoridad o regir algo. *Gobernar una casa.* U. t. c. intr. || **2.** Dirigir un país o una colectividad políticos. U. m. c. intr. *Los dos partidos go-*

biernan alternativamente en el país. || **3.** Guiar y dirigir. *Gobernar la nave, la procesión, la danza.* U. t. c. prnl. || **4.** Manejar a alguien, ejercer una fuerte influencia sobre él. || **II.** PRNL. **5.** Regirse según una norma, regla o idea. *Me gobierno por estos principios.* ¶ MORF. conjug. c. *acertar.*

gobiernista. ADJ. **1.** Á. *Caribe.* Perteneciente o relativo al Gobierno. *Sectores gobiernistas.* || **2.** Á. *Caribe.* Partidario del Gobierno. U. t. c. s.

gobierno. M. **1.** Acción y efecto de gobernar o gobernarse. || **2.** Órgano superior del poder ejecutivo de un Estado o de una comunidad política. ORTOGR. Escr. con may. inicial. || **3.** Empleo, ocupación y dignidad de gobernador. || **4.** Edificio o casa en que tiene su despacho y oficinas el gobernador. || **5.** Distrito o territorio en que tiene jurisdicción o autoridad. || **6.** Timón de la nave. || **7.** Docilidad de la nave al timón. || **~ absoluto.** M. Aquel en que todos los poderes se hallan reunidos en una sola persona o cuerpo, sin limitación, especialmente en un monarca. || **~ parlamentario.** M. Aquel en que los ministros necesitan la confianza de las Cámaras, o al menos de la elegida por voto más popular y directo. || **~ representativo.** M. Aquel en que, bajo diversas formas, concurre la nación, por medio de sus representantes, a la formación de las leyes. || **para ~** de alguien. LOC.ADV. Para que pueda ajustar sus planes, su conducta, etc., a lo que se comunica. □ V. **jefe de Gobierno.**

gobio. M. Pez teleósteo de pequeño tamaño, del suborden de los Acantopterigios, con las aletas abdominales colocadas debajo de las torácicas y unidas ambas por los bordes formando como un embudo. Se conocen varias especies, algunas de las cuales son abundantísimas en las aguas litorales españolas y en las fluviales mezcladas con las de mar.

goce. M. Acción y efecto de gozar.

godeo. M. Placer, gusto, contento.

godible. ADJ. Alegre, placentero. *Godible peregrinación.*

godo, da. ADJ. **1.** hist. Se dice del individuo de un antiguo pueblo germánico, fundador de reinos en España e Italia. U. t. c. s. || **2.** hist. Se dice del rico y poderoso, originario de familias ibéricas, que, confundido con los godos invasores, formó parte de la nobleza al constituirse la nación española. U. t. c. s. || **3.** Á. *Caribe.* Que pertenecía al partido conservador del siglo XIX, y, por ext., de ideas conservadoras. Apl. a pers., u. t. c. s. || **4.** despect. *Chile.* **español** (|| natural de España). U. t. c. s. || **ser ~.** LOC.VERB. Ser de nobleza antigua.

gofio. M. **1.** Harina gruesa de maíz, trigo o cebada tostados, a veces azucarada. || **2.** Á. R. *Plata.* Harina fina de maíz tostado. || **3.** *Ant.* Plato de comida que se hace con harina muy fina de maíz tostado y azúcar.

gofrado. M. Acción y efecto de gofrar.

gofrar. TR. Estampar en seco, sobre papel o en las cubiertas de un libro, motivos en relieve o en hueco.

gofre. M. Pastel de masa ligera, cocido en un molde especial que le imprime un dibujo en forma de rejilla.

gogó. a ~. LOC.ADV. coloq. Sin límite.

gol. M. **1.** En el fútbol y otros deportes, entrada del balón en la portería. || **2.** *Esp.* Graderío situado detrás de la portería. || **~ de oro.** M. El que marca un equipo en la prórroga, y con el cual concluye el partido proclamándose vencedor. || **~ en contra.** M. **1.** Á. R. *Plata.* En el fútbol, el que marca un jugador en su propia portería. || **2.** Á. R. *Plata.* Acción que se vuelve en contra de quien la

realiza. || **colar,** o **meter, un** ~ a alguien. LOCS.VERBS. co-
loqs. Obtener un triunfo sobre él, a veces con engaño.
gola. F. **1.** hist. Adorno del cuello hecho de lienzo ple-
gado y alechugado, o de tul y encajes. || **2.** Garganta de
una persona y región situada junto al velo del paladar.
|| **3.** Insignia de los oficiales militares, que consiste en
una medialuna convexa de metal, pendiente del cuello.
|| **4.** *Arq.* Moldura cuyo perfil tiene la forma de una *s,* esto
es, una concavidad en la parte superior, y una convexidad en la inferior.
goleada. F. **1.** Abundancia de goles. || **2.** Gran diferen-
cia de goles por la que un equipo gana a otro. || **por ~.**
LOC.ADV. **1.** Por muchos goles. *Ganaron el partido por go-
leada.* || **2.** Por gran diferencia, o de un modo inconten-
table. *Ganar una votación por goleada.*
goleador, ra. M. y F. Persona que golea.
golear. TR. Dicho de un equipo de fútbol o de uno de sus
jugadores: Hacer gol al otro equipo, especialmente con
reiteración.
goleta. F. Embarcación fina, de bordas poco elevadas,
con dos palos, y a veces tres, y un cangrejo en cada uno.
□ V. **bergantín** ~.
golf. M. Juego de origen escocés, que consiste en impeler
con un palo especial una pelota pequeña para introducirla en una serie de hoyos abiertos en un terreno extenso cubierto ordinariamente de césped. Gana el jugador que hace el recorrido con el menor número de
golpes.
golfa. F. V. golfo².
golfán. M. nenúfar.
golfante. COM. golfo (|| pillo, sinvergüenza).
golfear. INTR. Vivir como un **golfo** (|| pillo, sinver-
güenza).
golfería. F. **1.** Acción propia de un **golfo** (|| pillo, sin-
vergüenza). || **2.** Conjunto de **golfos** (|| pillos, sinver-
güenzas).
golfín. M. hist. Ladrón que generalmente iba con otros
en cuadrilla.
golfista. COM. Persona que juega al golf.
golfo¹. M. Gran porción de mar que se interna en la tierra entre dos cabos. *El golfo de Venecia.*
golfo², fa. I. ADJ. **1. deshonesto** (|| falto de honestidad).
|| **II.** M. y F. **2.** Pillo, sinvergüenza, holgazán. U. t. c. adj.
|| **III.** F. **3. prostituta.**
goliardesco, ca. ADJ. hist. Perteneciente o relativo a
los goliardos, o, especialmente, a las poesías latinas compuestas por los goliardos sobre temas amorosos, báqui-
cos y satíricos.
goliardo. M. hist. En la Edad Media, clérigo o estudiante
vagabundo que llevaba vida irregular.
golilla. F. **1.** hist. Adorno hecho de cartón forrado de tafetán u otra tela negra, que circundaba el cuello, y sobre el cual se ponía una valona de gasa u otra tela
blanca engomada o almidonada, usado antiguamente
por los ministros togados y demás curiales. || **2.** En las
Gallináceas, plumas que desde la cresta cubren el cue-
llo hasta la línea más horizontal del cuerpo. || **3.** *Chile.*
Rodaja de plomo o cuero engrasado, agujereada en el
centro, que se utiliza para asiento de tuercas y cabezas
de tornillos.
golillero, ra. M. y F. hist. Persona que tenía por oficio
hacer **golillas** (|| adornos del cuello).
gollería. F. **1.** Manjar exquisito y delicado. || **2.** coloq.
superfluidad (|| cosa superflua).

golletazo. M. Término violento e irregular que se pone
a un negocio difícil.
gollete. M. **1.** Cuello estrecho que tienen algunas vasi-
jas, como garrafas, botellas, etc. || **2.** Parte superior de
la garganta, por donde se une a la cabeza.
golondrina. F. **1.** Pájaro muy común en España desde
principio de la primavera hasta fines de verano, que
emigra en busca de países templados. Tiene unos quince
centímetros desde la cabeza a la extremidad de la cola,
pico negro, corto y aleznado, frente y barba rojizas, cuerpo negro azulado por encima y blanco por debajo, alas
puntiagudas y cola larga y muy ahorquillada. || **2.** Pez
teleósteo marino, del suborden de los Acantopterigios,
de cuerpo fusiforme, que llega a más de seis decímetros de largo, con el lomo de color rojo oscuro y el vientre blanquecino. Tiene cabeza cúbica y hundida entre
los ojos, boca sin dientes, cola muy ahorquillada, dos aletas dorsales espinosas, pequeñas las abdominales y la
anal, y las torácicas tan desarrolladas que sirven al ani-
mal para los revuelos que hace fuera del agua. || **3.** En
Barcelona y otros puertos, barca pequeña de motor para
viajeros. || **~ de mar.** F. Se usa como nombre común pa-
ra referirse a ciertas aves marinas, como charranes,
pagazas y fumareles. □ V. **emigración** ~.
golondrinera. F. celidonia.
golondrino. M. **1.** Pollo de la golondrina. || **2.** *Med.* In-
flamación infecciosa de las glándulas sudoríparas de la
axila.
golondro. M. Deseo y antojo de algo.
golosear. INTR. golosinear.
golosina. F. **1.** Alimento delicado, generalmente dulce,
que sirve más para el gusto que para el sustento. || **2.**
Cosa más agradable que útil. *Le han ofrecido la golosina
de llevarlo siempre en automóvil a su casa.*
golosinear. INTR. Andar comiendo o buscando golosinas.
goloso, sa. ADJ. **1.** Aficionado a comer golosinas.
U. t. c. s. || **2.** Deseoso o dominado por el apetito de algo.
Ojos golosos. || **3. apetitoso** (|| que excita el apetito). *Un
postre muy goloso.*
golpazo. M. Golpe violento o ruidoso.
golpe. M. **1.** Acción y efecto de golpear. || **2.** Movimiento
rápido y brusco. *Un golpe de volante.* || **3.** Admiración,
sorpresa. || **4.** Ocurrencia graciosa y oportuna. || **5.**
Irrupción de algo en gran cantidad. *Golpe de gente. Golpe
de agua.* || **6.** Infortunio o desgracia que acomete de
pronto. || **7.** Latido del corazón. *El corazón me daba gol-
pes en el pecho.* || **8.** Robo, atraco. || **9.** Hoyo en que se
pone la semilla o la planta. || **~ bajo.** M. **1.** El que se da
por debajo de la cintura. || **2.** Acción traidora y malin-
tencionada. || **~ de aire.** M. **ráfaga** (|| viento fuerte de
corta duración). || **~ de calor.** M. Estado patológico pro-
ducido por la exposición a altas temperaturas ambientales y caracterizado por cefalea, vértigo, náuseas y ca-
lambres musculares. || **~ de castigo.** M. *Dep.* En *rugby,*
sanción que se ejecuta impulsando el balón para intentar meterlo entre los palos de la portería contraria.
|| **~ de efecto.** M. Acción por la que se sorprende al públi-
co, se causa en él impresión inesperada o se provoca su
risa. || **~ de Estado.** M. Actuación violenta y rápida, ge-
neralmente por fuerzas militares o rebeldes, por la que
un grupo determinado se apodera o intenta apoderarse
de los resortes del gobierno de un Estado, desplazando a
las autoridades existentes. || **~ de fortuna.** M. Suceso ex-
traordinario, próspero o adverso, que sobreviene de re-

pente. ‖ ~ **de gracia.** M. **1.** golpe con que se remata a alguien. ‖ **2.** Revés que completa la desgracia o la ruina de alguien o de algo. ‖ ~ **de mano.** M. **1.** *Mil.* Acción violenta, rápida e imprevista, que altera una situación en provecho de quien da el golpe. U. t. en sent. fig. *Los alumnos dieron un golpe de mano para adelantar las vacaciones.* ‖ **2.** Acción violenta e inesperada, como un robo, un asalto, etc. ‖ ~ **de mar.** M. Ola fuerte que rompe las embarcaciones, islas, peñascos y costas del mar. ‖ ~ **de pecho.** M. Signo de dolor y de contrición, que consiste en darse con la mano o puño en el pecho, en señal de pesar por los pecados o faltas cometidos. ‖ ~ **de suerte.** M. **golpe de fortuna.** ‖ ~ **de tos.** M. Acceso de tos. ‖ ~ **de viento.** M. ráfaga (‖ viento fuerte de corta duración). ‖ ~ **de vista.** M. Percepción o apreciación rápida de algo. ‖ ~ **franco.** M. *Esp.* **tiro directo. ‖ a ~ de.** LOC. PREPOS. A fuerza de algo o sirviéndose de ello. *A golpe de trabajo.* ‖ **a ~s.** LOC.ADV. Con intermitencias. ‖ **al primer ~ de vista.** LOC.ADV. Tan pronto como se ve. ‖ **dar el ~.** LOC.VERB. coloq. Causar sorpresa o admiración. ‖ **de ~.** LOC.ADV. coloq. **de repente.** ‖ **de ~ y porrazo.** LOC.ADV. **1.** coloq. **de repente.** ‖ **2.** coloq. Precipitadamente, sin reflexión ni meditación. ‖ **de un ~.** LOC.ADV. De una sola vez o en una sola acción. ‖ **errar,** o **fallar, el ~.** LOCS.VERBS. Frustrarse el efecto de una acción premeditada. ‖ **no dar,** o **no pegar, ~,** o **ni ~.** LOCS.VERBS. coloqs. No trabajar. ‖ **parar el ~.** LOC.VERB. Evitar el contratiempo o fracaso que amenazaba.

golpeador, ra. ADJ. Que golpea. Apl. a pers., u. t. c. s.

golpeadura. F. Acción y efecto de golpear.

golpear. TR. Dar un golpe o golpes repetidos. U. t. c. intr.

golpeo. M. Acción y efecto de golpear.

golpetazo. M. Golpe violento y ruidoso.

golpetear. TR. Dar golpes poco fuertes pero seguidos. U. t. c. intr.

golpeteo. M. Acción y efecto de golpetear.

golpismo. M. **1.** Actitud favorable al golpe de Estado. ‖ **2.** Actividad de los golpistas.

golpista. ADJ. **1.** Perteneciente o relativo al golpe de Estado. *Intentona golpista.* ‖ **2.** Que participa en un golpe de Estado o que lo apoya de cualquier modo. U. t. c. s.

goma. F. **1.** Sustancia viscosa que naturalmente, o mediante incisiones, fluye de diversos vegetales y después de seca es soluble en agua e insoluble en el alcohol y el éter. Disuelta en agua, sirve para pegar o adherir cosas. ‖ **2.** Tira o banda elástica. ‖ **3. goma de borrar.** ‖ **4. caucho.** *Suelas de goma.* ‖ **5. neumático** (‖ pieza de caucho). ‖ **6. preservativo** (‖ funda elástica). ‖ **7.** *Med.* Tumor esférico o globuloso que se desarrolla en los huesos o en ciertos órganos, como el cerebro, el hígado, etc., y es de origen sifilítico. U. t. c. m. ‖ **8.** *Am. Cen.* **resaca** (‖ malestar por haber bebido en exceso). ‖ ~ **adragante.** F. **tragacanto** (‖ sustancia glutinosa que destila esta planta). ‖ ~ **arábiga.** F. La que producen ciertas acacias muy abundantes en Arabia. Es amarillenta, muy usada en medicina como pectoral y en multitud de aplicaciones en la industria. ‖ ~ **de borrar.** F. La elástica preparada especialmente para borrar lo escrito con lápiz o con tinta. ‖ ~ **de mascar.** F. **chicle.** ‖ ~ **elástica.** F. **caucho.** ‖ ~ **espuma.** F. **gomaespuma.** ‖ ~ **laca.** F. **laca** (‖ sustancia exudada de varios árboles de la India).

gomaespuma. F. Producto industrial de látex o sintético, esponjoso y blando. *Colchón, almohada de gomaespuma.*

gomer. ADJ. **1.** Se dice del individuo de la tribu berberisca de Gomara. U. m. c. s. pl. ‖ **2.** Perteneciente o relativo a esta tribu. *Artesanía gomer.*

gomería. F. *Á. guar.* y *Á. R. Plata.* Lugar de venta o reparación de neumáticos.

gomero¹. M. *Am. Mer.* Árbol que produce goma.

gomero², **ra.** ADJ. **1.** Natural de La Gomera. U. t. c. s. ‖ **2.** Perteneciente o relativo a esta isla del archipiélago canario, en España.

gomina. F. Fijador del cabello.

gomita. F. *Á. R. Plata.* **goma** (‖ tira o banda elástica).

gomorresina. F. Jugo lechoso que fluye, naturalmente o por incisión, de varias plantas, y se solidifica al aire. Se compone generalmente de una resina mezclada con una materia gomosa y un aceite volátil.

gomosidad. F. Cualidad de gomoso.

gomoso, sa. ADJ. **1.** Que tiene goma o se parece a ella. *Jugo gomoso.* ‖ **2.** Que padece **gomas** (‖ tumores). U. t. c. s.

gónada. F. *Biol.* Órgano formador de gametos masculinos o femeninos.

gonadal. ADJ. *Biol.* Perteneciente o relativo a las gónadas. *Células gonadales.*

góndola. F. **1.** Embarcación pequeña de recreo, sin palos ni cubierta, por lo común con una carroza en el centro, y que se usa principalmente en Venecia. ‖ **2. expositor** (‖ mueble). ‖ **de ~.** LOC.ADJ. *Esp.* De forma semejante a la de una **góndola** (‖ embarcación de recreo).

gondolero. M. Remero o gobernador de una góndola.

gonfalón. M. **confalón.**

gonfalonero o **gonfaloniero.** M. hist. Hombre que lleva el confalón.

gong. M. Instrumento de percusión formado por un disco que, suspendido, vibra al ser golpeado por una maza. MORF. pl. **gongs.**

gongorismo. M. Manera literaria que inició a principios del siglo XVII la poesía de Luis de Góngora.

goniómetro. M. *Mat.* Instrumento que sirve para medir ángulos.

gonococia. F. *Med.* Enfermedad infecciosa producida por el gonococo de Neisser, que generalmente se localiza en la uretra dando lugar a la blenorragia.

gonocócico, ca. ADJ. *Med.* Perteneciente o relativo a la gonococia. *Infección gonocócica.*

gonococo. M. *Biol.* Bacteria ovoide, que se reúne en parejas y más raramente en grupos de cuatro o más unidades y aparece en las células del pus blenorrágico o en el de otras lesiones gonocócicas.

gonorrea. F. *Med.* **blenorragia.**

gorda. F. *Méx.* Tortilla de maíz más gruesa que la común.

gordal. ADJ. Que excede en gordura a las cosas de su especie. *Dedo gordal.* ☐ V. **aceituna ~.**

gordiano. ☐ V. **nudo ~.**

gordinflón, na. ADJ. coloq. Dicho de una persona: Demasiado gorda.

gordo, da. I. ADJ. **1.** De abundantes carnes. *Está muy gordo.* Apl. a pers., u. t. c. s. ‖ **2.** Muy abultado. *Libro gordo.* ‖ **3. pingüe** (‖ craso y mantecoso). *Carne gorda.* ‖ **4.** Que excede del grosor corriente en su clase. *Hilo gordo. Lienzo gordo.* ‖ **5.** coloq. Muy grande, fuera de lo corriente. *Ha tenido un accidente muy gordo.* ‖ **II.** M. **6. sebo.** ‖ **7. premio gordo.** ‖ **algo ~.** M. coloq. Algún suceso de mucha importancia o muy sonado. ‖ **armarse la ~.** LOC.VERB. coloq. Sobrevenir una pendencia, discusión ruidosa o trastorno político o social. ‖ **caer ~ a al-**

guien otra persona. LOC.VERB. coloq. Resultarle antipática, molesta o desagradable. ‖ **esta sí que es gorda.** EXPR. coloq. Se usa para manifestar asombro. ‖ **no haberlas, o no habérselas, visto tan,** o **más, ~s.** LOCS.VERBS. No haberse encontrado nunca en situación tan difícil o comprometida. □ V. **dedo ~, gente ~, perra ~, pez ~, premio ~, sal ~, tripa ~, vacas ~s.**

gordolobo. M. Planta vivaz de la familia de las Escrofulariáceas, con tallo erguido de seis a ocho decímetros de altura, cubierto de borra espesa y cenicienta, hojas blanquecinas, gruesas, muy vellosas por las dos caras, oblongas, casi pecioladas las inferiores, y envainadoras en parte y con punta aguda las superiores, flores en espiga, de corola amarilla, y fruto capsular con dos divisiones que encierran varias semillas pequeñas y angulosas. El cocimiento de las flores se ha usado en medicina contra la tisis, las hojas se han empleado alguna vez como mecha de candil y sus semillas sirven para envenenar el agua y atontar a los peces.

gordura. F. **1.** Tejido adiposo que normalmente existe en proporciones muy variables entre los órganos y se deposita alrededor de vísceras importantes. ‖ **2.** Abundancia de carnes y grasas en las personas y animales.

gorgojo. M. **1.** Insecto coleóptero de pequeño tamaño, con la cabeza prolongada en un pico o rostro, en cuyo extremo se encuentran las mandíbulas. Hay muchas especies cuyas larvas se alimentan de semillas, por lo que constituyen graves plagas del grano almacenado. ‖ **2.** coloq. Persona muy chica.

gorgona. F. *Mit.* Monstruo infernal cuya mirada petrificaba.

gorgonzola. M. Queso blando y de sabor intenso, de origen italiano, elaborado con leche de vaca.

gorgorear. INTR. *Chile.* Hacer quiebros con la voz en la garganta, especialmente en el canto.

gorgorito. M. coloq. Quiebro que se hace con la voz en la garganta, especialmente al cantar. U. m. en pl.

górgoro. M. *Méx.* Burbuja pequeña.

gorgorotada. F. Cantidad o porción de cualquier licor que se bebe de un golpe.

gorgotear. INTR. **1.** Dicho de un líquido o de un gas: Producir ruido al moverse en el interior de alguna cavidad. ‖ **2.** borbotar.

gorgoteo. M. Acción y efecto de gorgotear.

gorguera. F. hist. Adorno del cuello, hecho de lienzo plegado y alechugado.

gorila. M. **1.** Primate antropoide de África ecuatorial, de pelaje oscuro y brazos más largos que las piernas, que puede alcanzar dos metros de alto. ‖ **2.** coloq. **guardaespaldas.**

gorja. F. **1.** garganta. ‖ **2.** Moldura de curva compuesta, cuya sección es por arriba cóncava y luego convexa.

gorjeador, ra. ADJ. Que gorjea. *Ave gorjeadora.*

gorjear. INTR. **1.** Dicho de una persona o de un pájaro: Hacer quiebros con la voz en la garganta. ‖ **2.** Dicho de un niño: Empezar a hablar y formar la voz en la garganta. ‖ **3.** *Am.* Hacer burla.

gorjeo. M. **1.** Acción y efecto de gorjear. ‖ **2.** Quiebro de la voz en la garganta. ‖ **3.** Canto o voz de algunos pájaros. ‖ **4.** Articulaciones imperfectas en la voz de los niños.

gorra. F. Prenda para cubrir la cabeza, especialmente la de tela, piel o punto con visera. ‖ **~ de plato.** F. gorra de

visera que tiene una parte cilíndrica de poca altura, y sobre ella otra más ancha y plana. ‖ **de ~.** LOC.ADV. coloq. A costa ajena. ‖ **pasar la ~.** LOC.VERB. coloq. Recaudar dinero entre el público de una actuación callejera. ‖ **pegar la ~.** LOC.VERB. Hacerse invitar.

gorrear. INTR. coloq. Comer, vivir de gorra.

gorrín. M. **cerdo** (‖ mamífero artiodáctilo).

gorrina. F. **1.** Cerda pequeña que aún no llega a cuatro meses. ‖ **2. cerda** (‖ hembra del cerdo). ‖ **3.** Mujer desaseada o de mal comportamiento en su trato social. U. t. c. adj.

gorrinada. F. guarrada.

gorrinería. F. **1.** Porquería, suciedad, inmundicia. ‖ **2.** Acción sucia o indecente.

gorrino. M. **1.** Cerdo pequeño que aún no llega a cuatro meses. ‖ **2. cerdo** (‖ mamífero artiodáctilo). ‖ **3.** Hombre desaseado o de mal comportamiento en su trato social. U. t. c. adj.

gorrión. M. Pájaro de unos doce centímetros desde la cabeza a la extremidad de la cola, con el pico fuerte, cónico y algo doblado en la punta; plumaje pardo en la cabeza, castaño en el cuello, espalda, alas y cola, pero con manchas negras y rojizas, ceniciento en el vientre; en el macho, con mancha en forma de babero negro en pecho y garganta. Es sedentario y muy abundante en España.

gorriona. F. Hembra del gorrión.

gorro. M. **1.** Pieza redonda, de tela o de punto, para cubrir y abrigar la cabeza. ‖ **2.** Prenda que se pone a los niños para cubrirles la cabeza y que se les asegura con cintas debajo de la barbilla. ‖ **~ frigio.** M. hist. gorro, de forma más o menos cónica, semejante al que usaban los frigios, que se tomó como emblema de la libertad en la Revolución francesa y posteriormente por otros movimientos democráticos y republicanos. ‖ **estar** alguien **hasta el ~.** LOC.VERB. coloq. No aguantar más.

gorrón, na. ADJ. coloq. Que tiene por hábito comer, vivir o divertirse a costa ajena. U. t. c. s.

gorronear. INTR. coloq. Comer o vivir a costa ajena.

gorronería. F. coloq. Cualidad o acción de gorrón.

góspel. M. Música religiosa propia de las comunidades afronorteamericanas. MORF. pl. **góspeles.**

gota. F. **1.** Partícula de cualquier líquido de forma esferoidal. ‖ **2.** coloq. Cantidad pequeña, pizca. *Una gota de sal.* ‖ **3.** *Med.* Enfermedad causada por la acumulación de cristales de ácido úrico en las articulaciones de las extremidades, en las que produce hinchazón muy dolorosa. ‖ **4.** pl. Forma farmacéutica que se administra en gotas. ‖ **~ fría.** F. *Meteor.* Masa de aire que se desprende de una corriente muy fría y que desciende sobre otra de aire caliente produciendo grandes perturbaciones atmosféricas. ‖ **~ serena.** F. ceguera. ‖ **cuatro ~s.** F. pl. coloq. Lluvia escasa y breve. ‖ **~ a ~. I.** LOC.ADV. **1.** Poco a poco. ‖ **II.** LOC.SUST. M. **2.** *Med.* Método para administrar lentamente, por vía intravenosa, medicamentos, sueros o plasma sanguíneo. ‖ **3.** *Med.* Dispositivo con el cual se aplica este método. ‖ **ni ~.** LOC. PRONOM. **nada.** *No queda ni gota de pan.* ‖ **parecerse** dos personas **como dos ~s de agua,** o **como una ~ de agua a otra;** o **ser** dos personas **como dos ~s de agua.** LOCS.VERBS. Ser muy parecidas. ‖ **ser** algo **la ~ que colma el vaso,** o **ser la última.** LOCS.VERBS. coloqs. Ser lo que viene a colmar la medida de la paciencia, el sufrimiento, etc. ‖ **sudar** alguien **la ~ gorda.** LOC.VERB. **1.** coloq. Sudar mucho, pasar calor. ‖ **2.** coloq. Esforzarse, trabajar con fatiga o desvelo.

gotear. **I.** INTR. IMPERS. **1.** Caer gotas pequeñas de lluvia. ‖ **II.** INTR. **2.** Dicho de un líquido: Caer gota a gota. ‖ **3.** Dicho de una cosa: Dejar caer gotas. *Las cañerías son viejas y empiezan a gotear.* ‖ **4.** Dar o recibir algo con pausas o de modo intermitente. *Tras el terremoto, comenzó a gotear la ayuda internacional.*

gotelé. M. Procedimiento de pintar paredes y techos mecánicamente, de modo que se produzca un relieve en forma de pequeñas gotas.

goteo. M. Acción y efecto de gotear. □ V. **riego por ~.**

gotera. F. **1.** Filtración de agua a través de un techo. ‖ **2.** Grieta por donde se filtra. ‖ **3.** Señal que deja. ‖ **4.** Indisposición o achaque propios de la vejez. U. m. en pl. ‖ **5.** pl. *Am. Mer.* Afueras, contornos, alrededores. □ V. **hidalgo de ~.**

goterense. ADJ. **1.** Natural de San Francisco Gotera. U. t. c. s. ‖ **2.** Perteneciente o relativo a esta ciudad de El Salvador, cabecera del departamento de Morazán.

gotero. M. **1.** coloq. **gota a gota** (‖ dispositivo con que se administran medicamentos por vía intravenosa). ‖ **2.** *Am.* **cuentagotas.**

goterón. M. **1.** Gota muy grande de agua de lluvia. ‖ **2.** *Arq.* Canal que se hace en la cara inferior de la corona de la cornisa, con el fin de que el agua de lluvia no corra por el sofito.

gótico, ca. **I.** ADJ. **1.** hist. Perteneciente o relativo a los godos. *Nombre gótico.* ‖ **2.** Se dice del arte que se desarrolla en Europa desde el siglo XII hasta el Renacimiento. U. t. c. s. m. ‖ **3.** Escrito o impreso en letra gótica. *Libro gótico.* ‖ **4.** Propio o característico de la novela gótica. *Ambientación gótica.* ‖ **II.** M. **5.** Lengua germánica que hablaron los godos. ‖ **~ flamígero.** M. *Arq.* Estilo ojival caracterizado por la decoración de calados con adornos no simétricos, semejantes a las ondulaciones de las llamas. ‖ **~ florido.** M. *Arq.* El de la última época, que se caracteriza por la ornamentación exuberante. □ V. **columna ~, letra ~, novela ~.**

gotoso, sa. ADJ. Que padece **gota** (‖ enfermedad en las articulaciones). U. t. c. s.

gourde. F. Unidad monetaria de Haití.

gozada. F. coloq. Goce intenso.

gozar. **I.** TR. **1.** Tener gusto, complacencia y alegría de algo. *Gozar la vida.* U. t. c. prnl. ‖ **2.** Tener y poseer algo útil y agradable. *Gozar sus riquezas.* ‖ **3.** Conocer carnalmente a alguien. ‖ **II.** INTR. **4.** Sentir placer, experimentar suaves y gratas emociones. U. t. c. prnl. *Gozarse en la suerte de los demás.* ‖ **5.** Tener alguna buena condición física o moral. *Gozar DE buena salud, vitalidad, estimación, fama.* ‖ **~la.** LOC.VERB. Pasarlo bien, disfrutar con alguien o algo.

gozne. M. **1.** Herraje articulado con que se fijan las hojas de las puertas y ventanas al quicial para que, al abrirlas o cerrarlas, giren sobre aquel. ‖ **2.** Bisagra metálica o pernio.

gozo. M. **1.** Sentimiento de complacencia en la posesión, recuerdo o esperanza de bienes o cosas apetecibles. ‖ **2.** Alegría del ánimo. ‖ **3.** pl. Composición poética en loor de la Virgen o de los santos, que se divide en coplas, después de cada una de las cuales se repite un mismo estribillo. ‖ **no caber** alguien en sí **de ~.** LOC.VERB. coloq. **no caber de contento.** ‖ **saltar** alguien **de ~.** LOC.VERB. coloq. Estar sumamente gozoso.

gozoso, sa. ADJ. **1.** Que siente gozo. ‖ **2.** Que produce gozo. *Gozoso descubrimiento.* ‖ **3.** Que se refiere a los gozos de la Virgen.

gozque. ADJ. Se dice de un perro pequeño y ladrador. U. t. c. s. m.

GPS. (Sigla del inglés *Global Positioning System* 'sistema de posicionamiento mundial'). M. *Tecnol.* Sistema que permite conocer la posición de un objeto móvil gracias a la recepción de señales emitidas por una red de satélites. MORF. pl. invar. *Los GPS.*

Graaf. □ V. **folículo de ~.**

grabación. F. **1.** Acción y efecto de **grabar** (‖ captar y almacenar imágenes o sonidos en disco, cinta, etc.). ‖ **2.** Disco o cinta grabados con imágenes o sonidos.

grabado. M. **1.** Acción y efecto de **grabar** (‖ señalar mediante incisiones). ‖ **2.** Arte de **grabar** (‖ señalar mediante incisiones). ‖ **3.** Procedimiento para **grabar** (‖ señalar mediante incisiones). ‖ **4.** Estampa obtenida por medio de la impresión de planchas preparadas al efecto. ‖ **~ aguafuerte.** M. Procedimiento en que se emplea la acción del ácido nítrico sobre una lámina cubierta con una capa de barniz, en la cual se abre el dibujo con una aguja hasta dejar descubierta la superficie metálica, y, después que el ácido ha corroído lo bastante, se quita el barniz con un disolvente. ‖ **~ al aguatinta.** M. El que se hace cubriendo la lámina con polvos de resina que, calentando luego aquella, se adhieren a la superficie formando granitos o puntos, los cuales quedan grabados mediante la acción del aguafuerte. ‖ **~ en dulce.** M. El que se hace en planchas de acero o cobre, en tablas de madera o sobre otra materia que fácilmente reciba la huella del buril con solo el impulso de la mano del artista. ‖ **~ en hueco.** M. El que se ejecuta en troqueles de metal, en madera o en piedras finas, para acuñar medallas, formar sellos, etc.

grabador, ra. **I.** ADJ. **1.** Que graba. *Instrumento grabador.* ‖ **2.** Perteneciente o relativo al arte del grabado. *Industrias grabadoras.* ‖ **II.** M. y F. **3.** Persona que profesa este arte. ‖ **III.** M. **4.** *Á. R. Plata.* **magnetófono.**

grabadora. F. **magnetófono.**

grabar. TR. **1.** Señalar mediante incisiones o abrir y labrar en hueco o en relieve sobre una superficie un letrero, una figura o una representación de cualquier objeto. ‖ **2.** Captar y almacenar imágenes o sonidos por medio de un disco, una cinta magnética u otro procedimiento, de manera que se puedan reproducir. ‖ **3.** Fijar profundamente en el ánimo un concepto, un sentimiento o un recuerdo. U. t. c. prnl.

gracejada. F. *Am. Cen.* Payasada, bufonada, generalmente de mal gusto.

gracejo. M. Gracia al hablar o escribir.

gracia. F. **1.** Cualidad o conjunto de cualidades que hacen agradable a la persona o cosa que las tiene. ‖ **2.** Atractivo independiente de la hermosura de las facciones, que se advierte en la fisonomía de algunas personas. ‖ **3.** Capacidad de alguien o de algo para hacer reír. *Es una anécdota con mucha gracia.* ‖ **4.** Dicho o hecho divertido o sorprendente. ‖ **5.** irón. Cosa que molesta e irrita. *Menuda gracia le hizo.* ‖ **6.** Habilidad y soltura en la ejecución de algo. *Baila con mucha gracia.* ‖ **7.** Don o favor que se hace sin merecimiento particular; concesión gratuita. ‖ **8.** En la doctrina católica, favor sobrenatural y gratuito que Dios concede al hombre para ponerlo en el camino de la salvación. ‖ **9.** Perdón o indulto. *Medida de gracia.* ‖ **10.** Benevolencia y amistad de alguien. ‖ **11.** coloq. Acción o dicho de un niño que sirve de lucimiento. Referido a personas adultas, u. t. en sent. irón. || **12.** vulg. **nombre de pila.** || **13.** pl. Se usa como expresión de agradecimiento. *Gracias. Un millón de gracias.* || **~ actual.** F. *Rel.* En la doctrina católica, auxilio de carácter ocasional dado por Dios a las criaturas. || **~ cooperante.** F. *Rel.* En la doctrina católica, la que ayuda a la voluntad cuando esta quiere el bien y lo practica. || **~ habitual.** F. *Rel.* En la doctrina católica, cualidad estable sobrenatural infundida por Dios en el espíritu. || **~ original.** F. *Rel.* En la doctrina católica, la que infundió Dios a nuestros primeros padres en el estado de inocencia. || **~ santificante.** F. *Rel.* **gracia habitual.** || **caer de la ~** de alguien. LOC.VERB. Perder su favor. || **caer en ~.** LOC.VERB. Agradar, complacer. || **dar ~s, o las ~s.** LOCS. VERBS. Manifestar el agradecimiento por el beneficio recibido. || **de ~.** LOC.ADV. De manera gratuita, sin premio ni interés alguno. || **en ~ a.** LOC. PREPOS. En consideración a. || **estar en ~.** LOC.VERB. Ser acepto a Dios. || **~s a.** LOC. PREPOS. Por causa de alguien o algo que produce un bien o evita un mal. || **~s a Dios.** LOC. INTERJ. Se usa para manifestar alegría por algo que se esperaba con ansia y ha sucedido, o alivio al desaparecer un temor o peligro. || **hacer ~.** LOC.VERB. **1. caer en gracia.** || **2.** Resultar gracioso o chistoso. || **3. divertir** (|| entretener, recrear). || **4.** irón. **tener gracia** (|| ser chocante). || **hacer ~ de** algo a alguien. LOC.VERB. Dispensarlo o librarlo de ello. || **no hacer, o no tener, ~, o maldita la ~, o ninguna ~.** LOCS.VERBS. coloqs. Se usan para expresar el descontento, disgusto o mal humor que algo produce. || **por la ~ de Dios.** EXPR. Se usa como fórmula que acompaña al título de rey. || **qué ~.** LOC. INTERJ. **1.** irón. Se usa para rechazar la pretensión de alguien, o calificarla de despropósito. || **2.** Se usa para expresar fastidio o disgusto. || **reírle a** alguien **la ~.** LOC.VERB. coloq. Aplaudirle con alborozo según dicho o hecho digno, por lo común, de censura. || **tener ~** alguien o algo. LOC.VERB. **1.** Resultar agradable y divertido. || **2.** irón. Ser chocante, molesto o irritante. || **y ~s.** EXPR. coloq. Se usa para dar a entender a alguien que debe contentarse con lo que ha conseguido. □ V. **acción de ~s, año de ~, carta de ~, estado de ~, golpe de ~, prerrogativa de ~, tiro de ~.**

graciable. ADJ. **1.** Que se puede otorgar por gracia, sin sujeción a precepto. *Prestaciones graciables.* || **2.** Inclinado a hacer gracias, y afable en el trato.

graciano, na. ADJ. **1.** Natural de Gracias a Dios. U. t. c. s. || **2.** Perteneciente o relativo a esta ciudad de Honduras, capital del departamento de Lempira.

grácil. ADJ. Sutil, delgado o menudo. *Grácil cintura.*

gracilidad. F. Cualidad de grácil.

graciosidad. F. **1.** Ocurrencia o hecho gracioso. || **2. comicidad.**

gracioso, sa. I. ADJ. **1.** Que resulta agradable o atractivo a la vista. *Lunar gracioso.* || **2.** Que tiene **gracia** (|| capacidad para hacer reír). *Anécdota graciosa.* Apl. a pers., u. t. c. s. || **3.** Que se da de manera gratuita. *Ayuda graciosa.* || **4.** irón. coloq. Molesto, sin gracia. Apl. a pers., u. t. c. s. || **II.** M. y F. **5.** Persona que en obras dramáticas ejecuta siempre el papel de carácter festivo. || **III.** M. **6.** En la comedia clásica española, personaje típico, generalmente un criado, que se caracteriza por su ingenio y socarronería. □ V. **Su Graciosa Majestad.**

grada¹. F. **1.** Asiento a manera de escalón corrido. || **2.** Conjunto de estos asientos en los teatros y otros lugares públicos. || **3. peldaño.** || **4.** Tarima que se suele poner al pie de los altares. || **5.** *Mar.* Plano inclinado hecho de cantería, a orillas del mar o de un río, sobre el cual se construyen o carenan los barcos. || **6.** pl. Conjunto de escalones que suelen tener los grandes edificios delante de su pórtico o fachada.

grada². F. Instrumento de madera o de hierro, de forma casi cuadrada, a manera de unas parrillas grandes, con el cual se desmenuza y allana la tierra después de arada, para sembrarla. || **~ de discos.** F. La que en vez de púas, dientes o flejes desmenuza la tierra con discos de acero giratorios.

gradación. F. **1.** Disposición o ejecución de algo en grados sucesivos, ascendentes o descendentes. || **2.** Serie de cosas ordenadas gradualmente. || **3.** *Mús.* Período armónico que va subiendo de grado en grado para expresar más un afecto. || **4.** *Ret.* Figura que consiste en juntar en el discurso palabras o frases que, con respecto a su significación, vayan como ascendiendo o descendiendo por grados, de modo que cada una de ellas exprese algo más o menos que la anterior.

gradeo. M. Acción y efecto de desmenuzar y allanar con la grada la tierra ya arada.

gradería. F. Conjunto o serie de gradas, como las de los altares y las de los anfiteatros.

graderío. M. **1.** Gradería, especialmente en los campos de deporte y en las plazas de toros. || **2.** Público que lo ocupa.

gradiente. I. M. **1.** Razón entre la variación del valor de una magnitud en dos puntos próximos y la distancia que los separa. *Gradiente de temperatura. Gradiente de presión.* || **II.** F. **2.** Á. *Andes* y *Chile.* **declive** (|| pendiente).

gradilla. F. **1.** Escalerilla portátil. || **2.** Utensilio que se utiliza en los laboratorios para mantener verticales y ordenados los tubos de ensayo.

grado¹. M. **1.** Cada uno de los diversos estados, valores o calidades que, en relación de menor a mayor, puede tener algo. *Sufre quemaduras de primer grado.* || **2.** Valor o medida de algo que puede variar en intensidad. *En sumo grado. En mayor o menor grado.* || **3.** Cada una de las generaciones que marcan el parentesco entre las personas. || **4.** En la enseñanza, título que se alcanza al superar cada uno de los niveles de estudio. *Grado de bachiller. Grado de doctor.* || **5.** En ciertas escuelas, cada una de las secciones en que sus alumnos se agrupan según su edad y el estado de sus conocimientos y educación. || **6.** Cada lugar de la escala en la jerarquía de una institución, especialmente en la militar. || **7.** Unidad de determinadas escalas de medida, como la temperatura o el grado de alcohol. || **8. grado de temperatura.** || **9.** Unidad porcentual de alcohol que hay en una bebida. || **10.** *Der.* Cada una de las diferentes instancias que puede tener un pleito. *En grado de apelación.* || **11.** *Geom.* Cada una de las 360 partes iguales, a veces 400, en que puede dividirse la circunferencia. Se emplea también para medir los arcos de los ángulos. || **12.** *Gram.* Manera de significar la intensidad relativa de los calificativos. *Grado positivo, comparativo y superlativo.* || **13.** *Mat.* Número de orden que expresa el de factores de la misma especie que entran en un término o en una parte de él. || **14.** *Mat.* En una ecuación o en un polinomio, el del término en que la variable tiene exponente mayor. || **15.** Á. *Caribe.* Acto académico en el que se otorga un título universitario. || **~ Celsius.** M. **grado centígrado.** || **~ centígrado.** M. Unidad de temperatura que equivale a la centésima parte de la diferencia entre los puntos de fusión del hielo y de ebullición del agua, a la presión normal. (Símb. °*C*). ‖ ~ **cero.** M. *Ling.* Manera de significar la desaparición de una vocal en una alternancia vocálica. ‖ ~ **de temperatura.** M. Unidad adoptada convencionalmente para medir la temperatura. Actualmente están en uso el grado Celsius o centígrado y el grado Fahrenheit. ‖ ~ **de una curva.** M. *Mat.* grado de la ecuación que la representa. ‖ ~ **Fahrenheit.** M. Unidad de temperatura de la escala Fahrenheit, que asigna el valor 32 al punto de fusión del hielo y el valor 212 al de ebullición del agua. (Símb. °*F*). ‖ ~ **Kelvin.** M. **kelvin.** ‖ **tercer ~.** M. Interrogatorio bajo tortura o presión física o psíquica. *Le aplicaron el tercer grado.* ‖ **en alto ~,** o **en ~ superlativo.** LOCS.ADVS. Con gran intensidad. *Lo aprecia en alto grado.*

grado². **de buen ~,** o **de ~.** LOCS.ADVS. De manera voluntaria y gustosa. ‖ **de ~** o **por fuerza.** LOC.ADV. De manera voluntaria o forzada. ‖ **de mal ~.** LOC.ADV. Sin voluntad, con repugnancia y a disgusto. ‖ **mal de mi, de tu, de su,** etc., **~;** o **mal mi, tu, su,** etc., **~.** LOCS.ADVS. **mal que me pese.**

graduación. F. **1.** Acción y efecto de graduar. ‖ **2.** Cantidad proporcional de alcohol que contienen las bebidas espiritosas. ‖ **3.** *Mil.* Categoría de un militar en su carrera.

graduado, da. PART. de graduar. ‖ M. y F. Persona que ha obtenido un grado académico. ‖ ~ **escolar.** M. y F. Persona que ha cursado con éxito los estudios primarios exigidos por la ley. ‖ **graduado escolar.** M. Título otorgado a esa persona. ‖ ~ **social.** M. y F. *Esp.* Profesional titulado de grado medio especialista en relaciones laborales. ☐ V. **probeta ~.**

graduador. M. Instrumento que sirve para graduar la cantidad o calidad de algo.

gradual. I. ADJ. **1.** Que está por grados o va de grado en grado. *Aumento gradual del volumen.* ‖ **II.** M. **2.** Parte de la misa que se reza entre la epístola y el evangelio. ☐ V. **salmo ~.**

gradualidad. F. Cualidad de gradual.

gradualismo. M. **gradualidad.**

graduando, da. M. y F. Persona que recibe o está próxima a recibir un grado académico por la universidad.

graduar. I. TR. **1.** Dar a algo el grado o calidad que le corresponde. *Graduar la salida del agua por una espita.* ‖ **2.** Dividir y ordenar algo en una serie de grados o estados correlativos. *Graduar el interés de una obra dramática. Graduar una escuela.* ‖ **3.** Apreciar en algo el grado o calidad que tiene. *Graduar la densidad de la leche.* ‖ **4.** Señalar en algo los grados en que se divide. *Graduar un círculo, un termómetro, un mapa.* ‖ **5.** *Mil.* En las carreras militares, conceder grado o grados. *Lo graduaron de comandante.* ‖ **II.** PRNL. **6.** Recibir un título de bachiller, licenciado o doctor. ¶ MORF. conjug. c. *actuar.*

grafema. M. *Ling.* Unidad mínima e indivisible de la escritura de una lengua.

grafía. F. Modo de escribir o representar los sonidos, y, en especial, empleo de una letra o un signo gráfico para representar un sonido dado.

gráfica. F. **1.** Descripción, operación o demostración representada mediante figuras o signos. ‖ **2. gráfico** (‖ representación de datos por medio de líneas).

graficar. TR. *Á. R. Plata* y *Chile.* Representar mediante figuras o signos.

gráfico, ca. I. ADJ. **1.** Perteneciente o relativo a la escritura y a la imprenta. *Artes gráficas.* ‖ **2.** Dicho de una descripción, de una operación o de una demostración: Que se representa por medio de figuras o signos. U. t. c. s. m. ‖ **3.** Dicho de un modo de hablar: Que expone las cosas con la misma claridad que si estuvieran dibujadas. ‖ **4.** Que se basa principalmente en imágenes. *Revista gráfica.* ‖ **II.** M. **5.** Representación de datos numéricos por medio de una o varias líneas que hacen visible la relación que esos datos guardan entre sí. ☐ V. **acento ~, chiste ~, reportaje ~, representación ~.**

grafila o **gráfila.** F. Orla pequeña, generalmente de puntos o de línea, que tienen las monedas en su anverso o reverso.

grafio. M. Instrumento con que se dibujan y hacen las labores en las pinturas estofadas o esgrafiadas.

grafismo. M. **1.** Diseño gráfico de libros, folletos, carteles, etc. ‖ **2.** Cada una de las particularidades de la letra de una persona, o el conjunto de todas ellas. ‖ **3.** Expresividad gráfica en lo que se dice o en cómo se dice.

grafista. COM. Especialista en **grafismo** (‖ diseño gráfico).

grafiti. M. **grafito** (‖ letrero o dibujo). MORF. pl. **grafitis.**

grafito¹. M. Mineral untuoso, de color negro y lustre metálico, constituido por carbono cristalizado en el sistema hexagonal. Se puede producir artificialmente, y se usa en la manufactura de lapiceros, crisoles refractarios y en otras aplicaciones industriales.

grafito². M. **1.** Letrero o dibujo circunstancial, generalmente agresivo y de protesta, trazado sobre una pared u otra superficie resistente. ‖ **2.** hist. Escrito o dibujo hecho a mano por los antiguos en los monumentos.

grafo. M. *Ling.* Unidad abstracta que comprende el conjunto de grafías de una letra.

grafología. F. Arte que pretende averiguar, por las particularidades de la letra, cualidades psicológicas de quien la escribe.

grafológico, ca. ADJ. Perteneciente o relativo a la grafología.

grafólogo, ga. M. y F. Persona que practica la grafología.

grafomanía. F. Manía de escribir o componer libros, artículos, etc.

grafómano, na. ADJ. Que tiene grafomanía. U. t. c. s.

gragea. F. *Med.* Pequeña porción de materia medicamentosa en forma generalmente redondeada, y recubierta de una capa de sustancia agradable al paladar.

grajero, ra. ADJ. Dicho de un lugar: En que se recogen y anidan los grajos.

grajilla. F. Ave de la familia de los Córvidos, más pequeña y con el pico más corto que el grajo y la corneja, negra, con las zonas laterales de la cabeza y el cogote de color gris. Es muy característico el tono gris pálido de sus ojos. Sociable, forma grandes bandadas.

grajo. M. **1.** Ave muy semejante al cuervo, con el cuerpo de color violáceo negruzco y la base del pico desprovista de plumas. ‖ **2.** *Á. Andes* y *Á. Caribe.* **sobaquina.**

grama. F. **1.** Planta medicinal de la familia de las Gramíneas, con el tallo cilíndrico y rastrero, que echa raicillas por los nudos. Tiene hojas cortas, planas y agudas, y flores en espigas filiformes que salen en número de tres o de cinco en la extremidad de las cañitas de dos decímetros de largo. ‖ **2.** *Á. Andes.* **césped** (‖ hierba menuda). ‖ ~ **del norte.** F. Planta perenne de la familia las Gramíneas, cuya raíz, rastrera, usada en medicina, echa cañitas de más de seis decímetros de alto, con hojas planas, lineales y lanceoladas, ligeramente vellosas por encima, y flores en espiga alargada, floja y comprimida. ‖ ~ **de olor.** F. Planta de la familia de las Gramíneas, que tiene cañitas de tres decímetros de largo, desnudas en la mitad superior y con dos o tres hojas más cortas que las vainas en la inferior, y flores en panoja aovada, cilíndrica, amarilla y brillante. Es muy olorosa y se cultiva en los prados artificiales.

gramaje. M. Peso en gramos del papel por metro cuadrado.

gramal. M. Terreno cubierto de grama.

gramalote. M. Á. Andes. Hierba forrajera de la familia de las Gramíneas.

gramática. F. **1.** Ciencia que estudia los elementos de una lengua y sus combinaciones. ‖ **2.** Tratado de esta ciencia. *La biblioteca tiene una buena colección de gramáticas.* ‖ **3. gramática normativa.** ‖ **4.** Arte de hablar y escribir correctamente una lengua. ‖ **5.** Libro en que se enseña. ‖ ~ **comparada.** F. La que estudia las relaciones que pueden establecerse entre dos o más lenguas. ‖ ~ **descriptiva.** F. Estudio sincrónico de una lengua, sin considerar los problemas diacrónicos. ‖ ~ **especulativa.** F. hist. Modalidad de la gramática que desarrolló la filosofía escolástica, la cual trataba de explicar los fenómenos lingüísticos por principios constantes y universales. ‖ ~ **estructural.** F. Estudio de una lengua regido por el principio de que todos sus elementos mantienen entre sí relaciones sistemáticas. ‖ ~ **funcional.** F. La que se basa en el estudio de las funciones de los elementos que constituyen una lengua. ‖ ~ **general.** F. Aquella que trata de establecer los principios comunes a todas las lenguas. ‖ ~ **generativa.** F. La que trata de formular una serie de reglas capaces de generar o producir todas las oraciones posibles y aceptables de un idioma. ‖ ~ **histórica.** F. La que estudia las evoluciones que una lengua ha experimentado a lo largo del tiempo. ‖ ~ **normativa.** F. La que define los usos correctos de una lengua mediante preceptos. ‖ ~ **tradicional.** F. Cuerpo de doctrina gramatical constituido por las ideas que sobre el lenguaje y su estudio aportaron los filósofos griegos, y que se desarrolló, en los siglos posteriores, prácticamente hasta la aparición de la gramática estructural, en la primera mitad del siglo xx. ‖ ~ **transformacional,** o ~ **transformativa.** F. La que, siendo generativa, establece que de un esquema oracional se pasa a otro u otros por la aplicación de determinadas reglas.

gramatical. ADJ. **1.** Perteneciente o relativo a la gramática. *Reglas gramaticales.* ‖ **2.** Que se ajusta a las reglas de la gramática. *Concordancia gramatical.* □ V. **accidente ~, categoría ~.**

gramaticalidad. F. Ling. Cualidad de una secuencia de palabras o morfemas por la que se ajusta a las reglas de la gramática.

gramaticalización. F. Ling. Proceso mediante el cual una palabra pierde su contenido significativo originario y se convierte en un elemento gramatical.

gramaticalizarse. PRNL. Ling. Experimentar gramaticalización.

gramaticalmente. ADV. M. **1.** Conforme a las reglas de la gramática. *Construcción gramaticalmente correcta.* ‖ **2.** Desde una perspectiva gramatical. *Palabras gramaticalmente equivalentes.*

gramático, ca. M. y F. Persona entendida en gramática o que escribe sobre ella.

gramil. M. En carpintería y otros oficios, instrumento que sirve para trazar paralelas al borde de una pieza escuadrada.

gramilla. F. Á. Andes y Á. R. Plata. **césped** (‖ hierba menuda).

gramíneo, a. ADJ. *Bot.* Se dice de las plantas angiospermas monocotiledóneas que tienen tallos cilíndricos, comúnmente huecos, interrumpidos de trecho en trecho por nudos llenos, hojas alternas que nacen de estos nudos y abrazan el tallo, flores muy sencillas, dispuestas en espigas o en panojas, y grano seco cubierto por las escamas de la flor; p. ej., el trigo, el arroz y el bambú. U. t. c. s. F. ORTOGR. En f. pl., escr. con may. inicial c. taxón. *Las Gramíneas.*

gramo. M. **1.** Unidad de masa del Sistema Métrico Decimal equivalente a la de un centímetro cúbico de agua a la temperatura de su máxima densidad, es decir, cuatro grados centígrados. (Símb. g). ‖ **2.** Unidad de fuerza o peso del Sistema Métrico Decimal equivalente a la ejercida sobre una masa de un gramo por la acción de la gravedad en condiciones normales. (Símb. g). ‖ **3.** Cantidad de alguna materia cuyo peso es un gramo. *Diez gramos de azafrán.* □ V. **átomo ~, caloría ~, equivalente ~, molécula ~.**

gramofónico, ca. ADJ. Perteneciente o relativo al gramófono. *Grabación gramofónica.*

gramófono. (Marca reg.). M. Instrumento que reproduce las vibraciones de la voz humana o de otro cualquier sonido, inscritas previamente en un disco giratorio.

gramola. (Marca reg.). F. **1.** Gramófono sin bocina exterior. ‖ **2.** Gramófono eléctrico, instalado por lo general en un establecimiento público, que, al depositar en él una moneda, hace oír determinados discos.

grampa. F. Á. R. Plata. **grapa**[1].

gran. ADJ. **1. grande.** U. ante s. sing. *Gran empeño. Gran montaña.* ‖ **2.** Principal o primero en una jerarquía. *Gran maestre de San Juan.* □ V. **el ~ público, el ~ turco, ~ angular, ~ bestia, ~ cruz, ~ mundo, ~ pantalla, ~ superficie, ~ vida, ~ visir, las cuentas del Gran Capitán, pesca de ~ altura, tren de ~ velocidad, uña de la ~ bestia.**

grana[1]. F. **1.** Acción y efecto de granar. ‖ **2.** Semilla menuda de varios vegetales. ‖ **3.** Tiempo en que se cuaja el grano de trigo, lino, cáñamo, etc.

grana[2]. **I.** F. **1.** Excrecencia o agalla pequeña que el quermes forma en la coscoja, y que, exprimida, produce color rojo. ‖ **2.** Paño fino usado para trajes de fiesta. ‖ **II.** M. **3.** Color de grana exprimida. U. t. c. adj.

granada. F. **1.** Fruto del granado, de forma globosa, con diámetro de unos diez centímetros, y coronado por un tubo corto y con dientecitos, resto de los sépalos del cáliz; corteza de color amarillento rojizo, delgada y correosa, que cubre multitud de granos encarnados, jugosos, dulces unas veces, agridulces otras, separados en varios grupos por tabiques membranosos, y cada uno en una pepita blanquecina algo amarga. Es comestible apreciado, refrescante, y se emplea en medicina contra las enfermedades de la garganta. ‖ **2. granada de mano.** ‖ **3.** Proyectil hueco de metal, que contiene un explosivo y se dispara con obús u otra pieza de artillería. ‖ ~ **de mano.** F. Proyectil hueco que se arroja con la mano. Se usa en la guerra, cargada con diferentes explosivos o gases tóxicos. □ V. **excelente de la ~.**

granadero. M. **1.** Soldado de infantería armado con granadas de mano. ‖ **2.** hist. Soldado de elevada estatura perteneciente a una compañía que formaba a la cabeza del regimiento.

granadilla. F. **1.** Planta pasiflorácea originaria de América Meridional. ‖ **2.** Fruto de esta planta.

granadina¹. F. Refresco hecho con zumo de granada.

granadina². F. Variedad del cante andaluz, especialmente de Granada.

granadino, na. ADJ. **1.** Natural de Granada, ciudad de España, o de su provincia. U. t. c. s. ‖ **2.** Natural de Granada, país de América. U. t. c. s. ‖ **3.** Natural de Granada, departamento de Nicaragua, o de su cabecera. U. t. c. s. ‖ **4.** Perteneciente o relativo a aquella ciudad o provincia, a ese país o a este departamento y su cabecera.

granado¹. M. Árbol de la familia de las Punicáceas, de cinco a seis metros de altura, con tronco liso y tortuoso, ramas delgadas, hojas opuestas, oblongas, enteras y lustrosas, flores casi sentadas, rojas y con los pétalos algo doblados, y cuyo fruto es la granada.

granado², da. PART. de **granar.** ‖ ADJ. **1.** Notable y señalado, principal, ilustre y escogido. *Lo más granado de la sociedad.* ‖ **2.** Maduro, juicioso. *Persona muy granada.*

granalla. F. Conjunto de granos o porciones menudas a que se reducen los metales para facilitar su fundición.

granar. INTR. Dicho de una planta o de una parte de ella, como las espigas o los racimos: Producir y desarrollar el grano.

granate. M. **1.** Piedra fina compuesta de silicato doble de alúmina y de hierro u otros óxidos metálicos. Su color varía desde el de los granos de granada al rojo, negro, verde, amarillo, violáceo y anaranjado. ‖ **2.** Color rojo oscuro. U. t. c. adj.

granazón. F. Acción y efecto de granar.

grancanario, ria. ADJ. **1.** Natural de Gran Canaria. U. t. c. s. ‖ **2.** Perteneciente o relativo a esta isla del archipiélago canario, en España.

grancilla. F. Carbón mineral lavado y clasificado, cuyos trozos han de tener un tamaño reglamentario comprendido entre dos y quince milímetros.

grancolombiano, na. ADJ. hist. Perteneciente o relativo a la antigua Gran Colombia, Estado constituido por Bolívar en los territorios hoy pertenecientes a Colombia, Venezuela y Ecuador. *Logró consolidar la unidad grancolombiana.*

grande. I. ADJ. **1.** Que supera en tamaño, importancia, dotes, intensidad, etc., a lo común y regular. *Árbol grande.* ‖ **2.** Dicho de una persona: **adulta** (‖ llegada a su mayor crecimiento). Se usa en contraposición a *pequeño* o a *chico.* U. t. c. s. *Cautivó el corazón de grandes y chicos.* ‖ **3.** Dicho de una persona: Alta, corpulenta o fornida. ¶ MORF. sup. irreg. **máximo.** ‖ **II.** M. **4.** Prócer, magnate, persona de muy elevada jerarquía o nobleza. ‖ **III.** F. **5.** En el juego del mus, primer lance de la partida, en el que se tienen en cuenta las cartas de más valor. ‖ **~ de España.** COM. Persona que tiene el grado máximo de la nobleza española y que antiguamente podía cubrirse delante del rey si era caballero, o tomar asiento delante de la reina si era señora, y gozaba de los demás privilegios anexos a esta dignidad. ‖ **a lo ~.** LOC. ADV. Con abundancia de medios. ‖ **en ~.** LOC. ADV. coloq. Con fausto o gozando de gran diversión. *Vivir en grande.*

Pasarlo en grande. □ V. **casa ~, ~s almacenes, panta lla ~, semana ~.**

grandemente. ADV. M. Mucho o muy bien. *El clima i fluye grandemente en la economía.*

grandeza. F. **1.** Tamaño excesivo de algo respecto d otra cosa del mismo género. ‖ **2.** Majestad y poder. ‖ **3** Elevación de espíritu, excelencia moral. ‖ **4.** Dignida de grande de España. ‖ **5.** Conjunto o concurrencia d los grandes de España. □ V. **delirio de ~s.**

grandilocuencia. F. **1.** Elocuencia muy abundante elevada. ‖ **2.** Estilo sublime.

grandilocuente. ADJ. Que habla o escribe con gra dilocuencia.

grandiosidad. F. Admirable grandeza, magnificenci

grandioso, sa. ADJ. Sobresaliente, magnífico. *Espe táculo grandioso.*

grandor. M. Tamaño de algo.

grandullón, na. ADJ. coloq. Muy grande. Se dice esp cialmente de los muchachos muy crecidos para su eda U. t. c. s.

graneado, da. ADJ. Salpicado de pintas. *Piel granead* □ V. **fuego ~.**

granel. a ~. LOC. ADJ. **1.** Dicho de un género: Sin envas sin empaquetar. *Alubias a granel.* U. t. c. loc. adv. ‖ **2.** E abundancia. *Sufrieron percances a granel.* U. t. c. loc. a

granero. M. **1.** Sitio en donde se almacena el gran ‖ **2.** Territorio muy abundante en grano y que provee él a otras regiones o países.

granítico, ca. ADJ. **1.** Perteneciente o relativo al gr nito. *Afloramiento granítico.* ‖ **2.** Semejante a esta roc *Aspecto granítico.*

granito¹. ~ de arena. M. coloq. **grano de aren** ‖ **echar un ~ de sal.** LOC. VERB. coloq. Añadir algo que se dice o trata, para darle chiste, sazón y vivez

granito². M. Roca compacta y dura, compuesta de f despato, cuarzo y mica. Lo hay de varios colores, seg el tinte y la proporción de sus componentes. Se empl como piedra de cantería.

granívoro, ra. ADJ. Dicho de un animal: Que se a menta de granos.

granizada. F. **1.** Precipitación de granizo. ‖ **2.** Mul tud de cosas que caen o se manifiestan continuada abundantemente. *Una granizada de protestas.* ‖ **3.** Ch granizado.

granizado, da. PART. de **granizar.** ‖ ADJ. Dicho de r refresco: Hecho con hielo finamente desmenuzado, que se agrega alguna esencia, jugo de fruta o bebida cohólica. *Café, limón granizado.* U. t. c. s. m.

granizar. **I.** INTR. IMPERS. **1.** Caer granizo. ‖ **II.** INTR. Caer con ímpetu y menudeando como el granizo. U. t. c.

granizo. M. **1.** Agua congelada que desciende con vi lencia de las nubes, en granos más o menos duros gruesos, pero no en copos como la nieve. ‖ **2.** **graniza** (‖ precipitación de granizo).

granja. F. **1.** Finca dedicada a la cría de animales. ‖ Hacienda de campo dentro de la cual suele haber un ca serío donde se recogen la gente de labor y el ganado. ‖ Establecimiento en el que se sirve al público leche, ch colate, helados o pastas. ‖ **~ escuela.** F. granja en la q se enseña el cuidado de los animales y el cultivo de l plantas. ‖ **~ marina.** F. Instalación destinada al culti de plantas y animales marinos.

granjear. TR. Captar, atraer, conseguir voluntades, U. m. c. prnl.

ranjería. F. **1.** Ganancia o beneficio económico que se obtienen de una ocupación o de otra cosa, a veces de manera ilícita. || **2.** Ocupación, trabajo o actividad de los que se obtienen una ganancia o fruto. || **3. comercio** (|| negociación que se hace comprando y vendiendo).

ranjero, ra. M. y F. Persona que cuida de una granja.

ranmense. ADJ. **1.** Natural de Granma. U. t. c. s. || **2.** Perteneciente o relativo a esta provincia de Cuba.

rano. M. **1.** Semilla y fruto de los cereales. || **2.** Semilla pequeña de otras plantas. *Grano de mostaza. Grano de anís.* || **3.** Cada una de las semillas o frutos que con otros iguales forma un agregado. *Grano de uva.* || **4.** Porción o parte menuda de algo de forma similar a la semilla de los cereales. *Grano de arena.* || **5.** Cantidad pequeña o escasa de algo inmaterial. *Un grano de verdad. Un grano de placer.* || **6.** Cada una de las pequeñas protuberancias en la estructura o en la superficie de algunos cuerpos; como en la piedra, en la madera, en el metal, en la piel curtida, etc. || **7.** Abultamiento pequeño que nace en alguna parte del cuerpo y a veces cría pus. | **8.** Parte sustancial o principal de un asunto. *El grano de la cuestión.* || **9.** Doceava parte del tomín, equivalente a 48 mg. || **10.** En las piedras preciosas, cuarta parte de un quilate. || **11.** *Fotogr.* Partícula individual sensible a la luz, que permanece después del desarrollo de la emulsión fotográfica, y de cuyo menor o mayor tamaño depende la mayor o menor definición de la fotografía. | **~ de anís.** M. Persona o cosa de poca importancia. *No es grano de anís resolver esta cuestión.* || **~ de arena.** M. Aportación a una obra o fin determinado que quien la hace presenta, por modestia, como pequeña. || **~s del paraíso.** M. pl. Semillas del amomo. || **al ~.** LOC. ADV. coloq. Se usa para manifestar o reclamar la necesidad de ir sin rodeos a lo fundamental de un asunto. *Vamos al grano.* U. t. c. loc. interj. || **con su ~ de sal.** LOC. ADV. Dicho de tratarse un punto arduo y delicado: Con prudencia, madurez y reflexión. || **separar el ~ de la paja.** LOC. VERB. coloq. Distinguir en algo lo sustancial o digno de aprecio de aquello que no lo es.

ranoso, sa. ADJ. Dicho de una cosa: Que en su superficie forma granos con alguna regularidad; como sucede en la corteza de algunas frutas.

ranuja. I. COM. **1.** Bribón, pícaro. || **II.** M. **2.** Muchacho vagabundo. || **III.** F. **3.** Grano interior de la uva y de otras frutas, que es su simiente.

ranujada. F. Acción propia de un granuja.

ranujería. F. **1.** Conjunto de **granujas** (|| pícaros). | **2.** Conjunto de **granujas** (|| muchachos vagabundos). | **3.** Acción propia de un granuja.

ranujiento, ta. ADJ. Dicho especialmente de una persona o de un animal: Que tienen muchos granos.

ranulación. F. **1.** Acción y efecto de granular o granularse. || **2.** *Med.* Formación de pequeñas masas patológicas de diversa índole, en las superficies cutáneas o mucosas del organismo o en la masa de alguno de sus órganos.

ranulado, da. PART. de **granular**[2]. || **I.** ADJ. **1.** Dicho de una sustancia: Cuya masa forma granos pequeños. *Café granulado.* || **II.** M. **2.** Preparación farmacéutica en forma de gránulos o porciones menudas. □ V. **azúcar ~.**

ranular[1]. ADJ. **1.** Se dice de la erupción de granos y de las cosas en cuyo cuerpo o superficie se forman granos. *Materiales granulares.* || **2.** Dicho de una sustancia:

Cuya masa forma **granos** (|| porciones menudas). *Pintura granular.*

granular[2]. **I.** TR. **1.** *Quím.* Reducir a gránulos una masa. || **2.** Desmenuzar algo en granos muy pequeños. *Granular plomo, estaño.* || **II.** PRNL. **3.** Dicho de una parte del cuerpo: Cubrirse de granos pequeños.

gránulo. M. Partícula de materia de pequeño tamaño.

granulocito. M. *Biol.* Leucocito con gránulos en su citoplasma que se tiñen con distinta intensidad por los colorantes.

granulocitosis. F. *Med.* Aumento anormal del número de granulocitos en la sangre.

granulometría. F. **1.** Parte de la petrografía que trata de la medida del tamaño de las partículas, granos y rocas de los suelos. || **2.** Tamaño de las piedras, granos, arena, etc., que constituyen los áridos, los limos, etc.

granulométrico, ca. ADJ. Perteneciente o relativo a la granulometría.

granuloso, sa. ADJ. Dicho de una sustancia: Cuya masa forma granos pequeños.

granza[1]. F. **rubia**[1].

granza[2]. F. **1.** Carbón mineral lavado y clasificado, cuyos trozos han de tener un tamaño reglamentario comprendido entre 15 y 25 mm. || **2.** pl. Residuos de paja larga y gruesa, espiga, grano sin descascarillar, etc., que quedan del trigo y la cebada cuando se avientan y criban. || **3.** pl. Desechos que salen del yeso cuando se cierne. || **4.** pl. Superfluidades de cualquier metal.

grao. M. Playa que sirve de desembarcadero.

grapa[1]. F. **1.** Pieza metálica pequeña que se usa para unir y sujetar papeles. || **2.** Pieza semejante a esta, que se utiliza en cirugía para unir los bordes de una herida. || **3.** Pieza de hierro u otro metal, cuyos dos extremos, doblados y aguzados, se clavan para unir o sujetar dos tablas u otras cosas.

grapa[2]. F. Á. R. *Plata.* Aguardiente obtenido del orujo de la uva.

grapadora. F. Utensilio que sirve para grapar.

grapar. TR. Sujetar con grapas.

grapo. COM. *Esp.* Miembro de la banda terrorista GRAPO.

grasa. F. **1.** Manteca, unto o sebo de un animal. || **2.** Mugre o suciedad de la ropa o que está pegada a ella por el roce del cuerpo. || **3.** Lubricante graso. || **4.** *Bioquím.* Se usa como nombre genérico para referirse a sustancias orgánicas, muy difundidas en ciertos tejidos de plantas y animales, que están formadas por la combinación de ácidos grasos con la glicerina.

grasera. F. **1.** Vasija donde se echa la grasa. || **2.** Utensilio de cocina para recoger la grasa de las piezas que se asan. || **3.** Á. R. *Plata.* Caja colocada en los desagües de los fregaderos donde se depositan los residuos sólidos o las grasas coaguladas.

grasiento, ta. ADJ. Untado y lleno de grasa. *Fritura grasienta.*

graso, sa. ADJ. **1.** Que tiene grasa. *Crema grasa.* || **2.** Que tiene naturaleza grasa. *Células grasas.* || **3.** Dicho del cabello o de la piel: Que tienen exceso de grasa. □ V. **ácido ~.**

grasoso, sa. ADJ. Que está impregnado de grasa. *Superficie grasosa.*

gratén. al ~. LOC. ADJ. **al gratín.**

gratificación. F. **1.** Recompensa pecuniaria de un servicio eventual. || **2.** Remuneración fija que se concede por el desempeño de un servicio o cargo, la cual es compatible con un sueldo del Estado. || **3.** propina.

gratificador, ra. ADJ. Que gratifica. *Relación gratificadora.*

gratificante. ADJ. Que proporciona satisfacción. *Trabajo gratificante.*

gratificar. TR. **1.** Recompensar o galardonar con una gratificación. || **2.** Dar gusto, complacer.

grátil o **gratil.** M. *Mar.* Extremidad u orilla de la vela, por donde se une y sujeta al palo, verga o nervio correspondiente.

gratín. al ~. LOC.ADJ. Dicho de un alimento: Metido en el horno después de cocinado, para que se gratine. *Espinacas al gratín.*

gratinado. M. **1.** Alimento tostado en el horno. *Gratinado de berenjenas.* || **2.** Acción y efecto de gratinar. *El queso se añade en el momento del gratinado.*

gratinador. M. Dispositivo situado en la parte superior del horno que sirve para gratinar los alimentos.

gratinar. TR. Hacer que un alimento se tueste por encima en el horno.

gratis. I. ADJ. **1.** gratuito (|| sin coste). *Bebida gratis.* || II. ADV. M. **2.** De manera gratuita.

gratis et amore. (Locución latina). LOC.ADV. De manera gratuita.

gratitud. F. Sentimiento que nos obliga a estimar el beneficio o favor que se nos ha hecho o ha querido hacer, y a corresponder de él de alguna manera.

grato, ta. ADJ. Gustoso, agradable. *Ambiente grato. Compañeros gratos.* □ V. **persona no ~.**

gratuidad. F. Cualidad de gratuito.

gratuito, ta. ADJ. **1.** Sin coste alguno. *Entrada gratuita.* || **2.** Arbitrario, sin fundamento. *Suposición gratuita. Acusación gratuita.* □ V. **asistencia jurídica ~.**

gratulación. F. **1.** Acción y efecto de felicitar a alguien. || **2.** Acción y efecto de alegrarse o complacerse.

gratulatorio, ria. ADJ. Dicho de un texto: Que sirve para felicitar a alguien o expresar agradecimiento.

grava. F. **1.** Conjunto de **guijas** (|| piedras lisas y pequeñas). || **2.** Piedra machacada con que se cubre y allana el piso de los caminos. || **3.** Mezcla de guijas, arena y a veces arcilla que se encuentra en yacimientos.

gravamen. M. **1.** carga (|| obligación). || **2.** Carga impuesta sobre un inmueble o sobre un caudal.

gravar. TR. **1.** Imponer un gravamen. || **2.** Cargar, pesar sobre alguien o algo. *A causa de la enfermedad, acabó gravando a su familia.*

grave. ADJ. **1.** Dicho de una cosa: Que pesa. U. t. c. s. m. *La caída de los graves.* || **2.** Grande, de mucha entidad o importancia. *Negocio, enfermedad grave.* || **3.** Enfermo de importancia. || **4.** Circunspecto, serio, que causa respeto y veneración. *Gesto grave y adusto.* || **5.** Dicho del estilo: Que se distingue por su circunspección, decoro y nobleza. || **6.** *Acús.* Dicho de un sonido: Cuya frecuencia de vibraciones es pequeña, por oposición al sonido *agudo.* U. t. c. s. m. *No me gustan los graves de esta grabación.* || **7.** *Fon.* Dicho de una palabra: llana (|| que lleva el acento en la penúltima sílaba). U. t. c. s. f. □ V. **acento ~, necesidad ~, necesidad ~ espiritual, paso ~, pecado ~.**

gravedad. F. **1.** *Fís.* Fuerza que sobre todos los cuerpos ejerce la Tierra hacia su centro. Su valor normal (g) es $9,81 \text{ m/s}^2$. || **2.** *Fís.* Atracción universal de los cuerpos en razón de su masa. || **3.** Compostura y circunspección. *Gravedad de su porte.* || **4.** Grandeza, importancia. *Gra-*

vedad del negocio. Gravedad de la enfermedad. □ V. **cen tro de ~.**

gravera. F. Yacimiento de **grava** (|| mezcla de guijas arena).

gravidez. F. **1.** Cualidad de grávido. || **2.** Embarazo d la mujer.

gravídico, ca. ADJ. Perteneciente o relativo a la gr videz. *Anemia gravídica.*

grávido, da. ADJ. **1.** Dicho de una mujer: **embarazad** || **2.** poét. Cargado, lleno, abundante. *Un silencio grávic de emoción.* || **3.** Que tiene peso. *Una grávida chapa m tálica.*

gravilla. F. Grava menuda, muy empleada como pav mento y en la fabricación de cemento.

gravimetría. F. **1.** Separación, por medios mecánico de los minerales y la ganga, basándose en sus respect vas densidades. || **2.** *Fís.* y *Quím.* Estudio de la gravitacio terrestre y medición de sus variaciones en los divers lugares.

gravimétrico, ca. ADJ. Perteneciente o relativo a gravimetría. *Métodos gravimétricos.*

gravitación. F. **1.** Acción y efecto de gravitar. || **2.** A ción atractiva mutua que se ejerce a distancia entre l masas de los cuerpos, especialmente los celestes. *Teor de la gravitación universal.*

gravitacional. ADJ. gravitatorio.

gravitar. INTR. **1.** Dicho de un cuerpo: Moverse alred dor de otro por la atracción gravitatoria. *La Luna gr vita en torno de la Tierra.* || **2.** Dicho de un cuerpo: De cansar o hacer fuerza sobre otro. *El tejado gravita sob las vigas.* || **3.** Dicho de un peso, de una carga o de ur responsabilidad: Recaer sobre alguien o algo.

gravitatorio, ria. ADJ. Perteneciente o relativo a la gr vitación. *Fuerza gravitatoria.* □ V. **campo ~, masa**

gravoso, sa. ADJ. **1.** Que ocasiona gasto. *Despido gr voso.* || **2.** Molesto, pesado y a veces intolerable. *Mirad gravosas.*

gray. M. *Fís.* Unidad de dosis absorbida de radiación ionizan del Sistema Internacional, equivalente a una absorción un julio por kilogramo. (Símb. *Gy*). MORF. pl. **graye**

graznador, ra. ADJ. Que grazna.

graznar. INTR. Dar graznidos.

graznido. M. **1.** Grito de algunas aves, como el cuerv el grajo, el ganso, etc. || **2.** coloq. Canto desigual y con gritando, que disuena mucho al oído y en cierto mo imita la voz del ganso.

greba. F. hist. Pieza de la armadura antigua, que cubr la pierna desde la rodilla hasta el pie.

greca. F. **1.** Adorno consistente en una faja más o m nos ancha en que se repite la misma combinación elementos decorativos, y especialmente la compues por líneas que forman ángulos rectos. || **2.** *Am.* Apara para preparar la infusión del café, usado especialmen en sitios públicos.

Grecia. □ V. **tabla de ~.**

grecismo. M. Voz o modo de hablar de origen grieg

greco, ca. ADJ. Perteneciente o relativo a Grecia.

grecolatino, na. ADJ. **1.** Perteneciente o relativo griegos y latinos. *Antigüedad grecolatina.* || **2.** Escri en griego y en latín, o que de cualquier otro modo se r fiere a ambos idiomas. *Sufijo grecolatino.* ¶ MORF. pl. **gr colatinos, nas.**

grecorromano, na. ADJ. Perteneciente o relativo a gr gos y romanos, o compuesto de elementos propios de u y otro pueblo. *Politeísmo grecorromano. Arquitectura grecorromana.* MORF. pl. **grecorromanos, nas.** □ V. **lucha ~.**

greda. F. Arcilla arenosa, por lo común de color blanco azulado, usada principalmente para desengrasar los paños y quitar manchas.

gredal. M. Terreno abundante en greda.

gredoso, sa. ADJ. **1.** Perteneciente o relativo a la greda. *Arcilla gredosa.* || **2.** Que tiene sus cualidades. *Costa seca y gredosa.*

gregal. M. Viento del noreste.

gregario, ria. I. ADJ. **1.** Dicho de un animal: Que vive en rebaño o manada. || **2.** Dicho de una persona: Que, junto con otras, sigue ciegamente las ideas o iniciativas ajenas. U. m. c. s. || **II.** M. y F. **3.** *Dep.* Corredor encargado de ayudar a la cabeza de equipo o a otro ciclista de categoría superior a la suya.

gregarismo. M. **1.** Cualidad de **gregario** (|| que sigue ciegamente a otros). || **2.** *Biol.* Tendencia de algunos animales a agruparse.

gregoriano, na. ADJ. **1.** Se dice del canto religioso reformado por el papa Gregorio I. || **2.** Se dice del año, calendario, cómputo y era que reformó Gregorio XIII. □ V. **calendario ~, canto ~, misas ~s.**

greguería. F. **1.** Agudeza, imagen en prosa que presenta una visión personal, sorprendente y a veces humorística, de algún aspecto de la realidad, y que fue lanzada y así denominada por el escritor Ramón Gómez de la Serna. || **2. gritería.**

greguescos o **gregüescos.** M. pl. hist. Calzones muy anchos que se usaron en los siglos XVI y XVII.

gremial. ADJ. Perteneciente o relativo a un gremio, oficio o profesión. *Estructuras gremiales.*

gremialismo. M. **1.** Tendencia a formar gremios, o al predominio de los gremios. || **2.** Doctrina que propugna esta tendencia.

gremialista. I. ADJ. **1.** Partidario del gremialismo. U. t. c. s. || **II.** COM. **2.** *Á. R. Plata* y *Chile.* Persona que dirige un gremio o forma parte de él.

gremio. M. **1.** Conjunto de personas que tienen un mismo ejercicio, profesión o estado social. || **2.** Corporación formada por los maestros, oficiales y aprendices de una misma profesión u oficio, regida por ordenanzas o estatutos especiales.

greña. F. Cabellera revuelta y mal compuesta. U. m. en pl. || **andar a la ~.** LOC.VERB. coloq. Reñir acaloradamente. || **en ~.** LOC.ADJ. *Méx.* En rama, sin purificar o sin beneficiar. *Plata en greña.*

greñudo, da. ADJ. Que tiene greñas.

gres. M. Pasta compuesta ordinariamente de arcilla y arena de cuarzo, empleada en alfarería para fabricar diversos objetos que, cocidos a temperaturas muy elevadas, son resistentes, impermeables y refractarios.

gresca. F. Riña, pendencia.

grey. F. **1.** Rebaño de ganado menor. || **2.** Congregación de los fieles cristianos bajo sus legítimos pastores. || **3.** Conjunto de individuos que tienen algún carácter común, como los de una misma raza, región o nación. ¶ MORF. pl. **greyes.**

grial. M. Vaso o plato que en los libros de caballería se supone haber servido para la institución del sacramento eucarístico.

griego, ga. I. ADJ. **1.** Natural de Grecia. U. t. c. s. || **2.** Perteneciente o relativo a este país de Europa. || **3.** Se dice de la lengua indoeuropea hablada en Grecia y áreas vecinas. U. t. c. s. m. *El griego.* || **4.** Perteneciente o relativo a esta lengua. *Alfabeto griego.* || **II.** M. **5.** coloq. Lenguaje ininteligible, incomprensible. *Hablar en griego.* || **~ científico.** M. El de los términos acuñados a la manera griega en la nomenclatura científica y técnica modernas. || **~ cristiano.** M. El empleado en sus obras por los escritores cristianos de la Antigüedad. || **~ moderno.** M. El hablado en la actualidad en Grecia, Chipre, zonas de Turquía y áreas limítrofes. □ V. **calendas ~s, cruz ~, fuego ~, i ~, iglesia en cruz ~, pez griega, telón ~.**

grieta. F. **1.** Hendidura alargada que se hace en la tierra o en cualquier cuerpo sólido. || **2.** Hendidura poco profunda que se forma en la piel de diversas partes del cuerpo o en las membranas mucosas próximas a ella. || **3.** Dificultad o desacuerdo que amenaza la solidez o unidad de algo.

grifa. F. cáñamo índico. □ V. **llave ~.**

grifería. F. Conjunto de grifos y llaves que sirven para regular el paso del agua.

grifo, fa. I. ADJ. **1.** Dicho del cabello: Crespo o enmarañado. || **2.** *Am. Cen.* y *Méx.* Dicho de una persona: Intoxicada con marihuana. U. t. c. s. || **3.** *Ant.* Dicho de una persona: De pelo ensortijado que indica mezcla de las razas blanca y negra. U. t. c. s. || **II.** M. **4.** Llave colocada en la boca de las cañerías, en depósitos de líquidos, etc., a fin de regular el paso de estos. || **5.** Animal fabuloso, de medio cuerpo arriba águila, y de medio abajo león. || **abrir** alguien **el ~.** LOC.VERB. coloq. Empezar a dar algo, especialmente dinero, con liberalidad. || **cerrar,** o **cortar,** alguien **el ~.** LOCS.VERBS. coloqs. Dejar de dar algo, especialmente dinero.

grillarse. PRNL. Dicho del trigo, de un tubérculo o de algo similar: entallecer.

grillera. F. Jaula de alambre o mimbres en que se encierra a los grillos.

grillete. M. **1.** Arco de hierro, casi semicircular, con dos agujeros, uno en cada extremo, por los cuales se pasa un perno que se afianza con una chaveta, y sirve para asegurar una cadena a la garganta del pie de un presidiario, a un punto de una embarcación, etc. || **2.** *Mar.* Cada uno de los trozos de cadena de unos 25 m que engrilletados unos con otros forman la del ancla de un buque.

grillo. M. Insecto ortóptero, de unos tres centímetros de largo, color negro rojizo, con una mancha amarilla en el arranque de las alas, cabeza redonda y ojos muy prominentes. El macho, cuando está tranquilo, sacude y roza con tal fuerza los élitros, que produce un sonido agudo y monótono. || **~ cebollero,** o **~ real.** M. alacrán cebollero. □ V. **olla de ~s.**

grillos. M. pl. hist. Conjunto de dos grilletes con un perno común, que se colocaban en los pies de los presos para impedirles andar.

grima. F. **1.** desazón (|| disgusto). || **2.** dentera.

grimillón. M. *Chile.* Multitud, muchedumbre. *Un grimillón de hormigas.*

grimorio. M. hist. Libro de fórmulas mágicas usado por los antiguos hechiceros.

grimoso, sa. ADJ. Que da grima. *Aspecto grimoso.*

grímpola. F. hist. Insignia militar que los caballeros solían llevar al campo de batalla y ponían en sus sepulturas. La forma de su paño era triangular.

gringo, ga. I. ADJ. **1.** coloq. Extranjero, especialmente de habla inglesa, y en general hablante de una lengua que no sea la española. U. t. c. s. ‖ **2.** coloq. Dicho de una lengua: **extranjera.** U. t. c. s. m. ‖ **3.** *Am. Cen.* y *Am. Mer.* **estadounidense.** Apl. a pers., u. t. c. s. ‖ **II.** M. y F. **4.** *Á. Andes.* Persona rubia y de tez blanca.

gripa. F. *Méx.* gripe.

gripal. ADJ. *Med.* Perteneciente o relativo a la gripe.

gripar. TR. Hacer que las piezas de un engranaje o motor queden agarrotadas. U. t. c. prnl.

gripe. F. *Med.* Enfermedad epidémica aguda, acompañada de fiebre y con manifestaciones variadas, especialmente catarrales.

griposo, sa. ADJ. Que sufre de gripe. U. t. c. s.

gris. ADJ. **1.** Se dice del color que normalmente resulta de mezclar el blanco y el negro. U. t. c. s. m. *Un gris muy apagado.* ‖ **2.** De color gris. *Un abrigo gris.* ‖ **3.** Carente de atractivo o singularidad. *Un individuo, un paisaje gris.* ‖ **4. nublado** (‖ cubierto de nubes). *Un día, una tarde gris.* ‖ ~ **marengo.** LOC.ADJ. gris oscuro, casi negro. U. t. c. loc. sust. m. ‖ ~ **perla.** LOC.ADJ. gris que recuerda en su tonalidad el color de la perla. U. t. c. loc. sust. m. □ V. ámbar ~, cerebro ~, eminencia ~, sustancia ~.

grisáceo, a. ADJ. De color que tira a gris. *Nubes grisáceas.*

grisear. INTR. Ir tomando color gris.

gríseo, a. ADJ. De color gris. *Hojas gríseas.*

griseta. F. Tela de seda con flores u otro dibujo de labor menuda.

grisma. F. *Am. Cen.* pizca.

grisón, na. **I.** ADJ. **1.** Natural del cantón de los Grisones. U. t. c. s. ‖ **2.** Perteneciente o relativo a este cantón de Suiza. ‖ **II.** M. **3.** Lengua neolatina hablada en la mayor parte de este cantón.

grisú. M. Metano desprendido de las minas de hulla que al mezclarse con el aire se hace inflamable y produce violentas explosiones.

grisura. F. **1.** Cualidad de gris. ‖ **2.** Insignificancia, mediocridad.

grita. F. **1.** Confusión de voces y gritos. ‖ **2.** Algazara o vocerío en demostración de desagrado o insulto.

gritadera. F. *Á. Caribe.* gritería.

gritador, ra. ADJ. Que grita. Apl. a pers., u. t. c. s.

gritar. INTR. **1.** Levantar la voz más de lo acostumbrado. U. t. c. tr. *Gritar atrocidades.* ‖ **2.** Dar un grito o varios. ‖ **3.** Manifestar en un espectáculo desaprobación y desagrado con demostraciones ruidosas. U. t. c. tr. *Gritar a un actor.* ‖ **4.** coloq. Reprender o mandar algo a alguien con gritos.

gritería. F. Confusión de voces y gritos.

griterío. M. Confusión de voces y gritos.

grito. M. **1.** Sonido muy alto y fuerte emitido por una persona. ‖ **2.** Expresión proferida con esta voz. ‖ **3.** Manifestación vehemente de un sentimiento colectivo. *Un grito de protesta.* ‖ **último** ~. M. Novedad sorprendente en la moda o en otros ámbitos. ‖ **a** ~ **herido.** LOC.ADV. **a voz en grito.** ‖ **a** ~ **limpio, o pelado.** LOCS.ADVS. coloqs. **a voz en grito.** ‖ **a** ~**s.** LOC.ADV. **a voz en grito.** ‖ **alzar el** ~. LOC.VERB. coloq. Levantar la voz con destemplanza y orgullo. ‖ **en un** ~. LOC.ADV. **1. a voz en grito.** ‖ **2.** coloq. Con un dolor agudo, físico o moral. U. t. en sent. fig. *Entre el estrés y la contaminación, los ciudadanos estamos en un grito.* ‖ **levantar el** ~. LOC.VERB. coloq. **alzar el grito.** ‖ **estar pidiendo,** o **pedir,** algo **a** ~**s** otra cosa. LOCS.VERBS. coloqs. Necesitarla mucho. ‖ **poner el** ~ **en**

el cielo. LOC.VERB. coloq. Clamar en voz alta, quejándos• vehementemente de algo.

gritón, na. ADJ. coloq. Que grita mucho. Apl. a pers. u. t. c. s.

gritonear. INTR. **1.** *Chile.* Hablar a gritos. ‖ **2.** *Chile.* Re prender a gritos.

grivna. F. Unidad monetaria de Ucrania.

gro. M. Tela de seda sin brillo y de más cuerpo que el ta fetán.

groenlandés, sa. ADJ. **1.** Natural de Groenlandia U. t. c. s. ‖ **2.** Perteneciente o relativo a esta región d• América Septentrional.

grog. M. Bebida caliente hecha con ron u otro licor, agua azúcar y limón. MORF. pl. **grogs.**

grogui. ADJ. **1.** En el boxeo, aturdido, tambaleante. ‖ **2** Atontado por el cansancio o por otras causas físicas • emocionales. *La medicación me deja un poco grogui.* ‖ **3** coloq. Casi dormido. *Se están quedando groguis delant• del televisor.*

grosella. **I.** F. **1.** Fruto del grosellero, que es una uva • baya globosa de color rojo, blanco o negro, jugosa y d• sabor agridulce muy grato. Su jugo es medicinal, y suel• usarse en bebidas y en jalea. ‖ **II.** M. **2.** Color rojo se mejante al de este fruto. U. t. c. adj.

grosellero. M. Arbusto de la familia de las Saxifragá ceas, que tiene tronco ramoso de uno a dos metros de al tura, hojas alternas, pecioladas y divididas en cinco ló bulos con festoncillos en el margen, flores de colo amarillo verdoso y en racimitos, y por fruto la grosella

grosería. F. **1.** Descortesía, falta grande de atención • respeto. ‖ **2.** Tosquedad, falta de finura en el trabajo he cho a mano.

grosero, ra. ADJ. **1.** Descortés, que no observa decor• ni urbanidad. *Gestos groseros.* Apl. a pers., u. t. c. s. ‖ **2** Basto, ordinario y sin arte. *Ropa grosera.*

grosísimo, ma. ADJ. SUP. de **grueso.**

grosor. M. Grueso de un cuerpo.

grosso modo. (Locución latina). LOC.ADV. A bulto, d• manera aproximada, más o menos.

grosularieo, a. ADJ. *Bot.* Se dice de los arbustos peque ños o matas de la familia de las Saxifragáceas, con hoja alternas, sencillas, enteras o lobuladas y sin estípulas flores por lo común en racimo, verduscas, blanquecinas amarillas o rojas, bayas oblongas o globosas, y semilla de albumen carnoso y casi córneo; p. ej., el grosellero U. t. c. s. f.

grosura. F. **1.** Sustancia crasa o mantecosa. ‖ **2.** Extre midades y asadura de los animales.

grotesco, ca. ADJ. Ridículo y extravagante. *Gesto grotescos.*

grúa. F. **1.** Máquina compuesta de un brazo montad• sobre un eje vertical giratorio, y con una o varias po leas, que sirve para levantar pesos y llevarlos de u. punto a otro, dentro del círculo que el brazo describe del movimiento que pueda tener la grúa. ‖ **2.** Vehícul• automóvil, generalmente provisto de grúa, que re molca a otro o lo lleva sobre una plataforma. ‖ **3.** po antonom. La destinada por la autoridad a retirar lo vehículos mal aparcados. *Dejé el coche en doble fila, y I• grúa se lo llevó.* ‖ **4.** *Cinem.* y *TV.* Aparato provisto de u. brazo móvil con una plataforma, sobre la cual hay ins talada una cámara capaz de realizar toda clase de des plazamientos.

gruero. M. *Á. Caribe.* Encargado de manejar una grúa

gruesa. F. Número de doce docenas, especialmente de cosas menudas. *Una gruesa de botones.* ☐ V. **préstamo a la ~.**

gruesamente. ADV. M. **1.** En tamaño grueso o abultado. *Carne troceada gruesamente.* ‖ **2.** De manera ligera, por encima. *Las causas se resumen gruesamente en dos.* ‖ **3.** De manera tosca. *Su labor es gruesamente reiterativa.*

grueso, sa. I. ADJ. **1.** Corpulento y abultado. *Una persona gruesa.* ‖ **2.** Que excede de lo regular. *Gruesos lagrimones.* ¶ MORF. sup. irreg. **grosísimo.** ‖ **II.** M. **3.** Parte principal, mayor y más fuerte, de un todo. *El grueso del ejército.* ‖ **4.** Trazo ancho o muy entintado de una letra, en contraposición a *perfil.* ‖ **5.** Espacio que corresponde a la anchura o profundidad de un cuerpo. *El grueso de la pared.* ‖ **en grueso.** LOC. ADV. Al por mayor, en cantidades grandes. ☐ V. **compás de gruesos, intestino ~, mar gruesa, palabra ~.**

gruiforme. ADJ. *Zool.* Se dice de las aves emparentadas con las grullas, de patas largas y pico recto, propias generalmente de marjales y lagunas; p. ej., la focha, la avutarda y la polla de agua. U. t. c. s. f. ORTOGR. En f. pl., escr. con may. inicial c. taxón. *Las Gruiformes.*

grulla. F. Ave zancuda, que llega a doce o trece decímetros de altura y tiene pico cónico y prolongado, cabeza en parte cubierta con algunos pelos pardos y rojos, cuello largo y negro, alas grandes y redondas, cola pequeña, pero de coberteras largas y cerdosas, y plumaje de color gris. Es ave de paso en España, de alto vuelo, y suele mantenerse sobre un pie cuando se posa.

grumete. M. Muchacho que aprende el oficio de marinero ayudando a la tripulación en sus faenas.

grumo. M. **1.** Parte de una sustancia que se coagula. *Grumo de sangre. Grumo de leche.* ‖ **2.** Conjunto de cosas apiñadas y apretadas entre sí. *Grumo de uvas. Grumo de coliflor.* ‖ **3.** Yema o cogollo de un árbol.

grumoso, sa. ADJ. Lleno de grumos. *Salsa grumosa.*

gruñido. M. **1.** Voz del cerdo. ‖ **2.** Voz ronca del perro u otros animales cuando amenazan. ‖ **3.** Sonido inarticulado, ronco, que emite una persona como señal generalmente de mal humor.

gruñidor, ra. ADJ. Que gruñe.

gruñir. INTR. **1.** Dar gruñidos. ‖ **2.** Mostrar disgusto y repugnancia, murmurando entre dientes. ‖ **3.** Dicho de una cosa: Chirriar, rechinar. *La puerta está gruñendo.* ¶ MORF. conjug. c. *mullir.*

gruñón, na. ADJ. Que gruñe con frecuencia.

grupa. F. Parte trasera del lomo de una caballería. ‖ **volver ~s,** o **la ~ un jinete.** LOCS. VERBS. Volver atrás.

grupal. ADJ. Perteneciente o relativo al grupo. *Cohesión grupal.*

grupeto. M. Adorno musical compuesto por cuatro notas; la superior a la nota real, la real misma, la inferior y la real de nuevo.

grupo. M. **1.** Pluralidad de seres o cosas que forman un conjunto, material o mentalmente considerado. ‖ **2.** Conjunto de aparatos destinados a proporcionar determinado servicio. *Grupo electrógeno. Grupo depurador de agua.* ‖ **3.** Conjunto de personas organizado para la interpretación de obras teatrales, musicales o coreográficas. *Grupo de teatro ambulante. Grupo musical.* ‖ **4.** En una corporación legislativa, provincial, municipal, etc., agrupación formada por representantes de un mismo partido político, y que para constituirse debe alcanzar

un número predeterminado de votos. *El grupo socialista ha pedido reformas legales.* ‖ **5.** Conjunto de estudiantes que asisten al mismo grado y aula de clase. *El grupo de tercer grado es muy heterogéneo.* ‖ **6.** *Econ.* Sociedad financiera cuyo activo está constituido, básicamente, por acciones y participaciones en otras sociedades. ‖ **7.** *Gram.* Conjunto de palabras estructuradas, relacionadas en torno a un núcleo. Generalmente, le corresponde un comportamiento sintáctico unitario. ‖ **8.** *Mat.* Conjunto dotado de una operación asociativa, con un elemento neutro, y que contiene un elemento simétrico para cada uno de sus elementos. ‖ **9.** *Mil.* Unidad compuesta de varios escuadrones o baterías, y mandada normalmente por un comandante. ‖ **10.** *Quím.* Conjunto de elementos químicos de propiedades semejantes, que en el sistema periódico quedan dispuestos en la misma columna. ‖ **~ adjetival,** o **~ adjetivo.** M. *Gram.* El que está construido en torno a un adjetivo; p. ej., *fácil de leer.* ‖ **~ adverbial.** M. *Gram.* El que está construido en torno a un adverbio; p. ej., *lejos de la ciudad.* ‖ **~ de cabildeo.** M. *Am.* grupo de presión. ‖ **~ de presión.** M. Conjunto de personas que, en beneficio de sus propios intereses, influye en una organización, esfera o actividad social. ‖ **~ de riesgo.** M. *Med.* población de riesgo. ‖ **~ de trabajo.** M. Conjunto o equipo que en una escuela organiza el profesor o constituyen los alumnos para realizar en común una tarea. ‖ **~ escolar.** M. escuela (‖ establecimiento público de enseñanza primaria). ‖ **~ fónico.** M. *Fon.* Secuencia de sonidos comprendida entre dos pausas sucesivas del discurso. ‖ **~ funcional.** M. *Quím.* Átomo o conjunto de átomos que confieren a una molécula orgánica propiedades químicas características. ‖ **~ mixto.** M. En una corporación legislativa, provincial, municipal, etc., agrupación formada por los representantes de los partidos políticos que no han conseguido suficiente número de votos para constituir un grupo propio. ‖ **~ nominal.** M. *Gram.* El que está construido en torno a un nombre o sustantivo; p. ej., *campos de maíz.* ‖ **~ preposicional.** M. *Gram.* El encabezado por una preposición; p. ej., *desde mi ventana.* ‖ **~ sanguíneo.** M. *Med.* Cada uno de los conjuntos de factores que caracterizan los diferentes grupos de hemoaglutinación, y que deben tenerse en cuenta antes de proceder a las transfusiones de sangre. ‖ **~ verbal.** M. *Gram.* El que está construido en torno a un verbo; p. ej., *lanzar una piedra.*

grupuscular. ADJ. despect. Perteneciente o relativo al grupúsculo. *Fuerzas políticas grupusculares.*

grupúsculo. M. despect. Grupo poco numeroso de personas que interviene activamente en algún asunto frente a otro u otros grupos mucho mayores.

gruta. F. **1.** Caverna natural o artificial. ‖ **2.** Estancia subterránea artificial que imita más o menos los peñascos naturales.

grutesco, ca. ADJ. *Pint.* Se dice del adorno caprichoso de bichos, sabandijas, quimeras y follajes. U. t. c. s. m.

gruyer. M. Queso suave, de origen suizo, fabricado con leche de vaca y cuajo triturado. MORF. pl. **gruyeres.**

gua[1]. M. **1.** Hoyo que hacen los muchachos en el suelo para jugar tirando en él bolas pequeñas o canicas. ‖ **2.** Este juego.

gua[2]. INTERJ. *Á. Andes, Á. Caribe* y *Á. guar.* Se usa para expresar temor o admiración.

guaba. F. **1.** *Am. Cen.* y *Ant.* guamo. ‖ **2.** *Am. Cen.* y *Ant.* Fruto del guamo.

guabá. M. *Ant.* Araña peluda, de color oscuro o encarnado, cuya picadura es muy dolorosa. MORF. pl. **guabás.**

guabina. F. *Á. Caribe.* Pez de río, de carne suave y gustosa, con cuerpo mucilaginoso, algo cilíndrico y cabeza obtusa.

guabirá. M. *Á. guar.* Árbol grande, de tronco liso y blanco, hojas aovadas con una espina en el ápice y fruto amarillo del tamaño de una guinda. MORF. pl. **guabirás.**

guaca. F. **1.** hist. Sepulcro de los antiguos indios, principalmente de Bolivia y el Perú, en que se encuentran a menudo objetos de valor. ‖ **2.** hist. En América Central y gran parte de la del Sur, sepulcro antiguo indio en general. ‖ **3.** *Am. Cen.* Hoyo donde se depositan frutas verdes para que maduren. ‖ **4.** *Am. Mer.* Tesoro escondido o enterrado.

guacal. M. **1.** *Am. Cen.* Árbol de la familia de las Bignoniáceas, que produce frutos redondos de pericarpio leñoso, los cuales, partidos por la mitad y extraída la pulpa, se utilizan como vasija. ‖ **2.** *Am. Cen.* Vasija así formada. ‖ **3.** *Á. Caribe* y *Méx.* Especie de cesta o jaula formada de varillas de madera, que se utiliza para el transporte de loza, cristal, frutas, etc.

guacalada. F. *Am. Cen.* Cantidad de líquido que cabe en un **guacal** (‖ vasija).

guacamaya. F. *Am. Cen.,* *Á. Caribe* y *Méx.* guacamayo.

guacamayo. M. Ave de América, especie de papagayo, del tamaño de una gallina, con el pico blanco por encima, negro por debajo, las sienes blancas, el cuerpo rojo sanguíneo, el pecho azul y verde, las remeras muy azules, la base de las alas amarilla, y la cola muy larga y roja, con las plumas de los lados azules.

guacamol. M. *Am. Cen.* guacamole.

guacamole. M. Salsa espesa que se prepara con aguacate molido o picado, al que se agrega cebolla, tomate y chile verde.

guachaca. **I.** ADJ. **1.** *Chile.* Ordinario, de mala clase. *Hábitos guachacas.* ‖ **II.** COM. **2.** *Chile.* Persona que acostumbra beber en exceso.

guachaje. M. *Chile.* Hato de terneros separados de sus madres.

guachalomo. M. *Chile.* huachalomo.

guacharaca. F. *Á. Caribe.* Ave vocinglera del orden de las Galliformes.

guácharo. M. Pájaro de América del Sur, de color castaño rojizo, con manchas blancas orladas de negro, ojos grandes y pico fuerte, largo y ganchudo. Tiene unos 55 cm de longitud y algo más de un metro de envergadura. Es nocturno; de día se oculta en las cavernas y se orienta en la oscuridad por el oído.

guachi. M. *Chile.* Alambre en forma de lazo atado a una estaca enterrada en el suelo que sirve de trampa para cazar aves, conejos o liebres.

guachimán. M. **1.** *Am. Cen.* Rondín, vigilante, guardián. ‖ **2.** *Chile.* Guardián de barcos.

guachinango, ga. **I.** ADJ. **1.** *Ant.* Astuto, zalamero. ‖ **II.** M. **2.** *Méx.* Pez comestible marino, de cuerpo y aletas de color rojizo, con el vientre y los costados rosados y los ojos rojo vivo.

guachipilín. M. *Am. Cen.* Árbol de las Papilionáceas, de flor amarilla, fruto en legumbre y semillas de color café claro. Su madera, fuerte, amarilla y de corazón duro, se emplea en la construcción por ser duradera y resistente a la humedad.

guacho, cha. **I.** ADJ. **1.** *Am. Mer.* Dicho de una cría: Que ha perdido la madre. U. t. c. s. ‖ **2.** *Á. Andes, Á. R. Plat* y *Chile.* Dicho de una persona: **huérfana** (‖ que ha perdido el padre, la madre o ambos). U. t. c. s. ‖ **3.** *Á. R. Plat.* Dicho de una planta cultivada: Que nace sin ser sembrada. ‖ **4.** *Chile.* Dicho de un hijo de madre soltera: No reconocido por el padre. U. t. c. s. ‖ **5.** *Chile.* Descabalado, desparejado. ‖ **II.** M. **6.** *Á. Andes.* Fracción de billete de lotería. U. m. en dim.

guaco[1]. M. **1.** Planta de la familia de las Compuestas, con tallos de 15 a 20 m de longitud, sarmentosos y volubles, hojas grandes, ovales, acorazonadas en la base y puntiagudas en su extremo, flores blancas en forma de campanilla, de cuatro en cuatro y con olor fuerte y nauseabundo. Este bejuco es propio de la América intertropical, y el cocimiento de las hojas se considera de singular virtud contra las picaduras de animales venenosos, las obstrucciones, el reumatismo y aun el cólera. ‖ **2.** Ave de hábitos nocturnos, que forma colonias en árboles o en los herbazales de las grandes lagunas. De pico negro y patas amarillas, mide unos 60 cm de longitud, su coloración general es blancuzca o plomiza, con dorso negro y, sobre la cabeza, una capucha negra y un copete blanco muy largo y estrecho.

guaco[2]. M. *Am. Mer.* hist. Objeto de cerámica u otra materia que se encuentra en las **guacas** (‖ sepulcros de los antiguos indios).

guadalajarense. ADJ. **tapatío.** Apl. a pers., u. t. c. s.

guadalajareño, ña. ADJ. **1.** Natural de Guadalajara. U. t. c. s. ‖ **2.** Perteneciente o relativo a esta ciudad de España o a su provincia. ‖ **3.** **tapatío.** Apl. a pers., u. t. c. s.

guadalupense. ADJ. **1.** Natural de Guadalupe. U. t. c. s. ‖ **2.** Perteneciente o relativo a esta localidad de Cáceres, en España.

guadalupeño, ña. ADJ. **1.** Natural de Guadalupe. U. t. c. s. ‖ **2.** Perteneciente o relativo a alguno de los lugares de España o de América que llevan este nombre.

guadamacilería. F. **1.** Taller en que se fabrican guadamecíes. ‖ **2.** Tienda en que se venden.

guadamacilero. M. Fabricante de guadamecíes.

guadamecí. M. Cuero adobado y adornado con dibujos de pintura o relieve. MORF. pl. **guadamecíes** o **guadamecís.**

guadamecil. M. guadamecí.

guadaña. F. Instrumento para segar, que se maneja con ambas manos, formado por una hoja larga y curvilínea, puntiaguda por un lado y sujeta por el otro, más ancha, a un mango largo que forma ángulo con el plano de la hoja y lleva dos manijas, una en el extremo y otra en el segundo tercio del mango.

guadañador, ra. ADJ. Que guadaña. *Máquina guadañadora.*

guadañadora. F. Máquina que sirve para guadañar.

guadañar. TR. Segar con la guadaña.

guadarnés. M. Lugar o sitio donde se guardan las sillas y guarniciones de las caballerías, y todo lo demás perteneciente a la caballeriza.

guadianesco, ca. ADJ. *Esp.* Que aparece y desaparece. *Actividades guadianescas.*

guadua. F. *Á. Andes* y *Á. Caribe.* Especie de bambú muy grueso y alto, con púas y canutos de cerca de medio metro.

guadual. M. *Á. Caribe.* Terreno poblado de guaduas.

guagatear. INTR. *Chile.* Mimar a los niños pequeños

guagua¹. F. **1.** *Ant.* Vehículo automotor que presta servicio urbano o interurbano en un itinerario fijo. ‖ **2.** *Ant.* Se usa como nombre genérico para referirse a numerosas especies de insectos hemípteros, pequeños, de color blanco o gris, que atacan a numerosas plantas, especialmente a los cítricos, y llegan a destruirlos.

guagua². F. *Á. Andes.* **niño de teta.**

guaica. ADJ. **yanomami.** Apl. a pers., u. t. c. s.

guaicán. M. *Ant.* **rémora** (‖ pez acantopterigio).

guaicurú. I. ADJ. **1.** Se dice del individuo perteneciente a un grupo lingüístico y cultural americano formado por diversos grupos, como los abipones, los tobas, los mocovíes, etc., que en la época de la conquista española habitaba a orillas de los ríos Paraguay, Paraná y sus afluentes, y en el Chaco, y que actualmente subsiste en la zona del río Pilcomayo. U. t. c. s. ‖ **2.** Perteneciente o relativo a los indios guaicurúes. *Tradiciones guaicurúes.* ‖ **II.** M. **3.** Familia de lenguas del grupo guaicurú. ¶ MORF. pl. **guaicurúes** o **guaicurús.**

guailón, na. M. y F. *Chile.* Persona lerda, torpe, tonta.

guaina. F. *Á. guar.* Mujer joven.

guainiano, na. ADJ. **1.** Natural de Guainía. U. t. c. s. ‖ **2.** Perteneciente o relativo a este departamento de Colombia.

guaiquerí. ADJ. **1.** hist. Se dice del individuo de un pueblo amerindio que habitaba la isla venezolana de Margarita. U. t. c. s. ‖ **2.** hist. Perteneciente o relativo a los guaiqueríes. *Cerámica guaiquerí.* ¶ MORF. pl. **guaiqueríes** o **guaiquerís.**

guaira. F. **1.** hist. Horno pequeño de barro en que los indios del Perú fundían los minerales de plata aprovechando la fuerza del viento. ‖ **2.** *Am. Cen.* Instrumento de viento indígena compuesto de varias flautas.

guairabo. M. *Chile.* Ave nocturna zancuda, de plumaje blanco y cabeza y dorso negros.

guaireño¹, ña. ADJ. **1.** Natural de La Guaira. U. t. c. s. ‖ **2.** Perteneciente o relativo a esta ciudad de Venezuela, capital del estado de Vargas.

guaireño², ña. ADJ. **1.** Natural del Guairá. U. t. c. s. ‖ **2.** Perteneciente o relativo a este departamento del Paraguay.

guairuro. M. **1.** Planta del Perú de la familia de las Leguminosas, de frutos en vaina, con semillas no comestibles, de color rojo y negro, que se usan como adorno y como amuleto. ‖ **2.** Semilla de esta planta.

guaje. M. **1.** Niño, muchacho. ‖ **2.** *Méx.* Planta de la familia de las Cucurbitáceas, rastrera, con hojas verdes acorazonadas en el haz y con vellosidades grises en el envés, flores grandes amarillas en forma de campanilla, y frutos grandes que, cuando están maduros, son generalmente de color amarillento mate. ‖ **3.** *Méx.* Fruto de esta planta. ‖ **4.** *Méx.* Bobo, tonto. U. t. c. adj. ‖ **5.** *Méx.* Especie de acacia.

guajillo. □ V. chile ~.

guajira. F. Canto popular cubano de tema campesino.

guajiro, ra. I. ADJ. **1.** Natural de La Guajira. U. t. c. s. ‖ **2.** Perteneciente o relativo a este departamento de Colombia. ‖ **3.** Se dice del individuo del pueblo amerindio que habita la península de la Guajira, al noroeste de Venezuela. U. t. c. s. ‖ **4.** Perteneciente o relativo a los guajiros. *Cantos guajiros.* ‖ **II.** M. **5.** Lengua de filiación arahuaca hablada por los guajiros.

guajolote. M. *Méx.* **pavo** (‖ ave galliforme).

guala. F. *Chile.* Ave palmípeda, con el pico verdoso, y el plumaje rojo oscuro, y blanco por el pecho.

gualda. F. Hierba de la familia de las Resedáceas, con tallos ramosos de cuatro a seis decímetros de altura, hojas enteras, lanceoladas, con un diente a cada lado de la base, flores amarillas en espigas compactas, y fruto capsular con semillas pequeñas en forma de riñón. Aunque abunda bastante como planta silvestre, se cultiva para teñir de amarillo dorado con su cocimiento.

gualdo, da. ADJ. Amarillo, del color de la flor de la gualda. MORF. U. m., para referirse al masculino, la forma gualda. *Colores rojo y gualda.*

gualdrapa. F. Cobertura larga, de seda o lana, que cubre y adorna las ancas de la mula o del caballo.

gualdrapazo. M. *Mar.* Golpe que dan las velas de un buque contra los árboles y jarcias en tiempos calmosos o de alguna marejada.

gualicho. M. **1.** *Á. R. Plata.* **hechizo** (‖ práctica de los hechiceros). ‖ **2.** *Á. R. Plata.* Objeto que produce un hechizo.

gualve. M. *Chile.* Terreno pantanoso.

guama. F. *Á. Caribe.* Fruto del guamo, legumbre de hasta medio metro de longitud y cuatro centímetros de anchura, chata, rígida, parda y cubierta de vello que se desprende con facilidad, la cual encierra diez o más senos con sendas semillas ovales, cubiertas de una sustancia comestible muy dulce, blanca, como copos de algodón.

guamá. M. Árbol silvestre de la familia de las Papilionáceas, que crece en las islas de Cuba y Puerto Rico en lugares bajos y húmedos. Su madera es bastante fuerte y se utiliza como horcón y en construcciones bajo el agua. MORF. pl. **guamás.**

guamo. M. Árbol americano de la familia de las Mimosáceas, de ocho a diez metros de altura, con tronco delgado y liso, hojas alternas compuestas de hojuelas elípticas, y flores blanquecinas en espigas axilares, con vello sedoso. Su fruto es la guama, y se planta para dar sombra al café.

guanábana. F. *Am.* Fruta del guanábano.

guanábano. M. Árbol de las Antillas, de la familia de las Anonáceas, de seis a ocho metros de altura, con copa hermosa, tronco recto de corteza lisa y color gris oscuro, hojas lanceoladas, lustrosas, de color verde intenso por encima y blanquecinas por el envés, flores grandes de color blanco amarillento, y fruto acorazonado de corteza verdosa, con púas débiles, pulpa blanca de sabor muy grato, refrescante y azucarado, y semillas negras.

guanacaste. M. *Am. Cen.* Árbol tropical de la familia de las Mimosáceas, de fruto no comestible, con forma de oreja, cuyo pericarpio coriáceo es de color café oscuro lustroso y en cuyo mesocarpio, mucilaginoso, de color blanquecino, se distribuyen las semillas, pequeñas y durísimas. La madera se utiliza para la ebanistería y la construcción.

guanacasteco, ca. ADJ. **1.** Natural de Guanacaste. U. t. c. s. ‖ **2.** Perteneciente o relativo a esta provincia de Costa Rica.

guanaco. M. **1.** Mamífero rumiante de unos trece decímetros de altura hasta la cruz, y poco más de longitud desde el pecho hasta el extremo de la grupa. Tiene cabeza pequeña con orejas largas y puntiagudas, ojos negros y brillantes, boca con el labio superior hendido, cuello largo, erguido, curvo y cubierto, como todo el cuerpo, de abundante pelo largo y lustroso, de color generalmente pardo oscuro, a veces gris, rojo amarillento y hasta blanco; cola corta, alta y adornada de cerdas finas, patas delgadas y largas, con pies de dos dedos bien separados y con fuertes uñas. Tiene en el pecho y en las rodillas callosidades como los camellos. Es animal salvaje que habita en los Andes meridionales. ‖ **2.** *Am.* Persona tonta, simple. ‖ **3.** *Am. Cen.* Aldeano u hombre del campo, simple e ignorante, que de cualquier cosa que ve, para él extraordinaria, se queda admirado y pasmado. ‖ **4.** *Am. Cen.* **salvadoreño** (‖ natural de El Salvador).

guanajo, ja. I. ADJ. **1.** *despect. Ant.* Dicho de una persona: Boba, tonta. U. t. c. s. ‖ **II.** M. **2.** *Ant.* **pavo** (‖ ave galliforme).

guanajuatense. ADJ. **1.** Natural de Guanajuato. U. t. c. s. ‖ **2.** Perteneciente o relativo a este estado de México o a su capital.

guanana. F. *Á. Caribe.* Ave palmípeda parecida al ganso, aunque algo menor, que cuando es joven tiene el plumaje ceniciento, y después blanco con las remeras negras.

guanareño, ña. ADJ. **1.** Natural de Guanare. U. t. c. s. ‖ **2.** Perteneciente o relativo a esta ciudad de Venezuela, capital del estado de Portuguesa.

guanche. I. ADJ. **1.** hist. Se dice del individuo perteneciente a la raza que poblaba las islas Canarias al tiempo de su conquista. U. t. c. s. ‖ **2.** hist. Perteneciente o relativo a los guanches. *Época guanche.* ‖ **II.** M. **3.** Lengua que hablaron los guanches.

guandú. M. *Á. Caribe.* Arbusto de la familia de las Papilionáceas, de unos dos metros de altura, siempre verde, con ramas vellosas, hojas lanceoladas, verdes por encima, pálidas por el envés, que sirven de alimento al ganado, flores amarillas y fruto en vainas vellosas que encierran semillas, pequeñas y son muy alimenticias, aunque algo duras. MORF. pl. **guandúes** o **guandús.**

guanera. F. Sitio donde se encuentra el **guano**[1].

guanero, ra. ADJ. Perteneciente o relativo al **guano**[1]. *Costra guanera.*

guangoche. M. *Am. Cen.* Tela basta, especie de arpillera para embalajes, cubiertas, etc.

guanín. M. **1.** *Á. Caribe.* hist. Entre los colonizadores de América, oro de baja ley elaborado por los indios. ‖ **2.** *Á. Caribe.* Joya fabricada por los indios con ese metal.

guanina. F. *Bioquím.* Base nitrogenada fundamental componente del ADN y del ARN. (Símb. *G*).

guaniqueño, ña. ADJ. **1.** Natural de Guánica. U. t. c. s. ‖ **2.** Perteneciente o relativo a este municipio de Puerto Rico o a su cabeza.

guano[1]. M. **1.** Materia excrementicia de aves marinas, que se encuentra acumulada en gran cantidad en las costas y en varias islas del Perú y del norte de Chile. Se utiliza como abono en la agricultura. ‖ **2.** *Á. Andes* y *Chile.* **estiércol** (‖ materia orgánica en descomposición, principalmente excrementos animales).

guano[2]. M. **1.** *Ant.* Conjunto de hojas secas o pencas de las palmas. ‖ **2.** *Ant.* Materia algodonosa de la baya de la palma, utilizada para rellenar almohadas y colchones.

guanota. F. *Á. Caribe.* Abeja silvestre, común en los Llanos, alargada, negra y peluda, que no posee aguijón. Fabrica en los troncos huecos de los árboles grandes celdas de cera negruzca con abundante miel rojiza.

guanta. F. *Chile.* Planta solanácea forrajera.

guantada. F. Golpe que se da con la mano abierta.

guantanamero, ra. ADJ. **1.** Natural de Guantánamo. U. t. c. s. ‖ **2.** Perteneciente o relativo a esta provincia de Cuba o a su capital.

guantazo. M. Golpe que se da con la mano abierta.

guante. M. **1.** Prenda para cubrir la mano, que se hace por lo común, de piel, tela o tejido de punto, y tiene una funda para cada dedo. ‖ **2.** Cubierta para proteger la mano, hecha de caucho, goma, cuero, etc., como la que usan los cirujanos y los boxeadores. ‖ **arrojar el ~ a alguien.** LOC.VERB. **desafiar** (‖ retar). ‖ **colgar los ~s.** LOC. VERB. **1.** *Dep.* En boxeo, retirarse de la práctica deportiva. ‖ **2.** *Á. R. Plata.* **desistir** (‖ apartarse de una empresa). ‖ **como un ~.** LOC.ADV. **1.** De manera perfecta y adecuada. *Le queda, le sienta como un guante.* ‖ **2.** coloq. De manera **dócil** (‖ suave). *Después de la bronca se quedó como un guante.* ‖ **con ~ blanco;** o **con ~,** o **~s, de seda.** LOCS.ADVS. Con diplomacia y buenas maneras. ‖ **de ~ blanco.** LOC.ADJ. Que actúa de modo elegante y sin emplear la violencia. ‖ **echar el ~ a alguien.** LOC.VERB. coloq. **echar la garra.** ‖ **recoger el ~.** LOC.VERB. **1.** Aceptar un desafío. ‖ **2.** Responder a una alusión de otra persona.

guantear. TR. *Am.* Dar guantadas.

guantelete. M. hist. Pieza de la armadura con que se guarnecía la mano.

guantera. F. Caja del salpicadero de los vehículos automóviles en la que se guardan guantes y otros objetos.

guantería. F. **1.** Taller donde se hacen guantes. ‖ **2.** Tienda donde se venden.

guantero, ra. M. y F. Persona que hace o vende guantes.

guapamente. ADV. M. **1.** Muy bien. ‖ **2.** coloq. Con guapeza.

guapear. INTR. **1.** coloq. Ostentar ánimo y bizarría en los peligros. ‖ **2.** *Á. Caribe* y *Chile.* **fanfarronear.** ‖ **3.** *Á. Caribe.* Resistir con valor golpes físicos o morales sin manifestarlo expresamente.

guapería. F. Acción propia del **guapo** (‖ hombre animoso y resuelto).

guapetón, na. ADJ. Valentón, atrevido.

guapeza. F. **1.** Cualidad de **guapo** (‖ bien parecido). ‖ **2.** coloq. Bizarría, ánimo y resolución en los peligros.

guapinol. M. *Am. Cen.* Árbol de la familia de las Papilionáceas, propio de la América tropical, de unos siete metros de altura, con copa espesa, tronco rugoso, hojas divididas en hojuelas ovales, lisas y coriáceas, flores en ramillete, de color amarillo claro, fruto en vaina parda usca con varias semillas. Su madera, dura y rojiza, se emplea en ebanistería.

guapo, pa. ADJ. **1. bien parecido.** ‖ **2.** Animoso, bizarro y resuelto, que desprecia los peligros y los acomete. U. t. c. s. ‖ **3.** Acicalado, bien vestido. ‖ **4.** coloq. Se usa en vocativo, vacío de significado, como expresión de cariño, a veces con reticencia o con tono de irritación. *Cállate un poquito, guapo.*

guapote, ta. I. ADJ. **1.** coloq. **bien parecido.** ‖ **II.** M. **2.** *Am. Cen.* Pez de agua dulce, muy carnoso, de ocho a doce pulgadas de longitud.

guapura. F. coloq. Cualidad de guapo.

guaraca. F. *Á. Andes* y *Chile.* Cuerda que se arrolla al peón o trompo para hacerlo bailar.

guaracha. F. *Am. Cen.* y *Ant.* Baile popular afroantillano en parejas.

guarache. M. *Méx.* Especie de sandalia tosca de cuero.

guarachudo, da. ADJ. *Méx.* Dicho de una persona: Que usa guaraches. U. t. c. s.

guaraná. F. **1.** *Am. Cen.* y *Á. guar.* Arbusto de la familia de las Sapindáceas, con tallos sarmentosos de tres a cuatro metros de longitud, hojas persistentes y alternas, flores blancas y fruto capsular ovoide, de tres divisiones, cada una con su semilla del tamaño de un guisante, color negro por fuera y almendra amarillenta, que después de tostada se usa para preparar una bebida refrescante y febrífuga. ‖ **2.** *Am. Cen.* y *Á. guar.* Pasta preparada con semillas de esta planta, cacao y tapioca. ‖ **3.** *Á. guar.* Bebida gaseosa hecha con esta pasta. ¶ MORF. pl. **guaranás.**

guarandeño, ña. ADJ. **1.** Natural de Guaranda. U. t. c. s. ‖ **2.** Perteneciente o relativo a esta ciudad de Ecuador, capital de la provincia de Bolívar.

guarango¹, ga. ADJ. *Á. guar.* y *Á. R. Plata.* **incivil** (‖ grosero).

guarango². M. **1.** *Á. Andes.* Aromo silvestre. ‖ **2.** *Á. Caribe.* dividivi.

guaraní. I. ADJ. **1.** Se dice del individuo de un pueblo que, dividido en muchos grupos, se extendía desde el Amazonas hasta el Río de la Plata. U. t. c. s. ‖ **2.** Perteneciente o relativo a este pueblo. *Tierra guaraní.* ‖ **II.** M. **3.** Lengua hablada hoy en el Paraguay y en regiones limítrofes, sobre todo en la provincia argentina de Corrientes. ‖ **4.** Unidad monetaria del Paraguay. ¶ MORF. pl. guaraníes o guaranís.

guaranismo. M. Préstamo lingüístico de origen guaraní introducido en el castellano.

guaranítico, ca. ADJ. **guaraní** (‖ perteneciente a los guaraníes).

guarao. M. Lengua que hablan los guaraúnos.

guarapo. M. **1.** *Am.* Jugo de la caña dulce exprimida, que por vaporización produce el azúcar. ‖ **2.** *Am.* Bebida fermentada hecha con este jugo.

guaraúno, na. ADJ. **1.** Se dice del individuo de un pueblo amerindio que habita en la región oriental de los estados venezolanos de Sucre y Monagas y en el delta del Orinoco. U. t. c. s. ‖ **2.** Perteneciente o relativo a los guaraúnos. *Aldea guaraúna.*

guarayo, ya. ADJ. **1.** Se dice del individuo de un pueblo amerindio del departamento de Santa Cruz, en Bolivia. U. t. c. s. ‖ **2.** Perteneciente o relativo a los guarayos. *Cultura guaraya.*

guarda. I. COM. **1.** Persona que tiene a su cargo la conservación de algo. ‖ **2.** *Á. R. Plata.* **revisor** (‖ de un medio de transporte). ‖ **II.** F. **3.** Acción de **guardar** (‖ conservar o retener). ‖ **4. tutela.** ‖ **5.** Cada una de las dos hojas de papel blanco que ponen los encuadernadores al principio y al fin de los libros. U. m. en pl. ‖ **6.** En una cerradura, chapa que impide pasar la llave para correr el pestillo. U. m. en pl. ‖ **~ jurado.** M. Aquel a quien nombra la autoridad a propuesta de particulares, corporaciones o empresas cuyos intereses vigila. ‖ **~ mayor.** M. El que manda y gobierna a los guardas inferiores. □ V. **ángel de la ~.**

guardabarrera. COM. Persona que custodia un paso a nivel de una línea de ferrocarril y cuida de que las barreras estén cerradas o abiertas conforme al reglamento.

guardabarros. M. Cada una de las chapas que van sobre las ruedas de los vehículos y sirven para evitar las salpicaduras.

guardabosque o **guardabosques.** M. Persona que tiene a su cargo guardar los bosques.

guardabrazo. M. hist. Pieza de la armadura para cubrir y defender el brazo.

guardacabo. M. *Mar.* Anillo metálico, acanalado en su parte exterior, que protege el cabo o cuerda de atar.

guardacantón. M. **1.** Poste de piedra para resguardar de los vehículos las esquinas de los edificios. ‖ **2.** Cada uno de los postes de piedra que se colocan a los lados de los paseos y caminos para que no salgan de ellos los vehículos.

guardacoches. COM. Persona que aparca y vigila los automóviles a la puerta de algunos establecimientos.

guardacostas. M. **1.** Barco de poco porte, especialmente destinado a la persecución del contrabando. ‖ **2.** Buque, generalmente acorazado, para la defensa del litoral.

guardadamas. M. hist. Empleo de la casa real, cuya principal ocupación era ir a caballo al estribo del coche de las damas para que nadie llegase a hablarles, y después se limitó al cargo de despejar la sala del cuarto de la reina en las funciones públicas.

guardador, ra. I. ADJ. **1.** Que **guarda** (‖ tiene cuidado de algo). Apl. a pers., u. t. c. s. ‖ **2.** Que observa con puntualidad y exactitud una ley, un precepto, estatuto o ceremonia. U. t. c. s. ‖ **II.** M. y F. **3. tutor** (‖ persona que ejerce la tutela).

guardaespaldas. COM. Persona que acompaña asiduamente a otra con la misión de protegerla.

guardafangos. M. **guardabarros.**

guardafrenos. M. Empleado que tiene a su cargo el manejo de los frenos en los ferrocarriles.

guardaagujas. COM. Empleado que tiene a su cargo el manejo de las agujas en las vías de los ferrocarriles, para que cada tren marche por la que le corresponde.

guardainfante. M. hist. Especie de tontillo redondo, muy hueco, hecho de alambres con cintas, que se ponían las mujeres en la cintura debajo de la basquiña.

guardajoyas. M. **1.** hist. Oficial a cuyo cuidado estaba la guarda y custodia de las joyas de los reyes. ‖ **2.** hist. Lugar donde se guardaban las joyas de los reyes.

guardalmacén. COM. Persona que tiene a su cargo la custodia de un almacén.

guardalobo. M. Mata perenne de la familia de las Santaláceas, de cerca de un metro de altura, con hojas lineales, sentadas, lampiñas y enterísimas, flores dioicas, pequeñas, verdosas o amarillentas, y fruto en drupa roja y casi seca.

guardamano. M. Guarnición de la espada.

guardameta. COM. *Dep.* **portero** (‖ jugador que defiende la portería).

guardamonte. M. En las armas de fuego, pieza de metal en semicírculo situada sobre el disparador, para su defensa cuando el arma está montada.

guardamuebles. M. Local destinado a guardar muebles.

guardapelo. M. Joya en forma de caja plana en que se guarda pelo, retratos, etc.

guardapesca. M. Buque de pequeño porte destinado a vigilar el cumplimiento de los reglamentos de pesca marítima.

guardapiés. M. hist. **brial.** MORF. pl. invar. *Los guardapiés.*

guardapolvo o **guardapolvos.** M. **1.** Sobretodo de tela ligera para preservar el traje de polvo y manchas. ‖ **2.** Tejadillo voladizo construido sobre un balcón o una ventana, para desviar el agua de lluvia. ‖ **3.** pl. Piezas que, a manera de alero corrido, enmarcan el retablo por arriba y por los lados.

guardar. I. TR. **1.** Tener cuidado de algo, vigilarlo y defenderlo. *Guardar un campo, una viña, ganado, un rebaño.* ‖ **2.** Poner algo donde esté seguro. *Guardar dinero, joyas, vestidos, etc.* ‖ **3.** Observar o cumplir aquello a lo que se está obligado. *Guardar la ley, la palabra, el secreto.* ‖ **4.** Mantener, observar. *Guardar silencio.* ‖ **5.** Conservar o retener algo. *Guardo algunos recuerdos de ella.* ‖ **6.** Preservar algo del daño que le puede sobrevenir. *Que Dios nos guarde.* ‖ **II.** PRNL. **7.** Recelarse y precaverse de un riesgo. *Guárdate DE los murmuradores.* ‖ **8.** Poner cuidado en dejar de ejecutar algo que no es conveniente. *Yo me guardaré DE ir a tal parte.* ‖ **guardársela** a alguien. LOC.VERB. coloq. Aplazar para tiempo oportuno la venganza, castigo, despique o desahogo de una ofensa o culpa. □ V. **día de ~, fiesta de ~.**

guardarraya. F. *Ant.* Linde de una heredad.

guardarropa. I. M. **1.** En un local público, habitación donde se depositan las prendas de abrigo. ‖ **2.** Conjunto de vestidos de una persona. ‖ **3.** Armario donde se guarda la ropa. ‖ **4. abrótano hembra.** ‖ **II.** F. **5.** En palacio, casas nobles y establecimientos públicos, oficina o almacén destinado a custodiar la ropa y otros enseres.

guardarropía. F. **1.** Conjunto de vestidos y objetos complementarios que utilizan los actores y actrices en una representación. ‖ **2.** Lugar o habitación en que se custodian estos vestidos y objetos. ‖ **de ~.** LOC.ADJ. Dicho de una cosa: Que aparenta ostentosamente lo que no es.

guardavalla. M. *Am.* **portero** (‖ jugador que defiende la portería).

guardavía. M. Empleado que tiene a su cargo la vigilancia de un trecho de vía férrea.

guardería. F. **1. guardería infantil.** ‖ **2.** Ocupación y trabajo del guarda. ‖ **~ infantil.** F. Lugar donde se cuida y atiende a los niños de corta edad.

guardés, sa. M. y F. Persona encargada de custodiar o guardar una casa.

guardia. I. F. **1.** Acción de **guardar** (‖ vigilar). ‖ **2.** Conjunto de soldados o gente armada que asegura la defensa de una persona o un puesto. ‖ **3.** Defensa, custodia, protección. ‖ **4.** Servicio especial que con cualquiera de estos fines, o con varios de ellos, se encomienda a una o más personas. ‖ **5.** En algunas profesiones o establecimientos, servicio que asegura la continuidad de prestaciones básicas fuera de su horario habitual. *Guardia de un médico. Guardia de una farmacia.* ‖ **6.** Cuerpo encargado de las funciones de vigilancia o defensa. ‖ **7.** Cuerpo de tropa, como la Guardia Civil. ORTOGR. Escr. con may. inicial. ‖ **8.** *Dep.* En esgrima y boxeo, postura del cuerpo y de los brazos para protegerse de los ataques del adversario. ‖ **II.** COM. **9.** Individuo de la **guardia** (‖ cuerpo de vigilancia o defensa). ‖ **~ civil. I.** F. **1.** En España, cuerpo de seguridad destinado principalmente a mantener el orden público en las zonas rurales, y a vigilar las fronteras marítimas y terrestres, así como las carreteras y ferrocarriles. ORTOGR. Escr. con mays. iniciales. ‖ **II.** COM. **2. guardiacivil.** ‖ **~ de asalto. I.** F. **1.** hist. Cuerpo de Policía utilizado en varios países como fuerza de choque. ORTOGR. Escr. con mays. iniciales. ‖ **II.** COM. **2.** hist. Individuo de este cuerpo. ‖ **~ de Corps. I.** F. **1.** hist. Cuerpo que se destinaba a guardar la persona del rey. ORTOGR. Escr. con mays. iniciales. ‖ **II.** M. **2.** hist. Individuo de este cuerpo.

‖ **~ de honor.** F. *Mil.* La que se pone a las personas a quienes corresponde por su dignidad o empleo. ‖ **~ de tráfico.** COM. Agente destinado a regular el tráfico en los núcleos de población. ‖ **~ marina.** COM. **guardiamarina.** ‖ **~ municipal. I.** F. **1.** Cuerpo dependiente de los ayuntamientos, y a las órdenes del alcalde, destinado a mantener el orden y los reglamentos en lo tocante a la Policía urbana. ORTOGR. Escr. con mays. iniciales. ‖ **II.** COM. **2.** Individuo de este cuerpo. ‖ **~ pretoriana.** F. **1.** hist. guardia de los emperadores romanos. ‖ **2.** Conjunto de fuerza armada y especializada que protege a un político, gobernante, personaje destacado, etc. U. m. en sent. irón. ‖ **~ urbano, na.** M. y F. guardia municipal (‖ individuo). ‖ **bajar la ~.** LOC.VERB. Descuidar la vigilancia o defensa. ‖ **de ~.** LOC.ADV. En cumplimiento del servicio o de guardia. *Estar, entrar de guardia.* ‖ **en ~.** LOC.ADV. **1.** *Dep.* En actitud de defensa. ‖ **2.** Prevenido o sobre aviso. *Estar, ponerse en guardia.* ‖ **montar la ~.** la tropa. LOC.VERB. *Mil.* Entrar de guardia en un puesto para que salga y descanse la que estaba en él. □ V. **cuerpo de ~.**

guardiacivil. COM. Individuo de la Guardia Civil. MORF. pl. **guardiaciviles.**

guardiamarina. COM. **1.** Alumno de la Escuela Naval Militar en los dos años precedentes a su nombramiento como alférez de fragata. ‖ **2.** *Á. guar.* Oficial que, al terminar sus estudios en la Escuela Naval, recibe el grado y empleo inferior de la carrera. ¶ MORF. pl. **guardiamarinas.**

guardián, na. I. M. y F. **1.** Persona que guarda algo y cuida de ello. ‖ **II.** M. **2.** En la Orden de San Francisco, prelado ordinario de uno de sus conventos.

guardianía. F. En la Orden de San Francisco, prelacía o empleo de guardián.

guardilla. F. **buhardilla.**

guardín. M. **1.** *Mar.* Cabo con que se suspenden las portas de la artillería. ‖ **2.** *Mar.* Cada uno de los dos cabos o cadenas que van sujetos a la caña del timón y por medio de los cuales se maneja.

guarecer. I. TR. **1.** Acoger a alguien, ponerlo a cubierto de persecuciones o de ataques, preservarlo de algún mal. ‖ **II.** PRNL. **2.** Refugiarse en alguna parte para librarse de un daño o peligro, o de las inclemencias del tiempo. ¶ MORF. conjug. c. *agradecer.*

guarén. M. *Chile.* Rata de gran tamaño.

guarida. F. **1.** Cueva o espesura donde se guarecen los animales. ‖ **2.** Amparo o refugio para librarse de un daño o peligro.

guaripola. I. F. **1.** *Chile.* Bastón de mando que se usa para dirigir un desfile. ‖ **II.** COM. **2.** *Chile.* Persona que encabeza y dirige un desfile.

guariqueño, ña. ADJ. **1.** Natural de Guárico. U. t. c. s. ‖ **2.** Perteneciente o relativo a este estado de Venezuela.

guarisapo. M. *Chile.* **renacuajo** (‖ larva de la rana).

guarismo. M. Cada uno de los signos o números arábigos que expresan una cantidad.

guarisnaque. I. M. **1.** *Chile.* Garganta de una persona. ‖ **II.** COM. **2.** despect. *Chile.* Persona insignificante, tonta.

guarnecer. TR. **1.** Poner guarnición a algo. *Guarnecer un traje, una espada, una caballería.* ‖ **2.** Dotar, proveer, equipar. *Guarnecer con legumbres la carne.* ‖ **3.** *Arq.* Revocar o revestir las paredes de un edificio. ‖ **4.** *Mil.* Estar de guarnición. ¶ MORF. conjug. c. *agradecer.*

guarnecido. M. *Arq.* Revoque o entablado con que se revisten por dentro o por fuera las paredes de un edificio.

guarnición. F. **1.** Acompañamiento, generalmente de hortalizas, legumbres, etc., que se sirve con la carne o el pescado. ‖ **2.** Adorno que se pone en los vestidos, ropas, colgaduras, etc. ‖ **3.** Tropa que guarnece una plaza, un castillo o un buque de guerra. ‖ **4.** Defensa que se pone en las espadas y armas blancas junto al puño. ‖ **5.** pl. Conjunto de correajes y demás efectos que se ponen a las caballerías para que tiren de los carruajes o para montarlas o cargarlas. □ V. **mesa de ~**.

guarnicionería. F. **1.** Taller en que se hacen **guarniciones** (‖ para caballerías). ‖ **2.** Tienda donde se venden. ‖ **3.** Local donde se hacen o venden objetos de cuero.

guarnicionero, ra. M. y F. **1.** Operario que trabaja o hace objetos de cuero, como maletas, bolsos, correas, etc. ‖ **2.** Fabricante o vendedor de **guarniciones** (‖ para caballerías).

guarnimiento. M. *Mar.* Conjunto de varias piezas, cabos o efectos con que se guarne o sujeta un aparejo, una vela o un cabo.

guarnir. TR. **1.** guarnecer. ‖ **2.** *Mar.* Colocar convenientemente los cuadernales de un aparejo en una faena.

guaro. M. *Am. Cen.* Aguardiente de caña.

guarra. F. Hembra del guarro.

guarrada. F. **1.** Porquería, suciedad, inmundicia. ‖ **2.** Acción sucia e indecente.

guarrear. INTR. Hacer guarrerías.

guarrería. F. porquería.

guarro. M. cerdo (‖ mamífero artiodáctilo).

guarumo. M. *Am. Cen.* y *Á. Caribe.* Árbol artocarpáceo cuyas hojas producen efectos tónicos sobre el corazón.

guarura. F. *Á. Caribe.* Caracol hasta de un pie de longitud, que, usado como bocina, produce un sonido que se oye a gran distancia.

guasa. F. **1.** coloq. Burla, broma. ‖ **2.** *Á. Caribe.* Pez marino de la misma familia que el mero, de cuerpo muy robusto, casi redondo, color pardo verdoso, con manchas negras redondas y bandas transversales oscuras. Alcanza más de dos metros, llega a los 200 kg, vive en ambas costas de la América tropical y es comestible. ‖ **estar de ~.** LOC.VERB. coloq. Hablar en broma.

guasamaco, ca. ADJ. *Chile.* incivil (‖ grosero).

guasanga. F. *Am. Cen.* y *Á. Caribe.* algazara (‖ ruido de muchas voces).

guasca. F. *Am. Mer.* y *Ant.* Ramal de cuero, cuerda o soga, que sirve especialmente de rienda o de látigo.

guascazo. M. *Am. Mer.* y *Ant.* Azote dado con una guasca o cosa semejante, como un látigo o una vara flexible.

guasearse. PRNL. coloq. Usar de guasas.

guasería. F. *Á.Andes* y *Chile.* Acción grosera, torpe o chabacana.

guásima. F. *Á. Caribe.* guásimo.

guásimo. M. *Am. Cen.* y *Á. Caribe.* Árbol de las Esterculiáceas de América tropical, de hasta 20 m de altura, con ramas ampliamente extendidas, hojas tomentosas, alternas, aserradas y de ápice agudo, flores pequeñas blanquecinas o amarillentas, y fruto en cápsula, de color negro. En la medicina tradicional se utiliza contra la disentería.

guaso, sa. **I.** ADJ. **1.** *Á.Andes, Á. guar.* y *Á. R. Plata.* incivil (‖ grosero). ‖ **2.** *Chile.* vergonzoso (‖ que se avergüenza con facilidad). ‖ **II.** M. y F. **3.** Campesino de Chile. ‖ **4.** *Chile.* Persona falta de trato social, poco habituada a las costumbres de las grandes ciudades.

guasón, na. ADJ. coloq. Burlón, bromista. U. t. c. s.

guasontle. M. *Méx.* huauzontle.

guastatoyano, na. ADJ. **1.** Natural de Guastatoya. U. t. c. s. ‖ **2.** Perteneciente o relativo a esta ciudad de Guatemala, cabecera del departamento de El Progreso.

guata. F. Lámina gruesa de algodón en rama, engomada por ambas caras, que sirve para acolchados o como material de relleno.

guatazo. M. **1.** *Chile.* Golpe dado con el vientre al caer en el agua. ‖ **2.** *Chile.* Frustración producida por una desilusión inesperada.

guate. M. *Am. Cen.* Maíz destinado a forraje, que se siembra muy tupido y por ello no da fruto.

guateado, da. ADJ. Acolchado con guata u otro material blando. *Forro guateado.*

guatearse. PRNL. *Chile.* achiguarse.

guatemalteco, ca. ADJ. **1.** Natural de Guatemala. U. t. c. s. ‖ **2.** Perteneciente o relativo a este país de América, a uno de sus departamentos o a la ciudad que es capital del país y cabecera del departamento.

guatemaltequismo. M. Locución, giro o modo de hablar propio y peculiar de los guatemaltecos.

guateque. M. **1.** Fiesta casera, generalmente de gente joven, en que se merienda y se baila. ‖ **2.** coloq. jolgorio.

guatero. M. *Chile.* Bolsa de material flexible que, llena de agua caliente, se usa para calentar la cama o alguna parte del cuerpo.

guatón, na. ADJ. *Á.Andes* y *Chile.* barrigudo. Apl. a pers., u. t. c. s.

guatusa. F. *Am. Cen.* coatí.

guatuso, sa. **I.** ADJ. **1.** Se dice del individuo de un pueblo amerindio que habita al norte de Costa Rica. U. t. c. s. ‖ **2.** Perteneciente o relativo a los guatusos. *Poblado guatuso.* ‖ **II.** M. **3.** Lengua de filiación chibcha que hablan los guatusos.

guau. ONOMAT. Se usa para representar el ladrido del perro.

guaviarense. ADJ. **1.** Natural de Guaviare, departamento de Colombia, o de San José de Guaviare, su capital. U. t. c. s. ‖ **2.** Perteneciente o relativo a este departamento o a su capital.

guay. INTERJ. poét. ay.

guayaba. F. Fruto del guayabo, que es de forma aovada, del tamaño de una pera mediana, de varios colores, y más o menos dulce, con la carne llena de unos granos o semillas pequeños.

guayabal. M. Terreno poblado de guayabos.

guayabera. F. Prenda de vestir de hombre que cubre la parte superior del cuerpo, con mangas cortas o largas, adornada con alforzas verticales, y, a veces, con bordados, y que lleva bolsillos en la pechera y en los faldones.

guayabo. M. Árbol de América, de la familia de las Mirtáceas, que crece hasta cinco o seis metros de altura, con tronco torcido y ramoso, hojas elípticas, puntiagudas, ásperas y gruesas, flores blancas, olorosas, axilares, de muchos pétalos redondeados, y cuyo fruto es la guayaba.

guayacán. M. Árbol de la América tropical, de la familia de las Cigofiláceas, que crece hasta unos doce metros de altura, con tronco grande, ramoso, torcido, de corteza dura, gruesa y pardusca, hojas persistentes, pareadas, elípticas y enteras, flores en pequeños haces terminales con pétalos de color blanco azulado, y fruto capsular, carnoso, con varias divisiones, en cada una de las cuales hay una semilla.

guayaco. M. guayacán.

guayamés, sa. ADJ. **1.** Natural de Guayama. U. t. c. s. || **2.** Perteneciente o relativo a este municipio de Puerto Rico o a su cabeza.

guayanés, sa. ADJ. **1.** Natural de Guayana. U. t. c. s. || **2.** Perteneciente o relativo a este territorio de América Meridional.

guayanillense. ADJ. **1.** Natural de Guayanilla. U. t. c. s. || **2.** Perteneciente o relativo a este municipio de Puerto Rico o a su cabeza.

guayaquileño, ña. ADJ. **1.** Natural de Guayaquil. U. t. c. s. || **2.** Perteneciente o relativo a esta ciudad de Ecuador, capital de la provincia de Guayas.

guayar. TR. *Ant.* **rallar** (|| desmenuzar con el rallador).

guayasense. ADJ. **1.** Natural de Guayas. U. t. c. s. || **2.** Perteneciente o relativo a esta provincia de Ecuador.

guaynabeño, ña. ADJ. **1.** Natural de Guaynabo. U. t. c. s. || **2.** Perteneciente o relativo a este municipio de Puerto Rico o a su cabeza.

guayo[1]. M. *Chile.* Árbol de la familia de las Rosáceas, de madera dura y colorada.

guayo[2]. M. *Ant.* **rallador.**

guayuco. M. *Á. Caribe.* Taparrabo usado por los indígenas americanos.

guazubirá. M. *Á. R. Plata.* Cérvido de color castaño oscuro, de unos 70 cm de alzada, que vive oculto en la espesura de montes y matorrales, especialmente serranos. El macho tiene dos pequeños cuernos puntiagudos y sin ramificaciones que crecen verticalmente hacia arriba. MORF. pl. **guazubirás.**

gubernamental. ADJ. **1.** Perteneciente o relativo al gobierno del Estado. *Decisión gubernamental.* || **2.** Partidario del Gobierno o favorecedor del principio de autoridad.

gubernativo, va. ADJ. Perteneciente o relativo al gobierno. □ V. **Policía ~.**

gubia. F. Formón de boca arqueada, delgado, que usan los carpinteros y otros artesanos para labrar superficies curvas.

guedeja. F. **1.** **mechón.** || **2.** Cabellera larga.

güelfo, fa. ADJ. **1.** hist. En la Edad Media, partidario de los papas contra los gibelinos, defensores de los emperadores de Alemania. U. t. c. s. || **2.** hist. Perteneciente o relativo a los **güelfos.** *Tropas güelfas.*

guepardo. M. **onza**[2].

güero, ra. ADJ. *Méx.* Dicho de una persona: Que tiene los cabellos rubios. U. t. c. s.

guerra. F. **1.** Rompimiento de la paz entre dos o más potencias. || **2.** Lucha armada entre dos o más naciones o entre bandos de una misma nación. || **3.** **pugna** (|| entre personas). || **4.** Lucha o combate, aunque sea en sentido moral. *Guerra contra la ignorancia.* || **~ abierta.** F. Enemistad, hostilidad declarada. || **~ a muerte.** F. **1.** Aquella en que los contendientes están dispuestos a luchar hasta morir. || **2.** Lucha, ataque sin interrupción. || **~ campal.** F. *Mil.* **batalla campal.** U. m. en sent. fig. *Era una guerra campal entre madre e hijos.* || **~ civil.** F. La que tienen entre sí los habitantes de un mismo pueblo o nación. || **~ de cifras.** F. Discrepancia sobre las cifras referentes a algo. || **~ de las galaxias.** F. Sistema bélico basado en la utilización de satélites situados fuera de la at-

mósfera. || **~ de nervios.** F. guerra psicológica. || **~ de posiciones.** F. guerra de trincheras. || **~ de precios.** F. Rivalidad entre varias compañías o establecimiento[s] por ofrecer los precios más bajos a sus clientes. || **~ de trincheras.** F. La que se desarrolla desde frentes móvile[s] o fijos, en los que se hace uso de trincheras u obras d[e] tierra. || **~ electrónica.** F. La que pretende conseguir l[a] superioridad electrónica frente al enemigo. || **~ fría.** F. Si[-] tuación de hostilidad entre dos naciones o grupos de na[-] ciones, en la que, sin llegar al empleo declarado de la[s] armas, cada bando intenta minar el régimen político [de] la fuerza del adversario por medio de propaganda, de l[a] presión económica, del espionaje, de organizaciones se[-] cretas, etc. || **~ preventiva.** F. La que emprende una na[-] ción contra otra presuponiendo que esta se prepara [a] atacarla. || **~ psicológica.** F. Enfrentamiento sin violen[-] cia física, en el que se intenta por diversos medios des[-] moralizar al enemigo. || **~ santa.** F. La que se hac[e] por motivos religiosos, y especialmente la que hacen lo[s] musulmanes a quienes no lo son. || **~ sin cuartel.** F. gue[-] rra a muerte. || **~ sorda.** F. Hostilidad latente entre gru[-] pos opuestos. || **~ sucia.** F. Conjunto de acciones que se sitúan al margen de la legalidad y combaten a un deter[-] minado grupo social o político. || **dar ~** especialmente u[n] niño. LOC.VERB. coloq. Causar molestia, no dejar tran[-] quilo a alguien. || **de antes de la ~.** LOC.ADJ. coloq. Mu[y] antiguo. || **declarar la ~.** LOC.VERB. **1.** Dicho de una po[-] tencia: Notificar o hacer saber a otra la resolución qu[e] ha tomado de tratarla como enemiga y realizar contr[a] ella actos de hostilidad. || **2.** Dicho de una persona: E[n-] tablar abiertamente lucha o competencia con otra [o] otras. || **en buena ~.** LOC.ADV. Luchando con lealta[d.] || **hacer** alguien **la ~ por su cuenta.** LOC.VERB. No tene[r] en cuenta a nadie, ir por libre. || **tener** una persona o un[a] institución **~,** o **la ~, declarada** a otra. LOCS.VERBS. Co[n-] tradicirla o perseguirla continuamente o por sistem[a.] □ V. **buque de ~, capitán de mar y ~, comisario de ~, consejo de ~, contribución de ~, estado de ~, hom[-] bre de ~, madrina de ~, Marina de ~, municione[s] de ~, navío de ~, nombre de ~, prisionero de ~, tam[-] bores de ~.**

guerreador, ra. ADJ. Que guerrea, o que es inclinad[o] a la guerra.

guerrear. INTR. **1.** Hacer guerra. U. t. c. tr. || **2.** Resisti[r,] rebatir o contradecir.

guerrera. F. Chaqueta ajustada y abrochada desde [el] cuello, que forma parte de ciertos uniformes del Ejér[-] cito.

guerrerense. ADJ. **1.** Natural de Guerrero. U. t. c. s. || **2.** Perteneciente o relativo a este estado de México o [a] alguna de las poblaciones mexicanas que llevan [el] mismo nombre.

guerrero, ra. I. ADJ. **1.** Perteneciente o relativo a l[a] guerra. *Hazaña guerrera.* || **2.** Que guerrea. Apl. a pers[.] u. t. c. s. || **3.** Que tiene genio marcial y es inclinado a l[a] guerra. || **II.** M. y F. **4.** **soldado** (|| persona que sirve e[n] la milicia).

guerrilla. F. **1.** Partida de paisanos, por lo común n[o] muy numerosa, que al mando de un jefe particular y c[on] poca o ninguna dependencia de los del Ejército, acos[a] al enemigo. || **2.** Partida de tropa ligera, que hace la[s] descubiertas y participa en las primeras escaramuza[s.] || **en ~.** LOC.ADV. De manera aislada, separados unos [de] otros.

guerrillear. INTR. Pelear en guerrillas.

guerrillerismo. M. Actividad guerrillera.

guerrillero, ra. I. ADJ. 1. Perteneciente o relativo a la guerrilla. *Movimiento guerrillero.* ‖ **II.** M. y F. 2. Paisano que combate en la guerrilla.

gueto. M. 1. Judería marginada dentro de una ciudad. ‖ 2. Barrio o suburbio en que viven personas marginadas por el resto de la sociedad. ‖ 3. Situación o condición marginal en que vive un pueblo, una clase social o un grupo de personas.

guía. I. F. 1. Cosa que dirige o encamina. *El sol nos sirvió de guía.* ‖ 2. Tratado en que se dan preceptos para encaminar o dirigir en cosas, ya sean espirituales o abstractas, ya puramente mecánicas. *Guía de pecadores. Guía del agricultor.* ‖ 3. Lista impresa de datos o noticias referentes a determinada materia. *Guía del viajero. Guía de ferrocarriles.* ‖ 4. En las máquinas y otros aparatos, pieza o cuerda que sirve para obligar a otra pieza a que siga en su movimiento un camino determinado. ‖ 5. Sarmiento o vara que se deja en las cepas y en los árboles para dirigirlos. ‖ 6. Tallo principal de las coníferas y otros árboles. ‖ 7. Despacho que lleva consigo quien transporta algunos géneros, para que no se los detengan ni decomisen. ‖ 8. Cada uno de los extremos del bigote cuando están retorcidos. ‖ 9. Cada una de las dos varillas grandes del abanico. ‖ 10. *Mar.* Cabo o aparejo que sirve para mantener un objeto en la situación que debe ocupar. ‖ 11. *Mús.* Voz que va delante en la fuga y a la cual siguen las demás. ‖ 12. pl. Riendas para gobernar los caballos que, en un tiro compuesto de varios, van delante de los demás. ‖ **II.** M. 13. Manillar de la bicicleta. ‖ 14. **volante** (‖ del automóvil). ‖ 15. *Mar.* Buque que sirve de referencia a los demás para mantenerse en formación. ‖ 16. *Mil.* Sargento o cabo que, según las distintas evoluciones, se coloca en la posición conveniente para la mejor alineación de la tropa. ‖ **III.** COM. 17. Persona que encamina, conduce y enseña a otra el camino. ‖ 18. Persona que enseña y dirige a otra para hacer o lograr lo que se propone. *El párroco era el guía de sus feligreses.* ‖ 19. Persona autorizada para enseñar a los forasteros las cosas notables de una ciudad, o para acompañar a los visitantes de un museo y darles información sobre los objetos expuestos. ‖ **~ de forasteros.** F. hist. En España, libro oficial que se publicaba anualmente y contenía, con otras varias noticias, los nombres de las personas que ejercían los cargos o dignidades más importantes del Estado. Después se llamó *Guía oficial de España.* ‖ **~ de ondas.** F. *Electr.* Tubo, normalmente metálico, por cuyo interior se propaga la radiación electromagnética de microondas, y que se utiliza en diversos aparatos, como los radares. □ V. **as de ~.**

guiador, ra. ADJ. Que guía. *Carta guiadora.* Apl. a pers., u. t. c. s.

guiar. I. TR. 1. Ir delante mostrando el camino. *Guiar a los caminantes a través de la montaña.* ‖ 2. Hacer que una pieza de una máquina u otro aparato siga en su movimiento determinado camino. ‖ 3. Conducir un vehículo. ‖ 4. Dirigir a alguien en algún negocio. ‖ **II.** PRNL. 5. Dicho de una persona: Dejarse dirigir o llevar por otra, o por indicios, señales, etc. ¶ MORF. conjug. c. *enviar.*

guija. F. 1. Piedra lisa y pequeña que se encuentra en las orillas y cauces de los ríos y arroyos. ‖ **2. almorta.**

güija. F. Tablero con las letras del alfabeto, alrededor del cual se reúnen varias personas con intención de comunicarse con los espíritus.

guijarral. M. Terreno abundante en guijarros.

guijarro. M. Pequeño canto rodado.

guijarroso, sa. ADJ. Dicho de un terreno: Abundante en guijarros.

guijo. M. Conjunto de guijas, que se emplea para consolidar y rellenar los caminos.

guileña. F. aguileña.

guillarse. PRNL. 1. coloq. Irse o huir. ‖ 2. coloq. **chiflarse** (‖ perder la energía de las facultades mentales).

guillatún. M. *Chile.* Entre los mapuches, ceremonia en la que ruegan a la divinidad lluvia o bonanza.

güillín. M. Especie de nutria de Chile.

guillomo. M. Arbusto de la familia de las Rosáceas, de hojas elípticas, dentadas, algo coriáceas, flores blancas en racimo, y fruto del tamaño de un guisante, comestible. Crece en los peñascales de las montañas.

guillotina. F. 1. Máquina inventada en Francia para decapitar a los condenados a muerte. ‖ 2. Máquina de cortar papel, con una cuchilla vertical, guiada entre un bastidor de hierro. ‖ **de ~.** LOC.ADJ. Dicho de una vidriera o de una persiana: Que se abre y cierra resbalando a lo largo de las ranuras del cerco, en vez de girar sobre bisagras.

guillotinar. TR. 1. Decapitar a un condenado con la guillotina. ‖ 2. Cortar algo de manera parecida a como lo hace la guillotina. *Guillotinar papel. Guillotinar un cigarro puro.* U. t. en sent. fig. *Guillotinaron mis esperanzas.*

güilota. F. *Méx.* Ave columbiforme silvestre que vive desde el sur del Canadá hasta Panamá y las Antillas Mayores, de cabeza delgada, pequeña, pico fino y cola larga y puntiaguda con las timoneras externas con puntas blancas, y el plumaje de color café grisáceo.

guimbalete. M. Palanca con que se da juego al émbolo de la bomba aspirante.

guimbarda. F. Cepillo de carpintero, de cuchilla estrecha, perpendicular a la cara y muy saliente, que sirve para labrar el fondo de las cajas y ranuras.

güincha. F. *Á. Andes.* **cinta métrica.**

guinchar. TR. Picar o herir con la punta de un palo.

guinche. M. *Á. R. Plata.* **grúa** (‖ máquina para levantar y trasladar pesos).

guincho. M. Pincho de madera.

guinchón. M. Desgarrón producido por un guincho o de otro modo.

guinda[1]. F. 1. Fruto del guindo. ‖ 2. coloq. Cosa que remata o culmina algo.

guinda[2]. F. *Mar.* Altura total de la arboladura de un buque.

guindado, da. I. ADJ. 1. Compuesto con **guindas** (‖ frutos del guindo). *Licor guindado.* ‖ **II.** M. 2. *Á. R. Plata* y *Chile.* Licor hecho a base de **guindas** (‖ frutos del guindo). En Chile, u. t. c. f.

guindal. M. guindo.

guindalera. F. Sitio plantado de guindos.

guindaleta. F. Cuerda de cáñamo o de cuero, del grueso de un dedo.

guindaleza. F. *Mar.* Cabo de 12 a 25 cm de mena, de tres o cuatro cordones corchados de derecha a izquierda y de 100 o más brazas de largo, que se usa a bordo y en tierra.

guindar. TR. *Am.* **colgar** (‖ situar algo o a alguien sin que llegue al suelo). U. t. c. prnl.

guindaste. M. *Mar.* Cada uno de los dos maderos colocados verticalmente al pie de los palos y a cada banda, para amarrar los escotines de las gavias.

guindilla. I. F. **1.** Fruto del guindillo de Indias. || **2.** Pimiento pequeño que pica mucho. || **II.** M. **3.** despect. coloq. hist. Agente de Policía.

guindillo. ~ de Indias. M. Planta de la familia de las Solanáceas, especie de pimiento, que se cultiva en los jardines. Es una mata de unos cinco decímetros de altura, ramosa, con hojas lanceoladas, flores blancas, axilares, pequeñas y muy abundantes, y fruto redondo, encarnado, del tamaño de una guinda y muy picante.

guindo. M. Árbol de la familia de las Rosáceas, especie de cerezo, del que puede distinguirse por ser las hojas más pequeñas y el fruto más redondo y comúnmente ácido. || **caerse** alguien **del ~** LOC.VERB. coloq. Mostrar ignorancia de algo muy conocido o pecar de inocente y crédulo.

guindola. F. **1.** Mar. Pequeño andamio volante, compuesto de tres tablas que, unidas y colgadas por sus extremos, abrazan un palo, y se emplea para rascarlo, pintarlo o hacer en él cualquier otro trabajo semejante. || **2.** Mar. Aparato salvavidas provisto de un largo cordel cuyo chicote está sujeto a bordo y que va colgado por fuera en la popa del buque y puede ser lanzado prontamente al agua. Por lo común lleva una luz, que se enciende automáticamente al lanzar el aparato, para que pueda ser visto de noche por la persona a quien se intenta salvar.

guinea. F. hist. Moneda inglesa de oro, que se pagaba a 21 chelines, en lugar de los 20 de una libra normal.

guineano, na. ADJ. **1.** Natural de la Guinea. U. t. c. s. || **2.** Natural de Guinea-Bissau. U. t. c. s. || **3.** Perteneciente o relativo a alguno de estos países de África.

guineo, a. I. ADJ. **1.** guineano. Apl. a pers., u. t. c. s. || **II.** M. **2.** plátano guineo. □ V. **gallina de Guinea, hierba de Guinea, plátano ~.**

guiñada. F. **1.** guiño. || **2.** Mar. Desvío accidental o involuntario de la nave con relación al rumbo que lleva.

guiñador, ra. ADJ. Que guiña los ojos.

guiñapo. M. **1.** andrajo (|| pedazo o jirón de tela). || **2.** Persona moralmente abatida, o muy débil y enfermiza. || **3.** Persona envilecida, degradada. || **4.** Persona que anda con vestido roto y andrajoso. || **hecho, cha un ~.** LOC.ADJ. Abatido física o moralmente.

guiñar. I. TR. **1.** Cerrar un ojo momentáneamente quedando el otro abierto, a veces con disimulo como señal o advertencia. || **2.** Entornar los párpados ligeramente, por efecto de la luz o por mala visión. || **II.** INTR. **3.** Mar. Dicho de un buque: Dar guiñadas por mal gobierno, marejada u otra causa, o darlas intencionadamente por medio del timón. || **III.** PRNL. **4.** Hacerse guiños o señas con los ojos.

guiño. M. **1.** Acción de guiñar (|| cerrar un ojo). || **2.** Mensaje implícito. *Abundan los guiños dirigidos al lector avisado.* || **3.** destello (|| resplandor vivo y efímero). *Tras unos guiños, un trueno enorme deja la escena sumida en una noche sin rendijas.*

guiñol. M. Representación teatral por medio de títeres movidos con las manos.

guiñolesco, ca. ADJ. Perteneciente o relativo al guiñol. *Farsa guiñolesca.*

guiñote. M. Juego de naipes, variante del tute.

guion o **guión.** M. **1.** Escrito en que breve y ordenadamente se han apuntado algunas ideas o cosas con objeto de que sirva de guía para determinado fin. || **2.** Texto en que se expone, con los detalles necesarios para

su realización, el contenido de un filme o de un programa de radio o televisión. || **3.** Estandarte del rey o de jefe de un ejército. || **4.** Mús. hist. Nota o señal que se ponía al fin de la escala cuando no se podía seguir y había que volver a empezar, y denotaba el punto de la escala línea o espacio en que se proseguía el solfeo. || **5.** Ortogr. Signo ortográfico (-) que se usa para dividir, al final de renglón, una palabra que no cabe completa en él. || **6.** Ortogr. Se usa para asociar los dos elementos que integran una palabra compuesta; p. ej., en *estudio físico-químico.* Sirve para relacionar palabras, como una conjunción; p. ej., en *Se mantiene la relación calidad-precio,* y para unir números entre sí o con palabras, abreviaturas siglas, etc.; p. ej., en *págs. 33-35. Expo-92. Carretera N-305* || **~ largo.** M. Ortogr. **raya** (|| ortográfica). □ V. **paje de ~.**

guionista. COM. Persona que elabora el guion de un filme o de un programa de radio o televisión.

güipil. M. Am. Cen. **huipil.**

guipur. M. Tejido de encaje de malla gruesa.

guipuzcoano, na. I. ADJ. **1.** Natural de Guipúzcoa U. t. c. s. || **2.** Perteneciente o relativo a esta provincia de España. || **II.** M. **3.** Dialecto del vasco hablado en Guipúzcoa.

güira. F. **1.** Ant. Árbol tropical de la familia de las Bignoniáceas, de cuatro a cinco metros de altura, con tronco torcido y copa clara. Tiene hojas sentadas, opuestas, grandes y acorazonadas, flores axilares, blanquecinas, de mal olor, fruto globoso o alargado y de diverso tamaños según las subespecies, de corteza dura y blanquecina, llena de pulpa blanca con semillas negras, de cual, serrado en dos partes iguales, hacen los campesinos de América tazas, platos, jofainas, etc. || **2.** Ant. Fruto de este árbol.

guirigay. M. Griterío y confusión que resulta cuando varios hablan a la vez o cantan desordenadamente. MORF. pl. **guirigayes** o **guirigáis.**

guirindola. F. Chorrera de la camisola.

guirlache. M. Pasta comestible de almendras tostadas y caramelo.

guirnalda. F. Tira tejida de flores y ramas.

güiro. M. **1.** Am. Cen., Á. Caribe y Méx. Planta que da por fruto una calabaza de corteza dura y amarilla cuando se seca. || **2.** Ant. y Méx. Instrumento musical popular que tiene como caja una calabaza de güiro.

guisa. F. Modo, manera o semejanza de algo.

guisado. M. **1.** Guiso preparado con salsa, después de rehogado. || **2.** Guiso de pedazos de carne, con salsa y generalmente con patatas.

guisador, ra. ADJ. Que guisa la comida. Apl. a pers. u. t. c. s.

guisandero, ra. M. y F. Persona que guisa la comida.

guisantal. M. Tierra sembrada de guisantes.

guisante. M. **1.** Planta hortense de la familia de las Papilionáceas, con tallos volubles de uno a dos metros de longitud, hojas pecioladas, compuestas de tres pares de hojuelas elípticas, enteras y ondeadas por el margen estípulas a menudo convertidas en zarcillos, flores axilares en racimos colgantes de color blanco, rojo y azulado y fruto en vaina casi cilíndrica, con diversas semilla aproximadamente esféricas, de seis a ocho milímetros de diámetro. || **2.** Semilla de esta planta. || **~ de olor.** Variedad de almorta que se cultiva en los jardines, por que, además de tener flores amariposadas, tricolores y de excelente perfume, es muy trepadora.

guisar. TR. **1.** Preparar los alimentos sometiéndolos a la acción del fuego. ‖ **2.** Preparar los alimentos haciéndolos cocer en una salsa, después de rehogados. ‖ **3.** Ordenar, componer algo. *No sé qué guisaban en la habitación.*

guiso. M. Comida guisada.

guisote. M. coloq. Guisado ordinario, hecho con poco cuidado.

güisquería. F. Establecimiento donde se sirve güisqui y otras bebidas alcohólicas.

güisqui. M. Licor alcohólico que se obtiene del grano de algunas plantas, destilando un compuesto amiláceo en estado de fermentación.

güisquil. M. *Am. Cen.* **chayote** (‖ fruto).

güisquilar. M. **1.** *Am. Cen.* Terreno sembrado de chayotes. ‖ **2.** *Am. Cen.* Planta trepadora americana, de la familia de las Cucurbitáceas, de tallo liso, delgado y muy resistente, hojas acorazonadas divididas en tres lóbulos, flores pequeñas, acampanadas, de color blanco con ligeras tonalidades verdosas. Su fruto es el chayote.

guita. F. **1.** Cuerda delgada de cáñamo. ‖ **2.** coloq. Dinero contante.

guitarra. **I.** F. **1.** Instrumento musical de cuerda compuesto por una caja de resonancia en forma de ocho, un mástil largo con trastes, y cuerdas, generalmente seis, que se hacen sonar con los dedos. ‖ **II.** COM. **2. guitarrista.** ‖ **~ eléctrica.** F. Instrumento musical, derivado de la guitarra, en que la vibración de las cuerdas se recoge y amplifica mediante un equipo electrónico.

guitarrazo. M. Golpe dado con la guitarra.

guitarreo. M. Toque de guitarra repetido o cansado.

guitarrero, ra. M. y F. Persona que hace o vende guitarras.

guitarrillo. M. **1.** Instrumento musical de cuatro cuerdas, semejante a una guitarra muy pequeña. ‖ **2.** Guitarra pequeña de voces agudas.

guitarrista. COM. Persona que toca la guitarra.

guitarro. M. Guitarra pequeña.

güito. M. Hueso de una fruta, especialmente de albaricoque, con que juegan los niños.

gula. F. Exceso en la comida o bebida, y apetito desordenado de comer y beber.

gulag. M. **1.** hist. En la antigua Unión Soviética, campo de concentración. ‖ **2.** hist. En la antigua Unión Soviética, conjunto de centros penitenciarios. ‖ **3.** hist. Sistema basado en este conjunto de centros. ¶ MORF. pl. **gulags.**

gular. ADJ. *Zool.* Perteneciente o relativo a la garganta. *Región gular.*

gules. M. pl. *Heráld.* Color rojo heráldico, que en pintura se expresa por el rojo vivo y en el grabado por líneas verticales muy espesas.

gulusmear. INTR. **1.** golosinear. ‖ **2.** Andar oliendo o probando lo que se guisa. U. t. c. tr.

gumamela. F. *Filip.* Flor roja de una planta malvácea.

gumía. F. Arma blanca, como una daga un poco curva, que usan los moros.

gunneráceo, a. ADJ. *Bot.* Se dice de las hierbas perennes angiospermas dicotiledóneas, con hojas de grandes pecíolos, inflorescencias en forma de panoja y fruto en drupa; p. ej., el pangue. U. t. c. s. f. ORTOGR. En f. pl., escr. con may. inicial c. taxón. *Las Gunneráceas.*

gurabeño, ña. ADJ. **1.** Natural de Gurabo. U. t. c. s. ‖ **2.** Perteneciente o relativo a este municipio de Puerto Rico o a su cabeza.

gurbia. F. *Am.* gubia.

guripa. M. Persona que mantiene el orden.

gurriato. M. Pollo del gorrión.

gurruño. M. Cosa arrugada o encogida.

gurú. **I.** M. **1.** En el hinduismo, maestro espiritual o jefe religioso. ‖ **II.** COM. **2.** Persona a quien se considera maestro o guía espiritual, o a quien se le reconoce autoridad intelectual. *El gurú de la informática.* ¶ MORF. pl. **gurús** o **gurúes.**

gurupa. F. grupa.

gurupera. F. **1.** Almohadilla que se pone detrás del borrén trasero en las sillas de montar, sobre los lomos de la caballería, para colocar encima efectos que ha de llevar a la grupa. ‖ **2.** baticola.

gusanear. INTR. hormiguear.

gusanera. F. Llaga o parte donde se crían gusanos.

gusanería. F. Abundancia de gusanos.

gusanillo. M. **1.** coloq. Afición o deseo de hacer algo. ‖ **2.** coloq. Inquietud, desazón. ‖ **el ~ de la conciencia.** M. coloq. Remordimiento nacido del mal obrar. ‖ **matar el ~.** LOC.VERB. Satisfacer el hambre momentáneamente.

gusano. M. **1.** Se usa como nombre para referirse a las larvas vermiformes de muchos insectos y de las orugas de los lepidópteros. ‖ **2. lombriz.** ‖ **3.** Persona vil y despreciable. ‖ **4.** *Zool.* Se usa como nombre común para referirse a animales metazoos, invertebrados, de vida libre o parásitos, de cuerpo blando, segmentado o no y ápodo. ORTOGR. En pl., escr. con may. inicial c. taxón en desuso. *Los Gusanos.* ‖ **~ de la seda.** M. **gusano de seda.** ‖ **~ de luz.** M. **luciérnaga.** ‖ **~ de seda.** M. Oruga de la mariposa de la seda.

gusanoso, sa. ADJ. Que tiene gusano o gusanos. *Legumbres gusanosas.*

gusarapo. M. Animal, de forma de gusano, que se cría en un líquido.

gustable. ADJ. *Chile.* Sabroso, gustoso.

gustar. **I.** TR. **1.** Sentir y percibir el sabor de las cosas. *Nunca había gustado tal comida.* ‖ **II.** INTR. **2.** Agradar, parecer bien. *Me gusta su sonrisa.* ‖ **3.** Dicho de una persona: Resultar atractiva a otra. ‖ **4.** Desear, querer y tener complacencia en algo. *Gustar DE correr. Gustar DE jugar.* U. t. c. tr. en fórmulas de cortesía. *¿Gusta usted un café?*

gustativo, va. ADJ. Perteneciente o relativo al sentido del gusto.

gustazo. M. coloq. Gusto grande que alguien se da a sí mismo haciendo algo no habitual, o incluso perjudicial, con lo que satisface una aspiración, el propio orgullo, un deseo de desquite, etc.

gustillo. M. Dejo o sabor que se percibe de algunas cosas, cuando el sabor principal no apaga del todo otro más vivo y penetrante que hay en ellas.

gusto. M. **1.** Sentido corporal con el que se perciben sustancias químicas disueltas, como las de los alimentos. ‖ **2.** Sabor que tienen las cosas. *Gusto ácido.* ‖ **3.** Placer o deleite que se experimenta con algún motivo, o se recibe de cualquier cosa. *¡Qué gusto nos dio salir de allí!* ‖ **4.** Propia voluntad, determinación o arbitrio. *No está así por su gusto.* ‖ **5.** Facultad de sentir y apreciar lo bello o lo feo. *Diego tiene buen gusto.* ‖ **6.** Buen **gusto** (‖ facultad de sentir). *Vicente tiene gusto. Rosa es mujer de gusto.* ‖ **7.** Cualidad, forma o manera que hace bello o feo algo. *Obra, traje de buen gusto. Adorno de mal gusto.* ‖ **8.** Buen **gusto** (‖ cualidad). *Traje de gusto.* ‖ **9.** Manera de sentirse o ejecutarse la obra artística o literaria en país o tiempo determinado. *El gusto griego, francés. El gusto moderno, antiguo.* ‖ **10.** Manera de apreciar las cosas cada persona. *Los hombres tienen gustos diferentes.* ‖ **11.** Capricho, antojo, diversión. *Lo hizo por simple gusto.* ‖ **12.** Afición o inclinación por algo. *Gusto por la lectura.* ‖ **a ~.** LOC.ADV. Según conviene, agrada o es necesario. ‖ **al ~.** LOC.ADV. Dicho de condimentar un alimento: Según la preferencia de quien ha de consumirlo. *Se sazona con especias al gusto.* ‖ **coger el ~ a** algo. LOC.VERB. tomar el gusto. ‖ **con mucho ~.** EXPR. Se usa para indicar que alguien accede a algo que se le pide. ‖ **dar ~.** LOC.VERB. **1.** Dicho de una cosa: Producir satisfacción o admiración. *Da gusto comer aquí.* U. t. con el verbo c. impers. *Así da gusto.* ‖ **2.** Complacer a alguien. *Me encanta darte gusto.* ‖ **despacharse** alguien **a su ~.** LOC.VERB. coloq. Hacer o decir sin reparo lo que le parece. ‖ **encontrarle ~ a** algo. LOC.VERB. Aficionarse a ello. ‖ **ir** algo **en ~s.** LOC.VERB. Depender del gusto de cada persona. *La cantidad de azúcar va en gustos.* ‖ **mucho ~.** EXPR. Se usa como fórmula de cortesía para despedirse de alguien o para responder a una presentación. ‖ **para mi, tu,** etc., **~.** LOCS.ADVS. En mi, tu, etc., opinión. *Para mi gusto está demasiado delgada.* ‖ **que es,** o **que era, un ~.** LOCS.ADVS. coloqs. Se usan para ponderar la intensidad o rapidez con que sucede algo. *Llovía que era un gusto.* ‖ **relamerse de ~.** LOC. VERB. coloq. Encontrar mucha satisfacción en un alimento o en otra cosa. ‖ **tanto ~.** EXPR. **mucho gusto.** ‖ **tomar el ~ a** algo. LOC.VERB. Aficionarse a ello.

gustoso, sa. ADJ. **1.** Dicho de una cosa: Que tiene buen sabor al paladar. *Fruto gustoso.* ‖ **2.** Que siente gusto o hace con gusto algo. *Colaboré gustosa con él.* ‖ **3. agradable** (‖ que produce complacencia o agrado). *Gustosa transgresión de ciertas normas.*

gutapercha. F. **1.** Goma traslúcida, sólida, flexible, insoluble en el agua, que se obtiene haciendo incisiones en el tronco de cierto árbol de la India, de la familia de las Sapotáceas. Blanqueada y calentada en agua, se pone bastante blanda, adhesiva y capaz de estirarse en láminas y tomar cualquier forma, que conserva tenazmente después de seca. Tiene gran aplicación en la industria para fabricar telas impermeables y sobre todo para envolver los conductores de los cables eléctricos, por ser sustancia muy aislante. ‖ **2.** Tela barnizada con esta sustancia.

gutífero, ra. ADJ. *Bot.* Se dice de las hierbas vivaces y de los arbustos y árboles angiospermos dicotiledóneos, en su mayoría originarios de la zona comprendida entre ambos trópicos, con hojas opuestas, enteras casi siempre y pecioladas, flores terminales o axilares, en panoja o racimo, fruto en cápsula o en baya, con semillas sin albumen, a veces con arilo. Por incisiones, y aun naturalmente, estas plantas segregan jugos resinosos, como la gutapercha. U. t. c. s. f. ORTOGR. En f. pl., escr. con may. inicial c. taxón. *Las Gutíferas.*

gutural. ADJ. **1.** Perteneciente o relativo a la garganta. *Región gutural.* ‖ **2.** *Fon.* Dicho de un sonido: Que se articula tocando el dorso de la lengua con la parte posterior del velo del paladar o acercándose a él formando una estrechez por la que pasa el aire espirado. U. t. c. s. f. En sentido amplio se dice de los sonidos articulados en la úvula o por contracción de la faringe.

guyanés, sa. ADJ. **1.** Natural de Guyana. U. t. c. s. ‖ **2.** Perteneciente o relativo a este país de América del Sur, anteriormente conocido como Guayana Británica.

guzgo, ga. ADJ. *Méx.* glotón.

guzla. F. Instrumento de música de una sola cuerda de crin, a la manera de un rabel, con el cual los ilirios acompañan sus cantos.

guzmán. M. hist. Noble que servía en la Armada real y en el Ejército de España con plaza de soldado, pero con distinción.

h. F. Octava letra del abecedario latino internacional y novena del español. En la lengua general no representa sonido alguno. Suele aspirarse en la dicción de algunas zonas españolas y americanas y en determinadas voces de origen extranjero. Su nombre es *hache*.

haba. F. **1.** Planta herbácea, anual, de la familia de las Papilionáceas, con tallo erguido, de un metro aproximadamente, ramoso y algo estriado, hojas compuestas de hojuelas elípticas, crasas, venosas y de color verde azulado, flores amariposadas, blancas o rosáceas, con una mancha negra en los pétalos laterales, olorosas y unidas dos o tres en un mismo pedúnculo, y fruto en vaina de unos doce centímetros de largo, rolliza, correosa, aguzada por los extremos, con cinco o seis semillas grandes, oblongas, aplastadas, blanquecinas u oscuras y con una raya negra en la parte asida a la misma vaina. Estas semillas son comestibles, y aun todo el fruto cuando está verde. Se cree que la planta procede de Persia, pero se cultiva de antiguo en toda Europa. ‖ **2.** Fruto y semilla de esta planta. ‖ **3.** Simiente de ciertos frutos, como el café, el cacao, etc. ‖ **~ de Egipto.** F. **colocasia.** ‖ **~ de las Indias.** F. **guisante de olor.** ‖ **~ del Calabar.** F. Planta de la familia de las Papilionáceas, de la que se extrae un alcaloide muy venenoso empleado en medicina para contraer la pupila y contra la hiperestesia de la médula espinal. ‖ **~ de san Ignacio.** F. **1.** Arbusto de la familia de las Loganiáceas, que se cría en Filipinas, ramosísimo, con hojas opuestas, pecioladas, ovales, agudas, enteras y lampiñas, flores blancas de olor de jazmín y forma de embudo, en panojas axilares, colgantes y con un pedúnculo común, y fruto en cápsula carnosa del tamaño de una pera, con 20 ó 24 semillas duras, de corteza córnea, color leonado y volumen como una avellana, pero de forma aplastada, de sabor muy amargo, y que se usan en medicina como purgante y emético por la estricnina que contienen. ‖ **2.** Simiente de esta planta. ‖ **~ marina.** F. Pieza calcárea de forma elíptica, pequeña, plana y blanca por una cara, rugosa como el ombligo de un animal, y de color entre rojo y dorado por la otra, que sirve de opérculo a la concha de ciertos múrices. Llevado en sortijas, pendientes o botones, se tiene vulgarmente como preservativo del dolor de cabeza. ‖ **~ panosa.** F. **1.** Variedad del **haba** común, pastosa, que se emplea por lo regular para alimento de las caballerías. ‖ **2.** Fruto de esta planta. ‖ **~s verdes.** F. pl. Canto y baile popular de Castilla y León. ‖ **en todas partes cuecen,** o **se cuecen, ~s.** EXPRS. coloqs. Se usan para significar que cierto inconveniente no es exclusivo del sitio o persona de que

se trata. ‖ **son ~s contadas.** EXPR. **1.** Se usa para denotar que algo es cierto y claro. ‖ **2.** Se usa para expresar que ciertas cosas son número fijo y por lo general escaso.

habanera. F. **1.** Baile de origen cubano, en compás de dos por cuatro y de movimiento lento. ‖ **2.** Música y canto de este baile.

habanero, ra. ADJ. **1.** Natural de Habana y Ciudad de La Habana, provincias de Cuba, y de La Habana, capital de ambas y del país. U. t. c. s. ‖ **2.** Perteneciente o relativo a aquellas provincias o a esta capital. □ V. **chile ~.**

habano, na. **I.** ADJ. **1.** Perteneciente o relativo a La Habana, y, por ext., a la isla de Cuba. *Tabaco habano.* ‖ **2.** Se dice del color del tabaco claro. ‖ **II.** M. **3.** Cigarro puro elaborado en la isla de Cuba con hoja de la planta de aquel país.

habar. M. Terreno sembrado de habas.

hábeas corpus. (Locución latina). M. DER. Derecho del ciudadano detenido o preso a comparecer inmediata y públicamente ante un juez o tribunal para que, tomando en consideración sus alegaciones, resuelva si su arresto fue o no legal, y si debe alzarse o mantenerse. MORF. pl. invar. *Los hábeas corpus.*

haber[1]**.** **I.** AUX. **1.** Se usa para conjugar otros verbos en los tiempos compuestos. *Yo he amado. Tú habrás leído.* ‖ **2.** Se usa con infinitivo que denota deber, conveniencia o necesidad de realizar lo expresado por dicho infinitivo. *He de salir temprano. Habré de conformarme.* ‖ **II.** TR. **3.** Dicho de una persona: Apoderarse de alguien o algo, llegar a tenerlo en su poder. *Antonio lee cuantos libros puede haber.* ‖ **III.** IMPERS. **4. suceder** (‖ hacerse realidad). *Hubo una hecatombe.* ‖ **5.** Celebrarse, efectuarse. *Ayer hubo junta. Mañana habrá función.* ‖ **6.** Ser necesario o conveniente aquello que expresa el verbo o cláusula que sigue. *Habrá que pasear. Hay que tener paciencia.* ‖ **7.** Estar realmente en alguna parte. *Haber veinte personas en una reunión. Haber poco dinero en la caja.* ‖ **8.** Hallarse o existir de manera real o figurada. *Hay gente sin principios. Hay razones en apoyo de tu dictamen.* ‖ **9.** Denota la culminación o cumplimiento de la medida expresada. *Poco tiempo ha. Habrá diez años.* ¶ MORF. V. conjug. modelo. ‖ **allá se las haya,** o **se las hayan,** o **se lo haya,** o **se lo hayan,** o **te las hayas,** o **te lo hayas.** EXPRS. coloqs. **allá se las componga.** ‖ **bien haya.** LOC. INTERJ. Se usa para bendecir o desear bien a alguien o algo. ‖ **~las, ~lo,** o **habérselas, con** alguien o algo. LOCS. VERBS. coloqs. Tratar y, especialmente, disputar o luchar con él o con ello. ‖ **~ a alguien por confeso.**

LOC.VERB. *Der.* Declararlo o reputarlo por confeso, teniendo por reconocida una firma o por contestada afirmativamente una pregunta, por falta de comparecencia a declarar, después de cumplidos los requisitos que la ley preceptúa. || **lo habido y por ~.** LOC.SUST. M. coloq. Toda clase de cosas imaginables. || **no ~ de qué.** LOC.VERB. No haber razón o motivo para algo, o carecer de dinero. || **no ~ más que.** LOC.VERB. Denota perfección o acabamiento en orden a lo expresado por el verbo al que acompaña. || **no ~ más que pedir.** LOC.VERB. Ser perfecto algo, no faltarle nada para llenar el deseo. || **no ~ por donde agarrar,** o **coger,** algo o a alguien. LOCS.VERBS. coloqs. **no tener por donde cogerlo.** || **no ~ tal.** LOC.VERB. No ser cierto, carecer de fundamento. || **no hay de qué.** EXPR. Se usa como fórmula para responder a las expresiones de gratitud. *Muy agradecido. —No hay de qué.* || **si los hay.** LOC.ADV. Se usa para reforzar la significación de un calificativo. *Es valiente, si los hay.*

haber². M. **1.** Hacienda, caudal, conjunto de bienes y derechos pertenecientes a una persona física o jurídica. U. m. en pl. || **2.** Cantidad que se devenga periódicamente en retribución de servicios personales. U. m. en pl. || **3.** *Com.* Parte, de las dos en que se divide una cuenta corriente, en la cual se anotan las sumas que se acreditan o abonan al titular. || **~es pasivos.** M. pl. *Der.* Pensiones de los empleados públicos.

habichuela. F. judía.

habiente. ADJ. Que tiene. U. t. c. s., especialmente en expresiones jurídicas, unas veces antepuesto y otras pospuesto al nombre que es su complemento. *Habiente* o *habientes derecho,* o *derecho habiente* o *habientes.*

hábil. ADJ. **1.** Capaz y dispuesto para cualquier ejercicio u oficio. *Es muy hábil en electrónica.* || **2.** Propio o característico de una persona hábil. *Manos hábiles.* || **3.** Apropiado o adecuado para hacer algo. *Tren hábil para el transporte.* || **4.** *Der.* Apto para algo. *Hábil para contratar. Tiempo hábil.* □ V. **día ~.**

habilidad. F. **1.** Capacidad y disposición para algo. || **2.** Gracia y destreza en ejecutar algo que sirve de adorno a la persona, como bailar, montar a caballo, etc. || **3.** Cada una de las cosas que una persona ejecuta con gracia y destreza. || **hacer** alguien sus **~es.** LOC.VERB. coloq. Valerse de toda su destreza y maña para negociar y conseguir algo.

habilidoso, sa. ADJ. Que tiene habilidad.

habilitación. F. **1.** Acción y efecto de habilitar. || **2.** Cargo o empleo de habilitado. || **3.** Despacho u oficina donde el habilitado ejerce su cargo.

habilitado, da. PART. de habilitar. || M. y F. Persona que cobra en Hacienda los sueldos y otros emolumentos de los funcionarios y los entrega a los interesados.

habilitador, ra. ADJ. Que habilita a alguien. Apl. a pers., u. t. c. s.

habilitar. TR. **1.** Hacer a alguien o algo hábil, apto o capaz para una cosa determinada. *Se habilitará una sala para la conferencia.* || **2.** Dar a alguien el capital necesario para que pueda negociar por sí. || **3.** *Der.* Atribuir a una persona una facultad que, de acuerdo con las normas ordinarias, no tiene. *Habilitarlo para comparecer en juicio. Oficial habilitado como secretario. General habilitado.*

habiloso, sa. ADJ. Á. *Andes* y *Chile.* Que tiene habilidad.

habitabilidad. F. Capacidad de ser habitado, y en particular la que, con arreglo a determinadas normas legales, tiene un local o una vivienda.

habitación. F. **1.** Acción y efecto de habitar. || **2.** Lugar destinado a vivienda. || **3.** En una vivienda, cada uno de los espacios entre tabiques destinados a dormir, comer, etc. || **4.** dormitorio. || **5.** *Der.* Servidumbre personal cuyo poseedor tiene facultad de ocupar en casa ajena las piezas necesarias para sí y para su familia, sin poder arrendar ni traspasar por ningún título este derecho.

habitáculo. M. **1.** habitación (|| lugar destinado a vivienda). || **2.** Recinto de pequeñas dimensiones destinado a ser ocupado por personas o animales. || **3.** En un vehículo, espacio destinado a las personas.

habitador, ra. ADJ. Que vive o reside en un lugar o casa. U. t. c. s.

habitante. I. ADJ. **1.** Que habita. *Indios habitantes del continente americano.* || **II.** COM. **2.** Cada una de las personas que constituyen la población de un barrio, ciudad, provincia o nación.

habitar. TR. Vivir, residir. U. t. c. intr.

hábitat. M. *Ecol.* Lugar de condiciones apropiadas para que viva un organismo, especie o comunidad animal o vegetal. MORF. pl. **hábitats.**

hábito. M. **1.** Modo especial de proceder o conducirse adquirido por repetición de actos iguales o semejantes, u originado por tendencias instintivas. || **2.** Vestido o traje que cada persona usa según su estado, ministerio o nación, y especialmente el que usan los religiosos y religiosas. || **3.** Insignia con que se distinguen las órdenes militares. || **4.** Cada una de estas órdenes. || **5.** *Med.* Situación de dependencia respecto de ciertas drogas. || **6.** pl. Vestido talar propio de los eclesiásticos, compuesto ordinariamente de sotana y manteo. || **~ de penitencia.** M. **1.** Vestido usado por mortificación del cuerpo, o como señal de humildad o devoción. || **2.** hist. El que por un delito o pecado público imponía o mandaba llevar por algún tiempo quien tenía potestad para ello. || **~s corales.** M. pl. Los que llevan los sacerdotes en determinados actos del culto, compuestos de sotana, roquete y muceta. || **ahorcar los ~s.** LOC.VERB. coloq. Dejar el ministerio o los estudios eclesiásticos para tomar otro destino o profesión. || **tomar el ~.** LOC.VERB. Ingresar con las formalidades correspondientes en una orden militar o religiosa.

habituación. F. Acción y efecto de habituar.

habitual. ADJ. **1.** Que se hace, padece o posee con continuación o por hábito. *Conducta habitual.* || **2.** Dicho de una persona: Que hace repetidamente lo que le es propio. *Delincuente habitual.* || **3.** Dicho de una persona: Que acude repetidamente o por hábito a un lugar. *Cliente habitual.* □ V. **gracia ~.**

habitualidad. F. Cualidad de habitual.

habituar. TR. Acostumbrar o hacer que alguien se acostumbre a algo. U. m. c. prnl. MORF. conjug. c. *actuar.*

habla. F. **1.** Facultad de hablar. *Perder el habla.* || **2.** Acción de hablar. || **3.** Manera especial de hablar. *El habla de un niño.* || **4.** *Ling.* Realización lingüística, por oposición a la *lengua* como sistema. || **5.** *Ling.* Acto individual del ejercicio del lenguaje, producido al elegir determinados signos, entre los que ofrece la lengua, mediante su realización oral o escrita. || **6.** *Ling.* Sistema lingüístico de una comarca, localidad o colectividad, con rasgos propios dentro de otro sistema más extenso. *Las hablas leonesas.* || **al ~.** LOC.ADV. En trato, en comunicación acerca de algún asunto. *Seguimos al habla.* || **quedarse sin ~.** LOC.VERB. Asustarse, atemorizarse o asombrarse hasta el punto de no poder hablar. ‖ **quitar el ~ a alguien.** LOC. VERB. Asustarlo, atemorizarlo o dejarlo tan asombrado que no pueda hablar.

hablada. F. **1.** *Méx.* **chisme** (‖ noticia que pretende indisponer). ‖ **2.** *Méx.* **fanfarronada. ‖ echar ~s.** LOC. VERB. **1.** *Méx.* **fanfarronear.** ‖ **2.** *Méx.* **mentir** (‖ decir lo contrario de lo que se sabe, cree o piensa).

hablado, da. PART. de **hablar.** ‖ ADJ. **oral** (‖ manifestado con la palabra). *Diario hablado.* ‖ **bien ~.** LOC.ADJ. **1.** Que habla con propiedad, y sabe usar el lenguaje que conviene a su propósito o intento. ‖ **2.** Comedido en el hablar. ‖ **mal ~.** LOC.ADJ. Descomedido en el hablar. ☐ V. **cadena ~, retrato ~.**

hablador, ra. ADJ. **1.** Que habla mucho, con impertinencia y molestia de quien lo oye. U. t. c. s. ‖ **2.** *Méx.* Fanfarrón, valentón o mentiroso. U. t. c. s.

habladuría. F. **1.** Dicho o expresión inoportuna e impertinente, que desagrada o injuria. ‖ **2.** Rumor que corre entre muchos sin fundamento. U. m. en pl.

hablanchín, na. ADJ. coloq. Que habla lo que no debe. U. t. c. s.

hablante. ADJ. Que habla. Apl. a pers., u. t. c. s.

hablantín, na. ADJ. coloq. Que habla lo que no debe. U. t. c. s.

hablantina. F. *Á. Caribe.* Charla desordenada o insustancial.

hablantinoso, sa. ADJ. *Á. Caribe.* **hablador** (‖ que habla mucho). U. t. c. s.

hablar. I. INTR. **1.** Articular, proferir palabras para darse a entender. ‖ **2.** Dicho de ciertas aves: Imitar las articulaciones de la voz humana. ‖ **3.** Dicho de una persona: Comunicarse con otra u otras por medio de palabras. *Ayer hablé largamente con don Pedro.* ‖ **4.** Pronunciar un discurso u oración. *Mañana hablará en las Cortes el ministro de Hacienda.* ‖ **5.** Expresarse de uno u otro modo. *Hablar bien o mal. Hablar elocuentemente.* ‖ **6.** Manifestar, en lo que se dice, cortesía o benevolencia, o al contrario, o bien emitir opiniones favorables o adversas acerca de personas o cosas. *Habla mal de todo el mundo.* ‖ **7.** Razonar, o tratar de algo platicando. *Hablar DE negocios. Hablar DE literatura.* U. t. c. tr. *Ya lo hablaré yo con los interesados.* ‖ **8.** Tratar de algo por escrito. *Los autores antiguos no hablan de esta materia.* ‖ **9.** Dirigir la palabra a alguien. *El rey habló a todos los presentes. Nadie le hablará antes que yo.* ‖ **10.** Tener relaciones amorosas con otra persona. *Gil habla con Juana.* ‖ **11.** Murmurar o criticar. *El que más habla es el que más tiene que callar.* ‖ **12.** Rogar, interceder por alguien. *Hablar en favor de un condenado.* ‖ **13.** Explicarse o darse a entender por medio distinto del de la palabra. *Hablar por señas.* ‖ **14.** Dar a entender algo de cualquier modo. *En el mundo todo habla de Dios.* ‖ **15.** Se usa para encarecer el modo de sonar un instrumento con gran arte y expresión. *Toca la guitarra, que la hace hablar.* ‖ **II.** TR. **16.** Emplear uno u otro idioma para darse a entender. *Habla francés. Habla italiano y alemán.* ‖ **17.** Decir algunas cosas especialmente buenas o malas. *Hablar pestes. Hablar maravillas.* ‖ **III.** PRNL. **18.** Comunicarse, tratarse de palabra con alguien. *Antonio y Juan se hablaron ayer en el teatro. Tu hermano y yo nos hemos hablado algunas veces.* ‖ **19.** Dicho de una persona: No tratarse con otra, por haberse enemistado con ella, o tenerla en menos. U. con neg. *Hace tiempo que no se hablan.* ‖ **estar hablando.** LOC.VERB. Se usa para exagerar la propiedad con que está ejecutado algo inanimado, como una pintura, una estatua, etc., y que imita tanto a lo natural, que parece que habla. ‖ **~ alto.** LOC. VERB. Explicarse con libertad o enojo en algo, fundándose en la propia autoridad o en la razón. ‖ **~ a tontas y a locas** alguien. LOC.VERB. coloq. hablar sin reflexión y diciendo lo primero que se le ocurre, aunque sean disparates. ‖ **~ alguien consigo.** LOC.VERB. Meditar o discurrir sin llegar a pronunciar lo que medita o discurre. ‖ **~ en común.** LOC.VERB. hablar en general y con todos. ‖ **~ alguien entre sí.** LOC.VERB. hablar consigo. ‖ **~ fuerte.** LOC.VERB. hablar con entereza y superioridad. ‖ **~lo todo.** LOC.VERB. No tener discreción para callar lo que se debe callar. ‖ **~ por ~.** LOC.VERB. Decir algo sin fundamento ni sustancia y sin venir al caso. ‖ **ni ~.** EXPR. coloq. Se usa para rechazar o negar una propuesta. ‖ **no se hable más.** EXPR. Se usa para cortar una conversación, o dar por concluido un negocio o disgusto. ‖ **solo le falta ~.** EXPR. coloq. Se usa para encarecer la perfección de una imagen humana, y, por ext., de un animal, de una máquina, etc.

hablilla. F. Rumor, cuento, mentira que corre entre la gente.

hablista. COM. Persona que se distingue por la pureza, propiedad y elegancia del lenguaje.

habón. M. Bulto en forma de haba que causa picor y aparece en la piel producido por la picadura de un insecto, por urticaria, etc.

hacanea. F. Jaca mayor de lo habitual, pero menor que el caballo y más apreciada que la normal.

hacedero, ra. ADJ. Que puede hacerse, o es fácil de hacer. *Proyecto hacedero.*

hacedor, ra. ADJ. Que hace, causa o ejecuta algo. U. t. c. s. ORTOGR. Apl. a Dios, escr. con may. inicial. *El Hacedor. El Supremo Hacedor.*

hacendado, da. I. ADJ. **1.** Que tiene hacienda en bienes inmuebles. Apl. a pers., u. t. c. s. ‖ **2.** Que tiene muchos de estos bienes. Apl. a pers., u. t. c. s. ‖ **II.** M. y F. **3.** *Am.* Estanciero que se dedica a la cría de ganado. ‖ **III.** M. **4.** *Á. Caribe* y *Chile.* Dueño de una hacienda de campo.

hacendista. COM. Persona versada en la administración o en la doctrina de la Hacienda pública.

hacendístico, ca. ADJ. Perteneciente o relativo a la Hacienda pública.

hacendoso, sa. ADJ. Solícito y diligente en las faenas domésticas.

hacer. I. TR. **1.** Producir algo, darle el primer ser. *Hacer fuego.* ‖ **2.** Fabricar, formar algo dándole la forma, norma y trazo que debe tener. *¿Me haces la lazada?* ‖ **3.** Ejecutar, poner por obra una acción o trabajo. *Hacer prodigios.* Se usa a veces sin determinar la acción. *No sabe qué hacer.* U. t. c. prnl. *No sabe qué hacerse.* ‖ **4.** Realizar o ejecutar la acción expresada por un verbo enunciado previamente. *¿Escribirás la carta esta noche? —Lo haré sin falta.* ‖ **5.** Dar el ser intelectual, formar algo con la imaginación o concebirlo en ella. *Hacer un poema.* ‖ **6.** Contener, tener capacidad para. *Esta tinaja hace cien litros de aceite.* ‖ **7.** Causar, ocasionar. *Hacer sombra, humo.* ‖ **8.** Fomentar el desarrollo o agilidad de los miembros, músculos, etc., mediante ejercicios adecuados. *Hacer dedos un pianista. Hacer piernas.* ‖ **9.** Disponer, componer, aderezar. *Hacer la comida, la cama, la maleta.* ‖ **10.** Componer, mejorar, perfeccionar. *Esta pipa hace buen vino.* ‖ **11.** Dar un determinado aspecto.

Esa camisa te hace más joven. U. t. c. intr. ‖ **12.** Habituar, acostumbrar. *Hacer el cuerpo a las fatigas.* U. t. c. prnl. ‖ **13.** Cumplir una determinada edad. *Mañana mi hijo hace diez años.* ‖ **14.** Recorrer un camino o una distancia. *Ese trecho lo hago en veinte minutos.* U. t. c. prnl. ‖ **15.** Arreglar o embellecer alguna parte del cuerpo. U. t. c. prnl. *Hacerse las uñas.* ‖ **16.** Junto con algunos nombres, significa la acción de los verbos que se forman de la misma raíz que dichos nombres; así, *hacer estimación,* es *estimar; hacer burla, burlarse.* ‖ **17.** Reducir algo a lo que significan los nombres a que va unido el verbo. *Hacer pedazos, trozos.* ‖ **18.** Usar o emplear lo que los nombres significan. *Hacer señas, gestos.* ‖ **19.** Creer o suponer. *Yo hacía a Juan en Francia, contigo, estudiando.* ‖ **20.** Conseguir, obtener, ganar. *Hacer dinero. Hacer una fortuna.* ‖ **21.** Proveer, suministrar, facilitar. *Hacer a alguien con dinero.* ‖ **22.** En un espectáculo, **representar** (‖ interpretar un papel). *Hacer el rey, el gracioso, el lobo.* ‖ **23. representar** (‖ ejecutar en público una obra dramática). *Hacen* La vida es sueño *en el Teatro Nacional.* ‖ **24. fingir** (‖ simular). *Hace* QUE *estudia,* QUE *trabaja. Hacer* QUE *hacemos.* ‖ **25.** Constituir un número o una cantidad. *Nueve y cuatro hacen trece.* ‖ **26.** Ocupar en una serie cierto número de orden. *Este enfermo hace el número cinco.* ‖ **27.** Dejar espacio para alguien o algo modificando la disposición de las personas o de las cosas. *Hacer hueco. Hacer sitio.* ‖ **28.** Cursar un estudio académico. *Hacer una carrera, primero de bachillerato.* ‖ **29.** Obligar a que se ejecute la acción significada por el verbo de la perífrasis. *Lo hizo venir. Hizo que nos fuésemos.* ‖ **30.** Conseguir alcanzar una velocidad. *Esta moto hace una media de 120 km/h.* ‖ **31.** coloq. Expeler los excrementos o la orina. *Hacer caca, pis.* ‖ **II.** IMPERS. **32.** Expresa la cualidad o estado del tiempo atmosférico. *Hace calor, frío, buen día. Hace bueno. Mañana hará malo.* ‖ **33.** Haber transcurrido cierto tiempo. *Hace tres días. Ayer hizo un mes. Mañana hará dos años.* ‖ **III.** INTR. **34.** Obrar, actuar, proceder. *Creo que hice bien.* ‖ **35. importar** (‖ convenir). *Eso no le hace. No hace al caso.* ‖ **36.** Referirse a, concernir, afectar. *Por lo que hace al dinero, no te preocupes.* ‖ **37.** Dicho de una cosa: Corresponder, venir bien con otra. *Aquello hace aquí bien. Esto no hace con aquello.* ‖ **38.** Desempeñar una función, representar un papel o servir de algo. *Ella hizo DE Electra. Este nombre hace DE sujeto. La alfombra hacía DE cama.* ‖ **39.** Poner cuidado y diligencia para la ejecución de algo. *Hacer por llegar. Hacer por venir. Hacer para salvarse. Hacer para sí.* ‖ **40. aparentar** (‖ manifestar, dar a entender lo que no es). *Hacer alguien como que no quiere algo, o como que no ha visto a otra persona.* ‖ **IV.** PRNL. **41.** Crecer, aumentarse, adelantarse para llegar al estado de perfección que cada cosa ha de tener. *Hacerse los árboles, los sembrados.* ‖ **42.** Volverse, transformarse. *Hacerse vinagre el vino.* ‖ **43.** Llegar a ser, adquirir un grado o una profesión. *Hacerse médico.* ‖ **44.** Abrazar un credo, una ideología, una corriente artística, etc., y entrar a formar parte del correspondiente grupo, partido, secta o club. *Hacerse cristiano, comunista, surrealista.* ‖ **45. blasonar** (‖ hacer ostentación). *Hacerse el valiente.* ‖ **46. apartarse** (‖ retirarse). *Hazte allá. Hacerse a un lado, afuera.* ‖ **47.** Obtener, apoderarse de algo. *Se hizo CON un buen botín.* ‖ **48.** Dominar, controlar. *Hacerse CON el muchacho. Hacerse CON el coche.* ‖ **49.** Dicho de una cosa: Parecerle otra a alguien. *Las mana-*

das que a don Quijote se le hicieron ejércitos. ‖ **50.** Llega un determinado momento o pasar el que era oportun para algo. *Hacerse la hora de comer. Hacerse de día. H cerse tarde.* ‖ **51.** Dicho de una persona: Fingirse lo qu no es. *Hacerse el tonto.* ‖ **52.** Ir a parar, resultar, ocurri llegar a ser, implicando a veces la inexistencia actual d la persona o cosa a que se refiere la pregunta. *¿QUÉ s hizo DE tantas promesas?* ¶ MORF. V. conjug. modelo; par irreg. **hecho. ‖ a medio —.** LOC.ADJ. Dicho de una cosa A medio camino entre su comienzo y su terminación U. t. c. loc. adv. ‖ **haberla hecho buena.** LOC.VERB. irón coloq. Haber ejecutado algo perjudicial o contrario a d terminado fin. *Buena la has hecho. La hemos hech buena.* ‖ **¿hacemos algo?** EXPR. coloq. Se usa para inci tar a alguien a que entre en algún negocio con otra per sona, o a venir a la conclusión de un contrato. ‖ **— algo mal —.** LOC.VERB. hacer adrede algo malo. ‖ **— buen** algo. LOC.VERB. coloq. Probarlo o justificarlo, hacer efec tivo y real lo que se dice o se supone. ‖ **— de las suyas de las tuyas,** etc. LOCS.VERBS. Proceder según el propi genio y costumbres, prescindiendo del parecer ajen U. m. en sent. peyor. ‖ **— de menos** a alguien. LOC.VERI No tenerlo en cuenta, no darle importancia. ‖ **—la.** LOC VERB. Se usa para significar que alguien faltó a lo que d bía, a sus obligaciones o al concepto que se tenía de é ‖ **— por —.** LOC.VERB. coloq. Se usa para dar a entender qu se hace algo sin necesidad o sin utilidad. ‖ **— presente** LOC.VERB. Representar, informar, declarar, referir. *Hici ron presentes sus demandas en la reunión con la patrona.* ‖ **—se alguien de rogar.** LOC.VERB. No acceder a lo qu otro pide hasta que se lo ha rogado con instancia. ‖ **—s fuerte.** LOC.VERB. 1. Fortificarse en algún lugar par defenderse de una violencia o riesgo. ‖ 2. Mantenerse con tesón en un propósito o en una idea. ‖ **—se alguie olvidadizo.** LOC.VERB. Fingir que no se acuerda de l que debiera tener presente. ‖ **— algo sudar** a alguier LOC.VERB. coloq. Ser difícil o costar mucho ejecutarlo comprenderlo. ‖ **— ver** algo. LOC.VERB. Demostrarlo d modo que no quede duda. ‖ **— viejo** a alguien. LOC.VERI Se usa para dar a entender que el desarrollo o cambi producido en alguien o en algo hace comprender a otr persona que también para ella ha corrido el tiempo ‖ **— y deshacer.** LOC.VERB. Proceder a voluntad en u asunto sin dar cuenta a los interesados en él. ‖ **no — alguien hablar.** LOC.VERB. Se usa para contener a otr persona amenazándola con que se dirá algo que le pes ‖ **¿qué hacemos,** o **qué haremos, con eso?** EXPR coloqs. Se usan para significar la poca importancia utilidad, para el fin que se pretende, de lo que actua mente se discurre o propone. ‖ **¿qué haces?** EXPR. colo Se usa para avisar a quien va a ejecutar algo arriesgado, para que reflexione sobre ello y lo evit ‖ **¿qué le vamos,** o **qué le vas,** o **qué se le va a —** EXPRS. coloqs. Se usan para conformarse alguien con l que sucede, dando a entender que no está en su man evitarlo.

hacha[1]. F. **1.** Vela de cera, grande y gruesa, de forma p lo común de prisma cuadrangular y con cuatro pabilo ‖ **2.** Mecha que se hace de esparto y alquitrán para qu resista al viento sin apagarse. ‖ **— de viento.** F. hach (‖ mecha de esparto y alquitrán).

hacha[2]. F. **1.** Herramienta cortante, compuesta de un gruesa hoja de acero, con filo algo convexo, ojo para u mango o asta. ‖ **2.** coloq. Persona muy diestra o que s bresale en cualquier actividad. *Eres un hacha en cálculo.* ‖ **3.** hist. Baile antiguo español. □ V. **callo de ~.**

hachar. TR. Cortar o labrar con **hacha** (‖ herramienta cortante).

hachazo. M. **1.** Golpe dado con el **hacha** (‖ herramienta cortante). ‖ **2.** Golpe que el toro da lateralmente con un cuerno, produciendo contusión y no herida. ‖ **3.** *Á. R. Plata.* Golpe violento dado de filo con arma blanca.

hache. F. Nombre de la letra *h*. MORF. pl. **haches. ‖ por ~ o por be.** LOC.ADV. coloq. De un modo o de otro. *Por hache o por be se salió con la suya.*

hachemí. ADJ. **hachemita.** MORF. pl. **hachemíes** o **hachemís.**

hachemita. ADJ. Perteneciente o relativo a una dinastía árabe emparentada con Mahoma.

hachero[1]. M. Candelero que sirve para poner el hacha de cera.

hachero[2]. M. Hombre que trabaja con el **hacha** (‖ herramienta cortante).

hachís. M. Compuesto de ápices florales y otras partes del cáñamo índico, mezcladas con diversas sustancias azucaradas o aromáticas, que produce una embriaguez especial.

hacho[1]. M. Manojo de paja o esparto encendido para alumbrar.

hacho[2]. M. Hacha pequeña de cortar.

hachón. M. **hacha** (‖ vela de cera).

hacia. PREP. **1.** Denota dirección del movimiento con respecto al punto de su término. U. t. en sent. fig. *Vamos hacia el éxito.* ‖ **2.** Alrededor de, cerca de. *Hacia las tres de la tarde. Ese pueblo está hacia Tordesillas.*

hacienda. F. **1.** Finca agrícola. ‖ **2.** Conjunto de bienes y riquezas que alguien tiene. ‖ **3.** Departamento de la Administración pública que elabora los presupuestos generales, recauda los ingresos establecidos y coordina y controla los gastos de los diversos departamentos. ORTOGR. Escr. con may. inicial. ‖ **4.** Conjunto de las rentas, impuestos y demás bienes de cualquier índole regidos por el Estado o por otros entes públicos. ‖ **5.** Labor, faena casera. U. m. en pl. ‖ **~ de beneficio.** F. *Méx.* Oficina donde se benefician los minerales de plata. □ V. **día de ~.**

hacina. F. **1.** Conjunto de haces colocados apretada y ordenadamente unos sobre otros. ‖ **2. montón** (‖ conjunto de cosas sin orden unas encima de otras).

hacinación. F. **hacinamiento.**

hacinamiento. M. Acción y efecto de hacinar.

hacinar. TR. **1.** Poner los haces unos sobre otros formando hacina. ‖ **2.** Amontonar, acumular, juntar sin orden. U. t. c. prnl. *Decenas de personas se hacinan bajo los soportales.*

hada. F. Ser fantástico que se representaba bajo la forma de mujer, a quien se atribuía poder mágico y el don de adivinar el futuro.

hado. M. En la tradición clásica, fuerza desconocida que obra irresistiblemente sobre los dioses, los hombres y los sucesos.

hadrón. M. *Fís.* Tipo de partículas subatómicas compuestas por quarks y caracterizadas por una interacción fuerte; p. ej., el protón y el mesón.

hafnio. M. *Quím.* Elemento químico de núm. atóm. 72. Metal escaso en la litosfera, se encuentra generalmente acompañando al circonio. Dúctil, brillante y de excelentes cualidades mecánicas. Se usa en el control de los reactores nucleares. (Símb. *Hf*).

hagiografía. F. **1.** Historia de las vidas de los santos. ‖ **2.** Biografía que alaba en exceso al biografiado.

hagiográfico, ca. ADJ. Perteneciente o relativo a la hagiografía.

hagiógrafo, fa. I. M. y F. **1.** Escritor de vidas de santos. ‖ **2.** Biógrafo que resalta en exceso las cualidades y virtudes del biografiado. ‖ **II.** M. **3.** Autor de cualquiera de los libros de la Sagrada Escritura. ‖ **4.** En la Biblia hebrea, autor de cualquiera de los libros comprendidos en la tercera parte de ella.

haikai o **hai-kai.** M. haiku.

haiku o **haikú.** M. Composición poética de origen japonés que consta de tres versos de cinco, siete y cinco sílabas respectivamente. MORF. pl. **haikus** o **haikús** –o **haikúes**–.

haitiano, na. ADJ. **1.** Natural de Haití. U. t. c. s. ‖ **2.** Perteneciente o relativo a este país de América.

hala. INTERJ. **1.** Se usa para mostrar sorpresa. *¡Hala, qué bonito!* ‖ **2.** Se usa para infundir aliento o meter prisa. *¡Hala, no te quedes ahí parado!* ‖ **3.** Se usa para llamar. *Hala, niños, a merendar.* ‖ **4.** Se usa para denotar la persistencia en una marcha. U. repetida. *¡Hala, hala, tú siempre a lo tuyo sin preocuparte de nadie!*

halagador, ra. ADJ. Que halaga. *Crítica halagadora.*

halagar. TR. **1.** Dar a alguien muestras de afecto o rendimiento con palabras o acciones que puedan serle gratas. *Halagaba a los invitados con sus atenciones.* ‖ **2.** Dar motivo de satisfacción o envanecimiento. *Me halaga que valoren mi trabajo.* ‖ **3.** Adular o decir a alguien interesadamente cosas que le agraden. *Es el típico empleado que halaga continuamente al jefe.* ‖ **4.** Agradar, deleitar. *Al perro le halagan las caricias.*

halago. M. **1.** Acción y efecto de halagar. ‖ **2.** Cosa que halaga.

halagüeño, ña. ADJ. Que halaga. *Futuro halagüeño.*

halar. TR. **1.** *Mar.* Tirar de un cabo, de una lona o de un remo en el acto de bogar. ‖ **2.** *Am. Cen.* y *Á. Caribe.* Tirar hacia sí de algo.

halcón. M. **1.** Ave rapaz diurna, de unos 40 cm de largo desde la cabeza a la extremidad de la cola, y muy cerca de 90 cm de envergadura, con cabeza pequeña, pico fuerte, curvo y dentado en la mandíbula superior, plumaje de color variable con la edad, pues de joven es pardo con manchas rojizas en la parte superior, y blanquecino rayado de gris por el vientre. A medida que el animal enveje ce, se vuelve plomizo con manchas negras en la espalda, se oscurecen y señalan más las rayas de la parte inferior, y aclara el color del cuello y de la cola. La hembra es un tercio mayor que el macho; los dos tienen uñas curvas y robustas, tarsos de color verde amarillento y vuelo potente; son muy audaces, atacan a toda clase de aves, y aun a los mamíferos pequeños, y como se domestican con relativa facilidad, se empleaban antiguamente en la caza de cetrería. ‖ **2.** En el ámbito político, partidario de medidas intransigentes y del recurso a la fuerza para solucionar un conflicto. ‖ **~ marino.** M. Ave de rapiña más fácil de amansar que las otras. Es de unos tres decímetros de largo, de color ceniciento, con manchas pardas, a veces enteramente blanco, y tiene el pico grande, curvo y fuerte, así como las uñas. ‖ **~ peregrino.** M. **halcón** (‖ ave rapaz).

halconería. F. Caza que se hace con halcones.

halconero, ra. M. y F. Persona que cuida de los halcones de la cetrería.

halda. F. falda. □ V. **capotillo de dos** ~s.

haldear. INTR. Dicho de una persona con faldas: Andar deprisa.

haldudo, da. ADJ. Que tiene mucha falda. *Vestido haldudo.*

hale. INTERJ. hala.

hálito. M. aliento.

halitosis. F. Fetidez del aliento.

hallaca. F. Á. *Caribe.* Pastel de harina de maíz, relleno de un guiso elaborado con pescado o varias clases de carne en trozos pequeños, y otros ingredientes, que, envuelto en hojas de plátano o cambur se hace especialmente por Navidad.

hallado, da. PART. de **hallar.** ‖ ADJ. Familiarizado o avenido. *Bien, mal hallado.*

hallador, ra. ADJ. Que halla. Apl. a pers., u. t. c. s.

hallar. I. TR. **1.** Encontrar a alguien o algo que se busca. ‖ **2.** Encontrar a alguien o algo sin buscarlo. *Hallaron el yacimiento arqueológico durante las obras del ferrocarril.* ‖ **3.** Descubrir con ingenio algo hasta entonces desconocido. *Hallar una vacuna.* ‖ **4.** Conocer, entender después de una reflexión. *Hallar injustificado un argumento.* ‖ **II.** PRNL. **5.** Estar presente. ‖ **6.** Estar en cierto estado. *Hallarse atado, perdido, alegre, enfermo.* ‖ **hallárselo** alguien **todo hecho.** LOC.VERB. Conseguir lo que desea sin necesidad de esforzarse para obtenerlo. ‖ **no** ~**se** alguien. LOC.VERB. No encontrarse a gusto en algún sitio o situación, estar molesto.

hallazgo. M. **1.** Acción y efecto de hallar. ‖ **2.** Persona o cosa hallada. ‖ **3.** *Der.* Encuentro casual de bienes muebles ajenos que no sean tesoros ocultos.

hallulla. F. Á. *Andes* y *Chile.* Pan de forma circular hecho con masa relativamente delgada.

hallullero, ra. M. y F. *Chile.* Persona que fabrica o vende hallullas.

halo. M. **1.** Meteoro luminoso consistente en un cerco de colores pálidos que suele aparecer alrededor de los discos del Sol y de la Luna. ‖ **2.** Círculo de luz difusa en torno de un cuerpo luminoso. ‖ **3. aureola** (‖ de las imágenes sagradas). ‖ **4.** Brillo que da la fama o el prestigio. *Un halo de gloria.*

halófilo, la. ADJ. *Bot.* Se dice de las plantas que viven en terrenos donde abundan las sales.

halógeno, na. ADJ. **1.** *Quím.* Se dice de cada uno de los elementos de un grupo del sistema periódico, integrado por el flúor, cloro, bromo, yodo y el elemento radiactivo ástato, algunas de cuyas sales son muy comunes en la naturaleza, como el cloruro sódico o sal común. U. t. c. s. m. ‖ **2.** Dicho de una lámpara o de una bombilla: Que contiene alguno de estos elementos químicos y produce una luz blanca y brillante. U. t. c. s. m.

halón. M. *Am.* Tirón, acción y efecto de halar.

haloque. M. hist. Embarcación pequeña usada antiguamente.

haltera. F. *Dep.* En la halterofilia, barra metálica con una bola o con discos en cada extremo.

halterofilia. F. Deporte olímpico de levantamiento de peso.

halterófilo, la. M. y F. Persona que practica la halterofilia.

hamaca. F. **1.** Red o pieza alargada, hecha de pita o de tejido resistente, la cual, asegurada por las extremidades en dos árboles, estacas o escarpias, queda pendiente en el aire, y sirve de cama o columpio. Es muy usada en los países tropicales. ‖ **2.** Asiento consistente en una armadura plegable, en la que se sujeta una tela que forma el asiento y el respaldo. ‖ **3.** Á. R. *Plata.* **mecedora.** ‖ **4.** Á. R. *Plata.* **columpio.** ‖ ~ **paraguaya.** F. Á. R. *Plata.* **hamaca** (‖ red).

hamacar. TR. *Am.* hamaquear. U. t. c. prnl.

hamadríade. F. *Mit.* Ninfa de los bosques.

hamamelidáceo, a. ADJ. *Bot.* Se dice de los arbustos y árboles de Asia, de América Septentrional y de África meridional, como el ocozol, con pelos estrellados, hojas esparcidas y estípulas caedizas, flores generalmente hermafroditas, alguna vez apétalas, en inflorescencias muy diversas, y fruto en cápsula. U. t. c. s. f. ORTOGR. En f. pl., escr. con may. inicial c. taxón. *Las Hamamelidáceas.*

hamaquear. TR. *Am.* Mecer, columpiar, especialmente en hamaca. U. t. c. prnl.

hambre. F. **1.** Gana y necesidad de comer. ‖ **2.** Escasez de alimentos básicos, que causa carestía y miseria generalizada. *El problema del hambre en África.* ‖ **3.** Apetito o deseo ardiente de algo. *Hambre de justicia.* ‖ ~ **canina.** F. **1.** Gana de comer extraordinaria y excesiva. ‖ **2.** Deseo vehementísimo. ‖ **andar** alguien **muerto de** ~. LOC.VERB. Pasar la vida con suma estrechez y miseria. ‖ **apagar el** ~. LOC.VERB. matar el hambre. ‖ **juntarse el** ~ **con la gana, o las ganas, de comer.** LOCS.VERBS. coloqs. Se usan para indicar que coinciden las faltas, necesidades o aficiones de dos personas. ‖ **más listo, que el** ~. LOC.ADJ. coloq. Se usa para ponderar la agudeza e ingenio de alguien. ‖ **matar de** ~. LOC.VERB. Dar poco de comer, extenuar. ‖ **matar el** ~. LOC.VERB. Saciarla. ‖ **morir, o morirse, de** ~. LOCS.VERBS. Tener o padecer mucha penuria. ‖ **sitiar** a alguien **por** ~. LOC.VERB. Valerse de la ocasión de que esté en necesidad o apuro, para reducirlo a lo que se desea. □ V. **huelga de** ~, **huelga del** ~.

hambrear. I. TR. **1.** Causar a alguien o hacerle padecer hambre, impidiéndole la provisión de víveres. ‖ **II.** INTR. **2.** Padecer hambre. ‖ **3.** Mostrar alguna necesidad, suscitando la compasión y mendigando remedio para ella.

hambriento, ta. ADJ. **1.** Que tiene mucha **hambre** (‖ gana y necesidad de comer). *Salen hambrientas del colegio.* Apl. a pers., u. t. c. s. ‖ **2.** Que tiene **hambre** (‖ apetito o deseo de algo). *Hambriento de emociones.* ‖ **3.** Á. *Andes.* tacaño.

hambrón, na. ADJ. coloq. Muy hambriento, que continuamente anda manifestando afán por comer. Apl. a pers., u. t. c. s.

hambruna. F. **hambre** (‖ escasez generalizada de alimentos).

hamburgués, sa. ADJ. **1.** Natural de Hamburgo. U. t. c. s. ‖ **2.** Perteneciente o relativo a esta ciudad de Alemania.

hamburguesa. F. **1.** Torta de carne picada, con diversos ingredientes, frita o asada. ‖ **2.** Bocadillo que se hace con ella.

hamburguesería. F. Establecimiento donde se preparan y expenden hamburguesas.

hampa. F. **1.** Submundo del delito. ‖ **2.** Gente que lleva vida holgazana y maleante. ‖ **3.** hist. Conjunto de maleantes que, unidos en una especie de sociedad, cometían robos y otros delitos, y usaban la germanía.

hampón. ADJ. Dicho de un hombre: Del hampa. U. t. c. s.

hámster. M. Roedor de pequeño tamaño, semejante al ratón, que se emplea como animal de laboratorio y de compañía. MORF. pl. **hámsteres.**

hamudí. ADJ. hist. Se dice de los descendientes de Alí ben Hamud, que, a la caída del califato de Córdoba, fundaron reinos de taifas en Málaga y Algeciras durante la primera mitad del siglo XI. U. t. c. s. MORF. pl. **hamudíes** o **hamudís.**

hándicap. M. **1.** En hípica y en algunos otros deportes, competición en la que se imponen desventajas a los mejores participantes para igualar las posibilidades de todos. ‖ **2.** *Dep.* En el juego del golf, número de golpes adjudicados antes de empezar a jugar. ¶ MORF. pl. **hándicaps.**

hanega. F. fanega.

hanegada. F. fanega de tierra.

hangar. M. Cobertizo grande, generalmente abierto, para guarecer aparatos de aviación o dirigibles.

hanseático, ca. ADJ. hist. Perteneciente o relativo a la Hansa, antigua confederación de ciudades alemanas para seguridad y fomento de su comercio.

hápax. M. En lexicografía o en crítica textual, voz registrada una sola vez en una lengua, en un autor o en un texto.

haplografía. F. *Ecd.* Fenómeno consistente en la eliminación de un segmento textual idéntico o análogo a otro segmento cercano; p. ej., en el *Quijote*, II, 32, «dejarse lavar» por «dejarse lavar la barba» es una clara haplografía.

haploide. ADJ. *Biol.* Dicho de un organismo, de un tejido, de una célula o de un núcleo: Que poseen un único juego de cromosomas.

haploidía. F. *Biol.* Condición de haploide.

haplología. F. *Fon.* Eliminación de una sílaba semejante a otra contigua de la misma palabra; p. ej., *cejunto* por *cejijunto*, *impudicia* por *impudicicia*.

haragán, na. **I.** ADJ. **1.** Dicho de una persona: Que rehúye el trabajo. U. m. c. s. ‖ **II.** M. **2.** *Á. Caribe.* Utensilio para fregar el suelo que consta de un palo horizontal con una goma y de un palo vertical con el que se maneja.

haraganear. INTR. Rehuir el trabajo.

haraganería. F. Falta de aplicación al trabajo.

harapiento, ta. ADJ. Lleno de harapos. *Viajeros harapientos.*

harapo. M. andrajo (‖ pedazo o jirón de tela). ‖ **andar,** o **estar,** alguien **hecho un ~.** LOCS.VERBS. coloqs. Llevar muy roto el vestido.

haraposo, sa. ADJ. Andrajoso, lleno de harapos. *Títeres haraposos.*

haraquiri. M. Forma de suicidio ritual, practicado en el Japón por razones de honor o por orden superior, consistente en abrirse el vientre.

haras. M. *Á. R. Plata.* **potrero** (‖ sitio destinado a la cría de caballos).

haravico. M. *Á. Andes.* Entre los incas, **poeta.**

harbullar. TR. farfullar.

harca. F. En Marruecos, expedición militar de tropas indígenas de organización irregular.

harem. M. harén. MORF. pl. **harems.**

harén. M. **1.** Departamento de las casas de los musulmanes en que viven las mujeres. ‖ **2.** Entre los musulmanes, conjunto de todas las mujeres que viven bajo la dependencia de un jefe de familia.

harija. F. Polvo que el aire levanta del grano cuando se muele, y de la harina cuando se cierne.

harina. F. **1.** Polvo que resulta de la molienda del trigo o de otras semillas. ‖ **2.** Este mismo polvo despojado del salvado o la cascarilla. ‖ **3.** Polvo procedente de algunos tubérculos y legumbres. *Harina de mandioca.* ‖ **4.** Polvo menudo a que se reducen algunas materias sólidas. ‖ **~ de flor.** F. La tamizada y muy refinada. ‖ **hacer ~** algo. LOC.VERB. Hacerlo añicos. ‖ **metido en ~.** LOC.VERB. Dicho del pan: No esponjoso. ‖ **ser** algo **~ de otro costal.** LOC.VERB. coloq. Ser muy ajeno o diferente de otra cosa con que es comparado. □ V. **tortilla de ~.**

harinero, ra. **I.** ADJ. **1.** Perteneciente o relativo a la harina. *Molino, cedazo harinero.* ‖ **II.** M. **2.** Tratante y comerciante en harina.

harinoso, sa. ADJ. **1.** Que tiene mucha harina. *La pasta es un alimento harinoso.* ‖ **2.** De la naturaleza de la harina o parecido a ella. *Tez harinosa.*

harneadura. F. *Chile.* Acción y efecto de harnear.

harnear. TR. *Chile.* Cribar, pasar por el harnero.

harnero. M. Especie de criba. ‖ **estar** alguien **hecho un ~.** LOC.VERB. Tener muchas heridas.

harneruelo. M. Paño horizontal que forma el centro de la mayor parte de los **alfarjes** (‖ techos de madera labrada).

haronear. INTR. Emperezarse, andar lerdo, flojo o tardo.

harpía. F. **1.** arpía. ‖ **2.** *Zool.* Águila poderosa de plumaje blanco y plomizo coronada por un penacho bífido, que habita en las selvas americanas.

harqueño, ña. **I.** ADJ. **1.** Perteneciente o relativo al harca. ‖ **II.** M. **2.** Integrante de un harca.

hartada. F. Acción y efecto de hartar.

hartar. TR. **1.** Saciar, incluso con exceso, a alguien el apetito de comer o beber. U. t. c. prnl. *Se hartó de dulces.* ‖ **2.** Satisfacer a alguien el gusto o deseo de algo. U. t. c. prnl. *Nos hartamos a reír con la película.* ‖ **3.** Fastidiar, cansar. *Me harta tu vaguería.* U. t. c. prnl. ‖ **4.** Dar, suministrar a alguien con demasiada abundancia. *Hartarlo* DE *palos.*

hartazgo. M. Acción y efecto de hartar.

hartazón. M. **hartazgo.**

harto, ta. **I.** ADJ. **1.** Fastidiado, cansado. *Harto de ruidos.* ‖ **2.** Que tiene saciado el apetito de comer o beber. *Podéis comer hasta quedar hartos.* U. t. c. s. ‖ **3.** Bastante o sobrado. *Es harto improbable que nos descubran.* ‖ **II.** ADV.C. **4.** de sobra.

hartón, na. **I.** ADJ. **1.** *Am. Cen.* Comilón, glotón. U. t. c. s. ‖ **II.** M. **2.** coloq. **hartazgo.**

hartura. F. **hartazgo.**

hasta. **I.** PREP. **1.** Denota el término de tiempo, lugares, acciones o cantidades. *Hasta hoy. Hasta Toledo. Hasta 100 euros.* ‖ **2.** Se usa como conjunción copulativa, con valor inclusivo, combinada con *cuando* o con un gerundio. *Canta hasta cuando come,* o *comiendo.* O con valor excluyente, seguida de *que. Canta hasta que come.* ‖ **II.** ADV.T. **3.** *Am. Cen.* y *Méx.* No antes de. *Cierran hasta las nueve.* ‖ **~ no más.** LOC.ADV. Denota gran exceso de algo. ‖ **~ que,** o **~ tanto que.** EXPRS. Se usan para indicar el límite o término de la acción expresada por el verbo principal. *Correré hasta que me canse.*

hastial. M. **1.** Parte superior triangular de la fachada de un edificio, en la cual descansan las dos vertientes del tejado o cubierta, y, por ext., toda la fachada. ‖ **2.** En las iglesias, cada una de las tres fachadas correspondientes a los pies y laterales del crucero. ‖ **3.** Hombre rústico y grosero.

hastiar. TR. Causar hastío. U. t. c. prnl. MORF. conjug. c. *enviar.*

hastío. M. Aburrimiento o fastidio.

hatajo. M. **1.** despect. Grupo de personas o cosas. *Un hatajo de pillos. Un hatajo de disparates.* ǁ **2.** Grupo pequeño de ganado.

hatero, ra. I. ADJ. **1.** Dicho de una caballería: Que sirve para llevar la provisión de víveres de los pastores. ǁ **II.** M. **2.** Encargado de llevar la provisión de víveres a los pastores.

hatillano, na. ADJ. **1.** Natural de Hatillo. U. t. c. s. ǁ **2.** Perteneciente o relativo a este municipio de Puerto Rico o a su cabeza.

hato. M. **1.** Ropa y otros objetos que alguien tiene para el uso preciso y ordinario. ǁ **2.** Porción de ganado mayor o menor. ǁ **3.** Junta o compañía de gente malvada o despreciable. *Un hato de tontos.* ǁ **4. hatajo** (ǁ grupo de personas o cosas). ǁ **5.** Sitio que, fuera de las poblaciones, eligen los pastores para comer y dormir durante su permanencia allí con el ganado. ǁ **6.** Provisión de víveres con que para algunos días se abastece a los pastores, jornaleros y mineros. ǁ **7.** Á. Caribe. Hacienda de campo destinada a la cría de toda clase de ganado, y principalmente del mayor.

hatomayorense. ADJ. **1.** Natural de Hato Mayor, provincia de la República Dominicana, o de Hato Mayor del Rey, su capital. U. t. c. s. ǁ **2.** Perteneciente o relativo a esta provincia o a su capital.

hawaiano, na. ADJ. **1.** Natural de las islas Hawái. U. t. c. s. ǁ **2.** Perteneciente o relativo a este archipiélago estadounidense de la Polinesia. ǁ **3.** Se dice de la lengua malayo-polinesia que se habla en las islas Hawái. U. t. c. s. m. *El hawaiano.* ǁ **4.** Perteneciente o relativo a esta lengua. *Léxico hawaiano.*

haya. F. Árbol de la familia de las Fagáceas, que crece hasta 30 m de altura, con tronco grueso, liso, de corteza gris y ramas muy altas, que forman una copa redonda y espesa, hojas pecioladas, alternas, oblongas, de punta aguda y borde dentellado, flores masculinas y femeninas separadas, las primeras en amentos colgantes y las segundas en involucro hinchado hacia el medio, y madera de color blanco rojizo, ligera, resistente y de reflejos muy señalados. Su fruto es el hayuco.

hayaca. F. Á. Caribe. **hallaca.**

hayal. M. Sitio poblado de hayas.

hayedo. M. **hayal.**

hayense. ADJ. **1.** Natural de Presidente Hayes. U. t. c. s. ǁ **2.** Perteneciente o relativo a este departamento del Paraguay.

hayo. M. Á. Caribe. **coca**[1].

hayuco. M. Fruto del haya, de forma de pirámide triangular, que suele darse como pasto al ganado de cerda.

haz[1]**.** M. **1.** Porción atada de mieses, lino, hierbas, leña u otras cosas semejantes. ǁ **2.** Conjunto de partículas o rayos luminosos con un mismo origen, que se propagan sin dispersión. ǁ **3.** *Geom.* Conjunto de rectas que pasan por un punto, o de planos que concurren en una misma recta. ǁ **4.** pl. hist. Fasces de cónsul romano.

haz[2]**.** F. **1.** Cara de una tela o de otras cosas, que normalmente se caracteriza por su mayor perfección, acabado, regularidad u otras cualidades que la hacen más estimable a la vista y al tacto. ǁ **2.** *Bot.* Cara superior de la hoja, normalmente más brillante y lisa, y con nervadura menos patente que en la cara inferior o envés.

haza. F. Porción de tierra labrantía o de sembradura.

hazaña. F. Acción o hecho, y especialmente hecho ilustre, señalado y heroico.

hazañoso, sa. ADJ. **1.** Dicho de una persona: Que ejecuta hazañas. ǁ **2.** Dicho de un hecho: **heroico** (ǁ famoso por sus virtudes).

hazmerreír. M. coloq. Persona que por su figura ridícula y porte extravagante sirve de diversión a los demás. MORF. pl. invar. o **hazmerreíres.**

he. ADV. Unido a *aquí, ahí* y *allí,* o con los pronombres *me, te, la, le, lo, las, los,* se usa para señalar o mostrar a alguien o algo.

hebdomadario, ria. I. ADJ. **1. semanal.** *Artículos hebdomadarios.* ǁ **II.** M. **2. semanario.**

hebijón. M. Clavo o púa de la hebilla.

hebilla. F. Pieza plana unida al extremo de una correa, con un hueco en el centro y generalmente una varilla articulada, que sirve para sujetar el otro extremo de la correa pasándolo por el hueco.

hebillaje. M. Conjunto de hebillas que entran en un aderezo, vestido o adorno.

hebra. F. **1.** Porción de hilo, estambre, seda u otra materia hilada, que para coser algo suele meterse por el ojo de una aguja. ǁ **2.** Cierta fibra vegetal o animal. *Hay que quitar las hebras de las judías verdes.* ǁ **3.** Estigma de la flor del azafrán. ǁ **4.** Fibra de la carne. ǁ **5.** Filamento de las materias textiles. ǁ **6.** Partícula del tabaco picado en filamentos. ǁ **7.** Hilo que forman las materias viscosas que tienen cierto grado de concentración. *Azúcar batido a punto de hebra fuerte.* ǁ **8.** Hilo del discurso. ǁ **9.** poét. **cabello.** U. m. en pl. ǁ **10.** *Bioquím.* Molécula orgánica, generalmente de gran longitud, formada por una secuencia lineal de unidades; p. ej., las de los ácidos nucleicos. ǁ **de una** ~. LOC.ADV. **1.** *Chile.* Sin tomar nueva respiración. ǁ **2.** *Chile.* Sin pararse, sin detenerse. ǁ **hacer** ~ un líquido. LOC.VERB. Hacer como hilos por estar muy coagulado. □ V. **punto de** ~.

hebraico, ca. ADJ. **hebreo.** Apl. a pers., u. t. c. s.

hebraísmo. M. **1.** Profesión de la ley de Moisés. ǁ **2.** Giro o modo de hablar propio y privativo de la lengua hebrea. ǁ **3.** Empleo de tales giros o construcciones en otro idioma.

hebraísta. COM. Especialista en la lengua y la cultura hebreas.

hebraizante. ADJ. **1.** Que usa hebraísmos. ǁ **2.** Que abraza o practica la ley judaica. U. t. c. s.

hebraizar. INTR. Usar palabras o giros propios de la lengua hebrea. MORF. conjug. c. *aislar.*

hebreo, a. ADJ. **1.** Se dice del individuo de un pueblo semítico que conquistó y habitó Palestina, también llamado israelita y judío. U. t. c. s. ǁ **2.** Perteneciente o relativo a este pueblo. *Tradición hebrea.* ǁ **3.** Se dice de la lengua semítica hablada en Israel y en otras comunidades judías del mundo. U. t. c. s. m. *El hebreo.* ǁ **4.** Perteneciente o relativo a esta lengua. *Alfabeto hebreo.* ǁ **5.** Que profesa la ley de Moisés. U. t. c. s. ǁ **6.** Perteneciente o relativo a quienes la profesan. *Oraciones hebreas.* ǁ ~ **rabínico.** M. Variedad del hebreo empleada en la literatura antigua y medieval.

hebroso, sa. ADJ. Que tiene muchas hebras. *Verdura hebrosa.*

hecatombe. F. **1.** Desgracia, catástrofe. ǁ **2.** Mortandad de personas. ǁ **3.** hist. Sacrificio de 100 reses vacunas u otras víctimas, que hacían los antiguos a sus dioses.

hecha. de esta ~. LOC.ADV. Desde ahora, desde este tiempo o desde esta vez o fecha.

hechiceresco, ca. ADJ. Perteneciente o relativo a la hechicería.

hechicería. F. **1.** Arte supersticioso de hechizar. ‖ **2.** Acto supersticioso de hechizar. *Ceremonias extrañas, hechicerías fascinantes.*

hechicero, ra. ADJ. **1.** Que practica la hechicería. U. t. c. s. ‖ **2.** Que por su hermosura, gracias o buenas cualidades atrae y cautiva la voluntad y cariño de las gentes. *Niña hechicera. Estilo hechicero.*

hechizar. TR. **1.** Ejercer un maleficio sobre alguien por medio de prácticas supersticiosas. ‖ **2.** Despertar admiración, afecto o deseo. *Los relojes siempre la hechizaron.*

hechizo, za. **I.** ADJ. **1.** postizo (‖ no natural). *Belleza hechiza.* ‖ **II.** M. **2.** Práctica usada por los hechiceros para intentar el logro de sus fines. ‖ **3.** Cosa u objeto que se emplea en tales prácticas. ‖ **4.** Persona o cosa que embelesa o cautiva.

hecho, cha. PART. IRREG. de **hacer.** ‖ **I.** ADJ. **1.** Acabado, maduro. *Hombre, árbol, vino hecho.* ‖ **2. semejante** (‖ que semeja). *Hecho UN león, UN basilisco. Hecha UNA fiera.* ‖ **3.** Dicho de una persona: **constituida** (‖ compuesta). *Personas MAL hechas.* ‖ **II.** M. **4.** Acción u obra. ‖ **5.** Cosa que sucede. ‖ **6.** Asunto o materia de que se trata. ‖ **hecho.** INTERJ. Se usa para expresar asentimiento o conformidad. *¿Vienes mañana a cenar? —Hecho.* ‖ **~ consumado.** M. Acción que se ha llevado a cabo, adelantándose a cualquier evento que pudiera dificultarla o impedirla. ‖ **hecho de armas.** M. Hazaña o acción señalada en la guerra. ‖ **hecho imponible.** M. Der. Situación o circunstancia que origina la obligación legal de contribuir y sobre la que se aplica el tributo. ‖ **~ jurídico.** M. Der. El que tiene consecuencias jurídicas. ‖ **~ probado.** M. Der. El que como tal se declara en las sentencias. ‖ **Hechos de los Apóstoles.** M. pl. Quinto libro del Nuevo Testamento, escrito por san Lucas. ‖ **a hecho.** LOC. ADV. En conjunto, sin distinción ni diferencia. *Corta de árboles por entresaca o a hecho.* ‖ **de hecho. I.** LOC. ADV. **1.** Real y verdaderamente. *De hecho las venas no laten.* ‖ **2.** De veras, con eficacia y buena voluntad. *Esta ley tiene de hecho una aplicación menor.* ‖ **II.** LOC. ADJ. **3.** Que no se ajusta a una norma o prescripción legal previa. *Situación de hecho.* U. t. c. loc. adv. *No esperaremos una resolución, procederemos de hecho.* ‖ **de hecho y de derecho.** LOC. ADJ. Que, además de existir o proceder, existe o procede legítimamente. *Era grande de España de hecho y de derecho.* ‖ **eso está ~.** EXPR. coloq. Se usa para indicar que algo se puede considerar tan seguro como si ya se hubiera realizado. ‖ **~ y derecho, cha.** LOC. ADJ. **1.** Dicho de una persona: Cabal, excelente. ‖ **2.** Dicho de una cosa: Ejecutada totalmente. ‖ **ya está hecho.** EXPR. Se usa para manifestar conformidad con algo ya irremediable. ☐ V. **frase ~, ropa ~.**

hechor, ra. M. y F. *Chile.* **malhechor.**

hechura. F. **1.** Trabajo de cortar y coser la tela de una prenda de vestir, dándole la forma deseada. ‖ **2.** Forma exterior o figura que se da a algo. ‖ **3.** Composición, organización del cuerpo. ‖ **4.** Acción y efecto de hacer. *Las piezas restantes se utilizan para la hechura de los chorizos.* ‖ **5.** Cualquier cosa respecto de quien la ha hecho o formado. ‖ **6.** Persona respecto de otra a quien debe su empleo, dignidad y fortuna.

hectárea. F. Medida de superficie equivalente a 100 áreas. (Símb. *ha*).

hectogramo. M. Cien gramos. (Símb. *hg*).

hectolitro. M. Medida de capacidad, que tiene 100 litros (Símb. *hl*).

hectólitro. M. *Chile.* **hectolitro.**

hectómetro. M. Medida de longitud, que tiene 100 metros (Símb. *hm*).

hedentina. F. Olor malo y penetrante.

heder. INTR. **1.** Despedir un olor desagradable y penetrante. ‖ **2.** Enfadar, cansar, ser insoportable. *Ese asunto hiede.* ¶ MORF. conjug. c. *entender.*

hediondez. F. **1.** Cosa hedionda. ‖ **2.** Mal olor.

hediondo, da. **I.** ADJ. **1.** Que despide hedor. *Ropa hedionda.* ‖ **2.** Molesto, enfadoso e insufrible. *Larguísimo y hediondo proceso legal.* ‖ **3.** Sucio, repugnante y obsceno. *Cuento hediondo.* ‖ **II.** M. **4.** Arbusto originario de España, de la familia de las Leguminosas, que crece hasta dos metros de altura, con hojas compuestas de tres hojuelas enteras y lanceoladas, flores amarillas en racimos casi pegados a las ramas, y fruto en vainas negras, algo tortuosas, con seis o siete semillas pardas, de forma de riñón y un centímetro de largo. Toda la planta despide un olor desagradable. ☐ V. **leño ~, manzanilla ~, zorro ~.**

hedónico, ca. ADJ. **1.** Perteneciente o relativo al hedonismo o al hedonista. *El hombre es un ser hedónico.* ‖ **2.** Que procura el placer. *Incentivo hedónico.* ‖ **3.** Relacionado con el placer. *Factor hedónico.*

hedonismo. M. Teoría que establece el placer como fin y fundamento de la vida.

hedonista. ADJ. **1.** Perteneciente o relativo al hedonismo. *Principios hedonistas.* ‖ **2.** Partidario del hedonismo. U. t. c. s. ‖ **3.** Que procura el placer. *Prácticas hedonistas.*

hedonístico, ca. ADJ. **1.** Perteneciente o relativo al hedonismo o al hedonista. *Principios hedonísticos.* ‖ **2.** Que procura el placer o se relaciona con el placer. *Sensaciones hedonísticas.*

hedor. M. Olor desagradable y penetrante.

hegelianismo. M. Sistema filosófico, fundado por Hegel, filósofo alemán, según el cual, lo absoluto, que él llama idea, se manifiesta evolutivamente bajo las formas de naturaleza y de espíritu.

hegeliano, na. ADJ. **1.** Perteneciente o relativo a Hegel o a su obra. *La influencia hegeliana en la filosofía.* ‖ **2.** Con rasgos característicos de la obra de este filósofo alemán. *Un idealismo muy hegeliano.* ‖ **3.** Partidario de la doctrina filosófica de Hegel. U. t. c. s.

hegemonía. F. **1.** Supremacía que un Estado ejerce sobre otros. ‖ **2.** Supremacía de cualquier tipo. *La hegemonía de la industria.*

hegemónico, ca. ADJ. Perteneciente o relativo a la hegemonía.

hégira o **héjira.** F. Era de los musulmanes, que se cuenta desde el año 622, en que huyó Mahoma de La Meca a Medina, y que se compone de años lunares de 354 días, intercalando 11 de 355 en cada período de 30. ORTOGR. Escr. t. con may. inicial.

helada. F. Congelación de los líquidos, producida por la frialdad del tiempo. ‖ **caer una ~.** LOC. VERB. **helar** (‖ producirse una helada).

heladera. F. *Am.* **frigorífico** (‖ aparato electrodoméstico para conservar alimentos).

heladería. F. Establecimiento donde se hacen y venden helados.

heladero, ra. M. y F. Persona que fabrica o vende helados o tiene una heladería.

heladizo, za. ADJ. Que se hiela fácilmente. *Tierra heladiza.*

helado, da. PART. de helar. ‖ **I.** ADJ. **1.** Muy frío (‖ de temperatura muy inferior a la ordinaria del ambiente). *Tiene las manos heladas.* ‖ **2. suspenso** (‖ admirado, perplejo). *Su respuesta me dejó helado.* ‖ **3. esquivo.** *Mirada helada.* ‖ **II.** M. **4.** Bebida o alimento helado. ‖ **5.** Refresco o sorbete de zumo de fruta, huevo, etc., en cierto grado de congelación. ‖ **helado de corte.** M. helado que se vende en secciones prismáticas. □ V. **bombón ~.**

helador, ra. ADJ. Que hiela. *Crueldad heladora.*

helar. I. TR. **1.** Dicho de la acción del frío: Solidificar un líquido. U. t. c. prnl. ‖ **2.** Poner o dejar a alguien suspenso. *Me heló con su respuesta.* ‖ **II.** INTR. IMPERS. **3.** Producirse una helada a causa del frío intenso, con temperaturas inferiores a cero grados. ‖ **III.** PRNL. **4.** Dicho de una persona o de una cosa: Ponerse sumamente fría o yerta. ‖ **5.** Dicho de algo que se había licuado: Coagularse, consolidarse por faltarle el calor necesario para mantenerse en el estado líquido. ‖ **6.** Dicho de un vegetal o de una fruta: Secarse a causa de la congelación de su savia y jugos, producida por el frío. ¶ MORF. conjug. c. *acertar.*

helechal. M. Sitio poblado de helechos.

helecho. M. **1.** Planta criptógama, de la clase de las Filicíneas, con frondas pecioladas de dos a cinco decímetros de largo, lanceoladas y divididas en segmentos oblongos, alternos y unidos entre sí por la base, cápsulas seminales en dos líneas paralelas al nervio medio de los segmentos, y rizoma carnoso. ‖ **2.** *Bot.* Cada una de las plantas de la clase de las Filicíneas. ‖ **~ hembra.** M. Especie de filicínea que se caracteriza por tener frondas de siete a trece decímetros de longitud, con pecíolo largo, grueso y en parte subterráneo, que cortado al través representa aproximadamente el águila de dos cabezas empleada en la heráldica. Cada fronda se divide en dos o tres partes, y estas en segmentos lanceolados, vellosos por el envés y con las cápsulas seminales situadas junto al margen. El rizoma se ha usado en medicina como antihelmíntico. ‖ **~ macho.** M. Especie de filicínea que se caracteriza por tener frondas de seis a ocho decímetros de longitud, oblongas, de pecíolo cubierto con escamas rojizas y divididas en segmentos largos de borde aserrado. El rizoma es de sabor algo amargo y olor desagradable, y se emplea en medicina como vermífugo.

helénico, ca. ADJ. **1.** Perteneciente o relativo a Grecia. *El presidente de la República helénica.* ‖ **2.** hist. Perteneciente o relativo a la Hélade o a los antiguos helenos. *Dioses helénicos.*

helenio. M. Planta vivaz de la familia de las Compuestas, con tallo velludo de ocho a doce decímetros de altura, hojas radicales muy grandes, pecioladas, oblongas y perfoliadas, jugosas, desigualmente dentadas y muy vellosas por el envés las superiores, flores amarillas en cabezuelas terminales, de corola prolongada por un lado a manera de lengüeta, fruto capsular casi cilíndrico, y raíz amarga y aromática, usada en medicina como uno de los ingredientes para una confección farmacéutica antigua, compuesta principalmente de opio, que se ha empleado para las mordeduras de animales venenosos.

helenismo. M. **1.** Período de la cultura griega que va desde Alejandro Magno hasta Augusto, y se caracteriza sobre todo por la absorción de elementos de las culturas de Asia Menor y de Egipto. ‖ **2.** Giro o modo de hablar propio y privativo de la lengua griega. ‖ **3.** Empleo de tales giros o construcciones en otro idioma. ‖ **4.** Influencia ejercida por la antigua cultura griega en la civilización y cultura posteriores.

helenista. COM. **1.** Especialista en la lengua y la cultura griegas. ‖ **2.** hist. Judío que hablaba la lengua y observaba los usos de los griegos.

helenístico, ca. ADJ. **1.** Perteneciente o relativo al helenismo o a los helenistas. *Período helenístico.* ‖ **2.** Se dice de la lengua griega que, basada en el dialecto ático, se extendió por todo el mundo helénico después de Alejandro Magno.

helenización. F. Acción y efecto de helenizar.

helenizante. ADJ. Que heleniza. *Filosofía helenizante.*

helenizar. TR. **1.** Introducir las costumbres, cultura y arte griegos en otra nación. ‖ **2.** Adoptar rasgos y costumbres de los griegos antiguos. U. t. c. prnl.

heleno, na. I. ADJ. **1.** Natural de Grecia. ‖ **2.** Perteneciente o relativo a este país de Europa. ‖ **II.** M. y F. **3.** hist. Individuo perteneciente a cualquiera de los pueblos aqueo, dorio, jonio y eolio, cuya instalación en Grecia, islas del Egeo, Sicilia y diversas zonas del litoral mediterráneo, dio principio a la gran civilización de la Hélade o Grecia antigua.

helero. M. **1.** Masa de hielo acumulada en las zonas altas de las cordilleras por debajo del límite de las nieves perpetuas, que se derrite en veranos muy calurosos. ‖ **2.** Toda la mancha de nieve.

hélice. F. **1.** Conjunto de aletas helicoidales que giran alrededor de un eje y empujan el fluido ambiente produciendo en él una fuerza de reacción que se utiliza principalmente para la propulsión de barcos y aeronaves. ‖ **2.** *Geom.* Curva espacial trazada en la superficie de un cilindro o de un cono, que va formando un ángulo constante con sus generatrices. *La rosca de una tuerca tiene forma de hélice.* ‖ **doble ~.** F. *Biol.* Estructura molecular del ADN, constituida por dos hebras helicoidales. □ V. **paso de la ~.**

helicoidal. ADJ. En figura de hélice. *Estría helicoidal.*

helicoide. M. *Geom.* Superficie alabeada engendrada por una recta que se mueve apoyándose en una hélice y en el eje del cilindro que la contiene, con el cual forma constantemente un mismo ángulo.

helicón. M. Instrumento musical de metal de grandes dimensiones, cuyo tubo, de forma circular, permite colocarlo alrededor del cuerpo y apoyarlo sobre el hombro de quien lo toca.

helicónides. F. pl. Las musas.

helicóptero. M. Aeronave más pesada que el aire y que, a diferencia del avión, se sostiene merced a una hélice de eje aproximadamente vertical movida por un motor, lo cual le permite elevarse y descender verticalmente.

helio. M. Elemento químico de núm. atóm. 2. Gas noble escaso en la litosfera, muy abundante en el universo, se encuentra en el Sol y en otras estrellas, en el aire atmosférico y en algunos yacimientos de gas natural; se usa para llenar lámparas incandescentes y globos aerostáticos y como diluyente de algunos gases medicinales. (Símb. *He*).

heliocéntrico, ca. ADJ. **1.** hist. Perteneciente o relativo al heliocentrismo. *Concepción heliocéntrica del universo.* ‖ **2.** *Astr.* Se dice de medidas y lugares astronómicos referidos al centro del Sol.

heliocentrismo. M. hist. Teoría astronómica sostenida fundamentalmente por N. Copérnico, astrónomo
polaco de fines del siglo XV, que consideraba el Sol como
centro del universo.

heliogábalo. M. Persona dominada por la gula.

heliograbado. M. **1.** Procedimiento para obtener, en
planchas convenientemente preparadas, y mediante la
acción de la luz solar, grabados en relieve. || **2.** Estampa
obtenida por este procedimiento.

heliografía. F. Sistema de transmisión de señales por
medio del helió grafo.

heliográfico, ca. ADJ. Perteneciente o relativo al helió grafo o a la heliografía.

heliógrafo. M. Instrumento destinado a hacer señales
telegráficas por medio de la reflexión de los rayos del Sol
en un espejo movible.

heliograma. M. Mensaje telegráfico transmitido por
medio del heliógrafo.

heliostato o **helióstato.** M. Aparato que, mediante
un servomecanismo, hace que un espejo siga el movimiento diurno del Sol, recogiendo así la máxima energía para su utilización calorífica.

helioterapia. F. Método curativo que consiste en exponer a la acción de los rayos solares todo el cuerpo del
enfermo o parte de él.

heliotropio. M. **heliotropo.**

heliotropismo. M. Biol. Movimiento de ciertas plantas
por el cual sus flores, tallos y hojas se orientan según la
posición del Sol.

heliotropo. M. Planta de la familia de las Borragináceas, con tallo leñoso, de muchas ramas, de cinco a ocho
decímetros de altura, velludas y pobladas de hojas persistentes, alternas, aovadas, rugosas, sostenidas en pecíolos muy cortos, flores pequeñas, azuladas, en espigas
y vueltas todas al mismo lado, y fruto compuesto de cuatro aquenios contenidos en el fondo del cáliz. Es originaria del Perú, y se cultiva mucho en los jardines por el
olor de vainilla de las flores.

helipuerto. M. Pista destinada al aterrizaje y despegue
de helicópteros.

helitransportado, da. ADJ. Transportado en helicóptero.

helmintiasis. F. Med. Enfermedad producida por gusanos parásitos que viven alojados en los tejidos o en el intestino de un vertebrado.

helminto. M. Zool. Gusano, en especial el que es parásito del hombre y de los animales.

helor. M. Frío intenso y penetrante.

helvecio, cia. ADJ. **1.** hist. Natural de Helvecia, hoy
Suiza. U. t. c. s. || **2.** hist. Perteneciente o relativo a este
país de Europa antigua.

helvético, ca. ADJ. **1.** hist. **helvecio.** Apl. a pers.,
u. t. c. s. || **2.** suizo. Apl. a pers., u. t. c. s.

hemangioma. F. Med. Proliferación superficial de capilares sanguíneos que se manifiesta como una mancha
de color rojo oscuro en la piel.

hematemesis. F. Med. Vómito de sangre.

hemático, ca. ADJ. Biol. Perteneciente o relativo a la
sangre.

hematíe. M. Biol. Glóbulo rojo de la sangre. U. m. en pl.

hematites. F. Mineral de hierro oxidado, rojo o pardo,
que por su dureza sirve para bruñir metales.

hematocrito. M. **1.** Med. Aparato centrifugador que
separa las células sanguíneas del plasma para averiguar

su proporción relativa y para realizar otros análisis.
|| **2.** Med. Dicha proporción.

hematófago, ga. ADJ. Dicho de un animal: Que se alimenta de sangre, como muchos insectos chupadores, y,
entre los mamíferos, los vampiros.

hematógeno, na. ADJ. Biol. Que genera la sangre.

hematología. F. Med. Estudio de la sangre y de los órganos que la producen, en particular el que se refiere a
los trastornos patológicos de la sangre.

hematológico, ca. ADJ. Med. Perteneciente o relativo
a la hematología.

hematólogo, ga. M. y F. Especialista en hematología.

hematoma. M. Med. Acumulación de sangre en un tejido por rotura de un vaso sanguíneo.

hematopoyesis. F. Biol. Proceso de formación de las
células sanguíneas.

hematopoyético, ca. ADJ. Biol. Perteneciente o relativo a la hematopoyesis.

hematosis. F. Biol. Oxigenación de la sangre.

hematoxilina. F. Materia colorante del palo de Campeche muy utilizada en histología.

hematuria. F. Med. Presencia de sangre en la orina.

hembra. F. **1.** Animal del sexo femenino. || **2.** mujer
(|| persona del sexo femenino). || **3.** En las plantas que
tienen sexos distintos en pies diversos, como las palme-
ras, individuo que da fruto. || **4.** En los corchetes, bro-
ches, tornillos, llaves y otras cosas semejantes, pieza que
tiene un hueco o agujero en donde otra se introduce o
encaja. || **5.** El mismo hueco y agujero. □ V. **abrótano ~,
aristoloquia ~, helecho ~, laureola ~.**

hembraje. M. Am. Mer. Conjunto de las hembras de un
ganado.

hembrilla. F. **1.** En algunos artefactos, pieza pequeña
en que otra se introduce o asegura. || **2.** Anilla metálica en
la que corre una espiga de metal.

hembruno, na. ADJ. Perteneciente o relativo a la hembra.

hemerálope. ADJ. Que padece hemeralopía. U. t. c. s.

hemeralopía. F. Med. Pérdida de visión cuando la iluminación es escasa.

hemeroteca. F. Biblioteca en que principalmente se
guardan y sirven al público diarios y otras publicaciones periódicas.

hemiciclo. M. **1.** La mitad de un círculo. || **2.** Conjunto
de varias cosas dispuestas en semicírculo, como grade-
rías, cadenas de montañas, etc. || **3.** Sala semicircular
con gradas.

hemicránea. F. jaqueca.

hemina. F. hist. Medida que se usó antiguamente en el
cobro de tributos.

hemiplejia o **hemiplejía.** F. Med. Parálisis de todo
un lado del cuerpo.

hemipléjico, ca. ADJ. **1.** Med. Perteneciente o relativo
a la hemiplejia. *Ataque hemipléjico.* || **2.** Que la padece.
U. t. c. s.

hemíptero, ra. ADJ. Zool. Se dice de los insectos con
pico articulado, chupadores, casi siempre con cuatro
alas, las dos anteriores coriáceas por completo o solo en
la base, y las otras dos, a veces las cuatro, membranosas,
y con metamorfosis sencilla; p. ej., la chinche, la cigarra y
los pulgones. U. t. c. s. m. ORTOGR. En m. pl., escr. con
may. inicial c. taxón. *Los Hemípteros.*

hemisférico, ca. ADJ. **1.** De forma de hemisferio. *Som-
brero hemisférico.* || **2.** Perteneciente o relativo a un he-
misferio. *Alcance hemisférico.*

hemisferio. M. **1.** *Geogr.* Mitad de la superficie de la esfera terrestre, dividida por un círculo máximo, de preferencia el ecuador o un meridiano. ‖ **2.** *Geom.* Cada una de las dos mitades de una esfera dividida por un plano que pase por su centro. ‖ ~ **austral.** M. *Astr.* El que, limitado por el ecuador, contiene al Polo Sur. ‖ ~ **boreal.** M. *Astr.* El que, limitado por el ecuador, contiene al Polo Norte. ‖ ~ **cerebral.** M. *Anat.* Cada una de las mitades, izquierda y derecha, del cerebro.

hemistiquio. M. *Métr.* Mitad de un verso, especialmente cada una de las dos partes de un verso separadas o determinadas por una cesura.

hemoaglutinación. F. *Biol.* Aglutinación de las células sanguíneas.

hemocromatosis. F. *Med.* Trastorno metabólico producido por un aumento anormal de la concentración de hierro.

hemocultivo. M. *Biol.* Cultivo para la detección de microorganismos patógenos en la sangre.

hemoderivado. M. *Biol.* Sustancia derivada de la sangre.

hemodiálisis. F. *Med.* Paso de la sangre a través de membranas semipermeables para liberarla de productos nocivos de bajo peso molecular, como la urea.

hemodializador. M. *Med.* Aparato para purificar la sangre mediante diálisis.

hemofilia. F. *Med.* Enfermedad hereditaria, caracterizada por la deficiencia en los mecanismos de coagulación de la sangre, lo que motiva que las hemorragias sean copiosas y difíciles de detener.

hemofílico, ca. ADJ. **1.** *Med.* Perteneciente o relativo a la hemofilia. *Herencia hemofílica.* ‖ **2.** Que la padece. U. t. c. s.

hemoglobina. F. *Bioquím.* Proteína de la sangre, de color rojo característico, que transporta el oxígeno desde los órganos respiratorios hasta los tejidos.

hemoglobinuria. F. *Med.* Presencia de hemoglobina en la orina.

hemograma. M. *Med.* Representación gráfica de la composición de la sangre.

hemólisis o hemolisis. F. *Biol.* Liberación de la hemoglobina en el plasma por destrucción de los glóbulos rojos.

hemolítica. ☐ V. **anemia ~.**

hemolítico. M. *Med.* Agente que produce hemólisis.

hemolizar. TR. *Biol.* Romper los glóbulos rojos de la sangre, con liberación de su contenido.

hemopatía. F. *Med.* Enfermedad de la sangre.

hemoptisis. F. *Med.* Expectoración de sangre proveniente de la tráquea, los bronquios o los pulmones.

hemorragia. F. *Med.* Flujo de sangre por rotura de vasos sanguíneos.

hemorrágico, ca. ADJ. **1.** Perteneciente o relativo a la hemorragia. *Cuadro, proceso hemorrágico.* ‖ **2.** Que produce hemorragia. U. t. c. s. m. *La aspirina es un hemorrágico.* Apl. a un agente, u. t. c. s. m.

hemorroidal. ADJ. *Med.* Perteneciente o relativo a las hemorroides. *Arteria, sangre hemorroidal. Venas hemorroidales.*

hemorroide. F. *Med.* Tumoración en los márgenes del ano o en el tracto rectal, debida a varices de su correspondiente plexo venoso. U. m. en pl.

hemorroísa o hemorroisa. F. Mujer que padece flujo de sangre menstrual.

hemostasia. F. *Med.* Detención de una hemorragia de modo espontáneo o por medios físicos, como la compresión manual o el torniquete, o químicos, como los fármacos.

hemostático, ca. ADJ. *Med.* Dicho de un medicamento o de un agente: Eficaz para detener una hemorragia. U. t. c. s. m.

hemotórax. M. *Med.* Entrada de sangre en la cavidad pleural.

henar. M. Sitio poblado de heno.

henchimiento. M. Acción y efecto de henchir.

henchir. TR. **llenar** (‖ ocupar totalmente con algo un espacio). *La carbonera estaba henchida de cascotes.* U. t. c. prnl. U. t. en sent. fig. *Se henchía de emoción.* MORF. conjug. c. *pedir.*

hendedor, ra. ADJ. Que hiende. *Máquina hendedora circular.*

hendedura. F. **hendidura.**

hender. TR. **1.** Abrir o rajar un cuerpo sólido sin dividirlo del todo. *Un relámpago hendió el tronco.* U. t. c. prnl. ‖ **2.** Atravesar un fluido. *El avión hiende el aire. El buque hiende el agua.* U. t. en sent. fig. *El aullido de los lobos hiende la noche.* ‖ **3.** Abrirse paso avanzando entre una muchedumbre de gente o de otra cosa. ¶ MORF. conjug. c. *entender.*

hendíadis. F. *Ret.* Figura por la cual se expresa un solo concepto con dos nombres coordinados.

hendido, da. PART. de **hender.** ‖ ADJ. **1.** Rajado, abierto. *El viejo olmo hendido por el rayo.* ‖ **2.** Dicho del labio o de la pata de algunos animales: Que presentan una abertura que no llega a dividirlos del todo. ‖ **3.** *Bot.* Dicho de una hoja: Cuyo limbo se divide en lóbulos irregulares. ☐ V. **ganado de pata ~, ganado de pezuña ~.**

hendidura. F. Corte en una superficie o en un cuerpo sólido cuando no llega a dividirlo del todo.

hendija. F. Hendidura, generalmente pequeña. U. m. en América.

hendir. TR. **hender.** MORF. conjug. c. *discernir.*

henequén. M. Planta amarilidácea, especie de **pita**[1].

henequenero, ra. **I.** ADJ. **1.** *Méx.* Perteneciente o relativo al henequén. *Fincas henequeneras.* ‖ **II.** M. y F. **2.** *Méx.* Persona que cosecha el henequén, o que comercia con él.

henificar. TR. Segar plantas forrajeras y secarlas al sol, para conservarlas como heno.

henil. M. Lugar donde se guarda el heno.

henna. F. **gena.**

heno. M. **1.** Hierba segada, seca, para alimento del ganado. ‖ **2.** Planta de la familia de las Gramíneas, con cañas delgadas de unos 20 cm de largo, hojas estrechas, agudas, más cortas que la vaina, y flores en panoja abierta, pocas en número y con arista en el cascabillo. ‖ **3.** *Méx.* Planta epífita de las Bromeliáceas, de filamentos muy largos de color gris, que cuelga de las ramas del pino, roble y encina. Sus flores son de color verde pálido o azul. Se usa como estropajo. ☐ V. **fiebre del ~.**

henrio. M. *Fís.* Unidad de inductancia del Sistema Internacional, equivalente a la inductancia de un circuito cerrado en el que se produce una fuerza electromotriz de un voltio cuando la corriente eléctrica varía uniformemente a razón de un amperio por segundo. (Símb. *H*).

heñir. TR. Sobar con los puños la masa, especialmente la del pan. MORF. conjug. c. *ceñir.*

heparina. F. *Med.* Polisacárido complejo que impide la formación de trombos en los vasos sanguíneos.

heparinización. F. *Med.* Acción y efecto de heparinizar.

heparinizar. TR. *Med.* Administrar heparina por sus propiedades anticoagulantes.

hepática. F. Planta herbácea, vivaz, de la familia de la Ranunculáceas, con hojas radicales, gruesas, pecioladas, partidas en tres lóbulos acorazonados, de color verde lustroso por encima y pardo rojizo por el envés, flores azuladas o rojizas, y fruto seco con muchas semillas. Se ha usado en medicina.

hepático, ca. ADJ. **1.** *Bot.* Se dice de las plantas briófitas con tallo formado por un parénquima homogéneo y siempre provisto de filamentos rizoides, y ordinariamente con hojas muy poco desarrolladas. Viven en los sitios húmedos y sombríos, adheridas al suelo y las paredes, o parásitas en los troncos de los árboles, y son parecidas a los musgos. U. t. c. s. f. ‖ **2.** *Med.* Perteneciente o relativo al hígado. *Enfermedades hepáticas.* ‖ **3.** Que padece del hígado. U. t. c. s. □ V. **cólico ~, conducto ~.**

hepatitis. F. *Med.* Inflamación del hígado.

hepatocito. M. *Biol.* Tipo de célula presente en el tejido parenquimatoso hepático.

hepatología. F. Rama de la medicina que se ocupa del hígado y las vías biliares, y de sus enfermedades.

hepatólogo, ga. M. y F. Persona especializada en hepatología.

hepatomegalia. F. *Med.* Tamaño anormalmente grande del hígado.

heptacordo. M. **1.** *Mús.* Gama o escala usual compuesta de las siete notas do, re, mi, fa, sol, la, si. ‖ **2.** *Mús.* Intervalo de séptima en la escala musical.

heptagonal. ADJ. De forma de heptágono o semejante a él.

heptágono, na. ADJ. *Geom.* Dicho de un polígono: Que tiene siete ángulos y siete lados. U. m. c. s. m.

heptámetro. ADJ. *Métr.* Dicho de un verso: Que consta de siete pies. U. t. c. s. m.

heptasilábico, ca. ADJ. **1.** Que consta de siete sílabas. *Palabra heptasilábica.* ‖ **2.** Dicho de un poema: Compuesto en heptasílabos.

heptasílabo, ba. ADJ. Que consta de siete sílabas. Apl. a un verso, u. t. c. s. m.

heraclida. ADJ. Descendiente de Heracles, héroe griego, hijo de Zeus.

heracliteísmo. M. *Fil.* Doctrina de Heráclito sobre el fluir continuo de todo.

heráldica. F. Arte del blasón.

heráldico, ca. ADJ. Perteneciente o relativo a los blasones o a la heráldica.

heraldista. COM. Persona versada en heráldica.

heraldo. M. **1. mensajero** (‖ persona que lleva un mensaje). ‖ **2.** Aquello que anuncia algo que va a suceder. *El heraldo de la muerte. El heraldo de la paz.* ‖ **3. rey de armas.**

herbáceo, a. ADJ. Que tiene la naturaleza o cualidades de la hierba.

herbada. F. **jabonera** (‖ planta cariofilácea de tallos nudosos).

herbajar. **I.** TR. **1.** Apacentar el ganado en un prado o una dehesa. ‖ **II.** INTR. **2.** Dicho del ganado: Pacer o pastar. U. t. c. tr.

herbaje. M. **1.** Conjunto de hierbas que se crían en los prados y dehesas. ‖ **2.** Derecho que cobran los pueblos por el pasto de los ganados forasteros en sus términos y por el arrendamiento de los pastos y dehesas.

herbario. M. Colección de plantas secas y clasificadas, usada como material para el estudio de la botánica. ‖ **~ seco.** M. *Bot.* **herbario.**

herbazal. M. Terreno cubierto de hierbas.

herbicida. ADJ. Dicho de un producto químico: Que destruye plantas herbáceas o impide su desarrollo. U. t. c. s. m.

herbívoro, ra. ADJ. Dicho de un animal: Que se alimenta de vegetales, y más especialmente de hierbas. U. t. c. s. m.

herbolario, ria. **I.** M. y F. **1.** Persona que se dedica a recoger hierbas y plantas medicinales o que comercia con ellas. ‖ **2.** Persona que tiene tienda en que las vende. ‖ **II.** M. **3.** Tienda en que se venden plantas medicinales.

herborista. COM. **herbolario** (‖ persona dedicada a recoger hierbas y plantas).

herboristería. F. Tienda donde se venden plantas medicinales.

herborización. F. *Bot.* Acción y efecto de herborizar.

herborizar. INTR. *Bot.* Recoger o buscar hierbas y plantas para estudiarlas.

herboso, sa. ADJ. Poblado de hierba. *Pasillo herboso.*

herciano, na. ADJ. Perteneciente o relativo a las ondas hercianas. □ V. **onda ~.**

herciniano, na. ADJ. *Geol.* Perteneciente o relativo al movimiento orogénico ocurrido durante los períodos carbonífero y pérmico, que dio lugar a numerosos relieves, como los macizos de los Vosgos, Bohemia y Sudetes.

hercio. M. *Fís.* Unidad de frecuencia del Sistema Internacional, que equivale a la frecuencia de un fenómeno cuyo período es un segundo. (Símb. *Hz*)

hercúleo, a. ADJ. **1.** Perteneciente o relativo a Hércules, nombre romano de Heracles, héroe griego, hijo de Zeus. *Trabajos hercúleos.* ‖ **2.** Que en algo se asemeja a él o a sus cualidades. *Fuerza hercúlea.*

hércules. M. Hombre de mucha fuerza.

heredad. F. **1.** Porción de terreno cultivado perteneciente a un mismo dueño, en especial la que es legada tradicionalmente a una familia. ‖ **2.** Hacienda de campo, bienes raíces o posesiones.

heredado. □ V. **carácter ~.**

heredar. TR. **1.** Suceder por disposición testamentaria o legal en los bienes y acciones que alguien tenía al tiempo de su muerte. *Heredó la empresa de su padre.* ‖ **2.** Recibir algo propio de una situación anterior. *Heredaron muchos problemas de la época colonial.* ‖ **3.** Dicho de una persona: Instituir a otra por su heredera. *Heredaré a mis hijos un imperio.* ‖ **4.** coloq. Recibir de alguien algo que este ha usado antes. *Heredar un abrigo.* ‖ **5.** *Biol.* Dicho de los seres vivos: Recibir rasgos o caracteres de sus progenitores. ‖ **6.** *Am. Cen.* y *Méx.* Legar a alguien heredades, posesiones o bienes raíces. *Le heredó todo a su hermana.*

heredero, ra. ADJ. **1.** Dicho de una persona: Que por testamento o por ley sucede en una herencia. U. t. c. s. ‖ **2.** Que saca o tiene las inclinaciones o propiedades de sus padres. *Es heredero del buen humor de su padre.* ‖ **3.** Que es dueño de una heredad o de heredades. U. t. c. s. *Un rico heredero.* ‖ **~ forzoso.** M. *Der.* El que tiene por ley una parte de herencia que el testador no le puede quitar ni cercenar sin causa legítima de desheredación. ‖ **instituir ~,** o **por ~,** a alguien. LOCS. VERBS. *Der.* Nombrarlo heredero en el testamento. □ V. **institución de heredero.**

herediano, na. ADJ. **1.** Natural de Heredia. U. t. c. s. || **2.** Perteneciente o relativo a este cantón o a esta provincia de Costa Rica y su capital.

hereditario, ria. ADJ. **1.** Perteneciente o relativo a la herencia o que se adquiere por ella. *Patrimonio hereditario.* || **2.** Dicho de una inclinación, de una costumbre, de una virtud, de un vicio o de una enfermedad: Que pasan de padres a hijos.

hereje. I. COM. **1.** Persona que niega alguno de los dogmas establecidos por una religión. || **2.** coloq. Persona que disiente o se aparta de la línea oficial de opinión seguida por una institución, una organización, una academia, etc. || **II.** ADJ. **3.** Desvergonzado, descarado, procaz. *Hereje vecindario.*

herejía. F. **1.** En relación con una doctrina religiosa, error sostenido con pertinacia. || **2.** coloq. Sentencia errónea contra los principios ciertos de una ciencia o arte. || **3.** coloq. Disparate, acción desacertada. || **4.** coloq. Daño o tormento grandes infligidos injustamente a una persona o animal.

herencia. F. **1.** Acción de heredar. || **2.** Conjunto de bienes, derechos y obligaciones que, al morir alguien, son transmisibles a sus herederos o a sus legatarios. || **3.** Rasgo o rasgos morales, científicos, ideológicos, etc., que, habiendo caracterizado a alguien, continúan advirtiéndose en sus descendientes o continuadores. || **4.** Rasgos o circunstancias de índole cultural, social, económica, etc., que influyen en un momento histórico procedentes de otros momentos anteriores. *Herencia literaria.* || **5.** Biol. Conjunto de caracteres que los seres vivos reciben de sus progenitores. || **~ yacente.** F. Der. La que está pendiente de adjudicación a los herederos.

heresiarca. M. Fundador de una herejía.

herético, ca. ADJ. Perteneciente o relativo a la herejía o al hereje.

herida. F. **1.** Perforación o desgarramiento en algún lugar de un cuerpo vivo. || **2.** Ofensa, agravio. || **3.** Cosa que aflige y atormenta el ánimo. *Su marcha me produjo una profunda herida.* || **~ contusa.** F. Med. La causada por contusión. || **~ penetrante.** F. Med. La que llega al interior de alguna parte del cuerpo. || **~ punzante.** F. Med. La producida por un instrumento o arma agudos y delgados. || **manifestar la ~.** LOC.VERB. Med. Abrirla y dilatarla para conocer bien el daño y curarla con más seguridad. || **respirar por la ~.** LOC.VERB. Dar a conocer con alguna ocasión el sentimiento que se tenía reservado. || **tocar** a alguien **en la ~.** LOC.VERB. Mencionar algo que le produce disgusto o enojo.

herido, da. PART. de **herir.** || ADJ. Dañado por una herida o una contusión. Apl. a pers., u. t. c. s.

heridor, ra. ADJ. Que hiere. *Arista heridora.*

heril. ADJ. Perteneciente o relativo al amo.

herir. TR. **1.** Dañar a una persona o a un animal produciéndole una herida o una contusión. || **2.** Dicho de ciertas armas arrojadizas y proyectiles que cruzan el aire: Henderlo con un zumbido trémulo. *La bala hirió el aire.* || **3.** Dicho especialmente de la luz del sol: Iluminar a alguien o algo. || **4.** Impresionar uno de los sentidos, especialmente el del oído. || **5.** Tocar instrumentos de cuerda o pulsar teclas o algunos instrumentos metálicos. || **6.** Cargar más la voz o el acento sobre una nota o sílaba. || **7.** Hacer sonar una o varias notas. || **8.** Mover en el ánimo alguna pasión o sentimiento, frecuentemente doloroso; afligir, atormentar el ánimo. *El desprecio me*

hiere más que un cuchillo. || **9.** Ofender o agraviar, especialmente con palabras o escritos. || **10.** Romper un cuerpo vegetal. *Evitemos herir la corteza de los árboles.* || **11.** Dar contra algo, chocar con ello. *El viento hiere la piedra.* ¶ MORF. conjug. c. *sentir.*

herma. M. Busto sin brazos colocado sobre un estípite.

hermafrodita. ADJ. **1.** Que tiene los dos sexos. *Animales hermafroditas, como las lombrices.* Apl. a pers., u. m. c. s. m. *Un hermafrodita.* || **2.** Bot. Dicho de un vegetal: Cuyas flores reúnen en sí ambos sexos. || **3.** Se dice de estas flores.

hermafroditismo. M. Cualidad de hermafrodita.

hermanado, da. PART. de **hermanar.** || ADJ. Igual y uniforme en todo a algo.

hermanamiento. M. Acción y efecto de hermanar.

hermanar. TR. **1.** Unir, juntar, uniformar. *Hermanar la formación general y la profesional.* U. t. c. prnl. || **2.** Establecer relaciones fraternales entre personas o instituciones. U. t. c. prnl. *Los dos alguaciles se hermanaron en un abrazo.* || **3.** Establecer lazos de amistad y cooperación entre dos municipios o poblaciones relacionados por su toponimia, historia, rango o por cualquier motivo. U. t. c. prnl. *El Ayuntamiento de su ciudad decidió hermanarse con el de Sarajevo.*

hermanastro, tra. M. y F. **1. medio hermano.** || **2.** Hijo de uno de los dos consortes con respecto al hijo del otro.

hermanazgo. M. **hermandad.**

hermandad. F. **1.** Relación de parentesco que hay entre hermanos. || **2.** Amistad íntima, unión de voluntades. || **3.** Correspondencia que guardan varias cosas entre sí. || **4.** Cofradía o congregación de devotos. || **5.** Privilegio que a una o varias personas concede una comunidad religiosa para hacerlas por este medio participantes de ciertas gracias y privilegios. || **6.** Fraternidad, liga, alianza o confederación entre varias personas. || **7.** Gente aliada o confederada. || **8. sociedad** (|| agrupación de personas para determinado fin). || **Santa Hermandad.** F. **1.** hist. Tribunal con jurisdicción propia, que perseguía y castigaba los delitos cometidos fuera de poblado. || **2.** hist. Partida de hombres armados, dependientes de este tribunal, que mantenían el orden fuera de poblado.

hermano, na. M. y F. **1.** Persona que con respecto a otra tiene el mismo padre y la misma madre, o solamente el mismo padre o la misma madre. || **2.** Lego o donado de una comunidad regular. || **3.** Persona que con respecto a otra tiene el mismo padre que ella en sentido moral; p. ej., un religioso respecto de otros de su misma orden, o un cristiano respecto de los demás fieles de Jesucristo. || **4.** Persona admitida por una comunidad religiosa a participar de ciertas gracias y privilegios. || **5.** Individuo de una hermandad o cofradía. || **6.** Cosa respecto de otra a que es semejante. *Ciudades que se hicieron hermanas a causa de su historia común.* || **~ bastardo, da.** M. y F. **hermano** nacido fuera de matrimonio, respecto de los hijos legítimos del mismo padre. || **~ carnal.** M. y F. Persona que respecto de otra tiene el mismo padre y la misma madre. || **~ consanguíneo, a.** M. y F. **hermano de padre.** || **~ de leche.** M. y F. Hijo de una nodriza respecto del ajeno que esta crio, y viceversa. || **~ de madre.** M. y F. Persona que respecto de otra tiene la misma madre, pero no el mismo padre. || **~ de padre.** M. y F. Persona que respecto de otra tiene el mismo padre, pero no la misma madre. || **~ mayor**. M. y F. En algunas cofradías, presidente. || **~ pobre**. M. y F. **pariente pobre**. || **~ uterino, na**. M. y F. **hermano de madre**. || **medio, dia ~**. M. y F. Persona, con respecto a otra, que solo tiene en común con ella uno de los padres. ☐ V. **lenguas ~s, primo ~**.

hermenéutica. F. **1**. Arte de interpretar textos y especialmente el de interpretar los textos sagrados. || **2**. *Fil*. En la filosofía de Hans-Georg Gadamer, teoría de la verdad y el método que expresa la universalización del fenómeno interpretativo desde la concreta y personal historicidad.

hermenéutico, ca. ADJ. Perteneciente o relativo a la hermenéutica.

hermeticidad. F. **hermetismo**.

hermético, ca. ADJ. **1**. Dicho de un cierre: Que no deja pasar el aire u otros fluidos. || **2**. Dicho de una cosa: Provista de cierre hermético. *Recipiente hermético*. || **3**. Impenetrable, cerrado, aun tratándose de algo inmaterial. *Un hombre hermético. Un mundo hermético*. || **4**. Se dice de la corriente filosófico-religiosa promovida por los escritos atribuidos a Hermes Trimegisto.

hermetismo. M. **1**. Cualidad de **hermético** (|| impenetrable, cerrado). || **2**. Doctrina filosófico-religiosa basada en los escritos atribuidos a Hermes Trimegisto, sobre conocimientos esotéricos y de alquimia.

hermetizar. TR. Hacer que algo quede cerrado de manera hermética. U. t. c. prnl. U. t. en sent. fig. *La institución se hermetizaba cada día más*.

hermoseamiento. M. Acción y efecto de hermosear.

hermosear. TR. Hacer o poner hermoso a alguien o algo. U. t. c. prnl.

hermosillense. ADJ. **1**. Natural de Hermosillo. U. t. c. s. || **2**. Perteneciente o relativo a esta ciudad de México, capital del estado de Sonora.

hermoso, sa. ADJ. **1**. Dotado de hermosura. *Ojos hermosos*. || **2**. Grandioso, excelente y perfecto en su línea. *Hermosa hacienda*. || **3**. Despejado, apacible y sereno. *¡Hermoso día!* || **4**. coloq. Dicho de un niño: Robusto, saludable.

hermosura. F. **1**. Belleza de las cosas que pueden ser percibidas por el oído o por la vista. || **2**. Lo agradable de algo que recrea por su amenidad u otra causa. || **3**. Proporción noble y perfecta de las partes con el todo; conjunto de cualidades que hacen a una cosa excelente en su línea. || **4**. Persona o cosa hermosa.

hernia. F. *Med*. Protrusión o salida de parte de un órgano, como el intestino, de la estructura anatómica que normalmente la fija. || **~ de disco**. F. *Med*. Protrusión de un fragmento de un disco intervertebral, que, al comprimir el nervio adyacente, es dolorosa. || **~ de hiato**. F. *Med*. Protrusión de parte del estómago desde la cavidad abdominal al tórax a través del diafragma.

herniado, da. PART. de **herniarse**. || ADJ. Que padece hernia. U. t. c. s.

herniario, ria. ADJ. Perteneciente o relativo a la hernia. *Tumor, anillo herniario*.

herniarse. PRNL. **1**. Dicho de una persona: Empezar a padecer hernia. || **2**. irón. Agotarse por el excesivo esfuerzo realizado. *No te levantes para ayudarme, a ver si te vas a herniar*. ¶ MORF. conjug. c. *anunciar*.

Herodes. **andar, o ir, de ~ a Pilatos**. LOCS.VERBS. **1**. coloqs. Ir de una persona a otra. || **2**. coloqs. Ir de mal en peor en un asunto.

herodiano, na. ADJ. hist. Perteneciente o relativo a Herodes, rey de Judea en la época de Jesucristo.

héroe. M. **1**. Varón ilustre y famoso por sus hazañas o virtudes. || **2**. Hombre que lleva a cabo una acción heroica. || **3**. Personaje principal de un poema o relato en que se representa una acción, y especialmente del épico. || **4**. En la mitología antigua, el nacido de un dios o una diosa y de una persona humana, por lo cual lo reputaban más que hombre y menos que dios; p. ej., Hércules, Aquiles, Eneas, etc.

heroicidad. F. **1**. Cualidad de heroico. || **2**. Acción heroica.

heroico, ca. ADJ. **1**. Se dice de las personas famosas por sus hazañas o virtudes, y, por ext., también de las acciones. *Gesto heroico*. || **2**. Perteneciente o relativo a ellas. *Lucha heroica*. || **3**. Se dice de la poesía que canta las gestas de los héroes. || **a la ~**. LOC.ADV. Al uso de los tiempos heroicos. ☐ V. **romance ~, tiempos ~s**.

heroína[1]. F. **1**. Mujer ilustre y famosa por sus grandes hechos. || **2**. Mujer que lleva a cabo un hecho heroico. || **3**. Protagonista de una obra de ficción.

heroína[2]. F. Droga adictiva obtenida de la morfina, en forma de polvo blanco y amargo, con propiedades sedantes y narcóticas.

heroinómano, na. ADJ. Dicho de una persona: Adicta a la **heroína**[2]. U. t. c. s.

heroísmo. M. **1**. Esfuerzo eminente de la voluntad hecho con abnegación, que lleva al hombre a realizar actos extraordinarios en servicio de Dios, del prójimo o de la patria. || **2**. Conjunto de cualidades y acciones que colocan a alguien en la clase de héroe. || **3**. Acción heroica.

herpes. M. *Med*. Erupción que aparece en puntos aislados de la piel, por lo común crónica y de muy distintas formas, acompañada de comezón o escozor. || **~ zóster, o ~ zoster**. M. *Med*. Enfermedad vírica, eruptiva e infecciosa, caracterizada por la inflamación de ciertos ganglios nerviosos, y por una serie de vesículas a lo largo del nervio afectado, con dolor intenso y a veces fiebre.

herpético, ca. ADJ. *Med*. Perteneciente o relativo al herpes.

herpetología. F. Tratado de los reptiles.

herpetólogo, ga. ADJ. Dicho de una persona: Entendida en herpetología. U. t. c. s.

herrada. F. Cubo de madera, con grandes aros de hierro o de latón, y más ancho por la base que por la boca.

herradero. M. **1**. Acción de marcar con un hierro candente los ganados. || **2**. Sitio destinado para hacer esta operación.

herrado. M. Operación de herrar.

herrador. M. Encargado de herrar las caballerías.

herradura. F. **1**. Hierro aproximadamente semicircular que se clava a las caballerías en los cascos o a algunos vacunos en las pezuñas para que no se los maltraten con el piso. || **2**. Murciélago que tiene los orificios nasales rodeados por una membrana en forma de herradura. ☐ V. **arco de ~, camino de ~**.

herraje. M. **1**. Conjunto de piezas de hierro o acero con que se guarnece un artefacto, como una puerta, un cofre, etc. || **2**. Conjunto de herraduras, aseguradas con clavos, que se ponen a los animales cuadrúpedos.

herramental. M. Conjunto de herramientas de un oficio o profesión.

herramienta. F. **1**. Instrumento, por lo común de hierro o acero, con que trabajan los artesanos. || **2**. Conjunto de estos instrumentos. *Siempre llevo la herramienta en el coche por si surge algo.* ‖ **3.** coloq. Arma blanca, puñal, navaja. □ V. **máquina ~**.

herrar. TR. **1.** Ajustar y clavar las herraduras a las caballerías. ‖ **2.** Marcar con un hierro candente los ganados, los artefactos, etc. ‖ **3.** hist. Marcar de igual modo a esclavos y delincuentes, para señalar su condición social, y también como castigo de estos últimos. ‖ **4.** Guarnecer de hierro. *Herrar botas.* ¶ MORF. conjug. c. *acertar*.

herrén. M. Forraje de avena, cebada, trigo, centeno y otras plantas que se da al ganado.

herrenal. M. Terreno en que se siembra el herrén.

herreño, ña. ADJ. **1.** Natural de El Hierro. U. t. c. s. ‖ **2.** Perteneciente o relativo a esta isla del archipiélago canario, en España.

herrerano, na. ADJ. **1.** Natural de Herrera. U. t. c. s. ‖ **2.** Perteneciente o relativo a esta provincia de Panamá.

herrería. F. **1.** Oficio de herrero. ‖ **2.** Taller en que se funde o forja y se labra el hierro en grueso. ‖ **3.** Taller de herrero. ‖ **4.** Tienda de herrero.

herrerillo. M. **1.** Pájaro de unos doce centímetros de largo desde el pico hasta la extremidad de la cola, y dos decímetros de envergadura; de cabeza azul, nuca y cejas blancas, lomo de color verde azulado, pecho y abdomen amarillos con una mancha negra en el último, pico de color pardo oscuro con la punta blanca, y patas negruzcas. Es insectívoro y bastante común en España. ‖ **2.** Pájaro de unos quince centímetros de largo desde el pico a la extremidad de la cola, y tres decímetros de envergadura; de cabeza y lomo de color azulado, cuello y carrillos blancos, pecho y abdomen bermejos, una raya negra desde las comisuras de la boca hacia el cuello, pico pardusco y patas amarillentas. Es insectívoro, común en España, y hace el nido de barro y en forma de puchero, en los huecos de los árboles.

herrero, ra. M. y F. Persona que tiene por oficio labrar el hierro.

herreruelo. M. Capa corta con cuello y sin capilla.

herrete. M. Cabo de alambre, hojalata u otro metal, que se pone a los cordones, las cintas, etc., para que puedan entrar fácilmente por los ojetes. Los hay también de adorno, labrados artísticamente, y se usan en los extremos de los cordones militares, de los de librea, etc.

herrín. M. *orín*[1].

herrumbrar. TR. Producir herrumbre.

herrumbre. F. **1.** Óxido del hierro. ‖ **2.** Gusto o sabor que algunas cosas, como las aguas, toman del hierro. ‖ **3.** **roya** (‖ hongo parásito).

herrumbroso, sa. ADJ. **1.** Que cría o tiene herrumbre. *Cerradura herrumbrosa.* ‖ **2.** De color amarillo rojizo. *Tierras herrumbrosas.*

hertziano, na. ADJ. herciano. □ V. **onda ~**.

hérulo, la. ADJ. hist. Se dice del individuo de una nación perteneciente a la gran confederación de los suevos, que habitó en las costas de la actual Pomerania y fue una de las que tomaron parte en la invasión del Imperio romano durante el siglo V. U. t. c. s. m. pl.

hervidero. M. **1.** Muchedumbre de personas o de animales en movimiento, o de entidades abstractas a las que se atribuye agitación. *Hervidero de gente. Hervidero de hormigas. Hervidero de pasiones.* ‖ **2.** Manantial donde surge el agua con desprendimiento abundante de burbujas gaseosas, que hacen ruido y agitan el líquido.

hervido. M. **1.** Acción y efecto de hervir. ‖ **2.** *Am. Mer.* olla (‖ comida preparada con carne, tocino, legumbres y hortalizas).

hervidor. M. Utensilio de cocina para hervir líquidos.

hervir. **I.** INTR. **1.** Dicho de un líquido: Producir burbujas por la acción del calor. ‖ **2.** Dicho de un líquido: Producir burbujas por fermentación u otra causa. ‖ **3.** Dicho del mar: Ponerse sumamente agitado, haciendo mucho ruido y espuma. ‖ **4.** Abundar en algo. *Hervir de coches.* ‖ **5.** Excitarse intensamente a causa de una perturbación del ánimo. *Hervir DE ira.* ‖ **II.** TR. **6.** Hacer hervir un líquido. *Hervir el agua. Hervir la leche.* ‖ **7.** Someter algo a la acción del agua o de otro líquido en ebullición. *Hervir patatas.* ¶ MORF. conjug. c. *sentir*.

hervor. M. **1.** Acción y efecto de hervir. ‖ **2.** Fogosidad, inquietud y viveza de la juventud. ‖ **alzar**, o **levantar**, **el ~** un líquido. LOCS. VERBS. Empezar a hervir o cocer. ‖ **dar un ~**. LOC. VERB. Hervir por breve tiempo.

hervoroso, sa. ADJ. **1.** Que hierve o parece que hierve. *Agua hervorosa. Mar hervoroso.* ‖ **2.** **fogoso.** *Una hervorosa vida.*

hesitación. F. duda.

hesperidio. M. *Bot.* Fruto carnoso de corteza gruesa, dividido en varias celdas por tabiques membranosos; p. ej., la naranja y el limón.

hetaira. F. **1.** hist. En la antigua Grecia, cortesana, a veces de elevada consideración social. ‖ **2.** **prostituta.**

heteo, a. ADJ. **1.** hist. Se dice del individuo de un pueblo antiguo que habitó en la tierra de Canaán y en Siria. U. m. c. s. m. pl. ‖ **2.** hist. Perteneciente o relativo a este pueblo. *Civilización hetea.*

hetera. F. hetaira.

heterocerca. ADJ. *Zool.* Dicho de la aleta caudal de los peces: Que está formada por dos lóbulos desiguales; p. ej., la de los tiburones.

heterocigótico, ca. ADJ. *Gen.* Se dice de las células u organismos híbridos en relación con un determinado carácter, por poseer los dos alelos de él.

heteroclamídeo, a. ADJ. *Bot.* Dicho de una flor completa: Que tiene un perianto doble, formado por los pétalos y los sépalos.

heteróclito, ta. ADJ. Irregular, extraño y fuera de orden. *Heteróclitas veladas.*

heterodino. M. *Electr.* Receptor que produce ondas de frecuencia diferente a la de las ondas recibidas, para obtener una frecuencia inferior fija, que es la que se utiliza para recibir las señales.

heterodoxia. F. Cualidad de heterodoxo.

heterodoxo, xa. ADJ. **1.** Disconforme con el dogma de una religión. *Escritor heterodoxo. Opinión heterodoxa.* Apl. a pers., u. t. c. s. *Un heterodoxo. Los heterodoxos españoles.* ‖ **2.** Disconforme con doctrinas o prácticas generalmente admitidas. *Investigador heterodoxo.*

heterogeneidad. F. **1.** Cualidad de heterogéneo. ‖ **2.** Mezcla de partes de diversa naturaleza en un todo.

heterogéneo, a. ADJ. Compuesto de partes de diversa naturaleza.

heteronimia. F. *Ling.* Fenómeno por el cual dos palabras que corresponden a dos términos gramaticales en oposición proceden de raíces diferentes; p. ej., *toro-vaca.*

heterónimo. M. **1.** *Ling.* Cada uno de los vocablos que constituyen una heteronimia. ‖ **2.** **seudónimo.** *Pessoa y sus heterónimos.*

heteronomía. F. *Fil.* Condición de la voluntad que se rige por imperativos que están fuera de ella misma.

heterónomo, ma. ADJ. Dicho de una persona: Que está sometida a un poder ajeno que le impide el libre desarrollo de su naturaleza.

heteroplastia. F. *Med.* Implantación de injertos orgánicos procedentes de un individuo de distinta especie.

heterosexual. ADJ. **1.** Dicho de una persona: Que practica la heterosexualidad. U. t. c. s. ‖ **2.** Se dice de la relación erótica entre individuos de diferente sexo. ‖ **3.** Perteneciente o relativo a la heterosexualidad. *Inclinaciones heterosexuales.*

heterosexualidad. F. Inclinación erótica hacia individuos del sexo contrario.

heterotrófico, ca. ADJ. *Biol.* Se dice de las propiedades y procesos de los organismos heterótrofos considerados como tales.

heterótrofo, fa. ADJ. *Biol.* Dicho de un organismo: Incapaz de elaborar su propia materia orgánica a partir de sustancias inorgánicas, por lo que debe nutrirse de otros seres vivos.

hético, ca. ADJ. **1.** tísico (‖ que padece de tisis). U. t. c. s. ‖ **2.** Muy flaco y casi en los huesos.

hetita. ADJ. hist. **hitita.** Apl. a pers., u. t. c. s.

heurística. F. **1.** Técnica de la indagación y del descubrimiento. ‖ **2.** En algunas ciencias, manera de buscar la solución de un problema mediante métodos no rigurosos, como por tanteo, reglas empíricas, etc.

heurístico, ca. ADJ. Perteneciente o relativo a la heurística.

hevea. F. Árbol del caucho, de la familia de las Euforbiáceas, de hasta 30 m de altura, hojas tripalmeadas y corteza lisa, de la que se extrae el látex mediante incisiones. Es originario de la región amazónica, aunque su cultivo se ha extendido a otras zonas, principalmente el sureste asiático.

hexacoralario. ADJ. *Zool.* Se dice de los celentéreos antozoos cuya boca está rodeada por tentáculos en número de seis o múltiplo de seis; p. ej., las actinias. U. t. c. s. m. ORTOGR. En m. pl., escr. con may. inicial c. taxón. *Los Hexacoralarios.*

hexacordo. M. **1.** *Mús.* Escala para canto gregoriano compuesta de las seis primeras notas usuales, inventada en el siglo XI por Guido Aretino. ‖ **2.** *Mús.* Intervalo de sexta en la escala musical. ‖ **~ mayor.** M. *Mús.* Intervalo que consta de cuatro tonos y un semitono. ‖ **~ menor.** M. *Mús.* Intervalo que consta de tres tonos y dos semitonos.

hexaedro. M. *Geom.* Sólido limitado por seis caras.

hexagonal. ADJ. **1.** De forma de hexágono o semejante a él. *Mesa hexagonal.* ‖ **2.** Se dice del sistema cristalográfico según el cual cristalizan minerales como el cuarzo, el cinabrio, la calcita, el berilo y otros.

hexágono, na. ADJ. *Geom.* Dicho de un polígono: Que tiene seis ángulos y seis lados. U. m. c. s. m.

hexámetro, tra. ADJ. Se dice del verso de la poesía griega y latina que consta de seis pies, cada uno de los cuatro primeros espondeo, o dáctilo, dáctilo el quinto, y el sexto espondeo. U. t. c. s. m.

hexápodo. ADJ. *Zool.* Dicho de un animal, y especialmente de un insecto: Que tiene seis patas. U. t. c. s. m.

hexasilábico, ca. ADJ. **1.** Que consta de seis sílabas. *Palabra hexasilábica.* ‖ **2.** Dicho de un poema: Compuesto en hexasílabos.

hexasílabo, ba. ADJ. Que consta de seis sílabas. Apl. a un verso, u. t. c. s. m.

hexástilo, la. ADJ. *Arq.* Dicho especialmente de un edificio de estilo clásico: Que presenta una fila de seis columnas en la fachada.

hez. F. **1.** En las preparaciones líquidas, parte de desperdicio que se deposita en el fondo de las cubas o vasijas. U. m. en pl. *Las heces del vino.* ‖ **2.** Parte más vil y despreciable de cualquier clase. *La hez de la sociedad.* ‖ **3.** pl. **excrementos.**

hialino, na. ADJ. *Fís.* Diáfano como el vidrio o parecido a él. □ V. **cuarzo ~.**

hialoideo, a. ADJ. Que se parece al vidrio o tiene sus propiedades.

hiato. M. **1.** Encuentro de dos vocales que se pronuncian en sílabas distintas. ‖ **2.** Solución de continuidad, interrupción o separación espacial o temporal. *Hiato de silencio.* ‖ **3.** *Métr.* Ruptura de una sinalefa, por licencia poética, para alargar un verso. □ V. **hernia de ~.**

hibernación. F. **1.** Estado fisiológico que se presenta en ciertos mamíferos como adaptación a condiciones invernales extremas, con descenso de la temperatura corporal hasta cerca de 0 °C y disminución general de las funciones metabólicas. ‖ **2.** En animales, tanto vertebrados como invertebrados, sueño invernal. ‖ **3.** Estado semejante que se produce en las personas artificialmente por medio de drogas apropiadas con fines anestésicos o curativos.

hibernal. ADJ. poét. **invernal.**

hibernar. INTR. Pasar el invierno, especialmente en estado de hibernación. MORF. conjug. c. *acertar.* U. m. c. reg.

hibisco. M. Planta de la familia de las Malváceas, muy apreciada por su valor ornamental y por sus grandes flores, generalmente rojas, aunque existen numerosas variedades de diversos colores. Se cultiva en los países cálidos.

hibridación. F. **1.** *Biol.* Fusión de dos células de distinta estirpe para dar lugar a otra de características mixtas. ‖ **2.** *Biol.* Asociación de dos moléculas con cierto grado de complementariedad.

hibridar. **I.** TR. **1.** Producir híbridos. ‖ **II.** INTR. **2.** *Biol.* Realizar hibridaciones.

hibridez. F. Cualidad de **híbrido** (‖ producto de elementos de distinta naturaleza).

hibridismo. M. Cualidad de híbrido.

híbrido, da. ADJ. **1.** Dicho de un animal o de un vegetal: Procreado por dos individuos de distinta especie. U. t. c. s. ‖ **2.** *Biol.* Dicho de un individuo: Cuyos padres son genéticamente distintos con respecto a un mismo carácter. ‖ **3.** Se dice de todo lo que es producto de elementos de distinta naturaleza. *Vinos híbridos.*

hibridoma. M. *Biol.* Híbrido entre células de mieloma de proliferación indefinida y células secretoras de anticuerpos, que permite obtener anticuerpos monoclonales frente a antígenos seleccionados.

hicaco. M. **1.** Arbusto de la familia de las Crisobalanáceas, de tres a cuatro metros de altura, con muchos ramos poblados de hojas alternas, ovaladas, muy obtusas, coriáceas y nerviosas; flores de cinco pétalos blanquecinos, agrupadas en las axilas de los ramos más altos, y fruto en drupa del tamaño, forma y color de la ciruela claudia. Es espontáneo en las Antillas. ‖ **2.** Fruto de este árbol.

hico. M. **1.** *Á. Caribe.* Cada una de las cuerdas que sostienen la hamaca. ‖ **2.** *Á. Caribe.* Cuerda, soga.

hidalgo, ga. I. M. y F. **1.** hist. Persona que por su sangre es de una clase noble y distinguida. ‖ II. ADJ. **2.** hist. Perteneciente o relativo a un hidalgo. *Casona hidalga.* ‖ **3.** Dicho de una persona: De ánimo generoso y noble. ‖ **4.** Propio o característico de una persona hidalga. *Actitud hidalga.* ‖ **hidalgo de gotera.** M. hist. El que únicamente en un pueblo gozaba de los privilegios de su hidalguía, de tal manera que los perdía al mudar su domicilio. ‖ **hidalgo de privilegio.** M. hist. El que lo es por compra o merced real. ‖ **~ de sangre.** M. y F. hist. **hidalgo** (‖ persona que por su sangre es de una clase noble). ‖ **hidalgo de solar conocido.** M. hist. El que tiene casa solariega o desciende de una familia que la ha tenido o la tiene.

hidalguense. ADJ. **1.** Natural de Hidalgo. U. t. c. s. ‖ **2.** Perteneciente o relativo a este estado de México o a alguna de las poblaciones mexicanas que llevan el mismo nombre.

hidalguía. F. **1.** hist. Cualidad de hidalgo. ‖ **2.** hist. Estado y condición civil del hidalgo. ‖ **3.** Generosidad y nobleza de ánimo.

hidátide. F. **1.** Larva de una tenia intestinal del perro y de otros animales que en las vísceras humanas adquiere gran tamaño. ‖ **2.** Vesícula que la contiene. ‖ **3.** Quiste hidatídico.

hidatídico, ca. ADJ. Perteneciente o relativo a la hidátide.

hidatidosis. F. *Med.* Enfermedad producida por la presencia de quistes hidatídicos.

hidra. F. **1.** Culebra acuática, venenosa, que suele hallarse cerca de las costas, tanto en el mar Pacífico como en el de las Indias. Es de color negro por encima y blanco amarillento por debajo, de unos cinco decímetros de largo, cubierta de escamas pequeñas y con la cola muy comprimida por ambos lados y propia para la natación. ‖ **2.** Pólipo de forma cilíndrica y de uno a dos centímetros de longitud, parecido a un tubo cerrado por una extremidad y con varios tentáculos en la otra. Se cría en el agua dulce y se alimenta de infusorios y gusanillos. ‖ **3.** *Mit.* Monstruo del lago de Lerna, con siete cabezas que renacían a medida que se cortaban, muerto por Hércules, que se las cortó todas de un golpe.

hidrante. M. Boca de riego o tubo de descarga de líquidos con válvula y boca.

hidrargirio. M. mercurio.

hidrargirismo. M. *Med.* Intoxicación crónica originada por la absorción de mercurio. Es enfermedad frecuente en los obreros de las minas de este metal.

hidrartrosis. F. *Med.* Hinchazón de una articulación por acumulación de líquido acuoso, no purulento.

hidratación. F. Acción y efecto de hidratar.

hidratante. ADJ. Que hidrata. Apl. a una crema, u. t. c. s. f.

hidratar. TR. **1.** Restablecer el grado de humedad normal de la piel u otros tejidos. U. t. c. prnl. ‖ **2.** *Quím.* Combinar un cuerpo con el agua. *Cal hidratada.* U. t. c. prnl.

hidrato. M. *Quím.* Combinación de un cuerpo con el agua. ‖ **~ de carbono.** M. Cada una de las sustancias orgánicas formadas por carbono, hidrógeno y oxígeno, que contienen los dos últimos elementos en la misma proporción que la existente en el agua; p. ej., la glucosa, el almidón y la celulosa.

hidráulica. F. **1.** Parte de la mecánica que estudia el equilibrio y el movimiento de los fluidos. ‖ **2.** Arte de conducir, contener, elevar y aprovechar las aguas.

hidráulico, ca. ADJ. **1.** Perteneciente o relativo a la hidráulica. *Estudio hidráulico.* ‖ **2.** Que se mueve por medio del agua o de otro fluido. *Rueda, prensa hidráulica.* ‖ **3.** Dicho de la energía: Producida por el movimiento del agua. ‖ **4.** Perteneciente o relativo al aprovechamiento, embalse y conducción de las aguas. *Red hidráulica.* ‖ **5.** Dicho de una cal o de un cemento: Que se endurecen en contacto con el agua. Se dice también de las obras donde se emplean dichos materiales. ‖ **6.** Dicho de una persona: Que se dedica a la hidráulica. U. t. c. s. *Sus tablas fueron muy utilizadas por los hidráulicos.* □ V. **arquitectura ~, cal ~, cemento ~, máquina ~.**

hidria. F. hist. Vasija grande, especie de cántaro o tinaja, que se usaba para contener agua.

hídrico, ca. ADJ. Perteneciente o relativo al agua. *Recursos hídricos.*

hidroavión. M. Avión que lleva, en lugar de ruedas, uno o varios flotadores para posarse sobre el agua.

hidrobiología. F. Ciencia que estudia la vida de los seres que pueblan las aguas.

hidrocálido, da. ADJ. aguascalentense. Apl. a pers., u. t. c. s.

hidrocarburo. M. **1.** *Quím.* Compuesto resultante de la combinación del carbono con el hidrógeno. ‖ **2.** Producto industrial elaborado con hidrocarburos y usado frecuentemente como carburante o lubricante.

hidrocefalia. F. *Med.* Dilatación anormal de los ventrículos del encéfalo por acumulación de líquido cefalorraquídeo.

hidrocefálico, ca. ADJ. *Med.* Perteneciente o relativo a la hidrocefalia.

hidrocéfalo, la. ADJ. Que padece hidrocefalia. U. t. c. s.

hidrocele. M. *Med.* Acumulación de líquido en la túnica serosa del testículo o en el conducto espermático.

hidrodinámica. F. Parte de la mecánica que estudia el movimiento de los fluidos.

hidrodinámico, ca. ADJ. Perteneciente o relativo a la hidrodinámica.

hidroelectricidad. F. Energía eléctrica obtenida por fuerza hidráulica.

hidroeléctrico, ca. ADJ. Perteneciente o relativo a la hidroelectricidad.

hidrófilo, la. I. ADJ. **1.** Dicho de una materia: Que absorbe el agua con gran facilidad. *Algodón hidrófilo.* ‖ II. M. **2.** Coleóptero acuático de cuerpo convexo y oval y de color negro de aceituna, con los palpos maxilares filiformes, más largos que las antenas, y el esternón prolongado en aguda espina. Llega a tener cuatro o cinco centímetros de longitud. Las larvas son carnívoras y los adultos fitófagos.

hidrofobia. F. **1.** Horror al agua, que suelen tener quienes han sido mordidos por animales rabiosos. ‖ **2.** rabia (‖ enfermedad).

hidrofóbico, ca. ADJ. **1.** Perteneciente o relativo a la hidrofobia. *Patología hidrofóbica.* ‖ **2.** Que padece hidrofobia.

hidrófobo, ba. ADJ. **1.** Que padece hidrofobia. U. t. c. s. ‖ **2.** Dicho de una sustancia o de un compuesto químico: Que rechazan el agua.

hidrófono. M. *Tecnol.* Aparato eléctrico para la escucha de sonidos transmitidos por el agua, con el fin de detectar la presencia y dirección de naves y ciertos animales.

hidrófugo, ga. ADJ. Dicho de una sustancia: Que evita la humedad o las filtraciones. U. t. c. s. m.

hidrogenación. F. Proceso por el que se adiciona hidrógeno a compuestos orgánicos no saturados.

hidrógeno. M. **1.** Elemento químico de núm. atóm. 1. Es el más abundante de la litosfera y del universo. En la atmósfera se encuentra en su forma molecular H_2, gas inflamable, incoloro e inodoro. El más ligero de los elementos, combinado con el oxígeno forma el agua. Entra en la composición de todos los ácidos y sustancias orgánicas. Se utiliza como combustible, y en la industria química para la hidrogenación de distintos productos como grasas o petróleos. Tiene dos isótopos naturales y uno artificial, el tritio. (Símb. *H*). ‖ **2.** Gas de este elemento en su forma molecular. (Símb. H_2). ◻ V. **bomba de ~, peróxido de ~.**

hidrogeología. F. Parte de la geología que se ocupa del estudio de las aguas dulces, en particular de las subterráneas, y de su aprovechamiento.

hidrogeológico, ca. ADJ. *Geol.* Perteneciente o relativo a la hidrogeología.

hidrogeólogo, ga. M. y F. Persona que ejerce o profesa la hidrogeología.

hidrografía. F. **1.** Parte de la geografía física que trata de la descripción de las aguas del globo terrestre. ‖ **2.** Conjunto de las aguas de un país o región.

hidrográfico, ca. ADJ. *Geogr.* Perteneciente o relativo a la hidrografía.

hidrógrafo, fa. M. y F. Persona que ejerce o profesa la hidrografía.

hidrólisis o **hidrolisis.** F. *Quím.* Desdoblamiento de la molécula de ciertos compuestos orgánicos por acción del agua.

hidrolizado, da. PART. de **hidrolizar.** ‖ ADJ. *Quím.* Que ha experimentado un proceso de hidrólisis.

hidrolizar. TR. *Quím.* Producir una hidrólisis.

hidrología. F. Parte de las ciencias naturales que trata de las aguas. ‖ **~ médica.** F. Estudio de las aguas en relación con el tratamiento de las enfermedades.

hidrológico, ca. ADJ. Perteneciente o relativo a la hidrología. ◻ V. **plan ~.**

hidrólogo, ga. M. y F. Persona que profesa la hidrología.

hidromancia o **hidromancía.** F. Arte supersticiosa de adivinar por la observación del agua.

hidromasaje. M. Masaje mediante corrientes o chorros de agua a presión, a veces con burbujeo.

hidromecánico, ca. ADJ. Dicho de un dispositivo o aparato: Que aprovecha el agua como fuerza motriz.

hidrometeoro. M. Meteoro producido por el agua en estado líquido, sólido o de vapor.

hidrómetro. M. Instrumento que sirve para medir el caudal, la velocidad o la fuerza de un líquido en movimiento.

hidromiel. M. Agua mezclada con miel.

hidronimia. F. Parte de la toponimia que estudia el origen y significación de los nombres de los ríos, arroyos, lagos, etc.

hidronímico, ca. ADJ. Perteneciente o relativo a la hidronimia.

hidrónimo. M. Nombre de río, arroyo, lago, etc.

hidropesía. F. *Med.* Derrame o acumulación anormal de líquido seroso.

hidrópico, ca. ADJ. **1.** Que padece hidropesía, especialmente de vientre. U. t. c. s. ‖ **2. insaciable.** ‖ **3.** Sediento con exceso.

hidroplano. M. **1.** Avión con flotadores para posarse en el agua. ‖ **2.** Embarcación provista de aletas inclinadas que, al avanzar, por efecto de la reacción que el agua ejerce contra ellas, sostienen gran parte del peso del aparato, el cual alcanza de ordinario una velocidad muy superior a la de los otros buques.

hidroponía. F. Cultivo de plantas en soluciones acuosas, por lo general con algún soporte de arena, grava, etc.

hidropónico, ca. ADJ. Perteneciente o relativo a la hidroponía.

hidropteríneo, a. ADJ. *Bot.* Se dice de las plantas criptógamas pteridófitas, acuáticas, a veces flotantes, con tallo horizontal, de cuya cara superior nacen las hojas y de la inferior las raíces o, en algunas de las especies flotantes, unas hojas absorbentes. U. t. c. s. f. ORTOGR. En f. pl., escr. con may. inicial c. taxón. *Las Hidropteríneas.*

hidroquinona. F. Producto químico que se presenta en forma de prismas hexagonales incoloros, solubles en alcohol, éter y agua caliente. Se usa como antiséptico, antipirético y como revelador de la fotografía.

hidrosfera. F. Conjunto de partes líquidas del globo terráqueo.

hidrósfera. F. *Am.* **hidrosfera.**

hidrosol. M. Solución acuosa coloidal.

hidrosoluble. ADJ. Que puede disolverse en agua.

hidrostática. F. Parte de la mecánica que estudia el equilibrio de los fluidos.

hidrostático, ca. ADJ. Perteneciente o relativo a la hidrostática.

hidroterapia. F. Método curativo por medio del agua.

hidroterápico, ca. ADJ. Perteneciente o relativo a la hidroterapia.

hidrotermal. ADJ. *Geol.* Se dice de los procesos en que interviene el agua a temperatura superior a la normal.

hidrotórax. M. *Med.* Exceso de líquido en la cavidad pleural.

hidróxido. M. *Quím.* Compuesto formado por la unión de un elemento o un radical con el anión hidroxilo.

hidroxilar. TR. *Quím.* Introducir en un compuesto un grupo hidroxilo.

hidroxilo. M. *Quím.* Radical formado por un átomo de hidrógeno y otro de oxígeno, que forma parte de muchos compuestos. (Fórm. *-OH*).

hidruro. M. Compuesto de hidrógeno y otro elemento, preferentemente un metal.

hiedra. F. Planta trepadora, siempre verde, de la familia de las Araliáceas, con tronco y ramos sarmentosos, de los que brotan raíces adventicias que se agarran fuertemente a los cuerpos inmediatos, hojas coriáceas, verdinegras, lustrosas, persistentes, pecioladas, partidas en cinco lóbulos, enteras y en forma de corazón las de los ramos superiores, flores de color amarillo verdoso, en umbelas, y fruto en bayas negruzcas del tamaño de un guisante. Aunque la hiedra no es una parásita verdadera, daña y aun ahoga con su espeso follaje a los árboles por los que trepa. ‖ **~ terrestre.** F. Planta vivaz de la familia de las Labiadas, con tallos duros, de tres a cuatro decímetros, hojas pecioladas en forma de corazón, festoneadas y verdinegras, flores axilares en grupillos separados, de corola azul, y fruto en varias semillas menudas. Se ha empleado en medicina como expectorante.

hiel. F. **1. bilis** (‖ secreción amarillenta). ‖ **2.** Amargura, aspereza o desabrimiento. *Tiene mucha hiel en su carácter.* ‖ **3.** pl. Trabajos, adversidades, disgustos. *Saborear* *las mieles y las hieles de la existencia.* ‖ **~ de la tierra.** F. **centaura menor.**

hielera. F. **1.** *Á. Caribe* y *Á. R. Plata.* Recipiente que se utiliza para servir cubitos de hielo. ‖ **2.** *Chile.* Aparato destinado a la conservación de la comida en hielo. ‖ **3.** *Méx.* **nevera** (‖ portátil).

hielo. M. **1.** Agua convertida en cuerpo sólido y cristalino por un descenso suficiente de temperatura. ‖ **2.** Frialdad en los afectos. *Sintió el hielo en su mirada.* ‖ **~ seco.** M. **nieve carbónica.** ‖ **estar** alguien **hecho un ~.** LOC.VERB. coloq. Estar muy frío. ‖ **quedarse de ~.** LOC. VERB. Quedarse atónito o paralizado ante un acontecimiento. ‖ **romper el ~.** LOC.VERB. coloq. En el trato personal o en una reunión, hacer desaparecer la reserva, el embarazo o el recelo que por cualquier motivo exista. □ V. **banco de ~.**

hiemal. ADJ. invernal.

hiena. F. **1.** Se usa como nombre común para referirse a varias especies de una familia de animales carnívoros de África y Asia, de pelaje áspero, gris amarillento, con listas o manchas en el lomo y en los flancos. Llegan a los siete decímetros de altura en la cruz y algo menos en la grupa. Son animales nocturnos y principalmente carroñeros, de aspecto repulsivo y olor desagradable por lo desarrolladas que tienen sus glándulas anales. ‖ **2.** Persona de malos instintos o cruel.

hierático, ca. ADJ. **1.** Dicho de un estilo o de un ademán: Que tiene o afecta solemnidad extrema, aunque sea en cosas no sagradas. ‖ **2.** hist. Perteneciente o relativo a las cosas sagradas o a los sacerdotes de la Antigüedad pagana. ‖ **3.** Se dice de cierta escritura de los antiguos egipcios, que era una abreviación de la jeroglífica. ‖ **4.** Se dice de la escultura y la pintura religiosas que reproducen formas tradicionales.

hieratismo. M. **1.** Cualidad hierática de los estilos y formas que afectan solemnidad extrema. ‖ **2.** Cualidad hierática de la escultura y la pintura religiosas.

hierba. F. **1.** Planta pequeña cuyo tallo es tierno y perece después de dar la simiente en el mismo año, o a lo más al segundo, a diferencia de las matas, arbustos y árboles, que echan troncos o tallos duros y leñosos. ‖ **2.** Conjunto de muchas hierbas que nacen en un terreno. ‖ **3.** Cierto tipo de drogas, como la marihuana. ‖ **4.** Infusión hecha de hierbas. ‖ **5.** pl. Cada uno de los años de los animales criados en los pastos. ‖ **6.** pl. Pastos que hay en las dehesas para los ganados. ‖ **~ buena.** F. **hierbabuena.** ‖ **~ cana.** F. Planta herbácea de la familia de las Compuestas, con tallo ramoso, surcado, hueco, rojizo y de tres a cuatro decímetros de altura. Tiene hojas blandas, gruesas, jugosas, perfoliadas y partidas en lóbulos dentados, flores amarillas, tubulares, y fruto seco y con semillas coronadas de vilanos blancos, largos y espesos que semejan pelos canos, de donde le vino el nombre. Es común en las orillas de los caminos y se considera como emoliente. ‖ **~ carmín.** F. Planta herbácea americana, aclimatada en España, de la familia de las Fitolacáceas, con raíz carnosa y fusiforme, tallo erguido, ramoso y asurcado, hojas alternas, aovadas, lanceoladas y onduladas por el margen, flores en espiga y sin corola, y fruto en baya. Toda la planta es encarnada, tiene algún empleo en medicina, y de las semillas se extrae una laca roja. ‖ **~ centella.** F. Planta anual de la familia de las Ranunculáceas, de unos cuatro metros de altura, con tallos lisos, hojas gruesas y acorazonadas y flores termina-

les, grandes y amarillas. ‖ **~ de ballestero.** F. eléboro. ‖ **~ de Guinea.** F. Planta de la familia de las Gramíneas, que crece hasta cerca de un metro de altura, con hojas ensiformes, radicales, abrazadoras y en macolla, tallo central, y flores hermafroditas, en espiguilla, que forman panoja, con semillas abundantes. Es planta muy apreciada para pasto del ganado, especialmente caballar, y se propaga con facilidad en las regiones tropicales. ‖ **~ de los lazarosos,** o **~ de los pordioseros.** F. clemátide. ‖ **~ del Paraguay.** F. yerba mate. ‖ **~ de san Juan.** F. corazoncillo. ‖ **~ doncella.** F. Planta herbácea, vivaz, de la familia de las Apocináceas, con tallos de seis a ocho decímetros, los estériles reclinados y casi erguidos los floríferos; hojas pedunculadas, lisas, coriáceas, en forma de corazón, algo vellosas en el margen, flores grandes, corola azul, fruto capsular y semillas membranosas. Se usa en medicina como astringente. ‖ **~ lombriguera.** F. Planta de la familia de las Compuestas, con tallos herbáceos de seis a ocho decímetros de altura, hojas grandes partidas en lacinias lanceoladas y aserradas, flores de cabezuelas amarillas en corimbos terminales, y fruto seco con semillas menudas. Es bastante común en España, tiene olor fuerte, sabor muy amargo, y se ha empleado como estomacal y vermífuga. ‖ **~ luisa.** F. **hierbaluisa.** ‖ **~ mate.** F. yerba mate. ‖ **~ mora.** F. **1.** Planta herbácea, anual, de la familia de las Solanáceas, con tallos de tres a cuatro decímetros de altura, ramosos y velludos, hojas lanceoladas, nerviosas, con dientes en el margen, flores axilares, en corimbos poco poblados, de corola blanca, y fruto en baya negra de un centímetro de diámetro. Se ha empleado en medicina como calmante. ‖ **2.** *Filip.* espicanardo (‖ planta gramínea). ‖ **~ peJiguera.** F. duraznillo. ‖ **~ piojenta,** o **~ piojera.** F. estafisagria. ‖ **~ pulguera.** F. zaragatona. ‖ **~ sagrada.** F. verbena (‖ planta). ‖ **~ santa.** F. **1.** hierbabuena. ‖ **2.** *Méx.* Arbusto de las Piperáceas, de hojas aromáticas usadas para aderezar ciertos guisos. ‖ **mala ~.** F. *Esp.* Planta herbácea que crece espontáneamente dificultando el buen desarrollo de los cultivos. ‖ **cortarle,** o **segarle,** a alguien **la ~ bajo los pies.** LOCS.VERBS. Minar insidiosa y subrepticiamente su situación o sus planes para causarle algún perjuicio. ‖ **crecer como la mala ~.** LOC. VERB. **1.** Dicho de una cosa: Desarrollarse muy rápidamente o en gran cantidad. ‖ **2.** coloq. Dicho de un muchacho: Crecer sin aplicarse al mismo tiempo. ‖ **y otras ~s.** EXPR. fest. Se usa para dar a entender, después de enumerar enfáticamente los nombres, títulos o méritos de alguien, que aún le corresponden otros. *Es conde, barón, embajador y otras hierbas.* ‖ **ver crecer la ~.** LOC.VERB. coloq. Se usa para ponderar la viveza de entendimiento de alguien. □ V. **pañuelo de ~s.**

hierbabuena. F. **1.** Planta herbácea, vivaz, de la familia de las Labiadas, con tallos erguidos, poco ramosos, de cuatro a cinco decímetros, hojas vellosas, elípticas, agudas, nerviosas y aserradas, flores rojizas en grupos axilares, y fruto seco con cuatro semillas. Se cultiva mucho en las huertas, es aromática y se emplea en condimentos. ‖ **2.** Se usa como nombre para referirse a otras plantas labiadas parecidas a la anterior; p. ej., el mastranzo, el sándalo y el poleo. ¶ MORF. pl. **hierbabuenas.**

hierbajo. M. despect. Hierba, generalmente mala.

hierbal. M. *Chile.* **herbazal.**

hierbaluisa. F. Planta de la familia de las Verbenáceas, de doce a quince decímetros de altura, con hojas elípticas, agudas y ásperas por encima, flores pequeñas en espiga, blancas por fuera y azuladas en el interior, y fruto seco con semillas negras. Se cultiva en los jardines, tiene olor de limón, y es apreciada como tónica, estomacal y antiespasmódica. MORF. pl. **hierbaluisas.**

hierbatero, ra. I. ADJ. **1.** *Á. Andes, Chile* y *Méx.* yerbatero (‖ que cura con hierbas). U. t. c. s. ‖ **II.** M. **2.** *Chile.* yerbatero (‖ hombre que vende forraje).

hierbería. F. *Chile.* herboristería.

hierbero, ra. M. y F. **1.** *Méx.* Persona que se dedica al cultivo o venta de hierbas, especialmente medicinales. ‖ **2.** *Méx.* Curandero que usa hierbas.

hierofante. M. **1.** hist. Sacerdote de Eleusis, en Grecia, que presidía la celebración de los misterios sagrados. ‖ **2.** Maestro de nociones recónditas.

hierosolimitano, na. ADJ. **1.** Natural de Jerusalén. U. t. c. s. ‖ **2.** Perteneciente o relativo a esta ciudad, capital, no reconocida por la ONU, de Israel.

hierra. F. **1.** *Am. Cen.* y *Á. Caribe.* Acción de marcar con el hierro los ganados. ‖ **2.** *Am. Cen.* Temporada en que se marca el ganado.

hierro. M. **1.** Elemento químico de núm. atóm. 26. Metal muy abundante en la litosfera, se encuentra en la hematites, la magnetita y la limonita, y entra en la composición de sustancias importantes en los seres vivos, como las hemoglobinas. De color negro lustroso o gris azulado, dúctil, maleable y muy tenaz, se oxida al contacto con el aire y tiene propiedades ferromagnéticas. Es el metal más empleado en la industria; aleado con el carbono forma aceros y fundiciones. (Símb. *Fe*). ‖ **2.** Instrumento o pieza de hierro, con que se realizaba la operación de marcar ganados, esclavos, etc. ‖ **3.** Marca que con hierro candente se pone a los ganados. En otro tiempo se ponía también a los delincuentes y a los esclavos. ‖ **4.** Ganadería de los toros de lidia. *Ese toro es de un buen hierro.* ‖ **5.** En la lanza, flecha y otras armas semejantes, pieza de hierro o de acero que se pone en el extremo para herir. ‖ **6.** Arma, instrumento o pieza de hierro o acero; p. ej., la pica, la reja del arado, etc. ‖ **7.** *Dep.* Tipo de palo de golf. ‖ **8.** pl. Instrumentos de hierro para inmovilizar a los delincuentes, como cadenas, grilletes, etc. ‖ **~ colado.** M. *Ingen.* Producto obtenido en el cubilote por fusión del arrabio. ‖ **~ dulce.** M. El libre de impurezas, que se trabaja con facilidad. ‖ **~ forjado.** M. El que se trabaja a golpes de martillo para darle su forma. ‖ **~ fundido.** M. **hierro colado.** ‖ **a ~.** LOC. ADV. Con arma blanca. *Quien a hierro mata, a hierro muere.* ‖ **a ~ y fuego,** o **a ~ y sangre.** LOCS. ADVS. **a sangre y fuego.** ‖ **de ~.** LOC. ADJ. **1.** coloq. Muy fuerte, resistente y firme. *Voluntad, salud de hierro.* ‖ **2.** *Á. R. Plata.* Dicho de una persona: Que siempre está dispuesta a colaborar en situaciones difíciles. *Es un amigo de hierro.* ‖ **llevar ~ a Vizcaya.** LOC. VERB. Dar algo a quien tiene abundancia de ello y no lo necesita. □ V. **camino de ~, corona de ~, edad de ~, Edad del Hierro, pirita de ~.**

higa. F. **1.** Gesto de desprecio que se ejecuta con la mano, cerrado el puño, mostrando el dedo pulgar por entre el dedo índice y el cordial. ‖ **2.** Dije de azabache o coral, en forma de puño, que se pone a los niños con la idea de librarlos del mal de ojo. ‖ **3.** Burla o desprecio. ‖ **dar ~s.** LOC. VERB. Despreciar algo, burlarse de ello.

higadillo. M. Hígado de los animales pequeños, particularmente de las aves.

hígado. M. **1.** *Anat.* Víscera voluminosa, propia de los animales vertebrados, que en los mamíferos tiene forma irregular y color rojo oscuro y está situada en la parte anterior y derecha del abdomen. Desempeña varias funciones importantes, entre ellas la secreción de la bilis. ‖ **2.** Ánimo, valentía. U. m. en pl. *¡Qué hígados ha mostrado!* ‖ **echar** alguien **los ~s por** algo. LOC. VERB. coloq. Esforzarse muchísimo en conseguirlo. □ V. **aceite de ~ de bacalao.**

higiene. F. **1.** Parte de la medicina que tiene por objeto la conservación de la salud y la prevención de enfermedades. U. t. en sent. fig. *Higiene mental.* ‖ **2.** Limpieza, aseo de las viviendas, lugares públicos y poblaciones. ‖ **~ personal.** F. Aquella de cuya aplicación cuida el individuo. ‖ **~ pública.** F. Aquella en cuya aplicación interviene la autoridad, prescribiendo reglas preventivas.

higiénico, ca. ADJ. **1.** Perteneciente o relativo a la higiene. *Reglas higiénicas.* ‖ **2.** Conforme con las reglas de la higiene. *Condiciones higiénicas.* □ V. **compresa ~, papel ~.**

higienista. ADJ. Dicho de una persona: Dedicada al estudio de la higiene o a su aplicación. U. t. c. s.

higienización. F. Acción y efecto de higienizar.

higienizar. TR. Disponer o preparar algo conforme a las prescripciones de la higiene. *Higienizar productos lácteos.*

higo. M. **1.** Segundo fruto, o el más tardío, de la higuera. Es blando, de gusto dulce, por dentro de color más o menos encarnado o blanco, y lleno de semillas sumamente menudas; exteriormente está cubierto de una piel fina y verdosa, negra o morada, según las diversas castas de ellos. ‖ **2.** Cosa insignificante, de poco o ningún valor. *No dar un higo por algo. No valer algo un higo.* ‖ **~ chumbo, ~ de pala,** o **~ de tuna.** M. Fruto del nopal o higuera de Indias. Es verde amarillento, elipsoidal, espinoso y de pulpa comestible. ‖ **estar hecho un ~.** LOC. VERB. Estar muy arrugado.

higrófilo, la. ADJ. Dicho de un animal o de una planta: Que exigen o prefieren ambientes húmedos.

higrófugo, ga. ADJ. Dicho de un animal o de una planta: Que prefieren ambientes secos.

higroma. M. *Med.* Distensión, generalmente de origen traumático, de la vaina sinovial de un tendón.

higrometría. F. Parte de la física relativa al conocimiento de las causas productoras de la humedad atmosférica y de la medida de sus variaciones.

higrométrico, ca. ADJ. **1.** Perteneciente o relativo a la higrometría o al higrómetro. *Estado higrométrico de la atmósfera.* ‖ **2.** Dicho de un cuerpo: Cuyas condiciones varían sensiblemente con el cambio de humedad de la atmósfera.

higrómetro. M. Instrumento que sirve para determinar la humedad del aire atmosférico.

higroscópico, ca. ADJ. Dicho de una sustancia: Que absorbe y exhala la humedad según el medio en que se encuentra.

higuera. F. Árbol de la familia de las Moráceas, de mediana altura, madera blanca y endeble, látex amargo y astringente. Tiene hojas grandes, lobuladas, verdes y brillantes por encima, grises y ásperas por abajo, e insertas en un pedúnculo bastante largo, flores unisexuales, encerradas en un receptáculo carnoso, piriforme, abierto por un pequeño orificio apical y que, al madurar, da una infrutescencia llamada higo. ‖ **~ chumba.**

nopal. ‖ ~ **del diablo,** o ~ **del infierno.** F. ricino. ‖ ~ **de pala,** o ~ **de tuna.** F. nopal. ‖ ~ **infernal.** F. ricino. ‖ ~ **loca,** ~ **moral,** o ~ **silvestre.** F. sicomoro (‖ planta morácea).

higueral. M. Sitio poblado de higueras.

higuereta. F. ricino.

higuerilla. F. ricino.

higuerón. M. Árbol de la familia de las Moráceas, con tronco corpulento, copa espesa, hojas grandes y alternas, fruto de mucho jugo, y madera fuerte, correosa, de color blanco amarillento, muy usada en la América tropical, donde es espontáneo el árbol, para la construcción de embarcaciones.

higueruela. F. Planta herbácea de la familia de las Papilionáceas, de hojas partidas como las del trébol, y flores azuladas en cabezuelas axilares.

higüeyano, na. ADJ. **1.** Natural de La Altagracia, provincia de la República Dominicana, o de Higüey, su capital. U. t. c. s. ‖ **2.** Perteneciente o relativo a esta provincia o a su capital.

hijadalgo. F. hist. hidalga. MORF. pl. **hijasdalgo.**

hijasdalgo. F. pl. de hijadalgo.

hijastro, tra. M. y F. Hijo o hija de uno solo de los cónyuges, respecto del otro.

hijear. INTR. Am. Cen. Dicho de una planta: Echar retoños o hijos.

hijo, ja. I. M. y F. **1.** Persona o animal respecto de su padre o de su madre. ‖ **2.** Persona respecto del país, provincia o pueblo de que es natural. ‖ **3.** Persona que ha tomado el hábito religioso, con relación al fundador de su orden y a la casa donde lo tomó. ‖ **4.** coloq. Se usa como expresión de cariño entre las personas que se quieren bien. ‖ **5.** coloq. hijo político. ‖ **II.** M. **6.** Cosa que procede o sale de otra por procreación; p. ej., los retoños o renuevos que echa el árbol por el pie, la caña del trigo, etc. ‖ **7.** pl. **descendientes.** ‖ **hija de la Caridad.** F. Religiosa de la congregación fundada por san Vicente de Paúl en el siglo XVII para la asistencia benéfica en hospitales, hospicios, asilos, etc. ‖ ~ **adoptivo, va.** M. y F. **1.** hijo que resulta de una adopción. ‖ **2.** Distinción que una corporación territorial concede a alguien no nacido en su ámbito. ‖ ~ **bastardo, da.** M. y F. **1.** hijo nacido de una unión no matrimonial. ‖ **2.** hijo de padres que no podían contraer matrimonio al tiempo de la concepción ni al del nacimiento. ‖ **3.** hijo ilegítimo de padre conocido. ‖ ~ **de algo.** M. y F. hist. hidalgo. ‖ ~ **de bendición.** M. y F. hijo de legítimo matrimonio. ‖ ~ **de confesión.** M. y F. Persona con respecto al confesor que tiene elegido por director de su conciencia. ‖ ~ **de Dios. I.** M. y F. **1.** Rel. El justo o el que está en gracia, y, por ext., toda persona en cuanto criatura de Dios. ‖ **II.** M. **2.** Rel. En el cristianismo, Jesucristo. ORTOGR. Escr. con may. inicial. ‖ ~ **de familia.** M. y F. hijo que está bajo la autoridad paterna o tutelar, y, por ext., el mayor de edad que vive en casa de sus padres. ‖ ~ **de la chingada.** M. y F. eufem. Méx. hijo de puta. ‖ ~ **de la tierra.** M. y F. Persona que no tiene padres ni parientes conocidos. ‖ ~ **del diablo.** M. y F. Persona astuta y traviesa. ‖ **Hijo del Hombre.** M. En el cristianismo, **Jesucristo.** ‖ ~ **de madre.** M. y F. coloq. **hijo de su madre** (‖ denota la semejanza del hijo con su madre). ‖ ~ **de padre.** M. y F. coloq. **hijo de su padre.** ‖ ~ **de papá.** M. y F. Persona bien situada, más que por sus propios méritos, por el influjo o el poder de sus padres. ‖ ~ **de puta.** M. y F. vulg. Mala persona. U. c. insulto.

‖ ~ **de su madre.** M. y F. **1.** coloq. eufem. **hijo de puta.** ‖ **2.** coloq. Denota la semejanza del hijo con su madre. ‖ ~ **de su padre.** M. y F. coloq. Denota la semejanza del hijo en las inclinaciones, cualidades o figura del padre. ‖ ~ **de sus obras.** M. y F. Persona que ha alcanzado una situación relevante gracias a su propio esfuerzo. ‖ ~ **espiritual.** M. y F. **hijo de confesión.** ‖ ~ **espurio, ria.** M. y F. **hijo bastardo.** ‖ ~ **ilegítimo, ma.** M. y F. hijo de padre y madre no unidos entre sí por matrimonio. ‖ ~ **legítimo, ma.** M. y F. hijo nacido de legítimo matrimonio. ‖ ~ **natural.** M. y F. **1.** hijo ilegítimo. ‖ **2.** hist. hijo habido de mujer soltera y padre libre, que podían casarse al tiempo de tenerlo. ‖ ~ **predilecto, ta.** M. y F. Distinción que una corporación territorial concede a alguien nacido en su ámbito. ‖ ~ **pródigo, ga.** M. y F. hijo que regresa al hogar paterno, después de haberlo abandonado durante un tiempo, tratando de independizarse. ‖ ~ **reconocido, da.** M. y F. hijo natural a quien padre o madre, o ambos a la vez, reconocen en forma legal. ‖ ~ **único, ca.** M. y F. hijo que, por no tener hermanos, resulta consentido, mimado y caprichoso. ‖ **cada hijo de vecino,** o **cualquier hijo de vecino.** M. coloq. Cualquier persona. ‖ **todos somos ~s de Dios.** EXPR. Denota la igualdad de condiciones y linajes de todos los hombres por naturaleza. □ V. **célula ~.**

hijodalgo. M. hist. hidalgo. MORF. pl. **hijosdalgo.**

hijosdalgo. M. pl. de hijodalgo.

hijuela. F. **1.** Documento donde se reseñan los bienes que tocan en una partición a cada uno de los partícipes en el caudal que dejó un difunto. ‖ **2.** Conjunto de estos bienes. ‖ **3.** Cosa aneja o subordinada a otra principal. ‖ **4.** Cada uno de los canales o regueros pequeños que conducen el agua desde una acequia al campo que se riega, y escurren el sobrante a otros canales de evacuación. ‖ **5.** Camino o vereda que atraviesa desde el camino principal a los pueblos u otros sitios algo desviados de él. ‖ **6.** Á. Andes y Chile. Fundo rústico que se forma de la división de otro mayor.

hijuelar. TR. Chile. Dividir un fundo en hijuelas.

hijuelo. M. Retoño de planta.

hila. F. hist. Hebra que se sacaba de un trapo de lienzo, y servía, junta con otras, para curar las llagas y heridas. U. m. en pl.

hilacha. F. **1.** Pedazo de hilo que se desprende de la tela. U. t. en sent. fig. *Las nubes se tendieron sobre la playa como las hilachas de sombra de un naufragio.* ‖ **2.** Porción insignificante de algo. *Hilacha de tabaco.* ‖ **3.** Resto, residuo, vestigio. *Hilachas de neblina.*

hilacho. M. hilacha.

hilachoso, sa. ADJ. Que tiene muchas hilachas. *Vestido hilachoso.*

hilachudo, da. ADJ. Am. Que tiene muchas hilachas. *Ropa hilachuda.*

hilada. F. **1.** Formación en línea. ‖ **2.** Arq. Serie horizontal de ladrillos o piedras en un edificio. ‖ **3.** Mar. Serie horizontal de tablones, planchas de blindaje u otros objetos puestos a tope, una a continuación de otro.

hiladillo. M. Cinta estrecha de hilo o seda.

hilado. M. **1.** Acción y efecto de hilar. ‖ **2.** Porción de lino, cáñamo, seda, lana, algodón, etc., reducida a hilo. □ V. **huevos ~s.**

hilador, ra. M. y F. Persona que hila, principalmente en el arte de la seda.

hiladora. F. Máquina usada para hilar.

hilandería. F. **1.** Arte de hilar. ‖ **2.** Fábrica de hilados.

hilandero, ra. M. y F. Persona que tiene por oficio hilar.

hilar. TR. **1.** Reducir a hilo el lino, cáñamo, lana, seda, algodón, etc. ‖ **2.** Dicho de algunos insectos y de las arañas, y en especial del gusano de seda: Sacar de sí la hebra para formar el capullo o la telaraña. ‖ **3.** Dicho de algunas cosas: Discurrir, trazar o inferir de otras. *Nuestro destino viene hilado por nuestros actos.* ‖ **~ delgado, o fino.** LOCS.VERBS. Discurrir con sutileza o proceder con sumo cuidado y exactitud.

hilarante. ADJ. Que inspira alegría o mueve a risa. *Comedia hilarante.* □ V. **gas ~.**

hilaridad. F. Risa y algazara que ocasiona en una reunión lo que se ve o se oye.

hilatura. F. **1.** Arte de hilar la lana, el algodón y otras materias análogas. ‖ **2.** Industria y comercialización del hilado. ‖ **3.** Establecimiento o fábrica donde se hilan las materias textiles.

hilaza. F. **1.** **hilado** (‖ porción de fibra textil reducida a hilo). ‖ **2.** Residuo, sedimento que adquiere aspecto de hilo. *Hilazas de saliva.*

hilemorfismo. M. *Fil.* Teoría ideada por Aristóteles y seguida por la mayoría de los escolásticos, según la cual todo cuerpo se halla constituido por dos principios esenciales, que son la materia y la forma.

hilemorfista. ADJ. *Fil.* Perteneciente o relativo al hilemorfismo.

hilera. F. **1.** Orden o formación en línea de un número de personas o cosas. ‖ **2.** Instrumento de que se sirven los plateros y metalúrgicos para reducir a hilo los metales. ‖ **3.** *Arq.* **parhilera.** ‖ **4.** *Mil.* Formación de soldados uno detrás de otro. ‖ **5.** pl. *Zool.* Apéndices agrupados alrededor del ano de las arañas, que sostienen las pequeñas glándulas productoras del líquido que, al secarse, forma los hilos.

hilero. M. Señal que forma la dirección de las corrientes en las aguas del mar o de los ríos.

hilio. M. *Anat.* Depresión en la superficie de un órgano, que señala el punto de entrada y salida de los vasos o de los conductos secretores.

hilo. M. **1.** Hebra larga y delgada de una materia textil, especialmente la que se usa para coser. ‖ **2.** Lino o cáñamo, por contraposición al algodón, la lana, la seda o la fibra sintética. *Camisa de hilo.* ‖ **3.** Alambre muy delgado que se saca de los metales. ‖ **4.** Hebra con la que forman las arañas, gusanos de seda, etc., sus telas y capullos. ‖ **5.** **borde** (‖ extremo u orilla). *Andar al hilo del estanque.* ‖ **6.** Chorro muy fino de un líquido. *Hilo de agua. Hilo de sangre.* ‖ **7.** Continuación o serie del discurso, de las acciones, de los sentimientos, de los gestos, etc. *El hilo de la risa. Al hilo de la pena.* ‖ **~ bramante.** M. Cordel delgado de cáñamo. ‖ **~ de la vida.** M. Curso ordinario de ella. ‖ **~ de perlas.** M. Hilera de perlas enhebradas en un hilo. ‖ **~ de voz.** M. Voz sumamente débil o apagada. ‖ **~ musical.** M. Sistema de transmisión del sonido por el cable telefónico, que permite oír programas musicales. ‖ **a ~.** LOC.ADV. **1.** Sin interrupción. ‖ **2.** Según la dirección de algo, en línea paralela con ello. ‖ **al ~.** LOC.ADV. **1.** Denota que el corte de las cosas que tienen hebras o venas va según la dirección de estas, y no cortándolas de través. ‖ **2.** *Méx.* Muy bien, con corrección. ‖ **al ~ de.** LOC. PREPOS. **al filo de.** *Al hilo de la medianoche.* ‖ **coger el ~ de algo.** LOC.VERB. coloq. Enterarse del asunto de que se trata. ‖ **colgar de un ~.** LOC.VERB. coloq. **pender de un**

hilo. ‖ **cortar el ~.** LOC.VERB. Interrumpir, atajar el curso de la conversación o de otras cosas. ‖ **cortar el ~ de la vida.** LOC.VERB. Matar, quitar la vida. ‖ **de un ~.** LOC.ADV. *Méx.* **a hilo** (‖ sin interrupción). ‖ **~ a ~.** LOC. ADV. Denota que un líquido corre con lentitud y sin interrupción. ‖ **no tocar** a alguien **en un ~ de la ropa.** LOC. VERB. No decir ni ejecutar algo que de algún modo pueda ser en su ofensa o perjuicio. ‖ **pender de un ~.** LOC.VERB. Se usa para indicar el gran riesgo o amenaza de ruina de algo. ‖ **perder el ~.** LOC.VERB. Olvidarse, en la conversación o el discurso, de aquello que se estaba exponiendo. ‖ **quebrar el ~.** LOC.VERB. Interrumpir o suspender la prosecución de algo. ‖ **seguir el ~.** LOC.VERB. Proseguir o continuar en lo que se trataba, decía o ejecutaba. ‖ **tomar el ~.** LOC.VERB. Continuar el discurso o conversación que se había interrumpido. □ V. **madera de ~, telégrafo sin ~s.**

hilozoísmo. M. Doctrina según la cual la materia está animada.

hilván. M. **1.** Costura de puntadas largas con que se une y prepara lo que se va a coser después de otra manera. ‖ **2.** Hilo empleado para hilvanar.

hilvanado. M. Acción y efecto de hilvanar.

hilvanar. TR. **1.** Unir con hilvanes lo que se va a coser después. ‖ **2.** Dicho de una persona que habla o escribe: Enlazar o coordinar ideas, frases o palabras. ‖ **3.** coloq. Trazar, proyectar o preparar algo con precipitación.

himen. M. *Anat.* Repliegue membranoso que reduce el orificio externo de la vagina mientras conserva su integridad.

himeneo. M. Boda o casamiento.

himenóptero. ADJ. *Zool.* Se dice de los insectos con metamorfosis complicada, como las abejas y las avispas, que son masticadores y lamedores a la vez por estar su boca provista de mandíbulas y, además, de una especie de lengüeta. Tienen cuatro alas membranosas. El abdomen de las hembras de algunas especies lleva en su extremo un aguijón en el que desemboca el conducto excretor de una glándula venenosa. U. t. c. s. m. ORTOGR. En m. pl., escr. con may. inicial c. taxón. *Los Himenópteros.*

himnario. M. Colección de himnos.

himno. M. **1.** Composición poética en loor de los dioses o de los héroes. ‖ **2.** Composición poética en alabanza de Dios, de la Virgen o de los santos. ‖ **3.** Poesía cuyo objeto es exaltar a un personaje, celebrar una victoria u otro suceso memorable, o expresar júbilo o entusiasmo. ‖ **4.** Composición musical dirigida a cualquiera de estos fines. ‖ **5.** Composición musical emblemática de una colectividad, que la identifica y que une entre sí a quienes la interpretan.

hincapié. **hacer** alguien **~.** LOC.VERB. Insistir en algo que se afirma, se propone o se encarga.

hincar. **I.** TR. **1.** Introducir o clavar algo en otra cosa. *Hincar un poste en la tierra.* ‖ **II.** PRNL. **2.** **arrodillarse.**

hincha. **I.** F. **1.** coloq. Odio, encono o enemistad. ‖ **II.** COM. **2.** coloq. Partidario entusiasta de un equipo deportivo. ‖ **3.** coloq. Partidario de una persona destacada en alguna actividad.

hinchada. F. **1.** coloq. Multitud de **hinchas** (‖ partidarios de un equipo deportivo). ‖ **2.** coloq. Multitud de **hinchas** (‖ partidarios de una personalidad destacada).

hinchado, da. PART. de **hinchar.** ‖ ADJ. **1.** Vano, presumido. *Un joven hinchado y petulante.* ‖ **2.** Dicho del lenguaje, del estilo, etc.: Que abundan en palabras y expresiones redundantes, hiperbólicas y afectadas.

hinchamiento. M. Acción y efecto de hinchar o hincharse.

hinchar. I. TR. **1.** Hacer que aumente de volumen algún objeto o cuerpo, llenándolo de aire u otra cosa. *Hinchar un globo.* U. t. c. prnl. || **2.** Exagerar una noticia o un suceso. *Ha hinchado sus memorias para que se vendan mejor.* || **3.** Á. guar. y Á. R. Plata. **fastidiar** (|| enfadar). U. t. c. prnl. || **II.** INTR. **4.** Á. R. Plata. Apoyar con entusiasmo a un equipo deportivo. || **III.** PRNL. **5.** Dicho de una parte del cuerpo: Inflamarse por herida o golpe. || **6.** Hacer algo con exceso, como comer, beber, trabajar, etc. || **7.** Envanecerse, engreírse, ensoberbecerse.

hinchazón. F. **1.** Efecto de hincharse. || **2.** Vanidad, presunción, soberbia o engreimiento. || **3.** Vicio o defecto del estilo hinchado.

hinco. M. Poste, palo o puntal que se hinca en tierra.

hindi. M. Lengua descendiente del sánscrito y usada en la India.

hindú. ADJ. **1.** **indio** (|| natural de la India). U. t. c. s. || **2.** **indio** (|| perteneciente a este país de Asia). || **3.** Perteneciente o relativo al hinduismo. *Creencias hindúes.* || **4.** Partidario del hinduismo o adepto a él. U. t. c. s. ¶ MORF. pl. **hindúes** o **hindús.**

hinduismo. M. Religión predominante en la India, procedente del vedismo y brahmanismo antiguos.

hinduista. I. ADJ. **1.** Perteneciente o relativo al hinduismo. *Rito hinduista.* || **II.** COM. **2.** Miembro o seguidor de esta religión.

hiniesta. F. **retama.**

hinojal. M. Sitio poblado de hinojos.

hinojo[1]**.** M. Planta herbácea de la familia de las Umbelíferas, con tallos de doce a catorce decímetros, erguidos, ramosos y algo estriados, hojas partidas en muchas lacinias largas y filiformes, flores pequeñas y amarillas, en umbelas terminales, y fruto oblongo, con líneas salientes bien señaladas y que encierra diversas semillas menudas. Toda la planta es aromática, de gusto dulce, y se usa en medicina y como condimento. || ~ **marino.** M. Hierba de la familia de las Umbelíferas, con tallos gruesos, flexuosos, de tres a cuatro decímetros de altura, hojas carnosas divididas en segmentos lanceolados casi lineales, flores pequeñas, de color blanco verdoso, y semillas orbiculares casi planas. Es planta aromática de sabor algo salado, abundante entre las rocas.

hinojo[2]**.** M. **rodilla** (|| conjunto de partes que forman la unión del muslo con la pierna). U. m. en pl. || **de ~s.** LOC. ADV. **de rodillas.**

hintero. M. Mesa para heñir.

hiogloso, sa. ADJ. Anat. Perteneciente o relativo al hueso hioides y a la lengua.

hioideo, a. ADJ. Anat. Perteneciente o relativo al hueso hioides.

hioides. M. Anat. **hueso hioides.**

hipálage. F. Ret. Figura consistente en referir un complemento a una palabra distinta de aquella a la cual debería referirse lógicamente; p. ej., *El público llenaba las ruidosas gradas.*

hipar. INTR. **1.** Sufrir reiteradamente el hipo. || **2.** Llorar con sollozos semejantes al hipo.

híper. M. coloq. **hipermercado.** MORF. pl. invar. *Los híper.*

hiperactividad. F. Conducta caracterizada por un exceso de actividad.

hiperactivo, va. ADJ. Dicho de una persona: Que presenta hiperactividad. U. t. c. s.

hiperbático, ca. ADJ. Gram. Que tiene hipérbato.

hipérbato o **hipérbaton.** M. Gram. Figura de construcción, consistente en invertir el orden que en el discurso tienen habitualmente las palabras. MORF. pl. **hipérbatos.**

hipérbola. F. Geom. Lugar geométrico de los puntos de un plano cuya diferencia de distancias a dos puntos fijos llamados focos es constante. Resulta de cortar un cono circular por un plano que encuentra a todas las generatrices a ambos lados del vértice.

hipérbole. F. **1.** Ret. Figura que consiste en aumentar o disminuir excesivamente aquello de que se habla. || **2.** Exageración de una circunstancia, relato o noticia.

hiperbólico, ca. ADJ. **1.** Perteneciente o relativo a la hipérbole. *Estilo hiperbólico.* || **2.** Que encierra o incluye una hipérbole. *Discurso hiperbólico.* || **3.** Geom. Perteneciente o relativo a la hipérbola. *Ecuación hiperbólica.* || **4.** Geom. De forma de hipérbola o parecido a ella. *Órbita hiperbólica.* □ V. **paraboloide** ~.

hiperbolizar. INTR. Usar hipérboles.

hiperboloide. M. **1.** Geom. Superficie cuyas secciones planas son elipses, círculos o hipérbolas, y se extiende de modo indefinido en dos sentidos opuestos. U. t. c. adj. || **2.** Geom. Sólido comprendido entre esta superficie y cualquier otra que lo limita.

hiperbóreo, a. ADJ. Se dice de las regiones muy septentrionales y de los pueblos, animales y plantas que viven en ellas.

hipercalcemia. F. Med. Nivel de calcio en la sangre superior al normal.

hiperclorhidria. F. Med. Exceso de ácido clorhídrico en el jugo gástrico.

hiperclorhídrico, ca. ADJ. **1.** Med. Perteneciente o relativo a la hiperclorhidria. *Gastritis hiperclorhídrica.* || **2.** Que padece hiperclorhidria.

hipercolesterolemia. F. Med. Exceso de colesterol en la sangre.

hipercrítica. F. Crítica exagerada.

hipercrítico, ca. I. ADJ. **1.** Propio o característico de la hipercrítica o de quien la practica. *Actitud hipercrítica.* || **II.** M. y F. **2.** Censor inflexible, crítico que nada perdona.

hiperemesis. F. Med. Vómitos muy intensos y prolongados, especialmente los del embarazo.

hiperespacio. M. Mat. Espacio de más de tres dimensiones.

hiperestesia. F. Biol. Sensibilidad excesiva y dolorosa.

hiperestesiar. TR. Biol. Causar hiperestesia. U. t. c. prnl. MORF. conjug. c. *anunciar.*

hiperestésico, ca. ADJ. Biol. Perteneciente o relativo a la hiperestesia.

hiperfunción. F. Aumento de la función normal de un órgano. Se usa especialmente refiriéndose a los órganos glandulares.

hiperglucemia. F. Med. Nivel de glucosa en la sangre superior al normal.

hiperglucémico, ca. ADJ. **1.** Med. Perteneciente o relativo a la hiperglucemia. || **2.** Que padece hiperglucemia. U. t. c. s.

hiperhidrosis. F. Med. Exceso de sudoración, generalizado o localizado en determinadas regiones de la piel, principalmente en los pies y en las manos.

hipericíneo, a. ADJ. *Bot.* Se dice de las hierbas, matas, arbustos y árboles de la familia de las Gutíferas, que suelen tener jugo resinoso, con hojas por lo común enteras y opuestas, flores terminales o axilares, dispuestas en forma de panoja o en racimos, generalmente amarillas, frutos capsulares o semejantes a una baya, y semillas sin albumen; p. ej., el hipérico y la todabuena. U. t. c. s. f. ORTOGR. En f. pl., escr. con may. inicial c. taxón. *Las Hipericíneas.*

hipérico. M. corazoncillo.

hiperlipemia. F. *Med.* Nivel de lípidos en la sangre superior al normal.

hipermenorrea. F. *Med.* Menstruación excesiva.

hipermercado. M. Gran supermercado, localizado generalmente en la periferia de las grandes ciudades, que trata de atraer a gran número de clientes con precios relativamente bajos.

hipermétrope. ADJ. Que padece hipermetropía. U. t. c. s.

hipermetropía. F. *Ópt.* Defecto de la visión consistente en percibir confusamente los objetos próximos por formarse la imagen más allá de la retina.

hiperonimia. F. *Ling.* Relación de significado de un hiperónimo con respecto a sus hipónimos.

hiperónimo. M. *Ling.* Palabra cuyo significado incluye al de otra u otras; p. ej., *pájaro* respecto a *jilguero* y *gorrión.*

hiperplasia. F. *Med.* y *Zool.* Excesiva multiplicación de células normales en un órgano o en un tejido.

hiperrealismo. M. **1.** Realismo exacerbado. || **2.** Tendencia artística del último tercio del siglo XX, caracterizada por un realismo sumamente fiel y minucioso.

hiperrealista. ADJ. **1.** Perteneciente o relativo al hiperrealismo. *Intensidad hiperrealista.* || **2.** Que profesa o sigue las ideas del hiperrealismo. *Escultor hiperrealista.* U. t. c. s.

hipersensibilidad. F. Cualidad de hipersensible.

hipersensible. ADJ. **1.** hiperestésico. *Dientes hipersensibles.* || **2.** Muy sensible a estímulos afectivos o emocionales. *Adolescente hipersensible.*

hipersónico, ca. ADJ. Que supera cinco veces la velocidad del sonido.

hipertensión. F. *Med.* Tensión excesivamente alta de la sangre.

hipertensivo, va. ADJ. *Med.* Perteneciente o relativo a la hipertensión.

hipertenso, sa. ADJ. Que padece hipertensión. U. t. c. s.

hipertermia. F. *Med.* Aumento patológico de la temperatura del cuerpo.

hipertexto. M. *Inform.* Conjunto estructurado de textos, gráficos, etc., unidos entre sí por enlaces y conexiones lógicas.

hipertextual. ADJ. *Inform.* Perteneciente o relativo al hipertexto. *Un enlace hipertextual.*

hipertiroideo, a. ADJ. Que padece hipertiroidismo. U. t. c. s.

hipertiroidismo. M. *Med.* Aumento de función de la glándula tiroidea y trastornos que origina, como taquicardia, temblor, adelgazamiento, excitabilidad, etc.

hipertonía. F. *Med.* Tono muscular exagerado.

hipertónico, ca. ADJ. **1.** *Med.* Perteneciente o relativo a la hipertonía. || **2.** *Quím.* Dicho de una disolución: Que tiene mayor presión osmótica que otra con la que se compara.

hipertrofia. F. **1.** Desarrollo excesivo de algo. *Hipertrofia de los trámites burocráticos.* || **2.** *Biol.* Aumento excesivo del volumen de un órgano.

hipertrofiarse. PRNL. *Biol.* Dicho de un órgano: Crecer con exceso. MORF. conjug. c. *anunciar.*

hipertrófico, ca. ADJ. Perteneciente o relativo a la hipertrofia.

hiperventilación. F. *Med.* Aumento de la frecuencia y la intensidad respiratorias que produce un exceso de oxígeno en la sangre.

hiperventilar. TR. *Med.* Aumentar en exceso la frecuencia y la intensidad respiratorias. U. t. c. intr.

hipervitaminosis. F. *Med.* Exceso de vitaminas en el organismo.

hípica. F. Deporte que consiste en carreras de caballos, concurso de saltos de obstáculos, doma, adiestramiento, etc.

hípico, ca. ADJ. **1.** Perteneciente o relativo al caballo. *Espectáculo hípico.* || **2.** Perteneciente o relativo a la hípica. *Prueba hípica.*

hípido. M. Acción y efecto de hipar o gimotear.

hipismo. M. Deporte hípico.

hipnosis. F. Estado producido por hipnotismo.

hipnótico, ca. **I.** ADJ. **1.** Perteneciente o relativo a la hipnosis. *Sopor hipnótico.* || **II.** M. **2.** Medicamento que se da para producir el sueño.

hipnotismo. M. Método para producir el sueño artificial, mediante influjo personal, o por aparatos adecuados.

hipnotización. F. Acción de hipnotizar.

hipnotizador, ra. ADJ. Que hipnotiza. Apl. a pers., u. t. c. s.

hipnotizar. TR. **1.** Producir la hipnosis. || **2.** Fascinar, asombrar a alguien. *Me hipnotiza ese cuadro.*

hipo. M. **1.** Movimiento convulsivo del diafragma, que produce una respiración interrumpida y violenta y causa algún ruido. || **2.** Convulsión semejante al hipo, que a veces acompaña al sollozo. || **3.** Ansia, deseo intenso de algo. || **quitar el ~** alguien o algo. LOC.VERB. coloq. Sorprender, asombrar por su hermosura o buenas cualidades.

hipoalergénico, ca. ADJ. hipoalérgico.

hipoalérgico, ca. ADJ. Que produce una reacción alérgica muy reducida o nula.

hipocalcemia. F. *Med.* Nivel de calcio en la sangre inferior al normal.

hipocalórico, ca. ADJ. Que contiene o aporta pocas calorías. *Dieta hipocalórica. Alimento hipocalórico.*

hipocampo. M. **1.** *Anat.* Eminencia alargada, situada junto a los ventrículos laterales del encéfalo. || **2.** *Zool.* Pez teleósteo de pequeño tamaño y cuerpo comprimido lateralmente, cuya cabeza recuerda a la del caballo, que carece de aleta caudal y se mantiene en posición vertical entre las algas en que habita. El macho posee una bolsa ventral donde la hembra deposita los huevos y se desarrollan las crías.

hipocastanáceo, a. ADJ. *Bot.* Se dice de los árboles o de los arbustos angiospermos dicotiledóneos, con hojas opuestas, compuestas y palmeadas, flores irregulares, hermafroditas o unisexuales, dispuestas en racimos o en panojas, y fruto en cápsulas con semillas gruesas sin albumen y sin arilo; p. ej., el castaño de Indias. U. t. c. s. f. ORTOGR. En f. pl., escr. con may. inicial c. taxón. *Las Hipocastanáceas.*

hipocausto. M. **1.** hist. En la Antigüedad clásica, horno situado debajo del pavimento, que caldeaba las habitaciones. || **2.** hist. Habitación caldeada por este procedimiento.

hipocentauro. M. centauro.

hipocentro. M. Geol. Punto del interior de la litosfera donde tiene origen un terremoto.

hipoclorito. M. Quím. Sal del ácido hipocloroso con un metal.

hipocloroso. □ V. ácido ~.

hipocondría. F. Med. Afección caracterizada por una preocupación constante y angustiosa por la salud.

hipocondríaco, ca o **hipocondriaco, ca.** ADJ. **1.** Med. Perteneciente o relativo a la hipocondría. Reacciones hipocondríacas. || **2.** Que padece este trastorno. U. t. c. s.

hipocondrio. M. Anat. Cada una de las dos partes laterales de la región epigástrica, situada debajo de las costillas falsas. U. m. en pl.

hipocorístico, ca. ADJ. Gram. Dicho de un nombre: Que, en forma diminutiva, abreviada o infantil, se usa como designación cariñosa, familiar o eufemística; p. ej., Pepe, Charo. U. t. c. s. m.

hipocrás. M. Bebida hecha con vino, azúcar, canela y otros ingredientes. MORF. pl. **hipocrases.**

hipocrática. □ V. facies ~.

hipocresía. F. **1.** Fingimiento de cualidades o sentimientos contrarios a los que verdaderamente se tienen o experimentan. || **2.** Hecho o dicho hipócrita.

hipócrita. ADJ. **1.** Que actúa con hipocresía. U. t. c. s. || **2.** Propio o característico de una persona hipócrita. Sonrisa hipócrita.

hipodérmico, ca. ADJ. Med. Que está o se pone debajo de la piel.

hipódromo. M. Lugar destinado a carreras de caballos y carros.

hipófisis. F. Anat. Órgano de secreción interna, situado en la excavación de la base del cráneo llamada silla turca. Está compuesto de dos lóbulos, uno anterior, glandular, y otro posterior, nervioso. Las hormonas que produce influyen en el crecimiento, en el desarrollo sexual, etc.

hipofunción. F. Actividad de un órgano inferior a la normal.

hipogástrico, ca. ADJ. Anat. Perteneciente o relativo al hipogastrio.

hipogastrio. M. Anat. Parte inferior del vientre.

hipogeo[1]. M. **1.** hist. Bóveda subterránea que en la Antigüedad se usaba para conservar los cadáveres sin quemarlos. || **2.** Capilla o edificio subterráneo.

hipogeo[2], a. ADJ. Bot. Dicho de una planta o de alguno de sus órganos: Que se desarrollan bajo el suelo.

hipoglucemia. F. Med. Nivel de glucosa en la sangre inferior al normal.

hipoglucémico, ca. ADJ. **1.** Med. Perteneciente o relativo a la hipoglucemia. Nivel hipoglucémico. || **2.** Que padece hipoglucemia. U. t. c. s.

hipogonadismo. M. Med. Defecto en la función de las gónadas, especialmente los testículos.

hipogrifo. M. Animal fabuloso compuesto de caballo y grifo.

hipomanía. F. Manía de tipo moderado.

hipomaníaco, ca o **hipomaniaco, ca.** ADJ. **1.** Perteneciente o relativo a la hipomanía. Cuadro hipomaníaco. || **2.** Que padece hipomanía. U. t. c. s.

hiponimia. F. Ling. Relación de significado de un hipónimo con respecto a su hiperónimo.

hipónimo. M. Ling. Palabra cuyo significado está incluido en el de otra; p. ej., gorrión respecto a pájaro.

hipopótamo. M. Mamífero paquidermo, de piel gruesa, negruzca y casi desnuda, cuerpo voluminoso que mide cerca de tres metros de largo por dos de alto. Tiene la cabeza gorda, con orejas y ojos pequeños, boca muy grande, labios muy desarrollados, piernas muy cortas y cola delgada y de poca longitud. Vive en los grandes ríos de África, y suele salir del agua durante la noche para pastar en las orillas.

hiposo, sa. ADJ. Que tiene hipo.

hipospadias. M. **1.** Med. Malformación de la uretra, con un orificio anormal. || **2.** Med. Formación quirúrgica de un orificio uretral.

hipóstasis. F. Rel. Ser principio de sus acciones o persona, especialmente de la Santísima Trinidad.

hipostático, ca. ADJ. Rel. Perteneciente o relativo a la hipóstasis. Se usa comúnmente referido a la unión de la naturaleza humana con el Verbo divino en una sola persona.

hipóstilo, la. ADJ. Dicho de un edificio o de un recinto: Especialmente en las arquitecturas antiguas, de techo sostenido por columnas.

hipotáctico, ca. ADJ. Gram. Perteneciente o relativo a la hipotaxis.

hipotálamo. M. Anat. Región del encéfalo situada en la base cerebral, unida a la hipófisis por un pedúnculo nervioso y en la que residen centros importantes de la vida vegetativa.

hipotaxis. F. Gram. **subordinación** (|| relación de dependencia entre oraciones).

hipoteca. F. Derecho real que grava bienes inmuebles o buques, sujetándolos a responder del cumplimiento de una obligación o del pago de una deuda.

hipotecar. TR. **1.** Gravar bienes inmuebles sujetándolos al cumplimiento de alguna obligación. || **2.** Poner en peligro algo con alguna acción. Si hicieras eso, hipotecarías tu libertad.

hipotecario, ria. ADJ. **1.** Perteneciente o relativo a la hipoteca. Interés hipotecario. || **2.** Que se asegura con hipoteca. Crédito hipotecario.

hipotensión. F. Med. Tensión excesivamente baja de la sangre.

hipotenso, sa. ADJ. Med. Que padece hipotensión. U. t. c. s.

hipotenusa. F. Geom. Lado opuesto al ángulo recto en un triángulo rectángulo.

hipotermia. F. Med. Descenso de la temperatura del cuerpo por debajo de lo normal.

hipotérmico, ca. ADJ. Med. Que produce un descenso en la temperatura del cuerpo. Apl. a un medicamento, u. t. c. s. m.

hipótesis. F. Suposición de algo posible o imposible para sacar de ello una consecuencia. || **~ de trabajo.** F. La que se establece provisionalmente como base de una investigación que puede confirmar o negar la validez de aquella.

hipotético, ca. ADJ. Perteneciente o relativo a la hipótesis o que se funda en ella. Futuro hipotético.

hipotiroideo, a. ADJ. Que padece hipotiroidismo. U. t. c. s.

hipotiroidismo. M. Med. Hipofunción de la glándula tiroidea y trastornos que origina.

hipotonía. F. *Med.* Tono muscular inferior al normal.

hipotónico, ca. ADJ. *Quím.* Dicho de una disolución: Que tiene menor presión osmótica que otra con la que se compara.

hipovitaminosis. F. *Med.* Falta de vitaminas en el organismo.

hipovolemia. F. *Med.* Disminución de la cantidad normal de sangre.

hipoxia. F. *Med.* Déficit de oxígeno en un organismo.

hipsométrico, ca. ADJ. Perteneciente o relativo a la altimetría. *Tintas hipsométricas.*

hiriente. ADJ. **1.** ofensivo. *Palabras hirientes.* || **2.** Que **hiere** (|| impresiona alguno de los sentidos). *Claridad, sonido hiriente.* || **3.** Que **hiere** (|| produce una herida). *Dardo hiriente.* || **4.** Que aflige. *Soledad, sentimiento hiriente.*

hirsutismo. M. *Biol.* Brote anormal de vello duro en lugares de la piel generalmente lampiños, más frecuente en la mujer.

hirsuto, ta. ADJ. **1.** Dicho del pelo: Disperso y duro. || **2.** Cubierto de pelo de esta clase o de púas o espinas. *Vegetación hirsuta.* || **3.** De carácter áspero. *Escena hirsuta.*

hirundinaria. F. celidonia.

hisopada. F. Rociada de agua echada con el hisopo.

hisopar. TR. Rociar con el hisopo.

hisopazo. M. **1.** Rociada de agua con el hisopo. || **2.** Golpe dado con el hisopo.

hisopear. TR. Rociar de agua con el hisopo.

hisopillo. M. **1.** Muñequilla de trapo que, empapada en un líquido, sirve para humedecer y refrescar la boca y la garganta de los enfermos. || **2.** Mata de la familia de las Labiadas, con tallos leñosos de tres a cuatro decímetros de altura, hojas pequeñas, coriáceas, verdes, lustrosas, lanceoladas, lineales y enteras, flores en verticilos laxos, de corola blanca o rósea, y fruto seco con varias semillas menudas. Es planta aromática, útil para condimentos y algo usada en medicina como tónica y estomacal.

hisopo. M. **1.** Mata muy olorosa de la familia de las Labiadas, con tallos leñosos de cuatro a cinco decímetros de altura, derechos y poblados de hojas lanceoladas, lineales, pequeñas, enteras, glandulosas y a veces con vello corto en las dos caras; flores azules o blanquecinas, en espiga terminal, y fruto de nuececillas casi lisas. Es planta muy común, que ha tenido alguna aplicación en medicina y perfumería. || **2.** Utensilio que se emplea en las iglesias para dar o esparcir agua bendita, consistente en un mango de madera o metal, con frecuencia de plata, que lleva en su extremo un manojo de cerdas o una bola metálica hueca y agujereada. || **3.** Manojo de ramas pequeñas que se usa con el mismo fin, como lo autoriza o manda la liturgia en algunas bendiciones solemnes. || **4.** *Á. R. Plata* y *Méx.* Palillo recubierto de algodón en sus puntas, usado para la higiene personal. || **5.** *Chile.* Brocha de afeitar.

hispalense. ADJ. **sevillano.** Apl. a pers., u. t. c. s.

hispánico, ca. ADJ. **1.** Perteneciente o relativo a España. *Paisaje hispánico.* || **2.** hist. Perteneciente o relativo a la antigua Hispania o a los pueblos que formaron parte de ella y a los que nacieron de estos pueblos en época posterior. *Cerámica hispánica.* || **3.** Perteneciente o relativo a la lengua y la cultura españolas. *Dialectalismo hispánico. Tradición hispánica.* □ V. **latín ~.**

hispanidad. F. **1.** Carácter genérico de todos los pueblos de lengua y cultura hispánica. || **2.** Conjunto y comunidad de los pueblos hispánicos.

hispanismo. M. **1.** Giro o modo de hablar propio y privativo de la lengua española. || **2.** Vocablo o giro de esta lengua empleado en otra. || **3.** Empleo de vocablos o giros españoles en distinto idioma. || **4.** Afición al estudio de las lenguas, literaturas o cultura hispánicas.

hispanista. COM. Especialista en la lengua y la cultura hispánicas.

hispanización. F. Acción y efecto de hispanizar.

hispanizante. ADJ. Que hispaniza. *Construcciones hispanizantes.*

hispanizar. TR. Dar a alguien o algo carácter hispánico. U. t. c. prnl.

hispano, na. **I.** ADJ. **1.** hist. Perteneciente o relativo a Hispania. || **2.** **español.** Apl. a pers., u. t. c. s. || **3.** Perteneciente o relativo a las naciones de Hispanoamérica. || **4.** Perteneciente o relativo a la población de origen hispanoamericano que vive en los Estados Unidos de América. || **II.** M. y F. **5.** Persona de ese origen que vive en los Estados Unidos de América.

hispanoamericanismo. M. Doctrina que tiende a la unión espiritual de todos los pueblos hispanoamericanos.

hispanoamericano, na. ADJ. **1.** Perteneciente o relativo a españoles y americanos. *Vínculos hispanoamericanos.* || **2.** Compuesto de elementos propios de uno y otro pueblo. *Tradición hispanoamericana.* || **3.** Se dice de los países de América en que se habla el español. || **4.** Se dice de los individuos de habla española nacidos o naturalizados en esos países. U. t. c. s. || **5.** Perteneciente o relativo a los países de Hispanoamérica. *Léxico hispanoamericano.* ¶ MORF. pl. **hispanoamericanos, nas.**

hispanoárabe. ADJ. **1.** hist. Natural de la España musulmana. U. t. c. s. || **2.** hist. Perteneciente o relativo a ella. ¶ MORF. pl. **hispanoárabes.**

hispanofilia. F. Simpatía o admiración por lo español.

hispanófilo, la. ADJ. Que simpatiza con lo español o lo admira. U. t. c. s.

hispanofobia. F. Aversión o rechazo hacia lo español.

hispanófobo, ba. ADJ. Que siente aversión por lo español o lo rechaza. U. t. c. s.

hispanohablante. ADJ. Que tiene el español como lengua materna o propia. Apl. a pers., u. t. c. s.

hispanojudío, a. ADJ. hist. Perteneciente o relativo a la España judía. MORF. pl. **hispanojudíos, as.**

hispanomusulmán, na. ADJ. hist. **hispanoárabe.** MORF. pl. **hispanomusulmanes, nas.**

hispanoparlante. ADJ. **hispanohablante.** Apl. a pers., u. t. c. s.

hispanorromano, na. ADJ. **1.** hist. Natural de la Hispania romana. U. t. c. s. || **2.** hist. Perteneciente o relativo a este territorio del Imperio romano. ¶ MORF. pl. **hispanorromanos, nas.**

híspido, da. ADJ. **hirsuto** (|| cubierto de pelo disperso y duro).

histamina. F. *Bioquím.* Amina sencilla que liberan ciertos tipos de células durante las reacciones inmunitarias, como en las alergias.

histerectomía. F. *Med.* Extirpación total o parcial del útero.

histéresis. F. *Fís.* Fenómeno por el que el estado de un material depende de su historia previa. Se manifiesta por el retraso del efecto sobre la causa que lo produce.

histeria. F. **1.** *Med.* Trastorno nervioso, crónico, más frecuente en la mujer que en el hombre, caracterizado por gran variedad de síntomas, principalmente funcionales, y a veces por ataques convulsivos. || **2.** Estado pasajero de excitación nerviosa producido a consecuencia de una situación anómala. || **~ colectiva.** F. Comportamiento irracional de un grupo o multitud producto de una excitación.

histérico, ca. ADJ. **1.** Propio o característico de la histeria. *Gritos, espasmos histéricos.* || **2.** Afectado de histeria. U. t. c. s. || **3.** coloq. Muy nervioso o alterado. *Está histérico ante su entrevista de trabajo.* □ V. **aura ~.**

histerismo. M. histeria.

histocompatibilidad. F. *Biol.* Grado de semejanza de los antígenos tisulares de distintos individuos, del que depende la posibilidad de un injerto o trasplante.

histograma. M. *Estad.* Representación gráfica de una distribución de frecuencias por medio de rectángulos, cuyas anchuras representan intervalos de la clasificación y cuyas alturas representan las correspondientes frecuencias.

histología. F. Parte de la anatomía que trata del estudio de los tejidos orgánicos.

histológico, ca. ADJ. *Anat.* Perteneciente o relativo a la histología.

histólogo, ga. M. y F. Especialista en histología.

histoquímica. F. *Biol.* Estudio de la composición química de células y tejidos y de las reacciones químicas que se desarrollan en ellos con ayuda de colorantes específicos.

histoquímico, ca. ADJ. *Biol.* Perteneciente o relativo a la histoquímica.

historia. F. **1.** Narración y exposición de los acontecimientos pasados y dignos de memoria, sean públicos o privados. || **2.** Conjunto de estos sucesos. || **3.** Disciplina que estudia y narra estos sucesos. || **4.** Obra histórica compuesta por un escritor. *La historia de Tucídides. La historia del padre Mariana.* || **5.** Conjunto de los sucesos o hechos políticos, sociales, económicos, culturales, etc., de un pueblo o de una nación. || **6.** Conjunto de los acontecimientos ocurridos a alguien a lo largo de su vida o en un período de ella. || **7.** Relación de cualquier aventura o suceso. *He aquí la historia de este negocio.* || **8.** Narración inventada. || **9.** Mentira o pretexto. *No me vengas con historias.* || **10.** coloq. Cuento, chisme, enredo. *Vaya historia me ha contado.* U. m. en pl. || **~ clínica.** F. Relación de los datos con significación médica referentes a un enfermo, al tratamiento a que se le somete y a la evolución de su enfermedad. || **~ natural.** F. Ciencia que estudia los tres reinos clásicos de la naturaleza, el animal, el vegetal y el mineral. || **~ sacra,** o **~ sagrada.** F. Conjunto de narraciones históricas contenidas en el Antiguo y el Nuevo Testamento. || **así se escribe la ~.** EXPR. Se usa para censurar a quien falsea la verdad de un suceso al referirlo. || **de ~.** LOC.ADJ. Dicho de una persona: De quien se cuentan lances y aventuras que, en general, no le honran. || **dejarse** alguien **de ~s.** LOC.VERB. coloq. Omitir rodeos e ir a lo esencial de algo. || **hacer ~** algo. LOC.VERB. Adquirir la importancia necesaria como para ser recordado. || **pasar** algo o alguien **a la ~.** LOC.VERB. **1.** Adquirir gran importancia o trascendencia. || **2.** Perder su actualidad e interés por completo. || **picar en ~** algo. LOC.VERB. Tener mayor gravedad y trascendencia de lo que podía imaginarse o al pronto parecía.

historiado, da. PART. de **historiar.** || ADJ. **1.** Recargado de adornos. || **2.** Dicho de una obra artística: Decorada con escenas relativas al suceso que representa. □ V. **letra ~.**

historiador, ra. M. y F. Persona especialista en historia o que escribe historia.

historial. I. ADJ. **1.** Perteneciente o relativo a la historia. *Resumen historial de la fundación y antigüedad de la ciudad.* || **II.** M. **2.** Reseña circunstanciada de los antecedentes de algo o de alguien. || **3.** Conjunto de esos antecedentes.

historiar. TR. Componer, contar o escribir historias. MORF. conjug. c. *anunciar* y c. *enviar.*

historicidad. F. Cualidad de histórico.

historicismo. M. Tendencia intelectual a reducir la realidad humana a su historicidad o condición histórica.

historicista. ADJ. **1.** Perteneciente o relativo al historicismo. *Visión historicista.* || **2.** Partidario de esta tendencia. U. t. c. s.

histórico, ca. ADJ. **1.** Perteneciente o relativo a la historia. *Enfoque histórico.* || **2.** Averiguado, comprobado, cierto, por contraposición a *fabuloso* o *legendario. Documento histórico.* || **3.** Digno, por la trascendencia que se le atribuye, de figurar en la historia. *Descubrimiento histórico.* || **4.** Dicho de una obra literaria, normalmente narrativa o dramática: Cuyo argumento alude a sucesos y personajes recordados por la historia y sometidos a fabulación o recreación artísticas. || **5.** Se dice de la persona que ha tenido existencia real o del hecho que verdaderamente ha sucedido. □ V. **geografía ~, gramática ~, materialismo ~, novela ~, patrimonio ~.**

historieta. F. **1.** Fábula, cuento o relación breve de aventura o suceso de poca importancia. || **2.** Serie de dibujos que constituye un relato cómico, fantástico, de aventuras, etc., con texto o sin él. Puede ser una simple tira en la prensa, una página completa o un libro. **3.** Género formado por esta clase de obras.

historietista. COM. Autor de **historietas** (|| series de dibujos).

historiografía. F. **1.** Arte de escribir la historia. || **2.** Estudio bibliográfico y crítico de los escritos sobre historia y sus fuentes, y de los autores que han tratado de estas materias. || **3.** Conjunto de obras o estudios de carácter histórico.

historiográfico, ca. ADJ. Perteneciente o relativo a la historiografía. *Tendencias historiográficas.*

historiógrafo, fa. M. y F. Persona que cultiva la historia o la historiografía.

historiología. F. Teoría de la historia, y en especial la que estudia la estructura, leyes o condiciones de la realidad histórica.

historismo. M. historicismo.

histrión. M. **1.** Actor teatral. || **2.** Persona que se expresa con afectación o exageración propia de un actor teatral. || **3.** hist. Hombre que representaba disfrazado en la comedia o tragedia antigua.

histriónico, ca. ADJ. Perteneciente o relativo al histrión. *Actitud histriónica.*

histrionisa. F. hist. Mujer que representaba o bailaba en el teatro.

histrionismo. M. **1.** Oficio de histrión. || **2.** Afectación o exageración expresiva propia del histrión.

hitita. I. ADJ. **1.** hist. Se dice de un antiguo pueblo establecido en Anatolia, donde fue cabeza de un gran imperio. U. t. c. s. || **2.** hist. Natural de dicho pueblo. U. t. c. s. || **3.** hist. Perteneciente o relativo a este pueblo. *Invasiones hititas.* || **II.** M. **4.** Lengua de dicho pueblo.

hitleriano, na. ADJ. **1.** hist. Perteneciente o relativo a Hitler. *Censura hitleriana.* || **2.** Partidario de su sistema político. U. t. c. s.

hitlerismo. M. Sistema político de Hitler o de los inspirados por él.

hito. M. **1.** Mojón o poste de piedra, por lo común labrada, que sirve para indicar la dirección o la distancia en los caminos o para delimitar terrenos. || **2.** Persona, cosa o hecho clave y fundamental dentro de un ámbito o contexto. || **mirar de ~,** o **de ~ en ~.** LOCS.VERBS. Fijar la vista en un objeto sin distraerla a otra parte.

hobo. M. *Ant. jobo.*

hocicar. I. TR. **1.** Levantar la tierra con el hocico. *Los novillos hocicaban la arena.* || **II.** INTR. **2.** Caer de bruces contra algo. || **3.** Mar. Hundir o calar la proa.

hocico. M. **1.** Parte más o menos saliente de la cara de algunos animales, en que están la boca y las narices. || **2.** despect. Boca de una persona, especialmente si es prominente. U. t. en pl. con el mismo significado que en sing. *Se pintó los hocicos.* || **3.** coloq. Gesto que denota enojo o desagrado. *Poner hocico.* || **caer,** o **dar, de ~s.** LOCS.VERBS. coloqs. Caer de bruces. || **meter el ~.** LOC. VERB. despect. coloq. Meterse en algún asunto con excesiva curiosidad.

hocicón, na. ADJ. *Am.* hocicudo.

hocicudo, da. ADJ. **1.** Dicho de una persona: Que tiene boca saliente. || **2.** Dicho de un animal: De mucho hocico.

hocino. M. Terreno que dejan las quebradas o angosturas de las montañas cerca de los ríos o arroyos.

hociquear. TR. hocicar. U. t. c. intr.

hodierno, na. ADJ. **1.** Perteneciente o relativo al día de hoy o al tiempo presente. *Páginas deportivas hodiernas.* || **2.** Moderno, actual. *Versión hodierna del amor cortés medieval.*

hogaño. ADV.T. En esta época, a diferencia de *antaño,* en época anterior.

hogar. M. **1.** Casa o domicilio. || **2.** Familia, grupo de personas emparentadas que viven juntas. || **3.** Centro de ocio en el que se reúnen personas que tienen en común una actividad, una situación personal o una procedencia. *Hogar del pensionista.* || **4.** Sitio donde se hace la lumbre en las cocinas, chimeneas, hornos de fundición, etc. ☐ V. **empleado de ~.**

hogareño, ña. ADJ. **1.** Dicho de una cosa: Perteneciente o relativa al hogar. *Entorno hogareño.* || **2.** Amante del hogar y de la vida de familia. *Un amigo muy hogareño.*

hogaza. F. Pan grande que pesa más de 920 g.

hoguera. F. Fuego hecho al aire libre con materias combustibles que levantan mucha llama.

hoja. F. **1.** Cada una de las láminas, por lo común verdes, planas y delgadas, de que se cubren los vegetales, unidas al tallo o a las ramas por el pecíolo o, a veces, por una parte basal alargada, en las que principalmente se realizan las funciones de transpiración y fotosíntesis. || **2.** Conjunto de estas hojas. *La caída de la hoja.* || **3.** Cada una de las láminas de la corola de la flor. || **4.** Lámina delgada de cualquier materia, como el metal, la madera, el papel, etc. || **5.** En los libros y cuadernos, cada una de las partes iguales que resultan al doblar el

papel para formar el pliego. || **6.** En las puertas, ventanas, biombos, etc., cada una de las partes que se abren y se cierran. || **7.** Publicación periódica. *Hoja parroquial.* || **8.** Cuchilla de las armas blancas y de las herramientas. || **9.** Cada una de las capas delgadas en que se suele dividir la masa; como en los hojaldres. || **10.** Porción de tierra labrantía o dehesa, que se siembra o pasta un año y se deja descansar otro u otros dos. || **~ abrazadora.** F. *Bot.* La sentada que se prolonga en la base abrazando el tallo. || **~ acicular.** F. *Bot.* La lineal, puntiaguda y por lo común persistente. || **~ aovada.** F. *Bot.* La de forma redondeada, más ancha por la base que por la punta, que es roma. || **~ aserrada.** F. *Bot.* Aquella cuyo borde tiene dientes inclinados hacia su punta. || **~ compuesta.** F. *Bot.* La que está dividida en varias hojuelas separadamente articuladas. || **~ de afeitar.** F. Lámina muy delgada de acero, con filo, que, colocada en un instrumento especial, sirve para afeitar. || **~ de cálculo.** F. *Inform.* Programa que opera con tablas formadas por filas y columnas de casillas que contienen información numérica y fórmulas o texto, y las presenta en una pantalla. || **~ de lata.** F. **hojalata.** || **~ dentada.** F. *Bot.* Aquella cuyos bordes están festoneados de puntas rectas. || **~ de parra.** F. **1.** Figura de hoja que oculta el sexo en ciertas representaciones plásticas del cuerpo humano. || **2.** Aquello con que se procura encubrir o cohonestar alguna acción vergonzosa o censurable. || **~ de ruta.** F. Documento en el que constan las instrucciones e incidencias de un viaje o transporte de personas o mercancías. || **~ de servicios.** F. Documento en que constan los antecedentes personales y profesionales de un funcionario público o de un empleado de la Administración en el ejercicio de su tarea. || **~ de tocino.** F. Mitad de la canal del cerdo partido a lo largo. || **~ de vida.** F. *Chile.* **hoja de servicios.** || **~ digitada.** F. *Bot.* La compuesta cuyas hojuelas nacen del pecíolo común separándose a manera de los dedos de la mano abierta. || **~ discolora.** F. *Bot.* Aquella cuyas dos caras son de color diferente. || **~ entera.** F. *Bot.* La que no tiene ningún seno ni escotadura en sus bordes. || **~ enterísima.** F. *Bot.* La que tiene su margen sin dientes, desigualdad ni festón alguno. || **~ escotada.** F. *Bot.* La que tiene en el extremo una escotadura más o menos grande y angulosa. || **~ escurrida.** F. *Bot.* La sentada cuya base corre o se extiende por ambos lados hacia abajo por el tallo. || **~ nerviosa.** F. *Bot.* La que tiene nervios que corren de arriba abajo sin dividirse en otros ramillos. || **~ perfoliada.** F. *Bot.* La que por su base y nacimiento rodea enteramente el tallo, pero sin formar tubo. || **~ santa.** F. *Méx.* La de la **hierba santa** (|| arbusto). || **~ suelta.** F. Impreso que, sin ser cartel ni periódico, tiene menos de cinco páginas. || **~ trasovada.** F. *Bot.* La aovada más ancha por la punta que por la base. || **~ venosa.** F. *Bot.* La que tiene pequeños vasos sobresalientes de su superficie que se extienden con sus ramificaciones desde el nervio hasta los bordes. || **~ volandera.** F. *Esp.* **octavilla** (|| volante de propaganda). || **~ volante.** F. Impreso de muy reducida extensión, cuyos ejemplares se venden o distribuyen con facilidad. || **de ~ caediza.** LOC.ADJ. **de hoja caduca.** || **de ~ caduca.** LOC.ADJ. Dicho de un vegetal: Que, con las estaciones, pierde las hojas y las renueva. || **de ~ perenne.** LOC.ADJ. Dicho de un vegetal: Que mantiene su follaje renovándolo continuamente. || **doblar la ~.** LOC.VERB. Dejar el negocio de que se trata, para proseguirlo después. Se usa ordinariamente cuando se hace una digresión en el discurso.

hojalata. F. Lámina de hierro o acero, estañada por las dos caras.

hojalatería. F. **1.** Taller en que se hacen piezas de hojalata. || **2.** Tienda donde se venden.

hojalatero, ra. M. y F. Persona que fabrica o vende piezas de hojalata.

hojaldra. F. *Am.* hojaldre.

hojaldrado, da. PART. de **hojaldrar.** || ADJ. **1.** Semejante al hojaldre. *Terreno hojaldrado.* || **2.** Hecho de hojaldre. *Pastas hojaldradas.* || **3.** Se dice de ciertos pasteles. U. t. c. s. m.

hojaldrar. TR. Dar a la masa forma de hojaldre.

hojaldre. M. **1.** Masa de harina muy sobada con manteca que, al cocerse en el horno, forma muchas hojas delgadas superpuestas. || **2.** Dulce hecho con esta masa.

hojaldrista. COM. Persona que hace hojaldres.

hojarasca. F. **1.** Conjunto de las hojas que han caído de los árboles. || **2.** Demasiada e inútil frondosidad de algunos árboles o plantas. || **3.** Cosa inútil y de poca sustancia, especialmente en las palabras y promesas.

hojasanta. F. *Méx.* hoja santa.

hojear. TR. **1.** Pasar las hojas de un libro, leyendo deprisa algunos pasajes. || **2.** Mover o pasar ligeramente las hojas de un libro o de un cuaderno. *Coge el libro de la alacena, lo hojea y sopla para liberarlo de la ceniza.*

hojoso, sa. ADJ. Que tiene muchas hojas. *Rama hojosa.*

hojuela. F. **1.** Fruta de sartén, muy extendida y delgada. || **2.** *Bot.* Cada una de las hojas que forman parte de otra compuesta.

hola. INTERJ. **1.** Se usa como salutación familiar. || **2.** Se usa para denotar extrañeza, placentera o desagradable. U. t. repetida.

holán. M. **1.** holanda (|| lienzo). || **2.** *Méx.* faralá.

holanda. F. **1.** Lienzo muy fino de que se hacen camisas, sábanas y otras cosas. || **2.** Aguardiente obtenido por destilación directa de vinos puros sanos con una graduación máxima de 65°. U. m. en pl.

holandés, sa. I. ADJ. **1.** Natural de Holanda. U. t. c. s. || **2.** Perteneciente o relativo a esta región de los Países Bajos, situada al oeste del país. || **3.** neerlandés. Apl. a pers., u. t. c. s. || **II.** M. **4.** Dialecto del neerlandés hablado en los Países Bajos. || **a la ~.** LOC.ADV. **1.** Se dice de la encuadernación económica en que el cartón de la cubierta va forrado de papel o tela, y de piel el lomo. || **2.** Al uso de Holanda. □ V. **tabaco ~.**

holandesa. F. Hoja de papel de escribir, de 28 por 22 cm aproximadamente.

holandilla. F. Lienzo teñido y prensado, usado generalmente para forros de vestidos. □ V. **tabaco ~.**

holco. M. Planta perenne de la familia de las Gramíneas, que tiene tallos de 50 a 80 cm, hojas planas cubiertas de vello suave, flores en panojas ramosas, y se cultiva en los prados artificiales.

holgado, da. PART. de **holgar.** || ADJ. **1.** Ancho y sobrado para lo que ha de contener. *Vestido, zapato holgado.* || **2.** Se dice de la posición económica de quien vive con desahogo o bienestar. || **3.** Propio o característico de una persona de posición holgada. *Vida holgada.*

holganza. F. **1.** descanso (|| quietud, reposo). || **2.** Carencia de trabajo. || **3.** Placer, diversión.

holgar. I. INTR. **1.** Sobrar, ser inútil. *Huelgan los comentarios.* || **2.** Estar ocioso, no trabajar. *Ese día holga-*

ban los animales de tiro. || **3.** **alegrarse** (|| recibir o sentir alegría). U. m. c. prnl. *Es tan gran señor que se holgará de conoceros.* || **II.** PRNL. **4.** Divertirse, entretenerse con gusto. ¶ MORF. conjug. c. *contar.*

holgazán, na. ADJ. Dicho de una persona: Ociosa, que no quiere trabajar. U. t. c. s.

holgazanear. INTR. Estar voluntariamente ocioso.

holgazanería. F. Ociosidad, aversión al trabajo.

holgón, na. ADJ. Amigo de holgar y divertirse. U. t. c. s.

holgorio. M. coloq. jolgorio.

holguinero, ra. ADJ. **1.** Natural de Holguín. U. t. c. s. || **2.** Perteneciente o relativo a esta provincia de Cuba o a su capital.

holgura. F. **1.** Espacio suficiente para que pase, quepa o se mueva dentro algo. || **2.** Espacio vacío entre dos piezas que han de encajar una en otra. || **3.** Desahogo, bienestar, disfrute de recursos suficientes. || **4.** Anchura sobrada. *La holgura de los hábitos todo lo oculta.* || **5.** Alegría, diversión entre muchos.

holladura. F. **1.** Acción y efecto de hollar. || **2.** hist. Derecho que se pagaba por el paso de los ganados en un terreno.

hollar. TR. **1.** Pisar, dejando señal de la pisada. || **2.** Humillar, despreciar. ¶ MORF. conjug. c. *contar.*

hollejo. M. Piel delgada que cubre algunas frutas y legumbres, como la uva, la judía, etc.

hollín. M. Sustancia negra que el humo deposita en la superficie de los cuerpos.

holmio. M. Elemento químico de núm. atóm. 67. Metal de las tierras raras escaso en la litosfera, se encuentra muy disperso en algunos minerales y generalmente acompañando al itrio. De brillo metálico, tiene propiedades eléctricas y magnéticas peculiares. (Símb. *Ho*).

holocausto. M. **1.** Gran matanza de seres humanos. || **2.** Acto de abnegación total que se lleva a cabo por amor. || **3.** hist. Entre los israelitas especialmente, sacrificio en que se quemaba toda la víctima.

holoceno, na. ADJ. **1.** *Geol.* Se dice de la época más reciente del período cuaternario, que abarca desde hace unos 10 000 años hasta nuestros días. U. t. c. s. m. ORTOGR. Escr. con may. inicial c. s. || **2.** *Geol.* Perteneciente o relativo a dicha época. *Yacimientos holocenos.*

holografía. F. Técnica fotográfica basada en el empleo de la luz coherente producida por el láser. En la placa fotográfica se impresionan las interferencias causadas por la luz reflejada de un objeto con la luz indirecta. Iluminada, después de revelada, la placa fotográfica con la luz del láser, se forma la imagen tridimensional del objeto original.

holográfico, ca. ADJ. Perteneciente o relativo a la holografía. *Imagen holográfica.*

hológrafo, fa. ADJ. ológrafo. U. t. c. s. m.

holograma. M. **1.** Placa fotográfica obtenida mediante holografía. || **2.** Imagen óptica obtenida mediante dicha técnica.

holoturia. F. *Zool.* Cada uno de los equinodermos pertenecientes a la clase de los Holotúridos, como el cohombro de mar.

holotúrido. ADJ. *Zool.* Se dice de los animales equinodermos de cuerpo alargado con tegumento blando que tiene en su espesor gránulos calcáreos de tamaño microscópico, boca y ano en los extremos opuestos del cuerpo, tentáculos retráctiles y más o menos ramificados alrededor de la boca. U. t. c. s. m. Ortogr. En m. pl., escr. con may. inicial c. taxón. *Los Holotúridos.*

hombracho. M. Hombre grueso y fornido.

hombrada. F. Acción propia de un hombre generoso y esforzado.

hombradía. F. hombría.

hombre. M. **1.** Ser animado racional. *El origen del hombre. El hombre del Renacimiento.* ‖ **2.** Persona del sexo masculino. *Peluquería para hombres.* ‖ **3.** Varón que ha llegado a la edad adulta. *Hombres, mujeres y niños. Tu hijo está hecho un hombre.* ‖ **4.** hombre que tiene las cualidades físicas y morales especialmente valoradas en un varón adulto. *Es todo un hombre.* U. t. c. adj. *Es muy hombre.* ‖ **5.** hist. Antiguo juego de naipes semejante al tresillo, de origen español, que se extendió por Europa en el siglo XVI. ‖ **6.** afect. coloq. Se usa para referirse a una persona de sexo masculino con un matiz conciliador. U. c. vocat. *Pero, ¿qué te pasa, hombre? ¡No te enfades, hombre!* ‖ **7.** coloq. Marido o pareja masculina con la que se mantiene una relación marital. *Le quitó su hombre.* ‖ **~ bueno.** M. Der. Mediador en los actos de conciliación. ‖ **~ de a pie.** M. Pluralidad de personas en cuanto representativas de las opiniones y gustos de la mayoría. ‖ **~ de campo.** M. El que con frecuencia se ejercita en la caza o en las faenas agrícolas. ‖ **~ de guerra.** M. El que sigue la carrera de las armas o profesión militar. ‖ **~ de letras.** M. El que cultiva la literatura o las ciencias humanas. ‖ **~ del saco.** M. Personaje ficticio con que se asusta a los niños. ‖ **~ de paja.** M. El que actúa dirigido por otro que no quiere figurar en primer plano. ‖ **~ lobo.** M. El que, según la tradición popular, se convierte en lobo las noches de plenilunio. ‖ **~ objeto.** M. El que es valorado exclusivamente por su belleza o atractivo sexual. ‖ **~ orquesta.** M. El que lleva sobre sí un conjunto de instrumentos que toca simultáneamente. ‖ **~ público.** M. El que tiene presencia e influjo en la vida social. ‖ **~ rana.** M. El provisto del equipo necesario para efectuar trabajos submarinos. ‖ **pobre ~.** M. **1.** El de cortos talentos e instrucción. ‖ **2.** El de poca habilidad y sin vigor ni resolución. ‖ **buen ~.** LOC. INTERJ. rur. Se usa para llamar o dirigirse a un desconocido. ‖ **como un solo ~.** LOC. ADV. Dicho de proceder un conjunto de personas: Con unanimidad. ‖ **de ~ a ~.** LOC. ADV. **1.** Con sinceridad. ‖ **2. de igual a igual.** ‖ **hacer** a alguien **~.** LOC. VERB. coloq. Protegerlo eficazmente. ‖ **~ al agua.** LOC. INTERJ. Se usa para advertir que alguien ha caído al mar. ‖ **ser** alguien **~ al agua.** LOC. VERB. coloq. Hallarse en una situación desesperada. □ V. **Hijo del Hombre.**

hombrear. INTR. **1.** Dicho de un joven: Querer parecer hombre hecho. ‖ **2.** Querer igualarse con otro u otros en saber, calidad o perfecciones. U. t. c. prnl. *Este país era capaz de hombrearse con las naciones más desarrolladas.*

hombredad. F. hombría.

hombrera. F. **1.** Especie de almohadilla que a veces se pone en algunas prendas de vestir, en la zona de los hombros, para que estos parezcan más anchos. ‖ **2.** Cordón, franja o pieza de paño en forma de almohadilla que, sobrepuesta a los hombros en el uniforme militar, sirve de defensa, adorno y sujeción de correas y cordones del vestuario, y a veces como insignia del empleo personal jerárquico. ‖ **3.** Labor o adorno especial de los vestidos en la parte correspondiente a los hombros. ‖ **4.** Tira de tela que, pasando por los hombros, sujeta algunas prendas de vestir.

hombría. F. **1.** Cualidad de hombre. *Su hombría y su virilidad estaban fuera de toda duda.* ‖ **2.** Cualidad buena y destacada de hombre, especialmente la entereza o el valor. *El diestro derrochó hombría y quiso descabellar a su enemigo.* ‖ **~ de bien.** F. Probidad, honradez.

hombro. M. **1.** Parte superior y lateral del tronco del hombre y de los cuadrumanos, de donde nace el brazo. ‖ **2.** Parte de un vestido, chaqueta, etc., que cubre esta parte del cuerpo. ‖ **3.** Impr. Parte de la letra desde el remate del árbol hasta la base del ojo. ‖ **a ~s.** LOC. ADV. Dicho de llevar: Sobre los hombros de quien conduce algo o a alguien. Tratándose de personas, suele hacerse en señal de triunfo. ‖ **al ~.** LOC. ADV. Sobre el hombro o colgado de él. ‖ **arrimar el ~.** LOC. VERB. Trabajar con actividad, ayudar o contribuir al logro de un fin. ‖ **cargado, da de ~s.** LOC. ADJ. **cargado de espaldas.** ‖ **echar, o echarse,** alguien **al ~** algo. LOCS. VERBS. Hacerse responsable de ello. ‖ **encoger** alguien **los ~s.** LOC. VERB. Llevar con paciencia algo desagradable. ‖ **encogerse** alguien **de ~s.** LOC. VERB. **1.** No saber, o no querer, responder a lo que se le pregunta. ‖ **2.** Mostrarse o permanecer indiferente ante lo que oye o ve. ‖ **3.** encoger los hombros. ‖ **4.** Hacer el movimiento natural que causa el miedo. ‖ **en ~s.** LOC. ADV. **a hombros.** *Llevan en hombros la imagen de la Virgen.* ‖ **estar ~ a ~.** LOC. VERB. coloq. **codearse.** ‖ **mirar** a alguien **por encima del ~.** LOC. VERB. coloq. Tenerlo en menos, desdeñarlo. ‖ **poner el ~.** LOC. VERB. **arrimar el hombro.** ‖ **ponerse ~ a ~.** LOC. VERB. coloq. **codearse.**

hombruno, na. ADJ. **1.** coloq. Dicho de una mujer: Que por alguna cualidad o circunstancia se parece al hombre. ‖ **2.** coloq. Se dice de aquello en que estriba esta semejanza. *Andar hombruno. Cara hombruna.*

homenaje. M. **1.** Acto o serie de actos que se celebran en honor de alguien o de algo. *Los asistentes al homenaje se fueron satisfechos.* ‖ **2.** Sumisión, veneración, respeto hacia alguien o de algo. *Hizo el viaje en homenaje a su padre.* ‖ **3.** hist. Juramento solemne de fidelidad hecho a un rey o señor, y que a veces se hacía también a un igual para obligarse al cumplimiento de cualquier pacto. □ V. **pleito ~, torre del ~.**

homenajeado, da. PART. de homenajear. ‖ ADJ. Que recibe un homenaje. U. m. c. s.

homenajear. TR. Rendir homenaje.

homeópata. ADJ. Dicho de un médico: Especialista en homeopatía. U. t. c. s.

homeopatía. F. Sistema curativo que aplica a las enfermedades, en dosis mínimas, las mismas sustancias que, en mayores cantidades, producirían a la persona sana síntomas iguales o parecidos a los que se trata de combatir.

homeopático, ca. ADJ. **1.** Perteneciente o relativo a la homeopatía. *Doctrina homeopática.* ‖ **2.** De tamaño diminuto o en cantidad muy pequeña. *Dosis homeopáticas.*

homeostasis. F. Biol. Conjunto de fenómenos de autorregulación, que conducen al mantenimiento de la constancia en la composición y propiedades del medio interno de un organismo.

homeostático, ca. ADJ. Biol. Perteneciente o relativo a la homeostasis.

homeotermia. F. Zool. Capacidad de regulación metabólica para mantener la temperatura del cuerpo constante e independiente de la temperatura ambiental.

homeotermo, ma. ADJ. **1.** *Zool.* Perteneciente o relativo a la homeotermia. *Condiciones homeotermas.* || **2.** *Zool.* Dicho de un animal: Que tiene homeotermia. U. t. c. s.

homicida. ADJ. **1.** Causante de la muerte de alguien. *Puñal homicida.* Apl. a pers., u. t. c. s. || **2.** Propio o característico de una persona homicida. *Instinto homicida.*

homicidio. M. **1.** Muerte causada a una persona por otra. || **2.** *Der.* Delito consistente en matar a alguien sin que concurran las circunstancias de alevosía, precio o ensañamiento.

homilía. F. **1.** Razonamiento o plática que se hace para explicar al pueblo las materias de religión. || **2.** pl. Pasajes sacados de las homilías de los padres y doctores de la Iglesia católica que forman parte del oficio divino.

homiliario. M. Libro que contiene homilías.

homínido. I. ADJ. **1.** *Zool.* Se dice de ciertos primates, sin cola y con aspecto antropomorfo, algunas de cuyas especies fueron antecesoras del hombre actual. U. t. c. s. || **II.** M. **2.** pl. *Zool.* Familia de estos primates, que incluyó al hombre y sus antecesores y actualmente agrupa también a chimpancés, gorilas y orangutanes. ORTOGR. Escr. con may. inicial.

homocerca. ADJ. *Zool.* Se dice de la aleta caudal de los peces que está formada por dos lóbulos iguales y simétricos; p. ej., la de la sardina.

homocigótico, ca. ADJ. *Gen.* Se dice de las células u organismos que poseen alelos idénticos de un gen en relación con un determinado carácter.

homoclamídeo, a. ADJ. *Bot.* Se dice de la flor incompleta, que tiene un perianto sencillo con un solo verticilo o perigonio de hojas florales coloreadas, que son los tépalos.

homofobia. F. Aversión obsesiva hacia las personas homosexuales.

homofóbico, ca. ADJ. Perteneciente o relativo a la homofobia. *Obsesiones homofóbicas.*

homófobo, ba. ADJ. **1.** Que implica o denota homofobia. *Actitud homófoba.* || **2.** Dicho de una persona: Que siente homofobia. U. t. c. s.

homofonía. F. **1.** *Ling.* Cualidad de homófono. || **2.** *Mús.* Conjunto de voces que cantan al unísono.

homófono, na. ADJ. **1.** *Ling.* Dicho de una palabra: Que suena de igual modo que otra, pero que difiere en el significado; p. ej., *tubo* y *tuvo*, *huno* y *uno*. U. t. c. s. m. || **2.** *Mús.* Se dice del canto o de la música en que todas las voces tienen el mismo sonido.

homogeneidad. F. Cualidad de homogéneo.

homogeneización. F. **1.** Acción y efecto de homogeneizar. || **2.** Tratamiento al que son sometidos algunos líquidos, especialmente la leche, para evitar la separación de sus componentes.

homogeneizador, ra. ADJ. **1.** Que homogeneiza. *Educación homogeneizadora.* || **2.** Perteneciente o relativo a la homogeneización. *Punto de vista homogeneizador.*

homogeneizar. TR. **1.** Hacer homogéneo, por medios físicos o químicos, un compuesto o mezcla de elementos diversos. || **2.** Nivelar, armonizar o conferir homogeneidad o unidad a los elementos de un conjunto o de un ámbito. *Homogeneizar los programas informativos.* U. t. c. prnl. ¶ MORF. conjug. c. *peinar.*

homogéneo, a. ADJ. **1.** Perteneciente o relativo a un mismo género, poseedor de iguales caracteres. *Muestras homogéneas.* || **2.** Dicho de una sustancia o de una mezcla de varias: De composición y estructura uniformes. *Madera aglomerada muy homogénea.* || **3.** Dicho de un conjunto: Formado por elementos iguales. *Es un curs[...] muy homogéneo.*

homogenización. F. homogeneización.

homogenizar. TR. homogeneizar.

homografía. F. *Ling.* Cualidad de homógrafo.

homógrafo, fa. ADJ. *Ling.* Dicho de una palabra: Que[...] teniendo distinta significación que otra, se escribe d[...] igual manera que ella; p. ej., *haya*, árbol, y *haya*, form[...] del verbo *haber.* U. t. c. s. m.

homologación. F. Acción y efecto de homologar.

homologar. TR. **1.** Equiparar, poner en relación d[...] igualdad personas o cosas. *Homologar económica y labo[...] ralmente a los colaboradores.* || **2.** Dicho de un orga[...] nismo autorizado: Registrar y confirmar el resultado d[...] una prueba deportiva realizada con arreglo a cierta[...] normas. || **3.** Dicho de una autoridad: Contrastar el cum[...] plimiento de determinadas especificaciones o caracte[...] rísticas de un objeto o de una acción. *El Ministerio h[...] mologará este tipo de remolques.*

homología. F. **1.** Relación entre las personas que ejer[...] cen cargos iguales en ámbitos distintos. || **2.** *Biol.* Rela[...] ción de correspondencia que ofrecen entre sí partes qu[...] en diversos organismos tienen el mismo origen aunqu[...] su función pueda ser diferente. || **3.** *Geom.* Relación d[...] los lados que en cada una de dos o más figuras geomé[...] tricas semejantes están colocados en el mismo orden[...]

homólogo, ga. ADJ. Que presenta homología. Apl. [...] pers., u. t. c. s. *Se entrevistó con su homólogo francés.*

homomorfismo. M. *Mat.* Correspondencia no biun[...] voca entre dos estructuras algebraicas que conserva la[...] operaciones.

homonimia. F. *Ling.* Cualidad de homónimo.

homónimo, ma. I. ADJ. **1.** Dicho de dos o más pe[...] sonas o cosas: Que llevan un mismo nombre. *La pelícu[...] es una versión de su ópera homónima.* U. t. c. s. || **2.** *Lin[...] Dicho de una palabra: Que, siendo igual que otra en [...] forma, tiene distinta significación; p. ej., *Tarifa*, ciuda[...] y *tarifa* de precios. U. t. c. s. m. || **II.** M. y F. **3.** tocay[...]

homoplastia. F. *Med.* Implantación de injertos de ó[...] ganos para restaurar partes del organismo enfermas [...] lesionadas, con otras procedentes de un individuo de [...] misma especie.

homóptero. ADJ. *Zool.* Se dice de los insectos hemí[...] teros cuyas alas anteriores son casi siempre membra[...] nosas, las posteriores, aunque un poco más fue[...] tes y más coloreadas que estas, y que tienen el pico rec[...] e inserto en la parte inferior de la cabeza; p. ej., la cig[...] rra. U. t. c. s. m. ORTOGR. En m. pl., escr. con may. inici[...] c. taxón. *Los Homópteros.*

homosexual. ADJ. **1.** Dicho de una persona: Con te[...] dencia a la homosexualidad. U. t. c. s. || **2.** Dicho de u[...] relación erótica: Que tiene lugar entre individuos d[...] mismo sexo. || **3.** Perteneciente o relativo a la homos[...] xualidad. *Personalidad homosexual.*

homosexualidad. F. Inclinación erótica hacia ind[...] viduos del mismo sexo.

homosexualismo. M. homosexualidad.

homúnculo. M. despect. Hombre pequeño.

honda. F. **1.** Tira de cuero, o trenza de lana, cáñamo, [...] parto u otra materia semejante, para tirar piedras co[...] violencia. || **2.** *Á. R. Plata.* **tirachinas.**

ondazo. M. Tiro de honda.

ondero. M. hist. Soldado que usaba honda en la guerra.

ondo, da. I. ADJ. 1. Que tiene profundidad. *Pozo hondo. Honda reflexión.* || 2. Dicho de una parte de un terreno: Que está más baja que todo lo circundante. || 3. Dicho de un sentimiento: Intenso, extremado. *Hondo pesar.* || II. M. 4. Parte inferior de una cosa hueca o cóncava. || III. ADV.M. 5. Con profundidad. *Respirar hondo.* ◖ lo ~. M. La parte más profunda. □ V. **cante** ~, **plato** ~.

ondón. M. Lugar profundo rodeado de terrenos más altos. *El hondón del río.*

ondonada. F. Espacio de terreno hondo.

ondura. F. Profundidad de una cosa, ya sea en las cavidades de la tierra, ya en las del mar, ríos, pozos, etc. ◖ **meterse** alguien **en ~s.** LOC.VERB. Tratar de cosas profundas y dificultosas, sin tener bastante conocimiento de ellas.

ondureñismo. M. Vocablo, giro o locución propios de los hondureños.

ondureño, ña. ADJ. 1. Natural de Honduras. U. t. c. s. || 2. Perteneciente o relativo a este país de América.

onestidad. F. Cualidad de honesto.

onesto, ta. ADJ. 1. Decente o decoroso. *Negocio honesto.* || 2. Recatado, pudoroso. || 3. Razonable, justo. *En él vean a un hombre honesto y símbolo de la justicia.* || 4. Probo, recto, honrado.

ongkonés, sa. ADJ. 1. Natural de Hong Kong. U. t. c. s. || 2. Perteneciente o relativo a esta región de China.

ongo. M. 1. Ser vivo heterótrofo, carente de clorofila, hojas y raíces, que se reproduce por esporas y vive parásito o sobre materias orgánicas en descomposición; p. ej., el cornezuelo, el champiñón y el mildiu. || 2. Afección, generalmente cutánea, producida por ciertos hongos. U. m. en pl. || 3. Sombrero de fieltro o de cierta tela de lana caracterizada por su suavidad, de copa baja, rígida y aproximadamente semiesférica. || 4. Aquello cuya forma recuerda la de un hongo. *El hongo atómico. El hongo de la contaminación.* || 5. *Mar.* Extremo de un tubo de ventilación que remata sobre cubierta, con tapa u otro dispositivo para evitar que penetren las salpicaduras violentas de agua del mar. || 6. *Med.* Excrecencia fungosa que crece en las úlceras o heridas e impide su cicatrización. || 7. pl. *Biol.* Reino de los **hongos** (|| seres vivos). ORTOGR. Escr. con may. inicial. || 8. pl. *Biol.* Taxón de los seres vivos de este nombre. ORTOGR. Escr. con may. inicial. *Los Hongos.* □ V. **sombrero** ~.

onor. M. 1. Cualidad moral que lleva al cumplimiento de los propios deberes respecto del prójimo y de uno mismo. || 2. Gloria o buena reputación que sigue a la virtud, al mérito o a las acciones heroicas, la cual trasciende a las familias, personas y acciones mismas de quien se la granjea. || 3. Honestidad y recato en las mujeres, y buena opinión que se granjean con estas virtudes. || 4. Obsequio, aplauso o agasajo que se tributa a alguien. *Es la tercera mujer a quien se tributa este honor.* || 5. Acto por el que alguien se siente enaltecido. *Su visita que un honor para mí.* || 6. **dignidad** (|| cargo o empleo). U. m. en pl. *Aspirar a los honores de la Magistratura.* || 7. pl. Concesión que se hace en favor de alguien para que use el título y preeminencias de un cargo o empleo como si realmente lo tuviera, aunque le falte el ejercicio. *Al ministro se le rindieron honores de jefe de Estado.* || 8. pl. Ceremonial con que se celebra a alguien por su cargo

o dignidad. *La guardia real rendía honores al rey.* || **con ~es de.** LOC. PREPOS. Se usa para dar a entender que algo se aproxima a otra cosa tenida por superior o más importante. *Fue recibido con honores de héroe.* || **hacer ~ a** algo. LOC.VERB. Demostrar ser digno de ello. *Hace honor a su nombre.* || **hacer los ~es.** LOC.VERB. 1. Dicho de un anfitrión: Atender a sus invitados. || 2. Dicho de un invitado: Manifestar aprecio de la comida tomando bastante de ella. *Se esforzaba en hacerle los honores al plato que le sirvieron.* □ V. **campo del** ~, **cantón de** ~, **columna de** ~, **dama de** ~, **guardia de** ~, **lance de** ~, **matrícula de** ~, **palabra de** ~, **señora de** ~.

honorabilidad. F. Cualidad de la persona honorable.

honorable. ADJ. 1. Digno de ser honrado o acatado. || 2. Propio o característico de una persona honorable. *Gesto honorable.* || 3. Se usa en algunos lugares como tratamiento para dirigirse a los titulares de determinados cargos. Apl. a pers., u. t. c. s. □ V. **pieza** ~.

honorario, ria. I. ADJ. 1. Dicho de una persona: Que tiene los honores pero no la propiedad de una dignidad o empleo. *Presidente honorario.* || 2. Que sirve para honrar a alguien. *Premio honorario.* || II. M. 3. pl. Importe de los servicios de algunas profesiones liberales.

honoríficamente. ADV.M. 1. Con honor. || 2. Con carácter honorario y sin efectividad.

honorífico, ca. ADJ. Que da honor. □ V. **mención** ~.

honoris causa. (Locución latina). LOC.ADJ. Dicho de un doctor o de un doctorado: En reconocimiento a méritos especiales. U. t. c. loc. adv. *Fue nombrado honoris causa por la Universidad de Valladolid.*

honra. F. 1. Estima y respeto de la dignidad propia. || 2. Buena opinión y fama, adquirida por la virtud y el mérito. || 3. Demostración de aprecio que se hace de alguien por su virtud y mérito. || 4. Pudor, honestidad y recato de las mujeres. || 5. pl. Oficio solemne que se celebra por los difuntos algunos días después del entierro, y también anualmente. || **tener** alguien **a mucha ~** algo. LOC.VERB. Gloriarse, envanecerse de ello. □ V. **caso de** ~, **punto de** ~.

honradez. F. Rectitud de ánimo, integridad en el obrar.

honrado, da. PART. de **honrar.** || ADJ. 1. Que procede con honradez. || 2. Propio o característico de una persona honrada. *Vida honrada.*

honrar. I. TR. 1. Respetar a alguien. *Honrar a los padres.* || 2. Enaltecer o premiar su mérito. *No honramos a los delatores.* || 3. Dar honor o celebridad. *Lo honraron con el nombramiento.* || 4. Se usa como fórmula de cortesía para enaltecer la asistencia, adhesión, etc., de otra u otras personas. *Hoy nos honra con su presencia nuestro ilustre amigo. Ningún año ha querido usted honrar nuestra mesa.* || II. PRNL. 5. Dicho de una persona: Tener a honra ser o hacer algo. *El decreto que me honro en presentar.*

honrilla. F. Puntillo o vergüenza con que se hace o deja de hacer algo porque no parezca mal. *Por la negra honrilla.*

honroso, sa. ADJ. 1. Que da honra y estimación. *Honrosa victoria.* || 2. Decente, decoroso. *Subsidio honroso.* □ V. **paso** ~.

hontanal. ADJ. hist. Se dice de las fiestas que los gentiles dedicaban a las fuentes. U. t. c. s. f.

hontanar. M. Sitio en que nacen fuentes o manantiales.

hopa. F. 1. Especie de vestidura, al modo de túnica o sotana cerrada. || 2. Vestidura de los ajusticiados.

hopalanda. F. **1.** Vestidura de corte amplio, abundante y llamativo. || **2.** hist. Vestidura grande y pomposa, particularmente la que vestían los estudiantes que iban a las universidades. U. m. en pl.

hoplita. M. hist. Soldado griego de infantería que usaba armas pesadas.

hopo. M. Copete o mechón de pelo.

hora. F. **1.** Tiempo que equivale a 60 minutos, es decir, 3600 segundos. Dos períodos consecutivos de 12 horas, o uno de 24, contadas desde las 12 del día, constituyen un día solar. || **2.** Tiempo oportuno y determinado para algo. *Ya es hora de comer.* || **3.** Últimos instantes de la vida. *Llegarle a alguien la hora, o su hora, o su última hora.* || **4.** Momento preciso del día en que ha ocurrido o va a ocurrir algo. *A esa hora estaban desayunando.* || **5.** Espacio de tiempo o momento indeterminado. *Es hora de que comiences a tomarte la vida con seriedad.* || **6.** *Astr.* Cada una de las 24 partes iguales y equivalentes a 15 grados, en que para ciertos usos consideran los astrónomos dividida la línea equinoccial. || **7.** pl. hora inesperada, desacostumbrada o inoportuna. *¿A estas horas me lo vienes a decir? ¡A qué horas te levantas! ¿Qué horas son estas para visitar a nadie?* || **~ de verano.** F. **horario de verano.** || **~ oficial.** F. La establecida en un territorio por decisión de la autoridad competente con adelanto o retraso con respecto a la solar. || **~ pico.** F. *Am.* hora punta. || **~ punta.** F. **1.** Aquella en que se produce mayor aglomeración en los transportes. || **2.** En algunas industrias, como los suministros de agua y electricidad, parte del día en que el consumo es mayor. || **~ santa.** F. Oración especial ante el Santísimo Sacramento. || **~ solar.** F. La que corresponde al día solar. || **~ suprema.** F. La de la muerte. || **~ tonta.** F. Momento en que se hacen concesiones por debilidad o torpeza. || **~ valle.** F. **1.** Aquella en que se produce menor aglomeración en los transportes. || **2.** En algunas industrias, como los suministros de agua y electricidad, parte del día en que el consumo es menor. || **la ~ de la modorra.** F. Tiempo inmediatamente anterior al amanecer o a la venida del día, porque entonces carga pesadamente el sueño. Se usa frecuentemente entre los centinelas puestos en esta hora. || **la ~ de la verdad.** F. Momento decisivo en un proceso cualquiera. || **~s bajas.** F. pl. Momento o período de desaliento o desánimo. || **~s canónicas.** F. pl. Las diferentes partes del oficio divino que la Iglesia católica suele rezar en distintos momentos del día, como maitines, laudes, vísperas, etc. || **~s menores.** F. pl. En el oficio divino, las cuatro intermedias, que son: prima, tercia, sexta y nona. || **~s muertas.** F. pl. Las que se pasan sin hacer nada o en una ocupación sin provecho. || **cuarenta ~s.** F. pl. Devoción católica que se celebra estando expuesto el Santísimo Sacramento. || **a buena ~, o a buenas ~s.** LOCS. ADVS. Se usan para indicar el retraso con que se hace algo. || **a buena ~, o a buenas ~s, mangas verdes.** EXPRS. coloqs. Denotan que algo no sirve cuando llega fuera de oportunidad. || **a todas ~s.** LOC.ADV. coloq. Siempre, sin interrupción. || **a última ~.** LOC. ADV. En los últimos momentos. || **a una ~ avanzada.** LOC. ADV. **1.** Bien entrada la parte del día que se indica. || **2.** Muy tarde, casi de madrugada. || **dar ~.** LOC.VERB. Señalar plazo o citar tiempo preciso para algo. || **dar la ~.** LOC.VERB. **1.** Sonar en el reloj las campanadas que la indican. || **2.** En los tribunales, oficinas, aulas, etc., anun-

ciar que ha llegado la hora de salida. || **en buen, buena, ~.** LOCS. ADVS. enhorabuena. || **en ~ buen** LOC. ADV. enhorabuena. || **en ~ mala, o en mal, mala, ~.** LOCS. ADVS. Se usan para denotar disgusto, e fado o desaprobación. || **entre ~s.** LOC. ADV. Entre c mida y comida. || **hacer ~.** LOC.VERB. hacer tiempo. *E tán haciendo hora para ir a clase.* || **hacer ~s.** LOC.VER Trabajar una o más horas diarias después de hab cumplido el horario de trabajo. || **no dar** alguien **ni la** LOC. VERB. coloq. Ser muy tacaño. || **no ver** alguien **la** de algo. LOC.VERB. coloq. Se usa para encarecer el dese de que llegue el momento de hacerlo o verlo cumplid || **pedir ~.** LOC.VERB. Solicitar de alguien una cita co fines profesionales. || **poner en ~.** LOC.VERB. Ajustar hora de un reloj. || **por ~.** LOC. ADV. En cada hor || **por ~s.** LOC. ADV. Tomando como unidad de cómpu la hora. *Trabajar, alquilar, pagar por horas.* || **tener** guien **muchas ~s de vuelo.** LOC.VERB. coloq. Pose gran experiencia en una actividad, asunto, negocio, e || **tener** alguien sus **~s contadas.** LOC.VERB. Estar pr ximo a la muerte. □ V. **kilovatio ~, libro de ~s.**

horadación. F. Acción de horadar.

horadador, ra. ADJ. Que horada. *Escarabajo horadad*

horadar. TR. Agujerear algo atravesándolo de parte parte.

horado. M. Agujero que atraviesa algo de parte a par

horario, ria. I. ADJ. **1.** Perteneciente o relativo a l horas. *Promedio horario.* || **II.** M. **2.** Cuadro indicad de las horas en que deben ejecutarse determinadas ac vidades. || **3.** Tiempo durante el cual se desarrolla hab tual o regularmente una acción o se realiza una activ dad. *Horario laboral.* || **horario de verano.** M. adoptado por un Estado durante algunos meses, incl dos los de verano, para aprovechar mejor la luz natura □ V. **ángulo ~, círculo ~, desfase ~, huso ~.**

horca. F. **1.** Conjunto de uno o dos palos verticales s jetos al suelo y otro horizontal del cual se cuelga por cuello, para dar muerte a los condenados a esta pen || **2.** Palo que remata en dos o más púas hechas d mismo palo o sobrepuestas de hierro, con el cual los l bradores hacinan las mieses, las echan en el carro, l vantan la paja y revuelven la parva. || **3.** Palo que r mata en dos puntas y sirve para sostener las ramas los árboles, armar los parrales, etc. || **pasar** alguien p las **~s caudinas.** LOC.VERB. Sufrir el sonrojo de hacer p fuerza lo que no quería.

horcadura. F. Parte del tronco de los árboles donde divide en ramas.

horcajadas. a ~. LOC.ADV. Dicho de montar, cabalga sentarse: Con una pierna a cada lado de la caballerí persona o cosa sobre la que se está.

horcajadura. F. Ángulo que forman los dos muslos piernas en su nacimiento.

horcajo. M. **1.** Especie de horca de madera que se po al pescuezo de las mulas para el trabajo. || **2.** Conflu cia de dos ríos o arroyos.

horcate. M. Arreo de madera o hierro, en forma de h rradura, que se pone a las caballerías encima de la co llera, y al cual se sujetan las cuerdas o correas de ti

horchata. F. Bebida hecha con chufas u otros frut machacados, exprimidos y mezclados con agua y azúca □ V. **sangre de ~.**

horchatería. F. **1.** Casa o sitio donde se hace horchat || **2.** Casa o sitio donde se vende.

horchatero, ra. M. y F. Persona que tiene por oficio hacer o vender horchata.

horcón. M. **1.** Horca grande de los labradores. ‖ **2.** Á. *Caribe*. Madero vertical que en las casas rústicas sirve, a modo de columna, para sostener las vigas o los aleros del tejado. ‖ **3.** *Chile*. **horca** (‖ palo para sostener las ramas de los árboles).

horda. F. **1.** Comunidad de salvajes nómadas. ‖ **2.** Grupo de gente que obra sin disciplina y con violencia.

hordiate. M. **1.** Cebada mondada. ‖ **2.** Bebida que se hace de cebada, semejante a la tisana.

horizontal. ADJ. **1.** Paralelo al horizonte. Apl. a una línea, u. t. c. s. f. *Plano inclinado con respecto a la horizontal.* ‖ **2.** Que va de derecha a izquierda, o de izquierda a derecha. *Trazo horizontal.* ▢ V. **línea ~, plano ~, propiedad ~.**

horizontalidad. F. Cualidad de horizontal.

horizonte. M. **1.** Límite visual de la superficie terrestre, donde parecen juntarse el cielo y la tierra. ‖ **2.** Espacio circular de la superficie del globo, encerrado por dicha línea. ‖ **3.** Término temporal previsto para un estudio, una actuación, etc. *Un horizonte de cinco años.* ‖ **4.** Conjunto de posibilidades o perspectivas que se ofrecen en un asunto, situación o materia. *Su horizonte cotidiano. Un horizonte a medio plazo.* ‖ **5.** Lugar, paisaje. U. m. en pl. *Tierra lisa, de horizontes amplios.* ‖ **6.** *Geol.* Cada uno de los niveles estratificados en que puede dividirse el perfil del suelo. ‖ **~ sensible.** M. *Mar.* Superficie cónica formada por las tangentes a la superficie terrestre, que parten del ojo del observador. ▢ V. **depresión de ~.**

horma. F. **1.** Molde con que se fabrica o forma algo. Se llama así principalmente el que usan los zapateros para hacer zapatos, y los sombrereros para formar la copa de los sombreros. Las hay también de piezas articuladas, que sirven para evitar que se deforme el calzado. ‖ **2.** Pared de piedra seca. ‖ **3.** Á. *Andes* y Á. *Caribe*. Vasija o molde para elaborar los panes de azúcar. ‖ **encontrar,** o **hallar,** alguien **la ~ de** su **zapato.** LOCS.VERBS. **1.** coloqs. Encontrar lo que le acomoda o lo que desea. ‖ **2.** coloqs. Tropezar con alguien o con algo que se le resista o que se oponga a sus acciones.

hormazo. M. Montón de piedras sueltas.

hormiga. F. **1.** Insecto himenóptero, de color negro por lo común, cuyo cuerpo tiene dos estrechamientos, uno en la unión de la cabeza con el tórax y otro en la de este con el abdomen, antenas acodadas y patas largas. Vive en sociedad, en hormigueros donde pasa recluido el invierno. Las hembras fecundas y los machos llegan a tener un centímetro de largo y llevan alas, de que carecen las hembras estériles. Hay diversas especies que se diferencian por el tamaño, coloración y manera de construir los hormigueros. ‖ **2.** Persona ahorradora y laboriosa. U. m. en dim. *Es una hormiguita para su casa.* ‖ **~ blanca.** F. **comején.** ‖ **~ león.** F. Insecto neuróptero, de unos 25 mm de largo. Es de color negro con manchas amarillas, y tiene antenas cortas, cabeza transversal, ojos salientes, tórax pequeño, abdomen largo y casi cilíndrico, alas de 3 cm de longitud y 1 de ancho, reticulares y transparentes, y patas cortas. Vive aislada, aova en la arena, y las larvas se alimentan de hormigas.

hormigón. M. Mezcla compuesta de piedras menudas y mortero de cemento y arena.

hormigonar. TR. En la construcción, echar hormigón.

hormigonera. F. Aparato para la confección del hormigón.

hormigos. M. pl. Plato de repostería hecho generalmente con pan rallado, almendras o avellanas tostadas y machacadas y miel.

hormiguear. INTR. **1.** Dicho de alguna parte del cuerpo: Experimentar una sensación más o menos molesta, semejante a la que resultaría si por ella corrieran hormigas. ‖ **2.** Dicho especialmente de una multitud de gente o animales: Bullir, ponerse en movimiento.

hormigueo. M. Acción y efecto de hormiguear.

hormiguereño, ña. ADJ. **1.** Natural de Hormigueros. U. t. c. s. ‖ **2.** Perteneciente o relativo a este municipio de Puerto Rico o a su cabeza.

hormiguero. M. **1.** Conjunto de hormigas que viven en un mismo lugar. ‖ **2.** Dicho lugar. ‖ **3.** Lugar en que hay mucha gente puesta en movimiento. ‖ **4.** torcecuello. ▢ V. **oso ~.**

hormiguilla. F. Cosquilleo, picazón o prurito.

hormiguillo. M. Cosquilleo, picazón, prurito.

hormona. F. *Biol.* Producto de secreción de ciertas glándulas que, transportado por el sistema circulatorio, excita, inhibe o regula la actividad de otros órganos o sistemas de órganos.

hormonal. ADJ. *Biol.* Perteneciente o relativo a las hormonas.

hormonoterapia. F. *Med.* Tratamiento de las enfermedades mediante hormonas.

hornacho. M. Agujero o concavidad que se hace en las montañas o cerros donde se cavan algunos minerales o tierras, como almagre, arena, etc.

hornacina. F. Hueco en forma de arco, que se suele dejar en el grueso de la pared maestra, para colocar en él una estatua o un jarrón, y a veces en los muros de los templos, para poner un altar.

hornada. F. **1.** Cantidad o porción de pan, pasteles u otras cosas que se cuece de una vez en el horno. ‖ **2.** coloq. Conjunto de individuos que acaban al mismo tiempo una carrera, o reciben a la vez el nombramiento para un cargo. *Hornada de senadores vitalicios.*

hornaguear. **I.** TR. **1.** Cavar o minar la tierra para sacar carbón de piedra. ‖ **II.** PRNL. **2.** *Chile*. Dicho de un cuerpo: Moverse a un lado y otro.

hornalla. F. Á. R. *Plata*. Dispositivo metálico que difunde el fuego o el calor de una cocina.

hornaza. F. Horno pequeño que usan los plateros y fundidores de metales.

hornazo. M. Rosca o torta guarnecida de huevos que se cuecen juntamente con ella en el horno.

horneada. F. Á. R. *Plata* y *Méx*. Cocción rápida a la que se somete un alimento en el horno.

hornear. TR. Meter algo en el horno para asarlo o cocerlo.

hornera. F. Suelo del horno.

hornero, ra. **I.** M. y F. **1.** Persona encargada del servicio de un horno. ‖ **2.** Persona que tiene por oficio cocer pan y templar para ello el horno. ‖ **II.** M. **3.** Á. R. *Plata*. Pájaro de color pardo acanelado, menos el pecho, que es blanco, y la cola, que tira a rojiza. Hace su nido de barro y en forma de horno.

hornija. F. Leña menuda con que se enciende o alimenta el horno.

hornilla. F. Hueco hecho en el macizo de los hogares, con una rejilla horizontal en medio de la altura para sostener la lumbre y dejar caer la ceniza, y un respiradero inferior para dar entrada al aire. También existe separada del hogar.

hornillo. M. **1.** Horno manual de barro refractario o de metal, que se emplea en laboratorios, cocinas y usos industriales para calentar, fundir, cocer o tostar. || **2.** Utensilio pequeño y generalmente portátil, para cocinar o calentar alimentos. || **3.** Concavidad que se hace en la mina, donde se mete la pólvora para producir una voladura.

horno. M. **1.** Construcción de piedra o ladrillo para caldear, en general abovedada y provista de respiradero o chimenea y de una o varias bocas por donde se introduce lo que se trata de someter a la acción del fuego. || **2.** Aparato culinario cerrado, en cuyo interior se asan, calientan o gratinan alimentos. || **3.** Montón de leña, piedra o ladrillo para la carbonización, calcinación o cocción. || **4.** Tahona en que se cuece y vende pan. || **5.** Aparato con rejilla o sin ella en la parte inferior y una abertura en lo alto que hace de boca y respiradero. Sirve para trabajar y transformar con ayuda del calor las sustancias minerales. || **6.** Boliche para fundir minerales de plomo. || **7.** coloq. Lugar muy caliente. *Esta casa es un horno.* || **~ alto.** M. alto horno. || **~ crematorio.** M. El que sirve para incinerar cadáveres. || **~ de microondas.** M. El que, provisto de un sistema generador de ondas electromagnéticas de alta frecuencia, sirve para cocinar y especialmente para calentar con gran rapidez los alimentos. || **~ de reverbero.** M. Aquel cuyo suelo está cubierto por una bóveda que reverbera o refleja el calor producido en un hogar independiente. Tiene siempre chimenea. || **alto ~.** M. El de hueco interior muy prolongado, destinado a reducir los minerales de hierro con auxilio de aire impelido con gran fuerza. || **no estar el ~ para bollos,** o **para tortas.** LOCS. VERBS. coloqs. No haber oportunidad o conveniencia para hacer algo.

☐ V. **fruta de ~.**

horóscopo. M. **1.** Predicción del futuro basada en la posición relativa de los astros y de los signos del Zodíaco en un momento dado. || **2.** Gráfico que representa el Zodíaco y del que se sirven los astrólogos para realizar esta predicción. || **3.** Escrito en que consta tal predicción. *¿Has leído el horóscopo de esta semana?*

horqueta. F. **1.** Parte del árbol donde se juntan formando ángulo agudo el tronco y una rama medianamente gruesa. || **2.** horca (|| de labrador). || **3.** *Am.* horquilla (|| palo terminado en uno de sus extremos por dos puntas). || **4.** *Chile.* Lugar donde se bifurca un camino. || **5.** *Chile.* Herramienta de tres o cuatro dientes al extremo de un palo, utilizada para remover la tierra y para recoger pasto o paja.

horquilla. F. **1.** Pieza metálica o de otro material, que se emplea para sujetar el pelo. || **2.** horqueta (|| parte del árbol). || **3.** Palo terminado en uno de sus extremos por dos puntas. || **4.** Pieza de un mecanismo con forma de Y, que suele servir para sujetar otras piezas o hacerlas girar. || **5.** Pieza que en las bicicletas, motocicletas y vehículos de similares características va desde la rueda delantera hasta el manillar. || **6.** Pie para apoyar las armas de fuego. || **7.** Bifurcación que se produce en el extremo de algo. || **8.** horca (|| de labrador). || **9.** Distancia o espacio entre dos magnitudes dadas. || **10.** *Mar.* Pieza en forma de V sobre la que se apoya el remo en determinadas embarcaciones.

horrar. TR. *Am.* ahorrar.

horrendo, da. ADJ. horrible.

hórreo. M. **1.** Construcción de madera o piedra, aislada, de forma rectangular o cuadrada, sostenida por columnas, característica del noroeste de la península Ibérica, donde se utiliza para guardar granos y otros productos agrícolas. || **2.** Granero o lugar donde se recogen los granos.

horrible. ADJ. **1.** Que causa horror. *Un crimen horrible.* || **2.** coloq. Muy feo. *Con ese peinado, está horrible.* || **3.** coloq. Muy intenso o acentuado. *Nos dio un susto horrible.* || **4.** coloq. Muy malo, pésimo. *Nos dieron un café horrible.*

hórrido, da. ADJ. Que causa horror. *Calabozos hórridos.*

horripilación. F. Acción y efecto de horripilar.

horripilante. ADJ. **1.** Que horripila. *Las más horripilantes penas.* || **2.** Muy feo. *Vestido horripilante.*

horripilar. TR. **1.** Hacer que se ericen los cabellos. U. t. c. prnl. *Se horripilaba cada vez que tenía aquella sensación.* || **2.** Causar horror y espanto. *Le horripilan las muchedumbres.* U. t. c. prnl.

horrísono, na. ADJ. Que con su sonido causa horror y espanto. *Estampido horrísono.*

horro, rra. ADJ. **1.** hist. Dicho de una persona: Que, habiendo sido esclava, alcanza la libertad. || **2.** Libre, exento, desembarazado. *Cultura horra de entusiasmo.* || **3.** Dicho de una yegua, de una burra, de una oveja, etc.: Que no quedan preñadas.

horror. M. **1.** Sentimiento intenso causado por algo terrible y espantoso. || **2.** Aversión profunda hacia alguien o algo. || **3.** Atrocidad, monstruosidad, enormidad. U. m. en pl. || **4.** coloq. Cantidad muy grande. En pl., u. t. c. adv. *Se divierten horrores.* || **~ al vacío.** M. Tendencia a llenar todos los espacios, generalmente con motivos o elementos decorativos.

horrorizar. **I.** TR. **1.** Causar horror. *Las serpientes me horrorizan.* || **II.** PRNL. **2.** Tener horror o llenarse de pavor y espanto.

horroroso, sa. ADJ. horrible.

hórror vacui. (Locución latina). M. **horror al vacío.** MORF. pl. invar. *Los hórror vacui.*

hortaliza. F. Planta comestible que se cultiva en las huertas. U. m. en pl.

hortelano, na. **I.** ADJ. **1.** Perteneciente o relativo a las huertas. *Sabiduría hortelana.* || **II.** M. y F. **2.** Persona que por oficio cuida y cultiva huertas.

hortense. ADJ. Perteneciente o relativo a las huertas. *Explotaciones hortenses.*

hortensia. F. **1.** Arbusto exótico de la familia de las Saxifragáceas, con tallos ramosos de un metro de altura aproximadamente, hojas elípticas, agudas, opuestas, de color verde brillante, y flores hermosas, en corimbos terminales, con corola rosa o azulada, que va poco a poco perdiendo color hasta quedar casi blanca. Es planta originaria del Japón. || **2.** Flor de esta planta.

hortera. ADJ. despect. vulg. Vulgar y de mal gusto. Apl. a pers., u. t. c. s.

horterada. F. despect. Acción o cosa vulgar y de mal gusto.

hortícola. ADJ. Perteneciente o relativo a la horticultura. *Cultivos hortícolas.*

horticultor, ra. M. y F. Persona dedicada a la horticultura.

horticultura. F. **1.** Cultivo de los huertos y huertas. *La horticultura del sorgo.* || **2.** Arte que lo enseña.

hortofrutícola. ADJ. Perteneciente o relativo a los productos de la huerta. *Exportadores hortofrutícolas.*

hosanna. M. **1.** Exclamación de júbilo usada en los salmos y en la liturgia cristiana y judía. || **2.** Himno que se canta el Domingo de Ramos.

hosco, ca. ADJ. **1.** Dicho de una persona: Ceñuda, áspera e intratable. || **2.** Propio o característico de una persona hosca. *Gesto hosco.* || **3.** Dicho del tiempo, de un lugar o de un ambiente: Poco acogedor, desagradable, amenazador.

hospedador, ra. I. ADJ. **1.** Que hospeda. *Familia hospedadora.* Apl. a pers., u. t. c. s. || **II.** M. **2.** *Biol.* **huésped** (|| vegetal o animal en que se aloja un parásito).

hospedaje. M. **1.** Alojamiento y asistencia que se da a alguien. || **2.** Cantidad que se paga por estar de huésped. || **3. hospedería** (|| casa destinada al alojamiento).

hospedar. I. TR. **1.** Recibir huéspedes, darles alojamiento. U. t. c. prnl. || **II.** PRNL. **2.** Instalarse y estar como huésped en una casa, en un hotel, etc.

hospedería. F. **1.** Casa destinada al alojamiento de visitantes o viandantes, establecida por personas particulares, institutos o empresas. || **2.** Habitación destinada en las comunidades a recibir huéspedes.

hospedero, ra. M. y F. Persona que tiene huéspedes a su cargo.

hospiciano, na. ADJ. Dicho de una persona: Asilada en un hospicio de niños, o que allí se ha criado. U. t. c. s.

hospicio. M. **1.** Asilo en que se da mantenimiento y educación a niños pobres, expósitos o huérfanos. || **2.** Casa para albergar y recibir peregrinos y pobres. || **3.** *Á. Andes* y *Chile.* Asilo para menesterosos. || **4.** *Chile.* Asilo para dementes y ancianos.

hospital. M. **1.** Establecimiento destinado al diagnóstico y tratamiento de enfermos, donde a menudo se practican la investigación y la docencia. || **2.** hist. Casa que servía para acoger pobres y peregrinos por tiempo limitado. || **~ de sangre.** M. *Mil.* Sitio o lugar que se destina a la primera cura de los heridos en campaña. || **estar hecho** alguien **un ~.** LOC.VERB. coloq. Padecer muchos achaques.

hospitalario, ria. ADJ. **1.** Que acoge con agrado o agasaja a quienes recibe en su casa. *Familia hospitalaria.* || **2.** Se dice de la casa misma. || **3.** Perteneciente o relativo a una persona hospitalaria. *Sonrisa hospitalaria.* || **4.** Perteneciente o relativo al hospital para enfermos. *Ingreso hospitalario.* || **5.** Se dice de las órdenes religiosas que tienen por norma el hospedaje.

hospitalero, ra. M. y F. Persona encargada del cuidado de un hospital.

hospitalidad. F. Buena acogida y recibimiento que se hace a los extranjeros o visitantes.

hospitalización. F. Acción y efecto de hospitalizar.

hospitalizar. TR. Internar a un enfermo en un hospital o clínica.

hosquedad. F. Cualidad de hosco.

hostal. M. hostería.

hostalero. M. Dueño de un hostal.

hostelería. F. **1.** Conjunto de servicios que proporcionan alojamiento y comida a los huéspedes y viajeros mediante compensación económica. || **2.** Industria dedicada a proporcionar estos servicios.

hostelero, ra. I. ADJ. **1.** Perteneciente o relativo a la hostelería. || **II.** M. y F. **2.** Persona que tiene a su cargo una hostería.

hostería. F. Casa donde se da comida y alojamiento mediante pago.

hostia. F. **1.** Hoja redonda y delgada de pan ácimo, que se consagra en la misa y con la que se comulga. || **2.** Cosa que se ofrece en sacrificio. || **3.** malson. Golpe, trastazo, bofetada. || **mala ~.** F. malson. Mala intención. || **toda ~.** LOC.ADV. malson. A toda velocidad. || **de la ~.** LOC.ADJ. malson. Muy grande o extraordinario. *Se ha comprado un coche de la hostia.* || **hostia, u hostias.** INTERJS. malsons. Denotan sorpresa, asombro, admiración, etc. || **la ~.** LOC.ADV. malson. **mucho** (|| en abundancia). || **ser** alguien o algo **la ~.** LOC.VERB. malson. Ser extraordinario.

hostiario. M. **1.** Caja en que se guardan hostias no consagradas. || **2.** Molde en que se hacen.

hostigador, ra. ADJ. Que hostiga. Apl. a pers., u. t. c. s.

hostigamiento. M. Acción y efecto de hostigar.

hostigar. I. TR. **1.** Dar golpes con una fusta, un látigo u otro instrumento, para hacer mover, juntar o dispersar. *Hostigar al rebaño.* || **2.** Molestar a alguien o burlarse de él insistentemente. *Sus compañeros de clase lo hostigaban con sus bromas pesadas.* || **3.** Incitar con insistencia a alguien para que haga algo. || **4. hostilizar** (|| al enemigo). || **II.** INTR. **5.** *Á. Andes, Chile* y *Méx.* Dicho de un alimento o de una bebida: Ser empalagosos.

hostigoso, sa. ADJ. **1.** *Á. Andes* y *Chile.* Dicho de una bebida o de un alimento: Muy empalagosos. || **2.** *Á. Andes* y *Chile.* Dicho de una persona: Molesta, fastidiosa.

hostil. ADJ. Contrario o enemigo.

hostilidad. F. **1.** Cualidad de hostil. || **2.** Acción hostil. || **3.** Agresión armada de un pueblo, ejército o tropa. || **romper las ~es.** LOC.VERB. *Mil.* Dar principio a la guerra atacando al enemigo.

hostilizar. TR. **1.** Agredir a enemigos. *Los guerrilleros comenzaron a hostilizar las posiciones contrarias.* || **2.** Atacar, agredir, molestar a alguien con insistencia. *Fue ovacionado por los mismos hinchas que lo hostilizaron durante todo el partido.*

hotel. M. **1.** Establecimiento de hostelería capaz de alojar con comodidad a huéspedes o viajeros. || **2.** Casa más o menos aislada de las colindantes y habitada por una sola familia.

hotelería. F. hostelería.

hotelero, ra. I. ADJ. **1.** Perteneciente o relativo al hotel. *Oferta hotelera.* || **II.** M. y F. **2.** Persona que posee o dirige un hotel.

hotentote, ta. I. ADJ. **1.** Se dice del individuo de una nación indígena que habitó cerca del cabo de Buena Esperanza. U. t. c. s. || **2.** Perteneciente o relativo a esta nación. *Tradición hotentote.* ¶ MORF. U. t., para referirse al femenino, la forma hotentote. *Nativa, tribu hotentote.* || **II.** M. **3.** Lengua hablada por los hotentotes.

hoy. ADV.T. **1.** En este día, en el día presente. || **2.** Actualmente, en el tiempo presente. || **de ~ a mañana.** LOC.ADV. Se usa para dar a entender que algo sucederá pronto o está a punto de ejecutarse. || **de ~ en adelante,** o **de ~ más.** LOCS.ADVS. Desde este día. || **~ por ~.** LOC. ADV. Se usa para dar a entender que algo es más o sucede ahora de cierto modo, pero puede cambiar más adelante. || **por ~.** LOC.ADV. **por ahora.** || **que es para ~.** EXPR. coloq. Se usa para meter prisa a alguien o cuando se desea que algo vaya más rápido.

hoya. F. **1.** Concavidad u hondura grande formada en la tierra. || **2.** Hoyo para enterrar un cadáver. || **3.** Llano extenso rodeado de montañas. □ V. **lima ~.**

hoyada. F. Terreno bajo que no se descubre hasta estar cerca de él.

hoyanco. M. *Méx.* **bache** (‖ hoyo en el pavimento).

hoyo. M. **1.** Concavidad u hondura formada en la tierra. ‖ **2.** Concavidad que como defecto hay en algunas superficies. ‖ **3.** hoyo que se hace en tierra para enterrar un cadáver. ‖ **4.** **sepultura** (‖ lugar en que está enterrado un cadáver). ‖ **5.** **hoyuelo.**

hoyuelo. M. Hoyo en el centro de la barbilla, o el que se forma en la mejilla de algunas personas, cerca de la comisura de la boca, cuando se ríen.

hoz¹. F. Instrumento que sirve para segar mieses y hierbas, compuesto de una hoja acerada, curva, con dientes muy agudos y cortantes o con filo por la parte cóncava, afianzada en un mango de madera.

hoz². F. **1.** Angostura de un valle profundo. ‖ **2.** Angostura que forma un río entre dos sierras.

hozador, ra. ADJ. Que hoza. *Cerdo hozador.*

hozadura. F. Hoyo o señal que deja un animal por haber hozado.

hozar. TR. Mover y levantar la tierra con el hocico. U. t. c. intr. *Los cerdos hozan y gruñen.*

huaca. F. *Am. Cen.* y *Am. Mer.* **guaca.**

huacal. M. *Am. Cen.*, *Á. Caribe* y *Méx.* **guacal.**

huacatay. M. Especie de hierbabuena americana, usada como condimento en algunos guisos. MORF. pl. **huacatayes.**

huachafo, fa. ADJ. *Á. Andes.* **cursi.** U. t. c. s.

huachalomo. M. *Chile.* Corte de carne de vacuno rectangular, que se obtiene de la nuca del animal.

huachinango. M. *Méx.* **guachinango** (‖ pez).

huaco. M. *Am. Mer.* **guaco².**

huaje. M. **1.** *Méx.* **guaje** (‖ acacia). ‖ **2.** *Méx.* **guaje** (‖ fruto). ‖ **3.** *Méx.* **guaje** (‖ bobo).

huancaíno, na. ADJ. **1.** Natural de Huancayo. U. t. c. s. ‖ **2.** Perteneciente o relativo a esta ciudad del Perú, capital del departamento de Junín.

huancavelicano, na. ADJ. **1.** Natural de Huancavelica. U. t. c. s. ‖ **2.** Perteneciente o relativo a este departamento del Perú o a su capital.

huancavilca. ADJ. **1.** hist. Se dice del individuo de un pueblo amerindio que habitaba en la margen occidental del río Guayas. U. t. c. s. ‖ **2.** hist. Perteneciente o relativo a los huancavilcas. *Cerámica huancavilca.*

huanuqueño, ña. ADJ. **1.** Natural de Huánuco. U. t. c. s. ‖ **2.** Perteneciente o relativo a este departamento del Perú o a su capital.

huaorani. **I.** ADJ. **1.** Se dice del individuo de un pueblo amerindio que habita en la Amazonia ecuatoriana. U. t. c. s. ‖ **2.** Perteneciente o relativo a los huaoranis. *Herramienta huaorani.* ‖ **II.** M. **3.** Lengua hablada por los huaoranis.

huapango. M. **1.** *Méx.* Baile cadencioso que se ejecuta taconeando, a veces sobre una tarima de madera. ‖ **2.** *Méx.* Música y canto que acompañan este baile.

huapanguero, ra. ADJ. *Méx.* Dicho de una persona: Que toca, canta o baila el huapango. U. t. c. s.

huaquear. TR. *Á. Andes.* Buscar tesoros ocultos en huacas y realizar la excavación consiguiente para extraerlos.

huaquero, ra. M. y F. *Á. Andes.* Persona que huaquea por lucro o afición.

huarache. M. *Méx.* **guarache.**

huarachudo, da. ADJ. *Méx.* **guarachudo.**

huaracino, na. ADJ. **1.** Natural de Huaraz. U. t. c. s. ‖ **2.** Perteneciente o relativo a esta ciudad del Perú, capital del departamento de Ancash.

huaralino, na. ADJ. **1.** Natural de Huaral. U. t. c. s. ‖ **2.** Perteneciente o relativo a esta provincia del departamento de Lima, en el Perú.

huarapeta. F. *Méx.* Estado de embriaguez.

huarpe. ADJ. **1.** hist. Se dice del individuo de un pueblo amerindio que habitó la región de Cuyo, en la Argentina. U. m. c. s. pl. ‖ **2.** hist. Perteneciente o relativo a los huarpes. *Asentamiento huarpe.* ‖ **3.** Lengua hablada por los huarpes.

huasca. F. *Am. Mer.* **guasca.**

huasquino, na. ADJ. **1.** Natural de Huasco. U. t. c. s. ‖ **2.** Perteneciente o relativo a esta provincia de Chile.

huasteco, ca. **I.** ADJ. **1.** Se dice del individuo de una tribu amerindia de la familia maya que vive en los estados mexicanos de Tamaulipas, San Luis Potosí y Veracruz. U. t. c. s. ‖ **2.** Perteneciente o relativo a los huastecos. *Costumbres huastecas.* ‖ **II.** M. **3.** Lengua hablada por los huastecos.

huateque. M. *Méx.* **guateque.**

huauzontle o **huazontle.** M. *Méx.* Planta de la familia de las Quenopodiáceas, de pequeñas flores comestibles.

hucha. F. **1.** Alcancía de barro o caja de madera o de metal con una sola hendidura, que sirve para guardar dinero. ‖ **2.** Dinero que se ahorra y guarda. *José tiene buena hucha.*

hueco, ca. **I.** ADJ. **1.** Que tiene vacío el interior. *Esta columna está hueca.* ‖ **2.** Que tiene sonido retumbante y profundo. *Voz hueca.* ‖ **3.** Mullido y esponjoso. *Tierra, lana hueca.* ‖ **4.** Presumido, hinchado, vano. *Viene muy hueca con su coche nuevo.* ‖ **5.** Dicho especialmente del lenguaje o del estilo: Que expresa ostentosa y afectadamente conceptos vanos o triviales. ‖ **II.** M. **6.** Espacio vacío en el interior de algo. *El hueco del cañón.* ‖ **7.** Lugar libre y disponible. *Hay algunos huecos en las gradas.* ‖ **8.** Intervalo de tiempo o lugar. *Mañana, entre una y una y media, tengo un hueco para verte.* ‖ **9.** coloq. Empleo o puesto vacante. *Hay un hueco en mi oficina.* ‖ **10.** *Arq.* Abertura en un muro para servir de puerta, ventana, chimenea, etc. ‖ **hacer un ~.** LOC.VERB. Desplazar cosas o desplazarse personas para que algo o alguien tenga sitio. ‖ **llenar un ~.** LOC.VERB. Ocupar un puesto que estaba vacante. ‖ **ponerse ~.** LOC.VERB. Sentirse satisfecho por algún halago o muestra de atención. □ V. **carga ~, grabado en hueco, monte ~.**

huecograbado. M. **1.** Procedimiento para imprimir mediante planchas o cilindros grabados en hueco. ‖ **2.** Estampa obtenida por este procedimiento.

huehuenche. M. *Méx.* Hombre mayor que dirige las danzas en las fiestas de un pueblo.

huehueteco, ca. ADJ. **1.** Natural de Huehuetenango. U. t. c. s. ‖ **2.** Perteneciente o relativo a este departamento de Guatemala o a su cabecera.

hueledenoche. M. *Méx.* Arbusto tropical de la familia de las Solanáceas, cuyas flores despiden fragancia por la noche.

huélfago. M. Enfermedad de los animales, que los hace respirar con dificultad y prisa.

huelga. F. Interrupción colectiva de la actividad laboral por parte de los trabajadores con el fin de reivindicar ciertas condiciones o manifestar una protesta. *Huelga* *ferroviaria. Huelga indefinida.* || **~ a la japonesa.** F. La que realizan los trabajadores aumentando el rendimiento de su trabajo para crear a la empresa un excedente de producción. || **~ de brazos caídos.** F. La reivindicativa o de protesta que se practica en el puesto habitual de trabajo permaneciendo inactivo. || **~ de celo.** F. La consistente en aplicar con meticulosidad las disposiciones reglamentarias y realizar con gran lentitud el trabajo para que descienda el rendimiento y se retrasen los servicios. || **~ de hambre,** o **~ del hambre.** F. Abstinencia voluntaria de alimentos, practicada durante un tiempo o, a veces, con carácter indefinido, para forzar los sentimientos de quien puede conceder lo que se pide. || **~ general.** F. La que afecta simultáneamente a todas las actividades laborales de un lugar. || **~ revolucionaria.** F. La que responde a propósitos de subversión política, más que a reivindicaciones de carácter económico o social. || **~ salvaje.** F. La que se produce bruscamente o por sorpresa, sin cumplir los requisitos legales, en especial el plazo de preaviso.

huelgo. M. **1.** Aliento, respiración, resuello. || **2. holgura** (|| espacio suficiente para algo). || **3. holgura** (|| espacio entre dos piezas).

huelguista. COM. Persona que toma parte en una huelga de trabajadores.

huelguístico, ca. ADJ. Perteneciente o relativo a la huelga de trabajadores. *Acciones huelguísticas.*

huella. F. **1.** Señal que deja el pie del hombre o del animal en la tierra por donde pasa. || **2. huella dactilar.** || **3.** Plano del escalón o peldaño en que se sienta el pie. || **4.** Señal que deja una lámina o forma de imprenta en el papel u otra cosa en que se estampa. || **5.** Rastro, seña, vestigio que deja alguien o algo. U. m. en pl. *No quedaron ni huellas del desastre.* || **6.** Impresión profunda y duradera. *La lectura de ese autor dejó huella en su espíritu.* || **7.** Indicio, mención, alusión. *En los documentos consultados no se encuentra huella alguna de ese hecho.* || **8.** *Am. Mer.* Camino hecho por el paso, más o menos frecuente, de personas, animales o vehículos. || **9.** *Á. R. Plata.* Baile campero de pareja suelta y paso moderadamente suave y cadencioso, cuyas coplas en seguidilla se acompañan con guitarra. || **~ dactilar.** F. **impresión dactilar.** || **a la ~.** LOC.ADV. a la zaga. || **seguir las ~s** de alguien. LOC. VERB. Seguir su ejemplo, imitarlo.

huelveño, ña. ADJ. **1.** Natural de Huelva. U. t. c. s. || **2.** Perteneciente o relativo a esta ciudad de España o a su provincia.

huemul. M. Cérvido de los Andes australes, de formas robustas, cola muy corta y orejas bastante desarrolladas. Su pelaje es corto y áspero, de color pardo intenso, con la parte inferior de la cola blanca. Habita en estepas y bosques abiertos.

huerfanito. M. *Méx.* Cupón o sección que queda por vender de un billete entero de lotería.

huérfano, na. ADJ. **1.** Dicho de una persona menor de edad: A quien se le han muerto el padre y la madre o uno de los dos. U. t. c. s. || **2.** Falto de algo, y especialmente de amparo. *En aquella ocasión quedó huérfana la ciudad.* || **3.** *Á. Andes* y *Chile.* expósito.

huero¹, ra. ADJ. Vano, vacío y sin sustancia. *Frases hueras.* □ V. **huevo ~.**

huero², ra. ADJ. *Méx.* güero.

huerta. F. **1.** Terreno de mayor extensión que el huerto, destinado al cultivo de legumbres y árboles frutales. || **2.** Tierra de regadío.

huertano, na. ADJ. **1.** Perteneciente o relativo a las comarcas de regadío a las que se da el nombre de huerta. *Dialecto huertano.* || **2.** Dicho de una persona: Que habita alguna de estas comarcas.

huerto. M. Terreno de corta extensión, generalmente cercado de pared, en que se plantan verduras, legumbres y a veces árboles frutales. || **llevar,** o **llevarse,** a alguien **al ~.** LOCS.VERBS. coloqs. Seducirlo sexualmente.

huesa. F. Hoyo para enterrar un cadáver.

huesera. F. *Chile.* Lugar en donde se echan o guardan los huesos de los muertos.

huesero, ra. M. y F. *Méx.* Persona hábil en tratar dolencias de huesos y articulaciones.

huesillo. M. *Am. Mer.* Durazno secado al sol.

hueso. I. M. **1.** Cada una de las piezas duras que forman el esqueleto de los vertebrados. || **2.** Parte dura y compacta en el centro de algunos frutos, como la aceituna, la guinda, el melocotón, etc., en la cual se contiene la semilla. || **3.** Cosa que causa trabajo o incomodidad. *Mi nuevo trabajo es un hueso.* || **4.** Profesor muy exigente. || **5.** *Am. Cen.* y *Méx.* trabajo (|| ocupación retribuida). || **6.** *Á.Andes.* Persona tacaña. || **7.** pl. Restos mortales de una persona. || **II.** ADJ. **8.** Dicho de un color: Blanco amarillento. || **~ cuboides.** M. *Anat.* Uno de los huesos del tarso, que en el hombre está situado en el borde externo del pie. || **~ de santo.** M. Rollito de pasta de almendra en forma de hueso. || **~ escafoides.** M. **1.** *Anat.* hueso del carpo de los mamíferos, que en el hombre es el más externo y voluminoso de la fila primera. || **2.** *Anat.* hueso del tarso de los mamíferos, que en el hombre se articula con el astrágalo y el cuboides. || **~ esfenoides.** M. *Anat.* hueso enclavado en la base del cráneo de los mamíferos, que concurre a formar las cavidades nasales y las órbitas. || **~ etmoides.** M. *Anat.* Pequeño hueso encajado en la escotadura del hueso frontal de los vertebrados, y que concurre a formar la base del cráneo, las cavidades nasales y las órbitas. || **~ frontal.** M. *Anat.* El que forma la parte anterior y superior del cráneo, y que en la primera edad de la vida se compone de dos mitades que se sueldan después. || **~ hioides.** M. *Anat.* hueso situado en la base de la lengua y encima de la laringe. || **~ innominado.** M. *Anat.* Cada uno de los huesos situados uno en cada cadera, que, junto con el sacro y el coxis, forman la pelvis de los mamíferos. En el animal adulto está constituido por la unión íntima de tres piezas óseas: el ilion, el isquion y el pubis. || **~ maxilar.** M. *Anat.* Cada uno de los tres que forman las mandíbulas; dos de ellos, la superior, y el otro la inferior. || **~ occipital.** M. *Anat.* hueso del cráneo, correspondiente al occipucio. || **~ orbital.** M. *Anat.* Cada uno de los que forman la órbita del ojo. || **~ parietal.** M. *Anat.* Cada uno de los dos situados en las partes medias y laterales de la cabeza, los mayores entre los que forman el cráneo. || **~ peniano.** M. *Zool.* báculo (|| hueso de los machos de algunos mamíferos). || **~ piramidal.** M. *Anat.* Uno de los que hay en el carpo o muñeca del hombre. || **~ plano.** M. *Anat.* Aquel cuya longitud y anchura son mayores que su espesor. || **~ sacro.** M. *Anat.* hueso situado en la parte inferior de la columna vertebral, formado por cinco vértebras soldadas entre sí en el hombre, por más o menos en otros animales, y que, articulándose con los dos innominados, forma la pelvis. || **~ temporal.** M. *Anat.* Cada uno de los dos del cráneo de los mamíferos, correspondientes a las sienes. || **la sin ~.** F. coloq. **lengua** (|| órgano muscular de los vertebrados). ‖ **a ~**. LOC.ADV. *Constr.* Dicho de colocar piedras, baldosas o ladrillos: Perfectamente unidos y sin mortero entre sus juntas o lechos. ‖ **dar** alguien **con sus ~s en algún lugar**. LOC.VERB. coloq. Ir a parar a él. ‖ **dar en ~**. LOC.VERB. Encontrar oposición en alguien, o dificultad en algo que se intenta. ‖ **dar** a alguien **un ~ que roer**. LOC.VERB. Darle un empleo o trabajo difícil o engorroso. ‖ **estar** alguien **en los ~s**. LOC. VERB. coloq. Estar sumamente delgado. ‖ **hasta los ~s**. LOC.ADV. Se usa para expresar en grado sumo la acción o la cualidad significadas. ‖ **molerle** a alguien **los ~s**. LOC.VERB. coloq. Apalearlo. ‖ **no dejar** a alguien un **~ sano**. LOC.VERB. coloq. Murmurar de él descubriendo sus defectos. ‖ **no poder** alguien **con sus ~s**. LOC.VERB. coloq. Estar rendido de fatiga. ‖ **pinchar en ~**. LOC.VERB. **dar en hueso**. ‖ **podérsele contar** a alguien **los ~s**. LOC.VERB. coloq. **estar en los huesos**. ‖ **ponerse**, o **quedarse**, alguien **en los ~s**. LOCS.VERBS. coloqs. **estar en los huesos**. ‖ **romperle** a alguien **un ~**, o **los ~s**. LOCS. VERBS. coloqs. Golpearlo fuertemente.

huesoso, sa. ADJ. **1.** Perteneciente o relativo al hueso. *Textura huesosa.* ‖ **2.** De huesos muy grandes y visibles. *Brazo huesoso.*

huésped. COM. **1.** Persona alojada en casa ajena. ‖ **2.** Persona alojada en un establecimiento de hostelería. ‖ **3.** *Biol.* Vegetal o animal en cuyo cuerpo se aloja un parásito. □ V. **casa de ~es**.

huéspeda. F. Mujer alojada en casa ajena. ‖ **no contar con la ~**. LOC.VERB. coloq. No prever los inconvenientes que pueden obstaculizar, inesperadamente o por error de cálculo, el curso de un negocio.

huesque. INTERJ. Se usa para que las caballerías tuerzan hacia un lado.

hueste. F. **1.** Ejército en campaña. U. m. en pl. ‖ **2.** Conjunto de los seguidores o partidarios de una persona o de una causa.

huesuda. F. *Méx.* **muerte** (‖ figura del esqueleto humano). *LA huesuda.*

huesudo, da. ADJ. Que tiene los huesos muy marcados.

huetar. I. ADJ. **1.** Se dice del individuo de un pueblo amerindio que habitaba la parte central de Costa Rica, y del que hoy quedan pequeños núcleos. U. t. c. s. ‖ **2.** Perteneciente o relativo a los huetares. *Cerámica huetar.* ‖ **II.** M. **3.** Lengua de filiación chibcha que hablaban los huetares.

hueva. F. Masa que forman los huevos de ciertos pescados, encerrada en una bolsa oval.

huevear. I. TR. **1.** *Am. Cen.* **hurtar** (‖ tomar bienes ajenos). ‖ **2.** *Chile.* **molestar**. ‖ **II.** INTR. **3.** *Chile.* **haraganear**.

huevera. F. **1.** Recipiente de plástico, metal u otro material, que sirve para transportar o guardar huevos. ‖ **2.** Utensilio de porcelana, loza, metal u otra materia, en forma de copa pequeña, en que se pone, para comerlo, el huevo pasado por agua.

huevería. F. Tienda donde se venden huevos.

huevero, ra. M. y F. Persona que trata en huevos.

huevo. M. **1.** Cuerpo redondeado, de tamaño y dureza variables, que producen las hembras de las aves o de otras especies animales, y que contiene el germen del embrión y las sustancias destinadas a su nutrición durante la incubación. ‖ **2.** huevo de la gallina, especialmente destinado a la alimentación humana. ‖ **3.** vulg. **testículo**. U. m. en pl. ‖ **4.** *Biol.* **cigoto**. ‖ **5.** *Biol.* **óvulo** (‖ gameto femenino). ‖ **~ de Colón.** M. Cosa que apa-

renta tener mucha dificultad pero resulta ser fácil al conocer su artificio. ‖ **~ de Pascua.** M. Dulce de chocolate en forma de huevo que se come, en algunos lugares, durante la Pascua de Resurrección. ‖ **~ de zurcir.** M. El de plástico, madera, etc., que se usa para zurcir medias o calcetines. ‖ **~ duro.** M. El cocido, con la cáscara, en agua hirviendo, hasta llegarse a cuajar enteramente yema y clara. ‖ **~ estrellado.** M. **huevo frito**. ‖ **~ frito.** M. El que se fríe sin batirlo. ‖ **~ hilado.** M. Composición de huevos y azúcar que forma hebras o hilos. ‖ **~ huero.** M. **1.** El que, por no estar fecundado por el macho, no produce cría, aunque se echa a la hembra clueca. ‖ **2.** El que por enfriamiento o por otra causa se pierde en la incubación. ‖ **~ mejido.** M. Bebida de yema de huevo batida con azúcar y disuelta en leche o agua caliente, que se usa como medicamento para los catarros. ‖ **~ partenogenético.** M. *Biol.* Óvulo que se desarrolla sin previa unión con el espermatozoide. ‖ **~ pasado por agua.** M. El cocido ligeramente, con la cáscara, sin que llegue a cuajar por completo. ‖ **~ tibio.** M. *Am.* **huevo pasado por agua.** ‖ **~s al plato.** M. pl. Los cuajados en mantequilla o aceite al calor suave y servidos en el mismo recipiente en que se han hecho. ‖ **~s moles.** M. pl. Yemas de huevo batidas con azúcar. ‖ **~s revueltos.** M. pl. Los que se fríen en sartén revolviéndolos para que no se unan como en una tortilla. ‖ **a ~.** LOC.ADV. **a tiro** (‖ al alcance de los deseos o intentos). ‖ **a puro ~.** LOC.ADV. vulg. Con gran esfuerzo. ‖ **pisando ~s.** LOC.ADV. coloq. Con excesiva lentitud, demasiado despacio. *Andar, venir, ir pisando huevos.* □ V. **célula ~, la gallina de los ~s de oro, ponche de ~.**

huevón, na. ADJ. **1.** malson. *Am.* **perezoso** (‖ tardo). U. t. c. s. ‖ **2.** despect. malson. *Am.* **imbécil.** U. t. c. s.

huf. INTERJ. **uf.**

hugonote, ta. ADJ. **1.** hist. Se dice de quienes en Francia seguían la doctrina de Calvino. U. t. c. s. ‖ **2.** hist. Perteneciente o relativo a los hugonotes. *Familia hugonota.* ¶ MORF. U. t., para referirse al femenino, la forma **hugonote**. *Doña Juana era hugonote. Escuela hugonote.*

huich o **huiche.** INTERJS. *Chile.* Se usan para burlarse de alguien, o para provocarlo, excitándole la envidia o picándole el amor propio.

huida. F. **1.** Acción de huir. ‖ **2.** *Equit.* Acción y efecto de apartarse el caballo, súbita y violentamente, de la dirección en que lo lleva el jinete.

huidizo, za. ADJ. **1.** Que suele huir o tiene tendencia a huir. *Animal huidizo.* ‖ **2.** **fugaz** (‖ que desaparece con velocidad). *Reflejo huidizo.*

huido, da. PART. de **huir**. ‖ ADJ. Que anda receloso o escondiéndose por temor de algo o alguien. U. t. c. s.

huifa. INTERJ. *Chile.* Se usa para expresar alegría.

huilense. ADJ. **1.** Natural de Huila. U. t. c. s. ‖ **2.** Perteneciente o relativo a este departamento de Colombia.

huilliche. ADJ. **1.** Se dice del individuo de un pueblo amerindio originario del centro de Chile. U. t. c. s. ‖ **2.** Perteneciente o relativo a los huilliches. *Costumbres huilliches.*

huilota. F. *Méx.* Ave columbiforme silvestre que vive desde el sur del Canadá hasta Panamá y las Antillas Mayores, de cabeza delgada, pequeña, pico fino y cola larga y puntiaguda con las timoneras externas con puntas blancas, y el plumaje de color café grisáceo.

huilte. M. *Chile.* Tallo o tronco comestible del cochayuyo, principalmente cuando está creciendo y antes de ramificarse.

huincha. F. Á. *Andes* y *Chile.* Cinta de lana o de algodón.

huipil. M. *Am. Cen.* y *Méx.* Especie de blusa adornada propia de los trajes indígenas.

huir. INTR. **1.** Alejarse deprisa, por miedo o por otro motivo, de personas, animales o cosas, para evitar un daño, disgusto o molestia. *La gacela huye del guepardo.* U. t. c. prnl. y menos c. tr. ‖ **2.** Salir con fuerza o habilidad de un lugar donde se está encerrado. *Huir de la cárcel.* U. t. en sent. fig. *Huir de una situación.* ‖ **3.** Dicho de una cosa: Alejarse velozmente. *La nave huye del puerto.* ‖ **4.** Dicho de unidades de tiempo: Transcurrir o pasar velozmente. *Huyen los siglos. Huye la vida.* ‖ **5.** Apartarse de algo malo o perjudicial. *Huir de los vicios.* U. t. c. tr. ¶ MORF. conjug. c. *construir.*

huira. F. *Chile.* Corteza del maqui que, sola o torcida en forma de soga, sirve para atar.

huiro. M. Se usa como nombre común para referirse a varias algas marinas muy abundantes en las costas de Chile.

huisache. M. *Méx.* Árbol de la familia de las Mimosáceas, de ramas muy espinosas. Su fruto contiene tanino, con el que se prepara tinta.

huisquil. M. *Am. Cen.* **chayote** (‖ fruto).

huisquilar. M. *Am. Cen.* Planta trepadora americana, de la familia de las Cucurbitáceas, de tallo liso, delgado y muy resistente, hojas acorazonadas divididas en tres lóbulos, flores pequeñas, acampanadas, de color blanco con ligeras tonalidades verdosas. Su fruto es el chayote.

huiteco, ca. ADJ. **1.** Natural de Huité. U. t. c. s. ‖ **2.** Perteneciente o relativo a este municipio de Guatemala o a su cabecera, en el departamento de Zacapa.

huizache. M. *Méx.* **huisache.**

hule. M. **1.** Tela pintada al óleo y barnizada por un solo lado, que por su impermeabilidad tiene muchos usos. ‖ **2.** *Méx.* Se usa como nombre para referirse a varios árboles de los que se extrae el caucho o goma elástica. □ V. **palo de ~.**

hulero, ra. **I.** ADJ. **1.** *Méx.* Perteneciente o relativo al hule o a su industria. *Abastecedor hulero.* ‖ **II.** M. y F. **2.** *Am.* Persona que trabaja en la explotación del hule.

hulla. F. Carbón de piedra que se aglutina al arder y, calcinado en vasos cerrados, da coque. ‖ **~ blanca.** F. Corriente de agua empleada como fuerza motriz.

hullero, ra. ADJ. Perteneciente o relativo a la hulla. *Cuenca hullera.*

hulte. M. *Chile.* **huilte.**

humacaeño, ña. ADJ. **1.** Natural de Humacao. U. t. c. s. ‖ **2.** Perteneciente o relativo a este municipio de Puerto Rico o a su cabeza.

humada. F. Hoguera de mucho humo, especialmente la que se hace para avisar.

humanal. ADJ. Perteneciente o relativo al hombre. *Flaquezas humanales.*

humanamente. ADV. M. **1.** Con humanidad. *Un mundo humanamente habitable.* ‖ **2.** Con recursos puramente humanos. *Eso humanamente no se puede hacer.*

humanarse. PRNL. Dicho especialmente del Verbo divino: Hacerse hombre.

humanidad. F. **1.** Conjunto de todos los seres humanos. ‖ **2.** Conjunto de las cualidades y caracteres propios del ser humano. ‖ **3.** Fragilidad o flaqueza propia del ser humano. ‖ **4.** Sensibilidad, compasión de las desgracias de nuestros semejantes. ‖ **5.** Cuerpo de una persona. ‖ **6.** pl. **letras humanas.**

humanismo. M. **1.** Doctrina o actitud vital basada en una concepción integradora de los valores humanos. ‖ **2.** Movimiento renacentista que propugna el retorno a la cultura grecolatina como medio de restaurar los valores humanos.

humanista. **I.** ADJ. **1.** **humanístico.** *No está justificado enfrentar los estudios humanistas con los científicos.* ‖ **2.** Partidario del humanismo. U. t. c. s. ‖ **II.** COM. **3.** Persona instruida en letras humanas.

humanístico, ca. ADJ. Perteneciente o relativo al humanismo o a las humanidades. *Doctrinas humanísticas.*

humanitario, ria. ADJ. **1.** Que mira o se refiere al bien del género humano. *Principios humanitarios.* ‖ **2.** Benigno, caritativo, benéfico. *Carácter humanitario.* ‖ **3.** Que tiene como finalidad aliviar los efectos que causan la guerra u otras calamidades en las personas que las padecen. *Un convoy de ayuda humanitaria.*

humanitarismo. M. **humanidad** (‖ sensibilidad, compasión de las desgracias ajenas).

humanización. F. Acción y efecto de humanizar o humanizarse.

humanizar. **I.** TR. **1.** Hacer humano, familiar y afable a alguien o algo. *Humanizar la vida en las cárceles.* ‖ **II.** PRNL. **2.** Ablandarse, desenojarse, hacerse benigno. *Tras el nacimiento de su nieto se ha humanizado.*

humano, na. **I.** ADJ. **1.** Perteneciente o relativo al **hombre** (‖ ser racional). *Organismo humano.* ‖ **2.** Propio o característico de él. *Debilidades humanas.* ‖ **3.** Comprensivo, sensible a los infortunios ajenos. *Nos han dispensado un trato muy humano.* ‖ **II.** M. **4.** Ser humano. ‖ **5.** pl. Conjunto de todos los hombres. □ V. **acto ~, ciencias ~s, derechos ~s, género ~, letras ~s, linaje ~, naturaleza ~, raza ~, respeto ~.**

humanoide. ADJ. Que tiene forma o características del ser humano. *Silueta humanoide.* U. t. c. s. m.

humarada. F. Abundancia de humo.

humareda. F. Abundancia de humo.

humaza. F. humazo.

humazo. M. Humo denso y copioso.

humeante. ADJ. Que humea. *Café humeante.*

humear. INTR. **1.** Echar de sí humo. *El cigarrillo humea.* U. t. c. prnl. ‖ **2.** Dicho de una cosa: Arrojar vaho o vapor. *La chimenea humea. La tierra humea.*

humectación. F. Acción y efecto de humedecer.

humectante. **I.** ADJ. **1.** Que humedece. *Crema humectante.* ‖ **II.** M. **2.** Sustancia que estabiliza el contenido de agua de un material.

humectar. TR. **1.** **humedecer.** *Humectar las habitaciones.* ‖ **2.** Aplicar o introducir un humectante.

humedad. F. **1.** Cualidad de húmedo. ‖ **2.** Agua de que está impregnado un cuerpo o que, vaporizada, se mezcla con el aire.

humedal. M. Terreno de aguas superficiales o subterráneas de poca profundidad.

humedecer. TR. Producir o causar humedad en algo. U. t. c. prnl. MORF. conjug. c. *agradecer.*

húmedo, da. ADJ. **1.** Ligeramente impregnado de agua o de otro líquido. *Ropa húmeda.* ‖ **2.** Se dice de la región, del clima o del país en que llueve mucho y en que el aire está cargado de humedad.

humeral. **I.** ADJ. **1.** *Anat.* Perteneciente o relativo al húmero. *Arteria humeral.* ‖ **II.** M. **2.** **velo humeral.**

humero. M. **1.** Cañón de chimenea por donde sale el humo. ‖ **2.** Á. *Caribe.* **humareda.**

húmero. M. *Anat.* Hueso del brazo, que se articula por uno de sus extremos con la escápula y por el otro con el cúbito y el radio.

húmico, ca. ADJ. *Agr.* Perteneciente o relativo al humus. *Reserva húmica.*

humidificación. F. Acción y efecto de humidificar.

humidificador. M. Dispositivo para aumentar la humedad del aire.

humidificar. TR. Transmitir humedad al ambiente.

húmido, da. ADJ. poét. **húmedo.**

humildad. F. **1.** Virtud que consiste en el conocimiento de las propias limitaciones y debilidades y en obrar de acuerdo con este conocimiento. ‖ **2.** Bajeza de nacimiento o de otra cualquier especie.

humilde. ADJ. **1.** Que tiene humildad. *Palabras humildes.* ‖ **2.** Carente de nobleza. *Procedencia humilde.* ‖ **3.** Que vive modestamente. *Humilde morada.*

humillación. F. Acción y efecto de humillar o humillarse.

humilladero. M. Lugar devoto que suele haber a las entradas o salidas de los pueblos y junto a los caminos, con una cruz o imagen.

humillador, ra. ADJ. Que humilla.

humillante. ADJ. **1.** Que humilla. *Fracaso humillante.* ‖ **2.** Degradante, depresivo. *Trato humillante.*

humillar. **I.** TR. **1.** Inclinar o doblar una parte del cuerpo, como la cabeza o la rodilla, especialmente en señal de sumisión y acatamiento. ‖ **2.** Abatir el orgullo y altivez de alguien. *Humillan al campeón de liga por goleada.* ‖ **3.** Herir el amor propio o la dignidad de alguien. *Su desprecio me humillaba profundamente.* ‖ **4.** *Taurom.* Dicho de un toro: Bajar la cabeza para embestir, o como precaución defensiva. U. t. c. intr. ‖ **II.** PRNL. **5.** Hacer actos de humildad. ‖ **6.** Dicho de una persona: Pasar por una situación en la que su dignidad sufra algún deterioro.

humita. F. **1.** *Á. Andes, Á. R. Plata* y *Chile.* Comida criolla hecha con pasta de maíz o granos de choclo triturados, a la que se agrega una fritura preparada generalmente con cebolla, tomate y ají colorado molido. Se sirve en pequeños envoltorios de chala, en empanadas o a modo de pastel. ‖ **2.** *Chile.* Cierto guisado hecho con maíz tierno. ‖ **3.** *Chile.* **pajarita** (‖ corbata que se anuda por delante en forma de lazo).

humitero, ra. M. y F. *Á. Andes.* Persona que hace y vende humitas.

humo. M. **1.** Mezcla visible de gases producida por la combustión de una sustancia, generalmente compuesta de carbono, y que arrastra partículas en suspensión. ‖ **2.** Vapor que exhala cualquier cosa que fermenta. ‖ **3.** pl. coloq. Vanidad, presunción, altivez. *Vaya humos que trae hoy.* ‖ **bajarle** a alguien **los ~s.** LOC.VERB. coloq. Domar su altivez. ‖ **echar ~.** LOC.VERB. coloq. Estar muy enfadado o furioso. ‖ **hacerse** alguien o algo **~.** LOC.VERB. Desaparecer, desvanecerse. *El guía se hizo humo. La herencia con que contaba se había hecho humo.* ‖ **irse al ~.** LOC.VERB. *Á. guar.* y *Á. R. Plata.* **venirse al humo.** ‖ **irse todo en ~.** LOC.VERB. Desvanecerse y parar en nada lo que daba grandes esperanzas. ‖ **subírsele** a alguien **~ a la cabeza.** LOC.VERB. coloq. Envanecerse, ensoberbecerse. ‖ **subírsele** a alguien **el ~ a las narices.** LOC.VERB. coloq. Irritarse, enfadarse. ‖ **subírsele** a alguien **los ~s a la cabeza.** LOC.VERB. coloq. **subírsele el humo a la cabeza.** ‖ **venirse al ~.** LOC.VERB. *Á. guar.* y *Á. R. Plata.* Dirigirse rápida y directamente a alguien. *En cuanto me vio, se me vino al humo.* ☐ V. **bote de ~, cortina de ~, negro de ~.**

humor. M. **1.** Genio, índole, condición, especialmente cuando se manifiesta exteriormente. ‖ **2.** Jovialidad, agudeza. *Hombre de humor.* ‖ **3.** Disposición en que alguien se halla para hacer algo. ‖ **4.** Buena disposición para hacer algo. *¡Qué humor tiene!* ‖ **5.** **humorismo** (‖ modo de presentar la realidad). ‖ **6.** hist. Antiguamente, cada uno de los líquidos de un organismo vivo. ‖ **7.** *Psicol.* Estado afectivo que se mantiene por algún tiempo. ‖ **~ acuoso.** M. *Anat.* Líquido que en el globo ocular de los vertebrados y cefalópodos se halla delante del cristalino. ‖ **~ negro.** M. Humorismo que se ejerce a propósito de cosas que suscitarían, contempladas desde otra perspectiva, piedad, terror, lástima o emociones parecidas. ‖ **~ vítreo.** M. *Anat.* Masa de aspecto gelatinoso que en el globo ocular de los vertebrados y cefalópodos se encuentra detrás del cristalino. ‖ **buen ~.** M. Propensión más o menos duradera a mostrarse alegre y complaciente. ‖ **mal ~.** M. Actitud o disposición negativa e irritada. ‖ **seguirle** a alguien **el ~.** LOC.VERB. Aparentar conformidad con sus ideas o inclinaciones, para divertirse con él o para no exasperarlo.

humorada. F. **1.** Dicho o hecho festivo, caprichoso o extravagante. ‖ **2.** Breve composición poética, de aspecto paremiológico, que encierra una advertencia moral o un pensamiento filosófico, en la forma cómico-sentimental propia del humorismo. Tanto el género como su denominación fueron introducidos por el poeta español Ramón de Campoamor.

humorado, da. ADJ. Que tiene humor. *Bien, mal humorado.*

humoral. ADJ. Perteneciente o relativo a los humores. *Trastornos humorales.*

humorismo. M. **1.** Modo de presentar, enjuiciar o comentar la realidad, resaltando el lado cómico, risueño o ridículo de las cosas. ‖ **2.** Actividad profesional que busca la diversión del público mediante chistes, imitaciones, parodias u otros medios.

humorista. **I.** ADJ. **1.** Dicho de una persona: Que se expresa o manifiesta con humorismo. ‖ **II.** COM. **2.** Persona que en sus obras, literarias o plásticas, o en sus actuaciones en espectáculos públicos cultiva el humorismo.

humorístico, ca. ADJ. Perteneciente o relativo al humorismo. *Semanario humorístico. Ingrediente humorístico.*

humoso, sa. ADJ. **1.** Que echa de sí humo. *Cigarros humosos.* ‖ **2.** Dicho de un lugar o de un sitio: Que contiene humo, o donde el humo se esparce. *Cielo humoso.*

humus. M. *Geol.* Capa superficial del suelo, constituida por la descomposición de materiales animales y vegetales.

hundimiento. M. Acción y efecto de hundir o hundirse.

hundir. **I.** TR. **1.** Meter en lo hondo. *Hundió los pies en la nieve.* U. t. c. prnl. ‖ **2.** Deformar una superficie. U. t. c. prnl. *Hundirse un asiento.* ‖ **3.** Abrumar, oprimir, abatir. *La has hundido con tus críticas.* ‖ **4.** Destruir, arruinar. *Has hundido mi carrera.* ‖ **II.** PRNL. **5.** Dicho de un edificio: **venirse abajo.** ‖ **6.** Dicho de una persona o de una cosa: **sumergirse.**

húngaro, ra. **I.** ADJ. **1.** Natural de Hungría. U. t. c. s. ‖ **2.** Perteneciente o relativo a este país de Europa. ‖ **II.** M. **3.** Lengua que se habla en este país y en parte de Transilvania. ‖ **a la ~.** LOC.ADV. Al uso de Hungría.

huno, na. ADJ. **1.** hist. Se dice de un pueblo mongoloide, de lengua altaica, que ocupó en el siglo V el territorio que se extiende desde el Volga hasta el Danubio. ‖ **2.** hist. Se dice de los individuos que componían este pueblo. U. t. c. s. y m. en pl. ‖ **3.** hist. Perteneciente o relativo a los hunos. *Invasiones hunas.*

hura. F. Agujero pequeño o madriguera.

huracán. M. **1.** Viento muy impetuoso y temible que, a la manera de un torbellino, gira en grandes círculos, cuyo diámetro crece a medida que avanza apartándose de las zonas de calma tropicales, donde suele tener origen. ‖ **2.** Viento de fuerza extraordinaria. ‖ **3.** Persona muy impetuosa. □ V. **ojo del ~.**

huracanado, da. PART. de **huracanarse.** ‖ ADJ. Que tiene la fuerza o los caracteres propios del huracán. *Viento huracanado.*

huracanarse. PRNL. Dicho del viento: Arreciar hasta convertirse en huracán.

hurañía. F. Repugnancia que alguien tiene al trato de gentes.

huraño, ña. ADJ. Que huye y se esconde de las gentes.

hurdano, na. ADJ. **1.** Natural de las Hurdes. U. t. c. s. ‖ **2.** Perteneciente o relativo a este territorio situado al norte de la provincia de Cáceres, en España.

hurgador, ra. ADJ. Que hurga.

hurgar. TR. **1.** Revolver o mover cosas en el interior de algo. *Hurgar el bolso.* U. t. c. intr. ‖ **2.** Escarbar entre varias cosas. *Hurgar la tierra.* U. t. c. intr. ‖ **3.** Fisgar en asuntos de otros. *Hurgó toda la casa.* U. t. c. intr.

hurgón, na. I. ADJ. **1.** Que hurga. ‖ **II.** M. **2.** Instrumento de hierro para remover y atizar la lumbre.

hurguete. ADJ. *Chile.* Dicho de una persona: Que hurga o averigua lo escondido y secreto. U. t. c. s.

hurguetear. TR. *Am.* Hurgar, escudriñar.

hurí. F. Cada una de las mujeres bellísimas creadas, según los musulmanes, para compañeras de los bienaventurados en el paraíso. MORF. pl. **huríes** o **hurís.**

hurmiento. M. **levadura** (‖ masa capaz de hacer fermentar).

hurón. M. **1.** Mamífero carnicero de unos 20 cm de largo desde la cabeza hasta el arranque de la cola, la cual mide 10 cm aproximadamente. Tiene el cuerpo muy flexible y prolongado, la cabeza pequeña, las patas cortas, el pelaje gris más o menos rojizo, y glándulas anales que despiden un olor sumamente desagradable. Se emplea para la caza de conejos porque se mete en sus madrigueras. ‖ **2.** coloq. Persona huraña. U. t. c. adj.

hurona. F. Hembra del hurón.

huronero. M. Cuidador de los hurones.

hurra. INTERJ. Se usa para expresar alegría y satisfacción o concitar entusiasmo. U. t. c. s. m.

hurtadillas. a ~. LOC.ADV. De manera furtiva, sin que nadie lo note.

hurtador, ra. ADJ. Que hurta. Apl. a pers., u. t. c. s.

hurtar. I. TR. **1.** Tomar o retener bienes ajenos contra la voluntad de su dueño, sin intimidación en las personas ni fuerza en las cosas. U. t. c. intr. ‖ **2.** Desviar, apartar. *Hurtaba los ojos de la mirada de su marido.* ‖ **II.** PRNL. **3.** Ocultarse, desviarse.

hurto. M. **1.** Acción de hurtar. ‖ **2.** *Der.* Delito consistente en tomar con ánimo de lucro bienes muebles ajenos contra la voluntad de su dueño, sin que concurran las circunstancias que caracterizan el delito de robo. ‖ **a ~.** LOC.ADV. **a hurtadillas.**

húsar. M. hist. Soldado de caballería vestido a la húngara.

husillo. M. Tornillo de hierro o madera que se usa para el movimiento de las prensas y otras máquinas.

husita. ADJ. hist. Seguidor de las doctrinas religiosas de Juan de Hus, reformador checo del siglo XIV. U. t. c. s.

husma. F. **1.** Rastreo mental de algo. ‖ **2.** Indagación hecha con arte y disimulo.

husmeador, ra. ADJ. Que husmea. Apl. a pers., u. t. c. s.

husmear. TR. **1.** Rastrear con el olfato algo. U. t. c. intr. ‖ **2.** Andar indagando algo con arte y disimulo. U. t. c. intr.

husmeo. M. Acción y efecto de husmear.

husmo. M. Olor que despiden de sí cosas como la carne, el tocino, el carnero, la perdiz, etc., que ya empieza a pasarse.

huso. M. Instrumento, generalmente de madera, de forma redondeada, más largo que grueso, que va adelgazándose desde el medio hacia las dos puntas, sirve para hilar torciendo la hebra y devanando en él lo hilado. ‖ **~ esférico.** M. *Geom.* Parte de la superficie de una esfera comprendida entre dos planos que se cortan en el diámetro de aquella. ‖ **~ horario.** M. *Geogr.* Cada una de las partes en que queda dividida la superficie terrestre por 24 meridianos igualmente espaciados y en que suele regir convencionalmente un mismo horario.

huy. INTERJ. Se usa para denotar dolor físico agudo, melindre o asombro.

i. F. **1.** Novena letra del abecedario latino internacional y décima del español, que representa un fonema vocálico cerrado y palatal. MORF. pl. **íes.** ‖ **2.** Letra numeral que vale uno en la numeración romana. ORTOGR. Escr. con may. ‖ **3.** *Mat.* Símbolo del número $\sqrt{-1}$, unidad de los números imaginarios. ‖ ~ **griega.** F. Nombre de la letra *y*.

iatrogénico, ca. ADJ. *Med.* Se dice de toda alteración del estado del paciente producida por el médico.

ibaguereño, ña. ADJ. **1.** Natural de Ibagué. U. t. c. s. ‖ **2.** Perteneciente o relativo a esta ciudad de Colombia, capital del departamento de Tolima.

ibarreño, ña. ADJ. **1.** Natural de Ibarra. U. t. c. s. ‖ **2.** Perteneciente o relativo a esta ciudad de Ecuador, capital de la provincia de Imbabura.

ibérico, ca. I. ADJ. **1.** hist. Natural de Iberia. ‖ **2.** Perteneciente o relativo a la península Ibérica. ‖ **II.** M. **3.** Lengua de los antiguos iberos.

iberismo. M. **1.** Carácter de ibero. ‖ **2.** Estudio de la antropología, historia, lengua, arte, etc., de los iberos. ‖ **3.** Palabra o rasgo lingüístico propio de la lengua de los antiguos iberos tomado por otra lengua. ‖ **4.** Doctrina que propugna la unión política o el mayor acercamiento de España y Portugal.

ibero, ra o **íbero, ra. I.** ADJ. **1.** hist. Individuo perteneciente a alguno de los pueblos que habitaban, ya antes de las colonizaciones fenicia y griega, desde el sur de la península Ibérica hasta el mediodía de la Francia actual, y especialmente en el Levante peninsular. ‖ **2.** hist. Natural de la Iberia europea, hoy España y Portugal, o de la antigua Iberia caucásica. U. t. c. s. ‖ **3.** hist. Perteneciente o relativo a los iberos o a Iberia. *Cerámica ibera.* ‖ **II.** M. **4.** Lengua hablada por los antiguos iberos.

iberoamericano, na. ADJ. **1.** Natural de alguno de los países de América que antes formaron parte de los reinos de España y Portugal. U. t. c. s. ‖ **2.** Perteneciente o relativo a estos pueblos y a España y Portugal. ¶ MORF. pl. **iberoamericanos, nas.**

iberorromance. ADJ. *Ling.* **iberorrománico.** U. t. c. s. m. *El iberorromance.* MORF. pl. **iberorromances.**

iberorrománico, ca. I. ADJ. **1.** *Ling.* Perteneciente o relativo al conjunto de variedades lingüísticas originadas del latín hablado en el antiguo territorio de Iberia o Hispania. *Léxico iberorrománico.* ‖ **II.** M. **2.** *Ling.* Grupo formado por dichas variedades lingüísticas. ¶ MORF. pl. **iberorrománicos, cas.**

íbice. M. Especie de cabra montés.

ibicenco, ca. ADJ. **1.** Natural de Ibiza. U. t. c. s. ‖ **2.** Perteneciente o relativo a esta isla del archipiélago balear, en España.

ibídem. ADV. Allí mismo, en el mismo lugar. Se usa en índices, notas o citas de impresos o manuscritos.

ibis. M. Ave zancuda, de unos seis decímetros de largo desde la cabeza hasta el final de la cola, y aproximadamente de igual altura. Con pico largo, de punta curva y obtusa, parte de la cabeza y toda la garganta desnudas, plumaje blanco, excepto la cabeza, cuello, cola y extremidad de las alas, donde es negro. Vive principalmente de moluscos fluviales, pero los antiguos egipcios creían que se alimentaba de los reptiles que infestan el país después de las inundaciones periódicas del Nilo, y por ello la veneraban.

icaco. M. **hicaco.**

iceberg. M. Gran masa de hielo flotante, desgajada del polo, que sobresale en parte de la superficie del mar. MORF. pl. **icebergs.** □ V. **la punta del ~.**

ichu. M. *Chile.* Planta gramínea que crece en la puna.

icneumón. M. Insecto himenóptero con un apéndice muy largo en el extremo del abdomen para poner sus huevos.

icnología. F. Estudio de las huellas fósiles.

icónico, ca. ADJ. **1.** Perteneciente o relativo al icono. *Reproducción icónica de la realidad.* ‖ **2.** Dicho de un signo: Que posee cualidades de icono.

icono o **ícono.** M. **1.** Representación religiosa de pincel o relieve, usada en las iglesias cristianas orientales. ‖ **2.** Tabla pintada con técnica bizantina. ‖ **3.** Signo que mantiene una relación de semejanza con el objeto representado; p. ej., las señales de cruce, badén o curva en las carreteras. ‖ **4.** *Inform.* Símbolo gráfico que aparece en la pantalla de una computadora u otro dispositivo electrónico y que representa un programa, un sistema operativo, etc.

iconoclasia. F. **1.** hist. Doctrina de los iconoclastas. ‖ **2.** Negación y rechazo de la autoridad de maestros, normas y modelos.

iconoclasta. ADJ. **1.** hist. Se dice del hereje del siglo VIII que negaba el culto a las imágenes sagradas, las destruía y perseguía a quienes las veneraban. U. t. c. s. ‖ **2.** Se dice de quien niega y rechaza la autoridad de maestros, normas y modelos. U. t. c. s.

iconoclastia. F. **iconoclasia.**

iconografía. F. **1.** Descripción de imágenes, retratos, cuadros, estatuas o monumentos, y especialmente de los antiguos. ‖ **2.** Tratado descriptivo, o colección de imágenes o retratos.

iconográfico, ca. ADJ. Perteneciente o relativo a la iconografía. *Artes iconográficas.*
iconolatría. F. Adoración de las imágenes.
iconología. F. *Esc.* y *Pint.* Representación de las virtudes, vicios u otras cosas morales o naturales, con la figura o apariencia de personas.
iconológico, ca. ADJ. *Esc.* y *Pint.* Perteneciente o relativo a la iconología. *Estudio iconológico.*
iconostasio. M. Mampara con imágenes sagradas pintadas, que lleva tres puertas, una mayor en el centro y otra más pequeña a cada lado, y aísla el presbiterio y su altar del resto de la iglesia.
icosaedro. M. *Geom.* Sólido limitado por 20 caras.
ictericia. F. *Med.* Enfermedad producida por la acumulación de pigmentos biliares en la sangre, cuya señal exterior más perceptible es la amarillez de la piel y de las conjuntivas.
ictericiado, da. ADJ. **ictérico** (‖ que padece ictericia).
ictérico, ca. ADJ. **1.** *Med.* Perteneciente o relativo a la ictericia. *Piel ictérica.* ‖ **2.** Que padece ictericia. U. t. c. s.
ictiófago, ga. ADJ. *Zool.* Que se alimenta de peces. *Depredadores ictiófagos.*
ictiol. M. Aceite que se obtiene de la destilación de una roca bituminosa que contiene numerosos peces fósiles, y se usa en dermatología.
ictiología. F. Parte de la zoología que trata de los peces.
ictiológico, ca. ADJ. *Zool.* Perteneciente o relativo a la ictiología.
ictiólogo, ga. M. y F. Persona que profesa la ictiología.
ictiosauro. M. *Geol.* Reptil fósil, marino, de tamaño gigantesco, con el hocico prolongado y los dientes separados. Tiene ojos grandes rodeados de un círculo de placas óseas, cuello muy corto y cuatro aletas natatorias. Se encuentra principalmente en el terreno jurásico.
ictiosis. F. *Med.* Alteración patológica de la piel, que toma aspecto escamoso.
ictus. M. **1.** *Fon.* Acento métrico. ‖ **2.** *Med.* Cuadro morboso que se presenta de un modo súbito y violento, como producido por un golpe. *Ictus apopléjico, epiléptico, traumático.*
ida. F. **1.** Acción de ir de un lugar a otro. ‖ **2.** *Dep.* **partido de ida.** ‖ **en dos ~s y venidas.** LOC.ADV. coloq. Con brevedad y prontitud. ‖ **no dar, o no dejar, la ~ por la venida.** LOCS.VERBS. Pretender gestionar algo con eficacia y solicitud. ☐ V. **partido de ~.**
idea. F. **1.** Primero y más obvio de los actos del entendimiento, que se limita al simple conocimiento de algo. ‖ **2.** Imagen o representación que del objeto percibido queda en la mente. *La idea del agua no quita la sed.* ‖ **3.** Conocimiento puro, racional, debido a las naturales condiciones de nuestro entendimiento. *La idea de la justicia es innata.* ‖ **4.** Plan y disposición que se ordena en la fantasía para la formación de una obra. *La idea del espectáculo fue suya.* ‖ **5.** Intención de hacer algo. *Tener idea de casarse.* ‖ **6.** Concepto, opinión o juicio formado de alguien o algo. *Tiene una idea equivocada de nosotros.* ‖ **7. ocurrencia.** *Tengo una idea para solucionarlo.* ‖ **8.** Ingenio para disponer, inventar y trazar una cosa. *Tiene idea para estos trabajos.* ‖ **9.** coloq. **manía** (‖ extravagancia). *Lo perseguía una idea.* U. m. en pl. ‖ **10.** *Fil.* En el platonismo, ejemplar eterno e inmutable que de cada cosa existe en la mente divina. ‖ **11.** pl. Convicciones, creencias, opiniones. *Persona de ideas avanzadas.* ‖ **~ fija.** F. idea obsesiva. ‖ **~s universales.** F. pl. Concep-

tos formados por abstracción, que representan en nuestra mente, reducidas a unidad común, realidades que existen en diversos seres; p. ej., *hombre,* respecto de *Pedro, Juan, Antonio,* etc., y así todas las especies y los géneros. ‖ **mala ~.** F. Mala intención. ‖ **remota ~.** F. La imprecisa o vaga. ‖ **con ~ de.** LOC. PREPOS. coloq. Con intención de. ‖ **hacerse a la ~ de** algo. LOC.VERB. Aceptarlo. ‖ **no tener ni ~.** LOC.VERB. Desconocer por completo algo. ☐ V. **asociación de ~s.**
ideación. F. Génesis y proceso en la formación de las ideas.
ideal. I. ADJ. **1.** Perteneciente o relativo a la idea. *El niño tiene una concepción ideal del mundo.* ‖ **2.** Que no existe sino en el pensamiento. *Entidad ideal.* ‖ **3.** Excelente, perfecto en su línea. *Es el trabajo ideal para él.* ‖ **II.** M. **4.** Modelo perfecto que sirve de norma en cualquier dominio. ‖ **5.** pl. Conjunto de ideas o de creencias de alguien. *Siempre luchó por sus ideales.*
idealidad. F. Cualidad de ideal.
idealismo. M. **1.** Aptitud de la inteligencia para idealizar. ‖ **2.** Condición de los sistemas filosóficos que consideran la idea como principio del ser y del conocer.
idealista. ADJ. **1.** Que propende a representarse las cosas de una manera ideal. U. t. c. s. ‖ **2.** Que profesa la doctrina del idealismo. U. t. c. s.
idealización. F. Acción y efecto de idealizar.
idealizador, ra. ADJ. Que idealiza. *Nostalgia idealizadora.*
idealizar. TR. Elevar las cosas sobre la realidad sensible por medio de la inteligencia o la fantasía.
idealmente. ADV.M. **1.** En la idea o discurso. *La solución era idealmente lógica.* ‖ **2.** De modo ideal, muy bien. *Lo hizo idealmente.*
idear. TR. **1.** Formar idea de algo. ‖ **2.** Trazar, inventar. *Idearon un nuevo sistema de claves.*
ideario. M. **1.** Repertorio de las principales ideas de un autor, de una escuela o de una colectividad. ‖ **2. ideología.**
ideático, ca. ADJ. *Am.* **maniático.**
ídem. PRON. El mismo, lo mismo. Se usa generalmente en las citas para representar el nombre del autor últimamente mencionado, y en las cuentas y listas, para denotar diferentes partidas de una sola especie. MORF. pl. **ídems.** ‖ **~ de ~.** LOC.ADV. coloq. Lo mismo que ya se ha dicho.
idempotente. ADJ. *Mat.* Dicho de un elemento de un conjunto: Que tiene la propiedad de que al multiplicarse por sí mismo vuelve a obtenerse el mismo elemento; p. ej., $a·a = a.$
idéntico, ca. ADJ. **1.** Dicho de una cosa: Que es lo mismo que otra con que se compara. *Elementos comunes o idénticos.* ‖ **2.** Muy parecido. *Los días eran idénticos.*
identidad. F. **1.** Cualidad de idéntico. ‖ **2.** Conjunto de rasgos propios de un individuo o de una colectividad que los caracterizan frente a los demás. ‖ **3.** Consciencia que una persona tiene de ser ella misma y distinta a las demás. ‖ **4.** Hecho de ser alguien o algo el mismo que se supone o se busca. *Ocultaba su identidad.* ‖ **5.** *Mat.* Igualdad algebraica que se verifica siempre, cualquiera que sea el valor de sus variables. ☐ V. **carné de ~, cédula de ~, documento nacional de ~, tarjeta de ~.**
identificación. F. Acción y efecto de identificar o identificarse. ☐ V. **rueda de ~.**
identificador, ra. ADJ. Que identifica. Apl. a pers., u. t. c. s.
identificar. I. TR. **1.** Hacer que dos o más cosas en realidad distintas aparezcan y se consideren como una

misma. U. m. c. prnl. *Sus intereses muchas veces se identifican.* || **2.** Reconocer si una persona o cosa es la misma que se supone o se busca. *No pudo identificar al ladrón.* || **II.** PRNL. **3.** Llegar a tener las mismas creencias, propósitos, deseos, etc., que otra persona. *Identificarse CON él.* || **4.** Dar los datos personales necesarios para ser reconocido. *Tendrás que identificarte en la taquilla.*

identificativo, va. ADJ. Que identifica o que sirve para **identificar** (|| reconocer si una persona o cosa es la misma que se supone).

identificatorio, ria. ADJ. **identificativo.**

idéntikit. M. *Á. R. Plata.* **retrato robot.** MORF. pl. **idéntikits.**

ideografía. F. Representación de ideas, palabras, morfemas o frases por medio de ideogramas.

ideográfico, ca. ADJ. Perteneciente o relativo a la ideografía o a los ideogramas. *Escritura ideográfica.*

ideograma. M. **1.** Imagen convencional o símbolo que representa un ser o una idea, pero no palabras o frases fijas que los signifiquen. || **2.** Imagen convencional o símbolo que en la escritura de ciertas lenguas significa una palabra, morfema o frase determinados, sin representar cada una de sus sílabas o fonemas.

ideología. F. Conjunto de ideas fundamentales que caracteriza el pensamiento de una persona, colectividad o época, de un movimiento cultural, religioso o político, etc.

ideológico, ca. ADJ. **1.** Perteneciente o relativo a la ideología. *Diferencias ideológicas.* || **2.** Perteneciente o relativo a una idea o a las ideas. *Universo ideológico.*

ideologización. F. Acción y efecto de ideologizar.

ideologizado, da. PART. de **ideologizar.** || ADJ. Que está impregnado de una determinada ideología.

ideologizar. TR. Imbuir una determinada ideología. U. t. c. prnl. *Los mensajes se ideologizan.*

ideólogo, ga. M. y F. **1.** Persona creadora o estudiosa de una ideología. *Los ideólogos del partido.* || **2.** Persona que, entregada a una ideología, desatiende la realidad.

idílico, ca. ADJ. Perteneciente o relativo al idilio, o que tiene características similares a las suyas, especialmente su carácter idealizado o su belleza natural. *Visión idílica. Paisaje idílico.*

idilio. M. **1.** Coloquio amoroso, y, por ext., relaciones entre enamorados. || **2.** Composición poética que suele caracterizarse por lo tierno y delicado, y tener como asuntos las cosas del campo y los afectos amorosos de los pastores.

idiocia. F. *Med.* Trastorno caracterizado por una deficiencia muy profunda de las facultades mentales, congénita o adquirida en las primeras edades de la vida.

idiolecto. M. *Ling.* Conjunto de rasgos propios de la forma de expresarse de un individuo.

idioma. M. **1.** Lengua de un pueblo o nación, o común a varios. || **2.** Modo particular de hablar de algunos o en algunas ocasiones. *En idioma de la corte.* □ V. **laboratorio de ~s.**

idiomático, ca. ADJ. Propio y peculiar de una lengua determinada. *Caracteres idiomáticos.*

idiosincrasia. F. Conjunto de rasgos, temperamento, carácter, etc., distintivos y propios de un individuo o de una colectividad.

idiosincrásico, ca. ADJ. Perteneciente o relativo a la idiosincrasia. *Reacción idiosincrásica.*

idiosincrático, ca. ADJ. **idiosincrásico.**

idiota. ADJ. **1.** Que padece de idiocia. U. t. c. s. || **2.** coloq. Tonto, corto de entendimiento. U. t. c. s.

idiotez. F. **1.** Hecho o dicho propio del idiota. || **2.** **idiocia.**

idiotismo. M. **1.** **idiocia.** || **2.** *Ling.* Giro o expresión propio de una lengua que no se ajusta a las reglas gramaticales; p. ej., *a ojos vistas.*

idiotizar. TR. Volver idiota, atontar. U. t. c. prnl.

ido, da. PART. de **ir.** || ADJ. Dicho de una persona: Que está falta de juicio.

idólatra. ADJ. **1.** Que adora ídolos. U. t. c. s. || **2.** Que ama excesivamente a alguien o algo. U. t. c. s. *Los idólatras de la pureza.*

idolatrar. TR. **1.** Adorar ídolos. || **2.** Amar o admirar con exaltación a alguien o algo. *Su madre lo idolatra.*

idolatría. F. **1.** Adoración que se da a los ídolos. || **2.** Amor excesivo y vehemente a alguien o algo. *Era admirado hasta la idolatría.*

idolátrico, ca. ADJ. Perteneciente o relativo a la idolatría. *Culto idolátrico.*

ídolo. M. **1.** Imagen de una deidad objeto de culto. || **2.** Persona o cosa amada o admirada con exaltación.

idolología. F. Ciencia que trata de los ídolos.

idoneidad. F. Cualidad de idóneo.

idóneo, a. ADJ. Adecuado y apropiado para algo. *Momento idóneo.*

idumeo, a. ADJ. **1.** hist. Natural de Idumea. U. t. c. s. || **2.** hist. Perteneciente o relativo a este país del Asia antigua.

idus. M. pl. hist. En el antiguo cómputo romano y en el eclesiástico, el día 15 de marzo, mayo, julio y octubre, y el 13 de los demás meses.

iglesia. F. **1.** Congregación de los fieles cristianos en virtud del bautismo. || **2.** Conjunto del clero y pueblo de un país donde el cristianismo tiene adeptos. *Iglesia latina, griega.* || **3.** Gobierno eclesiástico general del sumo pontífice, concilios y prelados. ¶ ORTOGR. Escr. con may. inicial. || **4.** Cada una de las comunidades cristianas que se definen como **iglesia.** *Iglesia luterana, anglicana, presbiteriana.* || **5.** Templo cristiano. || **6.** Inmunidad de quien se acoge a sagrado. || **~ catedral.** F. iglesia principal en que el obispo, con su cabildo, tiene su sede o cátedra. || **Iglesia católica.** F. Congregación de los fieles cristianos regida por el papa como vicario de Cristo en la Tierra. || **~ colegial.** F. La que, no siendo sede propia del arzobispo u obispo, se compone de abad y canónigos seculares, y en ella se celebran los oficios divinos como en las catedrales. || **~ en cruz griega.** F. La que se compone de dos naves de igual longitud que se cruzan perpendicularmente por su parte media. || **~ en cruz latina.** F. La que se compone de dos naves, una más larga que otra, que se cruzan a escuadra. || **~ mayor.** F. La principal de cada pueblo. || **~ metropolitana.** F. La que es sede de un arzobispo, con diócesis sufragáneas. || **~ militante.** F. Congregación de los fieles que viven en la fe católica. || **Iglesia oriental.** F. **1.** La que sigue el rito griego. || **2.** hist. Latamente, la que estaba incluida en el Imperio de Oriente, a distinción de la incluida en el Imperio de Occidente. || **3.** hist. La que estaba comprendida solo en el patriarcado de Antioquía, que en el Imperio romano se llamaba Diócesis oriental. || **~ parroquial.** F. La de una feligresía. || **~ patriarcal.** F. La que es sede de un patriarca. || **~ primada.** F. La que es sede de un primado. || **~ purgante.** F. Congregación de los fieles que están en el purgatorio. ‖ ~ **triunfante.** F. Congregación de los fieles que están ya en la gloria. ‖ **casarse por detrás de la Iglesia.** LOC.VERB. coloq. **amancebarse.** ‖ **casarse por la Iglesia.** LOC.VERB. Contraer matrimonio canónico. ☐ V. **cabeza de la Iglesia.**

iglú. M. Vivienda de forma semiesférica construida con bloques de hielo, en que, durante el invierno, habitan los esquimales y otros pueblos de análogas características. MORF. pl. **iglús** o **iglúes.**

ignaciano, na. ADJ. Perteneciente o relativo a la doctrina de san Ignacio de Loyola o a las instituciones por él fundadas.

Ignacio. ☐ V. **haba de san ~.**

ignaro, ra. ADJ. Que no tiene noticia de las cosas. Apl. a pers., u. t. c. s.

ignavia. F. Pereza, desidia, flojedad de ánimo.

ígneo, a. ADJ. **1.** De fuego, o que tiene alguna de sus cualidades. *Origen ígneo.* ‖ **2.** De color de fuego. *Destellos ígneos.* ‖ **3.** *Geol.* Se dice de las rocas volcánicas procedentes de la masa en fusión existente en el interior de la Tierra.

ignición. F. **1.** Acción y efecto de estar un cuerpo encendido, si es combustible, o enrojecido por un fuerte calor, si es incombustible. ‖ **2.** Acción y efecto de iniciarse una combustión.

ignífugo, ga. ADJ. Que protege contra el fuego. *Pintura ignífuga.*

ignipotente. ADJ. poét. Dominador del fuego.

ignominia. F. Afrenta pública.

ignominioso, sa. ADJ. Que es ocasión o causa de ignominia. *Crimen ignominioso.*

ignorancia. F. Falta de ciencia, de letras y noticias, general o particular. ‖ ~ **invencible.** F. La que tiene alguien de algo, por no alcanzar motivo o razón para desconfiar de ello. ‖ ~ **supina.** F. La que procede de negligencia en aprender o inquirir lo que puede y debe saberse. ‖ **no pecar** alguien **de ~.** LOC.VERB. Hacer algo con conocimiento de que no es razón el hacerlo, o después de advertido de que no lo debía hacer. ‖ **pretender** alguien **~.** LOC.VERB. Alegarla.

ignorante. ADJ. **1.** Que no tiene noticia de algo. *Estaba ignorante de su enfermedad.* ‖ **2.** Que carece de cultura o conocimientos. U. t. c. s. *Es un completo ignorante.*

ignorar. TR. **1.** No saber algo, o no tener noticia de ello. *Lo ignora todo con respecto a su trabajo.* ‖ **2.** No hacer caso de algo o de alguien. *Ignoró su advertencia.*

ignoto, ta. ADJ. No conocido ni descubierto. *Mundos ignotos.*

igorote. **I.** ADJ. **1.** Se dice del individuo de una raza aborigen de la isla de Luzón, en Filipinas. U. t. c. s. ‖ **2.** Perteneciente o relativo a los igorotes. *Tradiciones igorotes.* ‖ **II.** M. **3.** Lengua hablada por los igorotes.

igual. **I.** ADJ. **1.** De la misma naturaleza, cantidad o calidad de otra cosa. *Dos monedas iguales.* ‖ **2.** Muy parecido o semejante. *No he visto cosa igual.* ‖ **3.** De la misma clase o condición. U. t. c. s. *Era familiar con los iguales y frío con los extraños.* ‖ **4.** Del mismo valor y aprecio. *Todo le es igual.* ‖ **5.** Proporcionado, en conveniente relación. *La ingesta de nutrientes debe ser igual a sus requerimientos.* ‖ **6.** Constante, no variable. *El paisaje es muy igual.* ‖ **7.** Liso, que no tiene cuestas ni profundidades. *Terreno, superficie igual.* ‖ **II.** M. **8.** *Mat.* Signo de la igualdad, formado por dos rayas horizontales y paralelas (=). ‖ **III.** ADV.M. **9.** De la misma manera. *Todos esos pasteles saben igual.* ‖ **10.** *Á. R. Plata.* A pesar

de todo, no obstante. *Aunque mañana llueva igual salimos de paseo.* ‖ **IV.** ADV.DUDA **11.** coloq. **quizá.** *Igual mañana nieva.* ‖ **al ~.** LOC.ADV. Con igualdad. ‖ **al ~ que.** LOC. CONJUNT. Del mismo modo que, de la misma manera que. *Al igual que usted, nunca celebra su cumpleaños.* ‖ **dar ~** a alguien. LOC.VERB. Serle indiferente. *Me da igual conseguir o no ese trabajo.* ‖ **de ~ a ~.** LOC.ADV. Como si la persona de quien, o con quien, se habla fuese de la misma categoría o clase social que otra. *Se tratan de igual a igual.* ‖ **por ~,** o **por un ~.** LOCS.ADVS. **igualmente.** ‖ **sin ~.** LOC.ADJ. sin par. ☐ V. **mayor o ~ que, menor o ~ que.**

iguala. F. **1.** Convenio entre médico y cliente por el que aquel presta a este sus servicios mediante una cantidad fija anual en metálico o en especie. ‖ **2.** Estipendio o cosa que se da en virtud de ajuste.

igualación. F. Acción y efecto de igualar.

igualada. F. **1.** **empate.** ‖ **2.** *Taurom.* Acción de igualar el toro.

igualadino, na. ADJ. **1.** Natural de Igualada. U. t. c. s. ‖ **2.** Perteneciente o relativo a esta ciudad de la provincia de Barcelona, en España.

igualado, da. PART. de **igualar.** ‖ ADJ. *Am. Cen., Á. Andes, Á. guar.* y *Méx.* **confianzudo** (‖ que se toma excesivas confianzas).

igualador, ra. ADJ. Que iguala. Apl. a un factor, u. t. c. s. m.

igualamiento. M. Acción y efecto de igualar.

igualar. **I.** TR. **1.** Poner a alguien o algo al igual con otra persona o cosa. *Igualar los ingresos de los empleados.* U. t. c. prnl. ‖ **2.** Allanar la tierra o el suelo. *Igualar los caminos.* ‖ **3.** *Taurom.* Hacer que el toro coloque adecuadamente sus cuatro extremidades para entrar a matar. U. t. c. intr. ‖ **II.** INTR. **4.** Dicho de una cosa: Ser igual a otra. U. t. c. prnl. *La violencia se iguala con el mal.*

igualatorio, ria. **I.** ADJ. **1.** Que tiende a establecer la igualdad. *Leyes igualatorias.* ‖ **II.** M. **2.** Asociación de médicos y clientes en que estos, mediante iguala, reciben la asistencia de aquellos y, en ocasiones, otros servicios complementarios.

igualdad. F. **1.** Conformidad de algo con otra cosa en naturaleza, forma, calidad o cantidad. ‖ **2.** Correspondencia y proporción que resulta de muchas partes que uniformemente componen un todo. ‖ **3.** *Mat.* Equivalencia de dos cantidades o expresiones. ‖ ~ **ante la ley.** F. Principio que reconoce a todos los ciudadanos capacidad para los mismos derechos.

igualitario, ria. ADJ. **1.** Que entraña igualdad o tiende a ella. *Representación igualitaria.* ‖ **2.** Que propugna la igualdad social. *Políticas igualitarias.*

igualitarismo. M. Tendencia política que propugna la desaparición o atenuación de las diferencias sociales.

igualmente. ADV.M. **1.** Con igualdad. ‖ **2.** También, asimismo. *Igualmente, creo de todo punto necesario que vengas.*

igualón, na. ADJ. Dicho del pollo de la perdiz: Que ya se acerca en el tamaño a sus padres.

iguana. F. Se usa como nombre genérico para referirse a unos reptiles parecidos a los lagartos, pero con la lengua simplemente escotada en el extremo y no protráctil, y los dientes aplicados a la superficie interna de las mandíbulas. Están generalmente provistos de gran papada y de una cresta espinosa a lo largo del dorso. Alguna de las especies alcanza hasta un metro de longitud. Es indígena de la América Meridional, y su carne y huevos son comestibles.

iguanodonte. M. hist. Reptil del orden de los Saurios, que se encuentra fósil en los terrenos secundarios inferiores al Cretáceo. Era herbívoro, y tenía hasta doce metros de largo, las extremidades anteriores mucho más cortas que las posteriores, con tres dedos en cada una, y cola muy larga.

ijada. F. **1.** Cada una de las dos cavidades simétricamente colocadas entre las costillas falsas y los huesos de las caderas. ‖ **2.** En los peces, parte anterior e inferior del cuerpo.

ijar. M. Ijada del hombre y de algunos mamíferos.

ijujú. INTERJ. Se usa para expresar júbilo. U. t. c. s. m. MORF. pl. c. s. **ijujús** o **ijujúes.**

ikastola. F. En el País Vasco, escuela donde se enseña en euskera.

ikurriña. F. Bandera oficial del País Vasco.

ilación. F. **1.** Acción y efecto de inferir una cosa de otra. ‖ **2.** Trabazón razonable y ordenada de las partes de un discurso. ‖ **3.** *Fil.* Enlace o nexo del consiguiente con sus premisas.

ilativo, va. ADJ. Perteneciente o relativo a la ilación. □ V. **conjunción ~.**

ilegal. ADJ. Que es contra ley. *Actividades ilegales.* □ V. **detención ~.**

ilegalidad. F. **1.** Falta de legalidad. ‖ **2.** Acción ilegal.

ilegalización. F. Acción y efecto de ilegalizar.

ilegalizar. TR. Dicho de la autoridad competente: Decretar que pase a la condición de ilegal lo que antes no lo era.

ilegibilidad. F. Cualidad de ilegible.

ilegible. ADJ. Que no puede leerse. *Examen ilegible.*

ilegitimar. TR. **1.** Privar a alguien de la legitimidad. ‖ **2.** Hacer que se tenga por ilegítimo a quien realmente era legítimo o creía serlo.

ilegitimidad. F. Cualidad de ilegítimo.

ilegítimo, ma. ADJ. No legítimo. □ V. **hijo ~.**

íleo. M. *Med.* Enfermedad aguda, producida por el retorcimiento de las vueltas del intestino, que origina oclusión intestinal y cólico miserere.

ileocecal. ADJ. *Anat.* Perteneciente o relativo a los intestinos íleon y ciego.

íleon. M. *Anat.* Tercera porción del intestino delgado de los mamíferos, que empieza donde acaba el yeyuno y termina en el ciego.

ilercaón, na o **ilercavón, na.** ADJ. **1.** hist. Se dice de un pueblo prerromano que habitaba una región de la Hispania Tarraconense correspondiente a parte de las actuales provincias de Tarragona y Castellón. ‖ **2.** hist. Se dice de los individuos que componían este pueblo. U. t. c. s. ‖ **3.** hist. Perteneciente o relativo a los ilercaones. *Población ilercaona.*

ilerdense. ADJ. leridano. Apl. a pers., u. t. c. s.

ilergete. ADJ. **1.** hist. Se dice de un pueblo hispánico prerromano que habitaba la parte llana de las actuales provincias de Huesca, Zaragoza y Lérida. ‖ **2.** hist. Se dice de los individuos que componían este pueblo. U. t. c. s. ‖ **3.** hist. Perteneciente o relativo a este pueblo. *Tradición ilergete.*

ileso, sa. ADJ. Que no ha recibido lesión o daño.

iletrado, da. ADJ. analfabeto.

ilíaco, ca o **iliaco, ca.** ADJ. Perteneciente o relativo al íleon.

iliberal. ADJ. No liberal.

ilicitano, na. ADJ. **1.** Natural de Elche. U. t. c. s. ‖ **2.** Perteneciente o relativo a esta ciudad de la provincia de Alicante, en España.

ilícito, ta. **I.** ADJ. **1.** No permitido legal o moralmente. ‖ **II.** M. **2.** *Méx.* **delito** (‖ culpa, quebrantamiento de la ley). □ V. **acto ~, causa ~.**

ilicitud. F. Cualidad de ilícito.

ilimitable. ADJ. Que no puede limitarse. *Poder ilimitable.*

ilimitación. F. Cualidad de ilimitado.

ilimitado, da. ADJ. Que no tiene límites. *Terreno ilimitado.*

ilion. M. *Anat.* Hueso de la cadera, que en los mamíferos adultos se une al isquion y al pubis para formar el hueso innominado.

ilíquido, da. ADJ. Dicho de una cuenta, de una deuda, etc.: Que están por liquidar.

ilírico, ca. ADJ. hist. **ilirio.**

ilirio, ria. ADJ. **1.** hist. Natural de Iliria. U. t. c. s. ‖ **2.** hist. Perteneciente o relativo a esta antigua región de Europa.

iliturgitano, na. ADJ. **1.** Natural de Andújar. U. t. c. s. ‖ **2.** Perteneciente o relativo a esta ciudad de la provincia de Jaén, en España.

illapelino, na. ADJ. **1.** Natural de Illapel. U. t. c. s. ‖ **2.** Perteneciente o relativo a esta ciudad de Chile, capital de la provincia de Choapa.

ilocalizable. ADJ. Que no se puede **localizar** (‖ averiguar el lugar en que se halla).

ilógico, ca. ADJ. Que carece de lógica, o va contra sus reglas y doctrinas. *Resultado ilógico.*

ilota. COM. **1.** hist. Esclavo de los lacedemonios. ‖ **2.** Persona que se halla o se considera desposeída de los derechos de ciudadano.

iluminación. F. **1.** Acción y efecto de iluminar. ‖ **2.** Conjunto de luces que hay en un lugar para iluminarlo o para adornarlo. *Iluminación navideña.* ‖ **3.** Esclarecimiento religioso interior místico experimental o racional. ‖ **4.** Conocimiento intuitivo de algo. *De repente, tuvo una iluminación.*

iluminado, da. PART. de **iluminar.** ‖ ADJ. **1.** hist. **alumbrado** (‖ adepto a cierta doctrina). U. m. c. s. pl. ‖ **2.** hist. Se dice del individuo de una secta herética y secreta fundada en 1776 por el bávaro Adán Weishaupt, que con la ciega obediencia de sus adeptos pretendía establecer un sistema moral contrario al orden existente en religión, propiedad y familia. U. m. c. s. pl.

iluminador, ra. **I.** ADJ. **1.** Que ilumina. *Respuesta iluminadora.* Apl. a pers., u. t. c. s. ‖ **II.** M. y F. **2.** Persona que adorna libros, estampas, etc., con colores.

iluminancia. F. *Fís.* Magnitud que expresa el flujo luminoso que incide sobre la unidad de superficie. Su unidad en el Sistema Internacional es el *lux.*

iluminar. TR. **1.** Alumbrar, dar luz o bañar de resplandor. *Iluminó la estancia con velas.* U. t. c. intr. y c. prnl. *La plaza se iluminó con el relámpago.* ‖ **2.** Adornar con muchas luces los templos, casas u otros sitios. *Este año, en Navidad, iluminarán solo las calles más céntricas.* ‖ **3.** Dar color a las figuras, letras, etc., de una estampa, de un libro, etc. ‖ **4.** Ilustrar el entendimiento con ciencias o estudios. *Genios que han iluminado a la humanidad.* ‖ **5.** Ilustrar, enseñar. *Sus obras nos iluminaban la escritura del pasado.* ‖ **6.** *Rel.* Dicho de Dios: Ilustrar interiormente a las criaturas.

iluminativo, va. ADJ. Capaz de iluminar. *Intuición iluminativa.*

iluminismo. M. hist. Sistema de los iluminados.

ilusión. F. **1.** Concepto, imagen o representación sin verdadera realidad, sugeridos por la imaginación o causados por engaño de los sentidos. ‖ **2.** Esperanza cuyo cumplimiento parece especialmente atractivo. *Me hace ilusión que vengas.* ‖ **3.** Viva complacencia en una persona, una cosa, una tarea, etc. *Trabaja con ilusión.*

ilusionar. I. TR. **1.** Hacer que alguien se forje ilusiones. *No ilusiones a los niños con el viaje.* ‖ **2.** Despertar viva complacencia en algo. U. t. c. prnl. *Se ilusionó mucho con la boda de su hija.* ‖ **3.** Despertar esperanzas especialmente atractivas. *Tu llegada me ilusiona.* ‖ **II.** PRNL. **4.** Forjarse ilusiones.

ilusionismo. M. Arte de producir fenómenos que parecen contradecir los hechos naturales.

ilusionista. COM. Persona que, por juego o por profesión, practica el ilusionismo.

ilusivo, va. ADJ. Falso, engañoso, aparente. *Realismo ilusivo.*

iluso, sa. ADJ. **1.** Propenso a ilusionarse, soñador. U. t. c. s. ‖ **2.** Engañado, seducido. U. t. c. s. *Los informes que llegaron a la Corte fueron enviados por falsarios e ilusos.*

ilusorio, ria. ADJ. Engañoso, irreal, ficticio. *El resplandor ilusorio de la felicidad.*

ilustración. F. **1.** Acción y efecto de ilustrar. ‖ **2.** Estampa, grabado o dibujo que adorna o documenta un libro. ‖ **3.** Movimiento filosófico y cultural del siglo XVIII, que acentúa el predominio de la razón humana y la creencia en el progreso. ORTOGR. Escr. con may. inicial. ‖ **4.** Cada uno de los movimientos similares de otras épocas. ‖ **5.** Época en que se desarrolló el movimiento ilustrado. ORTOGR. Escr. con may. inicial.

ilustrado, da. PART. de **ilustrar.** ‖ **I.** ADJ. **1.** Dicho de una persona: Culta e instruida. ‖ **2.** Perteneciente o relativo a la **Ilustración** (‖ movimiento filosófico y cultural del siglo XVIII). *Ideales ilustrados.* ‖ **II.** M. y F. **3.** Persona que participaba en el movimiento de la Ilustración. ☐ V. **despotismo** ~.

ilustrador, ra. ADJ. Que ilustra. Apl. a pers., u. t. c. s.

ilustrar. TR. **1.** Dar luz al entendimiento. U. t. c. prnl. *Con los instrumentos de navegación se ilustraba la ruta que debía seguir.* ‖ **2.** Aclarar un punto o materia con palabras, imágenes, o de otro modo. *Este ejemplo ilustra la explicación.* ‖ **3.** Adornar un impreso con láminas o grabados alusivos al texto. *Un montaje fotográfico ilustraba la sección.* ‖ **4.** Instruir, civilizar. U. t. c. prnl. *Con sus libros se ilustró toda una generación.* ‖ **5.** Rel. Dicho de Dios: Alumbrar interiormente a las criaturas con luz sobrenatural.

ilustrativo, va. ADJ. Que ilustra. *Experiencia ilustrativa.*

ilustre. ADJ. **1.** De distinguido origen. *Apellidos ilustres.* ‖ **2.** Insigne, célebre. *Ilustres hombres de ciencia.* ‖ **3.** Se usa como tratamiento aplicado a personas distinguidas. *Al ilustre señor.*

ilustrísimo, ma. I. ADJ. **1.** Se usa como tratamiento de ciertas personas por razón de su cargo o dignidad. Hasta hace algún tiempo, se aplicaba especialmente a los obispos. ‖ **II.** F. **2.** hist. Tratamiento que se daba a los obispos, en sustitución de *Su Señoría Ilustrísima.*

imagen. F. **1.** Figura, representación, semejanza y apariencia de algo. ‖ **2.** Estatua, efigie o pintura de una divinidad o de un personaje sagrado. *Prohibió el culto a las imágenes.* ‖ **3.** Ópt. Reproducción de la figura de un objeto por la combinación de los rayos de luz que proceden de él. ‖ **4.** Ret. Representación viva y eficaz de una intuición o visión poética por medio del lenguaje. ‖ ~ **accidental.** F. Biol. La que, después de haber contemplado un objeto con mucha intensidad, persiste en el ojo, aun-

que con colores cambiados. ‖ ~ **pública.** F. Conjunto de rasgos que caracterizan ante la sociedad a una persona o entidad. ‖ ~ **real.** F. Ópt. Reproducción de un objeto formada por la convergencia de los rayos luminosos que, procedentes de él, atraviesan una lente o aparato óptico, y que puede ser proyectada en una pantalla. ‖ ~ **virtual.** F. Ópt. Conjunto de los puntos aparentes de convergencia de los rayos luminosos que proceden de un objeto después de pasar por un espejo o un sistema óptico, y que, por tanto, no puede proyectarse en una pantalla. ‖ **quedar para vestir imágenes.** LOC.VERB. coloq. **quedarse para vestir santos.** ‖ **ser la viva ~ de** alguien. LOC.VERB. Parecerse mucho a él.

imaginación. F. **1.** Facultad del alma que representa las imágenes de las cosas reales o ideales. *Desarrollar la imaginación.* ‖ **2.** Aprensión falsa o juicio de algo que no hay en realidad o no tiene fundamento. *Todo esto fueron imaginaciones mías.* ‖ **3.** Imagen formada por la fantasía. ‖ **4.** Facilidad para formar nuevas ideas, nuevos proyectos, etc. ‖ **ni por ~.** LOC.ADV. coloq. **ni en sueños.** ‖ **pasarle,** o **pasársele, a** alguien algo **por la ~.** LOCS. VERBS. **pasársele por las mientes.**

imaginar. I. TR. **1.** Representar idealmente algo, inventarlo, crearlo en la imaginación. U. t. c. prnl. ‖ **2.** Presumir, sospechar. U. t. c. prnl. *Me imagino que vendrás, ¿no?* ‖ **II.** PRNL. **3.** Creer o figurarse que se es algo. *No sé quién se imagina que es.*

imaginaria. F. **1.** Mil. Suplente de un servicio. ‖ **2.** Mil. Vigilancia que se hace por turno durante la noche en cada dormitorio colectivo. ‖ **3.** Mil. Cada uno de esos turnos. ‖ **4.** u. c. m. Soldado que presta servicios. *Un imaginaria.*

imaginario, ria. I. ADJ. **1.** Que solo existe en la imaginación. *Universo imaginario.* ‖ **II.** M. **2.** Imagen que un grupo social, un país o una época tienen de sí mismos o de alguno de sus rasgos esenciales. ‖ **3.** Repertorio de elementos simbólicos y conceptuales de un autor, una escuela o una tradición. ‖ **4.** Psicol. Imagen simbólica a partir de la que se desarrolla una representación mental. ☐ V. **cantidad** ~, **espacios** ~s, **número** ~, **parte imaginaria.**

imaginativa. F. Potencia o facultad de imaginar.

imaginativo, va. ADJ. **1.** Perteneciente o relativo a la imaginación. *Proceso imaginativo.* ‖ **2.** Que continuamente imagina o piensa. *Es un director de cine muy imaginativo.*

imaginería. F. **1.** Talla o pintura de imágenes sagradas. ‖ **2.** Conjunto de imágenes literarias usadas por un autor, escuela o época.

imaginero, ra. M. y F. Persona que esculpe o pinta imágenes.

imam. M. imán². MORF. pl. **imames.**

imán¹. M. **1.** Mineral de hierro de color negruzco, opaco, casi tan duro como el vidrio, cinco veces más pesado que el agua, y que tiene la propiedad de atraer el hierro, el acero y en grado menor algunos otros cuerpos. Es combinación de dos óxidos de hierro, a veces cristalizada. ‖ **2.** Gracia que atrae la voluntad. *Su belleza era un poderoso imán.* ‖ ~ **artificial.** M. Hierro o acero imantado. ☐ V. **piedra** ~.

imán². M. **1.** Encargado de presidir la oración canónica musulmana, poniéndose delante de los fieles para que estos lo sigan en sus rezos y movimientos. ‖ **2.** Guía, jefe o modelo espiritual o religioso, y a veces también político, en una sociedad musulmana.

imanación. F. Acción y efecto de imanar.

imanar. TR. imantar. U. t. c. prnl.

imantación. F. Acción y efecto de imantar.

imantar. TR. Comunicar a un cuerpo la propiedad magnética. U. t. c. prnl.

imbabureño, ña. ADJ. **1.** Natural de Imbabura. U. t. c. s. ‖ **2.** Perteneciente o relativo a esta provincia de Ecuador.

imbatibilidad. F. Cualidad de imbatible.

imbatible. ADJ. Que no puede ser batido o derrotado. *Marca imbatible.*

imbatido, da. ADJ. **1.** No vencido. *Las tropas imbatidas.* ‖ **2.** *Dep.* Que no ha recibido ningún gol.

imbécil. ADJ. Alelado, escaso de razón. U. t. c. s.

imbecilidad. F. **1.** Escasez de razón, perturbación del sentido. ‖ **2.** Acción o dicho que se considera improcedente, sin sentido, y que molesta. ‖ **3.** *Med.* Minusvalía intelectual originada por ciertas disfunciones hormonales.

imbele. ADJ. Incapaz de guerrear, de defenderse; débil, flaco, sin fuerzas ni resistencia. U. m. en leng. poét.

imberbe. ADJ. Dicho de un joven: Que todavía no tiene barba.

imbibición. F. Acción y efecto de embeber.

imbornal. M. **1.** Abertura practicada en la calzada, normalmente debajo del bordillo de la acera, para dar salida al agua de lluvia o de riego. ‖ **2.** *Mar.* Agujero o registro en los trancaniles para dar salida a las aguas que se depositan en las respectivas cubiertas, y muy especialmente a la que embarca el buque en los golpes de mar.

imborrable. ADJ. Que no se puede borrar. *Recuerdo imborrable.*

imbricación. F. Acción y efecto de imbricar.

imbricado, da. PART. de **imbricar.** ‖ ADJ. *Biol.* Dicho de las hojas, de las semillas y de las escamas: Sobrepuestas unas a otras como las tejas en un tejado.

imbricar. TR. Disponer una serie de cosas iguales de manera que queden superpuestas parcialmente, como las escamas de los peces. U. t. en sent. fig. *Trataremos de imbricar todos los proyectos.* U. t. c. prnl.

imbuir. TR. Infundir, persuadir. U. t. c. prnl. *Se está imbuyendo del pesimismo de sus compañeros.* MORF. conjug. c. *construir.*

imbunche. M. **1.** *Chile.* En la tradición popular, ser maléfico, deforme y contrahecho, que lleva la cara vuelta hacia la espalda y anda sobre una pierna por tener la otra pegada a la nuca. Se creía que los brujos robaban a los niños y les obstruían todos los agujeros naturales del cuerpo y los convertían en imbunches, cuya misión era guardar los tesoros escondidos. ‖ **2.** *Chile.* En la tradición popular, brujo o ser maléfico que hacía tal maleficio a los niños.

imela. F. Fenómeno fonético de algunos dialectos árabes, antiguos y modernos, consistente en que el sonido *a,* generalmente cuando es largo, se pronuncia en determinadas circunstancias como *e* o *i.* Existió en el árabe hablado de la España musulmana.

imitable. ADJ. **1.** Que se puede imitar. *Firma fácilmente imitable.* ‖ **2.** Digno de imitación. *Modelo imitable.*

imitación. F. **1.** Acción y efecto de imitar. ‖ **2.** Objeto que imita o copia a otro, normalmente más valioso. *Una vulgar imitación.* □ V. **mono de ~.**

imitador, ra. ADJ. Que imita. Apl. a pers., u. t. c. s.

imitar. TR. **1.** Ejecutar algo a ejemplo o semejanza de otra cosa. *Imitar un cuadro.* ‖ **2.** Dicho de una cosa: Parecerse, asemejarse a otra. *Borlas que imitan madroños.*

‖ **3.** Hacer o esforzarse por hacer algo lo mismo que otro o según el estilo de otro. *Los niños imitan lo que ven.*

imitativo, va. ADJ. Perteneciente o relativo a la imitación. *Artes imitativas.*

imoscapo. M. *Arq.* Parte inferior del fuste de una columna.

impaciencia. F. Intranquilidad producida por algo que molesta o que no acaba de llegar.

impacientar. **I.** TR. **1.** Causar impaciencia. *Nos impacienta con sus sermones.* ‖ **II.** PRNL. **2.** Perder la paciencia.

impaciente. ADJ. **1.** Que no tiene paciencia. U. t. c. s. ‖ **2.** Que desea o espera con desasosiego. *Está impaciente por ver a su madre.*

impactante. ADJ. Que impacta. *Noticia impactante.*

impactar. **I.** INTR. **1.** Hacer impacto en alguien o algo. *El proyectil casi impacta contra el edificio.* U. t. c. tr. *Dos balazos impactaron el automóvil.* ‖ **II.** TR. **2.** Impresionar, desconcertar a causa de un acontecimiento o noticia. *Su carta me impactó.*

impacto. M. **1.** Choque de un proyectil o de otro objeto contra algo. *El impacto me hizo caer.* ‖ **2.** Huella o señal que deja. *Impactos de bala.* ‖ **3.** Efecto de una fuerza aplicada bruscamente. *Estas rocas muestran el impacto de la erosión.* ‖ **4.** Golpe emocional producido por una noticia desconcertante. ‖ **5.** Efecto producido en la opinión pública por un acontecimiento, una disposición de la autoridad, una noticia, una catástrofe, etc. *La primera exposición causó impacto.* ‖ **~ ambiental.** M. Conjunto de posibles efectos negativos sobre el medioambiente de una modificación del entorno natural, como consecuencia de obras u otras actividades. □ V. **índice de ~.**

impagable. ADJ. **1.** Que no se puede pagar. *Cantidad impagable.* ‖ **2.** Sumamente valioso. *Apoyo impagable.*

impagado, da. ADJ. Que no se ha pagado. *Recibo impagado.*

impago. M. Omisión del pago de una deuda vencida.

impajaritable. ADV. M. *Chile.* Sin excepción.

impala. M. Antílope africano, caracterizado por tener los cuernos finos, anillados y dispuestos en forma de lira.

impalpable. ADJ. **1.** Que no produce sensación al tacto. *Quiere filmar lo impalpable.* ‖ **2.** Que apenas la produce. *Hebras impalpables.* ‖ **3.** Casi imperceptible. *Una nube de impalpable polvo de pizarra.*

impar. **I.** ADJ. **1.** Que no tiene par (‖ igual). *Destaca su labor impar como zoólogo.* ‖ **II.** M. **2.** *Mat.* **número impar.**

imparable. ADJ. Que no se puede parar o detener. *Marcha imparable.*

imparcial. ADJ. **1.** Que juzga o procede con imparcialidad. *Juez imparcial.* U. t. c. s. ‖ **2.** Que incluye o denota imparcialidad. *Historia imparcial.* ‖ **3.** Que no se adhiere a ningún partido ni procede con parcialidad. U. t. c. s.

imparcialidad. F. Falta de propósito anticipado o de prevención en favor o en contra de alguien o algo, que permite juzgar o proceder con rectitud.

imparisílabo, ba. ADJ. **1.** Dicho de dos o más vocablos o versos: Que tienen distinto número de sílabas. *La lira combina versos imparisílabos.* ‖ **2.** Se dice de los nombres griegos y latinos que en los casos oblicuos del singular tienen mayor número de sílabas que en el nominativo.

impartición. F. Acción y efecto de impartir.

impartir. TR. Repartir, comunicar, dar.

impasibilidad. F. **1.** Cualidad de impasible. || **2.** *Rel.* Una de las cuatro dotes de los cuerpos gloriosos, que los exime de padecimiento.

impasible. ADJ. **1.** Indiferente, imperturbable. *Mirada impasible.* || **2.** Incapaz de padecer o sentir.

impavidez. F. Denuedo, valor y serenidad de ánimo ante los peligros.

impávido, da. ADJ. Libre de pavor, sereno ante el peligro, impertérrito. *Rostro impávido.*

impecabilidad. F. Cualidad de impecable.

impecable. ADJ. **1.** Exento de tacha. *Traje impecable.* || **2.** Incapaz de pecar.

impecune. ADJ. Que no tiene dinero, bienes, etc.

impedancia. F. **1.** *Electr.* Relación entre la tensión alterna aplicada a un circuito y la intensidad de la corriente producida. Su unidad en el Sistema Internacional es el *ohmio.* || **2.** *Fís.* Relación entre la magnitud de una acción periódica y la de la respuesta producida en un sistema físico.

impedido, da. PART. de **impedir.** || ADJ. Que no puede usar alguno o algunos de sus miembros. Apl. a pers., u. t. c. s.

impediente. ADJ. Que impide. *Límites impedientes.*

impedimenta. F. Bagaje que suele llevar la tropa, e impide la celeridad de las marchas y operaciones.

impedimento. M. **1.** Obstáculo, embarazo, estorbo para algo. || **2.** Cada una de las circunstancias que hacen ilícito o nulo el matrimonio.

impedir. TR. Estorbar, imposibilitar la ejecución de algo. MORF. conjug. c. *pedir.*

impeditivo, va. ADJ. Que impide, estorba o embaraza. *Realidad impeditiva.*

impelente. ADJ. Que impele. *Acción impelente de las piernas.* □ V. **bomba aspirante e ~, bomba ~.**

impeler. TR. **1.** Dar empuje para producir movimiento. *El viento impelía el incendio.* || **2.** Incitar, estimular. *Es un instinto que lo impele a buscar alimento.*

impenetrabilidad. F. **1.** Cualidad de impenetrable. || **2.** Propiedad de los cuerpos que impide que uno esté en el lugar que ocupa otro.

impenetrable. ADJ. **1.** Que no se puede penetrar. *Selva impenetrable.* || **2.** Que no se puede comprender o descifrar. *Secreto impenetrable.* || **3.** Dicho de una persona: Que no deja traslucir sus opiniones o sentimientos.

impenitente. ADJ. Que persevera en un hábito. *Es un bromista impenitente.*

impensable. ADJ. **1.** Que no se ajusta al pensamiento racional. *Dolor impensable.* || **2.** **irrealizable.** *Sin estas máquinas, tales movimientos de tierra serían impensables.*

impensado, da. ADJ. Que sucede sin pensar en ello o sin esperarlo. *Paraísos impensados.*

imperante. ADJ. Que impera. Apl. a pers., u. t. c. s.

imperar. INTR. **1.** Mandar, dominar. *El orden imperaba en la Península.* || **2.** Ejercer la dignidad imperial.

imperativo, va. **I.** ADJ. **1.** Que **impera** (|| manda). *Gesto imperativo.* || **II.** M. **2.** Deber o exigencia inexcusables. || **3.** *Gram.* **modo imperativo.** □ V. **mandato ~, modo ~.**

imperatoria. F. Planta herbácea de la familia de las Umbelíferas, con tallo hueco, estriado, de cuatro a seis decímetros de altura, hojas inferiores grandes, de pecíolo muy largo y divididas en tres hojuelas lobuladas o profundamente aserradas, más pequeñas y algo curvas las superiores, flores en umbela casi plana, y fruto seco con semillas menudas y estriadas. Es común en España, y se usó mucho en medicina el cocimiento de las hojas, tallos y raíz.

imperceptible. ADJ. Que no se puede percibir. *Brisa imperceptible.*

imperdible. **I.** ADJ. **1.** Que no puede perderse. *Una cita imperdible para los amantes de la música.* || **II.** M. **2.** Alfiler que se abrocha quedando su punta dentro de un gancho para que no pueda abrirse fácilmente.

imperdonable. ADJ. Que no se debe o puede perdonar. *Ofensa imperdonable.*

imperecedero, ra. ADJ. Inmortal o eterno. *Fama imperecedera.*

imperfección. F. **1.** Falta de perfección. || **2.** Falta o defecto ligero en lo moral.

imperfectivo, va. ADJ. *Gram.* Dicho del aspecto verbal: Que expresa acción durativa o, en todo caso, no acabada.

imperfecto, ta. **I.** ADJ. **1.** No perfecto. *Circunferencia imperfecta.* || **II.** M. **2.** *Gram.* **pretérito imperfecto.** ⬦ V. **futuro ~, potencial ~, pretérito ~, rima ~.**

imperforación. F. *Med.* Oclusión o falta de apertura de un órgano o conducto que por su naturaleza debe estar abierto.

imperial. **I.** ADJ. **1.** Perteneciente o relativo al emperador o al imperio. || **II.** F. **2.** hist. Especie de juego de naipes. || **3.** hist. Sitio con asientos que algunos carruajes tenían encima de la cubierta. □ V. **águila ~, corona ~.**

imperialismo. M. Actitud y doctrina de quienes propugnan o practican la extensión del dominio de un país sobre otro u otros por medio de la fuerza militar, económica o política.

imperialista. ADJ. **1.** Perteneciente o relativo al imperialismo. *Retórica imperialista.* || **2.** Dicho de una persona: Que propugna el imperialismo. U. t. c. s. || **3.** Dicho de un Estado: Que lo practica.

impericia. F. Falta de pericia.

imperio. M. **1.** Organización política del Estado regido por un emperador. || **2.** Dignidad de emperador. || **3.** Conjunto de territorios sometidos al dominio de un emperador. || **4.** En el ámbito de las relaciones internacionales, potencia hegemónica y su zona de influencia. || **5.** Hegemonía en cualquier ámbito. || **6.** Comunidad formada por oficiales y suboficiales de una unidad militar para cubrir sus gastos de manutención y alojamiento. || **7.** Acción de **imperar** (|| mandar). || **8.** Tiempo que dura el dominio de uno o varios emperadores en un determinado país. || **9.** Estilo artístico que se originó en la época de Napoleón Bonaparte. || **mixto ~.** M. hist. Facultad que residía en el soberano y, por delegación, en algunos señores o jueces para decidir las causas civiles y ejecutar las sentencias.

imperioso, sa. ADJ. **1.** Que manda o se comporta con autoritarismo ostensible. || **2.** Dicho de una orden: Que se da de manera autoritaria. || **3.** Propio o característico de alguien autoritario, altivo. *Voz imperiosa. Gesto imperioso.* || **4.** Fuerte e ineludible. *Sentimiento, deber imperioso. Ley imperiosa.* || **5.** Necesario, urgente. *Tarea, necesidad imperiosa.*

impermeabilidad. F. Cualidad de impermeable.

impermeabilización. F. Acción y efecto de impermeabilizar.

impermeabilizante. ADJ. Que hace **impermeable** (|| impenetrable al agua). Apl. a una sustancia o un producto, u. t. c. s. m.

impermeabilizar. TR. **1.** Hacer impermeable algo. || **2.** Impedir el acceso. *Impermeabilizar las fronteras.*

impermeable. I. ADJ. **1.** Impenetrable al agua o a otro fluido. *Tejido impermeable.* || **2. hermético** (|| impenetrable, cerrado). *Frontera impermeable.* || **3. insensible** (|| que carece de sensibilidad). *Carácter impermeable.* || **II.** M. **4.** Sobretodo hecho con tela impermeable.

impersonal. ADJ. **1.** Que no tiene o no manifiesta personalidad u originalidad. *Decoración impersonal.* || **2.** Que no se aplica a nadie en particular. *Normas impersonales.* || **3.** *Gram.* Se dice de la oración que carece de sujeto o en la que este se omite por desconocido o irrelevante; p. ej., *Llueve. Llaman por teléfono.* || **en ~.** LOC.ADV. **1.** Con tratamiento impersonal, dirigiéndose a una segunda persona con el verbo en tercera persona; p. ej., *La señora no me ha entendido. ¿Desean los señores alguna cosa?* || **2.** De forma impersonal. □ V. **verbo ~.**

impersonalidad. F. Cualidad de impersonal.

impertérrito, ta. ADJ. Dicho de una persona: A quien no se infunde fácilmente terror, o a quien nada intimida.

impertinencia. F. **1.** Dicho o hecho fuera de propósito. || **2.** Importunidad molesta y enfadosa.

impertinente. I. ADJ. **1.** Que no viene al caso, o que molesta de palabra o de obra. *Respuesta impertinente.* Apl. a pers., u. t. c. s. || **II.** M. **2.** pl. Anteojos con mango, que solían usar las señoras.

imperturbabilidad. F. Cualidad de imperturbable.

imperturbable. ADJ. Que no se perturba. *Aspecto imperturbable.*

impétigo. M. *Med.* Dermatosis inflamatoria e infecciosa por la aparición de vesículas aisladas o aglomeradas en cuyo interior se encuentra algo de pus.

impetración. F. Acción y efecto de impetrar.

impetrador, ra. ADJ. Que impetra. U. t. c. s.

impetrar. TR. **1.** Solicitar una gracia con encarecimiento y ahínco. || **2.** Conseguir una gracia que se ha solicitado y pedido con ruegos.

impetratorio, ria. ADJ. Que sirve para **impetrar** (|| conseguir una gracia). *Carácter impetratorio.*

ímpetu. M. **1. impulso.** || **2.** Fuerza o violencia. || **3.** Brío, vehemencia, ardor con que se actúa.

impetuosidad. F. Cualidad de impetuoso.

impetuoso, sa. ADJ. **1.** Que se mueve de modo violento y rápido. *Aguas impetuosas.* || **2.** Fogoso, vivo, vehemente. *Respuesta impetuosa.*

impiadoso, sa. ADJ. Falto de religión. *Conclusión impiadosa.*

impiedad. F. **1.** Falta de piedad, sentimiento o virtud. || **2.** Falta de religión. || **3.** Desprecio u hostilidad a la religión. || **4.** Acción o expresión impía.

impío, a. ADJ. **1.** Falto de piedad. Apl. a pers., u. t. c. s. || **2.** Falto de religión. Apl. a pers., u. t. c. s. || **3.** Contrario, hostil a la religión. Apl. a pers., u. t. c. s.

implacabilidad. F. Cualidad de implacable.

implacable. ADJ. Que no se puede aplacar. *Lucha implacable.*

implantación. F. **1.** Acción y efecto de implantar. || **2.** *Biol.* Fijación, inserción o injerto de un tejido u órgano en otro. || **3.** *Biol.* Fijación del huevo fecundado en la mucosa uterina.

implantador, ra. ADJ. Que implanta. *Ley implantadora del divorcio.*

implantar. TR. **1.** Establecer y poner en ejecución nuevas doctrinas, instituciones, prácticas o costumbres. *Implantar la justicia. Implantar la ley marcial.* U. t. c. prnl. || **2.** Plantar, encajar, injertar. *Implantar una rama.* U. t. c. prnl. || **3.** *Med.* Realizar un implante.

implante. M. **1.** *Med.* Acción y efecto de implantar. || **2.** *Med.* Aparato, prótesis o sustancia que se coloca en el cuerpo para mejorar alguna de sus funciones, o con fines estéticos.

implar. TR. Llenar, inflar.

implementación. F. Acción y efecto de implementar.

implementar. TR. Poner en funcionamiento, aplicar métodos, medidas, etc., para llevar algo a cabo.

implemento. M. **utensilio.** U. m. en pl.

implicación. F. **1.** Acción y efecto de implicar. || **2.** Repercusión o consecuencia de algo.

implicancia. F. *Am.* Consecuencia, secuela.

implicar. I. TR. **1.** Envolver, enredar. U. t. c. prnl. *No se implicó en el problema.* || **2.** Contener, llevar en sí, significar. *Esa decisión implica un riesgo.* || **II.** INTR. **3.** Obstar, impedir, envolver contradicción. U. m. con neg.

implícito, ta. ADJ. Incluido en otra cosa sin que esta lo exprese. *Respuesta implícita.* □ V. **función ~.**

imploración. F. Acción y efecto de implorar.

implorar. TR. Pedir con ruegos o lágrimas algo.

implosión. F. **1.** Acción de romperse hacia dentro con estruendo las paredes de una cavidad cuya presión es inferior a la externa. || **2.** *Astr.* Fenómeno cósmico que consiste en la disminución brusca del tamaño de un astro. || **3.** *Fon.* Modo de articulación propio de las consonantes implosivas. || **4.** *Fon.* Parte de las articulaciones oclusivas correspondiente al momento en que se forma la oclusión.

implosionar. INTR. Hacer implosión.

implosiva. F. *Fon.* Consonante implosiva.

implosivo, va. ADJ. **1.** *Fon.* Dicho de una consonante oclusiva: Que, por ser final de sílaba, como la *p* de *apto* o la *c* de *néctar,* termina sin la abertura súbita de las explosivas. || **2.** *Fon.* Se dice de cualquier otra consonante situada en final de sílaba.

implume. ADJ. Que no tiene plumas. *Alas implumes.*

impluvio. M. hist. En las casas romanas, espacio descubierto en medio del atrio, por donde entraban las aguas de la lluvia.

impolítico, ca. ADJ. Falto de política o contrario a ella. *Medidas impolíticas.*

impoluto, ta. ADJ. Limpio, sin mancha. U. t. en sent. fig. *Ánimo impoluto.*

imponderable. I. ADJ. **1.** Que excede a toda ponderación. *Generosidad imponderable.* || **II.** M. **2.** Circunstancia imprevisible o cuyas consecuencias no pueden estimarse.

imponencia. F. *Á. Caribe* y *Chile.* Cualidad de imponente.

imponente. ADJ. **1.** Que impone. *Imponente precipicio.* Apl. a pers., u. t. c. s. *Los imponentes de la sucursal bancaria.* || **2.** Formidable, que posee alguna cualidad extraordinaria. *Una catedral gótica imponente.*

imponer. I. TR. **1.** Poner una carga, una obligación u otra cosa. || **2.** Poner nombre. || **3.** Infundir respeto, miedo o asombro. U. t. c. intr. || **4.** En algunas ceremonias, colocar, poner encima algo a alguien. *Imponer la ceniza. Imponer una medalla.* || **5.** Poner dinero o en depósito. || **6.** Instruir a alguien en algo, enseñárselo o enterarlo de ello. *Lo impusieron de la novedad.* U. t. c. prnl. || **7.** *Impr.* Llenar con cuadrados u otras piezas el espacio que separa las planas entre sí, para que, impresas, aparezcan con márgenes proporcionados. || **II.** PRNL. **8.**

Dicho de una persona: Hacer valer su autoridad o poderío. || **9.** Dicho de una cosa: Hacerse necesaria, ser imprescindible. *Se impone salir pronto.* || **10.** En certámenes deportivos, ganar, vencer, superar. || **11.** Predominar, aventajar. *Se ha impuesto la opinión del presidente.* ¶ MORF. conjug. c. *poner;* part. irreg. **impuesto.**

imponible. ADJ. Que se puede gravar con un impuesto o un tributo. □ V. **base ~, hecho ~, líquido ~, riqueza ~.**

impopular. ADJ. Que no es grato al pueblo o a una parte importante de él. *Medidas impopulares.*

impopularidad. F. Desafecto, mal concepto en el público.

importación. F. **1.** Acción de importar mercancías, costumbres, etc., de otro país. || **2.** Conjunto de cosas importadas.

importador, ra. ADJ. Que introduce en un país mercancías extranjeras. Apl. a pers., u. t. c. s.

importancia. F. **1.** Cualidad de lo importante, de lo que es muy conveniente o interesante, o de mucha entidad o consecuencia. || **2.** Representación de alguien por su dignidad o cualidades. *Hombre de importancia.* || **darse** alguien **~.** LOC.VERB. Afectar superioridad o influencia.

importante. ADJ. **1.** Que importa. *Todos los votos son importantes.* || **2.** Que tiene importancia. *Artista importante.*

importar. I. TR. **1.** Dicho de una mercancía: Valer o llegar a cierta cantidad. || **2.** Introducir en un país géneros, artículos o costumbres extranjeros. || **3.** Llevar consigo. *Importar necesidad, violencia.* || **4.** *Inform.* Obtener información, generalmente en forma de archivo, de otro programa o de un periférico de una computadora u ordenador. || **II.** INTR. **5.** Convenir, interesar, ser de mucha entidad o consecuencia. *A ella no le importa el qué dirán.*

importe. M. Cuantía de un precio, crédito, deuda o saldo.

importunación. F. Instancia obstinada y molesta.

importunar. TR. Incomodar o molestar con una pretensión o solicitud.

importunidad. F. **1.** Cualidad de importuno. || **2.** Incomodidad o molestia causada por una solicitud o una pretensión.

importuno, na. ADJ. **1. inoportuno.** *Visita importuna.* || **2.** Molesto, enfadoso. *Ruido importuno.*

imposibilidad. F. Falta de posibilidad para existir o para hacer algo. || **~ física.** F. Absoluta repugnancia que hay para que exista o se verifique algo en el orden natural. || **~ metafísica.** F. La que implica contradicción, como que una cosa sea y no sea al mismo tiempo. || **~ moral.** F. Inverosimilitud de que pueda ser o suceder algo, o contradicción evidente entre aquello de que se trata y las leyes de la moral y de la recta conciencia.

imposibilidad, da. PART. de **imposibilitar.** || ADJ. **tullido.** U. t. c. s.

imposibilitar. TR. Quitar la posibilidad de ejecutar o conseguir algo.

imposible. I. ADJ. **1.** No posible. *En el Sol, la vida es imposible.* || **2.** Sumamente difícil. *Ascensión imposible.* U. t. c. s. m. *Pedir eso es pedir un imposible.* || **3.** Inaguantable, enfadoso, intratable. *ESTÁ imposible. SE PONEN imposibles.* || **II.** M. **4.** Cosa imposible. || **hacer lo ~,** o **los ~s.** LOCS.VERBS. coloqs. Apurar todos los medios para el logro de un fin.

imposición. F. **1.** Acción y efecto de imponer o imponerse. || **2.** Exigencia desmedida con que se trata de obligar a alguien. || **3.** Carga, tributo u obligación que se impone. || **4.** Cantidad que se impone de una vez en cuenta corriente, depósito bancario, etc. || **5.** *Impr.* Composición de cuadrados que separa las planas entre sí, para que, impresas, aparezcan con los márgenes correspondientes. || **~ de manos.** F. Ceremonia que usa la Iglesia católica para transmitir la gracia del Espíritu Santo a quienes van a recibir ciertos sacramentos colocando las manos sobre sus cabezas.

impositivo, va. ADJ. Perteneciente o relativo al impuesto público. □ V. **escala de tipos ~s.**

impositor, ra. I. ADJ. **1.** Que **impone** (|| pone dinero a rédito). *Oficina impositora.* Apl. a pers., u. t. c. s. || **II.** M. **2.** *Impr.* Obrero que impone en la imprenta.

imposta. F. **1.** *Arq.* Hilada de sillares algo voladiza, a veces con moldura, sobre la cual va sentado un arco. || **2.** *Arq.* Moldura que corre horizontalmente en la fachada de los edificios a la altura de los diversos pisos.

impostación. F. *Mús.* Acción y efecto de impostar.

impostado, da. PART. de **impostar.** || ADJ. Artificial, falto de naturalidad, fingido. *Alegría impostada.*

impostar. TR. *Mús.* Fijar la voz en las cuerdas vocales para emitir el sonido en su plenitud sin vacilación ni temblor.

impostergable. ADJ. Que no se puede postergar.

impostor, ra. M. y F. Suplantador, persona que se hace pasar por quien no es.

impostura. F. Fingimiento o engaño con apariencia de verdad.

impotable. ADJ. Que no se puede beber.

impotencia. F. **1.** Falta de poder para hacer algo. || **2.** Imposibilidad en el varón para realizar el coito.

impotente. ADJ. **1.** Que no tiene potencia. || **2.** Dicho de un varón: Incapaz de realizar el coito. U. t. c. s.

impracticabilidad. F. Cualidad de impracticable.

impracticable. ADJ. **1.** Que no se puede practicar. *En estas condiciones el esquí es impracticable.* || **2.** Dicho de un camino o de un lugar: Por donde no se puede caminar o no se puede pasar sin mucha dificultad.

imprecación. F. **1.** Acción de imprecar. || **2.** *Ret.* Figura que consiste en imprecar.

imprecar. TR. Proferir palabras con que se expresa el vivo deseo de que alguien sufra mal o daño.

imprecatorio, ria. ADJ. Que contiene o denota imprecación. *Fórmula, exclamación imprecatoria.*

imprecisión. F. Falta de precisión.

impreciso, sa. ADJ. No preciso, vago, indefinido. *Límites imprecisos.*

impredecibilidad. F. Cualidad de impredecible.

impredecible. ADJ. Que no se puede predecir. *Resultados impredecibles.*

impregnación. F. Acción y efecto de impregnar.

impregnar. TR. **1.** Hacer que penetren las partículas de un cuerpo en las de otro, fijándose por afinidades mecánicas o fisicoquímicas. U. t. c. prnl. *El papel se ha impregnado de tinta.* || **2.** Dicho de una sustancia, especialmente líquida: Empapar, mojar un cuerpo poroso hasta que no admita más líquido. *El agua vertida ha impregnado la moqueta.* || **3.** Influir profundamente. *Las ideas revolucionarias impregnaron su espíritu.*

impremeditación. F. Falta de premeditación.

impremeditado, da. ADJ. **1.** No premeditado. *Homicidio impremeditado.* || **2. irreflexivo.** *Decisión impremeditada.*

imprenta. F. **1.** Arte de imprimir. || **2.** Taller o lugar donde se imprime. || **3.** Publicación impresa. *Leyes de imprenta.* □ V. **letra de ~, libertad de ~, pie de ~, tinta de ~.**

imprescindible. ADJ. **1.** Dicho de una persona o de una cosa: De que no se puede prescindir. || **2.** Necesario, obligatorio. *Para entrar, es imprescindible identificarse.*

imprescriptibilidad. F. Cualidad de imprescriptible.

imprescriptible. ADJ. Que no puede prescribir.

impresentable. ADJ. **1.** Que no es digno de presentarse o de ser presentado. || **2.** De escasa calidad moral. *Actuación impresentable.* Apl. a pers., u. t. c. s.

impresión. F. **1.** Acción y efecto de imprimir. || **2.** Marca o señal que algo deja en otra cosa al presionar sobre ella; p. ej., la que deja la huella de los animales, el sello que se estampa en un papel, etc. || **3.** Efecto o sensación que algo o alguien causa en el ánimo. *Me hizo impresión aquello.* || **4.** Efecto o alteración que causa en un cuerpo otro extraño. *El agua fría me ha hecho mucha impresión.* || **5.** Opinión, sentimiento, juicio que algo o alguien suscitan, sin que, muchas veces, se puedan justificar. *Tengo la impresión de que quiso engañarnos.* || ~ **dactilar,** o ~ **digital.** F. La que suele dejar la yema del dedo en un objeto al tocarlo, o la que se obtiene impregnándola previamente en una materia colorante.

impresionabilidad. F. Cualidad de impresionable.

impresionable. ADJ. Fácil de impresionar o propenso a recibir una impresión. *Carácter impresionable.*

impresionante. ADJ. Que causa gran impresión, en especial asombro o admiración. *Logro impresionante.*

impresionar. TR. **1.** Conmover el ánimo hondamente. U. t. c. prnl. || **2.** Exponer una superficie convenientemente preparada a la acción de las vibraciones acústicas o luminosas, de manera que queden fijadas en ella y puedan ser reproducidas. *Impresionar una película fotográfica.*

impresionismo. M. **1.** Corriente pictórica del siglo XIX que representa su objeto según la impresión que la luz produce a la vista, y no de acuerdo con la supuesta realidad objetiva. || **2.** Estilo literario o musical que traduce una determinada experiencia mediante la selección subjetiva de algunos de sus componentes.

impresionista. ADJ. **1.** Perteneciente o relativo al impresionismo. *Técnica impresionista.* || **2.** Partidario del impresionismo, o que ejecuta sus obras artísticas conforme a él. U. t. c. s.

impresivo, va. ADJ. *Ling.* apelativo.

impreso. M. **1.** Libro, folleto u hoja impresos. || **2.** Hoja u hojas impresas con espacios en blanco para llenar en la realización de trámites. || **3.** Objeto postal impreso, que se expide en condiciones especiales de franqueo y distribución. □ V. **circuito ~.**

impresor, ra. **I.** ADJ. Que imprime. *Máquinas impresoras.* || **II.** M. y F. **2.** Persona que imprime. || **3.** Persona que dirige una imprenta o es su propietaria.

impresora. F. Máquina que, conectada a una computadora u ordenador, imprime los resultados de las operaciones.

imprevisibilidad. F. Cualidad de imprevisible.

imprevisible. ADJ. Que no se puede prever. *Carácter imprevisible.*

imprevisión. F. Falta de previsión.

imprevisor, ra. ADJ. Que no prevé. *Planes imprevisores.*

imprevisto, ta. **I.** ADJ. **1.** No previsto. || **2.** Hecho imprevisto. || **II.** M. **3.** pl. En la Administración, gastos con los que no se contaba y para los cuales no hay crédito habilitado.

imprimación. F. **1.** Acción y efecto de imprimar. || **2.** Conjunto de ingredientes con que se imprima.

imprimar. TR. Preparar con los ingredientes necesarios las cosas que se han de pintar o teñir.

imprimátur. M. Licencia que da la autoridad eclesiástica para imprimir un escrito. MORF. pl. invar. *Los imprimátur.*

imprimir. TR. **1.** Marcar en el papel o en otra materia las letras y otros caracteres gráficos mediante procedimientos adecuados. || **2.** Confeccionar una obra impresa. || **3.** Estampar un sello u otra cosa en un papel, tela o masa por medio de la presión. || **4.** Fijar en el ánimo algún afecto, idea, sentimiento, etc. *Imprimieron en nosotros ideas conservadoras.* || **5.** Dar una determinada característica, estilo, etc., a algo o alguien. *La ropa le imprime un aire juvenil.* ¶ MORF. part. irreg. **impreso** y reg. **imprimido.**

improbabilidad. F. Falta de probabilidad.

improbable. ADJ. No probable.

improbar. TR. *Am.* desaprobar. MORF. conjug. c. *contar.*

improbidad. F. Falta de probidad, perversidad, iniquidad.

ímprobo, ba. ADJ. **1.** Dicho del trabajo o de un esfuerzo: Intenso, realizado con enorme aplicación. || **2.** Falto de probidad, malvado.

improcedencia. F. Falta de oportunidad, de fundamento o de derecho.

improcedente. ADJ. **1.** No conforme a derecho. *Recurso improcedente.* || **2.** Inadecuado, extemporáneo. *Comentario improcedente.* □ V. **despido ~.**

improductivo, va. ADJ. Que no produce. *Mina improductiva.*

improlongable. ADJ. Que no se puede prolongar. *Clases improlongables.*

impromptu. M. Composición musical que improvisa el ejecutante y, por ext., la que se compone sin plan preconcebido.

impronta. F. **1.** Reproducción de imágenes en hueco o de relieve, en cualquier materia blanda o dúctil, como papel humedecido, cera, lacre, escayola, etc. || **2.** Marca o huella que, en el orden moral, deja una cosa en otra. || **3.** *Biol.* Proceso de aprendizaje que tiene lugar en los animales jóvenes durante un corto período de receptividad, del que resulta una forma estereotipada de reacción frente a un modelo, que puede ser otro ser vivo o un juguete mecánico.

impronunciable. ADJ. **1.** Imposible de pronunciar o de muy difícil pronunciación. *Palabra impronunciable.* || **2.** Que no debería decirse, para no ofender la moral, el buen gusto, etc. *Profirió insultos impronunciables.*

improperio. M. **1.** Injuria grave de palabra, y especialmente la que se emplea para echar a alguien en cara algo. || **2.** pl. Versículos que se cantan en el oficio del Viernes Santo, durante la adoración de la cruz.

impropiedad. F. **1.** Cualidad de impropio. || **2.** Falta de propiedad en el uso de las palabras.

impropio, pia. ADJ. **1.** Falto de las cualidades convenientes según las circunstancias. *Vestimenta impropia para una fiesta.* || **2.** Ajeno a una persona, cosa o circunstancia, o extraño a ellas. *Hace un frío impropio de mayo.* □ V. **fracción ~, quebrado ~.**

improrrogable. ADJ. Que no se puede prorrogar.

improvisación. F. **1.** Acción y efecto de improvisar. || **2.** Obra o composición improvisada.

improvisador, ra. ADJ. Que improvisa. Se dice especialmente de quien, sin preparación, compone versos, canciones, discursos, etc. U. t. c. s.

improvisamente. ADV. M. De repente, sin prevención ni previsión.

improvisar. TR. Hacer algo de pronto, sin estudio ni preparación.

improviso. al, o de, ~. LOCS. ADVS. Sin prevención ni previsión.

improvisto, ta. ADJ. No previsto.

imprudencia. F. **1.** Falta de prudencia. ‖ **2.** Acción o dicho imprudente. ‖ **3.** *Der.* **culpa.** ‖ **~ temeraria.** F. *Der.* Culpa grave e inexcusable.

imprudente. ADJ. **1.** Dicho de una persona: Que no tiene prudencia. U. t. c. s. ‖ **2.** Propio o característico de una persona *imprudente. Comentario imprudente.*

impúber. ADJ. Que no ha llegado aún a la pubertad. U. t. c. s.

impudente. ADJ. Desvergonzado, sin pudor. *Moral impudente.*

impudicia. F. Deshonestidad, falta de recato y pudor.

impúdico, ca. ADJ. Sin pudor, sin recato. *Acto impúdico.*

impudor. M. **1.** Falta de pudor y de honestidad. ‖ **2.** Cinismo en defender cosas vituperables.

impuesto, ta. PART. IRREG. de **imponer.** ‖ **I.** ADJ. **1.** *Méx.* acostumbrado (‖ que tiene determinadas costumbres). ‖ **II.** M. **2.** *Der.* Tributo que se exige en función de la capacidad económica de los obligados a su pago. ‖ **~ directo.** M. El que grava las fuentes de capacidad económica, como la renta y el patrimonio. ‖ **~ indirecto.** M. El que grava el consumo o gasto. ‖ **~ revolucionario.** M. Sistema montado por una organización terrorista para financiarse mediante extorsión y amenazas.

impugnación. F. Acción y efecto de impugnar.

impugnador, ra. ADJ. Que impugna. Apl. a pers., u. t. c. s.

impugnar. TR. **1.** Combatir, contradecir, refutar. *Impugnar una teoría.* ‖ **2.** *Der.* Interponer un recurso contra una resolución judicial.

impulsar. TR. **impeler.**

impulsión. F. **impulso.**

impulsividad. F. Cualidad de impulsivo.

impulsivo, va. ADJ. Dicho de una persona: Que suele hablar o proceder sin reflexión ni cautela, dejándose llevar por la impresión del momento. U. t. c. s.

impulso. M. **1.** Acción y efecto de impulsar. ‖ **2.** Instigación, sugestión. ‖ **3.** Fuerza que lleva un cuerpo en movimiento o en crecimiento. ‖ **4.** Deseo o motivo afectivo que induce a hacer algo de manera súbita, sin reflexionar. ‖ **coger, o tomar, ~.** LOCS. VERBS. Correr para efectuar un lanzamiento o un salto con mayor ímpetu.

impulsor, ra. ADJ. Que impulsa. Apl. a pers., u. t. c. s.

impune. ADJ. Que queda sin castigo. *Crimen impune.*

impunidad. F. Falta de castigo.

impuntual. ADJ. No puntual.

impuntualidad. F. Falta de **puntualidad** (‖ cuidado y diligencia en llegar a la hora convenida).

impureza. F. **1.** Condición de lo que no es puro. ‖ **2.** Materia que, en una sustancia, deteriora alguna o algunas de sus cualidades. U. m. en pl. ‖ **3.** Falta de pureza o castidad.

impuridad. F. impureza.

impurificación. F. Acción y efecto de impurificar.

impurificar. TR. Hacer impuro a alguien o algo.

impuro, ra. ADJ. No puro.

imputabilidad. F. Capacidad de ser imputado.

imputación. F. **1.** Acción y efecto de imputar. ‖ **2.** Cosa imputada.

imputado, da. PART. de **imputar.** ‖ ADJ. *Der.* Dicho de una persona: Contra quien se dirige un proceso penal. U. t. c. s.

imputador, ra. ADJ. Que imputa. U. t. c. s.

imputar. TR. **1.** Atribuir a alguien la responsabilidad de un hecho reprobable. ‖ **2.** Señalar la aplicación o inversión de una cantidad, sea al entregarla, sea al tomar razón de ella en cuenta.

imputrescible. ADJ. Que no se pudre fácilmente. *Madera imputrescible.*

inabarcable. ADJ. Que no puede abarcarse. *Clasificación inabarcable.*

inabordable. ADJ. Que no se puede abordar. *Conceptos inabordables.*

inacabable. ADJ. Que no se puede acabar, que no deja ver su fin, o que se prolonga con exceso. *Sesión inacabable.*

inacabado, da. ADJ. Sin acabar.

inaccesibilidad. F. Cualidad de inaccesible.

inaccesible. ADJ. No accesible.

inacción. F. Falta de acción.

inacentuado, da. ADJ. *Fon.* Dicho de una vocal, de una sílaba o de una palabra: Que se pronuncia sin acento prosódico.

inaceptable. ADJ. No aceptable.

inactividad. F. Carencia de actividad.

inactivo, va. ADJ. Carente de acción o movimiento.

inadaptabilidad. F. Cualidad de inadaptable.

inadaptable. ADJ. Que no se puede adaptar. *Personalidad inadaptable.*

inadaptación. F. Falta de adaptación.

inadaptado, da. ADJ. Que no se adapta o aviene a ciertas condiciones o circunstancias. Apl. a pers., u. t. c. s.

inadecuación. F. Falta de adecuación.

inadecuado, da. ADJ. No adecuado.

inadmisible. ADJ. No admisible.

inadmitir. TR. *Der.* Rechazar una demanda, recurso o petición por motivos formales, sin entrar a considerar el fondo.

inadoptable. ADJ. Que no puede ser adoptado. *Plan inadoptable.*

inadvertencia. F. Falta de advertencia.

inadvertido, da. ADJ. No advertido.

inafectado, da. ADJ. No afectado.

inagotable. ADJ. Que no se puede agotar. *Recursos inagotables.*

inaguantable. ADJ. Que no se puede aguantar o sufrir. *Carácter inaguantable.*

inalámbrico, ca. I. ADJ. **1.** Dicho de un dispositivo o de un sistema de comunicación eléctrica: Sin alambres conductores. *Micrófono inalámbrico. Comunicación, red inalámbrica.* ‖ **II.** M. **2. teléfono inalámbrico.**

in albis. (Locución latina). LOC. ADV. **en blanco** (‖ sin comprender lo que se oye o lee). *Me quedé in albis.*

inalcanzable. ADJ. Que no se puede alcanzar. *Metas inalcanzables.*

inalienable. ADJ. Que no se puede enajenar. *Derechos inalienables.*

inalterabilidad. F. Cualidad de inalterable.

inalterable. ADJ. Que no se puede alterar; que no se altera. *Temperamento inalterable.*

inalterado, da. ADJ. Que no tiene alteración. *Resultado inalterado de un partido.*

inamovible. ADJ. Fijo, que no se puede mover. *Posición inamovible.*

inamovilidad. F. Cualidad de inamovible.

inanalizable. ADJ. Que no se puede analizar. *Sustancias inanalizables.*

inane. ADJ. Vano, fútil, inútil. *Acusación inane.*

inanición. F. Biol. Debilidad grande por falta de alimento o por otras causas.

inanidad. F. Vacuidad, futilidad.

inanimado, da. ADJ. 1. Que no tiene **alma** (‖ espiritual). ‖ 2. Que no da señales de vida. *Cuerpo inanimado.* □ V. **nombre** ~.

inapagable. ADJ. Que no puede apagarse. *Brillo inapagable.*

inapelable. ADJ. 1. Irremediable, inevitable. *Fracaso inapelable.* ‖ 2. Dicho de una sentencia o de un fallo: Que no se pueden apelar.

inapetencia. F. Falta de **apetito** (‖ gana de comer).

inapetente. ADJ. Que no tiene apetito o apetencia.

inaplazable. ADJ. Que no se puede aplazar. *Examen inaplazable.*

inaplicable. ADJ. Que no se puede aplicar. *Ley inaplicable.*

inapreciable. ADJ. Que no se puede apreciar, por su mucho valor o mérito, por su extremada pequeñez o por otro motivo. *Amistad inapreciable. Detalles inapreciables.*

inaprensible. ADJ. 1. Que no se puede asir. *Éter inaprensible.* ‖ 2. Imposible de comprender. *Destino inaprensible.*

inapropiado, da. ADJ. Que no es apropiado. *Este fertilizante es inapropiado para ciertas plantas.*

inaprovechado, da. ADJ. No aprovechado.

inapto, ta. ADJ. No apto, que no cumple los requisitos exigidos para algo.

inarmónico, ca. ADJ. Falto de armonía. *Silbido inarmónico.*

inarrugable. ADJ. Que no se arruga con el uso. *Tela inarrugable.*

inarticulable. ADJ. Que no se puede articular. *Frases inarticulables.*

inarticulado, da. ADJ. 1. No articulado. *Muñeco inarticulado.* ‖ 2. Se dice de los sonidos de la voz con que no se forman palabras.

in artículo mortis. (Locución latina). LOC. ADV. Dicho especialmente de casarse: A punto de morir. U. t. c. loc. adj. *Matrimonio in artículo mortis.*

inasequible. ADJ. No asequible.

inasible. ADJ. Que no se puede **asir** (‖ coger). *Fantasmas inasibles.*

inasistencia. F. Falta de asistencia.

inasistente. ADJ. Que no asiste. Apl. a pers., u. t. c. s.

inastillable. ADJ. Dicho de un vidrio: Que al romperse no se deshace en hojas cortantes.

inatacable. ADJ. Que no puede ser atacado. *Fortaleza inatacable.*

inatención. F. Falta de atención.

inaudible. ADJ. Que no se puede oír. *Sonido inaudible.*

inaudito, ta. ADJ. 1. Nunca oído. *Tenacidad inaudita.* ‖ 2. Monstruoso, extremadamente vituperable. *Cinismo inaudito.*

inauguración. F. Acto de inaugurar.

inaugurador, ra. ADJ. Que inaugura.

inaugural. ADJ. Perteneciente o relativo a la inauguración. *Solemnidad, ceremonia, oración inaugural.* □ V. **lección** ~.

inaugurar. TR. 1. Dar principio a una cosa con cierta solemnidad. *Inaugurar el curso académico.* ‖ 2. Abrir solemnemente un establecimiento público. *Inaugurar un restaurante.* ‖ 3. Celebrar el estreno de una obra, de un edificio o de un monumento. ‖ 4. Iniciar algo nuevo. *Inaugurar una nueva etapa.*

inca. **I.** ADJ. 1. hist. Perteneciente o relativo a los aborígenes americanos que, a la llegada de los españoles, habitaban en la parte oeste de América del Sur, desde el actual Ecuador hasta Chile y el norte de la Argentina, y que estaban sometidos a una monarquía cuya capital era la ciudad del Cuzco. *Cultura inca.* ‖ 2. Se dice del habitante del Cuzco y de sus alrededores. U. t. c. s. ‖ 3. hist. Se dice del individuo del Imperio incaico. U. t. c. s. ‖ **II.** M. 4. hist. Soberano que gobernaba el Imperio incaico. ‖ 5. Descendiente del inca.

incaico, ca. ADJ. Perteneciente o relativo a los incas.

incalculable. ADJ. 1. Que no se puede calcular. ‖ 2. Muy grande o muy numeroso. *Fortuna incalculable. Material incalculable.*

incalificable. ADJ. 1. Que no se puede calificar. *Estilo incalificable.* ‖ 2. Muy vituperable. *Intromisión incalificable.*

incandescencia. F. Cualidad de incandescente.

incandescente. ADJ. Dicho generalmente de un metal: Enrojecido o blanqueado por la acción del calor.

incansable. ADJ. Que no se cansa. *Caminante incansable.*

incantación. F. Acción y efecto de **encantar** (‖ someter a poderes mágicos).

incapacidad. F. 1. Falta de capacidad para hacer, recibir o aprender algo. ‖ 2. Falta de entendimiento o inteligencia. ‖ 3. Falta de preparación, o de medios para realizar un acto. ‖ 4. Estado transitorio o permanente de una persona que, por accidente o enfermedad, queda mermada en su capacidad laboral. ‖ 5. Der. Carencia de aptitud legal para ejecutar válidamente determinados actos, o para ejercer determinados cargos públicos. ‖ ~ **laboral.** F. Der. Situación de enfermedad o de padecimiento físico o psíquico que impide a una persona, de manera transitoria o definitiva, realizar una actividad profesional y que normalmente da derecho a una prestación de la seguridad social.

incapacitación. F. Acción y efecto de incapacitar.

incapacitado, da. PART. de **incapacitar.** ‖ ADJ. 1. Falto de capacidad o aptitud para hacer algo. *Tiene un hijo incapacitado.* ‖ 2. Dicho de una persona: Sujeta a interdicción civil. U. t. c. s.

incapacitar. TR. 1. Privar de la capacidad o aptitud necesarias para algo. *Su escasa formación lo incapacita para el cargo.* ‖ 2. Der. Decretar la falta de capacidad civil de personas mayores de edad.

incapaz. ADJ. 1. Que no tiene capacidad o aptitud para algo. *Es incapaz de caminar más de media hora.* ‖ 2. Falto de talento. ‖ 3. Que no es capaz, por su naturaleza o por decisión de su voluntad. *Ella es incapaz de mentir.* ‖ 4. Der. Que no tiene cumplida personalidad para actos civiles, o que carece de aptitud legal para algo determinado.

incardinación. F. Acción y efecto de incardinar.

incardinar. TR. 1. Incorporar a alguien o algo a otra cosa. *Incardinar a los marginados en la sociedad.* U. t. c. prnl. ‖ 2. Vincular de manera permanente a un eclesiástico en una diócesis determinada. U. t. c. prnl.

incario. M. 1. Período de tiempo que duró el imperio de los incas. ‖ 2. hist. Estructura política y social del Imperio incaico.

incasable. ADJ. Que no puede casarse. *Pareja incasable.*

incautación. F. Acción y efecto de incautarse.

incautar. TR. Dicho de una autoridad judicial o administrativa: Privar a alguien de alguno de sus bienes como consecuencia de la relación de estos con un delito, falta o infracción administrativa. Cuando hay condena firme se sustituye por la pena accesoria de decomiso. *Les incautaron tres kilos de cocaína.* U. m. c. prnl. *Se incautaron* DE *la embarcación.* MORF. conjug. c. *causar.*

incauto, ta. ADJ. **1.** Que no tiene cautela. *No seas incauto; mira antes de cruzar.* U. t. c. s. || **2.** Ingenuo, cándido, que no tiene malicia. U. t. c. s.

incendiar. TR. Prender fuego a algo que no debería quemarse. *Incendiar un edificio, las mieses.* U. t. c. prnl. MORF. conjug. c. *anunciar.*

incendiario, ria. ADJ. **1.** Que incendia con premeditación, por afán de lucro o por maldad. U. t. c. s. || **2.** Destinado a incendiar o que puede causar incendio. *Bomba incendiaria.* || **3.** Escandaloso, subversivo. *Artículo, discurso, libro incendiario.*

incendio. M. Fuego grande que destruye lo que no debería quemarse. ☐ V. **escalera de ~s.**

incensación. F. Acción y efecto de incensar.

incensar. TR. **1.** Dirigir con el incensario el humo del incienso hacia alguien o algo. || **2.** Lisonjear o adular a alguien. ¶ MORF. conjug. c. *acertar.*

incensario. M. Recipiente metálico pequeño, con cadenillas y tapa, que sirve para incensar.

incentivar. TR. Estimular para que algo se acreciente o aumente.

incentivo, va. **I.** ADJ. **1.** Que mueve o incita a desear o hacer algo. U. m. c. s. m. *Tiene pocos incentivos para ser optimista.* || **II.** M. **2.** *Econ.* Estímulo que se ofrece a una persona, grupo o sector de la economía con el fin de elevar la producción y mejorar los rendimientos.

incerteza. F. **incertidumbre.**

incertidumbre. F. Falta de certidumbre.

incertísimo, ma. ADJ. SUP. de **incierto.**

incesable. ADJ. Que no cesa o no puede cesar. *Ruido incesable.*

incesante. ADJ. Que no cesa o que se repite con mucha frecuencia. *Protestas incesantes.*

incesto. M. Relación carnal entre parientes dentro de los grados en que está prohibido el matrimonio.

incestuoso, sa. ADJ. **1.** Perteneciente o relativo al incesto. *Relación incestuosa.* || **2.** Que comete incesto. U. t. c. s.

incidencia. F. **1.** Acontecimiento que sobreviene en el curso de un asunto o negocio y tiene con él alguna conexión. || **2.** Número de casos ocurridos. *La incidencia de una enfermedad.* || **3.** Influencia o repercusión. *La incidencia del clima sobre los productos agrícolas.* ☐ V. **ángulo de ~.**

incidental. ADJ. **1.** Que sobreviene en algún asunto y tiene alguna relación con él. *Presencia incidental.* || **2.** Dicho de una cosa o de un hecho: Accesorios, de menor importancia.

incidente. **I.** ADJ. **1.** Que incide. *Luz incidente.* || **II.** M. **2.** Acontecimiento que sobreviene en el curso de un asunto o negocio y tiene con este algún enlace. || **3.** Disputa, riña, pelea entre dos o más personas. || **4.** *Der.* En un proceso, cuestión distinta de la principal, pero relacionada con esta, que se resuelve a través de un trámite especial.

incidir[1]**.** INTR. **1.** Caer o incurrir en una falta, un error, un extremo, etc. || **2.** **insistir** (|| hacer hincapié en algo). *¡No vuelvas a incidir en el asunto!* || **3.** **repercutir** (|| causar efecto una cosa en otra). *La lesión incidió en su rendimiento.* || **4.** Caer sobre algo o alguien. *La luz incide de plano sobre la mesa.* || **5.** Sobrevenir, ocurrir. *La revolución incidió un año antes.*

incidir[2]**.** TR. **1.** Cortar, romper, hender. *Incidir el cuero.* || **2.** *Med.* Hacer una incisión o cortadura.

incienso. M. **1.** Gomorresina en forma de lágrimas, de color amarillo blanquecino o rojizo, fractura lustrosa, sabor acre y olor aromático al arder. Proviene de árboles originarios de Arabia, de la India y de África, y se quema en las ceremonias religiosas. || **2.** **lisonja.** ☐ V. **piña de ~.**

incierto, ta. ADJ. **1.** No cierto o no verdadero. *Noticia incierta.* || **2.** Inconstante, no seguro, no fijo. *Su recuperación es incierta.* || **3.** Desconocido, no sabido, ignorado. *Destino incierto.* ¶ MORF. sup. irreg. **incertísimo.**

incinerable. ADJ. Que ha de incinerarse. Se dice especialmente de los billetes de banco que se retiran de la circulación para ser quemados.

incineración. F. Acción y efecto de incinerar.

incinerador, ra. ADJ. Dicho de una instalación o de un aparato: Destinados a incinerar. U. t. c. s. m.

incinerar. TR. Reducir algo, especialmente un cadáver, a cenizas.

incipiente. ADJ. Que empieza. *Barba incipiente.*

íncipit. M. En las descripciones bibliográficas, primeras palabras de un escrito o de un impreso antiguo. MORF. pl. **íncipits.**

incircunciso, sa. ADJ. No circuncidado.

incisión. F. Hendidura que se hace en algunos cuerpos con un instrumento cortante.

incisivo, va. **I.** ADJ. **1.** Punzante, mordaz. *Artículo incisivo.* || **2.** Apto para abrir o cortar. *Arma incisiva.* || **II.** M. **3.** **diente incisivo.**

inciso. M. *Gram.* Expresión que se intercala en otra con independencia gramatical para explicar algo relacionado con esta.

incisura. F. *Med.* Escotadura, fisura, hendidura.

incitación. F. Acción y efecto de incitar.

incitador, ra. ADJ. Que incita. Apl. a pers., u. t. c. s.

incitante. ADJ. **1.** Que incita. *Proyecto incitante.* || **2.** Atractivo, estimulante. *Música incitante.*

incitar. TR. Mover o estimular a alguien para que ejecute algo.

incitativo, va. ADJ. Que incita o tiene virtud de incitar. U. t. c. s. m.

incívico, ca. ADJ. **incivil.** Apl. a pers., u. t. c. s.

incivil. ADJ. **1.** Falto de civilidad o cultura. || **2.** Grosero, maleducado.

incivilidad. F. Falta de civilidad o cultura.

incivilizado, da. ADJ. **incivil.**

inclasificable. ADJ. Que no se puede clasificar. *Documento inclasificable.*

inclemencia. F. **1.** Rigor del tiempo, especialmente del frío. || **2.** Falta de clemencia.

inclemente. ADJ. **1.** Dicho del tiempo: Muy desapacible. || **2.** Falto de clemencia. *Disposiciones inclementes.*

inclinación. F. **1.** Acción y efecto de inclinar o inclinarse. || **2.** Reverencia que se hace con la cabeza o el cuerpo. || **3.** Afecto, amor, propensión a algo. || **4.** *Geom.* Ángulo que una línea o una superficie forma con otra línea u otra superficie.

inclinado. ☐ V. **plano ~.**

inclinar. **I.** TR. **1.** Apartar algo de su posición perpendicular a otra cosa o al horizonte. *Inclinar la cabeza.* U. t. c. prnl. || **2.** Persuadir a alguien a que haga o diga lo que dudaba hacer o decir. *Las circunstancias la inclinan a retrasar la decisión.* || **II.** PRNL. **3.** Bajar el tronco y la cabeza hacia adelante. || **4.** Encorvar el cuerpo para significar adoración o rendimiento, o especial cortesía. U. t. en sent. fig. *Los hombres no se pueden inclinar ante los poderosos.* || **5.** Propender a hacer, pensar o sentir algo. *Me inclino a creerle.* || **6.** Mostrar preferencia por algo o por alguien. *Me inclino por el primero de la lista.*

inclinómetro. M. *Tecnol.* Instrumento para indicar la inclinación de una nave con respecto a la horizontal.

ínclito, ta. ADJ. Ilustre, esclarecido, afamado.

incluir. TR. **1.** Poner algo dentro de otra cosa o dentro de sus límites. *Incluyó un queso en la cesta.* || **2.** Dicho de una cosa: Contener a otra, o llevarla implícita. *La finca incluye una pequeña vivienda.* || **3.** *Biol.* Someter un tejido a un tratamiento mediante el cual se sustituye el agua por otra sustancia líquida que luego se solidifica y permite cortarlo en secciones delgadas. ¶ MORF. conjug. c. *construir*.

inclusa. F. Casa en donde se recoge y cría a los niños expósitos.

inclusero, ra. ADJ. Que se cría o se ha criado en la inclusa. U. t. c. s.

inclusión. F. Acción y efecto de incluir.

inclusive. I. ADV.M. **1.** Incluyendo el último objeto nombrado. || **II.** PREP. **2. incluso** (|| hasta).

inclusivo, va. ADJ. Que incluye o tiene virtud y capacidad para incluir algo. *Términos inclusivos.*

incluso. I. ADV.M. **1.** Con inclusión. *Vinieron todos, incluso los más jóvenes.* || **II.** PREP. **2.** Hasta, aun. *Incluso a los enemigos amó.* U. t. c. conj.

incoación. F. Acción de incoar.

incoar. TR. Comenzar algo, llevar a cabo los primeros trámites de un proceso, pleito, expediente o alguna otra actuación oficial.

incoativo, va. ADJ. Que implica o denota el principio de una cosa o de una acción progresiva. □ V. **verbo** ~.

incobrable. ADJ. Que no se puede cobrar o es de muy dudoso cobro. *Deudas incobrables.*

incoercible. ADJ. Que no puede ser reprimido o impedido. *Vómito incoercible.*

incógnita. F. **1.** *Mat.* Cantidad desconocida que es preciso determinar en una ecuación o en un problema para resolverlos. || **2.** Causa o razón oculta de algo. *Despejar la incógnita de la conducta de Juan.*

incógnito, ta. ADJ. **1.** No conocido. *Tierras incógnitas.* || **II.** M. **2.** Situación de un personaje público que actúa como persona privada. *La ministra guarda el incógnito.* || **de incógnito.** LOC.ADV. Se usa para significar que una persona constituida en dignidad quiere pasar como desconocida, y que no se la trate con las ceremonias y etiqueta que le corresponden. *El emperador José II viajó de incógnito por Italia.*

incognoscible. ADJ. Que no se puede conocer. *Principios incognoscibles.*

incoherencia. F. **1.** Falta de coherencia. || **2.** Cosa que carece de la debida relación lógica con otra.

incoherente. ADJ. No coherente.

incoloro, ra. ADJ. Que carece de color. *Líquido incoloro.*

incólume. ADJ. Sano, sin lesión ni deterioro.

incolumidad. F. Estado o condición de incólume.

incombustibilidad. F. Cualidad de incombustible.

incombustible. ADJ. **1.** Que no se puede quemar. *Material incombustible.* || **2.** Que no sufre merma o desgaste a pesar del tiempo y las dificultades. *Jugador incombustible.*

incomestible. ADJ. No comestible.

incomible. ADJ. Que no se puede comer, especialmente por estar mal condimentado. *Plato incomible.*

incomodar. TR. **1.** Causar incomodidad. *¿No te incomoda tanto traqueteo?* U. t. c. prnl. || **2.** Molestar, enfadar. *Me incomodó su comentario.* U. t. c. prnl.

incomodidad. F. **1.** Falta de comodidad. || **2. molestia** (|| fatiga).

incómodo. M. Falta de comodidad.

incómodo, da. ADJ. **1.** Que carece de comodidad. *Automóvil incómodo.* || **2.** Que incomoda. *Silencio incómodo.* || **3.** Dicho de una persona: Que no está o que no se siente a gusto. *Estaba incómoda desde que él entró.*

incomparable. ADJ. **1.** Que no es comparable. *Proyectos incomparables entre sí.* || **2.** Que no admite comparación. *Prosista incomparable.* || **3.** Dicho, por hipérbole, de una cualidad: Extremada, muy grande. *Cautivó a todos por su amabilidad incomparable.*

incomparecencia. F. Falta de asistencia a un acto o lugar en que se debe estar presente.

incompartible. ADJ. Que no se puede compartir. *Tiempo incompartible.*

incompasivo, va. ADJ. Que no tiene compasión.

incompatibilidad. F. **1.** Repugnancia que tiene una cosa para unirse con otra, o de dos o más personas entre sí. || **2.** Impedimento o tacha legal para ejercer una función determinada, o para ejercer dos o más cargos a la vez.

incompatible. ADJ. No compatible con alguien o algo.

incompetencia. F. Falta de competencia o de jurisdicción.

incompetente. ADJ. No competente. Apl. a pers., u. t. c. s.

incompleto, ta. ADJ. No completo. □ V. **flor** ~.

incomponible. ADJ. **incompatible.**

incomportable. ADJ. **intolerable.**

incomprendido, da. ADJ. **1.** Que no ha sido debidamente comprendido. *Obra incomprendida.* || **2.** Dicho de una persona: Cuyo mérito no ha sido generalmente apreciado. U. t. c. s.

incomprensibilidad. F. Cualidad de incomprensible.

incomprensible. ADJ. Que no se puede comprender. *Texto, actitud incomprensible.*

incomprensión. F. Falta de comprensión.

incomprensivo, va. ADJ. Dicho de una persona: Reacia a comprender el sentimiento o la conducta de los demás.

incompresibilidad. F. Cualidad de incompresible.

incompresible. ADJ. Que no se puede **comprimir** (|| reducir a menor volumen). *Fluido incompresible.*

incomunicabilidad. F. Cualidad de incomunicable.

incomunicable. ADJ. No comunicable.

incomunicación. F. **1.** Acción y efecto de incomunicar o incomunicarse. || **2.** *Der.* Aislamiento temporal de procesados o testigos, acordado por los jueces, especialmente por los instructores de un sumario.

incomunicado, da. PART. de **incomunicar.** || ADJ. Dicho de un preso: Que no tiene comunicación, por no permitírsele tratar con nadie de palabra ni por escrito. U. t. c. s.

incomunicar. I. TR. **1.** Privar de comunicación a alguien o algo. || **II.** PRNL. **2.** Aislarse, negarse al trato con otras personas, por temor, melancolía u otra causa.

inconcebible. ADJ. Que no puede **concebirse** (|| comprenderse). *Error inconcebible.*

inconciliable. ADJ. Que no se puede conciliar. *Bloques inconciliables.*

inconcluso, sa. ADJ. **inacabado.**

inconcreción. F. Falta de concreción.

inconcreto, ta. ADJ. Que no es concreto.

inconcuso, sa. ADJ. Firme, sin duda ni contradicción. *Verdades inconcusas.*

incondicionado, da. ADJ. Que no está sujeto a ninguna condición. ☐ V. **estímulo ~, reflejo ~.**

incondicional. I. ADJ. **1.** Absoluto, sin restricción ni requisito. *Amistad incondicional.* ‖ **II.** COM. **2.** Adepto a una persona o a una idea sin limitación o condición ninguna.

inconducente. ADJ. No conducente para un fin. *Inconducente viaje a la luna.*

inconexión. F. Falta de conexión de alguien o algo con otra u otras personas o cosas.

inconexo, xa. ADJ. Falto de conexión. *Fragmentos inconexos.*

inconfesable. ADJ. Que no puede confesarse. *Pecados inconfesables.*

inconfesado, da. ADJ. No confesado, o no reconocido. *Un temor, un fin inconfesado.*

inconfeso, sa. ADJ. Que no confiesa el delito que se le imputa.

inconformarse. PRNL. *Méx.* Estar o mostrarse inconforme.

inconforme. ADJ. **1.** Hostil a lo establecido en el orden político, social, moral, estético, etc. *Espíritu inconforme.* Apl. a pers., u. t. c. s. ‖ **2. disconforme.** *Sectores inconformes.* Apl. a pers., u. t. c. s.

inconformidad. F. Cualidad o condición de inconforme.

inconformismo. M. Actitud o tendencia del inconforme.

inconformista. ADJ. Partidario del inconformismo. U. t. c. s.

inconfundible. ADJ. Dicho de una cosa: Que no puede confundirse o ser confundida.

incongruencia. F. **1.** Falta de congruencia. ‖ **2.** Dicho o hecho faltos de sentido o de lógica.

incongruente. ADJ. No congruente.

incongruo, grua. ADJ. **incongruente.** *Actitudes incongruas.*

inconmensurabilidad. F. Cualidad de inconmensurable.

inconmensurable. ADJ. **1.** No conmensurable. *Realidad inconmensurable.* ‖ **2.** Enorme, que por su gran magnitud no puede medirse. *Potencia inconmensurable.*

inconmovible. ADJ. Que no se puede **conmover** (‖ alterar). *Fe inconmovible.*

inconmutable. ADJ. Que no se puede conmutar. *Pena capital inconmutable.*

inconquistable. ADJ. **1.** Que no se puede conquistar. *Fuerte inconquistable.* ‖ **2.** Que no se deja vencer con ruegos ni con dádivas. *Indiferencia inconquistable.*

inconsciencia. F. **1.** Situación de quien es o está inconsciente. ‖ **2.** Falta de consciencia. ‖ **3.** Dicho o hecho irreflexivos, imprudentes.

inconsciente. I. ADJ. **1.** Que no se da cuenta del alcance de sus actos. U. t. c. s. ‖ **2.** Que está privado de sentido. ‖ **3.** Propio o característico de una persona inconsciente. *Los tics son movimientos inconscientes.* ‖ **II.** M. **4.** *Psicol.* Sistema de impulsos reprimidos, pero activos, que no llegan a la consciencia. ‖ **~ colectivo.** M. *Psicol.* Conjunto de representaciones comunes al género humano.

inconsecuencia. F. **1.** Falta de consecuencia en lo que se dice o hace. ‖ **2.** Dicho o hecho faltos de consecuencia.

inconsecuente. ADJ. **1.** Que procede con inconsecuencia. U. t. c. s. ‖ **2.** Que no se sigue o deduce de algo. *Adoptó una postura inconsecuente con su anterior trayectoria.*

inconsiderado, da. ADJ. **1.** No considerado ni reflexionado. *Decisión inconsiderada.* ‖ **2.** Que no considera ni reflexiona. *Un profesor inconsiderado.* U. t. c. s.

inconsistencia. F. Falta de consistencia.

inconsistente. ADJ. Falto de consistencia. *Argumentos inconsistentes.*

inconsolable. ADJ. **1.** Que no puede ser consolado. *Pérdida inconsolable.* ‖ **2.** Que muy difícilmente se consuela. *Llanto inconsolable.*

inconstancia. F. **1.** Falta de estabilidad y permanencia de algo. ‖ **2.** Facilidad y ligereza excesivas para mudar de opinión, de pensamiento, de amigos, etc.

inconstante. ADJ. **1.** No estable ni permanente. *Comunicación inconstante.* ‖ **2.** Que muda con demasiada facilidad y ligereza de pensamientos, aficiones, opiniones o conducta.

inconstitucional. ADJ. Opuesto a la Constitución del Estado.

inconstitucionalidad. F. Cualidad de inconstitucional.

inconsultamente. ADV. M. Sin consideración ni reflexión.

inconsútil. ADJ. Dicho comúnmente de la túnica de Jesucristo: Sin costura.

incontable. ADJ. **1.** Muy difícil de contar, numerosísimo. *Tras incontables peripecias, alcanzaron su destino.* ‖ **2.** Que no puede contarse. *Secreto incontable.*

incontaminado, da. ADJ. No contaminado.

incontenible. ADJ. **1.** Dicho del movimiento o del impulso de un cuerpo: Que no puede ser contenido. ‖ **2.** Dicho de una pasión: Que no puede ser contenida.

incontestable. ADJ. Que no se puede impugnar ni dudar con fundamento. *Razones incontestables.*

incontinencia. F. **1.** Falta de continencia o de comedimiento. ‖ **2.** *Med.* **incontinencia de orina.** ‖ **~ de orina.** F. *Med.* Trastorno que consiste en la expulsión involuntaria de orina.

incontinente. ADJ. **1.** Que no se contiene. *Vociferaba incontinente sus insultos.* ‖ **2.** Desenfrenado en las pasiones de la carne. ‖ **3.** Que padece incontinencia de orina. U. t. c. s.

incontinenti. ADV. T. Con prontitud, al instante.

incontrastable. ADJ. **1.** Que no se puede contrastar. *Rumor incontrastable.* ‖ **2.** Que no se puede vencer o conquistar. *Potencia militar incontrastable.* ‖ **3.** Que no puede impugnarse con argumentos ni razones sólidas. *Es una prueba incontrastable de su inocencia.* ‖ **4.** Que no se deja reducir o convencer. *Postura incontrastable.*

incontrolable. ADJ. Que no se puede controlar. *Desbandada incontrolable.*

incontrolado, da. ADJ. **1.** Que actúa o funciona sin control, sin orden, sin disciplina, sin sujeción. Apl. a pers., u. t. c. s. ‖ **2.** Que no tiene control. *Crecimiento incontrolado.*

incontrovertible. ADJ. Que no admite duda ni disputa. *Datos incontrovertibles.*

inconvencible. ADJ. Que no se deja convencer con razones.

inconveniencia. F. **1. incomodidad.** ‖ **2. despropósito.**

inconveniente. I. ADJ. **1.** No conveniente. ‖ **II.** M. **2.** Impedimento u obstáculo que hay para hacer algo. ‖ **3.** Daño y perjuicio que resulta de ejecutarlo.

inconvertible. ADJ. Que no se puede convertir. *Moneda inconvertible.*

incoordinación. F. *Med.* Falta de la coordinación normal de dos o más funciones o de los movimientos musculares.

incordiar. TR. coloq. Molestar, importunar. MORF. conjug. c. *anunciar.*

incordio. M. **1. buba** (‖ tumor blando). ‖ **2.** coloq. Persona o cosa incómoda, agobiante o muy molesta.

incorporación. F. Acción y efecto de incorporar o incorporarse.

incorporal. ADJ. **1. incorpóreo.** *Seres incorporales.* ‖ **2.** Impalpable, que no se puede tocar. *Bienes incorporales.*

incorporar. **I.** TR. **1.** Agregar, unir algo a otra cosa para que haga un todo con ella. *Incorporamos las hierbas al guiso.* ‖ **2.** Sentar o reclinar el cuerpo que estaba echado y tendido. U. t. c. prnl. *Si me incorporo muy rápido, me mareo.* ‖ **II.** PRNL. **3.** Presentarse en el lugar en que se debe empezar a trabajar o prestar servicio.

incorporeidad. F. Cualidad de incorpóreo.

incorpóreo, a. ADJ. No corpóreo.

incorrección. F. **1.** Cualidad de incorrecto. ‖ **2.** Dicho o hecho incorrecto.

incorrecto, ta. ADJ. No correcto.

incorregibilidad. F. Cualidad de incorregible.

incorregible. ADJ. **1.** Que no puede ser corregido. *Un fallo incorregible.* ‖ **2.** Dicho de una persona: Que por su dureza y terquedad no quiere enmendarse.

incorrupción. F. Estado de una cosa que no se corrompe.

incorruptibilidad. F. Cualidad de incorruptible.

incorruptible. ADJ. **1.** No corruptible. *Restos incorruptibles.* ‖ **2.** Que no se puede pervertir. *Moral incorruptible.*

incorrupto, ta. ADJ. **1.** Que está sin corromperse. *La sangre incorrupta de la santa.* ‖ **2.** No dañado ni pervertido. *Sus ideas se mantienen incorruptas.*

increado, da. ADJ. No creado. □ V. **sabiduría** ~.

incredibilidad. F. Imposibilidad o dificultad que hay para que sea creído algo.

incredulidad. F. **1.** Repugnancia o dificultad en creer algo. ‖ **2.** Falta de fe y de creencia religiosa.

incrédulo, la. ADJ. **1.** Que no cree con facilidad y a la ligera. *Mirada incrédula.* Apl. a pers., u. t. c. s. ‖ **2.** Que no tiene fe religiosa. U. t. c. s.

increíble. ADJ. **1.** Que no puede creerse. *Una excusa increíble.* ‖ **2.** Muy difícil de creer. *Es increíble lo que ha llovido.*

incrementar. TR. **aumentar.** U. t. c. prnl.

incremento. M. **1. aumento.** ‖ **2.** *Mat.* Pequeño aumento en el valor de una variable. (Símb. Δ).

increpación. F. Represión fuerte, agria y severa.

increpar. TR. Reprender con dureza y severidad.

incriminación. F. Acción y efecto de incriminar.

incriminar. TR. Imputar a alguien un delito o falta grave.

incruento, ta. ADJ. Dicho especialmente del sacrificio de la misa: No sangriento.

incrustación. F. **1.** Acción de incrustar. ‖ **2.** Cosa incrustada.

incrustante. ADJ. Que incrusta o puede incrustar. *Aguas incrustantes.*

incrustar. TR. **1.** Hacer que un cuerpo penetre violentamente en otro o quede adherido a él. *Incrustó el coche EN el muro.* U. t. c. prnl. ‖ **2.** Embutir en una superficie lisa y dura piedras, metales, maderas, etc., formando dibujos. ‖ **3.** Fijar firmemente una idea en la mente. U. t. c. prnl. *Si se le incrusta algo en la cabeza, no para hasta lograrlo.*

incubación. F. Acción y efecto de incubar.

incubadora. F. **1.** Aparato o local que sirve para la incubación artificial de huevos. ‖ **2.** Aparato en forma de urna de cristal, en que se tiene a los niños nacidos antes de tiempo o en circunstancias anormales para facilitar el desarrollo de sus funciones orgánicas.

incubar. **I.** TR. **1.** Dicho de un ave: Calentar los huevos, generalmente con su cuerpo, para sacar pollos. ‖ **II.** INTR. **2.** Dicho de un ave o de un animal ovíparo: Echarse sobre los huevos para empollarlos. U. t. c. prnl. ‖ **III.** PRNL. **3.** Dicho de una enfermedad: Desarrollarse desde que se contrae hasta que aparecen los primeros síntomas. ‖ **4.** Dicho de una tendencia o movimiento cultural, político, religioso, etc.: Iniciar su desarrollo antes de su plena manifestación.

íncubo. ADJ. Dicho de un diablo: Que, con apariencia de varón, tiene relación sexual con una mujer. U. m. c. s. m.

incuestionable. ADJ. No cuestionable.

inculcación. F. Acción y efecto de inculcar.

inculcador, ra. ADJ. Que inculca. U. t. c. s.

inculcar. TR. Infundir con ahínco en el ánimo de alguien una idea, un concepto, etc.

inculpabilidad. F. Exención de culpa.

inculpable. ADJ. Que carece de culpa o no puede ser inculpado. *Error inculpable.*

inculpación. F. Acción y efecto de inculpar.

inculpado, da. PART. de **inculpar.** ‖ ADJ. *Der.* Dicho de una persona: Que es objeto de la acusación en un procedimiento penal o sancionador. U. t. c. s.

inculpar. TR. **1.** Culpar, acusar a alguien de algo. *Insisten en inculpar a los profesores del fracaso escolar.* ‖ **2.** *Der.* Dirigir contra alguien la acusación de un delito en un procedimiento penal o sancionador.

inculpatorio, ria. ADJ. Que **inculpa** (‖ acusa). *Declaración inculpatoria.*

incultivable. ADJ. Que no puede cultivarse. *Tierra incultivable.*

inculto, ta. ADJ. **1.** Dicho de una persona, de un pueblo o de una nación: De modales rústicos y groseros o de corta instrucción. Apl. a pers., u. t. c. s. ‖ **2.** Que no tiene cultivo ni labor. *Tierras incultas.*

incultura. F. Falta de cultivo o de cultura.

incumbencia. F. Obligación y cargo de hacer algo.

incumbir. INTR. Dicho de una cosa: Estar a cargo de alguien.

incumplimiento. M. Falta de cumplimiento.

incumplir. TR. No llevar a efecto, dejar de cumplir.

incunable. ADJ. Se dice de toda edición hecha desde la invención de la imprenta hasta principios del siglo XVI. U. t. c. s. m.

incurabilidad. F. Cualidad de incurable.

incurable. ADJ. **1.** Que no se puede curar o no puede sanar. *Enfermedad incurable.* Apl. a pers., u. t. c. s. ‖ **2.** Muy difícil de curar. *Adicción incurable.* ‖ **3.** Que no tiene enmienda ni remedio. *Es un soñador incurable.*

incuria. F. Poco cuidado, negligencia.

incurrir. INTR. **1.** Caer en una falta, cometerla. *Incurrir EN un delito. Incurrir EN perjurio.* ‖ **2.** Causar o atraerse un sentimiento desfavorable. *Incurrir EN su odio. Incurrir EN su desprecio.*

incursión. F. **1.** Intromisión en una actividad ajena. ‖ **2.** Penetración de corta duración en territorio enemigo, llevada a cabo por fuerzas armadas con intención hostil.

incursionar. INTR. **1.** Realizar una incursión en territorio enemigo. *Los vikingos incursionaban con frecuencia en las costas atlánticas.* ‖ **2.** *Am.* Realizar una actividad distinta de la habitual.

incurso, sa. ADJ. Que ha incurrido en algo.

incurvar. TR. Poner curvo algo.

indagación. F. Acción y efecto de indagar.

indagador, ra. ADJ. Que indaga. U. t. c. s.

indagar. TR. Intentar averiguar, inquirir algo discurriendo o con preguntas.

indebido, da. ADJ. **1.** Que no es obligatorio ni exigible. ‖ **2.** Ilícito, injusto y falto de equidad. *Apropiación indebida.*

indecencia. F. **1.** Falta de decencia o de modestia. ‖ **2.** Dicho o hecho vituperable o vergonzoso.

indecente. ADJ. No decente, indecoroso.

indecible. ADJ. Que no se puede decir o explicar. *Daño indecible.*

indecidible. ADJ. *Fil.* Dicho de una proposición: Que, en un sistema lógico, no es posible demostrar si es verdadera o falsa.

indecisión. F. Falta de decisión.

indeciso, sa. ADJ. Irresoluto, que tiene dificultad para decidirse. *Voto indeciso.*

indeclinable. ADJ. **1.** Que no se puede rehusar. *Compromiso indeclinable.* ‖ **2.** *Gram.* Dicho de una palabra: Que no se declina.

indecoro. M. Falta de decoro.

indecoroso, sa. ADJ. Que carece de decoro, o lo ofende. *Aspecto indecoroso.*

indefectibilidad. F. Cualidad de indefectible, especialmente referido a la Iglesia católica.

indefectible. ADJ. Que no puede faltar o dejar de ser. *Vencimiento indefectible.*

indefendible o **indefensible.** ADJ. Que no puede ser defendido. *Causa indefendible.*

indefensión. F. **1.** Falta de defensa, situación de las personas o cosas que están indefensas. ‖ **2.** *Der.* Situación en que se coloca a quien se impide o se limita indebidamente la defensa de su derecho en un procedimiento administrativo o judicial.

indefenso, sa. ADJ. Que carece de defensa. *Frontera indefensa.*

indefinible. ADJ. Que no se puede definir. *Malestar indefinible.*

indefinición. F. Falta de definición o de claridad.

indefinido, da. ADJ. **1.** No definido. *Tonalidad indefinida.* ‖ **2.** Que no tiene término señalado o conocido. *Contrato indefinido.* ‖ **3.** *Fil.* Dicho de una proposición: Que no tiene signos que la determinen. □ V. **adjetivo ~, artículo ~, pretérito ~, pronombre ~.**

indeformable. ADJ. Que no se puede deformar. *Calzado indeformable.*

indehiscente. ADJ. *Bot.* No dehiscente.

indeleble. ADJ. Que no se puede borrar o quitar. *Tinta indeleble.*

indelegable. ADJ. Que no se puede delegar. *Responsabilidad indelegable.*

indeliberación. F. Falta de deliberación o reflexión.

indeliberado, da. ADJ. Hecho sin deliberación ni reflexión. *Actos indeliberados.*

indelicadeza. F. **1.** Falta de delicadeza, de cortesía, etc. ‖ **2.** Acto indelicado.

indelicado, da. ADJ. Falto de delicadeza. *Respuesta indelicada.*

indemne. ADJ. Libre o exento de daño. *Víctimas indemnes.*

indemnidad. F. Estado o situación de quien está libre de daño o perjuicio.

indemnización. F. **1.** Acción y efecto de indemnizar. ‖ **2.** Cosa con que se indemniza.

indemnizar. TR. Resarcir de un daño o perjuicio.

indemorable. ADJ. Que no puede demorarse. *Salida indemorable.*

indemostrable. ADJ. Que no se puede demostrar. *Teoría indemostrable.*

independencia. F. **1.** Cualidad o condición de independiente. ‖ **2.** Libertad, especialmente la de un Estado que no es tributario ni depende de otro. ‖ **3.** Entereza, firmeza de carácter. ‖ **con ~ de.** LOC. PREPOS. Sin depender de.

independentismo. M. En un país que no tiene independencia política, movimiento que la propugna o reclama.

independentista. ADJ. **1.** Perteneciente o relativo al independentismo. *Bandera independentista.* ‖ **2.** Partidario del independentismo. U. t. c. s.

independiente. I. ADJ. **1.** Que no tiene dependencia, que no depende de otro. *La habitación de invitados está en un ala independiente.* ‖ **2.** Dicho de una persona: Que sostiene sus derechos u opiniones sin admitir intervención ajena. ‖ **II.** ADV. M. **3.** Con independencia. *Independiente de eso.*

independizar. TR. Dar la independencia a un país, a una persona o a una cosa. U. t. c. prnl.

inderogable. ADJ. Que no puede ser derogado. *Decreto inderogable.*

indescifrable. ADJ. Que no se puede descifrar. *Escritura indescifrable.*

indescriptible. ADJ. Que no se puede describir. *Panorama indescriptible.*

indeseable. ADJ. **1.** Dicho de una persona: Cuyo trato no es recomendable. U. t. c. s. ‖ **2.** Dicho de una persona: Cuya permanencia en un país consideran peligrosa las autoridades de este. U. t. c. s. ‖ **3.** Indigno de ser deseado. *Una enfermedad siempre es indeseable.*

indeseado, da. ADJ. Que por su condición no es deseado. *Indeseada presencia.*

indestructibilidad. F. Cualidad de indestructible.

indestructible. ADJ. Que no se puede destruir. *Fortaleza, amistad indestructible.*

indeterminable. ADJ. Que no se puede determinar.

indeterminación. F. Falta de determinación en algo, o de resolución en alguien.

indeterminado, da. ADJ. **1.** No determinado, o que no implica ni denota determinación alguna. *Un período de tiempo indeterminado.* ‖ **2.** Que no es concreto ni definido. *Aún tenía rasgos indeterminados, era difícil buscar un parecido.* □ V. **artículo ~, ecuación ~, problema ~, pronombre ~.**

indeterminismo. M. *Fil.* Independencia de los seres humanos frente a todo determinismo.

indexación. F. Acción y efecto de indexar.

indexar. TR. **1.** Hacer índices. ‖ **2.** Registrar ordenadamente datos e informaciones, para elaborar su índice.

India. □ V. **Cámara de ~s, caña de ~s, caña de la ~, carrera de ~s, castaña de ~s, castaño de ~s, conejillo de ~s, Consejo de ~s, guindillo de ~s, haba de las ~s.**

indiada. F. Muchedumbre de indios.

indiana. F. Tela de lino o algodón, o de mezcla de uno y otro, pintada por un solo lado.

indianista. ADJ. Se dice del autor o de la literatura del Romanticismo que idealizan el tema del indio.

indiano, na. ADJ. **1.** Nativo, pero no originario de América, o sea de las Indias Occidentales. U. t. c. s. ‖ **2.** Perteneciente o relativo a ellas. *Comercio indiano.* ‖ **3.** Dicho de una persona: Que vuelve rica de América. U. t. c. s.

indicación. F. **1.** Acción y efecto de indicar. ‖ **2.** Señal que indica. ‖ ~ **de procedencia.** F. Forma de propiedad industrial como derecho privativo de alguna localidad, zona o comarca cuyos productos son famosos por la naturaleza o la industria.

indicador, ra. ADJ. Que indica o sirve para indicar. Apl. a un dispositivo o un aparato, u. t. c. s. m.

indicar. TR. **1.** Mostrar o significar algo con indicios y señales. *Con un gesto le indicó el camino. Su actitud indica desinterés. La marca indica que ha dejado de usarse.* ‖ **2.** Decir algo. *Diversas fuentes han indicado que el robo no duró más de cinco minutos.* ‖ **3.** Dicho de un médico: Recetar remedios.

indicativo, va. I. ADJ. **1.** Que indica o sirve para indicar. *Flecha indicativa.* ‖ **II.** M. **2.** *Gram.* **modo indicativo.**

índice. M. **1.** En un libro u otra publicación, lista ordenada de los capítulos, artículos, materias, voces, etc., en él contenidos, con indicación del lugar donde aparecen. ‖ **2.** Catálogo de las obras conservadas en una biblioteca, archivo, etc., clasificados según diversos criterios. ‖ **3.** Cada una de las manecillas de un reloj o de las agujas y otros elementos indicadores de los instrumentos graduados, tales como barómetros, termómetros, higrómetros, etc. ‖ **4.** Gnomon de un cuadrante solar. ‖ **5.** Expresión numérica de la relación entre dos cantidades. *Índice de población activa. Índice de inflación.* ‖ **6. dedo índice.** ‖ **7.** Indicio o señal de algo. ‖ **8.** *Mat.* Número o letra que se coloca en la abertura del signo radical y sirve para indicar el grado de la raíz. ‖ ~ **cefálico.** M. *Zool.* Relación entre la anchura y la longitud máxima del cráneo. ‖ ~ **de audiencia.** M. Número o porcentaje de personas que siguen una emisora o cadena de radio o televisión o un programa determinado. ‖ ~ **de impacto.** M. Estimación de la relevancia de una publicación basada en análisis estadístico de las referencias que se hacen a ella. ‖ ~ **de octano.** M. *Quím.* Unidad en que se expresa el poder antidetonante de una gasolina o de otros carburantes en relación con cierta mezcla de hidrocarburos que se toma como base. ‖ ~ **de precios al consumo.** M. Expresión numérica del incremento de los precios de bienes y servicios en un período de tiempo con respecto a otro período anterior. ‖ ~ **de refracción.** M. *Fís.* Razón entre las velocidades de propagación de la luz en el vacío y en un determinado medio. ‖ ~ **expurgatorio.** M. hist. Catálogo de los libros que la Iglesia católica prohibía o mandaba corregir. ▢ V. **dedo** ~.

indiciado, da. ADJ. *Am.* Que tiene contra sí la sospecha de haber cometido un delito. U. m. c. s.

indicio. M. **1.** Fenómeno que permite conocer o inferir la existencia de otro no percibido. *La fuga del sospechoso fue un indicio de su culpa.* ‖ **2.** Cantidad muy pequeña de algo, que no acaba de manifestarse como mensurable o significativa. *Se hallaron en la bebida indicios de arsénico.*

índico, ca. I. ADJ. **1.** Perteneciente o relativo a las Indias Orientales. ‖ **2.** Perteneciente o relativo al océano Índico o a los territorios que baña. ‖ **II.** M. **3.** Lengua hablada en las Indias Orientales. ▢ V. **cáñamo** ~.

indiferencia. F. Estado de ánimo en que no se siente inclinación ni rechazo hacia una persona, objeto o negocio determinados.

indiferenciado, da. ADJ. Que no posee caracteres diferenciados.

indiferente. ADJ. **1.** No determinado por sí a algo más que a otra cosa. *Se mantuvo indiferente durante la discusión.* ‖ **2.** Que no importa que sea o se haga de una u de otra forma. *La manera de resolverlo es indiferente.* ‖ **3.** Que no despierta interés o afecto. *Ese hombre me es indiferente.*

indiferentismo. M. Actitud de quien mira con indiferencia los sucesos, o no adopta ni combate doctrina alguna, especialmente en materia religiosa.

indígena. ADJ. Originario del país de que se trata, especialmente si se refiere a una civilización poco desarrollada. Apl. a pers., u. t. c. s.

indigencia. F. Falta de medios para alimentarse, para vestirse, etc.

indigenismo. M. **1.** Estudio de los pueblos indios iberoamericanos que hoy forman parte de naciones en las que predomina la civilización europea. ‖ **2.** Doctrina y partido que propugna reivindicaciones políticas, sociales y económicas para los indios y mestizos en las repúblicas iberoamericanas. ‖ **3.** Exaltación del tema indígena americano en la literatura y el arte.

indigenista. I. ADJ. **1.** Perteneciente o relativo al indigenismo. *Narrativa indigenista.* ‖ **II.** COM. **2.** Persona partidaria del indigenismo.

indigente. ADJ. Que padece indigencia. U. t. c. s.

indigerible. ADJ. Que no se puede digerir o es de muy difícil digestión. U. t. en sent. fig. *Un texto indigerible.*

indigerido, da. ADJ. Mal digerido, no digerido.

indigestarse. PRNL. **1.** Dicho de un alimento o de una comida: No sentar bien. ‖ **2.** coloq. Dicho de una persona: No hacerse agradable a otra por algún motivo.

indigestión. F. Trastorno que por falta de digestión padece el organismo.

indigesto, ta. ADJ. **1.** Que no se digiere o se digiere con dificultad. *El pepino le resulta indigesto.* ‖ **2.** Áspero, difícil en el trato. *Resulta indigesto en la relación cercana.*

indignación. F. Enojo, ira, enfado vehemente contra una persona o contra sus actos.

indignante. ADJ. Que indigna. *Es indignante que suba todo menos los sueldos.*

indignar. TR. Irritar, enfadar vehemente a alguien. U. t. c. prnl.

indignidad. F. **1.** Cualidad de indigno. ‖ **2.** Acción indigna o reprobable. ‖ **3.** *Der.* Motivo de incapacidad sucesoria por mal comportamiento grave del heredero o legatario hacia el causante de la herencia o los parientes inmediatos de este.

indigno, na. ADJ. **1.** Que no tiene mérito ni disposición para algo. *Eres indigno de nuestra confianza.* ‖ **2.** Que es inferior a la calidad y mérito de alguien o no corresponde a sus circunstancias. *Esa oferta es indigna de alguien con tanta preparación.*

índigo. M. **1. añil** (‖ arbusto papilionáceo). ‖ **2.** Pasta que se hace de las hojas y tallos de esta planta. ‖ **3. añil** (‖ color azul oscuro). U. t. c. adj.

indino, na. ADJ. **1.** coloq. Dicho de una persona, un muchacho generalmente: Traviesa o descarada. ‖ **2.** vulg. Que no es digno.

indio[1], dia. ADJ. **1.** Natural de la India. U. t. c. s. ‖ **2.** Perteneciente o relativo a este país de Asia. ‖ **3.** Se dice del indígena de América, o sea de las Indias Occidentales, a quien hoy se considera como descendiente de aquel sin mezcla de otra raza. U. t. c. s. ‖ **4.** Perteneciente o relativo a estos **indios**. *Traje indio. Lengua india.* ‖ **indio de carga.** M. hist. El que en las Indias Occidentales conducía de una parte a otra las cargas, supliendo la carencia de otros medios de transporte. ‖ **subírsele** a alguien **el ~.** LOC.VERB. *Am.* **montar en cólera.** ◻ V. **fila ~, repartimiento de indios.**

indio². M. Elemento químico de núm. atóm. 49. Metal escaso en la litosfera, se encuentra en la blenda y otros minerales de hierro, plomo, cobre y estaño. Dúctil, blando y maleable, sus derivados producen a la llama un intenso color índigo. Se usa en la fabricación de rodamientos y semiconductores. (Símb. *In*).

indirecta. F. Dicho o medio de que alguien se vale para no significar explícita o claramente algo, y darlo, sin embargo, a entender.

indirecto, ta. ADJ. Que no va de manera directa a un fin, aunque se encamine a él. ◻ V. **complemento ~, contribución ~, impuesto ~, objeto ~, tiro ~.**

indiscernible. ADJ. Que no se puede discernir. *Novedad indiscernible.*

indisciplina. F. Falta de disciplina.

indisciplinable. ADJ. Incapaz de disciplina.

indisciplinado, da. PART. de **indisciplinarse.** ‖ ADJ. Que no se sujeta a la disciplina debida.

indisciplinarse. PRNL. Quebrantar la disciplina.

indiscreción. F. **1.** Falta de discreción y de prudencia. ‖ **2.** Dicho o hecho indiscreto.

indiscreto, ta. ADJ. **1.** Que obra sin discreción. U. t. c. s. *No le cuentes nada a ese indiscreto.* ‖ **2.** Que se hace sin discreción. *Comentario indiscreto.*

indiscriminado, da. ADJ. No **discriminado** (‖ seleccionado). *Un tiroteo indiscriminado.*

indisculpable. ADJ. **1.** Que no tiene disculpa. ‖ **2.** Que difícilmente puede disculparse.

indiscutible. ADJ. No discutible por ser evidente. *Verdades indiscutibles.*

indiscutido, da. ADJ. Que no se pone o no se ha puesto en duda o cuestión. *Afirmaciones indiscutidas.*

indisimulado, da. ADJ. No disimulado, que se manifiesta con claridad. *Indisimulada prisa.*

indisociable. ADJ. Que no se puede disociar. *Partes indisociables.*

indisolubilidad. F. Cualidad de indisoluble.

indisoluble. ADJ. Que no se puede **disolver** (‖ separar). *Vínculo indisoluble.*

indispensabilidad. F. Cualidad de indispensable.

indispensable. ADJ. Que es necesario o muy aconsejable que suceda. *Indispensable ayuda.*

indisponer. **I.** TR. **1.** Enemistar a las personas. U. m. c. prnl. *Indisponerse con alguien.* ‖ **2.** Causar **indisposición** (‖ quebranto leve y pasajero de salud). *La comida me indispuso un poco.* ‖ **II.** PRNL. **3.** Experimentar esa indisposición. ¶ MORF. conjug. c. *poner;* part. irreg. **indispuesto.**

indisposición. F. **1.** Alteración leve y pasajera de la salud. ‖ **2.** Falta de disposición y de preparación para algo.

indispuesto, ta. PART. IRREG. de **indisponer.** ‖ ADJ. Que se siente algo enfermo o con alguna alteración en la salud.

indisputable. ADJ. Que no admite disputa. *Hegemonía indisputable.*

indistinción. F. Falta de distinción.

indistinguible. ADJ. **1.** Que no se puede distinguir. *Esas células son indistinguibles por su forma.* ‖ **2.** Muy difícil de distinguir. *En la lejanía su silueta era casi indistinguible.*

indistinto, ta. ADJ. **1.** Que no se distingue de otra cosa. *Ambas expresiones se utilizan de manera indistinta.* ‖ **2.** Que no se percibe de manera clara y distinta. *Se oyen del fondo voces indistintas.* ‖ **3.** Que resulta indiferente o no es objeto de preferencia. *Puede tomar el medicamento antes o después de la comida, es indistinto.*

individuación. F. **individualización.**

individual. ADJ. **1.** Perteneciente o relativo al individuo. *Derechos individuales.* ‖ **2.** Que es de cada individuo o para un solo individuo. *Habitación individual.* ‖ **3.** Particular, propio y característico de alguien o algo. *Esa es mi opinión individual.*

individualidad. F. Cualidad particular de alguien o algo, por la cual se da a conocer o se señala de manera singular.

individualismo. M. Tendencia a pensar y obrar con independencia de los demás, o sin sujetarse a normas generales.

individualista. ADJ. **1.** Perteneciente o relativo al individualismo. *Ideas individualistas.* ‖ **2.** Propenso al individualismo. *Se mostró esquivo e individualista con el grupo.* U. t. c. s.

individualización. F. Acción y efecto de individualizar.

individualizar. TR. **1.** Especificar algo, tratarlo con particularidad y por menor. *Individualizar los tratamientos médicos.* ‖ **2.** Hacer distinción especial de alguien en el afecto, atención o correspondencia.

individuar. TR. **individualizar.** (‖ tratar con particularidad). MORF. conjug. c. *actuar.*

individuo, dua. **I.** M. y F. **1.** coloq. Persona cuyo nombre y condición se ignoran o no se quieren decir. ‖ **2.** despect. coloq. Persona considerada despreciable o poco digna de respeto. ‖ **II.** M. **3.** Cada ser organizado, sea animal o vegetal, respecto de la especie a que pertenece. ‖ **4.** Persona perteneciente a una clase o corporación. *Individuo del Consejo de Estado. Individuo de la Academia Española.*

indivisibilidad. F. Cualidad de indivisible.

indivisible. ADJ. **1.** Que no se puede dividir. *Ración indivisible.* ‖ **2.** *Der.* Dicho de una cosa: Que no admite división, por ser impracticable, porque impida o varíe sustancialmente su aptitud para el destino que tenía, o porque desmerezca mucho con la división.

indivisión. F. **1.** Carencia de división. ‖ **2.** *Der.* Estado de condominio o de comunidad de bienes entre dos o más partícipes.

indiviso, sa. ADJ. No separado o dividido en partes. Apl. a un bien, u. t. c. s. m.

indización. F. **indexación.**

indizar. TR. **indexar.**

indo, da. ADJ. **1.** **indio** (‖ natural de la India). U. t. c. s. ‖ **2.** Perteneciente o relativo a este país de Asia.

indoamericano, na. ADJ. **amerindio.** Apl. a pers., u. t. c. s.

indoantillano, na. ADJ. Indio de las Antillas. U. t. c. s.

indoblegable. ADJ. Que no desiste de su opinión, propósito, conducta, etc. *Firmeza indoblegable.*

indochino, na. ADJ. **1.** Natural de Indochina. U. t. c. s. ‖ **2.** Perteneciente o relativo a esta península de Asia.

indócil. ADJ. Que no tiene docilidad. *Cabalgadura indócil.*

indocilidad. F. Falta de docilidad.

indocto, ta. ADJ. Falto de instrucción, inculto. U. t. c. s.

indoctrinar. TR. adoctrinar.

indocubano, na. ADJ. Indio de la isla de Cuba. Apl. a pers., u. t. c. s.

indocumentado, da. ADJ. **1.** Dicho de una persona: Que no lleva consigo documento oficial por el cual pueda identificarse, o que carece de él. ‖ **2.** Que no tiene prueba fehaciente o testimonio válido. *Noticia indocumentada.* ‖ **3.** Ignorante, inculto. *No sé cómo han puesto de responsable a ese indocumentado.*

indoeuropeo, a. ADJ. **1.** Se dice de cada una de las lenguas procedentes de un origen común y extendidas desde la India hasta el occidente de Europa. ‖ **2.** Se dice de la raza y lengua que dieron origen a todas ellas. U. t. c. s. m. *El indoeuropeo.*

indogermánico, ca. ADJ. indoeuropeo.

indoiranio, nia o **indo-iranio, nia.** ADJ. **1.** Se dice del grupo o familia de lenguas indoeuropeas que comprende el índico y el iranio. U. t. c. s. m. *El indoiranio.* ‖ **2.** Perteneciente o relativo a este grupo o familia de lenguas. *Léxico indoiranio.* ¶ MORF. pl. **indoiranios, nias** o **indo-iranios, nias.**

índole. F. **1.** Condición e inclinación natural propia de cada persona. ‖ **2.** Naturaleza, calidad y condición de las cosas.

indolencia. F. Cualidad de indolente.

indolente. ADJ. **1.** Que no se afecta o conmueve. ‖ **2.** flojo (‖ perezoso). ‖ **3.** Insensible, que no siente el dolor.

indoloro, ra. ADJ. Que no causa dolor. *Incisión indolora.*

indomable. ADJ. Que no se puede o no se deja domar. *Potro indomable.*

indomeñable. ADJ. indomable.

indomesticable. ADJ. Que no se puede o no se deja domesticar. *Felino indomesticable.*

indómito, ta. ADJ. **1.** No domado. *Potro indómito.* ‖ **2.** Que no se puede o no se deja domar. *Carácter indómito.* ‖ **3.** Difícil de sujetar o reprimir. *Tribu indómita.*

indonesio, sia. ADJ. **1.** Natural de Indonesia. U. t. c. s. ‖ **2.** Perteneciente o relativo a este país de Asia. ‖ **3.** Se dice de la lengua malayo-polinesia hablada en la República de Indonesia, y que guarda gran similitud con el malayo. U. t. c. s. m. *El indonesio.* ‖ **4.** Perteneciente o relativo a esta lengua. *Giros indonesios.*

indostánico, ca. I. ADJ. **1.** Natural del Indostán. U. t. c. s. ‖ **2.** Perteneciente o relativo a esta región de Asia. ‖ **II.** M. **3.** Lengua hablada en el Indostán.

indostano, na. ADJ. Natural del Indostán, región de Asia. U. t. c. s.

indotado, da. ADJ. Que está sin dotar. *Puesto de trabajo indotado.*

indubitable. ADJ. Que no puede dudarse. *Hechos indubitables.*

indubitado, da. ADJ. Que no admite duda. *Verdad indubitada.*

inducción. F. Acción y efecto de inducir. ‖ ~ **electromagnética.** F. Electr. Producción de una fuerza electromotriz en un conductor por influencia de un campo magnético. ‖ ~ **electrostática.** F. Electr. Redistribución de las cargas eléctricas en un conductor por la acción de un campo eléctrico exterior. ‖ ~ **magnética.** F. Electr. Vector que mide la densidad del flujo magnético en una sustancia. Su unidad en el Sistema Internacional es el tesla. (Símb. B). ‖ ~ **mutua.** F. Electr. Producción de una fuerza electromotriz en un circuito por la variación de la corriente que circula por otro.

inducido. M. Fís. Circuito que gira en el campo magnético de una dinamo o de un alternador, y en el cual se desarrolla una corriente por efecto de su rotación.

inducir. TR. **1.** Extraer, a partir de determinadas observaciones o experiencias particulares, el principio general que en ellas está implícito. ‖ **2.** Instigar, persuadir, mover a alguien. *Lo indujo a engaño.* ‖ **3.** **ocasionar.** *Un consumo excesivo puede inducir alteraciones fisiológicas.* ‖ **4.** Fís. Producir a distancia en otros cuerpos fenómenos eléctricos o magnéticos. ¶ MORF. conjug. c. *conducir.*

inductancia. F. Electr. Relación entre la fuerza electromotriz producida en una bobina y la variación de la corriente. Su unidad en el Sistema Internacional es el *henrio.*

inductivo, va. ADJ. **1.** Que se hace por inducción. *Razonamiento inductivo.* ‖ **2.** Perteneciente o relativo a la inducción. *Principio inductivo.*

inductor, ra. ADJ. Que induce. Se dice especialmente de quien induce a otro a cometer un delito. U. t. c. s.

indudable. ADJ. **1.** Que no se puede poner en duda. *Prueba indudable.* ‖ **2.** **evidente** (‖ claro, patente). *Su ignorancia es indudable.*

indulgencia. F. **1.** Facilidad en perdonar o disimular las culpas o en conceder gracias. ‖ **2.** Remisión ante Dios de la pena temporal correspondiente a los pecados ya perdonados, que se obtiene por mediación de la Iglesia.

indulgente. ADJ. **1.** Inclinado a perdonar y disimular los yerros o a conceder gracias. ‖ **2.** Propio o característico de una persona **indulgente.** *Una mirada indulgente.*

indultar. TR. **1.** Perdonar a alguien total o parcialmente la pena que tiene impuesta, o conmutarla por otra menos grave. ‖ **2.** Exceptuar o eximir de una ley u obligación.

indulto. M. **1.** Gracia por la cual se remite total o parcialmente o se conmuta una pena. ‖ **2.** Gracia que excepcionalmente concede el jefe del Estado, por la cual perdona total o parcialmente una pena o la conmuta por otra más benigna.

indumentaria. F. **1.** Vestimenta de una persona para adorno o abrigo de su cuerpo. ‖ **2.** Estudio histórico del traje.

indumentario, ria. ADJ. Perteneciente o relativo al vestido.

indumento. M. Vestimenta de persona para adorno o abrigo de su cuerpo.

induración. F. Med. Acción y efecto de endurecer.

industria. F. **1.** Conjunto de operaciones materiales ejecutadas para la obtención, transformación o transporte de uno o varios productos naturales. ‖ **2.** Instalación destinada a estas operaciones. ‖ **3.** Suma o conjunto de las **industrias** de un mismo o de varios géneros, de todo un país o de parte de él. *La industria algodonera. La industria agrícola. La industria española. La industria catalana.* ‖ **4.** Maña y destreza o artificio para hacer algo. ‖ ~ **pesada.** F. La que se dedica a la construcción de maquinaria y armas pesadas. □ V. **caballero de ~.**

industrial. I. ADJ. **1.** Perteneciente o relativo a la industria. ‖ **II.** COM. **2.** Persona que vive del ejercicio de una industria o es propietario de ella. □ V. **cantidades ~es, cinturón ~, complejo ~, polo ~, propiedad ~, registro de la propiedad ~, socio ~, zona ~.**

industrialismo. M. Tendencia al predominio de los intereses industriales.

industrialista. ADJ. Partidario del industrialismo.

industrialización. F. Acción y efecto de industrializar.

industrializar. TR. **1.** Hacer que algo sea objeto de industria o elaboración. *Industrializar la producción agrí-*

cola. || **2.** Dar predominio a las industrias en la economía de un país.

industrioso, sa. ADJ. Que se dedica con ahínco al trabajo.

inédito, ta. ADJ. **1.** Dicho de un escrito: No publicado. U. t. c. s. m. || **2.** Dicho de un escritor: Que aún no ha publicado nada. || **3.** Desconocido, nuevo. *Perspectiva inédita.*

ineducación. F. Carencia de educación.

ineducado, da. ADJ. Falto de educación o de buenos modales.

inefabilidad. F. Cualidad de inefable.

inefable. ADJ. Que no se puede explicar con palabras. *Misterio inefable.*

ineficacia. F. Falta de eficacia y actividad.

ineficaz. ADJ. No eficaz.

ineficiencia. F. Falta de eficiencia.

ineficiente. ADJ. Sin eficiencia.

inelegancia. F. **1.** Falta de elegancia. || **2.** Hecho o dicho inelegantes. *Cometió la inelegancia de no dejar ni un céntimo de propina.*

inelegante. ADJ. No elegante.

inelegible. ADJ. Que no se puede elegir.

ineluctable. ADJ. Dicho de una cosa: Contra la cual no puede lucharse. *Consecuencias ineluctables.*

ineludible. ADJ. Que no se puede eludir. *Examen ineludible.*

inembargable. ADJ. Que no puede ser objeto de embargo. *Bienes inembargables.*

inenarrable. ADJ. inefable.

inepcia. F. **1.** ineptitud. || **2.** Dicho o hecho necio.

ineptitud. F. Inhabilidad, falta de aptitud o de capacidad.

inepto, ta. ADJ. Necio o incapaz, sin condiciones o aptitudes. U. t. c. s.

inequívoco, ca. ADJ. Que no admite duda o equivocación. *Síntoma inequívoco.*

inercia. F. **1.** *Mec.* Propiedad de los cuerpos de no modificar su estado de reposo o movimiento si no es por la acción de una fuerza. || **2.** Rutina, desidia. □ V. **fuerza de ~, momento de ~.**

inercial. ADJ. *Fís.* Perteneciente o relativo a la inercia. □ V. **masa ~.**

inerme. ADJ. **1.** Que está sin armas. U. t. en sent. fig. *Está inerme ante las calumnias.* || **2.** *Biol.* Desprovisto de espinas, pinchos o aguijones.

inerrante. ADJ. Que posee la cualidad de estar exento de error.

inerte. ADJ. **1.** Sin vida. *Cuerpo inerte.* || **2.** Inmóvil, paralizado. *Mano, rostro inerte.* || **3.** Inactivo, ineficaz, incapaz de reacción. *Gas inerte.* || **4.** Flojo, desidioso. *Sociedad resignada e inerte.* □ V. **masa ~.**

inervación. F. *Biol.* Acción del sistema nervioso en las funciones de los demás órganos del cuerpo del animal.

inervar. TR. *Anat.* Dicho de un nervio: Alcanzar un órgano o parte del cuerpo.

inescrupuloso, sa. ADJ. **1.** Dicho de una persona: Que carece de escrúpulos. || **2.** Dicho o hecho sin escrúpulos. *Inescrupulosa manipulación.*

inescrutable. ADJ. Que no se puede saber ni averiguar. *Designio inescrutable.*

inesperable. ADJ. Que no es de esperar. *Reacción inesperable.*

inesperado, da. ADJ. Que sucede sin esperarse. *Estallido inesperado.*

inestabilidad. F. Falta de estabilidad.

inestable. ADJ. No estable.

inestimable. ADJ. Tan valioso que no puede ser estimado como corresponde. *Inestimable apoyo.*

inestimado, da. ADJ. Que está sin apreciar ni tasar. *Cuantía inestimada.*

inevitable. ADJ. Que no se puede evitar. *Accidentes inevitables.*

inexactitud. F. **1.** Falta de exactitud. || **2.** Dicho o hecho inexacto o falso.

inexacto, ta. ADJ. Que carece de exactitud. *Datos inexactos.*

inexcusable. ADJ. **1.** Que no puede eludirse con pretextos o que no puede dejar de hacerse. *Una visita inexcusable.* || **2.** Que no tiene disculpa. *Un error inexcusable.*

inexequible. ADJ. No exequible; que no se puede hacer, conseguir o llevar a efecto. *Dos apartados del decreto fueron declarados inexequibles.* U. m. en América.

inexhausto, ta. ADJ. Que por su abundancia o plenitud no se agota ni se acaba. *Verdad inexhausta.*

inexistencia. F. Falta de existencia.

inexistente. ADJ. Que carece de existencia. *Seres fantásticos inexistentes.*

inexorabilidad. F. Cualidad de inexorable.

inexorable. ADJ. **1.** Que no se puede evitar. *El inexorable paso del tiempo.* || **2.** Que no se deja vencer con ruegos. *Es inexorable a la hora de calificar los exámenes.*

inexperiencia. F. Falta de experiencia.

inexperto, ta. ADJ. Falto de experiencia. U. t. c. s.

inexpiable. ADJ. Que no se puede expiar. *Culpa inexpiable.*

inexplicable. ADJ. Que no se puede explicar. *Retraso inexplicable.*

inexplicado, da. ADJ. Falto de explicación. *Lecciones inexplicadas.*

inexplorado, da. ADJ. No explorado.

inexpresable. ADJ. Que no se puede expresar. *Emociones inexpresables.*

inexpresado, da. ADJ. No **expresado** (|| con palabras). *Sentimiento inexpresado.*

inexpresividad. F. Cualidad de inexpresivo.

inexpresivo, va. ADJ. **1.** Que carece de expresión. *Un rostro inexpresivo.* || **2.** Incapaz de expresar o expresarse, o que apenas lo hace.

inexpugnable. ADJ. **1.** Que no se puede tomar o conquistar por las armas. *Fortaleza inexpugnable.* || **2.** Inaccesible o de acceso muy difícil. *Pico inexpugnable.* || **3.** Que no se deja vencer ni persuadir.

inextenso, sa. ADJ. Que carece de extensión. *Divinidad inextensa.*

in extenso. (Locución latina). LOC.ADV. **por extenso.**

inextinguible. ADJ. **1.** Que no se puede extinguir. *Luz inextinguible.* || **2.** De perpetua o muy larga duración. *Afecto inextinguible.*

in extremis. (Locución latina). LOC.ADJ. **1.** Al final, en los últimos instantes de una situación peligrosa o comprometida. U. t. c. loc. adv. *Ganamos in extremis.* || **2.** En los últimos instantes de la existencia. *Está in extremis.*

inextricable. ADJ. Que no se puede desenredar; muy intrincado y confuso. *Maleza inextricable.*

infalibilidad. F. Cualidad de infalible.

infalible. ADJ. **1.** Que no puede **fallar** (|| equivocarse). *Método infalible. Persona infalible.* || **2.** Seguro, cierto, indefectible. *Verdad infalible.*

infalsificable. ADJ. Que no se puede falsificar. *Documento infalsificable.*

infamación. F. Acción y efecto de infamar.

infamador, ra. ADJ. Que infama. U. t. c. s.

infamante. ADJ. Que causa deshonra. *Acusación infamante.*

infamar. TR. Quitar la fama, honra y estimación a alguien o algo personificado. U. t. c. prnl.

infamatorio, ria. ADJ. Que infama. □ V. **libelo** ~.

infame. ADJ. **1.** Que carece de honra, crédito y estimación. U. t. c. s. ‖ **2.** Muy malo y vil en su especie. *Experiencia infame.* ‖ **3.** Propio o característico de una persona infame. *Calumnias infames.*

infamia. F. **1.** Descrédito, deshonra. ‖ **2.** Maldad, vileza en cualquier línea.

infancia. F. **1.** Período de la vida humana desde que se nace hasta la pubertad. ‖ **2.** Conjunto de los niños de tal edad. ‖ **3.** Primer estado de una cosa después de su nacimiento o fundación. *La infancia del mundo. La infancia de una institución.* □ V. **jardín de** ~.

infanta. F. **1.** Pariente del rey que por gracia real obtiene el título de infanta. ‖ **2.** Hija legítima del rey no heredera del trono. ‖ **3.** Mujer de un infante.

infantado. M. hist. Territorio de un infante o infanta real.

infante. **I.** M. **1.** Pariente del rey que por gracia real obtiene el título de infante. ‖ **2.** Cada uno de los hijos varones y legítimos del rey, nacidos después del príncipe o de la princesa. ‖ **3.** hist. Hasta los tiempos de Juan I, hijo primogénito del rey. *Infante heredero. Infante primero heredero.* ‖ **4. infante de coro.** ‖ **II.** COM. **5.** Niño que aún no ha llegado a la edad de siete años. ‖ **6.** Soldado que sirve a pie. ‖ ~ **de coro.** M. En algunas catedrales, muchacho que sirve en el coro y en varios ministerios de la iglesia, con manto y roquete. □ V. **corona de** ~, **jardín de** ~s.

infantería. F. Tropa que sirve a pie en la milicia. ‖ ~ **de Marina.** F. La destinada a dar la guarnición a los buques de guerra, arsenales y departamentos marítimos. ‖ ~ **ligera.** F. La que con preferencia sirve en guerrillas, avanzadas y descubiertas.

infanticida. COM. Persona que mata a un niño o infante. U. t. c. adj.

infanticidio. M. Muerte dada violentamente a un niño de corta edad.

infantil. ADJ. **1.** Perteneciente o relativo a la infancia. *Etapa infantil del desarrollo.* ‖ **2.** Perteneciente o relativo al niño o a los niños. *Programación infantil.* ‖ **3.** Inocente, cándido, inofensivo. *Una estratagema infantil.* ‖ **4.** Se dice del comportamiento parecido al del niño en un adulto. □ V. **guardería** ~, **jardín** ~, **parálisis** ~.

infantilidad. F. Cualidad de infantil.

infantilismo. M. **1.** Persistencia en la adolescencia o en la edad adulta de los caracteres físicos y mentales propios de la infancia. ‖ **2.** Med. Atrofia de ciertos órganos del cuerpo humano que no alcanzan, por razones clínicas o biológicas, su natural desarrollo.

infantiloide. ADJ. despect. Dicho de una persona adulta o de su comportamiento: Que presentan características o rasgos propios de los niños.

infanzón, na. M. y F. hist. Hidalgo que en sus heredades tenía potestad y señorío limitados.

infanzonía. F. hist. Cualidad de infanzón.

infartado, da. PART. de **infartar.** ‖ ADJ. Que ha sufrido un infarto. Apl. a pers., u. t. c. s.

infartar. TR. Causar un infarto. U. t. c. prnl.

infarto. M. **1.** Med. Aumento de tamaño de un órgano enfermo. *Infarto de un ganglio. Infarto del hígado.* ‖ **2.** Necrosis de un órgano o parte de él por falta de riego sanguíneo debida a obstrucción de la arteria correspondiente. ‖ **3.** por antonom. El de miocardio.

infatigable. ADJ. Incapaz de cansarse o que muy difícilmente se cansa.

infatuación. F. Acción y efecto de infatuar.

infatuar. TR. Volver a alguien fatuo. U. t. c. prnl. MORF. conjug. c. *actuar.*

infausto, ta. ADJ. Desgraciado, infeliz. *Pronóstico infausto.*

infección. F. Acción y efecto de infectar o infectarse.

infeccionar. TR. **infectar.**

infeccioso, sa. ADJ. **1.** Que causa infección. *Foco infeccioso.* ‖ **2.** Causado por infección. *Laringitis infecciosa.*

infectar. **I.** TR. **1.** Dicho de algunos microorganismos patógenos, como los virus o las bacterias: Invadir un ser vivo y multiplicarse en él. ‖ **2.** Corromper con malas doctrinas o malos ejemplos. U. t. c. prnl. *Se infectó con el ansia de dinero.* ‖ **II.** PRNL. **3.** Dicho de un ser vivo: Resultar invadido por microorganismos patógenos.

infectivo, va. ADJ. Que infecta o puede infectar. *Agente infectivo.*

infecto, ta. ADJ. **1.** Sucio, repugnante, abyecto. *Calabozo infecto.* ‖ **2.** Infectado, contagiado. *Herida infecta.*

infecundidad. F. Falta de fecundidad.

infecundo, da. ADJ. No fecundo.

infelice. ADJ. poét. **infeliz.**

infelicidad. F. Desgracia, suerte adversa.

infeliz. ADJ. **1.** De suerte adversa, no feliz. *Época infeliz.* Apl. a pers., u. t. c. s. ‖ **2.** coloq. Bondadoso y apocado. U. t. c. s.

inferencia. F. Acción y efecto de inferir.

inferior. **I.** ADJ. COMP. de **bajo.** **1.** Que está debajo de algo o más abajo que ello. *Piso inferior.* ‖ **2.** Que es menos que algo en calidad o en cantidad. *Desarrollo inferior.* ‖ **II.** ADJ. **3.** Dicho de una persona: Sujeta o subordinada a otra. U. t. c. s. ‖ **4.** Biol. Se dice de los seres vivos de organización más sencilla y que se suponen más primitivos; p. ej., las algas son vegetales inferiores; los peces son vertebrados inferiores. □ V. **límite** ~.

inferioridad. F. Cualidad de inferior.

inferir. TR. **1.** Sacar una consecuencia o deducir algo de otra cosa. U. t. c. prnl. *De la investigación se infiere su culpabilidad.* ‖ **2.** Producir o causar ofensas, agravios, heridas, etc. ¶ MORF. conjug. c. *sentir.*

infernal. ADJ. **1.** Perteneciente o relativo al infierno. *Llamas infernales.* ‖ **2.** Muy malo, dañoso o perjudicial en su línea. *Plaga infernal.* ‖ **3.** coloq. Que causa sumo disgusto o enfado. *Ruido infernal.* □ V. **higuera** ~.

infernar. TR. Inquietar, perturbar, irritar. U. t. c. prnl. MORF. conjug. c. *acertar.*

infernillo. M. *Esp.* **infiernillo.**

ínfero, ra. ADJ. Bot. Se dice del tipo de ovario de las fanerógamas que se desarrolla por debajo del cáliz, como en el membrillo y otras rosáceas.

infértil. ADJ. **estéril.**

infertilidad. F. **esterilidad.**

infestación. F. Acción y efecto de infestar o infestarse.

infestar. I. TR. **1.** Dicho de animales o plantas no domésticos o cultivados: Causar estragos y molestias en los campos y aun en las casas. ‖ **2.** Dicho de ciertos organismos patógenos: Invadir un ser vivo y multiplicarse en él; como los parásitos en sus huéspedes. ‖ **3.** Dicho de una gran cantidad de personas o de cosas: Llenar un sitio. ‖ **II.** PRNL. **4.** Dicho de un ser vivo: Resultar invadido por organismos patógenos.

infeudación. F. hist. **enfeudación.**

infeudar. TR. hist. **enfeudar.** MORF. conjug. c. *adeudar.*

infibulación. F. Acción y efecto de infibular.

infibular. TR. Colocar un anillo u otro obstáculo en los órganos genitales para impedir el coito.

infición. F. **infección.**

inficionar. TR. **infectar.** U. t. c. prnl.

infidelidad. F. **1.** Falta de fidelidad. ‖ **2.** Carencia de la fe católica.

infidencia. F. Violación de la confianza y fe debida a alguien.

infidente. ADJ. Que comete infidencia. U. t. c. s.

infiel. ADJ. **1.** Falto de fidelidad. ‖ **2.** Que no profesa la fe considerada como verdadera. U. t. c. s. ‖ **3.** Falto de puntualidad y exactitud. *Intérprete, imagen, relación infiel.*

in fieri. (Locución latina). LOC.ADJ. Se usa para indicar que algo está en vías de hacerse o haciéndose.

infiernillo. M. **1.** Aparato metálico con lamparilla de alcohol para calentar agua o cocinar. ‖ **2.** Utensilio eléctrico y portátil destinado al mismo fin.

infierno. M. **1.** *Rel.* Lugar donde los condenados sufren, después de la muerte, castigo eterno. U. t. en pl. con el mismo significado que en sing. ORTOGR. Escr. t. con may. inicial. ‖ **2.** *Rel.* Estado de privación definitiva de Dios. ORTOGR. Escr. t. con may. inicial. ‖ **3.** En diversas mitologías y religiones no cristianas, lugar que habitan los espíritus de los muertos. U. t. en pl. con el mismo significado que en sing. ‖ **4.** coloq. Lugar en que hay mucho alboroto, discordia o violencia y destrucción. *Su casa es un infierno.* ‖ **5.** coloq. Esa misma discordia. ‖ **el quinto ~.** M. coloq. Lugar muy profundo o muy lejano. ‖ **los quintos ~s.** M. pl. coloqs. **el quinto infierno.** ‖ **anda,** o **vete, al ~.** EXPRS. coloqs. Se usan para rechazar airadamente a la persona que importuna y molesta. □ V. **higuera del ~.**

infijo, ja. ADJ. *Gram.* Se dice del elemento que con diversas formas se inserta en el interior de una palabra; p. ej., *hum(ar)eda.* U. t. c. s. m.

infiltración. F. Acción y efecto de infiltrar o infiltrarse.

infiltrado, da. PART. de **infiltrar.** ‖ M. y F. Persona introducida subrepticiamente en un grupo adversario, en territorio enemigo, etc.

infiltrar. I. TR. **1.** Introducir suavemente un líquido entre los poros de un sólido. U. t. c. prnl. *El agua de lluvia se infiltra en la fachada.* ‖ **2.** Infundir en el ánimo ideas, nociones o doctrinas. U. t. c. prnl. *Las ideas revolucionarias se iban infiltrando en la población.* ‖ **3.** *Med.* Inyectar un medicamento antiinflamatorio en una articulación lesionada o en un músculo doloroso. ‖ **II.** PRNL. **4.** Penetrar subrepticiamente en territorio ocupado por fuerzas enemigas a través de las posiciones de estas. ‖ **5.** Introducirse en un partido, corporación, medio social, etc., con propósito de espionaje, propaganda o sabotaje. ‖ **6.** *Med.* Dicho de un elemento nocivo: Penetrar en un tejido orgánico.

ínfimo, ma. I. ADJ. SUP. de **bajo. 1.** En el orden y graduación de las cosas, se dice de la que es última y menos que las demás. *Calidad ínfima.* ‖ **II.** ADJ. **2.** Se dice de lo más vil y despreciable en cualquier línea. *Género ínfimo.*

infinidad. F. Gran número y muchedumbre de cosas o personas.

infinitesimal. ADJ. *Mat.* Perteneciente o relativo a las cantidades infinitamente pequeñas. □ V. **cálculo ~.**

infinitivo. M. **1.** *Gram.* Forma no personal del verbo, que en español lleva las terminaciones *-ar, -er, -ir.* En español y otras lenguas identifica o da nombre al verbo. ‖ **2.** *Gram.* Tradicionalmente, modo que engloba las formas no personales del verbo. ‖ **~ compuesto.** M. *Gram.* El que se forma con el infinitivo del verbo *haber* y el participio del verbo que se conjuga; p. ej., *haber estado.*

infinito, ta. I. ADJ. **1.** Que no tiene ni puede tener fin ni término. *El universo es infinito.* ‖ **2.** Muy numeroso o enorme. *Paciencia infinita.* ‖ **II.** M. **3.** Lugar impreciso en su lejanía y vaguedad. *La calle se perdía en el infinito.* ‖ **4.** En una cámara fotográfica, última graduación de un objetivo para enfocar lo que está distante. ‖ **5.** *Mat.* Valor mayor que cualquier cantidad asignable. ‖ **6.** *Mat.* Signo (∞) con que se expresa ese valor. ‖ **III.** ADV. M. **7.** Muchísimo, con exceso. *Se lo agradezco infinito.*

infinitud. F. Cualidad de infinito.

inflación. F. **1.** *Econ.* Elevación notable del nivel de precios con efectos desfavorables para la economía de un país. ‖ **2.** Abundancia excesiva. *Hoy existe una gran inflación de títulos universitarios.* ‖ **3.** Acción y efecto de inflar.

inflacionario, ria. ADJ. *Econ.* Perteneciente o relativo a la inflación monetaria.

inflacionista. ADJ. *Econ.* **inflacionario.**

inflamable. ADJ. Que se enciende con facilidad y desprende inmediatamente llamas. *Líquido inflamable.*

inflamación. F. **1.** Acción y efecto de inflamar o inflamarse. ‖ **2.** Alteración patológica en una parte cualquiera del organismo, caracterizada por trastornos de la circulación de la sangre y, frecuentemente, por aumento de calor, enrojecimiento, hinchazón y dolor.

inflamador, ra. ADJ. Que inflama. *Espíritu inflamador.*

inflamar. I. TR. **1.** Encender algo que arde con facilidad desprendiendo llamas inmediatamente. U. t. c. prnl. ‖ **2.** Acalorar, enardecer las pasiones, sentimientos y estados de ánimo. U. t. c. prnl. ‖ **II.** PRNL. **3.** Producirse **inflamación** (‖ alteración patológica).

inflamatorio, ria. ADJ. **1.** *Med.* Que causa inflamación. *Enfermedad inflamatoria.* ‖ **2.** *Med.* Que procede del estado de inflamación. *Manifestación inflamatoria.*

inflamiento. M. Acción y efecto de inflar.

inflar. I. TR. **1.** Hinchar algo con aire u otro gas. *Inflar un globo.* U. t. c. prnl. ‖ **2.** Exagerar, abultar hechos, noticias, etc. ‖ **3.** Ensoberbecer, engreír. U. m. c. prnl. ‖ **II.** PRNL. **4.** coloq. **hartarse** (‖ saciarse de comer o beber). *Me he inflado de dulces.*

inflexibilidad. F. Constancia y firmeza para no conmoverse ni doblegarse.

inflexible. ADJ. Que por su firmeza y constancia no se conmueve ni se doblega, ni desiste de su propósito.

inflexión. F. **1.** Torcimiento o comba de algo que estaba recto o plano. U. t. en sent. fig. *Su estancia en Roma marca un punto de inflexión en su carrera.* ‖ **2.** Elevación o atenuación que se hace con la voz, quebrándola o pasando de un tono a otro. ‖ **3.** *Geom.* Punto de una curva en que cambia de sentido su curvatura. ‖ **4.** *Gram.* **flexión** (‖ alteración de las voces variables).

infligir. TR. **1.** Causar daño. *El sufrimiento que le habían infligido.* ‖ **2.** Imponer un castigo. *Infligir una dura pena.*

inflorescencia. F. *Bot.* Forma en que aparecen colocadas las flores en las plantas. *Inflorescencia en umbela, en espiga, en racimo, en ramillete.*

influencia. F. **1.** Acción y efecto de influir. ‖ **2.** Poder, autoridad de alguien para con otra u otras personas o para intervenir en un negocio. ‖ **3.** Persona con poder o autoridad con cuya intervención se puede obtener una ventaja, favor o beneficio. U. m. en pl. □ V. **tráfico de ~s, zona de ~.**

influenciable. ADJ. Que se deja influir fácilmente.

influenciar. TR. **influir.** MORF. conjug. c. *anunciar.*

influenza. F. **gripe.**

influir. INTR. **1.** Dicho de una cosa: Producir sobre otra ciertos efectos; como el hierro sobre la aguja imantada, la luz sobre la vegetación, etc. U. t. c. tr. ‖ **2.** Dicho de una persona o de una cosa: Ejercer predominio, o fuerza moral. *Influye mucho en su hermano.* U. t. c. tr. ‖ **3.** Contribuir con más o menos eficacia al éxito de un negocio. *Su buena imagen influyó en el triunfo electoral.* U. t. c. tr. ¶ MORF. conjug. c. *construir.*

influjo. M. Acción y efecto de influir.

influyente. ADJ. **1.** Que influye. *Factor influyente.* ‖ **2.** Que goza de mucha influencia. *País influyente.*

infografía. (Acrónimo de *información* y *-grafía;* marca reg.). F. **1.** Técnica de elaboración de imágenes mediante computadora u ordenador. ‖ **2.** Imagen obtenida por medio de esta técnica.

infográfico, ca. ADJ. Perteneciente o relativo a la infografía.

infolio. M. Libro en folio.

información. F. **1.** Acción y efecto de informar. ‖ **2.** Oficina donde se informa sobre algo. ‖ **3.** Comunicación o adquisición de conocimientos que permiten ampliar o precisar los que se poseen sobre una materia determinada. ‖ **4.** Conocimientos así comunicados o adquiridos. ‖ **5.** *Biol.* Propiedad intrínseca de ciertos biopolímeros, como los ácidos nucleicos, originada por la secuencia de las unidades componentes. ‖ **~ genética.** F. *Biol.* **información génica.** ‖ **~ génica.** F. *Biol.* Conjunto de mensajes codificados en los ácidos nucleicos que origina la expresión de los caracteres hereditarios propios de los seres vivos mediante reacciones bioquímicas. ‖ **~ privilegiada.** F. **1.** La que, por referirse a hechos o circunstancias que otros desconocen, puede generar ventajas a quien dispone de ella. ‖ **2.** *Der.* En el ámbito de los mercados de valores, aquella a la que se ha tenido acceso reservadamente, con ocasión del desempeño de un cargo o del ejercicio de una actividad empresarial o profesional, y que, por su relevancia para la cotización de los valores, es susceptible de ser utilizada en provecho propio o ajeno. □ V. **fuentes de ~, libertad de ~.**

informado. □ V. **consentimiento ~.**

informador, ra. I. ADJ. **1.** Que informa. *Elementos informadores de la presión y temperatura.* Apl. a pers., u. t. c. s. ‖ **II.** M. y F. **2.** Periodista de cualquier medio de difusión.

informal. ADJ. **1.** Que no guarda las formas y reglas previstas. *Reunión informal.* ‖ **2.** No convencional. *Traje informal.* ‖ **3.** Dicho de una persona: Que en su porte y conducta no observa la conveniente gravedad y puntualidad. U. t. c. s.

informalidad. F. **1.** Cualidad de informal. ‖ **2.** Acción o cosa censurable por informal.

informante. ADJ. Que informa. Apl. a pers., u. t. c. s.

informar. I. TR. **1.** Enterar, dar noticia de algo. U. t. c. prnl. *¿Te has informado bien?* ‖ **2.** Dicho de una persona o de un organismo: Completar un documento con un informe de su competencia. ‖ **3.** Fundamentar, inspirar. *Los valores que informan el sistema democrático.* ‖ **II.** INTR. **4.** Dicho de un cuerpo consultivo, de un funcionario o cualquier persona perita: Dictaminar en asunto de su respectiva competencia. ‖ **5.** *Der.* Dicho de un fiscal o de un abogado: Hablar en el estrado.

informática. F. Conjunto de conocimientos científicos y técnicas que hacen posible el tratamiento automático de la información por medio de computadoras u ordenadores.

informático, ca. ADJ. **1.** Perteneciente o relativo a la informática. *Tratamiento informático.* ‖ **2.** Que trabaja o investiga en informática. Apl. a pers., u. t. c. s. □ V. **pirata informático.**

informativo, va. I. ADJ. **1.** Que **informa** (‖ da noticia de algo). *Programa informativo.* ‖ **II.** M. **2.** **boletín de noticias.** □ V. **avance ~, boletín ~.**

informatización. F. Acción y efecto de informatizar.

informatizar. TR. Aplicar los métodos de la informática en un negocio, un proyecto, etc.

informe¹. M. **1.** Descripción, oral o escrita, de las características y circunstancias de un suceso o asunto. ‖ **2.** Acción y efecto de **informar** (‖ dictaminar). ‖ **3.** *Der.* Exposición total que hace el letrado o el fiscal ante el tribunal que ha de fallar el proceso.

informe². ADJ. **1.** Que no tiene la forma, figura y perfección que le corresponde. *Chaqueta informe.* ‖ **2.** De forma vaga e indeterminada. *Masa informe.*

informidad. F. Cualidad de **informe².**

informulable. ADJ. Que no se puede formular o expresar racionalmente. *Petición informulable.*

infortunado, da. ADJ. **desafortunado.** Apl. a pers., u. t. c. s.

infortunio. M. **1.** Suerte desdichada o fortuna adversa. ‖ **2.** Hecho o acaecimiento desgraciado.

infracción. F. Transgresión, quebrantamiento de una ley, pacto o tratado, o de una norma moral, lógica o doctrinal.

infractor, ra. ADJ. Que quebranta una ley o un precepto. Apl. a pers., u. t. c. s.

infraestructura. F. **1.** Conjunto de elementos o servicios que se consideran necesarios para la creación y funcionamiento de una organización cualquiera. *Infraestructura aérea, social, económica.* ‖ **2.** Parte de una construcción que está bajo el nivel del suelo.

infraganti. ADV. M. **in fraganti.**

in fraganti. LOC. ADV. En el mismo momento en que se está cometiendo el delito o realizando una acción censurable.

infrahumano, na. ADJ. Inferior a lo que se considera propio de humanos. *Condiciones de vida infrahumanas.*

infrangible. ADJ. Que no se puede **quebrar** (‖ romper). *Vínculo infrangible.*

infranqueable. ADJ. Imposible o difícil de **franquear** (‖ desembarazar de los impedimentos que estorban el paso). *Accesos infranqueables.*

infraoctava. F. hist. En el antiguo calendario litúrgico católico, los seis días que se cuentan entre una festividad y su octava.

infraoctavo, va. ADJ. hist. Se dice de cada uno de los días que componían la infraoctava.

infraorbitario, ria. ADJ. *Anat.* Que está situado en la parte inferior de la órbita del ojo, o inmediatamente debajo.

infrarrojo, ja. ADJ. *Fís.* Se dice de la radiación del espectro electromagnético de mayor longitud de onda que el rojo y de alto poder calorífico. U. t. c. s. m. y m. en pl. *El mando a distancia funciona por infrarrojos.*

infrascrito, ta. ADJ. Que firma al fin de un escrito. U. t. c. s.

infrasonido. M. *Fís.* Sonido cuya frecuencia de vibraciones es inferior al límite del perceptible por el oído humano.

infrautilización. F. Acción y efecto de infrautilizar.

infrautilizar. TR. No aprovechar suficientemente las capacidades o posibilidades de alguien o de algo.

infravaloración. F. Acción y efecto de infravalorar.

infravalorar. TR. Atribuir a alguien o algo valor inferior al que tiene.

infravivienda. F. Vivienda que carece de las condiciones mínimas para ser habitada.

infrecuencia. F. **1.** Falta de frecuencia. || **2.** Cualidad de infrecuente.

infrecuente. ADJ. Que no es frecuente. *Fenómeno atmosférico infrecuente.*

infringir. TR. Quebrantar leyes, órdenes, etc.

infructífero, ra. ADJ. **1.** Que no produce fruto. *Terreno infructífero.* || **2.** Que no es de utilidad ni provecho para el fin que se persigue. *Negociaciones infructíferas.*

infructuoso, sa. ADJ. Ineficaz, inútil para algún fin. *Intentos infructuosos.*

infrutescencia. F. *Bot.* Fructificación formada por agrupación de varios frutos pequeños con apariencia de unidad, p. ej., la del moral, la del higo, etc.

ínfulas. F. pl. Presunción o vanidad.

infumable. ADJ. **1.** Dicho del tabaco: Pésimo, por su calidad o por defecto de elaboración. || **2.** coloq. Inaceptable, de mala calidad, sin aprovechamiento posible. *Texto infumable.*

infundado, da. ADJ. Que carece de fundamento real o racional. *Rumores infundados.*

infundibuliforme. ADJ. En forma de embudo. *Cavidad infundibuliforme.*

infundio. M. Mentira, patraña o noticia falsa, generalmente tendenciosa.

infundir. TR. **1.** Causar en el ánimo un impulso moral o afectivo. *Infundir miedo, fe, cariño.* || **2.** *Rel.* Dicho de Dios: Comunicar al alma un don o una gracia.

infusible. ADJ. Que no puede **fundirse** (|| derretirse). *Blenda infusible.*

infusión. F. **1.** Bebida que se obtiene de diversos frutos o hierbas aromáticas, como té, café, manzanilla, etc., introduciéndolos en agua hirviendo. || **2.** Acción y efecto de infundir. || **3.** En el sacramento del bautismo, acción de echar el agua sobre quien se bautiza.

infuso, sa. ADJ. Se dice de las gracias y dones que Dios infunde en el alma. □ V. **ciencia ~.**

infusorio. M. *Zool.* Célula o microorganismo que tiene cilios para su locomoción en un líquido.

inga. M. Árbol de la familia de las Mimosáceas, que vive en las regiones tropicales de América y es parecido al timbó, pero menor que este. Su madera es pesada y muy parecida a la del nogal.

ingeniar. I. TR. **1.** Trazar o inventar ingeniosamente. || **II.** PRNL. **2.** Discurrir con ingenio modos para conseguir algo o ejecutarlo. ¶ MORF. conjug. c. *anunciar.*

ingeniería. F. **1.** Estudio y aplicación, por especialistas, de las diversas ramas de la tecnología. || **2.** Actividad profesional del ingeniero. || **~ genética.** F. Tecnología de la manipulación y transferencia del ADN de unos organismos a otros, que posibilita la creación de nuevas especies, la corrección de defectos génicos y la fabricación de numerosos compuestos útiles.

ingenieril. ADJ. Perteneciente o relativo a la ingeniería.

ingeniero, ra. M. y F. Persona que profesa la ingeniería o alguna de sus ramas. || **~ técnico, ca.** M. y F. Persona que, con ciertos conocimientos facultativos, auxilia oficialmente a los ingenieros. □ V. **doctor ~.**

ingenio. M. **1.** Facultad del hombre para discurrir o inventar con prontitud y facilidad. || **2.** Individuo dotado de esta facultad. *Comedia famosa de un ingenio de esta corte.* || **3.** Intuición, entendimiento, facultades poéticas y creadoras. || **4.** Industria, maña y habilidad de alguien para conseguir lo que desea. || **5.** Chispa, talento para ver y mostrar rápidamente el aspecto gracioso de las cosas. || **6.** Máquina o artificio mecánico. || **7.** Máquina o artificio de guerra para atacar y defenderse. || **8. ingenio de azúcar.** || **~ de azúcar.** M. **1.** Conjunto de aparatos para moler la caña y obtener el azúcar. || **2.** Finca que contiene el cañamelar y las oficinas de beneficio. || **afilar,** o **aguzar,** alguien el **~.** LOCS. VERBS. Aplicar atentamente la inteligencia para salir de una dificultad. □ V. **juego de ~.**

ingeniosidad. F. **1.** Cualidad de ingenioso. || **2.** Expresión o idea artificiosa y sutil. U. m. en sent. despect.

ingenioso, sa. ADJ. **1.** Que tiene ingenio. || **2.** Hecho o dicho con ingenio. *Solución ingeniosa.*

ingénito, ta. ADJ. **1.** No engendrado. *Para el creyente, Dios es ingénito y eterno.* || **2.** Connatural y como nacido con alguien. *Ingénita debilidad.*

ingente. ADJ. Muy grande. *Ingentes daños.*

ingenua. F. V. **ingenuo.**

ingenuidad. F. **1.** Candor, falta de malicia. || **2.** Hecho o dicho propios del ingenuo.

ingenuo, nua. I. ADJ. **1.** Candoroso, sin doblez. U. t. c. s. || **2.** Propio o característico de una persona ingenua. *Preguntaba con expresión ingenua.* || **II.** F. **3.** Actriz que hace papeles de persona inocente y candorosa.

ingerir. TR. Introducir por la boca la comida, bebida o medicamentos. MORF. conjug. c. *sentir.*

ingesta. F. **1.** *Biol.* dieta (|| conjunto de sustancias que se ingieren). || **2.** ingestión. *Ingesta masiva de fármacos.*

ingestión. F. Acción de ingerir.

ingle. F. Parte del cuerpo en que se junta el muslo con el vientre.

inglés, sa. I. ADJ. **1.** Natural de Inglaterra. U. t. c. s. || **2.** Perteneciente o relativo a esta nación de Europa. || **II.** M. **3.** Lengua inglesa. || **a la ~.** LOC. ADV. Al uso de Inglaterra. □ V. **césped ~, comillas ~s, corno ~, letra ~, llave ~, semana ~.**

inglesismo. M. Vocablo o giro tomado del inglés.

inglete. M. **1.** Ángulo de 45 grados que forma la hipotenusa de un triángulo rectángulo isósceles con cada uno de los catetos. || **2.** Unión a escuadra de los trozos de una moldura.

ingletear. TR. Formar ingletes con las molduras.

ingobernabilidad. F. Cualidad de ingobernable.

ingobernable. ADJ. Que no se puede gobernar. *Equipo ingobernable.*

ingratitud. F. Desagradecimiento, olvido o desprecio de los beneficios recibidos.

ingrato, ta. ADJ. **1.** Desagradecido, que olvida o desconoce los beneficios recibidos. U. t. c. s. ‖ **2.** Áspero, desagradable. *Ingrata soledad.* ‖ **3.** Que no corresponde al trabajo que cuesta labrarlo, conservarlo o mejorarlo. *Tarea ingrata.*

ingravidez. F. **1.** Cualidad de ingrávido. ‖ **2.** *Astr.* Estado en que desaparecen los efectos de las fuerzas gravitatorias.

ingrávido, da. ADJ. **1.** Dicho de un cuerpo: No sometido a la gravedad. ‖ **2.** Ligero, suelto y tenue, como la gasa o la niebla.

ingrediente. M. Cosa que entra con otras en un medicamento, una bebida, un guisado u otro compuesto. U. t. en sent. fig. *Los ingredientes de la bondad.*

ingresar. I. TR. **1.** Meter algunas cosas, como el dinero, en un lugar para su custodia. *Hoy he ingresado en el banco mil euros.* ‖ **2.** Meter a un enfermo en un establecimiento sanitario para su tratamiento. ‖ **3.** Ganar cierta cantidad de dinero regularmente por algún concepto. ‖ **II.** INTR. **4.** Entrar en un lugar. ‖ **5.** Entrar a formar parte de una corporación. ‖ **6.** Entrar a formar parte del alumnado de un centro de enseñanza, del personal de un lugar de trabajo o de los presos de una cárcel. ‖ **7.** Entrar en un establecimiento sanitario para recibir tratamiento.

ingresivo, va. ADJ. *Gram.* Dicho del aspecto verbal, o del verbo que tiene este aspecto: Que designa el comienzo de la acción. En español está representado generalmente por perífrasis; p. ej., *Se echó a llorar. Se puso a escribir.*

ingreso. M. **1.** Acción de ingresar. ‖ **2.** Espacio por donde se entra. ‖ **3.** Acción de entrar. ‖ **4.** Acto de ser admitido en una corporación o de empezar a gozar de un empleo u otra cosa. ‖ **5.** Caudal que entra en poder de alguien, a quien se le ingresa en cuenta. ‖ **6.** pl. Dinero que se gana regularmente.

íngrimo, ma. ADJ. *Am. Cen.* y *Á. Caribe.* Solitario, abandonado, sin compañía.

inguinal. ADJ. Perteneciente o relativo a las ingles.

ingurgitación. F. *Biol.* Acción y efecto de ingurgitar.

ingurgitar. TR. *Biol.* **engullir.**

ingusetio, tia. ADJ. **1.** Natural de Ingusetia. U. t. c. s. ‖ **2.** Perteneciente o relativo a esta república de la Federación Rusa.

inhábil. ADJ. **1.** Falto de habilidad, talento o instrucción. ‖ **2.** Que no tiene las cualidades y condiciones necesarias para hacer algo. *Piernas inhábiles.* ‖ **3.** Que por falta de algún requisito, o por una tacha o delito, no puede obtener o servir un cargo, empleo o dignidad. ‖ **4.** Dicho de un modo de proceder: Inadecuado para alcanzar el fin que se pretende. ‖ **5.** *Der.* Se dice del día festivo y de las horas en que, salvo habilitación expresa, no deben practicarse actuaciones. ☐ V. **día ~.**

inhabilidad. F. **1.** Falta de habilidad, talento o instrucción. ‖ **2.** Defecto o impedimento para obtener o ejercer un empleo u oficio.

inhabilitación. F. **1.** Acción y efecto de inhabilitar. ‖ **2.** *Der.* Pena o castigo que priva de algunos derechos. ‖ **3.** *Der.* Pena consistente en la privación de honores, empleos y cargos públicos, del ejercicio de una profesión, industria o comercio, o de derechos como los de patria potestad, tutela, guarda o acogimiento.

inhabilitar. TR. **1.** Declarar a alguien inhábil o incapaz de obtener o ejercer cargos públicos, o de ejercitar derechos civiles o políticos. ‖ **2.** Imposibilitar para algo. *El agua inhabilitó el circuito.* U. t. c. prnl.

inhabitable. ADJ. Que no puede habitarse. *Vivienda inhabitable.*

inhabitado, da. ADJ. No habitado.

inhalación. F. Acción de inhalar.

inhalador. M. *Med.* Aparato para efectuar inhalaciones.

inhalar. TR. **1.** Aspirar, voluntaria o involuntariamente, ciertas sustancias, como gases, vapores, partículas, etc. *Murió al haber inhalado un gas tóxico.* ‖ **2.** *Med.* Aspirar, con un fin terapéutico, ciertos gases o líquidos pulverizados.

inhallable. ADJ. Imposible o difícil de hallar. *Piezas inhallables.*

inherencia. F. **1.** Unión de cosas inseparables por su naturaleza, o que solo se pueden separar mentalmente y por abstracción. ‖ **2.** *Fil.* Modo de existir los accidentes, o sea, no en sí, sino en la sustancia que modifican.

inherente. ADJ. Que por su naturaleza está de tal manera unido a algo, que no se puede separar de ello. *Derechos inherentes A su cargo.*

inhibición. F. **1.** Acción y efecto de inhibir o inhibirse. ‖ **2.** *Psicol.* Componente de los sistemas de regulación, psicológicos o fisiológicos, que actúan en los seres vivos. Puede participar a distintos niveles, por ejemplo, en el sistema nervioso, génico, enzimático, etc.

inhibidor, ra. ADJ. Que inhibe. *Producto inhibidor de la ovulación.*

inhibir. I. TR. **1.** Impedir o reprimir el ejercicio de facultades o hábitos. *Inhibir un deseo.* ‖ **2.** *Med.* Suspender transitoriamente una función o actividad del organismo mediante la acción de un estímulo adecuado. U. t. c. prnl. ‖ **II.** PRNL. **3.** Abstenerse de entrar en un asunto o de tratarlo.

inhibitoria. F. *Der.* Petición que un órgano jurisdiccional dirige a otro para que se inhiba del conocimiento de un asunto.

inhibitorio, ria. ADJ. Que causa inhibición. *Estímulo inhibitorio.*

inhiesto, ta. ADJ. **enhiesto.**

inhospitalario, ria. ADJ. **1.** Falto de hospitalidad. *Establecimiento inhospitalario.* ‖ **2.** Que no ofrece seguridad ni abrigo. *Playa inhospitalaria.*

inhospitalidad. F. Falta de hospitalidad.

inhóspito, ta. ADJ. Dicho de un lugar: Incómodo, poco grato.

inhumación. F. Acción y efecto de inhumar.

inhumanidad. F. Crueldad, barbarie, falta de humanidad.

inhumano, na. ADJ. Falto de humanidad.

inhumar. TR. Enterrar un cadáver.

iniciación. F. Acción y efecto de iniciar o iniciarse.

iniciado, da. PART. de **iniciar.** ‖ ADJ. Dicho de una persona: Que comparte el conocimiento de algo reservado a un grupo limitado. U. t. c. s.

iniciador, ra. ADJ. Que inicia. Apl. a pers., u. t. c. s.

inicial. ADJ. **1.** Perteneciente o relativo al origen o principio de las cosas. *Velocidad inicial de un proyectil.* ‖ **2.** Dicho de una letra: Que es la primera de una palabra, de un verso, de un capítulo, etc. U. t. c. s. f.

inicialar. TR. *Ant.* Dicho de una persona: Firmar un documento oficial solo con las iniciales de su nombre y apellido.

inicializar. TR. *Inform.* Establecer los valores iniciales para la ejecución de un programa.

inicialmente. ADV. En el inicio.

iniciar. I. TR. **1. empezar** (‖ dar principio). *Iniciar la marcha, la sesión.* ‖ **2.** Proporcionar a alguien los primeros conocimientos o experiencias sobre algo. *Su mentora lo inició en el arte desde muy pequeño.* U. t. c. prnl. ‖ **3.** Introducir o instruir a alguien en la práctica de un culto o en las reglas de una sociedad, especialmente si se considera secreta o misteriosa. *Lo iniciaron en aquel culto ancestral.* U. t. c. prnl. ‖ **II.** PRNL. **4.** Dar comienzo. *Fue allí donde se inició el incendio.* ¶ MORF. conjug. c. *anunciar.*

iniciático, ca. ADJ. Perteneciente o relativo a una experiencia decisiva o a la iniciación en un rito, un culto, una sociedad secreta, etc.

iniciativa. F. **1.** Idea o propuesta para iniciar o hacer algo. ‖ **2.** Derecho de hacer una propuesta. ‖ **3.** Acto de ejercerlo. ‖ **4.** Acción de adelantarse a los demás en hablar u obrar. *Tomar la iniciativa.* ‖ **5.** Cualidad personal que inclina a esta acción. ‖ **~ popular.** F. *Der.* Procedimiento establecido en algunas constituciones políticas, mediante el cual el pueblo interviene directamente a través de referéndum en la propuesta, y en su caso adopción, de medidas legislativas o de derogación de leyes vigentes.

inicio. M. comienzo.

inicuo, cua. ADJ. **1.** Contrario a la equidad. *Ley inicua.* ‖ **2.** Malvado, injusto. *Inicuo atentado.*

inidentificable. ADJ. Que no se puede **identificar** (‖ reconocer). *Restos inidentificables.*

inigualable. ADJ. Que no puede ser igualado. *Resultado inigualable.*

inigualado, da. ADJ. Que no tiene igual. *Récord inigualado.*

in illo témpore. (Locución latina). LOC.ADV. En otros tiempos o hace mucho tiempo.

inimaginable. ADJ. Que no se puede imaginar. *Atrocidad inimaginable.*

inimitable. ADJ. No imitable.

inimputable. ADJ. *Der.* Dicho de una persona: Eximida de responsabilidad penal por no poder comprender la ilicitud de un hecho punible o por actuar conforme a dicha comprensión.

ininflamable. ADJ. Que no se puede inflamar o no puede arder con llama. *Depósito ininflamable.*

ininteligibilidad. F. Cualidad de ininteligible.

ininteligible. ADJ. No inteligible.

ininterrumpido, da. ADJ. Continuado sin interrupción. *Horario ininterrumpido.*

iniquidad. F. Maldad, injusticia grande.

iniridense. ADJ. **1.** Natural de Puerto Inírida. U. t. c. s. ‖ **2.** Perteneciente o relativo a esta ciudad de Colombia, capital del departamento de Guainía.

in itínere. (Locución latina). LOC.ADJ. Dicho de un accidente: Sufrido por el trabajador durante el desplazamiento hacia o desde el lugar de trabajo, y que se considera accidente laboral.

injerencia. F. Acción y efecto de injerirse.

injerir. I. TR. **1.** Meter una cosa en otra. *Injerir hilos en una tela.* ‖ **2.** Introducir en un escrito una palabra, una nota, un texto, etc. ‖ **II.** PRNL. **3.** Entrometerse, introducirse en una dependencia o negocio. ¶ MORF. conjug. c. *sentir.*

injerta. F. Acción de injertar.

injertador, ra. ADJ. Que injerta. Apl. a pers., u. t. c. s.

injertar. TR. Implantar un injerto.

injerto. M. **1.** Parte de una planta con una o más yemas, que, aplicada al patrón, se suelda con él. ‖ **2.** Acción de injertar. ‖ **3.** Planta injertada. ‖ **4.** *Med.* Fragmento de tejido vivo que se implanta en una parte del cuerpo para reparar una lesión, o con fines estéticos. ‖ **~ de cañutillo.** M. El que se hace adaptando al tronco del patrón un cañuto de corteza con una o más yemas. ‖ **~ de corona.** M. El que se hace introduciendo una o más púas entre la corteza y la albura del tronco del patrón. ‖ **~ de escudete.** M. El que se hace introduciendo entre el líber y la albura del tronco del patrón una yema con parte de la corteza a que está unida, cortada esta en forma de escudo.

injuria. F. **1.** Agravio, ultraje de obra o de palabra. ‖ **2.** Daño o incomodidad que causa algo. *Las injurias de la vida al aire libre.* ‖ **3.** *Der.* Delito o falta consistente en la imputación a alguien de un hecho o cualidad en menoscabo de su fama o estimación.

injuriador, ra. ADJ. Que injuria. U. t. c. s.

injuriante. ADJ. Que injuria. *Testigo injuriante.*

injuriar. TR. Agraviar, ultrajar con obras o palabras. MORF. conjug. c. *anunciar.*

injurioso, sa. ADJ. Que injuria. *Palabras injuriosas.*

injusticia. F. **1.** Acción contraria a la justicia. ‖ **2.** Falta de justicia.

injustificable. ADJ. Que no se puede justificar. *Actitud injustificable.*

injustificado, da. ADJ. No justificado. *Respuesta injustificada.*

injusto, ta. ADJ. No justo o equitativo. Apl. a pers., u. t. c. s.

inllevable. ADJ. Que no se puede soportar, aguantar o tolerar. *Afrentas inllevables.*

inmaculado, da. I. ADJ. **1.** Que no tiene mancha. *Camisa inmaculada.* ‖ **II.** F. **2.** por antonom. La Virgen María. ORTOGR. Escr. con may. inicial.

inmadurez. F. Falta de madurez.

inmaduro, ra. ADJ. **1.** No maduro. ‖ **2. inexperto.** U. t. c. s.

inmanejable. ADJ. Que no se puede manejar. *Vehículo inmanejable.*

inmanencia. F. *Fil.* Cualidad de inmanente.

inmanente. ADJ. *Fil.* Que es inherente a algún ser o va unido de un modo inseparable a su esencia, aunque racionalmente pueda distinguirse de ella.

inmarcesible. ADJ. Que no se puede marchitar. *Belleza inmarcesible.*

inmarchitable. ADJ. **inmarcesible.**

inmaterial. ADJ. No material.

inmaterialidad. F. Cualidad de inmaterial.

inmaturo, ra. ADJ. No maduro, o que no está en sazón. *Frutos inmaturos.*

inmediación. F. **1.** Cualidad de inmediato. ‖ **2.** *Der.* Presencia de un juez o magistrado en la práctica de diligencias probatorias, en la comparecencia de las partes y en las vistas. ‖ **3.** pl. Proximidad en torno a un lugar.

in medias res. (Locución latina). LOC.ADV. Dicho especialmente de comenzar una narración: En pleno asunto, en plena acción.

inmediatamente. I. ADV.M. **1.** De manera inmediata. *De este principio se deducen inmediatamente las siguientes reglas.* ‖ **II.** ADV.L. **2.** En lugar inmediato o contiguo. *A tu derecha, inmediatamente, encontrarás el archivador.* ‖ **III.** ADV.T. **3.** Ahora, al instante. *La sesión comenzará inmediatamente.*

inmediatez. F. Cualidad de inmediato.

inmediato, ta. ADJ. **1.** Contiguo o muy cercano a algo o alguien. *Banco inmediato.* || **2.** Que sucede enseguida, sin tardanza. *Incorporación inmediata.* || **3.** Relacionado con algo directamente, sin interposición de otros elementos. *Consecuencias mediatas e inmediatas.* || **de inmediato.** LOC.ADV. inmediatamente.

inmejorable. ADJ. Que no se puede mejorar. *Inmejorable rentabilidad.*

inmemorable. ADJ. De cuyo comienzo no hay memoria. *Sufrimientos inmemorables.*

inmemorial. ADJ. Tan antiguo, que no hay memoria de cuándo empezó. *Tiempo inmemorial.*

in memóriam. (Locución latina). LOC.ADV. En memoria, en recuerdo.

inmensidad. F. **1.** Muchedumbre, número o extensión grande. || **2.** Infinitud en la extensión; atributo de Dios, infinito e inmensurable.

inmenso, sa. ADJ. **1.** Muy grande o muy difícil de medir o contar. *Inmensa tristeza.* || **2.** Que no tiene medida, infinito o ilimitado; epíteto propio de Dios y de sus atributos.

inmensurable. ADJ. **1.** Que no puede medirse. *Lo infinito es inmensurable.* || **2.** De muy difícil medida. *Llanura inmensurable.*

in mente. (Locución latina). LOC.ADV. En la mente, o con el pensamiento.

inmerecido, da. ADJ. No merecido.

inmersión. F. **1.** Acción de introducir o introducirse algo en un fluido. || **2.** Acción de introducir o introducirse plenamente alguien en un ambiente determinado. || **3.** Acción y efecto de introducir o introducirse en un ámbito real o imaginario, en particular en el conocimiento de una lengua determinada.

inmerso, sa. ADJ. **1.** sumergido. U. t. en sent. fig. *Inmerso en una profunda crisis.* || **2.** ensimismado (|| sumido o recogido). *Inmerso en sus pensamientos.*

inmigración. F. Acción y efecto de inmigrar.

inmigrante. ADJ. Que inmigra. Apl. a pers., u. m. c. s.

inmigrar. INTR. **1.** Dicho del natural de un país: Llegar a otro para establecerse en él. || **2.** Dicho de un animal: Instalarse en un territorio distinto del suyo originario.

inmigratorio, ria. ADJ. Perteneciente o relativo a la inmigración.

inminencia. F. Cualidad de inminente, especialmente tratándose de un riesgo.

inminente. ADJ. Que amenaza o está para suceder prontamente. *Peligros inminentes.*

inmiscuir. I. TR. **1.** Meter algo o a alguien en un asunto. *No la inmiscuya EN sus problemas.* || II. PRNL. **2.** Entrometerse, tomar parte en un asunto o negocio, especialmente cuando no hay razón o autoridad para ello. ¶ MORF. conjug. c. *construir.*

inmisericorde. ADJ. Dicho de una persona: Que no se compadece de nadie. U. t. en sent. fig. *Una lluvia inmisericorde.*

inmobiliaria. F. Empresa o sociedad que se dedica a construir, arrendar, vender y administrar viviendas.

inmobiliario, ria. ADJ. Perteneciente o relativo a los bienes inmuebles. *Crédito inmobiliario.*

inmoderación. F. Falta de moderación.

inmoderado, da. ADJ. Que no tiene moderación. *Pasión inmoderada.*

inmodestia. F. Falta de modestia.

inmodesto, ta. ADJ. Carente de modestia.

inmodificable. ADJ. Que no se puede modificar. *Calificaciones inmodificables.*

inmolación. F. Acción y efecto de inmolar.

inmolador, ra. ADJ. Que inmola. *Ceremonia inmoladora.*

inmolar. I. TR. **1.** Sacrificar una víctima. *Fueron inmolados por sus ideas patrióticas.* || **2.** Ofrecer algo en reconocimiento de la divinidad. || II. PRNL. **3.** Dar la vida, la hacienda, el reposo, etc., en provecho u honor de alguien o algo.

inmoral. ADJ. Que se opone a la moral o a las buenas costumbres.

inmoralidad. F. Falta de moralidad.

inmortal. ADJ. **1.** Que no puede morir. *Algunos parecen creerse inmortales.* || **2.** Que dura tiempo indefinido. *Obra inmortal.*

inmortalidad. F. **1.** Cualidad de inmortal. || **2.** Duración indefinida de algo en la memoria humana.

inmortalizar. TR. Hacer perpetuo algo en la memoria humana. U. t. c. prnl.

inmotivado, da. ADJ. Carente de motivo. *Reacción inmotivada.*

inmovible. ADJ. **1.** Que no puede ser movido. *La fecha del examen es inmovible.* || **2.** Que no se mueve. *En aquel rincón perdido, todo parecía inmovible.*

inmóvil. ADJ. **1.** Que no se mueve. *Animal inmóvil.* || **2.** Firme, invariable. *Principios inmóviles.*

inmovilidad. F. Cualidad de inmóvil.

inmovilismo. M. Tendencia a mantener sin cambios una situación política, social, económica, ideológica, etc.

inmovilista. ADJ. **1.** Perteneciente o relativo al inmovilismo. *Actitud inmovilista.* || **2.** Partidario del inmovilismo. U. t. c. s.

inmovilización. F. Acción y efecto de inmovilizar o inmovilizarse.

inmovilizado. M. *Econ.* Conjunto de bienes materiales o inmateriales consignados en los balances de las empresas y creados o adquiridos por ellas para ser utilizados de forma duradera.

inmovilizar. I. TR. **1.** Hacer que algo quede inmóvil. *Inmovilizar el brazo.* || **2.** *Com.* Invertir un caudal en bienes de lenta o difícil realización. || II. PRNL. **3.** Quedarse o permanecer inmóvil.

inmueble. M. casa (|| edificio para habitar). □ V. bienes ~s.

inmundicia. F. **1.** suciedad (|| cosa que ensucia). U. m. en pl. || **2.** Impureza, deshonestidad.

inmundo, da. ADJ. **1.** Sucio y asqueroso. *Rincones inmundos.* || **2.** impuro. *Ideas inmundas.* || **3.** hist. Se decía de aquello cuyo uso estaba prohibido a los judíos por su ley. □ V. espíritu ~.

inmune. ADJ. **1.** Que no puede ser atacado por ciertas enfermedades. *Inmune al sarampión.* || **2.** invulnerable. *Inmune a la maledicencia.* || **3.** *Biol.* Perteneciente o relativo a las causas, mecanismos o efectos de la inmunidad. *Respuesta inmune frente al virus.*

inmunidad. F. **1.** Cualidad de inmune. || **2.** hist. Privilegio local concedido a los templos e iglesias, en virtud del cual los delincuentes que a ellas se acogían no eran castigados con pena corporal en ciertos casos. || **3.** *Biol.* y *Med.* Estado de resistencia, natural o adquirida, que poseen ciertos individuos o especies frente a determinadas acciones patógenas de microorganismos o sustancias extrañas. || **4.** *Biol.* y *Med.* Respuesta específica de un organismo a la acción de los antígenos. || **~ diplomática.** F. La que gozan los representantes diplomáticos acreditados cerca de un Gobierno, sus familias y demás personal de las embajadas o legaciones que no es súbdito del país en que estas residen. || ~ **parlamentaria.** F. Prerrogativa de los parlamentarios, que los exime de ser detenidos o presos, procesados y juzgados sin autorización de la Cámara a que pertenecen salvo en los casos que determinan las leyes.

inmunitario, ria. ADJ. *Biol.* y *Med.* Perteneciente o relativo a la inmunidad.

inmunización. F. Acción y efecto de inmunizar.

inmunizador, ra. ADJ. Que inmuniza. *Suero inmunizador.*

inmunizante. ADJ. Que inmuniza. *Agentes inmunizantes.*

inmunizar. TR. Hacer inmune.

inmunodeficiencia. F. *Med.* Estado patológico del organismo, caracterizado por la disminución funcional de los linfocitos, de sus productos o de alguna de sus actividades específicas. □ V. **síndrome de ~ adquirida.**

inmunodeficiente. ADJ. Que padece inmunodeficiencia. U. t. c. s.

inmunodepresión. F. *Biol.* Fuerte disminución de la respuesta inmunitaria de un organismo.

inmunodepresor, ra. ADJ. *Biol.* Dicho de un medicamento, de una sustancia, de un procedimiento, etc.: Que producen inmunodepresión. U. t. c. s. m.

inmunodeprimido, da. ADJ. Que padece inmunodepresión. U. t. c. s.

inmunoglobulina. F. *Bioquím.* Globulina plasmática que actúa como anticuerpo.

inmunología. F. *Biol.* y *Med.* Estudio de la inmunidad biológica y sus aplicaciones.

inmunológico, ca. ADJ. *Biol.* y *Med.* Perteneciente o relativo a la inmunología.

inmunólogo, ga. M. y F. Especialista en inmunología.

inmunosupresión. F. *Biol.* Anulación de la respuesta inmunitaria de un organismo.

inmunosupresor, ra. ADJ. *Biol.* Dicho de un medicamento, de una sustancia, de un procedimiento, etc.: Que producen inmunosupresión. U. t. c. s. m.

inmunosuprimido, da. ADJ. Que padece inmunosupresión. U. t. c. s.

inmunoterapia. F. *Med.* Tratamiento de enfermedades mediante la potenciación o debilitamiento de los mecanismos inmunitarios.

inmutabilidad. F. Cualidad de inmutable.

inmutable. ADJ. **1.** Que no puede ni se puede cambiar. *Verdad inmutable.* || **2.** Que no siente o no manifiesta alteración del ánimo. *Permaneció inmutable ante los insultos.*

inmutar. I. TR. **1.** Alterar o variar algo. *Respondió sin inmutar el gesto.* || **II.** PRNL. **2.** Sentir una conmoción repentina del ánimo, manifestándola por un ademán o por la alteración del semblante o de la voz.

innatismo. M. Teoría filosófica que afirma la existencia en los seres humanos de ideas o estructuras mentales previas a la experiencia.

innato, ta. ADJ. Connatural y como nacido con la misma persona. *Propensión innata.*

innatural. ADJ. Que no es natural. *Colocación innatural de la mano.*

innavegable. ADJ. Que no se puede navegar. *Canal innavegable.*

innecesario, ria. ADJ. No necesario.

innegable. ADJ. Que no se puede negar. *Innegable atractivo.*

innegociable. ADJ. Que no se puede negociar. *Porcentaje innegociable.*

innoble. ADJ. **1.** Que no es noble. *Actitud innoble.* || **2.** Vil, abyecto. *Innoble fechoría.*

innocuidad. F. inocuidad.

innocuo, cua. ADJ. inocuo.

innombrable. ADJ. Que no se debe o no se puede nombrar. *Enfermedad innombrable.*

innominable. ADJ. **innombrable.**

innominado, da. ADJ. Que no tiene nombre especial. □ V. **hueso ~.**

innovación. F. Acción y efecto de innovar.

innovador, ra. ADJ. Que innova. Apl. a pers., u. t. c. s.

innovar. TR. Mudar o alterar algo, introduciendo novedades. U. t. c. intr.

innumerable. ADJ. **copioso.**

innúmero, ra. ADJ. Que no se puede reducir a número. *Innúmeras tropelías.*

inobediencia. F. Falta de obediencia.

inobediente. ADJ. No obediente.

inobjetable. ADJ. Que no se puede objetar. *Argumentos inobjetables.*

inobservable. ADJ. Que no puede observarse. *Eclipse inobservable.*

inobservancia. F. Falta de observancia.

inocencia. F. **1.** Estado del alma limpia de culpa. || **2.** Exención de culpa en un delito o en una mala acción. || **3.** Candor, sencillez. □ V. **estado de ~, estado de la ~, presunción de ~.**

inocentada. F. **1.** Broma o engaño que se hace a alguien en el día de los Santos Inocentes. || **2.** coloq. Engaño ridículo en que alguien cae por descuido o por falta de malicia.

inocente. ADJ. **1.** Libre de culpa. *Lo declararon inocente.* Apl. a pers., u. t. c. s. || **2.** Dicho especialmente de una acción: Que pertenece a una persona inocente. *Una decisión nada inocente.* || **3.** Cándido, sin malicia, fácil de engañar. U. t. c. s. || **4.** Que no daña, que no es nocivo. *Broma inocente.* || **5.** Dicho de un niño: Que no ha llegado a la edad de discreción. U. t. c. s. *La degollación de los inocentes.* || **6.** coloq. **ignorante.** □ V. **día de los Inocentes.**

inocentón, na. ADJ. coloq. Muy **inocente** (|| cándido).

inocuidad. F. Cualidad de inocuo.

inoculación. F. Acción y efecto de inocular.

inoculador, ra. ADJ. Que inocula. *Culebras con dientes inoculadores.*

inocular. TR. **1.** *Med.* Introducir en un organismo una sustancia que contiene los gérmenes de una enfermedad. || **2.** Pervertir, contaminar a alguien con el mal ejemplo o la falsa doctrina. *Le inoculó su fanatismo.* U. t. c. prnl. || **3.** **inculcar.** *Inocular el miedo en la sociedad.*

inocultable. ADJ. Que no se puede ocultar.

inocuo, cua. ADJ. Que no hace daño. U. t. en sent. fig. *Un tema inocuo.*

inodoro, ra. I. ADJ. **1.** Que no tiene olor. *Líquido inodoro.* || **II.** M. **2.** Aparato sanitario para evacuar los excrementos y la orina, provisto de un sifón que evita los malos olores.

inofensivo, va. ADJ. Que no puede causar daño ni molestia. *Diversión inofensiva.*

inolvidable. ADJ. Que no puede olvidarse. *Día inolvidable. Amigas inolvidables.*

inope. ADJ. Pobre, indigente.

inoperable. ADJ. **1.** Dicho de una enfermedad: Que no se puede tratar con una operación quirúrgica. || **2.** Dicho de un enfermo: Que no puede ser operado.

inoperancia. F. Falta de eficacia en la consecución de un propósito o fin.

inoperante. ADJ. No operante, ineficaz. *Controles inoperantes.*

inoperatividad. F. inoperancia.

inoperativo, va. ADJ. No operativo.

inopia. F. Indigencia, pobreza, escasez. || **estar en la ~.** LOC.VERB. coloq. Ignorar algo que otros conocen, no haberse enterado de ello.

inopinable. ADJ. No opinable.

inopinado, da. ADJ. Que sucede sin haber pensado en ello, o sin esperarlo. *Inopinada aparición.*

inoportunidad. F. Falta de oportunidad.

inoportuno, na. ADJ. Fuera de tiempo o de propósito. *Entrada inoportuna.*

inorgánico, ca. ADJ. **1.** Dicho de un cuerpo: Sin órganos para la vida, como los minerales. || **2.** Dicho de un conjunto: Falto de la conveniente ordenación de las partes. *La ciudad no puede ser un conjunto inorgánico de edificios.* □ V. **química ~.**

inoxidable. ADJ. Que no se puede oxidar. □ V. **acero ~.**

in pártibus. (Locución latina). LOC.ADJ. Dicho de una persona: Condecorada con el título de un cargo que realmente no ejerce. □ V. **obispo ~.**

in pártibus infidélium. □ V. **obispo ~.**

in péctore. (Locución latina). LOC.ADJ. Dicho de un cargo: Cuyo nombramiento aún no se ha hecho público. *Cardenal in péctore.*

in perpétuum. (Locución latina). LOC.ADV. De manera perdurable, para siempre.

inquebrantable. ADJ. Que persiste sin quebranto, o no puede quebrantarse. *Amistad inquebrantable.*

inquietador, ra. ADJ. Que inquieta. U. t. c. s.

inquietante. ADJ. Que inquieta. *Zumbido inquietante.*

inquietar. TR. Quitar el sosiego, turbar la quietud. U. t. c. prnl.

inquieto, ta. ADJ. **1.** Que no está quieto, o es de índole bulliciosa. || **2.** Propenso a promover o efectuar cambios. || **3.** Desasosegado por una agitación del ánimo. || **4.** Se dice de aquellas cosas en que no se ha tenido o gozado quietud. *Pasar una noche inquieta.* || **5.** Propio o característico de una persona inquieta. *Ánimo inquieto.*

inquietud. F. **1.** Falta de quietud, desasosiego, desazón. || **2.** Inclinación del ánimo hacia algo, en especial en el campo de la estética. U. m. en pl. *Inquietudes literarias.*

inquilinaje. M. **1.** *Chile.* Conjunto de inquilinos. || **2.** *Chile.* Sistema de trabajo en el campo con inquilinos.

inquilinato. M. **1.** Arriendo de una casa o parte de ella. || **2.** Contribución o tributo de cuantía relacionada con la de los alquileres. || **3.** *Á. R. Plata.* **casa de vecindad.** || **4.** *Chile.* Sistema de explotación de fincas agrícolas por medio de inquilinos.

inquilino, na. M. y F. **1.** Arrendatario, comúnmente de finca urbana. || **2.** *Chile.* Persona que vive en una finca rústica en la cual se le da alojamiento y un trozo de terreno para que lo explote por su cuenta, con la obligación de trabajar en el mismo campo en beneficio del propietario.

inquina. F. Aversión, mala voluntad.

inquiridor, ra. ADJ. Que inquiere. U. t. c. s.

inquirir. TR. Indagar, averiguar o examinar cuidadosamente algo. MORF. conjug. c. *adquirir.*

inquisición. F. **1.** Acción y efecto de inquirir. || **2.** hist. Tribunal eclesiástico que inquiría y castigaba los delitos contra la fe. ORTOGR. Escr. con may. inicial. || **3.** hist.

Cárcel destinada a los reos pertenecientes a ese antiguo Tribunal. □ V. **comisario de la Inquisición, Consejo de la Inquisición.**

inquisidor, ra. **I.** ADJ. **1.** Que inquiere. *Carácter inquisidor.* U. t. c. s. || **II.** M. **2.** hist. Juez eclesiástico que entendía en las causas de fe. || **~ apostólico.** M. El nombrado por el inquisidor general para entender, a título de delegado, dentro de una demarcación eclesiástica, en los negocios pertenecientes a la Inquisición, principalmente en los nombramientos de familiares, jueces de causas, etc. || **inquisidor general.** M. hist. Supremo inquisidor, a cuyo cargo estaba el gobierno del Consejo de Inquisición y de todos sus tribunales. || **~ ordinario.** M. hist. Obispo o el que en su nombre asistía a sentenciar en definitiva las causas de los reos de fe.

inquisitivo, va. ADJ. Perteneciente o relativo a la indagación o averiguación.

inquisitoria. F. Proceso de averiguación de algo.

inquisitorial. ADJ. **1.** hist. Perteneciente o relativo al inquisidor o al antiguo Tribunal eclesiástico de la Inquisición. *Juicio inquisitorial.* || **2.** Dicho de un procedimiento: Parecido a los del antiguo Tribunal eclesiástico de la Inquisición. *Interrogatorio casi inquisitorial.*

inquisitorio, ria. ADJ. Perteneciente o relativo a la inquisición o averiguación de las cosas. *Tono inquisitorio.*

inri. M. Nota de burla o de afrenta. *Le puso el inri.* || **para más, o mayor, ~.** LOCS.ADVS. Para mayor escarnio.

insaciabilidad. F. Cualidad de insaciable.

insaciable. ADJ. Que no se puede saciar. *Apetito insaciable.*

insaculación. F. Acción y efecto de insacular.

insacular. TR. Poner, en un saco o urna, cédulas o boletas con números o con nombres de personas o cosas para sacar una o más por suerte.

insalivación. F. Acción y efecto de insalivar.

insalivar. TR. Mezclar los alimentos con saliva en la cavidad de la boca.

insalubre. ADJ. Dañoso a la salud. *Clima insalubre.*

insalubridad. F. Falta de salubridad.

insalvable. ADJ. Que no se puede salvar. *Escollo insalvable.*

insanable. ADJ. Que no se puede sanar. *Escrófula insanable.*

insania. F. locura (|| privación del juicio).

insano, na. ADJ. **1.** Perjudicial para la salud. *Ambiente insano.* || **2.** Loco, demente.

insatisfacción. F. Falta de satisfacción.

insatisfactorio, ria. ADJ. Que no satisface. *Resultados insatisfactorios.*

insatisfecho, cha. ADJ. No satisfecho.

insaturado, da. ADJ. *Quím.* Dicho de una estructura química: Que posee uno o varios enlaces covalentes múltiples.

inscribible. ADJ. Que puede inscribirse. *Personas no inscribibles en el censo.*

inscribir. TR. **1.** Apuntar el nombre de una persona entre los de otras para un objeto determinado. U. t. c. prnl. || **2.** Grabar letreros en metal, piedra u otra materia. || **3.** *Der.* Tomar razón, en algún registro, de los documentos o las declaraciones que han de asentarse en él según las leyes. || **4.** *Geom.* Trazar una figura dentro de otra, de manera que tengan puntos comunes sin cortarse. ¶ MORF. part. irreg. **inscrito.** *Á. R. Plata.* part. irreg. **inscripto.**

inscripción. F. **1.** Acción y efecto de inscribir. || **2.** Escrito grabado en piedra, metal u otra materia duradera, para conservar la memoria de una persona, de una cosa o de un suceso importante. || **3.** *Numism.* Letrero rectilíneo en las monedas y medallas.

inscripto, ta. PART. IRREG. Á. R. *Plata.* **inscrito.**

inscrito, ta. PART. IRREG. de **inscribir.**

insectario. M. **1.** *Chile.* Colección de insectos. ‖ **2.** *Chile.* Caja de uso escolar en la que se ordenan ejemplares de insectos.

insecticida. ADJ. Que sirve para matar insectos. Apl. a una sustancia o un producto, u. t. c. s. m.

insectívoro, ra. ADJ. **1.** Dicho de un animal: Que principalmente se alimenta de insectos. U. t. c. s. ‖ **2.** Dicho de una planta: Que los aprisiona entre sus hojas y los digiere. ‖ **3.** *Zool.* Se dice de los mamíferos de pequeño tamaño, unguiculados y plantígrados, que tienen molares provistos de tubérculos agudos, con los cuales mastican el cuerpo de los insectos de que se alimentan; p. ej., el topo y el erizo. U. t. c. s. m. ORTOGR. En m. pl., escr. con may. inicial c. taxón. *Los Insectívoros.*

insecto. M. Artrópodo de respiración traqueal, con el cuerpo dividido distintamente en cabeza, tórax y abdomen, con un par de antenas y tres de patas. Los más tienen uno o dos pares de alas y sufren metamorfosis durante su desarrollo. ORTOGR. En pl., escr. con may. inicial c. taxón. *Los Insectos.* ‖ ~ **social.** M. *Biol.* El que forma parte de una comunidad con castas diferentes; p. ej., la abeja y la hormiga. U. m. en pl.

inseguridad. F. Falta de seguridad.

inseguro, ra. ADJ. Falto de seguridad. *Vehículos inseguros.*

inseminación. F. *Biol.* Llegada del semen al óvulo mediante la cópula sexual. ‖ ~ **artificial.** F. *Biol.* y *Med.* Procedimiento para hacer llegar el semen al óvulo empleando técnicas no naturales.

inseminar. TR. Hacer llegar el semen al óvulo mediante un artificio cualquiera.

insensatez. F. **1.** Necedad, falta de sentido o de razón. ‖ **2.** Dicho o hecho insensato.

insensato, ta. ADJ. **1.** Falto de sensatez, tonto, fatuo. U. t. c. s. ‖ **2.** Propio o característico de una persona insensata. *Una provocación insensata.*

insensibilidad. F. Cualidad de insensible.

insensibilización. F. Acción y efecto de insensibilizar.

insensibilizar. TR. Quitar la sensibilidad o privar a alguien de ella. U. t. c. prnl.

insensible. ADJ. **1.** Que carece de sensibilidad. ‖ **2.** Que no siente las cosas que causan dolor y pena o mueven a lástima. ‖ **3.** Que no puede sentir o percibir. *Tengo las manos insensibles por el frío.* ‖ **4.** Dicho de una cosa: Que no puede ser alterada por la acción de un agente externo. *Materiales insensibles a las condiciones atmosféricas.*

inseparabilidad. F. Cualidad de inseparable.

inseparable. ADJ. **1.** Que no se puede separar. *Vida y muerte son realidades inseparables.* ‖ **2.** Dicho de dos o más cosas: Que se separan con dificultad. *El grabado es inseparable de la pintura.* ‖ **3.** Dicho de dos o más personas: Unidas estrechamente entre sí con vínculos de amistad o de amor. □ V. **preposición ~.**

insepulto, ta. ADJ. Dicho de un cadáver: No sepultado aún.

inserción. F. Acción y efecto de insertar.

inserir. TR. **injerir.** MORF. conjug. c. *sentir.*

insertar. TR. **1.** Incluir, introducir algo en otra cosa. U. t. c. prnl. *La obra se inserta en la tradición castellana.* ‖ **2.** Dar cabida a una información en las columnas de un periódico o de una revista.

inserto. M. *Cinem.* Rótulo entre dos encuadres o superpuesto a uno, que, en forma legible, explica al especta-

dor la localización o cualquier otro detalle de la escena, página de un periódico, una carta, etc.

inservible. ADJ. Que no sirve o que no está en estado de servir. *Chatarra inservible.*

insidia. F. **1. asechanza.** U. m. en pl. ‖ **2.** Palabras o acción que envuelven mala intención.

insidioso, sa. ADJ. **1.** Que organiza asechanzas. Apl. a pers., u. t. c. s. ‖ **2.** Que se hace con asechanzas. *Rumor insidioso.* ‖ **3.** Malicioso o dañino con apariencias inofensivas. *Habían planeado la elección de forma insidiosa.* ‖ **4.** *Med.* Dicho de un padecimiento o de una enfermedad: Que, bajo una apariencia benigna, ocultan gravedad suma.

insigne. ADJ. **célebre.** □ V. **reliquia ~.**

insignia. F. **1.** Señal, distintivo, o divisa honorífica. ‖ **2.** Emblema distintivo de una institución, asociación, o marca registrada, que se usa prendido en la ropa como muestra de vinculación o simpatía. *Lucía en la solapa una insignia del club.* ‖ **3.** Bandera, estandarte, imagen o medalla de un grupo civil, militar o religioso. ‖ **4.** Se usa en aposición tras un sustantivo que designa la embarcación más representativa del conjunto al que pertenece. *El buque insignia de la Armada.* U. t. en sent. fig. *Este escritor es el buque insignia de las nuevas generaciones.* ‖ **5.** *Mar.* Bandera de cierta especie que, puesta al tope de uno de los palos del buque, denota la graduación del jefe que lo manda o de otro que va en él.

insignificancia. F. **1.** Pequeñez, insuficiencia, inutilidad. ‖ **2.** Cosa insignificante.

insignificante. ADJ. Pequeño, despreciable.

insinceridad. F. Falta de sinceridad.

insincero, ra. ADJ. No sincero, simulado. *Insincera amistad.*

insinuación. F. Acción y efecto de insinuar o insinuarse.

insinuador, ra. ADJ. Que insinúa. U. t. c. s.

insinuante. ADJ. **1.** Que insinúa. ‖ **2.** Propio o característico de una persona insinuante. *Mirada insinuante.*

insinuar. **I.** TR. **1.** Dar a entender algo sin más que indicarlo o apuntarlo ligeramente. ‖ **II.** PRNL. **2.** Dicho de un afecto, de una virtud, de un vicio, etc.: Introducirse de manera blanda y suave en el ánimo. ‖ **3.** coloq. Dar a entender aisladamente el deseo de relaciones amorosas. ¶ MORF. conjug. c. *actuar.*

insipidez. F. Cualidad de insípido.

insípido, da. ADJ. **1.** Falto de sabor. *El agua está insípida.* ‖ **2.** Que no tiene el grado de sabor que debiera o pudiera tener. *Fruta insípida. Café insípido.* ‖ **3.** Falto de espíritu, viveza, gracia o sal. *Poeta insípido. Comedia insípida.* □ V. **diabetes ~.**

insipiente. ADJ. **1.** Falto de sabiduría o ciencia. *Comentario insipiente.* ‖ **2.** Falto de juicio.

insistencia. F. Acción de insistir.

insistente. ADJ. Que insiste. *Es un cobrador muy insistente.*

insistir. INTR. **1.** Instar reiteradamente. *No insista, no iré.* ‖ **2.** Persistir o mantenerse firme en algo. *Insiste en tomar café, aunque le sienta muy mal.* ‖ **3.** Repetir o hacer hincapié en algo. *Insisto en su inocencia.*

ínsito, ta. ADJ. Propio y connatural a algo y como nacido en ello.

in situ. (Locución latina). LOC. ADV. En el lugar, en el sitio.

insobornable. ADJ. **1.** Que no puede ser sobornado. ‖ **2.** Que no se deja llevar por ninguna influencia ajena. *Era un rebelde insobornable.*

insociabilidad. F. Falta de sociabilidad.

insociable. ADJ. Huraño o intratable, o que no tiene condiciones para el trato social.

insocial. ADJ. Huraño, que evita el trato social.

insolación. F. 1. Acción y efecto de insolarse. || 2. Malestar o enfermedad producidos por una exposición excesiva a los rayos solares. || 3. Cantidad de energía solar recibida por una superficie. || 4. *Meteor.* Tiempo que luce el sol sin nubes.

insolarse. PRNL. Enfermar por excesiva exposición al sol.

insolencia. F. 1. Atrevimiento, descaro. || 2. Dicho o hecho ofensivo e insultante. *Me molestan sus insolencias.*

insolentar. TR. Hacer a alguien insolente y atrevido. U. m. c. prnl. *Se insolentaban con la policía.*

insolente. ADJ. 1. Que comete insolencias. Apl. a pers., u. t. c. s. || 2. Orgulloso, soberbio, desvergonzado. *Inteligencia insolente.*

insolidaridad. F. Falta de solidaridad.

insolidario, ria. ADJ. 1. Que no es solidario o no actúa solidariamente. U. t. c. s. || 2. Propio o característico de una persona insolidaria. *Comportamiento insolidario.*

in sólidum. (Locución latina) LOC. ADV. *Der.* Por entero, por el todo. Se usa más para expresar la facultad u obligación que, siendo común a dos o más personas, puede ejercerse o debe cumplirse por entero por cada una de ellas. *Juan y Pedro son deudores in sólidum.*

insólito, ta. ADJ. Raro, extraño, desacostumbrado. *Hechos insólitos.*

insolubilidad. F. Cualidad de insoluble.

insoluble. ADJ. 1. Que no puede disolverse ni diluirse. *Las grasas son insolubles.* || 2. Que no se puede resolver o aclarar. *Misterio insoluble.*

insoluto, ta. ADJ. No pagado. *Cuotas insolutas.* U. m. en América.

insolvencia. F. Falta de solvencia, incapacidad de pagar una deuda.

insolvente. ADJ. Que no tiene con qué pagar. U. t. c. s.

insomne. ADJ. Que no duerme, desvelado.

insomnio. M. Vigilia, falta de sueño a la hora de dormir.

insondable. ADJ. 1. Que no se puede averiguar, sondear o saber a fondo. *Misterio insondable.* || 2. Dicho del mar: Que no se puede sondear, que no se puede hallar su fondo con la sonda.

insonoridad. F. Cualidad de insonoro.

insonorización. F. Acción y efecto de insonorizar.

insonorizar. TR. Acondicionar un lugar, una habitación, etc., para aislarlos acústicamente.

insonoro, ra. ADJ. Que no produce o no transmite sonido. *Cámara insonora.*

insoportable. ADJ. 1. Que no se puede soportar. *Dolores insoportables.* || 2. Muy incómodo, molesto y enfadoso. *Era de una pedantería insoportable.*

insoslayable. ADJ. Que no puede soslayarse. *Requisito insoslayable.*

insospechable. ADJ. Que no puede sospecharse. *Propósitos insospechables.*

insospechado, da. ADJ. No sospechado, inesperado. *Insospechada aventura.*

insostenible. ADJ. 1. Que no se puede defender con razones. *Opinión insostenible.* || 2. Que no se puede sostener. *Equilibrio insostenible. Pobreza insostenible.*

inspección. F. 1. Acción y efecto de inspeccionar. || 2. Cargo o actividad del inspector. || 3. Casa, despacho u oficina del inspector. □ V. **revista de ~.**

inspeccionar. TR. Examinar, reconocer atentamente.

inspector, ra. I. ADJ. 1. Que reconoce y examina algo. *Actividad inspectora.* U. t. c. s. || II. M. y F. 2. Empleado público o particular que tiene a su cargo la inspección y vigilancia del ramo a que pertenece y del cual toma título especial el destino que desempeña. *Inspector de Policía. Inspector enseñanza. Inspector de ferrocarriles.* || ~ **general.** M. y F. Funcionario a quien por su alta categoría corresponde la vigilancia sobre la totalidad de un servicio del Estado y del personal que lo ejecuta.

inspectoría. F. 1. *Chile.* Cuerpo de Policía que está bajo el mando de un inspector. || 2. *Chile.* Territorio a que se extiende la vigilancia de dicho cuerpo.

inspiración. F. 1. Acción y efecto de inspirar o inspirarse. || 2. Iluminación o movimiento sobrenatural que Dios comunica a la criatura. || 3. Efecto de sentir el escritor, el orador o el artista el singular y eficaz estímulo que le hace producir espontáneamente y como sin esfuerzo. || 4. Persona o cosa que inspira. *Tú fuiste mi inspiración.*

inspirador, ra. ADJ. Que inspira. Apl. a pers., u. t. c. s.

inspirar. I. TR. 1. Atraer el aire exterior a los pulmones. U. t. c. intr. || 2. Infundir o hacer nacer en el ánimo o la mente afectos, ideas, propósitos, etc. *Me inspira respeto.* || 3. Sugerir ideas o temas para la composición de la obra literaria o artística. *Aquella noticia le inspiró la novela.* || 4. Dicho de Dios: Iluminar el entendimiento de alguien y mover su voluntad. || II. PRNL. 5. Enardecerse y avivarse el genio del orador, del literato o del artista con el recuerdo o la presencia de alguien o algo, o con el estudio de obras ajenas. *Se inspiró EN un suceso real.*

inspirativo, va. ADJ. Que tiene virtud de inspirar. *Ambiente inspirativo.*

inspiratorio, ria. ADJ. *Med.* Perteneciente o relativo a la inspiración respiratoria.

instalación. F. 1. Acción y efecto de instalar o instalarse. || 2. Conjunto de cosas instaladas. || 3. Recinto provisto de los medios necesarios para llevar a cabo una actividad profesional o de ocio. U. m. en pl. *Instalaciones industriales, educativas, deportivas.*

instalador, ra. ADJ. Que **instala** (|| coloca). Apl. a pers., u. t. c. s.

instalar. I. TR. 1. Poner o colocar en el lugar debido a alguien o algo. U. t. c. prnl. *Se instalaron en la Gran Vía.* || 2. Colocar en un lugar o edificio los enseres y servicios que en él se hayan de utilizar. *Instalaron en la fábrica los conductos de agua.* || 3. *Inform.* Transferir al disco duro de una computadora u ordenador un programa y prepararlo para su correcto funcionamiento. || II. PRNL. 4. Establecerse, fijar la residencia.

instancia. F. 1. Acción y efecto de instar. || 2. Petición formal por escrito, especialmente a una autoridad. || 3. Nivel o grado de la Administración pública o de cualquier institución política o social. *La escuela y otras instancias educativas.* || 4. Institución, organismo. *Los miembros de esta instancia se retiraron sin hacer declaraciones.* || 5. *Der.* Cada uno de los grados jurisdiccionales que la ley tiene establecidos para ventilar y sentenciar, en jurisdicción expedita, lo mismo sobre el hecho que sobre el derecho, en los juicios y demás negocios de justicia. || 6. *Psicol.* Cada una de las partes del aparato psíquico capaces de actuar. || **a ~ de, o a ~s de.** LOCS. PREPS. A ruegos de, a petición de. || **en primera ~.** LOC. ADV. 1. Al primer ímpetu, de un golpe. || 2. Primeramente, en primer lugar, por la primera vez. || **en última ~.** LOC. ADV. Como último recurso, en definitiva.

☐ V. **juez de primera ~, juez de primera ~ y de instrucción.**

instantánea. F. **1.** Impresión fotográfica que se hace instantáneamente. ‖ **2.** Fotografía así obtenida.

instantaneidad. F. Cualidad de instantáneo.

instantáneo, a. ADJ. **1.** Que se produce inmediatamente. *Reacción instantánea. Efecto instantáneo.* ‖ **2.** Que solo dura un instante. *Resplandor instantáneo.*

instante. M. Porción brevísima de tiempo. ‖ **a cada ~,** o **cada ~.** LOCS. ADVS. Con frecuencia, a cada paso. ‖ **al ~.** LOC. ADV. Al momento, sin dilación. ‖ **por ~s.** LOC. ADV. Sin cesar, de manera continua, sin interrupción. *El mal se agravaba por instantes.*

instar. I. TR. **1.** Repetir la súplica o petición, insistir en ella con ahínco. *Instó la apertura de una investigación.* ‖ **II.** INTR. **2.** Apretar o urgir la pronta ejecución de algo. *Se firmará una resolución que insta a una tregua.*

in statu quo. (Locución latina). LOC. ADV. Se usa para denotar que las cosas están o deben estar en la misma situación que antes tenían.

instauración. F. Acción y efecto de instaurar.

instaurador, ra. ADJ. Que instaura. Apl. a pers., u. t. c. s.

instaurar. TR. Establecer, fundar, instituir. MORF. conjug. c. *causar.*

instigación. F. Acción y efecto de instigar.

instigador, ra. ADJ. Que instiga. Apl. a pers., u. t. c. s.

instigar. TR. Incitar, provocar o inducir a alguien a que haga algo.

instilación. F. Acción y efecto de instilar.

instilar. TR. **1.** Echar poco a poco, gota a gota, un líquido en otra cosa. ‖ **2.** Infundir o introducir insensiblemente en el ánimo una doctrina, un afecto, etc.

instintivo, va. ADJ. Que es obra, efecto o resultado del instinto, y no del juicio o de la reflexión. *Gesto instintivo.*

instinto. M. **1.** Conjunto de pautas de reacción que, en los animales, contribuyen a la conservación de la vida del individuo y de la especie. *Instinto reproductor.* ‖ **2.** Móvil atribuido a un acto, sentimiento, etc., que obedece a una razón profunda, sin que se percate de ello quien lo realiza o siente. *Instinto de posesión.* ‖ **3.** Facultad que permite valorar o apreciar ciertas cosas. *Tiene instinto pictórico.* ‖ **por ~.** LOC. ADV. Por un impulso o propensión natural e indeliberada.

institución. F. **1.** Establecimiento o fundación de algo. ‖ **2.** Cosa establecida o fundada. ‖ **3.** Organismo que desempeña una función de interés público, especialmente benéfico o docente. ‖ **4.** Cada una de las organizaciones fundamentales de un Estado, nación o sociedad. *Institución monárquica.* ‖ **5.** Persona que, en una ciudad, empresa, tertulia o cualquier otra agrupación humana, tiene el prestigio debido a la antigüedad o a poseer todos los caracteres representativos de aquella. ‖ **6.** pl. Órganos constitucionales del poder soberano en la nación. ‖ **~ de heredero.** F. Der. Nombramiento que en el testamento se hace de la persona que ha de heredar.

institucional. ADJ. Perteneciente o relativo a una institución o a instituciones políticas, religiosas, sociales, etc.

institucionalidad. F. Cualidad de institucional.

institucionalización. F. Acción y efecto de institucionalizar.

institucionalizar. TR. **1.** Convertir algo en institucional. *Institucionalizar una costumbre.* U. t. c. prnl. ‖ **2.** Conferir el carácter de institución.

institucionista. ADJ. **1.** hist. Perteneciente o relativo a la Institución Libre de Enseñanza, institución pedagógica española fundada en 1876. ‖ **2.** Influido por ella. Apl. a pers., u. t. c. s.

instituidor, ra. ADJ. Que instituye. Apl. a pers., u. t. c. s.

instituir. TR. **1.** Establecer algo de nuevo, darle principio. *Se han instituido órganos colaboradores.* ‖ **2.** Nombrar a alguien para el ejercicio de un cargo. *Lo instituyeron jefe supremo.* ‖ **3.** Fundar una obra pía, un mayorazgo, etc., dándoles rentas y estatutos para su conservación y funcionamiento. *Felipe II instituyó el patronato del monasterio de El Escorial.* ¶ MORF. conjug. c. *construir.*

instituto. M. **1.** Centro estatal de enseñanza secundaria. ‖ **2.** Institución científica, cultural, etc. *Se ha fundado el Instituto de Artes y Ciencias del Oriente.* ‖ **3.** Organismo oficial que se ocupa de un servicio concreto. *El Instituto Nacional de Empleo publicará hoy nuevas ofertas.* ‖ **4.** Establecimiento público en el que se presta un servicio o cuidado específico. *Ayer abrió su nuevo instituto de belleza.* ‖ **5.** Cierto cuerpo militar o congregación religiosa. *La Guardia Civil es un instituto armado de carácter militar. Institutos y organizaciones religiosas.*

institutor, ra. ADJ. Que instituye. Apl. a pers., u. t. c. s.

institutriz. F. Mujer encargada de la educación o instrucción de uno o varios niños en el hogar.

instrucción. F. **1.** Acción de instruir. ‖ **2.** Caudal de conocimientos adquiridos. ‖ **3.** Curso que sigue un proceso o expediente que se está formando o instruyendo. ‖ **4.** Conjunto de reglas o advertencias para algún fin. U. m. en pl. *He recibido instrucciones tajantes.* ‖ **5. instrucción militar.** ‖ **6.** Inform. Expresión formada por números y letras que indica, en una computadora u ordenador, la operación que debe realizar y los datos correspondientes. ‖ **~ militar.** F. Conjunto de enseñanzas, prácticas, etc., para el adiestramiento del soldado. ‖ **hacer la ~** un soldado. LOC. VERB. Hacer los ejercicios previstos para conseguir la instrucción militar. ☐ V. **juez de primera instancia y de ~.**

instructivo, va. ADJ. Que instruye o sirve para instruir. *Ejemplos instructivos.*

instructor, ra. ADJ. Que instruye. Apl. a pers., u. t. c. s. *Instructor militar.*

instruido, da. PART. de **instruir.** ‖ ADJ. Que tiene buen caudal de conocimientos adquiridos.

instruir. TR. **1.** Enseñar, adoctrinar. *Hablar con él es lo que más me instruye.* ‖ **2.** Comunicar sistemáticamente ideas, conocimientos o doctrinas. *Nos instruyeron en el arte de la conducción.* ‖ **3.** Dar a conocer a alguien el estado de algo, informarle de ello, o comunicarle avisos o reglas de conducta. U. t. c. prnl. *Ya nos hemos instruido sobre los efectos de la subida de precios.* ‖ **4.** Tramitar un procedimiento administrativo o judicial. *Instruir un expediente.* ¶ MORF. conjug. c. *construir.*

instrumentación. F. **1.** Acción y efecto de instrumentar. ‖ **2.** Conjunto de instrumentos utilizados para un fin.

instrumental. I. ADJ. **1.** Perteneciente o relativo al instrumento. *Elemento de orden instrumental. Medios instrumentales.* ‖ **2.** Que sirve de instrumento o tiene función de tal. *Agente instrumental.* ‖ **3.** Perteneciente o relativo a los instrumentos musicales. *Canto instrumental.* ‖ **II.** M. **4.** Conjunto de instrumentos destinados a determinado fin. *Instrumental científico.* ‖ **5.** Conjunto de instrumentos de una orquesta o de una banda militar. ‖ **6.** Conjunto de instrumentos profesionales del médico o del cirujano. ☐ V. **causa ~, música ~.**

instrumentalización. F. Acción y efecto de instrumentalizar.

instrumentalizar. TR. Utilizar algo o a alguien como instrumento para conseguir un fin.

instrumentar. TR. **1.** Preparar las partituras de una composición musical para cada uno de los instrumentos que la ejecutan. || **2.** Crear, constituir, organizar. *Instrumentar planes de inversión.* || **3.** *Med.* Disponer o preparar el instrumental. || **4.** *Taurom.* Ejecutar las diversas suertes de la lidia.

instrumentista. COM. **1.** Músico que toca un instrumento. || **2.** *Med.* Persona que cuida del instrumental y lo proporciona al operador durante la intervención.

instrumento. M. **1.** Conjunto de diversas piezas combinadas adecuadamente para que sirva con determinado objeto en el ejercicio de las artes y oficios. || **2. ingenio** (|| máquina). || **3.** Cosa de que nos servimos para hacer algo. || **4. instrumento musical.** || **5.** Medio para hacer algo o conseguir un fin. *La astucia fue el instrumento de nuestra victoria.* || **6.** *Der.* Escritura, papel o documento con que se justifica o prueba algo. || ~ **de cuerda.** M. *Mús.* El que lleva cuerdas de tripa o de metal, que se hacen sonar pulsándolas, golpeándolas con macillos o haciendo que un arco roce con ellas. || ~ **de percusión.** M. *Mús.* El que se hace sonar golpeándolo con badajos, baquetas, etc. || ~ **de viento.** M. *Mús.* El que se hace sonar impeliendo aire dentro de él. || ~ **musical.** M. Conjunto de piezas dispuestas de modo que sirva para producir sonidos musicales.

insubordinación. F. Falta de subordinación.

insubordinado, da. PART. de **insubordinar.** || ADJ. Que rechaza la subordinación. Apl. a pers., u. t. c. s.

insubordinar. I. TR. **1.** Inducir a la insubordinación. *Insubordinó a las trabajadoras de la tienda de su padre.* || **II.** PRNL. **2.** Quebrantar la subordinación. *Insubordinarse contra la democracia.*

insubsistencia. F. Falta de subsistencia.

insubstancial. ADJ. **insustancial.**

insubstancialidad. F. **insustancialidad.**

insubstituible. ADJ. **insustituible.**

insuficiencia. I. F. **1.** Cortedad o escasez de algo. *Grave insuficiencia de bibliotecas infantiles.* || **2.** Incapacidad total o parcial de un órgano para realizar adecuadamente sus funciones. *Insuficiencia hepática.* || **II.** AMB. **3.** Falta de suficiencia. *Insuficiencia mental.*

insuficiente. ADJ. No suficiente.

insuflación. F. *Med.* Acción y efecto de insuflar.

insuflador. M. Tubo que sirve para insuflar.

insuflar. TR. Introducir en un órgano o en una cavidad un gas, un líquido o una sustancia pulverizada. *Insuflar aire en la pasta de vidrio.* U. t. en sent. fig. *Insuflar ánimo.*

insufrible. ADJ. **1.** Que no se puede sufrir. *Dolor insufrible.* || **2.** Muy difícil de sufrir. *Situación insufrible.*

ínsula. F. Lugar pequeño o gobierno de poca entidad, a semejanza del encomendado a Sancho en el *Quijote*.

insulano, na. ADJ. **insular.** Apl. a pers., u. t. c. s.

insular. ADJ. **1.** Natural de una isla. U. t. c. s. || **2.** Perteneciente o relativo a una isla. *Equipo insular.* □ V. **Cabildo ~, Consejo ~.**

insularidad. F. **1.** Cualidad de insular. || **2. aislamiento.** *Percibía por primera vez en su vida la absoluta insularidad de sus actos.*

insulina. F. **1.** *Bioquím.* Hormona segregada por la porción endocrina del páncreas, que regula la cantidad de glucosa existente en la sangre. Hoy también se obtiene por síntesis química artificial. || **2.** *Med.* Medicamento hecho con esta sustancia y utilizado contra la diabetes.

insulinodependiente. ADJ. **1.** *Med.* Se dice del tipo de diabetes cuyo tratamiento precisa de la administración de insulina. || **2.** Que padece este tipo de diabetes. U. t. c. s.

insulinoma. M. *Med.* Tumor, generalmente pancreático, que segrega insulina de manera independiente.

insulsez. F. **1.** Cualidad de insulso. || **2.** Dicho insulso.

insulso, sa. ADJ. **1. insípido** (|| falto de sabor). *Comida insulsa.* || **2.** Falto de gracia y viveza. *Carácter insulso.*

insultada. F. *Am.* Insulto muy grave o serie de insultos.

insultador, ra. ADJ. Que insulta. U. t. c. s.

insultante. ADJ. **1.** Dicho de una persona: Que insulta. || **2.** Dicho de una palabra o de una acción: Que se emplea para insultar. U. t. en sent. fig. *Una superioridad insultante.*

insultar. TR. Ofender a alguien provocándolo e irritándolo con palabras o acciones.

insulto. M. Acción y efecto de insultar.

insumergible. ADJ. No sumergible.

insumir. TR. *Econ.* Emplear, invertir dinero. En el área del Río de la Plata, u. t. en sent. fig. *El viaje al trabajo le insume dos horas.*

insumisión. F. Falta de sumisión.

insumiso, sa. ADJ. **1.** Desobediente, rebelde. U. t. c. s. || **2.** Que implica o denota insumisión. *Voluntad insumisa.*

insumo. M. *Econ.* Conjunto de elementos que toman parte en la producción de otros bienes.

insuperable. ADJ. Que no se puede superar o vencer. □ V. **miedo ~.**

insurgencia. F. **1.** Levantamiento contra la autoridad. *Insurgencia militar, sindical, urbana.* || **2.** Grupo que protagoniza una insurgencia. *La insurgencia estaba dispuesta a reunirse con el presidente.*

insurgente. ADJ. Levantado o sublevado. U. t. c. s.

insurgir. INTR. **insurreccionarse.**

insurrección. F. Levantamiento, sublevación o rebelión de un pueblo, de una nación, etc.

insurreccional. ADJ. Perteneciente o relativo a la insurrección.

insurreccionar. I. TR. **1.** Concitar a las gentes para que se amotinen contra las autoridades. || **II.** PRNL. **2. alzarse** (|| rebelarse, sublevarse). *Insurreccionarse contra un dictador.*

insurrecto, ta. ADJ. Levantado o sublevado contra la autoridad pública. U. m. c. s.

insustancial. ADJ. De poca o ninguna sustancia.

insustancialidad. F. **1.** Cualidad de insustancial. || **2.** Cosa insustancial.

insustituible. ADJ. Que no puede sustituirse. *Documentalista insustituible.*

intachable. ADJ. Que no admite o merece tacha. *Comportamiento intachable.*

intacto, ta. ADJ. **1.** No tocado o palpado. *Los libros que pedimos siguen intactos, en su caja.* || **2.** Que no ha padecido alteración o deterioro. *Después del accidente, el motor del automóvil estaba intacto.* || **3. puro** (|| libre de mezcla). *El útero mantiene intacta su pureza en el embarazo.* || **4.** No ventilado o de que no se ha hablado. *El asunto ha quedado intacto.*

intangibilidad. F. Cualidad de intangible.

intangible. ADJ. Que no debe o no puede tocarse. *Vínculos intangibles.*

ntegérrimo, ma. ADJ. SUP. de **íntegro**.

ntegrable. ADJ. *Mat.* Que se puede integrar. *Aspectos integrables en una sola propuesta.*

ntegración. F. Acción y efecto de integrar.

ntegracionista. ADJ. Partidario de la integración, especialmente política y racial.

ntegrado. □ V. **circuito ~**.

ntegrador, ra. ADJ. **1.** Que **integra** (‖ hace que alguien o algo pase a formar parte de un todo). *Política integradora de los inmigrantes.* ‖ **2.** Que recoge todos los elementos o aspectos de algo. *Documento integrador.* ‖ **3.** conciliador. *Acuerdo integrador.*

ntegral. I. ADJ. **1.** Global, total. *Reforma integral.* ‖ **2.** Dicho de un cereal empleado en alimentación: Que conserva su salvado. *Arroz, trigo integral.* ‖ **3.** Dicho de un producto alimenticio: Elaborado a partir de un cereal integral. *Galletas integrales. Pan integral.* ‖ **4.** *Mat.* Se dice del signo (∫) con que se indica la integración. ‖ **II.** F. **5.** *Mat.* Resultado de integrar una expresión diferencial. □ V. **cálculo ~**.

ntegrante. ADJ. Que integra. Apl. a pers., u. t. c. s. *Los integrantes del equipo se alojan en este hotel.*

ntegrar. TR. **1.** Dicho de las partes: Constituir un todo. *Cuatro diputados integrarán la comisión.* ‖ **2.** Hacer que alguien o algo pase a formar parte de un todo. U. t. c. prnl. *Le cuesta mucho integrarse en la clase. Se integraron a la guerrilla.* ‖ **3.** **comprender** (‖ contener). *La coalición ganadora integraba liberales y socialistas.* ‖ **4.** Aunar, fusionar dos o más conceptos, corrientes, etc., divergentes entre sí, en una sola que los sintetice. *El nuevo enfoque integra las dos teorías anteriores.* ‖ **5.** *Mat.* Determinar por el cálculo una expresión a partir de otra que representa su derivada.

ntegridad. F. Cualidad de íntegro.

ntegrismo. M. Actitud de ciertos sectores religiosos, ideológicos o políticos, partidarios de la intangibilidad de la doctrina tradicional.

ntegrista. ADJ. **1.** Perteneciente o relativo al integrismo. *Movimiento integrista.* ‖ **2.** Partidario del integrismo. U. t. c. s.

ntegro, gra. ADJ. **1.** Que no carece de ninguna de sus partes. *Texto íntegro.* ‖ **2.** Dicho de una persona: Recta, proba, intachable. ¶ MORF. sup. irreg. **integérrimo**.

ntelección. F. Acción y efecto de entender.

ntelectiva. F. Facultad de entender.

ntelectivo, va. ADJ. Que tiene virtud de entender.

ntelecto. M. Entendimiento, potencia cognoscitiva racional del alma humana.

ntelectual. ADJ. **1.** Perteneciente o relativo al entendimiento. *Ejercicio intelectual.* ‖ **2.** Dedicado preferentemente al cultivo de las ciencias y las letras. Apl. a pers., u. m. c. s. *El escrito lo firman políticos e intelectuales.* □ V. **cociente ~, coeficiente ~, propiedad ~, registro de la propiedad ~, visión ~**.

ntelectualidad. F. **1.** intelecto. ‖ **2.** Condición de intelectual. ‖ **3.** Conjunto de los intelectuales de un país, de una región, etc.

ntelectualismo. M. *Fil.* Actitud de quienes dan al intelecto preeminencia frente a lo afectivo y volitivo.

ntelectualista. ADJ. **1.** *Fil.* Perteneciente o relativo al intelectualismo. ‖ **2.** *Fil.* Seguidor del intelectualismo. U. t. c. s.

ntelectualizar. TR. **1.** Reducir algo a forma o contenido intelectual o racional. ‖ **2.** Tratar o analizar intelectualmente. *Intelectualizar el rock.*

inteligencia. F. **1.** Capacidad de entender o comprender. ‖ **2.** Capacidad de resolver problemas. ‖ **3.** Conocimiento, comprensión, acto de entender. ‖ **4.** Habilidad, destreza y experiencia. ‖ **5.** Trato y correspondencia secreta de dos o más personas o naciones entre sí. *Agente de inteligencia.* ‖ **~ artificial.** F. *Inform.* Desarrollo y utilización de computadoras u ordenadores con los que se intenta reproducir los procesos de la inteligencia humana. □ V. **bandera de ~, servicio de ~**.

inteligente. ADJ. **1.** Dotado de inteligencia. *Fuera de la Tierra, no se conocen seres inteligentes.* ‖ **2.** Dicho de una persona: Dotada de un grado elevado de inteligencia. U. t. c. s. ‖ **3.** Que indica inteligencia. *Un discurso inteligente.* ‖ **4.** Dicho del sistema, de un edificio, de un mecanismo, etc.: Que están controlados por computadora u ordenador y son capaces de responder a cambios del entorno para establecer las condiciones óptimas de funcionamiento sin intervención humana.

inteligibilidad. F. Cualidad de inteligible.

inteligible. ADJ. **1.** Que puede ser entendido. *Doctrina inteligible.* ‖ **2.** Que se oye clara y distintamente. *Sonido inteligible.*

intemperancia. F. Falta de templanza.

intemperante. ADJ. Destemplado o falto de templanza.

intemperie. F. Exposición a los cambios del tiempo atmosférico. ‖ **a la ~.** LOC.ADV. A cielo descubierto, sin techo ni otro reparo alguno.

intempestivo, va. ADJ. Que es o está fuera de tiempo y sazón. *Horas intempestivas.*

intemporal. ADJ. Que está fuera del tiempo o lo trasciende. *Tradición intemporal.*

intemporalidad. F. Condición de intemporal.

intención. F. **1.** Determinación de la voluntad en orden a un fin. ‖ **2.** Propósito de aplicar una oración, una misa u otro acto del culto en favor de una persona determinada o de la consecución de un bien espiritual o temporal. ‖ **3.** Cautelosa advertencia con que alguien habla o procede. *Me lo dijo con mucha intención.* ‖ **primera ~.** F. coloq. Modo de proceder franco y sin detenerse a reflexionar mucho. ‖ **segunda ~.** F. coloq. Modo de proceder no sincero y solapado. ‖ **curar de primera ~.** LOC.VERB. *Med.* Curar de momento y provisionalmente a un herido. ‖ **de primera ~.** LOC.ADV. En un primer momento.

intencionado, da. ADJ. **1.** Que tiene alguna intención. *Bien, mal, mejor, peor intencionado.* ‖ **2.** Deliberado, voluntario. *Incendio intencionado.*

intencional. ADJ. **1.** Perteneciente o relativo a la intención. *Meta intencional.* ‖ **2.** **deliberado**. *Acto intencional.* ‖ **3.** *Fil.* Dicho de los actos referidos a un objeto y de los objetos en cuanto son término de esa referencia.

intencionalidad. F. Cualidad de intencional.

intendencia. F. **1.** Cuerpo de oficiales y tropa destinado al abastecimiento de las fuerzas militares y a la distribución de los campamentos o edificios en que se alojan. ‖ **2.** Empleo de intendente. ‖ **3.** Distrito a que se extiende la jurisdicción del intendente. ‖ **4.** Casa u oficina del intendente. ‖ **5.** Administración de las cuestiones materiales. U. m. en sent. irón. *Yo me ocupo de la intendencia para la fiesta.* ‖ **~ municipal.** F. **1.** *Á. R. Plata.* Órgano superior de gobierno de los municipios. ‖ **2.** *Á. R. Plata.* Edificio donde este órgano tiene su sede.

intendenta. F. *Am.* Mujer que desempeña el cargo de jefe superior económico.

intendente. COM. **1.** Persona que desempeña el cargo de jefe superior económico. ‖ **2.** En el Ejército y en la Marina, jefe superior de los servicios de la Administración militar, cuya categoría jerárquica está asimilada a la de general de división o de brigada. ‖ **3.** *Á. R. Plata.* intendente municipal. ‖ **4.** *Méx.* conserje. ‖ **~ municipal.** M. *Á. R. Plata.* Jefe del gobierno municipal.

intensidad. F. **1.** Grado de fuerza con que se manifiesta un agente natural, una magnitud física, una cualidad, una expresión, etc. ‖ **2.** Vehemencia de los sentimientos y estados de ánimo. ‖ **~ de la corriente.** F. *Fís.* Magnitud física que expresa la cantidad de electricidad que atraviesa un conductor en la unidad de tiempo. Su unidad en el Sistema Internacional es el *amperio.* (Símb. *A*). ‖ **~ luminosa.** F. Magnitud física que expresa el flujo luminoso emitido por una fuente puntual en una dirección determinada por unidad de ángulo sólido. Su unidad en el Sistema Internacional es la *candela.* (Símb. *cd*). □ V. **acento de ~.**

intensificación. F. Acción y efecto de intensificar.

intensificar. TR. Hacer que algo adquiera mayor intensidad. U. t. c. prnl. *El frío se ha intensificado.*

intensión. F. intensidad.

intensivista. COM. Persona especializada en cuidados médicos intensivos.

intensivo, va. ADJ. Más intenso, enérgico o activo que de costumbre. □ V. **cultivo ~, jornada ~, medicina ~, terapia ~, unidad de cuidados ~s, unidad de vigilancia ~.**

intenso, sa. ADJ. **1.** Que tiene intensidad. *Frío intenso.* ‖ **2.** Muy vehemente y vivo. *Emoción intensa.*

intentar. TR. **1.** Procurar o pretender. *Intentaré dormir un rato.* ‖ **2.** Tener intención de hacer algo. *Intento creerte.*

intento. M. **1.** Propósito, intención. *Un intento de cooperación.* ‖ **2.** Cosa intentada. ‖ **de ~.** LOC. ADV. **a propósito** (‖ de manera voluntaria y deliberada).

intentona. F. Intento temerario, especialmente si se ha frustrado.

interacción. F. Acción que se ejerce recíprocamente entre dos o más objetos, agentes, fuerzas, funciones, etc.

interaccionar. INTR. Ejercer una interacción.

interactividad. F. Cualidad de interactivo.

interactivo, va. ADJ. **1.** Que procede por interacción. *Comunicación interactiva.* ‖ **2.** *Inform.* Dicho de un programa: Que permite una interacción, a modo de diálogo, entre la computadora u ordenador y el usuario. U. t. c. s. m.

interamericano, na. ADJ. Perteneciente o relativo a cualquier clase de relaciones multilaterales entre países americanos.

interandino, na. ADJ. **1.** Que está situado entre las dos cordilleras de los Andes. *Valle interandino.* ‖ **2.** Dicho del tráfico o de otra índole de relaciones: Que se producen entre las naciones o habitantes que están a uno y otro lado de los Andes.

interanual. ADJ. Que procede de la comparación entre una cantidad y la correspondiente a un año antes. *Incremento interanual del volumen presupuestario.*

interarticular. ADJ. Que está situado entre las articulaciones. *Cartílago interarticular.*

interbancario, ria. ADJ. Que comprende varios bancos o se produce entre ellos. *Mercado interbancario. Préstamo interbancario.*

intercadencia. F. Desigualdad defectuosa en el lenguaje, en el estilo, etc.

intercadente. ADJ. Que tiene intercadencias. *Habla intercadente.*

intercalación. F. Acción y efecto de intercalar.

intercalar[1]**.** ADJ. Interpuesto, injerido. □ V. **día ~.**

intercalar[2]**.** TR. Interponer o poner algo entre otras cosas.

intercambiable. ADJ. Dicho de dos o más piezas s[...] milares pertenecientes a objetos fabricados con igua[...] dad: Que pueden ser utilizadas en cualquiera de ellos si[...] necesidad de modificación.

intercambiador. M. Conjunto de instalaciones qu[...] permite a los pasajeros la comunicación y enlace entr[...] diversos medios de transporte.

intercambiar. TR. Dicho de dos o más personas o er[...] tidades: Cambiar entre sí ideas, informes, publicacione[...] etc. MORF. conjug. c. *anunciar.*

intercambio. M. **1.** Acción y efecto de intercambia[...] ‖ **2.** Reciprocidad e igualdad de consideraciones y se[...] vicios entre entidades o corporaciones análogas de d[...] versos países o del mismo país.

interceder. INTR. Hablar en favor de alguien para cor[...] seguirle un bien o librarlo de un mal.

intercelular. ADJ. *Biol.* Situado entre las células. *Esp[...] cio intercelular.*

intercepción. F. interceptación.

interceptación. F. Acción y efecto de interceptar.

interceptar. TR. **1.** Apoderarse de algo antes de qu[...] llegue a su destino. *Interceptaron el alijo de cocaína.* ‖ **2** Detener algo en su camino. *Interceptaron el tren antes a[...] su llegada a la estación.* ‖ **3.** Interrumpir, obstruir un[...] vía de comunicación.

interceptor, ra. ADJ. **1.** Que intercepta. *Equipo inte[...] ceptor.* ‖ **2.** Dicho especialmente de un avión de gran velo[...] cidad: Destinado a interceptar los del enemigo. U. t. c. s. n[...]

intercesión. F. Acción y efecto de interceder.

intercesor, ra. ADJ. Que intercede. U. t. c. s.

interclasista. ADJ. **1.** Que se dirige o se refiere a las d[...] versas clases sociales. *Partido interclasista.* ‖ **2.** Que s[...] produce entre diferentes clases sociales o miembros d[...] ellas. *Tensiones interclasistas.*

intercolumnio o **intercolunio.** M. *Arq.* Espacio e[...] tre dos columnas.

intercomunicación. F. **1.** Comunicación recíproc[...] ‖ **2.** Comunicación telefónica entre las distintas depe[...] dencias de un edificio o recinto.

intercomunicador. M. Aparato destinado a la **inter comunicación** (‖ comunicación telefónica).

intercomunitario, ria. ADJ. Que afecta a varias c[...] munidades o se produce entre ellas. *Proyecto intercom[...] nitario. Desigualdades intercomunitarias.*

interconectar. TR. conectar. U. t. c. prnl. *En este pun[...] se interconectan millones de circuitos.*

interconexión. F. Acción y efecto de interconecta[...]

intercontinental. ADJ. **1.** Que llega de un continent[...] a otro, especialmente de Europa a América. *Cable inte[...] continental.* ‖ **2.** Que afecta a dos o más continente[...] *Comercio intercontinental.*

intercostal. ADJ. *Anat.* Que está entre las costillas. *E[...] pacio intercostal.*

intercurrente. ADJ. *Med.* Dicho de una enfermedad[...] Que sobreviene durante el curso de otra.

interdental. ADJ. *Fon.* Dicho de una consonante: Que s[...] pronuncia colocando la punta de la lengua entre los bo[...] des de los dientes incisivos; p. ej., la *z.* U. t. c. s. f.

interdepartamental. ADJ. Que afecta a varios de[...] partamentos o se desarrolla entre ellos. *Plan inte[...] departamental.*

interdependencia. F. Dependencia recíproca.

interdependiente. ADJ. Que tiene interdependencia. *Sociedades interdependientes.*

interdicción. F. prohibición. || ~ **civil.** F. Privación de derechos civiles definida por la ley.

interdicto. M. entredicho.

interdigital. ADJ. *Anat.* Dicho de una membrana, de un músculo, etc.: Que se hallan entre los dedos.

interdisciplinar. ADJ. interdisciplinario.

interdisciplinaridad. F. interdisciplinariedad.

interdisciplinariedad. F. Cualidad de interdisciplinario.

interdisciplinario, ria. ADJ. Dicho de un estudio o de otra actividad: Que se realizan con la cooperación de varias disciplinas.

interés. M. **1.** Inclinación del ánimo hacia un objeto, una persona, una narración, etc. *No tengo interés en conocerlo.* || **2.** Deseo de lograr algo. *Tenemos interés en ampliar el negocio.* || **3.** Provecho, utilidad, ganancia. *Este acuerdo será de mucho interés para ambas partes.* || **4.** Valor de algo. *Este cuadro no tiene interés.* || **5.** Lucro producido por el capital. || **6.** pl. **bienes.** *Administraba los intereses de sus clientes.* || **7.** pl. Conveniencia o beneficio en el orden moral o material. *Intereses comunes.* || ~ **compuesto.** M. El de un capital al que se van acumulando sus réditos para que produzcan otros. || ~ **legal.** M. El que, a falta de estipulación previa sobre su cuantía, fija la ley. || ~ **legítimo.** M. **1.** *Der.* interés de una persona reconocido y protegido por el derecho. || **2.** *Der.* Situación jurídica que se ostenta en relación con la actuación de otra persona y que conlleva la facultad de exigirle, a través de un procedimiento administrativo o judicial, un comportamiento conforme a derecho. || ~ **simple.** M. El de un capital sin agregarle los réditos. || **intereses creados.** M. pl. Ventajas, no siempre legítimas, de que gozan varios individuos, y por efecto de las cuales se establece entre ellos alguna solidaridad circunstancial que puede oponerse a alguna obra de justicia o de mejoramiento social. U. t. en sent. peyor. || **intereses de demora.** M. pl. *Der.* Los que debe abonar el deudor moroso. □ V. **dinero a ~.**

interesado, da. PART. de interesar. || ADJ. **1.** Que tiene interés en algo. Apl. a pers., u. t. c. s. *Los interesados deberán presentarse en nuestras oficinas.* || **2.** Que se deja llevar demasiado por el interés, o solo se mueve por él. *Caridad interesada.* U. t. c. s. || **3.** *Der.* Dicho de una persona: Que ostenta un interés legítimo en un procedimiento administrativo y, por ello, está legitimada para intervenir en él. U. t. c. s.

interesante. ADJ. Que interesa o que es digno de interés. *Novela interesante.*

interesar. I. TR. **1.** Inspirar interés o afecto a alguien. || **2.** Dicho de una cosa: Producir alteración o daño en un órgano del cuerpo. *La navaja interesó el pulmón izquierdo.* || **3.** Cautivar la atención y el ánimo con lo que se dice o escribe. *Interesar a la opinión pública.* || **4.** Solicitar o recabar de alguien datos, noticias, resoluciones, etc. *Se dirigió a él para que interesara a su colega de Defensa el cumplimiento de dicha orden judicial.* || **5.** Dar parte a alguien en un negocio o comercio en que pueda tener utilidad o interés. || **II.** INTR. **6.** Ser motivo de interés. *Esta cuestión ya no interesa a nadie.* || **III.** PRNL. **7.** Adquirir o mostrar interés por alguien o algo. *Ha venido a interesarse por tu hermana.*

interestatal. ADJ. Que afecta a varios Estados o tiene lugar entre ellos. *Ley interestatal.*

interestelar. ADJ. Se dice del espacio comprendido entre dos o más astros.

interfase. F. **1.** *Biol.* Período del ciclo celular en el que tiene lugar la síntesis de proteínas y la replicación del material genético. || **2.** *Fís.* y *Quím.* Superficie de separación entre dos fases.

interfaz. F. **1.** Conexión o frontera común entre dos aparatos o sistemas independientes. || **2.** *Inform.* Conexión, física o lógica, entre una computadora y el usuario, un periférico o un enlace de comunicaciones.

interfecto, ta. ADJ. Dicho de una persona: Muerta violentamente, en especial si ha sido víctima de una acción delictiva. U. m. c. s.

interferencia. F. **1.** Acción y efecto de interferir. || **2.** *Fís.* Acción recíproca de las ondas, de la cual puede resultar, en ciertas condiciones, aumento, disminución o anulación del movimiento ondulatorio.

interferencial. ADJ. Perteneciente o relativo a la interferencia.

interferir. I. TR. **1.** Cruzar, interponer algo en el camino de otra cosa, o en una acción. *Las actividades extraescolares no deben interferir el desarrollo del curso.* U. t. c. intr. y c. prnl. || **2.** *Fís.* Causar interferencia. *El teléfono está interfiriendo la transmisión del fax.* || **II.** INTR. **3.** *Telec.* Dicho de una señal: Introducirse en la recepción de otra y perturbarla. ¶ MORF. conjug. c. *sentir.*

interferómetro. M. *Fís.* Instrumento que produce y mide interferencias.

interferón. M. *Bioquím.* Glicoproteína sintetizada por células infectadas por virus, que inhibe la multiplicación de estos.

interfijo, ja. ADJ. *Gram.* infijo. U. m. c. s. m.

interfono. M. Aparato para comunicarse telefónicamente dentro del edificio.

intergaláctico, ca. ADJ. *Astr.* Perteneciente o relativo a los espacios existentes entre las galaxias.

interglacial. ADJ. Se dice del período comprendido entre dos glaciaciones.

intergubernamental. ADJ. Que afecta a varios Gobiernos o se desarrolla entre ellos. *Conferencia intergubernamental. Convenio intergubernamental.*

ínterin. ADV. T. entretanto. U. t. c. s. m. *EN EL, EN ESTE, EN AQUEL ínterin.* MORF. pl. invar. *Los ínterin.*

interina. F. V. interino.

interinato. M. **1.** *Am.* Tiempo que dura el desempeño interino de un cargo. || **2.** *Am.* Cargo o empleo interino.

interindividual. ADJ. Que concierne a la relación entre individuos humanos como tales, a diferencia de lo social o colectivo. *Derecho interindividual.*

interinidad. F. **1.** *Esp.* Cualidad de interino. || **2.** *Esp.* Tiempo que dura el desempeño interino de un cargo.

interino, na. I. ADJ. **1.** Dicho de una persona: Que ejerce un cargo o empleo por ausencia o falta de otra. U. t. c. s. || **2.** Que sirve por algún tiempo supliendo la falta de otra persona o cosa. *Balance interino.* || **II.** F. **3.** Sirvienta de una casa particular que no pernocta en ella.

interinstitucional. ADJ. Perteneciente o referido a dos o más instituciones relacionadas entre sí. *Coordinación interinstitucional.*

interinsular. ADJ. Dicho del tráfico o de cualquier otra clase de relación: Que se producen entre dos o más islas.

interior. I. ADJ. **1.** Que está en la parte de adentro. *Patio interior.* || **2.** Que solo se siente en el alma. *Pasión interior.* || **3.** Dicho de una habitación o de una vivienda:

Que no tiene vistas a la calle. || **4.** Perteneciente o relativo a la nación de que se habla, en contraposición a lo extranjero. *Política interior. Comercio interior.* || **II.** M. **5.** Parte interior de algo. *El interior de la bodega está muy húmedo. La decoración de interiores es su afición.* || **6.** Parte central de un país, en oposición a las zonas costeras o fronterizas. *Vive en el interior.* || **7.** Alma como principio de la actividad propiamente humana. || **8.** En el fútbol y otros deportes, miembro de la alineación del equipo que se sitúa entre el extremo de su lado y el delantero centro. || **9.** *Am.* **calzoncillo.** U. m. en pl. || **10.** pl. *Cinem.* Secuencias rodadas con decorados que representan espacios cerrados. || **11.** pl. *Cinem.* Decorados entre los que se desarrollan dichas secuencias. □ V. **aduana** ~, **deuda** ~, **fuero** ~, **lucha** ~, **ropa** ~, **sanidad** ~, **sentido** ~.

interioridad. F. **1.** Cualidad de interior. || **2.** pl. Cosas privativas, por lo común secretas, de las personas, familias o corporaciones.

interiorismo. M. Arte de acondicionar y decorar los espacios interiores de la arquitectura.

interiorista. COM. Persona que se dedica al interiorismo.

interiorización. F. Acción y efecto de interiorizar.

interiorizado, da. PART. de **interiorizar.** || ADJ. Volcado hacia el interior. *Una sociedad interiorizada.*

interiorizar. I. TR. **1.** Incorporar a la propia manera de ser, de pensar y de sentir, ideas o acciones ajenas. || **II.** PRNL. **2.** Entrar en uno mismo. || **3.** *Chile.* **compenetrarse** (|| identificarse con ideas y sentimientos ajenos).

interjección. F. *Gram.* Clase de palabras que expresa alguna impresión súbita o un sentimiento profundo, como asombro, sorpresa, dolor, molestia, amor, etc. Sirve también para apelar al interlocutor, o como fórmula de saludo, despedida, conformidad, etc.; p. ej., *eh, hola.*

interjectivo, va. ADJ. *Gram.* Perteneciente o relativo a la interjección. □ V. **locución** ~.

interlínea. F. **1.** Espacio entre dos líneas de un escrito. || **2.** *Impr.* **regleta.**

interlineado. M. Espacio que queda entre las líneas de un escrito.

interlineal. ADJ. **1.** Escrito o impreso entre dos líneas o renglones. *Observaciones interlineales.* || **2.** Dicho de una traducción: Interpolada entre las líneas del texto original.

interlinear. TR. **1.** Escribir entre líneas. || **2.** *Impr.* Espaciar la composición poniendo regletas entre las líneas.

interlocución. F. diálogo (|| plática entre dos o más personas).

interlocutor, ra. M. y F. Cada una de las personas que toman parte en un diálogo.

interludio. M. *Mús.* Breve composición que se ejecuta a modo de intermedio en la música instrumental, y, por ext., ese mismo intermedio. *En el interludio, salimos a hablar.*

interlunio. M. *Astr.* Tiempo en que no se ve la Luna, durante su conjunción con la Tierra y el Sol.

intermareal. ADJ. Situado entre los límites de la bajamar y la pleamar. *Charcas intermareales.*

intermediación. F. Acción y efecto de intermediar.

intermediador, ra. ADJ. Que actúa poniendo en relación a dos o más personas o entidades. U. t. c. s.

intermediar. INTR. Actuar poniendo en relación a dos o más personas o entidades para que lleguen a un acuerdo. MORF. conjug. c. *anunciar.*

intermediario, ria. ADJ. **1.** Dicho de un proveedor, de un tendero, etc.: Que median entre dos o más perso-

nas, y especialmente entre el productor y el consumido de géneros o mercancías. U. t. c. s. || **2. intermediado** U. t. c. s. *Hizo de intermediario.*

intermedio, dia. I. ADJ. **1.** Que está entre los extr mos de lugar, tiempo, calidad, tamaño, etc. *Procesos in termedios.* || **II.** M. **2.** Espacio que hay de un tiempo otro o de una acción a otra. || **3.** Espacio de tiempo d rante el cual queda interrumpida la representación ejecución de poemas dramáticos o de óperas, o de cua quier otro espectáculo semejante, desde que termin cada uno de los actos o partes de la función hasta qu empieza el acto o la parte siguiente. || **4.** Baile, músic sainete, etc., que se ejecuta entre los actos de una com dia o de otra pieza de teatro. || **por intermedio de.** LO PREPOS. Por mediación de. □ V. **copia** ~.

interminable. ADJ. Que no tiene término o fin. *Obr interminable.*

interministerial. ADJ. Que se refiere a varios mini terios, depende de ellos o los relaciona entre sí. *Comisió interministerial.*

intermitencia. F. Cualidad de intermitente.

intermitente. I. ADJ. **1.** Que se interrumpe o cesa prosigue o se repite. *Ruido intermitente.* || **II.** M. **2.** Di positivo que enciende y apaga con periodicidad consta te y frecuente una o varias luces. || **3.** En un automóvi luz lateral que se enciende y apaga con periodicida constante y frecuente para señalar un cambio de dire ción en la marcha. □ V. **claudicación** ~.

intermitir. TR. Suspender por algún tiempo algo o i terrumpir su continuación.

intermodal. ADJ. Dicho de un sistema de transporte Dispuesto para que puedan utilizarse distintos medio

internación. F. Acción y efecto de internar o inte narse.

internacional. I. ADJ. **1.** Perteneciente o relativo dos o más naciones. *Cumbre internacional.* || **2.** Pert neciente o relativo a países distintos del propio. *Info mación internacional.* || **3.** Que trasciende o ha trasce dido las fronteras de su país. *Artista internacional.* || Dicho de un deportista: Que participa o ha participad en competiciones internacionales representando of cialmente a su país. U. t. c. s. || **II.** F. **5.** Cada una de la cuatro organizaciones internacionales sucesivas e las que se han agrupado los partidos políticos y sindic tos de ideología revolucionaria desde mediados del s glo XIX. ORTOGR. Escr. con may. inicial. *Primera, Cuar Internacional.* || **6.** Organización política que agrupa l partidos de todas las naciones con una ideología afí ORTOGR. Escr. con may. inicial. *Internacional Democri tiana, Liberal.* □ V. **Corte Penal Internacional**, **Dere cho** ~, **mandato** ~, **Sistema Internacional de unida des, Tribunal Penal Internacional.**

internacionalidad. F. Cualidad de internaciona

internacionalismo. M. **1.** Doctrina o actitud que a tepone la consideración o estima de lo internacional a de lo puramente nacional. || **2.** Sistema socialista qu preconiza la asociación internacional de los obrero para obtener ciertas reivindicaciones.

internacionalista. I. ADJ. **1.** Perteneciente o relativ al internacionalismo. *Solidaridad internacionalista.* || Partidario del internacionalismo. U. t. c. s. || **II.** COM. Persona versada en derecho internacional.

internacionalización. F. Acción y efecto de interna cionalizar.

internacionalizar. TR. **1.** Someter a la autoridad conjunta de varias naciones, o de un organismo que las represente, territorios o asuntos que dependían de la autoridad de un solo Estado. ‖ **2.** Dar carácter internacional a algo. *Internacionalizar la lucha contra la inflación.*

internada. F. *Dep.* En fútbol especialmente, avance rápido de un jugador con el balón hacia el área contraria.

internado. M. **1.** Estado y régimen de personas que viven internas en establecimientos diversos. ‖ **2.** Establecimiento donde viven alumnos u otras personas internas. ‖ **3.** Conjunto de alumnos internos.

internamiento. M. Acción y efecto de internar o internarse.

internar. **I.** TR. **1.** Disponer o realizar el ingreso de alguien en un establecimiento, como un hospital, una clínica, una prisión, etc. ‖ **2.** Trasladar o mandar trasladar tierra adentro a alguien o algo. ‖ **II.** PRNL. **3.** Penetrar o avanzar hacia dentro en un lugar. *Internarse en la selva. Se internaron a territorio estadounidense.* ‖ **4.** Introducirse en los secretos y amistad de alguien o profundizar en una materia. *Intérnate en el artículo de la ley.*

internauta. COM. *Inform.* Persona que navega por Internet.

internet. AMB. Red informática mundial, descentralizada, formada por la conexión directa entre computadoras u ordenadores mediante un protocolo especial de comunicación. ORTOGR. Escr. m. con may. inicial.

internista. ADJ. Dicho de un médico: Que se dedica especialmente al estudio y tratamiento de enfermedades que afectan a los órganos internos. U. t. c. s.

interno, na. **I.** ADJ. **1.** interior. *Lesiones internas.* ‖ **2.** Dicho de un alumno: Que vive dentro de un establecimiento de enseñanza. U. t. c. s. ‖ **3.** Dicho de una persona: Que vive internada, especialmente en un hospital o una prisión. U. t. c. s. ‖ **II.** M. y F. **4. médico residente.** □ V. ángulo ~, fuero ~, medio ~, oído ~, reloj ~, secreción ~.

internodio. M. *Bot.* Espacio que hay entre dos nudos.

internuncio. M. Ministro pontificio que hace veces de nuncio.

interoceánico, ca. ADJ. Que pone en comunicación dos océanos. *Canal interoceánico.*

interparlamentario, ria. ADJ. Dicho de una comunicación o de una organización: Que enlaza la actividad internacional entre las representaciones legislativas de diferentes países.

interpelación. F. **1.** Acción y efecto de interpelar. ‖ **2.** *Der.* En el derecho civil, reclamación del acreedor al deudor para que cumpla su obligación. ‖ **~ parlamentaria.** M. En los regímenes parlamentarios, cuestión que los miembros de las Cámaras pueden plantear al Gobierno, requiriéndole información o explicaciones sobre cualquier asunto de su responsabilidad.

interpelante. ADJ. Dicho de una persona: Que interpela. *Diputado interpelante.* U. t. c. s. *El interpelante se dio por satisfecho.*

interpelar. TR. **1.** Requerir, compeler o simplemente preguntar a alguien para que dé explicaciones o descargos sobre un hecho cualquiera. *El fiscal interpeló al acusado.* ‖ **2.** Dicho de un diputado o de un senador: En el régimen parlamentario, usar la palabra para iniciar o plantear al Gobierno, y a veces a la mesa, una discusión amplia ajena a los proyectos de ley y a las proposiciones, aunque no siempre tienda a obtener explicaciones o descargos de los ministros.

interpersonal. ADJ. Que existe o se desarrolla entre dos o más personas. *Relaciones interpersonales.*

interplanetario, ria. ADJ. **1.** Que existe o tiene lugar entre dos o más planetas. *Espacio interplanetario.* ‖ **2.** Que se desplaza por el espacio que hay entre ellos. *Nave interplanetaria.*

interpolación. F. **1.** Acción y efecto de interpolar. ‖ **2.** *Ecd.* Palabra o fragmento añadido en la transmisión de un texto.

interpolador, ra. ADJ. Que interpola palabras o frases en un texto. Apl. a pers., u. t. c. s.

interpolar. TR. **1.** Poner algo entre otras cosas. *Los floreros han de estar interpolados con los candelabros.* ‖ **2.** Intercalar palabras o frases en el texto de un manuscrito antiguo, o en obras y escritos ajenos. ‖ **3.** *Mat.* Calcular el valor aproximado de una magnitud en un intervalo cuando se conocen algunos de los valores que toma a uno y otro lado de dicho intervalo.

interponer. TR. **1.** Poner algo entre cosas o entre personas. U. t. c. prnl. *La sombra de un fantasma se interponía entre las dos.* ‖ **2.** Dicho de una persona: Utilizar su influencia, su autoridad, etc., en favor de alguien. *Interpuso su influencia ante mi padre para lograr su perdón.* ‖ **3.** *Der.* Formalizar por medio de un pedimento alguno de los recursos legales, como el de nulidad, de apelación, etc. ¶ MORF. conjug. c. *poner;* part. irreg. **interpuesto.**

interposición. F. Acción y efecto de interponer.

interpretación. F. **1.** Acción y efecto de interpretar. ‖ **2.** Oficio o actividad de intérprete.

interpretador, ra. ADJ. Que interpreta. Apl. a pers., u. t. c. s.

interpretar. TR. **1.** Explicar o declarar el sentido de algo, y principalmente el de un texto. *Interpretar la Biblia.* ‖ **2.** Traducir de una lengua a otra, sobre todo cuando se hace oralmente. ‖ **3.** Explicar acciones, dichos o sucesos que pueden ser entendidos de diferentes modos. *Se ha conseguido interpretar muchos hechos descubiertos por la química experimental.* ‖ **4.** Concebir, ordenar o expresar de un modo personal la realidad. *Yo interpreto los hechos de otra manera.* ‖ **5.** Representar una obra teatral, cinematográfica, etc. ‖ **6.** Ejecutar una pieza musical mediante canto o instrumentos. ‖ **7.** Ejecutar un baile con propósito artístico y siguiendo pautas coreográficas.

interpretariado. M. *Chile.* **traducción simultánea.**

interpretativo, va. ADJ. **1.** Perteneciente o relativo a la interpretación. *Flexibilidad interpretativa.* ‖ **2.** Que sirve para interpretar algo. *Clave interpretativa.*

intérprete. COM. **1.** Persona que interpreta. ‖ **2.** Persona que explica a otras, en lengua que entienden, lo dicho en otra que les es desconocida.

interprofesional. ADJ. Que afecta o se refiere a varias profesiones en su relación mutua. *Salario mínimo interprofesional.*

interprovincial. ADJ. Que se produce o tiene lugar entre dos o más provincias. *Llamadas interprovinciales.*

interpuesto, ta. PART. IRREG. de **interponer.**

interracial. ADJ. Que está integrado por individuos de razas distintas o que se produce entre ellos. *Tropas interraciales. Problemas interraciales.*

interregional. ADJ. Que afecta a varias regiones o tiene lugar entre ellas. *Solidaridad interregional. Comercio interregional.*

interregno. M. Espacio de tiempo en que un Estado no tiene soberano. U. t. en sent. fig. *El interregno estival de la enseñanza.*

interrelación. F. Correspondencia mutua entre personas, cosas o fenómenos.

interrogación. F. **1.** Acción y efecto de interrogar. ‖ **2.** Signo ortográfico (¿?) que se sitúa al comienzo y al final de un enunciado para señalar su entonación interrogativa. ‖ **3.** *Ret.* Figura que consiste en interrogar, no para manifestar duda o pedir respuesta, sino para expresar indirectamente la afirmación, o dar más vigor y eficacia a lo que se dice.

interrogador, ra. ADJ. Que interroga. Apl. a pers., u. t. c. s.

interrogante. **I.** ADJ. **1.** Que interroga. *Mirada interrogante.* ‖ **II.** M. **2.** **interrogación** (‖ signo). ‖ **III.** AMB. **3.** **pregunta.** ‖ **4.** Problema no aclarado, cuestión dudosa.

interrogar. TR. **1.** Preguntar, inquirir. *La interrogó con la mirada.* ‖ **2.** Hacer una serie de preguntas para aclarar un hecho o sus circunstancias. *Los policías interrogaron al sospechoso.*

interrogativo, va. ADJ. *Gram.* Que implica o denota interrogación. □ V. **pronombre ~.**

interrogatorio. M. **1.** Serie de preguntas, comúnmente formuladas por escrito. ‖ **2.** Papel o documento que las contiene. ‖ **3.** Acto de dirigirlas a quien las ha de contestar.

interrumpir. TR. **1.** Cortar la continuidad de algo en el lugar o en el tiempo. *Los manifestantes interrumpieron el tráfico.* ‖ **2.** Dicho de una persona: Atravesarse con su palabra mientras otra está hablando. *Mientras le contaba un cuento me interrumpía con preguntas.*

interrupción. F. Acción y efecto de interrumpir.

interruptor, ra. **I.** ADJ. **1.** Que interrumpe. *Ruido interruptor.* ‖ **II.** M. **2.** Mecanismo destinado a interrumpir o establecer un circuito eléctrico.

intersección. F. **1.** *Geom.* Encuentro de dos líneas, dos superficies o dos sólidos que recíprocamente se cortan, y que es, respectivamente, un punto, una línea y una superficie. ‖ **2.** Punto de encuentro entre dos o más cosas de estructura lineal, especialmente entre calles o vías. ‖ **3.** *Mat.* Conjunto de los elementos que son comunes a dos conjuntos.

intersexual. **I.** ADJ. **1.** Perteneciente o relativo a la intersexualidad. *Conductas intersexuales.* ‖ **II.** COM. **2.** Persona en que se da la intersexualidad. U. t. c. adj.

intersexualidad. F. *Med.* Cualidad por la que el individuo muestra, en grados variables, caracteres sexuales de ambos sexos.

intersticial. ADJ. Que ocupa los intersticios que existen en un cuerpo o entre dos o más. *Líquido intersticial.*

intersticio. M. **1.** Hendidura o espacio, por lo común pequeño, que media entre dos cuerpos o entre dos partes de un mismo cuerpo. ‖ **2.** **intervalo** (‖ espacio o distancia entre dos tiempos o dos lugares).

intersubjetividad. F. Cualidad de intersubjetivo.

intersubjetivo, va. ADJ. Que sucede en la comunicación intelectual o afectiva entre dos o más sujetos. *Relación intersubjetiva.*

intertanto. M. *Chile.* Intervalo de tiempo intermedio. *En el intertanto consiguió licenciarse.*

interterritorial. ADJ. Que afecta a varios territorios o se desarrolla entre ellos. *Policía interterritorial. Cooperación interterritorial.*

intertrigo. M. *Med.* Inflamación del tipo de la erisipela, producida por el roce de dos superficies cutáneas, acompañada de picazón y secreción más o menos abundante.

intertropical. ADJ. Perteneciente o relativo a los países situados entre los dos trópicos y a sus habitantes.

interurbano, na. ADJ. Dicho de una relación o de un servicio de comunicación: Establecidos entre distintas poblaciones.

intervalo. M. **1.** Espacio o distancia que hay de un tiempo a otro o de un lugar a otro. ‖ **2.** Conjunto de los valores que toma una magnitud entre dos límites dados. *Intervalo de temperaturas. Intervalo de frecuencias.* ‖ **3.** *Mús.* Diferencia de tono entre los sonidos de dos notas musicales. ‖ **~ claro,** o **~ lúcido.** M. Espacio de tiempo en que quienes han perdido el juicio dan muestras de cordura.

intervención. F. **1.** Acción y efecto de intervenir. ‖ **2.** Oficina del interventor. ‖ **3.** Cuerpo de oficiales que tienen por misión inspeccionar la administración de los ejércitos. ‖ **4.** *Med.* Operación quirúrgica.

intervencionismo. M. **1.** Tendencia sistemática a intervenir en asuntos internacionales. ‖ **2.** Tendencia de los poderes públicos a intervenir en asuntos que competen a la sociedad.

intervencionista. ADJ. **1.** Perteneciente o relativo al intervencionismo. *Controles intervencionistas.* ‖ **2.** Partidario de él. U. t. c. s.

intervenir. **I.** TR. **1.** Examinar y censurar las cuentas con autoridad suficiente para ello. *Intervenir una empresa.* ‖ **2.** Controlar o disponer de una cuenta bancaria por mandato o autorización legal. ‖ **3.** Dicho de una autoridad: Dirigir, limitar o suspender el libre ejercicio de actividades o funciones. *El Estado de algún país interviene la economía privada o la producción industrial.* ‖ **4.** Espiar, por mandato o autorización legal, una comunicación privada. *La Policía intervino los teléfonos. La correspondencia está intervenida.* ‖ **5.** Fiscalizar la administración de una aduana. ‖ **6.** Dicho de una o de varias potencias: En las relaciones internacionales, dirigir temporalmente algunos asuntos interiores de otra. *La URSS intervenía la política de sus países aliados.* ‖ **7.** *Med.* Hacer una operación quirúrgica. ‖ **II.** INTR. **8.** Tomar parte en un asunto. *No quiero intervenir en sus problemas.* ‖ **9.** Dicho de una persona: Interponer su autoridad. ‖ **10.** Interceder o mediar por alguien. ‖ **11.** Interponerse entre dos o más que riñen. ¶ MORF. conjug. c. *venir.*

interventor, ra. **I.** ADJ. **1.** Que interviene. *Comité interventor. Capacidad interventora.* ‖ **II.** M. y F. **2.** Persona que autoriza y fiscaliza ciertas operaciones para asegurar su corrección. ‖ **3.** En las elecciones para diputados, concejales, etc., persona designada oficialmente por un partido político para vigilar la regularidad de la votación. ‖ **4.** Persona encargada de comprobar los billetes de los viajeros en un tren.

intervertebral. ADJ. *Anat.* Que está entre dos vértebras. □ V. **disco ~.**

interviniente. ADJ. Que **interviene** (‖ toma parte en un asunto). *Funcionario, abogado interviniente.* Apl. a pers., u. t. c. s.

interviú. F. **entrevista** (‖ acción y efecto de entrevistar). MORF. pl. **interviús.**

intervocálica. F. *Fon.* Consonante intervocálica.

intervocálico, ca. ADJ. *Fon.* Dicho de una consonante: Que se halla entre dos vocales.

intestado, da. ADJ. Que muere sin hacer testamento. □ V. **sucesión ~.**

intestinal. ADJ. Perteneciente o relativo a los intestinos. □ V. **lombriz ~, tubo ~.**

intestino, na. I. ADJ. **1.** Interior, interno. *Luchas intestinas.* ‖ **II.** M. **2.** *Anat.* Conducto membranoso, provisto de tejido muscular, que forma parte del aparato digestivo de muchos animales invertebrados y vertebrados. Se halla situado a continuación del estómago y está plegado en muchas vueltas en la mayoría de los vertebrados. En sus paredes hay numerosas glándulas secretoras del jugo intestinal, que coadyuvan a la digestión de los alimentos. U. t. en pl. con el mismo significado que en sing. ‖ ~ **ciego.** M. *Anat.* En el hombre y en la mayoría de los mamíferos, parte del intestino grueso situada entre el intestino delgado y el colon, muy desarrollada en los herbívoros y sobre todo en los roedores. ‖ ~ **delgado.** M. *Anat.* Parte del intestino de los mamíferos que tiene menor diámetro. ‖ ~ **grueso.** M. *Anat.* Parte del intestino de los mamíferos que tiene mayor diámetro.

intibucano, na. ADJ. **1.** Natural de Intibucá. U. t. c. s. ‖ **2.** Perteneciente o relativo a este departamento de Honduras.

intimación. F. Acción y efecto de intimar.

intimar. I. TR. **1.** Requerir, exigir el cumplimiento de algo, especialmente con autoridad o fuerza para obligar a hacerlo. ‖ **II.** INTR. **2.** Introducirse en el afecto o ánimo de alguien, estrechar la amistad con él. *Intimó con mi hermano.* U. t. c. prnl.

intimidación. F. Acción y efecto de intimidar.

intimidad. F. **1.** Amistad íntima. ‖ **2.** Zona espiritual íntima y reservada de una persona o de un grupo, especialmente de una familia.

intimidar. I. TR. **1.** Causar o infundir miedo. U. t. c. intr. ‖ **II.** PRNL. **2.** Dicho de una persona: Ser acometida por el miedo.

intimidatorio, ria. ADJ. Que **intimida** (‖ causa miedo). *Mensaje intimidatorio.*

intimismo. M. **1.** Carácter de las obras artísticas de los intimistas. ‖ **2.** Tendencia artística que muestra predilección por asuntos de la vida familiar o íntima.

intimista. ADJ. **1.** Perteneciente o relativo al intimismo. *Poesía intimista.* ‖ **2.** Dicho de un escritor: Que expresa literariamente rasgos, emociones, situaciones, etc., de la vida íntima o familiar. U. t. c. s. ‖ **3.** Dicho de un pintor: Que se inspira en temas de la vida íntima, familiar, interiores domésticos, etc. U. t. c. s.

íntimo, ma. ADJ. **1.** Más interior o interno. *Secreto íntimo.* ‖ **2.** Dicho de una amistad: De la mayor confianza. ‖ **3.** Dicho de un amigo: Muy querido y de gran confianza. ‖ **4.** Perteneciente o relativo a la intimidad. *Celebración íntima.*

intitular. TR. **1.** Poner título a un escrito. ‖ **2.** Dar un título particular a alguien o algo. U. t. c. prnl. *En el documento se intitulaba rey de Castilla y León.*

intocable. I. ADJ. **1.** Que no se puede tocar. Apl. a pers. o cosas cuya imagen no puede ser tocada o alterada con comentarios negativos, u. t. c. s. ‖ **II.** COM. **2.** En la India, persona considerada impura, perteneciente a la más baja categoría social y cuyo contacto procuran evitar las demás castas.

intocado, da. ADJ. **intacto.**

intolerabilidad. F. Cualidad de intolerable.

intolerable. ADJ. Que no se puede tolerar. *Comentario intolerable.*

intolerancia. F. Falta de tolerancia, especialmente religiosa.

intolerante. ADJ. Que no tiene tolerancia. Apl. a pers., u. t. c. s.

intonso, sa. ADJ. **1.** Que no tiene cortado el pelo. ‖ **2.** Ignorante, inculto, rústico. U. t. c. s. ‖ **3.** Dicho de un ejemplar de una edición o de un libro: Que se encuadernan sin cortar los pliegos de que se componen.

intoxicación. F. Acción y efecto de intoxicar.

intoxicar. TR. **1.** Producir daños por la acción de sustancias tóxicas, envenenar. U. t. c. prnl. ‖ **2.** Imbuir, infundir en el ánimo de alguien algo moralmente nocivo. *Lo intoxicó con sus prédicas revolucionarias.* U. t. c. prnl. ‖ **3.** Dar un exceso de información manipulada con el fin de crear un estado de opinión propicio a ciertos fines.

intracelular. ADJ. Que está situado u ocurre dentro de la célula. *Líquido intracelular.*

intradérmico, ca. ADJ. Que está o se pone en el interior de la piel. *Punción intradérmica.*

intradós. M. *Arq.* Superficie inferior de un arco o bóveda. MORF. pl. **intradoses.**

intraducible. ADJ. Que no se puede traducir. *Palabras intraducibles.*

intrahistoria. F. En la concepción del escritor español Miguel de Unamuno, la vida tradicional, que sirve de fondo permanente a la historia cambiante y visible.

intrahistórico, ca. ADJ. Perteneciente o relativo a la intrahistoria.

intramuros. ADV. L. Dentro de una ciudad, villa o lugar.

intramuscular. ADJ. Que está o se pone dentro de un músculo. *Inyección intramuscular.*

intranquilidad. F. Falta de tranquilidad.

intranquilizador, ra. ADJ. Que intranquiliza. *Noticia intranquilizadora.*

intranquilizar. TR. Quitar la tranquilidad, inquietar, desasosegar. U. t. c. prnl.

intranquilo, la. ADJ. Falto de tranquilidad.

intransferible. ADJ. Que no se puede transferir. *Responsabilidad intransferible.*

intransigencia. F. Condición de quien no transige o no se presta a transigir.

intransigente. ADJ. Que no transige. Apl. a pers., u. t. c. s.

intransitable. ADJ. Dicho de un lugar o de un sitio: Que no se puede transitar.

intransitividad. F. Condición del verbo intransitivo.

intransitivo. □ V. **verbo ~.**

intransmisible. ADJ. Que no puede ser transmitido. *Experiencia intransmisible.*

intraocular. ADJ. Perteneciente o relativo al interior del ojo.

intrascendencia. F. Cualidad de intrascendente.

intrascendental. ADJ. Que no es trascendental. *Ligereza intrascendental.*

intrascendente. ADJ. Que no es trascendente. *Obra intrascendente.*

intrasmisible. ADJ. Que no se puede trasmitir. *Secreto intrasmisible.*

intratabilidad. F. Cualidad de intratable.

intratable. ADJ. **1.** Que no se puede tratar ni manejar. *Problema intratable.* ‖ **2.** Insociable o de genio áspero.

intrauterino, na. ADJ. Que está situado u ocurre dentro del útero. □ V. **dispositivo ~.**

intravenoso, sa. ADJ. *Med.* Que está o se pone dentro de una vena. *Suero intravenoso.*

intrepidez. F. Arrojo, valor en los peligros.

intrépido, da. ADJ. Que no teme en los peligros.

intricado, da. ADJ. **intrincado.**

intriga. F. **1.** Acción que se ejecuta con astucia y ocultamente, para conseguir un fin. ‖ **2.** Enredo, embrollo.

intrigante. ADJ. Que intriga o suele intrigar. Apl. a pers., u. t. c. s.

intrigar. I. TR. **1.** Inspirar viva curiosidad. *Su historia me intriga.* ‖ **II.** INTR. **2.** Emplear intrigas.

intrincación. F. Acción y efecto de intrincar.

intrincado, da. PART. de **intrincar.** ‖ ADJ. Enredado, complicado, confuso. *Argumento intrincado.*

intrincamiento. M. Acción y efecto de intrincar.

intrincar. TR. Enredar o enmarañar algo. U. t. c. prnl.

intríngulis. M. **1.** Dificultad o complicación de algo. ‖ **2.** coloq. Intención solapada o razón oculta que se entrevé o supone en una persona o en una acción.

intrínseco, ca. ADJ. Íntimo, esencial. *Valor intrínseco.*

introducción. F. **1.** Acción y efecto de introducir o introducirse. ‖ **2.** Preparación, disposición para llegar al fin propuesto. ‖ **3.** Exordio de un discurso o preámbulo de una obra literaria o científica. ‖ **4.** Entrada y trato familiar e íntimo con una persona. ‖ **5.** *Mús.* Parte inicial, generalmente breve, de una obra instrumental o de cualquiera de sus tiempos. ‖ **6.** *Mús.* Pieza musical que precede a ciertas obras teatrales.

introducir. I. TR. **1.** Conducir a alguien al interior de un lugar. *El criado me introdujo en la sala. Lo introdujeron a un taxi.* ‖ **2.** Meter o hacer entrar algo en otra cosa. *Introducir la mano en un agujero. Introducir mercancías en un país.* ‖ **3.** Hacer que alguien sea recibido o admitido en un lugar, o granjearle el trato, la amistad, la gracia, etc., de otra persona. *Introducir a alguien en un negocio.* U. t. c. prnl. ‖ **4.** Establecer, poner en uso. *Introducir una industria en un país. Introducir palabras en un idioma.* ‖ **5. atraer** (‖ acarrear). *Introducir el desorden, la discordia.* U. t. c. prnl. ‖ **II.** PRNL. **6.** Dicho de una persona: Meterse en lo que no le toca. ¶ MORF. conjug. c. *conducir.*

introductor, ra. ADJ. Que introduce. *Texto introductor.* Apl. a pers., u. t. c. s. ‖ **introductor de embajadores.** M. Funcionario que en algunos Estados acompaña a los embajadores y ministros extranjeros en las entradas públicas y otros actos de ceremonia.

introductorio, ria. ADJ. Que sirve para introducir. *Texto introductorio.*

introito. M. **1.** Entrada o principio de un escrito o de una oración. ‖ **2.** Primeras palabras del sacerdote en el altar al dar principio a la misa.

intromisión. F. Acción y efecto de entrometerse.

introspección. F. Mirada interior que se dirige a los propios actos o estados de ánimo.

introspectivo, va. ADJ. **1.** Perteneciente o relativo a la introspección. *Capacidad introspectiva.* ‖ **2.** Propio o característico de la introspección. *Una técnica muy introspectiva.*

introversión. F. Acción y efecto de penetrar dentro de sí mismo, abstrayéndose de los sentidos.

introverso, sa. ADJ. Que practica la introversión o es dado a ella.

introvertido, da. ADJ. Dado a la introversión. U. t. c. s.

intrusear. INTR. *Chile.* Inmiscuirse en asuntos ajenos sin autorización ni derecho. U. t. c. tr.

intrusete. ADJ. despect. *Chile.* Que acostumbra intrusear.

intrusión. F. Apropiación, sin razón ni derecho, de un cargo, una autoridad, una jurisdicción, etc.

intrusismo. M. Ejercicio de actividades profesionales por persona no autorizada para ello, que puede constituir delito.

intruso, sa. ADJ. **1.** Que se ha introducido sin derecho. Apl. a pers., u. t. c. s. ‖ **2.** Detentador de algo alcanzado por intrusión. *Rey intruso.* U. t. c. s.

intubación. F. *Med.* Acción y efecto de intubar.

intubar. TR. *Med.* Introducir un tubo en un conducto de organismo, especialmente en la tráquea para permitir la entrada de aire en los pulmones.

intuición. F. **1.** Facultad de comprender las cosas instantáneamente, sin necesidad de razonamiento. ‖ **2.** Acción y efecto de intuir. ‖ **3.** Cosa intuida. ‖ **4.** *Fil.* Percepción íntima e instantánea de una idea o una verdad que aparece como evidente a quien la tiene.

intuicionismo. M. *Fil.* Teoría que atribuye un papel esencial a la intuición en el conocimiento.

intuir. TR. **1.** Percibir de manera íntima e instantánea una idea o verdad, tal como si se la tuviera a la vista. ‖ **2.** Presentir algo que no existe todavía o no puede verificarse, o tener la sensación de ello. ¶ MORF. conjug. c. *construir.*

intuitivo, va. ADJ. **1.** Perteneciente o relativo a la intuición. *Conocimiento intuitivo.* ‖ **2.** Que tiene facilidad para ella.

intumescencia. F. hinchazón.

intumescente. ADJ. Que se va hinchando. *Pintura ignífuga e intumescente.*

inundación. F. **1.** Acción y efecto de inundar. ‖ **2.** Multitud excesiva de algo. *Una inundación de ofertas comerciales.*

inundar. TR. **1.** Dicho del agua: Cubrir los terrenos y a veces las poblaciones. U. t. c. prnl. ‖ **2.** *Mar.* Llenar de agua un tanque, un compartimento o un buque. ‖ **3.** Llenar un país de gentes extrañas o de otras cosas. U. t. c. prnl. ‖ **4.** Saturar, llenar con algo cosas, situaciones, etc. U. t. c. prnl. *La televisión se está inundando de publicidad.*

inusitado, da. ADJ. No acostumbrado. *Rapidez inusitada.*

inusual. ADJ. No usual, infrecuente. *Se veían a horas inusuales.*

inútil. ADJ. **1.** No útil. *Esfuerzo inútil.* Apl. a pers., u. t. c. s. ‖ **2.** Dicho de una persona: Que no puede trabajar o moverse por impedimento físico. U. t. c. s. ‖ **3.** Dicho de una persona: Que no es apta para el servicio militar. U. t. c. s.

inutilidad. F. Cualidad de inútil.

inutilización. F. Acción y efecto de inutilizar.

inutilizar. TR. Hacer inútil, vano o nulo algo. U. t. c. prnl.

invadeable. ADJ. Que no se puede vadear. *Ríos invadeables.*

invadir. TR. **1.** Irrumpir, entrar por la fuerza. *Invadir un país.* ‖ **2.** Ocupar anormal o irregularmente un lugar. *Las aguas invadieron la autopista.* ‖ **3.** Dicho de una cosa: Entrar y propagarse en un lugar o medio determinados. *La moda ha invadido la ciudad.* ‖ **4.** Entrar injustificadamente en funciones ajenas. *Invadió las competencias del director.* ‖ **5.** Dicho de un sentimiento, de un estado de ánimo, etc.: Apoderarse de alguien. ‖ **6.** *Biol.* y *Med.* Dicho de los agentes patógenos: Penetrar y multiplicarse en un órgano u organismo.

invaginación. F. **1.** Acción y efecto de invaginar. ‖ **2.** *Med.* Introducción anormal de una porción del intestino en la que la precede o la sigue. ‖ **3.** *Med.* Operación quirúrgica que consiste en introducir uno en otro los dos extremos del intestino dividido, con objeto de restablecer la continuidad del tubo intestinal.

invaginar. TR. Doblar hacia dentro los bordes de una vaina, de un tubo, de una vejiga o de otra cosa semejante

invalidación. F. Acción y efecto de invalidar.

invalidar. TR. Hacer inválido, nulo o de ningún valor algo.

invalidez. F. **1.** Cualidad de inválido. || **2.** En las relaciones laborales o funcionariales, situación de incapacidad permanente.

inválido, da. ADJ. **1.** Dicho de una persona: Que adolece de un defecto físico o mental, congénito o adquirido, que le impide o dificulta alguna de sus actividades. U. t. c. s. || **2.** Que no tiene fuerza ni vigor. *Toro inválido.* || **3.** Dicho especialmente de un militar: Que en acto de servicio o a consecuencia de él ha sufrido mutilación o pérdida de alguna facultad importante. U. t. c. s. || **4.** Nulo y de ningún valor, por no tener las condiciones que exigen las leyes. *Acuerdo inválido. Resolución inválida.* || **5.** Falto de vigor o de solidez en el entendimiento o en la razón. *Argumento inválido.*

invalorable. ADJ. *Am. Mer.* y *Ant.* invaluable.

invaluable. ADJ. Que no se puede valuar como corresponde. *Invaluable colaboración. Riquezas invaluables.*

invar. (Del francés *Invar,* y este acortamiento de *invariable,* marca reg.). M. Aleación de hierro y níquel que, por su escaso coeficiente de dilatación, se emplea para instrumentos de medida y aparatos de precisión.

invariabilidad. F. Cualidad de invariable.

invariable. ADJ. Que no varía o no puede variar. *Precio invariable. Leyes invariables.*

invariación. F. Subsistencia permanente y sin variación de algo o en algo.

invariado, da. ADJ. No variado. *Índices de paro invariados desde hace dos años.*

invariancia. F. *Mat.* Cualidad de invariante.

invariante. ADJ. *Mat.* Magnitud o expresión matemática que no cambia de valor al sufrir determinadas transformaciones; p. ej., la distancia entre dos puntos de un sólido que se mueve pero no se deforma. U. t. c. s. f.

invasión. F. Acción y efecto de invadir.

invasivo, va. ADJ. **1.** *Biol.* y *Med.* Dicho de un agente patógeno: Que invade o tiene capacidad para invadir. || **2.** *Med.* Dicho de un procedimiento diagnóstico o terapéutico: Que penetra en el cuerpo mediante una incisión en la piel o la inserción de un instrumento o material extraño al organismo.

invasor, ra. ADJ. Que invade. Apl. a pers., u. t. c. s.

invectiva. F. Discurso o escrito acre y violento contra alguien o algo.

invencibilidad. F. Cualidad de invencible.

invencible. ADJ. Que no puede ser vencido. *Dificultades invencibles. Fuerza invencible.* □ V. ignorancia ~.

invención. F. **1.** Acción y efecto de inventar. || **2.** Cosa inventada. || **3.** Engaño, ficción. || **4.** Parte de la retórica que se ocupa de cómo encontrar las ideas y los argumentos necesarios para desarrollar un asunto. || **Invención de la Santa Cruz.** F. Conmemoración con la que anualmente celebra la Iglesia católica el 14 de septiembre, con el título de Exaltación de la Santa Cruz, el hallazgo de la cruz de Cristo. □ V. patente de ~, privilegio de ~.

invendible. ADJ. Que no puede venderse. *Mercancías invendibles.*

inventar. TR. **1.** Hallar o descubrir algo nuevo o no conocido. *Inventar la dinamita.* || **2.** Dicho de un poeta o de un artista: Hallar, imaginar, crear su obra. || **3.** Fingir hechos falsos. *Inventó una cojera para no correr.* || **4.** Levantar embustes. *Ha inventado toda la historia.*

inventariar. TR. Incluir en un inventario. MORF. conjug. c. *enviar.*

inventario. M. **1.** Asiento de los bienes y demás cosas pertenecientes a una persona o comunidad, hecho con orden y precisión. || **2.** Papel o documento en que están escritas dichas cosas. □ V. **libro de ~s.**

inventiva. F. Capacidad y disposición para inventar.

inventivo, va. ADJ. Que tiene disposición para inventar.

invento. M. **1.** Acción y efecto de inventar. || **2.** Cosa inventada.

inventor, ra. ADJ. Que inventa. Apl. a pers., u. t. c. s.

inverecundo, da. ADJ. Que no tiene vergüenza. U. t. c. s.

invernáculo. M. Lugar cubierto y abrigado artificialmente para defender las plantas de la acción del frío.

invernada. F. **1.** Estación de invierno. || **2.** Estancia o permanencia en un lugar durante el invierno. || **3.** *Am.* Invernadero para el ganado.

invernadero. M. **1.** Recinto en el que se mantienen constantes la temperatura, la humedad y otros factores ambientales para favorecer el cultivo de plantas. || **2.** Lugar destinado a que pasten los ganados en invierno. □ V. **efecto ~.**

invernal. **I.** ADJ. **1.** Perteneciente o relativo al invierno. *Período invernal.* || **2.** Propio o característico de él. *Frío invernal.* || **II.** M. **3.** Establo en los invernaderos, para guarecerse el ganado.

invernar. INTR. **1.** Pasar el invierno en un lugar. || **2.** *Chile.* Dicho del ganado: Pastar en los invernaderos.

invernazo. M. *Ant.* Período de lluvias, de julio a septiembre.

invernizo, za. ADJ. **1.** Perteneciente o relativo al invierno. *Fruta inverniza.* || **2.** Que tiene sus propiedades. *Día invernizo.*

inverosímil. ADJ. Que no es verosímil. *Historia inverosímil. Personaje inverosímil.*

inverosimilitud. F. Cualidad de inverosímil.

inversión. F. **1.** Acción y efecto de invertir. || **2.** **homosexualidad.** || **3.** *Mús.* Colocación de las notas de un acorde en posición distinta de la normal, o modificación de una frase o motivo de manera que los intervalos se sigan en dirección contraria a la primitiva. □ V. **fondo de ~, plan de inversiones.**

inversionista. ADJ. Dicho de una persona física o jurídica: Que hace una inversión de caudales. U. t. c. s.

inverso, sa. ADJ. **1.** Contrario, opuesto. *Sentido inverso al de las agujas del reloj.* || **2.** *Mat.* Dicho de dos cantidades o expresiones: Cuyo producto es igual a la unidad. || **a la ~.** LOC. ADV. al contrario. □ V. barra ~, correspondencia ~, elemento ~, función ~, traducción ~.

inversor, ra. ADJ. **1.** inversionista. U. t. c. s. || **2.** Que invierte. *Lente inversora del color.*

invertebración. F. Carencia de vertebración.

invertebrado, da. ADJ. **1.** *Zool.* Se dice de los animales que no tienen columna vertebral. U. t. c. s. m. ORTOGR. En m. pl., escr. con may. inicial c. taxón en desuso. *Los Invertebrados.* || **2.** No vertebrado, carente de vertebración. *Sociedad invertebrada.*

invertible. □ V. función ~.

invertido, da. PART. de invertir. || M. y F. eufem. Homosexual, especialmente el masculino.

invertir. TR. **1.** Cambiar, sustituyéndolos por sus contrarios, la posición, el orden o el sentido de las cosas. U. t. en sent. fig. *Invertir una tendencia.* || **2.** Emplear, gastar, colocar un caudal. || **3.** Emplear u ocupar el tiempo. ‖ **4.** *Mat.* En una razón, intercambiar numerador y denominador. ¶ Morf. conjug. c. *sentir*.

investidura. F. **1.** Acción y efecto de investir. ‖ **2.** Carácter que se adquiere con la toma de posesión de ciertos cargos o dignidades.

investigación. F. Acción y efecto de investigar. ‖ **~ básica.** F. La que tiene por fin ampliar el conocimiento científico, sin perseguir, en principio, ninguna aplicación práctica.

investigador, ra. ADJ. Que investiga. Apl. a pers., u. t. c. s.

investigar. TR. **1.** Hacer diligencias para descubrir algo. *Investigar un robo.* ‖ **2.** Realizar actividades intelectuales y experimentales de modo sistemático con el propósito de aumentar los conocimientos sobre una determinada materia. ‖ **3.** Aclarar la conducta de ciertas personas sospechosas de actuar ilegalmente. *Se investigó a dos comisarios de Policía.*

investir. TR. Conferir una dignidad o cargo importante. *Lo invistieron con los honores del cargo.* Morf. conjug. c. *pedir.*

inveterado, da. ADJ. Antiguo, arraigado. *Costumbre inveterada.*

inviabilidad. F. Cualidad de inviable.

inviable. ADJ. **1.** Que no tiene posibilidades de llevarse a cabo. *Un proyecto inviable.* ‖ **2.** *Med.* Dicho especialmente de un recién nacido: Que no tiene aptitud para vivir.

invicto, ta. ADJ. Nunca vencido, siempre victorioso. *Equipo invicto.*

invidencia. F. Falta de vista.

invidente. ADJ. **ciego** (‖ privado de la vista). Apl. a pers., u. t. c. s.

invierno. M. **1.** Estación del año que astronómicamente comienza en el solsticio del mismo nombre y termina en el equinoccio de primavera. ‖ **2.** En la zona ecuatorial, donde las estaciones no son sensibles, temporada de lluvias que dura aproximadamente unos seis meses, con algunas intermitencias y alteraciones. ‖ **3.** Época más fría del año, que en el hemisferio septentrional corresponde a los meses de diciembre, enero y febrero, y en el hemisferio austral, a los meses de junio, julio y agosto. □ V. **cuartel de ~.**

inviolabilidad. F. **1.** Cualidad de inviolable. ‖ **2.** Prerrogativa personal del monarca, declarada en la Constitución del Estado. ‖ **~ parlamentaria.** F. Prerrogativa personal de los senadores y diputados, que los exime de responsabilidad por las manifestaciones que hagan y los votos que emitan en el respectivo cuerpo colegislador.

inviolable. ADJ. **1.** Que no se debe o no se puede **violar** (‖ profanar). ‖ **2.** Que goza de inviolabilidad.

inviolado, da. ADJ. Que se conserva en toda su integridad y pureza. *Recinto inviolado. Intimidad inviolada.*

invisibilidad. F. Cualidad de invisible.

invisible. ADJ. **1.** Que no puede ser visto. *Organismos invisibles a simple vista.* ‖ **2.** Que rehúye ser visto. *Enemigo invisible.*

invitación. F. **1.** Acción y efecto de invitar o ser invitado. ‖ **2.** Impreso o tarjeta con que se invita o se es invitado.

invitado, da. PART. de **invitar.** ‖ M. y F. Persona que ha recibido invitación.

invitador, ra. ADJ. Que invita. Apl. a pers., u. t. c. s.

invitar. TR. **1.** Llamar a alguien para un convite o para asistir a algún acto. ‖ **2.** Pagar el gasto que haga o haya hecho otra persona, por gentileza hacia ella. U. t. c. intr.

‖ **3.** Incitar, estimular a alguien a algo. *El buen tiemp* invita a salir. ‖ **4.** Instar cortésmente a alguien para qu haga algo. *Nos invitó a sentarnos.* ‖ **5.** eufem. Ordenar pedir con firmeza a alguien que haga algo. *Me invitaro a abandonar el lugar.*

invitatorio. M. Salmo 94, que se canta o recita al prin cipio de los maitines, dividido en varias partes, entre la cuales se repite, total o parcialmente, un versículo qu invita a alabar a Dios.

in vitro. (Locución latina). LOC.ADJ. Producido en el labo ratorio por métodos experimentales. *Fecundación in v tro.* U. t. c. loc. adv. *El experimento se hizo in vitro.*

invocación. F. **1.** Acción y efecto de invocar. ‖ **2.** Pala bra o palabras con que se invoca.

invocador, ra. ADJ. Que invoca. Apl. a pers., u. t. c. s

invocar. TR. **1.** Llamar en solicitud de ayuda de maner formal o ritual. ‖ **2.** Acogerse a una ley, costumbre o razór

invocatorio, ria. ADJ. Que sirve para invocar. *Ritua invocatorio.*

involución. F. Acción y efecto de involucionar. ‖ **~ se** nil. F. *Med.* Conjunto de fenómenos de esclerosis y atrofi característicos de la vejez. ‖ **~ uterina.** F. *Med.* Retorn del útero al estado de reposo después del parto.

involucionar. INTR. Dicho de un proceso biológico, pc lítico, cultural, económico, etc.: **retroceder** (‖ volve atrás).

involucionismo. M. Movimiento o actitud que apoy o fomenta la involución, especialmente en política.

involucionista. ADJ. **1.** Perteneciente o relativo a l involución. *Proceso involucionista.* ‖ **2.** Partidario d una involución en política, cultura, etc. U. t. c. s.

involucrar. TR. **1.** Complicar a alguien en un asunt comprometiéndolo en él. U. t. c. prnl. ‖ **2.** Abarcar, in cluir, comprender. *El problema involucra a los distinto estamentos.*

involucro. M. *Bot.* Verticilo de brácteas, situado en l base de una flor o de una inflorescencia.

involuntariedad. F. Cualidad de involuntario.

involuntario, ria. ADJ. No voluntario. *Error involun tario. Movimientos involuntarios.*

involutivo, va. ADJ. Perteneciente o relativo a la invc lución. *Síntomas involutivos.*

invulnerabilidad. F. Cualidad de invulnerable.

invulnerable. ADJ. **1.** Que no puede ser herido. ‖ **2.** Qu no resulta afectado por lo que se hace o dice contra é.

inyección. F. **1.** Acción y efecto de inyectar. ‖ **2.** Fluid inyectado. ‖ **3.** *Mec.* En los motores de explosión, sis tema de alimentación que, sin carburador, pulveriza e combustible mediante un inyector.

inyectable. ADJ. Dicho de una sustancia o de un me dicamento: Preparados para ser usados en inyecciones U. t. c. s. m.

inyectar. TR. **1.** Introducir a presión un gas, un líquid o una masa fluida en el interior de un cuerpo o de un cavidad. ‖ **2.** Introducir en el cuerpo, mediante una aguj unida a una jeringuilla, un líquido o una disolución de u medicamento.

inyector. M. Dispositivo mecánico utilizado para ir yectar fluidos.

iodo. M. **yodo.**

ioduro. M. **yoduro.**

ion o **ión.** M. *Electr.* y *Quím.* Átomo o agrupación de áte mos que por pérdida o ganancia de uno o más electrone adquiere carga eléctrica.

iónico, ca. ADJ. *Quím.* Perteneciente o relativo al ion o a los iones. □ V. **enlace** ~.

ionización. F. *Quím.* Acción y efecto de ionizar.

ionizante. ADJ. *Fís.* Que ioniza. *Radiación ionizante.*

ionizar. TR. *Fís.* Disociar una molécula en iones o convertir un átomo o molécula en ion. U. t. c. prnl.

ionosfera. F. Conjunto de capas de la atmósfera que están por encima de los 80 km. Presentan fuerte ionización causada por la radiación solar, y afectan de modo importante a la propagación de las ondas radioeléctricas.

ionósfera. F. *Am.* ionosfera.

iota. F. Novena letra del alfabeto griego (Ι, ι), que corresponde a *i* del latino.

iotización. F. Conversión de una *e* inacentuada en *i* semiconsonante o semivocal, al agruparse en una misma sílaba con otra vocal, de la que antes estaba separada por hiato.

IPC. (Sigla). M. **índice de precios al consumo.** MORF. pl. invar. *Los IPC.*

ipecacuana. F. **1.** Planta fruticosa, de la familia de las Rubiáceas, propia de América Meridional, con tallos sarmentosos, hojas elípticas, muy prolongadas, lisas por encima y algo vellosas por el envés, flores pequeñas, blancas, en ramilletes terminales, fruto en bayas aovadas y tersas, con dos semillas globosas unidas por un plano, y raíz cilíndrica, de un centímetro de diámetro, torcida, llena de anillos salientes poco separados, y muy usada en medicina como emética, tónica, purgante y sudorífica. ‖ **2.** Raíz de esta planta.

ipsilon. F. Vigésima letra del alfabeto griego (Υ, υ), que corresponde a *y* del latino.

ipso facto. (Locución latina). LOC. ADV. Por el hecho mismo, inmediatamente, en el acto.

iqueño, ña. ADJ. **1.** Natural de Ica. U. t. c. s. ‖ **2.** Perteneciente o relativo a este departamento del Perú o a su capital.

iquiqueño, ña. ADJ. **1.** Natural de Iquique. U. t. c. s. ‖ **2.** Perteneciente o relativo a esta provincia de Chile o a su capital.

ir. I. INTR. **1.** Moverse de un lugar hacia otro apartado de quien usa el verbo ir y de quien ejecuta el movimiento. U. t. c. prnl. *Se fue a Australia.* ‖ **2.** Dicho de una cosa: Sentar bien o mal a algo o alguien. *Una blusa negra no le va a esa falda.* ‖ **3.** Dicho de una persona o de una cosa: Diferenciarse de otra. *¡Lo que va del padre al hijo!* ‖ **4.** Dirigirse, llevar o conducir a un lugar apartado de quien habla. *Este camino va a la aldea.* ‖ **5.** Dicho de una cosa: Extenderse en el tiempo o en el espacio, desde un punto a otro. *El curso va de octubre a junio.* ‖ **6.** En varios juegos de naipes, entrar, tomar sobre sí el empeño de ganar la apuesta. ‖ **7.** Considerar las cosas por un aspecto especial o dirigirlas a un fin determinado. *Si de honestidad va, ¿qué cosa más honesta que la virtud? Ahora va de veras.* ‖ **8.** Denota la actual y progresiva ejecución de una acción. *Vamos caminando.* ‖ **9.** Denota que una acción empieza a verificarse. *Va anocheciendo.* ‖ **10.** Se usa, con ciertos adjetivos o participios, para expresar irónicamente lo contrario de lo que estos significan en su origen. *Vas listo. Vas apañado.* ‖ **11.** Junto con el participio de los verbos transitivos, significa padecer su acción, y con el de los reflexivos, hallarse en el estado producido por ella. *Ir vendido. Ir arrepentido.* ‖ **12.** Dicho de una cosa, especialmente de una cantidad de dinero: En una disputa o competencia, ser apostada. *Van cinco*

duros. ‖ **13.** Disponerse para la acción del verbo con que se junta. *Voy A salir. Vamos A almorzar.* ‖ **14.** Se usa con valor exhortativo. *Vamos A trabajar.* ‖ **15.** Concurrir habitualmente. *En verano, vamos A la ciudad.* ‖ **16.** Tener o llevar algo. *Ir CON tiento. Ir CON miedo. Ir CON cuidado.* ‖ **17. perseguir.** *Ir CONTRA alguien.* ‖ **18.** Sentir y pensar al contrario. *Ir CONTRA la corriente. Ir CONTRA la opinión de alguien.* ‖ **19.** Importar, interesar. *Nada te va EN eso.* ‖ **20.** Depender de algo, estar condicionado por ello. *EN el éxito le va la vida.* ‖ **21.** Sentir inclinación hacia una profesión. *Este niño va PARA médico.* ‖ **22.** ir a traer algo. *Ir POR lana. Ir POR leña.* ‖ **23.** Avanzar en la realización de una acción, por un lugar, tiempo o situación determinada. *Voy POR la página cuarenta. Voy POR tercero de medicina.* ‖ **24.** Andar tras alguien o algo. *Ir TRAS sus huellas.* ‖ **II.** PRNL. **25.** Morirse o estarse muriendo. ‖ **26.** Dicho de un líquido: Salirse insensiblemente del recipiente en que está. ‖ **27.** Dicho de un recipiente: Dejar escapar el líquido que hay en él. *Este vaso, esta fuente se va.* ‖ **28.** Dicho de una cosa: Desaparecer, consumirse o perderse. *Esa idea se ha ido ya de mi mente.* ‖ **29.** Dicho de una tela: Desgarrarse, romperse, envejecerse. ‖ **30.** Descartarse de una o varias cartas de la baraja. *Se fue DE los ases.* ‖ **31.** Dicho de una persona: Ventosear o hacer sus necesidades involuntariamente. ¶ MORF. V. conjug. modelo. ‖ **a eso voy,** o **vamos.** EXPRS. Se usan por aquel a quien recuerdan algo de que debía hablar en la conversación o discurso, y de la cual parecía haberse olvidado o distraído. ‖ **allá va,** o **allá va eso.** EXPRS. **1.** coloqs. Se usan al arrojar algo que puede caer sobre quien esté debajo o cerca. ‖ **2.** coloqs. Se usan cuando, repentinamente y sin prevenir a alguien, se le dice algo que ha de dolerle o disgustarle. ‖ **el no va más.** LOC. SUST. M. Lo mejor que puede existir, o imaginarse o desearse. ‖ **a lo mío, tuyo, suyo, nuestro,** etc. LOCS. VERBS. coloqs. Despreocuparse de los demás, y pensar solo en los asuntos o intereses propios. ‖ **~ adelante.** LOC. VERB. coloq. Proseguir en lo que se va diciendo o tratando. ‖ **~ a más.** LOC. VERB. coloq. Prosperar, crecer, enriquecerse. ‖ **~ a menos.** LOC. VERB. coloq. Decaer, decrecer, empobrecerse. ‖ **~ a parar** alguien o algo. LOC. VERB. Terminar en algún lugar, o haciendo algo diferente de lo que hacía. ‖ **~ bien.** LOC. VERB. **1.** coloq. Dicho de una cosa: Desarrollarse de manera satisfactoria. ‖ **2.** coloq. Convenir para algo. ‖ **3.** coloq. Favorecer, realzar la apariencia de alguien o de algo. ‖ **~ con uno.** LOC. VERB. coloq. Estar de su parte o a su favor. ‖ **~ demasiado lejos.** LOC. VERB. Excederse, propasarse, ir más allá de lo razonable. ‖ **~ alguien descaminado.** LOC. VERB. **1.** Apartarse del camino. ‖ **2.** Apartarse de la razón o de la verdad. ‖ **~ detrás de** algo. LOC. VERB. Intentar insistentemente conseguirlo. ‖ **~le** algo a alguien. LOC. VERB. coloq. Sentarle, convenirle, cuadrarle. ‖ **~ lejos.** LOC. VERB. Conseguir notables adelantos o mejoras. ‖ **~ mal.** LOC. VERB. **1.** coloq. Dicho de una cosa: Desarrollarse de manera insatisfactoria. ‖ **2.** coloq. No convenir para algo. ‖ **3.** coloq. Desfavorecer la apariencia de alguien o de algo. ‖ **~ muy lejos.** LOC. VERB. ir lejos. ‖ **~ para largo.** LOC. VERB. Denota que algo tardará en verificarse. ‖ **~ pasando** alguien. LOC. VERB. coloq. Mantenerse en el mismo estado en orden a su salud o conveniencia, sin especial mejoría. ‖ **~ alguien perdido.** LOC. VERB. Se usa para confesar o prevenir la desventaja en las competencias con otra persona, especialmente en los juegos de habilidad.

‖ ~ algo **por** alguien. LOC.VERB. Referirse a él lo que se dice. ‖ ~**se abajo** algo. LOC.VERB. **venirse a tierra.** ‖ **írsele,** o **írsele por alto,** a alguien algo. LOCS.VERBS. coloqs. No entenderlo o no advertirlo. ‖ ~ **tirando.** LOC.VERB. coloq. Hallarse en una situación en que no se tienen grandes adversidades o trabajos, pero tampoco muchas ventajas. ‖ ~ **y venir.** LOC. SUST. M. coloq. Movimiento incesante y en varias direcciones, de cosas o seres vivos. ‖ ~ **zumbando.** LOC.VERB. ir con violencia o suma ligereza. ‖ **ni va ni viene.** EXPR. coloq. Se usa para explicar la irresolución de alguien. ‖ **no ~le ni venirle** a alguien algo, o **no ~le ni venirle** a alguien **nada en** algo. LOCS. VERBS. coloqs. No importarle, tenerle sin cuidado. ‖ **¿qué le vamos,** o **qué le vas, a hacer?** EXPRS. coloqs. Se usan para conformarse alguien con lo que sucede, dando a entender que no está en su mano evitarlo. ‖ **qué va.** LOC. INTERJ. Se usa para denotar incredulidad o negación. ‖ **¿quién va?** EXPR. Se usa cuando se descubre un bulto o se siente un ruido y no se ve quién lo causa. ‖ **sin ~le ni venirle** a alguien. LOC.ADV. coloq. Sin importarle aquello de que se trata. ‖ **sin ~ más lejos.** LOC.ADV. Sin ser necesario buscar más datos o informes que los que están a la vista. ‖ **vaya que,** o **vaya que si.** EXPRS. coloqs. Se usan para dar énfasis a lo expresado por el verbo. *Perdió, vaya que si perdió.* ‖ **váyase lo uno por lo otro.** EXPR. coloq. Se usa para dar a entender que una de las dos cosas de que se trata puede compensar la otra. ‖ **vaya si.** EXPR. coloq. **vaya que.** ‖ **vete,** o **idos, a pasear.** EXPRS. coloqs. Se usan para despedir a una o varias personas con enfado, desprecio o disgusto, o por burla, o para rehusar o denegar algo. ‖ **vete tú, vaya usted,** etc., **a saber.** EXPRS. **1.** Se usan para manifestar duda o incertidumbre ante algo que, a veces, en forma de sospecha, se ha expresado en el coloquio. *A lo mejor, ni siquiera estuvo allí, vete tú a saber. Dice que ese dinero procede de una herencia, vete tú a saber.* ‖ **2.** Se usan seguidas de una oración encabezada por las partículas *si* o *si no,* para expresar en tono de sospecha, duda o incertidumbre lo que esta oración dice. *Vete tú a saber si (no) nos está engañando a todos.*

ira. F. **1.** Sentimiento de indignación que causa enojo. ‖ **2.** Furia o violencia de los elementos. ‖ **3.** pl. Repetición de actos de saña, encono o venganza. ‖ **descargar la ~ en** alguien. LOC.VERB. Desfogarla contra él. ‖ **~ de Dios.** LOC. INTERJ. Se usa para manifestar la extrañeza que causa algo, o el exceso de ello, especialmente cuando se teme que produzca sus malos efectos contra nosotros. ‖ **llenarse** alguien **de ~.** LOC.VERB. Enfadarse o irritarse mucho.

iracundia. F. **1.** Propensión a la ira. ‖ **2.** Cólera o enojo.

iracundo, da. ADJ. **1.** Propenso a la ira o poseído por ella. ‖ **2.** poét. Se dice de los elementos alterados. *El mar iracundo.*

iraní. ADJ. **1.** Natural de Irán. U. t. c. s. ‖ **2.** Perteneciente o relativo a este país de Asia. ¶ MORF. pl. **iraníes** o **iranís.**

iranio, nia. ADJ. **1.** hist. Natural del Irán antiguo. U. t. c. s. ‖ **2.** hist. Perteneciente o relativo al Irán antiguo. ‖ **3.** Se dice de un grupo o familia de lenguas indoiranias del Afganistán e Irán, entre las que destaca el persa. U. t. c. s. m. *El iranio.* ‖ **4.** Perteneciente o relativo a este grupo o familia de lenguas. *Léxico iranio.*

iraquí. ADJ. **1.** Natural de Iraq. U. t. c. s. ‖ **2.** Perteneciente o relativo a este país de Asia. ¶ MORF. pl. **iraquíes** o **iraquís.**

irascibilidad. F. Cualidad de irascible.

irascible. ADJ. Propenso a la ira.

irenismo. M. *Esp.* Actitud pacífica y conciliadora.

iridáceo, a. ADJ. *Bot.* Se dice de las hierbas angiospermas monocotiledóneas, con rizomas, tubérculos o bulbos, hojas estrechas y enteras, flores actinomorfas o zigomorfas con el perianto formado por dos verticilos de aspecto de corola, fruto en cápsula y semillas con albumen córneo o carnoso; p. ej., el azafrán. U. t. c. s. f. ORTOGR. En f. pl., escr. con may. inicial c. taxón. *Las Iridáceas.*

iridio. M. Elemento químico de núm. atóm. 77. Metal escaso en la litosfera, se encuentra nativo, unido al platino y al rodio, y en minerales de níquel, hierro y cobre. De color blanco amarillento, quebradizo, pesado, difícilmente fusible y muy resistente a la corrosión. Se usa, aleado con platino u osmio, en joyería y en materiales especiales. Uno de sus isótopos es muy utilizado en radioterapia. (Símb. *Ir*).

iridiscencia. F. Reflejo de colores distintos, generalmente como los del arcoíris.

iridiscente. ADJ. Que muestra o refleja los colores del iris. *Plumas iridiscentes.*

iridología. F. Diagnóstico de enfermedades mediante la observación del iris del ojo.

iridólogo, ga. M. y F. Especialista en iridología.

iris. M. *Anat.* Disco membranoso y coloreado del ojo de los vertebrados y cefalópodos, en cuyo centro está la pupila □ V. **arco ~, color del ~, diafragma ~.**

irisación. F. Acción y efecto de irisar.

irisado, da. PART. de irisar. ‖ ADJ. Que brilla o destella con colores semejantes a los del arcoíris. *Escamas irisadas.*

irisar. INTR. Dicho de un cuerpo: Presentar fajas coloreadas o reflejos de luz, con tonos semejantes a los del arcoíris.

iritis. F. *Med.* Inflamación del iris del ojo.

irlandés, sa. I. ADJ. **1.** Natural de Irlanda. U. t. c. s ‖ **2.** Perteneciente o relativo a este país de Europa. ‖ **II.** M. **3.** Lengua de los irlandeses. □ V. **café ~.**

ironía. F. **1.** Burla fina y disimulada. ‖ **2.** Tono burlón con que se dice. ‖ **3.** Figura retórica que consiste en dar a entender lo contrario de lo que se dice.

irónico, ca. ADJ. Que denota o implica ironía. *Sonrisa irónica. Texto irónico.*

ironizar. INTR. Hablar con ironía. U. t. c. tr.

iroqués, sa. I. ADJ. **1.** Se dice del individuo de un pueblo indígena de América Septentrional. U. t. c. s. ‖ **2.** Perteneciente o relativo a este pueblo. *Poblado iroqués.* ‖ **II.** M. **3.** Lengua de los iroqueses.

irracional. ADJ. **1.** Que carece de razón. *Seres irracionales.* Apl. a animales, u. t. c. s. ‖ **2.** Opuesto a la razón o que va fuera de ella. *Acto irracional.* ‖ **3.** *Mat.* Dicho de una raíz o de una cantidad: Que no puede expresarse exactamente con números enteros ni fraccionarios. □ V. **número ~, raíz ~**

irracionalidad. F. **1.** Cualidad de irracional. ‖ **2.** Comportamiento o expresión descabellados, faltos de racionalidad.

irracionalismo. M. Actitud que, sobre la razón, prima la importancia de la intuición, los instintos y los sentimientos.

irracionalista. ADJ. **1.** Perteneciente o relativo al irracionalismo. *Interpretación irracionalista.* ‖ **2.** Seguidor del irracionalismo. U. t. c. s.

irradiación. F. Acción y efecto de irradiar.

irradiador, ra. ADJ. Que irradia. *Centro irradiador de cultura.*

irradiar. TR. **1.** Dicho de un cuerpo: Despedir rayos de luz, calor u otra energía. U. t. en sent. fig. *Su rostro irradia alegría.* ‖ **2.** Someter algo a una radiación. ‖ **3.** Transmitir, propagar, difundir. *Las nuevas ideas irradiaron su contenido por todo Occidente.* ¶ MORF. conjug. c. *anunciar.*

irrazonable. ADJ. No razonable. *Una medida injustificada e irrazonable.*

irreal. ADJ. No real, falto de realidad. *Historia irreal. Atmósfera irreal.*

irrealidad. F. Cualidad o condición de lo que no es real.

irrealizable. ADJ. Que no se puede realizar. *Proyecto, deseo irrealizable.*

irrebatible. ADJ. Que no se puede rebatir o refutar. *Respuesta irrebatible. Argumento irrebatible.*

irreconciliable. ADJ. Dicho de una persona o de una cosa: Que no se puede reconciliar con otra.

irreconocible. ADJ. Que no se puede reconocer. *Rostro irreconocible.*

irrecordable. ADJ. Que no puede recordarse. *Autor de opúsculos irrecordables.*

irrecuperable. ADJ. Que no se puede recuperar. *Juventud irrecuperable.*

irrecusable. ADJ. Que no se puede recusar. *Testimonio irrecusable.*

irredentismo. M. Actitud política que propugna la anexión de un territorio irredento.

irredentista. ADJ. **1.** Perteneciente o relativo al irredentismo. *Ideas irredentistas.* ‖ **2.** Partidario del irredentismo. U. t. c. s.

irredento, ta. ADJ. Dicho especialmente del territorio que una nación pretende anexionarse por razones históricas, de lengua, raza, etc.: Que permanece sin redimir.

irreducible. ADJ. **irreductible.**

irreductibilidad. F. Cualidad de irreductible.

irreductible. ADJ. Que no se puede reducir. *Diferencias irreductibles.*

irreemplazable. ADJ. Que no se puede reemplazar. *Recursos naturales irreemplazables.*

irreflexión. F. Falta de reflexión.

irreflexivo, va. ADJ. **1.** Que no reflexiona. Apl. a pers., u. t. c. s. ‖ **2.** Que se dice o hace sin reflexionar. *Conducta irreflexiva.*

irreformable. ADJ. Que no se puede reformar. *Un rígido e irreformable sistema político.*

irrefragable. ADJ. Que no se puede contrarrestar. *Evidencia irrefragable.*

irrefrenable. ADJ. Que no se puede refrenar. *Deseo irrefrenable.*

irrefutable. ADJ. Que no se puede refutar. *Argumento irrefutable.*

irregular. ADJ. **1.** Que está fuera de regla. *Procedimiento irregular.* ‖ **2.** Contrario a ella. *Despido irregular.* ‖ **3.** Que no observa siempre el mismo comportamiento, o no rinde del mismo modo. *Equipo irregular.* ‖ **4.** *Geom.* Dicho de un polígono o de un poliedro: Que no es regular. ‖ **5.** *Gram.* Se dice de todo lo que en una lengua se aparta de un tipo considerado regular o normal. □ V. **cáliz ~, corola ~, flor ~, verbo ~.**

irregularidad. F. **1.** Cualidad de irregular. ‖ **2.** Cosa irregular o por la que algo es irregular. ‖ **3.** Impedimento canónico para recibir las órdenes o ejercerlas por razón de ciertos defectos naturales o por delitos. ‖ **4.** coloq. Malversación, desfalco, cohecho u otra inmoralidad en la gestión o administración pública, o en la privada.

irrelevancia. F. Cualidad de irrelevante.

irrelevante. ADJ. Que carece de relevancia o importancia. *Decisión irrelevante.*

irreligión. F. Falta de religión.

irreligiosidad. F. Cualidad de irreligioso.

irreligioso, sa. ADJ. **1.** Falto de religión. *Pueblo irreligioso.* ‖ **2.** Que se opone al espíritu de la religión. *Periódico irreligioso.*

irremediable. ADJ. Que no se puede remediar. *Conflicto irremediable.*

irremisible. ADJ. **imperdonable.**

irrenunciable. ADJ. Dicho de una cosa: A la que no se puede o no se debe renunciar.

irreparable. ADJ. Que no se puede reparar. *Daño irreparable.*

irrepetible. ADJ. **1.** Extraordinario, que no puede repetirse. *Experiencia irrepetible.* ‖ **2. singular** (‖ extraordinario, excelente). *Escritor irrepetible.*

irreprensible. ADJ. Que no merece reprensión. *Conducta irreprensible.*

irrepresentable. ADJ. Dicho de una obra dramática: Que no es apta para la representación escénica.

irreprimible. ADJ. Que no se puede reprimir. *Alegría irreprimible.*

irreprochable. ADJ. **1.** Que no merece reproche. *Conducta irreprochable.* ‖ **2.** Que no tiene defecto o tacha que merezca reproche. *Orquestación irreprochable.*

irresistible. ADJ. **1.** Que no se puede resistir. *Sueño irresistible.* ‖ **2.** Dicho de una persona o de una cosa: De mucho atractivo. *Una sonrisa irresistible.* □ V. **fuerza ~.**

irresoluble. ADJ. Que no se puede resolver o determinar. *Problema irresoluble.*

irresolución. F. Falta de resolución.

irresoluto, ta. ADJ. **1.** Dicho de una persona: Poco decidida o dubitativa. U. t. c. s. ‖ **2.** Dicho de un problema, de un conflicto, etc.: Que no han sido resueltos.

irrespetar. TR. Á. Caribe. Faltar al debido respeto o reverencia.

irrespeto. M. Á. Caribe. Falta de respeto.

irrespetuosidad. F. **1.** Cualidad de irrespetuoso. ‖ **2.** Falta de respeto.

irrespetuoso, sa. ADJ. No respetuoso. *Respuesta irrespetuosa.*

irrespirable. ADJ. **1.** Que no puede respirarse. *Gas irrespirable.* ‖ **2.** Que difícilmente puede respirarse. *Aire, atmósfera irrespirable.* ‖ **3.** Dicho de un ambiente social: Que resulta intolerable, o que inspira gran repugnancia.

irresponsabilidad. F. **1.** Cualidad de irresponsable. ‖ **2.** Acción o comportamiento irresponsable.

irresponsable. ADJ. **1.** Dicho de una persona: A quien no se puede exigir responsabilidad. U. t. c. s. ‖ **2.** Dicho de una persona: Que adopta decisiones importantes sin la debida meditación. U. t. c. s. ‖ **3.** Dicho de un acto: Resultante de una falta de previsión o meditación. *Decisión irresponsable.*

irrestañable. ADJ. Que no se puede restañar. *Herida irrestañable.*

irrestricto, ta. ADJ. Á. R. Plata y Méx. **ilimitado.**

irretroactividad. F. Falta de retroactividad.

irreverencia. F. **1.** Falta de reverencia. ‖ **2.** Dicho o hecho irreverente.

irreverente. ADJ. Contrario a la reverencia o respeto debido. Apl. a pers., u. t. c. s.

irreversibilidad. F. Cualidad de irreversible.

irreversible. ADJ. Que no es reversible. *Proceso irreversible.*

irrevocabilidad. F. Cualidad de irrevocable.

irrevocable. ADJ. Que no se puede revocar. *Dimisión irrevocable.*

irrigación. F. Acción y efecto de irrigar.

irrigador. M. Instrumento que sirve para irrigar.

irrigar. TR. **1.** Aplicar el riego a un terreno. ‖ **2.** *Med.* Rociar o regar con un líquido alguna parte del cuerpo. ‖ **3.** *Med.* Dicho de una arteria: Llevar sangre a un órgano o parte del cuerpo.

irrisión. F. **1.** Burla con que se provoca a risa a costa de alguien o algo. ‖ **2.** coloq. Persona o cosa que es o puede ser objeto de esta burla.

irrisorio, ria. ADJ. **1.** Insignificante por pequeño. *Precio irrisorio.* ‖ **2.** Que mueve a risa y burla. *Traje irrisorio.*

irritabilidad. F. Propensión a irritarse.

irritable. ADJ. Propenso a la irritabilidad. *Persona, genio irritable.*

irritación. F. Acción y efecto de irritar.

irritante. ADJ. Que irrita. *Comportamiento irritante.*

irritar. TR. **1.** Hacer sentir ira. U. t. c. prnl. ‖ **2.** Excitar vivamente otros afectos o inclinaciones naturales. *Irritar los celos, el odio, la avaricia, el apetito.* U. t. c. prnl. ‖ **3.** *Med.* Causar excitación morbosa en un órgano o parte del cuerpo. U. t. c. prnl.

irrogar. TR. Causar, ocasionar perjuicios o daños.

irrompible. ADJ. Que no se puede romper. *Material irrompible.*

irrumpir. INTR. Entrar violentamente en un lugar.

irrupción. F. Entrada impetuosa en un lugar.

irruptor, ra. ADJ. Que irrumpe.

irunés, sa. ADJ. **1.** Natural de Irún. U. t. c. s. ‖ **2.** Perteneciente o relativo a esta ciudad de la provincia de Guipúzcoa, en España.

isa. F. Canto y baile típicos de las islas Canarias, en España.

isabelino[1], na. ADJ. **1.** Perteneciente o relativo a cualquiera de las reinas que llevaron el nombre de Isabel en España o Inglaterra. *Período isabelino.* ‖ **2.** hist. Se dice de las tropas que defendieron la corona de Isabel II de España contra el pretendiente don Carlos. Apl. a pers., u. t. c. s. ‖ **3.** Se dice del estilo artístico propio del reinado de Isabel II de España y de sus manifestaciones. *Una cómoda isabelina.*

isabelino[2], na. ADJ. **1.** Natural de Isabela. U. t. c. s. ‖ **2.** Perteneciente o relativo a este municipio de Puerto Rico o a su cabeza.

isabelino[3], na. ADJ. **1.** Natural de Isabel II. U. t. c. s. ‖ **2.** Perteneciente o relativo a este pueblo de Puerto Rico, cabeza del municipio de Vieques.

isabelo, la. ADJ. Dicho de un caballo: De color de perla o entre blanco y amarillo.

isagoge. F. Introducción, preámbulo.

isba. F. Vivienda rural de madera, propia de algunos países septentrionales del antiguo continente, y especialmente de Rusia.

ISBN. (Sigla del inglés *International Standard Book Number* 'número [del sistema] estándar internacional de libros'). M. **1.** Sistema internacional de numeración de libros para su fácil y correcta identificación. ‖ **2.** Número de identificación de un libro dentro de este sistema.

isíaco, ca o **isiaco, ca.** ADJ. Perteneciente o relativo a Isis, diosa egipcia esposa de Osiris, o a su culto.

isidoriano, na. ADJ. **1.** hist. Perteneciente o relativo a san Isidoro de Sevilla, doctor de la Iglesia de comienzos

del siglo VII. ‖ **2.** hist. Se dice de ciertos monjes jerónimos que, entre otras casas, tuvieron la de San Isidoro de Campo, en Sevilla. U. t. c. s.

isla. F. **1.** Porción de tierra rodeada de agua por todas partes. ‖ **2.** En aeropuertos, estaciones, vías públicas, etc., recinto o zona claramente separada del espacio circundante. *Isla de peatones. Isla de equipajes. Isla de información.* ‖ **3.** Conjunto de árboles o monte de corta extensión, aislado y que no está junto a un río. ‖ **~ adyacentes.** F. pl. Las que, aun apartadas del continente, pertenecen al territorio nacional, como las Baleares y Canarias respecto de España, y las que se consideran parte de tal territorio. ☐ V. **boca de la ~.**

islam. M. **1.** islamismo. ‖ **2.** Conjunto de los hombres y pueblos que siguen esta religión.

islámico, ca. ADJ. Perteneciente o relativo al islam.

islamismo. M. Conjunto de dogmas y preceptos morales que constituyen la religión de Mahoma.

islamista. ADJ. **1.** Perteneciente o relativo al integrismo musulmán. *Doctrinas islamistas.* ‖ **2.** Partidario de dicho movimiento.

islamita. ADJ. **musulmán.** Apl. a pers., u. t. c. s.

islamizar. **I.** TR. **1.** Difundir la religión, prácticas y costumbres islámicas. ‖ **2.** Dar carácter islámico a algo. *Islamizar la educación.* ‖ **II.** INTR. **3.** Adoptar la religión, prácticas, usos y costumbres islámicos. U. t. c. prnl.

islandés, sa. **I.** ADJ. **1.** Natural de Islandia. U. t. c. s. ‖ **2.** Perteneciente o relativo a este país de Europa. ‖ **II.** M. **3.** Lengua nórdica hablada en Islandia.

Islandia. ☐ V. **espato de ~.**

isleño, ña. ADJ. **1.** Natural de una isla. U. t. c. s. ‖ **2.** Perteneciente o relativo a una isla. *Aeropuerto isleño.* ‖ **3.** Natural de Islas de la Bahía. U. t. c. s. ‖ **4.** Perteneciente o relativo a este departamento de Honduras. ‖ **5.** florense. Apl. a pers., u. t. c. s. ‖ **6.** *Á. Caribe.* Inmigrante procedente de las islas Canarias.

islote. M. **1.** Isla pequeña y despoblada. ‖ **2.** Peñasco muy grande rodeado de mar.

ismaelita. ADJ. **1.** Descendiente de Ismael, personaje bíblico. Se usa para referirse a los árabes. U. t. c. s. ‖ **2.** musulmán. Apl. a pers., u. t. c. s.

isobara o **isóbara.** F. *Meteor.* Curva para la representación cartográfica de los puntos de la Tierra que tienen la misma presión atmosférica en un momento determinado.

isobárico, ca. ADJ. **1.** Dicho de dos o más lugares: De igual presión atmosférica media. ‖ **2.** Se dice de la línea que une estos lugares en un mapa meteorológico en un tiempo determinado.

isoca. F. *Á. R. Plata.* Larva de varias familias de mariposas muy perjudiciales para la agricultura. *Isoca de algodonero. Isoca del maíz.*

isocronía. F. *Métr.* y *Mús.* Cualidad de isócrono.

isocronismo. M. *Fís.* Igualdad de duración en los movimientos de un cuerpo.

isócrono, na. ADJ. **1.** *Fís.* Dicho de dos o más movimientos: Que se hacen en tiempos de igual duración. ‖ **2.** *Métr.* y *Mús.* Se dice del movimiento o de la unidad rítmica de igual duración.

isofónico, ca. ADJ. Dicho de dos o más sonidos: Que tienen igual sonoridad.

isoglosa. F. *Ling.* Línea imaginaria que en un mapa representa los límites de un mismo fenómeno lingüístico con los puntos intermedios entre ambos.

isógono, na. ADJ. *Geom.* De ángulos iguales.

isomería. F. Cualidad de isómero.

isómero, ra. ADJ. Dicho de dos o más cuerpos: Que, con igual composición química, tienen distintas propiedades físicas.

isomorfismo. M. **1.** Geol. Cualidad de isomorfo. || **2.** Mat. Correspondencia biunívoca entre dos estructuras algebraicas que conserva las operaciones.

isomorfo, fa. ADJ. Geol. Se dice de los cuerpos de diferente composición química e igual forma cristalina, que pueden cristalizar asociados; como el espato de Islandia y la giobertita, que forman la dolomía.

isópodo. ADJ. Zool. Se dice de los pequeños crustáceos de cuerpo deprimido y ancho, con los apéndices del abdomen de aspecto foliáceo. Unas especies viven en aguas dulces o en el mar, otras son terrestres y habitan lugares húmedos, como la cochinilla de humedad. Algunas son parásitas de crustáceos marinos. U. t. c. s. m. ORTOGR. En m. pl., escr. con may. inicial c. taxón. Los Isópodos.

isóptero, ra. ADJ. Zool. Se dice de los insectos de boca apta para la masticación, con alas membranosas iguales. Forman sociedades con individuos alados, fértiles, que se suelen llamar reyes o reinas, y castas estériles de soldados y obreras, que realizan el trabajo. Abundan en países tropicales. U. t. c. s. m. ORTOGR. En m. pl., escr. con may. inicial c. taxón. Los Isópteros.

isósceles. □ V. triángulo ~.

isoterma. F. Meteor. Curva para la representación cartográfica de los puntos de la Tierra con la misma temperatura media anual.

isotérmico, ca. ADJ. **1.** Se dice del proceso en que la temperatura permanece constante. || **2.** Que mantiene la temperatura. Bolsa isotérmica. Prenda isotérmica.

isotermo, ma. ADJ. **isotérmico** (|| que mantiene la temperatura). Vehículo isotermo.

isotónico, ca. ADJ. Quím. Dicho de dos o más disoluciones: Que, a la misma temperatura, tienen igual presión osmótica.

isotópico, ca. ADJ. Fís. Perteneciente o relativo a los isótopos.

isótopo o isotopo. M. Fís. y Quím. Cada uno de los elementos químicos que poseen el mismo número de protones y distinto número de neutrones. Todos los isótopos de un elemento ocupan el mismo lugar en el sistema periódico y poseen las mismas propiedades químicas.

isotropía. F. Fís. Característica de los cuerpos cuyas propiedades físicas no dependen de la dirección.

isótropo, pa. ADJ. Fís. Que presenta isotropía.

isquemia. F. Med. Disminución transitoria o permanente del riego sanguíneo de una parte del cuerpo, producida por una alteración normal o patológica de la arteria o arterias aferentes a ella.

isquémico, ca. ADJ. Med. Perteneciente o relativo a la isquemia.

isquiático, ca. ADJ. Anat. Perteneciente o relativo al isquion.

isquion. M. Anat. Hueso que en los mamíferos adultos se une al ilion y al pubis para formar el hueso innominado, y constituye la parte posterior de este.

israelí. ADJ. **1.** Natural de Israel. U. t. c. s. || **2.** Perteneciente o relativo a este país de Asia. ¶ MORF. pl. israelíes o israelís.

israelita. ADJ. **1.** hebreo (|| del pueblo semítico que conquistó y habitó la Palestina). Maná israelita. Apl. a pers., u. t. c. s. || **2.** Perteneciente o relativo a quien profesa la ley de Moisés. Ritos israelitas. || **3.** hist. Natural de Israel. U. t. c. s. || **4.** hist. Perteneciente o relativo a este antiguo reino. Reyes israelitas.

israelítico, ca. ADJ. hist. Perteneciente o relativo al antiguo reino de Israel.

ISSN. (Sigla del inglés International Standard Serial Number 'número de serie [del sistema] estándar internacional'). M. **1.** Sistema internacional de codificación de revistas para su fácil y correcta identificación. || **2.** Número de identificación de una revista dentro de este sistema.

istmeño, ña. ADJ. **1.** Natural de un istmo. U. t. c. s. || **2.** Perteneciente o relativo a un istmo. País istmeño.

ístmico, ca. ADJ. Perteneciente o relativo a un istmo. Juegos ístmicos.

istmo. M. Geogr. Lengua de tierra que une dos continentes o una península con un continente. Istmo de Corinto.

itacate. M. Méx. Provisión de comida.

italianismo. M. **1.** Giro o modo de hablar propio y privativo de la lengua italiana. || **2.** Vocablo o giro de esta lengua empleado en otra. || **3.** Empleo de vocablos o giros italianos en distinto idioma.

italianista. COM. Especialista en la lengua y cultura italianas.

italianizante. ADJ. Que italianiza. Apl. a pers., u. t. c. s.

italianizar. TR. Hacer tomar carácter italiano, o inclinación a las cosas italianas. U. t. c. prnl.

italiano, na. I. ADJ. **1.** Natural de Italia. U. t. c. s. || **2.** Perteneciente o relativo a este país de Europa. || **II.** M. **3.** Lengua italiana. || **a la ~.** LOC.ADV. Al estilo de Italia. □ V. pasta ~.

italianófilo, la. ADJ. Que simpatiza con lo italiano o lo admira. U. t. c. s.

itálica. F. letra bastardilla.

itálico, ca. ADJ. Perteneciente o relativo a Italia, y en particular a la Italia antigua. Pueblos itálicos. Escuela, filosofía, guerra itálica. □ V. letra ~.

ítalo, la. ADJ. italiano. U. m. en leng. poét.

italorromance. ADJ. Ling. italorrománico. U. t. c. s. m. El italorromance. MORF. pl. italorromances.

italorrománico, ca. I. ADJ. **1.** Ling. Perteneciente o relativo al conjunto de variedades lingüísticas originadas del latín hablado en el antiguo territorio de Italia. Dialecto italorrománico. || **II.** M. **2.** Ling. Grupo formado por dichas variedades lingüísticas. ¶ MORF. pl. italorrománicos, cas.

itapuense. ADJ. **1.** Natural de Itapúa. U. t. c. s. || **2.** Perteneciente o relativo a este departamento del Paraguay.

ítem. I. ADV. C. **1.** Se usa para hacer distinción de artículos o capítulos en una escritura u otro instrumento, o como señal de adición. || **II.** M. **2.** Cada uno de dichos artículos o capítulos. || **3.** Psicol. Cada una de las partes o unidades de que se compone una prueba, un test, un cuestionario. ¶ MORF. pl. ítems. || ~ más. LOC.ADV. ítem.

iteración. F. Acción y efecto de iterar.

iterar. TR. repetir.

iterativo, va. ADJ. **1.** Que se repite. Acción iterativa. || **2.** Dicho de una palabra: Que indica repetición o reiteración; p. ej., gotear, goteo. □ V. verbo ~.

iterbio. M. Elemento químico de núm. atóm. 70. Metal de las tierras raras muy escaso en la litosfera, se encuentra en ciertos minerales acompañando al itrio. Sus sales son incoloras y su conductividad eléctrica depende de la presión; algunos de sus derivados se usan en la industria electrónica, del vidrio y como catalizadores. (Símb. Yb).

itifálico, ca. ADJ. Que tiene el falo erecto.

itinerante. ADJ. **ambulante** (|| que va de un lugar a otro).

itinerario, ria. **I.** ADJ. **1.** Perteneciente o relativo a un camino. *Cómicos itinerarios.* || **II.** M. **2.** Dirección y descripción de un camino con expresión de los lugares, accidentes, paradas, etc., que existen a lo largo de él. || **3.** Ruta que se sigue para llegar a un lugar. || **4.** Guía, lista de datos referentes a un viaje.

itrio. M. Elemento químico de núm. atóm. 39. Metal de las tierras raras escaso en la litosfera, de color gris de hierro y fácilmente oxidable. Se usa en la fabricación de componentes electrónicos. (Símb. *Y*).

itzaj. **I.** ADJ. **1.** Se dice del individuo de un pueblo amerindio de la familia maya de Guatemala. U. t. c. s. || **2.** Perteneciente o relativo a los itzajes. *Costumbres itzajes.* || **II.** M. **3.** Lengua hablada por los itzajes. ¶ MORF. pl. **itzajes.**

IVA. (Acrónimo de *I*mpuesto sobre el *V*alor *A*ñadido). M. Impuesto indirecto sobre el consumo y la prestación de servicios empresariales o profesionales, repercutible en cada una de las fases del proceso económico. MORF. pl. invar. *Los IVA más altos de la Unión Europea.*

ixil. **I.** ADJ. **1.** Se dice del individuo de un pueblo amerindio de la familia maya de Guatemala. U. t. c. s. || **2.** Perteneciente o relativo a los ixiles. *Herramientas ixiles.* || **II.** M. **3.** Lengua hablada por los ixiles.

izabalense. ADJ. **1.** Natural de Izabal. U. t. c. s. || **2.** Perteneciente o relativo a este departamento de Guatemala.

izabaleño, ña. ADJ. **izabalense.** Apl. a pers., u. t. c. s.

izada. F. Acción y efecto de izar.

izado. M. izada.

izamiento. M. Acción y efecto de izar.

izar. TR. Hacer subir algo tirando de la cuerda de que está colgado.

izote. M. Árbol de América Central, de la familia de las Liliáceas. Es una especie de palma, de unos cuatro metros de altura, con ramas en forma de abanico, hojas fuertes y ensiformes, punzantes y ásperas en los bordes, y flores blancas, muy olorosas, que suelen comerse en conserva. En España se cultiva en los jardines.

izquierda. F. **1.** **mano izquierda.** || **2.** Parte izquierda de algo o de alguien. *Las butacas de la izquierda están reservadas.* || **3.** Dirección correspondiente al lado izquierdo. *Tuerce a la izquierda.* || **4.** En las asambleas parlamentarias, conjunto de los representantes de los partidos no conservadores ni centristas. || **5.** Conjunto de personas que profesan ideas reformistas o, en general, no conservadoras. || **a ~s.** LOC.ADV. Dicho de avanzar con movimiento helicoidal: Hacia la izquierda, girando en sentido contrario al de las manecillas de un reloj. *El tornillo va a izquierdas.* || **de ~,** o **de ~s.** LOCS.ADJS. izquierdista.

izquierdazo. M. **1.** Golpe fuerte dado con el puño o con el pie izquierdos. || **2.** *Taurom.* Pase natural, es decir, dado con la izquierda, generalmente de poco mérito.

izquierdismo. M. **1.** Conjunto de principios y doctrinas de la izquierda política. || **2.** Condición de izquierdista.

izquierdista. **I.** ADJ. **1.** Perteneciente o relativo a la izquierda política. *Ofensiva izquierdista. Filas izquierdistas.* || **2.** Propio o característico de la izquierda política. *Ideas izquierdistas.* || **II.** COM. **3.** Persona que profesa los ideales de la izquierda política.

izquierdo, da. ADJ. **1.** Dicho de una parte del cuerpo humano: Que está situada en el lado del corazón. *Pie izquierdo. Ojo izquierdo.* || **2.** Que está situado en el mismo lado que el corazón del observador. *En el ángulo izquierdo de la habitación.* || **3.** Que cae hacia la parte izquierda de un objeto. *El jardín que hay al lado izquierdo de la casa.* || **4.** En las cosas que se mueven, se dice de lo que hay en su parte izquierda o de cuanto cae hacia ella, considerado en el sentido de su marcha o avance. *El faro izquierdo del autobús. La orilla izquierda del río* □ V. **mano ~.**

izquierdoso, sa. ADJ. coloq. Próximo a la izquierda política. U. m. en sent. irón.

j. F. Décima letra del abecedario latino internacional y undécima del español, que representa un fonema consonántico de articulación fricativa, velar y sorda. Existen, en diferentes países y regiones, variedades que van desde la vibrante a la simple aspiración. Su nombre es *jota*.

ja. INTERJ. Se usa para indicar la risa, la burla o la incredulidad. U. m. repetida.

jaba. F. *Am.* Cajón acondicionado especialmente para transportar botellas, piezas de loza u otros objetos frágiles.

jabalcón. M. *Arq.* Madero ensamblado en uno vertical para apear otro horizontal o inclinado.

jabalí. M. Mamífero paquidermo, bastante común en los montes de España, que es la variedad salvaje del cerdo, del cual se distingue por tener la cabeza más aguda, la jeta más prolongada, las orejas siempre tiesas, el pelaje muy tupido, fuerte, de color gris uniforme, y los colmillos grandes y salientes de la boca. MORF. pl. **jabalíes** o **jabalís**. □ V. **puerco ~**.

jabalina¹. F. Hembra del jabalí.

jabalina². F. **1.** Arma, a manera de pica o venablo, usada en competiciones atléticas. ‖ **2.** *Dep.* Modalidad del atletismo que consiste en lanzar la jabalina lo más lejos posible.

jabardo. M. Enjambre pequeño producido por una colmena como segunda cría del año, o como primera y única si está débil por haber sido el invierno muy riguroso.

jabato. M. Cría de jabalí.

jábega¹. F. Red de más de cien brazas de largo, compuesta de un copo y dos bandas, de las cuales se tira desde tierra por medio de cabos muy largos.

jábega². F. Embarcación parecida al jabeque, pero más pequeña, que sirve para pescar.

jabeque. M. Embarcación costanera de tres palos, con velas latinas, que también suele navegar a remo.

jabera. F. Especie de cante popular andaluz, que se compone de una introducción instrumental parecida a la malagueña, y de una copla.

jabillo. M. Árbol de la América tropical, de la familia de las Euforbiáceas, de más de quince metros de altura, muy ramoso, con hojas alternas, pecioladas, flores monoicas y fruto capsular que se abre con ruido. Contiene un jugo lechoso muy deletéreo, y su madera, blanda, muy fibrosa y de mucha duración debajo del agua, se emplea para hacer canoas.

jabino. M. Variedad enana del enebro.

jabón. M. **1.** Pasta que resulta de la combinación de un álcali con los ácidos del aceite u otro cuerpo graso. Es soluble en el agua, y por sus propiedades detersorias sirve comúnmente para lavar. ‖ **2.** Masa para un uso semejante, aunque no esté compuesta como el jabón común. ‖ **~ blando.** M. Aquel cuyo álcali es la potasa y que se distingue por su color oscuro y su consistencia de ungüento. ‖ **~ de piedra.** M. jabón duro. ‖ **~ de sastre.** M. jaboncillo de sastre. ‖ **~ duro.** M. Aquel cuyo álcali es la sosa, y se distingue por su color blanco o jaspeado y su mucha consistencia. □ V. **pompa de ~**.

jabonada. F. Acción y efecto de jabonar.

jabonado. M. Acción y efecto de jabonar. □ V. **palo ~**.

jabonadura. F. **1.** Acción y efecto de jabonar. ‖ **2.** pl. Espuma que se forma al jabonar.

jabonar. TR. **1.** Fregar o restregar la ropa u otras cosas con jabón y agua para lavarlas, blanquearlas o ablandarlas. ‖ **2.** Frotar el cuerpo, o parte de él, con agua y jabón. U. t. c. prnl. ‖ **3.** Humedecer la barba con agua jabonosa para afeitarla. U. t. c. prnl.

jaboncillo. M. **1.** Pastilla de jabón duro mezclado con alguna sustancia aromática para los usos del tocador. ‖ **2.** Árbol de América, de la familia de las Sapindáceas, de seis a ocho metros de altura, con hermosa copa, hojas divididas en hojuelas enteras, flores de cuatro pétalos amarillentos en racimos axilares, y fruto carnoso parecido a una cereza, pero amargo y con dos o tres huesos o semillas negras y lustrosas. La pulpa de este fruto produce con el agua una especie de jabón que sirve para lavar la ropa. ‖ **~ de sastre.** M. Esteatita blanca que los sastres emplean para señalar en la tela el sitio por donde han de cortar o coser.

jabonera. F. **1.** Recipiente para depositar o guardar el jabón de tocador. ‖ **2.** Planta herbácea de la familia de las Cariofiláceas, con tallos erguidos de cuatro a seis decímetros, hojas lanceoladas, con pecíolo corto y tres nervios muy prominentes, flores grandes, olorosas, de color blanco rosado, en panojas, y fruto capsular con diversas semillas. El zumo de esta planta y su raíz hacen espuma con el agua y sirven, como el jabón, para lavar la ropa. Es muy común en los terrenos húmedos. ‖ **3.** Planta de la misma familia que la anterior, con tallos nudosos de seis a ocho decímetros de altura, hojas largas, muy estrechas y carnosas, flores blancas, pequeñas, en corimbos muy apretados, y fruto seco y capsular. Es frecuente en los sembrados.

jabonería. F. Fábrica de jabón.

jabonero, ra. I. ADJ. **1.** Perteneciente o relativo al jabón. *Firma jabonera.* ‖ **2.** Dicho de un toro: Cuya piel es

de color blanco sucio que tira a amarillento. ‖ **II.** M. y F.
3. Persona que fabrica o vende jabón.

jabonoso, sa. ADJ. **1.** Perteneciente o relativo al jabón. *Sabor jabonoso.* ‖ **2.** Que es de jabón o de la naturaleza del jabón, o que está mezclado con jabón. *Agua jabonosa.*

jaborandi. M. Árbol poco elevado, originario del Brasil, de la familia de las Rutáceas, con hojas compuestas de siete o nueve hojuelas, flores en racimos delgados y largos, fruto capsular de cinco divisiones. Las hojas se asemejan en olor y sabor a las del naranjo, y su infusión estimula la salivación y la transpiración.

jabugo. M. Jamón producido en Jabugo, población de Huelva, en España.

jaca. F. **1.** Caballo cuya alzada no llega a metro y medio. ‖ **2. yegua** (‖ hembra del caballo). ‖ **3.** *Am.* Gallo inglés de pelea al que se dejan crecer los espolones.

jacal. M. *Méx.* Especie de choza.

jacalteco, ca. ADJ. **1.** Natural de Jacaltenango. U. t. c. s. ‖ **2.** Perteneciente o relativo a este municipio de Guatemala o a su cabecera, en el departamento de Huehuetenango.

jácara. F. **1.** Romance alegre en que por lo regular se contaban hechos de la vida airada. ‖ **2.** Cierta música para cantar o bailar. ‖ **3.** Especie de danza, formada al son propio de la jácara. ‖ **4.** Junta de gente alegre que de noche anda alborotando y cantando por las calles.

jacaranda. F. *Méx.* jacarandá.

jacarandá. M. Árbol ornamental americano de la familia de las Bignoniáceas, de gran porte, con follaje caedizo y flores tubulares de color azul violáceo. MORF. pl. jacarandás.

jacarandoso, sa. ADJ. coloq. Alegre, desenvuelto.

jácena. F. *Arq.* viga maestra.

jacetano, na. ADJ. **1.** hist. Se dice de un pueblo prerromano que habitaba la región de la actual Jaca, en España. ‖ **2.** hist. Se dice de los individuos pertenecientes a este pueblo. U. t. c. s. ‖ **3.** hist. Perteneciente o relativo a los jacetanos. *Asentamientos jacetanos.* ‖ **4. jaqués.** Apl. a pers., u. t. c. s.

jacinto. M. **1.** Planta anual de la familia de las Liliáceas, con hojas radicales, enhiestas, largas, angostas, acanaladas, lustrosas y crasas; flores olorosas, blancas, azules, róseas o amarillentas, en espiga sobre un escapo central fofo y cilíndrico, y fruto capsular con tres divisiones y varias semillas negras, casi redondas. Es originario de Asia Menor y se cultiva por lo hermoso de las flores. ‖ **2.** Flor de esta planta. ‖ **~ de Compostela.** M. Cuarzo cristalizado de color rojo oscuro.

jaco. M. Caballo pequeño y ruin.

jacobeo, a. ADJ. Perteneciente o relativo al apóstol Santiago.

jacobinismo. M. hist. Doctrina de los jacobinos.

jacobino, na. ADJ. **1.** hist. Se dice de un grupo político francés de la época de la Revolución, partidario de dirigir la educación de los ciudadanos. ‖ **2.** hist. Se dice del individuo de este grupo. U. t. c. s. ‖ **3.** Se dice del demagogo partidario de la revolución. U. t. c. s.

jacobita. ADJ. hist. **monofisita.** Apl. a pers., u. t. c. s.

jactancia. F. Alabanza propia, desordenada y presuntuosa.

jactancioso, sa. ADJ. **1.** Que se jacta. U. t. c. s. ‖ **2.** Propio o característico de la persona jactanciosa. *Actitud jactanciosa.*

jactarse. PRNL. Dicho de una persona: Alabarse excesiva y presuntuosamente, con fundamento o sin él y aun de acciones criminales o vergonzosas. *Se jactaba de no haber salido nunca de su país.*

jaculatoria. F. Oración breve y fervorosa.

jade. M. Piedra muy dura, tenaz, de aspecto jabonoso, blanquecina o verdosa con manchas rojizas o moradas, que suele hallarse formando nódulos entre las rocas estratificadas cristalinas. Es un silicato de magnesia y cal con escasas porciones de alúmina y óxidos de hierro y de manganeso, resultando con una composición semejante a la del feldespato. Muchas de las herramientas prehistóricas están hechas de este mineral, y aún se emplea en China para fabricar amuletos muy apreciados contra el mal de piedra.

jadeante. ADJ. Que jadea.

jadear. INTR. Respirar anhelosamente por efecto de algún trabajo o ejercicio impetuoso.

jadeo. M. Acción de jadear.

jaenero, ra. ADJ. **1.** Natural de Jaén. U. t. c. s. ‖ **2.** Perteneciente o relativo a esta ciudad de España o a su provincia.

jaenés, sa. ADJ. **1.** Natural de Jaén. U. t. c. s. ‖ **2.** Perteneciente o relativo a esta ciudad de España o a su provincia.

jaez. M. **1.** Adorno que se pone a las caballerías. U. m. en pl. *Caballo tordo cubierto de ricos jaeces.* ‖ **2.** Cualidad o propiedad de algo. *Miles de personas de todo jaez se movilizan.*

jafético, ca. ADJ. Se dice de los pueblos que, según la Biblia, descienden de Jafet, tercer hijo de Noé.

jagua. F. **1.** Árbol de la América intertropical, de la familia de las Rubiáceas, con tronco recto, de diez a doce metros de altura, corteza gris, ramas largas casi horizontales, hojas grandes, opuestas, lanceoladas, nerviosas y de color verde claro; flores olorosas, blancas, amarillentas, en ramilletes colgantes, fruto como un huevo de ganso, drupáceo, de corteza cenicienta y pulpa blanquecina, agridulce, que envuelve muchas semillas pequeñas, duras y negras, y madera de color amarillento rojizo, fuerte y elástica. ‖ **2.** Fruto de este árbol.

jaguar. M. Felino americano de hasta dos metros de longitud y unos 80 cm de alzada, pelaje de color amarillo dorado con manchas en forma de anillos negros, garganta y vientre blanquecinos, que vive en zonas pantanosas de América, desde California hasta Patagonia.

jaguareté. M. *Á. guar.* y *Á. R. Plata.* jaguar.

jaguarzo. M. Arbusto de la familia de las Cistáceas, de unos dos metros de altura, derecho, ramoso, con hojas algo viscosas, de color verde oscuro por el haz y blanquecinas por el envés, lanceoladas, casi lineales, revueltas en su margen, algo envainadoras; flores blancas en grupos terminales, y fruto capsular, pequeño, liso y casi globoso. Es muy abundante en el centro de España.

jagüel. M. *Am. Mer.* jagüey (‖ balsa).

jagüey. M. **1.** Se usa como nombre genérico para referirse a varias especies de árboles americanos grandes de la familia de las Moráceas, de hojas alternas y brillantes y fruto generalmente pequeño muy parecido al higo. ‖ **2.** *Am.* Balsa, pozo o zanja llenos de agua, de manera artificial o por filtraciones naturales del terreno. ¶ MORF. pl. jagüeyes.

jaiba. F. **1.** *Am.* Se usa como nombre para referirse a muchos crustáceos decápodos, cangrejos de río y cangrejos de mar. ‖ **2.** *Ant.* Persona lista, astuta, marrullera.

jaibería. F. *Ant.* Astucia, marrullería.

jaibol. M. *Am. Cen., Ant.* y *Méx.* Bebida consistente en un licor mezclado con agua, soda o algún refresco que se sirve en vaso largo y con hielo. MORF. pl. **jaiboles.**

jaima. F. Tienda de campaña de los pueblos nómadas del norte de África.

jaique. M. Especie de vestidura hasta los pies, usada por mujeres árabes, que sirve para cubrirse de noche y como vestido de día.

jajay. INTERJ. Se usa para expresar burla o risa.

jakasio, sia. ADJ. **1.** Natural de Jakasia. U. t. c. s. ‖ **2.** Perteneciente o relativo a esta república de la Federación Rusa.

jalada. F. *Méx.* tirón (‖ acción y efecto de tirar violentamente).

jaladera. F. *Méx.* Asa para tirar de algo.

jalador, ra. M. y F. *Méx.* Persona que se suma con entusiasmo a una empresa común. U. t. c. adj.

jalapa. F. Raíz de una planta vivaz americana, de la familia de las Convolvuláceas, semejante a la enredadera de campanillas, del tamaño y forma de una zanahoria, compacta, pesada, negruzca por fuera, blanca por dentro y con jugo resinoso que se solidifica pronto. Se usa como purgante enérgico.

jalapaneco, ca. ADJ. **1.** Natural de Jalapa. U. t. c. s. ‖ **2.** Perteneciente o relativo a este departamento de Guatemala o a su cabecera.

jalapeño, ña. ADJ. **1.** Natural de Jalapa. U. t. c. s. ‖ **2.** Perteneciente o relativo a esta ciudad de México, capital del estado de Veracruz. ☐ V. **chile ~.**

jalar. **I.** TR. **1.** coloq. **halar** (‖ tirar de un cabo). ‖ **2.** coloq. **tirar** (‖ hacer fuerza para traer). ‖ **II.** INTR. **3.** *Am.* Correr o andar muy deprisa. ‖ **4.** *Am. Cen.* Mantener relaciones amorosas. ‖ **III.** PRNL. **5.** *Á. Caribe.* **emborracharse** (‖ beber hasta trastornarse los sentidos).

jalbegar. TR. **enjalbegar.**

jalbegue. M. Blanqueo de las paredes hecho con cal o arcilla blanca.

jalde. ADJ. Amarillo subido.

jalea. F. **1.** Conserva transparente, hecha del zumo de algunas frutas. ‖ **2.** *Med.* Medicamento o excipiente muy azucarado, de consistencia gelatinosa. ‖ **~ real.** F. Sustancia rica en vitaminas, segregada por las abejas obreras para la nutrición de las larvas y las reinas, y empleada a veces con fines medicinales.

jaleador, ra. ADJ. Que jalea. U. t. c. s.

jalear. TR. Animar con palmadas, ademanes y expresiones a quienes bailan, cantan, etc. U. t. c. prnl.

jaleo. M. **1.** Acción y efecto de jalear. ‖ **2.** Cierto baile popular andaluz. ‖ **3.** Tonada y coplas de este baile. ‖ **4.** coloq. Diversión bulliciosa. ‖ **5.** coloq. Alboroto, tumulto, pendencia. ‖ **6.** coloq. Confusión, desorden.

jaletina. F. **1.** Especie de jalea fina y transparente, que se prepara generalmente cociendo cola de pescado con cualquier fruta, o con sustancias animales, y azúcar. ‖ **2.** **gelatina.**

jalifa. M. Autoridad del antiguo protectorado español en Marruecos, que ejercía ciertas funciones por delegación del sultán con intervención del alto comisario de España.

jalifato. M. Dignidad de jalifa.

jalifiano, na. ADJ. Que corresponde a la autoridad del jalifa o depende de ella. *Tropas jalifianas.*

jalisciense. ADJ. **1.** Natural de Jalisco. U. t. c. s. ‖ **2.** Perteneciente o relativo a este estado de México.

jalón¹. M. **1.** **hito** (‖ persona, cosa o hecho clave y fundamental). ‖ **2.** *Topogr.* Vara con regatón de hierro para clavarla en tierra y determinar puntos fijos cuando se levanta el plano de un terreno.

jalón². M. *Am.* tirón.

jalonar. TR. **1.** Establecer jalones o hitos en algo. *Las montañas jalonan el territorio.* ‖ **2.** Dicho de una serie de cosas: Constituir los jalones o hitos de algo. *Otros muchos trabajos jalonan la carrera de este artista.*

jalonear. TR. *Á. Andes* y *Méx.* tironear.

Jamaica. ☐ V. **flor de ~.**

jamaicano, na. ADJ. **jamaiquino.** Apl. a pers., u. t. c. s.

jamaiquino, na. ADJ. **1.** Natural de Jamaica. U. t. c. s. ‖ **2.** Perteneciente o relativo a este país de América.

jamaquear. TR. *Á. Caribe.* Mover algo de un lado para otro con rapidez y energía.

jamar. TR. coloq. **comer** (‖ ingerir alimento). U. t. c. intr. y c. prnl.

jamás. ADV. T. nunca. ‖ **en ~ de los jamases,** o **~ de los jamases.** LOCS. ADVS. **nunca.**

jamba. F. *Arq.* Cada una de las dos piezas labradas que, puestas verticalmente en los dos lados de las puertas o ventanas, sostienen el dintel o el arco de ellas.

jamelgo. M. coloq. Caballo flaco y desgarbado, por hambriento.

jámila. F. **alpechín.**

jamón. M. **1.** Pierna trasera del cerdo, curada o cocida entera. ‖ **2.** Carne de esta pierna. ‖ **~ de pata negra.** M. El de cerdo ibérico, de pezuña negra. ‖ **~ de York,** o **~ de york.** M. El cocido. ‖ **en dulce.** M. El que se cuece en vino blanco y se come fiambre. ‖ **~ serrano.** M. El curado. ‖ **~ york.** M. **jamón de York.** ‖ **un ~,** o **un ~ con chorreras.** EXPRS. iróns. coloqs. Se usan para rechazar lo que se considera excesivo.

jamona. ADJ. coloq. Dicho de una mujer: Que ha pasado de la juventud, especialmente cuando es gruesa. U. m. c. s. f.

jamoncillo. M. *Méx.* Dulce de pepitas de calabaza molidas o machacadas.

jamuga. F. Silla de tijera, con patas curvas y correas para apoyar espalda y brazos, que se coloca sobre el aparejo de las caballerías para montar cómodamente a mujeriegas. U. t. en pl. con el mismo significado que en sing.

jangada. F. **balsa** (‖ plataforma flotante).

jansenismo. M. hist. En el siglo XVIII, tendencia que propugnaba la autoridad de los obispos, las regalías de la Corona y la limitación del poder papal.

jansenista. ADJ. **1.** hist. Perteneciente o relativo al jansenismo. *Doctrina jansenista.* ‖ **2.** Seguidor del jansenismo. U. t. c. s.

Japón. ☐ V. **níspero del ~.**

japonés, sa. **I.** ADJ. **1.** Natural del Japón. U. t. c. s. ‖ **2.** Perteneciente o relativo a este país de Asia. ‖ **II.** M. **3.** Idioma del Japón. ☐ V. **huelga a la ~, papel ~.**

japuta. F. Pez teleósteo del suborden de los Acantopterigios, de color plomizo, de unos 35 cm de largo y casi otro tanto de alto, cabeza pequeña, boca redonda, armada de dientes finos, largos y apretados a manera de brocha, escamas regulares y romboidales, que se extienden hasta cubrir las aletas dorsal y anal, cola en forma de media luna, y aleta pectoral muy larga. Vive en el Mediterráneo y es comestible apreciado.

jaque. M. **1.** Lance del ajedrez en que un jugador, mediante el movimiento de una pieza, amenaza directamente al rey del otro, con obligación de avisarlo, y, por ext., a la reina, sin tal obligación. ‖ **2.** Palabra con que se avisa. ‖ **3.** Ataque, amenaza, acción que perturba o inquieta a alguien, o le impide realizar sus propósitos. *Dar jaque. Poner, tener, traer en jaque.* ‖ **~ mate.** M. **mate**[2].

jaquear. TR. Hostigar al enemigo.

jaqueca. F. Cefalea recurrente e intensa, localizada en un lado de la cabeza y relacionada con alteraciones vasculares del cerebro. ‖ **dar** a alguien **~.** LOC. VERB. coloq. Fastidiarlo y marearlo con lo pesado, difuso o necio de la conversación.

jaqués, sa. ADJ. **1.** Natural de Jaca. U. t. c. s. ‖ **2.** Perteneciente o relativo a esta ciudad de la provincia de Huesca, en España. ☐ V. **libra ~, moneda ~.**

jaquetón. M. Tiburón semejante al marrajo, que puede alcanzar más de seis metros de longitud, con dientes planos, triangulares y aserrados en sus bordes. Se encuentra en todos los mares, siendo quizá, por su tamaño y su poderosa dentadura, el tiburón más peligroso que se conoce.

jáquima. F. Cabezada de cordel para atar los cuadrúpedos y llevarlos.

jara. F. Arbusto siempre verde, de la familia de las Cistáceas, con ramas de color pardo rojizo, de uno a dos metros de altura, hojas muy viscosas, opuestas, sentadas, estrechas, lanceoladas, de haz lampiña de color verde oscuro, y envés velloso, algo blanquecino; flores grandes, pedunculadas, de corola blanca, frecuentemente con una mancha rojiza en la base de cada uno de los cinco pétalos, y fruto capsular, globoso, con diez divisiones, donde están las semillas. Es abundantísima en los montes del centro y mediodía de España. ‖ **~ blanca.** F. estepilla. ‖ **~ cerval, o ~ cervuna.** F. Mata semejante a la jara, de la que se distingue por tener las hojas con pecíolo, acorazonadas, lampiñas y sin manchas en la base de los pétalos. Abunda en España. ‖ **~ estepa.** F. Mata semejante a la jara, pero más pequeña, de cuatro a seis decímetros de alto, muy ramosa, con hojas pecioladas, elípticas, vellosas, verdes por encima y cenicientas por el envés, flores en largos pedúnculos, blancas, con bordes amarillos, y fruto en cápsula pentagonal. Se halla en toda España. ‖ **~ macho.** F. jara cerval. ‖ **~ negra.** F. jara.

jarabe. M. **1.** Bebida que se hace cociendo azúcar en agua hasta que se espesa, añadiéndole zumos refrescantes o sustancias medicinales. ‖ **2.** Bebida excesivamente dulce. ‖ **3.** *Méx.* Danza popular en pareja, influida por bailes españoles como la jota. ‖ **~ de palo.** M. coloq. Se usa para aludir a una paliza como medio de disuasión o de castigo. ‖ **~ tapatío.** M. *Méx.* Baile de parejas sueltas, con paso y compás de zapateado.

jaral. M. Sitio poblado de jaras.

jaramago. M. Planta herbácea de la familia de las Crucíferas, con tallo enhiesto de seis a ocho decímetros, y ramoso desde la base, hojas grandes, ásperas, arrugadas, partidas en lóbulos obtusos y algo dentados, flores amarillas, pequeñas, en espigas terminales muy largas, y fruto en vainas delgadas, casi cilíndricas, torcidas por la punta y con muchas semillas. Es muy común entre los escombros.

jaramugo. M. Pez nuevo de cualquier especie.

jarana. F. **1.** coloq. Diversión bulliciosa y alborotada ‖ **2.** coloq. Pendencia, alboroto, tumulto. ‖ **3.** *Am. Cen* deuda (‖ obligación de pagar). ‖ **4.** *Méx.* Instrumento d cuerda parecido a una guitarra pequeña.

jaranear. INTR. coloq. Andar en jaranas.

jaranero, ra. ADJ. coloq. Aficionado a jaranas. U. t. c. s

jarano. ☐ V. **sombrero ~.**

jarapa. F. Alfombra generalmente multicolor confeccio nada con un tejido grueso, hecho de lana o trapo viejo re torcido con urdimbre de algodón o fibra sintética.

jarca. F. Partida de rebeldes marroquíes.

jarcería. F. *Méx.* Tienda donde se venden objetos de fi bra vegetal.

jarcha. F. Canción tradicional, muchas veces en ro mance, con que cerraban las moaxajas los poetas anda lusíes árabes o hebreos.

jarcia. F. **1.** Conjunto de aparejos y cabos de un buque U. m. en pl. ‖ **2.** Conjunto de instrumentos y redes par pescar. ‖ **3.** *Méx.* Conjunto de objetos de fibra vegetal ‖ **~ muerta.** F. *Mar.* La que está siempre fija y que, tensa sirve para sujetar los palos. ☐ V. **tabla de ~.**

jarcería. F. *Méx.* Ramo del comercio de los objetos de fi bra vegetal.

jarciero, ra. **I.** M. y F. **1.** *Méx.* Persona que vende jar cia (‖ objetos de fibra vegetal). ‖ **II.** M. **2.** *Méx.* Hombr que se dedica a fabricar cordeles y cabuyas.

jardín. M. **1.** Terreno donde se cultivan plantas con fi nes ornamentales. ‖ **2.** Retrete o letrina, especialment en los buques. ‖ **~ botánico.** M. Terreno destinado par cultivar las plantas que tienen por objeto el estudio de l botánica. ‖ **~ de infancia.** M. Colegio de párvulos. ‖ **~ d infantes.** M. *Á. guar.* y *Á. R. Plata.* jardín de infancia ‖ **~ de niños.** M. *Méx.* Escuela para niños de cuatro a sei años. ‖ **~ infantil.** M. jardín de infancia. ‖ **~ zoológico.** M. parque zoológico. ‖ **meterse** alguien **en un ~.** LOC VERB. Enredarse innecesariamente en un discurso o par lamento teatral o en una situación complicada. ☐ V. **ciu dad ~.**

jardinear. INTR. *Á. Caribe* y *Chile.* Trabajar el jardín po afición.

jardinera. F. **1.** Mueble o instalación fija para pone plantas de adorno directamente en la tierra o en mace tas. ‖ **2.** hist. Carruaje descubierto de cuatro ruedas cuatro asientos, cuya caja solía ser de mimbres. ‖ **3** hist. Coche abierto.

jardinería. F. Arte y oficio del jardinero.

jardinero, ra. M. y F. Persona que por oficio cuida y cul tiva un jardín.

jareta. F. **1.** Dobladillo que se hace en la ropa para ir troducir una cinta, un cordón o una goma, y sirve par fruncir la tela. ‖ **2.** Dobladillo cosido con un pespunt cercano al doblez, que se hace en las prendas de rop como adorno. ‖ **3.** *Mar.* Cabo que se amarra y tensa d obenque a obenque desde una banda a otra para suje tarlos, y asegurar los palos cuando la obencadura se h aflojado en un temporal. ‖ **4.** *Mar.* Cabo que con otro iguales sujeta el pie de los cabos o cadenas de las ober caduras, y estas mismas, yendo desde la de una banda la de la otra por debajo de la cofa.

jaretón. M. Dobladillo muy ancho.

jarifo, fa. ADJ. Rozagante, vistoso, bien adornado. *Tra jarifo.*

jarillo. M. aro[2].

jaripeada. F. *Méx.* Acción de jaripear.

jaripear. INTR. *Méx.* Participar en un jaripeo.

jaripeo. M. *Méx.* **rodeo** (‖ deporte que consiste en montar a pelo potros o reses).

jaro¹. M. aro².

jaro². M. Mancha espesa de los montes bajos.

jaro³, ra. ADJ. Dicho de un animal, y especialmente del cerdo o del jabalí: Que tiene el pelo rojizo. U. t. c. s.

jarocho, cha. ADJ. **1.** Dicho de una persona: De modales bruscos, descompuestos y algo insolentes. U. t. c. s. ‖ **2.** Natural de Veracruz, ciudad de México. U. t. c. s.

jarra. F. **1.** Vasija de barro, porcelana, loza, cristal, etc., con cuello y boca anchos y una o dos asas. ‖ **2.** Líquido que contiene esta vasija. ‖ **en ~s.** LOC.ADV. Dicho de disponer el cuerpo: Poniendo las manos en la cintura. U. t. c. loc. adj. *Brazos en jarras.*

jarrear. INTR. IMPERS. Llover copiosamente.

jarrero, ra. M. y F. Persona que hace o vende jarros.

jarrete. M. **1.** Corva de la pierna humana. ‖ **2.** Corvejón de los cuadrúpedos.

jarretera. F. **1.** Liga con su hebilla, con que se ata la media o el calzón por el jarrete. ‖ **2.** Orden militar instituida en Inglaterra, llamada así por la insignia que se añadió a la Orden de San Jorge, que fue una liga.

jarro. M. **1.** Vasija de barro, loza, vidrio o metal, a manera de jarra y solo con un asa. ‖ **2.** Cantidad de líquido que cabe en ella. ‖ **a ~s.** LOC.ADV. coloq. **a cántaros.** ‖ **echarle** a alguien **un ~ de agua,** o **de agua fría.** LOCS. VERBS. coloqs. Quitarle de pronto una esperanza halagüeña o el entusiasmo o fervor de que estaba animado.

jarrón. M. **1.** Vaso, por lo general de porcelana, artísticamente labrado, para adornar consolas, chimeneas, etc. ‖ **2.** Pieza arquitectónica en forma de jarro, con que se decoran edificios, galerías, escaleras, jardines, etc., puesta casi siempre sobre un pedestal y como adorno de remate.

jaspe. M. **1.** Piedra silícea de grano fino, textura homogénea, opaca, y de colores variados, según contenga porciones de alúmina y hierro oxidado o carbono. ‖ **2.** Mármol veteado. □ V. **piedra ~.**

jaspeado, da. PART. de **jaspear.** ‖ **I.** ADJ. **1.** Veteado o con pintas como el jaspe. *Mármol jaspeado.* ‖ **II.** M. **2.** Acción y efecto de jaspear.

jaspear. TR. Pintar imitando las vetas y pintas del jaspe.

jata. F. Becerra o ternera.

jatib. M. En Marruecos, predicador encargado de dirigir la oración del viernes y pronunciar el sermón. MORF. pl. **jatibs.**

jato. M. Becerro o ternero.

jauja. F. Denota todo lo que quiere presentarse como tipo de prosperidad y abundancia.

jaula. F. **1.** Armazón, cerrado o no según los casos, hecho con barras o listones y destinado a encerrar animales. ‖ **2.** Embalaje consistente en una caja cuyas paredes están formadas por tablas o listones separados entre sí. ‖ **3.** Caja cerrada, con respiraderos, para transportar caballos, toros, etc. ‖ **4.** coloq. **prisión** (‖ cárcel). ‖ **5.** *Ingen.* Armazón, generalmente de hierro, que, colgado de un cable y sujeto entre guías, se emplea en los pozos de las minas para subir y bajar a los operarios y los materiales.

jaulero, ra. M. y F. Persona que tiene por oficio hacer jaulas.

jauría. F. **1.** Conjunto de perros mandados por el mismo perrero que levantan la caza en una montería. ‖ **2.** Conjunto de quienes persiguen con saña a una persona o a un grupo.

javanés, sa. **I.** ADJ. **1.** Natural de Java. U. t. c. s. ‖ **2.** Perteneciente o relativo a esta isla del archipiélago de la Sonda, en Asia. ‖ **II.** M. **3.** Lengua hablada por los javaneses.

javera. F. Cante popular andaluz.

jayán, na. M. y F. Persona de gran estatura, robusta y de muchas fuerzas.

jayuyano, na. ADJ. **1.** Natural de Jayuya. U. t. c. s. ‖ **2.** Perteneciente o relativo a este municipio de Puerto Rico o a su cabeza.

jazmín. M. **1.** Arbusto de la familia de las Oleáceas, con tallos verdes, delgados, flexibles, algo trepadores y de cuatro a seis metros de longitud, hojas alternas y compuestas de hojuelas estrechas, en número impar, duras, enteras y lanceoladas, flores en el extremo de los tallos, pedunculadas, blancas, olorosas, de cinco pétalos soldados por la parte inferior a manera de embudo, y fruto en baya negra y esférica. Es originario de Persia y se cultiva en los jardines por el excelente olor de sus flores, que utiliza la perfumería. ‖ **2.** Flor de este arbusto. ‖ **~ amarillo.** M. **1.** Mata o arbusto de la misma familia que el anterior, con ramas erguidas de seis a doce decímetros, delgadas, angulosas y verdes, hojas partidas en tres hojuelas, oblongas, obtusas y enteras, flores amarillas, olorosas, en grupos pequeños, de pedúnculos cortos y al extremo de las ramas, y fruto en baya globosa del tamaño de un guisante. Es indígena y común en España. ‖ **2.** Flor de este arbusto.

jazmíneo, a. ADJ. *Bot.* Se dice de las matas y de los arbustos pertenecientes a la familia de las Oleáceas, derechos o trepadores, con hojas opuestas y sencillas o alternas y compuestas, sin estípulas, con flores hermafroditas y regulares, cáliz persistente y fruto en baya con dos semillas; p. ej., el jazmín. U. t. c. s. f. ORTOGR. En f. pl., escr. con may. inicial c. taxón. *Las Jazmíneas.*

jazzista. COM. Intérprete de *jazz.*

jazzístico, ca. ADJ. Perteneciente o relativo al *jazz. Cadencia jazzística.*

je. INTERJ. Se usa para indicar la risa, la burla o la incredulidad. U. m. repetida.

jebuseo, a. ADJ. **1.** Se dice del individuo de un pueblo bíblico que tenía por capital a Jebús, después Jerusalén. U. t. c. s. ‖ **2.** Perteneciente o relativo a este pueblo. *Tradiciones jebuseas.*

jedive. M. hist. Virrey de Egipto. Se usaba como título honorífico.

jefa. F. Superiora o cabeza de un cuerpo u oficio.

jefatura. F. **1.** Cargo o dignidad de jefe. ‖ **2.** Puesto de guardias de seguridad a las órdenes de un jefe.

jefazo, za. M. y F. coloq. Jefe muy importante que tiende a actuar con autoritarismo. U. en sent. ponder.

jefe. **I.** COM. **1.** Superior o cabeza de una corporación, partido u oficio. ‖ **2.** *Mar.* y *Mil.* Militar con cualquiera de los grados de comandante, teniente coronel y coronel en el Ejército, o los de capitán de corbeta, capitán de fragata y capitán de navío en la Armada. MORF. U. t. la forma en m. para designar el f. ‖ **II.** M. **3.** *Heráld.* Parte alta del escudo de armas. ‖ **~ de Administración.** COM. Funcionario de categoría administrativa civil inmediatamente superior a la de jefe de negociado. ‖ **~ de Estado.** COM. Autoridad superior de un país. ‖ **~ de Gobierno.** COM. Presidente del Consejo de Ministros. ‖ **~ de negociado.** COM. Funcionario de categoría administrativa civil inmediatamente superior a la de oficial. ‖ **~ político.** M. hist. El que tenía el mando superior de una provincia en la parte gubernativa, como ahora el gobernador civil. ‖ **~ superior de Administración.** COM. Funcionario que es o ha sido subsecretario, director general, o desempeña o ha desempeñado otro cargo civil asimilado a estos. □ V. **general en ~.**

jején. M. Insecto díptero, más pequeño que el mosquito y de picadura más irritante. Abunda en las playas del mar de las Antillas y en otras regiones de América.

jeme. M. Distancia que hay desde la extremidad del dedo pulgar a la del índice, separado el uno del otro todo lo posible.

jemer. ADJ. **1.** Se dice del individuo de un grupo étnico mayoritario en Camboya, que también se extiende por países vecinos. U. t. c. s. ‖ **2.** Perteneciente o relativo a este pueblo. *Arte jemer.*

jenabe o **jenable.** M. **1. mostaza** (‖ planta crucífera). ‖ **2.** Semilla de esta planta.

jengibre. M. **1.** Planta de la India, de la familia de las Cingiberáceas, con hojas radicales, lanceoladas, casi lineales, flores en espiga, de corola purpúrea, sobre un escapo central de cuatro a seis decímetros de alto, fruto capsular bastante pulposo y con varias semillas, y rizoma del grueso de un dedo, algo aplastado, nudoso y ceniciento por fuera, blanco amarillento por dentro, de olor aromático y de sabor acre y picante como el de la pimienta. Se usa en medicina y como especia. ‖ **2.** Rizoma de esta planta.

jeniquén. M. *Á. Caribe.* **pita** (‖ planta amarilidácea).

jenízaro. M. hist. Soldado de infantería, y especialmente de la Guardia imperial turca, reclutado a menudo entre hijos de cristianos.

jeque. M. Entre los musulmanes y otros pueblos orientales, superior o régulo que gobierna y manda un territorio o provincia, ya sea como soberano, ya como feudatario.

jerarca. **I.** COM. **1.** Persona que tiene elevada categoría en una organización, una empresa, etc. ‖ **II.** M. **2.** Superior en la jerarquía eclesiástica.

jerarquía. F. **1.** Gradación de personas, valores o dignidades. ‖ **2. jerarca.** *Lo decidieron los mandos y jerarquías del partido.* ‖ **3.** Orden entre los diversos coros de los ángeles.

jerárquico, ca. ADJ. Perteneciente o relativo a la jerarquía.

jerarquización. F. Acción y efecto de jerarquizar.

jerarquizar. TR. Organizar algo de manera jerárquica.

jerbo. M. Mamífero roedor norteafricano, del tamaño de una rata, con pelaje leonado por encima y blanco por debajo, miembros anteriores muy cortos, y excesivamente largos los posteriores, por lo cual, aunque de ordinario camina sobre las cuatro patas, salta mucho y con rapidez. La cola es de doble longitud que el cuerpo y termina en un grueso mechón de pelos.

jeremíaco, ca o **jeremiaco, ca.** ADJ. Que gime o se lamenta con exceso. U. t. c. s.

jeremiada. F. Lamentación o muestra exagerada de dolor.

jeremías. COM. Persona que continuamente se está lamentando.

jeremiquear. INTR. *Am.* Lloriquear, gimotear.

jerez. M. Vino blanco y fino que se cría y elabora en los términos municipales de Jerez de la Frontera, Puerto de Santa María y Sanlúcar de Barrameda, en España.

jerezano, na. ADJ. **1.** Natural de Jerez. U. t. c. s. ‖ **2.** Perteneciente o relativo a alguna de las poblaciones de este nombre.

jerga¹. F. Tela gruesa y tosca.

jerga². F. **1.** Lenguaje especial y no formal que usan entre sí los individuos de ciertas profesiones y oficios. ‖ **2.** Lenguaje especial utilizado originalmente con propósitos crípticos por determinados grupos, que a veces se extiende al uso general; p. ej., la jerga de los maleantes. ‖ **3. jerigonza** (‖ lenguaje difícil de entender).

jergal. ADJ. Propio o característico de una **jerga².**

jergón. M. Colchón de paja, esparto o hierba y sin bastas.

jeribeque. M. Guiño, visaje, contorsión. U. m. en pl.

jericalla o **jericaya.** F. *Méx.* Dulce hecho con leche, huevo, vainilla y caramelo.

Jericó. □ V. **rosa de ~.**

jerife. M. **1.** Descendiente de Mahoma por su hija Fátima, esposa de Alí. ‖ **2.** Individuo de la dinastía reinante en Marruecos. ‖ **3.** hist. Jefe superior de la ciudad de La Meca antes de la conquista de esta ciudad por Ben Seud.

jerifiano, na. ADJ. **1.** Perteneciente o relativo al jerife. *Reino jerifiano.* ‖ **2.** En lenguaje diplomático, se dice del sultán de Marruecos.

jerigonza. F. **1.** Lenguaje especial de algunos gremios. ‖ **2.** Lenguaje de mal gusto, complicado y difícil de entender.

jeringa. F. **1.** Instrumento compuesto por un tubo que termina por su parte anterior en un tubo delgado, y dentro del cual juega un émbolo por medio del que asciende primero, y se arroja o inyecta después, un líquido cualquiera. ‖ **2.** Instrumento de igual clase dispuesto para impeler o introducir materias no líquidas, pero blandas, como la masa con que se hacen los embutidos.

jeringar. TR. **1.** Arrojar por medio de la jeringa el líquido con fuerza y violencia a la parte que se destina. *Jeringar una solución salina dentro de la nariz.* ‖ **2.** coloq. Molestar o enfadar. U. t. c. prnl.

jeringazo. M. **1.** Acción de arrojar el líquido introducido en la jeringa. ‖ **2.** Líquido así arrojado.

jeringonza. F. **jerigonza.**

jeringuilla. F. **1.** Jeringa pequeña en la que se enchufa una aguja hueca de punta aguda cortada a bisel, y sirve para inyectar sustancias medicamentosas en tejidos u órganos. ‖ **2. celinda.**

jeroglífico, ca. **I.** ADJ. **1.** Se dice de la escritura en que, por regla general, no se representan las palabras con signos fonéticos o alfabéticos, sino el significado de las palabras con figuras o símbolos. Usaron este género de escritura los egipcios y otros pueblos antiguos, principalmente en los monumentos. ‖ **II.** M. **2.** Cada uno de los caracteres o figuras usados en este género de escritura. ‖ **3.** Conjunto de signos y figuras con que se expresa una frase, ordinariamente por pasatiempo o juego de ingenio. ‖ **4.** Cuadro, escritura, apunte, etc., difíciles de entender o interpretar.

jerónimo, ma. ADJ. **1.** Se dice del religioso de la Orden de San Jerónimo. *Monje jerónimo.* U. t. c. s. ‖ **2.** Perteneciente o relativo a esta orden. *Monasterio jerónimo.*

jerosolimitano, na. ADJ. **1.** Natural de Jerusalén. U. t. c. s. ‖ **2.** Perteneciente o relativo a esta ciudad, capital, no reconocida por la ONU, de Israel.

jersey. M. Prenda de vestir de punto, cerrada y con mangas, que cubre desde el cuello hasta la cintura aproximadamente. MORF. pl. **jerséis.**

Jerusalén. □ V. **cruz de ~.**

Jesucristo. M. Según la fe cristiana, el Hijo de Dios hecho hombre. ‖ **Jesucristo.** INTERJ. Se usa para manifestar admiración y extrañeza. □ V. **vicario de ~.**

jesuita. ADJ. Se dice del religioso de la Compañía de Jesús, fundada por san Ignacio de Loyola. U. t. c. s. □ V. **té de los ~s.**

jesuítico, ca. ADJ. **1.** Perteneciente o relativo a la Compañía de Jesús, fundada por san Ignacio de Loyola en 1540. *Enseñanza jesuítica.* ‖ **2.** Dicho del comportamiento: Hipócrita, disimulado.

jesuitina. ADJ. Que profesa en el instituto católico de las Hijas de Jesús. U. t. c. s.

jesuitismo. M. **1.** Movimiento, doctrina o actividad de los jesuitas. ‖ **2.** Actividad o manifestación cultural que se considera propia de los jesuitas. ‖ **3.** Comportamiento o actitud jesuíticos.

Jesús. en un decir ~, o **en un ~.** LOCS. ADVS. coloqs. En un instante, en brevísimo tiempo. ‖ **Jesús.** INTERJ. Denota admiración, dolor, susto o lástima. ‖ **~, María y José.** LOC. INTERJ. **Jesús.** ‖ **~, mil veces.** LOC. INTERJ. Se usa para manifestar grave aflicción o espanto. ‖ **sin decir ~.** LOC. ADV. Se usa para ponderar lo instantáneo de la muerte de una persona. □ V. **Niño ~.**

jesusear. INTR. coloq. Repetir muchas veces el nombre de Jesús.

jeta. I. F. **1.** Boca saliente por su configuración o por tener los labios muy abultados. ‖ **2.** Hocico del cerdo. ‖ **3.** coloq. Cara humana. ‖ **4.** coloq. **desfachatez.** *Tienes mucha jeta.* ‖ **5.** despect. Am. Boca, hocico. ‖ **II.** COM. **6.** coloq. **caradura.** *Eres un jeta.*

ji[1]**.** F. Vigésima segunda letra del alfabeto griego (Χ, χ), que corresponde a *ch* del latino, y a ese mismo dígrafo o a *c* o *qu* en las lenguas neolatinas; p. ej., *caos, Aquiles.*

ji[2]**.** INTERJ. Se usa para manifestar la risa. U. m. repetida.

jíbaro, ra. I. ADJ. **1.** Se dice del individuo de un pueblo amerindio de la vertiente oriental de Ecuador. U. t. c. s. ‖ **2.** Perteneciente o relativo a los jíbaros. *Cultura jíbara.* ‖ **3.** Am. Dicho de personas, animales, costumbres, prendas de vestir y otras cosas: Campesinos, campestres. *Fiesta jíbara.* Apl. a pers., u. t. c. s. ‖ **II.** M. **4.** Lengua hablada por los jíbaros.

jibia. F. **1.** Molusco cefalópodo con dos branquias, decápodo, de cuerpo oval, con una aleta a cada lado. De los diez tentáculos, los dos más largos llevan ventosas sobre el extremo, mientras que los otros ocho las tienen en toda su longitud. En el dorso, cubierta por la piel, tiene una concha calcárea, blanda y ligera. Alcanza unos 30 cm de largo, abunda en los mares templados y es comestible. ‖ **2.** Concha de la jibia.

jibión. M. Pieza caliza de la jibia, que sirve a los plateros para hacer moldes, y tiene otros usos industriales.

jícama. F. Méx. Tubérculo comestible o medicinal, sobre todo el de forma parecida a la cebolla aunque más grande, duro, quebradizo, blanco y jugoso, que se come aderezado con sal y limón.

jicaque. ADJ. **tolupán.** Apl. a pers., u. t. c. s.

jícara. F. **1.** Vasija pequeña, generalmente de loza, que suele emplearse para tomar chocolate. ‖ **2.** Am. Vasija pequeña de madera, ordinariamente hecha de la corteza del fruto de la güira, y usada como la de loza del

mismo nombre en España. ‖ **3.** Am. Cen. y Méx. Fruto del jícaro.

jicareño, ña. ADJ. **1.** Natural de El Jícaro. U. t. c. s. ‖ **2.** Perteneciente o relativo a este municipio de Guatemala o a su cabecera, en el departamento de El Progreso.

jícaro. M. Am. Cen. **güira** (‖ árbol bignoniáceo).

jicote. M. Am. Cen. y Méx. Avispa gruesa de cuerpo negro y abdomen amarillo, provista de un aguijón con el cual produce unas heridas muy dolorosas.

jicotea. F. Á. Caribe. Reptil quelonio, especie de galápago, que se cría en América. Tiene unos 30 cm de longitud, y es comestible.

jienense. ADJ. **jaenés.** Apl. a pers., u. t. c. s.

jiennense. ADJ. **jaenés.** Apl. a pers., u. t. c. s.

jifa. F. Desperdicio que se tira en el matadero al descuartizar las reses.

jifero. M. **matarife.**

jiga. F. hist. **giga.**

jijona. M. Turrón blando procedente de Jijona, ciudad de la provincia de Alicante, en España.

jilguera. F. Hembra del jilguero.

jilguero. M. Pájaro muy común en España, que mide 12 cm de longitud desde lo alto de la cabeza hasta la extremidad de la cola, y 23 cm de envergadura. Tiene el pico cónico y delgado, plumaje pardo por el lomo, blanco con una mancha roja en la cara, otra negra en lo alto de la cabeza, un collar blanco bastante ancho, y negras con puntas blancas las plumas de las alas y cola, teñidas las primeras de amarillo en su parte media. Es uno de los pájaros más llamativos de Europa. Se domestica fácilmente, canta bien, y puede cruzarse con el canario.

jilote. M. **1.** Am. Cen. y Méx. Mazorca de maíz cuando sus granos no han cuajado aún. ‖ **2.** Méx. Conjunto de hebras que remata el jilote.

jimanense. ADJ. **1.** Natural de Independencia, provincia de la República Dominicana, o de Jimaní, su capital. U. t. c. s. ‖ **2.** Perteneciente o relativo a esta provincia o a su capital.

Jiménez. □ V. **Pedro ~.**

jimplar. INTR. **1.** Dicho de una onza o de una pantera: Emitir su voz natural. ‖ **2.** Gemir con hipo.

jindama. F. Miedo, cobardía.

jineta[1]**.** F. Mamífero vivérrido de unos 45 cm de largo sin contar la cola, de cuerpo esbelto, hocico prolongado y pelaje blanco en la garganta, pardo amarillento con manchas en fajas negras por el cuerpo y con anillos blancos y negros en la cola.

jineta[2]**.** F. **1.** Arte de montar a caballo que, según la escuela de este nombre, consiste en llevar los estribos cortos y las piernas dobladas, pero en posición vertical desde la rodilla. *Montar a la jineta.* ‖ **2.** hist. Charretera de seda que usaban los sargentos como divisa.

jinete. I. COM. **1.** Persona diestra en la equitación. ‖ **2.** Persona que cabalga. ‖ **II.** M. **3.** hist. Soldado de a caballo que peleaba con lanza y adarga, y llevaba encogidas las piernas, con estribos cortos.

jineteada. F. **1.** Am. Acción y efecto de jinetear. ‖ **2.** Á. guar. y Á. R. Plata. Fiesta de campo donde los jinetes exhiben su destreza.

jinetear. I. TR. **1.** Am. Domar caballos cerriles. ‖ **2.** Á. R. Plata. Dicho de un jinete: Montar potros luciendo habilidad y destreza. ‖ **3.** Méx. Tardar en pagar un dinero con el fin de sacar ganancias. ‖ **II.** INTR. **4.** Andar a caballo, principalmente por los sitios públicos, alardeando de gracia y destreza. U. t. c. tr.

jinotegano, na. ADJ. **1.** Natural de Jinotega. U. t. c. s. ‖ **2.** Perteneciente o relativo a este departamento de Nicaragua o a su cabecera.

jinotepino, na. ADJ. **1.** Natural de Jinotepe. U. t. c. s. ‖ **2.** Perteneciente o relativo a esta ciudad de Nicaragua, cabecera del departamento de Carazo.

jiote. M. *Méx.* **empeine** (‖ enfermedad).

jiotoso, sa. M. y F. *Méx.* Persona que padece el jiote.

jiotudo, da. M. y F. *Méx.* Persona que padece el jiote.

jipi. ADJ. **1.** Se dice del movimiento contracultural juvenil surgido en los Estados Unidos de América en la década de 1960 y caracterizado por su pacifismo y su actitud inconformista hacia las estructuras sociales vigentes. ‖ **2.** Partidario o simpatizante de este movimiento, o que adopta alguna de las actividades que le son propias. U. t. c. s.

jipido. M. **1.** Acción y efecto de hipar, gemir, gimotear. ‖ **2.** Acción y efecto de cantar con voz semejante a un gemido.

jipijapa. I. F. **1.** Tira fina, flexible y muy tenaz, que se saca de las hojas del bombonaje, y se emplea para tejer sombreros, petacas y diversos objetos muy apreciados. ‖ **II.** M. **2. sombrero de jipijapa.**

jipío. M. **1. jipido.** ‖ **2.** Grito, quejido, lamento, etc., que se introduce en el cante flamenco.

jipismo. M. Modo de vida o actitud ante ella de los jipis.

jira. F. Banquete o merienda, especialmente campestres, entre amigos, con alegría y alboroto.

jirafa. F. **1.** Mamífero rumiante, indígena de África, de cinco metros de altura, cuello largo y esbelto, las extremidades abdominales bastante más cortas que las torácicas, con lo que resulta el cuerpo más bajo por detrás; cabeza pequeña con dos cuernos poco desarrollados, y pelaje de color amarillento con manchas leonadas. ‖ **2.** coloq. Persona alta y delgada. ‖ **3.** *Cinem.* y *TV.* Mecanismo que permite mover el micrófono y ampliar su alcance, según las necesidades de la escena.

jirahara. **I.** ADJ. **1.** hist. Se dice del individuo de un pueblo amerindio de Venezuela que habitaba entre la parte oriental del lago de Maracaibo, las faldas de los Andes y los llanos del estado de Apure. U. t. c. s. ‖ **2.** hist. Perteneciente o relativo a los jiraharas. *Costumbre jirahara.* ‖ **II.** M. **3.** Lengua del tronco chibcha que hablaban los jiraharas.

jirón. M. **1.** Pedazo desgarrado del vestido o de otra ropa. ‖ **2.** Parte o porción pequeña de un todo. *Jirones de nubes.*

jitanjáfora. F. Enunciado carente de sentido que pretende conseguir resultados eufónicos.

jitomate. M. *Méx.* **tomate** (‖ fruto de la tomatera).

jitomatero, ra. ADJ. *Méx.* Perteneciente o relativo al jitomate.

jiu-jitsu. M. Arte marcial de lucha sin armas.

jo¹. INTERJ. **1.** Se usa para detener las caballerías. ‖ **2.** Se usa para indicar la risa, la burla o la incredulidad. U. m. repetida.

jo². INTERJ. eufem. Se usa para expresar irritación, enfado, asombro, etc.

Job. □ V. **lágrimas de ~.**

jobillo. M. *Ant.* jobo.

jobo. M. Árbol americano de la familia de las Anacardiáceas, con hojas alternas, compuestas de un número impar de hojuelas aovadas, puntiagudas y lustrosas, flores hermafroditas en panojas, y fruto amarillo parecido a la ciruela.

jocoque. M. *Méx.* Preparación alimenticia a base de leche agriada, semejante al yogur.

jocoserio, ria. ADJ. Que participa de las cualidades de serio y de jocoso. *Drama jocoserio. Obra jocoseria.*

jocosidad. F. **1.** Cualidad de jocoso. ‖ **2.** Chiste, donaire.

jocoso, sa. ADJ. Gracioso, chistoso, festivo. *Comentario jocoso.*

jocote. M. **1.** *Am. Cen.* Árbol de la familia de las Anacardiáceas. ‖ **2.** *Am. Cen.* Fruto de este árbol, rojo o purpúreo, a veces amarillo, de 3 a 3,5 cm de longitud, de elipsoidal a ovoide, comestible.

jocotear. INTR. *Am. Cen.* Importunar, fastidiar. U. t. c. r. y c. prnl.

jocundidad. F. Alegría, apacibilidad.

jocundo, da. ADJ. Plácido, alegre, agradable. *Risa jocunda.*

joda. F. *Á. R. Plata.* Broma, diversión. ‖ **irse de ~.** LOC.VERB. *Á. guar.* y *Á. R. Plata.* Irse de juerga.

joder. I. INTR. **1.** malson. Practicar el coito. U. t. c. tr. ‖ **II.** TR. **2.** malson. Molestar, fastidiar. U. t. c. intr. y c. prnl. *Me jode mucho que toquen mis cosas.* ‖ **3.** malson. Destrozar, arruinar, echar a perder. U. t. c. prnl. *Se jodió todo el negocio.* ‖ **hay que ~se.** LOC. INTERJ. malson. **hay que fastidiarse.** ‖ **¡joder!** INTERJ. malson. Se usa para expresar enfado, irritación, asombro, etc. ‖ **no te jode.** LOC. INTERJ. malson. **no te fastidia.**

jodido, da. PART. de joder. ‖ ADJ. **1.** malson. Dicho de una persona: Que se halla en muy mal estado físico o moral. ‖ **2.** malson. Dicho de una cosa: Difícil o complicada.

jodienda. F. malson. Molestia, incomodidad, complicación.

jodón, na. ADJ. **1.** malson. *Am.* Dicho de una persona: Que molesta o fastidia mucho. U. t. c. s. ‖ **2.** *Á. R. Plata.* Dicho de una persona: Que acostumbra bromear. U. t. c. s.

jofaina. F. **palangana.**

jojoba. F. Arbusto mexicano del cual se extrae un aceite usado en cosmética.

jolgorio. M. coloq. Fiesta, diversión bulliciosa.

jolines. INTERJ. eufem. Se usa para expresar irritación, enfado, asombro, etc.

jondo. □ V. **cante ~.**

jónico, ca. I. ADJ. **1.** hist. Natural de Jonia. U. t. c. s. ‖ **2.** hist. Perteneciente o relativo a las regiones de este nombre en la Grecia y el Asia antiguas. *Ciudad jónica.* ‖ **II.** M. **3.** Dialecto jónico, uno de los cuatro principales de la lengua griega. □ V. **capitel ~, columna ~, orden jónico.**

jonio, nia. ADJ. **1.** hist. Natural de Jonia. U. t. c. s. ‖ **2.** hist. Perteneciente o relativo a las antiguas regiones de este nombre en Grecia y Asia Menor. *Templos jonios.*

jonrón. M. *Am.* En el béisbol, jugada en que el bateador golpea la pelota de tal manera que le permite hacer un circuito completo entre las bases y ganar una carrera. MORF. pl. **jonrones.**

jonronear. INTR. *Am.* Batear jonrones.

jonronero, ra. I. ADJ. **1.** *Am.* Perteneciente o relativo al jonrón. *Campeón jonronero.* ‖ **II.** M. y F. **2.** *Am.* Jugador o equipo que consigue jonrones con frecuencia.

joparse. PRNL. Irse, escapar.

jopo. M. Cola de mucho pelo.

jora. F. *Am. Mer.* Maíz germinado para hacer chicha.

jordán. M. Cosa que remoza, embellece y purifica.

jordano, na. ADJ. **1.** Natural de Jordania. U. t. c. s. || **2.** Perteneciente o relativo a este país de Asia.

jorfe. M. Muro de sostenimiento de tierras, ordinariamente de piedra en seco.

jorguín, na. M. y F. Persona que hace hechicerías.

jornada. F. **1.** día (|| período de tiempo que equivale a 24 horas). *Los más importantes acontecimientos de la jornada.* || **2.** Tiempo de duración del trabajo diario. || **3.** Camino que se anda regularmente en un día de viaje. || **4.** Camino o viaje, aunque pase de un día. || **5.** Expedición militar. || **6.** Época veraniega en que oficialmente se traslada el cuerpo diplomático a residencia distinta de la capital, y también algún ministro, para mantener las relaciones con aquel. || **7.** En la obra escénica, cada uno de sus actos. || **8.** hist. Viaje que los reyes hacían a los sitios reales. || **9.** hist. Tiempo que residían en alguno de estos sitios. || **10.** pl. Reunión o congreso, normalmente monográfico y de corta duración. *Jornadas sobre el medioambiente.* || **~ intensiva.** F. jornada laboral que se realiza de un modo continuado, en ocasiones con alguna breve interrupción.

jornal. M. **1.** Estipendio que gana el trabajador por cada día de trabajo. || **2.** Este mismo trabajo. || **a ~.** LOC. ADV. Mediante determinado salario cotidiano, a diferencia del trabajo que se ajusta a destajo.

jornalero, ra. M. y F. Persona que trabaja a jornal.

joroba[1]. F. **1.** Curvatura anómala de la columna vertebral, o del pecho, o de ambos a la vez. || **2.** Abultamiento dorsal de algunos animales, producido generalmente por acumulación de grasa. *Las jorobas de un camello.*

joroba[2]. INTERJ. eufem. Se usa para expresar irritación, enfado, asombro, etc.

jorobado, da. PART. de **jorobar.** || ADJ. Que tiene joroba. Apl. a pers., u. t. c. s.

jorobar. TR. coloq. Fastidiar, molestar. U. t. c. intr. y c. prnl.

jorongo. M. *Méx.* **sarape.**

joropear. INTR. **1.** *Á. Caribe.* Bailar el joropo. || **2.** *Á. Caribe.* **divertirse** (|| entretenerse).

joropo. M. Música y danza popular venezolanas, de zapateo y diversas figuras, que se han extendido a los países vecinos.

josa. F. Heredad sin cerca, plantada de vides y árboles frutales.

josefino[1], na. ADJ. **1.** hist. Perteneciente o relativo a ciertos personajes históricos que llevaron el nombre de José. *Corte josefina.* || **2.** Se dice especialmente de los individuos de las congregaciones devotas de san José. U. t. c. s.

josefino[2], na. ADJ. **1.** Natural de San José, cantón y provincia de Costa Rica, o de su capital, que también lo es del país. U. t. c. s. || **2.** Natural de San José, puerto y municipio de Guatemala, o de su cabecera, en el departamento de Escuintla. U. t. c. s. || **3.** Natural de San José, departamento del Uruguay, o de su capital. U. t. c. s. || **4.** Perteneciente o relativo a aquella provincia y cantón, a ese puerto y municipio, a esas ciudades o a este departamento.

josefismo. M. hist. Reforma de la Iglesia conforme a las doctrinas febronianas, emprendida por el emperador de Austria José II.

jota[1]. F. **1.** Nombre de la letra *j.* MORF. pl. **jotas.** || **2.** Naipe de cada palo de la baraja francesa marcado con una *J,* que tiene estampada la figura de un paje. *Solo llevo pareja de jotas.* || **no entender** alguien, o **no saber, ~, ni ~,** o **una ~.** LOCS. VERBS. coloqs. Ser muy ignorante en algo. || **no ver ~,** o **ni ~.** LOCS. VERBS. coloqs. Ver con dificultad o no ver nada.

jota[2]. F. **1.** Baile popular propio de Aragón, usado también en otras regiones de España. || **2.** Música con que se acompaña este baile. || **~ de picadillo.** F. Aquella en la que dos cantantes o un grupo de cantantes enfrentados, generalmente hombres frente a mujeres, cantan por turno atacando y replicando, en tono jocoso, al adversario.

jota[3]. F. *Am. Mer.* **ojota.**

jote. M. *Chile.* **zopilote.**

jotero, ra. M. y F. Persona que canta, baila o compone **jotas[2].**

joven. I. ADJ. **1.** De poca edad. *Alumnos jóvenes.* || **2.** Dicho de un animal: Que aún no ha llegado a la madurez sexual, o, si se desarrolla con metamorfosis, que ha alcanzado la última fase de esta y el aspecto de los adultos. || **II.** COM. **3.** Persona que está en la juventud. □ V. **dama ~.**

jovial. ADJ. Alegre, festivo, apacible.

jovialidad. F. Alegría y apacibilidad de genio.

joya. F. **1.** Adorno de oro, plata o platino, con perlas o piedras preciosas o sin ellas. || **2.** Cosa o persona de mucha valía. U. t. en sent. irón.

joyante. □ V. **seda ~.**

joyel. M. Joya pequeña.

joyería. F. **1.** Trato y comercio de joyas. || **2.** Tienda donde se venden. || **3.** Arte y oficio de hacer joyas. || **4.** Taller en que se construyen.

joyero, ra. I. M. y F. **1.** Persona que hace o vende joyas. || **II.** M. **2.** Estuche, caja o armario para guardar joyas.

ju. INTERJ. Se usa para expresar la risa, la burla o la incredulidad. U. m. repetida.

juan. □ V. **don ~, hierba de san Juan, preste Juan, veranillo de San Juan, veranito de San Juan.**

juanadino, na. ADJ. **1.** Natural de Juana Díaz. U. t. c. s. || **2.** Perteneciente o relativo a este municipio de Puerto Rico o a su cabeza.

juanete. M. **1.** Hueso del nacimiento del dedo gordo del pie, cuando sobresale demasiado. || **2.** *Mar.* Cada una de las vergas que se cruzan sobre las gavias, y las velas que en aquellas se envergan.

juanetudo, da. ADJ. Que tiene **juanetes** (|| huesos del pie que sobresalen).

jubetero. M. hist. Fabricante de jubones.

jubilación. F. **1.** Acción y efecto de jubilar o jubilarse. || **2.** Pensión que recibe quien se ha jubilado.

jubilado, da. PART. de **jubilar[2].** || M. y F. Persona que, cumplido el ciclo laboral establecido para ello, deja de trabajar por su edad y percibe una pensión.

jubilar[1]. ADJ. Perteneciente o relativo al jubileo.

jubilar[2]. I. TR. **1.** Disponer que, por razón de vejez, largos servicios o imposibilidad, y generalmente con derecho a pensión, cese un funcionario civil en el ejercicio de su carrera o destino. || **2.** Dispensar a alguien, por razón de su edad o decrepitud, de ejercicios o precauciones que practicaba o le incumbían. || **3.** coloq. Desechar algo por inútil. *Tendremos que jubilar el lavavajillas.*

‖ **II.** PRNL. **4.** Conseguir la jubilación. En Chile, u. t. c. intr. *Recién jubiló como profesora.*

jubileo. M. **1.** Entre los cristianos, indulgencia plenaria, solemne y universal, concedida por el papa en ciertos tiempos y en algunas ocasiones. ‖ **2.** Entrada y salida frecuente de muchas personas en una casa u otro sitio. ‖ **3.** hist. Fiesta pública muy solemne que celebraban los israelitas cada 50 años. ‖ **4.** hist. Espacio de tiempo que contaban los judíos de un jubileo a otro. ‖ **ganar el ~.** LOC.VERB. Hacer las diligencias necesarias para conseguir las indulgencias correspondientes. ☐ V. **año de ~.**

jubillo. M. **toro de fuego** (‖ el que lleva en las astas bolas encendidas).

júbilo. M. Viva alegría, y especialmente la que se manifiesta con signos exteriores.

jubiloso, sa. ADJ. Alegre, regocijado, lleno de júbilo.

jubón. M. hist. Vestidura que cubría desde los hombros hasta la cintura, ceñida y ajustada al cuerpo.

jubonero. M. hist. Fabricante de jubones.

júcaro. M. Árbol de las Antillas, de la familia de las Combretáceas, que crece hasta unos doce metros de altura, con tronco liso y grueso, hojas ovales y lustrosas por encima, flores sin corola y en racimos, fruto parecido a la aceituna y madera durísima.

judaico, ca. ADJ. Perteneciente o relativo a los judíos. ☐ V. **betún ~, piedra ~.**

judaísmo. M. Profesión de la ley de Moisés.

judaización. F. Acción y efecto de judaizar.

judaizante. ADJ. Que judaíza. *Educación judaizante.* Apl. a pers., u. t. c. s.

judaizar. INTR. **1.** Abrazar la religión de los judíos. ‖ **2.** hist. Dicho de un cristiano: Practicar pública o privadamente ritos y ceremonias de la ley judaica. ¶ MORF. conjug. c. *aislar.*

judas. M. **1.** Hombre alevoso, traidor. ‖ **2.** Muñeco de paja que en algunas partes ponen en la calle durante la Semana Santa y después lo queman. ☐ V. **árbol de Judas, beso de Judas.**

Judea. ☐ V. **betún de ~.**

judeoconverso, sa. ADJ. Converso procedente del judaísmo. U. t. c. s.

judeocristiano, na. ADJ. Perteneciente o relativo al cristianismo en cuanto que posee raíces judías.

judeoespañol, la. I. ADJ. **1. sefardí.** Apl. a pers., u. t. c. s. ‖ **2.** Perteneciente o relativo a la variedad de lengua hablada por los sefardíes. *Léxico judeoespañol.* ‖ **II.** M. **3.** Variedad de la lengua española hablada por los sefardíes, principalmente en Asia Menor, los Balcanes y el norte de África. Conserva muchos rasgos del castellano anterior al siglo XVI.

judería. F. hist. Barrio de los judíos.

judía. F. **1.** Planta herbácea anual, de la familia de las Papilionáceas, con tallos endebles, volubles, de tres a cuatro metros de longitud, hojas grandes, compuestas de tres hojuelas acorazonadas unidas por la base, flores blancas en grupos axilares, y fruto en vainas aplastadas, terminadas en dos puntas, con varias semillas de forma de riñón. Se cultiva en las huertas por su fruto, comestible, así seco como verde, y hay muchas especies, que se diferencian por el tamaño de la planta y el volumen, color y forma de las vainas y semillas. ‖ **2.** Fruto de esta planta. ‖ **3.** Semilla de esta planta.

judiada. F. coloq. Acción mala, que tendenciosamente se consideraba propia de judíos.

judicante. ADJ. poét. **juzgador.** Apl. a pers., u. t. c. s.

judicatura. F. **1.** Dignidad o empleo de juez. ‖ **2.** Tiempo que dura. ‖ **3.** Cuerpo constituido por los jueces de un país. ORTOGR. Escr. con may. inicial.

judicial. ADJ. Perteneciente o relativo al juicio, a la administración de justicia o a la judicatura. ☐ V. **carrera ~, depósito ~, partido ~, poder ~, Policía ~, resolución ~ firme, vicario ~.**

judicialización. F. Acción y efecto de judicializar.

judicializar. TR. Llevar por vía judicial un asunto que podría conducirse por otra vía, generalmente política.

judicialmente. ADV. M. Por autoridad o procedimiento judicial.

judiciaria. F. astrología.

judiciario, ria. ADJ. Perteneciente o relativo a la astrología judiciaria. ☐ V. **astrología ~.**

judío, a. ADJ. **1. hebreo** (‖ del pueblo semítico que conquistó y habitó la Palestina). Apl. a pers., u. t. c. s. *Los manuscritos árabes son traducidos al hebreo por sabios judíos.* ‖ **2.** Perteneciente o relativo a quien profesa la ley de Moisés. *Creencias hebreas.* ‖ **3.** hist. Natural de Judea. U. t. c. s. ‖ **4.** hist. Perteneciente o relativo a este país del Asia antigua.

judión. M. Cierta variedad de judía, de hoja mayor y más redonda, y con las vainas más anchas, cortas y estoposas.

judo. M. **yudo.**

juego. M. **1.** Acción y efecto de jugar. ‖ **2.** Ejercicio recreativo sometido a reglas, y en el cual se gana o se pierde. *Juego de naipes. Juego de ajedrez.* ‖ **3. juego de azar.** ‖ **4.** Cada uno de los que se juegan con naipes, y se distinguen por nombres especiales; p. ej., la brisca, el solo, el tresillo, etc. ‖ **5.** En los juegos de naipes, conjunto de cartas que se reparten a cada jugador. ‖ **6.** En el juego del mus, cuarto lance de la partida, que solo se lleva a cabo cuando el valor de las cartas de al menos un jugador alcanza 31 o más tantos. ‖ **7. juego de niños.** ‖ **8.** Disposición con que están unidas dos cosas, de manera que sin separarse puedan tener movimiento relativo; como las articulaciones, los goznes, etc. ‖ **9.** Ese mismo movimiento. ‖ **10. holgura** (‖ espacio entre dos piezas). ‖ **11.** Determinado número de cosas relacionadas entre sí y que sirven al mismo fin. *Juego de hebillas. Juego de café.* ‖ **12.** Visos y cambiantes que resultan de la mezcla o disposición particular de algunas cosas. *Juego de aguas. Juego de luces.* ‖ **13.** Habilidad o astucia para conseguir algo. ‖ **14.** Dep. En el tenis y otros deportes, división de un set. ‖ **15.** pl. hist. Fiestas y espectáculos públicos que se usaban en la Antigüedad. ‖ **~ a largo.** M. El de pelota cuando esta se dirige de persona a persona. ‖ **~ de azar.** M. Aquel cuyo resultado no depende de la habilidad o destreza de los jugadores, sino exclusivamente de la suerte; p. ej., la lotería. ‖ **~ de envite.** M. Cada uno de aquellos en que se apuesta dinero sobre un lance determinado. ‖ **~ de ingenio.** M. Aquel en que por diversión o pasatiempo se trata de resolver una cuestión propuesta en términos sujetos a ciertas reglas; p. ej., las charadas, los logogrifos y los acertijos de todo género. ‖ **~ de manos.** M. **1.** Acción de darse palmadas unas personas a otras por diversión o afecto. ‖ **2.** El de agilidad que practican los prestidigitadores para engañar a los espectadores con varios géneros de entretenimientos. ‖ **3.** Acción ruin por la cual se hace desaparecer en poco tiempo una cosa que se tenía a la vista. ‖ ~ **de niños.** M. **1.** Modo de proceder sin consecuencia ni formalidad. ‖ **2.** Acción o cosa que no ofrece ninguna dificultad. ‖ ~ **de palabras.** M. juego que consiste en usar palabras en sentido equívoco o en varias de sus acepciones, o en emplear dos o más que solo se diferencian en alguna o algunas de sus letras. ‖ ~ **de pelota.** M. juego entre dos o más personas consistente en lanzar contra una pared, con la mano, con pala o con cesta, una pelota que, al rebotar, debe ser relanzada por un jugador del equipo contrario. ‖ ~ **de prendas.** M. Diversión consistente en decir o hacer los concurrentes algo, de manera que paga prenda quien no lo dice o hace bien. ‖ ~ **de rol.** M. Aquel en que los participantes actúan como personajes de una aventura de carácter histórico, misterioso o fantástico, afrontando incluso situaciones de riesgo. ‖ ~ **de sociedad.** M. El que se realiza en reuniones sociales. ‖ ~ **de suerte.** M. **juego de azar.** ‖ ~ **público.** M. El que se lleva a cabo con tolerancia o autorización legal de la autoridad. ‖ ~s **florales.** M. pl. Concurso poético con premio de flores simbólicas para el poeta vencedor. ‖ ~s **malabares.** M. **1.** pl. Ejercicios de agilidad y destreza que se practican generalmente como espectáculo, manteniendo diversos objetos en equilibrio inestable, lanzándolos a lo alto y recogiéndolos, etc. ‖ **2.** pl. Combinaciones artificiosas de conceptos con que se pretende deslumbrar al público. ‖ ~s **olímpicos.** M. pl. Competición deportiva mundial de juegos de verano y de invierno que se celebra cada cuatro años en un lugar previamente determinado. ORTOGR. Escr. t. con mays. iniciales. ‖ **a ~ con.** LOC. PREPOS. En proporción y correspondencia, en armonía. *Por fin puso las cortinas a juego con las paredes.* ‖ **abrir ~,** o **el ~.** LOCS. VERBS. **1.** Empezarlo. ‖ **2.** En el fútbol y otros juegos deportivos, lanzar la pelota desde un lugar donde hay gran acumulación de jugadores de ambos equipos, hacia un compañero desmarcado en la banda contraria del campo, para que pueda jugarla sin estorbos. ‖ **conocerle** a alguien **el ~.** LOC. VERB. Averiguar su intención. ‖ **crear ~** un jugador de fútbol u otro juego deportivo. LOC. VERB. Proporcionar a sus compañeros continuadas oportunidades de atacar y conseguir tantos. ‖ **dar ~.** LOC. VERB. **1.** Favorecer o ser beneficioso o útil para algo. ‖ **2.** Servir para muchas cosas. ‖ **en ~.** LOC. ADV. **1.** En un intento. *Están en juego poderosas influencias. Ponen en juego todos sus medios.* ‖ **2.** En peligro. *Está en juego tu reputación.* ‖ **fuera de ~.** LOC. SUST. M. En el fútbol y otros juegos, posición contraria al reglamento en que se encuentra un jugador, y que se sanciona con falta contra el equipo al cual pertenece dicho jugador. ‖ **hacer ~** dos o más cosas. LOC. VERB. Convenir o corresponderse una con otra, proporción y simetría. ‖ **hacerle** a alguien **el ~.** LOC. VERB. Obrar de modo que le aproveche a él, de manera involuntaria o inadvertida por lo general. ‖ **por ~.** LOC. ADV. Por burla, de broma. □ V. **casa de ~.**

juerga. F. **1.** Diversión bulliciosa. ‖ **2. juerga flamenca.** ‖ ~ **flamenca.** F. En Andalucía, reunión bulliciosa en la que se canta, se bebe y se baila flamenco.

juerguearse. PRNL. Estar de juerga.

juerguista. ADJ. Aficionado a la juerga. U. t. c. s.

jueves. M. Cuarto día de la semana, quinto de la semana litúrgica. □ V. **cosa del otro ~.**

juez. I. COM. **1.** Persona que tiene autoridad y potestad para juzgar y sentenciar. ‖ **2.** Miembro de un jurado o tribunal. ‖ **3.** Persona nombrada para resolver una duda. ‖ **II.** M. **4.** hist. En época bíblica, magistrado supremo del pueblo de Israel. ‖ **5.** hist. Cada uno de los caudillos que conjuntamente gobernaron Castilla en sus orígenes. ‖ ~ **árbitro.** COM. *Dep.* En competiciones deportivas, árbitro principal que toma las últimas decisiones. ‖ ~ **de línea.** COM. En algunos deportes, árbitro auxiliar que tiene bajo su control una línea del campo. ‖ ~ **de paz.** COM. juez que hasta la institución de los municipales, en 1870, oía a las partes antes de consentir que litigasen, procurando reconciliarlas, y resolvía de plano las cuestiones de ínfima cuantía. También, cuando era letrado, solía suplir al juez de primera instancia. ‖ ~ **de primera instancia,** o ~ **de primera instancia y de instrucción.** COM. En España, juez de un partido o distrito, que conoce en primera instancia de los asuntos civiles y, con carácter general, instruye los asuntos penales. ‖ ~ **de silla.** COM. *Dep.* En tenis, árbitro principal. ‖ ~ **ordinario.** M. **1.** juez eclesiástico, vicario del obispo. ‖ **2.** por antonom. El mismo obispo. ‖ **ser** alguien ~ **y parte.** LOC. VERB. Estar implicado en un asunto, lo que dificulta o imposibilita mantener una actitud imparcial con respecto a él.

jueza. F. Mujer que tiene autoridad y potestad para juzgar y sentenciar.

jugada. F. **1.** Acción de jugar el jugador cada vez que le toca hacerlo. ‖ **2.** Lance de juego que de este acto se origina. ‖ **3.** coloq. Acción mala e inesperada contra alguien. ‖ **hacer** alguien **su ~.** LOC. VERB. coloq. Hacer un buen negocio.

jugador, ra. ADJ. **1.** Que juega. Apl. a pers., u. t. c. s. ‖ **2.** Que tiene el vicio de jugar. U. t. c. s. *Tiene fama de calavera y jugador.* ‖ **3.** Que tiene especial habilidad y es muy diestro en el juego. U. t. c. s. ‖ ~ **de ventaja.** M. y F. **fullero.**

jugar. I. INTR. **1.** Hacer algo con alegría y con el solo fin de entretenerse o divertirse. *Los niños se pasan el día jugando.* ‖ **2.** Entretenerse, divertirse tomando parte en uno de los juegos sometidos a reglas, medie o no en él interés. *Jugar a la pelota. Jugar al dominó.* En América, u. t. c. tr. *Jugar fútbol.* ‖ **3.** Tomar parte en uno de los juegos sometidos a reglas, no para divertirse, sino por vicio o con el solo fin de ganar dinero. ‖ **4.** Dicho de un jugador: Llevar a cabo un acto propio del juego cada vez que le toca intervenir en él. ‖ **5.** En ciertos juegos de naipes, tomar la determinación de ganar la puesta, disputándola según las cualidades o leyes de los juegos. ‖ **6.** Entretenerse o divertirse con un juguete. *Jugar CON muñecas.* U. t. en sent. fig. *Jugar CON un anillo.* ‖ **7.** Tratar algo o a alguien sin la consideración o el respeto que merece. *Estás jugando CON tu salud. No juegues CON Rodrigo.* ‖ **8.** Dicho de una pieza de una máquina: Ponerse en movimiento para el objeto a que está destinada. ‖ **9. hacer juego.** ‖ **10.** Intervenir o tener parte en un negocio. *Antonio juega en este asunto.* ‖ **II.** TR. **11.** Llevar a cabo una partida o un partido de juego. *Jugar una partida de ajedrez. Jugar un partido de fútbol.* ‖ **12.** Hacer uso de las cartas, fichas o piezas que se emplean en ciertos juegos. *Jugar una carta, un alfil.* ‖ **13.** Usar los miembros corporales, dándoles el movimiento que les es natural. *El boxeador hacía jugar las piernas y los brazos con movimientos precisos.* ‖ **14.** Manejar un arma. *Jugar la espada, el florete.* ‖ **15.** Arriesgar, aventurar. U. m. c. prnl. *Jugarse la vida, la carrera.* ¶ MORF. V. conjug. modelo. || **~ fuerte**, o **~ grueso**. LOCS.VERBS. Aventurar al juego grandes cantidades. || **~ limpio**. LOC.VERB. **1**. jugar sin trampas ni engaños. || **2**. coloq. Proceder en un negocio con lealtad y buena fe. || **jugársela** a alguien. LOC.VERB. coloq. Comportarse con él mal o de modo desleal. || **~ sucio**. LOC.VERB. Emplear trampas y engaños en un juego o negocio.

jugarreta. F. **1**. coloq. Jugada mal hecha y sin conocimiento del juego. || **2**. coloq. Mala pasada.

juglar. M. hist. En la Edad Media, hombre que ante el pueblo o los nobles y los reyes recitaba, cantaba o bailaba o hacía juegos, yendo de unos lugares a otros.

juglaresa. F. hist. Mujer que actuaba como juglar.

juglaresco, ca. ADJ. **1**. hist. Perteneciente o relativo al juglar. *Tradición juglaresca*. || **2**. Propio o característico del juglar. *Historias juglarescas*.

juglaría. F. hist. Arte de los juglares. □ V. **mester de ~**.

jugo. M. **1**. Zumo de las sustancias animales o vegetales sacado por presión, cocción o destilación. || **2**. Parte provechosa, útil y sustancial de cualquier cosa material o inmaterial. *Un ensayo con mucho jugo*. || **~ gástrico**. M. *Biol*. Secreción enzimática, ácida, del estómago. || **~ pancreático**. M. *Biol*. Secreción enzimática de la porción exocrina del páncreas, que se vierte al intestino.

jugosidad. F. Cualidad de jugoso.

jugoso, sa. ADJ. **1**. Que tiene jugo. *Fruta jugosa*. || **2**. Dicho de un alimento: **sustancioso** (|| que tiene virtud nutritiva). *Un jugoso paté*. || **3**. Valioso, estimable. *La declaración fue mucho más jugosa de lo que yo esperaba*. □ V. **azúcar jugosa**.

juguera. F. **1**. *Á. R. Plata*. Electrodoméstico para hacer jugos de frutas. || **2**. *Chile*. **licuadora**.

juguería. F. *Méx*. Establecimiento donde se venden jugos de frutas.

juguete. M. **1**. Objeto atractivo con que se entretienen los niños. || **2**. Composición musical o pieza teatral breve y ligera. *Juguete lírico, cómico, dramático*. || **3**. Persona o cosa dominada por alguna fuerza material o moral que la mueve y maneja a su arbitrio. *Juguete de las olas. Juguete de las pasiones*.

juguetear. INTR. Entretenerse con algo, moviéndolo sin propósito determinado. *Jugueteaba con el llavero*.

jugueteo. M. Acción de juguetear.

juguetería. F. **1**. Comercio de juguetes. || **2**. Tienda donde se venden.

juguetero, ra. **I**. ADJ. **1**. Perteneciente o relativo a los juguetes. *Tradición juguetera*. || **II**. M. y F. **2**. Persona que hace o vende juguetes. || **III**. M. **3**. Mueble para guardar juguetes.

juguetón, na. ADJ. Aficionado a jugar o retozar.

juicio. M. **1**. Facultad por la que el hombre puede distinguir el bien del mal y lo verdadero de lo falso. || **2**. Estado de sana razón opuesto a *locura* o *delirio*. || **3**. Opinión, parecer o dictamen. *A su juicio, debe repetirse la prueba*. || **4**. Madurez y cordura. *Hombre de juicio*. || **5**. *Der*. Conocimiento de una causa en la cual el juez ha de pronunciar la sentencia. || **6**. *Fil*. Relación lógica entre dos o más conceptos. || **7**. *Rel*. El que Dios hace del alma en el instante en que se separa el cuerpo. || **8**. *Rel*. **Juicio Universal**. ORTOGR. Escr. con may. inicial. || **~ contradictorio**. M. *Der*. Proceso que se instruye a fin de justificar el merecimiento para ciertas recompensas. || **~ declarativo**. M. *Der*. El que en materia civil se sigue con plenitud de garantías procesales y termina por sen-

tencia firme acerca del asunto controvertido. || **~ de faltas**. M. *Der*. El que versa sobre infracciones de bandos de buen gobierno, o ligeras transgresiones del Código Penal, que antes conocían los jueces de paz y hoy los municipales. || **Juicio Final**. M. *Rel*. **Juicio Universal**. || **~ oral**. M. *Der*. Período decisivo del proceso penal en que, después de terminado el sumario, se practican directamente las pruebas y alegaciones ante el tribunal sentenciador. || **~ ordinario**. M. **juicio declarativo**. || **~ particular**. M. *Rel*. El que Dios hace a cada persona tras su muerte. || **~ sumario**. M. *Der*. Aquel en que se procede brevemente y se prescinde de algunas formalidades o trámites del juicio ordinario. || **~ universal**. M. **1**. *Der*. El que tiene por objeto la liquidación y partición de la totalidad del patrimonio de una persona entre todos sus acreedores o de una herencia entre todos los herederos y legatarios de ella. || **2**. *Rel*. El que ha de hacer Jesucristo de todos los hombres en el fin del mundo, para dar a cada uno el premio o castigo de sus obras. ORTOGR. Escr. con mays. iniciales. || **estar** alguien **en** su **~**. LOC. VERB. Tener cabal y entero su entendimiento para poder obrar con perfecto conocimiento. || **estar** alguien **fuera de ~**. LOC.VERB. **1**. Padecer la enfermedad de manía o locura. || **2**. Estar cegado o enajenado por alguna pasión o arrebato. || **falto, ta de ~**. LOC.ADJ. Que padece demencia. || **perder el ~**. LOC.VERB. coloq. Privarse de razón. || **sacar de ~** a alguien. LOC.VERB. **1**. coloq. **sacar de quicio**. || **2**. coloq. Causar gran extrañeza y admiración. || **suspender** alguien el **~**. LOC.VERB. Abstenerse de resolver en una duda por falta de noticia o por las razones que hacen fuerza por una y otra parte. || **volver** a alguien el **~**. LOC.VERB. Trastornárselo, hacérselo perder. □ V. **día del Juicio**, **día del Juicio Final**, **muela del ~**.

juicioso, sa. ADJ. **1**. Que procede con madurez y cordura. *El chico ya tiene edad para ser juicioso*. || **2**. Hecho con juicio. *Decisión juiciosa*.

juigalpino, na. ADJ. **1**. Natural de Juigalpa. U. t. c. s. || **2**. Perteneciente o relativo a esta ciudad de Nicaragua, cabecera del departamento de Chontales.

jujeño, ña. ADJ. **1**. Natural de Jujuy, provincia de la Argentina, o de San Salvador de Jujuy, su capital. U. t. c. s. || **2**. Perteneciente o relativo a aquella provincia o a su capital.

julepe. M. **1**. Juego de naipes en que se pone un fondo y se señala triunfo volviendo una carta, después de repartir tres a cada jugador. Por cada baza que se hace se gana la tercera parte del fondo, y quien no hace ninguna queda obligado a reponer el fondo. || **2**. Esfuerzo o trabajo excesivo de alguien. || **3**. coloq. Susto, miedo. U. m. en América Meridional. || **dar ~** a alguien. LOC.VERB. Dejarle sin baza. || **llevar** alguien **~**. LOC.VERB. Quedarse sin baza.

julepear. TR. *Á. guar*. y *Á. R. Plata*. **asustar** (|| dar susto). U. t. c. prnl.

juliana. F. Conjunto de verduras u otros alimentos cortados en juliana. || **en ~**. LOC.ADV. Dicho de la manera de cortar principalmente las verduras para ensaladas o guarnición de otros alimentos: En tiras finas. □ V. **sopa ~**.

juliano, na. ADJ. hist. Perteneciente o relativo a Julio César, general y estadista romano del siglo I a. C., o instituido por él. □ V. **calendario ~**.

julio¹. M. Séptimo mes del año. Tiene 31 días.

julio[2]. M. *Fís.* Unidad de trabajo del Sistema Internacional, que equivale al trabajo producido por una fuerza de un *newton* cuyo punto de aplicación se desplaza un metro en la dirección de la fuerza (Símb. *J*).

juma. F. coloq. **jumera.**

jumarse. PRNL. vulg. **embriagarse** (‖ perder el dominio de sí por beber en exceso). U. m. en América.

jumento. M. Pollino, asno, burro.

jumera. F. coloq. Borrachera, embriaguez.

jumil. M. *Méx.* Insecto que se come seco y tostado.

jumilla. M. Vino originario de Jumilla, comarca de Murcia, en España.

juncáceo, a. ADJ. *Bot.* Se dice de las hierbas angiospermas monocotiledóneas, semejantes a las gramíneas, propias de terrenos húmedos, generalmente vivaces, con rizoma, tallos largos, filiformes o cilíndricos, hojas alternas envainadoras, flores poco aparentes y fruto en cápsula, que contiene semillas de albumen amiláceo; p. ej., el junco de esteras. U. t. c. s. f. ORTOGR. En f. pl., escr. con may. inicial c. taxón. *Las Juncáceas.*

juncal. **I.** ADJ. **1.** Gallardo, esbelto. *Silueta juncal.* ‖ **II.** M. **2.** Sitio poblado de juncos.

juncia. F. Planta herbácea, vivaz, de la familia de las Ciperáceas, con cañas triangulares de ocho a doce decímetros de altura. Tiene hojas largas, estrechas, aquilladas, de bordes ásperos, flores verdosas en espigas terminales, y fruto en granos secos de albumen harinoso. Es medicinal y olorosa, sobre todo el rizoma, y abunda en los sitios húmedos.

junco[1]. M. **1.** Planta de la familia de las Juncáceas, con tallos de seis a ocho decímetros de largo, lisos, cilíndricos, flexibles, puntiagudos, duros, y de color verde oscuro por fuera y esponjosos y blancos en el interior; hojas radicales reducidas a una vaina delgada, flores en cabezuelas verdosas cerca de la extremidad de los tallos, y fruto capsular con tres ventallas y muchas semillas en cada una de ellas. Se cría en lugares húmedos. ‖ **2.** Cada uno de los tallos de esta planta. ‖ **~ marino.** M. Planta de la familia de las Juncáceas, con tallos verdes, rollizos, ásperos y con médula; hojas radicales, muy puntiagudas, y flores en panoja apretada. Crece espontánea en lugares húmedos, y alcanza hasta tres metros de altura. □ V. **rabo de ~.**

junco[2]. M. Especie de embarcación pequeña usada en las Indias Orientales.

jungla. F. En la India y otros países de Asia y América, terreno de vegetación muy espesa.

juninense. ADJ. **1.** Natural de Junín. U. t. c. s. ‖ **2.** Perteneciente o relativo a este departamento del Perú.

junio. M. Sexto mes del año. Tiene 30 días.

junior, ra. M. y F. En la vida religiosa cristiana, persona que, después de haber hecho el noviciado, realiza un período de formación espiritual. MORF. pl. **juniores, ras.**

júnior. ADJ. **1.** Que es más joven que otra persona, generalmente su padre, y tiene el mismo nombre. *Julio Fernández júnior.* ‖ **2.** Dicho de un deportista: De categoría y edad inmediatamente inferiores a las del sénior. U. t. c. s. ‖ **3.** Perteneciente o relativo a este deportista. *Campeonato júnior.* ‖ **4.** Dicho de un profesional: De escasa experiencia y categoría. ¶ MORF. pl. **júniores.**

juniorado. M. **1.** Período de formación de los juniores. ‖ **2.** Conjunto de los juniores.

junípero. M. **enebro.**

junqueño, ña. ADJ. **1.** Natural de Juncos. U. t. c. s. ‖ **2.** Perteneciente o relativo a este municipio de Puerto Rico o a su cabeza.

junquera. F. **junco** (‖ planta juncácea).

junqueral. M. Sitio poblado de juncos.

junquillo. M. **1.** Planta de jardinería, especie de narciso de flores amarillas muy olorosas, cuyo tallo es liso y parecido al junco. ‖ **2.** Moldura redonda y más delgada que el bocel.

junta. F. **1.** Reunión de varias personas para conferenciar o tratar de un asunto. ‖ **2.** Cada una de las conferencias o sesiones que celebran. ‖ **3.** Todo que forman varias cosas unidas o agregadas unas a otras. ‖ **4.** Conjunto de los individuos nombrados para dirigir los asuntos de una colectividad. ‖ **5.** Parte en que se juntan dos o más cosas. ‖ **6.** Pieza de cartón, cáñamo, caucho u otra materia compresible, que se coloca en la unión de dos tubos u otras partes de un aparato o máquina, para impedir el escape del fluido que contienen. ‖ **7.** *Arq.* Espacio que queda entre las superficies de las piedras o ladrillos contiguos de una pared, y que suele rellenarse con argamasa o yeso. ‖ **8.** *Mar.* Empalme, costura. ‖ **~ administrativa.** F. La que rige los intereses peculiares de un pueblo que, en unión con otros, forma un municipio. ‖ **~ municipal.** F. Reunión de concejales con un número igual de vocales asociados, para la aprobación de presupuestos y otros asuntos importantes. ‖ **retundir ~s.** LOC. VERB. *Arq.* Rellenar con argamasa fina las llagas de un muro.

juntar. **I.** TR. **1.** Unir unas cosas con otras. *Juntar dos tuberías.* U. t. c. prnl. ‖ **2.** Reunir, congregar, poner en el mismo lugar. *Juntó un buen equipo para jugar al fútbol.* U. t. c. prnl. ‖ **3.** Acumular, acopiar o reunir en cantidad. *Juntar dinero, víveres.* ‖ **II.** PRNL. **4.** Arrimarse, acercarse mucho a alguien. ‖ **5.** Acompañarse, andar con alguien. ‖ **6.** Tener el acto sexual. ‖ **7.** coloq. **amancebarse.**

juntero, ra. ADJ. Perteneciente o relativo a una junta o delegado en ella.

junto, ta. ADJ. **1.** Unido, cercano. *Manos juntas.* ‖ **2.** Que obra o que es con otra persona, a la vez o al mismo tiempo que ella. U. m. en pl. *Haremos un viaje todos juntos.* ‖ **en junto.** LOC. ADV. **1.** En total. *Tenía en junto nueve euros.* ‖ **2.** De un modo sumario o sin especificar las circunstancias. ‖ **junto a.** LOC. PREPOS. Cerca de. ‖ **junto con.** LOC. PREPOS. En compañía de, en colaboración con. ‖ **por junto.** LOC. ADV. **1.** De un modo sumario o sin especificar las circunstancias. ‖ **2.** **al por mayor.** Se usa para referirse al acopio de provisiones que para algún tiempo suele hacerse en las casas. *Tengo por junto el aceite, los garbanzos.* ‖ **todo ~.** LOC. ADV. A un mismo tiempo, a la vez. *Tocaban, cantaban y bailaban, todo junto.*

juntura. F. Parte o lugar en que se juntan y unen dos o más cosas.

jupiterino, na. ADJ. Perteneciente o relativo al dios mitológico Júpiter.

jura. F. **1.** Acción de jurar solemnemente la sumisión a ciertos preceptos u obligaciones. ‖ **2.** **juramento** (‖ afirmación o negación poniendo por testigo a Dios). ‖ **~ de bandera,** o **~ de la bandera.** F. Acto solemne en que cada individuo de las unidades o de los reemplazos militares jura obediencia y fidelidad en el servicio de la patria.

jurado, da. PART. de **jurar.** ‖ **I.** ADJ. **1.** Que ha prestado juramento al encargarse del desempeño de su función u oficio. *Intérprete, vocal jurado.* ‖ **II.** M. **2.** Institución para la participación de los ciudadanos en la administración de Justicia, mediante la cual personas designadas por sorteo contribuyen al enjuiciamiento de determinados delitos, a través de la emisión de un veredicto relativo a la prueba de los hechos. ‖ **3.** Cada una de las personas que componen un jurado. ‖ **4.** Órgano colectivo que selecciona a los más calificados entre varios candidatos a un premio, honor, distinción o empleo. ‖ **5.** hist. Hombre cuyo cargo versaba sobre la provisión de víveres en los ayuntamientos y concejos. □ V. **enemigo ~, guarda ~, vigilante ~.**

juramentar. I. TR. **1.** Tomar juramento a alguien. ‖ **II.** PRNL. **2.** Obligarse con juramento.

juramento. M. **1.** Afirmación o negación de algo, poniendo por testigo a Dios, o en sí mismo o en sus criaturas. ‖ **2. reniego.** ‖ **~ a la bandera.** M. *Mil.* jura de bandera. ‖ **prestar ~.** LOC. VERB. Otorgarlo, hacerlo explícito.

jurar. I. TR. **1.** Afirmar o negar algo, poniendo por testigo a Dios, o en sí mismo o en sus criaturas. ‖ **2.** Reconocer solemnemente, y con juramento de fidelidad y obediencia, la soberanía de un príncipe. ‖ **3.** Someterse solemnemente y con igual juramento a los preceptos constitucionales de un país, estatutos de las órdenes religiosas, graves deberes de determinados cargos, etc. ‖ **II.** INTR. **4.** Echar **juramentos** (‖ reniegos). ‖ **~ en falso.** LOC.VERB. Asegurar con juramento lo que se sabe que no es verdad. ‖ **jurársela, o jurárselas,** alguien a otra persona. LOCS.VERBS. coloqs. Asegurar que se vengará de ella.

jurásico, ca. ADJ. **1.** *Geol.* Se dice del segundo período de la era mesozoica, que abarca desde hace 208 millones de años hasta hace 144 millones de años, caracterizado por el apogeo de los dinosaurios y la aparición de los mamíferos y las aves. U. t. c. s. m. ORTOGR. Escr. con may. inicial c. s. ‖ **2.** *Geol.* Perteneciente o relativo a dicho período. *Fauna jurásica.*

juratoria. □ V. **caución ~.**

jurel. M. Pez teleósteo marino, del suborden de los Acantopterigios, de medio metro de largo aproximadamente, cuerpo rollizo, carnoso, de color azul por el lomo y blanco rojizo por el vientre, cabeza corta, escamas pequeñas y muy unidas a la piel, excepto a lo largo de los costados, donde son fuertes y agudas; dos aletas de grandes espinas en el lomo, y cola extensa y muy ahorquillada.

jurero, ra. ADJ. *Chile.* Que jura en falso.

jurídicamente. ADV. M. Con arreglo a lo dispuesto por la ley.

juridicidad. F. **1.** Cualidad de jurídico. ‖ **2.** Tendencia o criterio favorable al predominio de las soluciones de estricto derecho en los asuntos políticos y sociales.

jurídico, ca. ADJ. Que atañe al derecho o se ajusta a él. □ V. **acto ~, asistencia ~, asistencia ~ gratuita, capacidad ~, convento ~, hecho ~, latín ~, negocio ~, ordenamiento ~, persona ~, relación ~, seguridad ~.**

juridificación. F. Regulación en derecho de una situación antes no prevista por las normas.

jurisconsulto, ta. M. y F. Persona dedicada al estudio, interpretación y aplicación del derecho.

jurisdicción. F. **1.** Poder o autoridad que tiene alguien para gobernar. ‖ **2.** Poder que tienen los jueces y tribu-

nales para juzgar y hacer ejecutar lo juzgado. ‖ **3.** Territorio en que un juez ejerce sus competencias. ‖ **~ voluntaria.** F. *Der.* Aquella en que, sin juicio contradictorio, el juez o tribunal da solemnidad a actos jurídicos o dicta ciertas resoluciones que pueden ser rectificadas en materia civil o mercantil. ‖ **caer debajo de la ~ de** alguien. LOC.VERB. coloq. **caer bajo el poder de** alguien.

jurisdiccional. ADJ. Perteneciente o relativo a la jurisdicción. □ V. **aguas ~es, mar ~, orden ~, órgano ~.**

jurisperito, ta. M. y F. **jurista.**

jurisprudencia. F. **1.** Ciencia del derecho. ‖ **2.** Conjunto de las sentencias de los tribunales, y doctrina que contienen. ‖ **3.** Criterio sobre un problema jurídico establecido por una pluralidad de sentencias concordes.

jurisprudencial. ADJ. Perteneciente o relativo a la jurisprudencia. *Doctrina jurisprudencial.*

jurista. COM. Persona experta en derecho.

juro. M. hist. Especie de pensión perpetua que se concedía sobre las rentas públicas, por merced graciosa, por recompensa de servicios o por vía de réditos de un capital recibido. ‖ **a ~.** LOC.ADV. Á. *Caribe.* Con certeza, por fuerza, sin remedio. ‖ **por ~ de heredad.** LOC.ADV. Para siempre; para que pase de padres a hijos.

jusbarba. F. **brusco².**

justa. F. **1.** hist. Pelea o combate, a caballo y con lanza. ‖ **2.** hist. Torneo o juego de a caballo en que se acreditaba la destreza en el manejo de las armas. ‖ **3.** Competición o certamen en un ramo del saber. *Justa literaria.*

justador. M. hist. Hombre que justa.

justar. INTR. hist. Pelear o combatir en las justas.

justeque. ADV. M. **1.** fest. *Chile.* De manera ajustada, con la debida proporción. ‖ **2.** fest. *Chile.* Cabalmente, a punto fijo.

justeza. F. **1.** Cualidad de justo. ‖ **2.** Igualdad o correspondencia justa y exacta de algo.

justicia. F. **1.** Derecho, razón, equidad. ‖ **2.** Aquello que debe hacerse conforme a derecho o razón. *Pido justicia.* ‖ **3.** Poder judicial. ‖ **4.** Principio moral que lleva a dar a cada uno lo que le corresponde o pertenece. ‖ **5.** *Rel.* Una de las cuatro virtudes cardinales. ‖ **~ conmutativa.** F. La que establece la proporción que debe haber entre las prestaciones justa cuando se intercambian. ‖ **~ distributiva.** F. La que inspira la proporción con que deben distribuirse los beneficios y las cargas de la vida social. ‖ **~ original.** F. Inocencia y gracia en que Dios crio a nuestros primeros padres. ‖ **de ~.** LOC.ADV. Como es debido, según justicia y razón. ‖ **hacer ~ a** alguien. LOC. VERB. Obrar en razón con él o tratarlo según su mérito, sin atender a otro motivo, especialmente cuando hay competencia y disputa. ‖ **~ de Dios.** LOC. INTERJ. Se usa para dar a entender que aquello que ocurre se considera obra de justicia de Dios. ‖ **tomarse** alguien **la ~ por su mano.** LOC.VERB. Aplicar por su cuenta una medida o castigo que cree merecidos. □ V. **Administración de Justicia, ejecutor de la ~, sol de ~.**

justicialismo. M. Movimiento político argentino, fundado por el general Perón.

justicialista. ADJ. **1.** Perteneciente o relativo al justicialismo. *Doctrina justicialista.* ‖ **2.** Partidario del justicialismo. U. t. c. s.

justiciero, ra. ADJ. Que observa y hace observar estrictamente la justicia. *Política social justiciera.*

justificación. F. **1.** Acción y efecto de justificar. ‖ **2.** Causa, motivo o razón que justifica. ‖ **3.** *Impr.* Justa medida del largo que han de tener los renglones que se ponen en el componedor. ‖ **4.** *Rel.* Santificación del hombre por la gracia y la fe con la cual se hace justo.

justificado, da. PART. de **justificar.** ‖ ADJ. Conforme a justicia y razón. *Causas justificadas.*

justificador, ra. ADJ. Que justifica. *Argumento justificador de conductas.*

justificante. ADJ. Que justifica. Apl. a un documento o una prueba, u. t. c. s. m.

justificar. TR. **1.** Probar algo con razones convincentes, testigos o documentos. *Presentó facturas para justificar la propiedad del vehículo.* ‖ **2.** Rectificar o hacer justo algo. *No sabía cómo justificar sus deslices.* ‖ **3.** Probar la inocencia de alguien en lo que se le imputa o se presume de él. *Esa excusa no te justifica.* U. t. c. prnl. ‖ **4.** Dicho de Dios: Hacer justo a alguien dándole la gracia. ‖ **5.** *Impr.* Igualar el largo de las líneas según la medida exacta que se ha puesto en el componedor.

justificativo, va. ADJ. Que sirve para justificar algo. *Instrumentos justificativos.*

justillo. M. Prenda interior sin mangas, que ciñe el cuerpo y no baja de la cintura.

justipreciar. TR. Apreciar o tasar algo. MORF. conjug. c. *anunciar.*

justiprecio. M. Aprecio o tasación de algo.

justo, ta. I. ADJ. **1.** Que obra según justicia y razón. *El profesor justo trata a los alumnos por igual.* U. t. c. s. ‖ **2.** Arreglado a justicia y razón. *Lucha por una causa justa.* ‖ **3.** Que vive según la ley de Dios. U. t. c. s. ‖ **4.** Exacto, que no tiene en número, peso o medida ni más ni menos que lo que debe tener. *Echó la sal justa a la sopa.* ‖ **5.** Apretado o que ajusta bien con otra cosa. *El pantalón me queda justo.* ‖ **II.** ADV. M. **6.** De manera justa, debida y exacta. ‖ **7.** Con estrechez, de manera apretada. ‖ **pagar justos por pecadores.** LOC. VERB. Pagar las culpas que otros han cometido.

jutía. F. Mamífero roedor abundante en las Antillas, de pelaje espeso, suave y leonado, más oscuro por el lomo. Es comestible y se conservan varias especies.

jutiapaneco, ca. ADJ. **1.** Natural de Jutiapa. U. t. c. s. ‖ **2.** Perteneciente o relativo a este departamento de Guatemala o a su cabecera.

juticalpense. ADJ. **1.** Natural de Juticalpa. U. t. c. s. ‖ **2.** Perteneciente o relativo a esta ciudad de Honduras, capital del departamento de Olancho.

juvenil. ADJ. **1.** Perteneciente o relativo a la juventud. *Acné, asociación juvenil.* ‖ **2.** Perteneciente o relativo a la fase o estado del desarrollo de los seres vivos inmediatamente anterior al estado adulto. *Los anfibios pasan las etapas juveniles en el agua.*

juventud. F. **1.** Edad que se sitúa entre la infancia y la edad adulta. ‖ **2.** Estado de la persona joven. ‖ **3.** Conjunto de jóvenes. ‖ **4.** Primeros tiempos de algo. *Juventud de un astro. Juventud del universo.* ‖ **5.** pl. Rama juvenil de una formación política, religiosa, etc.

juzgada. □ V. **cosa ~.**

juzgado. M. **1.** Tribunal de un solo juez. ‖ **2.** Término o territorio de su jurisdicción. ‖ **3.** Lugar donde se administra la justicia.

juzgador, ra. ADJ. Que juzga. *Tribunal juzgador.* Apl. a pers., u. t. c. s.

juzgamiento. M. Acción y efecto de juzgar.

juzgar. TR. **1.** Dicho de la persona que tiene autoridad para ello: Deliberar acerca de la culpabilidad de alguien, o de la razón que le asiste en un asunto, y sentenciar lo procedente. ‖ **2.** Formar opinión sobre algo o alguien. *El público juzgará la obra cuando se estrene.* U. t. c. intr. *Se creían con derecho a juzgar sobre su vida.* ‖ **3.** Considerar algo o a alguien de determinada manera. *La juzgo capaz.* ‖ **4.** Tener una opinión o una idea. *Juzgo que se debería obrar de otra manera.* ‖ **5.** *Fil.* Afirmar, previa la comparación de dos o más conceptos, las relaciones que existen entre ellos.

k. F. Undécima letra del abecedario latino internacional y duodécima del español, que representa un fonema consonántico oclusivo, velar y sordo. Su nombre es *ka*. ORTOGR. Se emplea en palabras de origen griego o en extranjerismos. En las demás, su sonido se representa con *c* antes de *a, o, u,* y con *qu,* antes de *e, i*.

ka. F. Nombre de la letra *k*. MORF. pl. **kas.**

kabardino, na. ADJ. **1.** Natural de Kabardia-Balkaria. U. t. c. s. || **2.** Perteneciente o relativo a esta república de la Federación Rusa.

kabuki. I. M. **1.** Género teatral japonés que combina actuación y declamación y en el que los papeles femeninos son representados por hombres. || **II.** ADJ. **2.** Perteneciente o relativo a este género teatral. *Representación kabuki.*

kafkiano, na. ADJ. **1.** Perteneciente o relativo a Franz Kafka o a su obra. *Las novelas kafkianas.* || **2.** Con rasgos característicos de la obra de este escritor checo. *Una visión muy kafkiana del mundo.* || **3.** Dicho de una situación: Absurda, angustiosa.

káiser. M. hist. Emperador de Alemania y de Austria. MORF. pl. **káiseres.**

kaki. M. **caqui².**

kalmuko, ka. ADJ. **1.** Natural de Kalmukia. U. t. c. s. || **2.** Perteneciente o relativo a esta república de la Federación Rusa. || **3.** Se dice del individuo de un pueblo mongol de orillas del mar Caspio. U. t. c. s. || **4.** Perteneciente o relativo a los **kalmukos.** *Hordas kalmukas.*

kamikaze. I. M. **1.** hist. Piloto japonés que tripulaba un avión con explosivos con el que se lanzaba contra objetivos, suicidándose, en la Segunda Guerra Mundial. || **II.** COM. **2.** Persona que se juega la vida realizando una acción temeraria. || **3.** Terrorista suicida.

kan. M. hist. Entre los tártaros, príncipe o jefe. MORF. pl. **kanes.**

kanjobal. I. ADJ. **1.** Se dice del individuo de un pueblo amerindio de la familia maya de Guatemala. U. t. c. s. || **2.** Perteneciente o relativo a los **kanjobales.** *Poblado kanjobal.* || **II.** M. **3.** Lengua hablada por los **kanjobales.**

kantiano, na. ADJ. **1.** Perteneciente o relativo a Immanuel Kant o a su obra. *La doctrina kantiana.* || **2.** Con rasgos característicos de la obra este filósofo alemán. *Una ética muy kantiana.* || **3.** Partidario de la doctrina filosófica de Kant. U. t. c. s.

kantismo. M. Sistema filosófico creado por Immanuel Kant a fines del siglo XVIII, que se funda en la crítica de la sensibilidad, del entendimiento y de la razón.

kappa. F. Décima letra del alfabeto griego (Κ, κ), que corresponde a *k* del latino, y que en esa lengua y en los idiomas neolatinos se ha sustituido en general por la *c;* p. ej., *centro, cripta.*

karaoke. M. **1.** Diversión consistente en interpretar una canción sobre un fondo musical grabado, mientras se sigue la letra que aparece en una pantalla. || **2.** Equipo técnico compuesto por amplificador de sonido, micrófono, etc., que se usa para el **karaoke.** || **3.** Local público con instalaciones para el **karaoke.**

kárate o **karate.** M. *Dep.* Modalidad de lucha japonesa, basada en golpes secos realizados con el borde de la mano, los codos o los pies. Es fundamentalmente un arte de defensa.

karateca. COM. Persona que practica el kárate.

karateka. COM. **karateca.**

karma. M. **1.** En algunas religiones de la India, energía derivada de los actos que condiciona cada una de las sucesivas reencarnaciones, hasta que se alcanza la perfección. || **2.** En otras creencias, fuerza espiritual.

karst. M. *Geol.* Paisaje de relieve accidentado, con grietas y crestas agudas, originado por la erosión química en terrenos calcáreos. MORF. pl. invar. *Los karst.*

kárstico, ca. ADJ. Dicho de una formación caliza: Producida por la acción erosiva o disolvente del agua.

kastila. I. ADJ. **1.** *Filip.* **español.** Apl. a pers., u. t. c. s. || **II.** M. **2.** *Filip.* Idioma español.

katiuska. F. Bota de material impermeable, de caña alta, para proteger del agua.

kavakava. M. *Chile.* Estatuilla de madera, tradicional de Rapanui, que representa una figura humana esquelética.

kayak. M. **1.** Canoa de pesca usada por los esquimales, tradicionalmente fabricada con piel de foca, cuya cubierta solo tiene una abertura, cerrada con un material impermeable que se ajusta al tronco del tripulante. || **2.** *Dep.* Embarcación semejante a la anterior, en la que uno, dos o cuatro tripulantes sentados utilizan remos de dos palas. || **3.** *Dep.* Prueba de velocidad con esta embarcación. ¶ MORF. pl. **kayaks.**

kazajo, ja o **kazako, ka.** ADJ. **1.** Natural de Kazajistán. U. t. c. s. || **2.** Perteneciente o relativo a este país de Asia.

kebab. M. Masa de carne picada que, ensartada en una varilla, se asa haciéndose girar ante una fuente de calor. MORF. pl. **kebabs.**

kéfir. M. Leche fermentada artificialmente y que contiene ácido láctico, alcohol y ácido carbónico. MORF. pl. **kéfires.**

kelvin. M. *Fís.* Unidad de temperatura del Sistema Internacional. Es igual al grado centígrado, pero en la escala de temperatura absoluta el 0 está fijado en -273,16 °C. (Símb. *K*). MORF. pl. **kélvines.** □ V. **grado Kelvin.**

kendo. M. Arte marcial de origen japonés, en el que se utiliza una armadura y un sable de bambú.

keniano, na. ADJ. **1.** Natural de Kenia. U. t. c. s. ‖ **2.** Perteneciente o relativo a este país de África.

keniata. ADJ. **keniano.** Apl. a pers., u. t. c. s.

kerigma. M. **1.** *Rel.* En la religión cristiana, anuncio de Jesucristo, el Salvador, que se hace a los no creyentes. ‖ **2.** *Rel.* Contenido sustancial de la buena nueva de salvación, la muerte y resurrección de Cristo, fundamento de la fe cristiana.

kermes. M. **quermes.**

kermés. F. Fiesta popular, al aire libre, con bailes, rifas, concursos, etc. MORF. pl. **kermeses.**

kerosén. M. *Am.* **queroseno.**

kerosene. M. *Á. R. Plata.* **queroseno.**

keroseno. M. **queroseno.**

kétchup. M. Salsa de tomate condimentada con vinagre, azúcar y especias.

kibutz. M. En Israel, colonia agrícola de producción y consumo comunitarios. MORF. pl. invar. *Los kibutz.*

kif. M. **quif.**

kiko. M. Grano de maíz tostado.

kílim o **kilim.** M. Alfombra oriental de colores vivos y escaso grosor, generalmente de reducidas dimensiones, que se caracteriza por estar decorada con motivos geométricos. MORF. pl. **kílims** o **kilims.**

kilo. M. **kilogramo.**

kilocaloría. F. *Fís.* Unidad de energía térmica igual a 1000 calorías. (Símb. *kcal*).

kilociclo. M. *Electr.* Unidad de frecuencia equivalente a 1000 oscilaciones por segundo.

kilogramo. M. **1.** Unidad de masa del Sistema Internacional, equivalente a la de un cilindro de platino-iridio conservado en la Oficina Internacional de Pesos y Medidas de París, y aproximadamente igual a la masa de 1000 centímetros cúbicos de agua a la temperatura de su máxima densidad, cuatro grados centígrados. (Símb. *kg*). ‖ **2.** Cantidad de alguna materia que pesa un kilogramo. *Diez kilogramos de plomo.*

kilógramo. M. *Chile.* **kilogramo.**

kilohercio. M. *Electr.* Mil hercios (Símb. *kHz*).

kilometraje. M. Distancia en kilómetros.

kilométrico, ca. I. ADJ. **1.** Perteneciente o relativo al kilómetro. *Punto kilométrico.* ‖ **2.** De muy larga extensión o duración. *Un artículo kilométrico.* ‖ **II.** M. **3.** Billete que autoriza para recorrer por ferrocarril cierto número de kilómetros en un plazo determinado.

kilómetro. M. Medida de longitud, que equivale a 1000 metros. (Símb. *km*).

kilopondio. M. *Fís.* Unidad de fuerza del Sistema Métrico Decimal, equivalente a la que actúa sobre la masa de un kilogramo sometido a la gravedad normal. (Símb. *kp*).

kilotón. M. Unidad de potencia de un explosivo, equivalente a la de 1000 t de trinitrotolueno. (Símb. *kt*).

kilovatio. M. *Electr.* Unidad de potencia equivalente a 1000 vatios. (Símb. *kW*). ‖ **~ hora.** M. *Electr.* Unidad de trabajo o energía equivalente a la energía producida o consumida por una potencia de un kilovatio durante una hora. (Símb. *kW·h*).

kilovoltio. M. *Electr.* Medida de tensión eléctrica que equivale a 1000 voltios. (Símb. *kV*).

kimono. M. **1.** Túnica de origen japonés que se caracteriza por sus mangas anchas y largas. Es abierta por delante y se cruza ciñéndose mediante un cinturón. ‖ **2.** Vestimenta utilizada para practicar las artes marciales.

kínder. M. *Am.* **jardín de infancia.** MORF. pl. **kínderes.**

kindergarten. M. **jardín de infancia.** MORF. pl. **kindergártenes.**

kinesiología. F. **1.** Conjunto de los procedimientos terapéuticos encaminados a restablecer la normalidad de los movimientos del cuerpo humano. ‖ **2.** Conocimiento científico de aquellos procedimientos.

kinesiólogo, ga. M. y F. Persona experta en kinesiología.

kiosco. M. **quiosco.**

kiosquero, ra. M. y F. **quiosquero.**

kipá. F. Casquete redondo, semejante al solideo, usado por los judíos practicantes, especialmente en los actos religiosos. MORF. pl. **kipás.**

kirguís o **kirguiso, sa.** I. ADJ. **1.** Se dice de los individuos de un pueblo de raza tártara que vive entre el Ural y el Irtich. U. t. c. s. ‖ **2.** Natural de Kirguistán. U. t. c. s. ‖ **3.** Perteneciente o relativo a este país de Asia. ‖ **II.** M. **4.** Lengua hablada por el pueblo kirguís. ¶ MORF. pl. **kirguises** o **kirguisos, sas.**

kiribatiano, na. ADJ. **1.** Natural de Kiribati. U. t. c. s. ‖ **2.** Perteneciente o relativo a este país de Oceanía.

kirie. M. Invocación que se hace a Dios, al principio de la misa, tras el introito. U. m. en pl.

kirieléison. M. **kirie.** MORF. pl. **kirieleisones.**

kit. M. Conjunto de productos y utensilios suficientes para conseguir un determinado fin, que se comercializan como una unidad. *Un kit de maquillaje.* MORF. pl. **kits.**

kiwi. M. **1.** Ave apterigiforme, del tamaño de una gallina, que habita en Nueva Zelanda. ‖ **2.** Arbusto trepador originario de China, de hojas alternas y redondeadas y flores blancas o amarillas, con cinco pétalos. ‖ **3.** Fruto comestible de esta planta, de piel ligeramente vellosa y pulpa de color verde.

koala. M. Mamífero marsupial arborícola parecido a un oso pequeño, propio de los eucaliptales australianos.

kohl o **kohol.** M. Polvo de antimonio usado como cosmético para ennegrecerse los bordes de los párpados, las pestañas o las cejas.

koiné. F. **1.** *Ling.* Lengua común derivada del ático usada por los pueblos de cultura helénica tras la muerte de Alejandro Magno. ‖ **2.** *Ling.* Lengua común que resulta de la unificación de ciertas variedades idiomáticas.

komi. ADJ. **1.** Natural de Komi. U. t. c. s. ‖ **2.** Perteneciente o relativo a esta república de la Federación Rusa.

kopek. M. Moneda rusa, equivalente a la centésima parte de un rublo. MORF. pl. **kopeks.**

kosovar. ADJ. **1.** Natural de Kosovo o Kósovo. U. t. c. s. ‖ **2.** Perteneciente o relativo a esta región balcánica.

kremlin. M. Recinto amurallado de las antiguas ciudades rusas, y, por antonom., el de Moscú.

kremlinología. F. Estudio y análisis de la política, los métodos y los usos de los Gobiernos soviéticos.

kremlinólogo, ga. M. y F. Persona experta en kremlinología.

kril. M. Banco de crustáceos planctónicos semejantes al camarón, que constituye el alimento principal de las ballenas.

kriptón. M. *Quím.* Elemento químico de núm. atóm. 36. Gas noble raro en la atmósfera terrestre, se encuentra en los gases volcánicos y en algunas aguas termales. Se emplea en la fabricación de lámparas de fluorescencia. (Símb. *Kr*).

kris. M. Daga, de uso en Filipinas, que tiene la hoja de forma serpenteada. Morf. pl. **krises.**

kuna¹. F. Unidad monetaria de Croacia.

kuna². **I.** ADJ. **1.** Natural de Kuna Yala o San Blas. U. t. c. s. ‖ **2.** Perteneciente o relativo a esta comarca indígena de Panamá. ‖ **II.** M. **3.** Lengua de los kunas. ¶ Morf. pl. **kunas.**

kung-fu. M. Arte marcial de origen chino, semejante al kárate.

kurdo, da. ADJ. **1.** Natural del Kurdistán. U. t. c. s. ‖ **2.** Perteneciente o relativo a este pueblo o nación repartido entre los Estados de Turquía, Irán, Iraq, Siria, Armenia y Azerbaiyán.

kuwaití. ADJ. **1.** Natural de Kuwait. U. t. c. s. ‖ **2.** Perteneciente o relativo a este país de Asia o a su capital. ¶ Morf. pl. **kuwaitíes** o **kuwaitís.**

l. F. **1.** Duodécima letra del abecedario latino internacional y decimotercera del español, que representa un fonema consonántico lateral y alveolar. Su nombre es *ele*. ‖ **2.** Letra numeral que tiene el valor de 50 en la numeración romana. ORTOGR. Escr. con may.

la¹. ART. DET. F. SING. de **el**.

la². PRON. PERSON. **1.** Forma femenina de la 3.ª persona del singular que cumple la función de complemento directo. No admite preposición y puede usarse como enclítico. *La miré. Mírala.* ‖ **2.** Se usa sin referencia a sustantivo expreso con valor enfático. *Buena la hemos hecho.*

la³. M. *Mús.* Sexta nota de la escala musical. MORF. pl. **las**.

lábaro. M. **1.** hist. Estandarte que usaban los romanos. ‖ **2.** Monograma formado por la cruz y las dos primeras letras del nombre griego de Cristo, que se puso en el lábaro por mandato de Constantino.

laberíntico, ca. ADJ. **1.** Perteneciente o relativo al laberinto. *Líquido laberíntico del oído.* ‖ **2.** Enmarañado, confuso, semejante a un laberinto. *Conflicto laberíntico.*

laberinto. M. **1.** Lugar formado artificiosamente por calles y encrucijadas, para confundir a quien se adentre en él, de modo que no pueda acertar con la salida. ‖ **2.** Cosa confusa y enredada. *El laberinto de la mitología.* ‖ **3.** *Anat.* Parte del oído interno.

labia. F. coloq. Verbosidad persuasiva y gracia en el hablar.

labiado, da. ADJ. **1.** *Bot.* Dicho de una corola: Dividida en dos partes o labios, el superior formado por dos pétalos, y el inferior por tres. ‖ **2.** *Bot.* Se dice de las plantas angiospermas dicotiledóneas que se distinguen por sus hojas opuestas, cáliz persistente y corola labiada; p. ej., la albahaca, el espliego, el tomillo y la salvia. U. t. c. s. f. ORTOGR. En f. pl., escr. con may. inicial c. taxón. *Las Labiadas.*

labial. ADJ. **1.** Perteneciente o relativo a los labios. *Movimientos labiales.* ‖ **2.** *Fon.* Dicho de una consonante: Cuya articulación se forma mediante el contacto total o parcial de un labio con otro. U. t. c. s. f.

labialización. F. *Fon.* Acción y efecto de labializar.

labializar. TR. *Fon.* Dar carácter labial a un sonido.

labiérnago. M. Arbusto o árbol pequeño de la familia de las Oleáceas, de dos a tres metros de altura, con ramas mimbreñas, de corteza cenicienta, hojas persistentes, opuestas, estrechas, de color verdinegro, correosas, enteras o aserradas y con pecíolo corto, flores de corola blanquecina en pequeños haces axilares, y fruto en drupa globosa y negruzca, del tamaño de un guisante.

lábil. ADJ. **1.** Que resbala o se desliza fácilmente. *Lengua lábil.* ‖ **2.** Frágil, débil. *Equilibrio lábil.* ‖ **3.** Poco estable, poco firme en sus resoluciones. *Carácter lábil.* ‖ **4.** *Quím.* Dicho de un compuesto: Inestable, que se transforma fácilmente en otro.

labilidad. F. Cualidad de lábil.

labio. M. **1.** Cada uno de los rebordes exteriores carnosos y móviles de la boca de los mamíferos. ‖ **2.** Borde de ciertas cosas. *Los labios de una herida. Los labios de un vaso.* ‖ **3.** voz (‖ sonido que el aire produce al salir de la laringe). *Su labio enmudeció.* U. t. en pl. con el mismo significado que en sing. *Nunca lo ofendieron mis labios.* ‖ **~ leporino.** M. El superior del hombre, cuando, por defecto congénito, está hendido en la forma en que normalmente lo tiene la liebre. ‖ **~ vaginal.** M. *Anat.* Cada uno de los dos pares de repliegues cutáneos de la vulva. ‖ **morderse** alguien **los ~s.** LOC.VERB. **1.** coloq. **morderse la lengua.** U. m. con neg. ‖ **2.** coloq. Reprimir la risa o el habla. ‖ **no despegar** alguien **los ~s,** o **sus ~s.** LOCS.VERBS. Callar o no contestar. □ V. **barra de ~s, lápiz de ~s.**

labiodental. ADJ. *Fon.* Dicho de una consonante: Cuya articulación se forma aplicando o acercando el labio inferior a los bordes de los dientes incisivos superiores; p. ej., la *f*. U. t. c. s. f.

labor. F. **1.** Acción y efecto de trabajar. ‖ **2.** Obra de coser, bordar, etc. ‖ **3.** Labranza, en especial la de las tierras que se siembran. Apl. a las demás operaciones agrícolas, u. m. en pl. ‖ **4.** Cada una de las vueltas de arado o de las cavas que se dan a la tierra. ‖ **5.** Cada uno de los grupos de productos que se confeccionan en las fábricas de tabacos. U. m. en pl. ‖ **estar por la ~.** LOC.VERB. coloq. Estar dispuesto a hacer lo que se indica. U. m. con neg. ‖ **sus ~es.** EXPR. Se usa para designar la dedicación, no remunerada, de la mujer a las tareas de su propio hogar. U. m. c. fórmula administrativa. □ V. **cabo de ~, casa de ~.**

laborable. ADJ. Que se puede laborar o trabajar. *Tierras laborables.* □ V. **día ~.**

laboral. ADJ. Perteneciente o relativo al trabajo, en su aspecto económico, jurídico y social. □ V. **acoso ~, calendario ~, derecho ~, incapacidad ~.**

laboralista. COM. Especialista en derecho laboral. U. t. c. adj.

laborante. ADJ. Que labora. Apl. a pers., u. t. c. s.

laborar. **I.** TR. **1.** labrar. *Laborar la piedra.* ‖ **II.** INTR. **2.** trabajar. *Labora en un ministerio.* U. m. en América.

laboratorio. M. **1.** Lugar dotado de los medios necesarios para realizar investigaciones, experimentos y trabajos de carácter científico o técnico. || **2.** Realidad en la cual se experimenta o se elabora algo. *El archipiélago de las Galápagos es el laboratorio de la evolución.* || **~ de idiomas.** M. En un centro de enseñanza, sala equipada con medios audiovisuales, donde los alumnos se entrenan en la práctica oral de una lengua extranjera. || **de ~.** LOC. ADJ. Creado de forma artificial. U. m. en sent. despect.

laboratorista. COM. **1.** *Á. Caribe, Á. R. Plata y Chile.* Persona encargada de realizar análisis clínicos en un laboratorio. || **2.** *Á. Andes y Á. R. Plata.* Especialista en el trabajo de laboratorio de algunas ciencias. *Laboratorista en bacteriología. Laboratorista en química.*

laborear. I. TR. **1.** Labrar o trabajar algo. || **II.** INTR. **2.** *Mar.* Dicho de un cabo: Pasar y correr por la roldana de un motón.

laboreo. M. **1.** Cultivo de la tierra o del campo. || **2.** *Mar.* Orden y disposición de los cabos de labor, para el conveniente manejo de las vergas, masteleros y velamen.

laborío. M. Labor o trabajo.

laboriosidad. F. Cualidad de laborioso.

laborioso, sa. ADJ. **1. trabajador** (|| muy aplicado al trabajo). *Mujer muy laboriosa.* || **2.** Trabajoso, penoso. *Aprendizaje muy laborioso.*

laborismo. M. Ideología política inglesa de carácter reformista y moderado, cuya base social es la clase trabajadora.

laborista. ADJ. **1.** Que profesa la doctrina del laborismo. U. t. c. s. || **2.** Perteneciente o relativo a esta doctrina política. *Gobiernos laboristas.*

laborterapia. F. Tratamiento de las enfermedades mentales o psíquicas mediante el trabajo.

labra. F. Acción y efecto de labrar piedra, madera, etc.

labrada. □ V. **plata ~.**

labradío, a. ADJ. **labrantío.** U. t. c. s. m.

labrado. M. Acción y efecto de labrar.

labrador, ra. I. ADJ. **1.** Que labra la tierra. *Familia labradora.* U. t. c. s. || **II.** M. y F. **2.** Persona que posee hacienda de campo y la cultiva por su cuenta. || **III.** M. **3.** *Á. guar.* Hombre que labra la madera sacando la corteza de los árboles cortados para convertirlos en rollizos.

labrantín. M. Labrador de poco caudal.

labrantío, a. ADJ. Se dice del campo o de la tierra de labor. U. t. c. s. m.

labranza. F. **1.** Cultivo de los campos. || **2.** Hacienda de campo o tierras de labor. □ V. **casa de ~.**

labrar. TR. **1.** Trabajar una materia reduciéndola al estado o forma conveniente para usarla. *Labrar la madera. Labrar plata.* || **2.** Hacer relieves en una materia como adorno. *Labrar medallas.* || **3. arar.** *Labrar el terreno antes de la siembra.* || **4. cultivar** (|| la tierra). *El hombre labraba la tierra para obtener alimento.* || **5.** Hacer, causar gradualmente. *Labrar la felicidad, la desgracia, la ruina de alguien.* || **6.** Coser o bordar, o hacer otras labores de costura.

labriego, ga. M. y F. Labrador rústico.

labro. M. *Zool.* Labio superior de la boca de los insectos, muy aparente en los que tienen un aparato bucal apto para la masticación , y confuso a veces o modificado en los demás.

labrusca. F. Vid silvestre.

laca. F. **1.** Sustancia resinosa, traslúcida, quebradiza y encarnada, que se forma en las ramas de varios árboles de la India con la exudación que producen las picaduras de insectos parecidos a la cochinilla, y los restos de estos mismos animales, que mueren envueltos en el líquido que hacen fluir. || **2.** Barniz duro y brillante hecho con esta sustancia, muy empleado por los chinos y japoneses. || **3.** Objeto barnizado con laca. || **4.** Sustancia aluminosa coloreada que se emplea en la pintura. *Laca amarilla. Laca de Venecia.* || **5.** Sustancia líquida e incolora que se emplea para fijar el peinado. || **~ de uñas.** F. Sustancia coloreada o transparente que sirve para pintar las uñas. □ V. **goma ~.**

lacado. M. Acción y efecto de lacar.

lacandón, na. I. ADJ. **1.** Se dice del individuo de una comunidad amerindia que habita Chiapas y Guatemala. U. t. c. s. || **2.** Perteneciente o relativo a los lacandones. *Costumbres lacandonas.* || **II.** M. **3.** Lengua de la familia maya hablada por los lacandones.

lacar. TR. Cubrir o barnizar con laca.

lacayo. M. hist. Criado de librea cuya principal ocupación era acompañar a su amo en sus desplazamientos.

lacear. TR. *Á. Andes y Chile.* Sujetar un animal con lazo.

lacedemonio, nia. ADJ. **1.** hist. Natural de Lacedemonia. U. t. c. s. || **2.** hist. Perteneciente o relativo a este país de la antigua Grecia.

laceración. F. Acción y efecto de lacerar.

lacerado, da. PART. de **lacerar.** || ADJ. Infeliz, desdichado.

lacerante. ADJ. **1. hiriente** (|| que hiere). *Dolor lacerante.* || **2.** Que produce intenso sufrimiento. *Un recuerdo lacerante.*

lacerar. TR. **1.** Lastimar, golpear, magullar, herir. U. t. c. prnl. || **2. afligir** (|| causar tristeza). || **3.** Dañar, vulnerar. *Lacerar la honra, la reputación.*

lacería. F. Conjunto de lazos, especialmente en labores de adorno.

lacero. M. **1.** Empleado municipal encargado de recoger perros vagabundos. || **2.** Cazador que se dedica a coger con lazos la caza menor, por lo común furtivamente.

lacetano, na. ADJ. **1.** hist. Se dice de un pueblo prerromano que habitaba la Lacetania, región de la Hispania Tarraconense. || **2.** hist. Se dice de los individuos que componían este pueblo. U. t. c. s. || **3.** hist. Perteneciente o relativo a los lacetanos o a la Lacetania. *La agricultura lacetana.*

lacho. M. *Chile.* Hombre enamoradizo.

lacinia. F. *Bot.* Cada una de las tiras largas y de forma irregular en que se dividen las hojas o los pétalos de algunas plantas.

lacio, cia. ADJ. **1.** Marchito, ajado. *Flor lacia.* || **2.** Flojo, débil, sin vigor. *Mano lacia.* || **3.** Dicho del cabello: Que cae sin formar ondas ni rizos.

lacón. M. **1.** Brazuelo del cerdo. || **2.** Carne curada de este brazuelo.

lacónico, ca. ADJ. **1.** Breve, conciso. *Lenguaje, estilo lacónico. Carta, respuesta lacónica.* || **2.** Que habla o escribe de esta manera. *Escritor lacónico. Persona lacónica.*

laconismo. M. Cualidad de lacónico.

lacra. I. F. **1.** Secuela o señal de una enfermedad o achaque. || **2.** Vicio físico o moral que marca a quien lo tiene. || **II.** COM. **3.** *Á. Caribe.* Persona depravada.

lacrar. TR. Cerrar con lacre.

lacre. I. M. **1.** Pasta sólida, compuesta de laca y trementina con añadidura de bermellón o de otro color, que se emplea derretido en cerrar y sellar cartas y en otros usos análogos. || **II.** ADJ. **2.** De color rojo. U. m. en América.

lacrimal. ADJ. Perteneciente o relativo a las lágrimas. *Glándulas lacrimales.*

lacrimatorio. M. hist. Vasija pequeña, a manera de pomo, que se encuentra en los sepulcros antiguos.

lacrimógeno, na. ADJ. **1.** Dicho especialmente de ciertos gases: Que producen lagrimeo. ‖ **2. lacrimoso** (‖ que mueve a llanto).

lacrimoso, sa. ADJ. **1.** Que tiene lágrimas. *Ojos lacrimosos.* ‖ **2.** Que mueve a llanto. *Melodrama lacrimoso.* ‖ **3.** Que se lamenta muy a menudo. *Anciano lacrimoso.*

lactación. F. Acción y efecto de lactar.

lactancia. F. **1.** Acción de amamantar o de mamar. ‖ **2.** Primer período de la vida de los mamíferos, en el cual se alimentan solo de leche. ‖ **3.** Este sistema de alimentación. *Lactancia artificial, materna, natural.* ▢ V. **permiso de ~.**

lactante. ADJ. **1.** Que mama. U. m. c. s. ‖ **2.** Que amamanta. *Madre lactante.* U. t. c. s. f.

lactar. TR. Dar de mamar.

lactasa. F. Bioquím. Enzima que fragmenta la lactosa en glucosa y galactosa.

lactato. M. Quím. Cuerpo resultante de la combinación del ácido láctico con un radical simple o compuesto.

lacteado, da. ADJ. Dicho de un producto alimenticio: Que contiene leche. U. t. c. s. m.

lácteo, a. ADJ. **1.** Perteneciente o relativo a la leche. *Grasa láctea.* ‖ **2.** Parecido a ella. *Aspecto lácteo.* ‖ **3.** Dicho de un producto alimenticio: Derivado de la leche. U. t. c. s. m. ▢ V. **Vía Láctea.**

lacticinio. M. Alimento compuesto con leche.

lacticinoso, sa. ADJ. Lechoso, lácteo. *Líquido lacticinoso.*

láctico, ca. ADJ. Quím. Perteneciente o relativo a la leche. ▢ V. **ácido ~.**

lactosa. F. Quím. Azúcar que contiene la leche, formado por glucosa y galactosa.

lacustre. ADJ. **1.** Perteneciente o relativo a los lagos. *Humedad lacustre.* ‖ **2.** Que habita, está o se realiza en un lago o en sus orillas. *Población, edificación lacustre.*

ládano. M. Producto resinoso que fluye de las hojas y ramas de la jara.

ladeamiento. M. Acción de ladear.

ladear. TR. Inclinar y torcer algo hacia un lado. U. t. c. intr. y c. prnl.

ladeo. M. Acción y efecto de ladear.

ladera. F. Declive de un monte o de una altura.

ladilla. F. **1.** Insecto anopluro, de dos milímetros de largo, casi redondo, aplastado, y de color amarillento. Vive parásito en las partes vellosas del cuerpo humano, donde se agarra fuertemente por medio de las pinzas con que terminan sus patas; se reproduce con gran rapidez y sus picaduras son muy molestas. ‖ **2. cebada ladilla.** ‖ **3.** *Á. Caribe.* **fastidio.** ‖ **pegarse** alguien **como ~.** LOC.VERB. coloq. Arrimarse a otra persona con pesadez y molestándola. ▢ V. **cebada ~.**

ladillo. M. Impr. Composición breve que suele colocarse en el margen de la plana, generalmente para indicar el contenido del texto.

ladino, na. **I.** ADJ. **1.** Astuto, sagaz. ‖ **2.** *Am. Cen.* **mestizo.** ‖ **3.** *Am. Cen.* Mestizo que solo habla español. ‖ **II.** M. **4.** *Ling.* Lengua hablada en la antigua Retia. ‖ **5.** *Ling.* Lengua religiosa de los sefardíes. ‖ **6.** *Ling.* Variedad del castellano que, en época medieval, hablaban los judíos en España, y que, en la actualidad, hablan los judeoespañoles en Oriente.

lado. M. **1.** Cada una de las partes que limitan un todo. *La ciudad está sitiada por todos lados, o por el lado de la ciudadela, o por el lado del río.* ‖ **2.** Parte izquierda o derecha de alguien o algo. *Tiene paralizado un lado del cuerpo.* ‖ **3.** Costado o parte del cuerpo de la persona o del animal comprendida entre el hombro y la cadera. ‖ **4.** Cada una de las dos caras de una tela, de una moneda o de otra cosa que las tenga. ‖ **5.** Sitio, lugar. *Déjale un lado.* ‖ **6.** Cada uno de los aspectos que se pueden considerar con relación a alguien o algo. *Por un lado me pareció muy entendido el médico.* ‖ **7.** Geom. Cada una de las dos líneas que forman un ángulo. ‖ **8.** Geom. Cada una de las líneas que forman o limitan un polígono. ‖ **9.** Geom. Arista de los poliedros. ‖ **10.** Geom. Cara de los poliedros. ‖ **al ~.** LOC.ADV. **1.** Cerca, a poca distancia. *Trabajo aquí al lado.* ‖ **2.** En el lugar inmediato o contiguo. *Hablaba con el comensal que tenía al lado.* ‖ **al ~ de.** LOC. PREPOS. **1.** Cerca de, a poca distancia de. *Prefiero hacer mis compras al lado de casa.* ‖ **2.** En el lugar inmediato o contiguo a. *En clase se sienta siempre al lado de su mejor compañero.* ‖ **3.** En comparación con. *Al lado de su marido, ella vale mucho más.* ‖ **4. del lado de.** ‖ **a un ~.** LOC. INTERJ. Se usa para advertir a alguien que se aparte y deje el paso libre. ‖ **dar de ~ a alguien.** LOC.VERB. Dejar su trato o su compañía; huir de él con disimulo. ‖ **dejar a un ~ algo.** LOC. VERB. Omitirlo. ‖ **de ~.** LOC.ADV. Por un lado, o de manera oblicua. *Tumbarse o ponerse de lado.* ‖ **de ~ a ~.** LOC.ADV. De un extremo al otro. *Cruzó la ciudad de lado a lado.* ‖ **del ~ de.** LOC. PREPOS. A favor de, de acuerdo con. *Estaba del lado de los invasores.* ‖ **de medio ~.** LOC.ADV. **de lado.** U. t. c. loc. adj. *En su rostro apareció una sonrisa de medio lado.* ‖ **de un ~ para otro.** LOC. ADV. Sin parar. *Se pasa el día andando de un lado para otro.* ‖ **echar,** o **echarse,** algo o a alguien **a un ~.** LOCS. VERBS. Apartar, quitar de en medio. ‖ **estar** alguien **del otro ~.** LOC.VERB. Ser del partido opuesto o partidario de ideas distintas. ‖ **hacer,** o **hacerse,** algo o alguien **a un ~.** LOCS.VERBS. **echar a un lado.** ‖ **ir cada uno por su ~.** LOC.VERB. **1.** Seguir distintos caminos. ‖ **2.** Estar en desacuerdo. ‖ **mirar de ~,** o **de medio ~.** LOCS. VERBS. **1.** Mirar con ceño y desprecio. ‖ **2.** Mirar con disimulo.

ladra. F. **1.** Acción de ladrar. ‖ **2.** *Cineg.* Conjunto de ladridos que se oyen a cada encuentro de los perros con una res.

ladrador, ra. ADJ. Que ladra. *Perro ladrador.*

ladrar. INTR. **1.** Dicho de un perro: Dar ladridos. ‖ **2.** coloq. Amenazar sin acometer.

ladrería. F. *Méx.* Sonido reiterado de ladridos.

ladrerío. M. *Méx.* **ladrería.**

ladrido. M. Voz que emite con fuerza el perro.

ladrillazo. M. Golpe dado con un ladrillo.

ladrillero, ra. M. y F. Persona que tiene por oficio hacer o vender ladrillos.

ladrillo. M. **1.** Masa de barro, en forma de paralelepípedo rectangular, que, después de cocida, sirve para construir muros, solar habitaciones, etc. ‖ **2.** Elemento de construcción semejante hecho de otra materia. ‖ **3.** coloq. Cosa pesada o aburrida. *Ese libro es un ladrillo.*

ladrón, na. **I.** ADJ. **1.** Que hurta o roba. U. m. c. s. ‖ **II.** M. **2.** Clavija que tiene salida para varias tomas de la corriente eléctrica. ‖ **3.** coloq. **granuja** (‖ pícaro). U. t. c. adj. ▢ V. **cueva de ladrones, palomo ~.**

ladronamente. ADV. M. Con disimulo, a hurtadillas.

ladronera. F. Lugar donde se recogen y ocultan los ladrones.

ladronería. F. latrocinio.

ladronicio. M. latrocinio.

ladronzuelo, la. M. y F. **1.** ratero (‖ ladrón que hurta cosas de poco valor). ‖ **2.** afect. coloq. **granuja** (‖ pícaro).

lagaña. F. Am. legaña.

lagañoso, sa. ADJ. Am. legañoso.

lagar. M. **1.** Recipiente donde se pisa la uva para obtener el mosto. ‖ **2.** Sitio donde se prensa la aceituna para sacar el aceite, o donde se machaca la manzana para obtener la sidra. ‖ **3.** Edificio donde hay un lagar para uva, aceituna o manzana.

lagarero, ra. M. y F. Persona que trabaja en un lagar.

lagareta. F. Lagar pequeño.

lagarta. F. **1.** Hembra del lagarto. ‖ **2.** Mariposa cuya oruga causa grandes daños a diversos árboles, principalmente a la encina. El macho es bastante más pequeño que la hembra, de coloración más oscura, y tiene antenas con pluma, que en la hembra son sencillas. ‖ **3.** coloq. Mujer taimada. U. t. c. adj.

lagartado, da. ADJ. Semejante en el color a la piel del lagarto. Medias lagartadas.

lagartera. F. Agujero o madriguera del lagarto.

lagarterano, na. ADJ. **1.** Natural de Lagartera. U. t. c. s. ‖ **2.** Perteneciente o relativo a esta localidad de la provincia de Toledo, en España.

lagartero, ra. ADJ. Dicho de un ave o de otro animal: Que cazan lagartos.

lagartija. F. Especie de lagarto muy común en España, de unos dos decímetros de largo, de color pardo, verdoso o rojizo por encima y blanco por debajo. Es muy ligero y espantadizo, se alimenta de insectos y vive entre los escombros y en los huecos de las paredes.

lagartijero, ra. ADJ. Dicho de un animal: Que caza y come lagartijas.

lagarto. M. **1.** Reptil terrestre del orden de los Saurios, de cinco a ocho decímetros de largo, contando desde la parte anterior de la cabeza hasta la extremidad de la cola. La cabeza es ovalada. Tiene boca grande, con muchos y agudos dientes, cuerpo prolongado y casi cilíndrico, y cola larga y perfectamente cónica. Las cuatro patas son cortas, delgadas, cada una con cinco dedos armados de afiladas uñas; la piel está cubierta de laminillas a manera de escamas, blancas en el vientre, y manchadas de verde, amarillo y azul, que forman dibujos simétricos, en el resto del cuerpo. Es sumamente ágil, inofensivo y muy útil para la agricultura por la gran cantidad de insectos que devora. Se reproduce por huevos que entierra la hembra, hasta que el calor del sol los vivifica. ‖ **2.** Músculo grande del brazo, entre el hombro y el codo. ‖ **3.** coloq. Hombre astuto, sagaz. U. t. c. adj. ‖ **lagarto.** INTERJ. Se usa por las gentes supersticiosas cuando alguien nombra la culebra, y en general, para ahuyentar la mala suerte. U. m. repetida.

lagartón, na. I. ADJ. **1.** coloq. Dicho de una persona: **taimada.** U. t. c. s. ‖ **II.** F. **2.** despect. coloq. **prostituta.**

lago. M. Gran masa permanente de agua depositada en depresiones del terreno.

lagomorfo. ADJ. Zool. Se dice de los mamíferos semejantes a los roedores, de los que se diferencian por poseer dos pares de incisivos superiores en lugar de uno;

p. ej., el conejo y la liebre. U. t. c. s. m. ORTOGR. En m. pl., escr. con may. inicial c. taxón. Los Lagomorfos.

lágrima. F. **1.** Cada una de las gotas que segrega la glándula lagrimal. U. m. en pl. ‖ **2.** Objeto en forma de gota, especialmente cada uno de los adornos de cristal que penden de ciertas lámparas. ‖ **3.** Vino que destila la uva sin exprimir ni apretar el racimo. ‖ **4.** pl. Pesadumbres, adversidades, dolores. ‖ **~s de cocodrilo.** F. pl. Las que vierte alguien aparentando un dolor que no siente. ‖ **~s de David,** o **~s de Job.** F. pl. Planta de la familia de las Gramíneas, de caña elevada, hojas anchas y algo planas, flores monoicas en espiga, y fruto globoso, duro y de color gris claro. Es originaria de la India, se cultiva en los jardines, y de las simientes se hacen rosarios y collares. ‖ **deshacerse** alguien **en ~s.** LOC.VERB. Llorar de manera copiosa y amarga. ‖ **llorar** alguien **a ~ viva.** LOC.VERB. Llorar con intensidad. ‖ **llorar** alguien **~s de sangre.** LOC.VERB. Sentir pena muy viva y cruel. ‖ **saltarle,** o **saltársele,** a alguien **las ~s.** LOCS.VERBS. Enternecerse, echar a llorar de improviso. □ V. **paño de ~s, valle de ~s.**

lagrimal. I. ADJ. **1.** Se dice de los órganos de secreción y excreción de las lágrimas. Saco lagrimal. ‖ **II.** M. **2.** Extremidad del ojo próxima a la nariz.

lagrimear. INTR. **1.** Segregar lágrimas. Comenzó a toser y lagrimear. ‖ **2.** gotear (‖ caer gota a gota). El vaho lagrimea en los cristales. U. t. c. tr.

lagrimeo. M. **1.** Acción de lagrimear. ‖ **2.** Flujo independiente de toda emoción del ánimo, por no poder pasar las lágrimas desde el lagrimal a las fosas nasales, o ser su secreción muy abundante por irritación del ojo.

lagrimoso, sa. ADJ. **1.** Dicho de los ojos: Tiernos y húmedos. ‖ **2.** Dicho de una persona o de un animal: Que tienen los ojos en este estado. ‖ **3.** Que mueve a llanto. Una película lagrimosa.

laguna. F. **1.** Depósito natural de agua, generalmente dulce y de menores dimensiones que el lago. ‖ **2.** En los manuscritos o impresos, omisión o hueco en que se dejó de poner algo o en que algo ha desaparecido por la acción del tiempo o por otra causa. ‖ **3.** Defecto, vacío o solución de continuidad en un conjunto o una serie. ‖ **4.** Carencia en la formación intelectual de una persona. ‖ **5.** Olvido, fallo de la memoria.

lagunazo. M. charco.

lagunero[1], ra. ADJ. Perteneciente o relativo a la laguna. Peces laguneros.

lagunero[2], ra. ADJ. **1.** Natural de La Laguna. U. t. c. s. ‖ **2.** Perteneciente o relativo a esta ciudad de Canarias, en España.

laicado. M. En el cuerpo de la Iglesia, condición o conjunto de los fieles no clérigos.

laical. ADJ. Perteneciente o relativo a los laicos o legos. Instituciones laicales. Vocación laical.

laicismo. M. Doctrina que defiende la independencia del hombre o de la sociedad, y más particularmente del Estado, respecto de cualquier organización o confesión religiosa.

laicista. ADJ. **1.** Perteneciente o relativo al laicismo. El legado laicista. ‖ **2.** Partidario del laicismo. U. t. c. s.

laicización. F. Acción y efecto de laicizar.

laicizar. TR. Hacer laico o independiente de toda influencia religiosa. U. t. c. prnl.

laico, ca. ADJ. **1.** Que no tiene órdenes clericales. Misionero laico. U. t. c. s. ‖ **2.** Independiente de cualquier organización o confesión religiosa. *Estado laico. Enseñanza laica.*

laísmo. M. *Gram.* Uso impropio del pronombre *la,* tanto en singular como en plural, como complemento indirecto femenino.

laísta. ADJ. **1.** *Gram.* Que incurre en el hábito del laísmo. U. t. c. s. || **2.** *Gram.* Perteneciente o relativo al laísmo. *Uso laísta.*

laja. F. **1.** lancha¹. || **2.** *Mar.* Bajo de piedra, a manera de meseta llana.

lajeño, ña. ADJ. **1.** Natural de Lajas. U. t. c. s. || **2.** Perteneciente o relativo a este municipio de Puerto Rico o a su cabeza.

lama¹. F. **1.** Cieno blando, suelto y pegajoso, de color oscuro, que se halla en algunos lugares del fondo del mar o de los ríos, y en el de los recipientes o lugares en donde hay o ha habido agua largo tiempo. || **2.** Prado o pradería. || **3.** *Am.* **musgo.** || **4.** *Chile.* Capa de plantas criptógamas que se cría en las aguas dulces. || **5.** *Méx.* **moho** (|| capa que se forma en un cuerpo metálico).

lama². F. Plancha de metal.

lama³. M. Maestro de la doctrina budista tibetana.

lamaísmo. M. Doctrina del budismo en el Tíbet.

lamaísta. **I.** ADJ. **1.** Perteneciente o relativo al lamaísmo. *Doctrina lamaísta.* || **II.** COM. **2.** Partidario del lamaísmo.

lamasería. F. Monasterio de lamas.

lambayecano, na. ADJ. **1.** Natural de Lambayeque. U. t. c. s. || **2.** Perteneciente o relativo a este departamento del Perú.

lambda. F. Undécima letra del alfabeto griego (Λ, λ), que corresponde a *l* del latino.

lambel. M. *Heráld.* Pieza que tiene la forma de una faja con tres caídas. Se pone de ordinario horizontalmente en la parte superior del escudo, a cuyos lados no llega, para señalar que son las armas del hijo segundo, y no del heredero de la casa.

lamber. TR. *Am.* **lamer.**

lambetazo. M. **lenguarada.**

lambrequín. M. *Heráld.* Adorno, generalmente en forma de hojas de acanto, que baja de lo alto del casco y rodea el escudo. Representa las cintas con que se adornaba el yelmo, o la tela fija en él para defender la cabeza de los rayos del sol. U. m. en pl.

lamé. M. Tela tejida con hilos brillantes, especialmente de color oro o plata.

lameculos. COM. vulg. Persona aduladora y servil. U. t. c. adj.

lamedor, ra. ADJ. Que lame. *Insectos lamedores.* U. t. c. s.

lamedura. F. Acción y efecto de lamer.

lamelibranquio. ADJ. *Zool.* Se dice del molusco marino o de agua dulce que tiene simetría bilateral, región cefálica rudimentaria, branquias foliáceas y pie ventral en forma de hacha, y está provisto de una concha bivalva; p. ej., la almeja, el mejillón y la ostra. U. t. c. s. m. ORTOGR. En m. pl., escr. con may. inicial. c. taxón. *Los Lamelibranquios.*

lamentable. ADJ. **1.** Que merece ser lamentado o es digno de llorarse. *Un resultado lamentable.* || **2.** Dicho del estado o del aspecto de una persona o de una cosa: Estropeado, maltrecho.

lamentación. F. **1.** Expresión de dolor, pena o sentimiento. || **2.** Queja dolorosa junta con llanto, suspiros u otras muestras de aflicción. || **3.** Cada una de las partes del canto lúgubre de Jeremías.

lamentar. TR. **1.** Sentir algo con llanto, sollozos u otras demostraciones de dolor. U. t. c. prnl. *Se lamentaban visiblemente por la muerte de su hermano.* || **2.** Sentir pena, contrariedad, arrepentimiento, etc., por alguna cosa. *Lamento haber llegado tarde.* U. t. c. prnl.

lamento. M. Queja con llanto y otras muestras de aflicción.

lamentoso, sa. ADJ. **1.** Que se lamenta. *El lamentoso Job.* || **2.** Que infunde horror o tristeza. *Muerte lamentosa.*

lameplatos. COM. **1.** coloq. Persona golosa. || **2.** coloq. Persona que se alimenta de sobras.

lamer. TR. **1.** Pasar la lengua por la superficie de algo. U. t. c. prnl. || **2.** Rozar blanda y suavemente algo al pasar por ello. *El arroyo lame las arenas.*

lametada. F. **lametón.**

lametazo. M. **lametón.**

lametón. M. Acción de lamer.

lamia. F. Especie de tiburón, de la misma familia que el cazón y la tintorera, que se encuentra en los mares españoles y alcanza unos tres metros de longitud.

lamido, da. PART. de **lamer.** || ADJ. **relamido** (|| afectado, demasiado pulcro).

lámina. F. **1.** Plancha delgada de un metal. || **2.** Plancha de cobre o de otro metal en la cual está grabado un dibujo para estamparlo. || **3.** Figura trasladada al papel u otra materia. || **4.** Figura total de una persona o animal. || **5.** Porción de cualquier materia extendida y de poco grosor. *Lámina de chocolate.* || **6.** *Bot.* Parte ensanchada de las hojas, pétalos y sépalos.

laminación. F. **laminado.**

laminado. M. Acción y efecto de **laminar¹.**

laminador, ra. **I.** ADJ. **1.** Que lamina. *Máquina laminadora.* || **II.** M. **2.** Máquina compuesta esencialmente de dos cilindros lisos de acero que casi se tocan longitudinalmente, y que, girando en sentido contrario y comprimiendo masas de metales maleables, los estiran en láminas o planchas. A veces los cilindros están acanalados para formar, entre sus estrías, barras, carriles, etc.

laminar¹. TR. Hacer láminas, planchas o barras con el laminador.

laminar². ADJ. **1.** De forma de lámina. *Superficie laminar.* || **2.** Dicho de la estructura de un cuerpo: Que tiene sobrepuestas y paralelamente colocadas sus láminas u hojas.

laminero, ra. ADJ. **goloso** (|| aficionado a comer golosinas). U. t. c. s.

laminoso, sa. ADJ. Dicho de un cuerpo: De textura laminar.

lamoso, sa. ADJ. Que tiene o cría **lama¹.** *Tejas lamosas.*

lampa. F. *Á. Andes* y *Chile.* **azada.**

lampacear. TR. *Mar.* Enjugar con el lampazo la humedad de las cubiertas y costados de una embarcación.

lampada. F. *Á. Andes.* Cantidad de material que recoge la lampa.

lampadario. M. Candelabro que se sustenta sobre su pie y está provisto en su parte superior de dos o más brazos con sendas lámparas.

lampante. ADJ. Se dice del queroseno purificado que se emplea para el alumbrado.

lampar. INTR. Tener ansiedad por el logro de algo.

lámpara. F. **1.** Utensilio o aparato que, colgado o sostenido sobre un pie, sirve de soporte a una o varias luces artificiales. || **2.** Válvula de los aparatos electrónicos, como radios y televisiones. || **3.** Bombilla eléctrica. || **4.** Utensilio para dar luz, que consta de uno o varios mecheros con un depósito para la materia combustible, cuando es líquida, o de una boquilla en que se quema un gas. || **5.** Mancha grande de aceite o grasa que cae en la ropa. || **6.** hist. Ramo de árbol que los jóvenes ponían a las puertas de las casas en la mañana de San Juan. || **~ de arco.** F. lámpara cuya luz está producida por un arco eléctrico.

lamparear. TR. *Méx.* Cazar o pescar con la ayuda de una lámpara.

lamparería. F. **1.** Taller en que se hacen lámparas. || **2.** Tienda donde se venden.

lamparilla[1]. F. **1.** **mariposa** (|| mecha que flota en un recipiente con aceite). || **2.** Plato, vaso o vasija en que esta se pone.

lamparilla[2]. F. hist. Tejido de lana delgado y ligero de que se solían hacer vestidos y capas de verano.

lamparón. M. coloq. **lámpara** (|| mancha en la ropa).

lampasear. TR. *Filip.* Hacer brillar el suelo frotándolo con un pie sobre la mitad de un coco seco.

lampazo. M. **1.** Planta de la familia de las Compuestas, de seis a ocho decímetros de altura, de tallo grueso, ramoso y estriado, hojas aovadas, y en cabezuelas terminales, flores purpúreas, cuyo cáliz tiene escamas con espinas en curva. || **2.** *Mar.* Manojo o borla hechos de filásticas de largo variable, y con una gaza en la cabeza para su manejo, que sirven principalmente para enjugar la humedad de las cubiertas y costados de los buques.

lampear. TR. *Á.Andes.* Remover la tierra con la lampa.

lampiño, ña. ADJ. **1.** Dicho de un hombre: Que no tiene barba. || **2.** Que tiene poco pelo o vello. *Piernas lampiñas.* || **3.** *Bot.* Falto de pelos. *Tallo lampiño.*

lampo. M. poét. Resplandor o brillo pronto y fugaz, como el del relámpago.

lamprea. F. **1.** Pez del orden de los Ciclóstomos, de un metro o algo más de largo, de cuerpo casi cilíndrico, liso, viscoso y terminado en una cola puntiaguda. Tiene el lomo verde, manchado de azul, y, sobre él, dos aletas pardas con manchas amarillas, y otra, de color azul, rodeando la cola; a cada lado de la cabeza se ven siete agujeros branquiales. Vive asido a las peñas, a las que se agarra fuertemente con la boca. Su carne es muy estimada. || **2.** Pez de río, semejante a la lamprea de mar, de la cual se diferencia principalmente en no pasar de tres o cuatro decímetros de longitud, ser negruzco por el lomo, plateado por el vientre, y tener muy separadas las dos aletas dorsales. Vive por lo común en las aguas estancadas y en los ríos de poca corriente, y es comestible.

lamprear. TR. Guisar un alimento, friéndolo o asándolo primero, y cociéndolo después en vino o agua con azúcar o miel y especia fina, a lo cual se añade un poco de zumo ácido al tiempo de servirlo.

lana. F. **1.** Pelo de las ovejas y de otros animales, que se hila y sirve para tejer. || **2.** Hilo de lana. || **3.** Tejido de lana. || **4.** coloq. **dinero** (|| moneda corriente). || **5.** despect. coloq. Pelo largo, especialmente cuando está desaliñado. U. m. en pl. con el mismo significado que en sing. □ V. **perro de ~s.**

lanar. ADJ. **1.** Dicho del ganado o de una res: Que tienen lana. U. t. c. s. || **2.** Perteneciente o relativo a la lana. *Explotación, industria lanar.*

lance. M. **1.** Trance u ocasión crítica. || **2.** Suceso, acontecimiento, situación interesante o notable. || **3.** Encuentro, riña. || **4.** En los juegos de naipes, cada una de las jugadas establecidas por las reglas. || **5.** Acción de echar la red para pescar. || **6.** Pesca que se saca de una vez. || **7.** *Taurom.* Cada una de las suertes de capa. || **~ de fortuna.** M. Casualidad, accidente inesperado. || **~ de honor.** M. Desafío entre dos para un duelo. || **de ~.** LOC.ADJ. **de ocasión** (|| de segunda mano o que se adquiere en condiciones ventajosas).

lancear. TR. Herir con lanza.

lanceolado, da. ADJ. *Bot.* Dicho de una hoja o de sus lóbulos: De forma semejante al hierro de la lanza.

lancero. M. **1.** Soldado armado con lanza. || **2.** hist. Fabricante de lanzas. || **3.** pl. hist. Baile de figuras, muy parecido al rigodón.

lanceta. F. *Med.* Instrumento que sirve para sangrar abriendo una cisura en la vena, y también para abrir algunos tumores y otras cosas. Tiene la hoja de acero con el corte muy delgado por ambos lados, y la punta agudísima.

lancha[1]. F. Piedra más bien grande, naturalmente lisa, plana y de poco grueso.

lancha[2]. F. **1.** Bote grande de vela y remo, o bien de vapor o de motor, propio para ayudar en las faenas que se ejecutan en los buques, y para transportar carga y pasajeros en el interior de los puertos o entre puntos cercanos de la costa. || **2.** Embarcación mayor de las menores que llevan a bordo los grandes buques para su servicio. || **3.** Bote pequeño descubierto, con asientos para los remeros. || **4.** Embarcación pequeña para atravesar los ríos, y, en el mar, para pescar y para otros servicios. || **5.** Trampa compuesta de unos palillos y una piedra para coger perdices. || **~ bombardera, ~ cañonera, o ~ obusera.** F. hist. La que se construía a propósito para llevar un mortero, cañón u obús montado, y batir de cerca las escuadras o las plazas y fortalezas de tierra. □ V. **patrón de ~.**

lanchar. M. Sitio en que abundan las **lanchas**[1].

lanchero. M. Conductor o patrón de una **lancha**[2].

lancinante. ADJ. Dicho de un dolor: Muy agudo.

landa. F. Gran extensión de tierra llana en que solo se crían plantas silvestres.

landgrave. M. hist. Se usaba como tratamiento de honor dirigido en Alemania a algunos grandes señores.

landó. M. hist. Coche de cuatro ruedas, tirado por caballos, con capotas delantera y trasera, para poder usarlo descubierto o cerrado. MORF. pl. **landós.**

landre. F. Tumefacción inflamatoria, del tamaño de una bellota, de un ganglio linfático, generalmente del cuello, axilas e ingles. || **mala ~ te coma, o te mate.** EXPRS. Se usan para expresar desprecio, malos deseos, etc., hacia la persona a quien se dirige.

lanero, ra. **I.** ADJ. **1.** Perteneciente o relativo a la lana. *Exportaciones laneras.* || **II.** M. y F. **2.** Persona que trata en lanas.

langosta. F. **1.** Insecto ortóptero de la familia de los Acrídidos, de color gris amarillento, de cuatro a seis centímetros de largo, cabeza gruesa, ojos prominentes, antenas finas y alas membranosas; el tercer par de patas es muy robusto y a propósito para saltar. Es fitófago, y en ciertas circunstancias se multiplica extraordinariamente, formando espesas nubes que arrasan comarcas enteras. || **2.** Crustáceo decápodo macruro, que alcanza hasta cinco decímetros de longitud, con todas sus patas terminadas en pinzas pequeñas, cuatro antenas, dos centrales cortas y dos laterales muy largas y fuertes, ojos prominentes, cuerpo casi cilíndrico, y cola larga y gruesa. Es de color fusco que se vuelve rojo por la cocción. Vive en altamar, y su carne se tiene por manjar delicado.

langostero, ra. ADJ. **1.** Dicho de una embarcación: Empleada para la pesca de la langosta. ‖ **2.** Dicho de una persona: Que se dedica a esta tarea. U. t. c. s.

langostino. M. Crustáceo decápodo marino, del suborden de los Macruros, de doce a catorce centímetros de largo, patas pequeñas, bordes de las mandíbulas fibrosos, cuerpo comprimido, cola muy prolongada, carapacho poco consistente y de color grisáceo, que cambia en rosa subido por la cocción; su carne es muy apreciada.

languedociano, na. I. ADJ. **1.** Perteneciente o relativo al Languedoc, región de Francia. ‖ **II.** M. **2.** Dialecto languedociano.

langüetear. TR. *Chile.* **lamer** (‖ pasar la lengua).

languidecer. INTR. Perder el espíritu o el vigor. MORF. conjug. c. *agradecer.*

languideciente. ADJ. Que languidece. *Una mirada languideciente. Un negocio languideciente.*

languidez. F. **1.** Flaqueza, debilidad. ‖ **2.** Falta de espíritu, valor o energía.

lánguido, da. ADJ. **1.** Flaco, débil, fatigado. *Silueta lánguida. Aire lánguido.* ‖ **2.** De poco espíritu, valor o energía. *Mirada lánguida.*

lanilla. F. Tejido de poca consistencia hecho con lana fina.

lanolina. F. Sustancia análoga a las grasas, que se extrae de la lana del cordero y se utiliza para la preparación de pomadas y cosméticos.

lanoso, sa. ADJ. Que tiene mucha lana o vello. *Alfombra lanosa.*

lansquenete. M. hist. Soldado de la infantería alemana, que peleó también al lado de los tercios españoles durante la dominación de la casa de Austria.

lantánido. I. ADJ. **1.** *Quím.* Se dice de los elementos químicos cuyo número atómico está comprendido entre el 57 y el 71. U. t. c. s. m. ‖ **II.** M. **2.** pl. *Quím.* Grupo formado por estos elementos, llamados también tierras raras.

lantano. M. Elemento químico de núm. atóm. 57. Metal de las tierras raras escaso en la litosfera, se encuentra disperso en ciertos minerales junto con otros lantánidos. De color blanco grisáceo, es maleable y arde fácilmente. Alguno de sus derivados se usa en metalurgia y en cerámica. (Símb. *La*).

lanudo, da. ADJ. Que tiene mucha lana o vello. *Ovejas lanudas.*

lanuginoso, sa. ADJ. Que tiene pelusa o vello. *Hojas lanuginosas.*

lanza. F. **1.** Arma ofensiva consistente en un asta o palo largo en cuya extremidad está fijo un hierro puntiagudo y cortante a manera de cuchilla. ‖ **2.** Vara de madera que, unida por uno de sus extremos al juego delantero de un carruaje, sirve para darle dirección, y a cuyos lados se enganchan las caballerías del tronco, que han de hacer el tiro. ‖ **3.** Tubo de metal con que se rematan las mangas de las bombas para dirigir bien el chorro de agua. ‖ **4.** hist. Soldado que usaba la lanza como arma, fuese a pie o a caballo. ‖ **romper ~s** por alguien o algo. LOC.VERB. Salir en defensa de él o de ello. □ V. **capitán de ~s.**

lanzacohetes. ADJ. Dicho de una instalación o de un artefacto: Destinados a disparar cohetes. U. t. c. s. m.

lanzada. F. **1.** Golpe que se da con la lanza. ‖ **2.** Herida que con ella se hace. ‖ **3.** Unidad usual para la venta de adobes, que consta de 220 de estos.

lanzadera. F. **1.** Pieza cerámica en forma de barco, con una canilla dentro, que usan los tejedores para tramar. ‖ **2.** Pieza de forma semejante que tienen las máquinas de coser. ‖ **3.** Instrumento parecido, pero sin canilla, que se emplea en algunas labores. ‖ **4.** Medio de transporte rápido, de ida y vuelta y periodicidad frecuente, entre dos ciudades. ‖ **~ espacial.** F. Vehículo capaz de transportar un objeto al espacio y situarlo en él.

lanzado, da. PART. de **lanzar. I.** ADJ. **1.** Impetuoso, fogoso, decidido, arrojado. *Un defensor muy lanzado.* ‖ **II.** M. **2.** En la pesca con caña, acción de proyectar el cebo a distancia.

lanzador, ra. I. ADJ. **1.** Que **lanza** (‖ arroja). *Tubo lanzador de proyectiles.* Apl. a pers., u. t. c. s. ‖ **II.** M. **2.** Cohete destinado a lanzar un vehículo espacial. ‖ **3.** Á. *Caribe* y *Méx.* En el béisbol, jugador encargado de lanzarle la pelota al bateador.

lanzafuego. M. *Mil.* hist. **botafuego.**

lanzagranadas. M. Arma portátil para disparar granadas u otros proyectiles contra tanques o carros blindados.

lanzagua. M. *Chile.* Especie de cañón móvil pequeño, instalado en un vehículo destinado a lanzar agua para combatir los desórdenes públicos.

lanzallamas. M. Aparato usado para lanzar a corta distancia un chorro de líquido inflamado.

lanzamiento. M. **1.** Acción y efecto de lanzar o lanzarse. ‖ **2.** En ciertos juegos de balón o de pelota, acción de lanzar la pelota para castigar una falta. ‖ **3.** Promoción, puesta en conocimiento público de una persona o de un producto. ‖ **4.** *Dep.* Prueba atlética consistente en lanzar el peso, el disco, el martillo o la jabalina a la mayor distancia posible. ‖ **5.** *Der.* Despojo de una posesión o tenencia por fuerza judicial.

lanzamisiles. I. M. **1.** Artefacto para lanzar misiles. ‖ **II.** ADJ. **2.** Dicho especialmente de un medio de transporte: Que lleva lanzamisiles. *Fragata lanzamisiles.*

lanzar. I. TR. **1.** **arrojar.** *Lo lanzó contra el suelo.* ‖ **2.** Promover la rápida difusión de algo nuevo. *Lanzar al mercado un nuevo libro.* ‖ **3.** Dar, proferir, exhalar. *Lanzar un alarido.* ‖ **4.** *Der.* Despojar a alguien de la posesión o tenencia de algo. ‖ **II.** PRNL. **5.** Empezar una acción con mucho ánimo o con irreflexión. *Lanzarse a trabajar.*

lanzaroteño, ña. ADJ. **1.** Natural de Lanzarote. U. t. c. s. ‖ **2.** Perteneciente o relativo a esta isla del archipiélago canario, en España.

lanzazo. M. **1.** **lanzada** (‖ golpe). ‖ **2.** **lanzada** (‖ herida).

lanzón. M. hist. Lanza corta y gruesa con un hierro ancho y grande, que solían usar los guardas de las viñas.

laña. F. **grapa** (‖ pieza de hierro para unir o sujetar dos cosas).

lañar. TR. Trabar, unir o afianzar con lañas un objeto.

laosiano, na. ADJ. **1.** Natural de Laos. U. t. c. s. ‖ **2.** Perteneciente o relativo a este país de Asia.

lapa[1]**.** F. **1.** Molusco gasterópodo, de concha cónica con abertura oblonga, lisa o con estrías, que vive asido fuertemente a las rocas de las costas. Hay muchas especies, todas comestibles, aunque de poco valor. ‖ **2.** **lampazo**

(‖ planta compuesta). ‖ **3.** Persona excesivamente insistente e inoportuna. ☐ V. **bomba ~.**

lapa². F. Á. Caribe. **paca¹.**

lapacho. M. Árbol de América Meridional, de la familia de las Bignoniáceas.

laparoscopia. F. **1.** Med. Exploración visual de la cavidad abdominal con el laparoscopio. ‖ **2.** Med. Técnica de esta exploración.

laparoscopio. M. Med. Endoscopio que permite explorar la cavidad abdominal.

laparotomía. F. Med. Operación quirúrgica que consiste en abrir las paredes abdominales y el peritoneo.

lapicera. F. **1.** Á. R. Plata. **portaplumas.** ‖ **2.** Á. R. Plata. **pluma estilográfica.** ‖ **3.** Á. R. Plata. **bolígrafo.**

lapicero. M. **1.** **lápiz** (‖ barra de grafito). ‖ **2.** Am. Cen. **bolígrafo.** ‖ **3.** Méx. **portaminas.**

lápida. F. Piedra llana en que ordinariamente se pone una inscripción.

lapidación. F. Acción y efecto de lapidar.

lapidar. TR. **apedrear** (‖ matar a pedradas).

lapidario, ria. I. ADJ. **1.** Perteneciente o relativo a las piedras preciosas. *Comercio lapidario.* ‖ **2.** Perteneciente o relativo a las inscripciones en lápidas. *Texto lapidario.* ‖ **3.** Dicho de un enunciado: Que, por su concisión y solemnidad, parece digno de ser grabado en una lápida. *Frase lapidaria.* U. m. en sent. irón. ‖ **II.** M. y F. **4.** Persona que tiene por oficio labrar piedras preciosas. ‖ **5.** Persona que comercia en ellas. ‖ **6.** Persona que tiene por oficio hacer o grabar lápidas.

lapídeo, a. ADJ. De piedra. *Sepulcro lapídeo.*

lapidificar. TR. Quím. Convertir en piedra. U. t. c. prnl.

lapislázuli. M. Mineral de color azul intenso, tan duro como el acero, que suele usarse en objetos de adorno, y antiguamente se empleaba en la preparación del azul de ultramar. Es un silicato de alúmina mezclado con sulfato de cal y sosa, y acompañado frecuentemente de pirita de hierro.

lapita. M. Individuo de un pueblo de los tiempos heroicos de Grecia, que habitaba en Tesalia, cerca del monte Olimpo, y se hizo famoso por su lucha contra los centauros en las bodas de Pirítoo.

lápiz. M. **1.** Se usa como nombre genérico para referirse a varias sustancias minerales, suaves, crasas al tacto, que se usan generalmente para dibujar. ‖ **2.** Barra de grafito encerrada en un cilindro o prisma de madera, que sirve para escribir o dibujar. ‖ **~ de color.** M. Composición o pasta que se hace con varios colores dándole la forma de puntas de lápiz, utilizada para pintar al pastel. ‖ **~ de labios.** M. **pintalabios.** ‖ **~ de ojos.** M. Barra en forma de lápiz, de punta más o menos dura y distintas tonalidades, destinada al maquillaje de los ojos. ‖ **~ de plomo.** M. **grafito¹.** ‖ **~ plomo.** M. **grafito¹.** ‖ **~ de tinta.** M. **lápiz tinta.** ‖ **~ tinta.** M. Aquel cuya mina, al humedecerse, escribe como si tuviera tinta.

lapo. M. **bofetada.**

lapón, na. I. ADJ. **1.** Natural de Laponia. U. t. c. s. ‖ **2.** Perteneciente o relativo a esta región del norte de Europa. ‖ **II.** M. **3.** Lengua hablada por los lapones.

lapso. M. **1.** Paso o transcurso. ‖ **2.** Tiempo entre dos límites. ‖ **~ de tiempo.** M. **lapso** (‖ tiempo).

lapsus. M. Falta o equivocación cometida por descuido.

lapsus cálami. (Locución latina). M. Error mecánico que se comete al escribir. MORF. pl. invar. *Los lapsus cálami.*

lapsus línguae. (Locución latina). M. Error involuntario que se comete al hablar. MORF. pl. invar. *Los lapsus línguae.*

laque. M. Chile. Especie de porra de fierro o de madera recubierta.

laquear. TR. **lacar.**

lar. M. **1.** **hogar** (‖ sitio de la lumbre en la cocina). ‖ **2.** Mit. Cada uno de los dioses de la casa u hogar. U. m. en pl. ‖ **3.** pl. Casa propia u hogar.

larario. M. hist. Entre los gentiles, lugar destinado en cada casa para adorar a los **lares** (‖ dioses del hogar).

lardáceo, a. ADJ. Semejante o parecido al lardo. *Piel lardácea.*

lardear. TR. Untar o envolver con lardo o grasa lo que se va a asar.

lardo. M. Parte gorda del tocino.

lardoso, sa. ADJ. Grasiento, pringoso. *Carne clara y lardosa.*

larense. ADJ. **1.** Natural de Lara. U. t. c. s. ‖ **2.** Perteneciente o relativo a este estado de Venezuela.

lareño, ña. ADJ. **1.** Natural de Lares. U. t. c. s. ‖ **2.** Perteneciente o relativo a este municipio de Puerto Rico o a su cabeza.

larga. F. **1.** Dilación, retardación. *Dar largas.* ‖ **2.** Taurom. Lance a una mano que consiste en sacar al toro de la suerte de varas, corriéndolo con el capote extendido a lo largo. ‖ **~ cambiada.** F. Taurom. Lance que consiste en citar al toro de frente y con el capote sostenido por una sola mano y hacerlo salir por el lado contrario al que se le ha citado.

largada. F. **1.** Á. R. Plata. En una carrera deportiva, **salida** (‖ acto de comenzar). ‖ **2.** Á. R. Plata. En una carrera deportiva, **salida** (‖ lugar donde comienza).

largamente. I. ADV. M. **1.** Con anchura, sin estrechez. *Juan tiene con qué pasarlo largamente.* ‖ **II.** ADV. T. **2.** Por mucho o largo tiempo. *Un acontecimiento largamente esperado.*

largar. I. TR. **1.** Soltar, dejar libre, especialmente lo que es molesto, nocivo o peligroso. *Largar una bocanada de humo.* ‖ **2.** Aflojar, ir soltando poco a poco. U. m. en leng. náutico. *Largar un cabo.* ‖ **3.** coloq. Contar lo que no se debe, o decir algo inoportuno o pesado. *Largar calumnias.* ‖ **4.** coloq. **dar** (‖ hacer sufrir un golpe). *Largar una bofetada, un porrazo.* ‖ **5.** Mar. Desplegar, soltar algo. *Largar la bandera. Largar velas.* ‖ **II.** PRNL. **6.** coloq. Dicho de una persona: Irse o ausentarse con presteza o disimulo. ‖ **7.** Mar. Dicho de una nave: Hacerse a la mar, o apartarse de tierra o de otra embarcación.

largavista. M. Á. R. Plata. **anteojos prismáticos.**

largo, ga. I. ADJ. **1.** Que tiene longitud. *Una repisa más larga que ancha.* ‖ **2.** Que tiene mucha longitud. *La carretera es larga.* ‖ **3.** Copioso, abundante, excesivo. *Largo de palabra.* ‖ **4.** Dilatado, extenso, continuado. *Un cirujano de larga experiencia.* ‖ **5.** Dicho de un período de tiempo: Subjetivamente prolongado. U. m. en pl. *Estuvo ausente largos años.* ‖ **6.** Dicho de una cantidad: Que excede de lo que realmente se dice. U. m. en pl. *Tiene cincuenta años largos.* ‖ **II.** M. **7.** **longitud** (‖ mayor dimensión lineal de una superficie plana). ‖ **8.** En natación, recorrido correspondiente a la dimensión mayor de una piscina. ‖ **9.** Mús. Uno de los movimientos fundamentales de la música, que equivale a despacio o lento. ‖ **10.** Mús. Composición, o parte de ella, escrita en este movimiento. *Tocar un largo.* ‖ **III.** ADV. M. **11.** **largo y tendido.** ‖ **a la ~.** LOC. ADV. **1.** Según el largo de algo. *Quedó tumbado a la larga.* ‖ **2.** Al cabo, pasado mucho tiempo. ‖ **a lo ~.** LOC.ADV. En el sentido de la longitud de algo. ‖ **a lo ~ de.** LOC.PREPOS. **durante.** *A lo largo de su vida. A lo largo del discurso.* ‖ **de largo.** LOC.ADV. **1.** Con hábitos o vestiduras talares. ‖ **2.** Desde hace mucho tiempo. ‖ **largo.** INTERJ. Se usa para mandar a una o más personas que se vayan inmediatamente. ‖ **largo de ahí,** o **de aquí.** LOCS.INTERJS. largo. ‖ **largo y tendido.** LOC.ADV. De manera extensa y sin prisa. *Hablar, escribir largo y tendido.* ‖ **por largo.** LOC.ADV. **por extenso.** ☐ V. aristoloquia ~, arma ~, be ~, bebida ~, boga ~, cara ~, día de manteles ~s, guion ~, juego a largo, ~ data, luz ~, mano ~, manos ~s, mar larga, nueve ~, onda ~, paja ~, pantalón ~, paso ~, pimienta ~, puesta de largo, sílaba ~, uñas ~s, vara ~, viento ~.

largometraje. M. Película cuya duración sobrepasa los 60 min. MORF. pl. **largometrajes.**

largor. M. **longitud** (‖ mayor dimensión lineal de una superficie plana).

larguero. M. **1.** Cada uno de los dos palos o tablas que se ponen a lo largo de una obra de carpintería, unidos con los demás de la pieza o separados; p. ej., los de las camas, ventanas, bastidores, etc. ‖ **2.** Palo superior, horizontal, de la portería del fútbol y otros deportes.

largueza. F. **1. liberalidad** (‖ virtud moral). ‖ **2. liberalidad** (‖ generosidad).

larguirucho, cha. ADJ. coloq. Dicho de una persona o de una cosa: Desproporcionadamente larga respecto de su ancho o de su grueso. Apl. a pers., u. t. c. s.

largura. F. **longitud** (‖ mayor dimensión lineal de una superficie plana).

laringal. ADJ. Fon. Dicho de un fonema: Cuyo punto de articulación está en la laringe. U. t. c. s. f.

laringe. F. Anat. Órgano tubular, constituido por varios cartílagos en la mayoría de los vertebrados, que por un lado comunica con la faringe y por otro con la tráquea. Es rudimentario en las aves, y forma parte del aparato de la fonación en los mamíferos.

laríngeo, a. ADJ. **1.** Anat. Perteneciente o relativo a la laringe. *Cavidad laríngea.* ‖ **2.** Fon. Dicho de un sonido: Que se produce por la vibración de las cuerdas vocales.

laringitis. F. Med. Inflamación de la laringe.

laringófono. M. Med. Aparato electrónico que, adosado a la garganta, permite emitir sonidos inteligibles a las personas a quienes se les ha extirpado la laringe.

laringología. F. Med. Parte de la patología que estudia las enfermedades de la laringe.

laringólogo, ga. M. y F. Especialista dedicado al estudio y tratamiento de las enfermedades de la laringe.

laringoscopia. F. Med. Exploración de la laringe y de partes inmediatas a ella.

laringoscopio. M. Med. Instrumento que sirve para la laringoscopia.

laringotomía. F. Med. Incisión que se hace en la laringe para extraer cuerpos extraños, extirpar tumores, pólipos, etc.

larva. F. Zool. Animal en estado de desarrollo, cuando ha abandonado las cubiertas del huevo y es capaz de nutrirse por sí mismo, pero aún no ha adquirido la forma y la organización propia de los adultos de su especie.

larvado, da. ADJ. **1.** Dicho de un sentimiento: Que no se manifiesta abiertamente. *Un larvado rencor.* ‖ **2.** Med. Dicho de una enfermedad: Que se presenta con síntomas que ocultan su verdadera naturaleza.

larval. ADJ. **larvario.**

larvario, ria. ADJ. Biol. Perteneciente o relativo a las larvas de los animales y a las fases de su desarrollo.

las¹. ART. DET. F. PL. de **el.**

las². PRON. PERSON. **1.** Forma femenina de la 3.ª persona del plural, que cumple la función de complemento directo. No admite preposición y se puede usar como enclítico. *Las miré. Míralas.* ‖ **2.** Se usa sin referencia a sustantivo expreso con valor enfático. *Me las pagarás. Pasarlas mal.*

lasaña. F. Plato formado por capas de pasta de harina, cuadradas o alargadas, que se intercalan con carne picada, verdura, etc.

lasca. F. Trozo pequeño y delgado desprendido de una piedra.

lascar. TR. Mar. Aflojar o arriar muy poco a poco un cabo.

lascivia. F. Propensión a los deleites carnales.

lascivo, va. ADJ. **1.** Perteneciente o relativo a la lascivia. *Tentación lasciva.* ‖ **2.** Que tiene este vicio. *Jóvenes impúdicos y lascivos.* U. t. c. s.

láser. M. **1.** Dispositivo electrónico que, basado en la emisión inducida, amplifica de manera extraordinaria un haz de luz monocromo y coherente. ‖ **2.** Este mismo haz. ¶ MORF. pl. **láseres;** pl. invar. en apos. *Sistemas láser.* ☐ V. **rayo ~.**

laserpicio. M. Planta herbácea, vivaz, de la familia de las Umbelíferas, con tallo rollizo, estriado, poco ramoso, de seis a ocho decímetros de altura, hojas partidas en lóbulos lanceolados, con flores blancas, semillas pareadas, ovoides, algo vellosas, y raíz gruesa y fibrosa.

lasitud. F. Desfallecimiento, cansancio, falta de fuerzas.

laso, sa. ADJ. **1.** Flojo y macilento. *Se despertó laso y con sueño.* ‖ **2.** Dicho del hilo de lino o del cáñamo y de la seda: Sin torcer. ‖ **3.** Cansado, desfallecido, falto de fuerzas.

lástima. F. **1.** Sentimiento de ternura y compasión ocasionados por los males de alguien. ‖ **2.** Objeto que excita la compasión. *Su situación era una lástima.* ‖ **3.** Quejido, lamento, expresión lastimera. *Ya está bien de tanta lástima.* ‖ **4.** Cosa que causa disgusto, aunque sea ligero. *Es lástima que no hayamos venido más temprano.* ‖ **hecho, cha una ~.** LOC.ADJ. Estropeado o maltrecho. ‖ **lástima.** INTERJ. Se usa para expresar pesar ante algo que no sucede como se esperaba.

lastimada. F. Méx. **lastimadura.**

lastimadura. F. Acción y efecto de lastimar.

lastimar. TR. **1.** Herir o hacer daño. *Una pedrada le lastimó la frente.* U. t. c. prnl. ‖ **2.** Agraviar, ofender la estimación u honra.

lastimero, ra. ADJ. Digno de compasión. *Gritos lastimeros.*

lastimoso, sa. ADJ. Que mueve a compasión y lástima. *Aspecto lastimoso.*

lastón. M. Planta perenne de la familia de las Gramíneas, cuya caña es de unos seis decímetros de altura, estriada, lampiña y de pocos nudos, y las hojas muy largas, lo mismo que la panoja, cuyos ramos llevan multitud de florecitas con cabillo y con arista.

lastra. F. **lancha¹.**

lastrar. TR. Poner lastre. *Lastrar una embarcación. Las digresiones que tanto lastran el relato.* U. t. c. prnl.

lastre. M. **1.** Piedra, arena, agua u otra cosa de peso que se pone en el fondo de la embarcación, a fin de que esta entre en el agua hasta donde convenga, o en la barquilla de los globos para que asciendan o desciendan más rápidamente. ‖ **2. rémora** (‖ cosa que detiene, embarga o suspende). *La deuda externa es un lastre para el país.* □ V. **buque en ~.**

lata. F. **1.** hojalata. ‖ **2.** Envase hecho de hojalata. *Una lata de tabaco. Una lata de pimientos.* ‖ **3.** Tabla delgada sobre la cual se aseguran las tejas. ‖ **4.** coloq. Discurso o conversación fastidiosos. ‖ **5.** coloq. Cosa que causa hastío y disgusto a alguien. *Aquello fue una lata. ¡Qué lata!* ‖ **dar la ~,** o **dar ~** a alguien. LOCS.VERBS. coloqs. Molestarlo, importunarlo, aburrirlo o fastidiarlo con cosas inoportunas o con exigencias continuas. □ V. **hoja de ~.**

latacungueño, ña. ADJ. **1.** Natural de Latacunga. U. t. c. s. ‖ **2.** Perteneciente o relativo a esta ciudad de Ecuador, capital de la provincia de Cotopaxi.

latania. F. Palma de la isla de Borbón, que en Europa se cultiva en invernáculos, con hojas en forma de abanico, de color verde claro y de metro y medio de largo, cuyos pecíolos son de unos dos metros y tienen aguijones verdes hasta la mitad de su longitud.

latencia. F. **1.** Cualidad o condición de latente. ‖ **2.** *Biol.* Tiempo que transcurre entre un estímulo y la respuesta que produce, y, en particular, lapso entre el momento en que se contrae una enfermedad y la aparición de los primeros síntomas.

latente. ADJ. Oculto, escondido o aparentemente inactivo. *Amenaza latente. Recuerdos latentes.* □ V. **dolor ~.**

lateral. I. ADJ. **1.** Situado al lado de una cosa. *Ventana lateral.* ‖ **2.** Que no viene por línea recta. *Sucesión, línea lateral.* ‖ **3.** Dicho de un futbolista o de un jugador de otros deportes: Que actúa junto a las bandas del terreno de juego con funciones generalmente defensivas. U. t. c. s. ‖ **4.** *Fon.* Se dice del sonido articulado en cuya pronunciación la lengua impide al aire espirado su salida normal por el centro de la boca, dejándole paso por los lados, p. ej., la *l* y la *ll.* U. t. c. s. f. ‖ **II.** M. **5.** Cada uno de los lados de una avenida, separado de la parte central por un seto o por un camino para peatones. □ V. **cadena ~, decúbito ~.**

lateralidad. F. Preferencia espontánea en el uso de los órganos situados al lado derecho o izquierdo del cuerpo, como los brazos, las piernas, etc.

lateralización. F. *Fon.* Acción y efecto de lateralizar.

lateralizar. TR. *Fon.* Transformar en consonante lateral la que no lo era, como la *r* de *armario* en la *l* de *almario,* en ciertos dialectos meridionales y, a veces, en el español de América. U. t. c. prnl.

lateralmente. ADV. M. **1.** De lado. *Colocar una pieza lateralmente.* ‖ **2.** De uno y otro lado. *Una madera agrietada lateralmente.*

lateranense. ADJ. Perteneciente o relativo a la basílica de San Juan de Letrán, en Roma, o al concilio allí celebrado. *Concilio lateranense. Padres lateranenses.*

latería. F. **1.** Conjunto de latas de conserva. ‖ **2.** *Am.* hojalatería.

laterío. M. *Méx.* latería (‖ conjunto de latas de conserva).

latero, ra. I. ADJ. **1.** latoso. U. m. en América. ‖ **II.** M. y F. **2.** *Am.* hojalatero.

látex. M. **1.** *Bot.* Jugo propio de muchos vegetales, que circula por los vasos laticíferos. Es de composición muy compleja y de él se obtienen sustancias tan diversas como el caucho, la gutapercha, etc. El de ciertas plantas es venenoso, como el del manzanillo; el de otras muy acre, como el de la higuera. ‖ **2.** Material hecho de látex.

laticífero, ra. ADJ. *Bot.* Que contiene o lleva látex.

latido. M. **1.** Cada uno de los golpes producidos por el movimiento alternativo de dilatación y contracción del corazón contra la pared del pecho, o de las arterias contra los tejidos que las cubren. Puede ser percibido por la vista, el tacto y, muy especialmente, por el oído mediante la auscultación o sirviéndose de instrumentos y aparatos adecuados. ‖ **2.** Sensación dolorosa en ciertas partes muy sensibles, a causa de infección e inflamación subsiguiente, a consecuencia de este movimiento de las arterias que las riegan. ‖ **3.** Ladrido entrecortado que da el perro cuando ve o sigue la caza, o cuando de repente sufre algún dolor. ‖ **~ capilar.** M. *Med.* El de algunos vasos capilares, en determinadas dolencias. ‖ **~ venoso.** M. *Med.* El de algunas venas, en casos patológicos.

latifundio. M. Finca rústica de gran extensión.

latifundismo. M. Distribución de la propiedad de la tierra caracterizada por la abundancia de latifundios.

latifundista. I. ADJ. **1.** Perteneciente o relativo al latifundismo. *Régimen latifundista.* ‖ **II.** COM. **2.** Persona que posee uno o varios latifundios.

latigazo. M. **1.** Golpe dado con el látigo. ‖ **2.** Chasquido del látigo. *Se oyó un latigazo.* ‖ **3.** Golpe semejante al latigazo. *Al perder el equilibrio, sentí un latigazo en la pierna.* ‖ **4.** Daño impensado que se hace a alguien.

látigo. M. **1.** Azote largo, delgado y flexible, de cuero, cuerda u otra materia, con que se aviva y castiga especialmente a las caballerías. ‖ **2.** Máquina de feria, de movimiento casi circular, cuyas sacudidas en las curvas se asemejan a latigazos. ‖ **3.** Juego infantil consistente en que varios niños cogidos de la mano se mueven formando giros en forma de eses para producir una fuerte sacudida a quienes van en el extremo de la fila. ‖ **~ de nueve colas,** o **~ de siete colas.** M. Azote con mango y remate múltiple usado como instrumento de castigo o tortura.

latigudo, da. ADJ. **1.** *Chile.* Dicho de un sólido: Blando y elástico. ‖ **2.** *Chile.* hostigoso (‖ muy empalagoso). ‖ **3.** *Chile.* latoso.

latiguillo. M. **1.** Palabra o frase que se repite innecesariamente en la conversación. ‖ **2.** Tubo delgado y flexible que comunica dos conductos.

latín. M. **1.** Lengua del Lacio hablada por los antiguos romanos, de la cual derivan las actuales lenguas romances. ‖ **2.** Voz o frase latina empleada en escrito o discurso español. U. m. en pl. U. m. en sent. peyor. *Abusa de los latines.* ‖ **~ científico.** M. El de los términos acuñados a la manera latina en la nomenclatura científica y técnica modernas. ‖ **~ clásico.** M. El de los escritores del Siglo de Oro de la literatura latina. ‖ **~ cristiano.** M. El empleado en sus obras por los escritores cristianos de la Antigüedad. ‖ **~ eclesiástico.** M. El empleado por la Iglesia en todas las épocas. ‖ **~ hispánico.** M. Variedad del latín hablada en Hispania. ‖ **~ jurídico.** M. El propio de los textos legales. ‖ **~ moderno.** M. El empleado en sus obras por los escritores de la Edad Moderna. ‖ **~ vulgar.** M. El hablado por el vulgo de los pueblos romanizados, el cual, entre otras particularidades, se distinguía del clásico en tener una sintaxis menos complicada y usar voces o expresiones no empleadas en este. ‖ **bajo ~.** M. El escrito después de la caída del Imperio romano y durante la Edad Media.

latinajo. M. **1.** despect. coloq. Latín malo y macarrónico. ‖ **2.** despect. coloq. Voz o frase latina usada en castellano. U. m. en pl.

latinazgo. M. despect. *Chile.* Voz o frase latina usada en castellano.

latinidad. F. **1.** Condición o carácter de lo latino. ‖ **2.** Lengua latina. ‖ **3.** Tradición cultural latina. ‖ **4.** Conjunto de los pueblos latinos. ‖ **baja ~.** F. **bajo latín.**

latinismo. M. **1.** Giro o modo de hablar propio y privativo de la lengua latina. ‖ **2.** Empleo de tales giros o construcciones en otro idioma.

latinista. **I.** ADJ. **1.** Perteneciente o relativo al latinismo. *Educación latinista.* ‖ **II.** COM. **2.** Especialista en la lengua y la cultura latinas.

latinización. F. Acción y efecto de latinizar.

latinizar. TR. **1.** Dar forma latina a voces de otra lengua. ‖ **2.** Introducir la cultura latina en algún lugar.

latino, na. ADJ. **1.** Natural del Lacio. U. t. c. s. ‖ **2.** Perteneciente o relativo a los pueblos del Lacio. ‖ **3.** Perteneciente o relativo a la lengua latina. *Gramática latina.* ‖ **4.** Propio o característico de ella. *Un hipérbato muy latino.* ‖ **5.** Se dice de la Iglesia de Occidente, para diferenciarla de la griega. *Los padres de la Iglesia latina.* ‖ **6.** Perteneciente o relativo a ella. *Los ritos latinos.* ‖ **7.** Natural de los pueblos de Europa y América en que se hablan lenguas derivadas del latín. ‖ **8.** Perteneciente o relativo a esos mismos pueblos. *Los emperadores latinos de Constantinopla. Los países latinos de América.* ‖ **9.** *Mar.* Dicho de una embarcación o de un aparejo: De vela triangular. □ V. **averroísmo ~, comillas ~s, cruz ~, iglesia en cruz ~, vela ~.**

latinoamericano, na. ADJ. **1.** Se dice del conjunto de los países de América colonizados por naciones latinas, es decir, España, Portugal o Francia. ‖ **2.** Natural de alguno de estos países. U. t. c. s. ‖ **3.** Perteneciente o relativo a ellos. ¶ MORF. pl. **latinoamericanos, nas.**

latir. INTR. **1.** Dicho del corazón, de una arteria, de una vena o de un vaso capilar: Dar latidos. ‖ **2.** Dicho de un perro: Dar latidos. ‖ **3. ladrar.**

latirismo. M. *Med.* Intoxicación producida por la ingestión frecuente de harina de almorta. Se manifiesta principalmente por parálisis crónica de las piernas.

latitud. F. **1.** Dimensión menor de las dos principales que tienen las cosas o figuras planas, en contraposición a la mayor o *longitud.* ‖ **2.** *Astr.* Distancia, contada en grados, que hay desde la eclíptica a cualquier punto considerado en la esfera celeste hacia uno de los polos. ‖ **3.** *Geogr.* Distancia que hay desde un punto de la superficie terrestre al ecuador, contada en grados de meridiano.

lato, ta. ADJ. **1.** Dilatado, extendido. *Los latos territorios de las Indias.* ‖ **2.** Se dice del sentido que por extensión se da a las palabras, sin que les corresponda de manera exacta o rigurosa.

latón. M. Aleación de cobre y cinc, de color amarillo pálido y susceptible de gran brillo.

latonería. F. **1.** Taller donde se fabrican obras de latón. ‖ **2.** Tienda donde se venden.

latonero, ra. M. y F. Persona que fabrica o vende latón.

latoso, sa. ADJ. Fastidioso, molesto, pesado. *Discurso largo y latoso.*

latréutico, ca. ADJ. *Rel.* Perteneciente o relativo a la latría. *Sacrificio latréutico.*

latría. F. *Rel.* Reverencia, culto y adoración que solo se debe a Dios. U. t. en apos. *Adoración latría.*

latrocinio. M. Acción propia de un ladrón o de quien defrauda a alguien gravemente.

lats. M. Unidad monetaria de Letonia. MORF. pl. invar.

laucha. F. *Á. guar., Á. R. Plata* y *Chile.* **ratón** (‖ mamífero roedor).

laúd. M. **1.** Instrumento musical de cuerda parecido a la bandurria, pero de caja más grande y sonido menos agudo que ella. ‖ **2.** Embarcación pequeña del Mediterráneo, de un palo con vela latina, botalón con un foque y una mesana a popa. ‖ **3.** Tortuga marina de concha coriácea y con siete líneas salientes a lo largo del carapacho, que se asemejan a las cuerdas del laúd. Llega a unos dos metros de largo, habita en el Atlántico y se presenta a veces en el Mediterráneo.

lauda. F. **laude**[1].

laudable. ADJ. Digno de alabanza. *Acción laudable.*

láudano. M. **1.** Preparación compuesta de vino blanco, opio, azafrán y otras sustancias. ‖ **2.** Extracto de opio.

laudatorio, ria. ADJ. Que alaba o contiene alabanza. *Opiniones laudatorias.*

laude[1]**.** F. Lápida o piedra que se pone en la sepultura, por lo común con inscripción o escudo de armas.

laude[2]**.** **I.** F. **1. alabanza.** U. m. en pl. ‖ **II.** M. **2.** pl. Una de las partes del oficio divino, que se dice después de maitines.

laudista. COM. Músico que toca el laúd.

laudo. M. *Der.* Decisión o fallo dictado por los árbitros o amigables componedores, que pone fin al procedimiento arbitral.

launa. F. Arcilla con magnesia, de color gris, que forma con el agua una pasta homogénea e impermeable, por lo cual se emplea en varias partes de Andalucía para cubrir techos y azoteas.

lauráceo, a. ADJ. *Bot.* Se dice de las plantas angiospermas dicotiledóneas, arbóreas por lo común, de hojas alternas y a veces opuestas, coriáceas, persistentes y sin estípulas, con flores hermafroditas o dioicas y dispuestas en umbela o en panoja, y por frutos bayas o drupas de una sola semilla sin albumen; p. ej., el laurel común, el árbol de la canela, el alcanforero y el aguacate. U. t. c. s. f. ORTOGR. En f. pl., escr. con may. inicial c. taxón. *Las Lauráceas.*

laureado, da. PART. de **laurear.** ‖ ADJ. Que ha sido recompensado con honor y gloria. Se dice especialmente de los militares que obtienen en España la cruz de San Fernando, y también de esta insignia. U. t. c. s.

laurear. TR. **1.** Premiar, honrar. *El laureado profesor.* ‖ **2.** Coronar con laurel.

lauredal. M. Sitio poblado de laureles.

laurel. M. **1.** Árbol siempre verde, de la familia de las Lauráceas, que crece hasta seis o siete metros de altura, con tronco liso, ramas levantadas, hojas coriáceas, persistentes, aromáticas, pecioladas, oblongas, lampiñas, de color verde oscuro, lustrosas por el haz y pálidas por el envés; flores de color blanco verdoso, pequeñas, en grupillos axilares, y fruto en baya ovoide y negruzca. Las hojas son muy usadas para condimento, y entran en algunas preparaciones farmacéuticas, igual que los frutos. ‖ **2.** Corona, triunfo, premio. *El motorista no llegó a obtener los laureles en la carrera.* ‖ **~ cerezo,** o **~ real.** M. **laurocerasio.** ‖ **~ rosa.** M. **adelfa.** ‖ **dormirse** alguien **sobre los ~es,** o **en los ~es.** LOCS.VERBS. coloqs. Descuidarse o abandonarse en la actividad emprendida, confiando en los éxitos que ha logrado.

laureola o **lauréola.** F. **adelfilla.** || ~ **hembra.** F. Mata de la familia de las Timeleáceas, con tallo ramoso de seis a ocho decímetros de altura, hojas tardías y caedizas, lanceoladas, cuatro veces más largas que anchas, verdes por el haz, garzas por el envés, lampiñas y de pecíolo muy corto; flores precoces, róseas, en pequeños haces laterales, y fruto en baya roja. La infusión de la corteza y los frutos de esta planta se han empleado en medicina como purgante, pero es de uso peligroso. || ~ **macho.** F. **adelfilla.**

lauretana. □ V. **letanía ~.**

lauro. M. **1.** laurel (|| árbol). || **2.** Gloria, alabanza, triunfo.

lauroceraso. M. Árbol exótico de la familia de las Rosáceas, con tronco ramoso de tres a cuatro metros de altura, copa espesa, hojas coriáceas, oblongas, elipsoidales, lustrosas, aserradas por el margen y de color verde oscuro, flores blancas en espigas empinadas y axilares, y fruto semejante a la cereza. Se cultiva en Europa, y de sus hojas se obtiene por destilación un agua muy venenosa, que se usa en medicina y perfumería.

lava. F. Materia derretida o en fusión que sale de un volcán al tiempo de la erupción, formando arroyos encendidos. Fría y en estado sólido, se emplea en la construcción de edificios y en otros usos.

lavable. ADJ. **1.** Que puede lavarse. *Pintura lavable.* || **2.** Se dice especialmente de los tejidos que no encogen ni pierden sus colores al lavarlos.

lavabo. M. **1.** Pila con grifos y otros accesorios que se utiliza para lavarse. || **2.** Cuarto dispuesto para el aseo personal. || **3.** eufem. Retrete dotado de instalaciones para orinar y evacuar el vientre.

lavación. F. **lavadura.** U. m. en farmacia.

lavacoches. COM. Persona encargada de limpiar los coches en los garajes y estaciones de servicio.

lavada. F. **lavado** (|| acción y efecto de lavar).

lavadero. M. **1.** Lugar utilizado habitualmente para lavar. || **2.** Sitio especialmente dispuesto para lavar la ropa. || **3.** Pila de lavar la ropa. || **4.** *Ingen.* Conjunto de instalaciones para el lavado o preparación de los minerales. || **5.** *Am.* Lugar del lecho de un río o arroyo donde se recogen arenas auríferas y se lavan allí mismo agitándolas en una batea.

lavado. M. **1.** Acción y efecto de lavar. || **2.** Pintura a la aguada hecha con un solo color. □ V. **mate ~, túnel de ~.**

lavador, ra. ADJ. Que lava. Apl. a pers., u. t. c. s.

lavadora. F. Máquina para lavar la ropa.

lavadura. F. Acción y efecto de lavar.

lavafrutas. M. Recipiente con agua que se pone en la mesa al final de la comida para lavar algunas frutas y enjuagarse los dedos.

lavajo. M. Charca de agua de lluvia que rara vez se seca.

lavallejino, na ADJ. **1.** Natural de Lavalleja. U. t. c. s. || **2.** Perteneciente o relativo a este departamento del Uruguay.

lavaloza o **lavalozas.** M. Chile. **lavavajillas** (|| detergente).

lavamanos. M. **1.** Depósito de agua con caño, llave y pila para lavarse las manos. || **2.** **palanganero.** || **3.** Recipiente con agua que se pone en la mesa para enjuagarse los dedos.

lavanda. F. **1.** **lavándula.** || **2.** Perfume que se saca de esta planta.

lavandera. F. Ave paseriforme, de figura grácil y cola larga que sacude continuamente. El plumaje es gris y negro combinado con blanco o amarillo, según las especies. || ~ **blanca.** F. Pájaro de unos ocho centímetros de largo, sin incluir la cola, que tiene casi otro tanto; ceniciento por encima, blanco por el vientre, y con cuello, pecho, alas y cola negros. Vive en lugares húmedos, se alimenta de insectos y mueve sin cesar la cola. Abunda en España durante el invierno. || ~ **boyera.** F. La de garganta, pecho y abdomen amarillos.

lavandería. F. Establecimiento industrial para el lavado de la ropa.

lavandero, ra. M. y F. Persona que tiene por oficio lavar la ropa.

lavandina. (De un diminutivo de *lavanda*, relacionado con *lavar*; marca reg.). F. *Á. guar.* y *Á. R. Plata.* **lejía.**

lavándula. F. Se usa como nombre para referirse a un género de plantas labiadas al que pertenecen el espliego y el cantueso.

lavaojos. M. Copa pequeña de cristal cuyo borde se adapta a la órbita del ojo con el fin de aplicar a este un líquido medicamentoso.

lavaplatos. I. M. **1.** *Am. Mer.* **fregadero.** || II. COM. **2.** Persona que por oficio lava platos. || III. AMB. **3.** Máquina para lavar la vajilla, los cubiertos, etc.

lavar. I. TR. **1.** Limpiar algo con agua u otro líquido. U. t. c. prnl. || **2.** Purificar, quitar un defecto, mancha o descrédito. *Lavar el honor.* || **3.** Dicho de un albañil: Dar la última mano al blanqueo, bruñéndolo con un paño mojado. || **4.** Dar color con aguadas a un dibujo. || **5.** *Ingen.* Purificar los minerales por medio del agua. || II. INTR. **6.** Dicho de un tejido: Prestarse más o menos al lavado. *Esta cretona lava bien.*

lavarropa o **lavarropas.** AMB. *Á. R. Plata.* **lavadora.**

lavativa. F. **enema.**

lavatorio. M. **1.** Acción de lavar. || **2.** Ceremonia de lavar los pies a algunos pobres, que se hace el Jueves Santo. || **3.** Ceremonia que hace el sacerdote en la misa lavándose los dedos después de haber preparado el cáliz. || **4.** *Am. Cen., Á. guar., Á. R. Plata* y *Chile.* Mesa, comúnmente de mármol, con jofaina y demás recado para lavarse. || **5.** *Am. Cen.* **lavabo** (|| cuarto para el aseo personal). || **6.** *Chile.* **jofaina.**

lavavajillas. I. M. **1.** Detergente líquido que se utiliza para lavar la vajilla. || II. AMB. **2.** **lavaplatos** (|| máquina).

lavazas. F. pl. Agua sucia o mezclada con las impurezas de lo que se lavó con ella.

lavotear. TR. Dicho de una persona: Lavar repetidamente y con esmero.

lavoteo. M. Acción de lavotear.

laxante. I. ADJ. **1.** Que laxa. *La fruta es laxante.* || II. M. **2.** Medicamento que sirve para facilitar la evacuación del vientre.

laxar. TR. **1.** Aflojar, ablandar, disminuir la tensión de algo. U. t. c. prnl. *Con el descanso, el cuerpo se laxa.* || **2.** Dicho de un alimento o de una medicina: Facilitar al vientre la evacuación del excremento.

laxativo, va. ADJ. Que laxa o tiene virtud de laxar. Apl. a un medicamento o una sustancia, u. t. c. s. m.

laxismo. M. Sistema o doctrina en que domina la moral laxa o relajada.

laxista. COM. Partidario del laxismo.

laxitud. F. Cualidad de laxo. *Laxitud de las fibras.*

laxo, xa. ADJ. **1.** Flojo, que no tiene la tensión que naturalmente debe tener. *Músculos laxos.* ‖ **2.** Dicho de la moral: Relajada, libre. *Las opiniones laxas de algunos casuistas.*

lay. M. Composición poética de la Edad Media, en provenzal o en francés, destinada a relatar una leyenda o historia de amores, generalmente en versos cortos. MORF. pl. **lais** o **layes.**

laya[1]. F. Instrumento de hierro con cabo de madera, que sirve para labrar la tierra y revolverla. Lleva dos puntas, y en la parte superior del cabo tiene un mango atravesado, que se ase con ambas manos para apretar con ellas al mismo tiempo que se aprieta con el pie.

laya[2]. F. Calidad, especie, clase. *Estas dos cosas son de la misma laya.* U. m. en sent. despect.

layar. TR. Labrar la tierra con la **laya**[1].

layetano, na. ADJ. **1.** Natural de la Layetania. U. t. c. s. ‖ **2.** Perteneciente o relativo a esta región de la Hispania Tarraconense.

lazada. F. **1.** Atadura o nudo que se hace de manera que se suelte tirando de uno de los cabos. ‖ **2.** Lazo de cuerda o cinta.

lazar. TR. Coger o sujetar con lazo.

lazareto. M. **1.** Establecimiento sanitario para aislar a los infectados o sospechosos de enfermedades contagiosas. ‖ **2.** Hospital de leprosos.

lazarillo. M. **1.** Muchacho que guía y dirige a un ciego. ‖ **2.** Persona o animal que guía o acompaña a otra necesitada de ayuda.

lazarista. M. Miembro de la Orden de San Lázaro, dedicada a asistir a los leprosos.

Lázaro. □ V. **tablillas de san ~.**

lazarosos. □ V. **hierba de los ~.**

lazo. M. **1.** Atadura o nudo de cintas o cosa semejante que sirve de adorno. ‖ **2. lazada** (‖ nudo que se suelta tirando de uno de los cabos). ‖ **3.** Emblema del que forma parte una cinta doblada de manera conveniente y reglamentada. *Lazo de la Orden de Isabel la Católica. Lazo de enfermera.* ‖ **4.** Adorno hecho de un metal imitando el lazo de la cinta. ‖ **5.** Dispositivo de hilos de alambre retorcido, con un nudo corredizo que, asegurado en el suelo con una estaquilla, sirve para coger conejos. Se hace también de cerda para cazar perdices y otras aves. ‖ **6.** Cuerda o trenza con un nudo corredizo en uno de sus extremos, que sirve para sujetar toros, caballos, etc., arrojándosela a los pies o a la cabeza. ‖ **7.** Ardid engañoso. ‖ **8.** Unión, vínculo, obligación. *Lazos de parentesco.* ‖ **9.** Arq. Adorno de líneas y florones enlazados unos con otros que se hace en las molduras, frisos, etc. ‖ **caer** alguien **en el ~.** LOC.VERB. coloq. **caer en la celada.** ‖ **tender** a alguien **un ~.** LOC.VERB. Atraerlo con engaño para causarle perjuicio.

lazulita. F. lapislázuli.

le. PRON. PERSON. Forma de la 3.ª persona del singular que cumple la función de complemento indirecto. *Le dije que te lo entregara en mano.* Se admite también su uso como complemento directo masculino cuando su referente es un ser animado. *Juan le odia profundamente.* No admite preposición, y en ambos casos se puede emplear como enclítico. *Dale el libro. Síguele.*

leal. ADJ. **1.** Que guarda a alguien o algo la debida fidelidad. U. t. c. s. ‖ **2.** Dicho de un animal doméstico, como el perro o el caballo: Que muestra al hombre cierta especie de amor, fidelidad y reconocimiento. ‖ **3.** Propio o característico de una persona o un animal leales. *Apoyo leal.*

lealtad. F. **1.** Cumplimiento de lo que exigen las leyes de la fidelidad y las del honor. ‖ **2.** Amor o gratitud que muestran al hombre algunos animales, como el perro y el caballo.

lebaniego, ga. ADJ. **1.** Natural de Liébana. U. t. c. s. ‖ **2.** Perteneciente o relativo a esta comarca de Cantabria, en España.

lebeche. M. En el litoral del Mediterráneo, viento suroeste.

lebrada. F. Cierto guiso de liebre.

lebrato. M. Liebre nueva o de poco tiempo.

lebrel. ADJ. Se dice de un perro que se distingue por tener el labio superior y las orejas caídas, el hocico recio, el lomo recto, el cuerpo largo y las piernas retiradas atrás. U. t. c. s. m.

lebrijano, na. ADJ. **1.** Natural de Lebrija. U. t. c. s. ‖ **2.** Perteneciente o relativo a esta villa de la provincia de Sevilla, en España.

lebrillo. M. Vasija de barro vidriado, de plata u otro metal, más ancha por el borde que por el fondo, y que sirve para lavar ropa, para baños de pies y otros usos.

lebulense. ADJ. **1.** Natural de Lebu. U. t. c. s. ‖ **2.** Perteneciente o relativo a esta ciudad de Chile, capital de la provincia de Arauco.

lección. F. **1.** Instrucción o conjunto de los conocimientos teóricos o prácticos que de cada vez da a los discípulos el maestro de una ciencia, arte, oficio o habilidad. ‖ **2.** Todo lo que cada vez señala el maestro al discípulo para que lo estudie. ‖ **3.** Amonestación, acontecimiento, ejemplo o acción ajena que, de palabra o con el ejemplo, nos enseña el modo de conducirnos. ‖ **4.** Cada uno de los capítulos o partes en que están divididos algunos escritos. ‖ **5.** Cada uno de los trozos o lugares tomados de la Escritura, Santos Padres o vidas de los santos, que se rezan o cantan en la misa y en los maitines al fin de cada nocturno. ‖ **6.** Discurso que en las oposiciones a cátedras o beneficios eclesiásticos y en otros ejercicios literarios se compone, dentro de un término prescrito, sobre un punto, que de ordinario se saca por suerte, y después se expone públicamente. ‖ **~ inaugural.** F. Exposición solemne de un tema hecha por un catedrático el día de la apertura del curso. ‖ **~ magistral.** F. La de cierta importancia que se hace en una conmemoración, inauguración de curso, etc. ‖ **dar la ~** un discípulo. LOC.VERB. Decirla al maestro. ‖ **dar a alguien una ~.** LOC.VERB. Hacerle comprender la falta que ha cometido, corrigiéndolo de manera hábil o dura. ‖ **tomar la ~** un maestro. LOC.VERB. Oírsela al discípulo, para ver si la sabe.

leccionario. M. Libro de coro que contiene las lecciones de maitines.

lechada. F. Masa muy suelta de cal o yeso, o de cal mezclada con arena, o de yeso con tierra, que sirve para blanquear paredes y para unir piedras o hiladas de ladrillo.

lechal. ADJ. **1.** Dicho de un animal, especialmente de un cordero: Que mama. U. t. c. s. m. ‖ **2.** Dicho de una planta o de un fruto: Que tienen un zumo blanco semejante a la leche.

lechar[1]. □ V. **cardo ~.**

lechar[2]. TR. *Méx.* Blanquear con lechada de cal.

lechazo. M. Cordero lechal.

leche. F. **1.** Líquido blanco que segregan las mamas de las hembras de los mamíferos para alimento de sus crías. || **2.** leche de algunos animales que se emplea como alimento de las personas. || **3.** Jugo blanco obtenido de algunas plantas, frutos o semillas. *Leche de coco. Leche de almendras.* || **4.** Cosmético de consistencia espesa, generalmente de color blanco. *Leche hidratante.* || **5.** vulg. **semen.** || **6.** malson. *Esp.* Trastazo, porrazo. *Se dio una leche con el coche.* || **7.** malson. *Esp.* **bofetada** (|| golpe con la mano abierta). *Si no te estás quieto te daré una leche.* || ~ **condensada.** F. La concentrada por evaporación, a la que se añade azúcar. || ~ **de canela.** F. Aceite de canela disuelto en vino. || ~ **de gallina,** o ~ **de pájaro.** F. Hierba anual, de la familia de las Liliáceas, con flores en corimbo, que tienen pedúnculos desiguales y corola por fuera verdosa y por dentro blanca como la leche. || ~ **en polvo.** F. La que ha sido sometida a deshidratación. || ~ **entera.** F. La que conserva toda la grasa y sustancias nutritivas. || ~ **evaporada.** F. leche entera concentrada por evaporación de gran parte del agua y posteriormente esterilizada. || ~ **frita.** F. Dulce de harina cocida con leche y azúcar, y frita. || ~ **limpiadora.** F. En cosmética, la destinada a la higiene del rostro. || ~ **merengada.** F. La preparada con claras de huevo, azúcar y canela. || **mala** ~. F. **1.** coloq. Mala índole, mala intención. *La pregunta del examen está hecha con mala leche.* || **2.** coloq. **mal humor.** *Hoy viene de mala leche porque se le ha pinchado una rueda.* || **a toda** ~. LOC. ADV. **1.** malson. *Esp.* A toda velocidad. *Vino a toda leche.* || **2.** malson. *Esp.* A todo volumen. *Puso la radio a toda leche.* || **de** ~. LOC. ADJ. **1.** Dicho de un animal: Que todavía mama. *Ternera, cochinillo de leche.* || **2.** Dicho de un animal hembra: Que se tiene para aprovechar la leche que da. *Burras, vacas de leche.* || **echando** ~s. LOC. ADV. malson. *Esp.* Muy deprisa. || **la** ~. LOC. ADV. malson. *Esp.* **mucho** (|| con abundancia). *Sabe la leche.* || **leche,** o **leches.** INTERJS. malson. *Esp.* Indican sorpresa, asombro, admiración, etc. || **mamar** alguien algo **con,** o **en, la** ~. LOCS. VERBS. coloqs. Aprenderlo en los primeros años de la vida; adquirirlo, contraerlo entonces. || **ser** alguien o algo **la** ~. LOC. VERB. malson. *Esp.* Ser extraordinario. *Este chico es la leche, siempre se queda dormido.* || **tener** ~. LOC. VERB. *Á. R. Plata.* Tener buena suerte. □ V. **ama de** ~, **capón de** ~, **diente de** ~, **dulce de** ~, **hermano de** ~, **madre de** ~, **mate de** ~, **suero de la** ~.

lechera. F. **1.** Vasija en que se transporta la leche. || **2.** Vasija en que se sirve.

lechería. F. Sitio o puesto donde se vende leche.

lechero, ra. I. ADJ. **1.** Perteneciente o relativo a la leche. *Producción lechera.* || **2.** Dicho de una hembra de animal: Que se tiene para que dé leche. *Oveja, cabra lechera.* || **3.** *Am. Cen.* y *Á. Caribe.* **suertero.** || II. M. y F. **4.** Persona que vende leche. □ V. **cardo** ~.

lechetrezna. F. Planta de la familia de las Euforbiáceas, con tallo ramoso de cuatro a cinco decímetros de altura, hojas alternas, aovadas, obtusas y serradas por el margen, flores amarillentas en umbelas poco pobladas, fruto capsular con tres divisiones, y semillas menudas y parduscas. Su jugo es lechoso y acre, y se ha usado en medicina. Hay diversas especies, en general herbáceas.

lechigada. F. Conjunto de animales que han nacido de un parto y se crían juntos en el mismo sitio.

lecho. M. **1.** **cama** (|| mueble para que las personas se acuesten). || **2.** **cama** (|| sitio donde se echan los animales). || **3.** Terreno por donde corren las aguas de un río. || **4.** Fondo del mar o de un lago. || **5.** Porción de algunas cosas que están o se ponen extendidas horizontalmente sobre otras. *Un lecho de verduras.* || **6.** *Arq.* Superficie de una piedra sobre la cual se va a asentar otra. || **7.** *Geol.* Capa de los terrenos sedimentarios. || ~ **de rosas.** M. Situación cómoda y placentera. *Mi vida no fue un lecho de rosas.*

lechón. M. **1.** Cochinillo que todavía mama. || **2.** Puerco macho de cualquier tiempo.

lechona. F. *Á. Caribe.* Hembra del **lechón** (|| puerco).

lechosa. F. *Á. Caribe.* **papaya.**

lechoso, sa. I. ADJ. **1.** Que tiene cualidades o apariencia de leche. *Papilla lechosa.* || **2.** Dicho de una planta o de un fruto: Que tienen un jugo blanco semejante a la leche. || II. M. **3.** *Á. Caribe.* **papayo.**

lechuga. F. Planta herbácea de la familia de las Compuestas, con tallo ramoso de cuatro a seis decímetros de altura, hojas grandes, radicales, blandas, nerviosas, trasovadas, enteras o serradas, flores en muchas cabezuelas y de pétalos amarillentos, y fruto seco, gris, comprimido, con una sola semilla. Es originaria de la India, se cultiva en las huertas y hay de ella muchas variedades. Las hojas son comestibles, y del tallo se puede extraer abundante látex. || ~ **romana.** F. Variedad de la cultivada. || **como una** ~. LOC. ADJ. coloq. Dicho de una persona: Muy fresca y lozana. U. t. c. loc. adv. || **ser más fresco que una** ~. LOC. VERB. coloq. Ser muy descarado.

lechuguilla. F. **1.** Lechuga silvestre. || **2.** hist. Cabezón o puño de camisa muy grande y bien almidonado, y dispuesto por medio de moldes en forma de hojas de lechuga, usado durante los reinados de Felipe II y Felipe III.

lechuguino, na. ADJ. despect. Dicho de una persona joven: De elegancia afectada. U. m. c. s.

lechuza. F. **1.** Ave rapaz nocturna, de unos 35 cm de longitud desde lo alto de la cabeza hasta la extremidad de la cola, y aproximadamente el doble de envergadura, con plumaje muy suave, amarillento, pintado de blanco, gris y negro en las partes superiores, blanco de nieve en el pecho, vientre, patas y cara; cabeza redonda, pico corto y curvado en la punta, ojos grandes, brillantes y de iris amarillo, cara circular, cola ancha y corta y uñas negras. Es frecuente en España, resopla con fuerza cuando está parada, y da un graznido estridente y lúgubre cuando vuela. Se alimenta ordinariamente de insectos y de pequeños mamíferos roedores. || **2.** coloq. Mujer que se asemeja en algo a la lechuza. U. t. c. adj.

lechuzo, za. ADJ. Dicho de un muleto: Que aún no tiene un año. U. t. c. s.

lectisternio. M. hist. Culto que los antiguos romanos tributaban a sus dioses colocando sus estatuas en bancos alrededor de una mesa con manjares.

lectivo, va. ADJ. Dicho de un período de tiempo: Destinado para dar lección en los establecimientos de enseñanza. □ V. **día** ~.

lectoescritura. F. **1.** Capacidad de leer y escribir. || **2.** Enseñanza y aprendizaje de la lectura simultáneamente con la escritura.

lector, ra. I. ADJ. **1.** Que lee o tiene el hábito de leer. U. t. c. s. || **2.** Dicho de un dispositivo electrónico: Que convierte información de un soporte determinado en otro tipo de señal, para procesarla informáticamente o reproducirla por otros medios. *Unidad lectora.* U. m. c. s. m. *Lector de casetes. Lector de CD-ROM.* || **II.** M. y F. **3.** En los departamentos universitarios de lenguas modernas, profesor, generalmente extranjero, que enseña y explica en su propia lengua. || **4.** En las editoriales, persona que examina los originales recibidos a fin de considerar la conveniencia de su publicación. || **III.** M. **5.** *Inform.* Dispositivo óptico que permite leer información en un microfilme o en una microficha. || **~ óptico.** M. lector electrónico que identifica e interpreta información gráfica, como la contenida en un código de barras.

lectorado. M. Cargo de lector de idiomas.

lectoral. M. canónigo lectoral.

lectura. F. **1.** Acción de leer. || **2.** Obra o cosa leída. *Las malas lecturas pervierten el corazón y el gusto.* || **3.** Interpretación del sentido de un texto. || **4.** Variante de una o más palabras de un texto. || **5.** Disertación, exposición o discurso sobre un tema sorteado en oposiciones o previamente determinado. || **6.** Cultura o conocimientos de una persona. U. m. en pl. *Es persona de muchas lecturas.* || **dar ~** a un escrito. LOC.VERB. Leerlo públicamente en voz alta.

ledo, da. ADJ. Alegre, contento. *Voces ledas.* U. m. en leng. poét.

leer. TR. **1.** Pasar la vista por lo escrito o impreso para interpretar mentalmente o convertir en sonidos los caracteres empleados. U. m. c. intr. *La niña aprende a leer.* || **2.** Leer un texto comprendiendo su significación. || **3.** Comprender el sentido de cualquier otro tipo de representación gráfica. *Leer la hora, una partitura, un plano.* || **4.** Entender o interpretar un texto de determinado modo. || **5.** En las oposiciones y otros ejercicios literarios, decir en público el discurso llamado lección. || **6.** Descubrir por indicios los sentimientos o pensamientos de alguien, o algo oculto que ha hecho o le ha sucedido. *Puede leerse la tristeza en su rostro. Me has leído el pensamiento. Leo en tus ojos que mientes.* || **7.** Adivinar algo oculto mediante prácticas esotéricas. *Leer el futuro en una bola de cristal.* || **8.** Descifrar un código de signos supersticiosos para adivinar algo oculto. *Leer las líneas de la mano, las cartas, el tarot.* ¶ MORF. V. conjug. modelo.

lega. F. V. lego.

legación. F. **1.** Empleo o cargo de **legado**[1]. || **2.** Cargo que da un Gobierno a alguien para que lo represente cerca de otro Gobierno extranjero, como embajador, como plenipotenciario o como encargado de negocios. || **3.** Conjunto de los empleados que el legado tiene a sus órdenes, y otras personas de su comitiva oficial. || **4.** Casa u oficina del **legado**[1].

legado[1]**.** M. **1.** Persona que una suprema autoridad eclesiástica o civil envía a otra para tratar un negocio. || **2.** Persona eclesiástica que representa al papa y ejerce por delegación alguna de sus facultades. || **3.** hist. Cada uno de aquellos socios que los procónsules llevaban en su compañía a las provincias como asesores y consejeros, los cuales en caso de necesidad hacían sus veces.

legado[2]**.** M. **1.** Disposición que en su testamento o codicilo hace un testador a favor de una o varias personas físicas o jurídicas. || **2.** Cosa o conjunto de cosas que se dejan o transmiten a los sucesores, sean materiales o inmateriales.

legajo. M. Atado de papeles, o conjunto de los que están reunidos por tratar de una misma materia.

legal. ADJ. **1.** Prescrito por ley y conforme a ella. *Disposiciones legales.* || **2.** Perteneciente o relativo a la ley o al derecho. *Texto legal.* □ V. depósito ~, encaje ~, interés ~, medicina ~, trampa ~.

legalidad. F. **1.** Cualidad de legal. || **2.** *Der.* Ordenamiento jurídico vigente. *Tal partido viene aproximándose a la legalidad.* □ V. principio de ~.

legalismo. M. **1.** Formalidad o requisito legal que obstaculiza o impide el eficaz funcionamiento de algo. || **2.** Tendencia a la aplicación literal de las leyes, sin considerar otras circunstancias.

legalista. ADJ. Que antepone a toda otra consideración la aplicación literal de las leyes. *Teoría legalista de la justicia.*

legalización. F. Acción y efecto de legalizar.

legalizar. TR. **1.** Dar estado legal a algo. *Legalizar un partido político.* || **2.** Comprobar y certificar la autenticidad de un documento o de una firma.

légamo. M. Cieno, lodo o barro pegajoso.

legamoso, sa. ADJ. Que tiene légamo. *Aguas legamosas.*

legaña. F. Líquido procedente de la mucosa y glándulas de los párpados, cuajado en el borde de estos o en los ángulos de la abertura ocular.

legañoso, sa. ADJ. Que tiene muchas legañas.

legar. TR. **1.** Dicho de una persona: Dejar a otra alguna manda en su testamento o codicilo. || **2.** Enviar a alguien como **legado**[1]. || **3.** Transmitir ideas, artes, etc.

legatario, ria. M. y F. Persona física o jurídica favorecida por el testador con una o varias mandas a título singular.

legendario, ria. ADJ. Perteneciente o relativo a las leyendas. *Narración legendaria. Héroe legendario.*

legibilidad. F. Cualidad de lo que es legible.

legible. ADJ. Que se puede leer. *Letra legible.*

legión. F. **1.** Cierto cuerpo de tropas. || **2.** hist. Cuerpo de tropa romana compuesto de infantería y caballería, que varió mucho según los tiempos. || **3.** Número indeterminado y copioso de personas, de espíritus, y aun de ciertos animales. *Una legión de niños. Una legión de ángeles. Una legión de hormigas.*

legionario, ria. I. ADJ. **1.** Perteneciente o relativo a la legión. *Espíritu legionario.* || **II.** M. y F. **2.** En los ejércitos modernos, soldado de algún cuerpo de los que tienen nombre de legión. || **III.** M. **3.** hist. Soldado que servía en una legión romana.

legionela. F. **1.** Bacteria causante de la legionelosis. || **2.** legionelosis.

legionelosis. F. *Med.* Enfermedad causada por bacterias del género *Legionella*, que se difunde especialmente por el agua y por el uso de nebulizadores.

legionense. ADJ. **1.** Natural de León. U. t. c. s. || **2.** Perteneciente o relativo a esta ciudad de España.

legislación. F. Conjunto de leyes por las cuales se gobierna un Estado, o una materia determinada.

legislador, ra. ADJ. Que legisla. *Órganos legisladores.* U. t. c. s.

legislar. INTR. Dar, hacer o establecer leyes.

legislativo, va. ADJ. **1.** Se dice del derecho o potestad de hacer leyes. || **2.** Se dice del conjunto o código de leyes. □ V. decreto ~, delegación ~, poder ~.

legislatura. F. **1.** Tiempo durante el cual funcionan los cuerpos legislativos. || **2.** Período de sesiones de Cortes durante el cual subsiste la mesa y las comisiones permanentes elegidas en cada cuerpo colegislador.

legista. COM. **1.** Persona versada en leyes o profesor de leyes o de jurisprudencia. ‖ **2.** Persona que estudia jurisprudencia o leyes. ◻ V. **médico ~.**

legítima. F. *Der.* Porción de la herencia de que el testador no puede disponer libremente, por asignarla la ley a determinados herederos.

legitimación. F. Acción y efecto de legitimar. ‖ **~ procesal.** F. *Der.* Posibilidad de una persona para ser parte activa o pasiva en un proceso o procedimiento por su relación con el objeto litigioso.

legitimador, ra. ADJ. Que legitima. *Discurso legitimador del autoritarismo.*

legitimar. TR. **1.** Convertir algo en legítimo. *Hay quien querría legitimar el uso de la violencia.* ‖ **2.** Probar o justificar la verdad de algo o la calidad de alguien o algo conforme a las leyes. *Legitimar una firma.*

legitimario, ria. ADJ. Perteneciente o relativo a la legítima. *Derechos legitimarios.*

legitimidad. F. Cualidad de legítimo.

legitimista. ADJ. Partidario de un príncipe o de una dinastía, por creer que tiene designación legítima para reinar. U. t. c. s.

legítimo, ma. ADJ. **1.** Conforme a las leyes. *El legítimo derecho de los herederos.* ‖ **2.** lícito. *Un interés legítimo por el resultado de la elección.* ‖ **3.** Cierto, genuino y verdadero en cualquier línea. *Un Sorolla legítimo.* ◻ V. **hijo ~, interés ~, ~ defensa.**

lego, ga. I. ADJ. **1.** Que no tiene órdenes clericales. U. t. c. s. ‖ **2.** Falto de letras o noticias. *Es lego en política.* ‖ **II.** M. **3.** En los conventos de religiosos, el que siendo profeso, no tiene opción a las sagradas órdenes. ‖ **III.** F. **4.** Monja profesa exenta de coro, que sirve a la comunidad en los trabajos caseros.

legón. M. Especie de azadón.

legra. F. *Med.* Instrumento que se emplea para legrar.

legrado. M. *Med.* Acción y efecto de legrar.

legrar. TR. *Med.* Raspar la mucosa del útero.

legua. F. hist. Medida itineraria, variable según los países o regiones, definida por el camino que regularmente se anda en una hora, y que en el antiguo sistema español equivale a 5572,7 m. ‖ **~ cuadrada.** F. hist. Unidad de superficie que equivale a la superficie de un cuadrado cuyo lado mide una legua. ‖ **~ marina, o ~ marítima.** F. hist. La de 20 al grado, usada por los marinos, que equivale a 5555,55 m. ‖ **a la ~, o a ~s.** LOCS.ADVS. Desde muy lejos, a gran distancia. ◻ V. **cómico de la ~.**

legui. M. Polaina de cuero o de tela, de una sola pieza. U. m. en pl. con el mismo significado que en sing.

leguleyo, ya. M. y F. Persona que aplica el derecho sin rigor y desenfadadamente.

legumbre. F. **1.** Fruto o semilla que se cría en vainas. ‖ **2.** Planta que se cultiva en las huertas. ‖ **3.** *Bot.* Fruto de las plantas leguminosas.

leguminoso, sa. ADJ. *Bot.* Se dice de las hierbas y matas, y de los arbustos y árboles angiospermos dicotiledóneos, con hojas casi siempre alternas, por lo general compuestas y con estípulas, flores de corola actinomorfa o zigomorfa, amariposada en muchas especies, y fruto en legumbre con varias semillas sin albumen. Estas plantas están comprendidas en las familias de las Mimosáceas y de las Papilionáceas. U. t. c. s. f. ORTOGR. En f. pl., escr. con may. inicial c. taxón. *Las Leguminosas.*

leída. F. lectura (‖ acción de leer).

leído, da. PART. de **leer.** ‖ ADJ. Que ha leído mucho y es persona de muchas noticias y erudición. ‖ **~ y escribido, da.** LOC.ADJ. irón. coloq. Que es instruido, lo parece o presume de serlo.

leísmo. M. **1.** *Gram.* Empleo de la forma *le,* en singular y con menos frecuencia en plural, como complemento directo masculino cuando el pronombre se refiere a seres animados. ‖ **2.** *Gram.* Uso impropio del pronombre *le,* tanto en singular como en plural, como complemento directo masculino no referido a seres animados o como complemento directo femenino.

leísta. ADJ. **1.** *Gram.* Que defiende o practica el leísmo. U. t. c. s. ‖ **2.** *Gram.* Que incurre en el hábito del leísmo. U. t. c. s. ‖ **3.** *Gram.* Perteneciente o relativo al leísmo. *Construcción leísta.*

lejanamente. I. ADV. L. **1. a lo lejos.** ‖ **II.** ADV. M. **2.** De manera leve, ligera. *Se parecen lejanamente.* ‖ **ni ~.** LOC.ADV. **en absoluto** (‖ de ningún modo).

lejanía. F. **1.** Cualidad de lejano en el espacio o en el tiempo. ‖ **2.** Parte remota o distante de un lugar, de un paisaje o de una vista panorámica.

lejano, na. ADJ. **1.** Que está lejos en el espacio o en el tiempo. *Una montaña, una época lejana.* ‖ **2.** Dicho de un parentesco: De vínculo remoto o no inmediato. *Son primos lejanos.* ‖ **3.** Ligero, débil, leve. *Sospecha lejana.* ◻ V. **Lejano Oeste.**

lejía. F. **1.** Solución comercial de hipoclorito sódico, que se utiliza como desinfectante y blanqueador doméstico. ‖ **2.** Agua en que se han disuelto álcalis o sus carbonatos. La que se obtiene cociendo ceniza sirve para la colada.

lejos. ADV. L. A gran distancia, en lugar distante o remoto. U. t. en sent. fig. *Está muy lejos de mi ánimo.* U. t. c. adv. t. ‖ **a lo ~.** LOC.ADV. A larga distancia, o desde larga distancia. ‖ **de ~, de muy ~, o desde ~.** LOCS.ADVS. **1.** a lo lejos. ‖ **2.** Con claridad y evidencia. *De lejos se ve que es un gran profesional.* ‖ **~ de.** LOC. PREPOS. Antepuesto a un infinitivo, se usa para indicar que no ocurre la acción por él expresada, sino otra cosa muy diferente. *Lejos de mejorar, íbamos de mal en peor.* ‖ **ni de ~.** LOC.ADV. **en absoluto** (‖ de ningún modo).

lek. M. Unidad monetaria de Albania. MORF. pl. **leks.**

lelo, la. ADJ. Fatuo, simple y como pasmado. U. t. c. s.

lema. M. **1.** Argumento o título que precede a ciertas composiciones literarias para indicar en breves términos el asunto o pensamiento de la obra. ‖ **2.** Letra o mote que se pone en los emblemas y empresas para hacerlos más comprensibles. ‖ **3.** Norma que regula o parece regular la conducta de alguien. ‖ **4. tema** (‖ asunto o materia). ‖ **5.** Palabra o palabras que por contraseña se escriben en los pliegos cerrados de oposiciones y certámenes, para conocer, después del fallo, a quién pertenece cada obra, o averiguar el nombre de los autores premiados. ‖ **6.** *Ling.* **entrada** (‖ de un diccionario o enciclopedia). ‖ **7.** *Mat.* Proposición que es preciso demostrar antes de establecer un teorema.

lemario. M. *Ling.* Conjunto de los lemas o entradas que contiene un repertorio lexicográfico.

lematización. F. *Ling.* Acción y efecto de lematizar.

lematizar. TR. *Ling.* En un diccionario o repertorio léxico, elegir convencionalmente una forma para remitir a ella todas las de su misma familia por razones de economía.

emnáceo, a. ADJ. *Bot.* Se dice de las plantas angiospermas monocotiledóneas, acuáticas y flotantes, con tallo y hojas verdes, pequeñas y en forma de disco; p. ej., la lenteja de agua. U. t. c. s. f. ORTOGR. En f. pl., escr. con may. inicial c. taxón. *Las Lemnáceas.*

emniscata. F. Curva plana de forma semejante a un 8.

emosín, na. I. ADJ. **1.** Natural de Limoges. U. t. c. s. || **2.** Perteneciente o relativo a esta antigua provincia de Francia o a su capital. || **II.** M. **3. lengua de oc.**

empira. M. Unidad monetaria de Honduras.

empireño, ña. ADJ. **1.** Natural de Lempira. U. t. c. s. || **2.** Perteneciente o relativo a este departamento de Honduras.

émur. M. **1.** Se usa como nombre para referirse a un género de mamíferos cuadrumanos, con los dientes incisivos de la mandíbula inferior inclinados hacia adelante y las uñas planas, menos la del índice de las extremidades torácicas y a veces la del medio de las abdominales, que son ganchudas, y la cola muy larga. Son frugívoros y propios de Madagascar. || **2.** pl. *Mit.* Genios tenidos generalmente por maléficos entre romanos y etruscos.

enca. I. ADJ. **1.** hist. Se dice del individuo de un pueblo amerindio que habitaba el sur, centro y occidente de Honduras y la zona fronteriza de El Salvador. U. t. c. s. || **2.** hist. Perteneciente o relativo a los lencas. || **II.** M. **3.** Lengua hablada por los lencas hasta mediados del siglo XIX.

encería. F. **1.** Ropa interior femenina. || **2.** Tienda en donde se vende. || **3.** Conjunto de lienzos de distintos géneros. || **4.** Tienda de lienzos.

encero, ra. M. y F. **1.** Persona que trata en lienzos o los vende. || **2.** Persona que se dedica a confeccionar ropa blanca, o sea ropa interior y ropa de cama y de mesa.

endakari. M. Jefe del Gobierno vasco.

endrera. F. Peine de púas finas y espesas, a propósito para limpiar la cabeza.

ene. ADJ. Leve, ligero. *Cuerpo lene.*

eneas. F. pl. hist. Fiestas atenienses en honor de Baco, durante las cuales se efectuaban certámenes dramáticos.

engua. F. **1.** Órgano muscular situado en la cavidad de la boca de los vertebrados y que sirve para gustar, para deglutir y para modular los sonidos que les son propios. || **2.** Sistema de comunicación verbal y casi siempre escrito, propio de una comunidad humana. || **3.** Sistema lingüístico considerado en su estructura. || **4.** Vocabulario y gramática propios y característicos de una época, de un escritor o de un grupo social. *La lengua de Góngora. La lengua gauchesca.* || **5.** Badajo de la campana. || **~ aglutinante.** F. *Ling.* Idioma en que predomina la aglutinación. || **~ aislante,** o **~ analítica.** F. *Ling.* Aquella cuyos elementos léxicos y gramaticales son palabras aisladas unas de otras, como en el caso del chino y del vietnamita. || **~ azul.** F. *Veter.* Epizootia contagiosa del ganado ovino, que a veces ataca también al bovino, producida por un virus específico y caracterizada por cianosis de la lengua, ulceraciones en la boca y cojera. || **~ bífida.** F. lengua de víbora. || **~ de estropajo.** COM. coloq. Persona balbuciente, o que habla y pronuncia mal, de manera que apenas se entiende lo que dice. || **~ de fuego.** F. **1.** Cada una de las llamas en forma de lengua que bajaron sobre las cabezas de los apóstoles el día de Pentecostés. || **2.** Cada una de las llamas que se levantan en una hoguera o en un incendio. || **~ de gato.** F. **1.** Planta chilena, de la familia de las Rubiáceas, de hojas ovadas y pedúnculos axilares, con una, dos o tres flores

envueltas por cuatro brácteas. Sus raíces, muy semejantes a las de la rubia, se usan, como las de esta, en tintorería. || **2.** Bizcocho o chocolatina duros, alargados y delgados. || **~ del agua.** F. Parte del agua del mar, de un río, etc., que lame el borde de la costa o de la ribera. || **~ de oc.** F. La que antiguamente se hablaba en el mediodía de Francia y cultivaron los trovadores. || **~ de oíl.** F. Francés antiguo, o sea lengua hablada antiguamente en Francia al norte del Loira. || **~ de perro.** F. cinoglosa. || **~ de tierra.** F. Pedazo de tierra largo y estrecho que entra en el mar, en un río, etc. || **~ de trapo.** F. **1.** Modo de hablar de los niños cuando todavía no lo hacen bien. || **2.** coloq. lengua de estropajo. || **~ de víbora.** F. **1.** lengua de una persona mordaz, murmuradora y maledicente. || **2.** Esa misma persona. || **~ flexiva.** F. *Ling.* Idioma en que predomina la flexión. || **~ franca.** F. La que es mezcla de dos o más, y con la cual se entienden los naturales de pueblos distintos. || **~ madre.** F. Aquella de que han nacido o se han derivado otras. *El latín es lengua madre respecto de la nuestra.* || **~ materna.** F. La que se habla en un país, respecto de los naturales de él. || **~ muerta.** F. La que antiguamente se habló y no se habla ya como propia y natural de un país o nación. || **~ natural,** o **popular.** F. lengua materna. || **~ sabia.** F. Cada una de las antiguas que ha producido una literatura importante. || **~ sintética.** F. *Ling.* lengua flexiva. || **~ tonal.** F. *Ling.* La que posee tonos. || **~ segunda.** F. La que se aprende después de la materna. || **~ viperina.** F. lengua de víbora. || **~ viva.** F. La que actualmente se habla en un país o nación. || **~ vulgar.** F. Cada una de las que se hablan actualmente, en contraposición a las lenguas sabias. || **~s hermanas.** F. pl. Las que se derivan de una misma lengua madre; p. ej., el español y el italiano, que se derivan del latín. || **mala ~.** F. Persona murmuradora o maledicente. || **media ~.** F. coloq. Pronunciación imperfecta. *Empezó a contarlo con su media lengua.* || **malas ~s.** F. pl. coloq. El común de los murmuradores y de los calumniadores de las vidas y acciones ajenas. *Así lo dicen malas lenguas.* || **con la ~ afuera,** o **de un palmo.** LOCS. ADVS. coloqs. Con gran cansancio o esfuerzo. || **andar en ~s.** LOC. VERB. coloq. Ser con frecuencia objeto de conversaciones, o de habladurías y murmuración. || **atar la ~.** LOC. VERB. Impedir que se diga algo. || **darle a la ~.** LOC. VERB. coloq. Hablar mucho. || **de ~ en ~.** LOC. ADV. De unos en otros; de boca en boca. || **destrabar** alguien **la ~.** LOC. VERB. Quitar el impedimento que tenía para hablar. || **escapársele** a alguien **la ~.** LOC. VERB. Escapársele palabras que no quería decir. || **hacerse ~s** de alguien o de algo. LOC. VERB. coloq. Alabarlo encarecidamente. || **irse de la ~.** LOC. VERB. coloq. Decir inconsideradamente lo que no quería o no debía manifestar. || **írsele** a alguien **la ~.** LOC. VERB. coloq. escapársele la lengua. || **ligero, ra de ~.** LOC. ADJ. suelto de lengua. || **meterse** alguien **la ~ en el culo.** LOC. VERB. **1.** malson. Tener que dejar de hablar. || **2.** malson. callarse (|| abstenerse de manifestar lo que se siente). || **morderse** alguien **la ~.** LOC. VERB. Contenerse en hablar, callando con alguna violencia lo que quisiera decir. || **parecer que** alguien **ha comido ~.** LOC. VERB. coloq. Hablar mucho. || **tener** alguien **la ~ larga,** o **muy larga.** LOCS. VERBS. coloqs. Ser propenso a hablar de más y de forma inconveniente. || **sacar la ~** a alguien. LOC. VERB. coloq. Burlarse de él. *Todos le están sacando la lengua.* || **suelto, ta de ~.** LOC. ADJ. Que sin consideración ni miramiento dice cuanto se le ocurre o se le viene a la boca. ‖ **tener** alguien algo **en la ~**. LOC.VERB. **1.** coloq. Estar a punto de decirlo. ‖ **2.** coloq. Querer acordarse de ello, sin poder hacerlo. ‖ **tener** alguien **mucha ~**. LOC.VERB. coloq. Ser demasiado hablador. ‖ **tirar de la ~** a alguien. LOC.VERB. coloq. Provocarle a que hable acerca de algo que convendría callar. ‖ **trabarse la ~**. LOC.VERB. Verse impedido el libre uso de ella por un accidente o enfermedad, o entorpecido por la dificultad de pronunciación de ciertas palabras o combinaciones de palabras. ‖ **venírsele a** alguien **a la ~** algo. LOC.VERB. coloq. Ocurrírsele. ☐ V. **don de ~s, familia de ~s.**

lenguado. M. Pez teleósteo marino de cuerpo oblongo y muy comprimido, casi plano, y cabeza asimétrica. Vive, como otras muchas especies del orden de los Pleuronectiformes, echado siempre del mismo lado. Su carne es muy apreciada.

lenguaje. M. **1.** Conjunto de sonidos articulados con que el hombre manifiesta lo que piensa o siente. ‖ **2. lengua** (‖ sistema de comunicación verbal). ‖ **3.** Manera de expresarse. *Lenguaje culto, grosero, sencillo, técnico, forense, vulgar.* ‖ **4.** Estilo y modo de hablar y escribir de cada persona en particular. ‖ **5.** Uso del habla o facultad de hablar. ‖ **6.** Conjunto de señales que dan a entender algo. *El lenguaje de los ojos. El lenguaje de las flores.* ‖ **7.** *Inform.* Conjunto de signos y reglas que permite la comunicación con una computadora u ordenador. ‖ **~ máquina.** M. *Inform.* Conjunto de instrucciones codificadas que una computadora u ordenador interpretan y ejecutan directamente.

lenguarada. F. Acción de pasar una vez la lengua por algo para lamerlo o para tragarlo.

lenguaraz. ADJ. Deslenguado, atrevido en el hablar.

lenguaza. F. Planta anual de la familia de las Borragináceas, muy vellosa, con tallo erguido, de seis a ocho decímetros de altura, hojas lanceoladas, enteras, las inferiores con pecíolo, sentadas las superiores, y todas erizadas de pelos rígidos, flores en panojas de corola azul y forma de embudo, y fruto seco con cuatro semillas rugosas. Abunda en los sembrados, y sus flores forman parte de las cordiales.

lengüeta. F. **1.** Tira de piel que suelen tener los zapatos en la parte del cierre por debajo de los cordones. ‖ **2.** Lámina movible de metal u otra materia que tienen algunos instrumentos musicales de viento y ciertas máquinas hidráulicas o de aire. ‖ **3.** Taco, generalmente de madera, cortado en bisel por un lado y labrado por el lado contrario, que se encaja en la boquilla de la flauta para que esta suene. ‖ **4.** Hierro en forma de anzuelo que tienen las garrochas, saetas, banderillas, etc. ‖ **5.** Moldura o adorno en forma de *lengüeta*. ‖ **6.** *Carp.* Espiga prolongada que se labra a lo largo del canto de una tabla o un tablón, generalmente de un tercio de grueso, con objeto de encajarla en una ranura de otra pieza.

lengüetazo. M. **lenguarada.**

lengüetear. INTR. Dar lengüetazos. U. t. c. tr. *El niño lengüeteaba su helado de fresa.*

lengüilargo, ga. ADJ. coloq. **lenguaraz.**

lenidad. F. Blandura en exigir el cumplimiento de los deberes o en castigar las faltas.

lenificar. TR. Suavizar, ablandar.

leninismo. M. Doctrina de Lenin, quien, basándose en el marxismo, promovió y condujo la Revolución soviética.

leninista. ADJ. **1.** Perteneciente o relativo al leninismo. *Tesis leninista.* ‖ **2.** Partidario de Lenin o que profesa su doctrina. U. t. c. s.

lenitivo, va. I. ADJ. **1.** Que tiene virtud de ablandar y suavizar. *Ungüento lenitivo.* ‖ **II.** M. **2.** Medicamento que sirve para ablandar o suavizar. ‖ **3.** Medio para mitigar los sufrimientos del ánimo. *Para él, la música es el mejor lenitivo.*

lenocinio. M. **1.** Acción de alcahuetear. ‖ **2.** Oficio de alcahuete. ☐ V. **casa de ~.**

lente. AMB. **1.** Objeto transparente, generalmente de vidrio, que se utiliza en los instrumentos ópticos para desviar la trayectoria de los rayos luminosos y formar imágenes. En España, u. m. c. f. ‖ **2. lente** provisto de montura que se coloca cerca del ojo para corregir defectos de la visión. U. m. en pl. ‖ **~ de contacto.** AMB. Disco pequeño de materia plástica o vidrio, cóncavo de un lado y convexo por el otro, que se aplica directamente sobre la córnea para corregir los defectos de refracción del ojo. En España, u. m. c. f.

lenteja. F. **1.** Planta herbácea, anual, de la familia de las Papilionáceas, con tallos de tres a cuatro decímetros, endebles, ramosos y estriados, hojas oblongas, estípulas lanceoladas, zarcillos poco arrollados, flores blancas con venas moradas, sobre un pedúnculo axilar, y fruto en vaina pequeña, con dos o tres semillas pardas en forma de disco de medio centímetro de diámetro aproximadamente. ‖ **2.** Semilla de esta planta. ‖ **~ acuática,** o **~ de agua.** F. Planta de la familia de las Lemnáceas, que flota en las aguas estancadas y cuyas hojas, ordinariamente agrupadas de tres en tres, tienen la forma y tamaño de la semilla de la *lenteja*.

lentejuela. F. Plancha, pequeña y redonda, de metal u otro material brillante, que se cose en los vestidos como adorno.

lenticular. I. ADJ. **1.** Parecido en la forma a la semilla de la lenteja. *Nubes lenticulares.* ‖ **II.** M. **2.** *Anat.* Pequeña apófisis del yunque, mediante la cual este huesecillo de la parte media del oído de los mamíferos se articula con el estribo. U. t. c. adj. *Apófisis, hueso lenticular.*

lentificación. F. Acción y efecto de lentificar.

lentificar. TR. Imprimir lentitud a alguna operación o proceso, disminuir su velocidad.

lentilla. F. **lente de contacto.**

lentisco. M. Mata o arbusto siempre verde, de la familia de las Anacardiáceas, con tallos leñosos de dos a tres metros, hojas divididas en un número par de hojuelas coriáceas, ovaladas, de punta roma, lampiñas, lustrosas por el haz y mates por el envés; flores pequeñas, amarillentas o rojizas, en racimos axilares, y fruto en drupa casi esférica, primero roja y después negruzca. La madera es rojiza, dura, aromática, y útil para ciertas obras de ebanistería; de las ramas puede sacarse almáciga, y de los frutos, aceite para el alumbrado. Abunda en España.

lentitud. F. **1.** Cualidad de lento. ‖ **2.** Desarrollo tardío o pausado de la ejecución o del acontecer de algo.

lento, ta. I. ADJ. **1.** Tardo o pausado en el movimiento o en la acción. *Ritmo lento. Trenes lentos.* ‖ **2.** Dicho de una persona: Que tarda en comprender algo o en reaccionar ante una situación. ‖ **II.** M. **3.** *Mús.* **largo** (‖ movimiento fundamental de la música). ‖ **4.** *Mús.* **largo** (‖ composición). ‖ **III.** ADV.M. **5.** Con lentitud. *Los soldados avanzan lento.* ☐ V. **cámara ~, paso ~.**

leña. F. **1.** Parte de los árboles y matas que, cortada y hecha trozos, se emplea como combustible. ‖ **2.** coloq. Castigo, paliza. ‖ **~ de vaca.** F. Á. R. Plata. Estiércol seco de vaca que se emplea como combustible. ‖ **añadir ~ al fuego.** LOC.VERB. **echar leña al fuego.** ‖ **echar ~ al fuego.** LOC.VERB. **1.** Poner medios para acrecentar un mal. ‖ **2.** Dar incentivo a un afecto, inclinación o vicio.

leñador, ra. M. y F. Persona que se emplea en cortar leña.

leñatero, ra. M. y F. Persona que corta leña.

leñazo. M. **1.** coloq. Golpe dado con un leño, un garrote, etc. ‖ **2.** coloq. Golpe fuerte producido por cualquier agente o circunstancia, como un tropezón, una caída, un choque, etc. ‖ **3.** Á. Caribe. Golpe moral.

leñe. INTERJ. eufem. Se usa para demostrar asombro, enfado o ira.

leñera. F. Sitio para guardar leña.

leñero, ra. I. ADJ. **1.** Dep. Especialmente en el fútbol, que realiza un juego duro. Apl. a pers., u. t. c. s. ‖ **II.** M. y F. **2.** Persona que vende leña. ‖ **3.** Persona encargada de comprar la leña necesaria para una casa o comunidad. ‖ **III.** M. **4.** leñera.

leño. M. **1.** Trozo de árbol después de cortado y limpio de ramas. ‖ **2.** Parte sólida de los árboles bajo la corteza. ‖ **3.** hist. Embarcación medieval, de vela y remo, semejante a las galeotas. ‖ **~ hediondo.** M. **hediondo.** ‖ **dormir como un ~.** LOC.VERB. coloq. Dormir profundamente.

leñoso, sa. ADJ. **1.** Se dice de la parte más consistente de los vegetales. Tallo leñoso. ‖ **2.** Dicho de un arbusto, de una planta, o de un fruto: Que tienen dureza y consistencia como la de la madera. □ V. **vaso ~.**

leo. ADJ. Dicho de una persona: Nacida bajo el signo zodiacal de Leo. Yo soy leo, ella es piscis. U. t. c. s.

león. M. **1.** Gran mamífero carnívoro de la familia de los Félidos, de pelaje entre amarillo y rojo. Tiene la cabeza grande, los dientes y las uñas muy fuertes y la cola larga y terminada en un fleco de cerdas. El macho se distingue por una larga melena. ‖ **2.** hormiga león. ‖ **3.** Hombre audaz, autoritario y valiente. ‖ **4.** Am. Cen. y Á. Caribe. **puma.** ‖ **~ marino.** M. Mamífero pinnípedo de cerca de tres metros de longitud, con pelaje largo y espeso, una especie de cresta carnosa y móvil en lo alto de la cabeza, y unas bolsas junto a las narices, que el animal hincha a su arbitrio. ‖ **~ miquero.** M. Am. Cen. Mamífero mustélido, carnívoro, de cabeza ancha y aplanada de arriba abajo, con hocico romo, orejas cortas y redondeadas, ojos grandes y cuello alargado, tronco flexible, estrecho y alargado, con las extremidades cortas, armadas de uñas no retráctiles fuertes y curvas, pelaje corto, negro en el tronco, patas y cola, y gris leonado en la cabeza. Sus hábitos son tanto arbóreos como terrestres. □ V. **diente de ~, hormiga ~, pie de ~.**

leona. F. **1.** Hembra del león. ‖ **2.** Mujer audaz, autoritaria y valiente.

leonado, da. ADJ. De color rubio oscuro, semejante al del pelo del león. Melena leonada. Guantes de gamuza leonada.

leonera. F. **1.** Lugar en que se tienen encerrados los leones. ‖ **2.** coloq. Habitación o lugar habitualmente desarreglados y revueltos.

leonero, ra. M. y F. Persona que cuida de los leones que están en la leonera.

leonés, sa. ADJ. **1.** Natural de León, ciudad de España, o de su provincia. U. t. c. s. ‖ **2.** Natural de León, departamento de Nicaragua, o de su cabecera. U. t. c. s. ‖ **3.** Perteneciente o relativo a aquella ciudad y su provincia, o a este departamento y su cabecera. ‖ **4.** hist. Perteneciente o relativo al antiguo reino de León. ‖ **5.** **asturleonés** (‖ dicho del dialecto romance). U. t. c. s. m. El leonés de Asturias. ‖ **6.** Se dice de la variedad del castellano hablada en territorio leonés. U. t. c. s. m. El leonés de Babia.

leonesismo. M. **1.** Locución, giro o modo de hablar propio de los leoneses. ‖ **2.** Amor o apego a las cosas características o típicas de la región leonesa.

leonina. F. Especie de lepra en que la piel toma el aspecto de la del león.

leonino, na. ADJ. **1.** Perteneciente o relativo al león. Garras leoninas. ‖ **2.** Á. R. Plata. Dicho de una persona: Nacida bajo el signo zodiacal de Leo. U. t. c. s. ‖ **3.** Dicho especialmente de una condición o de un contrato: Ventajosos para una sola de las partes.

leontina. F. Cinta o cadena colgante de reloj de bolsillo.

leopardo. M. Mamífero carnicero de metro y medio de largo desde el hocico hasta el arranque de la cola, y unos siete decímetros de alto. El aspecto general es el de un gato grande, de pelaje blanco en el pecho y el vientre, y rojizo con manchas negras, redondas y regularmente distribuidas en todo el resto del cuerpo. Vive en los bosques de Asia y África, y a pesar de su magnitud trepa con facilidad a los árboles en persecución de los monos y de otros animales.

leotardo. M. Prenda, generalmente de lana, que cubre y ciñe el cuerpo desde la cintura hasta los pies. U. m. en pl. con el mismo significado que en sing.

Lepe. saber más que ~, o **que ~, Lepijo y su hijo.** LOCS.VERBS. Ser muy perspicaz.

leperada. F. **1.** Am. Cen. y Méx. Acción propia del lépero. ‖ **2.** Am. Cen. y Méx. Dicho o expresión groseros.

lépero, ra. ADJ. Am. Cen. y Méx. Soez, ordinario, poco decente. U. t. c. s.

lepidio. M. Planta perenne de la familia de las Crucíferas, con tallos lampiños de seis a ocho decímetros de altura, hojas de color verde azulado, gruesas, pecioladas, anchas y ovales las inferiores, lanceoladas las de en medio, muy estrechas las superiores, y todas con dientes agudos en el margen; fruto seco, con semillas negruzcas, menudas y elipsoidales. Abunda en los terrenos húmedos, y sus hojas, de sabor muy picante, suelen emplearse en medicina contra el escorbuto y el mal de piedra.

lepidóptero, ra. ADJ. Zool. Se dice de los insectos que tienen boca chupadora constituida por una trompa que se arrolla en espiral, y cuatro alas cubiertas de escamitas imbricadas. Tienen metamorfosis completas, y en el estado de larva reciben el nombre de oruga, y son masticadores; sus ninfas son las crisálidas, muchas de las cuales pasan esta fase de su desarrollo dentro de un capullo, como el gusano de la seda. U. t. c. s. m. ORTOGR. En m. pl., escr. con may. inicial c. taxón. Los Lepidópteros.

leporino, na. ADJ. Perteneciente o relativo a la liebre. Fecundidad leporina. □ V. **labio ~.**

lepra. F. Med. Enfermedad infecciosa crónica, caracterizada principalmente por síntomas cutáneos y nerviosos, sobre todo tubérculos, manchas, úlceras e insensibilidad. ‖ **~ blanca.** F. Enfermedad de las caballerías caracterizada por manchas blancas en la piel.

leprosería. F. Hospital de leprosos.

leproso, sa. ADJ. Que padece lepra. U. t. c. s.

leprosorio. M. *Méx.* **leprosería.**

leptón. M. *Fís.* Partícula elemental; fermión de los más ligeros, como el electrón, su neutrino y la correspondiente antipartícula.

lercha. F. Junquillo con que se ensartan aves o peces muertos, para llevarlos de una parte a otra.

lerdear. INTR. **1.** *Am. Cen.* **tardar** (‖ emplear demasiado tiempo en hacer algo). ‖ **2.** *Am. Cen.* y *Á. R. Plata.* Moverse con pesadez o torpeza. ‖ **3.** *Am. Cen.* **retrasarse** (‖ llegar tarde).

lerdo, da. ADJ. **1.** Tardo y torpe para comprender o ejecutar algo. ‖ **2.** Dicho comúnmente de un animal cuadrúpedo: Pesado y torpe en el andar.

lerense. ADJ. **1.** Natural de Pontevedra. U. t. c. s. ‖ **2.** Perteneciente o relativo a esta ciudad de España.

leridano, na. ADJ. **1.** Natural de Lérida. U. t. c. s. ‖ **2.** Perteneciente o relativo a esta ciudad de España o a su provincia.

les. PRON. PERSON. Forma de la 3.ª persona del plural que cumple la función de complemento indirecto. No admite preposición y se puede usar como enclítico. *Les di los libros a tus alumnas. Dales recuerdos.*

lesbiana. F. V. **lesbiano.**

lesbianismo. M. Homosexualidad femenina.

lesbiano, na. **I.** ADJ. **1.** **lésbico.** *Relaciones lesbianas.* ‖ **II.** F. **2.** Mujer homosexual.

lésbico, ca. ADJ. Perteneciente o relativo al lesbianismo.

lesión. F. **1.** Daño o deterioro corporal causado por una herida, un golpe o una enfermedad. ‖ **2.** Daño, perjuicio o deterioro. *Lesión en los intereses de alguien.* ‖ **3.** pl. *Der.* Delito consistente en causar un daño físico o psíquico a alguien.

lesionar. TR. Causar lesión. U. t. c. prnl.

lesivo, va. ADJ. Que causa o puede causar **lesión** (‖ daño, perjuicio). *Un acuerdo lesivo para los intereses del país.*

leso, sa. ADJ. **1.** Agraviado, lastimado, ofendido. Se dice principalmente de la cosa que ha recibido el daño o la ofensa. *Lesa humanidad. Leso derecho natural.* ‖ **2.** *Chile.* Tonto, necio, de pocos alcances.

lesotense. ADJ. **1.** Natural de Lesoto. U. t. c. s. ‖ **2.** Perteneciente o relativo a este país de África.

leste. M. *Mar.* **este**[1].

lestrigón. M. Individuo de alguna de las tribus de antropófagos que, según las historias y poemas mitológicos, encontró Ulises en su navegación. U. m. en pl.

letal. ADJ. **mortífero.**

letalidad. F. **1.** Cualidad de letal. ‖ **2.** **mortalidad** (‖ tasa de muertes).

letanía. F. **1.** *Rel.* Oración cristiana que se hace invocando a Jesucristo, a la Virgen o a los santos como mediadores, en una enumeración ordenada. ‖ **2.** coloq. Lista, retahíla, enumeración seguida de muchos nombres, locuciones o frases. *Letanía de agravios.* ‖ **3.** coloq. Insistencia larga y reiterada. *No vengas con esa letanía.* ‖ **~ lauretana.** F. Deprecación a la Virgen con sus elogios y atributos colocados por orden, la cual se suele cantar o rezar después del rosario.

letargia. F. **letargo.**

letárgico, ca. ADJ. **1.** Perteneciente o relativo al letargo. *Estado, sueño letárgico.* ‖ **2.** Que padece letargo.
□ V. **encefalitis ~.**

letargo. M. **1.** *Med.* Síntoma de varias enfermedades nerviosas, infecciosas o tóxicas, caracterizado por un estado de somnolencia profunda y prolongada. ‖ **2.** Sopor, modorra. ‖ **3.** Período de tiempo en que algunos animales permanecen en inactividad y reposo absoluto.

leticia. F. Alegría, deleite.

leticiano, na. ADJ. **1.** Natural de Leticia. U. t. c. s. ‖ **2.** Perteneciente o relativo a esta ciudad de Colombia, capital del departamento de Amazonas.

letón, na. **I.** ADJ. **1.** Natural de Letonia. U. t. c. s. ‖ **2.** Perteneciente o relativo a este país de Europa. ‖ **II.** M. **3.** Lengua hablada en Letonia.

letra. F. **1.** Cada uno de los signos gráficos que componen el alfabeto de un idioma. ‖ **2.** Tradicionalmente, cada uno de los sonidos de un idioma. *Al hablar, se come muchas letras.* ‖ **3.** Forma especial de los signos gráficos, por la que se distinguen los escritos de una persona o de una época o país determinados. *Su letra es ilegible.* ‖ **4.** Conjunto de palabras puestas en música para que se canten, a diferencia de la misma música. *La letra de una canción. La letra de un himno.* ‖ **5.** **tipo** (‖ pieza de la imprenta y de la máquina de escribir). ‖ **6.** Sentido propio y exacto de las palabras empleadas en un texto, por oposición al sentido figurado. ‖ **7.** **letra de cambio.** ‖ **8.** pl. Diversos ramos del saber humano. ‖ **9.** pl. Conjunto de los saberes humanísticos, por oposición a la matemática y a las ciencias de la naturaleza. ‖ **~ bastarda.** F. La escrita a mano, inclinada hacia la derecha y cuyos gruesos y perfiles son resultados del corte y posición de la pluma y no de la presión de la mano. ‖ **~ bastardilla.** F. La de imprenta que imita a la bastarda. ‖ **~ capital.** F. **letra mayúscula.** ‖ **~ consonante.** F. Signo que representa gráficamente un sonido y articulación consonánticos. ‖ **~ corrida.** F. **1.** Serie de **letras** hechas con facilidad y soltura. ‖ **2.** *Impr.* La que está trastocada. ‖ **~ cortesana.** F. Cierta forma o carácter pequeño y vistoso que se usaba antiguamente. ‖ **~ cursiva.** F. **1.** La escrita a mano que se liga mucho para escribir deprisa. ‖ **2.** **letra bastardilla.** ‖ **~ de caja alta.** F. *Impr.* **letra mayúscula.** ‖ **~ de caja baja.** F. *Impr.* **letra minúscula.** ‖ **~ de cambio.** F. *Der.* Documento mercantil dotado de fuerza ejecutiva, por el cual el librador ordena al librado que pague en un plazo determinado una cantidad cierta en efectivo al tomador o a quien este designe. ‖ **~ de dos puntos.** F. *Impr.* Mayúscula que se suele usar en los carteles, titulares y principios de capítulo, que suele aparecer fundida en dos líneas del cuerpo de su grado. ‖ **~ de imprenta.** F. **1.** **letra de molde.** ‖ **2.** La escrita a mano imitando la **letra de molde.** ‖ **~ de mano.** F. La que se hace al escribir con pluma, lápiz o algo semejante. ‖ **~ de molde.** F. La impresa. ‖ **~ florida.** F. La mayúscula abierta en lámina con algún adorno alrededor de ella. ‖ **~ gótica.** F. La de forma rectilínea y angulosa, que se usó antiguamente, y durante más tiempo en Alemania. ‖ **~ historiada.** F. Mayúscula con adornos y figuras o símbolos. ‖ **~ inglesa.** F. La más inclinada que la bastarda, y cuyos gruesos y perfiles resultan de la mayor o menor presión de la pluma con que se escribe, que ha de ser muy delgada. ‖ **~ itálica.** F. **letra bastardilla.** ‖ **~ mayúscula.** F. La que, a diferencia de la minúscula, tiene mayor tamaño y por lo general distinta forma. Se emplea como inicial de nombres propios, en principio de período, después de punto, etc. ‖ **~ minúscula.** F. La que es menor que la mayúscula y por lo general de forma distinta, y se emplea normalmente

en la escritura, salvo en los casos en que se usa letra ma-
yúscula. || ~ **negrilla**, o ~ **negrita**. F. La gruesa que se
destaca de los tipos ordinarios, resaltando en el texto.
|| ~ **numeral**. F. La que representa un número, como en
la numeración romana. || ~ **pequeña**. F. Parte de un texto
o contrato en la que figuran cláusulas importantes que
pueden resultar menos atendidas por aparecer en un
cuerpo menor. || ~ **procesal**. F. La que está enlazada y en-
redada, como se ve en escritos de los siglos XVI y XVII.
|| ~ **redonda**, o ~ **redondilla**. F. La escrita a mano o de
imprenta que es vertical y circular. || ~ **semicursiva**.
F. La escrita a mano, mezcla de letra cursiva y redonda.
|| ~ **titular**. F. *Impr*. Mayúscula que se emplea en portadas,
títulos, principios de capítulo, carteles, etc. || ~ **versal**. F.
Impr. **letra mayúscula**. || ~ **versalilla**, o ~ **versalita**.
F. *Impr*. Mayúscula igual en tamaño a la minúscula de la
misma clase. || ~ **vocal**. F. Signo que representa gráfica-
mente un sonido y articulación vocálicos. || **~s huma-
nas**. F. pl. Literatura, y especialmente la clásica. || **~s sagra-
das**. F. pl. La Biblia o la Sagrada Escritura. || **bellas ~s**,
o **buenas ~s**. F. pl. **literatura**. || **cuatro ~s**, o **dos ~s**.
F. pl. coloqs. Escrito breve. || **primeras ~s**. F. pl. Arte de
leer y escribir, doctrina cristiana y rudimentos de arit-
mética y de otras materias. || **unas ~s**. F. pl. coloq. **cuatro
letras**. || **a la ~**. LOC.ADV. **al pie de la letra**. || ~ **por ~**.
LOC.ADV. Enteramente, sin quitar ni añadir nada. || **se-
guir** alguien **las ~s**. LOC.VERB. Dedicarse al estudio. ||
□ V. **hombre de ~s, maestro de primeras ~s, mujer de
~s, república de las ~s, sopa de ~s**.

letrado, da. I. ADJ. **1.** Sabio, docto o instruido. || **II.**
M. y F. **2. abogado** (|| persona licenciada en derecho).
|| **3.** Jurista de una institución pública encargado de es-
tudiar y preparar sus dictámenes o resoluciones. *Letrado del Consejo de Estado. Letrado del Tribunal Constitucional.*

letrero. M. Palabra o conjunto de palabras escritas para
notificar o publicar algo.

letrilla. F. **1.** Composición poética de versos cortos que
suele ponerse en música. || **2.** Composición poética,
amorosa, festiva o satírica, que se divide en estrofas, al
fin de cada una de las cuales se repite ordinariamente
como estribillo el pensamiento o concepto general de la
composición, expresado con brevedad.

letrina. F. **1.** Retrete colectivo con varios compartimentos, separados o no, que vierten en un único colector o en una zanja, empleado aún en campamentos, cuar-
teles antiguos, etc. || **2.** Lugar sucio y asqueroso.

letrista. COM. Persona que hace letras para canciones.

leu. M. Unidad monetaria de Rumanía y Moldavia.

leucemia. F. Enfermedad neoplásica de los órganos for-
madores de células sanguíneas, caracterizada por la proliferación maligna de leucocitos.

leucémico, ca. ADJ. **1.** Perteneciente o relativo a la
leucemia. *Proceso leucémico*. || **2.** Que padece leucemia.
U. t. c. s.

leucocitaria. □ V. **fórmula ~**.

leucocito. M. *Biol*. Célula blanca o incolora de la sangre
y la linfa, que puede trasladarse a diversos lugares del
cuerpo con funciones defensivas.

leucocitosis. F. *Med*. Aumento del número de leucocitos en la sangre.

leucoma. F. *Med*. Mancha blanca en la córnea transparente del ojo, que corresponde a una opacidad de esta
con pérdida de su sustancia.

leucopenia. F. *Med*. Número de leucocitos en la sangre
inferior al normal.

leucoplaquia. F. *Med*. Enfermedad caracterizada por
unas manchas blancas que aparecen en las mucosas bucal o lingual.

leucorrea. F. *Med*. Flujo blanquecino de las vías genitales femeninas.

leudar. I. TR. **1.** Dar fermento a la masa con la leva-
dura. || **II.** INTR. **2.** Dicho de una masa: Fermentar con
la levadura. ¶ MORF. conjug. c. *adeudar*.

lev. M. leva². MORF. pl. **levs**.

leva¹. F. **1.** Recluta de gente para el servicio militar. || **2.**
Partida de las embarcaciones del puerto. || **3.** *Mec*. Pieza
que gira alrededor de un punto que no es su centro geométrico. Tiene por objeto transformar el movimiento
circular continuo en rectilíneo alternativo. || **halar a la ~**.
LOC.VERB. *Mar*. Tirar de un cabo, recogiéndolo de manera
continua. □ V. **árbol de ~s, mar de ~**.

leva². F. Unidad monetaria de Bulgaria.

levada. F. *Esgr*. Molinete que se hace con las lanzas, espadas, floretes, etc., antes de ponerse en guardia.

levadizo, za. ADJ. Dicho especialmente de un puente:
Que se levanta o se puede levantar con algún mecanismo, quitándolo y volviéndolo a poner, o levantándolo
y volviéndolo a bajar o dejar caer.

levadura. F. **1.** Masa constituida por ciertos hongos
unicelulares, capaz de fermentar el cuerpo con que se
mezcla; p. ej., la de la cerveza. || **2.** *Biol*. Hongo unicelu-
lar de forma ovoide, que se reproduce por gemación o división, forma cadena y produce enzimas capaces de descomponer diversos cuerpos orgánicos, principalmente
los azúcares, en otros más sencillos.

levantada. F. Acción de levantarse quien estaba acostado.

levantador, ra. ADJ. Que levanta. Apl. a pers., u. t. c. s.

levantamiento. M. **1.** Acción y efecto de levantar o le-
vantarse. || **2.** Sedición, alboroto popular.

levantar. I. TR. **1.** Mover hacia arriba algo. U. t. c. prnl.
Levantar un brazo. || **2.** Poner algo en lugar más alto que
el que tenía. U. t. c. prnl. *Levanta un poco la balda, para
que quepan los libros*. || **3.** Poner derecha o en posición
vertical la persona o cosa que esté inclinada, tendida,
etc. U. t. c. prnl. *Levantarse del suelo*. || **4.** Separar algo
de otra cosa sobre la cual descansa o a la que está adherida. *Levantar las capas de pintura superpuestas*. U. t. c.
prnl. || **5.** Dirigir hacia arriba algo, especialmente los
ojos o la mirada. || **6.** Recoger o quitar algo de donde
está. *Levantar la tienda, los manteles*. || **7.** Alzar la cose-
cha. || **8.** Construir, fabricar, edificar. *Levantar un ras-
cacielos*. || **9.** Proceder a dibujar un plano de una pobla-
ción, una construcción, etc., según procedimientos
técnicos. || **10.** En algunos juegos de naipes, echar carta
superior a la que va jugada. || **11.** Abandonar un sitio,
llevándose lo que en él hay para trasladarlo a otro lugar.
Levantar la casa. || **12.** Mover, ahuyentar, hacer que
salte la caza del sitio en que estaba. U. t. c. prnl. || **13.**
Hacer o producir algo que forma bulto sobre otra cosa.
Levantar un chichón, una ampolla. || **14. montar** (|| ba-
tir la clara de huevo o la nata). || **15.** Erigir, establecer,
instituir. *Levantar una fundación*. || **16.** Aumentar, su-
bir, dar mayor incremento o precio a algo. || **17.** Dar ma-
yor fuerza, hacer que suene más la voz. || **18.** Hacer que
cesen ciertas penas o prohibiciones impuestos por autoridad competente. *Levantar el destierro, el arresto, el
embargo*. || **19.** Dar por concluido. *Levantar la sesión*.

‖ **20. sublevar.** U. t. c. prnl. *Levantarse entre los invaso-res.* ‖ **21.** Impulsar hacia cosas altas. *Levantar el pensa-miento, el corazón.* ‖ **22.** Esforzar, vigorizar. *Levantar el ánimo.* ‖ **23.** Reclutar, alistar gente para el Ejército. ‖ **24.** Ocasionar, formar, mover. U. t. c. prnl. *Levantar una polémica.* ‖ **25.** Atribuir, imputar maliciosamente algo falso. *Levantar falso testimonio.* ‖ **26.** Equit. Llevar un caballo sobre el cuarto trasero y engallado. ‖ **27.** Á. R. Plata. Buscar o recoger a alguien con un automóvil. ‖ **II.** PRNL. **28.** Sobresalir, elevarse sobre una superficie o plano. *El sol se levanta sobre el horizonte.* ‖ **29.** Dicho de un enfermo o de una persona que está acostada: Dejar la cama. ‖ **30.** Dicho del viento o de la mar: Comenzar a alterarse. *Se están levantando olas.* ‖ **31. alzarse** (‖ apoderarse de algo). *Se levantó* CON *todo el dinero.*

levante¹. M. **1. Este** (‖ punto cardinal). ORTOGR. Escr. con may. inicial. ‖ **2.** Viento procedente del este. ‖ **3.** Se usa como nombre genérico para referirse a las comarcas mediterráneas de España, especialmente las correspondientes a los antiguos reinos de Valencia y Murcia. ORTOGR. Escr. con may. inicial. □ V. **coca de Levante.**

levante². M. *Chile.* Derecho que paga al dueño de un terreno quien corta maderas en él para beneficiarlas por su cuenta.

levantino, na. ADJ. **1.** Natural de Levante. U. t. c. s. ‖ **2.** Perteneciente o relativo a esta zona del Mediterráneo. □ V. **peste** ~.

levantisco, ca. ADJ. De genio inquieto y turbulento.

levar. TR. *Mar.* Recoger, arrancar y suspender el ancla que está fondeada.

leve. ADJ. **1.** Ligero, de poco peso. *Pluma leve.* ‖ **2.** Fino, sutil. *La leve tela de la cortina.* ‖ **3.** De poca importancia, venial. *Falta leve.*

levedad. F. Cualidad de leve.

leviatán. M. Monstruo marino fantástico.

levirato. M. Institución de la ley mosaica, que obliga al hermano de quien murió sin hijos a casarse con la viuda.

levita¹. M. hist. Israelita de la tribu de Leví, dedicado al servicio del templo.

levita². F. Prenda masculina de etiqueta, más larga y amplia que el frac, y cuyos faldones llegan a cruzarse por delante.

levitación. F. **1.** Acción y efecto de levitar. ‖ **2.** Med. Sensación de mantenerse en el aire sin ningún punto de apoyo.

levitar. INTR. Dicho de una persona o de una cosa: Elevarse en el espacio sin intervención de agentes físicos conocidos.

levítico, ca. ADJ. **1.** hist. Perteneciente o relativo a los levitas. *La ruta del Jordán está jalonada de ciudades levíticas.* ‖ **2.** Devoto de la Iglesia o de sus ministros. *Pasa la Semana Santa en un ambiente recogido y levítico.*

levitón. M. Levita más larga, más holgada y de paño más grueso que la de vestir.

levógiro, ra. ADJ. **1.** Que gira en el sentido contrario a las agujas del reloj. *Hélice levógira.* ‖ **2.** Quím. Dicho de una sustancia o de una disolución: Que hace girar a la izquierda el plano de la luz polarizada cuando se mira hacia la fuente. U. t. c. s. m.

lexema. M. Ling. Unidad mínima con significado léxico que no presenta morfemas gramaticales; p. ej., *sol,* o que, poseyéndolos, prescinde de ellos por un proceso de segmentación; p. ej., *terr,* en *enterráis.*

lexical. ADJ. Ling. léxico.

lexicalización. F. Ling. Acción y efecto de lexicalizar.

lexicalizar. TR. Ling. Convertir un elemento lingüístico, en particular un sintagma en sintaxis libre, en una unidad léxica; p. ej., el sintagma *con cajas destempladas* es permutable con adverbios como *destempladamente, ásperamente,* o *airadamente.* U. m. c. prnl.

léxico, ca. I. ADJ. **1.** Perteneciente o relativo al **léxico** (‖ vocabulario de un idioma o región). *Innovaciones léxicas.* ‖ **II.** M. **2.** Vocabulario, conjunto de las palabras de un idioma, o de las que pertenecen al uso de una región, a una actividad determinada, a un campo semántico dado, etc. ‖ **3.** Caudal de voces, modismos y giros de un autor. *El léxico de Galdós.* ‖ **4.** Diccionario de una lengua. □ V. **familia** ~.

lexicografía. F. **1.** Técnica de componer léxicos o diccionarios. ‖ **2.** Parte de la lingüística que se ocupa de los principios teóricos en que se basa la composición de diccionarios.

lexicográfico, ca. ADJ. Perteneciente o relativo a la lexicografía.

lexicógrafo, fa. M. y F. **1.** Colector de los vocablos que han de entrar en un léxico. ‖ **2.** Persona versada en lexicografía.

lexicología. F. Estudio de las unidades léxicas de una lengua y de las relaciones sistemáticas que se establecen entre ellas.

lexicológico, ca. ADJ. Perteneciente o relativo a la lexicología.

lexicólogo, ga. M. y F. Persona versada en lexicología.

lexicón. M. **diccionario** (‖ libro).

ley. F. **1.** Precepto dictado por la autoridad competente, en que se manda o prohíbe algo en consonancia con la justicia y para el bien de los gobernados. ‖ **2.** En el régimen constitucional, disposición votada por las Cortes y sancionada por el jefe del Estado. ‖ **3. legislación.** *El Gobierno debe actuar conforme a la ley.* ‖ **4.** Regla y norma constante e invariable de las cosas, nacida de la causa primera o de las cualidades y condiciones de ellas. *Las leyes de la física.* ‖ **5.** Religión, culto a la Divinidad. *La ley de los musulmanes.* ‖ **6.** coloq. Lealtad, fidelidad, amor. *Le tengo ley.* ‖ **7.** Calidad, peso o medida que tienen los géneros, según las leyes. ‖ **8.** Cantidad de oro o plata finos en las ligas de barras, alhajas o monedas de oro o plata, que fijan las leyes para estas últimas. ‖ **9.** Estatuto o condición establecidos para un acto particular. *Leyes de un certamen. Leyes del juego.* ‖ ~ **básica.** *Der.* **ley** estatal que formula las bases de una regulación cuyo desarrollo, en la Constitución española, corresponde a las comunidades autónomas. ‖ ~ **de bases.** *Der.* La que establece los principios esenciales de una regulación, que luego han de ser desarrollados mediante un decreto legislativo. ‖ ~ **de Dios.** F. Todo aquello que está sujeto a la voluntad divina y recta razón. ‖ ~ **embudo.** F. coloq. Criterio del que es muy permisivo con la propia conducta y muy exigente con la de los demás. ‖ ~ **del talión.** F. Norma según la cual se debe castigar a quien comete una falta con un daño igual al que ha provocado. ‖ ~ **de Moisés.** F. Preceptos y ceremonias que Moisés dio al pueblo de Israel para su gobierno y para el culto divino. ‖ ~ **evangélica.** F. La que Cristo estableció en su Evangelio. ‖ ~ **fonética.** F. Ling. Formulación de una evolución regular de un determinado sonido o un grupo de sonidos. ‖ ~ **fundamental.** F. Der. La que es blece principios por los que deberá regirse la legislación de un país. ‖ **~ marcial.** F. La de orden público, una vez declarado el estado de guerra. ‖ **~ natural.** F. Dictamen de la recta razón que prescribe lo que se ha de hacer o lo que debe omitirse. ‖ **~ orgánica.** F. Der. La que inmediatamente deriva de la Constitución de un Estado, y que suele regular los derechos fundamentales y las principales estructuras políticas. En general se le reconoce una cierta superioridad sobre las leyes ordinarias. ‖ **~ sálica.** F. hist. La que excluía del trono de Francia a las hembras y sus descendientes. Se introdujo en España después del establecimiento de la casa de Borbón, pero fue derogada en 1830. ‖ **~ seca.** F. La que prohíbe el tráfico y consumo de bebidas alcohólicas. ‖ **a toda ~.** LOC. ADV. Con estricta sujeción a lo justo o debido, o a cualquier género de arte, regla o prescripción. ‖ **con todas las de la ~.** LOC. ADV. Sin omisión de ninguno de los requisitos indispensables para su perfección o buen acabamiento. ‖ **de buena ~.** LOC. ADJ. De perfectas condiciones morales o materiales. ‖ **de ~.** LOC. ADJ. **1.** Dicho del oro o de la plata: Que tienen la cantidad de estos metales señalada por la ley. ‖ **2.** Dicho de una persona: Buena, honrada, como debe ser. ‖ **de mala ~.** LOC. ADJ. De malas condiciones morales o materiales. ☐ V. **decreto ~, igualdad ante la ~, proposición de ~, proposición no de ~, proyecto de ~, reserva de ~, Tablas de la Ley.**

leyenda. F. **1.** Relación de sucesos que tienen más de tradicionales o maravillosos que de históricos o verdaderos. ‖ **2.** Texto que acompaña a un plano, a un grabado, a un cuadro, etc. ‖ **3. ídolo** (‖ persona o cosa admirada con exaltación). *John Lennon es ya una leyenda.* ‖ **4.** *Numism.* Letrero que rodea la figura en las monedas o medallas. ‖ **~ negra.** F. **1.** Opinión contra lo español difundida a partir del siglo XVI. ‖ **2.** Opinión desfavorable y generalizada sobre alguien o algo, generalmente infundada.

lezna. F. Instrumento que se compone de un hierro con punta muy fina y un mango de madera, que usan los zapateros y otros artesanos para agujerear, coser y pespuntar.

lía[1]. F. Soga de esparto machacado, tejida como trenza, que sirve para atar y asegurar los fardos, cargas y otras cosas.

lía[2]. F. heces. U. m. en pl.

liana. F. bejuco.

liante, ta. ADJ. Dicho de una persona: Que suele organizar embrollos o causar problemas. U. t. c. s.

liar. I. TR. **1.** Envolver algo, sujetándolo, por lo común, con papeles, cuerda, cinta, etc. ‖ **2.** Formar un cigarrillo envolviendo la picadura en el papel de fumar. ‖ **3.** Atar y asegurar los fardos y cargas con lías. ‖ **4.** coloq. Engañar a alguien, envolverlo en un compromiso. U. t. c. prnl. ‖ **II.** PRNL. **5.** Ponerse a ejecutar con vehemencia. *Se liaron A dar voces.* ‖ **6.** Dar un golpe. *Antonio y Pedro se liaron A bofetadas.* ‖ **7. amancebarse.** ¶ MORF. conjug. c. *enviar.* ‖ **~la.** LOC. VERB. Organizar, armar un lío o ponerse en una situación comprometida. *¡La liamos!*

liásico, ca. ADJ. **1.** *Geol.* Se dice del período geológico que sigue inmediatamente en edad al Triásico. U. t. c. s. m. ORTOGR. Escr. con may. inicial. ‖ **2.** *Geol.* Perteneciente o relativo a este período. *Arcillas liásicas.*

libación. F. **1.** Acción de derramar vino u otro licor en honor de alguna divinidad. ‖ **2.** Acción de **libar** (‖ gustar un licor). U. m. en sent. fest. ‖ **3.** hist. Entre los anti-

guos paganos, ceremonia religiosa que consistía en derramar vino u otro licor en honor de los dioses.

libanés, sa. ADJ. **1.** Natural del Líbano. U. t. c. s. ‖ **2.** Perteneciente o relativo a este país de Asia.

Líbano. ☐ V. **cedro del ~.**

libar. TR. **1.** Dicho especialmente de las abejas: Sorber suavemente el jugo de las flores. U. t. c. intr. ‖ **2.** coloq. Gustar un licor paladeándolo.

libelista. COM. Autor de uno o varios libelos.

libelo. M. Escrito en que se denigra o infama a alguien o algo. ‖ **~ infamatorio.** M. **libelo.**

libélula. F. Insecto del orden de los Odonatos, de cuerpo largo, esbelto y de colores llamativos, con ojos muy grandes, antenas cortas y dos pares de alas reticulares, que mantiene horizontales cuando se posa. Pasa la primera parte de su vida en forma de ninfa acuática, muy diferente del adulto.

líber. M. *Bot.* Parte del cilindro central de las plantas angiospermas dicotiledóneas, que está formada principalmente por haces pequeños o paquetes de vasos cribosos. MORF. pl. **líberes.**

liberación. F. **1.** Acción de poner en libertad. ‖ **2.** Cancelación o declaración de caducidad de la carga o cargas que real o aparentemente gravan un inmueble. ☐ V. **teología de la ~.**

liberador, ra. ADJ. Que libera. Apl. a pers., u. t. c. s.

liberal. ADJ. **1.** Partidario de la libertad individual y social en lo político y de la iniciativa privada en lo económico. U. t. c. s. ‖ **2.** Que pertenece a un partido político de este nombre. U. t. c. s. ‖ **3.** Generoso, que obra con liberalidad. ‖ **4.** Dicho de un arte o de una profesión: Que ante todo requieren el ejercicio del intelecto. ‖ **5.** Inclinado a la libertad, comprensivo. ☐ V. **monarquía ~.**

liberalidad. F. **1.** Virtud moral que consiste en distribuir alguien generosamente sus bienes sin esperar recompensa. ‖ **2.** Generosidad, desprendimiento. ‖ **3.** Der. Disposición de bienes a favor de alguien sin ninguna prestación suya.

liberalismo. M. **1.** Doctrina política que defiende las libertades y la iniciativa individual, y limita la intervención del Estado y de los poderes públicos en la vida social, económica y cultural. ‖ **2.** Actitud que propugna la libertad y la tolerancia en las relaciones humanas. ‖ **~ doctrinario.** M. hist. En la España del siglo XIX, corriente política que propugnaba la articulación del principio monárquico con el democrático como fórmula de protección de la libertad.

liberalización. F. Acción y efecto de liberalizar.

liberalizador, ra. ADJ. **1.** Que liberaliza. *Medidas liberalizadoras.* ‖ **2.** Perteneciente o relativo a la liberalización. *Calendario liberalizador.*

liberalizar. TR. Hacer liberal en el orden político o en el social a alguien o algo. U. t. c. prnl.

liberar. TR. **1.** Eximir a alguien de una obligación. U. t. c. prnl. ‖ **2.** Hacer que alguien o algo quede libre. ‖ **3.** Desprender, producir, secretar. *El terremoto liberó gran cantidad de energía.*

liberatorio, ria. ADJ. Que tiene virtud de libertar, eximir o redimir. *Cláusula liberatoria.* ☐ V. **fuerza ~, poder ~.**

liberiano[1], na. ADJ. **1.** Natural de Liberia. U. t. c. s. ‖ **2.** Perteneciente o relativo a este país de África.

liberiano[2], na. ADJ. **1.** Natural de Liberia. U. t. c. s. ‖ **2.** Perteneciente o relativo a este cantón o a esta ciudad de Costa Rica, capital de la provincia de Guanacaste.

líbero. M. En algunos deportes, jugador defensivo sin posición fija.

libérrimo, ma. ADJ. SUP. de **libre**.

libertad. F. **1.** Facultad natural que tiene el hombre de obrar de una manera o de otra, y de no obrar, por lo que es responsable de sus actos. || **2.** Estado o condición de quien no es esclavo. || **3.** Estado de quien no está preso. || **4.** Falta de sujeción y subordinación. *A los jóvenes los pierde la libertad de la que gozan.* || **5.** En los sistemas democráticos, derecho de valor superior que asegura la libre determinación de las personas. || **6.** Licencia u osada familiaridad. *Me tomo la libertad de escribir esta carta. Eso es tomarse demasiada libertad.* En pl., u. en sent. peyor. || **~ condicional.** F. *Der.* Beneficio de abandonar la prisión que puede concederse a los penados en el último período de su condena, y que está sometido a la posterior observancia de buena conducta. || **~ de cátedra.** F. Derecho de los docentes, especialmente los universitarios, a exponer sus conocimientos según sus propias convicciones y sin someterse a una doctrina impuesta por los poderes públicos. || **~ de circulación.** F. Derecho de las personas a elegir libremente su lugar de residencia y a desplazarse por un determinado territorio. || **~ de comercio.** F. Posibilidad de realizar transacciones mercantiles en las condiciones convenidas libremente por las partes dentro de un marco legal. || **~ de conciencia.** F. Facultad de profesar cualquier religión sin ser inquietado por la autoridad pública. || **~ de cultos.** F. Derecho de practicar públicamente los actos de la religión que cada uno profesa. || **~ de empresa.** F. Facultad reconocida a los ciudadanos para emprender y desarrollar actividades económicas. || **~ de enseñaza.** F. La que permite crear centros docentes y ejercer en ellos la actividad educativa conforme a su ideario. || **~ de expresión.** F. Derecho a manifestar y difundir libremente el propio pensamiento. || **~ de imprenta.** F. Facultad de imprimir cuanto se quiera, sin previa censura, con sujeción a las leyes. || **~ de información.** F. Facultad de emitir o recibir información por cualquier medio de difusión, sin previa censura gubernativa. || **~ del espíritu.** F. Dominio sobre las pasiones. || **~ de los mares.** F. Libre navegación marítima, universalmente reconocida. || **~ de pensamiento.** F. Derecho de toda persona a tener y manifestar cualquier ideología, y a no ser obligada a declarar sobre ella. || **~ de residencia.** F. **libertad de circulación.** || **~ provisional.** F. Situación o beneficio de que pueden gozar con fianza o sin ella los procesados, no sometiéndolos durante la causa a prisión preventiva. || **~ religiosa.** F. libertad de conciencia y de cultos. || **~ sindical.** F. Derecho a organizar sindicatos y a afiliarse al que se desee. || **~es fundamentales,** o **~es públicas.** F. pl. **derechos fundamentales.**

libertadense. ADJ. **1.** Natural de La Libertad. U. t. c. s. || **2.** Perteneciente o relativo a este departamento de El Salvador.

libertador, ra. ADJ. Que liberta. Apl. a pers., u. t. c. s.

libertar. TR. **1.** Poner en libertad o soltar a quien está atado, preso o sujeto físicamente. || **2.** Librar a alguien de una atadura moral.

libertario, ria. ADJ. En el ideario anarquista, que defiende la libertad absoluta y, por lo tanto, la supresión de todo gobierno y de toda ley. U. t. c. s. □ V. **comunismo ~**.

liberteño, ña. ADJ. **1.** Natural de La Libertad. U. t. c. s. || **2.** Perteneciente o relativo a este departamento del Perú.

liberticida. ADJ. Que mata o destruye la libertad. *Leye: liberticidas.*

libertinaje. M. Desenfreno en las obras o en las pala bras.

libertino, na. ADJ. **licencioso.** Apl. a pers., u. t. c. s

liberto, ta. M. y F. hist. Esclavo a quien se ha dado la li bertad, respecto de su amo.

líbico, ca. ADJ. **libio.**

libídine. F. lujuria.

libidinoso, sa. ADJ. lujurioso.

libido. F. *Med.* y *Psicol.* Deseo sexual, considerado por al gunos autores como impulso y raíz de las más variada: manifestaciones de la actividad psíquica.

libio, bia. ADJ. **1.** Natural de Libia. U. t. c. s. || **2.** Perte neciente o relativo a este país de África.

libra. I. ADJ. **1.** Dicho de una persona: Nacida bajo e signo zodiacal de Libra. *Yo soy libra, ella es tauro.* U. t. c. s || **II.** F. **2.** Unidad monetaria, acuñada o no, cuyo valo varía según los países y las épocas. || **3.** hist. Peso anti guo de Castilla, dividido en 16 onzas y equivalente a 460 g En Aragón, Baleares, Cataluña y Valencia tenía 12 on zas, 17 en las Provincias Vascongadas y 20 en Galicia y además las onzas eran desiguales, según los pueblos || **~ esterlina.** F. Unidad monetaria del Reino Unido d Gran Bretaña e Irlanda del Norte. || **~ jaquesa.** F. hist Unidad monetaria no acuñada usada antiguamente e Aragón. □ V. **garbanzos de a ~**.

librado, da. PART. de **librar**. || M. y F. *Der.* Persona contra la que se gira una letra de cambio.

librador, ra. M. y F. *Der.* Persona que libra una letra d cambio.

libramiento. M. Acción y efecto de librar.

libranza. F. Orden de pago que se da, ordinariament por carta, contra alguien que tiene fondos a disposició de quien la expide, la cual, cuando es a la orden, equival a la letra de cambio.

librar. I. TR. **1.** Sacar o preservar a alguien de un tra bajo, mal o peligro. *La iba a librar DE semejante engorr* U. t. c. prnl. || **2.** Dar o expedir algo, especialmente un orden. *Librar sentencia, decretos, carta de pago.* || **II** INTR. **3.** Dicho de una mujer: **parir.** || **4.** Dicho de un mujer que está de parto: Echar la placenta. || **5.** coloc Dicho de un empleado o de un obrero: Disfrutar de s día de descanso. || **~ bien.** LOC.VERB. Salir feliz de un lar ce o negocio. || **~ mal.** LOC.VERB. Salir infeliz de un lanc o negocio.

libre. ADJ. **1.** Que tiene facultad para obrar o no obra *Es libre de irse o de quedarse.* || **2.** Que no es esclavo. || **3** Que no está preso. || **4.** Licencioso, insubordinado. *Co: tumbres excesivamente libres.* || **5.** Suelto, no sujeto. *Co esfuerzo, consiguió dejarle libres las manos.* || **6.** Exent: privilegiado, dispensado. *Renta libre de impuestos.* || **7** soltero. *Está aún libre.* || **8. independiente.** *El que n está sujeto a superiores, es libre.* || **9.** Desembarazad o exento de un daño o peligro. *Vive libre de preocupacic nes.* || **10.** Suelto o no sujeto. *Extremo libre de una cuerd* || **11.** Se dice del tiempo de que dispone alguien, al mar gen de sus ocupaciones habituales. || **12.** Dicho de un e pacio o de un lugar: No ocupado. *¿Está libre este asient* ¶ MORF. sup. irreg. **libérrimo.** || **por ~. I.** LOC.ADV. **1.** Si someterse a las costumbres establecidas. *Ir, actuar, a dar por libre.* || **II.** LOC.ADJ. **2. por cuenta propia** (|| n asalariado). U. t. c. loc. adv. *Siempre ha trabajado por l bre como fotógrafo.* □ V. **absolución ~, amor ~, barra ~**

caída ~, enseñanza ~, ~ albedrío, ~ cambio, ~ examen, lucha ~, manos ~s, paso ~, puerto ~, rueda ~, sílaba ~, sobreseimiento ~, tenedor ~, tiro ~, traducción ~, verso ~.

librea. F. **1.** Traje de uniforme de lujo, con levita y distintivos, usado por criados y empleados subalternos. ‖ **2.** *Cineg.* Pelaje de los venados y otras reses.

librecambio. M. *Econ.* Política económica que suprime las trabas al comercio internacional.

librecambismo. M. *Econ.* Doctrina que defiende el librecambio.

librecambista. ADJ. **1.** *Econ.* Perteneciente o relativo al librecambio. *Publicaciones librecambistas.* ‖ **2.** Partidario del librecambio. U. t. c. s.

librepensador, ra. ADJ. Partidario del librepensamiento. U. t. c. s.

librepensamiento. M. Doctrina que reclama para la razón individual independencia absoluta de todo criterio sobrenatural.

librería. F. **1.** Tienda donde se venden libros. ‖ **2.** Ejercicio o profesión de librero. ‖ **3.** Mueble con estantes para colocar libros. ‖ **4. biblioteca** (‖ conjunto de libros). ‖ **5.** *Am.* **papelería.**

libreril. ADJ. Perteneciente o relativo al comercio de libros.

librero, ra. **I.** M. y F. **1.** Persona que tiene por oficio vender libros. ‖ **II.** M. **2.** *Méx.* **librería** (‖ mueble con estanterías para colocar libros).

libresco, ca. ADJ. **1.** Perteneciente o relativo al libro. *Comercio libresco.* ‖ **2.** Dicho especialmente de un escritor o de un autor: Que se inspira sobre todo en la lectura de libros.

libreta¹. F. Pan de una libra.

libreta². F. **1.** Cuaderno o libro pequeño destinado a escribir en él anotaciones o cuentas. ‖ **2.** Cartilla que expide una caja de ahorros. ‖ **~ cívica.** F. *Á. guar.* hist. Documento oficial con el que la mujer acreditaba su identidad a efectos electorales y de la vida cotidiana. ‖ **~ de enrolamiento.** F. *Á. guar.* hist. Documento oficial con que el varón acreditaba su identidad a efectos militares, electorales o de la vida cotidiana.

libretista. COM. Persona que escribe libretos.

libreto. M. **1.** Obra dramática escrita para ser puesta en música, ya sea toda ella, como sucede en la ópera, o solo una parte, como en la zarzuela española y ópera cómica extranjera. ‖ **2.** *Á. R. Plata.* **guion** (‖ texto en que se expone el contenido de un filme o de un programa de radio o televisión).

libriano, na. ADJ. *Á. R. Plata.* Dicho de una persona: Nacida bajo el signo zodiacal de Libra.

librillo¹. M. **lebrillo.**

librillo². M. **1.** Conjunto de hojas de papel de fumar. ‖ **2.** **libro** (‖ del estómago de los rumiantes). ‖ **3.** Especie de bisagra diminuta para las cajas muy pequeñas.

libro. M. **1.** Conjunto de muchas hojas de papel u otro material semejante que, encuadernadas, forman un volumen. ‖ **2.** Obra científica, literaria o de cualquier otra índole con extensión suficiente para formar volumen, que puede aparecer impresa o en otro soporte. *Voy a escribir un libro. La editorial presentará el atlas en forma de libro electrónico.* ‖ **3.** Cada una de ciertas partes principales en que suelen dividirse las obras científicas o literarias, y los códigos y leyes de gran extensión. ‖ **4.** **libreto.** ‖ **5.** *Zool.* Tercera de las cuatro cavidades en que se divide el estómago de los rumiantes. ‖ **~ blanco.** M. El que contiene documentos diplomáticos y que publican en determinados casos los Gobiernos, para información de los órganos legislativos o de la opinión pública. ‖ **~ copiador.** M. El que en las casas de comercio sirve para copiar en él la correspondencia. ‖ **~ de caballerías.** M. Género novelesco en que se cuentan las hazañas y hechos fabulosos de caballeros andantes. ‖ **~ de cabecera.** M. **1.** El que se tiene a la cabecera de la cama para frecuentar su lectura. ‖ **2.** libro por el que se manifiesta extraordinaria preferencia. ‖ **~ de caja.** M. El que tienen los comerciantes para anotar la entrada y salida del dinero. ‖ **~ de coro.** M. libro grande, cuyas hojas regularmente son de pergamino, en que están escritos los salmos, antífonas, etc., que se cantan en el coro, con sus notas musicales. ‖ **~ de escolaridad.** M. El que recoge las calificaciones obtenidas por el alumno en cada curso. ‖ **~ de estilo.** M. Conjunto de normas que regulan los usos expresivos de un medio de comunicación. ‖ **~ de familia.** M. Aquel en que constan los datos de una familia referentes al estado civil de los esposos y al nacimiento de los hijos. ‖ **~ de horas.** M. libro en que se contienen las horas canónicas. ‖ **~ de inventarios.** M. *Com.* Aquel en que periódicamente se han de hacer constar todos los bienes y derechos del activo y todas las deudas y obligaciones del pasivo de cada comerciante, persona física o jurídica, y balance general de su giro. ‖ **~ de música.** M. El que tiene escritas las notas para tocar y cantar las composiciones musicales. ‖ **~ de oro.** M. **1.** libro que tienen algunos centros o instituciones para recoger firmas de visitantes ilustres. ‖ **2.** hist. El que contenía el registro de la nobleza veneciana. ‖ **~ de texto.** M. El que sirve en las aulas para que estudien por él los escolares. ‖ **~ diario.** M. *Com.* Aquel en que se van asentando día por día y por su orden todas las operaciones del comerciante relativas a su giro o tráfico. ‖ **~ mayor.** M. *Com.* Aquel en que, por debe y haber, ha de llevar el comerciante, sujetándose a riguroso orden de fechas, las cuentas corrientes con las personas u objetos bajo cuyos nombres estén abiertas. ‖ **~ rojo.** M. **libro blanco.** ‖ **~ sagrado.** M. Cada uno de los de la Sagrada Escritura recibidos por la Iglesia. U. m. en pl. ‖ **~ sapiencial.** M. Cada uno de los cinco libros de la Sagrada Escritura denominados en particular los Proverbios, el Eclesiastés, el Cantar de los Cantares, la Sabiduría y el Eclesiástico, que abundan en máximas sabias y edificantes. U. m. en pl. ‖ **de ~.** LOC.ADJ. Perfecto, que no le falta ningún detalle. ‖ **hablar como un ~.** LOC.VERB. Hablar con corrección, elegancia y autoridad. U. t. en sent. irón. ‖ **meterse** alguien **en ~s de caballerías.** LOC.VERB. Mezclarse en lo que no le importa o donde no le llaman. □ V. **tenedor de ~s, teneduría de ~s.**

licantropía. F. **1.** En la creencia popular, transformación de un hombre en lobo. ‖ **2.** *Med.* Trastorno mental en que el enfermo se cree transformado en lobo e imita su comportamiento.

licantrópico, ca. ADJ. Perteneciente o relativo a la licantropía.

licántropo. M. **1. hombre lobo.** ‖ **2.** *Med.* Persona afectada de locura consistente en creerse convertido en animal.

licaón. M. Mamífero cánido africano, semejante al chacal, que tiene manchas irregulares.

liceísta. COM. Socio de un liceo.

licencia. F. **1.** Permiso para hacer algo. *Le dieron licencia para salir.* ‖ **2.** Autorización que se concede para explotar con fines industriales o comerciales una patente, marca o derecho. ‖ **3.** Documento en que consta la licencia. ‖ **4.** Abusiva libertad en decir u obrar. ‖ **5.** *Der.* Resolución de la Administración por la que se autoriza una determinada actividad. *Licencia de obras. Licencia de armas.* ‖ **~ absoluta.** F. *Mil.* La que se concede a los militares eximiéndolos completa y definitivamente del servicio. ‖ **~ poética.** F. Infracción de las leyes del lenguaje o del estilo que puede cometerse lícitamente en la poesía, por haberla autorizado el uso con aprobación de los doctos. ‖ **tomarse** alguien **la ~.** LOC.VERB. Hacer por sí e independientemente algo sin pedir la licencia o facultad que por obligación o cortesía se necesita para ejecutarlo.

licenciado, da. PART. de **licenciar.** ‖ M. y F. **1.** Persona que ha obtenido en una facultad el grado que la habilita para ejercerla. ‖ **2.** Se usa como tratamiento para dirigirse a los abogados.

licenciamiento. M. Acción y efecto de **licenciar** (‖ dar licencia a los soldados).

licenciar. **I.** TR. **1.** Conferir el grado de licenciado. ‖ **2.** Dar a los soldados licencia absoluta. ‖ **3.** Dar permiso o licencia. ‖ **II.** PRNL. **4.** Recibir el grado de licenciado. ¶ MORF. conjug. c. *anunciar.*

licenciatario, ria. ADJ. Titular de una licencia de explotación. *Empresa licenciataria.* U. t. c. s.

licenciatura. F. **1.** Grado de licenciado. ‖ **2.** Estudios necesarios para obtener este grado.

licencioso, sa. ADJ. Libre, atrevido, disoluto. *Conducta licenciosa.*

liceo. M. **1.** Institución cultural o recreativa. ‖ **2.** En algunos países, **instituto** (‖ centro estatal de enseñanza secundaria).

licio, cia. ADJ. **1.** hist. Natural de Licia. U. t. c. s. ‖ **2.** hist. Perteneciente o relativo a este país del Asia antigua. ‖ **3.** Se dice de la lengua anatolia, hoy extinta, que se hablaba en la antigua Licia. U. t. c. s. m. *El licio.* ‖ **4.** Perteneciente o relativo a esta lengua. *Léxico licio.*

licitación. F. *Der.* Acción y efecto de licitar.

licitador, ra. M. y F. Persona que licita.

licitar. TR. Ofrecer precio por algo en una subasta o almoneda.

lícito, ta. ADJ. Justo, permitido, según justicia y razón. *Fines lícitos.*

licitud. F. Cualidad de lícito.

licopodíneo, a. ADJ. *Bot.* Se dice de las plantas criptógamas de la familia de las Pteridófitas, con hojas pequeñas y muy sencillas, y que se distinguen de los otros vegetales del mismo grupo por la ramificación dicótoma de sus tallos y raíces; p. ej., el licopodio. U. t. c. s. f. ORTOGR. En f. pl., escr. con may. inicial c. taxón. *Las Licopodíneas.*

licopodio. M. Planta de la clase de las Licopodíneas, por lo común rastrera, de hojas simples, gruesas e imbricadas, que crece ordinariamente en lugares húmedos y sombríos.

licor. M. **1.** Bebida espiritosa obtenida por destilación, maceración o mezcla de diversas sustancias, y compuesta de alcohol, agua, azúcar y esencias aromáticas variadas. ‖ **2.** Cuerpo líquido. *Licor espermático.*

licorera. F. Botella de cristal decorada para guardar y servir licores.

licorería. F. **1.** Fábrica de licores o establecimiento donde se venden o consumen. ‖ **2.** Elaboración del licor. *El ajenjo tiene aplicación en licorería.* ‖ **3.** Conjunto de licores. *La propaganda de vinos y licorería ha disminuido en los últimos años.*

licorista. COM. Persona que hace o vende licores.

licoroso, sa. ADJ. Dicho del vino: Espiritoso y aromático.

licra. (Del inglés *Lycra,* marca reg.). F. Tejido sintético elástico, utilizado generalmente en la confección de prendas de vestir.

lictor. M. hist. Entre los romanos, ministro de justicia que precedía con los fasces a los cónsules y a otros magistrados.

licuación. F. Acción y efecto de licuar.

licuado. M. *Am.* Bebida que se prepara a base de frutas licuadas con leche o con agua.

licuadora. F. Aparato eléctrico para licuar frutas u otros alimentos.

licuar. TR. **1.** Hacer líquida una cosa sólida o gaseosa. *Licuar frutas.* U. t. c. prnl. ‖ **2.** *Ingen.* Fundir un metal sin que se derritan las demás materias con que se encuentra combinado, a fin de separarlo de ellas. U. t. c. prnl. ¶ MORF. conjug. c. *averiguar* y c. *actuar.*

licuefacción. F. Acción y efecto de licuar.

lid. F. **1.** Combate, pelea. ‖ **2.** Disputa, contienda de razones y argumentos. ‖ **en buena ~.** LOC.ADV. Por buenos medios.

líder. COM. **1.** Persona a quien un grupo sigue reconociendo como jefe u orientadora. ‖ **2.** Persona o equipo que va a la cabeza de una competición deportiva. ‖ **3.** Usado en aposición, indica que lo designado va en cabeza entre los de su clase. *Marca líder.*

liderar. TR. Dirigir o estar a la cabeza de un grupo, de un partido político, de una competición, etc.

liderato. M. **1. liderazgo** (‖ condición de líder). U. m. en leng. deportivo. ‖ **2. liderazgo** (‖ ejercicio de sus actividades). U. m. en leng. deportivo.

liderazgo. M. **1.** Condición de líder. ‖ **2.** Ejercicio de sus actividades. ‖ **3.** Situación de superioridad en que se halla una institución u organización, un producto o un sector económico, dentro de su ámbito.

lideresa. F. Directora, jefa o conductora de un partido político, de un grupo social o de otra colectividad. U. m. en América.

lidia. F. Acción de lidiar. □ V. **toro de ~.**

lidiador, ra. M. y F. Persona que lidia.

lidiar. **I.** TR. **1.** Luchar con el toro incitándolo y esquivando sus acometidas hasta darle muerte. U. t. c. prnl. ‖ **II.** INTR. **2.** Batallar, pelear. ‖ **3.** Tratar, comerciar con una o más personas que causan molestia y hacen necesaria la paciencia. *Tuvo que lidiar con los alumnos menos aventajados.* U. t. c. tr. ¶ MORF. conjug. c. *anunciar.*

lidio, dia. ADJ. **1.** hist. Natural de Lidia. U. t. c. s. ‖ **2.** hist. Perteneciente o relativo a este país del Asia antigua. ‖ **3.** Se dice de la lengua anatolia, hoy extinta, que se hablaba en la antigua Lidia. U. t. c. s. m. *El lidio.* ‖ **4.** Perteneciente o relativo a esta lengua. *Sintaxis lidia.*

liebre. F. **1.** Mamífero del orden de los Lagomorfos, que mide unos 70 cm desde la cabeza hasta la cola, y 20 a 24 cm de altura. Tiene el pelaje suave y espeso de color negro rojizo en cabeza y lomo, leonado en cuello y patas, y blanco en pecho y vientre, la cabeza proporcionalmente pequeña, con hocico estrecho y orejas muy largas, de color gris con las puntas negras, el cuerpo estrecho, las extremidades posteriores más largas que las anteriores, y la cola corta, negra por encima y blanca por debajo. Es animal muy tímido, solitario, de veloz carrera, que abunda en España. Vive preferentemente en las llanuras, sin hacer madrigueras, y descansa en camas que muda con frecuencia. Su carne es comestible apreciado y su piel más estimada que la del conejo. ‖ **2.** En atletismo, corredor que en las pruebas de larga distancia se pone en cabeza para imponer un ritmo determinado al resto de los participantes. ‖ **~ de mar, o ~ marina.** F. Molusco gasterópodo, con el cuerpo desnudo, pero provisto de una concha oculta en el manto. Tiene un cuello alargado y cuatro tentáculos cefálicos, de los cuales dos son grandes, parecidos a las orejas del mamífero, de donde le viene el nombre. Se encuentran varias especies en las costas de la península Ibérica. ‖ **saltar la ~.** LOC. VERB. coloq. Producirse un suceso inesperado. *Donde menos se piensa, salta la liebre.*

liebrecilla. F. aciano.

liechtensteiniano, na. ADJ. **1.** Natural de Liechtenstein. U. t. c. s. ‖ **2.** Perteneciente o relativo a este país de Europa.

liego, ga. ADJ. Dicho de un terreno: Que no sirve para sembrar. U. t. c. s. m.

liendra. F. Á. Caribe. liendre.

liendre. F. Huevo de piojo, que suele estar adherido a los pelos de los animales huéspedes de este parásito.

lienza. F. Lista o tira estrecha de cualquier tela.

lienzo. M. **1.** Tela se fabrica de lino, cáñamo o algodón. ‖ **2.** Tela preparada para pintar sobre ella. ‖ **3.** Pintura que está sobre lienzo. ‖ **4.** Fachada del edificio o pared, que se extiende de un lado a otro.

liga[1]**.** F. **1.** Cinta o banda de tejido normalmente elástico para sujetar las medias o los calcetines. ‖ **2.** Venda o faja. ‖ **3.** Unión o mezcla. ‖ **4.** Acción y efecto de **ligar** (‖ alear, producir una aleación). ‖ **5.** Agrupación o convenio de individuos o colectividades humanas con algún propósito común. ‖ **6.** Coalición de príncipes o de Estados unidos con fines políticos o militares. ‖ **7.** Competición deportiva en que cada uno de los equipos inscritos ha de jugar contra todos los demás.

liga[2]**.** F. **1.** muérdago. ‖ **2.** Masa hecha con zumo del muérdago para cazar pájaros.

ligación. F. Acción y efecto de **ligar** (‖ unir o enlazar).

ligada. F. Mar. Vuelta con que se aprieta algo.

ligado. M. **1.** Mús. Unión de dos puntos sosteniendo el valor de ellos y nombrando solo el primero. ‖ **2.** Mús. Modo de ejecutar una serie de notas diferentes sin interrupción de sonido entre unas y otras, por contraposición al picado.

ligadura. F. **1.** Acción y efecto de ligar. ‖ **2.** Sujeción con que una cosa está unida a otra. ‖ **3.** Mús. Artificio con que se ata y liga la disonancia con la consonancia, quedando como ligada o impedida para que no cause el mal efecto que por sí sola causaría.

ligamaza. F. Sustancia viscosa, particularmente la que envuelve las semillas de algunas plantas.

ligamento. M. **1.** Anat. Cordón fibroso muy homogéneo y de gran resistencia, que liga los huesos de las articulaciones. ‖ **2.** Anat. Pliegue membranoso que enlaza o sostiene en la debida posición cualquier órgano del cuerpo de un animal.

ligamentoso, sa. ADJ. Que tiene ligamentos. *Fibras ligamentosas.*

ligamiento. M. Acción y efecto de ligar o atar.

ligar. **I.** TR. **1.** atar. *Ligar con un torniquete el brazo dañado.* ‖ **2.** alear[2]. *Ligar la plata.* ‖ **3.** Unir o enlazar. *El vínculo que liga ambos conceptos.* ‖ **4.** Mezclar diversas sustancias hasta que formen una masa homogénea. *No consiguió ligar la mayonesa.* U. t. c. prnl. ‖ **5.** En ciertos juegos de naipes, juntar dos o más cartas adecuadas al lance. *Ligar un trío.* ‖ **6.** Á. Caribe y Á. R. Plata. Especialmente en los juegos de azar, acertar, ganar. ‖ **7.** Á. Caribe. Especialmente en los juegos de azar, invocar la suerte. U. t. c. intr. ‖ **II.** INTR. **8.** coloq. Entablar relaciones amorosas o sexuales pasajeras. ‖ **III.** PRNL. **9.** aliarse.

ligazón. F. **1.** Unión, trabazón, enlace de una cosa con otra. ‖ **2.** Mar. Cada uno de los maderos que se enlazan para componer las cuadernas de un buque.

ligereza. F. **1.** Presteza, agilidad. ‖ **2.** Levedad o poco peso de algo. ‖ **3.** Inconstancia, volubilidad, inestabilidad. ‖ **4.** Hecho o dicho de alguna importancia, pero irreflexivo o poco meditado.

ligero, ra. ADJ. **1.** Que pesa poco. *Una madera muy ligera.* ‖ **2.** Ágil, veloz, pronto. *Automóvil muy ligero.* ‖ **3.** Dicho del sueño: Que se interrumpe fácilmente al menor ruido. ‖ **4.** leve (‖ de poca importancia). *Ligeros desperfectos.* ‖ **5.** Dicho de un alimento: Que se digiere pronto y fácilmente. ‖ **6.** inconstante (‖ que muda con facilidad de pensamiento). ‖ **7.** Quím. Se dice de la fracción primera que se produce en una destilación. ‖ **a la ~.** LOC. ADV. Con brevedad y prisa, y sin reflexión. □ V. aleación ~, arma ~, artillería ~, caballería ~, fragata ~, infantería ~, música ~, paso ~, perico ~, peso ~, sangre ~, tropa ~.

lignario, ria. ADJ. De madera. *Material lignario.*

lignificación. F. Bot. Acción y efecto de lignificar o lignificarse.

lignificar. **I.** TR. **1.** Bot. Dar a algo contextura de madera. ‖ **II.** PRNL. **2.** Bot. Tomar consistencia de madera; en el proceso de desarrollo de muchas plantas, pasar de la consistencia herbácea a la leñosa.

lignito. M. Carbón fósil que no produce coque cuando se calcina en vasos cerrados. Es un combustible de mediana calidad, de color negro o pardo, y tiene con frecuencia textura semejante a la de la madera de que procede.

lígnum crucis. (Locución latina). M. Reliquia de la cruz de Cristo. MORF. pl. invar. *Los lígnum crucis.*

ligón, na. ADJ. coloq. Que liga (‖ entabla relaciones amorosas o sexuales). U. t. c. s.

liguano, na. ADJ. **1.** Natural de La Ligua. U. t. c. s. ‖ **2.** Perteneciente o relativo a esta ciudad de Chile, capital de la provincia de Petorca.

ligue. M. **1.** coloq. Acción y efecto de **ligar** (‖ entablar relaciones amorosas o sexuales pasajeras). ‖ **2.** coloq. Persona con quien se entablan estas relaciones.

liguero, ra. **I.** ADJ. **1.** Perteneciente o relativo a una liga deportiva. *Partido liguero.* ‖ **II.** M. **2.** Especie de cinturón o faja estrecha a la que se sujeta el extremo superior de las ligas de las medias.

liguilla. F. **1.** Dep. Competición semejante a la liga, en la que participan pocos equipos. ‖ **2.** Dep. Fase de una competición en la cual un número reducido de equipos se disputa el pase a otra fase o categoría.

lígula. F. **1.** Bot. Especie de estípula situada entre el limbo y el pecíolo de las hojas de las gramíneas. ‖ **2.** Bot. Pétalo desarrollado en el borde del capítulo de ciertas compuestas, que puede ser de color azul, amarillo o, más comúnmente, blanco, como en las margaritas, matricarias y otras.

ligur. ADJ. **1.** Natural de Liguria. U. t. c. s. || **2.** Perteneciente o relativo a esta región de Italia. || **3.** hist. Se dice del individuo de un pueblo que se estableció entre Grecia e Italia hacia el siglo VI a. C. U. t. c. s. || **4.** hist. Perteneciente o relativo a este pueblo. *Asentamientos ligures.*

ligustro. M. **alheña** (|| arbusto oleáceo). U. m. en América.

lija. F. **1.** papel de lija. || **2.** Pez selacio, del suborden de los Escuálidos, de cuerpo casi cilíndrico, que llega a un metro de longitud, cabeza pequeña y boca con muchos dientes de tres puntas. Tiene cinco aberturas branquiales a cada lado del cuello, piel grísea con muchas pintas de color pardo rojizo en el lomo, blanquecina en la región abdominal, sin escamas, pero cubierta de una especie de granillos córneos muy duros, que la hacen sumamente áspera; las aletas dorsales tan separadas, que la última cae encima y detrás de la anal, y cola gruesa y escotada. Es animal carnicero, muy voraz, del cual se utiliza, además de la carne, la piel y el aceite que se saca de su hígado. □ V. **papel de ~**.

lijado. M. Operación de lijar.

lijadora. F. Máquina para lijar.

lijar. TR. Alisar, pulir o limpiar algo con lija o papel de lija.

lijoso, sa. ADJ. Dicho de una cosa: Rasposa al tacto o al paladar.

lila¹. **I.** F. **1.** Arbusto de la familia de las Oleáceas, de tres a cuatro metros de altura, muy ramoso, con hojas pecioladas, enteras, acorazonadas, puntiagudas, blandas y nerviosas, flores de color morado claro, salvo en la variedad que las tiene blancas, olorosas, de corola tubular partida en cuatro lóbulos iguales y en grandes ramilletes erguidos y cónicos, y fruto capsular, comprimido, negro, coriáceo, con dos semillas. Es planta originaria de Persia y muy cultivada en los jardines por la belleza de sus flores. || **2.** Flor de este arbusto. || **II.** ADJ. **3.** De color morado claro, como la flor de la lila. U. t. c. s. m.

lila². F. Tela de lana de varios colores.

liliáceo, a. ADJ. *Bot.* Se dice de las plantas angiospermas monocotiledóneas, casi todas herbáceas, anuales o perennes, cuyas raíces son tubérculos o bulbos, con hojas opuestas, alternas o verticiladas, sentadas, pecioladas o envainadoras, flores hermafroditas, rara vez solitarias y más a menudo en bohordo, fruto capsular, generalmente con muchas semillas de albumen carnoso, o en baya; p. ej., el ajo, el áloe, el brusco y el cólquico. U. t. c. s. f. ORTOGR. En f. pl., escr. con may. inicial c. taxón. *Las Liliáceas.*

liliputiense. ADJ. Dicho de una persona: Extremadamente pequeña o endeble. U. t. c. s.

lilo. M. **lila** (|| arbusto oleáceo).

lima¹. F. Fruto del limero, de forma esferoidal aplanada y de unos cinco centímetros de diámetro, pezón bien saliente de la base, corteza lisa y amarilla, y pulpa verdosa, dividida en gajos, comestible, jugosa y de sabor algo dulce.

lima². F. **1.** Instrumento de acero templado, con la superficie finamente estriada en uno o en dos sentidos, para desgastar y alisar los metales y otras materias du-

ras. || **2.** Instrumento semejante para pulir. || **3.** Acción de limar. || **comer como una ~, o más que una ~.** LOCS. VERBS. coloqs. Comer mucho.

lima³. F. *Arq.* Madero que se coloca en el ángulo diedro que forman dos vertientes o faldones de una cubierta, y en el cual se apoyan los pares cortos de la armadura. || **~ hoya.** F. *Arq.* Este mismo ángulo cuando es entrante. || **~ tesa.** F. *Arq.* Este mismo ángulo cuando es saliente.

limaco. M. **babosa.**

limadura. F. **1.** Acción y efecto de limar. || **2.** pl. Partes muy menudas que con la lima u otra herramienta se arrancan de la pieza que se lima.

limalla. F. Conjunto de limaduras.

limar. TR. **1.** Gastar o alisar un metal, la madera, etc., con la lima². || **2.** Pulir una obra. *Todavía debe limar el capítulo final.* || **3.** Debilitar, cortar algo material o inmaterial. *Los dos amigos se reunieron para limar sus diferencias.*

limarino, na. ADJ. **1.** Natural de Limarí. U. t. c. s. || **2.** Perteneciente o relativo a esta provincia de Chile.

límbico. □ V. **sistema ~**.

limbo. M. **1.** Lugar adonde, según la doctrina tradicional cristiana, van las almas de quienes, antes del uso de razón, mueren sin el bautismo. || **2.** Placa que lleva grabada una escala, por lo general con algunos de sus trazos numerados, que se emplea en diversos aparatos de medida para leer la posición que ocupa un índice móvil. || **3.** *Astr.* Contorno aparente de un astro. || **4.** *Bot.* Lámina o parte ensanchada de las hojas típicas y, por ext., de los sépalos, pétalos y tépalos. || **estar** alguien **en el ~.** LOC. VERB. **1.** coloq. Estar distraído. || **2.** coloq. Ignorar los entresijos de un asunto que le afecta.

limen. M. **1.** poét. **umbral** (|| parte inferior o escalón de una puerta o entrada). || **2.** Paso primero o entrada al conocimiento de una materia.

limeño, ña. ADJ. **1.** Natural de Lima. U. t. c. s. || **2.** Perteneciente o relativo a este departamento del Perú o a su capital, que también lo es del país.

limera. F. *Mar.* Abertura en la bovedilla de popa, para el paso de la cabeza del timón.

limero. M. Árbol de la familia de las Rutáceas, de cuatro o cinco metros de altura, con tronco liso y ramoso, copa abierta, hojas alternas, aovadas, persistentes, menudamente aserradas, duras, lustrosas, y flores blancas, pequeñas y olorosas. Es originario de Persia y se cultiva en España. Su fruto es la **lima**¹.

limeta. F. Botella de vientre ancho y corto, y cuello bastante largo.

limícola. ADJ. *Biol.* Dicho de un organismo: Que vive en el limo, barro o lodo. U. t. c. s. f. ORTOGR. En f. pl., escr. con may. inicial c. taxón en desuso. *Las Limícolas.*

liminar. ADJ. **1.** Perteneciente o relativo al umbral o a la entrada. *Espacio liminar.* || **2.** Que sirve de preámbulo o proemio para tratar sólidamente una materia.

limitación. F. Acción y efecto de limitar o limitarse.

limitado, da. PART. de limitar. || ADJ. **1.** Que tiene límite (|| fin). *Tiempo limitado.* || **2.** Poco, escaso. *Trabaja con recursos muy limitados.* || **3.** Dicho de una persona: Que tiene corto entendimiento. □ V. **sociedad de responsabilidad ~**.

limitador, ra. I. ADJ. **1.** Que pone límites. *Leyes limitadoras de la libertad de expresión.* || **II.** M. **2.** Dispositivo mecánico o eléctrico que impide sobrepasar ciertos límites en el consumo o en el uso de cualquier energía.

limitante. ADJ. limitador (‖ que pone límites).

limitar. I. TR. **1.** Poner límites a algo. *Limitar el consumo.* ‖ **2.** Acortar, ceñir. *Limitar el área de influencia de una empresa.* U. t. c. prnl. ‖ **3.** Fijar la extensión que pueden tener la autoridad o los derechos y facultades de alguien. ‖ **II.** INTR. **4.** Dicho de dos territorios o dos terrenos: **lindar.** ‖ **5.** Dicho de un territorio o de un mar: Tener como frontera o término lo que se señala. *España limita al oeste con Portugal.* ‖ **III.** PRNL. **6.** Imponerse límites en lo que se dice o se hace, con renuncia voluntaria o forzada a otras cosas posibles o deseables.

limitativo, va. ADJ. **1.** Que limita, recorta o reduce. *Visado limitativo.* ‖ **2.** Der. Se dice especialmente de los derechos reales que cercenan la plenitud del dominio, como el censo, las servidumbres, el usufructo, etc.

límite. M. **1.** Línea real o imaginaria que separa dos terrenos, dos países, dos territorios. ‖ **2.** Fin, término. U. en apos. *Dimensiones límite. Día límite.* ‖ **3.** Extremo a que llega un determinado tiempo. *El límite de este plazo es inamovible.* ‖ **4.** Extremo que pueden alcanzar lo físico y lo anímico. *Llegó al límite de sus fuerzas.* ‖ **5.** Mat. En una secuencia infinita de magnitudes, magnitud fija a la que se aproximan cada vez más los términos de la secuencia. Así, la secuencia de los números 2n/(n+1), siendo *n* la serie de los números naturales, tiene como límite el número 2. ‖ **~ inferior.** M. Mat. En un conjunto de magnitudes, magnitud máxima que es inferior a todas las del conjunto. ‖ **~ superior.** M. Mat. En un conjunto de magnitudes, magnitud mínima que es superior a todas las del conjunto. ‖ **sin ~, o sin ~s. I.** LOCS. ADJS. **1.** Muy grande, enorme. *Cansancio sin límite.* ‖ **II.** LOCS. ADVS. **2.** Con desmesura. *Beber sin límite.*

limítrofe. ADJ. Confinante, aledaño. *Provincias limítrofes.*

limnología. F. **1.** Estudio científico de los lagos y lagunas. ‖ **2.** Biología de las aguas dulces, en general, y estudio de los factores no bióticos de ellas.

limo. M. Lodo, cieno.

limón. M. **1.** Fruto del limonero, de forma ovoide, con unos diez centímetros en el eje mayor y unos seis en el menor, pezón saliente en la base, corteza lisa, arrugada o surcada según las variedades, y frecuentemente de color amarillo, pulpa amarillenta dividida en gajos, comestible, jugosa y de sabor ácido. ‖ **2.** Árbol que da este fruto. ‖ **~ ceutí.** M. Variedad de limón muy olorosa.

limonada. F. Bebida compuesta de agua, azúcar y zumo de limón.

limonar. M. Sitio plantado de limones.

limoncillo. M. Árbol de las Mirtáceas cuyas hojas huelen algo a limón y cuya madera, de color amarillo, se emplea en ebanistería.

limoncito. M. Filip. Árbol de las Rutáceas, cuyo fruto es el agridulce.

limonense. ADJ. **1.** Natural de Limón. U. t. c. s. ‖ **2.** Perteneciente o relativo a este puerto marítimo, a este cantón o a esta provincia de Costa Rica y su capital.

limonero, ra. I. ADJ. **1.** Perteneciente o relativo al limón. *Fragancia limonera.* ‖ **II.** M. y F. **2.** Persona que vende limones. ‖ **III.** M. **3.** Árbol de la familia de las Rutáceas, de cuatro a cinco metros de altura, siempre verde, florido y con fruto; tronco liso y ramoso, copa abierta, hojas alternas elípticas, dentadas, duras, lustrosas, pecioladas y de un hermoso color verde; flores olorosas, de color de rosa por fuera y blancas por dentro.

Es originario de Asia y se cultiva mucho en España. Su fruto es el limón.

limonita. F. Geol. Hidrato férrico hidratado, de color amarillo; es muy abundante y se utiliza como mena de hierro.

limosna. F. **1.** Cosa que se da por amor de Dios para socorrer una necesidad. ‖ **2.** Dinero que se da en las colectas hechas con fines religiosos. ‖ **3.** Dinero, alimento o ropa que se da a los indigentes.

limosnear. INTR. Pedir limosna.

limosnera. F. Bolsa con dinero para dar limosnas.

limosnero, ra. I. ADJ. **1.** Caritativo, inclinado a dar limosna, o que la da con frecuencia. ‖ **2. pordiosero.** U. m. en América. ‖ **II.** M. y F. **3.** Persona encargada de recoger y distribuir limosnas. ‖ **III.** M. **4. limosnera.**

limoso, sa. ADJ. Abundante en limo o lodo. *Terreno limoso.*

limpia. F. Acción y efecto de limpiar. *La limpia de los pozos.*

limpiabarros. M. Utensilio que suele ponerse a la entrada de las casas para que quienes llegan de fuera se limpien el barro del calzado.

limpiabotas. COM. Persona que tiene por oficio limpiar y lustrar botas y zapatos.

limpiacristales. I. M. **1.** Detergente líquido que se usa para limpiar cristales. U. menos c. adj. ‖ **II.** COM. **2.** Persona que por oficio limpia cristales.

limpiada. F. Á. R. Plata. Acción y efecto de limpiar.

limpiador, ra. I. ADJ. **1.** Que limpia. *Crema limpiadora.* Apl. a un producto, u. t. c. s. m. ‖ **II.** M. y F. **2.** Persona que tiene por oficio limpiar. ‖ **III.** M. **3.** Méx. **limpiaparabrisas.** ◻ V. **leche ~.**

limpiaparabrisas. M. Mecanismo que se adapta a la parte exterior del parabrisas y que, moviéndose de un lado a otro, aparta la lluvia o la nieve que cae sobre él.

limpiar. TR. **1.** Quitar la suciedad o inmundicia de algo. *Limpiar las calles.* U. t. c. prnl. ‖ **2.** Quitar las escamas y espinas del pescado. ‖ **3.** Quitar las hojas secas, vainas, etc., de las legumbres y hortalizas. ‖ **4.** Quitar imperfecciones o defectos. *Limpiar la piel.* ‖ **5.** Hacer que un lugar quede libre de lo que es perjudicial en él. *Limpiar de trastos la habitación. Limpiar la ciudad de delincuentes.* ‖ **6.** Quitar a los árboles las ramas pequeñas que se dañan entre sí. ‖ **7.** coloq. Hurtar o robar algo. *Me limpiaron el pañuelo.* ‖ **8.** coloq. En los juegos de naipes y otros, ganar a alguien todo el dinero. *Le limpiaron al póquer noventa euros.* ¶ MORF. conjug. c. *anunciar.*

limpiaúñas. M. Instrumento de concha, hueso o metal, que sirve para limpiar las uñas.

limpidez. F. poét. Cualidad de límpido.

límpido, da. ADJ. poét. Limpio, terso, puro, sin mancha. *Aguas límpidas.*

limpieza. F. **1.** Cualidad de limpio. ‖ **2.** Acción y efecto de limpiar. ‖ **3.** Pureza, castidad. ‖ **4.** Integridad con que se procede en los negocios. ‖ **5.** Precisión, destreza, perfección con que se ejecuta algo. ‖ **6.** En un juego, observación estricta de sus reglas. ‖ **~ de sangre.** F. hist. Circunstancia de no tener antepasados moros, judíos, herejes ni penitenciados, que antaño se exigía para determinados fines. ‖ **~ en seco.** F. Procedimiento en que no se utiliza agua para limpiar tejidos o ropa.

limpio, pia. I. ADJ. **1.** Que no tiene mancha o suciedad. *Habitación limpia.* ‖ **2.** Dicho comúnmente de los granos de cereales: Que no tienen mezcla de otra cosa. ‖ **3.**

Que tiene el hábito del aseo y la pulcritud. ‖ **4.** Libre, exento de cosa que dañe o infecte. *Herida limpia.* ‖ **5.** Despojado de lo superfluo, accesorio o inútil. *Un estilo limpio.* ‖ **6.** Neto, no confuso. *Imagen limpia.* ‖ **7.** Honrado, decente. *Una conducta limpia.* ‖ **8.** Sin culpa, inocente. *Conciencia limpia.* ‖ **9.** coloq. Dicho de una persona: Que ha perdido todo su dinero. *Lo dejaron limpio.* ‖ **10.** coloq. Dicho de una cantidad de dinero: **neta** (‖ que resulta líquido en cuenta). *Gané en la operación mil pesos limpios.* ‖ **11.** coloq. Dicho de un golpe, de un disparo o de algo similar: En una contienda, que se han cambiado entre los adversarios sin hacer uso de otros medios. *A tiro limpio.* ‖ **II.** ADV. M. **12.** Con limpieza. ‖ **en limpio.** LOC.ADV. **1.** En una cantidad de dinero, descontados todos los gastos. ‖ **2.** En claro y sin enmienda ni tachones, a diferencia de lo que está en borrador. ☐ V. **manos ~s.**

limpión. M. **1.** Limpieza ligera. *Dar un limpión a los zapatos.* ‖ **2.** Á. Caribe. Paño para limpiar.

limusina. F. Automóvil lujoso de gran tamaño.

lináceo, a. ADJ. *Bot.* Se dice de las hierbas, matas o arbustos angiospermos dicotiledóneos, de hojas alternas, rara vez opuestas, sencillas, enteras y estrechas, flores regulares pentámeras y fruto seco, capsular, de cuatro a cinco divisiones y ocho a diez celdillas con otras tantas semillas; p. ej., el lino. U. t. c. s. f. ORTOGR. En f. pl., escr. con may. inicial c. taxón. *Las Lináceas.*

linaje. M. **1.** Ascendencia o descendencia de una familia, especialmente si es noble. ‖ **2.** Clase o condición de una cosa. *Vende mercancías de todo linaje.* ‖ **~ humano.** M. **género humano.**

linajista. COM. Persona que sabe o escribe de linajes.

linajudo, da. ADJ. Dicho de una persona: Que es o se precia de ser de gran linaje. U. t. c. s.

linao. M. Especie de juego de pelota, muy usado en la isla de Chiloé, provincia de Chile.

linar. M. Tierra sembrada de lino.

linarense. ADJ. **1.** Natural de Linares, ciudad de la provincia de Jaén, en España. U. t. c. s. ‖ **2.** Natural de Linares, provincia de Chile, o de su capital. U. t. c. s. ‖ **3.** Perteneciente o relativo a aquella ciudad o a esta provincia y su capital.

linaria. F. Planta herbácea de la familia de las Escrofulariáceas, con tallos erguidos ramosos, de cuatro a seis decímetros de altura, hojas parecidas a las del lino, estrechas, agudas, de color verde azulado y frecuentemente en verticilos, flores amarillas en espigas, y fruto capsular, ovoide, de dos celdas y muchas semillas menudas. Vive en terrenos áridos y se ha empleado en medicina como depurativo y purgante.

linaza. F. Simiente del lino, en forma de granos elipsoidales, duros, brillantes y de color gris. Molida, proporciona una harina muy usada para cataplasmas emolientes; por presión, suelta un aceite secante de gran empleo en la fabricación de pintura y barnices, y, echada en agua, da un mucílago de mucha aplicación en la industria.

lince. M. **1.** Mamífero félido europeo, de pelaje rojizo con manchas oscuras, cola corta y orejas puntiagudas terminadas en un mechón de pelos negros. ‖ **2.** Persona que tiene una vista aguda. ‖ **3.** Persona aguda, sagaz. U. t. c. adj. ☐ V. **vista de ~.**

linchaco. M. *Chile.* Arma ofensiva formada por dos mangos unidos por una cadena.

linchamiento. M. Acción de linchar.

linchar. TR. Ejecutar sin proceso y de manera tumultuosa a un sospechoso o a un reo.

lindante. ADJ. Que linda. *Palacete lindante.*

lindar. INTR. **1.** Dicho de dos territorios, de dos terrenos o de dos fincas: Estar contiguos. ‖ **2.** Dicho de una cosa: Estar muy próxima a lo que se expresa. *Su actitud linda CON la arrogancia.*

linde. AMB. **1.** Límite de un reino o de una provincia. U. m. c. f. ‖ **2.** Término o línea que separa unas heredades de otras. U. m. c. f.

lindera. F. Linde, o conjunto de las lindes de un terreno.

lindero¹, ra. **I.** ADJ. **1.** Que linda con algo. *Provincias linderas.* ‖ **II.** M. **2.** Linde o lindes de dos terrenos.

lindero², ra. ADJ. **1.** Natural de Santiago Rodríguez, provincia de la República Dominicana, o de Sabaneta, su capital. U. t. c. s. ‖ **2.** Perteneciente o relativo a esta provincia o a su capital.

lindeza. F. **1.** Cualidad de lindo. ‖ **2.** pl. irón. Insultos o improperios.

lindo, da. **I.** ADJ. **1.** Hermoso, bello, grato a la vista. *Una linda muchacha.* ‖ **2.** Perfecto, primoroso y exquisito. *Boda linda. Trabajo lindo.* ‖ **II.** M. **3.** coloq. Hombre afeminado, que presume de hermoso y cuida demasiado de su compostura y aseo. ‖ **de lo ~.** LOC.ADV. coloq. Mucho o con exceso.

lindura. F. **1.** Cualidad de lindo. ‖ **2.** Persona o cosa linda.

línea. F. **1.** *Geom.* Sucesión continua e indefinida de puntos en la sola dimensión de la longitud. ‖ **2.** línea real o imaginaria que separa dos cosas. *El río marca la línea entre los dos pueblos. Le aterroriza rebasar la línea de los cuarenta años.* ‖ **3.** Raya en un cuerpo cualquiera. *Un cuaderno con líneas para hacer caligrafía.* ‖ **4.** Forma, silueta o perfil. *La línea aerodinámica de un coche. La suave línea de unos hombros.* ‖ **5.** Figura esbelta y armoniosa de una persona. *Guardar, mantener, perder la línea.* ‖ **6.** Dirección o rumbo en que se mueve un cuerpo para ir a un lugar. *Camina en línea recta.* ‖ **7.** Conducta o comportamiento en una determinada dirección. *Su línea fue muy coherente.* ‖ **8.** Dirección, tendencia, orientación o estilo de un arte o de un saber cualquiera. ‖ **9. renglón** (‖ serie de palabras o caracteres). ‖ **10.** Sucesión de personas o cosas situadas una detrás de otra o una al lado de otra. ‖ **11.** En el juego del bingo, cada una de las series horizontales de números que componen el cartón de cada jugador. *Completar la línea.* ‖ **12.** En este juego, premio que gana el jugador que antes consigue completar los números de una línea de su cartón. *Cantar línea.* ‖ **13.** En pintura, el dibujo, por contraposición al color. ‖ **14.** En el fútbol y otros deportes, cada una de las series de jugadores que suelen desempeñar una misión semejante en el desarrollo del juego. *El delantero atravesó las líneas del equipo contrario.* ‖ **15.** Comunicación telefónica. *Descolgó el teléfono para comprobar si había línea.* ‖ **16.** Vía terrestre, marítima o aérea. *Línea del Norte. Línea de Vigo a Buenos Aires. Línea de Marsella a Argel.* ‖ **17.** Servicio regular de vehículos que recorren un itinerario determinado. *La línea Santander-Reinosa.* ‖ **18.** Especialmente en el comercio, clase, género, especie. *Línea de electrodomésticos.* ‖ **19. ecuador terrestre.** *Pasó la línea.* ‖ **20.** Serie de grados que indica la proximidad del parentesco. ‖ **21.** *Esgr.* Cada una de las distintas posiciones que toma la espada de un contendiente respecto a la del contrario. ‖ **22.** *Mar.* Formación de varios buques semejantes alineados. *Línea de fila.* *Línea de frente.* ‖ **23.** *Mil.* Formación de tropas en orden de batalla. ‖ **24.** *Mil.* Formación de soldados o de unidades en que unos quedan al costado de los otros, cuando tiene un fondo de dos o tres soldados. ‖ **~ caliente.** F. Servicio, generalmente telefónico, de atención directa a reclamaciones, opiniones, preguntas o problemas concretos. ‖ **~ colateral.** F. La constituida por el grado o la serie de grados entre personas que no descienden unas de otras, pero que proceden de un tronco común. ‖ **~ de circunvalación.** F. **1.** *Mil.* La construida por el ejército sitiador a su retaguardia para defenderse de cualquier tropa enemiga. ‖ **2.** *Transp.* Vía férrea que enlaza entre sí las de los ferrocarriles que afluyen a distintas estaciones de una misma población. ‖ **~ defensiva.** F. En el fútbol y otros deportes, la formada por los jugadores cuya misión principal es proteger a su equipo de los ataques del contrario. ‖ **~ de flotación.** F. *Mar.* La que separa la parte sumergida del casco de un buque de la que no lo está. ‖ **~ de franco bordo.** F. *Mar.* La que limita la máxima carga que puede transportar un buque, ya que su calado no ha de sobrepasar tal línea. ‖ **~ de fuego.** F. **frente** (‖ extensión o línea de territorio en que se enfrentan los ejércitos). ‖ **~ delantera.** F. En el fútbol y otros deportes, la formada por los jugadores que tienen como misión principal atacar al equipo contrario. ‖ **~ del diámetro.** F. *Esgr.* En la planta geométrica, real o imaginaria, que, según el arte de jugar la espada española, fija la dirección de los compases, línea que divide el círculo en dos partes iguales y en cuyos extremos están situados los contendientes. ‖ **~ de meta.** F. **1.** En el fútbol y en otros juegos, cada una de las dos líneas que delimitan el campo, en las cuales se encuentran las porterías. ‖ **2.** En las carreras deportivas, línea de llegada. ‖ **~ de mira.** F. *Mil.* Visual que por el ocular del alza y el punto de mira de las armas de fuego se dirige al blanco que se pretende batir. ‖ **~ de nivel.** F. *Topogr.* curva de nivel. ‖ **~ de tierra.** F. Intersección de un plano horizontal de proyección con otro vertical. ‖ **~ directa.** F. **1.** La constituida por el grado o la serie de grados entre personas que descienden unas de otras. ‖ **2.** Acceso fácil a una institución o persona relevante. ‖ **~ dura.** F. Tendencia u orientación más radical dentro de un grupo u organización. ‖ **~ eléctrica.** F. Conjunto de hilos o cables y otras instalaciones para conducir la energía eléctrica. ‖ **~ férrea.** F. vía férrea. ‖ **~ geodésica.** F. *Mat.* línea más corta entre dos puntos de una superficie. ‖ **~ horizontal.** F. La contenida en un plano horizontal. ‖ **~ maestra.** F. *Constr.* Cada una de las fajas de yeso o de mortero que se hacen en la pared para igualar después su superficie y dejarla enteramente plana. ‖ **~ media.** F. En el fútbol y otros deportes, la formada por jugadores que actúan entre la defensa y la delantera, y cuya misión es contener al equipo contrario y ayudar en su labor a las otras dos líneas. ‖ **~ quebrada.** F. *Geom.* La que está compuesta de varias rectas. ‖ **~ recta.** F. **1.** línea directa (‖ grado o serie de grados). ‖ **2.** *Geom.* La más corta que une dos puntos. ‖ **~ telefónica.** F. Conjunto de los aparatos e hilos conductores del teléfono. ‖ **~ telegráfica.** F. Conjunto de los aparatos e hilos conductores del telégrafo. ‖ **~ vertical.** F. línea perpendicular a un plano horizontal. ‖ **primera ~.** F. frente (‖ extensión o línea de territorio en que se enfrentan los ejércitos). ‖ **a ~ tirada.** LOC.ADJ. *Impr.* Dicho de una composición: Que

ocupa todo el ancho de la plana. ‖ **de primera ~.** LOC. ADJ. Del mayor mérito o importancia. ‖ **en ~.** LOC.ADV. Conectado a un sistema central a través de una red de comunicación. *Trabajar en línea.* U. t. c. loc. adj. *Servicio en línea.* ‖ **en ~s generales.** LOC.ADV. De forma esquemática o sin entrar en detalles. ‖ **en su ~.** LOC.ADV. Entre los de igual clase. ‖ **en toda la ~.** LOC.ADV. Sin que nada falte. *Triunfar, vencer, ganar, derrotar en toda la línea.* ‖ **entre ~s.** LOC.ADV. Suponiendo la existencia de un sentido no explícito. *Leer entre líneas. Decir entre líneas.* ‖ **línea.** INTERJ. Se usa en el juego del bingo para indicar públicamente que se ha completado una línea del cartón. □ V. **cabecera de ~, coche de ~, juez de ~, navío de ~, tropa de ~.**

lineal. ADJ. **1.** Perteneciente o relativo a la línea. *Forma lineal.* ‖ **2.** Que tiene forma de línea. *Una población muy lineal.* ‖ **3.** Dicho especialmente de una novela o de una película: Narrada de acuerdo con el transcurso natural del tiempo y con escasa o ninguna acción paralela o secundaria. ‖ **4.** Dicho de un aumento en los salarios, en las pensiones, etc.: De la misma cuantía para todos los afectados sin tener en cuenta su rango, categoría, etc. *Subida lineal de 100 euros.* ‖ **5.** *Bot.* Largo y delgado casi como una línea. *Hojas lineales.* ‖ **6.** *Fís.* y *Mat.* Que tiene efectos proporcionales a la causa. □ V. **ciudad ~, dibujo ~, ecuación ~, función ~, momento ~, perspectiva ~.**

linealidad. F. Cualidad de lineal.

lineamiento. M. **1.** *Á. R. Plata.* línea (‖ dirección, tendencia). ‖ **2.** *Méx.* Rasgo característico de algo.

linear. TR. bosquejar.

linero, ra. ADJ. Perteneciente o relativo al lino.

linfa. F. **1.** *Biol.* Parte del plasma sanguíneo, que atraviesa las paredes de los vasos capilares, se difunde por los intersticios de los tejidos y, después de cargarse de sustancias producidas por la actividad de las células, entra en los vasos linfáticos, por los cuales circula hasta incorporarse a la sangre venosa. ‖ **2.** vacuna (‖ pus de cierta viruela de las vacas). ‖ **3.** vacuna (‖ virus convenientemente preparado para inoculaciones). ‖ **4.** poét. agua.

linfangitis. F. *Med.* Inflamación de los vasos linfáticos.

linfático, ca. ADJ. *Biol.* Perteneciente o relativo a la linfa. □ V. **ganglio ~, nódulo ~, tejido ~.**

linfocito. M. *Biol.* Célula linfática, variedad de leucocito, originada en el tejido linfoide o la médula ósea y formada por un núcleo único, grande, rodeado de escaso citoplasma. Interviene muy activamente en la reacción inmunitaria.

linfocitosis. F. *Med.* Alteración producida en la sangre por exceso de linfocitos.

linfoide. ADJ. *Med.* Perteneciente o relativo al sistema linfático.

linfoma. M. *Med.* Tumor de los tejidos linfoides.

linfopenia. F. *Med.* Número de linfocitos inferior al normal en la sangre.

lingotazo. M. coloq. Trago de bebida alcohólica.

lingote. M. **1.** Trozo o barra de metal en bruto, principalmente de hierro, plata, oro o platino. ‖ **2.** Masa sólida que se obtiene vaciando el metal líquido en un molde. ‖ **3.** Cada una de las barras o paralelepípedos de hierro que sirven para equilibrar la estiba de los buques.

lingotera. F. Molde metálico o de arena refractaria en donde se vierte el material fundido para que al enfriarse tome la forma de aquel.

lingual. ADJ. **1.** Perteneciente o relativo a la lengua. *Mucosa lingual.* || **2.** *Fon.* Dicho de una consonante: **apical** (|| que se articula con el ápice de la lengua); p. ej., la *l.* U. t. c. s. f.

lingue. M. Árbol chileno, de la familia de las Lauráceas, alto, frondoso y de corteza lisa y ceniciente. Su madera, flexible, fibrosa y de mucha duración, se emplea para vigas, yugos y muebles, y su corteza es muy usada para curtir el cuero.

lingüista. COM. Persona versada en lingüística.

lingüística. F. Ciencia del lenguaje. || **~ aplicada.** F. Rama de los estudios lingüísticos que se ocupa de los problemas que el lenguaje plantea como medio de relación social, especialmente de los que se refieren a la enseñanza de idiomas. || **~ comparada.** F. gramática comparada. || **~ computacional.** F. *Inform.* Aplicación de los métodos de la inteligencia artificial al tratamiento de cuestiones lingüísticas. || **~ general.** F. Estudio teórico del lenguaje que se ocupa de métodos de investigación y de cuestiones comunes a las diversas lenguas.

lingüístico, ca. ADJ. **1.** Perteneciente o relativo a la lingüística. *Teorías lingüísticas.* || **2.** Perteneciente o relativo al lenguaje. *El desarrollo lingüístico y el mental son procesos diferentes.* □ V. **geografía ~, signo ~.**

linier. COM. *Esp.* **juez de línea.** MORF. pl. **linieres.**

linimento. M. *Med.* Preparación menos espesa que el ungüento, en la cual entran como base aceites o bálsamos, y se aplica exteriormente en fricciones.

lino. M. **1.** Planta herbácea, anual, de la familia de las Lináceas, con raíz fibrosa, tallo recto y hueco, como de un metro de alto y ramoso en su extremidad, hojas lanceoladas, flores de cinco pétalos azules, y fruto en caja de diez celdillas, con una semilla aplanada y brillante en cada una. De su tallo se extraen fibras que se utilizan para producir la hilaza. || **2.** Materia textil que se saca del tallo de esta planta. || **3.** Tela hecha de lino.

linóleo o **linóleum.** M. Tela fuerte e impermeable formada por un tejido de yute cubierto con una capa muy comprimida de corcho en polvo amasado con aceite de linaza bien oxidado. MORF. pl. **linóleos** o **linóleums.**

linón. M. Tela de hilo muy ligera, clara y fuertemente engomada.

linotipia. F. **1.** *Impr.* Máquina de componer, provista de matrices, de la cual sale la línea formando una sola pieza. || **2.** *Impr.* Arte de componer con esta máquina.

linotipista. COM. Persona que maneja una linotipia.

linterna. F. **1.** Aparato eléctrico portátil, con pila y bombilla, para proyectar luz. || **2.** Farol portátil con una sola cara de vidrio y un asa en la opuesta. || **3.** *Arq.* Torre pequeña más alta que ancha y con ventanas, que se pone como remate en algunos edificios y sobre las medias naranjas de las iglesias. || **~ mágica.** F. Aparato óptico con el cual, por medio de lentes, se hacen aparecer, amplificadas sobre un lienzo o una pared, figuras pintadas en tiras de vidrio intensamente iluminadas. || **~ sorda.** F. Aquella cuya luz va oculta por una pantalla opaca, que fácilmente se corre a voluntad del portador.

linternazo. M. **1.** Golpe dado con una linterna. || **2.** coloq. Golpe dado con cualquier instrumento.

linyera. COM. *Á. R. Plata.* Persona vagabunda, abandonada, que vive de variados recursos.

liño. M. Línea de árboles u otras plantas.

lío. M. **1.** Porción de ropa o de otras cosas atadas. || **2.** coloq. **embrollo** (|| enredo, confusión). || **3.** coloq. Baru-

llo, gresca, desorden. || **4.** coloq. **amancebamiento.** || **armar un ~.** LOC.VERB. coloq. **embrollar.** || **hacerse** alguien **un ~.** LOC.VERB. coloq. **embrollarse.**

liofilización. F. Acción y efecto de liofilizar.

liofilizar. TR. Separar el agua de una sustancia, o de una disolución, mediante congelación y posterior sublimación a presión reducida del hielo formado, para dar lugar a un material esponjoso que se disuelve posteriormente con facilidad. Se utiliza en la deshidratación de los alimentos, materiales biológicos y otros productos sensibles al calor.

lionés, sa. ADJ. **1.** Natural de Lyon. U. t. c. s. || **2.** Perteneciente o relativo a esta ciudad de Francia.

lioso, sa. ADJ. **1.** coloq. Que embrolla. *¡Qué lioso eres!* || **2.** coloq. Dicho de una cosa: Que está embrollada. *Un plano muy lioso.*

lipasa. F. *Bioquím.* Enzima que fragmenta los lípidos en sus componentes.

lipes. □ V. **piedra ~.**

lipidia. F. *Am. Cen.* Miseria extrema.

lipídico, ca. ADJ. *Bioquím.* Perteneciente o relativo a los lípidos.

lípido. M. *Bioquím.* Cada uno de los compuestos orgánicos que resultan de la esterificación de alcoholes, como la glicerina y el colesterol, con ácidos grasos.

lipis. □ V. **piedra ~.**

lipodistrofia. F. *Med.* Trastorno en el metabolismo de las grasas.

lipodistrófico, ca. ADJ. *Med.* Perteneciente o relativo a la lipodistrofia.

lipoideo, a. ADJ. Dicho de una sustancia: Que tiene aspecto de grasa.

lipoma. M. *Med.* Tumor formado de tejido adiposo.

liposucción. F. Técnica de extracción localizada de la grasa subcutánea mediante una cánula conectada a un aparato que la aspira, generalmente con fines estéticos.

lipotimia. F. *Med.* Pérdida súbita y pasajera del sentido y del movimiento.

liquen. M. *Bot.* Organismo resultante de la simbiosis de hongos con algas unicelulares, que crece en sitios húmedos, extendiéndose sobre las rocas o las cortezas de los árboles en forma de hojuelas o costras grises, pardas, amarillas o rojizas.

líquida. F. *Fon.* Consonante líquida.

liquidable. □ V. **base ~.**

liquidación. F. **1.** Acción y efecto de liquidar. || **2.** *Com.* Venta al por menor, con gran rebaja de precios, que hace una casa de comercio por cese, quiebra, reforma o traslado del establecimiento, etc. || **~ tributaria.** F. *Der.* Acto por el que se cuantifica el tributo que ha de pagar el contribuyente.

liquidador, ra. ADJ. **1.** Que **liquida** (|| una cuenta). Apl. a pers., u. t. c. s. || **2.** Que **liquida** (|| un negocio). Apl. a pers., u. t. c. s.

liquidámbar. M. Bálsamo, unas veces líquido y otras viscoso, de color amarillo rojizo, aromático y de sabor acre, procedente del ocozol. Tiene propiedades emolientes y detersorias.

liquidar. TR. **1.** Hacer líquido algo sólido o gaseoso. *Liquidar el aire por procedimientos físicos.* U. t. c. prnl. || **2.** Hacer el ajuste formal de una cuenta. || **3.** Saldar, pagar enteramente una cuenta. || **4.** Poner término a algo o a un estado de cosas. *Liquidar un asunto pendiente.* || **5.** Gastar totalmente algo, especialmente dinero, en poco tiempo. *Liquidó su hacienda en unos meses.* ‖ **6.** Desistir de un negocio o de un empeño. *Liquidó su tienda.* ‖ **7.** coloq. Desembarazarse de alguien, matándolo. ‖ **8.** *Com.* Dicho de una casa de comercio: Hacer ajuste final de cuentas para cesar en el negocio. ‖ **9.** *Com.* Vender mercancías en liquidación.

liquidez. F. **1.** Cualidad de líquido. ‖ **2.** *Com.* Cualidad del activo de un banco que puede transformarse fácilmente en dinero efectivo. ‖ **3.** *Com.* Relación entre el conjunto de dinero en caja y de bienes fácilmente convertibles en dinero, y el total del activo, de un banco u otra entidad.

líquido, da. ADJ. **1.** Dicho de un cuerpo de volumen constante: Cuyas moléculas tienen tan poca cohesión que se adaptan a la forma de la cavidad que las contiene, y tienden siempre a ponerse a nivel. U. t. c. s. m. ‖ **2.** Dicho de un saldo o de un residuo: De cuantía cierta que resulta de la comparación del cargo con la data. *Deuda líquida. Alcance líquido.* U. t. c. s. m. ‖ **3.** *Fon.* En español se dice de las consonantes *l* y *r,* que pueden formar sílaba con otra consonante anterior y una vocal posterior. ‖ **~ amniótico.** M. *Biol.* El encerrado en el amnios, cuya composición está en relación con la maduración y estado del feto. ‖ **líquido imponible.** M. Cuantía estimada o fijada oficialmente a la riqueza del contribuyente, como base para señalar su cuota tributaria. □ V. **activo ~, aire ~, capital ~, cristal ~, ~ elemento.**

liquilique. M. Á. *Caribe.* Blusa de tela de algodón, más o menos basta, que se abrocha desde el cuello.

lira¹. F. **1.** hist. Instrumento musical usado antiguamente, compuesto de varias cuerdas tensas en un marco, que se pulsaban con ambas manos. ‖ **2.** Numen o inspiración de un poeta determinado. *La lira de Horacio. La lira de Herrera.* □ V. **ave ~.**

lira². F. Unidad monetaria italiana anterior al euro, y actualmente oficial en Malta y Turquía.

lírica. F. Género literario al cual pertenecen las obras, normalmente en verso, que expresan sentimientos del autor y se proponen suscitar en el oyente o lector sentimientos análogos.

lírico, ca. ADJ. **1.** Perteneciente o relativo a la lira, a la poesía apropiada para el canto o a la lírica. *Recursos líricos.* ‖ **2.** Dicho de una obra literaria: Perteneciente o relativa a la lírica. ‖ **3.** Dicho de un poeta: Que cultiva la poesía lírica. ‖ **4.** Propio o característico de la poesía lírica, o apto o conveniente para ella. *Lenguaje, talento lírico.* ‖ **5.** Que promueve en el ánimo un sentimiento intenso o sutil, análogo al que produce la poesía lírica. *Ambiente lírico.* ‖ **6.** Dicho de una obra de teatro: Total o principalmente musical.

lirio. M. Planta herbácea, vivaz, de la familia de las Iridáceas, con hojas radicales, erguidas, ensiformes, duras, envainadoras y de tres a cuatro decímetros de largo, tallo central ramoso, de cinco a seis decímetros de altura, flores terminales grandes, de seis pétalos azules o morados y a veces blancos, fruto capsular con muchas semillas, y rizoma rastrero y nudoso. ‖ **~ blanco.** M. azucena (‖ planta). ‖ **~ de agua.** M. cala³. ‖ **~ de los valles.** M. muguete.

lirismo. M. **1.** Cualidad de lírico. ‖ **2.** Abuso de las cualidades características de la poesía lírica, o empleo indebido de este género de poesía o del estilo lírico en composiciones de otra clase.

liróforo. M. poeta.

lirón¹. M. **1.** Mamífero roedor muy parecido al ratón, de unos tres decímetros de longitud, de la que casi la mitad corresponde a la cola, con pelaje de color gris oscuro en las partes superiores, blanco en las inferiores, espeso y largo, principalmente en aquella. Vive en los montes, alimentándose de los frutos de los árboles, a los que trepa con extraordinaria agilidad, y pasa todo el invierno adormecido y oculto. ‖ **2.** Persona dormilona. ‖ **dormir como un ~.** LOC.VERB. coloq. Dormir mucho o de manera continua.

lirón². M. Fruto del almez.

lis. F. **1.** lirio. U. t. c. m. ‖ **2.** *Heráld.* **flor de lis.** ¶ MORF. pl. **lises.**

lisa. F. **1.** Pez teleósteo fluvial, fisóstomo, parecido a la locha, de cinco a seis centímetros de longitud y de carne insípida, que abunda en los ríos del centro de España. ‖ **2.** mújol.

lisamente. ADV. M. Con lisura. ‖ **lisa y llanamente.** LOC.ADV. Sin ambages ni rodeos.

lisboeta. ADJ. **1.** Natural de Lisboa. U. t. c. s. ‖ **2.** Perteneciente o relativo a esta ciudad, capital de Portugal.

lisiado, da. PART. de lisiar. ‖ ADJ. Dicho de una persona: Que tiene alguna lesión permanente, especialmente en las extremidades. U. t. c. s.

lisiadura. F. Acción y efecto de lisiar.

lisiar. TR. Producir lesión en alguna parte del cuerpo. U. t. c. prnl. MORF. conjug. c. *anunciar.*

lisimaquia. F. Planta herbácea de la familia de las Primuláceas, con tallos erguidos, vellosos y cuadrangulares, hojas opuestas o en verticilos, con pecíolo corto, lanceoladas, agudas, de color verde amarillento por el haz, blanquecinas y vellosas por el envés, flores amarillas en umbelas terminales, y fruto seco, capsular, con muchas semillas. Crece en terrenos húmedos y se ha empleado contra las hemorragias.

lisina. F. *Biol.* Aminoácido básico, esencial para el crecimiento y el metabolismo nitrogenado de la especie humana.

lisis. F. **1.** *Med.* Terminación lenta y favorable de una enfermedad. ‖ **2.** *Quím.* Descomposición de una sustancia por rotura de sus enlaces químicos.

liso, sa. ADJ. **1.** Dicho de una superficie: Que no presenta asperezas, adornos, realces o arrugas. ‖ **2.** Dicho de una tela: Que no es labrada. ‖ **3.** Dicho de un vestido: Que carece de guarnición y otros adornos. ‖ **4.** Dicho de una tela o de una prenda de vestir: De un solo color. ‖ **5.** Dicho del cabello: **lacio.** ‖ **~ y llano, na.** LOC.ADJ. Dicho de un negocio: Que no tiene dificultad. *Es cosa lisa y llana.* □ V. **músculo ~.**

lisol. M. Líquido rojo pardusco que se puede mezclar con el agua, el alcohol y la bencina, y es considerado como buen desinfectante e insecticida.

lisonja. F. **1.** Acción de lisonjear. ‖ **2.** Alabanza afectada, para ganar la voluntad de alguien.

lisonjeador, ra. ADJ. lisonjero. Apl. a pers., u. t. c. s.

lisonjear. TR. **1.** adular. *Los alumnos la lisonjean.* ‖ **2.** Deleitar, agradar. *La buena música me lisonjea.* U. t. c. prnl.

lisonjero, ra. ADJ. Que lisonjea. Apl. a pers., u. t. c. s.

lista. F. **1.** tira (‖ de tela, papel, cuero u otro material). ‖ **2.** Señal larga y estrecha o línea que, por combinación de un color con otro, se forma de manera artificial o natural en un cuerpo cualquiera, y especialmente en telas o tejidos. ‖ **3.** Enumeración, generalmente en forma de columna, de personas, cosas, cantidades, etc., que se hace con determinado propósito. || **~ de boda.** F. Relación de objetos y enseres que interesan a los futuros contrayentes, la cual se entrega en un establecimiento comercial a fin de orientar a los invitados a la boda en la elección de sus obsequios. || **~ de correos.** F. En las casas de correos, oficina a la cual se dirigen las cartas y paquetes cuyos destinatarios han de ir a ella a recogerlos. || **~ de raya.** F. *Méx.* **nómina** (|| relación de individuos que perciben haberes). || **~ negra.** F. Relación secreta en la que se inscriben los nombres de las personas o entidades considerados evitables. || **pasar ~.** LOC.VERB. Llamar en alta voz para que respondan las personas cuyos nombres figuran en un catálogo o relación.

listado, da. PART. de **listar.** || ADJ. Que forma o tiene listas. *Un traje listado.*

listar. TR. **alistar** (|| inscribir en lista). U. m. en América.

listero, ra. M. y F. **1.** Persona encargada de hacer la lista de quienes concurren a una junta o trabajan en común. || **2.** En las obras, persona encargada de pasar lista para comprobar la presencia de los operarios.

listeza. F. Cualidad de listo.

listín. M. **1.** Lista pequeña o extractada de otra más extensa. || **2.** Publicación que recoge el nombre, dirección y número de teléfono de los abonados.

listo, ta. ADJ. **1.** Sagaz, diligente. *Es una chica muy lista.* || **2.** Preparado, dispuesto para hacer algo. *Está listo para presentarse.* || **3.** coloq. Que presume de saber o estar enterado de todo. U. t. c. s. U. t. en dim. *Siempre hay un listillo que sabe más que nadie.* || **4.** despect. coloq. Hábil para sacar beneficio o ventaja de cualquier situación. U. t. c. s. U. m. en dim. *Solo los listillos salen bien de situaciones adversas.*

listón. I. M. **1.** Pedazo de tabla estrecho que sirve para hacer marcos y para otros usos. || **2.** Cinta de seda de menos de dos dedos de ancho. || **3.** *Carp.* Moldura de sección cuadrada y poco saliente. || **4.** *Dep.* Barra ligera que se coloca horizontalmente sobre dos soportes para marcar la altura que se ha de saltar en ciertas pruebas. || **II.** ADJ. **5.** Dicho de un toro: Que tiene una lista blanca o más clara que el resto de la capa, por encima de la columna vertebral y a lo largo de esta.

lisura. F. **1.** Igualdad y tersura de la superficie de algo. || **2.** *Am. Cen.* y *Á. Andes.* Palabra o acción grosera e irrespetuosa. || **3.** *Á. Andes.* Atrevimiento, desparpajo.

litargirio. M. Óxido de plomo, fundido en láminas o escamas muy pequeñas, de color amarillo más o menos rojizo y con lustre vítreo.

litas. M. Unidad monetaria de Lituania. MORF. pl. invar.

litera. F. **1.** Cada una de las camas estrechas y sencillas que se usan en los barcos, trenes, cuarteles, dormitorios, etc., y que, por economía de espacio, se suelen colocar una encima de otra. || **2.** hist. Vehículo antiguo capaz para una o dos personas, a manera de caja de coche y con dos varas laterales que se afianzaban en dos caballerías, puestas una delante y otra detrás.

literal. ADJ. **1.** Conforme a la letra del texto, o al sentido exacto y propio, y no lato ni figurado, de las palabras empleadas en él. *Sentido literal.* || **2.** Que reproduce lo que se ha dicho o se ha escrito. *Acta literal.* || **3.** En la transcripción de una escritura alfabética a otra lengua, que procede letra por letra. □ V. **traducción ~.**

literalidad. F. Cualidad de literal.

literalmente. ADV. M. **1.** Conforme a la letra o al sentido literal. *Reproducido literalmente.* || **2.** Que debe entenderse en la plenitud de su sentido la palabra a la cual acompaña. *Estoy literalmente extenuado.*

literario, ria. ADJ. Perteneciente o relativo a la literatura. □ V. **república ~, traducción ~.**

literato, ta. M. y F. Persona que profesa o cultiva la literatura.

literatura. F. **1.** Arte que emplea como medio de expresión una lengua. || **2.** Conjunto de las producciones literarias de una nación, de una época o de un género. *La literatura griega. La literatura del siglo XVI.* || **3.** Conjunto de obras que versan sobre un arte o una ciencia. *Literatura médica. Literatura jurídica.* || **4.** Conjunto de conocimientos sobre literatura. *Sabe mucha literatura.* || **~ de cordel.** F. **pliegos de cordel.**

litiásico, ca. ADJ. *Med.* Perteneciente o relativo a la litiasis.

litiasis. F. *Med.* Formación de cálculos, como en la vesícula biliar o en las vías urinarias.

lítico[1], ca. ADJ. Perteneciente o relativo a la piedra.

lítico[2], ca. ADJ. *Quím.* Perteneciente o relativo a la lisis.

litigación. F. Acción y efecto de litigar.

litigante. ADJ. Que litiga. *Empresas litigantes.* Apl. a pers., u. m. c. s.

litigar. I. TR. **1.** Disputar en juicio sobre algo. || **II.** INTR. **2.** Disputar, contender.

litigio. M. **1.** **pleito.** || **2.** Disputa, contienda.

litigioso, sa. ADJ. **1.** Que está en pleito. *Caso litigioso.* || **2.** Propenso a mover pleitos y litigios. || **3.** Que está en duda y se disputa. *Asuntos litigiosos.* □ V. **aseguramiento de bienes ~s, bienes ~s.**

litio. M. Elemento químico de núm. atóm. 3. Metal escaso en la litosfera, se encuentra disperso en ciertas rocas y muy poco denso. Se utiliza en la fabricación de aleaciones especiales y acumuladores eléctricos, y sus sales se usan como antidepresivos y para fabricar jabones y lubricantes. (Símb. *Li*).

litófago, ga. ADJ. Se dice de los moluscos que perforan las rocas para vivir en ellas.

litografía. F. **1.** Arte de dibujar o grabar en piedra preparada al efecto, para reproducir, mediante impresión, lo dibujado o grabado. || **2.** Cada uno de los ejemplares así obtenidos. || **3.** Taller en que se ejerce este arte.

litografiar. TR. Dibujar o escribir en piedra, para reproducir lo dibujado o grabado. MORF. conjug. c. *enviar.*

litográfico, ca. ADJ. Perteneciente o relativo a la litografía. □ V. **piedra ~.**

litógrafo, fa. M. y F. Persona que practica la litografía.

litología. F. Parte de la geología que trata de las rocas.

litológico, ca. ADJ. *Geol.* Perteneciente o relativo a la litología.

litoral. I. ADJ. **1.** Perteneciente o relativo a la orilla o costa del mar. *Aguas litorales.* || **II.** M. **2.** Costa de un mar, país o territorio. || **3.** *Á. R. Plata.* Orilla o franja de tierra al lado de los ríos.

litosfera. F. *Geol.* Envoltura rocosa que constituye la corteza exterior sólida del globo terrestre.

litósfera. F. *Am.* litosfera.

lítote o **litote.** F. *Ret.* atenuación (|| figura retórica).

lítotes o **litotes.** F. *Ret.* atenuación (|| figura retórica).

litotomía. F. *Med.* **talla** (|| operación para extraer cálculos de la vejiga).

litotricia. F. *Med.* Operación de pulverizar o desmenuzar, dentro de las vías urinarias, el riñón o la vesícula biliar, las piedras o cálculos que allí haya, a fin de que puedan salir por la uretra o las vías biliares según el caso.

litráceo, a. ADJ. *Bot.* Se dice de las hierbas y de los arbustos angiospermos dicotiledóneos, con hojas enteras, comúnmente opuestas, flores hermafroditas, actinomorfas o zigomorfas, solitarias o en espigas, y fruto en cápsula con semillas angulosas de cubierta coriácea; p. ej., la salicaria. U. t. c. s. f. ORTOGR. En f. pl., escr. con may. inicial c. taxón. *Las Litráceas.*

litre. M. Árbol chileno, de la familia de las Anacardiáceas, de hojas enterísimas, flores amarillas en panoja, y frutos pequeños y dulces, de los cuales se hace chicha. Su madera es tan dura, que se emplea en dientes de ruedas hidráulicas y ejes de carretas. Su sombra y el contacto de sus ramas producen sarpullido.

litro. M. **1.** Unidad de capacidad del Sistema Métrico Decimal que equivale al volumen de un decímetro cúbico. (Símb. *l; L*). ‖ **2.** Cantidad de líquido que cabe en tal medida.

lituano, na. **I.** ADJ. **1.** Natural de Lituania. U. t. c. s. ‖ **2.** Perteneciente o relativo a este país de Europa. ‖ **II.** M. **3.** Lengua de la familia báltica hablada en Lituania.

liturgia. F. **1.** Orden y forma con que se llevan a cabo las ceremonias de culto en las distintas religiones. ‖ **2.** Ritual de ceremonias o actos solemnes no religiosos. *La liturgia de la imposición de condecoraciones.*

litúrgico, ca. ADJ. Perteneciente o relativo a la liturgia. □ V. **año ~, calendario ~, día ~, drama ~, semana ~.**

liturgista. COM. Persona que estudia y enseña la liturgia.

liudar. INTR. *Chile.* **leudar.**

liudo, da. ADJ. *Chile.* Dicho de una masa o de un pan: Fermentados con levadura.

liviana. F. Canto popular andaluz.

liviandad. F. **1.** Cualidad de liviano. ‖ **2.** Acción liviana.

liviano, na. **I.** ADJ. **1.** De poco peso. *Materiales livianos.* ‖ **2.** De poca importancia. *Una teoría liviana y simple.* ‖ **3.** De moral relajada en lo que se refiere al sexo. *Las escenas livianas de la película.* ‖ **II.** M. **4.** Pulmón, principalmente el de las reses destinadas al consumo. U. m. en pl.

lividecer. INTR. Ponerse lívido. MORF. conjug. c. *agradecer.*

lividez. F. Cualidad de lívido.

lívido, da. ADJ. **1.** Intensamente pálido. ‖ **2.** **amoratado.**

livor. M. Color cárdeno.

lixiviación. F. *Quím.* Acción y efecto de lixiviar.

lixiviar. TR. *Quím.* Tratar una sustancia compleja, como un mineral, con un disolvente adecuado para separar sus partes solubles de las insolubles. MORF. conjug. c. *anunciar.*

liza. F. **1.** **lid.** ‖ **2.** hist. Campo dispuesto para que luchen dos o más personas.

lizo. M. **1.** Hilo fuerte que sirve de urdimbre para ciertos tejidos. U. m. en pl. ‖ **2.** Cada uno de los hilos en que los tejedores dividen la seda o estambre para que pase la lanzadera con la trama. ‖ **3.** *Chile.* Palo pequeño que reemplaza a la lanzadera de los telares.

LL

ll. F. Dígrafo que, por representar un solo fonema consonántico de articulación tradicionalmente lateral y palatal, es considerado desde 1803 decimocuarta letra del abecedario español. Su nombre es *elle.* En gran parte de los países y regiones hispánicos se pronuncia como *y*, con salida central del aire, y con sus mismas variaciones de articulación. ORTOGR. En la escritura es inseparable.

llaga. F. **1.** Úlcera de las personas y animales. ‖ **2.** *Arq.* Junta entre dos ladrillos de una misma hilada.

llagar. TR. Hacer o causar llagas.

llama[1]. F. **1.** Masa gaseosa en combustión, que se eleva de los cuerpos que arden y despide luz de distintos colores. ‖ **2.** Eficacia y fuerza de una pasión o deseo vehemente.

llama[2]. F. Mamífero rumiante, variedad doméstica del guanaco, del cual solo se diferencia en ser algo menor, pues tiene un metro de altura hasta la cruz, y aproximadamente igual longitud. Es propio de América Meridional.

llamada. F. **1.** Acción y efecto de llamar. ‖ **2.** Señal que en impresos o manuscritos sirve para llamar la atención desde un lugar hacia otro en que se pone una cita, una nota, una corrección o una advertencia. ‖ **3.** *Mil.* Toque para que la tropa entre en formación. ‖ **batir ~.** LOC. VERB. *Mil.* Tocar llamada para hacer honores con instrumentos musicales.

llamado. M. **llamamiento.** U. m. en América.

llamador. M. **1.** Aldaba de las puertas. ‖ **2.** Botón del timbre eléctrico.

llamamiento. M. Acción de llamar.

llamar. **I.** TR. **1.** Dar voces a alguien o hacer ademanes para que venga o para advertirle algo. ‖ **2.** Invocar, pedir auxilio oral o mentalmente. ‖ **3.** Convocar, citar. *Llamar a Cortes.* ‖ **4.** **nombrar** (‖ decir el nombre). ‖ **5.** Designar con una palabra; aplicar una denominación, título o calificativo. *Aquí llamamos falda a lo que en Argentina llaman pollera. Desde aquel día llamaron don Luis a Luisito. Todos la llamaban orgullosa.* ‖ **6.** Atraer a alguien o algo. *El cine sigue llamando a la gente.* ‖ **7.** **telefonear** (‖ establecer una comunicación telefónica). *La llamé por teléfono.* U. t. c. intr. ‖ **II.** INTR. **8.** Hacer sonar la aldaba, una campanilla, un timbre, etc., para que alguien abra la puerta de una casa o acuda a la habitación donde se ha dado el aviso. ‖ **III.** PRNL. **9.** Tener tal o cual nombre o apellido. *¿Cómo te llamas?* ‖ **10.** *Mar.* Dicho del viento: Cambiar de dirección hacia un lugar determinado.

llamarada. F. **1.** Llama que se levanta del fuego y se apaga pronto. ‖ **2.** Movimiento repentino del ánimo y de poca duración. *Una llamarada de indignación.*

llamativo, va. ADJ. Que llama la atención de manera exagerada. *Colores, adornos, trajes llamativos.*

llameante. ADJ. Que llamea. U. t. en sent. fig. *Ojos llameantes.*

llamear. INTR. Echar llamas. U. t. en sent. fig. *Su melena rubia llamea con el sol.*

llana. F. **1.** Herramienta compuesta de una plancha de hierro o acero y un mango o un asa, que usan los albañiles para extender y allanar el yeso o la argamasa. ‖ **2.** *Fon.* Palabra **llana** (‖ que lleva el acento en la penúltima sílaba). ‖ **dar de ~.** LOC. VERB. Pasarla por encima del yeso o la argamasa para extenderlos sobre un paramento.

llanada. F. Campo llano.

llanca. F. **1.** *Chile*. Mineral de cobre de color verde azulado. ‖ **2.** *Chile*. Piedras pequeñas de este mismo mineral o parecidas a él, que usaban y usan todavía los mapuches para collares y sartas, y para adorno de sus trajes.

llaneador, ra. ADJ. Que llanea. Apl. a pers., u. t. c. s.

llanear. INTR. Andar por lo llano, evitando pendientes.

llanero[1], ra. M. y F. Habitante de las llanuras.

llanero[2], ra. ADJ. **1.** Natural de los Llanos Orientales, región de Colombia. U. t. c. s. ‖ **2.** Natural de Los Llanos, región de Colombia y Venezuela. U. t. c. s. ‖ **3.** Perteneciente o relativo a alguna de estas regiones.

llaneza. F. **1.** Sencillez, actitud libre de aparato. ‖ **2.** Familiaridad, igualdad en el trato de unos con otros. ‖ **3.** Sencillez notable en el estilo.

llano, na. I. ADJ. **1.** Igual y extendido, sin altos ni bajos. *Un terreno llano.* ‖ **2.** Accesible, sencillo, sin presunción. *Una mujer llana.* ‖ **3.** Sencillo, sin ornamento alguno. *Un estilo llano.* ‖ **4. claro** (‖ evidente). *Su respuesta fue llana.* ‖ **5.** *Fon.* Dicho de una palabra: Que lleva el acento prosódico en la penúltima sílaba; p. ej., *ámbar, imagen, mañana.* ‖ **6.** *Fon.* Propio de una palabra llana. *Estructura fónica llana.* ‖ **7.** *Métr.* Dicho de un verso: Que termina en una palabra llana. *Decasílabo llano.* U. t. c. s. m. ‖ **8.** *Métr.* Propio o característico de un verso llano. *Rima llana.* ‖ **II.** M. **9.** Campo llano. ☐ V. **ángulo ~, canto ~, estado ~, plato ~.**

llanquihuano, na. ADJ. **1.** Natural de Llanquihue. U. t. c. s. ‖ **2.** Perteneciente o relativo a esta provincia de Chile.

llanta. F. **1.** Pieza metálica central de una rueda, sobre la que se monta el neumático. ‖ **2.** Cerco metálico exterior de las ruedas de los coches de caballos y carros. ‖ **3.** *Am.* **neumático.**

llantén. M. Planta herbácea, vivaz, de la familia de las Plantagináceas, con hojas radicales, pecioladas, gruesas, anchas, ovaladas, enteras o algo onduladas por el margen, flores sobre un escapo de dos a tres decímetros de altura, en espiga larga y apretada, pequeñas, verdosas, de corola tubular en la base y partida en cuatro pétalos en cruz, fruto capsular con dos divisiones, y semillas pardas elipsoidales. Es muy común en los sitios húmedos, y el cocimiento de las hojas se usa en medicina.

llantero. M. *Á. Andes.* Obrero que trabaja en una fábrica de **llantas** (‖ neumáticos).

llanto. M. Efusión de lágrimas acompañada frecuentemente de lamentos y sollozos. ‖ **anegarse en ~.** LOC. VERB. llorar a lágrima viva.

llanura. F. **1.** Campo o terreno igual y dilatado, sin altos ni bajos. ‖ **2.** Igualdad de la superficie de algo.

llapa. F. *Am. Mer.* **añadidura** (‖ cosa que se añade).

llapar. TR. *Am. Mer.* Añadir, yapar.

llar. F. Cadena de hierro, pendiente en el cañón de la chimenea, con un garabato en el extremo inferior para colgar la caldera, y a poca distancia otro para subirla o bajarla. U. m. en pl.

llave. F. **1.** Instrumento, comúnmente metálico, que, introducido en una cerradura, permite activar el mecanismo que la abre y la cierra. ‖ **2. llave de tuercas.** ‖ **3. llave de paso.** ‖ **4.** Instrumento de metal que consiste en un cilindro pequeño con taladro, generalmente de sección cuadrangular en su parte interior, y que sirve para dar cuerda a los relojes. ‖ **5.** Mecanismo, generalmente de metal, colocado en algunos instrumentos musicales de viento, y que, movido por los dedos, abre o cierra el paso del aire, produciendo diferentes sonidos. ‖ **6.** Signo gráfico doble ({ }) usado normalmente para realizar esquemas y cuadros sinópticos en los que se agrupan opciones o se establecen clasificaciones que desarrollan un concepto expresado previamente. ‖ **7.** En ciertas clases de lucha, lance que consiste en hacer presa en el cuerpo del adversario, o en alguna parte de él, para inmovilizarlo o derribarlo. ‖ **8.** Asignatura cuya aprobación previa se requiere para poder examinarse de otras. *En mi carrera, las matemáticas son llave para la física.* ‖ **9.** Principio o medio que facilita el conocimiento de algo. *Leer mucho es la llave para ser una persona culta.* ‖ **10.** Cosa que sirve de protección o defensa a otra u otras. *Esta plaza es llave del reino.* ‖ **11.** Resorte o medio para quitar los estorbos o dificultades que se oponen a la consecución de un fin. *No encuentro la llave para evitar todos esos problemas.* ‖ **12.** *Mús.* **clave** (‖ del pentagrama). ‖ **~ de paso.** F. La que se intercala en una tubería para cerrar, abrir o regular el curso de un fluido. ‖ **~ de tuercas.** F. Herramienta que sirve para apretar o aflojar las tuercas. ‖ **~ doble.** F. La que, además de las guardas regulares, tiene unos dientes que alcanzan a dar segunda vuelta al pestillo, y entonces no se puede abrir con la llave sencilla. ‖ **~ falsa.** F. La que se hace furtivamente para abrir una cerradura. ‖ **~ grifa.** F. llave semejante a la inglesa, usada en fontanería. ‖ **~ inglesa.** F. Instrumento de hierro de forma de martillo, en cuyo mango hay un dispositivo que, al girar, abre o cierra más o menos las dos partes que forman la cabeza, hasta se aplican a la tuerca o tornillo que se quiere mover. ‖ **~ maestra.** F. La que está hecha en tal disposición que abre y cierra todas las cerraduras de una casa. ‖ **bajo** LOC. ADV. En un sitio cerrado con llave. ‖ **bajo siete ~s.** LOC. ADV. coloq. Muy guardado y seguro. ☐ V. **ama de ~s, corneta de ~s.**

llavear. TR. *Á. guar.* Cerrar con llave.

llavero, ra. I. M. y F. **1.** Persona que tiene a su cargo la custodia de las llaves de una plaza, ciudad, iglesia, palacio, cárcel, caja de caudales, etc., y por lo común el abrir y cerrar con ellas. ‖ **II.** M. **2.** Utensilio, generalmente una anilla metálica o una cartera pequeña, en que se llevan las llaves.

llavín. M. Llave pequeña.

llegada. F. **1.** Acción y efecto de llegar a un sitio. ‖ **2. meta** (‖ señal que marca el término de una carrera).

llegar. I. INTR. **1.** Alcanzar el fin o término de un desplazamiento. *Llegaron a Toledo.* ‖ **2.** Durar hasta época o tiempo determinados. *La Edad Moderna llega hasta 1789.* ‖ **3.** Alcanzar una situación, una categoría, un grado, etc. *Llegó a general a los cuarenta años.* ‖ **4.** Alcanzar o producir una determinada acción. *Llegó a reunir una gran biblioteca.* ‖ **5.** Tocar, alcanzar algo. *El abrigo llega a la rodilla.* ‖ **6.** Venir, verificarse, empezar a correr un cierto y determinado tiempo. *Ya llegó la primavera.* ‖ **7.** Venir el tiempo de ser o hacerse algo. *Llegó el momento de partir.* ‖ **8. ascender** (‖ importar). *El gasto llegó a seis euros.* ‖ **9.** Dicho de una cantidad: Ser suficiente. *Con medio metro más de tela llegaría para dos cortinas.* ‖ **II.** PRNL. **10.** Dicho de una persona o de una cosa: Acercarse a otra. ‖ **11.** Ir a un sitio determinado que esté cercano. ‖ **hasta ahí podíamos ~.** LOC. INTERJ. Se usa para expresar indignación ante un posible abuso. ‖ **~ lejos.** LOC. VERB. Se usa para predecir a alguien un porvenir brillante. *Esta chica llegará lejos.* U. t. en sent. irón. || **no ~ alguien o algo a otra persona o cosa.** LOC. VERB. No igualarla o no tener las cualidades, habilidad o circunstancias que ella.

llegue. M. **1.** *Méx.* **puñalada** (|| golpe de arma blanca). || **2.** *Méx.* **puñalada** (|| herida que resulta de este golpe).

llenado. M. Acción y efecto de llenar.

llenar. **I.** TR. **1.** Ocupar por completo con algo un espacio vacío. *El agua llenó el aljibe.* U. t. c. prnl. || **2.** Dicho de un conjunto de personas: Ocupar enteramente un recinto. *El público llenó el teatro.* || **3.** Ocupar con una actividad un espacio de tiempo. *El ejercicio físico me llena la mañana.* || **4.** Parecer bien, satisfacer. *La razón de Pedro me llenó.* || **5.** Dicho de un macho: Fecundar a la hembra. || **6.** Cargar, colmar. *Lo llenó de favores. Lo llenó de improperios.* || **II.** INTR. **7.** Dicho de la Luna: Llegar al plenilunio. || **III.** PRNL. **8.** coloq. Hartarse de comida o bebida. || **9.** coloq. Enfadarse, irritarse después de haber sufrido o aguantado por algún tiempo.

llenazón. F. *Méx.* Acción y efecto de **hartar** (|| saciar el apetito de comer o beber).

lleno, na. **I.** ADJ. **1.** Ocupado de otra cosa. *Lleno de agua. Lleno de piedras.* || **2.** Dicho de una persona: Un poco gorda. || **3.** Saciado de comida. *Estoy, me siento lleno.* || **II.** M. **4.** Concurrencia que ocupa todas las localidades de un teatro, de un circo, etc. || **5.** coloq. Abundancia de algo. || **de lleno.** LOC. ADV. Enteramente, del todo. □ V. **aguas ~s, luna en lleno, luna ~, pulso ~, sillar ~.**

llenura. F. Abundancia, plenitud.

llevada. F. Acción y efecto de llevar.

llevadero, ra. ADJ. Fácil de sufrir. *Espera llevadera.*

llevador, ra. ADJ. Que lleva. Apl. a pers., u. t. c. s.

llevanza. F. Acción y efecto de llevar en arrendamiento.

llevar. **I.** TR. **1.** Conducir algo o a alguien desde un lugar a otro alejado de aquel en que se habla o se sitúa mentalmente la persona que emplea este verbo. *¿Me llevas hasta su casa?* || **2.** Cortar, separar violentamente una cosa de otra. *La bala le llevó un brazo.* || **3. tolerar** (|| sufrir, llevar con paciencia). *Ha llevado muy bien su desgracia.* || **4.** Inducir, persuadir a alguien a que acepte determinada opinión o cierto dictamen. *El libro me llevó a la conclusión de que todo es posible.* || **5.** Guiar, conducir, dirigir. *Ese camino lleva a la ciudad.* || **6.** Tener, estar provisto de algo. *El automóvil lleva asientos de piel.* || **7.** Traer puesto el vestido, la ropa, etc. *Llevo zapatos nuevos.* || **8. lograr** (|| conseguir). U. t. c. prnl. *Se llevó el primer premio.* || **9.** Manejar un caballo o un vehículo. || **10.** Tener en arrendamiento una finca. || **11.** Haber pasado un determinado período de tiempo en una misma situación o en un mismo lugar. *Llevaba seis años de carrera. Lleva tres meses enfermo. Llevamos aquí muchos días.* || **12.** Haber realizado o haber experimentado una determinada acción, generalmente con la idea implícita de que tal acción continúa o puede continuar. *Llevo leídas veinte páginas del libro. Llevo sufridos muchos desengaños.* || **13.** Ejercitar una acción determinada. *Llevar POR cortesía.* || **14.** Dicho de una persona o de una cosa: Exceder a otra en una determinada cantidad. *Mi hijo lleva al tuyo un año; el automóvil a la motocicleta, dos kilómetros.* || **15.** Mantener actualizado y en orden. *Llevar la cuenta, los libros.* || **16.** Seguir o marcar el paso, el ritmo, el compás, etc. || **17.** Cobrar, exigir, percibir el precio o los derechos de algo. *Llevan 20 pesos por*

el arreglo. || **18.** *Mat.* Reservar las decenas de una suma o multiplicación parcial para agregarlas a la suma o producto del orden superior inmediato. *Suman cuatro y llevo dos.* || **II.** PRNL. **19.** Quitar algo a alguien, en general con violencia, o furtivamente. *Se llevó su bolso de un tirón.* || **20.** Estar de moda. *El verde se lleva mucho.* || **~ adelante** algo. LOC.VERB. Proseguirlo. || **~ consigo** a alguien. LOC.VERB. Hacerse acompañar de él. || **~ encima.** LOC.VERB. llevar dinero o cosas de valor. || **~ alguien las de ganar.** LOC.VERB. Disponer de medios sobrados para alcanzar un éxito. || **~ las de perder.** LOC.VERB. Estar en posición desventajosa o desesperada. || **~se bien** dos o más personas que viven en compañía o tienen que tratarse con frecuencia. LOC.VERB. coloq. Congeniar, darse recíprocamente motivos de amor o agrado. || **~se mal** dos o más personas que viven en compañía o tienen que tratarse con frecuencia. LOC.VERB. coloq. No congeniar, darse recíprocamente motivos de desamor o desagrado. || **~ por delante** a alguien o algo. LOC.VERB. coloq. Atropellarlo o destruirlo. U. t. en sent. fig. *Antes de ser detenido se había llevado por delante a cuatro policías.* || **~ y traer.** LOC.VERB. coloq. Andar en chismes y cuentos. || **no ~las todas consigo.** LOC.VERB. coloq. **no tenerlas todas consigo.** □ V. **tierra de pan ~.**

lliclla. F. *Á. Andes.* Manteleta indígena, vistosa, de color distinto al de la falda, con que las mujeres se cubren los hombros y la espalda.

llicta. F. *Á. Andes.* Masa algo blanda hecha a base de papas hervidas, de sabor salado y coloración gris oscura por la ceniza de algunas plantas de que se compone. Acompaña las hojas de coca del acullico.

lloradera. F. despect. Acción de llorar mucho por motivo liviano.

llorar. **I.** INTR. **1.** Derramar lágrimas. U. t. c. tr. *Llorar lágrimas de piedad.* || **2.** Manar de los ojos un líquido. *Me lloran los ojos.* || **3.** Dicho de la vid al principio de la primavera: Destilar savia. U. t. c. tr. || **4.** coloq. Quejarse o lamentarse de las desgracias o necesidades, especialmente para conseguir algo. *Le he llorado mucho a mi hermana para sacarle la invitación.* || **II.** TR. **5.** Sentir vivamente algo. *Llorar una desgracia, la muerte de un amigo, las culpas, los pecados.*

llorera. F. Lloro fuerte y continuado.

lloriquear. INTR. despect. Llorar sin fuerza y sin bastante causa.

lloriqueo. M. despect. Acción y efecto de lloriquear.

llorisquear. INTR. *Á. R. Plata.* **lloriquear.**

lloro. M. Acción de llorar.

llorón, na. **I.** ADJ. **1.** Que llora, especialmente cuando lo hace mucho y fácilmente. Apl. a pers., u. t. c. s. || **2.** Que se queja o lamenta frecuentemente. Apl. a pers., u. t. c. s. || **II.** M. **3.** Penacho de plumas largas, flexibles y colgantes como las ramas de un sauce llorón. □ V. **sauce ~.**

lloroso, sa. ADJ. **1.** Que tiene señales de haber llorado. *Ojos llorosos. Niña llorosa.* || **2.** Dicho de una cosa: Que causa llanto y tristeza. *Canciones llorosas.*

llovedera. F. *Méx.* Lluvia persistente.

llovediza. □ V. **agua ~.**

llover. **I.** INTR. IMPERS. **1.** Caer agua de las nubes. U. menos c. tr. || **II.** INTR. **2.** Dicho de una cosa: Venir, caer sobre alguien o algo con abundancia. *Llovieron cristales rotos sobre nuestras cabezas.* U. t. en sent. fig. *Le llueven los contratos. Le van a llover las críticas.* U. menos c. tr.

‖ **III.** PRNL. **3.** Dicho de una bóveda, de un techo o de una cubierta: Calarse con las lluvias. ¶ MORF. conjug. c. *mover.* ‖ **ha llovido mucho desde** cierto momento. EXPR. coloq. Ha transcurrido mucho tiempo desde entonces. ‖ **~ sobre mojado.** LOC.VERB. coloq. Sobrevenir preocupaciones que agravan una situación ya molesta.

llovida. F. *Méx.* **lluvia** (‖ acción de llover).

llovizna. F. Lluvia menuda que cae con suavidad.

lloviznar. INTR. IMPERS. Caer lluvia menuda.

lloviznoso, sa. ADJ. Dicho del tiempo o de un lugar: En que son frecuentes las llovizas.

lluvia. F. **1.** Acción de llover. ‖ **2. agua lluvia.** ‖ **3.** Abundancia o muchedumbre. *Lluvia de trabajos. Lluvia de pedradas.* ‖ **4.** *Á. R. Plata.* **ducha** (‖ agua). ‖ **~ ácida.** F. Precipitación en la atmósfera de las emisiones industriales de contaminantes ácidos, como óxidos de azufre y de nitrógeno, óxidos metálicos, etc. ‖ **~ de estrellas.** F. Aparición de muchas estrellas fugaces en determinada región del cielo. ‖ **~ radiactiva.** F. Conjunto de partículas contaminadas con material radiactivo que caen sobre el terreno como resultado de una explosión nuclear. □ V. **agua ~, nube de ~.**

lluvioso, sa. ADJ. Dicho del tiempo o de un país: En que son frecuentes las lluvias.

lo[1]. ART. DET. N. SING. de **el.**

lo[2]. I. PRON. **1.** Seguido de un posesivo o de un nombre introducido por la preposición *de,* señala la propiedad de quien se indica. *Lo mío. Lo de Juana.* ‖ **II.** PRON. PERSON. **2.** Forma masculina y neutra de la 3.ª persona del singular que cumple la función de complemento directo. No admite preposición y se puede usar como enclítico. *Lo probé. Pruébalo.* Como neutro puede cumplir también la función de atributo. *No es que puedan ser mejores, es que lo serán.*

loa. F. **1.** Acción y efecto de loar. ‖ **2.** Poema dramático de breve extensión en que se celebra, alegóricamente por lo común, a una persona ilustre o un acontecimiento fausto. ‖ **3.** En el teatro antiguo, prólogo, discurso o diálogo con que solía darse principio a la función, para dirigir alabanzas a la persona ilustre a quien estaba dedicada, para encarecer el mérito de los actores, para captarse la benevolencia del público o para otros fines análogos. ‖ **4.** Composición dramática breve, pero con acción y argumento, que se representaba antiguamente antes del poema dramático al que servía como preludio o introducción.

loable. ADJ. laudable.

loador, ra. ADJ. Que loa. *Palabras loadoras.* Apl. a pers., u. t. c. s.

loanza. F. Acción y efecto de loar.

loar. TR. alabar.

loba. F. Hembra del lobo.

lobado, da. ADJ. *Bot.* y *Zool.* **lobulado.**

lobanillo. M. *Med.* Bulto superficial y por lo común no doloroso, que se forma en la cabeza y en otras partes del cuerpo.

lobato. M. Cachorro del lobo.

lobectomía. F. *Med.* Ablación quirúrgica de un lóbulo del pulmón, del cerebro, etc.

lobeliáceo, a. ADJ. *Bot.* Se dice de las hierbas o matas angiospermas dicotiledóneas, muy afines a las Campanuláceas, generalmente con látex, con hojas alternas y sin estípulas, flores axilares, solitarias o en racimo y por lo común azules, y fruto seco con muchas semillas de albumen carnoso; p. ej., la tupa. U. t. c. s. f. ORTOGR. En f. pl., escr. con may. inicial c. taxón. *Las Lobeliáceas.*

lobera. F. Guarida de lobos.

lobero, ra. ADJ. **lobuno.** *Piel lobera.*

lobezno. M. **1. lobato.** ‖ **2.** Lobo pequeño.

lobo[1]. M. Mamífero carnicero de un metro aproximadamente desde el hocico hasta el nacimiento de la cola, y de seis a siete decímetros de altura hasta la cruz, pelaje de color gris oscuro, cabeza aguzada, orejas tiesas y cola larga con mucho pelo. Es animal salvaje, frecuente en España y dañino para el ganado. ‖ **~ cebado.** M. *Heráld.* El que lleva un cordero u otra presa en la boca. ‖ **~ cerval.** M. **lince** (‖ mamífero félido). ‖ **~ de mar.** M. coloq. Marino viejo y experimentado en su profesión. ‖ **~ marino.** M. **foca.** ‖ **menos ~s.** LOC. INTERJ. Se usa para tachar de exagerado lo que alguien dice. □ V. **boca de ~, hombre ~, pedo de ~.**

lobo[2], ba. ADJ. *Chile.* Arisco, huraño.

lobotomía. F. *Med.* Ablación total o parcial de los lóbulos frontales del cerebro.

lóbrego, ga. ADJ. **1.** Oscuro, tenebroso. *Pasadizo lóbrego.* ‖ **2.** Triste, melancólico. *Asunto lóbrego.*

lobreguecer. INTR. **anochecer** (‖ venir la noche). MORF. conjug. c. *agradecer.*

lobreguez. F. **oscuridad** (‖ falta de luz).

lobulado, da. ADJ. **1.** *Biol.* En forma de lóbulo. *Borde lobulado.* ‖ **2.** *Biol.* Que tiene lóbulos. *Hojas lobuladas.*

lobular. ADJ. Perteneciente o relativo al lóbulo.

lóbulo. M. **1.** Cada una de las partes, a manera de ondas, que sobresalen en el borde de una cosa; como en la hoja de una planta o en el intradós de un arco. ‖ **2.** Parte inferior no cartilaginosa de la oreja. ‖ **3.** *Biol.* Porción redondeada y saliente de un órgano cualquiera. *Los lóbulos del pulmón. Los lóbulos del hígado. Los lóbulos del cerebro.*

lobuno, na. ADJ. **1.** Perteneciente o relativo al **lobo[1].** *Tufo lobuno.* ‖ **2.** *Á. R. Plata.* Dicho de un caballo: Que tiene el pelaje grisáceo en el lomo, más claro en las verijas y en el hocico, y negro en la cara, crines, cola y remos.

loca. F. V. **loco[2].**

locación. □ V. **contrato de ~ y conducción.**

local. I. ADJ. **1.** Perteneciente o relativo al lugar. *Hora local.* ‖ **2.** Perteneciente o relativo a un territorio, a una comarca o a un país. *Tránsito local.* ‖ **3.** Municipal o provincial, por oposición a *general* o *nacional.* ‖ **4.** Que solo afecta a una parte del cuerpo. *Infección local.* ‖ **II.** M. **5.** Sitio cercado o cerrado y cubierto. □ V. **anestesia ~, color ~, ente ~, privilegio ~.**

localidad. F. **1.** Lugar o pueblo. ‖ **2.** Cada una de las plazas o asientos de los locales destinados a espectáculos públicos. ‖ **3.** Entrada, billete, boleto o tique que asigna una localidad a quien lo posee.

localismo. M. **1.** Cualidad de **local** (‖ perteneciente a un lugar). ‖ **2.** Cualidad de **local** (‖ perteneciente a un territorio). ‖ **3.** Preocupación o preferencia de alguien por determinado lugar o comarca. ‖ **4.** Vocablo o locución que solo tiene uso en un área restringida.

localista. ADJ. **1.** Perteneciente o relativo al localismo. *Costumbre provinciana y localista.* ‖ **2.** Dicho de un escritor o de un artista: Que cultiva temas locales. U. t. c. s.

localización. F. Acción y efecto de localizar.

localizador. M. *Transp.* Clave alfanumérica de búsqueda e identificación de un documento. *El localizador de un billete de avión.*

localizar. TR. **1.** Fijar, encerrar en límites determinados. U. t. c. prnl. *La acción se localiza en un barrio marginal.* ‖ **2.** Averiguar el lugar en que se halla alguien o algo. *Hasta ahora no hemos podido localizar al médico.* ‖ **3.** Determinar o señalar el emplazamiento que debe tener alguien o algo. *No localizo Andorra en este mapa.*

locatario, ria. M. y F. arrendatario.

locateli. ADJ. *Chile.* Dicho de una persona: Alocada, de poco juicio. U. t. c. s.

locativo, va. ADJ. **1.** Que expresa lugar. *Construcción locativa. Complemento locativo.* ‖ **2.** *Gram.* Dicho de un caso de la declinación: Que expresa fundamentalmente la relación de lugar en que donde algo está o se realiza. U. t. c. s. m.

locería. F. *Am.* Fábrica de loza.

locha. F. Pez teleósteo fisóstomo, de unos tres decímetros de longitud, cuerpo casi cilíndrico, aplastado hacia la cola, de color negruzco, con listas amarillentas, escamas pequeñas, piel viscosa, y boca rodeada de diez barbillas, seis en el labio superior y cuatro en el inferior. Tiene labios salientes y aletas no pareadas, se cría en los lagos y ríos de agua fría, y su carne es muy fina.

loción. F. Producto preparado para la limpieza del cabello o para el aseo corporal.

loco[1]. M. *Chile.* Molusco de carne comestible, pero dura, que se come guisado.

loco[2]**, ca. I.** ADJ. **1.** Que ha perdido la razón. U. t. c. s. ‖ **2.** De poco juicio, disparatado e imprudente. *Proyecto, diseño loco.* Apl. a pers., u. t. c. s. ‖ **3.** Dicho de cualquier aparato o dispositivo: Que funciona descontroladamente. *La brújula se ha vuelto loca.* ‖ **4.** Que excede en mucho a lo ordinario o presumible. U. en sent. positivo. *Cosecha loca. Suerte loca.* ‖ **5.** coloq. Dicho de una persona: Entusiasmada o muy contenta. *Loco de alegría. Está como loco con el coche.* ‖ **6.** coloq. Que siente gran amor o afición por alguien o algo. *Está loca por Juan.* ‖ **II.** F. **7.** Hombre homosexual. ‖ **~ de atar.** LOC.ADJ. coloq. Dicho de una persona: Que en sus acciones procede como loca. ‖ **a locas.** LOC.ADV. **a tontas y a locas.** ‖ **a lo ~.** LOC.ADV. coloq. Con inconsciencia o sin reflexión. ‖ **cada ~ con su tema.** EXPR. coloq. Se usa para comentar la excesiva insistencia de alguien sobre algo. ‖ **ni ~.** LOC.ADV. coloq. Se usa para reforzar un rechazo o una negativa. *No firmaría ni loco.* □ V. **avena ~, casa de locos, castaña ~, higuera ~, malva ~, manzanilla ~, vaca ~, viruelas ~s.**

loco citato. (Locución latina). LOC.ADV. En el lugar citado. Se usa en citas, referencias, etc.

locomoción. F. Traslación de un lugar a otro.

locomotor, ra. ADJ. Propio para la locomoción. *Apéndices locomotores. Sistema locomotor.*

locomotora. F. Máquina que, montada sobre ruedas y movida de ordinario por vapor, electricidad o motor diésel, arrastra los vagones de un tren.

locomotriz. ADJ. Propia para la locomoción. MORF. U. solo apl. a susts. f. *Descoordinación locomotriz.*

locomóvil. ADJ. Que puede llevarse de un sitio a otro. Se dice especialmente de las máquinas de vapor que, por estar montadas sobre ruedas a propósito, pueden trasladarse a donde sean necesarias. U. t. c. s. f.

locrio. M. Uno de los antiguos dialectos griegos.

locro. M. Plato de carne, papas, maíz y otros ingredientes, usado en varios países de América Meridional.

locuacidad. F. Cualidad de locuaz.

locuaz. ADJ. Que habla mucho o demasiado.

locución. F. **1.** Acto de hablar. ‖ **2.** Modo de hablar. ‖ **3.** *Gram.* Combinación fija de varios vocablos que funciona como una determinada clase de palabras. ‖ **~ adjetiva.** F. *Gram.* La que hace oficio de adjetivo; p. ej., *de tomo y lomo, de rechupete.* ‖ **~ adverbial.** F. *Gram.* La que hace oficio de adverbio; p. ej., *de antemano, de repente.* ‖ **~ conjuntiva.** F. *Gram.* La que hace oficio de conjunción; p. ej., *con tal de que, una vez que.* ‖ **~ interjectiva.** F. *Gram.* La que equivale a una interjección; p. ej., *¡Maldita sea! ¡Qué remedio!* ‖ **~ preposicional.** F. *Gram.* La que hace oficio de preposición; p. ej., *en pos de, en torno a.* ‖ **~ pronominal.** F. *Gram.* La que hace oficio de pronombre; p. ej., *alguno que otro.* ‖ **~ sustantiva.** F. *Gram.* La que hace oficio de sustantivo; p. ej., *el más allá, el qué dirán.* ‖ **~ verbal.** F. *Gram.* La que hace oficio de verbo; p. ej., *caer en la cuenta.*

locuelo, la. ADJ. coloq. Dicho de una persona: De corta edad, viva y atolondrada. U. t. c. s.

locura. F. **1.** Privación del juicio o del uso de la razón. ‖ **2.** Acción inconsiderada o gran desacierto. ‖ **3.** Acción que, por su carácter anómalo, causa sorpresa. ‖ **4.** Exaltación del ánimo o de los ánimos, producida por algún afecto u otro motivo. ‖ **con ~.** LOC.ADV. Muchísimo, de manera extremada. ‖ **de ~.** LOC.ADJ. Extraordinario, fuera de lo común.

locutor, ra. M. y F. Persona que habla ante el micrófono, en las emisoras de radio y televisión, para dar avisos, noticias, programas, etc.

locutorio. M. **1.** En las estaciones telefónicas, oficinas y otros lugares, departamento aislado y de reducidas dimensiones que se destina al uso individual del teléfono. ‖ **2.** Conjunto de estos departamentos. ‖ **3.** Habitación o departamento de los conventos de clausura y de las cárceles, por lo común dividido por una reja, en el que los visitantes pueden hablar con las monjas o con los presos.

lodazal. M. Sitio lleno de lodo.

lodo. M. Mezcla de tierra y agua, especialmente la que resulta de las lluvias en el suelo.

lodoso, sa. ADJ. Lleno de lodo. *Aguas lodosas.*

lodra. F. nutria.

loganiáceo, a. ADJ. *Bot.* Se dice de las plantas exóticas angiospermas dicotiledóneas, hierbas, arbustos o arbolillos, que tienen hojas opuestas, enteras y con estípulas, flores en racimos o en corimbos y algunas veces solitarias, terminales o axilares, y fruto capsular con semillas de albumen carnoso o córneo, como el haba de san Ignacio. U. t. c. s. f. ORTOGR. En f. pl., escr. con may. inicial c. taxón. *Las Loganiáceas.*

logarítmico, ca. ADJ. *Mat.* Perteneciente o relativo a los logaritmos.

logaritmo. M. *Mat.* Exponente a que es necesario elevar una cantidad positiva para que resulte un número determinado. El empleo de los logaritmos simplifica los procedimientos del cálculo aritmético. ‖ **~ decimal.** M. *Mat.* El que tiene como base el número 10. ‖ **~ neperiano.** M. *Mat.* El que tiene como base el número *e.*

logia. F. **1.** Local donde se celebran asambleas de francmasones. ‖ **2.** Asamblea de francmasones.

lógica. F. **1.** Ciencia que establece las leyes, modos y formas del conocimiento racional. ‖ **2.** Tratado de esta ciencia. *Escribió una lógica que fue muy comentada.* ‖ ~ **borrosa,** o ~ **difusa.** F. La que a semejanza del raciocinio natural admite una posibilidad de incertidumbre en la verdad o falsedad de sus proposiciones. ‖ ~ **formal,** o ~ **matemática.** F. La que opera utilizando un lenguaje simbólico artificial y haciendo abstracción de los contenidos. ‖ ~ **natural.** F. Disposición natural de los seres humanos para pensar de forma coherente.

lógicamente. ADV. M. Como era de esperar.

lógico, ca. ADJ. **1.** Perteneciente o relativo a la lógica. *Un ensayo lógico.* ‖ **2.** Conforme a las reglas de la lógica. *Razonamiento lógico.* ‖ **3.** Dicho de una consecuencia: Natural y legítima. ‖ **4.** Dicho de un suceso: Cuyos antecedentes justifican lo sucedido. □ V. **positivismo** ~, **soporte** ~.

logista. COM. Persona especializada en métodos de organización.

logística. F. **1.** Parte de la organización militar que atiende al movimiento y mantenimiento de las tropas en campaña. ‖ **2.** Conjunto de medios y métodos necesarios para llevar a cabo la organización de una empresa, o de un servicio, especialmente de distribución.

logístico, ca. ADJ. Perteneciente o relativo a la logística.

logogrifo. M. Enigma que consiste en hacer diversas combinaciones con las letras de una palabra, de modo que resulten otras cuyo significado, además del de la voz principal, se propone con alguna oscuridad.

logomaquia. F. Discusión en que se atiende a las palabras y no al fondo del asunto.

logopeda. COM. Persona versada en las técnicas de la logopedia.

logopedia. F. Conjunto de métodos para enseñar una fonación normal a quien tiene dificultades de pronunciación.

logos. M. Razón, principio racional del universo.

logotipo. M. **1.** Distintivo formado por letras, abreviaturas, etc., peculiar de una empresa, conmemoración, marca o producto. ‖ **2.** *Impr.* Grupo de letras, abreviaturas, cifras, etc., fundidas en un solo bloque para facilitar la composición tipográfica.

logrado, da. PART. de **lograr.** ‖ ADJ. Bien hecho o que ha salido bien. *Imitación lograda.*

lograr. **I.** TR. **1.** Conseguir o alcanzar lo que se intenta o desea. *Lograron llegar a la cima.* ‖ **II.** PRNL. **2.** Dicho de una cosa: Llegar a su perfección. *Por fin se lograron sus pretensiones.*

logrero, ra. M. y F. **1.** Persona que da dinero con usura. ‖ **2.** Persona que compra o guarda y retiene los frutos para venderlos después a precio excesivo. ‖ **3.** Persona que procura lucrarse por cualquier medio. U. m. en América.

logro. M. **1.** Acción y efecto de lograr. ‖ **2.** Ganancia, lucro. ‖ **3.** Ganancia o lucro excesivo.

logroñés, sa. ADJ. **1.** Natural de Logroño. U. t. c. s. ‖ **2.** Perteneciente o relativo a esta ciudad de España, capital de la comunidad autónoma de La Rioja.

loica. F. Pájaro chileno algo mayor que el estornino, al cual se parece en el pico, pies, cola y aun en el modo de vivir y alimentarse. El macho es de color gris oscuro, manchado de blanco, a excepción de la garganta y pecho, que son de color escarlata. Se domestica con facilidad y es muy estimado por su canto dulce y melodioso.

loiceño, ña. ADJ. **1.** Natural de Loíza. U. t. c. s. ‖ **2.** Perteneciente o relativo a este municipio de Puerto Rico o a su cabeza.

loina. F. Pez muy pequeño, de río.

loíno, na. ADJ. **1.** Natural de El Loa. U. t. c. s. ‖ **2.** Perteneciente o relativo a esta provincia de Chile.

loísmo. M. *Gram.* Uso impropio del pronombre *lo,* tanto en singular como en plural, como complemento indirecto.

loísta. ADJ. **1.** *Gram.* Que incurre en el error del loísmo. Apl. a pers., u. t. c. s. ‖ **2.** *Gram.* Perteneciente o relativo al loísmo. *Texto loísta.*

Loja. □ V. **quina de** ~.

lojano, na. ADJ. **1.** Natural de Loja. U. t. c. s. ‖ **2.** Perteneciente o relativo a esta provincia de Ecuador o a su capital.

lolaje. M. despect. *Chile.* Conjunto de adolescentes.

lolear. INTR. **1.** *Chile.* Comportarse como lolo. ‖ **2.** *Chile.* Interesarse por conquistar lolas.

loli. M. **1.** *Chile.* **pirulí.** ‖ **2.** *Chile.* **polo** (‖ helado).

lolita. F. Mujer adolescente atractiva y seductora.

lolo, la. ADJ. *Chile.* **adolescente.** U. t. c. s.

loma. F. Altura pequeña y prolongada.

lomaje. M. *Chile.* Conjunto de lomas.

lombarda. F. **1.** Especie de berza muy semejante al repollo, pero menos cerrada, y de color encendido que tira a morado. ‖ **2.** hist. Cañón antiguo de gran calibre. ‖ **3.** hist. Proyectil de forma esférica arrojado por esta clase de cañones.

lombardo, da. **I.** ADJ. **1.** Natural de Lombardía. U. t. c. s. ‖ **2.** Perteneciente o relativo a esta región de Italia. ‖ **3.** hist. Se dice de los individuos del pueblo longobardo. U. t. c. s. ‖ **4.** hist. Perteneciente o relativo a los longobardos. *Guerreros lombardos.* ‖ **II.** M. **5.** Banco de crédito donde se anticipa dinero sobre el valor de las manufacturas que se entregan para la venta. □ V. **col** ~.

lombriciento, ta. ADJ. *Méx.* Dicho de una persona o de un animal: Que tienen lombrices intestinales.

lombriguera. F. **hierba lombriguera.**

lombriz. F. Gusano de la clase de los Anélidos, de color blanco o rojizo, de cuerpo blando, cilíndrico, aguzado en el extremo donde está la boca, redondeado en el opuesto, de unos tres decímetros de largo y seis a siete milímetros de diámetro, y compuesto de más de 100 anillos, cada uno de los cuales lleva en la parte inferior varios pelos cortos, rígidos y algo curvos, que sirven al animal para andar. Vive en terrenos húmedos y ayuda a la formación del mantillo, transformando en parte la tierra que traga para alimentarse, y que expulsa al poco tiempo. ‖ ~ **intestinal.** F. Gusano de la clase de los Nematelmintos, de forma de lombriz, que vive parásito en el intestino del hombre y de algunos animales. ‖ ~ **solitaria.** F. **tenia** (‖ gusano cestodo).

lomera. F. **1.** Trozo de piel o de tela que se coloca en el lomo del libro para la encuadernación a la holandesa. ‖ **2.** Correa que se acomoda en el lomo de la caballería, para que mantenga en su lugar las demás piezas de las guarniciones.

lomillería. F. **1.** *Am. Mer.* Taller donde se hacen caronas, riendas, lazos, etc. ‖ **2.** *Am. Mer.* Tienda donde se venden, que suele ser el mismo taller.

lomillo. M. Labor de costura o bordado hecha con dos puntadas cruzadas.

lomo. M. **1.** Parte inferior y central de la espalda. U. t. en pl. con el mismo significado que en sing. ‖ **2.** En los cuadrúpedos, toda la columna vertebral, desde la cruz hasta las ancas. ‖ **3.** Cada una de las dos piezas de carne de cerdo o de vacuno que están junto a la columna y bajo las costillas. ‖ **4.** Parte del libro opuesta al corte de las hojas, en la cual se pone el rótulo. ‖ **5.** Tierra que levanta el arado entre surco y surco. ‖ **6.** En los instrumentos cortantes, parte opuesta al filo. ‖ **7.** Parte saliente y más o menos roma de cualquier cosa. ‖ **8.** pl. coloq. Espalda del cuerpo humano. ‖ **~ de burro.** M. *Á. R. Plata.* Saliente de poca altura que se forma en el asfalto de una ruta por deficiencia del material, o que se construye para limitar la velocidad de los vehículos. ‖ **agachar el ~.** LOC.VERB. coloq. Trabajar duramente. ‖ **a ~, o a ~s, de una caballería.** LOCS.ADVS. Sobre ella. *Traer a lomo. Llevar a lomos.* ‖ **sobar el ~.** LOC.VERB. Halagar, adular. ☐ V. **bola de ~, cinta de ~.**

lomudo, da. ADJ. Que tiene grandes lomos. *Toro lomudo.*

lona. F. **1.** Tela fuerte de algodón o cáñamo, para velas de navío, toldos, tiendas de campaña y otros usos. ‖ **2.** Suelo sobre el que se realizan competiciones de boxeo, de lucha libre y grecorromana.

loncha. F. Cosa plana y delgada.

lonco. M. *Chile.* hist. Entre los mapuches, jefe de un grupo de indígenas.

londinense. ADJ. **1.** Natural de Londres. U. t. c. s. ‖ **2.** Perteneciente o relativo a esta ciudad, capital del Reino Unido de Gran Bretaña e Irlanda del Norte.

loneta. F. *Á. R. Plata* y *Chile.* Lona delgada.

longanimidad. F. **1.** Grandeza y constancia de ánimo en las adversidades. ‖ **2.** Benignidad, clemencia, generosidad.

longaniza. F. Pedazo largo de tripa estrecha rellena de carne de cerdo picada y adobada.

longevidad. F. **1.** Cualidad de longevo. ‖ **2.** Largo vivir.

longevo, va. ADJ. Muy anciano o de larga edad. *Especies longevas.*

longitud. F. **1.** Magnitud física que expresa la distancia entre dos puntos. Su unidad en el Sistema Internacional es el *metro* (m). ‖ **2.** Mayor dimensión lineal de una superficie plana, en contraposición a la menor o *anchura.* ‖ **3.** *Astr.* Arco de la eclíptica, contando de Occidente a Oriente y comprendido entre el punto equinoccial de la constelación de Aries y el círculo perpendicular a ella, que pasa por un punto de la esfera. ‖ **4.** *Geogr.* Distancia expresada en grados, entre el meridiano de un punto y otro tomado como referencia en el ecuador. ‖ **~ de onda.** F. *Fís.* Distancia entre dos puntos correspondientes a una misma fase en dos ondas consecutivas. ☐ V. **salto de ~.**

longitudinal. ADJ. **1.** Perteneciente o relativo a la longitud. *Datos longitudinales.* ‖ **2.** Hecho o colocado en el sentido o dirección de ella. *Corte longitudinal.*

longobardo, da. **I.** ADJ. **1.** hist. Se dice del individuo de un pueblo germánico que invadió Italia el año 568 y se estableció en el país que de ellos tomó el nombre de Lombardía. U. t. c. s. y m. en pl. ‖ **2.** hist. Perteneciente o relativo a los longobardos. *Monarquía longobarda.* ‖ **II.** M. **3.** Lengua germánica occidental hablada por este pueblo.

longuísimo, ma. ADJ. SUP. de **luengo.**

lonja[1]. F. Cosa larga, ancha y poco gruesa, que se corta o separa de otra. *Lonja de cuero. Lonja de tocino.*

lonja[2]. F. **1.** Edificio público donde se juntan comerciantes para sus tratos. ‖ **2.** En las casas de esquileo, almacén donde se coloca la pila de lana. ‖ **3.** Atrio algo levantado del piso de las calles, al que regularmente salen las puertas de los templos y otros edificios.

lontananza. en ~. LOC.ADV. **a lo lejos.** Se usa solo hablando de cosas que, por estar muy lejanas, apenas se pueden distinguir.

loor. M. elogio.

López. esos son otros ~. EXPR. coloq. Se usa para dar a entender que algo no tiene relación alguna con otra cosa, aunque parezca de su misma especie.

loquear. INTR. **1.** Decir y hacer locuras. ‖ **2.** Regocijarse con demasiado alboroto.

loquera. F. *Am.* locura (‖ privación del juicio).

loquería. F. manicomio.

loquero, ra. **I.** M. y F. **1.** Persona que por oficio cuida y guarda locos. ‖ **II.** M. **2.** Barullo ruidoso y molesto.

loquios. M. pl. Líquido que sale por los órganos genitales de la mujer durante el puerperio.

lora. F. **1.** *Am.* loro[1]. ‖ **2.** *Am.* Hembra del loro. ‖ **3.** *Á. Caribe.* Culebra de color verde brillante con los laterales de color pardo blancuzco y el vientre blanco y pardo, de más de un metro de longitud, arbórea, de hábitos diurnos e inofensiva para el hombre.

lorantáceo, a. ADJ. *Bot.* Se dice de plantas angiospermas dicotiledóneas, parásitas o casi parásitas, siempre verdes, con tallos articulados, hojas enteras, opuestas y sin estípulas, flores masculinas y femeninas separadas, las primeras sin corola y con cáliz partido en tiras, las segundas con cuatro pétalos carnosos y cáliz unido, y fruto en baya mucilaginosa; p. ej., el muérdago. U. t. c. s. f. ORTOGR. En f. pl., escr. con may. inicial c. taxón. *Las Lorantáceas.*

lord. M. Se usa en Inglaterra como tratamiento de honor dirigido a los individuos de la primera nobleza. También llevan anejo este tratamiento algunos altos cargos. MORF. pl. **lores.**

lordosis. F. *Med.* Joroba con prominencia anterior.

lorenés, sa. ADJ. **1.** Natural de Lorena. U. t. c. s. ‖ **2.** Perteneciente o relativo a esta región de Francia.

lores. M. pl. de **lord.** ☐ V. **Cámara de los Lores.**

loretano, na. ADJ. **1.** Natural de Loreto. U. t. c. s. ‖ **2.** Perteneciente o relativo a este departamento del Perú.

loriga. F. hist. Armadura para defensa del cuerpo, hecha de láminas pequeñas y sobrepuestas unas a otras, por lo común de acero.

loro[1]. M. **1.** Papagayo, ave, y más particularmente el que tiene el plumaje con fondo rojo. ‖ **2.** coloq. Persona que habla mucho.

loro[2]. M. lauroceraso.

lorquino, na. ADJ. **1.** Natural de Lorca. U. t. c. s. ‖ **2.** Perteneciente o relativo a esta ciudad de Murcia, en España.

lorza. F. Pliegue que se hace en una prenda para acortarla o como adorno.

los[1]. ART. DETER. M. PL. de **el.**

los[2]. PRON. PERSON. Forma masculina de la 3.ª persona del plural que cumple la función de complemento directo. No admite preposición y se puede usar como enclítico. *Los miré. Míralos.*

losa. F. **1.** Piedra llana y de poco grueso, casi siempre labrada, que sirve para solar y otros usos. ‖ **2.** baldosa[2].

losar. TR. Cubrir el suelo con losas.

loseta. F. baldosa².

lote. M. **1.** Cada una de las partes en que se divide un todo que se distribuye entre varias personas. *Los lotes de una herencia.* || **2.** Cada una de las parcelas en que se divide un terreno destinado a la edificación. || **3.** En las exposiciones y ferias de ganados, grupo, ordinariamente muy reducido, de caballos, billetes, mulos, etc., que tienen ciertos caracteres comunes o análogos. || **4.** Conjunto de objetos similares que se agrupan con un fin determinado. *Lote de muebles. Lote de libros.*

lotear. TR. Dividir en lotes, generalmente un terreno.

loteo. M. Acción y efecto de lotear.

lotería. F. **1.** lotería nacional. || **2.** Especie de rifa que se hace con mercancías, billetes, dinero y otras cosas, con autorización pública. || **3.** Juego casero semejante a la lotería primitiva con números impresos en cartones, y en el que se extraen algunos de una bolsa o un bombo. || **4.** Lugar en que se despachan los billetes de lotería. || **5.** Negocio o situación que se resuelve mediante la suerte o la casualidad. *Las oposiciones fueron una lotería, por tantas irregularidades como hubo.* || **~ nacional.** F. Juego público en que se premian con diversas cantidades varios billetes sacados a la suerte entre un gran número de ellos que se ponen en venta. || **~ primitiva.** F. Juego público de azar en el que, de un bombo con 49 números, se sacan 6 más 1 extra, el llamado complementario, y se premia según los aciertos del apostante en el boleto; de otro bombo, que contiene 10 números del 0 al 9, se extrae una bola que adjudica el reintegro. || **caerle,** o **tocarle,** a alguien **la ~.** LOCS.VERBS. Sucederle algo muy beneficioso e inesperado. U. t. en sent. irón.

lotero, ra. M. y F. Persona que tiene a su cargo un despacho de billetes de la lotería.

lotificación. F. *Méx.* Acción y efecto de lotificar.

lotificar. TR. *Am. Cen.* y *Méx.* Preparar un terreno, urbanizarlo y dividirlo en lotes para construir casas.

lotiforme. ADJ. Que tiene forma de loto. *Butaca lotiforme.*

loto. M. **1.** Planta acuática de la familia de las Ninfeáceas, de hojas muy grandes, coriáceas, con pecíolo largo y delgado, flores terminales, solitarias, de gran diámetro, color blanco azulado y olorosas, y fruto globoso parecido al de la adormidera, con semillas que se comen después de tostadas y molidas. Abunda en las orillas del Nilo. || **2.** Flor de esta planta.

lotófago, ga. ADJ. hist. Se dice del individuo de ciertos pueblos que habitaban en la costa septentrional de África. U. t. c. s. m. y m. en pl.

loxodromia. F. *Náut.* Curva que en la superficie terrestre forma un mismo ángulo en su intersección con todos los meridianos, y sirve para navegar con rumbo constante.

loxodrómico, ca. ADJ. *Náut.* Perteneciente o relativo a la loxodromia.

loza. F. **1.** Barro fino, cocido y barnizado, de que están hechos platos, tazas, etc. || **2.** Conjunto de estos objetos destinados al ajuar doméstico.

lozanía. F. **1.** En las plantas, vigor y frondosidad. || **2.** En las personas y animales, viveza y gallardía nacidas de su vigor y robustez.

lozano, na. ADJ. Que tiene lozanía. *Piel lozana.*

LP. (Sigla del inglés *Long Play*). M. Disco fonográfico de vinilo de larga duración y 30 cm de diámetro. MORF. pl. invar. *Los LP.*

LSD. (Sigla del inglés *LySergic acid Diethylamide*). M. Sustancia alucinógena que se obtiene de alcaloides presentes en el cornezuelo del centeno.

lúa. tomar por la ~ una embarcación. LOC.VERB. *Mar.* Perder el gobierno porque las velas reciben el viento por la parte de sotavento, por donde no están amuradas.

lubina. F. robalo.

lubricación. F. Acción y efecto de lubricar.

lubricador, ra. ADJ. Que lubrica. Apl. a un dispositivo, u. t. c. s. m.

lubricán. M. crepúsculo.

lubricante. ADJ. Que lubrica. Apl. a un producto, u. t. c. s. m.

lubricar. TR. Hacer resbaladizo algo, especialmente las piezas metálicas de un mecanismo para disminuir su rozamiento.

lubricidad. F. Cualidad de lúbrico.

lúbrico, ca. ADJ. **1.** Propenso a un vicio, y particularmente a la lujuria. || **2.** Libidinoso, lascivo.

lubrificación. F. Acción y efecto de lubrificar.

lubrificante. ADJ. lubricante. Apl. a un producto, u. t. c. s. m.

lubrificar. TR. lubricar.

lucense. ADJ. **1.** Natural de Lugo. U. t. c. s. || **2.** Perteneciente o relativo a esta ciudad de España o a su provincia.

lucentino, na. ADJ. **1.** Natural de Lucena. U. t. c. s. || **2.** Perteneciente o relativo a esta ciudad de la provincia de Córdoba, en España.

lucera. F. Ventana o claraboya abierta en la parte alta de los edificios.

lucerna. F. **1.** Abertura alta de una habitación para dar ventilación y luz. || **2.** Araña grande para alumbrar.

lucernario. M. **1.** claraboya. || **2.** *Arq.* linterna (|| torre con ventanas que remata algunos edificios).

lucero, ra. I. ADJ. **1.** Dicho de un toro o de un caballo: De pelo oscuro y con una mancha blanca en la frente. || **II.** M. **2.** Astro de los que parecen más grandes y brillantes, especialmente el planeta Venus. || **3.** Lunar blanco y grande que tienen en la frente algunos cuadrúpedos. || **el ~ del alba.** M. coloq. Cualquier persona, por importante que sea. *No hacía un favor ni al lucero del alba.* || **~ del alba, ~ de la mañana,** o **~ de la tarde.** M. El planeta Venus.

lucha. F. **1.** Pelea en que dos personas se abrazan con el intento de derribar una a otra. || **2.** Lid, combate, contienda, disputa. U. t. en sent. fig. *La lucha entre el instinto y la razón.* || **3.** Oposición, rivalidad u hostilidad entre contrarios que tratan de imponerse el uno al otro. || **4.** Esfuerzo que se hace para resistir a una fuerza hostil o a una tentación, para subsistir o para alcanzar algún objetivo. || **~ grecorromana.** F. Aquella cuyas reglas tienden a evitar el daño físico de los luchadores, cada uno de los cuales pugna por dominar al contrario haciendo que toque el suelo con ambos omóplatos a la vez durante varios segundos. || **~ interior.** F. La que dentro de un individuo se da entre opciones contrapuestas. || **~ libre.** F. Espectáculo de origen estadounidense semejante a la lucha grecorromana, en el que se autorizan o toleran, reales o fingidos, golpes y presas prohibidos en aquella.

luchadero. M. Sitio donde se roza el remo con la regala en las embarcaciones menores.

luchador, ra. I. ADJ. **1.** Tenaz en el esfuerzo para sacar adelante su propósito. *Carácter luchador.* || **II.** M. y F.

2. Persona que lucha. ‖ **3.** Persona que se dedica profesionalmente a algún tipo de lucha deportiva.

luchar. INTR. **1.** Dicho de dos personas: Contender a brazo partido. ‖ **2.** Pelear, combatir. ‖ **3.** Disputar, bregar, abrirse paso en la vida.

lucharniego. □ V. **perro ~.**

luche. M. *Chile.* Juego del tipo de la rayuela.

lucidez. F. Cualidad de lúcido.

lucido, da. PART. de lucir. ‖ ADJ. **1.** Que hace o desempeña las cosas con gracia. *Estuvo lucido en la representación teatral.* ‖ **2.** Que llama la atención por su belleza. *Un desfile muy lucido.* ‖ **3.** Dicho de una cosa: Que permite a alguien lucirse. *Un papel lucido.*

lúcido, da. ADJ. **1.** Claro en el razonamiento, en las expresiones, en el estilo, etc. ‖ **2.** poét. **luciente.** *El lúcido cristal.* □ V. **cámara ~, intervalo ~.**

lucidor, ra. ADJ. Que luce. *Desfile lucidor.*

luciente. ADJ. Que **luce** (‖ brilla, resplandece). U. t. en sent. fig. *Estaba guapa y luciente tras su ya lejana viudedad.*

luciérnaga. F. Insecto coleóptero, de tegumento blando y algo más de un centímetro de largo. El macho es de color amarillo pardusco, y la hembra carece de alas y élitros, tiene las patas cortas, y el abdomen, cuyos últimos segmentos despiden una luz fosforescente, muy desarrollado.

lucifer. M. Hombre soberbio, encolerizado y maligno.

luciferino, na. ADJ. Perteneciente o relativo a Lucifer, príncipe de los ángeles rebelados.

lucífugo, ga. ADJ. Que huye de la luz. *Ave lucífuga.*

lucillo o **lucilo.** M. Urna de piedra en que suelen sepultarse algunas personas distinguidas.

lucimiento. M. Acción y efecto de lucir o lucirse.

lucio[1]. M. Pez del orden de los Acantopterigios, semejante a la perca, de cerca de metro y medio de largo, cabeza apuntada, cuerpo comprimido, de color verdoso con rayas verticales pardas, aletas fuertes y cola triangular. Vive en los ríos y lagos, se alimenta de peces y batracios y su carne es grasa, blanca y muy estimada.

lucio[2]. M. Cada uno de los charcos que quedan en las marismas al retirarse las aguas.

lución. M. Reptil saurio ápodo, de piel brillante y cola tan larga como el cuerpo, la cual pierde y regenera con facilidad.

lucir. I. INTR. **1.** Brillar, resplandecer. ‖ **2.** Iluminar, comunicar luz y claridad. ‖ **3.** Sobresalir, aventajar. U. t. c. prnl. ‖ **4.** Corresponder de manera notoria el provecho al trabajo en cualquier obra. *A tu vecino le luce el trabajo.* ‖ II. TR. **5.** Llevar a la vista, exhibir lo que alguien se ha puesto, normalmente como adorno. *Lucir un broche.* ‖ **6.** Manifestar el adelantamiento, la riqueza, la autoridad, etc. ‖ **7. enlucir.** ‖ III. PRNL. **8.** Vestirse y adornarse con esmero. ‖ **9.** Dicho de una persona: Quedar muy lúcido en un empeño. U. m. en sent. irón. *Te has lucido con tu actuación.* ¶ MORF. V. conjug. modelo.

lucrar. I. TR. **1.** Conseguir lo que se desea. ‖ II. PRNL. **2.** Ganar, sacar provecho de un negocio o encargo.

lucrativo, va. ADJ. Que produce utilidad y ganancia. *Fines lucrativos.*

lucro. M. Ganancia o provecho que se saca de algo. ‖ **~ cesante.** M. Der. Ganancia dejada de obtener como consecuencia del incumplimiento de una obligación, por la infracción de un deber, o por un sacrificio patrimonial legítimo. Normalmente debe ser indemnizada por el cau-

sante del daño. ‖ **~s y daños.** M. pl. *Com.* **ganancias y pérdidas.**

luctuoso, sa. ADJ. Triste, fúnebre y digno de llanto. *Acontecimiento luctuoso.*

lucubración. F. elucubración.

lucubrar. TR. elucubrar. U. t. c. intr.

lúcuma. F. Fruto del lúcumo.

lúcumo. M. Árbol de Chile y del Perú, de la familia de las Sapotáceas, de hojas casi membranosas, trasovadas y adelgazadas hacia el pecíolo. Su fruto, del tamaño de una manzana pequeña, se guarda, como las serbas, algún tiempo en paja, antes de comerlo.

ludibrio. M. Escarnio, desprecio, mofa.

lúdico, ca. ADJ. Perteneciente o relativo al juego.

lúdicro, cra. ADJ. lúdico.

ludimiento. M. Acción y efecto de ludir.

ludión. M. Aparato destinado a hacer patente la teoría del equilibrio de los cuerpos sumergidos en los líquidos. Es una bola pequeña, hueca y lastrada, con un orificio muy pequeño en su parte inferior, por donde penetra más o menos cantidad de líquido cuando se sumerge en agua, según la presión que se ejerce en la superficie de esta.

ludir. TR. Frotar, restregar, rozar algo con otra cosa.

ludo. M. Am. Mer. **parchís.**

ludópata. ADJ. Que padece ludopatía. U. t. c. s.

ludopatía. F. Adicción patológica a los juegos electrónicos o de azar.

ludoteca. F. Centro de recreo donde se guardan juegos y juguetes para su uso y préstamo.

lúe. F. Med. **sífilis.**

luego. I. ADV.T. **1.** Después, más tarde. *Anoche fuimos al teatro, y luego a una sala de fiestas. Estudió derecho, y luego medicina.* ‖ **2.** Con prontitud, sin dilación. ‖ II. CONJ. ILAT. **3.** Por consiguiente, por lo tanto. *Pienso, luego existo. ¿Luego era fundado mi temor?* ‖ **desde ~.** LOC.ADV. De manera cierta e indudable, sin duda alguna. ‖ **hasta ~.** EXPR. Se usa para despedirse. ‖ **~ de.** LOC. PREPOS. *Méx.* Con posterioridad en el tiempo. *Luego de haber gastado 600 pesos.* ‖ **luego luego.** LOC.ADV. **enseguida.** ‖ **~ que.** LOC. CONJUNT. **así que.**

luengo, ga. ADJ. **largo.** MORF. sup. irreg. **longuísimo.**

luético, ca. ADJ. sifilítico.

lugano. M. Pájaro del tamaño del jilguero, de plumaje verdoso, manchado de negro y ceniza, amarillo en el cuello, pecho y extremidades de las remeras y timoneras; color pardo negruzco en la cabeza y gris en el vientre. La hembra es más cenicienta y tiene manchas pardas en el abdomen. Se adapta a la cautividad, y suele imitar el canto de otros pájaros.

lugar. M. **1.** Espacio ocupado o que puede ser ocupado por un cuerpo cualquiera. ‖ **2.** Sitio o paraje. ‖ **3.** Ciudad, villa o aldea. ‖ **4.** Población pequeña, menor que villa y mayor que aldea. ‖ **5.** Pasaje, texto, autoridad o sentencia; expresión o conjunto de expresiones de un autor, o de un libro escrito. ‖ **6.** Tiempo, ocasión, oportunidad. *Habrá lugar para todo.* ‖ **7.** Sitio que en una serie ordenada de nombres ocupa cada uno de ellos. ‖ **8.** Puesto, empleo, dignidad, oficio u ocupación. *Ocupa un lugar importante en la dirección general.* ‖ **~ común.** M. **1.** Principio general de que se saca la prueba para el argumento en el discurso. ‖ **2.** Expresión trivial, o ya muy empleada en caso análogo. ‖ **~ de señorío.** M. hist. El que estaba sujeto a un señor particular, a distinción de los realengos. ‖ **~ geométrico**. M. Línea o superficie cuyos puntos tienen alguna propiedad común; como la circunferencia, cuyos puntos equidistan de otro llamado centro. ‖ **dar ~ a**. LOC.VERB. Ocasionar, motivar. *El incumplimiento de las normas dio lugar a una sanción.* ‖ **en buen ~**. LOC.ADV. En buena situación o consideración. ‖ **en ~ de**. LOC. PREPOS. **en vez de**. ‖ **en mal ~**. LOC. ADV. En mala situación o consideración. ‖ **en mi, tu, su,** etc., **~**. EXPRS. Manifiestan una hipótesis para aconsejar una conducta. *En tu lugar, yo no iría.* ‖ **en primer ~**. LOC.ADV. **primeramente**. ‖ **en su ~, descanso**. LOC. VERB. *Mil*. Se usa para ordenar al soldado que, sin salirse de la fila, adopte una posición más cómoda. ‖ **fuera de ~**. LOC.ADJ. Inoportuno, inadecuado, contrario a la situación o a las circunstancias. ‖ **haber ~**. LOC.VERB. Darse las condiciones para que algo se produzca. *No hay lugar para el pesimismo.* ‖ **hacer ~**. LOC.VERB. **hacer sitio**. ‖ **ponerse en el ~ de** alguien. LOC.VERB. Adoptar su punto de vista o tratar de comprenderlo. ‖ **sin ~ a duda, o sin ~ a dudas**. LOCS.ADVS. **sin duda**. ‖ **tener ~** algo. LOC.VERB. Ocurrir, suceder, efectuarse. □ V. **unidad de ~**.

lugareño, ña. ADJ. **1**. Natural de un **lugar** (‖ población pequeña). U. t. c. s. ‖ **2**. Que habita en un **lugar** (‖ población pequeña). U. t. c. s. ‖ **3**. Perteneciente o relativo a los **lugares** (‖ poblaciones pequeñas). *Camino lugareño.* ‖ **4**. Propio y característico de ellos. *Costumbres lugareñas.*

lugartenencia. F. Cargo de lugarteniente.

lugarteniente. COM. Persona que tiene autoridad y poder para hacer las veces de otra en un cargo o empleo.

lugre. M. Embarcación pequeña, con tres palos, velas trapezoidales y gavias volantes.

lúgubre. ADJ. **1**. **fúnebre** (‖ muy triste). *Día lúgubre.* ‖ **2**. Sombrío, profundamente triste. *Pensamientos lúgubres.*

lugués, sa. ADJ. **1**. Natural de Lugo. U. t. c. s. ‖ **2**. Perteneciente o relativo a esta ciudad de España o a su provincia.

luir. TR. Redimir censos. MORF. conjug. c. *construir*.

luis. M. hist. Antigua moneda de oro francesa de 20 francos.

luisa. F. hierbaluisa. □ V. **hierba ~**.

lujar. TR. Bruñir, alisar, especialmente la suela del calzado y sus bordes.

lujo. M. **1**. Abundancia excesiva de algo. *Lo contó con todo lujo de detalles.* ‖ **2**. Abundancia de cosas no necesarias. *Le gusta vivir con lujo.* ‖ **3**. Todo aquello que supera los medios normales de alguien para conseguirlo. *Para mí, comer bien es un lujo.* ‖ **~ asiático**. M. El extremado.

lujoso, sa. ADJ. Que manifiesta lujo. *Chalet lujoso.*

lujuria. F. **1**. Vicio consistente en el uso ilícito o en el apetito desordenado de los deleites carnales. ‖ **2**. Exceso en algunas cosas.

lujuriante. ADJ. Que tiene excesiva abundancia. *Vegetación lujuriante.*

lujurioso, sa. ADJ. Dado o entregado a la lujuria. Apl. a pers., u. t. c. s.

lulismo. M. Tendencia filosófica y mística basada en el pensamiento de Raimundo Lulio, filósofo español del siglo XIII.

lulú. ADJ. Se dice de un perro de compañía de tamaño mediano, color blanco, pelo largo y abundante, hocico puntiagudo y orejas rectas. U. t. c. s. m. MORF. pl. **lulús**.

luma. F. Árbol chileno, de la familia de las Mirtáceas, que crece hasta 20 m de altura.

lumbago. M. Estado patológico caracterizado por dolor agudo y persistente en la región lumbar.

lumbalgia. F. *Med*. Dolor en la región lumbar.

lumbar. ADJ. *Anat*. Perteneciente o relativo a los lomos y caderas.

lumbrarada. F. Lumbre grande con llamas.

lumbre. F. **1**. Fuego voluntariamente encendido para guisar, calentarse u otros usos. ‖ **2**. Materia combustible encendida. ‖ **3**. **luz** (‖ claridad que irradia un cuerpo en combustión). ‖ **4**. Esplendor, lucimiento, claridad. ‖ **dar ~**. LOC.VERB. Prestar un encendedor, cerillas o un cigarrillo encendido a un fumador, para que encienda el suyo. ‖ **echar ~**. LOC.VERB. coloq. **echar chispas**.

lumbrera. F. **1**. Persona que brilla por su inteligencia y conocimientos excepcionales. ‖ **2**. Cuerpo que despide luz. ‖ **3**. Abertura que desde el techo de una habitación, o desde la bóveda de una galería, comunica con el exterior y proporciona luz o ventilación. ‖ **4**. *Mar*. Escotilla, generalmente con cubierta de cristales, cuyo objeto casi único es proporcionar luz y ventilación a determinados lugares del buque y principalmente a las cámaras.

lumen. M. *Ópt*. Unidad de flujo luminoso del Sistema Internacional, que equivale al flujo luminoso emitido por una fuente uniforme situada en el vértice de un ángulo sólido de un estereorradián y cuya intensidad es una candela. (Símb. *lm*). MORF. pl. **lúmenes**.

lumia. F. prostituta.

luminancia. F. *Fís*. Magnitud que expresa el flujo luminoso en una dirección determinada, por unidad de ángulo sólido y por unidad de área proyectada de la superficie radiante sobre el plano normal a la dirección de radiación. Su unidad en el Sistema Internacional es la *candela por metro cuadrado* (cd/m²).

luminaria. F. **1**. hist. Luz que se colocaba en ventanas, balcones, torres y calles en señal de fiesta. U. m. en pl. ‖ **2**. Luz que arde continuamente en las iglesias delante del Santísimo Sacramento.

lumínico, ca. **I**. ADJ. **1**. Perteneciente o relativo a la luz. *Intensidad lumínica.* ‖ **II**. M. **2**. *Fís*. Principio o agente hipotético de los fenómenos de la luz.

luminiscencia. F. Propiedad de despedir luz sin elevación de temperatura y visible casi solo en la oscuridad, como la que se observa en las luciérnagas, en las maderas y en los pescados putrefactos, en minerales de uranio y en varios sulfuros metálicos.

luminiscente. ADJ. Que tiene luminiscencia. *Señalización luminiscente.*

luminosidad. F. Cualidad de luminoso.

luminoso, sa. ADJ. **1**. Que despide luz. *Aureola luminosa.* ‖ **2**. Que tiene mucha claridad, especialmente natural. *Un piso muy luminoso.* ‖ **3**. Vivo, alegre. *Sonrisa luminosa. Color luminoso.* ‖ **4**. Dicho de una idea, de una ocurrencia, de una explicación, etc.: Brillantes, muy claras, esclarecedoras. □ V. **espectro ~, flujo ~, intensidad ~, onda ~**.

luminotecnia. F. Arte de la iluminación con luz artificial para fines industriales o artísticos.

luminotécnico, ca. **I**. ADJ. **1**. Perteneciente o relativo a la luminotecnia. *Efectos luminotécnicos.* ‖ **II**. M. y F. **2**. Persona especializada en luminotecnia.

lumpemproletariado. M. Capa social más baja y sin conciencia de clase.

lumpen. I. M. **1. lumpemproletariado.** || **2.** Persona que forma parte de este grupo social. || **II.** ADJ. **3.** Perteneciente o relativo al lumpen. *Historia lumpen.* || **4.** Propio o característico de él. *Costumbre lumpen.* ¶ MORF. pl. **lúmpenes.**

luna. F. **1.** Único satélite natural de la Tierra. ORTOGR. Escr. con may. inicial en textos y contextos científicos. || **2.** Luz nocturna que este satélite nos refleja de la que recibe del Sol. || **3.** Tiempo que tarda la Luna en pasar de una conjunción con el Sol a la siguiente. || **4.** Satélite natural de un planeta. *Júpiter tiene dieciséis lunas.* || **5.** Espejo cuyo tamaño permite ver a las personas de cuerpo entero. || **6.** Lámina de cristal, vidrio u otra materia transparente, que se emplea en ventanas, escaparates, parabrisas, etc. || **7. pez luna.** || **8.** *Chile.* **lúnula.** || **~ creciente.** F. *Astr.* La Luna desde su conjunción hasta el plenilunio, con los cuernos hacia la izquierda en el hemisferio norte y hacia la derecha en el sur. || **~ de miel.** F. Temporada de intimidad conyugal inmediatamente posterior al matrimonio. || **~ llena.** F. *Astr.* La Luna en el tiempo de su oposición con el Sol, que es cuando se ve iluminada toda la parte que mira a la Tierra. || **~ menguante.** F. *Astr.* La Luna desde el plenilunio hasta su conjunción, con los cuernos hacia la derecha en el hemisferio norte y hacia la izquierda en el sur. || **~ nueva.** F. **1.** *Astr.* La Luna en el tiempo de su conjunción con el Sol, cuando no es visible desde la Tierra. || **2.** La Luna cuando empieza a ser visible en el cuarto creciente. || **media ~.** F. **1. islamismo.** || **2.** *Á. R. Plata.* **medialuna** (|| pan o bollo). || **de ~s.** LOC.ADJ. Dicho de una persona: lunática. *Hombre de lunas.* || **estar** alguien **con la ~.** LOC.VERB. *Á. Andes.* Estar de mal humor. || **estar** alguien **de buena ~.** LOC.VERB. *Am.* Estar de buen humor. || **estar** alguien **de mala ~.** LOC.VERB. *Am.* Estar de mal humor. || **estar en la ~.** LOC.VERB. **1.** Estar fuera de la realidad, no darse cuenta de lo que está ocurriendo. || **2.** coloq. Estar distraído, no enterarse de lo que se está tratando. || **estar en la ~ de Paita.** LOC.VERB. *Á. Andes.* estar en la luna. || **ladrar a la ~.** LOC.VERB. coloq. Manifestar de manera necia e inútil ira o enojo contra persona o cosa a la que no se puede ofender ni causar daño alguno. || **pedir la ~.** LOC.VERB. coloq. Pedir algo imposible o de muy difícil consecución. □ V. **claro de ~, cuarto de Luna, pez ~.**

lunanco, ca. ADJ. Dicho de un caballo o de otro cuadrúpedo: Que tiene un anca más alta que la otra.

lunar[1]. M. **1.** Mancha pequeña en el rostro u otra parte del cuerpo, producida por una acumulación de pigmento en la piel. || **2.** Cada uno de los dibujos de forma redondeada en telas, papel o en otras superficies. || **3.** Defecto o tacha de poca entidad en comparación con la bondad de la cosa en que se nota. *Un lunar en su carrera política.*

lunar[2]. ADJ. Perteneciente o relativo a la luna. □ V. **año ~, ciclo ~, eclipse ~.**

lunarejo, ja. ADJ. *Á. Andes.* Dicho de una persona: Que tiene un lunar grande o varios lunares en la cara. U. t. c. s.

lunario. M. Almanaque o calendario.

lunático, ca. ADJ. Que padece locura, no continua, sino por intervalos. U. t. c. s.

lunes. M. Primer día de la semana, segundo de la semana litúrgica.

luneta. F. **1.** Cristal de un automóvil, en especial el posterior. || **2.** hist. En los teatros, cada uno de los asientos preferentes con respaldo y brazos, colocados en filas frente al escenario en la planta inferior. || **3.** hist. Sitio del teatro en que estaban colocadas las lunetas, a diferencia del lugar reservado para estar de pie, o patio. || **4.** *Arq.* Primera teja junto al alero. || **5.** *Am.* **patio de butacas.** || **~ térmica.** F. Cristal con una resistencia eléctrica integrada para evitar la condensación de vapor de agua.

luneto. M. *Arq.* Bovedilla en forma de media luna abierta en la bóveda principal para dar luz a esta.

lunfa. M. *Á. R. Plata.* **lunfardo.**

lunfardismo. M. Palabra o locución propia del lunfardo.

lunfardo. M. Habla que originariamente empleaba, en la ciudad de Buenos Aires y sus alrededores, la gente de clase baja. Parte de sus vocablos y locuciones se introdujeron posteriormente en la lengua popular y se difundieron en el español de la Argentina y el Uruguay.

lúnula. F. Espacio blanquecino semilunar de la raíz de las uñas.

lupa. F. **1.** Lente de aumento, generalmente con un mango. || **~ binocular.** F. Instrumento óptico formado por dos lupas simples que produce impresión de relieve por superposición de las dos imágenes.

lupanar. M. **mancebía** (|| casa de prostitución).

lupanario, ria. ADJ. Perteneciente o relativo al lupanar.

lupercales. F. pl. hist. Fiestas que en el mes de febrero celebraban los romanos en honor del dios Pan.

lupino, na. I. ADJ. **1.** Perteneciente o relativo al lobo. *Colmillos lupinos.* || **II.** M. **2. altramuz** (|| planta papilionácea). || **3.** Fruto de esta planta.

lupulino. M. Polvo resinoso amarillo y brillante que rodea los aquenios debajo de las escamas en los frutos del lúpulo, y se emplea en medicina como tónico.

lúpulo. M. Planta trepadora, muy común en varias partes de España, de la familia de las Cannabáceas, con tallos sarmentosos de tres a cinco metros de largo, hojas parecidas a las de la vid, flores masculinas en racimo, y las femeninas en cabezuela, y fruto en forma de piña globosa, cuyas escamas cubren dos aquenios rodeados de lupulino. Los frutos, desecados, se emplean para aromatizar y dar sabor amargo a la cerveza.

lupus. M. Enfermedad de la piel o de las mucosas, producida por tubérculos que ulceran y destruyen las partes atacadas.

luquillense. ADJ. **1.** Natural de Luquillo. U. t. c. s. || **2.** Perteneciente o relativo a este municipio de Puerto Rico o a su cabeza.

lusismo. M. Préstamo procedente de la lengua portuguesa.

lusista. COM. Especialista en la lengua y la cultura portuguesas.

lusitanismo. M. **1.** Giro o modo de hablar propio y privativo de la lengua portuguesa. || **2.** Vocablo o giro de esta lengua empleado en otra. || **3.** Uso de vocablos o giros portugueses en distinto idioma.

lusitano, na. ADJ. **1.** hist. Se dice de un pueblo prerromano que habitaba la Lusitania, región de la antigua Hispania que comprendía todo el actual territorio portugués situado al sur del Duero y parte de la Extremadura española. || **2.** hist. Se dice de los individuos pertenecientes a este pueblo. U. t. c. s. || **3.** hist. Perteneciente o relativo a los lusitanos o a la antigua Lusitania. *Costumbres lusitanas.* || **4.** Natural de Portugal. U. t. c. s. || **5.** Perteneciente o relativo a este país de Europa.

luso, sa. ADJ. lusitano. Apl. a pers., u. t. c. s.

lustrabotas. M. *Am. Mer.* **limpiabotas.**

lustración. F. Acción y efecto de **lustrar** (‖ purificar con sacrificios).

lustrador. M. *Am. Cen., Á. Andes* y *Á. R. Plata.* **limpiabotas.**

lustral. ADJ. Perteneciente o relativo a la lustración. ☐ V. **agua ~.**

lustramueble o **lustramuebles.** M. *Á. R. Plata* y *Chile.* Líquido cremoso que se usa para limpiar y dar brillo a los muebles de madera.

lustrar. TR. **1.** Dar lustre y brillantez a algo, como metales y piedras. ‖ **2.** hist. Dicho de los gentiles: Purificar, purgar con sacrificios, ritos y ceremonias las cosas que creían impuras.

lustre. M. **1.** Brillo de las cosas tersas o bruñidas. ‖ **2.** Esplendor, gloria. ☐ V. **azúcar de ~.**

lustrín. M. *Chile.* Caja donde los limpiabotas guardan sus utensilios de trabajo.

lustrina. F. **1.** Tela lustrosa de seda, lana, algodón, etc., de mucho brillo y de textura semejante a la alpaca. ‖ **2.** Tela vistosa, comúnmente tejida de seda con oro o plata, que se ha empleado en ornamentos de iglesia.

lustro. M. Período de cinco años.

lustroso, sa. ADJ. Que tiene lustre. *Melena lustrosa.*

lutecio. M. Elemento químico de núm. atóm. 71. Metal de las tierras raras muy escaso en la litosfera, se encuentra muy disperso y acompañando al itrio. Sus óxidos se utilizan en las industrias electrónica y del vidrio. (Símb. *Lu*).

lúteo, a. ☐ V. **cuerpo ~, mácula ~.**

luteranismo. M. **1.** Doctrina de Martín Lutero, reformador protestante alemán del siglo XVI. ‖ **2.** Comunidad de quienes viven en la confesión luterana.

luterano, na. ADJ. **1.** Que profesa la doctrina de Martín Lutero, reformador protestante alemán del siglo XVI. U. t. c. s. ‖ **2.** Perteneciente o relativo a Lutero. *Doctrinas luteranas.*

lutier. M. Persona que construye o repara instrumentos musicales de cuerda. MORF. pl. **lutieres.**

luto. M. **1.** Signo exterior de pena y duelo en ropas, adornos y otros objetos, por la muerte de una persona. El color del luto en los pueblos europeos es ahora el negro. ‖ **2.** Vestido negro que se usa por la muerte de alguien. *Lleva luto por su padre.* ‖ **3.** Duelo, pena, aflicción. *Mis días son lutos continuos.* ‖ **4.** *Impr.* Filete que imprime una línea negra y maciza de espesor superior a dos puntos de cícero. ‖ **medio ~.** M. El que no es riguroso. ‖ **de ~.** LOC.ADJ. De negro, para manifestar el luto. ‖ **estar de ~.** LOC.VERB. Observar, durante algún tiempo, los rigores de comportamiento y atuendo que son tradicionales tras la muerte de un pariente o de una persona querida. ‖ **ir de ~.** LOC.VERB. Vestir de negro como expresión de dolor por la muerte de alguien.

luvita. ADJ. **1.** hist. Se dice de un antiguo pueblo de Anatolia. U. t. c. s. ‖ **2.** Se dice de la lengua anatolia, hoy extinta, que hablaban los luvitas. U. t. c. s. m. *El luvita.* ‖ **3.** Perteneciente o relativo a esta lengua. *Gramática luvita.*

lux. M. *Fís.* Unidad de iluminancia del Sistema Internacional, que equivale a la iluminancia de una superficie que recibe un flujo luminoso de un lumen por metro cuadrado. (Símb. *lx*). MORF. pl. invar. *Los lux.*

luxación. F. *Med.* Dislocación de un hueso.

luxar. TR. Dislocar un hueso. U. m. c. prnl.

luxemburgués, sa. ADJ. **1.** Natural de Luxemburgo. U. t. c. s. ‖ **2.** Perteneciente o relativo a este país de Europa o a su capital.

luxómetro. M. *Ópt.* Aparato que mide la intensidad luminosa en lux.

luz. F. **1.** Agente físico que hace visibles los objetos. ‖ **2.** Claridad que irradian los cuerpos en combustión, ignición o incandescencia. ‖ **3. corriente eléctrica.** *El recibo de la luz.* ‖ **4.** Utensilio o aparato que sirve para alumbrar, como una lámpara, una vela, una linterna, etc. *Trae una luz.* ‖ **5.** Área interior de la sección transversal de un tubo. ‖ **6.** Esclarecimiento o claridad de la inteligencia. ‖ **7. día** (‖ tiempo en que el sol está sobre el horizonte). ‖ **8.** *Arq.* Cada una de las ventanas o troneras por donde se da luz a un edificio. U. m. en pl. ‖ **9.** *Arq.* Distancia horizontal entre los apoyos de un arco, viga, etc. ‖ **10.** *Fís.* Radiación electromagnética en el espectro visible. ‖ **11.** *Fís.* Radiación electromagnética inmediata a los dos extremos del espectro visible. *Luz ultravioleta.* ‖ **12.** *Pint.* Punto o centro desde donde se ilumina y alumbra toda la historia y objetos pintados en un lienzo. ‖ **13.** pl. Ilustración, cultura. *El Siglo de las Luces. Hombre de muchas luces.* ‖ **~ artificial.** F. La producida mediante el gas o la electricidad. ‖ **~ cenital.** F. La que en una habitación, patio, iglesia u otro edificio se recibe por el techo. ‖ **~ corta.** F. **luz de cruce.** U. m. en pl. ‖ **~ de Bengala.** F. Fuego artificial compuesto de varios ingredientes que despide claridad muy viva de diversos colores. ‖ **~ de carretera.** F. Haz luminoso de largo alcance de los faros de un vehículo. ‖ **~ de cruce.** F. Haz luminoso de corto alcance de los faros de un vehículo. ‖ **~ de la razón.** F. Conocimiento que tenemos de las cosas por el natural discurso que nos distingue de los animales irracionales. ‖ **~ eléctrica.** F. La que se produce por medio de la electricidad. ‖ **~ larga.** F. **luz de carretera.** U. m. en pl. ‖ **~ mala.** F. *Á. R. Plata.* Fuego fatuo que producen los huesos en descomposición y que la superstición atribuye a las almas en pena de los muertos sin sepultura. ‖ **~ natural.** F. La del sol. ‖ **~ negra.** F. luz ultravioleta invisible, que se hace perceptible cuando incide sobre sustancias fosforescentes o fluorescentes. ‖ **~ verde.** F. Camino o procedimiento abierto y dispuesto para el logro de un asunto, una empresa, etc. ‖ **~ zodiacal.** F. Vaga claridad de aspecto fusiforme que en ciertas noches de la primavera y del otoño se advierte poco después del ocaso, o poco antes del orto del Sol, inclinada sobre el horizonte. ‖ **media ~.** F. La que es escasa o no se comunica entera y directamente. ‖ **a la ~ de.** LOC.PREPOS. **en vista de.** ‖ **a toda ~,** o **a todas luces.** LOCS.ADVS. De manera evidente, sin duda. ‖ **dar a ~.** LOC.VERB. **1.** Dicho de una mujer: **parir.** ‖ **2.** Publicar una obra. ‖ **dar ~.** LOC.VERB. **1.** Dicho de un cuerpo luminoso: **alumbrar.** *Este velón no da luz.* ‖ **2.** Dicho de un cuerpo no luminoso: Dejar paso para la luz. *Esta ventana da buena luz.* ‖ **echar ~** una persona delicada. LOC.VERB. Recobrar vigor y robustez. U. m. con neg. ‖ **entre dos luces.** LOC. ADV. **1.** al amanecer. ‖ **2.** al anochecer. ‖ **sacar a ~,** o **a la ~.** LOCS.VERBS. **1.** dar a luz (‖ publicar una obra). ‖ **2.** Descubrir, manifestar, hacer patente y notorio lo que estaba oculto. ‖ **salir a ~,** o **a la ~.** LOCS.VERBS. **1.** Dicho de una cosa: Imprimirse, publicarse. ‖ **2.** Dicho de algo oculto: **manifestarse** (‖ ponerse a la vista). ‖ **ver la ~** alguien. LOC.VERB. **nacer.** ☐ V. **año ~, bicho de ~, gusano de ~, mesa de ~, rayo de ~, traje de luces.**

m. F. **1.** Decimotercera letra del abecedario latino internacional y decimoquinta del español, que representa un fonema consonántico nasal y labial. Su nombre es *eme*. ‖ **2.** Letra numeral que tiene el valor de 1000 en la numeración romana. ORTOGR. Escr. con may.

mabí. M. *Ant.* Árbol pequeño de la familia de las Ramnáceas, de corteza amarga. MORF. pl. **mabíes** o **mabís**.

mabolo. M. Árbol de Filipinas, de la familia de las Ebenáceas, que crece hasta diez u once metros de altura, con flores dioicas, unas solitarias axilares y otras terminales en espiga, hojas alternas y fruto muy semejante al melocotón, pero de carne dura y desabrida.

maca. F. **1.** Señal que queda en la fruta por algún daño que ha recibido. ‖ **2.** Daño ligero que tienen algunas cosas, como paños, lienzos, cuerdas, etc.

macá. M. *Á. R. Plata.* Se usa como nombre común para referirse a varias especies de Palmípedas de las zonas lacustres, que se caracterizan por la ausencia de plumas caudales, por tener el pico recto y largo y nadar con el cuello erguido y perpendicular a la superficie del agua. MORF. pl. **macás**.

macabeo¹, a. ADJ. **maquense.** Apl. a pers., u. t. c. s.

macabeo². **I.** M. **1.** hist. Miembro de la familia de Matatías Macabeo, que se rebeló en el siglo II a. C. contra el dominio sirio sobre el pueblo judío. U. m. en pl. ‖ **II.** ADJ. **2.** hist. Perteneciente o relativo a los macabeos. *Insurrección macabea.*

macabro, bra. ADJ. **1.** Que participa de la fealdad de la muerte y de la repulsión que esta suele causar. *Espectáculo macabro.* ‖ **2.** Aficionado a cosas macabras.

macaca. F. **1.** Hembra del **macaco** (‖ cuadrumano). ‖ **2.** *Chile.* Mujer fea, deforme. U. t. c. adj.

macachín. M. *Á. R. Plata.* Planta pequeña de las Oxalidáceas, que da flores amarillas o violáceas en otoño, de hojas parecidas a las del trébol y tubérculo comestible. Las hojas y las flores se emplean con fines medicinales.

macaco. M. **1.** Cuadrumano muy parecido a la mona, pero más pequeño que ella, con cola y el hocico saliente y aplastado. ‖ **2.** *Chile.* Hombre feo, deforme. U. t. c. adj.

macadam. M. **macadán.** MORF. pl. **macadams**.

macadán. M. Pavimento de piedra machacada que una vez tendida se comprime con el rodillo.

macal. M. *Chile.* Terreno poblado de plantas de maqui.

macana¹. F. *Á. Andes.* Especie de chal o manteleta, de algodón fino, propio del vestido de la chola.

macana². F. **1.** hist. Arma ofensiva, a manera de machete o de porra, hecha con madera dura y a veces con filo de pedernal, que usaban los indios americanos. ‖ **2.** *Am.* Garrote grueso de madera dura y pesada. ‖ **3.** *Am. Cen.* Instrumento de labranza consistente en un palo largo con punta o un hierro en uno de los extremos, que sirve para hacer hoyos. ‖ **4.** *Á. R. Plata.* Hecho o situación que produce incomodidad o disgusto.

macanazo. M. hist. Golpe dado con la **macana²**.

macanear. **I.** TR. **1.** *Á. Caribe.* **desbrozar** (‖ quitar la broza). ‖ **2.** *Ant.* Golpear con la **macana²**. ‖ **II.** INTR. **3.** *Á. guar., Á. R. Plata* y *Chile.* Decir mentiras o desatinos.

macaneo. M. *Á. guar.* y *Á. R. Plata.* Acción y efecto de **macanear** (‖ decir mentiras).

macanudez. F. *Chile.* farsantería.

macanudo, da. ADJ. coloq. Bueno, magnífico, extraordinario, excelente, en sentido material y moral. *Poema macanudo.*

macarra. **I.** ADJ. **1.** Dicho de una persona: Agresiva, achulada. U. t. c. s. ‖ **2.** Vulgar, de mal gusto. *Un pantalón muy macarra.* Apl. a pers., u. t. c. s. ‖ **II.** M. **3.** **rufián** (‖ hombre que trafica con prostitutas).

macarrón. M. **1.** Pasta alimenticia de harina que tiene forma de canuto más o menos alargado. U. m. en pl. ‖ **2.** Tubo delgado, generalmente de plástico flexible y resistente, que se emplea, entre otras cosas, para recubrir cables eléctricos o en tapicería.

macarrónico, ca. ADJ. **1.** Dicho del latín: Usado de forma burlesca y defectuosa. ‖ **2.** Dicho de otras lenguas: Usadas de forma notoriamente incorrecta.

macarse. PRNL. Dicho de la fruta: Empezar a pudrirse por los golpes y magulladuras que ha recibido.

macedonia. F. **ensalada de frutas.**

macedónico, ca. ADJ. **1.** hist. **macedonio** (‖ natural del antiguo reino griego de Macedonia). U. t. c. s. ‖ **2.** hist. **macedonio** (‖ perteneciente al antiguo reino griego de Macedonia).

macedonio, nia. ADJ. **1.** hist. Natural de Macedonia, reino de la antigua Grecia, dividido actualmente entre varios países. U. t. c. s. ‖ **2.** Natural de la Antigua República Yugoslava de Macedonia, país de Europa. U. t. c. s. ‖ **3.** Perteneciente o relativo a aquel reino o a este país.

macegual o **macehual.** M. *Méx.* **peón** (‖ jornalero).

macelo. M. **matadero.**

maceración. F. Acción y efecto de macerar.

maceramiento. M. **maceración.**

macerar. TR. Mantener sumergida alguna sustancia sólida en un líquido a la temperatura ambiente, con el fin de ablandarla o de extraer de ella las partes solubles.

macero. M. Hombre que lleva la maza delante de los cuerpos o personas autorizadas que usan esta señal de dignidad.

maceta[1]. F. Martillo con cabeza de dos bocas iguales y mango corto, que usan los canteros para golpear el cincel o puntero.

maceta[2]. F. 1. Recipiente de barro cocido, que suele tener un agujero en la parte inferior, y que, lleno de tierra, sirve para criar plantas. ‖ 2. Pie de plata u otro metal, o de madera pintada, donde se ponen ramilletes de flores artificiales para adorno de altares o de otros sitios.

macetero. M. 1. Soporte para colocar **macetas** (‖ recipientes para criar plantas). ‖ 2. *Á. Andes.* **maceta** (‖ recipiente para criar plantas).

mach. M. *Ingen.* Unidad de velocidad, igual a la de propagación del sonido en el medio. MORF. pl. invar. *Los mach.*

macha. F. Molusco de mar, comestible y muy abundante en los mares de Chile y el Perú.

machaca. I. F. 1. Instrumento con que se machaca. ‖ 2. *Méx.* Carne seca de res. ‖ II. COM. 3. Persona pesada que fastidia con su conversación necia e inoportuna.

machacador, ra. ADJ. Que machaca. Apl. a pers., u. t. c. s.

machacar. I. TR. 1. Golpear algo para deformarlo, aplastarlo o reducirlo a fragmentos pequeños sin llegar a triturarlo. *Machaca unos ajos.* ‖ 2. **hacer polvo.** *La helada ha machacado la cosecha.* ‖ II. INTR. 3. coloq. Insistir sobre algo. *No machaques más con tus proyectos.*

machacón, na. ADJ. coloq. Que repite algo con insistencia y pesadez. *Ritmo machacón.* Apl. a pers., u. t. c. s.

machada. F. 1. coloq. Acción valiente. ‖ 2. coloq. **necedad** (‖ dicho o hecho necio).

machaleño, ña. ADJ. 1. Natural de Machala. U. t. c. s. ‖ 2. Perteneciente o relativo a esta ciudad de Ecuador, capital de la provincia de El Oro.

machamartillo. a ~. LOC. ADV. coloq. Con gran firmeza o convicción. U. t. c. loc. adj.

machaqueo. M. Acción y efecto de machacar.

machar. TR. Golpear para quebrantar algo.

maché. □ V. **papel ~.**

machero. M. *Méx.* Corral para **machos** (‖ mulos).

macheta. F. Especie de cuchilla de hoja muy fuerte y ancha, usada especialmente para picar carne.

machetazo. M. 1. Golpe que se da con el machete. ‖ 2. Herida que resulta de este golpe.

machete. M. 1. Arma blanca, más corta que la espada, ancha, pesada y de un solo filo. ‖ 2. Cuchillo grande que sirve para desmontar, cortar la caña de azúcar y otros usos.

machetear. TR. 1. Golpear con el machete. ‖ 2. *Méx.* Dicho de un estudiante: Estudiar con ahínco.

machetero, ra. I. ADJ. 1. *Méx.* Dicho de un estudiante: Que se dedica con ahínco a sus estudios. U. t. c. s. ‖ II. M. y F. 2. *Méx.* Persona que vigila y ayuda en la carga de un camión. ‖ III. M. 3. En los ingenios de azúcar, encargado de cortar las cañas.

machi. COM. *Chile.* En la cultura mapuche, curandero de oficio, especialmente cuando es mujer.

machihembrar. TR. *Carp.* Ensamblar dos piezas de madera de tal forma que una o varios salientes de una de ellas encajen en las hendiduras de las mismas dimensiones practicadas en la otra.

machín, na. M. y F. *Á. Caribe.* **mono** (‖ simio).

machina. F. Cabria o grúa de grandes dimensiones, que se usa en puertos y arsenales.

machincuepa. F. *Méx.* Voltereta, pirueta, maroma.

machismo. M. Actitud de prepotencia de los varones respecto de las mujeres.

machista. ADJ. 1. Perteneciente o relativo al machismo. *Actitud machista.* ‖ 2. Partidario del machismo. U. t. c. s.

machitún. M. *Chile.* Entre los mapuches, reunión de carácter religioso, en la que participan los machis.

macho[1]. M. 1. Animal del sexo masculino. ‖ 2. **mulo** (‖ animal). ‖ 3. Planta que fecunda a otra de su especie con el polen de sus estambres. ‖ 4. En algunos aparatos o dispositivos, pieza que entra dentro de otra. ‖ 5. Cada una de las borlas que cuelgan en la indumentaria de los toreros, en especial las que sujetan el calzón a las corvas. U. m. en pl. ‖ 6. coloq. Hombre de fuertes características físicas o morales, consideradas tradicionalmente como viriles. U. t. c. adj. *Se cree muy macho.* ‖ **~ cabrío.** M. **cabrón** (‖ **macho** de la cabra). ‖ **~ del timón.** M. *Mar.* Cada uno de los pinzotes fijos en el madero principal del timón, que encajan en las hembras situadas en el canto exterior del codaste. ‖ **~ romo.** M. **burdégano.** □ V. **abrótano ~, aristoloquia ~, helecho ~, jara ~, laureola ~, palo ~.**

macho[2]. M. Mazo grande que hay en las herrerías para forjar el hierro.

machón. M. 1. *Arq.* Pilar de fábrica. ‖ 2. *Carp.* Madero de escuadría de cinco metros de largo.

machorra. F. 1. Hembra estéril. ‖ 2. Mujer hombruna.

machota. F. coloq. Mujer hombruna.

machote[1]. M. coloq. Hombre vigoroso, bien plantado, valiente. U. t. c. adj.

machote[2]. M. 1. *Am. Cen.* y *Méx.* **modelo** (‖ persona o cosa que es punto de referencia). ‖ 2. *Méx.* Señal que se pone para medir los destajos en las minas. ‖ 3. *Méx.* Formulario con espacios en blanco para rellenar.

machucar. TR. **machacar** (‖ golpear).

machucho, cha. ADJ. coloq. Dicho de una persona: Entrada en años.

machucón. M. Acción y efecto de machucar.

machuno, na. ADJ. Perteneciente o relativo al **macho** (‖ animal del sexo masculino).

macicez. F. Cualidad de macizo.

macilento, ta. ADJ. Flaco y descolorido. *Rostro macilento.*

macillo. M. Pieza del piano, especie de mazo con mango y cabeza forrada de fieltro por uno de sus lados, con el cual, a impulso de la tecla, se pulsa la cuerda correspondiente.

macis. F. Corteza olorosa, de color rojo o rosado, en forma de red, que cubre la nuez moscada.

macizar. TR. Rellenar un hueco con material bien unido y apretado.

macizo, za. I. ADJ. 1. Lleno, sin huecos ni vanos, sólido. *Oro macizo. Pared maciza.* ‖ 2. Dicho de una persona: De carnes duras y consistentes. U. t. c. s. ‖ 3. Sólido y bien fundado. *Edificio macizo.* ‖ II. M. 4. Grupo de alturas o montañas. ‖ 5. Prominencia del terreno, por lo común rocosa. ‖ 6. Agrupación de plantas de adorno con que se decoran los cuadros de los jardines. ‖ 7. Cebo que emplean los pescadores, consistente en una mezcla de residuos de pescados triturados, como sardinas o chicharros, o sus desperdicios, o más comúnmente, en salvado y arena. ‖ **8.** *Arq.* Parte de una pared que está entre dos vanos.

macla. F. *Geol.* Asociación de dos o más cristales gemelos, orientados simétricamente respecto a un eje o un plano.

macolla. F. Conjunto de vástagos, flores o espigas que nacen de un mismo pie.

macollar. INTR. Dicho de una planta: Formar macolla. U. t. c. prnl.

macramé. M. Tejido hecho con nudos más o menos complicados, que se asemeja al encaje de bolillos.

macro. AMB. *Inform.* macroinstrucción. U. m. c. f.

macrobiótica. F. Método de alimentación encaminado a mejorar y prolongar la vida.

macrobiótico, ca. ADJ. **1.** Dicho de una dieta o de un alimento: Recomendados por la macrobiótica. ‖ **2.** Que sigue o defiende la dieta macrobiótica. *Restaurante macrobiótico.* Apl. a pers., u. t. c. s.

macrocefalia. F. Cualidad de macrocéfalo.

macrocéfalo, la. ADJ. Dicho de una persona o de un animal: Que tienen la cabeza demasiado grande con relación al cuerpo. U. t. c. s.

macrocosmos. M. El universo, especialmente considerado como una totalidad organizada y armónica.

macroeconomía. F. Estudio de los sistemas económicos de una nación, región, etc., como un conjunto, empleando magnitudes colectivas o globales, como la renta nacional, las inversiones, exportaciones e importaciones, etc. Se usa en contraposición a *microeconomía.*

macroeconómico, ca. ADJ. Perteneciente o relativo a la macroeconomía.

macroestructura. F. **1.** Gran estructura que engloba otras menores. *La macroestructura de una urbanización.* ‖ **2.** *Ling.* En un repertorio lexicográfico, estructura en la cual se organiza el conjunto de lemas que encabezan la información de los distintos artículos.

macroinstrucción. F. *Inform.* Secuencia de instrucciones que se realizan automáticamente con una sola orden.

macromolécula. F. *Quím.* Molécula de gran tamaño, generalmente de muy elevado peso molecular y de origen natural o sintético.

macromolecular. ADJ. *Quím.* Perteneciente o relativo a las macromoléculas.

macroscópico, ca. ADJ. *Biol.* Que se ve a simple vista, sin auxilio del microscopio.

macrospora. F. *Bot.* Espora femenina de ciertos helechos.

macruro, ra. ADJ. *Zool.* Se dice de los crustáceos decápodos que tienen un abdomen largo y bien desarrollado, del cual se sirven para nadar; p. ej., el bogavante. U. t. c. s. m. ORTOGR. En m. pl., escr. con may. inicial c. taxón. *Los Macruros.*

macsura. F. En una mezquita, recinto reservado para el califa o el imán en las oraciones públicas, o para contener el sepulcro de un personaje tenido por santo.

macuco, ca. ADJ. *Chile.* Astuto, taimado.

mácula. F. **1.** mancha (‖ señal que ensucia un cuerpo). ‖ **2.** Cosa que deslustra y desdora. ‖ **3.** mácula lútea. ‖ ~ **lútea.** F. *Anat.* Mancha amarilla en la retina, que incluye la fóvea y que contiene gran cantidad de conos para la percepción de los colores.

macular[1]. TR. **1.** Manchar algo. *Macular el césped recién segado.* ‖ **2.** Deslustrar la buena fama.

macular[2]. ADJ. Perteneciente o relativo a la mácula.

maculatura. F. *Impr.* Pliego mal impreso, que se desecha por manchado.

macuquino, na. ADJ. hist. Se dice de cierta moneda de oro o plata que corrió hasta mediados del siglo XIX.

macuto. M. Mochila, especialmente la del soldado.

madalena. F. magdalena (‖ bollo pequeño).

madama. F. coloq. Mujer que regenta un prostíbulo.

madamisela. F. Mujer joven que presume de dama, o parece serlo.

madapolán. M. Tela de algodón, especie de percal blanco y de buena calidad.

madeira. ADJ. Vino elaborado en la isla y archipiélago de Madeira.

madeja. F. Porción grande de hilo recogido en vueltas iguales, generalmente atadas por el centro. U. t. en sent. fig. *Una madeja de mentiras.* ‖ **enredar, o enredarse, la ~.** LOCS. VERBS. coloqs. Complicar, o complicarse, un negocio o un estado de cosas.

madera. F. **1.** Parte sólida de los árboles cubierta por la corteza. ‖ **2.** Pieza de madera labrada que sirve para cualquier obra de carpintería. ‖ **3.** Tipo de palo de golf. ‖ **4.** coloq. Talento o disposición natural de las personas para determinada actividad. *Tiene madera de cirujano.* ‖ **5.** *Mús.* Conjunto de instrumentos de viento de una orquesta hechos originariamente de madera. U. t. en pl. con el mismo significado que en sing. ‖ ~ **de hilo.** F. La que se labra a cuatro caras. ‖ ~ **de sierra.** F. La que resulta de subdividir con la sierra la enteriza. ‖ ~ **en rollo.** F. La que no está labrada ni descortezada. ‖ ~ **enteriza.** F. Mayor madero escuadrado que se puede sacar del tronco de un árbol. ‖ **ser de la misma ~.** LOC. VERB. coloq. Participar de la misma índole y condición. ‖ **tocar ~.** LOC. VERB. coloq. Se usa para referirse al gesto de tocar un objeto de madera, que, según creencia popular, aleja un daño considerado posible. □ V. **alcohol de ~, mosaico de ~.**

maderable. ADJ. Dicho especialmente de un árbol o de un bosque: Que da madera útil para cualquier obra de carpintería.

maderaje. M. maderamen.

maderamen. M. Conjunto de maderas que entran en una obra.

maderería. F. Sitio donde se recoge la madera para su venta.

maderero, ra. **I.** ADJ. **1.** Perteneciente o relativo a la industria de la madera. *Empresa maderera.* ‖ **2.** Dicho de un buque: Dedicado al transporte de madera. U. m. c. s. m. ‖ **II.** M. y F. **3.** Tratante en madera.

madero. M. Pieza larga de madera escuadrada o rolliza.

madianita. ADJ. **1.** Se dice del individuo de un pueblo bíblico, descendiente de Madián. U. m. c. s. pl. ‖ **2.** Perteneciente o relativo a este pueblo. *Costumbres madianitas.*

madona. F. **1.** La Virgen María. ‖ **2.** Cuadro o imagen que la representa, sola o con el Niño Jesús.

madrás. M. Tejido fino de algodón que se usa para camisas. MORF. pl. **madrases.**

madrastra. F. Mujer del padre respecto de los hijos llevados por este al matrimonio.

madraza[1]. F. coloq. Madre muy condescendiente y que mima mucho a sus hijos.

madraza[2]. F. Escuela musulmana de estudios superiores.

madrazo. M. malson. *Méx.* **golpe** (‖ acción y efecto de golpear).

madre. F. **1.** Hembra que ha parido. ‖ **2.** Hembra respecto de su hijo o hijos. ‖ **3.** Se usa como tratamiento dirigido a ciertas religiosas. ‖ **4.** Causa, raíz u origen de donde proviene algo. *La pereza es madre de muchos males.* ‖ **5.** Cosa en que figuradamente concurren algunas circunstancias propias de la maternidad. *Sevilla es madre de forasteros. La madre patria.* ‖ **6.** Cauce por donde ordinariamente corren las aguas de un río o arroyo. ‖ **7.** Heces del mosto, vino o vinagre, que se depositan en el fondo de la cuba, tinaja, etc. ‖ **8.** *Mar.* Cuartón grueso de madera que va desde el alcázar al castillo por cada banda de crujía. ‖ **~ de familia.** F. Mujer que tiene hijos a su cargo. ‖ **~ de leche.** F. **ama** (‖ mujer que cría una criatura ajena). ‖ **~ política.** F. **suegra.** ‖ **la ~ del cordero.** LOC. SUST. F. coloq. La esencia o la parte más importante de algo. ‖ **la ~ que te, lo, os,** etc., **parió.** EXPRS. vulgs. Se usan para expresar gran enfado súbito con alguien. ‖ **mentar la ~** a alguien. LOC. VERB. coloq. Decir, para injuriarlo gravemente, insultos contra su madre. ‖ **mi, o su, ~.** EXPRS. coloqs. Denotan admiración, sorpresa, etc. ‖ **salir, o salirse, de ~** en algo. LOCS. VERBS. coloqs. Exceder extraordinariamente de lo acostumbrado o regular. ◻ V. **aguas ~s, célula ~, hermano de ~, hijo de ~, hijo de su ~, lengua ~, mal de ~, mentada de ~.**

madreña. F. **almadreña.**

madreperla. F. Molusco lamelibranquio, con concha casi circular, de diez a doce centímetros de diámetro, cuyas valvas son ásperas, de color pardo oscuro por fuera y lisas e iridiscentes por dentro. Se cría en el fondo de los mares intertropicales, donde se pesca para recoger las perlas que suele contener y aprovechar el nácar de la concha.

madrépora. F. *Zool.* Celentéreo antozoo colonial, que vive en los mares intertropicales y forma un polipero calcáreo y arborescente.

madrepórico, ca. ADJ. *Zool.* Perteneciente o relativo a la madrépora.

madreselva. F. Mata de la familia de las Caprifoliáceas, con tallos sarmentosos y trepadores, hojas elípticas y opuestas de color verde oscuro, flores olorosas y fruto en baya con varias semillas ovoides.

madricense. ADJ. **1.** Natural de Madriz. U. t. c. s. ‖ **2.** Perteneciente o relativo a este departamento de Nicaragua.

madrigal. M. **1.** Poema breve, generalmente de tema amoroso, en que se combinan versos de siete y de once sílabas. ‖ **2.** Composición musical para varias voces, sin acompañamiento, sobre un texto generalmente lírico.

madrigalesco, ca. ADJ. Perteneciente o relativo al madrigal.

madrigalista. COM. **1.** Persona que compone madrigales. ‖ **2.** Persona que los canta.

madriguera. F. **1.** Cueva en que habitan ciertos animales, especialmente los conejos. ‖ **2.** Lugar retirado y escondido donde se oculta la gente de mal vivir.

madrileñismo. M. **1.** Locución, giro o modo de hablar propio de los madrileños. ‖ **2.** Amor o apego a las cosas características y típicas de Madrid.

madrileño, ña. ADJ. **1.** Natural de Madrid. U. t. c. s. ‖ **2.** Perteneciente o relativo a esta ciudad, capital de España, a su provincia o a la comunidad de Madrid, de la que también es capital.

madrina. F. **1.** Mujer que asiste a quien recibe el bautismo y contrae con él ciertos compromisos espirituales, y, por ext., la que acompaña a quienes reciben algunos sacramentos cristianos. ‖ **2.** Mujer que presenta y acompaña a otra u otras personas que reciben algún honor, grado, etc. ‖ **3.** **valedora.** ‖ **4.** Mujer que ocupa la presidencia honorífica de un acto o de una asociación. ‖ **5.** *Á. Caribe.* Manada pequeña de ganado manso que sirve para reunir o guiar al bravío. ‖ **~ de guerra.** F. Mujer que, sin parentesco ni relaciones amorosas con un soldado en campaña, sostiene correspondencia con él y lo atiende de algún modo.

madrinazgo. M. Título o cargo de madrina.

madroñal. M. Sitio poblado de **madroños** (‖ arbustos ericáceos).

madroñera. F. **madroño** (‖ arbusto ericáceo).

madroño. M. **1.** Arbusto de la familia de las Ericáceas, con tallos de tres a cuatro metros de altura, hojas de pecíolo corto, lanceoladas, persistentes, coriáceas, de color verde oscuro, lustrosas por el haz y glaucas por el envés; flores en panoja arracimada, de corola globosa, blanquecina o sonrosada, y fruto esférico de dos o tres centímetros de diámetro, comestible, rojo exteriormente, amarillo en el interior, de superficie granulosa y con tres o cuatro semillas pequeñas y comprimidas. ‖ **2.** Fruto de este arbusto. ‖ **3.** Borla pequeña de forma semejante al fruto del madroño.

madrota. F. *Méx.* **madama.**

madrugada. F. **1.** **amanecer** (‖ tiempo durante el cual amanece). ‖ **2.** Tiempo posterior a la medianoche y anterior al amanecer. ‖ **3.** Acción de madrugar. ‖ **de ~.** LOC. ADV. Al amanecer, muy de mañana.

madrugador, ra. ADJ. **1.** Que madruga. *Un automóvil madrugador cruzó la plaza.* Apl. a pers., u. t. c. s. ‖ **2.** Que tiene costumbre de madrugar. Apl. a pers., u. t. c. s.

madrugar. INTR. **1.** Levantarse al amanecer o muy temprano. ‖ **2.** Aparecer muy pronto. *El premio gordo madrugó este año.* ‖ **3.** coloq. Anticiparse a la acción de un rival o de un competidor.

madrugón, na. **I.** ADJ. **1.** Que madruga. ‖ **II.** M. **2.** coloq. Acción de **madrugar** (‖ levantarse muy temprano).

madrugonazo. M. *Á. Caribe.* Asonada militar.

maduración. F. Acción y efecto de madurar.

madurador, ra. ADJ. Que hace madurar. *Acción maduradora del sol.*

madurar. **I.** TR. **1.** Dar sazón a los frutos. *El sol ayudó a madurar la cosecha.* ‖ **2.** Poner en su debido punto con la meditación una idea, un proyecto, un propósito, etc. ‖ **II.** INTR. **3.** Dicho de los frutos: Ir sazonándose. ‖ **4.** Adquirir pleno desarrollo físico e intelectual.

madurativo, va. ADJ. Que tiene virtud para hacer madurar. *Proceso madurativo del niño.*

madurez. F. **1.** Sazón de los frutos. ‖ **2.** Buen juicio o prudencia, sensatez. ‖ **3.** Edad de la persona que ha alcanzado su plenitud vital y aún no ha llegado a la vejez.

maduro, ra. **I.** ADJ. **1.** Que está en sazón. *Fruto maduro.* ‖ **2.** Prudente, juicioso, sesudo. *Un joven muy maduro.* ‖ **3.** Dicho de una persona: Entrada en años. ‖ **II.** M. **4.** *Á. Andes.* **plátano guineo.** ◻ V. **edad ~.**

maeño, ña. ADJ. **1.** Natural de Valverde, provincia de la República Dominicana, o de Mao, su capital. U. t. c. s. ‖ **2.** Perteneciente o relativo a esta provincia o a su capital.

maestra. F. **1.** Cosa que instruye o enseña. *La historia es maestra de la vida.* || **2.** *Constr.* Listón de madera que se coloca a plomo, por lo común, para que sirva de guía al construir una pared. || **3.** *Constr.* **línea maestra.** || **4.** *Constr.* Hilera de piedras para señalar la superficie que ha de llenar el empedrado.

maestral. ADJ. Perteneciente o relativo al maestro o al maestrazgo. *Casa maestral. Sede maestral de los calatravos.*

maestrante. M. Cada uno de los caballeros de que se compone la maestranza.

maestranza. F. **1.** Sociedad de caballeros cuyo objeto es ejercitarse en la equitación, y que en su origen fue escuela del manejo de las armas a caballo. || **2.** Conjunto de los talleres y oficinas donde se construyen y recomponen las cureñas para las piezas de artillería, así como los carros y útiles necesarios para su servicio. || **3.** Conjunto de oficinas y talleres análogos para la artillería y efectos móviles de los buques de guerra. || **4.** Local o edificio ocupado por unos y otros talleres. || **5.** Conjunto de operarios que trabajan en ellos o en los demás de un arsenal.

maestrazgo. M. **1.** Dignidad de maestre de cualquiera de las órdenes militares. || **2.** Dominio territorial o señorío del maestre de una orden militar.

maestre. M. **1.** Superior de cualquiera de las órdenes militares. ORTOGR. Escr. con may. inicial. || **2.** *Mar.* hist. Hombre a quien después del capitán correspondía el gobierno económico de las naves mercantes. || **~ de campo.** M. hist. Oficial de grado superior que ejercía el mando de varios tercios. || **~ de campo general.** M. hist. El que solía ejercer el cargo de segundo jefe de los ejércitos, en la época en que el primero procedía de designación real y solía ser independiente de la milicia. || **~ de raciones,** o **~ de víveres.** M. *Mar.* En un buque, encargado de la provisión y distribución de los víveres para la marinería y tropa.

maestrear. TR. Entender o intervenir con otros, como maestro, en una operación.

maestresala. M. **1.** En los comedores de hoteles y ciertos restaurantes, jefe de camareros que dirige el servicio de las mesas. || **2.** hist. Criado principal que asistía a la mesa de un señor, presentaba y distribuía la comida y la probaba para garantizar que no contenía veneno.

maestrescuela. M. **1.** hist. Dignidad de algunas iglesias catedrales, a cuyo cargo estaba antiguamente enseñar las ciencias eclesiásticas. || **2.** hist. En algunas universidades, encargado de dar los grados.

maestría. F. **1.** Arte o destreza en enseñar o ejecutar algo. || **2.** Título de maestro. || **3.** Curso de posgrado en una determinada especialidad. || **4.** Titulación así obtenida.

maestro, tra. I. ADJ. **1.** Dicho de una persona o de una obra: De mérito relevante entre las de su clase. || **II.** M. y F. **2.** Persona que enseña una ciencia, arte u oficio, o tiene título para hacerlo. || **3. maestro de primera enseñanza.** || **4.** Persona que es práctica en una materia y la maneja con desenvoltura. U. t. en sent. fig. *Es un maestro dando buenos consejos.* || **5.** Persona que está aprobada en un oficio mecánico o lo ejerce públicamente. *Maestro de taller.* || **III.** M. **6.** Compositor de música. Generalmente se usa como tratamiento. || **7.** Director de orquesta. Generalmente se usa como tratamiento. || **8.** hist. Hombre que tenía el grado mayor en filosofía, con-

ferido por una universidad. || **9.** *Mar.* Palo mayor de una embarcación. || **10.** *Méx.* Titulación correspondiente a la **maestría** (|| curso de posgrado). || **maestro de armas.** M. El que enseña el arte de la esgrima. || **maestro de capilla.** M. Profesor que compone y dirige la música que se canta en los templos. || **~ de ceremonias.** M. y F. Persona que dirige un acto ceremonial. || **~ de cocina.** M. y F. Cocinero mayor, que manda y dirige a los dependientes en su ramo. || **~ de escuela.** M. y F. **maestro de primera enseñanza.** || **maestro de esgrima.** M. **maestro de armas.** || **~ de primera enseñanza,** o **~ de primeras letras.** M. y F. Persona que tiene título para enseñar en escuela de primeras letras las materias señaladas en la ley, aunque no ejerza. || **maestro en artes.** M. hist. **maestro** (|| hombre que tenía el grado mayor en filosofía). || **maestro mayor.** M. hist. El que tenía la dirección en las obras públicas del pueblo que lo nombraba y dotaba. □ V. **cuaderna ~, línea ~, llave ~, pared ~, tono ~, viga ~.**

mafia. F. **1.** Organización criminal y secreta de origen siciliano. || **2.** Cualquier organización clandestina de criminales. || **3.** despect. Grupo organizado que trata de defender sus intereses sin demasiados escrúpulos. *La mafia del petróleo.*

mafioso, sa. I. ADJ. **1.** Perteneciente o relativo a la mafia. *Crimen mafioso.* || **II.** M. y F. **2.** Persona que forma parte de una mafia.

mafufo. M. *Méx.* Hombre loco.

magacín. M. **1.** Publicación periódica con artículos de diversos autores, dirigida al público en general. || **2.** Espacio de televisión en que se tratan muchos temas inconexos y mezclados. ¶ MORF. pl. *magacines.*

magallánico, ca. ADJ. **1.** Perteneciente o relativo al estrecho de Magallanes. || **2.** Natural de Magallanes. U. t. c. s. || **3.** Perteneciente o relativo a esta provincia de Chile.

magarza. F. **matricaria.**

magarzuela. F. **manzanilla hedionda.**

magazín. M. **magacín.** MORF. pl. *magazines.*

magdalena. F. **1.** Mujer penitente o visiblemente arrepentida de sus pecados. || **2.** Bollo pequeño, hecho y presentado en molde de papel rizado, con los mismos ingredientes que el bizcocho en distintas proporciones. || **llorar como una Magdalena.** LOC. VERB. Llorar mucho o desconsoladamente.

magdalenense. ADJ. **1.** Natural de Magdalena. U. t. c. s. || **2.** Perteneciente o relativo a este departamento de Colombia.

magdaleniense. ADJ. **1.** Se dice del último estadio cultural del Paleolítico superior, caracterizado por el gran desarrollo artístico y de los útiles óseos. U. m. c. s. m. ORTOGR. Escr. con may. inicial c. s. || **2.** Perteneciente o relativo a este estadio cultural. *Cultura magdaleniense.*

magenta. M. Color rojo oscuro. U. t. c. adj.

magia. F. **1.** Arte o ciencia oculta con que se pretende producir, valiéndose de ciertos actos o palabras, o con la intervención de seres imaginables, resultados contrarios a las leyes naturales. || **2.** Encanto, hechizo o atractivo de alguien o algo. || **~ blanca,** o **~ natural.** F. La que por medios naturales obra efectos que parecen sobrenaturales. || **~ negra.** F. Rito supersticioso que trata de propiciar la ayuda del diablo para conseguir cosas extraordinarias. □ V. **comedia de ~.**

magiar. I. ADJ. 1. **húngaro.** *Pueblo magiar.* Apl. a pers., u. t. c. s. ‖ II. M. 2. **húngaro** (‖ lengua).

mágico, ca. ADJ. 1. Perteneciente o relativo a la magia. *Arte, obra mágica.* ‖ 2. Maravilloso, estupendo. *Navidades mágicas.* □ V. **círculo** ~, **cuadrado** ~, **linterna** ~, **palabra** ~, **realismo** ~, **varita** ~.

magín. M. coloq. **imaginación.**

magíster. I. M. 1. Á. *Caribe.* Titulación correspondiente a la **maestría** (‖ curso de posgrado). ‖ II. COM. 2. Persona que posee esta titulación. *La conferencia del magíster González fue muy amena.* ¶ MORF. pl. **magísteres.**

magisterial. ADJ. Perteneciente o relativo al magisterio.

magisterio. M. 1. Enseñanza y gobierno que el maestro ejerce con sus discípulos. ‖ 2. Cargo o profesión de maestro. ‖ 3. Conjunto de los maestros de una nación, provincia, etc. ‖ 4. En la religión católica, autoridad que en materia de dogma y moral ejercen el papa y los obispos.

magistrado, da. M. y F. 1. Alto dignatario del Estado en el orden civil. ‖ 2. *Esp.* Miembro de la carrera judicial con categoría superior a la del juez.

magistral. I. ADJ. 1. Perteneciente o relativo al ejercicio del magisterio. *La labor magistral del profesorado.* ‖ 2. Hecho con maestría. *Habló de un modo magistral.* ‖ 3. Dicho especialmente del tono, de los modales o del lenguaje: Afectado, suficiente. ‖ II. M. 4. **canónigo magistral.** □ V. **fórmula** ~, **lección** ~.

magistratura. F. 1. Oficio y dignidad de magistrado. ‖ 2. Tiempo que dura. ‖ 3. Conjunto de los magistrados.

magma. M. *Geol.* Masa ígnea en fusión existente en el interior de la Tierra, que se consolida por enfriamiento.

magnanimidad. F. Grandeza y elevación de ánimo.

magnánimo, ma. ADJ. Que tiene magnanimidad.

magnate. M. Personaje muy ilustre y principal por su cargo y poder.

magnavoz. M. *Méx.* **altavoz.**

magnesia. F. *Quím.* Óxido de magnesio, que se presenta en forma de sustancia terrosa, blanca, suave, insípida, inodora e infusible, cuyas sales se hallan disueltas en algunos manantiales, entran en la composición de varias rocas y se usan en medicina como purgantes. (Fórm. *MgO*).

magnésico, ca. ADJ. *Quím.* Perteneciente o relativo al magnesio.

magnesio. M. Elemento químico de núm. atóm. 12. Metal muy abundante en la litosfera, se encuentra en la magnesita, el talco, la serpentina y, en forma de cloruro, en el agua de mar, y entra en la composición de sustancias importantes en los vegetales, como las clorofilas. Maleable y poco tenaz, arde con luz clara y brillante y se usa en metalurgia, en pirotecnia, en medicina, en la fabricación de acumuladores eléctricos y, aleado con aluminio, en la industria aeronáutica y la automoción. (Símb. *Mg*).

magnesita. F. **espuma de mar.**

magnético, ca. ADJ. 1. Que tiene las propiedades del imán. *Cuerpo magnético.* ‖ 2. Perteneciente o relativo al magnetismo. *Actividad magnética.* □ V. **aguja** ~, **banda** ~, **brújula** ~, **cabeza** ~, **campo** ~, **cinta** ~, **circuito** ~, **declinación** ~, **inducción** ~, **norte** ~, **permeabilidad** ~, **polo** ~, **resonancia** ~, **tarjeta** ~, **variación** ~.

magnetismo. M. 1. Propiedad de los imanes y las corrientes eléctricas de ejercer acciones a distancia, tales como atracciones y repulsiones mutuas, imanación por influencia y producción de corrientes eléctricas inducidas. ‖ 2. Atractivo que alguien o algo ejerce sobre otra u otras personas o cosas. ‖ ~ **terrestre.** M. *Fís.* Acción que ejerce la Tierra sobre algunos fenómenos naturales, como la dirección de las agujas imantadas, o la migración de algunas especies animales.

magnetita. F. *Geol.* Óxido ferroso férrico, de color negro y brillo metálico, que tiene propiedades magnéticas y se utiliza como mena de hierro. (Fórm. $FeO\text{-}Fe_2O_3$).

magnetización. F. Acción y efecto de magnetizar.

magnetizador, ra. I. M. y F. 1. Persona que magnetiza. ‖ II. M. 2. Cosa que magnetiza.

magnetizar. TR. 1. Comunicar a un cuerpo la propiedad magnética. ‖ 2. Producir a alguien sueño magnético por fascinación, hipnotizar. ‖ 3. Atraer, fascinar a alguien. *Sus palabras lo magnetizaron.*

magneto. F. Generador de electricidad de alto potencial, usado especialmente en los motores de explosión. U. t. c. m.

magnetofónico, ca. ADJ. Perteneciente o relativo al magnetófono. *Grabación magnetofónica.* □ V. **cinta** ~.

magnetófono. (Del alemán *Magnetophon*, marca reg.). M. Aparato que transforma el sonido en impulsos electromagnéticos destinados a imantar un alambre de acero o una cinta recubierta de óxido de hierro que pasa por los polos de un electroimán. Invertido el proceso, se obtiene la reproducción del sonido.

magnetómetro. M. *Fís.* Aparato que mide la inducción de un campo magnético en una dirección determinada.

magnetomotriz. □ V. **fuerza** ~.

magnetorresistencia. F. *Electr.* Propiedad que tienen algunos conductores metálicos o semiconductores de variar su resistencia eléctrica por la acción de campos magnéticos.

magnetoscopio. M. 1. **vídeo** (‖ aparato). ‖ 2. *Fís.* Aparato que detecta las fuerzas magnéticas.

magnetosfera. F. *Geol.* Región exterior a la Tierra, a partir de unos 100 km de altura, en la que el magnetismo terrestre ejerce una acción predominante sobre las partículas ionizadas.

magnetósfera. F. *Am.* **magnetosfera.**

magnetoterapia. F. *Med.* Tratamiento de enfermedades mediante el magnetismo.

magnetrón. M. *Electr.* Tubo electrónico de forma cilíndrica en el que los electrones producidos por un cátodo caliente en el eje son acelerados por un campo eléctrico radial y a la vez sometidos a la acción de un campo magnético axial, generándose microondas. Se emplea como fuente de pulsos en los radares y como fuente continua en los hornos de microondas.

magnicida. COM. Persona que comete un magnicidio. U. t. c. adj.

magnicidio. M. Muerte violenta dada a persona muy importante por su cargo o poder.

magnificador, ra. ADJ. Que magnifica. *Visión magnificadora.*

magnificar. TR. Engrandecer, alabar, ensalzar. U. t. c. prnl.

magníficat. M. Cántico que, según el Evangelio de san Lucas, dirigió al Señor la Virgen María en la visitación a su prima santa Isabel, y que se reza o canta al final de las vísperas. MORF. pl. **magníficats.**

magnificencia. F. **1.** Liberalidad para grandes gastos. ‖ **2.** Disposición para grandes empresas. ‖ **3.** Ostentación, grandeza.

magnificente. ADJ. **espléndido.**

magnífico, ca. ADJ. **1.** Espléndido, suntuoso. *Templo magnífico.* ‖ **2.** Excelente, admirable. *Discurso magnífico.* ‖ **3.** Se usa como título de honor para algunas personas ilustres y hoy, en España, para los rectores universitarios.

magnitud. F. **1.** Tamaño de un cuerpo. ‖ **2.** Grandeza, excelencia o importancia de algo. ‖ **3.** *Astr.* Medida logarítmica de la intensidad relativa del brillo de los objetos celestes, medida que es mayor cuanto menor es su luminosidad. ‖ **4.** *Fís.* Propiedad física que puede ser medida; p. ej., la temperatura o el peso.

magno, na. ADJ. **grande** (‖ que supera a lo común). ORTOGR. Escr. con may. inicial cuando se aplica como epíteto a algunas personas ilustres. *Alejandro Magno. Santa Gertrudis la Magna.* ☐ V. **capa ~, carta ~.**

magnolia. F. **1.** Árbol de la familia de las Magnoliáceas, de 15 a 30 m de altura, tronco liso y copa siempre verde, hojas grandes, lanceoladas, enteras, persistentes, coriáceas, verdes por el haz y algo rojizas por el envés, flores hermosas, terminales, solitarias, muy blancas, de olor intenso y de forma globosa, y fruto seco, elipsoidal, que se abre irregularmente para soltar las semillas. Es planta originaria de América y Asia, y perfectamente aclimatada en Europa. ‖ **2.** Flor y fruto de este árbol.

magnoliáceo, a. ADJ. *Bot.* Se dice de los árboles y arbustos angiospermos dicotiledóneos con hojas alternas, sencillas, coriáceas, casi siempre enteras, flores terminales o axilares, grandes y olorosas, y frutos capsulares con semillas de albumen carnoso; p. ej., la magnolia y la badiana. U. t. c. s. f. ORTOGR. En f. pl., escr. con may. inicial c. taxón. *Las Magnoliáceas.*

magnolio. M. **magnolia** (‖ árbol).

mago, ga. **I.** ADJ. **1.** Dicho de una persona: Versada en la magia o que la practica. U. t. c. s. ‖ **2.** Se dice de los tres reyes que fueron a adorar a Jesús recién nacido. U. t. c. s. ‖ **II.** M. y F. **3.** Persona especialmente capacitada para el éxito en una actividad determinada. *Es un mago de las finanzas.* ☐ V. **Rey Mago.**

magosto. M. **1.** Hoguera para asar castañas cuando se va de comida campestre, y especialmente en la época de la recolección de este fruto. ‖ **2.** Castañas asadas en tal ocasión. ‖ **3.** Reunión que se celebra en tal ocasión.

magra. F. Lonja de jamón.

magrear. TR. vulg. Sobar, manosear lascivamente a alguien.

magrebí. ADJ. **1.** Natural del Magreb. U. t. c. s. ‖ **2.** Perteneciente o relativo a esta parte del noroeste de África, que comprende Marruecos, Argelia y Túnez. ¶ MORF. pl. **magrebíes** o **magrebís.**

magreo. M. vulg. Acción de magrear.

magrez. F. Cualidad de magro.

magro, gra. **I.** ADJ. **1.** Flaco o enjuto. U. t. en sent. fig. *Le ha quedado una magra hacienda.* ‖ **II.** M. **2.** Carne magra del cerdo próxima al lomo.

maguey. M. *Am.* **pita** (‖ planta amarilidácea). MORF. pl. **magueyes.**

magueyal. M. *Méx.* Terreno plantado de magueyes.

magueyera. F. **1.** *Méx.* **pita** (‖ planta amarilidácea). ‖ **2.** *Méx.* **magueyal.**

magullada. F. *Méx.* **magulladura.**

magulladura. F. Acción y efecto de magullar.

magullamiento. M. **magulladura.**

magullar. TR. Causar a alguien o algo contusión. U. t. c. prnl.

magullón. M. *Á. R. Plata, Chile* y *Méx.* **magulladura.**

maharajá. M. hist. Príncipe de la India. MORF. pl. **maharajás.**

maharaní. F. hist. Mujer del maharajá. MORF. pl. **maharaníes** o **maharanís.**

mahometano, na. ADJ. **musulmán.** Apl. a pers., u. t. c. s.

mahometismo. M. Religión fundada por Mahoma.

mahón. M. Tela fuerte y fresca de algodón escogido, de diversos colores, que primeramente se fabricó en la ciudad de Nanquín, en China.

mahonés, sa. ADJ. **1.** Natural de Mahón. U. t. c. s. ‖ **2.** Perteneciente o relativo a esta ciudad de las Islas Baleares, en España. ☐ V. **salsa ~.**

mahonesa. F. *Esp.* **salsa mayonesa.**

maicear. TR. *Méx.* Dar maíz a los animales.

maicena. (De *Maizena*, marca reg.). F. Harina fina de maíz.

maicería. F. *Méx.* Establecimiento en donde se vende o guarda maíz.

maicero, ra. **I.** ADJ. **1.** *Méx.* Perteneciente o relativo al maíz. *La producción maicera.* ‖ **II.** M. y F. **2.** Persona que cultiva maíz o negocia con él.

maicillo. M. **1.** Planta de la familia de las Gramíneas, muy parecida al mijo, y cuyo fruto es muy nutritivo. ‖ **2.** *Chile.* Arena gruesa y amarillenta con que se cubre el pavimento de jardines y patios.

maíllo. M. Manzano silvestre, cuyo fruto es más pequeño y menos sabroso que la manzana común. Suele emplearse para injertar en él, pero también lo hay cultivado, con fruto más crecido y mejor gusto.

maillot. M. **1.** Camiseta deportiva, especialmente la de los ciclistas. ‖ **2.** Prenda, especialmente femenina, de una sola pieza, elástica y ajustada al cuerpo, que se usa para practicar ejercicio físico. ‖ **3.** Traje de baño femenino de una pieza. ¶ MORF. pl. **maillots.**

maimón. ☐ V. **bollo ~.**

mainel. M. *Arq.* Elemento arquitectónico, largo y delgado, que divide un hueco en dos partes verticalmente.

maipino, na. ADJ. **1.** Natural de Maipo. U. t. c. s. ‖ **2.** Perteneciente o relativo a esta provincia de Chile.

maitén. M. Árbol chileno, de la familia de las Celastráceas, que crece hasta ocho metros de altura, de hojas dentadas, muy apetecidas por el ganado vacuno, flores de un solo pétalo, en forma de campanilla y de color purpúreo, y madera dura, de color anaranjado.

maitines. M. pl. Una de las horas del oficio divino, rezada antes de amanecer.

maíz. M. **1.** Planta de la familia de las Gramíneas, con el tallo grueso, de uno a tres metros de altura, según las especies, hojas largas, planas y puntiagudas, flores masculinas en racimos terminales y las femeninas en espigas axilares resguardadas por una vaina. Es indígena de la América tropical, se cultiva en Europa y produce mazorcas con granos gruesos y amarillos muy nutritivos. ‖ **2.** Grano de esta planta. ☐ V. **flores de ~.**

maizal. M. Tierra sembrada de maíz.

majá. M. Culebra de color amarillento, con manchas y pintas de color pardo rojizo, simétricamente dispuestas, que crece hasta 4 m de longitud y 25 cm de diámetro por el medio del cuerpo. No es venenosa y vive en la isla de Cuba. MORF. pl. **majás.**

majada. F. **1.** Lugar donde se recoge de noche el ganado y se albergan los pastores. ‖ **2.** *Á. R. Plata.* Manada o hato de ganado lanar.

majadal. M. Lugar de pasto a propósito para ovejas y ganado menor.

majadear. INTR. Dicho del ganado: Hacer noche en una majada o albergarse en un lugar.

majaderear. I. TR. **1.** *Am.* Dicho de una persona: Incomodar a otra. U. t. c. intr. ‖ **II.** INTR. **2.** *Am.* Insistir con terquedad inoportuna en una pretensión o negativa.

majadería. F. Dicho o hecho necio, imprudente o molesto.

majadero, ra. I. ADJ. **1.** Necio y obstinado. Apl. a pers., u. t. c. s. ‖ **II.** M. **2.** Maza o pértiga para majar.

majador, ra. ADJ. Que maja. Apl. a pers., u. t. c. s.

majagua. F. Árbol americano de la familia de las Malváceas, que crece hasta doce metros de altura, con tronco recto y grueso, copa bien poblada, hojas grandes, alternas y acorazonadas, flores de cinco pétalos purpúreos y fruto amarillo. Es muy común en los terrenos anegadizos de la isla de Cuba. Su madera, fuerte y correosa, es muy buena para lanzas y jalones, y del líber de los vástagos nuevos se hacen sogas de mucha duración y uso.

majano. M. Montón de cantos sueltos que se forma en las tierras de labor o en las encrucijadas y divisiones de términos.

majar. TR. **1.** machacar (‖ golpear). *Lo majó todo en un almirez.* U. t. en sent. fig. *Lo voy a majar a palos.* ‖ **2.** Golpear en la era el trigo, el centeno, el lino, los garbanzos, etc., con el mayal, para separar el grano de la paja.

majarete. M. *Á. Caribe.* Dulce hecho de maíz tierno rallado, leche y azúcar, que se cuece y se cuaja al enfriarse. En Venezuela se prepara también con la pulpa del coco.

maje. ADJ. *Am. Cen.* y *Méx.* tonto (‖ falto de entendimiento o de razón). *No sea usted maje, no deje que lo boten del trabajo.* U. t. c. s.

majear. TR. *Méx.* engañar (‖ inducir a tener por cierto lo que no lo es).

majestad. F. **1.** Grandeza, superioridad y autoridad sobre otros. ‖ **2.** Seriedad, entereza y severidad en el semblante y en las acciones. ‖ **3.** Se usa como tratamiento que corresponde a Dios, y también a emperadores y reyes. ORTOGR. Escr. con may. inicial. ‖ **Su Divina Majestad.** F. Dios. ‖ **Su Graciosa Majestad.** F. Se usa como tratamiento para referirse a los reyes de Inglaterra.

majestuosidad. F. Cualidad de majestuoso.

majestuoso, sa. ADJ. Que tiene majestad. *Árbol majestuoso.*

majo, ja. ADJ. **1.** coloq. Que gusta por su simpatía, belleza u otra cualidad. *Te gustará mucho; es muy maja.* ‖ **2.** hist. Se dice de quien afectaba un poco de libertad y jactancia, más propia de la gente ordinaria. U. t. c. s.

majoleto. M. **1.** Espino arbóreo de unos ocho metros de altura, con las ramas inferiores muy espinosas, hojas de borde velloso, flores en corimbos muy ralos y con un solo estilo, cáliz lampiño, fruto aovado y de pedúnculo muy largo, corteza nítida y madera dura. Abunda en Sierra Nevada. ‖ **2.** Espino de hojas cuneiformes, dentadas y divididas en tres o cinco segmentos, flores blancas en corimbo y muy olorosas, pedúnculos vellosos y lo mismo las hojas del cáliz, fruto rojo, dulce y de un solo hueso redondeado.

majorero, ra. ADJ. **1.** Natural de Fuerteventura. U. t. c. s. ‖ **2.** Perteneciente o relativo a esta isla del archipiélago canario, en España.

majuela. F. Fruto del **majuelo**[1].

majuelo[1]**.** M. Espino de hojas cuneiformes, dentadas y divididas en tres o cinco segmentos, flores blancas en corimbo y muy olorosas, pedúnculos vellosos y lo mismo las hojas del cáliz, fruto rojo, dulce y de un solo hueso redondeado.

majuelo[2]**.** M. viña.

mal[1]**. I.** ADJ. **1.** malo. U. ante s. m. sing. *Mal día.* ‖ **II.** M. **2.** Lo contrario al bien, lo que se aparta de lo lícito y honesto. ‖ **3.** Daño u ofensa que alguien recibe en su persona o hacienda. ‖ **4.** Desgracia, calamidad. ‖ **5.** Enfermedad, dolencia. ‖ **~ de bubas.** M. Enfermedad venérea, y, principalmente, la sífilis. ‖ **~ de Chagas.** F. Enfermedad infecciosa febril, endémica en algunas regiones de América, transmitida por la vinchuca. ‖ **~ de la piedra.** F. Alteración, debida a agentes ambientales químicos o biológicos, de las piedras de los monumentos arquitectónicos o de las piezas escultóricas. ‖ **~ de la rosa.** M. pelagra. ‖ **~ de madre.** M. histeria (‖ trastorno nervioso). ‖ **~ de montaña.** M. Estado morboso que se manifiesta en las grandes alturas por disminución de la presión atmosférica y que se caracteriza por trastornos circulatorios, disnea, cefalalgia, vértigo y vómitos. ‖ **~ de ojo.** M. Influjo maléfico que, según se cree popularmente, puede una persona ejercer sobre otra mirándola de cierta manera, y con particularidad sobre los niños. ‖ **~ de orina.** M. Enfermedad del aparato urinario que ocasiona dificultad o incontinencia en la excreción. ‖ **~ de piedra.** M. El que resulta de la formación de cálculos en las vías urinarias. ‖ **~ de pinto.** M. *Méx.* carate. ‖ **~ francés.** M. sífilis. ‖ **decir ~.** LOC.VERB. Maldecir, denigrar. ‖ **del ~, el menos.** EXPR. **1.** coloq. Se usa para aconsejar que entre dos males se elija el menor. ‖ **2.** coloq. Se usa para manifestar conformidad, cuando la desgracia que ocurre no es tan grande como se temía que fuese o hubiera podido ser. ‖ **llevar** alguien **a ~** algo. LOC.VERB. Resentirse de ello, soportarlo con mal humor o enfado. ‖ **~ haya.** LOC. INTERJ. Se usa con intención imprecatoria. *¡Mal haya el diablo!* ‖ **menos ~.** LOC. INTERJ. Se usa para indicar alivio porque no ocurre o no ha ocurrido algo malo que se temía, o porque ocurre o ha ocurrido algo bueno con lo que apenas se contaba. ‖ **tomar** alguien **a ~** algo. LOC.VERB. llevar a mal. □ V. **árbol de la ciencia del bien y del ~, ~ bicho, ~ cuerpo, ~ dispuesto, ~ engendro, ~ humor, ~ nacido, ~ nombre, ~ paso, pájaro de ~ agüero, perro del ~.**

mal[2]**.** ADV.M. **1.** De manera contraria a lo que es debido, sin razón, de forma imperfecta o desacertada, de mala manera. *Pedro se conduce siempre mal. Antonio lo hace todo mal.* ‖ **2.** De manera contraria a lo que se apetece o requiere, poco afortunada, impropia o inadecuada para un fin. *La estratagema salió mal. El enfermo va mal.* ‖ **3.** Con mala salud. *Se encuentra mal.* ‖ **4.** Con dificultad. *Mal puedo yo saberlo.* ‖ **5.** Poco o de manera insuficiente. *Mal se conoce que eres su amigo. Te has enterado mal. Cenó mal.* ‖ **de ~ en peor.** LOC.ADV. De manera cada vez más desacertada. ‖ **~ que bien.** LOC.ADV. **1.** Venciendo dificultades. ‖ **2.** De cualquier manera, como sea.

mala. F. Malilla de los juegos de naipes.

malabar. I. ADJ. **1.** Natural de Malabar. U. t. c. s. ‖ **2.** Perteneciente o relativo a esta región de la India. ‖ **II.**

M. **3.** Lengua de los malabares. || **4.** pl. **juegos mala-bares.**

malabarismo. M. **1.** Arte de juegos de destreza y agilidad. || **2.** Arte de manejar conceptos para deslumbrar al oyente o al lector.

malabarista. COM. Persona que hace juegos malabares.

malacara. ADJ. Á. *guar.* Dicho de un caballo: Que tiene blanca la mayor parte de la cara. U. t. c. s. MORF. pl. **malacaras.**

malacate. M. Máquina a manera de cabrestante, muy usada en las minas para sacar minerales y agua, que tiene el tambor en lo alto, y debajo las palancas a las que se enganchan las caballerías que lo mueven.

malacitano, na. ADJ. malagueño. Apl. a pers., u. t. c. s.

malacología. F. Parte de la zoología que trata de los moluscos.

malacológico, ca. ADJ. Perteneciente o relativo a la malacología. *Investigaciones malacológicas.*

malacopterigio. ADJ. *Zool.* Se dice de los peces teleósteos que tienen todas sus aletas provistas de radios blandos, flexibles y articulados; p. ej., el salmón, el barbo y el rodaballo. U. t. c. s. m. ORTOGR. En m. pl., escr. con may. inicial c. taxón en desuso. *Los Malacopterigios.*

malacostumbrado, da. ADJ. **1.** Que tiene malos hábitos y costumbres. || **2.** Que goza de excesivas comodidades y está muy mimado y consentido.

malacrianza. F. Á. *Andes* y Á. *Caribe.* **malcriadez.** MORF. pl. **malacrianzas.**

málaga. M. Vino dulce que se elabora con la uva de la tierra de Málaga, en España.

malagradecido, da. ADJ. Desagradecido, ingrato. *Tierra malagradecida.* Apl. a pers., u. t. c. s.

malagueña. F. Aire popular propio y característico de la provincia de Málaga, algo parecido al fandango, con que se cantan coplas de cuatro versos octosílabos.

malagueño, ña. ADJ. **1.** Natural de Málaga. U. t. c. s. || **2.** Perteneciente o relativo a esta ciudad de España o a su provincia.

malagueta. F. **1.** Fruto pequeño, aovado, de color de canela y de olor y sabor aromáticos, que suele usarse como especia, y es producto de un árbol tropical de la familia de las Mirtáceas. || **2.** Árbol que da este fruto.

malaje. ADJ. Dicho de una persona: Desagradable, que tiene mala sombra. U. t. c. s.

malaleche. COM. vulg. Persona de mala intención. MORF. pl. **malaleches.**

malambo. M. Á. R. *Plata.* Baile vivaz de zapateo que ejecutan solo los hombres y se acompaña con rasgueo de guitarra. Pueden intervenir uno o varios bailarines que efectúan diversas mudanzas, sin otros movimientos que los de las piernas y pies.

malandanza. F. Mala fortuna, desgracia.

malandra. M. despect. Á. R. *Plata.* Persona de costumbres reprobables o delictivas.

malandrín, na. ADJ. Maligno, perverso. Apl. a pers., u. t. c. s.

malanga. F. **1.** *Am. Cen.* y Á. *Caribe.* Planta arácea, de hojas grandes acorazonadas, tallo muy corto y tubérculos comestibles, que se cultiva en terrenos bajos y húmedos. || **2.** *Am. Cen.* y Á. *Caribe.* Tubérculo de esta planta.

malaquita. F. Mineral de carbonato de cobre, de color verde, susceptible de pulimento, que suele emplearse

para chapar objetos de adorno. || ~ **azul.** F. azurita. || ~ **verde.** F. malaquita.

malar. **I.** ADJ. **1.** *Anat.* Perteneciente o relativo a la mejilla. *Traumatismo malar.* || **II.** M. **2.** *Anat.* **pómulo** (|| hueso y prominencia de la mejilla).

malaria. F. paludismo.

malasangre. **I.** ADJ. **1.** Dicho de una persona: De condición aviesa. U. t. c. s. || **II.** F. **2.** Carácter avieso o vengativo de una persona. ¶ MORF. pl. **malasangres.**

malasio, sia. ADJ. **1.** Natural de Malasia. U. t. c. s. || **2.** Perteneciente o relativo a este país de Asia.

malasombra. **I.** ADJ. **1.** Que tiene mala intención. Apl. a pers., u. t. c. s. *Es un malasombra.* || **II.** COM. **2.** Persona patosa. ¶ MORF. pl. **malasombras.**

malauí. ADJ. **1.** Natural de Malaui. U. t. c. s. || **2.** Perteneciente o relativo a este país de África. ¶ MORF. pl. **malauíes** o **malauís.**

malaventura. F. Desventura, desgracia, infortunio. MORF. pl. **malaventuras.**

malaventurado, da. ADJ. Infeliz o de mala ventura. *Malaventurada madrugada.*

malaya. F. *Chile.* Carne de res vacuna que está encima de los costillares. || **ah ~.** LOC. INTERJ. **1.** Á. *Caribe.* Se usa para expresar añoranza o deseo vehemente. || **2.** Á. *Caribe.* Se usa para expresar alabanza, admiración o lisonja.

malayo, ya. **I.** ADJ. **1.** Se dice del individuo de piel muy morena, cabellos lisos, nariz aplastada y ojos grandes, perteneciente a un pueblo que habita en la península de Malaca, de donde se le cree oriundo, en las islas de la Sonda, y en otras áreas cercanas. U. t. c. s. || **2.** Perteneciente o relativo a los malayos. *Tierras malayas.* || **II.** M. **3.** Lengua malaya.

malayo-polinesio, sia. ADJ. **1.** Se dice de un grupo o familia de lenguas habladas en la zona comprendida entre Madagascar y la isla de Pascua, y desde Taiwán hasta Nueva Zelanda, entre las que destacan el indonesio, el javanés, el malayo, el tagalo, el malgache y el maorí. U. t. c. s. m. *El malayo-polinesio.* || **2.** Perteneciente o relativo a este grupo o familia de lenguas. *Raíces malayo-polinesias.* ¶ MORF. pl. **malayo-polinesios, sias.**

malbaratar. TR. **1.** Vender la hacienda a bajo precio. || **2.** Malgastarla.

malcarado, da. ADJ. Que tiene cara desagradable o aspecto repulsivo. *Muchacho malcarado.*

malcasado, da. PART. de **malcasar.** || ADJ. **1.** Dicho de una persona: Que no vive en armonía con su cónyuge. U. t. c. s. || **2.** Dicho de una persona: Que falta a la fidelidad hacia su consorte que le impone el matrimonio. U. t. c. s.

malcasar. TR. Casar a alguien sin las circunstancias que se requieren para la felicidad del matrimonio. U. t. c. intr. y c. prnl.

malcomer. INTR. Comer escasamente o con poco gusto, por la mala calidad de la comida. *No me alcanza la renta para malcomer.*

malcomido, da. PART. de **malcomer.** || ADJ. Poco alimentado. *Vagabundo malcomido.*

malcontento, ta. ADJ. **1.** Que muestra descontento o disgusto. || **2.** Revoltoso, perturbador del orden público. U. t. c. s.

malcriadez o **malcriadeza.** F. *Am.* Cualidad de malcriado, grosería, indecencia.

malcriado, da. PART. de **malcriar.** || ADJ. **1.** Falto de buena educación, descortés, incivil. || **2.** Se dice por lo común de los niños consentidos y maleducados.

malcriar. TR. Educar mal a los hijos, condescendiendo demasiado con sus gustos y caprichos. MORF. conjug. c. *enviar.*

maldad. F. 1. Cualidad de malo. ‖ 2. Acción mala e injusta.

maldecido, da. PART. de **maldecir.** ‖ ADJ. Dicho de una persona: De mala índole. U. t. c. s.

maldecidor, ra. ADJ. Que **maldice** (‖ denigra). U. t. c. s.

maldecir. I. TR. 1. Echar maldiciones contra alguien o algo. U. t. c. intr. *Maldecía DE su suerte.* ‖ II. INTR. 2. Hablar con mordacidad en perjuicio de alguien, denigrándolo. ¶ MORF. conjug. c. *decir*, salvo el fut. imperf. de indic. y el condic., que son regs., y la 2.ª pers. sing. del imper.: *maldice.*

maldiciente. ADJ. Que maldice. *Bocas maldicientes.* Apl. a pers., u. t. c. s.

maldición. F. 1. Acción y efecto de maldecir. ‖ 2. Imprecación que se dirige contra alguien o contra algo, manifestando enojo y aversión hacia él o hacia ello, y muy particularmente deseo de que le venga algún daño. ‖ **caer la ~** a alguien. LOC. VERB. coloq. Cumplirse la que le han echado. *Parece que le ha caído la maldición.* ‖ **maldición.** INTERJ. Se usa para expresar enojo, reprobación, contrariedad, etc.

malditismo. M. Condición de **maldito** (‖ que va contra las normas establecidas).

maldito, ta. ADJ. 1. Perverso, de mala intención y malas costumbres. ‖ 2. Condenado y castigado por la justicia divina. U. t. c. s. ‖ 3. De mala calidad, ruin, miserable. *En esta maldita cama se acostó.* ‖ 4. Que va contra las normas establecidas, especialmente en el mundo literario y artístico. ‖ 5. coloq. **ninguno.** *No sabe maldita la cosa.* ‖ 6. coloq. Que molesta o desagrada. *Este maldito ruido que me está dejando sordo.* ‖ **maldita sea.** LOC. INTERJ. Se usa para expresar enojo.

maldivo, va. ADJ. 1. Natural de las islas Maldivas. U. t. c. s. ‖ 2. Perteneciente o relativo a este país de Asia, en el Índico.

maldoso, sa. ADJ. *Méx.* **travieso** (‖ inquieto). U. t. c. s.

maleabilidad. F. Cualidad de maleable.

maleable. ADJ. 1. Dicho de un metal: Que puede batirse y extenderse en planchas o láminas. ‖ 2. Dicho de un material: Que se le puede dar otra forma sin romperlo. ‖ 3. Fácil de convencer o persuadir. *Por su carácter, es muy maleable.*

maleante. COM. Persona que vive al margen de la ley, y que se dedica al robo, contrabando, etc. U. t. c. adj. *Gente maleante.*

malear. TR. 1. Dañar, echar a perder algo. *El gobierno de aquellos incapaces llegó a malear toda la economía.* U. t. c. prnl. ‖ 2. Pervertir a alguien con la mala compañía y costumbres. *Lo malearon en su pandilla.* U. t. c. prnl.

malecón. M. 1. Muralla robusta o terraplén que se hace para defenderse de las aguas. ‖ 2. **rompeolas** (‖ dique avanzado en el mar). ‖ 3. *Á. Andes.* Paseo que corre paralelo a la orilla del mar o de un río.

maledicencia. F. Acción o hábito de **maldecir** (‖ denigrar).

maledicente. ADJ. Detractor por hábito. *Comentarios maledicentes.* Apl. a pers., u. t. c. s.

maleducado, da. PART. de **maleducar.** ‖ ADJ. 1. Dicho de un niño: Muy mimado y consentido. U. t. c. s. ‖ 2. Descortés, irrespetuoso, incivil. *¡Qué maleducado es su tío!* U. t. c. s.

maleducar. TR. **malcriar.**

maleficencia. F. Hábito o costumbre de hacer mal.

maleficiar. TR. **hechizar** (‖ ejercer un maleficio sobre alguien). MORF. conjug. c. *anunciar.*

maleficio. M. 1. Daño causado por arte de hechicería. ‖ 2. Hechizo empleado para causarlo, según se cree popularmente.

maléfico, ca. ADJ. 1. Que perjudica y hace daño a alguien con maleficios. *Genio maléfico.* ‖ 2. Que ocasiona o es capaz de ocasionar daño. *Maléfico tornado.*

malenseñar. TR. *Chile.* Permitir malos comportamientos a alguien.

malentender. TR. Entender o interpretar equivocadamente. MORF. conjug. c. *entender.*

malentendido. M. Mala interpretación, equivocación en el entendimiento de algo. MORF. pl. **malentendidos.**

maleolar. ADJ. *Anat.* Perteneciente o relativo al maléolo.

maléolo. M. *Anat.* tobillo.

malespino. M. *Am. Cen.* Jerga hablada por los estudiantes en clase, consistente en una trasposición fija de letras.

malestar. M. Desazón, incomodidad indefinible.

maleta¹. F. 1. Especie de caja provista de un asa que sirve, sobre todo en los viajes, para transportar ropas y otros objetos. ‖ 2. *Chile.* **maletero** (‖ en los vehículos). ‖ **andar como ~ de loco.** LOC. VERB. *Á. R. Plata.* No tener objetivo claro, no saber bien qué se quiere o se pretende. ‖ **hacer la ~.** LOC. VERB. coloq. Prepararse para irse de alguna parte, o para dejar algún cargo o empleo.

maleta². COM. Persona que practica con torpeza o desacierto la profesión que ejerce. *Enseñando es un maleta.* ‖ **a la ~.** LOC. ADV. *Chile.* **a traición.** *Le pegó a la maleta.*

maletero. M. 1. Hombre que por oficio transporta maletas o, en general, equipajes. ‖ 2. Fabricante o vendedor de maletas. ‖ 3. En los vehículos, lugar destinado para maletas o equipajes. ‖ 4. En las viviendas, lugar destinado a guardar maletas.

maletilla. COM. Persona joven que, desasistida de medios y de ayudas, aspira a abrirse camino en el toreo comenzando a practicarlo, a veces, en las ganaderías o procurando intervenir en tientas, capeas, becerradas, etc.

maletín. M. Especie de maleta pequeña.

malevolencia. F. Enemistad, mala voluntad.

malevolente. ADJ. Que tiene mala voluntad a alguien, hostil a él. *Críticas malevolentes.*

malévolo, la. ADJ. 1. Malintencionado, inclinado a hacer mal. U. t. c. s. ‖ 2. Hecho o dicho con mala voluntad. *Maniobra malévola. Comentario malévolo.*

maleza. F. 1. Espesura que forma la multitud de arbustos, como zarzales, jarales, etc. ‖ 2. *Á. Andes* y *Chile.* Hierba mala. ‖ 3. *Ant.* **achaque** (‖ enfermedad ligera).

malformación. F. *Biol.* Anomalía en el desarrollo, especialmente cuando constituye un defecto estructural.

malgache. I. ADJ. 1. Natural de Madagascar. U. t. c. s. ‖ 2. Perteneciente o relativo a este país de África. ‖ II. M. 3. Lengua hablada en esta isla.

malgastador, ra. ADJ. Que malgasta. *Comportamiento malgastador.* Apl. a pers., u. t. c. s.

malgastar. TR. 1. Disipar el dinero, gastándolo en cosas malas o inútiles. ‖ 2. Desperdiciar el tiempo, la paciencia, los agasajos, etc.

malgeniado, da. ADJ. *Á. Andes.* De mal genio.

malgenioso, sa. ADJ. *Am.* De mal genio. U. t. c. s.

malhablado, da. ADJ. Desvergonzado o atrevido en el hablar. U. t. c. s.

malhadado, da. ADJ. Infeliz, desgraciado, desventurado. *Malhadadas circunstancias históricas.*

malhechor, ra. ADJ. Que comete un delito, y especialmente que los comete por hábito. U. t. c. s.

malherir. TR. Herir gravemente. MORF. conjug. c. *sentir.*

malhumor. M. mal humor. MORF. pl. **malos humores.**

malhumorado, da. PART. de **malhumorar.** || ADJ. Que está de mal humor.

malhumorar. TR. Poner a alguien de mal humor. U. t. c. prnl.

malí. ADJ. maliense. Apl. a pers., u. t. c. s. MORF. pl. **malíes** o **malís.**

malicia. F. 1. Intención solapada, de ordinario maligna o mordaz, con que se dice o se hace algo. || 2. Inclinación a lo malo y contrario a la virtud. || 3. Inclinación a pensar mal o a sospechar. || 4. Penetración, sutileza, sagacidad. *Este niño tiene mucha malicia.* □ V. casa de ~.

maliciar. TR. Recelar, sospechar, presumir algo con malicia. U. t. c. prnl. MORF. conjug. c. *anunciar.*

malicioso, sa. ADJ. 1. Que por malicia atribuye mala intención a los hechos y palabras ajenos. U. t. c. s. || 2. Que contiene malicia. *Sonrisa maliciosa.*

maliense. ADJ. 1. Natural de Mali o Malí. U. t. c. s. || 2. Perteneciente o relativo a este país de África.

malignidad. F. Cualidad de maligno.

malignizarse. PRNL. Med. Dicho de una formación patológica: Adquirir carácter maligno.

maligno, na. I. ADJ. 1. Propenso a pensar u obrar mal. *Un sujeto maligno.* U. t. c. s. || 2. De índole perniciosa. *Compañías malignas.* || 3. Med. Dicho de una lesión o de una enfermedad: Que evoluciona de modo desfavorable. || 4. Med. Dicho de un tumor canceroso: Que produce metástasis. || II. M. 5. diablo (|| príncipe de los ángeles rebelados). EL *maligno.* □ V. **ántrax ~, espíritu ~, transformación ~.**

malilla. F. 1. En algunos juegos de naipes, carta que forma parte del estuche y es la segunda entre las de más valor. En oros y copas, se toma el siete por malilla, y en espadas y bastos, el dos. || 2. Juego de naipes en que la carta superior o malilla es para cada palo el nueve.

malinchismo. M. Méx. Actitud de quien muestra apego a lo extranjero con menosprecio de lo propio.

malinchista. ADJ. Méx. Que muestra apego a lo extranjero con menosprecio de lo propio.

malintencionado, da. ADJ. 1. Que tiene mala intención. U. t. c. s. || 2. Propio o característico de una persona malintencionada. *Actitud malintencionada.*

malinterpretar. TR. Interpretar algo o a alguien de forma incorrecta.

malla. F. 1. Cada uno de los cuadriláteros que, formados por cuerdas o hilos que se cruzan y se anudan en sus cuatro vértices, constituyen el tejido de la red. || 2. Tejido semejante al de la malla de la red. || 3. Vestido de tejido de punto muy fino que, ajustado al cuerpo, usan en sus actuaciones los artistas de circo, bailarinas, etc. U. t. en pl. con el mismo significado que en sing. || 4. Tejido de pequeños anillos o eslabones de hierro o de otro metal, enlazados entre sí, de que se hacían las cotas y otras armaduras defensivas, y con el que se hacen actualmente portamonedas, bolsas y otros utensilios. || 5. Á. R. Plata. **bañador.**

mallequino, na. ADJ. 1. Natural de Malleco. U. t. c. s. || 2. Perteneciente o relativo a esta provincia de Chile.

mallero, ra. M. y F. Persona que hace malla.

mallo. M. Juego en que se hacen correr por el suelo unas bolas de madera de siete a ocho centímetros de diámetro, dándoles con unos mazos de mango largo.

mallorquín, na. I. ADJ. 1. Natural de Mallorca. U. t. c. s. || 2. Perteneciente o relativo a esta isla del archipiélago balear, en España. || II. M. 3. Variedad de la lengua catalana que se habla en la isla de Mallorca.

malmaridada. ADJ. Dicho de una mujer: **malcasada** (|| que no vive en armonía con su cónyuge). U. t. c. s. f.

malmeter. TR. 1. Inclinar, inducir a alguien a hacer cosas malas. *En su vida hizo otra cosa que malmeterte.* || 2. **malquistar.** *Lo malmetió con su amiga.*

malmirado, da. ADJ. Mirado con malos ojos, desacreditado. *Malmirado plan de negocios.*

malnacido, da. ADJ. Indeseable, despreciable. *Enemigo malnacido.* U. t. c. s.

malnutrición. F. Med. Condición causada por una dieta inadecuada o insuficiente, o por un defecto en el metabolismo de los alimentos.

malo, la. ADJ. 1. De valor negativo, falto de las cualidades que cabe atribuirle por su naturaleza, función o destino. *Terreno malo para la agricultura.* || 2. Nocivo para la salud. *Fumar es malo.* || 3. Que se opone a la lógica o a la moral. *Razonamiento malo.* || 4. De mala vida y comportamiento. *Este chico es realmente malo.* U. t. c. s. || 5. **enfermo.** *Se puso malo.* || 6. Que ofrece dificultad o resistencia para la acción significada por el infinitivo que sigue. *Este libro es malo DE entender.* || 7. Desagradable, doloroso. *¡Qué rato tan malo!* || 8. **deteriorado.** *El pescado está malo.* || 9. Inhábil, torpe, especialmente en su profesión. *Un dentista, un futbolista malo.* || 10. **desfavorable.** *Malos tiempos para la lírica.* || 11. coloq. **malvado.** *Es un hombre muy malo.* || 12. coloq. Dicho comúnmente de un muchacho: Travieso, inquieto, enredador. ¶ MORF. sup. irreg. **pésimo.** || **el, la ~ de la película.** M. y F. coloq. Persona a la que se atribuye la responsabilidad de algo negativo. *Siempre me toca ser el malo de la película.* || **a la ~.** LOC. ADV. Chile. **a traición.** || **a malas.** LOC. ADV. Con hostilidad. *Ponerse a malas.* || **de malas.** LOC. ADV. 1. Con mala intención. VIENE *de malas.* || 2. De mal humor y poco complaciente. ESTAR, HALLARSE *de malas.* || **lo ~ es que.** EXPR. Se usa para indicar que lo expresado a continuación supone obstáculo o impedimento molesto de lo dicho antes. *Me gustaría ayudar; lo malo es que no me lo van a agradecer.* || **malo.** INTERJ. Se usa sobre todo para reprobar algo, o para significar que ocurre inoportunamente, infunde sospechas o es contrario a un fin determinado. || **malo será, o sería, que.** EXPRS. Se usan para manifestar la dificultad o poca probabilidad de que suceda algo que no se desea. *Malo será que no lleguemos a un acuerdo. Malo sería que Pedro cambiara de opinión.* || **por las ~s.** LOC. ADV. **por fuerza** (|| contra la propia voluntad). □ V. **ángel ~, enemigo ~, luz ~, ~ acción, ~ cabeza, ~ fe, ~ figura, ~ hierba, ~ hostia, ~ idea, ~ leche, ~ lengua, ~ mano, ~ paga, ~ pata, ~ presa, ~ sangre, ~ sombra, ~ uva, ~ voluntad, ~s artes, ~s lengua, ~s tratos.**

maloca. F. 1. Am. Mer. hist. Invasión de hombres blancos en tierra de indígenas, con pillaje y exterminio. || 2. Am. Mer. hist. Ataque inesperado de indígenas contra poblaciones de españoles o de otros indígenas.

malograr. I. TR. **1.** Perder, no aprovechar algo, como la ocasión, el tiempo, etc. || **II.** PRNL. **2.** Dicho de una persona o de una cosa: No llegar a su natural desarrollo o perfeccionamiento. *Se ha malogrado el hijo que esperaban. Se van a malograr sus planes.*

malogro. M. Efecto de malograrse.

maloliente. ADJ. Que exhala mal olor. *Zapatos malolientes.*

malón. M. *Am. Mer.* Irrupción o ataque inesperado de indígenas.

malpaís. M. *Geol.* karst. MORF. pl. **malpaíses.**

malparado, da. ADJ. Que ha sufrido notable deterioro en cualquier línea. *Malparado edificio.*

malparida. F. Mujer que hace poco que malparió.

malparir. INTR. Dicho de una hembra: **abortar.**

malparto. M. **aborto** (|| acción y efecto de abortar).

malpensado, da. ADJ. Dicho de una persona: Que en los casos dudosos se inclina a pensar mal. U. t. c. s.

malpigiáceo, a. ADJ. *Bot.* Se dice de los arbustos o árboles pequeños angiospermos dicotiledóneos que viven en países intertropicales, especialmente en América, con ramos por lo común trepadores y hojas casi siempre opuestas y con estípulas, flores hermosas en corimbos o en racimos, y fruto seco o semejante a una baya, dividido en tres celdillas con una sola semilla sin albumen; p. ej., el chaparro. U. t. c. s. f. ORTOGR. En f. pl., escr. con may. inicial c. taxón. *Las Malpigiáceas.*

malquerencia. F. Mala voluntad contra alguien o contra algo.

malquerer. TR. Tener mala voluntad a alguien o a algo. MORF. conjug. c. *querer.*

malqueriente. ADJ. Que quiere mal a otro. U. t. c. s.

malquistar. TR. Indisponer o enemistar a alguien con otra u otras personas. *Lo malquistaron con el ministro.* U. t. c. prnl.

malquisto, ta. ADJ. Mirado con malos ojos por alguien. *El malquisto estado del sur.*

malrotar. TR. Destruir, malgastar la hacienda.

malsano, na. ADJ. **1.** Dañoso a la salud. *Clima malsano.* || **2.** Moralmente dañoso. *Malsana intención.*

malsín. M. Cizañero, delator.

malsonancia. F. Cualidad de malsonante.

malsonante. ADJ. Dicho especialmente de una doctrina o de una frase: Que ofende los oídos de personas piadosas o de buen gusto.

malsufrido, da. ADJ. Que tiene poco aguante o poca paciencia.

malta¹. F. **1.** Cebada que, germinada artificialmente y tostada, se emplea en la fabricación de la cerveza. || **2.** Esta misma cebada, preparada para hacer un cocimiento. □ V. **azúcar de ~.**

Malta². □ V. **cruz de ~, fiebre de ~.**

malteado, da. PART. de **maltear.** || **I.** ADJ. **1.** Mezclado con malta. *Un vaso de leche malteada.* || **II.** M. **2.** Acción y efecto de maltear.

maltear. TR. Forzar la germinación de las semillas de los cereales, con el fin de mejorar la palatabilidad de líquidos fermentados, como la cerveza.

maltés, sa. ADJ. **1.** Natural de Malta. U. t. c. s. || **2.** Perteneciente o relativo a este país de Europa, en el Mediterráneo.

maltosa. F. *Biol.* Disacárido formado por dos moléculas de glucosa.

maltraer. a ~. LOC.ADV. Maltratando o molestando mucho a alguien en cualquier concepto. *Lo lleva a maltraer.*

maltraído, da. ADJ. *Á. Andes* y *Chile.* **desaliñado.**

maltratador, ra. ADJ. Dicho de una persona: Que maltrata. U. m. c. s.

maltratamiento. M. Acción y efecto de maltratar.

maltratar. TR. **1.** Tratar mal a algo o algo de palabra u obra. *Maltratar a un perro.* U. t. c. prnl. || **2.** Estropear o echar a perder. *Maltratar los juguetes.*

maltrato. M. Acción y efecto de maltratar. MORF. pl. **maltratos.**

maltrecho, cha. ADJ. Maltratado, malparado. *La maltrecha economía de su país.*

maltusianismo. M. Conjunto de las teorías económicas de Thomas Malthus, economista británico de fines del siglo XVIII, basadas en que, según él, la población tiende a crecer en progresión geométrica, mientras que los alimentos solo aumentan en progresión aritmética.

maltusiano, na. ADJ. Partidario del maltusianismo. U. t. c. s.

maluco, ca. ADJ. **1.** coloq. Que está algo malo. || **2.** *Á. Caribe.* Dicho de un alimento: De gusto desagradable.

malva. I. F. **1.** Planta de la familia de las Malváceas, con tallo áspero, ramoso, casi erguido, de cuatro a seis decímetros de altura, hojas de pecíolo largo, con estípulas partidas en cinco o siete lóbulos dentados por el margen, flores moradas, axilares, en grupos de pedúnculos desiguales, y fruto con muchas semillas secas. Es planta abundante y muy usada en medicina, por el mucílago que contienen las hojas y las flores. || **II.** M. **2.** Color morado pálido tirando a rosáceo, como el de la flor de la malva. U. t. c. adj. *Un vestido malva.* || **~ arbórea, ~ loca, ~ real,** o **~ rósea.** F. Planta de la familia de las Malváceas, con tallo recto y erguido, de dos a tres metros de altura, hojas blandas vellosas, acorazonadas, con lóbulos festoneados, y flores grandes, sentadas, encarnadas, blancas o róseas, que forman una espiga larga en lo alto del tallo. Se cultiva en los jardines.

malváceo, a. ADJ. *Bot.* Se dice de las plantas angiospermas dicotiledóneas, hierbas, matas y a veces árboles, de hojas alternas con estípulas, flores axilares, regulares, con muchos estambres unidos formando un tubo que cubre el ovario, y fruto seco dividido en muchas celdas con semillas sin albumen; p. ej., la malva, la altea, el algodonero y la majagua. U. t. c. s. f. ORTOGR. En f. pl., escr. con may. inicial c. taxón. *Las Malváceas.*

malvado, da. ADJ. Dicho de una persona: Perversa, mal inclinada. U. t. c. s.

malvar. M. Sitio poblado de malvas.

malvarrosa. F. **malva arbórea.**

malvasía. F. **1.** Uva muy dulce y fragante, producida por una variedad de vid procedente de los alrededores de la ciudad que le dio el nombre. || **2.** Vino que se hace de esta uva.

malvavisco. M. **1.** Planta perenne de la familia de las Malváceas, con tallo de un metro de altura aproximadamente, hojas suaves, muy vellosas, ovaladas, de lóbulos poco salientes y dentadas por el margen, flores axilares de color blanco rojizo, fruto como el de la malva, y raíz gruesa. Abunda en los terrenos húmedos, y la raíz se usa como emoliente. || **2.** *Méx.* Dulce esponjoso hecho de la raíz de esta planta.

malvender. TR. Vender a bajo precio, con poca o ninguna ganancia.

malversación. F. **1.** Acción y efecto de malversar. ‖ **2.** *Der.* Delito que cometen las autoridades o funcionarios que sustraen o consienten que un tercero sustraiga caudales o efectos públicos que tienen a su cargo.

malversador, ra. ADJ. Que malversa. *Prácticas malversadoras.* Apl. a pers., u. t. c. s.

malversar. TR. Apropiarse o destinar los caudales públicos a un uso ajeno a su función.

malvinense. ADJ. **1.** Natural de las islas Malvinas. U. t. c. s. ‖ **2.** Perteneciente o relativo a estas islas, en el océano Atlántico.

malvinero, ra. ADJ. **malvinense.** Apl. a pers., u. t. c. s.

malvís. M. Tordo de pico y patas negros, plumaje de color verde oscuro manchado de negro en el cuello, pecho y vientre, y de rojo en los lados del cuerpo y debajo de las alas. Es propio de los países del norte de Europa, y ave de paso en España a fines de otoño. MORF. pl. **malvises.**

malviviente. ADJ. Dicho de una persona: De mala vida. U. m. c. s.

malvivir. INTR. Vivir mal.

malviz. M. **malvís.**

malvón. M. *Á. guar., Á. R. Plata* y *Méx.* Planta de la familia de las Geraniáceas, muy ramificada, con hojas orbiculares o reniformes, afelpadas, y flores de tonos rojos o a veces blancas.

mam. **I.** ADJ. **1.** Se dice del individuo de un pueblo amerindio de la familia maya de Guatemala. U. t. c. s. ‖ **2.** Perteneciente o relativo a los mames. *Tradición mam.* ‖ **II.** M. **3.** Lengua hablada por los mames. ¶ MORF. pl. **mames** o **mams.**

mama. F. **1.** *Anat.* **teta** (‖ órgano glanduloso). ‖ **2.** coloq. **madre** (‖ respecto de sus hijos). U. m. c. rur.

mamá. F. coloq. **madre** (‖ respecto de sus hijos). En España, u. m. en leng. infant. MORF. pl. **mamás.**

mamacona. F. hist. Entre los antiguos incas, cada una de las mujeres vírgenes y ancianas dedicadas al servicio de los templos, y a cuyo cuidado estaban las vírgenes del Sol.

mamada. F. **1.** Cantidad de leche que mama la criatura cada vez que se pone al pecho. ‖ **2.** coloq. Acción de **mamar** (‖ sacar leche de los pechos). ‖ **3.** vulg. **felación.**

mamadera. F. **1.** *Am.* **biberón** (‖ utensilio para la lactancia artificial). ‖ **2.** *Ant.* **tetilla** (‖ del biberón).

mamado, da. PART. de **mamar.** ‖ ADJ. vulg. Ebrio, borracho.

mamador, ra. ADJ. Que mama. *Animal mamador.*

mamalón, na. ADJ. *Ant.* holgazán.

mamancona. F. *Á. Andes.* Mujer vieja y gorda.

mamandurria. F. Sueldo que se disfruta sin merecerlo, sinecura.

mamantón, na. ADJ. Dicho de un animal: Que mama todavía.

mamar. **I.** TR. **1.** Atraer, sacar, chupar con los labios y la lengua la leche de los pechos. U. t. c. intr. ‖ **2.** Adquirir un sentimiento o cualidad moral, o aprender algo en la infancia. *Mamó la piedad, la honradez.* ‖ **II.** PRNL. **3.** coloq. **emborracharse** (‖ beber hasta trastornarse los sentidos). ‖ **~la.** LOC.VERB. vulg. Hacer una felación.

mamario, ria. ADJ. **1.** *Anat.* En las hembras, perteneciente o relativo a las **mamas** (‖ tetas). *Glándulas mamarias.* ‖ **2.** *Anat.* En los machos, perteneciente o relativo a las tetillas. *Superficie mamaria.*

mamarrachada. F. coloq. Acción mal planteada y ridícula.

mamarracho. M. **1.** coloq. Persona o cosa defectuosa, ridícula o extravagante. ‖ **2.** coloq. Cosa imperfecta. ‖ **3.** coloq. Hombre informal, no merecedor de respeto.

mambí o **mambís, sa.** **I.** ADJ. **1.** hist. Perteneciente o relativo a la insurrección independentista contra España producida en Santo Domingo y Cuba en el siglo XIX. *Caudillo mambí.* ‖ **II.** M. y F. **2.** hist. Participante en esta insurrección. ¶ MORF. pl. **mambises, sas.**

mambo. M. Música y baile populares de origen cubano.

mamboretá. M. *Á. R. Plata.* Se usa como nombre genérico para referirse a varias especies de insectos carnívoros de la misma familia que la mantis religiosa. Se caracterizan por tener el cuerpo muy fino, de color verdoso, la cabeza triangular, el primer segmento del tórax muy largo y movible y patas anteriores prensiles, con las que cazan y devoran otros insectos. MORF. pl. **mamboretás.**

mamella. F. Cada uno de los apéndices largos y ovalados que tienen a los lados de la parte anterior e inferior del cuello algunos animales, particularmente las cabras.

mamelón. M. *Med.* Pequeña eminencia carnosa semejante a un pezón en el tejido cicatrizal de heridas y úlceras.

mameluco. M. **1.** hist. Soldado de una milicia privilegiada de los sultanes de Egipto. ‖ **2.** coloq. Hombre necio y bobo. ‖ **3.** *Á. R. Plata.* **mono** (‖ prenda de vestir).

mamey. M. **1.** Árbol americano de la familia de las Gutíferas, que crece hasta quince metros de altura, con tronco recto y copa frondosa, hojas elípticas, persistentes, obtusas, lustrosas y coriáceas, flores blancas, olorosas, y fruto casi redondo, de unos quince centímetros de diámetro, de corteza verdusca, correosa y delgada, que se quita con facilidad, pulpa amarilla, aromática, sabrosa, y una o dos semillas del tamaño y forma de un riñón de carnero. ‖ **2.** Fruto de este árbol. ‖ **3.** Árbol americano de la familia de las Sapotáceas, que crece hasta 30 m de altura, con tronco grueso y copa cónica, hojas caedizas, lanceoladas, enteras y coriáceas, flores axilares, solitarias, de color blanco rojizo, y fruto ovoide, de 15 a 20 cm de eje mayor, cáscara muy áspera, pulpa roja, dulce, muy suave, y una semilla elipsoidal de 4 a 5 cm de longitud, lisa, lustrosa, quebradiza, de color de chocolate por fuera y blanca en el interior. ‖ **4.** Fruto de este árbol. ¶ MORF. pl. **mameyes.**

mamífero, ra. **I.** ADJ. **1.** *Zool.* Se dice de los animales vertebrados de temperatura constante cuyo embrión, provisto de amnios y alantoides, se desarrolla casi siempre dentro del cuerpo materno, y cuyas crías son alimentadas por las hembras con la leche de sus mamas. *Predadores mamíferos.* U. t. c. s. ‖ **II.** M. **2.** pl. *Zool.* Clase de estos animales. ORTOGR. Escr. con may. inicial.

mamila. F. **1.** *Anat.* Parte principal de la teta o pecho de la hembra, exceptuando el pezón. ‖ **2.** *Anat.* Tetilla en el hombre.

mamilar. ADJ. **1.** En forma de mamila. *Cuerpo mamilar.* ‖ **2.** *Anat.* Perteneciente o relativo a la mamila. *Tejidos mamilares.*

mamografía. F. *Med.* Radiografía de mama en película de grano fino, capaz de obtener imágenes de tejidos blandos con gran precisión.

mamola. F. Cierto modo de poner la mano debajo de la barbilla de alguien, como para acariciarlo o burlarse de él. Se hace comúnmente a los muchachos. ‖ **hacer** a alguien **la ~.** LOC.VERB. Darle golpecitos debajo de la barbilla en señal de burla o broma.

mamón, na. I. ADJ. **1.** Que todavía está mamando. *Gatos mamones.* U. t. c. s. || **II.** M. y F. **2.** malson. Se usa como insulto. U. t. c. adj.

mamoplastia. F. *Med.* Cirugía plástica de la mama.

mamotreto. M. **1.** armatoste (|| objeto grande). || **2.** coloq. Libro o legajo muy abultado, principalmente cuando es irregular y deforme.

mampara. F. Panel o tabique de vidrio, madera u otro material, generalmente móvil, que sirve para dividir o aislar un espacio.

mamparo. M. *Mar.* Tabique de tablas o planchas de hierro con que se divide en compartimentos el interior de un barco.

mamparra. F. **1.** Pesca que se verifica colocando una luz en un bote alrededor del cual se tienden las redes. || **2.** Embarcación dispuesta para este tipo de pesca.

mampato, ta. ADJ. *Chile.* Dicho de un animal, especialmente del caballo: De patas cortas. U. t. c. s.

mamperlán. M. Listón de madera con que se guarnece el borde de los peldaños en las escaleras de fábrica.

mamporrero, ra. M. y F. Persona que dirige el miembro del caballo en el acto de la generación.

mamporro. M. coloq. Golpe, coscorrón, puñetazo.

mampostería. F. Obra hecha con mampuestos colocados y ajustados unos con otros sin sujeción a determinado orden de hiladas o tamaños.

mampostero. M. Hombre que trabaja en mampostería.

mampuesto. M. **1.** Piedra sin labrar que se puede colocar en obra con la mano. || **2.** *Am.* Objeto en que se apoya el arma de fuego para tomar mejor la puntería.

mamut. M. Especie de elefante fósil que vivió en las regiones de clima frío durante la época cuaternaria. Tenía la piel cubierta de pelo áspero y largo, los dientes incisivos de la mandíbula superior, curvos y tan desarrollados, que se hallan algunos de tres metros. MORF. pl. **mamuts.**

mana. F. *Am.* maná (|| manjar milagroso).

maná. M. **1.** Manjar milagroso, enviado por Dios a modo de escarcha, para alimentar al pueblo de Israel en el desierto. || **2.** Bien o don que se recibe gratuitamente y de modo inesperado. *El maná de las ayudas al desarrollo.*

manabita. ADJ. **1.** Natural de Manabí. U. t. c. s. || **2.** Perteneciente o relativo a esta provincia de Ecuador.

manada. F. **1.** Hato o rebaño pequeño de ganado que está al cuidado de un pastor. || **2.** Conjunto de ciertos animales de una misma especie que andan reunidos. *Manada de pavos. Manada de lobos.* || **3.** Porción de hierba, trigo, lino, etc., que se puede coger de una vez con la mano. || **4.** despect. Grupo numeroso de personas. *Manadas de críos.* || **a ~s.** LOC.ADV. En gran número.

manadero, ra. I. ADJ. **1.** Que mana. *Aguas manaderas.* || **II.** M. **2.** manantial (|| nacimiento de las aguas).

mánager. COM. **1.** Gerente o directivo de una empresa o sociedad. || **2.** Representante de un artista o deportista, o de una entidad artística o deportiva. ¶ MORF. pl. invar. *Los mánager.*

managua. ADJ. managüense. Apl. a pers., u. t. c. s.

managüense. ADJ. **1.** Natural de Managua. U. t. c. s. || **2.** Perteneciente o relativo a este departamento de Nicaragua, o a su cabecera, que también es capital del país.

manantial. M. **1.** Nacimiento de las aguas. || **2.** Origen y principio de donde proviene algo. *La naturaleza es manantial de toda vida.*

manantío, a. I. ADJ. **1.** Que mana. || **II.** M. **2.** manantial.

manar. INTR. Dicho de un líquido: Brotar o salir. U. t. c. tr.

manatí. M. Mamífero sirenio de hasta cinco metros de longitud, cabeza redonda, cuello corto, cuerpo muy grueso y piel cenicienta, velluda y de tres a cuatro centímetros de espesor. Tiene los miembros torácicos en forma de aletas terminadas por manos, y tan desarrollados, que sirven a la hembra para sostener a sus crías mientras maman. Vive cerca de las costas del Caribe y en los ríos de aquellas regiones. Es animal herbívoro, y su carne y grasa son muy estimadas. MORF. pl. **manatíes** o **manatís.**

manatieño, ña. ADJ. **1.** Natural de Manatí. U. t. c. s. || **2.** Perteneciente o relativo a este municipio de Puerto Rico o a su cabeza.

mancar. TR. **1.** Lisiar, estropear, herir las manos u otros miembros de alguien, imposibilitando el libre uso de alguno de ellos. *Lo mancaron para siempre de un disparo.* U. t. c. prnl. || **2.** lastimar (|| herir). *Me mancan los zapatos.*

manceba. F. V. **mancebo.**

mancebía. F. **1.** burdel (|| casa de prostitución). || **2.** Diversión deshonesta. □ V. **casa de ~.**

mancebo, ba. I. M. y F. **1.** En algunos oficios y artes, persona que trabaja por un salario, especialmente la persona auxiliar, sin título facultativo, de los farmacéuticos. || **II.** M. **2.** Mozo de pocos años. || **III.** F. **3.** concubina.

mancera. F. esteva.

mancerina. F. Plato con una abrazadera circular en el centro, donde se coloca y sujeta la jícara en que se sirve el chocolate.

mancha. F. **1.** Señal que una cosa hace en un cuerpo, ensuciándolo o echándolo a perder. || **2.** Parte de una superficie con distinto color del general o dominante en ella. *Las manchas de la piel de la jirafa.* || **3.** Pedazo de terreno que se distingue de los inmediatos por alguna cualidad. || **4.** Deshonra, desdoro. *Una mancha en su carrera.* || **5.** *Astr.* Cada una de las partes oscuras que se observan en el disco del Sol o de la Luna. || **6.** *Pint.* Estudio hecho sobre lienzo, o sobre tabla, con pincel y colores, para observar el efecto de las luces.

manchado, da. PART. de **manchar.** || ADJ. Que tiene manchas. *La piel manchada del leopardo.*

manchamantel o **manchamanteles.** M. *Méx.* Guiso de pollo o pavo con chile, jitomate, piña y plátano macho.

manchar. TR. **1.** Poner sucio algo, haciéndole perder en alguna de sus partes el color que tenía. U. t. c. intr. y c. prnl. || **2.** Deslustrar la buena fama de una persona, familia o linaje. U. t. c. prnl. || **3.** *Pint.* Ir metiendo las masas de claro y oscuro antes de unirlas y empastarlas.

manchego, ga. ADJ. **1.** Natural de la Mancha. U. t. c. s. || **2.** Perteneciente o relativo a esta región de España. □ V. **gazpachos ~s, seguidillas ~s.**

manchón. M. En los sembrados y en los matorrales, pedazo en que nacen las plantas muy espesas y juntas.

manchú. I. ADJ. **1.** Natural de Manchuria. U. t. c. s. || **2.** Perteneciente o relativo a esta región de Asia. || **II.** M. **3.** Lengua perteneciente al grupo uraloaltaico, hablada en esta región. ¶ MORF. pl. **manchúes** o **manchús.**

mancilla. F. Mancha moral (|| deshonra, desdoro).

mancillar. TR. **1.** manchar (|| deslustrar la buena fama). *Mancillar la memoria de sus antepasados.*

U. t. c. prnl. ‖ **2.** Deslucir, afear, ajar. *Mancillar un traje.* U. t. c. prnl.

manco, ca. ADJ. **1.** Que ha perdido un brazo o una mano, o el uso de cualquiera de estos miembros. Apl. a pers., u. t. c. s. ‖ **2.** Defectuoso, falto de alguna parte necesaria. *Obra manca. Verso manco.* ‖ **no ser** alguien ~. LOC.VERB. coloq. Ser muy inteligente y experimentado en lo que le toca.

mancomunar. TR. Unir personas, fuerzas o caudales para un fin. *Mancomunar esfuerzos.* U. t. c. prnl.

mancomunidad. F. **1.** Efecto de mancomunar. ‖ **2.** Corporación o entidad legalmente constituida por agrupación de municipios o provincias.

mancornar. TR. **1.** Poner a un novillo con los cuernos fijos en la tierra, dejándolo sin movimiento. ‖ **2.** Atar una cuerda a la mano y cuerno del mismo lado de una res vacuna, para evitar que huya. ¶ MORF. conjug. c. *contar.*

mancuerda. F. hist. Tormento que consistía en atar al reo con ligaduras que se iban apretando por vueltas de una rueda.

mancuerna. F. **1.** *Dep.* Cada una de las dos pesas consistentes en un eje cilíndrico con discos metálicos en los extremos y que se utilizan para desarrollar los músculos de los brazos, tórax, etc. ‖ **2.** *Á. Caribe.* Porción de tallo de la planta del tabaco con un par de hojas. ‖ **3.** *Á. Caribe.* Disposición con que suele hacerse al corte de la planta al tiempo de la recolección. ‖ **4.** *Filip.* Pareja de presidiarios unidos por una misma cadena. ‖ **5.** *Méx.* Pareja de aliados. ‖ **6.** pl. *Am. Cen., Filip.* y *Méx.* **gemelos** (‖ del puño de la camisa).

mancuernillas. F. pl. *Am. Cen.* y *Méx.* **gemelos** (‖ del puño de la camisa).

manda. F. **1.** Oferta que una persona hace a otra de darle algo. ‖ **2.** Legado de un testamento. ‖ **3.** *Chile.* Voto o promesa hechos a Dios, a la Virgen o a un santo.

mandadero, ra. M. y F. Persona que hace los mandados.

mandado, da. PART. de **mandar.** ‖ **I.** M. y F. **1.** Persona que ejecuta una comisión por encargo ajeno. ‖ **II.** M. **2.** Orden, precepto, mandamiento. ‖ **3.** Comisión que se da en lugar distinto de aquel en que ha de ser desempeñada. ‖ **4.** *Méx.* Compra de lo necesario para la comida. ‖ **bien** ~. LOC.ADJ. **bienmandado.** ‖ **mal** ~. LOC.ADJ. Que no obedece, o que hace las cosas de mala gana. ▢ V. **petiso de los** ~s.

mandala. M. En el hinduismo y en el budismo, dibujo complejo, generalmente circular, que representa las fuerzas que regulan el universo y que sirve como apoyo de la meditación.

mandamás. COM. irón. coloq. Persona que desempeña una función de mando. MORF. pl. **mandamases.**

mandamiento. M. **1.** Precepto u orden de un superior a un inferior. ‖ **2.** Cada uno de los preceptos del Decálogo y de la Iglesia. ‖ **3.** *Der.* Despacho del juez, por escrito, mandando ejecutar algo.

mandanga. F. **1.** Indolencia, pachorra. ‖ **2.** pl. coloq. Tonterías, cuentos, pejigueras.

mandante. **I.** ADJ. **1.** Que manda. *Partido mandante.* Apl. a pers., u. t. c. s. ‖ **II.** COM. **2.** *Der.* Persona que en el contrato consensual llamado mandato confía a otra su representación personal, o la gestión o desempeño de uno o más negocios.

mandar. **I.** TR. **1.** Dicho del superior: Ordenar al súbdito. ‖ **2.** Imponer un precepto. *La ley manda respetar la* propiedad ajena. ‖ **3.** Enviar a alguien o remitir algo. *Le mandaron un libro por correo.* ‖ **4.** Manifestar la voluntad de que se haga algo. *Me mandaron traer el pan.* ‖ **5.** *Equit.* Dominar el caballo, regirlo con seguridad y destreza. ‖ **II.** INTR. **6.** Regir, gobernar, tener el mando. *¿Quién manda aquí?* U. t. c. tr. ‖ **III.** PRNL. **7.** *Am. Mer.* Cumplir o hacer cumplir lo significado por el infinitivo. *Se mandó cambiar. Mándalo mudar.* ‖ **a** ~. LOC. INTERJ. Se usa para declararse dispuesto a cumplir los deseos de otro.

mandarín, na. **I.** ADJ. **1.** hist. Perteneciente o relativo a los **mandarines** de China o de otros países asiáticos. *Casta mandarina.* ‖ **2.** Se dice de la lengua que se habla en el norte, centro, este y suroeste de China y que actualmente es oficial en todo el país. U. m. c. s. m. *El mandarín.* ‖ **3.** Perteneciente o relativo a esta lengua. *Léxico, vocablo mandarín.* ‖ **II.** M. **4.** hist. En China y otros países asiáticos, alto funcionario de la antigua Administración imperial. ‖ **5.** irón. Persona influyente en los ambientes políticos, artísticos, literarios, sociales, etc. U. m. en pl.

mandarina. F. naranja **mandarina.**

mandarria. F. *Mar.* Martillo o maza de hierro que usan los calafates para meter o sacar los pernos en los costados de los buques.

mandatario, ria. M. y F. **1.** Persona que ocupa por elección un cargo muy relevante en la gobernación y representación del Estado, y, por ext., quien ocupa este cargo sin haber sido elegido. ‖ **2.** *Der.* Persona que, en virtud del contrato consensual llamado mandato, acepta del demandante representarlo personalmente, o la gestión o desempeño de uno o más negocios.

mandato. M. **1.** Orden o precepto que el superior da a los súbditos. ‖ **2.** Orden dada a un aparato para que realice una determinada operación. ‖ **3.** Encargo o representación que por la elección se confiere a los diputados, concejales, etc. ‖ **4.** Período en que alguien actúa como mandatario de alto rango. ‖ **5.** Rito de la liturgia católica que se celebra en la misa vespertina del Jueves Santo y en el que se lavan los pies a doce varones, en memoria de lo que hizo Jesucristo con los doce apóstoles en la última cena. ‖ **6.** *Der.* Contrato consensual por el que una de las partes confía su representación personal, o la gestión o desempeño de uno o más negocios, a la otra, que lo toma a su cargo. ‖ **~ imperativo.** M. Aquel en que los electores, generalmente en tiempos pasados, fijaban el sentido en que los elegidos habían de emitir su voto. ‖ **~ internacional.** M. hist. Potestad titular que, conferida e intervenida por la Sociedad de Naciones, ejercía una potencia o Estado sobre pueblos de cultura y capacidad política atrasadas.

mandíbula. F. **1.** Cada una de las dos piezas, óseas o cartilaginosas, que limitan la boca de los animales vertebrados, y en las cuales están implantados los dientes. ‖ **2.** Hueso maxilar inferior de una persona. ‖ **3.** *Zool.* Cada una de las dos piezas duras que tienen en la boca los insectos con aparato bucal apto para la masticación y otros artrópodos para triturar los alimentos. ‖ **a ~ batiente.** LOC.ADV. coloq. Con risa estrepitosa y prolongada.

mandibular. ADJ. Perteneciente o relativo a las mandíbulas.

mandil. M. **1.** Prenda de cuero o tela fuerte que, colgada del cuello, sirve en ciertos oficios para proteger la ropa desde lo alto del pecho hasta por debajo de las rodillas. || **2.** Prenda de vestir que, atada a la cintura, se usa para cubrir la parte inferior del cuerpo.

mandilón. M. Prenda de uso exterior a manera de blusón, que se pone sobre el vestido.

mandinga. ADJ. **1.** Se dice del individuo de un pueblo que habita en el Senegal, Costa de Marfil, Guinea, Guinea-Bissau y Mali. U. t. c. s. || **2.** Se dice de la lengua que habla este pueblo. U. t. c. s. m. *El mandinga.* || **3.** Perteneciente o relativo a esta lengua. *Fonética mandinga.*

mandioca. F. **1.** Arbusto de la familia de las Euforbiáceas, que se cría en las regiones cálidas de América, de dos a tres metros de altura, con una raíz muy grande y carnosa, hojas profundamente divididas y flores dispuestas en racimo. || **2.** Raíz, en forma de tubérculo, de este arbusto. || **3. tapioca** (|| fécula granulada de la raíz de la mandioca).

mando. M. **1.** Acción de mandar. || **2.** Autoridad y poder que tiene el superior sobre sus súbditos. || **3.** Persona o colectivo que tiene tal autoridad. || **4. mandato** (|| contrato de representación). || **5.** *Mec.* Dispositivo que permite actuar sobre un mecanismo o aparato para iniciar, suspender o regular su funcionamiento. || **~ a distancia.** M. Regulador automático a distancia del funcionamiento de un aparato. || **alto ~.** M. Persona u organismo que ejerce la potestad superior en el ámbito militar. U. t. en sent. fig. *El alto mando de una empresa.* □ V. **botón de ~, don de ~, voz de ~.**

mandoble. M. **1.** Cuchillada o golpe grande que se da usando el arma con ambas manos. || **2.** hist. Espada grande. || **3. bofetada** (|| golpe con la mano abierta).

mandolina. F. Instrumento musical de cuerda parecido a la bandurria, pero de menor tamaño y con cuatro cuerdas dobles.

mandón, na. I. ADJ. **1.** coloq. Que ostenta demasiado su autoridad y manda más de lo que le toca. U. t. c. s. || **II.** M. **2.** *Am.* Capataz de mina. || **3.** *Chile.* Persona que da el grito o voz de partida en las carreras de caballos.

mandorla. F. Marco en forma de almendra que, en el arte románico y bizantino, circunda algunas imágenes, especialmente las de Cristo Majestad.

mandracho. M. **casa de juego.**

mandrágora. F. Planta herbácea de la familia de las Solanáceas, sin tallo, con muchas hojas pecioladas, muy grandes, ovaladas, rugosas, ondeadas por el margen y de color verde oscuro, flores de mal olor en forma de campanilla, blanquecinas y rojizas, en grupo colocado en el centro de las hojas, fruto en baya semejante a una manzana pequeña, redondo, liso, carnoso y de olor fétido, y raíz gruesa, fusiforme y a menudo bifurcada. Se ha usado en medicina como narcótico, y acerca de sus propiedades corrían en la Antigüedad muchas fábulas.

mandria. ADJ. coloq. Apocado, inútil y de escaso o ningún valor. U. t. c. s.

mandril[1]. M. Cuadrumano de unos ocho decímetros desde lo alto de la cabeza al arranque de la cola, y cuatro de altura cuando camina a cuatro patas; cabeza pequeña, hocico largo, pelaje espeso, pardo en la parte superior y azulado en las inferiores, nariz roja, chata, con alas largas, arrugadas, eréctiles y de color azul oscuro, y cola corta y levantada. Vive cerca de las costas occidentales de África.

mandril[2]. M. *Mec.* Pieza de madera o metal, de forma cilíndrica, en que se asegura lo que se va a tornear.

manea. F. Soga que sirve para trabar o maniatar las caballerías.

manear. TR. Poner maneas a una caballería.

manecilla. F. **1.** Pieza alargada y generalmente puntiaguda que, en el reloj y en otros instrumentos, sirve para señalar las horas, los minutos, segundos, grados, etc. || **2.** Signo, en forma de mano con el índice extendido, que suele ponerse en los impresos y manuscritos para llamar y dirigir la atención.

manejable. ADJ. Que se maneja con facilidad. *Automóvil, edición manejable.*

manejar. I. TR. **1.** Usar algo con las manos. *Manejar un arma.* || **2.** Usar, utilizar, aunque no sea con las manos. *Manejar datos fiables.* || **3.** Gobernar, dirigir. *El agente manejó esta pretensión. El criado maneja a su amo.* U. t. c. prnl. *Luciano se manejó bien en este negocio.* || *Am.* **conducir** (|| guiar un automóvil). U. t. c. intr. **II.** PRNL. **5.** Moverse con cierta soltura después de haber tenido algún impedimento. || **manejárselas.** LOC.VERB. coloq. Desenvolverse con habilidad en los asuntos diarios.

manejo. M. **1.** Acción y efecto de manejar. || **2.** Maquinación, intriga.

manera. F. **1.** Modo con que se ejecuta o acaece algo. || **2.** Porte y modales de alguien. U. m. en pl. *Persona de buenas maneras.* || **3.** Destreza, habilidad. *El novillero apunta buenas maneras.* || **4.** *Pint.* Modo y carácter que un pintor o escultor da a sus obras. || **a la ~ de, o a ~ de.** LOCS. PREPOS. A semejanza de. || **de cualquier ~.** LOC.ADV. **1.** Sin cuidado, sin interés. || **2.** En cualquier caso. || **~ de.** LOC. PREPOS. *Am.* Seguida de infinitivo, indica finalidad. *Mezcle los huevos y la leche de manera de quedar uniformes.* || **de ~ que.** LOC. CONJUNT. Indica consecuencia, resultado o finalidad. || **de ninguna ~.** LOC.ADV. Se usa para negar enérgicamente, o para intensificar el valor de una negación anterior. || **en cierta ~.** LOC.ADV. **en cierto modo.** || **en gran ~.** LOC.ADV. En alto grado, mucho, muy. || **mal y de mala ~.** LOC.ADV. coloq. De mala gana, de modo torpe y atropellado. || **por ~ que.** LOC. CONJUNT. *Am.* de manera que. || **sobre ~.** LOC.ADV. **sobremanera.**

manes. M. pl. *Mit.* Dioses infernales o almas de los difuntos, considerados benévolos.

manga[1]. F. **1.** Parte del vestido en que se mete el brazo. *Camisas de manga corta y de manga larga.* || **2.** Tubo largo, de cuero, caucho o lona, que se adapta principalmente a las bombas o bocas de riego, para aspirar o para dirigir el agua. || **3.** Tela dispuesta en forma cónica que sirve para colar líquidos. || **4.** Utensilio de tela, de forma cónica, provisto de un pico de metal u otro material duro, que se utiliza para añadir nata a algunos pasteles, decorar tartas, etc. || **5.** *Dep.* En diversos deportes, cada una de las partes de un partido o de una competición. || **6.** *Mar.* Anchura mayor de un buque. || **7.** *Am.* Espacio comprendido entre dos estacadas que van convergiendo hasta la entrada de un corral en las estancias, o hasta un embarcadero en las costas. || **8.** *Á. R. Plata.* **brete** (|| pasadizo para conducir el ganado). || **~ ancha.** F. Lenidad o excesiva indulgencia. *Tener manga ancha.* || **~ catavientos.** F. *Meteor.* Pieza textil troncocónica y abierta en ambos extremos, que se sitúa en lo alto de un mástil y mediante su orientación señala la dirección del viento. || **~ de agua.** F. **turbión** (|| aguacero con viento fuerte). || **~ de viento.** F. **torbellino** (|| remolino de viento). || **~ perdida.** F. manga abierta y pendiente del hombro. ‖ **~ raglan, ~ raglán, ~ ranglan,** o **~ ranglán.** F. La que empieza en el cuello y cubre el hombro. ‖ **andar algo ~ por hombro.** LOC.VERB. coloq. Estar en gran abandono y desorden. ‖ **en ~s de camisa.** LOC.ADV. Vestido de medio cuerpo abajo, pero de la cintura arriba con solo la camisa o con la camisa y el chaleco. ‖ **hacer ~s y capirotes.** LOC.VERB. coloq. Resolver y ejecutar con prontitud y caprichosamente algo, sin detenerse en inconvenientes ni dificultades. ‖ **sacarse** algo **de la ~.** LOC.VERB. coloq. Decirlo o hacerlo sin tener fundamento para ello. ‖ **ser más corto que las ~s de un chaleco.** LOC.VERB. coloq. Ser muy tímido. □ V. **corte de ~, corte de ~s.**

manga². F. **1.** Árbol de los países intertropicales, variedad del mango, con el fruto sin escotadura. ‖ **2.** Fruto de este árbol. ‖ **3.** Á. Caribe. Variedad de mango más grande que el común, que se obtiene mediante injerto.

mangana. F. Lazo que se arroja a las manos de un caballo o toro cuando va corriendo, para hacerlo caer y sujetarlo.

manganear. TR. Echar manganas.

manganeso. M. Elemento químico de núm. atóm. 25. Metal de color y brillo acerados, quebradizo, pesado y muy refractario, que se usa aleado con el hierro para la fabricación de acero. (Símb. *Mn*).

manganeta. F. Á. R. Plata. Engaño, ardid.

mangangá. M. **1.** Á. R. Plata. Insecto himenóptero de cuerpo grueso y velludo que al volar produce un característico zumbido fuerte y prolongado. Vive solitario en troncos o cañas, o gregario en nidos subterráneos. ‖ **2.** Á. guar. y Á. R. Plata. Persona fastidiosa por su continua insistencia. ¶ MORF. pl. **mangangás.**

manganzón, na. ADJ. Á. Andes y Á. Caribe. holgazán.

mangar. TR. coloq. Hurtar, robar. U. t. c. intr.

mangazo. M. Á. Caribe. Golpe dado con un fruto de mango.

manglar. M. **1.** Terreno que en la zona tropical cubren de agua las grandes mareas, lleno de esteros que lo cortan formando muchas islas bajas, donde crecen los árboles que viven en el agua salada. ‖ **2.** Á. Caribe. Terreno poblado de mangle.

mangle. M. Arbusto de la familia de las Rizoforáceas, de tres a cuatro metros de altura, cuyas ramas, largas y extendidas, dan unos vástagos que descienden hasta tocar el suelo y arraigar en él, con hojas pecioladas, opuestas, enteras, elípticas, obtusas y gruesas, flores axilares de cuatro pétalos amarillentos, fruto seco de corteza coriácea, pequeño y casi redondo, y muchas raíces aéreas en parte. Es propio de los países tropicales, y las hojas, frutos y corteza se emplean en las tenerías.

mango¹. M. Parte alargada o estrecha con un extremo libre, por el cual se puede agarrar un instrumento o utensilio.

mango². M. **1.** Árbol de la familia de las Anacardiáceas, originario de la India y muy propagado en América y en todos los países intertropicales, que crece hasta quince metros de altura, con tronco recto de corteza negra y rugosa, copa grande y espesa, hojas persistentes, duras y lanceoladas, flores pequeñas, amarillentas y en panoja, y fruto oval, arriñonado, amarillo, de corteza delgada y correosa, y muy aromático. ‖ **2.** Fruto de este árbol. ‖ **3.** *Méx.* Persona guapa.

mangoneador, ra. ADJ. coloq. Que mangonea. Apl. a pers., u. t. c. s.

mangonear. I. TR. **1.** coloq. Dominar o manejar a alguien o algo. ‖ **II.** INTR. **2.** coloq. Dicho de una persona: Entrometerse o intervenir en asuntos que le conciernen o no, imponiendo a los demás su carácter voluntarioso.

mangoneo. M. coloq. Acción y efecto de **mangonear** (‖ entrometerse).

mangorrero. □ V. **cuchillo ~.**

mangosta. F. Mamífero vivérrido semejante a la civeta, con pelaje de color ceniciento oscuro. El cuerpo tiene unos cuatro decímetros de largo y otro tanto de cola. Habita en África, es carnívoro, y los antiguos egipcios llegaron a adorarlo como principal destructor de los huevos de cocodrilo.

mangostán. M. Arbusto de las Molucas, de la familia de las Gutíferas, con hojas opuestas, agudas, coriáceas y lustrosas, flores terminales, solitarias, con cuatro pétalos rojos, y fruto carnoso, comestible y muy estimado.

mangrullo. M. Á. R. Plata. hist. Torre rústica que servía de atalaya en las proximidades de fortines, estancias y poblaciones de la pampa y otras regiones llanas.

manguear. TR. Á. R. Plata. Pedir dinero prestado.

manguera. F. **1.** manga (‖ tubo largo). ‖ **2.** Mar. Manga para ventilar partes del barco.

manguero, ra. M. y F. Persona que tiene el cargo u oficio de manejar las mangas de las bombas o de las bocas de riego.

mangueta. F. Mec. En algunos vehículos automóviles, extremo del eje de dirección, que soporta la rueda y sus rodamientos.

manguilla. F. Chile. Manga sobrepuesta para preservar la ropa.

manguito. M. **1.** Manga sobrepuesta para preservar la ropa. ‖ **2.** Anillo de hierro o acero con que se refuerzan los cañones, vergas, etc. ‖ **3.** Rollo o bolsa, con abertura en ambos lados, comúnmente de piel fina y peluda, usada por las señoras para llevar abrigadas las manos. ‖ **4.** hist. Media manga de punto que usaban las mujeres ajustada desde el codo a la muñeca. ‖ **5.** Mec. Tubo que sirve para sostener o empalmar dos piezas cilíndricas en una máquina.

manguruyú. M. Pez muy grande de los ríos y arroyos de la Argentina, el Brasil y el Paraguay. Es de color pardo barroso, sin escamas, cabeza enorme, ojos pequeños y excelente carne comestible. MORF. pl. **manguruyúes** o **manguruyús.**

maní. M. cacahuete. MORF. pl. **maníes** o **manís.**

manía. F. **1.** Especie de locura, caracterizada por delirio general, agitación y tendencia al furor. ‖ **2.** Extravagancia, preocupación caprichosa por un tema o cosa determinada. ‖ **3.** Afecto o deseo desordenado. *Tiene manía por las modas.* ‖ **4.** coloq. ojeriza. ‖ **~ persecutoria.** F. manía de ser objeto de la mala voluntad de una o varias personas.

maníaco, ca o **maniaco, ca.** ADJ. Que padece manía. U. t. c. s. □ V. **psicosis maníaco-depresiva.**

maniatar. TR. Atar las manos.

maniático, ca. ADJ. Que tiene manías. U. t. c. s.

manicero, ra. ADJ. Am. manisero. Apl. a pers., u. t. c. s.

manicomio. M. Hospital para locos.

manicura. F. Operación que consiste en el cuidado y embellecimiento de las uñas.

manicurista. COM. Á. Andes, Á. Caribe y Méx. **manicuro.**

manicuro, ra. M. y F. Persona que tiene por oficio cuidar las manos y principalmente cortar y pulir las uñas.

manido, da. PART. de **manir.** ‖ ADJ. Dicho de un asunto o de un tema: Muy trillado.

manierismo. M. Estilo artístico difundido por Europa en el siglo XVI, caracterizado por la expresividad y la artificiosidad.

manierista. ADJ. **1.** Perteneciente o relativo al manierismo. *Época manierista.* ‖ **2.** Que cultiva el manierismo. U. t. c. s.

manifestación. F. **1.** Acción y efecto de manifestar o manifestarse. ‖ **2.** Reunión pública, generalmente al aire libre, en la cual los asistentes a ella reclaman algo o expresan su protesta por algo.

manifestador, ra. ADJ. Que manifiesta. *Elemento manifestador de una identidad social.*

manifestante. COM. Persona que toma parte en una manifestación pública.

manifestar. **I.** TR. **1.** Declarar, dar a conocer. *Manifestar una opinión.* U. t. c. prnl. ‖ **2.** Descubrir, poner a la vista. *Nunca manifiesta sus emociones.* U. t. c. prnl. ‖ **II.** PRNL. **3.** Tomar parte en una manifestación pública. ¶ MORF. conjug. c. *acertar.*

manifestativo, va. ADJ. Que lleva en sí el poder de manifestar. *Aspecto manifestativo de la norma.*

manifiesto, ta. **I.** ADJ. **1.** Descubierto, patente, claro. *Problema manifiesto.* ‖ **II.** M. **2.** Escrito en que se hace pública declaración de doctrinas o propósitos de interés general. ‖ **3.** Documento que suscribe y presenta en la aduana del punto de llegada el capitán de un buque procedente del extranjero, y en el cual expone la clase, cantidad, destino, etc., de las mercancías que conduce. ‖ **poner de manifiesto** algo. LOC.VERB. Manifestarlo, exponerlo al público.

manigero. M. **manijero.**

manigua. F. **1.** Abundancia desordenada de algo, confusión, cuestión intrincada. ‖ **2.** *Ant.* Conjunto espeso de hierbas y arbustos tropicales.

manigual. M. *Ant.* Terreno con **manigua** (‖ conjunto de hierbas y arbustos).

manigüero, ra. ADJ. **1.** *Ant.* Perteneciente o relativo a la **manigua** (‖ conjunto de hierbas y arbustos). *Fitoterapia manigüera.* ‖ **2.** *Ant.* Dicho de una persona: Que habita en un manigual. U. t. c. s.

manigueta. F. Mango de utensilios y herramientas.

manija. F. **1.** Palanca pequeña que acciona ciertos mecanismos, como el pestillo de puertas y ventanas o el embrague de una motocicleta. ‖ **2.** Mango, puño o manubrio de ciertos utensilios y herramientas. ‖ **3. traba** (‖ ligadura de una caballería).

manijero. M. **1.** Capataz de una cuadrilla de trabajadores del campo. ‖ **2.** Contratista de obreros para ciertas faenas del campo.

Manila. □ V. **cáñamo de ~, mantón de ~.**

manilargo, ga. ADJ. Que distribuye generosamente sus bienes, liberal.

manileño, ña. ADJ. **1.** Natural de Manila. U. t. c. s. ‖ **2.** Perteneciente o relativo a esta ciudad, capital de Filipinas.

manilla. F. **1.** Manecilla del reloj. ‖ **2.** Anillo de hierro que para aprisionar se echa a la muñeca. ‖ **3. mango**[1]. ‖ **4. manija** (‖ palanca que acciona ciertos mecanismos).

manillar. M. Pieza de los vehículos de dos ruedas curva por sus extremos para formar un doble mango en el que se apoyan las manos, y sirve para dirigir la máquina.

manilo, la. ADJ. *Ant.* Se dice de cierta clase de gallos y gallinas grandes, y especialmente del gallo grande que no sirve para la pelea.

maniobra. F. **1.** Operación material que se ejecuta con las manos. ‖ **2.** Artificio y manejo con que alguien interviene en un negocio. U. m. en sent. peyor. *Todos están hartos de sus maniobras.* ‖ **3.** *Mar.* Arte que enseña a dar a las embarcaciones todos sus movimientos por medio del timón, de las velas o de cualquier otro agente. ‖ **4.** *Mar.* Faena y operación que se hace a bordo de los buques con su aparejo, velas, anclas, etc. ‖ **5.** *Mar.* Conjunto de los cabos o aparejos de una embarcación, de uno de los palos, de una de las vergas, etc. ‖ **6.** pl. Evoluciones y simulacros en que se ejercita la tropa. ‖ **7.** pl. Operaciones que se hacen en las estaciones y cruces de las vías férreas, utilizando generalmente las locomotoras para la formación, división o paso de los trenes. ‖ **8.** pl. Operaciones que se hacen con otros vehículos para cambiar de rumbo. □ V. **paso de ~.**

maniobrabilidad. F. **1.** Capacidad para maniobrar. ‖ **2.** Facilidad que ofrece una máquina, especialmente un vehículo, para ser maniobrada.

maniobrar. INTR. Ejecutar maniobras. U. t. c. tr.

maniobrero, ra. ADJ. **1.** Que se vale de artificios y manejos para conseguir algo. ‖ **2.** Dicho especialmente de una tropa y del jefe que la manda: Que maniobra con soltura.

maniota. F. Cuerda o cadena con que se atan las manos de un animal.

manipulación. F. Acción y efecto de manipular.

manipulador, ra. **I.** ADJ. **1.** Que manipula. *Actitud manipuladora.* Apl. a pers., u. t. c. s. ‖ **II.** M. **2.** Aparato destinado a abrir y cerrar el circuito en las líneas telegráficas.

manipular. TR. **1.** Operar con las manos o con cualquier instrumento. *Manipular un explosivo, el mecanismo de un reloj.* ‖ **2.** Intervenir con medios hábiles y a veces, arteros, en la política, en el mercado, en la información, etc., con distorsión de la verdad o la justicia y al servicio de intereses particulares. ‖ **3.** coloq. Dicho de una persona: Manejar los negocios a su modo, o mezclarse en los ajenos.

manipuleo. M. coloq. **manipulación.**

manípulo. M. **1.** hist. Ornamento sagrado de la misma hechura de la estola, pero más corto, que por medio de un fiador se sujetaba al antebrazo izquierdo sobre la manga del alba. ‖ **2.** hist. Enseña de los soldados romanos, que en los primeros tiempos consistió en un manojo de hierba atado en la punta de un palo, sustituido después por un estandarte. ‖ **3.** hist. Cada una de las 30 unidades tácticas en que se dividía la antigua legión romana.

maniqueísmo. M. **1.** Secta de los maniqueos. ‖ **2.** peyor. Tendencia a interpretar la realidad sobre la base de una valoración dicotómica.

maniqueo, a. ADJ. **1.** Se dice de quien sigue las doctrinas de Manes, pensador persa del siglo III, que admitía dos principios creadores, uno para el bien y otro para el mal. U. t. c. s. ‖ **2.** Perteneciente o relativo al maniqueísmo. *Doctrina maniquea.* ‖ **3.** Dicho del comportamiento: Que manifiesta maniqueísmo.

maniquí. **I.** M. **1.** Armazón en forma de cuerpo humano, que se usa para probar, arreglar o exhibir prendas de ropa. ‖ **2.** Figura articulada que puede ser colocada en diversas actitudes. Tiene varios usos, y en el arte de la pintura sirve especialmente para el estudio de los ropajes. ‖ **II**. COM. **3**. Persona encargada de exhibir modelos de ropa. ‖ **4**. coloq. Persona débil y pacata que se deja gobernar por los demás. ¶ MORF. pl. **maniquíes** o **maniquís**.

manir. TR. Hacer que las carnes y otros alimentos se pongan más tiernos y sazonados, dejando pasar el tiempo necesario antes de condimentarlos o comerlos. MORF. U. solo las formas cuya desinencia empieza por *-i*.

manirroto, ta. ADJ. Demasiado liberal, pródigo. U. t. c. s.

manisero, ra. **I**. ADJ. **1**. *Am*. Perteneciente o relativo al maní. *Exportaciones maniseras*. ‖ **II**. M. y F. **2**. *Am*. Vendedor ambulante de maní tostado.

manivela. F. En algunos aparatos o mecanismos, pieza en ángulo recto que, unida normalmente a un eje, sirve para transformar un movimiento giratorio en rectilíneo o viceversa.

manizaleño, ña. ADJ. **1**. Natural de Manizales. U. t. c. s. ‖ **2**. Perteneciente o relativo a esta ciudad de Colombia, capital del departamento de Caldas.

manizalita. ADJ. **manizaleño**. Apl. a pers., u. t. c. s.

manjar. M. **1**. **comestible** (‖ género de mantenimiento). ‖ **2**. Comida exquisita. ‖ **~ blanco**. M. Plato de postre que se hace con leche, almendras, azúcar y harina de arroz.

mano. **I**. F. **1**. Parte del cuerpo humano unida a la extremidad del antebrazo y que comprende desde la muñeca inclusive hasta la punta de los dedos. ‖ **2**. En algunos animales, extremidad cuyo dedo pulgar puede oponerse a los otros. ‖ **3**. En los animales cuadrúpedos, cualquiera de los dos pies delanteros. ‖ **4**. En las reses de carnicería, cualquiera de los cuatro pies o extremos después de cortados. ‖ **5**. Cada uno de los dos lados a que cae o en que sucede algo respecto de otra cosa cuya derecha e izquierda están convenidas. *La catedral queda a mano derecha del río*. ‖ **6**. Instrumento de madera, hierro u otra materia, que sirve para machacar, moler o desmenuzar una cosa. ‖ **7**. Capa de yeso, cal, color, barniz, etc., que se da sobre una pared, un mueble, un lienzo, etc. ‖ **8**. Conjunto de cinco cuadernillos de papel, o sea, vigésima parte de la resma. ‖ **9**. Lance entero de varios juegos. *Vamos a echar una mano de dominó*. ‖ **10**. En la caza, cada una de las vueltas que dan los cazadores reconociendo un sitio para buscarla. ‖ **11**. Vuelta que se da a algo para su perfección o enmienda. *Se dio la última mano*. ‖ **12**. Persona que ejecuta algo. *En buenas manos está el negocio. De tal mano no podía temerse mal éxito*. ‖ **13**. **intervención** (‖ acción y efecto de intervenir). *Aquí se ve la mano de Dios*. ‖ **14**. Habilidad, destreza. *Tiene buena mano para los negocios*. ‖ **15**. Poder, mando, facultades. *Dar, tener mano*. ‖ **16**. coloq. Tunda, zurra. *Mano DE azotes*. ‖ **17**. Á. *Caribe*. Conjunto de plátanos que quedan unidos por un extremo luego de ser separados del racimo. ‖ **18**. pl. Trabajo manual que se emplea para hacer una obra, independiente de los materiales y de la traza y dirección. ‖ **II**. COM. **19**. En el juego, el primero en orden de quienes juegan. *Yo soy mano*. ‖ **~ blanda**. F. Falta de severidad en el mando o en el trato personal. ‖ **~ de obra**. F. **1**. Trabajo manual de los obreros. ‖ **2**. Precio que se paga por este trabajo. ‖ **3**. Conjunto de asalariados de un país, o de un sector concreto. ‖ **~ derecha**. F. **1**. La que corresponde al lado del cuerpo opuesto a aquel en que el hombre siente latir el corazón. ‖ **2**. Dirección o situación correspondiente a esta mano. ‖ **3**. En pinturas, fotografías, impresos, etc., el lado correspondiente a la mano derecha del espectador o lector. ‖ **4**. Persona muy útil a otra como auxiliar o colaborador. ‖ **~ de santo**. F. coloq. Remedio que consigue del todo o prontamente su efecto. *El antibiótico ha sido para mí mano de santo*. ‖ **~ diestra**. F. **mano derecha** (‖ la situada en el lado derecho). ‖ **~ dura**. F. Severidad en el mando o en el trato personal. ‖ **~ izquierda**. F. **1**. La que corresponde al lado opuesto al de la derecha. ‖ **2**. Dirección o situación correspondiente a la mano izquierda. ‖ **3**. En pinturas, fotografías, impresos, etc., el lado correspondiente a la mano izquierda del espectador o lector. ‖ **4**. Habilidad o astucia para manejarse o resolver situaciones difíciles. ‖ **~ larga**. F. **manos largas**. ‖ **~ oculta**. F. Persona que interviene secretamente en un asunto. ‖ **~ perdida**. F. *Impr*. **perdido** (‖ número de ejemplares que se tiran de más en cada pliego para suplir los imperfectos). ‖ **~ siniestra, ~ zoca**, o **~ zurda**. F. **mano izquierda** (‖ la situada a la derecha). ‖ **~s de mantequilla**. F. pl. Las que con facilidad dejan caer las cosas. ‖ **~s largas**. F. **1**. pl. Propensión a pegar o golpear. ‖ **2**. pl. Las de quien tiene inclinación al hurto o al robo. ‖ **~s libres**. F. pl. Facultad amplia que se da a alguien para obrar en un determinado negocio. ‖ **~s limpias**. F. pl. coloq. Integridad y pureza con que se ejerce o administra un cargo. ‖ **~s muertas**. F. **1**. pl. *Der*. hist. Titulares de bienes inmuebles en quienes se perpetuaba el dominio por no poder enajenarlos; p. ej., las comunidades locales, las fundaciones, las entidades eclesiásticas, las capellanías y los mayorazgos. ‖ **2**. pl. *Der*. hist. Bienes inmuebles que no podían ser enajenados. ‖ **~s sucias**. F. pl. coloq. Falta de honradez. ‖ **buena ~**. F. **acierto**. *Buena mano tuvo en esto*. ‖ **mala ~**. F. Falta de habilidad y destreza. ‖ **buenas ~s**. F. pl. Habilidad, destreza. ‖ **abrir la ~**. LOC. VERB. Moderar el rigor. ‖ **abrir la ~ al caballo**. LOC. VERB. *Equit*. Darle libertad aflojando las riendas. ‖ **a la ~**. LOC. ADV. **1**. Se usa para denotar que algo es fácil de entender o de conseguir. ‖ **2**. Cerca, a muy poca distancia. ‖ **alargar la ~**. LOC. VERB. **1**. Tenderla a otro para saludarlo, solicitando la suya. ‖ **2**. Extenderla para coger o alcanzar algo. ‖ **alzar la ~** a alguien. LOC. VERB. Levantarla amenazándolo. ‖ **a ~**. LOC. ADV. **1**. Con la mano, sin otro instrumento ni auxilio. ‖ **2**. Cerca, a muy poca distancia. ‖ **a ~ airada**. LOC. ADV. De manera violenta. *Matar, morir a mano airada*. ‖ **a ~ armada**. LOC. ADV. Con armas. ‖ **a ~s abiertas**. LOC. ADV. Con gran liberalidad. ‖ **a ~s de** alguien. LOC. PREPOS. Por la acción violenta de alguien. *Murió a manos de su marido*. ‖ **a ~s llenas**. LOC. ADV. De manera generosa, con gran abundancia. ‖ **andar** algo **en ~s de todos**. LOC. VERB. Ser vulgar y común. ‖ **apretar la ~**. LOC. VERB. **1**. Estrechar la de otra persona, para saludarla o para mostrarle cariño o estimación. ‖ **2**. coloq. Aumentar el rigor. ‖ **3**. coloq. Instar para la pronta ejecución de algo. ‖ **asentar la ~**. LOC. VERB. Dar golpes a alguien, castigarlo o corregirlo. ‖ **atar las ~s** a alguien. LOC. VERB. Impedirle que haga algo. ‖ **atarse** alguien **las ~s**. LOC. VERB. Quitarse a sí mismo la libertad de obrar, con una palabra que da o promesa que hace. ‖ **bajo ~**. LOC. ADV. De manera oculta o secreta. ‖ **besar la ~**. LOC. VERB. Se usa como fórmula de cortesía de palabra o por escrito. ‖ **caerse de las ~s** un escrito o un libro. LOC. VERB. coloq. Ser muy aburrido, no ofrecer ningún interés ni deleite alguno. ‖ **cambiar de ~**. LOC. VERB.

Equit. **cambiar** (‖ acompasar el paso de modo diferente al que se llevaba). ‖ **cambiar** algo **de ~s.** LOC.VERB. Pasar de la propiedad de alguien a la de otra persona. ‖ **cargar la ~.** LOC.VERB. **1.** Insistir con empeño o eficacia sobre algo. ‖ **2.** Cobrar más del justo precio por las cosas, o excesivos derechos por un negocio. ‖ **3.** Tener rigor con alguien. ‖ **cargar** alguien **la ~ en** algo. LOC.VERB. coloq. Echar con exceso algo en un guisado, medicamento u otra composición. ‖ **como por la ~.** LOC.ADV. Con gran facilidad o ligereza. ‖ **con la ~ en el corazón.** LOC.ADV. Con absoluta franqueza o sinceridad. ‖ **con las ~s cruzadas.** LOC.ADV. **mano sobre mano.** ‖ **con las ~s en la masa.** LOC.ADV. coloq. En el momento de estar haciendo algo. *Cogieron al ladrón con las manos en la masa.* ‖ **con las ~s vacías.** LOC.ADV. **1.** Sin haber logrado lo que se pretendía. *VINO, SE VOLVIÓ del campeonato con las manos vacías. SE FUE con las manos vacías.* ‖ **2.** Sin presentes ni dádivas. ‖ **conocer** alguien algo, o **a** alguien, **como a sus ~s,** o **como la palma de la ~.** LOCS.VERBS. coloqs. Conocerlo muy bien. ‖ **con una ~ atrás y otra delante,** o **con una ~ delante y otra atrás.** LOCS.ADVS. Con pobreza o miseria. ‖ **correr la ~.** LOC.VERB. **1.** Ir muy deprisa la de quien ejecuta una obra, como escribir o pintar. ‖ **2.** *Esgr.* Dar una cuchillada retirando la espada hacia el cuerpo, para que con este impulso sea mayor la herida. ‖ **correr ~** a alguien. LOC.VERB. *Chile.* **meter mano** (‖ manosear con intención erótica). ‖ **cruzar** alguien **las ~s,** o **cruzarse** alguien **de ~s.** LOCS.VERBS. Estarse quieto, sin trabajar o sin intervenir en algo. ‖ **dar de ~ a.** LOC.VERB. **1.** Suspender el trabajo o cesar en él. ‖ **2.** *Constr.* Cubrir la pared con una capa de yeso o mortero. ‖ **dar la ~** a alguien. LOC.VERB. Alargársela para saludarlo. ‖ **dar la última ~.** LOC.VERB. Repasar una obra para corregirla o perfeccionarla definitivamente. ‖ **darse la ~** algo **con** otra cosa. LOC.VERB. Estar inmediatas, juntas o contiguas, o tener relación entre ellas. ‖ **dar** alguien **una ~ por** algo. LOC.VERB. coloq. Se usa para ponderar lo que sería capaz de hacer por conseguirlo o por que sucediera. ‖ **dejar de la ~** algo. LOC.VERB. Abandonarlo, cesar en su ejecución. *No dejaré este asunto de la mano.* ‖ **de la ~.** LOC.ADV. Asidos de la mano. ‖ **de ~. I.** LOC.ADJ. **1.** Dicho de una cosa: Que se manipula directamente, o que es portátil o fácil de transportar. *Bomba de mano. Escalera de mano. Equipaje de mano.* ‖ **II.** LOC.ADV. **2.** De buenas a primeras, enseguida. ‖ **de ~ a ~.** LOC.ADV. De uno a otro, sin interposición de tercera persona. ‖ **de ~ en ~.** LOC.ADV. **1.** De una persona a otra. Se usa para dar a entender que un objeto pasa sucesivamente por las manos de varias personas. *Los cubos de agua pasaban de mano en mano para apagar el incendio.* ‖ **2.** Por tradición o noticia seguida desde tiempos antiguos. ‖ **de ~s a boca.** LOC.ADV. coloq. De repente, de manera inesperada. ‖ **de primera ~.** LOC.ADJ. **1.** Adquirido del primer vendedor. *Un piso de primera mano.* ‖ **2.** Tomado o aprendido directamente del original o los originales. *Erudición de primera mano.* U. t. c. loc. adv. *Conoce de primera mano todos los datos.* ‖ **descargar la ~ sobre** alguien. LOC.VERB. coloq. Castigarlo. ‖ **de segunda ~.** LOC.ADJ. **1.** Adquirido del segundo vendedor. *Un coche de segunda mano.* ‖ **2.** Tomado de un trabajo de primera mano. ‖ **deshacerse** algo **entre las ~s.** LOC.VERB. coloq. Se usa para ponderar la facilidad con que se desperdicia. ‖ **de una ~ a otra.** LOC.ADV. En breve tiempo. Se usa más en las compras y ventas. ‖ **echar la ~** a alguien o algo. LOC.VERB. Asirlo, co-

gerlo, prenderlo. ‖ **echar ~ a la espada.** LOC.VERB. Hacer ademán de sacarla. ‖ **echar ~ de** alguien o algo. LOC.VERB. Valerse de él o de ello para un fin. ‖ **echar una ~.** LOC.VERB. **1.** Ayudar a la ejecución de algo. ‖ **2.** Ayudar a alguien. ‖ **en buenas ~s.** LOC.ADV. Al cuidado de alguien capaz de manejar o hacer bien aquello de que se trata. *Estar, caer, dejar en buenas manos.* ‖ **en ~s de** alguien. LOC.ADV. Bajo el control, cuidado o responsabilidad de alguien. *Toda la documentación está en manos de mis abogados. Se puso en sus manos.* ‖ **ensuciar,** o **ensuciarse,** alguien **las ~s.** LOCS.VERBS. **1.** coloqs. Robar con disimulo. ‖ **2.** coloqs. Dejarse sobornar. ‖ **estar** alguien **dejado de la ~ de Dios.** LOC.VERB. **1.** Cometer enormes delitos o notables desaciertos. ‖ **2.** Errar en todo cuanto emprende. ‖ **estar** algo **en la ~.** LOC.VERB. Ser fácil u obvio. ‖ **estrechar** alguien **la ~.** LOC.VERB. Tomar en su mano la de otra persona, como fórmula de saludo o expresión de afecto. ‖ **frotarse las ~s.** LOC.VERB. coloq. Manifestar gran satisfacción por algo. ‖ **ganar** a alguien **por la ~.** LOC.VERB. Anticipársele en hacer o lograr algo. ‖ **hablar con las ~s.** LOC.VERB. **1.** Formar con los dedos varias figuras, cada una de las cuales representa una letra del abecedario y sirve para darse a entender sin hablar. ‖ **2.** Mover mucho las manos al hablar. ‖ **hacer a dos ~s.** LOC.VERB. Manejarse con astucia en un negocio, sacando utilidad de todos los interesados en él. ‖ **ir** alguien **por su ~.** LOC.VERB. Transitar por el lado de la vía que le corresponde. ‖ **irse a las ~s.** LOC.VERB. coloq. **venir a las manos.** ‖ **írsele** a alguien algo **de entre las ~s.** LOC.VERB. Desaparecer y escaparse con gran presteza. ‖ **írsele a** alguien **la ~.** LOC.VERB. Excederse en la cantidad de algo que se da o que se mezcla con otra cosa. *Al cocinero se le fue la mano en la sal.* ‖ **lavarse** alguien **las ~s.** LOC.VERB. Desentenderse de un negocio en que hay inconvenientes, o manifestar la repugnancia con que se toma parte en él. ‖ **levantar** alguien **la ~ a** otra persona. LOC.VERB. Amenazarlo o pegarle. ‖ **llegar a las ~s.** LOC.VERB. Reñir, pelear. ‖ **llevar la ~ a** alguien. LOC.VERB. Guiársela para la ejecución de algo. ‖ **llevarse las ~s a la cabeza.** LOC.VERB. coloq. Asombrarse de algo o indignarse a causa de ello. ‖ **~ a ~.** LOC.ADV. **1.** *Taurom.* Se usa para precisar que, en las corridas de toros, actúan solo dos diestros en competencia. U. t. c. loc. sust. m. ‖ **2.** Se dice de toda acción realizada por dos personas compitiendo con emulación. ‖ **3.** En compañía, con familiaridad y confianza. ‖ **~s a la obra.** EXPR. Se usa para alentarse alguien a sí mismo, o animar a los demás, a emprender o reanudar un trabajo. ‖ **~s arriba.** LOC. INTERJ. Se usa por una persona armada para conminar a otra u otras a alzar los brazos y no defenderse. ‖ **~ sobre ~.** LOC.ADV. De manera ociosa, sin hacer nada. ‖ **meter la ~ en** algo. LOC.VERB. Apropiarse ilícitamente parte de ello. ‖ **meter las ~s en** algo. LOC.VERB. Entrar o tomar parte en su ejecución, emprenderlo con interés. ‖ **meter ~ a.** LOC.VERB. **1.** coloq. Coger, echar mano de algo, especialmente de la espada y otras armas. ‖ **2.** coloq. Empezar a ejecutar una obra o un trabajo. ‖ **3.** coloq. **sentar la mano.** ‖ **4.** coloq. Tocar o manosear a alguien con intención erótica. ‖ **morderse** alguien **las ~s.** LOC.VERB. Manifestar gran sentimiento de haber perdido, por omisión o descuido, algo que deseaba conseguir. ‖ **no caérsele a** alguien algo **de entre las ~s.** LOC.VERB. Traerlo siempre en ellas. ‖ **no dejar** algo **de la ~.** LOC.VERB. Continuar en ello con empeño y sin interrupción. ‖ **no saber** alguien **cuál es,**

dónde tiene, su ~ derecha. LOCS.VERBS. coloqs. Ser incapaz y de poco talento. || **no saber** alguien **lo que trae entre ~s.** LOC.VERB. coloq. No tener capacidad para aquello en que se ocupa o de que está encargado. || **pedir la ~ de una mujer.** LOC.VERB. Solicitarla de su familia en matrimonio. || **poner** a alguien **la ~ encima.** LOC.VERB. Maltratarlo de obra o castigarlo. || **poner las ~s en el fuego.** LOC.VERB. Se usa para asegurar la verdad y certeza de algo. || **poner las ~s en la masa.** LOC.VERB. coloq. Emprender algo, tratar de ello. || **poner ~ en algo.** LOC. VERB. Dedicarse a ello, emprenderlo, darle principio. || **ponerse de ~s** un animal. LOC.VERB. Levantar el cuerpo apoyándose en las patas de atrás. || **por su ~.** LOC.ADV. Por sí mismo o por su propia autoridad. *Nadie puede hacerse justicia por su mano.* || **quedarse con las ~s cruzadas.** LOC.VERB. **cruzar las manos.** || **quitarle** a alguien **las cosas de las ~s entre muchos.** LOC.VERB. Comprarle algo con gran interés y rapidez. || **quitarse** unos a otros algo **de las ~s.** LOC.VERB. coloq. Tener gran prisa y afán por adquirirlo. || **sacarle** a alguien **de entre las ~s** algo. LOC.VERB. Quitarle lo que tenía más asegurado. || **sentar la ~ a** alguien. LOC.VERB. **1.** coloq. Castigarlo con golpes. || **2.** coloq. Reprenderlo, castigarlo con severidad. || **si a ~ viene.** EXPR. Si llega el caso, tal vez. || **tender a** alguien **la ~,** o **una ~.** LOCS.VERBS. **1.** Ofrecérsela para estrechar la suya o para darle apoyo. || **2. socorrer.** || **tener** alguien **atadas las ~s.** LOC.VERB. Hallarse con un estorbo o embarazo para ejecutar algo. || **tener** alguien a otra persona **de su ~.** LOC.VERB. Tenerla propicia. || **tener en la ~,** o **en su ~,** algo. LOCS.VERBS. Poder conseguirlo, realizarlo o disponer de ello. || **tener** alguien a otra persona **en su ~,** o **en sus ~s.** LOCS.VERBS. Tenerla en su poder o sometida a su arbitrio. || **tener entre ~s** algo. LOC.VERB. **traer entre manos.** || **tener ~ con** alguien. LOC.VERB. Tener influjo y poder con él. || **tener muchas ~s.** LOC.VERB. Tener gran valor o destreza. || **tocar** alguien **a** algo. LOC.VERB. **1.** Estar próximo a conseguirlo o realizarlo. || **2.** Conocerlo con evidencia, verlo de manera clara y patente. || **tomar la ~.** LOC.VERB. **1.** Comenzar a razonar o discurrir sobre una materia. || **2.** Emprender un negocio. || **traer,** o **traerse, entre ~s** algo. LOCS.VERBS. Manejarlo, estar entendiendo actualmente en ello. || **venir** a alguien **a la ~,** o **a las ~s,** algo. LOCS.VERBS. Lograrlo sin solicitarlo. || **venir a las ~s.** LOC.VERB. Reñir, pelear. □ V. **apretón de ~s, bomba de ~, dibujo a ~ alzada, escalera de ~, freno de ~, golpe de ~, granada de ~, imposición de ~s, juego de ~s, letra de ~, peón de ~, petición de ~, sierra de ~, silla de ~s.**

manobre. M. Obrero que ayuda al oficial a emplear los materiales.

manojo. M. **1.** Haz pequeño de cosas que se puede coger con la mano. || **2.** Abundancia de cosas, conjunto. *Manojo de tablas. Manojo de canciones.*

manola. F. hist. Coche de caballos de cuatro asientos, con dos puertas laterales.

manoletina. F. **1.** *Taurom.* Pase de muleta, de frente y con el engaño situado a la espalda del torero. || **2.** Zapato bajo de punta redondeada, parecido al que utilizan los toreros.

manolo, la. M. y F. hist. Persona de las clases populares de Madrid, que se distinguía por su traje y desenfado.

manométrico, ca. ADJ. *Fís.* Perteneciente o relativo al manómetro.

manómetro. M. *Fís.* Instrumento que mide la presión.

manopla. F. **1.** Guante sin separaciones para los dedos, o con una para el pulgar. || **2.** hist. Pieza de la armadura antigua, con que se guarnecía la mano. || **3.** *Á.Andes* y *Chile.* Arma de hierro en forma de eslabón, con agujeros por los que pasan los cuatro últimos dedos y que, una vez cerrado el puño, se usa para golpear.

manorreductor. M. *Tecnol.* Dispositivo regulador de la presión de salida del gas contenido en un recipiente.

manoseador, ra. ADJ. Que manosea.

manosear. TR. **1.** Tentar o tocar repetidamente algo, a veces ajándolo o desluciéndolo. || **2.** Tocar repetidamente a alguien con las manos, generalmente con intención erótica.

manoseo. M. Acción y efecto de manosear.

manotada. F. Golpe dado con la mano.

manotazo. M. Golpe dado con la mano.

manotear. **I.** TR. **1.** Dar golpes con las manos. || **II.** INTR. **2.** Mover las manos para dar mayor fuerza a lo que se habla, o para mostrar un sentimiento o estado de ánimo.

manoteo. M. Acción y efecto de manotear.

manotón. M. Golpe dado con la mano.

manquedad. F. Condición de manco.

manquera. F. Condición de manco.

manresano, na. ADJ. **1.** Natural de Manresa. U. t. c. s. || **2.** Perteneciente o relativo a esta ciudad de la provincia de Barcelona, en España.

mansalva. a ~. LOC.ADV. Sin ningún peligro, sobre seguro.

mansarda. F. **buhardilla.**

mansear. INTR. *Taurom.* Dicho del toro: Mostrar excesiva mansedumbre en la lidia.

mansedumbre. F. Condición de manso.

mansión. F. Casa suntuosa.

manso[1]. M. **masía.**

manso[2]**, sa.** **I.** ADJ. **1.** De condición benigna y suave. *Carácter manso. Persona mansa.* || **2.** Dicho de un animal: Que no es bravo. || **3.** Dicho de una cosa insensible: Apacible, sosegada, tranquila. *Corriente, lluvia mansa.* || **II.** M. **4.** En el ganado lanar, cabrío o vacuno, carnero, macho cabrío o buey que guía a los demás. □ V. **agua ~.**

mansurrón, na. ADJ. coloq. Manso con exceso. *Un novillo mansurrón. El tono mansurrón de sus palabras.*

manta. F. **1.** Pieza de lana, algodón u otro material, de forma rectangular, que sirve de abrigo en la cama. || **2.** manta, por lo común de lana, que sirve para abrigarse ocasionalmente las personas fuera de la cama. || **3.** Pieza de determinados trajes regionales. || **4.** Cubierta que sirve para abrigar a las caballerías. || **5.** *Méx.* Tela ordinaria de algodón. || **~ de algodón.** F. Porción de algodón en rama con un ligero baño de goma para que no se deshaga o desparrame. || **~ eléctrica.** F. Aparato formado por dos capas de tejido y una resistencia eléctrica entre ambas, que proporciona calor al cuerpo. || **tirar** alguien **de la ~.** LOC.VERB. coloq. Descubrir un caso escandaloso que otro u otros tenían interés en mantener secreto. □ V. **riego a ~.**

mantaterilla. F. *Equit.* Tela de urdimbre de bramante y trama de tirillas de paño, jerga o similares, que suele usarse en los aparejos de los asnos y a veces como abrigo.

manteador, ra. ADJ. Que mantea. Apl. a pers., u. t. c. s.

manteamiento. M. Acción y efecto de mantear.

mantear. TR. Lanzar al aire entre varias personas, con una manta cogida por las orillas, a otra, que al caer sobre la manta vuelve a ser lanzada repetidas veces hacia arriba.

mantearse. PRNL. *Chile.* Dicho de una veta de metal: Convertirse en manto.

manteca. F. **1.** Producto obtenido al batir, amasar y madurar la crema extraída de la leche de vaca o de otros animales. *Manteca de vaca. Manteca de oveja.* ‖ **2.** Grasa consistente de algunos frutos, como la del cacao. ‖ **3.** Gordura de los animales, especialmente la del cerdo. ‖ **4.** Gordura del cuerpo humano. ‖ **como ~.** EXPR. Se usa para ponderar la blandura o suavidad de algo. ‖ **el que asó la ~.** LOC.SUST. M. Personaje proverbial que simboliza a la persona que obra o discurre neciamente. *Eso no se le ocurre ni al que asó la manteca.*

mantecada. F. Especie de bollo compuesto de harina de flor, huevos, azúcar y manteca de vaca, que suele cocerse en una caja cuadrada de papel.

mantecado. M. **1.** Bollo amasado con manteca de cerdo. ‖ **2.** Compuesto de leche, huevos y azúcar con que se hace un helado.

mantecoso, sa. ADJ. **1.** Que tiene mucha manteca. *Queso mantecoso.* ‖ **2.** Que se asemeja a la manteca en alguna de sus propiedades. *Pulpa mantecosa.*

manteísta. M. hist. Alumno que asistía a las escuelas públicas vestido de sotana y manteo, cuando los estudiantes usaban este traje. Se llamaba así a la generalidad de los escolares, para diferenciarlos de quienes tenían plaza en los colegios mayores.

mantel. M. **1.** Cubierta de lino, algodón u otra materia, que se pone en la mesa para comer. ‖ **2.** Lienzo mayor con que se cubre la mesa del altar. ‖ **a ~es.** LOC.ADV. En mesa cubierta con manteles. ‖ **levantar los ~es.** LOC. VERB. Levantarse de la mesa después de comer. □ V. **día de ~es largos.**

mantelería. F. Juego de mantel y servilletas.

manteleta. F. Especie de esclavina grande, generalmente con puntas largas por delante, que usan las mujeres, a manera de chal, para abrigo o como adorno.

mantelete. M. *Heráld.* Adorno del escudo de armas, que representa el pedazo de tela o de malla que, bajando desde lo alto del casco, protegía el cuello y parte de la espalda del caballero.

mantellina. F. Mantilla de la cabeza.

mantención. F. coloq. **manutención.**

mantenedor, ra. I. ADJ. **1.** Que mantiene. *Principios mantenedores del partido.* ‖ **II.** M. y F. **2.** Persona encargada de mantener un torneo, un certamen, etc.

mantenencia. F. **1.** Acción y efecto de mantener. ‖ **2.** Alimento, sustento, conjunto de víveres.

mantener. I. TR. **1.** Proveer a alguien del alimento necesario. U. t. c. prnl. ‖ **2.** Costear las necesidades económicas de alguien. ‖ **3.** Conservar algo en su ser, darle permanencia. *Mantener la paz, las tradiciones.* ‖ **4.** Sostener algo para que no caiga o se tuerza. *Mantener los brazos en alto.* ‖ **5.** Proseguir en lo que se está ejecutando. *Mantener la conversación, el juego.* ‖ **6.** Defender una opinión o sistema. ‖ **7.** Sostener un torneo, un certamen, etc. ‖ **II.** PRNL. **8.** Dicho de un cuerpo: Estar en un medio o en un lugar, sin caer o haciéndolo muy lentamente. *El avión se mantiene en una determinada altitud.* ‖ **9.** Perseverar, no variar de estado o resolución. *Mantenerse en sus opiniones.* ‖ **10.** Fomentarse, alimentarse. ¶ MORF. conjug. c. *tener.*

mantenido, da. PART. de **mantener.** ‖ M. y F. Persona que vive a expensas de otra con la que mantiene relaciones sexuales extramatrimoniales.

mantenimiento. M. **1.** Efecto de mantener o mantenerse. ‖ **2.** Conjunto de operaciones y cuidados necesarios para que instalaciones, edificios, industrias, etc., puedan seguir funcionando adecuadamente. ‖ **3.** Sustento o alimento.

manteo[1]**.** M. Acción y efecto de mantear.

manteo[2]**.** M. **1.** Capa larga con cuello, usada por los eclesiásticos sobre la sotana y en otro tiempo por los estudiantes. ‖ **2.** hist. Ropa de bayeta o paño que llevaban las mujeres, de la cintura abajo, ajustada y solapada por delante.

mantequera. F. Vasija en que se hace la manteca.

mantequería. F. Tienda donde se venden mantequilla, quesos, fiambres y otros artículos semejantes.

mantequilla. F. **1.** Manteca de la leche de vaca. ‖ **2.** Producto obtenido de la leche o de la crema agitándola, batiéndola, usando máquinas a propósito o mazando la leche en odres. □ V. **manos de ~.**

mantequillera. F. *Am.* Vasija en que se tiene o se sirve la manteca.

mantequillero. M. *Am.* Fabricante o vendedor de manteca.

mántica. F. Conjunto de prácticas mediante las cuales se trataba de adivinar el porvenir.

mantilla. F. **1.** Prenda de seda, blonda, lana u otro tejido, adornado a veces con tul o encaje, que usan las mujeres para cubrirse la cabeza y los hombros en fiestas o actos solemnes. *Asistieron a la misa con mantilla y peineta.* ‖ **2.** Prenda de lana u otra tela para abrigar y envolver a los niños por encima de los pañales. U. t. en pl. con el mismo significado que en sing. ‖ **3.** *Impr.* Paño o lienzo que, puesto en el tímpano de las prensas antiguas o envolviendo los cilindros de las máquinas de imprimir, servía para que no padeciera la letra y saliera bien la impresión. ‖ **estar en ~s.** LOC.VERB. **1.** coloq. Dicho de un negocio o de un trabajo: Estar muy a los principios o poco adelantado. ‖ **2.** coloq. Dicho de una persona: Ignorar gran parte de lo concerniente a un asunto.

mantillo. M. **1.** Capa superior del suelo, formada en gran parte por la descomposición de materias orgánicas. ‖ **2.** Abono que resulta de la fermentación y putrefacción del estiércol o de la desintegración parcial de materias orgánicas que se mezclan a veces con la cal u otras sustancias.

mantis. F. **mantis religiosa.** ‖ **~ religiosa.** F. Insecto de tamaño mediano, de tórax largo y antenas delgadas. Sus patas anteriores, que mantiene recogidas ante la cabeza en actitud orante, están provistas de fuertes espinas para sujetar las presas de que se alimenta. Es voraz, y común en España.

mantisa. F. *Mat.* Parte decimal de un logaritmo.

manto. M. **1.** Vestidura amplia, semejante a una capa, que cubre desde la cabeza o los hombros hasta los pies, y es propia de monarcas, personajes insignes, imágenes religiosas, etc. ‖ **2.** Capa de grasa del mesenterio que envuelve las vísceras de los animales, en especial la manteca del cerdo. ‖ **3.** Manteca o sebo en que nace envuelta la criatura. ‖ **4.** Capa de material que se extiende sobre una superficie. ‖ **5.** Cosa que encubre y oculta. *El manto del olvido.* ‖ **6.** *Ingen.* Capa de mineral, de poco espesor, que yace casi horizontalmente. ‖ **7.** *Zool.* Pliegue tegumentario, que se desarrolla como órgano protector del cuerpo en varias especies de animales, como los moluscos. || ~ **ducal**. M. *Heráld.* El de escarlata forrado de armiños y en forma de tapiz, sobre el cual se representan los escudos de armas de los más altos dignatarios. || ~ **terrestre**. M. *Geol.* Capa sólida intermedia entre la litosfera y el núcleo central de la Tierra. || ~ **vegetal**. M. *Bot.* y *Geogr.* Conjunto de formaciones extensas que cubren un territorio, como el bosque o la pradera.

mantón. M. **1.** Pañuelo grande que se echa generalmente sobre los hombros. || **2.** Pieza cuadrada o rectangular de abrigo, que se echa sobre los hombros. || ~ **de Manila**. M. El de seda y bordado, que procede, por lo común, de China.

mantra. M. En el hinduismo y en el budismo, sílabas, palabras o frases sagradas, generalmente en sánscrito, que se recitan durante el culto para invocar a la divinidad o como apoyo de la meditación.

mantuano, na. ADJ. **1.** Natural de Mantua. U. t. c. s. || **2.** Perteneciente o relativo a esta ciudad de Italia.

manuable. ADJ. Fácil de manejar. *Equipos pequeños y manuables.*

manual. **I.** ADJ. **1.** Perteneciente o relativo a las manos. *Habilidad manual.* || **2.** Que se ejecuta con las manos. *Trabajos manuales.* || **3.** Dicho de una persona: Que hace trabajo manual. || **4.** Fácil de manejar. *Diccionario manual.* || **5.** *Mús.* Se dice del teclado que en el órgano se maneja con las manos, en contraposición a los pedales. U. t. c. s. m. || **II.** M. **6.** Libro en que se compendia lo más sustancial de una materia.

manualidad. F. **1.** Trabajo llevado a cabo con las manos. || **2.** pl. Trabajos manuales propios de los escolares.

manubrio. M. **1.** Empuñadura o manija de un instrumento. || **2.** Empuñadura o pieza, generalmente de hierro, compuesta de dos ramas en ángulo recto, que se emplea para dar vueltas a una rueda, al eje de una máquina, etc. || **3.** *Am.* **manillar.** □ V. **piano de ~.**

manuelino, na. ADJ. Se dice del estilo, principalmente del arquitectónico, que tuvo lugar en Portugal durante el reinado de Manuel I, a comienzos del siglo XVI.

manufactura. F. **1.** Obra hecha a mano o con auxilio de máquina. || **2.** Acción de manufacturar.

manufacturación. F. Acción y efecto de manufacturar.

manufacturar. TR. Fabricar con medios mecánicos.

manufacturero, ra. ADJ. Perteneciente o relativo a la manufactura. *Clase manufacturera.*

manumisión. F. hist. Acción y efecto de manumitir.

manumiso, sa. ADJ. hist. Dicho de una persona: **horra** (|| que ha alcanzado la libertad).

manumitir. TR. hist. Dar libertad a un esclavo.

manús. M. Individuo, tipo. MORF. pl. **manuses.**

manuscribir. TR. Escribir a mano. MORF. part. irreg. **manuscrito.**

manuscrito, ta. PART. IRREG. de **manuscribir**. || **I.** ADJ. **1.** Escrito a mano. *Comunicado manuscrito.* || **II.** M. **2.** Papel o libro escrito a mano. || **3.** Particularmente, el que tiene algún valor o antigüedad, o es de mano de un escritor o personaje célebre.

manutención. F. Acción y efecto de mantener o mantenerse.

manzana. F. **1.** Fruto del manzano, de forma globosa algo hundida por los extremos del eje, de epicarpio delgado, liso y de color verde claro, amarillo pálido o encarnado, mesocarpio con sabor acídulo o ligeramente azucarado, y semillas pequeñas, de color de caoba, encerradas en un endocarpio coriáceo. || **2.** Espacio urbano, edificado o destinado a la edificación, generalmente cuadrangular, delimitado por calles por todos sus lados. || **3.** *Am.* Nuez de la garganta. || ~ **asperiega**. F. de forma bastante aplastada, carne granulosa y sabor agrio, que generalmente se emplea para hacer sidra. || ~ **de Adán**. F. *Am.* Nuez de la garganta. || ~ **de la discordia**. F. Objeto de discrepancia en los ánimos y opiniones. || ~ **meladucha**. F. La dulce, pero poco sustanciosa, que se cría en la vega del río Jalón. || ~ **reineta**. F. La gruesa, aromática, de color dorado y carne amarillenta, jugosa y de sabor muy grato. || ~ **verde doncella**. F. manzana de forma achatada, piel muy lisa y dura de color verde pálido, y carne consistente y jugosa. || **sano, na como una ~**. LOC.ADJ. coloq. Se usa para ponderar la buena salud de una persona.

manzanal. M. Terreno poblado de manzanos.

manzanar. M. Terreno plantado de manzanos.

manzanera. F. Manzano silvestre.

manzanilla. F. **1.** Hierba de la familia de las Compuestas, con tallos débiles, comúnmente echados, ramosos, de dos a tres decímetros de longitud, hojas abundantes partidas en segmentos lineales, agrupado de tres en tres, y flores olorosas en cabezuelas solitarias con centro amarillo y circunferencia blanca. || **2.** Flor de esta planta. || **3.** Infusión de esta flor, que se usa mucho como estomacal, antiespasmódico y febrífugo. || **4.** aceituna manzanilla. || **5.** Vino blanco que se hace en Sanlúcar de Barrameda y en otros lugares de Andalucía. || ~ **bastarda**. F. Planta de la familia de las Compuestas, con tallos erguidos, muy ramosos, estriados, verdes y de tres a cuatro decímetros de altura, hojas partidas en segmentos finos, planos por el envés, y flores en cabezuelas, con centro amarillo y circunferencia blanca. Sustituye en medicina a la manzanilla común. || ~ **común**. F. **manzanilla** (|| hierba compuesta). || ~ **europea**. F. Planta de la misma familia y género que la manzanilla común, con tallo derecho, ramoso, de tres a cuatro decímetros, hojas vellosas, blanquecinas, como toda la planta, partidas en segmentos lineales de punta roma y con dos o tres dientes en el margen, y flores en cabezuelas terminales con centro amarillo y circunferencia blanca vuelta hacia abajo. Abunda en los campos cultivados. || ~ **fina**. F. Planta de la familia de las Compuestas, con tallos de dos a tres decímetros, hojas perfoliadas, partidas en segmentos filiformes, agudos, enteros o subdivididos, y flores en cabezuelas globosas muy fragantes y de color amarillo fuerte. || ~ **hedionda**. F. Planta de la misma familia que la manzanilla común, de la cual se distingue por ser algo vellosa, tener las hojas partidas en tiras muy finas y puntiagudas y despedir olor desagradable. || ~ **loca**. F. **1.** Planta de la familia de las Compuestas, con tallos inclinados, gruesos, y de dos a tres decímetros, hojas alternas, divididas en segmentos dentados, y flores en cabezuelas amarillas. Se ha empleado como la manzanilla común y se utiliza en tintorería. || **2.** Planta herbácea de la familia de las Compuestas, de cuatro a seis decímetros de altura, con hojas garzas, casi abrazadoras, oblongas y festoneadas; flores terminales, redondas y amarillas, y fruto seco, menudo, con semilla suelta en su interior. Es común en los sembrados. || ~ **romana.** F. manzanilla (|| hierba compuesta). □ V. **aceituna** ~.

manzanillo. M. **1.** Árbol sudamericano, de la familia de las Euforbiáceas, que crece hasta seis o siete metros de altura, con tronco delgado, copa irregular y ramas derechas, que por incisiones en su corteza dan un látex blanquecino y cáustico, hojas pecioladas, ovales, aserradas, lisas y de color verde oscuro, flores blanquecinas, y fruto drupáceo, semejante a una manzana, como de cinco centímetros de diámetro, con un hueso muy duro. El látex y el fruto son venenosos. || **2.** Olivo que da aceituna manzanilla.

manzano. M. Árbol de la familia de las Rosáceas, de tronco generalmente tortuoso, ramas gruesas y copa ancha poco regular, hojas sencillas, ovaladas, puntiagudas, dentadas, blancas, verdes por el haz, grises y algo vellosas por el envés, flores en umbela, sonrosadas por fuera y olorosas, y cuyo fruto es la manzana. □ V. **plátano** ~.

maña. F. **1.** Destreza, habilidad. || **2.** Artificio o astucia. U. m. en pl. || **3.** Vicio o mala costumbre, resabio. U. m. en pl. || **darse** ~. LOC. VERB. Ingeniarse, disponer algo con habilidad.

mañana. I. F. **1.** Tiempo que transcurre desde que amanece hasta mediodía. || **2.** Espacio de tiempo desde la medianoche hasta el mediodía. *A las dos de la mañana.* || **II.** M. **3.** Tiempo futuro más o menos próximo. || **III.** ADV. T. **4.** En el día que seguirá inmediatamente al de hoy. *Mañana iremos de viaje.* || **5.** En tiempo venidero. *No sé qué sucederá mañana con las personas mayores.* || **6.** Pronto, o antes de mucho tiempo. *Prepárate bien, que mañana te harán falta tus estudios.* || **de** ~. LOC. ADV. Al amanecer, en las primeras horas del día. || **hasta** ~. LOC. INTERJ. Se usa como fórmula de despedida entre personas que piensan verse al día siguiente. || **mañana.** INTERJ. Se usa por alguien que se niega a hacer lo que le piden. || **muy de** ~. LOC. ADV. Muy temprano, de madrugada. || **pasado** ~. LOC. ADV. En el día que seguirá inmediatamente al de mañana. □ V. **lucero de la** ~.

mañanero, ra. ADJ. **1.** madrugador. *Vinieron muy mañaneros.* || **2.** Perteneciente o relativo a la mañana. *Programa mañanero.*

mañanita. F. **1.** Prenda de vestir, de punto o tela, que cubre desde los hombros hasta la cintura y que las mujeres usan principalmente para estar sentadas en la cama. || **2.** pl. Composición musical mexicana, en compás de tres por cuatro, que se le canta a alguien, generalmente a una mujer, con ocasión de su cumpleaños.

mañerear. INTR. Á. guar. Obrar, proceder con malas mañas.

mañería. F. hist. Derecho que tenían los reyes y señores de suceder en los bienes a quienes morían sin sucesión legítima.

mañero, ra. ADJ. Á. Andes, Á. guar. y Á. R. Plata. **mañoso** (|| que tiene malas mañas o resabios).

mañío. M. Chile. Árbol semejante al alerce.

mañosamente. ADV. M. **1.** Con habilidad y destreza. *Trabaja mañosamente.* || **2.** Con astucia o malicia. *Lo querían convencer mañosamente.*

mañosear. INTR. **1.** Á. Andes y Chile. Proceder con maña. || **2.** Á. Andes y Chile. Dicho especialmente de un niño: Lloriquear e importunar. || **3.** Chile. Dicho de un animal: Usar malas mañas.

mañoso, sa. ADJ. **1.** Que tiene maña. *Un carpintero mañoso arregló el mueble.* || **2.** Que se hace con maña. *Polí-*

tica mañosa. || **3.** Que tiene **mañas** (|| resabios). *Los niños mal educados se vuelven mañosos.*

maoísmo. M. **1.** Transformación del leninismo que ideó y aplicó a la Revolución comunista china Mao Tsetung, político y revolucionario chino del siglo XX. || **2.** Movimiento político inspirado en la doctrina de Mao.

maoísta. ADJ. **1.** Perteneciente o relativo al maoísmo. *Guerrilla maoísta.* || **2.** Partidario del maoísmo. U. t. c. s.

maorí. I. ADJ. **1.** Se dice de los habitantes de raza aborigen de Nueva Zelanda. U. m. c. s. m. pl. || **2.** Perteneciente o relativo a este pueblo. *Danza maorí.* || **II.** M. **3.** Lengua hablada en ciertas zonas de Nueva Zelanda. ¶ MORF. pl. **maoríes** o **maorís.**

mapa. M. **1.** Representación geográfica de la Tierra o parte de ella en una superficie plana. || **2.** Representación geográfica de una parte de la superficie terrestre, en la que se da información relativa a una ciencia determinada. *Mapa lingüístico, histórico, demográfico.* || ~ **astronómico,** o ~ **celeste.** M. Representación gráfica de la distribución de las estrellas o de la superficie de un cuerpo celeste. || ~ **mudo.** M. El que no tiene escritos los nombres de lugares o de accidentes geográficos, y sirve para la enseñanza de la geografía. || **borrar a alguien del** ~. LOC. VERB. coloq. matar (|| quitar la vida). || **no estar en el** ~ algo. LOC. VERB. coloq. Ser desusado y extraordinario.

mapache. M. Mamífero carnicero de América del Norte, del tamaño y aspecto del tejón, con piel de color gris oscuro muy estimada en el comercio, hocico blanco y cola muy poblada, con anillos blancos y oscuros alternados.

mapamundi. M. Mapa que representa la superficie de la Tierra dividida en dos hemisferios.

mapanare. F. Culebra muy venenosa de Venezuela, cuyos colores forman una especie de cadena negra y amarilla en el lomo, y que tiene el vientre amarillo claro.

mapear. TR. Biol. Localizar y representar gráficamente la distribución relativa de las partes de un todo; como los genes en los cromosomas.

mapeo. M. Biol. Acción y efecto de mapear.

mapuche. I. ADJ. **1.** Se dice del individuo de un pueblo amerindio que, en la época de la conquista española, habitaba en la región central y centro sur de Chile. U. t. c. s. || **2.** Perteneciente o relativo a los mapuches. *Tradiciones mapuches.* || **II.** M. **3.** Lengua de los mapuches.

mapurite. M. Especie de mofeta de América Central, con el cuerpo amarillento, pecho y vientre pardos, punta de la cola blanca y una faja oscura a lo largo del lomo.

maque. M. **1.** Laca, barniz. || **2.** Sustancia resinosa afín a la laca, segregada por una especie botánica del género *Rhus.*

maquense. ADJ. **1.** Natural de Macas. U. t. c. s. || **2.** Perteneciente o relativo a esta ciudad de Ecuador, capital de la provincia de Morona Santiago.

maqueta. F. **1.** Modelo plástico, en tamaño reducido, de un monumento, edificio, construcción, etc. || **2.** Boceto previo de la composición de un texto que se va a publicar, usado para determinar sus características definitivas. || **3.** Grabación de prueba de uno o más temas musicales.

maquetación. F. Acción y efecto de maquetar.

maquetar. TR. Hacer la maqueta de una publicación que se va a imprimir.

maquetista. COM. Persona que se dedica a hacer maquetas.

maqui. M. Arbusto chileno, de la familia de las Liliáceas, de unos tres metros de altura, con hojas aovadas y lanceoladas, flores axilares en racimo, y fruto redondo, de unos cinco milímetros de diámetro, dulce y un poco astringente, que se emplea en confituras y helados. Los indios preparan también con él una especie de chicha.

maquiavélico, ca. ADJ. **1.** Perteneciente o relativo al maquiavelismo. *Pensamiento maquiavélico.* || **2.** Que sigue las doctrinas del maquiavelismo. || **3.** Que actúa con astucia y doblez.

maquiavelismo. M. **1.** Doctrina política de Maquiavelo, escritor italiano del siglo XVI, fundada en la preeminencia de la razón de Estado sobre cualquier otra de carácter moral. || **2.** Modo de proceder con astucia, doblez y perfidia.

maquila[1]**.** F. hist. Porción de grano, harina o aceite que corresponde al molinero por la molienda.

maquila[2]**.** F. **1.** *Am. Cen.* y *Méx.* Producción de manufacturas textiles para su exportación. || **2.** *Am. Cen.* y *Méx.* Fábrica destinada a esta producción.

maquiladora. F. *Méx.* **maquila** (|| fábrica).

maquilar. TR. *Méx.* Importar materias primas, tratarlas y exportarlas.

maquilero, ra. M. y F. hist. Persona encargada de cobrar la **maquila**[1].

maquillador, ra. M. y F. Persona que se dedica a maquillar.

maquillaje. M. **1.** Acción y efecto de maquillar. || **2.** Sustancia cosmética para maquillar.

maquillar. TR. **1.** Aplicar cosméticos a una persona, o a su rostro. U. t. c. prnl. || **2.** Modificar el aspecto de un rostro mediante cosméticos. || **3.** Alterar algo para mejorar su apariencia. *Maquillar una propuesta.*

máquina. F. **1.** Artificio para aprovechar, dirigir o regular la acción de una fuerza. || **2.** Conjunto de aparatos combinados para recibir cierta forma de energía y transformarla en otra más adecuada, o para producir un efecto determinado. || **3.** Unión de diversas partes ordenadas entre sí y dirigidas a la formación de un todo. || **4.** por antonom. Locomotora del tren. || **5.** coloq. Persona que realiza las cosas de manera rápida y precisa. || **~ de vapor.** F. La que funciona por la fuerza expansiva del vapor de agua. || **~ herramienta.** F. La que por procedimientos mecánicos hace funcionar una herramienta, sustituyendo el trabajo del operario. || **~ hidráulica.** F. **1.** La que se mueve por la acción del agua. || **2.** La que sirve para elevar agua u otro líquido. || **~ neumática.** F. Aparato para extraer de un espacio cerrado aire u otro gas. || **a toda ~.** LOC. ADV. Muy deprisa. ☐ V. **lenguaje ~.**

maquinación. F. Proyecto o asechanza artificiosa y oculta, dirigida regularmente a mal fin.

maquinador, ra. ADJ. Que maquina. Apl. a pers., u. t. c. s.

maquinal. ADJ. **1.** Perteneciente o relativo a los movimientos y efectos de la máquina. *Sonidos maquinales.* || **2.** Dicho de un acto o de un movimiento: Ejecutado sin deliberación.

maquinar. TR. Urdir, tramar algo de manera oculta y artificiosa.

maquinaria. F. **1.** Conjunto de máquinas para un fin determinado. || **2.** Mecanismo que da movimiento a un artefacto.

maquinilla. F. Máquina de afeitar.

maquinismo. M. Empleo predominante de las máquinas en la industria moderna.

maquinista. COM. Persona que dirige o gobierna una máquina, especialmente si esta es de vapor, gas o electricidad.

maquinización. F. Acción y efecto de maquinizar.

maquinizar. TR. Emplear en la producción industrial, agrícola, etc., máquinas que sustituyen o mejoran el trabajo del hombre.

maquiritare. I. ADJ. **1.** Se dice del individuo de un pueblo amerindio que habita en el noroeste del estado venezolano de Amazonas y el suroeste del estado de Bolívar, entre los ríos Padamo y Paragua. U. t. c. s. || **2.** Perteneciente o relativo a los maquiritares. *Nación maquiritare.* || **II.** M. **3.** Lengua de filiación caribe hablada por los maquiritares.

maquis. M. **1.** hist. Movimiento de resistencia francés contra la ocupación alemana durante la Segunda Guerra Mundial. || **2.** hist. Guerrilla de resistencia contra el franquismo durante los años posteriores a la Guerra Civil española. || **3.** hist. Miembro de estas guerrillas.

mar. AMB. **1.** Masa de agua salada que cubre la mayor parte de la superficie de la Tierra. || **2.** Cada una de las partes en que se considera dividida. *Mar Mediterráneo. Mar Cantábrico.* || **3.** Lago de cierta extensión. *Mar Caspio. Mar Muerto.* || **4.** Agitación del mar o conjunto de sus olas. *Mala mar.* || **5.** Abundancia extraordinaria de ciertas cosas. *Lloró un mar de lágrimas.* || **~ arbolada.** F. Meteor. mar fuertemente agitada, con olas de más de seis metros de altura. || **~ de fondo.** AMB. *Meteor.* Agitación de las aguas del mar propagada desde el interior y que en forma atenuada alcanza los lugares próximos a la costa. También puede producirse en altamar sin efectos en la costa, con propagación de olas, aun débiles, de un lugar a otro. || **2.** Inquietud o agitación más o menos latente que enturbia o dificulta el curso de un asunto cualquiera. || **~ de leva.** AMB. *Meteor.* **mar de fondo** (|| agitación de las aguas del mar). || **~ de viento.** AMB. *Meteor.* Agitación de las aguas del mar por la acción del viento que sopla sobre su superficie en un lugar determinado, y cuya magnitud depende de la fuerza del viento, de su duración y de la distancia desde la que sopla en la misma dirección. || **~ gruesa.** F. *Meteor.* La muy agitada por las olas, que llegan hasta la altura de seis metros. || **~ jurisdiccional.** AMB. **aguas jurisdiccionales.** || **~ larga.** F. *Mar.* altamar. || **~ rizada.** F. *Meteor.* Movimiento ligero de las aguas del mar, inferior al de la marejada. || **~ tendida.** F. *Meteor.* mar formada por grandes olas de mucho seno y de movimiento lento, que no llegan a reventar. || **~ territorial.** AMB. **aguas jurisdiccionales.** || **alta ~.** F. altamar. || **a ~es.** LOC. ADV. Con abundancia. *Llorar; sudar; llover a mares.* || **arar en el ~.** LOC. VERB. Ser inútiles incluso los mayores esfuerzos para conseguir un fin determinado. || **hacerse a la ~.** LOC. VERB. Salir del puerto para navegar. || **la ~.** LOC. ADV. coloq. **mucho** (|| con abundancia). *Nos divertimos la mar. Lo pasamos la mar de bien.* ☐ V. **almirante de la ~, almirante mayor de la ~, anémona de ~, araña de ~, azul de ~, bellota de ~, brazo de ~, buey de ~, caballito de ~, cáncamo de ~, cangrejo de ~, capitán de ~ y guerra, cohombro de ~, dátil de ~, erizo de ~, escala de ~ y de tierra, espuma de ~, estrella de ~, golondrina de ~, golpe de ~, libertad de los ~es, liebre de ~, lobo de ~, pulga de ~, trucha de ~.**

mara. F. *Am. Cen.* Pandilla de muchachos.

marabino, na. ADJ. **maracucho.** Apl. a pers., u. t. c. s.

marabú. M. **1.** Ave zancuda, semejante a la cigüeña, de metro y medio de alto y tres metros y medio de envergadura, cabeza, cuello y buche desnudos, plumaje de color negro verdoso en el dorso, ceniciento en el vientre y blanco y muy fino debajo de las alas, pico amarillo, grande y grueso, y tarsos fuertes de color negruzco. Vive en África, donde es considerado como animal sagrado por los servicios que presta devorando multitud de insectos, reptiles y carroñas, y sus plumas blancas son muy apreciadas para adorno. ‖ **2.** Adorno hecho de su pluma. ¶ MORF. pl. **marabúes** o **marabús.**

marabunta. F. **1.** Población masiva de ciertas hormigas migratorias, que devoran a su paso todo lo comestible que encuentran. ‖ **2.** Conjunto de gente alborotada y tumultuosa.

maraca. F. **1.** Instrumento musical sudamericano, que consiste en una calabaza con granos de maíz o chinas en su interior, para acompañar el canto. Actualmente se hace también de metal o materiales plásticos. U. m. en pl. ‖ **2.** *Ant.* **sonajero.**

maracaibero, ra. ADJ. **maracucho.** Apl. a pers., u. t. c. s.

maracayá. M. *Á. Andes.* ocelote. MORF. pl. **maracayás.**

maracayero, ra. ADJ. **1.** Natural de Maracay. U. t. c. s. ‖ **2.** Perteneciente o relativo a esta ciudad de Venezuela, capital del estado de Aragua.

maracucho, cha. ADJ. **1.** Natural de Maracaibo. U. t. c. s. ‖ **2.** Perteneciente o relativo a esta ciudad de Venezuela, capital del estado de Zulia.

maracuyá. M. Fruto de la pasionaria. MORF. pl. **maracuyás.**

maragato, ta. ADJ. **1.** Natural de la Maragatería. U. t. c. s. ‖ **2.** Perteneciente o relativo a esta comarca de León, en España.

marajá. M. *hist.* **maharajá.** MORF. pl. **marajás.** ‖ **como un ~.** LOC.ADV. coloq. **como un rajá.**

marantáceo, a. ADJ. *Bot.* Se dice de las plantas angiospermas monocotiledóneas, herbáceas, con hojas asimétricas y pecioladas, flores hermafroditas irregulares, con cáliz y corola, completamente asimétricas y reunidas en inflorescencias compuestas, fruto en cápsula, baya o nuez, y semillas con arilo. U. t. c. s. f. ORTOGR. En f. pl., escr. con may. inicial c. taxón. *Las Marantáceas.*

maraña. F. **1.** Lugar riscoso o cubierto de maleza que lo hace impracticable. *La umbría maraña del bosque.* ‖ **2.** Enredo de los hilos o del cabello. ‖ **3.** Situación o asunto intrincado o de difícil salida. ‖ **4.** **coscoja** (‖ árbol).

marañón. **I.** M. **1.** Árbol de las Antillas, Venezuela y América Central, de la familia de las Anacardiáceas, de cuatro a cinco metros de altura, de tronco torcido y madera blanca, hojas ovaladas, de color amarillo rojizo, lisas y coriáceas, flores en panojas terminales, y cuyo fruto, sostenido por un pedúnculo grueso en forma de pera, es una nuez de cubierta cáustica y almendra comestible. ‖ **II.** ADJ. **2.** hist. Se decía del habitante de las proximidades del río Marañón o Amazonas. U. t. c. s.

maraquero, ra. M. y F. *Á. Caribe.* Persona que toca las maracas.

marasmo. M. **1.** Suspensión, paralización, inmovilidad, en lo moral o en lo físico. ‖ **2.** *Med.* Enflaquecimiento extremado del cuerpo humano.

maratí. ADJ. **1.** Se dice de la lengua índica septentrional hablada en el estado de Maharashtra, en la India. U. t. c. s. m. *El maratí.* ‖ **2.** Perteneciente o relativo a esta lengua. *Léxico maratí.* ¶ MORF. pl. **maratíes** o **maratís.**

maratón. M. **1.** En atletismo, carrera de resistencia en la que se recorre una distancia de 42 km y 195 m. U. t. c. f. ‖ **2.** Competición de resistencia. *Un maratón de baile.* U. t. c. f. ‖ **3.** Actividad larga e intensa que se desarrolla en una sola sesión o con un ritmo muy rápido. *Maratón de cine. Estaba muy cansado después del maratón de entrevistas.* U. t. c. f.

maratoniano, na. ADJ. **1.** Perteneciente o relativo al maratón. *El atleta batió el récord maratoniano.* ‖ **2.** Que tiene los caracteres del maratón. *Una negociación maratoniana.*

maratónico, ca. ADJ. *Á. R. Plata.* maratoniano.

maravedí. M. hist. Moneda española, efectiva unas veces y otras imaginaria, que ha tenido diferentes valores y calificativos. MORF. pl. **maravedís** o **maravedíes.** ‖ **~ de oro.** M. hist. Moneda con ley de 16 quilates de oro, que Alfonso el Sabio tasó en seis maravedís de plata. ‖ **~ de plata.** M. hist. Moneda anterior a los Reyes Católicos, cuyo valor era la tercera parte de un real de plata antiguo.

maravilla. F. **1.** Persona o cosa extraordinarios que causan admiración. ‖ **2.** Acción y efecto de maravillar o maravillarse. ‖ **3.** Planta herbácea de la familia de las Compuestas, de tres a cuatro decímetros de altura, con hojas abrazadoras y lanceoladas, flores terminales con pedúnculo hinchado, circulares y de color anaranjado. El cocimiento de las flores se ha usado en medicina como antiespasmódico. ‖ **4.** Especie de enredadera, originaria de América, que se cultiva en los jardines y tiene la flor azul con listas purpúreas. ‖ **5.** **dondiego.** ‖ **~ del mundo.** F. Cada una de las siete grandes obras de arquitectura o estatuaria que en la Antigüedad se reputaron más admirables. ‖ **a las ~s,** o **a las mil ~s.** LOCS.ADVS. cologs. De modo exquisito y primoroso, muy bien, perfectamente. ‖ **a ~.** LOC.ADV. De un modo maravilloso. ‖ **decir,** o **hacer, ~s.** LOCS.VERBS. cologs. Exponer algún concepto o ejecutar alguna acción con extraordinario primor. ‖ **de ~,** o **de ~s.** LOCS.ADVS. cologs. Muy bien, de manera exquisita. ‖ **por ~.** LOC.ADV. Rara vez, por casualidad. ‖ **ser** algo **la octava ~.** LOC.VERB. Ser muy extraordinario y admirable. ‖ **ser una ~.** LOC.VERB. Ser singular y excelente. ☐ V. **flor de la ~.**

maravillar. **I.** TR. **1.** Causar admiración a alguien. ‖ **II.** PRNL. **2.** Ver con admiración.

maravilloso, sa. ADJ. Extraordinario, excelente, admirable. *Lugares maravillosos. Personas maravillosas.*

marbellí. ADJ. **1.** Natural de Marbella. U. t. c. s. ‖ **2.** Perteneciente o relativo a esta ciudad de la provincia de Málaga, en España. ¶ MORF. pl. **marbellíes** o **marbellís.**

marbete. M. Cédula que por lo común se adhiere a las piezas de tela, cajas, botellas, frascos u otros objetos, y en que se suele manuscribir o imprimir la marca de fábrica, o expresar en un rótulo lo que dentro se contiene, y a veces sus cualidades, uso, precio, etc.

marca. F. **1.** Señal que se hace o se pone en una persona, animal o cosa, para distinguirla de otra, o denotar calidad o pertenencia. ‖ **2.** **marca de fábrica.** *No conozco la marca de su coche.* ‖ **3.** **firma** (‖ razón social). *Las grandes marcas acudieron a la feria.* ‖ **4.** Instrumento para marcar, especialmente el ganado. ‖ **5.** Señal o huella que no se borra con facilidad. *Tenía marcas de viruela en la cara.* ‖ **6.** Medida contrastada del tamaño que debe tener algo. *La alzada de ese caballo sobrepasa la marca.* ‖ **7.** hist. Antiguo territorio fronterizo. *Marca Hispánica.* ‖ **8.** *Dep.* El mejor resultado técnico homologado en el ejercicio de un deporte. ‖ **9.** *Ling.* Rasgo distintivo que posee una unidad lingüística y por el que se opone a otra u otras del mismo tipo. ‖ **10.** *Ling.* En lexicografía, indicador, a menudo abreviado, que informa sobre la naturaleza y ámbito de uso del vocablo definido; p. ej., ADJ., *Fís.* ‖ **11.** *Mar.* Punto fijo en la costa, que por sí solo, o combinado en enfilación con otros, sirve para indicar la situación de la nave y dirigir su rumbo. ‖ **~ de agua.** F. **1. filigrana** (‖ señal hecha en el papel al tiempo de fabricarlo). ‖ **2.** *Inform.* Código de identificación, generalmente imperceptible, que contiene información sobre el origen, la autoría y las condiciones de utilización de algunos soportes informáticos, para evitar usos fraudulentos. ‖ **~ de fábrica.** F. Distintivo o señal que el fabricante pone a los productos de su industria, y cuyo uso le pertenece exclusivamente. ‖ **~ registrada.** F. marca de fábrica o de comercio que, inscrita en el registro competente, goza de protección legal. ‖ **de ~.** LOC.ADJ. **1.** Se usa para explicar que algo es sobresaliente en su línea. ‖ **2.** De una marca comercial prestigiosa. *Solo viste ropa de marca.* ‖ **de ~ mayor.** LOC.ADJ. Se usa para expresar el más alto grado de algo. *Un imbécil de marca mayor.*

marcación[1]**.** F. **1.** Acción y efecto de marcar. ‖ **2.** *Mar.* Ángulo que la visual dirigida a una marca o a un astro forma con el rumbo que lleva el buque o con otro determinado.

marcación[2]**.** F. Cerco en que encajan puertas y ventanas.

marcado, da. PART. de **marcar.** ‖ ADJ. Muy perceptible. *Habla con marcado acento andaluz. Un artículo escrito con marcada agresividad.*

marcador, ra. I. ADJ. **1.** Que marca. *Manecilla marcadora de los minutos.* Apl. a pers., u. t. c. s. ‖ **II.** M. **2.** Tablero colocado en un lugar visible de los recintos deportivos, en el cual se anotan los tantos, puntos o lugares que van obteniendo los equipos o participantes que compiten. ‖ **3.** Átomo o sustancia detectables con facilidad que permiten identificar procesos físicos, químicos o biológicos. ‖ **4.** *Impr.* Operario encargado de colocar uno tras otro los pliegos de papel en las máquinas. ‖ **5.** *Am. Cen.* y *Am. Mer.* **rotulador** (‖ instrumento para escribir o dibujar).

marcaje. M. Acción y efecto de marcar a un jugador del equipo contrario.

marcapasos. M. **1.** Aparato electrónico de pequeño tamaño que excita rítmicamente al corazón incapaz de contraerse por sí mismo con regularidad. ‖ **2.** *Biol.* Órgano o sistema de regulación fisiológica que inicia y mantiene el ritmo de ciertas funciones del organismo, como el latido cardíaco, las contracciones uterinas, etc.

marcar. TR. **1.** Señalar con signos distintivos. *Marcar personas, animales, árboles, monedas, prendas, productos.* ‖ **2.** Herir por corte o contusión con herida que deje señal. ‖ **3.** Actuar sobre alguien o algo imponiéndole carácter o dejándole huella moral. *Lo marcó el férreo carácter de su padre.* ‖ **4.** Prescribir, determinar, fijar. *Marcar a alguien el camino que debe seguir.* ‖ **5.** Dicho de un aparato: Indicar cantidades o magnitudes. *El termómetro marca veinte grados. El reloj marcaba las seis.* ‖ **6.** Po-

ner la indicación del precio en géneros de comercio. ‖ **7.** Dar indicio de algo. *Las huellas marcaban el camino que debíamos seguir.* ‖ **8.** Mostrar algo destacada o acentuadamente, hacerlo resaltar. *El vestido marca una parte del cuerpo. Marcar una palabra o una sílaba.* U. t. c. prnl. ‖ **9.** Dar pauta o señalar un orden o algunos movimientos. *Marcar el paso, el ritmo, el compás.* ‖ **10.** Pulsar en un teléfono los números de otro para comunicar con él. U. t. c. intr. ‖ **11.** En el fútbol y algunos otros deportes, conseguir tantos metiendo la pelota en la meta contraria. ‖ **12.** Dicho de un jugador: En el fútbol y algunos otros deportes, situarse cerca de un contrario para dificultar la actuación de este. ‖ **13.** Obtener el peinado deseado colocando en el cabello pinzas, rulos, etc. U. t. c. prnl. ‖ **14.** Bordar en la ropa las iniciales y alguna vez los blasones de su dueño. ‖ **15.** *Biol.* y *Med.* Introducir en un tejido u órgano un compuesto detectable con facilidad, que se incorpora específicamente a otro, lo que permite la localización y cuantificación de un fenómeno o proceso. ‖ **16.** *Impr.* Ajustar el pliego a los tacones al imprimir el blanco, y apuntarlo para la retiración. ‖ **17.** *Quím.* Sustituir en una molécula un átomo por uno de sus isótopos para hacerla detectable. *Marcar con carbono radiactivo.*

marcasita. F. **pirita.**

marcear. INTR. Hacer el tiempo propio del mes de marzo.

marceño, ña. ADJ. Propio o característico del mes de marzo.

marceo. M. Corte que hacen los colmeneros, al entrar la primavera, para quitar a los panales lo reseco y sucio que suelen tener en la parte inferior.

marcero, ra. ADJ. Propio o característico del mes de marzo.

marcescente. ADJ. *Bot.* Se dice de los cálices y corolas que después de marchitarse persisten alrededor del ovario, y de las hojas que permanecen secas en la planta hasta que brotan las nuevas.

marcha. F. **1.** Acción de marchar. ‖ **2.** Grado de celeridad en el andar de un buque, locomotora, etc. ‖ **3.** Actividad o funcionamiento de un mecanismo, órgano o entidad. ‖ **4.** Modo de caminar del hombre y algunos animales. ‖ **5.** Desarrollo de un proyecto o empresa. ‖ **6.** Desplazamiento de personas para un fin determinado. ‖ **7.** coloq. Ánimo o ambiente de diversión y juego. ‖ **8.** *Dep.* En atletismo, carrera que consiste en caminar rápidamente con uno de los pies siempre en contacto con el suelo. ‖ **9.** *Mec.* Cada una de las posiciones motrices en un cambio de velocidades. ‖ **10.** *Mil.* Toque para que marche la tropa o para hacer los honores supremos militares. ‖ **11.** *Mil.* Movimiento de las tropas para trasladarse de un punto a otro. ‖ **12.** *Mús.* Pieza de música, de ritmo muy determinado, destinada a indicar el paso reglamentario de la tropa, o de un numeroso cortejo en ciertas solemnidades. ‖ **~ real.** F. La que se toca en honor del rey o de alguna representación de análoga majestad. ‖ **~ real fusilera.** F. hist. Antigua marcha real, usada después en los actos palatinos. ‖ **~ reductora.** F. *Mec.* En un automóvil, sistema adicional del cambio de velocidades, que permite que el motor desarrolle más potencia con menor número de revoluciones sin cambios de marcha. ‖ **a ~s forzadas.** LOC.ADV. *Mil.* Caminando en determinado tiempo más de lo que se acostumbra, o haciendo jornadas más largas que las regulares. U. t. en sent. fig. *Tuvimos que leer* La Regenta *a marchas forzadas.*

‖ **coger la ~ a**, o **de**, algo. LOCS.VERBS. coloqs. Adquirir práctica o habilidad para hacerlo. ‖ **dar ~ atrás**. LOC. VERB. coloq. Desistir de un empeño, o reducir su actividad. ‖ **~ atrás**. **I**. LOC.ADV. **1**. En dirección contraria a la del sentido normal del movimiento. ‖ **II**. LOC. SUST. F. **2**. Posición motriz de la caja de cambios de un automóvil que permite su retroceso. ‖ **poner en ~**. LOC.VERB. **1**. Hacer que un mecanismo empiece a funcionar. ‖ **2**. Hacer que un proyecto comience a realizarse, o que una entidad u organización inicie sus actividades. ‖ **sobre la ~**. LOC.ADV. A medida que se va haciendo algo. ☐ V. **orden de ~**, **puesta en ~**.

marchamar. TR. En las aduanas, señalar o marcar los géneros o fardos.

marchamo. M. **1**. Señal o marca que se pone en los fardos o bultos en las aduanas, como prueba de que están despachados o reconocidos. ‖ **2**. Marca que se pone a ciertos productos, especialmente a los embutidos.

marchante[1]. COM. **1**. Persona que comercia especialmente con cuadros u obras de arte. ‖ **2**. **traficante**.

marchante[2], **ta**. M. y F. **1**. *Am*. **parroquiano** (‖ persona que acostumbra a ir a una misma tienda). ‖ **2**. *Á. Caribe*. Vendedor al que se acude a comprar habitualmente.

marchantía. F. *Am. Cen*. y *Á. Caribe* **clientela**.

marchar. INTR. **1**. Desplazarse o moverse. ‖ **2**. Ir a un lugar. ‖ **3**. Irse o partir de un lugar. U. t. c. prnl. ‖ **4**. **andar** (‖ moverse un artefacto o máquina). *El reloj marcha*. ‖ **5**. Dicho de una cosa: Funcionar o desenvolverse. *La acción del drama marcha bien*. ‖ **6**. Dicho de una cosa: Funcionar o desenvolverse bien. *La cosa marcha. Esto no marcha*. ‖ **7**. *Mil*. Dicho de la tropa: Ir o caminar con cierto orden y compás.

marchitamiento. M. Acción y efecto de marchitar.

marchitar. TR. **1**. Ajar, deslucir y quitar el jugo y frescura a las hierbas, flores y otras cosas, haciéndoles perder su vigor y lozanía. U. t. c. prnl. ‖ **2**. Enflaquecer, debilitar, quitar el vigor, la robustez, la hermosura. U. t. c. prnl.

marchitez. F. Cualidad de marchito.

marchito, ta. ADJ. Ajado, falto de vigor y lozanía. U. t. en serl. fig. *Ideas marchitas*.

marchoso, sa. ADJ. coloq. Que tiene **marcha** (‖ ánimo). Apl. a pers., u. t. c. s.

marcial. ADJ. **1**. Perteneciente o relativo a la guerra, la milicia o los militares. *Saludo marcial*. ‖ **2**. Garboso, gallardo. *Caminaba con paso marcial*. ☐ V. **arte ~**, **ley ~**, **pirita ~**.

marcialidad. F. Cualidad de marcial.

marciano, na. **I**. ADJ. **1**. Perteneciente o relativo al planeta Marte. *Atmósfera marciana*. ‖ **II**. M. y F. **2**. Supuesto habitante del planeta Marte.

marco. M. **1**. Pieza que rodea, ciñe o guarnece algunas cosas, y aquella en donde se encaja una puerta, ventana, pintura, etc. ‖ **2**. Ambiente o paisaje que rodea algo. ‖ **3**. Límites en que se encuadra un problema, cuestión, etapa histórica, etc. *En el marco de la Constitución. En el marco de una teoría*. ‖ **4**. Unidad monetaria de algunos países, como Bosnia-Herzegovina. ‖ **5**. Figura geométrica adoptada para repartir regularmente una plantación en el terreno. ‖ **6**. hist. Patrón o tipo por el cual debían regularse o contrastarse las pesas y medidas. ‖ **7**. hist. Peso de media libra, o 230 g, que se usaba para el oro y la plata. El del oro se dividía en 50 castellanos, y el

de la plata en 8 onzas. ‖ **~ real**. M. Plantación en que cada árbol ocupa un vértice en líneas cruzadas formando cuadrados.

marcomano, na. ADJ. **1**. hist. Se dice del individuo de un pueblo germánico que poblaba a principios de nuestra era la Marcomania, actual Bohemia. U. t. c. s. ‖ **2**. hist. Perteneciente o relativo a Marcomania. *Asentamientos marcomanos*.

marconigrama. M. Despacho transmitido por la telegrafía o telefonía sin hilos, radiotelegrama.

marea. F. **1**. Movimiento periódico y alternativo de ascenso y descenso de las aguas del mar, producido por la atracción del Sol y de la Luna. ‖ **2**. Viento blando y suave que sopla del mar. ‖ **3**. Cantidad de pesca capturada por una embarcación en una jornada. ‖ **4**. Viento que sopla en las cuencas de los ríos, o en los barrancos. ‖ **5**. Multitud, masa de gente que invade un lugar. ‖ **~ muerta**. F. *Mar*. **aguas muertas**. ‖ **~ negra**. F. Masa de petróleo vertida al mar, que puede causar graves daños, sobre todo al llegar a la costa. ‖ **~ roja**. F. Proliferación de ciertas algas marinas unicelulares productoras de toxinas, que al acumularse en el cuerpo de moluscos y crustáceos hacen peligroso su consumo. ‖ **~ viva**. F. *Mar*. **aguas vivas**. ☐ V. **establecimiento de las ~s**.

mareador, ra. ADJ. Que marea. *Ritmo mareador*.

mareal. ADJ. Perteneciente o relativo a las mareas. *Hipótesis mareal*.

mareante. ADJ. **1**. Que marea. *Movimientos mareantes*. ‖ **2**. Que profesa el arte de la navegación. U. t. c. s.

marear. TR. **1**. Hacer que a alguien se le turbe la cabeza y se le revuelva el estómago, lo cual suele suceder con el movimiento de la embarcación o del vehículo y también en el principio o el curso de algunas enfermedades. U. t. c. prnl. ‖ **2**. Embriagar ligeramente. *La cerveza me marea con facilidad*. U. t. c. prnl. ‖ **3**. coloq. Enfadar, molestar. *Deja ya de marearme*. U. t. c. intr. ☐ V. **aguja de ~**, **carta de ~**.

marejada. F. **1**. *Meteor*. Movimiento del mar con grandes olas, aunque no haya borrasca. ‖ **2**. Exaltación de los ánimos y señal de disgusto, murmuración o censura, manifestada de manera sorda por varias personas, que suele preceder al verdadero alboroto.

maremagno. M. **maremágnum**.

maremágnum. M. Muchedumbre confusa de personas o cosas. MORF. pl. **maremágnums**.

maremoto. M. Agitación violenta de las aguas del mar a consecuencia de una sacudida del fondo, que a veces se propaga hasta las costas dando lugar a inundaciones.

marengo. M. **gris marengo**.

mareo. M. Efecto de marear.

mareógrafo. M. Instrumento que registra de forma gráfica el nivel que alcanzan las aguas del mar en las distintas horas del día.

mareomotriz. ☐ V. **energía ~**.

marero. ADJ. *Mar*. Dicho del viento: Que viene del mar.

mareta. F. Movimiento de las olas del mar cuando empiezan a levantarse con el viento o a sosegarse después de la borrasca.

maretazo. M. Golpe de la mareta.

marfil. M. **1**. Materia dura, compacta y blanca de que principalmente están formados los dientes de los vertebrados, que en la corona está cubierta por el esmalte y en la raíz por el cemento. En la industria se utiliza, para la fabricación de numerosos objetos, el de los colmillos de los elefantes. ‖ **2.** Color que va del blanco al amarillo. U. t. c. adj. ☐ V. **torre de ~**.

marfileño, ña. ADJ. **1.** De marfil. *Bastón de puño marfileño*. ‖ **2.** Semejante al marfil. *Palidez marfileña*. ‖ **3.** Natural de Costa de Marfil. U. t. c. s. ‖ **4.** Perteneciente o relativo a este país de África.

marga. F. Roca más o menos dura, de color gris, compuesta principalmente de carbonato de cal y arcilla en proporciones casi iguales. Se emplea como abono de los terrenos en que escasea la cal o la arcilla.

margallate. M. *Méx.* **embrollo** (‖ enredo, confusión).

margarina. F. Sustancia grasa, de consistencia blanda, que se extrae de ciertas grasas animales y de aceites vegetales, y tiene los mismos usos que la mantequilla.

margarita. F. **1.** Planta herbácea de la familia de las Compuestas, de cuatro a seis decímetros de altura, con hojas casi abrazadoras, oblongas, festoneadas, hendidas en la base, y flores terminales de centro amarillo y corola blanca. Es muy común en los sembrados. ‖ **2.** Flor de esta planta. ‖ **echar ~s a los cerdos, o a los puercos.** LOCS.VERBS. coloqs. Emplear el discurso, generosidad o delicadeza en quien no sabe apreciarlos.

margariteño, ña. ADJ. **1.** Natural de la isla de Margarita, que forma parte del estado de Nueva Esparta, en Venezuela. U. t. c. s. ‖ **2.** Perteneciente o relativo a esta isla.

margayate. M. *Méx.* **embrollo** (‖ enredo, confusión).

margen. I. M. **1.** Espacio que queda en blanco a cada uno de los cuatro lados de una página manuscrita, impresa, grabada, etc., y más particularmente el de la derecha o el de la izquierda. ‖ **2.** Ocasión, oportunidad para un acto o suceso. *Hay poco margen para celebrar el campeonato*. ‖ **3.** *Com.* Cuantía del beneficio que se puede obtener en un negocio teniendo en cuenta el precio de coste y el de venta. ‖ **II.** AMB. **4.** Extremidad y orilla de una cosa. U. m. c. f. *La margen del río. La margen del campo*. ‖ **~ de sílaba.** M. *Fon.* Unidad fónica que precede o sigue al núcleo silábico y que se caracteriza por ser más cerrada que este. ‖ **al ~.** LOC.ADV. Se usa para indicar que alguien o algo no tiene intervención en el asunto de que se trata. *Dejar, estar, quedar al margen* DE *un asunto*.

marginación. F. Acción y efecto de marginar a una persona o a un conjunto de personas de un asunto o actividad o de un medio social.

marginado, da. PART. de **marginar**. ‖ ADJ. **1.** Dicho de una persona o de un grupo: No integrados en la sociedad. Apl. a pers., u. t. c. s. ‖ **2.** *Bot.* Que tiene reborde.

marginal. ADJ. **1.** Perteneciente o relativo al margen. *Espacio marginal*. ‖ **2.** Que está al margen. *Apuntes marginales*. ‖ **3.** Dicho de un asunto, una cuestión, de un aspecto, etc.: De importancia secundaria o escasa. ‖ **4.** Dicho de una persona o de un grupo: Que viven o actúan, de modo voluntario o forzoso, fuera de las normas sociales comúnmente admitidas. Apl. a pers., u. t. c. s. *Es un marginal de la política*. ☐ V. **coste ~, nota ~**.

marginalidad. F. **1.** Situación de marginación o aislamiento de una persona o de una colectividad. ‖ **2.** Falta de relación de algo con la materia de que se trata.

marginalización. F. **marginación**.

marginar. TR. **1.** Hacer o dejar márgenes en el papel u otra materia en que se escribe o imprime. ‖ **2.** Dejar al margen un asunto o cuestión, no entrar en su examen

al tratar de otros. ‖ **3.** Preterir a alguien, ponerlo o dejarlo al margen de alguna actividad. ‖ **4.** Poner o dejar a una persona o grupo en condiciones sociales, políticas o legales de inferioridad. U. t. c. prnl.

margoso, sa. ADJ. Dicho de un terreno o de una roca: Que tienen marga en su composición.

margrave. M. hist. Noble alemán.

margraviato. M. **1.** hist. Dignidad de margrave. ‖ **2.** hist. Territorio del margrave.

mari. ADJ. **1.** Natural de Mari-El. U. t. c. s. ‖ **2.** Perteneciente o relativo a esta república de la Federación Rusa.

maría. F. **1.** galleta maría. ‖ **2.** coloq. **marihuana**. ☐ V. **baño de María, baño ~, baño María, galleta ~, sello de santa María, vela María**.

mariachi. M. **1.** Música y baile populares mexicanos procedentes del estado de Jalisco. ‖ **2.** Orquesta popular mexicana que interpreta esta música. ‖ **3.** Cada uno de los componentes de esta orquesta. ‖ **4.** Conjunto instrumental que acompaña a los cantantes de ciertas danzas y aires populares mexicanos.

marianista. ADJ. **1.** Se dice de la persona que pertenece a la Compañía de María, dedicada preferentemente a la enseñanza y compuesta de sacerdotes y laicos. U. t. c. s. ‖ **2.** Perteneciente o relativo a esta congregación. *Colegios marianistas*.

mariano, na. ADJ. Perteneciente o relativo a la Virgen María, y en particular a su culto. ☐ V. **cardo ~**.

marica. I. M. **1.** coloq. Hombre afeminado u homosexual. ‖ **2.** Se usa como insulto con su significado preciso o sin él. ‖ **F. 3.** urraca (‖ pájaro).

maricaeño, ña. ADJ. **1.** Natural de Maricao. U. t. c. s. ‖ **2.** Perteneciente o relativo a este municipio de Puerto Rico o a su cabeza.

maricón. M. **1.** malson. Hombre afeminado u homosexual. U. t. c. adj. ‖ **2.** Se usa como insulto grosero con su significado preciso o sin él.

mariconada. F. **1.** malson. Acción propia del maricón. ‖ **2.** coloq. Mala pasada, acción malintencionada o indigna contra alguien. ‖ **3.** coloq. Acción u objeto tenidos por afectados.

mariconera. F. despect. Bolso de mano para hombres.

mariconería. F. **1.** malson. Cualidad de maricón. ‖ **2.** malson. **mariconada**.

maricultura. F. Cultivo de las plantas y animales marinos, como alimento o para otros fines.

maridaje. M. **1.** Enlace, unión y conformidad de los casados. ‖ **2.** Unión, analogía o conformidad con que algunas cosas se enlazan o corresponden entre sí; p. ej., la unión de la vid y el olmo, la buena correspondencia de dos o más colores, etc.

maridar. I. INTR. **1.** Casarse o unirse en matrimonio. *La infanta maridó en Sevilla*. ‖ **2.** Unirse carnalmente o hacer vida marital. ‖ **II.** TR. **3.** Unir o enlazar. *El escritor consigue maridar clasicismo y vanguardia*.

maridazo. M. coloq. Marido demasiado condescendiente.

marido. M. Hombre casado, con respecto a su mujer.

marieño, ña. ADJ. **1.** Natural de Las Marías. U. t. c. s. ‖ **2.** Perteneciente o relativo a este municipio de Puerto Rico o a su cabeza.

mariguana. F. **marihuana**.

mariguanear. INTR. *Chile*. Fumar marihuana.

mariguanero, ra. M. y F. *Chile*. Persona que mariguanea con frecuencia.

mariguanza. F. *Chile.* Gesto burlesco hecho con las manos.

marihuana. F. Cáñamo índico, cuyas hojas, fumadas como tabaco, producen trastornos físicos y mentales.

marihuanero, ra. ADJ. *Á. Andes* y *Á. Caribe.* Persona adicta a la marihuana.

marimacho. M. coloq. Mujer que en su corpulencia o acciones parece hombre.

marimandona. F. Mujer voluntariosa y autoritaria.

marimba. F. **1.** Especie de tambor que se usa en algunas partes de África. || **2.** Instrumento musical en que se percuten listones de madera, como en el xilófono. || **3.** *Am.* Instrumento musical en que se percuten con un mazo pequeño y blando tiras de vidrio, como en el tímpano.

marimbero, ra. M. y F. *Am.* Músico que toca la marimba.

marina. F. **1.** Arte o profesión que enseña a navegar o a gobernar las embarcaciones. || **2.** Conjunto de los buques de una nación. ORTOGR. Escr. con may. inicial. || **3.** Conjunto de las personas que sirven en la Marina de guerra. ORTOGR. Escr. con may. inicial. || **4.** Parte de tierra junto al mar. || **5.** Cuadro o pintura que representa el mar. || **Marina de guerra.** F. **escuadra** (|| conjunto de buques de guerra). || **Marina mercante.** F. Conjunto de los buques de una nación que se emplean en el comercio. □ V. **comandancia de Marina, infantería de Marina.**

marinada. F. **1.** Adobo líquido compuesto de vino, vinagre, especias, hierbas, etc., en el que se maceran ciertos alimentos, especialmente pescado y carne de caza, antes de cocinarlos. || **2.** Plato adobado en marinada.

marinado, da. PART. de **marinar.** || ADJ. Dicho del pescado o de otros alimentos: Conservados crudos en cierto adobo. *Salmón marinado.*

marinar. TR. **1.** Conservar crudos ciertos alimentos, especialmente pescado, con adobo de vino, vinagre, hierbas, especias, etc., a fin de que se ablanden y adquieran aroma. || **2.** Tripular de nuevo un buque.

marine. M. Soldado de la infantería de Marina estadounidense o de la británica.

marinear. INTR. Ejercitar el oficio de marinero.

marinera. F. **1.** Prenda de vestir, especie de blusa, abotonada por delante y ajustada a la cintura por medio de una jareta, que usan los marineros. || **2.** Baile popular de Chile, Ecuador y el Perú.

marinería. F. **1.** Profesión o ejercicio de quien se dedica al mar. || **2.** Conjunto de marineros. || **3.** *Mar.* Conjunto de cabos y marineros, de categoría inmediatamente inferior al de suboficiales.

marinero, ra. I. ADJ. **1.** Perteneciente o relativo a la marina o a los marineros. *Tradiciones marineras.* || **2.** Semejante a cualquier cosa de marina o de marinero. *Blusa marinera.* || **3.** Dicho de una embarcación: Que posee las características necesarias para navegar con facilidad y seguridad en todas circunstancias. || **II.** M. y F. **4.** Persona que presta servicio en una embarcación. || **5.** *Mar.* Persona que sirve en la Armada en el último escalón de la marinería. || **a la ~.** LOC. ADV. Conforme a la moda o costumbre de los marineros. □ V. **nudo ~.**

marinesco, ca. ADJ. Perteneciente o relativo a los marineros. *Lengua marinesca.*

marinista. ADJ. Se dice del pintor de marinas. U. t. c. s.

marino, na. I. ADJ. **1.** Perteneciente o relativo al mar. *Fondo marino.* || **2.** *Heráld.* Se dice de ciertos animales fabulosos que terminan en cola de pescado; p. ej., las sirenas. || **II.** M. **3.** Hombre que se ejercita en la náutica. || **4.** Hombre que tiene un grado militar o profesional en la Marina. □ V. **azul ~, caballo ~, cuervo ~, dragón ~, elefante ~, erizo ~, granja ~, guardia marina, haba ~, halcón ~, hinojo ~, junco ~, legua ~, león ~, liebre ~, lobo ~, milla ~, musgo ~, oso ~, trompa ~, vaca ~, zorzal ~.**

mariología. F. Tratado de lo referente a la Virgen María.

marioneta. F. **1.** **títere** (|| muñeco de pasta u otra materia). || **2.** Persona que se deja manejar dócilmente. || **3.** pl. Teatro representado con marionetas.

mariposa. I. F. **1.** Insecto lepidóptero. || **2.** Pequeña mecha sujeta en un disco flotante y que, encendida en su recipiente con aceite, se pone por devoción ante una imagen o se usa para tener luz de noche. || **3.** Forma de natación en que los brazos ejecutan simultáneamente una especie de rotación hacia delante, mientras las piernas se mueven juntas arriba y abajo. || **II.** M. **4.** coloq. Hombre afeminado u homosexual. || **~ de la seda.** F. Aquella cuya oruga produce la seda que se utiliza en la industria más comúnmente, y en general todas las que tienen orugas productoras de seda.

mariposeador, ra. ADJ. *Á. Andes.* Que mariposea.

mariposear. INTR. **1.** Dicho especialmente de un hombre: En materia de amores, variar con frecuencia de aficiones y caprichos. || **2.** Andar o vagar insistentemente alrededor de alguien, procurando el trato o la conversación con él.

mariposeo. M. Acción de mariposear.

mariposón. M. coloq. Hombre afeminado u homosexual.

mariquita. I. F. **1.** Insecto coleóptero, de cuerpo semiesférico, de unos siete milímetros de largo, con antenas engrosadas hacia la punta, cabeza pequeña, alas membranosas muy desarrolladas y patas muy cortas. Es negruzco por debajo y encarnado brillante por encima, con varios puntos negros en los élitros y en el dorso del tórax. El insecto adulto y su larva se alimentan de pulgones, por lo cual son útiles al agricultor. || **2.** Insecto hemíptero, de alas membranosas, de cuerpo aplastado, estrecho, oval, y como de un centímetro de largo, cabeza pequeña, triangular y pegada al tórax, antenas de cuatro artejos, élitros que cubren el abdomen, y patas bastante largas y muy finas. Es por debajo de color pardo oscuro y por encima encarnado con tres manchitas negras, cuyo conjunto se asemeja a la insignia de la Orden de San Antón o al escudo de la Orden del Carmen. Abunda en España y se alimenta de plantas. || **II.** M. **3.** coloq. Hombre afeminado u homosexual.

marisabidilla. F. coloq. Mujer que presume de sabia.

mariscada. F. Comida constituida principalmente por marisco abundante y variado.

mariscador, ra. ADJ. **1.** Que tiene por oficio coger mariscos. U. m. c. s. || **2.** Que cultiva mariscos en viveros o playas. U. m. c. s.

mariscal. M. **1.** En algunos países, grado máximo del Ejército. || **2.** hist. Oficial muy importante en la milicia antigua, inferior al condestable. Era juez del Ejército y estaban a su cargo el castigo de los delitos y el gobierno económico. Se conservó luego este título en los sucesores de quienes lo habían sido en los reinos de Castilla,

Andalucía, etc. ‖ **3. veterinario. ‖ ~ de campo.** M. hist. Oficial general, llamado hoy general de división, inmediatamente inferior en el grado y en las funciones al teniente general.

mariscar. INTR. Coger mariscos.

marisco. M. Animal marino invertebrado, y especialmente los crustáceos y moluscos comestibles. □ V. **cóctel de ~s.**

marisma. F. Terreno bajo y pantanoso que inundan las aguas del mar.

marismeño, ña. ADJ. **1.** Perteneciente o relativo a la marisma. *Aldea marismeña.* ‖ **2.** Propio o característico de ella. *Costumbres marismeñas.*

marisqueo. M. Acción y efecto de mariscar.

marisquería. F. Establecimiento donde se venden o se consumen mariscos.

marisquero, ra. I. ADJ. **1.** Perteneciente o relativo a los mariscos. *Flota marisquera.* ‖ **II.** M. y F. **2.** Persona que pesca o vende mariscos.

marista. ADJ. **1.** Se dice de los miembros de una de las congregaciones religiosas fundadas bajo la advocación de la Virgen María. U. t. c. s. ‖ **2.** Perteneciente o relativo a dichas congregaciones. *Colegio marista.*

marital. ADJ. Perteneciente o relativo al marido o a la vida conyugal.

marítimo, ma. ADJ. Perteneciente o relativo al mar. □ V. **legua ~, pino ~, zona ~ exclusiva.**

marjal. M. Terreno bajo y pantanoso.

marlo. M. Á. R. *Plata.* zuro.

marlota. F. hist. Vestidura morisca, especie de sayo, con que se ciñe y ajusta el cuerpo.

marmita. F. Olla de metal, con tapadera ajustada y una o dos asas.

marmitón. M. Hombre que hace los más humildes oficios en la cocina.

mármol. M. **1.** Piedra caliza metamórfica, de textura compacta y cristalina, susceptible de buen pulimento y mezclada frecuentemente con sustancias que le dan colores diversos o figuran manchas o vetas. ‖ **2.** Obra artística de mármol. □ V. **piedra ~.**

marmolería. F. Taller donde se trabaja el mármol.

marmolillo. M. **1.** Poste de piedra destinado a resguardar del paso de los vehículos. ‖ **2.** zote.

marmolista. COM. **1.** Persona que trabaja en mármoles, o los vende. ‖ **2.** Persona que trabaja en otras piedras y, especialmente, la que se dedica a labrar lápidas funerarias.

marmóreo, a. ADJ. **1.** De mármol. *Columna marmórea.* ‖ **2.** Semejante al mármol en alguna de sus cualidades. *Voluntad, palidez marmórea.*

marmosa. F. Especie de zarigüeya de Chile y la Argentina, de pelaje ceniciento, con una mancha negra sobre cada ojo.

marmota. F. **1.** Mamífero roedor, de unos cinco decímetros de longitud desde el hocico hasta la cola, y poco más de dos de altura, cabeza gruesa y aplastada por encima, orejas pequeñas, cuerpo recio, pelaje muy espeso, largo, de color pardo rojizo por el lomo y blanquecino por el vientre, y cola larga de unos dos decímetros de longitud, con pelo pardo abundante y terminada por un mechón negro. Vive en los montes más elevados de Europa, es herbívora, pasa el invierno dormida en su madriguera y se la domestica fácilmente. ‖ **2.** coloq. Persona que duerme mucho.

maro. M. **1.** Planta herbácea de la familia de las Labiadas, con tallos erguidos, duros, pelosos, de tres a cuatro decímetros de altura y muy ramosos, hojas pequeñas, enteras, lanceoladas, con vello blanco por el envés, flores de corola purpúrea en racimos axilares, y fruto seco con semillas menudas. Es de olor muy fuerte y de sabor amargo, y se usa en medicina como excitante y antiespasmódico. ‖ **2.** amaro.

marojo. M. Planta muy parecida al muérdago, del cual se diferencia por ser rojas las bayas del fruto y reunirse las semillas en verticilos múltiples.

maroma. F. **1.** Cuerda gruesa de esparto, cáñamo u otras fibras vegetales o sintéticas. ‖ **2.** *Am.* **pirueta** (‖ salto acrobático). ‖ **3.** *Am.* Función de circo en que se hacen ejercicios de acrobacia. ‖ **4.** *Am.* Cambio oportunista de opinión o partido político.

maromero, ra. I. ADJ. **1.** *Am.* **versátil.** *Político maromero.* ‖ **II.** M. y F. **2.** *Am.* **acróbata.** ‖ **3.** *Am.* Político astuto que varía de opinión o partido según las circunstancias. ‖ **4.** *Ant.* Persona a quien hay que tratar con cautela.

maromo. M. Novio o amante masculino. *Se ha echado un maromo.*

maronita. I. ADJ. **1.** Se dice de la Iglesia cristiana, con obediencia al papa y liturgia propia, originaria del Líbano y Siria. ‖ **2.** Perteneciente o relativo a esta Iglesia. *Culto maronita.* ‖ **II.** COM. **3.** Miembro de esta Iglesia.

marota. F. *Méx.* marimacho.

marquense. ADJ. **1.** Natural de San Marcos. U. t. c. s. ‖ **2.** Perteneciente o relativo a este departamento de Guatemala o a su cabecera.

marqueo. M. Operación de marcar los árboles.

marqués, sa. I. M. y F. **1.** Persona que tiene un título nobiliario de categoría inferior al de duque y superior al de conde. ‖ **II.** M. **2.** Marido de la marquesa. ‖ **3.** hist. Señor de una tierra que estaba en la marca del reino. ‖ **III.** F. **4.** Mujer del marqués. □ V. **corona de ~.**

marquesado. M. **1.** Título o dignidad de marqués. ‖ **2.** hist. Territorio o lugar sobre el que recaía este título o en que se ejercía jurisdicción un marqués.

marquesina. F. **1.** Especie de alero o protección de cristal y metal que se coloca a la entrada de edificios públicos, palacios, etc. Se extendió a las cubiertas de andenes de estación e incluso a claraboyas. ‖ **2.** Construcción protegida por los lados y cubierta, destinada, en las paradas de transportes públicos, a guardar del sol y la lluvia a quienes esperan.

marqueta. F. **1.** Porción de cera sin labrar. ‖ **2.** *Am. Cen.* Bloque, especialmente de hielo o de jabón.

marquetería. F. **1.** Embutido en las tablas con pequeñas chapas de madera de varios colores. ‖ **2.** Obra decorada con marquetería.

marra. F. Falta de una cosa donde debiera estar, especialmente de viñas, olivares, etc., en cuyos liños faltan cepas, olivos, etc.

marrajo, ja. I. ADJ. **1.** Dicho de un toro o de un buey: Que arremete con malicia a golpe seguro. ‖ **2.** Cauto, astuto, difícil de engañar y que encubre mala intención. ‖ **II.** M. **3.** Tiburón que alcanza frecuentemente dos o tres metros de longitud, con el dorso y costados de color azul o gris de pizarra, la raíz de la cola estrecha y provista de un saliente longitudinal afilado a cada lado, aleta caudal más o menos semilunar, dientes muy desarrollados y agudos. Es animal peligroso y muy abundante en las costas meridionales de España y en las de Marruecos.

marrana. F. **cerda** (‖ hembra del cerdo).

marranada. F. **1.** Cosa sucia, chapucera, repugnante. ‖ **2.** coloq. Suciedad moral, acción indecorosa o grosera.

marranear. INTR. Comportarse indignamente.

marranería. F. coloq. **marranada.**

marrano, na. I. ADJ. **1.** despect. hist. Se decía del converso que judaizaba ocultamente. U. t. c. s. ‖ **II.** M. y F. **2.** coloq. Persona sucia y desaseada. U. t. c. adj. ‖ **3.** coloq. Persona grosera, sin modales. U. t. c. adj. ‖ **4.** coloq. Persona que procede o se porta mal o con ruindad. U. t. c. adj. ‖ **III.** M. **5. cerdo** (‖ mamífero artiodáctilo).

marraqueta. F. **1.** Á. Andes. Conjunto de varios panes pequeños que se cuecen en una sola pieza, y pueden después separarse con facilidad. ‖ **2.** Chile. Pan pequeño con una hendidura longitudinal.

marrar. INTR. **1.** errar (‖ no acertar). U. t. c. tr. Marró el disparo. ‖ **2.** Desviarse de lo recto. Marró al divulgar la confidencia.

marras. de ~. LOC. ADJ. coloq. Que es conocido sobradamente. Ha contado mil veces la aventura de marras. Vino a verte el individuo de marras.

marrasquino. M. Licor hecho con zumo de cierta variedad de cerezas amargas y gran cantidad de azúcar.

marro. M. **1.** Juego en que, colocados los jugadores en dos bandos, uno enfrente de otro, dejando suficiente campo en medio, sale cada individuo hasta la mitad de él a coger a su contrario, que debe hurtar el cuerpo, no dejarse coger ni tocar, para retirarse a su bando. ‖ **2.** Palo con que se juega a la tala².

marrón¹. ADJ. **1.** Dicho de un color: Castaño, o de matices parecidos. U. t. c. s. m. El marrón no me disgusta. ‖ **2.** De color marrón. Zapatos marrones.

marrón². M. Am. almádena.

marroquí. ADJ. **1.** Natural de Marruecos. U. t. c. s. ‖ **2.** Perteneciente o relativo a este país de África. ¶ MORF. pl. **marroquíes** o **marroquís.**

marroquinería. F. **1.** Manufactura de artículos de piel o tafilete, como carteras, petacas, maletas, etc. ‖ **2.** Este género de artículos. ‖ **3.** Taller donde se fabrican o tienda donde se venden.

marroquinero, ra. M. y F. Persona que trabaja en marroquinería.

marrubio. M. Planta herbácea de la familia de las Labiadas, con tallos erguidos, blanquecinos, pelosos, cuadrangulares, de cuatro a seis decímetros de altura, hojas ovaladas, rugosas, con ondas en el margen, vellosas y más o menos pecioladas, flores blancas en espiga, y fruto seco con semillas menudas. Es planta muy abundante en lugares secos y sus flores se usan en medicina.

marrueco¹. M. Chile. Bragueta o portañuela.

marrueco², **ca.** ADJ. **marroquí.**

marrulla. F. **marrullería.**

marrullería. F. Astucia tramposa o de mala intención.

marrullero, ra. ADJ. Que usa marrullerías. Juego marrullero. Apl. a pers., u. t. c. s.

marsellés, sa. ADJ. **1.** Natural de Marsella. U. t. c. s. ‖ **2.** Perteneciente o relativo a esta ciudad de Francia.

marshalés, sa. ADJ. **1.** Natural de las Islas Marshall. U. t. c. s. ‖ **2.** Perteneciente o relativo a este país de Oceanía.

marso, sa. ADJ. **1.** hist. Se dice del individuo de un pueblo de la Italia antigua, que habitaba cerca del lago Fucino. U. m. c. s. ‖ **2.** hist. Perteneciente o relativo a los marsos. Tradiciones marsas.

marsopa. F. Cetáceo parecido al delfín, de cerca de metro y medio de largo, cabeza redondeada con ojos pequeños y las narices en la parte más alta, boca grande de hocico obtuso y 24 dientes en cada lado de las mandíbulas, cuerpo grueso, liso, de color negro azulado por encima y blanco por debajo, dos aletas pectorales, una sola dorsal, y cola grande, robusta y ahorquillada.

marsupial. ADJ. Zool. Se dice de los mamíferos cuyas hembras dan a luz prematuramente e incuban a sus crías en la bolsa ventral en donde están las mamas; p. ej., el canguro de Australia y la zarigüeya de América. Excepcionalmente, en algunos géneros la bolsa es rudimentaria o falta del todo. U. t. c. s. ORTOGR. En m. pl., escr. con may. inicial c. taxón. Los Marsupiales.

marsupio. M. Zool. Bolsa característica de las hembras de los marsupiales, que funciona como una incubadora. Está formada por una duplicación de la piel y asentada sobre la pared ventral exterior. En ella se encuentran las glándulas mamarias y allí completan las crías el período de gestación.

marta. F. **1.** Mamífero carnicero de unos 25 cm de altura y 50 desde la cabeza hasta el arranque de la cola, que tiene cerca de 30, cabeza pequeña, hocico agudo, cuerpo delgado, patas cortas y pelaje espeso, suave, leonado, más oscuro por el lomo que por el vientre. Se halla en España, y es apreciada por su piel. ‖ **2.** Piel de este animal. ‖ **~ cebellina,** o **~ cibelina.** F. **1.** Especie de marta algo menor que la común, de color pardo negruzco por encima, con una mancha amarillenta en la garganta. Se cría en las regiones septentrionales del antiguo continente, y su piel es de las más estimadas por su finura. ‖ **2.** Piel de este animal.

martagón. M. Planta herbácea de la familia de las Liliáceas, con hojas radicales en verticilos, lanceoladas, casi pecioladas, y flores de color róseo con puntos purpúreos, en racimos terminales sobre un escapo de seis a ocho decímetros de altura, muy laxo en la punta. Abunda en España, suele cultivarse en los jardines, y su raíz, que es bulbosa, se emplea como emoliente.

martajar. TR. Méx. Quebrar y extender una porción de masa.

Marte. □ V. azafrán de ~.

martelo. M. Enamoramiento, galanteo.

martes. M. Segundo día de la semana, tercero de la semana litúrgica.

martillador, ra. ADJ. Que martilla. Apl. a pers., u. t. c. s.

martillar. TR. **1.** Dar golpes con el martillo. ‖ **2.** Oprimir, atormentar. Lo martillaba insistiendo sobre el mismo asunto. U. t. c. prnl.

martillazo. M. Golpe fuerte dado con el martillo.

martillear. TR. **1.** Dar repetidos golpes con el martillo. ‖ **2.** Atormentar con cualquier acción muy reiterada. La sensación de soledad martilleaba su cerebro. ‖ **3.** Repetir algo con mucha insistencia. Los jugadores martilleaban la canasta del equipo rival. U. t. c. intr.

martilleo. M. **1.** Acción y efecto de martillear. ‖ **2.** Ruido parecido al que producen los golpes repetidos del martillo. El martilleo de las ametralladoras.

martillero, ra. M. y F. Á. Andes, Á. guar., Á. R. Plata y Chile. subastador.

martillo. M. **1.** Herramienta de percusión compuesta de una cabeza, por lo común de hierro, y un mango, generalmente de madera. ‖ **2.** Persona que persigue algo con el fin de sofocarlo o acabar con ello. *Martillo de los herejes. Martillo de los vicios.* ‖ **3.** *Anat.* Huesecillo que hay en la parte media del oído de los mamíferos, situado entre el tímpano y el yunque. ‖ **4.** *Dep.* Bola metálica sujeta a un cable en cuyo extremo hay una empuñadura y que se lanza en una prueba atlética. ‖ **~ neumático.** M. Herramienta de percusión movida por aire comprimido, que se usa especialmente para perforar el asfalto, el pavimento, etc. ‖ **~ pilón.** M. Máquina que consiste principalmente en un bloque pesado de acero que se eleva por medios mecánicos a la altura conveniente y se deja caer sobre la pieza colocada en el yunque. ‖ **a macha ~.** LOC. ADV. **a machamartillo.** ‖ **a ~.** LOC.ADV. A golpes de martillo. ☐ V. **pez ~.**

martín. ~ pescador. M. Pájaro de unos 15 cm desde la punta del pico hasta la extremidad de la cola y 30 de envergadura, con cabeza gruesa, pico largo y recto, patas cortas, alas redondeadas y plumaje de color verde brillante en la cabeza, lados del cuello y coberteras de las alas, azul en el dorso, las remeras y la cola, castaño en las mejillas, blanco en la garganta y rojo en el pecho y abdomen. Vive a orillas de los ríos y lagunas y se alimenta de peces pequeños, que coge con gran destreza. ‖ **llegarle,** o **venirle,** a alguien su **San Martín.** LOCS. VERBS. coloqs. Se usan para dar a entender que a quien vive placenteramente le llegará el día en que tenga que sufrir y padecer.

martina. F. *Zool.* Pez teleósteo fisóstomo, muy parecido al congrio, de unos ocho decímetros de largo, cuerpo cilíndrico, hocico puntiagudo, aletas pectorales pequeñas, y muy grandes la dorsal y anal, que se reúnen con la cola. La piel es lisa, de color amarillento por el dorso, blanquecina por el vientre, con manchas negras en las aletas y blancas alrededor de la boca. Vive en el Mediterráneo y es comestible.

martineta. F. *Á. guar.* y *Á. R. Plata.* Ave de unos 40 cm de longitud, color pajizo manchado de pardo, y caracterizada por un copete de plumas.

martinete[1]. M. Ave zancuda, de unos seis decímetros desde la punta del pico hasta la extremidad de la cola y un metro de envergadura, con cabeza pequeña, pico negruzco, largo, grueso y algo curvado en la punta, alas obtusas, cola corta, piernas largas, tarsos amarillentos y desnudos, plumaje de color gris verdoso en la cabeza y cuerpo, blanco en el pecho y abdomen, ceniciento en las alas y cola, y blanco puro en el penacho que adorna su occipucio. Vive cerca de los ríos y lagos, se alimenta de peces y sabandijas, viene a España por la primavera y emigra por San Martín.

martinete[2]. M. **1.** Mazo pequeño que hiere la cuerda del piano. ‖ **2.** Mazo, generalmente de gran peso, para batir algunos metales, abatanar los paños, etc. ‖ **3.** Cante de los gitanos andaluces que no necesita de acompañamiento de guitarra. Proviene del cante de los forjadores, caldereros, etc., que se acompañaban con el martillo. ‖ **picar de ~.** LOC.VERB. *Equit.* Volver el talón contra los ijares del caballo para picarlo.

martingala. F. **1.** Artificio o astucia para engañar a alguien, o para otro fin. ‖ **2.** *Á. R. Plata.* Trabilla de adorno que se lleva en la parte posterior de los abrigos, chaquetas, etc.

mártir. COM. **1.** Persona que muere o sufre grandes padecimientos en defensa de sus creencias o convicciones.

‖ **2.** Persona que padece muerte en defensa de su religión. ‖ **3.** Persona que se sacrifica en el cumplimiento de sus obligaciones. *Es un mártir de su profesión.* ‖ **traer,** o **tener, ~** a alguien. LOCS.VERBS. coloqs. Importunarlo continuamente o causarle muchas molestias o preocupaciones.

martirial. ADJ. Perteneciente o relativo a los mártires. *Sacrificios martiriales.*

martirio. M. **1.** Muerte o tormento sufridos por cualquier religión, ideales, etc. ‖ **2.** Los padecidos por causa de la religión cristiana. ‖ **3.** Dolor o sufrimiento, físico o moral, de gran intensidad. ‖ **4.** Trabajo largo y muy penoso.

martirizador, ra. ADJ. Que martiriza. Apl. a pers., u. t. c. s.

martirizante. ADJ. Que martiriza. *Un ruido martirizante.*

martirizar. TR. Dar tormento a alguien o quitarle la vida por motivos religiosos. U. t. c. prnl. U. t. en sent. fig. *Lo martirizaba el ruido del balón.*

martirologio. M. **1.** Libro o catálogo de los mártires. ‖ **2.** Libro de todos los santos conocidos. ‖ **3.** Lista de las víctimas de una causa.

marullo. M. Movimiento de las olas que levanta el viento en la borrasca.

marxismo. M. **1.** Doctrina derivada de las teorías de los filósofos alemanes Friedrich Engels y Karl Marx, consistente en interpretar el idealismo dialéctico de Hegel como materialismo dialéctico, y que aspira a conseguir una sociedad sin clases. ‖ **2.** Cada uno de los movimientos políticos fundados en una interpretación más o menos estricta de este sistema.

marxista. ADJ. **1.** Perteneciente o relativo al marxismo. *Interpretación marxista.* ‖ **2.** Partidario de Karl Marx o que profesa su doctrina. U. t. c. s.

marzal. ADJ. Perteneciente o relativo al mes de marzo.

marzante. M. Mozo que canta marzas. U. m. en pl.

marzas. F. **1.** pl. Canciones populares en alabanza de la primavera. ‖ **2.** pl. Obsequio de manteca, morcilla, etc., que se da en cada casa a los marzantes.

marzo. M. Tercer mes del año. Tiene 31 días.

mas. CONJ.ADVERS. **1.** pero (‖ para contraponer un concepto a otro). ‖ **2.** sino (‖ para añadir miembros a la cláusula).

más. I. ADV. COMP. **1.** Denota idea de exceso, aumento, ampliación o superioridad en comparación expresa o sobrentendida. Se usa unido al nombre, al adjetivo, al verbo y a otros adverbios y locuciones adverbiales, y cuando la comparación es expresa requiere la conjunción *que. No te detengas más. Sé más prudente. Yo tengo más paciencia que tú. Juan es más entendido que su hermano. Hacer es más que decir. Más lejos. Más a propósito.* Se usa también con el artículo determinado en todos sus géneros y números, formando el superlativo relativo. *Antonio es el más apreciable de mis amigos. Catalina y Elena son las más inteligentes de mis alumnos. Esto es lo más cierto. Estos árboles son los más hermosos, y estas flores, las más vistosas.* ‖ **2.** Denota exceso indeterminado con relación a una cantidad expresa. *En esta batalla murieron más de dos mil hombres. Son más de las diez.* ‖ **3.** En exclamaciones ponderativas, muy, tan. *¡Qué casa más bonita tienes!* ‖ **II.** ADJ. COMP. **4.** Indica incremento en la cantidad. *Necesitamos más vendas.* U. t. c. pron. *Había pocos espectadores. ¿Han llegado más?* ‖ **III.** M. **5.** *Fís.*

Signo que indica el carácter positivo de una cantidad, como la carga eléctrica. (Símb. +). || **6.** *Mat.* Signo de la suma o adición. (Símb. +). || **IV.** CONJ. **7.** Se usa entre dos elementos o cantidades para indicar adición. *Tres más cuatro son siete.* || **~ menos.** M. *Mat.* Signo que indica la precisión de la medida de una magnitud; p. ej., 738 ± 1 mm quiere decir de longitud comprendida entre 737 y 739 mm (Símb. ±). || **a lo ~, o a lo ~, ~.** LOCS.ADVS. A lo sumo, llegando al límite de lo posible. *En ese estante cabrán a lo más cien volúmenes.* || **a ~.** LOC.ADV. **además.** *Tiene tres mil euros de sueldo, y a más otros tres mil de renta. Algo debo decirte hoy a más de lo que ayer te dije.* || **a ~ y mejor.** LOC.ADV. Denota intensidad o plenitud de acción. *Llover a más y mejor.* || **de lo ~.** LOC.ADV. Se usa para reforzar la cualidad del adjetivo a que se antepone. *Llevaba un vestido de lo más llamativo.* || **de ~.** LOC.ADV. De sobra o en exceso. *Has hecho una copia de más.* || **el que ~ y el que menos.** LOC. PRONOM. Todas las personas. || **en ~.** LOC.ADV. En mayor grado o cantidad. *Aprecio mi virtud en más que mi vida. Lo multaron en más de mil euros.* || **los, o las, ~.** LOCS. PRONOMS. La mayor parte de las personas o cosas a que se hace referencia. || **~ bien.** LOC.ADV. **1.** Se usa en contraposición de dos términos para acompañar al que se considera más adecuado, sin serlo por completo. *No estoy alegre, sino más bien triste. Una figura más bien estilizada que hercúlea.* || **2.** Se usa para indicar la no total adecuación del término a que se antepone. *Estoy más bien inquieto por la suerte del asunto.* || **~ o menos.** LOC.ADV. De manera aproximada. || **~ que.** LOC. CONJUNT. **sino** (|| con idea de excepción). *Nadie lo sabe más que Anselmo.* || **~ tarde o ~ temprano.** LOC.ADV. Alguna vez, al cabo. || **~ y ~.** LOC.ADV. Denota aumento continuado y progresivo. *Como quería alcanzarlo, corrí más y más.* || **ni ~ ni menos.** LOC.ADV. De manera justa y exacta. *Esto es, ni más ni menos, lo que yo tenía pensado.* || **por ~ que.** LOC. CONJUNT. **1.** Se usa para ponderar la imposibilidad de ejecutar o conseguir algo, aunque se hagan todas las diligencias para su logro. || **2. aunque.** || **quien ~, quien menos, o quien ~ y menos.** LOCS. PRONOMS. **el que más y el que menos.** || **sin ~ ni ~.** LOC.ADV. coloq. Sin reparo ni consideración, con precipitación. || **sus ~ y sus menos.** LOC. SUST. M. pl. coloq. Dificultades o complicaciones a la hora de llevar a cabo un asunto. *Haber, tener, sus más y sus menos.*

masa. F. **1.** Magnitud física que expresa la cantidad de materia que contiene un cuerpo. Su unidad en el Sistema Internacional es el *kilogramo* (kg). || **2.** Mezcla que proviene de la incorporación de un líquido a una materia pulverizada, de la cual resulta un todo espeso, blando y consistente. *Prepara la masa del cemento.* || **3.** Mezcla de harina con agua y levadura, para hacer el pan. || **4.** **pastel** (|| mezcla de harina y manteca al horno, ordinariamente con un relleno). || **5.** Volumen, conjunto, reunión. *Una masa de aire frío.* || **6.** Cuerpo o total de una hacienda u otra cosa tomada en grueso. *Masa de bienes. Masa de la herencia.* || **7.** Conjunto de algunas cosas. *Este modelo es superior a la masa de automóviles europeos.* || **8.** Gran conjunto de gente que por su número puede influir en la marcha de los acontecimientos. *La masa.* || **9.** Muchedumbre o conjunto numeroso de personas. U. m. en pl. *Las masas populares.* || **10.** *Á. R. Plata.* **masita** (|| galleta o pasta). || **~ atómica.** F. **peso atómico.** || **~ coral.** F. **orfeón.** || **~ de la sangre.** F. La totalidad de la sangre

del cuerpo, encerrada en sus vasos. || **~ gravitatoria.** F. *Fís.* Magnitud física de la cual depende la atracción que cada cuerpo ejerce sobre los demás. || **~ inercial, o ~ inerte.** F. *Mec.* Magnitud física propia de cada cuerpo, que representa la resistencia que opone a ser acelerado. || **~ molecular.** F. *Quím.* **peso molecular.** || **~ salarial.** F. Conjunto de emolumentos percibido por un trabajador, que equivale a la suma del salario y el importe del resto de las remuneraciones. || **en la ~ de la sangre.** LOC.ADV. En la índole, condición o naturaleza de la persona. *Lleva su profesión en la masa de la sangre.* || **en ~.** LOC.ADV. En conjunto, enteramente, con intervención de todos o casi todos los componentes de una colectividad. U. t. c. loc. adj.

masacrar. TR. Cometer una matanza humana o asesinato colectivos.

masacre. F. Matanza de personas, por lo general indefensas, producida por ataque armado o causa parecida.

masada. F. **masía.**

masadero, ra. M. y F. Vecino o colono de una masada.

masaje. M. Operación consistente en presionar, frotar o golpear rítmicamente y con intensidad adecuada determinadas regiones del cuerpo, principalmente las masas musculares, con fines terapéuticos, deportivos, estéticos, etc.

masajear. TR. Dar masaje.

masajista. COM. Profesional que aplica el masaje.

masar. TR. **amasar.**

masatepino, na. ADJ. **1.** Natural de Masatepe. U. t. c. s. || **2.** Perteneciente o relativo a este municipio del departamento de Masaya, en Nicaragua.

masaya. ADJ. **masayense.** Apl. a pers., u. t. c. s.

masayense. ADJ. **1.** Natural de Masaya. U. t. c. s. || **2.** Perteneciente o relativo a este departamento de Nicaragua o a su cabecera.

mascabado, da. □ V. azúcar ~.

mascada. F. **1.** Acción y efecto de mascar. || **2.** *Am.* Porción de tabaco que se toma de una vez para mascarlo. || **3.** *Chile.* **bocado** (|| porción de comida). || **4.** *Chile.* **mordisco** (|| pedazo que se saca de algo mordiéndolo). || **5.** *Méx.* Pañuelo, especialmente de seda, para adorno.

mascado, da. PART. de **mascar.** || ADJ. **1.** Dicho de un concepto, de una lección, etc.: De muy fácil comprensión. || **2.** Dicho de una acción: Que puede realizarse con gran facilidad. *La ascensión a aquella cima está mascada.*

mascador, ra. ADJ. Que masca. Apl. a pers., u. t. c. s.

mascar. **I.** TR. **1.** Partir y triturar algo con la dentadura. || **2.** coloq. Triturar torpemente la comida con la dentadura. || **II.** PRNL. **3.** Dicho de un hecho importante: Considerarse como inminente. *Se mascaba la tragedia, la revolución.* □ V. goma de ~.

máscara. **I.** F. **1.** Figura que representa un rostro humano, de animal o puramente imaginario, con la que una persona puede cubrirse la cara para no ser reconocida, tomar el aspecto de otra o practicar ciertas actividades escénicas o rituales. || **2.** Objeto que cubre la cara para impedir la entrada de gases nocivos en las vías respiratorias. || **3.** Pretexto, disfraz. *La máscara de la inocencia.* || **4.** pl. Reunión de gentes vestidas de máscara. || **II.** COM. **5.** Persona enmascarada. *Al salir del baile encontré dos máscaras.* || **quitar** a alguien **la ~.** LOC.VERB. **desenmascarar.** || **quitarse** alguien **la ~.** LOC.VERB. Dejar el disimulo y decir lo que siente, o mostrarse tal como es.

mascarada. F. **1.** Festejo o sarao de personas enmascaradas. ‖ **2.** Comparsa de máscaras. ‖ **3. farsa** (‖ enredo, trampa para engañar).

mascarero, ra. M. y F. Persona que vende o alquila los vestidos de máscara.

mascarilla. F. **1.** Máscara que solo cubre el rostro desde la frente hasta el labio superior. ‖ **2.** Máscara que cubre la boca y la nariz para proteger al que respira, o a quien está en su proximidad, de posibles agentes patógenos o tóxicos. ‖ **3.** Vaciado que se saca sobre el rostro de una persona o escultura, y particularmente de un cadáver. ‖ **4.** Capa de diversos productos cosméticos con que se cubre la cara o el cuello durante cierto tiempo, generalmente breve, con fines estéticos.

mascarita. F. *Á. R. Plata.* Persona que lleva un disfraz, especialmente en carnaval.

mascarón. M. Cara disforme o fantástica que se usa como adorno en ciertas obras de arquitectura. ‖ **~ de proa.** M. Figura colocada como adorno en lo alto del tajamar de los barcos.

mascota. F. **1.** Persona, animal o cosa que sirve de talismán, que trae buena suerte. ‖ **2.** Animal de compañía. *Tienda de mascotas.*

masculillo. M. Porrazo, golpe.

masculinidad. F. Cualidad de masculino.

masculinización. F. *Biol.* Desarrollo de caracteres sexuales secundarios propios del macho en la hembra de cualquier especie animal.

masculinizar. **I.** TR. **1.** Dar presencia o carácter masculinos a algo o a alguien. *Determinadas modas actuales masculinizan a la mujer.* ‖ **II.** PRNL. **2.** Adquirir caracteres masculinos.

masculino, na. **I.** ADJ. **1.** Perteneciente o relativo al varón. *La sexualidad masculina.* ‖ **2.** Propio o característico del varón. *Mujer de voz masculina.* ‖ **3.** De sexo masculino. *Personal masculino de la empresa.* ‖ **4.** De rasgos con los que tradicionalmente se ha construido un estereotipo del varón. *Una tozudez masculina.* ‖ **5.** Dicho de un ser vivo: Dotado de órganos para fecundar. *La planta de la vainilla puede ser masculina o femenina.* ‖ **6.** Perteneciente o relativo a este ser. *Gametos masculinos.* ‖ **7.** *Gram.* Perteneciente o relativo al género masculino. *Terminación masculina.* ‖ **II.** M. **8.** Palabra de género masculino. *Los masculinos en español suelen acabar en* o. ‖ **9.** *Gram.* **género masculino.** *Empleó la palabra en masculino.*

mascullar. TR. coloq. Hablar entre dientes, o pronunciar mal las palabras, hasta el punto de que con dificultad puedan entenderse.

masera. F. Artesa grande que sirve para amasar.

masetero. ADJ. *Anat.* Se dice del músculo que sirve para elevar la mandíbula inferior de los vertebrados. U. t. c. s. m.

masía. F. Casa de labor, con finca agrícola y ganadera, típica del territorio que ocupaba el antiguo reino de Aragón.

másico, ca. ADJ. Perteneciente o relativo a la **masa** (‖ cantidad de materia que contiene un cuerpo). □ V. **número ~.**

masificación. F. Acción y efecto de masificar.

masificar. TR. Hacer multitudinario algo que no lo era. U. t. c. prnl.

masilla. F. Pasta hecha de tiza y aceite de linaza, usada por los vidrieros para sujetar los cristales.

masita. F. **1.** *Mil.* hist. Pequeña cantidad de dinero que del haber de los soldados y cabos retenía el capitán para proveerlos de zapatos y ropa interior. ‖ **2.** *Á. guar.* y *Á. R. Plata.* Galleta o pasta. U. m. en pl.

masivo, va. ADJ. **1.** Que se aplica en gran cantidad. *Dosis masiva de antibiótico.* ‖ **2.** Perteneciente o relativo a las masas humanas, o hecho por ellas. *Emigración masiva. Ataque masivo. Manifestación masiva.*

masoca. ADJ. **1.** coloq. **masoquista.** Apl. a pers., u. t. c. s. ‖ **2.** coloq. Que goza o se aviene con lo desagradable o con lo que causa desazón o pesadumbre. U. t. c. s.

masón, na. M. y F. Persona que pertenece a la masonería.

masonería. F. **francmasonería.**

masónico, ca. ADJ. Perteneciente o relativo a la masonería. *Signos masónicos.*

masoquismo. M. **1.** Perversión sexual de quien goza con verse humillado o maltratado por otra persona. ‖ **2.** Cualquier otra complacencia en sentirse maltratado o humillado.

masoquista. ADJ. **1.** Perteneciente o relativo al masoquismo. *Costumbre masoquista.* ‖ **2.** Que tiene tendencia al masoquismo o lo practica. U. t. c. s.

masoterapia. F. Utilización del masaje con fines terapéuticos.

mastaba. F. hist. Tumba egipcia en forma de pirámide truncada, de base rectangular, que comunica con un hipogeo funerario.

mastate. M. *Am. Cen.* y *Méx.* hist. Ceñidor que usaban los aztecas.

mastectomía. F. *Med.* Ablación quirúrgica de la mama.

mastelerillo. M. *Mar.* Palo menor o percha que se coloca en muchas embarcaciones sobre los masteleros.

mastelero. M. *Mar.* Palo o mástil menor que se pone en los navíos y demás embarcaciones de vela redonda sobre cada uno de los mayores, asegurado en la cabeza de este.

máster. **I.** M. **1. maestría** (‖ curso de posgrado). ‖ **2. maestría** (‖ título tras la licenciatura). ‖ **II.** COM. **3.** Persona que posee esta titulación. *Su hija es máster en macroeconomía.* ¶ MORF. pl. **másteres.**

masticación. F. Acción y efecto de masticar.

masticador, ra. ADJ. **1.** Que mastica. ‖ **2.** *Zool.* Dicho del aparato bucal: Apto para la masticación. ‖ **3.** *Zool.* Dicho de un animal: Que mastica el alimento antes de digerirlo. U. t. c. s. m.

masticar. TR. **1.** Triturar la comida con los dientes u otros órganos bucales análogos. ‖ **2.** coloq. **rumiar** (‖ considerar con reflexión y madurez).

masticatorio, ria. ADJ. Que sirve para masticar. *Músculos masticatorios.*

mastieno, na. ADJ. **1.** hist. Se dice de los antiguos pobladores de la costa meridional de España, desde Cartagena al estrecho de Gibraltar. U. t. c. s. ‖ **2.** hist. Perteneciente o relativo a los mastienos. *Armas mastienas.*

mástil. M. **1.** Palo de una embarcación. ‖ **2.** Palo menor de una vela. ‖ **3.** Cada uno de los palos derechos que sirven para sostener algo, como una tienda de campaña, una bandera, una cama, un coche, etc. ‖ **4.** En los instrumentos de arco, púa y pulsación, pieza estrecha y larga sobre la cual se tienden y tensan las cuerdas.

mastín, na. ADJ. Se dice de un perro grande, fornido, de cabeza redonda, orejas pequeñas y caídas, ojos encendidos, boca rasgada, dientes fuertes, cuello corto y grueso, pecho ancho y robusto, manos y pies recios y nervudos, y pelo largo, algo lanoso. Es muy valiente y leal, y el mejor para la guarda de los ganados. U. t. c. s.

mástique. M. **1.** Resina de un lentisco. || **2.** Pasta de yeso mate y agua de cola que sirve para igualar las superficies que se han de pintar o decorar.

mastitis. F. *Med.* Inflamación de la mama.

mastodonte. M. **1.** *Geol.* Mamífero fósil, parecido al elefante, con dos dientes incisivos en cada mandíbula, que llegan a tener más de un metro de longitud, y molares en los que sobresalen puntas redondeadas a manera de mamas. Se encuentran sus restos en los terrenos terciarios. || **2.** Persona o cosa muy voluminosa.

mastodóntico, ca. ADJ. De grandes proporciones, enorme. *Urbe mastodóntica.*

mastoideo, a. ADJ. *Zool.* Perteneciente o relativo a la apófisis mastoides.

mastoides. ADJ. *Zool.* De forma de mama. Se dice de la apófisis del hueso temporal de los mamíferos, situada detrás y debajo de la oreja. U. t. c. s. m.

mastología. F. *Med.* Tratado de la mama, sus funciones y sus enfermedades.

mastopatía. F. *Med.* Alteración patológica de la mama.

mastranto. M. **1.** mastranzo. || **2.** *Á. Caribe.* Se usa como nombre para referirse a diversas plantas aromáticas.

mastranzo. M. Planta herbácea anual, de la familia de las Labiadas, con tallos erguidos, ramosos, de cuatro a seis decímetros de altura, hojas sentadas, elípticas, casi redondas, festoneadas, rugosas, verdes por el haz, blancas y muy vellosas por el envés, flores pequeñas en espiga terminal, de corola blanca, rósea o violácea, y fruto seco, encerrado en el cáliz y con cuatro semillas. Es muy común a orillas de las corrientes de agua, tiene fuerte olor aromático y se usa algo en medicina y contra los insectos parásitos.

mastuerzo. M. **1.** Planta herbácea anual, hortense, de la familia de las Crucíferas, con tallo de 30 a 60 cm de altura, hojas inferiores recortadas, y lineales las superiores, con flores blancas, y fruto seco capsular con dos semillas. Vive en España y América del Norte y Central. Es comestible y tiene usos en medicina tradicional. || **2.** berro. || **3.** majadero (|| hombre necio y obstinado). U. t. c. adj.

masturbación. F. Estimulación de los órganos genitales o de zonas erógenas con la mano o por otro medio para proporcionar goce sexual.

masturbador, ra. ADJ. **1.** Perteneciente o relativo a la masturbación. *Manía masturbatoria.* || **2.** Que masturba. Apl. a pers., u. t. c. s.

masturbar. TR. Practicar la masturbación. U. m. c. prnl.

masturbatorio, ria. ADJ. Perteneciente o relativo a la masturbación.

mata. F. **1.** Planta que vive varios años y tiene tallo bajo, ramificado y leñoso. || **2.** Planta de poca alzada o tamaño. *Mata de tomate. Mata de claveles.* || **3.** Ramita o pie de una hierba, como de la hierbabuena o la albahaca. || **4.** Porción de terreno poblado de árboles de una misma especie. *Tiene una mata de olivos excelente.* || **5.** lentisco. || **6.** *Á. Caribe.* vegetal (|| ser orgánico que crece y vive, pero no muda de lugar por impulso voluntario). || **~ de pelo.** F. Conjunto o gran porción de la cabellera.

matabuey. F. Planta perenne de la familia de las Umbelíferas, de tallo ramoso, que crece hasta unos ocho decímetros de altura, con hojas lineales, tiesas y nerviosas, flores amarillas en umbela, y frutos ovales y comprimidos, que encierran dos semillas cada uno.

mataburros. M. **1.** fest. *Á. Caribe* y *Á. R. Plata.* diccionario (|| libro). || **2.** *Á. Caribe.* Accesorio de metal que se coloca en los parachoques de los vehículos para protegerlos de los golpes.

matacaballo. a ~. LOC.ADV. coloq. De manera atropellada, muy deprisa.

matacabras. M. Viento norte fuerte.

matacán. M. **1.** Liebre que ha sido ya corrida por los perros. || **2.** hist. Obra voladiza en lo alto de un muro, de una torre o de una puerta fortificada, con frente y con suelo aspillerado, para observar y hostilizar al enemigo.

matacandelas. M. Instrumento, por lo común de hojalata, en forma de cucurucho, que, fijo en el extremo de una caña o vara, sirve para apagar las velas o cirios colocados en alto.

matacandil. M. **1.** Planta herbácea anual, de la familia de las Crucíferas, con tallos lisos de dos a tres decímetros de altura, hojas pecioladas, partidas en lóbulos irregularmente dentados, flores pedunculadas, de pétalos pequeños y amarillos, y fruto en vainas con semillas elipsoidales, parduscas y lustrosas. Es común en terrenos algo húmedos y se ha usado contra el escorbuto. || **2.** pl. u. c. sing. Planta herbácea de la familia de las Liliáceas, con hojas radicales, largas, estrechas, acanaladas y laxas, flores olorosas, moradas, en espiga alrededor de un escapo central de doce a quince centímetros, y fruto capsular de envoltura membranosa y con semillas esféricas. Es muy común en terrenos secos y sueltos.

matachín. M. matarife.

mataco, ca. I. ADJ. **1.** Se dice del individuo de un pueblo amerindio que habita en la región del Chaco. U. m. c. s. pl. || **2.** Perteneciente o relativo a los matacos. *Ritos matacos.* || **II.** M. **3.** Lengua hablada por los matacos.

matadero. M. Sitio donde se mata y desuella el ganado destinado al abasto público. || **ir** alguien **al ~.** LOC.VERB. coloq. Meterse en peligro inminente de perder la vida. || **llevar** a alguien **al ~.** LOC.VERB. coloq. Ponerlo en peligro inminente de perder la vida. || **venir** alguien **al ~.** LOC.VERB. coloq. **ir al matadero.**

matador, ra. I. ADJ. **1.** Que mata. Apl. a pers., u. t. c. s. || **2.** coloq. Muy pesado, molesto o trabajoso. || **3.** coloq. Muy feo, extravagante, de mal gusto. *Un vestido matador.* || **II.** M. y F. **4.** Torero que mata con la espada.

matadura. F. Llaga o herida que se hace un cuadrúpedo por ludirlo el aparejo o por el roce de un apero.

matafuego. M. Instrumento o aparato para apagar los fuegos.

matagallos. M. Planta perenne de la familia de las Labiadas, como de un metro de altura, con hojas gruesas, felpudas y de color verde claro, y flores terminales encarnadas.

matagalpa. I. ADJ. **1.** hist. Se dice del individuo de un pueblo amerindio que habitaba en el noroeste de Nicaragua y El Salvador. U. t. c. s. || **2.** hist. Perteneciente o relativo a los matagalpas. *Tradiciones matagalpas.* || **II.** M. **3.** Lengua hablada por los matagalpas.

matagalpino, na. ADJ. **1.** Natural de Matagalpa. U. t. c. s. || **2.** Perteneciente o relativo a este departamento de Nicaragua o a su cabecera.

matahambre. M. *Ant.* Especie de mazapán hecho con harina de trigo, huevo, residuos de pan o galletas y azúcar morena.

matalahúga. F. **matalahúva** (|| anís, planta).

matalahúva. F. **1.** anís (|| planta umbelífera). || **2.** Semilla de esta planta.

matalobos. M. acónito.

matalón, na. ADJ. Dicho de una caballería: Flaca, endeble y que rara vez se halla libre de mataduras. U. t. c. s.

matalotaje. M. **1.** Prevención de comida que se lleva en una embarcación. || **2.** Equipaje y provisiones que se llevan a lomo en los viajes por tierra.

matalote. M. *Mar.* Buque anterior y buque posterior a cada uno de los que forman una columna, los cuales se denominan de proa y de popa respectivamente.

matambre. M. **1.** *Á. R. Plata.* Capa de carne que se saca de entre el cuero y el costillar de vacunos y porcinos. || **2.** *Á. guar.* y *Á. R. Plata.* Fiambre hecho por lo común con esta capa, o con carne de pollo, rellena, adobada y envuelta.

matamoros. ADJ. Que se jacta de valiente.

matamoscas. M. **1.** Instrumento para matar moscas, compuesto generalmente de un enrejado con mango. || **2.** Producto insecticida que sirve para matar moscas. □ V. **papel ~.**

matancero[1], ra. M. y F. **1.** Persona que se dedica a hacer embutidos con los productos de la matanza. || **2.** **matarife.**

matancero[2], ra. ADJ. **1.** Natural de Matanzas. U. t. c. s. || **2.** Perteneciente o relativo a esta provincia de Cuba o a su capital.

matanza. F. **1.** Acción y efecto de matar muchas personas o animales. || **2.** Faena de matar los cerdos, salar el tocino, aprovechar los lomos y los despojos, hacer las morcillas, chorizos, etc. || **3.** Época del año en que ordinariamente se matan los cerdos. *Vendrá Antón para la matanza.* || **4.** Conjunto de piezas que resultan de la matanza del cerdo y que se comen frescas, adobadas o en embutido.

matapalo. M. Árbol americano de la familia de las Anacardiáceas, que da caucho, y de cuya corteza se hacen sacos.

matapiojos. M. *Chile.* **libélula.**

matapulgas. F. **mastranzo.**

matar. **I.** TR. **1.** Quitar la vida. U. t. c. prnl. || **2.** Acabar con alguien. *Este trabajo me mata. Lo están matando a disgustos.* || **3.** Extinguir o apagar, especialmente el fuego o la luz. || **4.** Desazonar o incomodar a alguien con necedades y pesadeces. *Ese hombre me mata con tantas preguntas.* || **5.** En las oficinas de correos, inutilizar los sellos puestos en las cartas y otros envíos postales. || **6.** Quitar la fuerza a la cal o al yeso echándoles agua. || **7.** En los juegos de cartas, echar una superior a la que ha jugado el contrario. || **8.** Apagar el brillo de los metales. || **9.** Redondear o achaflanar aristas, esquinas, vértices, etc. || **10.** Extinguir, aniquilar. *Matar el amor, la codicia.* || **II.** PRNL. **11.** Reñir, pelear con alguien. *Se mataba* CON *sus hermanos.* || **12.** Hacer grandes esfuerzos para conseguir algo. *Se mata* POR *aprobar todo el curso.* || **13.** Trabajar con afán y sin descanso, con el cuerpo o con el intelecto. *Se mata a estudiar geografía.* || **estar a ~** con

alguien. LOC. VERB. coloq. Estar muy enemistado o irritado con él. || **mátalas callando.** LOC. SUST. COM. coloq. Persona que con maña y secreto procura conseguir su intento. || **~las callando.** LOC. VERB. coloq. Hacer cosas indebidas con secreto y apariencias de bondad. || **que me maten.** EXPR. coloq. Se usa para asegurar la verdad de algo.

matarife. COM. Oficial que mata las reses y las descuartiza.

matarratas. M. **raticida.**

matarrubia. F. **coscoja** (|| árbol).

matasanos. M. coloq. Curandero o mal médico.

matasellos. M. **1.** Estampilla con que se inutilizan en las oficinas de correos los sellos de las cartas. || **2.** Dibujo o sello que se estampa con el **matasellos.**

matasuegras. F. Tubo enroscado de papel que tiene un extremo cerrado, y el otro terminado en una boquilla por la que se sopla para que se desenrosque bruscamente el tubo y asuste por broma.

matazón. F. *Am.* Matanza de personas.

mate[1]. ADJ. Amortiguado, sin brillo. *Sonido mate.* □ V. **oro ~, yeso ~.**

mate[2]. M. Lance que pone término al juego de ajedrez, al no poder el rey de uno de los jugadores salvarse de las piezas que lo amenazan. □ V. **jaque ~.**

mate[3]. M. **1.** Infusión de yerba mate que por lo común se toma sola y ocasionalmente acompañada con yerbas medicinales o aromáticas. || **2.** *Am. Mer.* Calabaza que, seca, vaciada y convenientemente abierta y cortada, sirve para muchos usos domésticos. || **3.** *Á. Andes, Á. R. Plata* y *Chile.* Recipiente donde se toma la infusión de yerba mate, hecho de una calabaza pequeña o de otra materia. || **4.** *Á. Andes.* **infusión** (|| bebida). *Mate de cedrón. Mate de menta. Mate de poleo.* || **~ amargo,** o **~ cimarrón.** M. *Á. R. Plata.* El que se ceba sin azúcar. || **~ cocido.** M. *Á. R. Plata.* El que, como el té, se prepara por decocción y se sirve en taza o en jarro. || **~ de leche.** M. *Á. R. Plata.* El que se prepara con leche en vez de agua. || **~ dulce.** M. *Á. R. Plata.* El que se ceba con azúcar. || **~ lavado.** M. *Á. R. Plata.* mate chirle por no renovarse oportunamente la yerba de la cebadura. || **~ verde.** M. *Á. R. Plata.* **mate amargo.** □ V. **hierba ~, yerba ~.**

mate[4]. M. **1.** *Dep.* En el baloncesto, jugada que consiste en introducir con una o dos manos el balón en la canasta impulsándolo con fuerza hacia abajo. || **2.** *Dep.* En otros deportes, como el voleibol, golpe de arriba abajo sobre una pelota para que el contrario no pueda devolverla.

mateada. F. **1.** *Á. R. Plata.* Acción de tomar mate con bombilla. || **2.** *Á. R. Plata.* Reunión en la que varias personas se juntan para tomar mate.

matear. INTR. *Á. R. Plata.* Tomar mate con bombilla.

matemática. F. Ciencia deductiva que estudia las propiedades de los entes abstractos, como números, figuras geométricas o símbolos, y sus relaciones. U. m. en pl. con el mismo significado que en sing. || **~s aplicadas.** F. pl. Estudio de la cantidad considerada en relación con ciertos fenómenos físicos. || **~s puras.** F. pl. Estudio de la cantidad considerada en abstracto.

matemático, ca. **I.** ADJ. **1.** Perteneciente o relativo a las matemáticas. *Regla matemática. Instrumento matemático.* || **2.** Exacto, preciso. *Puntualidad matemática.* || **II.** M. y F. **3.** Persona que profesa las matemáticas o tiene en ellas especiales conocimientos. □ V. **lógica ~.**

materia. F. **1.** Realidad primaria de la que están hechas las cosas. ‖ **2.** Realidad espacial y perceptible por los sentidos, que, con la energía, constituye el mundo físico. ‖ **3.** Lo opuesto al *espíritu.* ‖ **4.** Asunto de que se compone una obra literaria, científica, etc. ‖ **5.** Asignatura, disciplina científica. ‖ **6.** Punto o negocio de que se trata. *Esa es materia larga.* ‖ **7. pus.** ‖ **~ de Estado.** F. Todo lo que pertenece al gobierno, conservación, aumento y reputación de los Estados. ‖ **~ del sacramento.** F. Rel. Cosa y acción, casi siempre sensibles, a las que el ministro aplica las palabras rituales que constituyen la forma del sacramento, como, en el bautismo, el agua y la ablución. ‖ **~ médica.** F. Parte de la terapéutica que estudia los medicamentos. ‖ **~ prima.** F. La que una industria o fabricación necesita para sus labores, aunque provenga, como sucede frecuentemente, de otras operaciones industriales. ‖ **~ próxima del sacramento.** F. Rel. Acción de aplicar a la materia remota de este las palabras rituales que constituyen su forma, como, en el bautismo, la ablución. ‖ **~ remota del sacramento.** F. Rel. Cosa sobre la cual recae la acción o materia próxima de él, como, en el bautismo, el agua. ‖ **primera ~.** F. **materia prima.** ‖ **dar ~.** LOC. VERB. Ofrecer ocasión o motivo para algo. ‖ **en ~ de.** LOC. PREPOS. Hablando de, en lo relativo a. ‖ **entrar en ~.** LOC. VERB. Empezar a tratar de un asunto después de algún preliminar.

material. **I.** ADJ. **1.** Perteneciente o relativo a la materia. *Realidades, infraestructuras materiales.* ‖ **2.** Opuesto a lo espiritual. *Bienestar material.* ‖ **3.** Opuesto a la forma. *Esta alhaja es de poco valor material.* ‖ **II.** M. **4.** Elemento que entra como ingrediente en algunos compuestos. ‖ **5.** Cuero curtido. ‖ **6.** Cada una de las materias que se necesitan para una obra, o el conjunto de ellas. U. m. en pl. ‖ **7.** Documentación que sirve de base para un trabajo intelectual. ‖ **8.** Conjunto de máquinas, herramientas u objetos de cualquier clase, necesario para el desempeño de un servicio o el ejercicio de una profesión. *Material de guerra. Material de oficina.* ☐ V. **pecado ~.**

materialidad. F. **1.** Cualidad de material. *La materialidad del alma es contraria a la fe.* ‖ **2.** Superficie exterior o apariencia de las cosas. ‖ **3.** Sonido de las palabras. *No atiende sino a la materialidad de lo que oye.* ‖ **4.** Rel. Sustancia física y material de las acciones ejecutadas con ignorancia inculpable o falta del conocimiento necesario para que sean buenas o malas desde el punto de vista moral.

materialismo. M. **1.** Concepción del mundo según la cual no hay otra realidad que la material, mientras que el pensamiento y sus modos de expresión no son sino manifestaciones de la materia y de su evolución en el tiempo. ‖ **2.** Tendencia a dar importancia primordial a los intereses materiales. ‖ **~ dialéctico.** M. Doctrina marxista que, frente a una teoría estática de la materia, sostiene que lo real en su totalidad está regido por enfrentamientos, oposiciones y contradicciones que determinan esa realidad material. ‖ **~ histórico.** M. Doctrina marxista formulada por el filósofo alemán Friedrich Engels, según la cual no es la consciencia del hombre la que determina su ser, sino que, por el contrario, son la realidad social y las tensiones y poderes que la constituyen los que crean y condicionan la realidad humana.

materialista. **I.** ADJ. **1.** Perteneciente o relativo al materialismo. *Enfoque materialista.* ‖ **2.** Partidario de esta tendencia filosófica. U. t. c. s. ‖ **3.** Dicho de una persona: Excesivamente preocupada por los bienes materiales. U. t. c. s. ‖ **II.** M. **4.** *Méx.* Persona que se dedica a la venta de materiales de construcción.

materialización. F. Acción y efecto de materializar.

materializar. **I.** TR. **1.** Considerar como material algo que no lo es. *Materializar la vida en familia.* ‖ **2.** Dar naturaleza material y sensible a un proyecto, a una idea o a un sentimiento. *El texto de la nueva ley materializa bien la propuesta parlamentaria.* U. t. c. prnl. ‖ **II.** PRNL. **3.** Ir dejando que en uno mismo prepondere la materia sobre el espíritu. *Sin darse cuenta, se materializó al hacerse adulto.*

materialmente. ADV. M. **1.** Con materialidad. *Quieren compensarnos materialmente por el atentado.* ‖ **2.** Enteramente, de manera real y efectiva. *No tuvimos materialmente tiempo para ir a veros.* ‖ **3.** Rel. Sin el conocimiento y advertencia que hacen buenas o malas las acciones.

maternal. ADJ. materno.

maternidad. F. **1.** Estado o cualidad de madre. ‖ **2.** Hospital donde se atiende a las parturientas. ☐ V. **bata de ~, permiso de ~.**

maternizar. TR. Dotar a la leche vacuna de propiedades que posee la de mujer.

materno, na. ADJ. Perteneciente o relativo a la madre. *Amor materno. Línea materna.* ☐ V. **claustro ~, lengua ~.**

maternofilial. ADJ. **1.** Perteneciente o relativo a la madre y a sus hijos. *Sentimiento maternofilial.* ‖ **2.** Que va de la madre a sus hijos. *Enfermedades de transmisión maternofilial.*

matero, ra. ADJ. *Am. Mer.* Aficionado a tomar mate. U. t. c. s.

matete. M. **1.** *Á. R. Plata.* Confusión, desorden de cosas o de ideas. ‖ **2.** *Á. R. Plata.* Mezcla de sustancias deshechas en un líquido formando una masa inconsistente.

matico. M. Planta de la familia de las Piperáceas, originaria de América Meridional, cuyas hojas contienen un aceite esencial aromático y balsámico, que se usa interior y exteriormente como astringente.

matidez. F. **1.** Cualidad de mate[1]. ‖ **2.** *Med.* Sonido mate que se percibe en la percusión.

matinal. ADJ. Perteneciente o relativo a la mañana.

matiné. F. Fiesta, reunión, espectáculo, que tiene lugar en las primeras horas de la tarde.

matiz. M. **1.** Rasgo poco perceptible que da a algo un carácter determinado. ‖ **2.** Cada una de las gradaciones que puede recibir un color sin perder el nombre que lo distingue de los demás. ‖ **3.** En lo inmaterial, grado o variedad que no altera la sustancia o esencia de algo.

matización. F. Acción y efecto de matizar.

matizar. TR. **1.** Graduar con delicadeza sonidos o expresiones conceptuales. ‖ **2.** Juntar, casar con proporción diversos colores, de manera que sean agradables a la vista. ‖ **3.** Dar a un color determinado matiz.

mato. M. Conjunto de matas.

matojo. M. Planta de monte muy poblada y espesa.

matón, na. M. y F. Persona jactanciosa y pendenciera, que procura intimidar a los demás.

matonesco, ca. ADJ. **1.** Perteneciente o relativo al matón. *Ademanes matonescos.* ‖ **2.** *Chile.* Que trata de imponerse por la fuerza.

matonismo. M. Conducta de quien quiere imponer su voluntad por la amenaza o el terror.

matorral. M. **1.** Campo inculto lleno de matas y malezas. || **2.** Conjunto de matas intrincadas y espesas.

matraca. F. **1.** Rueda de tablas fijas en forma de aspa, entre las que cuelgan mazos que al girar ella producen ruido grande y desagradable. || **2.** coloq. Burla con que se zahiere o reprende. || **3.** coloq. Insistencia molesta en un tema o pretensión. *Dar la matraca.*

matraz. M. Vaso de vidrio o de cristal, de forma generalmente esférica y terminado en un tubo estrecho y recto, que se emplea en los laboratorios químicos.

matrería. F. Perspicacia astuta y suspicaz.

matrero, ra. ADJ. **1.** Astuto, resabido. || **2.** Suspicaz, receloso. || **3.** Engañoso, pérfido. || **4.** *Á. R. Plata* y *Chile.* hist. Se decía del fugitivo que buscaba el campo para escapar de la justicia. U. t. c. s.

matriarca. F. Mujer que ejerce el matriarcado.

matriarcado. M. **1.** Predominio o fuerte ascendiente femenino en una sociedad o grupo. || **2.** Organización social, tradicionalmente atribuida a algunos pueblos primitivos, en que el mando residía en las mujeres.

matriarcal. ADJ. Se dice de la autoridad de la matriarca y de sus manifestaciones.

matricaria. F. Planta herbácea anual, de la familia de las Compuestas, con tallo ramoso, de cuatro a seis decímetros de altura, hojas en forma de corazón, pecioladas, partidas en gajos de margen serrado y contornos redondeados, flores de centro amarillo y circunferencia blanca en ramilletes terminales, y fruto seco y anguloso con una sola semilla. Es olorosa, común en España, y el cocimiento de las flores se empleaba como antiespasmódico y para provocar la menstruación de las mujeres.

matricial. ADJ. *Mat.* Perteneciente o relativo a las **matrices** (|| conjuntos de números dispuestos en rectángulo).

matricida. COM. Persona que mata a su madre. U. t. c. adj.

matricidio. M. **1.** Acción de matar a la propia madre. || **2.** Delito cometido por el matricida.

matrícula. F. **1.** Lista o catálogo de los nombres de las personas, o especificación de los bienes raíces, que se asientan para un fin determinado por las leyes o reglamentos. || **2.** Documento en que se acredita este asiento. || **3.** Acción y efecto de matricular o matricularse. || **4.** Conjunto de gente que se ha matriculado. || **5.** Placa que llevan los vehículos para indicar el número de matriculación. || **6. matrícula de honor.** || **~ de honor.** F. Mejora de la nota de sobresaliente, que se concede en los exámenes y da derecho a una matrícula gratuita en el curso siguiente.

matriculación. F. Acción y efecto de matricular o matricularse.

matriculado, da. PART. de **matricular.** || ADJ. Que se halla inscrito en una matrícula o registro. Apl. a pers., u. t. c. s.

matricular. **I.** TR. **1.** Inscribir o hacer inscribir el nombre de alguien en la matrícula. || **2.** Inscribir un vehículo en el registro oficial de un país o demarcación. || **II.** PRNL. **3.** Dicho de una persona: Hacer que inscriban su nombre en la matrícula.

matrilineal. ADJ. *Antrop.* Dicho de una organización social: Que se basa en el predominio de la línea materna.

matrimonial. ADJ. Perteneciente o relativo al matrimonio. *Promesa matrimonial.* ☐ V. **capítulos ~es, pensión ~.**

matrimonialista. ADJ. Dicho de un jurisconsulto: Que se dedica con preferencia a los problemas relacionados con el matrimonio. U. t. c. s.

matrimoniar. INTR. Unirse en matrimonio, casarse. En Chile, u. solo c. prnl. MORF. conjug. c. *anunciar.*

matrimonio. M. **1.** Unión de hombre y mujer concertada mediante determinados ritos o formalidades legales. || **2.** En el catolicismo, sacramento por el cual el hombre y la mujer se ligan perpetuamente con arreglo a las prescripciones de la Iglesia. || **3.** coloq. Marido y mujer. *En este cuarto vive un matrimonio.* || **~ civil.** M. El que se contrae según la ley civil, sin intervención del párroco. || **~ morganático.** M. hist. El contraído entre un príncipe y una mujer de linaje inferior, o viceversa, en el cual cada cónyuge conservaba su condición anterior. || **~ rato.** M. El celebrado de manera legítima y solemne que no ha llegado aún a consumarse. ☐ V. **cama de ~, palabra de ~.**

matritense. ADJ. **1.** Natural de Madrid. || **2.** Perteneciente o relativo a esta ciudad, capital de España.

matriz. F. **1.** *Anat.* útero. || **2.** Molde en que se funden objetos de metal que han de ser idénticos. || **3.** Molde de cualquier clase con que se da forma a algo. || **4.** Parte de determinados talonarios que queda encuadernada al cortar o separar los talones, títulos, etc., que lo forman. || **5.** Entidad principal, generadora de otras. U. en apos. *Iglesia matriz. Lengua matriz.* || **6.** *Impr.* Cada uno de los caracteres o espacios en blanco de un texto impreso. U. m. en pl. || **7.** *Mat.* Conjunto de números o símbolos algebraicos colocados en líneas horizontales y verticales y dispuestos en forma de rectángulo.

matrona. F. **1.** Mujer especialmente autorizada para asistir a las parturientas. || **2.** En las aduanas y oficinas semejantes, mujer encargada de registrar a las personas de su sexo. || **3.** Madre de familia, noble y virtuosa.

matronal. ADJ. Perteneciente o relativo a la matrona.

matul. M. Bulto, lío, especialmente cierta cantidad de manojos de tabaco en rama, dispuestos en un atado.

matungo, ga. ADJ. *Á. R. Plata.* Dicho de un caballo: Que carece de buenas cualidades físicas. U. t. c. s.

maturinés, sa. ADJ. **1.** Natural de Maturín. U. t. c. s. || **2.** Perteneciente o relativo a esta ciudad de Venezuela, capital del estado de Monagas.

maturrango, ga. ADJ. *Am. Mer.* Dicho de una persona: Que es mal jinete. U. t. c. s.

matusalén. COM. Persona de mucha edad.

matute. M. **1.** Introducción de géneros en un lugar sin pagar el impuesto correspondiente. || **2.** Género así introducido. || **de ~.** LOC. ADV. A escondidas, de manera clandestina.

matutear. INTR. Introducir matute.

matutero, ra. M. y F. Persona que se dedica a matutear.

matutino, na. ADJ. **1.** Perteneciente o relativo a las horas de la mañana. *Horario matutino.* || **2.** Que ocurre o se hace por la mañana. *Competición matutina.*

maula. **I.** ADJ. **1.** *Á. Andes* y *Á. R. Plata.* Cobarde, despreciable. U. t. c. s. || **II.** F. **2.** Cosa inútil y despreciable. || **3.** Engaño o artificio encubierto.

maulería. F. Hábito o condición de quien tiene y emplea **maulas** (|| engaños).

maulino, na. ADJ. **1.** Natural de Maule. U. t. c. s. || **2.** Perteneciente o relativo a esta región de Chile.

maullador, ra. ADJ. Que maúlla mucho.

maullar. INTR. Dar maullidos. MORF. conjug. c. *aunar*.

maullido. M. Voz del gato.

maúllo. M. maullido.

maunabeño, ña. ADJ. **1.** Natural de Maunabo. U. t. c. s. || **2.** Perteneciente o relativo a este municipio de Puerto Rico o a su cabeza.

mauriciano, na. ADJ. **1.** Natural de Mauricio. U. t. c. s. || **2.** Perteneciente o relativo a este país de África.

mauritano, na. ADJ. **1.** Natural de Mauritania. U. t. c. s. || **2.** Perteneciente o relativo a este país y antigua región de África.

máuser. M. fusil de repetición. MORF. pl. **máuseres.**

mausoleo. M. Sepulcro magnífico y suntuoso.

maxilar. **I.** ADJ. **1.** Perteneciente o relativo a la mandíbula. *Arterias, venas maxilares.* || **II.** M. **2.** *Anat.* **hueso maxilar.**

maxilofacial. ADJ. *Med.* Perteneciente o relativo a los huesos de la cara. *Cirugía maxilofacial.*

máxima. F. **1.** Regla, principio o proposición generalmente admitida por quienes profesan una facultad o ciencia. || **2.** Sentencia, apotegma o doctrina buena para dirigir las acciones morales. || **3.** Idea, norma o propósito a que se ajusta la manera de obrar.

maximalismo. M. Tendencia a defender las soluciones más extremadas en el logro de cualquier aspiración.

maximalista. ADJ. **1.** Perteneciente o relativo al maximalismo. *Perspectiva maximalista.* || **2.** Partidario del maximalismo. U. t. c. s.

máxime. ADV. M. En primer lugar, con antelación o preferencia, sobre todo.

maximización. F. Acción y efecto de **maximizar** (|| el rendimiento).

maximizar. TR. **1.** Hacer o intentar que algo alcance su máximo rendimiento. *Maximizar la producción de la empresa.* U. t. c. prnl. || **2.** *Inform.* Hacer que la ventana en que aparece la información en la pantalla de una computadora u ordenador tenga las mayores dimensiones posibles. || **3.** *Mat.* Buscar o alcanzar el máximo de una función.

máximo, ma. **I.** ADJ. SUP. de **grande.** **1.** Se dice de lo más grande en su especie. *Recompensa máxima.* || **II.** M. **2.** Límite superior o extremo a que puede llegar algo. □ V. **círculo ~, ~ castigo, ~ común divisor.**

máximum. M. **máximo.**

maya[1]**.** F. **1.** Planta herbácea perenne, de la familia de las Compuestas, con hojas radicales, tumbadas, en círculo, gruesas, algo vellosas, estrechas en la base, anchas y redondeadas en el extremo opuesto y con pocos dientes en el margen, flor única, terminal, sobre un escapo de uno o dos decímetros, con el centro amarillo y la corola blanca o matizada de rojo por la cara inferior, y fruto seco, casi esférico, con una sola semilla. Es común en los prados, y por el cultivo se han conseguido algunas variedades de flores completamente blancas o rojizas. || **2.** Muchacha elegida entre las de un pueblo, un barrio o una calle, en las fiestas de mayo, y que preside los festejos populares. || **3.** Canción que se entona en las fiestas de mayo.

maya[2]**.** **I.** ADJ. **1.** Se dice del individuo de cualquiera de las tribus indias que hoy habitan principalmente Yucatán, Guatemala y otras regiones adyacentes. U. t. c. s.

|| **2.** Perteneciente o relativo a estas tribus. *Calendario maya.* || **II.** M. **3.** Familia de lenguas habladas por los mayas.

mayagüezano, na. ADJ. **1.** Natural de Mayagüez. U. t. c. s. || **2.** Perteneciente o relativo a este municipio de Puerto Rico o a su cabeza.

mayal. M. Instrumento compuesto de dos palos, uno más largo que otro, unidos por medio de una cuerda, con el cual se desgrana el centeno dando golpes sobre él.

mayar. INTR. maullar.

mayate. M. *Méx.* Escarabajo de distintos colores y de vuelo regular.

mayear. INTR. Hacer el tiempo propio del mes de mayo.

mayestático, ca. ADJ. Perteneciente o relativo a la majestad. *Actitud mayestática.* □ V. **plural ~.**

mayéutica. F. Método socrático con que el maestro, mediante preguntas, va haciendo que el discípulo descubra nociones que en él estaban latentes.

mayéutico, ca. ADJ. Perteneciente o relativo a la mayéutica. *Método mayéutico.*

mayido. M. maullido.

mayismo. M. Vocablo o giro de origen maya empleado al hablar o escribir en español.

mayista. COM. Especialista en la lengua y la cultura mayas.

mayo. M. **1.** Quinto mes del año. Tiene 31 días. || **2.** hist. Árbol o palo alto, adornado de cintas, frutas y otras cosas, que se ponía en los pueblos en un lugar público, adonde durante el mes de mayo concurrían los mozos y mozas a divertirse con bailes y otros festejos. || **3.** hist. Muchacho que, en algunos lugares, acompañaba y servía a la **maya** (|| muchacha que preside los festejos populares). || **4.** hist. Ramo o enramada que ponían los novios a la puerta de sus novias. || **5.** pl. hist. Música y canto con que en la noche del último día de abril obsequiaban los mozos a las solteras.

mayólica. F. Loza común con esmalte metálico, fabricada antiguamente por los árabes y españoles, que la introdujeron en Italia.

mayonesa. F. **salsa mayonesa.**

mayor. **I.** ADJ. COMP. de **grande.** **1.** Que excede a algo en cantidad o calidad. *Necesito una talla mayor que esta.* || **2.** Dicho de una persona: Que excede en edad a otra. *Hermana mayor. Marta es mayor que Juan.* || **II.** ADJ. **3.** Dicho de una persona: Entrada en años, de edad avanzada. *Hombre muy mayor.* || **4.** Dicho de una persona: **adulta** (|| llegada a su mayor crecimiento). *¿Qué quieres ser cuando seas mayor?* || **5.** **importante.** *Esas son palabras mayores.* || **6.** Principal, que tiene superior dignidad o autoridad entre las personas o cosas de su mismo grupo. *Hermano mayor de una cofradía. Altar mayor.* || **III.** M. **7.** Superior o jefe de una comunidad o cuerpo. || **8.** En algunos ejércitos, empleo equivalente al de comandante. || **9.** pl. Abuelos y demás progenitores de una persona. *Mis mayores.* || **10.** pl. Antepasados, sean o no progenitores de quien habla o de otra persona determinada. || **IV.** F. **11.** *Mar.* **vela mayor.** || **~ o igual que.** M. *Mat.* Signo matemático que, colocado entre dos cantidades, indica que es mayor la primera, o que ambas son iguales. (Símb. ≥). || **~ que.** M. *Mat.* Signo matemático que, colocado entre dos cantidades, indica que es mayor la primera. (Símb. >). || **al por ~.** LOC. ADV. En cantidad grande. *Vender al por mayor.* U. t. c. loc. adj. □ V. **acemilero ~, aciano ~, adelantado ~, aguas ~es, alcalde ~,**

alguacil ~, almirante ~ de la mar, altar ~, aposentador ~ de palacio, árbol ~, cabo ~, camarera ~, camarero ~, capellán ~ de los ejércitos, capilla ~, caza ~, cerero ~, colegio ~, comendador ~, compás ~, copla de arte ~, correo ~, Estado Mayor, Estado Mayor Central, Estado Mayor General, estudios ~es, facultad ~, fuerza ~, ganado ~, guarda ~, hermano ~, hexacordo ~, iglesia ~, libro ~, maestro ~, ~ postor, mayordomo ~, meses ~es, misa ~, modo ~, monte ~, montero ~, músico ~, necesidad ~, oficial ~ oficialía ~, orden ~, palabras ~es, palo ~, pariente ~, pimpinela ~, plana ~, plaza ~, premisa ~, prisión ~, ronda ~, sanguinaria ~, sargento ~, semana ~, semitono ~, señor ~, séptima ~, sexta ~, siempreviva ~, suboficial ~, tambor ~, tercera ~, tono ~, vela ~, velas ~es, verso de arte ~, verso de arte ~ castellano.

mayoral. M. **1.** Pastor principal entre los que cuidan de los rebaños, especialmente de reses bravas. ‖ **2.** En las cuadrillas de cavadores o de segadores, cabeza o capataz. ‖ **3.** hist. En las galeras, diligencias y otros carruajes, encargado de gobernar el tiro de mulas o caballos.

mayoralía. F. **1.** hist. Rebaño que pastoreaba un mayoral. ‖ **2.** hist. Salario o precio que llevaba el mayoral por su trabajo de pastoreo.

mayorana. F. mejorana.

mayorazgo, ga. I. M. y F. **1.** Poseedor de los bienes correspondientes al mayorazgo. ‖ **2.** Heredero de una persona que goza y posee mayorazgo. ‖ **II.** M. **3.** Institución del derecho civil que, por las leyes del siglo XIX quedó circunscrita en España a los títulos nobiliarios, y que tiene por objeto perpetuar en la familia la propiedad de ciertos bienes o derechos con arreglo a las condiciones que se dicten al establecerla, o, a falta de ellas, a las prescritas por la ley. ‖ **4.** Conjunto de estos bienes. ‖ **5.** coloq. **primogenitura.**

mayordomía. F. Cargo y empleo de mayordomo o administrador.

mayordomo, ma. I. M. y F. **1.** Criado principal a cuyo cargo está el gobierno económico de una casa o hacienda. ‖ **II.** M. **2.** Oficial que se nombra en las congregaciones o cofradías para que atienda a los gastos y al cuidado y gobierno de las funciones. ‖ **~ de propios.** M. hist. Administrador de los caudales y otros bienes de un pueblo. ‖ **~ mayor.** M. hist. Jefe principal de palacio, a cuyo cargo estaba el cuidado y gobierno de la casa del rey.

mayoreo. M. Venta al por mayor.

mayoría. F. **1.** Cualidad de mayor. ‖ **2. mayoría de edad.** ‖ **3.** Mayor número de votos favorables en una votación. *Manuel tuvo seis votos de mayoría.* ‖ **4.** Parte mayor de las personas que componen una nación, ciudad o cuerpo. *Seguir la opinión de la mayoría.* ‖ **5.** La mayor parte de un número o de una serie de cosas que se expresa. *La mayoría de las letras están bien escritas.* ‖ **6.** *Mil.* hist. Oficina del sargento mayor. ‖ **~ absoluta.** F. La que consta de más de la mitad de los votos. ‖ **~ de cantidad.** F. Aquella en que se computan los votos en razón del interés respectivo que representa cada votante, como en las juntas de acreedores. ‖ **~ de edad.** F. Condición de la persona que, según la ley, ha llegado a la edad que le permite disponer de sí, gobernar su hacienda, etc. ‖ **~ relativa.** F. La formada por el mayor número de votos, no con relación al total de estos, sino al número que obtiene cada una de las personas o cuestiones que se votan

a la vez. ‖ **~ silenciosa.** F. En el debate político, la que supuestamente compone la generalidad de los ciudadanos que no expresan públicamente su opinión.

mayoridad. F. Cualidad de mayor de edad legal.

mayorista. I. ADJ. **1.** Dicho de un comercio: Que vende o compra al por mayor. ‖ **II.** COM. **2.** Comerciante o empresa que vende, compra o contrata al por mayor.

mayoritario, ria. ADJ. **1.** Perteneciente o relativo a la mayoría. *Causas mayoritarias.* ‖ **2.** Que constituye mayoría. *Partido político mayoritario.* ☐ V. **representación ~.**

mayormente. ADV. M. De manera principal o especial.

mayúscula. F. letra mayúscula.

mayúsculo, la. ADJ. **1.** Algo mayor que lo ordinario en su especie. *Seres vivos mayúsculos.* ‖ **2.** coloq. Grandísimo, enorme. *Fue un disparate mayúsculo.* ☐ V. **letra ~.**

maza. F. **1.** Instrumento de madera dura, con la cabeza gruesa, que sirve para machacar el esparto y el lino, y para otros usos. ‖ **2.** hist. Arma antigua de madera guarnecida de hierro, o toda de hierro, con la cabeza gruesa. ‖ **3.** Pelota gruesa forrada de cuero y con mango de madera, que sirve para tocar el bombo. ‖ **4.** Pieza de madera o de hierro que en el martinete sirve para golpear sobre las cabezas de los pilotes. ‖ **5.** Insignia que llevan los maceros delante de ciertas autoridades. ‖ **6.** *Dep.* Aparato de gimnasia de madera u otro material, similar a una botella, que consiste en un mango terminado en forma gruesa. ‖ **7.** *Dep.* Modalidad de gimnasia rítmica que se practica con dicho aparato. ☐ V. **ballestero de ~.**

mazacote. M. **1. hormigón.** ‖ **2.** Objeto de arte no bien concluido y en el cual se ha procurado más la solidez que la elegancia. ‖ **3.** coloq. Guisado u otro alimento u objeto de masa, seco, duro y pegajoso. ‖ **4.** *Am. Mer.* Masa espesa y pegajosa.

mazacotudo, da. ADJ. *Am.* **amazacotado.**

mazamorra. F. **1.** Comida semejante a las gachas, hecha a base de maíz, y preparada de diversas formas en distintos lugares de América. ‖ **2.** Bizcocho que se ha averiado, o fragmento o restos que quedan de él. ‖ **3.** Galleta rota que queda en el fondo de los sacos de provisión y se aprovecha para preparar la sopa hecha a bordo cuando escasean víveres. ‖ **4.** Cosa desmoronada y reducida a piezas menudas, aunque no sea comestible. ‖ **5.** *Á. Caribe.* Mezcolanza, revoltijo de ideas o de cosas. ‖ **6.** *Ant.* Lesión de origen bacteriano que se manifiesta con grietas en la piel debajo de los dedos de los pies.

mazapán. M. Pasta hecha con almendras molidas y azúcar pulverizado, que se presenta en formas diversas, bien en barras, bien en figuras de mayor o menor tamaño.

mazar. TR. **1.** Golpear la leche dentro de un odre para que se separe la manteca. ‖ **2.** Golpear algo para deshacerlo o deformarlo. *Mazar el pescado.*

mazarí. ADJ. Dicho de una baldosa, de un ladrillo, etc.: cuadrados. U. t. c. s. m. MORF. pl. **mazaríes** o **mazarís.**

mazateco¹, ca. I. ADJ. **1.** Se dice del individuo de un grupo indígena que habita en el estado mexicano de Oaxaca, en la zona limítrofe con Guerrero y Puebla. U. t. c. s. ‖ **II.** M. **2.** Lengua que habla dicho grupo indígena.

mazateco², ca. ADJ. **1.** Natural de Mazatenango. U. t. c. s. ‖ **2.** Perteneciente o relativo a esta ciudad de Guatemala, cabecera del departamento de Suchitepéquez.

mazazo. M. **1.** Golpe dado con una maza o un mazo. || **2.** Suceso, situación, etc., que causa fuerte impresión. *Su muerte fue un mazazo para nosotros.*

mazdeísmo. M. hist. Religión de los antiguos persas, que creían en la existencia de dos principios divinos, uno bueno, Ormuz, creador del mundo, y otro malo, Ahrimán, destructor.

mazmorra. F. Prisión subterránea.

mazo. M. **1.** Martillo grande de madera. || **2.** Porción de mercancías u otras cosas juntas, atadas o unidas formando grupo. *Mazo de cintas.*

mazonería. F. **1.** Obra hecha de cal y canto. || **2.** Obra de relieve.

mazorca. F. Fruto en espiga densa, con granos muy juntos, de ciertas plantas gramíneas, como el maíz.

mazorral. ADJ. Grosero, rudo, basto. *Prosa mazorral.*

mazuelo. M. Mango o mano con que se toca un almirez, a cuyo son baila la gente del campo.

mazurca. F. **1.** Danza de origen polaco, de movimiento moderado y compás ternario. || **2.** Música de esta danza.

mbayá. I. ADJ. **1.** hist. Se dice del individuo de un antiguo pueblo amerindio que ocupaba el noreste del Paraguay. U. t. c. s. || **2.** hist. Perteneciente o relativo a los mbayás. *Cultura mbayá.* || **II.** M. **3.** Lengua de la familia guaicurú hablada por los mbayás. ¶ MORF. pl. **mbayás.**

me. PRON. PERSON. Forma de la 1.ª persona del singular que cumple la función de complemento directo o indirecto. No admite preposición y se puede usar como enclítico. *Me oyó. Óyeme.*

mea culpa. (Locución latina). EXPR. Por mi culpa. U. m. c. loc. sust. m. *Entonará un mea culpa público.* MORF. pl. invar. *Los mea culpa.*

meada. F. **1.** malson. Porción de orina que se expele de una vez. || **2.** malson. Sitio que moja o señal que hace una meada. *Aquí hay una meada de gato.*

meadero. M. malson. Lugar destinado a orinar o usado para este fin.

meado. M. malson. Porción de orina que se expele de una vez. U. m. en pl.

meaja. F. hist. Moneda de vellón que corrió antiguamente en Castilla y valía la sexta parte de un dinero.

meandro. M. **1.** Cada una de las curvas que describe el curso de un río. || **2.** Disposición de un camino.

meano. ADJ. *Taurom.* Dicho de un toro: Que tiene blanco el pelaje de la zona genital.

meapilas. M. despect. **santurrón.**

mear. INTR. malson. **orinar** (|| expeler la orina). U. t. c. tr. y c. prnl.

meato. M. *Anat.* Cada uno de ciertos orificios o conductos del cuerpo. *Meato urinario, auditivo.*

meca. F. Lugar que atrae por ser centro donde una actividad determinada tiene su mayor o mejor cultivo.

mecachis. INTERJ. Se usa para expresar extrañeza o enfado.

mecánica. F. **1.** Parte de la física que trata del equilibrio y del movimiento de los cuerpos sometidos a cualquier fuerza. || **2.** Aparato o resorte interior que da movimiento a un ingenio o artefacto. || **3.** Funcionamiento de estos aparatos. *Su mecánica es sencilla.* U. t. en sent. fig. *La mecánica del concurso.* || ~ **celeste.** F. Rama de la astronomía que estudia los movimientos de los astros por la interacción gravitatoria.

mecanicismo. M. **1.** Sistema biológico y médico que pretende explicar los fenómenos vitales por las leyes de la mecánica de los cuerpos inorgánicos. || **2.** *Fil.* Doctrina según la cual toda realidad natural tiene una estructura semejante a la de una máquina y puede explicarse mecánicamente.

mecanicista. ADJ. **1.** Perteneciente o relativo al mecanicismo. *Teoría mecanicista.* || **2.** Seguidor del mecanicismo. U. t. c. s.

mecánico, ca. I. ADJ. **1.** Perteneciente o relativo a la mecánica. *Principios mecánicos.* || **2.** Ejecutado por un mecanismo o máquina. *Ajuste mecánico.* || **3.** Dicho de un acto: Automático, hecho sin reflexión. *Gestos mecánicos.* || **4.** Dicho de un oficio o de una obra: Que exigen más habilidad manual que intelectual. || **II.** M. y F. **5.** Persona que profesa la mecánica. || **6.** Persona dedicada al manejo y arreglo de las máquinas. || **III.** M. **7.** Conductor asalariado de un automóvil. || ~ **dentista.** M. y F. Persona que ayuda al dentista en la preparación de dientes o piezas de dentadura artificiales. □ V. **escalera** ~, **reloj** ~.

mecanismo. M. **1.** Conjunto de las partes de una máquina en su disposición adecuada. || **2.** **proceso** (|| sucesión de fases). *El mecanismo de la floración.* || ~ **de defensa.** M. En el psicoanálisis, el que utiliza el yo para protegerse de los impulsos o ideas que podrían producirle desequilibrios psíquicos.

mecanización. F. Acción y efecto de mecanizar.

mecanizado. M. Proceso de elaboración mecánica.

mecanizar. TR. **1.** Implantar el uso de las máquinas en operaciones militares, industriales, etc. U. t. c. prnl. || **2.** Someter a elaboración mecánica. *Mecanizar el despacho de billetes.* || **3.** Dar la regularidad de una máquina a las acciones humanas. *Había mecanizado su vida.*

mecano. (De *Meccano*, marca reg.). M. Juguete a base de piezas, generalmente metálicas y para armar, con las que pueden componerse diversas construcciones.

mecanografía. F. Arte de escribir a máquina.

mecanografiar. TR. Escribir a máquina. MORF. conjug. c. *enviar.*

mecanográfico, ca. ADJ. Perteneciente o relativo a la mecanografía. *Error mecanográfico.*

mecanógrafo, fa. M. y F. Persona diestra en mecanografía, y especialmente quien la tiene por oficio.

mecanoterapia. F. *Med.* Empleo de aparatos especiales para producir movimientos activos o pasivos en el cuerpo humano, con objeto de curar o aliviar ciertas enfermedades.

mecapal. M. *Am. Cen.* Faja con dos cuerdas en los extremos que sirve para llevar carga a cuestas, poniendo parte de la faja en la frente y las cuerdas sujetando la carga.

mecapalero. M. *Am. Cen.* Cargador que usa el mecapal para cargar.

mecatazo. M. *Am. Cen.* Golpe dado con un mecate.

mecate. M. *Am. Cen.* y *Méx.* Cordel o cuerda hecha de cabuya, cáñamo, pita, crin de caballo o similar. || **a todo** ~. LOC. ADV. *Méx.* A toda velocidad.

mecedor. M. **1.** Instrumento de madera que sirve para mezclar el vino en las cubas o el jabón en la caldera, y para otros usos semejantes. || **2.** **columpio.**

mecedora. F. Silla de brazos que por lo común tiene el respaldo y el asiento de rejilla o lona, cuyos pies descansan sobre dos arcos o terminan en forma circular, en la cual puede mecerse quien se sienta.

mecenas. COM. Persona que patrocina las letras o las artes.

mecenazgo. M. **1.** Cualidad de mecenas. ‖ **2.** Protección dispensada por una persona a un escritor o artista.

mecer. TR. **1.** Mover algo acompasadamente de un lado a otro sin que mude de lugar, como la cuna de los niños. U. t. c. prnl. ‖ **2.** Mover un líquido para que se mezcle o incorpore.

mecha. F. **1.** Cuerda retorcida o cinta tejida hecha de filamentos combustibles, generalmente de algodón, que se pone en algunos aparatos del alumbrado y dentro de las velas y bujías. ‖ **2.** Tubo de algodón, trapo o papel, relleno de pólvora, para dar fuego a minas y barrenos. ‖ **3.** Mechón de pelo, especialmente el teñido de un tono diferente al resto del cabello. U. m. en pl. ‖ **4.** Tira de tocino gordo para mechar aves, carne y otras cosas. ‖ **5.** Porción de hilas atadas por en medio, que se emplea para la curación de enfermedades externas y operaciones quirúrgicas. ‖ **6.** hist. Cuerda de cáñamo que servía para prender la carga en las antiguas armas de fuego. ‖ **7.** hist. Tejido de algodón que, impregnado de una composición química, arde con mucha facilidad y se usaba para encender cigarros. ‖ **8.** Mar. Alma de un palo macho, sobre la que se adaptan o amadrinan otras piezas para su refuerzo y forma conveniente. ‖ **a toda ~.** LOC.ADV. coloq. Con gran rapidez.

mechar. TR. Introducir mechas de tocino gordo en la carne que se va a asar o empanar.

mechero[1]**.** M. **1.** Encendedor de bolsillo. ‖ **2.** En el candil o velón, canuto donde se pone la mecha para alumbrar o para encender lumbre. ‖ **3.** Boquilla de los aparatos de alumbrado.

mechero[2]**, ra.** M. y F. Ladrón de tiendas. □ V. **aguja ~.**

mechinal. M. Agujero cuadrado que se deja en las paredes cuando se fabrica un edificio, para meter en él un palo horizontal del andamio.

mechoacán. M. Raíz de una planta vivaz de la familia de las Convolvuláceas, oriunda de México, parecida a la enredadera de campanillas. Es blanca, gruesa, fusiforme y harinosa, y su fécula se ha usado en medicina como purgante.

mechón. M. Porción de pelos, hebras o hilos, separada de un conjunto de la misma clase.

mechonear. TR. **1.** Chile. Tirar del cabello de alguien. ‖ **2.** Chile. Someter a novatadas a los nuevos estudiantes.

mechudo, da. I. ADJ. **1.** despect. Am. Que tiene mechas de pelo, mechones o greñas. ‖ **II.** M. **2.** Méx. **fregona.**

meco, ca. I. ADJ. **1.** Méx. Dicho de un animal: De color bermejo con mezcla de negro. ‖ **II.** M. y F. **2.** Méx. Indio, especialmente el que conserva sus costumbres y tradiciones.

meconio. M. Excremento de los niños recién nacidos.

medalla. F. **1.** Pieza de metal batida o acuñada, comúnmente redonda, con alguna figura, inscripción, símbolo o emblema. ‖ **2.** Distinción honorífica o premio que suele concederse en exposiciones, certámenes, competiciones deportivas, etc. ‖ **~ de bronce.** Distinción que se concede en algunas competiciones a quien consigue el tercer puesto de la clasificación. ‖ **~ de oro.** F. Distinción que se concede en algunas competiciones a quien consigue el primer puesto de la clasificación. ‖ **~ de plata.** F. Distinción que se concede en algunas competiciones a quien consigue el segundo puesto de la clasificación. □ V. **el reverso de la ~, el revés de la ~.**

medallero. M. Dep. Relación de las medallas conseguidas por cada una de las naciones participantes en una competición internacional.

medallista. COM. Dep. Participante que consigue una medalla en una competición.

medallón. M. **1.** Bajorrelieve de forma redonda u ovalada. ‖ **2.** Joya en forma de caja pequeña y chata, donde generalmente se colocan retratos, pinturas, rizos u otros objetos de recuerdo. ‖ **3.** Rodaja gruesa de un alimento, especialmente de carne o pescado.

médano. M. **1. duna.** ‖ **2.** Montón de arena casi a flor de agua, en un lugar en que el mar tiene poco fondo.

medanoso, sa. ADJ. Que tiene médanos. *Playas medanosas.*

medaño. M. **médano.**

medellinense. ADJ. **1.** Natural de Medellín. U. t. c. s. ‖ **2.** Perteneciente o relativo a esta ciudad de Colombia, capital del departamento de Antioquia.

media[1]**.** F. **1.** Mitad de algo, especialmente de una unidad de medida. *Media de trigo.* ‖ **2.** Medida para áridos de capacidad de seis celemines. ‖ **3.** coloq. Refiriéndose a una hora consabida, equivale a esa hora seguida de la expresión y **media.** *Empezamos a* LA media *en punto.* ‖ **4.** Dep. **línea media.** ‖ **5.** Mat. **media aritmética.** ‖ **6.** Mat. Número que resulta al efectuar una serie determinada de operaciones con un conjunto de números y que, en determinadas condiciones, puede representar por sí solo a todo el conjunto. *Media aritmética. Media geométrica.* ‖ **7.** pl. En el juego del mus, reunión de tres naipes del mismo valor, como tres reyes, tres cincos, etc., en una mano. ‖ **~ aritmética.** F. Mat. Cociente de dividir la suma de varias cantidades por el número de ellas. ‖ **~ cuadrática.** F. Mat. Dadas las fluctuaciones de una magnitud, se llama así la raíz cuadrada del cociente de dividir la suma de los cuadrados de las fluctuaciones por el número de ellas. ‖ **~ geométrica.** F. Mat. Raíz enésima del producto de *n* números. ‖ **~ ponderada.** F. Mat. Resultado de multiplicar cada uno de los números de un conjunto por un valor particular llamado su peso, sumar las cantidades así obtenidas, y dividir esa suma por la suma de todos los pesos. ‖ **~ proporcional.** F. Mat. **media** geométrica de dos números.

media[2]**.** F. **1.** Prenda de punto, seda, nailon, etc., que cubre el pie y la pierna hasta la rodilla o más arriba. ‖ **2.** Am. **calcetín.** □ V. **aguja de ~.**

mediacaña. F. **1.** Moldura cóncava, cuyo perfil es, lo regular, un semicírculo. ‖ **2.** Impr. Filete de dos rayas, una fina y otra gruesa. ¶ MORF. pl. **mediacañas.**

mediación. F. **1.** Acción y efecto de mediar. ‖ **2.** Der. Actividad desarrollada por una persona de confianza de quienes sostienen intereses contrapuestos, con el fin de evitar o finalizar un litigio.

mediador, ra. ADJ. Que media. Apl. a pers., u. t. c. s.

mediados. a ~, o **a ~ de.** LOCS.ADVS. Hacia la mitad del tiempo que se indica o se sobrentiende. *Llamará a mediados de semana. Vuelve a mediados.*

mediagua. F. Am. **media agua** (‖ construcción con el techo inclinado y de una sola vertiente).

medial. ADJ. Dicho de una consonante: Que se halla en el interior de una palabra. U. t. c. s. f.

medialuna. F. **1.** Cosa en forma de media luna. ‖ **2.** Á. R. Plata. Pan o bollo en forma de media luna. ¶ MORF. pl. **medialunas.**

mediana. F. **1.** En una autovía o autopista, separación que impide el paso entre los carriles de dirección contraria. ‖ **2.** *Geom.* En un triángulo, recta trazada desde un vértice al punto medio del lado opuesto. ‖ **3.** *Mat.* Elemento de una serie ordenada de valores crecientes de forma que la divide en dos partes iguales, superiores e inferiores a él.

medianería. F. **1.** Pared común a dos casas u otras construcciones contiguas. ‖ **2.** Cerca, vallado o seto vivo común a dos predios rústicos que deslinda.

medianero, ra. **I.** ADJ. **1.** Dicho de una cosa: Que está en medio de otras dos. *Tapia, pared medianera.* ‖ **2.** Dicho de una persona: Que media e intercede para que otra consiga algo o para un arreglo o trato. U. m. c. s. ‖ **II.** M. y F. **3.** Dueño de una casa que tiene medianería con otra u otras. ‖ **4.** Aparcero que lleva a medias tierras, ganados, etc.

medianía. F. **1.** Término medio entre dos extremos, como entre la opulencia y la pobreza, entre el rigor y la blandura. ‖ **2.** Persona que carece de cualidades relevantes.

medianil. M. **1.** Pared común a dos casas. ‖ **2.** *Impr.* Crucero más angosto de la forma o molde, que deja el espacio blanco de los márgenes interiores.

mediano, na. ADJ. **1.** De calidad o cantidad intermedia. *Una persona de mediana edad. Un mediano profesor.* ‖ **2.** Moderado, ni muy grande ni muy pequeño. *Éxito mediano. Abertura mediana.*

medianoche. F. **1.** Hora en que el Sol está en el punto opuesto al mediodía. ‖ **2.** Período en torno a la medianoche. ‖ **3.** Bollo pequeño partido longitudinalmente en dos mitades, entre las que se coloca una loncha de jamón, queso, etc. ¶ MORF. pl. **medianoches.**

mediante. PREP. Por medio de, con, con la ayuda de.

mediar. INTR. **1.** Llegar a la mitad de algo. *Mediaba el año.* ‖ **2.** Interceder o rogar por alguien. *Quiso mediar para liberar al cautivo.* ‖ **3.** Interponerse entre dos o más que riñen o contienden, procurando reconciliarlos. ‖ **4.** Dicho de una cosa: Ocurrir entre dos momentos. *Medió una carta entre el insulto y la denuncia.* ¶ MORF. conjug. c. *anunciar.*

mediastino. M. *Anat.* Espacio irregular comprendido entre una y otra pleura y que divide el pecho en dos partes laterales.

mediático, ca. ADJ. Perteneciente o relativo a los medios de comunicación. *Presión mediática.*

mediatización. F. Acción y efecto de mediatizar.

mediatizar. TR. Intervenir dificultando o impidiendo la libertad de acción de una persona o institución en el ejercicio de sus actividades o funciones.

mediato, ta. ADJ. Que en tiempo, lugar o grado está próximo a una cosa, mediando otra entre las dos, como el nieto respecto del abuelo. *Futuro mediato.*

mediator. M. Juego de naipes de varios lances, semejante al tresillo.

mediatriz. F. *Geom.* Recta perpendicular que corta un segmento en su punto medio.

medicación. F. **1.** Administración metódica de uno o más medicamentos con un fin terapéutico determinado. ‖ **2.** Conjunto de medicamentos y medios curativos que tienden a un mismo fin.

medicamentar. TR. **1.** *Á. Caribe* y *Chile.* Recetar medicamentos a alguien. ‖ **2.** *Chile.* Administrar medicamentos a alguien. U. t. c. prnl.

medicamento. M. Sustancia que, administrada a un organismo animal, sirve para prevenir, curar o aliviar la enfermedad y corregir o reparar las secuelas de esta.

medicamentoso, sa. ADJ. **1.** Perteneciente o relativo al medicamento. *Intoxicación medicamentosa.* ‖ **2.** Que sirve de medicamento. *La leche es un líquido medicamentoso.*

medicar. TR. Administrar o prescribir medicinas. U. t. c. prnl.

mediceo, a. ADJ. hist. Perteneciente o relativo a la familia florentina de los Médicis.

medicina. F. **1.** Ciencia y arte de precaver y de curar las enfermedades del cuerpo humano. ‖ **2.** **medicamento.** U. t. en sent. fig. *Eres mi mejor medicina.* ‖ **~ intensiva.** F. Parte de la medicina referente a la vigilancia y el tratamiento de aquellos enfermos que por su gravedad requieren atención inmediata y constante. ‖ **~ legal.** Aplicación de la medicina al asesoramiento pericial de los tribunales. ‖ **~ nuclear.** F. *Med.* Aplicación de las reacciones nucleares al diagnóstico y tratamiento de las enfermedades.

medicinal. ADJ. **1.** Perteneciente o relativo a la medicina. *Beneficios medicinales.* ‖ **2.** Que tiene efecto saludable y contrario a un mal o achaque. *Aguas medicinales.* □ V. **suero ~.**

medición. F. Acción y efecto de medir.

médico[1], ca. **I.** ADJ. **1.** Perteneciente o relativo a la medicina o a los médicos. *Conocimientos médicos. Prescripción médica.* ‖ **II.** M. y F. **2.** Persona legalmente autorizada para profesar y ejercer la medicina. ‖ **~ de cabecera,** o **~ de familia.** M. y F. médico que asiste habitualmente a una persona o a una familia. ‖ **~ forense.** M. y F. médico adscrito oficialmente a un juzgado de instrucción para llevar a cabo prácticas periciales propias de la medicina legal. ‖ **médico legista.** M. *Méx.* **médico forense.** ‖ **~ residente.** M. y F. médico que, para su especialización, presta sus servicios con exclusividad en un centro hospitalario. □ V. **cuadro ~, hidrología ~, materia ~, parte médico, visita de médico.**

médico[2], ca. ADJ. hist. Perteneciente o relativo a Media, antigua región de Asia, o a los medos. *Las guerras médicas.*

medida. F. **1.** Acción y efecto de medir. ‖ **2.** Expresión del resultado de una medición. ‖ **3.** Cada una de las unidades que se emplean para medir longitudes, áreas o volúmenes de líquidos o áridos. ‖ **4.** Número o clase de sílabas de un verso. ‖ **5.** Proporción o correspondencia de algo con otra cosa. *Se paga el jornal a medida del trabajo.* ‖ **6.** Disposición, prevención. U. m. en pl. *Tomar, adoptar medidas.* ‖ **7.** Grado, intensidad. *Ignoramos en qué medida puede favorecernos esto.* ‖ **8.** Cordura, prudencia, moderación. *Habló con medida.* ‖ **~s cautelares.** F. *Der.* Las que se adoptan para preservar el bien litigioso o para prevenir en favor del actor la eficacia final de la sentencia. Se utilizan también en el procedimiento administrativo. ‖ **~s de seguridad.** F. pl. *Der.* Las complementarias o sustitutivas de las penas, que, con fines preventivos, puede imponer el juez a personas inimputables que hayan mostrado su peligrosidad criminal o de quienes puede temerse que vuelvan a delinquir. ‖ **a la ~,** o **a ~.** LOCS. ADJS. Dicho de un objeto: Hecho con las medidas adecuadas a la persona o cosa a la que está destinado. *Traje a medida. Muebles a medida.* U. t. en sent. fig. *Una ley a medida.* ‖ **a ~ que.** LOC. CONJUNT. Al mismo tiempo que, al paso que. ‖ **colmársele la ~** a alguien. LOC.VERB. Agotársele la paciencia por recibir continuamente agravios o disgustos. ☐ V. **paquete de ~s.**

medidor, ra. I. ADJ. **1.** Que mide algo. *Aparato medidor de la humedad.* Apl. a pers., u. t. c. s. ‖ **II.** M. y F. **2.** Oficial que mide los granos y líquidos. ‖ **III.** M. **3.** *Am.* Contador de agua, gas o energía eléctrica.

mediero, ra. M. y F. Persona que va a medias en la explotación de tierras, cría de ganados u otros negocios del campo.

medieval. ADJ. Perteneciente o relativo a la Edad Media de la historia.

medievalidad. F. Cualidad de medieval.

medievalismo. M. Cualidad o carácter de medieval.

medievalista. COM. Persona versada en el conocimiento de lo medieval.

medievalizante. ADJ. Que presenta tendencia a formas o características medievales. *Ornamentación medievalizante.*

Medievo. M. **Edad Media.**

medina. F. Barrio antiguo de una ciudad árabe.

medio, dia. I. ADJ. **1.** Igual a la mitad de algo. *Medio metro.* ‖ **2.** Que está entre dos extremos, en el centro de algo o entre dos cosas. *Calidad media.* ‖ **3.** Que está intermedio en lugar o tiempo. *La escala solo llega a media sima.* ‖ **4.** Que corresponde a los caracteres o condiciones más generales de un grupo social, pueblo, época, etc. *El español medio. El hombre medio de nuestro tiempo. La cultura media de aquel siglo. La riqueza media de aquel país.* ‖ **5.** Se usa para designar, hiperbólicamente, gran parte de la cosa expresada. *Medio Madrid fue a los toros.* ‖ **6.** *Fon.* Dicho de un sonido: Que se articula entre la parte anterior y la parte posterior de la cavidad bucal. ‖ **7.** *Fon.* Dicho de una vocal: Que tiene un grado de abertura intermedio entre el de las vocales cerradas y el de las vocales abiertas. ‖ **II.** M. y F. **8.** En el fútbol y otros deportes, cada uno de los jugadores de la línea media. ‖ **III.** M. **9.** Parte que en una cosa equidista de sus extremos. *En el medio de la mesa.* ‖ **10.** Cosa que puede servir para un determinado fin. *Medios de transporte.* ‖ **11.** **medio de comunicación.** U. m. en pl. ‖ **12.** Diligencia o acción conveniente para conseguir algo. *Recurrirá a todos los medios para conseguirlo.* ‖ **13.** Espacio físico en que se desarrolla un fenómeno determinado. *La velocidad de la luz depende del índice de refracción del medio.* ‖ **14.** Conjunto de circunstancias culturales, económicas y sociales en que vive una persona o un grupo humano. *El medio en que creció la favorece mucho.* ‖ **15.** Sector, círculo o ambiente social. U. m. en pl. *Medios aristocráticos. Medios bien informados.* ‖ **16.** *Biol.* Conjunto de circunstancias o condiciones exteriores a un ser vivo que influyen en su desarrollo y en sus actividades. ‖ **17.** *Mat.* Quebrado que tiene por denominador el número 2 y que, por consiguiente, supone la unidad dividida también en dos partes iguales. ‖ **18.** pl. Caudal, rentas o hacienda que alguien posee o goza. *Es persona de grandes medios.* ‖ **19.** pl. *Taurom.* Tercio correspondiente al centro del ruedo. ‖ **IV.** ADV.M. **20.** No del todo, no enteramente, no por completo. *Medio asado. Medio vestido. A medio asar. A medio vestir.* ‖ **21.** coloq. Modifica a ciertos adjetivos que expresan cualidades negativas para suavizar falsamente su significado. *Este chico es medio tonto.* ‖ **medio ambiente.** M. **medioambiente.** ‖ **medio de comunicación.** M. Periódico, emisora de radio o televisión, etc.,

dedicados principalmente a la información pública. U. m. en pl. ‖ **medio de proporción.** M. *Esgr.* Distancia conveniente a que debe colocarse el diestro respecto a su contrario, para herir o evitar la herida. ‖ **~ interno.** M. *Biol.* Líquido que baña las células de un organismo, a través del cual se realizan todas sus actividades fisiológicas. ‖ **a medias.** LOC.ADV. **1.** La mitad cada uno. *Repartidlo a medias.* ‖ **2.** Algo, pero no del todo, de manera incompleta. *Asado a medias.* ‖ **de medio a medio.** LOC. ADV. Sin que falte nada, enteramente, de todo punto. ‖ **de por medio.** LOC.ADV. **en medio** (‖ entre dos o más personas o cosas). ‖ **en medio.** LOC.ADV. **1.** En lugar o tiempo igualmente distante de los extremos. ‖ **2.** Entre dos o más personas o cosas. ‖ **entre medias de.** LOCS. PREPOS. **entre** (‖ con idea de situación o estado en medio de dos o más cosas). ‖ **ir a medias.** LOC.VERB. Colaborar o participar a medias en algún asunto. ‖ **meterse de por medio,** o **en medio.** LOCS.VERBS. Interponerse para detener una pendencia o una riña. ‖ **poner los ~s.** LOC. VERB. Usarlos para el logro de lo que se intenta. ‖ **por en medio,** o **por medio.** LOCS.ADVS. En desorden o estorbando. ‖ **por medio de.** LOC.PREPOS. Valiéndose de la persona o cosa que se expresa. ‖ **quitar de en medio** a alguien. LOC.VERB. coloq. Apartarlo de delante, matándolo o alejándolo. ‖ **quitarse** alguien **de en medio.** LOC.VERB. coloq. Apartarse de un lugar o salirse de un negocio para evitar un peligro, disgusto o compromiso. ‖ **tomar el ~,** o **los ~s.** LOCS.VERBS. poner los medios. ☐ V. arco de ~ punto, clase ~, Edad Media, enseñanza ~, línea ~, ~ agua, ~ anata, ~ bata, ~ cuchara, ~ firma, ~ lengua, ~ luna, ~ luz, ~ mesa, ~ naranja, ~ noche, ~ onza, ~ pasta, ~ pensión, ~ suela, ~ talla, ~ tinta, ~ vida, ~ vuelta, ~s calzas, ~s palabras, ~s tintas, ~ baño, ~ bocel, ~ campo, ~ galope, ~ hermano, ~ luto, ~ mundo, ~ pupilo, ~ relieve, ~ término, ~ tiempo, necesidad de medio, oído ~, onda ~, siete y media, temporada ~, término ~, vida ~.

medioambiental. ADJ. Perteneciente o relativo al medioambiente.

medioambiente. M. **1.** medio (‖ conjunto de circunstancias culturales, económicas y sociales en que vive una persona). ‖ **2.** *Biol.* medio (‖ conjunto de circunstancias exteriores a un ser vivo).

mediocampista. COM. **centrocampista.**

mediocre. ADJ. **1.** De calidad media. *Se conforma con resultados mediocres.* ‖ **2.** De poco mérito, tirando a malo. *Un escultor mediocre.*

mediocridad. F. Cualidad de mediocre.

mediodía. M. **1.** Momento en que está el Sol en el punto más alto de su elevación sobre el horizonte. ‖ **2.** Período de extensión imprecisa alrededor de las doce de la mañana. *Comeremos a mediodía.* ‖ **3.** Sur (‖ punto cardinal). ORTOGR. Escr. con may. inicial. ‖ **4.** sur (‖ lugar situado al sur de otro). ¶ MORF. pl. **mediodías.**

medioeval. ADJ. medieval.

Medioevo. M. **Edad Media.**

mediometraje. M. *Cinem.* Película con una duración aproximada de 60 min, intermedia entre la del corto y la del largometraje. MORF. pl. **mediometrajes.**

mediopensionista. ADJ. Dicho de una persona: Que vive en alguna institución, sometida a régimen de media pensión. U. t. c. s. MORF. pl. **mediopensionistas.**

medir. I. TR. **1.** Comparar una cantidad con su respectiva unidad, con el fin de averiguar cuántas veces la gunda está contenida en la primera. || **2.** Comprobar la medida de un verso. || **3.** Comparar algo no material con otra cosa. *Medir las fuerzas, el ingenio.* U. t. c. prnl. || **4.** Moderar las palabras o acciones. *Es un insensato; no mide sus declaraciones.* U. t. c. prnl. || **II.** INTR. **5.** Tener determinada dimensión, ser de determinada altura, longitud, superficie, volumen, etc. *Juan mide un metro setenta de altura. La finca mide cuatro mil metros cuadrados.* ¶ MORF. conjug. c. *pedir*.

meditabundo, da. ADJ. Que medita, cavila o reflexiona en silencio.

meditación. F. Acción y efecto de meditar.

meditador, ra. ADJ. Que medita.

meditar. TR. Aplicar con profunda atención el pensamiento a la consideración de algo, o discurrir sobre los medios de conocerlo o conseguirlo. U. t. c. intr.

meditativo, va. ADJ. **1.** Perteneciente o relativo a la meditación. *Formas meditativas del yoga.* || **2.** Propio o característico de ella. *Música meditativa.*

mediterráneo, a. ADJ. **1.** Perteneciente o relativo al mar Mediterráneo, o a los territorios que baña. *Costa mediterránea. Clima mediterráneo.* || **2.** Que está rodeado de tierra. *Paraguay es un país mediterráneo.* U. t. c. s. m. □ V. **anemia ~, dieta ~.**

médium. COM. Persona a quien se considera dotada de facultades paranormales que le permiten actuar de mediadora en la consecución de fenómenos parapsicológicos o de hipotéticas comunicaciones con los espíritus. MORF. pl. **médiums.**

medo, da. ADJ. **1.** hist. Natural de Media. U. t. c. s. || **2.** hist. Perteneciente o relativo a esta antigua región de Asia.

medra. F. Aumento, mejora, adelantamiento o progreso de algo.

medrador, ra. ADJ. Que medra (|| mejora de fortuna). *Gente medradora.* U. t. c. s.

medrar. INTR. **1.** Dicho de un animal o de una planta: crecer (|| tomar aumento). || **2.** Dicho de una persona: Mejorar de fortuna aumentando sus bienes, reputación, etc., especialmente cuando lo hace con artimañas o aprovechándose de las circunstancias. || **medrados estamos.** EXPR. irón. Se usa para expresar el disgusto que resulta de algo inesperado.

medro. M. medra.

medroso, sa. ADJ. **1.** Temeroso, pusilánime, que de cualquier cosa tiene miedo. U. t. c. s. || **2.** Que infunde o causa miedo. *Un rincón medroso.*

médula o **medula.** F. **1.** Sustancia grasa, blanquecina o amarillenta, que se halla dentro de algunos huesos de los animales. || **2.** *Bot.* Parte interior de las raíces y tallos de las plantas fanerógamas, constituida principalmente por tejido parenquimatoso y rodeada por haces de vasos leñosos y cribosos. || **3.** Sustancia principal de una cosa no material. *La médula del asunto.* || **~ espinal.** F. *Anat.* Prolongación del encéfalo, que ocupa el conducto vertebral, desde el agujero occipital hasta la región lumbar. || **~ ósea.** F. *Anat.* Material orgánico blando que rellena las cavidades de los huesos y se presenta en dos formas, la médula amarilla o tuétano, y la roja, productora de las células sanguíneas. □ V. **astas de la ~.**

medular. ADJ. Perteneciente o relativo a la médula.

medusa. F. Una de las dos formas de organización en la alternancia de generaciones de gran número de celen-

téreos cnidarios y que corresponde a la fase sexuada, que es libre y vive en el agua. Su cuerpo recuerda por su aspecto acampanado a una sombrilla con tentáculos colgantes en sus bordes.

mefistofélico, ca. ADJ. **1.** Perteneciente o relativo a Mefistófeles, personaje de la leyenda de Fausto popularizada por Goethe. *El ofrecimiento mefistofélico a Fausto.* || **2.** Propio o característico de él. *Risa mefistofélica.* || **3.** Diabólico, perverso. *Conspiración mefistofélica.*

mefítico, ca. ADJ. Dicho de una cosa: Que, respirada, puede causar daño, y especialmente cuando es fétida. *Aire, gas mefítico. Emanación mefítica.*

megaciclo. M. *Electr.* megahercio.

megafonía. F. **1.** Técnica que se ocupa de los aparatos e instalaciones precisos para aumentar el volumen del sonido. || **2.** Conjunto de micrófonos, altavoces y otros aparatos que, debidamente coordinados, aumentan el volumen del sonido en un lugar de gran concurrencia.

megáfono. M. Artefacto usado para reforzar la voz cuando hay que hablar a gran distancia.

megahercio. M. *Electr.* Unidad de frecuencia, en radio, televisión, etc., que equivale a un millón de hercios. (Símb. *MHz*).

megalítico, ca. ADJ. **1.** Perteneciente o relativo a los megalitos. *El fenómeno megalítico.* || **2.** Propio o característico de los megalitos. *Proporciones megalíticas.* || **3.** Construido con grandes piedras sin labrar. *Un conjunto megalítico.*

megalito. M. Monumento construido con grandes piedras sin labrar, común en la antigüedad muy remota.

megalomanía. F. Manía o delirio de grandezas.

megalómano, na. ADJ. Que padece megalomanía. U. t. c. s.

megalópolis. F. Ciudad gigantesca.

megaterio. M. Mamífero del orden de los Desdentados, fósil, de unos seis metros de longitud y dos de altura, con huesos más robustos que los del elefante, cabeza relativamente pequeña, sin dientes ni colmillos y con solo cuatro muelas en cada lado de las mandíbulas, cuerpo muy grueso, patas cortas, pies grandísimos, con dedos armados de uñas fuertes y curvas, y cola de medio metro de diámetro en su arranque. Vivía en América del Sur al comienzo del período cuaternario, y su régimen alimenticio era herbívoro, como demuestra su dentición. De las pampas argentinas proceden los principales esqueletos de este animal que se conservan en los museos.

megatón. M. Unidad de potencia de un explosivo, equivalente a la de un millón de toneladas de trinitrotolueno. (Símb. *Mt*).

meiosis. F. *Biol.* Sucesión de dos divisiones celulares durante la formación de los gametos, de la que resultan cuatro células que tienen un cromosoma de cada pareja de la célula original.

meitnerio. M. *Quím.* Elemento químico transuránico de núm. atóm. 109. Se obtiene artificialmente por bombardeo de bismuto con iones de hierro, y su vida media es tan corta que se mide en milésimas de segundo. (Símb. *Mt*).

mejicanismo. M. mexicanismo.

mejicano, na. ADJ. mexicano. Apl. a pers., u. t. c. s.

mejido. □ V. **huevo ~.**

mejilla. F. **1.** Cada una de las dos prominencias que hay en el rostro humano debajo de los ojos. || **2.** carrillo.

mejillón. M. Molusco lamelibranquio marino, con la concha formada por dos valvas simétricas, convexas, casi triangulares, de color negro azulado por fuera, algo anacaradas por dentro, y de unos cuatro centímetros de longitud. Tiene dos músculos aductores para cerrar la concha, pero el anterior es rudimentario. Vive asido a las rocas por medio de los filamentos del biso. Es muy apreciado como comestible.

mejillonera. F. Instalación dedicada a la cría de mejillones.

mejillonero, ra. **I.** ADJ. **1.** Perteneciente o relativo a la cría del mejillón. || **II.** M. y F. **2.** Persona que se dedica a la cría del mejillón.

mejor. **I.** ADJ. COMP. de **bueno. 1.** Superior a otra cosa y que la excede en una cualidad natural o moral. *El aceite de oliva es mejor que el de orujo.* || **2.** Preferible o más conveniente. *Es mejor que evites las discusiones.* || **II.** ADV. M. COMP. de **bien. 3.** Más bien, de manera más conforme a lo bueno o lo conveniente. *Tocaba el piano mejor que nadie.* || **a la ~.** LOC. ADV. *Méx.* Quizá, tal vez. || **a lo ~.** LOC. ADV. coloq. Quizá, tal vez. || **~ que ~.** EXPR. Mucho mejor. || **tanto ~,** o **tanto que ~.** EXPRS. mejor todavía. □ V. **~ postor.**

mejora. F. **1.** Acción y efecto de mejorar. || **2.** *Der.* Porción que de sus bienes deja el testador a alguno o a algunos de sus hijos o nietos, además de la legítima estricta. || **3.** *Der.* Parte que un ascendiente deja a un descendiente tomándola de la cuota de libre disposición. || **4.** *Der.* Conjunto de los gastos útiles y reproductivos que con determinados efectos legales hace en propiedad ajena quien tiene respecto de ella algún derecho similar o limitativo del dominio; como la posesión, el usufructo o el arrendamiento.

mejoramiento. M. Acción y efecto de mejorar.

mejorana. F. Hierba vivaz de la familia de las Labiadas, con tallos de tres a cuatro decímetros de altura, algo leñosos en la base, hojas aovadas, enteras, blanquecinas y vellosas, flores en espiga, pequeñas y blancas, y fruto seco con semillas redondas, menudas y rojizas. Es originaria de Oriente, se cultiva en los jardines por su excelente olor, y suele usarse en medicina como antiespasmódica. || **~ silvestre.** F. Planta de la familia de las Labiadas, con tallos de dos a cinco centímetros, hojas pecioladas, aovadas y angostas en la base, flores en grupos axilares de cáliz velloso y corola blanca. Es muy aromática.

mejorar. **I.** TR. **1.** Adelantar, acrecentar algo, haciéndolo pasar a un estado mejor. *Mejorar un proyecto.* || **2.** Poner mejor, hacer recobrar la salud perdida. *La nueva medicación lo mejorará.* || **3.** *Der.* Dejar en el testamento mejora a uno o a varios de los herederos. || **II.** INTR. **4.** Ir recobrando la salud perdida, restablecerse. U. t. c. prnl. || **5.** Dicho del tiempo: Ponerse más favorable o benigno. U. t. c. prnl. || **6.** Ponerse en lugar o grado ventajoso respecto del que antes se tenía. U. t. c. prnl.

mejoría. F. **1.** Alivio en una dolencia, padecimiento o enfermedad. || **2.** Ventaja o superioridad de algo respecto de otra cosa. || **3.** Aumento o medra de algo.

mejunje. M. despect. Cosmético o medicamento formado por la mezcla de varios ingredientes.

melado, da. **I.** ADJ. **1.** De color de miel. *Caballo melado. Ojos melados.* || **II.** M. **2.** Pieza pequeña de arropía hecha con miel y cañamones. || **3.** *Am.* En la fabricación del azúcar de caña, jarabe que se obtiene por evapora-

ción del jugo purificado de la caña antes de concentrarlo al punto de cristalización en los tachos. || **4.** *Á. Caribe.* Almíbar espeso que se obtiene por cocción del azúcar o del papelón en pequeña cantidad de agua.

meladucha. □ V. **manzana ~.**

meladura. F. Jarabe previo para hacer el azúcar.

melamina. F. Compuesto cristalino utilizado en la fabricación de resinas sintéticas.

melancolía. F. **1.** Tristeza vaga, profunda, sosegada y permanente, nacida de causas físicas o morales, que hace que no encuentre quien la padece gusto ni diversión en nada. || **2.** *Med.* Depresión profunda e inmotivada.

melancólico, ca. ADJ. **1.** Perteneciente o relativo a la melancolía. *Síntomas melancólicos.* || **2.** Que tiene melancolía. U. t. c. s. || **3.** Que implica o denota melancolía. *Ojos melancólicos.*

melancolizar. TR. Entristecer y desanimar a alguien dándole una mala nueva, o haciendo algo que le cause pena o sentimiento. U. t. c. prnl.

melánico, ca. ADJ. *Zool.* Dicho de un animal: Que presenta coloración negra o parda oscura sin ser esta la habitual entre los miembros de su especie.

melanina. F. *Biol.* Pigmento de color negro o pardo negruzco que existe en forma de gránulos en el citoplasma de ciertas células de los vertebrados y al cual deben su coloración especial la piel, los pelos, la coroides, etc.

melanita. F. Variedad del granate, muy brillante, negra y opaca.

melanoma. M. *Med.* Tumor de las células pigmentarias que contienen melanina.

melanosis. F. *Biol.* Alteración de los tejidos orgánicos, caracterizada por el color oscuro que presentan.

melanuria. F. *Med.* Enfermedad que se manifiesta principalmente por el color negro de la orina.

melar. ADJ. Que sabe a miel. *Trigos melares.*

melastomatáceo, a. ADJ. *Bot.* Se dice de las plantas leñosas o herbáceas, angiospermas dicotiledóneas, vivientes en los países intertropicales, principalmente en América del Sur, que se asemejan a las Mirtáceas por muchos de sus caracteres, pero difieren de ellas por carecer de glándulas productoras de aceite esencial en los órganos vegetativos; p. ej., el sulfatillo. U. t. c. s. f. ORTOGR. En f. pl., escr. con may. inicial c. taxón. *Las Melastomatáceas.*

melaza. F. Líquido más o menos viscoso, de color pardo oscuro y sabor muy dulce, que queda como residuo de la fabricación del azúcar de caña o remolacha.

melcocha. F. **1.** Miel que, estando muy concentrada y caliente, se echa en agua fría, y sobándola después, queda muy correosa. || **2.** Pasta comestible compuesta principalmente de esta miel elaborada.

melcochero, ra. M. y F. Fabricante o vendedor de melcocha.

melcochudo, da. ADJ. *Am.* Correoso, blando.

melé. F. **1.** *Dep.* En *rugby*, jugada en la que varios integrantes de cada equipo, agachados y agarrados, se empujan para hacerse con el balón, que ha sido introducido en medio de ellos, y pasárselo a otro jugador que está detrás. || **2.** Aglomeración alborotada de personas.

melena[1]**.** F. **1.** Cabello que desciende junto al rostro, y especialmente el que cae sobre los ojos. || **2.** Cabello que cae por atrás y cuelga sobre los hombros. ‖ **3.** Cabello suelto. *Estar en melena.* ‖ **4.** Crin del león. ‖ **5.** Yugo de la campana. ‖ **soltarse** alguien **la ~.** LOC.VERB. coloq. soltarse el pelo.

melena². F. *Med.* Fenómeno morboso que consiste en arrojar sangre negra en las deposiciones, sola o mezclada con excrementos, y como consecuencia de una hemorragia del estómago, de los intestinos o de otros órganos.

melense. ADJ. **1.** Natural de Melo. U. t. c. s. ‖ **2.** Perteneciente o relativo a esta ciudad del Uruguay, capital del departamento de Cerro Largo.

melenudo, da. ADJ. Que tiene abundante y largo el cabello. Apl. a pers., u. t. c. s.

melero, ra. I. M. y F. **1.** mielero. ‖ **II.** M. **2.** Sitio donde se guarda la miel.

melga. F. Faja de tierra que se marca para sembrar.

meliáceo, a. ADJ. *Bot.* Se dice de los árboles y arbustos angiospermos dicotiledóneos, de climas cálidos, con hojas alternas, rara vez sencillas, flores en panojas, casi siempre axilares, y fruto capsular con semillas de albumen carnoso o sin él; p. ej., la caoba y el cinamomo. U. t. c. s. f. ORTOGR. En f. pl., escr. con may. inicial c. taxón. *Las Meliáceas.*

mélico, ca. ADJ. **1.** Perteneciente o relativo al canto. *Sonido mélico.* ‖ **2.** Perteneciente o relativo a la poesía lírica. *Verso mélico.*

melífero, ra. ADJ. Que lleva o tiene miel. *Plantas melíferas.*

melificador. M. *Chile.* Cajón de lata con tapa de vidrio, para extraer la miel de abeja separada de la cera.

melifluidad. F. Cualidad de melifluo.

melifluo, flua. ADJ. **1.** Dulce, suave, delicado y tierno en el trato o en la manera de hablar. *Tono melifluo.* U. m. en sent. peyor. ‖ **2.** Que tiene miel o es parecido a ella en sus propiedades. *Zumo melifluo.*

melillense. ADJ. **1.** Natural de Melilla. U. t. c. s. ‖ **2.** Perteneciente o relativo a esta ciudad autónoma española, situada en el norte de África.

meliloto. M. *Bot.* Planta de la familia de las Papilionáceas, con tallo derecho de cuatro a ocho decímetros de altura y ramoso, hojas de tres en tres, lanceoladas, obtusas y dentadas, flores amarillentas y olorosas, de cáliz persistente, y fruto en legumbre oval, indehiscente, que contiene de una a cuatro semillas. Es planta espontánea en los sembrados, y sus flores se usan en medicina como emolientes.

melindre. M. **1.** Delicadeza afectada y excesiva en palabras, acciones y ademanes. U. m. en pl. ‖ **2.** Dulce de pasta de mazapán con baño espeso de azúcar blanco, generalmente en forma de rosquilla muy pequeña.

melindroso, sa. ADJ. Que afecta **melindres** (‖ delicadezas). U. t. c. s.

melinita. F. Sustancia explosiva cuyo componente principal es el ácido pícrico.

melipillano, na. ADJ. **1.** Natural de Melipilla. U. t. c. s. ‖ **2.** Perteneciente o relativo a esta provincia de Chile o a su capital.

melis. M. pino melis.

melisa. F. toronjil.

melisma. M. *Mús.* Grupo de notas sucesivas que forman un neuma o adorno sobre una misma vocal.

melismático, ca. ADJ. *Mús.* Perteneciente o relativo al melisma.

mella. F. **1.** Rotura o hendidura en el filo de un arma o herramienta, o en el borde o en cualquier ángulo saliente de otro objeto, por un golpe o por otra causa. ‖ **2.** Vacío o hueco que queda en una cosa por faltar lo que lo ocupaba, como en la encía cuando falta un diente. ‖ **3.** Merma, aun en algo no material. *Una mella en su formación científica.* ‖ **hacer ~.** LOC.VERB. **1.** Causar efecto en alguien la reprensión, el consejo o la súplica. ‖ **2.** Ocasionar **pérdida** (‖ daño o deterioro).

mellado, da. PART. de **mellar.** ‖ ADJ. Falto de uno o más dientes. *Boca mellada.*

melladura. F. mella.

mellar. TR. **1.** Hacer mellas. *Mellar el cuchillo, el plato.* U. t. c. prnl. ‖ **2.** Hacer disminuir algo no material. *Mellar la honra, el crédito.* U. t. c. prnl.

mellitus. □ V. **diabetes ~.**

mellizo, za. ADJ. **1.** Dicho de un hermano: Nacido en el mismo parto que otro y originado por la fecundación de distinto óvulo. U. t. c. s. ‖ **2.** Dicho de un hermano: **gemelo** (‖ nacido del mismo parto). U. t. c. s. ‖ **3.** Igual a otra cosa. *Paquetes mellizos.*

melocotón. M. **1.** Fruto del melocotonero. Es una drupa esférica, de seis a ocho centímetros de diámetro, con un surco profundo que ocupa media circunferencia, epicarpio delgado, velloso, de color amarillo con manchas encarnadas, mesocarpio amarillento adherido a un hueso pardo, duro y rugoso, que encierra una almendra muy amarga. ‖ **2.** melocotonero.

melocotonero. M. Árbol, variedad del pérsico, cuyo fruto es el melocotón.

melodía. F. **1.** Dulzura y suavidad de la voz o del sonido de un instrumento musical. ‖ **2.** *Mús.* Composición en que se desarrolla una idea musical, simple o compuesta, con independencia de su acompañamiento, en oposición a *armonía,* combinación de sonidos simultáneos diferentes, pero acordes. ‖ **3.** *Mús.* Parte de la música que trata del tiempo con relación al canto, y de la elección y número de sones con que han de formarse en cada género de composición los períodos musicales, ya sea sobre un tono dado, ya modulando para que el canto agrade al oído. ‖ **4.** *Mús.* Cualidad del canto por la cual agrada al oído.

melódico, ca. ADJ. Perteneciente o relativo a la melodía.

melodioso, sa. ADJ. Dotado de melodía, dulce y agradable al oído. *Voz melodiosa.*

melodista. COM. Persona que, sin especial conocimiento técnico, compone melodías musicales, por lo general breves y sencillas.

melodrama. M. **1.** Obra teatral, cinematográfica o literaria en que se exageran los aspectos sentimentales y patéticos. ‖ **2.** ópera (‖ obra teatral cuyo texto se canta con acompañamiento de orquesta). ‖ **3.** Drama que se representaba acompañado de música instrumental en varios de sus pasajes. ‖ **4.** coloq. Narración o suceso en que abundan las emociones lacrimosas.

melodramático, ca. ADJ. **1.** Perteneciente o relativo al melodrama. *Obra melodramática.* ‖ **2.** Que participa de las cualidades del melodrama. *Héroe, personaje, efecto melodramático.*

melojar. M. Sitio poblado de melojos.

melojo. M. Árbol de la familia de las Fagáceas, semejante al roble albar, con raíces profundas y acompañadas de otras superficiales, de que nacen muchos brotes, tronco irregular y bajo, copa ancha, hojas aovadas, unidas al pecíolo por su parte más estrecha, vellosas en el envés y con pelos en el haz, y bellota solitaria o en grupos de dos a cuatro. Se cría en España.

melomanía. F. Afición apasionada por la música.

melómano, na. ADJ. Apasionado por la música. Apl. a pers., u. t. c. s.

melón. M. **1.** Planta herbácea anual, de la familia de las Cucurbitáceas, con tallos tendidos, ramosos, ásperos, con zarcillos, y de tres a cuatro metros de longitud, hojas pecioladas, partidas en cinco lóbulos obtusos, flores solitarias de corola amarilla, y fruto elipsoidal de dos a tres decímetros de largo, con cáscara blanca, amarilla, verde o manchada de estos colores, carne olorosa, abundante, dulce, blanda, aguanosa, que deja en el interior un hueco donde hay muchas pepitas de corteza amarilla y almendra blanca. Es originaria de Oriente y muy estimada. ‖ **2.** Fruto de esta planta. ‖ **~ de agua.** M. **sandía** (‖ fruto).

melonar. M. Terreno sembrado de melones.

meloncillo. M. Mamífero carnicero nocturno, del mismo género que la mangosta, de unos cuatro decímetros de longitud desde el hocico hasta el arranque de la cola, que es tan larga como el cuerpo, con cabeza redonda y hocico saliente, orejas pequeñas, cuerpo rechoncho, patas cortas, dedos bien separados y con uñas grandes, pelaje largo, fuerte y de color ceniciento oscuro, con anillos más claros en la cola, terminada en un mechón de pelos, de los que se hacen pinceles. Vive en España y se alimenta con preferencia de roedores pequeños.

melonero, ra. M. y F. Persona que siembra, guarda o vende melones.

melopea. F. **1. melopeya.** ‖ **2.** Entonación rítmica con que puede recitarse algo en verso o en prosa. ‖ **3.** Canto monótono.

melopeya. F. Arte de producir melodías.

melosidad. F. **1.** Cualidad de meloso. ‖ **2.** Materia melosa. ‖ **3.** Dulzura, suavidad y blandura de algo no material.

meloso, sa. ADJ. **1.** De calidad o naturaleza de miel. *Postre meloso.* ‖ **2.** Dulce, apacible. Apl. a personas, palabras, actitudes, etc., u. t. en sent. peyor.

melva. F. Pez muy parecido al bonito, del cual se distingue por tener las dos aletas dorsales muy separadas una de otra.

membrana. F. **1.** Piel delgada, especie de pergamino. ‖ **2.** *Biol.* Tejido o agregado de tejidos que en conjunto presenta forma laminar y es de consistencia blanda. ‖ **3.** *Fís.* Placa o lámina de pequeño espesor, generalmente flexible. ‖ **~ alantoides.** F. *Biol.* **alantoides.** ‖ **~ asfáltica.** F. *Á. R. Plata.* **tela asfáltica.** ‖ **~ basal.** F. *Biol.* Capa de naturaleza fundamentalmente colágena que se encuentra en la base de los epitelios y funciona como soporte y filtro fisiológico. ‖ **~ caduca.** F. *Biol.* **membrana** blanda que durante la preñez tapiza la cavidad interna de la matriz. ‖ **~ celular.** F. *Biol.* Doble capa lipídica con proteínas asociadas que rodea a la célula y a través de la cual se realiza el intercambio de sustancias y la transducción de señales. ‖ **~ mucosa.** F. *Anat.* La que tapiza en los animales cavidades del cuerpo comunicadas con el exterior y está provista de numerosas glándulas unicelulares que segregan moco. ‖ **~ nictitante.** F. *Zool.* Tercer párpado, lateral y transparente, de las aves. ‖ **~ pituitaria.** F. *Anat.*

Mucosa de la cavidad de las fosas nasales que contiene los elementos receptores del sentido del olfato. ‖ **~ vitelina.** F. *Biol.* La más interna de las cubiertas del huevo. ‖ **falsa ~.** F. *Med.* La que cubre patológicamente ciertos tejidos lesionados en contacto con el exterior.

membranoso, sa. ADJ. **1.** Compuesto de membranas. *Alas membranosas.* ‖ **2.** Semejante a la membrana. *Apariencia membranosa.*

membranza. F. **memoria** (‖ recuerdo).

membrecía. F. **1.** *Am. Cen.* y *Méx.* Condición de miembro de una entidad. ‖ **2.** *Am. Cen.* Conjunto de miembros.

membretado, da. ADJ. *Á. R. Plata.* Dicho de un papel o de un sobre: Que tiene impreso el nombre de una persona, una empresa, etc., generalmente en la parte superior.

membrete. M. **1.** Nombre o título de una persona, oficina o corporación, estampado en la parte superior del papel de escribir. ‖ **2.** Nombre o título de una persona o corporación puesto al final del escrito que a esta misma persona o corporación se dirige. ‖ **3.** Este mismo nombre o título puesto a la cabeza de la primera plana.

membrilla. F. Variedad de membrillo que se cría en la región española de Murcia, achatado, con cáscara de color blanco amarillento cubierta de pelusa que desaparece por el roce, pedúnculo grueso y muy adherente y carne jugosa, fina y dulce.

membrillar. M. Terreno plantado de membrillos.

membrillate. M. **codoñate.**

membrillero. M. **membrillo** (‖ arbusto rosáceo).

membrillo. M. **1.** Arbusto de la familia de las Rosáceas, de tres a cuatro metros de altura, muy ramoso, con hojas pecioladas, enteras, aovadas o casi redondas, verdes por el haz y vellosas por el envés, flores róseas, solitarias, casi sentadas y de cáliz persistente, y fruto en pomo, de diez a doce centímetros de diámetro, amarillo, muy aromático, de carne áspera y granujienta, que contiene varias pepitas mucilaginosas. Es originario de Asia Menor; el fruto se come asado o en conserva, y las semillas sirven para hacer bandolina. ‖ **2.** Fruto de este arbusto. □ V. **carne de ~.**

membrudo, da. ADJ. Fornido y robusto de cuerpo y miembros. *Jugador membrudo.*

memela. F. *Méx.* Tortilla de maíz grande y delgada.

memento. M. Cada una de las dos partes del canon de la misa, en que se hace conmemoración de los fieles vivos y de los difuntos.

memez. F. **1.** Cualidad de memo. ‖ **2.** Dicho o hecho propio del memo. ‖ **3.** Cosa de poca importancia.

memnónida. F. *Mit.* Cada una de las aves famosas que, según la fábula, iban desde Egipto a Troya, al sepulcro de Memnón, volaban alrededor de él y, al tercer día, se maltrataban y herían unas a otras. U. m. en pl.

memo¹, ma. ADJ. Tonto, simple, mentecato. U. t. c. s.

memo². M. *Chile.* **memorando** (‖ nota).

memorable. ADJ. Digno de memoria. *Hazaña memorable.*

memorando. M. **1.** Comunicación diplomática, menos solemne que la memoria y la nota, por lo común no firmada, en que se recapitulan hechos y razones para que se tengan presentes en un asunto grave. ‖ **2.** Informe en que se expone algo que debe tenerse en cuenta para una acción o en determinado asunto. ‖ **3.** *Chile.* Resguardo bancario. ‖ **4.** *Chile.* Nota que se envía en mano a una persona de la misma oficina o institución.

memorándum. M. memorando.

memorar. TR. Recordar algo, hacer memoria de ello. U. t. c. prnl.

memorativo, va. ADJ. Que se hace en memoria de alguien o de algo. *Líneas memorativas.*

memoria. F. **1.** Facultad psíquica por medio de la cual se retiene y recuerda lo pasado. || **2.** Recuerdo que se hace o aviso que se da de algo pasado. || **3.** Exposición de hechos, datos o motivos referentes a determinado asunto. || **4.** Estudio, o disertación escrita, sobre alguna materia. || **5.** Relación de gastos hechos en una dependencia o negociado, o apunte de otras cosas. || **6.** Monumento para recuerdo o gloria de algo. || **7.** Obra pía o aniversario que instituye o funda alguien y en que se conserva su memoria. || **8.** *Electr.* Dispositivo físico, generalmente electrónico, en el que se almacenan datos e instrucciones para recuperarlos y utilizarlos posteriormente. || **9.** pl. Libro o relación escrita en que el autor narra su propia vida o acontecimientos de ella. || **10.** pl. Relación de algunos acaecimientos particulares, que se escriben para ilustrar la historia || **pro ~.** M. Escrito o nota que se redacta para recordar un asunto. || **conservar la ~** de algo. LOC.VERB. Acordarse de ello, tenerlo presente. || **de ~.** LOC.ADV. Teniendo en ella puntualmente lo que se leyó u oyó. *Tomar, decir algo de memoria.* || **hacer ~.** LOC.VERB. Recordar, acordarse. || **irse,** o **pasársele,** a alguien algo **de la ~.** LOCS.VERBS. Quedar olvidado. || **refrescar la ~.** LOC.VERB. Renovar el recuerdo de algo que se tenía olvidado. || **renovar la ~.** LOC.VERB. Recordar de nuevo los asuntos ya pasados. || **traer a la ~.** LOC. VERB. hacer memoria. || **venir** algo **a la ~.** LOC.VERB. Presentarse de nuevo en el recuerdo.

memorial. M. **1.** Libro o cuaderno en que se apunta o anota algo para un fin. || **2.** Papel o escrito en que se pide una merced o gracia, alegando los méritos o motivos en que se funda la solicitud. || **3.** Boletín o publicación oficial de algunas colectividades.

memorialista. COM. Persona que por oficio escribe memoriales o cualesquiera otros documentos que se le pidan.

memorioso, sa. ADJ. Que tiene buena memoria. Apl. a pers., u. t. c. s.

memorismo. M. Práctica pedagógica o método de estudio en que se da más importancia a la memoria que a la inteligencia.

memorista. **I.** ADJ. **1.** Perteneciente o relativo al memorismo. *Estudio memorista.* || **II.** COM. **2.** Persona partidaria de esta práctica pedagógica o método de estudio.

memorístico, ca. ADJ. **1.** Perteneciente o relativo a la **memoria** (|| facultad de recordar). *Capacidad memorística.* || **2.** Que da importancia principal a la **memoria** (|| facultad de recordar). *Enseñanza memorística.*

memorización. F. Acción y efecto de memorizar.

memorizar. TR. Fijar algo en la memoria.

mena[1]**.** F. *Ingen.* Mineral metalífero, principalmente el de hierro, tal como se extrae del criadero y antes de limpiarlo.

mena[2]**.** F. *Mar.* Grueso de un cabo medido por la circunferencia.

ménade. F. **1.** hist. Cada una de las sacerdotisas de Baco que, en la celebración de los misterios, daban muestras de frenesí. || **2.** Mujer descompuesta y frenética.

menaje. M. **1.** Conjunto de muebles y accesorios de una casa. || **2.** Material pedagógico de una escuela.

menarca. F. *Á. R. Plata.* menarquia.

menarquia. F. *Med.* Aparición de la primera menstruación.

menchevique. ADJ. **1.** hist. Se dice del miembro de la facción minoritaria y menos radical del partido socialdemócrata ruso, a partir de 1903. U. t. c. s. || **2.** hist. Desde 1917, se dice del miembro de un sector de la oposición política soviética. U. t. c. s. || **3.** hist. Perteneciente o relativo al menchevismo. *Gobierno menchevique.* || **4.** hist. Partidario del menchevismo. U. t. c. s.

menchevismo. M. hist. Tendencia política de los mencheviques.

mención. F. Recuerdo o memoria que se hace de una persona o cosa, nombrándola, contándola o refiriéndola. || **~ honorífica.** F. Distinción o recompensa de menos importancia que el premio y el accésit. || **hacer ~.** LOC. VERB. Nombrar a alguien o algo, hablando o escribiendo.

mencionar. TR. Hacer mención de alguien o algo.

mendacidad. F. Hábito o costumbre de mentir.

mendaz. ADJ. mentiroso.

mendelevio. M. Elemento químico radiactivo de núm. atóm. 101. Metal del grupo de los actínidos, se obtiene artificialmente por bombardeo de einstenio con partículas alfa. Su vida media es de 90 min, y todos sus isótopos son radiactivos. (Símb. *Md*).

mendeliano, na. ADJ. Perteneciente o relativo al mendelismo.

mendelismo. M. *Biol.* Doctrina derivada de los experimentos de Mendel, botánico austríaco del siglo XIX, acerca de la herencia de los caracteres.

mendicante. ADJ. **1.** Que **mendiga** (|| pide limosna de puerta en puerta). *Chiquillos mendicantes.* U. t. c. s. || **2.** Se dice de las religiones que tienen por regla pedir limosna, y de las que por privilegio gozan de ciertas inmunidades. || **3.** Se dice de cada uno de los miembros de estas religiones. U. t. c. s.

mendicidad. F. **1.** Estado y situación de mendigo. || **2.** Acción de mendigar.

mendigar. TR. **1.** Pedir limosna de puerta en puerta. U. m. c. intr. || **2.** Solicitar el favor de alguien con importunidad y hasta con humillación. *Mendigaba un ascenso en su empresa.*

mendigo, ga. M. y F. Persona que habitualmente pide limosna.

mendocino, na. ADJ. **1.** Natural de Mendoza. U. t. c. s. || **2.** Perteneciente o relativo a esta provincia de la Argentina o a su capital.

mendrugo. M. Pedazo de pan duro o desechado, y especialmente el sobrante que se suele dar a los mendigos.

meneador, ra. ADJ. Que menea. Apl. a pers., u. t. c. s.

menear. **I.** TR. **1.** Mover algo de una parte a otra. U. t. c. prnl. || **II.** PRNL. **2.** coloq. Hacer con prontitud y diligencia algo, o andar deprisa. || **meneársela** un varón. LOC.VERB. vulg. masturbarse. || **más vale, o mejor es, no meneallo;** o **peor es meneallo.** EXPRS. coloqs. Denotan que no es oportuno volver a tratar un asunto por considerarlo inconveniente o para evitar una situación embarazosa.

meneo. M. Acción y efecto de menear o menearse.

menester. M. **1.** Falta o necesidad de algo. *Tiene menester de más recursos.* || **2.** Oficio u ocupación habitual U. m. en pl. *¿En qué menesteres están ocupados?* || **ha-**

ber ~ algo. LOC.VERB. Necesitarlo. || **ser ~ algo.** LOC.VERB. Ser preciso o necesario.

menesterosidad. F. Pobreza, penuria, precariedad.

menesteroso, sa. ADJ. Falto, necesitado, que carece de una cosa o de muchas. Apl. a pers., u. t. c. s.

menestra. F. **1.** Guisado compuesto con diferentes hortalizas y a menudo con trozos pequeños de carne o jamón. || **2.** Legumbre seca. U. m. en pl.

menestral, la. M. y F. Persona que tiene un oficio mecánico.

menestralía. F. Cuerpo o conjunto de menestrales.

menfita. ADJ. **1.** hist. Natural de Menfis. U. t. c. s. || **2.** hist. Perteneciente o relativo a esta ciudad del antiguo Egipto.

mengano, na. M. y F. Se usa en la misma acepción que *fulano* y *zutano,* pero siempre después del primero, y antes o después del segundo cuando se aplica a una tercera persona, sea existente o imaginaria.

mengua. F. **1.** Acción y efecto de menguar. || **2.** Falta que padece algo para estar cabal y perfecto. || **3.** Pobreza, necesidad y escasez de algo. || **4.** Descrédito, deshonra, especialmente cuando procede de falta de valor.

menguado, da. PART. de **menguar.** || ADJ. **1.** Pequeño o de poca importancia. *Un menguado grupo de colaboradores.* || **2.** Cobarde, pusilánime. U. t. c. s.

menguante. **I.** ADJ. **1.** Que mengua. *Nobleza menguante.* || **II.** F. **2.** Descenso del agua del mar por efecto de la marea. || **3.** Decadencia o mengua de algo. □ V. **cuarto ~, luna ~.**

menguar. **I.** INTR. **1.** Dicho de una cosa: Disminuir o irse consumiendo física o moralmente. *Los ingresos han menguado.* || **2.** Dicho de la Luna: Disminuir su parte iluminada visible desde la Tierra. || **II.** TR. **3.** Disminuir o aminorar. *Deben menguar el volumen.* ¶ MORF. conjug. c. *averiguar.*

menhir. M. Monumento megalítico que consiste en una piedra larga clavada verticalmente en el suelo.

menina. F. hist. Dama de familia noble que desde muy joven entraba a servir a la reina o a las infantas niñas.

meninge. F. *Anat.* Cada una de las membranas de naturaleza conjuntiva que envuelven el encéfalo y la médula espinal.

meníngeo, a. ADJ. *Anat.* Perteneciente o relativo a las meninges.

meningítico, ca. ADJ. **1.** *Med.* Perteneciente o relativo a la meningitis. *Síntomas meningíticos.* || **2.** Afectado de meningitis. U. t. c. s.

meningitis. F. *Med.* Inflamación de las meninges.

meningocele. M. *Biol.* Protrusión de las meninges a través de vértebras defectuosas debido a una malformación congénita de la columna vertebral.

meningococo. M. *Biol.* Microorganismo que es causa de diversas enfermedades y principalmente de la meningitis cerebroespinal epidémica.

menino. M. hist. Caballero de familia noble que desde muy joven entraba en palacio a servir a la reina o a los príncipes niños.

menisco. M. **1.** Vidrio cóncavo por una cara y convexo por la otra. || **2.** *Anat.* Cartílago de forma semilunar y de espesor menguante de la periferia al centro. Forma parte de la articulación de la rodilla y sirve para adaptar las superficies óseas de dicha articulación y para facilitar el juego de esta. || **3.** *Fís.* Superficie libre, cóncava o convexa, del líquido contenido en un tubo estrecho. El menisco es cóncavo si el líquido se adhiere a las paredes del tubo, y convexo si no lo hace.

menispermáceo, a. ADJ. *Bot.* Se dice de los arbustos angiospermos dicotiledóneos, sarmentosos, flexibles, con hojas alternas, simples o compuestas, y provistas de púas en el ápice, flores pequeñas, por lo común en racimo, frutos capsulares, semejantes a una baya y raras veces drupáceos, y semillas de albumen pequeño, nulo, y carnoso; p. ej., la coca de Levante. U. t. c. s. f. ORTOGR. En f. pl., escr. con may. inicial c. taxón. *Las Menispermáceas.*

menjunje. M. *Am. Mer.* mejunje.

menjurje. M. *Méx.* mejunje.

menologio. M. Martirologio de los cristianos griegos ordenado por meses.

menonita. ADJ. **1.** Disidente de los anabaptistas que acepta la doctrina de Mennón, reformador holandés del siglo XVI. || **2.** Perteneciente o relativo a dicha doctrina. *Poblados menonitas.*

menopausia. F. **1.** Climaterio femenino. || **2.** Época de la vida de la mujer en que experimenta el climaterio. || **3.** *Biol.* Cese natural de la menstruación.

menor. **I.** ADJ. COMP. de **pequeño. 1.** Que es inferior a otra cosa en cantidad, intensidad o calidad. *Su peso es menor que el del acero.* || **2.** Menos importante con relación a algo del mismo género. *Las obras menores de Quevedo.* || **3.** Dicho de una persona: Que tiene menos edad que otra. || **4. menor de edad.** U. t. c. s. *Los menores no pueden entrar.* || **II.** M. **5.** Religioso de la Orden de San Francisco. || **~ o igual que.** M. *Mat.* Signo matemático que, colocado entre dos cantidades, indica que la primera, o que ambas son iguales. (Símb. ≤). || **~ que.** M. Signo matemático que, colocado entre dos cantidades, indica que es menor la primera. (Símb. <). || **al por ~.** LOC.ADV. Dicho de vender: En pequeñas cantidades. U. t. c. loc. adj. || **por ~.** LOC.ADV. Por partes, por extenso. *Referir por menor las circunstancias de un suceso.* U. t. c. loc. adj. □ V. **aciano ~, aguas ~es, bardana ~, caza ~, centaura ~, cirugía ~, colegio ~, consuelda ~, correccional de ~es, corrupción de ~es, defensor del ~, embarcación ~, ganado ~, hexacordo ~, horas ~es, modo ~, necesidad ~, orden ~, ortiga ~, pimpinela ~, premisa ~, prisión ~, sanguinaria ~, semitono ~, séptima ~, sexta ~, siempreviva ~, tercera ~, tono ~, verso de arte ~.**

menorquín, na. ADJ. **1.** Natural de Menorca. U. t. c. s. || **2.** Perteneciente o relativo a esta isla del archipiélago balear, en España.

menorragia. F. *Med.* Hemorragia de la matriz durante el periodo menstrual, menstruación excesiva.

menos. **I.** ADV. COMP. **1.** Denota idea de carencia, disminución, restricción o inferioridad en comparación expresa o sobrentendida. *Gasta menos. Sé menos altivo. Yo tengo menos entendimiento que tú. Juan es menos prudente que su hermano. Decir es menos que hacer. Menos lejos. Menos a propósito.* Se une al nombre, al adjetivo, al verbo, a otros adverbios y a locuciones adverbiales, y cuando la comparación es expresa, requiere la conjunción *que.* Se usa también con el artículo determinado en todos sus géneros y números, formando el superlativo relativo de inferioridad. *Ambrosio es el menos apreciable de mis amigos. Matilde es la menos estudiosa de mis hermanas. Esto es lo menos cierto. Estas peras son las me-*

nos sabrosas, y estos membrillos, los menos ásperos. || **2.** Denota limitación indeterminada de cantidad expresa. *En esta importante batalla murieron menos de cien hombres. Son menos de las diez.* || **3.** Denota idea opuesta a la de preferencia. *Menos quiero perder la honra que perder el caudal.* || **II.** ADJ. COMP. **4.** Indica disminución en la cantidad. *Cada vez vienen menos niños.* U. t. c. pron. || **III.** M. **5.** *Fís.* Signo que indica el carácter negativo de una cantidad, como la carga eléctrica. (Símb. –). || **6.** *Mat.* Signo de sustracción o resta, que se representa por una rayita horizontal (–). || **IV.** PREP. **7.** **excepto.** *Todo menos eso.* || **al,** o **a lo, ~.** LOCS. ADVS. **1.** Se usan para denotar una excepción o salvedad. *Nadie ha venido, al menos que yo sepa.* || **2.** Aunque no sea otra cosa, aunque no sea más. *Permítaseme al menos decir mi opinión. Valdrá al menos treinta euros.* || **a ~ que.** LOC. CONJUNT. A no ser que. || **de ~.** LOC. ADV. Denota falta de número, peso o medida. *Te han dado un euro de menos.* || **en ~.** LOC. ADV. En menor grado o cantidad. *Aprecio mi vida en menos que mi reputación. Le han multado en menos de diez euros.* || **lo ~.** EXPR. Igualmente, tan o tanto, en comparación de alguien o algo. || **por lo ~.** LOC. ADV. **al menos** (|| aunque no sea más). □ V. **más ~, ~ valer.**

menoscabar. TR. **1.** Disminuir algo, quitándole una parte, acortarlo, reducirlo. *Menoscabar las competencias del Gobierno.* U. t. c. prnl. || **2.** Deteriorar y deslustrar algo, quitándole parte de la estimación o lucimiento que antes tenía. *Menoscabar la eficiencia de la Administración.* || **3.** Causar mengua o descrédito en la honra o en la fama.

menoscabo. M. Acción y efecto de menoscabar.

menospreciable. ADJ. Digno de ser menospreciado. *Las ventajas no son menospreciables.*

menospreciador, ra. ADJ. Que menosprecia. *Propósito menospreciador.* Apl. a pers., u. t. c. s.

menospreciar. TR. **1.** Tener a alguien o algo en menos de lo que merece. || **2.** **despreciar.** ¶ MORF. conjug. c. *anunciar.*

menospreciativo, va. ADJ. Que implica o denota menosprecio. *Jerga menospreciativa.*

menosprecio. M. **1.** Poco aprecio, poca estimación. || **2.** **desprecio** (|| desdén).

mensafónico, ca. ADJ. Perteneciente o relativo al mensáfono o a este tipo de comunicación. *Servicio mensafónico.*

mensáfono. M. **buscapersonas.**

mensaje. M. **1.** Recado que envía alguien a otra persona. || **2.** Aportación religiosa, moral, intelectual o estética de una persona, doctrina u obra. || **3.** Trasfondo o sentido profundo transmitido por una obra intelectual o artística. || **4.** Comunicación oficial entre el poder legislativo y el ejecutivo, o entre dos asambleas legislativas. || **5.** **correo electrónico** (|| información enviada). || **6.** *Ling.* Conjunto de señales, signos o símbolos que son objeto de una comunicación. || **7.** *Ling.* Contenido de esta comunicación. || **~ de la Corona.** M. En la monarquía constitucional, discurso que el rey, reina propietaria o regente del reino, leen ante las Cámaras reunidas en el recinto de una de ellas.

mensajería. F. **1.** Servicio de reparto de correspondencia y de paquetes realizado por una empresa. || **2.** Empresa que realiza este servicio. || **3.** Sistema de emisión y recepción de mensajes a través de fax, de computadora u ordenador o de correo tradicional.

mensajero, ra. ADJ. **1.** Que lleva un mensaje, recado, despacho o noticia a alguien. *Botella mensajera.* Apl. a pers., u. t. c. s. || **2.** *Biol.* Dicho de un ácido ribonucleico: Que transporta la información genética desde el núcleo celular hasta los ribosomas, donde se elaboran las proteínas. || **matar al ~.** LOC. VERB. Castigar a alguien que simplemente transmite una información o noticia de algo, sin tener ninguna responsabilidad en ello. □ V. **paloma ~.**

menstruación. F. **1.** Acción de menstruar. || **2.** Menstruo de las mujeres.

menstrual. ADJ. Perteneciente o relativo al menstruo.

menstruante. ADJ. Que menstrúa. *Hembra menstruante.*

menstruar. INTR. Evacuar el menstruo. MORF. conjug. c. *actuar.*

menstruo. M. **1.** Acción de menstruar. || **2.** Sangre procedente de la matriz que todos los meses evacuan naturalmente las mujeres y las hembras de ciertos animales.

mensú. M. *Á. guar.* **mensual** (|| peón). MORF. pl. **mensúes** o **mensús.**

mensual. I. ADJ. **1.** Que sucede o se repite cada mes. *Publicación mensual.* || **2.** Que dura un mes. *Cupo mensual.* || **II.** M. **3.** *Á. R. Plata.* Peón contratado por meses para realizar diversos trabajos en el campo.

mensualidad. F. **1.** Sueldo o salario de un mes. || **2.** Cantidad que se paga mensualmente por una compra a plazos, un servicio recibido, una ayuda prometida u obligada, etc.

mensualmente. ADV. M. Cada mes.

ménsula. F. *Arq.* Elemento arquitectónico perfilado con diversas molduras, que sobresale de un plano vertical y sirve para recibir o sostener algo.

mensura. F. **medida.**

mensurabilidad. F. Cualidad de mensurable.

mensurable. ADJ. Que se puede medir. *Datos objetivamente mensurables.*

mensuración. F. Acción y efecto de mensurar.

mensurador, ra. ADJ. Que mensura. Apl. a pers., u. t. c. s.

mensurar. TR. **medir.**

menta. F. **1.** **hierbabuena.** || **2.** Esencia aromática de sabor picante que se extrae de la menta. || **3.** Infusión hecha con menta.

mentada. F. *Méx.* **mentada de madre.** || **~ de madre.** F. *Méx.* Injuria u ofensa dirigida a alguien con insultos contra su madre.

mentado, da. PART. de **mentar.** || ADJ. Que tiene fama o nombre, célebre. *El mentado laboratorio.*

mental. ADJ. Perteneciente o relativo a la mente. □ V. **anorexia ~, bulimia ~, deficiencia ~, diarrea ~, edad ~, enajenación ~, enano ~, oración ~, reserva ~, restricción ~, trastorno ~.**

mentalidad. F. Cultura y modo de pensar que caracteriza a una persona, a un pueblo, a una generación, etc.

mentalización. F. Acción y efecto de mentalizar.

mentalizar. TR. Preparar o predisponer la mente de alguien de modo determinado. U. t. c. prnl.

mentar. TR. Nombrar o mencionar a alguien o algo. MORF. conjug. c. *acertar.*

mentastro. M. **mastranzo.**

mente. F. **1.** Potencia intelectual del alma. || **2.** Intención, pensamiento, propósito, voluntad. || **3.** *Psicol.* Conjunto de actividades y procesos psíquicos conscientes e inconscientes, especialmente de carácter cognitivo. ‖ **tener** algo **en la ~.** LOC.VERB. Tenerlo pensado o previsto.

mentecatada. F. Dicho o hecho propio del mentecato.

mentecatería. F. Necedad, tontería, falta de juicio.

mentecatez. F. Necedad, tontería, falta de juicio.

mentecato, ta. ADJ. Tonto, fatuo, falto de juicio, privado de razón. U. t. c. s.

mentidero. M. Sitio o lugar donde se junta la gente ociosa para conversar.

mentido, da. PART. de mentir. ‖ ADJ. **mentiroso** (‖ engañoso). Mentida esperanza.

mentir. I. INTR. **1.** Decir o manifestar lo contrario de lo que se sabe, cree o piensa. ‖ **2.** Inducir a error. Los indicios mienten. ‖ II. TR. **3.** Fingir, aparentar. El vendaval mentía el graznido del cuervo. U. t. c. prnl. ¶ MORF. conjug. c. sentir.

mentira. F. **1.** Expresión o manifestación contraria a lo que se sabe, se cree o se piensa. ‖ **2.** coloq. Mancha pequeña y blanca que suele aparecer en las uñas. ‖ **coger** a alguien **en ~.** LOC.VERB. coloq. Hallar o verificar que ha mentido. ‖ **parecer ~.** LOC.VERB. Se usa para dar a entender la extrañeza, sorpresa o admiración que causa algo. ☐ V. **detector de ~s.**

mentirijillas. de ~. LOC.ADV. coloq. De broma o mentira.

mentirillas. de ~. LOC.ADV. coloq. De broma o mentira.

mentiroso, sa. ADJ. **1.** Que tiene costumbre de mentir. U. t. c. s. ‖ **2.** Engañoso, aparente, fingido, falso. Bienes mentirosos.

mentís. M. **1.** Hecho o demostración que contradice o niega categóricamente un aserto. ‖ **2.** Comunicado en que se desmiente algo públicamente. ¶ MORF. pl. invar. o **mentises.**

mentol. M. Parte sólida de la esencia de menta.

mentolado, da. ADJ. Que contiene mentol. Tabaco mentolado.

mentolato. (De Mentholatum; marca reg.). COM. Chile. Persona hábil para resolver múltiples problemas cotidianos.

mentón. M. Barbilla o prominencia de la mandíbula inferior.

mentonera. F. Pieza que sirve para proteger o sujetar el mentón.

mentor, ra. M. y F. **1.** Consejero o guía. ‖ **2.** ayo.

menú. M. **1.** Conjunto de platos que constituyen una comida. ‖ **2.** Carta del día donde se relacionan las comidas, postres y bebidas. ‖ **3.** Comida de precio fijo que ofrecen hoteles y restaurantes, con posibilidad limitada de elección. ‖ **4.** Inform. Colección de opciones que aparece en la pantalla de una computadora u ordenador. ¶ MORF. pl. **menús.**

menudear. I. TR. **1.** Hacer y ejecutar algo muchas veces, repetidamente, con frecuencia. No quería menudear sus visitas. ‖ **2.** Méx. Vender al por menor. ‖ II. INTR. **3.** Dicho de una cosa: Caer o suceder con frecuencia. Menudean sus intervenciones.

menudencia. F. **1.** Cosa de poco aprecio y estimación. ‖ **2.** Pequeñez de algo. ‖ **3.** Exactitud, esmero y escrupulosidad con que se considera y reconoce algo, sin omitir lo más menudo y leve. ‖ **4.** pl. Despojos y partes pequeñas que quedan de las canales de las reses después de despedazadas. ‖ **5.** pl. **menudillo** (‖ de las aves).

menudeo. M. **1.** Acción de menudear. ‖ **2.** Venta al por menor.

menudillo. M. **1.** En los cuadrúpedos, articulación entre la caña y la cuartilla. ‖ **2.** pl. Vísceras de un ave.

menudo, da. I. ADJ. **1.** Pequeño o delgado. Pedazos menudos. ‖ **2.** Despreciable, de poca o ninguna importancia. Oficio, detalle menudo. ‖ **3.** Se decía del dinero, y en especial de la plata, en monedas pequeñas, como las pesetas u otras menores. ‖ **4.** Se decía del carbón mineral lavado cuyos trozos habían de tener un tamaño reglamentario que no excediese de doce milímetros. U. t. c. s. m. ‖ **5.** coloq. Se usa en sentido ponderativo. ¡Menudo enredo! ‖ II. M. **6.** Méx. **callos** (‖ pedazos del estómago de la vaca). ‖ **7.** pl. Vientre, manos y sangre de las reses que se matan. ‖ **8.** En las aves, pescuezo, alones, pies, vísceras, etc. ‖ **a menudo.** LOC.ADV. Muchas veces, con frecuencia y continuación. ‖ **por menudo.** LOC.ADV. Con mucho detalle y pormenor. Contar por menudo. ☐ V. **ganado ~, gente ~.**

meñique. I. M. **1.** dedo **meñique.** ‖ II. ADJ. **2.** coloq. Muy pequeño. Niño meñique. ☐ V. **dedo ~.**

meollo. M. **1.** fondo (‖ parte principal y esencial de algo). El meollo de la cuestión. ‖ **2.** seso (‖ masa contenida en el cráneo). ‖ **3.** médula (‖ sustancia interior de los huesos).

meón, na. ADJ. malson. Dicho especialmente de un niño: Que se orina en sus ropas o fuera del lugar debido; que orina mucho o frecuentemente. U. t. c. s.

mequetrefe. M. coloq. Hombre entrometido y de poco provecho.

mequí. ADJ. **1.** Natural de La Meca. U. t. c. s. ‖ **2.** Perteneciente o relativo a esta ciudad de Arabia Saudí. ¶ MORF. pl. **mequíes** o **mequís.**

meramente. ADV. M. Solamente, sin mezcla de otra cosa.

merca. F. coloq. Acción y efecto de mercar.

mercachifle. M. **1.** buhonero. ‖ **2.** despect. Mercader de poca importancia.

mercadante. COM. mercader.

mercadear. INTR. Hacer trato o comercio de mercancías.

mercadeo. M. **1.** Acción y efecto de mercadear. ‖ **2.** Am. mercadotecnia.

mercader, ra. M. y F. Persona que trata o comercia con géneros que están a la venta. Mercader de libros. MORF. U. t. la forma en m. para designar el f. Una hábil mercader.

mercadería. F. mercancía.

mercadillo. M. Mercado, por lo general al aire libre, que se instala en días determinados y en el que se venden artículos muy diversos, nuevos o usados, a precio menor que el de los establecimientos comerciales.

mercado. M. **1.** Sitio público destinado permanentemente, o en días señalados, para vender, comprar o permutar bienes o servicios. ‖ **2.** Contratación pública en lugar destinado al efecto y en días señalados. Aquí hay mercado los martes. ‖ **3.** Concurrencia de gente en un mercado. El mercado se alborotó. ‖ **4.** Conjunto de actividades realizadas libremente por los agentes económicos sin intervención del poder público. Las leyes del mercado. ‖ **5.** Conjunto de operaciones comerciales que afectan a un determinado sector de bienes. El mercado de las piedras preciosas. ‖ **6.** Plaza o país de especial importancia o significación en un orden comercial cualquiera. ‖ **7.** Conjunto de consumidores capaces de comprar un producto o servicio. ‖ **8.** Estado y evolución de la oferta y la demanda en un sector económico dado.

‖ ~ **negro**. M. Tráfico clandestino de divisas monetarias o mercancías no autorizadas o escasas en el mercado, a precios superiores a los legales. ☐ V. **economía de ~, segmento de ~**.

mercadotecnia. F. **1**. Conjunto de principios, prácticas y estrategias encaminados a la comercialización de un producto y el aumento de su demanda. ‖ **2**. Estudio de los procedimientos y recursos tendentes a este fin.

mercadotécnico, ca. ADJ. Perteneciente o relativo a la mercadotecnia. *Estrategias mercadotécnicas.*

mercancía. F. **1**. Cosa mueble que se hace objeto de trato o venta. ‖ **2**. pl. u. c. sing. m. Tren de mercancías. ☐ V. **valor recibido en ~s**.

mercante. **I**. ADJ. **1**. mercantil. *Navegación mercante.* ‖ **II**. COM. **2**. mercader. ☐ V. **buque ~, Marina ~, navío ~**.

mercantil. ADJ. Perteneciente o relativo al mercader, a la mercancía o al comercio. ☐ V. **comisión ~, derecho ~, navío ~, registro ~**.

mercantilismo. M. **1**. Espíritu mercantil aplicado a cosas que no deben ser objeto de comercio. ‖ **2**. hist. Sistema económico que atiende en primer término al desarrollo del comercio, principalmente al de exportación, y considera la posesión de metales preciosos como signo característico de riqueza.

mercantilista. ADJ. **1**. Perteneciente o relativo al mercantilismo. *Visión mercantilista.* ‖ **2**. Partidario del mercantilismo. U. t. c. s. ‖ **3**. Experto en materia de derecho mercantil. U. t. c. s.

mercantilizar. TR. Convertir en mercantil algo que no lo es de suyo.

mercar. TR. Adquirir algo por dinero, comprar. U. t. c. prnl.

merced. F. **1**. Premio o galardón que se da por el trabajo. ‖ **2**. Voluntad o arbitrio de alguien. *Está a merced de su amigo.* ‖ **3**. Dádiva o gracia de empleos o dignidades, rentas, títulos nobiliarios, etc., que los reyes o señores hacen a sus súbditos. ‖ **4**. Beneficio gracioso que se hace a alguien, aunque sea de igual a igual. ‖ **5**. hist. Se usaba como tratamiento de cortesía con quienes no tenían título o grado por el que se les debieran otros tratamientos superiores. *Vuestra merced, su merced.* ‖ **la ~ de Dios**. F. hist. Fritada de huevos y torreznos con miel. ‖ **a ~**. LOC.ADV. Sin salario conocido, a voluntad de un señor o amo. *Estar, ir, servir, venir a merced.* ‖ **~ a**. LOC. PREPOS. **gracias a**.

mercedario¹, **ria**. ADJ. Se dice del religioso de la real y militar Orden de la Merced, fundada por san Pedro Nolasco e instituida por Jaime el Conquistador. U. t. c. s.

mercedario², **ria**. ADJ. **1**. Natural de Mercedes. U. t. c. s. ‖ **2**. Perteneciente o relativo a esta ciudad del Uruguay, capital del departamento de Soriano.

mercenario, ria. ADJ. **1**. Dicho especialmente de una tropa: Que por estipendio sirve en la guerra a un poder extranjero. Apl. a pers., u. t. c. s. ‖ **2**. Que percibe un salario por su trabajo o una paga por sus servicios. Apl. a pers., u. t. c. s.

mercería. F. **1**. Comercio de cosas menudas y de poco valor o entidad, como alfileres, botones, cintas, etc. ‖ **2**. Conjunto de artículos de esta clase. ‖ **3**. Tienda en que se venden.

mercerizar. TR. Tratar los hilos y tejidos de algodón con una solución de sosa cáustica para que resulten brillantes.

mercero, ra. M. y F. Persona que comercia en artículos de mercería.

merchante. M. Comprador y vendedor de géneros que no tiene tienda fija.

mercurial. **I**. ADJ. **1**. Perteneciente o relativo al dios mitológico o al planeta Mercurio. *Imagen mercurial.* ‖ **2**. Perteneciente o relativo al mercurio. *Vapores mercuriales.* ‖ **II**. F. **3**. Planta herbácea anual, de la familia de las Euforbiáceas, con tallo de tres a cinco decímetros de altura, nudoso, ahorquillado y de ramos divergentes, hojas de color verde amarillento con pecíolo corto, lanceoladas y de margen dentado, flores verdosas, separadas las femeninas de las masculinas, las primeras axilares, casi sentadas y solitarias, y las segundas en espiga, sobre un pedúnculo largo y delgado. Es común en España, y su zumo se ha empleado como purgante.

mercúrico, ca. ADJ. *Quím.* Perteneciente o relativo al mercurio.

mercurio. M. Elemento químico de núm. atóm. 80. Metal poco abundante en la litosfera, se encuentra nativo o, combinado con el azufre, en el cinabrio. Líquido en condiciones normales, de color blanco y brillo plateado, es muy pesado, tóxico, mal conductor del calor y muy bueno de la electricidad. Se usa en la fabricación de plaguicidas, instrumentos, espejos y, aleado con el oro y la plata, en odontología. Algunas de sus sales tienen aplicaciones médicas. (Símb. *Hg*, de hidrargirio, otro de sus nombres). ☐ V. **barómetro de ~, milímetro de ~**.

merdoso, sa. ADJ. Asqueroso, sucio, lleno de inmundicia. *Duchas merdosas.*

merecedor, ra. ADJ. Que merece. *Actuación merecedora de sanción.*

merecer. **I**. TR. **1**. Dicho de una persona: Hacerse digna de premio o de castigo. *Juan merece la medalla.* U. t. c. prnl. ‖ **2**. Dicho de una cosa: Tener cierto grado o estimación. *Eso no merece un euro.* ‖ **II**. INTR. **3**. Hacer méritos, buenas obras, ser digno de premio. ¶ MORF. conjug. c. *agradecer*. ☐ V. **edad de ~, estado de ~**.

merecido. M. Castigo de que se juzga digno a alguien. *Llevó su merecido.*

merecimiento. M. **1**. Acción y efecto de merecer. ‖ **2**. mérito.

merendar. **I**. TR. **1**. Tomar algo en la merienda. *Merendar fruta.* ‖ **II**. INTR. **2**. Tomar la merienda. *Los esperamos para merendar.* ‖ **III**. PRNL. **3**. coloq. Derrotar o dominar a alguien en una competición o disputa. ¶ MORF. conjug. c. *acertar*.

merendero. M. **1**. Sitio en que se merienda. ‖ **2**. Establecimiento adonde se acude a merendar o comer por dinero.

merendola. F. Merienda espléndida y abundante.

merendona. F. merendola.

merengada. ☐ V. **leche ~**.

merengue. M. **1**. Dulce, por lo común de forma aovada, hecho con claras de huevo y azúcar y cocido al horno. ‖ **2**. Danza popular dominicana, extendida a otros países del Caribe. ‖ **3**. Música de esa danza. ‖ **4**. Persona de complexión delicada. ☐ V. **punto de ~**.

meretricio, cia. **I**. ADJ. **1**. Perteneciente o relativo a las meretrices. *Trato meretricio.* ‖ **II**. M. **2**. Trato carnal con una meretriz.

meretriz. F. prostituta.

merey. M. Á. *Caribe*. marañón (‖ árbol). MORF. pl. reyes.

mergo. M. somorgujo.

meridano, na. ADJ. **1.** Natural de Mérida. U. t. c. s. ‖ **2.** Perteneciente o relativo a esta ciudad de México, capital del estado de Yucatán.

merideño, ña. ADJ. **1.** Natural de Mérida. U. t. c. s. ‖ **2.** Perteneciente o relativo a este estado de Venezuela o a su capital.

meridiana. F. **1.** Especie de sofá sin respaldo ni brazos, que se utiliza como asiento y también para tenderse en él. ‖ **2.** Intersección del plano meridiano con otro horizontal y que señala la orientación de Norte a Sur. ‖ **3.** Intersección del plano meridiano con la superficie de un cuadrante solar.

meridiano, na. I. ADJ. **1.** Perteneciente o relativo a la hora del mediodía. *Alimento meridiano.* ‖ **2.** Clarísimo, luminosísimo. *Luz meridiana.* U. t. en sent. fig. *Explicación meridiana.* ‖ **II.** M. **3.** *Astr.* Círculo máximo de la esfera celeste, que pasa por los polos del mundo y por el cenit y nadir del punto de la Tierra a que se refiere. ‖ **4.** *Geogr.* Cada uno de los círculos máximos de la esfera terrestre que pasan por los dos polos. ‖ **5.** *Geom.* Línea de intersección de una superficie de revolución con un plano que pasa por su eje. ‖ **primer ~.** M. *Geogr.* El que arbitrariamente se toma como principio para contar sobre el ecuador los grados de longitud geográfica de cada lugar de la Tierra. □ V. **círculo ~, plano ~.**

meridional. I. ADJ. **1.** Perteneciente o relativo al sur o mediodía. *Países meridionales.* ‖ **II.** COM. **2.** Persona que procede del sur.

merienda. F. Comida ligera que se hace por la tarde antes de la cena. ‖ **~ de negros.** F. coloq. Confusión y desorden en que nadie se entiende.

merindad. F. hist. Sitio o territorio que corresponde a la antigua jurisdicción del merino.

merino, na. I. ADJ. **1.** Dicho de un carnero o de una oveja: Que tienen el hocico grueso y ancho, la nariz con arrugas transversas, y la cabeza y las extremidades cubiertas, como todo el cuerpo, de lana muy fina, corta y rizada. U. t. c. s. ‖ **2.** Perteneciente o relativo a las ovejas merinas. *Raza merina. Lana merina.* ‖ **II.** M. **3.** Cuidador del ganado y de sus pastos, y de las divisiones de estos. ‖ **4.** Tejido de cordoncillo fino, en que la trama y urdimbre son de lana escogida y peinada. ‖ **5.** hist. Juez que tenía jurisdicción en un territorio determinado. □ V. **cordel de merinas.**

meristemo. M. *Bot.* Tejido embrionario formado por células indiferenciadas, capaces de originar, mediante divisiones continuas, otros tejidos y órganos especializados.

meritar. INTR. Hacer méritos.

meritísimo, ma. ADJ. Muy digno de algo. *Labor meritísima.*

mérito. M. **1.** Acción que hace a las personas dignas de premio o de castigo. ‖ **2.** Resultado de las buenas acciones que hacen digna de aprecio a una persona. ‖ **3.** Aquello que hace que tengan valor las cosas. *Una pintura de gran mérito.* ‖ **~ de condigno.** M. *Rel.* Merecimiento de las buenas obras ejercitadas por quien está en gracia de Dios. ‖ **~ de congruo.** M. *Rel.* Merecimiento de las buenas obras ejercitadas por quien está en pecado mortal. ‖ **hacer ~.** LOC. VERB. **hacer mención.** ‖ **hacer ~s.** LOC. VERB. Preparar o procurar el logro de una pretensión con servicios, diligencias u obsequios adecuados.

meritoriaje. M. **1.** *Esp.* Ocupación de meritorio. ‖ **2.** *Esp.* Período que dura esta ocupación.

meritorio, ria. I. ADJ. **1.** Digno de premio o galardón. *Acto meritorio.* ‖ **II.** M. y F. **2.** Persona que trabaja sin sueldo por aprender y hacer méritos para ocupar una plaza remunerada.

merlín. M. *Mar.* Cabo delgado de cáñamo alquitranado, que se emplea a bordo en ligadas y otros usos semejantes.

merluza. F. Pez teleósteo marino, de cuerpo simétrico, con la primera aleta dorsal corta y la segunda larga, tanto como la anal. Alcanza hasta un metro de longitud y es muy apreciado por su carne. Abunda en las costas de España.

merma. F. **1.** Acción y efecto de mermar. ‖ **2.** Porción de algo que se consume naturalmente o se sustrae o sisa.

mermar. I. TR. **1.** Hacer que algo disminuya o quitar a alguien parte de cierta cantidad que le corresponde. *Mermar la paga, la ración.* ‖ **II.** INTR. **2.** Dicho de una cosa: Bajar o disminuir en parte o consumirse. U. t. c. prnl.

mermelada. F. Conserva de membrillos o de otras frutas, con miel o azúcar.

mero[1]. M. Pez teleósteo marino, del suborden de los Acantopterigios, que llega a tener un metro de largo, con cuerpo casi oval, achatado, de color amarillento oscuro por el lomo y blanco por el vientre, cabeza grande, algo rojiza, boca armada de muchos dientes, agallas con puntas en el margen y guarnecidas de tres aguijones, once radios espinosos en la aleta dorsal, y cola robusta. Vive principalmente en el Mediterráneo, y su carne es considerada como una de las más delicadas.

mero[2], ra. ADJ. Puro, simple y que no tiene mezcla de otra cosa. Se usa en sentido moral e intelectual. *Un mero proyecto.* □ V. **el ~ petatero.**

merodeador, ra. ADJ. Que merodea. *Gato merodeador.* U. t. c. s.

merodear. INTR. **1.** Vagar por las inmediaciones de algún lugar, en general con malos fines. U. t. c. tr. *Anduvo merodeando la casa.* ‖ **2.** Dicho de una persona: Vagar por el campo viviendo de lo que coge o roba.

merodeo. M. Acción y efecto de merodear.

merolico. M. **1.** *Méx.* Curandero callejero. ‖ **2.** *Méx.* charlatán (‖ vendedor callejero).

merovingio, gia. ADJ. **1.** hist. Se dice de la familia o dinastía de los primeros reyes de Francia, el tercero de los cuales fue Meroveo. Apl. a los reyes de esta dinastía, u. t. c. s. *Los merovingios.* ‖ **2.** hist. Perteneciente o relativo a esta dinastía. *Tradición merovingia.*

mes. M. **1.** Cada una de las doce partes en que se divide el año. ‖ **2.** Conjunto de días consecutivos desde uno señalado hasta otro de igual fecha en el mes siguiente. *Se le han dado dos meses de plazo, contados desde el 15 de mayo.* ‖ **3.** Menstruo de las mujeres. ‖ **4.** Sueldo de un mes. ‖ **~es mayores.** M. pl. Los últimos del embarazo de la mujer.

mesa. F. **1.** Mueble, por lo común de madera, compuesto de un tablero horizontal liso y sostenido a la altura conveniente por una o varias patas, para diferentes usos, como escribir, comer, etc. ‖ **2.** mesa preparada con todo lo necesario para comer. *Antes de sentarte a la mesa, lávate las manos.* ‖ **3.** En las asambleas políticas, colegios electorales y otras corporaciones, conjunto de personas que las dirigen con diferentes cargos, como los de presidente, secretario, etc. ‖ **4.** Terreno elevado y llano, de gran extensión, rodeado de valles o barrancos. ‖ **~ camilla.** F. mesa, generalmente redonda, bajo la cual suele haber una tarima para colocar el brasero. ‖ **~ de altar.** F. **altar** (‖ mesa consagrada). ‖ **~ de cambios.** F. Banco de comercio. ‖ **~ de guarnición.** F. Mar. Especie de plataforma que se coloca en los costados de los buques, frente a cada uno de los tres palos principales, y en la que se sujetan las tablas de jarcia respectivas. ‖ **~ del pellejo.** F. Chile. mesa separada a la que se sienta la gente joven o de confianza. ‖ **~ de luz.** F. Á. R. Plata. mesa de noche. ‖ **~ de noche.** F. Mueble pequeño, generalmente con cajones, que se coloca al lado de la cama, para los servicios necesarios. ‖ **~ redonda.** F. **1.** La que no tiene ceremonia, preferencia o diferencia en los asientos. ‖ **2.** Reunión de personas versadas en determinada materia para confrontar sus opiniones sin diferencia de jerarquía entre los participantes. ‖ **3.** hist. La que en fondas, casas de comidas, etc., estaba dispuesta para quienes llegaban a comer a cierta hora por un precio determinado. ‖ **~ revuelta.** F. Dibujo o trabajo caligráfico en que se representan varios objetos en estudiado desorden. ‖ **media ~.** F. hist. La redonda que, a precio más reducido que el de la principal, solía haber en algunas fondas o casas de comidas. ‖ **alzar la ~.** LOC. VERB. coloq. **quitar la mesa.** ‖ **a ~ puesta.** LOC.ADV. Sin trabajo, gasto ni preocupación. *Estar, venir, vivir a mesa puesta.* ‖ **bendecir la ~.** LOC.VERB. En las costumbres de algunas religiones, pedir la bendición divina sobre los comensales y los alimentos. ‖ **de la buena ~.** LOC.ADV. Dicho de una persona: Que gusta de comer y beber bien. *Amante de la buena mesa.* ‖ **de sobre ~.** LOC.ADJ. de sobremesa. U. t. c. loc. adv. ‖ **levantar la ~.** LOC.VERB. **quitar la mesa.** ‖ **levantarse** alguien **de la ~.** LOC.VERB. Abandonar el sitio que ocupa en la mesa de comer. ‖ **poner la ~.** LOC.VERB. Cubrirla con los manteles, poniendo sobre ellos los cubiertos y demás utensilios necesarios para comer. ‖ **quitar,** o **recoger, la ~.** LOCS.VERBS. Retirar de la mesa, después de comer, los restos de la comida y los utensilios empleados en ella. ‖ **sentarse** alguien **a,** o **en, la ~.** LOCS.VERBS. Sentarse frente a una mesa para comer, negociar, etc. ‖ **servir la ~.** LOC.VERB. Asistir a los comensales llevando y repartiendo las comidas y bebidas. ‖ **tener** a alguien **a ~ y mantel.** LOC.VERB. Darle diariamente de comer. □ V. **agua de ~, centro de ~, tenis de ~, vino de ~.**

mesada. F. Porción de dinero u otra cosa que se da o paga todos los meses.

mesalina. F. Mujer poderosa o aristócrata y de costumbres disolutas.

mesana. I. AMB. **1.** Mar. Mástil que está más a popa en el buque de tres palos. ‖ **II.** F. **2.** Mar. Vela que va contra este mástil envergada en un cangrejo.

mesar. TR. Arrancar los cabellos o barbas con las manos. U. m. c. prnl.

mescolanza. F. mezcolanza.

meseguero, ra. I. ADJ. **1.** Perteneciente o relativo a las mieses. ‖ **II.** M. **2.** Encargado de guardar las mieses.

mesénquima. M. Anat. Tejido conectivo embrionario, del que derivan los tejidos muscular y conectivo del cuerpo, así como los vasos sanguíneos y linfáticos.

mesentérico, ca. ADJ. Anat. Perteneciente o relativo al mesenterio.

mesenterio. M. Anat. Repliegue del peritoneo, formado principalmente por tejido conjuntivo que contiene numerosos vasos sanguíneos y linfáticos y que une el estómago y el intestino con las paredes abdominales. En él se acumula a veces una enorme cantidad de células adiposas.

mesero, ra. M. y F. Am. Camarero de café o restaurante. □ V. **capitán de meseros.**

meseta. F. **1.** Planicie extensa situada a considerable altura sobre el nivel del mar. ‖ **2.** Porción de piso horizontal en que termina un tramo de escalera.

mesiánico, ca. ADJ. Perteneciente o relativo al mesías o al mesianismo.

mesianismo. M. **1.** Doctrina relativa al mesías. ‖ **2.** Confianza inmotivada o desmedida en un agente bienhechor que se espera.

mesías. M. **1.** El Hijo de Dios, Salvador y Rey descendiente de David, prometido por los profetas al pueblo hebreo. ORTOGR. Escr. con may. inicial. ‖ **2.** Sujeto real o imaginario en cuyo advenimiento hay puesta confianza inmotivada o desmedida.

mesidor. M. hist. Décimo mes del calendario francés de la Revolución, cuyos días primero y último coincidían, respectivamente, con el 19 de junio y el 18 de julio.

mesilla. F. **1.** mesa de noche. ‖ **2.** Arq. meseta (‖ porción horizontal en que termina un tramo de escalera). ‖ **~ de noche.** F. mesa de noche. □ V. **alero de ~.**

mesita. ~ de noche. F. mesa de noche.

mesnada. F. **1.** hist. Compañía de gente de armas que antiguamente servía bajo el mando del rey o de un ricohombre o caballero principal. ‖ **2.** Compañía, junta, congregación.

mesnadero. M. hist. Hombre que servía en la mesnada.

mesoamericano, na. ADJ. Perteneciente o relativo a Mesoamérica, zona cuyos límites se encuentran entre una línea que corre al norte de la capital de México, y otra que corta América Central por Honduras y Nicaragua, hasta la península de Nicoya, en Costa Rica.

mesocarpio. M. Bot. Capa media de las tres que forman el pericarpio de los frutos; p. ej., la parte carnosa del melocotón.

mesocéfalo, la. ADJ. Dicho de una persona: De cráneo de proporciones intermedias entre la braquicefalia y la dolicocefalia. U. t. c. s.

mesocracia. F. Clase social acomodada, burguesía.

mesocrático, ca. ADJ. Perteneciente o relativo a la mesocracia.

mesodérmico, ca. ADJ. Biol. Perteneciente o relativo al mesodermo.

mesodermo. M. Biol. Capa u hoja media de las tres en que, en todos los animales, salvo esponjas y celentéreos, se disponen las células del blastodermo después de haberse efectuado la segmentación.

mesolítico, ca. ADJ. **1.** Se dice del período prehistórico intermedio entre el Paleolítico y el Neolítico. U. m. c. s. m. ORTOGR. Escr. con may. inicial c. s. ‖ **2.** Perteneciente o relativo a este período. *Cultura mesolítica.*

mesón[1]**.** M. **1.** Establecimiento típico, donde se sirven comidas y bebidas. ‖ **2.** hist. Hospedaje público donde por dinero se daba albergue a viajeros, caballerías y carruajes.

mesón[2]**.** M. Fís. Cada una de las partículas efímeras producidas en ciertas reacciones nucleares, con masa intermedia entre el electrón y el nucleón.

mesonero, ra. I. ADJ. **1.** Perteneciente o relativo al mesón. *Ambiente mesonero.* || **II.** M. y F. **2.** Persona que posee o tiene a su cargo un mesón.

mesopotámico, ca. ADJ. **1.** hist. Natural de Mesopotamia. U. t. c. s. || **2.** hist. Perteneciente o relativo a esta antigua región comprendida entre los ríos Tigris y Éufrates.

mesoterapia. F. *Med.* Tratamiento de las enfermedades mediante múltiples inyecciones intradérmicas de pequeñas dosis de distintos medicamentos, practicadas en la región afecta.

mesotórax. M. *Anat.* Parte media del pecho.

mesozoico, ca. ADJ. **1.** *Geol.* Se dice de la era geológica que abarca desde el fin del Paleozoico hace unos 230 millones de años hasta hace unos 65 millones de años. Comprende sucesivamente los períodos triásico, jurásico y cretácico. U. t. c. s. m. ORTOGR. Escr. con may. inicial c. s. || **2.** *Geol.* Perteneciente o relativo a dicha era. *Saurios mesozoicos.*

mesquital. M. *Méx.* Terreno poblado de mesquites.

mesquite. M. *Méx.* **mezquite.**

mesteño, ña. ADJ. hist. Perteneciente o relativo a la Mesta, reunión de los dueños de ganados mayores y menores, que cuidaban de su crianza y pasto, y vendían para el abastecimiento común.

mester. ~ **de clerecía.** M. Género de literatura cultivado por los clérigos o personas doctas de la Edad Media, por oposición al de *juglaría.* || ~ **de juglaría.** M. Poesía de los juglares o cantores populares en la Edad Media.

mestizaje. M. **1.** Cruzamiento de razas diferentes. || **2.** Conjunto de individuos que resultan de este cruzamiento. || **3.** Mezcla de culturas distintas, que da origen a una nueva.

mestizo, za. ADJ. **1.** Dicho de una persona: Nacida de padre y madre de raza diferente, en especial de hombre blanco e india, o de indio y mujer blanca. U. t. c. s. || **2.** Dicho de un animal o de un vegetal: Que resulta de haberse cruzado dos razas distintas. || **3.** Dicho de la cultura, de los hechos espirituales, etc.: Provenientes de la mezcla de culturas distintas.

mesto. M. Vegetal mestizo, producto del alcornoque y la encina, parecido al primero en la corteza y a la segunda en el aspecto.

mesura. F. Moderación, comedimiento.

mesurado, da. PART. de **mesurar.** || ADJ. Mirado, moderado, modesto, circunspecto. *Tono mesurado.*

mesurar. I. TR. **1.** Infundir mesura. || **II.** PRNL. **2.** Contenerse, moderarse.

meta. I. F. **1.** Término señalado a una carrera. || **2.** En fútbol y otros juegos, **portería.** || **3.** Fin a que se dirigen las acciones o deseos de alguien. *La meta de sus desvelos.* || **II.** M. **4.** *Dep.* **portero** (|| jugador que defiende la portería). □ V. **línea de** ~.

metabólico, ca. ADJ. *Biol.* Perteneciente o relativo al metabolismo.

metabolismo. M. *Biol.* Conjunto de reacciones químicas que efectúan constantemente las células de los seres vivos con el fin de sintetizar sustancias complejas a partir de otras más simples, o degradar aquellas para obtener estas. || ~ **basal.** M. *Biol.* El de un organismo en reposo y en ayunas.

metabolito. M. *Biol.* Producto del metabolismo.

metacarpiano, na. ADJ. **1.** *Anat.* Perteneciente o relativo al metacarpo. *Inflamación metacarpiana.* || **2.** *Anat.* Se dice de cada uno de los cinco huesos del metacarpo. U. t. c. s. m.

metacarpo. M. *Anat.* Conjunto de varios huesos largos que forman parte del esqueleto de los miembros anteriores de los batracios, reptiles y mamíferos, y están articulados con los del carpo por uno de sus extremos y con las falanges de los dedos de la mano por el otro. En el hombre constituye el esqueleto de la parte de la mano comprendida entre la muñeca y los dedos y está formado por cinco huesos.

metacrilato. M. Producto de polimerización del ácido acrílico o de sus derivados. Es un sólido transparente, rígido y resistente a los agentes atmosféricos, y uno de los materiales plásticos más utilizados.

metadona. F. *Med.* Compuesto químico sintético, de propiedades analgésicas y estupefacientes semejantes a las de la morfina, pero no adictivo, por lo que se utiliza en el tratamiento de la adicción a la heroína.

metafísica. F. **1.** Parte de la filosofía que trata del ser en cuanto tal, y de sus propiedades, principios y causas primeras. || **2.** Modo de discurrir con demasiada sutileza en cualquier materia. || **3.** Cosa que así se discurre.

metafísico, ca. I. ADJ. **1.** Perteneciente o relativo a la metafísica. *Argumentos metafísicos.* || **2.** Oscuro y difícil de comprender. *Galimatías metafísico.* || **II.** M. y F. **3.** Persona que profesa la metafísica. □ V. **imposibilidad** ~.

metafonía. F. *Fon.* Cambio de timbre que la vocal tónica sufre por influjo de la vocal final o de un sonido vecino.

metáfora. F. **1.** *Ret.* Tropo que consiste en trasladar el sentido recto de las voces a otro figurado, en virtud de una comparación tácita; p. ej., *Las perlas del rocío. La primavera de la vida. Refrenar las pasiones.* || **2.** Aplicación de una palabra o de una expresión a un objeto o a un concepto, al cual no denota literalmente, con el fin de sugerir una comparación con otro objeto o concepto y facilitar su comprensión; p. ej., *El átomo es un sistema solar en miniatura.*

metafórico, ca. ADJ. **1.** Perteneciente o relativo a la metáfora. *Sentido metafórico.* || **2.** Que la incluye o contiene. *Mensaje metafórico.* || **3.** Que abunda en tropos de esta clase. *Lenguaje metafórico.*

metaforización. F. Acción y efecto de metaforizar. *Había un exceso de metaforización en el discurso que impedía su comprensión.* U. t. en sent. fig. *Ella vive en una metaforización de la realidad.*

metaforizar. TR. Usar metáforas o alegorías.

metal. M. **1.** *Quím.* Cada uno de los elementos químicos buenos conductores del calor y de la electricidad, con un brillo característico, y sólidos a temperatura ordinaria, salvo el mercurio. En sus sales en disolución forman iones electropositivos. || **2.** **latón.** || **3.** Timbre de la voz. || **4.** *Heráld.* Oro o plata, que respectivamente suelen representarse con los colores amarillo y blanco. Son opuestos a los cinco colores. || **5.** *Mús.* Conjunto de instrumentos de viento de una orquesta hechos originariamente de metal. U. t. en pl. con el mismo significado que en sing. || ~ **blanco.** M. Aleación de color, brillo y dureza semejantes a los de la plata, que ordinariamente se obtiene mezclando cobre, níquel y cinc. || ~ **noble.** M. *Quím.* El que no se oxida ni se altera con facilidad; p. ej., el oro, el platino y el iridio. || ~ **precioso.** M. Oro, plata y platino. || **el vil** ~. M. coloq. **dinero** (|| moneda corriente). □ V. **Edad de los Metales.**

metalengua. F. *Ling.* **metalenguaje** (‖ lenguaje que se usa para hablar del lenguaje).

metalenguaje. M. **1.** *Inform.* Lenguaje utilizado para describir un sistema de lenguaje de programación. ‖ **2.** *Ling.* Lenguaje que se usa para hablar del lenguaje.

metalero, ra. ADJ. *Chile.* Perteneciente o relativo a los metales. *Barco, camión metalero.*

metálico, ca. I. ADJ. **1.** Hecho de metal. *Una puerta metálica.* ‖ **2.** Perteneciente o relativo a los metales. *Brillo metálico.* ‖ **II.** M. **3.** Dinero en oro, plata, cobre u otro metal, esto es, en su propia especie, a diferencia del papel moneda. ‖ **4.** Dinero en general. *Pagar en metálico.* □ V. **carpintería ~, cierre ~, moneda ~, tela ~, telón ~.**

metalífero, ra. ADJ. Que contiene metal. *Mineral metalífero.*

metalingüístico, ca. ADJ. Perteneciente o relativo al metalenguaje.

metalista. COM. Persona que trabaja en metales.

metalistería. F. Arte de trabajar en metales.

metalización. F. Acción y efecto de metalizar o metalizarse.

metalizado, da. PART. de **metalizar.** ‖ ADJ. Dicho de una persona: Que sobrepone el dinero a cualquier otro bien. U. t. c. s.

metalizar. I. TR. **1.** *Quím.* Hacer que un cuerpo adquiera propiedades metálicas. ‖ **2.** Recubrir o impregnar de metal un objeto. *Metalizar el interior de un recipiente.* ‖ **II.** PRNL. **3.** Aficionarse excesivamente al dinero.

metalografía. F. Estudio de la estructura, composición y propiedades de los metales y de sus aleaciones.

metalográfico, ca. ADJ. Perteneciente o relativo a la metalografía.

metaloide. M. *Quím.* **semimetal.**

metalurgia. F. **1.** Arte de beneficiar los minerales y de extraer los metales que contienen, para ponerlos en disposición de ser elaborados. ‖ **2.** Ciencia y técnica que trata de los metales y de sus aleaciones. ‖ **3.** Conjunto de industrias, en particular las pesadas, dedicadas a la elaboración de metales.

metalúrgico, ca. I. ADJ. **1.** Perteneciente o relativo a la metalurgia. *Sector metalúrgico.* ‖ **II.** M. y F. **2.** Persona que trabaja en la metalurgia, o se dedica a su estudio.

metalurgista. COM. Persona que profesa la metalurgia.

metamórfico, ca. ADJ. *Geol.* Dicho de un mineral o de una roca: Que han sufrido metamorfismo.

metamorfismo. M. *Geol.* Transformación natural ocurrida en un mineral o en una roca después de su consolidación primitiva.

metamorfosear. TR. **1.** **transformar** (‖ hacer cambiar de forma). *Metamorfoseó su discurso.* U. t. c. prnl. ‖ **2.** **transformar** (‖ transmutar). U. t. c. prnl. *Se metamorfoseó en otra persona para actuar en televisión.*

metamorfosis. F. **1.** Transformación de algo en otra cosa. ‖ **2.** Mudanza que hace alguien o algo de un estado a otro, como de la avaricia a la generosidad o de la pobreza a la riqueza. ‖ **3.** *Zool.* Cambio que experimentan muchos animales durante su desarrollo, y que se manifiesta no solo en la variación de forma, sino también en las funciones y en el género de vida.

metanero, ra. ADJ. Dicho de un buque: Destinado al transporte de metano. U. t. c. s. m.

metano. M. *Quím.* Primero de la serie de los hidrocarburos alifáticos. Es un gas incoloro, producido en las minas de carbón, y se desprende del cieno de algunos pantanos. Mezclado con el aire es inflamable y se llama grisú. (Fórm. CH_4).

metanol. M. *Quím.* Alcohol cuya molécula tiene un átomo de carbono. Es un líquido incoloro, semejante en su olor y otras propiedades al alcohol etílico. Es tóxico. (Fórm. CH_3OH).

metastásico, ca. ADJ. *Med.* Perteneciente o relativo a la metástasis.

metástasis. F. **1.** *Med.* Propagación de un foco canceroso en un órgano distinto de aquel en que se inició. ‖ **2.** *Med.* Resultado de esta propagación.

metastatizar. INTR. *Med.* Producir metástasis. U. t. c. prnl.

metatarsiano, na. ADJ. **1.** *Anat.* Perteneciente o relativo al metatarso. *Fractura metatarsiana.* ‖ **2.** *Anat.* Se dice de cada uno de los cinco huesos del metatarso. U. t. c. s.

metatarso. M. *Anat.* Conjunto de huesos largos que forman parte de las extremidades posteriores de los batracios, reptiles y mamíferos, y que por un lado están articulados con el tarso y por el otro con las falanges de los dedos del pie. En el hombre está formado por cinco huesos, y constituye el esqueleto de la planta del pie.

metate. M. *Méx.* Piedra cuadrada sobre la cual se muelen manualmente con el metlapil el maíz y otros granos. En España se empleaba para hacer el chocolate a brazo.

metátesis. F. *Gram.* Cambio de lugar de algún sonido en un vocablo; p. ej., en *perlado* por *prelado.* Era figura de dicción, según la preceptiva tradicional.

metatizar. TR. Pronunciar o escribir una palabra cambiando de lugar uno o más de sus sonidos o letras.

metazoo. ADJ. *Zool.* Se dice de los animales cuyo cuerpo está constituido por muchísimas células diferenciadas y agrupadas en forma de tejidos, órganos y aparatos; p. ej., los vertebrados, los moluscos y los gusanos. U. t. c. s. m. ORTOGR. En m. pl., escr. con may. inicial c. taxón. *Los Metazoos.*

meteco, ca. ADJ. **1.** despect. **extranjero.** U. m. c. s. ‖ **2.** hist. En la antigua Grecia, extranjero que se establecía en Atenas y que no gozaba de los derechos de ciudadanía. U. t. c. s.

metedor, ra. M. y F. Persona que mete o incorpora algo en otra cosa.

metedura. ~ de pata. F. coloq. Acción y efecto de meter la pata.

metempsícosis o **metempsicosis.** F. Doctrina religiosa y filosófica de varias escuelas orientales, y renovada por otras de Occidente, según la cual las almas transmigran después de la muerte a otros cuerpos más o menos perfectos, conforme a los merecimientos alcanzados en la existencia anterior.

metense. ADJ. **1.** Natural de Meta. U. t. c. s. ‖ **2.** Perteneciente o relativo a este departamento de Colombia.

meteórico, ca. ADJ. Perteneciente o relativo a los meteoros. □ V. **piedra ~.**

meteorismo. M. *Med.* Abultamiento del vientre por gases acumulados en el tubo digestivo.

meteorítico, ca. ADJ. Perteneciente o relativo a los meteoritos.

meteorito. M. Fragmento de un bólido que cae sobre la Tierra.

meteorización. F. *Agr.* Acción y efecto de meteorizarse.

meteorizarse. PRNL. *Agr.* Dicho de la tierra: Recibir la influencia de los meteoros.

meteoro. M. Fenómeno atmosférico, que puede ser aéreo, como los vientos, acuoso, como la lluvia o la nieve, luminoso, como el arcoíris, y eléctrico, como el rayo y el fuego de Santelmo.

meteorología. F. Ciencia que trata de la atmósfera y de los meteoros.

meteorológico, ca. ADJ. Perteneciente o relativo a la meteorología o a los meteoros.

meteorólogo, ga. M. y F. Persona que profesa la meteorología o tiene en ella especiales conocimientos.

metepatas. COM. coloq. Persona que mete la pata; inoportuno, indiscreto.

meter. **I.** TR. **1.** Encerrar, introducir o incluir algo dentro de otra cosa o en alguna parte. *Meter el pan en el horno.* U. t. c. prnl. *Meterse en la cama. Meterse a la cama.* || **2.** ocasionar. *Metía mucho ruido.* || **3.** Poner o colocar en un lugar a alguien o algo o disponerlos en el grado que debe tener. *Meter a alguien en la cárcel.* || **4.** Inducir o mover a alguien a determinado fin. *Lo metió en este negocio.* || **5.** Poner a alguien en compañía de otra persona para que la ayude en el desempeño de sus obligaciones. *Meterle un pinche.* || **6.** Embeber en las costuras de una prenda de ropa la tela que sobra, a fin de ajustarla a la medida que se desea. *Meter el dobladillo.* || **7.** coloq. Dar un puñetazo, una bofetada, etc. || **8.** *Mar.* Cargar, o cargar y aferrar las velas. || **II.** PRNL. **9.** Introducirse en una parte o en una dependencia sin ser llamado. *Se metió donde no le incumbía.* || **10.** Dejarse llevar con pasión por algo o cebarse en ello. *Meterse en enredos. Meterse en aventuras.* || **11.** Entrar o dedicarse a una profesión u oficio. *Meterse A fraile. Meterse A soldado.* U. t. c. tr. *Su padre lo va a meter DE taxista.* || **12.** Dicho de una persona: Abrazar, aparentar o afectar en su porte una profesión. *Meterse A bombero.* || **13.** Arrogarse alguna capacidad o facultades que no se tienen. *Meterse A juzgar. Meterse A enseñar.* || **14.** Dicho de una persona: Armar camorra a otra, darle motivo de inquietud o censurarlo en su conducta o en sus obras. *Se metía mucho CON su hermano pequeño.* || **a todo ~.** LOC.ADV. coloq. Con gran velocidad o con gran ímpetu y vehemencia. || **~se alguien donde no lo llaman, o donde nadie lo llama, o en lo que no le importa, o en lo que no le toca, o en lo que no le va ni le viene.** LOCS.VERBS. coloqs. Entrometerse, mezclarse, introducirse en lo que no le incumbe. || **~se alguien en sí, o en sí mismo.** LOCS.VERBS. Pensar o meditar por sí solo, sin querer pedir consejo o explicar lo que siente. || **~se alguien en todo.** LOC.VERB. coloq. Introducirse inoportunamente en cualquier negocio, dando su dictamen sin que se le pida. || **~ un cuento, una mentira, una trola.** LOCS.VERBS. Decir algo falso para engañar. || **no me meto en nada.** EXPR. Se usa para manifestar que no se tiene parte en cosas cuyas consecuencias se temen.

metete. ADJ. coloq. entrometido. U. t. c. s.

metical. M. hist. Moneda de vellón que corrió en España en el siglo XIII.

metiche. ADJ. *Am. Cen., Á. Andes, Á. Caribe* y *Méx.* entrometido. U. t. c. s.

meticulosidad. F. Cualidad de meticuloso.

meticuloso, sa. ADJ. Concienzudo, escrupuloso. *Análisis meticuloso.*

metida. F. **1.** Acción y efecto de meter. || **2.** metido (|| impulso). || **3.** tute (|| acometida que se da a algo en su uso o consumo). *Dar una metida.* || **~ de pata.** F. *Am.* metedura de pata.

metido, da. PART. de meter. || **I.** ADJ. **1.** Abundante en ciertas cosas. *Metido en carnes.* || **2.** *Am. Cen.* y *Am. Mer.* entrometido. U. m. c. s. || **II.** M. **3.** Golpe que se da a una persona, acometiéndola. || **4.** Impulso o avance que se da a una tarea. || **5.** tute (|| acometida que se da a algo en su uso o consumo). *Dar un metido.* || **estar** alguien **muy ~ en** algo. LOC.VERB. Estar muy empeñado en su logro y consecución.

metílico, ca. ADJ. *Quím.* Perteneciente o relativo al metilo. □ V. **alcohol ~.**

metilo. M. *Quím.* Radical del metano. (Fórm. CH_3–).

metimiento. M. Acción y efecto de **meter** (|| introducir algo en otra cosa).

metlapil. M, *Méx.* Rodillo de piedra con que se muele en el metate.

metódico, ca. ADJ. **1.** Hecho con método. *Análisis metódico.* || **2.** Que usa de método. *Espíritu metódico.*

metodismo. M. Doctrina de una confesión protestante fundada en Oxford en 1729 por John y Charles Wesley.

metodista. ADJ. **1.** Perteneciente o relativo al metodismo. *Templo metodista.* || **2.** Que lo profesa. U. t. c. s.

metodizar. TR. Poner orden y método en algo.

método. M. **1.** Modo de decir o hacer con orden. || **2.** Modo de obrar o proceder, hábito o costumbre que cada uno tiene y observa. || **3.** Obra que enseña los elementos de una ciencia o arte. *Método de piano.* || **4.** *Fil.* Procedimiento que se sigue en las ciencias para hallar la verdad y enseñarla.

metodología. F. **1.** Ciencia del método. || **2.** Conjunto de métodos que se siguen en una investigación científica o en una exposición doctrinal.

metodológico, ca. ADJ. Perteneciente o relativo a la metodología.

metomentodo. COM. coloq. entrometido. MORF. pl. invar. o **metomentodos.**

metonimia. F. *Ret.* Tropo que consiste en designar algo con el nombre de otra cosa tomando el efecto por la causa o viceversa, el autor por sus obras, el signo por la cosa significada, etc.; p. ej., *las canas* por *la vejez; leer a Virgilio,* por *leer las obras de Virgilio; el laurel* por *la gloria,* etc.

metonímico, ca. ADJ. **1.** *Ret.* Perteneciente o relativo a la metonimia. *Relaciones metonímicas.* || **2.** Que incluye o contiene una metonimia. *Imagen metonímica.*

metopa o **métopa.** F. *Arq.* En el friso dórico, espacio que media entre triglifo y triglifo.

metraje. M. Longitud o duración de la proyección de una película cinematográfica.

metralla. F. **1.** Munición menuda con que se cargaban las piezas de artillería, proyectiles y bombas, y actualmente otros explosivos. || **2.** Conjunto de cosas inútiles o desechadas. □ V. **bote de ~, casco de ~.**

metrallazo. M. **1.** Disparo hecho con metralla por una pieza de artillería. || **2.** Herida o estrago originado por ese disparo.

metralleta. F. Arma de fuego automática, de cañón más corto que el fusil y de gran velocidad de disparo.

metreta. F. hist. Medida para líquidos usada por los griegos y después por los romanos.

métrica. F. Arte que trata de la medida o estructura de los versos, de sus clases y de las distintas combinaciones que con ellos pueden formarse.

métrico, ca. ADJ. **1.** Perteneciente o relativo al **metro** (‖ unidad de longitud). *Cálculos métricos.* ‖ **2.** Perteneciente o relativo al **metro** (‖ medida del verso). *Pies métricos.* □ V. **acento** ~, **cinta** ~, **quintal** ~, **Sistema Métrico Decimal, tonelada** ~.

metritis. F. Med. Inflamación de la matriz.

metro¹. M. **1.** Unidad de longitud del Sistema Internacional, que originalmente se estableció como la diezmillonésima parte del cuadrante del meridiano terrestre, y hoy, con más precisión, se define como la longitud del trayecto recorrido en el vacío por la luz durante un tiempo de 1/299 792 458 de segundo. (Símb. *m*). ‖ **2.** Instrumento que tiene marcada la longitud del metro y sus divisores, y que se emplea para medir. ‖ **3.** Cantidad de materia que tiene la longitud de un metro. *He comprado tres metros de tela.* ‖ **4.** Métr. Medida de un verso. *Mudar de metro. Comedia en variedad de metros.* ‖ **~ cuadrado.** M. **1.** Unidad de superficie del Sistema Internacional, que equivale a la superficie de un cuadrado cada uno de cuyos lados mide un metro. (Símb. *m²*). ‖ **2.** Cantidad de algo cuya superficie mide un metro cuadrado. *Pagó el solar a mil euros por metro cuadrado.* ‖ **~ cúbico.** M. **1.** Unidad de volumen del Sistema Internacional, que equivale al volumen de un cubo cada uno de cuyos lados mide un metro. (Símb. *m³*). ‖ **2.** Cantidad de algo cuyo volumen mide un metro cúbico. *Un metro cúbico de agua.*

metro². M. **metropolitano** (‖ tren subterráneo).

metrología. F. Ciencia que tiene por objeto el estudio de los sistemas de pesas y medidas.

metrónomo. M. Máquina a manera de reloj, para medir el tiempo e indicar el compás de las composiciones musicales.

metrópoli o metrópolis. F. **1.** Ciudad principal, cabeza de la provincia o Estado. ‖ **2.** Nación, u originariamente ciudad, respecto de sus colonias.

metropolitano, na. **I.** ADJ. **1.** Perteneciente o relativo a la metrópoli. *La dependencia metropolitana de las antiguas colonias.* ‖ **2.** Perteneciente o relativo al conjunto urbano formado por una ciudad y sus suburbios. *Crecimiento metropolitano.* ‖ **II.** M. **3.** Arzobispo, respecto de los obispos sufragáneos suyos. ‖ **4.** Tren subterráneo o al aire libre que circula por las grandes ciudades. □ V. **área** ~, **iglesia** ~.

metrorragia. F. Med. Hemorragia de la matriz, fuera del periodo menstrual.

mexicalense. ADJ. **1.** Natural de Mexicali. U. t. c. s. ‖ **2.** Perteneciente o relativo a esta ciudad de México, capital del estado de Baja California.

mexicanismo. M. Vocablo, giro o modo de hablar propio de los mexicanos.

mexicanista. COM. Persona especializada en estudios de cultura o historia de México.

mexicano, na. **I.** ADJ. **1.** Natural de México. U. t. c. s. ‖ **2.** Perteneciente o relativo a este país de América. ‖ **II.** M. **3.** Idioma nahua. □ V. **plata** ~.

mexiquense. ADJ. **1.** Natural del estado de México. U. t. c. s. ‖ **2.** Perteneciente o relativo a este estado de la República Mexicana.

mezcal. M. **1.** Variedad de **pita¹**. ‖ **2.** Aguardiente que se obtiene por fermentación y destilación de las cabezas de esta planta.

mezcalear. TR. Méx. Destilar mezcal.

mezcalería. F. Méx. Fábrica de mezcal.

mezcalero, ra. **I.** ADJ. **1.** hist. Se dice del individuo de un pueblo amerindio que ocupaba los territorios estadounidenses de Texas y Nuevo México. U. t. c. s. ‖ **2.** hist. Perteneciente o relativo a los mezcaleros. *Herencia mezcalera.* ‖ **3.** Méx. Perteneciente o relativo al mezcal (‖ aguardiente). ‖ **II.** M. y F. **4.** Méx. Persona que cultiva y cosecha mezcal (‖ pita). ‖ **5.** Méx. Persona que fabrica mezcal (‖ aguardiente).

mezcla. F. **1.** Acción y efecto de mezclar o mezclarse. ‖ **2.** Agregación o incorporación de varias sustancias o cuerpos que no tienen entre sí acción química. ‖ **3.** Tejido hecho de hilos de diferentes clases y colores.

mezclador, ra. M. y F. Persona que mezcla, une e incorpora una cosa con otra.

mezcladora. F. Máquina que sirve para mezclar.

mezclamiento. M. Acción y efecto de mezclar.

mezclar. **I.** TR. **1.** Juntar, unir, incorporar algo con otra cosa, confundiéndolos. *Mezclar agua con vino.* U. t. c. prnl. ‖ **2.** Alterar el orden de las cosas, desordenarlas. *Mezclar lo divino con lo humano.* ‖ **3.** Meter a alguien en algo que no le incumbe o no le interesa. *¡No me mezcles en tus asuntos!* U. t. c. prnl. *Se mezcla en todas las discusiones callejeras.* ‖ **II.** PRNL. **4.** Dicho de una persona: Introducirse o meterse entre otras. ‖ **5.** Dicho de una cosa: Introducirse en otra, participar de ella. ‖ **6.** Dicho de una familia o de un linaje: Enlazarse con otro.

mezclilla. F. Tejido hecho como la mezcla, pero de menos cuerpo.

mezcolanza. F. Mezcla extraña y confusa, y algunas veces ridícula.

mezquinar. TR. Regatear, escatimar algo, darlo con mezquindad. *Mezquinar los alimentos, la ayuda.*

mezquindad. F. **1.** Cualidad de mezquino. ‖ **2.** Acción o cosa mezquina.

mezquino, na. ADJ. **1.** Que escatima excesivamente en el gasto. ‖ **2.** Falto de nobleza de espíritu. ‖ **3.** Pequeño, diminuto. *Un zaguán mezquino.* ‖ **4.** Pobre, necesitado, falto de lo necesario.

mezquita. F. Edificio en que los musulmanes practican sus ceremonias religiosas.

mezquite. M. Árbol de América, de la familia de las Mimosáceas, de copa frondosa y flores blancas y olorosas en espiga. Produce goma, y de sus hojas se saca un extracto que se emplea en las oftalmias, lo mismo que el zumo de la planta.

mi¹. M. Mús. Tercera nota de la escala musical. MORF. pl. **mis.**

mi². ADJ. POSES. **1.** mío. U. ante s. *Mi hermana.* ‖ **2.** Antepuesto a ciertos sustantivos, tiene sentido cariñoso. *Mi amor.* ‖ **3.** Mil. En algunos ejércitos, se utiliza antepuesto al grado correspondiente al dirigirse a un superior. *Mi sargento.*

mi³. F. Duodécima letra del alfabeto griego (M, μ), que corresponde a *m* del latino.

mí. PRON. PERSON. Forma de la 1.ª persona del singular que se emplea únicamente como término de preposición. ‖ **a ~ qué.** EXPR. coloq. Se usa para mostrar indiferencia. ‖ **para ~.** EXPR. A mi parecer, según creo. ‖ **por ~.** EXPR. **1.** Se usa frecuentemente para manifestar indiferencia. *Por mí, puede gastarse todo el dinero que quiera.* ‖ **2.** coloq. Por lo que a mí respecta. *Por mí, que se venga con nosotros.*

miaja[1]. F. hist. **meaja**.

miaja[2]. F. vulg. **migaja**.

mialgia. F. Med. Dolor muscular.

miamense. ADJ. **1**. Natural de Miami. U. t. c. s. ‖ **2**. Perteneciente o relativo a esta ciudad de los Estados Unidos de América.

miar. INTR. **maullar**. MORF. conjug. c. *enviar*.

miasma. AMB. Efluvio maligno que, según se creía, desprendían cuerpos enfermos, materias corruptas o aguas estancadas. U. m. en pl.

miasmático, ca. ADJ. **1**. Que produce o contiene miasmas. *Laguna, atmósfera miasmática*. ‖ **2**. Ocasionado por los miasmas. *Enfermedad miasmática*.

miastenia. F. Med. Fatiga muscular.

miau. ONOMAT. Se usa para imitar el maullido del **gato** (‖ mamífero félido).

mica. F. Mineral compuesto de hojas brillantes, elásticas, sumamente delgadas, que se rayan con la uña. Es un silicato múltiple con colores muy diversos y que forma parte integrante de varias rocas.

micáceo, a. ADJ. **1**. Que contiene mica. *Compuesto micáceo*. ‖ **2**. Que se asemeja a ella. *Brillo micáceo*.

micción. F. **1**. Acción de **orinar** (‖ expeler la orina). ‖ **2**. orina.

miccional. ADJ. Perteneciente o relativo a la micción.

miccionar. INTR. **orinar** (‖ expeler la orina). U. t. c. tr.

micelio. M. Bot. Talo de los hongos, formado comúnmente de filamentos muy ramificados y que constituye el aparato de nutrición de estas plantas.

micénico, ca. ADJ. **1**. hist. Natural de Micenas. U. t. c. s. ‖ **2**. hist. Perteneciente o relativo a esta antigua ciudad de Argólida, en el Peloponeso.

micer. M. hist. Se usó como tratamiento honorífico de la Corona de Aragón, aplicado también a los letrados en las islas Baleares.

micha. F. coloq. **gata** (‖ hembra del gato).

michelín. (De *Michelin*, marca reg., por alusión a la figura humana formada con neumáticos con que se anuncia). M. coloq. Pliegue de gordura que se forma en alguna parte del cuerpo.

michina. F. coloq. **gata** (‖ hembra del gato).

michino. M. coloq. **gato** (‖ mamífero félido).

micho. M. coloq. **gato** (‖ mamífero félido).

michoacano, na. ADJ. **1**. Natural de Michoacán. U. t. c. s. ‖ **2**. Perteneciente o relativo a este estado de México.

mico. M. **1**. Mono de cola larga. ‖ **2**. coloq. Persona pequeña y muy fea. ‖ **quedarse** alguien **hecho un ~**. LOC. VERB. coloq. Quedar **corrido** (‖ avergonzado).

micoleón. M. Am. Cen. Animal vivérrido carnívoro, arborícola, del tamaño de un gato doméstico grande, de cabeza redonda, cara pequeña, orejas pequeñas y redondas, cuello corto, tronco largo, grueso y muy flexible, cola prensil que le sirve de anclaje. Las patas traseras son más largas que las delanteras, todas con cinco dedos con garras cortas y agudas; tiene el pelo crespo, suave y brillante de coloración amarillenta leonada, y presenta parches carentes de pelo de color rosado en el hocico y las mejillas. Es nativo desde México al Brasil.

micología. F. Ciencia que trata de los hongos.

micológico, ca. ADJ. Perteneciente o relativo a la micología. *Estudios micológicos*.

micólogo, ga. M. y F. Persona que se dedica al estudio de la micología o tiene en ella especiales conocimientos.

micosis. F. Med. Infección producida por ciertos hongos en alguna parte del organismo.

micra. F. **micrómetro**.

micrero. M. Chile. Conductor o dueño de un microbús.

micro. M. coloq. **micrófono**.

microbiano, na. ADJ. Perteneciente o relativo a los microbios.

microbicida. ADJ. Que mata los microbios. Apl. a un agente o un producto, u. t. c. s.

microbio. M. Se usa como nombre genérico para referirse a los seres organizados solo visibles al microscopio; p. ej. las bacterias, los infusorios, las levaduras, etc.

microbiología. F. Estudio de los microbios.

microbiológico, ca. ADJ. Perteneciente o relativo a la microbiología.

microbiólogo, ga. M. y F. Persona que profesa la microbiología o tiene en ella especiales conocimientos.

microbús. M. Autobús de menor tamaño que el usual.

microcefalia. F. Cualidad de microcéfalo.

microcéfalo, la. ADJ. **1**. Dicho de un animal: Que tiene la cabeza de tamaño menor del normal en la especie a que pertenece. U. t. c. s. ‖ **2**. Que tiene la cabeza desproporcionada, por lo pequeña, con relación al cuerpo. U. t. c. s.

microchip. M. Electr. Chip miniaturizado. MORF. pl. **microchips**.

microcircuito. **~ neuronal**. M. Biol. Conjunto de conexiones e interacciones entre neuronas dentro de los centros nerviosos.

microcirugía. F. Cirugía realizada con micromanipuladores.

microclima. M. Ecol. Clima local de características distintas a las de la zona en que se encuentra.

microcosmos. M. El ser humano concebido como imagen y reflejo del universo.

microeconomía. F. Estudio de la economía en relación con acciones individuales, de un comprador, de un fabricante, de una empresa, etc. Se usa en contraposición a *macroeconomía*.

microelectrónica. F. Técnica de diseñar y producir circuitos electrónicos en miniatura, aplicando especialmente elementos semiconductores.

microespacio. M. En radio y televisión, programa de corta duración incluido en otro más largo.

microestructura. F. **1**. Estructura que forma parte de otra más amplia. *La microestructura porosa de los corales*. ‖ **2**. Ling. En un repertorio lexicográfico, estructura encabezada por el lema en la que se integra y organiza la información relativa a cada artículo.

microficha. F. Ficha de película que contiene en tamaño muy reducido varias fotografías de páginas de un libro, documento, etc.

microfilm. M. **microfilme**. MORF. pl. **microfilms**.

microfilmación. F. Acción y efecto de microfilmar.

microfilmar. TR. Reproducir en microfilme una imagen o figura, especialmente manuscritos o impresos.

microfilme. M. Cinta de celuloide en que se reproducen, con una gran reducción de tamaño, documentos gráficos, permitiendo así su fácil almacenamiento y manipulación.

micrófono. M. Aparato que transforma las ondas sonoras en corrientes eléctricas para su amplificación.

microfotografía. F. **1**. Técnica fotográfica para reducir el tamaño de la página de un libro, documento, etc.

|| **2.** Fotografía de un objeto de tamaño microscópico.

|| **3.** Fotografía de una preparación microscópica, realizada con una cámara de especial precisión.

microfotográfico, ca. ADJ. Perteneciente o relativo a la microfotografía.

micrografía. F. Descripción de objetos vistos con el microscopio.

micrográfico, ca. ADJ. Perteneciente o relativo a la micrografía.

microgravedad. F. *Mec.* Manifestación prácticamente nula de la pesantez de los cuerpos por ausencia de la gravedad.

micromanipulador. M. Aparato que permite manejar objetos microscópicos.

micrométrico, ca. ADJ. Perteneciente o relativo al micrómetro. *Tornillo micrométrico.*

micrómetro. M. Medida de longitud que equivale a la millonésima (10^{-6}) parte del metro. (Símb. μm).

micromotor. M. Motor de muy pequeñas dimensiones.

micrón. M. micrómetro.

micronesio, sia. ADJ. **1.** Natural de Micronesia. U. t. c. s. || **2.** Perteneciente o relativo a este país de Oceanía.

micronizar. TR. Pulverizar un material sólido hasta que sus partículas alcancen el tamaño de micrómetros.

microonda. F. **1.** *Electr.* Onda electromagnética cuya longitud está comprendida en el intervalo del milímetro al metro y cuya propagación puede realizarse por el espacio y por el interior de tubos metálicos. || **2.** pl. u. c. sing. m. **horno de microondas.**

microorganismo. M. microbio.

micropilo. M. *Bot.* Orificio que perfora las membranas envolventes de la nuececilla, por el cual penetra en el óvulo vegetal el elemento masculino para la fecundación.

microprocesador. M. *Fís.* Circuito constituido por millares de transistores integrados en un chip, que realiza alguna determinada función de las computadoras u ordenadores electrónicos digitales.

microscopía. F. **1.** Construcción y empleo del microscopio. || **2.** Conjunto de métodos para la investigación por medio del microscopio.

microscópico, ca. ADJ. **1.** Perteneciente o relativo al microscopio. *Técnicas microscópicas.* || **2.** Hecho con ayuda del microscopio. *Vistas, observaciones microscópicas.* || **3.** Tan pequeño que no puede verse sino con el microscopio. *Organismos microscópicos.* || **4.** Muy pequeño. *Escritura microscópica.*

microscopio. M. Instrumento óptico destinado a observar objetos extremadamente diminutos, haciendo perceptible lo que no lo es a simple vista. || **~ electrónico.** M. El que utiliza radiación electrónica en vez de luz, y con el que se consiguen aumentos muchos miles de veces superiores a los del microscopio ordinario. || **~ óptico.** M. El que está compuesto por un sistema de lentes y utiliza luz visible.

microspora. F. *Bot.* Espora masculina de ciertos helechos.

microsurco. ADJ. Se dice del disco de gramófono cuyas estrías finísimas y muy próximas entre sí permiten registrar gran cantidad de sonidos. U. t. c. s. m.

microtomo. M. Instrumento que sirve para cortar los objetos que se han de observar con el microscopio.

midriasis. F. *Med.* Dilatación anormal de la pupila con inmovilidad del iris.

miéchica. INTERJ. eufem. *Chile.* **mierda.**

miedica. ADJ. despect. coloq. **miedoso.** Apl. a pers., u. t. c. s.

mieditis. F. coloq. **miedo.**

miedo. M. **1.** Perturbación angustiosa del ánimo por un riesgo o daño real o imaginario. || **2.** Recelo o aprensión que alguien tiene de que le suceda algo contrario a lo que desea. *Tengo miedo de que ya sea tarde.* || **~ cerval.** M. El grande o excesivo. || **~ insuperable.** M. *Der.* El que, anulando las facultades de decisión y raciocinio, impulsa a una persona a cometer un hecho delictivo. Es circunstancia eximente. || **de ~.** LOC.ADJ. coloq. Se usa para ponderar algo. *Hace un frío de miedo. Fulanita está de miedo.* U. t. c. loc. adv. *Canta de miedo.*

miedoso, sa. ADJ. coloq. Que tiene miedo de cualquier cosa. Apl. a pers., u. t. c. s.

miel. F. **1.** Sustancia viscosa, amarillenta y muy dulce, que producen las abejas transformando en su estómago el néctar de las flores, y devolviéndolo por la boca para llenar con él los panales y que sirva de alimento a las crías. || **2.** Jarabe saturado obtenido entre dos cristalizaciones o cocciones sucesivas en la fabricación del azúcar. || **~ de caña,** o **~ de cañas.** F. Licor espeso que destila del zumo de las cañas dulces cuando se echa en los moldes o bocoyes para cuajar los pilones de azúcar. || **~ silvestre.** F. **1.** La que labran las abejas en los huecos de los árboles o de las peñas. || **2.** *Am.* La que labran en los árboles unas avispas negras, del tamaño de las moscas, que sale muy oscura. || **~ virgen.** F. La más pura, que fluye naturalmente de los panales sacados de las colmenas, sin prensarlos ni derretirlos. || **dejar** a alguien **con la ~ en los labios.** LOC.VERB. coloq. Privarlo de lo que empezaba a gustar y disfrutar. || **hacerse** alguien **de ~.** LOC.VERB. Portarse de manera más blanda y suave de la que conviene. || **~ sobre hojuelas.** EXPR. coloq. Se usa para expresar que una cosa añade a otra nuevo realce o atractivo. □ V. **luna de ~.**

mielero, ra. I. ADJ. **1.** Que produce miel. *Abejas mieleras.* || **II.** M. y F. **2.** Persona que vende miel o comercia con ella.

mielga. F. Planta herbácea anual, de la familia de las Papilionáceas, de raíz larga y recia, vástagos de seis a ocho decímetros de altura, hojas compuestas de otras ovaladas y aserradas por su margen, flores azules en espiga, y por fruto una vaina en espiral con simientes amarillas en forma de riñón. Abunda en los sembrados.

mielítico, ca. ADJ. Que padece mielitis.

mielitis. F. *Med.* Inflamación de la médula espinal.

mieloma. M. *Med.* Proliferación de células de la médula ósea productoras de proteínas de diversa naturaleza.

miembro. I. M. **1.** Cada una de las extremidades del hombre o de los animales articuladas con el tronco. || **2. pene.** || **3.** Parte de un todo. *Los miembros de un esquema.* || **4.** *Mat.* Cada una de las dos expresiones de una ecuación separadas por el signo de igualdad o de desigualdad. || **II.** COM. **5.** Individuo o entidad que forma parte de un conjunto, comunidad o cuerpo moral. U. t. c. adj. *Estados miembros de la UE.* || **~ podrido.** M. Sujeto separado de una comunidad o indigno de ella por sus culpas. || **~ viril.** M. Pene del hombre.

mientes. parar, o **poner, ~ en** algo. LOCS.VERBS. Considerarlo, meditar y recapacitar sobre ello con particular cuidado y atención. || **pasársele** a alguien **por las ~** algo. LOC.VERB. Ocurrírsele, pensar en ello.

mientras. I. ADV.T. **1.** Durante el tiempo en el que transcurre la acción simultánea expresada. *Juan estudia; tú, mientras, te diviertes.* ‖ **II.** CONJ.T. **2.** Durante el tiempo en que. *Mientras tú te diviertes, Juan estudia.* ‖ **~ que.** LOC. CONJUNT. En cambio. *Juan estudia, mientras que tú no haces nada de provecho.* ‖ **~ más.** LOC. CONJUNT. coloq. Cuanto más. *Mientras más tiene, más desea.* ‖ **~ menos.** LOC. CONJUNT. coloq. Cuanto menos. *Mientras menos estudies, menos sabrás.* ‖ **~ tanto.** LOC.ADV. entretanto.

miera. F. Trementina de pino. ☐ V. **enebro de la ~.**

miércale. INTERJ. eufem. *Chile.* **mierda.**

miércoles. I. M. **1.** Tercer día de la semana, cuarto de la semana litúrgica. ‖ **II.** INTERJ. **2.** eufem. **mierda.** ‖ **Miércoles de Ceniza.** M. Primer día de la Cuaresma y cuadragésimo sexto anterior al Domingo de Pascua de Resurrección, que cae entre el 4 de febrero y el 10 de marzo.

mierda. I. F. **1.** malson. Excremento humano. ‖ **2.** malson. Excremento de algunos animales. ‖ **3.** malson. Grasa, suciedad o porquería que se pega a la ropa o a otra cosa. *Su camisa tiene mucha mierda.* ‖ **4.** malson. Cosa sin valor o mal hecha. *Ese libro es una mierda.* ‖ **II.** COM. **5.** malson. Persona despreciable. ‖ **mierda.** INTERJ. malson. Expresa contrariedad o indignación. ‖ **vete, idos,** etc., **a la ~.** EXPRS. malsons. Se usan para despedir a una o varias personas con enfado, desprecio o disgusto, o por burla, o para rehusar o denegar algo.

mies. F. **1.** Cereal de cuya semilla se hace el pan. ‖ **2.** pl. sembrados.

miga. F. **1.** Parte interior y más blanda del pan, rodeada y cubierta por la corteza. ‖ **2.** Porción pequeña de pan o de cualquier cosa. *Una miga de queso.* ‖ **3.** coloq. Entidad, gravedad y sustancia de una cosa moral. *Sus palabras tenían mucha miga.* ‖ **4.** pl. Pan picado, humedecido con agua y sal y rehogado en aceite muy frito, con algo de ajo y pimentón. ‖ **hacer buenas ~s** dos o más personas. LOC.VERB. coloq. Avenirse bien en su trato y amistad. ‖ **hacer malas ~s** dos o más personas. LOC. VERB. coloq. Avenirse mal en su trato y amistad. ‖ **hacer ~s a alguien.** LOC.VERB. coloq. **hacer polvo.**

migaja. F. **1.** miga (‖ porción pequeña). *Una migaja de pan. Una migaja de cariño.* ‖ **2.** pl. Desperdicios o sobras de alguien, que aprovechan otros. ‖ **reparar en ~s.** LOC. VERB. coloq. Detenerse, cuando se trata de cosas de importancia, en las de poca monta, y escatimarlas.

migajón. M. Miga de pan o parte de ella.

migar. TR. **1.** Desmenuzar o partir el pan en pedazos muy pequeños para hacer migas u otra cosa semejante. ‖ **2.** Echar estos pedazos en un líquido. *Migar la leche.*

migración. F. **1.** Acción y efecto de pasar de un país a otro para establecerse en él. Se usa hablando de las migraciones históricas que hicieron las razas o los pueblos enteros. ‖ **2.** Viaje periódico de las aves, peces u otros animales migratorios. ‖ **3.** Desplazamiento geográfico de individuos o grupos, generalmente por causas económicas o sociales.

migrante. ADJ. Que migra o emigra. *Población migrante.*

migraña. F. jaqueca.

migrar. INTR. **1.** emigrar. ‖ **2.** inmigrar (‖ llegar a un país para establecerse en él).

migratorio, ria. ADJ. **1.** Perteneciente o relativo a la migración o emigración de personas. *Flujos migratorios.* ‖ **2.** Perteneciente o relativo a los viajes periódicos de ciertos animales. *Hábitos migratorios estacionales.* ‖ **3.** Perteneciente o relativo a estos animales. *Biología migratoria.* ‖ **4.** Que emigra. *Aves migratorias. Peces migratorios.*

migueleño, ña. ADJ. **1.** Natural de San Miguel. U. t. c. s. ‖ **2.** Perteneciente o relativo a este departamento de El Salvador o a su cabecera.

miguelete. M. **1.** hist. Individuo perteneciente a la milicia foral de la provincia de Guipúzcoa. ‖ **2.** hist. Antiguo fusilero de montaña en Cataluña.

mihrab. M. En las mezquitas, nicho u hornacina que señala el sitio adonde han de mirar quienes oran. MORF. pl. **mihrabs.**

mijo. M. **1.** Planta de la familia de las Gramíneas, originaria de la India, con tallos de unos seis decímetros de longitud, hojas planas, largas y puntiagudas, y flores en panojas terminales, curvadas en el ápice. ‖ **2.** Semilla de esta planta, pequeña, redonda, brillante y de color blanco amarillento. ‖ **3.** maíz.

mikado. M. Emperador del Japón.

mil. I. ADJ. **1.** Diez veces ciento. ‖ **2.** milésimo (‖ que sigue en orden al noningentésimo nonagésimo noveno). *Número mil. Año mil.* ‖ **3.** coloq. Se dice del número o cantidad grande indefinidamente. *Te lo he dicho mil veces.* ‖ **II.** M. **4.** Signo o conjunto de signos con que se representa el número mil. ‖ **5.** pl. **millares.** *Un par de miles de euros. Una nube de miles de langostas.* ‖ **las ~ y quinientas.** F. pl. coloq. Hora demasiado tardía. *Vendrá a las mil y quinientas.*

milagrear. INTR. Hacer milagros.

milagrería. F. **1.** Narración de hechos maravillosos que se quieren hacer aparecer como milagros. ‖ **2.** Propensión o tendencia a tomar como milagros hechos naturales o explicables naturalmente.

milagrero, ra. ADJ. **1.** Dicho de una persona: Que tiende a tomar por milagros las cosas que suceden naturalmente. ‖ **2.** Dicho de una persona: Que finge milagros. ‖ **3.** coloq. Que hace milagros. *Un santo muy milagrero.*

milagriento, ta. ADJ. *Méx.* milagroso (‖ que hace milagros). U. t. c. s.

milagro. M. **1.** Hecho no explicable por las leyes naturales y que se atribuye a intervención sobrenatural de origen divino. ‖ **2.** Suceso o cosa rara, extraordinaria y maravillosa. *Fue un milagro que no tuvieran un accidente.* ‖ **3.** exvoto (‖ ofrenda dedicada a Dios, a la Virgen o a los santos). ‖ **de ~.** LOC.ADV. Se usa para expresar que algo ha ocurrido cuando parecía imposible que ocurriese, o que no ha ocurrido cuando todo hacía creer que iba a suceder. ‖ **hacer** alguien **~s.** LOC.VERB. Hacer mucho más de lo que se puede hacer comúnmente con los medios disponibles. ‖ **milagro.** INTERJ. Denota la extrañeza que causa algo. ☐ V. **corte de los ~s, vida y ~s.**

milagroso, sa. ADJ. **1.** Que excede a las fuerzas y facultades de la naturaleza. *Su recuperación fue milagrosa.* ‖ **2.** Que obra o hace milagros. *Una imagen milagrosa.* ‖ **3.** Maravilloso, asombroso, pasmoso. *Una orquestación milagrosa.*

milamores. F. Hierba anual de la familia de las Valerianáceas, con tallo ramoso de seis a ocho decímetros de altura, hojas garzas, lanceoladas y enteras, con pecíolo las inferiores, las superiores, flores pequeñas, en corimbos terminales, rojas o blancas, y cuya corola se prolonga con un espolón delgado, y fruto seco de tres celdillas, dos estériles y una semilla sin albumen. Es espontánea en lugares pedregosos, se cultiva en los jardines, y en Italia se come en ensalada.

milanés, sa. ADJ. **1.** Natural de Milán. U. t. c. s. || **2.** Perteneciente o relativo a esta ciudad de Italia.

milanesa. F. Filete de carne empanado. || **a la ~.** LOC. ADJ. Dicho de algunos alimentos, especialmente determinados tipos de carne: Que se preparan empanados.

milano. M. **1.** Ave diurna del orden de las Rapaces, que tiene unos siete decímetros desde el pico hasta la extremidad de la cola y metro y medio de envergadura, plumaje del cuerpo rojizo, gris claro en la cabeza, leonado en la cola y casi negro en las remeras de las alas, pico y tarsos cortos, y cola y alas muy largas, por lo cual tiene el vuelo facilísimo y sostenido. Es sedentaria en España y se alimenta con preferencia de roedores pequeños, insectos y carroñas. || **2.** Apéndice de pelos de algunos frutos. || **3.** Flor del cardo. □ V. **cola de ~.**

milbillonésima. F. Cada una de las partes iguales de una unidad de medida dividida en 1000 billones de ellas. *Una milbillonésima de segundo.*

milbillonésimo, ma. ADJ. **1.** Se dice de cada una de las 1000 billones de partes iguales en que se divide un todo. U. t. c. s. m. || **2.** Que ocupa en una serie el lugar al cual preceden otros 999 999 999 999 999 lugares.

mildiu o mildiú. M. Enfermedad de la vid, producida por un hongo microscópico que se desarrolla en el interior de las hojas, y también en los tallos y en el fruto.

milenario, ria. I. ADJ. **1.** Que ha durado uno o varios milenios. *Olivos milenarios.* || **II.** M. **2.** Milésimo aniversario de algún acontecimiento notable.

milenarismo. M. **1.** hist. Doctrina o creencia de quienes creían que Jesucristo reinaría sobre la tierra durante 1000 años antes del día del Juicio. || **2.** hist. Doctrina o creencia de quienes creían que el Juicio Final y el fin del mundo acaecerían en el año 1000 de la era cristiana.

milenarista. ADJ. **1.** hist. Perteneciente o relativo al milenarismo. *Doctrinas milenaristas.* || **2.** hist. Partidario o defensor del milenarismo. U. t. c. s.

milenio. M. Tiempo de 1000 años.

milenrama. F. Planta herbácea de la familia de las Compuestas, con tallo de cuatro a seis decímetros de altura, hojas dos veces divididas en lacinias muy estrechas y algo vellosas, flores en corimbos apretados, blancas y a veces rojizas, y fruto seco con una semilla suelta. Es común en España, y el cocimiento de sus flores se ha usado como tónico y astringente.

milesia. □ V. **fábula ~.**

milésima. F. **1.** Milésima parte de la unidad monetaria. || **2.** Cada una de las 1000 partes iguales en que se dividen ciertas unidades de medida. *Plata de 800 milésimas. A escasas milésimas del récord.*

milésimo, ma. ADJ. **1.** Que sigue inmediatamente en orden al noningentésimo nonagésimo noveno. || **2.** Se dice de cada una de las 1000 partes iguales en que se divide un todo. U. t. c. s. m.

milhoja. F. Á. R. *Plata.* **milhojas** (|| pastel).

milhojas. I. M. **1.** Pastel en forma de prisma rectangular, que contiene merengue entre dos capas de hojaldre espolvoreado con azúcar. || **II.** F. **2.** **milenrama.**

mili. F. coloq. **servicio militar.**

miliamperio. M. *Electr.* Medida de corriente eléctrica que equivale a una milésima de amperio. (Símb. *mA*).

miliar[1]. ADJ. *Med.* Se dice de una erupción de vejigas del tamaño de granos de mijo, y también de la fiebre acompañada de erupción de esta clase. U. m. c. s. f.

miliar[2]. ADJ. hist. Se dice de la columna, piedra, etc., que antiguamente indicaba la distancia de 1000 pasos.

miliario, ria. ADJ. hist. Se dice de la columna o piedra que indicaba la distancia de 1000 pasos. U. t. c. s. m.

milibar. M. Milésima parte de un **bar[2].** (Símb. *mbar*)

milicia. F. **1.** Servicio o profesión militar. || **2.** Arte de hacer la guerra y de disciplinar a los soldados para ella. || **3.** Tropa o gente de guerra. || **~ nacional.** F. hist. Conjunto de los cuerpos sedentarios de organización militar, compuestos de individuos del orden civil e instituidos en España durante las luchas políticas del siglo XIX para defensa del sistema constitucional. || **~ urbana.** F. hist. En cierta época, **milicia nacional.** || **~s populares.** F. pl. Conjunto de voluntarios armados no pertenecientes al ejército regular. || **~s universitarias.** F. pl. Institución del Ejército en que pueden hacer el servicio militar quienes cursan estudios universitarios.

miliciano, na. I. ADJ. **1.** Perteneciente o relativo a la milicia. *Armamento miliciano.* || **II.** M. y F. **2.** Persona que forma parte de una milicia. || **3.** Miembro de las milicias populares.

miligramo. M. Milésima parte de un gramo. (Símb. *mg*)

milígramo. M. *Chile.* **miligramo.**

mililitro. M. Milésima parte de un litro, o sea un centímetro cúbico. (Símb. *ml*).

milimétrico, ca. ADJ. **1.** Perteneciente o relativo al milímetro. *Cálculo milimétrico.* || **2.** Detallado, minucioso. *Disección milimétrica.* || **3.** Exacto, riguroso. *Precisión milimétrica.*

milímetro. M. Milésima parte de un metro. (Símb. *mm*). || **~ de mercurio.** M. Unidad de presión equivalente a la ejercida por una columna de mercurio de un milímetro de altura. (Símb. *mm Hg*).

militancia. F. **1.** Condición de militante. || **2.** Conjunto de militantes en una determinada organización.

militante. ADJ. Que milita. Apl. a pers., u. t. c. s. □ V. **iglesia ~.**

militar[1]. INTR. **1.** Profesar la milicia. || **2.** Servir en la guerra. || **3.** Figurar en un partido o en una colectividad. || **4.** Haber o concurrir en una cosa alguna razón o circunstancia particular que favorece o apoya cierta pretensión o determinado proyecto. *La profesión que ha elegido milita a su favor.*

militar[2]. I. ADJ. **1.** Perteneciente o relativo a la milicia o a la guerra, por contraposición a *civil. Poderío militar.* || **II.** COM. **2.** Persona que profesa la milicia. □ V. **~, arquitectura ~, arte ~, cartilla ~, casa ~, colegio ~, instrucción ~, ocupación ~, orden ~, posición ~, región ~, sanidad ~, servicio ~, tribuno ~.**

militarada. F. Intentona militar de carácter político.

militarismo. M. **1.** Preponderancia de los militares, de la política militar o del espíritu militar en una nación. || **2.** Modo de pensar de quien propugna dicha preponderancia.

militarista. ADJ. **1.** Perteneciente o relativo al militarismo. *Actitudes militaristas.* || **2.** Partidario del militarismo. U. t. c. s.

militarización. F. Acción y efecto de militarizar.

militarizar. TR. **1.** Someter a la disciplina militar. *Tras entrar en filas, se sintió inmediatamente militarizado.* || **2.** Dar carácter u organización militar a una colectividad. *Militarizar los ferrocarriles.*

mílite. M. **soldado** (|| hombre que sirve en la milicia).

milla. F. **1.** Medida de longitud itineraria, que adopta distintos valores según los usos. || **2.** hist. Medida itineraria de los romanos, que equivalía a 1478,5 m. || **~ marina,** o **~ náutica.** F. Medida de longitud usada especialmente en la navegación, equivalente a 1852 m. || **~ terrestre.** F. Medida de longitud equivalente a 1609 m.

millar. M. **1.** Conjunto de 1000 unidades. || **2.** Número grande indeterminado. U. m. en pl. *Millares de veces.*

millardo. M. Mil millones. *Un millardo de pesos.*

millo. M. **1.** **mijo** (|| planta gramínea). || **2.** **mijo** (|| semilla).

millón. M. **1.** Mil millares. *Un millón de euros. Un millón de habitantes.* || **2.** coloq. Número muy grande indeterminado. *Te lo he dicho un millón de veces.* || **3.** pl. hist. Servicio que los reinos tenían concedido al rey sobre el consumo de determinados productos, que se renovaba de seis en seis años. □ V. **la pregunta del ~**.

millonada. F. Cantidad como de un millón, o de varios millones.

millonario, ria. ADJ. **1.** Que posee un millón, o más, de unidades monetarias. || **2.** Muy rico, acaudalado. U. t. en sent. fig. *De joven era millonario en ilusiones.* U. t. c. s. || **3.** Dicho de una cantidad o de una magnitud: Que se mide en millones. *Población millonaria.*

millonésima. F. Cada una de las partes iguales de una unidad de medida dividida en un millón de ellas. *Una millonésima de metro es una micra.*

millonésimo, ma. ADJ. **1.** Se dice de cada una del millón de partes iguales en que se divide un todo. U. t. c. s. m. || **2.** Que ocupa en una serie el lugar al cual preceden otros 999 999 lugares.

milmillonésima. F. Cada una de las partes iguales de una unidad de medida dividida en 1000 millones de ellas. *Una milmillonésima de metro es un nanómetro.*

milmillonésimo, ma. ADJ. Se dice de cada una de las 1000 millones de partes iguales en que se divide un todo. U. t. c. s. m. || **2.** Que ocupa en una serie el lugar al cual preceden otros 999 999 999 lugares.

milonga. F. **1.** Composición musical folclórica argentina de ritmo apagado y tono nostálgico, que se ejecuta con la guitarra. || **2.** Composición musical argentina de ritmo vivo y marcado en compás de dos por cuatro, emparentada con el tango. || **3.** Canto con que se acompaña. || **4.** Baile argentino vivaz de pareja enlazada. || **5.** coloq. Engaño, cuento.

milonguero, ra. **I.** ADJ. **1.** Á. R. Plata. Perteneciente o relativo a la milonga. *Ritmo milonguero.* || **II.** M. y F. **2.** Cantor de milongas. || **3.** Persona que las baila.

milpa. F. Am. Cen. y Méx. Terreno dedicado al cultivo del maíz y a veces de otras semillas.

milpear. TR. Méx. Cuidar de la milpa, sembrar en ella.

milperío. M. Méx. Conjunto de milpas.

milpero, ra. **I.** ADJ. **1.** Méx. Perteneciente o relativo a la milpa. *Sistema milpero de agricultura.* || **II.** M. y F. **2.** Méx. Persona que siembra en una milpa.

milpiés. M. **cochinilla**[1]. MORF. pl. invar. *Los milpiés.*

miltomate. M. **1.** Am. Cen. Planta herbácea de la familia de las Solanáceas, cuyo fruto es parecido al tomate,

pero del tamaño y color de una uva blanca. || **2.** Am. Cen. Fruto de esta planta.

mimado, da. PART. de **mimar**[1]. || ADJ. Dicho especialmente de un niño: Que está mal acostumbrado por el exceso de mimos. U. t. c. s.

mimar[1]. TR. **1.** Hacer caricias y halagos. || **2.** Tratar con excesivo mimo a alguien, y en especial a los niños. || **3.** Favorecer a alguien, tratarlo con mucha consideración. *Mima a su clientela.* || **4.** Tratar algo con especial cuidado y delicadeza. *Mima demasiado su automóvil.*

mimar[2]. TR. Representar algo mediante gestos.

mimbral. M. Sitio poblado de mimbres.

mimbre. AMB. **1.** **mimbrera.** U. m. c. m. || **2.** Cada una de las varitas correosas y flexibles que produce la mimbrera. U. m. c. m.

mimbreño, ña. ADJ. De naturaleza de mimbre. *Ramas mimbreñas.*

mimbrera. F. Arbusto de la familia de las Salicáceas, cuyo tronco, de dos a tres metros de altura, se puebla desde el suelo de ramillas largas y delgadas, flexibles, de corteza agrisada que se quita con facilidad, y madera blanca. Con hojas enteras, lanceoladas y muy estrechas, flores en amentos apretados, precoces, de anteras amarillas, y fruto capsular, velloso, cónico, con muchas semillas. Es común en España a orillas de los ríos, y sus ramas se emplean en obras de cestería.

mime. M. Ant. Especie de mosquito.

mimeografiar. TR. Reproducir en copias por medio del mimeógrafo. MORF. conjug. c. *enviar.*

mimeógrafo. M. Multicopista que reproduce textos o figuras grabados en una lámina de papel especial, a través de cuyas incisiones pasa tinta mediante la presión de un cilindro metálico.

mímesis o **mimesis.** F. **1.** En la estética clásica, imitación de la naturaleza que como finalidad esencial tiene el arte. || **2.** Imitación del modo de hablar, gestos y ademanes de una persona.

mimético, ca. ADJ. **1.** Que imita por mímesis. *Especies animales miméticas.* || **2.** Perteneciente o relativo a la mímesis. *Capacidad mimética.* || **3.** Biol. Perteneciente o relativo al mimetismo. *Coloración mimética.*

mimetismo. M. **1.** Acción y efecto de mimetizar o mimetizarse. || **2.** Propiedad que poseen algunos animales y plantas de asemejarse a otros seres de su entorno. || **3.** Adopción como propios de los comportamientos y opiniones ajenos.

mimetización. F. **mimetismo.**

mimetizado, da. PART. de **mimetizar.** || ADJ. Con apariencia de los seres u objetos de su entorno. *Reptiles mimetizados con el color de la tierra.*

mimetizar. **I.** TR. **1.** **imitar** (|| hacer algo según el estilo de otro). *Mimetiza la prosa de los noventayochistas.* || **II.** PRNL. **2.** Adoptar la apariencia de los seres u objetos del entorno. *El insecto se mimetizaba con las ramas. La antena se mimetiza bien entre los árboles.*

mímica. F. Expresión de pensamientos, sentimientos o acciones por medio de gestos o ademanes.

mímico, ca. ADJ. **1.** Perteneciente o relativo al mimo y a la representación de sus fábulas. *Asistimos a una representación mímica.* || **2.** Perteneciente o relativo a la mímica. *Lenguaje mímico. Signos mímicos.*

mimo[1]. M. **1.** Cariño, halago o demostración de ternura. || **2.** Atención o condescendencia excesiva con que se suele tratar especialmente a los niños. || **3.** Ñoñería, actitud o estado propio de una persona que quiere que la mimen. || **4.** Cuidado, delicadeza con que se hace algo. *Trabaja la madera con mimo.*

mimo². M. **1.** Actor, intérprete teatral que se vale exclusiva o preferentemente de gestos y de movimientos corporales para actuar ante el público. || **2. pantomima.** || **3.** hist. Entre griegos y romanos, actor del género cómico más bajo, bufón hábil en gesticular y en imitar a otras personas en la escena o fuera de ella. || **4.** Entre griegos y romanos, farsa, representación teatral ligera, festiva y generalmente obscena.

mimodrama. M. **pantomima** (|| representación por figura y gestos sin que intervengan palabras).

mimosa. F. Se usa como nombre para referirse a un género de plantas exóticas, de la familia de las Mimosáceas, que comprende muchas especies, algunas de ellas notables por los movimientos de contracción que experimentan sus hojas cuando se las toca o agita. || ~ **púdica,** o ~ **vergonzosa.** F. **sensitiva.**

mimosáceo, a. ADJ. *Bot.* Se dice de las matas y de los arbustos o árboles angiospermos dicotiledóneos, con fruto en legumbre, hojas compuestas y flores regulares con estambres libres y comúnmente ramificados; p. ej., la sensitiva y la acacia. U. t. c. s. f. ORTOGR. En f. pl., escr. con may. inicial c. taxón. *Las Mimosáceas.*

mimoso, sa. ADJ. Que gusta de que le hagan mimos. *Perrito mimoso. Niños mimosos.*

mina¹. F. hist. Unidad de peso, y moneda teórica griega antigua, equivalente a 100 dracmas.

mina². F. **1.** Criadero de minerales de útil explotación. || **2.** Excavación que se hace para extraer un mineral. || **3.** Paso subterráneo, abierto artificialmente, para alumbrar o conducir aguas o establecer otra comunicación. || **4.** Nacimiento u origen de las **fuentes** (|| manantiales). || **5.** Barrita de grafito que va en el interior del lápiz. || **6.** Persona o cosa que abunda en cualidades dignas de aprecio, o de que puede sacarse algún provecho o utilidad. *Este hombre es una mina. Este libro es una mina de noticias curiosas.* || **7.** Mil. Artefacto explosivo provisto de espoleta, que, enterrado o camuflado, produce su explosión al ser rozado por una persona, vehículo, etc. || **8.** Mil. hist. Galería subterránea que se abre en los sitios de las plazas, poniendo al fin de ella una recámara llena de pólvora u otro explosivo, para que, dándole fuego, derribe las fortificaciones de la plaza. || **9.** Á. R. Plata. mujer. || ~ **submarina.** F. Torpedo fijo que se emplea para la defensa de puertos, radas y canales, contra los buques enemigos. □ V. **real de ~s.**

minado. M. Acción y efecto de minar.

minador, ra. ADJ. **1.** Que mina. *Actividades minadoras.* || **2.** Dicho de un buque: Destinado a colocar minas submarinas. U. t. c. s. m.

minar. TR. **1.** Abrir caminos o galerías por debajo de tierra. || **2.** Consumir, destruir poco a poco. *Minar la salud.* || **3.** Mar. Colocar minas submarinas para impedir el paso de buques enemigos. || **4.** Mil. Enterrar artefactos explosivos para contener el avance del enemigo. || **5.** Mil. hist. Hacer minas cavando la tierra y poniendo artefactos explosivos para derribar muros, edificios, etc.

minarete. M. **alminar.**

minera. F. Cante andaluz típico de los mineros, de ritmo lento y triste.

mineral. **I.** ADJ. **1.** Perteneciente o relativo al numeroso grupo de las sustancias inorgánicas o a alguna de sus partes. *Reino mineral.* || **2.** Obtenido de los minerales. *Aceite mineral.* || **II.** M. **3.** Sustancia inorgánica que se halla en la superficie o en las diversas capas de la corteza del globo, y principalmente aquella cuya explotación ofrece interés. || **4.** Parte útil de una explotación minera. □ V. **agua ~, carbón ~.**

mineralización. F. Acción y efecto de mineralizar.

mineralizar. **I.** TR. **1.** *Ingen.* Comunicar a una sustancia las condiciones de mineral o mena. *En este filón el azufre mineraliza el hierro.* U. t. c. prnl. || **II.** PRNL. **2.** Dicho del agua: Cargarse de sustancias minerales. U. t. c. tr.

mineralogía. F. Ciencia que estudia los minerales.

mineralógico, ca. ADJ. Perteneciente o relativo a la mineralogía.

mineralogista. COM. Persona que profesa la mineralogía o tiene en ella especiales conocimientos.

minería. F. **1.** Arte de laborear las minas. || **2.** Conjunto de los individuos que se dedican a este trabajo. || **3.** Conjunto de las minas y explotaciones mineras de una nación o comarca.

minero, ra. **I.** ADJ. **1.** Perteneciente o relativo a la minería. *Cuenca minera.* || **II.** M. y F. **2.** Persona que trabaja en las minas. || **3.** Persona que las beneficia por su cuenta o especula en ellas. □ V. **anemia de los ~s.**

mineromedicinal. □ V. **agua ~.**

minerva. F. **1.** Aparato de ortopedia o vendaje enyesado propio para mantener erguida la cabeza en casos de fractura de la columna vertebral. || **2.** Mente, inteligencia. *Lo sacó de su propia minerva.* || **3.** *Impr.* Máquina de cortas dimensiones, movida por pedal o eléctricamente, y que sirve para imprimir prospectos, facturas y demás impresos pequeños.

minga¹. F. **1.** Á. Andes, Á. guar. y Chile. Reunión de amigos y vecinos para hacer algún trabajo gratuito en común. || **2.** Á. Andes. Trabajo agrícola colectivo y gratuito con fines de utilidad social.

minga². F. malson. **pene.**

mingitorio, ria. **I.** ADJ. **1.** Perteneciente o relativo a la micción. *Deseo mingitorio.* || **II.** M. **2. urinario.**

miniado. M. Acción y efecto de miniar.

miniar. TR. **1.** Ilustrar con miniaturas. || **2.** *Esp.* Tratar con minio. ¶ MORF. conjug. c. *anunciar.*

miniatura. F. **1.** Pintura primorosa o de tamaño pequeño, hecha al temple sobre vitela o marfil, o al óleo sobre chapas metálicas o cartulinas. || **2.** Reproducción de algo en tamaño muy pequeño. *Una miniatura de la puerta de Alcalá.* || **3.** Pequeñez, tamaño pequeño o reducido. || **en ~.** LOC.ADJ. **en pequeño.** U. t. c. loc. adv.

miniaturista. COM. Pintor de miniatura.

miniaturización. F. Acción y efecto de miniaturizar.

miniaturizar. TR. Producir objetos y mecanismos de tamaño sumamente pequeño.

minibar. M. Mueble frigorífico con bebidas y aperitivos, generalmente instalado en una habitación de hotel.

minifalda. F. Falda corta que queda muy por encima de la rodilla, y que se puso de moda a partir de la década de 1960.

minifaldero, ra. ADJ. **1.** Que lleva minifalda. *Una chica minifaldera.* U. t. c. s. || **2.** Perteneciente o relativo a la minifalda. *Un traje minifaldero.*

minifundio. M. **1.** Finca rústica que, por su reducida extensión, no puede ser objeto por sí misma de cultivo en condiciones remuneradoras. || **2.** División de la propiedad rural en fincas muy pequeñas.

minifundismo. M. Sistema de división de la tierra basado en el minifundio.

minifundista. I. ADJ. **1.** Perteneciente o relativo al minifundio o al minifundismo. *Región minifundista.* ‖ **II.** COM. **2.** Propietario de uno o varios minifundios. U. t. c. adj. *Agricultor minifundista.*

minigolf. M. **1.** Juego parecido al golf que se practica en un campo de dimensiones muy reducidas con obstáculos artificiales. ‖ **2.** Instalación para practicar el minigolf.

minimalismo. M. Corriente artística que utiliza elementos mínimos y básicos, como colores puros, formas geométricas simples, tejidos naturales, lenguaje sencillo, etc.

minimalista. ADJ. **1.** Perteneciente o relativo al minimalismo. *Estilo minimalista.* ‖ **2.** Que sigue las tendencias del minimalismo. Apl. a pers., u. t. c. s.

minimización. F. Acción y efecto de minimizar.

minimizador, ra. ADJ. Que minimiza. *Visión minimizadora del conflicto.*

minimizar. TR. **1.** Reducir lo más posible el tamaño de algo o quitarle importancia. *Minimizar una imagen.* ‖ **2.** *Inform.* Reducir a las menores dimensiones posibles la ventana en que aparece la información en la pantalla de una computadora u ordenador. ‖ **3.** *Mat.* Buscar el mínimo de una función.

mínimo, ma. I. ADJ. SUP. de **pequeño. 1.** Tan pequeño en su especie, que no lo hay menor ni igual. *Espesor, límite mínimo.* ‖ **II.** ADJ. **2.** Se dice del religioso o religiosa de la Orden de San Francisco de Paula. U. t. c. s. ‖ **III.** M. **3.** Límite inferior, o extremo a que se puede reducir algo. ‖ **como ~.** LOC.ADV. **al menos** (‖ aunque no sea más). ‖ **lo más ~.** LOC.ADV. Nada en absoluto. *No sabe lo más mínimo.* ▢ V. **salario ~, servicios ~s.**

mínimum. M. **mínimo** (‖ límite o extremo).

ninina. F. coloq. **gata** (‖ hembra del gato).

ninino. M. coloq. **gato** (‖ mamífero félido).

ninio. M. Óxido de plomo en forma de polvo, de color rojo algo anaranjado, que se emplea como pintura antioxidante.

niniserie. F. Serie de televisión de pocos capítulos.

ninisterial. ADJ. Perteneciente o relativo al ministerio o gobierno del Estado, o a alguno de los ministros encargados de su despacho. *Departamento ministerial.* ▢ V. **crisis ~.**

ninisterio. M. **1.** Gobierno del Estado, considerado en el conjunto de los varios departamentos en que se divide. ‖ **2.** Cada uno de los departamentos en que se divide la gobernación del Estado. *Ministerio de Agricultura. Ministerio de Hacienda.* ‖ **3.** Edificio en que se hallan las oficinas de cada departamento ministerial. ‖ **4.** Cargo, empleo, oficio u ocupación. ‖ **~ fiscal, o ~ público.** M. *Der.* Órgano que tiene encomendado promover ante los tribunales la acción de la justicia, especialmente mediante la acusación penal y la defensa de la legalidad y del interés público tutelado por la ley.

ninistrable. ADJ. Que tiene posibilidades de ser ministro en un departamento. U. t. c. s.

ninistrante. ▢ V. **cirugía ~.**

ninistril. M. hist. Tañedor de instrumentos de cuerda o de viento.

ninistro, tra. I. M. y F. **1.** Persona que forma parte del Gobierno como responsable de uno de los departamentos en que se divide la administración superior del Estado. ‖ **2.** Persona que ejerce algún oficio, empleo o mi-

nisterio. ‖ **II.** M. **3.** En algunas religiones, prelado ordinario de cada convento. ‖ **ministro de Dios, o ministro del Señor.** M. sacerdote (‖ de la Iglesia católica). ‖ **ministro general.** M. En la Orden de San Francisco, general (‖ prelado superior). ‖ **~ plenipotenciario, ria.** M. y F. Diplomático que ocupa la segunda categoría de las reconocidas por el derecho internacional moderno, detrás de las de embajador, legado y nuncio. ‖ **~ residente.** M. y F. Agente diplomático cuya categoría es inmediatamente inferior a la de ministro plenipotenciario. ‖ **~ sin cartera.** M. y F. Persona que participa de la responsabilidad general política del Gobierno, pero no tiene a su cargo la dirección de ningún departamento. ‖ **primer, ra ~.** M. y F. Jefe del Gobierno o presidente del Consejo de Ministros.

miniteca. F. **1.** *Á. Caribe.* Grupo de personas cuyo trabajo consiste en amenizar con música grabada una fiesta. ‖ **2.** *Á. Caribe.* Conjunto de aparatos de sonido, casetes, discos y luces que utilizan los integrantes de la miniteca.

minoico, ca. ADJ. hist. Perteneciente o relativo a la antigua Creta.

minoración. F. Acción y efecto de minorar.

minorar. TR. **aminorar.** U. t. c. prnl.

minoría. F. **1.** Parte menor de las personas que componen una nación, ciudad o cuerpo. ‖ **2.** En materia internacional, parte de la población de un Estado que difiere de la mayoría de la misma población por la raza, la lengua o la religión. *La minoría católica.* ‖ **3.** En las juntas, asambleas, etc., conjunto de votos contrarios a la opinión del mayor número de votantes. ‖ **4. minoría de edad.** ‖ **5.** Tiempo de la minoría de edad legal de una persona. ‖ **~ de edad.** F. Condición de la persona que no ha llegado a la mayoría de edad.

minoridad. F. **1. minoría de edad.** ‖ **2.** Tiempo de la minoría de edad de una persona.

minorista. I. ADJ. **1.** Dicho del comercio: Que se realiza al por menor. ‖ **II.** COM. **2.** Comerciante al por menor. U. t. c. adj.

minoritario, ria. ADJ. **1.** Perteneciente o relativo a la minoría. *Deporte minoritario.* ‖ **2.** Que está en minoría numérica. *Público minoritario.*

minuano, na. ADJ. **1.** Natural de Minas. U. t. c. s. ‖ **2.** Perteneciente o relativo a esta ciudad del Uruguay, capital del departamento de Lavalleja.

minucia. F. Menudencia, cosa de poco valor y entidad.

minuciosidad. F. Cualidad de minucioso.

minucioso, sa. ADJ. Que se detiene en las cosas más pequeñas. *Revisión minuciosa.*

minué. M. **1.** hist. Baile francés para dos personas, que ejecutan diversas figuras y mudanzas. Estuvo de moda en el siglo XVIII. ‖ **2.** hist. Composición musical de compás ternario, que se canta y se toca para acompañar este baile. ‖ **3. minueto.**

minuendo. M. *Mat.* Cantidad de la que ha de restarse otra.

minueto. M. Composición puramente instrumental, en compás ternario y movimiento moderado, que se intercalaba entre los tiempos de una sonata, cuarteto o sinfonía.

minúscula. F. letra minúscula.

minúsculo, la. ADJ. **1.** De muy pequeñas dimensiones. *Un insecto minúsculo.* ‖ **2.** De muy poca entidad. *Un minúsculo descubrimiento.* ▢ V. **letra ~.**

minusvalía. F. **1.** Deterioro o disminución del valor de algo. || **2.** Discapacidad física o mental de alguien por lesión congénita o adquirida.

minusvalidez. F. Cualidad de minusválido.

minusválido, da. ADJ. Dicho de una persona: Incapacitada, por lesión congénita o adquirida, para ciertos trabajos, movimientos, deportes, etc. U. t. c. s.

minusvalorar. TR. Subestimar, valorar algo menos de lo debido.

minuta. F. **1.** Extracto o borrador que se hace de un contrato u otra cosa, anotando las cláusulas o partes esenciales, para copiarlo después y extenderlo con todas las formalidades necesarias. || **2.** Borrador de un oficio, exposición, orden, etc., para copiarlo en limpio. || **3.** Borrador original que en una oficina queda de cada orden o comunicación expedida por ella. || **4.** Apuntación que por escrito se hace de algo para tenerlo presente. || **5.** Escrito que expiden los abogados, procuradores, notarios y otros profesionales, detallando sus honorarios. || **6.** Lista o catálogo de personas o cosas.

minutación. F. Acción y efecto de **minutar²**.

minutado. M. *Esp.* **minutaje.**

minutaje. M. Acción y efecto de **minutar²**. *Añadió otra canción al disco para completar el minutaje. Realizar un minutaje de los programas de TV.*

minutar¹. TR. Pasar una minuta al cobro.

minutar². TR. Efectuar el cómputo de los minutos y segundos que dura algo.

minutero. M. Manecilla que señala los minutos en el reloj.

minuto. M. **1.** Tiempo que equivale a 60 segundos. (Símb. *min*). || **2.** Período muy corto de tiempo. *Vuelvo en un minuto.* || **3.** *Geom.* Una de las 60 partes iguales en que se divide un grado de circunferencia.

miñón. M. *Esp.* Individuo perteneciente a la milicia foral de las provincias de Álava y Vizcaya.

mío, a. PRON. POSES. **1.** Designa la persona o la cosa cuyo poseedor corresponde a la 1.ª persona del singular. U. t. c. n. con la terminación m. sing. *Lo mío.* || **2.** coloq. Pospuesto a ciertos sustantivos, expresa cariño. *Hija mía.* || **de mío.** LOC. ADV. Sin valerme de ajena industria, de mi propio caudal, con solo mi ingenio y discurso. || **2.** Por mi naturaleza. || **la ~.** LOC. PRONOM. coloq. Indica que ha llegado la ocasión favorable a la persona que habla. *Ahora es, o será, la mía.* || **los ~s.** LOC. PRONOM. Los que forman parte de la familia, partido, etc., del hablante.

miocárdico, ca. ADJ. *Anat.* Perteneciente o relativo al miocardio.

miocardio. M. *Anat.* Parte musculosa del corazón de los vertebrados, situada entre el pericardio y el endocardio.

miocarditis. F. *Med.* Inflamación del miocardio.

mioceno, na. ADJ. **1.** *Geol.* Se dice de la cuarta época del período terciario, que abarca desde hace 24 millones de años hasta hace 5 millones de años. U. t. c. s. m. ORTOGR. Escr. con may. inicial c. s. || **2.** *Geol.* Perteneciente o relativo a dicha época. *Margas miocenas.*

mioma. M. *Med.* Tumor formado por elementos musculares.

miope. ADJ. **1.** Dicho de una persona o de un ojo: Afectos de miopía. Apl. a pers., u. t. c. s. || **2.** Corto de alcances o de miras. *Proyecto político miope.*

miopía. F. **1.** Defecto de la visión consistente en que los rayos luminosos procedentes de objetos situados a cierta distancia del ojo forman foco en un punto anterior a la retina. || **2.** Cortedad de alcances o de miras.

miosis. F. *Med.* Contracción permanente de la pupila del ojo.

miosotis. F. raspilla.

miquelete. M. **miguelete.**

miquero. □ V. león ~.

miquis. □ V. tiquis ~.

mir. M. **1.** *Esp.* Médico que realiza prácticas en un hospital para obtener el título de especialista en alguna rama de la medicina. || **2.** *Esp.* Examen para acceder a un puesto de mir. U. t. c. adj. || **3.** *Esp.* Este sistema de especialización médica. U. t. c. adj. *El sistema mir es similar al estadounidense.* ¶ MORF. pl. invar. *Los mir.*

mira. F. **1.** Intención, objeto o propósito, generalmente concreto. *Sin otra mira que amparar al desvalido. Con amplitud de miras.* || **2.** En las armas de fuego, pieza que se coloca convenientemente para asegurar la puntería. || **3.** *Constr.* Cada una de las reglas grandes que al levantar un muro se fijan verticalmente para asegurar en ellos la cuerda que va indicando las hiladas. || **4.** *Topogr.* Regla graduada que se coloca verticalmente en los puntos del terreno que se quiere nivelar. || **~ telescópica.** F. Anteojo montado sobre un arma de fuego para facilitar su puntería. || **con ~s a.** LOC. PREPOS. con vistas a. || **poner la ~ en** algo. LOC. VERB. Hacer la elección de ello, poniendo los medios necesarios para conseguirlo. □ V. **alteza de ~s, ángulo de ~, línea de ~ punto de ~.**

mirabel. M. Planta herbácea de la familia de las Quenopodiáceas, de forma piramidal, con tallo ramoso de seis a ocho decímetros de altura, hojas alternas, enteras, muy menudas, y flores pequeñas, verdosas, en grupos axilares.

mirabolano o mirabolanos. M. **1.** Árbol de la India, de la familia de las Combretáceas, del cual hay varias especies, cuyos frutos, negros, rojos o amarillos, parecidos en forma y tamaño unos a la ciruela y otros a la aceituna, se usan en medicina y en tintorería. || **2.** Fruto de este árbol.

mirada. F. **1.** Acción y efecto de mirar. || **2.** Vistazo u ojeada. || **3.** Modo de mirar, expresión de los ojos.

miradero. M. Lugar desde el que se contempla un panorama amplio, hermoso, etc.

mirado, da. PART. de mirar. || ADJ. **1.** Dicho de una persona: Que obra con miramiento. *Es muy mirado con sus alumnos.* || **2.** Dicho de una persona: Que es cauta y reflexiva. || **3.** Merecedor de buen o mal concepto. *Un extranjero bien mirado en su barrio. Un libro mal mirado por la crítica.* || **bien mirado.** LOC. ADV. Si se piensa o considera con exactitud y detenimiento. *Bien mirado, no tienes razón.*

mirador, ra. I. ADJ. **1.** Que mira. *Ojos miradores.* || II. M. **2.** Corredor, galería, pabellón o terraza para explayar la vista. || **3.** Balcón cerrado de cristales o persianas y cubierto con un tejadillo. || **4.** Lugar bien situado para contemplar un paisaje o un acontecimiento.

miraguano. M. **1.** Palmera de poca altura, que crece en las regiones cálidas de América y Oceanía, y tiene hojas grandes en forma de abanico, flores axilares en racimo, y por fruto una baya seca llena de una materia semejante al algodón, pero más fina, que envuelve la semilla. || **2.** Esta materia, que se emplea para rellenar almohadas, cojines, edredones, etc.

miramamolín. M. hist. Califa, especialmente el almohade.

miramelindos. M. **balsamina** (‖ planta balsaminácea).

miramiento. M. **1.** Respeto, atención y circunspección que se observan al ejecutar una acción o se guardan a una persona. ‖ **2.** Acción de mirar, atender o considerar algo.

miranda. F. Paraje alto desde el cual se descubre gran extensión de terreno. ‖ **de ~.** LOC.ADV. coloq. Sin hacer nada debiendo trabajar.

mirandino, na. ADJ. **1.** Natural de Miranda. U. t. c. s. ‖ **2.** Perteneciente o relativo a este estado de Venezuela.

mirar. **I.** TR. **1.** Dirigir la vista a un objeto. *Mirar un cuadro.* U. t. c. intr. *Miraba hacia la ventana.* U. t. c. prnl. ‖ **2.** Observar las acciones de alguien. *Mira cómo cruza con el semáforo en rojo.* ‖ **3.** Revisar, registrar. *Mirar un archivo.* ‖ **4.** Tener en cuenta, atender. *Mira lo que te dicen.* ‖ **5.** Pensar, juzgar. *Mira bien lo que quieres hacer con la casa.* ‖ **II.** INTR. **6.** Dicho de una cosa, especialmente de un edificio: Estar situado, puesto o colocado enfrente de otro o de otra cosa. *Su casa mira al mar.* ‖ **7.** Cuidar, atender, proteger, amparar o defender a alguien o algo. *Mira mucho POR sus amigos.* ‖ **8.** Tener un objetivo o un fin al ejecutar algo. *Solo mira a su provecho.* ‖ **III.** PRNL. **9.** Tener algo en gran estima, complacerse en ello. *Se mira EN su pintura.* ‖ **10.** Tener mucho amor y complacerse en las virtudes o en las acciones de alguien. *Siempre se mira EN sus hijos.* ‖ **de mírame y no me toques.** LOC.ADJ. **1.** coloq. Dicho de una persona: Sumamente delicada de genio o de salud. ‖ **2.** coloq. Dicho de una cosa: Muy quebradiza y de poca resistencia. ‖ **mira.** INTERJ. Se usa para avisar o amenazar a alguien. ‖ **mírame y no me toques.** LOC.ADJ. coloq. **de mírame y no me toques.** ‖ **mira, o mira tú, o mire,** etc., **por cuánto, o por dónde.** LOCS.VERBS. coloqs. Se usan para llamar la atención sobre algo o para enfatizarlo. ‖ **mira quién habla.** EXPR. coloq. Se usa para reprochar a alguien el mismo defecto que él censura en otro, o con que se le advierte que no debe hablar en determinadas circunstancias de cierta materia. ‖ **~ a ver.** LOC.VERB. coloq. Informarse de algo. ‖ **~ bien a alguien.** LOC.VERB. Tenerle afecto. ‖ **~ cómo, con quién, o lo que, se habla.** LOCS.VERBS. coloqs. Tener cuidado con lo que se dice porque puede provocar la réplica o reacción violenta de alguien. ‖ **~ mal a alguien.** LOC.VERB. Tenerle aversión.

mirasol. M. **girasol** (‖ planta compuesta).

miríada. F. Cantidad muy grande e indefinida. *Miríadas de seres microscópicos.*

miriámetro. M. Medida de longitud, equivalente a 10 000 metros.

miriápodo. ADJ. *Zool.* Se dice de los animales artrópodos terrestres, con respiración traqueal, dos antenas y cuerpo largo y dividido en numerosos anillos, cada uno de los cuales lleva uno o dos pares de patas; p. ej., el ciempiés. U. t. c. s. m. ORTOGR. En m. pl., escr. con may. inicial c. taxón. *Los Miriápodos.*

mirífico, ca. ADJ. poét. Admirable, maravilloso. *Mirífico viaje.*

mirilla. F. Pequeña ventana o abertura hecha en una superficie, especialmente en la puerta de entrada de una casa, y que permite mirar al otro lado.

miriñaque. M. **1.** hist. Armazón de tela rígida o muy almidonada y a veces con aros, que usaron las mujeres para darle vuelo a la falda. ‖ **2.** Á. R. *Plata.* Armazón de hierro que llevan las locomotoras en la parte delantera para apartar a un lado los objetos que impiden la marcha.

mirística. F. *Bot.* Árbol de la India, de la familia de las Miristicáceas, que crece hasta diez metros de altura, con tronco recto, de corteza negruzca y copa espesa y redondeada, hojas alternas, lanceoladas, agudas, enteras, coriáceas, de color verde oscuro por el haz, vellosas y blanquecinas por el envés, flores monoicas, blancas, inodoras, y fruto amarillento en baya globosa, cuya semilla es la nuez moscada.

miristicáceo, a. ADJ. *Bot.* Se dice de los árboles angiospermos dicotiledóneos, dioicos, casi todos originarios de países tropicales, que tienen hojas esparcidas, sencillas y enteras, flores irregulares y apétalas, y fruto carnoso con arilo también carnoso, como la mirística. U. t. c. s. f. ORTOGR. En f. pl., escr. con may. inicial c. taxón. *Las Miristicáceas.*

mirla. F. **mirlo.**

mirlo. M. Pájaro de unos 25 cm de largo. El macho es enteramente negro, con el pico amarillo, y la hembra de color pardo oscuro, con la pechuga algo rojiza, manchada de negro, y el pico igualmente pardo oscuro. Se alimenta de frutos, semillas e insectos, se domestica con facilidad, y aprende a repetir sonidos y aun la voz humana. ‖ **~ blanco.** M. Persona de rareza extraordinaria.

mirobrigense. ADJ. **1.** Natural de Ciudad Rodrigo. U. t. c. s. ‖ **2.** Perteneciente o relativo a esta ciudad de la provincia de Salamanca, en España.

mirón, na. **I.** ADJ. **1.** Que mira, y más particularmente, que mira demasiado o con curiosidad. ‖ **2.** Se dice especialmente de quien, sin jugar, presencia una partida de juego, o sin trabajar, mira cómo trabajan otros. U. m. c. s. ‖ **II.** M. y F. **3.** coloq. **voyerista.** U. t. c. adj.

mirra. F. Gomorresina en forma de lágrimas, amarga, aromática, roja, casi transparente, frágil y brillante en su estructura. Proviene de un árbol de la familia de las Burseráceas, que crece en Arabia y Abisinia.

mirsináceo, a. ADJ. *Bot.* Se dice de las plantas angiospermas dicotiledóneas, comúnmente leñosas, a menudo dioicas, con hojas esparcidas, sin estípulas, y fruto en drupa o baya. Viven en los países intertropicales. U. t. c. s. f. ORTOGR. En f. pl., escr. con may. inicial c. taxón. *Las Mirsináceas.*

mirtáceo, a. ADJ. *Bot.* Se dice de los árboles y arbustos angiospermos dicotiledóneos, casi todos tropicales, de hojas generalmente opuestas, en las cuales, lo mismo que en la corteza de las ramas, suele haber glándulas pequeñas y transparentes llenas de aceite esencial; con flores blancas o encarnadas, y cáliz persistente en el fruto, que es capsular y contiene diversas semillas sin albumen; p. ej., el arrayán, el clavero y el eucalipto. U. t. c. s. f. ORTOGR. En f. pl., escr. con may. inicial c. taxón. *Las Mirtáceas.*

mirto. M. **arrayán.**

misa. F. **1.** En la religión católica, sacrificio del cuerpo y de la sangre de Cristo que bajo las especies de pan y vino renueva el sacerdote en el altar. ‖ **2.** Música compuesta para una misa solemne. ‖ **~ cantada.** F. La que se celebra con canto un solo sacerdote. ‖ **~ concelebrada.** F. La celebrada conjuntamente por varios sacerdotes. ‖ **~ de campaña.** F. La que se celebra al aire libre para fuerzas armadas y, por ext., para un público numeroso. || **~ de cuerpo presente.** F. La que se dice por lo regular estando presente el cadáver. || **~ de difuntos.** F. La señalada por la Iglesia para que se diga por ellos. || **~ del alba.** F. La que se celebra en algunos templos al romper el día. || **~ de gallo,** o **~ del gallo.** F. La que se dice a medianoche al comenzar la madrugada del día de Navidad. || **~ de réquiem.** F. misa de difuntos. || **~ mayor.** F. La que se celebra en un templo los domingos o festivos con mayor solemnidad. || **~ negra.** F. Parodia sacrílega de la misa, ofrecida al diablo. || **~ nueva.** F. La primera que dice o canta el sacerdote. || **~ rezada.** F. La que se celebra sin canto. || **~ solemne.** F. La cantada en que acompañan al sacerdote el diácono y otros ministros. || **~s gregorianas.** F. pl. Las que en sufragio de un difunto se dicen durante 30 días seguidos y, por lo común, inmediatos al del entierro. || **ayudar a ~.** LOC.VERB. Ejercer en ella en servicio de acólito o monaguillo. || **cantar ~** un nuevo sacerdote. LOC.VERB. Decir la primera misa aun cuando sea rezada. || **como en ~.** LOC.ADV. En silencio y quietud. || **decir ~** un sacerdote. LOC.VERB. Celebrar este sacrificio. || **de ~ y olla.** LOC.ADJ. Dicho de un clérigo o de un fraile: Que ejerce su ministerio rutinariamente. || **no saber** alguien **de la ~ la media,** o **de la ~ la mitad.** LOCS.VERBS. coloqs. Ignorar algo o no poder dar razón de ello. || **oír ~.** LOC.VERB. Asistir a ella. || **que diga,** o **que digan, ~.** LOCS.VERBS. coloqs. Se usan para indicar que a alguien lo tienen sin cuidado los comentarios de otra u otras personas. □ V. **clérigo de ~.**

misacantano. M. Sacerdote que dice o canta la primera misa.

misachico. M. Á. Andes. Ceremonia de campesinos que, entre festejos, realizan una procesión en honor de un santo.

misal. ADJ. Se dice del libro en que se contiene el orden y modo de celebrar la misa. U. m. c. s. m.

misantropía. F. Cualidad de misántropo.

misantrópico, ca. ADJ. Perteneciente o relativo a la misantropía.

misántropo, pa. M. y F. Persona que, por su humor tétrico, manifiesta aversión al trato humano.

miscelánea. F. **1.** Mezcla, unión de unas cosas con otras. || **2.** Obra o escrito en que se tratan muchas materias inconexas y mezcladas. || **3.** Méx. Tienda pequeña de esquina.

misceláneo, a. ADJ. Compuesto de cosas distintas o de géneros diferentes. *Libro misceláneo.*

miscible. ADJ. Que se puede mezclar. *Líquido miscible.*

miserable. ADJ. **1.** Desdichado, infeliz. *Un miserable prófugo.* || **2.** Perverso, abyecto, canalla. *Nos negó su ayuda. ¡Qué miserable!* U. t. c. s. || **3. mezquino** (|| que escatima en el gasto). U. t. c. s. || **4.** Sin valor. *No quiere poner ni un miserable clavo.*

miserere. M. **1.** Salmo 50, que, en la traducción de la Vulgata, empieza con esta palabra. || **2.** Canto solemne que se hace de este salmo en Semana Santa. || **3.** Fiesta o función que se hace en Cuaresma ante alguna imagen de Cristo, por cantarse en ella dicho salmo. □ V. **cólico ~.**

miseria. F. **1.** Desgracia, trabajo, infortunio. || **2.** Estrechez, falta de lo necesario para el sustento o para otra cosa, pobreza extremada. || **3.** Avaricia, mezquindad. || **4.** Plaga de piojos, producida de ordinario por el sumo desaseo de quien la padece. || **5.** coloq. Cantidad insignificante. *Me envió una miseria.*

misericordia. F. **1.** Virtud que inclina a compadecerse de los sufrimientos y miserias ajenos. || **2.** Pieza en los asientos de los coros de las iglesias para descansar disimuladamente, medio sentado sobre ella, cuando se debe estar en pie. || **3.** Rel. Atributo de Dios, en cuya virtud perdona los pecados y miserias de sus criaturas. □ V. **obra de ~.**

misericordioso, sa. ADJ. Que se compadece de las molestias y miserias ajenas. U. t. c. s.

mísero, ra. ADJ. **1.** Desdichado, infeliz. *Un mísero pordiosero.* || **2.** Avaricioso, tacaño. || **3.** De pequeño valor. *No quiso poner ni un mísero céntimo.* ¶ MORF. sup. irreg. **misérrimo.**

misérrimo, ma. ADJ. SUP. de **mísero.**

misil. M. Proyectil autopropulsado, por lo general guiado electrónicamente. || **~ balístico.** M. Mil. Aquel cuya trayectoria tiene una parte propulsada y otra balística. || **~ de crucero.** M. Mil. El de alta precisión, autopropulsado y autoguiado, que vuela a altitudes muy bajas siguiendo el relieve del terreno para impedir su detección.

misilera. F. Chile. Embarcación pequeña equipada con misiles.

misión. F. **1.** Encargo hecho a una persona. || **2.** Poder, facultad que se da a alguien de ir a desempeñar algún cometido. || **3.** Comisión temporal dada por un Gobierno a un diplomático o agente especial para determinado fin. || **4.** Casa o iglesia de los misioneros. || **5.** Tierra, provincia o lugar en que predican los misioneros. || **6.** Salida o peregrinación que hacen los religiosos de pueblo en pueblo o de provincia en provincia, o a otras naciones, predicando el Evangelio.

misional. ADJ. Perteneciente o relativo a los misioneros o a las misiones.

misionar. INTR. Dicho de los misioneros: En las peregrinaciones evangélicas, predicar o dar una serie o conjunto de sermones fervorosos. U. t. c. tr.

misionero[1], ra. I. ADJ. **1.** Perteneciente o relativo a la misión que tiene por objeto predicar el Evangelio. *Labor misionera.* || **II.** M. y F. **2.** Persona que predica el Evangelio en las misiones. || **III.** M. **3.** Eclesiástico que en tierra de infieles enseña y predica la religión cristiana.

misionero[2], ra. ADJ. **1.** Natural de Misiones, provincia de la Argentina. U. t. c. s. || **2.** Natural de las Misiones, departamento del Paraguay. U. t. c. s. || **3.** Perteneciente o relativo a aquella provincia o a este departamento.

misiva. F. Papel, billete o carta que se envía a alguien.

mismamente. ADV. M. coloq. Cabalmente, precisamente.

mismidad. F. Fil. Identidad personal.

mismo, ma. ADJ. **1.** Idéntico, no otro. *Esa pluma estilográfica es la misma que sirvió a mi padre.* || **2.** Exactamente igual. *De la misma forma. Del mismo color.* || **3.** Se usa, por pleonasmo, añadido a los pronombres personales y a algunos adverbios para dar más energía a lo que se dice. *Yo mismo lo haré. Hoy mismo la veré.* || **así mismo.** LOC.ADV. asimismo. || **dar,** o **ser, lo ~** algo. LOCS. VERBS. Ser indiferente. || **estar,** o **hallarse, en las ~s.** LOCS. VERBS. coloqs. Encontrarse en la misma situación que antes. || **lo ~.** LOC.ADV. quizá. || **por lo ~.** LOC. CONJUNT. CAUSAL. A causa de ello, por esta razón. □ V. **dueño de sí ~, valor en sí ~, valor reservado en sí ~, variaciones sobre el ~ tema.**

misoginia. F. Aversión u odio a las mujeres.

misógino, na. ADJ. **1.** Que odia a las mujeres, manifiesta aversión hacia ellas o rehúye su trato. U. m. c. s. m. ‖ **2.** Propio o característico de una persona misógina. *Pensamientos misóginos.*

misoneísmo. M. Actitud propia del misoneísta.

misoneísta. ADJ. Hostil a las novedades. Apl. a pers., u. t. c. s.

misquito, ta. **I.** ADJ. **1.** Se dice del individuo de un pueblo amerindio que se asienta en el departamento hondureño de Gracias a Dios y en la región nicaragüense de Atlántica Norte, producto del cruce de esclavo negro e india suma desde mediados del siglo XVI. U. t. c. s. ‖ **2.** Perteneciente o relativo a los misquitos. *La organización misquita.* ‖ **II.** M. **3.** Lengua de la familia chibcha del grupo misumalpa que hablan los misquitos.

mistagógico, ca. ADJ. **1.** hist. Perteneciente o relativo al mistagogo. *Intervención mistagógica.* ‖ **2.** Dicho de un discurso o de un escrito: Que pretende revelar alguna doctrina oculta o maravillosa.

mistagogo. M. hist. Sacerdote de la gentilidad grecorromana, que iniciaba en los misterios.

mistela. F. **1.** Bebida que se hace con aguardiente, agua, azúcar y otros ingredientes, como canela, hierbas aromáticas, etc. ‖ **2.** Líquido resultante de la adición de alcohol al mosto de uva en cantidad suficiente para que no se produzca la fermentación, y sin adición de ninguna otra sustancia.

míster. M. Ganador en un concurso de belleza. *Míster Universo.* MORF. pl. **místeres.**

misterio. M. **1.** Cosa secreta o muy oculta, que no se puede comprender o explicar. ‖ **2.** Negocio muy reservado. ‖ **3.** En la religión cristiana, cosa inaccesible a la razón y que debe ser objeto de fe. ‖ **4.** Cada uno de los pasos de la vida, pasión y muerte de Jesucristo, cuando se consideran por separado. *Los misterios del Rosario.* ‖ **5.** Cualquier paso de estos o de la Sagrada Escritura, cuando se representan con imágenes. ‖ **6.** Pieza dramática que desarrolla algún paso bíblico de la historia y tradición cristianas. Reciben especialmente este nombre determinadas obras medievales de Francia y del antiguo reino de Aragón. ‖ **7.** pl. *Rel.* Ceremonias del culto sagrado. ‖ **8.** pl. Ceremonias secretas del culto de algunas divinidades. ‖ **hablar con, o de, ~, o hacer ~.** LOCS. VERBS. Hablar de manera cautelosa y reservada, o con afectada oscuridad para sugerir un sentido oculto.

misterioso, sa. ADJ. **1.** Que encierra o incluye en sí misterio. *Vericuetos misteriosos.* ‖ **2.** Dicho de una persona: Que hace misterios y da a entender cosas recónditas donde no las hay.

mística. F. **1.** Parte de la teología que trata de la vida espiritual y contemplativa y del conocimiento y dirección de los espíritus. ‖ **2.** Experiencia de lo divino. ‖ **3.** Expresión literaria de esta experiencia.

misticismo. M. **1.** Estado de la persona que se dedica mucho a Dios o a las cosas espirituales. ‖ **2.** Estado extraordinario de perfección religiosa, que consiste esencialmente en cierta unión inefable del alma con Dios por el amor, y va acompañado accidentalmente de éxtasis y revelaciones. ‖ **3.** Doctrina religiosa y filosófica que enseña la comunicación inmediata y directa entre el hombre y la divinidad.

místico, ca. ADJ. **1.** Perteneciente o relativo a la mística o al misticismo. *Arrebato místico.* ‖ **2.** Que se dedica a la vida espiritual. U. t. c. s. ‖ **3.** Que escribe mística.

U. t. c. s. ‖ **4.** Que incluye misterio o razón oculta. *Saberes arcanos y místicos.* ‖ **5.** Á. *Caribe.* **melindroso.** ☐ V. teología ~.

mistificación. F. Acción y efecto de mistificar.

mistificador, ra. ADJ. Que mistifica. Apl. a pers., u. t. c. s.

mistificar. TR. **1.** Engañar, embaucar. *Algunos políticos mistifican a sus partidarios.* ‖ **2.** Falsear, falsificar, deformar. *Ese relato mistifica la historia.*

mistral. ADJ. Se dice del viento que sopla entre poniente y tramontana. U. t. c. s.

misumalpa. ADJ. Se dice de la familia lingüística del chibcha, integrada por el misquito, el sumo, el matagalpa y el cacaopera. U. t. c. s. m. *El misumalpa.*

mita. F. **1.** hist. Repartimiento que en América se hacía por sorteo en los pueblos de indios, para sacar el número correspondiente de vecinos que debían emplearse en los trabajos públicos. ‖ **2.** hist. Tributo que pagaban los indios del Perú.

mitad. **I.** F. **1.** Cada una de las dos partes iguales en que se divide un todo. ‖ **2.** Parte que en una cosa equidista de sus extremos. ‖ **II.** ADV. **3.** Aproximadamente en la misma proporción, a partes iguales. *Mitad en serio, mitad en broma.* ‖ **~ y ~.** LOC. ADV. Por partes iguales. ☐ **cuarto y ~.**

mitayo. M. **1.** hist. Indio que en América daban por sorteo y repartimiento los pueblos para el trabajo. ‖ **2.** hist. Indio que llevaba lo recaudado de la mita.

miteco, ca. ADJ. **1.** Natural de Asunción Mita. U. t. c. s. ‖ **2.** Perteneciente o relativo a este municipio de Guatemala o a su cabecera, en el departamento de Jutiapa.

mítico, ca. ADJ. Perteneciente o relativo al mito.

mitificación. F. Acción y efecto de mitificar.

mitificar. TR. **1.** Convertir en mito cualquier hecho natural. *Mitificar la vida en el campo.* ‖ **2.** Rodear de extraordinaria estima determinadas teorías, personas, sucesos, etc. *Mitificar el existencialismo.*

mitigación. F. Acción y efecto de mitigar.

mitigar. TR. Moderar, aplacar, disminuir o suavizar algo riguroso o áspero. U. t. c. prnl.

mitin. M. **1.** Reunión donde el público escucha los discursos de algún personaje de relevancia política y social. ‖ **2.** Cada uno de estos discursos. ‖ **dar el ~.** LOC. VERB. Provocar, hablando de manera intempestiva, situaciones difíciles en una reunión.

mitinear. INTR. Pronunciar un mitin.

mitinero, ra. ADJ. **1.** Propio o característico de un mitin. *Expresiones mitineras.* ‖ **2.** Dicho de una persona: Que actúa y habla en un tono propio de un mitin. U. t. c. s.

mito. M. **1.** Narración maravillosa situada fuera del tiempo histórico y protagonizada por personajes de carácter divino o heroico. Con frecuencia interpreta el origen del mundo o grandes acontecimientos de la humanidad. ‖ **2.** Historia ficticia o personaje literario o artístico que condensa alguna realidad humana de significación universal. ‖ **3.** Persona o cosa rodeada de extraordinaria estima. ‖ **4.** Persona o cosa a las que se atribuyen cualidades o excelencias que no tienen, o bien una realidad de la que carecen.

mitocondria. F. *Biol.* Orgánulo de las células eucariontes en el que tiene lugar la respiración celular.

mitografía. F. Ciencia que trata del origen y explicación de los mitos.

mitógrafo, fa. M. y F. Persona que escribe acerca de los mitos, de las supersticiones, etc.

mitología. F. Conjunto de mitos de un pueblo o de una cultura, especialmente de la griega y romana.

mitológico, ca. I. ADJ. **1.** Perteneciente o relativo a la mitología. *Ser mitológico.* ‖ **II.** M. **2.** mitólogo.

mitólogo, ga. M. y F. Persona que profesa la mitología o tiene en ella especiales conocimientos.

mitomanía. F. **1.** Tendencia morbosa a desfigurar, engrandeciéndola, la realidad de lo que se dice. ‖ **2.** Tendencia a mitificar o a admirar exageradamente a personas o cosas.

mitómano, na. ADJ. **1.** Perteneciente o relativo a la mitomanía. *Conducta mitómana.* ‖ **2.** Dicho de una persona: Dada a la mitomanía. U. t. c. s.

mitón. M. Especie de guante de punto, que solo cubre desde la muñeca hasta la mitad del pulgar y el nacimiento de los demás dedos.

mitosis. F. *Biol.* División de la célula en la que, previa duplicación del material genético, cada célula hija recibe una dotación completa de cromosomas.

mitote. M. **1.** hist. Cierta danza indígena, en la que sus integrantes, asidos de las manos, formaban un gran corro, en medio del cual ponían una bandera, y junto a ella una vasija con bebida, de la que, mientras hacían sus mudanzas al son de un tamboril, bebían hasta que se embriagaban. ‖ **2.** *Méx.* Melindre, aspaviento. ‖ **3.** *Méx.* Ruido, pendencia, alboroto.

mitotero, ra. ADJ. **1.** *Méx.* Que hace **mitotes** (‖ melindres). U. t. c. s. ‖ **2.** *Méx.* Bullanguero, amigo de diversiones. U. t. c. s. ‖ **3.** *Méx.* Que hace **mitotes** (‖ pendencias). U. t. c. s.

mitótico, ca. ADJ. *Biol.* Perteneciente o relativo a la mitosis.

mitra. F. **1.** Tocado alto y puntiagudo con que en las grandes solemnidades se cubren la cabeza los arzobispos, obispos y algunas otras personas eclesiásticas que tienen este privilegio. ‖ **2.** Dignidad de arzobispo u obispo. ‖ **3.** Territorio de su jurisdicción. ‖ **4.** hist. Tocado o adorno de la cabeza entre los persas, de quienes lo tomaron otras naciones. ‖ **5.** hist. Cubrecabeza de esa forma que llevaron diversos cuerpos militares antiguos.

mitrado, da. I. ADJ. **1.** Dicho de una persona: Que puede usar mitra. ‖ **II.** M. **2.** Arzobispo u obispo.

mitraísmo. M. hist. Culto al dios Mitra, muy extendido en la Antigüedad, y en particular entre las legiones romanas durante el Bajo Imperio.

mitral. □ V. válvula ~.

mituano, na. ADJ. **1.** Natural de Mitú. U. t. c. s. ‖ **2.** Perteneciente o relativo a esta ciudad de Colombia, capital del departamento de Vaupés.

mixedema. F. *Med.* Edema producido por infiltración de sustancia mucosa en la piel, y a veces en los órganos internos, a consecuencia del mal funcionamiento de la glándula tiroidea.

mixomatosis. F. *Veter.* Enfermedad infecciosa de los conejos, caracterizada por tumefacciones en la piel y membranas de estos animales.

mixomiceto. ADJ. *Bot.* Se dice de los organismos microscópicos con aspecto de moho, nutrición heterótrofa y reproducción por esporas, que abundan en la hojarasca de bosque y otros sustratos orgánicos. U. t. c. s. m. ORTOGR. En m. pl., escr. con may. inicial c. taxón. *Los Mixomicetos.*

mixqueño, ña. ADJ. **1.** Natural de Mixco. U. t. c. s. ‖ **2.** Perteneciente o relativo a este municipio de Guatemala o a su cabecera, en el departamento de Guatemala.

mixtificación. F. mistificación.

mixtificador, ra. ADJ. mistificador.

mixtificar. TR. mistificar.

mixtilíneo, a. ADJ. *Geom.* Dicho de una figura: Cuyos lados son rectos unos y curvos otros.

mixto, ta. I. ADJ. **1.** Formado por varios elementos que se mezclan para componer otro. *Empresa, reunión mixta.* ‖ **2.** Dicho de un animal o de un vegetal: **mestizo.** ‖ **II.** M. **3.** cerilla. ‖ **4.** Mezcla inflamable que se usa para los artefactos incendiarios, explosivos o de iluminación. □ V. brigada ~, buque ~, economía ~, grupo ~, ~ imperio, número ~.

mixtura. F. Mezcla de varias cosas.

mixturar. TR. Mezclar, incorporar o confundir algo con otra cosa.

mízcalo. M. níscalo.

mizqueño, ña. ADJ. **1.** Natural de Mizque. U. t. c. s. ‖ **2.** Perteneciente o relativo a esta localidad del departamento de Cochabamba, en Bolivia, o a su provincia.

mnemónico, ca. ADJ. Perteneciente o relativo a la memoria.

mnemotecnia. F. Procedimiento de asociación mental para facilitar el recuerdo de algo.

mnemotécnico, ca. ADJ. **1.** Perteneciente o relativo a la mnemotecnia. *Capacidad mnemotécnica.* ‖ **2.** Que sirve para auxiliar a la memoria. *Trucos mnemotécnicos.*

moabita. ADJ. **1.** Natural de Moab. U. t. c. s. ‖ **2.** Perteneciente o relativo a esta región de la Arabia Pétrea, al oriente del mar Muerto.

moai. M. Figura tallada de medio cuerpo que representa ancestros de la cultura pascuense.

moaré. M. muaré.

moaxaja. F. Composición poética medieval, escrita en árabe o hebreo, que termina con una jarcha en mozárabe.

mobiliario, ria. I. ADJ. **1.** Dicho por lo común de los efectos públicos al portador o transferibles por endoso: **muebles.** ‖ **II.** M. **2.** Conjunto de muebles de una casa. ‖ ~ urbano. M. Conjunto de instalaciones facilitadas por los ayuntamientos para el servicio del vecindario, como bancos, papeleras, marquesinas, etc.

moblaje. M. mobiliario.

moca. M. Café de buena calidad que procede de la ciudad yemení del mismo nombre.

mocano, na. ADJ. **1.** Natural de Moca, municipio de Puerto Rico, o de su cabeza. U. t. c. s. ‖ **2.** Natural de Espaillat, provincia de la República Dominicana, o de Moca, su capital. U. t. c. s. ‖ **3.** Perteneciente o relativo a esta provincia y su capital o a aquel municipio y su cabeza.

mocárabe. M. *Arq.* y *Carp.* Labor formada por la combinación geométrica de prismas acoplados, cuyo extremo inferior se corta en forma de superficie cóncava, que se usa como adorno de bóvedas, cornisas, etc.

mocasín. M. **1.** Calzado que usan los indios, hecho de piel sin curtir. ‖ **2.** Calzado moderno a imitación del anterior.

mocear. INTR. Ejecutar acciones propias de gente moza.

mocedad. F. Época de la vida humana que comprende desde la pubertad hasta la edad adulta.

moceril. ADJ. Propio o característico de gente moza.

mocerío. M. Conjunto de mozos o de mozas, gente joven, o de mozos y mozas solteros.

mocetón, na. M. y F. Persona joven, alta, corpulenta y membruda.

mochar. TR. **1.** Desmochar, cortar. *Mochar un árbol.* ‖ **2.** Dar golpes con la cabeza.

mochazo. M. Golpe dado con el mocho de un arma.

moche. ADJ. **1.** hist. Se dice del individuo de un pueblo amerindio cuya civilización se desarrolló en la costa norte del Perú. U. t. c. s. ‖ **2.** hist. Perteneciente o relativo a los moches. *Cultura moche.*

mocheta. F. **1.** Rebajo en el marco de las puertas y ventanas, donde encaja la hoja de aquellas. ‖ **2.** Arq. Ángulo diedro entrante, que se deja o se abre en la esquina de una pared, o resulta al encontrarse el plano superior de un elemento arquitectónico con un paramento vertical.

mochica. **I.** ADJ. **1.** hist. Perteneciente o relativo a los moches. *Cultura mochica.* ‖ **II.** M. **2.** Lengua hablada por los moches, dialecto del yunga.

mochila. F. **1.** Bolsa de lona o de otro material resistente que, provista de correas para ser cargada a la espalda, sirve para llevar provisiones o equipos en excursiones, expediciones, viajes, etc. ‖ **2.** Especie de bolso o cartera que se lleva a la espalda.

mochilear. INTR. *Chile.* Salir de excursión llevando los pertrechos en una mochila.

mochilero, ra. M. y F. Persona que viaja a pie con mochila.

mocho, cha. **I.** ADJ. **1.** Dicho especialmente de un animal cornudo, de un árbol o de una torre: Que carecen de punta o de la debida terminación. ‖ **2.** coloq. Pelado o con el pelo cortado. ‖ **3.** *Méx.* santurrón (‖ gazmoño). U. t. c. s. ‖ **II.** M. **4.** Remate grueso y romo de un instrumento o utensilio largo, como la culata de un arma de fuego.

mochuelo. M. Ave rapaz nocturna, de unos dos decímetros desde lo alto de la cabeza hasta la extremidad de la cola, y medio metro aproximadamente de envergadura, con plumaje muy suave, de color leonado, con pintas pardas en las partes superiores, y amarillento claro con manchas alargadas grises en el pecho y vientre, cuerpo erguido, cabeza redonda, pico corto y curvado, ojos grandes de iris amarillo, cara circular, alas redondeadas, cola corta y tarsos y dedos cubiertos de plumas blanquecinas y sedosas. Es común en España y se alimenta ordinariamente de roedores y reptiles. ‖ **cada ~ a su olivo.** EXPR. **1.** Se usa para indicar que ya es hora de recogerse. ‖ **2.** Se usa para dar a entender que cada cual debe estar en su puesto cumpliendo con su deber. ‖ **3.** Se usa para indicar la acción de separarse varias personas que estaban reunidas, volviendo cada una a su casa o a su lugar de partida o procedencia.

moción. F. **1.** Acción y efecto de mover o ser movido. ‖ **2.** Proposición que se hace o sugiere en una junta que delibera. *Moción de censura.* ‖ **3.** Inspiración interior que Dios ocasiona en el alma. ‖ **4.** En las lenguas semíticas, cada una de las vocales y de los signos que las representan. ‖ **5.** *Gram.* Expresión del género mediante un cambio de terminación.

moco. M. **1.** Fluido espeso y pegajoso que segregan las membranas mucosas, y especialmente el que fluye por las ventanas de la nariz. ‖ **2.** Materia pegajosa y medio fluida que forma grumos dentro de un líquido, por descomponerse las sustancias que estaban en disolución.

‖ **3.** *Mar.* Cada una de las perchas pequeñas que penden de la cabeza del bauprés y sirven de guía a los cabos que aseguran el botalón. ‖ **~ de pavo.** M. **1.** Apéndice carnoso y eréctil que esta ave tiene sobre el pico. ‖ **2.** *Méx.* amaranto (‖ planta). ‖ **haber quitado** a alguien **los ~s.** LOC.VERB. coloq. Haberlo criado o cuidado de él desde pequeño. Se usa más para reconvenir a quien se olvida de los beneficios que recibió en su niñez. ‖ **llorar a ~ tendido.** LOC.VERB. coloq. Llorar de manera copiosa y aparatosa. ‖ **no saber quitarse los ~s.** LOC.VERB. coloq. Se usa para censurar la suma ignorancia de alguien, y que se meta en lo que no entiende. ‖ **no ser** algo **~ de pavo.** LOC.VERB. coloq. Ser de importancia.

mocoano, na. ADJ. **1.** Natural de Mocoa. U. t. c. s. ‖ **2.** Perteneciente o relativo a esta ciudad de Colombia, capital del departamento de Putumayo.

mocoso, sa. ADJ. **1.** Que tiene las narices llenas de mocos. ‖ **2.** despect. Dicho de un niño: Atrevido o desobediente. U. m. c. s. ‖ **3.** despect. Dicho de una persona joven: Poco experimentada. U. m. c. s.

mocoví. **I.** ADJ. **1.** Se dice del individuo de un pueblo amerindio perteneciente a la familia guaicurú que habita entre los ríos Bermejo y Salado, en el norte de la Argentina. U. m. c. s. pl. ‖ **2.** Perteneciente o relativo a los mocovíes. *Tradición mocoví.* ‖ **II.** M. **3.** Lengua de los mocovíes. ¶ MORF. pl. **mocovíes** o **mocovís.**

moda. F. **1.** Uso, modo o costumbre que está en boga durante algún tiempo, o en determinado país, de manera especial en los trajes, telas y adornos, sobre todo los recién introducidos. ‖ **2.** Conjunto de la vestimenta y los adornos de moda. ‖ **3.** *Estad.* Valor que aparece con mayor frecuencia en una serie de medidas. ‖ **de ~.** LOC.ADJ. Que en un momento determinado goza de destacada aceptación. U. t. c. loc. adv. ‖ **pasar,** o **pasarse,** algo **de ~.** LOCS. VERBS. Perder actualidad o vigencia. □ V. **día de ~, tienda de ~s.**

modal. **I.** ADJ. **1.** Que comprende o incluye modo o determinación particular. *Clasificación modal.* ‖ **2.** Perteneciente o relativo al modo gramatical. *Locución modal.* ‖ **II.** M. **3.** pl. Acciones externas de cada persona, con que se hace notar y se singulariza entre las demás, dando a conocer su buena o mala educación.

modalidad. F. Modo de ser o de manifestarse algo.

modelado. M. Acción y efecto de modelar.

modelador, ra. ADJ. Que modela. Apl. a pers., u. t. c. s.

modelar. **I.** TR. **1.** Formar de cera, barro u otra materia blanda una figura o adorno. ‖ **2.** Configurar o conformar algo no material. *Modelar el carácter.* ‖ **3.** Pint. Presentar con exactitud el relieve de las figuras. ‖ **II.** PRNL. **4.** Ajustarse a un modelo.

modélico, ca. ADJ. Que sirve o puede servir de modelo. *Comportamiento modélico.*

modelismo. M. Arte y afición de construir modelos, maquetas y figuras a escala.

modelista. COM. **1.** Operario encargado de los moldes para el vaciado de piezas de metal, cemento, etc. ‖ **2.** Operario especializado en hacer modelos o maquetas de diferentes industrias o artesanías. ‖ **3.** Persona que se dedica al modelismo.

modelizar. TR. Construir un **modelo** (‖ esquema teórico).

modelo. **I.** M. **1.** Persona o cosa que es punto de referencia para imitarlo o reproducirlo. ‖ **2.** En las obras de ingenio y en las acciones morales, ejemplar que por su perfección se debe seguir e imitar. ‖ **3.** Representación en pequeño de alguna cosa. ‖ **4.** Esquema teórico, generalmente en forma matemática, de un sistema o de una realidad compleja, como la evolución económica de un país, que se elabora para facilitar su comprensión y el estudio de su comportamiento. ‖ **5.** Objeto, aparato, construcción, etc., o conjunto de ellos realizados con arreglo a un mismo diseño. *Auto modelo 2006. Lavadora último modelo.* ‖ **6.** Vestido con características únicas, creado por determinado modista, y, en general, cualquier prenda de vestir que esté de moda. ‖ **7.** En empresas, se usa en aposición para indicar que lo designado por el nombre anterior ha sido creado como ejemplar o se considera que puede serlo. *Empresa modelo. Granjas modelo.* ‖ **8.** *Esc.* Figura de barro, yeso o cera, que se reproduce en madera, mármol o metal. ‖ **II.** COM. **9.** Persona de buena figura que se pone los vestidos, trajes y otras prendas para enseñarlas en público. ‖ **10.** *Esc.* y *Pint.* Persona u objeto que copia el artista. ‖ **~ vivo.** COM. Persona, por lo común desnuda, que sirve para el estudio en el dibujo.

módem. M. *Inform.* Aparato que convierte las señales digitales en analógicas y viceversa, y que permite la comunicación entre dos computadoras u ordenadores a través de una línea telefónica o de un cable. MORF. pl. **módems.**

moderación. F. **1.** Acción y efecto de moderar. ‖ **2.** Cordura, sensatez, templanza en las palabras o acciones.

moderado, da. PART. de **moderar.** ‖ ADJ. **1.** Que tiene moderación. *Una persona muy moderada en sus costumbres.* ‖ **2.** Que guarda el medio entre los extremos. *Aumento moderado de la nubosidad.* ‖ **3.** Que no es extremista. *Partido moderado.* Apl. a pers., u. t. c. s.

moderador, ra. **I.** ADJ. **1.** Que modera. *Elemento moderador de los precios.* ‖ **II.** M. y F. **2.** Persona que preside o dirige un debate, asamblea, mesa redonda, etc. ‖ **III.** M. **3.** En las iglesias protestantes, presidente de una reunión o asamblea. □ V. **poder ~.**

moderantismo. M. Doctrina del partido moderado.

moderar. TR. Templar, ajustar, arreglar algo, evitando el exceso. *Moderar las pasiones, el precio, el calor, la velocidad.* U. t. c. prnl.

moderato. **I.** ADV. M. **1.** *Mús.* Con movimiento de velocidad intermedia entre la del andante y la del *allegro.* ‖ **II.** M. **2.** *Mús.* Composición, o parte de ella, que se ejecuta con dicho movimiento.

modernamente. ADV. M. En los tiempos actuales.

modernez. F. despect. coloq. **modernidad.**

modernidad. F. Cualidad de moderno.

modernismo. M. **1.** Especialmente en arte y literatura, afición a las cosas modernas con menosprecio de las antiguas. ‖ **2.** Movimiento artístico que, en Hispanoamérica y en España, entre finales del siglo XIX y principios del XX, se caracterizó por su voluntad de independencia creadora y la configuración de un mundo refinado, que en la literatura se concreta en innovaciones lingüísticas, especialmente rítmicas, y en una sensibilidad abierta a diversas culturas, particularmente a las exóticas. ORTOGR. Escr. con may. inicial. ‖ **3.** Movimiento religioso de fines del siglo XIX y comienzos del XX que pretendió poner de acuerdo la doctrina cristiana con la filosofía y la ciencia de la época, y favoreció la interpretación subjetiva, sentimental e histórica de muchos contenidos religiosos.

modernista. ADJ. **1.** Perteneciente o relativo al modernismo. *Arquitectura modernista.* ‖ **2.** Que practica el modernismo. *Pintor modernista.* Apl. a pers., u. t. c. s.

modernización. F. Acción y efecto de modernizar.

modernizador, ra. ADJ. Que moderniza. Apl. a pers., u. t. c. s.

modernizar. TR. Hacer que alguien o algo pase a ser moderno. U. t. c. prnl.

moderno, na. ADJ. **1.** Perteneciente o relativo al tiempo de quien habla o a una época reciente. *Costumbres modernas.* ‖ **2.** Contrapuesto a lo antiguo o a lo clásico y establecido. *Pintura moderna.* ‖ **3.** Dicho de una persona: Que lleva poco tiempo ejerciendo un empleo. ‖ **4.** pl. Personas que viven en la actualidad o han vivido hace poco tiempo. *Los antiguos y los modernos.* ‖ **a la ~.** o **a lo ~.** LOCS. ADVS. Según costumbre o uso modernos. □ V. **Edad Moderna, griego ~, latín ~.**

modestia. F. **1.** Virtud que modera, templa y regula las acciones externas, conteniendo a las personas en los límites de su estado, según lo conveniente a él. ‖ **2.** Cualidad de humilde, falta de engreimiento o de vanidad. ‖ **3.** Pobreza, escasez de medios, recursos, bienes, etc. □ V. **plural de ~.**

modesto, ta. ADJ. **1.** Que tiene modestia. U. t. c. s. ‖ **2.** De poca categoría o importancia. *Un hotel modesto.* ‖ **3.** Dicho especialmente de una mujer: Honesta y pudorosa.

módico, ca. ADJ. Moderado, escaso, limitado. *Módica cuota.*

modificación. F. Acción y efecto de modificar.

modificador, ra. **I.** ADJ. **1.** Que modifica. *Iniciativa modificadora de la legislación.* ‖ **II.** M. **2.** *Ling.* Morfema que determina o transforma palabras y otros elementos gramaticales.

modificante. ADJ. Que modifica. *Palabras modificantes.*

modificar. TR. Transformar o cambiar algo mudando alguno de sus accidentes. U. t. c. prnl.

modificativo, va. ADJ. Que modifica o sirve para modificar. *Circunstancias modificativas.*

modificatorio, ria. ADJ. Que modifica. *Dinámica modificatoria.*

modillón. M. *Arq.* Elemento voladizo sobre el que se asienta una cornisa o alero, o los extremos de un dintel.

modio. M. hist. Medida para áridos, que usaron los romanos y equivalía aproximadamente a 8,75 l.

modismo. M. Expresión fija, privativa de una lengua, cuyo significado no se deduce de las palabras que la forman; p. ej., *a troche y moche.*

modista. COM. Persona que tiene por oficio hacer prendas de vestir.

modisto. M. Hombre que tiene por oficio hacer prendas de vestir.

modo. M. **1.** Aspecto que ante el observador presenta una acción o un ser. *Modo de actuar. Modo de ser.* ‖ **2.** Procedimiento o conjunto de procedimientos para realizar una acción. *No tengo modo de evadirme.* ‖ **3.** Urbanidad en el porte o trato. U. m. en pl. *Tiene muy buenos modos.* ‖ **4.** *Der.* Carga que acompaña a un derecho, en particular la que va unida a una donación o herencia vinculando al adquirente. ‖ **5.** *Der.* Entrega material, o mediante forma equivalente según la ley, que junto al título es necesaria para la transmisión de la propiedad y demás derechos reales sobre una cosa. ‖ **6.** *Gram.* Categoría gramatical del verbo expresada mediante flexión, que manifiesta la actitud del hablante hacia lo enunciado o la dependencia de algunas clases de subordinación. *Modo indicativo. Modo subjuntivo.* ‖ **7.** *Mús.* En la música tonal, la diversa disposición de los intervalos de la escala. ‖ **~ auténtico.** M. *Mús.* hist. Cada uno de los cuatro primitivos del canto ambrosiano, cuya dominante era la quinta sobre la tónica. ‖ **~ de adquirir.** M. *Der.* Hecho jurídico por cuya virtud una persona adquiere el dominio u otro derecho real sobre una cosa. ‖ **~ de articulación.** M. *Fon.* Disposición de los órganos articulatorios en el momento de la emisión de un sonido. ‖ **~ imperativo.** M. *Gram.* El que manifiesta desinencias exclusivas para denotar mandato, exhortación, ruego o disuasión. En español, admite pronombres enclíticos; p. ej., *callad, cállate.* ‖ **~ indicativo.** M. *Gram.* El que enuncia como real lo expresado por el verbo. ‖ **~ mayor.** M. *Mús.* Disposición de los sonidos de una escala musical cuya tercera nota se halla dos tonos más alta que la primera. ‖ **~ menor.** M. *Mús.* Disposición de los sonidos de una escala musical cuya tercera nota solo se halla un tono y medio más alta que la primera. ‖ **~ optativo.** M. *Gram.* El que, en lenguas como el griego y el sánscrito, indica deseo de que se verifique lo significado por el verbo. ‖ **~ plagal.** M. *Mús.* hist. Cada uno de los cuatro añadidos en el canto gregoriano, y cuya dominante era la tercera por debajo de la tónica. ‖ **~ potencial.** M. *Gram.* Tradicionalmente, el que expresa la acción del verbo como posible. ‖ **~ subjuntivo.** M. *Gram.* El que manifiesta lo expresado por el verbo con marcas que indican la subjetividad. ‖ **al,** o **a, ~ de.** LOCS. PREPOS. Como, a manera de. ‖ **a mi, tu, su,** etc. **~.** LOCS. ADVS. Según puede, sabe o acostumbra la persona de que se trate. ‖ **de cualquier ~.** LOC. ADV. **de cualquier manera.** ‖ **de ~ de.** LOC. PREPOS. *Am.* Seguida de infinitivo, indica finalidad. ‖ **de ~ que.** LOC. CONJUNT. **de manera que.** ‖ **de ningún ~.** LOC. ADV. **de ninguna manera.** ‖ **en cierto ~.** LOC. ADV. En parte, de algún modo. *Aseguraba no mentir y, en cierto modo, era verdad.* ‖ **sobre ~.** LOC. ADV. sobremodo. □ V. **escala del ~.**

modorra. F. **1.** Somnolencia, sopor profundo. ‖ **2.** *Veter.* Aturdimiento patológico del ganado lanar, producido por cisticercos que se alojan en el cerebro y que pueden alcanzar gran tamaño. □ V. **la hora de la ~.**

modorro, rra. ADJ. **1.** Que padece de modorra. ‖ **2.** Dicho de un operario: Que ha contraído en las minas la enfermedad producida por la absorción de los vapores de mercurio. U. t. c. s. ‖ **3.** Dicho de una fruta: Que pierde el color y empieza a fermentar. ‖ **4.** Ignorante, que no distingue las cosas. U. t. c. s.

modosidad. F. Cualidad de modoso.

modoso, sa. ADJ. Que guarda buenos modos y compostura en su conducta y ademanes.

modulación. F. Acción y efecto de modular. ‖ **~ de frecuencia.** F. *Telec.* Variación de la frecuencia de las ondas de acuerdo con la señal, manteniendo constante la amplitud.

modulada. □ V. **frecuencia ~.**

modulador, ra. ADJ. Que modula. Apl. a un dispositivo, u. t. c. s. m.

modular[1]. **I.** TR. **1.** Variar con fines armónicos las cualidades del sonido en el habla o en el canto. ‖ **2.** Modificar los factores que intervienen en un proceso para obtener distintos resultados; p. ej., aumentar la temperatura para acelerar una reacción. ‖ **3.** *Electr.* Variar el valor de la amplitud, frecuencia o fase de una onda portadora en función de una señal. ‖ **II.** INTR. **4.** *Mús.* Pasar de una tonalidad a otra.

modular[2]. ADJ. Perteneciente o relativo al módulo.

módulo. M. **1.** Dimensión que convencionalmente se toma como unidad de medida, y, más en general, todo lo que sirve de norma o regla. *Cada estilo arquitectónico se basa en un módulo distinto.* ‖ **2.** Pieza o conjunto unitario de piezas que se repiten en una construcción de cualquier tipo, para hacerla más fácil, regular y económica. *Una cerca hecha por módulos.* ‖ **3.** *Aer.* Parte de un vehículo espacial que puede operar independientemente. ‖ **4.** *Geom.* Longitud del segmento que define un vector. ‖ **5.** *Mat.* Valor absoluto de una cantidad. (Símb. | |). ‖ **6.** *Mat.* Cantidad que sirve de medida o tipo de comparación en determinados cálculos. ‖ **7.** *Mat.* Divisor común en una congruencia. ‖ **8.** *Numism.* Diámetro de una medalla o moneda.

modus operandi. (Locución latina). M. Manera especial de actuar o trabajar para alcanzar el fin propuesto. MORF. pl. invar. *Los modus operandi.*

modus vivendi. (Locución latina). M. **1.** Modo de vivir, base o regla de conducta, arreglo, ajuste o transacción entre dos partes. Se usa especialmente refiriéndose a pactos internacionales, o acuerdos diplomáticos de carácter interino. ‖ **2.** Modo de ganarse la vida. ¶ MORF. pl. invar. *Los modus vivendi.*

mofa. F. Burla y escarnio que se hace de alguien o de algo con palabras, acciones o señales exteriores. *Hace mofa de todo.*

mofarse. PRNL. Hacer mofa.

mofeta. F. **1.** Gas pernicioso que se desprende de una mina u otro sitio subterráneo, ordinariamente ácido carbónico o un carburo de hidrógeno. ‖ **2.** Mamífero carnicero de unos cinco decímetros de largo, comprendida la cola, que es de dos, y parecido exteriormente a la comadreja, de la cual se diferencia por su tamaño y el pelaje, pardo en el lomo y en el vientre, y blanco en los costados y la cola. Es propio de América, y lanza un líquido fétido que segregan dos glándulas situadas cerca del ano.

moflete. M. Carrillo grueso y carnoso, que parece que está hinchado.

mofletudo, da. ADJ. Que tiene mofletes. *Angelotes mofletudos.*

mogol, la. ADJ. mongol.

mogólico, ca. ADJ. mongol.

mogollón. M. **1.** coloq. Gran cantidad de algo. ‖ **2.** coloq. Lío, jaleo. ‖ **de ~.** LOC. ADV. **de balde** (‖ gratis).

mogón, na. ADJ. Dicho de una res vacuna: Que carece de un asta o la tiene rota por la punta.

mogote. M. **1.** Elevación del terreno que recuerda la forma de un monte. ‖ **2.** Montón de piedras. ‖ **3.** Montículo aislado, de forma cónica y rematado en punta roma.

moharra. F. Punta de la lanza, que comprende la cuchilla y el cilindro con que se asegura en el asta.

moharracho. M. Persona de ningún valer o mérito.

mohatra. F. Fraude, engaño.

mohatrero, ra. M. y F. Persona que hace mohatras.

moheda. F. Monte alto con jarales y maleza.

mohedal. M. **moheda.**

mohín. M. Mueca o gesto.

mohína. F. Enojo, disgusto, tristeza.

mohíno, na. ADJ. **1.** Triste, melancólico, disgustado. ‖ **2.** Dicho de una caballería o de una res vacuna: Que tiene el pelo, y sobre todo el hocico, de color muy negro. U. t. c. s.

moho. M. **1.** Se usa como nombre para referirse a varias especies de hongos de tamaño muy pequeño que viven en los medios orgánicos ricos en materias nutritivas, provistos de un micelio filamentoso y ramificado del cual sale un vástago que termina en un esporangio esférico, a manera de cabezuela. ‖ **2.** Capa que se forma en la superficie de un cuerpo metálico por alteración química de su materia; p. ej., la herrumbre o el cardenillo. ‖ **3.** Alteración o corrupción de una sustancia orgánica cuando se cubre de ciertas vegetaciones criptógamas.

mohoso, sa. ADJ. Cubierto de moho. *Llave mohosa.*

moisés. M. Cesto ligero de mimbre, lona u otra materia, con asas, que sirve de cuna portátil. MORF. pl. **moiseses.** ☐ V. **ley de Moisés.**

mojada. F. Acción y efecto de mojar.

mojado, da. PART. de **mojar.** ‖ **I.** ADJ. **1.** *Fon.* Dicho de un sonido: Pronunciado con un contacto relativamente amplio del dorso de la lengua contra el paladar. *La ch puede ser más o menos mojada.* ‖ **II.** M. **2.** Acción y efecto de mojar. ☐ V. **espalda ~, papel ~.**

mojador, ra. ADJ. Que moja. *Lluvia mojadora.*

mojadura. F. Acción y efecto de mojar.

mojama. F. Cecina de atún.

mojar. **I.** TR. **1.** Humedecer algo con agua u otro líquido. U. t. c. prnl. ‖ **2.** coloq. **orinar.** U. t. c. prnl. ‖ **II.** PRNL. **3.** coloq. Comprometerse con una opción clara en un asunto conflictivo.

mojarra. F. **1.** Pez teleósteo del suborden de los Acantopterigios, de unos dos decímetros de largo, con el cuerpo ovalado, comprimido lateralmente, de color oscuro, con tres manchas negras, una junto a la cola y las otras dos en las agallas, cabeza ancha y ojos grandes. Se pesca en las costas de España y es de carne estimada. ‖ **2.** Lancha pequeña al servicio de las almadrabas. ‖ **3.** *Am.* Cuchillo ancho y corto.

moje. M. Salsa de cualquier guisado.

mojicón. M. **1.** Especie de bizcocho, hecho regularmente de mazapán y azúcar, cortado en trozos y bañado. ‖ **2.** Especie de bollo fino que se toma principalmente con chocolate.

mojiganga. F. **1.** Obra cómica muy breve en que se introducen figuras ridículas y extravagantes. ‖ **2.** Acción burlona o lúdica.

mojigatería. F. **1.** Cualidad de mojigato. ‖ **2.** Acción propia de él.

mojigatez. F. Cualidad de mojigato.

mojigato, ta. ADJ. Que muestra escrúpulos morales afectados o exagerados. U. t. c. s.

mojinete. M. *Á. guar.* y *Á. R. Plata.* Frontón o remate triangular de las dos paredes más altas y angostas de un rancho, galpón o construcción similar, sobre las que se apoya el caballete.

mojito. M. Bebida que se prepara con ron, zumo de limón, agua, hielo y azúcar, y se adorna con una rama de hierbabuena.

mojo. M. **1.** moje. ‖ **2.** mojo picón. ‖ **~ picón.** M. Salsa picante típica de Canarias, hecha principalmente con aceite, ajos, guindillas, cominos, sal y pimentón.

mojón. M. **1.** Señal permanente que se pone para fijar los linderos de heredades, términos y fronteras. ‖ **2.** Señal que se coloca en despoblado para que sirva de guía.

‖ **3.** Porción compacta de excremento humano que se expele de una vez.

moka. M. moca.

mol. M. molécula gramo.

mola. F. **1.** hist. Harina de escanda, tostada y mezclada con sal, que los gentiles usaban en sus sacrificios, echándola en la frente de la res y en la hoguera en que esta había de ser quemada. ‖ **2.** *Med.* Masa carnosa e informe que en algunos casos se produce dentro de la matriz, ocasionando las apariencias de la preñez.

molacho, cha. ADJ. *Méx.* **desdentado** (‖ que ha perdido los dientes).

molar. **I.** ADJ. **1.** Perteneciente o relativo a la muela. *Neuralgia molar.* ‖ **2.** Apto para moler. *Disco molar.* ‖ **II.** M. **3.** **muela** (‖ diente posterior a los caninos). ☐ V. **diente ~.**

molcajete. M. *Méx.* Mortero grande de piedra o de barro cocido, con tres pies cortos y resistentes, que se usa para preparar salsas.

molcajetear. INTR. *Méx.* Moler en el molcajete.

moldavo, va. ADJ. **1.** hist. Natural de Moldavia, región del este de Europa que en la actualidad está dividida entre Rumanía y la República de Moldavia. U. t. c. s. ‖ **2.** Natural de Moldavia, país de Europa. U. t. c. s. ‖ **3.** Perteneciente o relativo a aquella región o a este país.

molde. M. **1.** Pieza o conjunto de piezas acopladas en que se hace en hueco la forma que en sólido quiere darse a la materia fundida, fluida o blanda, que en él se vacía, como un metal, la cera, etc. ‖ **2.** Instrumento, aunque no sea hueco, que sirve para estampar o para dar forma o cuerpo a algo; p. ej., las letras de imprenta, las agujas de hacer punto, etc. ‖ **3.** Norma o modelo establecidos. ‖ **4.** *Impr.* Conjunto de letras o forma ya dispuesta para imprimir. ‖ **de ~.** **I.** LOC.ADJ. **1.** Se dice de lo impreso, a distinción de lo manuscrito. ‖ **II.** LOC.ADV. **2.** A propósito, con oportunidad. ‖ **3.** Bien, perfectamente, con maestría. ☐ V. **letra de ~, pan de ~.**

moldeado. M. Acción y efecto de moldear.

moldeador, ra. ADJ. Que moldea. Apl. a un agente o un instrumento, u. t. c. s. m.

moldeamiento. M. Acción y efecto de moldear.

moldear. TR. **1.** Dar forma a una materia echándola en un molde. *Moldear un flan.* ‖ **2.** Hacer molduras en algo. *Moldear las jambas de una puerta.*

moldeo. M. *Ingen.* Proceso por el que se obtienen piezas echando materiales fundidos en un molde. U. t. en sent. fig. *El moldeo del carácter en la adolescencia.*

moldura. F. Parte saliente de perfil uniforme, que sirve para adornar o reforzar obras de arquitectura, carpintería y otras artes.

moldurar. TR. Hacer molduras en algo.

mole[1]**.** ADJ. **muelle** (‖ blando). ☐ V. **huevos ~s.**

mole[2]**.** F. Cosa de gran bulto o corpulencia.

mole[3]**.** M. **1.** *Méx.* Salsa espesa preparada con diferentes chiles y muchos otros ingredientes y especias. ‖ **2.** *Méx.* Guiso de carne de pollo, de guajolote o de cerdo que se prepara con esta salsa.

molécula. F. Unidad mínima de una sustancia que conserva sus propiedades químicas. Puede estar formada por átomos iguales o diferentes. ‖ **~ gramo.** F. Cantidad de una sustancia química cuyo peso es su peso molecular expresado en gramos.

molecular. ADJ. Perteneciente o relativo a las moléculas. ☐ V. **biología ~, masa ~, peso ~.**

moledor, ra. ADJ. Que muele. *Máquina moledora.*

moledora. F. Máquina que sirve para moler.

moledura. F. Acción de moler.

molendero, ra. M. y F. Persona que muele o lleva que moler a los molinos.

moler. TR. **1.** Reducir un cuerpo a partes muy menudas, o hasta hacerlo polvo. *Moler el trigo, la aceituna.* ‖ **2.** Cansar o fatigar mucho. *Estoy molido de tanto trabajar. El paseo me dejó molido.* ‖ **3.** Maltratar a alguien, dejándolo lisiado. *Lo molió a palos.* U. t. c. prnl. ‖ **4.** Molestar gravemente y con impertinencia. *Lo hace solo por moler.* ¶ MORF. conjug. c. *mover.* □ V. **piedra de ~.**

molestar. TR. Causar molestia. U. t. c. prnl.

molestia. F. **1.** Fatiga, perturbación. ‖ **2.** Enfado, fastidio, desazón o inquietud del ánimo. ‖ **3.** Desazón originada de leve daño físico o falta de salud. ‖ **4.** Falta de comodidad o impedimento para los libres movimientos del cuerpo, originada de cosa que lo oprime o lastima en alguna parte. ‖ **tomarse la ~** de algo. LOC.VERB. Aplicarse en su ejecución, cuando es trabajoso o cuando se pretende aliviar a otro. *No se tomó la molestia de avisarme.*

molesto, ta. ADJ. **1.** Que causa molestia. *Una mosca muy molesta.* ‖ **2.** Que siente molestia. *Está muy molesta a causa de la ciática.*

molestoso, sa. ADJ. *Am.* Que causa molestia.

moleta. F. **1.** Piedra o guijarro, comúnmente de mármol, que se emplea para **moler** o reducir un cuerpo a partes muy menudas). ‖ **2.** En la fábrica de cristales, aparato que sirve para alisarlos y pulirlos.

molibdeno. M. Elemento químico de núm. atóm. 42. Metal escaso en la litosfera, se encuentra generalmente en forma de sulfuro. De color gris o negro y brillo plateado, pesado y con un elevado punto de fusión, es blando y dúctil en estado puro, pero quebradizo si presenta impurezas. Se usa en la fabricación de aceros y filamentos resistentes a altas temperaturas. (Símb. *Mo*).

molicie. F. Abandono invencible al placer de los sentidos o a una grata pereza.

molido. □ V. **oro ~.**

molienda. F. **1.** Acción de moler, especialmente el grano. ‖ **2.** Porción o cantidad de caña de azúcar, trigo, aceituna, chocolate, etc., que se muele de una vez. ‖ **3.** Temporada que dura la operación de moler la aceituna o la caña de azúcar.

molimiento. M. **1.** Acción de moler. ‖ **2. cansancio** (‖ falta de fuerzas).

molinería. F. Industria molinera.

molinero, ra. **I.** ADJ. **1.** Perteneciente o relativo al molino o a la molinería. *Local molinero.* ‖ **II.** M. y F. **2.** Persona que tiene a su cargo un molino. ‖ **3.** Persona que trabaja en él.

molinete. M. **1.** Juguete de niños que consiste en una varilla en cuya punta hay una cruz o una estrella de papel que gira movida por el viento. ‖ **2.** Ruedecilla con aspas, generalmente de hojalata, que se pone en las ventanas de una habitación para que, girando, renueve el aire de esta. ‖ **3.** *Esgr.* Movimiento circular que se hace con la lanza, el sable, etc., alrededor de la cabeza, para defenderse a sí mismo y a su caballo de los golpes del enemigo. ‖ **4.** *Mar.* Especie de torno dispuesto horizontalmente y de babor a estribor, a proa del trinquete. ‖ **5.** *Taurom.* Suerte de la lidia en la que el matador gira airosamente en sentido contrario al de la embestida del toro, dándole salida.

molinillo. M. **1.** Instrumento pequeño para moler. ‖ **2.** Palillo cilíndrico con una rueda gruesa y dentada en su extremo inferior, que se hace girar a un lado y otro entre las manos extendidas, para batir el chocolate u otras cosas. ‖ **3. molinete** (‖ juguete con una cruz o una estrella de papel que gira movida por el viento).

molinismo. M. hist. Doctrina del padre Luis Molina, teólogo y jesuita español del siglo XVI, sobre el libre albedrío y la gracia.

molinista. ADJ. **1.** hist. Perteneciente o relativo al molinismo. *Querellas molinistas.* ‖ **2.** hist. Partidario de él. U. t. c. s.

molino. M. **1.** Máquina para moler, compuesta de una muela, una solera y los mecanismos necesarios para transmitir y regularizar el movimiento producido por una fuerza motriz, como el agua, el viento, el vapor u otro agente mecánico. ‖ **2.** Artefacto con que, por un procedimiento determinado, se machaca, lamina o estruja algo. *Molino del papel. Molino de la moneda.* ‖ **3.** Casa o edificio en que hay un molino. ‖ **~ arrocero.** El que sirve para limpiar el grano de arroz de la película que lo cubre. ‖ **~ de viento.** M. El movido por el viento, cuyo impulso recibe en lonas tendidas sobre aspas grandes colocadas en la parte exterior del edificio. ‖ **~s de viento.** M. pl. Enemigos fantásticos o imaginarios. □ V. **rueda de ~.**

molla. F. Parte magra de la carne.

mollar. ADJ. **1.** Blando y fácil de partir. *Uva mollar.* ‖ **2.** Dicho de una cosa: Que da mucha utilidad sin carga considerable. *El asunto se presentaba mollar.*

molledo. M. Parte carnosa y redonda de un miembro, especialmente la de los brazos, muslos y pantorrillas.

molleja. F. **1.** Estómago muscular que tienen las aves, muy robusto especialmente en las granívoras, y que les sirve para triturar y ablandar por medio de una presión mecánica los alimentos, que llegan a este órgano mezclados con los jugos digestivos. ‖ **2.** Apéndice carnoso, formado la mayoría de las veces por infarto de las glándulas.

mollera. F. coloq. Cabeza humana. ‖ **cerrado, da de ~.** LOC.ADJ. Rudo e incapaz. ‖ **cerrar, o cerrarse, o tener cerrada, la ~.** LOCS.VERBS. Endurecerse u osificarse la fontanela, situada, en el feto y niños de poco tiempo, entre el hueso frontal y los dos parietales. ‖ **ser duro de ~.** LOC.VERB. coloq. Ser rudo para aprender. ‖ **tener ya dura la ~.** LOC.VERB. coloq. No estar ya en estado de aprender.

mollete. M. **1.** Panecillo de forma ovalada, esponjado y de poca cocción, generalmente blanco. ‖ **2.** Carrillo grueso.

molo. M. *Chile.* **malecón** (‖ muralla o terraplén para defenderse de las aguas).

moloso, sa. ADJ. Se dice de cierta casta de perros procedente de Molosia, antigua región de Epiro, en Grecia. U. t. c. s.

molote. M. **1.** *Am. Cen.* y *Á. Caribe.* **monote.** ‖ **2.** *Méx.* **tanate** (‖ envoltorio).

molotera. F. *Am.* riña.

molotov. □ V. **bomba ~, cóctel ~.**

molturación. F. Acción y efecto de molturar.

molturar. TR. Moler granos o frutos.

molusco. ADJ. *Zool.* Se dice de los metazoos con tegumentos blandos, de cuerpo no segmentado en los adultos, desnudo o revestido de una concha, y con simetría bilateral, no siempre perfecta; p. ej., la babosa, el caracol y la jibia. U. t. c. s. m. Ortogr. En m. pl., escr. con may. inicial c. taxón. *Los Moluscos.*

momentáneo, a. ADJ. Que se pasa enseguida, que solo dura un momento. *Locura momentánea.*

momento. M. **1.** Porción de tiempo muy breve. *Lo vi un momento esta tarde.* || **2.** Lapso de tiempo más o menos largo que se singulariza por cualquier circunstancia. *Este fue el mejor momento de su vida. Aquella guerra civil fue el peor momento del siglo.* || **3.** Oportunidad, ocasión propicia. *En su carrera no le ha llegado todavía su momento.* || **4.** Tiempo considerado como actual o presente. *El momento internacional. Los poetas del momento.* || **5.** Importancia, peso, trascendencia. *Asuntos de gran momento.* || **6.** *Mec.* **cantidad de movimiento.** || ~ **de inercia.** M. *Mec.* Suma de los productos que resultan de multiplicar la masa de cada elemento de un cuerpo por el cuadrado de su distancia a un eje de rotación. || ~ **de una fuerza.** M. *Mec.* Magnitud resultante del producto del valor de una fuerza por su distancia a un punto de referencia. || ~ **lineal.** M. *Mec.* **cantidad de movimiento.** || **a cada ~.** LOC.ADV. A cada paso, con frecuencia, de manera continua. || **al ~.** LOC.ADV. Al instante, sin dilación, inmediatamente. || **cada ~.** LOC.ADV. a cada momento. || **de ~.** LOC.ADV. **1.** por de pronto. || **2.** Por ahora, en el tiempo actual. || **de un ~ a otro.** LOC.ADV. Pronto, sin tardanza. || **en un ~ dado.** LOC.ADV. En cierto momento. || **por el ~.** LOC.ADV. de momento. || **por ~s.** LOC.ADV. **1.** De manera progresiva. || **2.** de un momento a otro.

momia. F. Cadáver que naturalmente o por preparación artificial se deseca con el transcurso del tiempo sin entrar en putrefacción.

momificación. F. Acción y efecto de momificar.

momificar. TR. Convertir en momia un cadáver. U. m. c. prnl.

momio, mia. I. ADJ. **1.** Magro y sin gordura. Apl. a un alimento, u. t. c. s. m. || **II.** M. **2.** Cosa apreciable que se adquiere a poca costa o con poco trabajo.

momo. M. Gesto que se ejecuta regularmente para divertir.

momosteco, ca. ADJ. **1.** Natural de Momostenango. U. t. c. s. || **2.** Perteneciente o relativo a este municipio de Guatemala o a su cabecera, en el departamento de Totonicapán.

mona[1]. F. **1.** Hembra del mono. || **2.** Mamífero cuadrumano de unos seis decímetros de altura, con pelaje de color pardo amarillento, grandes abazones, nalgas sin pelo y callosas, y cola muy corta. Se cría en África y en el Peñón de Gibraltar, y se domestica fácilmente. || **3.** Juego de naipes en que se reparten entre todos los jugadores las cartas de la baraja, menos una que queda oculta. Cambiando sus cartas mutuamente, los jugadores van deshaciéndose de las que forman pareja, y el que queda al final sin poder hacerlo, pierde el juego. || **4.** Refuerzo que se ponen los lidiadores de a caballo en la pierna derecha, por ser la más expuesta a los golpes del toro. || **5.** coloq. Persona que hace las cosas por imitar a otra. || **6.** coloq. Embriaguez, borrachera. || **hecho, cha una ~.** LOC.ADJ. Dicho de una persona: Que ha quedado burlada y avergonzada.

mona[2]. F. hornazo. || ~ **de Pascua.** F. La que es costumbre comer, en algunos lugares, en la Pascua de Resurrección. || **a freír ~s.** LOC.ADJ. coloq. **a freír espárragos.** *Lo mandó a freír monas. Anda a freír monas.*

monacal. ADJ. Perteneciente o relativo a los monjes.

monacato. M. **1.** Estado o profesión de monje. || **2.** Institución monástica.

monacordio. M. Instrumento musical con teclado más extenso que el de la espineta.

monada. F. **1.** Acción propia de un mono. || **2.** Gesto o figura afectada y enfadosa. || **3.** Persona o cosa delicada y primorosa. || **4.** coloq. Acción graciosa de los niños.

monadelfos. ADJ. pl. Bot. Se dice de los estambres de una flor soldados entre sí por sus filamentos y que forman un solo haz.

monaguense. ADJ. **1.** Natural de Monagas. U. t. c. s. || **2.** Perteneciente o relativo a este estado de Venezuela.

monaguillo. M. Niño que ayuda a misa y hace otros servicios en la iglesia.

monaquismo. M. Profesión de monje.

monarca. COM. Príncipe soberano de un Estado.

monarquía. F. **1.** Estado cuya jefatura es ostentada por un monarca. || **2.** Organización del Estado en la que la jefatura y representación supremas son ejercidas por una persona que, a título de rey, ha recibido el poder por vía hereditaria y puede transmitirlo del mismo modo. || ~ **absoluta.** F. Régimen político en el que todos los poderes corresponden al rey, sin limitaciones. || ~ **liberal.** F. hist. Régimen establecido en los países europeos tras las guerras napoleónicas, en el que el rey y la representación popular compartían poderes. || ~ **parlamentaria.** F. monarquía representativa en la que el rey simboliza la unidad y permanencia del Estado, como titular de un poder moderador del funcionamiento de las instituciones democráticas. || ~ **representativa.** F. Régimen político en el que, reservando la jefatura del Estado a un monarca, los poderes efectivos son ejercidos por los representantes del pueblo.

monárquico, ca. ADJ. **1.** Perteneciente o relativo al monarca o a la monarquía. *Escudos monárquicos.* || **2.** Partidario de la monarquía. U. t. c. s.

monarquismo. M. **1.** Adhesión a la monarquía. || **2.** Tendencia que propugna la monarquía como forma de gobierno.

monasterial. ADJ. Perteneciente o relativo al monasterio.

monasterio. M. Casa o convento, ordinariamente fuera de poblado, donde viven en comunidad los monjes.

monástico, ca. ADJ. Perteneciente o relativo al estado de los monjes o al monasterio.

monda. F. **1.** Acción y efecto de mondar. || **2.** Tiempo a propósito para la limpia de los árboles. || **3.** Cáscara o mondadura de frutos y de otras cosas. U. m. en pl. || **4.** Exhumación hecha en un cementerio en el tiempo prefijado, conduciendo los restos humanos a la fosa o al osario. || **ser la ~.** LOC.VERB. Parecer extraordinario en buen o mal sentido.

mondadientes. M. Instrumento pequeño y rematado en punta, que sirve para mondar los dientes sacando lo que se mete entre ellos.

mondador, ra. ADJ. Que monda. *Utensilio mondador.*

mondadura. F. Cáscara o desperdicio de las cosas que se mondan. U. m. en pl.

mondar. TR. **1.** Quitar la cáscara a las frutas, la corteza o piel de los tubérculos, o la vaina a las legumbres. || **2.** Limpiar o purificar algo quitándole lo superfluo o extraño mezclado con ello. *Los buitres mondaron los huesos.* || **3.** Cortar a alguien el pelo.

mondo, da. ADJ. Limpio y libre de cosas superfluas, mezcladas, añadidas o adherentes. *Huesos mondos.* ‖ **~ y lirondo, da.** LOC.ADJ. coloq. Limpio, sin añadidura alguna.

mondongo. M. Intestinos y panza de las reses, y especialmente los del cerdo.

mondonguería. F. Tienda, lugar o barrio en que se venden mondongos.

mondonguero, ra. M. y F. Persona que tiene por oficio guisar mondongos.

móndrigo, ga. ADJ. *Méx.* Dicho de una persona: despreciable. U. t. c. s.

moneda. F. **1.** Pieza de oro, plata, cobre u otro metal, regularmente en forma de disco y acuñada con los distintivos elegidos por la autoridad emisora para acreditar su legitimidad y valor, y, por ext., billete o papel de curso legal. ‖ **2.** *Econ.* Instrumento aceptado como unidad de cuenta, medida de valor y medio de pago. ‖ **3.** *Econ.* Conjunto de signos representativos del dinero circulante en cada país. ‖ **~ contante y sonante.** F. moneda metálica. ‖ **~ corriente.** F. La legal y usual. ‖ **~ de reserva.** F. La que se prefiere en los mercados internacionales por su estabilidad y aceptación general. ‖ **~ de vellón.** F. hist. La acuñada de plata y cobre en proporciones variables y solo de cobre desde el reinado de Felipe V. ‖ **~ divisionaria.** F. La que equivale a una fracción exacta de la unidad monetaria legal. ‖ **~ fiduciaria.** F. La que representa un valor que intrínsecamente no tiene. ‖ **~ fraccionaria.** F. **1. moneda divisionaria.** ‖ **2.** moneda de menor valor que la adoptada como unidad de cuenta del sistema. ‖ **~ jaquesa.** F. hist. La acuñada por los reyes de Aragón, primero en Jaca y después en otras ciudades. ‖ **~ metálica.** F. La acuñada en metal, para distinguirla del papel moneda o representativo de valor. ‖ **buena ~.** F. La de oro o plata. ‖ **correr la ~.** LOC.VERB. Abundar el dinero en circulación. ‖ **pagar en buena ~.** LOC.VERB. Dar entera satisfacción en cualquier materia. ‖ **pagar en la misma ~.** LOC.VERB. Ejecutar una acción correspondiendo a otra, o por venganza. ‖ **ser algo ~ corriente.** LOC.VERB. coloq. Estar admitido, o no causar ya sorpresa a nadie, por ocurrir con mucha frecuencia. ▭ V. **casa de ~, papel ~.**

monedaje. M. **1.** hist. Derecho que se pagaba al soberano por la fabricación de moneda. ‖ **2.** hist. Servicio o tributo de doce dineros por libra que impuso en Aragón y Cataluña sobre los bienes muebles y raíces el rey don Pedro II.

monedero. M. **1.** Bolsa, saco u objeto pequeño de otra forma, en cuyo interior se lleva dinero en metálico. ‖ **2.** Fabricante de moneda. ‖ **~ falso.** M. El que acuña moneda falsa o le da curso a sabiendas.

monegasco, ca. ADJ. **1.** Natural de Mónaco. U. t. c. s. ‖ **2.** Perteneciente o relativo a este país de Europa.

monema. M. *Ling.* **morfema** (‖ unidad mínima significativa).

monera. M. **1.** *Biol.* Se dice de los seres vivos unicelulares de organización procarionte; p. ej., las bacterias. ‖ **2.** pl. *Biol.* Reino de estos seres vivos. ORTOGR. Escr. con may. inicial.

monería. F. **1.** Acción propia del mono. ‖ **2.** Gesto, ademán o acción remilgada. ‖ **3.** coloq. Gesto, ademán o acción graciosa infantil. ‖ **4.** coloq. **monada** (‖ cosa pequeña, delicada y primorosa).

monetario, ria. I. ADJ. **1.** Perteneciente o relativo a la moneda. *Sistema monetario. Crisis monetaria.* ‖ **II.** M. **2.** Colección ordenada de monedas y medallas. ‖ **3.** Conjunto de estantes, cajones o tablas en que están colocadas ordenadamente las monedas y medallas. ▭ V. **convertibilidad ~, unidad ~.**

monetarismo. M. Teoría que prima la importancia del dinero como instrumento de la política económica.

monetarista. ADJ. **1.** Perteneciente o relativo al monetarismo. *Política monetarista.* ‖ **2.** Partidario del monetarismo. U. t. c. s.

monetización. F. Acción y efecto de monetizar.

monetizar. TR. **1.** Dar curso legal como moneda a billetes de banco u otros signos pecuniarios. ‖ **2.** Hacer moneda.

monfí. M. hist. Moro o morisco que formaba parte de las cuadrillas de salteadores de Andalucía después de la Reconquista. U. m. en pl. MORF. pl. **monfíes** o **monfís**.

mongol, la. I. ADJ. **1.** Natural de Mongolia, región de Asia central. U. t. c. s. ‖ **2.** Natural de Mongolia, país de Asia. U. t. c. s. ‖ **3.** Perteneciente o relativo a este país o a esa región de Asia. ‖ **II.** M. **4.** Lengua de los mongoles.

mongólico, ca. ADJ. **1. mongol** (‖ perteneciente a Mongolia). *Tribus mongólicas.* ‖ **2.** Perteneciente o relativo a la raza amarilla. *Rasgos mongólicos.* ‖ **3.** Que padece mongolismo. U. t. c. s.

mongolismo. M. **síndrome de Down.**

mongoloide. ADJ. Dicho de una persona: Que recuerda por alguno de sus rasgos físicos, y especialmente por la oblicuidad de los ojos, a los individuos de las razas mongólicas. U. t. c. s.

moniato. M. **boniato.**

monicaco, ca. M. y F. coloq. Persona de poco valor.

monición. F. Advertencia que se hace a alguien.

monigote. M. **1.** coloq. Muñeco o figura ridícula hecha de trapo o cosa semejante. ‖ **2.** coloq. Pintura o estatua mal hecha. ‖ **3.** coloq. Persona ignorante y ruda, de ninguna representación ni valía. ‖ **4.** coloq. Persona sin carácter, que se deja manejar por otros.

monimiáceo, a. ADJ. *Bot.* Se dice de las plantas leñosas angiospermas dicotiledóneas, con hojas opuestas o verticiladas, rara vez esparcidas, flores comúnmente unisexuales, carpelos con un solo óvulo, y fruto indehiscente, como el boldo. U. t. c. s. f. ORTOGR. En f. pl., escr. con may. inicial c. taxón. *Las Monimiáceas.*

monipodio. M. Convenio de personas que se asocian y confabulan para fines ilícitos.

monitor[1], ra. M. y F. Persona que guía el aprendizaje deportivo, cultural, etc.

monitor[2]. M. **1.** Aparato que reproduce las imágenes o señales de un sistema de vídeo o informático con fines de control. ‖ **2.** Pantalla de una computadora u ordenador. ‖ **3.** hist. Antiguo barco de guerra, artillado, acorazado, de pequeño calado y con espolón de acero, que navegaba casi sumergido para ser menos vulnerable.

monitorear. TR. **1.** *Am.* Observar mediante aparatos especiales el curso de uno o varios parámetros fisiológicos o de otra naturaleza para detectar posibles anomalías. ‖ **2.** *Am.* Supervisar, controlar. *La ONU monitorea el repliegue de las tropas.*

monitoreo. M. *Am.* Acción y efecto de monitorear.

monitorio, ria. ADJ. Que sirve para avisar o amonestar. *Proceso monitorio.*

monitorización. F. *Esp.* Acción y efecto de monitorizar.

monitorizar. TR. *Esp.* Observar mediante aparatos especiales el curso de uno o varios parámetros fisiológicos o de otra naturaleza para detectar posibles anomalías.

monja. F. **1.** Religiosa de alguna de las órdenes aprobadas por la Iglesia, que se obliga por votos solemnes, y generalmente está sujeta a clausura. ‖ **2.** Religiosa de una orden o congregación. □ V. **vicario de ~s.**

monje. M. **1.** Individuo de una de las órdenes religiosas sujeto a una regla común y que vive en un monasterio. ‖ **2.** Religioso de una de las órdenes monacales.

monjerío. M. Conjunto de monjas.

monjil. ADJ. **1.** Perteneciente o relativo a las monjas. *Colegio monjil.* ‖ **2.** Propio o característico de las monjas. *Costumbres monjiles.*

monjío. M. Conjunto de monjas.

mono, na. I. ADJ. **1.** coloq. Dicho especialmente de los niños y de las cosas pequeñas y delicadas: Bonito, lindo, gracioso. ‖ **II.** M. **2.** Se usa como nombre genérico para designar a cualquiera de los animales del suborden de los Simios. ‖ **3.** Persona que hace gestos o figuras parecidas a las del mono. ‖ **4.** Dibujo rápido y poco elaborado. ‖ **5.** Prenda de vestir de una sola pieza, de tela fuerte, que consta de cuerpo y pantalón, especialmente la utilizada en diversos oficios como traje de faena. ‖ **6.** jerg. En el lenguaje de la droga, **síndrome de abstinencia.** ‖ **mono araña.** M. mono de América Meridional, de cuerpo delgado y de patas y cola muy largas. ‖ **~ aullador.** M. mono de América Meridional, de cola prensil, y con el hueso hioides, grande y hueco, en comunicación con la laringe, lo que le permite lanzar sonidos que se oyen a gran distancia. ‖ **~ capuchino.** M. mono americano de cola no prensil, cabeza redondeada, ojos grandes y cuerpo cubierto de pelo largo y abundante, sobre todo en la cola. ‖ **mono de imitación.** M. coloq. Persona que imita lo que hacen otros. ‖ **~ sabio.** M. El adiestrado en varios ejercicios para exhibirlo en circos y barracas de feria. ‖ **ser** alguien **el último ~.** LOC.VERB. coloq. Ser insignificante, no contar para nada. ‖ **tengo monos en la cara.** LOC.VERB. coloq. Se usa para interrogar, expresando molestia, a quien mira insistentemente.

monoaural. ADJ. Dicho de un sistema de grabación y reproducción sonora: Realizado a través de un solo canal.

monocarril. ADJ. **monorraíl.** U. t. c. s. m.

monociclo. M. Vehículo de una sola rueda movida a pedales, usado especialmente por equilibristas.

monocito. M. *Biol.* Tipo de leucocito caracterizado por poseer un solo núcleo.

monoclamídeo, a. ADJ. *Bot.* Se dice de las plantas angiospermas dicotiledóneas cuyas flores tienen cáliz pero no corola; p. ej., las urticáceas. U. t. c. s. f.

monoclínico. ADJ. Se dice del sistema cristalográfico según el cual cristalizan minerales como el yeso, la ortosa y las micas.

monoclonal. □ V. **anticuerpo ~.**

monocolor. ADJ. **1.** De un solo color. *Tejido monocolor.* ‖ **2.** Dicho de una colectividad: Formada por personas de una misma tendencia, especialmente política. *Gobierno monocolor.*

monocorde. ADJ. **1.** Dicho de un instrumento musical: Que tiene una sola cuerda. ‖ **2.** Dicho del grito, del canto o de otra sucesión de sonidos: Que repiten la misma nota. ‖ **3.** Monótono, insistente sin variaciones. *Sucesión de días monocordes.*

monocordio. M. hist. Instrumento antiguo con caja, como la guitarra, y una sola cuerda tendida sobre varios puentes fijos o móviles que la dividen en porciones desiguales, correspondientes con las notas de la escala. Se tocaba con una púa de cañón de pluma y servía de diapasón.

monocotiledóneo, a. ADJ. *Bot.* Se dice del vegetal o planta cuyo embrión posee un solo cotiledón, como la palmera y el azafrán. U. t. c. s. f. ORTOGR. En f. pl., escr. con may. inicial c. taxón. *Las Monocotiledóneas.*

monocromático, ca. ADJ. **monocromo.**

monocromo, ma. ADJ. De un solo color. *Fondo monocromo.*

monocular. ADJ. **1.** Dicho de la visión: Que se realiza con un solo ojo. ‖ **2.** Dicho de un aparato: Que se emplea para mirar con un solo ojo.

monóculo, la. I. ADJ. **1.** Que tiene un solo ojo. U. t. c. s. ‖ **II.** M. **2.** Lente para un solo ojo.

monocultivo. M. Cultivo único o predominante de una especie vegetal en determinada región.

monodia. F. *Mús.* Canto a una sola voz.

monódico, ca. ADJ. *Mús.* Perteneciente o relativo a la monodia.

monofásico, ca. ADJ. **1.** *Electr.* Se dice de la corriente eléctrica alterna que circula por dos conductores, y también de los aparatos que se alimentan con esta clase de corriente. *Motor monofásico.* ‖ **2.** *Electr.* Dicho de un aparato: Que se alimenta con esta clase de corriente.

monofisismo. M. hist. Herejía de los monofisitas.

monofisita. ADJ. **1.** hist. Se dice de quien negaba que en Jesucristo hubiera dos naturalezas. U. m. c. s. pl. ‖ **2.** hist. Perteneciente o relativo a estos herejes o a su doctrina. *Creencias monofisitas.*

monofonemático, ca. ADJ. *Fon.* Dicho de una secuencia fónica: Que consta de un solo fonema.

monogamia. F. **1.** Cualidad de monógamo. ‖ **2.** Régimen familiar que veda la pluralidad de esposas.

monógamo, ma. ADJ. **1.** Casado con una sola persona. U. t. c. s. ‖ **2.** *Zool.* Dicho de un animal: Que solo se aparea con un individuo del otro sexo.

monografía. F. Descripción y tratado especial de determinada parte de una ciencia, o de algún asunto en particular.

monográfico, ca. ADJ. Perteneciente o relativo a la monografía.

monograma. M. Cifra que como abreviatura se emplea en sellos, marcas, etc.

monoico, ca. ADJ. *Bot.* Dicho de una planta: Que tiene separadas las flores de cada sexo, pero en un mismo pie.

monolingüe. ADJ. **1.** Que solo habla una lengua. *Estudiante monolingüe.* ‖ **2.** Que está escrito en un solo idioma. *Libro monolingüe.* ‖ **3.** Que desarrolla su actividad en una sola lengua. *Sociedad monolingüe.*

monolítico, ca. ADJ. **1.** Perteneciente o relativo al monolito. *Inscripción monolítica.* ‖ **2.** Que está hecho de una sola piedra. *Bloque monolítico.* ‖ **3.** De una pieza, sin fisuras. *Aspecto monolítico.* ‖ **4.** Inconmovible, rígido, inflexible. *Pensamiento monolítico.*

monolitismo. M. Rigidez de una estructura política o ideológica, manifiesta en sus fundamentos o en su actuación.

monolito. M. Monumento de piedra de una sola pieza.

monologal. ADJ. **1.** Perteneciente o relativo al **monólogo** (‖ soliloquio). *La estructura monologal de la obra.* ‖ **2.** Que se desarrolla o tiene lugar en forma de **monólogo** (‖ soliloquio). *Enseñanza monologal.*

monologante. ADJ. **1.** Que monologa. Apl. a pers., u. t. c. s. ‖ **2.** Que no tiene en cuenta a los demás. *Medios de comunicación monologantes. Actuación monologante.*

monologar. INTR. **1.** Declamar **monólogos** (‖ soliloquios). ‖ **2.** Hablar en voz alta consigo mismo o con un interlocutor ausente o imaginario.

monólogo. M. **1.** soliloquio. ‖ **2.** Especie de obra dramática en que habla un solo personaje.

monomando. ADJ. Dicho de un grifo: Que tiene un solo mando para regular el flujo, la cantidad y la temperatura del agua. U. t. c. s. m. *Monomando para baño y ducha.*

monomanía. F. Preocupación o afición desmedida.

monomaníaco, ca o **monomaniaco, ca.** ADJ. Que padece monomanía. U. t. c. s.

monomaniático, ca. ADJ. monomaníaco.

monometalismo. M. Sistema monetario en que rige un patrón único.

monometalista. ADJ. Partidario del monometalismo. U. t. c. s.

monomiario. ADJ. *Zool.* Se dice de los moluscos lamelibranquios que tienen un solo músculo aductor para cerrar la concha; p. ej., las ostras.

monomio. M. *Mat.* Expresión algebraica que consta de un solo término.

monomotor. ADJ. Dicho especialmente de un avión: Que tiene un solo motor. U. t. c. s. m.

mononucleosis. F. *Med.* Exceso de monocitos en la sangre, debido a ciertos tipos de infecciones.

monoparental. ADJ. Dicho de una familia: En la que, desde su formación, solo hay padre o madre.

monopatín. M. Juguete consistente en una tabla relativamente larga sobre ruedas, con la que se deslizan los niños tras impulsarse con un pie contra el suelo.

monoplano. M. Aeroplano con un solo par de alas que forman un mismo plano.

monoplaza. ADJ. Dicho de un vehículo: Que tiene una sola plaza. U. t. c. s. m.

monopolio. M. **1.** Concesión otorgada por la autoridad competente a una empresa para que esta aproveche con carácter exclusivo alguna industria o comercio. ‖ **2.** acaparamiento. ‖ **3.** Ejercicio exclusivo de una actividad, con el dominio o influencia consiguientes. *Monopolio del poder político. Monopolio de la enseñanza.* ‖ **4.** Situación de mercado en que la oferta de un producto se reduce a un solo vendedor.

monopolista. COM. Persona o entidad que ejerce monopolio. U. t. c. adj.

monopolístico, ca. ADJ. Perteneciente o relativo a los monopolios.

monopolización. F. Acción de monopolizar.

monopolizador, ra. ADJ. Que monopoliza. *Políticas monopolizadoras.* Apl. a pers., u. t. c. s.

monopolizar. TR. **1.** Adquirir, usurpar o atribuirse el exclusivo aprovechamiento de una industria, facultad o negocio. ‖ **2.** Acaparar algo o a alguien de una manera exclusiva. *Monopolizar el uso de la palabra.*

monopsonio. M. *Econ.* Situación comercial en que hay un solo comprador para determinado producto o servicio.

monoptongación. F. Acción y efecto de monoptongar.

monoptongar. TR. Fundir en una sola vocal los elementos de un diptongo. U. t. c. intr. y c. prnl.

monoptongo. M. Vocal que resulta de una monoptongación.

monorquidia. F. *Med.* Existencia de un solo testículo en el escroto.

monorraíl. ADJ. **1.** Se dice del sistema de ferrocarril en que los vehículos circulan por un solo raíl. U. m. c. s. m. ‖ **2.** Dicho de un tren: Que se desplaza mediante este sistema. U. t. c. s. m.

monorriel. ADJ. monorraíl. U. t. c. s. m.

monorrimo, ma. ADJ. De una sola rima. *Estrofa monorrima.*

monorrítmico, ca. ADJ. De un solo ritmo. *Entonación monorrítmica.*

monosabio. M. Mozo que ayuda al picador en la plaza.

monosacárido. M. *Quím.* Molécula orgánica con varios grupos alcohol y un grupo adicional aldehídico o cetónico. Puede constar de tres, cuatro, cinco, seis o siete átomos de carbono. Existen monosacáridos libres, p. ej., la glucosa, o como unidades constituyentes de polisacáridos y otros hidratos de carbono, p. ej., la celulosa.

monosilábico, ca. ADJ. **1.** Dicho de una palabra: De una sola sílaba. ‖ **2.** Dicho de un idioma: Cuyas palabras constan generalmente de una sola sílaba. ‖ **3.** Perteneciente o relativo al monosílabo. *Estructura monosilábica.*

monosilabismo. M. Conjunto de los caracteres propios de las lenguas monosilábicas.

monosílabo, ba. ADJ. Dicho de una palabra: De una sola sílaba. U. t. c. s. m.

monote. M. Riña o alboroto, motín.

monoteísmo. M. Doctrina teológica de quienes reconocen un solo dios.

monoteísta. ADJ. **1.** Perteneciente o relativo al monoteísmo. *Religión monoteísta.* ‖ **2.** Que profesa el monoteísmo. U. t. c. s.

monotelismo. M. hist. Herejía del siglo VII, que admitía en Cristo las dos naturalezas, divina y humana, pero solo una voluntad, divina.

monotelita. ADJ. **1.** hist. Perteneciente o relativo al monotelismo. *Herejía monotelita.* ‖ **2.** hist. Partidario del monotelismo. U. t. c. s.

monotipia. F. **1.** *Impr.* Máquina de componer que funde los caracteres uno a uno. ‖ **2.** *Impr.* Arte de componer con esta máquina.

monotipo. M. monotipia.

monotonía. F. **1.** Uniformidad, igualdad de tono en quien habla, en la voz, en la música, etc. ‖ **2.** Falta de variedad en cualquier cosa.

monótono, na. ADJ. Que adolece de monotonía. *Paisaje, orador monótono.*

monotrema. ADJ. *Zool.* Se dice de los mamíferos que tienen pico y cloaca como las aves y ponen huevos, aunque las crías que nacen de estos chupan la leche que se derrama de las mamas, que carecen de pezón; p. ej., el ornitorrinco. U. t. c. s. m. ORTOGR. En m. pl., escr. con may. inicial c. taxón. *Los Monotremas.*

monovalente. ADJ. *Quím.* Dicho de un átomo o de una molécula: Que funcionan con una sola valencia.

monovolumen. ADJ. Se dice de un tipo de automóvil de turismo cuya carrocería aloja en un único espacio el motor, el habitáculo de los pasajeros y el maletero. U. m. c. s. m.

monseñor. M. **1.** Se usa como tratamiento de honor que concede el papa a determinados eclesiásticos. ‖ **2.** Se usa como tratamiento dirigido a los prelados. ‖ **3.** hist. En Francia, se usaba como tratamiento dado en propiedad al delfín, y, por ext. o cortesía, a otras personas de alta dignidad, como duques, pares o presidentes de consejos.

monserga. F. **1.** Exposición o discurso fastidioso, pesado o repetitivo, y en ocasiones dirigido a reprender. U. m. en pl. ‖ **2.** Cosa o asunto fastidioso.

monstruo. M. **1.** Producción contra el orden regular de la naturaleza. ‖ **2.** Ser fantástico que causa espanto. ‖ **3.** Cosa excesivamente grande o extraordinaria en cualquier línea. ‖ **4.** Persona o cosa muy fea. ‖ **5.** Persona muy cruel y perversa. ‖ **6.** Versos sin sentido que el maestro compositor escribía para indicar al libretista dónde había de colocar el acento en los cantables de las zarzuelas. ‖ **7.** coloq. Persona que en cualquier actividad excede en mucho las cualidades y aptitudes comunes. *Es un monstruo de la física.* ‖ **~ sagrado.** M. coloq. vaca sagrada.

monstruosidad. F. **1.** Desorden grave en la proporción que deben tener las cosas, según lo natural o regular. ‖ **2.** Suma fealdad o desproporción en lo físico o en lo moral. ‖ **3.** Cosa monstruosa.

monstruoso, sa. ADJ. **1.** Contrario al orden de la naturaleza. *Un ser monstruoso con dos cabezas.* ‖ **2.** Excesivamente grande o extraordinario en cualquier línea. *Inteligencia monstruosa.* ‖ **3.** Muy feo. *Aspecto monstruoso.* ‖ **4.** Enormemente vituperable o execrable. *El parricidio es un delito monstruoso.*

monta. F. **1.** Acción y efecto de montar. ‖ **2.** Valor, calidad y estimación intrínseca de algo. *Un negocio de regular monta.* ‖ **3.** Mil. Señal que se hace con el clarín para que monten los soldados de caballería. ‖ **de poca ~.** LOC. ADJ. De poca importancia.

montacargas. M. Ascensor destinado a elevar pesos.

montado, da. PART. de **montar.** ‖ **I.** ADJ. **1.** Dicho de un militar: Que sirve en cuerpos a caballo. U. t. c. s. ‖ **II.** M. **2.** Loncha de jamón, lomo, etc., sobre una rebanada de pan. □ V. **artillería ~, plaza ~.**

montador, ra. M. y F. **1.** Persona que monta. ‖ **2.** Operario especializado en el montaje de máquinas y aparatos. ‖ **3.** Persona que lleva a cabo el montaje de las películas.

montadura. F. Cerco que asegura algo.

montaje. M. **1.** Acción y efecto de **montar** (‖ armar las piezas de un aparato o máquina). ‖ **2.** En el cine, ordenación del material ya filmado para constituir la versión definitiva de una película. ‖ **3.** En el teatro, ajuste y coordinación de todos los elementos de la representación, sometiéndolos al plan artístico del director del espectáculo. ‖ **4.** Acción que solo aparentemente corresponde a la verdad. *Su nombramiento fue un montaje.* ‖ **5.** Ajuste y acoplamiento de las diversas partes de una joya. ‖ **~ fotográfico.** M. Fotografía conseguida con trozos de otras fotografías y diversos elementos con fines decorativos, publicitarios, informativos, etc. □ V. **cadena de ~.**

montanera. F. **1.** Pasto de bellota o hayuco que el ganado de cerda tiene en los montes o dehesas. ‖ **2.** Tiempo en que el ganado de cerda está pastando.

montano, na. ADJ. Perteneciente o relativo al monte.

montante. I. ADJ. **1.** Que importa, monta o tiene determinada cuantía. *Hay una ley de incentivos a proyectos montantes a 100 millones de euros.* ‖ **II.** M. **2.** Importe, cuantía. ‖ **3.** Pie derecho de una máquina o armazón. ‖ **4.** Arq. Ventana sobre la puerta de una habitación. ‖ **5.** Esgr. Espadón de grandes gavilanes, que era preciso esgrimir con ambas manos, empleado después por los maestros de armas para separar los encuentros demasiado reñidos. ‖ **III.** F. **6.** Mar. Flujo o pleamar.

montantear. INTR. Esgr. Usar el **montante** (‖ espadón).

montaña. F. **1.** Gran elevación natural del terreno. ‖ **2.** Territorio cubierto y erizado de montes. ‖ **3.** Gran acumulación de algo. *Una montaña de papeles.* ‖ **4.** Á. Andes y Á. Caribe. Monte de árboles o arbustos. ‖ **~ rusa.** F. Vía férrea estrecha y en declive, con altibajos y revueltas, para deslizarse por ella en carritos como diversión. □ V. **artillería de ~, bicicleta de ~, cadena de ~s, mal de ~, tabaco de ~.**

montañero, ra. I. ADJ. **1.** Perteneciente o relativo a la montaña. *Actividades montañeras.* ‖ **II.** M. y F. **2.** Persona que practica el montañismo.

montañés, sa. ADJ. **1.** Natural de una montaña. U. t. c. s. ‖ **2.** Natural de la Montaña. U. t. c. s. ‖ **3.** Perteneciente o relativo a esta región del norte de España, actualmente comunidad autónoma de Cantabria.

montañismo. M. alpinismo.

montañoso, sa. ADJ. **1.** Perteneciente o relativo a las montañas. *Superficie montañosa.* ‖ **2.** Abundante en ellas. *Terreno montañoso.*

montar. I. INTR. **1.** Ponerse o subirse encima de algo. *Montar en un automóvil.* U. t. c. tr. y c. prnl. ‖ **2.** Subir a una cabalgadura. ‖ **3.** cabalgar (‖ andar o pasear a caballo). *Juan monta bien.* U. t. c. tr. *Pedro montaba un alazán.* ‖ **4.** Dicho de las partidas diversas, unidas y juntas: En las cuentas, importar o subir una cantidad total. *El total de gastos monta a mil euros.* ‖ **5.** Dicho de parte de una cosa: Estar cubriendo parte de otra. *El tejado monta sobre la casa contigua.* ‖ **II.** TR. **6.** Dicho de un macho: Cubrir a la hembra. ‖ **7.** Armar, poner en su lugar las piezas de cualquier aparato o máquina. U. t. en sent. fig. *Para explicar el movimiento de los astros tuvieron que montar complicadas teorías.* ‖ **8.** Batir la clara de huevo, o la nata, hasta ponerla esponjosa y consistente. ‖ **9.** Poner en una casa todo lo necesario para habitarla o, en un negocio, lo necesario para que empiece a funcionar. ‖ **10.** En el teatro, disponer lo necesario para la representación de una obra. ‖ **11.** engastar. *Montar una esmeralda.* ‖ **12.** Amartillar un arma de fuego. ‖ **13.** Cinem. Seleccionar y ajustar los diversos elementos de una filmación para obtener la copia definitiva de la película. ‖ **14.** Mar. Doblar un cabo, un promontorio, etc., o pasar al otro lado. ‖ **tanto monta.** EXPR. Se usa para expresar que algo es equivalente a otra cosa. □ V. **silla de ~.**

montaraz. I. ADJ. **1.** Que anda o está acostumbrado a andar por los montes o se ha criado en ellos. *Bestias montaraces.* ‖ **2.** Se dice del genio y propiedades agrestes, groseras y feroces. ‖ **II.** M. **3.** Guarda de montes o heredades.

montazgar. TR. Cobrar y percibir el montazgo.

montazgo. M. Tributo pagado por el tránsito de ganado por un monte.

monte. M. **1.** Gran elevación natural del terreno. ‖ **2.** Tierra inculta cubierta de árboles, arbustos, matas o hierba. ‖ **3.** En ciertos juegos de naipes, o en el dominó, conjunto de cartas o fichas que quedan para robar después de haber repartido a cada uno de los jugadores las que le tocan. ‖ **4.** Juego de envite y azar, en el cual la persona que talla saca de la baraja dos naipes por abajo y otros dos por arriba; apuntadas a estas cartas las cantidades que se juegan, se vuelve la baraja y se va descubriendo naipe por naipe hasta que sale alguno de número igual a otro de los que están apuntados, el cual de este modo gana sobre su pareja. ‖ **~ alto.** M. **1.** El poblado de árboles grandes. ‖ **2.** Estos mismos árboles. ‖ **~ bajo.** M. **1.** El poblado de arbustos, matas o hierbas. ‖ **2.** Estas matas o hierbas. ‖ **~ cerrado.** M. **moheda.** ‖ **~ de piedad.** M. Casa de empeños con carácter benéfico. ‖ **~ de Venus.** M. **1.** Pubis de la mujer. ‖ **2.** En quiromancia, pequeña eminencia carnosa de la palma de la mano situada en la base del dedo pulgar. ‖ **~ hueco.** M. **oquedal.** ‖ **~ mayor.** M. Producto bruto de la pesca que se reparten proporcionalmente los armadores y pescadores contratados a comisión, una vez deducidas las cargas comunes de gastos y seguros. ‖ **echarse al ~.** LOC.VERB. Ponerse fuera de la ley en partida insurrecta o en bandolerismo. ‖ **no todo el ~ es orégano.** EXPR. Se usa para expresar que no todo es fácil o placentero en un asunto. □ V. **capote de ~, corneta de ~, cuchillo de ~, el parto de los ~s, pava de ~.**

montea. F. **1.** *Arq.* Dibujo de tamaño natural que en el suelo o en una pared se hace del todo o parte de una obra para hacer el despiezo, sacar las plantillas y señalar los cortes. ‖ **2.** *Arq.* Porción de recta de un arco o bóveda.

montear. TR. Buscar y perseguir la caza en los montes, ojearla hacia un lugar donde la esperan los cazadores.

montecristeño, ña. ADJ. **1.** Natural de Montecristi. U. t. c. s. ‖ **2.** Perteneciente o relativo a esta provincia de la República Dominicana o a su capital.

montenegrino, na. ADJ. **1.** Natural de Montenegro. U. t. c. s. ‖ **2.** Perteneciente o relativo a este país de Europa.

montepiado, da. ADJ. *Chile.* Dicho de una persona: Que recibe un **montepío** (‖ pensión). U. t. c. s.

montepío. M. **1.** Depósito de dinero, formado ordinariamente de los descuentos hechos a los individuos de un cuerpo, o de otras contribuciones de ellos, para socorrer a sus viudas y huérfanos. ‖ **2.** Establecimiento público o particular fundado con este objeto. ‖ **3.** Pensión que se recibe de un **montepío.**

monteplateño, ña. ADJ. **1.** Natural de Monteplata. U. t. c. s. ‖ **2.** Perteneciente o relativo a esta provincia de la República Dominicana o a su capital.

montera. F. **1.** Gorra que lleva el torero en armonía con el traje de luces. ‖ **2.** Prenda para abrigo de la cabeza, que generalmente se hace de paño y tiene varias hechuras, según el uso de cada provincia. ‖ **3.** Cubierta de cristales sobre un patio, una galería, etc.

montería. F. **1.** Caza de jabalíes, venados y otros animales de caza mayor. ‖ **2.** Arte de cazar, o conjunto de reglas y avisos que se dan para la caza.

monteriano, na. ADJ. **1.** Natural de Montería. U. t. c. s. ‖ **2.** Perteneciente o relativo a esta ciudad de Colombia, capital del departamento de Córdoba.

montero, ra. M. y F. Persona que busca y persigue la caza en el monte, o la ojea hacia el sitio en que la esperan los cazadores. ‖ **montero mayor.** M. hist. Oficial de palacio que tenía a su cargo las cacerías reales.

montés. ADJ. Que anda, está o se cría en el monte. *Animales monteses.* □ V. **cabra ~, gato ~, puerco ~.**

Montesa. □ V. **cruz de ~.**

montesco. M. hist. Individuo de una familia veronesa, enemiga tradicional de los Capuletos. U. t. en sent. fig. *Las querellas entre ellos adquirieron tintes de capuletos y montescos.*

montesino, na. ADJ. De monte. *Especie montesina.* □ V. **escribano ~.**

montevideano, na. ADJ. **1.** Natural de Montevideo. U. t. c. s. ‖ **2.** Perteneciente o relativo a este departamento del Uruguay o a su capital, que también lo es del país.

montículo. M. Monte pequeño, por lo común aislado, obra de la naturaleza o del hombre.

montilla. M. Vino fino que se cría y elabora en el término municipal de Montilla, en la provincia española de Córdoba.

monto. M. Suma de varias partidas.

montón. M. **1.** Conjunto de cosas puestas sin orden unas encima de otras. ‖ **2.** coloq. Número considerable. *Tengo que decirte un montón de cosas.* ‖ **a ~.** LOC.ADV. coloq. En conjunto, sin separación o distinción. ‖ **a montones.** LOC.ADV. coloq. **por arrobas.** ‖ **de ~, o en ~.** LOCS.ADVS. coloqs. **amontonadamente.** ‖ **ser** alguien **del ~.** LOC.VERB. coloq. Ser adocenado y vulgar, en su persona o condición social.

montonal. M. *Méx.* **montón** (‖ número considerable).

montonera. F. **1.** Montón, gran cantidad de algo. ‖ **2.** *Am. Mer.* hist. Grupo o pelotón de gente de a caballo que intervenía como fuerza irregular en las guerras civiles de algunos países sudamericanos.

montonero, ra. **I.** ADJ. **1.** Se dice de un grupo guerrillero de carácter radical, escindido del peronismo, que surgió en la Argentina en la década de 1970. ‖ **II.** M. y F. **2.** Miembro de este grupo guerrillero. ‖ **III.** M. **3.** hist. Hombre encargado de apuntar en las eras lo que cada labrador recolectaba, para saber el diezmo que le correspondía pagar. ‖ **4.** *Chile.* Hombre que lucha en montón, es decir, en grupos desordenados.

montuno, na. ADJ. **1.** Perteneciente o relativo al monte. *Ruidos montunos.* ‖ **2.** *Am.* Rudo, rústico, montaraz.

montuoso, sa. ADJ. **1.** Perteneciente o relativo a los montes. *Laderas montuosas.* ‖ **2.** Abundante en ellos. *Región montuosa.*

montura. F. **1.** **cabalgadura.** ‖ **2.** Conjunto de los arreos de una caballería de silla. ‖ **3.** Soporte mecánico de ciertos aparatos, principalmente los ópticos, como el que sujeta los cristales de las gafas.

monumental. ADJ. **1.** Perteneciente o relativo a un **monumento** (‖ construcción de valor artístico). *Ciudad monumental.* ‖ **2.** Perteneciente o relativo a un **monumento** (‖ obra pública). *Guía monumental.* ‖ **3.** coloq. Muy excelente o señalado en su línea. *Un trabajo monumental.* ‖ **4.** coloq. Muy grande. *Un fracaso monumental.*

monumentalidad. F. Carácter monumental de una obra de arte.

monumentalismo. M. **1.** Tendencia a la utilización de grandes proporciones en las obras de arte, especialmente en las arquitectónicas o escultóricas. ‖ **2.** Tendencia a fomentar la construcción de monumentos públicos como expresión de poder.

monumentalista. ADJ. Que tiende a la utilización de grandes proporciones en las obras de arte, especialmente en las arquitectónicas o escultóricas.

monumentalizar. TR. Dar carácter de monumental a algo.

monumento. M. **1.** Obra pública y patente, en memoria de alguien o de algo. ‖ **2.** Construcción que posee valor artístico, arqueológico, histórico, etc. ‖ **3.** Objeto o documento de gran valor para la historia, o para la averiguación de cualquier hecho. ‖ **4.** Obra científica, artística o literaria, memorable por su mérito excepcional. ‖ **5.** En determinadas iglesias católicas, altar muy adornado en el que se coloca el arca eucarística el día de Jueves Santo. ‖ **6.** coloq. Persona bien proporcionada físicamente y de belleza llamativa. ‖ **~ nacional.** M. Obra o edificio que por su importancia histórica o artística toma bajo su protección el Estado. ‖ **~ natural.** M. Espacio natural constituido por formaciones geológicas, yacimientos paleontológicos y otros elementos de la gea, que, por su singularidad, importancia o belleza, es objeto de protección legal para garantizar su conservación.

monzón. M. Viento periódico que sopla en ciertos mares, particularmente en el océano Índico, unos meses en una dirección y otros en la opuesta.

moña. F. Lazo para adornarse la cabeza.

moño. M. **1.** Rosca que se hace con el cabello para tenerlo recogido o por adorno. ‖ **2.** Lazo de cintas. ‖ **3.** Grupo de plumas que sobresale en la cabeza de algunas aves. ‖ **~ de picaporte.** M. El formado en trenza ancha y aplastada. ‖ **estar** alguien **hasta el ~.** LOC.VERB. coloq. Estar harto, no aguantar más. ‖ **ponerse ~s.** LOC.VERB. Atribuirse méritos, presumir. ‖ **ponerse** alguien **sus ~s.** LOC.VERB. *Méx.* ponerse moños. □ V. **corbata de ~.**

moñudo, da. ADJ. Dicho de un ave: Que tiene moño.

mopa. F. Utensilio de limpieza compuesto por un palo largo y un conjunto de hilos o tiras en uno de sus extremos, que sirve para sacar brillo a los suelos.

mopán. I. ADJ. **1.** Se dice del individuo de un pueblo amerindio de la familia maya de Guatemala. U. t. c. s. ‖ **2.** Perteneciente o relativo a los mopanes. *Cultura mopán.* ‖ **II.** M. **3.** Lengua hablada por los mopanes.

moquear. INTR. Echar mocos.

moqueguano, na. ADJ. **1.** Natural de Moquegua. U. t. c. s. ‖ **2.** Perteneciente o relativo a este departamento del Perú o a su capital.

moqueo. M. Secreción nasal abundante.

moquera. F. *Á. R. Plata.* Secreción nasal continua.

moquero. M. Pañuelo para limpiarse los mocos.

moqueta. F. Tela fuerte de lana, cuya trama es de cáñamo, y de la cual se hacen alfombras y tapices.

moquete. M. Puñetazo dado en el rostro, especialmente en las narices.

moquillo. M. **1.** Enfermedad catarral de algunos animales, y especialmente de los perros y gatos jóvenes. ‖ **2.** pepita[1].

moquita. F. Moco claro que fluye de la nariz.

moquitear. INTR. Moquear, especialmente llorando.

mor. por ~ de. LOC. PREPOS. Por causa de.

mora[1]. F. **1.** *Der.* Dilación o tardanza en cumplir una obligación, por lo común la de pagar cantidad líquida y vencida. ‖ **2.** *Fon.* Unidad de medida de la cantidad silábica, equivalente a una sílaba breve.

mora[2]. F. **1.** Fruto del moral, de unos dos centímetros de largo, con forma ovalada, formado por la agregación de glóbulos pequeños, carnosos, blandos, agridulces y, una vez maduro, de color morado. ‖ **2.** Fruto de la morera, muy parecido al anterior, pero de la mitad de su tamaño y, ya maduro, de color blanco amarillento y enteramente dulce. ‖ **3.** Fruto de la zarzamora.

morabito. M. **1.** Musulmán que profesa cierto estado religioso parecido en su forma exterior al de los anacoretas o ermitaños cristianos. ‖ **2.** Especie de ermita, situada en despoblado, en que vive un morabito.

moráceo, a. ADJ. *Bot.* Se dice de los árboles y arbustos angiospermos dicotiledóneos, que tienen hojas alternas con estípulas, flores unisexuales en cimas con forma de espiga, cada una de estas con flores de un solo sexo, o sentadas sobre un receptáculo carnoso. Los frutos son aquenios o pequeñas drupas que están empotradas en los tejidos carnosos del receptáculo; p. ej. el moral, la higuera y el árbol del pan. U. t. c. s. f. ORTOGR. En f. pl., escr. con may. inicial c. taxón. *Las Moráceas.*

morada. F. **1.** Estancia o residencia algo continuada en un lugar. ‖ **2.** Lugar donde se habita. U. t. en sent. fig. *El cuerpo es la morada del alma.* □ V. **allanamiento de ~.**

morado, da. I. ADJ. **1.** De color entre carmín y azul. U. t. c. s. m. *El morado de su vestimenta.* ‖ **II.** M. **2.** coloq. **cardenal[2].** □ V. **pendón ~.**

morador, ra. ADJ. Que habita o está viviendo en un lugar. Apl. a pers., u. t. c. s.

moradura. F. **cardenal[2].**

moral[1]. I. ADJ. **1.** Perteneciente o relativo a las acciones o caracteres de las personas, desde el punto de vista de la bondad o malicia. *Preceptos morales.* ‖ **2.** Que no pertenece al campo de los sentidos, por ser de la apreciación del entendimiento o de la conciencia. *Prueba, certidumbre moral.* ‖ **3.** Que no concierne al orden jurídico, sino al fuero interno o al respeto humano. *Aunque el pago no era exigible, tenía obligación moral de hacerlo.* ‖ **II.** F. **4.** Doctrina del obrar humano que pretende regular de manera normativa el valor de las reglas de conducta y los deberes que estas implican. ‖ **5.** Conjunto de normas de la moral. ‖ **6.** Ánimos, arrestos. *No se desanima nunca; hay que ver qué moral tiene.* ‖ **7.** Estado de ánimo, individual o colectivo. *Tiene la moral muy baja.* ‖ **8.** coloq. En actividades que implican confrontación o esfuerzo intenso, confianza en el éxito. □ V. **acoso ~, filosofía ~, imposibilidad ~, teología ~, verdad ~.**

moral[2]. M. Árbol de la familia de las Moráceas, de cinco a seis metros de altura, con tronco grueso y derecho, copa amplia, hojas ásperas, vellosas, acorazonadas, dentadas o lobuladas por el margen, y flores unisexuales en amentos con forma de espiga, separadas las masculinas de las femeninas. Su fruto es la mora. □ V. **higuera ~.**

moraleja. F. Lección o enseñanza que se deduce de un cuento, fábula, ejemplo, anécdota, etc.

moralidad. F. **1.** Conformidad de una acción o doctrina con los preceptos de la moral. ‖ **2.** moral (‖ conjunto de normas).

moralina. F. despect. Moralidad inoportuna, superficial o falsa.

moralismo. M. Exaltación y defensa de los valores morales.

moralista. COM. **1.** Autor de obras que tratan sobre principios o normas morales. ‖ **2.** Persona que realiza reflexiones morales o que enseña moral.

moralización. F. Acción y efecto de moralizar.

moralizador, ra. ADJ. Que moraliza. Apl. a pers., u. t. c. s.

moralizante. ADJ. Que moraliza o intenta moralizar. *Cuento moralizante.*

moralizar. **I.** TR. **1.** Reformar las malas costumbres enseñando las buenas. U. t. c. prnl. ‖ **II.** INTR. **2.** Discurrir sobre un asunto con aplicación a la enseñanza de las buenas costumbres.

moralmente. ADV. M. **1.** Según el juicio general y el común sentir de las personas. *Su pretensión es moralmente reprobable.* ‖ **2.** Según las facultades del espíritu, por contraposición a *físicamente.*

morar. INTR. Habitar o residir habitualmente en un lugar. U. t. en sent. fig. *Ellos creían que en las aguas subterráneas moraban los dioses.*

moratoria. F. Plazo que se otorga para solventar una deuda vencida. Se dice especialmente de la disposición que difiere el pago de impuestos o contribuciones, y también, por ext., de las deudas civiles.

moravo, va. ADJ. **1.** Natural de Moravia. U. t. c. s. ‖ **2.** Perteneciente o relativo a esta región de la República Checa.

morazanense. ADJ. **1.** Natural de Morazán. U. t. c. s. ‖ **2.** Perteneciente o relativo a este departamento de El Salvador.

morbidez. F. **1.** Cualidad de **mórbido** (‖ blando, delicado). ‖ **2.** Forma corporal humana que atrae sensualmente. U. m. en pl. con el mismo significado que en sing.

mórbido, da. ADJ. **1.** Que padece enfermedad o la ocasiona. *Obesidad mórbida.* ‖ **2.** Blando, delicado, suave. *Labios mórbidos.*

morbífico, ca. ADJ. Que lleva consigo el germen de las enfermedades, o las ocasiona y produce. *Agentes morbíficos.*

morbilidad. F. Proporción de personas que enferman en un sitio y tiempo determinado.

morbo. M. **1.** **enfermedad** (‖ alteración de la salud). ‖ **2.** Interés malsano o cosas. ‖ **3.** Atracción hacia acontecimientos desagradables. □ V. **cólera ~.**

morbosidad. F. **1.** Cualidad de morboso. ‖ **2.** Conjunto de casos patológicos que caracterizan el estado sanitario de un país.

morboso, sa. ADJ. **1.** Que causa enfermedad, o concierne a ella. *El virus desencadena un proceso morboso.* ‖ **2.** Que provoca reacciones mentales moralmente insanas o que es resultado de ellas. *Una novela morbosa. Su obsesión por la muerte parece morbosa.* ‖ **3.** Que manifiesta inclinación al morbo. *Espectador morboso.* U. t. c. s.

morcajo. M. Mezcla de trigo y centeno.

morcella. F. Chispa que salta del pabilo de una vela, y también, en general, de la lumbre o de una hoguera.

morcilla. F. Trozo de tripa de cerdo, carnero o vaca, o materia análoga, rellena de sangre cocida, que se condimenta con especias y, frecuentemente, cebolla, y a la que suelen añadírsele otros ingredientes como arroz, piñones, miga de pan, etc. ‖ **dar ~.** LOC. VERB. Fastidiar, incordiar, ser molesto. *Déjame en paz y no me des morcilla.*

morcillo¹. M. Parte alta, carnosa, de las patas de los bovinos.

morcillo², lla. ADJ. Dicho de un caballo: De color negro con viso rojizo.

morcillón. M. Estómago del cerdo, carnero u otro animal, relleno como la morcilla.

morcón. M. Embutido hecho del intestino ciego o parte más gruesa de las tripas del animal.

mordacidad. F. Cualidad de mordaz.

mordaz. ADJ. Que murmura o es propenso a murmurar o criticar con acritud o malignidad no carentes de ingenio.

mordaza. F. **1.** Instrumento que se pone en la boca para impedir el hablar. U. t. en sent. fig. *Es imposible poner mordaza a la prensa.* ‖ **2.** *Mar.* Máquina sencilla de hierro colocada en la cubierta del buque y que, cerrando sobre el canto de la gatera, detiene e impide la salida de la cadena del ancla.

mordedor, ra. ADJ. Que muerde.

mordedura. F. **1.** Acción de morder. ‖ **2.** Daño así ocasionado.

mordente. M. **1.** **mordiente** (‖ sustancia que se emplea para fijar los colores). ‖ **2.** *Mús.* **quiebro** (‖ nota o grupo de notas de adorno).

morder. TR. **1.** Clavar los dientes en algo. ‖ **2.** Gastar insensiblemente, o poco a poco, quitando partes muy pequeñas, como hace la lima. *Ya está mordiendo la fortuna familiar.* ‖ **3.** coloq. Dicho de una persona: Manifestar de algún modo su ira o enojo extremos. *Juan ESTÁ QUE muerde.* ¶ MORF. conjug. c. *mover.* □ V. **la pescadilla que se muerde la cola, una pescadilla que se muerde la cola.**

mordida. F. **1.** Mordedura, mordisco. ‖ **2.** *Am.* Provecho o dinero obtenido de un particular por un funcionario o empleado, con abuso de las atribuciones de su cargo. ‖ **3.** *Am.* Fruto de cohechos o sobornos.

mordiente. **I.** M. **1.** Sustancia que en tintorería y otras artes sirve de intermedio eficaz para fijar los colores o los panes de oro. ‖ **2.** Aguafuerte con que se corroe una lámina o plancha para grabarla. ‖ **II.** F. **3.** Agresividad, capacidad de ataque. U. menos c. m.

mordiscar. TR. Morder algo repetidamente y con poca fuerza.

mordisco. M. **1.** Acción y efecto de morder. ‖ **2.** Mordedura que se hace en un cuerpo vivo sin causar lesión grave. ‖ **3.** Pedazo que se saca de algo mordiéndolo. ‖ **4.** Beneficio que se saca de algo. *Se llevó un buen mordisco del primer precio.*

mordisquear. TR. Picar como mordiendo.

mordisqueo. M. Acción y efecto de mordisquear.

moreda. F. **moral².**

morelense. ADJ. **1.** Natural de Morelos. U. t. c. s. ‖ **2.** Perteneciente o relativo a este estado de México o a otras poblaciones mexicanas del mismo nombre.

moreliano, na. ADJ. **1.** Natural de Morelia. U. t. c. s. ‖ **2.** Perteneciente o relativo a esta ciudad de México, capital del estado de Michoacán.

morellano, na. ADJ. **1.** Natural de Morella. U. t. c. s. ‖ **2.** Perteneciente o relativo a esta localidad de la provincia de Castellón, en España.

morena¹. F. Pez teleósteo marino, del suborden de los Fisóstomos, parecido a la anguila, de un metro aproximadamente de longitud, casi cilíndrico, sin aletas pectorales y con la dorsal y la anal unidas con la cola. Tiene cabeza de hocico prolongado, con dientes fuertes y puntiagudos, branquias reducidas a dos agujeros pequeños, y cuerpo viscoso y sin escamas, amarillento y con manchas de color castaño. Es comestible.

morena². F. Montón de mieses apiladas en el rastrojo o en la era.

morenero. M. Muchacho que en la casa donde se esquila el ganado lanar lleva el plato o la cazuela del **moreno** (‖ masa de carbón molido).

morenez. F. **1.** Color oscuro que tira a negro. ‖ **2.** En la raza blanca, color menos claro de la piel.

moreno, na. I. ADJ. **1.** Dicho de un color: Oscuro que tira a negro. ‖ **2.** Dicho de la piel de las personas blancas: De tono oscuro. ‖ **3.** Dicho del pelo: De un color que puede ir del negro al castaño. ‖ **4.** Dicho de una persona: Que tiene el pelo oscuro o la piel morena. U. t. c. s. ‖ **5.** Dicho de una cosa: Que tiene un tono más oscuro que otras de su género. *Pan moreno.* ‖ **6.** coloq. Dicho de una persona: **negra.** U. m. c. s. ‖ **II.** M. **7.** Masa de carbón molido y vinagre que usan los esquiladores para curar las cortaduras. ☐ V. **azúcar** ~.

morera. F. Árbol de la familia de las Moráceas, con tronco recto no muy grueso, de cuatro a seis metros de altura, copa abierta, hojas ovales, obtusas, dentadas o lobuladas, y flores verdosas, separadas las masculinas de las femeninas. Su fruto es la mora. Su hoja sirve de alimento al gusano de seda. ‖ ~ **blanca.** F. **morera.** ‖ ~ **negra.** F. **moral**[2].

morería. F. **1.** hist. Barrio en que habitaban los moros en algunas poblaciones. ‖ **2.** País o territorio propio de moros.

morete. M. *Méx.* **cardenal**[2].

moretear. TR. *Méx.* Llenar la cara de **cardenales**[2].

moretón. M. coloq. **cardenal**[2].

morfema. M. **1.** *Ling.* Unidad mínima con significado del análisis gramatical; p. ej., *de, no, yo, le, el libro, cant-ar, casa-s, cas-ero.* ‖ **2.** *Ling.* Unidad mínima analizable que posee solo significado gramatical; p. ej., *de, no, yo, le, el libro, cant-ar; casa-s, cas-ero.* ‖ ~ **cero.** M. *Ling.* El que solo se presenta teóricamente; p. ej., el singular *hombre* está marcado con un morfema cero de número frente al plural *hombres,* con un morfema *-s.*

Morfeo. estar en brazos de ~. LOC. VERB. coloq. **dormir.**

morfina. F. Alcaloide sólido, muy amargo y venenoso, que cristaliza en prismas rectos e incoloros. Se extrae del opio, y sus sales, en dosis pequeñas, se emplean como medicamento soporífero y anestésico.

morfinomanía. F. Uso indebido y persistente de la morfina o del opio.

morfinómano, na. ADJ. Que tiene el hábito de abusar de la morfina. U. t. c. s.

morfo. M. *Ling.* Cada una de las formas concretas de un morfema en el plano fónico.

morfofonología. F. *Ling.* Parte de la gramática que se ocupa de la relación entre la morfología y la fonología.

morfofonológico, ca. ADJ. *Ling.* Perteneciente o relativo a la morfofonología.

morfología. F. **1.** Forma de algo. ‖ **2.** Parte de la biología que trata de la forma de los seres orgánicos y de las modificaciones o transformaciones que experimenta. ‖ **3.** *Ling.* Parte de la gramática que se ocupa de la estructura de las palabras.

morfológico, ca. ADJ. Perteneciente o relativo a la morfología. *Análisis morfológico.*

morfosintáctico, ca. ADJ. *Ling.* Perteneciente o relativo a la morfosintaxis.

morfosintaxis. F. *Ling.* Parte de la gramática que integra la morfología y la sintaxis.

morganático, ca. ADJ. Dicho de una persona: Que ha contraído matrimonio morganático. ☐ V. **matrimonio** ~.

morgue. F. depósito de cadáveres.

moribundo, da. ADJ. Que está muriendo o muy cercano a morir. Apl. a pers., u. t. c. s.

morichal. M. Terreno poblado de moriches.

moriche. M. Árbol de la América intertropical, de la familia de las Palmas, con tronco liso, recto, de unos ocho decímetros de diámetro y gran elevación; hojas con pecíolos muy largos y hojuelas grandes y crespas, espádices de dos a tres metros, y fruto en baya aovada, algo mayor que un huevo de gallina. Del tronco se saca un licor azucarado potable y una fécula alimenticia, y de la corteza se hacen cuerdas muy fuertes.

moridera. F. Sensación, generalmente pasajera, de muerte inminente que experimentan algunos enfermos.

morigeración. F. Templanza o moderación en las costumbres y en el modo de vida.

morigerado, da. PART. de **morigerar.** ‖ ADJ. De buenas costumbres. *Ambiente morigerado.*

morigerar. TR. Templar o moderar los excesos de los afectos y acciones. U. t. c. prnl.

moriles. M. Vino fino que se cría y elabora en el término municipal de Moriles, en la provincia de Córdoba, España.

morilla. F. colmenilla.

morillo. M. Especie de caballete de hierro que se pone en el hogar para sustentar la leña.

moringáceo, a. ADJ. *Bot.* Se dice de las plantas leñosas angiospermas dicotiledóneas, pertenecientes al mismo orden que las Crucíferas, que tienen hojas pinnadas y flores pentámeras y zigomorfas. U. t. c. s. f. ORTOGR. En f. pl., escr. con may. inicial c. taxón. *Las Moringáceas.*

morir. INTR. **1.** Llegar al término de la vida. U. t. c. prnl. ‖ **2.** Dicho de una cosa: Llegar a su término. *La calle muere en una gran avenida.* U. t. c. prnl. ‖ **3.** Sentir muy intensamente algún deseo, afecto, pasión, etc. *Morir de frío. Morir de hambre. Morir de risa.* U. t. c. prnl. ‖ **4.** Dicho del fuego, de la luz, de la llama, etc.: Apagarse o dejar de arder o lucir. U. t. c. prnl. ‖ **5.** Dicho de una persona: Amar a otra en extremo. *Muere por ella.* U. t. c. prnl. ‖ **6.** Dicho de una persona: Ser muy aficionada a algo o desearlo vehementemente. U. t. c. prnl. *Se muere por el cuadro.* ‖ **7.** matar (‖ quitar la vida). MORF. U. solo en la voz pasiva. *Fue muerto por los insurgentes.* ¶ MORF. conjug. c. *dormir;* part. irreg. **muerto.** ‖ **muera.** INTERJ. Se usa para manifestar aversión a una persona o cosa, o el propósito de acabar con ella. U. t. c. s. m.

morisco, ca. ADJ. **1.** moro (‖ perteneciente al África septentrional). ‖ **2.** hist. Se dice del moro bautizado que, terminada la Reconquista, se quedó en España. U. t. c. s. ‖ **3.** hist. Perteneciente o relativo a los moriscos. *Arquitectura morisca.* ☐ V. **novela** ~.

morisma. F. Multitud de moros.

morisqueta. F. **1.** mueca. ‖ **2.** coloq. Acción con que alguien pretende engañar, burlar o despreciar a otra persona.

morito. M. Ave paseriforme, poco mayor que una paloma, de pico muy largo, curvo y grueso en la punta, plumaje castaño en la cabeza, garganta y pecho, y verde brillante con reflejos cobrizos en las alas, dorso y cola; patas largas, verdosas y dedos y uñas muy delgados.

morlaco. M. **1.** Toro de lidia de gran tamaño. ‖ **2.** *Am.* hist. **peso duro.**

mormarse. PRNL. *Méx.* Congestionarse la nariz.

mormón, na. ADJ. **1.** Perteneciente o relativo al mormonismo. *Creencias mormonas.* ‖ **2.** Que profesa el mormonismo. U. t. c. s.

mormónico, ca. ADJ. Perteneciente o relativo al mormonismo o a los mormones.

mormonismo. M. Movimiento religioso fundado en los Estados Unidos de América, basado en la Biblia y el Libro de Mormón, y que durante algunos decenios proclamó y practicó la poligamia.

moro, ra. ADJ. **1.** Natural del África septentrional frontera a España. U. t. c. s. ‖ **2.** Perteneciente o relativo a esta parte de África. *Costumbres moras.* ‖ **3.** Que profesa la religión islámica. U. t. c. s. ‖ **4.** hist. Se dice del musulmán que habitó en España desde el siglo VIII hasta el XV. U. t. c. s. ‖ **5.** hist. Perteneciente o relativo a la España musulmana de aquel tiempo. *Conquistas moras.* ‖ **6.** Se dice del musulmán de Mindanao y de otras islas de Malasia. U. m. c. s. ‖ **7.** Dicho de un caballo: De pelo negro con una estrella o mancha blanca en la frente y calzado de una o dos extremidades. ‖ **8.** coloq. Dicho de una persona, especialmente un niño: Que no ha sido bautizado. ‖ **moros y cristianos.** M. pl. Fiesta pública que se ejecuta vistiéndose algunos con trajes de moros y fingiendo lid o batalla con los cristianos. ‖ **haber moros en la costa.** LOC.VERB. coloq. Se usa para recomendar precaución y cautela. □ V. **cangrejo ~, el oro y el ~, hierba ~.**

morocho, cha. ADJ. *Á. guar.* y *Á. R. Plata.* Dicho de una persona: Que tiene pelo negro y tez blanca.

morón, na. ADJ. *Am.* **idiota** (‖ que padece idiocia). U. t. c. s.

morondanga. F. Cosa inútil y de poca entidad. ‖ **de ~.** LOC.ADJ. despect. Despreciable, de poco valor.

moronés, sa. ADJ. **1.** Natural de Morona Santiago. U. t. c. s. ‖ **2.** Perteneciente o relativo a esta provincia ecuatoriana de la región amazónica.

moronga. F. *Am. Cen.* y *Méx.* Morcilla hecha de sangre de cerdo, sal, pimienta y chile picante, cocida en agua con sal y manteca dentro de una tripa de cerdo.

morosidad. F. **1.** Lentitud, dilación, demora. ‖ **2.** Falta de actividad o puntualidad.

moroso, sa. ADJ. **1.** Que incurre en morosidad. *Saldo moroso.* Apl. a pers., u. t. c. s. ‖ **2.** Que la denota o implica. *Diálogo moroso.* □ V. **delectación ~.**

moroveño, ña. ADJ. **1.** Natural de Morovis. U. t. c. s. ‖ **2.** Perteneciente o relativo a este municipio de Puerto Rico o a su cabeza.

morquera. F. **hisopillo** (‖ mata labiada).

morra. F. Parte superior de la cabeza.

morrada. F. Guantada, bofetada.

morral. M. **1.** Saco que usan los cazadores, soldados y caminantes, colgado por lo común a la espalda, para echar la caza, llevar provisiones o transportar alguna ropa. ‖ **2.** Talego que contiene el pienso y se cuelga de la cabeza de los animales cuadrúpedos, para que coman cuando no están en el pesebre.

morralla. F. **1.** Conjunto o mezcla de cosas inútiles y despreciables. ‖ **2.** Multitud de gente de escaso valer. ‖ **3.** Pescado menudo. ‖ **4.** *Méx.* **calderilla** (‖ monedas de escaso valor).

morrena. F. *Geol.* Montón de piedras y barro acumuladas por un glaciar.

morrilla. F. **alcaucil** (‖ alcachofa silvestre).

morrillo. M. **1.** Porción carnosa que tienen las reses en la parte superior y anterior del cuello. ‖ **2.** **canto pelado.**

morriña. F. coloq. Tristeza o melancolía, especialmente la nostalgia de la tierra natal.

morriñoso, sa. ADJ. coloq. Que tiene morriña.

morrión. M. **1.** Prenda del uniforme militar, a manera de sombrero de copa sin alas y con visera. ‖ **2.** hist. Parte de la armadura correspondiente a la parte superior de la cabeza, hecha en forma de casco, y que en lo alto suele tener un plumaje o adorno.

morro. M. **1.** Parte más o menos saliente de la cara de algunos animales, en que están la nariz y la boca. ‖ **2.** Parte saliente y redondeada de algunas cosas. *El morro del espigón.* ‖ **3.** Monte pequeño o peñasco redondeado. ‖ **4.** Extremo delantero y prolongado de ciertas cosas. *El morro de este coche es muy grande.* ‖ **5.** coloq. Labios de una persona, en especial si son abultados. ‖ **beber a ~.** LOC.VERB. coloq. Beber un vaso, aplicando directamente la boca al chorro, a la corriente o a la botella.

morrocota. F. hist. Antigua onza española, moneda de oro de 20 dólares.

morrocotudo, da. ADJ. coloq. De mucha importancia o dificultad. *Catarro morrocotudo.*

morrocoyo. M. Galápago americano, común en la isla de Cuba, con el carapacho muy convexo, rugoso, de color oscuro y con cuadros amarillos.

morrón. □ V. **pimiento ~.**

morrudo, da. ADJ. Que tiene morro. *Tiburón morrudo.*

morsa. F. Mamífero carnicero muy parecido a la foca, que, como ella, vive por lo común en el mar, y de la cual se distingue principalmente por dos caninos que se prolongan fuera de la mandíbula superior más de medio metro.

morsana. F. Arbolillo de Asia y África, de la familia de las Cigofiláceas, con hojas opuestas, apareadas, pecioladas y compuestas de hojuelas trasovadas, flores con cáliz dividido en cinco partes, corola de cinco pétalos iguales y enteros, diez estambres y un pistilo y fruto en cápsula con muchas semillas. Sus brotes tiernos se comen encurtidos.

morse. M. **1.** Sistema de telegrafía que utiliza un código consistente en la combinación de rayas y puntos. ‖ **2.** Alfabeto utilizado en dicho sistema. □ V. **código ~.**

mortadela. F. Embutido muy grueso que se hace con carne de cerdo y de vaca muy picada con tocino.

mortaja[1]. F. Vestidura, sábana u otra cosa en que se envuelve el cadáver para el sepulcro.

mortaja[2]. F. **muesca.**

mortal. ADJ. **1.** Que ha de morir o está sujeto a la muerte. *Todos somos mortales.* ‖ **2.** por antonom. **humano** (‖ perteneciente al hombre). U. m. c. s. pl. ‖ **3.** Que ocasiona o puede ocasionar muerte espiritual o corporal. *Atentado mortal.* ‖ **4.** Dicho de una pasión: Que mueve a desear la muerte de alguien. *Odio, enemistad mortal.* ‖ **5.** Que tiene o está con apariencia de muerto. *Quedarse mortal del susto.* ‖ **6.** Fatigoso, abrumador. *De Madrid a Alcalá hay un camino mortal.* ‖ **7.** Decisivo, concluyente. *Las señas son mortales.* □ V. **pecado ~, restos ~es, salto ~.**

mortalidad. F. **1.** Cualidad de mortal. ‖ **2.** Tasa de muertes producidas en una población durante un tiempo dado, en general o por una causa determinada.

mortandad. F. Gran cantidad de muertes causadas por epidemia, cataclismo, peste o guerra.

mortecino, na. ADJ. **1.** Bajo, apagado y sin vigor. *Semblante mortecino.* || **2.** Que está casi muriendo o apagándose. *Luz mortecina.*

morterada. F. **1.** *Mil.* Porción de piedras u otros proyectiles que se disparan de una vez con el mortero. || **2.** *Mil.* Herida y daño producidos por el disparo de mortero.

morterazo. M. **1.** Disparo hecho con mortero. || **2.** Herida y daño producidos por el disparo del mortero.

mortero. M. **1.** Utensilio de madera, piedra o metal, a manera de vaso, que sirve para machacar en él especias, semillas, drogas, etc. || **2.** Arma de tiro, normalmente de avancarga y ánima lisa, que hace fuego contra un blanco oculto a la vista de quien dispara con grandes ángulos de elevación. || **3.** *Constr.* Conglomerado o masa constituida por arena, conglomerante y agua, que puede contener además algún aditivo. || **4.** *Heráld.* Bonete redondo de terciopelo que usaron ciertos ministros de justicia de categoría superior, y que colocaban en vez de corona sobre el escudo de sus armas.

morteruelo. M. Guisado que se hace de hígado de cerdo machacado y desleído con especias y pan rallado.

mortífero, ra. ADJ. Que ocasiona o puede ocasionar la muerte. *Arma mortífera.*

mortificación. F. Acción y efecto de mortificar.

mortificador, ra. ADJ. Que mortifica. *Espera mortificadora.*

mortificar. TR. **1.** Afligir, desazonar o causar pesadumbre o molestia. *Disfrutaba mortificando a su hermano menor.* U. t. c. prnl. || **2.** Domar las pasiones castigando el cuerpo y refrenando la voluntad. U. t. c. prnl. *Siempre tendía a mortificarse y a reprimir sus vanidades.* || **3.** *Med.* Dañar gravemente alguna parte del cuerpo. U. t. c. prnl.

mortinato, ta. ADJ. Dicho de una criatura: Que nace muerta. U. t. c. s.

mortis causa. (Locución latina). LOC.ADJ. *Der.* Dicho del testamento o de ciertos actos de liberalidad: Determinados por la muerte y sucesión del causante. □ V. **donación ~.**

mortuorio, ria. ADJ. Perteneciente o relativo al muerto o a las honras fúnebres. □ V. **cámara ~, casa ~, esquela ~.**

morucho. M. Res vacuna de color negro imperfecto.

morueco. M. Carnero padre o que ha servido para la propagación.

morugo, ga. ADJ. Dicho de una persona: Taciturna, huraña, esquiva. U. t. c. s.

mórula. F. *Biol.* Embrión temprano que, durante el período de segmentación, tiene el aspecto de una mora.

moruno, na. ADJ. moro (|| perteneciente al África septentrional). *Alfanje moruno.* □ V. **ochavo ~, pincho ~.**

moruro. M. Especie de acacia de la isla de Cuba, cuya corteza sirve para curtir pieles.

mosaico[1], ca. ADJ. Perteneciente o relativo a Moisés, personaje bíblico.

mosaico[2]. M. **1.** Obra taraceada de piedras o vidrios, generalmente de varios colores. || **2.** *Biol.* Organismo formado por dos o más clases de tejidos genéticamente distintos. || **3.** *Bot.* Enfermedad de las plantas causada por virus, que generalmente se presenta como manchas irregulares de las hojas, de color verde claro, verde oscuro y amarillento. || **4.** *Inform.* Aparición simultánea, generalmente minimizada y en un mismo plano, de distintos documentos o partes de ellos en la pantalla de una computadora u ordenador, para facilitar su empleo. || **~ de madera,** o **~ vegetal.** M. taracea (|| entarimado).

mosaísmo. M. **1.** ley de Moisés. || **2.** Civilización mosaica.

mosca. F. **1.** Insecto díptero, muy común, de unos seis milímetros de largo, de cuerpo negro, cabeza elíptica, más ancha que larga, ojos salientes, alas transparentes cruzadas de nervios, patas largas con uñas y ventosas, y boca en forma de trompa, con la cual chupa las sustancias de que se alimenta. || **2.** Pelo que nace al hombre entre el labio inferior y el comienzo de la barba, y que algunos dejan crecer aun no llevando perilla. || **3.** Pequeña mancha negra o muy oscura. || **4.** mosca artificial. || **5.** coloq. Moneda corriente. *Aflojar la mosca.* || **6.** coloq. Persona molesta, impertinente y pesada. || **~ artificial.** F. Artilugio que imita a una mosca y que se utiliza como cebo en la pesca con caña. || **~ borriquera.** F. Insecto díptero, de unos ocho milímetros de largo, de color pardo amarillento, cuerpo oval y aplastado, revestido de piel coriácea muy dura, alas grandes, horizontales y cruzadas cuando el animal está parado, y patas cortas y fuertes, que vive parásito sobre las caballerías en aquellas partes donde el pellejo es más débil, particularmente alrededor del ano. || **~ de España.** F. cantárida. || **~ de la carne.** F. Moscarda de la carne. || **~ de la fruta.** F. mosca del vinagre. || **~ del vinagre.** F. Insecto díptero diminuto, generalmente de color amarillento y ojos rojos, que constituye una plaga de los cultivos de frutales y es de gran importancia biológica por utilizarse como material de investigación genética. || **~ muerta.** F. coloq. Persona, al parecer, de ánimo o genio apagado, pero que no pierde la ocasión de su provecho. || **~s volantes.** F. pl. *Med.* Enfermedad de la vista, por efecto de la cual cruzan delante de los ojos motas brillantes, opacas o de distintos colores. || **con la ~ detrás de,** o **en, la oreja.** LOCS. ADVS. coloqs. Con recelo o con prevención para evitar algo. || **estar ~.** LOC.VERB. coloq. **tener la mosca detrás de la oreja.** || **moscas.** INTERJ. Se usa para alejar algo que pica y molesta, o quejarse de ello. || **papar ~s.** LOC.VERB. coloq. Estar embelesado o sin hacer nada, con la boca abierta. || **por si las ~s.** LOC.ADV. coloq. Por si acaso, por lo que pueda suceder. || **qué ~ te, le, os,** etc., **ha,** o **habrá, picado.** EXPRS. coloqs. Se usan para inquirir la causa o motivo de un malestar, desazón, mal humor, etc., considerados inoportunos por quien pregunta. || **sacudirse** alguien **las ~s.** LOC.VERB. coloq. Apartar de sí los embarazos o estorbos. || **tener la ~ detrás de,** o **en, la oreja.** LOCS.VERBS. Estar sobre aviso o receloso de algo. □ V. **pájaro ~, peso ~.**

moscabado, da. □ V. **azúcar ~.**

moscada. □ V. **nuez ~.**

moscarda. F. Especie de mosca de unos ocho milímetros de largo, de color ceniciento, con una mancha dorada en la parte anterior de la cabeza, ojos encarnados, rayas negras en el tórax, y cuadros parduscos en el abdomen. Se alimenta de carne muerta, sobre la cual deposita la hembra las larvas ya nacidas.

moscardón. M. **1.** Especie de mosca de doce a trece milímetros de largo, de color pardo oscuro, muy vellosa, que deposita sus huevos entre el pelo de los rumiantes y solípedos en los puntos en que el animal se puede lamer, para que así pasen aquellos al estómago y produzcan larvas, que solo salen con los excrementos y caen a tierra cuando van a cambiarse en ninfas, antes de pasar a insectos perfectos. ‖ **2.** Especie de mosca zumbadora. ‖ **3.** avispón.

moscatel¹. I. ADJ. **1.** Dicho de una vid o de un viñedo: Que producen la uva moscatel. ‖ **2.** Dicho de un vino: Que se elabora con uva moscatel. U. t. c. s. m. ‖ **II.** F. **3.** uva moscatel.

moscatel². ADJ. Tonto, pazguato.

mosco. M. mosquito (‖ insecto díptero).

moscón. M. **1.** Especie de mosca, que se diferencia de la común en ser algo mayor que ella y tener las alas manchadas de rojo. ‖ **2.** Especie de mosca zumbadora, de un centímetro de largo, de cabeza leonada y cuerpo azul oscuro con reflejos brillantes, que deposita sus huevos en las carnes frescas, donde se cambian en larvas o cresa en doce o catorce horas. ‖ **3.** coloq. Hombre pesado y molesto, especialmente en sus pretensiones amorosas. ‖ **4.** coloq. **mosca** (‖ persona impertinente). □ V. **pájaro ~.**

mosconear. I. TR. **1.** Importunar, molestar con impertinencia y pesadez. ‖ **II.** INTR. **2.** Insistir para lograr un propósito fingiendo ignorancia.

mosconeo. M. Acción de mosconear.

moscovita. ADJ. **1.** Natural de Moscú. U. t. c. s. ‖ **2.** Perteneciente o relativo a esta ciudad, capital de Rusia.

mosén. M. **1.** hist. Se usó como tratamiento dirigido a los clérigos en el antiguo reino de Aragón. ‖ **2.** hist. Se usó como tratamiento dirigido a los nobles de segunda clase en el antiguo reino de Aragón.

mosqueado, da. PART. de **mosquear.** ‖ ADJ. Sembrado de pintas. *Pelaje mosqueado.*

mosquear. I. TR. **1.** Causar desconfianza o enojo a alguien. ‖ **II.** PRNL. **2.** coloq. Sentir recelo o enojarse.

mosqueo. M. Acción y efecto de mosquear o mosquearse.

mosquerío. M. Hervidero o abundancia de moscas.

mosquero. M. **1.** Ramo o haz de hierba o conjunto de tiras de papel que se ata a la punta de un palo para espantar las moscas, o se cuelga del techo para recogerlas y matarlas. ‖ **2.** *Am.* Hervidero o abundancia de moscas.

mosqueruela. F. **pera mosqueruela.**

mosqueta. F. Rosal con tallos flexibles, muy espinosos, de tres a cuatro metros de longitud, hojas lustrosas, compuestas de siete hojuelas ovales de color verde claro, y flores blancas, pequeñas, de olor almizclado, en panojas espesas y terminales.

mosquetazo. M. **1.** hist. Disparo hecho con un mosquete. ‖ **2.** hist. Herida y daño producidos por el disparo de un mosquete.

mosquete. M. hist. Arma de fuego antigua, mucho más larga y de mayor calibre que el fusil, la cual se disparaba apoyándola sobre una horquilla.

mosquetería. F. **1.** hist. Tropa de mosqueteros. ‖ **2.** hist. En los antiguos corrales de comedias, conjunto de mosqueteros.

mosquetero. M. **1.** hist. Soldado armado de mosquete. ‖ **2.** hist. En los antiguos corrales de comedias, hombre que las veía de pie desde la parte posterior del patio.

mosquetón. M. **1.** Anilla que se abre y cierra mediante un muelle. ‖ **2.** Arma de fuego más corta que el fusil y de cañón rayado.

mosquita. ~ muerta. F. coloq. **mosca muerta.**

mosquitera. F. **mosquitero** (‖ pabellón de cama).

mosquitero. M. **1.** Pabellón o colgadura de cama hecho de gasa, para impedir que entren los mosquitos. ‖ **2.** Bastidor de tela metálica que se coloca en puertas y ventanas para impedir el paso a los insectos.

mosquito. M. **1.** Insecto díptero, de tres a cuatro milímetros de largo, cuerpo cilíndrico de color pardusco, cabeza con dos antenas, dos palpos en forma de pluma y una trompa recta armada interiormente de un aguijón; pies largos y muy finos, y dos alas transparentes que con su rápido movimiento producen un zumbido agudo parecido al sonido de una trompetilla. El macho vive de los jugos de las flores, y la hembra chupa la sangre de las personas y de los animales de piel fina, produciendo con la picadura inflamación rápida acompañada de picor. Las larvas son acuáticas. ‖ **2.** Insecto díptero de cuerpo esbelto, alas estrechas y antenas largas. ‖ **3.** Larva de la langosta. □ V. **cerebro de ~.**

mostacero. M. Tarro o frasco en que se prepara y sirve la mostaza para la mesa.

mostacho. M. Bigote grande y espeso. U. t. en pl. con el mismo significado que en sing.

mostachón. M. Bollo pequeño hecho con pasta de almendra, azúcar y canela u otra especia fina.

mostacilla. F. Abalorio de cuentas muy menudas.

mostajo. M. Árbol de la familia de las Rosáceas, de ocho a diez metros de altura, con tronco liso, ramas gruesas y copa abierta; hojas de pecíolo corto y lanudo, elípticas, enteras hacia la base, aserradas en lo demás, verdes por encima, blanquecinas y vellosas por el envés, de ocho a diez centímetros de largo y seis a siete de ancho; flores blancas, pedunculadas y en corimbos pequeños, y fruto ovoide, pequeño, carnoso, de color rojo y sabor dulce. Es común en los bosques de España, y su madera, blanquecina, se emplea en ebanistería y tornería.

mostaza. F. **1.** Planta anual de la familia de las Cruciferas, con tallo algo velloso, de un metro de altura aproximadamente, hojas alternas, grandes, lanudas, divididas por el margen en varios segmentos dentellados, flores pequeñas, amarillas, en espigas, y fruto en silicuas de unos tres centímetros de longitud, con varias semillas de un milímetro de diámetro, negras por fuera, amarillas en el interior, y de sabor picante. Abunda en los campos, y la harina de la semilla es, por sus propiedades estimulantes, de frecuente empleo en condimentos y medicina. ‖ **2.** Semilla de esta planta. ‖ **3.** Salsa que se hace de esta semilla. ‖ **~ blanca.** F. Planta semejante a la mostaza común, de la cual se distingue principalmente por ser las vainas del fruto más anchas, terminadas en una punta bastante larga, y con semillas de color blanco amarillento y de casi dos milímetros de diámetro. ‖ **~ negra.** F. **mostaza** (‖ planta crucífera). □ V. **gas ~.**

mostillo. M. Masa de mosto cocido, que suele condimentarse con anís, canela o clavo.

mosto. M. **1.** Zumo exprimido de la uva, antes de fermentar y hacerse vino. ‖ **2.** *Ant.* Residuo fétido del zumo de la caña de azúcar.

mostración. F. Acción de mostrar.

mostrador. M. **1.** Mesa o tablero que hay en las tiendas para presentar los géneros. ‖ **2.** Especie de mesa, cerrada en su parte exterior, que en los bares, cafeterías y otros establecimientos análogos se utiliza para poner sobre ella lo que piden los clientes.

mostrar. I. TR. 1. Manifestar o poner a la vista algo; enseñarlo o señalarlo para que se vea. *Mostrar un documento.* || 2. Explicar, dar a conocer algo o convencer de su certidumbre. *Mostrar la utilidad de un electrodoméstico.* || 3. Hacer patente un afecto real o simulado. *Mostrar el cariño.* || 4. Dar a entender o conocer con las acciones una calidad del ánimo. *Mostrar valor, generosidad.* || II. PRNL. 5. Dicho de una persona: Portarse de cierta manera, o darse a conocer en algún sentido. *Mostrarse amigo, servicial.* ¶ MORF. conjug. c. *contar.*

mostrativo, va. ADJ. 1. Que muestra o se refiere a la acción de mostrar. *Exposición mostrativa.* || 2. *Ling.* deíctico.

mostrenco, ca. ADJ. coloq. Ignorante o tardo en discurrir o aprender. U. t. c. s. □ V. **bienes ~s.**

mota. F. 1. Partícula de hilo u otra cosa semejante que se pega a los vestidos o a otras partes. *Se le metió una mota en el ojo.* || 2. Mancha, pinta o dibujo redondeado o muy pequeño. *Una camisa con motas oscuras.* || 3. Eminencia de poca altura, natural o artificial, que se levanta sola en un llano. || 4. *Am. Cen.* y *Méx.* **marihuana.**

mote[1]. M. 1. Sobrenombre que se da a una persona por una cualidad o condición suya. || 2. hist. Texto que llevaban como empresa los antiguos caballeros en las justas y torneos.

mote[2]. M. 1. Maíz desgranado y cocido, sea tierno o maduro, con cáscara o pelado, que se emplea como alimento en algunas regiones de América Meridional. || 2. *Chile.* Guiso o postre de trigo quebrantado o triturado, después de haber sido cocido en lejía y desprovisto del hollejo. || 3. *Chile.* Error en lo que se habla o se escribe.

motear. TR. Salpicar de motas una tela, para darle variedad y hermosura.

motejar. TR. Censurar las acciones de alguien con motes o apodos.

motel. M. Establecimiento público, situado generalmente fuera de los núcleos urbanos y en las proximidades de las carreteras, en el que se facilita alojamiento en departamentos con entradas independientes desde el exterior, y con garajes o cobertizos para automóviles, próximos o contiguos a aquellos.

motero[1], **ra.** ADJ. *Chile.* Que vende **mote** (|| guiso de trigo). U. m. c. s.

motero[2], **ra.** ADJ. Apasionado de la moto. Apl. a pers., u. t. c. s.

motero[3], **ra.** ADJ. *Chile.* Dicho de una persona: Que comete errores al hablar o escribir. U. t. c. s.

motero[4], **ra.** ADJ. *Am. Cen.* Dicho de una persona: Que fuma **mota** (|| marihuana).

motete[1]. M. Breve composición musical para cantar en las iglesias, que regularmente se forma sobre algunas palabras de la Escritura.

motete[2]. M. 1. *Am. Cen.* y *Ant.* Lío de ropa, envoltorio. || 2. *Ant.* Cesto grande fabricado con cintas entrelazadas de bejuco que los campesinos llevan en la espalda.

motilidad. F. *Psicol.* Capacidad para realizar movimientos complejos y coordinados.

motilón, na. I. ADJ. 1. Se dice del individuo de una tribu indígena de la sierra de los Motilones, a lo largo de la frontera entre Colombia y Venezuela, que se caracteriza por su corte de pelo en forma de casquete alrededor de la cabeza. U. t. c. s. || II. M. y F. 2. coloq. Lego o donado.

motín. M. Movimiento desordenado de una muchedumbre, por lo común contra la autoridad constituida.

motivación. F. 1. Acción y efecto de motivar. || 2. **motivo** (|| causa).

motivador, ra. ADJ. Que motiva. *Vivencia motivadora.*

motivar. TR. 1. Dar causa o motivo para algo. *Su negativa motivó el ataque.* || 2. Dar o explicar la razón o motivo que se ha tenido para hacer algo. *El análisis final motiva los datos.* || 3. Disponer del ánimo de alguien para que proceda de un determinado modo. *La esperanza de servir de ayuda los motiva.* U. t. c. prnl.

motivo. M. 1. Causa o razón que mueve para algo. || 2. En arte, rasgo característico que se repite en una obra o en un conjunto de ellas. || 3. **tema** (|| de una obra literaria). || **con,** o **por, ~ de.** LOCS. PREPS. 1. Con ocasión de. *Hizo una fiesta con motivo de su cumpleaños.* || 2. A causa de.

moto. F. Vehículo automóvil de dos ruedas, con uno o dos sillines y, a veces, un sidecar.

motocarro. M. Vehículo de tres ruedas, con motor, para transportar cargas ligeras.

motocicleta. F. Vehículo automóvil de dos ruedas, con uno o dos sillines y, a veces, con sidecar.

motociclismo. M. Deporte de los aficionados a correr en motocicleta.

motociclista. I. ADJ. 1. Perteneciente o relativo a la motocicleta. *Carrera motociclista.* || II. COM. 2. Persona que conduce una motocicleta.

motón. M. *Mar.* Polea por donde pasan los cabos.

motonave. F. Nave con motor.

motonería. F. *Mar.* Conjunto de cuadernales y motones para el laboreo de los cabos de un buque.

motor, ra. I. ADJ. 1. Que mueve. *Es el agente motor de la política social.* Apl. a un elemento o un principio, u. t. c. s. m. || II. M. 2. Máquina destinada a producir movimiento a expensas de otra fuente de energía. *Motor eléctrico, térmico, hidráulico.* || **motor de arranque.** M. *Mec.* motor eléctrico auxiliar que pone en marcha a otro, generalmente de explosión. || **motor de explosión.** M. *Mec.* El que funciona por la energía producida por la combustión de una mezcla de aire y un carburante, como la gasolina, el gasoil, etc. || **motor de reacción.** M. *Mec.* motor de combustión que origina un movimiento contrario al del chorro de los gases expulsados. || **motor diésel.** M. (De R. *Diesel,* 1858-1913, ingeniero alemán; marca reg.). *Mec.* El de explosión que utiliza gasoil como carburante, el cual se inflama por la compresión a que se somete la mezcla de aire y combustible en el cilindro, sin necesidad de bujías. || **motor turbo.** M. *Mec.* El provisto de turbocompresor. || **el primer ~.** M. *Dios.* || **calentar ~es.** LOC.VERB. 1. Hacer que un motor adquiera su temperatura de régimen. || 2. coloq. Prepararse para comenzar una actividad que obliga a un esfuerzo. □ V. **placa ~.**

motora. F. Embarcación menor provista de motor.

motorismo. M. Deporte de los aficionados a correr en vehículo automóvil, especialmente en motocicleta.

motorista. COM. 1. Persona que conduce una motocicleta. || 2. Persona aficionada al motorismo. || 3. Persona que guía un vehículo automóvil y cuida del motor.

motorización. F. Acción y efecto de motorizar.

motorizada. □ V. **división ~.**

motorizar. TR. Dotar de medios mecánicos de tracción o transporte a un ejército, industria, etc. U. t. c. prnl.

motosierra. F. Sierra para cortar madera provista de un motor.

motoso, sa. ADJ. *Am. Mer.* **motudo.** Apl. a pers., u. t. c. s.

motril. M. **1.** Muchacho que trabaja en una tienda. ‖ **2.** Muchacho que sirve a labradores.

motriz. ADJ. Que mueve. *Causa motriz.* MORF. U. solo apl. a susts. f.

motudo, da. ADJ. **1.** *Á. guar., Á. R. Plata* y *Chile.* Dicho del pelo: Corto, crespo y ensortijado, propio de las personas de raza negra. ‖ **2.** *Á. guar., Á. R. Plata* y *Chile.* Dicho de una persona: Que tiene este pelo. U. t. c. s.

motu proprio. (Locución latina). **I.** LOC.ADV. **1.** De manera voluntaria; de propia, libre y espontánea voluntad. ‖ **II.** M. **2.** Bula pontificia o cédula real expedida de este modo.

movedizo, za. ADJ. **1.** Fácil de moverse o ser movido. *Techo movedizo.* ‖ **2.** Inseguro, que no está firme. *Terreno movedizo.* ‖ **3.** Dicho de un animal: Que no se está quieto, que se mueve mucho. ‖ **4.** Que se mueve o agita continua o frecuentemente. *El trigal era un movedizo mar de espigas.* ‖ **5.** Inconstante, fácil en mudar de dictamen o intento. *Chiquillo movedizo.* ☐ V. **arenas ~s.**

mover. **I.** TR. **1.** Hacer que un cuerpo deje el lugar o espacio que ocupa y pase a ocupar otro. U. t. c. prnl. ‖ **2.** Dicho de un sentimiento o estado de ánimo: Inclinar o persuadir a hacer algo. *Su insistencia la movió a buscar una salida.* ‖ **3.** Causar u ocasionar algo a alguien. *La movió A risa.* U. t. c. intr. *Sus palabras mueven A burla.* ‖ **4.** Alterar, conmover. *Está hecho; ya no hay quien lo mueva.* ‖ **5.** Hacer gestiones para resolver un asunto de manera rápida y eficaz. *Me encargaré de mover el asunto personalmente.* ‖ **6.** Dar principio a algo en lo moral. *Mover discordia.* ‖ **II.** PRNL. **7.** Darse prisa. *Muévete, que llegamos tarde.* ‖ **8.** Desenvolverse en un lugar o en un ambiente determinados. *Se mueve en círculos aristocráticos.* ¶ MORF. V. conjug. modelo.

movible. ☐ V. **fiesta ~, polea ~.**

movida. F. **1.** Asunto o situación, generalmente problemáticos. ‖ **2.** coloq. Juerga, diversión. ‖ **3.** coloq. Alboroto, jaleo. ‖ **4.** *Am. Cen.* **maquinación.** ‖ **5.** *Méx.* Acción inmoral y ocultada. ‖ **estar** alguien **en la ~.** LOC.VERB. *Á. Caribe.* Estar cerca de un círculo de poder, o de donde suceden las cosas. ‖ **hacer** alguien **una ~.** LOC.VERB. *Méx.* Conseguir algo de manera incorrecta. ‖ **tener,** o **traer,** alguien **~.** LOCS.VERBS. *Méx.* Tener un plan con una mujer.

movido, da. PART. de **mover.** ‖ **I.** ADJ. **1.** Dicho de un lapso de tiempo: Caracterizado por el ajetreo o abundancia anormal de quehaceres. *He tenido un día muy movido.* ‖ **2.** Que ha transcurrido o se ha desarrollado con agitación o con incidencias imprevistas. *El viaje fue muy movido.* ‖ **3.** Dicho de una reunión: Donde hay discusión viva. *Sesión movida.* ‖ **4.** *Am. Cen.* Dicho de un huevo: Puesto en fárfara. ‖ **5.** *Chile.* Dicho de una persona: Que tiene muchos conocidos a quienes suele recurrir para conseguir favores. ‖ **II.** M. y F. **6.** *Méx.* Persona que tiene relaciones sexuales ilícitas.

moviente. ADJ. Que mueve o se mueve. *Sombras movientes.*

móvil. **I.** ADJ. **1.** Que puede moverse o se mueve por sí mismo. *Equipo móvil.* ‖ **2.** Que no tiene estabilidad o permanencia. *Comportamiento móvil.* ‖ **II.** M. **3.** Cosa que mueve o induce a algo. *El móvil del crimen.* ‖ **4.** *Fís.* Cuerpo en movimiento. ‖ **5.** *Esp.* **teléfono móvil.** ☐ V. **parque ~, telefonía ~, teléfono ~, timbre ~.**

movilidad. F. **1.** Cualidad de móvil. ‖ **2.** *Á. Andes.* **vehículo** (‖ medio de transporte). *La movilidad aún no está reparada.*

movilización. F. Acción y efecto de movilizar.

movilizar. TR. **1.** Poner en actividad o movimiento. U. t. c. prnl. *Para salir pronto tenemos que movilizarnos ya.* ‖ **2.** Convocar, incorporar a filas, poner en pie de guerra tropas u otros elementos militares. U. t. en sent. fig. *La asociación no movilizó a nadie en su defensa.*

movimiento. M. **1.** Acción y efecto de mover o moverse. ‖ **2.** Estado de los cuerpos mientras cambian de lugar o de posición. ‖ **3.** Alteración, inquietud o conmoción. *Hay mucho movimiento en las aulas.* ‖ **4.** Alzamiento, rebelión. *No triunfó el movimiento revolucionario.* ‖ **5.** Desarrollo y propagación de una tendencia religiosa, política, social, estética, etc., de carácter innovador. *El movimiento de Oxford. El movimiento socialista. El movimiento romántico.* ‖ **6.** Conjunto de alteraciones o novedades ocurridas, durante un período de tiempo, en algunos campos de la actividad humana. *Últimamente ha habido grandes movimientos en bioquímica.* ‖ **7.** Variedad y animación en el estilo, o en la composición poética o literaria. *Un poema lleno de movimiento.* ‖ **8.** En las artes del dibujo, variedad bien ordenada de las líneas y del claroscuro de una figura o composición. *El conjunto tiene intenso movimiento.* ‖ **9.** En los cómputos mercantiles y en algunas estadísticas, alteración numérica en el estado o cuenta durante un tiempo determinado. *Su cuenta no refleja movimientos nuevos.* ‖ **10.** *Esgr.* Cambio rápido en la posición del arma. ‖ **11.** *Mús.* Velocidad del compás. ‖ **12.** *Mús.* Cada uno de los fragmentos de una sonata, una sinfonía, etc., de acuerdo con el contraste de tiempo existente entre ellos. ‖ **~ acelerado.** M. *Mec.* Aquel en que la velocidad aumenta con el tiempo. ‖ **~ continuo.** M. *Fís.* El que se pretende hacer durar por tiempo indefinido sin gasto de energía. ‖ **~ de rotación.** M. *Mec.* El de un cuerpo alrededor de un eje. ‖ **~ de traslación.** M. **1.** *Astr.* El de los astros a lo largo de sus órbitas. *Movimiento de traslación de la Tierra.* ‖ **2.** *Mec.* El de los cuerpos que siguen curvas de gran radio con relación a sus propias dimensiones. *Movimiento de traslación de un proyectil.* ‖ **~ directo.** M. *Astr.* El de traslación o el de rotación de los astros cuando se verifica en el mismo sentido que el de la Tierra, o sea contrario al de las agujas de un reloj. ‖ **~ ondulatorio.** M. *Fís.* El que se propaga por medio de ondas, con transporte de energía, pero no de materia, como en la superficie del agua o en las partículas de un medio elástico. ‖ **~ retardado.** M. *Mec.* Aquel en que la velocidad disminuye con el tiempo. ‖ **~ retrógrado.** M. *Astr.* El real o aparente de un astro en sentido contrario al directo. ‖ **~ uniforme.** M. *Mec.* Aquel cuya velocidad de traslación o de rotación permanece constante. ‖ **~ uniformemente acelerado.** M. *Mec.* Aquel en que la velocidad aumenta proporcionalmente al tiempo transcurrido. ‖ **~ uniformemente retardado.** M. *Mec.* Aquel en que la velocidad disminuye proporcionalmente al tiempo transcurrido. ‖ **~ verdadero.** M. *Astr.* El que es real y distinto del aparente de algunos astros. ☐ V. **cantidad de ~, transmisión de ~.**

moviola. F. **1.** *Cinem.* y *TV.* Máquina de montaje cinematográfico, que permite hacer retroceder la película, cortarla o intercalar escenas en ella, además de sincronizar su banda sonora. ‖ **2.** *Cinem.* y *TV.* Sistema que permite repetir la proyección de una secuencia, generalmente deportiva, con el fin de analizar su contenido.

moxitano, na. ADJ. **1.** Natural de Moxos o Mojos. U. t. c. s. ‖ **2.** Perteneciente o relativo a esta provincia del departamento del Beni, en Bolivia.

moya. M. *Chile.* **Perico de los palotes.**

moyo. M. Medida de capacidad que se usa para el vino, y en algunas comarcas para áridos.

moyobambino, na. ADJ. **1.** Natural de Moyobamba. U. t. c. s. ‖ **2.** Perteneciente o relativo a esta ciudad del Perú, capital del departamento de San Martín.

mozalbete. M. Mozo de pocos años.

mozalbillo. M. Mozo de pocos años.

mozallón, na. M. y F. Persona moza y robusta.

mozambiqueño, ña. ADJ. **1.** Natural de Mozambique. U. t. c. s. ‖ **2.** Perteneciente o relativo a este país de África.

mozancón, na. M. y F. Persona moza, alta y fornida.

mozárabe. ADJ. **1.** hist. Se dice del individuo de la población hispánica que, consentida por el derecho islámico como tributaria, vivió en la España musulmana hasta fines del siglo XI conservando su religión cristiana e incluso su organización eclesiástica y judicial. U. m. c. s. ‖ **2.** hist. Se dice del individuo de las mismas comunidades emigrado a los reinos cristianos del norte, llevando consigo elementos culturales musulmanes. U. m. c. s. ‖ **3.** hist. Perteneciente o relativo a las comunidades antedichas. *Arquitectura mozárabe.* ‖ **4.** Se dice de la lengua romance, hoy extinta, heredera del latín vulgar visigótico, que, contaminada de árabe, hablaban cristianos y musulmanes en la España islámica. U. t. c. s. m. *El mozárabe.* ‖ **5.** Perteneciente o relativo a esta lengua. *Fonética mozárabe.* ‖ **6.** Se dice especialmente de la misa, rito o liturgia que usaron los mozárabes y que aún se conservan en algunos lugares.

mozarabismo. M. **1.** Rasgo lingüístico peculiar de los mozárabes. ‖ **2.** Elemento artístico típico del arte mozárabe.

mozo, za. I. ADJ. **1.** joven (‖ de poca edad). ‖ **2.** Célibe, soltero. U. t. c. s. ‖ **II.** M. y F. **3.** joven (‖ persona que está en la juventud). ‖ **4.** Persona que sirve en las casas o al público en oficios subalternos. *Moza de pizzería. Mozo de café.* ‖ **III.** M. **5.** tentemozo (‖ puntal de una cosa expuesta a caerse). ‖ **6.** Individuo sometido a servicio militar desde que era alistado hasta que ingresaba en la caja de reclutamiento. ‖ **moza de cántaro.** F. hist. Criada que se tenía en casa con la obligación de ir por agua y de ocuparse en otras tareas domésticas. ‖ **moza de fortuna, o moza del partido.** F. prostituta. ‖ **mozo de cuerda.** M. hist. El que se ponía en los lugares públicos con un cordel al hombro a fin de que cualquiera pudiera contratarlo para llevar cosas de carga o para hacer algún mandado. ‖ **mozo de escuadra.** M. Miembro de la Policía territorial catalana. ‖ **mozo de espuela.** M. hist. espolique (‖ mozo que camina delante de la caballería de su amo). ‖ **mozo de estoques.** M. El que cuida de las espadas del matador de toros y le sirve como criado de confianza. ‖ **mozo de mulas.** M. **1.** hist. El que en las casas cuidaba de las mulas de coche o labranza. ‖ **2.** hist. espolique (‖ mozo que camina delante de la caballería de su amo). ‖ **Mozos de Escuadra.** M. pl. Cuerpo de la Policía territorial de Cataluña. ‖ **buen, na ~.** M. y F. Persona de aventajada estatura y gallarda presencia.

mozote. M. *Am. Cen.* Mala hierba cuyas semillas se pegan a la ropa.

mu. ONOMAT. Se usa para representar la voz del toro y de la vaca. ‖ **no decir ni ~.** LOC. VERB. coloq. No decir palabra alguna, permanecer en silencio.

muaré. M. Tela fuerte que forma aguas.

mucamo, ma. M. y F. **1.** *Á. guar., Á. R. Plata* y *Chile.* criado. ‖ **2.** *Á. Andes.* En hospitales y hoteles, persona encargada de la limpieza.

muceta. F. Esclavina que cubre el pecho y la espalda, y que, abotonada por delante, usan como señal de su dignidad los prelados, doctores, licenciados y ciertos eclesiásticos. Suele ser de seda, pero se hacen algunas de pieles.

muchachada. F. Conjunto numeroso de muchachos.

muchachería. F. **muchachada.**

muchachero, ra. ADJ. *Méx.* Dicho de una persona adulta: Que gusta de departir y relacionarse con los jóvenes.

muchachez. F. Estado y propiedades de muchacho.

muchachil. ADJ. **1.** Perteneciente o relativo a los muchachos. *Manera muchachil.* ‖ **2.** Propio o característico de ellos. *Actitudes muchachiles.*

muchacho, cha. M. y F. **1.** Niño que no ha llegado a la adolescencia. ‖ **2.** Persona que sirve de criado. ‖ **3.** coloq. Persona que se halla en la mocedad. U. t. c. adj.

muchedumbre. F. Abundancia y multitud de personas o cosas.

mucho, cha. I. ADJ. INDEF. **1.** Abundante, o que excede a lo ordinario, regular o preciso. U. t. c. pron. *¿Han venido muchos?* ‖ **II.** ADV. C. **2.** Con abundancia, en alto grado, en gran número o cantidad; más de lo regular, ordinario o preciso. ‖ **3.** Se usa, con valor aumentativo, antepuesto a *mejor, peor, mayor, menor, más, menos, antes* y *después. Llegará mucho antes de lo que esperas.* ‖ **III.** ADV. M. **4.** Denota idea de dificultad o extrañeza. *Mucho será que no llueva esta tarde.* ‖ **IV.** ADV. T. **5.** Denota larga duración. *Aún tardará mucho en llegar.* ‖ **ni con mucho.** LOC. ADV. Se usa para expresar la gran diferencia que hay de una cosa a otra. *El talento de Eva no llega ni con mucho al de su hermana.* ‖ **ni mucho menos.** LOC. ADV. Se usa para negar algo rotundamente. *¿Has terminado el trabajo? —¡Ni mucho menos!* ‖ **por mucho que.** LOC. CONJUNT. **por más que.**

mucilaginoso, sa. ADJ. Que contiene mucílago o tiene algunas de sus propiedades. *Masa mucilaginosa.*

mucílago o mucilago. M. Sustancia viscosa, de mayor o menor transparencia, que se halla en ciertas partes de algunos vegetales, o se prepara disolviendo en agua materias gomosas.

mucolítico, ca. ADJ. Dicho de un medicamento o de una sustancia: Que hacen más fluidas las secreciones mucosas. U. t. c. s. m.

mucosa. F. *Anat.* **membrana mucosa.**

mucosidad. F. Materia glutinosa de la misma naturaleza que el moco, y semejante a este.

mucoso, sa. ADJ. **1.** Semejante al moco. *Tejido mucoso.* ‖ **2.** Que tiene mucosidad o la produce. *Secreción mucosa.* ☐ V. **membrana ~.**

múcura. F. *Á. Caribe.* Ánfora de barro que se usa para conservar el agua.

muda. F. **1.** Acción de mudar algo. ‖ **2.** Conjunto de ropa, especialmente la interior, que se muda de una vez. ‖ **3.** Tiempo de mudar las aves sus plumas. ‖ **4.** Acto de mudar la pluma o la piel ciertos animales. ‖ **5.** *Fon.* Consonante muda.

mudable. ADJ. Que cambia o muda con gran facilidad. *Tiempo mudable.*

mudada. F. *Am.* Mudanza de casa.

mudadizo, za. ADJ. Que cambia o se muda con gran facilidad, inconstante. *Apariencia mudadiza.*

mudanza. F. **1.** Acción y efecto de mudar o mudarse. ‖ **2.** Traslado que se hace de una casa o de una habitación a otra. ‖ **3.** Cierto número de movimientos que se hacen a compás en los bailes y danzas. ‖ **4.** *Mús.* hist. Cambio convencional del nombre de las notas en el solfeo antiguo, para poder representar el *si* cuando aún no tenía nombre. ‖ **hacer ~,** o **~s.** LOCS.VERBS. Portarse con inconsecuencia, ser inconstante en amores.

mudar[1]. M. *Bot.* Arbusto de la India, de la familia de las Asclepiadáceas, cuya raíz, de corteza rojiza por fuera y blanca por dentro, tiene un jugo muy usado por los naturales del país como emético y contraveneno.

mudar[2]. **I.** TR. **1.** Dar o tomar otro ser o naturaleza, otro estado, forma, lugar, etc. U. t. c. intr. *En tantos años apenas había mudado.* ‖ **2.** Apartar de un sitio o empleo. *Lo van a mudar de destino.* ‖ **3.** Dicho de un ave: Desprenderse de las plumas. ‖ **4.** Dicho de los gusanos de seda, de las culebras y de algunos otros animales: Soltar periódicamente la epidermis y producir otra nueva. ‖ **II.** INTR. **5.** Variar, cambiar. *Mudar de dictamen. Mudar de parecer.* ‖ **III.** PRNL. **6.** Ponerse otra ropa o vestido, dejando el que antes se llevaba puesto. *Mudarse de camisa.* ‖ **7.** Dejar la casa que se habita y pasar a vivir en otra. *Va a mudarse el mes próximo.* ‖ **8.** coloq. Dicho de una persona: Irse del lugar, sitio o concurrencia en que estaba.

mudéjar. ADJ. **1.** hist. Se dice del musulmán a quien se permitía, a cambio de un tributo, seguir viviendo entre los vencedores cristianos sin mudar de religión. U. t. c. s. ‖ **2.** hist. Perteneciente o relativo a los mudéjares. *Ciudades mudéjares.* ‖ **3.** Se dice del estilo arquitectónico que floreció en España desde el siglo XIII hasta el XVI, caracterizado por la conservación de elementos del arte cristiano y el empleo de la ornamentación árabe.

mudejarismo. M. **1.** Empleo de formas o características mudéjares, especialmente en arte. *La fachada de la iglesia sobresale por su mudejarismo.* ‖ **2.** Elemento propio del arte mudéjar.

mudez. F. **1.** Imposibilidad física de hablar. ‖ **2.** Silencio deliberado y persistente.

mudo, da. ADJ. **1.** Privado de la facultad de hablar. U. t. c. s. ‖ **2.** Muy silencioso o callado, habitual o momentáneamente. *Ante su insistencia, permaneció mudo un buen rato.* ‖ **3.** *Fon.* Tradicionalmente, **oclusivo.** ‖ **4.** *Ling.* Dicho de una letra: Que no representa ningún fonema; p. ej., la *h* de *hombre* y la *u* de *que*. ‖ **hacer** algo **hablar a los ~s.** LOC.VERB. Asombrar, por ser extraordinario. □ V. **cine ~, mapa ~.**

mueblaje. M. **mobiliario.**

mueble. I. ADJ. **1.** Dicho del patrimonio o de la hacienda: Que se pueden mover. ‖ **II.** M. **2.** Cada uno de los enseres movibles que sirven para los usos necesarios o para decorar casas, oficinas y todo género de locales. ‖ **3.** *Heráld.* Cada una de las piezas pequeñas que se representan en el escudo, tales como anillos, lises o besantes. ‖ **4.** pl. **bienes muebles.** □ V. **cama ~.**

mueblería. F. **1.** Taller en que se hacen muebles. ‖ **2.** Tienda en que se venden.

mueblista. COM. Persona que hace o vende muebles. U. t. c. adj.

mueca. F. Contorsión del rostro, generalmente burlesca.

muecín. M. Musulmán que convoca desde el alminar.

muela. F. **1.** Cada uno de los dientes posteriores a los caninos y que sirven para moler o triturar los alimentos. ‖ **2.** Disco de piedra que se hace girar rápidamente alrededor de un eje y sobre la solera, para moler lo que entre ambas piedras se interpone. ‖ **3.** Piedra de asperón en forma de disco, que, haciéndola girar, se usa para afilar herramientas. ‖ **4.** Cerro escarpado en lo alto y con cima plana. ‖ **5. almorta.** ‖ **~ del juicio.** F. Cada una de las que en la edad adulta nacen en las extremidades de las mandíbulas del hombre.

muellaje. M. Derecho o impuesto que se cobra a toda embarcación que da fondo, y se suele aplicar a la conservación de los muelles y limpieza de los puertos.

muelle[1]. **I.** M. **1.** Pieza elástica, ordinariamente de metal, colocada de modo que pueda utilizarse la fuerza que hace para recobrar su posición natural cuando ha sido separada de ella. ‖ **II.** ADJ. **2.** Inclinado a los placeres sensuales. *Vida muelle.* ‖ **3.** Delicado, suave, blando. *Tierra muelle.* □ V. **colchón de ~s.**

muelle[2]. M. **1.** Obra de piedra, hierro o madera, construida en dirección conveniente en la orilla del mar o de un río navegable, y que sirve para facilitar el embarque y desembarque de cosas y personas e incluso, a veces, para abrigo de las embarcaciones. ‖ **2.** Andén alto, cubierto o descubierto, que en las estaciones de ferrocarriles sirve para la carga y descarga de mercancías. □ V. **cortina de ~.**

muelo. M. Montón, y especialmente el de forma cónica, en que se recoge el grano en la era después de limpio.

muérdago. M. Planta parásita, siempre verde, de la familia de las Lorantáceas, que vive sobre los troncos y ramas de los árboles. Sus tallos se dividen desde la base en varios ramos, desparramados, ahorquillados, cilíndricos y divididos por nudos, armados de púas pequeñas. Sus hojas son lanceoladas, crasas y carnosas; sus flores, dioicas y de color amarillo, y el fruto una baya pequeña, traslúcida, de color blanco rosado, cuyo mesocarpio contiene una sustancia viscosa.

muerdo. M. coloq. Acción y efecto de morder.

muergo. M. **navaja** (‖ molusco).

muermo. M. *Veter.* Enfermedad virulenta y contagiosa de las caballerías, caracterizada principalmente por ulceración y flujo de la mucosa nasal e infarto de los ganglios linfáticos próximos. Es transmisible al hombre.

muerte. F. **1.** Término de la vida. ‖ **2.** En el pensamiento tradicional, separación del cuerpo y el alma. ‖ **3.** muerte que se causa con violencia. *Lo condenaron por la muerte de un vecino.* ‖ **4.** Figura del esqueleto humano como símbolo de la muerte, que suele llevar una guadaña. ‖ **5.** Destrucción, aniquilamiento, ruina. *La muerte de un imperio.* ‖ **6.** coloq. Cosa molesta o insufrible. *Este calor es la muerte.* ‖ **~ civil.** F. hist. En el derecho antiguo, extinción de toda capacidad jurídica de un reo aun cuando se conservase en vida. ‖ **~ natural.** F. La que solo se atribuye a la vejez. ‖ **~ senil.** F. La que viene por pura vejez o decrepitud, sin accidente ni enfermedad, por lo menos en apariencia. ‖ **~ violenta.** La consecutiva a un traumatismo fortuito o la que se ejecuta privando de la vida a alguien intencionadamente. ‖ **buena ~.** F. Para los cristianos, la que sobreviene en estado de gracia. ‖ **a ~. I.** LOC.ADJ. **1.** Hasta conseguir la muerte o la destrucción de una de las partes. *Duelo, guerra a muerte.* U. t. c. loc. adv. *Luchar, combatir a muerte.* ‖ **II.** LOC.ADV. **2.** De manera implacable, con ferocidad. *Odiar, aborrecer a muerte.* ‖ **dar ~.** LOC.VERB. **matar** (‖ quitar la vida). ‖ **de mala ~.** LOC.ADJ. coloq. De poco valor o importancia. *Un empleíllo de mala muerte.* ‖ **de ~.** LOC.ADJ. **1.** coloq. Que atrae enormemente. *Su prima está de muerte.* ‖ **2.** coloq. Muy fuerte, intenso. *Un disgusto de muerte.* ‖ **estar a la ~.** LOC.VERB. Hallarse en peligro inminente de morir. ‖ **hasta la ~.** LOC.ADV. Con inalterable resolución de ejecutar algo y permanecer constante. ‖ **luchar con la ~.** LOC.VERB. Agonizar, estar en agonía. ☐ V. **danza de la ~, donación por causa de ~, guerra a ~, toro de ~.**

muerto, ta. PART. IRREG. de **morir.** ‖ **I.** ADJ. **1.** Que está sin vida. Apl. a pers., u. t. c. s. ‖ **2.** Dicho de la cal o del yeso: Apagados con agua. ‖ **3.** Dicho especialmente de un color: Apagado, desvaído. ‖ **4.** coloq. Muy fatigado. ‖ **II.** M. **5.** coloq. **responsabilidad** (‖ cargo u obligación moral). *Me cargaron el muerto.* ‖ **muerto de las agujas.** M. *Mar.* Boya fondeada en lugar adecuado de una bahía o puerto, a la que amarran los buques para compensar las agujas magnéticas. ‖ **desenterrar los ~s.** LOC.VERB. coloq. Murmurar de ellos; descubrir las faltas y defectos que tuvieron. ‖ **echarle** a alguien **el ~.** LOC.VERB. Atribuirle la culpa de algo. ‖ **estar ~ por** alguien o algo. LOC.VERB. coloq. Amarlo o desearlo con vehemencia. ‖ **hacer** alguien **el ~.** LOC.VERB. Quedarse flotando bocarriba. ‖ **hacerse** alguien **el ~.** LOC.VERB. Permanecer inactivo o silencioso, para pasar inadvertido. ‖ **más ~ que vivo, va.** LOC.ADJ. Se usa para explicar el susto, temor o espanto de alguien, que lo deja como privado de acción vital. ‖ **ser un ~ de hambre.** LOC.VERB. **1.** despect. Ser un miserable, un mezquino. ‖ **2.** despect. Carecer de lo necesario, a pesar de lo que se aparenta. ☐ V. **agua ~, aguas ~s, ángulo ~, cal ~, cuerpo ~, flor de muerto, flor de muertos, horas ~s, jarcia ~, lengua ~, manos ~s, marea ~, mosca ~, mosquita ~, naturaleza ~, obra ~, peso ~, punto ~, tiempo ~, vía ~.**

muesca. F. **1.** Concavidad o hueco que hay o se hace en una cosa para encajar otra. ‖ **2.** Corte que se hace en la superficie de algo, especialmente como señal.

muestra. F. **1.** Porción de un producto o mercancía que sirve para conocer la calidad del género. ‖ **2.** Parte o porción extraída de un conjunto por métodos que permiten considerarla como representativa de él. *Muestra estadística. Muestra de sangre.* ‖ **3. exposición** (‖ presentación pública). *Muestra de teatro infantil.* ‖ **4.** Ejemplar o modelo que se copia o imita; como el de escritura en las escuelas. ‖ **5.** Señal, indicio, demostración o prueba de algo. *No presenta muestras de violencia.* ‖ **6.** Rótulo que, en madera, metal u otra materia, anuncia con caracteres gruesos, sobre las puertas de las tiendas, la clase de mercancía que en ellas se despacha, o el oficio o profesión de quienes las ocupan. ‖ **7.** *Agr.* Primera señal de fruto que se advierte en las plantas. *Hay mucha muestra de uva.* ‖ **8.** *Cineg.* Detención que hace el perro en acecho de la caza para levantarla a su tiempo. ‖ **hacer ~.** LOC.VERB. Manifestar, aparentar. ☐ V. **botón de ~, feria de ~s, perro de ~.**

muestral. ADJ. *Biol.* y *Mat.* Perteneciente o relativo a una muestra.

muestrario. M. Colección de muestras de mercancías.

muestrear. TR. Aplicar la técnica de muestreo a un conjunto determinado de personas o cosas.

muestreo. M. **1.** Acción de escoger muestras representativas de la calidad o condiciones medias de un todo. ‖ **2.** Selección de una pequeña parte estadísticamente determinada, utilizada para inferir el valor de una o varias características del conjunto. ☐ V. **unidad de ~.**

mufa. F. Á. R. *Plata.* Moho o mancha de humedad.

mufla. F. Hornillo semicilíndrico o en forma de copa, que se coloca dentro de un horno para reconcentrar el calor y conseguir la fusión de diversos cuerpos.

muftí. M. Jurisconsulto musulmán con autoridad pública, cuyas decisiones son consideradas como leyes. MORF. pl. **muftíes** o **muftís.**

mugido. M. Voz del toro y de la vaca.

mugidor, ra. ADJ. Que muge.

mugir. INTR. **1.** Dicho de una res vacuna: Dar mugidos. ‖ **2.** Dicho del viento o del mar: Producir gran ruido. ‖ **3.** Dicho de una persona: Manifestar su ira con gritos.

mugre. F. Suciedad grasienta.

mugrería. F. Á. *Andes* y *Chile.* mugre.

mugrerío. M. *Chile.* mugre.

mugriento, ta. ADJ. Lleno de mugre. *Manos mugrientas.*

mugrón. M. Vástago de algunas plantas.

mugroso, sa. ADJ. mugriento.

muguet. M. *Med.* Infección por el hongo *Candida albicans,* que produce inflamación y aparición de placas blanquecinas en las mucosas bucal y faríngea.

muguete. M. Planta vivaz de la familia de las Liliáceas, con solo dos hojas radicales, elípticas, de pecíolo largo, que abraza el escapo, el cual tiene dos decímetros de altura aproximadamente y sostiene un racimo terminal de seis a diez flores blancas, globosas, algo colgantes, de olor almizclado muy suave. Abunda en los montes más elevados de España, y por el cultivo pierde casi del todo el olor de las flores. La infusión de estas se usa en medicina contra las enfermedades cardíacas.

muiñeira. F. muñeira.

muisca. ADJ. hist. chibcha. Apl. a pers., u. t. c. s.

mujer. F. **1.** Persona del sexo femenino. *El baño de mujeres de la estación.* ‖ **2.** mujer que ha llegado a la edad adulta. *Se ha hecho una mujer.* ‖ **3.** mujer que tiene las cualidades físicas y morales especialmente valoradas en una persona adulta de su sexo. *Me pareció toda una mujer.* U. t. c. adj. *Tan mujer como la que más.* ‖ **4.** mujer casada, con relación al marido. ‖ **5.** afect. coloq. Se usa para dirigirse a una persona de sexo femenino, generalmente con un matiz conciliador. U. c. vocat. *¡Mujer, qué susto me has dado! ¡Mujer, no te enfades!* ‖ **~ de letras.** F. La que cultiva la literatura o las ciencias humanas. ‖ **~ de su casa.** F. La que con diligencia se ocupa de los quehaceres domésticos y cuida de su hacienda y familia. ‖ **~ fatal.** F. Aquella cuyo poder de atracción amorosa acarrea fin desgraciado a sí misma o a quienes atrae. Se usa referido principalmente a personajes de ficción, sobre todo de cine, y a las actrices que los representan. ‖ **~ mundana.** F. prostituta. ‖ **~ objeto.** F. La que es valorada exclusivamente por su belleza o atractivo sexual. ‖ **~ perdida,** o **~ pública.** F. prostituta. ‖ **buena ~.** LOC. INTERJ. rur. Se usa para llamar o dirigirse a una desconocida. ‖ **de ~ a ~.** LOC.ADV. **1.** Con sinceridad. ‖ **2. de igual a igual.** ‖ **ser ~** una niña o adolescente. LOC.VERB.

Haber tenido la menstruación por primera vez. ‖ **tomar ~ un hombre.** LOC.VERB. Contraer matrimonio con ella.

mujerero. ADJ. *Am.* Dicho de un hombre: Aficionado a las mujeres.

mujeriego, ga. ADJ. Dicho de un hombre: Dado a mujeres. U. t. c. s. ‖ **a la ~, o a mujeriegas.** LOCS.ADVS. Dicho de cabalgar: Sentado en la silla, como lo hacen ordinariamente las mujeres, y no a horcajadas como los hombres.

mujeril. ADJ. **1.** Perteneciente o relativo a la mujer. *El ideal mujeril.* ‖ **2.** Adamado, afeminado. *Aquel hombre dejó escapar un grito mujeril.*

mujerío. M. coloq. Conjunto de mujeres.

mujerzuela. F. despect. **prostituta.**

mújol. M. Pez teleósteo, del suborden de los Acantopterigios, de unos siete decímetros de largo, con cabeza aplastada por encima, hocico corto, dientes muy pequeños y ojos medio cubiertos por una membrana traslúcida; cuerpo casi cilíndrico, lomo pardusco, con dos aletas, la primera de solo cuatro espinas, costados grises, y a lo largo seis o siete listas más oscuras, y vientre plateado. Abunda principalmente en el Mediterráneo, y su carne y sus huevas son muy estimadas.

mula. F. Hija de asno y yegua o de caballo y burra, casi siempre estéril. ‖ **~ de paso.** F. La destinada a servir de cabalgadura, a diferencia de la de tiro, y enseñada a caminar generalmente al paso de andadura. ☐ V. **mozo de ~s.**

mulá. M. Intérprete de la religión y la ley islámicas. MORF. pl. **mulás.**

muladar. M. **1.** Lugar o sitio donde se echa el estiércol o la basura de las casas. ‖ **2.** Cosa que ensucia material o moralmente.

muladí. ADJ. hist. Se dice del cristiano español que, durante la dominación de los árabes en España, abrazaba el islamismo y vivía entre los musulmanes. U. t. c. s. MORF. pl. **muladíes** o **muladís.**

mular. ADJ. Perteneciente o relativo al mulo o la mula.

mulata. F. Crustáceo decápodo, braquiuro, de color pardo, casi negro, muy común en las costas del Cantábrico, donde se le ve andar de lado sobre las peñas en la bajamar. Su cuerpo es casi cuadrado y muy deprimido; las patas anteriores, cortas, con pinzas gruesas, y las restantes terminan con una uña fuerte y espinosa.

mulato, ta. ADJ. Dicho de una persona: Que ha nacido de negra y blanco, o al contrario. U. t. c. s. ☐ V. **chile ~.**

mulero, ra. M. y F. Persona encargada de cuidar las mulas.

muleta. F. **1.** Bastón con un apoyo para la axila o la parte posterior del brazo y otro para la mano, con que se ayuda la persona que tiene dificultad para andar. ‖ **2.** Bastón o palo que lleva pendiente a lo largo un paño o capa, comúnmente encarnada, de que se sirve el torero para engañar al toro y hacerle bajar la cabeza cuando va a matarlo. ‖ **3.** Cosa que ayuda en parte a mantener otra. *El secretario era para él una muleta en su trabajo.* ‖ **4.** Mula pequeña. ‖ **pasar de ~ al toro** un torero. LOC.VERB. Burlarlo con la muleta. ☐ V. **pase de ~.**

muletazo. M. *Taurom.* **pase de muleta.**

muletear. TR. *Taurom.* Torear con la muleta. U. t. c. intr.

muleteo. M. *Taurom.* Acción y efecto de muletear.

muletero¹, ra. M. y F. **1.** Persona que alquila mulas. ‖ **2.** Persona que cuida las mulas.

muletero². M. *Taurom.* Diestro bien dotado para la muleta.

muletilla. F. **1.** Voz o frase que se repite mucho por hábito. ‖ **2.** En minería, clavo con cabeza en forma de cruz, que se fija en la cara lateral de una excavación para atar las cuerdas necesarias en el levantamiento del plano de una mina.

muleto. M. Mulo pequeño.

muletón. M. Tela gruesa, suave y afelpada, de algodón o lana.

mulillas. F. pl. Tiro de mulas que arrastra los toros y caballos muertos en las corridas.

mullido. M. Cosa blanda que se puede mullir y sirve para rellenar colchones, asientos, etc.

mullir. TR. **1.** Esponjar algo para que esté blando y suave. ‖ **2.** *Agr.* Cavar alrededor de las cepas, de las patatas, etc., ahuecando la tierra. ¶ MORF. V. conjug. modelo.

mulo. M. **1.** Hijo de caballo y burra o de asno y yegua, casi siempre estéril. ‖ **2.** coloq. Persona fuerte y vigorosa. ‖ **ser** alguien **un ~ de carga.** LOC.VERB. coloq. Ser el encargado de los trabajos pesados.

multa. F. Sanción administrativa o penal que consiste en la obligación de pagar una cantidad determinada de dinero. ☐ V. **días ~.**

multar. TR. Imponer a alguien una multa.

multicolor. ADJ. De muchos colores. *Sombrilla multicolor.*

multicopiado. M. Acción y efecto de multicopiar.

multicopiar. TR. Reproducir en copias por medio de multicopista. MORF. conjug. c. *anunciar.*

multicopista. ADJ. Dicho de una máquina o de un aparato: Que reproducen en numerosas copias sobre láminas de papel textos impresos, mecanografiados o manuscritos, dibujos, grabados, etc., sirviéndose de diversos procedimientos. U. m. c. s. f.

multicultural. ADJ. Caracterizado por la convivencia de diversas culturas. *Barrio multicultural.*

multiculturalismo. M. Convivencia de diversas culturas.

multidisciplinar. ADJ. *Esp.* **multidisciplinario.**

multidisciplinario, ria. ADJ. Que abarca o afecta a varias disciplinas. *Equipo multidisciplinario.*

multiétnico, ca. ADJ. Que comprende o reúne varias etnias. *Se celebró una asamblea multiétnica.*

multifamiliar. ADJ. *Am.* Dicho de un edificio: De varias plantas, con numerosos apartamentos, cada uno de los cuales está destinado para vivienda de una familia. U. t. c. s. m.

multifocal. ADJ. De varios focos. *Formación tumoral multifocal.*

multiforme. ADJ. Que tiene muchas o varias formas. *Producción multiforme.*

multilateral. ADJ. Que concierne a varios estados o afecta a las relaciones entre ellos. *Acuerdo, cooperación multilateral.*

multimedia. ADJ. Que utiliza conjunta y simultáneamente diversos medios, como imágenes, sonidos y texto, en la transmisión de una información. MORF. pl. invar. *Sistemas multimedia.*

multimillonario, ria. ADJ. **1.** Extraordinariamente acaudalado. Apl. a pers., u. t. c. s. ‖ **2.** Que asciende a muchos millones. *Una indemnización multimillonaria.*

multinacional. I. ADJ. **1.** Perteneciente o relativo a muchas naciones. *Organización multinacional.* ‖ **II.** F. **2.** Sociedad mercantil o industrial cuyos intereses y actividades se hallan establecidos en muchos países.

multípara. ADJ. **1.** Dicho de una hembra: Que tiene varios hijos de un solo parto. ‖ **2.** *Med.* Dicho de una mujer: Que ha tenido más de un parto.

múltiple. ADJ. **1.** Vario, de muchas maneras, en oposición a *simple. Función múltiple.* ‖ **2.** pl. **muchos** (‖ abundantes). *De esta novela se han hecho múltiples ediciones.* □ V. **esclerosis ~, estrella ~.**

multiplicación. F. **1.** Acción y efecto de multiplicar o multiplicarse. ‖ **2.** *Mat.* Operación de multiplicar.

multiplicador, ra. ADJ. **1.** Que multiplica. *Efecto multiplicador.* Apl. a un aparato, u. t. c. s. m. ‖ **2.** *Mat.* Dicho de un factor: Que multiplica otra expresión. U. m. c. s. m.

multiplicando. ADJ. *Mat.* Dicho de un factor: Que ha de ser multiplicado. U. m. c. s. m.

multiplicar. I. TR. **1.** Aumentar el número o la cantidad de cosas de la misma especie. U. t. c. intr. y c. prnl., especialmente hablando de lo que se multiplica por generación. U. t. en sent. fig. *La indignación se multiplica tanto como el sufrimiento.* ‖ **2.** *Mat.* Hallar el producto de dos factores, tomando uno de ellos, llamado multiplicando, tantas veces por sumando como unidades contiene el otro, llamado multiplicador. ‖ **3.** *Mat.* Realizar esta operación con expresiones algebraicas. ‖ **II.** PRNL. **4.** Afanarse, desvelarse. *En los momentos de apuro sabía multiplicarse.*

multiplicativo, va. ADJ. Que **multiplica** (‖ aumenta). *Efectos multiplicativos.*

multiplicidad. F. **1.** Cualidad de múltiple. ‖ **2.** Multitud, abundancia excesiva de algunos hechos, especies o individuos.

múltiplo, pla. ADJ. **1.** *Gram.* Dicho de un adjetivo o de un sustantivo numeral: Cuyo significado se produce por multiplicación de una cantidad. U. t. c. s. m. ‖ **2.** *Mat.* Dicho de un número o de una cantidad: Que contienen a otro u otra varias veces exactamente. U. t. c. s. m.

multipolar. ADJ. *Fís.* Que tiene más de dos polos.

multipropiedad. F. Condominio de un inmueble, cuyo disfrute está restringido a períodos determinados.

multirracial. ADJ. Que comprende o reúne varias razas. *Congreso multirracial.*

multitud. F. Número grande de personas o cosas. □ V. **baño de ~es.**

multitudinario, ria. ADJ. **1.** Que forma multitud. *Asamblea multitudinaria.* ‖ **2.** Propio o característico de las multitudes. *Catarsis multitudinaria.*

multiuso o **multiusos.** ADJ. Que puede tener varios usos. MORF. pl. **multiuso** o **multiusos.** *Herramientas multiuso. Herramientas multiusos.*

multiválvulas. ADJ. Dicho de un motor de explosión: Que tiene varias válvulas por cilindro.

multivibrador. M. *Electr.* Generador de señales o impulsos periódicos constituido por dos amplificadores acoplados.

multivisión. F. Sistema de proyección simultánea de diapositivas sobre varias pantallas.

mundanal. ADJ. Perteneciente o relativo al mundo humano.

mundanalidad. F. Cualidad de mundanal.

mundanería. F. Cualidad de mundano.

mundanidad. F. **1.** Cualidad de la persona mundana o dada a los placeres y convenciones de la vida social. ‖ **2.** Cosa o acción propias de la vida mundana, especialmente en sus aspectos más frívolos.

mundano, na. ADJ. **1.** Perteneciente o relativo al mundo. *Ámbito mundano.* ‖ **2.** Dicho de una persona: Que atiende demasiado a las cosas del mundo, a sus pompas y placeres. ‖ **3.** Perteneciente o relativo a la llamada buena sociedad. *Coctel mundano.* ‖ **4.** Que frecuenta las fiestas y reuniones de la buena sociedad. □ V. **mujer ~.**

mundial. I. ADJ. **1.** Perteneciente o relativo a todo el mundo. *Población mundial.* ‖ **II.** M. **2.** *Dep.* Campeonato en que pueden participar todas las naciones del mundo.

mundialista. ADJ. **1.** Perteneciente o relativo a un campeonato del mundo. ‖ **2.** Dicho de un deportista: Que participa en un campeonato del mundo. U. t. c. s.

mundialización. F. Acción y efecto de mundializar.

mundializar. TR. Hacer que algo alcance una dimensión mundial. U. m. c. prnl.

mundificar. TR. Limpiar, purgar, purificar algo. U. t. c. prnl.

mundillo. M. **1. almohadilla** (‖ para hacer encaje de bolillos). ‖ **2.** Arbusto de la familia de las Caprifoliáceas, muy ramoso, de dos a tres metros de altura, con hojas divididas en tres o cinco lóbulos agudos y dentados, flores blancas en grupos globosos bastante grandes, y fruto en baya carnosa de color rojo y con una sola semilla. Es espontáneo en España y se cultiva en los jardines. ‖ **3.** coloq. Conjunto limitado de personas que tienen una misma posición social, profesión o quehacer. *El mundillo de la filatelia.*

mundo. M. **1.** Conjunto de todo lo existente. ‖ **2.** Planeta que habitamos. ‖ **3.** Esfera con que se representa el globo terráqueo. ‖ **4.** Cualquier planeta o astro, especialmente si puede estar habitado. *Su sueño es viajar a otros mundos.* ‖ **5.** Conjunto de todos los seres humanos. ‖ **6.** Sociedad humana. *Burlarse del mundo. El Redentor del mundo.* ‖ **7.** Parte de la sociedad humana, caracterizada por alguna cualidad o circunstancia común a todos sus individuos. *El mundo pagano, cristiano.* ‖ **8.** Experiencia de la vida y del trato social. *Tener mucho mundo.* ‖ **9.** Ambiente en el que vive o trabaja una persona. *El mundo de las finanzas.* ‖ **10.** Ámbito o parte determinada de la naturaleza. *El mundo animal. El mundo submarino. El mundo mineral.* ‖ **11.** Vida secular, en contraposición a la monástica. *Dejar el mundo.* ‖ **12.** En sentido ascético y moral, uno de los enemigos del alma, que, según la doctrina cristiana, tienta a los hombres con el placer y la riqueza. ‖ **Mundo Antiguo.** M. hist. Porción del globo conocida de los antiguos, y que comprendía la mayor parte de Europa, Asia y África. ‖ **Nuevo Mundo.** M. La parte del globo en que están las dos Américas. ‖ **el otro ~.** M. La otra vida, que se espera después de esta. ‖ **este ~ y el otro.** M. coloq. Abundancia de dinero, riquezas u otra cosa semejante. *Tomás le prometió este mundo y el otro.* ‖ **gran ~.** M. Grupo social distinguido por su riqueza o su rango. ‖ **medio ~.** M. coloq. Mucha gente. *Había allí medio mundo.* ‖ **Tercer Mundo.** M. Conjunto de los países menos desarrollados económica y socialmente. ‖ **todo el ~.** M. La generalidad de las personas. *Todo el mundo lo sabe.* ‖ **un ~.** M. coloq. Muchedumbre, multitud. *Salió en su seguimiento un mundo de muchachos.* ‖ **andar el ~ al revés.** LOC.VERB. coloq. Dicho de las cosas: Estar trocadas de como deben ser. ‖ **caérsele a** alguien **el ~ encima.** LOC.VERB. coloq. **deprimirse** (‖ sufrir decaimiento del ánimo). ‖ **comerse el ~.** LOC.VERB. coloq. Triunfar o lograr grandes cosas sin dejarse vencer por dificultades u obstáculos. ‖ **correr ~.** LOC.VERB. Viajar por muchos países. ‖ **de ~.** LOC.ADJ. Dicho de una persona: Que trata con toda clase de gente y tiene gran experiencia y práctica en los negocios. ‖ **desde que el ~ es ~.** EXPR. coloq. Se usa para explicar la antigüedad de algo o de su ejecución continua. ‖ **echar al ~.** LOC.VERB. 1. Parir, dar a luz. ‖ 2. Producir algo nuevo. ‖ **echarse al ~.** LOC.VERB. 1. Seguir las malas costumbres y los placeres. ‖ 2. Dicho de una mujer: **prostituirse.** ‖ **estar el ~ al revés.** LOC.VERB. coloq. andar el mundo al revés. ‖ **hacer un ~ de** algo. LOC.VERB. coloq. Dar demasiada importancia a una dificultad o a un contratiempo. ‖ **hundirse el ~.** LOC.VERB. Haber un cataclismo. *Parecía que se hundía el mundo. Lo haré, aunque se hunda el mundo.* ‖ **hundírsele el ~** a alguien. LOC.VERB. coloq. Sentirse desamparado ante un acontecimiento adverso. ‖ **irse de este ~.** LOC.VERB. morir (‖ llegar al término de la vida). ‖ **irse** alguien **por el ~ adelante,** o **por esos ~s.** LOCS.VERBS. Denotan que se ausenta de un lugar sin rumbo fijo. ‖ **lejos de este ~,** o **del ~.** LOCS.ADVS. Se usan para expresar el apartamiento del trato con la gente, de las diversiones, etc. ‖ **no ser** alguien **de este ~.** LOC. VERB. 1. Estar totalmente abstraído de las cosas terrenas. ‖ 2. Ser excesivamente bondadoso. ‖ **no ser** algo **nada del otro ~.** LOC.VERB. coloq. No ser extraordinario ni de gran importancia. ‖ **por nada del ~.** LOC.ADV. coloq. Se usa para expresar la decisión de no hacer algo. ‖ **¿qué ~ corre?** EXPR. ¿Qué hay de nuevo? ‖ **reírse** alguien **del ~.** LOC.VERB. coloq. No dar importancia a lo que opinen los demás. ‖ **rodar ~,** o **por el ~.** LOCS.VERBS. coloqs. Caminar por muchas tierras sin detenerse en ninguna o sin determinado motivo. ‖ **salir** alguien **de este ~.** LOC.VERB. morir (‖ llegar al término de la vida). ‖ **tener ~,** o **mucho ~.** LOCS.VERBS. coloqs. Saber por experiencia lo bastante para no dejarse llevar de apariencias ni de las primeras impresiones. ‖ **tragarse el ~.** LOC.VERB. coloq. comerse el mundo. ‖ **valer un ~.** LOC.VERB. coloq. Valer muchísimo. ‖ **venir** alguien **al ~.** LOC.VERB. nacer. ‖ **venírsele** a alguien **el ~ encima.** LOC.VERB. coloq. deprimirse (‖ sufrir decaimiento del ánimo). ‖ **ver ~.** LOC.VERB. Viajar por varias tierras y diferentes países. □ V. **baúl ~, bola del ~, el culo del ~, maravilla del ~, parte del ~.**

mundología. F. Experiencia y habilidad para gobernarse en la vida.

munición. F. Carga que se pone en las armas de fuego. ‖ **municiones de boca.** F. pl. Mil. Víveres y forraje para la manutención de hombres y caballerías. ‖ **municiones de guerra.** F. pl. Mil. Armas ofensivas y defensivas, pólvora, balas y demás pertrechos. □ V. **cinta de ~.**

municionamiento. M. Acción y efecto de municionar.

municionar. TR. Proveer y abastecer de municiones una plaza, un castillo o a los soldados para su defensa o manutención.

municipal. I. ADJ. 1. Perteneciente o relativo al municipio. *Ley, cargo municipal.* ‖ **II.** COM. 2. Individuo de la Guardia Municipal. □ V. **Administración ~, derecho ~, guardia ~, intendencia ~, intendente ~, junta ~, Policía ~, presidente ~, término ~.**

municipalidad. F. Ayuntamiento de un término municipal.

municipalismo. M. 1. Expresión de la realidad municipal. ‖ 2. Doctrina que la estudia.

municipalista. ADJ. Perteneciente o relativo al municipalismo.

municipalización. F. Acción y efecto de municipalizar.

municipalizar. TR. Convertir en municipal un servicio público que estaba a cargo de una empresa privada.

munícipe. COM. concejal.

municipio. M. 1. Conjunto de habitantes de un mismo término jurisdiccional, regido por un ayuntamiento. ‖ 2. ayuntamiento (‖ corporación municipal). ‖ 3. término municipal.

munificencia. F. 1. Generosidad espléndida. ‖ 2. Largueza, liberalidad del rey o de un magnate.

munificente. ADJ. Que ejerce munificencia. *Amigo munificente. Iglesia munificente.*

munífico, ca. ADJ. munificente.

muniqués, sa. ADJ. 1. Natural de Múnich. U. t. c. s. ‖ 2. Perteneciente o relativo a esta ciudad de Alemania.

muñeca. F. 1. Parte del cuerpo humano en donde se articula la mano con el antebrazo. ‖ 2. Figura de mujer que sirve de juguete. ‖ 3. Lío de trapo, de forma redondeada, que se embebe de un líquido para barnizar maderas y metales, para refrescar la boca de un enfermo o para cualquier otro uso. ‖ 4. coloq. Mujer joven frívola y presumida. ‖ 5. Á. Andes y Á. R. Plata. Habilidad o influencia para obtener algo. *Tener muñeca.*

muñeco. M. 1. Figura de hombre que sirve de juguete. ‖ 2. coloq. Hombre joven afeminado e insustancial. ‖ 3. coloq. Hombre de poco carácter. ‖ **vestir el ~.** LOC.VERB. Dar a algo apariencia atractiva y agradable.

muñeira. F. 1. Baile popular de Galicia. ‖ 2. Son con que se baila.

muñequear. I. TR. 1. Á. guar., Á. R. Plata y Chile. Mover influencias para obtener algo. *Este asunto ha salido porque lo he muñequeado.* U. t. c. intr. ‖ **II.** INTR. 2. Chile. Dicho del maíz o de otra planta semejante: Empezar a echar la muñequilla.

muñequera. F. 1. Banda o correa que se pone alrededor de la muñeca para sujetarla o protegerla, o como adorno. ‖ 2. Pulsera de reloj.

muñequero, ra. M. y F. Persona que se dedica a la fabricación o venta de muñecos.

muñequilla. F. Pieza de trapo para barnizar o estarcir.

muñidor, ra. I. M. y F. 1. Persona que gestiona activamente para concertar tratos o fraguar intrigas, o con cualquier otro fin semejante. ‖ **II.** M. 2. Criado de cofradía, que sirve para avisar a los hermanos las fiestas, entierros y otros ejercicios a que deben concurrir.

muñir. TR. Concertar, disponer, manejar las voluntades de otros. MORF. conjug. c. *mullir.*

muñón. M. 1. Parte de un miembro cortado que permanece adherida al cuerpo. ‖ 2. Mil. Cada una de las dos piezas cilíndricas a uno y otro lado del cañón, que le sirven para sostenerse en la cureña y le permiten girar en un plano vertical a fin de hacer puntería.

muñonera. F. Mil. Rebajo semicircular que tiene el armazón de la cureña, para alojar el muñón correspondiente de la pieza de artillería.

muon o **muón.** M. Fís. Partícula elemental inestable del grupo de los leptones, de carga igual a la del electrón. (Símb. μ).

murajes. M. pl. Hierba de la familia de las Primuláceas, con tallos tumbados de tres a cinco decímetros de largo, ramos abundantes, hojas opuestas, aovadas, lampiñas y sentadas, flores pedunculadas, axilares, solitarias, de corolas rojas en una variedad y azules en otra, y fruto capsular, pequeño, membranoso y con muchas semillas. Se usó antiguamente en medicina contra la hidropesía, la rabia y las mordeduras de animales venenosos.

mural. I. ADJ. **1.** Perteneciente o relativo al muro. *Ornamentación mural.* || **2.** Dicho de una cosa: Que, extendida, ocupa una buena parte de pared o muro. *Mapa mural.* || **II.** M. **3.** Pintura o decoración mural. □ V. corona ~.

muralismo. M. Arte y técnica de la pintura mural.

muralista. COM. Artista que cultiva la pintura y decoración murales.

muralla. F. Muro u obra defensiva que rodea una plaza fuerte o protege un territorio.

murciano, na. ADJ. **1.** Natural de Murcia. U. t. c. s. || **2.** Perteneciente o relativo a esta ciudad de España, a su provincia o a la Región de Murcia, de la que también es capital.

murciélago. M. Quiróptero insectívoro que tiene fuertes caninos y los molares con puntas cónicas. Tiene formado el dedo índice de las extremidades torácicas por solo una o a lo más dos falanges y sin uña. Es nocturno y pasa el día colgado cabeza abajo, por medio de las garras de las extremidades posteriores, en los desvanes o en otros lugares escondidos.

murcielaguina. F. Estiércol de los murciélagos, que se acumula en las cuevas en que se albergan durante el día, y constituye uno de los abonos más apreciados.

murena. F. morena[1].

murga. F. **1.** Compañía de músicos malos, que en Pascuas, cumpleaños, etc., toca a las puertas de las casas acomodadas, con la esperanza de recibir algún obsequio. || **2.** Grupo de músicos callejeros que interpretan canciones satíricas en los carnavales.

murguista. COM. Músico que forma parte de una murga.

múrice. M. Molusco gasterópodo marino, con pie deprimido, que en la base de la abertura de la concha tiene un canal de longitud variable. Segrega, como la púrpura, una sustancia muy usada en tintorería por los antiguos.

murmullar. INTR. murmurar.

murmullo. M. **1.** Ruido que se hace hablando, especialmente cuando no se percibe lo que se dice. || **2.** Ruido continuado y confuso de algunas cosas.

murmuración. F. Conversación en perjuicio de un ausente.

murmurador, ra. ADJ. Que murmura. Apl. a pers., u. t. c. s.

murmurar. INTR. **1.** Hablar entre dientes, manifestando queja o disgusto por algo. U. t. c. tr. *¿Qué está usted murmurando?* || **2.** Dicho de la corriente de las aguas y también del viento, de las hojas de los árboles, etc.: Hacer ruido blando y apacible. || **3.** coloq. Conversar en perjuicio de un ausente, censurando sus acciones. U. t. c. tr.

murmureo. M. Murmurio continuado.

murmurio. M. **1.** Ruido seguido y confuso del hablar. || **2.** Ruido seguido y confuso de otras cosas.

muro. M. **1.** Pared o tapia. || **2.** muralla.

murria. F. coloq. Especie de tristeza y cargazón de cabeza que hace andar cabizbajo y melancólico a quien la padece.

murta. F. **1.** arrayán. || **2.** Fruto de este arbusto.

murtón. M. Fruto del arrayán.

murucuyá. F. *Á. guar.* **pasionaria.** MORF. pl. **murucuyás.**

mus. M. Juego de naipes y de envite.

musa. F. **1.** Cada una de las deidades que, según la fábula, habitaban, presididas por Apolo, en el Parnaso o en el Helicón, y protegían las ciencias y las artes liberales, especialmente la poesía. Su número era variable en la mitología, pero más ordinariamente se creyó que eran nueve. || **2. numen** (|| inspiración del artista).

musáceo, a. ADJ. *Bot.* Se dice de las hierbas angiospermas monocotiledóneas perennes, algunas gigantescas, con tallo aparente formado por los pecíolos envainadores de las hojas caídas, elevado a manera de tronco o corto o casi nulo; hojas alternas, simples y enteras con pecíolos envainadores y un fuerte nervio, flores irregulares con pedúnculos axilares o radicales, y por frutos bayas o drupas con semillas amiláceas o carnosas; p. ej. el banano y el abacá. U. t. c. s. f. ORTOGR. En f. pl., escr. con may. inicial c. taxón. *Las Musáceas.*

musageta. ADJ. *Mit.* Se dice de Apolo y Hércules como conductores de las musas. U. t. c. s.

musaraña. F. **musgaño.** || **pensar** alguien **en las ~s.** LOC.VERB. coloq. No atender a lo que él mismo u otro hace o dice.

muscarina. F. *Med.* Sustancia tóxica que produce intoxicación aguda y grave del sistema nervioso.

musculación. F. Acción y efecto de **muscular**[2].

muscular[1]**.** ADJ. Perteneciente o relativo a los músculos. □ V. **fibra ~, sobrecarga ~, tejido ~.**

muscular[2]**.** INTR. Desarrollar los músculos a través del ejercicio físico. U. t. c. tr. y c. prnl.

musculatura. F. Conjunto y disposición de los músculos.

músculo. M. *Anat.* Órgano compuesto principalmente de fibras contráctiles. || **~ esternocleidomastoideo.** M. *Anat.* músculo del cuello, desde el esternón y la clavícula hasta la apófisis mastoides, que interviene en los movimientos de flexión y giro de la cabeza. || **~ estriado.** M. El que está formado por fibras musculares estriadas. || **~ gemelo.** M. *Anat.* Cada uno de los dos que concurren al movimiento de la pierna. U. m. en pl. || **~ glúteo.** M. *Anat.* Cada uno de los tres que forman la nalga. || **~ liso.** M. El que está formado por fibras musculares lisas. || **~ sartorio.** M. *Anat.* Uno de los del muslo, que se extiende oblicuamente a lo largo de sus caras anterior e interna. || **~ serrato.** M. El que tiene dientes como una sierra.

musculoso, sa. ADJ. **1.** Dicho de una parte del cuerpo: Que tiene músculos. *Piernas musculosas.* || **2.** Que tiene los músculos muy abultados y visibles. *Atleta musculoso.*

museal. ADJ. **museístico.**

museístico, ca. ADJ. Perteneciente o relativo al museo.

muselina. F. Tela de algodón, seda, lana, etc., fina y poco tupida.

museo. M. **1.** Lugar en que se conservan y exponen colecciones de objetos artísticos, científicos, etc. || **2.** Institución, sin fines de lucro, cuya finalidad consiste en la adquisición, conservación, estudio y exposición al público de objetos de interés cultural. || **3.** Lugar donde se exhiben objetos o curiosidades que pueden atraer el interés del público, con fines turísticos. || **4.** Edificio o lugar destinado al estudio de las ciencias, letras humanas y artes liberales.

museografía. F. Conjunto de técnicas y prácticas relativas al funcionamiento de un museo.

museográfico, ca. ADJ. Perteneciente o relativo a la museografía.

museógrafo, fa. M. y F. Persona versada en museografía.

museología. F. Ciencia que trata de los museos, su historia, su influjo en la sociedad, las técnicas de conservación y catalogación.

museológico, ca. ADJ. Perteneciente o relativo a la museología.

museólogo, ga. M. y F. Persona versada en museología.

muserola. F. Correa de la brida que da vuelta al hocico del caballo por encima de la nariz y sirve para asegurar la posición del bocado.

musgaño. M. Pequeño mamífero insectívoro, semejante a un ratón, pero con el hocico largo y puntiagudo. Varias de sus especies son propias de Europa.

musgo. M. Cada una de las plantas briófitas, con hojas bien desarrolladas y provistas de pelos rizoides o absorbentes, que tienen un tallo parenquimatoso en el cual se inicia una diferenciación en dos regiones, central y periférica. Crece abundantemente en lugares sombríos sobre las piedras, cortezas de árboles, el suelo y aun dentro del agua corriente o estancada. ORTOGR. En pl., escr. con may. inicial c. taxón. *Los Musgos.* ‖ ~ **marino.** M. **coralina** (‖ alga rojiza).

musgoso, sa. ADJ. **1.** Perteneciente o relativo al musgo. *Olor musgoso.* ‖ **2.** Cubierto de musgo. *Piedra musgosa.*

música. F. **1.** Melodía, ritmo y armonía, combinados. ‖ **2.** Sucesión de sonidos modulados para recrear el oído. ‖ **3.** Concierto de instrumentos o voces, o de ambas cosas a la vez. ‖ **4.** Arte de combinar los sonidos de la voz humana o de los instrumentos, o de unos y otros a la vez, de manera que produzcan deleite, conmoviendo la sensibilidad, de manera alegre o triste. ‖ **5.** Compañía de músicos que cantan o tocan juntos. *La música de la Capilla Real.* ‖ **6.** Composición musical. *La música de esta ópera es de Mozart.* ‖ **7.** Colección de papeles en que están escritas las composiciones musicales. *En este escritorio se guarda la música de la capilla.* ‖ **8.** Sonido grato al oído. *La música del viento entre las ramas. La música del agua del arroyo.* ‖ **9.** irón. Ruido desagradable. ‖ ~ **celestial.** F. coloq. Palabras elegantes y promesas vanas y que no tienen sustancia ni utilidad. ‖ ~ **instrumental.** F. La compuesta solo para instrumentos. ‖ ~ **ligera.** F. La muy pegadiza, que se capta y recuerda más fácilmente que otras. ‖ ~ **rítmica.** F. Aquella en la que prima el elemento rítmico. ‖ ~ **vocal.** F. La compuesta para voces, solas o acompañadas de instrumentos. ‖ **con la ~ a otra parte.** EXPR. coloq. Se usa para despedir y reprender a quien viene a incomodar o con impertinencias. *Vete con la música a otra parte.* ☐ V. **cadena de ~, caja de ~, libro de ~, papel de ~.**

musical. I. ADJ. **1.** Perteneciente o relativo a la música. *Código musical.* ‖ **II.** M. **2.** Género teatral o cinematográfico de origen angloamericano, en que la acción se desarrolla con partes cantadas y bailadas. U. t. c. adj. ‖ **3.** Obra perteneciente a este género. ☐ V. **acento ~, cadena ~, comedia ~, frase ~, hilo ~, instrumento ~, número ~, revista ~.**

musicalidad. F. Cualidad o carácter musical.

musicalizar. TR. Poner música a un texto para que pueda ser cantado.

musicalmente. ADV. M. Conforme a las reglas de la música.

musicante. COM. músico.

musicar. TR. musicalizar.

músico, ca. I. ADJ. **1.** Perteneciente o relativo a la música. *Instrumento músico. Composición música.* ‖ **II.** M. y F. **2.** Persona que conoce el arte de la música o lo ejerce, especialmente como instrumentista o compositor. ‖ **músico mayor.** M. Director de una banda militar.

musicógrafo, fa. M. y F. Persona que se dedica a escribir obras acerca de la música.

musicología. F. Estudio científico de la teoría y de la historia de la música.

musicólogo, ga. M. y F. Persona versada en musicología.

musicoterapia. F. *Psicol.* Empleo de la música con fines terapéuticos, por lo general psicológicos.

musiquero. M. Mueble destinado a colocar en él partituras y libros de música.

musitar. INTR. Susurrar o hablar entre dientes. U. t. c. tr.

muslim o **muslime.** ADJ. **musulmán.** Apl. a pers., u. t. c. s. MORF. pl. **muslimes.**

muslo. M. Parte de la pierna, desde la juntura de las caderas hasta la rodilla.

mustélido, da. ADJ. *Zool.* Se dice de los mamíferos carnívoros de cuerpo alargado y patas cortas, con glándulas anales olorosas y piel apreciada en peletería; como el visón, el tejón y la nutria. U. t. c. s. m. ORTOGR. En m. pl., escr. con may. inicial c. taxón. *Los Mustélidos.*

musteriense. ADJ. **1.** Se dice de un estadio cultural correspondiente al Paleolítico medio, caracterizado especialmente por la gran evolución en las técnicas de talla. U. m. c. s. m. ORTOGR. Escr. con may. inicial c. s. ‖ **2.** Perteneciente o relativo a este estadio cultural. *Herramientas musterienses.*

mustiar. TR. **marchitar.** U. m. c. prnl. MORF. conjug. c. *anunciar.*

mustio, tia. ADJ. **1.** Dicho especialmente de una planta, de una flor o de una hoja: **marchita.** ‖ **2.** Melancólico, triste. *Tus amigos parecían mustios.*

musulmán, na. ADJ. **1.** Perteneciente o relativo a Mahoma o a la religión por él fundada. *Confesión musulmana.* ‖ **2.** Que profesa la religión islámica. U. t. c. s.

mutabilidad. F. Cualidad de mutable.

mutable. ADJ. Que cambia o se muda con facilidad. *Apariencia mutable.*

mutación. F. **1.** Acción y efecto de mudar o mudarse. ‖ **2.** Cada una de las diversas perspectivas que se forman en el teatro variando el telón y los bastidores para cambiar la escena en que se supone la representación. ‖ **3.** *Biol.* Alteración producida en la estructura o en el número de los genes o de los cromosomas de un organismo transmisible por herencia. ‖ **4.** *Biol.* Fenotipo producido por aquellas alteraciones. ‖ **5.** *Fon.* Cambio fonético en que se produce un salto, sin las etapas intermedias.

mutagénesis. F. Producción de mutaciones.

mutagénico, ca. ADJ. *Biol.* Capaz de producir mutaciones.

mutágeno. M. *Biol.* Agente capaz de producir mutaciones.

mutante. I. ADJ. **1.** Que muta. *Virus mutante.* ‖ **II.** M. **2.** *Gen.* Cromosoma u organismo que resulta de una mutación.

mutar. TR. **mudar** (‖ dar otra naturaleza, estado o forma). *Pretenden mutar algunos organismos con fines científicos.* U. m. c. intr. y c. prnl.

mutatis mutandis. (Locución latina). LOC. ADV. Cambiando lo que se deba cambiar.

mutilación. F. Acción y efecto de mutilar.

mutilado, da. PART. de mutilar. ‖ ADJ. Cortado o cercenado. *Brazo mutilado.* Apl. a pers., u. t. c. s.

mutilador, ra. ADJ. Que mutila. *Sables mutiladores.*

mutilar. TR. **1.** Cortar o cercenar una parte del cuerpo, y más particularmente del cuerpo viviente. U. t. c. prnl. ‖ **2.** Cortar o quitar una parte o porción de algo que de suyo debiera tenerlo. *Mutilar un texto.*

mutis. M. **1.** Se usa en el texto o en la representación teatrales para indicar que uno o varios personajes deben retirarse de la escena. ‖ **2.** Acto de retirarse de la escena y, por ext., de otros lugares. ‖ **3.** coloq. Se usa para imponer silencio o para indicar que una persona queda callada. ‖ **hacer ~,** o **hacer ~ por el foro.** LOCS. VERBS. **1.** coloqs. Salir de la escena o de otro lugar. ‖ **2.** coloqs. **callar** (‖ no hablar, guardar silencio).

mutismo. M. Silencio voluntario o impuesto.

mutro, tra. ADJ. *Chile.* Dicho de una persona: Que pronuncia mal.

mutua. F. **mutualidad** (‖ asociación).

mutual. ADJ. Mutuo, recíproco. *Con carácter mutual.* □ V. **fondo ~.**

mutualidad. F. **1.** Régimen de prestaciones mutuas, que sirve de base a determinadas asociaciones. ‖ **2.** Asociación con este régimen. *Mutualidad obrera. Mutualidad escolar.* ‖ **3.** Cualidad de mutual.

mutualismo. M. Régimen de prestaciones mutuas entre los miembros de una mutualidad.

mutualista. **I.** ADJ. **1.** Perteneciente o relativo a la mutualidad. *Estructura mutualista.* ‖ **II.** COM. **2.** Miembro de una **mutualidad** (‖ asociación).

mutuario, ria. M. y F. Persona que recibe el préstamo.

mutuo, tua. ADJ. Dicho de una cosa: Que recíprocamente se hace entre dos o más personas, animales o cosas. □ V. **enseñanza ~, inducción ~.**

muy. ADV. Se usa antepuesto a nombres adjetivados, adjetivos, participios, adverbios y locuciones adverbiales, para denotar en ellos grado superlativo de significación. *Muy tarde. Muy deprisa. Muy docto. Muy desengañado.*

muyahidín. **I.** M. **1.** Combatiente islamista. ‖ **II.** ADJ. **2.** Perteneciente o relativo a los muyahidines. *Alianza muyahidín.*

n

n. F. **1.** Decimocuarta letra del abecedario latino internacional y decimosexta del español, que representa un fonema consonántico de articulación nasal y alveolar. Este fonema se realiza como sonido alveolar cuando va en principio de palabra o entre vocales; p. ej., en *nadie, cadena*. Cuando es final de sílaba seguido de consonante, toma por lo común el punto de articulación de la consonante siguiente. Así, se hace labial, p. ej., en *envío, enmascarar;* labiodental, en *enfermo, infiel;* interdental, en *once, encima;* dental, en *antes, donde;* palatal, en *concha, conllevar;* o velar, en *cinco, engaño.* Su nombre es *ene.* ‖ **2.** Se usa como signo para suplir en lo escrito el nombre propio de persona que no se sabe o no se quiere expresar. ‖ **3.** *Mat.* Número indeterminado; p. ej., 5^n.

nabab. M. **1.** En la India musulmana, gobernador de una provincia. ‖ **2.** Hombre sumamente rico. ¶ MORF. pl. **nababs.**

nabateo, a. ADJ. **1.** hist. Se dice del individuo de un antiguo pueblo de la Arabia Pétrea, entre el mar Rojo y el río Éufrates. U. t. c. s. ‖ **2.** hist. Perteneciente o relativo a este pueblo. *Caminos nabateos.*

nabiza. F. Hoja tierna del nabo, cuando empieza a crecer. U. m. en pl. *Caldo, ensalada de nabizas.*

nabla. F. hist. Instrumento musical muy antiguo, semejante a la lira, pero de marco rectangular y diez cuerdas de alambre, que se pulsaban con ambas manos.

nabo. M. **1.** Planta anual de la familia de las Crucíferas, de cinco a seis decímetros de altura, con hojas glaucas, rugosas, lampiñas, grandes, partidas en tres lóbulos oblongos las radicales, y enteras, lanceoladas y algo envainadoras las superiores; flores en espiga terminal, pequeñas y amarillas, fruto seco en vainas cilíndricas con 15 ó 20 semillas, y raíz carnosa, comestible, ahusada, blanca o amarillenta. ‖ **2.** Raíz de esta planta. ‖ **3.** Raíz gruesa y principal. ‖ **4.** *Arq.* Cilindro vertical colocado en el centro de un armazón, y en el cual se apoyan las diversas piezas que lo componen; como los peldaños de una escalera de caracol o los medios cuchillos de una armadura de chapitel. ‖ **~ gallego.** M. **1.** Planta bienal de la familia de las Crucíferas, de cuatro a seis decímetros de altura, con hojas grandes, ásperas, gruesas, rugosas, las radicales partidas en tres lóbulos oblongos, y enteras y lanceoladas las superiores; flores pequeñas, amarillas, en espiga, fruto seco en vainas cilíndricas con muchas semillas menudas, esféricas, de color pardusco y sabor picante, y raíz carnosa, muy grande, amarillenta o rojiza, esferoidal o ahusada, según las variedades, que se emplea para alimento de las personas y ganados en las provincias del norte de España, donde se cultiva mucho. ‖ **2.** Raíz de esta planta.

naboría. F. **1.** hist. En los primeros tiempos de la conquista de América, indio de servicio. ‖ **2.** hist. Repartimiento que en América se hacía, al principio de la conquista, adjudicando cierto número de indios, en calidad de criados, para el servicio personal.

nacaomense. ADJ. **1.** Natural de Nacaome. U. t. c. s. ‖ **2.** Perteneciente o relativo a esta ciudad de Honduras, capital del departamento de Valle.

nácar. M. Capa interna de las tres que forman la concha de los moluscos, constituida por la mezcla de carbonato cálcico y una sustancia orgánica, y dispuesta en láminas paralelas entre sí. Cuando estas son lo bastante delgadas para que la luz se difracte al atravesarlas, producen reflejos irisados característicos.

nácara. F. hist. Timbal usado en la antigua caballería.

nacarado, da. ADJ. **1.** Del color y brillo del nácar. *Azulejos nacarados.* ‖ **2.** Adornado con nácar. *Caja nacarada.*

nacarino, na. ADJ. Propio o característico del nácar o parecido a él.

nacascolo. M. *Am. Cen.* **dividivi.**

nacedero. M. **1.** Lugar de donde nace algo. *La matriz es el nacedero de los mamíferos. El nacedero de un río. El nacedero de los cuernos del toro.* ‖ **2.** Nacimiento, y especialmente el de los animales.

nacencia. F. Acción y efecto de nacer.

nacer. INTR. **1.** Dicho de un animal vivíparo: Salir del vientre materno. ‖ **2.** Dicho de un animal ovíparo: Salir del huevo. ‖ **3.** Dicho de un vegetal: Empezar a salir de su semilla. ‖ **4.** Aparecer o salir del interior. *Nacer el vello, las plumas. Nacer las flores, los frutos.* ‖ **5.** Dicho de una cosa: Tomar principio de otra, originarse en lo físico o en lo moral. *Su rencor nació de la incomprensión ajena.* ‖ **6.** Dicho de una cosa: Empezar desde otra, como saliendo de ella. *La calle Mayor nace en el Puente Viejo.* ‖ **7.** Salir con ímpetu o brotar. *Nacer las fuentes, los ríos.* ‖ **8.** Tener propensión natural o estar destinado para un fin. *Nacido PARA violinista.* ‖ **9.** Iniciarse en una actividad. *Nació A la música en París.* ‖ **10.** Dicho de un astro: Empezar a dejarse ver en el horizonte. ¶ MORF. conjug. c. *agradecer.* ‖ **haber nacido en** tal día. LOC.VERB. coloq. Haberse librado aquel día de un peligro de muerte. ‖ **haber nacido tarde** alguien. LOC.VERB. coloq. Tener poca experiencia, inteligencia o noticias, especialmente cuando da su dictamen entre personas de edad madura. ‖ **volver a ~.** LOC.VERB. coloq. **haber nacido en** tal día.

nacido, da. PART. de **nacer**. ‖ ADJ. Dicho de un ser humano: Que ha pasado, o que al presente existe. U. m. c. s. pl. ‖ **bien ~.** LOC. ADJ. **1.** De noble linaje. U. t. c. loc. sust. ‖ **2.** Que obra con nobleza. U. t. c. loc. sust. ‖ **mal ~.** LOC. ADJ. **malnacido.** U. t. c. loc. sust. □ V. **alma ~, anemia del recién ~.**

naciente. I. ADJ. **1.** Que nace. *Barba naciente.* ‖ **2.** Muy reciente, que comienza a ser o manifestarse. *Vida naciente.* ‖ **II.** M. **3.** Este (‖ punto cardinal). ORTOGR. Escr. con may. inicial.

nacimiento. M. **1.** Acción y efecto de nacer. ‖ **2.** por antonom. **nacimiento** de Jesucristo. ORTOGR. Escr. con may. inicial. ‖ **3.** Representación con figuras del **nacimiento** de Jesucristo en el portal de Belén. ‖ **4.** Lugar o sitio donde brota un manantial. ‖ **5.** Ese mismo manantial. ‖ **6.** Lugar o sitio donde tiene alguien o algo su origen o principio. ‖ **7.** Principio de algo o tiempo en que empieza. ‖ **de ~.** LOC. ADJ. Dicho de una característica: Que se tiene desde el momento de nacer.

nación. F. **1.** Conjunto de los habitantes de un país regido por el mismo Gobierno. ‖ **2.** Territorio de ese país. ‖ **3.** Conjunto de personas de un mismo origen y que generalmente hablan un mismo idioma y tienen una tradición común. ‖ **de ~.** LOC. ADJ. Se usa para dar a entender el origen de alguien, o de dónde es natural. □ V. **trato de ~ más favorecida.**

nacional. I. ADJ. **1.** Perteneciente o relativo a una nación. *Himno nacional.* ‖ **2.** Natural de una nación, en contraposición a *extranjero.* U. t. c. s. ‖ **3.** hist. Perteneciente o relativo a la facción contraria al Gobierno republicano durante la Guerra Civil de 1936 en España. ‖ **4.** hist. Partidario del bando **nacional** en esa guerra. U. t. c. s. ‖ **II.** M. **5.** hist. Individuo de la milicia **nacional.** □ V. **Audiencia Nacional, capital ~, colores ~es, contabilidad ~, documento ~ de identidad, lotería ~, milicia ~, monumento ~, parador ~ de turismo, parque ~, patrimonio ~, producto ~ bruto, producto ~ neto, renta ~.**

nacionalcatolicismo. M. Doctrina y práctica caracterizada por la estrecha relación entre el Estado y la Iglesia católica, y por la influencia de esta en la sociedad.

nacionalcatólico, ca. ADJ. **1.** Inspirado en el nacionalcatolicismo o influido por él. *Régimen nacionalcatólico.* ‖ **2.** Partidario del nacionalcatolicismo. U. t. c. s.

nacionalidad. F. **1.** Condición de pertenencia a un Estado por razón de nacimiento o naturalización. ‖ **2.** Der. Vínculo jurídico de una persona con un Estado, que le atribuye la condición de ciudadano de ese Estado en función del lugar en que ha nacido, de la **nacionalidad** de sus padres o del hecho de habérsele concedido la naturalización. ‖ **3.** *Esp.* Comunidad autónoma a la que, en su Estatuto, se le reconoce una especial identidad histórica y cultural.

nacionalismo. M. **1.** Sentimiento fervoroso de pertenencia a una nación y de identificación con su realidad y con su historia. ‖ **2.** Ideología de un pueblo que, afirmando su naturaleza de nación, aspira a constituirse como Estado.

nacionalista. ADJ. **1.** Perteneciente o relativo al nacionalismo. *Conciencia nacionalista.* ‖ **2.** Partidario del nacionalismo. U. t. c. s.

nacionalización. F. Acción y efecto de nacionalizar.

nacionalizar. TR. **1.** Naturalizar en un país personas o cosas de otro. U. t. c. prnl. ‖ **2.** Hacer que pasen a manos de nacionales de un país bienes o títulos de la deuda del Estado o de empresas particulares que se hallaban en poder de extranjeros. ‖ **3.** Hacer que pasen a depender del Gobierno de la nación propiedades industriales o servicios explotados por los particulares.

nacionalsindicalismo. M. Doctrina política y social basada en el ideario del falangismo y adoptada por el régimen franquista.

nacionalsindicalista. ADJ. **1.** Perteneciente o relativo al nacionalsindicalismo. *Semanario nacionalsindicalista.* ‖ **2.** Partidario de esta doctrina. U. t. c. s.

nacionalsocialismo. M. Movimiento político y social del Tercer Reich alemán, de carácter pangermanista, fascista y antisemita.

nacionalsocialista. ADJ. **1.** Perteneciente o relativo al nacionalsocialismo. *Régimen nacionalsocialista.* ‖ **2.** Partidario de esta doctrina. U. t. c. s.

naco. M. *Am.* Hoja o manojo de hojas de tabaco.

nada. I. F. **1.** No ser, o carencia absoluta de todo ser. ‖ **II.** PRON. INDEF. **2.** Ninguna cosa, negación absoluta de las cosas, a distinción de la de las personas. *No tiene nada de vergüenza. Hoy no ha comido nada.* ‖ **3.** Cosa mínima o de muy escasa entidad. *Se ofende por nada.* ‖ **4.** Poco o muy poco en cualquier línea. *Pasó por aquí hace nada.* ‖ **III.** ADV. NEG. **5.** De ninguna manera, de ningún modo. ‖ **ahí es ~.** LOC. INTERJ. **no es nada.** ‖ **antes de ~.** LOC. ADV. Antes de cualquier cosa. ‖ **como si ~.** LOC. ADV. Sin inmutarse. *Hablan de milenios como si nada. Le amenazamos y él como si nada.* ‖ **de ~. I.** LOC. ADJ. **1.** De escaso valor, sin importancia. *Un librito de nada. Una cuestión de nada. Cosa de nada.* ‖ **II.** EXPR. **2.** Se usa como respuesta cortés cuando a alguien le dan las gracias por algo. ‖ **en ~.** LOC. ADV. En muy poco. *En nada estuvo que riñésemos.* ‖ **~ más.** LOC. ADV. **no más.** ‖ **~ menos.** LOC. ADV. Se usa para ponderar la autoridad, importancia o excelencia de alguien o algo. *Nada menos que el Papa lo ha dicho en una encíclica.* ‖ **~ menos, o ~ menos que eso.** LOCS. ADVS. Se usan para negar particularmente algo, encareciendo su contrario. ‖ **no es ~.** LOC. INTERJ. Se usa para ponderar por antífrasis algo que causa extrañeza o que no se juzgaba tan grande. ‖ **no ser ~.** LOC. VERB. Se usa para aminorar el daño producido por un lance o disgusto. ‖ **para ~.** LOC. ADV. coloq. De ningún modo, en absoluto.

nadador, ra. I. ADJ. **1.** Que nada. *Larvas nadadoras.* ‖ **II.** M. y F. **2.** Persona diestra en nadar o que practica el deporte de la natación.

nadar. INTR. **1.** Dicho de una persona o de un animal: Trasladarse en el agua, ayudándose de los movimientos necesarios, y sin tocar el suelo ni otro apoyo. ‖ **2.** Dicho de una cosa: Flotar en un líquido cualquiera. ‖ **3.** Abundar en algo. *Nadar en dinero.* ‖ **4.** coloq. Dicho de una parte del cuerpo: Estar muy holgada dentro de una prenda de vestir o del calzado que le debiera venir ajustado.

nadería. F. **tontería** (‖ cosa de poca entidad o importancia).

nadie. I. PRON. INDEF. **1.** Ninguna persona. ‖ **II.** M. **2.** Persona insignificante. □ V. **don ~, tierra de ~.**

nadir. M. *Astr.* Punto de la esfera celeste diametralmente opuesto al cenit.

nado. a ~. LOC. ADV. **nadando.**

nafta. F. **1.** Fracción ligera del petróleo natural, obtenida en la destilación de la gasolina como una parte de esta. Sus variedades se usan como materia prima en la industria, y algunas como disolventes. ‖ **2.** *Á. guar.* y *Á. R. Plata.* **gasolina.**

naftaleno. M. *Quím.* Hidrocarburo aromático que resulta de la condensación de dos anillos de benceno.

naftalina. F. Hidrocarburo sólido, procedente del alquitrán de la hulla, muy usado como desinfectante.

naftero, ra. ADJ. *Á. guar.* y *Á. R. Plata.* Dicho de un vehículo automóvil, de una máquina o de un motor: Que usan nafta como combustible. U. t. c. s. m.

nagua. F. *Méx.* **enagua.** U. m. en pl. con el mismo significado que en sing.

naguabeño, ña. ADJ. **1.** Natural de Naguabo. U. t. c. s. ‖ **2.** Perteneciente o relativo a este municipio de Puerto Rico o a su cabeza.

nagual. M. *Am. Cen.* **brujo** (‖ hechicero).

nagualismo. M. *Méx.* Creencia en los naguales.

nagüero, ra. ADJ. **1.** Natural de Trinidad Sánchez, provincia de la República Dominicana, o de Nagua, su capital. U. t. c. s. ‖ **2.** Perteneciente o relativo a esta provincia o a su capital.

nahua. ADJ. **1.** hist. Se dice del individuo de un antiguo pueblo indio que habitó la altiplanicie mexicana y la parte de América Central antes de la conquista de estos países por los españoles, y alcanzó un alto grado de civilización. U. t. c. s. ‖ **2.** hist. Perteneciente o relativo a este pueblo. *Deidad nahua.* ‖ **3.** Se dice de la lengua principalmente hablada por los indios mexicanos. U. t. c. s. m. *El nahua.* ‖ **4.** Perteneciente o relativo a esta lengua. *Palabra nahua.*

náhuatl. ADJ. **1.** Se dice de la lengua hablada por los pueblos nahuas, impropiamente llamada también azteca o mexicana. U. t. c. s. m. *El náhuatl.* ‖ **2.** Perteneciente o relativo a esta lengua. *Gramática náhuatl.*

nahuatlato, ta. ADJ. **1.** Versado en la cultura y lengua náhuatl. Apl. a pers., u. m. c. s. ‖ **2.** hist. En México, se decía de quien sabía hablar la lengua náhuatl y servía de intérprete.

nahuatlismo. M. **1.** Giro o modo de hablar propio y privativo de la lengua nahua. ‖ **2.** Vocablo, giro o elemento fonético de esta lengua empleado en otra.

naíf o **naif.** **I.** M. **1.** Estilo pictórico caracterizado por la deliberada ingenuidad, tanto en la representación de la realidad como en los colores empleados. ‖ **2.** Artista que cultiva este estilo. ‖ **II.** ADJ. **3.** Perteneciente o relativo al estilo o a los artistas naífs. *Estética naíf. Pintor naíf.* ¶ MORF. pl. **naífs** o **naifs.**

nailon. (Del inglés *Nylon*, marca reg.). M. Material sintético de índole nitrogenada, del que se hacen filamentos elásticos, muy resistentes. Se emplea en la fabricación de géneros de punto y tejidos diversos.

naipe. M. **1.** Cada una de las cartulinas rectangulares, de aproximadamente diez centímetros de alto y seis a siete de ancho, cubiertas de un dibujo uniforme por una cara y que llevan pintados en la otra cierto número de objetos, de uno a nueve en la baraja española, y de uno a diez en la francesa, o una de las tres figuras correspondientes a cada uno de los cuatro palos de la baraja. ‖ **2.** pl. **baraja** (‖ conjunto de naipes). ‖ **dar mal el ~.** LOC. VERB. Ser contraria la suerte. ‖ **peinar los ~s.** LOC. VERB. Barajarlos cogiendo sucesivamente y a la vez, de modo que se junten, el de encima y el de debajo de la baraja o de los que se tengan en la mano.

naja. F. Se usa como nombre para referirse a un género de ofidios venenosos, que tienen los dientes con surco para la salida del veneno, la cabeza con placas y las primeras costillas dispuestas de modo que pueden dar al cuerpo, a continuación de la cabeza, la forma de disco; p. ej., la cobra y el áspid de Egipto.

nalca. F. **1.** *Chile.* Pecíolo comestible del pangue. ‖ **2.** *Chile.* **pangue.**

nalga. F. **1.** Cada una de las dos porciones carnosas y redondeadas situadas entre el final de la columna vertebral y el comienzo de los muslos. U. m. en pl. ‖ **2.** *Á. R. Plata.* Corte del cuarto trasero de los vacunos, de la parte interna del muslo.

nalgada. F. Golpe recibido en las nalgas.

nalgatorio. M. coloq. Conjunto de ambas nalgas.

nalgón, na. ADJ. *Am.* Que tiene gruesas las nalgas.

nalgudo, da. ADJ. Que tiene gruesas las nalgas.

nalgueada. F. *Méx.* Acción y efecto de nalguear.

nalguear. TR. **1.** *Am. Cen.* y *Méx.* Golpear a alguien en las nalgas. ‖ **2.** *Méx.* Tocas las nalgas o dar palmadas en ellas sensualmente o por chanza.

namibio, bia. ADJ. **1.** Natural de Namibia. U. t. c. s. ‖ **2.** Perteneciente o relativo a este país de África.

nana. F. **1.** Canto con que se arrulla a los niños. ‖ **2.** Especie de saco pequeño, a veces con capucha, con una abertura anterior que se cierra generalmente con cremallera y que sirve de abrigo para niños de pecho. ‖ **3.** *Am.* **niñera.** ‖ **4.** *Am.* **ama** (‖ mujer que cría una criatura ajena). ‖ **5.** *Chile.* **empleada de hogar.** □ V. **año de la ~.**

nanacate. M. *Méx.* Hongo, comestible o alucinógeno.

nanas. F. pl. *Á. guar.* y *Á. R. Plata.* Achaques, especialmente los de la vejez.

nanay. INTERJ. fest. Se usa para negar rotundamente algo.

nance. M. **1.** *Am. Cen.* y *Méx.* Arbusto de la familia de las Malpigiáceas, cuyo tronco tiene la corteza externa color café oscuro y la interna rosácea, de hojas elípticas, con vellos suaves en el envés, flores amarillas y fruto comestible, pequeño y aromático. La corteza se utiliza en la medicina tradicional. ‖ **2.** *Méx.* Fruto de este arbusto.

nancear. INTR. *Am. Cen.* Cosechar el fruto del nance.

nanche o **nanchi.** M. *Méx.* nance.

nandaimeño, ña. ADJ. **1.** Natural de Nandaime. U. t. c. s. ‖ **2.** Perteneciente o relativo a este municipio del departamento de Granada, en Nicaragua.

nanómetro. M. Medida de longitud que equivale a la milmillonésima parte del metro. (Símb. *nm*).

nanotecnología. F. Tecnología de los materiales y de las estructuras en la que el orden de magnitud se mide en nanómetros, con aplicación a la física, la química y la biología.

nao. F. **nave.**

naonato, ta. ADJ. Dicho de una persona: Nacida en un barco durante la navegación. U. t. c. s.

napa[1]. F. Conjunto de las fibras textiles que se agrupan, al salir de una máquina de cardar, para formar un conjunto continuo de espesor constante y de igual anchura que la máquina. ‖ **~ de agua.** F. Capa de agua en la superficie de la tierra, o subterránea.

napa[2]. F. Piel curtida, de tacto suave, empleada en la confección.

napalm. M. Sustancia inflamable, a base de gasolina en estado de gel, usada en lanzallamas y en bombas incendiarias.

napar. TR. *Esp.* Cubrir una preparación culinaria con una salsa o crema.

napelo. M. **acónito** (‖ planta ranunculácea).

napeño, ña. ADJ. **1.** Natural de Napo. U. t. c. s. ‖ **2.** Perteneciente o relativo a esta provincia de Ecuador.

napoleón. M. hist. Moneda francesa de plata, de 5 francos, que tuvo curso en España con el valor de 19 reales.

napoleónico, ca. ADJ. hist. Perteneciente o relativo a Napoleón, emperador de Francia, o a su imperio, a su política, etc.

napolitano, na. ADJ. **1.** Natural de Nápoles. U. t. c. s. ‖ **2.** Perteneciente o relativo a esta ciudad de Italia o al antiguo reino de este nombre. ‖ **3.** Se dice de la variedad italorrománica hablada en Nápoles. U. t. c. s. m. *El napolitano.* ‖ **4.** Perteneciente o relativo a esta variedad. *Dialecto napolitano.*

narango. M. *Am. Cen.* Árbol de la familia de las Moringáceas que crece en países intertropicales, con tronco recto, de mediana altura y flores blancas, y cuyo fruto, del tamaño de la avellana, da por presión un aceite que no se enrancia y que se emplea en relojería y perfumería.

naranja. **I.** F. **1.** Fruto del naranjo, de forma globosa, de seis a ocho centímetros de diámetro, corteza rugosa, de color entre rojo y amarillo, como el de la pulpa, que está dividida en gajos, y es comestible, jugosa y de sabor agridulce. ‖ **II.** M. **2.** Color parecido al de la naranja, que corresponde a la sensación producida por el estímulo de longitudes de onda de alrededor de 600 nm. U. t. c. adj. ‖ **~ agria.** F. Variedad que se distingue en tener la corteza más dura y menos lisa que las otras, y el gusto entre agrio y amargo. ‖ **~ china.** F. Variedad cuya piel tira más a amarillo y es más lisa y delgada que la de las otras. ‖ **~ clementina.** F. Variedad de naranja mandarina, de piel más roja, sin pepitas y muy dulce. ‖ **~ dulce.** F. Variedad que se diferencia de la común en ser casi encarnada y de gusto agridulce muy delicado. ‖ **~ mandarina,** o **~ tangerina.** F. Variedad que se distingue en ser pequeña, aplastada, de cáscara muy fácil de separar y pulpa muy dulce. ‖ **media ~.** **1.** coloq. Persona que se adapta tan perfectamente al gusto y carácter de otra, que esta la mira como la mitad de sí misma. ‖ **2.** coloq. Marido o mujer, uno respecto del otro. ‖ **3.** *Arq.* **cúpula** (‖ bóveda). ‖ **~s, o ~s de la China.** INTERJS. Se usan para denotar asombro, extrañeza, desahogo, etc. □ V. **piel de ~.**

naranjada. F. Bebida hecha con zumo de naranja, agua y azúcar.

naranjado, da. ADJ. De color de naranja. *Pájaro de pecho naranjado.*

naranjal. M. Sitio plantado de naranjos.

naranjero, ra. **I.** ADJ. **1.** Perteneciente o relativo a la naranja. *Sector naranjero.* ‖ **2.** Dicho de un caño o de una cañería: Cuya luz o diámetro interior es de ocho a diez centímetros. ‖ **II.** M. y F. **3.** Persona que cultiva o vende naranjas. □ V. **cañón ~.**

naranjilla. F. Naranja verde y pequeña de la que se suele hacer conserva.

naranjiteño, ña. ADJ. **1.** Natural de Naranjito. U. t. c. s. ‖ **2.** Perteneciente o relativo a este municipio de Puerto Rico o a su cabeza.

naranjo. M. Árbol de la familia de las Rutáceas, de cuatro a seis metros de altura, siempre verde, florido y con fruto, tronco liso y ramoso; copa abierta, hojas alternas,

ovaladas, duras, lustrosas, pecioladas y de un hermoso color verde. Es originario de Asia y se cultiva mucho en España. Su flor es el azahar y su fruto la naranja.

narcisismo. M. **1.** Manía propia del **narciso²**. ‖ **2.** Excesiva complacencia en la consideración de las propias facultades u obras.

narcisista. **I.** ADJ. **1.** Perteneciente o relativo al narcisismo. *Rasgos narcisistas.* ‖ **II.** COM. **2.** **narciso²**. U. t. c. adj.

narciso¹. M. **1.** Planta herbácea, anual, exótica, de la familia de las Amarilidáceas, con hojas radicales largas, estrechas y puntiagudas; flores agrupadas en el extremo de un bohordo grueso de dos a tres centímetros de alto, blancas o amarillas, olorosas, con perigonio partido en seis lóbulos iguales y corona central acampanada, fruto capsular y raíz bulbosa. Se cultiva en los jardines por la belleza de sus flores. ‖ **2.** Flor de esta planta.

narciso². M. Hombre que cuida demasiado de su adorno y compostura, o se precia de galán y hermoso, como enamorado de sí mismo.

narco. COM. **narcotraficante.**

narcolepsia. F. *Med.* Estado patológico caracterizado por accesos irresistibles de sueño profundo.

narcosis. F. Producción de un estado de adormecimiento que procede del uso de narcóticos; modorra, embotamiento de la sensibilidad.

narcótico, ca. ADJ. **1.** *Med.* Dicho de una sustancia: Que produce sopor, relajación muscular y embotamiento de la sensibilidad; p. ej., el cloroformo, el opio, la belladona, etc. U. t. c. s. m. ‖ **2.** Perteneciente o relativo a la narcosis. *Síntomas narcóticos.*

narcotización. F. Acción y efecto de narcotizar.

narcotizar. TR. Producir un estado de adormecimiento que procede del uso de narcóticos. U. t. c. prnl. U. t. en sent. fig. *La película nos narcotizó.*

narcotraficante. ADJ. Que trafica con estupefacientes. Apl. a pers., u. t. c. s.

narcotráfico. M. Comercio ilegal de drogas tóxicas en grandes cantidades.

nardo. M. **1.** **espicanardo.** ‖ **2.** Planta de la familia de las Liliáceas, con tallo sencillo y derecho, hojas radicales, lineales y prolongadas las del tallo a modo de escamas, y flores blancas, muy olorosas, especialmente de noche, dispuestas en espigas con el perigonio en forma de embudo y dividido en seis lacinias. Es originaria de los países intertropicales, se cultiva en los jardines y se emplea en perfumería. ‖ **3.** Flor de esta planta.

narguile o **narguilé.** M. Pipa para fumar muy usada por los orientales, compuesta de un largo tubo flexible, del recipiente en que se quema el tabaco y de un vaso lleno de agua perfumada, a través de la cual se aspira el humo.

narigón, na. ADJ. **narigudo.** U. t. c. s.

narigudo, da. ADJ. Que tiene grandes las narices. Apl. a pers., u. t. c. s.

nariguera. F. Pendiente que se ponen algunos indios en la ternilla que divide las dos ventanas de la nariz.

narina. F. *Anat.* Cada uno de los orificios nasales externos.

nariñense. ADJ. **1.** Natural de Nariño. U. t. c. s. ‖ **2.** Perteneciente o relativo a este departamento de Colombia.

nariz. F. **1.** Facción saliente del rostro humano, entre la frente y la boca, con dos orificios, que comunica con el aparato respiratorio. U. t. en pl. con el mismo significado que en sing. ‖ **2.** Parte de la cabeza de muchos animales vertebrados, poco o nada saliente por lo común, que tiene la misma situación y función que la nariz del hombre. ‖ **3.** Sentido del olfato. ‖ **4.** Extremidad aguda o en punta, que se forma en algunas construcciones para cortar el aire o el agua, como en las embarcaciones, en los tajamares de los puentes, etc. ‖ **~ perfilada.** F. La que es recta y bien formada. ‖ **asomar la ~, o las narices.** LOCS.VERBS. coloqs. Aparecer en un lugar, especialmente para husmear o fisgar. ‖ **darle** a alguien **en la ~** algo. LOC.VERB. Percibir su olor. *Le dio en la nariz lo que había de comer.* ‖ **darle** a alguien **en, o por, las narices** con algo. LOCS.VERBS. coloqs. **pasar por las narices.** ‖ **darse de narices con** alguien. LOC.VERB. coloq. Encontrarse bruscamente con él. ‖ **de las narices.** LOC.ADJ. coloq. Se usa siguiendo a un sustantivo para expresar molestia o rechazo hacia lo que este indica. *El teléfono de las narices.* ‖ **hablar** alguien **por las narices.** LOC.VERB. **ganguear.** ‖ **hasta las narices.** LOC.ADJ. coloq. Cansado, harto. U. t. c. loc. adv. ‖ **hincharle** a alguien **las narices.** LOC.VERB. coloq. Hartarlo o enfadarlo. ‖ **hinchársele** a alguien **las narices.** LOC.VERB. coloq. Hartarse o enfadarse. ‖ **meter las narices en** algo. LOC.VERB. coloq. Curiosear, entrometerse, sin ser llamado. ‖ **no ver** alguien **más allá de sus narices.** LOC.VERB. **1.** Ver muy poco. ‖ **2.** coloq. Ser corto de alcances. ‖ **pasar, o restregar,** algo a alguien **por las narices.** LOCS.VERBS. coloqs. Mostrárselo o hacérselo saber con demasiada insistencia, con ánimo de molestarlo, mortificarlo o producirle envidia. ‖ **tocarle** a alguien **las narices.** LOC.VERB. coloq. Molestarlo, fastidiarlo.

narizón, na. ADJ. coloq. Que tiene grandes las narices.

narizotas. I. F. **1.** pl. Narices muy grandes. ‖ **II.** COM. **2.** coloq. Persona que tiene narices grandes. U. m. c. insulto.

narración. F. **1.** Acción y efecto de narrar. ‖ **2.** Novela o cuento. ‖ **3.** *Ret.* Una de las partes en que suele considerarse dividido el discurso retórico, en la que se refieren los hechos para esclarecimiento del asunto de que se trata y para facilitar el logro de los fines del orador.

narrador, ra. ADJ. Que narra. Apl. a pers., u. t. c. s.

narrar. TR. Contar, referir lo sucedido, o un hecho o una historia ficticios.

narrativa. F. Género literario constituido por la novela, la novela corta y el cuento.

narrativo, va. ADJ. Perteneciente o relativo a la narración. *Género, estilo narrativo.*

narratorio, ria. ADJ. **narrativo.**

narria. F. Cajón o escalera de carro, a propósito para llevar arrastrando cosas de gran peso.

nártex. M. *Arq.* Atrio o vestíbulo situado a la entrada de las iglesias paleocristianas y bizantinas.

narval. M. Cetáceo de unos seis metros de largo, con cabeza grande, hocico obtuso, boca pequeña, sin más dientes que dos incisivos superiores, uno corto y otro que se prolonga horizontalmente hasta cerca de tres metros; cuerpo robusto, liso, brillante, blanco y con vetas pardas por el lomo, dos aletas pectorales y cola grande y ahorquillada. Se utilizan su grasa y el marfil de su diente mayor.

nasa. F. **1.** Arte de pesca que consiste en un cilindro de juncos entretejidos, con una especie de embudo dirigido hacia adentro en una de sus bases y cerrado con una tapadera en la otra para poder vaciarlo. ‖ **2.** Arte parecido

al anterior, formado por una manga de red y ahuecado por aros de madera. ‖ **3.** Cesta de boca estrecha que llevan los pescadores para echar la pesca.

nasal. ADJ. **1.** Perteneciente o relativo a la nariz. *Cavidad nasal. Fosas nasales.* ‖ **2.** *Fon.* Dicho de un sonido: En cuya pronunciación la corriente espirada sale total o parcialmente por la nariz. U. t. c. s. f.

nasalidad. F. Cualidad de nasal.

nasalización. F. *Fon.* Acción y efecto de nasalizar.

nasalizar. TR. *Fon.* Producir con articulación nasal sonidos del lenguaje que ordinariamente se pronuncian emitiendo solo por la boca el aire espirado.

nasardo. M. Uno de los registros del órgano, que imita la voz de un hombre gangoso o que produce un sonido nasal.

nascencia. F. Acción y efecto de nacer una planta.

nasofaríngeo, a. ADJ. *Anat.* Que está situado en la faringe por encima del velo del paladar y detrás de las fosas nasales. *Mucosa nasofaríngea.*

nata. F. **1.** Sustancia espesa, untuosa, blanca o un tanto amarillenta, que forma una capa sobre la leche que se deja en reposo. ‖ **2.** Sustancia espesa de algunos licores, que sobrenada en ellos. ‖ **3.** pl. nata batida con azúcar. ‖ **4.** pl. natillas. □ V. **flor y ~.**

natación. F. **1.** Acción y efecto de nadar. ‖ **2.** Práctica y deporte consistentes en nadar. ‖ **3.** Deporte olímpico que se practica en una piscina, consistente en pruebas de velocidad, realizadas en diversas modalidades, sincronización, saltos o waterpolo.

natal. ADJ. **1.** Perteneciente o relativo al nacimiento. *Antecedente natal.* ‖ **2.** Perteneciente o relativo al lugar donde alguien ha nacido. *Ciudad natal.* □ V. **suelo ~.**

natalicio, cia. I. ADJ. **1.** Perteneciente o relativo al día del nacimiento. *Gastos natalicios.* ‖ **2.** Se dice con frecuencia de las fiestas y celebraciones que se hacen en él. ‖ **II.** M. **3.** Día del nacimiento.

natalidad. F. Número proporcional de nacimientos en población y tiempo determinados. □ V. **control de ~.**

natalino, na. ADJ. **1.** Natural de Puerto Natales. U. t. c. s. ‖ **2.** Perteneciente o relativo a esta ciudad de Chile, capital de la provincia de Última Esperanza.

natatorio, ria. ADJ. **1.** Perteneciente o relativo a la natación. *Movimientos natatorios.* ‖ **2.** Que sirve para nadar. *Órganos natatorios.* □ V. **vejiga ~.**

natillas. F. pl. Dulce cremoso que se hace con leche, huevos y azúcar, cocido a fuego lento.

natividad. F. **1.** **nacimiento** (‖ acción y efecto de nacer). ‖ **2.** por antonom. natividad de Jesucristo, de la Virgen María y de san Juan Bautista, que son las tres que celebra la Iglesia. ORTOGR. Escr. con may. inicial.

nativo, va. ADJ. **1.** Que nace naturalmente. *Mineral nativo.* ‖ **2.** Perteneciente o relativo al país o lugar en que alguien ha nacido. *Suelo nativo. Aires nativos.* ‖ **3.** Nacido en el lugar de que se trata. U. t. c. s. ‖ **4.** Innato, propio y conforme a la naturaleza de cada cosa. *Caracteres nativos.* ‖ **5.** Dicho de algún metal o de alguna otra sustancia mineral: Que se encuentran en su mena libres de toda combinación.

nato, ta. ADJ. **1.** Se dice del título de honor o del cargo anejo a un empleo o a la calidad de alguien. *Consejero nato.* ‖ **2.** Se dice de las aptitudes, cualidades y defectos connaturales. *Sensibilidad nata.* ‖ **3.** Con predisposición connatural para algo. *Es una periodista nata.*

natrón. M. Sal blanca, traslúcida, cristalizable y en forma de polvo que se halla en la naturaleza o se obtiene artificialmente. Es el carbonato sódico usado en las fábricas de jabón, vidrio y tintes.

natura. F. naturaleza. ‖ **contra ~.** LOC.ADJ. Que va en contra de la naturaleza o la moral. U. t. c. loc. adv. ‖ **de ~.** LOC.ADV. naturalmente. □ V. **pecado contra ~.**

natural. I. ADJ. **1.** Perteneciente o relativo a la naturaleza o conforme a la cualidad o propiedad de las cosas. *Ambiente natural.* ‖ **2.** Nativo de un pueblo o nación. U. t. c. s. ‖ **3.** Hecho con verdad, sin artificio, mezcla ni composición alguna. *Elaboración natural.* ‖ **4.** Espontáneo y sin doblez en su modo de proceder. ‖ **5.** Dicho de una cosa: Que imita a la naturaleza con propiedad. *Tamaño natural.* ‖ **6.** Regular y que comúnmente sucede. *Como la cosa más natural del mundo.* ‖ **7.** Que se produce solo por las fuerzas de la naturaleza, como contrapuesto a *sobrenatural* y *milagroso. Fenómeno natural.* ‖ **8.** hist. Se dice de los señores de vasallos, o de quienes por su linaje tenían derecho al señorío, aunque no fuesen de la tierra. ‖ **9.** *Mús.* Dicho de una nota: No modificada por sostenido ni bemol. ‖ **10.** *Taurom.* Dicho de un pase de muleta: Que se hace con la mano izquierda y sin el estoque. U. t. c. s. m. ‖ **11.** *Filip.* Dicho de un hijo: De padre y madre indígenas, a diferencia del mestizo. ‖ **II.** M. **12.** Genio, índole, temperamento, complexión o inclinación propia de cada uno. *Juan es de natural alegre.* ‖ **13.** *Esc.* y *Pint.* Forma exterior de una cosa, de la que copia directamente el artista. *Copiar del natural las ropas. Pintar un paisaje del natural.* ‖ **al ~.** LOC.ADJ. **1.** Sin artificio ni mezcla o elaboración. U. t. c. loc. adv. ‖ **2.** *Heráld.* Dicho de una flor o de un animal: Que están con sus colores propios y no con los esmaltes ordinarios del blasón. U. t. c. loc. adv. □ V. **ayuno ~, calor ~, ciencias ~es, derecho ~, día ~, dibujo del ~, gas ~, hijo ~, historia ~, lengua ~, ley ~, lógica ~, luz ~, magia ~, monumento ~, muerte ~, número ~, orden ~, persona ~, razón ~, religión ~, reserva ~, seda ~, selección ~, signo ~, teología ~.**

naturaleza. F. **1.** Esencia y propiedad característica de cada ser que tiene la capacidad de desarrollarse desde sí mismo y por sí mismo. ‖ **2.** Conjunto de todo lo que existe y que está determinado y armonizado en sus propias leyes. ‖ **3.** Virtud, calidad o propiedad de las cosas. ‖ **4.** Fuerza o actividad natural, contrapuesta a la sobrenatural y milagrosa. ‖ **5.** Origen que alguien tiene según la ciudad o país en que ha nacido. ‖ **6.** Especie, género, clase. *No he visto árboles de tal naturaleza.* ‖ **7.** Cualidad de los seres humanos no modificada por la educación. ‖ **8.** Complexión o temperamento de cada individuo. ‖ **9.** *Esc.* y *Pint.* natural (‖ forma exterior de una cosa). ‖ **10.** *Rel.* En la teología cristiana, estado natural del hombre, anterior al estado de gracia. ‖ **~ humana.** F. **1.** Conjunto de todos los seres humanos. ‖ **2.** Conjunto de cualidades y caracteres propios del ser humano. ‖ **~ muerta.** F. *Pint.* Cuadro que representa animales muertos o cosas inanimadas. ‖ **contra ~.** LOC.ADJ. **contra natura.** U. t. c. loc. adv. □ V. **carta de ~.**

naturalidad. F. **1.** Cualidad de natural. ‖ **2.** Espontaneidad y sencillez en el trato y modo de proceder.

naturalismo. M. **1.** Corriente literaria del siglo XIX, que intensifica los caracteres del realismo tratando de aplicar los métodos de la ciencia experimental de la época en su concepción determinista de las actitudes humanas. ORTOGR. Escr. con may. inicial. ‖ **2.** *Esc.* y *Pint.* Tendencia a la representación realista o fiel de la naturaleza.

naturalista. I. ADJ. **1.** Perteneciente o relativo al Naturalismo. *Novela naturalista.* ‖ **II.** COM. **2.** Persona que profesa las ciencias naturales o tiene en ellas especiales conocimientos.

naturalización. F. Acción y efecto de naturalizar o naturalizarse.

naturalizar. I. TR. **1.** Admitir en un país, como si de él fuera natural, a una persona extranjera, concediéndole los derechos e imponiéndole los deberes de los ciudadanos de ese país. ‖ **2.** Introducir y emplear en un país, como si fueran naturales o propias de él, cosas de otros países. *Naturalizar costumbres, vocablos.* U. t. c. prnl. ‖ **II.** PRNL. **3.** Dicho de un extranjero: Habituarse a la vida de un país como si de él fuera natural. ‖ **4.** Adquirir los derechos y deberes de los naturales de un país.

naturalmente. ADV.M. **1.** Sin duda, por supuesto. *Naturalmente que me gusta esa novela.* ‖ **2.** Lógicamente o como es natural. *No envió las cartas y, naturalmente, nadie acudió a la inauguración.* ‖ **3.** De conformidad con las leyes de la naturaleza. *No estamos naturalmente dotados para volar.*

naturismo. M. Doctrina que preconiza el empleo de los agentes naturales para la conservación de la salud y el tratamiento de las enfermedades.

naturista. ADJ. **1.** Perteneciente o relativo al naturismo. *Terapia naturista.* ‖ **2.** Que profesa y practica el naturismo. U. t. c. s.

naufragar. INTR. **1.** Dicho de una embarcación: Irse a pique o perderse. ‖ **2.** Dicho de una persona: Sufrir el naufragio del barco en que viaja. ‖ **3.** Dicho de un intento o un negocio: Perderse o salir mal. *El plan del Gobierno naufragó en el Parlamento.*

naufragio. M. **1.** Pérdida o ruina de la embarcación en el mar o en río o lago navegables. ‖ **2.** Pérdida grande; desgracia o desastre. ‖ **3.** *Mar.* Buque naufragado, cuya situación ofrece peligro para los navegantes.

náufrago, ga. ADJ. Que ha padecido naufragio. Apl. a pers., u. t. c. s.

naumaquia. F. **1.** hist. Combate naval que como espectáculo se daba entre los antiguos romanos en un estanque o lago. ‖ **2.** hist. Lugar destinado a este espectáculo. *La naumaquia de Mérida.*

nauruano, na. ADJ. **1.** Natural de Nauru. U. t. c. s. ‖ **2.** Perteneciente o relativo a este país de Oceanía.

náusea. F. **1.** Gana de vomitar. U. m. en pl. ‖ **2.** Repugnancia o aversión que causa algo. U. m. en pl. ‖ **hasta la ~.** LOC.ADV. **ad náuseam.**

nauseabundo, da. ADJ. Que causa o produce náuseas. *Olor nauseabundo.*

nauseoso, sa. ADJ. nauseabundo.

nauta. M. Hombre cuya profesión se ejerce en el mar o se refiere a la Marina, como los marineros, calafates, contramaestres, etc.

náutica. F. Ciencia o arte de navegar.

náutico, ca. ADJ. Perteneciente o relativo a la navegación. □ V. **carta ~, esquí ~, milla ~, rosa ~.**

nauyaca. F. *Méx.* Serpiente grande y venenosa, con el labio superior hendido, lo cual le da el aspecto de tener cuatro fosas nasales.

nava. F. Tierra sin árboles y llana, a veces pantanosa, situada generalmente entre montañas.

navaja. F. **1.** Cuchillo cuya hoja puede doblarse sobre el mango para que el filo quede guardado entre las dos cachas o en una hendidura a propósito. ‖ **2.** Molusco lamelibranquio marino, cuya concha se compone de dos valvas simétricas, lisas, de color verdoso con visos blancos y azulados, de diez a doce centímetros de longitud y dos de anchura, y unidas por uno de los lados mayores para formar a modo de las cachas de la navaja. La carne es comestible poco apreciado. ‖ **~ barbera.** F. **navaja de afeitar.** ‖ **~ cabritera.** F. La que sirve para despellejar las reses. ‖ **~ de afeitar.** F. La de filo agudísimo, hecha de acero muy templado, que sirve para afeitar la barba.

navajada. F. **1.** Golpe que se da con la navaja. ‖ **2.** Herida que resulta de este golpe.

navajazo. M. **navajada.**

navajear. TR. Dar navajadas a alguien. U. m. en sent. fig. *Los dos políticos se han navajeado ante la opinión pública.*

navajeo. M. Acción y efecto de navajear. U. m. en sent. fig. *Navajeo político.*

navajero, ra. ADJ. **1.** Perteneciente o relativo a la **navaja** (‖ cuchillo). *Artesanía navajera.* ‖ **2.** Dicho de una persona: Que usa la navaja habitualmente con propósitos delictivos. U. t. c. s.

navajo, ja. **I.** ADJ. **1.** Se dice del individuo de un pueblo originario del oeste de América Septentrional. U. t. c. s. ‖ **2.** Perteneciente o relativo a los navajos. *Tradiciones navajas.* ‖ **II.** M. **3.** Lengua hablada por los navajos.

naval. ADJ. Perteneciente o relativo a las naves y a la navegación. □ V. **arma ~, arquitectura ~, base ~.**

navarca. M. hist. Jefe o comandante de una armada griega.

navarro, rra. ADJ. **1.** Natural de Navarra. U. t. c. s. ‖ **2.** Perteneciente o relativo a esta Comunidad Foral de España. ‖ **3.** Se dice de la variedad navarra del dialecto romance navarroaragonés. U. t. c. s. m. *El navarro del siglo XII.* ‖ **4.** Se dice de la variedad del castellano hablado en Navarra. U. t. c. s. m. *El navarro de Pamplona.*

navarroaragonés, sa. ADJ. **1.** Perteneciente o relativo a Navarra y Aragón. ‖ **2.** Se dice del conjunto de dialectos romances nacidos en Navarra y Aragón. U. t. c. s. m. *El navarroaragonés.* ¶ MORF. pl. **navarroaragoneses, sas.**

nave. F. **1.** **barco** (‖ construcción capaz de flotar). ‖ **2.** hist. Embarcación de cubierta y con velas, en lo cual se distinguía de las barcas; y de las galeras, en que no tenía remos. Las había de guerra y mercantes. ‖ **3.** **aeronave.** ‖ **4.** Cada uno de los espacios que entre muros o filas de arcadas se extienden a lo largo de los templos u otros edificios importantes. ‖ **5.** Cuerpo, o crujía seguida de un edificio, como almacén, fábrica, etc. ‖ **~ de san Pedro.** F. Iglesia católica. ‖ **~ espacial.** F. Máquina provista de medios de propulsión y dirección que le permiten navegar en el espacio exterior a la atmósfera terrestre con tripulantes o sin ellos, que se destina a misiones científicas o técnicas. ‖ **~ principal.** F. La que ocupa el centro del templo desde la puerta de entrada hasta el crucero o el presbiterio, generalmente con mayor elevación y más anchura que las laterales a ella paralelas. ‖ **quemar las ~s.** LOC. VERB. Tomar una determinación extrema.

navegabilidad. F. Cualidad de navegable.

navegable. ADJ. Dicho de un río, de un lago, de un canal, etc.: Donde se puede navegar.

navegación. F. **1.** Acción de navegar. ‖ **2.** Viaje que se hace con la nave. ‖ **3.** Ciencia y arte de navegar. ‖ **~ aérea.** F. Acción de navegar por el aire en globo, avión u otro vehículo. ‖ **~ de altura.** F. La que se hace por mar fuera de la vista de la tierra, y en la que se utiliza, para determinar la situación de la nave, la altura de los astros. □ V. **diario de ~, patente de ~.**

navegador, ra. **I.** ADJ. **1.** Que navega. Apl. a pers., u. t. c. s. ‖ **II.** M. **2.** *Inform.* Aplicación que, mediante enlaces de hipertexto, permite navegar por una red informática.

navegante. ADJ. Que navega. Apl. a pers., u. t. c. s. □ V. **aviso a los ~s, aviso para ~s.**

navegar. INTR. **1.** Viajar en un buque o en otra embarcación, generalmente por mar. U. t. c. tr. ‖ **2.** Hacer viaje o ir por el aire en globo, avión u otro vehículo adecuado. ‖ **3.** Dicho de un buque o de otra embarcación: avanzar. *El bergantín navega a cinco nudos.* ‖ **4.** *Inform.* Desplazarse a través de una red o de un sistema informático.

naveta. F. **1.** Vaso o caja pequeña que, generalmente en forma de nave pequeña, sirve en la iglesia para administrar el incienso en la ceremonia de incensar. ‖ **2.** Monumento megalítico de Baleares, de la Edad del Bronce, con forma de nave invertida.

navidad. F. **1.** Natividad de Nuestro Señor Jesucristo. ‖ **2.** Día en que se celebra. ‖ **3.** Tiempo inmediato a este día, hasta la festividad de Reyes. U. t. en pl. con el mismo significado que en sing. *Se harán los pagos por Navidades y por San Juan.* ¶ ORTOGR. Escr. con may. inicial. ‖ **4.** Año de edad de una persona. U. m. en pl. *José tiene muchas navidades.* □ V. **árbol de Navidad, tarjeta de Navidad.**

navideño, ña. ADJ. Perteneciente o relativo al tiempo de Navidad.

naviera. F. Compañía propietaria de buques mercantes.

naviero, ra. **I.** ADJ. **1.** Perteneciente o relativo a las naves o a la navegación. *Acciones navieras.* ‖ **II.** M. y F. **2.** Dueño de un navío u otra embarcación capaz de navegar en altamar.

navío. M. **1.** Barco de gran tamaño, generalmente con varias cubiertas, apto para navegar en altamar. ‖ **2.** hist. Buque de guerra, de tres palos y velas cuadras, con dos o tres cubiertas o puentes y otras tantas baterías de cañones. ‖ **~ de alto bordo.** M. El que tiene muy altos sus costados desde la línea de flotación a las bordas. ‖ **~ de guerra.** M. hist. **navío** (‖ buque de guerra). ‖ **~ de línea.** M. El que por su fortaleza y armamento puede combatir con otros en batalla ordenada o en formaciones de escuadra. ‖ **~ de transporte.** M. El que solo sirve para conducir mercancías, tropas, municiones o víveres. ‖ **~ mercante, ~ mercantil,** o **~ particular.** M. El que sirve para conducir mercancías de unos puertos a otros. □ V. **alférez de ~, capitán de ~, teniente de ~.**

náyade. F. **1.** *Mit.* Cada una de las ninfas que residían en los ríos y en las fuentes. ‖ **2.** *Zool.* Ninfa acuática de ciertos insectos.

nayarita. ADJ. **1.** Natural de Nayarit. U. t. c. s. ‖ **2.** Perteneciente o relativo a este estado de México.

nayaritense. ADJ. **nayarita.** Apl. a pers., u. t. c. s.

nazarenas. F. pl. Á. R. *Plata.* Espuelas grandes tradicionalmente usadas por los gauchos.

nazareno, na. I. ADJ. **1.** Natural de Nazaret. U. t. c. s. || **2.** Perteneciente o relativo a esta ciudad de Galilea. || **3.** Se dice de la imagen de Jesucristo vestida con un ropón morado. U. t. c. s. || **4.** Que profesa la fe de Cristo. U. t. c. s. || **5.** Se decía del hebreo que se consagraba particularmente al culto de Dios, no bebía licor alguno que pudiera embriagar, y no se cortaba la barba ni el cabello. U. t. c. s. || II. M. **6.** Penitente que en las procesiones de Semana Santa va vestido con túnica, por lo común morada. || **el Nazareno.** M. por antonom. **Jesucristo.**

nazarí. ADJ. **1.** hist. Se dice de los descendientes de Yúsuf ben Názar, fundador de la dinastía musulmana que reinó en Granada desde el siglo XIII al XV. U. t. c. s. m. y m. en pl. || **2.** hist. Perteneciente o relativo a esta dinastía. *Arte nazarí.* ¶ MORF. pl. **nazaríes** o **nazarís.**

nazarita. ADJ. hist. **nazarí.** Apl. a pers., u. t. c. s.

nazi. ADJ. **nacionalsocialista.** Apl. a pers., u. t. c. s.

nazismo. M. **nacionalsocialismo.**

nea. F. **enea.**

nébeda. F. Planta herbácea de la familia de las Labiadas, con tallos torcidos, velludos y ramosos, de cuatro a seis decímetros de longitud, hojas pecioladas, rugosas, ovales, aserradas por el margen, vellosas, de color verdinegro por encima y blanquecino por debajo; flores blancas o purpurinas en racimos colgantes, y fruto seco y capsular. Su olor y sabor son parecidos a los de la menta, y tiene las mismas propiedades excitantes.

neblí. M. Ave de rapiña que mide 24 cm desde el pico hasta la extremidad de la cola y 60 de envergadura. Tiene plumaje pardo azulado en el lomo, blanco con manchas grises en el vientre y pardo en la cola, que termina con una banda negra de borde blanco, pico azulado y pies amarillos. Por su valor y rápido vuelo era muy estimado para la caza de cetrería. MORF. pl. **neblíes** o **neblís.**

neblina. F. Niebla poco espesa y baja.

neblinear. INTR. IMPERS. *Chile.* **lloviznar.**

neblinero. M. *Chile.* Dispositivo luminoso apto para combatir la falta de visibilidad que produce la neblina.

neblinoso, sa. ADJ. Dicho del día o de la atmósfera: En que abunda y es baja la niebla.

neblumo. M. **esmog.**

nebrina. F. Fruto del enebro.

nebrisense. ADJ. **lebrijano.** Apl. a pers., u. t. c. s.

nebular. ADJ. Perteneciente o relativo a las nebulosas. *Hipótesis nebular. Anillo nebular.*

nebulizador, ra. I. ADJ. **1.** Que nebuliza. *Equipo nebulizador.* || II. M. **2.** Aparato para nebulizar.

nebulizar. TR. Transformar un líquido en partículas finísimas que forman una especie de nubecilla.

nebulosa. F. **1.** Astr. Materia cósmica celeste, luminosa, compuesta de polvo y gas, que ofrece diversas formas, en general de contorno impreciso. || **2.** Á. R. Plata. Estado de incertidumbre, confusión y vaguedad. *Está en una nebulosa. Se me hizo una nebulosa.* || **estar** alguien **en las ~s.** LOC.VERB. Á. *Caribe.* **estar en las nubes.**

nebulosidad. F. **1.** Cualidad de nebuloso. || **2.** Pequeña oscuridad, sombra.

nebuloso, sa. ADJ. **1.** Que abunda en nieblas, o cubierto de ellas. *Parajes nebulosos.* || **2.** Oscurecido por las nubes. *Día nebuloso.* || **3.** Falto de lucidez y claridad. *Percepción nebulosa.* || **4.** Vago, incierto, poco claro. *Es un proyecto un tanto nebuloso.*

necedad. F. **1.** Cualidad de necio. || **2.** Dicho o hecho necio.

necesaria. F. **letrina** (|| retrete).

necesario, ria. ADJ. **1.** Que por fuerza o de manera inevitable ha de ser o suceder. *Necesario desenlace.* || **2.** Que se hace y ejecuta obligado por otra cosa, como opuesto a *voluntario* y *espontáneo.* || **3.** Que hace falta para un fin. *Es necesario reunir más dinero.* || **hacerse el ~.** LOC.VERB. Hacerse de rogar, o, afectando celo, lograr ser considerado indispensable. □ V. **cooperador ~.**

neceser. M. Caja o estuche con objetos de tocador, costura, etc.

necesidad. F. **1.** Impulso irresistible que hace que las causas obren infaliblemente en cierto sentido. || **2.** Aquello a lo cual es imposible sustraerse, faltar o resistir. || **3.** Carencia de las cosas que hacen falta para la conservación de la vida. *Tiene mucha necesidad.* || **4.** Falta continuada de alimento que hace desfallecer. || **5.** Especial riesgo o peligro que se padece, y en que se necesita pronto auxilio. U. m. en pl. || **~ de medio.** F. *Rel.* Precisión absoluta de algo, sin lo cual no se puede conseguir la salvación. *El bautismo es necesario con necesidad de medio.* || **~ de precepto.** F. *Rel.* Obligación fundada en una ley eclesiástica, cuyo cumplimiento es conducente, pero no indispensable, a la salvación. || **~ extrema.** F. Estado en que ciertamente perderá alguien la vida si no es auxiliado o no sale de él. || **~ grave.** F. *Rel.* Estado en que alguien está expuesto a peligro de perder la vida temporal o eterna. || **~ grave espiritual.** F. *Rel.* **necesidad** grave con peligro de perder la vida eterna. || **~ mayor.** F. Evacuación de excrementos. U. m. en pl. || **~ menor.** F. Evacuación de orina. U. m. en pl. || **de ~.** LOC.ADV. Con o por **necesidad.** *Herida mortal de necesidad.* || **de primera ~.** LOC.ADJ. Dicho de una cosa: De la que no se puede prescindir. || **hacer de la ~ virtud.** LOC.VERB. **1.** Afectar que se ejecuta de buena gana y voluntariamente lo que por precisión se había de hacer. || **2.** Tolerar con ánimo constante y conforme lo que no se puede evitar. || **obedecer a la ~.** LOC.VERB. Obrar como exigen las circunstancias. || **por ~.** LOC.ADV. Por un motivo o causa irresistible. *No lo compró por lujo, sino por necesidad.* □ V. **artículo de primera ~, estado de ~.**

necesitado, da. PART. de **necesitar.** || ADJ. Que carece de lo necesario para vivir. Apl. a pers., u. t. c. s.

necesitar. TR. Tener precisión o necesidad de alguien o algo. *El reloj necesita una reparación.* U. t. c. intr. *Necesita mucho DE comprensión.*

necio, cia. ADJ. **1.** Ignorante y que no sabe lo que podía o debía saber. U. t. c. s. || **2.** Imprudente o falto de razón. U. t. c. s. || **3.** Terco y obstinado en lo que hace o dice. U. t. c. s. || **4.** Dicho de una cosa: Ejecutada con ignorancia, imprudencia o presunción. *Una respuesta necia.*

nécora. F. Decápodo braquiuro, cangrejo de mar, de cuerpo liso y elíptico.

necrofagia. F. Acción de comer cadáveres o carroña.

necrófago, ga. ADJ. Que se alimenta de cadáveres. *Aves necrófagas.*

necrofilia. F. **1.** Atracción por la muerte o por alguno de sus aspectos. || **2.** Perversión sexual de quien trata de obtener el placer erótico con cadáveres.

necrofílico, ca. ADJ. **necrófilo.**

necrófilo, la. ADJ. **1.** Perteneciente o relativo a la necrofilia. *Impulsos necrófilos.* || **2.** Que siente o padece necrofilia. *Un asesino necrófilo.* U. t. c. s.

necrología. F. Noticia comentada acerca de una persona muerta hace poco tiempo.

necrológico, ca. ADJ. Perteneciente o relativo a la necrología.

necromancia o **necromancía.** F. Adivinación por evocación de los muertos.

necrópolis. F. Cementerio de gran extensión, en que abundan los monumentos fúnebres.

necropsia. F. *Med.* autopsia.

necrópsico, ca. ADJ. *Med.* Perteneciente o relativo a la necropsia.

necrosar. TR. *Biol.* Producir necrosis. U. t. c. prnl.

necrosis. F. *Biol.* Degeneración de un tejido por muerte de sus células.

necrótico, ca. ADJ. *Biol.* Perteneciente o relativo a la necrosis.

néctar. M. **1.** *Mit.* Licor suavísimo que estaba destinado al uso y regalo de los dioses. ‖ **2.** Licor deliciosamente suave y gustoso. ‖ **3.** *Bot.* Jugo azucarado, producido por los nectarios, que chupan las abejas y otros insectos.

nectarina. F. Fruta que resulta del injerto de ciruelo y melocotonero.

nectario. M. *Bot.* Glándula de las flores de ciertas plantas que segrega un jugo azucarado.

necton. M. *Biol.* Conjunto de organismos acuáticos que, como los peces, son capaces de desplazarse, a diferencia de los planctónicos.

neerlandés, sa. I. ADJ. **1.** Natural de los Países Bajos. U. t. c. s. ‖ **2.** Perteneciente o relativo a este país de Europa. ‖ **II.** M. **3.** Lengua germánica hablada por los habitantes de la región europea de los Países Bajos, de la cual son dialectos el flamenco y el holandés.

nefando, da. ADJ. Indigno, torpe, de que no se puede hablar sin repugnancia u horror. *Crimen nefando.* ☐ V. **pecado ~.**

nefario, ria. ADJ. Sumamente malvado, impío e indigno del trato humano.

nefasto, ta. ADJ. **1.** Dicho de un día o de cualquier otra división del tiempo: Tristes, funestos, ominosos. ‖ **2.** Desgraciado o detestable. *Nefasto gobernante. Nefasto matrimonio.*

nefelibata. ADJ. Dicho de una persona: Soñadora, que no se apercibe de la realidad. U. t. c. s.

nefrectomía. F. *Med.* Extirpación quirúrgica del riñón.

nefrítico, ca. ADJ. **1.** *Med.* renal. *Absceso nefrítico.* ‖ **2.** Que padece nefritis. U. t. c. s. ☐ V. **cólico ~, dolor ~.**

nefritis. F. *Med.* Inflamación de los riñones.

nefrología. F. Rama de la medicina que se ocupa del riñón y de sus enfermedades.

nefrológico, ca. ADJ. *Med.* Perteneciente o relativo a la nefrología.

nefrólogo, ga. M. y F. Persona especializada en nefrología.

nefropatía. F. *Med.* Afección renal.

nefrosis. F. *Med.* Enfermedad degenerativa del riñón.

nefrótico, ca. ADJ. **1.** *Med.* Perteneciente o relativo a la nefrosis. *Síndrome nefrótico.* ‖ **2.** Que padece nefrosis. U. t. c. s.

negación. F. **1.** Acción y efecto de negar. ‖ **2.** Carencia o falta total de algo. ‖ **3.** *Gram.* Categoría semántica a la que pertenecen ciertas voces que sirven para negar. ‖ **4.** *Gram.* Estas mismas voces.

negado, da. PART. de **negar.** ‖ ADJ. Incapaz o totalmente inepto para algo. U. t. c. s.

negador, ra. ADJ. Que niega. Apl. a pers., u. t. c. s.

negar. I. TR. **1.** Decir que algo no existe, no es verdad o no es como alguien cree o afirma. *No niegan la divinidad.* ‖ **2.** Decir que no a lo que se pretende o se pide, o no concederlo. *Le negó el permiso.* ‖ **3.** Prohibir o vedar, impedir o estorbar. *Han negado el paso por el sendero.* ‖ **4.** Desdeñar, esquivar algo o no reconocerlo como propio. *El motociclista niega su responsabilidad en el accidente.* ‖ **II.** PRNL. **5.** Excusarse de hacer algo, o repugnar el introducirse o mezclarse en ello. *Me niego a participar en esa turbia maniobra.* ¶ MORF. conjug. c. *acertar.* ‖ **~se alguien a sí mismo.** LOC. VERB. No ceder a sus deseos y apetitos, sujetándose enteramente a la ley, y gobernándose, no por su juicio, sino por el dictamen ajeno conforme a la doctrina del Evangelio.

negativa. F. **1.** Negación o denegación, o lo que la contiene. ‖ **2.** Repulsa o no concesión de lo que se pide.

negatividad. F. Cualidad de **negativo** (‖ pesimista).

negativo, va. ADJ. **1.** Que incluye o contiene negación o contradicción. *Respuesta negativa.* ‖ **2.** Perteneciente o relativo a la negación. *Características negativas.* ‖ **3.** **pesimista** (‖ que propende a ver y juzgar por el lado más desfavorable). ‖ **4.** Dicho de una imagen fotográfica, radiográfica, etc.: Que ofrece invertidos los claros y oscuros, o los colores complementarios, de aquello que reproduce. U. t. c. s. m. ‖ **5.** *Fís.* Opuesto a positivo, en una determinada convención. *Carga negativa.* ‖ **6.** *Mat.* Que tiene valor menor que cero o está precedido por el signo (–). ☐ V. **cantidad ~, polo ~, precepto ~, prueba ~, punto ~, signo ~, término ~.**

negligencia. F. **1.** Descuido, falta de cuidado. ‖ **2.** Falta de aplicación.

negligente. ADJ. **1. descuidado.** *Trabaja muy mal; es muy negligente.* Apl. a pers., u. t. c. s. ‖ **2.** Falto de aplicación. *Es negligente en sus estudios.* Apl. a pers., u. t. c. s.

negociación. F. **1.** Acción y efecto de negociar. ‖ *Der.* Conjunto de tratos dirigidos a la conclusión de un convenio o pacto. ‖ **~ colectiva.** F. *Der.* La que llevan a cabo los sindicatos de trabajadores y los empresarios para la determinación de las condiciones de trabajo y que, normalmente, desemboca en un convenio colectivo.

negociado. M. **1.** Cada una de las dependencias donde, en una organización administrativa, se despachan determinadas clases de asuntos. ‖ **2.** *Am. Mer.* Negocio ilícito que toma carácter público. ☐ V. **jefe de ~.**

negociador, ra. ADJ. **1.** Que negocia. *Equipo negociador.* Apl. a pers., u. t. c. s. ‖ **2.** Perteneciente o relativo a la negociación. *Habilidad negociadora.*

negociante. ADJ. Que negocia. Apl. a pers., u. m. c. s.

negociar. I. INTR. **1.** Tratar asuntos públicos o privados procurando su mejor logro. U. t. c. tr. ‖ **2.** Tratar y comerciar, comprando y vendiendo o cambiando géneros, mercancías o valores para aumentar el caudal. ‖ **3.** Tratar por la vía diplomática, de potencia a potencia, un asunto, como un tratado de alianza, de comercio, etc. U. t. c. tr. ‖ **II.** TR. **4.** Ajustar el traspaso, cesión o endoso de un vale, de un efecto o de una letra. ‖ **5.** Descontar valores. ¶ MORF. conjug. c. *anunciar.*

negocio. M. **1.** Ocupación, quehacer o trabajo. *¿Qué negocios se trae entre manos?* ‖ **2.** Cosa que es objeto o materia de una ocupación lucrativa o de interés. *Montaron un negocio de cría de aves.* ‖ **3.** Acción y efecto de negociar. *Se dedica a hacer negocios.* ‖ **4.** Utilidad o interés que se logra en lo que se trata, comercia o pretende. *La* *venta de su casa fue un buen negocio.* ‖ **5.** Local en que se negocia o comercia. *Han abierto en mi barrio un negocio de aparatos electrodomésticos.* ‖ **~ jurídico.** M. *Der.* Declaración de voluntad de una o más personas a la que la ley reconoce efectos jurídicos. ‖ **~ redondo.** M. coloq. El muy ventajoso y que sale a medida del deseo. ‖ **hacer** alguien **~.** LOC.VERB. coloq. Obtener provecho o lucro. □ V. **banco de ~s, encargado de ~s.**

negra. F. *Mús.* Nota cuya duración es la mitad de una blanca.

negral. □ V. **pino ~, roble ~.**

negrear. I. INTR. **1.** Mostrar color negro o negruzco. ‖ **2.** Ennegrecerse, tirar a negro. ‖ **II.** TR. **3.** *Á. Caribe.* menospreciar (‖ tener en menos). *Te negrearon; no te invitaron a la fiesta.*

negrecer. INTR. Ponerse negro. U. t. c. prnl. MORF. conjug. c. *agradecer.*

negrería. F. Conjunto o muchedumbre de personas de raza negra, y especialmente de las dedicadas al cultivo de las haciendas del Perú.

negrero, ra. I. ADJ. **1.** Dedicado a la trata de negros. Apl. a pers., u. t. c. s. ‖ **II.** M. y F. **2.** despect. coloq. Persona que trata con crueldad a sus subordinados o los explota.

negrilla. F. **1.** Hongo microscópico, con el talo formado por filamentos ramificados, que vive parásito en las hojas del olivo y de otras plantas. ‖ **2. letra negrilla.**

negrillo. M. **1.** olmo. ‖ **2.** *Am.* Mena de plata cuprífera cuyo color es muy oscuro.

negrismo. M. Movimiento literario antillano de los primeros decenios del siglo XX, caracterizado por el interés en las manifestaciones culturales de los negros.

negrita. F. letra negrilla. □ V. **letra ~.**

negrito. M. Pájaro de la isla de Cuba de color negro intenso, con algunas plumas blancas en las alas, y a veces encima de los ojos. Su canto es melodioso.

negritud. F. **1.** Conjunto de características sociales y culturales atribuidas a la raza negra. ‖ **2.** Movimiento literario en lengua francesa que se desarrolló a partir del segundo tercio del siglo XX.

negro, gra. I. ADJ. **1.** Se dice del aspecto de un cuerpo cuya superficie no refleja ninguna radiación visible. ‖ **2.** Se dice de la ausencia de todo color. U. m. c. s. m. ‖ **3.** Dicho de una persona: Cuya piel es de color negro. U. t. c. s. ‖ **4.** Que es o se considera propio de los grupos étnicos caracterizados por este color de piel. *Música negra. Arte negro.* ‖ **5.** Moreno, o que no tiene la blancura que le corresponde. *Pan negro.* ‖ **6.** Oscuro u oscurecido y deslucido, o que ha perdido o mudado el color que le corresponde. *Está negro el cielo. Están negras las nubes.* ‖ **7.** Clandestino, ilegal. *Dinero negro.* ‖ **8.** Muy sucio. *La camisa está negra.* ‖ **9.** Dicho de la novela o del cine: Que se desarrollan en un ambiente criminal y violento. ‖ **10.** De tabaco negro. *Cigarrillo negro.* U. t. c. s. m. *Siempre fuma negro.* ‖ **11.** Sumamente triste y melancólico. *Pensamientos negros.* ‖ **12.** Infeliz, infausto y desventurado. *Negros augurios.* ‖ **13.** coloq. Tostado o bronceado por el sol. ‖ **14.** coloq. Muy enfadado o irritado. *Se puso negro.* ¶ MORF. sup. irreg. **nigérrimo.** ‖ **II.** M. y F. **15.** *Am.* Se usa como voz de cariño entre casados, novios o personas que se quieren bien. ‖ **III.** M. **16.** Persona que trabaja anónimamente para lucimiento y provecho de otro, especialmente en trabajos literarios. ‖ **negro animal.** M. **carbón animal.** ‖ **negro de humo.** M. Polvo

que se recoge de los humos de materias resinosas y se emplea en la confección de algunas tintas, en el betún para el calzado y en otras preparaciones. ‖ **negro de la uña.** M. Lo mínimo de cualquier cosa. ‖ **estar ~** un asunto. LOC.VERB. coloq. Tener mal cariz. ‖ **negro sobre blanco.** LOC.ADV. Por escrito o impreso en papel. ‖ **no somos ~s.** EXPR. coloq. Se usa para reprender a quien trata a otros de manera desconsiderada y áspera. ‖ **pasarlas ~s.** LOC.VERB. coloq. Encontrarse en una situación difícil, dolorosa o comprometida. ‖ **ponerse ~** un asunto. LOC.VERB. coloq. Tomar mal cariz. ‖ **sacar lo que el ~ del sermón.** LOC.VERB. Sacar poco provecho de escuchar o leer algo que no se entiende. ‖ **trabajar más que un ~,** o **como un ~.** LOCS.VERBS. coloqs. Trabajar mucho. ‖ **verse** alguien **~ para** hacer algo. LOC.VERB. coloq. Tener mucha dificultad para realizarlo. □ V. **aguas ~s, agujero ~, álamo ~, arma ~, azúcar ~, bandera ~, beleño ~, bestia ~, bilis ~, buitre ~, caja ~, calor ~, cigüeña ~, copión en blanco y negro, cuerpo ~, eléboro ~, escopeta ~, espada ~, espino ~, espiritual ~, estepa ~, estornino ~, fletán ~, garbanzo ~, humor ~, jamón de pata ~, jara ~, leyenda ~, lista ~, luz ~, magia ~, marea ~, mercado ~, merienda de negros, misa ~, morera ~, mostaza ~, nueza ~, oreja de negro, oso ~, oveja ~, pantera ~, papa negro, pata ~, pato ~, pez negra, pimienta ~, pino ~, pozo ~, punto ~, retama ~, roble ~, sangre ~, tabaco ~, té ~, tierra ~, vómito ~.**

negroide. ADJ. Que presenta alguno de los caracteres de la raza negra o de su cultura. Apl. a pers., u. t. c. s.

negror. M. Cualidad de negro.

negrura. F. Cualidad de negro.

negruzco, ca. ADJ. De color moreno, algo negro. *Árboles negruzcos.*

neguilla. F. **1.** Planta herbácea anual, de la familia de las Cariofiláceas, vellosa, fosforescente, con tallo ramoso de seis a ocho decímetros de altura, hojas lineales y agudas, flores rojizas terminales y solitarias, y fruto capsular con muchas semillas negras, menudas, angulosas y ásperas. Es muy abundante en los sembrados. ‖ **2.** Semilla de esta planta.

neguillón. M. **neguilla** (‖ planta).

negundo. M. Árbol de la familia de las Aceráceas, pariente del arce, pero con las flores dioicas y sin pétalos; coloración verde, excepto la variedad abigarrada, que es verde clara y blanquecina. Se cultiva como adorno de los paseos y en jardines.

negus. M. Emperador de Abisinia, país de África.

neibero, ra. ADJ. **1.** Natural de Bahoruco, provincia de la República Dominicana, o de Neiba, su capital. U. t. c. s. ‖ **2.** Perteneciente o relativo a esta provincia o a su capital.

neis. M. gneis. MORF. pl. **neises.**

néisico, ca. ADJ. gnéisico.

neivano, na. ADJ. **1.** Natural de Neiva. U. t. c. s. ‖ **2.** Perteneciente o relativo a esta ciudad de Colombia, capital del departamento de Huila.

nejayote. M. *Méx.* Agua amarillenta en que se ha cocido el maíz.

nelumbo. M. Planta ninfeácea, de flores blancas o amarillas y de hojas aovadas.

nema. F. Cierre o sello de una carta.

nematelminto. ADJ. *Zool.* Se dice de los gusanos de cuerpo fusiforme o cilíndrico y no segmentado, desprovistos de apéndices locomotores, que en su mayoría son parásitos de otros animales; p. ej., la filaria y los oxiuros. U. m. c. s. m. ORTOGR. En m. pl., escr. con may. inicial c. taxón en desuso. *Los Nematelmintos.*

nematodo. ADJ. *Zool.* Se dice de los gusanos nematelmintos que tienen aparato digestivo, el cual consiste en un tubo recto que se extiende a lo largo del cuerpo, entre la boca y el ano. U. m. c. s. m. ORTOGR. En m. pl., escr. con may. inicial c. taxón. *Los Nematodos.*

nemeo, a. ADJ. **1.** hist. Natural de Nemea. U. t. c. s. ‖ **2.** hist. Perteneciente o relativo a esta ciudad de la Grecia antigua. ‖ **3.** hist. Se dice de los juegos que se celebraban en Nemea en honor de Heracles, por haber matado al león que hostigaba la ciudad.

némine discrepante. (Locución latina). LOC.ADV. **1.** Sin contradicción, discordia ni oposición alguna. ‖ **2.** Por unanimidad.

nemónica. F. **mnemotecnia.**

nemónico, ca. ADJ. **mnemónico.**

nemoroso, sa. ADJ. **1.** poét. Perteneciente o relativo al bosque. *Vastedad nemorosa.* ‖ **2.** poét. Cubierto de bosques. *Laderas nemorosas.*

nemotecnia. F. **mnemotecnia.**

nemotécnico, ca. ADJ. **mnemotécnico.**

nene, na. M. y F. **1.** coloq. Niño de corta edad. ‖ **2.** coloq. Se usa como expresión de cariño para personas de más edad.

nenúfar. M. **1.** Planta acuática de la familia de las Ninfeáceas, con rizoma largo, nudoso y feculento, hojas enteras, casi redondas, de pecíolo central y tan largo que, saliendo del rizoma, llega a la superficie del agua, donde flota la hoja; flores blancas, terminales y solitarias, y fruto globoso, capsular, con muchas semillas pequeñas, elipsoidales y negruzcas. ‖ **2.** Flor de esta planta. ‖ **~ amarillo.** M. Planta de la misma familia que la anterior, de hojas acorazonadas y flores amarillas.

neo, a. ADJ. **neocatólico** (‖ perteneciente al neocatolicismo).

neocatolicismo. M. Doctrina político-religiosa que aspiraba a restablecer en todo su rigor las tradiciones católicas en la vida social y en el gobierno del Estado.

neocatólico, ca. ADJ. **1.** Perteneciente o relativo al neocatolicismo. *Ideología neocatólica.* ‖ **2.** Partidario del neocatolicismo. U. t. c. s.

neoclasicismo. M. Corriente literaria y artística, dominante en Europa en la segunda mitad del siglo XVIII, la cual aspira a restaurar el gusto y normas del clasicismo.

neoclásico, ca. ADJ. **1.** Perteneciente o relativo al neoclasicismo. *Ideales neoclásicos.* ‖ **2.** Partidario o seguidor del neoclasicismo. U. t. c. s. ‖ **3.** Dicho de un arte o de un estilo modernos: Que tratan de imitar los usados antiguamente en Grecia o en Roma.

neocolonialismo. M. Predominio e influencia económica, cultural, política, etc., sobre los países descolonizados o subdesarrollados en general por parte de antiguas potencias coloniales o de países poderosos.

neodarwinismo. M. *Biol.* Teoría que supone que en la evolución de las especies actúan los procesos de selección propugnados en el darwinismo, más los de mutación y otros factores genéticos concurrentes.

neodimio. M. Elemento químico de núm. atóm. 60. Metal de las tierras raras escaso en la litosfera, se encuentra muy disperso y siempre asociado a otros lantánidos. De color blanco plateado, amarillea al contacto con el aire, y sus sales son de color rosa y fluorescentes. Se usa,

puro o aleado, en metalurgia, y sus óxidos se emplean en la industria del vidrio. (Símb. *Nd*).

neoespartano, na. ADJ. **1.** Natural de Nueva Esparta. U. t. c. s. ‖ **2.** Perteneciente o relativo a este estado de Venezuela.

neofascismo. M. Movimiento político de la segunda mitad del siglo XX, posterior a la Segunda Guerra Mundial, basado en las ideologías fascistas.

neofascista. ADJ. **1.** Perteneciente o relativo al neofascismo. *Ideología neofascista.* ‖ **2.** Partidario de este movimiento.

neófito, ta. M. y F. **1.** Persona recién convertida a una religión. ‖ **2.** Persona recién admitida al estado eclesiástico o religioso. ‖ **3.** Persona adherida recientemente a una causa, o recientemente incorporada a una agrupación o colectividad.

neogranadino, na. ADJ. **1.** hist. Natural de Nueva Granada. U. t. c. s. ‖ **2.** hist. Perteneciente o relativo a este antiguo virreinato, hoy República de Colombia.

neokantiano, na. ADJ. **1.** Perteneciente o relativo al neokantismo. *Idealismo neokantiano.* ‖ **2.** Partidario de él. U. t. c. s.

neokantismo. M. Cada una de las dos escuelas filosóficas que florecieron en Marburgo y Baden, en la segunda mitad del siglo XIX, para renovar el pensamiento de Kant con una orientación predominantemente referida a la teoría del conocimiento.

neolatín. M. **latín moderno.**

neolatino, na. ADJ. Que procede o se deriva de los latinos o de la lengua latina. *Raza neolatina. Idioma neolatino.*

neolector, ra. M. y F. Persona alfabetizada recientemente.

neoleonés, sa. ADJ. **1.** Natural de Nuevo León. U. t. c. s. ‖ **2.** Perteneciente o relativo a este estado de México.

neoliberal. ADJ. **1.** Perteneciente o relativo al neoliberalismo. *Modelo económico neoliberal.* ‖ **2.** Partidario del neoliberalismo. U. t. c. s.

neoliberalismo. M. Teoría política que tiende a reducir al mínimo la intervención del Estado.

neolítico, ca. ADJ. **1.** Se dice del último período de la Edad de Piedra, caracterizado por sus innovaciones en el terreno de la técnica y de la organización económica y social. U. m. c. s. m. ORTOGR. Escr. con may. inicial c. s. ‖ **2.** Perteneciente o relativo a este período. *Herramientas neolíticas.*

neología. F. **1.** *Ling.* Proceso de formación de neologismos. ‖ **2.** *Ling.* Estudio de los neologismos.

neológico, ca. ADJ. *Ling.* Perteneciente o relativo al neologismo.

neologismo. M. **1.** *Ling.* Vocablo, acepción o giro nuevo en una lengua. ‖ **2.** *Ling.* Uso de estos vocablos o giros nuevos.

neón. M. **1.** Elemento químico de núm. atóm. 10. Gas noble escaso en la Tierra, pero muy abundante en el universo, se encuentra en el aire atmosférico y, como todos los elementos de su grupo, es químicamente inactivo. Se usa como gas de llenado de tubos fluorescentes. (Símb. *Ne*). ‖ **2.** Tubo fluorescente que contiene este gas y produce una luz brillante.

neonatal. ADJ. *Med.* Perteneciente o relativo al neonato.

neonato, ta. M. y F. Recién nacido. U. t. c. adj.

neonatología. F. *Med.* Rama de la pediatría que se ocupa de los recién nacidos.

neonatológico, ca. ADJ. *Med.* Perteneciente o relativo a la neonatología.

neonatólogo, ga. M. y F. Pediatra especialista en neonatología.

neonazi. ADJ. **1.** Perteneciente o relativo al neonazismo. *Ideología neonazi.* || **2.** Partidario del neonazismo. U. t. c. s.

neonazismo. M. Movimiento político e ideológico, posterior a la Segunda Guerra Mundial, que reivindica las doctrinas y prácticas del nazismo.

neoplasia. F. **1.** *Med.* Multiplicación o crecimiento anormal de células en un tejido del organismo. || **2.** *Med.* Tumor así formado.

neoplásico, ca. ADJ. *Med.* Perteneciente o relativo a la neoplasia.

neoplatónico, ca. ADJ. **1.** Perteneciente o relativo al neoplatonismo. *Ideal neoplatónico.* || **2.** Que sigue esta doctrina. U. t. c. s.

neoplatonismo. M. Escuela filosófica que floreció principalmente en Alejandría en los primeros siglos de la era cristiana, y cuyas doctrinas eran una renovación de la filosofía platónica bajo la influencia del pensamiento oriental.

neopositivismo. M. Movimiento filosófico contemporáneo que por influencia del círculo de Viena destaca en filosofía la importancia del análisis del lenguaje y de la metodología científica.

neopositivista. ADJ. **1.** Perteneciente o relativo al neopositivismo. *Pensamiento neopositivista.* || **2.** Seguidor del neopositivismo. U. t. c. s.

neopreno. (Del inglés americano *Neoprene,* acrónimo de *neo-* y *propylene;* marca reg.). M. Caucho sintético de gran resistencia mecánica y propiedades aislantes del calor y la oxidación, por lo que tiene usos industriales y en materiales y prendas deportivas.

neotenia. F. *Biol.* Persistencia de caracteres larvarios o juveniles después de haberse alcanzado el estado adulto.

neotestamentario, ria. ADJ. Perteneciente o relativo al Nuevo Testamento.

neoyorquino, na. ADJ. **1.** Natural de Nueva York. U. t. c. s. || **2.** Perteneciente o relativo a esta ciudad de los Estados Unidos de América.

neozelandés, sa. ADJ. **1.** Natural de Nueva Zelanda o Nueva Zelandia. U. t. c. s. || **2.** Perteneciente o relativo a este país de Oceanía.

nepalés, sa. ADJ. **1.** Natural de Nepal. U. t. c. s. || **2.** Perteneciente o relativo a este país de Asia.

nepalí. ADJ. **nepalés.** Apl. a pers., u. t. c. s. MORF. pl. **nepalíes** o **nepalís.**

nepentáceo, a. ADJ. *Bot.* Se dice de los arbustos angiospermos dicotiledóneos, casi todos de Malasia, con hojas esparcidas, cuyos pecíolos, muy ensanchados, se encorvan para formar una especie de pequeño odre al que el limbo foliar sirve de tapa. En este receptáculo hay glándulas secretoras de un líquido que digiere el cuerpo de los insectos y otros animalillos que han penetrado en aquel. U. t. c. s. f. ORTOGR. En f. pl., escr. con may. inicial c. taxón. *Las Nepentáceas.*

nepente. M. *Bot.* Planta tipo de la familia de las Nepentáceas.

neperiano, na. □ V. logaritmo ~, tablillas ~s.

nepote. M. Pariente y privado del papa.

nepotismo. M. Desmedida preferencia que algunos dan a sus parientes para las concesiones o empleos públicos.

nepotista. ADJ. **1.** Perteneciente o relativo al nepotismo. *Prácticas nepotistas.* || **2.** Que practica el nepotismo. U. t. c. s.

neptunio. M. Elemento químico radiactivo de núm. atóm. 93. Metal del grupo de los actínidos, de color blanco plateado, se asemeja al uranio en sus propiedades químicas. Se usa en la industria nuclear y se obtiene artificialmente por bombardeo de uranio con neutrones. (Símb. *Np*).

nereida. F. *Mit.* Cada una de las ninfas que residían en el mar, y eran jóvenes hermosas de medio cuerpo arriba, y peces en lo restante.

neroli o **nerolí.** M. **1.** Producto que se obtiene destilando flores de distintos naranjos, en particular las del naranjo amargo. Se compone de un hidrocarburo y de un líquido oleoso, oxigenado, y se emplea en perfumería. || **2.** Sustancia química que tiene el mismo olor de la esencia natural. ¶ MORF. pl. **nerolis** o **nerolíes** –o **nerolís**–.

nerón. M. Hombre muy cruel.

neroniano, na. ADJ. **1.** hist. Perteneciente o relativo al emperador Nerón. || **2.** Cruel, sanguinario.

nervadura. F. **1.** *Arq.* nervio (|| arco que sirve para formar la bóveda de crucería). || **2.** *Bot.* Conjunto de los nervios de una hoja.

nérveo, a. ADJ. Perteneciente o relativo a los nervios. *Estructura nérvea.*

nervino, na. ADJ. hist. Se decía del remedio que se consideraba útil para curar ciertas enfermedades, dando tono a los nervios y estimulando su acción.

nervio. M. **1.** *Anat.* Conjunto de fibras en forma de cordón blanquecino, que conducen impulsos entre el encéfalo o la médula espinal y otras partes del cuerpo. || **2.** Aponeurosis, o cualquier tendón o tejido blanco, duro y resistente. *Un filete con muchos nervios.* || **3.** Haz fibroso que, en forma de hilo o cordoncillo, corre a lo largo de las hojas de las plantas por su envés, comúnmente sobresaliendo de su superficie. || **4.** Cada una de las cuerdas que se colocan al través en el lomo de un libro para encuadernarlo. || **5.** Saliente en la piel o tela del lomo de un libro, producido por el cordel o bramante. || **6.** Fuerza y vigor. *Ganó a base de nervio.* || **7.** *Arq.* Arco que, cruzándose con otro u otros, sirve para formar la bóveda de crucería. Es elemento característico del estilo gótico. || **8.** *Mar.* Cabo firme en la cara alta de una verga, al cual se asegura la relinga del grátil de una vela por medio de unos cabos delgados llamados envergues. || **9.** *Mec.* Parte que sobresale a lo largo de una pieza para reforzar su resistencia. || **10.** pl. Estado psicológico agitado y tenso de una persona. *Los nervios lo traicionaron en el examen.* || ~ **auditivo.** M. *Anat.* El que desde el oído interno transmite al cerebro las impresiones sonoras. || ~ **ciático.** M. *Anat.* El más grueso del cuerpo, terminación del plexo sacro, que se distribuye en los músculos posteriores del muslo, en los de la pierna y en la piel de este y del pie. || ~ **óptico.** M. *Anat.* El que desde el ojo transmite al cerebro las impresiones luminosas. || ~ **vago.** M. *Anat.* nervio par que nace del bulbo raquídeo e inerva la faringe, el esófago, la laringe, la tráquea, los bronquios, el corazón, el estómago y el hígado. || **alterar los ~s** a alguien. LOC. VERB. coloq. **poner los nervios de punta.** || **alterársele los ~s** a alguien. LOC.VERB. coloq. **ponérsele los nervios de punta.** || **crispar los ~s** a alguien. LOC.VERB. coloq. **poner los nervios de punta.** || **crispársele los ~s** a alguien. LOC.VERB. coloq. **ponérsele los nervios de punta.** ‖ **estar** alguien **de los ~s.** LOC.VERB. **1.** coloq. Padecer algún desequilibrio nervioso. ‖ **2.** coloq. Estar agitado, nervioso. ‖ **perder** alguien **los ~s.** LOC.VERB. coloq. Alterarse, perder la serenidad dando muestras evidentes de ello. ‖ **poner** a alguien **de los ~s.** LOC.VERB. coloq. **poner los nervios de punta.** ‖ **poner** a alguien **los ~s de punta.** LOC.VERB. coloq. Ponerlo muy nervioso, irritado o exasperado. ‖ **ponerse** alguien **de los ~s.** LOC.VERB. coloq. **ponérsele los nervios de punta.** ‖ **ponérsele** a alguien **los ~s de punta.** LOC.VERB. coloq. Ponerse muy nervioso, irritado o exasperado. ‖ **ser** alguien **puro ~,** o **un puro ~.** LOCS.VERBS. coloqs. Ser muy activo e inquieto. □ V. **guerra de ~s.**

nerviosidad. F. **1.** Fuerza y actividad de los nervios. ‖ **2.** nerviosismo.

nerviosismo. M. Estado pasajero de excitación nerviosa.

nervioso, sa. ADJ. **1.** Perteneciente o relativo a los nervios. *Sistema nervioso.* ‖ **2.** Que tiene nervios. *Carne nerviosa.* ‖ **3.** Dicho de una persona o de un animal: Cuyos nervios se excitan fácilmente. ‖ **4.** Dicho de una persona o de un animal: Inquietos e incapaces de permanecer en reposo. □ V. **anorexia ~, bulimia ~, centro ~, fibra ~, ganglio ~, hoja ~, tejido ~.**

nervudo, da. ADJ. **1.** Que tiene muy desarrollados los tendones y músculos. *Brazos nervudos.* ‖ **2.** Fuerte, vigoroso.

nervura. F. Conjunto de las partes salientes que en el lomo de un libro forman los **nervios** (‖ cuerdas para encuadernar).

nesciencia. F. Ignorancia, falta de ciencia.

nesciente. ADJ. Que no sabe.

nesga. F. Tira o pieza de lienzo o paño, cortada en forma triangular, que se añade o entreteje a las ropas o vestidos para darles vuelo o el ancho que necesitan.

nestorianismo. M. hist. Herejía del siglo V difundida por Nestorio, patriarca de Constantinopla, que profesaba la existencia de dos personas en Cristo, separando en Él la naturaleza divina de la humana.

nestoriano, na. ADJ. **1.** hist. Perteneciente o relativo al nestorianismo. ‖ **2.** hist. Partidario de esta doctrina. U. t. c. s.

netáceo, a. ADJ. *Bot.* gnetáceo.

neto, ta. ADJ. **1.** Limpio, puro, claro y bien definido. *Corte neto.* ‖ **2.** Que resulta líquido en cuenta, después de comparar el cargo con la data, o en el precio, después de deducir los gastos. *Importe neto.* ‖ **3.** Dicho del peso de algo: Que resulta después de restar el peso del envase o recipiente en que está contenido. ‖ **en neto.** LOC.ADV. **en limpio** (‖ descontados todos los gastos). □ V. **patrimonio ~, peso ~, producto nacional ~.**

neuma. M. **1.** *Mús.* hist. Notación que se empleaba para escribir la música antes del sistema actual. ‖ **2.** *Mús.* hist. Grupo de notas de adorno con que solían concluir las composiciones musicales de canto gregoriano y que se vocalizaba con solo la última sílaba de la palabra final. U. m. en pl.

neumática. F. *Fís.* Estudio de los gases.

neumático, ca. **I.** ADJ. **1.** Que funciona con aire u otro gas. *Suspensión neumática.* ‖ **II.** M. **2.** Pieza de caucho con cámara de aire o sin ella, que se monta sobre la llanta de una rueda. □ V. **bomba ~, campana ~, máquina ~, martillo ~.**

neumococo. M. *Biol.* Microorganismo de forma semejante al hierro de la lanza, que es el agente patógeno de ciertas pulmonías.

neumoconiosis. F. *Med.* Se usa como nombre para referirse a un género de enfermedades crónicas producidas por la infiltración en el aparato respiratorio del polvo de diversas sustancias minerales, como el carbón, sílice, hierro y calcio. La padecen principalmente mineros, canteros, picapedreros, etc.

neumología. F. *Med.* Estudio o tratado de las enfermedades de los pulmones o de las vías respiratorias en general.

neumológico, ca. ADJ. *Med.* Perteneciente o relativo a la neumología.

neumólogo, ga. M. y F. Persona especializada en neumología.

neumonía. F. *Med.* Inflamación del pulmón o de una parte de él producida generalmente por el neumococo.

neumónico, ca. ADJ. Que padece neumonía. U. t. c. s.

neumonitis. F. *Med.* neumonía.

neumotórax. M. *Med.* Entrada de aire en la cavidad pleural por perforación de la pleura.

neuquino, na. ADJ. **1.** Natural de Neuquén. U. t. c. s. ‖ **2.** Perteneciente o relativo a esta provincia de la Argentina o a su capital.

neura. **I.** ADJ. **1.** coloq. Dicho de una persona: Muy nerviosa, obsesiva y maniática. U. t. c. s. ‖ **II.** F. **2.** coloq. manía (‖ extravagancia). *Tiene muchas fobias y neuras.* ‖ **3.** coloq. nerviosismo. *Siempre que le da la neura, se marcha.*

neural. ADJ. Perteneciente o relativo al sistema nervioso y a las neuronas.

neuralgia. F. **1.** *Med.* Dolor continuo a lo largo de un nervio y de sus ramificaciones, por lo común sin fenómenos inflamatorios. ‖ **2.** *Med.* Dolor de cabeza.

neurálgico, ca. ADJ. **1.** Dicho de un momento, de una situación, de un lugar, etc.: Que se consideran decisivos en un asunto, un problema, una cuestión, etc. ‖ **2.** *Med.* Perteneciente o relativo a la neuralgia. *Dolor neurálgico.* □ V. **punto ~.**

neurastenia. F. *Med.* Trastorno funcional afectivo atribuido a debilidad del sistema nervioso.

neurasténico, ca. ADJ. **1.** *Med.* Perteneciente o relativo a la neurastenia. *Trastorno neurasténico.* ‖ **2.** Que padece neurastenia. U. t. c. s.

neuritis. F. *Med.* Inflamación de un nervio y de sus ramificaciones, generalmente acompañada de dolor, atrofia muscular y otros fenómenos patológicos.

neurobiología. F. Biología del sistema nervioso.

neurobiológico, ca. ADJ. *Biol.* Perteneciente o relativo a la neurobiología.

neurobiólogo, ga. M. y F. Persona especializada en neurobiología.

neurociencia. F. *Biol.* Ciencia que se ocupa del sistema nervioso o de cada uno de sus diversos aspectos y funciones especializadas.

neurocirugía. F. *Med.* Cirugía del sistema nervioso.

neurocirujano, na. M. y F. Persona especializada en neurocirugía.

neurodegenerativo, va. ADJ. *Med.* Perteneciente o relativo a la degradación de las funciones neuronales.

neuroendocrino, na. ADJ. *Med.* Perteneciente o relativo a las influencias nerviosas y endocrinas, y en particular a la interacción entre los sistemas nervioso y endocrino.

neuroendocrinología. F. *Med.* Ciencia que estudia las relaciones entre el sistema nervioso y las glándulas endocrinas.

neuroepidemiología. F. *Med.* Ciencia que estudia las epidemias de enfermedades del sistema nervioso.

neurofisiología. F. *Biol.* Fisiología del sistema nervioso.

neuroglia. F. *Anat.* Conjunto de células provistas de largas prolongaciones ramificadas, que están situadas entre las células y fibras nerviosas, tanto en la sustancia gris como en la blanca, y que, al parecer, desempeñan una función trófica.

neuroléptico, ca. ADJ. *Med.* Que ejerce una acción calmante sobre el sistema nervioso.

neurología. F. *Med.* Estudio del sistema nervioso y de sus enfermedades.

neurológico, ca. ADJ. *Med.* Perteneciente o relativo a la neurología.

neurólogo, ga. M. y F. Persona especializada en neurología.

neuroma. M. *Med.* Tumor más o menos voluminoso, circunscrito y acompañado de intenso dolor, que se forma en el tejido de los nervios.

neurona. F. *Anat.* Célula nerviosa, que generalmente consta de un cuerpo de forma variable y provisto de diversas prolongaciones, una de las cuales, de aspecto filiforme y más larga que las demás, es el axón.

neuronal. ADJ. *Anat.* Perteneciente o relativo a la neurona. □ V. **microcircuito** ~.

neurópata. COM. Persona que padece enfermedades nerviosas, principalmente neurosis.

neuropatía. F. *Med.* Enfermedad del sistema nervioso.

neuróptero. ADJ. *Zool.* Se dice de los insectos con metamorfosis complicadas que tienen boca dispuesta para masticar, cabeza redonda, cuerpo prolongado y no muy consistente, y cuatro alas membranosas y reticulares; p. ej., la hormiga león. U. t. c. s. m. ORTOGR. En m. pl., escr. con may. inicial c. taxón. *Los Neurópteros.*

neurosis. F. *Med.* Alteración funcional del sistema nervioso caracterizada principalmente por inestabilidad emocional.

neurótico, ca. ADJ. 1. *Med.* Perteneciente o relativo a la neurosis. *Síntomas neuróticos.* || 2. Que padece neurosis. U. t. c. s.

neurotomía. F. *Med.* Disección de un nervio.

neurótomo. M. *Med.* Instrumento de dos cortes, largo y estrecho, que principalmente se usa para diseccionar los nervios.

neurotóxico, ca. ADJ. *Biol.* Se dice de las sustancias que inhiben o alteran gravemente las funciones del sistema nervioso.

neurotransmisor, ra. ADJ. *Bioquím.* Dicho de una sustancia, de un producto o de un compuesto: Que transmiten los impulsos nerviosos en la sinapsis. U. t. c. s. m.

neurovegetativo, va. ADJ. 1. *Anat.* Se dice de la parte del sistema nervioso que controla el funcionamiento de las vísceras, glándulas y sus músculos y se divide en los sistemas simpático y parasimpático. || 2. *Anat.* Perteneciente o relativo a este sistema. *Trastorno neurovegetativo.*

neutle. M. *Méx.* pulque.

neutral. ADJ. 1. Que no participa de ninguna de las opciones en conflicto. *Supo mantenerse neutral.* Apl. a pers., u. t. c. s. || 2. Dicho de una nación o de un Estado: Que no toman parte en la guerra movida por otros y se acogen al sistema de obligaciones y derechos inherentes a tal actitud. U. t. c. s.

neutralidad. F. Cualidad o actitud de neutral.

neutralismo. M. Tendencia a permanecer neutral, especialmente en los conflictos internacionales.

neutralista. ADJ. Dicho de una persona o de una entidad: Partidaria del neutralismo. U. t. c. s.

neutralización. F. 1. Acción y efecto de neutralizar o neutralizarse. || 2. *Fon.* Pérdida de una oposición fonológica distintiva en un contexto fónico determinado. || 3. *Ling.* Pérdida de una oposición distintiva morfosintáctica o semántica.

neutralizador, ra. ADJ. Que neutraliza. *Efecto neutralizador de tóxicos.*

neutralizante. ADJ. **neutralizador.**

neutralizar. I. TR. 1. Hacer neutral. U. t. c. prnl. *Los contendientes acabaron por neutralizarse.* || 2. Contrarrestar el efecto de una causa por la concurrencia de otra diferente u opuesta. *Neutralizar la acción del tiempo.* U. t. c. prnl. || 3. Anular, controlar o disminuir la efectividad de algo o de alguien considerados peligrosos. *Neutralizar a un delincuente.* || 4. *Quím.* Hacer neutra una disolución. || II. PRNL. 5. *Fon.* Dicho de una oposición fonológica: Dejar de ser distintiva; p. ej., la oposición *t/d* en español se *neutraliza* en final de sílaba. || 6. *Ling.* Dicho de una oposición morfosintáctica o semántica: Dejar de ser distintiva.

neutrino. M. *Fís.* Partícula subatómica neutra, cuya masa es inapreciable.

neutro, tra. ADJ. 1. Indiferente en política o que se abstiene de intervenir en ella. || 2. *Electr.* Se dice del conductor conectado a tierra. || 3. *Electr.* Dicho de un cuerpo: Que posee cantidades iguales de electricidad positiva y negativa. || 4. *Quím.* Se dice de las moléculas que no se mueven en un campo eléctrico, por no poseer carga o por tenerlas compensadas. || 5. *Quím.* Dicho de un compuesto o de una disolución: Que no tienen carácter ácido ni básico. □ V. **abeja** ~, **elemento** ~, **género** ~.

neutrón. M. *Fís.* Partícula atómica con masa pero sin carga eléctrica. *Neutrones* y protones forman los núcleos atómicos. □ V. **bomba de neutrones.**

neutrónico, ca. ADJ. *Fís.* Perteneciente o relativo al neutrón.

nevada. F. 1. Acción y efecto de nevar. || 2. Porción o cantidad de nieve que ha caído de una vez y sin interrupción.

nevadilla. F. Planta herbácea anual, de la familia de las Cariofiláceas, con tallos tumbados, vellosos, de tres a cuatro decímetros de longitud, hojas elípticas, estrechas y puntiagudas, flores pequeñas, verdosas, en cabezuelas apretadas y ocultas por brácteas anchas, membranosas y plateadas, y fruto seco con una sola semilla de albumen harinoso. Abunda en los lugares áridos; el cocimiento de las flores, con sus brácteas, se suele emplear como refrescante, y toda la planta se ha usado en cataplasmas para curar los panadizos.

nevado, da. PART. de **nevar.** || I. ADJ. 1. Cubierto de nieve. *Carreteras nevadas.* || 2. Blanco como la nieve. *Sienes nevadas.* || II. M. 3. *Am.* Montaña cubierta de nieves perpetuas.

nevar. I. INTR. IMPERS. 1. Caer nieve. || II. TR. 2. Poner blanca una cosa cubriéndola con algo que recuerda a la nieve. *Nevar con azúcar un pastel.* ¶ MORF. conjug. c. *acertar.*

nevasca. F. **1.** Acción de nevar. ‖ **2.** Nieve caída.

nevatilla. F. lavandera.

nevazo. M. **1.** Acción de nevar. ‖ **2.** Nieve caída. ‖ **3.** Nevada intensa.

nevazón. F. *Chile.* Ventisca de nieve.

nevera. F. **1.** Sitio en que se guarda o conserva nieve. ‖ **2. frigorífico** (‖ aparato electrodoméstico para conservar alimentos). ‖ **3.** Frigorífico portátil. ‖ **4.** Pieza o habitación muy fría.

nevería. F. *Méx.* heladería.

nevero. M. **1.** Lugar de las montañas elevadas donde se conserva la nieve todo el año. ‖ **2.** Esta misma nieve.

nevisca. F. Nevada corta de copos menudos.

neviscar. INTR. IMPERS. Nevar ligeramente o en corta cantidad.

neviza. F. *Geol.* Nieve profunda en proceso de transformación en hielo.

nevoso, sa. ADJ. Que frecuentemente tiene nieve. *Cumbre nevosa.*

nevus. M. *Med.* Alteración congénita muy localizada de la pigmentación de la piel, generalmente de color marrón o azulado.

nexo. M. **nudo** (‖ unión, lazo).

ngobe-buglé. ADJ. **1.** Natural de Ngobe-buglé. U. t. c. s. ‖ **2.** Perteneciente o relativo a esta comarca indígena de Panamá. ¶ MORF. pl. **ngobe-buglés.**

ni[1]. CONJ. COPULAT. **1.** Se usa para coordinar de manera aditiva vocablos o frases que denotan negación, precedida o seguida de otra u otras igualmente negativas. *No como ni duermo. Nada hizo ni dejó hacer a los demás. Ni lo sé ni quiero saberlo.* ‖ **2.** En cláusula que empieza con verbo precedido del adverbio *no* y en que se niegan dos o más términos, puede omitirse o expresarse delante del primero. *No descansa de día ni de noche. No descansa ni de día ni de noche.* Si se coloca el verbo al fin de cláusulas como esta, ha de expresarse la conjunción *ni* precediendo a la primera y a las demás negaciones. *Ni de día ni de noche descansa.* ‖ **3. ni** siquiera. Se usa encabezando una oración sin relacionarla con otra o con relación distinta de la copulativa negativa 'y no'. Forma frases que expresan el extremo a que puede llegarse en algo. *Eso no te lo crees ni tú. Ni los más fuertes pudieron resistirlo.* ‖ **4.** Se usa con valor semejante en exclamaciones enérgicas. *¡Ni soñarlo! ¡Ni mucho menos!* ‖ **~ que.** LOC. ADV. coloq. Como si. Se usa ante subjuntivo para negar una suposición. U. m. en frs. excls. *¡Ni que fuera yo tonto!*

ni[2]. F. Decimotercera letra del alfabeto griego (N, ν), que corresponde a *n* del latino.

nibelungo, ga. ADJ. En la mitología germánica, se dice de cada uno de los enanos que custodiaban el tesoro de los burgundios. U. t. c. s.

nicaraguanismo. M. Locución, giro o modo de hablar peculiar de los nicaragüenses.

nicaragüense. ADJ. **1.** Natural de Nicaragua. U. t. c. s. ‖ **2.** Perteneciente o relativo a este país de América.

nicaragüensismo. M. nicaraguanismo.

nicaragüeñismo. M. *Esp.* nicaraguanismo.

niceno, na. ADJ. **1.** hist. Natural de Nicea. U. t. c. s. ‖ **2.** hist. Perteneciente o relativo a esta antigua ciudad de Asia Menor, hoy Iznik, en Turquía.

nicho. M. **1.** Concavidad en el grueso de un muro, para colocar en ella una estatua, un jarrón u otra cosa. ‖ **2.** Concavidad formada para colocar algo; como las construcciones de los cementerios para colocar los cadáveres.

nicociana. F. tabaco (‖ planta solanácea).

nicotina. F. *Quím.* Alcaloide líquido, oleaginoso, incoloro y tóxico, contenido en el tabaco, que pasa de amarillo a pardo en contacto con el aire, desprende vapores muy acres y se disuelve fácilmente en agua o alcohol.

nicotinismo. M. *Med.* Conjunto de trastornos morbosos causados por el abuso del tabaco.

nictagináceo, a. ADJ. *Bot.* Se dice de las hierbas y plantas leñosas angiospermas dicotiledóneas, casi todas originarias de países tropicales, con hojas generalmente opuestas, enteras y pecioladas, flores rodeadas en su base por un involucro de brácteas, que a veces tienen colores vivos, y fruto indehiscente con una sola semilla de albumen amiláceo; p. ej., el dondiego. U. t. c. s. f. ORTOGR. En f. pl., escr. con may. inicial c. taxón. *Las Nictagináceas.*

nictálope. ADJ. Dicho de una persona o de un animal: Que ven mejor de noche que de día. U. t. c. s.

nictitante. ☐ V. **membrana ~.**

nidada. F. **1.** Conjunto de los huevos puestos en el nido. ‖ **2.** Conjunto de los polluelos de una misma puesta mientras están en el nido.

nidal. M. **1.** Lugar señalado donde la gallina u otra ave doméstica va a poner sus huevos. ‖ **2.** Sitio donde alguien acude con frecuencia y le sirve de acogida, o en donde reserva o esconde algo.

nidificar. INTR. Dicho de un ave: Hacer su nido.

nido. M. **1.** Especie de lecho que forman las aves con hierbas, pajas, plumas u otros materiales blandos, para poner sus huevos y criar los pollos. Unas utilizan con tal fin los agujeros de las peñas, ribazos, troncos o edificios; otras lo construyen de ramas, o de barro, o de sustancias gelatinosas, dándole forma cóncava, y lo suspenden de los árboles o lo asientan en ellos, en las rocas o en las paredes, y algunas prefieren el suelo sin otro abrigo que la hierba y la tierra. ‖ **2.** Cavidad, agujero o conjunto de celdillas donde procrean diversos animales. ‖ **3.** Lugar donde ponen las aves. ‖ **4.** Sitio donde se acude con frecuencia. *Nido de amor.* ‖ **5.** En los hospitales y maternidades, lugar donde están los recién nacidos. ‖ **6.** Lugar originario de ciertas cosas inmateriales. *Nido de herejías. Nido de discordias.* ‖ **7.** Lugar donde se juntan personas, animales o cosas despreciables. *Nido de malhechores.* ‖ **~ de abeja.** M. Bordado que se hace sobre una tela fruncida, parecido a las celdas de las abejas. ‖ **~ de ametralladoras.** M. Emplazamiento protegido de esta clase de armas. ☐ V. **cama ~.**

niebla. F. **1.** Nube muy baja, que dificulta más o menos la visión según la concentración de las gotas que la forman. ‖ **2.** Confusión y oscuridad que no deja percibir y apreciar debidamente las cosas o los negocios. ‖ **3.** Hongo oscuro de los cereales. ☐ V. **banco de ~.**

niel. M. Labor en hueco sobre metales preciosos, rellena con un esmalte negro hecho de plata y plomo fundidos con azufre.

nielado. M. Acción y efecto de nielar.

nielar. TR. Adornar con nieles.

nietastro, tra. M. y F. Respecto de una persona, hijo de su hijastro.

nieto, ta. M. y F. Respecto de una persona, hijo de su hijo. ☐ V. **sobrino ~.**

nieve. F. **1.** Agua helada que se desprende de las nubes en cristales sumamente pequeños, los cuales, agrupándose al caer, llegan al suelo en copos blancos. ‖ **2.** Tiempo en que nieva con frecuencia. U. m. en pl. *En tiempo de nieves.* ‖ **3.** nieve caída. ‖ **4.** Suma blancura de cualquier cosa. U. m. en leng. poét. ‖ **5.** *Méx.* helado (‖ refresco o sorbete). ‖ **~ carbónica.** F. Anhídrido carbónico sólido, de color blanco, que, cuando se sublima a la presión atmosférica, mantiene la temperatura de –78,5 °C. Se denomina también hielo seco, y tiene múltiples aplicaciones como refrigerante. ‖ **~s eternas,** o **~s perpetuas.** F. pl. Las que, en la alta montaña, subsisten de un invierno a otro. □ V. **agua de ~, agua ~, bola de ~, cañón de ~, pajarita de las ~s, pozo de ~, punto de ~.**

NIF. (Acrónimo de *N*úmero de *I*dentificación *F*iscal). M. **1.** Código de signos que sirve en España para el control fiscal de cada contribuyente. ‖ **2.** Tarjeta oficial en la que figura este código. *Me han pedido una fotocopia del NIF.* ¶ MORF. pl. invar. *Los NIF.*

nigeriano, na. ADJ. **1.** Natural de Nigeria. U. t. c. s. ‖ **2.** Perteneciente o relativo a este país de África.

nigerino, na. ADJ. **1.** Natural de la República de Níger. U. t. c. s. ‖ **2.** Perteneciente o relativo a este país de África.

nigérrimo, ma. ADJ. SUP. de **negro.**

nigromancia o **nigromancía.** F. **1.** Práctica supersticiosa que pretende adivinar el futuro invocando a los muertos. ‖ **2.** coloq. Magia negra o diabólica.

nigromante. COM. Persona que ejerce la nigromancia.

nigromántico, ca. I. ADJ. **1.** Perteneciente o relativo a la nigromancia. *Ceremonia nigromántica.* ‖ **II.** M. y F. **2.** Persona que ejerce la nigromancia.

nigua. F. Insecto díptero originario de América y muy extendido también en África, parecido a la pulga, pero mucho más pequeño y de trompa más larga. Las hembras fecundadas penetran bajo la piel de los animales y del hombre, principalmente en los pies, y allí depositan la cría, que ocasiona mucha picazón y úlceras graves.

nihilidad. F. Condición o cualidad de no ser nada.

nihilismo. M. **1.** Negación de todo principio religioso, político y social. ‖ **2.** *Fil.* Negación de un fundamento objetivo para el conocimiento y la moral.

nihilista. ADJ. **1.** Perteneciente o relativo al nihilismo. *Una visión nihilista de la vida.* ‖ **2.** Que profesa el nihilismo. U. t. c. s.

níhil óbstat. (Locución latina). M. **1.** Aprobación de la censura eclesiástica católica del contenido doctrinal y moral de un escrito, previa al imprimátur. ‖ **2.** beneplácito. ¶ MORF. pl. invar. *Los níhil óbstat.*

nilón. (Del inglés *Nylon,* marca reg.). M. **nailon.**

nilo-sahariano, na. ADJ. **1.** Se dice de un grupo o familia de lenguas habladas en la zona central de África, entre las que destaca el nubio. U. t. c. s. m. *El nilo-sahariano.* ‖ **2.** Perteneciente o relativo a este grupo o familia de lenguas. *Léxico nilo-sahariano.* ¶ MORF. pl. **nilo-saharianos, nas.**

nimbar. TR. Rodear de nimbo o aureola una figura o imagen.

nimbo. M. **1.** aureola (‖ de las imágenes sagradas). ‖ **2.** *Meteor.* Nube grande, baja y grisácea, portadora de lluvia, nieve o granizo.

nimiedad. F. **1.** Pequeñez, insignificancia. ‖ **2.** Exceso, sobreabundancia. ‖ **3.** Prolijidad, minuciosidad.

nimio, mia. ADJ. **1.** Dicho generalmente de algo no material: Insignificante, sin importancia. *Detalle nimio.* ‖ **2.** Dicho generalmente de algo no material: Excesivo, exagerado. *Trabaja con nimio celo.* ‖ **3.** Prolijo, minucioso, escrupuloso. *Relato nimio.*

ninfa. F. **1.** *Mit.* Cada una de las deidades fabulosas de las aguas, bosques, selvas, etc., llamadas con varios nombres, como dríade, nereida, etc. ‖ **2.** coloq. Joven hermosa. ‖ **3.** *Zool.* En los insectos con metamorfosis sencilla, estado juvenil de menor tamaño que el adulto, con incompleto desarrollo de las alas. ‖ **~ Egeria.** F. Consejero o director de una persona, a quien impulsa de manera sigilosa o poco ostensible. Se dice por alusión a la ninfa que se supone inspiraba a Numa Pompilio sus soluciones.

ninfea. F. **nenúfar.**

ninfeáceo, a. ADJ. *Bot.* Se dice de las plantas angiospermas dicotiledóneas, acuáticas, de rizoma rastrero y carnoso, hojas flotantes, grandes y de pedúnculo largo, flores regulares, terminales, con muchos pétalos en series concéntricas, de colores brillantes, y fruto globoso; p. ej., el nenúfar y el loto. U. t. c. s. f. ORTOGR. En f. pl. escr. con may. inicial c. taxón. *Las Ninfeáceas.*

ninfómana. F. Mujer que padece de ninfomanía.

ninfomanía. F. furor uterino.

ningún. ADJ. INDEF. **ninguno.** U. ante s. m. sing. *Ningún hombre. Ningún tiempo.* U. t. ante s. f. que comience por *a* tónica. *Ningún águila, ningún hacha.*

ningunear. TR. **1.** No hacer caso de alguien, no tomarlo en consideración. ‖ **2.** Menospreciar a alguien.

ninguneo. M. Acción y efecto de ningunear.

ninguno, na. ADJ. INDEF. Ni una sola de las personas o cosas significadas por el sustantivo al que acompaña. El masculino sufre apócope antepuesto al sustantivo. *No había ninguna golondrina. No he tenido ningún problema. No he tenido problema ninguno.* U. m. en sing. U. t. c. pron. *¿Ha venido algún alumno? —No ha venido ninguno. He probado todas las llaves y ninguna funciona.*

ninivita. ADJ. **1.** hist. Natural de Nínive. U. t. c. s. ‖ **2.** hist. Perteneciente o relativo a esta antigua ciudad de Oriente Próximo.

ninot. M. Cada una de las figuras que forman parte de una **falla²**. MORF. pl. **ninots.**

niña. F. Pupila del ojo. ‖ **~s de los ojos.** F. pl. coloq. Persona o cosa del mayor cariño o aprecio de alguien.

niñada. F. Hecho o dicho impropio de la edad adulta, y semejante a lo que suelen hacer los niños.

niñato, ta. ADJ. **1.** despect. Dicho de un joven: Sin experiencia. U. t. c. s. ‖ **2.** despect. Dicho de un joven: Petulante y presuntuoso.

niñería. F. **1.** Acción, especialmente diversión o juego, de niños o propia de ellos. ‖ **2.** Hecho o dicho de poca entidad o sustancia.

niñero, ra. I. ADJ. **1.** Que gusta de niños o de niñerías. ‖ **II.** M. y F. **2.** Persona que trabaja cuidando niños.

niñez. F. Período de la vida humana, que se extiende desde el nacimiento a la pubertad.

niño, ña. I. ADJ. **1.** Que está en la niñez. U. t. c. s. ‖ **2.** Que tiene pocos años. Apl. a pers., u. t. c. s. ‖ **3.** Que tiene poca experiencia. Apl. a pers., u. t. c. s. ‖ **4.** despect. Que obra con poca reflexión y advertencia. Apl. a pers., u. t. c. s. ‖ **II.** M. y F. **5.** afect. Persona que ha pasado de la niñez. U. m. en vocat. ‖ **6.** *Am.* Se usa como tratamiento para dirigirse a personas de más consideración social. U. m. ante n. p. ‖ **III.** F. **7.** *Am. Cen.* Mujer que no ha perdido la virginidad. ‖ **la ~ bonita.** F. Número quince, especialmente en los sorteos. ‖ **~ bien.** M. y F. despect. Joven de familia acomodada un tanto presuntuoso. ‖ **niño de coro.** M. hist. El que en las catedrales y en algunas iglesias canta con otros en las celebraciones litúrgicas. ‖ **Niño de la Bola.** M. El Niño Jesús. ‖ **~ de la calle.** M. y F. Menor, por lo común sin hogar, que vive de la mendicidad. ‖ **~ de la doctrina.** M. y F. niño huérfano que se recoge en un colegio con el fin de criarlo y educarlo hasta que esté en edad de aprender un oficio. ‖ **~ de pecho.** M. y F. **niño de teta.** ‖ **~ de teta.** M. y F. **1.** niño que aún está en la lactancia. ‖ **2.** coloq. niño que es muy inferior en alguna de sus cualidades. ‖ **Niño Jesús.** M. Imagen que representa a Cristo en la niñez. ‖ **como ~ con zapatos nuevos.** EXPR. coloq. Se usa para referirse a la persona muy satisfecha y contenta por algo que acaba de obtener o lograr. ‖ **desde ~.** LOC.ADV. Desde el tiempo de la niñez. ☐ V. **coche de niño, jardín de niños, juego de niños, silla de niño.**

niobio. M. Elemento químico de núm. atóm. 41. Metal escaso en la litosfera, se encuentra en algunos minerales, siempre junto al tantalio. De color gris brillante, blando, dúctil, maleable y resistente a la corrosión. Se usa en la industria nuclear y, aleado con hierro, en metalurgia. (Símb. *Nb*).

nipa. F. **1.** Planta de la familia de las Palmas, de unos tres metros de altura, con tronco recto y nudoso, hojas casi circulares, de un metro aproximadamente de diámetro, partidas en lacinias ensiformes reunidas por los ápices, flores verdosas, separadas las masculinas de las femeninas, pero todas en un mismo pedúnculo, y fruto en drupa aovada, de corteza negruzca, dura por fuera y estoposa por dentro, que cubre una nuez muy consistente. Abunda en las marismas de las islas de la Oceanía intertropical. De sus hojas se hacen tejidos ordinarios, y muy especialmente techumbres para las barracas o casas de caña y tabla de los indígenas. ‖ **2.** Hoja de este árbol. ☐ V. **vino de ~.**

nipis. M. Tela fina casi transparente y de color amarillento, que tejen en Filipinas con las fibras más tenues sacadas de los pecíolos de las hojas del abacá.

nipón, na. ADJ. **1.** Natural del Japón. U. t. c. s. ‖ **2.** Perteneciente o relativo a este país de Asia.

níquel. M. **1.** Elemento químico de núm. atóm. 28. Metal escaso en la litosfera, constituye junto con el hierro el núcleo de la Tierra, y se encuentra nativo en meteoritos y, combinado con azufre y arsénico, en diversos minerales. De color y brillo de plata, duro, tenaz y resistente a la corrosión. Se usa en el recubrimiento de superficies o niquelado, en la fabricación de baterías, y aleado, para fabricar monedas y aceros inoxidables. (Símb. *Ni*). ‖ **2.** *Ant.* Moneda de cinco centavos.

niquelado. M. Acción y efecto de niquelar.

niquelar. TR. Cubrir con un baño de níquel otro metal.

niqui. M. **polo** (‖ prenda de punto).

nirvana. M. En algunas religiones de la India, estado resultante de la liberación de los deseos, de la consciencia individual y de la reencarnación, que se alcanza mediante la meditación y la iluminación.

níscalo. M. Hongo comestible, muy jugoso, que suele hallarse en los pinares y es fácil de distinguir por el color verde oscuro que toma cuando se corta en pedazos.

níspero. M. **1.** Árbol de la familia de las Rosáceas, con tronco tortuoso, delgado y de ramas abiertas y algo espinosas, hojas pecioladas, grandes, elípticas, duras, enteras o dentadas en la mitad superior, verdes por el haz y vellosas por el envés; flores blancas, axilares y casi sentadas, y por fruto la níspola. Es espontáneo, pero también se cultiva. ‖ **2.** Fruto de este árbol. Es aovado, amarillento, rojizo, de unos tres centímetros de diámetro, coronado por las lacinias del cáliz, duro y acerbo cuando se desprende del árbol; blando, pulposo, dulce y comestible cuando está pasado. ‖ **3.** *Am.* **chico zapote.** ‖ **4.** *Á. Caribe.* Árbol de la familia de las Sapotáceas, alto y de madera fina, que tiene corteza suave y frutos de pulpa dulce y aromática. ‖ **5.** *Á. Caribe.* Fruto de este árbol. ‖ **~ del Japón.** M. Arbusto siempre verde, de la familia de las Rosáceas, de uno a dos metros de altura, con hojas ovales, puntiagudas y vellosas por el envés, flores blancas con olor de almendra, y fruto amarillento, casi esférico, de unos tres centímetros de diámetro, con semillas muy gruesas, y de sabor agridulce. Originario del Japón, se cultiva en los jardines y fructifica en el levante y mediodía de España.

níspola. F. **níspero** (‖ fruto).

nistagmo. M. *Med.* Oscilación espasmódica del globo ocular alrededor de su eje horizontal o de su eje vertical, producida por determinados movimientos de la cabeza o del cuerpo y reveladora de ciertas alteraciones patológicas del sistema nervioso o del oído interno.

nitidez. F. Cualidad de nítido.

nítido, da. ADJ. **1.** Que se distingue bien, no confuso. *Contornos nítidos.* ‖ **2.** Limpio, terso, claro, puro, resplandeciente. *El cielo nítido.*

nitración. F. *Quím.* Acción y efecto de nitrar.

nitrar. TR. *Quím.* Introducir en un compuesto orgánico un grupo nitro.

nitrato. M. *Quím.* Sal formada por la combinación del ácido nítrico con una base. ‖ **~ de amonio.** M. *Quím.* Sólido incoloro que forma cristales delicuescentes e higroscópicos, soluble en agua y en alcohol, que se descompone por el calor produciendo gas hilarante. Tiene uso como oxidante y como fundente de metales, y se emplea para la producción de mezclas frigoríficas, fertilizantes y explosivos. ‖ **~ de Chile.** M. *Quím.* Abono natural formado por una mezcla de nitratos y extraído del caliche, que se encuentra en yacimientos situados en la zona desértica del norte de Chile. ‖ **~ de potasio.** M. *Quím.* Sólido cristalino e incoloro, soluble en agua, alcohol y glicerina, de gran poder oxidante. Tiene uso en la fabricación del vidrio, mechas, pólvora y combustibles sólidos para cohetes balísticos, en la elaboración del tabaco, para adobar carnes y como fertilizante. ‖ **~ de sodio.** M. *Quím.* Sólido cristalino higroscópico, que constituye el principal componente del nitrato de Chile, del que se obtiene. Es un oxidante muy enérgico, y tiene uso en la industria del vidrio, en pirotecnia y como fertilizante.

nitrería. F. Sitio o lugar donde se recoge y beneficia el nitro.

nítrico, ca. ADJ. Perteneciente o relativo al nitro o al nitrógeno. ☐ V. **ácido ~.**

nitrito. M. *Quím.* Sal formada por la combinación del ácido nitroso con una base.

nitro. M. **1.** Nitrato de potasio, que se encuentra en forma de agujas o de polvo blanquecino en la superficie de los terrenos húmedos y salados. Cristaliza en prismas casi transparentes, es de sabor fresco, un poco amargo, y, echado al fuego, deflagra con violencia. || **2.** *Quím.* Grupo funcional formado por un átomo de nitrógeno y dos de oxígeno. (Fórm. NO_2). || **~ de Chile.** M. **nitrato de Chile.**

nitrobenceno. M. *Quím.* Derivado nitrado del benceno. Es un líquido oleoso, tóxico, incoloro, ligeramente soluble en agua y muy soluble en alcohol y éter.

nitrocelulosa. F. *Quím.* Derivado nitrado de la celulosa. Según su grado de nitración se produce piroxilina o colodión.

nitrogenado, da. ADJ. Que contiene nitrógeno. *Abonos nitrogenados.* □ V. **base ~.**

nitrógeno. M. **1.** Elemento químico de núm. atóm. 7. Gas abundante en la litosfera, constituye las cuatro quintas partes del aire atmosférico en su forma molecular N_2, y está presente en todos los seres vivos. Inerte, incoloro, inodoro e insípido, se licua a muy baja temperatura. Se usa como refrigerante, en la fabricación de amoníaco, ácido nítrico y sus derivados, explosivos y fertilizantes. (Símb. *N*). || **2.** Gas de este elemento en su forma molecular. (Símb. N_2).

nitroglicerina. F. Líquido aceitoso e inodoro, más pesado que el agua, que se prepara por nitración de la glicerina. Es un explosivo de alta potencia, muy sensible al choque, que, mezclado con un cuerpo absorbente, forma la dinamita. Tiene uso en medicina como vasodilatador de acción inmediata y poco duradera.

nitroso, sa. ADJ. Que tiene nitro o se le parece en alguna de sus propiedades. *Compuestos nitrosos.* □ V. **ácido ~.**

nivel. M. **1.** **horizontalidad.** || **2.** Altura a que llega la superficie de un líquido. *El nivel de la riada.* || **3.** Altura que algo alcanza, o a la que está colocado. || **4.** Medida de una cantidad con referencia a una escala determinada. *Nivel de renta. Nivel de glucosa.* || **5.** Categoría, rango. *Puesto administrativo de alto nivel.* || **6.** Instrumento para averiguar la diferencia o la igualdad de altura entre dos puntos. || **7.** Grado o altura que alcanzan ciertos aspectos de la vida social. *Nivel económico. Nivel de cultura.* || **~ de activación.** M. *Biol.* Grado de excitación no específica de la corteza cerebral que regula la atención. || **~ de agua.** M. Tubo de latón u hojalata, montado sobre un trípode y con encajes en sus extremidades, donde se aseguran otros dos tubos de cristal. Echando agua en el tubo hasta que el líquido suba por los de cristal, la altura que toma en estos determina un plano de nivel. || **~ de vida.** M. Grado de bienestar, principalmente material, alcanzado por la generalidad de los habitantes de un país, los componentes de una clase social, los individuos que ejercen una misma profesión, etc. || **a ~.** LOC.ADV. En un plano horizontal. || **a, ~ al, ~ de.** LOCS.PREPOS. **1.** A la misma altura. *Siempre le baja la tensión a nivel del mar.* || **2.** En el mismo plano o categoría. *Reanudaron las conversaciones a nivel de embajada.* □ V. **curva de ~, línea de ~, paso a ~.**

nivelación. F. Acción y efecto de nivelar.

nivelador, ra. ADJ. Que nivela. Apl. a pers., u. t. c. s.

nivelar. TR. **1.** Poner un plano en la posición horizontal justa. || **2.** Poner a igual altura dos o más cosas materiales. *Nivelar los cuadros en una pared.* || **3.** En la construcción, igualar un terreno o superficie. || **4.** Igualar algo con otra cosa material o inmaterial. *Nivelar el mar-*

cador. U. t. c. prnl. || **5.** *Topogr.* Hallar la diferencia de altura entre dos puntos de un terreno.

níveo, a. ADJ. poét. De nieve, o semejante a ella. *El níveo plumaje de los cisnes.*

nivoso, sa. **I.** ADJ. **1.** Que frecuentemente tiene nieve. *Lugar nivoso.* || **II.** M. **2.** hist. Cuarto mes del calendario francés de la Revolución, cuyos días primero y último coincidían, respectivamente, con el 21 de diciembre y el 19 de enero.

nixtamal. M. *Méx.* Maíz ya cocido en agua de cal, que sirve para hacer tortillas después de molido.

no. **I.** ADV.NEG. **1.** Se usa para negar, principalmente respondiendo a una pregunta. || **2.** Indica la falta de lo significado por el verbo en una frase. *No hay más comida.* || **3.** Denota inexistencia de lo designado por el nombre abstracto al que precede. *La no violencia.* || **4.** Se usa, en sentido interrogativo, para reclamar o pedir contestación afirmativa. *¿No me obedeces?* Se usa también cuando se supone que la respuesta va a ser afirmativa. *¿No ibas a marcharte? —Sí, pero cambié de opinión.* || **5.** Antecede al verbo al que sigue el adverbio *nada* u otro vocablo que expresa negación. *Eso no vale nada. No ha venido nadie.* || **6.** Se usa a veces solamente para avivar la afirmación de la frase a que pertenece, haciendo que la atención se fije en una idea contrapuesta a otra. *Más vale ayunar que no enfermar;* cláusula cuyo sentido no se alteraría omitiendo este adverbio. || **II.** ADV. **7.** Se usa sin valor de negación tras verbos que expresan temor y en oraciones exclamativas. *Temo no vayan a negarme el crédito. ¡Cuánto no lloró!* || **III.** M. **8.** Negativa, denegación. *El no lo dábamos por sabido.* MORF. pl. **noes.** || **a que ~.** LOC. INTERJ. Se usa como reto para dirigirse a alguien, en sentido de que no podrá o no se atreverá a decir o hacer algo. *¡A que no eres capaz de saltar esa tapia!* || **~ bien.** LOC.CONJUNT. Tan pronto como. *No bien amanezca, saldremos de viaje.* || **~ más.** LOC.ADV. **1.** **solamente.** *Me dio cinco pesos no más.* || **2.** Basta de. *No más rogar inútilmente.* || **~ sin.** LOC.PREPOS. **con.** *Sirvió no sin gloria, en la última guerra. No lo dijo sin intención;* esto es, *sirvió con gloria; lo dijo con intención.* || **~ ya.** LOC.ADV. **no** solamente. || **~ pues.** LOC. INTERJ. Se usa para contradecir o deshacer la duda o sentir contrarios, acerca de la determinación o de la opinión que se tiene.

nobel. **I.** M. **1.** Premio otorgado anualmente por la fundación sueca Alfred Nobel como reconocimiento de méritos excepcionales en diversas actividades. ORTOGR. Escr. con may. inicial. MORF. pl. invar. *Los premios Nobel se conceden a personas relevantes.* || **II.** COM. **2.** Persona o institución galardonados con este premio. MORF. pl. **nobeles.** *Al congreso asistieron tres nobeles.*

nobelio. M. Elemento químico radiactivo de núm. atóm. 102. Metal de la serie de los actínidos, se obtiene artificialmente por bombardeo de curio con núcleos de carbono, nitrógeno o boro. (Símb. *No*).

nobiliario, ria. ADJ. **1.** Perteneciente o relativo a la nobleza. *Títulos nobiliarios.* || **2.** Dicho de un libro: Que trata de la nobleza y genealogía de las familias. U. m. c. s. m.

noble. ADJ. **1.** Dicho de una persona: Que por su ilustre nacimiento, por su parentesco o por concesión del soberano posee algún título del reino. U. t. c. s. || **2.** Preclaro, ilustre, generoso. *Amigo noble.* || **3.** Honroso, estimable, como contrapuesto a *deshonroso* y vil. *Noble intención.* || **4.** *Quím.* Dicho de un cuerpo: Químicamente inactivo o difícilmente atacable; p. ej., los gases como el helio y el argón, o los metales como el platino y el oro. □ V. **gas ~, metal ~.**

nobleza. F. **1.** Cualidad de noble. ‖ **2.** Conjunto o cuerpo de los nobles de un Estado o de una región.

noblote, ta. ADJ. coloq. Que procede con nobleza.

nobuk. M. Piel curtida de vaca, con aspecto aterciopelado. MORF. pl. **nobuks.**

nocaut. I. M. **1.** Am. Golpe que deja fuera de combate. ‖ **2.** Am. Derrota por fuera de combate. ¶ MORF. pl. **nocauts.** ‖ **II.** ADV. **3.** Am. **fuera de combate.**

nocharniego, ga. ADJ. Que anda de noche. *Animal nocharniego.*

noche. F. Tiempo en que falta la claridad del día. ‖ **la ~ de los tiempos.** F. Tiempo remoto e impreciso. *Su recuerdo se pierde en la noche de los tiempos.* ‖ **Noche Buena.** F. Nochebuena (‖ noche de la vigilia de Navidad). ‖ **~ cerrada.** F. Espacio de tiempo en que la oscuridad de la noche es total. ‖ **~ de bodas.** F. La del día de la boda. ‖ **Noche Vieja.** F. Nochevieja. ‖ **media ~.** F. medianoche. ‖ **primera ~.** F. Horas primeras de la noche. ‖ **a buenas ~s.** LOC.ADV. coloq. **a oscuras.** *Estaban a buenas noches. Me dejaron a buenas noches.* ‖ **a prima ~.** LOC.ADV. A primera noche. ‖ **ayer ~.** LOC.ADV. **anoche.** ‖ **buenas ~s.** EXPR. coloq. Se usa como salutación y como despedida durante la noche o al irse a acostar. ‖ **como de la ~ al día.** EXPR. **como del día a la noche.** ‖ **de la ~ a la mañana.** LOC.ADV. De pronto, en muy breve espacio de tiempo. ‖ **~.** LOC.ADV. Después del crepúsculo vespertino. ‖ **hacer ~ en alguna parte.** LOC.VERB. Detenerse y parar en un lugar para pasar la noche. ‖ **~ y día.** LOC. ADV. Siempre, continuamente. ‖ **pasar la ~ de claro en claro, o en claro.** LOCS.VERBS. pasar la noche en blanco. ‖ **pasar la ~ en blanco.** LOC.VERB. Pasarla sin dormir. □ V. **dama de ~, dondiego de ~, galán de ~, mesa de ~, mesilla de ~, traje de ~.**

nochebuena. F. **1.** Noche de la vigilia de Navidad. ORTOGR. Escr. con may. inicial. ‖ **2.** Méx. **flor de Nochebuena.** ¶ MORF. pl. **nochebuenas.**

nochecita. F. Á. R. Plata. Crepúsculo vespertino.

nocherniego, ga. ADJ. Que anda de noche. *Estudiante nocherniego.*

nochero, ra. M. y F. Chile. En ciertos trabajos, persona que cumple servicio nocturno.

Nochevieja. F. Última noche del año. MORF. pl. **Nocheviejas.**

nochizo. M. Avellano silvestre.

noción. F. **1.** Conocimiento o idea que se tiene de algo. ‖ **2.** Conocimiento elemental. U. m. en pl. *Solo tiene nociones de música.*

nocional. ADJ. Perteneciente o relativo a la noción.

nocividad. F. Cualidad de nocivo.

nocivo, va. ADJ. Dañoso, pernicioso, perjudicial. *Efectos nocivos para la salud.*

noctambulismo. M. Cualidad de noctámbulo.

noctámbulo, la. ADJ. Que anda vagando durante la noche. Apl. a pers., u. t. c. s.

noctiluca. F. Zool. Protozoo flagelado, marino, de cuerpo voluminoso y esférico y con un solo flagelo, cuyo citoplasma contiene numerosas gotitas de grasa que al oxidarse producen fosforescencia. A la presencia de este flagelado se debe frecuentemente la luminosidad que se observa en las aguas del mar durante la noche.

noctívago, ga. ADJ. poét. Que anda vagando durante la noche. Apl. a pers., u. t. c. s.

nocturnal. ADJ. **nocturno.**

nocturnidad. F. **1.** Cualidad o condición de nocturno. ‖ **2.** Bot. y Zool. Condición de los animales y vegetales nocturnos. ‖ **3.** Der. Circunstancia agravante de responsabilidad, resultante de ejecutarse de noche ciertos delitos.

nocturno, na. I. ADJ. **1.** Perteneciente o relativo a la noche. *Silencio nocturno.* ‖ **2.** Que se hace durante la noche. *Clases nocturnas.* ‖ **3.** Bot. Dicho de una planta: Que tiene abiertas sus flores solo de noche. ‖ **4.** Zool. Dicho de un animal: Que de día está oculto y busca el alimento durante la noche. ‖ **5.** Que anda siempre solo, melancólico y triste. ‖ **II.** M. **6.** Cada una de las tres partes del oficio de maitines, compuesta de antífonas, salmos y lecciones. ‖ **7.** Mús. Pieza de música vocal o instrumental, de melodía dulce, propia para recordar los sentimientos apacibles de una noche tranquila. □ V. **club ~, rapaces nocturnas.**

nodal. ADJ. Perteneciente o relativo al **nodo**[1]. *Puntos nodales.*

nodo[1]. M. **1.** En un esquema o representación gráfica en forma de árbol, cada uno de los puntos de origen de las distintas ramificaciones. ‖ **2.** Astr. Cada uno de los dos puntos opuestos en que la órbita de un astro corta la eclíptica. ‖ **3.** Fís. Cada uno de los puntos que permanecen fijos en un cuerpo vibrante. En una cuerda vibrante son siempre nodos los extremos, y puede haber varios nodos intermedios.

nodo[2]. (Acrónimo de *N*oticiarios y *D*ocumentales, marca reg.). M. hist. En las salas de cine de España entre 1943 y 1981, cortometraje documental que se exhibía antes de la proyección de las películas.

nodriza. F. **1.** ama (‖ mujer que cría una criatura ajena). ‖ **2.** Buque o avión que sirve para abastecer de combustible a otro u otros. U. en apos. *Buque nodriza.*

nodular. ADJ. **1.** Perteneciente o relativo a un nódulo. *Imagen nodular.* ‖ **2.** En forma de nódulo. *Formación nodular.*

nódulo. M. Concreción de poco volumen. ‖ **~ linfático.** M. Concreción de pequeño tamaño y forma esferoidal, constituida por la acumulación de linfocitos, principalmente en el tejido conjuntivo de las mucosas.

Noé. □ V. **arca de ~.**

nogada. F. Salsa hecha de nueces y especias, con que se suelen guisar algunos pescados.

nogal. I. M. **1.** Árbol de la familia de las Yuglandáceas, de unos quince metros de altura, con tronco corto y robusto, del cual salen gruesas y vigorosas ramas para formar una copa grande y redondeada, hojas compuestas de hojuelas ovales, puntiagudas, dentadas, gruesas y de olor aromático, flores blanquecinas de sexos separados, y por fruto la nuez. Su madera es dura, homogénea, de color pardo rojizo, veteada, capaz de hermoso pulimiento y muy apreciada en ebanistería, y el cocimiento de las hojas se usa en medicina como astringente y contra las escrófulas. ‖ **II.** ADJ. **2.** Del color de la madera de este árbol.

nogalina. F. Colorante obtenido de la cáscara de la nuez, usado para pintar imitando el color nogal.

noguera. F. nogal (‖ árbol yuglandáceo).

noli me tángere. (Locución latina). M. Cosa que se considera o se trata como exenta de contradicción o examen. U. t. en sent. irón. MORF. pl. invar. *Los noli me tángere.*

nómada o **nómade.** ADJ. **1.** Que va de un lugar a otro sin establecer una residencia fija. Apl. a pers.,

u. t. c. s. ‖ **2.** Propio o característico de los nómadas. *Cultura nómada.* ‖ **3.** Que está en constante viaje o desplazamiento. *Familia nómada.* Apl. a pers., u. t. c. s. *Este periodista es un nómada.*

nomadismo. M. *Antrop.* Estado social de las épocas primitivas o de los pueblos poco civilizados, consistente en cambiar de lugar con frecuencia.

nomás. I. ADV. M. **1.** *Am.* no más (‖ solamente). ‖ **2.** *Am.* Se usa en oraciones exhortativas, generalmente pospuesto, para añadir énfasis a la expresión. *Pase nomás. Atrévase nomás.* ‖ **II.** ADV. T. **3.** *Am.* Apenas, tan pronto como. *Nomás llegar, salieron a recibirla.*

nombradía. F. Fama, reputación.

nombrado, da. PART. de **nombrar.** ‖ ADJ. Célebre, famoso. *Las tan nombradas murallas.*

nombramiento. M. **1.** Acción y efecto de nombrar. ‖ **2.** Cédula o despacho en que se designa a alguien para un cargo u oficio.

nombrar. TR. **1.** Decir el nombre de alguien o algo. *El profesor nombrará a los asistentes.* ‖ **2.** Elegir o señalar a alguien para un cargo, un empleo u otra cosa. *La nombraron ministra.* ‖ **3.** Hacer mención particular, generalmente honorífica, de alguien o algo. *Lo nombraron hijo adoptivo de la ciudad.*

nombre. M. **1.** Palabra que designa o identifica seres animados o inanimados; p. ej., *hombre, casa, virtud, Caracas.* ‖ **2. nombre propio.** ‖ **3.** Fama, opinión, reputación o crédito. *Su nombre no sufrirá menoscabo.* ‖ **4.** *Gram.* Clase de palabras con género inherente que puede funcionar, sola o con algún artículo o adjetivo, como sujeto de la oración. ‖ **~ abstracto.** M. *Gram.* El que no designa una realidad material; p. ej., *actitud, belleza, movimiento.* ‖ **~ ambiguo.** M. *Gram.* nombre común de cosa que se emplea como masculino o como femenino; p. ej., *el cobaya* y *la cobaya; el mar* y *la mar.* ‖ **~ animado.** M. *Gram.* El que designa personas, animales o seres considerados vivientes; p. ej., *ángel, centauro.* ‖ **~ apelativo.** M. **1.** sobrenombre; p. ej., *El caballero de los Leones.* ‖ **2.** *Gram.* nombre común. ‖ **~ artístico.** M. seudónimo. ‖ **~ colectivo.** M. *Gram.* El que en singular expresa un conjunto homogéneo de cosas, animales o personas; p. ej., *cubertería, ejército, enjambre.* ‖ **~ comercial.** M. Denominación distintiva de un producto o un establecimiento. ‖ **~ común.** M. **1.** *Gram.* El que se aplica a personas, animales o cosas que pertenecen a una misma clase, especie o familia, significando su naturaleza o sus cualidades; p. ej., *naranja* es un nombre común, que se aplica a todos los objetos que poseen las propiedades de forma, color, olor, sabor, etc., que distinguen a una naranja de cualquier otra cosa. ‖ **2.** *Gram.* **nombre común en cuanto al género.** ‖ **~ común en cuanto al género.** M. *Gram.* El que no posee género gramatical determinado y se construye con artículos, adjetivos y pronombres masculinos y femeninos para aludir a personas de sexo masculino y femenino respectivamente; p. ej., *el mártir* y *la mártir; el artista* y *la artista.* ‖ **~ concreto.** M. *Gram.* El que designa seres reales o que nos podemos representar como tales. ‖ **~ contable.** M. *Gram.* El que designa personas, animales o cosas que se pueden contar; p. ej., *caballo, conserje, mesa.* ‖ **~ continuo.** M. *Gram.* **nombre no contable.** ‖ **~ de guerra.** M. Sobrenombre que adopta alguien para realizar una actividad. ‖ **~ de pila.** M. El que se da a la criatura cuando se bautiza o el que se le adjudica por elección para identificarla junto a los apellidos. ‖ **~ discontinuo,** o **~ discreto.** M. *Gram.* **nombre contable.** ‖ **~ epiceno.** M. *Gram.* nombre común perteneciente a la clase de los animados que, con un solo género gramatical, puede designar seres de uno y otro sexo; p. ej., *bebé, lince, pantera, víctima.* ‖ **~ inanimado.** M. *Gram.* El que designa seres carentes de vida animal; p. ej., *roca, árbol.* ‖ **~ no contable.** M. *Gram.* El que designa sustancias, materias y otras nociones que no son contables. ‖ **~ numeral.** M. *Gram.* El que significa número; p. ej., *par, decena, millar.* ‖ **~ postizo.** M. apodo. ‖ **~ propio.** M. *Gram.* El que, sin tener rasgos semánticos inherentes, se aplica a seres animados o inanimados para designarlos; p. ej., *Antonio, Toledo.* ‖ **~ sustantivo.** M. *Gram.* nombre (‖ clase de palabras que puede funcionar como sujeto de la oración). ‖ **mal ~.** M. apodo. ‖ **a ~ de** alguien. LOC. PREPOS. Con destino a alguien. ‖ **en el ~ de** alguien o algo. LOC. PREPOS. En representación suya. ‖ **en el ~ de Dios, de Cristo,** etc. EXPRS. Se usan como fórmula en imprecaciones o invocaciones. ‖ **en ~ de Dios, de Cristo,** etc. LOC. PREPOS. **en el nombre de.** ‖ **en ~ de Dios, de Cristo,** etc. EXPRS. **en el nombre de Dios.** ‖ **no tener ~** algo. LOC. VERB. coloq. Ser tan vituperable que no se quiere o no se puede calificar. ‖ **por ~** fulano. EXPR. Se usa para decir que alguien tiene por nombre o se llama fulano. ▢ V. **alcance de ~, cuestión de ~.**

nomenclador. M. nomenclátor.

nomenclátor. M. Catálogo de nombres de pueblos, de personas o de voces técnicas de una ciencia o facultad. MORF. pl. **nomenclátores.**

nomenclatura. F. **1.** Lista de nombres de personas o cosas. ‖ **2.** Conjunto de las voces técnicas propias de una facultad. *Nomenclatura química.* ‖ **3.** *Ling.* Serie de las voces lematizadas en un diccionario. ‖ **~ biológica.** F. *Bot.* y *Zool.* Conjunto de principios y reglas que se aplican para la denominación inequívoca, única y distintiva de los taxones animales y vegetales.

nomenclatural. ADJ. Perteneciente o relativo a la nomenclatura, en especial a la empleada por los biólogos.

nomeolvides. M. Flor de la raspilla. U. menos c. f.

nómico, ca. ADJ. gnómico.

nómina. F. **1.** Lista o catálogo de nombres de personas o cosas. ‖ **2.** Relación nominal de los individuos que en una oficina pública o particular han de percibir haberes y justificar con su firma haberlos recibido. ‖ **3.** Estos haberes. *Cobrar la nómina.*

nominación. F. Acción y efecto de nominar.

nominador, ra. ADJ. Que nombra para un empleo o comisión. *Autoridad nominadora.* Apl. a pers., u. t. c. s.

nominal. ADJ. **1.** Que tiene nombre de algo y le falta la realidad de ello en todo o en parte. *Sueldo, empleo nominal.* ‖ **2.** *Com.* Dicho de una inscripción o de un título: **nominativos.** ‖ **3.** *Gram.* Perteneciente o relativo al nombre. *Flexión nominal.* ▢ V. **grupo ~, predicado ~, sintagma ~, valor ~, votación ~.**

nominalismo. M. *Fil.* Tendencia a negar la existencia objetiva de los universales, considerándolos como meras convenciones o nombres, en oposición a *realismo* y a *idealismo.*

nominalista. ADJ. **1.** *Fil.* Perteneciente o relativo al nominalismo. *Movimiento nominalista.* ‖ **2.** Partidario de este sistema. U. t. c. s.

nominalización. F. *Ling.* Acción y efecto de nominalizar.

nominalizar. TR. *Gram.* Convertir en nombre o en sintagma nominal una palabra o una porción de discurso cualquiera, mediante algún procedimiento morfológico o sintáctico; p. ej., *goteo* (de *gotear*); *el qué dirán.* U. t. c. prnl.

nominalmente. ADV. M. **1.** Por su nombre o por sus nombres. || **2.** Solo de nombre, y no de manera real o efectiva.

nominar. TR. **1.** Dar nombre a alguien o algo. || **2.** Designar a alguien para un cargo o cometido. || **3.** Presentar o proponer a alguien para un premio.

nominativo, va. **I.** ADJ. **1.** *Com.* Dicho de un título o de una inscripción, del Estado o de una sociedad mercantil: Que han de extenderse a nombre o a favor de alguien y han de seguir teniendo poseedor designado por el nombre, en oposición al que es *al portador.* || **II.** M. **2.** *Gram.* Caso de la declinación que generalmente designa el sujeto del verbo y el atributo, y no lleva preposición. □ V. **cheque ~.**

nomo. M. gnomo.

nomon. M. gnomon.

nomónica. F. gnomónica.

non. ADJ. **impar.** Apl. a un número, u. t. c. s. m. **|| de ~.** LOC. ADJ. Sin pareja, cuando los demás están emparejados. *Juan está de non.* U. t. c. loc. adv.

nona. F. **1.** En el rezo eclesiástico, última de las horas menores, que se dice antes de vísperas. || **2.** hist. Última de las cuatro partes iguales en que dividían los romanos las doce horas de luz diurna, y que comprendía desde el fin de la novena hora, a media tarde, hasta el fin de la duodécima y última, a la puesta del sol. || **3.** pl. hist. En el antiguo cómputo romano y en el eclesiástico, el día 7 de marzo, mayo, julio y octubre, y el 5 de los demás meses.

nonada. F. Cosa de insignificante valor.

nonagenario, ria. ADJ. Dicho de una persona: Que tiene entre 90 y 99 años. U. t. c. s.

nonagésimo, ma. ADJ. **1.** Que sigue inmediatamente en orden al o a lo octogésimo noveno. || **2.** Se dice de cada una de las 90 partes iguales en que se divide un todo. U. t. c. s. m.

nonato, ta. ADJ. **1.** No nacido naturalmente, sino sacado del claustro materno mediante la operación cesárea. *Criatura nonata.* || **2.** Dicho de una cosa: Aún no acaecida o que todavía no existe. *La Constitución española, nonata en 1977.*

nones. ADV. NEG. coloq. Se usa para negar repetidamente algo, o para decir que no, e insistir con pertinacia en este dictamen. *Dijo nones a la oferta.*

noningentésimo, ma. ADJ. **1.** Que sigue inmediatamente en orden al o a lo octingentésimo nonagésimo noveno. || **2.** Se dice de cada una de las 900 partes iguales en que se divide un todo. U. t. c. s. m.

nonius. M. Pieza auxiliar que se superpone a una escala graduada y permite aumentar la precisión de su medida en una cifra decimal.

nono, na. ADJ. **noveno** (|| que sigue en orden al octavo).

non plus ultra. (Locución latina). M. Se usa para ponderar algo, exagerándolo y levantándolo a lo más que puede llegar. MORF. pl. invar. *Los non plus ultra.*

nopal. M. Planta de la familia de las Cactáceas, de unos tres metros de altura, con tallos aplastados, carnosos, formados por una serie de palas ovales de tres a cuatro decímetros de longitud y dos de anchura, erizadas de es-

pinas que representan las hojas; flores grandes, sentadas en el borde de los tallos, con muchos pétalos encarnados o amarillos, y por fruto el higo chumbo. Procedente de México, se ha hecho casi espontáneo en el mediodía de España, donde sirve para formar setos vivos. **|| ~ de la cochinilla.** M. *Méx.* Variedad que se diferencia de la planta anterior por tener muy pocas espinas en las palas, sobre las cuales vive la cochinilla.

nopalera. F. Terreno poblado de nopales.

noque. M. Pequeño estanque o pozuelo en que se ponen a curtir las pieles.

noquear. TR. **1.** *Dep.* En el boxeo, dejar al adversario fuera de combate. || **2.** Dejar sin sentido a alguien con un golpe. || **3.** Derrotar, imponerse sobre alguien rápida o notablemente. *El equipo visitante noqueó al local.*

noray. M. **1.** *Mar.* Poste o cualquier otra cosa que se utiliza para sujetar las amarras de los barcos. || **2.** *Mar.* Amarra que se da en tierra para asegurar la embarcación. ¶ MORF. pl. **noráis** o **norayes.**

norcoreano, na. ADJ. **1.** Natural de Corea del Norte. U. t. c. s. || **2.** Perteneciente o relativo a este país de Asia.

nordeste. M. **noreste.** ORTOGR. Escr. con may. inicial c. punto del horizonte.

nórdico, ca. **I.** ADJ. **1.** Natural de alguno de los pueblos del norte de Europa. U. t. c. s. || **2.** Perteneciente o relativo a estos pueblos. || **II.** M. **3.** Grupo de las lenguas germánicas del norte de Europa, como el noruego, el sueco, el danés y el islandés. □ V. **esquí ~.**

nordista. ADJ. **1.** hist. En la Guerra de Secesión de los Estados Unidos de América, perteneciente o relativo a los Estados Federales del Norte. || **2.** hist. En la Guerra de Secesión de los Estados Unidos de América, partidario de los Estados Federales del Norte. U. t. c. s.

noreste. M. **1.** Punto del horizonte entre el Norte y el Este, a igual distancia de ambos. (Símb. *NE*). ORTOGR. Escr. con may. inicial. || **2.** Región o territorio situado en la parte noreste de un país o de un área geográfica determinada. *Los ríos del noreste de España.* || **3.** Lugar situado al noreste de otro con cuya posición se compara. *Las Bahamas se encuentran al noreste de Cuba.* || **4.** Se usa en aposición para indicar que lo designado por el sustantivo al que se pospone está orientado al Noreste o procede del noreste. *Rumbo, viento noreste.* || **5.** Viento procedente del noreste.

noria. F. **1.** Máquina compuesta de dos grandes ruedas engranadas que, mediante cangilones, sube el agua de los pozos, acequias, etc. || **2.** Pozo formado en forma comúnmente ovalada, del cual se saca el agua con la máquina. || **3.** Artilugio de feria consistente en una gran rueda con asientos que gira verticalmente.

norirlandés, sa. ADJ. **1.** Natural de Irlanda del Norte. U. t. c. s. || **2.** Perteneciente o relativo a este territorio del Reino Unido.

norma. F. **1.** Regla que se debe seguir o a que se deben ajustar las conductas, tareas, actividades, etc. || **2.** *Der.* Precepto jurídico. || **3.** *Ling.* Conjunto de criterios lingüísticos que regulan el uso considerado correcto. || **4.** *Ling.* Variante lingüística que se considera preferible por ser más culta.

normación. F. Acción y efecto de normar.

normal. **I.** ADJ. **1.** Dicho de una cosa: Que se halla en su estado natural. *Temperatura normal del cuerpo.* || **2.** Dicho de una cosa: Que, por su naturaleza, forma o magnitud, se ajusta a ciertas normas fijadas de antemano.

Comportamiento normal. || **3.** Habitual u ordinario. *Una casa normal, no un palacio.* || **4.** *Geom.* Dicho de una línea recta o de un plano: Perpendiculares a otra recta. U. t. c. s. f. || **5.** *Geom.* Se dice de la perpendicular en el punto de contacto al plano o recta tangentes a una superficie o línea curvas. U. t. c. s. f. || **II.** F. **6. escuela normal.** □ V. **condiciones ~es, diapasón ~, escuela ~.**

normalidad. F. Cualidad o condición de normal. *Volver a la normalidad.*

normalista. I. ADJ. **1.** Perteneciente o relativo a la escuela normal. *Educación normalista.* || **II.** COM. **2.** Alumno de una escuela normal. || **3.** *Méx.* Maestro titulado en una escuela normal.

normalización. F. Acción y efecto de normalizar.

normalizar. TR. **1.** Regularizar o poner en orden lo que no lo estaba. *Normalizar los usos tipográficos.* || **2.** Hacer que algo se estabilice en la normalidad. *Normalizar políticamente.* || **3. tipificar** (|| ajustar a un tipo o norma). *Normalizar los criterios.*

normando, da. ADJ. **1.** hist. Se dice de los escandinavos que, desde el siglo IX, incursionaron en varios países de Europa y se establecieron en algunos de ellos. U. t. c. s. || **2.** hist. Perteneciente o relativo a estos pueblos. *Invasiones normandas.* || **3.** Natural de Normandía. U. t. c. s. || **4.** Perteneciente o relativo a esta región de Francia. *Playas normandas.* || **5.** Se dice de la variedad del francés que se habla en el noroeste de Francia. U. t. c. s. m. *El normando.* || **6.** Perteneciente o relativo a esta variedad. *Léxico normando.*

normar. TR. **1.** Dictar normas. || **2.** *Méx.* Sujetar a normas.

normativa. F. Conjunto de normas aplicables a una determinada materia o actividad.

normativización. F. Acción y efecto de normativizar.

normativizar. TR. Dar validez normativa. U. t. c. prnl.

normativo, va. ADJ. Que fija la norma. *Modelo normativo.* □ V. **gramática ~.**

normotenso, sa. ADJ. Que tiene valores normales de tensión sanguínea.

nornordeste. M. **nornoreste.** ORTOGR. Escr. con may. inicial c. punto del horizonte.

nornoreste. M. **1.** Punto del horizonte entre el Norte y el Noreste, a igual distancia de ambos. (Símb. *NNE*). ORTOGR. Escr. con may. inicial. || **2.** Viento procedente del nornoreste.

nornoroeste. M. **1.** Punto del horizonte entre el Norte y el Noreste, a igual distancia de ambos. (Símb. *NNO* o *NNW*). ORTOGR. Escr. con may. inicial. || **2.** Viento procedente del nornoroeste.

noroeste. M. **1.** Punto del horizonte entre el Norte y el Oeste, a igual distancia de ambos. (Símb. *NO* o *NW*). ORTOGR. Escr. con may. inicial. || **2.** Región o territorio situado en la parte noroeste de un país o de un área geográfica determinada. *Las lluvias serán abundantes en el noroeste.* || **3.** Lugar situado al noroeste de otro lugar con cuya posición se compara. *Venezuela está al noroeste de Colombia.* || **4.** Se usa en aposición para indicar que lo designado por el sustantivo al que se pospone está orientado al Noroeste o procede del noroeste. *Cara, viento noroeste.* || **5.** Viento procedente del noroeste.

norsantandereano, na. ADJ. **1.** Natural de Norte de Santander. U. t. c. s. || **2.** Perteneciente o relativo a este departamento de Colombia.

nortada. F. Viento norte fresco que sopla por algún tiempo seguido.

norte. M. **1.** Punto cardinal del horizonte en dirección opuesta a la situación del Sol a mediodía. (Símb. *N*). ORTOGR. Escr. con may. inicial. || **2.** Región o territorio situado en la parte norte de un país o de un área geográfica determinada. *Vivo en el norte de Buenos Aires.* || **3.** Lugar situado al norte de otro con cuya posición se compara. *Guadarrama está al norte de Madrid.* || **4.** Se usa en aposición para indicar que lo designado por el sustantivo al que se pospone está orientado al Norte o procede del norte. *Fachada, viento norte.* || **5.** Viento procedente del norte. || **6.** Guía, punto de referencia. *Mi familia es el norte de mi vida.* || **7.** Meta, objetivo. *Busca el norte de su vocación.* || **~ magnético.** M. Dirección que marca el polo magnético terrestre del mismo nombre. || **perder el ~.** LOC.VERB. desorientarse (|| confundirse). □ V. **abeto del ~, grama del ~, Polo Norte.**

norteafricano, na. ADJ. **1.** Natural del norte de África, especialmente del Magreb. U. t. c. s. || **2.** Perteneciente o relativo a esta parte de África.

norteamericano, na. ADJ. **1.** Natural de América del Norte. U. t. c. s. || **2.** Perteneciente o relativo a esta parte de América. || **3. estadounidense.** Apl. a pers., u. t. c. s.

norteño, ña. ADJ. **1.** Natural del norte de un país. U. t. c. s. || **2.** Perteneciente o relativo al norte. *Frío norteño.* || **3.** Que está situado en la parte norte de un país. *Costa norteña.*

nortino, na. ADJ. *Chile.* Habitante de las provincias del norte. U. t. c. s.

noruego, ga. I. ADJ. **1.** Natural de Noruega. U. t. c. s. || **2.** Perteneciente o relativo a este país de Europa. || **II.** M. **3.** Lengua de Noruega.

nos. PRON. PERSON. **1.** Forma de la 1.ª persona del plural que cumple la función de complemento directo e indirecto. No admite preposición y se puede usar como enclítico. *Nos miró. Míranos.* Las formas verbales de 1.ª persona plural a las que se pospone como enclítico pierden su *s* final; p. ej., *sentémonos.* || **2.** Forma mayestática con referente de 1.ª persona del singular que aplican a sí mismas ciertas personas de muy alta categoría, como el rey, el papa o los obispos. Cumple la función de sujeto, atributo y término de preposición. *Venga a nos el tu reino.* No tiene uso en la actualidad fuera del registro literario y actos solemnes.

nosocomio. M. *Med.* Hospital de enfermos.

nosología. F. Parte de la medicina que tiene por objeto describir, diferenciar y clasificar las enfermedades.

nosológico, ca. ADJ. *Med.* Perteneciente o relativo a la nosología.

nosotros, tras. PRON. PERSON. Formas masculina y femenina de la 1.ª persona del plural que cumplen la función de sujeto, atributo y término de preposición. Por ficción, que el uso autoriza, algunos escritores se aplican el plural, diciendo *nosotros,* en vez de *yo.* || **entre ~.** LOC.ADV. Con confidencialidad entre el hablante y el oyente. *Entre nosotros, esto no me gusta.*

nostalgia. F. **1.** Pena de verse ausente de la patria o de los parientes o amigos. || **2.** Tristeza melancólica originada por el recuerdo de una dicha perdida.

nostálgico, ca. ADJ. **1.** Perteneciente o relativo a la nostalgia. *Evocación nostálgica.* || **2.** Que padece nostalgia. *Se puso nostálgico al visitar su viejo barrio.* U. t. c. s.

nosticismo. M. gnosticismo.

nóstico, ca. ADJ. gnóstico.

nostramo. M. *Mar.* Tratamiento propio de los contramaestres.

nota. F. **1.** Marca o señal que se pone en algo para reconocerlo o para darlo a conocer. || **2.** Observación manuscrita que se hace a un libro o escrito, y que por lo regular se suele poner en los márgenes. || **3.** Advertencia, explicación, comentario o noticia de cualquier clase que en impresos o manuscritos va fuera del texto. || **4.** Apunte que se hace para recordar algo. *Tomar notas de una conferencia.* || **5.** Mensaje breve escrito. || **6.** Papel donde se comunica este mensaje. *Rompió la nota en mil pedazos.* || **7.** Noticia breve de un hecho que aparece en la prensa. || **8. calificación** (|| puntuación obtenida en un examen). || **9.** Calificación alta en una prueba académica. *Aspiro a nota.* || **10. factura** (|| cuenta detallada). || **11.** Comunicación diplomática del Ministerio de Asuntos Exteriores a los representantes extranjeros, o de estos a aquel. || **12.** *Mús.* Cada una de los sonidos en cuanto están producidos por una vibración de frecuencia constante. *El do.* || **13.** *Mús.* Cada uno de los signos que se usan para representar estos sonidos. || **14.** *Á. R. Plata* y *Chile.* Artículo periodístico. || **~ de corte.** F. Calificación mínima exigida para poder ingresar en un centro universitario con número clausus. || **~ de prensa.** F. Comunicado que una institución o una entidad difunde a través de los medios de comunicación. || **~ discordante.** F. **1.** *Mús.* La que desentona en la interpretación de una composición musical. || **2.** coloq. Persona o cosa que rompe la armonía del conjunto. || **~ dominante.** F. **1.** *Mús.* La quinta, contando desde la que da el tono. || **2.** coloq. Característica más destacada en alguien o algo. || **~ marginal.** F. **nota** (|| observación a un libro o escrito). || **~ verbal.** F. Comunicación diplomática, sin firma, sin autoridad obligatoria y sin los requisitos formales ordinarios, que por vía de simple observación o recuerdo se dirigen entre sí el ministro de Asuntos Exteriores y los representantes extranjeros. || **dar la ~.** LOC.VERB. coloq. Desentonar o actuar de manera discordante. || **tomar ~.** LOC.VERB. **1.** Apuntar por escrito algo que debe ser recordado. || **2.** Grabar en la memoria algo que se debe recordar. U. t. c. amenaza.

nota bene. (Locución latina). EXPR. Se usa, especialmente en impresos o manuscritos, para llamar la atención hacia alguna particularidad.

notabilidad. F. **1.** Cualidad de notable. || **2.** Persona muy notable por sus buenas cualidades o por sus méritos.

notable. I. ADJ. **1.** Dicho de una persona: Que destaca por sus cualidades o por su importancia. || **2.** Dicho de una cosa: Grande y sobresaliente, por lo cual se hace reparar en su línea. *Un esfuerzo notable.* || **II.** M. **3.** Calificación usada en los establecimientos de enseñanza, inferior al sobresaliente y superior al aprobado. || **4.** pl. Personas principales en una localidad o en una colectividad. *Reunión de notables.*

notación. F. **1.** Escritura musical. || **2.** Sistema de signos convencionales que se adopta para expresar conceptos matemáticos, físicos, químicos, etc.

notar. TR. **1.** Reparar, observar o advertir. *Noté la preocupación en su rostro.* || **2.** Percibir una sensación o

darse cuenta de ella. *Al entrar en la casa notó olor a cerrado.* || **3.** Señalar algo para que se conozca o se advierta. *Cabe notar el importante desarrollo económico de la región.* || **hacerse** alguien **~.** LOC.VERB. coloq. Hacer algo para llamar la atención.

notaría. F. **1.** Oficio de notario. || **2.** Oficina del notario.

notariado. M. **1.** Carrera, profesión o ejercicio de notario. || **2.** Colectividad de notarios.

notarial. ADJ. **1.** Perteneciente o relativo al notario. *Gastos notariales.* || **2.** Hecho o autorizado por notario. *Documento notarial.* □ V. **acta ~.**

notario, ria. M. y F. Funcionario público facultado para dar fe de los contratos, testamentos y otros actos extrajudiciales, conforme a las leyes.

noticia. F. **1.** Contenido de una comunicación antes desconocida. *Dar noticia de un acuerdo.* || **2.** Hecho divulgado. *Noticia triste.* || **3.** Noción, conocimiento. *No tengo noticia de su llegada.* || **atrasado, da de ~s.** LOC.ADJ. Que ignora lo que saben todos o lo que es muy común. □ V. **boletín de ~s.**

noticiable. ADJ. Digno de ser dado o publicado como noticia. *Suceso noticiable.*

noticiar. TR. Dar noticia o hacer saber algo. MORF. conjug. c. *anunciar.*

noticiario. M. **1.** Programa de radio, cine o televisión en que se dan, generalmente ilustradas, noticias de actualidad. || **2.** Sección de un periódico en la que se dan noticias diversas, generalmente breves.

noticiero, ra. I. ADJ. **1.** Que da noticias. *Periódico noticiero.* || **II.** M. **2.** *Á. Caribe* y *Á. R. Plata.* noticiario (|| programa de radio o de televisión).

notición. M. coloq. Noticia extraordinaria, o poco digna de crédito.

noticioso, sa. I. ADJ. **1.** Perteneciente o relativo a la noticia. *Agencias noticiosas.* || **2.** Sabedor que tiene noticia de algo. || **II.** M. **3.** *Am.* Programa de radio o de televisión en que se transmiten noticias.

notificación. F. **1.** Acción y efecto de notificar. || **2.** Documento en que consta la resolución comunicada.

notificar. TR. **1.** Dar de manera extrajudicial, con propósito cierto, noticia de algo. || **2.** *Der.* Comunicar de manera formal a su destinatario una resolución administrativa o judicial.

notificativo, va. ADJ. Que sirve para notificar. *Escrito notificativo.*

noto. M. austro.

notocordio. M. *Anat.* Cordón celular macizo dispuesto a lo largo del cuerpo de los animales cordados, debajo de la médula espinal, a la que sirve de sostén. Constituye el eje primordial del esqueleto y a su alrededor se forma la columna vertebral en los vertebrados.

notoriedad. F. Cualidad de notorio.

notorio, ria. ADJ. **1.** Público y sabido por todos. *El notorio aumento de los precios.* || **2.** Claro, evidente. *Un ejemplo notorio.*

notro. M. *Chile.* Árbol de la familia de las Proteáceas, de hojas oblongas, flores numerosas de un color rojo vivo, dispuestas en corimbos flojos. Su madera se utiliza para obras de adorno.

nova. F. *Astr.* estrella nova.

novación. F. *Der.* Acción y efecto de novar.

novador, ra. M. y F. **1.** Persona inventora de novedades. || **2.** hist. Persona que pertenecía a un movimiento de renovación de la ciencia española durante los siglos XVII y XVIII.

novar. TR. *Der.* Sustituir con una obligación otra otorgada anteriormente, la cual queda anulada en este acto.

novatada. F. **1.** En algunas colectividades, vejaciones y molestias que los antiguos hacen a los recién llegados. ‖ **2.** Contrariedad o tropiezo sufrido en algún asunto o negocio por inexperiencia. ‖ **pagar la ~.** LOC.VERB. coloq. Sufrir algún perjuicio al hacer algo por primera vez.

novato, ta. ADJ. Nuevo o principiante en cualquier facultad o materia. U. t. c. s.

novator, ra. M. y F. hist. **novador** (‖ persona perteneciente al movimiento de renovación de los siglos XVII y XVIII).

novecentismo. M. Conjunto de movimientos intelectuales, artísticos y literarios del primer tercio del siglo XX.

novecentista. ADJ. **1.** Perteneciente o relativo al novecentismo. *Escritores novecentistas.* ‖ **2.** Que participa de las ideas del novecentismo. U. t. c. s.

novecientos, tas. I. ADJ. **1.** Nueve veces ciento. ‖ **2. noningentésimo** (‖ que sigue en orden al octingentésimo nonagésimo noveno). *Número novecientos. Año novecientos.* ‖ II. M. **3.** Conjunto de signos con que se representa el número novecientos.

novedad. F. **1.** Cualidad de nuevo. ‖ **2.** Cosa nueva. ‖ **3.** Cambio producido en algo. ‖ **4.** Suceso reciente, noticia. ‖ **sin ~.** LOC.ADV. Con normalidad, sin variación respecto a la evolución habitual de los hechos. *El viaje transcurrió sin novedad.*

novedoso, sa. ADJ. Que implica o denota novedad. *Propuesta novedosa.* U. m. en América.

novel. ADJ. Que comienza a practicar un arte o una profesión, o tiene poca experiencia en ellos. U. t. c. s. ☐ V. **caballero ~.**

novela. F. **1.** Obra literaria en prosa en la que se narra una acción fingida en todo o en parte, y cuyo fin es causar placer estético a los lectores con la descripción o pintura de sucesos o lances interesantes, de caracteres, de pasiones y de costumbres. ‖ **2.** Género literario constituido por esas obras. ‖ **3.** Serie de hechos interesantes de la vida real que parecen ficción. ‖ **4.** Ficción o mentira en cualquier materia. ‖ **~ bizantina.** F. Género novelesco, de aventuras, que se desarrolló en España principalmente en los siglos XVI y XVII, a imitación de autores helenísticos. ‖ **~ de caballerías.** F. **libro de caballerías.** ‖ **~ gótica.** F. Variedad de relato de misterio, fantasía y terror que aparece a finales del siglo XVIII. ‖ **~ histórica.** F. La que desarrolla su acción en épocas pasadas, con personajes reales o ficticios. ‖ **~ morisca.** F. Relato cultivado en la España del Siglo de Oro, que idealiza las relaciones entre moros y cristianos. ‖ **~ pastoril.** F. La que narraba, en el Siglo de Oro, las aventuras y desventuras amorosas de pastores idealizados. ‖ **~ picaresca.** F. La que, normalmente en primera persona, relataba las peripecias poco honorables de un pícaro. Se cultivó durante los siglos XVI y XVII. ‖ **~ por entregas.** F. novela de larga extensión que, en el siglo XIX y buena parte del XX, se distribuía en fascículos periódicos a los suscriptores. Desarrollaba, en general, peripecias melodramáticas de personajes contemporáneos, y frecuentemente carecía de calidad literaria. ‖ **~ rosa.** F. Variedad de relato novelesco, cultivado en época moderna, en el cual se narran las vicisitudes de dos enamorados, cuyo amor triunfa frente a la adversidad. ‖ **~ sentimental.** F. Tipo de novela cultivado en España durante los siglos XV y XVI, que narraba una historia amorosa, a veces con personajes y lugares simbólicos, y ofrecía un fino análisis de los sentimientos de los amantes, cuyo destino solía ser trágico.

novelador, ra. M. y F. novelista.

novelar. I. TR. **1.** Referir un suceso con forma o apariencia de novela. ‖ II. INTR. **2.** Escribir novelas.

novelería. F. **1.** despect. Afición o inclinación a fábulas o novelas. ‖ **2.** despect. Chisme o novedad superficial. U. m. en pl.

novelero, ra. ADJ. Amigo de novedades, ficciones y cuentos. U. t. c. s.

novelesco, ca. ADJ. **1.** Perteneciente o relativo a la novela. *Estructura novelesca.* ‖ **2.** Propio o característico de la novela. *Llevó una vida muy novelesca.*

novelista. COM. Persona que escribe novelas.

novelística. F. **1.** Estudio, género o arte de la novela. ‖ **2.** Conjunto de la literatura novelesca de un período, tema o ambiente. *La novelística medieval, rusa.*

novelístico, ca. ADJ. Perteneciente o relativo a la novela.

novelizar. TR. Dar a una narración forma y condiciones novelescas.

novelón. M. despect. Novela muy extensa, popular y descuidada, y por lo común dramática y mal escrita.

novena. F. Práctica devota, dirigida a Dios, a la Virgen o a los santos, que se ofrece durante nueve días.

novenario. M. **1.** Espacio de nueve días que se emplea en los pésames, lutos y devociones entre los parientes inmediatos de un difunto. ‖ **2.** Tiempo empleado en el culto de un santo, con sermones. ‖ **3.** Exequias o sufragios celebrados generalmente en el noveno día después de una defunción. ‖ **4.** Conjunto de sufragios ofrecidos durante nueve días por un difunto.

noveno, na. ADJ. **1.** Que sigue inmediatamente en orden al o a lo octavo. ‖ **2.** Se dice de cada una de las nueve partes iguales en que se divide un todo. U. t. c. s. m.

noventa. I. ADJ. **1.** Nueve veces diez. ‖ **2. nonagésimo** (‖ que sigue en orden al octogésimo noveno). *Número noventa. Año noventa.* ‖ II. M. **3.** Conjunto de signos con que se representa el número noventa.

noventavo, va. ADJ. Se dice de cada una de las 90 partes iguales en que se divide un todo. U. t. c. s. m.

noventayochista. I. ADJ. **1.** Perteneciente o relativo a 1898 y a la generación que lleva ese nombre. *Literatura noventayochista.* ‖ II. COM. **2.** Persona adscrita a la generación literaria de 1898 o a sus postulados.

noviazgo. M. **1.** Condición o estado de novio. ‖ **2.** Tiempo que dura.

noviciado. M. **1.** Tiempo destinado para la probación en las religiones, antes de profesar. ‖ **2.** Casa o cuarto en que habitan los novicios. ‖ **3.** Conjunto de novicios. ‖ **4.** Régimen y ejercicio de los novicios. ‖ **5.** Tiempo primero que se gasta en aprender cualquier facultad y en experimentar los ejercicios y actos de ella, y las ventajas y daños que puede traer.

novicio, cia. M. y F. **1.** Persona que, en la religión donde tomó el hábito, no ha profesado todavía. ‖ **2.** Principiante en cualquier arte o facultad. U. t. c. adj.

noviembre. M. Undécimo mes del año. Tiene 30 días.

novilla. F. Res vacuna hembra de dos a tres años, en especial cuando no está domada.

novillada. F. **1.** Lidia o corrida de novillos. ‖ **2.** Conjunto de novillos.

novillear. TR. Á. *guar.* Dicho de un hombre: Acercarse a la mujer con intenciones amorosas.

novillero, ra. M. y F. **1.** Persona que lidia novillos. ‖ **2.** Persona que cuida de los novillos.

novillo. M. **1.** Res vacuna macho de dos o tres años, en especial cuando no está domada. ‖ **2.** Á. *Caribe* y Á. R. *Plata.* Toro castrado que se destina para la alimentación humana. ‖ **3.** *Chile* y *Méx.* **ternero.** ‖ **4.** pl. Lidia de novillos.

novilunio. M. Conjunción de la Luna con el Sol.

novio, via. **I.** M. y F. **1.** Persona que acaba de casarse. ‖ **2.** Persona que mantiene relaciones amorosas con fines matrimoniales. ‖ **3.** Persona que mantiene una relación amorosa con otra sin intención de casarse y sin convivir con ella. ‖ **4.** Persona que aspira a poseer o conseguir algo. *Ese puesto tiene muchos novios.* ‖ **II.** M. **5.** Á. *Caribe.* Planta geraniácea de flores rojas, muy común en los jardines. Hay varias especies, que se distinguen por su tamaño y el color de las flores, que también pueden ser rosadas, blancas y jaspeadas. ‖ **quedarse** alguien **compuesto y sin ~.** LOC. VERB. coloq. No lograr lo que deseaba o esperaba, después de haber hecho gastos o preparativos, creyéndolo indefectible.

novísimo, ma. **I.** ADJ. SUP. de **nuevo.** ‖ **II.** M. *Rel.* Cada una de las cuatro últimas situaciones del hombre, que son muerte, juicio, infierno y gloria. U. m. en pl.

novocaína. F. *Quím.* Derivado de la procaína utilizado como anestésico local.

novohispano, na. ADJ. **1.** hist. Natural de la Nueva España, actualmente México. U. t. c. s. ‖ **2.** hist. Perteneciente o relativo a este antiguo virreinato de la América colonial.

noyó. M. Licor compuesto de aguardiente, azúcar y almendras amargas.

nubada. F. Golpe abundante de agua que cae de una nube en lugar determinado, a distinción de la lluvia general.

nubarrada. F. nubada.

nubarrón. M. Nube grande, oscura y densa, separada de las otras.

nube. F. **1.** Masa de vapor acuoso suspendida en la atmósfera. ‖ **2.** Agrupación o cantidad muy grande de algo que va por el aire. *Nube de polvo. Nube de pájaros.* ‖ **3.** Cantidad grande de personas o cosas juntas. *Nube de fotógrafos.* ‖ **4.** Pequeña mancha blanquecina que se forma en la capa exterior de la córnea. ‖ **~ de lluvia.** F. Capa de nubes compactas. ‖ **~ de verano.** F. **1.** nube tempestuosa que suele presentarse en el verano con lluvia fuerte y repentina, y que pasa pronto. ‖ **2.** Disturbio o disgusto pasajero. ‖ **~ radiactiva.** F. Masa de aire que contiene productos radiactivos. ‖ **andar por las ~s.** LOC. VERB. **1.** coloq. **estar por las nubes.** ‖ **2.** coloq. **estar en las nubes.** ‖ **estar,** o **vivir, en las ~s** alguien. LOCS. VERBS. coloqs. Ser despistado, soñador, no apercibirse de la realidad. ‖ **estar por las ~s** algo. LOC. VERB. coloq. Ser muy caro, tener un precio muy alto. ‖ **poner en,** o **por, las ~s** a alguien o algo. LOCS. VERBS. coloqs. Alabarlo, encarecerlo hasta más no poder. ‖ **ponerse por las ~s.** LOC. VERB. **1.** Dicho de una persona: Estar sumamente enojada. ‖ **2.** coloq. Dicho de una cosa: Ponerse sumamente cara. ‖ **subir a,** o **hasta, las ~s** a alguien o algo. LOCS. VERBS. coloqs. **poner en las nubes.** □ V. **techo de ~s.**

núbil. ADJ. Dicho de una persona y más propiamente de una mujer: Que está en edad de contraer matrimonio.

nubilidad. F. **1.** Cualidad de núbil. ‖ **2.** Edad en que se tiene aptitud para contraer matrimonio.

nubio, a. **I.** ADJ. **1.** Natural de Nubia. U. t. c. s. ‖ **2.** Perteneciente o relativo a esta región de África. ‖ **II.** M. **3.** Lengua hablada por los nubios.

nublado, da. PART. de **nublar.** ‖ **I.** ADJ. **1.** Cubierto de nubes. ‖ **II.** M. **2.** Nube que amenaza tormenta. ‖ **3.** Cosa que causa turbación en el ánimo.

nublar. **I.** TR. **1.** Dicho de las nubes: Ocultar el azul del cielo o la luz de un astro, especialmente la del Sol o la de la Luna. ‖ **2.** **oscurecer** (‖ privar de luz y claridad). *La tormenta nubló el paisaje.* U. t. c. prnl. ‖ **3.** **oscurecer** (‖ disminuir la estimación y esplendor de algo). *Nublar la fama, las virtudes, la alegría.* ‖ **4.** Hacer que la visión se vuelva turbia o poco clara. *Nublar la vista.* U. t. c. prnl. ‖ **5.** Ofuscar o confundir la razón o los sentimientos. U. t. c. prnl. ‖ **6.** Hacer que el semblante exprese tristeza o inquietud. *La indecisión y el temor nublaron su rostro.* U. t. c. prnl. ‖ **II.** PRNL. IMPERS. **7.** Cubrirse el cielo de nubes. *Se está nublando.*

nublo, bla. **I.** ADJ. **1.** Cubierto de nubes. *Paisaje nublo.* ‖ **II.** M. **2.** Nube que amenaza tormenta.

nubloso, sa. ADJ. Cubierto de nubes. *Cumbres nublosas.*

nubosidad. F. Estado o condición de nuboso.

nuboso, sa. ADJ. Cubierto de nubes. *Cielo nuboso.*

nuca. F. Parte alta de la cerviz, correspondiente al lugar en que se une la columna vertebral con la cabeza.

nuclear. ADJ. **1.** Perteneciente o relativo al núcleo. *Estructura nuclear.* ‖ **2.** *Fís.* Perteneciente o relativo al núcleo de los átomos. ‖ **3.** Perteneciente o relativo a la energía producida por reacciones atómicas de fusión o fisión. *Reacción nuclear.* ‖ **4.** Que emplea energía nuclear. *Submarino nuclear.* □ V. **arma ~, combustible ~, combustión ~, desintegración ~, energía ~, explosión ~, fisión ~, fusión ~, medicina ~, reactor ~.**

nuclearización. F. Incremento de las armas o instalaciones nucleares. *La nuclearización de un país.*

nucleico. □ V. **ácido ~.**

núcleo. M. **1.** Elemento primordial al que se van agregando otros para formar un todo. ‖ **2.** Parte o punto central de algo material o inmaterial. ‖ **3.** Grupo de personas con intereses o características comunes. *Núcleo de opinión.* ‖ **4.** Agrupación de viviendas. *Núcleo rural, urbano.* ‖ **5.** *Astr.* Parte más densa y luminosa de un astro. ‖ **6.** *Biol.* Orgánulo celular limitado por una membrana y constituido esencialmente por cromatina, que regula el metabolismo, el crecimiento y la reproducción celulares. ‖ **7.** *Fís.* Parte central del átomo, que contiene la mayor porción de su masa, constituida por protones y neutrones, y que posee una carga eléctrica positiva que se corresponde con su número atómico. ‖ **8.** *Ling.* Unidad que ejerce una relación de dominio sobre otras unidades con las que forma un sintagma y que determina las propiedades gramaticales de este. ‖ **~ silábico.** M. *Fon.* Elemento más sonoro, perceptible y abierto de los que componen la sílaba.

nucléolo. M. *Biol.* Orgánulo celular, único o múltiple, situado en el interior del núcleo y formado, a diferencia de la cromatina, por ácido ribonucleico y proteínas.

nucleón. M. *Fís.* Cada una de las partículas, neutrones o protones, que componen los núcleos atómicos. Ambos tienen, aproximadamente, igual masa, pero difieren en su carga eléctrica.

nucleótido. M. *Bioquím.* Compuesto orgánico constituido por una base nitrogenada, un azúcar y ácido fosfórico. Según que el azúcar sea la ribosa o la desoxirribosa, el nucleótido resultante se denomina ribonucleótido o desoxirribonucleótido.

nuco. M. *Chile.* Ave de rapiña, nocturna, semejante a la lechuza.

nudillo. M. **1.** Parte exterior de cualquiera de las junturas de los dedos, donde se unen los huesos de que se componen. ‖ **2.** *Arq.* Pedazo corto y grueso de madera, que se empotra en la fábrica para clavar en él algo; como las vigas de techo, marcos de ventana, etc.

nudismo. M. **1.** Actitud o práctica de quienes sostienen que la desnudez completa es conveniente para un perfecto equilibrio físico e incluso moral. ‖ **2.** Doctrina o teoría que lo propugna.

nudista. ADJ. **1.** Dicho de una persona: Que practica el nudismo. U. t. c. s. ‖ **2.** Perteneciente o relativo al nudismo. *Playa nudista.*

nudo[1]. M. **1.** Lazo que se estrecha y cierra de modo que con dificultad se pueda soltar por sí solo, y que cuanto más se tira de cualquiera de los dos cabos, más se aprieta. ‖ **2.** En los árboles y plantas, parte del tronco por la cual salen las ramas, y en estas, parte por donde arrojan los vástagos. Tiene por lo regular forma redondeada. ‖ **3.** En algunas plantas y en sus raíces, parte que sobresale algo y por donde parece que están unidas las partes de que se componen; como en las cañas, bejucos, etc. ‖ **4.** Lugar donde se cruzan varias vías de comunicación. ‖ **5.** Principal dificultad o duda en algunas materias. ‖ **6.** Unión, lazo, vínculo. *El nudo del matrimonio. El nudo de las voluntades.* ‖ **7.** En diversos géneros literarios, enlace o trabazón de los sucesos que preceden al desenlace. ‖ **8.** *Fís.* Punto de una red en que se unen varios conductores. ‖ **9.** *Mar.* Cada uno de los puntos de división de la corredera. ‖ **10.** *Mar.* Trayecto de navegación que se mide con cada una de estas divisiones. ‖ **11.** *Mar.* Unidad de velocidad para barcos y aviones, equivalente a una milla náutica por hora. ‖ **~ ciego.** M. El difícil de desatar, o por muy apretado, o por su forma especial. ‖ **~ de tejedor.** M. El que se hace uniendo los dos cabos y formando con ellos dos lazos encontrados; y, apretándolos, es nudo que no se puede desatar. ‖ **~ en la garganta.** M. **1.** Impedimento que se suele sentir en ella y estorba el tragar, hablar y algunas veces respirar. ‖ **2.** Aflicción o congoja que impide explicarse o hablar. ‖ **~ gordiano.** M. **1.** hist. El que ataba al yugo la lanza del carro de Gordio, antiguo rey de Frigia, el cual dicen estaba hecho con tal artificio que no se podía descubrir ninguno de los dos cabos. ‖ **2.** Dificultad insoluble. ‖ **~ marinero.** M. El muy seguro y fácil de deshacer a voluntad.

nudo[2]**, da.** ADJ. desnudo. □ V. ~ **propiedad.**

nudosidad. F. *Med.* Tumefacción o induración circunscrita en forma de nudo.

nudoso, sa. ADJ. Que tiene nudos. *Pelo nudoso.*

nuececilla. F. *Bot.* Masa parenquimatosa que está rodeada por dos membranas y constituye la mayor parte del óvulo de los vegetales.

nuégado. M. Pasta cocida al horno, hecha con harina, miel y nueces, y que también suele hacerse de piñones, almendras, avellanas, cañamones, etc. U. m. en pl.

nuera. F. Respecto de una persona, mujer de su hijo.

nuestro, tra. ADJ. POSES. Designa la persona o la cosa cuyo poseedor corresponde a la 1.ª persona del plural

U. t. c. n. con la terminación m. sing. *Lo nuestro.* U. t. c. pron. Puede referirse a un solo poseedor cuando, por ficción que el uso autoriza, se aplica plural a una sola persona; p. ej., *nuestro consejo,* hablando un monarca; *nuestra conducta, nuestras opiniones,* hablando un escritor. ‖ **la ~.** LOC. PRONOM. coloq. La ocasión favorable a la persona que habla. *Ahora es la nuestra.* ‖ **los ~s.** M. pl. Personas que son del mismo partido, profesión o naturaleza de quien habla. □ V. **Nuestra Señora, ~s primeros padres, padre ~.**

nueva. F. **noticia** (‖ contenido de una comunicación). ‖ **buena ~.** F. *Rel.* En la doctrina cristiana, el Evangelio. *Los apóstoles extendieron la buena nueva.* ‖ **hacerse** alguien **de ~s.** LOC. VERB. Dar a entender con afectación y disimulo que no ha llegado a su conocimiento aquello que le dice otro, siendo cierto que ya lo sabía.

nuevalojano, na. ADJ. **1.** Natural de Nueva Loja. U. t. c. s. ‖ **2.** Perteneciente o relativo a esta ciudad de Ecuador, capital de la provincia de Sucumbíos.

nuevamente. ADV. M. Otra vez, de nuevo.

nueve. I. ADJ. **1.** Ocho más uno. ‖ **2. noveno** (‖ que sigue en orden al octavo). *Número nueve. Año nueve.* Apl. a los días del mes, u. t. c. s. m. *El nueve de octubre.* ‖ **II.** M. **3.** Signo o conjunto de signos con que se representa el número nueve. ‖ **4.** Naipe que tiene nueve señales. *El nueve de copas.* ‖ **III.** F. **5.** pl. Novena hora a partir de mediodía o de medianoche. *Son las nueve en punto. Trabaja de nueve a cinco.* ‖ **~ corto.** M. **1.** *Mil.* Munición de arma de fuego cuya vaina posee 9 mm de diámetro y 17 de largo. ‖ **2.** *Mil.* Calibre correspondiente a esta munición. ‖ **3.** *Mil.* Arma diseñada para esta munición. ‖ **~ largo.** M. **1.** *Mil.* Munición de arma de fuego cuya vaina posee 9 mm de diámetro y 19 de largo. ‖ **2.** *Mil.* Calibre correspondiente a esta munición. ‖ **3.** *Mil.* Arma diseñada para esta munición. □ V. **compás de ~ por ocho, gato de ~ colas, látigo de ~ colas, prueba del ~.**

nuevo, va. ADJ. **1.** Recién hecho o fabricado. *Un automóvil nuevo.* ‖ **2.** Que se percibe o se experimenta por primera vez. *Lo que me cuentas es nuevo para mí.* ‖ **3.** Repetido o reiterado para renovarlo. *Un nuevo intento.* ‖ **4.** Distinto o diferente de lo que antes había o se tenía aprendido. *Vamos a empezar la nueva lección del curso.* ‖ **5.** Que sobreviene o se añade a algo que había antes. *Van a abrir una nueva cafetería en el barrio.* ‖ **6.** Recién incorporado a un lugar o a un grupo. *Es nuevo en el colegio.* ‖ **7.** Principiante en una profesión o en alguna actividad. *Es nueva en el oficio.* ‖ **8.** Dicho de un producto agrícola: De cosecha recentísima, en oposición al almacenado de cosechas anteriores. *Patatas nuevas. Trigo nuevo. Maíz nuevo.* ‖ **9.** Dicho de una cosa: Que está poco o nada deteriorada por el uso, por oposición a *viejo. Aunque tenga tantos años, el libro está nuevo.* ‖ **10. joven** (‖ de poca edad). *Perdices nuevas. Conejos nuevos.* ¶ MORF. sup. irreg. **novísimo.** ‖ **de nuevo.** LOC. ADV. Otra vez, una vez más. □ V. **año ~, calendario ~, comedia ~, cristiano ~, el Nuevo Mundo, luna ~, misa ~, ~ rico, Nuevo Testamento.**

nuevoleonense o **nuevoleonés, sa.** ADJ. neoleonés. Apl. a pers., u. t. c. s. MORF. pl. **nuevoleonenses** o **nuevoleoneses, sas.**

nuez. F. **1.** Fruto del nogal. Es una drupa ovoide, de tres o cuatro centímetros de diámetro, con el epicarpio fino y liso, de color verde con pintas negruzcas, el mesocarpio correoso y caedizo, y el endocarpio duro, pardusco, rugoso y dividido en dos mitades simétricas, que encierran la semilla, desprovista de albumen y con dos cotiledones gruesos, comestibles y muy oleaginosos. ‖ **2.** Fruto de otros árboles que tiene alguna semejanza con el del nogal por la naturaleza de su pericarpio. *Nuez de coco. Nuez de areca. Nuez de nipa.* ‖ **3.** Prominencia que forma el cartílago de la laringe en la parte anterior del cuello del varón adulto. ‖ **4.** *Mús.* Pieza móvil que en el extremo inferior del arco del violín e instrumentos análogos sirve para dar, por medio de un tornillo, más o menos tensión a las cerdas. ‖ **~ de ciprés.** F. Fruto de este árbol, redondo, leñoso, con superficie desigual, color bronceado, de unos tres centímetros de diámetro, y en el interior con muchas semillas negras y menudas. ‖ **~ de cola.** F. cola (‖ semilla). ‖ **~ encarcelada.** F. *Méx.* pacana. ‖ **~ moscada.** F. Fruto de la mirística, de forma ovoide, cubierto por la macis, y con una almendra pardusca por fuera y blanquecina por dentro. Se emplea como condimento y para sacar el aceite que contiene en abundancia. ‖ **~ vómica.** F. Semilla de un árbol de Oceanía, de la familia de las Loganiáceas; aplastada, dura, redondeada, como de dos centímetros de diámetro y tres milímetros de grueso, de color gris, de sabor acre e inodora. Es muy venenosa, pero en cortas dosis se emplea en medicina como emética y febrífuga. □ V. **cascarón de ~, pierna de ~.**

nueza. F. Planta herbácea vivaz, de la familia de las Cucurbitáceas, con tallos de dos a tres metros de largo, trepadores, vellosos y con zarcillos en espiral, hojas ásperas, pecioladas, grandes y partidas en cinco hojuelas, como las de la parra, flores dioicas, de color verde amarillento, axilares y pedunculadas, y por fruto bayas encarnadas. Es común en España. ‖ **~ negra.** F. Planta herbácea de la familia de las Dioscoreáceas, con tallos trepadores de tres a cuatro metros de largo, hojas alternas, acorazonadas y de borde partido, flores dioicas, verdosas, en racimos axilares, y por fruto bayas rojizas. Es común en España.

nugatorio, ria. ADJ. Que burla la esperanza que se había concebido o el juicio que se tenía hecho. *Orden nugatoria.*

nulidad. F. **1.** Cualidad de nulo. ‖ **2.** coloq. Persona incapaz, inepta. *Rufino es una nulidad.* ‖ **~ de actuaciones.** F. *Der.* En un procedimiento administrativo o judicial, decisión que, por la omisión de un trámite esencial, deja sin efecto las actuaciones practicadas. □ V. **recurso de ~.**

nullius. □ V. **bienes ~.**

nulo, la. ADJ. **1.** Falto de valor y fuerza para obligar o tener efecto. *El tribunal declaró nulas las pruebas.* ‖ **2.** Incapaz, física o moralmente, para algo. *Es nulo para el estudio.* ‖ **3.** ninguno. *Nulos resultados.* ‖ **4.** Dicho de un combate de boxeo: Sin vencedor, por haber conseguido ambos púgiles igual número de puntos. ‖ **5.** *Mat.* Que tiene valor igual a cero.

numantinismo. M. Actitud caracterizada por la defensa extrema y tenaz de las propias posiciones o puntos de vista, a menudo en condiciones precarias y con pocas posibilidades de éxito.

numantino, na. ADJ. **1.** hist. Natural de Numancia. U. t. c. s. ‖ **2.** hist. Perteneciente o relativo a esta antigua ciudad de la España Citerior. ‖ **3.** Que resiste con tenacidad hasta el límite, a menudo en condiciones precarias.

numen. M. **1.** Deidad dotada de un poder misterioso y fascinador. ‖ **2.** Cada uno de los dioses de la mitología clásica. ‖ **3.** Inspiración del artista o escritor.

numeración. F. **1.** Acción y efecto de numerar. ‖ **2.** *Mat.* Sistema para expresar de palabra o por escrito todos los números con una cantidad limitada de vocablos y de caracteres o guarismos. ‖ **~ binaria.** F. *Mat.* Sistema que utiliza como cifras exclusivamente el 0 y el 1. Es la base de los sistemas informáticos. ‖ **~ decimal.** F. Sistema, hoy universal, que con el valor absoluto y la posición relativa de los diez signos introducidos por los árabes en Europa puede expresar cualquier cantidad. ‖ **~ romana.** F. La que usaban los romanos, que expresa los números por medio de siete letras del alfabeto latino: I, V, X, L, C, D y M. □ V. **base de ~, sistema de ~.**

numerador. M. **1.** Aparato con que se marca la numeración correlativa. ‖ **2.** *Mat.* Guarismo que señala el número de partes iguales de la unidad contenidas en un quebrado. Se escribe separado del denominador por una raya horizontal o inclinada. ‖ **3.** *Mat.* En los cocientes de dos expresiones o términos, guarismo que actúa como dividendo.

numeradora. F. *Impr.* Máquina para numerar de manera correlativa los ejemplares de un modelo u obra.

numeral. I. ADJ. **1.** Perteneciente o relativo al número. *Escritura numeral.* ‖ **II.** M. **2.** adjetivo numeral. ‖ **3.** *Á. R. Plata.* almohadilla (‖ símbolo utilizado en telecomunicaciones). □ V. **adjetivo ~, letra ~, nombre ~.**

numerar. TR. **1.** Contar por el orden de los números. *Numerar los soldados de una compañía.* ‖ **2.** Marcar con números. *Numerar las páginas de un documento.*

numerario, ria. I. ADJ. **1.** Dicho de una persona: Incorporada con carácter fijo al conjunto de quienes componen un cuerpo determinado. *Catedrático numerario.* U. t. c. s. ‖ **II.** M. **2.** Moneda acuñada, o dinero efectivo. □ V. **profesor ~.**

numérico, ca. ADJ. **1.** Perteneciente o relativo a los números. *Cuestiones numéricas.* ‖ **2.** Compuesto o ejecutado con ellos. *Cálculo numérico.*

número. M. **1.** *Mat.* Expresión de una cantidad con relación a su unidad. ‖ **2.** Signo o conjunto de signos con que se representa el número. ‖ **3.** Cantidad de personas o cosas de determinada especie. ‖ **4.** Condición, categoría, situación o clase de personas o cosas. ‖ **5.** En una publicación periódica, cada una de las hojas o cuadernos correspondientes a distinta fecha de edición, en la serie cronológica respectiva. ‖ **6.** Cada una de las partes, actos o ejercicios del programa de un espectáculo u otra función destinada al público. ‖ **7.** Billete de lotería o de una rifa. *Tengo un número para el sorteo del viernes.* ‖ **8.** Individuo sin graduación en la Guardia Civil. ‖ **9.** hist. Individuo sin graduación en la antigua Policía armada y en las milicias dependientes de las autoridades de ciertas provincias españolas. ‖ **10.** coloq. Acción extravagante o inconveniente con que se llama mucho la atención. *Montar un número.* ‖ **11.** *Gram.* Accidente gramatical que expresa, por medio de cierta diferencia en la terminación de las palabras, si estas se refieren a una sola persona o cosa o a más de una. ‖ **~ abstracto.** M. *Mat.* El que no se refiere a unidad de especie determinada. ‖ **~ algebraico.** M. *Mat.* número real o complejo que es raíz de un polinomio con coeficientes enteros. ‖ **~ arábigo.** M. Cifra o guarismo perteneciente a la numeración arábiga. ‖ **~ atómico.** M. *Fís.* y *Quím.* número de protones presentes en el núcleo de los átomos de un elemento, que determina la situación de este en el sistema periódico y, por tanto, sus propiedades químicas. || **~ cardinal.** M. *Mat.* Cada uno de los números enteros en abstracto; p. ej., *cero, diez, mil.* || **~ complejo.** M. *Mat.* El que se compone de la suma de un número real y otro imaginario; p. ej., *2+3i.* || **~ compuesto.** M. *Mat.* El que se expresa con dos o más guarismos. || **~ concreto.** M. *Mat.* El que expresa la cantidad de una especie determinada. || **~ decimal.** M. *Mat.* El que consta de una parte entera y una decimal, separadas por una coma. || **~ dígito.** M. *Mat.* El que puede expresarse con un solo guarismo. En la numeración decimal lo son los comprendidos desde el cero al nueve, ambos inclusive. || **~ dual.** M. *Gram.* En algunas lenguas, el que expresa el conjunto de dos. || **~ entero.** M. *Mat.* El que consta exclusivamente de una o más unidades, a diferencia de los quebrados y de los mixtos. || **~ fraccionario.** M. *Mat.* **número quebrado.** || **~ imaginario.** M. *Mat.* El que se produce al extraer la raíz cuadrada de un número negativo. La unidad imaginaria, $\sqrt{-1}$, se representa por el símbolo *i.* || **~ impar.** M. *Mat.* El entero que no es exactamente divisible por dos. || **~ irracional.** M. *Mat.* El que, siendo real, no es racional; p. ej., π *(pi).* || **~ másico.** M. *Fís.* y *Quím.* Suma de los números de protones y neutrones del núcleo de un átomo, la cual es diferente en los diversos isótopos de un mismo elemento. || **~ mixto.** M. *Mat.* El compuesto de entero y de quebrado. || **~ musical.** M. Cada uno de los pasajes musicales, frecuentemente con canto o baile, que forman parte de una obra teatral o cinematográfica. || **~ natural.** M. *Mat.* Cada uno de los elementos de la sucesión 0, 1, 2, 3... || **~ ordinal.** M. *Mat.* El que expresa ideas de orden o sucesión; p. ej., *primero, segundo, tercero.* || **~ par.** M. *Mat.* El entero que es exactamente divisible por dos. || **~ perfecto.** M. *Mat.* El entero y positivo igual a la suma de sus divisores positivos, excluido él mismo. || **~ plural.** M. *Gram.* El de la palabra que se refiere a dos o más personas o cosas. || **~ primo.** M. *Mat.* El entero que solo es exactamente divisible por sí mismo y por la unidad; p. ej., *5, 7,* etc. || **~ quebrado.** M. *Mat.* El que expresa una o varias partes alícuotas de la unidad. || **~ racional.** M. *Mat.* El que se expresa como cociente de dos números enteros. || **~ real.** M. *Mat.* El que se expresa por un número entero o decimal. || **~ redondo.** M. El que con unidades completas de cierto orden expresa una cantidad con aproximación y no exactamente. || **~ romano.** M. El que se representa con letras del alfabeto latino; I (uno), V (cinco), X (diez), L (cincuenta), C (cien), D (quinientos) y M (mil). || **~ singular.** M. *Gram.* El de la palabra que se refiere a una sola persona o cosa. || **~ uno.** M. coloq. Persona o cosa que sobresale en algo, destacando sobre todas las demás. || **~s amigos.** M. pl. *Mat.* Par de números en que cada uno de ellos es igual a la suma de las partes alícuotas del otro; p. ej., el 284 y el 220. || **~s congruentes.** M. pl. *Mat.* Par de números enteros que, divididos por un tercer número, llamado módulo, dan restos iguales. || **~s primos entre sí.** M. pl. *Mat.* Los enteros que no tienen divisores comunes; p. ej., el 8 y el 9. || **~s rojos.** M. pl. Saldo negativo en una cuenta bancaria o en una contabilidad empresarial. || **de ~.** LOC.ADJ. Dicho de un individuo: Perteneciente a una corporación compuesta de limitado número de personas. *Académico, escribano de número.* || **echar** alguien **~s.** LOC.VERB. coloq. **hacer números.** || **hacer ~** alguien o algo. LOC.VERB. No servir o

ser útil más que para aumentar el número de su especie. || **hacer** alguien **~s.** LOC.VERB. coloq. Hacer cálculos, especialmente con respecto al dinero de que se dispone. || **sin ~.** LOC.ADJ. Numeroso, abundante. *Dificultades sin número.* □ V. **razón doble de cuatro ~s, razón simple de tres ~s.**

numerología. F. Práctica adivinatoria a través de los números.

numerosidad. F. Multitud numerosa.

numeroso, sa. ADJ. **1.** Que incluye gran número o muchedumbre de personas o cosas. *Numerosa clientela.* || **2.** pl. **muchos** (|| abundantes). *Hay numerosas excepciones.*

númerus clausus. (Locución latina). M. Limitación del número de plazas establecido por un organismo o una institución.

númida. ADJ. **1.** hist. Natural de Numidia. U. t. c. s. || **2.** hist. Perteneciente o relativo a esta antigua región del norte de África.

numídico, ca. ADJ. hist. Perteneciente o relativo a Numidia, región del África antigua.

numinoso, sa. ADJ. Perteneciente o relativo al numen como manifestación de poderes religiosos o mágicos. *Experiencia numinosa.*

numisma. M. *Numism.* **moneda** (|| pieza de metal).

numismática. F. Ciencia de las monedas y medallas, principalmente de las antiguas.

numismático, ca. I. ADJ. **1.** Perteneciente o relativo a la numismática. *Colección numismática.* || **II.** M. y F. **2.** Persona que profesa esta ciencia o tiene en ella especiales conocimientos.

numulites. M. Foraminífero fósil, con caparazón calcáreo en forma de moneda, cuyo diámetro alcanza, a veces, varios centímetros.

nunca. ADV.T. **1.** En ningún tiempo. || **2.** Ninguna vez. || **hasta ~.** EXPR. Expresa el enfado o irritación de quien se despide de alguien a quien no se quiere volver a ver. || **~ jamás.** LOC.ADV. nunca. U. en sent. enfático. □ V. **el cuento de ~ acabar.**

nunciatura. F. **1.** Cargo o dignidad de nuncio. || **2.** Tribunal de la Rota de la Nunciatura Apostólica en España. ORTOGR. Escr. con may. inicial. || **3.** Casa en que vive el nuncio y está su tribunal. □ V. **Rota de la Nunciatura Apostólica.**

nuncio. M. **1.** Representante diplomático del papa, que ejerce además, como legado, ciertas facultades pontificias. || **2.** Encargado de llevar aviso, noticia o encargo de una persona a otra, enviado a esta para tal efecto. || **3.** Anuncio o señal. *El viento del sur suele ser en Madrid nuncio de lluvia.* || **~ apostólico.** M. nuncio del papa.

nuncupatorio, ria. ADJ. Se dice de las cartas o escritos con que se dedica una obra, o en que se nombra e instituye a alguien por heredero o se le confiere un empleo.

nupcial. ADJ. Perteneciente o relativo a las nupcias. □ V. **bendiciones ~es.**

nupcialidad. F. Número proporcional de nupcias o matrimonios en un tiempo y lugar determinados.

nupcias. F. pl. Casamiento, boda.

nutación. F. *Astr.* Oscilación periódica del eje de la Tierra, causada principalmente por la atracción lunar.

nutria. F. Mamífero carnicero, de tres a cuatro decímetros de altura y unos nueve desde el hocico hasta el arranque de la cola, que tiene cerca de seis; cabeza ancha y aplastada, orejas pequeñas y redondas, cuerpo delgado, patas cortas, con los dedos de los pies unidos por una membrana, y pelaje espeso, muy suave y de color pardo rojizo. Vive a orillas de los ríos y arroyos, se alimenta de peces, y se la busca por su piel, muy apreciada en peletería.

nutricio, cia. ADJ. Capaz de nutrir. *Sustancia nutricia.*

nutrición. F. Acción y efecto de nutrir.

nutricional. ADJ. Perteneciente o relativo a la nutrición.

nutricionista. COM. Médico especialista en nutrición.

nutrido, da. PART. de **nutrir.** ‖ ADJ. Lleno, abundante. *Estudio nutrido de ideas. Biografía muy nutrida de datos.* □ V. **fuego ~.**

nutriente. ADJ. Que nutre. Apl. a una sustancia o un producto, u. t. c. s. m.

nutriero. M. *Á. R. Plata.* Hombre que se dedica a cazar roedores acuáticos y a comerciar con sus pieles.

nutrimental. ADJ. Que sirve de sustento o alimento. *Reservas nutrimentales.*

nutrimento o **nutrimiento.** M. **1.** Acción y efecto de nutrir. ‖ **2.** Sustancia de los alimentos. ‖ **3.** Materia o causa del aumento, actividad o fuerza de algo en cualquier línea, especialmente en lo moral.

nutrir. TR. **1.** Aumentar la sustancia del cuerpo animal o vegetal por medio del alimento, reparando las partes que se van perdiendo en virtud de las acciones catabólicas. U. t. c. prnl. *Las ballenas se nutren de plancton.* ‖ **2.** Aumentar o dar nuevas fuerzas en cualquier línea, especialmente en lo moral. *Se desvive por nutrir de cultura a sus hijos.*

nutritivo, va. ADJ. Que nutre. *Sustancias nutritivas.*

ñ. F. Decimoséptima letra del abecedario español, que representa un fonema consonántico de articulación nasal y palatal. Su nombre es *eñe.*

ña. F. *Am.* Se usa como forma de tratamiento antepuesta al nombre de una mujer.

ñacurutú. M. *Á. guar.* Ave nocturna, especie de lechuza, de color amarillento y gris, uñas y pico curvos. Es domesticable. MORF. pl. **ñacurutúes** o **ñacurutús.**

ñame. M. **1.** Planta herbácea de la familia de las Dioscoreáceas, muy común en los países intertropicales, con tallos endebles, volubles, de tres a cuatro metros de largo, hojas grandes y acorazonadas, flores pequeñas y verdosas en espigas axilares. La raíz es un tubérculo grande, de corteza casi negra y cuya carne, cocida o asada es comestible. || **2.** Raíz de esta planta. || **3.** Planta intertropical, de la familia de las Dioscoreáceas, vivaz, sarmentosa, rastrera, de hojas opuestas y acorazonadas y flores poco visibles. Los rizomas son tubérculos pardos por fuera y blanquecinos por dentro, feculentos y comestibles.

ñandú. M. Ave corredora americana, muy veloz, que habita las grandes llanuras, se alimenta de plantas e insectos y anida, como el avestruz, en depresiones del terreno. MORF. pl. **ñandúes** o **ñandús.**

ñandubay. M. Árbol americano de la familia de las Mimosáceas, de madera rojiza muy dura e incorruptible. MORF. pl. **ñandubáis** o **ñandubayes.**

ñandutí. M. *Am. Mer.* Encaje blanco, muy fino, originario del Paraguay, que imita el tejido de una telaraña. MORF. pl. **ñandutíes** o **ñandutís.**

ñango, ga. ADJ. *Méx.* **ñengo.** U. t. c. s.

ñangotarse. PRNL. *Ant.* Ponerse en cuclillas.

ñaño, ña. ADJ. *Á. Andes.* Unido por amistad íntima.

ñapa. F. *Am. Mer.* y *Ant.* **añadidura** (|| cosa que se añade).

ñapindá. M. *Á. guar.* Planta trepadora con aguijones cortos y ganchosos en las ramas y raquis, flores amarillentas reunidas en espigas cilíndricas que se agrupan en racimos, y fruto en legumbres de hasta diez centímetros de longitud. MORF. pl. **ñapindás.**

ñaque. M. hist. Compañía antigua de dos cómicos.

ñato, ta. ADJ. *Am.* **chato** (|| de nariz poco prominente). Apl. a pers., u. t. c. s.

ñeembuqueño, ña. ADJ. **1.** Natural de Ñeembucú. U. t. c. s. || **2.** Perteneciente o relativo a este departamento del Paraguay.

ñengo, ga. ADJ. *Méx.* Desmedrado, flaco, enclenque. U. t. c. s.

ñeque. M. **1.** *Am.* Fuerza, energía. || **2.** *Am. Cen.* y *Á. Andes.* Valor, coraje.

ñipe. M. *Chile.* Arbusto de la familia de las Mirtáceas, cuyas ramas se emplean para teñir.

ñire. M. *Chile.* Árbol o arbusto de la familia de las Fagáceas, de hojas caedizas y polimorfas, propio de los bosques andino-patagónicos. Toma frecuentemente un porte achaparrado y carece de valor forestal.

ñisñil. M. Especie de enea americana que crece en los pantanos, y con cuyas hojas se tejen canastillos y se cubren ranchos. También las comen los animales.

ño. M. *Am.* Se usa como forma de tratamiento antepuesta al nombre de un hombre.

ñocha. F. *Chile.* Hierba bromeliácea, cuyas hojas sirven para hacer sogas, canastos, sombreros, esteras y aventadores.

ñoclo. M. Especie de melindre hecho de masa de harina, azúcar, manteca de vaca, huevos, vino y anís, de que se forman unos panecillos del tamaño de nueces, los cuales se cuecen en el horno sobre papeles espolvoreados de harina.

ñoco, ca. ADJ. *Á. Caribe.* Dicho de una persona: Falta de un dedo o de una mano. U. t. c. s.

ñoñería. F. **1.** Cualidad de ñoño. || **2.** Acción o dicho propios de una persona ñoña.

ñoñez. F. **1.** Cualidad de ñoño. || **2.** Acción o dicho propios de una persona ñoña.

ñoño, ña. ADJ. **1.** coloq. Dicho de una persona: Sumamente apocada y de corto ingenio. || **2.** Dicho de una cosa: Sosa, de poca sustancia. *Película ñoña.*

ñoqui. M. Masa hecha con patatas mezcladas con harina de trigo, mantequilla, leche, huevo y queso rallado, dividida en trocitos, que se cuecen en agua hirviendo con sal. U. m. en pl.

ñu. M. Antílope propio del África del Sur, que parece un caballo pequeño con cabeza de toro. MORF. pl. **ñus** o **ñúes.**

ñublense. ADJ. **1.** Natural de Ñuble. U. t. c. s. || **2.** Perteneciente o relativo a esta provincia de Chile.

ñuto, ta. ADJ. *Á. Andes.* Machacado, molido.

o

o¹. F. Decimoquinta letra del abecedario latino internacional y decimoctava del español, que representa un fonema vocálico, medio y posterior. MORF. pl. **oes.**

o². CONJ. DISYUNT. **1.** Denota diferencia, separación o alternativa entre dos o más personas, cosas o ideas. *Antonio o Francisco. Blanco o negro. Vencer o morir.* ‖ **2.** Se usa generalmente ante cada uno de dos o más términos contrapuestos. *Lo harás o por las buenas o por las malas.* ‖ **3.** Denota equivalencia. *El protagonista, o el personaje principal de la fábula, es Hércules.*

oasis. M. **1.** Sitio con vegetación y a veces con manantiales, que se encuentra aislado en los desiertos arenosos de África y Asia. ‖ **2.** Tregua, descanso, refugio en las penalidades o contratiempos de la vida.

oaxaqueño, ña. ADJ. **1.** Natural de Oaxaca. U. t. c. s. ‖ **2.** Perteneciente o relativo a este estado de México o a su capital.

obcecación. F. Ofuscación tenaz y persistente. ☐ V. **arrebato y ~.**

obcecar. TR. Cegar u ofuscar. *Los nervios obcecaron a Juan y no supo contestar a las preguntas.* U. t. c. prnl. *Se obceca en su idea y no reacciona.*

obedecer. I. TR. **1.** Cumplir la voluntad de quien manda o lo que establecen normas e indicaciones. *Obedecer las normas de tráfico.* U. t. c. intr. *Tú calla y obedece.* ‖ **II.** INTR. **2.** Dicho de una cosa inanimada: Ceder al esfuerzo que se hace para cambiar su forma o su estado. *La enfermedad obedece a los medicamentos.* ‖ **3.** Dicho de una cosa: Tener su origen en otra. *Tu cansancio obedece a la falta de sueño.* ¶ MORF. conjug. c. *agradecer.*

obedecimiento. M. Acción de obedecer.

obediencia. F. **1.** Acción de obedecer. ‖ **2.** Cualidad de obediente. ‖ **3.** hist. Especialmente en las órdenes regulares, precepto del superior. ‖ **4.** hist. En las mismas órdenes, permiso que da el superior a un súbdito para ir a predicar, o asignación de oficio para otro convento, o para hacer un viaje. ‖ **5.** hist. En dichas órdenes y en las congregaciones religiosas, oficio o empleo de comunidad, que sirve o desempeña un religioso por orden de sus superiores. ‖ **~ ciega.** F. La que se presta sin examinar los motivos o razones de quien manda. ‖ **~ debida.** F. Der. La que se rinde al superior jerárquico y es circunstancia eximente de responsabilidad en los delitos. ☐ V. **precepto formal de ~.**

obediente. ADJ. Que obedece o es propenso a obedecer.

obelisco. M. Pilar muy alto, de cuatro caras iguales un poco convergentes y terminado por una punta piramidal muy achatada, que sirve de adorno en lugares públicos.

obencadura. F. *Mar.* Conjunto de los obenques.

obenque. M. *Mar.* Cada uno de los cabos gruesos que sujetan la cabeza de un palo o de un mastelero a la mesa de guarnición o a la cofa correspondiente.

obertura. F. Pieza de música instrumental con que se da principio a una ópera, oratorio u otra composición lírica.

obesidad. F. Cualidad de obeso.

obeso, sa. ADJ. Dicho de una persona: Excesivamente gorda.

óbice. M. Obstáculo, embarazo, estorbo, impedimento.

obispado. M. **1.** Dignidad de obispo. ‖ **2.** Territorio o distrito asignado a un obispo para ejercer sus funciones y jurisdicción. ‖ **3.** Local o edificio correspondiente.

obispal. ADJ. Perteneciente o relativo al obispo.

obispalía. F. **1.** Dignidad de obispo. ‖ **2.** Territorio de jurisdicción del obispo.

obispar. INTR. Obtener un obispado, ser nombrado para él.

obispillo. M. **1.** Muchacho que en algunas catedrales visten de obispo la víspera y día de San Nicolás de Bari, y le hacen asistir a vísperas y misa mayor. ‖ **2.** Morcilla grande y gruesa que se hace cuando se matan los puercos. ‖ **3.** Rabadilla de las aves.

obispo. M. Prelado superior de una diócesis, a cuyo cargo está su cuidado espiritual, dirección y gobierno eclesiástico. ‖ **~ auxiliar.** M. Prelado sin jurisdicción propia, con título in pártibus, que se nombra algunas veces para que ayude en sus funciones a algún obispo o arzobispo. ‖ **~ electo.** M. hist. El que solo tenía el nombramiento, sin estar aún consagrado ni confirmado. ‖ **~ in pártibus, u ~ in pártibus infidélium.** M. El que toma título de país o territorio ocupado por los infieles y en el cual no reside. ‖ **~ regionario.** M. hist. El que no tenía sede determinada e iba a predicar en diferentes lugares o a ejercer su ministerio donde lo llamaba la necesidad. ‖ **~ sufragáneo.** M. El de una diócesis que con otra u otras compone la provincia del metropolitano. ‖ **~ titular.** M. **obispo in pártibus.** ‖ **trabajar para el ~.** LOC. VERB. coloq. Trabajar sin recompensa.

óbito. M. Fallecimiento de una persona.

obituario. M. **1.** Libro parroquial en que se anotan las partidas de defunción y de entierro. ‖ **2. necrología.** ‖ **3.** Sección necrológica de un periódico.

objeción. F. Razón que se propone o dificultad que se presenta en contra de una opinión o propósito, o para impugnar una proposición. ‖ **~ de conciencia.** F. Especialmente en el servicio militar, negativa a realizar actos o servicios invocando motivos éticos o religiosos.

objetante. ADJ. Que objeta. U. t. c. s.

objetar. I. TR. **1.** Oponer reparo a una opinión o propósito. *¿Objeta algo a mi propuesta?* ‖ **2.** Oponer una razón a lo que se ha dicho o intentado. *Ella objetó: «A esa hora yo no podré estar aquí».* ‖ **II.** INTR. **3.** Acogerse a la objeción de conciencia.

objetivación. F. Acción y efecto de objetivar.

objetivamente. ADV. M. **1.** De manera objetiva, desapasionada. *Un discurso objetivamente construido.* ‖ **2.** En cuanto al objeto, o por razón del objeto. *Un concepto objetivamente válido.*

objetivar. TR. Dar carácter objetivo a una idea o sentimiento.

objetividad. F. Cualidad de objetivo.

objetivismo. M. **1.** Cada uno de los planteamientos científicos o filosóficos que sostienen la realidad de valores y verdades con independencia del sujeto. ‖ **2.** En arte y literatura, tendencia a valorar especialmente lo objetivo y no lo subjetivo.

objetivista. ADJ. Perteneciente o relativo al objetivismo.

objetivo, va. I. ADJ. **1.** Perteneciente o relativo al objeto en sí mismo, con independencia de la propia manera de pensar o de sentir. *Análisis objetivo.* ‖ **2.** Desinteresado, desapasionado. *Quiero ser objetivo, aun en momentos tan difíciles como estos.* ‖ **3.** *Fil.* Que existe realmente, fuera del sujeto que lo conoce. ‖ **4.** *Med.* Dicho de un síntoma: Que resulta perceptible. ‖ **II.** M. **5.** objeto (‖ fin o intento). ‖ **6.** *Mil.* Blanco para ejercitarse en el tiro. ‖ **7.** *Mil.* Objeto sobre el que se dispara un arma de fuego. ‖ **8.** *Mil.* Punto o zona que se pretende alcanzar u ocupar como resultado de una operación militar. ‖ **9.** *Ópt.* Lente o sistema de lentes de los instrumentos ópticos, colocado en la parte que se dirige hacia el objeto.

objeto. M. **1.** Todo lo que puede ser materia de conocimiento o sensibilidad de parte del sujeto, incluso este mismo. ‖ **2.** Cosa que sirve de materia o asunto al ejercicio de las facultades mentales. ‖ **3.** Fin o intento a que se dirige o encamina una acción u operación. ‖ **4.** Materia o asunto de que se ocupa una ciencia o estudio. ‖ **5. cosa.** ‖ **~ directo.** M. *Gram.* **complemento directo.** ‖ **~ indirecto.** M. *Gram.* **complemento indirecto.** ‖ **al,** o **con, ~ de,** o **con el ~ de.** LOCS. CONJUNTS. FINALES. Con la finalidad de, para. *Vengo al objeto de quedarme. Vengo con objeto de quedarme.* ‖ **al,** o **con, ~ de que,** o **con el ~ de que.** LOCS. CONJUNTS. FINALES. **para que.** *Te llamo con objeto de que vengas. Vino al objeto de que recuperases tu dinero.* □ V. **hombre ~, mujer ~.**

objetor, ra. I. ADJ. **1.** Que objeta. *Levantó su dedo objetor.* Apl. a pers., u. t. c. s. ‖ **II.** M. y F. **2. objetor de conciencia.** ‖ **~ de conciencia.** M. y F. Persona que hace objeción de conciencia.

oblación. F. Ofrenda y sacrificio que se hace a Dios.

oblada. F. hist. Ofrenda que se llevaba a la iglesia y se daba por los difuntos, que regularmente era un pan.

oblata. F. En la misa, la hostia ofrecida y puesta sobre la patena, y el vino en el cáliz, antes de ser consagrados. *Incensar la oblata.*

oblativo, va. ADJ. Perteneciente o relativo a la oblación.

oblato, ta. I. ADJ. **1.** hist. Se decía de los niños ofrecidos por sus padres a Dios y confiados a un monasterio para que se educaran culta y piadosamente y, si se aficionaban, entrasen en religión. U. t. c. s. ‖ **2.** Se dice del

religioso de alguna de las diversas congregaciones que se dan a sí mismas el nombre de oblatos u oblatas. U. t. c. s. ‖ **II.** M. **3.** Entre los benedictinos, seglar que los asiste con hábito como sirviente.

oblea. F. **1.** Hoja delgada de pan ácimo. ‖ **2.** Hoja delgada hecha con harina, sal y agua, que se utiliza como cubierta o base de algunos dulces. ‖ **3.** hist. Hoja muy delgada hecha de harina y agua o de goma arábiga, cuyos trozos servían para pegar sobres, cubiertas de oficios, cartas, etc. ‖ **4.** Cada uno de estos trozos.

oblicuángulo, la. ADJ. *Geom.* Dicho de una figura o de un poliedro: Que no tienen recto ninguno de sus ángulos. □ V. **triángulo ~.**

oblicuar. TR. Dar a algo dirección oblicua con relación a otra cosa. MORF. conjug. c. *actuar* y c. *averiguar.*

oblicuidad. F. **1.** Dirección al sesgo, de través, con inclinación. ‖ **2.** *Geom.* Cualidad de oblicuo. ‖ **~ de la eclíptica.** F. *Astr.* Ángulo que forma la eclíptica con el ecuador, y que en la actualidad es de 23 grados y 27 minutos.

oblicuo, cua. ADJ. **1.** Sesgado, inclinado de través o desviado de la horizontal. ‖ **2.** *Geom.* Dicho de un plano o de una línea: Que cortan a otro u otra, formando un ángulo que no es recto. □ V. **cilindro ~, cono ~.**

obligación. F. **1.** Cosa que alguien está obligado a hacer. ‖ **2.** Imposición o exigencia moral que debe regir la voluntad libre. ‖ **3.** Vínculo que sujeta a hacer o abstenerse de hacer algo, establecido por precepto de ley, por voluntario otorgamiento o por derivación recta de ciertos actos. ‖ **4.** Correspondencia que alguien debe tener y manifestar al beneficio que ha recibido de otra persona. ‖ **5.** Título, comúnmente amortizable, al portador y con interés fijo, que representa una suma prestada o exigible por otro concepto a la persona o entidad que lo emitió. ‖ **6.** pl. Familia que cada uno tiene que mantener, y particularmente la de los hijos y parientes. *Estar cargado de obligaciones.* ‖ **~ solidaria.** F. *Der.* Aquella en que cada uno de los acreedores puede reclamar por sí la totalidad del crédito, o en que cada uno de los deudores está obligado a satisfacer la deuda entera, sin perjuicio del posterior abono o resarcimiento que el cobro o el plazo determinen entre quien lo realiza y el resto de los interesados.

obligacionista. COM. Portador o tenedor de una o varias obligaciones negociables.

obligado, da. PART. de obligar. ‖ **I.** ADJ. **1.** Dicho de una cosa: De realización forzosa por imposición legal, moral, social, etc. *Asistencia obligada.* ‖ **II.** M. y F. **2.** *Der.* Persona que ha contraído legalmente una obligación a favor de otra. ‖ **III.** M. **3.** *Mús.* Parte que canta o toca un músico como principal, acompañándole las demás voces e instrumentos.

obligar. I. TR. **1.** Mover e impulsar a hacer o cumplir algo. *Obligaron a los vendedores a revisar el producto.* U. t. c. intr. *La ley obliga a todos los ciudadanos.* ‖ **2.** Hacer fuerza en una cosa para conseguir un efecto. *Esta pieza no entra en la hendidura sino obligándola.* ‖ **II.** PRNL. **3.** Comprometerse a cumplir algo.

obligativo, va. ADJ. obligatorio.

obligatoriedad. F. Cualidad de obligatorio.

obligatorio, ria. ADJ. Dicho de una cosa: Que obliga a su cumplimiento y ejecución.

obliteración. F. Acción y efecto de obliterar.

obliterante. □ V. **tromboangitis ~.**

obliterar. TR. **1.** Anular, tachar, borrar. *Obliterar sellos de correos.* || **2.** Med. Obstruir o cerrar un conducto o cavidad. U. t. c. prnl.

oblongo, ga. ADJ. Más largo que ancho. *Hojas oblongas.*

obnubilación. F. Acción y efecto de obnubilar.

obnubilar. TR. **1. nublar** (|| ofuscar o confundir). *Los intereses gremialistas acaban por obnubilar las mentes más lúcidas.* U. t. c. prnl. || **2. nublar** (|| hacer que la visión se vuelva turbia). *La bebida es capaz de obnubilar la visión al más sereno.* U. t. c. prnl.

oboe. **I.** M. **1.** Instrumento musical de viento, semejante a la dulzaina, de cinco a seis decímetros de largo, con seis agujeros y desde dos hasta trece llaves. De sus tres segmentos, el primero tiene en su extremidad superior un tudel que remata en una boquilla o lengüeta de caña, mientras que el tercero va ensanchándose hasta terminar en forma de campana. || **II.** COM. **2. oboísta.**

oboísta. COM. Músico que toca el oboe.

óbolo. M. **1.** Cantidad pequeña con la que se contribuye para un fin determinado. || **2.** hist. Moneda de los antiguos griegos, que era la sexta parte de la dracma. || **~ de san Pedro.** M. Rel. Contribución económica de los fieles católicos de todo el mundo para el sostenimiento de la Santa Sede.

obra. F. **1.** Cosa hecha o producida por un agente. *La erosión de los acantilados es obra del mar.* || **2.** Producto intelectual en ciencias, letras o artes, y con particularidad el que es de alguna importancia. || **3.** Tratándose de libros, volumen o volúmenes que contienen un trabajo literario completo. || **4.** Edificio en construcción. *Está prohibido entrar a la obra sin casco.* || **5.** Lugar donde se está construyendo algo, o arreglando el pavimento. *En mi calle hay muchas obras.* || **6.** Arreglo o renovación que se hace en un edificio. *Tengo que hacer obra en la cocina de mi casa.* || **7.** Medio, virtud o poder. *Por obra del Espíritu Santo.* || **8.** Cantidad que se satisface como fábrica para una parroquia, colegiata, catedral, etc. || **~ de caridad.** F. La que se hace en bien del prójimo. || **~ de fábrica.** F. Puente, viaducto, alcantarilla u otra de las construcciones semejantes que se ejecutan en una vía de comunicación, acueducto, etc., diferentes de las explanaciones. || **~ de misericordia.** F. Cada uno de aquellos actos con que se socorre al necesitado, corporal o espiritualmente. || **~ de romanos.** F. Cosa que cuesta mucho trabajo y tiempo, o que es grande, perfecta y acabada en su línea. || **~ de taller.** F. La realizada en un taller de artes plásticas, bajo la dirección del maestro, por los colaboradores y discípulos. || **~ muerta.** F. Mar. Parte del casco de un barco que está por encima de la línea de flotación. || **~ pía.** F. Establecimiento piadoso para el culto de Dios o el ejercicio de la caridad con el prójimo. || **~ prima.** F. La de zapatería que se hace nueva, a distinción de la de componer y remendar el calzado. || **~ pública.** F. La que es de interés general y se destina a uso público; p. ej., un camino, un puerto, un faro, etc. || **~ social.** F. Centro o institución con fines benéficos o culturales. || **~ viva.** F. Mar. **fondos** (|| parte sumergida del casco de un buque). || **buena ~.** F. **obra de caridad.** || **de ~.** LOC.ADV. De manera material y corpórea, por oposición a la verbal o inmaterial. *Maltratar de palabra y de obra.* || **poner por ~** algo. LOC.VERB. Emprenderlo, dar principio a ello. || **por ~ de.** LOC. PREPOS. Debido a la acción o influencia de. □ V. **contrato de ~, hijo de sus ~s, mano de ~, plan de ~s.**

obrada. F. Labor que en un día hace una persona cavando la tierra, o una yunta arándola.

obrador, ra. **I.** ADJ. **1.** Que obra. *Oficial obrador.* Apl. a pers., u. t. c. s. || **II.** M. **2.** Taller artesanal, especialmente el de confitería y repostería.

obraje. M. **1.** hist. Lugar donde se labraban paños y otras cosas para el uso común. || **2.** hist. Prestación de trabajo que se imponía a los indios de la América hispana.

obrajero. M. Capataz o jefe que gobierna la gente que trabaja en una obra.

obrar. **I.** TR. **1.** Hacer algo, trabajar en ello. *Obrar un tejido.* || **2.** Ejecutar o practicar algo no material. *Obrar un milagro.* || **3.** Construir, edificar, hacer una obra. || **II.** INTR. **4.** Dicho de una cosa: Causar, producir o hacer efecto. *El remedio tardará en obrar.* || **5.** Evacuar el vientre. || **6.** Dicho de una cosa: Existir en sitio determinado. *El expediente obra en poder del fiscal.* □ V. **capacidad de ~.**

obregón. M. hist. Cada uno de los miembros de la congregación de hospitalarios fundada en Madrid por Bernardino de Obregón, en el año 1565. U. m. en pl.

obrería. F. **1.** Renta destinada para la fábrica de la iglesia o de otras comunidades. || **2.** Cuidado de ella. || **3.** Sitio u oficina destinada para este despacho.

obrerismo. M. **1.** Régimen económico fundado en el predominio del trabajo obrero como elemento de producción y creador de riqueza. || **2.** Conjunto de los obreros, considerado como entidad económica. || **3.** Conjunto de actitudes y doctrinas sociales encaminadas a mejorar las condiciones de vida de los obreros.

obrerista. ADJ. Perteneciente o relativo al obrerismo.

obrero, ra. **I.** ADJ. **1.** Que trabaja. *Gente obrera.* || **2.** Perteneciente o relativo al trabajador. *Movimiento obrero.* || **II.** M. y F. **3.** Trabajador manual retribuido. || **III.** M. **4.** hist. Encargado de cuidar de las obras en las iglesias o comunidades. En algunas catedrales era dignidad. □ V. **abeja ~.**

obscenidad. F. **1.** Cualidad de obsceno. || **2.** Cosa obscena. *Un libro lleno de obscenidades.*

obsceno, na. ADJ. Impúdico, torpe, ofensivo al pudor. *Hombre, poeta obsceno. Canción, pintura obscena.*

obscurantismo. M. oscurantismo.

obscurantista. ADJ. oscurantista. Apl. a pers., u. t. c. s.

obscurecer[1]. TR. oscurecer[1]. U. t. c. intr. y c. prnl. MORF. conjug. c. *agradecer.*

obscurecer[2]. M. oscurecer[2].

obscurecimiento. M. oscurecimiento.

obscuridad. F. oscuridad.

obscuro, ra. ADJ. oscuro.

obsecuencia. F. Sumisión, amabilidad, condescendencia.

obsecuente. ADJ. Obediente, rendido, sumiso. *Criados obsecuentes.*

obsequiante. COM. Persona que obsequia.

obsequiar. TR. **1.** Agasajar a alguien con atenciones, servicios o regalos. || **2.** Requebrar a una mujer. ¶ MORF. conjug. c. *anunciar.*

obsequio. M. **1.** Acción de obsequiar. || **2.** Regalo que se hace. || **en ~ a,** o **en ~ de.** LOCS. PREPOS. **en atención a.**

obsequiosidad. F. Cualidad de obsequioso.

obsequioso, sa. ADJ. Rendido, cortés y dispuesto a hacer la voluntad de otro. *Subalternos obsequiosos.*

observación. F. Acción y efecto de observar.

observacional. ADJ. Fundado en la observación. *Aprendizaje observacional.*

observador, ra. I. ADJ. **1.** Que observa. *País observador.* Apl. a pers., u. t. c. s. || **II.** M. y F. **2.** Persona que es admitida en congresos, reuniones científicas, literarias, etc., sin ser miembro de pleno derecho. || **III.** M. **3.** hist. En los primeros tiempos de la aviación militar, tripulante de un vehículo aéreo encargado de la exploración y reconocimiento.

observancia. F. **1.** Cumplimiento exacto y puntual de lo que se manda ejecutar, como una ley, un estatuto o una regla. || **2.** hist. En algunas órdenes religiosas, estado antiguo de ellas, a distinción de la reforma. || **regular ~.** F. hist. observancia (|| estado antiguo de una orden religiosa).

observante. ADJ. **1.** Que **observa** (|| cumple lo que se manda). *Persona observante de las normas.* || **2.** hist. Se decía de algunas religiones, a diferencia de las reformadas.

observar. TR. **1.** Examinar atentamente. *Observar los síntomas de una enfermedad. Observar el movimiento de los astros.* || **2.** Guardar y cumplir exactamente lo que se manda y ordena. *Observar las leyes.* || **3.** Advertir, reparar. *Observo que no ha venido el profesor.* || **4.** Mirar con atención y cautela, atisbar. *Le gustaba observar la calle tras los visillos.*

observatorio. M. **1.** Lugar o posición que sirve para hacer observaciones. || **2.** Instalación dedicada a observaciones, por lo común astronómicas o meteorológicas.

obsesión. F. **1.** Perturbación anímica producida por una idea fija. || **2.** Idea fija o recurrente que condiciona una determinada actividad.

obsesionante. ADJ. Que causa obsesión. *Idea obsesionante.*

obsesionar. TR. Causar obsesión. U. t. c. prnl.

obsesivo, va. ADJ. Perteneciente o relativo a la obsesión.

obsesivo-compulsivo, va. ADJ. *Psiquiatr.* Dicho de una persona: Que tiene ideas y hábitos que considera absurdos, pero que se le imponen contra su voluntad, impidiendo o dificultando el desarrollo de su actividad normal. U. t. c. s.

obseso, sa. ADJ. Que padece obsesión. U. t. c. s.

obsidiana. F. Roca volcánica vítrea, de color negro o verde muy oscuro. Es un feldespato fundido de manera natural, con el que los indios americanos hacían armas cortantes, flechas y espejos.

obsidional. ADJ. Perteneciente o relativo al sitio de una plaza.

obsolescencia. F. Cualidad de obsolescente.

obsolescente. ADJ. Que está volviéndose obsoleto, que está cayendo en desuso. *Fábrica obsolescente.*

obsoleto, ta. ADJ. **1.** Poco usado. *Alicientes cada vez más obsoletos.* || **2.** Anticuado, inadecuado a las circunstancias actuales. *Una ley obsoleta.*

obstaculización. F. Acción y efecto de obstaculizar.

obstaculizar. TR. Impedir o dificultar la consecución de un propósito.

obstáculo. M. **1.** Impedimento, dificultad, inconveniente. || **2.** En algunos deportes, cada una de las dificultades que presenta una pista.

obstante. no ~. LOC. CONJUNT. Sin que estorbe ni perjudique para algo. U. t. c. loc. prepos. *No obstante su edad, era muy maduro.*

obstar. INTR. Impedir, estorbar, hacer contradicción.

obstetra. COM. *Med.* tocólogo.

obstetricia. F. Parte de la medicina que trata de la gestación, el parto y el puerperio.

obstétrico, ca. ADJ. *Med.* Perteneciente o relativo a la obstetricia.

obstinación. F. **1.** Acción y efecto de **obstinarse** (|| mantenerse en su resolución). || **2.** *Á. Caribe.* tedio.

obstinado, da. PART. de **obstinarse.** || ADJ. **1.** Que **se obstina** (|| se mantiene en su resolución). || **2.** Propio o característico de una persona obstinada. *Decisión obstinada.* || **3.** *Á. Caribe.* Fastidiado, harto.

obstinante. ADJ. **1.** *Á. Caribe.* Dicho de una cosa: Que produce exasperación. || **2.** *Á. Caribe.* Dicho de una cosa: Que produce tedio.

obstinarse. PRNL. **1.** Dicho de una persona: Mantenerse en su resolución, insistir con necedad y pertinacia, sin dejarse vencer por los ruegos y amonestaciones razonables ni por obstáculos o reveses. || **2.** Dicho de un pecador: Negarse a las persuasiones cristianas. || **3.** *Á. Caribe.* Aburrirse, hastiarse, cansarse de alguien o algo.

obstrucción. F. **1.** Acción y efecto de obstruir u obstruirse. || **2.** En asambleas políticas u otros cuerpos deliberantes, táctica encaminada a impedir o retardar los acuerdos. || **3.** *Med.* Impedimento para el paso de las materias sólidas, líquidas o gaseosas en las vías del cuerpo.

obstruccionismo. M. Ejercicio de la obstrucción en asambleas deliberantes.

obstruccionista. ADJ. **1.** Perteneciente o relativo al obstruccionismo. *Tácticas obstruccionistas.* || **2.** Que practica el obstruccionismo. U. t. c. s.

obstructor, ra. ADJ. Que obstruye. Apl. a pers., u. t. c. s.

obstruir. I. TR. **1.** Estorbar el paso, cerrar un conducto o camino. || **2.** Impedir la acción. *Obstruir el progreso de una relación sentimental.* || **II.** PRNL. **3.** Dicho de un agujero, de una grieta, de un conducto, etc.: Cerrarse o taparse. ¶ MORF. conjug. c. *construir.*

obtemperar. TR. Obedecer, asentir.

obtención. F. Acción y efecto de obtener.

obtener. TR. **1.** Alcanzar, conseguir y lograr algo que se merece, solicita o pretende. *Obtener un éxito, un ascenso.* || **2.** Fabricar o extraer un material o un producto con ciertas cosas o de cierta manera. *Obtener una aleación nueva.* ¶ MORF. conjug. c. *tener.*

obtentor, ra. ADJ. Que obtiene o ha obtenido algo, especialmente una nueva variedad vegetal. Apl. a pers., u. m. c. s.

obturación. F. Acción y efecto de obturar.

obturador, ra. I. ADJ. **1.** Que sirve para obturar. *Membrana obturadora.* Apl. a un dispositivo, u. t. c. s. m. || **II.** M. **2.** *Fotogr.* Dispositivo mecánico de la cámara fotográfica por el que se controla el tiempo de exposición de la película o la luz.

obturar. TR. Tapar o cerrar una abertura o un conducto introduciendo o aplicando un cuerpo.

obtusángulo. □ V. **triángulo ~.**

obtuso, sa. ADJ. **1.** **torpe** (|| tardo en comprender). *Mentes obtusas.* || **2.** **romo** (|| sin punta). *Hojas obtusas.* □ V. **ángulo ~.**

obús. M. **1.** *Mil.* Proyectil disparado por una pieza de artillería. || **2.** *Mil.* Pieza de artillería de menor longitud que el cañón en relación con su calibre. || **3.** *Mec.* Pieza que sirve de cierre a la válvula del neumático, y está formada principalmente de un obturador cónico y de un resorte. □ V. **cañón ~.**

obusera. □ V. **lancha ~.**

obvención. F. Utilidad, fija o eventual, además del sueldo que se disfruta. U. m. en pl.

obvencional. ADJ. Perteneciente o relativo a la obvención. *Renta obvencional.*

obviar. TR. Evitar, rehuir, apartar y quitar de en medio obstáculos o inconvenientes. MORF. conjug. c. *anunciar.*

obviedad. F. **1.** Cualidad de obvio. ‖ **2.** Manifestación o proposición obvia.

obvio, via. ADJ. Muy claro o que no tiene dificultad. *Razones obvias.*

oc. ☐ V. **lengua de ~.**

oca¹. F. **1.** Ganso doméstico, por lo general de color completamente blanco. ‖ **2.** Juego de mesa con 63 casillas en las que aparece dibujada una oca cada nueve, y a lo largo de las cuales se mueve una ficha de acuerdo con la tirada de los dados. ☐ V. **paso de la ~.**

oca². F. **1.** Planta anual de la familia de las Oxalidáceas, con tallo herbáceo, erguido y ramoso, hojas compuestas de tres hojuelas ovales, flores pedunculadas, amarillas, con estrías rojas y pétalos dentados, y raíz con tubérculos feculentos, casi cilíndricos, de color amarillo y sabor dulce, que en el Perú y en Ecuador se comen cocidos. ‖ **2.** Raíz de esta planta.

ocal. ADJ. Se dice de ciertas peras y manzanas muy gustosas y delicadas, de otras frutas y de cierta especie de rosas.

ocarina. F. Instrumento musical de forma ovoide más o menos alargada y de varios tamaños, con ocho agujeros que modifican el sonido según se tapan con los dedos. Es de timbre muy dulce.

ocasión. F. **1.** Oportunidad que se ofrece para ejecutar o conseguir algo. ‖ **2.** Causa o motivo por que se hace o acaece algo. *Se hizo una tirada especial con ocasión del cuarto centenario del* Quijote. ‖ **~ próxima.** F. Rel. Aquella en que siempre o casi siempre se cae en la culpa, por lo cual en conciencia impone la obligación grave de evitarla. ‖ **~ remota.** F. Rel. Aquella que de suyo no induce a pecado, por lo cual no hay obligación grave de evitarla. ‖ **de ~.** LOC.ADJ. **1.** Dicho de un objeto: De segunda mano o que se adquiere en condiciones ventajosas. ‖ **2.** ocasional. *Tuvo que ejercer de médico de ocasión.* ‖ **la ~ la pintan calva.** EXPR. Se usa para indicar que se deben aprovechar las oportunidades cuando se presentan.

ocasional. ADJ. Que sobreviene por una ocasión o de manera accidental. *Delincuencia ocasional.*

ocasionalismo. M. Fil. Teoría según la cual las causas aparentemente naturales son solo ocasiones para que la voluntad divina intervenga o actúe.

ocasionar. TR. Ser causa o motivo para que suceda algo.

ocaso. M. **1.** Puesta del Sol o de otro astro. ‖ **2. Oeste** (‖ punto cardinal). ORTOGR. Escr. con may. inicial. ‖ **3.** Decadencia, declinación, acabamiento. *El ocaso de la civilización maya.*

occidental. ADJ. **1.** Perteneciente o relativo al occidente. *Los países occidentales de Europa.* ‖ **2.** Natural de occidente. U. t. c. s.

occidentalismo. M. **1.** Carácter occidental. *El occidentalismo de los franceses.* ‖ **2.** Defensa de los valores que se consideran propios del mundo occidental o inclinación hacia algunos de ellos. *El occidentalismo de la política comunitaria. El occidentalismo de algunos países africanos.*

occidentalista. ADJ. **1.** Perteneciente o relativo al occidentalismo. *Pensamiento occidentalista.* ‖ **2.** Partidario o defensor del occidentalismo. U. t. c. s.

occidentalización. F. Acción y efecto de occidentalizar.

occidentalizante. ADJ. Propio o característico de la cultura o de las costumbres occidentales.

occidentalizar. TR. Dotar de características que se consideran propias de la cultura o de la forma de vida occidentales. U. t. c. prnl. *Se occidentalizan solo en el vestuario.*

occidente. M. **1. Oeste** (‖ punto cardinal). *El Sol se pone por el Occidente.* ORTOGR. Escr. con may. inicial. ‖ **2. oeste** (‖ región situada en la parte oeste). *El occidente de Galicia.* ‖ **3. oeste** (‖ lugar situado al oeste de otro). *Bolivia está al occidente del Paraguay.* ‖ **4.** Conjunto formado por los Estados Unidos y diversos países que comparten básicamente un mismo sistema social, económico y cultural. ORTOGR. Escr. con may. inicial.

occiduo, dua. ADJ. Perteneciente o relativo al ocaso. *Luz occidua.*

occipital. I. ADJ. **1.** Perteneciente o relativo al occipucio. *Área occipital.* ‖ **II.** M. **2.** Anat. **hueso occipital.**

occipucio. M. Parte de la cabeza por donde esta se une con las vértebras del cuello.

occisión. F. Muerte violenta.

occiso, sa. ADJ. Muerto violentamente. U. m. c. s.

occitánico, ca. I. ADJ. **1.** occitano. Apl. a pers., u. t. c. s. ‖ **II.** M. **2. lengua de oc.**

occitano, na. I. ADJ. **1.** Natural de Occitania. U. t. c. s. ‖ **2.** Perteneciente o relativo a esta antigua región del mediodía de Francia. ‖ **II.** M. **3. lengua de oc.**

oceánico¹, ca. ADJ. Perteneciente o relativo al océano. ☐ V. **dorsal ~.**

oceánico², ca. ADJ. Perteneciente o relativo a Oceanía.

oceánidas. F. pl. Ninfas del mar, hijas del dios Océano.

océano. M. **1.** Grande y dilatado mar que cubre la mayor parte de la superficie terrestre. ‖ **2.** Cada una de las grandes subdivisiones de este mar. *Océano Atlántico, Pacífico, Índico, Boreal, Austral.* ‖ **3.** Inmensidad de algunas cosas. *Un océano de tinta. Un océano de pasión.*

oceanografía. F. Ciencia que estudia los mares y sus fenómenos, así como la fauna y la flora marinas.

oceanográfico, ca. ADJ. Perteneciente o relativo a la oceanografía.

oceanógrafo, fa. M. y F. Persona que profesa la oceanografía, o que tiene en ella especiales conocimientos.

ocelado, da. ADJ. Zool. Que tiene ocelos.

ocelo. M. **1.** Zool. Cada ojo simple de los que forman un ojo compuesto de los artrópodos. ‖ **2.** Zool. Mancha redonda y bicolor en las alas de algunos insectos o en las plumas de ciertas aves.

ocelote. M. Felino americano de cerca de un metro y medio de longitud, de pelaje de color amarillento con rayas y lunares negros en todo el cuerpo, cola anillada, orejas negras y punteadas de blanco. Se encuentra desde Arizona hasta el norte de la Argentina.

ocena. F. Med. Fetidez patológica de la membrana pituitaria.

ochava. F. **1.** chaflán (‖ plano que, en lugar de esquina, une dos parámetros). ‖ **2.** Parte de la acera correspondiente al chaflán.

ochavo. M. hist. Antigua moneda española de cobre con peso de un octavo de onza. ‖ **~ moruno.** M. hist. Antigua moneda de cobre sin acuñación identificable, equivalente a un ochavo ordinario. ‖ **no tener un ~.** LOC.VERB. No tener dinero.

ochenta. **I.** ADJ. **1.** Ocho veces diez. ‖ **2. octogésimo** (‖ que sigue en orden al septuagésimo noveno). *Número ochenta. Año ochenta.* ‖ **II.** M. **3.** Conjunto de signos con que se representa el número ochenta.

ochentavo, va. ADJ. Se dice de cada una de las 80 partes iguales en que se divide un todo. U. t. c. s. m.

ochentón, na. ADJ. coloq. **octogenario.** U. t. c. s. U. m. en sent. despect.

ocho. **I.** ADJ. **1.** Siete más uno. ‖ **2. octavo** (‖ que sigue en orden al séptimo). *Número ocho. Año ocho.* Apl. a los días del mes, u. t. c. s. m. *El ocho de octubre.* ‖ **II.** M. **3.** Signo o conjunto de signos con que se representa el número ocho. ‖ **4.** Naipe que tiene ocho señales. *El ocho de oros.* ‖ **III.** F. **5.** pl. Octava hora a partir de mediodía o de medianoche. *Siempre viene a las ocho.* ‖ **dar igual,** o **dar lo mismo,** a alguien **~ que ochenta.** LOCS.VERBS. coloqs. Parecerle sin importancia una o más cosas que no deberían ser indiferentes. *Se ha quedado sin trabajo, pero a él le da lo mismo ocho que ochenta.* □ V. **compás de cinco por ~, compás de doce por ~, compás de nueve por ~, compás de seis por ~, real de a ~.**

ochocientos, tas. **I.** ADJ. **1.** Ocho veces ciento. ‖ **2. octingentésimo** (‖ que sigue en orden al septingentésimo nonagésimo noveno). *Número ochocientos. Año ochocientos.* ‖ **II.** M. **3.** Conjunto de signos con que se representa el número ochocientos.

ociar. INTR. Dejar el trabajo, darse al ocio. U. t. c. prnl. MORF. conjug. c. *anunciar.*

ocio. M. **1.** Cese del trabajo, inacción o total omisión de la actividad. ‖ **2.** Tiempo libre de una persona. ‖ **3.** Diversión u ocupación reposada, especialmente en obras de ingenio, porque estas se toman regularmente por descanso de otras tareas.

ociosidad. F. Situación de no trabajar, perder el tiempo o gastarlo inútilmente.

ocioso, sa. ADJ. **1.** Que está sin trabajo o sin hacer algo. U. t. c. s. ‖ **2.** Que no tiene uso ni ejercicio de aquello a que está destinado. *Herramienta ociosa.* ‖ **3.** Inútil, sin fruto, provecho ni sustancia. *Distinciones ociosas.* □ V. **palabra ~.**

oclocracia. F. Gobierno de la muchedumbre o de la plebe.

ocluir. TR. *Med.* Cerrar un conducto, como un intestino, con algo que lo obstruya, o una abertura, como la de los párpados, de modo que no se pueda abrir naturalmente. U. t. c. prnl. MORF. conjug. c. *construir.*

oclusión. F. **1.** Acción y efecto de ocluir. ‖ **2.** *Fon.* Cierre completo del canal vocal de una articulación.

oclusiva. F. *Fon.* Consonante oclusiva.

oclusivo, va. ADJ. **1.** Perteneciente o relativo a la oclusión. *Síntomas oclusivos.* ‖ **2.** Que la produce. *Trombo oclusivo.* ‖ **3.** *Fon.* Dicho de una consonante: Que se articula con los órganos de la palabra formando en algún punto del canal vocal un contacto que interrumpe la salida del aire espirado.

ocoeño, ña. ADJ. **1.** Natural de Ocoa, provincia de la República Dominicana, o de San José de Ocoa, su capital. U. t. c. s. ‖ **2.** Perteneciente o relativo a esta provincia o a su capital.

ocotal. M. *Am. Cen.* y *Méx.* Terreno poblado de ocotes.

ocotaleño, ña. ADJ. **1.** Natural de Ocotal. U. t. c. s. ‖ **2.** Perteneciente o relativo a esta ciudad de Nicaragua, cabecera del departamento de Nueva Segovia.

ocote. M. Se usa como nombre genérico para referirse a varias especies de pino americano, aromático y resi-

noso, nativo desde México a Nicaragua, que mide de 15 a 25 m de altura.

ocotepecano, na. ADJ. **1.** Natural de Ocotepeque. U. t. c. s. ‖ **2.** Perteneciente o relativo a este departamento de Honduras o a su capital.

ocotillo. M. *Méx.* Arbusto que ramifica desde el suelo, con flores rojas, cuya corteza produce resina.

ocozol. M. Árbol norteamericano de la familia de las Hamamelidáceas, de unos quince metros de altura, con tronco grueso y liso, copa grande y espesa, hojas alternas, pecioladas y partidas en cinco lóbulos dentellados, flores verdosas unisexuales, apétalas, y fruto capsular. El tronco y las ramas exudan el liquidámbar.

ocráceo, a. ADJ. Que participa de las cualidades del ocre, especialmente del color.

ocre. M. **1.** Mineral terroso, deleznable, de color amarillo, que es un óxido de hierro hidratado, frecuentemente mezclado con arcilla. Sirve como mena de hierro y se emplea en pintura. ‖ **2.** Mineral terroso de color amarillo. *Ocre de antimonio. Ocre de bismuto. Ocre de níquel.* ‖ **3.** Color de cualquiera de estos minerales. U. t. c. adj. ‖ **~ rojo.** M. **almagre** (‖ óxido rojo de hierro).

octacordio. M. **1.** Sistema musical compuesto de ocho sonidos. ‖ **2.** hist. Instrumento musical griego antiguo que tenía ocho cuerdas.

octaédrico, ca. ADJ. **1.** *Geom.* Perteneciente o relativo al octaedro. *Simetría octaédrica.* ‖ **2.** De forma de octaedro. *Cuerpo octaédrico.*

octaedro. M. *Geom.* Poliedro de ocho caras o planos.

octagonal. ADJ. **octogonal.**

octágono, na. ADJ. *Geom.* Se dice del polígono de ocho ángulos y ocho lados. U. m. c. s. m.

octanaje. M. Número de octanos de un carburante.

octano. M. *Quím.* Hidrocarburo alifático saturado de ocho átomos de carbono. □ V. **índice de ~.**

octástilo, la. ADJ. *Arq.* Dicho especialmente de un edificio de estilo clásico: Que presenta una fila de ocho columnas en la fachada.

octava. F. **1.** Espacio de ocho días, durante los cuales la Iglesia católica celebra una fiesta solemne o hace conmemoración del objeto de ella. ‖ **2.** Último de esos ocho días. ‖ **3. octava real.** ‖ **4.** Combinación de ocho versos, cualquiera que sea el número de sílabas de que estos se compongan y el modo de estar en ella ordenados los consonantes. ‖ **5.** *Mús.* Sonido que forma la consonancia más sencilla y perfecta con otro, y en la octava alta es producido por un número exactamente doble de vibraciones que este. ‖ **6.** *Mús.* Serie diatónica en que se incluyen los siete sonidos constitutivos de una escala y la repetición del primero de ellos. ‖ **~ real,** u **~ rima.** F. Combinación métrica de ocho versos endecasílabos, en que los seis primeros riman alternamente y los dos últimos forman un pareado.

octavar. INTR. *Mús.* Formar octavas en los instrumentos de cuerdas.

octavario. M. Período de ocho días.

octaviana. □ V. **paz ~.**

octavilla. F. **1.** Octava parte de un pliego de papel. ‖ **2.** Volante de propaganda política o social. ‖ **3.** Estrofa de ocho versos de arte menor.

octavo, va. ADJ. **1.** Que sigue inmediatamente en orden al o a lo séptimo. ‖ **2.** Se dice de cada una de las ocho partes iguales en que se divide un todo. U. t. c. s. m. ‖ **octavos de final.** M. pl. Conjunto de las ocho competiciones cuyos ganadores pasan a los cuartos de final de un campeonato o concurso que se gana por eliminación de quienes se van enfrentando. ‖ **en octavo.** LOC.ADJ. **1.** Dicho de un libro, de un folleto, etc.: Que tiene el tamaño de la octava parte de un pliego. ‖ **2.** Dicho de un libro: De altura comprendida entre 16 y 22 cm. ‖ **en octavo mayor.** LOC.ADJ. En octavo que excede a la marca ordinaria de este tamaño. ‖ **en octavo menor.** LOC.ADJ. En octavo más pequeño que dicha marca.

octavofinalista. ADJ. Que contiene en los octavos de final de una competición o concurso. U. t. c. s.

octeto. M. **1.** *Mús.* Composición para ocho instrumentos u ocho voces. ‖ **2.** *Mús.* Conjunto de estos ocho instrumentos o voces. ‖ **3.** *Inform.* Carácter o unidad de información compuesto de ocho bits.

octillizo, za. ADJ. Nacido de un parto óctuple. U. t. c. s.

octingentésimo, ma. ADJ. **1.** Que sigue inmediatamente en orden al o a lo septingentésimo nonagésimo noveno. ‖ **2.** Se dice de cada una de las 800 partes iguales en que se divide un todo. U. t. c. s. m.

octocoralario. ADJ. *Zool.* Se dice de los celentéreos antozoos cuya boca está rodeada por ocho tentáculos; p. ej., el coral. U. t. c. s. m. ORTOGR. En m. pl., escr. con may. inicial c. taxón. *Los Octocoralarios.*

octogenario, ria. ADJ. Dicho de una persona: Que tiene entre 80 y 89 años. U. t. c. s.

octogésimo, ma. ADJ. **1.** Que sigue inmediatamente en orden al o a lo septuagésimo noveno. ‖ **2.** Se dice de cada una de las 80 partes iguales en que se divide un todo. U. t. c. s. m.

octogonal. ADJ. De forma de octógono o semejante a él. *Campanario octogonal.*

octógono, na. ADJ. *Geom.* Dicho de un polígono: Que tiene ocho ángulos y ocho lados. U. m. c. s. m.

octópodo, da. ADJ. *Zool.* Se dice de los moluscos cefalópodos con dos branquias que tienen ocho tentáculos provistos de ventosas, todos aproximadamente iguales; p. ej., el pulpo. U. t. c. s. m. ORTOGR. En m. pl., escr. con may. inicial c. taxón. *Los Octópodos.*

octosilábico, ca. ADJ. **1.** Que consta de ocho sílabas. *Verso octosilábico.* ‖ **2.** Dicho de un poema: Compuesto en octosílabos.

octosílabo, ba. ADJ. **1.** Que consta de ocho sílabas. Apl. a un verso, u. t. c. s. m. ‖ **2.** Compuesto de octosílabos, o que los tiene en la combinación métrica. *Romance octosílabo.*

octubre. M. Décimo mes del año. Tiene 31 días.

óctuple. ADJ. **1.** Que contiene un número ocho veces exactamente. U. t. c. s. m. ‖ **2.** Se dice de la serie de ocho cosas iguales o semejantes. *Óctuple confluencia. Alumbramiento óctuple.*

ocular. **I.** ADJ. **1.** Perteneciente o relativo a los ojos. *Enfermedades oculares.* ‖ **2.** Que se hace por medio de ellos. *Inspección ocular.* ‖ **II.** M. **3.** *Ópt.* Sistema de lentes que, a fin de ampliar la imagen real dada por el objetivo, se coloca en el extremo de un instrumento por el que mira el observador. ‖ **~ del alza.** M. *Mil.* Pieza metálica, móvil o fija, en el extremo superior del alza, con un taladro en su parte media, por el cual se dirigen las visuales que, pasando por la mira, han de terminar en el objeto que se pretende batir. ☐ V. **globo ~, testigo ~.**

oculista. COM. Especialista en las enfermedades de los ojos.

ocultación. F. Acción y efecto de ocultar.

ocultador, ra. ADJ. Que oculta. *Retórica ocultadora.*

ocultamiento. M. Acción y efecto de ocultar.

ocultar. TR. **1.** Esconder, tapar, disfrazar, encubrir a la vista. *Ocultar un libro, una patrulla de soldados.* U. t. c. prnl. ‖ **2.** Reservar el Santísimo Sacramento. ‖ **3.** Callar intencionadamente lo que se pudiera o debiera decir, o disfrazar la verdad. *Ocultar las intenciones.*

ocultismo. M. **1.** Conjunto de conocimientos y prácticas mágicas y misteriosas, con las que se pretende penetrar y dominar los secretos de la naturaleza. ‖ **2.** Dedicación a las ciencias ocultas.

ocultista. **I.** ADJ. **1.** Perteneciente o relativo al ocultismo. *Signos ocultistas.* ‖ **II.** COM. **2.** Persona que practica el ocultismo.

oculto, ta. ADJ. Escondido, ignorado, que no se da a conocer ni se deja ver ni sentir. *Puerta oculta.* ‖ **en oculto.** LOC.ADV. En secreto, sin publicidad. ☐ V. **ciencias ~s, mano ~.**

ocume. M. Árbol propio de Guinea que se usa en ebanistería.

ocumo. M. *Á. Caribe.* Planta de la familia de las Aráceas, con tallo corto, hojas triangulares, flores amarillas y rizoma casi esférico con mucha fécula. Es comestible.

ocupación. F. **1.** Acción y efecto de ocupar u ocuparse. ‖ **2.** Trabajo o preocupación que impide emplear el tiempo en otra cosa. U. m. en pl. *Tiene demasiadas ocupaciones.* ‖ **3.** Trabajo, empleo, oficio. *Hoy comienza a trabajar en su nueva ocupación.* ‖ **4.** *Der.* Modo natural y originario de adquirir la propiedad de ciertas cosas que carecen de dueño. ‖ **~ militar.** F. Permanencia en un territorio de ejércitos de otro Estado que, sin anexionarse aquel, interviene en su vida pública y la dirige.

ocupacional. ADJ. Perteneciente o relativo a la ocupación laboral. ☐ V. **enfermedad ~, terapia ~.**

ocupador, ra. ADJ. Que ocupa o toma algo. Apl. a pers., u. t. c. s.

ocupante. ADJ. Que ocupa. Apl. a pers., u. t. c. s.

ocupar. **I.** TR. **1.** Tomar posesión o apoderarse de un territorio, de un lugar, de un edificio, etc., invadiéndolo o instalándose en él. ‖ **2.** Obtener, gozar un empleo, dignidad, etc. *Va a ocupar el cargo de ministra.* ‖ **3.** Llenar un espacio o lugar. *La mesa ocupa el centro de la sala.* ‖ **4.** Habitar una casa. ‖ **5.** Dar que hacer o en qué trabajar, especialmente en un oficio o arte. *La restauración del edificio ocupa a nueve personas.* ‖ **II.** PRNL. **6.** Emplearse en un trabajo, ejercicio o tarea. *Se ocupa de limpiar las tapicerías.* ‖ **7.** Preocuparse por una persona prestándole atención. *¿Puede ocuparse de los niños?* ‖ **8.** Poner la consideración en un asunto o negocio. *El taller no se ocupa de las carrocerías.* ‖ **9.** Asumir la responsabilidad de un asunto, encargarse de él. *Yo me ocupo de hacer el balance final.*

ocurrencia. F. Idea inesperada, pensamiento, dicho agudo u original que acude a la imaginación.

ocurrente. ADJ. Que tiene ocurrencias.

ocurrir. **I.** INTR. **1. suceder** (‖ hacerse realidad). ‖ **2.** hist. En el rezo eclesiástico, caer juntamente o en el mismo día una fiesta con otra de mayor o menor clase de rito. ‖ **II.** PRNL. **3.** Dicho de una idea: Venirse a la mente de repente y sin esperarla.

ocurso. M. *Méx.* Petición por escrito.

oda. F. Composición poética del género lírico, que admite asuntos muy diversos y muy diferentes tonos y formas, y se divide frecuentemente en estrofas o partes iguales.

odalisca. F. Esclava o concubina turca.

odeón. M. *Arqueol.* Teatro cubierto destinado en Grecia a los espectáculos musicales.

odiar. TR. Tener odio. MORF. conjug. c. *anunciar.*

odio. M. Antipatía y aversión hacia algo o hacia alguien cuyo mal se desea.

odiosidad. F. Cualidad de odioso.

odioso, sa. ADJ. Digno de odio. □ V. **privilegio ~.**

odisea. F. **1.** Viaje largo, en el que abundan las aventuras adversas y favorables al viajero. ‖ **2.** Sucesión de peripecias, por lo general desagradables, que le ocurren a alguien.

odómetro. M. **1. podómetro.** ‖ **2. taxímetro** (‖ aparato que cuenta las distancias y marca la cantidad devengada).

odonato. ADJ. *Zool.* Se dice de los insectos depredadores, con grandes ojos compuestos, abdomen largo y fino y dos pares de alas membranosas y transparentes; p. ej., las libélulas y los caballitos del diablo. U. t. c. s. m. ORTOGR. En m. pl., escr. con may. inicial c. taxón. *Los Odonatos.*

odontalgia. F. *Med.* Dolor de dientes o de muelas.

odontología. F. *Med.* Estudio de los dientes y del tratamiento de sus dolencias.

odontológico, ca. ADJ. *Med.* Perteneciente o relativo a la odontología.

odontólogo, ga. M. y F. **1.** Especialista en odontología. ‖ **2. dentista.**

odorante. ADJ. Oloroso, fragante. *Odorante humareda.*

odorífero, ra. ADJ. Que huele bien, que tiene buen olor o fragancia. *Plantas odoríferas.*

odorífico, ca. ADJ. Que da buen olor. *Vinos odoríficos.*

odre. M. Cuero, generalmente de cabra, que, cosido y empegado por todas partes menos por la correspondiente al cuello del animal, sirve para contener líquidos, como vino o aceite.

odrero. M. Fabricante o vendedor de odres.

oenegé. F. ONG.

oenoteráceo, a. ADJ. *Bot.* Se dice de las matas o arbustos angiospermos dicotiledóneos, con hojas simples, alternas u opuestas, enteras o dentadas, flores axilares o terminales en espiga o en racimo, fruto capsular semejante a una baya o drupáceo, casi siempre con muchas semillas sin albumen; p. ej., la fucsia. U. t. c. s. f. ORTOGR. En f. pl., escr. con may. inicial c. taxón. *Las Oenoteráceas.*

oesnoroeste. M. **1.** Punto del horizonte entre el Oeste y el Noroeste, a igual distancia de ambos. ORTOGR. Escr. con may. inicial. ‖ **2.** Viento que sopla de este punto.

oeste. M. **1.** Punto cardinal del horizonte por donde se pone el Sol en los equinoccios. (Símb. *O* o *W*). ORTOGR. Escr. con may. inicial. ‖ **2.** Región o territorio situado al oeste de un país o de un área geográfica determinada. *El oeste americano.* ‖ **3.** Lugar situado al oeste de otro lugar con cuya posición se compara. *Chile está al oeste de la Argentina.* ‖ **4.** Se usa en aposición para indicar que lo designado por el sustantivo al que se pospone está orientado al Oeste o procede del oeste. *Costa oeste.* ‖ **5.** Viento procedente del oeste. ‖ **Lejano Oeste.** M. hist. Territorio del oeste hacia el que se dirigió la expansión de los Estados Unidos de América en el siglo XIX. ‖ **del Oeste.** LOC.ADJ. Dicho de un género literario o cinematográfico: Que está ambientado en el Lejano Oeste.

oesudoeste. M. **oesuroeste.** ORTOGR. Escr. con may. inicial c. punto del horizonte.

oesuroeste. M. **1.** Punto del horizonte entre el Oeste y el Suroeste, a igual distancia de ambos. ORTOGR. Escr. con may. inicial. ‖ **2.** Viento que sopla de este punto.

ofender. **I.** TR. **1.** Humillar o herir el amor propio o la dignidad de alguien, o ponerlo en evidencia con palabras o con hechos. *Ofendió a sus amigos.* U. t. c. intr. ‖ **2.** Ir en contra de lo que se tiene comúnmente por bueno, correcto o agradable. *Ofender el olfato, el buen gusto, el sentido común.* ‖ **II.** PRNL. **3.** Sentirse humillado o herido en el amor propio o la dignidad.

ofendido, da. PART. de **ofender.** ‖ ADJ. Que ha recibido alguna ofensa. Apl. a pers., u. t. c. s.

ofensa. F. Acción y efecto de ofender.

ofensiva. F. **1.** Situación o estado de quien trata de ofender o atacar. *Las tropas rebeldes están a la ofensiva.* ‖ **2.** Ataque, agresión, especialmente la realizada por una fuerza militar. U. t. en sent. fig. *Ofensiva parlamentaria.*

ofensivo, va. ADJ. **1.** Que ofende o puede ofender. *Declaraciones ofensivas.* ‖ **2.** Que ataca o sirve para atacar. *Movimiento ofensivo. Arma ofensiva.*

ofensor, ra. ADJ. Que ofende. Apl. a pers., u. t. c. s.

oferente. ADJ. Que ofrece. Apl. a pers., u. m. c. s.

oferta. F. **1.** Promesa que se hace de dar, cumplir o ejecutar algo. ‖ **2.** Don que se presenta a alguien para que lo acepte. ‖ **3.** Propuesta para contratar. ‖ **4.** Puesta a la venta de un determinado producto. ‖ **5.** Puesta a la venta de un determinado producto rebajado de precio. ‖ **6.** Producto rebajado de precio. ‖ **7.** *Econ.* Conjunto de bienes o mercancías que se presentan en el mercado con un precio concreto y en un momento determinado.

ofertante. ADJ. **1.** Que **oferta** (‖ ofrece en venta un producto). ‖ **2.** Que **oferta** (‖ ofrece, expone qué cantidad está dispuesto a pagar por algo). Apl. a pers., u. m. c. s.

ofertar. TR. **1.** En una promoción de ventas, ofrecer durante tiempo limitado algún producto en condiciones ventajosas para el comprador. ‖ **2. ofrecer** (‖ comprometerse a dar algo). ‖ **3. ofrecer** (‖ exponer qué cantidad se está dispuesto a pagar por algo). ‖ **4.** *Am.* **ofrecer** (‖ dar voluntariamente algo). ‖ **5.** *Am.* **ofrecer** (‖ dedicar o consagrar algo a Dios o a un santo).

ofertorio. M. **1.** *Rel.* Parte de la misa, en la cual, antes de consagrar, el sacerdote ofrece a Dios la hostia y el vino del cáliz. ‖ **2.** *Rel.* Antífona que dice el sacerdote antes de ofrecer la hostia y el cáliz. □ V. **velo ~.**

oficial. **I.** ADJ. **1.** Que emana de la autoridad del Estado. *Documento, lengua, noticia oficial.* ‖ **2.** Dicho de una institución, de un edificio, de un centro de enseñanza, etc.: Que se sufragan con fondos públicos y están bajo la dependencia del Estado o de las entidades territoriales. *Escuela oficial de idiomas.* ‖ **3.** Dicho de un alumno: Inscrito en un centro oficial, y que asiste a las clases. ‖ **4.** Dado a conocer públicamente por quien puede hacerlo de manera autorizada. *El noviazgo ya es oficial.* ‖ **II.** COM. **5.** Persona que se ocupa o trabaja en un oficio. ‖ **6.** En un oficio manual, operario que ha terminado el aprendizaje y no es maestro todavía. ‖ **7.** Empleado que bajo las órdenes de un jefe estudia y prepara el despacho de los negocios en una oficina. ‖ **8.** En un concejo o en un municipio, persona que tiene cargo; p. ej., alcalde, regidor, etc. ‖ **9.** *Mil.* Militar de categoría intermedia entre las de suboficial y oficial superior o jefe, que comprende los grados de alférez, teniente y capitán del Ejército, y los de alférez de fragata, alférez de navío y teniente de navío en la Armada. || **~ de puente y cubierta.** COM. *Mar.* El que se halla a las órdenes inmediatas del que manda el buque, efectúa las guardias y todas aquellas funciones de carácter técnico administrativo que los reglamentos o normas consuetudinarias le atribuyen. || **~ general.** COM. 1. Cada uno de los generales de brigada, de división o tenientes generales en los ejércitos, y en la Armada los correspondientes a los cuerpos distintos del cuerpo general. || 2. En la Armada, cada uno de los contraalmirantes, vicealmirantes y almirantes. || **~ mayor.** COM. 1. En algunos organismos del Estado, funcionario público del que dependen servicios comunes, como inspección del personal administrativo, habilitación, registro, archivo, etc. || 2. Funcionario administrativo de mayor jerarquía o antigüedad en algunas dependencias oficiales. || **~ superior.** COM. *Mil.* jefe (|| militar). || **primer ~.** COM. El más antiguo de los oficiales enrolados en un buque mercante con título de capitán o piloto, jefe de los servicios de puente y cubierta, como más inmediato subordinado del capitán que ejerce el mando. □ V. **hora ~.**

oficiala. F. 1. Mujer que se ocupa o trabaja en un oficio. || 2. En un oficio manual, operaria que ha terminado el aprendizaje y no es maestra todavía. || 3. Empleada que bajo las órdenes de un jefe estudia y prepara el despacho de los negocios de una oficina.

oficialía. F. Empleo de oficial de contaduría, secretaría o cosa semejante. || **~ mayor.** F. 1. Oficina del oficial mayor. || 2. Conjunto de funcionarios o empleados que despachan los asuntos dependientes de aquel.

oficialidad. F. 1. Conjunto de oficiales del Ejército o de parte de él. || 2. Goce del carácter o cualidad de cosa oficial.

oficialismo. M. 1. *Am.* Conjunto de hombres de un Gobierno. || 2. *Am.* Conjunto de tendencias o fuerzas políticas que apoyan al Gobierno.

oficialista. ADJ. 1. *Am.* Perteneciente o relativo al oficialismo. *Candidato oficialista.* || 2. *Am.* Partidario del oficialismo. U. t. c. s.

oficialización. F. Acción y efecto de oficializar.

oficializar. TR. Dar carácter o validez oficial a lo que antes no lo tenía.

oficialmente. ADV. M. 1. Con carácter oficial. *Los oficialmente admitidos.* || 2. Con autorización o con público reconocimiento en el orden privado. *Esos novios tienen relaciones oficialmente.*

oficiante. **I.** ADJ. 1. Que oficia. *Clérigo oficiante.* || **II.** M. 2. Sacerdote que oficia la liturgia.

oficiar. **I.** TR. 1. Presidir una celebración litúrgica. || 2. Comunicar algo oficialmente y por escrito. || **II.** INTR. 3. coloq. Obrar con un determinado carácter. *Oficiar DE conciliador.* ¶ MORF. conjug. c. *anunciar.*

oficina. F. 1. Local donde se hace, se ordena o trabaja algo. || 2. Departamento donde trabajan los empleados públicos o particulares.

oficinal. ADJ. 1. *Med.* Dicho de una planta: Que se usa como medicina. || 2. *Med.* Dicho de un medicamento: Preparado según las reglas de la farmacopea.

oficinesco, ca. ADJ. 1. Perteneciente o relativo a las oficinas del Estado. *Cargos oficinescos.* || 2. Propio o característico de ellas. U. m. en sent. peyor. *Jerga oficinesca.*

oficinista. COM. Persona que está empleada en una oficina.

oficio. M. 1. Ocupación habitual. || 2. Profesión de algún arte mecánica. || 3. Función propia de alguna cosa. || 4. Comunicación escrita, referente a los asuntos de las Administraciones públicas. || 5. *Rel.* **oficio divino.** || 6. pl. Funciones de iglesia, y más particularmente las de Semana Santa. || **~ de difuntos.** M. El que tiene destinado la Iglesia para rogar por los muertos. || **~ de tinieblas.** M. hist. El que se celebraba durante los antiguos maitines de los tres últimos días de la Semana Santa, especialmente el Viernes Santo. || **~ divino.** M. *Rel.* Oración litúrgica de la Iglesia católica, que se distribuye a lo largo de las horas del día. || **~ parvo.** M. hist. El que la Iglesia estableció en honra y alabanza de Nuestra Señora, semejante al cotidiano de los eclesiásticos. || **buenos ~s.** LOC. VERB. Diligencias eficaces en pro de alguien. || **de ~.** LOC. ADJ. 1. Con carácter oficial. U. t. c. loc. adv. || 2. *Der.* Se dice de las diligencias que se practican judicialmente sin instancia de parte, y de las costas que, según lo sentenciado, nadie debe pagar. U. t. c. loc. adv. || **sin ~ ni beneficio.** LOC. ADJ. coloq. Ocioso, sin trabajo ni ocupación. || **tomar** alguien **por ~** algo. LOC. VERB. coloq. Hacerlo con frecuencia. □ V. **abogado de ~, calificador del Santo Oficio, comisario del Santo Oficio, gajes del ~, turno de ~.**

oficiosidad. F. 1. Diligencia y aplicación al trabajo. || 2. Importunidad y falso escrúpulo de quien se entromete en oficio o negocio que no le incumbe.

oficioso, sa. ADJ. 1. Por contraposición a *oficial,* que hace o dice sin formal ejercicio del cargo público que tiene. *Declaraciones oficiosas.* || 2. Se dice de cualquier medio de difusión al que se atribuye cierta representación de órganos de gobierno, partidos políticos, sindicatos u otras entidades. || 3. Hacendoso y solícito en ejecutar lo que está a su cuidado. || 4. Que se manifiesta solícito por ser agradable y útil a alguien.

ofidio. ADJ. *Zool.* Se dice de los reptiles que carecen de extremidades, con boca dilatable y cuerpo largo y estrecho revestido de epidermis escamosa que mudan todos los años. Algunos son venenosos; p. ej., la víbora. U. t. c. s. m. ORTOGR. En m. pl., escr. con may. inicial c. taxón. *Los Ofidios.*

ofimática. F. Automatización, mediante sistemas electrónicos, de las comunicaciones y procesos administrativos en las oficinas.

ofita. F. Roca compuesta principalmente de feldespato, con nódulos calizos o de cuarzo, y de color y textura variables. Se emplea como piedra de adorno.

ofrecedor, ra. ADJ. Que ofrece. Apl. a pers., u. t. c. s.

ofrecer. **I.** TR. 1. Comprometerse a dar, hacer o decir algo. *Ofrezco toda mi influencia.* || 2. Presentar y dar voluntariamente algo. *Ofrecer ayuda a los damnificados.* || 3. Manifestar y poner patente algo para que todos lo vean. *Ofreció ante todos lo peor de su carácter.* || 4. Presentar, manifestar, implicar. *El proyecto ofrece algunas dificultades.* || 5. Dedicar o consagrar a Dios o a un santo la obra buena que se hace o el daño que se recibe o padece. || 6. Dar una limosna, dedicándola a Dios en la misa o en otras funciones religiosas. || 7. Decir o exponer qué cantidad se está dispuesto a pagar por algo. *Ofrecieron un millón por el cuadro.* || **II.** PRNL. 8. Dicho de una cosa: Venirse impensadamente a la imaginación. *La solución se me ofreció con toda claridad.* || 9. Entregarse voluntariamente a alguien para ejecutar algo. *Se ofreció para podar los setos.* || **10.** Desear, apetecer. *¿Qué se le ofrece?* ¶ MORF. conjug. c. *agradecer.*

ofrecimiento. M. Acción y efecto de ofrecer u ofrecerse.

ofrenda. F. **1.** Don que se dedica a Dios o a los santos, para implorar su auxilio o algo que se desea, o bien para cumplir con un voto u obligación. || **2.** Pan, vino u otras cosas que llevan los fieles a la iglesia como sufragio a los difuntos, al tiempo de la misa y en otras ocasiones. || **3.** Dádiva o servicio en muestra de gratitud o amor.

ofrendar. TR. **1.** Entregar algo en obsequio o beneficio de personas, acciones, ideas, etc., por un impulso de amor, acatamiento o solidaridad. || **2.** Ofrecer dones y sacrificios a los seres sobrenaturales por un beneficio recibido o solicitado o en señal de rendimiento y adoración.

oftalmia u **oftalmía.** F. *Med.* Inflamación de los ojos.

oftálmico, ca. ADJ. *Med.* Perteneciente o relativo a los ojos. *Infección oftálmica.*

oftalmología. F. *Med.* Parte de la patología que trata de las enfermedades de los ojos.

oftalmológico, ca. ADJ. *Med.* Perteneciente o relativo a la oftalmología.

oftalmólogo, ga. M. y F. Especialista en oftalmología.

oftalmoscopia. F. *Med.* Exploración del interior del ojo por medio del oftalmoscopio.

oftalmoscopio. M. *Med.* Instrumento para reconocer las partes interiores del ojo.

ofuscación. F. ofuscamiento.

ofuscador, ra. ADJ. Que ofusca o causa ofuscación. *Sonsonete ofuscador.*

ofuscamiento. M. Acción y efecto de ofuscar.

ofuscante. ADJ. Que ofusca. *Los ofuscantes resplandores del sol. Una pasión ofuscante.*

ofuscar. TR. **1.** Trastornar, conturbar o confundir las ideas, alucinar. U. t. c. prnl. *Se ofuscó al intentar elegir.* || **2.** Deslumbrar, turbar la vista. U. t. c. prnl. *Los gatos se ofuscaban con el resplandor de las latas.*

ogresa. F. **1.** Ogro hembra. || **2.** Mujer insociable o de mal carácter.

ogro. M. **1.** Gigante que, según las mitologías y consejas de los pueblos del norte de Europa, se alimentaba de carne humana. || **2.** Persona insociable o de mal carácter.

oh. INTERJ. Se usa para manifestar asombro, pena, alegría, etc.

óhmico, ca. ADJ. *Fís.* Perteneciente o relativo al ohmio.

ohmio. M. *Fís.* Unidad de resistencia eléctrica del Sistema Internacional, equivalente a la resistencia eléctrica que da paso a una corriente de un amperio cuando entre sus extremos existe una diferencia de potencial de un voltio. (Símb. Ω).

oída. F. Acción y efecto de oír. || **de,** o **por, ~s.** LOCS.ADVS. Por haberlo oído de otro u otros, sin poder atestiguarlo personalmente.

oídio. M. Hongo de pequeño tamaño que vive parásito sobre las hojas de la vid y produce en esta planta una grave enfermedad.

oído. M. **1.** Sentido corporal que permite percibir los sonidos. || **2.** Cada uno de los órganos que sirven para la audición. || **3.** Aptitud para percibir y reproducir los temas y melodías musicales. *Lola tiene buen oído.* || **4.** Agujero que en la recámara tienen algunas armas de fuego para comunicar esta a la carga. || **~ externo.** M.

Anat. Parte externa del oído de los vertebrados, que comprende el pabellón auditivo, el conducto auditivo y el tímpano. || **~ interno.** M. *Anat.* Parte interna del oído de los vertebrados, alojada en el hueso temporal, y que comprende el laberinto, órgano del equilibrio, y el caracol o cóclea, órgano de la audición. || **~ medio.** M. *Anat.* Parte media del oído de los vertebrados, que comprende la cámara timpánica, los huesecillos alojados en ella y la trompa de Eustaquio. || **abrir** alguien **los ~s.** LOC.VERB. Escuchar con atención. || **al ~.** LOC.ADV. **1.** Solamente oyendo y sin más auxilio que la memoria. *Antiguamente, los extranjerismos se tomaban al oído.* || **2.** Bajo reserva, de manera confidencial. || **3.** En voz muy baja, cerca de la oreja, para que nadie más lo oiga. *Se lo dijo al oído.* || **aplicar** alguien el **~.** LOC.VERB. Poner atención a algo de lo que otro u otros están hablando, y que interesa a quien escucha. || **cerrar** alguien **los ~s.** LOC.VERB. No hacer caso a lo que otra persona le está diciendo. || **dar ~s.** LOC.VERB. Dar crédito a lo que se dice, o al menos escucharlo con gusto y aprecio. || **de ~.** LOC.ADV. Se usa para indicar que se aprende solo escuchando y sin realizar estudios especiales. *Aprendió el español de oído. Toca el violín de oído.* || **duro, ra de ~.** LOC.ADJ. Algo sordo. || **entrar,** o **entrarle,** a alguien algo **por un ~, y salir,** o **salirle, por el otro.** LOCS.VERBS. No hacer caso ni aprecio de lo que le dicen. || **hacer** alguien **~s de mercader.** LOC.VERB. hacer oídos sordos. || **hacer** alguien **~s sordos.** LOC.VERB. No atender, no darse por enterado de lo que se le dice. || **llegar** algo **a ~s de** alguien. LOC.VERB. Venir a su conocimiento. || **negar** alguien **los ~s,** o **no dar ~s.** LOCS.VERBS. No permitir que se le vea para hablarle sobre una cosa que se le propone o que se solicita de él. || **~ a la caja,** u **~ al parche.** EXPRS. Se usan para llamar la atención hacia algo. || **pitar los ~s** a alguien. LOC.VERB. coloq. zumbar los oídos. || **prestar** alguien **~s.** LOC. VERB. **dar oídos.** || **ser** alguien **todo ~s.** LOC.VERB. coloq. Escuchar con gran atención. || **silbar los ~s** a alguien. LOC.VERB. coloq. zumbar los oídos. || **taparse** alguien **los ~s.** LOC.VERB. Negarse a escuchar algo porque desagrada. || **zumbar los ~s** a alguien. LOC.VERB. coloq. Ser objeto de crítica o de comentarios sin estar presente.

oidor. M. hist. Ministro togado que en las audiencias del reino oía y sentenciaba las causas y pleitos.

oíl. □ V. lengua de ~.

oír. TR. **1.** Percibir con el oído los sonidos. *Oír música moderna.* U. t. c. intr. *No oigo bien.* || **2.** Dicho de una persona: Atender los ruegos, súplicas o avisos de alguien, o a alguien. *Oía las quejas de los vecinos.* || **3.** Asistir a la explicación que el maestro hace de una materia para aprenderla. *Oyó a Juan. Oyó teología.* ¶ MORF. V. conjug. modelo. || **ahora lo oigo.** EXPR. coloq. Se usa para dar a entender la novedad que causa algo que se dice y de lo que no se tenía noticia. || **como lo oye, lo oyes,** etc. EXPRS. coloqs. Se usan para afirmar algo que resulta difícil de creer. || **como quien oye llover.** EXPR. coloq. Se usa para denotar el poco aprecio que se hace de lo que se escucha o sucede. || **lo que oye, lo que oyes,** etc. EXPRS. coloqs. como lo oye. || **me, te,** etc., **va, van, vas,** etc., **a ~.** EXPRS. coloqs. Se usan como advertencia para expresar enojo o irritación. *Si vuelvo a verte allí, me vas a oír.* || **oiga,** u **oigan.** INTERJS. **1.** Se usan para establecer contacto o captar la atención del interlocutor. *Oiga, se le ha caído la cartera.* || **2.** Se usan para denotar extrañeza, enfado o represión. || **~, ver y callar.** EXPR. Se usa para advertir

o aconsejar a alguien que no se entrometa en lo que no le toca, ni hable cuando no le pidan consejo. ‖ **oye.** INTERJ.
oiga. ‖ **¿oyes?,** u **¿oye usted?** EXPRS. **1.** Se usan para llamar a quien está distante. ‖ **2.** Se usan para dar más fuerza a lo que se previene o manda. ☐ V. **cosa de ~.**

ojal. M. **1.** Hendidura ordinariamente reforzada en sus bordes y a propósito para abrochar un botón u otra cosa semejante. ‖ **2.** Agujero que atraviesa de parte a parte algunas cosas. *Los ojales de las cortinas para colgarlas de unas anillas.*

ojalá. INTERJ. Denota vivo deseo de que suceda algo.

ojaranzo. M. Variedad de jara de metro y medio de altura aproximadamente, ramosa, de tallos algo rojizos, hojas pecioladas, acorazonadas, lampiñas y grandes, flores en pedúnculos axilares de corola grande y blanca, y fruto capsular.

ojeada. F. Mirada pronta y ligera que se da a algo o hacia alguien.

ojeador. M. Hombre que **ojea** (‖ espanta la caza con voces).

ojear[1]. TR. **1.** Mirar a alguna parte. ‖ **2.** Lanzar ojeadas a algo. ‖ **3.** Mirar superficialmente un texto.

ojear[2]. TR. **1.** Ahuyentar la caza con voces, tiros, golpes o ruido, para que se levante, acosándola hasta que llega al sitio donde se le ha de tirar o coger con redes, lazos, etc. ‖ **2.** Ahuyentar de cualquier manera a personas o animales.

ojén. M. Aguardiente preparado con anís y azúcar hasta la saturación.

ojeo. M. Acción y efecto de **ojear**[2].

ojera. F. Mancha más o menos amoratada, perenne o accidental, alrededor de la base del párpado inferior. U. m. en pl.

ojeriza. F. Enojo y mala voluntad contra alguien.

ojeroso, sa. ADJ. Que tiene ojeras.

ojete. M. **1.** Abertura pequeña y redonda, ordinariamente reforzada en su contorno con cordoncillo o con anillos de metal, para meter por ella un cordón o cualquier otra cosa que afiance. ‖ **2.** Agujero redondo u oval con que se adornan algunos bordados. ‖ **3.** coloq. **ano.** ‖ **4.** *Méx.* Persona tonta.

ojetillo. M. *Chile.* **ojete** (‖ abertura pequeña).

ojigarzo, za. ADJ. De ojos garzos.

ojímetro. a ~. LOC.ADV. coloq. **a bulto.**

ojinegro, gra. ADJ. coloq. Que tiene los ojos negros.

ojito. hacer alguien **~s.** LOC.VERB. coloq. Lanzar miradas insinuantes, coquetear con la mirada. ‖ **ser** alguien **el ~ derecho** de otra persona. LOC.VERB. coloq. **ser el ojo derecho.**

ojiva. F. **1.** Figura formada por dos arcos de círculo iguales, que se cortan en uno de sus extremos y volviendo la concavidad el uno al otro. ‖ **2.** Parte delantera o superior del proyectil, cuyo corte longitudinal tiene la forma correspondiente a su propio nombre. ‖ **3.** **proyectil.** *Conversaciones para eliminar las ojivas nucleares.* ‖ **4.** *Arq.* Arco de forma de ojiva.

ojival. ADJ. **1.** De forma de ojiva. *Arcos ojivales.* ‖ **2.** *Arq.* Se dice del estilo arquitectónico que dominó en Europa durante los tres últimos siglos de la Edad Media, y cuyo fundamento consistía en el empleo de la ojiva para toda clase de arcos.

ojizarco, ca. ADJ. coloq. Que tiene los ojos azules.

ojo. M. **1.** Órgano de la vista en el hombre y en los animales. ‖ **2.** Parte visible de este órgano en la cara. ‖ **3.**

Agujero que tiene la aguja para que entre el hilo. ‖ **4.** Abertura o agujero que atraviesa de parte a parte alguna cosa. *Los ojos de las tijeras.* ‖ **5.** Agujero por donde se mete la llave en la cerradura. ‖ **6.** Manantial que surge en un llano. ‖ **7.** Cada una de las gotas de aceite o grasa que nadan en otro líquido. ‖ **8.** Círculo de colores que tiene el pavo real en la extremidad de cada una de las plumas de la cola. ‖ **9.** Espacio entre dos estribos o pilares de un puente. ‖ **10.** Mano que se da a la ropa con el jabón cuando se lava. ‖ **11.** Cada uno de los huecos o cavidades que tienen dentro de sí el pan, el queso y otras cosas esponjosas. ‖ **12.** Aptitud singular para apreciar certera y fácilmente las circunstancias que concurren en algún caso o para calcular magnitudes. *Tener ojo para tratar con los subordinados. Tener buen ojo para las distancias.* ‖ **13.** Atención, cuidado o advertencia que se pone en algo. *Ten mucho ojo al cruzar la calle.* ‖ **14.** *Impr.* Grueso en los caracteres tipográficos, que puede ser distinto en los de un mismo cuerpo. ‖ **15.** *Impr.* Relieve de los tipos, que impregnado en tinta produce la impresión. ‖ **16.** pl. Se usa por expresión de gran cariño o por el objeto de él. *Mis ojos. Sus ojos. Ojos míos.* ‖ **~ clínico.** M. Facilidad para captar una circunstancia o preverla. ‖ **~ compuesto.** M. *Zool.* El de muchos artrópodos, especialmente insectos y crustáceos, formado por multitud de ojos simples, unidos entre sí con la interposición de una membrana oscura. ‖ **~ de agua.** M. ojo (‖ manantial). ‖ **~ de buey.** M. **1.** Ventana o claraboya circular. ‖ **2.** *Mar.* Farol pequeño de aceite, con una lente que sirve a bordo para leer la graduación del sextante, y otros usos. ‖ **~ de gallo.** M. **1.** Color que tienen algunos vinos, parecido al ojo del gallo. ‖ **2.** Callo redondo y algo cóncavo hacia el centro, que suele formarse entre los dedos de los pies. ‖ **~ de gato.** M. Ágata de forma orbicular y color blanco amarillento, con fibras de asbesto y amianto. ‖ **~ del culo.** M. despect. **ano.** ‖ **~ del huracán.** M. **1.** Abertura de las nubes que cubren la zona de calma que hay en el vórtice de un ciclón, por la cual suele verse el azul del cielo. ‖ **2.** Centro de una situación polémica o conflictiva. ‖ **~ de perdiz.** M. Labor de pasamanería en el cruce de los hilos forma unos nudos lenticulares. ‖ **~ de tigre.** M. Variedad de cuarzo de color amarillo y pardo dorado en bandas, con reflejos tornasolados, apreciada como piedra semipreciosa. ‖ **~s de carnero,** u **~s de carnero degollado.** M. pl. coloqs. Los saltones y de expresión triste. ‖ **~s de gato.** COM. coloq. Persona que los tiene de color agrisado o incierto. ‖ **~s de sapo.** M. pl. coloq. Los muy hinchados, reventones y tiernos. ‖ **~s rasgados.** M. pl. Los que tienen muy prolongada la comisura de los párpados. ‖ **~s reventones,** u **~s saltones.** M. pl. Los que son muy abultados y parecen estar fuera de su órbita. ‖ **~s tiernos.** M. pl. Los que padecen alguna fluxión ligera y continua. ‖ **~s vivos.** M. pl. Los muy brillantes y animados. ‖ **cuatro ~s.** COM. coloq. Persona que lleva gafas. *Siempre fue el cuatro ojos de la clase.* ‖ **abrir** alguien **el ~.** LOC.VERB. coloq. Estar prevenido para que no lo engañen. ‖ **abrir** alguien **los ~s.** LOC.VERB. Conocer las cosas como son, para sacar provecho y evitar las que pueden causar perjuicio o ruina. ‖ **abrir los ~s** a alguien. LOC.VERB. **1.** Desengañarlo en cosas que le pueden importar. ‖ **2.** Descubrirle algo de que estaba ajeno. ‖ **a cierra ~s.** LOC.ADV. **1.** A medio dormir, a duermevela. ‖ **2.** Sin reparar en inconvenientes ni detenerse a mirar los riesgos que pueden ofrecerse. ‖ **3.** Sin examen ni reparo, con precipitación. ‖ **alegrársele** a alguien **los ~s**. LOC.VERB. Manifestar en ellos el júbilo extraordinario que ha causado un objeto, noticia o suceso agradable. ‖ **al ~**. LOC.ADV. Cercanamente o a la vista. ‖ **alzar** alguien **los ~s al cielo**. LOC.VERB. Levantar el corazón a Dios implorando su favor. ‖ **andar** alguien **con cien ~s**, o **con ~**. LOCS.VERBS. coloqs. **estar con cien ojos**. ‖ **a ~**. LOC.ADV. 1. Sin peso, sin medida, a bulto. ‖ 2. A juicio, arbitrio o discreción de alguien. *A ojo de buen varón*. ‖ **a ~ de buen cubero**. LOC.ADV. coloq. Sin medida, sin peso y a bulto. ‖ **a ~s cerrados**. LOC.ADV. **a cierra ojos**. ‖ **a ~s vistas**. LOC.ADV. 1. De manera visible, clara, patente, palpable. ‖ 2. Con toda claridad, sin disimulo alguno. ‖ **bajar** alguien **los ~s**. LOC.VERB. 1. ruborizarse. ‖ 2. Humillarse y obedecer prontamente lo que le mandan. ‖ **cerrar** alguien **el ~**. LOC.VERB. coloq. **morir** (‖ llegar al término de la vida). ‖ **cerrar** alguien **los ~s**. LOC. VERB. 1. Dormir, entrar o estar en sueño. U. m. con neg. ‖ 2. **morir** (‖ llegar al término de la vida). ‖ 3. Sujetar el entendimiento al dictamen de otro. ‖ 4. Obedecer sin examen ni réplica. ‖ 5. Arrojarse temerariamente a hacer algo sin reparar en inconvenientes. ‖ **cerrarle** a alguien **los ~s**. LOC.VERB. No apartarse de un enfermo hasta que expire. ‖ **clavar** alguien **los ~s en** alguien o algo. LOC. VERB. Mirarlo con particular cuidado y atención. ‖ **comer** alguien **con los ~s**. LOC.VERB. coloq. Apetecer o desear la comida cuando tiene un buen aspecto externo. ‖ **comerse** alguien **con los ~s** a otra persona o algo. LOC. VERB. coloq. Mostrar en las miradas el incentivo vehemente de una pasión, como codicia, amor, odio, envidia. ‖ **como los ~s de la cara**. EXPR. coloq. Se usa para ponderar el aprecio que se hace de algo o el cariño y cuidado con que se trata, aludiendo al que casi se viviente tiene con sus ojos. ‖ **costar** algo **los ~s**, o **un ~, de la cara**. LOCS.VERBS. coloqs. Ser excesivo su precio, o mucho el gasto que se ha tenido en ello. ‖ **delante de los ~s** de alguien. LOC.ADV. En su presencia, a su vista. ‖ **dichosos los ~s**, o **dichosos los ~s que te, le, os**, etc., ven. EXPRS. coloqs. Se usan cuando se encuentra a una persona después de largo tiempo que no se la ve. ‖ **dormir** alguien **con los ~s abiertos**. LOC.VERB. coloq. Estar o vivir con precaución y cuidado para no dejarse sorprender ni engañar. ‖ **echar el ~**, o **tanto ~**, a alguien o algo. LOCS. VERBS. coloqs. Mirarlo con atención, mostrando deseo de él o de ello. ‖ **en los ~s** de alguien. LOC.ADV. **delante de los ojos**. ‖ **entrarle** a alguien algo **por el ~**, o **por los ~s**. LOCS.VERBS. Gustarle por su aspecto. ‖ **entrarle** a alguien una persona **por el ~ derecho**. LOC.VERB. coloq. Ser aceptada con simpatía. ‖ **entrarle** a alguien una persona **por el ~ izquierdo**. LOC.VERB. coloq. Ser vista con antipatía. ‖ **en un abrir y cerrar de ~s**. EXPR. coloq. En un instante, con extraordinaria brevedad. ‖ **estar** alguien **con cien ~s**. LOC.VERB. Vivir prevenido o receloso. ‖ **hablar** alguien **con los ~s**. LOC.VERB. Dar a entender con una mirada o guiño lo que se quiere decir a otro. ‖ **hasta los ~s**. LOC.ADV. Se usa para ponderar el exceso de algo en que alguien se halla metido, o de una pasión que padece. *Empeñado, enamorado hasta los ojos*. ‖ **írsele** a alguien **los ~s por**, o **tras**, alguien o algo. LOCS.VERBS. Desearlo con vehemencia. ‖ **levantar** alguien **los ~s al cielo**. LOC.VERB. **alzar los ojos al cielo**. ‖ **más ven cuatro ~s que dos**. EXPR. Se usa para dar a entender que es más fácil tomar una decisión acertada cuando son varias las personas que la juzgan. ‖ **meter** algo **por los ~s**.

LOC.VERB. Ponderarlo, favoreciendo con ello que alguien lo compre o acepte. ‖ **meterse** alguien **por el ~ de una aguja**. LOC.VERB. coloq. Ser bullicioso y entrometido, introducirse aprovechando cualquier ocasión para conseguir lo que desea. ‖ **mirar con buenos ~s** a alguien o algo. LOC.VERB. Mirarlo con afición o cariño. ‖ **mirar con malos ~s** a alguien o algo. LOC.VERB. Mirarlo con desafecto. ‖ **mirar** a alguien **con otros ~s**. LOC.VERB. Hacer de él diferente concepto, estimación y aprecio del que antes se hacía o del que otros hacen. ‖ **mirar de mal ~**. LOC.VERB. Mostrar desafecto o desagrado. ‖ **mucho ~**. EXPR. Se usa como aviso, para que se mire bien, se oiga o se considere atentamente lo que pasa o se dice. ‖ **no pegar el ~**, o **los ~s**. LOCS.VERBS. coloqs. **no pegar ojo**. ‖ **no pegar ~**. LOC.VERB. coloq. No poder dormir. ‖ **no quitar los ~s de** alguien o algo. LOC.VERB. coloq. Poner en él o en ello atención grande y persistente. ‖ **no quitar ~**. LOC. VERB. coloq. Mirar a alguien o algo con gran atención e insistencia. ‖ **no tener** alguien **~s en la cara**. LOC.VERB. coloq. Se usa para decirle que no ve algo que es claro y manifiesto. ‖ **ojo**. INTERJ. Se usa para llamar la atención sobre algo. ‖ **~ al cristo, que es de plata**. EXPR. coloq. Se usa para advertir a alguien que tenga cuidado con algo, por el riesgo que hay de que le hurten. ‖ **~ alerta**. EXPR. coloq. Se usa para advertir a alguien que esté con cuidado para evitar un riesgo o fraude. ‖ **~ avizor**. EXPR. Alerta, con cuidado. ‖ **pasar los ~s por** un escrito. LOC. VERB. Leerlo ligeramente. ‖ **pasar por ~** un buque a otro. LOC.VERB. *Mar.* Embestirlo de proa y echarlo a pique. ‖ **poner** a alguien **delante de los ~s** algo. LOC.VERB. coloq. Convencerlo con la razón o con la experiencia para que deponga el dictamen errado en que está. ‖ **poner los ~s en** alguien o algo. LOC.VERB. 1. Escogerlo para algún propósito. ‖ 2. Denotar afición o cariño a él o a ello. ‖ **poner** alguien **los ~s en blanco**. LOC.VERB. 1. Volverlos de modo que apenas se descubra más que lo blanco de ellos. ‖ 2. Denotar gran admiración o asombro. ‖ **sacar los ~s** a alguien. LOC.VERB. 1. coloq. Instarlo a que haga algo. ‖ 2. coloq. Hacerle gastar mucho dinero por antojo o con peticiones inoportunas. ‖ **sacarse dos** o más personas **los ~s**. LOC.VERB. Se usa para exagerar el enojo y cólera con que riñen sobre una materia o negocio. ‖ **saltar a los ~s** algo. LOC.VERB. 1. Ser muy claro. ‖ 2. Ser vistoso y sobresaliente por su primor. ‖ **saltarle** alguien **a los ~s** a otra persona. LOC.VERB. coloq. Tener contra ella gran irritación y enojo. ‖ **saltársele** a alguien **los ~s**. LOC.VERB. Se usa para dar a entender la gran ansia o deseo con que apetece algo, infiriéndolo de la tenaz atención con que mira. ‖ **saltar** a alguien **un ~**. LOC.VERB. Herírselo, cegárselo. ‖ **ser el ~ derecho** de otra persona. LOC.VERB. coloq. Ser de su mayor confianza y cariño. ‖ **ser** alguien **todo ~s**. LOC.VERB. coloq. Se usa para ponderar la extremada atención con que se mira algo. ‖ **sin pegar el ~**, o **los ~s**, o **sin pegar ~**. LOCS.ADVS. coloqs. Sin poder dormir. ‖ **tener entre ~s**, o **sobre ~**, a alguien. LOCS.VERBS. coloqs. **traer entre ojos**. ‖ **tener los ~s en** algo. LOC.VERB. Mirarlo con gran atención, y observarlo con todo cuidado. ‖ **traer entre ~s** a alguien. LOC.VERB. Aborrecerlo, tenerle mala voluntad. ‖ **valer** algo **un ~ de la cara**. LOC.VERB. coloq. Ser de mucha estimación o aprecio. ‖ **vendarse** alguien **los ~s**. LOC.VERB. No querer asentir ni sujetarse a la razón por clara que sea. ‖ **volver los ~s** a alguien. LOC.VERB. Atenderlo, interesarse por él. □ V. **ángulo del ~, blanco de los ~s**, caída de ~s, lápiz de ~s, mal de ~, niñas de los ~s, rabillo del ~, rabo del ~, sangre en el ~, sapo de cuatro ~s, sombra de ~s.

ojoche. M. *Am. Cen.* Árbol de la vertiente atlántica de Centroamérica, de la familia de las Moráceas, de hasta 30 m de altura, de corteza lisa y coloración gris tenue, flores de color blanco grisáceo, y frutos con semillas que, hervidas, son comestibles. Se utiliza la madera en la construcción y en muebles.

ojoso, sa. ADJ. *Á.Andes.* Dicho de una persona: Que tiene los ojos grandes.

ojota. F. *Am. Mer.* Calzado a manera de sandalia, hecho de cuero o de filamento vegetal, que usaban los indios del Perú y de Chile, y que todavía usan los campesinos de algunas regiones de América del Sur.

ojuelos. M. pl. Ojos risueños, alegres y agraciados.

okapi. M. Mamífero artiodáctilo rumiante, de la misma familia que la jirafa, aunque con el cuello y las patas más cortos, de pelaje pardo rojizo, cara blanca, y las patas y cuartos traseros listados como en las cebras. Es esquivo, de costumbres nocturnas y vive en bosques frondosos del África ecuatorial.

ola. F. **1.** Onda de gran amplitud que se forma en la superficie de las aguas. ‖ **2.** Fenómeno atmosférico que produce variación repentina en la temperatura de un lugar. *Ola de fuego. Ola de frío.* ‖ **3.** Movimiento impetuoso de mucha gente apiñada. ‖ **4.** oleada. *Ola de gripe.*

olambrilla. F. Azulejo decorativo de unos siete centímetros de lado, que se combina con baldosas rectangulares, generalmente rojas, para formar pavimentos y revestir zócalos.

olanchano, na. ADJ. **1.** Natural de Olancho. U. t. c. s. ‖ **2.** Perteneciente o relativo a este departamento de Honduras.

ole. INTERJ. olé. U. t. c. s. m.

olé. INTERJ. Se usa para animar y aplaudir. U. t. c. s. m.

oleáceo, a. ADJ. *Bot.* Se dice de los árboles y arbustos angiospermos dicotiledóneos que tienen hojas opuestas y alternas, flores hermafroditas, algunas veces unisexuales y casi siempre tetrámeras, fruto en drupa o en baya y semillas generalmente sin albumen; p. ej., el olivo, el fresno y el jazmín. U. t. c. s. f. ORTOGR. En f. pl., escr. con may. inicial c. taxón. *Las Oleáceas.*

oleada. F. Aparición repentina de algo en gran cantidad. *Una oleada de atracos.*

oleaginoso, sa. ADJ. aceitoso.

oleaje. M. Sucesión continuada de olas.

olear. INTR. Hacer o producir olas, como el mar.

oleario, ria. ADJ. aceitoso.

oleastro. M. acebuche.

oleico. □ V. ácido ~.

oleícola. ADJ. Perteneciente o relativo a la oleicultura.

oleicultor, ra. M. y F. Persona que se dedica a la oleicultura.

oleicultura. F. Arte de cultivar el olivo y mejorar la producción del aceite.

oleífero, ra. ADJ. Dicho de una planta: Que contiene aceite.

óleo. M. **1.** Aceite de oliva. ‖ **2.** por antonom. óleo que usa la Iglesia en los sacramentos y otras ceremonias. U. m. en pl. *Los santos óleos.* ‖ **3.** Pintura que se obtiene por disolución de sustancias colorantes en aceite secante. ‖ **4.** Obra pictórica realizada con estos colores. ‖ **~ de los catecúmenos.** M. El del bautismo. ‖ **al ~.** LOC.ADJ. Dicho de una obra o de una técnica pictórica: Realizada con óleo. *Se dedica a restaurar cuadros al óleo. Era muy*

hábil en el ámbito de la pintura al óleo. U. t. c. loc. adv. *Retrató al óleo a toda la familia real.* □ V. **pintura al ~.**

oleoducto. M. Tubería provista de bombas y otros aparatos para conducir el petróleo a larga distancia.

oleografía. F. Cromo que imita la pintura al óleo.

oleorresina. F. Jugo líquido, o casi líquido, procedente de varias plantas, formado por resina disuelta en aceite esencial.

oleoso, sa. ADJ. aceitoso.

oler. I. TR. **1.** Percibir los olores. *Oler un perfume.* ‖ **2.** Procurar percibir o identificar un olor. *No quiero oler la comida.* U. t. c. intr. ‖ **3.** Conocer o adivinar algo que se juzgaba oculto, barruntarlo. *Eso es oler el gol.* U. m. c. prnl. ‖ **4.** Inquirir con curiosidad y diligencia lo que hacen otros, para aprovecharse de ello o con algún otro fin. *Le encanta oler lo que hacen los demás.* ‖ **II.** INTR. **5.** Exhalar y echar de sí fragancia que deleita el sentido del olfato, o hedor que le molesta. *Juan huele a alcohol.* ‖ **6.** Parecer o tener señales y visos de algo, que por lo regular es malo. *Este hombre me huele a traidor.* ¶ MORF. V. conjug. modelo. ‖ **no ~ bien,** u **~ mal,** algo. LOCS.VERBS. coloqs. Dar sospecha de que encubre un daño o fraude.

olfacción. F. Acción de oler.

olfatear. TR. **1.** Oler con ahínco y persistentemente. ‖ **2.** Dicho de un animal: Reconocer algo por el olor. ‖ **3.** coloq. Indagar, averiguar con viva curiosidad y empeño.

olfateo. M. Acción y efecto de olfatear.

olfativo, va. ADJ. Perteneciente o relativo al sentido del olfato. *Nervio olfativo.*

olfato. M. **1.** Sentido corporal con el que se perciben aromas y sustancias dispersas, como el humo. ‖ **2.** Sagacidad para descubrir o entender lo que está disimulado o encubierto. *Olfato político.*

olfatorio, ria. ADJ. Perteneciente o relativo al olfato.

olíbano. M. Incienso aromático.

oliente. ADJ. Que huele o exhala olor. *Camerino oliente a perfume.*

oliera. F. Vaso en que se guarda el santo óleo o el crisma.

olifante. M. hist. Cuerno de marfil que figura entre los arreos militares de los caballeros medievales y, en particular, el cuerno de Roldán, personaje central del ciclo legendario de Carlomagno.

oligarca. M. Cada uno de los individuos que componen una oligarquía.

oligarquía. F. **1.** Gobierno de pocos. ‖ **2.** Forma de gobierno en la cual el poder es ejercido por un grupo de personas que se aúnan para mantener o aumentar sus privilegios. ‖ **3.** Grupo reducido de personas que tiene poder e influencia en un determinado sector social, económico y político.

oligárquico, ca. ADJ. Perteneciente o relativo a la oligarquía.

oligisto. M. Mineral opaco, de color gris negruzco o pardo rojizo, muy duro y pesado, de textura compacta, granulosa o terrosa. Es un óxido de hierro muy apreciado en siderurgia.

oligoceno, na. ADJ. **1.** *Geol.* Se dice de la tercera época del período terciario, que abarca desde hace 37 millones de años hasta hace 24 millones de años. U. t. c. s. m. ORTOGR. Escr. con may. inicial c. s. ‖ **2.** *Geol.* Perteneciente o relativo a dicha época. *Areniscas oligocenas.*

oligoelemento. M. *Biol.* Elemento químico que en muy pequeñas cantidades es indispensable para las funciones fisiológicas; p. ej., el cinc y el aluminio.

oligofrenia. F. *Med.* Deficiencia mental.

oligofrénico, ca. ADJ. **1.** *Med.* Perteneciente o relativo a la oligofrenia. *Comportamiento oligofrénico.* ‖ **2.** Que padece oligofrenia. U. t. c. s.

oligopolio. M. *Econ.* Concentración de la oferta de un sector industrial o comercial en un reducido número de empresas.

oligopsonio. M. *Econ.* Situación comercial en que es muy reducido el número de compradores de determinado producto o servicio.

oliguria. F. *Med.* Escasa producción de orina.

olimpeño, ña. ADJ. **1.** Natural de Fuerte Olimpo. U. t. c. s. ‖ **2.** Perteneciente o relativo a esta ciudad del Paraguay, capital del departamento del Alto Paraguay.

olimpiada u **olimpíada.** F. **1.** Competición deportiva universal que se celebra cada cuatro años en un lugar previamente determinado. U. t. en pl. con el mismo significado que en sing. ‖ **2.** Período de cuatro años comprendido entre dos celebraciones consecutivas de juegos olímpicos. ‖ **3.** hist. Fiesta o juego que se celebraba cada cuatro años en la antigua ciudad de Olimpia.

olímpico, ca. ADJ. **1.** Perteneciente o relativo al monte Olimpo. *Dioses olímpicos.* ‖ **2.** hist. Perteneciente o relativo a Olimpia, ciudad de la Grecia antigua. ‖ **3.** Perteneciente o relativo a los juegos de las olimpiadas. ‖ **4.** Dicho de un deportista: Que ha participado en alguna olimpiada. U. t. c. s. ‖ **5.** Altanero, soberbio. *Olímpico desdén.* □ V. **corona** ~, **juegos** ~**s, vuelta** ~.

olimpismo. M. **1.** Conjunto de todo lo relativo a las olimpiadas. ‖ **2.** Movimiento caracterizado por la defensa de los valores relacionados con las olimpiadas.

oliscar. **I.** TR. **1.** Oler algo con cuidado y persistencia. ‖ **2.** Averiguar, inquirir, husmear, buscar, procurar saber algo. *Oliscaba decretos y oficios.* ‖ **II.** INTR. **3.** Dicho de una cosa: Empezar a oler mal.

olisco, ca. ADJ. Que huele mal. *El pescado está olisco.*

olisquear. TR. **1.** Olfatear algo o a alguien. *El perro empezó a olisquearme.* U. t. c. intr. ‖ **2.** Dicho de una persona: Husmear, curiosear. *Olisquear las miserias ajenas.*

olisqueo. M. Acción y efecto de olisquear.

oliva. F. **1.** olivo. ‖ **2.** aceituna. □ V. **aceite de** ~.

oliváceo, a. ADJ. aceitunado.

olivar. M. Sitio plantado de olivos.

olivarda. F. Planta de la familia de las Compuestas, de cinco decímetros a un metro de altura, de tronco leñoso, bastante ramosa, con hojas lanceoladas, sentadas, abrazadoras por la base, con dientes en el margen y pobladas de pelillos glandulosos que segregan una especie de resina viscosa, flores en cabezuelas amarillas, de pedúnculos desiguales para formar ramo piramidal, y fruto seco con una sola semilla, suelta y menuda. Es común en España y se ha empleado como astringente y cicatrizante.

olivarero, ra. ADJ. **1.** Perteneciente o relativo al cultivo del olivo y a sus industrias derivadas. *Sector olivarero.* ‖ **2.** Que se dedica a este cultivo. *Pueblo olivarero.* Apl. a pers., u. t. c. s.

olivera. F. olivo.

olivicultura. F. Cultivo y mejoramiento del olivo.

olivillo. M. Arbusto de la familia de las Cneoráceas, de dos a tres metros de altura, con hojas ovales, sentadas, lustrosas y persistentes, flores axilares amarillas, y por fruto bayas de color pardo rojizo.

olivino. M. peridoto.

olivo. M. Árbol de la familia de las Oleáceas, con tronco corto, grueso y torcido, copa ancha y ramosa que se eleva hasta cuatro o cinco metros, hojas persistentes coriáceas, opuestas, elípticas, enteras, estrechas, puntiagudas, verdes y lustrosas por el haz y blanquecinas por el envés, flores blancas, pequeñas, en ramitos axilares, y por fruto la aceituna, que es drupa ovoide de dos a cuatro centímetros de eje mayor, según las castas, de sabor algo amargo, color verde amarillento, morado en algunas variedades, y con un hueso grande y muy duro que encierra la semilla. Originario de Oriente, es muy cultivado en España para extraer del fruto el aceite común. ‖ **~ silvestre.** M. El menos ramoso que el cultivado y de hojas más pequeñas. ‖ **tomar el** ~. LOC. VERB. Huir, escapar.

olla. F. **1.** Vasija redonda de barro o metal, que comúnmente forma barriga, con cuello y boca anchos y con una o dos asas, la cual sirve para cocer alimentos, calentar agua, etc. ‖ **2.** Contenido o cabida de esta vasija. *Una olla de judías.* ‖ **3.** Comida preparada con carne, tocino, legumbres y hortalizas, principalmente garbanzos y patatas, a lo que se añade a veces algún embuchado, y todo junto se cuece y sazona. Era en España el plato principal de la comida diaria. ‖ **~ a presión.** F. Recipiente de metal, con cierre hermético para que el vapor producido en el interior, regulado por una válvula, cueza los alimentos con gran rapidez. ‖ **~ de grillos.** F. coloq. Lugar en que hay gran desorden y confusión y nadie se entiende. ‖ **~ podrida.** F. La que, además de la carne, tocino y legumbres, tiene en abundancia jamón, aves, embutidos y otros ingredientes.

ollao. M. *Mar.* Cada uno de los ojetes que se abren en las velas, toldos, fundas, etc., y que, reforzados como los ojales de la ropa, sirven para que por ellos pasen cabos.

ollar. M. Cada uno de los dos orificios de la nariz de las caballerías.

ollería. F. **1.** Fábrica donde se hacen ollas y otras vasijas de barro. ‖ **2.** Tienda o barrio donde se venden.

ollero, ra. M. y F. Persona que fabrica o vende ollas y otros utensilios de barro.

olma. F. Olmo muy corpulento y frondoso.

olmeca. ADJ. **1.** hist. Se dice del individuo de un antiguo pueblo que habitó una zona en torno al golfo de México. U. t. c. s. ‖ **2.** hist. Perteneciente o relativo a este pueblo. *Cultura olmeca.*

olmeda. F. Sitio plantado de olmos.

olmedo. M. Sitio plantado de olmos.

olmo. M. Árbol de la familia de las Ulmáceas, que crece hasta la altura de 20 m, con tronco robusto y derecho, de corteza gruesa y resquebrajada, copa ancha y espesa, hojas elípticas o trasovadas, aserradas por el margen, ásperas y lampiñas por el haz, lisas y vellosas por el envés y verdes por ambas caras, flores precoces, de color blanco rojizo, en pequeños haces sobre las ramas, y frutos secos, con una semilla oval, aplastada, con reborde membranoso en todo su contorno, verde al principio y amarillenta después, de rápido desarrollo. Abunda en España, es buen árbol de sombra y de excelente madera.

ológrafo, fa. **I.** ADJ. **1.** Escrito de mano del autor, autógrafo. *En su colección hay varios textos ológrafos de personajes célebres.* ‖ **II.** M. **2.** **testamento ológrafo.**

olomina. F. *Am. Cen.* Se usa como nombre genérico para referirse a varias especies de peces pequeños, que habitan en aguas dulces o salobres de Centroamérica. Son comestibles curados y salados.

olor. M. Efluvio que es capaz de producir impresión en el olfato. ‖ **de ~.** LOC.ADJ. Aromático o perfumado. *Hierbas, loción de olor.* ‖ **en ~ de multitud,** o **de multitudes.** LOCS. ADVS. Con la admiración y aclamación de muchas personas. ‖ **en ~ de santidad.** LOC.ADV. Con fama y reputación. □ V. **clavo de ~, grama de ~, guisante de ~, retama de ~.**

oloroso, sa. I. ADJ. **1.** Que despide olor, generalmente agradable. *Flores olorosas.* ‖ **II.** M. **2.** Vino de Jerez de color dorado oscuro y mucho aroma, de 18 ó 20 grados y que, al envejecer, puede llegar a 24 ó 25.

olote. M. *Am. Cen.* y *Méx.* **zuro.**

olvidadizo, za. ADJ. **1.** Que con facilidad se olvida de las cosas. ‖ **2. desagradecido** (‖ que desagradece).

olvidar. TR. **1.** Dejar de tener en la memoria lo que se tenía o debía tener. *Había olvidado su etapa de estudiante.* U. t. c. prnl. ‖ **2.** Dejar algo o a alguien por descuido en un lugar. *He olvidado la bufanda en el bar.* U. t. c. prnl. ‖ **3.** Dejar de tener en el afecto o afición a alguien o algo. *Olvidó a su novio.* U. t. c. prnl. ‖ **4.** No tener en cuenta algo. *Olvida los agravios que te hicieron.* U. t. c. prnl. ‖ **estar olvidado** algo. LOC.VERB. Hacer mucho tiempo que se hizo o sucedió.

olvido. M. Acción y efecto de olvidar. *El público relegó al olvido a muchos grupos musicales de aquella época. La censura lo enterró en el olvido. Su olvido nos costó caro.* ‖ **dar,** o **echar, al ~,** o **en ~.** LOCS.VERBS. **olvidar** (‖ dejar de tener en la memoria). ‖ **enterrar en el ~.** LOC.VERB. Olvidar para siempre. ‖ **entregar al ~.** LOC.VERB. **olvidar** (‖ dejar de tener en la memoria).

olvidoso, sa. ADJ. **desagradecido.**

omagua. I. ADJ. **1.** Se dice del individuo de una tribu de la alta Amazonia muy relacionada con El Dorado, comarca fabulosa de América del Sur colmada de inmensas riquezas, que los conquistadores identificaron con el país de los omaguas. U. t. c. s. ‖ **2.** Perteneciente o relativo a los omaguas. *Cultura omagua.* ‖ **II.** M. **3.** Lengua de estos indios.

omaní. ADJ. **1.** Natural de Omán. U. t. c. s. ‖ **2.** Perteneciente o relativo a este país de Asia. ¶ MORF. pl. **omaníes** u **omanís.**

ombligada. F. Parte que en los cueros corresponde al ombligo.

ombligo. M. **1.** Cicatriz redonda que queda en medio del vientre, después de romperse y secarse el cordón umbilical. ‖ **2. cordón umbilical.** ‖ **3.** Medio o centro de cualquier cosa. *Se cree el ombligo del mundo.* ‖ **~ de Venus.** M. Planta herbácea anual de la familia de las Crasuláceas, con hojas radicales, pecioladas, carnosas, redondas y umbilicadas, tallo de tres a cuatro decímetros, con algunas hojuelas puntiagudas, y flores amarillentas en espiga, pequeñas y colgantes. Es común en los tejados, y sus hojas, machacadas, se han empleado como emoliente. ‖ **mirarse** alguien **el ~.** LOC.VERB. coloq. Tener una actitud egocéntrica y autocomplaciente.

ombliguero. M. Venda que se pone a los niños recién nacidos para sujetar el paño que cubre el ombligo, hasta que este se seque.

ombú. M. Árbol de América Meridional, de la familia de las Fitolacáceas, con la corteza gruesa y blanda, madera fofa, copa muy densa, hojas alternas, elípticas, acuminadas, con pecíolos largos y flores dioicas en racimos más largos que las hojas. MORF. pl. **ombúes** u **ombús.**

omega. F. Vigésima cuarta letra del alfabeto griego (Ω, ω), que corresponde a *o* larga del latino.

omero. M. **aliso.**

omeya. ADJ. **1.** hist. Se dice de cada uno de los miembros de la dinastía que rigió en Damasco el primer califato árabe y posteriormente el emirato y califato de Córdoba. U. t. c. s. ‖ **2.** hist. Perteneciente o relativo a este linaje y dinastía. *Arquitectura omeya.*

ómicron. F. Decimoquinta letra del alfabeto griego (Ο, ο), que corresponde a *o* breve del latino.

ominoso, sa. ADJ. Abominable o despreciable. *Época ominosa.*

omisión. F. Acción de omitir. ‖ **~ del deber de socorro.** F. *Der.* Delito o falta consistente en la abstención de una actuación que constituye un deber legal, como la asistencia a menores incapacitados o a quien se encuentra en peligro manifiesto y grave. □ V. **pecado de ~.**

omiso, sa. ADJ. Flojo y descuidado. *Fueron omisos en la tarea.*

omitir. TR. **1.** Abstenerse de hacer algo. *Omitir la acentuación.* ‖ **2.** Pasar en silencio algo. *Omitir una cita al escribir un ensayo.* U. t. c. prnl.

ómnibus. M. Vehículo de transporte colectivo para trasladar personas, generalmente dentro de las poblaciones. MORF. pl. invar. *Los ómnibus.*

omnicomprensivo, va. ADJ. Que lo comprende o incluye todo. *Una oposición omnicomprensiva.*

omnímodo, da. ADJ. Que lo abraza y comprende todo. *Poder omnímodo.*

omnipotencia. F. **1.** Poder omnímodo, atributo únicamente de Dios. ‖ **2.** Poder muy grande.

omnipotente. ADJ. **1.** Que todo lo puede, atributo solo de Dios. ‖ **2.** Que puede muchísimo. *El omnipotente caudillo.*

omnipresencia. F. **1.** Presencia a la vez en todas partes, en realidad condición solo de Dios. ‖ **2.** Presencia intencional de quien quisiera estar en varias partes y acude deprisa.

omnipresente. ADJ. **1.** Que está presente a la vez en todas partes, atributo solo de Dios. ‖ **2.** Que procura acudir deprisa a las partes que lo requieren. *El omnipresente director de orquesta.*

omnisapiente. ADJ. **omnisciente.**

omnisciencia. F. **1.** Conocimiento de todas las cosas reales y posibles, atributo exclusivo de Dios. ‖ **2.** Conocimiento de muchas ciencias o materias.

omnisciente. ADJ. **1.** Que tiene omnisciencia. ‖ **2.** Que tiene sabiduría o conocimiento de muchas cosas. *Narrador omnisciente.*

omniscio, cia. ADJ. **omnisciente.**

omnívoro, ra. ADJ. *Zool.* Dicho de un animal: Que se alimenta de toda clase de sustancias orgánicas. U. t. c. s. m.

omóplato u **omoplato.** M. *Anat.* Cada uno de los dos huesos anchos, casi planos, situados a uno y otro lado de la espalda, donde se articulan los húmeros y las clavículas.

ona. I. ADJ. **1.** hist. Se dice de los individuos de un pueblo amerindio que habitó la Isla Grande de Tierra del Fuego. U. m. c. s. pl. ‖ **2.** hist. Perteneciente o relativo a los onas. *Construcciones onas.* ‖ **II.** M. **3.** Lengua hablada por los onas.

onagra. F. Arbusto de la familia de las Oenoteráceas, con tallo derecho, raíz blanca, que una vez seca despide un olor como a vino, hojas abrazadoras y aovadas y flores de forma de rosas.

onagro. M. Asno salvaje o silvestre.

onanismo. M. **masturbación.**

onanista. ADJ. **1.** Perteneciente o relativo al onanismo. *Hábitos onanistas.* ‖ **2.** Que practica el onanismo. U. t. c. s.

onanístico, ca. ADJ. Perteneciente o relativo al onanismo.

once. I. ADJ. **1.** Diez más uno. ‖ **2. undécimo** (‖ que sigue en orden al décimo). *Número once. Año once.* Apl. a los días del mes, u. t. c. s. m. *El once de octubre.* ‖ **II.** M. **3.** Conjunto de signos con que se representa el número once. ‖ **4.** Equipo de jugadores de fútbol, que consta de once individuos. ‖ **III.** F. **5.** pl. Undécima hora a partir de mediodía o de medianoche. *Faltan veinte minutos para las once.*

onceavo, va. ADJ. Se dice de cada una de las once partes iguales en que se divide un todo. U. t. c. s. m.

onceno, na. ADJ. **undécimo** (‖ que sigue en orden al décimo). U. m. en América.

oncita. F. *Méx.* **comadreja.**

oncocercosis. F. *Med.* Enfermedad producida por nematodos parásitos del género *Onchocerca.*

oncogén. M. *Biol.* Cada uno de los genes que, al activarse, pueden provocar la aparición de la enfermedad cancerosa.

oncogénesis. F. *Med.* Origen y producción de los tumores malignos.

oncogénico, ca. ADJ. *Biol.* Perteneciente o relativo a los oncogenes.

oncología. F. Parte de la medicina que trata de los tumores.

oncológico, ca. ADJ. *Med.* Perteneciente o relativo a la oncología.

oncólogo, ga. M. y F. Persona que profesa la oncología o tiene en ella especiales conocimientos.

onda. F. **1.** Cada una de las elevaciones que se forman al perturbar la superficie de un líquido. ‖ **2.** Movimiento que se propaga en un fluido. ‖ **3.** Cada una de las curvas, a manera de eses, que se forman natural o artificialmente en algunas cosas flexibles, como el pelo, las telas, etc. U. m. en pl. ‖ **4.** Cada uno de los recortes, a manera de semicírculo, más o menos prolongados o variados, con que se adornan las guarniciones de vestidos u otras prendas. ‖ **~ corta.** F. *Telec.* La que tiene una longitud comprendida entre 10 y 50 m. ‖ **~ de choque.** F. *Electr.* La que, propagándose a través de un fluido, produce en él grandes y bruscos cambios en la presión, velocidad y densidad. ‖ **~ electromagnética.** F. *Electr.* **onda herciana.** ‖ **~ herciana,** u **~ hertziana.** F. *Electr.* Forma de propagarse a través del espacio los campos eléctricos y magnéticos producidos por las cargas eléctricas en movimiento. Para las ondas comprendidas entre diferentes intervalos de frecuencia se emplean denominaciones especiales, como microondas, ondas luminosas, rayos X, rayos gamma, etc. ‖ **~ larga.** F. *Telec.* La que tiene una longitud de 1000 m aproximadamente. ‖ **~ luminosa.** F. *Fís.* La que propaga la luz emitida por un cuerpo luminoso. ‖ **~ media.** F. *Telec.* La que tiene una longitud comprendida entre 200 y 300 m. ‖ **2.** Radiodifusión transmitida con modulación de amplitud, en una banda de 530 a 1600 kHz. ‖ **~ sonora.** F. *Fís.* La que se origina en un cuerpo elástico y transmite el sonido. ‖ **captar,** o **coger, la ~.** LOCS.VERBS. coloqs. Darse cuenta de algo disimulado o apenas explícito. ‖ **estar en la ~.** LOC.VERB. coloq. Estar al corriente de las últimas tendencias o de lo que se habla. ‖ **estar fuera de ~.** LOC.VERB. coloq. Estar desfa-

sado, desconectado de las últimas tendencias o de lo que se habla. □ V. **guía de ~s, longitud de ~, superficie de ~, tren de ~s.**

ondeante. ADJ. Que ondea. *Banderas ondeantes.*

ondear. I. TR. **1.** Mover algo, especialmente una bandera o un pañuelo, formando ondas. ‖ **II.** INTR. **2.** Dicho de un cuerpo flexible o de un fluido: Moverse formando ondas. *La bandera ondeaba en el mástil. El agua ondeaba impelida por el viento.*

ondeo. M. Acción de ondear.

ondina. F. En algunas mitologías, **ninfa** (‖ deidad).

ondulación. F. **1.** Acción y efecto de ondular. ‖ **2.** Formación en ondas de una cosa. *La ondulación del terreno.* ‖ **3.** *Fís.* Movimiento que se propaga en un fluido o en un medio elástico sin traslación permanente de sus moléculas. ‖ **~ permanente.** F. **permanente** (‖ rizado).

ondulado, da. PART. de **ondular.** ‖ ADJ. Dicho de un cuerpo: Que forma ondas pequeñas en su superficie o su perímetro.

ondulante. ADJ. **1.** Que hace ondas al moverse. *El vuelo ondulante de la gaviota.* U. t. en sent. fig. *Una sensación ondulante de dolor.* ‖ **2.** Dicho de una superficie o de una línea: Que forma ondas. *Una ondulante explanada de césped.*

ondular. I. TR. **1.** Hacer ondas en algo, especialmente en el pelo. ‖ **II.** INTR. **2.** Dicho de una cosa, como las banderas agitadas por el viento: Moverse formando giros en forma de eses.

ondulatorio, ria. ADJ. **1.** Perteneciente o relativo a las ondas. *Teoría ondulatoria.* ‖ **2.** Que se extiende en forma de ondulaciones. *Contracciones musculares ondulatorias.* □ V. **movimiento ~.**

ondulín. M. *Chile.* **rulo** (‖ cilindro para rizar el cabello).

oneroso, sa. ADJ. **1.** Costoso o gravoso. *La construcción de autopistas resulta onerosa.* ‖ **2.** Pesado o difícil de soportar. *La enfermedad fue una carga onerosa.*

ONG. (Sigla de Organización No Gubernamental). F. Organización de iniciativa social, independiente de la Administración pública, que se dedica a actividades humanitarias, sin fines lucrativos. MORF. pl. invar. *Las ONG.*

ónice. M. Ágata listada de colores alternativamente claros y muy oscuros, que suele emplearse para hacer camafeos.

onicofagia. F. Costumbre de comerse las uñas.

onírico, ca. ADJ. Perteneciente o relativo a los sueños. *Mundos oníricos.*

onirismo. M. *Med.* Alteración de la consciencia caracterizada por la aparición de fantasías semejantes a las de los sueños, con pérdida del sentido de la realidad.

oniromancia u **oniromancía.** F. Arte que por medio de los sueños pretende adivinar el futuro.

ónix. M. **ónice.**

onomancia u **onomancía.** F. Arte que pretende adivinar por el nombre de una persona la dicha o desgracia que le ha de suceder.

onomasiología. F. Rama de la semántica que investiga los significantes que corresponden a un concepto dado.

onomasiológico, ca. ADJ. Perteneciente o relativo a la onomasiología y al punto de vista adoptado por esta.

onomástica. F. **1.** Ciencia que trata de la catalogación y estudio de los nombres propios. ‖ **2.** Conjunto de nombres propios de un lugar, de un país o de una época. *La onomástica visigótica.* ‖ **3.** *Esp.* Día en que una persona celebra su santo.

onomástico, ca. I. ADJ. **1.** Perteneciente o relativo a los nombres, y especialmente a los nombres propios. *Lista onomástica de los reyes de Egipto.* || **II.** M. **2.** *Am.* Día en que una persona celebra su santo.

onomatopeya. F. **1.** Imitación o recreación del sonido de algo en el vocablo que se forma para significarlo. *Muchas palabras han sido formadas por onomatopeya.* || **2.** Vocablo que imita o recrea el sonido de la cosa o la acción nombrada.

onomatopéyico, ca. ADJ. **1.** Perteneciente o relativo a la onomatopeya. *Valor onomatopéyico.* || **2.** Formado por onomatopeya. *Palabra onomatopéyica.*

onoquiles. F. Planta herbácea anual, de la familia de las Borragináceas, de dos a tres decímetros de altura, vellosa y erizada de pelos ásperos, con tallos gruesos y carnosos, hojas inferiores lanceoladas y acorazonadas por la base y abrazadoras las superiores, flores acampanadas, de color azul purpúreo, en ramos terminales y pareados, fruto seco formado por cuatro aquenios en el fondo del cáliz, y raíz gruesa, de la que se saca una tintura roja muy estimada por perfumistas y confiteros. Es común en España, donde se ha cultivado por sus aplicaciones a la tintorería, y su infusión en aceite se emplea en algunas partes para curar las llagas y heridas.

onoto. M. *Á. Caribe.* **bija.**

ontina. F. Planta de la familia de las Compuestas, con tallos de cuatro a seis decímetros de altura, erguidos, leñosos, cubiertos de hojas pequeñas, aovadas y carnosas. Las flores nacen en racimos, en la extremidad de los vástagos, y son amarillentas y sumamente pequeñas. Toda la planta es muy aromática.

ontogenia. F. *Biol.* Desarrollo del individuo, referido en especial al período embrionario.

ontogénico, ca. ADJ. *Biol.* Perteneciente o relativo a la ontogenia.

ontología. F. Parte de la metafísica que trata del ser en general y de sus propiedades trascendentales.

ontológico, ca. ADJ. Perteneciente o relativo a la ontología. □ V. **argumento ~.**

onubense. ADJ. **1.** Natural de Huelva. U. t. c. s. || **2.** Perteneciente o relativo a esta ciudad de España o a su provincia.

onza¹. F. **1.** hist. Cada una de las 16 partes en que se divide la libra, equivalente a 28,75 g. || **2.** Cada una de las partes o porciones en que se divide una tableta de chocolate. || **3.** hist. **onza de oro.** || **~ de oro.** F. hist. Moneda de este metal, con peso de una onza aproximadamente, que se acuñó desde el tiempo de Felipe III hasta el de Fernando VII, y valía 329 reales. || **~ troy.** F. Medida de peso de metales preciosos equivalente a 31,103 g. || **media ~.** F. hist. Moneda de oro de la mitad del peso y valor que la onza.

onza². F. Mamífero carnicero, semejante a la pantera, de unos seis decímetros de altura y cerca de un metro de largo, sin contar la cola, que tiene otro tanto. Su pelaje es como el del leopardo y tiene aspecto de perro. Vive en los desiertos de las regiones meridionales de Asia y en África; es domesticable, y en Persia se empleaba para la caza de gacelas.

oogénesis. F. *Biol.* Formación de los gametos femeninos, u óvulos, en el ovario.

oolito. M. *Geol.* Caliza compuesta de concreciones semejantes a las huevas de pescado.

oosfera. F. *Bot.* Óvulo de los vegetales.

oósfera. F. *Am.* oosfera.

opa. F. *Der.* Oferta pública dirigida a los socios de una compañía cotizada en bolsa proponiéndoles la adquisición de sus acciones en plazos y condiciones determinados.

opacar. TR. **1.** *Am.* Oscurecer, nublar. U. t. c. prnl. || **2.** *Á. R. Plata* y *Méx.* Superar a alguien en alguna cualidad.

opacidad. F. Cualidad de opaco.

opaco, ca. ADJ. **1.** Que impide el paso a la luz, a diferencia de *diáfano. Cuerpo opaco.* || **2.** Sin brillo. *Luz opaca.* || **3.** Triste y melancólico. *Día opaco.* □ V. **voz ~.**

opado, da. ADJ. Dicho de una sociedad: Cuyo control pretende obtener o reforzar a través de una opa.

opalescencia. F. Reflejos de ópalo.

opalescente. ADJ. Que parece de ópalo o irisado como él. *Reflejos opalescentes.*

opalino, na. ADJ. **1.** Perteneciente o relativo al ópalo. *Brillo opalino.* || **2.** De color entre blanco y azulado con reflejos irisados. *Nube opalina.*

opalizar. TR. Dar a algo color opalino.

ópalo. M. Mineral silíceo con algo de agua, lustre resinoso, traslúcido u opaco, duro, pero quebradizo y de colores diversos. || **~ de fuego.** M. El de color rojo muy encendido, brillante y traslúcido, que suele encontrarse en México.

opante. COM. Persona física o jurídica que formula una opa.

opción. F. **1.** Libertad o facultad de elegir. || **2.** Esa misma elección. || **3.** Cada una de las cosas a las que se puede optar. || **4.** Posibilidad de conseguir algo. *El equipo no tuvo opción al triunfo.* || **5.** *Der.* Derecho a elegir entre dos o más cosas, fundado en precepto legal o en negocio jurídico. || **6.** *Econ.* Derecho a comprar o vender algo en plazo y precio previamente acordados. || **~ sobre acciones.** F. *Econ.* La que, en algunos casos, se establece sobre activos financieros como remuneración de los directivos y empleados de una empresa.

opcional. ADJ. Optativo, no obligatorio. *Disponemos de un seguro de viaje opcional.*

ópera. F. **1.** Obra teatral cuyo texto se canta, total o parcialmente, con acompañamiento de orquesta. || **2.** Poema dramático escrito para este fin; letra de la ópera. || **3.** Género formado por esta clase de obras. || **4.** Música de la ópera. || **5.** Teatro especialmente construido para representar óperas. || **~ prima.** F. Primera obra de un autor.

operable. ADJ. **1.** Que puede obrarse o es factible. *Un proyecto real, detallado y operable.* || **2.** Que tiene virtud de operar o hace operación o efecto. *Las máquinas necesitan cuidados para mantenerse operables.* || **3.** *Med.* Que puede ser operado.

operación. F. **1.** Acción y efecto de operar. || **2.** *Com.* Negociación o contrato sobre valores o mercancías. *Operación de bolsa.* || **3.** *Mat.* Conjunto de reglas que permiten, partiendo de una o varias cantidades o expresiones, llamadas datos, obtener otras cantidades o expresiones llamadas resultados. || **~ cesárea.** F. *Med.* La que se hace abriendo la matriz para extraer el feto. □ V. **base de operaciones, diario de operaciones, sala de operaciones.**

operacional. ADJ. **1.** Perteneciente o relativo a las operaciones matemáticas, militares o comerciales. *Margen operacional.* || **2.** Dicho de una unidad militar: Que está en condiciones de operar.

operador, ra. I. ADJ. **1.** Que opera. *Agente operador.* Apl. a pers., u. t. c. s. ‖ **II.** M. y F. **2.** Persona que se ocupa de establecer las comunicaciones no automáticas de una central telefónica. ‖ **3.** Profesional que maneja aparatos técnicos. ‖ **4.** *Cinem.* y *TV.* **cámara** (‖ técnico especializado en la toma de imágenes). ‖ **5.** *Cinem.* Persona que maneja el proyector y el equipo sonoro de películas. ‖ **III.** M. **6.** *Mat.* Símbolo matemático que denota un conjunto de operaciones que han de realizarse. ‖ **~ turístico.** M. Empresa mayorista de turismo que contrata servicios de hoteles, agencias, etc.

operadora. F. Empresa que se dedica a operar. *Las operadoras de telefonía.*

operante. ADJ. Que opera. Apl. a pers., u. t. c. s.

operar. I. TR. **1. realizar** (‖ llevar a cabo algo). *Las revoluciones operan grandes cambios sociales.* U. t. c. prnl. ‖ **2.** Ejecutar sobre el cuerpo vivo, con ayuda de instrumentos adecuados, diversos actos curativos, como extirpar, amputar, implantar, corregir, coser, etc., órganos, miembros o tejidos. U. t. c. intr. ‖ **II.** INTR. **3.** Dicho de una cosa: Producir el efecto para el cual se destina. *El nebulizador opera sobre la zona congestionada.* ‖ **4.** Obrar, trabajar, ejecutar diversos quehaceres u ocupaciones. *La compañía petrolera opera en Asia.* ‖ **5.** Negociar, especular, realizar acciones comerciales de compra, venta, etc. *Ese banco no opera en bolsa.* ‖ **6.** Llevar a cabo acciones de guerra, mover un ejército con arreglo a un plan. *Su batallón opera en primera línea.* ‖ **7.** Realizar operaciones matemáticas. ‖ **III.** PRNL. **8.** Someterse a una intervención quirúrgica.

operario, ria. M. y F. **obrero** (‖ trabajador manual).

operático, ca. I. ADJ. **1.** *Á. Caribe* y *Chile.* Perteneciente o relativo a la ópera. *Temporada operática.* ‖ **II.** M. y F. **2.** *Chile.* Persona aficionada y conocedora de óperas.

operatividad. F. Capacidad para realizar una función.

operativo, va. I. ADJ. **1.** Dicho de una cosa: Que obra y hace su efecto. *Instrumental altamente operativo.* ‖ **2.** Preparado o listo para ser utilizado o entrar en acción. *El nuevo avión ya está operativo.* ‖ **II.** M. **3. dispositivo** (‖ organización para acometer una acción). □ V. **sistema ~.**

operatorio, ria. ADJ. Perteneciente o relativo a las operaciones quirúrgicas. *Medicina operatoria.*

opérculo. M. Pieza generalmente redonda, que, a modo de tapadera, sirve para cerrar ciertas aberturas; p. ej., las de las agallas de la mayor parte de los peces, la concha de muchos moluscos univalvos o las cápsulas de varios frutos.

opereta. F. **1.** Espectáculo musical de origen francés, especie de ópera de asunto frívolo y carácter alegre, con alguna parte declamada. ‖ **2.** Género formado por este tipo de obras. ‖ **de ~.** LOC.ADJ. Falso, afectado y ridículo.

operista. COM. **1.** Actor que canta en las óperas. ‖ **2.** Músico que compone óperas.

operístico, ca. ADJ. Perteneciente o relativo a la ópera.

opiáceo, a. ADJ. **1.** Perteneciente o relativo al opio. *Aroma opiáceo.* ‖ **2.** Dicho de un compuesto: Obtenido a partir del opio. U. t. c. s. m. ‖ **3.** Que calma como el opio. *Efecto opiáceo.*

opilación. F. **obstrucción** (‖ impedimento en las vías del cuerpo).

opimo, ma. ADJ. Rico, fértil, abundante. *Fruto opimo.*

opinable. ADJ. Que puede ser defendido en pro y en contra.

opinante. ADJ. Que opina. U. t. c. s.

opinar. INTR. **1.** Tener formada una opinión. U. t. c. tr. ‖ **2.** Expresarla de palabra o por escrito. U. t. c. tr.

opinión. F. **1.** Juicio que se forma de algo cuestionable. ‖ **2.** Fama o concepto en que se tiene a alguien o algo. ‖ **3.** Manifestación de una opinión. *Libertad de opinión.* ‖ **~ pública.** F. Sentir o estimación en que coincide la generalidad de las personas acerca de asuntos determinados. □ V. **estado de ~.**

opio. M. **1.** Sustancia estupefaciente, amarga y de olor fuerte, que resulta de la desecación del jugo que se extrae de las cabezas de adormideras verdes. ‖ **2.** *Á. R. Plata.* **rollo** (‖ persona o cosa que resulta aburrida).

opioide. ADJ. opiáceo.

opiómano, na. ADJ. Dicho de una persona: Adicta al opio. U. t. c. s.

opíparo, ra. ADJ. Dicho de un banquete, de una comida, etc.: Copiosos y espléndidos.

oponente. ADJ. **1.** Que opone o se opone. *Discurso oponente.* ‖ **2.** Dicho de una persona o de un grupo de personas: Que se oponen a otra u otras en cualquier materia. U. t. c. s.

oponer. I. TR. **1.** Poner algo contra otra cosa para entorpecer o impedir su efecto. *Los vecinos opusieron pocas defensas a la riada.* U. t. c. prnl. ‖ **2.** Proponer una razón o discurso contra lo que alguien dice o siente. ‖ **II.** PRNL. **3.** Dicho de una cosa: Ser contraria a otra. *El blanco se opone al negro.* ‖ **4.** Dicho de una cosa: Estar situada o colocada enfrente de otra. ‖ **5.** Impugnar, estorbar, contradecir un propósito. *La junta se opuso a sus pretensiones.* ‖ **6.** *Ling.* Estar en oposición distintiva. ¶ MORF. conjug. c. *poner*; part. irreg. **opuesto.**

oponible. ADJ. Que se puede oponer. *Dedos oponibles.*

oporto. M. Vino de color oscuro y sabor ligeramente dulce, fabricado principalmente en Oporto, ciudad de Portugal.

oportunidad. F. **1.** Tiempo o circunstancia oportunos para algo. ‖ **2.** pl. Sección de un comercio en la que se ofrecen artículos a un precio más bajo del que normalmente tienen.

oportunismo. M. **1.** Actitud o conducta social, política, económica, etc., que prescinde en cierta medida de los principios fundamentales, tomando en cuenta las circunstancias de tiempo y lugar. U. t. en sent. peyor. ‖ **2.** Actitud que consiste en aprovechar al máximo las circunstancias para obtener el mayor beneficio posible, sin tener en cuenta principios ni convicciones.

oportunista. ADJ. **1.** Perteneciente o relativo al oportunismo. *Táctica oportunista.* ‖ **2.** Dicho de una persona: Que practica el oportunismo. U. t. c. s.

oportuno, na. ADJ. **1.** Que se hace o sucede en tiempo a propósito y cuando conviene. *Respuesta oportuna.* ‖ **2.** Ocurrente y pronto en la conversación. *Su hermana es rápida y oportuna al responder.*

oposición. F. **1.** Acción y efecto de oponer u oponerse. *Manifestó su oposición a esa ley.* ‖ **2.** Disposición de algunas cosas, de modo que estén unas enfrente de otras. ‖ **3.** Contrariedad o antagonismo entre dos cosas. *La oposición campo-ciudad.* ‖ **4.** Procedimiento selectivo consistente en una o más pruebas en que los aspirantes a un puesto de trabajo muestran su respectiva competencia, juzgada por un tribunal. U. m. en pl. con el mismo significado que en sing. ‖ **5.** Contradicción o resistencia a lo que alguien hace o dice. *Su propuesta ha-*

lló la oposición del público. || **6.** Conjunto de grupos o partidos que en un país se oponen a la política del Gobierno. || **7.** En los cuerpos legislativos, minoría que habitualmente impugna las actuaciones del Gobierno. || **8.** Cada uno de los cuerpos deliberantes, o de los sectores de la opinión pública adversos al poder establecido. || **9.** *Astr.* Situación relativa de dos o más cuerpos celestes cuando tienen longitudes que difieren en dos ángulos rectos. || **10.** *Ling.* Relación distintiva que existe entre dos unidades del mismo nivel pertenecientes al mismo sistema lingüístico.

oposicionista. I. ADJ. **1.** Perteneciente o relativo a la oposición. *Actitud oposicionista.* || **II.** COM. **2.** Persona que pertenece o es partidaria de la oposición política.

opositar. INTR. Hacer oposiciones a un cargo o empleo.

opositor, ra. I. ADJ. **1.** Que se opone en cualquier materia. *Dirigente opositor. Milicias opositoras.* Apl. a pers., u. t. c. s. || **II.** M. y F. **2.** Aspirante a una cátedra, empleo, cargo o destino que se provee por oposición o concurso. || **3.** *Am.* En política, partidario de la oposición.

opoterapia. F. Procedimiento curativo por el empleo de órganos animales crudos, de sus extractos o de las hormonas aisladas de las glándulas endocrinas.

opoterápico, ca. ADJ. Perteneciente o relativo a la opoterapia.

opresión. F. **1.** Acción y efecto de oprimir. || **2.** Molestia producida por algo que oprime.

opresivo, va. ADJ. Que oprime o implica opresión. *Ambiente opresivo.*

opresor, ra. ADJ. Que abusa de su poder o autoridad sobre alguien. U. t. c. s.

oprimente. ADJ. Que **oprime** (|| produce agobio). *Pensamientos oprimentes.*

oprimido, da. PART. de **oprimir.** || ADJ. Que está sometido a la vejación, humillación o tiranía de alguien. Apl. a pers., u. t. c. s.

oprimir. TR. **1.** Ejercer presión sobre algo. *Oprimir una tecla.* || **2.** Producir agobio o preocupación grave a alguien. *Esos recuerdos me oprimen.* || **3.** Someter a una persona, a una nación, a un pueblo, etc., vejándolos, humillándolos o tiranizándolos.

oprobio. M. Ignominia, afrenta, deshonra.

oprobioso, sa. ADJ. Que causa oprobio. *Manifestaciones oprobiosas.*

optar. INTR. **1.** Escoger algo entre varias cosas. *Optó por ponerse el vestido azul.* || **2.** Intentar entrar en la dignidad, empleo, etc., a que se tiene derecho. *Optar a la cátedra.*

optativa. F. Asignatura no obligatoria en un plan de estudios.

optativo, va. I. ADJ. **1.** Que depende de opción o la admite. *La compra de los accesorios es optativa.* || **2.** Dicho de una asignatura: No obligatoria en un plan de estudios. || **II.** M. **3.** *Gram.* **modo optativo.**

óptica. F. **1.** Parte de la física que estudia las leyes y los fenómenos de la luz. || **2.** Técnica de fabricar lentes y otros instrumentos para mejorar la visión. || **3.** Establecimiento donde se comercia con instrumentos de óptica. || **4.** Conjunto de elementos del faro de un vehículo, especialmente del delantero. || **5. punto de vista.** *Veo el problema desde otra óptica.*

óptico, ca. I. ADJ. **1.** Perteneciente o relativo a la óptica. *Instrumentos ópticos.* || **2.** Perteneciente o relativo a la visión. *Efecto óptico. Ilusión óptica.* || **II.** M. y F. **3.** Comerciante de objetos de óptica. || **4.** Persona con titula-

ción oficial para trabajar en materia de óptica. □ V. **actividad ~, ángulo ~, disco ~, fibra ~, lector ~, microscopio ~, nervio ~, tálamo ~, telégrafo ~.**

optimación. F. **1.** Acción y efecto de optimar. || **2.** Método matemático para determinar los valores de las variables que hacen máximo el rendimiento de un proceso o un sistema.

optimar. TR. **optimizar.**

optimate. M. prócer. U. m. en pl.

optimismo. M. Propensión a ver y juzgar las cosas en su aspecto más favorable.

optimista. ADJ. **1.** Que propende a ver y juzgar las cosas en su aspecto más favorable. U. t. c. s. || **2.** Que denota o implica optimismo. *Visión optimista.*

optimización. F. Acción y efecto de optimizar.

optimizar. TR. Buscar la mejor manera de realizar una actividad.

óptimo, ma. ADJ. SUP. de **bueno.**

optometría. F. *Ópt.* Medida de la agudeza visual para corregir los defectos de la visión mediante lentes.

opuesto, ta. PART. IRREG. de **oponer.** || ADJ. **1. contrario** (|| que se muestra completamente diferente). *Concepciones opuestas de la realidad.* || **2.** *Bot.* Dicho de una parte de una planta, como una hoja, una flor o una rama: Que nace enfrente de otra. || **3.** *Mat.* Se dice de las cantidades cuya suma es igual a cero. □ V. **ángulos ~s por el vértice.**

opulencia. F. **1.** Abundancia, riqueza y sobra de bienes. || **2.** Sobreabundancia de cualquier otra cosa.

opulento, ta. ADJ. Que tiene opulencia.

opus. M. *Mús.* Obra que se numera con relación al conjunto de la producción de un compositor. U. t. c. f.

opúsculo. M. Obra científica o literaria de poca extensión.

oquedad. F. **1.** Espacio que en un cuerpo sólido queda vacío, de manera natural o artificial. || **2.** Insustancialidad de lo que se habla o escribe.

oquedal. M. Monte solo de árboles, limpio de hierba y de matas.

ora. CONJ. DISTRIB. **ahora.** *Tomando ora la espada, ora la pluma.*

oración. F. **1.** Obra de elocuencia, razonamiento pronunciado en público a fin de persuadir a los oyentes o mover su ánimo. *Oración deprecatoria, fúnebre, inaugural.* || **2.** Súplica, deprecación, ruego que se hace a Dios o a los santos. || **3.** Elevación de la mente a Dios para alabarlo o pedirle mercedes. || **4.** Hora de las oraciones. || **5.** *Gram.* Palabra o conjunto de palabras con que se expresa un sentido gramatical completo. || **6.** *Rel.* En la misa, en el rezo eclesiástico y rogaciones públicas, deprecación particular que incluye la conmemoración del santo o de la festividad del día. || **7.** pl. hist. Primera parte de la doctrina cristiana que se enseñaba a los niños, donde se incluían el padrenuestro, la avemaría, etc. || **8.** pl. hist. Toque de campana que se realizaba en las iglesias al anochecer y que en algunas partes se repetía al amanecer y al mediodía. || **~ activa.** F. *Gram.* Aquella en que el sujeto realiza la acción del verbo. || **~ adjetiva.** F. *Gram.* La subordinada que funciona como complemento del sujeto o de otro complemento de la oración principal. || **~ adverbial.** F. *Gram.* La subordinada que funciona como complemento circunstancial de la principal. || **~ compuesta.** F. *Gram.* La que está formada por dos o más oraciones simples enlazadas gramaticalmente. ‖ ~ **coordinada.** F. *Gram.* oración compuesta en que la unión de los componentes se realiza por coordinación. ‖ ~ **de relativo.** F. *Gram.* **oración adjetiva.** ‖ ~ **dominical.** F. La del padrenuestro. ‖ ~ **mental.** F. Recogimiento interior del alma, que eleva la mente a Dios meditando en Él. ‖ ~ **pasiva.** F. *Gram.* Aquella en que el sujeto gramatical no realiza la acción del verbo, sino que la recibe. ‖ ~ **principal.** F. *Gram.* Aquella que en las oraciones compuestas expresa el juicio fundamental. ‖ ~ **simple.** F. *Gram.* La que tiene un solo predicado. ‖ ~ **subordinada.** F. *Gram.* La que en las oraciones compuestas adjetivas, adverbiales y sustantivas depende de la principal. ‖ ~ **sustantiva.** F. *Gram.* La subordinada que hace el oficio de sujeto, complemento directo o indirecto. ‖ ~ **vocal.** F. Deprecación que se hace a Dios con palabras. ☐ V. **casa de ~, parte de la ~.**

oracional. I. ADJ. **1.** Perteneciente o relativo a la oración gramatical. *Complemento oracional.* ‖ **II.** M. **2.** Libro compuesto de oraciones o que trata de ellas.

oracionero, ra. ADJ. **rezador.** U. t. c. s.

oráculo. M. **1.** Respuesta que da Dios o por sí o por sus ministros. ‖ **2.** hist. Contestación que las pitonisas y sacerdotes de la gentilidad pronunciaban como dada por los dioses a las consultas que ante sus ídolos se hacían. ‖ **3.** hist. Lugar dedicado a una deidad al que se acude para solicitar un oráculo. ‖ **4.** Persona a quien todos escuchan con respeto y veneración por su mucha sabiduría y doctrina.

orador, ra. I. M. y F. **1.** Persona que habla en público, pronuncia discursos o imparte conferencias. ‖ **2.** Persona que por su naturaleza y estudio tiene las cualidades que lo hacen apto para lograr los fines de la oratoria. ‖ **II.** M. **3.** Predicador evangélico.

oraje. M. Estado del tiempo, temperatura, etc.

oral. ADJ. **1.** Que se manifiesta o produce con la boca o mediante la palabra hablada. *Lección, tradición oral.* ‖ **2.** Perteneciente o relativo a la boca. *Administrar por vía oral un medicamento.* ‖ **3.** *Fon.* Dicho de un sonido: Que se articula expulsando el aire exclusivamente por la boca. U. t. c. s. f. ☐ V. **juicio ~.**

oralidad. F. Cualidad de oral.

orangista. ADJ. **1.** hist. Partidario de la casa de Orange. U. t. c. s. ‖ **2.** En el Ulster, partidario de mantener la unión con Gran Bretaña. ‖ **3.** Perteneciente o relativo a la política de esos partidarios. *Asociación orangista.*

orangután. M. Mono antropomorfo, que vive en las selvas de Sumatra y Borneo y llega a unos dos metros de altura, con cabeza gruesa, frente estrecha, nariz chata, hocico saliente, cuerpo robusto, piernas cortas, brazos y manos tan desarrollados que, aun estando erguido, llegan hasta los tobillos, piel negra y pelaje espeso y rojizo.

orante. ADJ. **1.** Que ora. *Clérigos orantes.* ‖ **2.** Dicho de una figura humana: Representada en actitud de orar.

orar. INTR. **1.** Hacer oración a Dios, de manera vocal o mental. ‖ **2.** Hablar en público para persuadir y convencer a los oyentes o mover su ánimo.

orario. M. hist. Banda que los romanos se ponían al cuello, y cuyas puntas bajaban por el pecho.

orate. COM. **1.** Persona que ha perdido el juicio. ‖ **2.** coloq. Persona de poco juicio, moderación y prudencia.

oratoria. F. **1.** Arte de hablar con elocuencia. ‖ **2.** Género literario que se concreta en distintas formas, como el discurso, la disertación, la conferencia, el sermón, etc.

oratorio¹. M. **1.** Lugar destinado para retirarse a hacer oración a Dios. ‖ **2.** Sitio de algunas casas particulares, donde por privilegio se celebra el santo sacrificio de la misa. ‖ **3.** hist. Composición dramática y musical sobre asunto sagrado, que solía cantarse en Cuaresma. ‖ ~ **privado.** M. Lugar destinado al culto en beneficio de una o varias personas físicas, donde con licencia del ordinario del lugar puede celebrarse la santa misa.

oratorio², ria. ADJ. Perteneciente o relativo a la oratoria, a la elocuencia o al orador.

orbe. M. **1.** Esfera celeste o terrestre. ‖ **2.** **mundo** (‖ conjunto de todo lo existente). ‖ **3.** *Astr.* Cada una de las esferas transparentes imaginadas en los antiguos sistemas astronómicos como soporte y vehículo de los planetas.

orbicular. ADJ. Redondo o circular.

órbita. F. **1.** Trayectoria que, en el espacio, recorre un cuerpo sometido a la acción gravitatoria ejercida por los astros. ‖ **2.** Espacio o alcance a la virtud de un agente. *La órbita política de un dirigente.* ‖ **3.** *Anat.* Cuenca del ojo. ‖ **4.** *Fís.* Trayectoria que recorre un electrón alrededor del núcleo del átomo. ‖ **poner en ~.** LOC.VERB. **1.** Lanzar al espacio un satélite artificial de modo que recorra una órbita previamente determinada. ‖ **2.** Lanzar algo o a alguien a la popularidad.

orbital. I. ADJ. **1.** Perteneciente o relativo a la órbita. *Trayectoria orbital.* ‖ **II.** M. **2.** *Fís.* Distribución de la densidad de la carga de un electrón alrededor del núcleo de un átomo o una molécula. ☐ V. **hueso ~.**

orbitar. INTR. Moverse en una órbita.

orbitario, ria. ADJ. Perteneciente o relativo a la órbita.

orca. F. Cetáceo que llega a unos diez metros de largo, con cabeza redondeada, cuerpo robusto, boca rasgada, con 20 ó 25 dientes rectos en cada mandíbula, con aletas pectorales muy largas, alta, grande y triangular la dorsal, y cola de más de un metro de anchura; color azul oscuro por el lomo y blanco por el vientre. Vive en los mares del norte y persigue las focas y ballenas; a veces llega a las costas del Cantábrico y aun al Mediterráneo.

orcaneta. F. **onoquiles.**

orco. M. **1.** hist. Según la Roma clásica, lugar, contrapuesto a la Tierra, adonde iban a parar los muertos. ‖ **2.** poét. **infierno** (‖ lugar que habitan los espíritus de los muertos).

orcoveño, ña. ADJ. **1.** Natural de Orcovis. U. t. c. s. ‖ **2.** Perteneciente o relativo a este municipio de Puerto Rico o a su cabeza.

órdago. M. En el juego del mus, envite del resto. ‖ **de ~.** LOC.ADJ. coloq. **extraordinario** (‖ fuera de lo común).

ordalía. F. hist. Prueba ritual usada en la Antigüedad para establecer la certeza, principalmente con fines jurídicos.

orden. I. M. **1.** Colocación de las personas o cosas en el lugar que les corresponde. ‖ **2.** Concierto, buena disposición de las cosas entre sí. ‖ **3.** Regla o modo que se observa para hacer las cosas. ‖ **4.** Serie o sucesión de las cosas. ‖ **5.** Nivel o categoría que se atribuye a alguien o algo. *Es un profesional de primer orden.* ‖ **6.** Uno de los siete sacramentos de la Iglesia católica, que reciben los obispos, presbíteros y diáconos. ‖ **7.** En determinadas épocas, grupo o categoría social. *Orden senatorial.* ‖ **8.** *Arq.* Cierta disposición y proporción de los cuerpos principales que componen un edificio. ‖ **9.** *Bot.* y *Zool.* Cada uno de los grupos taxonómicos en que se dividen las clases y que se subdividen en familias. *Orden de los Artiodáctilos.* ‖ **10.** *Ling.* En una lengua, conjunto de fonemas que poseen un rasgo fonético común. ‖ **11.** *Mús.* Cuerda de un instrumento musical, o grupo de dos o tres cuerdas que representan una única nota y se tocan de una sola vez. U. m. en pl. ‖ **12.** *Rel.* Cierta categoría o coro de espíritus angélicos. ‖ **II.** F. **13.** Mandato que se debe obedecer. ‖ **14.** Instituto religioso aprobado por el papa y cuyos individuos viven bajo las reglas establecidas por su fundador o por sus reformadores, y emiten votos solemnes. *Orden de San Jerónimo.* ‖ **15.** Cada uno de los institutos civiles o militares creados para premiar por medio de condecoraciones a las personas con méritos relevantes. *Orden de Alfonso X el Sabio.* ‖ **16.** hist. Cada uno de los grados del sacramento de este nombre, que se iban recibiendo sucesivamente y constituían ministros de la Iglesia. ‖ **17.** *Méx.* Relación de lo que se va a consumir en una cafetería o restaurante. ‖ **~ abierto.** M. *Mil.* Formación en que la tropa se dispersa para ofrecer menor blanco y cubrir mayor espacio de terreno. ‖ **~ atlántico.** M. *Arq.* El que en vez de columnas o pilastras lleva atlantes para sostener los arquitrabes. ‖ **~ cerrado.** M. *Mil.* Formación en que la tropa se agrupa ordenadamente para desfile, instrucción, etc. ‖ **~ compuesto.** M. *Arq.* El que en el capitel de sus columnas reúne las volutas del jónico con las dos filas de hojas de acanto del corintio, guarda las proporciones de este para lo demás y lleva en la cornisa denticulos y modillones sencillos. ‖ **~ corintio.** M. *Arq.* El que tiene la columna de unos diez módulos o diámetros de altura, el capitel adornado con hojas de acanto y caulículos, y la cornisa con modillones. ‖ **~ de batalla.** M. *Mar.* y *Mil.* Situación o formación de las tropas o de una escuadra del modo más favorable para entrar en combate. ‖ **~ de caballería.** F. hist. Dignidad, título de honor que se daba a los hombres nobles que prometían vivir justa y honestamente, y defender con las armas la religión, al rey, a la patria, a los menesterosos y a quienes habían recibido agravios. Se da a los noviciós de las órdenes militares cuando son armados caballeros. ‖ **~ del día. I.** M. **1.** Determinación de lo que en el día de que se trata debe ser objeto de las discusiones o tareas de una asamblea o corporación. ‖ **II.** F. **2.** *Mil.* La que diariamente se da a los cuerpos de un ejército o guarnición señalando el servicio que han de prestar las tropas. ‖ **~ de marcha.** M. *Mar.* Disposición en que se colocan los diferentes buques de una escuadra para navegar en formación. ‖ **~ de parada.** M. *Mil.* Situación o formación de un batallón, regimiento, etc., en que, colocada la tropa con mucho frente y poco fondo, como en el orden de batalla, están las banderas y los oficiales como unos tres pasos más adelantados hacia el frente. ‖ **~ dórico.** M. *Arq.* El que tiene la columna de ocho módulos o diámetros a lo más de altura, el capitel sencillo y el friso adornado con metopas y triglifos. ‖ **~ establecido.** M. Organización social, política, económica, ideológica, etc., vigente en una colectividad. ‖ **~ jónico.** M. *Arq.* El que tiene la columna de unos nueve módulos o diámetros de altura, el capitel adornado con grandes volutas, y dentículos en la cornisa. ‖ **~ jurisdiccional.** M. *Der.* Cada una de las ramas en que se articula el poder judicial; como la civil, la penal, la contencioso-administrativa o la social. ‖ **~ mayor.** F. **1.** hist. Se usaba como nombre para referirse a

cada uno de los grados de subdiácono, diácono y sacerdote. U. m. en pl. ‖ **2.** Cada uno de los dos ministerios clericales, diaconato y presbiterado. ‖ **~ menor.** F. hist. Se usaba como nombre para referirse a cada uno de los grados de ostiario, lector, exorcista y acólito, que han sido suprimidos. U. m. en pl. ‖ **~ militar.** F. Cada una de las de caballeros. ‖ **~ natural.** M. **1.** Manera de ser, existir u ocurrir las cosas, según las leyes de la naturaleza. ‖ **2.** *Mar.* El de navegación de una formación cuando cada uno de sus buques mantiene el puesto que previamente se le ha asignado con respecto al guía. ‖ **~ público.** M. **1.** Situación de normal funcionamiento de las instituciones públicas y privadas, en la que las personas ejercen pacíficamente sus derechos y libertades. ‖ **2.** *Der.* Conjunto de principios informadores del orden social que constituyen un límite a la libertad de pactos. ‖ **3.** *Der.* Conjunto de principios y valores que se estiman fundamentales en un orden jurídico nacional y que impiden la aplicación, en otro caso obligada, de la ley extranjera. ‖ **~ sacerdotal.** M. orden (‖ sacramento). ‖ **~ tercera.** F. Agrupación de seglares que, dependiendo de las órdenes mendicantes, como los franciscanos, dominicos, carmelitas, etc., se guían para su perfección espiritual, en cierta extensión, por la regla de la orden correspondiente. ‖ **~ toscano.** M. *Arq.* El que se distingue por ser más sólido y sencillo que el dórico. ‖ **a la ~. I.** LOC. ADJ. **1.** *Com.* Dicho de un documento, como un cheque o un pagaré: Que se puede transferir. ‖ **II.** LOC. INTERJ. **2.** Se usa como fórmula militar del acatamiento o saludo ante un superior. ‖ **III.** EXPR. **3.** Se usa como fórmula de cortesía para ofrecerse a la disposición de otra persona. ‖ **a las órdenes.** EXPR. **a la orden** (‖ fórmula de cortesía). ‖ **a sus órdenes.** LOC. INTERJ. **a la orden** (‖ fórmula militar). ‖ **consignar las órdenes.** LOC. VERB. *Mil.* Dar al centinela la orden de lo que ha de hacer. ‖ **dar órdenes** un obispo. LOC. VERB. Conferir las órdenes sagradas a un eclesiástico. ‖ **del ~ de.** LOC. PREPOS. Estimado aproximadamente en. *Se esperan ganancias del orden de 100 000 euros.* ‖ **de ~.** LOC. ADJ. De actitud conservadora o conforme con el orden establecido. *Gente de orden.* ‖ **de ~ de.** LOC. PREPOS. Por mandato de quien se expresa. ‖ **en ~.** LOC. ADV. De manera ordenada u observando el orden. ‖ **en ~ a.** LOC. PREPOS. Tocante a, respecto a. ‖ **estar a la ~ del día** algo. LOC. VERB. Estar de moda, en boga. ‖ **llamar** a alguien **al ~.** LOC. VERB. Advertirle con autoridad que se atenga al asunto que ha de tratar, o que guarde en sus palabras o en su conducta el decoro debido. ‖ **poner** algo **en ~.** LOC. VERB. Arreglarlo o corregirlo en sus posibles irregularidades o deficiencias. U. t. en sent. fig. *Poner en orden los pensamientos.* ‖ **por su ~.** LOC. ADV. De manera sucesiva y como se van siguiendo las cosas. ‖ **sin ~ ni concierto.** LOC. ADV. De manera desordenada, alocada o sin planificación. ‖ ▢ V. **carta ~, corneta de órdenes, cornetín de órdenes, pagaré a la ~.**

ordenación. F. **1.** Acción y efecto de ordenar u ordenarse. *En la ordenación de los presbíteros hay muchas ceremonias.* ‖ **2.** Colocación de las cosas en el lugar que les corresponde. ‖ **3.** Disposición, prevención. ‖ **~ forestal.** F. Estudio de la ordenación de los montes, a fin de obtener la mayor renta anual y constante, dentro de la especie, método y turno de cultivo que se hayan adoptado.

ordenada. ADJ. *Geom.* Se dice de la coordenada cartesiana vertical. U. m. c. s. f. □ V. **eje de ~s.**

ordenado, da. PART. de **ordenar.** || ADJ. Que guarda orden y método en sus acciones.

ordenador, ra. I. ADJ. **1.** Que ordena. *Reglas ordenadoras del idioma.* || **II.** M. **2. computadora electrónica.** || **ordenador personal.** M. computadora personal.

ordenamiento. M. **1.** Acción y efecto de ordenar. || **2.** Conjunto de normas referentes a cada uno de los sectores del derecho. *Ordenamiento administrativo, civil, penal.* || **~ jurídico.** M. Conjunto de normas y principios jurídicos que rigen una sociedad.

ordenancismo. M. **1.** Tendencia a una reglamentación prolija o excesiva. || **2.** Tendencia a un exceso de celo en la aplicación de las normas.

ordenancista. ADJ. **1.** Dicho de un jefe o de un oficial: Que cumple y aplica con rigor la ordenanza. || **2.** Que tiende a una reglamentación prolija o excesiva. *Sociedad ordenancista.*

ordenando. M. *Rel.* En la Iglesia católica, aspirante a recibir las órdenes sagradas.

ordenante. ADJ. Que ordena. *El obispo ordenante.*

ordenanza. I. F. **1.** Conjunto de preceptos referentes a una materia. U. m. en pl. || **2.** Conjunto de preceptos para el régimen de los militares y buen gobierno en las tropas, o para el de una ciudad o comunidad. U. m. en pl. || **3.** Mandato, disposición, arbitrio y voluntad de alguien. || **II.** COM. **4.** *Mil.* Soldado que está a las órdenes de un oficial o de un jefe para los asuntos del servicio. || **5.** Empleado que en ciertas oficinas desempeña funciones subalternas.

ordenar. I. TR. **1.** Colocar de acuerdo con un plan o de modo conveniente. *Ordenar los recibos, la habitación.* || **2.** Mandar que se haga algo. *El juez ordenó la detención del sospechoso.* || **3.** Encaminar y dirigir a un fin. U. t. c. prnl. *Las evaluaciones se ordenan a medir los resultados del aprendizaje.* || **4.** *Rel.* Conferir las órdenes sagradas. || **5.** *Am.* En un establecimiento público, pedir o encargar una consumición. *Ordenaron dos cafés.* || **II.** PRNL. **6.** *Rel.* Recibir las órdenes sagradas. || **de ordeno y mando.** LOC.ADJ. coloq. Que impone su voluntad o su autoridad con rigor. || **ordeno y mando.** LOC.SUST. M. coloq. Actitud rígidamente autoritaria o situación de abuso de poder. *Aquí se ha acabado el ordeno y mando.*

ordeñador, ra. ADJ. Que ordeña. Apl. a pers., u. t. c. s.

ordeñadora. F. Máquina para efectuar el ordeño de las vacas mediante succión.

ordeñar. TR. **1.** Extraer la leche exprimiendo la ubre. || **2.** Coger la aceituna, llevando la mano rodeada al ramo para que este las vaya soltando. || **3.** coloq. Obtener el máximo provecho posible de algo o alguien.

ordeño. M. Acción y efecto de ordeñar.

ordinal. I. ADJ. **1.** Perteneciente o relativo al orden. *La colocación ordinal de los nombres en las listas electorales es importante.* || **II.** M. **2.** *Gram.* **adjetivo ordinal.** || **3.** *Mat.* **número ordinal.** □ V. **adjetivo ~, número ~.**

ordinariez. F. **1.** Falta de urbanidad y cultura. || **2.** Acción o expresión grosera.

ordinario, ria. I. ADJ. **1.** Común, regular y que sucede de manera habitual. *Jornada ordinaria de trabajo. Asamblea ordinaria.* || **2.** Bajo, basto, vulgar y de poca estimación. *Modales ordinarios.* Apl. a pers., u. t. c. s. || **3.** Que no tiene grado o distinción en su línea. *Tejido de lana sencillo y ordinario.* || **4.** Se dice del obispo diocesano. U. t. c. s. m. || **5.** Se dice del correo que se despacha por tierra o mar, para diferenciarlo del aéreo y del certificado. || **II.** M. **6.** *Rel.* Conjunto de las oraciones de las partes invariables de la misa. || **de ordinario.** LOC. ADV. De manera común y regular, con frecuencia, muchas veces. □ V. **alcalde ~, inquisidor ~, juez ~, juicio ~, paso ~, ronda ~.**

ordovícico, ca. ADJ. **1.** *Geol.* Se dice del segundo período de la era paleozoica, que abarca desde hace 500 millones de años hasta hace 440 millones de años, caracterizado por la abundancia de invertebrados y la aparición de los vertebrados y las primeras plantas terrestres. U. t. c. s. m. ORTOGR. Escr. con may. inicial c. s. || **2.** *Geol.* Perteneciente o relativo a dicha era. *Cuarcitas ordovícicas.*

oréade. F. *Mit.* Cada una de las ninfas que residían en los bosques y montes.

orear. I. TR. **1.** Dicho del viento: Dar en algo, refrescándolo. || **2.** Dicho del aire: Dar en algo para que se seque o se le quite la humedad o el olor que ha contraído. U. m. c. prnl. *Los campos se han oreado.* || **II.** PRNL. **3.** Dicho de una persona: Salir a tomar el aire.

orégano. M. Planta herbácea vivaz, de la familia de las Labiadas, con tallos erguidos, prismáticos, vellosos, de cuatro a seis decímetros de altura, hojas pequeñas, ovaladas, verdes por el haz y vellosas por el envés, flores purpúreas en espigas terminales, y fruto seco y globoso. Es aromático, abunda en los montes de España, y las hojas y flores se usan como tónicas y en condimentos. || **no es ~ todo el monte.** EXPR. no todo el monte es orégano.

oreja. I. F. **1.** Órgano externo de la audición. || **2.** Sentido de la audición. || **3.** Ternilla que en el hombre y en muchos animales forma la parte externa del órgano del oído. || **4.** En los sillones, butacas, etc., cada uno de los dos salientes del respaldo que sirven para reclinar la cabeza. || **5.** Parte del zapato que, sobresaliendo a un lado y otro, sirve para ajustarlo al empeine del pie por medio de cintas, botones o hebillas. || **6.** Cada una de las dos partes simétricas que suelen llevar en la punta o en la boca ciertas armas y herramientas. U. m. en pl. || **7.** *Mús.* En algunos instrumentos de cuerda, parte de la clavija en donde se colocan los dedos para dar vueltas al tornillo. || **II.** COM. **8.** *Am. Cen.* Espía que oye las conversaciones para transmitirlas a las autoridades gubernativas. || **~ de abad.** F. ombligo de Venus. || **~ de negro.** F. *Á. R. Plata.* timbó. || **~ de oso.** F. Planta herbácea vivaz, de la familia de las Primuláceas, con hojas poco elevadas sobre el suelo, grandes, ovales, casi redondas, carnosas y velludas por el envés, flores en umbela, amarillas, olorosas, sobre un bohordo de dos a tres decímetros, y fruto capsular con muchas semillas. Es originaria de los Alpes y se cultiva en los jardines. || **~ de ratón.** F. vellosilla. || **~s de soplillo.** F. pl. Aquellas cuya parte posterior está muy separada de la cabeza. || **asomar** alguien **la ~.** LOC.VERB. coloq. **vérsele la oreja.** || **bajar** alguien **las ~s.** LOC. VERB. coloq. Ceder con humildad en una disputa o réplica. || **calentar** a alguien **las ~s.** LOC.VERB. coloq. Reprenderlo severamente. || **con las ~s caídas, o gachas.** LOCS.ADVS. coloqs. Con tristeza y sin haber conseguido lo que se deseaba. || **enseñar** alguien **la ~.** LOC.VERB. coloq. **vérsele la oreja.** || **mojar la ~.** LOC.VERB. Buscar pendencia, insultar. || **planchar la ~.** LOC.VERB. coloq.

dormir. ‖ **poner** a alguien **las ~s coloradas.** LOC.VERB. coloq. Decirle palabras desagradables o darle una severa reprensión. ‖ **ver** alguien **las ~s al lobo.** LOC.VERB. Hallarse en gran riesgo o peligro próximo. ‖ **vérsele** a alguien **la ~.** LOC.VERB. Descubrirse sus intenciones o pensamientos. ▢ V. **pabellón de la ~, vino de dos ~s.**

orejano, na. ADJ. Dicho de una res: Que no tiene marca en las orejas ni en otra parte del cuerpo. U. t. c. s.

orejear. I. TR. **1.** *Á. R. Plata.* En el juego de naipes, descubrir poco a poco las cartas para conocer por las pintas de qué palo son. ‖ **II.** INTR. **2.** Dicho de un animal: Mover las orejas.

orejera. F. **1.** Cada una de las dos piezas de la gorra que cubren las orejas y se atan debajo de la barbilla. ‖ **2.** Cada una de las dos piezas de piel o de tejido cálido, a modo de cascos, que se ajustan a las orejas para defenderlas del frío. U. m. en pl. ‖ **3.** Cada una de las dos piezas que el arado común lleva introducidas oblicuamente a uno y otro lado del palo donde se encaja la reja y que sirven para ensanchar el surco. ‖ **4.** En las guarniciones de las caballerías de tiro, cada una de las piezas de vaqueta que se ponen al animal para impedir que vea por los lados. ‖ **5.** Prejuicio o percepción limitada de la realidad. U. m. en pl.

orejón, na. I. ADJ. **1.** orejudo. *Perro orejón.* ‖ **II.** M. **2.** Pedazo de melocotón o de otra fruta, secado al aire y al sol. U. m. en pl. ‖ **3.** hist. Entre los antiguos indios peruanos, persona noble que, después de varias ceremonias y pruebas, una de las cuales consistía en horadarle y ensancharle las orejas, podía aspirar a los primeros puestos del imperio. ‖ **4.** hist. Se usa como nombre para referirse, en la época de la conquista, a varias tribus de América. ‖ **5.** pl. *Méx.* parotiditis.

orejudo, da. ADJ. Que tiene orejas grandes o largas.

orellanense. ADJ. **1.** Natural de Orellana, provincia de Ecuador, o de Francisco de Orellana, su capital. U. t. c. s. ‖ **2.** Perteneciente o relativo a esta provincia o a su capital.

orensano, na. ADJ. **1.** Natural de Orense. U. t. c. s. ‖ **2.** Perteneciente o relativo a esta ciudad de España o a su provincia.

orense. ADJ. **1.** Natural de El Oro. U. t. c. s. ‖ **2.** Perteneciente o relativo a esta provincia de Ecuador.

oreo. M. **1.** Soplo del aire que da suavemente en algo. ‖ **2.** Acción y efecto de orear u orearse.

oretano, na. ADJ. **1.** hist. Se dice de un pueblo prerromano que habitaba la Oretania, región de la Hispania Tarraconense, hoy en día Ciudad Real y parte de Toledo y Jaén. ‖ **2.** hist. Se dice de los individuos que formaban este pueblo. U. t. c. s. ‖ **3.** hist. Perteneciente o relativo a los oretanos o a la Oretania. *Territorio oretano.*

orfanato. M. Asilo de huérfanos.

orfanatorio. M. *Méx.* orfanato.

orfandad. F. **1.** Estado de huérfano. ‖ **2.** Pensión que por derecho o por otro motivo disfrutan los huérfanos. ‖ **3.** Falta de ayuda, favor o valimiento en que una persona o cosa se encuentran.

orfebre. COM. Persona que labra objetos artísticos de oro, plata y otros metales preciosos, o aleaciones de ellos.

orfebrería. F. Arte del orfebre.

orfelinato. M. orfanato.

orfeón. M. Sociedad de cantantes en coro, sin instrumentos que los acompañen.

orfeonista. COM. Persona que forma parte de un orfeón.

órfico, ca. ADJ. **1.** Perteneciente o relativo a Orfeo, poeta y músico griego mítico. ‖ **2.** hist. Perteneciente o relativo al orfismo.

orfismo. M. hist. Religión de misterios de la antigua Grecia, cuya fundación se atribuía a Orfeo, poeta y músico griego mítico, y que se caracterizaba principalmente por la creencia en la vida de ultratumba y en la metempsícosis.

organdí. M. Tela blanca de algodón muy fina y transparente. MORF. pl. **organdíes** u **organdís.**

organero, ra. M. y F. Persona que fabrica y vende órganos.

organicismo. M. Doctrina médica que atribuye todas las enfermedades a lesión material de un órgano.

organicista. ADJ. **1.** Perteneciente o relativo al organicismo. *Modelo clínico organicista.* ‖ **2.** Que sigue la doctrina del organicismo. U. t. c. s.

orgánico, ca. ADJ. **1.** Dicho de un cuerpo: Que está con disposición o aptitud para vivir. *Las plantas son seres orgánicos.* ‖ **2.** Propio o característico de los cuerpos vivos. *Función orgánica.* ‖ **3.** Que atañe a la constitución de corporaciones o entidades colectivas o a sus funciones o ejercicios. *Estatutos orgánicos.* ‖ **4.** Med. Dicho de un síntoma o de un trastorno: Que indica una alteración patológica de los órganos, acompañada de lesiones visibles y relativamente duraderas. Se opone a *funcional.* ‖ **5.** Quím. Dicho de una sustancia: Que tiene como componente constante el carbono, en combinación con otros elementos, principalmente hidrógeno, oxígeno y nitrógeno. ▢ V. **democracia ~, ley ~, química ~.**

organigrama. M. **1.** Sinopsis o esquema de la organización de una entidad, de una empresa o de una tarea. ‖ **2.** *Tecnol.* Representación gráfica de las operaciones sucesivas en un proceso industrial, de informática, etc.

organillero, ra. M. y F. Persona que tiene por ocupación tocar el organillo.

organillo. M. Órgano pequeño o piano que se hace sonar por medio de un cilindro con púas movido por un manubrio, y encerrado en un cajón portátil. ‖ **~ de boca.** M. *Méx.* armónica.

organismo. M. **1.** Conjunto de órganos del cuerpo animal o vegetal. ‖ **2.** Ser viviente. ‖ **3.** Conjunto de oficinas, dependencias o empleos que forman un cuerpo o institución.

organista. COM. Músico que toca el órgano.

organístico, ca. ADJ. Perteneciente o relativo al **órgano** (‖ instrumento musical).

organización. F. **1.** Acción y efecto de organizar u organizarse. ‖ **2.** Asociación de personas regulada por un conjunto de normas en función de determinados fines. ‖ **3.** organismo (‖ conjunto de oficinas). ‖ **4.** Disposición, arreglo, orden.

organizado, da. PART. de **organizar.** ‖ ADJ. Dicho de un cuerpo: orgánico.

organizador, ra. ADJ. Que organiza o tiene especial aptitud para organizar.

organizar. I. TR. **1.** Establecer o reformar algo para lograr un fin, coordinando las personas y los medios adecuados. U. t. c. prnl. ‖ **2.** Preparar algo disponiendo todo lo necesario. *Organizaba una cena de amigos.* ‖ **3.** Poner algo en orden. *Organizar un cajón.* ‖ **4.** Hacer, producir algo. *Organizaron una pelea.* U. t. c. prnl. ‖ **II.** PRNL. **5.** Dicho de una persona: Ordenarse las actividades o distribuirse el tiempo.

organizativo, va. ADJ. Perteneciente o relativo a la organización.

órgano. M. **1.** Instrumento musical de viento, compuesto de muchos tubos donde se produce el sonido, unos fuelles que impulsan el aire y un teclado y varios registros ordenados para modificar el timbre de las voces. || **2.** Cada una de las partes del cuerpo animal o vegetal que ejercen una función. || **3.** Publicación periódica que expresa la posición y directrices ideológicas de un partido u organización. || **4.** *Der.* Persona o conjunto de personas que actúan en representación de una organización o persona jurídica en un ámbito de competencia determinado. || **5.** *Méx.* Se usa como nombre genérico para referirse a varias especies de cactos altos y rectos. || ~ **colegiado.** M. *Der.* El compuesto por una pluralidad de personas. || ~ **de boca.** M. *Méx.* **armónica.** || ~ **expresivo.** M. *Mús.* **armonio.** || ~ **jurisdiccional.** M. *Der.* Cada uno de los jueces y tribunales que componen el poder judicial. □ V. **canto de** ~.

organoléptico, ca. ADJ. Dicho de una propiedad de un cuerpo: Que se puede percibir por los sentidos.

organulo. M. *Biol.* Unidad estructural y funcional de una célula u organismo unicelular; p. ej., las mitocondrias o el núcleo.

organza. F. Tejido ligero de seda o algodón, transparente y bastante rígido, más fino que la muselina, empleado especialmente en la confección de ropa femenina.

orgasmo. M. Culminación del placer sexual.

orgía. F. **1.** Festín en que se come y bebe de manera inmoderada y se cometen otros excesos. || **2.** Manifestación grande o exagerada de algo. *Una orgía de violencia.*

orgiástico, ca. ADJ. Perteneciente o relativo a la orgía.

orgullo. M. Arrogancia, vanidad, exceso de estimación propia, que a veces es disimulable por nacer de causas nobles y virtuosas.

orgulloso, sa. ADJ. Que tiene orgullo. U. t. c. s.

ori. M. En el juego del escondite, grito que dan quienes se han escondido para que los empiecen a buscar.

oribe. M. Artesano que trabaja en oro.

orientación. F. **1.** Acción y efecto de orientar. || **2.** Posición o dirección de algo respecto a un punto cardinal. □ V. **sentido de la** ~.

orientador, ra. ADJ. Que orienta. Apl. a pers., u. t. c. s.

oriental. ADJ. **1.** Natural de oriente. U. t. c. s. || **2.** Perteneciente o relativo al oriente. || **3.** **uruguayo.** Apl. a pers., u. t. c. s. □ V. **escabeche** ~, **esmeralda** ~, **iglesia** ~.

orientalismo. M. **1.** Conocimiento de la civilización y costumbres de los pueblos orientales. || **2.** Predilección por las cosas de Oriente. || **3.** Carácter oriental.

orientalista. I. ADJ. **1.** Perteneciente o relativo al orientalismo. *Movimiento orientalista.* || **II.** COM. **2.** Especialista en la lengua y la cultura de los países de Oriente.

orientalización. F. Acción y efecto de orientalizar.

orientalizante. ADJ. **1.** Propio de la estética o de la cultura orientales. *Sensibilidad orientalizante.* || **2.** Que tiende hacia lo oriental. *Corriente filosófica orientalizante.*

orientalizar. TR. Dotar de características que se consideran propias de la cultura o de la forma de vida orientales. U. t. c. prnl.

orientar. TR. **1.** Fijar la posición o dirección de algo en relación con un punto de referencia. || **2.** Dar a alguien información o consejo en relación con un determinado fin. U. t. c. prnl. || **3.** Dirigir o encaminar a alguien o algo hacia un lugar determinado. U. t. c. prnl. || **4.** Dirigir o encaminar a alguien o algo hacia un fin determinado. U. t. c. prnl. || **5.** *Mar.* Disponer las velas de un buque de manera que reciban el viento favorable.

orientativo, va. ADJ. Que sirve o ayuda a la orientación. *Datos orientativos.*

oriente. M. **1.** **Este** (|| punto cardinal). ORTOGR. Escr. con may. inicial. || **2.** **este** (|| lugar situado al este). *Los países del este europeo.* || **3.** Asia y las regiones inmediatas a ella de Europa y África. ORTOGR. Escr. con may. inicial. || **4.** Brillo especial de las perlas, que les da valor.

orificar. TR. Rellenar con oro la picadura de una muela o de un diente.

orífice. M. Artesano que trabaja en oro.

orificio. M. **1.** **boca** (|| abertura, agujero). || **2.** *Anat.* Abertura de ciertos conductos anatómicos.

oriflama. F. **1.** hist. Estandarte de la abadía de San Dionisio, de seda encarnada y bordada de oro, que como pendón guerrero usaban los antiguos reyes de Francia. || **2.** Estandarte, pendón o bandera de colores que se despliega al viento.

origen. M. **1.** Principio, nacimiento, raíz y causa de algo. || **2.** Patria, país donde alguien ha nacido o tuvo principio la familia o de donde algo proviene. || **3.** **ascendencia** (|| serie de ascendientes). || **4.** Principio, motivo o causa moral de algo. || ~ **de las coordenadas.** M. *Geom.* Punto de intersección de los ejes coordenados. □ V. **denominación de** ~, **prioridad de** ~.

origenismo. M. **1.** hist. Conjunto de las doctrinas heréticas atribuidas a Orígenes, teólogo y exégeta alejandrino del siglo III. || **2.** hist. Secta que las profesaba.

origenista. ADJ. **1.** hist. Perteneciente o relativo al origenismo. *Ideas origenistas.* || **2.** hist. Partidario de esta secta. U. t. c. s.

original. I. ADJ. **1.** Perteneciente o relativo al origen. *La intención original de sus instrucciones.* || **2.** Dicho de una obra científica, artística, literaria o de cualquier otro género: Que resulta de la inventiva de su autor. *Escritura, cuadro original.* || **3.** Dicho de cualquier objeto: Que ha servido como modelo para hacer otro u otros iguales a él. *Llave original.* || **4.** Dicho de una pieza integrante de un aparato: Que procede de la misma fábrica donde este se construyó. *Recambios originales.* || **5.** Dicho de la lengua de una obra escrita o de una película: Que no es una traducción. *La película se proyecta en su lengua original.* || **6.** Que tiene, en sí o en sus obras, comportamiento, carácter de novedad. *Un peinado original.* Apl. a pers., u. t. c. s. *Es un original.* || **II.** M. **7.** Objeto, frecuentemente artístico, que sirve de modelo para hacer otro u otros iguales a él. || **8.** Escrito que sirve de modelo para sacar de él una copia. || **9.** Persona o cosa que se reproduce en una obra artística. □ V. **gracia** ~, **justicia** ~, **pecado** ~.

originalidad. F. **1.** Cualidad de original. || **2.** Actitud, comportamiento o acción **originales** (|| con carácter de novedad).

originalmente. ADV. M. **1.** Radicalmente, por su principio, desde su nacimiento y origen. *No sé quién pensó esto originalmente.* || **2.** De un modo original, con originalidad. *La obra está planteada muy originalmente.*

originar. I. TR. **1.** Ser instrumento, motivo, principio u origen de algo. *Originar un accidente.* || **II.** PRNL. Dicho de una cosa: Traer su principio u origen de otra.

originario, ria. ADJ. **1.** Que da origen a alguien o algo. *Causa originaria de la enfermedad.* || **2.** Que trae su origen de algún lugar, persona o cosa. *Árbol originario de Cuba.*

orilla. F. **1.** Término, límite o extremo de la extensión superficial de algunas cosas. || **2.** Extremo o remate de una tela o de otra cosa que se teje. || **3.** Límite de la tierra que la separa del mar, de un lago, de un río, etc. || **4.** Faja de tierra que está más inmediata al agua. || **5.** Especie de senda que en las calles se toma para poder andar por ella, arrimado a las casas. || **6.** pl. *Méx.* **arrabales** (|| sitios extremos de una población). **a la ~.** LOC. ADV. De manera cercana o con proximidad. || **salir** alguien **a la ~.** LOC.VERB. Haber vencido, aunque con trabajo, las dificultades o riesgos que ofrecía un negocio.

orillar. **I.** TR. **1.** eludir (|| evitar una dificultad). *Juan orilla cualquier impedimento.* || **2.** Rematar la orilla de una tela o ropa. || **3.** *Méx.* Acosar, acorralar. || **II.** INTR. **4.** Llegarse o arrimarse a las orillas. U. t. c. prnl.

orillero, ra. ADJ. *Am. Cen.* y *Am. Mer.* **arrabalero.** Apl. a pers., u. t. c. s.

orillo. M. Orilla del paño o tejido en piezas, hecho, por lo regular, en un hilo más basto y de uno o más colores.

orín[1]. M. Óxido rojizo que se forma en la superficie del hierro por la acción del aire húmedo.

orín[2]. M. **orina.** U. m. en pl.

orina. F. Líquido excrementicio, por lo común de color amarillo cetrino, que secretado en los riñones pasa a la vejiga, de donde es expelido fuera del cuerpo por la uretra. ☐ V. **incontinencia de ~, mal de ~, vejiga de la ~.**

orinal. M. Recipiente de vidrio, loza, barro u otros materiales, para recoger los excrementos humanos.

orinar. **I.** INTR. **1.** Expeler naturalmente la orina. U. t. c. prnl. || **II.** TR. **2.** Expeler por la uretra algún otro líquido. *Orinar sangre.*

oriniento, ta. ADJ. Que tiene orín[1]. *Platillo oriniento.*

orinque. M. *Mar.* Cabo que une y sujeta una boya a un ancla fondeada.

oriolano, na. ADJ. **1.** Natural de Orihuela. U. t. c. s. || **2.** Perteneciente o relativo a esta ciudad de la provincia de Alicante, en España.

oriundez. F. Origen, procedencia, ascendencia.

oriundo, da. ADJ. Que trae su origen de algún lugar.

orive. M. Artesano que trabaja en oro.

orla. F. **1.** Adorno que se dibuja, pinta, graba o imprime en las orillas de una hoja de papel, vitela o pergamino, en torno de lo escrito o impreso, o rodeando un retrato, viñeta, cifra, etc. || **2.** Lámina de cartulina, papel, etc., en que se agrupan los retratos de los condiscípulos de una promoción escolar o profesional cuando terminan sus estudios u obtienen el título correspondiente. || **3.** Orilla de paños, telas, vestidos u otras cosas, con algún adorno que la distingue. || **4.** *Heráld.* Pieza hecha en forma de filete y puesta dentro del escudo, aunque separada de sus extremos otra tanta distancia como ella tiene de ancho, que por lo ordinario es la duodécima parte de la mitad del escudo, que corresponde a la mitad de la bordura.

orladura. F. orla.

orlar. TR. **1.** Adornar un vestido u otra cosa con guarniciones en el borde. || **2.** *Heráld.* Poner la orla en el escudo.

orleanista. ADJ. Partidario de la casa francesa de Orleans. U. t. c. s.

orlo. M. **1.** Oboe rústico usado en los Alpes, de unos dos metros de largo, boca ancha y curva y sonido intenso y monótono. || **2.** Registro por medio del cual da el órgano un sonido semejante al del orlo.

ornamentación. F. **1.** Acción y efecto de ornamentar. || **2.** Conjunto de cosas con que se ornamenta.

ornamental. ADJ. Perteneciente o relativo a la ornamentación o adorno.

ornamentar. TR. **adornar** (|| engalanar con adornos).

ornamento. M. **1.** Adorno que hace vistosa una cosa. || **2.** *Arq.* y *Esc.* Cada una de ciertas piezas que se ponen para acompañar a las obras principales. || **3.** pl. Vestiduras sagradas que usan los sacerdotes cuando celebran. || **4.** pl. Adornos del altar, que son de lino o seda.

ornar. TR. **adornar.** U. t. c. prnl.

ornato. M. Adorno, atavío, aparato.

ornitología. F. Parte de la zoología que trata de las aves.

ornitológico, ca. ADJ. *Zool.* Perteneciente o relativo a la ornitología.

ornitólogo, ga. M. y F. Persona que profesa la ornitología o tiene en ella especiales conocimientos.

ornitomancia u **ornitomancía.** F. Adivinación por el vuelo y canto de las aves.

ornitorrinco. M. Mamífero del orden de los Monotremas, del tamaño aproximadamente de un conejo, de cabeza casi redonda y mandíbulas ensanchadas y cubiertas por una lámina córnea, por lo cual su boca se asemeja al pico de un pato, con pies palmeados, sobre todo en las extremidades torácicas, y cuerpo y cola cubiertos de pelo gris muy fino. Vive en Australia y se alimenta de larvas, de insectos y de pececillos.

oro. M. **1.** Elemento químico de núm. atóm. 79. Metal escaso en la litosfera, que se encuentra nativo y muy disperso. De color amarillo brillante e inalterable por casi todos los reactivos químicos, es el más dúctil y maleable de los metales, muy buen conductor del calor y la electricidad y uno de los más pesados. Se usa como metal precioso en joyería y en la fabricación de monedas y, aleado con platino o paladio, en odontología. (Símb. *Au*). || **2.** Color amarillo como el de este metal. U. t. c. adj. *Rubio oro.* || **3.** Moneda o monedas de oro. *No tengo más que oro. Pagar en oro.* || **4. medalla de oro.** || **5.** Conjunto de joyas y otros adornos de este metal. || **6.** Caudal, riquezas. || **7.** Cada uno de los naipes del palo de oros. || **8.** As de oros. || **9.** *Heráld.* Uno de los dos metales heráldicos, que en pintura se expresa por el color dorado o el amarillo, y en el grabado común por un conjunto de puntos menudos sobre blanco o sobre el fondo del dibujo. || **10.** pl. Uno de los cuatro palos de la baraja española, en cuyos naipes se representan una o varias monedas de oro. **|| el ~ y el moro.** M. coloq. Se usa para ponderar ciertas ofertas ilusorias, y para expresar el exagerado aprecio de lo que se espera o posee. || **~ batido.** M. El adelgazado y reducido a hojas muy finas, que sirve para dorar. || **~ en polvo.** M. coloq. oro molido (|| persona o cosa excelente en su línea). || **~ mate.** M. El que no está bruñido. || **~ molido.** M. **1.** El que resulta de disolver el metal en agua regia y empapar en el líquido obtenido trapos de hilo, que después se queman para recoger las cenizas, donde se encuentra el oro en polvo. || **2.** Persona o cosa excelente en su línea. || **~ verde.** M. Aleación de cuatro partes de oro y una de plata, cuyo color es parecido al del ámbar. **|| como ~ en paño.** LOC.

ADV. coloq. Se usa para explicar el aprecio que se hace de algo por el cuidado que se tiene con ello. ‖ **de ~.** LOC.ADJ. Precioso, inmejorable, floreciente, feliz. *Época de oro.* ‖ **de ~ y azul.** LOC.ADJ. Dicho de una persona: Muy compuesta y adornada. ‖ **hacerse** alguien **de ~.** LOC.VERB. Adquirir muchas riquezas con su industria y modo de vivir. ‖ **valer** alguien o algo **más ~ que pesa, más que su peso en ~, tanto ~ como pesa,** o **todo el ~ del mundo.** LOCS.VERBS. coloqs. Ser muy valioso o de gran excelencia. □ V. **becerro de ~, bodas de ~, botón de ~, ducado de ~, edad de ~, gol de ~, la gallina de los huevos de ~, libro de ~, maravedí de ~, medalla de ~, onza de ~, patrón ~, pico de ~, pino de ~, siglo de ~, sueldo de ~, Toisón de ~.**

orobanca. F. Planta anual de la familia de las Orobancáceas, que vive parásita sobre las raíces de algunas leguminosas y tiene el tallo erguido, grueso, sencillo, escamoso, de unos cuatro decímetros de alto, con flores de corola gamopétala labiada, blanca o gris, que nacen en las axilas de las escamas y forman en la extremidad del tallo un grupo como cabezuela.

orobancáceo, a. ADJ. *Bot.* Se dice de las plantas angiospermas dicotiledóneas, herbáceas, que viven parásitas sobre las raíces de otras plantas. Son algo carnosas, con escamas en lugar de hojas, flores terminales solitarias o en espiga, y fruto capsular con multitud de semillas muy menudas y de albumen carnoso; p. ej., la orobanca. U. t. c. s. f. ORTOGR. En f. pl., escr. con may. inicial c. taxón. *Las Orobancáceas.*

orogénesis. F. Parte de la geología que trata de la formación de las montañas.

orogenia. F. Parte de la geología que estudia la formación de las montañas.

orogénico, ca. ADJ. *Geol.* Perteneciente o relativo a la orogenia.

orografía. F. **1.** Parte de la geografía física que trata de la descripción de las montañas. ‖ **2.** Conjunto de montes de una comarca, región, país, etc.

orográfico, ca. ADJ. *Geogr.* Perteneciente o relativo a la orografía.

orondo, da. ADJ. **1.** coloq. Hueco, hinchado, esponjado. *Vientre orondo.* ‖ **2.** coloq. Grueso, gordo. *Se ha puesto orondo.* ‖ **3.** coloq. Lleno de presunción y muy contento de sí mismo.

oronimia. F. Parte de la toponimia que estudia el origen y significación de los orónimos.

orónimo. M. Nombre de cordillera, montaña, colina, etc.

oronja. F. Seta de sombrerillo anaranjado, extendido y sin escamas, con las laminillas y el pie de color dorado. Es propia del sur de Europa y comestible excelente. ‖ **~ verde.** F. Seta de sombrerillo oliváceo, con un anillo blanco en lo alto del pie y un bulbo también blanco en la base. Es muy venenosa. ‖ **falsa ~.** F. Seta de sombrerillo rojo o anaranjado, con escamas blancas, y pie, con su bulbo, también blanco. Es venenosa.

oropel. M. **1.** Cosa de poco valor y mucha apariencia. ‖ **2.** Lámina de latón, muy batida y adelgazada, que imita al oro.

oropéndola. F. Ave del orden de las Paseriformes, de unos 25 cm desde la punta del pico hasta la extremidad de la cola y 43 de envergadura, plumaje amarillo, con las alas y la cola negras, así como el pico y las patas. Abunda en España durante el verano, se alimenta de in-

sectos, gusanos y frutas y hace el nido colgándolo, con hebras de esparto o lana, en las ramas horizontales de los árboles, de modo que se mueva al impulso del viento.

oroya. F. *Am. Mer.* Cesta o cajón del andarivel.

orozuz. M. Planta herbácea vivaz de la familia de las Papilionáceas, con tallos leñosos, de un metro aproximadamente de altura, hojas compuestas de hojuelas elípticas, puntiagudas, glaucas y algo viscosas por el envés, flores pequeñas, azuladas, en racimos axilares, flojos y pedunculados, fruto con pocas semillas, y rizomas largos, cilíndricos, pardos por fuera y amarillos por dentro. Es común en España a orillas de muchos ríos. El jugo de sus rizomas, dulce y mucilaginoso, se usa como pectoral y emoliente.

orquesta. F. **1.** Grupo de músicos que interpretan obras musicales con diversos instrumentos. *Orquesta sinfónica.* ‖ **2.** Lugar comprendido entre la escena y las lunetas o butacas, que se destina a los músicos. □ V. **hombre ~.**

orquestación. F. Acción y efecto de orquestar.

orquestador, ra. ADJ. Que orquesta. U. m. c. s.

orquestal. ADJ. Perteneciente o relativo a la orquesta.

orquestar. TR. **1.** Instrumentar una composición musical para orquesta. ‖ **2.** peyor. Organizar una confabulación.

orquestina. F. Orquesta de pocos y variados instrumentos dedicada por lo general a ejecutar música bailable.

orquestra. F. hist. Espacio circular, en el teatro griego, y semicircular, en el romano, donde actuaba el coro.

orquidáceo, a. ADJ. *Bot.* Se dice de las hierbas angiospermas monocotiledóneas vivaces, de hojas radicales y envainadoras, con flores de forma y coloración muy raras, fruto en cápsula y semillas sin albumen, p. ej., el pañón de perro, el satirión y la vainilla. U. t. c. s. f. ORTOGR. En f. pl., escr. con may. inicial c. taxón. *Las Orquidáceas.*

orquídea. F. Flor de una planta orquidácea cuyas especies tropicales son apreciadas en floricultura.

orquitis. F. *Med.* Inflamación del testículo.

ortega. F. Ave del orden de las Columbiformes, muy parecida en aspecto, tamaño y demás características a la ganga. Es común en España y corre más que vuela.

ortiga. F. Planta herbácea de la familia de las Urticáceas, con tallos prismáticos de seis a ocho decímetros de altura, hojas opuestas, elípticas, agudas, aserradas por el margen y cubiertas de pelos que segregan un líquido urente, flores verdosas en racimos axilares y colgantes, las masculinas en distinto pie que las femeninas, y fruto seco y comprimido. Es muy común en España. ‖ **~ menor.** F. Especie que se distingue de la común en que sus hojas son ovales, y en tener en un mismo pie o planta las flores masculinas y femeninas, aunque unas y otras forman racimos separados.

ortigal. M. Terreno cubierto de ortigas.

ortigar. **I.** TR. **1.** Frotar o rozar con ortigas a alguien o parte de su cuerpo, produciendo escozor. ‖ **II.** PRNL. **2.** Sufrir escozor por el contacto con ortigas.

orto. M. Salida o aparición del Sol o de otro astro por el horizonte.

ortocentro. M. *Geom.* Punto donde se cortan las tres alturas de un triángulo.

ortodoncia. F. **1.** *Med.* Rama de la odontología que estudia las malformaciones y defectos de la dentadura su tratamiento. || **2.** *Med.* Tratamiento para corregir defectos de la dentadura.

ortodoxia. F. **1.** Conformidad con doctrinas o prácticas generalmente admitidas. || **2.** Conformidad con el dogma de una religión. || **3.** Entre católicos, conformidad con el dogma católico. || **4.** Conformidad con la doctrina fundamental de cualquier secta o sistema. || **5.** Conjunto de las Iglesias cristianas orientales.

ortodoxo, xa. ADJ. **1.** Conforme con el dogma de una religión y, entre católicos, conforme con el dogma católico. *Escritor ortodoxo. Opinión ortodoxa.* Apl. a pers., u. t. c. s. *Los ortodoxos.* || **2.** Conforme con la doctrina fundamental de cualquier secta o sistema. Apl. a pers., u. t. c. s. || **3.** Conforme con doctrinas o prácticas generalmente aceptadas. Apl. a pers., u. t. c. s. || **4.** Se dice de ciertas Iglesias de la Europa oriental, como la griega, la rusa y la rumana. || **5.** Perteneciente o relativo a estas Iglesias. *Rito ortodoxo.* || **6.** Seguidor de alguna Iglesia ortodoxa. U. t. c. s.

ortodromia. F. *Mar.* Arco de círculo máximo, camino más corto que puede seguirse en la navegación entre dos puntos.

ortodrómico, ca. ADJ. *Mar.* Perteneciente o relativo a la ortodromia. *Línea, navegación ortodrómica.*

ortoedro. M. *Geom.* Paralelepípedo cuyas caras forman ángulos diedros rectos.

ortoepía. F. Arte de pronunciar correctamente.

ortofonía. F. Corrección de los defectos de la voz y de la pronunciación.

ortogonal. ADJ. Que está en ángulo recto. □ V. **proyección ~.**

ortografía. F. **1.** Conjunto de normas que regulan la escritura de una lengua. || **2.** Forma correcta de escribir respetando las normas de la ortografía.

ortográfico, ca. ADJ. Perteneciente o relativo a la ortografía. □ V. **acento ~, signo ~.**

ortógrafo, fa. M. y F. Persona que sabe o profesa la ortografía.

ortología. F. Arte de pronunciar correctamente y, en sentido más general, de hablar con propiedad.

ortológico, ca. ADJ. Perteneciente o relativo a la ortología.

ortólogo, ga. M. y F. Persona versada en ortología.

ortopeda. COM. Especialista en ortopedia.

ortopedia. F. Arte de corregir o de evitar las deformidades del cuerpo humano, por medio de ciertos aparatos o de ejercicios corporales.

ortopédico, ca. I. ADJ. **1.** Perteneciente o relativo a la ortopedia. *Tratamiento ortopédico.* || **II.** M. y F. **2.** ortopedista. □ V. **corsé ~, plantilla ~.**

ortopedista. COM. Especialista en ortopedia.

ortóptero. ADJ. *Zool.* Se dice de los insectos con aparato bucal apto para la masticación, de metamorfosis sencillas, que tienen un par de élitros consistentes y otro de alas membranosas plegadas longitudinalmente; p. ej., los saltamontes y los grillos. U. t. c. s. m. ORTOGR. En m. pl., escr. con may. inicial c. taxón. *Los Ortópteros.*

ortosa. F. Feldespato de estructura laminar, de color blanco o gris amarillento, opaco y muy abundante en las rocas ígneas, como el granito. Es un silicato de alúmina y potasa.

ortotipografía. F. *Ling.* Conjunto de usos y convenciones particulares por las que se rige en cada lengua la escritura mediante signos tipográficos.

oruga. F. **1.** Larva de los insectos lepidópteros, que es vermiforme, con doce anillos casi iguales y de colores muy variados, según las especies. Su boca está provista de un aparato apto para la masticación con el que tritura los alimentos, que son principalmente hojas vegetales. || **2.** Planta herbácea anual, de la familia de las Crucíferas, con tallos vellosos de cuatro a cinco decímetros de altura, hojas lanceoladas y partidas en varios gajos puntiagudos, flores axilares y terminales de pétalos blancos con listas moradas, y fruto en vaina cilíndrica, con semillas globosas, amarillentas y menudas. Es común en los linderos de los campos cultivados, y las hojas se usan como condimento por su sabor picante. || **3.** *Mec.* Cadena articulada sin fin, que se aplica a las llantas de las ruedas de cada lado de un vehículo y permite a este avanzar por terrenos escabrosos.

orujo. M. **1.** Hollejo de la uva, después de exprimida y sacada toda la sustancia. || **2.** Residuo de la aceituna molida y prensada, del cual se saca aceite de calidad inferior. || **3. aguardiente.**

orureño, ña. ADJ. **1.** Natural de Oruro. U. t. c. s. || **2.** Perteneciente o relativo a este departamento de Bolivia o a su capital.

orza¹. F. Vasija vidriada de barro, alta y sin asas, que sirve por lo común para guardar conserva.

orza². F. **1.** *Mar.* Acción y efecto de orzar. || **2.** *Mar.* Pieza suplementaria metálica y de forma aproximadamente de triángulo rectángulo, cuyo cateto mayor se aplica y asegura exteriormente a la quilla de los balandros de regata, a fin de aumentar su calado y procurar su mayor estabilidad y mejor gobierno para ceñir. || **~ a popa.** F. *Mar.* Cabo con que se lleva a popa el car de la entena. || **a ~.** LOC.ADV. *Mar.* Dicho de navegar un buque: Con la proa hacia la parte de donde viene el viento.

orzaga. F. Planta fruticosa de la familia de las Quenopodiáceas, que crece hasta metro y medio de altura, con tallos herbáceos, hojas alternas, pecioladas, elípticas, algo arrugadas, de color blanquecino, flores pequeñas, verdosas, en grupos axilares, separadas las masculinas de las femeninas, y fruto esférico, casi leñoso. Es planta barrillera, común en nuestras costas.

orzar. INTR. *Mar.* Inclinar la proa hacia la parte de donde viene el viento.

orzuelo. M. Divieso pequeño que nace en el borde de uno de los párpados.

os¹. PRON. PERSON. Forma de la 2.ª persona del plural que cumple la función de complemento directo e indirecto. No admite preposición y se puede usar como enclítico. *Os lo dije. Amaos.* U. c. sing. y pl. en correlación con el tratamiento reverencial de *vos;* p. ej., *yo os perdono (a vos).* Las formas verbales de imperativo de 2.ª persona del plural a las que se pospone como enclítico pierden su *d* final. *Deteneos.* Se exceptúa *id.*

os². INTERJ. Se usa para espantar la caza y las aves domésticas.

osa. F. Hembra del oso.

osadía. F. Atrevimiento, audacia, resolución.

osado, da. PART. de **osar.** || ADJ. **1.** Que tiene osadía. || **2.** Propio o característico de una persona osada. *Una acción osada.*

osamenta. F. **1.** Esqueleto del hombre y de los animales. || **2.** Conjunto de los huesos sueltos del esqueleto.

osar. INTR. Atreverse, emprender algo con audacia. U. t. c. tr.

osario. M. En las iglesias o en los cementerios, lugar destinado para reunir los huesos que se sacan de las sepulturas a fin de volver a enterrar en ellas.

óscar. M. **1.** Premio anual concedido a los profesionales del cine por la Academia estadounidense de las Artes y Ciencias Cinematográficas. ORTOGR. Escr. con may. inicial. MORF. pl. invar. *Los premios Óscar.* || **2.** Estatuilla que representa este premio. MORF. pl. **óscares.** *Se entregaron doce óscares.*

oscense. ADJ. **1.** Natural de Huesca. U. t. c. s. || **2.** Perteneciente o relativo a esta ciudad de España o a su provincia.

oscilación. F. **1.** Acción y efecto de oscilar. || **2.** Cada uno de los vaivenes de un movimiento oscilatorio.

oscilador. M. *Fís.* Aparato que produce oscilaciones eléctricas o mecánicas.

oscilante. ADJ. Que oscila. *Péndulo oscilante. Precios oscilantes.*

oscilar. INTR. **1.** Efectuar movimientos de vaivén a la manera de un péndulo o de un cuerpo colgado de un resorte o movido por él. || **2.** Dicho de algunas manifestaciones o fenómenos: Crecer y disminuir alternativamente, con más o menos regularidad, en su intensidad. *Oscilar el precio de las mercancías, la presión atmosférica.* || **3.** Titubear, vacilar.

oscilatorio, ria. ADJ. **1.** Que oscila. *Ondas oscilatorias.* || **2.** Perteneciente o relativo a la oscilación. *Sistema oscilatorio.*

oscilógrafo. M. *Fís.* Aparato registrador de oscilaciones.

osciloscopio. M. *Electr.* Aparato que representa las variaciones de tensión en la pantalla de un tubo de rayos catódicos.

osco, ca. I. ADJ. **1.** hist. Se dice del individuo de uno de los antiguos pueblos de la Italia central. U. t. c. s. || **2.** hist. Perteneciente o relativo a estos pueblos. *Civilización osca.* || **II.** M. **3.** Lengua osca.

ósculo. M. Beso de respeto o afecto.

oscurana. F. oscuridad.

oscurantismo. M. Defensa de ideas o actitudes irracionales o retrógradas.

oscurantista. ADJ. **1.** Perteneciente o relativo al oscurantismo. *Métodos oscurantistas.* || **2.** Partidario del oscurantismo. U. t. c. s.

oscurecer[1]. I. TR. **1.** Privar de luz y claridad. *Las cortinas oscurecen la habitación.* || **2.** Dar color oscuro a algo. *El humo ha oscurecido el cuadro.* || **3.** Disminuir la estimación y esplendor de algo, deslustrarlo. *Su labor política oscureció su valía personal.* || **4.** Ofuscar la razón, alterando y confundiendo la realidad de las cosas, para que o no se conozcan o parezcan diversas. *Los recuerdos oscurecen su mente.* || **5.** Dificultar la inteligencia del concepto, por los términos empleados para expresarlo. *Algunos poetas tienden a oscurecer sus versos.* || **II.** INTR. IMPERS. **6.** Ir anocheciendo, faltar la luz y claridad desde que el sol empieza a ocultarse. || **III.** PRNL. **7.** Dicho del día, de la mañana, del cielo, etc.: nublarse. U. t. en sent. fig. *La vista se le oscurecía a intervalos.* ¶ MORF. conjug. c. *agradecer.*

oscurecer[2]. M. anochecer[2].

oscurecimiento. M. Acción y efecto de oscurecer u oscurecerse.

oscuridad. F. **1.** Falta de luz para percibir las cosas. || **2.** Lugar sin luz, o con luz muy escasa. *No sabía moverse en la oscuridad.* || **3.** Falta de luz y conocimiento en el alma o en las potencias intelectuales. || **4.** Falta de claridad en lo escrito o hablado. || **5.** Carencia de noticias acerca de un hecho o de sus causas y circunstancias.

oscuro, ra. I. ADJ. **1.** Que carece de luz o claridad. *Habitación oscura.* || **2.** Dicho del cielo, del día o de un momento del día: Cubiertos de nubes. || **3.** Dicho de un color: Que se acerca al negro, o que se contrapone a otro más claro de su misma clase. *Azul oscuro. Verde oscuro.* || **4.** De color oscuro. *Traje oscuro.* || **5.** Dicho del linaje de una persona: Humilde, bajo o poco conocido. || **6.** Dicho del lenguaje o de una persona: Confusos, faltos de claridad, poco inteligibles. || **7.** Incierto, peligroso. *Porvenir oscuro.* || **II.** M. **8.** En las representaciones teatrales, oscurecimiento de la escena, que puede desempeñar distintas funciones, entre ellas las propias del telón. || **9.** *Fotogr.* y *Pint.* Parte en que se representan las sombras. || **a oscuras.** LOC.ADV. **1.** Sin luz. || **2.** Sin conocimiento de algo, sin comprender lo que se oye o se lee. || **estar, o hacer, oscuro.** LOCS.VERBS. Faltar claridad en el cielo por estar nublado, y especialmente cuando es de noche. □ V. **cámara ~, claro ~, claro y ~, cuarto ~, toque de oscuro.**

osear. TR. oxear.

óseo, a. ADJ. **1.** De hueso. *Masa ósea.* || **2.** De la naturaleza del hueso. *Célula ósea.* || **3.** Perteneciente o relativo al hueso. *Fractura ósea.* □ V. **médula ~, tejido ~.**

osera. F. Cueva donde se recogen los osos para abrigarse y para criar sus cachorros.

osezno. M. Cachorro del oso.

osificación. F. Acción y efecto de osificarse.

osificarse. PRNL. Dicho de una materia orgánica: Volverse, convertirse en hueso o adquirir la consistencia de tal.

osmanlí. ADJ. turco. Apl. a pers., u. t. c. s. MORF. pl. **osmanlíes** u **osmanlís.**

osmio. M. Elemento químico de núm. atóm. 76. Metal escaso en la litosfera, se encuentra nativo en minerales de cromo, hierro, cobre y níquel. De color blanco azulado, duro y poco dúctil, tiene un punto de fusión elevado y es el elemento más denso. Se usa en la fabricación de filamentos incandescentes y como catalizador, y uno de sus derivados se emplea como fijador en histología. (Símb. *Os*).

osmómetro. M. *Fís.* Aparato que mide la presión osmótica.

ósmosis. F. **1.** *Fís.* Paso de disolvente pero no de soluto entre dos disoluciones de distinta concentración separadas por una membrana semipermeable. || **2.** Mutua influencia entre dos personas o grupos de personas, sobre todo en el campo de las ideas.

osmótico, ca. ADJ. *Fís.* Perteneciente o relativo a la ósmosis. □ V. **presión ~.**

oso. M. Mamífero carnívoro plantígrado, que llega a tener un metro de altura en la cruz y metro y medio desde la punta del hocico hasta la cola, de pelaje pardo, cabeza grande, ojos pequeños, extremidades fuertes y gruesas, con garras, y cola muy corta. Vive en los montes boscosos y se alimenta con preferencia de vegetales. || **~ blanco.** M. oso polar. || **~ hormiguero.** M. Mamífero desdentado de América, que se alimenta de hormigas, recogiéndolas con su lengua larga, delgada y casi cilíndrica. Tiene más de un metro de longitud desde el hocico hasta la raíz de la cola, y su pelo es áspero y tieso, de color agrisado y con listas negras de bordes blancos. || **~ marino.** M. Especie de foca de dos metros aproximadamente de largo, cabeza parecida a la del oso, ojos prominentes, orejas puntiagudas y pelaje pardo rojizo muy suave. Habita en el océano polar Antártico. ‖ ~ **negro.** M. Especie de oso mayor que el común, con el hocico más prolongado, pelaje más liso, de color negro, y que come hormigas con preferencia a otros alimentos. ‖ ~ **panda.** M. **panda**[2]. ‖ ~ **pardo.** M. El común de Europa. ‖ ~ **polar.** M. Especie mayor que la común, con pelaje blanco, cabeza aplastada y hocico puntiagudo. Habita en los países marítimos más septentrionales, es buen nadador y, aventurándose sobre los témpanos de hielo, persigue y devora las focas, morsas y peces. ‖ **hacer** alguien **el** ~. LOC.VERB. **1.** coloq. Exponerse a la burla o lástima de la gente, haciendo o diciendo tonterías. ‖ **2.** coloq. Galantear, cortejar sin reparo ni disimulo. □ V. **oreja de** ~.

osobuco. M. **1.** Estofado de carne de vacuno, cortada del jarrete, con el hueso y su caña incluidos. ‖ **2.** *Chile.* Corte del hueso del jarrete vacuno, con su tuétano y la carne que lo rodea.

osornino, na. ADJ. **1.** Natural de Osorno. U. t. c. s. ‖ **2.** Perteneciente o relativo a esta provincia de Chile o a su capital.

osta. F. *Mar.* Cabos o aparejos que mantienen firmes los cangrejos en los balances o cuando van orientadas sus velas, y que sirven también para guiarlos cuando se izan o arrían.

osteítis. F. *Med.* Inflamación de los huesos.

ostensible. ADJ. **1.** Claro, manifiesto, patente. *Mejoras ostensibles.* ‖ **2.** Que puede manifestarse o mostrarse. *Realidad ostensible.*

ostensión. F. Manifestación de algo.

ostensivo, va. ADJ. Que muestra u ostenta algo. *Causas ostensivas de su enfado.*

ostensorio. M. **1.** Custodia que se emplea para la exposición del Santísimo en el interior de las iglesias o para ser conducida en procesión llevada por el sacerdote. ‖ **2.** Parte superior de la custodia, donde se coloca el viril.

ostentación. F. **1.** Acción y efecto de ostentar. ‖ **2.** Jactancia y vanagloria. ‖ **3.** Magnificencia exterior y visible.

ostentador, ra. ADJ. Que ostenta. Apl. a pers., u. t. c. s.

ostentar. TR. **1.** Mostrar o hacer patente algo. ‖ **2.** Hacer gala de grandeza, lucimiento y boato. ‖ **3.** Poseer un honor, privilegio o cargo de carácter público. *Ostenta la cartera de Justicia.*

ostentativo, va. ADJ. Que hace ostentación de algo. *Amabilidad ostentativa.*

ostento. M. Apariencia que denota prodigio de la naturaleza o cosa milagrosa o monstruosa.

ostentoso, sa. ADJ. Magnífico, suntuoso, aparatoso y digno de verse.

osteología. F. Parte de la anatomía que trata de los huesos.

osteológico, ca. ADJ. *Anat.* Perteneciente o relativo a la osteología.

osteólogo, ga. M. y F. Especialista en osteología.

osteoma. M. *Med.* Tumor de naturaleza ósea o con elementos de tejido óseo.

osteomalacia. F. *Med.* Proceso morboso consistente en el reblandecimiento de los huesos por la pérdida de sus sales calcáreas.

osteomielitis. F. *Med.* Inflamación simultánea del hueso y de la médula ósea.

osteópata. ADJ. Especialista en osteopatía. U. m. c. s.

osteopatía. F. *Med.* Enfermedad ósea.

osteoplastia. F. *Med.* Reconstrucción quirúrgica de los huesos.

osteoporosis. F. *Med.* Fragilidad de los huesos producida por una menor cantidad de sus componentes minerales, lo que disminuye su densidad.

osteotomía. F. *Med.* Resección de un hueso.

ostiario. M. hist. Clérigo que había obtenido la primera de las órdenes menores, hoy suprimida, cuyas funciones eran abrir y cerrar la iglesia, llamar a los fieles dignos de tomar la comunión y repeler a los indignos.

ostión. M. Especie de ostra, mayor y más basta que la común.

ostra. F. Molusco lamelibranquio marino, con concha de valvas desiguales, ásperas, de color grisáceo por fuera y blanco anacarado por dentro, de las cuales la mayor es más convexa que la otra y está adherida a las rocas. ‖ **aburrirse** alguien **como una** ~. LOC.VERB. coloq. Aburrirse extraordinariamente.

ostracismo. M. **1.** hist. Entre los antiguos atenienses, destierro político. ‖ **2.** Apartamiento de cualquier responsabilidad o función política o social.

ostrícola. ADJ. Perteneciente o relativo a la cría y conservación de las ostras. *Explotaciones ostrícolas.*

ostricultura. F. Arte de criar ostras.

ostrífero, ra. ADJ. Que cría ostras o abunda en ellas. *Costa ostrífera.*

ostrogodo, da. ADJ. **1.** hist. Se dice del individuo de aquella parte del pueblo godo que había estado establecida al oriente del Dniéper, y fundó un reino en Italia. U. t. c. s. ‖ **2.** hist. Perteneciente o relativo a los ostrogodos. *Migraciones ostrogodas.*

ostrón. M. ostión.

osuno, na. ADJ. Perteneciente o relativo al oso.

otalgia. F. *Med.* Dolor de oídos.

otario, ria. ADJ. *Á. guar.* y *Á. R. Plata.* Tonto, necio, fácil de embaucar.

otate. M. **1.** *Méx.* guadua. ‖ **2.** *Méx.* Tallo de esta planta.

otavaleño, ña. ADJ. **1.** Natural de Otavalo. U. t. c. s. ‖ **2.** Perteneciente o relativo a esta ciudad de Ecuador.

oteador, ra. ADJ. Que otea. Apl. a pers., u. t. c. s.

otear. TR. **1.** Registrar desde un lugar alto lo que está abajo. *Desde el monte podía otear las praderas.* ‖ **2.** Escudriñar, registrar o mirar con cuidado. *El ladrón oteaba desde la esquina.*

otero. M. Cerro aislado que domina un llano.

otitis. F. *Med.* Inflamación del oído.

otología. F. *Med.* Parte de la patología que estudia las enfermedades del oído.

otológico, ca. ADJ. *Med.* Perteneciente o relativo a la otología.

otólogo, ga. M. y F. Especialista en otología.

otomaco, ca. I. ADJ. **1.** hist. Se dice del individuo de un pueblo amerindio que habitaba las riberas de los ríos Orinoco, Meta y Arauca. U. t. c. s. ‖ **2.** hist. Perteneciente o relativo a los otomacos. *Poblado otomaco.* ‖ **II.** M. **3.** Lengua hablada por los otomacos.

otomán. M. Tela de tejido acordonado que se usa principalmente para vestidos de mujer.

otomana. F. Sofá otomano, o sea al estilo de los que usan los turcos o los árabes.

otomano, na. ADJ. **1.** Natural de Turquía. U. t. c. s. ‖ **2.** Perteneciente o relativo a este país de Europa y Asia.

otoñada. F. **1.** Tiempo o estación del otoño. ‖ **2.** otoño (‖ estación del año). ‖ **3.** Sazón de la tierra y abundancia de pastos en el otoño. *Con estas lluvias tendremos buena otoñada.*

otoñal. ADJ. **1.** Perteneciente o relativo al otoño. *Siembra otoñal.* ‖ **2.** Propio o característico del otoño. *Ambiente otoñal.* ‖ **3.** Dicho de una persona: De edad madura. *Un hombre otoñal de pelo gris.* U. t. c. s.

otoñizo, za. ADJ. Perteneciente o relativo al otoño.

otoño. M. **1.** Estación del año que, astronómicamente, comienza en el equinoccio del mismo nombre y termina en el solsticio de invierno. ‖ **2.** Época templada del año, que en el hemisferio boreal corresponde a los meses de septiembre, octubre y noviembre, y en el austral a la primavera del hemisferio boreal. ‖ **3.** Período de la vida humana en que esta declina de la plenitud hacia la vejez.

otorgador, ra. ADJ. Que otorga. Apl. a pers., u. t. c. s.

otorgamiento. M. **1.** Acción de otorgar un documento, un poder, un testamento, etc. ‖ **2.** Permiso, consentimiento, licencia, parecer favorable.

otorgante. ADJ. Que otorga. Apl. a pers., u. t. c. s.

otorgar. TR. **1.** Dar algo, generalmente como respuesta a una petición o como gracia o distinción. *Le fueron otorgadas todas las mercedes solicitadas. El presidente otorgó varios premios.* ‖ **2.** *Der.* Disponer, establecer, ofrecer, estipular o prometer algo. Se usa por lo común cuando interviene solemnemente la fe notarial.

otorrea. F. *Med.* Flujo mucoso o purulento procedente del conducto auditivo externo, y también de la caja del tambor cuando, a consecuencia de enfermedad, se ha perforado la membrana timpánica.

otorrino. COM. otorrinolaringólogo.

otorrinolaringología. F. *Med.* Parte de la patología que trata de las enfermedades del oído, nariz y laringe.

otorrinolaringológico, ca. ADJ. **1.** *Med.* Perteneciente o relativo a la otorrinolaringología. *Avances en el campo otorrinolaringológico.* ‖ **2.** *Med.* Perteneciente o relativo al oído, a la nariz y a la laringe. *Afecciones otorrinolaringológicas.*

otorrinolaringólogo, ga. M. y F. Especialista en otorrinolaringología.

otosclerosis. F. *Med.* Esclerosis de los tejidos del oído interno y medio, con formación de tejido esponjoso en la cápsula del laberinto, que conduce a la sordera.

otoscopia. F. *Med.* Exploración del órgano del oído.

otoscopio. M. *Med.* Instrumento para reconocer el órgano del oído.

otramente. ADV. M. De otra suerte.

otro, tra. I. ADJ. INDEF. **1.** Dicho de una persona o de una cosa: Distinta de aquella de que se habla. U. t. c. pron. *Tiene varios bolsos, no necesita otro.* ‖ **II.** ADJ. **2.** Se usa para explicar la suma semejanza entre dos cosas o personas distintas. *Es otro Dalí.* ‖ **3.** Usado con artículo y ante sustantivos como *día, tarde, noche,* los sitúa en un pasado cercano. *El otro día vi a tu primo. Hablamos del asunto la otra tarde.* ‖ **4.** Usado con *a* y artículo, ante sustantivos como *día, semana, mes, año,* equivale a *siguiente. A la otra semana nos pagarán.* ‖ **como dice, o dijo, el ~.** EXPRS. Se usan para autorizar una cita cuyo autor es anónimo o desconocido o no se quiere nombrar. ‖ **esa es otra.** EXPR. Se usa para explicar que lo que se dice es nuevo despropósito, impertinencia o dificultad. ‖ **otra.** INTERJ. **1.** Se usa en espectáculos públicos para pedir la inmediata repetición de un pasaje, canto, etc., que ha agradado extraordinariamente. ‖ **2.** Se usa para denotar la impaciencia causada por la pesadez o los errores del interlocutor. ‖ **ser** alguien **~.** LOC. VERB. Haber cambiado mucho en sus cualidades, físicas o morales.

‖ V. **cosa del ~ jueves, el ~ barrio, el ~ mundo, este mundo y el ~, la ~ acera, la ~ vida, una de cal y otra de arena.**

otrora. ADV. T. En otro tiempo.

otrosí. ADV. C. **además.** U. m. en leng. jurídico.

ova. F. Alga verde, cuyo talo está dividido en filamentos, cintas o láminas, y que se cría en el mar o en los ríos y estanques, flotante en el agua o fija al fondo. U. m. en pl.

ovación. F. Aplauso ruidoso que colectivamente se tributa a alguien o algo.

ovacionar. TR. Aclamar, tributar un aplauso ruidoso.

oval. ADJ. **1.** Perteneciente o relativo al óvalo. *Forma oval.* ‖ **2.** De forma de óvalo. *Despacho oval.*

ovalado, da. PART. de ovalar. ‖ ADJ. De forma de óvalo.

ovalar. TR. Dar a algo forma de óvalo.

ovallino, na. ADJ. **1.** Natural de Ovalle. U. t. c. s. ‖ **2.** Perteneciente o relativo a esta ciudad de Chile, capital de la provincia de Limarí.

óvalo. M. Curva cerrada, con la convexidad vuelta siempre a la parte de afuera, de forma parecida a la de la elipse, y simétrica respecto de uno o de dos ejes.

ovárico, ca. ADJ. *Anat.* y *Bot.* Perteneciente o relativo al ovario.

ovariectomía. F. *Med.* Extirpación de uno o de ambos ovarios.

ovario. M. **1.** *Anat.* Órgano sexual femenino, par en los mamíferos, en el que se forman los óvulos y se producen diversas hormonas. ‖ **2.** *Bot.* Parte inferior del pistilo, que contiene los óvulos.

ovaritis. F. *Med.* Inflamación de los ovarios.

ovas. F. pl. Huevos juntos de algunos peces.

oveja. F. **1.** Hembra del carnero. ‖ **2.** *Am. Mer.* **llama²**. ‖ **~ negra.** F. Persona que, en una familia o colectividad poco numerosa, difiere desfavorablemente de las demás. ☐ V. **piel de ~.**

ovejería. F. **1.** *Am. Mer.* Ganado ovejuno. ‖ **2.** *Am. Mer.* Hacienda destinada a su crianza. ‖ **3.** *Chile.* Crianza de ovejas.

ovejero, ra. ADJ. Que cuida de las ovejas. Apl. a pers., u. t. c. s.

ovejuno, na. ADJ. Perteneciente o relativo a las ovejas.

overo, ra. ADJ. **1.** Dicho de un animal, especialmente de un caballo: De color parecido al del melocotón. U. t. c. s. ‖ **2.** *Am.* **pío³**.

overol. M. *Am.* **mono** (‖ prenda de vestir).

ovetense. ADJ. **1.** Natural de Oviedo, ciudad de España, capital del Principado de Asturias. U. t. c. s. ‖ **2.** Natural de Coronel Oviedo, ciudad del Paraguay, capital del departamento de Caaguazú. U. t. c. s. ‖ **3.** Perteneciente o relativo a alguna de estas ciudades.

óvido. ADJ. *Zool.* Se dice de los mamíferos rumiantes de la familia de los Bóvidos, muchos de ellos cubiertos de abundante lana, con cuernos de sección triangular y retorcidos en espiral o curvados hacia atrás; p. ej., los carneros y cabras. U. t. c. s. m.

oviducto. M. *Anat.* Conducto por el que los óvulos de los animales salen del ovario para ser fecundados.

ovillar. I. TR. **1.** Hacer un ovillo enrollando un hilo o similar. *Ovillar la lana.* U. t. c. intr. ‖ **II.** PRNL. **2.** Encogerse y recogerse haciéndose un ovillo.

ovillejo. M. Combinación métrica que consta de tres versos octosílabos, seguidos cada uno de ellos de un pie quebrado que con él forma consonancia, y de una redondilla cuyo último verso se compone de los tres pies quebrados

ovillo. M. **1.** Bola o lío que se forma devanando hilo de lino, algodón, seda, lana, etc. ‖ **2.** Cosa enredada y de forma redonda. ‖ **hacerse** alguien un ~. LOC.VERB. coloq. Encogerse, contraerse, acurrucarse por miedo, dolor u otra causa natural.

ovino, na. **I.** ADJ. **1.** Dicho del ganado: **lanar.** ‖ **II.** M. **2.** Animal ovino.

ovíparo, ra. ADJ. *Zool.* Se dice de los animales que ponen huevos en los que la segmentación no ha comenzado o no está todavía muy adelantada; p. ej., las aves, moluscos, insectos, etc. U. t. c. s.

ovni. M. Objeto al que en ocasiones se considera, según la ufología, como una nave espacial de procedencia extraterrestre.

ovoidal. ADJ. ovoide.

ovoide. **I.** ADJ. **1.** De forma de huevo. Apl. a un cuerpo o una figura geométricos, u. t. c. s. m. ‖ **II.** M. **2.** Conglomerado de carbón u otra sustancia que tiene dicha forma.

ovoideo, a. ADJ. ovoide.

óvolo. M. *Arq.* Adorno en forma de huevo, rodeado por un cascarón y con puntas de flecha intercaladas entre cada dos.

ovovivíparo, ra. ADJ. *Zool.* Se dice de los animales de generación ovípara cuyos huevos se detienen durante algún tiempo en las vías genitales, no saliendo del cuerpo materno hasta que está muy adelantado su desarrollo embrionario; p. ej., la víbora. U. t. c. s.

ovulación. F. *Biol.* Expulsión del ovario, espontánea o inducida, de uno o varios óvulos.

ovular[1]**.** INTR. *Biol.* Realizar la ovulación.

ovular[2]**.** ADJ. *Biol.* Perteneciente o relativo al óvulo o a la ovulación.

óvulo. M. **1.** *Biol.* Gameto femenino. ‖ **2.** *Bot.* Cada uno de los cuerpos esferoidales en el ovario de la flor, en que se produce la oosfera, rodeados por una doble membrana provista de un orificio o micropilo. ‖ **3.** *Med.* Porción de medicamento sólido, semejante al supositorio, que se administra por vía vaginal. ‖ **4.** *Med.* Anticonceptivo femenino administrado bajo esta forma.

ox. INTERJ. Se usa para espantar la caza y las aves domésticas.

oxalato. M. *Quím.* Sal o éster del ácido oxálico.

oxálico. □ V. ácido ~.

oxaliáceo, a. ADJ. *Bot.* Se dice de las plantas angiospermas dicotiledóneas, herbáceas, rara vez leñosas, que tienen hojas alternas, simples o compuestas, flores actinomorfas pentámeras, solitarias o en umbela, y fruto en cápsula con semillas de albumen carnoso; p. ej., la aleluya y el carambolo. U. t. c. s. f. ORTOGR. En f. pl., escr. con may. inicial c. taxón. *Las Oxalidáceas.*

oxear. TR. Espantar las aves domésticas y la caza.

oxiacetilénico, ca. ADJ. **1.** Perteneciente o relativo a la mezcla de oxígeno y acetileno, empleada en un tipo de soplete. ‖ **2.** Dicho de un soplete: Que emplea dicha mezcla.

oxicorte. M. Técnica de cortar metales con soplete oxiacetilénico.

oxidación. F. Acción y efecto de oxidar u oxidarse.

oxidante. ADJ. Que oxida o sirve para oxidar. Apl. a una sustancia o a un agente, u. t. c. s. m.

oxidar. **I.** TR. **1.** Dicho del oxígeno o de otro agente: Producir óxido al reaccionar con una sustancia. U. t. c. prnl. ‖ **II.** PRNL. **2.** *Quím.* Dicho de un átomo o de un ion: Perder electrones.

óxido. M. **1.** *Quím.* Compuesto que resulta de combinar oxígeno generalmente con un metal, o a veces con un metaloide. ‖ **2.** Capa, de diversos colores, que se forma en la superficie de los metales por oxidación, como el **orín**[1].

oxigenación. F. Acción y efecto de oxigenar.

oxigenado, da. PART. de **oxigenar.** ‖ ADJ. Que contiene oxígeno. □ V. agua ~.

oxigenar. **I.** TR. **1.** Aportar oxígeno a alguien o algo. *Oxigenaron los pulmones del herido.* ‖ **2.** *Quím.* Combinar o mezclar con oxígeno. U. t. c. prnl. ‖ **3.** *Á. Caribe.* Vigorizar una situación deteriorada mediante la introducción de algún aporte innovador. ‖ **II.** PRNL. **4.** Airearse, respirar el aire libre.

oxígeno. M. **1.** Elemento químico de núm. atóm. 8. Muy abundante en la litosfera, constituye casi una quinta parte del aire atmosférico en su forma molecular O_2. Forma parte del agua, de los óxidos, de casi todos los ácidos y sustancias orgánicas, y está presente en todos los seres vivos. Gas más pesado que el aire, incoloro, inodoro, insípido y muy reactivo, es esencial para la respiración y activa los procesos de combustión. (Símb. *O*). ‖ **2.** Gas de este elemento en su forma molecular. (Símb. O_2). □ V. balón de ~.

oxímoron. M. *Ret.* Combinación en una misma estructura sintáctica de dos palabras o expresiones de significado opuesto, que originan un nuevo sentido; p. ej., *un silencio atronador.* MORF. pl. invar. u **oxímoros.**

oxitócico, ca. ADJ. Dicho de una sustancia: Que produce la contracción del músculo uterino. Se utiliza para provocar el parto. U. t. c. s. m.

oxítona. F. *Fon.* Palabra oxítona.

oxítono, na. ADJ. **1.** *Fon.* **agudo** (‖ que lleva el acento prosódico en la última sílaba). ‖ **2.** *Fon.* **agudo** (‖ propio de una palabra aguda).

oxiuro. M. *Zool.* Nematodo parásito del hombre y en especial del niño. Las hembras miden hasta diez milímetros de longitud y llegan para efectuar la puesta hasta el recto, en donde con sus mordeduras provocan un molestísimo prurito en los rebordes del ano.

oxoniense. ADJ. **1.** Natural de Oxford. U. t. c. s. ‖ **2.** Perteneciente o relativo a esta ciudad de Gran Bretaña.

oyente. **I.** ADJ. **1.** Que oye. *Espectador oyente.* Apl. a pers., u. t. c. s. ‖ **II.** COM. **2.** Persona asistente a un aula, no matriculada como alumno.

ozena. F. *Med.* ocena.

ozono. M. *Quím.* Estado alotrópico del oxígeno, producido por la electricidad, de cuya acción resulta un gas muy oxidante, de olor fuerte a marisco y de color azul cuando se liquida. Se encuentra en muy pequeñas proporciones en la atmósfera después de las tempestades. □ V. agujero de ~, capa de ~.

ozonosfera. F. *Fís.* Estrato donde se concentra el ozono atmosférico, de espesor variable y situado entre 10 y 50 km de altura, que es de gran importancia biológica porque atenúa los efectos de la radiación ultravioleta.

ozonósfera. F. *Am.* ozonosfera.

p

p. F. Decimosexta letra del abecedario latino internacional y decimonovena del español, que representa un fonema consonántico de articulación oclusiva, labial y sorda. Su nombre es *pe*.

pabellón. M. **1.** Cada una de las construcciones o edificios que forman parte de un conjunto, como los de una exposición, ciudad universitaria, hospital, cuartel, etc. ‖ **2.** Edificio que constituye una dependencia de otro mayor, inmediato o próximo a aquel. ‖ **3.** Tienda de campaña en forma de cono, sostenida interiormente por un palo grueso clavado en el suelo y sujeta al terreno alrededor de la base con cuerdas y estacas. ‖ **4.** Colgadura plegadiza que cobija y adorna una cama, un trono, un altar, etc. ‖ **5.** Bandera nacional. ‖ **6.** Nación a que pertenecen los buques mercantes. ‖ **7.** Ensanche cónico con que termina la boca de algunos instrumentos de viento, como la corneta y el clarinete. ‖ **8.** Grupo de tres o más fusiles, o armas similares, que se forma apoyándolos unos en otros y con las culatas en el suelo. ‖ **9.** *Arq.* Resalte de una fachada en medio de ella o en algún ángulo, que suele coronarse de ático o frontispicio. ‖ **~ auditivo,** o **~ de la oreja.** M. oreja (‖ parte externa del oído).

pabilo o **pábilo.** M. **1.** Mecha que está en el centro de la vela. ‖ **2.** Parte carbonizada de esta mecha.

pabiloso, sa. ADJ. **mortecino.**

pábulo. M. **1.** Alimento que se toma para subsistir. ‖ **2.** Aquello que sirve para mantener la existencia de algunas cosas o acciones. ‖ **dar ~.** LOC.VERB. **echar leña al fuego.**

paca[1]**.** F. Mamífero roedor, de unos cinco decímetros de longitud, con pelaje espeso y lacio, pardo con manchas blancas por el lomo y rojizo por el cuello, vientre y costados, cola y pies muy cortos, hocico agudo y orejas pequeñas y redondas. Es propio de América, en cuyos montes vive en madrigueras; se alimenta de vegetales, gruñe como el cerdo, se domestica con facilidad y su carne es comestible.

paca[2]**.** F. Fardo o lío, especialmente de lana o de algodón en rama, y también de paja, forraje, etc.

pacana. F. **1.** Árbol de la familia de las Yuglandáceas, propio de América del Norte, de unos 30 m de altura, con tronco grueso y copa magnífica, hojas compuestas de hojuelas ovales y dentadas, flores verdosas en amentos largos, y fruto seco del tamaño de una nuez, de cáscara lisa y forma de aceituna, con almendra comestible. La madera de este árbol, semejante al nogal, es muy apreciada. ‖ **2.** Fruto de este árbol.

pacatería. F. Comportamiento propio de la persona que manifiesta excesivos escrúpulos morales.

pacato, ta. ADJ. **1. timorato** (‖ tímido). *Tomás es algo pacato.* U. t. c. s. ‖ **2.** Mojigato, que tiene o manifiesta excesivos escrúpulos. U. t. c. s.

pacay. M. **1.** *Am. Mer.* **guamo.** ‖ **2.** *Am. Mer.* Fruto de este árbol. ¶ MORF. pl. **pacayes.**

pacaya. F. *Am. Cen.* Variedad de palmera de hojas pinnadas. Las yemas de sus flores son comestibles, al igual que los cogollos y tallos delgados y tiernos.

pacayal. M. *Am. Cen.* Terreno poblado de pacayas.

paccionar. TR. **pactar.**

pacense[1]**.** ADJ. **1.** Natural de Badajoz. U. t. c. s. ‖ **2.** Perteneciente o relativo a esta ciudad de España o a su provincia.

pacense[2]**.** ADJ. **1. paceño** (‖ natural de La Paz, departamento de El Salvador). U. t. c. s. ‖ **2. paceño** (‖ perteneciente a este departamento).

paceño, ña. ADJ. **1.** Natural de La Paz, departamento de Bolivia, o de su capital, que es la sede del Gobierno nacional. U. t. c. s. ‖ **2.** Natural de La Paz, ciudad de México, capital del estado de Baja California Sur. U. t. c. s. ‖ **3.** Natural de La Paz, departamento de El Salvador. U. t. c. s. ‖ **4.** Natural de La Paz, departamento de Honduras, o de su capital. U. t. c. s. ‖ **5.** Perteneciente o relativo a estas capitales o a estos departamentos.

pacer. INTR. Dicho del ganado: Comer en los campos, prados, montes y dehesas. U. t. c. tr. MORF. conjug. c. *agradecer.*

pacha. F. *Am. Cen.* Botella pequeña y aplanada que se usa corrientemente para llevar licor.

pachá. M. hist. **bajá.** MORF. pl. **pachás.** ‖ **vivir como un ~.** LOC.VERB. coloq. Vivir con lujo y opulencia.

pachacho, cha. ADJ. *Chile.* Dicho de una persona o de un animal: Rechonchos y de piernas cortas.

pachamanca. F. *Am. Mer.* Carne condimentada con ají que se asa entre piedras caldeadas o en un agujero que se abre en la tierra cubierto con piedras calientes.

pachanga. F. **1.** Danza originaria de Cuba. ‖ **2.** Música de esta danza. ‖ **3.** coloq. Alboroto, fiesta, diversión bulliciosa.

pachanguero, ra. ADJ. **1.** Dicho de un espectáculo, de una fiesta, y especialmente de una música: Fáciles y bulliciosos. ‖ **2.** *Á. R. Plata.* Dicho de una persona: Que gusta de asistir a pachangas.

pacharán. M. Licor obtenido por maceración de endrinas en aguardiente anisado.

pachiche o **pachichi.** ADJ. *Méx.* Dicho de un fruto: Demasiado maduro.

pacho, cha. ADJ. *Am. Cen.* De forma aplastada.

pachocha. F. *Á. Caribe.* **pachorra.**

pachola o **pacholi.** F. *Méx.* **totoposte.**

pachón. ADJ. Se dice de un perro de raza muy parecida a la del perdiguero, pero con las patas más cortas y torcidas, la cabeza redonda y la boca muy grande. U. t. c. s. m.

pachorra. F. coloq. Flema, tardanza, indolencia.

pachorrudo, da. ADJ. coloq. Que procede con mucha pachorra.

pachotada. F. **1.** *Á. Andes* y *Chile.* **patochada.** ‖ **2.** *Á. Caribe.* Respuesta agresiva, irrespetuosa, altanera.

pachotero, ra. ADJ. *Chile.* Dicho de una persona: Que dice pachotadas. U. t. c. s.

pachucho, cha. ADJ. **1.** Pasado de puro maduro. *Las ciruelas están pachuchas.* ‖ **2.** coloq. Flojo, alicaído, desmadejado.

pachulí o **pachuli.** M. **1.** Planta labiada, perenne, procedente del Asia y Oceanía tropicales. Es muy olorosa, semejante al almizcle, y se usa en perfumería. ‖ **2.** Perfume de esta planta. ¶ MORF. pl. **pachulíes** –o **pachulís**– o **pachulis.**

pachuqueño, ña. ADJ. **1.** Natural de Pachuca. U. t. c. s. ‖ **2.** Perteneciente o relativo a esta ciudad de México, capital del estado de Hidalgo.

paciencia. F. **1.** Capacidad de padecer o soportar algo sin alterarse. ‖ **2.** Capacidad para hacer cosas pesadas o minuciosas. ‖ **3.** Facultad de saber esperar cuando algo se desea mucho. ‖ **4.** Resalte inferior del asiento de una silla de coro, de modo que, levantado aquel, pueda servir de apoyo a quien está de pie. ‖ **5.** Bollo redondo y muy pequeño hecho con harina, huevo, almendra y azúcar y cocido en el horno. ‖ **acabar, consumir,** o **gastar,** a alguien la ~. LOCS.VERBS. Irritarlo, enfadarlo. ‖ **~ y barajar.** EXPR. Se usa para animar a alguien o a uno mismo a perseverar en un intento después de un fracaso. ‖ **probar** alguien **la ~** a otra persona. LOC.VERB. Darle continuos motivos para que llegue a irritarse.

paciente. **I.** ADJ. **1.** Que tiene paciencia. *Un profesor muy paciente.* ‖ **2.** Que implica o denota paciencia. *La revisión es una tarea paciente y minuciosa.* ‖ **3.** Fil. Se dice del sujeto que recibe o padece la acción del agente. U. t. c. s. m. ‖ **II.** M. **4.** *Gram.* Persona que recibe la acción del verbo. ‖ **III.** COM. **5.** Persona que padece física y corporalmente, y especialmente quien se halla bajo atención médica. ‖ **6.** Persona que es o va a ser reconocida médicamente.

pacienzudo, da. ADJ. Que tiene mucha paciencia.

pacificación. F. **1.** Acción y efecto de pacificar. ‖ **2.** Convenio entre los Estados para dar fin a una guerra.

pacificador, ra. ADJ. Que pacifica. Apl. a pers., u. t. c. s.

pacificar. **I.** TR. **1.** Establecer la paz donde había guerra o discordia. *La ONU envió un contingente de fuerzas para pacificar la zona.* ‖ **2.** Reconciliar a quienes están opuestos o discordes. *Pacificar las relaciones entre los hermanos.* U. t. c. prnl. ‖ **II.** PRNL. **3.** Dicho de lo que está turbado o alterado: Sosegarse y aquietarse. *Pacificarse los vientos.*

pacífico, ca. ADJ. **1.** Tranquilo, sosegado, que no provoca luchas o discordias. *Persona pacífica. País pacífico.* ‖ **2.** En paz, no alterado por guerras o disturbios. *Época pacífica.* ‖ **3.** Que no tiene o no halla oposición, contradicción o alteración en su estado. *Pacífica posesión.* ‖ **4.** Perteneciente o relativo al océano Pacífico o a los territorios que baña. *La costa pacífica de América del Sur.* ☐ V. **penetración ~.**

pacifismo. M. Conjunto de doctrinas encaminadas a mantener la paz entre las naciones.

pacifista. ADJ. **1.** Perteneciente o relativo al pacifismo. *Un ensayo de contenido pacifista y ecologista.* ‖ **2.** Partidario del pacifismo. U. t. c. s.

paco[1]. M. *Á. Andes.* Color rojizo o bermejo. U. t. c. adj.

paco[2]. M. **1.** hist. En las posesiones españolas de África, moro que, aislado y escondido, disparaba sobre los soldados. ‖ **2.** Combatiente que dispara en igual forma.

pacota. F. *Méx.* Persona o cosa insignificante y de escaso valor.

pacotilla. F. Porción de géneros que los marineros u oficiales de un barco pueden embarcar por su cuenta libres de flete. ‖ **de ~.** LOC.ADJ. coloq. De inferior calidad o hecho sin esmero.

pacotillero, ra. M. y F. *Am.* Buhonero o mercader ambulante.

pactar. **I.** TR. **1.** Acordar algo entre dos o más personas o entidades, obligándose mutuamente a su observancia. ‖ **2.** Dicho de una autoridad: Contemporizar con los sometidos a ella. ‖ **II.** INTR. **3.** Dicho de dos o más partes: Llegar a un pacto.

pactismo. M. Tendencia al pacto o al compromiso, especialmente para resolver problemas políticos o sociales.

pactista. ADJ. **1.** Perteneciente o relativo al pactismo. *Solución pactista.* ‖ **2.** Partidario de esta tendencia. U. t. c. s.

pacto. M. Concierto o tratado entre dos o más partes que se comprometen a cumplir lo estipulado. ‖ **~ de caballeros,** o **~ entre caballeros.** M. El que se sustenta solo en la palabra dada.

pacú. M. *Á. guar.* Pez de agua dulce, de forma oval, que puede alcanzar los 80 cm de longitud. Su carne es comestible. MORF. pl. **pacúes** o **pacús.**

padecer. **I.** TR. **1.** Sentir física y corporalmente un daño, dolor, enfermedad, pena o castigo. U. t. c. intr. *Padece DE insomnio desde hace años.* ‖ **2.** Soportar agravios, injurias, pesares, etc. U. t. c. intr. ‖ **3.** Sufrir algo nocivo o desventajoso. *Padecer engaño, error, equivocación.* ‖ **II.** INTR. **4.** Dicho de una cosa: Recibir daño. *Su reputación padeció tras los ataques recibidos.* ¶ MORF. conjug. c. *agradecer.*

padecimiento. M. Acción de padecer o sufrir daño, ofensa, enfermedad, etc.

pádel. M. Juego de pelota entre cuatro paredes, en el que aquella se golpea con una pala de mango corto.

padrastro. M. **1.** Marido de la madre, respecto de los hijos habidos antes por ella. ‖ **2.** Mal padre. ‖ **3.** Pedazo pequeño de pellejo que se levanta de la carne inmediata a las uñas de las manos, y causa dolor.

padrazo. M. coloq. Padre muy indulgente con sus hijos.

padre. **I.** M. **1.** Varón o macho que ha engendrado. ‖ **2.** Varón o macho, respecto de sus hijos. ‖ **3.** Macho en el ganado destinado a la procreación. ‖ **4.** Cabeza de una descendencia, familia o pueblo. ‖ **5.** Se usa como tratamiento de ciertos religiosos y sacerdotes. ‖ **6.** Autor de una obra de ingenio, inventor de otra cosa cualquiera. ‖ **7.** *Rel.* Primera persona de la Santísima Trinidad. ORTOGR. Escr. con may. inicial. ‖ **8.** pl. El padre y la madre. *Han venido tus padres.* ‖ **9.** pl. **antepasados.** ‖ **II.** ADJ. **10.** coloq. Muy grande. *Se armó un escándalo padre.* ‖ **~ apostólico.** M. Cada uno de los padres de la Iglesia que conversaron con los apóstoles y discípulos de Jesucristo. || ~ **conscripto.** M. hist. Entre los romanos, **senador.** || ~ **de familia.** M. Hombre que tiene una familia con hijos a su cargo. || ~ **de la patria.** M. **1.** Persona que se ha distinguido por sus especiales servicios a una nación. || **2.** irón. Diputado a Cortes o senador. || ~ **espiritual.** M. Confesor que cuida y dirige el espíritu y conciencia del penitente. || **Padre Eterno.** M. *Rel.* **Padre** (|| primera persona de la Santísima Trinidad). || ~ **nuestro.** M. padrenuestro. || **Padre Santo.** M. por antonom. **papa** (|| sumo pontífice). || **Beatísimo Padre.** M. Se usa como tratamiento para dirigirse al papa. || **nuestros primeros ~s.** M. pl. Adán y Eva, progenitores del linaje humano. || **Santo Padre.** M. **1.** Cada uno de los primeros doctores de la Iglesia griega y latina, que escribieron sobre los misterios y sobre la doctrina de la religión. || **2.** **papa** (|| sumo pontífice). || **de ~ y muy señor mío.** LOC. ADJ. coloq. Dicho de una cosa: De gran intensidad o magnitud. || **mi ~ es Dios.** EXPR. Se usa para ponerse, en los trabajos o desamparos, bajo paternal protección divina. || **sin ~ ni madre, ni perro que me ladre.** LOC.ADV. coloq. Se usa para manifestar la total independencia o desamparo en que se halla alguien. □ V. **caballo ~, Dios Padre, hermano de ~, hijo de ~, hijo de su ~.**

padrear. INTR. Dicho de un animal macho: Ejercer las funciones de la generación.

padrejón. M. Histeria en el hombre.

padrenuestro. M. **1.** Oración dominical que empieza con estas palabras. || **2.** Cada una de las cuentas del rosario más gruesas que las demás o que se diferencian de ellas de alguna otra manera, para advertir cuándo se ha de rezar un padrenuestro. ¶ MORF. pl. **padrenuestros.** || **saber** algo **como el ~.** LOC.VERB. coloq. Tenerlo en la memoria con toda claridad y orden.

padrillo. M. *Am. Mer.* Caballo semental.

padrinazgo. M. **1.** Acto de asistir como padrino a un bautismo o a una función pública. || **2.** Título o cargo de padrino. || **3.** Protección, favor que alguien dispensa a otra persona.

padrino. M. **1.** Hombre que asiste a quien recibe el bautizo y contrae con él ciertos compromisos espirituales, y, por ext., el que acompaña a quienes reciben un sacramento cristiano. || **2.** Hombre que presenta y acompaña a otra persona que recibe algún honor, grado, etc. || **3.** Hombre que asiste a otra persona para sostener sus derechos, en certámenes literarios, torneos, desafíos, etc. || **4. valedor.** || **5.** Jefe de una organización mafiosa. || **6.** pl. El padrino y la madrina. *Mis padrinos son la tía Ana y el abuelo Juan.* || **7.** pl. Influencias de que alguien dispone por relaciones o amistades, para conseguir algo o desenvolverse en la vida.

padrón[1]. M. *Á. Caribe.* Caballo semental.

padrón[2]. M. **1.** Nómina de los vecinos o moradores de una población. || **2.** Nota de infamia que queda en la memoria por una mala acción.

padrote. M. **1.** *Am. Cen.* y *Á. Caribe.* Macho destinado en el ganado para la generación y procreación. || **2.** *Méx.* Individuo que explota a una prostituta. || **3.** *Méx.* **alcahuete** (|| hombre que concierta una relación amorosa).

padrotear. INTR. **1.** *Méx.* Dicho de un hombre: Beneficiarse abusivamente del trabajo de una prostituta. || **2.** *Méx.* Dicho de un hombre: Concertar una relación amorosa, generalmente ilícita.

paduano, na. ADJ. **1.** Natural de Padua. U. t. c. s. || **2.** Perteneciente o relativo a esta ciudad de Italia.

paella. F. **1.** Plato de arroz seco, con carne, pescado, mariscos, legumbres, etc., característico de la región valenciana, en España. || **2.** Sartén en que se hace.

paellera. F. Recipiente de hierro a modo de sartén de poco fondo y con dos asas, que sirve para hacer la paella.

paf. ONOMAT. Se usa para expresar el ruido que hace alguien o algo al caer o chocar contra algún objeto.

paga. F. **1.** Acción de **pagar** (|| dar o satisfacer lo que se debe). || **2.** Cantidad de dinero que se da en pago. || **3.** Sueldo de un empleado. || ~ **extraordinaria.** F. La que en virtud de la ley o de un convenio colectivo, perciben los trabajadores como añadido a la ordinaria, generalmente en verano y Navidad. || **buena ~.** F. Persona que prontamente y sin dificultad paga lo que debe o lo que se libra contra ella. || **mala ~.** F. Persona que tardíamente o con dificultad paga lo que debe o lo que se libra contra ella.

pagadero, ra. ADJ. Que se ha de pagar y satisfacer a cierto tiempo señalado. *Obligaciones pagaderas a veinte años.*

pagado, da. PART. de pagar. || ADJ. Ufano, satisfecho de algo.

pagador, ra. I. ADJ. **1.** Que paga. *Empresa pagadora.* Apl. a pers., u. t. c. s. || II. M. y F. **2.** Persona encargada por el Estado, por una corporación o por un particular de satisfacer sueldos, pensiones, créditos, etc.

pagaduría. F. Casa, sitio o lugar público donde se paga.

págalo. M. Ave marina semejante a una gaviota, pero de mayor tamaño y plumaje oscuro.

paganía. F. paganismo.

paganini. COM. coloq. pagano[1].

paganismo. M. **1.** Religión de los gentiles o paganos. || **2.** Conjunto de los gentiles.

paganizar. I. TR. **1.** Introducir el paganismo o elementos paganos en algo. U. t. c. prnl. || II. INTR. **2.** Dicho de quien no era pagano: Profesar el paganismo.

pagano[1]. M. coloq. Persona que paga, generalmente por abuso, las cuentas o las culpas ajenas.

pagano[2], **na.** ADJ. **1.** Se dice de los idólatras y politeístas, especialmente de los antiguos griegos y romanos. U. t. c. s. || **2.** Se dice de todo infiel no bautizado. U. t. c. s.

pagar. I. TR. **1.** Dicho de una persona: Dar a otra, o satisfacer, lo que le debe. || **2.** Dicho de los géneros que se introducen: Dar derechos. || **3.** Satisfacer el delito, falta o yerro por medio de la pena correspondiente. *Pagó su error con la cárcel.* U. t. c. intr. *Pagará POR lo que hizo.* || **4.** Corresponder al afecto, cariño u otro beneficio. || II. PRNL. **5.** Ufanarse de algo, hacer estimación de ello. || **~la, o ~las** el culpable. LOCS.VERBS. coloqs. Sufrir su consiguiente castigo o la venganza de que se hizo más o menos merecedor. U. m. c. amenaza. *Me la pagarás. Me las has de pagar.*

pagaré. M. Papel de obligación por una cantidad que ha de pagarse a tiempo determinado. || ~ **a la orden.** M. Com. El que es transmisible por endoso, sin nuevo consentimiento del deudor.

pagaza. F. Ave marina del orden de las Caradriformes del tamaño de una gaviota, con un capirote negro en la cabeza y la cola ahorquillada, que habita en las costas de Europa y África. Hay una especie con el pico negro y otra con el pico rojo.

pagel. M. Pez teleósteo, del suborden de los Acantopterigios, común en los mares de España, de unos dos decímetros de largo, con cabeza y ojos grandes, rojizo por el lomo, plateado por el vientre y con aletas y cola encarnadas. Su carne es blanca, comestible y bastante estimada.

página. F. **1.** Cada una de las dos planas de la hoja de un libro o cuaderno. || **2.** Lo escrito o impreso en cada página. *No he podido leer más que dos páginas de este libro.* || **3.** Suceso, lance o episodio en el curso de una vida o de una empresa. *Página gloriosa. Triste página.* || **~ web.** F. *Inform.* Conjunto determinado de informaciones, accesible en una red informática, que puede contener textos, imágenes y sonidos, así como enlaces con otras páginas. || **~s amarillas.** F. pl. Directorio telefónico, generalmente impreso en papel amarillo, que organiza a los suscriptores por actividades profesionales y comerciales. || **pasar ~.** LOC.VERB. Dar por terminado algo.

paginación. F. **1.** Acción y efecto de paginar. || **2.** Serie de las páginas de un escrito o impreso.

paginante. M. *Filip.* Obrero, cargador.

paginar. TR. Numerar páginas o planas.

pago¹. M. F. **1.** Entrega de un dinero o especie que se debe. || **2.** Satisfacción, premio o recompensa. || **en ~.** LOC.ADV. En satisfacción, descuento o recompensa. □ V. **balanza de ~s, carta de ~, papel de ~s, suspensión de ~s.**

pago². M. **1.** Pueblo pequeño o aldea. || **2.** Distrito determinado de tierras o heredades, especialmente de viñas u olivares. || **3.** *Á. R. Plata.* Lugar en el que ha nacido o está arraigada una persona. U. m. en pl.

pagoda. F. Templo de las deidades en algunos pueblos de Oriente.

pagua o **pahua.** F. *Méx.* Fruta de una variedad de aguacate.

paico. M. *Am. Mer.* **epazote.**

paidofilia. F. Atracción erótica o sexual que una persona adulta siente hacia niños o adolescentes.

paidófilo, la. ADJ. **1.** Perteneciente o relativo a la paidofilia. *Comportamientos exhibicionistas y paidófilos.* || **2.** Que siente esta atracción o que la lleva a la práctica. U. t. c. s.

paidología. F. Ciencia que estudia todo lo relativo a la infancia y su buen desarrollo físico e intelectual.

paila. F. **1.** Vasija grande de metal, redonda y poco profunda. || **2.** *Am.* Sartén, vasija.

pailebot. M. **pailebote.** MORF. pl. **pailebots.**

pailebote. M. Goleta pequeña, sin gavias, muy plana y fina.

pailero, ra. M. y F. **1.** *Á. Caribe* y *Méx.* Persona que maneja las pailas en los ingenios de azúcar o en las fábricas de sal. || **2.** *Á. Andes* y *Méx.* Persona que hace, compone o vende pailas y objetos análogos.

paipái o **paipay.** M. Abanico de palma en forma de pala y con mango, muy usado en Filipinas, y a su ejemplo en otras partes. MORF. pl. **paipáis.**

pairar. INTR. *Mar.* Dicho de una nave: Estar quieta con las velas tendidas y largas las escotas. MORF. conjug. c. *bailar.*

pairo. M. *Mar.* Acción de pairar la nave. *Nos pusimos al pairo.* || **al ~.** LOC.ADV. A la expectativa. *Prefiere mantenerse al pairo hasta que se aclare la situación.*

país. M. **1.** Nación, región, provincia o territorio. || **2.** Conjunto de personas que viven en un país. || **3. paisaje** (|| pintura o dibujo). || **4.** Papel, piel o tela que cubre la parte superior del varillaje del abanico. || **vivir** las tropas **sobre el ~.** LOC.VERB. *Mil.* Mantenerse a expensas de quienes habitan el territorio que dominan. □ V. **fruta del ~.**

paisaje. M. **1.** Parte de un territorio que puede ser observada desde un determinado lugar. || **2.** Pintura o dibujo que representa ese espacio natural. || **~ protegido.** M. Espacio natural que, por sus valores estéticos y culturales, es objeto de protección legal para garantizar su conservación.

paisajismo. M. **1.** Género pictórico que se caracteriza por la representación del paisaje. || **2.** Arte cuyo cometido es el diseño de parques y jardines, así como la planificación y conservación del entorno natural.

paisajista. ADJ. **1.** Se dice del pintor de paisajes. U. t. c. s. || **2.** Se dice del especialista en la creación de parques y jardines y en la planificación y conservación del entorno natural. U. t. c. s.

paisajístico, ca. ADJ. Perteneciente o relativo al paisaje, en su aspecto artístico. *Pintura paisajística.*

paisanaje. M. **1.** Conjunto de paisanos. || **2.** Circunstancia de ser de un mismo país dos o más personas.

paisano, na. I. ADJ. **1.** Dicho de una persona: Que es del mismo país, provincia o lugar que otra. U. t. c. s. || **II.** M. y F. **2.** Campesino, que vive y trabaja en el campo. || **III.** M. **3.** Hombre que no es militar. || **de paisano.** LOC.ADV. Dicho de vestir los militares, los policías, los eclesiásticos, etc.: Con ropa distinta al uniforme o al hábito. U. t. c. loc. adj. *Ropa de paisano.*

paisista. ADJ. **paisajista.** U. t. c. s.

paiteño, ña. ADJ. **1.** Natural de Paita. U. t. c. s. || **2.** Perteneciente o relativo a esta provincia del departamento de Piura, en el Perú.

paja. F. **1.** Caña de trigo, cebada, centeno y otras gramíneas, después de seca y separada del grano. || **2.** Conjunto de estas cañas. || **3.** Estas mismas cañas trituradas. || **4. pajilla.** || **5.** Arista o parte pequeña y delgada de una hierba o cosa semejante. || **6.** Parte inútil y desechada en cualquier materia, a distinción de lo escogido de ella. *No sabía las respuestas del examen, así que metió mucha paja.* || **7.** malson. **masturbación.** || **8.** pl. *Am. Cen.* **mentiras** (|| expresiones contrarias a lo que se sabe). || **~ brava.** F. Hierba de la familia de las Gramíneas, que crece hasta tres o cuatro decímetros de altura. Es propia de las tierras de gran altitud en América Meridional. Es apreciada como pasto, y como combustible en los hornos de minerales. || **~ de agua.** F. hist. Medida antigua de aforo, que equivalía a poco más de dos centímetros cúbicos por segundo. || **~ larga.** F. La de cebada que no se trilla, sino que se quebranta, humedeciéndola para que no se corte. || **por un quítame allá esas ~s.** LOC.ADV. coloq. Por cosa de poca importancia, sin fundamento o razón. □ V. **cola de ~, hombre de ~.**

pajar. M. Sitio donde se guarda la paja.

pájara. F. **1. pájaro** (|| ave pequeña). || **2.** En ciclismo, bajón físico súbito que impide al corredor mantener el ritmo de la carrera. || **3.** Mujer astuta, sagaz y cautelosa. U. t. c. adj.

pajarear. INTR. Andar vagando, sin trabajar o sin ocuparse en cosa útil.

pajarera. F. Jaula grande o sitio destinado a la cría de pájaros.

pajarería. F. **1.** Tienda donde se venden pájaros y otros animales domésticos como gatos, perros, etc. ‖ **2.** Abundancia o muchedumbre de pájaros.

pajarero, ra. **I.** ADJ. **1.** Perteneciente o relativo a los pájaros. *Redes pajareras.* ‖ **2.** Aficionado a los pájaros. *Desde pequeños somos muy pajareros.* U. t. c. s. ‖ **3.** coloq. Alegre y festivo. ‖ **4.** *Am. Cen.* y *Méx.* Dicho de una caballería: **espantadiza.** ‖ **II.** M. y F. **5.** Persona que se dedica a la caza, cría o venta de pájaros. ‖ **III.** M. **6.** *Am. Cen.* Muchacho encargado de espantar a los pájaros en los sembrados.

pajaril. ADJ. Perteneciente o relativo a los pájaros.

pajarilla. F. Bazo, especialmente el del cerdo.

pajarita. F. **1.** Figura de papel que resulta de doblarlo varias veces hasta conseguir la forma deseada, generalmente de pájaro. ‖ **2.** Tipo de corbata que se anuda por delante en forma de lazo sin caídas. ‖ **~ de las nieves.** F. **lavandera blanca.** □ V. **cuello de ~.**

pajarito. morirse, o **quedarse,** alguien **como un ~.** LOCS.VERBS. coloqs. Morir con sosiego, sin hacer gestos ni ademanes.

pájaro. M. **1.** Ave, especialmente si es pequeña. ‖ **2.** Perdiz macho que emplean los cazadores como reclamo. ‖ **3.** Hombre astuto y sagaz, que suele suscitar recelos. U. t. c. adj. ‖ **4.** *Zool.* Ave paseriforme. ORTOGR. En pl., escr. con may. inicial c. taxón en desuso. *Los Pájaros.* ‖ **5.** pl. coloq. Fantasías o ilusiones infundadas. *Tiene pájaros en la cabeza.* ‖ **~ bobo.** M. Ave palmípeda, de unos cuatro decímetros de largo, con el pico negro, comprimido y aleznado, el lomo negro, y el pecho y vientre blancos, así como la extremidad de las remeras. Anida en las costas, y por sus malas condiciones para andar y volar se deja coger fácilmente. ‖ **~ carpintero.** M. Ave trepadora, de plumaje negro manchado de blanco en las alas y cuello; pico largo y delgado, pero muy fuerte. Se alimenta de insectos, que caza entre las cortezas de los árboles. ‖ **~ de cuenta.** M. coloq. Hombre a quien por sus condiciones hay que tratar con cautela. ‖ **~ de mal agüero.** M. coloq. Persona que acostumbra a anunciar que algo malo sucederá en el futuro. ‖ **~ mosca.** M. Ave del orden de las Paseriformes, propia de la América intertropical, tan pequeña, que su longitud total es de tres centímetros y de cinco de envergadura. Tiene el pico recto, negro y afilado, plumaje brillante de color verde dorado con cambiantes bermejos en la cabeza, cuello y cuerpo, gris claro en el pecho y vientre, y negro rojizo en las alas y cola. Se alimenta del néctar de las flores y cuelga el nido de las ramas más flexibles de los árboles. Hay varias especies, de tamaños diversos, pero todas pequeñas y de precioso plumaje. ‖ **~ moscón.** M. Ave del orden de las Paseriformes, de pico pequeño y plumaje ceniciento, rojizo y gris, que fabrica su nido en forma de bolsa y lo cuelga de una rama flexible, generalmente encima del agua. Se alimenta de insectos y semillas. ‖ **matar dos ~s de una pedrada,** o **de un tiro.** LOCS.VERBS. coloqs. Hacer o lograr dos cosas de una vez. □ V. **leche de ~.**

pajarraco. M. **1.** despect. Pájaro grande desconocido, o cuyo nombre no se sabe. ‖ **2.** coloq. Hombre disimulado y astuto.

paje. M. **1.** hist. Criado cuyas funciones eran las de acompañar a sus señores, asistirlos en la espera de las antesalas, atender al servicio de la mesa y otras actividades domésticas. ‖ **2.** Muchacho destinado en una embarcación para su limpieza y aseo y para aprender el oficio de marinero, para optar a plazas de grumete cuando tienen más edad. ‖ **3.** hist. Familiar de un prelado. ‖ **~ de armas.** M. hist. El que llevaba las armas, como la espada, la lanza, etc., para servírselas a su amo cuando las necesitaba. ‖ **~ de cámara.** M. hist. El que sirve dentro de ella a su señor. ‖ **~ de guion.** M. hist. El que llevaba el estandarte o pendón del jefe militar.

pajear. TR. *Am. Cen.* Hablar de cosas sin interés.

pajera. F. Pajar pequeño que suele haber en las caballerizas para servirse prontamente de la paja.

pajilla. F. Caña delgada de avena, centeno u otras plantas gramíneas, o tubo artificial de forma semejante, que sirve para sorber líquidos, especialmente refrescos.

pajizo, za. ADJ. **1.** Hecho o cubierto de paja. *Barracón pajizo.* ‖ **2.** De color de paja. *Cabello pajizo.*

pajolero, ra. ADJ. **1.** coloq. Dicho de una persona: Impertinente y molesta. U. t. c. s. ‖ **2.** coloq. Se usa, según el contexto y la situación, para expresar el punto de vista más o menos hostil o afectivo del hablante ante el nombre al cual acompaña. *Toda tu pajolera vida has hecho el idiota. Cautiva a todos con su gracia pajolera.*

pajón. M. **1.** Caña alta y gruesa de las rastrojeras. ‖ **2.** *Am.* Gramínea silvestre, muy rica en fibra, que en época de escasez sirve de alimento al ganado.

pajonal. M. **1.** Terreno cubierto de pajón. ‖ **2.** *Am. Mer.* **herbazal.** ‖ **3.** *Á. R. Plata.* Terreno bajo y anegadizo, cubierto de paja brava y otras especies asociadas, propias de los lugares húmedos.

pajoso, sa. ADJ. De paja o semejante a ella. *Pelo pajoso.*

pajuela. F. Paja de centeno, tira de cañaheja o torcida de algodón, cubierta de azufre y que arrimada a una brasa arde con llama.

pajuerano, na. M. y F. *Á. guar.* y *Á. R. Plata.* Persona procedente del campo o de una pequeña población que ignora las costumbres de la ciudad.

pakistaní. ADJ. **1.** Natural del Pakistán. U. t. c. s. ‖ **2.** Perteneciente o relativo a este país de Asia. ¶ MORF. pl. **pakistaníes** o **pakistanís.**

pala. F. **1.** Instrumento compuesto de una tabla de madera o una plancha de hierro, comúnmente de forma rectangular o redondeada, y un mango grueso, cilíndrico y más o menos largo, según los usos a que se destina. ‖ **2.** Parte ancha de diversos objetos, siempre que tenga alguna semejanza con las palas de madera o hierro usadas en la industria. *Pala del azadón.* ‖ **3.** Parte superior del calzado, que abraza el pie por encima. ‖ **4.** Cada una de las aletas o partes activas de una hélice. ‖ **5.** Diente incisivo superior. ‖ **6.** Cada una de las divisiones del tallo del nopal. ‖ **7.** *Dep.* Parte delantera del esquí, de forma curva y menor espesor. ‖ **8.** *Dep.* Tabla de madera fuerte, con mango, que se usa para jugar a la pelota. ‖ **9.** *Dep.* Especie de cucharón de madera con que se coge y lanza la bola en el juego de la argolla. ‖ **10.** *Dep.* **raqueta** (‖ que se emplea en el juego del tenis, el bádminton, etc.). ‖ **11.** *Dep.* Parte ancha del remo, con que se impulsa la embarcación haciendo fuerza en el agua. ‖ **12.** *Mús.* En los instrumentos de viento, parte ancha y redondeada de las llaves que tapan los agujeros del aire. ‖ **hacer ~.** LOC.VERB. Entre los jugadores de pelota, poner la pala de firme para recibirla y que se rebata con su mismo impulso. □ V. **higo de ~, higuera de ~.**

palabra. F. **1.** Segmento del discurso unificado habitualmente por el acento, el significado y pausas potenciales inicial y final. ‖ **2.** Representación gráfica de la palabra hablada. ‖ **3.** Facultad de hablar. ‖ **4.** Aptitud oratoria. ‖ **5.** Empeño que hace alguien de su fe y probidad en testimonio de lo que afirma. ‖ **6.** Promesa u oferta. ‖ **7.** Derecho, turno para hablar en las asambleas políticas y otras corporaciones. *Pedir la palabra. Hacer uso de la palabra.* ‖ **8.** Usado con las partículas *no* o *ni* y un verbo, sirve para dar más fuerza a la negación de lo que el verbo significa. Con la partícula *no* se pospone al verbo, y con la partícula *ni* algunas veces se antepone. *No logré entender palabra.* ‖ **9.** pl. palabras que constituyen la forma de los sacramentos a distinción de su materia. ‖ **~ clave.** F. **1.** *Inform.* Palabra significativa o informativa sobre el contenido de un documento, que se utiliza habitualmente para su localización y recuperación en una base de datos. ‖ **2.** *Inform.* **contraseña.** ‖ **~ de Dios.** F. El Evangelio, la Escritura, los sermones y doctrina de los predicadores evangélicos. ‖ **~ de honor.** F. palabra (‖ empeño que hace alguien de su fe). ‖ **~ de matrimonio.** F. La que se da recíprocamente de contraerlo y se acepta, por la cual quedan moralmente obligados a su cumplimiento quienes la dan. ‖ **~ de rey.** F. coloq. Se usa para encarecer o ponderar la seguridad y certeza de la palabra que se da o de la oferta que se hace. ‖ **~ gruesa.** F. Dicho inconveniente u obsceno. ‖ **~ mágica.** F. Dicción o voz supersticiosa, regularmente extraña y muchas veces de ninguna significación, que usan los magos y los hechiceros. U. m. en pl. ‖ **~ ociosa.** F. La que no tiene fin determinado y se dice por diversión o pasatiempo. ‖ **santa ~.** F. Dicho u oferta que complace. Se usa particularmente cuando se llama a comer. ‖ **última ~.** F. Decisión que se da como definitiva e inalterable. *He dicho mi última palabra. ¿Es esta su última palabra?* ‖ **~s al aire.** F. pl. coloq. Las que no merecen aprecio por la insustancialidad de quien las dice o por el poco fundamento en que se apoyan. ‖ **~s cruzadas.** F. pl. **crucigrama.** ‖ **~s de buena crianza.** F. pl. Expresiones de cortesía o de cumplimiento. ‖ **~s de presente.** F. pl. Las que recíprocamente se dan los esposos en el acto de casarse. ‖ **~s mayores.** F. pl. Las injuriosas y ofensivas. ‖ **buenas ~s.** F. pl. Expresiones o promesas corteses, dichas con intención de agradar y convencer. *Al final, todo se quedó en buenas palabras.* ‖ **cuatro ~s, o dos ~s.** F. pl. Manifestación breve. *Hablar, decir cuatro palabras.* ‖ **medias ~s.** F. **1.** pl. Las que no se pronuncian enteramente por defecto de la lengua. ‖ **2.** pl. Insinuación embozada, reticencia, aquello que por alguna razón no se dice del todo, sino incompleta y confusamente. ‖ **bajo su ~.** LOC.ADV. **1.** Sin otra seguridad de hacer algo que la palabra dada. ‖ **2.** coloq. Se usa para referirse a las cosas materiales que están con poca seguridad y consistencia y amenazando ruina. ‖ **beber las ~s de alguien.** LOC.VERB. Escucharlo o atenderlo con sumo cuidado. ‖ **coger la ~.** LOC.VERB. Valerse de ella o reconvenir con ella para obligar al cumplimiento de la oferta o promesa. ‖ **comerse las ~s.** LOC.VERB. coloq. Hablar de manera precipitada o confusa omitiendo sílabas o letras. ‖ **correr la ~** los centinelas de una muralla o cordón. LOC. VERB. *Mil.* Avisarse sucesivamente unos a otros, para que estén toda la noche alerta. ‖ **cruzar la ~ con alguien.** LOC.VERB. Tener trato con él. ‖ **decir** alguien **la última ~** en un asunto. LOC.VERB. Resolverlo o esclarecerlo de manera definitiva. ‖ **dejar** a alguien **con la ~ en la boca.** LOC.VERB. coloq. Volverle la espalda sin escuchar lo que va a decir. ‖ **de ~.** **I.** LOC.ADJ. **1.** Que cumple lo que pro-

mete. *Persona de palabra.* ‖ **II.** LOC.ADV. **2.** Por medio de la expresión oral. *Me lo prometió de palabra.* ‖ **de pocas ~s.** LOC.ADJ. Parco en el hablar. ‖ **dirigir la ~** a alguien. LOC.VERB. Hablar singular y determinadamente con él. ‖ **empeñar** alguien **la ~.** LOC.VERB. Prometer hacer algo. ‖ **en cuatro, o en pocas, ~s.** LOCS.ADVS. **en una palabra.** ‖ **en una ~.** LOC.ADV. Se usa para indicar la brevedad o concisión con que se expresa o se dice algo. ‖ **escapársele** a alguien **una ~.** LOC.VERB. Proferir, por descuido o falta de cuidado, una voz o expresión disonante o que puede ser molesta. ‖ **faltar** alguien **a la, o a su, ~.** LOCS.VERBS. Dejar de hacer lo que ha prometido u ofrecido. ‖ **faltar ~s.** LOC.VERB. Resultar difícil expresar algo por causa de su bondad o maldad extrema. ‖ **gastar ~s.** LOC.VERB. Hablar inútilmente. ‖ **llevar la ~** alguien. LOC.VERB. Hablar en nombre de otras personas que lo acompañan. ‖ **mantener** alguien su **~.** LOC.VERB. Perseverar en lo ofrecido. ‖ **ni media ~, o ni ~.** LOCS. PRONOMS. **nada.** *No entiendo ni media palabra.* ‖ **no decir ~.** LOC.VERB. Callar, guardar silencio. ‖ **no ser más que ~s una disputa.** LOC.VERB. No haber en ella cosa sustancial ni que merezca particular sentimiento, preocupación o atención. ‖ **no tener** alguien **más que una ~.** LOC.VERB. Ser formal y sincero en lo que dice. ‖ **no tener** alguien **~.** LOC.VERB. Faltar fácilmente a lo que ofrece o contrata. ‖ **no tener** alguien **~s.** LOC.VERB. No explicarse en una materia, o por sufrimiento o por ignorancia. ‖ **palabra.** INTERJ. palabra (‖ empeño que hace alguien de su fe). ‖ **~ por ~.** LOC.ADV. **literalmente.** ‖ **pasar la ~.** LOC.VERB. *Mil.* correr la palabra. ‖ **quitarle** alguien a otra persona **la ~, o las ~s, de la boca.** LOCS.VERBS. **1.** Decir lo mismo que estaba a punto de expresar su interlocutor. ‖ **2.** coloqs. Tomar la palabra, interrumpiendo a quien habla y no dejándole continuar. ‖ **ser algo ~s mayores.** LOC.VERB. Ser de importancia considerable, mayor de lo esperado. ‖ **sin decir, o hablar, ~.** LOCS.ADVS. Callando o guardando silencio; sin contradecir lo que se propone o pide. ‖ **tener la ~** alguien. LOC.VERB. Estar en el uso de ella, haberle llegado su turno para hablar. ‖ **tener unas ~s con alguien** dos o más personas. LOC.VERB. Decirse palabras desagradables. ‖ **tomar la ~.** LOC.VERB. **1.** coger la palabra. ‖ **2.** Empezar a hablar. ☐ V. **facilidad de ~, familia de ~s, flujo de ~s, juego de ~s.**

palabrear. TR. *Am. Cen.* y *Chile.* Hablar con el fin de convencer o de conseguir algún favor.

palabreo. M. Acción y efecto de hablar mucho y en vano.

palabrería. F. Abundancia de palabras vanas y ociosas.

palabrerío. M. palabrería.

palabrero, ra. ADJ. **1.** Que habla mucho. U. t. c. s. ‖ **2.** Que ofrece fácilmente y sin reparo, no cumpliendo nada. U. t. c. s.

palabrita. F. Palabra sensible o que lleva mucha intención. *Le dije cuatro palabritas al oído.*

palabro. M. **1.** despect. Palabra mal dicha o estrambótica. ‖ **2.** despect. **palabrota.**

palabrón, na. ADJ. palabrero.

palabrota. F. despect. Dicho ofensivo, indecente o grosero.

palacete. M. Casa de recreo construida y decorada como un palacio, pero más pequeña.

palacial. ADJ. Perteneciente o relativo al palacio.

palaciano, na. ADJ. palaciego.

palaciego, ga. ADJ. **1.** Perteneciente o relativo a palacio. *Portada palaciega.* || **2. cortesano.** U. t. c. s. || **3.** hist. Se decía de quien servía o asistía en palacio. U. t. c. s.

palacio. M. **1.** Casa destinada para residencia de los reyes. || **2.** Casa suntuosa, destinada a habitación de grandes personajes, o para las juntas de corporaciones elevadas. || **3.** Casa solariega de una familia noble. □ V. **aposentador mayor de ~.**

palada. F. **1.** Porción que la pala puede coger de una vez. || **2.** Movimiento hecho al usar la pala. || **3.** Golpe que se da al agua con la pala del remo. || **4.** *Mar.* Cada una de las revoluciones de la hélice.

paladar. M. **1.** Parte interior y superior de la boca del animal vertebrado. || **2. gusto** (|| sentido corporal). || **3.** Gusto, sensibilidad para discernir, aficionarse o repugnar algo en lo inmaterial o espiritual. || **~ blando.** M. *Anat.* El situado entre el paladar duro y el velo. || **~ duro.** M. *Anat.* El que corresponde al hueso palatino. □ V. **aguja ~, velo del ~.**

paladear. TR. Tomar poco a poco el gusto de algo. U. t. c. prnl.

paladeo. M. Acción de paladear.

paladín. M. **1.** hist. Caballero fuerte y valeroso que, voluntario en la guerra, se distingue por sus hazañas. || **2.** Defensor denodado de alguien o algo.

paladino, na. **I.** ADJ. **1.** Público, claro y patente. *Frases paladinas.* || **II.** M. **2. paladín.** □ V. **román ~.**

paladio. M. Elemento químico de núm. atóm. 46. Metal escaso en la litosfera, se encuentra nativo, acompañado del platino. De color blanco plateado, dúctil y maleable. Se usa como catalizador; aleado con plata se ha utilizado en la construcción de instrumentos astronómicos y quirúrgicos, y, en aleación con oro o con platino, se emplea en joyería, en odontología y en relojería. (Símb. *Pd*).

palafítico, ca. ADJ. Perteneciente o relativo al palafito. *Restos palafíticos.*

palafito. M. Construcción que se alza en la orilla del mar, dentro de un lago o en terrenos que pueden anegarse, sobre estacas o pies derechos.

palafrén. M. hist. Caballo manso en que solían montar las damas, y muchas veces los reyes y príncipes para hacer sus entradas.

palafrenero. M. **1.** hist. Criado que lleva del freno el caballo. || **2.** hist. Mozo de caballos.

palanca. F. **1.** Máquina simple que consiste esencialmente en una barra rígida que se apoya y puede girar sobre un punto, y que sirve para transmitir una fuerza. || **2.** Mando para el accionamiento manual de una máquina o de un aparato, que funciona como una palanca o que recuerda su forma. || **3.** Valimiento, intercesión poderosa o influencia que se emplea para lograr algún fin. || **4.** *Dep.* Plancha flexible situada junto a una piscina, a una altura de uno a tres metros, en la cual toma impulso el nadador para saltar al agua. || **5.** *Dep.* Modalidad deportiva en la que se realizan saltos a una piscina impulsándose desde esta palanca. || **hacer ~.** LOC.VERB. Apoyar sobre un punto una palanca para levantar, hacer deslizarse o hacer girar un objeto. U. t. en sent. fig. *Hay gente capaz de hacer palanca a favor de oscuros intereses.*

palangana. F. Vasija en forma de taza, de gran diámetro y poca profundidad, que sirve principalmente para lavarse la cara y las manos.

palanganero. M. Mueble de madera o hierro, por lo común de tres pies, donde se coloca la palangana para lavarse, y a veces un jarro con agua, el jabón y otras cosas para el aseo de la persona.

palangre. M. Cordel largo y grueso del cual penden a trechos unos ramales con anzuelos en sus extremos.

palangrero. M. Barco de pesca con palangre.

palanquear. TR. **apalancar** (|| mover algo con una palanca).

palanqueta. F. **1.** Barreta de hierro que sirve para forzar las puertas o las cerraduras. || **2.** hist. Barreta de hierro con dos cabezas gruesas, que en lugar de bala se empleaba en la carga de la artillería de Marina para romper las jarcias y arboladura de los buques enemigos. || **3.** *Méx.* Dulce hecho con azúcar quemada y pepitas de calabaza o cacahuete o nueces.

palanquín[1]**.** M. *Mar.* Cada uno de los cabos que sirven para cargar los puños de las velas mayores, llevándolos a la cruz de sus vergas respectivas.

palanquín[2]**.** M. hist. Especie de andas usadas en Oriente para llevar en ellas a las personas importantes.

palastro. M. **1.** Chapa o plancha pequeña sobre la que se coloca el pestillo de una cerradura. || **2.** Hierro o acero laminado.

palatabilidad. F. Cualidad de ser grato al paladar un alimento.

palatal. ADJ. **1.** Perteneciente o relativo al paladar. *Estímulo palatal.* || **2.** *Fon.* Dicho de una vocal o de una consonante: Que se articula aplicando o acercando el dorso de la lengua a la parte correspondiente al paladar duro; p. ej., la *i* y la *ñ*. U. t. c. s. f.

palatalización. F. *Fon.* Acción y efecto de palatalizar.

palatalizar. TR. *Fon.* Dar a un sonido articulación palatal. U. t. c. intr. y c. prnl.

palatino[1]**, na.** ADJ. **1.** Perteneciente o relativo al paladar. *Zona palatina.* || **2.** *Anat.* Se dice especialmente del hueso par que contribuye a formar la bóveda del paladar. U. t. c. s. m. □ V. **amígdala ~, bóveda ~.**

palatino[2]**, na.** ADJ. **1.** Perteneciente o relativo a palacio. *Cargos palatinos.* || **2.** Propio o característico de los palacios. *Tiene en su casa un salón palatino.* || **3.** hist. Se dice de quienes tenían oficio principal en los palacios de los príncipes. Después en Alemania, Francia y Polonia fue dignidad de gran consideración. U. t. c. s.

palauano, na. ADJ. **1.** Natural de Paláu. U. t. c. s. || **2.** Perteneciente o relativo a este país de Oceanía.

palay. M. *Filip.* Arroz con cáscara.

palazo. M. Golpe dado con la pala.

palca. F. **1.** *Á.Andes.* Cruce de dos ríos o de dos caminos. || **2.** *Á.Andes.* Horquilla formada por una rama.

palco. M. **1.** En los teatros y otros lugares de recreo, espacio con varios asientos y en forma de balcón. || **2.** En ciertos locales de espectáculo, aposento con vista al lugar donde se celebran representaciones o juegos. || **~ escénico.** M. Lugar del teatro en que se representa la escena.

palé. M. Plataforma de tablas para almacenar y transportar mercancías.

paleal. ADJ. *Zool.* Perteneciente o relativo al manto de los moluscos. □ V. **cavidad ~.**

palear. TR. Trabajar con pala.

palenciano, na. ADJ. **1.** Natural de Palencia. U. t. c. s. || **2.** Perteneciente o relativo a este municipio de Guatemala o a su cabecera, en el departamento de Guatemala.

palenense. ADJ. **1.** Natural de Palena. U. t. c. s. || **2.** Perteneciente o relativo a esta provincia de Chile.

palenino, na. ADJ. **palenense.** Apl. a pers., u. t. c. s.

palenque. M. **1.** Valla de madera o estacada que se hace para la defensa de un puesto, para cerrar el terreno en que se va a hacer una fiesta pública o para otros fines. || **2.** hist. Terreno cercado por una estacada para celebrar algún acto solemne. || **3.** Á. R. Plata. Poste liso y fuerte clavado en tierra, que sirve para atar animales.

palenquear. TR. Á. R. Plata. Sujetar animales al **palenque** (|| poste liso).

palentino, na. ADJ. **1.** Natural de Palencia. U. t. c. s. || **2.** Perteneciente o relativo a esta ciudad de España o a su provincia.

paleoceno, na. ADJ. **1.** Geol. Se dice de la primera época del período terciario, que abarca desde hace 65 millones de años hasta hace 58 millones de años. U. t. c. s. m. ORTOGR. Escr. con may. inicial c. s. || **2.** Geol. Perteneciente o relativo a dicha época. *Formaciones paleocenas.*

paleocristiano, na. ADJ. Se dice del arte cristiano primitivo hasta el siglo VI. U. t. c. s. m.

paleografía. F. Ciencia de la escritura y de los signos de documentos y libros antiguos.

paleográfico, ca. ADJ. Perteneciente o relativo a la paleografía. □ V. **edición** ~.

paleógrafo, fa. M. y F. Persona que profesa la paleografía o tiene en ella especiales conocimientos.

paleolítico, ca. ADJ. **1.** Se dice del primer período de la Edad de Piedra, caracterizado por el uso de la piedra tallada. U. m. c. s. m. ORTOGR. Escr. con may. inicial c. s. || **2.** Perteneciente o relativo a este período prehistórico. *Arte paleolítico.*

paleontografía. F. Descripción de los seres orgánicos cuyos restos o vestigios se encuentran fósiles.

paleontología. F. Ciencia que trata de los seres orgánicos desaparecidos a partir de sus restos fósiles.

paleontológico, ca. ADJ. Perteneciente o relativo a la paleontología.

paleontólogo, ga. M. y F. Persona que profesa la paleontología o tiene en ella especiales conocimientos.

paleotestamentario, ria. ADJ. **veterotestamentario.** *Temas paleotestamentarios.*

paleozoico, ca. ADJ. **1.** Geol. Se dice de la era geológica que abarca desde el fin del Precámbrico, hace unos 570 millones de años hasta hace unos 230 millones de años. Comprende sucesivamente los períodos cámbrico, ordovícico, silúrico, devónico, carbonífero y pérmico. U. t. c. s. m. ORTOGR. Escr. con may. inicial c. s. || **2.** Geol. Perteneciente o relativo a dicha era. *Yacimientos paleozoicos.*

palermitano, na. ADJ. **1.** Natural de Palermo. U. t. c. s. || **2.** Perteneciente o relativo a esta ciudad de Sicilia, en Italia.

palero. M. Trabajador con pala.

palestino, na. ADJ. **1.** Natural de Palestina. U. t. c. s. || **2.** Perteneciente o relativo a este país de Asia.

palestra. F. **1.** hist. Lugar donde se lidiaba o se luchaba. || **2.** Lugar donde se celebran ejercicios literarios públicos o se discute o controvierte. || **lanzarse, o salir, o saltar, a la** ~. LOCS. VERBS. **1.** Dicho de una persona: Tomar parte activa en una discusión o competición pública. || **2.** Dicho de una persona o de una cosa: Darse a conocer o hacer pública aparición.

paleta. F. **1.** Instrumento de hierro o acero inoxidable compuesto por un platillo redondo con agujeros y un astil largo, que se emplea en la cocina, principalmente para sacar los fritos de la sartén. || **2.** Utensilio de palastro, de forma triangular y mango de madera, que usan los albañiles para manejar la mezcla o mortero. || **3.** Tabla pequeña con un agujero en uno de sus extremos por donde el pintor mete el dedo pulgar y sobre la que tiene ordenados los colores. || **4.** Conjunto o variedad de colores usados habitualmente por un pintor. *La paleta de Goya.* || **5.** Omóplato, paletilla. || **6.** **pala** (|| diente incisivo). || **7.** Cada una de las tablas de madera o planchas metálicas, planas o curvas, que se fijan sobre una rueda o eje para que ellas mismas muevan algo o para ser movidas por el agua, el viento u otra fuerza. || **8.** Am. En algunos juegos de pelota, pala de madera. || **9.** Am. Cen., Ant. y Méx. **polo** (|| helado).

paletada¹. F. **1.** Porción que la paleta o la pala puede coger de una vez. || **2.** Golpe que se da con la paleta.

paletada². F. **paletería.**

paletazo. M. Golpe de lado que da el toro con el asta.

paletería. F. **1.** Acción o actitud propia del paleto. || **2.** Conjunto de paletos. || **3.** Méx. Tienda en donde se venden **paletas** (|| polos, helados).

paletero¹. M. Cineg. Gamo de dos años.

paletero², ra. M. y F. Am. Cen. y Méx. Persona que fabrica o vende **paletas** (|| polos, helados).

paletilla. F. **1.** **omóplato.** || **2.** En algunas reses, como el cordero, **cuarto delantero.**

paleto, ta. ADJ. Dicho de una persona o de una cosa: Rústica y zafia. Apl. a pers., u. t. c. s.

paletó. M. hist. Gabán de paño grueso, largo y entallado, pero sin faldones como el levitón. MORF. pl. **paletós.**

palhuén. M. Arbusto americano de la familia de las Papilionáceas, de más de dos metros de altura y menos de tres y muy espinoso.

pali. ADJ. Se dice de una lengua hermana de la sánscrita, pero menos antigua, que empezó a usarse en la provincia de Magada. U. t. c. s. m. *El pali.*

palia. F. **1.** hist. Cortina o mampara exterior puesta delante del sagrario en que está reservado el Santísimo. || **2.** hist. Lienzo puesto sobre el cáliz.

paliacate. M. Méx. **pañoleta.**

paliación. F. Acción y efecto de paliar.

paliar. TR. **1.** Mitigar la violencia de ciertas enfermedades. *Paliar los efectos de la gripe.* || **2.** Mitigar, suavizar, atenuar una pena, disgusto, etc. *Paliar la angustia.* ¶ MORF. conjug. c. *anunciar* y c. *enviar.*

paliativo, va. ADJ. Que mitiga, suaviza o atenúa. Se dice especialmente de algunos tratamientos y remedios que se aplican para mitigar el sufrimiento causado por las enfermedades. U. t. c. s. m. || **sin paliativos.** LOC. ADV. Rotundamente, con decisión y sin titubeos. *Condenaron sin paliativos su conducta.* U. t. c. loc. adj. *Una derrota sin paliativos.*

palidecer. INTR. **1.** Ponerse pálido. || **2.** Dicho de una cosa: Padecer disminución o atenuación de su importancia o esplendor. *Ante tal intervención, palidecieron todas las anteriores.* ¶ MORF. conjug. c. *agradecer.*

palidez. F. Decoloración de la piel humana y, por ext., de otros objetos, cuando su color natural o más característico es o parece desvaído.

pálido, da. ADJ. **1.** Que presenta o manifiesta palidez. *Cara pálida.* || **2.** Dicho de un color: Poco intenso, que tiene mucha proporción de blanco. *Verde pálido.* || **3.** Dicho de una imagen, de un recuerdo, de una representación, etc.: Faltos de expresividad, desvaídos.

paliducho, cha. ADJ. Que tiende a pálido. U. m. en sent. afect.

palier. M. **1.** *Mec.* En algunos vehículos automóviles, cada una de las dos mitades en que se divide el eje de las ruedas motrices. || **2.** *Á. R. Plata.* Rellano de la escalera.

palillero. M. **1.** Caja pequeña o cosa semejante en que se guardan los palillos para limpiarse los dientes. || **2.** Pieza de una u otra materia y de forma variada y caprichosa, con muchos agujeros en que se colocan los palillos o mondadientes para ponerlos en la mesa. || **3.** Mango de la pluma de escribir.

palillo. M. **1.** Mondadientes de madera. || **2.** Bolillo para hacer encajes y pasamanería. || **3.** Cada una de las dos varitas redondas y de grueso proporcionado, que rematan en forma de perilla y sirven para tocar el tambor. || **4.** Varita con que un cantador de flamenco, sentado, lleva el compás golpeando en el borde de la silla. || **5.** Vena gruesa de la hoja del tabaco. || **6.** coloq. Persona muy delgada. || **7.** pl. Par de palos usados para tomar los alimentos en algunos países orientales.

palimpsesto. M. hist. Manuscrito antiguo que conserva huellas de una escritura anterior borrada artificialmente.

palíndromo. M. Palabra o frase que se lee igual de izquierda a derecha, que de derecha a izquierda; p. ej., *anilina; dábale arroz a la zorra el abad.*

palingenesia. F. Regeneración, renacimiento de los seres.

palingenésico, ca. ADJ. Perteneciente o relativo a la palingenesia.

palinodia. F. Retractación pública de lo que se había dicho. || **cantar la ~.** LOC.VERB. Retractarse públicamente, y, por ext., reconocer el yerro propio, aunque sea en privado.

palio. M. **1.** Especie de dosel colocado sobre cuatro o más varas largas, bajo el cual se lleva procesionalmente el Santísimo Sacramento, o una imagen. Lo usan también los jefes de Estado, el papa y algunos prelados. || **2.** Faja blanca con cruces negras, que pende de los hombros sobre el pecho, concedida por el papa, como insignia pontifical, a los arzobispos y a algunos obispos. || **recibir bajo,** o **con, ~.** LOCS.VERBS. Se usan para significar la demostración que solo se hace con el sumo pontífice, jefes de Estado, emperadores, reyes y prelados cuando entran en una ciudad o villa de sus dominios o en los templos.

palique. M. coloq. Conversación de poca importancia.

palisandro. M. Madera del guayacán, compacta y de color rojo oscuro, muy estimada para la construcción de muebles de lujo.

palista. COM. **1.** Deportista que practica el remo. || **2.** Jugador de pelota con pala.

palito. M. **1.** *Á. guar.* **colín** (|| barra de pan pequeña). || **2.** *Á. R. Plata.* **polo** (|| helado).

palitoque. M. **palitroque.**

palitroque. M. Palo pequeño, tosco o mal labrado.

paliza. F. **1.** Serie de golpes dados con un palo o con cualquier otro medio o instrumento. || **2.** Esfuerzo que produce agotamiento. *El viaje a Guadalajara fue una paliza.* || **3.** coloq. Derrota amplia que alguien inflige o padece en una disputa o en cualquier enfrentamiento, juego, competición deportiva, etc. *¡Vaya paliza que recibió jugando al mus!* || **dar la ~.** LOC.VERB. coloq. Soltar un discurso fastidioso. □ V. **pie de ~.**

palizada. F. **1.** Defensa hecha de estacas y terraplenada para impedir la salida de los ríos o dirigir su corriente. || **2.** *Mil.* **empalizada.**

pallada. F. *Am. Mer.* **payada** (|| canto del payador).

pallador. M. *Am. Mer.* **payador.**

pallaquear. TR. *Á. Andes.* **pallar** (|| entresacar la parte metálica de los minerales).

pallar[1]. M. Judía del Perú, gruesa como un haba, casi redonda y muy blanca.

pallar[2]. **I.** TR. **1.** Entresacar o escoger la parte metálica o más rica de los minerales. || **II.** INTR. **2.** *Am. Mer.* **payar.**

pallaza. F. Construcción en piedra, de planta redonda o elíptica con cubierta de paja, destinada en parte a vivienda y en parte al ganado.

pallete. M. *Mar.* Tejido que se hace a bordo con hilos o cordones de cabos y sirve de defensa contra el roce o golpeo de ciertas partes del buque.

palloza. F. **pallaza.**

palma. F. **1.** **palmera** (|| árbol). || **2.** Hoja de la palmera. || **3.** por antonom. palma que, por haber estado atada con otras en el árbol, tiene las lacinias juntas y, por falta de luz, no ha llegado a adquirir el color verde. || **4.** Gloria, triunfo. *Llevarse la palma en una competición.* || **5.** Parte inferior y algo cóncava de la mano, desde la muñeca hasta los dedos. || **6.** *Bot.* Cada una de las plantas angiospermas monocotiledóneas, siempre verdes, de tallo leñoso, sin ramas, recto y coronado por un penacho de grandes hojas que se parten en lacinias y se renuevan anualmente, dejando sobre el tronco la base del pecíolo. Tienen flores axilares en espiga, generalmente dioicas y muy numerosas, y fruto en drupa o baya con una semilla; p. ej., la palmera, el cocotero y el palmito. ORTOGR. En pl., escr. con may. inicial c. taxón. *Las Palmas.* || **7.** pl. Palmadas de aplausos. || **~ africana.** F. Planta de las Palmáceas de África, cultivada de alrededor de doce metros de altura, tronco cilíndrico y duro, hojas pecioladas con un nervio central recio, leñoso y partidas en lacinias puntiagudas con espinas largas intercaladas en el nervio, flores en racimos y fruto similar a un coco no maduro de color amarillo anaranjado del que se extrae aceite comestible, manteca vegetal y otros productos. || **~ de coco.** F. *Méx.* **coco** (|| árbol palmáceo). || **~ enana.** F. **palmito** (|| planta). || **~ real.** F. Árbol de la familia de las Palmas, muy abundante en la isla de Cuba, de unos quince metros de altura, con tronco limpio y liso, de cerca de medio metro de diámetro, duro en la parte exterior, filamentoso y blando en la interior. Tiene hojas pecioladas, de cuatro a cinco metros de longitud, con lacinias de un metro, flores blancas y menudas en grandes racimos, y fruto redondo, del tamaño de la avellana, colorado, con hueso que envuelve una almendra muy apetecida por los cerdos. || **andar** alguien **en ~s.** LOC.VERB. Ser estimado y aplaudido de todos. || **batir ~s.** LOC.VERB. Aplaudir, dar palmadas de aplauso. || **como la ~ de la mano. I.** LOC.ADJ. **1.** Liso, llano, sin obstáculos ni tropiezos. *Un paisaje como la palma de la mano.* || **II.** LOC.ADV. **2.** A fondo, con todo detalle y precisión. *Se lo conoce como la palma de la mano.* || **como por la ~ de la mano.** LOC.ADV. coloq. Denota la facilidad de ejecutar o conseguir algo. || **en ~s.** LOC.ADV. **en palmitas.** *La llevan, la traen, la reciben en palmas.*

palmáceo, a. ADJ. *Bot.* Se dice de las plantas de la familia de las Palmas. U. t. c. s. f. ORTOGR. En f. pl., escr. con may. inicial c. taxón. *Las Palmáceas.*

palmada. F. **1.** Golpe dado con la palma de la mano. || **2.** Ruido que se hace golpeando una con otra las palmas de la mano. U. m. en pl.

palmado, da. ADJ. De forma de palma. *Hojas palmadas.*

palmar[1]. INTR. coloq. Dicho de una persona: **morir** (|| llegar al término de la vida). || **palmarla.** LOC.VERB. coloq. **morir** (|| llegar al término de la vida).

palmar[2]. **I.** ADJ. **1.** Perteneciente o relativo a la **palma** (|| de la mano). *Líneas palmares.* || **II.** M. **2.** Sitio o lugar donde se crían palmas.

palmarés. M. **1.** Lista de vencedores en una competición. || **2.** Historial, relación de méritos, especialmente de deportistas. ¶ MORF. pl. **palmareses.**

palmario, ria. ADJ. Claro, patente, manifiesto. *Ejemplo palmario de honradez.*

palmatoria. F. Especie de candelero bajo, con mango y pie, generalmente de forma de platillo.

palmeado, da. PART. de **palmear.** || ADJ. **1.** *Bot.* Dicho de una hoja, de una raíz, etc.: Que semejan una mano abierta. || **2.** *Zool.* Dicho de los dedos de algunos animales: Ligados entre sí por una membrana.

palmear. I. INTR. **1.** Dar golpes con las palmas de las manos una con otra y más especialmente cuando se dan en señal de alegría o aplauso. || **II.** TR. **2.** Dar palmadas a alguien o algo. *Le palmea cariñosamente la espalda.* || **3.** *Mar.* Trasladar una embarcación de un punto a otro haciendo fuerza o tirando con las manos, aseguradas alternativamente, en objetos fijos inmediatos.

palmejar. M. *Mar.* Tablón que interiormente, y de popa a proa, va encajado y clavado a las varengas del navío, para ligar entre sí las cuadernas e impedir las flexiones del casco.

palmeño, ña. ADJ. **1.** Natural de La Palma. U. t. c. s. || **2.** Perteneciente o relativo a esta ciudad de Panamá, cabecera de la provincia de Darién.

palmeo. M. Acción y efecto de palmear, especialmente cuando se trata de palmas de alegría o aplauso, o de acompañamiento para el cante flamenco.

palmera. F. **1.** Árbol de la familia de las Palmas, que crece hasta 20 m de altura, con tronco áspero, cilíndrico y de unos 30 cm de diámetro, copa sin ramas y formada por las hojas, que son pecioladas, de 3 a 4 m de largo, con el nervio central recio, leñoso, de sección triangular y partidas en muchas lacinias, duras, correosas, puntiagudas, de unos 30 cm de largo y 2 de ancho; flores amarillentas, dioicas, y por fruto los dátiles, en grandes racimos que penden a los lados del tronco, debajo de las hojas. || **2.** Pastel de hojaldre con forma de **palmera.**

palmeral. M. Bosque de palmeras.

palmero[1]**, ra. I.** M. y F. **1.** Persona que acompaña con palmas los bailes y ritmos flamencos. || **II.** M. **2.** hist. Peregrino de Tierra Santa que traía palma, como los de Santiago llevaban conchas, en señal de su romería.

palmero[2]**, ra.** ADJ. **1.** Natural de La Palma. U. t. c. s. || **2.** Perteneciente o relativo a esta isla del archipiélago canario, en España.

palmesano, na. ADJ. **1.** Natural de Palma de Mallorca. U. t. c. s. || **2.** Perteneciente o relativo a esta ciudad de España, capital de la comunidad autónoma de las Islas Baleares.

palmeta. F. **1.** hist. Instrumento que se usaba en las escuelas para golpear en la mano, como castigo, a los niños. || **2.** hist. Golpe dado con la palmeta.

palmetazo. M. **1.** hist. Golpe dado con la palmeta. || **2.** **palmada** (|| golpe dado con la palma de la mano).

palmiche. M. **1.** **palma real.** || **2.** Fruto de este árbol.

palmípedo, da. ADJ. Se dice de las aves que tienen los dedos palmeados, a propósito para la natación; p. ej., el ganso, el pelícano, la gaviota y el pájaro bobo. U. t. c. s. f. ORTOGR. En f. pl., escr. con may. inicial c. taxón en desuso. *Las Palmípedas.*

palmita. en ~s. LOC.ADV. Complaciendo y dando gusto en todo. *La traen en palmitas.*

palmito[1]. M. **1.** Planta de la familia de las Palmas, con tronco subterráneo o apenas saliente, que sin embargo se alza a dos o tres metros de altura en los individuos cultivados. Tiene hojas en forma de abanico, formadas por 15 ó 20 lacinias estrechas, fuertes, correosas y de unos tres decímetros de largo, flores amarillas en panoja, y fruto rojizo, elipsoidal, de dos centímetros de largo, comestible y con hueso muy duro. || **2.** Cogollo comestible de esta planta, blanco, casi cilíndrico, de tres a cuatro centímetros de largo y uno de grueso.

palmito[2]. M. coloq. Cara o tipo atractivos, especialmente de mujer.

palmo. M. **1.** Distancia que va desde el extremo del pulgar hasta el del meñique, estando la mano extendida y abierta. || **2.** hist. Medida de longitud de unos 20 cm, que equivalía a la cuarta parte de una vara y estaba dividida en doce partes iguales o dedos. || **~ de tierra.** M. Extensión muy pequeña de ella. || **dejar** a alguien **con un ~ de narices.** LOC.VERB. coloq. Chasquearlo, privándolo de lo que esperaba conseguir. || **no adelantar, o no ganar, un ~ de terreno,** o **de tierra, en** algo. LOCS.VERBS. coloqs. Adelantar muy poco o casi nada en ello. || **~ a ~.** LOC. ADV. **1.** Se usa para expresar la dificultad o lentitud para conseguir algo. || **2.** De modo completo y minucioso. *Reconocer el terreno palmo a palmo.* || **tener medido a ~s** un terreno, un lugar, etc. LOC.VERB. Tener conocimiento práctico de él.

palmotear. INTR. Golpear una con otra las palmas de las manos.

palmoteo. M. Acción de palmotear.

palo. M. **1.** Pieza de madera u otro material, mucho más larga que gruesa, generalmente cilíndrica y fácil de manejar. || **2.** **palo** de madera u otro material que se utiliza como mango de algunos utensilios de limpieza. *El palo de la escoba.* || **3.** **madera** (|| parte sólida de los árboles). *Cuchara de palo.* || **4.** Golpe que se da con un **palo.** || **5.** Cada una de las cuatro series en que se divide la baraja de naipes. || **6.** Trazo de algunas letras que sobresale de las demás por arriba o por abajo, como el de la *d* o la *p.* || **7.** Cada una de las variedades tradicionales del cante flamenco. || **8.** coloq. Daño o perjuicio. *Dar, llevar, recibir un palo.* || **9.** vulg. *coito. Echar un palo.* || **10.** *Cineg.* hist. **alcándara.** || **11.** *Dep.* En algunos deportes, como el béisbol, el golf, el polo, etc., instrumento con que se golpea la pelota. || **12.** *Dep.* Especialmente en el fútbol, cada uno de los postes y el larguero de la portería. || **13.** *Heráld.* Pieza heráldica rectangular que desciende desde el jefe a la punta del escudo, y ocupa la tercera parte del ancho total. Representa la lanza del caballero y la estacada o palenque de los campamentos. || **14.** *Mar.* Cada uno de los maderos que se colocan perpendicularmente a la quilla de una embarcación, destinados a sostener las velas. || **15.** *Taurom.* **banderilla** (|| de los toreros).

U. m. en pl. ‖ **16.** *Am. Cen.* árbol (‖ planta perenne). *Palo de aguacate. Palo de mango.* ‖ **17.** *Á. R. Plata.* Pedazo del tronco de la rama que, en la yerba mate, se mezcla con la hoja triturada. ‖ **~ amarillo.** M. *Méx.* Se usa como nombre genérico para referirse a varias plantas de las Moráceas. ‖ **~ blanco.** M. **1.** Se usa como nombre común para referirse a varios árboles de Canarias y América, de la familia de las Simarubáceas, con corteza elástica y amarga, de hojas oblongas, redondeadas en el ápice y flores en panículas con pétalos amarillos. Se cría en los montes y es medicinal. ‖ **2.** *Chile.* testaferro. ‖ **~ borracho.** M. *Á. R. Plata.* Árbol de la familia de las Bombacáceas, del que existen dos especies principales, caracterizadas por el color de sus corolas: amarillo y rosado. ‖ **~ brasil.** M. Madera dura, compacta, de color encendido como brasas, que sirve principalmente para teñir de encarnado, y procede del árbol del mismo nombre. ‖ **~ campeche.** M. **palo de Campeche.** ‖ **~ cortado.** M. Vino de Jerez con sabor de oloroso y olor de amontillado. ‖ **~ de amasar.** M. *Á. R. Plata.* **rodillo** (‖ cilindro para estirar la masa). ‖ **~ de Campeche.** M. Madera dura, negruzca, que sirve principalmente para teñir de encarnado, y que procede de un árbol americano de la familia de las Papilionáceas. ‖ **~ de hule.** M. Uno de los árboles que producen la goma elástica o caucho. ‖ **~ de rosa.** M. **1.** Madera de un árbol americano de la familia de las Borragináceas, que es muy compacta, olorosa, roja con vetas negras, y muy estimada en ebanistería, sobre todo para muebles pequeños. ‖ **2.** Parte leñosa, amarilla rojiza y muy olorosa, de la raíz de una convolvulácea de Canarias. ‖ **~ dulce.** M. Raíz del orozuz. ‖ **~ duz.** M. orozuz. ‖ **~ enjabonado.** M. *Á. guar.* y *Á. R. Plata.* **cucaña** (‖ palo untado de jabón o grasa). ‖ **~ ensebado.** M. *Am.* **cucaña** (‖ palo untado de jabón o grasa). ‖ **~ jabonado.** M. *Á. R. Plata.* **cucaña** (‖ palo untado de jabón o grasa). ‖ **~ macho.** M. *Mar.* Cada una de las perchas principales que constituyen la arboladura de un buque. ‖ **~ mayor.** M. *Mar.* El más alto del buque, que sostiene la vela principal. ‖ **~ santo.** M. **1.** guayacán. ‖ **2.** *Á. guar.* Árbol de la misma familia que el guayacán, cuya madera, muy dura, se emplea en ebanistería y tornería. Tiene también aplicaciones medicinales. ‖ **3.** *Á. guar.* Árbol de la familia de las Compuestas, de hasta ocho metros de altura. Su madera es apreciada en ebanistería y tornería. ‖ **~s de ciego.** M. pl. Actuación titubeante y desorientada que no logra alcanzar los fines perseguidos. *Dar palos de ciego.* ‖ **a ~ seco.** LOC.ADV. **1.** coloq. De manera escueta, sin nada accesorio o complementario. ‖ **2.** *Mar.* Dicho de navegar una embarcación: Con las velas recogidas. ‖ **cada ~ que aguante su vela.** EXPR. coloq. Indica que cada uno debe cargar con las consecuencias derivadas de sus actos. ‖ **echar a ~s** a alguien. LOC.VERB. Echarlo de un sitio de mala manera. ‖ **ni a ~s.** LOC.ADV. *Á. R. Plata.* Ni aun con la mayor violencia, de ningún modo, en absoluto. □ V. **jarabe de ~, pata de ~.**

paloduz. M. orozuz.

paloma. F. **1.** Ave domesticada que provino de la paloma silvestre y de la que hay muchas variedades o castas, que se diferencian principalmente por el tamaño o el color. ‖ **2.** Persona de genio apacible. ‖ **3.** En el ámbito político, partidario de medidas moderadas y conciliadoras encaminadas a la paz. ‖ **4.** *Zool.* Cada una de las aves del orden de las Columbiformes, con la mandíbula superior abovedada en la punta y los dedos libres; p. ej., la paloma propiamente dicha y la tórtola. ORTOGR. En pl., escr. con may. inicial c. taxón en desuso. *Las Palomas.* ‖ **~ mensajera.** F. Variedad que se distingue por su instinto de volver al palomar desde largas distancias, y que se utiliza para enviar de una parte a otra escritos de corta extensión. ‖ **~ silvestre.** F. Especie de paloma que mide unos 36 cm desde la punta del pico hasta el extremo de la cola y 70 de envergadura, con plumaje general apizarrado, de reflejos verdosos en el cuello y morados en el pecho, blanco en la rabadilla y ceniciento en el borde externo de las alas, que están cruzadas por dos fajas negras; pico azulado oscuro y pies de color pardo rojizo. Es muy común en España, anida tanto en los montes como en las torres de las poblaciones, y se considera como el origen de las castas domésticas. ‖ **~ torcaz.** F. Especie de paloma que mide desde el pico hasta el extremo de la cola unos 40 cm y 75 de envergadura. Tiene la cabeza, dorso y cola de color gris azulado, el cuello verdoso y cortado por un collar incompleto muy blanco, las alas apizarradas con el borde exterior blanco, pecho rojo cobrizo, parte inferior del vientre blanquecino, pico castaño y patas moradas. Habita en el campo y anida en los árboles más elevados. ‖ **~ zurita.** F. Especie de paloma que mide 34 cm desde la punta del pico hasta el extremo de la cola y 68 de envergadura, con plumaje general ceniciento azulado, más oscuro en las partes superiores que en las inferiores, de reflejos metálicos verdes en el cuello y morados en el pecho, alas con una mancha y el borde exterior negros, pico amarillo y patas de color negro rojizo. Es común en España y vive en los bosques.

palomar. M. Lugar donde se crían palomas.

palomera. F. Palomar pequeño de palomas domésticas.

palomero, ra. M. y F. **1.** Persona que trata en la venta y compra de palomas. ‖ **2.** Persona aficionada a la cría de estas aves.

palometa. F. **1.** Pez comestible, parecido al jurel, aunque algo mayor que este. ‖ **2.** japuta.

palomilla. **I.** F. **1.** Mariposa nocturna, ceniciente, de alas horizontales y estrechas y antenas verticales. ‖ **2.** fumaria. ‖ **3.** Tuerca con dos aletas laterales en que se apoyan los dedos para darle vueltas. ‖ **4.** *Méx.* Pandilla de jóvenes. ‖ **II.** COM. **5.** *Á.Andes* y *Chile.* Muchacho travieso y callejero.

palomillear. INTR. **1.** *Chile.* vagabundear. ‖ **2.** *Chile.* Hacer pequeñas fechorías.

palomina. F. Excremento de las palomas.

palomino. M. **1.** Pollo de la paloma silvestre. ‖ **2.** coloq. Mancha de excremento en la ropa interior.

palomita. F. **1.** Roseta de maíz tostado y reventado. ‖ **2.** *Dep.* En fútbol, parada espectacular del portero con una estirada en el aire.

palomo. M. Macho de la paloma. ‖ **~ ladrón.** M. El que con arrullos y caricias lleva las palomas ajenas al palomar propio.

palón. M. *Heráld.* Insignia semejante a la bandera, de la cual se distingue en ser una cuarta parte más larga que ancha, con cuatro puntas redondas en el extremo.

palor. M. palidez.

palote. M. **1.** Palo mediano, como las baquetas con que se tocan los tambores. ‖ **2.** Cada uno de los trazos que suelen hacer los niños en el papel pautado, como ejercicio caligráfico para aprender a escribir. ‖ **3.** *Á. R. Plata.* **rodillo** (‖ cilindro para estirar la masa). □ V. **Perico de los ~s, Perico el de los ~s.**

paloteado. M. Danza en que los bailarines hacen figuras, haciendo ruido con palos a compás de la música.

palpable. ADJ. **1.** Que puede tocarse con las manos. *Una tumoración palpable.* || **2.** Patente, evidente. *Resultados palpables.*

palpación. F. **1.** Acción y efecto de palpar. || **2.** *Med.* Método exploratorio que se ejecuta aplicando los dedos o la mano sobre las partes externas del cuerpo o las cavidades accesibles.

palpamiento. M. **palpación** (|| acción y efecto de palpar).

palpar. TR. **1.** Tocar con las manos una cosa para percibirla o reconocerla por el sentido del tacto. || **2.** Conocer una cosa tan claramente como si se tocara. *Podíamos palpar la tensión en el ambiente.*

palpebral. ADJ. Perteneciente o relativo a los párpados. *Reflejo palpebral.*

palpitación. F. **1.** Acción y efecto de palpitar. || **2.** *Biol.* Movimiento interior, involuntario y trémulo de algunas partes del cuerpo. || **3.** *Med.* Latido del corazón, sensible e incómodo para el enfermo, y más frecuente que el normal.

palpitante. ADJ. **1.** Que palpita. *Corazón palpitante.* || **2.** Vivo, de actualidad. *Noticia palpitante.*

palpitar. INTR. **1.** Dicho del corazón: Contraerse y dilatarse alternativamente. || **2.** Dicho del corazón: Aumentar su palpitación natural a causa de una emoción. || **3.** Dicho de una parte del cuerpo: Moverse o agitarse interiormente con movimiento trémulo e involuntario. *Sentía cómo palpitaba su párpado.* || **4.** Dicho de algún afecto o pasión: Manifestarse vehementemente. *En sus gestos y palabras palpita el rencor.*

pálpito. M. Presentimiento, corazonada.

palpo. M. *Zool.* Cada uno de los apéndices táctiles y móviles que en forma y número diferentes tienen muchos animales invertebrados en la cabeza, y especialmente alrededor de la boca.

palqui. M. Arbusto americano de la familia de las Solanáceas, de olor fétido, con muchos tallos erguidos, hojas enteras, lampiñas, algo ondeadas, estrechas y terminadas en punta por ambos extremos, y flores en panojas terminales con brácteas. Su cocimiento se emplea en Chile contra la tiña, y como sudorífico; y la planta, para hacer jabón.

palquista. COM. Ladrón que se introduce por los balcones o ventanas.

palta. **I.** ADJ. **1.** hist. Se dice del individuo de un pueblo amerindio que habitaba en la región ecuatoriana de la actual provincia de Loja, y el norte del Perú. U. t. c. s. || **2.** hist. Perteneciente o relativo a los paltas. *Territorio palta.* || **II.** M. **3.** Lengua hablada por los paltas. || **III.** F. **4.** Á. R. *Plata* y *Chile.* **aguacate** (|| fruto).

palto. M. Á. R. *Plata* y *Chile.* **aguacate** (|| árbol).

palúdico, ca. ADJ. **1.** *Med.* Perteneciente o relativo al paludismo. *Crisis palúdicas.* || **2.** Que padece paludismo. U. t. c. s. || **3.** **palustre²**. *Agua palúdica.* □ V. **fiebre ~.**

paludismo. M. *Med.* Enfermedad febril producida por un protozoo, y transmitida al hombre por la picadura de mosquitos anofeles.

paludo, da. ADJ. *Méx.* Dicho de una planta, de un fruto o de un tubérculo: **fibrosos.**

palurdo, da. ADJ. Dicho por lo común de la gente del campo y de las aldeas: Tosca, grosera. U. t. c. s.

palustre¹. M. Paleta de albañil.

palustre². ADJ. Perteneciente o relativo a una laguna o a un pantano. □ V. **ácoro ~.**

pamba. F. *Méx.* **paliza** (|| serie de golpes).

pamela. F. Sombrero de paja, bajo de copa y ancho de alas, que usan las mujeres, especialmente en el verano.

pamema. F. **1.** **melindre** (|| delicadeza afectada y excesiva). || **2.** Simulación o engaño con que se intenta hacer que algo parezca distinto de lo que es. || **3.** coloq. Hecho o dicho fútil y de poca entidad, a que se ha querido dar importancia.

pampa. **I.** ADJ. **1.** hist. Se dice del individuo de un pueblo amerindio de probable origen tehuelche, que habitó la llanura del centro argentino. U. t. c. s. || **2.** hist. Perteneciente o relativo a los pampas. *Tierras pampas.* || **II.** M. **3.** Lengua de los pampas. || **III.** F. **4.** Cada una de las llanuras extensas de América Meridional que no tienen vegetación arbórea. || **5.** Á. *Andes.* Terreno destinado al cultivo agrícola. *Pampa de maíz. Pampa de papas.*

pámpana. F. Hoja de la vid.

pampango, ga. ADJ. **1.** Natural de Pampanga. U. t. c. s. || **2.** Perteneciente o relativo a esta provincia de la isla de Luzón, en Filipinas.

pámpano. M. **1.** Sarmiento verde, tierno y delgado, o pimpollo de la vid. || **2.** **pámpana.** || **3.** Pez marino comestible, que habita en las costas del golfo de México.

pampeano, na. ADJ. **1.** Natural de la pampa. U. t. c. s. || **2.** Perteneciente o relativo a la región de la Pampa, en la Argentina. *Terneros pampeanos.* || **3.** Natural de La Pampa. U. t. c. s. || **4.** Perteneciente o relativo a esta provincia de la Argentina.

pampear. INTR. *Am. Mer.* Recorrer la pampa.

pampero, ra. **I.** ADJ. **1.** Natural de las pampas. U. t. c. s. || **2.** Perteneciente o relativo a esta región argentina. *Llanuras pamperas.* || **II.** M. **3.** Viento impetuoso procedente del suroeste de la llanura pampeana.

pampino, na. ADJ. Dicho de una persona: Que trabaja en la pampa salitrera.

pamplina. F. **1.** coloq. Dicho o cosa de poca entidad, fundamento o utilidad. U. m. en pl. *¡Con buenas pamplinas te vienes!* || **2.** coloq. Manifestación poco sincera que pretende halagar a alguien o congraciarse con él. U. m. en pl. *No intentes engañarme con tus pamplinas.*

pamplinero, ra. ADJ. coloq. Propenso a decir pamplinas.

pamplonés, sa. ADJ. **1.** Natural de Pamplona. U. t. c. s. || **2.** Perteneciente o relativo a esta ciudad de España, capital de la Comunidad Foral de Navarra.

pamplonica. ADJ. coloq. **pamplonés** (|| natural de Pamplona). U. t. c. s.

pamporcino. M. **1.** Planta herbácea, vivaz, de la familia de las Primuláceas, con rizoma grande y en forma de torta, del que parten muchas raicillas, hojas radicales, de largos pecíolos, acorazonadas, obtusas, abigarradas de verde en el haz y rojizas en el envés, flores elegantes, de corola con tubo purpurino y divisiones de color rosa, pendientes de un pedúnculo, primero erguido, y arrollado en espiral después de la fecundación, para esconder en tierra el fruto, que es seco, capsular y redondo, con varias semillas negras, menudas y angulosas. Es espontánea en toda Europa, y el rizoma, que buscan y comen los cerdos, se emplea como purgante, generalmente en pomadas, pues es peligroso su uso interno. || **2.** Fruto de esta planta.

pamue. **I.** ADJ. **1.** Se dice del indígena del África occidental perteneciente a la República de Guinea Ecuatorial. U. t. c. s. || **II.** M. **2.** Lengua de los pamues.

pan. M. **1.** Porción de masa de harina, por lo común de trigo, y agua que se cuece en un horno y sirve de alimento. || **2.** Masa de otras cosas, en forma de pan. *Pan de higos. Pan de jabón. Pan de sal.* || **3.** Todo aquello que en general sirve para el sustento diario. *Cuesta mucho ganar el pan.* || **4. trigo.** *Este año el pan está muy crecido.* || **5.** Hoja de harina cocida entre dos hierros a la llama, que sirve para hostias, obleas y otras cosas semejantes. || **6.** Hoja muy delgada que forman los artesanos que trabajan el oro, la plata u otros metales a fuerza de martillo, y, cortada después, la guardan o mantienen entre hojas de papel, y sirve para dorar o platear. || **~ ácimo,** o **~ ázimo.** M. El que se hace sin poner levadura a la masa. || **~ bendito.** M. hist. El que se bendecía en la misa y se repartía al pueblo. || **~ de azúcar.** M. pilón (|| pan de azúcar refinado). || **~ de molde.** M. El que tiene forma rectangular y se usa principalmente para hacer emparedados. || **~ de proposición.** M. hist. El que se ofrecía todos los sábados en la ley de Moisés, y se ponía en el tabernáculo. || **~ de salvado.** M. El que se hace con harina integral. || **~ eucarístico.** M. Hostia consagrada. || **~ fermentado.** M. pan de harina y agua con fermento, cocido en horno. || **~ francés.** M. Clase de pan muy esponjoso, hecho con harina de trigo. || **~ pintado.** M. hist. El que se hacía para las bodas y otras fiestas adornándolo por la parte superior. || **~ terciado.** M. Renta de las tierras que se paga en granos, siendo las dos terceras partes de trigo y la otra de cebada. || **~ y quesillo.** M. Planta herbácea de la familia de las Crucíferas, con tallo de tres a cuatro decímetros de altura, hojas estrechas, recortadas o enteras, flores blancas, pequeñas, en panojas, y fruto seco en vaina triangular, con muchas semillas menudas, redondas, aplastadas y de color amarillento. Es abundantísima en terrenos sin cultivar y encima de las tapias y tejados. Su cocimiento es astringente y se ha empleado contra las hemorragias. || **al ~, ~ y al vino, vino.** EXPR. coloq. Se usa para dar a entender que alguien ha dicho a otra persona algo con llaneza y claridad, sin rodeos. || **a ~ y cuchillo,** o **a ~ y manteles.** LOCS.ADVS. Se usan para referirse a quien mantiene a otro dentro de una misma casa y a su misma mesa. || **con su ~ se lo coma.** EXPR. Se usa para dar a entender indiferencia ante una actitud o decisión ajenas. || **contigo, ~ y cebolla.** EXPR. coloq. Se usa por los enamorados para ponderar su desinterés material. || **el ~ de cada día.** EXPR. Se usa para censurar lo que se repite de continuo. || **ganar, o ganarse,** alguien **el ~,** o **su ~.** LOCS.VERBS. Sustentarse con el producto de su trabajo. || **negar el ~ y la sal** a alguien. LOC.VERB. No reconocer sus méritos o derechos fundamentales. || **no haber ~ partido.** LOC.VERB. Haber gran amistad y estrecha confianza entre dos o más personas. || **~ por ~, vino por vino.** EXPR. coloq. **al pan, pan y al vino, vino.** || **ser algo ~ comido.** LOC.VERB. coloq. Ser muy fácil de conseguir. || **ser algo el ~ nuestro de cada día.** LOC.VERB. coloq. Ocurrir cada día o con mucha frecuencia. || **ser alguien un ~ de Dios.** LOC.VERB. Á. R. *Plata.* Ser muy bondadoso. □ V. **árbol del ~, pedazo de ~, tierra de ~ llevar.**

pana[1]. F. Tela gruesa semejante al terciopelo, que puede ser lisa o con hendiduras generalmente verticales.

pana[2]. COM. Á. *Caribe.* Amigo, camarada, compinche.

panacea. F. **1.** Medicamento a que se atribuye eficacia para curar diversas enfermedades. || **2.** Remedio o solución general para cualquier mal. *La panacea contra los* problemas de tráfico. || **~ universal.** F. hist. Remedio que buscaban los antiguos alquimistas para curar todas las enfermedades.

panaché. M. Plato preparado con diversas verduras cocidas.

panadería. F. **1.** Sitio, casa o lugar donde se hace o vende el pan. || **2.** Oficio de panadero.

panadero, ra. I. M. y F. **1.** Persona que tiene por oficio hacer o vender pan. || **II.** M. **2.** pl. Baile español semejante al zapateado.

panadizo. M. Inflamación aguda del tejido celular de los dedos, principalmente de su tercera falange.

panajachelense. ADJ. **1.** Natural de Panajachel. U. t. c. s. || **2.** Perteneciente o relativo a este municipio de Guatemala, en el departamento de Sololá.

panal. M. **1.** Conjunto de celdillas prismáticas hexagonales de cera, colocadas en series paralelas, que las abejas forman dentro de la colmena para depositar la miel. || **2.** Cuerpo de estructura semejante, que fabrican las avispas.

panamá. M. **1. sombrero de jipijapa.** || **2.** Tela de algodón de hilos gruesos, muy apta para el bordado. ¶ MORF. pl. **panamás.**

panameñismo. M. Locución, giro o modo de hablar propio y peculiar de los panameños.

panameño, ña. ADJ. **1.** Natural de Panamá. U. t. c. s. || **2.** Perteneciente o relativo a este país de América, a una de sus provincias o a su cabecera, que también es la capital del país.

panamericanismo. M. Tendencia a fomentar las relaciones de todo orden entre los países del hemisferio occidental, principalmente entre los Estados Unidos de América y los países hispanoamericanos.

panamericanista. COM. Persona que profesa ideas de panamericanismo.

panamericano, na. ADJ. Perteneciente o relativo a la totalidad de los países americanos. *Certamen panamericano.*

panare. I. ADJ. **1.** Se dice del individuo de un pueblo amerindio que habitaba en la margen derecha del Orinoco, en estados venezolanos de Bolívar y Amazonas. U. t. c. s. || **2.** Perteneciente o relativo a los panares. *Tradición panare.* || **II.** M. **3.** Lengua hablada por los panares.

panateneas. F. pl. hist. Fiestas principales de Atenas celebradas en honor de la diosa Atenea, patrona de la ciudad.

pancarta. F. En manifestaciones y otros actos públicos, cartel con consignas o diversos mensajes que se exhibe con propósitos normalmente reivindicativos.

panceta. F. Hoja de tocino entreverada con magro.

panchito. M. Cacahuete pelado y frito.

pancho[1]**, cha. I.** ADJ. **1.** coloq. Tranquilo, inalterado. *Duerme tan pancho en el sofá.* || **2.** coloq. Satisfecho con algo. *Se comió el pastel y se quedó tan pancha.* || **II.** M. **3.** Cría del besugo.

pancho[2]. M. **1.** Á. *guar.* Emparedado de chorizo. || **2.** Á. R. *Plata.* **perrito caliente.**

pancismo. M. Tendencia o actitud de quienes acomodan su comportamiento a lo que creen más conveniente y menos arriesgado para su provecho y tranquilidad.

pancista. COM. Persona que practica el pancismo como conducta habitual.

pancit. M. *Filip.* Fideo hecho de harina de arroz. MORF. pl. **pancits.**

pancita. F. *Méx.* **callos** (‖ pedazos del estómago de la vaca).

pancitería. F. *Filip.* Restaurante donde se sirve pancit guisado o frito.

pancraciasta. M. hist. Atleta dedicado a los ejercicios del pancracio.

pancracio. M. hist. Combate entre atletas de origen griego, que estuvo muy de moda entre los romanos. La lucha, el pugilato y toda clase de medios, como la zancadilla y los puntapiés, eran lícitos en este combate para derribar o vencer al contrario.

páncreas. M. *Anat.* Glándula de los animales vertebrados que desemboca en el duodeno; la parte exocrina elabora enzimas digestivas y la endocrina produce una hormona, la insulina, que controla el nivel de glucosa en la sangre.

pancreático, ca. ADJ. *Anat.* Perteneciente o relativo al páncreas. ☐ V. **jugo ~.**

pancreatitis. F. *Med.* Inflamación del páncreas.

pancromático, ca. ADJ. *Fotogr.* Dicho de una placa o de una película: Cuya sensibilidad es aproximadamente igual para los diversos colores.

pancutra. F. *Chile.* **pantruca.**

panda[1]**.** F. **1.** Reunión de gente para divertirse. ‖ **2.** Pandilla que forman algunos para hacer daño.

panda[2]**.** M. Mamífero plantígrado con aspecto de oso, de casi 80 cm de alto y pelaje blanco en el cuerpo y negro en las patas, hombros, cara y orejas. Vive en bosques de bambúes en regiones montañosas de la China central, y se encuentra en peligro de extinción. ☐ V. **oso ~.**

pandanáceo, a. ADJ. *Bot.* Se dice de las plantas angiospermas monocotiledóneas, vivaces, de tallo sarmentoso y rastrero, con hojas largas y estrechas, semillas frecuentemente dentadas y espinosas, flores reunidas en espádice y frutos en baya o drupa con semillas de albumen carnoso; p. ej., el bombonaje. U. t. c. s. f. ORTOGR. En f. pl., escr. con may. inicial c. taxón. *Las Pandanáceas.*

pandear. INTR. Dicho especialmente de una pared o de una viga: Torcerse encorvándose, especialmente en el medio. U. m. c. prnl.

pandemia. F. *Med.* Enfermedad epidémica que se extiende a muchos países o que ataca a casi todos los individuos de una localidad o región.

pandémico, ca. ADJ. *Med.* Perteneciente o relativo a la pandemia.

pandemonio. M. Lugar en que hay mucho ruido y confusión.

pandemónium. M. **1.** Capital imaginaria del reino infernal. ‖ **2.** **pandemonio.** MORF. pl. **pandemóniums.**

pandeo. M. Acción y efecto de pandear.

pandera. F. **pandero.**

pandereta. F. Pandero con sonajas o cascabeles.

panderetero, ra. M. y F. **1.** Persona que toca el pandero. ‖ **2.** Persona aficionada a tocarlo. ‖ **3.** Persona que hace o vende panderos.

pandero. M. Instrumento rústico formado por uno o dos aros superpuestos, de un centímetro o menos de ancho, provistos de sonajas o cascabeles y cuyo vano está cubierto por uno de sus cantos o por los dos con piel muy lisa y estirada. Se toca haciendo resbalar uno o más dedos por ella o golpeándola con ellos o con toda la mano.

pandilla. F. **1.** Grupo de personas o de animales. *Pandilla de gatos.* U. m. en sent. despect. *Se rodeó de una*

pandilla de golfos. ‖ **2.** Grupo de amigos que suelen reunirse para divertirse en común. ‖ **3.** Liga que forman algunos para engañar a otros o hacerles daño.

pandillaje. M. Influjo de personas reunidas en pandilla para fines poco lícitos.

pandillero, ra. ADJ. Que forma parte de una pandilla. U. t. c. s.

pandino, na. ADJ. **1.** Natural de Pando. U. t. c. s. ‖ **2.** Perteneciente o relativo a este departamento de Bolivia.

pando, da. **I.** ADJ. **1.** Que pandea. *Vigas pandas.* ‖ **2.** Que se mueve lentamente, como los ríos cuando van por tierra llana. *Aguas pandas.* ‖ **3.** Dicho de una persona: Pausada y flemática. ‖ **II.** M. **4.** Terreno casi llano situado entre dos montañas.

Pandora. ☐ V. **caja de ~.**

pandorga. F. Cometa que se sube en el aire.

panecillo. M. Pan pequeño equivalente en peso a la mitad de una libreta.

panegírico, ca. **I.** ADJ. **1.** Perteneciente o relativo a la oración o discurso en alabanza de alguien. *Discurso panegírico. Oración panegírica.* ‖ **II.** M. **2.** Discurso o sermón en alabanza de alguien. ‖ **3.** Elogio de alguien, hecho por escrito.

panegirista. COM. Persona que alaba algo o a alguien de palabra o por escrito.

panel[1]**.** M. **1.** Cada uno de los compartimentos, limitados comúnmente por fajas o molduras, en que para su ornamentación se dividen los lienzos de pared, las hojas de puertas, etc. ‖ **2.** Elemento prefabricado que se utiliza para construir divisiones verticales en el interior o exterior de las viviendas y otros edificios. ‖ **3.** Especie de cartelera de grandes dimensiones que, montada sobre una estructura metálica en paredes de edificios, carreteras u otros lugares, sirve como propaganda de productos, establecimientos, itinerarios públicos, etc. ‖ **4.** *Mar.* Cada una de las tablas que forman el suelo movible de algunas embarcaciones pequeñas.

panel[2]**.** M. **1.** Grupo de personas seleccionado para tratar en público un asunto. ‖ **2.** *Ant.* Lista de jurados.

panela. F. *Heráld.* Hoja de álamo puesta como mueble en el escudo. ☐ V. **agua de ~.**

panelista. COM. *Am.* Persona que participa en un **panel**[2].

pane lucrando. (Locución latina). LOC. ADV. Dicho de hacer obras artísticas o literarias: Sin el esmero debido, ni por amor al arte y a la gloria, sino de manera descuidada y con el exclusivo fin de ganarse la vida.

panera. F. **1.** Troj o cámara donde se guardan los cereales, el pan o la harina. ‖ **2.** Cesta grande sin asa, generalmente de esparto, que sirve para transportar pan. ‖ **3.** Recipiente que se utiliza para colocar el pan en la mesa.

paneslavismo. M. Tendencia política que aspira a la confederación de todos los pueblos de origen eslavo.

paneslavista. ADJ. **1.** Perteneciente o relativo al paneslavismo. *Ideas paneslavistas.* ‖ **2.** Partidario del paneslavismo. U. t. c. s.

panetela. F. **1.** Cigarro puro largo y delgado. ‖ **2.** *Ant.* Especie de bizcocho.

paneuropeísmo. M. Tendencia o doctrina que aspira a la aproximación política, económica y cultural de los países de Europa.

paneuropeo, a. ADJ. Perteneciente o relativo a toda Europa. *Cumbre paneuropea.*

pánfilo, la. ADJ. Cándido, bobo, tardo en el obrar. U. t. c. s.

panfletario, ria. I. ADJ. **1.** Dicho del estilo: Propio o característico de los panfletos. ‖ **II.** M. y F. **2. panfletista.**

panfletista. COM. Autor de un panfleto o de panfletos.

panfleto. M. **1.** Libelo difamatorio. ‖ **2.** Opúsculo de carácter agresivo.

panga. F. **1.** *Am. Cen.* Pequeña embarcación de motor. ‖ **2.** *Méx.* Lancha que se usa para transportar pasajeros, carga o vehículos de un lado a otro de un río.

pangal. M. *Chile.* Terreno poblado de pangues.

pange lingua. (Locución latina). M. Himno que se canta en honor y alabanza del Santísimo Sacramento. MORF. pl. invar. *Los pange lingua.*

pangermanismo. M. Doctrina que proclama y procura la unión y predominio de todos los pueblos de origen germánico.

pangermanista. ADJ. **1.** Perteneciente o relativo al pangermanismo. *Doctrina pangermanista.* ‖ **2.** Partidario de esta doctrina. U. t. c. s.

pangolín. M. Mamífero del orden de los Desdentados, cubierto todo, desde la cabeza hasta los pies y la cola, de escamas duras y puntiagudas, que el animal puede erizar, sobre todo al arrollarse en bola, como lo hace para defenderse. Hay varias especies propias del centro de África y del sur de Asia, y varían en tamaño, desde seis a ocho decímetros de largo hasta el arranque de la cola, que es casi tan larga como el cuerpo.

pangue. M. *Chile.* Planta de la familia de las Gunneráceas con tallo muy corto, casi inexistente, y grandes hojas de más de un metro de longitud y cerca de medio de anchura, orbiculares y lobuladas. De su centro nace un bohordo cilíndrico que lleva muchas espigas de flores. El fruto parece una drupa pequeña porque su cáliz se vuelve carnoso, y el rizoma, que es astringente, se usa en medicina y para teñir y curtir. Es frecuente en los lugares pantanosos y a lo largo de los arroyos.

panhelénico, ca. ADJ. Perteneciente o relativo a todos los griegos. *Juegos, cultos panhelénicos.*

panhelenismo. M. Doctrina o movimiento que propugna la unión política de todos los pueblos de estirpe griega.

panhispánico, ca. ADJ. Perteneciente o relativo a todos los pueblos que hablan la lengua española. *Identidad panhispánica.*

paniaguado, da. M. y F. **1.** Servidor de una casa, que recibe del dueño de ella alojamiento, alimento y salario. ‖ **2.** Allegado a una persona y favorecido por ella.

pánico, ca. ADJ. **1.** Se dice del miedo extremado o del terror producido por la amenaza de un peligro inminente, y que con frecuencia es colectivo y contagioso. U. t. c. s. m. ‖ **2.** Perteneciente o relativo al dios Pan. *Flauta pánica.* □ V. **síndrome de ~.**

panícula. F. *Bot.* Panoja o espiga de flores.

paniculado, da. ADJ. *Bot.* En forma de panícula. *Racimos paniculados.*

panículo. M. *Anat.* Capa de tejido adiposo situada debajo de la piel de los vertebrados. ‖ **~ adiposo.** M. *Anat.* panículo.

paniego, ga. ADJ. Dicho de un terreno: Que produce trigo.

panificación. F. Acción y efecto de panificar.

panificador, ra. ADJ. Que panifica. Apl. a pers., u. t. c. s.

panificadora. F. Establecimiento donde se hace pan, normalmente por procedimientos industriales.

panificar. TR. Fabricar pan.

panislámico, ca. ADJ. Perteneciente o relativo al panislamismo.

panislamismo. M. Moderna tendencia de los pueblos musulmanes a lograr, mediante la unión de todos ellos, su independencia política, religiosa y cultural respecto de las demás naciones.

panislamista. ADJ. Partidario del panislamismo. U. t. c. s.

panitela. F. *Á. Andes.* Mazamorra de fácil digestión.

panizo. M. **1.** Planta anual de la familia de las Gramíneas, originaria de Oriente, de cuya raíz salen varios tallos redondos como de un metro de altura, con hojas planas, largas, estrechas y ásperas, y flores en panojas grandes, terminales y apretadas. ‖ **2.** Grano de esta planta. Es redondo, de tres milímetros de diámetro, reluciente y de color entre amarillo y rojo. Se emplea en varias partes para alimento del hombre y de los animales, especialmente de las aves.

panocha. F. panoja.

panocho. M. Habla o lenguaje huertanos.

panoja. F. **1.** Mazorca del maíz, del panizo o del mijo. ‖ **2.** Racimo de uvas o de otra fruta. ‖ **3.** *Bot.* Conjunto de espigas, simples o compuestas, que nacen de un eje o pedúnculo común, como en la grama y en la avena.

panoplia. F. **1.** Tabla, generalmente en forma de escudo, donde se colocan floretes, sables y otras armas de esgrima. ‖ **2.** Colección de armas ordenadamente colocadas.

panóptico, ca. ADJ. Dicho de un edificio: Construido de modo que toda su parte interior se pueda ver desde un solo punto. U. t. c. s. m.

panorama. M. **1.** Paisaje muy dilatado que se contempla desde un punto de observación. ‖ **2.** Aspecto de conjunto de una cuestión. *El panorama actual de la enseñanza.*

panorámica. F. **1.** panorama (‖ paisaje dilatado). ‖ **2.** *Cinem.* y *Fotogr.* Fotografía o sucesión de fotografías que muestran un amplio sector del campo visible desde un punto. ‖ **3.** *Cinem.* y *TV.* Amplio movimiento giratorio de la cámara, sin desplazamiento.

panorámico, ca. ADJ. **1.** Perteneciente o relativo al panorama. *Vista panorámica.* ‖ **2.** Que permite contemplar, estudiar o exponer una cuestión en su conjunto. *Consideración panorámica del fenómeno.*

panosa. □ V. **haba ~.**

panque. M. *Chile.* pangue.

panqueque. M. Tortita que se hace con masa de harina, yemas de huevo batidas y un poco de leche. U. m. en América.

pansexualismo. M. *Psicol.* Tendencia a encontrar en toda conducta una motivación sexual.

panspermia. F. Doctrina que sostiene hallarse difundidos por todas partes gérmenes de seres organizados que no se desarrollan hasta encontrar circunstancias favorables para ello.

pantagruélico, ca. ADJ. Dicho de una comida: Excesiva en cantidad.

pantalán. M. Muelle o embarcadero pequeño para barcos de poco tonelaje, que avanza algo en el mar.

pantaleta. F. *Á. Caribe* y *Méx.* **braga** (‖ prenda interior). U. t. en pl. con el mismo significado que en sing.

pantalla. F. **1.** Lámina que se sujeta delante o alrededor de un foco luminoso artificial, para que la luz no moleste a los ojos o para dirigirla hacia donde se quiera. ‖ **2.** Superficie que sirve de protección, separación, barrera o abrigo. *Van a instalar en los alrededores de la autopista pantallas contra el ruido.* ‖ **3.** Superficie sobre la que se proyectan las imágenes del cinematógrafo u otro aparato de proyecciones. ‖ **4.** En ciertos aparatos electrónicos, superficie donde aparecen imágenes. ‖ **5.** Persona o cosa que distrae la atención para encubrir u ocultar algo o a alguien. *Le sirvió de pantalla.* ‖ **6. gran pantalla.** *Las estrellas de la pantalla.* ‖ **7.** *Am. Mer.* Instrumento para hacer o hacerse aire. ‖ **~ grande.** F. **gran pantalla.** ‖ **gran ~.** F. **cine** (‖ técnica, arte e industria de la cinematografía). ‖ **pequeña ~.** F. coloq. **televisión** (‖ transmisión de imágenes).

pantallazo. M. *Mar.* Destello intermitente de la luz de un faro.

pantallear. TR. Á. *guar.* Mover el aire con una **pantalla** (‖ instrumento para hacerse aire).

pantalón. M. **1.** Prenda de vestir que se ajusta a la cintura y llega generalmente hasta el pie, cubriendo cada pierna separadamente. U. t. en pl. con el mismo significado que en sing. ‖ **2.** hist. Prenda interior que usaban las mujeres, más ancha y corta que el pantalón. ‖ **~ bermudas.** M. pantalón ceñido a los muslos que llega a la altura de la rodilla. U. m. en pl. con el mismo significado que en sing. *Pantalones bermudas.* ‖ **~ bombacho.** M. **1.** pantalón ancho cuyas perneras, por su parte inferior, se ajustan a la pierna por encima del tobillo quedando abombadas. U. m. en pl. con el mismo significado que en sing. *Pantalones bombachos.* ‖ **2.** *Am.* El que es ancho y se ciñe a los tobillos. ‖ **~ campana.** M. **pantalón de campana.** U. m. en pl. con el mismo significado que en sing. *Pantalones campana.* ‖ **~ corto.** M. pantalón confeccionado de modo que no llega a la rodilla. U. t. en pl. con el mismo significado que en sing. *Pantalones cortos.* ‖ **~ de brincacharcos.** M. *Méx.* El demasiado corto. ‖ **~ de campana.** M. pantalón que se ensancha en la parte inferior. U. m. en pl. con el mismo significado que en sing. *Pantalones de campana.* ‖ **~ de deporte.** M. pantalón corto para practicar deportes. U. m. en pl. con el mismo significado que en sing. *Pantalones de deporte.* ‖ **~ largo.** M. pantalón cuyas perneras llegan a cubrir los tobillos. U. m. en pl. con el mismo significado que en sing. *Pantalones largos.* ‖ **~ tejano.** M. **pantalón vaquero.** U. m. en pl. con el mismo significado que en sing. *Pantalones tejanos.* ‖ **~ vaquero.** M. pantalón de tela recia, ceñido y en general tirando a azul, usado originariamente por los vaqueros de Texas. U. m. en pl. con el mismo significado que en sing. *Pantalones vaqueros.* ‖ **bajarse** alguien **los pantalones.** LOC.VERB. coloq. Claudicar en condiciones más o menos humillantes. ‖ **llevar,** o **llevar bien puestos,** alguien **los pantalones.** LOCS.VERBS. coloqs. Ejercer habitualmente la autoridad. ‖ **ponerse** alguien **los pantalones.** LOC.VERB. coloq. Imponer su autoridad. □ V. **falda ~.**

pantalonero, ra. M. y F. Persona especialmente dedicada a coser pantalones.

pantaloneta. F. *Am. Cen.* Pantalón corto utilizado para hacer deporte.

pantanal. F. Tierra pantanosa.

pantano. M. **1.** Hondonada donde se recogen y naturalmente se detienen las aguas, con fondo más o menos cenagoso. ‖ **2.** Gran depósito artificial de agua. ‖ **3.** Dificultad, óbice, estorbo grande. *Debían superar el pantano de los celos.*

pantanoso, sa. ADJ. **1.** Se dice del terreno donde hay pantanos. ‖ **2.** Se dice del terreno donde abundan charcos y cenagales. ‖ **3.** Lleno de inconvenientes, dificultades u obstáculos. *Vericuetos pantanosos de la memoria.*

panteísmo. M. Sistema de quienes creen que la totalidad del universo es el único Dios.

panteísta. ADJ. **1.** Perteneciente o relativo al panteísmo. *Concepción panteísta.* ‖ **2.** Que sigue la doctrina del panteísmo. U. t. c. s.

panteístico, ca. ADJ. Perteneciente o relativo al panteísmo.

panteón. M. **1.** Monumento funerario destinado a enterramiento de varias personas. ‖ **2.** *Am.* **cementerio** (‖ terreno destinado a enterrar cadáveres).

panteonero. M. *Am.* sepulturero.

pantera. F. leopardo. ‖ **~ negra.** F. Variedad de leopardo de pelaje negro.

panti. M. Prenda femenina, especie de leotardo de tejido fino y muy elástico. U. m. en pl. con el mismo significado que en sing. MORF. pl. **pantis.**

pantimedia. F. Á. *Caribe.* panti. U. m. en pl. con el mismo significado que en sing.

pantocrátor. M. En el arte bizantino y románico, representación del Salvador sentado, bendiciendo, y encuadrado en una curva cerrada en forma de almendra.

pantógrafo. M. **1.** Instrumento que sirve para copiar, ampliar o reducir un plano o dibujo. ‖ **2.** *Tecnol.* Sistema articulado de barras situado en el techo de las locomotoras eléctricas, usado para la toma de corriente de un conductor aéreo.

pantomima. F. **1.** Representación por figura y gestos sin que intervengan palabras. ‖ **2.** Comedia, farsa, acción de fingir algo que no se siente.

pantomímico, ca. ADJ. Perteneciente o relativo a la pantomima.

pantoque. M. *Mar.* Parte casi plana del casco de un barco, que forma el fondo junto a la quilla.

pantorrilla. F. Parte carnosa y abultada de la pierna, por debajo de la corva.

pantruca. F. *Chile.* Pasta alimenticia cortada en trozos pequeños y delgados que se emplea en la sopa. U. m. en pl.

pantufla. F. Calzado, especie de chinela o zapato sin orejas ni talón, que para mayor comodidad se usa en casa.

pantuflo. M. pantufla.

panucho. M. *Méx.* Tortilla de maíz rellena con frijoles y carne.

panul. M. *Chile.* apio (‖ planta umbelífera).

panza. F. **1.** Barriga o vientre, especialmente el muy abultado. ‖ **2.** Parte convexa y más saliente de ciertas vasijas o de otras cosas. ‖ **3.** *Zool.* Primera de las cuatro cavidades en que se divide el estómago de los rumiantes.

panzada. F. **1.** Golpe que se da con la panza. ‖ **2.** coloq. Hartazgo o atracón.

panzaleo, a. I. ADJ. **1.** hist. Se dice del individuo de un pueblo amerindio que habitaba las actuales provincias ecuatorianas de Cotopaxi y Tungurahua. U. t. c. s. ‖ **2.** hist. Perteneciente o relativo a los panzaleos. *Tradición panzalea.* ‖ **II.** M. **3.** Lengua hablada por los panzaleos.

panzón, na. ADJ. De panza grande. *Nubes panzonas.*

panzudo, da. ADJ. Que tiene mucha panza. *Tinajas panzudas. Aldeanos panzudos.*

pañal. M. **1.** Tira de tela o celulosa absorbente que se pone a los niños pequeños o a las personas que sufren incontinencia de orina. ‖ **2.** pl. Envoltura de los niños de teta. ‖ **3.** pl. Primeros principios de la crianza y nacimiento, especialmente en orden a la calidad. ‖ **estar** alguien **en ~es.** LOC.VERB. coloq. Tener poco o ningún conocimiento de algo.

pañería. F. **1.** Comercio o tienda de paños. ‖ **2.** Industria dedicada a la producción de paños. ‖ **3.** Conjunto de los mismos paños.

pañero, ra. **I.** ADJ. **1.** Perteneciente o relativo a los paños. *Industria pañera.* ‖ **II.** M. y F. **2.** Persona que vende paños.

pañete. M. **1.** Paño de inferior calidad. ‖ **2.** Paño de poco cuerpo. ‖ **3.** pl. Paño ceñido que ponen a las imágenes de Cristo desnudo en la cruz. ‖ **4.** pl. Cierto género de calzoncillos que usan los pescadores y curtidores que trabajan desnudos, y que también usaban los religiosos descalzos que no llevaban camisa.

pañil. M. *Chile.* Árbol de la familia de las Escrofulariáceas, de unos tres metros de altura, con hojas grandes, oblongas, almenadas, arrugadas, con vello amarillento en su cara inferior, y flores anaranjadas dispuestas en cabezuelas globosas. Sus hojas se usan en medicina para la curación de úlceras.

pañito. M. Trozo de tela adornado o labor hecha de encaje, ganchillo, etc., que se usa para cubrir o embellecer bandejas, sillones, mesas y otros objetos.

pañizuelo. M. **pañuelo.**

paño. M. **1.** Tela de lana muy tupida y con pelo tanto más corto cuanto más fino es el tejido. ‖ **2.** Ancho de una tela cuando varias piezas de ella se cosen unas al lado de otras. ‖ **3.** Trozo de tela cuadrado o rectangular que se emplea en la cocina para secar la vajilla o para cualquier otro uso. ‖ **4.** Pedazo de lienzo u otra tela. ‖ **5.** Mancha oscura que varía el color natural del cuerpo, especialmente del rostro. ‖ **6.** Accidente que disminuye el brillo o la transparencia de algunas cosas. ‖ **7.** Lienzo de pared. ‖ **8.** pl. **vestiduras.** ‖ **9.** pl. *Esc.* y *Pint.* Ropas de amplio corte que forman pliegues. ‖ **~ de cáliz.** M. hist. Cuadrado de tela con que se cubría el cáliz, regularmente del mismo género y color que la casulla. ‖ **~ de lágrimas.** M. Persona en quien se encuentra frecuentemente atención, consuelo o ayuda. ‖ **~s calientes.** M. **1.** pl. coloq. Diligencias y buenos oficios que se aplican para templar el rigor o aspereza con que se ha de proceder en una materia. ‖ **2.** pl. coloq. Remedios paliativos e ineficaces. ‖ **~s tibios.** M. pl. *Am.* **paños calientes** (‖ remedios ineficaces). ‖ **al ~.** LOC.ADV. Dicho de observar o hablar un actor: En la representación escénica, detrás de un telón o bastidor, o asomándose a cualquiera de los intersticios o vanos de la decoración. ‖ **conocer** alguien **el ~.** LOC.VERB. coloq. Estar bien enterado del asunto de que se trata. ‖ **en ~s menores.** LOC.ADV. Vistiendo únicamente ropa interior. U. t. c. loc. adj.

pañol. M. *Mar.* Cada uno de los compartimentos que se hacen en diversos lugares del buque, para guardar víveres, municiones, pertrechos, herramientas, etc.

pañoleta. F. Prenda triangular, especie de medio pañuelo, que se pone al cuello como adorno o abrigo.

pañolón. M. Pañuelo grande, de abrigo.

pañuelo. M. **1.** Pedazo de tela pequeño, generalmente cuadrado, que sirve para limpiarse la nariz o el sudor y para otras cosas. ‖ **2.** Trozo de tela, por lo general cuadrado y mayor que el de bolsillo, usado para abrigarse o como accesorio en la indumentaria femenina y masculina. ‖ **~ de bolsillo.** M. El que se utiliza para limpiarse la nariz o el sudor. ‖ **~ de hierbas.** M. El de tela basta, tamaño algo mayor que el ordinario y con dibujos estampados en colores comúnmente oscuros.

papa[1]. M. **1.** Sumo pontífice romano, vicario de Cristo, sucesor de san Pedro en el gobierno universal de la Iglesia católica, de la cual es cabeza visible, y padre espiritual de todos los fieles. ‖ **2.** coloq. **padre** (‖ varón, respecto de sus hijos). U. m. c. rur. ‖ **~ negro.** M. coloq. General de los jesuitas. ‖ **ser** alguien **más papista que el ~.** LOC.VERB. Mostrar en un asunto más celo que el directamente interesado en ese asunto.

papa[2]. F. **patata.**

papa[3]. **ni ~.** LOC. PRONOM. coloq. **nada.** U. con neg. *No sabe, no entiende ni papa.*

papá. M. **1.** coloq. **padre** (‖ varón, respecto de sus hijos). En España, u. m. en leng. infant. ‖ **2.** pl. El padre y la madre. *¿Esos son tus papás?* ¶ MORF. pl. **papás.** □ V. **hijo de ~.**

papable. ADJ. Dicho de un cardenal: Considerado merecedor de la tiara.

papada. F. **1.** Abultamiento carnoso que se forma debajo de la barbilla, o entre ella y el cuello. ‖ **2.** Pliegue cutáneo que sobresale en el borde inferior del cuello de ciertos animales, y se extiende hasta el pecho.

papado. M. **1.** Dignidad de papa. ‖ **2.** Tiempo que dura el mandato de un papa.

papadzul. M. *Méx.* Tortilla de maíz enrollada y cubierta de una salsa hecha de semillas de calabaza y caldo de epazote.

papafigo. M. oropéndola.

papagaya. F. Hembra del papagayo.

papagayo. M. **1.** Ave del orden de las Psitaciformes de unos 35 cm desde lo alto de la cabeza hasta la extremidad de la cola y 60 cm de envergadura. Tiene pico fuerte, grueso y muy curvado, patas de tarsos delgados y dedos muy largos, con los cuales coge el alimento para llevarlo a la boca, y plumaje amarillento en la cabeza, verde en el cuerpo, encarnado en la base de las alas y en el extremo de las alas remeras principales. Es propio de los países tropicales, pero en domesticidad vive en los climas templados y aprende a repetir palabras y frases enteras. Hay diversas especies con plumaje muy distinto, pero siempre con colores brillantes. ‖ **2.** coloq. Persona que habla mucho o sin pensar o entender bien lo que dice.

papahígo. M. Especie de montera que puede cubrir toda la cabeza hasta el cuello, salvo los ojos y la nariz, y que se usa para defenderse del frío.

papal[1]. ADJ. Perteneciente o relativo al **papa**[1].

papal[2]. M. *Am.* Terreno sembrado de **papas**[2].

papalina[1]. F. **1.** Gorra o birrete con dos puntas, que cubre las orejas. ‖ **2.** Cofia de mujer, generalmente de tela ligera y con adornos.

papalina[2]. F. coloq. Embriaguez, borrachera.

papalisa. F. *Á. Andes.* Tubérculo feculento y comestible de una planta de la familia de las Baseláceas, que vive en los parajes fríos de la región andina.

papalote. M. *Méx.* Cometa de papel.

papamoscas. M. **1.** Pájaro de unos quince centímetros de largo desde el pico hasta la extremidad de la cola, de color gris por encima, blanquecino por debajo con algunas manchas pardas en el pecho, y cerdas negras y largas en la comisura del pico. Se domestica con facilidad y sirve para limpiar de moscas las habitaciones. ‖ **2.** coloq. **papanatas.**

papanatas. COM. coloq. Persona simple y crédula o demasiado cándida y fácil de engañar.

papanatismo. M. Actitud que consiste en admirar algo o a alguien de manera excesiva, simple y poco crítica.

papar. TR. coloq. Tomar comida.

paparrucha. F. **1.** coloq. Noticia falsa y desatinada de un suceso, esparcida entre la gente. ‖ **2.** coloq. Tontería, estupidez, cosa insustancial y desatinada.

paparruchada. F. coloq. **paparrucha.**

papaveráceo, a. ADJ. *Bot.* Se dice de las plantas angiospermas dicotiledóneas, con jugo acre y olor fétido, hojas alternas, más o menos divididas y sin estípulas; flores regulares nunca azules, y fruto capsular con muchas semillas menudas, oleaginosas y de albumen carnoso; p. ej., la adormidera y la amapola. U. t. c. s. f. ORTOGR. En f. pl., escr. con may. inicial c. taxón. *Las Papaveráceas.*

papaverina. F. *Quím.* Alcaloide contenido en el opio, que tiene acción antiespasmódica.

papaya. F. Fruto del papayo, generalmente de forma oblonga, hueco y que encierra las semillas en su concavidad. La parte mollar, semejante a la del melón, es amarilla y dulce, y de él se hace, cuando verde, una confitura muy estimada.

papayal. M. *Méx.* Terreno plantado de papayos.

papayo. M. Árbol de la familia de las Caricáceas, propio de los países cálidos, con tronco fibroso y de poca consistencia, coronado por grandes hojas palmeadas. Tiene un látex abundante y corrosivo, que mezclado con agua sirve para ablandar las carnes.

papear. INTR. vulg. **comer** (‖ ingerir alimento). U. t. c. tr.

papel. M. **1.** Hoja delgada hecha con pasta de fibras vegetales obtenidas de trapos, madera, paja, etc., molidas, blanqueadas y desleídas en agua, que se hace secar y endurecer por procedimientos especiales. ‖ **2.** Pliego, hoja o pedazo de papel en blanco, manuscrito o impreso. ‖ **3.** Carta, credencial, título, documento o manuscrito de cualquier clase. ‖ **4.** Parte de la obra dramática que ha de representar cada actor. ‖ **5.** Personaje de la obra dramática representado por el actor. *Papeles de protagonista. El papel de Segismundo.* ‖ **6.** Cargo o función que alguien o algo cumple en alguna situación o en la vida. *Representar un gran papel, un papel desairado. Hacer mal su papel. Hacer bien su papel.* ‖ **7.** *Com.* Documento que contiene la obligación del pago de una cantidad, como una libranza, un billete de banco, un pagaré, etc. ‖ **8.** *Com.* Conjunto de valores mobiliarios que salen a negociación en el mercado. ‖ **9.** pl. Documentos con que se acreditan las circunstancias personales de alguien. *Enséñeme sus papeles, por favor.* ‖ ~ **biblia.** M. El que es muy delgado pero resistente y de buena calidad, propio para imprimir obras muy extensas. ‖ ~ **blanco.** M. El que no está escrito ni impreso, por contraposición al que lo está. ‖ ~ **carbón.** M. El fino y entintado por una de sus caras que sirve para la obtención de copias a mano o a máquina. ‖ ~ **cebolla.** M. El de escribir, muy delgado, que suele emplearse para copias. ‖ ~ **celo.** M. **celo²**. ‖ ~ **comercial.** M. El de cartas de tamaño holandesa, rayado con pauta estrecha. ‖ ~ **continuo.** M. El que se hace a máquina en piezas de mucha longitud. ‖ ~ **cuché.** M. El muy satinado y barnizado que se emplea en revistas y obras que llevan grabados o fotografiados.

‖ ~ **de aluminio.** M. Lámina muy fina de aluminio o estaño aleado, utilizada para envolver alimentos y en la fabricación de condensadores eléctricos. ‖ ~ **de barba.** M. El de hilo hecho pliego a pliego que no está recortado por los bordes. ‖ ~ **de calcar,** o ~ **de calco.** M. **1.** papel **carbón.** ‖ **2.** El traslúcido o apergaminado a través del cual pueden verse los dibujos originales para ser calcados. ‖ ~ **de China.** M. El que se fabrica con la parte interior de la corteza de la caña del bambú, y por su fibra larga es muy consistente a pesar de su extremada delgadez. ‖ ~ **de estaño.** M. papel de aluminio. ‖ ~ **de estraza.** M. papel muy basto, áspero, sin cola y sin blanquear. ‖ ~ **de filtro.** M. El poroso y sin cola, hecho con trapos de algodón lavados con ácidos diluidos y que se usa para filtrar. ‖ ~ **de fumar.** M. El que se usa para liar cigarrillos. ‖ ~ **del Estado.** M. Cada uno de los diferentes documentos que emite el Estado reconociendo créditos, sean o no reembolsados o amortizables, a favor de sus tenedores. ‖ ~ **de lija.** M. Hoja de papel fuerte, con vidrio molido, arena de cuarzo o polvos de esmeril, encolados en una de sus caras, que se emplea en lugar de la piel de lija. ‖ ~ **de música.** M. El rayado con pentagramas para escribir música. ‖ ~ **de pagos.** M. Hoja timbrada que expende la Hacienda, para hacer pagos al Estado. ‖ ~ **de plata.** M. papel de aluminio. ‖ ~ **de seda.** M. El muy fino, transparente y que se asemeja en algo a la tela de seda. ‖ ~ **de tornasol.** M. *Quím.* El impregnado en la tintura de tornasol, que sirve para determinar el carácter ácido o básico de una disolución. ‖ ~ **en blanco.** M. papel blanco. ‖ ~ **higiénico.** M. El que se usa para la higiene personal. ‖ ~ **japonés.** M. El fabricado con la parte interior de la corteza del moral hecha pasta, a la cual se añade una pequeña porción de harina de arroz. Es satinado, de grueso regular, fibra larga, flexible y de color amarillento. ‖ ~ **maché.** M. **cartón piedra.** ‖ ~ **matamoscas.** M. Tira de papel impregnada con una sustancia pegajosa en la que las moscas quedan atrapadas. ‖ ~ **mojado.** M. **1.** El de poca importancia o que prueba poco para un asunto. ‖ **2.** coloq. Cosa inútil o inconsistente. ‖ ~ **moneda.** M. El que por autoridad pública sustituye al dinero en metálico y tiene curso como tal. ‖ ~ **pautado.** M. El que tiene pauta para aprender a escribir o pentagrama para la música. ‖ ~ **picado.** M. *Am.* confeti. ‖ ~ **pintado.** M. El de varios colores y dibujos que se emplea en adornar con él las paredes de las habitaciones y en otros usos. ‖ ~ **pluma.** M. El fabricado con pasta muy ligera y esponjosa. ‖ ~ **rayado.** M. El que, después de recortado en pliegos, recibe rayas muy finas de lápiz o tinta pálida, a fin de escribir sobre ellas. ‖ ~ **secante.** M. El esponjoso y sin cola, que se emplea para enjugar lo escrito a fin de que no se emborrone. ‖ ~ **sellado.** M. El que tiene estampadas las armas de la nación, con el precio de cada pliego, y clase, como impuesto de timbre, y sirve para formalizar documentos y para otros usos oficiales. ‖ ~ **tela.** M. Tejido de algodón, muy fino, engomado por las dos caras y transparente, que se emplea para calcar dibujos. ‖ ~ **vegetal.** M. El satinado y transparente que usan los dibujantes, arquitectos, etc. ‖ ~ **verjurado.** M. El que lleva una filigrana de rayitas o agujeros muy menudos y otros más separados que los cortan perpendicularmente. ‖ **hacer** alguien **buen** ~. LOC. VERB. Estar o salir lucidamente en algún acto o negocio. ‖ **hacer el** ~. LOC. VERB. Fingir o representar algo diestramente. ‖ **hacer** alguien **mal** ~. LOC. VERB. Estar o salir desairadamente en algún acto o negocio. ‖ **hacer** algo o alguien su ~. LOC.VERB. Cumplir con su cargo u ocupación o ser de provecho para algo. ‖ **perder** alguien **los ~es.** LOC.VERB. coloq. Perder el dominio de sí mismo. ‖ **sobre el ~.** LOC.ADV. En teoría. ☐ V. **cesto de los ~es.**

papeleo. M. Conjunto de trámites en la resolución de un asunto, especialmente cuando es excesivo.

papelera. F. **1.** Recipiente para echar los papeles inútiles y otros desperdicios. ‖ **2.** Fábrica de papel.

papelería. F. Tienda donde se vende papel y otros objetos de escritorio.

papelerío. M. *Am.* Conjunto de papeles esparcidos sin orden, generalmente rotos y desechados.

papelero, ra. **I.** ADJ. **1.** Perteneciente o relativo al papel o a su fabricación o venta. *Asociación papelera.* ‖ **II.** M. y F. **2.** Persona que fabrica o vende papel.

papeleta. F. **1.** **cédula** (‖ papel escrito o para escribir). ‖ **2.** Papel pequeño en el que figuran ciertos datos, como el nombre de la persona o partido político a los que se va a votar, la nota de un examen o un resguardo. ‖ **3.** Tarjeta en la que se escriben datos ordenados con vistas a una clasificación. ‖ **4.** Asunto difícil de resolver.

papeletear. TR. Anotar en papeletas los datos que interesan para algún fin, o escudriñar un texto con este propósito.

papeleteo. M. Acción y efecto de papeletear.

papelillo. M. Cigarro de papel.

papelina. F. jerg. Paquete pequeño de papel que contiene droga para su venta al por menor.

papelón. M. **1.** coloq. Actuación deslucida o ridícula de alguien. ‖ **2.** *Am.* Pan de azúcar sin refinar.

papelorio. M. despect. Fárrago de papel o de papeles.

papera. F. **1.** Inflamación de las glándulas parótidas. U. m. en pl. ‖ **2.** **bocio.** ‖ **3.** pl. *Med.* Escrófulas en el cuello.

papero[1]. M. Puchero en que se hacen las papas para los niños.

papero[2]**, ra.** M. y F. Persona que cultiva papas o negocia con ellas.

papiamento, ta. ADJ. Se dice del idioma o lengua criolla de Curazao, en el Caribe. U. t. c. s. m. *El papiamento.*

papiche. ADJ. *Chile.* Que tiene la mandíbula inferior sobresaliente.

papila. F. **1.** *Anat.* Cada una de las pequeñas prominencias cónicas, generalmente sensoriales, formadas en la piel y en las membranas mucosas, especialmente de la lengua, por las ramificaciones de los nervios y de los vasos. ‖ **2.** *Bot.* Cada una de las prominencias cónicas que tienen ciertos órganos de algunos vegetales.

papilar. ADJ. *Anat.* y *Bot.* Perteneciente o relativo a las papilas.

papilionáceo, a. ADJ. *Bot.* Se dice de las plantas angiospermas dicotiledóneas, hierbas, matas, arbustos o árboles, con fruto casi siempre en legumbre, flores con corola amariposada en inflorescencias de tipo de racimo o espiga y con diez estambres, todos libres o todos unidos por sus filamentos, o bien uno libre y nueve unidos por sus filamentos; p. ej., el guisante, la retama y el algarrobo. U. t. c. s. f. ORTOGR. En f. pl., escr. con may. inicial c. taxón. *Las Papilionáceas.*

papilla. F. **1.** Comida, generalmente destinada a niños y enfermos, que presenta la consistencia de una pasta fina y espesa. ‖ **2.** Pasta fina y espesa hecha de cualquier sustancia. *Papilla de cal.* ‖ **3.** *Med.* Sustancia opaca a los rayos X, utilizada en el estudio radiológico del aparato

digestivo. ‖ **hacer** ~ a alguien o algo. LOC.VERB. coloq. Destrozarlo completamente, en sentido físico o moral. *Le hicieron papilla el cráneo. El suspenso lo hizo papilla.*

papillote. a la ~. LOC.ADV. Dicho de asar la carne o el pescado: Con manteca y aceite y envolviéndolo en un papel.

papiloma. M. **1.** *Med.* Tumor benigno caracterizado por el aumento de volumen en las papilas de la piel o de las mucosas, con endurecimiento de la dermis subyacente. ‖ **2.** *Med.* Tumor pediculado en forma de botón o cabezuela. ‖ **3.** *Med.* Excrecencia de la piel por hipertrofia de sus elementos normales.

papín. M. Especie de dulce casero.

papión. M. **zambo** (‖ mono americano).

papiriforme. ADJ. Dicho de una columna o de un capitel: Que tienen forma de **papiro** (‖ planta).

papiro. M. **1.** Planta vivaz, indígena de Oriente, de la familia de las Ciperáceas, con hojas radicales, largas, muy estrechas y enteras, cañas de dos a tres metros de altura y un decímetro de grueso, cilíndricas, lisas, completamente desnudas y terminadas por un penacho de espigas con muchas flores pequeñas y verdosas, y toda ella rodeada de brácteas lineales que se encorvan hacia abajo, como el varillaje de un paraguas. ‖ **2.** Lámina sacada del tallo de esta planta y que empleaban los antiguos para escribir en ella. ‖ **3.** Manuscrito en papiro.

papiroflexia. F. Arte y habilidad de dar a un trozo de papel, doblándolo convenientemente, la forma de determinados seres u objetos.

papirología. F. Rama de la paleografía que estudia los papiros.

papirólogo, ga. M. y F. Persona versada en papirología.

papirotazo. M. Golpe en la cabeza.

papisa. F. Mujer papa.

papismo. M. Entre los protestantes y cismáticos, Iglesia católica, con sus organismos y doctrinas.

papista. ADJ. **1.** Entre los protestantes y cismáticos, católico romano, que obedece al papa y así lo confiesa. U. t. c. s. ‖ **2.** coloq. Partidario de la rigurosa observación de las disposiciones del sumo pontífice. U. t. c. s.

papo. M. **1.** Parte abultada del animal entre la barbilla y el cuello. ‖ **2.** Buche de las aves.

páprika o **paprika.** F. **pimentón.**

papú o **papúa.** ADJ. **1.** Natural de la Papuasia. U. t. c. s. ‖ **2.** Natural de Papúa-Nueva Guinea. U. t. c. s. ‖ **3.** Perteneciente o relativo a aquella región de la Nueva Guinea o a este país de Oceanía. ¶ MORF. pl. **papúes** –o **papús**– o **papúas.**

pápula. F. *Med.* Tumor eruptivo que se presenta en la piel sin pus ni serosidad.

papuloso, sa. ADJ. *Med.* Que tiene los caracteres de la pápula. *Lesiones papulosas.*

paquear. TR. Disparar como los **pacos**[2].

paquebote. M. Embarcación que lleva la correspondencia pública, y generalmente pasajeros también, de un puerto a otro.

paqueo. M. Acción y efecto de paquear.

paquete, ta. **I.** ADJ. **1.** *Á. R. Plata.* Dicho de una persona: Que muestra un particular esmero en su arreglo, vestimenta, modales, etc. ‖ **2.** *Á. R. Plata.* Dicho de una prenda de vestir, de una vivienda o de una celebración: Realizada con especial esmero y elegancia. *Una fiesta paqueta.* ‖ **II.** M. **3.** Lío o envoltorio bien dispuesto y no muy abultado de cosas de una misma o distinta clase.

4. Conjunto de cartas o papeles que forman mazo, o contenidos en un mismo sobre o cubierta. ‖ **5.** Conjunto de servicios que se ofrecen o de requisitos que se exigen. ‖ **6.** En las motocicletas, persona que va detrás o al lado del conductor. ‖ **7.** coloq. Bulto de los órganos genitales masculinos bajo una prenda muy ceñida. ‖ **8.** *Inform.* Conjunto de programas o de datos. ‖ **paquete de acciones.** M. Conjunto grande de acciones de una compañía, pertenecientes a un solo titular. ‖ **paquete de medidas.** M. Conjunto de disposiciones tomadas para poner en práctica alguna decisión. *El Gobierno presentó un paquete de medidas económicas.* ‖ **paquete postal.** M. El que se ajusta a determinados requisitos y se envía por correo. ‖ **darse** alguien **paquete.** LOC.VERB. *Méx.* Darse importancia. ‖ **meter un ~ a** alguien. LOC.VERB. coloq. Imponerle un castigo, arresto o sanción.

paquetear. INTR. *Á. guar.* y *Á. R. Plata.* **presumir** (‖ cuidar mucho el arreglo personal). *Compré unos zapatos para paquetear.*

paquetería. F. **1.** Género menudo de comercio que se guarda o vende en paquetes. ‖ **2.** Comercio de este género. ‖ **3.** *Á. guar.* y *Á. R. Plata.* Compostura en el vestir o en el arreglo de casas o locales. ‖ **4.** *Á. guar.* y *Á. R. Plata.* Conjunto de prendas o adornos que una persona se pone para ir bien vestida.

paquetero, ra. **I.** ADJ. **1.** Que hace paquetes. *Máquina paquetera.* Apl. a pers., u. t. c. s. ‖ **II.** M. y F. **2.** Persona que se encarga de los paquetes de los periódicos para repartirlos entre los vendedores.

paquidérmico, ca. ADJ. **1.** *Zool.* Perteneciente o relativo a los Paquidermos. *Tamaño paquidérmico.* ‖ **2.** Que tiene, según opinión vulgar, caracteres comparables en algo a los del elefante. *Andares paquidérmicos. Matrona paquidérmica.*

paquidermo. ADJ. *Zool.* Se dice de los mamíferos artiodáctilos, omnívoros o herbívoros, de piel muy gruesa y dura; p. ej., el jabalí y el hipopótamo. U. t. c. s. m. ORTOGR. En m. pl., escr. con may. inicial c. taxón. *Los Paquidermos.*

paquistaní. ADJ. **pakistaní.** Apl. a pers., u. t. c. s. MORF. pl. **paquistaníes** o **paquistanís.**

par. **I.** ADJ. **1.** Igual o semejante totalmente. *Una obra que no tiene par.* ‖ **2.** *Zool.* Dicho de un órgano: Que corresponde simétricamente a otro igual. ‖ **II.** M. **3.** *Mat.* **número par.** ‖ **4.** Conjunto de dos personas o dos cosas de una misma especie. ‖ **5.** En el juego del mus, reunión de dos cartas de un mismo valor. ‖ **6.** hist. En algunos países, miembro de la nobleza. ‖ **7.** *Arq.* Cada uno de los dos maderos que en un cuchillo de armadura tienen la inclinación del tejado. ‖ **8.** *Dep.* En el golf, número de golpes establecido para recorrer un campo o cada uno de sus hoyos. ‖ **9.** pl. En el juego del mus, tercer lance de la partida, que solo se lleva a cabo cuando al menos un jugador tiene dos o más cartas de un mismo valor. ‖ **~ de fuerzas.** M. *Mec.* Sistema de dos fuerzas iguales paralelas, de sentidos contrarios y aplicadas en dos puntos distintos, que crean un movimiento de rotación. ‖ **a la ~.** LOC.ADV. **1.** De manera conjunta o a un tiempo. ‖ **2.** Igualmente, sin distinción o separación. ‖ **3.** En monedas, efectos públicos u otros negociables, con igualdad entre su valor nominal y el que obtienen en cambio. ‖ **al ~.** LOC.ADV. **1. a la par** (‖ de manera conjunta). ‖ **2. a la par** (‖ igualmente, sin distinción). ‖ **a ~.** LOC.ADV. **1.** Cerca o inmediatamente a una cosa o junto a ella. ‖ **2. a**

la par (‖ de manera conjunta). ‖ **a ~es.** LOC.ADV. **de dos en dos.** ‖ **de ~ en ~.** LOC.ADV. **1.** Dicho de abrir las puertas o ventanas: **enteramente.** ‖ **2.** Sin impedimento ni obstáculo que estorbe; de manera clara o patente. ‖ **echar a ~es y nones,** o **a ~es o nones** algo. LOCS.VERBS. **jugar a pares y nones.** ‖ **jugar a ~es y nones,** o **a ~es o nones** algo. LOCS.VERBS. Sortearlo adivinando si el número de cosas que una persona oculta en el puño es **par** o impar. ‖ **sin ~.** LOC.ADJ. ponder. Singular, que no tiene igual o semejante. □ V. **número ~.**

para. PREP. **1.** Denota el fin o término a que se encamina una acción. *Lo quiere para hacer un regalo.* ‖ **2. hacia** (‖ en dirección a). *¿Va usted para Toledo?* ‖ **3.** Se usa para indicar el lugar o tiempo a que se difiere o determina el ejecutar algo o finalizarlo. *Pagará para el invierno.* ‖ **4.** Se usa para determinar el uso que conviene o puede darse a algo. *Esto es bueno para las mangas del vestido.* ‖ **5.** Se usa como partícula adversativa, significando el estado en que se halla actualmente algo, contraponiéndolo a lo que se quiere aplicar o se dice de ello. *Con buena calma vienes para la prisa que yo tengo.* ‖ **6.** Denota la relación de una cosa con otra, o lo que es propio o le toca respecto de sí misma. *Poco la alaban para lo que merece.* ‖ **7.** Significando el motivo o causa de algo, por que, o por lo que. *¿Para qué madrugas tanto?* ‖ **8.** Por, o a fin de. *Para acabar la pendencia, me llevé a uno de los que reñían.* ‖ **9.** Junto con verbo, significa la resolución, disposición o aptitud de hacer lo que el verbo denota, o la proximidad a hacerlo, y en este último sentido se une al verbo *estar. Estoy para marchar de un momento a otro. Estuve para responderle una fresca.* ‖ **10.** Con los pronombres personales *mí, sí,* etc., y con algunos verbos, denota la particularidad de la persona, o que la acción de lo expresado por el verbo es interior, secreta y no se comunica a otro. *Leer para sí. Para mí tengo.* ‖ **11.** Junto con algunos nombres, se usa supliendo el verbo *comprar* o con el sentido de 'entregar a', 'obsequiar a', etc. *Dar para fruta. Estos libros son para los amigos.* ‖ **~ con.** LOC. PREPOS. Respecto de. ‖ **~ eso.** LOC.ADV. Se usa para despreciar algo por fácil o por inútil. *Para eso no me hubiera molestado en venir.* ‖ **~ que.** LOC. CONJUNT. Se usa en sentido interrogativo y afirmativo, significa 'para cuál fin u objeto', 'para el fin u objeto de que'. ORTOGR. En sentido interrogativo, escr. con acento la partícula *que. ¿Para qué sirve ese instrumento?*

parabién. M. felicitación.

parábola. F. **1.** Narración de un suceso fingido, de que se deduce, por comparación o semejanza, una verdad importante o una enseñanza moral. ‖ **2.** *Geom.* Lugar geométrico de los puntos del plano equidistantes de una recta y de un punto fijos, que resulta de cortar un cono circular recto por un plano paralelo a una generatriz.

parabólica. F. Antena parabólica.

parabólico, ca. ADJ. **1.** Perteneciente o relativo a la parábola, o que encierra o incluye ficción doctrinal. *Lenguaje parabólico.* ‖ **2.** Se dice de la antena radioeléctrica con forma de parábola, y especialmente de la televisión, que permite captar emisoras situadas a gran distancia. ‖ **3.** *Geom.* Perteneciente o relativo a la parábola o parecido a ella.

paraboloide. M. **1.** *Geom.* Superficie cuyas secciones planas son parábolas, elipses o círculos, y se extiende de modo indefinido en un solo sentido. ‖ **2.** *Geom.* Sólido comprendido entre esta superficie y cualquier otra que lo limita. ‖ ~ **hiperbólico**. M. *Geom.* Superficie alabeada, que se extiende de modo indefinido en todos sentidos, de curvaturas contrarias como una silla de caballo, y cuyas secciones planas son todas parábolas e hipérbolas.

parabrisa. F. *Á. Andes.* **parabrisas.**

parabrisas. M. Bastidor con cristal que lleva el automóvil en su parte anterior para resguardar a los viajeros del aire cuando el vehículo se pone en movimiento.

paracaídas. M. **1.** Artefacto hecho de tela u otra materia análoga, resistente, que, al extenderse en el aire, toma la forma de una sombrilla grande. Se usa para moderar la velocidad de caída de los cuerpos que se arrojan desde las aeronaves. ‖ **2.** Aquello que sirve para evitar o disminuir el golpe de una caída desde un sitio elevado.

paracaidismo. M. Práctica del lanzamiento en paracaídas.

paracaidista. COM. **1.** Soldado especialmente adiestrado que desciende con paracaídas. ‖ **2.** Persona diestra en el manejo del paracaídas.

paracentesis. F. *Med.* Punción que se hace en el vientre para evacuar la serosidad acumulada anormalmente en la cavidad del peritoneo.

parachoques. M. Pieza o aparato que llevan exteriormente los automóviles y otros vehículos, en la parte delantera y trasera, para amortiguar los efectos de un choque.

paráclito. M. Espíritu Santo, enviado para consolador de los fieles.

parada. F. **1.** Acción de parar o detenerse. ‖ **2.** Lugar o sitio donde se para. ‖ **3.** Fin o término del movimiento de algo, especialmente de la carrera. ‖ **4.** Lugar en que se detienen los vehículos destinados a transportes públicos y donde esperan los pasajeros. ‖ **5.** Lugar asignado en las ciudades para que estacionen en él los vehículos de alquiler o taxis. ‖ **6.** Sitio o lugar donde se recogen o juntan las reses. ‖ **7.** Lugar en que los caballos o asnos cubren a las yeguas. ‖ **8.** Punto en que los tiros de relevo están apostados. ‖ **9.** *Dep.* Acción de **parar** (‖ impedir el portero que el balón entre en su portería). ‖ **10.** *Esgr.* Movimiento defensivo, quite. ‖ **11.** *Mil.* Formación de tropas para pasarles revista o hacer gala de ellas en una solemnidad. ‖ **12.** *Mil.* Reunión de la tropa que entra de guardia. ‖ **13.** *Mil.* Lugar donde esta tropa se reúne, para partir cada sección o grupo a su respectivo destino. ‖ ~ **en firme**. F. *Equit.* La del caballo que, refrenado en su carrera, se contiene de pronto y queda como clavado en aquel mismo punto. ‖ ~ **general**. F. *Esgr.* Movimiento circular y rapidísimo de la espada, que recorre todas las líneas. ▢ V. **orden de** ~.

paradero. M. **1.** Lugar o sitio donde se para o se va a parar. ‖ **2.** *Am.* Parada de taxis u otros vehículos colectivos. ‖ **3.** *Á. Andes.* Parada de autobuses y tranvías.

paradigma. M. **1.** Ejemplo o ejemplar. ‖ **2.** Teoría cuyo núcleo central se acepta sin cuestionar y que suministra la base y modelo para resolver problemas y avanzar en el conocimiento; p. ej., en la ciencia, las leyes del movimiento y la gravitación de Newton y la teoría de la evolución de Darwin. ‖ **3.** *Ling.* Cada uno de los esquemas formales en que se organizan las palabras nominales y verbales para sus respectivas flexiones. ‖ **4.** *Ling.* Conjunto cuyos elementos pueden aparecer alternativamente en algún contexto especificado; p. ej., *niño, hombre, perro,* pueden figurar en *El — se queja.*

paradigmático, ca. ADJ. **1.** Perteneciente o relativo al paradigma. *Caso paradigmático.* ‖ **2.** *Ling.* Se dice de las relaciones que existen entre dos o más elementos de un paradigma.

paradisíaco, ca o **paradisiaco, ca.** ADJ. Perteneciente o relativo al paraíso.

parado, da. PART. de **parar.** ‖ ADJ. **1.** Desocupado, o sin ejercicio o empleo. Apl. a pers., u. t. c. s. ‖ **2.** Remiso, tímido o flojo en palabras, acciones o movimientos. ‖ **3.** *Am.* Derecho o en pie. ‖ **4.** *Chile.* Orgulloso, engreído. ‖ **quedar,** o **salir, bien** ~. LOCS. VERBS. Tener buena fortuna en un asunto. ‖ **quedar,** o **salir, mal** ~. LOCS. VERBS. Tener mala fortuna en un asunto. ▢ V. **coche** ~.

paradocente. I. ADJ. **1.** *Chile.* Perteneciente o relativo al personal auxiliar de la docencia. ‖ **II.** COM. **2.** *Chile.* Persona que desempeña una tarea auxiliar en la docencia.

paradoja. F. **1.** Hecho o dicho aparentemente contrario a la lógica. ‖ **2.** *Ret.* Figura de pensamiento que consiste en emplear expresiones o frases que envuelven contradicción; p. ej., *Mira al avaro, en sus riquezas, pobre.*

paradójico, ca. ADJ. Que incluye paradoja o que usa de ella. *Frase paradójica.*

parador, ra. I. ADJ. **1.** Dicho de un jugador: Que arriesga mucho. U. t. c. s. ‖ **II.** M. **2. parador nacional de turismo.** ‖ ~ **nacional de turismo**. M. En España, cierto tipo de establecimiento hotelero dependiente de organismos oficiales.

paraestatal. ADJ. Dicho de una institución, de un organismo o de un centro: Que, por delegación del Estado, cooperan a los fines de este sin formar parte de la Administración pública.

parafernalia. F. Conjunto de usos habituales en determinados actos o ceremonias, y de objetos que en ellos se emplean. U. m. en sent. irón.

parafina. F. *Quím.* Cada una de las sustancias sólidas, opalinas, inodoras, menos densas que el agua y fácilmente fusibles, compuestas por una mezcla de hidrocarburos, que se obtienen como subproducto de la destilación del petróleo. Tienen múltiples aplicaciones industriales.

parafínico, ca. ADJ. *Quím.* Perteneciente o relativo a la parafina.

parafrasear. TR. Hacer la paráfrasis de un texto o escrito.

paráfrasis. F. **1.** Explicación o interpretación amplificadora de un texto para ilustrarlo o hacerlo más claro o inteligible. ‖ **2.** Traducción en verso en la cual se imita el original, sin verterlo con escrupulosa exactitud. ‖ **3.** Frase que, imitando en su estructura otra conocida, se formula con palabras diferentes.

parafrástico, ca. ADJ. **1.** Perteneciente o relativo a la paráfrasis. *Locución parafrástica.* ‖ **2.** Propio o característico de ella, que la encierra o incluye. *Definición parafrástica.*

paragoge. F. *Gram.* Adición de algún sonido al fin de un vocablo; p. ej., en *fraque* por *frac.* Era figura de dicción según la preceptiva tradicional.

paragógico, ca. ADJ. *Gram.* Perteneciente o relativo a la paragoge.

paragolpe. M. *Á. R. Plata.* **parachoques.**

paragolpes. M. *Á. guar.* **parachoques.**

parágrafo. M. párrafo.

paragranizo. M. *Agr.* Cobertizo de tela basta o de hule que se coloca sobre ciertos sembrados o frutos que el granizo puede malograr.

paraguariense. ADJ. **1.** Natural de Paraguarí. U. t. c. s. ‖ **2.** Perteneciente o relativo a este departamento del Paraguay o a su capital.

paraguas. M. **1.** Utensilio portátil para resguardarse de la lluvia, compuesto de un eje y de un varillaje cubierto de tela u otro material, que puede extenderse y plegarse. ‖ **2.** Persona o cosa que sirven de amparo o protección. *Sabe que cuenta con el paraguas de la banca.*

paraguatán. M. *Am. Cen.* Árbol de la familia de las Rubiáceas, que se da profusamente en el territorio venezolano. Es de madera rosada, que admite pulimento, y de su corteza se hace una tinta roja.

Paraguay. □ V. **hierba del ~, té del ~.**

paraguaya. F. Fruta de hueso semejante al pérsico y de sabor también parecido, de forma aplastada y de mucho consumo en Europa.

paraguayismo. M. Locución, giro o modo de hablar propio y peculiar de los paraguayos.

paraguayo, ya. **I.** ADJ. **1.** Natural del Paraguay. U. t. c. s. ‖ **2.** Perteneciente o relativo a este país de América. ‖ **II.** M. **3.** paraguaya. □ V. **hamaca ~.**

paraguazo. M. Golpe dado con el paraguas.

paragüería. F. Tienda de paraguas.

paragüero, ra. **I.** M. y F. **1.** Persona que hace o vende paraguas. ‖ **II.** M. **2.** Mueble dispuesto para colocar los paraguas y bastones.

paraiseño, ña. ADJ. **1.** Natural de El Paraíso. U. t. c. s. ‖ **2.** Perteneciente o relativo a este departamento de Honduras.

paraíso. M. **1.** En el Antiguo Testamento, jardín de delicias donde Dios colocó a Adán y Eva. ORTOGR. Escr. t. con may. inicial. ‖ **2.** Cielo, lugar en que los bienaventurados gozan de la presencia de Dios. ORTOGR. Escr. t. con may. inicial. ‖ **3.** Graderío más alto de un cine, teatro o local análogo. ‖ **4.** Sitio o lugar muy agradable. ‖ **~ fiscal.** M. País o territorio donde la ausencia o parvedad de impuestos y controles financieros aplicables a los extranjeros residentes constituye un eficaz incentivo para atraer capitales del exterior. ‖ **~ terrenal.** M. paraíso (‖ jardín de delicias). ORTOGR. Escr. t. Paraíso terrenal. □ V. **árbol del ~, ave del ~, granos del ~.**

paraje. M. Lugar, sitio.

paral. M. Madero que sale de un mechinal o hueco de una construcción y sostiene el extremo de un tablón de andamio.

paralaje. F. Variación aparente de la posición de un objeto, especialmente un astro, al cambiar la posición del observador.

paralelas. F. **1.** pl. *Dep.* **barras paralelas.** ‖ **2.** pl. *Dep.* **paralelas asimétricas.** ‖ **~s asimétricas.** F. **1.** pl. *Dep.* Aparato de gimnasia que consiste en dos barras horizontales colocadas a diferente altura. ‖ **2.** pl. *Dep.* Modalidad de gimnasia artística femenina que se practica con dicho aparato.

paralelepípedo. M. *Geom.* Sólido limitado por seis paralelogramos, cuyas caras opuestas son iguales y paralelas.

paralelismo. M. Cualidad de paralelo o continuada igualdad de distancia entre líneas o planos.

paralelo, la. **I.** ADJ. **1.** *Geom.* Dicho de dos o más líneas o planos: Equidistantes entre sí y que por más que se prolonguen no pueden encontrarse. ‖ **2.** Correspondiente o semejante. *Situaciones, vidas paralelas.* ‖ **II.** M. **3.** Cotejo o comparación de una cosa con otra. ‖ **4.** Comparación de una persona con otra, por escrito o de palabra. ‖ **5.** *Geogr.* Cada uno de los círculos menores paralelos al ecuador, que se suponen descritos en el globo terráqueo y que sirven para determinar la latitud de cualquiera de sus puntos o lugares. ‖ **6.** *Geom.* Cada uno de los círculos que en una superficie de revolución resultan de cortarla por planos perpendiculares a su eje. ‖ **en paralelo.** **I.** LOC.ADJ. **1.** *Electr.* Dicho de dos o más circuitos: Que se conectan independientemente a uno principal. U. t. c. loc. adv. ‖ **II.** LOC.ADV. **2.** Formando una línea paralela con otra cosa. ‖ **3.** **a la vez.** □ V. **barras ~s.**

paralelogramo. M. *Geom.* Cuadrilátero cuyos lados opuestos son paralelos entre sí.

paralelógramo. M. *Chile.* paralelogramo.

paralimpiada o **paralimpíada.** F. Competición universal de diversos deportes que se celebra cada cuatro años en un lugar previamente determinado, y en la cual los atletas son minusválidos. U. t. en pl. con el mismo significado que en sing.

paralímpico, ca. ADJ. **1.** Perteneciente o relativo a las paralimpiadas. *Deportes paralímpicos.* ‖ **2.** Dicho de un deportista: Que participa en alguna paralimpiada. U. t. c. s.

paralipómenos. M. pl. Suplemento o adición a algún escrito.

parálisis. F. **1.** *Med.* Privación o disminución del movimiento de una o varias partes del cuerpo. ‖ **2.** Detención de cualquier actividad, funcionamiento o proceso. *La parálisis de las instituciones.* ‖ **~ agitante.** F. *Med.* enfermedad de Parkinson. ‖ **~ infantil.** F. *Med.* poliomielitis.

paralítico, ca. ADJ. Enfermo de parálisis. U. t. c. s.

paralización. F. Acción y efecto de paralizar.

paralizador, ra. ADJ. Que paraliza. *Miedo paralizador.*

paralizante. ADJ. paralizador.

paralizar. TR. **1.** Causar parálisis. *Un accidente paralizó su brazo.* U. t. c. prnl. ‖ **2.** Detener, entorpecer, impedir la acción y movimiento de algo. *Paralizaron las obras.* U. t. c. prnl.

paralogismo. M. Razonamiento falso.

paramagnético, ca. ADJ. *Fís.* Dicho de un material: Que tiene mayor permeabilidad magnética que el vacío y es ligeramente atraído por los imanes.

paramecio. M. *Zool.* Protozoo ciliado, con forma de suela de zapato, muy común en las aguas dulces de charcas y estanques. Algunas de sus especies alcanzan varios milímetros de longitud y se cultivan con fines experimentales.

paramédico, ca. **I.** ADJ. **1.** Que tiene relación con la medicina sin pertenecer propiamente a ella. *Entidades paramédicas.* ‖ **2.** *Chile.* Perteneciente o relativo al personal auxiliar en tareas médicas. ‖ **II.** M. y F. **3.** *Chile.* Persona que desempeña tareas médicas auxiliares.

paramento. M. **1.** Adorno o atavío con que se cubre algo. *Había en la sala paños y paramentos de calidad.* ‖ **2.** *Arq.* Cada una de las dos caras de una pared. ‖ **3.** *Constr.* Cada una de las seis caras de un sillar labrado. ‖ **~s sacerdotales.** M. **1.** pl. Vestiduras y demás adornos usados por sacerdotes para celebrar misa y otros divinos oficios. ‖ **2.** pl. Adornos del altar.

paramera. F. Región, o vasta extensión de territorio, donde abundan los páramos.

paramero, ra. ADJ. **1.** Natural de los páramos andinos de Venezuela. U. t. c. s. ‖ **2.** Perteneciente o relativo a esta región venezolana. *Sol paramero.*

parámetro. M. **1.** Dato o factor que se toma como necesario para analizar o valorar una situación. *Es difícil entender esta situación basándonos en los parámetros habituales.* ‖ **2.** *Mat.* Variable que, en una familia de elementos, sirve para identificar cada uno de ellos mediante su valor numérico.

paramilitar. ADJ. **1.** Dicho de una organización civil: Con estructura o disciplina de tipo militar. ‖ **2.** Dicho de una persona: Que pertenece a una de estas organizaciones. U. t. c. s.

páramo. M. **1.** Terreno yermo, raso y sin abrigo. ‖ **2.** Lugar sumamente frío y desamparado. *El cuartel era un páramo.*

paranaense. ADJ. **1.** Natural de Paraná. U. t. c. s. ‖ **2.** Perteneciente o relativo a esta ciudad de la Argentina, capital de la provincia de Entre Ríos. ‖ **3. altoparanaense.** Apl. a pers., u. t. c. s.

parangón. M. Comparación o semejanza.

parangonar. TR. Hacer comparación de una cosa con otra.

paraninfo. M. En algunas universidades, salón de actos.

paranoia. F. Perturbación mental fijada en una idea o en un orden de ideas.

paranoico, ca. ADJ. **1.** Perteneciente o relativo a la paranoia. *Signos paranoicos.* ‖ **2.** Que la padece. U. t. c. s.

paranoide. ADJ. *Psicol.* Se dice de la forma atenuada de lo paranoico. □ V. **delirio ~.**

paranomasia. F. **paronomasia.**

paranormal. ADJ. Se dice de los fenómenos científicamente inexplicables estudiados por la parapsicología.

parao. M. *Filip.* Embarcación pequeña con quilla profunda y una sola vela.

parapente. M. **1.** Deporte que consiste en lanzarse desde una pendiente o en ser remolcado desde una lancha con un paracaídas rectangular y previamente desplegado, con el fin de realizar un descenso controlado. ‖ **2.** Tipo de paracaídas que se emplea en esta modalidad deportiva.

parapentista. COM. Persona que practica el parapente.

parapetar. TR. **1.** Resguardar con parapetos o proteger con alguna otra cosa. U. m. c. prnl. *Se parapetaron para resistir el ataque enemigo.* ‖ **2.** Precaver de un riesgo por algún medio de defensa. U. m. c. prnl. *Se parapetó tras un periódico para evitar ser visto.*

parapeto. M. **1.** Pared o baranda que se pone para evitar caídas, en los puentes, escaleras, etc. ‖ **2.** *Mil.* Terraplén corto, formado sobre el principal, que defiende de los golpes enemigos el pecho de los soldados.

paraplejia o **paraplejía.** F. *Med.* Parálisis de la mitad inferior del cuerpo.

parapléjico, ca. ADJ. **1.** *Med.* Perteneciente o relativo a la paraplejia. *Síntomas parapléjicos.* ‖ **2.** Que padece paraplejia. U. t. c. s.

parapsicología. F. Estudio de los fenómenos y comportamientos psicológicos, como la telepatía, las premoniciones, la levitación, etc., de cuya naturaleza y efectos no ha dado hasta ahora cuenta la psicología científica.

parapsicológico, ca. ADJ. Perteneciente o relativo a la parapsicología.

parapsicólogo, ga. ADJ. Que cultiva la parapsicología. U. t. c. s.

parar. **I.** TR. **1.** Detener e impedir el movimiento o acción de alguien. *Pararon la conferencia.* ‖ **2.** Dicho de un perro de caza: Mostrarla, deteniéndose al verla o descubrirla, o con alguna otra señal. ‖ **3.** *Dep.* Dicho de un portero o de otro jugador: Impedir que el balón entre en su portería. ‖ **4.** *Esgr.* Quitar con la espada el golpe del contrario. ‖ **5.** *Am.* Estar o poner de pie. U. t. c. prnl. ‖ **II.** INTR. **6.** Cesar en el movimiento o en la acción, no pasar adelante en ella. U. t. c. prnl. *El motor se para.* ‖ **7.** Ir a dar a un término o llegar al fin. *¿En qué paró la cosa?* ‖ **8.** Habitar, hospedarse. *No sabemos dónde para Ramón. Para en casa de mi tío.* ‖ **9.** coloq. Permanecer en un sitio. U. con neg. *No para en casa.* ‖ **III.** PRNL. **10.** Ejecutar una acción con atención y sosiego. *Pararse A considerar.* ‖ **dónde va a ~.** LOC. INTERJ. Se usa para ponderar las excelencias de algo en comparación con otra cosa. ‖ **dónde vamos,** o **iremos,** etc., **a ~.** EXPRS. coloqs. Se usan para expresar asombro o consternación ante nuevas cosas o situaciones. ‖ **no ~.** LOC. VERB. Estar en constante actividad. ‖ **~ mal.** LOC. VERB. Maltratar, poner en mal estado. ‖ **sin ~.** LOC. ADV. Con prontitud, al punto, sin dilación ni tardanza, detención o sosiego. ‖ **y pare usted de contar.** EXPR. coloq. Se usa para poner fin a una narración o enumeración.

pararrayos. M. Aparato compuesto de una o más varillas de hierro terminadas en punta y unidas entre sí y con la tierra húmeda, o con el agua, por medio de conductores metálicos, el cual se coloca sobre los edificios o los buques para preservarlos de los efectos de la electricidad de las nubes.

parasanga. F. hist. Medida itineraria equivalente a 5250 m, usada por los persas desde tiempos muy remotos.

parasceve. F. hist. Viernes, día en que los judíos preparaban la comida para el sábado.

parasicología. F. **parapsicología.**

parasicológico, ca. ADJ. **parapsicológico.**

parasicólogo, ga. ADJ. **parapsicólogo.** U. t. c. s.

parasimpático, ca. ADJ. *Anat.* Se dice de una de las dos partes del sistema neurovegetativo, cuyos centros radican en los extremos del eje cerebroespinal y cuya acción es antagonista del sistema simpático. U. t. c. s. m.

parasíntesis. F. *Gram.* Formación de vocablos en que intervienen la composición y la derivación; p. ej., *pordiosero, picapedrero.*

parasintético, ca. ADJ. *Gram.* Perteneciente o relativo a la parasíntesis.

parasismo. M. **paroxismo.**

parasitar. TR. *Biol.* Dicho de un ser vivo: Utilizar a otro como alimento sin llegar a matarlo.

parasitario, ria. ADJ. Perteneciente o relativo a los parásitos.

parasítico, ca. ADJ. Perteneciente o relativo a los parásitos.

parasitismo. M. **1.** *Biol.* Modo de vida y tipo de asociación propia de los organismos parásitos. ‖ **2.** Costumbre o hábito de quienes viven a costa de otros a manera de parásitos.

parásito, ta. **I.** ADJ. **1.** *Biol.* Dicho de un organismo animal o vegetal: Que vive a costa de otro de distinta especie, alimentándose de él y depauperándolo sin llegar a matarlo. U. t. c. s. ‖ **2.** Dicho de un ruido: Que perturba las transmisiones radioeléctricas. U. t. c. s. m. pl. ‖ **II.**

M. **3. piojo** (‖ insecto hemíptero). ‖ **4.** Persona que vive a costa ajena.

parasitología. F. Parte de la biología que trata de los seres parásitos.

parasitosis. F. **1.** *Biol.* Infestación por parásitos. ‖ **2.** *Med.* Enfermedad producida por ellos.

parasol. M. **1. quitasol.** ‖ **2.** En el interior de un vehículo, dispositivo móvil sujeto sobre el parabrisas, usado para evitar el deslumbramiento por los rayos del sol.

parata. F. Bancal pequeño y estrecho, formado en un terreno pendiente, cortándolo y allanándolo, para sembrar o hacer plantaciones en él.

paratáctico, ca. ADJ. *Gram.* Perteneciente o relativo a la parataxis.

parataxis. F. *Gram.* Coordinación o yuxtaposición oracional.

paratifus. M. *Med.* Enfermedad semejante al tifus, producida por la bacteria *Salmonella paratyphi.*

paratiroides. ADJ. *Anat.* Se dice de cada una o de todas las glándulas de secreción interna situadas en torno del tiroides, de muy pequeño tamaño y cuya lesión produce la tetania. U. t. c. s. f.

paraulata. F. *Á. Caribe.* Ave semejante al tordo y del mismo tamaño.

parca. F. **1.** *Mit.* Cada una de las tres deidades hermanas, Cloto, Láquesis y Átropos, con figura de viejas, de las cuales la primera hilaba, la segunda devanaba y la tercera cortaba el hilo de la vida del hombre. ‖ **2.** poét. **muerte** (‖ término de la vida).

parcela. F. **1.** Porción pequeña de terreno, de ordinario sobrante de otra mayor que se ha comprado, expropiado o adjudicado. ‖ **2.** En el catastro, cada una de las tierras de distinto dueño que constituyen un pago o término. ‖ **3.** Parte pequeña de algunas cosas. *Una parcela de poder.*

parcelación. F. Acción y efecto de **parcelar** (‖ dividir en porciones).

parcelar. TR. **1.** Medir, señalar las parcelas para el catastro. ‖ **2.** Dividir una finca grande para venderla o arrendarla en porciones más pequeñas.

parcelario, ria. ADJ. Perteneciente o relativo a la **parcela** (‖ de terreno). □ V. **concentración ~.**

parcha. F. Se usa como nombre genérico para referirse en algunas partes de América a diversas plantas de la familia de las Pasifloráceas.

parchar. TR. **emparchar.**

parche. M. **1.** Pedazo de tela, papel, piel, etc., que se pega sobre una cosa, generalmente para tapar un agujero. ‖ **2.** Trozo de lienzo u otro material semejante que contiene un medicamento, y se pone sobre una parte determinada del cuerpo. ‖ **3.** Cada una de las dos pieles del tambor. ‖ **4. tambor** (‖ instrumento musical). ‖ **5.** Cosa sobrepuesta a otra y como pegada, que desdice de la principal. *La conclusión de la novela es un parche.* ‖ **6.** Especialmente en la pintura, pegote o retoque mal hecho. ‖ **7.** coloq. Solución provisional, y a la larga poco satisfactoria, que se da a algún problema. *No ponemos más que parches y la situación empeora.* □ V. **bolsillo de ~.**

parchear. TR. Poner parches.

parchís. M. Juego que se practica en un tablero con cuatro o seis salidas en el que cada jugador, provisto de cuatro fichas del mismo color, trata de hacerlas llegar a la casilla central. El número de casillas que se recorre en cada jugada se determina tirando un dado.

parcial. **I.** ADJ. **1.** Perteneciente o relativo a una parte del todo. *Exámenes parciales.* ‖ **2.** No cabal o completo. *Eclipse parcial.* ‖ **3.** Que juzga o procede con parcialidad, o que la incluye o denota. *Escritor parcial. Juicio parcial.* ‖ **4.** Que sigue el partido de alguien, o está siempre de su parte. U. t. c. s. ‖ **5. partícipe.** ‖ **II.** M. **6.** Examen que el alumno hace de una parte de la asignatura. □ V. **acromatopsia ~.**

parcialidad. F. **1.** Designio anticipado o prevención en favor o en contra de alguien o algo, que da como resultado la falta de neutralidad o rectitud insegura en el modo de juzgar o de proceder. ‖ **2.** Unión de algunas personas que se confederan para un fin, separándose del común y formando cuerpo aparte. ‖ **3.** Conjunto de muchas personas, que componen una familia o facción separada del común. ‖ **4.** Amistad, estrechez, familiaridad en el trato.

parcializar. TR. Juzgar algo o favorecer a una parte en conflicto siempre actuando con parcialidad.

parco, ca. ADJ. **1.** Corto, escaso o moderado en el uso o concesión de las cosas. *Parco de palabra.* ‖ **2.** Sobrio, templado y moderado en la comida o bebida.

pardal. M. **gorrión.**

pardear. INTR. Ir tomando color pardo. ‖ **al ~.** LOC. ADV. *Méx.* Al atardecer, al anochecer, al oscurecer.

pardela. F. Ave acuática, palmípeda, parecida a la gaviota, pero más pequeña.

pardilla. F. **pardillo** (‖ ave paseriforme).

pardillo, lla. **I.** ADJ. **1.** Aldeano, palurdo. U. t. c. s. ‖ **2.** Dicho de una persona: Incauta, que se deja estafar fácilmente. U. t. c. s. ‖ **II.** M. **3.** Ave del orden de las Paseriformes, de unos catorce centímetros desde la punta del pico hasta el extremo de la cola y dos decímetros y medio de envergadura, plumaje de color pardo rojizo en general, negruzco en las alas y la cola, manchado de blanco en el arranque de esta y en las remeras extremas, carmesí en la cabeza y en el pecho, y blanco en el abdomen. La hembra tiene colores menos vivos. Es uno de los pájaros más lindos de España, se alimenta de semillas, principalmente de linaza y cáñamos, canta bien y se domestica con facilidad. ‖ **4. vino pardillo.** □ V. **perdiz ~, vino ~.**

pardo, da. ADJ. **1.** Del color de la tierra, o de la piel del oso común, intermedio entre blanco y negro, con tinte rojo amarillento, y más oscuro que el gris. ‖ **2.** *Am.* hist. Se decía del mulato. U. m. c. s. □ V. **bestia ~, oso ~.**

pardusco, ca o **parduzco, ca.** ADJ. De color que tira a pardo.

pareado. M. Estrofa que forman dos versos pareados.

parear. TR. **1.** Juntar, igualar dos cosas comparándolas entre sí. *Parear adornos.* ‖ **2.** Formar pares de las cosas, poniéndolas de dos en dos. *Parear dos casas.* ‖ **3.** *Taurom.* Poner banderillas.

parecer[1]. **I.** COP. **1.** Tener determinada apariencia o aspecto. *Parece muy luminoso.* ‖ **II.** INTR. **2.** Opinar, creer. *¿Qué le parece?* U. m. c. impers. ‖ **3.** vulg. Dicho de lo que se tenía por perdido: Hallarse o encontrarse. *Ya pareció aquello.* ‖ **III.** PRNL. **4. asemejarse** (‖ mostrarse semejante). *Se parece a su madre.* ¶ MORF. conjug. c. *agradecer.* ‖ **a lo que parece,** o **al ~.** LOCS. CONJUNTS. Se usan para explicar el juicio o dictamen que se forma en una materia, según lo que ella propia muestra o la idea que suscita. ‖ **~ bien** algo. LOC. VERB. **1.** Tener buena disposición, simetría, adorno y belleza. ‖ **2.** Ser acertado o plausible. ‖ ~ **mal** algo. LOC.VERB. **1.** Tener mala disposición, simetría, adorno y belleza. ‖ **2.** No ser acertado o plausible. ‖ **por el bien** ~. LOC.ADV. Se usa para dar a entender que alguien obra por atención y respeto a lo que pueden decir o juzgar de él, y no según su propia inclinación o genio.

parecer[2]. M. **1.** opinión (‖ juicio). ‖ **2.** Orden de las facciones del rostro y disposición del cuerpo. *Es persona de buen parecer.*

parecido, da. PART. de **parecer**[1]. ‖ **I.** ADJ. **1.** Dicho de una persona: Que se parece a otra. ‖ **II.** M. **2.** **semejanza.** ‖ **bien** ~. LOC.ADJ. Con buena disposición de facciones o aire de cuerpo. ‖ **mal** ~. LOC.ADJ. Con mala disposición de facciones o aire de cuerpo.

pared. F. **1.** Obra de albañilería vertical, que cierra o limita un espacio. ‖ **2.** Placa de cualquier material con que se divide o cierra un espacio. *Una casucha miserable con paredes de paja.* ‖ **3.** Superficie lateral de un cuerpo. *Las paredes del abdomen.* ‖ **4.** Superficie vertical de una montaña. ‖ **5.** *Dep.* En el fútbol, jugada entre dos compañeros del mismo equipo, que consiste en que el primero, con el fin de eludir al contrario, pasa la pelota al segundo, que se la devuelve inmediatamente unos metros más adelantada. *Hacer la pared.* ‖ ~ **celular.** F. *Biol.* Cubierta rígida de los procariontes y las células vegetales. ‖ ~ **maestra.** F. *Arq.* Cada una de las principales y más gruesas que mantienen y sostienen el edificio. ‖ **darse** alguien **contra una** ~. LOC.VERB. Tener gran despecho o cólera, que lo saca fuera de sí. ‖ **darse** alguien **contra, o por, las** ~**es.** LOCS.VERBS. coloqs. Apurarse y fatigarse sin acertar con lo que desea. ‖ **de** ~. LOC.ADJ. Dicho de un objeto: Destinado a estar adosado a una pared o pendiente de ella. *Reloj de pared. Almanaque de pared.* ‖ **entre cuatro** ~**es.** LOC.ADV. Se usa para explicar que alguien está retirado del trato de las gentes, o encerrado en su casa o cuarto. ‖ **las** ~**es oyen.** EXPR. Se usa para aconsejar que se tenga muy en cuenta dónde se dice algo que importa que sea secreto. ‖ ~ **en, o por, medio.** LOCS. ADVS. **1.** Se usan para explicar la inmediación y contigüidad de una casa o habitación respecto de otra, cuando solo las divide una pared. ‖ **2.** Denota la cercanía de algo. ‖ **poner** a alguien **contra la** ~. LOC.VERB. coloq. Ponerlo en una situación difícil, casi sin salida, acorralarlo. ‖ **subirse por las** ~**es.** LOC.VERB. coloq. Mostrarse extraordinariamente irritado.

paredaño, ña. ADJ. Que está pared por medio del lugar a que se alude. *Salita paredaña.*

paredón. M. **1.** Pared que queda en pie, como ruina de un edificio antiguo. ‖ **2.** Sitio, generalmente delante de un muro, donde se da muerte por fusilamiento. ‖ **al** ~. LOC.ADV. Se usa para expresar el deseo de que alguien a quien se atribuyen ciertas culpas sea ejecutado.

pareja. F. **1.** Conjunto de dos personas, animales o cosas que tienen entre sí alguna correlación o semejanza, y especialmente el formado por hombre y mujer o por animal macho y hembra. *Noé juntó una pareja de cada especie.* ‖ **2.** Cada una de estas personas, animales o cosas considerada en relación con la otra. ‖ **3.** Persona que acompaña a otra en una actividad, particularmente en un espectáculo. ‖ **4.** Compañero o compañera en los bailes. *En el baile de ayer tu hermano fue mi pareja.* ‖ **5.** pareja formada por los números de la Guardia Civil. ‖ **6.** En los juegos de dados y de naipes, conjunto de dos de ellos que presentan el mismo número o se corresponden

en la figura. *Pareja de seises. Pareja de reyes.* ‖ **7.** Arte de pesca compuesta de dos barcos que arrastran una red barredera de profundidad. ‖ **correr** ~**s** algunas cosas. LOC.VERB. Ser comparables con otras.

parejero, ra. ADJ. **1.** *Am. Mer.* Se dice del caballo de carrera y en general de todo caballo excelente y veloz. U. t. c. s. ‖ **2.** *Á. Caribe.* Vanidoso, presumido. U. t. c. s.

parejita. F. coloq. Descendencia formada por un hijo y una hija.

parejo, ja. ADJ. **1.** Igual o semejante. *Un libro parejo a otro.* ‖ **2.** Dicho de una cosa: Que forma pareja con otra, o está contigua a ella. *Pediremos asientos parejos.* ‖ **3.** Liso, llano. *Suelo muy parejo.* ‖ **correr** ~. LOC.VERB. **correr parejas.** *Su orgullo corre parejo* CON *su mal carácter.* ‖ **por parejo, o por un** ~. LOCS.ADVS. Por igual, o de un mismo modo.

parejura. F. Igualdad o semejanza.

paremia. F. Refrán, proverbio, adagio, sentencia.

paremiología. F. Tratado de refranes.

paremiológico, ca. ADJ. Perteneciente o relativo a la paremiología.

paremiólogo, ga. M. y F. Persona que profesa la paremiología o tiene en ella especiales conocimientos.

parénesis. F. Exhortación o amonestación.

parenético, ca. ADJ. Perteneciente o relativo a la parénesis.

parénquima. M. **1.** *Bot.* Tejido vegetal constituido por células de forma aproximadamente esférica o cúbica y con espacios de separación. ‖ **2.** *Zool.* Tejido de tipo conjuntivo que recuerda al parénquima vegetal.

parenquimatoso, sa. ADJ. *Bot.* y *Zool.* Perteneciente o relativo al parénquima.

parental. ADJ. **1.** Perteneciente o relativo a los padres o a los parientes. *Obligaciones parentales.* ‖ **2.** *Biol.* Que se refiere a uno o a ambos progenitores. *Célula parental.*

parentela. F. Conjunto de los parientes de alguien.

parenteral. ADJ. *Med.* Que se introduce en el organismo por vía distinta de la digestiva, como la intravenosa, la subcutánea, la intramuscular, etc. *Nutrición parenteral.*

parentesco. M. **1.** Vínculo por consanguinidad, afinidad, adopción, matrimonio u otra relación estable de afectividad análoga a esta. ‖ **2.** Unión o vínculo que tienen las cosas. *El alfabeto latino tiene parentesco con el griego.* ‖ ~ **espiritual.** M. Vínculo que contraen en los sacramentos del bautismo y de la confirmación el ministro y los padrinos con el bautizado o confirmado.

paréntesis. M. **1.** Signo ortográfico doble ( ) con el que se encierra un enunciado cuya información es complementaria o aclaratoria, pero sin enlace necesario con los demás miembros del período. Se utiliza también para marcar las acotaciones en las obras teatrales. ‖ **2.** Enunciado encerrado entre paréntesis. ‖ **3.** Suspensión o interrupción. *Aquel trabajo fue solo un paréntesis en su vida laboral.* ‖ **4.** *Mat.* Signo igual al ortográfico que, aislando una expresión algebraica, indica que una operación se efectúa sobre toda la expresión. ‖ **abrir el** ~**, o abrir** ~. LOCS.VERBS. *Gram.* Poner la primera mitad de este signo ortográfico al principio de la oración o frase que se inserta en un período. ‖ **cerrar el** ~**, o cerrar** ~. LOCS.VERBS. *Gram.* Poner la segunda mitad de este signo ortográfico al fin de la oración o frase que se inserta en un período. ‖ **entre, o por,** ~. EXPRS. Se usan para suspender el discurso o conversación, interponiendo algo ajeno a ellos.

parentético, ca. ADJ. **1.** *Gram.* Perteneciente o relativo al paréntesis. *Interrupción parentética.* || **2.** Se dice de las expresiones que constituyen incisos; p. ej., *La clase política, creo yo, no está a la altura de lo que esperamos de ella.*

pareo. M. Pañuelo grande que, anudado a la cintura o bajo los brazos, usan las mujeres, generalmente sobre el bañador, para cubrir su cuerpo.

paresia. F. *Med.* Parálisis leve que consiste en la debilidad de las contracciones musculares.

parestesia. F. *Med.* Sensación o conjunto de sensaciones anormales, y especialmente hormigueo, adormecimiento o ardor que experimentan en la piel ciertos enfermos del sistema nervioso o circulatorio.

pargo. M. Pez teleósteo, del suborden de los Acantopterigios, común en los mares de España, muy semejante al pagel, de doble largo que este y con el hocico obtuso.

parhilera. F. *Arq.* Madero en que se afianzan los pares y que forma el lomo de la armadura.

paria. COM. **1.** Persona excluida de las ventajas de que gozan las demás, e incluso de su trato, por ser considerada inferior. || **2.** Habitante de la India, de ínfima condición social, fuera del sistema de las castas.

parián. M. *Méx.* **mercado** (|| sitio público).

parias[1]. F. pl. **placenta** (|| del útero).

parias[2]. F. pl. hist. Tributo que pagaba un príncipe a otro en reconocimiento de superioridad.

paridad. F. **1.** Comparación de algo con otra cosa por ejemplo o símil. || **2.** Igualdad de las cosas entre sí. || **3.** *Econ.* Valor comparativo de una moneda con otra.

paridera. F. **1.** Sitio en que pare el ganado, especialmente el lanar. || **2.** Acción de parir el ganado.

paridero, ra. ADJ. Dicho de una hembra: **fecunda** (|| que procrea).

parido, da. PART. de **parir.** || ADJ. Dicho de una hembra: Que hace poco tiempo que parió. U. t. c. s.

paridor, ra. ADJ. Dicho de una hembra: Muy **fecunda** (|| que procrea).

pariente, ta. ADJ. **1.** Respecto de una persona, se dice de cada uno de los ascendientes, descendientes y colaterales de su misma familia, ya sea por consanguinidad o afinidad. MORF. U. m., para referirse al femenino, la forma *pariente*. U. m. c. s. *Una pariente lejana.* || **2.** coloq. Allegado, semejante o parecido. MORF. U. m., para referirse al femenino, la forma *pariente. Ella es casi pariente mía.* || **pariente mayor.** M. El que representa la línea primogénita o principal de un linaje. || **pariente pobre.** COM. Persona o cosa más desfavorecida con respecto a las demás de su grupo. *La cultura ha sido siempre la pariente pobre.*

parietal. I. ADJ. **1.** Perteneciente o relativo a la pared. *Pintura parietal del Paleolítico.* || **II.** M. **2.** *Anat.* **hueso parietal.**

parietaria. F. Planta herbácea anual, de la familia de las Urticáceas, con tallos rojizos, erguidos, de cuatro a seis decímetros, sencillos o con ramas muy cortas, hojas alternas, enteras, pecioladas, ásperas y lanceoladas, flores en grupos axilares, pequeñas y verdosas, y fruto seco, envuelto por el perigonio. Crece ordinariamente junto a las paredes y se ha usado en cataplasmas.

parigual. ADJ. Igual o muy semejante. *Parigual relevancia.*

parihuela. F. **1.** Artefacto compuesto de dos varas gruesas con unas tablas atravesadas en medio donde se coloca la carga para llevarla entre dos. || **2. camilla** (|| cama portátil). U. t. en pl. con el mismo significado que en sing.

parinacoteño, ña. ADJ. **1.** Natural de Parinacota. U. t. c. s. || **2.** Perteneciente o relativo a esta provincia de Chile.

paripé. M. Fingimiento, simulación o acto hipócrita. || **hacer el ~.** LOC.VERB. coloq. Presumir, darse tono.

parir. I. INTR. **1.** Dicho de una hembra de cualquier especie vivípara: Expeler en tiempo oportuno el feto que tenía concebido. U. t. c. tr. || **II.** TR. **2.** Dicho de una cosa: Producir otra. *Dinero pare dinero.* || **3.** Expresar con acierto y claridad lo que se piensa. *Ha parido un gran discurso.*

París. ☐ V. **punta de ~.**

parisién. ADJ. **parisiense.** Apl. a pers., u. t. c. s. MORF. U. solo en sing.

parisiense. ADJ. **1.** Natural de París. U. t. c. s. || **2.** Perteneciente o relativo a esta ciudad, capital de Francia.

parisílabo, ba. ADJ. **1.** Dicho de dos o más vocablos o versos: Que tienen el mismo número de sílabas. || **2.** Dicho de un nombre griego o latino: Que tiene el mismo número de sílabas en todos los casos de su declinación.

parisino, na. ADJ. **parisiense.** Apl. a pers., u. t. c. s.

paritario, ria. ADJ. **1.** Dicho especialmente de un organismo de carácter social: Constituido por representantes de patronos y obreros en número igual y con los mismos derechos. || **2.** Dicho de una comisión o de una asamblea: Que presenta igualdad en el número y derechos de los miembros que la forman.

paritorio. M. **1.** Sala de una maternidad donde tiene lugar el parto. || **2.** *Á. Caribe.* **parto** (|| acción de parir).

Parkinson. ☐ V. **enfermedad de ~.**

párkinson. M. enfermedad de Parkinson.

parkinsonismo. M. enfermedad de Parkinson.

parla. F. **1.** Verbosidad insustancial. *Todo cuanto dijo no fue más que parla.* || **2.** coloq. **labia.** || **3.** Acción de **parlar** (|| hablar con desembarazo o soltura).

parlador, ra. ADJ. Que parla mucho. U. t. c. s.

parlamentar. INTR. **1.** Dicho de una o de varias personas: Hablar o conversar con otra o con otras. || **2.** Entablar conversaciones con la parte contraria para intentar ajustar la paz, una rendición, un contrato o para zanjar cualquier diferencia.

parlamentario, ria. I. ADJ. **1.** Perteneciente o relativo al Parlamento judicial o político. *Control parlamentario.* || **II.** M. y F. **2.** Ministro o individuo de un Parlamento. || **3.** Persona que va a parlamentar. ☐ V. **comparecencia ~, gobierno ~, inmunidad ~, interpelación ~, inviolabilidad ~, monarquía ~.**

parlamentarismo. M. Sistema político en que el poder legislativo está confiado al Parlamento, ante el cual es responsable el Gobierno.

parlamento. M. **1.** Cámara o asamblea legislativa, nacional o provincial. || **2.** Edificio o lugar donde tiene su sede esta institución. ¶ ORTOGR. Escr. con may. inicial. || **3.** Intervención o discurso que se dirige a una determinada audiencia. || **4.** Acción de parlamentar. || **5.** En el teatro, relación larga en verso o prosa.

parlanchín, na. ADJ. coloq. Que habla mucho y sin oportunidad, o que dice lo que debía callar. U. t. c. s.

parlante. I. ADJ. **1.** Que habla. *Máquina parlante.* || **II.** M. **2.** *Am. Cen.* y *Am. Mer.* **altavoz.** ☐ V. **armas ~s.**

parlar. I. TR. **1.** Revelar y decir lo que se debe callar o lo que no hay necesidad de que se sepa. || **II.** INTR. **2.**

Hablar con desembarazo o soltura. U. t. c. tr. || **3.** Hablar mucho y sin sustancia.

parlería. F. verbosidad.

parlero, ra. ADJ. **1.** Que habla mucho. || **2.** Que lleva chismes o cuentos de una parte a otra, o dice lo que debiera callar.

parlotear. INTR. coloq. Dicho de dos o más personas: Hablar mucho y sin sustancia, por diversión o pasatiempo.

parloteo. M. coloq. Acción y efecto de parlotear.

parmesano, na. I. ADJ. **1.** Natural de Parma. U. t. c. s. || **2.** Perteneciente o relativo a esta ciudad y antiguo ducado de Italia. || **II.** M. **3.** Queso de pasta dura, fabricado con leche de vaca y originario de la llanura de Lombardía, en Italia.

parnasianismo. M. Movimiento poético francés de la segunda mitad del siglo XIX, caracterizado por la importancia que frente al sentimentalismo romántico concedía a la perfección puramente formal de la obra literaria.

parnasiano, na. ADJ. Perteneciente o relativo al parnasianismo.

parnaso. M. Conjunto de todos los poetas, o de los de un pueblo o tiempo determinado.

parné. M. jerg. **dinero** (|| moneda corriente).

paro[1]. M. Se usa como nombre genérico para referirse a diversos pájaros con pico recto y fuerte, alas redondeadas, cola larga y tarsos fuertes; p. ej., el herrerillo y el pájaro moscón.

paro[2]. M. **1.** Acción y efecto de **parar** (|| cesar en el movimiento o en la acción). || **2.** Interrupción de actividades colectivas por iniciativa de algún grupo social o de una autoridad. || **3. huelga.** || **4.** Situación de quien se encuentra privado de trabajo. || **5.** Conjunto de todas aquellas personas que no están empleadas porque no encuentran trabajo. *El paro disminuyó en los últimos meses.* || **6.** coloq. Subsidio que perciben, o pueden percibir, de acuerdo con la ley, las personas que están en situación de desempleo. *Lo acompañé a cobrar el paro.*

parodia. F. Imitación burlesca.

parodiador, ra. ADJ. Que parodia. Apl. a pers., u. t. c. s.

parodiar. TR. **1.** Hacer una parodia. || **2. remedar** (|| imitar). ¶ MORF. conjug. c. *anunciar.*

paródico, ca. ADJ. **1.** Perteneciente o relativo a la parodia. *Un humorista con gran capacidad paródica.* || **2.** Que encierra o incluye una parodia. *Comedia paródica.*

parodista. COM. Autor de parodias.

parolimpiada o **parolimpíada.** F. paralimpiada.

parolímpico, ca. ADJ. **paralímpico.** Apl. a pers., u. t. c. s.

paronimia. F. Circunstancia de ser parónimos dos o más vocablos.

parónimo, ma. ADJ. Se dice de cada uno de dos o más vocablos que tienen entre sí relación o semejanza, por su etimología o solamente por su forma o sonido. U. t. c. s. m.

paroniquiáceo, a. ADJ. *Bot.* Se dice de las plantas pertenecientes a la familia de las Cariofiláceas, herbáceas, ramosas y rastreras, con hojas opuestas la mayoría de las veces y por lo común con estípulas, flores regulares, hermafroditas, poco vistosas, y fruto seco encerrado en el cáliz, con muchas semillas de albumen amiláceo; p. ej., la nevadilla. U. t. c. s.

paronomasia. F. **1.** Semejanza entre dos o más vocablos que no se diferencian sino por la vocal acentuada en cada uno de ellos; p. ej., *azar* y *azor; lago, lego* y *Lugo;*

jácara y *jícara.* || **2.** Semejanza de distinta clase que entre sí tienen otros vocablos; p. ej., *adaptar* y *adoptar; acera* y *acero. Marte* y *mártir.* || **3.** Conjunto de dos o más vocablos que forman paronomasia. || **4.** *Ret.* Figura consistente en colocar próximos en la frase dos vocablos semejantes en el sonido pero diferentes en el significado, como *puerta* y *puerto; secreto de dos* y *secreto de Dios.*

parótida. F. *Anat.* Cada una de las dos glándulas situadas debajo del oído y detrás de la mandíbula inferior, en el hombre y los animales mamíferos, con un conducto que vierte en la boca la saliva que segrega.

parotídeo, a. ADJ. *Anat.* Perteneciente o relativo a las parótidas.

parotiditis. F. *Med.* Proceso inflamatorio de la parótida.

paroxismo. M. **1.** Exaltación extrema de los afectos y pasiones. || **2.** *Med.* Exacerbación de una enfermedad. || **3.** *Med.* Accidente peligroso o casi mortal, en que el paciente pierde el sentido y la acción por largo tiempo.

paroxístico, ca. ADJ. Perteneciente o relativo al paroxismo.

paroxítona. F. *Fon.* Palabra paroxítona.

paroxítono, na. ADJ. **1.** *Fon.* Dicho de una palabra: **llana** (|| que lleva el acento prosódico en la penúltima sílaba). || **2.** *Fon.* **llano** (|| propio de una palabra llana). *Estructura fónica paroxítona.*

parpadeante. ADJ. Que parpadea. *Luz parpadeante.*

parpadear. INTR. **1.** Abrir y cerrar repetidamente los párpados. || **2.** Dicho de la luminosidad de un cuerpo o de una imagen: Vacilar u oscilar.

parpadeo. M. Acción y efecto de parpadear.

párpado. M. Cada una de las membranas móviles, cubiertas de piel y con armazón cartilaginoso, que sirven para resguardar el ojo en el hombre, los mamíferos, las aves y muchos reptiles.

parque. M. **1.** Terreno destinado en el interior de una población a prados, jardines y arbolado para recreo y ornato. || **2.** Terreno o sitio cercado y con plantas, para caza o para recreo, generalmente inmediato a un palacio o a una población. || **3.** Conjunto de instrumentos, aparatos o materiales destinados a un servicio público. *Parque de incendios. Parque sanitario.* || **4.** En las ciudades, lugar destinado para estacionar transitoriamente automóviles y otros vehículos. || **5.** Pequeño recinto protegido donde se deja a los niños que aún no andan, para que jueguen. || **6.** *Mil.* Sitio donde se colocan las municiones de guerra en cuarteles o campamentos. || **7.** *Mil.* Lugar en que se sitúan los víveres. || **~ acuático.** M. Recinto dotado de piscinas y otras instalaciones para juegos de agua. || **~ de artillería.** M. Sitio en que se reúnen las piezas, carruajes, máquinas y demás efectos pertenecientes a la artillería. || **~ de atracciones.** M. Lugar estable en que se reúnen instalaciones recreativas, como los tiovivos, las casetas de tiro al blanco y otros entretenimientos. || **~ de diversiones.** M. Á. R. *Plata.* **parque de atracciones.** || **~ eólico.** M. Planta o instalación de varios generadores eólicos. || **~ móvil.** M. Conjunto de vehículos, propiedad del Estado o de algún ministerio u organismo análogo. || **~ nacional.** M. Paraje extenso y agreste que el Estado acota para que en él se conserve la fauna y la flora y para evitar que las bellezas naturales se desfiguren con aprovechamientos prácticos. || **~ tecnológico.** M. Zona o lugar de concentración de empresas tecnológicamente innovadoras, con el fin de gozar de ventajas económicas, de comunicaciones, de proximidad a centros universitarios, etc. || **~ temático.** M. Recinto recreativo o didáctico organizado en torno a un asunto o diversos aspectos de él. || **~ zoológico.** M. Lugar en que se conservan, cuidan y a veces se crían diversas especies animales con fines didácticos o de entretenimiento.

parqué. M. **1.** Entarimado hecho con maderas finas de varios tonos, que, convenientemente ensambladas, forman dibujos geométricos. || **2.** Econ. Recinto donde se realizan las operaciones de bolsa.

parquear. TR. *Am.* aparcar.

parquedad. F. Moderación, sobriedad.

parqueo. M. **1.** *Am.* Acción y efecto de parquear. || **2.** Á. *Caribe.* aparcamiento (|| lugar destinado a aparcar vehículos).

parquímetro. M. Máquina destinada a regular mediante pago el tiempo de estacionamiento de los vehículos.

parra[1]. F. **1.** Vid, y en especial la que está levantada artificialmente y extiende mucho sus vástagos. || **2.** *Am. Cen.* Especie de bejuco que destila un agua que beben los caminantes. || **subirse** alguien **a la ~.** LOC.VERB. **1.** coloq. Darse importancia, enorgullecerse. || **2.** coloq. Tomarse atribuciones que no le corresponden. □ V. **hoja de ~.**

parra[2]. F. Vasija de barro baja y ancha, con dos asas, que regularmente sirve para echar miel.

parrafada. F. **1.** coloq. Conversación detenida y confidencial. || **2.** coloq. Trozo largo y pesado de charla o conversación.

párrafo. M. **1.** *Gram.* Cada una de las divisiones de un escrito señaladas por letra mayúscula al principio de línea y punto y aparte al final del fragmento de escritura. || **2.** *Gram.* Signo ortográfico (§) con que, a veces, se denota cada una de estas divisiones. || **~ español.** M. párrafo en que la primera línea va sin sangrar y la última centrada al medio. || **~ francés.** M. párrafo que como en el caso anterior, lleva la primera línea llena y las demás sangradas. || **~ aparte.** EXPR. coloq. Se usa para mudar de asunto en la conversación. || **echar un ~.** LOC.VERB. coloq. Conversar de manera amigable y familiar.

parral. M. Conjunto de parras sostenidas con armazón de madera u otro artificio.

parranda. F. **1.** Cuadrilla de músicos o aficionados que salen de noche tocando instrumentos de música o cantando para divertirse. || **2.** coloq. Juerga bulliciosa, especialmente la que se hace yendo de un sitio a otro. || **3.** Á. *Caribe.* Fiesta en grupo, especialmente si se realiza por la noche y con bebidas alcohólicas.

parrandear. INTR. Ir de parranda.

parrandeo. M. Acción y efecto de parrandear.

parrandero, ra. ADJ. Que parrandea. U. t. c. s.

parresia. F. *Ret.* Figura que consiste en aparentar que se habla de manera audaz y libre al decir cosas, ofensivas al parecer, y en realidad gratas o halagüeñas para aquel a quien se le dicen.

parricida. ADJ. Que mata a un pariente próximo, especialmente al padre o a la madre. U. m. c. s.

parricidio. M. Muerte dada a un pariente próximo, especialmente al padre o la madre.

parrilla. F. **1.** Utensilio de hierro en forma de rejilla para poner al fuego lo que se va a asar o tostar. || **2.** Armazón de barras de hierro para quemar el combustible en los hornos de reverbero y en las máquinas de vapor. || **3.** Restaurante donde principalmente se preparan asados, de ordinario a la vista de los clientes. || **4.** Restaurante o bar especiales dentro de un hotel o de algún otro

local. || **5.** En radio y televisión, **rejilla** (|| cuadro de programación). || **6.** *Am.* **portaequipaje** (|| artefacto que se coloca sobre el techo del automóvil). || **~ de salida.** F. Espacio señalado al principio de un circuito de carreras en el que se sitúan los participantes dispuestos para competir.

parrillada. F. **1.** Plato compuesto de diversos alimentos asados a la parrilla. || **2.** *Am.* parrilla (|| restaurante).

parrillero, ra. ADJ. *Chile.* Perteneciente o relativo a las parrilladas.

parro. M. pato (|| ave palmípeda).

parrocha. F. Sardina joven.

párroco. M. Cura que tiene una feligresía. U. t. c. adj.

parrón. M. **1.** labrusca. || **2.** *Chile.* Parral, emparrado.

parroquia. F. **1.** Iglesia en que se administran los sacramentos y se atiende espiritualmente a los fieles de una feligresía. || **2.** Conjunto de feligreses. || **3.** Territorio que está bajo la jurisdicción espiritual del cura de almas. || **4.** Conjunto de personas que acuden asiduamente a una misma tienda, establecimiento público, etc.

parroquial. I. ADJ. **1.** Perteneciente o relativo a la parroquia. *Archivo parroquial.* || **II.** F. **2.** **iglesia parroquial.** □ V. **casa ~, iglesia ~.**

parroquialidad. F. Asignación o pertenencia a determinada parroquia.

parroquiano, na. I. ADJ. **1.** Perteneciente o relativo a determinada parroquia. *Criterios parroquianos.* || **II.** M. y F. **2.** Persona que pertenece a una parroquia. || **3.** Persona que acostumbra a ir siempre a una misma tienda o establecimiento público.

parsec o **pársec.** M. *Astr.* Unidad astronómica de longitud, igual a la distancia de un cuerpo celeste desde el que se viera el semieje mayor de la órbita terrestre con un ángulo de un segundo de arco. Equivale a 3,26 años luz. (Símb. *pc*). MORF. pl. **parsecs** o **pársecs.**

parsi. M. **1.** Pueblo procedente de la antigua Persia, seguidor de la religión de Zoroastro, y que habita en la India actual. || **2.** Individuo perteneciente a ese pueblo. || **3.** Lengua de dicho pueblo.

parsimonia. F. Lentitud y sosiego en el modo de hablar o de obrar; flema, frialdad de ánimo.

parsimonioso, sa. ADJ. Cachazudo, lento, flemático.

parsismo. M. Religión de los parsis.

parte. I. F. **1.** Porción de un todo. *Ya han comido parte del pastel.* || **2.** Cantidad o porción especial o determinada de un compuesto. *No ha votado una décima parte de los electores.* || **3.** Porción que le corresponde a alguien en cualquier reparto o distribución. *Mi parte de la herencia ha sido la menor.* || **4.** sitio (|| lugar). *No he mirado aún por aquella parte.* || **5.** Cada una de las divisiones principales, comprensivas de otras menores, que suele haber en una obra científica, literaria o musical. || **6.** En ciertos géneros literarios, obra entera, pero relacionada con otra u otras que también se llaman **partes;** p. ej., una trilogía. || **7.** Cada una de las personas que contratan entre sí o que tienen participación o interés en un mismo negocio. || **8.** Cada una de las personas o de los grupos de ellas que contienden, discuten o dialogan. || **9.** Lado a que alguien se inclina o se opone en cuestión, riña o pendencia. || **10.** Papel representado por un actor en una obra dramática. || **11.** *Der.* Persona o entidad que litiga en un pleito. || **12.** pl. **genitales** (|| órganos externos). || **II.** M. **13.** Escrito, ordinariamente breve, que por cualquier medio se envía a alguien para comunicarle algo. ‖ **14.** Comunicación de cualquier clase transmitida por telégrafo, teléfono, radiotelevisión, etc. *Parte de guerra. Parte meteorológico.* ‖ **~ actora.** F. *Der.* actor (‖ demandante o acusador). ‖ **~ alícuota.** F. La que mide exactamente a su todo, como 2 respecto de 4. ‖ **~ decimal.** F. *Mat.* parte fraccionaria. ‖ **~ de la oración.** F. *Gram.* Tradicionalmente, cada una de las distintas clases de palabras que tienen en la oración diferente oficio. ‖ **~ del mundo.** F. Cada una de las grandes divisiones en que los geógrafos consideran comprendidos los continentes e islas del globo terráqueo: Europa, Asia, África, América, Oceanía y la Antártida. ‖ **~ de rosario.** F. Una de las tres partes del rosario de la Virgen. ‖ **~ entera.** F. *Mat.* En la representación decimal de un número, la situada antes de la coma y que corresponde a un número entero. ‖ **~ facultativo.** M. parte médico. ‖ **~ fraccionaria.** F. *Mat.* En la representación decimal de un número, la situada después de la coma y que corresponde a un número fraccionario con valor absoluto menor que la unidad. ‖ **~ imaginaria.** F. *Mat.* En un número complejo, número imaginario que lo compone. ‖ **~ médico.** M. Comunicado oficial sobre el estado de salud de alguien. ‖ **~ real.** F. *Mat.* En un número complejo, número real que lo compone. ‖ **~s pudendas, o ~s vergonzosas.** F. pl. genitales (‖ órganos externos). ‖ **dar ~.** LOC.VERB. **1.** Notificar, dar cuenta de lo que ha sucedido. ‖ **2.** Dar aviso a la autoridad. ‖ **3.** Dar participación de un negocio, admitir en él a alguien. ‖ **de mi, tu, su,** etc., **~.** LOCS. ADVS. En nombre de alguien o por encargo suyo. ‖ **de ~ a ~.** LOC.ADV. Desde un lado al extremo opuesto, o de una cara a la otra opuesta. ‖ **de ~ de.** LOC. PREPOS. **1. a favor de.** *La justicia no está de parte de Pedro; está de mi parte.* ‖ **2.** En nombre o de orden de. *De parte del rey.* ‖ **3. por parte de.** *De parte de padre.* ‖ **en ~.** LOC.ADV. En algo de lo que pertenece a un todo, no enteramente. *En parte tiene razón.* ‖ **entrar** alguien **a la ~.** LOC.VERB. Interesarse o tener parte con otra u otras personas en un negocio, trato o comercio. ‖ **hacer** alguien **de su ~.** LOC.VERB. Aplicar los medios que están a su alcance para el logro de un fin. ‖ **la ~ del león.** LOC. SUST. F. La que, en un reparto, se considera mayor y, por lo general, conseguida con abuso. ‖ **llevar** alguien **la mejor ~.** LOC.VERB. Estar próximo a vencer. ‖ **llevar** alguien **la peor ~.** LOC.VERB. Estar próximo a ser vencido. ‖ **no ir** algo **a ninguna ~.** LOC.VERB. coloq. No tener o no merecer importancia. ‖ **no ser ~ en** algo. LOC.VERB. No tener influjo en ello. ‖ **~ por ~.** LOC. ADV. Sin omitir nada. ‖ **pescar a la ~.** LOC.VERB. Enrolarse sin jornal, por cierta parte del producto de la pesca. ‖ **poner** alguien **de su ~.** LOC.VERB. **hacer de su parte.** ‖ **ponerse de ~ de** alguien. LOC.VERB. Adherirse a su opinión o sentir. ‖ **por la mayor ~.** LOC.ADV. En el mayor número, o en lo más de algo, o comúnmente. ‖ **por mi, tu, su,** etc., **~.** LOCS.ADVS. Por lo que toca o se puede hacer. ‖ **por ~ de.** LOC. PREPOS. Se usa para indicar procedencia u origen. *Por parte de madre.* ‖ **por ~s.** LOC.ADV. Con distinción y separación de los puntos o circunstancias de la materia que se trata. ‖ **salva sea la ~.** LOC. SUST. F. coloq. eufem. Se usa para referirse a una zona del cuerpo que se prefiere no mencionar. ‖ **ser ~ en** algo. LOC.VERB. tener parte en algo. ‖ **tener** alguien **de su ~ a** otra persona. LOC.VERB. Contar con su favor. ‖ **tener ~ en** algo. LOC.VERB. **1.** Tener participación en ello. ‖ **2. tomar parte en** algo. ‖ **tomar ~ en** algo. LOC.VERB. Interesarse activamente en ello.

partear. TR. Dicho del facultativo o del partero: Asistir a la mujer que está de parto.

parteluz. M. *Arq.* Mainel o columna delgada que divide en dos un hueco de ventana.

partenogénesis. F. *Biol.* Modo de reproducción de algunos animales y plantas, que consiste en la formación de un nuevo ser por división reiterada de células sexuales femeninas que no se han unido previamente con gametos masculinos.

partenogenético, ca. ADJ. *Biol.* Perteneciente o relativo a la partenogénesis. □ V. **huevo ~.**

partenopeo, a. ADJ. **1.** Natural de Parténope, hoy Nápoles. U. t. c. s. ‖ **2.** Perteneciente o relativo a esta ciudad de Italia.

partero, ra. M. y F. **1.** Persona con títulos legales que asiste a la parturienta. ‖ **2.** Persona que, sin tener estudios o titulación, ayuda o asiste a la parturienta. □ V. **sapo ~.**

parterre. M. Jardín o parte de él con césped, flores y anchos paseos.

partesana. F. hist. Arma ofensiva, especie de alabarda, con el hierro muy grande, ancho, cortante por ambos lados, adornado en la base con dos aletas puntiagudas o en forma de media luna, y encajado en un asta de madera fuerte y regatón de hierro.

partición. F. **1.** División o repartimiento que se hace entre algunas personas, de hacienda, herencia o cosa semejante. ‖ **2.** *Mat.* división (‖ operación de dividir).

participación. F. **1.** Acción y efecto de participar. ‖ **2.** Aviso, parte o noticia que se da a alguien. ‖ **3.** Parte que se juega en un número de lotería. ‖ **4.** Billete en que consta. ‖ **5.** *Econ.* Parte que se posee en el capital de un negocio o de una empresa. □ V. **cuenta en ~.**

participante. ADJ. Que participa. Apl. a pers., u. t. c. s.

participar. I. INTR. **1.** Dicho de una persona: Tomar parte en algo. *No quiso participar EN la reunión.* ‖ **2.** Recibir una parte de algo. ‖ **3.** Compartir, tener las mismas opiniones, ideas, etc., que otra persona. *Participa DE sus pareceres.* ‖ **4.** Tener parte en una sociedad o negocio o ser socio de ellos. ‖ **II.** TR. **5.** Dar parte, comunicar.

partícipe. ADJ. Que tiene parte en algo, o entra con otras en la distribución de ello. Apl. a pers., u. t. c. s.

participial. ADJ. *Gram.* Perteneciente o relativo al participio.

participio. M. **1.** *Gram.* Forma no personal del verbo, susceptible de recibir marcas de género y número, que se asimila frecuentemente al adjetivo en su funcionamiento gramatical. En español, puede formar tiempos compuestos y perífrasis verbales. ‖ **2.** *Gram.* **participio pasivo.** ‖ **~ activo.** M. *Gram.* Tradicionalmente, forma verbal procedente del participio de presente latino, que en español, con terminación en *-nte*, se ha integrado casi por completo en la clase de los adjetivos o en la de los sustantivos. ‖ **~ pasivo.** M. *Gram.* El que se emplea para la formación de los tiempos compuestos, de la voz pasiva y de otras perífrasis verbales; p. ej., *ha sido, fue construida. Te lo tengo dicho.* Es irregular si no termina en *-ado* o *-ido*; p. ej., *escrito, impreso, hecho.* Muchos participios admiten interpretación adjetival en unos casos y verbal en otros; p. ej., *aislado, acertado, reducido, complicado.*

partícula. F. **1.** Parte pequeña de materia. ‖ **2.** *Gram.* Parte invariable de la oración, que sirve para expresar las relaciones que se establecen entre frases o vocablos.

‖ **~ alfa.** F. Fís. Núcleo de helio procedente de alguna desintegración o reacción nuclear. ‖ **~ elemental.** F. Fís. partícula que se considera que no puede descomponerse en otras más simples; p. ej., el electrón. □ V. **acelerador de ~s.**

particular. I. ADJ. **1.** Propio y privativo de algo, o que le pertenece con singularidad. *El médico estudia las condiciones particulares de cada enfermo.* ‖ **2.** Especial, extraordinario, o pocas veces visto en su línea. *Un punto de vista muy particular.* ‖ **3.** Singular o individual, como contrapuesto a *universal* o *general. Intereses económicos particulares. Caso particular.* ‖ **4.** Dicho de una persona: Que no tiene título o empleo que la distinga de los demás. U. t. c. s. *Se han recibido donaciones de particulares.* ‖ **5.** Se dice de lo privado, de lo que no es de propiedad o uso públicos. *Teléfono particular.* ‖ **6.** Se dice del acto extraoficial o privado que ejecuta la persona que tiene oficio o carácter público. *La consulta particular de un médico de la sanidad pública.* ‖ II. M. **7.** Punto o materia de que se trata. *Hablemos de este particular.* ‖ **en ~.** LOC. ADV. De manera distinta, separada, singular o especial. ‖ **sin otro ~.** LOC.ADV. Sin más cosas que decir o añadir. □ V. **juicio ~, navío ~, secretario ~, voto ~.**

particularidad. F. **1.** Singularidad, especialidad, individualidad. ‖ **2.** Cada una de las circunstancias o partes menudas de algo.

particularismo. M. **1.** Preferencia excesiva que se da al interés particular sobre el general. ‖ **2.** Propensión a obrar por el propio albedrío.

particularista. ADJ. **1.** Perteneciente o relativo al particularismo. *Reivindicación particularista.* ‖ **2.** Partidario de esta tendencia. U. t. c. s.

particularización. F. Acción y efecto de particularizar.

particularizar. I. TR. **1.** Expresar algo con todas sus circunstancias y particularidades. ‖ II. PRNL. **2.** Distinguirse, singularizarse en algo.

partida. F. **1.** Acción de partir o salir de un punto. ‖ **2.** Registro o asiento de bautismo, confirmación, matrimonio o entierro, que se escribe en los libros de las parroquias o del registro civil. ‖ **3.** Copia certificada de alguno de estos registros o asientos. ‖ **4.** Cada uno de los artículos y cantidades parciales que contiene una cuenta. ‖ **5.** Cantidad o porción de un género de comercio. *Partida de trigo. Partida de aceite.* ‖ **6.** Conjunto poco numeroso de gente armada, con organización militar u otra semejante. ‖ **7.** Conjunto de personas de ciertos trabajos y oficios. *Una partida de obreros.* ‖ **8.** Cada una de las manos de un juego, o conjunto de ellas previamente convenido. ‖ **9.** Número de manos de un mismo juego necesarias para que cada uno de los jugadores gane o pierda definitivamente. ‖ **10.** coloq. Comportamiento o proceder. *Buena partida. Mala partida. ¡Qué partida!* ‖ **11.** Méx. **hato** (‖ de ganado). ‖ **~ de caza.** F. Excursión de varias personas para cazar. ‖ **~ doble.** F. Método de cuenta en que se llevan a la par el cargo y la data. □ V. **entable de ~, punto de ~.**

partidario, ria. I. ADJ. **1.** Perteneciente o relativo al **partido** (‖ conjunto de personas que siguen la misma causa). *Liderazgo partidario.* ‖ **2.** Que sigue un partido o bando, o entra en él. U. t. c. s. ‖ **3.** Adicto a una persona o a una idea. U. t. c. s. ‖ II. M. **4.** En algunas zonas mineras, encargado de contratar o arrendar un modo especial de explotar los yacimientos.

partidismo. M. **1.** Adhesión o sometimiento a las opiniones de un partido con preferencia a los intereses generales. ‖ **2.** Inclinación hacia algo o alguien en un asunto en el que se debería ser imparcial.

partidista. I. ADJ. **1.** Perteneciente o relativo al partidismo. *Actitud partidista.* ‖ **2.** Am. Perteneciente o relativo al **partido** (‖ conjunto de personas que siguen la misma causa). *La directiva partidista.* ‖ II. COM. **3.** Persona que manifiesta partidismo.

partido, da. PART. de **partir.** ‖ I. ADJ. **1.** Dicho de una jornada laboral o de un horario: Distribuidos en dos partes. ‖ **2.** Heráld. Dicho de un escudo, de una pieza o de un animal heráldicos: Divididos de arriba abajo en dos partes iguales. ‖ II. M. **3.** Conjunto de personas que siguen y defienden una misma opinión o causa. ‖ **4.** Provecho, ventaja o conveniencia. *Sacar partido.* ‖ **5.** En ciertos deportes, encuentro que enfrenta a dos jugadores o a dos equipos. ‖ **6.** Medio que se adopta para conseguir algo. *En este apuro es indispensable tomar otro partido.* ‖ **7.** Distrito o territorio de una jurisdicción o administración que tiene por cabeza un pueblo principal. ‖ **partido bisagra.** M. partido político minoritario que funciona entre otros dos mayores asegurando con su apoyo la función del que gobierna. ‖ **partido de ida.** M. Dep. Primer partido de una eliminatoria a doble encuentro. ‖ **partido de vuelta.** M. Dep. Segundo partido de una eliminatoria a doble encuentro. ‖ **partido judicial.** M. Distrito o territorio que comprende varios pueblos de una provincia, en que, para la Administración de Justicia, ejerce jurisdicción un juez de primera instancia. ‖ **darse alguien a partido.** LOC.VERB. Ceder de su empeño u opinión. ‖ **ser alguien un buen ~.** LOC.VERB. coloq. Ser persona casadera que disfruta de una buena posición. ‖ **tomar partido.** LOC.VERB. **1.** Hacerse de un **bando** (‖ facción). ‖ **2.** Dicho de quien estaba suspenso o dudoso en decidirse: Determinarse o resolverse. □ V. **cabeza de partido, moza del ~.**

partidor, ra. I. M. y F. **1.** Persona que divide o reparte algo. ‖ II. M. **2.** Obra destinada para repartir por medio de compuertas en diferentes conductos las aguas que corren por un cauce. □ V. **contador ~.**

partija. F. Partición o repartimiento, especialmente el de una herencia.

partiquino, na. M. y F. Cantante que ejecuta en las óperas parte muy breve o de muy escasa importancia.

partir. I. TR. **1.** Dividir algo en dos o más partes. *Partir un pastel.* ‖ **2.** **hender** (‖ rajar). *Partir la cabeza.* ‖ **3.** Repartir o distribuir algo entre varios. *Partir una herencia.* ‖ **4.** Romper o cascar los huesos o las cáscaras duras de algunos frutos, para sacar su almendra. ‖ **5.** Distinguir o separar algo de otra cosa, determinando lo que a cada uno pertenece. *Partir los términos de un lugar.* ‖ **6.** Mat. **dividir** (‖ averiguar cuántas veces el dividendo contiene al divisor). ‖ II. INTR. **7.** Tomar un hecho, una fecha o cualquier otro antecedente como base para un razonamiento o cómputo. *Partir de un supuesto falso. A partir de ese día.* ‖ **8.** Empezar a caminar, ponerse en camino. ‖ **9.** coloq. Desconcertar, anonadar a alguien. ‖ III. PRNL. **10.** Dividirse en opiniones. ‖ **11.** coloq. **descoyuntarse de risa.** ‖ **medio ~** una cantidad. LOC.VERB. Mat. Dividirla por un número dígito.

partisano, na. M. y F. **guerrillero.**

partita. F. Mús. Composición instrumental semejante a la suite, formada por una serie de variaciones.

partitivo, va. ADJ. **1.** Que se puede partir o dividir. || **2.** *Gram.* Dicho de un nombre o de un numeral: Que expresa división de un todo en partes; p. ej., *medio litro.* U. t. c. s. m.

partitura. F. Texto de una composición musical correspondiente a cada uno de los instrumentos que la ejecutan.

parto¹. M. **1.** Acción de parir. || **2.** Ser que ha nacido. || **3.** Producción del entendimiento o ingenio humano, y cualquiera de sus conceptos declarados o dados a luz. || **el ~ de los montes.** M. coloq. Cosa fútil y ridícula que sucede o sobreviene cuando se esperaba o se anunciaba una grande o de consideración.

parto², ta. ADJ. hist. Natural de Partia, región del Asia antigua. U. t. c. s.

parturienta. ADJ. Dicho de una mujer: Que está de parto o recién parida. U. t. c. s.

partusa. F. *Chile.* Fiesta o reunión descontrolada, que incluye bebidas alcohólicas y sexo.

parusía. F. Advenimiento glorioso de Jesucristo al fin de los tiempos.

parva. F. **1.** Mies tendida en la era para trillarla, o después de trillada, antes de separar el grano. || **2.** Montón o cantidad grande de algo. *Parva de estiércol.* || **3.** Corta porción de alimento que se toma por la mañana en los días de ayuno.

parvada. F. **1.** Conjunto de pollos que de una vez sacan las aves. || **2.** *Méx.* **bandada** (|| de aves).

parvedad. F. Pequeñez, poquedad, cortedad o tenuidad.

parvo, va. ADJ. **pequeño.** □ V. **oficio ~.**

parvulario. M. Lugar donde se cuida y educa a párvulos.

parvulista. COM. Maestro de párvulos.

párvulo, la. ADJ. **1.** Dicho de un niño: Que recibe enseñanza preescolar. U. t. c. s. || **2.** Dicho de un niño: De muy corta edad. U. t. c. s. || **3.** Inocente, que sabe poco o es fácil de engañar. *Abusan de él; es un párvulo.*

pasa. F. Uva seca enmagrecida naturalmente en la vid, o artificialmente al sol, o cociéndola en lejía. || **~ de Corinto.** F. La que procede de uvas propias de esta región griega y se distingue por su pequeño tamaño y que carece de pepita. || **estar** alguien **hecho una ~,** o **quedarse como una ~.** LOCS.VERBS. coloqs. Estar o volverse muy seco de cuerpo y arrugado de rostro.

pasable. ADJ. Que se puede dar por válido. *Pasable jubilación.*

pasacalle. M. **1.** *Mús.* Marcha popular de compás muy vivo. || **2.** *Á. R. Plata.* Cartel que cruza la calzada por lo alto, especialmente con anuncios de campañas políticas o gremiales. || **3.** *Méx.* Obra instrumental de movimiento pausado, desarrollado en variaciones.

pasacasete. M. *Á. R. Plata.* Aparato que permite reproducir los sonidos grabados en una casete.

pasada. F. **1.** Acción de pasar de una parte a otra. || **2.** Acción y efecto de dar un último repaso o retoque a un trabajo cualquiera. || **3.** Acción y efecto de planchar ligeramente. || **4.** coloq. Mal comportamiento de una persona con otra. *Una mala pasada.* || **dar una ~ a** algo. LOC.VERB. coloq. Hacer una revisión ligera o final a un trabajo ya hecho. || **de ~.** LOC.ADV. **de paso.**

pasadera. F. *Á. Caribe.* Acción y efecto de pasar repetidamente por un sitio.

pasadero, ra. ADJ. Dicho de una cosa: Que se puede tolerar y pasar, aunque tenga defecto o tacha.

pasadizo. M. Paso estrecho que en las casas o calles sirve para ir de una parte a otra atajando camino.

pasado. M. **1.** Tiempo que pasó. || **2.** Cosas que sucedieron en él. □ V. **huevo ~ por agua, la vida ~.**

pasador, ra. **I.** ADJ. **1.** Que pasa de una parte a otra. *Tornillo pasador.* || **II.** M. **2.** Barreta de hierro sujeta con grapas a una hoja de puerta o ventana, o a una tapa, y que sirve para cerrar corriéndola hasta hacerla entrar en una hembrilla fija en el marco. || **3.** Varilla de metal que en las bisagras y piezas semejantes une las chapas que las forman pasando por los anillos y sirve de eje para el movimiento de estas piezas. || **4.** Aguja grande de metal, concha u otra materia, que se usa para sujetar el pelo recogido o algún adorno de la cabeza. || **5.** Prendedor con el que se sujeta la corbata a la camisa. || **6.** Imperdible que se clava en el pecho de los uniformes, y al cual se sujetan medallas. || **7.** *Mar.* Instrumento de hierro, especie de punzón, que sirve para abrir los cordones de los cabos cuando se empalma uno con otro. || **8.** *Á. Andes.* Cordón de los zapatos.

pasaje. M. **1.** Acción de pasar de una parte a otra. || **2.** Sitio o lugar por donde se pasa. || **3.** Paso público entre dos calles, algunas veces cubierto. || **4.** Derecho que se paga por pasar por un lugar. || **5.** Trozo o lugar de un libro o escrito, oración o discurso. || **6.** Boleto o billete para un viaje. || **7.** Precio que se paga en los viajes marítimos y aéreos por el transporte de una o más personas. || **8.** Totalidad de los viajeros. || **9.** *Mús.* Tránsito o mutación hecha con arte, de una voz o de un tono a otro.

pasajero, ra. ADJ. **1.** Que pasa presto o dura poco. *Indisposición pasajera.* || **2.** Dicho de una persona: Que viaja en un vehículo, especialmente en avión, barco, tren, etc., sin pertenecer a la tripulación. U. t. c. s. □ V. **ave ~.**

pasajuego. M. En el juego de pelota, rechazo que a esta se le da desde el resto, lanzándola en dirección contraria hasta el saque.

pasamanería. F. **1.** Obra de **pasamano** (|| género de galón). || **2.** Oficio de pasamanero.

pasamanero, ra. M. y F. Persona que hace o vende pasamanos y otros géneros.

pasamano. M. **1.** **pasamanos.** || **2.** Género de galón o trencilla, cordones, borlas, flecos y demás adornos de oro, plata, seda, algodón o lana, que se hace y sirve para guarnecer y adornar los vestidos y otras cosas. || **3.** *Mar.* Paso que hay en los navíos de popa a proa, junto a la borda.

pasamanos. M. Listón que se coloca sobre las barandillas.

pasamontañas. M. Gorro que puede cubrir toda la cabeza hasta el cuello, salvo el rostro o por lo menos los ojos y la nariz, y que se usa para defenderse del frío.

pasante. **I.** ADJ. **1.** Que pasa. Apl. a pers., u. t. c. s. || **2.** *Heráld.* Se dice del lobo, del zorro, del corzo o de otro animal que se pinta en el escudo en actitud de andar o pasar. || **II.** COM. **3.** Persona que asiste y acompaña al maestro de una facultad en el ejercicio de ella, para imponerse enteramente en su práctica. *Pasante de abogado. Pasante de médico.* || **4.** Encargado de explicar la lección a alguien. || **5.** *Méx.* Licenciado universitario que está preparando su tesis.

pasantía. F. **1.** Ejercicio del pasante en las facultades y profesiones. || **2.** Tiempo que dura este ejercicio.

pasapasa. M. **juego de manos** (|| de los prestidigitadores).

pasaplatos. M. Ventanilla, generalmente en la pared de una cocina, que sirve para pasar los platos u otros utensilios a una habitación contigua.

pasaportar. TR. **1.** Dar o expedir pasaporte. ‖ **2.** Despedir a alguien, echarlo de donde está. ‖ **3.** coloq. Dar muerte, asesinar.

pasaporte. M. **1.** Licencia o despacho por escrito que se da para poder pasar libre y seguramente de un país a otro. ‖ **2.** Licencia que se da a los militares, con itinerario para que en los lugares se les asista con alojamiento y bagajes. ‖ **dar ~ a alguien.** LOC.VERB. coloq. Dar muerte, asesinar.

pasapuré. M. **pasapurés.**

pasapurés. M. Utensilio de cocina para colar y homogeneizar, mediante presión, patatas, verduras, lentejas, etc., después de cocidas. MORF. pl. invar. *Los pasapurés.*

pasar. I. TR. **1.** Mudar, trasladar a otro lugar, situación o clase. *Pasar la cómoda al dormitorio.* U. t. c. intr. y c. prnl. *Pasar a la sala de espera. Pasarse un militar a la reserva.* ‖ **2.** Cruzar de una parte a otra. *Pasar la sierra. Pasar un río.* U. t. c. intr. *Pasar por la sierra, por un río.* ‖ **3.** Enviar, transmitir. *Pasar un recado.* ‖ **4.** Ir más allá de un punto limitado o determinado. *Pasar la raya. Pasar el término.* ‖ **5.** Penetrar o traspasar. *Sacó la aguja y pasó nuevamente el algodón.* ‖ **6.** Transferir o trasladar algo de una persona a otra. *Pasó el negocio a sus hijos.* U. t. c. intr. ‖ **7. sufrir** (‖ aguantar, tolerar). *Pasar frío.* U. t. c. intr. *Pasar por muchas calamidades.* ‖ **8.** Llevar algo por encima de otra cosa, de modo que la vaya tocando. *Pasar la mano, el peine, el cepillo.* ‖ **9.** Introducir algo por el hueco de otra cosa. *Pasar una hebra por el ojo de una aguja.* ‖ **10.** Introducir o extraer fraudulentamente géneros prohibidos o que adeudan derechos. ‖ **11.** Exceder, aventajar, superar. *Lo pasa más de un palmo.* U. t. c. prnl. ‖ **12.** Deglutir, tragar la comida o la bebida. ‖ **13.** No poner reparo, censura o tacha en algo. *En la prueba escrita me pasaron un error.* ‖ **14.** Disimular o no darse por enterado de algo. *Ya te he pasado muchas.* ‖ **15.** Proyectar una película cinematográfica. ‖ **16.** *Dep.* Dicho de un jugador: Entregar la pelota a otro de su mismo equipo. ‖ **II.** INTR. **17.** Dicho de una persona o de una cosa: Mudarse, trocarse o convertirse en otra, mejorándose o empeorándose. *Pasar de soldado a sargento.* ‖ **18.** Tener lo necesario para vivir. ‖ **19.** En algunos juegos, no intervenir cuando llega el turno. ‖ **20.** En el dominó, dejar de poner ficha por no tener ninguna adecuada. ‖ **21.** Dicho de una cosa inmaterial: Tener movimiento o correr de una parte a otra. *La noticia pasó de uno a otro pueblo.* ‖ **22.** Proceder a una acción. *Pasar a almorzar.* ‖ **23.** Ocupar bien el tiempo. *Pasar la tarde en los toros. Pasar la noche en un grito. Pasar el verano en la playa.* ‖ **24.** Vivir, tener salud. ‖ **25.** Dicho de la moneda: Ser admitida sin reparo o por el valor que le está señalado. ‖ **26.** Dicho de aquello que se podría gastar: Durar o mantenerse. *Este vestido puede pasar este verano.* ‖ **27.** Dicho de una cosa: **cesar** (‖ acabarse). *Pasar la cólera, el enojo.* U. t. c. prnl. ‖ **28.** Ser tenido en concepto o en opinión de. *Pasar por tonto.* ‖ **29.** No necesitar algo. *Bien podemos pasar sin coche.* U. t. c. prnl. ‖ **30.** Ir al punto que se designa, para cumplir un encargo o enterarse de un asunto. *Pasar por mi casa. Pasar por tu oficina.* ‖ **31. suceder** (‖ hacerse realidad). *¿Qué pasa en Teruel?* ‖ **32.** Mostrar desinterés o desprecio por alguien o por algo. *Pasaba de su familia. Pasa de trabajar.* ‖ **III.**

PRNL. **33.** Tomar un partido contrario al que antes se tenía, o ponerse de la parte opuesta. *Pasarse al enemigo.* ‖ **34.** Olvidarse o borrarse de la memoria. *Se me ha pasado su cumpleaños.* ‖ **35.** Dicho de la fruta, de la carne o de algo semejante: Perder la sazón o empezarse a pudrir. ‖ **36.** Dicho de algunas cosas: Perderse la ocasión o el tiempo de que logren su actividad en el efecto. *Pasarse la lumbre. Pasarse el arroz.* ‖ **37.** Exceder en una calidad o propiedad, o usar de ella con exceso. *Pasarse de bueno. Pasarse de cortés.* ‖ **38.** En ciertos juegos, hacer más puntos de los que se han fijado para ganar, y en consecuencia perder la partida. ‖ **39.** Dicho de aquellas cosas que encajan en otras, las aseguran o cierran: Estar flojas o no alcanzar el efecto que se pretende. *Pasarse el pestillo en la cerradura.* ‖ **lo pasado, pasado.** EXPR. Se usa para exhortar a olvidar o perdonar los motivos de queja o de enojo, como si no hubieran existido. ‖ **~ de largo.** LOC.VERB. **1.** Ir o atravesar por una parte sin detenerse. ‖ **2.** No hacer reparo o reflexión en lo que se lee o trata. ‖ **~lo.** LOC.VERB. Estar en un determinado estado de salud o de fortuna. *Lo pasamos muy bien.* ‖ **~ alguien por alto.** LOC.VERB. **1.** Omitir o dejar de decir algo que se debió o se pudo tratar. ‖ **2.** Olvidarse de ello. ‖ **3.** No tenerlo presente. ‖ **4.** No echar de ver algo por inadvertencia o descuido, o prescindir de ello deliberadamente. ‖ **~ alguien por encima.** LOC.VERB. **1.** Ignorar los inconvenientes que se proponen o que ocurren en un intento. ‖ **2.** Anticiparse en un empleo a quien, según su grado o categoría, tocaba entrar en él. ‖ **~se de listo.** LOC.VERB. coloq. Intentar mostrarse en algo más inteligente que otros y estar equivocado. ‖ **un buen ~.** LOC. SUST. M. Se usa para explicar que alguien goza de medianas comodidades.

pasarela. F. **1.** Puente pequeño o provisional. ‖ **2.** En los buques de vapor, puente transversal colocado delante de la chimenea. ‖ **3.** Puente para peatones, destinado a salvar carreteras, ferrocarriles, etc. ‖ **4.** Pasillo estrecho y algo elevado, destinado al desfile de artistas, modelos de ropa, etc., para que puedan ser contemplados por el público.

pasatiempo. M. Diversión y entretenimiento en que se pasa el rato.

pascal. M. *Fís.* Unidad de presión del Sistema Internacional, equivalente a la presión uniforme que ejerce la fuerza de un *newton* sobre la superficie plana de un metro cuadrado. (Símb. *Pa*).

pascua. F. **1.** Fiesta más solemne de los hebreos, que celebraban a la mitad de la luna de marzo, en memoria de la libertad del cautiverio de Egipto. ‖ **2.** En la Iglesia católica, fiesta solemne de la Resurrección del Señor, que se celebra el domingo siguiente al plenilunio posterior al 20 de marzo. Oscila entre el 22 de marzo y el 25 de abril. ‖ **3.** Cada una de las solemnidades del nacimiento de Cristo, del reconocimiento y adoración de los Reyes Magos y de la venida del Espíritu Santo sobre el Colegio Apostólico. ‖ **4.** pl. Tiempo desde la Natividad de Nuestro Señor Jesucristo hasta el día de Reyes inclusive. ¶ ORTOGR. Escr. con may. inicial. ‖ **Pascua de Flores,** o **Pascua Florida.** F. La de Resurrección. ‖ **Pascua del Espíritu Santo.** F. Pentecostés (‖ festividad que celebra la Iglesia). ‖ **estar** alguien **como una ~,** o **como unas ~s.** LOCS.VERBS. coloqs. Estar alegre y jubiloso. ‖ **hacer ~.** LOC.VERB. Empezar a comer carne en la Cuaresma. ‖ **santas ~s.** EXPR. coloq. Se usa para dar a entender que es forzoso conformarse con lo que sucede, se hace o se dice. □ V. **huevo de Pascua, mona de Pascua.**

pascual. ADJ. Perteneciente o relativo a la Pascua. □ V. **cirio ~, cordero ~, tiempo ~.**

pascuense. ADJ. **1.** Natural de Isla de Pascua. U. t. c. s. || **2.** Perteneciente o relativo a esta provincia de Chile, en la isla del mismo nombre.

pascuilla. F. Primer domingo después del de Pascua de Resurrección.

pase[1]. M. **1.** Acción y efecto de pasar. || **2.** Cada uno de los movimientos que hace con las manos el magnetizador, a distancia o tocando ligeramente el cuerpo de la persona que quiere someter a su influencia. || **3.** *Dep.* Entrega de la pelota entre jugadores de un mismo equipo. || **4.** *Taurom.* Cada una de las veces que el torero, después de haber llamado o citado al toro con la muleta, lo deja pasar, sin intentar clavarle la espada. || **~ de muleta.** M. *Taurom.* Cada una de las veces que el matador deja pasar al toro por la muleta.

pase[2]. M. **1.** Permiso que da una autoridad para usar un privilegio, licencia o gracia. || **2. salvoconducto** (|| documento). || **3.** Licencia que permite el libre tránsito de personas o cosas por diversos lugares a fin de realizar ciertas actividades. || **~ de pernocta.** M. El que se da a los soldados para que puedan pasar la noche fuera de su acuartelamiento.

paseador, ra. ADJ. Que se pasea mucho y frecuentemente.

paseandero, ra. ADJ. *Á. Andes, Á. guar., Á. R. Plata* y *Chile.* **paseador.** U. t. c. s.

paseante. I. ADJ. **1.** Que pasea o se pasea. Apl. a pers., u. t. c. s. || **II.** COM. **2.** *Méx.* Viajero transeúnte.

pasear. I. INTR. **1.** Ir andando por distracción o por ejercicio. U. t. c. tr. y c. prnl. || **2.** Ir con iguales fines, a caballo, en un vehículo, etc., o por agua en una embarcación. U. t. c. prnl. || **II.** TR. **3.** Hacer pasear. *Pasear a un niño. Pasear a un caballo.* || **4.** Llevar algo de una parte a otra, o hacerlo ver acá y allá. *Pasear los libros.* || **III.** PRNL. **5.** Dicho de una cosa no material: Andar vagando. *Una idea fija se pasea por mi cabeza.* || **6.** Estar ocioso.

paseata. F. Paseo de larga duración.

paseíllo. M. Desfile de las cuadrillas por el ruedo antes de comenzar la corrida.

paseo. M. **1.** Acción de pasear o pasearse. || **2.** Lugar o sitio público para pasear. || **3.** Distancia corta, que puede recorrerse paseando. || **a ~.** LOC. ADV. coloq. Se usa para manifestar el desagrado o desaprobación de lo que alguien propone, dice o hace. *Echar, mandar, enviar a paseo.* || **dar** a alguien **el ~.** LOC. VERB. hist. En la Guerra Civil española, trasladarlo a un lugar para matarlo. || **dar un ~.** LOC. VERB. **1.** Pasear a pie. || **2.** Pasear a caballo, o en un vehículo o embarcación. □ V. **capote de ~.**

paseriforme. ADJ. *Zool.* Se dice de las aves que se caracterizan por tener tres dedos dirigidos hacia delante y uno hacia atrás, para poder asirse con facilidad a las ramas, aunque hay especies terrícolas. U. t. c. s. f. ORTOGR. En f. pl., escr. con may. inicial c. taxón. *Las Paseriformes.*

pasible. ADJ. Que puede o es capaz de padecer. *Pecio pasible de ser rapiñado.*

pasiego, ga. I. ADJ. **1.** Natural de Pas. U. t. c. s. || **2.** Perteneciente o relativo a este valle de Cantabria, en España. || **II.** F. **3.** Nodriza, especialmente de familias de alcurnia.

pasificación. F. Proceso de convertir la uva fresca en pasa.

pasiflora. F. **pasionaria** (|| planta).

pasifloráceo, a. ADJ. *Bot.* Se dice de las hierbas o de los arbustos angiospermos dicotiledóneos, trepadores, originarios de países cálidos, principalmente de América del Sur, con hojas alternas, sencillas o compuestas, flores regulares, casi siempre hermafroditas y pentámeras, solitarias o en racimos, y fruto en baya, o capsular con muchas semillas; p. ej., la pasionaria. U. t. c. s. f. ORTOGR. En f. pl., escr. con may. inicial c. taxón. *Las Pasifloráceas.*

pasillo. M. **1.** Pieza de paso, larga y estrecha, de cualquier edificio. || **2.** Espacio alargado que recuerda a un pasillo y que sirve de paso. *El pasillo del vagón del tren.* || **3. pasillo aéreo.** || **4.** Pieza dramática breve. || **5.** *Á. Andes.* Baile popular. || **6.** *Á. Andes.* Composición musical de compás de tres por cuatro, con la cual se baila el pasillo. || **~ aéreo.** M. **corredor aéreo.**

pasión. F. **1.** Acción de padecer. || **2.** por antonom. pasión de Jesucristo. ORTOGR. Escr. con may. inicial. || **3.** Perturbación o sentimiento desordenado del ánimo. || **4.** Inclinación o preferencia muy vivas de alguien a otra persona. || **5.** Apetito o afición vehemente a algo. *Pasión por los viajes.* || **6.** Parte de cada uno de los cuatro Evangelios, que describe la Pasión de Cristo. || **~ de ánimo.** F. Tristeza, depresión, abatimiento, desconsuelo. □ V. **flor de la Pasión, tiempo de ~.**

pasional. ADJ. Perteneciente o relativo a la pasión, especialmente amorosa.

pasionaria. F. **1.** Planta originaria del Brasil, de la familia de las Pasifloráceas, con tallos ramosos, trepadores y de 15 a 20 m de largo, hojas partidas en tres, cinco o siete lóbulos enteros y con dos largas estípulas, flores olorosas, axilares, de 6 a 7 cm de diámetro, con las lacinias del cáliz verdes por fuera, azuladas por dentro, y forma de hierro de lanza, y corola de filamentos de color púrpura y blanco. || **2.** Flor de esta planta.

pasionista. ADJ. **1.** Se dice del individuo perteneciente a la congregación de la Pasión y Cruz de Cristo, fundada en el siglo XVII por san Pablo de la Cruz. U. t. c. s. || **2.** Perteneciente o relativo a dicha congregación. *Devoción pasionista.*

pasito. ADV. M. **1.** Con gran tiento, con blandura. || **2.** En voz baja.

pasitrote. M. Aire más rápido que el paso y más cómodo que el trote, que adoptan, con frecuencia, los asnos, y, raras veces, las demás caballerías.

pasiva. F. *Gram.* **voz pasiva.** || **~ refleja.** F. *Gram.* Construcción oracional de significado pasivo, cuyo verbo, en tercera persona, aparece en forma activa precedido de *se* y generalmente sin complemento agente; p. ej., *Esos museos se inauguraron hace cincuenta años.*

pasividad. F. Cualidad de pasivo.

pasivo, va. I. ADJ. **1.** Se dice del sujeto que recibe la acción del agente, sin cooperar con ella. || **2.** Dicho de una persona: Que deja obrar a los demás, sin hacer por sí cosa alguna. || **3.** Que implica o denota falta de acción o de actuación. *Tabaquismo pasivo.* || **4.** Se dice del haber o de la pensión que disfrutan algunas personas en virtud de servicios que prestaron o del derecho ganado con ellos y que les fue transmitido. || **5.** *Gram.* Que implica o denota acción padecida o recibida por alguien o algo. || **II.** M. **6.** *Econ.* Valor monetario total de las deudas y compromisos que gravan a una empresa, institución o individuo, y que se reflejan en su contabilidad. □ V. clases ~s, dividendo ~, escándalo ~, fumador ~, haberes ~s, oración ~, participio ~, resistencia ~, situación ~, sufragio ~, sujeto ~, voz ~.

pasmado, da. PART. de **pasmar.** ‖ ADJ. Dicho de una persona: Alelada, absorta o distraída. U. t. c. s. □ V. **águila** ~.

pasmar. I. TR. **1.** Asombrar con extremo. U. t. c. intr. y c. prnl. ‖ **2.** Ocasionar o causar suspensión o pérdida de los sentidos y del movimiento. U. m. c. prnl. *Me estoy pasmando de tanto esperar.* ‖ **3.** Enfriar mucho o bruscamente. U. t. c. prnl. *Se va a pasmar con este frío.* ‖ **II.** PRNL. **4.** *Chile.* encanijarse.

pasmarote. M. coloq. Persona embobada o pasmada.

pasmo. M. **1.** Admiración y asombro extremados, que dejan como en suspenso la razón y el discurso. ‖ **2.** Objeto que ocasiona esta admiración o asombro. *La exposición fue el pasmo de los asistentes.* ‖ **3.** Rigidez y tensión convulsiva de los músculos. ‖ **4.** Efecto de un enfriamiento que se manifiesta por dolor de huesos y otras molestias. ‖ **5.** tétanos (‖ enfermedad).

pasmoso, sa. ADJ. Que causa **pasmo** (‖ admiración y asombro). *Recuperación pasmosa.*

paso¹. M. **1.** Movimiento sucesivo de ambos pies al andar. *Se alejó con grandes pasos.* ‖ **2.** Distancia recorrida en cada movimiento al andar. *Solo tienes que moverte cuatro pasos.* ‖ **3.** Huella que queda impresa al andar. *En la arena se ven sus pasos.* ‖ **4.** Movimiento seguido con que anda un ser animado. *Camina a buen paso.* ‖ **5.** Modo o manera de andar. *Tiene un paso muy firme.* ‖ **6.** Movimiento regular con que camina un animal con patas, levantando sus extremidades una a una y sin dar lugar a salto o suspensión alguna. *El paso, el trote y el galope.* ‖ **7.** Acción de pasar. *Su reciente paso por el festival.* ‖ **8.** Lugar o sitio por donde se pasa de una parte a otra. *El tortuoso paso del túnel de San Adrián.* ‖ **9.** Cada una de las mudanzas que se hacen en los bailes. *Un bonito paso a dos.* ‖ **10.** Cada uno de los avances que realiza un aparato contador. ‖ **11.** Pieza dramática muy breve; p. ej., el de *Las aceitunas,* de Lope de Rueda. ‖ **12.** Trance de la muerte o cualquier otro grave conflicto. ‖ **13.** Efigie o grupo que representa un suceso de la Pasión de Cristo, y se saca en procesión por la Semana Santa. ‖ **14.** *Cineg.* Sitio del monte, por donde acostumbra pasar la caza. ‖ **15.** *Cineg.* Tránsito de las aves de una región a otra para invernar o estar en el verano o primavera. ‖ **16.** *Geogr.* Estrecho de mar. *Paso de Calais.* ‖ **17.** *Mec.* Distancia entre dos resaltes sucesivos en la hélice de un tornillo. ‖ **18.** pl. *Dep.* En baloncesto y balonmano, falta en que incurre el jugador que da más de tres pasos sin botar la pelota. ‖ ~ **a nivel.** M. Sitio en que un ferrocarril se cruza con otro camino del mismo nivel. ‖ ~ **atrás.** M. *Mil.* Movimiento retrógrado con la velocidad del paso ordinario y longitud de 33 cm. ‖ ~ **corto.** M. *Mil.* El de marcha a razón de 120 por minuto y longitud de 33 cm. ‖ ~ **de ambladura,** o ~ **de andadura.** M. paso de las caballerías en el cual mueven a un tiempo la mano y el pie del mismo lado. ‖ ~ **de cebra.** M. En una vía pública, espacio marcado con rayas anchas paralelas a la acera, por el que, en ausencia de otra señal reguladora, pueden cruzar los peatones con preferencia sobre los vehículos. ‖ ~ **de comedia.** M. **1.** Lance, suceso o pasaje de un poema dramático, y especialmente el elegido para considerarlo o representarlo suelto. ‖ **2.** Lance o suceso de la vida

real, que divierte o causa cierta novedad o extrañeza. ‖ ~ **de ganso.** M. **paso de la oca.** ‖ ~ **de garganta.** M. Inflexión de la voz, o gorjeo, en el canto, consistente en una contracción de los músculos, a fin de dar a las cuerdas vocales mayor excitabilidad. Es atributo del teatro lírico, y se generalizó en el siglo XIX. ‖ ~ **de la hélice.** M. *Geom.* Distancia entre dos puntos consecutivos de esta curva, correspondientes a la misma generatriz. ‖ ~ **de la oca.** M. paso de desfile caracterizado por levantar rígida y horizontal la pierna que avanza. ‖ ~ **del ecuador.** M. **1.** Fiesta que suele celebrarse en los barcos al pasar el ecuador. ‖ **2.** Fiesta, y a veces viaje, que celebran los estudiantes cuando están a mitad de carrera. ‖ ~ **de maniobra.** M. *Mil.* El que no se marca yendo en formación. ‖ ~ **grave.** M. *Danza.* Aquel en que un pie se aparta del otro describiendo un semicírculo. ‖ ~ **honroso.** M. hist. Lucha o combate que en determinado lugar de tránsito se obligaban a mantener uno o más caballeros contra todos los que acudieran a su reto. ‖ ~ **largo.** M. *Mil.* El de la marcha con velocidad de 120 por minuto y longitud de 75 cm. ‖ ~ **lento.** M. *Mil.* El de la marcha a razón de 76 por minuto y longitud de 55 cm. ‖ ~ **libre.** M. El que está desembarazado de obstáculos, peligros o enemigos. *Le dejaron el paso libre para seguir su viaje.* ‖ ~ **ligero.** M. *Mil.* El de la marcha con velocidad de 180 por minuto y longitud de 83 cm. ‖ ~ **ordinario.** M. *Mil.* El de la marcha a razón de 120 por minuto y longitud de 65 cm. ‖ ~ **redoblado.** M. *Mil.* El ordinario, según la táctica moderna. ‖ **mal** ~. M. Suceso en que alguien se encuentra con dificultades. ‖ **abrir** ~. LOC.VERB. **abrir camino.** ‖ **a buen** ~. LOC.ADV. Deprisa, de manera acelerada. ‖ **a cada** ~. LOC.ADV. De manera repetida, continuada, frecuente, a menudo. ‖ **a cuatro, a dos** ~s. LOCS.ADVS. **a pocos pasos.** ‖ **a ese** ~. LOC.ADV. Según eso, de ese modo. ‖ **alargar el** ~. LOC.VERB. coloq. Andar o ir deprisa. ‖ **al** ~. LOC. ADV. **1.** Sin detenerse. ‖ **2.** Al pasar por una parte yendo a otra. ‖ **3.** Andando, sin correr ni forzar el paso. ‖ **al** ~ **que.** LOC. CONJUNT. **1.** Al modo, a imitación, como. ‖ **2.** Al mismo tiempo, a la vez. *Al paso que yo le hacía beneficios, me correspondía con ingratitudes.* ‖ **andar en malos** ~s. LOC.VERB. Frecuentar malas compañías o comportarse de modo que pueden seguirse malas consecuencias. ‖ **a** ~ **de buey.** LOC.ADV. **a paso de tortuga.** ‖ **a** ~ **de carga.** LOC.ADV. Con precipitación, sin detenerse. ‖ **a** ~ **de tortuga.** LOC.ADV. Con mucha lentitud. ‖ **a** ~ **largo.** LOC. ADV. Deprisa, de manera acelerada. ‖ **a** ~s **agigantados.** LOC.ADV. Con gran rapidez. *El enemigo se acercó a pasos agigantados a la ciudad. Avanza a pasos agigantados en sus estudios.* ‖ **a pocos** ~s. LOC.ADV. A poca distancia. ‖ **apretar el** ~. LOC.VERB. coloq. **alargar el paso.** ‖ **a unos** ~s, o **a un** ~. LOCS.ADVS. **a pocos pasos.** ‖ **avivar el** ~. LOC.VERB. coloq. **alargar el paso.** ‖ **cambiar el** ~. LOC.VERB. *Mil.* Sentar un pie en tierra, cargar el cuerpo rápidamente sobre el otro colocándolo junto al primero, y con este, y sin perder el compás, dar el paso siguiente. ‖ **ceder el** ~ alguien. LOC.VERB. Dejar, por cortesía, que otra persona pase antes que él. ‖ **cerrar el** ~. LOC.VERB. **1.** Obstaculizarlo o cortarlo. ‖ **2.** Impedir el progreso de un negocio. ‖ **coger al** ~. LOC.VERB. **1.** En el juego de ajedrez, comerse un peón que pasó dos casillas sin pedir permiso. ‖ **2.** coloq. Encontrar y detener a alguien para tratar con él algo. ‖ **comer al** ~. LOC. VERB. En el juego de ajedrez, lance que consiste en la opción que se le ofrece a un peón que ha alcanzado la quinta fila de su bando para tomar un peón contrario, que en su jugada de salida avanza dos casillas en lugar de una. La acción del bando que realiza esa jugada debe ser inmediata. ‖ **dar** alguien **el ~ al frente.** LOC.VERB. **dar un paso al frente.** ‖ **dar ~.** LOC.VERB. **1.** Permitir el paso o el acceso. *Aquella puerta da paso al salón.* ‖ **2.** Dicho de una persona: Favorecer la aparición de una situación nueva. *La inhibición del gobernador dio paso a graves desórdenes.* ‖ **dar ~s.** LOC.VERB. **gestionar.** ‖ **dar un mal ~.** LOC.VERB. **1.** Sufrir un fallo al andar o al correr, del que se sigue daño. ‖ **2.** Hacer algo de lo que se sigue o puede seguirse perjuicio. ‖ **dar un ~ atrás.** LOC. VERB. Experimentar un retroceso en lo que se hace o se intenta. ‖ **dar un ~,** o **un ~ adelante.** LOCS.VERBS. Realizar un progreso perceptible en lo que se hace o se intenta. ‖ **dar** alguien **un ~ al frente.** LOC.VERB. Actuar de una manera inequívocamente decidida en una situación. *Déjate de dudas y da un paso al frente de una vez.* ‖ **dar un ~ en falso.** LOC.VERB. **dar un mal paso.** ‖ **de ~.** LOC.ADV. **1.** Sin permanencia fija, de manera provisional. ‖ **2.** Aprovechando la ocasión. ‖ **3.** Con ligereza, sin detención. ‖ **llevar el ~.** LOC.VERB. Seguirlo en una forma regular, acomodándolo a compás y medida, o bien al de la persona con quien se va. ‖ **marcar el ~.** LOC.VERB. **1.** *Mil.* Figurarlo en su compás y duración sin avanzar ni retroceder. ‖ **2.** *Mil.* Acompasar la marcha a un ritmo determinado. ‖ **más que de ~.** LOC.ADV. De prisa, de manera precipitada, con violencia. ‖ **no poder dar ~,** o **un ~.** LOCS.VERBS. No poder andar, o no poder adelantar en algún intento. ‖ **paso.** INTERJ. Se usa para contener a alguien o para poner paz entre quienes riñen. ‖ **~ a ~.** LOC.ADV. Poco a poco, despacio o por grados. ‖ **~ por ~.** LOC.ADV. Se usa para denotar la exactitud y lentitud con que se hace o adquiere algo. ‖ **por los mismos ~s.** LOC.ADV. Siguiendo las huellas de alguien o utilizando sus procedimientos. ‖ **por sus ~s contados.** LOC.ADV. Por su orden o curso regular. ‖ **sacar de su ~** a alguien. LOC.VERB. coloq. Hacerle obrar fuera de su costumbre u orden regular. ‖ **salir al ~ de** algo. LOC.VERB. Darse por enterado de ello e impugnar su veracidad o su fundamento. ‖ **salir** alguien **del ~.** LOC.VERB. coloq. Desembarazarse de cualquier manera de un asunto, compromiso, dificultad, apuro o trabajo. ‖ **salirle** a alguien **al ~.** LOC.VERB. **1.** Encontrarlo de improviso o deliberadamente, deteniéndolo en su marcha. ‖ **2.** Contrariarlo, atajarlo en lo que dice o intenta. ‖ **seguir los ~s** a alguien. LOC.VERB. Observar su conducta para averiguar si es fundada una sospecha que se tiene de él. ‖ **seguir los ~s de** alguien. LOC.VERB. Imitarlo en sus acciones. ‖ **tomar los ~s.** LOC.VERB. Ocupar los caminos por donde se recela que puede venir un daño o que alguien puede escaparse. ‖ **volver** alguien **sobre sus ~s.** LOC.VERB. Desdecirse, rectificar su dictamen o su conducta. □ V. **ave de ~, caballo de ~, llave de ~, mula de ~.**

paso², sa. ADJ. Dicho de la fruta: Extendida al sol para secarse o desecada por otro cualquier procedimiento. *Higo paso. Uva pasa.*

pasodoble. M. **1.** Marcha a cuyo compás puede llevar la tropa el paso ordinario. ‖ **2.** Baile que se ejecuta al compás de esta música.

pasparse. PRNL. *Á. R. Plata.* Dicho de la piel: Agrietarse por efecto del frío y la sequedad.

paspartú. M. Orla de cartón, tela u otro material que se pone entre un dibujo, pintura, fotografía, etc., y su marco. MORF. pl. **paspartús.**

pasqueño, ña. ADJ. **1.** Natural de Pasco. U. t. c. s. ‖ **2.** Perteneciente o relativo a este departamento del Perú.

pasquín. M. **1.** Escrito anónimo, de carácter satírico y normalmente de contenido político, que se fija en sitio público. ‖ **2.** Cartel en el que se anuncia algo. ‖ **3.** Hoja de papel con publicidad, propaganda u otro mensaje. ‖ **4.** *Á. Caribe* y *Á. R. Plata.* Diario, semanario o revista con artículos e ilustraciones de mala calidad y de carácter sensacionalista y calumnioso.

pássim. ADV. En las anotaciones de impresos y manuscritos castellanos, aquí y allí, en una y otra parte, en lugares diversos.

pasta. F. **1.** Masa hecha de una o diversas sustancias machacadas. ‖ **2.** Masa trabajada con manteca o aceite y otros ingredientes, que sirve para hacer pasteles, hojaldres, empanadas, etc. ‖ **3.** Pieza pequeña hecha con masa de harina y otros ingredientes, cocida al horno, que se recubre a veces con chocolate, mermelada, etc. ‖ **4.** Masa preparada con harina, con la que se hacen los fideos, tallarines, macarrones, canelones, raviolis, etc. ‖ **5.** Conjunto de estas variedades. *Me gusta la pasta que se toma en Italia.* ‖ **6.** Masa que resulta de macerar y machacar trapos, madera y otras materias para hacer cartones y papel. ‖ **7.** Encuadernación de los libros que se hace de cartones cubiertos con pieles bruñidas y por lo común jaspeadas. ‖ **8.** coloq. **dinero** (‖ moneda corriente). ‖ **9.** coloq. **dinero** (‖ hacienda, fortuna). ‖ **10.** coloq. Carácter, modo de ser o disposición natural de una persona. *Antonio es de buena pasta.* ‖ **~ de chocolate.** F. hist. Masa de cacao molido y mezclado con azúcar para su consistencia, que se traía de América para mezclar en las moliendas. ‖ **~ de dientes.** F. La empleada como dentífrico. ‖ **~ española.** F. Encuadernación en piel de cordero teñida de color leonado o castaño y decorada generalmente en jaspe salpicado. ‖ **~ italiana.** F. **pasta** (‖ masa preparada con harina). ‖ **~ valenciana.** F. Encuadernación en piel de cordero que se arruga para teñirla. Ofrece tonos más diversos y jaspeado más llamativo que los de la pasta española. ‖ **media ~.** F. Encuadernación a la holandesa.

pastaceño, ña. ADJ. **1.** Natural de Pastaza. U. t. c. s. ‖ **2.** Perteneciente o relativo a esta provincia de Ecuador.

pastadero. M. Terreno donde pasta el ganado.

pastaflora. F. Pasta hecha con harina, azúcar y huevo, tan delicada que se deshace en la boca. ‖ **ser** alguien **de ~.** LOC.VERB. Ser de carácter blando y demasiado condescendiente.

pastar. TR. Dicho del ganado: Comer hierba u otros vegetales cortándolos con los dientes en el lugar en que se crían. U. t. c. intr.

paste. M. *Am. Cen.* Planta cucurbitácea de tallo piloso y ahuecado en su centro, hojas verdes y grandes, flores grandes y amarillas, cuyo fruto alargado y fibroso contiene un tejido poroso usado como esponja.

pastear. **I.** TR. **1.** Llevar el ganado a pastar. ‖ **II.** INTR. **2.** Dicho del ganado: Pacer el pasto.

pasteca. F. *Mar.* Especie de motón herrado, con una abertura en uno de los lados de su caja, para que pase el cabo con que se trabaja.

pastel. **I.** M. **1.** Masa de harina y manteca, cocida al horno, en que ordinariamente se envuelve crema o dulce. ‖ **2.** Guiso de carne, pescado u otros ingredientes, que se cuece en el horno y tiene una consistencia sólida. ‖ **3.** **glasto.** ‖ **4.** Lápiz compuesto de una materia colorante y agua de goma. ‖ **5. pintura al pastel.** ‖ **6.** coloq. Beneficios, económicos o de poder, especialmente cuando son susceptibles de reparto. ‖ **7.** *Impr.* Defecto que sale por haber dado demasiada tinta o estar esta muy espesa. ‖ **8.** *Impr.* Conjunto de tipos, líneas o planas desordenados. ‖ **II.** ADJ. **9.** Dicho de un color: De tono suave. *Una falda de muselina en tonos pastel.* ‖ **descubrirse el ~.** LOC.VERB. coloq. Hacerse público y manifiesto algo que se procuraba ocultar o disimular. □ V. **pintura al ~.**

pasteleo. M. coloq. Contemporización con miras interesadas.

pastelería. F. **1.** Local donde se hacen pasteles, pastas u otros dulces. ‖ **2.** Tienda donde se venden. ‖ **3.** Arte de trabajar pasteles, pastas, etc. ‖ **4.** Conjunto de pasteles o pastas.

pastelero, ra. I. ADJ. **1.** Perteneciente o relativo a la pastelería. *Fórmulas pasteleras.* ‖ **II.** M. y F. **2.** Persona que tiene por oficio hacer o vender pasteles. □ V. **crema ~.**

pastelista. COM. Pintor que practica la pintura al pastel.

pastelón. M. *Chile.* Loseta grande de cemento que se utiliza para pavimentar.

pastenco, ca. ADJ. Dicho de una res recién destetada: Que se echa al pasto. U. t. c. s.

pasterización. F. pasteurización.

pasterizar. TR. pasteurizar.

pasteurización. F. Acción y efecto de pasteurizar.

pasteurizar. TR. Elevar la temperatura de un alimento líquido a un nivel inferior al de su punto de ebullición durante un corto tiempo, enfriándolo después rápidamente, con el fin de destruir los microorganismos sin alterar la composición y cualidades del líquido.

pastiche. M. Imitación o plagio que consiste en tomar determinados elementos característicos de la obra de un artista y combinarlos, de forma que den la impresión de ser una creación independiente.

pasticho. M. **1.** Á. R. *Plata.* Comida que no tiene buena presentación. ‖ **2.** Á. R. *Plata.* **desorden** (‖ confusión).

pastilla. F. **1.** Porción de pasta consistente, de forma, tamaño y usos variables, de uno u otro tamaño y forma. *Pastilla de jabón.* ‖ **2.** Porción muy pequeña de pasta compuesta de azúcar y alguna sustancia agradable al gusto. *Pastilla de menta. Pastilla de café con leche.* ‖ **3.** *Med.* Pequeña porción de pasta medicinal. ‖ **~ de freno.** F. *Mec.* Pieza plana de material resistente a la fricción que se aprieta contra el disco de freno. ‖ **a toda ~.** LOC. ADV. **1.** coloq. A toda velocidad. ‖ **2.** coloq. A pleno rendimiento, con gran fuerza y potencia.

pastillero. M. Estuche pequeño destinado a guardar pastillas.

pastinaca. F. Pez selacio marino del suborden de los Ráyidos, de cabeza puntiaguda, cuerpo aplastado, redondo, liso y como de medio metro de diámetro, sin aletas. Es de color amarillento con manchas oscuras por el lomo y blanquecino por el vientre. Tiene cola delgada, larga, cónica y armada con un aguijón muy fuerte, a manera de anzuelo, con los bordes aserrados y con el cual hiere al animal para defenderse. Vive en los mares de España y su carne es comestible.

pastines. M. pl. Á. R. *Plata.* Pasta alimenticia cortada en porciones menudas de diversas formas, tales como estrellas, dedales, semillas, letras, cabello de ángel, etc., y empleada en sopas.

pastizal. M. Terreno de abundante pasto.

pastle. M. *Méx.* Planta epífita de las Bromeliáceas, de filamentos muy largos de color gris, que cuelga de las ramas del pino, roble y encina. Sus flores son de color verde pálido o azul. Se usa como estropajo.

pasto¹. M. **1.** Hierba que el ganado pace en el mismo terreno donde se cría. ‖ **2.** Cosa que sirve para el sustento del animal. ‖ **3.** Sitio en que pasta el ganado. U. m. en pl. *Galicia tiene buenos pastos.* ‖ **4.** Hecho, noticia u ocasión que sirve para fomentar algo. *Dar pasto a la murmuración.* ‖ **5.** Á. R. *Plata* y *Méx.* **césped** (‖ hierba menuda). ‖ **~ seco.** El que se da en el invierno a los ganados, y consiste en paja o frutos secos. ‖ **~ verde.** El que en primavera y parte del verano se da a las caballerías y al ganado o lo toman directamente del campo. ‖ **a ~.** LOC. ADV. Dicho de comer o de beber: Hasta saciarse, hasta más no querer. ‖ **a todo ~.** LOC.ADV. coloq. Se usa para dar a entender que el uso de algo se puede hacer o se hace copiosamente y sin restricciones. ‖ **de ~.** LOC.ADJ. De uso diario y frecuente. □ V. **vino de ~.**

pasto². **I.** ADJ. **1.** Se dice del individuo de un pueblo amerindio que habitaba en el norte ecuatoriano y en la provincia de Pasto, en Colombia. U. t. c. s. ‖ **2.** Perteneciente o relativo a los pastos. *Armamento pasto.* ‖ **II.** M. **3.** Lengua hablada por los pastos.

pastor, ra. M. y F. **1.** Persona que guarda, guía y apacienta el ganado, especialmente el de ovejas. ‖ **2.** Persona que tiene la prelatura o cualquier otra dignidad eclesiástica cristiana con fieles a su cargo y cuidado. MORF. En la Iglesia católica solo se emplea la forma masculina. ‖ **pastor protestante.** M. En las confesiones protestantes, eclesiástico o laico designado por la comunidad para su guía espiritual y gobierno. ‖ **el Buen Pastor.** M. Cristo (‖ el Hijo de Dios). □ V. **aguja de pastor.**

pastorada. F. Reunión de pastores.

pastoral. I. ADJ. **1.** Perteneciente o relativo al pastor. *Albergue pastoral.* ‖ **2.** Perteneciente o relativo a la poesía en que se pinta la vida de los pastores. *Composición pastoral.* ‖ **II.** F. **3.** Especie de drama bucólico, cuyos interlocutores son pastores y pastoras. ‖ **III.** AMB. **4. carta pastoral.** ‖ **5.** Composición pastoril, literaria o musical. □ V. **anillo ~, báculo ~, carta ~, teología ~, visita ~.**

pastorear. TR. **1.** Llevar los ganados al campo y cuidar de ellos mientras pacen. ‖ **2.** Dicho de un prelado: Cuidar con vigilancia de sus fieles, dirigirlos y gobernarlos.

pastorela. F. **1.** Composición poética de los provenzales, especie de égloga o de idilio, que refiere el encuentro de un caballero y una pastora. ‖ **2.** Tañido y canto sencillo y alegre a modo del que usan los pastores.

pastoreo. M. Acción y efecto de **pastorear** (‖ los ganados).

pastoría. F. **1.** Oficio de pastor. ‖ **2.** pastoreo.

pastoriego, ga. ADJ. Perteneciente o relativo al pastor.

pastoril. ADJ. Propio o característico de los pastores. □ V. **novela ~.**

pastosidad. F. Cualidad de pastoso.

pastoso¹, sa. ADJ. **1.** Dicho de una cosa: Que al tacto es suave y blanda, como la masa. ‖ **2.** Dicho de la voz o del sonido: Que, sin resonancias metálicas, son agradables al oído.

pastoso², sa. ADJ. *Am.* Dicho de un terreno: Que tiene buenos pastos.

pastueño. ADJ. *Taurom.* Dicho del toro de lidia: Que acude sin recelo al engaño.

pastura. F. **1.** Pasto o hierba de que se alimentan los animales. ‖ **2.** Porción de comida que se da de una vez a los bueyes.

pasturaje. M. **1.** Lugar de pasto abierto o común. ‖ **2.** Derechos con que se contribuye para poder pastar los ganados.

pastuso, sa. ADJ. **1.** Natural de Pasto. U. t. c. s. ‖ **2.** Perteneciente o relativo a esta ciudad de Colombia, capital del departamento de Nariño.

pasudo, da. ADJ. **1.** Á. *Caribe.* Dicho del cabello: **crespo.** ‖ **2.** Á. *Caribe.* Dicho de una persona: Que tiene este tipo de cabello. U. t. c. s.

pata. F. **1.** Pie y pierna de los animales. ‖ **2.** Pie de un mueble. ‖ **3.** Hembra del **pato** (‖ ave palmípeda). ‖ **4.** coloq. Pierna de una persona. ‖ ~ **de banco.** F. coloq. Absurdo, despropósito. ‖ ~ **de cabra.** F. Instrumento de boj o de hueso con que los zapateros alisan los bordes de las suelas después de recortarlas. ‖ ~ **de gallo.** F. **1.** Cierto dibujo de determinadas telas. ‖ **2.** Arruga con surcos divergentes que con los años se forma en el ángulo externo de cada ojo. ‖ ~ **de palo.** F. Pieza de madera con que se suple la pierna que le falta a una persona. ‖ ~ **negra.** M. **jamón de pata negra.** ‖ **mala ~. I.** F. **1.** coloq. Mala suerte. ‖ **II.** COM. **2.** coloq. **metepatas.** ‖ **a cuatro ~s.** LOC.ADV. coloq. **a gatas.** ‖ **a la ~ coja.** LOC.ADV. Llevando una pierna encogida y saltando sobre el otro pie. ‖ **a la ~ la llana, o a la ~ llana.** LOCS.ADVS. coloqs. Con llaneza, sin afectación. ‖ **a ~.** LOC.ADV. coloq. **andando** (‖ dando pasos). ‖ **estirar la ~.** LOC.VERB. coloq. **morir** (‖ llegar al término de la vida). ‖ **meter** alguien **la ~.** LOC.VERB. coloq. Hacer o decir algo inoportuno o equivocado. ‖ ~ **caliente.** LOC.ADJ. Á. *Caribe.* Dicho de una persona: **callejera** (‖ que gusta de callejear). ‖ ~**s arriba.** LOC.ADV. **1.** coloq. Al revés, o vuelto hacia arriba lo de abajo. ‖ **2.** coloq. Se usa para dar a entender el desconcierto o trastorno de algo. ‖ **poner de ~s en la calle** a alguien. LOC. VERB. coloq. **poner de patitas en la calle.** ☐ V. **ganado de ~ hendida, jamón de ~ negra, metedura de ~, metida de ~.**

pataca. F. **1.** Planta de la familia de las Compuestas, herbácea, con tallos rectos de dos metros de altura, hojas ovales, acuminadas, ásperas y vellosas, flores redondas y amarillas. El rizoma es un tubérculo feculento y comestible. ‖ **2.** Tubérculo de la raíz de esta planta, que es de color rojizo o amarillento, fusiforme, de seis a siete centímetros de longitud y cuatro o cinco de diámetro por la parte más gruesa, carne acuosa algo azucarada y buen comestible para el ganado.

patache. M. **1.** Embarcación pequeña que suele utilizarse en faenas y servicios portuarios. ‖ **2.** hist. Pequeña embarcación de guerra que se destinaba en las escuadras para llevar avisos, reconocer las costas y guardar las entradas de los puertos.

patacón. M. **1.** Moneda de diez céntimos. ‖ **2.** Á. *Caribe.* **tostón** (‖ rodaja de plátano).

patada. F. Golpe dado con el pie o con la pata del animal. ‖ ~**s de ahogado.** F. pl. Méx. Esfuerzos inútiles. ‖ **a ~s.** LOC.ADV. **1.** coloq. Con excesiva abundancia y por todas partes. ‖ **2.** coloq. Con desconsideración. *Los tratan a patadas.* ‖ **darle** a alguien **cien ~s** alguien o algo. LOC.VERB. coloq. Disgustarle mucho. ‖ **darle** a alguien **la ~.** LOC. VERB. **1.** coloq. Echarlo del lugar donde trabaja o del puesto o cargo que desempeña. ‖ **2.** coloq. Mostrarse desagradecido con él, abandonándolo, no prestándole

ayuda, etc. *Tras tantos años de amistad, me dio la patada.* ‖ **de la ~.** LOC.ADJ. Méx. **pésimo.** U. t. c. loc. adv. ‖ **en dos ~s.** LOC.ADV. coloq. Con facilidad, sin esfuerzo, en un santiamén.

patagón, na. ADJ. **1.** Natural de la Patagonia. U. t. c. s. ‖ **2.** Perteneciente o relativo a esta región de América Meridional. ‖ **3.** Se dice del individuo de un pueblo amerindio de la región austral de la Argentina. U. t. c. s. y m. en pl. ‖ **4.** Perteneciente o relativo a los **patagones.** *Ropa patagona.*

patagónico, ca. ADJ. Perteneciente o relativo a la Patagonia o a los patagones.

patalear. INTR. **1.** Mover las piernas o patas violentamente y con ligereza, para herir con ellas o a causa de un accidente o dolor. ‖ **2.** Dar patadas en el suelo violentamente y con prisa por enfado o pesar.

pataleo. M. **1.** Acción y efecto de patalear. ‖ **2.** Ruido hecho con las patas o los pies. ☐ V. **derecho al ~.**

pataleta. F. **1.** coloq. Convulsión, especialmente cuando se cree que es fingida. ‖ **2.** coloq. Disgusto, enfado.

patán. M. **1.** coloq. Aldeano o rústico. ‖ **2.** coloq. Hombre zafio y tosco. U. t. c. adj.

patanería. F. coloq. Grosería, rustiquez, simpleza, ignorancia.

patarata. F. Cosa ridícula y despreciable.

patarráez. M. *Mar.* Cabo grueso que se emplea para reforzar la obencadura. MORF. pl. **patarráeces.**

patasca. F. Á. *Andes.* Maíz blanco cocido.

patata. F. **1.** Planta herbácea anual, de la familia de las Solanáceas, originaria de América y cultivada hoy en casi todo el mundo, con tallos ramosos de cuatro a seis decímetros de altura, hojas desigual y profundamente partidas, flores blancas o moradas en corimbos terminales, fruto en baya carnosa, amarillenta, con muchas semillas blanquecinas, y raíces fibrosas que en sus extremos llevan gruesos tubérculos redondeados, carnosos, muy feculentos, pardos por fuera, amarillentos o rojizos por dentro y que son uno de los alimentos más útiles para el hombre. ‖ **2.** Cada uno de los tubérculos de esta planta. ‖ ~ **caliente.** F. Problema grave e incómodo de solución difícil. ‖ **ni ~.** LOC. PRONOM. **nada.** *No sabe ni patata.* ☐ V. **escarabajo de la ~.**

patatal. M. Terreno plantado de patatas.

patatar. M. Terreno plantado de patatas.

patatero, ra. ADJ. **1.** Perteneciente o relativo a la patata. *Olor patatero.* ‖ **2.** Que se dedica al comercio de patatas. Apl. a pers., u. t. c. s.

patatín. que si ~ que si patatán, o **que ~ que patatán.** EXPRS. **1.** coloqs. Se usan para expresar la acción de hablar ininterrumpidamente de cosas vanas u ociosas. ‖ **2.** coloqs. **dale que dale.**

patatús. M. coloq. Desmayo, lipotimia. MORF. pl. **patatuses.**

patay. M. *Am. Mer.* Pasta seca hecha del fruto del algarrobo. MORF. pl. **patayes.**

paté. M. Pasta comestible, untable, hecha a base de carne o hígado, generalmente de cerdo o aves.

pateadura. F. **1.** Acción y efecto de patear. ‖ **2.** coloq. Represión o refutación violenta y abrumadora.

patear. **I.** TR. **1.** Dicho del público: Mostrar su desaprobación de un discurso, pieza teatral u otro espectáculo golpeando con los pies en el suelo. ‖ **2.** coloq. Dar golpes con los pies. ‖ **3.** coloq. Tratar de manera desconsiderada y ruda a alguien, al reprenderlo, al reprobar sus obras o al discutir con él. ‖ **II.** INTR. **4.** coloq. Dar patadas en señal de enojo, dolor o desagrado. ‖ **5.** coloq. Andar mucho, haciendo diligencias para conseguir algo.

patena. F. En el rito católico, bandeja pequeña, generalmente dorada, donde se deposita la hostia durante la celebración eucarística. ‖ **como una ~, o limpio como una ~, o más limpio que una ~.** LOCS.ADJS. Muy limpio.

patencia. F. Cualidad de **patente** (‖ manifiesto).

patentar. TR. **1.** Conceder y expedir patentes. ‖ **2.** Obtener patentes de propiedad industrial. ‖ **3.** Á. R. *Plata.* Inscribir un vehículo automotor en el registro oficial.

patente. I. ADJ. **1.** Manifiesto, visible. *Contornos patentes.* ‖ **2.** Claro, perceptible. *Una diferencia patente.* ‖ **II.** F. **3.** **patente de invención.** ‖ **4.** Cédula que dan algunas cofradías o sociedades a sus miembros para que conste que lo son. ‖ **5.** Documento expedido por la Hacienda pública, que acredita haber satisfecho determinada persona la cantidad que la ley exige para el ejercicio de algunas profesiones o industrias. ‖ **6.** Testimonio que acredita una cualidad o mérito. ‖ **7.** Á. R. *Plata.* **matrícula** (‖ placa que llevan los vehículos). ‖ **~ de corso.** F. Autorización que se tiene o se supone tener para realizar actos prohibidos a los demás. ‖ **~ de invención.** F. Documento en que oficialmente se le reconoce a alguien una invención y los derechos que de ella se derivan. ‖ **~ de navegación.** F. Despacho expedido a favor de un buque para autorizar su bandera y su navegación y acreditar su nacionalidad. ‖ **~ de sanidad.** F. Certificación que llevan las embarcaciones que van de un puerto a otro, de haber o no haber peste o contagio en el lugar de su salida.

patentizar. TR. Hacer algo **patente** (‖ manifiesto).

pateo. M. coloq. Acción de **patear** (‖ en señal de enojo o desagrado).

páter. M. **sacerdote.** MORF. pl. invar. *Los páter.*

patera. F. Embarcación pequeña, de fondo plano, sin quilla.

pátera. F. hist. Plato o cuenco de poco fondo de que se usaba en los sacrificios antiguos.

paterfamilias. M. Jefe o cabeza de familia. MORF. pl. invar. *Los paterfamilias.*

paternal. ADJ. **1.** Perteneciente o relativo al padre. *Figura paternal.* ‖ **2.** Propio o característico del afecto, cariño o solicitud de padre. *Un gesto muy paternal.*

paternalismo. M. Tendencia a aplicar las formas de autoridad y protección propias del padre en la familia tradicional a relaciones sociales de otro tipo; políticas, laborales, etc. U. m. en sent. peyor.

paternalista. ADJ. **1.** Dicho de una persona: Que adopta el paternalismo como forma de conducta. U. t. c. s. U. m. en sent. peyor. ‖ **2.** Que responde o parece responder a dicha actitud. U. m. en sent. peyor. *Comportamientos paternalistas.*

paternidad. F. **1.** Cualidad de padre. ‖ **2.** En algunas órdenes religiosas, se usa como tratamiento.

paterno, na. ADJ. **1.** Perteneciente o relativo al padre. *Derechos paternos.* ‖ **2.** Propio o característico del padre. *Un cariño muy paterno.* ☐ V. **casa ~.**

paternofilial. ADJ. **1.** Perteneciente o relativo al padre, o al padre y la madre, y a sus hijos. *Relación paternofilial.* ‖ **2.** Que va del padre a sus hijos. *Transmisión paternofilial del poder.*

paternóster. M. **1.** Oración del padrenuestro. ‖ **2.** Padrenuestro que se dice en la misa, y es una de las partes de ella. ¶ MORF. pl. invar. *Los paternóster.*

patero, ra. ADJ. *Chile.* Adulador, lisonjeador. U. t. c. s.

patético, ca. ADJ. Que es capaz de mover y agitar el ánimo infundiéndole afectos vehementes, y con particularidad dolor, tristeza o melancolía.

patetismo. M. Cualidad de patético.

patí. M. Á. R. *Plata.* Pez grande de río, de color gris azulado con manchas oscuras. MORF. pl. **paties** o **patís.**

patiabierto, ta. ADJ. coloq. Que tiene las piernas torcidas e irregulares, y separadas una de otra.

patibulario, ria. ADJ. **1.** Perteneciente o relativo al patíbulo. *Armazón patibulario.* ‖ **2.** Que por su repugnante aspecto o aviesa condición produce horror y espanto. *Cara patibularia. Drama patibulario.*

patíbulo. M. Tablado o lugar en que se ejecuta la pena de muerte.

paticojo, ja. ADJ. coloq. **cojo.** Apl. a pers., u. t. c. s.

paticorto, ta. ADJ. Que tiene las patas o las piernas más cortas de lo común.

patidifuso, sa. ADJ. coloq. Que se queda parado de asombro.

patilla. F. **1.** Parte que se añade a una cosa, con el fin de que esta pueda sujetarse a otra y, así, cumplir mejor su cometido. *Hace cuatro días que no me puedo poner las gafas, porque se me rompió una patilla.* ‖ **2.** Porción de barba que se deja crecer en cada uno de los carrillos. ‖ **3.** Cierta postura de la mano izquierda en los trastes de la vihuela. ‖ **4.** Á. *Caribe.* **sandía.**

patillense. ADJ. **1.** Natural de Patillas. U. t. c. s. ‖ **2.** Perteneciente o relativo a este municipio de Puerto Rico o a su cabeza.

patilludo, da. ADJ. Que tiene exageradas patillas.

patín. M. **1.** Aparato de patinar que consiste en una plancha que se adapta a la suela del calzado y lleva una especie de cuchilla o dos pares de ruedas, según sirva para ir sobre el hielo o sobre un pavimento duro, liso y muy llano. ‖ **2. patinete.** ‖ **~ del diablo.** M. *Méx.* **patinete.**

pátina. F. **1.** Especie de barniz duro, de color aceitunado y reluciente, que por la acción de la humedad se forma en los objetos antiguos de bronce. ‖ **2.** Tono suave que da el tiempo a las pinturas al óleo y a otros objetos antiguos. ‖ **3.** Este mismo tono obtenido artificialmente. ‖ **4.** Carácter indefinible que con el tiempo adquieren ciertas cosas.

patinada. F. **1.** Á. R. *Plata.* **resbalón** (‖ acción y efecto de resbalar). ‖ **2.** *Méx.* **patinazo** (‖ de un coche).

patinadero. M. Lugar donde se patina sobre hielo artificial o sobre un pavimento duro y muy liso.

patinador, ra. ADJ. Que patina. Apl. a pers., u. t. c. s.

patinaje. M. **1.** Acción de **patinar**[1]. ‖ **2.** Práctica de este ejercicio como deporte.

patinar[1]**.** INTR. **1.** Deslizarse o ir resbalando con patines sobre el hielo o sobre un pavimento duro, llano y muy liso. ‖ **2.** Dicho de las ruedas de un vehículo: Dar vueltas sin avanzar, por falta de adherencia con el suelo o por defecto en su libre movimiento sobre los ejes. ‖ **3.** Dicho de un vehículo o de sus ruedas: Deslizarse o resbalar sin rodar. ‖ **4.** Escurrirse o deslizarse en el suelo o en una superficie muy lisa y resbaladiza. ‖ **5.** coloq. Perder la buena dirección o la eficacia en lo que se está haciendo o diciendo. *Patinó al intentar responder a mi pregunta.*

patinar[2]. TR. Dar pátina a un objeto.

patinazo. M. **1.** Acción y efecto de patinar bruscamente un coche o una o más de sus ruedas. ‖ **2.** coloq. Desliz notable en que incurre alguien.

patineta. F. Á. *Caribe.* **patinete.**

patinete. M. Juguete que consiste en una plancha sobre ruedas provista de un manillar para conducirlo, sobre el que se deslizan los niños poniendo un pie sobre él e impulsándose con el otro contra el suelo.

patio. M. **1.** Espacio cerrado con paredes o galerías, que en las casas y otros edificios se suele dejar al descubierto. ‖ **2. patio de butacas. ‖ ~ de butacas.** M. En los teatros, planta baja que ocupan las butacas.

patitas. poner a alguien **de ~ en la calle.** LOC.VERB. coloq. Despedirlo, echarlo fuera de un lugar.

patitieso, sa. ADJ. **1.** coloq. Dicho de una persona: Que, por un accidente repentino, o por frío, se queda sin sentido ni movimiento en las piernas o pies. ‖ **2.** coloq. Que se queda sorprendido por la novedad o extrañeza que le causa algo.

patito. M. *Méx.* Bote que dan las piedras lanzadas sobre la superficie del agua. *HACER patitos.*

patituerto, ta. ADJ. Que tiene torcidas las piernas o las patas.

patiza. F. *Méx.* **pateadura** (‖ acción y efecto de patear).

patizambo, ba. ADJ. Que tiene las piernas torcidas hacia afuera y junta mucho las rodillas. Apl. a pers., u. t. c. s.

pato[1]. M. **1.** Ave palmípeda, con el pico más ancho en la punta que en la base y en esta más ancho que alto. Su cuello es corto, y también los tarsos, por lo que anda con dificultad. Tiene una mancha de color verde metálico en cada ala. La cabeza del macho es también verde, y el resto del plumaje blanco y ceniciento; la hembra es de color rojizo. Se encuentra en abundancia en estado salvaje y se domestica con facilidad. ‖ **2.** Á. *Caribe.* Hombre afeminado. ‖ **3.** Á. *Caribe.* Botella de forma especial que se usa para recoger la orina del hombre que guarda cama. ‖ **4.** Á. *Caribe.* **cuña** (‖ recipiente para recoger los excrementos del enfermo). ‖ **~ cuchara.** M. **espátula** (‖ ave ciconiforme). ‖ **~ negro.** M. Ave palmípeda, especie de **pato** con el pico ancho y robusto, plumaje negro o pardo en general, pero blancas algunas plumas de las alas y dos manchas simétricas de la cabeza. Sus tarsos y dedos son rojos, y verdoso el pico. Tiene unos cinco decímetros desde la cabeza hasta la punta de la cola y muy cerca de un metro de envergadura. ‖ **~ real.** M. **azulón.** ‖ **hacerse** alguien **~.** LOC.VERB. *Méx.* Hacerse el tonto.

pato[2]. **pagar el ~** alguien. LOC.VERB. coloq. Padecer o llevar pena o castigo no merecido, o que ha merecido otro.

patochada. F. coloq. Disparate, despropósito, dicho necio o grosero.

patogénesis. F. *Med.* Origen y desarrollo de las enfermedades.

patogenia. F. *Med.* Parte de la patología que estudia cómo se engendran estados morbosos.

patogénico, ca. ADJ. *Med.* Perteneciente o relativo a la patogenia.

patógeno, na. ADJ. *Med.* Que origina y desarrolla una enfermedad. □ V. **germen ~.**

patognomónico, ca. ADJ. *Med.* Dicho de un síntoma: Que caracteriza y define una determinada enfermedad.

patografía. F. *Med.* Descripción de las enfermedades.

patojo, ja. ADJ. Que tiene las piernas o pies torcidos o desproporcionados, e imita al pato en andar moviendo el cuerpo de un lado a otro.

patología. F. **1.** Parte de la medicina que estudia las enfermedades. ‖ **2.** Conjunto de síntomas de una enfermedad. U. t. en sent. fig. *Patología social.*

patológico, ca. ADJ. **1.** *Med.* Perteneciente o relativo a la patología. *Proceso patológico.* ‖ **2.** Que se convierte en enfermedad. *Tiene un rechazo patológico al agua.* □ V. **anatomía ~.**

patólogo, ga. M. y F. Especialista en patología.

patón, na. ADJ. coloq. Que tiene grandes patas.

patoso, sa. ADJ. **1.** Dicho de una persona: Que, sin serlo, presume de chistosa y aguda. U. t. c. s. ‖ **2.** Dicho de una persona: Inhábil o desmañada. U. t. c. s.

patota. F. *Am. Mer.* Grupo, normalmente integrado por jóvenes, que suele darse a provocaciones, desmanes y abusos en lugares públicos. ‖ **2.** *Am. Mer.* y Á. *Caribe.* Pandilla de amigos, generalmente jóvenes.

patotero, ra. I. ADJ. **1.** *Am. Mer.* Que manifiesta o posee los caracteres propios de una patota. ‖ **II.** M. y F. **2.** *Am. Mer.* Integrante de una patota.

patraña. F. Mentira o noticia fabulosa, de pura invención.

patrañero, ra. ADJ. Que suele contar o inventar patrañas. U. t. c. s.

patria. F. **1.** Tierra natal o adoptiva ordenada como nación, a la que se siente ligado el ser humano por vínculos jurídicos, históricos y afectivos. ‖ **2.** Lugar, ciudad o país en que se ha nacido. ‖ **~ celestial.** F. Cielo o gloria. ‖ **~ chica.** F. Lugar, pueblo, ciudad o región en que se ha nacido. □ V. **padre de la ~.**

patriada. F. **1.** Á. *R. Plata.* Acción trabajosa y desinteresada. ‖ **2.** Á. *R. Plata.* Campaña de un grupo social o político que se hace invocando la necesidad de salvar a la patria.

patriarca. M. **1.** Persona que por su edad y sabiduría ejerce autoridad en una familia o en una colectividad. ‖ **2.** Cada uno de los personajes del Antiguo Testamento que fueron cabezas de dilatadas y numerosas familias. ‖ **3.** Dignidad de los obispos de algunas iglesias principales, como las de Alejandría, Jerusalén y Constantinopla. ‖ **4.** Se usa como tratamiento dirigido por el papa a algunos prelados sin ejercicio ni jurisdicción. *Patriarca de las Indias.* ‖ **5.** Fundador de alguna orden religiosa. ‖ **como un ~.** LOC.ADV. Se usa para ponderar las comodidades o descanso de una persona. *Tiene una vida como un patriarca.*

patriarcado. M. **1.** Dignidad de patriarca. ‖ **2.** Territorio de la jurisdicción de un patriarca. ‖ **3.** Gobierno o autoridad del patriarca. ‖ **4.** *Sociol.* Organización social primitiva en que la autoridad es ejercida por un varón jefe de cada familia, extendiéndose este poder a los parientes aun lejanos de un mismo linaje.

patriarcal. I. ADJ. **1.** Perteneciente o relativo al patriarca y a su autoridad y gobierno. *Actitud patriarcal.* ‖ **2.** Dicho de la autoridad o del gobierno: Ejercidos con sencillez y benevolencia. ‖ **II.** F. **3.** Iglesia del patriarca. ‖ **4.** Territorio del patriarca. □ V. **cruz ~, iglesia ~.**

patriciado. M. **1.** Dignidad o condición de patricio. ‖ **2.** Conjunto o clase de los patricios.

patricio, cia. I. ADJ. **1.** hist. Que era descendiente de los primeros senadores romanos y, por ello, formaba la clase social privilegiada. U. t. c. s. ‖ **2.** Perteneciente o relativo a los patricios. *Linaje patricio.* || **3.** hist. Se decía de quien obtenía la dignidad del patriciado. U. m. c. s. || **II.** M. y F. **4.** Persona que por su nacimiento, riqueza o virtudes descuella entre sus conciudadanos.

patrilineal. ADJ. *Antrop.* Se dice de una organización social en la que predomina la línea paterna.

patrimonial. ADJ. **1.** Perteneciente o relativo al patrimonio. *Bienes patrimoniales.* || **2.** *Ling.* Dicho de una palabra: Que, en la evolución del idioma, ha seguido las leyes fonéticas correspondientes a tal idioma.

patrimonialista. ADJ. Que propicia la conservación del patrimonio familiar o de una sociedad. Apl. a pers., u. t. c. s.

patrimonio. M. **1.** Hacienda que alguien ha heredado de sus ascendientes. || **2.** Conjunto de los bienes y derechos propios adquiridos por cualquier título. || **3.** Conjunto de características que se heredan. *Patrimonio genético.* || **4.** *Der.* Conjunto de bienes pertenecientes a una persona física o jurídica, o afectos a un fin, susceptibles de estimación económica. || **~ histórico.** M. Conjunto de bienes de una nación acumulado a lo largo de los siglos, que, por su significado artístico, arqueológico, etc., son objeto de protección especial por la legislación. || **~ nacional.** M. *Econ.* Suma de los valores asignados, para un momento de tiempo, a los recursos disponibles de un país, que se utilizan para la vida económica. || **~ neto.** M. *Econ.* Diferencia entre los valores económicos pertenecientes a una persona física o jurídica y las deudas u obligaciones contraídas. || **~ real.** M. Conjunto de los bienes pertenecientes a la Corona o dignidad real.

patrio, tria. ADJ. Perteneciente o relativo a la patria. *Orgullo patrio.* □ V. ~ **potestad.**

patriota. COM. Persona que tiene amor a su patria y procura todo su bien.

patriotería. F. coloq. **patrioterismo.**

patrioterismo. M. despect. Alarde propio del patriotero.

patriotero, ra. ADJ. **1.** despect. Que alardea excesiva e inoportunamente de patriotismo. U. t. c. s. || **2.** despect. Que implica o denota alarde de patriotismo. *Versos patrioteros.*

patriótico, ca. ADJ. Perteneciente o relativo al patriota, a la patria o al patriotismo. *Sus intenciones son benéficas y patrióticas.*

patriotismo. M. **1.** Amor a la patria. || **2.** Sentimiento y conducta propios del patriota.

patrística. F. Ciencia que tiene por objeto el conocimiento de la doctrina, obras y vidas de los Santos Padres.

patrístico, ca. ADJ. Perteneciente o relativo a la patrística.

patrocinado, da. PART. de **patrocinar.** || M. y F. Persona beneficiaria de un patrocinio.

patrocinador, ra. ADJ. Que patrocina, normalmente con fines publicitarios. Apl. a pers., u. t. c. s.

patrocinar. TR. **1.** Defender, proteger, amparar, favorecer. *Patrocinar una opinión.* || **2.** Apoyar o financiar una actividad, normalmente con fines publicitarios.

patrocinio. M. Acción y efecto de patrocinar.

patrología. F. **1.** **patrística.** || **2.** Tratado sobre los Santos Padres. || **3.** Colección de sus escritos.

patrón, na. **I.** M. y F. **1.** Defensor, protector. || **2.** Santo titular de una iglesia. || **3.** Protector escogido por un pueblo o congregación, ya sea un santo, ya la Virgen o

Jesucristo en alguna de sus advocaciones. || **4.** Dueño de la casa donde alguien se aloja u hospeda. || **5.** Amo, ama. || **6. patrono** (|| persona que emplea a otra u otras). || **II.** M. **7.** Hombre que manda y dirige un pequeño buque mercante. || **8.** Modelo que sirve de muestra para sacar otra cosa igual. || **9.** Metal que se toma como tipo para la evaluación de la moneda en un sistema monetario. || **10.** Cosa que sirve como punto de referencia. || **11.** Planta en que se hace un injerto. || **patrón de bote,** o **patrón de lancha.** M. *Mar.* Hombre de mar encargado del gobierno de una embarcación menor. || **patrón oro.** M. Sistema monetario basado en la equivalencia establecida por ley, a tipo fijo, entre una moneda y una cantidad de oro de determinada calidad. || **cortado, da por el mismo ~.** LOC.ADJ. Dicho de una persona o de una cosa: En la que se advierte gran semejanza con otra.

patronado, da. ADJ. Dicho de una iglesia o de un beneficio: Que tienen patrono.

patronal. **I.** ADJ. Perteneciente o relativo al patrono o al patronato. *Cuotas patronales.* || **II.** F. **2.** Colectividad de los patronos. □ V. **cierre ~.**

patronato. M. **1.** Consejo formado por varias personas que ejercen funciones rectoras, asesoras o de vigilancia en una institución. || **2.** Corporación que forman los patronos. || **3.** Derecho, poder o facultad que tienen el patrono o patronos. || **4.** Fundación de una obra pía. || **5.** Encargo de cumplir algunas obras pías, que tienen las personas designadas por el fundador. || **~ real.** M. **1.** hist. Derecho que tenía el rey de España de presentar candidatos para los obispados y otras dignidades eclesiásticas. || **2.** Protección o amparo regio sobre ciertas instituciones eclesiásticas o laicas. □ V. **derecho de ~.**

patronazgo. M. **patronato.**

patronear. TR. Ejercer el cargo de patrón en una embarcación.

patronímico, ca. ADJ. hist. Se dice del apellido que se daba en España a hijos, formado del nombre de sus padres; p. ej., *Fernández,* de *Fernando; Martínez,* de *Martín.* U. t. c. s. m.

patrono, na. M. y F. **1.** Miembro de un patronato. || **2.** Defensor, protector, amparador. || **3.** Persona que tiene derecho o encargo de patronato. || **4.** Santo titular de un templo. || **5.** Santo elegido como protector de un pueblo o congregación religiosa o laica. || **6.** Persona que emplea a otra u otras en determinados trabajos.

patrulla. F. **1.** Partida de soldados u otra gente armada, en corto número, que ronda para mantener el orden y seguridad en las plazas y campamentos. || **2.** Grupo de buques o aviones que prestan servicio en una costa, paraje de mar o campo minado, para la defensa contra ataques submarinos o aéreos, o para observaciones meteorológicas. || **3.** Servicio que realiza una patrulla. || **4.** *Am.* **coche patrulla.**

patrullaje. M. Acción y efecto de patrullar.

patrullar. INTR. **1.** Dicho de una patrulla: **rondar.** U. t. c. tr. || **2.** Dicho de un buque o de un avión: Prestar servicio de patrulla. U. t. c. tr.

patrullera. F. Buque destinado a patrullar.

patrullero, ra. **I.** ADJ. **1.** Dicho de un buque o de un avión: Destinado a patrullar. U. t. c. s. m. || **2.** *Á. Andes* y *Á. R. Plata.* Se dice de los vehículos que usa la Policía para la vigilancia pública. U. t. c. s. m. || **II.** M. **3.** *Á. Caribe* y *Méx.* Agente de Policía que va en ese vehículo.

patuco. M. Calzado de punto, generalmente en forma de bota, que se pone a los bebés a modo de zapato o que usan las personas mayores para abrigarse los pies en la cama.

patudo, da. ADJ. coloq. Que tiene grandes patas o pies.

patuleco, ca. ADJ. Am. Dicho de una persona: Que tiene un defecto físico en los pies o en las piernas.

paují. M. Ave de la América tropical, del orden de las Galliformes, y de una familia especial exclusivamente americana, de cuerpo robusto, cola larga y cresta de plumas eréctiles hacia adelante, coloración negro lustroso con abdomen blanco, cera amarilla que sostiene una prominencia bulbosa, pico negruzco con punta clara y patas grisáceas. Su carne es comestible, por lo que está amenazada. MORF. pl. **paujíes** o **paujís.**

paujil. M. Á. Caribe. paují.

paúl. ADJ. Se dice del clérigo regular que pertenece a la congregación de misioneros fundada en Francia por san Vicente de Paúl en el siglo XVII. U. t. c. s. y m. en pl.

paular¹. INTR. fest. Parlar o hablar. *Ni habla ni paula.* MORF. conjug. c. *causar.*

paular². M. pantano (‖ dificultad).

paulatino, na. ADJ. Que procede u obra despacio o lentamente.

paulino, na. ADJ. Perteneciente o relativo al apóstol san Pablo.

paulonia. F. Árbol de la familia de las Escrofulariáceas, con hojas grandes, opuestas y acorazonadas, flores azules, olorosas y dispuestas en panojas, cáliz con cinco divisiones, tubo de la corola largo y curvo, y su limbo oblicuo y con lacinias, cuatro estambres, cápsula leñosa y semillas con expansiones en forma de ala. Se cría en el Japón y se cultiva en los jardines de Europa, donde suele alcanzar la altura de diez a doce metros.

pauperismo. M. Situación persistente de pobreza.

pauperización. F. Acción y efecto de pauperizar.

pauperizar. TR. Empobrecer un país, una región, un grupo social, etc.

paupérrimo, ma. ADJ. SUP. de **pobre.**

pausa. F. 1. Breve interrupción del movimiento, acción o ejercicio. ‖ 2. Tardanza, lentitud. *Hablar con pausa.* ‖ 3. Ling. Interrupción de la fonación, de duración variable, que delimita un grupo fónico en un enunciado. ‖ 4. Mús. Breve intervalo en que se deja de cantar o tocar. ‖ 5. Mús. Signo de la pausa en la música escrita. ‖ **a ~s.** LOC.ADV. Con interrupción, por intervalos.

pausado, da. PART. de **pausar.** ‖ **I.** ADJ. 1. Que obra con pausa o lentitud. *Juan es pausado y sereno.* ‖ 2. Que se ejecuta o acaece de este modo. *Respiración pausada.* ‖ **II.** ADV.M. 3. Con lentitud, tardanza o pausa.

pausar. INTR. Interrumpir o retardar un movimiento, ejercicio o acción. U. t. c. tr. MORF. conjug. c. *causar.*

pauta. F. 1. Instrumento o norma que sirve para gobernarse en la ejecución de algo. *Pautas de comportamiento.* ‖ 2. Instrumento o aparato para rayar el papel blanco, a fin de que al escribir no se tuerzan los renglones. ‖ 3. Raya o conjunto de rayas hechas con este instrumento. ‖ 4. dechado (‖ ejemplo, modelo). *La vida de los santos es nuestra pauta.*

pautado. □ V. **papel ~.**

pautar. TR. 1. Dar reglas o determinar el modo de ejecutar una acción. ‖ 2. Rayar el papel con la pauta. ‖ 3. Mús. Señalar en el papel las rayas necesarias para escribir las notas musicales. ¶ MORF. conjug. c. *causar.*

pautear. TR. Chile. pautar (‖ dar reglas).

pava. F. 1. Hembra del pavo, algo menor que este. ‖ 2. Á. guar. Recipiente de metal o hierro esmaltado, con asa en la parte superior, tapa y pico, que se usa para calentar agua. ‖ **~ de monte.** F. Méx. **chachalaca** (‖ ave galliforme). ‖ **pelar la ~** los enamorados. LOC.VERB. coloq. Mantener una conversación.

pavana. F. 1. hist. Danza española, grave y seria y de movimientos pausados. ‖ 2. Tañido de esta danza.

pavero, ra. **I.** M. y F. 1. Persona que cuida de las manadas de pavos o los vende. ‖ **II.** M. 2. Sombrero de ala ancha y recta y copa cónica, propio de los andaluces.

pavés¹. M. hist. Escudo oblongo que se utilizaba para cubrir casi todo el cuerpo del combatiente. MORF. pl. **paveses.** ‖ **alzar** a alguien **sobre el ~.** LOC.VERB. Erigirlo en caudillo, encumbrarlo, ensalzarlo.

pavés². M. 1. adoquín (‖ piedra para empedrados). ‖ 2. adoquinado (‖ suelo empedrado).

pavesa. F. Parte pequeña y ligera que salta de una materia inflamada y acaba por convertirse en ceniza.

pavía. F. 1. Variedad del pérsico, cuyo fruto tiene la piel lisa y la carne jugosa y pegada al hueso. ‖ 2. Fruto de este árbol.

pávido, da. ADJ. Tímido, medroso o lleno de pavor. *Miradas pávidas.* U. m. en leng. poét.

pavimentación. F. Acción y efecto de pavimentar.

pavimentar. TR. solar³.

pavimento o **pavimiento.** M. suelo (‖ superficie artificial).

pavipollo. M. Pollo del pavo.

pavisoso, sa. ADJ. Bobo, sin gracia ni arte.

pavo. M. 1. Ave del orden de las Galliformes, oriunda de América, donde en estado salvaje llega a tener un metro de alto, trece decímetros desde la punta del pico hasta el extremo de la cola, dos metros de envergadura y 20 kg de peso. Tiene plumaje de color pardo verdoso con reflejos cobrizos y manchas blanquecinas en los extremos de las alas y de la cola, cabeza y cuello cubiertos de carúnculas rojas, así como la membrana eréctil que lleva encima del pico, tarsos negruzcos muy fuertes, dedos largos, y en el pecho un mechón de cerdas de tres a cuatro centímetros de longitud. La hembra es algo menor, pero semejante al macho en todo lo demás. En domesticidad, el ave ha disminuido de tamaño y ha cambiado el color del plumaje. Hay variedades negras, rubias y blancas. ‖ 2. Á.Andes y Chile. polizón. ‖ **~ real.** M. Ave del orden de las Galliformes, oriunda de Asia, de unos 70 cm de largo sin contar la cola, que alcanza el metro y medio en el macho. Este tiene el plumaje azul y verde con irisaciones doradas, y un penacho sobre la cabeza. En época de celo despliega en abanico su larga cola, de vistoso diseño, para atraer a las hembras, que son más pequeñas, de color ceniciento y cola reducida. Existen variedades albinas. □ V. **edad del ~, moco de ~.**

pavón. M. 1. pavo real. ‖ 2. Mariposa con manchas redondeadas, a modo de ojos, en las alas, que recuerdan a los dibujos del plumaje del pavo real. ‖ 3. Capa superficial de óxido abrillantado, de color azulado, negro o marrón, con que se cubren las piezas de acero para mejorar su aspecto y evitar su corrosión.

pavonada. F. Ostentación o pompa con que alguien se deja ver.

pavonado, da. PART. de **pavonar.** ‖ **I.** ADJ. 1. Azulado oscuro. ‖ **II.** M. 2. Acción y efecto de pavonar.

pavonar. TR. Dar pavón al hierro o al acero.

pavonazo. M. *Pint.* Color mineral rojo oscuro con que se suple el carmín en la pintura al fresco. Es un peróxido de hierro, aluminoso.

pavonear. INTR. Dicho de una persona: Hacer vana ostentación de su gallardía o de otras cualidades. U. m. c. prnl.

pavoneo. M. Acción de pavonear.

pavor. M. Temor, con espanto o sobresalto.

pavorde. M. **1.** Prepósito eclesiástico de ciertas comunidades. ‖ **2.** hist. En la Iglesia metropolitana y en la Universidad de Valencia, se usaba como tratamiento de honor dirigido a algunos catedráticos de teología, cánones o derecho civil, que tenían silla en el coro después de los canónigos y usaban hábitos canonicales.

pavordía. F. **1.** Dignidad de pavorde. ‖ **2.** hist. Territorio en que el pavorde gozaba del derecho de percibir los frutos que le correspondían.

pavorido, da. ADJ. Lleno de pavor.

pavoroso, sa. ADJ. Que causa pavor. *Incendio pavoroso.*

pavorreal. M. *Am.* pavo real.

pavura. F. Temor o pavor.

payada. F. **1.** *Á. R. Plata* y *Chile.* Canto del payador. ‖ **2.** *Á. R. Plata* y *Chile.* Competencia o contrapunto de dos o más payadores. ‖ **~ de contrapunto.** F. *Á. R. Plata* y *Chile.* Competencia en la que, alternándose, dos payadores improvisan cantos sobre un mismo tema.

payador, ra. M. y F. *Á. R. Plata* y *Chile.* Cantor popular que, acompañándose con una guitarra y generalmente en contrapunto con otro, improvisa sobre temas variados.

payaguá. **I.** ADJ. **1.** hist. Se dice del individuo de un pueblo amerindio del grupo guaicurú que habitó el Chaco paraguayo frente a Asunción. U. t. c. s. ‖ **2.** hist. Perteneciente o relativo a los payaguás. *Tradiciones payaguás.* ‖ **II.** M. **3.** Dialecto hablado por los payaguás. ¶ MORF. pl. **payaguás.**

payana. F. *Á. R. Plata.* Juego que practican los niños con cinco piedras pequeñas haciendo con ellas diversas combinaciones y lanzándolas a lo alto para recogerlas en el aire al caer.

payanés, sa. ADJ. **1.** Natural de Popayán. U. t. c. s. ‖ **2.** Perteneciente o relativo a esta ciudad de Colombia, capital del departamento de Cauca.

payar. INTR. *Á. R. Plata* y *Chile.* Cantar payadas.

payasada. F. **1.** Acción o dicho propio de payaso. ‖ **2.** Acción ridícula o falta de oportunidad.

payaso, sa. **I.** ADJ. **1.** Dicho de una persona: De poca seriedad, propensa a hacer reír con sus dichos o hechos. U. t. c. s. ‖ **II.** M. y F. **2.** Artista de circo que hace de gracioso, con traje, ademanes, dichos y gestos apropiados.

payaya. F. *Chile.* Juego de niños en el que se emplean cinco piedras pequeñas haciendo con ellas diversas combinaciones y lanzándolas a lo alto para recogerlas en el aire al caer.

payé. M. **1.** *Á. guar.* hechizo (‖ práctica de los hechiceros). ‖ **2.** *Á. guar.* talismán.

payés, sa. M. y F. Campesino de Cataluña o de las Islas Baleares.

payo, ya. **I.** M. y F. **1.** Entre los gitanos, persona que no pertenece a la raza gitana. ‖ **II.** ADJ. **2.** Perteneciente o relativo a los payos. *Costumbres payas.* ‖ **3.** aldeano. U. t. c. s.

paz. F. **1.** Situación y relación mutua de quienes no están en guerra. ‖ **2.** Pública tranquilidad y quietud de los Estados, en contraposición a la *guerra* o a la *turbulencia.*

‖ **3.** Tratado o convenio que se concuerda entre los gobernantes para poner fin a una guerra. U. t. en pl. con el mismo significado que en sing. ‖ **4.** Sosiego y buena correspondencia de unas personas con otras, especialmente en las familias, en contraposición a las *disensiones, riñas* y *pleitos.* ‖ **5.** Virtud que pone en el ánimo tranquilidad y sosiego, opuesto a la turbación y las pasiones. ‖ **6.** Genio pacífico, sosegado y apacible. ‖ **7.** *Rel.* En la celebración de la eucaristía según la liturgia romana, rito que precede a la comunión, en el que toda la asamblea se ofrece mutuamente un gesto de paz, como signo de reconciliación. En otras liturgias, como la hispano-mozárabe, se realiza antes de la presentación de las ofrendas de la eucaristía. ‖ **~ octaviana.** F. Quietud y sosiego generales. ‖ **aquí ~ y después gloria.** EXPR. Se usa para indicar que se da por terminado el asunto de que se trata. ‖ **dar la ~ a alguien.** LOC.VERB. Darle un abrazo, o darle a besar una imagen, en señal de paz y fraternidad, como se hace en las misas solemnes. ‖ **dejar en ~ a alguien.** LOC.VERB. No inquietarlo ni molestarlo. ‖ **descansar en ~.** LOC.VERB. Morir y salvarse, conseguir la bienaventuranza. Se dice piadosamente de todos los que mueren en la religión católica. ‖ **en ~ y en haz.** LOC. ADV. Con vista y consentimiento. ‖ **estar en ~.** LOC.VERB. **1.** En el juego, estar en la igualdad de caudal o del dinero que se ha expuesto, de modo que no hay pérdida ni ganancia, o por la igualdad del número de tantos de una parte u otra. ‖ **2.** Alcanzar la igualdad en las cuentas cuando se paga enteramente el alcance o deuda. ‖ **3.** Se usa refiriéndose al desquite o correspondencia en las acciones o palabras que intervienen de una persona a otra. ‖ **hacer las paces.** LOC.VERB. reconciliarse (‖ volver a tener buenas relaciones). ‖ **ir en ~.** LOC.VERB. Se usa por quien cortésmente despide a alguien que estaba en su compañía o conversación. ‖ **~ y pan.** EXPR. Se usa para significar que estas dos cosas son la causa y fundamento principal de la quietud pública. ‖ **poner en ~ a dos o más personas,** o **poner ~ entre ellas.** LOCS.VERBS. mediar (‖ interponerse entre quienes riñen). ‖ **quedar en ~.** LOC.VERB. **estar en paz.** ‖ **reposar en ~.** LOC.VERB. descansar en paz. ‖ **vete en ~.** LOC.VERB. vaya con Dios. ‖ **venir** alguien **de ~.** LOC.VERB. Venir sin ánimo de reñir, cuando se temía lo contrario. ‖ **y en ~.** LOC.ADV. Se usa para indicar que se da por terminado un asunto. □ V. **bandera de ~, juez de ~.**

pazguatería. F. Cualidad de pazguato.

pazguato, ta. ADJ. Simple, que se pasma y admira de lo que ve u oye. U. t. c. s.

pazo. M. Casa solariega gallega, especialmente la edificada en el campo.

pazote. M. epazote.

pche o **pchs.** INTERJS. Se usan para denotar indiferencia, displicencia o reserva.

pe. F. Nombre de la letra *p.* MORF. pl. **pes.** ‖ **de ~ a pa.** LOC.ADV. coloq. Enteramente, desde el principio al fin.

pea. F. vulg. Embriaguez, borrachera.

peaje. M. **1.** Derecho de tránsito. U. t. en sent. fig. *Algunos están dispuestos a pagar peaje con tal de distinguirse socialmente.* ‖ **2.** Lugar donde se paga el peaje.

peal. M. **1.** Parte de la media que cubre el pie. ‖ **2.** Media sin pie que se sujeta a este con una tira de tela o piel. ‖ **3.** Paño con que se cubre el pie. ‖ **4.** *Am.* Cuerda o soga con que se amarran o traban las patas de un animal. ‖ **5.** *Am.* Lazo que se arroja a un animal para derribarlo.

peán. M. hist. Canto coral griego en honor de Apolo, con frecuencia de carácter guerrero.

peana. F. **1.** Basa, apoyo o pie para colocar encima una figura u otra cosa. ǁ **2.** Tarima que hay delante del altar, arrimada a él.

peaña. F. **peana.**

peatón, na. M. y F. **1.** Persona que va a pie por una vía pública. ǁ **2.** Correo de a pie encargado de la conducción de la correspondencia entre pueblos cercanos.

peatonal. ADJ. Dicho de una zona urbana: Reservada a los peatones.

peatonalización. F. Acción y efecto de peatonalizar.

peatonalizar. TR. Hacer peatonal una calle o una parte de la ciudad impidiendo el tráfico de vehículos por ella.

pebete. M. **1.** Pasta hecha con polvos aromáticos, regularmente en forma de varilla, que encendida exhala un humo muy fragante. ǁ **2.** Á. R. *Plata.* Pan de forma ovalada que se amasa con harina de trigo candeal, de miga esponjosa, corteza fina y tostada.

pebetero. M. **1.** Recipiente para quemar perfumes y especialmente el que tiene cubierta agujereada. ǁ **2.** Recipiente en el que arde una llama ceremonial.

pebre. **I.** AMB. **1.** Salsa en que entran pimienta, ajo, perejil y vinagre. ǁ **II.** M. **2.** *Chile.* Puré de patatas.

pebrina. F. Enfermedad epidémica mortal del gusano de seda, producida por un protozoo.

peca. F. Cada una de las manchas amarillo-rojizas que suelen salir en el cutis y aumentan generalmente por efecto del sol y del aire.

pecado. M. **1.** Transgresión consciente de un precepto religioso. ǁ **2.** Cosa que se aparta de lo recto y justo, o que falta a lo que es debido. *Tirar esa comida es un pecado.* ǁ **3.** coloq. **diablo** (ǁ príncipe de los ángeles rebelados). *Eres como EL pecado.* ǁ **~ actual.** M. Acto con que el hombre peca voluntariamente. ǁ **~ capital.** M. El que es fuente o principio de otros pecados. ǁ **~ contra natura.** M. sodomía. ǁ **~ de bestialidad.** M. bestialismo. ǁ **~ de comisión.** M. Según la doctrina cristiana, acción contraria a la ley de Dios. ǁ **~ de omisión.** M. pecado en que se incurre dejando de hacer aquello a que se está obligado por ley moral. ǁ **~ grave.** M. **pecado mortal.** ǁ **~ material.** M. *Rel.* Acción contraria a la ley, cuando quien la ejecuta ignora inculpablemente esa cualidad. ǁ **~ mortal.** M. Según la doctrina católica, el que priva al hombre de la vida espiritual de la gracia, y lo hace enemigo de Dios y digno de la pena eterna. ǁ **~ nefando.** M. sodomía. ǁ **~ original.** M. Según la doctrina cristiana, aquel en que se concibe al hombre por descender de Adán y Eva. ǁ **~ solitario.** M. **masturbación.** ǁ **~ venial.** M. Según la doctrina católica, el que levemente se opone a la ley de Dios, o por la parvedad de la materia, o por falta de plena advertencia. ǁ **conocer** alguien su **~.** LOC.VERB. Confesarlo. ǁ **de mis ~s.** LOC.ADJ. Se usa para expresar un sentimiento de molestia, desazón o afecto acerca de la persona o cosa de que se habla. *Estos amigos de mis pecados.* ǁ **llevar en el ~ la penitencia.** LOC.VERB. Sufrir las consecuencias negativas inherentes a una acción indebida. ǁ **pagar** alguien su **~.** LOC.VERB. Padecer la pena correspondiente a una mala acción, aunque por la dilación pareciera estar olvidada.

pecador, ra. **I.** ADJ. **1.** Que peca. U. t. c. s. ǁ **2.** Sujeto al pecado o que puede cometerlo. U. t. c. s. ǁ **II.** F. **3.** coloq. **prostituta.** ǁ **yo pecador.** M. En la religión católica, oración de confesión general y petición de perdón, que empieza diciendo «Yo, pecador».

pecadorizo, za. ADJ. Dicho de una persona: Propensa a pecar. U. t. c. s.

pecaminoso, sa. ADJ. Que está o parece contaminado de pecado. *Mirada pecaminosa.*

pecar. INTR. **1.** Cometer un pecado. ǁ **2.** Cometer una infracción moral. ǁ **3.** Apartarse de una norma por exceso o por defecto. *Pecar de generoso. Pecar de ruin.*

pecarí. M. *Am. Mer.* **saíno.** MORF. pl. **pecaríes** o **pecarís.** ǁ **~ de collar.** M. *Méx.* El que tiene un collar de pelo blanco.

pecblenda. F. *Geol.* Mineral de uranio, de composición muy compleja, en la que entran ordinariamente varios metales raros y entre ellos el radio.

peccata minuta. (Locución latina). M. **1.** Error, falta o vicio leve. ǁ **2.** Cosa pequeña o sin importancia. ¶ MORF. pl. invar. *Son peccata minuta.*

pecera. F. Vasija o globo de cristal que se llena de agua y sirve para tener a la vista uno o varios peces.

peceto. M. *Á. R. Plata.* Corte de carne de vacuno que se saca del cuarto trasero del animal.

pecha. F. hist. Tributo o contribución.

pechada. F. **1.** *Am.* Golpe, encontrón dado con el pecho o con los hombros. ǁ **2.** *Am.* Golpe que da el jinete con el pecho del caballo. ǁ **3.** *Chile.* Atropello, empujón.

pechar[1]. **I.** TR. **1.** hist. Pagar **pecho** (ǁ tributo). ǁ **II.** INTR. **2.** Asumir una carga o sujetarse a su perjuicio. *Pechar CON su actuación.*

pechar[2]. TR. *Am.* Dar pechadas.

pechazo. M. **1.** Golpe dado con el pecho. ǁ **2.** *Am. Mer.* Sablazo, estafa.

pechblenda. F. **pecblenda.**

pechera. F. **1.** Parte de la camisa y otras prendas de vestir, que cubre el pecho. ǁ **2.** coloq. Parte exterior del pecho, especialmente en las mujeres.

pechería. F. **1.** hist. Conjunto de toda clase de **pechos** (ǁ tributos). ǁ **2.** hist. Padrón o repartimiento de lo que debían pagar los pecheros.

pechero, ra. ADJ. **1.** hist. Obligado a pagar o contribuir con **pecho** (ǁ tributo). Apl. a pers., u. t. c. s. ǁ **2.** **plebeyo** (ǁ que no es noble). U. t. c. s.

pechina. F. **1.** Concha de los peregrinos. ǁ **2.** *Arq.* Cada uno de los cuatro triángulos curvilíneos que forman el anillo de la cúpula con los arcos torales sobre que estriba.

pechirrojo. M. **pardillo** (ǁ ave paseriforme).

pecho[1]. M. **1.** Parte del cuerpo humano, que se extiende desde el cuello hasta el vientre, y en cuya cavidad se tienen el corazón y los pulmones. ǁ **2.** Parte exterior delantera de esta porción del cuerpo, a diferencia de la espalda. ǁ **3.** Parte anterior del tronco de los cuadrúpedos entre el cuello y las patas anteriores. ǁ **4.** Aparato respiratorio. *Está enfermo del pecho.* ǁ **5.** Cada una de las mamas de la mujer. ǁ **6.** Conjunto de las dos mamas. ǁ **7.** En el sentido moral, interior de la persona. *Llevo una pena en el pecho.* ǁ **8.** Calidad de la voz, o su duración, y sostenimiento para cantar o perorar. ǁ **abierto, ta de ~s.** LOC.ADJ. *Equit.* Dicho de un caballo: Que al andar dirige con exceso la mano hacia afuera. ǁ **a ~ descubierto.** LOC.ADV. **1.** Sin armas defensivas, sin protección. ǁ **2.** Con sinceridad y nobleza. ǁ **criar** alguien **a los,** o **sus ~s,** a otra persona. LOCS.VERBS. Educarla o protegerla, infundiéndole generosamente su modo de obrar y de pensar. || **dar el ~.** LOC.VERB. **1.** Dar de mamar. || **2.** Afrontar un peligro o una responsabilidad. || **de ~s.** LOC. ADV. Con el pecho apoyado en o sobre algo. *Caer, echarse, estar de pechos.* || **echarse** alguien **a ~s** un vaso, taza, etc. LOC.VERB. Beber con avidez. || **entre ~ y espalda.** LOC. ADV. coloq. En el estómago. *¡Lo que aquel hombre se echó entre pecho y espalda!* || **no caber** a alguien algo **en el ~.** LOC.VERB. Sentir la necesidad de manifestarlo. || **no quedarse** alguien **con nada en el ~.** LOC.VERB. coloq. **no quedarse con nada en el cuerpo.** || **partirse el ~ por** alguien o algo. LOC.VERB. coloq. Esforzarse mucho en su defensa o en su favor. *Se partió el pecho por todos nosotros.* || **poner en el ~** a alguien una pistola u otra arma. LOC.VERB. Amenazar con un daño inmediato para cohibir la voluntad ajena. || **poner** alguien **el ~** a algo. LOC. VERB. Arrostrarlo. || **sacar** alguien **~.** LOC.VERB. **1.** coloq. Adoptar una actitud de orgullo, de arrogancia o de desafío. || **2.** coloq. Actuar con decisión y valor ante una situación difícil. || **tomar,** o **tomarse,** alguien **a ~** algo. LOCS.VERBS. **1.** Mostrar mucho interés y empeño. || **2.** Ofenderse excesivamente por ello. || **tomar el ~** un niño. LOC.VERB. Coger con la boca el pezón del pecho para mamar. □ V. **angina de ~, do de ~, golpe de ~, niño de ~.**

pecho². M. **1.** hist. Tributo que se pagaba obligatoriamente al rey, al señor territorial o a cualquier otra autoridad. || **2.** hist. Contribución o censo que se pagaba por obligación a cualquier otro sujeto, aunque no fuera rey.

pechuga. F. **1.** Pecho de ave, que está como dividido en dos, a una y otra parte de la quilla. U. m. en pl. || **2.** Cada una de estas dos partes del pecho del ave. || **3.** coloq. Pecho de hombre o de mujer. || **4.** Á. Andes. desfachatez.

pechugón, na. ADJ. **1.** Dicho de una mujer: De pecho abultado. U. t. c. s. f. || **2.** Am. Cen., Á. Caribe y Chile. Indelicado, sinvergüenza, gorrón. U. t. c. s. || **3.** Chile. Dicho de una persona: De mucho empuje y resolución. U. t. c. s.

peciento, ta. ADJ. Del color de la pez. *Charco peciento.*

pecina. F. Cieno negruzco que se forma en los charcos o cauces donde hay materias orgánicas en descomposición.

pecio. M. **1.** Pedazo o fragmento de la nave que ha naufragado. || **2.** hist. Derechos que el señor del puerto de mar exigía de las naves que naufragaban en sus costas.

peciolado, da. ADJ. *Bot.* Dicho de una hoja: Que tiene pecíolo.

pecíolo o **peciolo.** M. *Bot.* Pezón que sostiene la hoja.

pécora. F. coloq. Mujer astuta y malintencionada.

pecorear. TR. Dicho de las abejas: Salir a recoger el néctar de las flores.

pecoso, sa. ADJ. Que tiene pecas. *Manos pecosas. Niña pecosa.*

pectina. F. *Quím.* Polisacárido complejo presente en las paredes celulares de los vegetales, especialmente en las frutas, que se utiliza como espesante en las industrias alimentaria, farmacéutica y cosmética.

pectoral. I. ADJ. **1.** Perteneciente o relativo al pecho. *Cavidad pectoral.* || **2.** Útil o provechoso para el pecho. *Jarabe pectoral.* Apl. a un medicamento o a una sustancia, u. t. c. s. m. **II.** M. **3.** Músculo pectoral. || **4.** Cruz que por insignia pontifical llevan sobre el pecho los obispos y otros prelados. □ V. **aleta ~.**

pecuario, ria. ADJ. Perteneciente o relativo al ganado.

peculiar. ADJ. Propio o privativo de cada persona o cosa.

peculiaridad. F. **1.** Cualidad de peculiar. || **2.** Detalle, signo peculiar.

peculio. M. Dinero y bienes propios de cada persona.

pecuniariamente. ADV. M. **1.** En dinero efectivo. *Lo compensó pecuniariamente.* || **2.** Mirando el aspecto pecuniario de lo que se trata o dice. *Tal cosa me convendría pecuniariamente, pero me enemistaría con Fulano.*

pecuniario, ria. ADJ. Perteneciente o relativo al dinero efectivo. □ V. **pena ~.**

pedacear. TR. Á. Andes. despedazar (|| hacer pedazos).

pedacería. F. Méx. Conjunto de pedazos.

pedagogía. F. Ciencia que se ocupa de la educación y la enseñanza.

pedagógico, ca. ADJ. **1.** Perteneciente o relativo a la pedagogía. *Asignaturas pedagógicas.* || **2.** Se dice de lo expuesto con claridad que sirve para educar o enseñar. *Discurso muy pedagógico.*

pedagogo, ga. M. y F. **1.** Persona versada en pedagogía o de grandes cualidades como maestro. || **2.** Persona que tiene como profesión educar a los niños.

pedal. M. **1.** Palanca que acciona un mecanismo con el pie. || **2.** *Mús.* Cada uno de los dispositivos o grandes teclas que se gobiernan con los pies. En el piano sirven para modificar el sonido, y en el órgano son pieza de un teclado para producir sonidos graves. || **3.** *Mús.* En la armonía, sonido prolongado sobre el cual se suceden diferentes acordes.

pedalada. F. Cada uno de los impulsos dados a un pedal con el pie.

pedalear. INTR. Poner en movimiento un pedal, y especialmente el de las bicicletas.

pedaleo. M. Acción y efecto de pedalear.

pedalero, ra. I. ADJ. **1.** Chile. Perteneciente o relativo al ciclismo. *Prueba pedalera.* || **II.** M. y F. **2.** Chile. **ciclista** (|| persona que practica el ciclismo).

pedaliáceo, a. ADJ. *Bot.* Se dice de las hierbas angiospermas dicotiledóneas, bastante difundidas en África, Asia y Australia, con raíz blanca y fusiforme, hojas opuestas o alternas, casi siempre sencillas, flores axilares, solitarias, de cáliz persistente y corola tubular, y frutos capsulares con semillas sin albumen; p. ej., la alegría. U. t. c. s. f. ORTOGR. En f. pl., escr. con may. inicial c. taxón. *Las Pedaliáceas.*

pedáneo. M. **alcalde pedáneo.**

pedanía. F. Lugar anejo a un municipio y regido por un alcalde pedáneo.

pedante. ADJ. Dicho de una persona: Engreída y que hace inoportuno y vano alarde de erudición, téngala o no en realidad. U. t. c. s.

pedantear. INTR. Hacer, por ridículo engreimiento, inoportuno y vano alarde de erudición.

pedantería. F. **1.** Vicio de pedante. || **2.** Dicho o hecho pedante.

pedantesco, ca. ADJ. Perteneciente o relativo a los pedantes o a su estilo y modo de hablar.

pedantismo. M. **pedantería.**

pedazo. M. **1.** Parte o porción de algo separada del todo. || **2.** Cualquier parte de un todo físico o moral. || **3.** ponder. Se usa para reforzar el significado del adjetivo o sustantivo que antecede. *Pedazo DE bruto.* || **~ del alma, ~ de las entrañas,** o **~ del corazón.** M. coloq. Persona muy querida. Se usa frecuentemente por las madres respecto de los hijos pequeños. || **~ de pan.** M. **1.** Lo más preciso para mantenerse. *Ganar un pedazo de pan.* || **2.** Precio bajo o interés muy corto. *He comprado esto por un pedazo de pan.* || **3.** coloq. Persona de condición afable y bondadosa. || **a ~s.** LOC.ADV. Por partes, en porciones. || **caerse a ~s.** LOC.VERB. **1.** desmoronarse. *La casa se* *caía a pedazos.* ‖ **2.** coloq. Andar tan desgarbado, que parece que se va cayendo. ‖ **3.** coloq. Estar muy cansado de un trabajo corporal. ‖ **en ~s.** LOC.ADV. En trozos rotos. *El automóvil estalló en pedazos.* ‖ **estar** alguien **hecho ~s.** LOC.VERB. coloq. **caerse** a **pedazos** (‖ estar muy cansado). ‖ **hacerse** alguien **~s.** LOC.VERB. **1.** coloq. Poner excesivo empeño o actividad en algún ejercicio físico que se toma por recreo. ‖ **2.** coloq. Experimentar gran fatiga, física o moral.

pederasta. M. Hombre que comete pederastia.

pederastia. F. **1.** Abuso sexual cometido con niños. ‖ **2.** sodomía.

pedernal. M. **1.** Variedad de cuarzo, que se compone de sílice con muy pequeñas cantidades de agua y alúmina. Es compacto, de fractura concoidea, traslúcido en los bordes, lustroso como la cera y por lo general de color gris amarillento más o menos oscuro. Da chispas herido por el eslabón. ‖ **2.** Cosa de suma dureza. *Tiene el corazón de pedernal.*

pedernalense. ADJ. **1.** Natural de Pedernales. U. t. c. s. ‖ **2.** Perteneciente o relativo a esta provincia de la República Dominicana o a su capital.

pedestal. M. **1.** Cuerpo sólido, de forma cilíndrica o de paralelepípedo rectangular, que sostiene una columna, estatua, etc. ‖ **2.** Fundamento en que se asegura o asienta algo, o sirve de medio para alcanzarlo. ‖ **en un ~.** LOC.ADV. En muy buena opinión o estima. *Lo colocó en un pedestal. Lo tenía en un pedestal.*

pedestre. ADJ. **1.** Que se hace a pie. *Excursión pedestre.* ‖ **2.** Dicho de un deporte: Que consiste particularmente en andar y correr. ‖ **3.** Llano, vulgar, inculto, bajo. *Explicaciones pedestres.*

pedestrismo. M. Conjunto de deportes pedestres.

pediatra. COM. Especialista en pediatría.

pediatría. F. Rama de la medicina que se ocupa de la salud y enfermedades de los niños.

pediátrico, ca. ADJ. *Med.* Perteneciente o relativo a la pediatría.

pedicelo. M. *Bot.* Columna carnosa que sostiene el sombrerillo de las setas.

pedicoj. M. Salto que se da con un pie solo.

pediculado, da. ADJ. *Anat.* y *Bot.* Provisto de pedículo.

pediculicida. ADJ. Dicho de un producto químico: Que sirve para matar piojos. U. t. c. s. m.

pedículo. M. **1.** *Anat.* Prolongación más o menos delgada que une una formación anormal, por ejemplo una verruga o un tumor, al órgano o tejido correspondiente. ‖ **2.** *Bot.* Pedúnculo de la hoja, flor o fruto.

pediculosis. F. *Med.* Enfermedad de la piel producida por el insistente rascamiento que motiva la abundancia de piojos, sobre todo de los piojos del cuerpo. Sus caracteres principales son las estrías del rascamiento y un color oscuro del tegumento.

pedicurista. COM. *Méx.* pedicuro.

pedicuro, ra. M. y F. Persona que tiene por oficio cuidar de los pies, extirpando o curando callos, uñeros, etc.

pedida. F. **petición de mano.** *La pedida será el 16 de mayo.*

pedido. M. **1.** Acción y efecto de pedir. ‖ **2.** Encargo hecho a un fabricante o vendedor de géneros de su especialidad. □ V. **cartera de ~s.**

pedigrí. M. **1.** Genealogía de un animal. ‖ **2.** Documento en que consta esa genealogía. ¶ MORF. pl. **pedigríes** o **pedigrís.**

pedigüeñería. F. Cualidad de pedigüeño.

pedigüeño, ña. ADJ. Que pide con frecuencia e importunidad. Apl. a pers., u. t. c. s.

pediluvio. M. Baño de pies tomado por medicina. U. m. en pl.

pedimento. M. **1.** Acción y efecto de pedir. ‖ **2.** *Der.* Escrito que se presenta ante un juez. ‖ **a ~.** LOC.ADV. A instancia, a solicitud, a petición.

pedinche. ADJ. *Méx.* pedigüeño. Apl. a pers., u. t. c. s.

pedio, a. ADJ. *Anat.* Perteneciente o relativo al pie.

pedir. TR. **1.** Rogar o demandar a alguien que dé o haga algo, de gracia o de justicia. *Te pido que me escuches.* ‖ **2.** Dicho del vendedor: Poner precio a su mercancía. *Pide 100 euros por esa pieza.* ‖ **3.** Requerir algo, exigirlo como necesario o conveniente. *Pido ir el último de la lista.* ‖ **4.** Querer, desear o apetecer. *Siempre pide carne para comer.* ‖ **5.** pedir limosna. U. m. c. intr. ‖ **6.** Proponer a los padres o parientes de una mujer el deseo o intento de que la concedan por esposa para sí o para otro. ‖ **7.** En el juego de pelota y otros, preguntar a quienes miran si el lance o jugada se ha hecho según las reglas o leyes del juego, constituyéndolos en jueces de la acción. ¶ MORF. V. conjug. modelo.

pedo. I. M. **1.** malson. Ventosidad que se expele del vientre por el ano. ‖ **2.** vulg. **borrachera** (‖ estado de la persona ebria). *Agarrarse un buen pedo.* ‖ **II.** ADJ. **3.** vulg. Ebrio, bajo los efectos del alcohol o de otra droga. *Volvió de la fiesta pedo perdido.* ‖ **~ de lobo.** M. Hongo de color blanco, cuyo cuerpo fructífero, cerrado y semejante a una bola, a veces muy voluminosa, se desgarra cuando llega a la madurez y deja salir un polvo negro, que está formado por las esporas. Se empleaba para restañar la sangre y para otros usos.

pedofilia. F. paidofilia.

pedófilo, la. ADJ. paidófilo.

pedorrear. INTR. malson. Echar pedos repetidos.

pedorrera. F. malson. Frecuencia o abundancia de ventosidades expelidas del vientre.

pedorrero, ra. ADJ. malson. Que frecuentemente o sin reparo expele las ventosidades del vientre. Apl. a pers., u. t. c. s.

pedorreta. F. Sonido que se hace con la boca, imitando el pedo.

pedorriento, ta. ADJ. malson. *Méx.* pedorrero. Apl. a pers., u. t. c. s.

pedorro, rra. ADJ. malson. Que echa pedos repetidos. Apl. a pers., u. t. c. s.

pedrada. F. **1.** Acción de despedir o arrojar con impulso una piedra. ‖ **2.** Golpe que se da con la piedra tirada. ‖ **3.** Señal que deja. ‖ **4.** coloq. Expresión dicha con intención de que alguien la oiga y se dé por aludido.

pedrea. F. **1.** Acción de apedrear o apedrearse. ‖ **2.** Combate a pedradas. ‖ **3.** *Esp.* Conjunto de los premios menores de la lotería nacional.

pedregal. M. Sitio o terreno cubierto casi todo él de piedras sueltas.

pedregoso, sa. ADJ. Dicho de un terreno: Cubierto naturalmente de piedras.

pedregullo. M. **ripio** (‖ cascajo o fragmentos de materiales de obra).

pedreñal. M. hist. Especie de trabuco que se disparaba con chispa de pedernal.

pedreño, ña. ADJ. **1.** Natural de Las Piedras. U. t. c. s. ‖ **2.** Perteneciente o relativo a este municipio de Puerto Rico o a su cabeza.

pedrera. F. **cantera** (‖ sitio de donde se saca piedra).

pedrería. F. Conjunto de piedras preciosas.

pedrerío. M. *Méx.* Conjunto de piedras sueltas.

pedrero. M. **1.** Operario que labra las piedras. ‖ **2.** hist. Tipo de cañón antiguo, especialmente destinado a disparar bolas de piedra.

pedrisco. M. **1.** Piedra o granizo grueso que cae de las nubes en abundancia y con gran violencia. ‖ **2.** Conjunto o abundancia de piedras.

pedriza. F. **pedregal.**

Pedro. ~ **Jiménez.** M. **1.** Variedad de uva propia de algunos pagos de Andalucía, y especialmente de Jerez de la Frontera, cuyos racimos son grandes, algo ralos y de granos esféricos, muy lisos, traslúcidos y de color dorado. ‖ **2.** Vino dulce hecho de esta uva. ‖ **como ~ por su casa.** LOC.ADV. coloq. Con entera libertad o llaneza, sin miramiento alguno. Se usa cuando alguien entra o se mete de este modo en alguna parte, sin título ni razón para ello. □ V. **cátedra de san ~, nave de san ~, óbolo de san ~, pez de san ~.**

pedrojuanino, na. ADJ. **1.** Natural de Pedro Juan Caballero. U. t. c. s. ‖ **2.** Perteneciente o relativo a esta ciudad del Paraguay, capital del departamento del Amambay.

pedrusco. M. coloq. Pedazo de piedra sin labrar.

pedunculado, da. ADJ. *Biol.* Que tiene pedúnculo. *Flor pedunculada.*

pedúnculo. M. **1.** *Bot.* Pezón de la hoja, flor o fruto. ‖ **2.** *Zool.* Prolongación del cuerpo, mediante la cual están fijos al suelo algunos animales de vida sedentaria, como los percebes.

peer. INTR. Arrojar o expeler la ventosidad del vientre por el ano. U. m. c. prnl. MORF. conjug. c. *leer.*

pega[1]. F. **1.** Acción de **pegar** (‖ adherir una cosa con otra). ‖ **2.** Sustancia que sirve para pegar. ‖ **3.** Baño que se da con la pez a determinados recipientes o vasijas. ‖ **4.** Obstáculo, contratiempo, dificultad, que se presenta por lo común de modo imprevisto. ‖ **5.** coloq. Burla o engaño que se hace a alguien. ‖ **6.** *Á. Andes* y *Á. Caribe.* **trabajo** (‖ ocupación retribuida). ‖ **7.** *Ant.* Liga para cazar pájaros. ‖ **de ~.** LOC.ADJ. De mentira, falso, fingido. *Erudito de pega. Diplomático de pega.* □ V. **garbanzo de ~.**

pega[2]. F. **urraca** (‖ pájaro).

pegada. F. **1.** En algunos deportes, potencia que el deportista puede imprimir a sus puños, golpes o tiros. ‖ **2.** *Á. R. Plata.* **acierto** (‖ cordura).

pegadizo, za. ADJ. **1.** Que se graba en la memoria con facilidad. *Canción pegadiza.* ‖ **2.** **pegajoso** (‖ que se pega con facilidad). *Sustancia pegadiza.*

pegadura. F. **1.** Acción de pegar. ‖ **2.** Unión física o costura que resulta de haberse pegado algo con otra cosa.

pegajosidad. F. Cualidad de pegajoso.

pegajoso, sa. ADJ. **1.** Que se pega con facilidad. U. t. en sent. fig. *Un bochorno pegajoso.* ‖ **2.** coloq. **empalagoso** (‖ que causa fastidio por su zalamería). *Qué gente tan pegajosa.*

pegalón, na. ADJ. *Méx.* Aficionado a pegar golpes a otros. U. t. c. s.

pegamento. M. Sustancia propia para **pegar** (‖ adherir una cosa con otra).

pegar. **I.** TR. **1.** Adherir una cosa con otra. *Pegar los pedazos de un plato.* ‖ **2.** Unir o juntar una cosa con otra, atándola, cosiéndola o encadenándola con ella. *Pegar un botón.* ‖ **3.** Arrimar o aplicar una cosa a otra, de modo que entre las dos no quede espacio alguno. *Pegó la cama a la pared.* ‖ **4.** Dicho de una persona: Comunicar a otra algo por el contacto, por el trato, etc., y especialmente vicios o enfermedades contagiosas. U. t. c. prnl. ‖ **5.** Castigar o maltratar a alguien con golpes. *Juan pegó a María.* ‖ **6.** Dar un determinado golpe. *Pegar un bofetón. Pegar un tiro.* ‖ **7.** Se usa, junto con algunos nombres, para expresar la acción que estos significan. *Pegar voces. Pegar saltos.* ‖ **II.** INTR. **8.** Dicho de una cosa: Tener efecto o hacer impresión en el ánimo. *Su última novela ha pegado mucho.* ‖ **9.** Dicho de una cosa: Armonizar con otra. *La corbata no pega con la camisa.* ‖ **10.** Dicho de una cosa: Estar próxima o contigua a otra. *El dormitorio pega con el cuarto de estar.* ‖ **11.** Dar o tropezar en algo con fuerte impulso. *Pegó contra el fondo.* ‖ **12.** Dicho de un verso: Rimar con otro. ‖ **13.** Dicho de la luz o del sol: Incidir intensamente en una superficie. ‖ **14.** coloq. Realizar una acción con decisión y esfuerzo. *Le pega fuerte a sus estudios.* ‖ **III.** PRNL. **15.** Dicho de dos o más personas: Reñir, enredarse a golpes o en pelea. ‖ **16.** Dicho de un guiso: Quemarse por haberse adherido a la olla, cazuela, etc., alguna parte sólida de lo que cuece. ‖ **17.** Dicho de una persona: Introducirse o agregarse a donde no es llamada o no tiene motivo para ello. ‖ **pegársela.** LOC.VERB. **1.** coloq. Sufrir una caída o un accidente violento. *Te la vas a pegar.* U. t. en sent. fig. *No tuvo suerte en su nuevo trabajo y se la pegó.* ‖ **2.** coloq. Chasquear a alguien, burlar su buena fe, confianza o fidelidad. *Se la pega con otra mujer.*

pegatina. F. Adhesivo pequeño que lleva impresa propaganda política, comercial, etc.

pegmatita. F. Roca de color claro y textura laminar, compuesta de feldespato y algo de cuarzo.

pegote. M. **1.** coloq. Adición o intercalación inútil e impertinente hecha en alguna obra literaria o artística. ‖ **2.** coloq. Sustancia espesa que se pega. ‖ **3.** coloq. **parche** (‖ cosa sobrepuesta). *El cartel sobre la puerta desdice mucho; es un pegote.*

pegotear. TR. Pegar algo a causa de la suciedad, el sudor, etc. U. m. c. prnl.

pegual. M. *Am. Mer.* Cincha con argollas para sujetar los animales cogidos con lazo o para transportar objetos pesados.

peguera. F. Hoyo donde se quema leña de pino para sacar de ella alquitrán y pez.

peguero, ra. M. y F. **1.** Persona que por oficio saca o fabrica la pez. ‖ **2.** Persona que trata con ella.

pegujal. M. Pequeña porción de terreno que el dueño de una finca agrícola cede al guarda o al encargado para que la cultive por su cuenta como parte de su remuneración anual.

pegujalero, ra. M. y F. **1.** Labrador que tiene poca siembra o labor. ‖ **2.** Ganadero que tiene poco ganado.

peguntoso, sa. ADJ. Que se pega o adhiere con facilidad. *Saliva peguntosa.*

pehuén. M. *Chile.* **araucaria.**

pehuenche. ADJ. **1.** Se dice del individuo del pueblo amerindio que habitó la zona cordillerana de la actual provincia argentina de Neuquén. Fue el primero en sufrir la influencia lingüística y cultural de los araucanos. U. t. c. s. y m. en pl. ‖ **2.** Perteneciente o relativo a los pehuenches. *Agricultura pehuenche.* ‖ **3.** *Chile.* Se dice del habitante de una parte de la cordillera de los Andes. U. t. c. s. U. m. en sent. despect.

peina. F. **peineta.**

peinada. F. Acción de peinar. *Voy a darme una peinada.*

peinado. M. **1.** Cada una de las diversas formas de arreglarse el cabello. ‖ **2.** Acción de arreglar o arreglarse el cabello. ‖ **3.** En la industria textil, operación que tiene por objeto depurar y enderezar paralelamente fibras textiles.

peinador, ra. **I.** M. y F. **1.** Persona que peina. ‖ **II.** M. **2.** Prenda o lienzo ajustados al cuello con que se protege el vestido de quien se peina o afeita.

peinadora. F. *Á. Andes* y *Á. Caribe.* Mueble de tocador.

peinar. TR. **1.** Desenredar, arreglar el cabello. U. t. c. prnl. ‖ **2.** Desenredar o limpiar el pelo o lana de algunos animales. *Peinar los caballos.* ‖ **3.** Dicho de un grupo de varias personas: Rastrear minuciosamente un territorio en busca de alguien o de algo. *La policía peinó la zona.* ¶ MORF. V. conjug. modelo.

peinazo. M. *Carp.* Listón o madero que atraviesa entre los largueros de puertas y ventanas para formar los cuarterones.

peine. M. **1.** Utensilio de madera, marfil, concha u otra materia, provisto de dientes muy juntos, con el cual se desenreda y arregla el pelo. ‖ **2. carda.** ‖ **3.** Barra que, como los peines, tiene una serie de púas, entre las cuales pasan en el telar los hilos de la urdimbre. ‖ **4.** En algunas armas de fuego, pieza metálica que contiene una serie de proyectiles. ‖ **lo que vale un ~.** LOC. SUST. coloq. Se usa para advertir a alguien de las consecuencias desfavorables que pueden resultar de sus actuaciones. *Saber, aprender, enseñar, ver lo que vale un peine. Enterarse de lo que vale un peine.*

peineta. F. Peine convexo que usan las mujeres por adorno o para asegurar el peinado.

peinilla. F. **1.** *Á. Caribe.* **peine** (‖ para el pelo). ‖ **2.** *Á. Caribe.* Machete pequeño.

peje. M. **1. pez** (‖ vertebrado acuático). ‖ **2.** Hombre astuto y sagaz.

pejegallo. M. *Chile.* Pez de unos 80 cm de longitud, de cuerpo redondeado, sin escama y con pellejo azulado.

pejerrey. M. **1.** Pez marino del orden de los Teleósteos, acantopterigio, que no suele pasar de trece a catorce centímetros de largo. Tiene el cuerpo fusiforme, de color plateado y reluciente, con dos bandas más oscuras a lo largo de cada costado, cabeza casi cónica, aletas pequeñas y cola ahorquillada. Abunda en todas las aguas costeras españolas y en las lagunas litorales, incluso en las salobres. Puede entrar en los ríos y llegar a vivir en el agua dulce. Vive formando cardúmenes y es pesca bastante estimada. ‖ **2.** *Á. Andes* y *Á. R. Plata.* Pez marino o de agua dulce de carne comestible. Es característica su banda plateada a lo largo del flanco. ¶ MORF. pl. **pejerreyes.**

pejesapo. M. Pez teleósteo marino del suborden de los Acantopterigios, que llega a un metro de longitud, con cabeza enorme, redonda, aplastada y con tres apéndices superiores largos y movibles, boca grandísima, colocada, así como los ojos, en la parte superior de la cabeza, cuerpo pequeño y fusiforme, aletas pectorales muy grandes, y pequeñas las del dorso y cola. Carece de escamas, es de color oscuro por el lomo y blanco por el vientre, y tiene por todo el borde del cuerpo como unas barbillas carnosas.

pejibaye. M. *Am. Cen.* Árbol de las Palmáceas, de zonas tropicales húmedas, de tronco áspero y cilíndrico, hojas pecioladas con un nervio central recio y leñoso, flores en panícula, frutos rojos o amarillos al madurar, que son comestibles. Las hojas sirven para techar casas.

pejiguera. F. coloq. Cosa que sin traer gran provecho pone en problemas y dificultades. □ V. **hierba ~.**

pekinés, sa. ADJ. **1.** Natural de Pekín. U. t. c. s. ‖ **2.** Perteneciente o relativo a esta ciudad, capital de China. ‖ **3.** Se dice de un perro de raza chino-tibetana, de cuatro a ocho kilogramos de peso, colores diversos, patas cortas y cabeza de tipo acondroplásico, que recuerda la de un mastín de nariz aplastada. U. t. c. s.

pela. F. **1.** Acción y efecto de pelar. ‖ **2.** *Ant.* **paliza** (‖ serie de golpes).

peladero. M. **1.** Sitio donde se pelan los cerdos o las aves. ‖ **2.** *Am.* Terreno pelado, desprovisto de vegetación.

peladez. F. *Méx.* Dicho o hecho propio de un **pelado** (‖ persona de las capas sociales menos pudientes).

peladilla. F. **1.** Almendra confitada con un baño de azúcar. ‖ **2.** Canto rodado pequeño.

pelado, da. PART. de **pelar.** ‖ **I.** ADJ. **1.** Que aparece desprovisto de lo que por naturaleza suele adornarlo, cubrirlo o rodearlo. *Un monte pelado. Un hueso pelado.* ‖ **2.** Dicho de una persona: Pobre o sin dinero. *Necesito un préstamo, estoy pelado.* U. t. c. s. ‖ **3.** *Á. Andes* y *Á. R. Plata.* **calvo** (‖ que ha perdido el pelo). Apl. a pers., u. t. c. s. ‖ **II.** M. y F. **4.** *Méx.* Persona de las capas sociales menos pudientes y de inferior cultura. ‖ **III.** M. **5.** Acción y efecto de **pelar** (‖ cortar el pelo). □ V. **canto ~.**

pelador, ra. ADJ. **1.** Dicho de una persona: Que **pela** (‖ monda o quita la piel). U. t. c. s. ‖ **2.** Dicho de una máquina o de un instrumento: Que sirven para **pelar** (‖ mondar o quitar la piel). U. t. c. s. m.

peladura. F. **1.** Acción y efecto de **pelar** (‖ mondar o quitar la piel). ‖ **2.** Monda, hollejo, cáscara.

pelafustán, na. M. y F. coloq. **pelagatos.**

pelagatos. COM. coloq. Persona insignificante o mediocre, sin posición social o económica.

pelagianismo. M. **1.** hist. Secta de Pelagio. ‖ **2.** hist. Conjunto de los sectarios o de las doctrinas de este hereje del siglo V.

pelagiano, na. ADJ. **1.** hist. Sectario de Pelagio. U. t. c. s. ‖ **2.** hist. Perteneciente o relativo a la doctrina o secta de este heresiarca del siglo V, cuyo error fundamental consistía en negar que el pecado de Adán se hubiese transmitido a su descendencia.

pelágico, ca. ADJ. **1.** Perteneciente o relativo al piélago. *Aguas pelágicas.* ‖ **2.** *Biol.* Dicho de un animal o de un vegetal marino: Que viven en zonas alejadas de la costa.

pelagra. F. *Med.* Enfermedad con manifestaciones cutáneas, digestivas y nerviosas, producida por falta de vitamina B_1 en la alimentación.

pelagroso, sa. ADJ. Que padece pelagra. U. t. c. s.

pelaire. M. hist. Encargado de preparar la lana que ha de tejerse.

pelaje. M. **1.** Pelo que cubre la piel de un animal. ‖ **2.** despect. Clase o categoría de persona. *Al acto acudieron artistas de diverso pelaje.*

pelambre. **I.** AMB. **1.** Conjunto de pelo abundante en todo el cuerpo. U. m. c. f. ‖ **II.** M. **2.** *Chile.* Murmuración, chisme.

pelambrera. F. Pelo o vello abundante y revuelto.

pelamen. M. coloq. Conjunto de pelo.

pelandrusca. F. coloq. **prostituta.**

pelar. I. TR. **1.** Cortar, arrancar o quitar el pelo. U. t. c. prnl. ‖ **2.** Quitar las plumas al ave. ‖ **3.** Despellejar, quitar la piel a un animal. ‖ **4.** Mondar o quitar la piel, la película o la corteza a algo. *Pelar la fruta.* ‖ **5.** coloq. Quitar con engaño, arte o violencia los bienes a alguien. ‖ **6.** coloq. Dejar a alguien sin dinero. ‖ **II.** PRNL. **7.** Perder el pelo por enfermedad u otro accidente. ‖ **8.** Sufrir desprendimiento de piel por tomar con exceso el sol, por rozadura, etc. ‖ **9.** *Á.Andes.* equivocarse. ‖ **duro, ra de ~.** LOC.ADJ. **1.** Dicho de una persona: Difícil de convencer. ‖ **2.** coloq. Difícil de conseguir o ejecutar. ‖ **pelársela** un varón. LOC.VERB. vulg. **masturbarse.** ‖ **que pela.** LOC. ADJ. coloq. Dicho de una cosa caliente o fría: Que produce una sensación extrema. *Esta sopa está que pela. Hace un frío que pela.* ‖ **que se las pela.** LOC.ADV. coloq. Con vehemencia, actividad o rapidez. *Corre que se las pela. Escribe que se las pela. Grita que se las pela.*

pelargonio. M. Planta de la familia de las Geraniáceas, de flores zigomorfas con diez estambres, algunos sin anteras, que vive en África y en los países asiáticos y europeos de la zona mediterránea y comprende muchas especies cultivadas en los jardines como ornamentales, que suelen ser designadas impropiamente con el nombre de geranios.

pelásgico, ca. ADJ. hist. Perteneciente o relativo a los pelasgos.

pelasgo, ga. ADJ. **1.** hist. Se dice del individuo de un pueblo de origen incierto que en muy remota antigüedad se estableció en territorios de Grecia y de Italia. U. t. c. s. ‖ **2.** hist. Perteneciente o relativo a este pueblo. *Asentamiento pelasgo.*

peldaño. M. Cada una de las partes de un tramo de escalera, que sirven para apoyar el pie al subir o bajar por ella.

pelea. F. Acción y efecto de pelear o pelearse. □ V. **gallo de ~.**

peleador, ra. ADJ. **1.** Que **pelea** (‖ batalla). Apl. a pers., u. t. c. s. ‖ **2.** Que propende o es aficionado a pelear.

pelear. I. INTR. **1.** **batallar** (‖ combatir con armas). ‖ **2.** Contender o reñir, aunque sea sin armas o solo de palabra. U. t. c. prnl. ‖ **3.** Dicho de los animales: Luchar entre sí. ‖ **4.** Afanarse, resistir o trabajar continuadamente por conseguir algo, o para vencerlo o sujetarlo. *Pelear por conseguir un empleo digno.* En América, u. t. c. tr. *Pelearon cada voto.* ‖ **II.** PRNL. **5.** Enemistarse, separarse en discordia.

pelecaniforme. ADJ. *Zool.* Se dice de las aves predominantemente marinas, cuyas patas presentan los cuatro dedos dirigidos hacia delante y unidos entre sí por una membrana. El pico es largo, a menudo provisto de una bolsa dilatable. U. t. c. s. f. ORTOGR. En f. pl., escr. con may. inicial c. taxón. *Las Pelecaniformes.*

pelechar. INTR. **1.** Dicho de un animal: Echar pelo o pluma. ‖ **2.** Dicho de un ave: Cambiar de pluma.

pelele. M. **1.** Figura humana de paja o trapos que se suele poner en los balcones o que mantea el pueblo en las carnestolendas. ‖ **2.** Traje de punto de una pieza que se pone a los niños para dormir. ‖ **3.** coloq. Persona simple o inútil.

pelendón, na. ADJ. **1.** hist. Se dice de una tribu celtíbera que ocupaba la región de las fuentes del Duero. ‖ **2.** hist. Se dice de los miembros de esta tribu. U. t. c. s. ‖ **3.** hist. Perteneciente o relativo a los pelendones. *Tradiciones pelendonas.*

peleón, na. ADJ. Pendenciero, que riñe fácilmente y por causas leves.

peleonero, ra. ADJ. *Méx.* **pendenciero.** U. t. c. s.

pelerina. F. Cierta forma de esclavina.

peletería. F. **1.** Oficio de curtir y componer las pieles finas o de hacer con ellas prendas de abrigo, y también de emplearlas como forros y adornos en ciertos trajes. ‖ **2.** Comercio de pieles finas. ‖ **3.** Conjunto o surtido de ellas. ‖ **4.** Tienda donde se venden.

peletero, ra. I. ADJ. **1.** Perteneciente o relativo a la peletería. *Sector peletero.* ‖ **II.** M. y F. **2.** Persona que tiene por oficio trabajar en pieles finas o venderlas.

peliagudo, da. ADJ. coloq. Dicho de un negocio o de otra cosa: Difíciles de resolver o entender.

pelicano, na. ADJ. Que tiene cano el pelo.

pelícano. M. Ave acuática del orden de las Pelecaniformes, que llega a tener trece decímetros desde la punta del pico hasta la extremidad de la cola y dos metros de envergadura, con plumaje blanco, algo bermejo en el lomo y buche, negro en las remeras y amarillento en el penacho que cubre la cabeza, pico muy largo y ancho, que en la mandíbula inferior lleva una membrana grande y rojiza, la cual forma una especie de bolsa donde deposita los alimentos, alas agudas, cola pequeña y redonda, tarsos cortos y fuertes, y pies palmeados.

pelicorto, ta. ADJ. Que tiene corto el pelo.

película. F. **1.** Piel delgada y delicada. ‖ **2.** Capa delgada que se forma sobre algunas cosas o las recubre. ‖ **3.** Cinta de celuloide preparada para ser impresionada fotográficamente. ‖ **4.** Cinta de celuloide que contiene una serie de imágenes fotográficas que se proyectan en la pantalla del cine o en otra superficie adecuada. ‖ **5.** Obra cinematográfica. ‖ **~ de dibujos animados.** F. **dibujos animados.** ‖ **de ~.** LOC.ADJ. **1.** coloq. Fuera de lo común, infrecuente, no habitual. *Se vio envuelto en una situación de película.* ‖ **2.** coloq. Excelente en su línea, especialmente si se trata de algo hermoso o lujoso. *Se ha comprado una casa de película.* U. t. c. loc. adv. *Vive de película.* □ V. **el malo de la ~, la mala de la ~.**

peliculero, ra. ADJ. **1.** Perteneciente o relativo a la **película** (‖ cinematográfica). *Plano peliculero.* ‖ **2.** coloq. Propio o característico de ella. *Vida muy peliculera.* ‖ **3.** coloq. Fantasioso, que se deja llevar de la imaginación.

peliculón. M. **1.** coloq. Película cinematográfica muy buena. ‖ **2.** coloq. Película larga y aburrida.

peligrar. INTR. Estar en peligro.

peligro. M. **1.** Riesgo o contingencia inminente de que suceda algún mal. ‖ **2.** Lugar, paso, obstáculo o situación en que aumenta la inminencia del daño. ‖ **correr ~.** LOC.VERB. Estar expuesto a él.

peligrosidad. F. Cualidad de peligroso.

peligroso, sa. ADJ. **1.** Que tiene riesgo o puede ocasionar daño. *Cruce peligroso.* ‖ **2.** Dicho de una persona: Que puede causar daño o cometer actos delictivos.

pelilargo, ga. ADJ. Que tiene largo el pelo.

pelillo. ~s a la mar. EXPR. coloq. Se usa para manifestar el deseo de olvidar agravios y restablecer el trato amistoso.

pelirrojo, ja. ADJ. Que tiene rojo el pelo. U. t. c. s.

pelirrubio, bia. ADJ. Que tiene rubio el pelo.

pelitre. M. **1.** Planta herbácea anual de la familia de las Compuestas, con tallos inclinados, de tres a cuatro decímetros de longitud, hojas partidas en lacinias muy estrechas; flores terminales con centro amarillo y circunferencia blanca por encima y roja por el envés, y raíz casi cilíndrica, de dos a tres decímetros de largo y un centímetro de grueso, parda por fuera, blanquecina por dentro, de sabor salino muy fuerte y que se ha usado en medicina para provocar la salivación. La raíz, reducida a polvo, se usa como insecticida. Es planta propia del norte de África y se cultiva en los jardines. || **2.** Raíz de esta planta.

pella. F. Masa que se une y aprieta, regularmente en forma redonda.

pelleja. F. **1.** Piel quitada del cuerpo del animal. || **2.** prostituta. || **salvar** alguien la **~**. LOC.VERB. coloq. **salvar el pellejo.**

pellejería. F. Lugar donde se curten o venden pellejos.

pellejero, ra. M. y F. Persona que tiene por oficio curtir o vender pieles.

pellejo. M. **1.** Piel del animal, especialmente cuando está separada del cuerpo. || **2.** Piel del hombre. || **3.** Piel de algunas frutas y hortalizas. || **4.** odre. || **dar, dejar,** o **perder,** alguien el **~**. LOCS.VERBS. coloqs. **morir** (|| llegar al término de la vida). || **estar,** o **hallarse,** alguien **en el ~** de otra persona. LOCS.VERBS. coloqs. Estar o hallarse en sus mismas circunstancias o situación moral. *Si yo me hallara en su pellejo. Si usted estuviera en mi pellejo.* || **jugarse el ~.** LOC.VERB. coloq. Arriesgar la vida. || **mudar** alguien el **~**. LOC.VERB. coloq. Mudar de condición o costumbres. || **no tener** alguien **más que el ~**. LOC.VERB. coloq. Estar sumamente flaco. || **salvar** alguien **el ~**. LOC. VERB. coloq. Librar la vida en un peligro. □ V. **mesa del ~.**

pellejudo, da. ADJ. Que tiene la piel floja o sobrada. *Manos pellejudas.*

pellín. M. **1.** *Chile.* Especie de haya cuya madera es muy dura e incorruptible. || **2.** *Chile.* Corazón de la madera de este árbol.

pelliza. F. **1.** Prenda de abrigo hecha o forrada de pieles finas. || **2.** Chaqueta de abrigo con el cuello y las bocamangas reforzadas de otra tela.

pellizcar. TR. **1.** Asir con el dedo pulgar y cualquiera de los otros una pequeña porción de piel y carne, apretándola de manera que cause dolor. U. t. c. prnl. || **2.** Asir y golpear levemente algo. *Pellizcar las cuerdas de un violín.* || **3.** Tomar o quitar una pequeña cantidad de algo. *Pellizcar el pan.*

pellizco. M. **1.** Acción y efecto de pellizcar. || **2.** Porción pequeña de algo, que se toma o se quita. *Un pellizco de sal.*

pellón. M. **1.** hist. Vestido talar antiguo, que se hacía regularmente de pieles. || **2.** *Am.* Pelleja curtida que se usa sobre la silla de montar.

pellote. M. hist. Vestido talar antiguo.

pelma. COM. **1.** coloq. Persona tarda en sus acciones. || **2.** coloq. Persona persistentemente molesta e inoportuna. U. t. c. adj. *Te pones tan pelma que no te aguanto.*

pelmazo, za. M. y F. coloq. Persona molesta, fastidiosa e inoportuna. U. t. c. adj.

pelo. M. **1.** Filamento cilíndrico, delgado, de naturaleza córnea, que nace y crece entre los poros de la piel de casi todos los mamíferos y de algunos otros animales de distinta clase. || **2.** Conjunto de estos filamentos. || **3.** Cabello de la cabeza humana. || **4.** Capa o color de los caballos y otros animales. || **5.** Vello que tienen algunas frutas, como los melocotones, en la cáscara o pellejo, y algunas plantas en hojas y tallos. || **6.** En los tejidos, parte que queda en su superficie y sobresale en el haz y cubre el hilo. *Caérsele el pelo a un vestido.* || **7.** Hebra delgada de lana, seda u otra cosa semejante. || **8.** En las piedras preciosas, raya opaca que les quita valor. || **9.** Raya o grieta por donde con facilidad saltan las piedras, el vidrio y los metales. || **~ de camello.** M. Tejido hecho con pelo de este animal o imitado con el pelote del macho cabrío. || **~s y señales.** M. pl. coloq. Pormenores y circunstancias de algo. *Contar un suceso con todos sus pelos y señales.* || **agarrarse** alguien **de un ~.** LOC.VERB. coloq. Aprovecharse o valerse de cualquier razón para conseguir sus deseos. || **al ~.** LOC.ADV. **1.** Según o hacia el lado a que se inclina el pelo; como en las pieles, en los paños, etc. || **2.** coloq. A punto, con toda exactitud, a medida del deseo. || **a ~.** LOC.ADV. **1.** Dicho de montar las caballerías. Sin silla, albarda ni otras guarniciones. || **2.** coloq. Sin protección, ayuda o defensa de cualquier tipo. *Se enfrentó a la situación a pelo.* || **3.** coloq. A tiempo, a propósito. *Viene a pelo.* || **contra ~.** LOC.ADV. coloq. Fuera de tiempo, fuera de propósito. || **de medio ~.** LOC.ADJ. **1.** despect. coloq. Dicho de una persona: Que quiere aparentar más de lo que es. || **2.** despect. coloq. Dicho de una cosa: De poco mérito o importancia. || **de ~ en pecho.** LOC.ADJ. coloq. Dicho de una persona: Vigorosa, robusta y denodada. || **de poco ~.** LOC.ADJ. De poca importancia. || **en ~.** LOC.ADV. **a pelo** (|| sin silla). || **estar** alguien **hasta los ~s.** LOC.VERB. coloq. Estar harto o cansado de otra persona o de algún asunto. || **ni un ~.** LOC.ADV. coloq. Absolutamente nada. *Esto no me gusta ni un pelo.* || **no tener** alguien **~, o un ~, de tonto.** LOCS.VERBS. coloqs. Ser listo. || **no tener** alguien **~s en la lengua.** LOC.VERB. coloq. Decir sin reparo ni empacho lo que piensa o siente, o hablar con demasiada libertad y desembarazo. || **no ver,** o **no vérsele, el ~** a alguien. LOCS.VERBS. coloqs. Notarse su ausencia en los lugares a donde solía acudir. || **ponérsele** a alguien **los ~s de punta.** LOC.VERB. coloq. **1.** Erizársele el cabello por frío o por alguna otra circunstancia. || **2.** coloq. Sentir gran pavor. || **por los ~s.** LOC. ADV. En el último instante. *Cogió el tren por los pelos.* || **soltarse** alguien **el ~.** LOC.VERB. coloq. Decidirse a hablar u obrar sin miramiento. || **tirarse** alguien **de los ~s.** LOC. VERB. **1.** coloq. Arrepentirse de algo. || **2.** coloq. Estar muy furioso. || **tomar el ~** a alguien. LOC.VERB. coloq. Burlarse de él con elogios, promesas o halagos fingidos. || **traer** algo **por los ~s.** LOC.VERB. coloq. **traer por los cabellos.** || **un ~.** LOC.ADV. **1.** coloq. Muy poco. *Le faltó un pelo para llegar. No acertó por un pelo.* || **2.** coloq. Absolutamente nada. *No me gusta un pelo.* □ V. **mata de ~, tomadura de ~.**

pelón, na. ADJ. **1.** Que no tiene pelo o tiene muy poco. || **2.** Que lleva cortado el pelo al rape. || **3.** *Á. Andes.* Que tiene mucho pelo.

pelosilla. F. **vellosilla.**

peloso, sa. ADJ. Que tiene pelo. *Robles pelosos.*

pelota[1]. F. **1.** Bola de materia elástica que le permite botar, y que se usa en diversos juegos y deportes. || **2.** balón (|| pelota grande). || **3.** Juego que se hace con la pelota. || **4.** Bola de materia blanda, como la nieve, el barro, etc., que se amasa fácilmente. || **5.** hist. Bala de piedra, plomo o hierro, con que se cargaban los arcabuces, mosquetes, cañones y otras armas de fuego. || **6.** vulg. **testículo.** U. m. en pl. || **7.** *Dep.* Aparato de gimnasia que consiste en una bola de goma u otro material, de medidas y peso reglamentarios. || **8.** *Dep.* Modalidad de gimnasia rítmica que se practica con dicho aparato. ‖ **9.** *Dep.* juego de pelota. ‖ **10.** *Á. Caribe.* béisbol. ‖ **~ vasca.** F. *Dep.* Conjunto de especialidades deportivas de pelota, que se practica en un frontón o trinquete. ‖ **devolver la ~** a alguien. LOC.VERB. coloq. Rebatir lo que dice, con sus mismas razones o fundamentos. ‖ **echar, pasar,** o **tirar, la ~** a alguien. LOCS.VERBS. coloqs. Evadir la propia culpa o responsabilidad en un asunto difícil, traspasándola a otra persona, organismo, etc. ☐ V. **juego de ~.**

pelota². en ~, o **en ~s.** LOCS.ADVS. coloqs. Desnudo, en cueros. U. t. c. locs. adjs. ‖ **dejar** a alguien **en ~,** o **en ~s.** LOCS.VERBS. coloqs. Quitarle o robarle todo lo que tiene.

pelotari. COM. Persona que tiene por oficio jugar a la pelota en un frontón.

pelotazo. M. **1.** Golpe dado con la pelota de jugar. ‖ **2.** *Cineg.* Lugar en que ha caído a tierra un pájaro abatido por un disparo, fácilmente reconocible por el conjunto de plumas agrupadas en el sitio.

pelote. M. Pelo de cabra, que se emplea para rellenar muebles de tapicería y sirve también para otros usos industriales.

pelotear. INTR. **1.** Jugar a la pelota por entretenimiento, sin la formalidad de hacer partido. ‖ **2.** Arrojar algo de una parte a otra. ‖ **3.** *Á. R. Plata.* Tratar a alguien sin consideración.

peloteo. M. Acción y efecto de pelotear.

pelotera. F. coloq. Riña, contienda o revuelta.

pelotero. M. *Á. Caribe.* Jugador de béisbol. ☐ V. **escarabajo ~.**

pelotillero, ra. ADJ. coloq. Que adula. U. t. c. s.

pelotón¹. M. **1.** Conjunto de personas sin orden y como en tropel. ‖ **2.** *Dep.* Grupo numeroso de ciclistas que, durante una prueba, marchan juntos.

pelotón². M. *Mil.* Pequeña unidad de infantería que forma parte normalmente de una sección y suele estar a las órdenes de un sargento o de un cabo.

pelta. F. *Bot.* En los líquenes, órgano esporífero plano y poco prominente.

peltado, da. ADJ. *Bot.* Dicho de una hoja: De lámina redondeada y con el pecíolo inserto en el centro.

peltre. M. Aleación de cinc, plomo y estaño.

peluca. F. Cabellera postiza.

peluche. M. **1.** felpa. ‖ **2.** Juguete hecho de este tejido.

pelucona. F. hist. Onza de oro, y especialmente cualquiera de las acuñadas con el busto de uno de los reyes de la casa de Borbón, hasta Carlos IV inclusive.

peludo, da. I. ADJ. **1.** Que tiene mucho pelo. ‖ **2.** *Am. Cen.* **difícil** (‖ que presenta obstáculos). ‖ **II.** M. **3.** *Á. guar.* y *Á. R. Plata.* **borrachera** (‖ estado de la persona ebria). ‖ **4.** *Á. R. Plata.* Especie de armadillo, de orejas medianas y puntiagudas. Tiene el caparazón con pelo hirsuto y abundante, aunque no muy largo. ‖ **caer como peludo de regalo.** LOC.VERB. *Á. R. Plata.* Llegar de sorpresa o inoportunamente. ☐ V. **araña ~.**

peluquería. F. **1.** Establecimiento donde trabaja el peluquero. ‖ **2.** Oficio de peluquero.

peluquero, ra. M. y F. Persona que tiene por oficio peinar, cortar el pelo o hacer y vender pelucas, rizos, etc.

peluquín. M. Peluca pequeña o que solo cubre parte de la cabeza. ‖ **ni hablar del ~.** EXPR. coloq. **ni hablar.**

pelusa. F. **1.** Pelo muy tenue de algunas frutas. ‖ **2.** Pelo menudo que con el uso se desprende de las telas. ‖ **3.** Vello tenue que aparece en la cara de las personas y en el cuerpo de los polluelos de algunas aves. ‖ **4.** Aglomera-

ción de polvo y suciedad que se forma generalmente debajo de los muebles.

pelusilla. F. vellosilla.

pelvi. ADJ. Se dice de la lengua irania o persa media, particularmente en la época sasánida, y de lo que se escribió en ella. U. t. c. s. m. *El pelvi.*

pelviano, na. ADJ. *Anat.* Perteneciente o relativo a la pelvis. *Cavidad pelviana.*

pelvis. F. **1.** *Anat.* Región del cuerpo de los mamíferos formada por los huesos sacro, coxis e innominado, situada en la parte posterior del tronco, e inferior en la especie humana. Contiene la porción final del tubo digestivo, la vejiga urinaria y algunos órganos, correspondientes al aparato genital, principalmente en las hembras. ‖ **2.** *Anat.* Cavidad en forma de embudo que está situada en cada uno de los riñones de los mamíferos y se continúa con el uréter.

pemón. I. ADJ. **1.** Se dice del individuo de un pueblo amerindio que habita en la cuenca del río Caroní, en la región sureste del estado venezolano de Bolívar. U. t. c. s. ‖ **2.** Perteneciente o relativo a los pemones. *Etnia pemón.* ‖ **II.** M. **3.** Lengua de filiación caribe hablada por los pemones.

pena¹. F. **1.** Sentimiento grande de tristeza. ‖ **2.** Castigo impuesto conforme a la ley por los jueces o tribunales a los responsables de un delito o falta. ‖ **3.** Dolor, tormento o sentimiento corporal. ‖ **4.** Dificultad, trabajo. *Pasó grandes penas para llegar donde está.* ‖ **5.** *Am. Cen., Á. Caribe* y *Méx.* **vergüenza.** ‖ **6.** *Am. Cen.* **pudor.** ‖ **~ accesoria.** F. *Der.* La que se impone según ley, como inherente, en ciertos casos, a la principal. ‖ **~ capital.** F. La de muerte. ‖ **~ de daño.** F. *Rel.* En la teología tradicional, privación perpetua de la vista de Dios en la otra vida. ‖ **~ de la vida.** F. pena capital. ‖ **~ de sentido.** F. *Rel.* La que atormenta los sentidos o el cuerpo de los condenados. ‖ **~ pecuniaria.** F. **multa.** ‖ **a duras ~s.** LOC.ADV. Dicho de conseguir algo: Con gran dificultad o trabajo. ‖ **de ~.** LOC.ADV. coloq. Sumamente mal. U. t. c. loc. adj. *Un equipo de pena.* ‖ **hecho, cha una ~.** LOC.ADJ. coloq. En muy mal estado o con mala apariencia. ‖ **merecer la ~** algo. LOC.VERB. **valer la pena.** ‖ **pasar** alguien **la ~ negra.** LOC.VERB. Padecer aflicción grave física o moral. ‖ **pasar** alguien **las ~s del purgatorio.** LOC.VERB. Padecer continuas molestias o aflicciones. ‖ **sin ~ ni gloria.** LOC.ADV. Sin destacar, de manera discreta. ‖ **so ~ de.** LOC. PREPOS. Con la seguridad de exponerse, en caso contrario, a. *Debes ir temprano, so pena de quedarte sin entrada.* ‖ **valer la ~** algo. LOC.VERB. Ser importante o estar bien empleado el trabajo que cuesta. U. t. con neg. ☐ V. **alma en ~, conmutación de ~.**

pena². F. *Mar.* Parte extrema y más delgada de una entena.

penacho. M. **1.** Grupo de plumas que tienen algunas aves en la parte superior de la cabeza. ‖ **2.** Adorno de plumas que sobresale en los cascos o morriones, en el tocado de las mujeres, en la cabeza de las caballerías engalanadas para fiestas reales u otras solemnidades, etc. ‖ **3.** Cosa que tiene forma o figura de penacho. *Un penacho de humo.*

penachudo, da. ADJ. Que tiene o lleva penacho. *Variedad penachuda de una planta.*

penado, da. PART. de **penar.** ‖ **I.** ADJ. **1.** Penoso o lleno de penas. ‖ **II.** M. y F. **2.** Delincuente condenado a una pena.

penal. I. ADJ. **1.** Perteneciente o relativo a las leyes, instituciones o acciones destinadas a perseguir crímenes o delitos. *El abogado propuso ejercer acciones penales.* || **2.** *Der.* Perteneciente o relativo a la represión del crimen. *La policía investigó si había materia penal.* || **3.** *Der.* Se dice del orden jurisdiccional competente en materia de delitos y faltas. || **II.** M. **4.** Lugar en que los penados cumplen condenas superiores a las del arresto. *El penal de Ocaña.* || **5.** *Am.* **penalti.** □ V. **cláusula ~, Código Penal, Corte Penal Internacional, derecho ~, proceso ~, Tribunal Penal Internacional.**

penalidad. F. Trabajo aflictivo, molestia, incomodidad. U. m. en pl.

penalista. ADJ. Dicho de un jurisconsulto: Que se dedica con preferencia al estudio de la ciencia o derecho penal. U. t. c. s.

penalización. F. Acción y efecto de penalizar.

penalizador, ra. ADJ. Que penaliza. *Multa penalizadora. Legislación penalizadora.*

penalizar. TR. **1.** Imponer una sanción o castigo. || **2.** *Der.* Tipificar como delito o falta una determinada conducta.

penalti. M. En el fútbol y otros deportes, máxima sanción que se aplica a ciertas faltas del juego cometidas por un equipo dentro de su área. U. m. en España.

penar. **I.** TR. **1.** Imponer pena. *Te pueden penar por eso.* || **2.** *Der.* **penalizar** (‖ tipificar como delito o falta). || **II.** INTR. **3.** Padecer, sufrir, tolerar un dolor o pena. *Vive penando desde hace tiempo.* || **4.** Padecer las penas de la otra vida en el purgatorio.

penates. M. pl. *Mit.* Dioses domésticos a quienes daba culto la gentilidad.

penca. F. **1.** Hoja, o tallo en forma de hoja, craso o carnoso, de algunas plantas, como el nopal y la pita. || **2.** Nervio principal y pecíolo de las hojas de ciertas plantas, como la acelga, el cardo, la lechuga, etc. || **3.** Troncho o tallo de ciertas hortalizas. || **4.** Tronco de la cola de los cuadrúpedos. || **5.** hist. Tira de cuero o vaqueta con que el verdugo azotaba a los delincuentes.

pencazo. M. hist. Golpe dado con la **penca** (‖ tira de cuero).

penco. M. **1.** Caballo flaco o matalón. || **2.** Persona inútil. || **3.** *Am.* Penca de ciertas plantas.

pendejada. F. **1.** coloq. **tontería** (‖ dicho o hecho tonto). U. m. en América. || **2.** coloq. **tontería** (‖ cosa de poca entidad o importancia). U. m. en América.

pendejo, ja. ADJ. **1.** coloq. Tonto, estúpido. U. t. c. s. || **2.** coloq. Cobarde, pusilánime. U. t. c. s.

pendencia. F. Contienda, riña de palabras o de obras.

pendenciero, ra. ADJ. Propenso a riñas o pendencias. U. t. c. s.

pender. INTR. **1.** Dicho de una cosa: Estar colgada, suspendida o inclinada. || **2.** Dicho de un pleito o de un negocio: Estar por resolverse o terminarse.

pendiente. **I.** ADJ. **1.** Que pende. *Con el bolso pendiente del brazo.* || **2.** Inclinado, en declive. *Terreno pendiente.* || **3.** Que está por resolverse o terminarse. *Pendiente de investigación.* || **4.** Sumamente atento, preocupado por algo que se espera o sucede. *Todos estaban pendientes de las palabras del orador.* || **II.** M. **5.** Arete con adorno colgante o sin él. || **6.** Joya que se lleva colgando. || **7.** *Heráld.* Parte inferior de los estandartes y banderas. || **8.** *Méx.* **preocupación.** || **III.** F. **9.** Cuesta o declive de un terreno. *Una pendiente del 2%.* || **10.** *Geom.* Medida de la inclinación de una recta o de un plano. || **al ~.** LOC.ADV. *Méx.* Con suma atención y cuidado con algo o con al-

guien. *Estaba muy al pendiente de los niños.* □ V. **asignatura ~.**

pendol. M. *Mar.* Operación que hacen los marineros con objeto de limpiar los fondos de una embarcación, cargando peso a una banda o lado y descubriendo así el fondo del costado opuesto. U. m. en pl.

péndola[1]. F. Pluma de escribir.

péndola[2]. F. **1.** Varilla o conjunto de varillas metálicas con una presa en forma de lenteja u otro adorno semejante en su parte inferior y que con sus oscilaciones regula el movimiento de algunos relojes de pared y sobremesa. || **2.** Reloj que tiene péndola.

pendolista. COM. Persona que escribe con muy buena letra.

pendolón. M. *Arq.* Madero de armadura en situación vertical que va desde la parhilera al puente.

pendón[1]. M. **1.** hist. Insignia militar que consistía en una bandera más larga que ancha y que se usaba para distinguir los regimientos, batallones, etc. || **2.** hist. Insignia militar, que era una bandera o estandarte pequeño, y se usaba en la milicia para distinguir los regimientos, batallones y demás cuerpos del Ejército que iban a la guerra. || **3.** Divisa o insignia usada por las iglesias y cofradías para guiar las procesiones. || **4.** *Heráld.* Insignia semejante a la bandera, de la cual se distingue en el tamaño, pues es un tercio más larga que ella, y redonda por el pendiente. || **~ de Castilla**, o **~ morado.** M. Insignia personal del monarca. || **seguir el ~ de** alguien. LOC.VERB. *Mil.* Alistarse bajo sus banderas. □ V. **alférez del ~ real.**

pendón[2]**, na.** **I.** M. y F. **1.** Persona cuyo comportamiento es considerado indecoroso. U. c. insulto. U. t. c. adj. || **II.** M. **2.** prostituta. || **~ desorejado.** M. Mujer de comportamiento considerado descarado o impúdico.

pendonear. INTR. Andar sin necesidad ni provecho de un sitio a otro.

pendoneo. M. Acción y efecto de pendonear.

pendular. ADJ. Perteneciente o relativo al péndulo. *Oscilación pendular.*

péndulo. M. **1.** Péndola del reloj. || **2.** *Mec.* Cuerpo grave que puede oscilar suspendido de un punto por un hilo o varilla.

pendura. a la ~. LOC.ADV. *Mar.* Se usa para referirse a todo lo que cuelga, y muy especialmente al ancla cuando pende de la serviola.

pene. M. *Anat.* Órgano masculino del hombre y de algunos animales que sirve para miccionar y copular.

penetrabilidad. F. Posibilidad de ser penetrado.

penetración. F. **1.** Acción y efecto de penetrar. || **2.** Inteligencia cabal de algo difícil. || **3.** Perspicacia de ingenio, agudeza. || **~ pacífica.** F. Influjo económico y político que una nación ejerce en país extraño, sin imponerlo por fuerza de armas.

penetrante. ADJ. **1.** Que penetra. *Proyectil penetrante.* || **2.** Dicho especialmente de la voz o de otro sonido: Agudos, altos, subidos o elevados. || **3.** Dicho del humor, de la intención, de la ironía. etc.: Mordaces o incisivos. || **4.** Que implica o denota penetración intelectual. *Un análisis penetrante.* □ V. **herida ~.**

penetrar. TR. **1.** Dicho de un cuerpo: Introducirse en otro. *Penetrar un clavo la madera.* U. m. c. intr. *Penetraron en la casa. Penetraron al jardín.* U. t. en sent. fig. *No permitía a nadie penetrar en su intimidad.* || **2.** Pasar a través de un cuerpo. *Penetrar los rayos ultravioleta la* *piel*. U. t. c. intr. y c. prnl. U. t. en sent. fig. *Se construyó una coraza que el sufrimiento no pudiera penetrar.* ‖ **3.** Introducirse en un lugar. U. m. c. intr. U. t. en sent. fig. *Las ideas ilustradas penetraron en el país con rapidez.* ‖ **4.** Dicho de un hombre: Realizar la cópula sexual con otra persona. ‖ **5.** Comprender el interior de alguien, o algo dificultoso. *No era capaz de penetrar sus intenciones.* U. t. c. intr. y c. prnl.

penetrativo, va. ADJ. Que penetra, o que es capaz o tiene virtud de penetrar. *Influencia penetrativa.*

penetrómetro. M. Aparato que mide la dureza de los materiales mediante la profundidad de penetración de una aguja.

pénfigo. M. *Med.* Se usa como nombre para referirse a varias enfermedades caracterizadas por la formación de ampollas cutáneas llenas de una sustancia amarilla.

peniano. □ V. **hueso** ~.

penibético, ca. ADJ. Perteneciente o relativo a la cordillera Penibética, en España.

penicilina. F. *Med.* Sustancia antibiótica que se emplea para combatir las enfermedades causadas por ciertos microorganismos.

península. F. Tierra cercada por el agua, y que solo por una parte relativamente estrecha está unida y tiene comunicación con otra tierra de extensión mayor.

peninsular. ADJ. **1.** Natural de una península. U. t. c. s. ‖ **2.** Perteneciente o relativo a una península. *Territorio peninsular.* ‖ **3.** por antonom. Se dice de lo relativo a la península Ibérica, en oposición a lo perteneciente a las islas y a las tierras españolas de África.

penique. M. **1.** Moneda británica que vale la centésima parte de la libra esterlina. ‖ **2.** hist. Antigua moneda británica, que valía la duodécima parte de un chelín.

penitencia. F. **1.** Dolor y arrepentimiento que se tiene de una mala acción, o sentimiento de haber ejecutado algo que no se quisiera haber hecho. ‖ **2.** Sacramento en el cual, por la absolución del sacerdote, se perdonan los pecados cometidos después del bautismo a quien los confiesa con el dolor, propósito de la enmienda y demás circunstancias debidas. ‖ **3.** Virtud que consiste en el dolor de haber pecado y el propósito de no pecar más. ‖ **4.** Serie de ejercicios penosos con que alguien procura la mortificación de sus pasiones y sentidos. ‖ **5.** Acto de mortificación interior o exterior. ‖ **6.** Pena que impone el confesor al penitente para satisfacción del pecado o para preservación de él. ‖ **7.** hist. Castigo público que imponía el antiguo Tribunal eclesiástico de la Inquisición a algunos reos. ‖ **~ canónica,** o **~ pública.** F. hist. Serie de ejercicios laboriosos o públicos impuestos por los sagrados cánones al culpable de ciertos delitos. □ V. **hábito de ~.**

penitenciado, da. PART. de **penitenciar.** ‖ ADJ. hist. Castigado por el antiguo Tribunal eclesiástico de la Inquisición. U. t. c. s.

penitencial. ADJ. Perteneciente o relativo a la penitencia o que la incluye. □ V. **salmos ~es.**

penitenciar. TR. Imponer penitencia. MORF. conjug. c. *anunciar.*

penitenciaría. F. **1.** Establecimiento en que sufren condenas los penados, sujetos a un régimen que, haciéndoles expiar sus delitos, va orientado a su enmienda y mejora. ‖ **2.** Dignidad, oficio o cargo de penitenciario. ‖ **3.** Tribunal eclesiástico de la corte de Roma, compuesto de varios individuos y un cardenal presidente, para acordar y despachar las bulas y gracias de dispensa

pertenecientes a materias de conciencia. ORTOGR. Escr. con may. inicial.

penitenciario, ria. I. ADJ. **1.** Perteneciente o relativo a la penitenciaría o penal. *Centro penitenciario.* ‖ **2.** Dicho de un presbítero secular o regular: Que tiene la obligación de confesar a los penitentes en una iglesia determinada. U. t. c. s. ‖ **3.** Dicho de una canonjía o beneficio: Que llevan aneja esta obligación. ‖ **II.** M. **4.** Cardenal presidente del Tribunal de la Penitenciaría en Roma. □ V. **beneficios ~s, canónigo ~.**

penitente. I. ADJ. **1.** Perteneciente o relativo a la penitencia. *Postura penitente.* ‖ **2.** Que tiene penitencia. *Alma penitente.* ‖ **II.** COM. **3.** Persona que hace penitencia. ‖ **4.** Persona que se confiesa sacramentalmente con un sacerdote. ‖ **5.** Persona que en las procesiones o rogativas públicas va vestida de túnica en señal de penitencia.

penol. M. *Mar.* Punta o extremo de las vergas.

penonomeño, ña. ADJ. **1.** Natural de Penonomé. U. t. c. s. ‖ **2.** Perteneciente o relativo a esta ciudad de Panamá, cabecera de la provincia de Coclé.

penoso, sa. ADJ. **1.** Trabajoso, que supone gran dificultad. *Oficio penoso.* ‖ **2.** Que produce un sentimiento de pena. *Penosos lamentos.* ‖ **3.** *Méx.* tímido. U. t. c. s.

penquista. ADJ. **1.** Natural de Concepción. U. t. c. s. ‖ **2.** Perteneciente o relativo a esta provincia de Chile o a su capital.

pensado, da. mal ~. LOC.ADJ. Propenso a desestimar o interpretar desfavorablemente las acciones, intenciones o palabras ajenas.

pensador, ra. I. ADJ. **1.** Que piensa, medita o reflexiona con intensidad y eficacia. *Un hombre pensador no dejará de conocer los males que nos amenazan.* ‖ **II.** M. y F. **2.** Persona que se dedica a estudios muy elevados y profundiza mucho en ellos.

pensamiento. M. **1.** Potencia o facultad de pensar. ‖ **2.** Acción y efecto de pensar. ‖ **3.** Cada una de las ideas o sentencias notables de un escrito. ‖ **4.** Conjunto de ideas propias de una persona o colectividad. ‖ **5.** Planta herbácea anual, de la familia de las Violáceas, con muchos ramos delgados, hojas sentadas, oblongas, festoneadas y con estípulas grandes, flores en largos pedúnculos y con cinco pétalos redondeados, de tres colores, que varían del blanco al rojo negruzco, pero generalmente amarillos con una mancha central purpúrea los dos superiores, pajizos los de en medio y morado oscuro aterciopelado el inferior, y fruto seco capsular con muchas semillas. Es planta de jardín, común en España. □ V. **libertad de ~.**

pensante. ADJ. Que piensa. *Mentes pensantes.*

pensar. TR. **1.** Imaginar, considerar o discurrir. *Haz el favor de pensar algo para salir de aquí.* U. t. c. intr. *Cuando pensaba EN ella, no podía evitar la nostalgia.* ‖ **2.** Reflexionar, examinar con cuidado algo para formar dictamen. U. t. c. intr. *Pensó seriamente EN marcharse del país.* ‖ **3.** Tener intención de hacer algo. *Piensan venir a comer mañana.* ¶ MORF. conjug. c. *acertar.* ‖ **ni ~lo.** EXPR. Se usa para negar el permiso para hacer algo. ‖ **~ mal.** LOC.VERB. Ser mal pensado. ‖ **sin ~.** LOC.ADV. De improviso o sin esperarse.

pensativo, va. ADJ. Que medita intensamente y está absorto en sus pensamientos.

pensil o **pénsil. I.** ADJ. **1.** Pendiente o colgado en el aire. *Flores pensiles.* ‖ **II.** M. **2.** Jardín delicioso.

pensión. F. **1.** Cantidad periódica, temporal o vitalicia, que la seguridad social paga por razón de jubilación, viudedad, orfandad o incapacidad. || **2.** Auxilio pecuniario que bajo ciertas condiciones se concede para estimular o ampliar estudios o conocimientos científicos, artísticos o literarios. || **3.** Renta o canon anual que perpetua o temporalmente se impone sobre una finca. || **4. pupilaje** (|| casa donde se reciben huéspedes). || **5.** Precio del pupilaje. || **6.** *Méx.* Establecimiento en que se pueden estacionar automóviles mediante un pago mensual. || **~ alimenticia.** F. *Der.* **alimentos** (|| prestación). || **~ compensatoria.** F. *Der.* Aquella a que tiene derecho un cónyuge cuando la separación o el divorcio le producen un desequilibrio económico en relación con la posición del otro, siempre que tal desequilibrio implique un empeoramiento en su situación anterior al matrimonio. || **~ completa.** F. Régimen de hospedaje que incluye habitación y todas las comidas del día. || **~ contributiva.** F. *Der.* pensión de la seguridad social a la que se tiene derecho por haber cotizado durante cierto tiempo. || **~ matrimonial.** F. *Der.* **pensión compensatoria.** || **~ no contributiva.** F. *Der.* La de carácter asistencial que se otorga sin necesidad de haber cotizado a la seguridad social. || **media ~.** F. Régimen de hospedaje en que los huéspedes tienen derecho a habitación y una comida diaria. □ V. **fondo de pensiones, plan de pensiones.**

pensionado, da. PART. de **pensionar.** || **I.** ADJ. **1.** Que tiene o cobra una pensión. U. t. c. s. || **II.** M. **2. internado** (|| establecimiento donde viven alumnos internos.)

pensionar. TR. **1.** Imponer una pensión o un gravamen. || **2.** Conceder pensión a una persona o establecimiento.

pensionista. COM. **1.** Persona que tiene derecho a percibir y cobrar una pensión. || **2.** Persona que está en un colegio o casa particular y paga cierta pensión por sus alimentos y enseñanza.

pentacordio. M. *Arqueol.* Lira antigua de cinco cuerdas.

pentadáctilo, la. ADJ. *Zool.* Dicho de un animal: Que tiene cinco dedos. U. t. c. s.

pentagonal. ADJ. De forma de pentágono o semejante a él. *Planta, torre pentagonal.*

pentágono, na. ADJ. *Geom.* Dicho de un polígono: Que tiene cinco ángulos y cinco lados. U. m. c. s. m.

pentagrama. M. *Mús.* Conjunto de cinco rectas paralelas y equidistantes, sobre las cuales se escribe la música.

pentámero, ra. ADJ. *Bot.* Se dice del verticilo que consta de cinco piezas y de la flor que tiene corola y cáliz con este carácter.

pentámetro, tra. ADJ. Se dice del verso de la poesía griega y latina compuesto de un dáctilo o un espondeo, de otro dáctilo u otro espondeo, de una cesura, de dos dáctilos y de otra cesura. Se mide también contando después de los dos primeros pies un espondeo y dos anapestos. U. t. c. s. m.

pentasilábico, ca. ADJ. Que consta de cinco sílabas.

pentasílabo, ba. ADJ. Que consta de cinco sílabas. Apl. a un verso, u. t. c. s. m.

pentatleta. COM. Deportista que practica el pentatlón.

pentatlón. M. *Dep.* Conjunto de cinco pruebas atléticas que actualmente consiste en 200 y 1500 m lisos, salto de longitud y lanzamiento de disco y jabalina.

pentecostal. ADJ. Perteneciente o relativo a Pentecostés. *Misa pentecostal.*

Pentecostés. M. **1.** hist. Fiesta de los judíos instituida en memoria de la ley que Dios les dio en el monte Sinaí, que se celebraba 50 días después de la Pascua del Cordero. || **2.** Festividad de la Venida del Espíritu Santo que celebra la Iglesia el domingo, quincuagésimo día que sigue al de Pascua de Resurrección, contando ambos, y fluctúa entre el 10 de mayo y el 13 de junio. □ V. **Domingo de ~.**

penúltimo, ma. ADJ. Inmediatamente anterior a lo último o postrero.

penumbra. F. Sombra débil entre la luz y la oscuridad, que no deja percibir dónde empieza la una o acaba la otra.

penumbroso, sa. ADJ. Que está en la penumbra. *Rincón penumbroso.*

penuria. F. Escasez, falta de las cosas más precisas o de alguna de ellas. U. m. en pl. con el mismo significado que en sing.

peña. F. **1.** Piedra grande sin labrar, según la produce la naturaleza. || **2.** Monte o cerro peñascoso. || **3.** Corro o grupo de amigos o camaradas. || **4. club** (|| sociedad de personas con intereses comunes). || **5.** Grupo de personas que participan conjuntamente en fiestas populares o en actividades diversas, como apostar, jugar a la lotería, cultivar una afición, fomentar la admiración a un personaje o equipo deportivo, etc.

peñascal. M. Sitio cubierto de peñascos.

peñasco. M. **1.** Peña grande y elevada. || **2.** *Anat.* Porción del hueso temporal de los mamíferos que es muy dura y encierra el oído interno.

peñascoso, sa. ADJ. Dicho de un sitio o de una montaña: Donde hay muchos peñascos.

peñasquear. TR. *Chile.* **apedrear** (|| tirar piedras).

peñol. M. **peñón.**

péñola. F. hist. **pluma** (|| de ave para escribir).

peñolano, na. ADJ. **1.** Natural de Peñuelas. U. t. c. s. || **2.** Perteneciente o relativo a este municipio de Puerto Rico o a su cabeza.

peñón. M. Monte peñascoso.

peón. M. **1.** Jornalero que trabaja en cosas materiales que no requieren arte ni habilidad. || **2.** Cada una de las ocho piezas negras y ocho blancas, respectivamente iguales y de importancia menor, del juego del ajedrez. || **3.** Persona que actúa subordinada a los proyectos e intereses de otra. || **4.** Soldado de infantería. || **5.** Juguete de madera, de forma cónica y terminado en una punta de hierro, al cual se arrolla una cuerda para lanzarlo y hacerlo bailar. || **6.** *Taurom.* **peón de brega.** || **~ caminero.** M. Obrero destinado a la conservación y reparación de los caminos públicos. || **~ de brega.** M. *Taurom.* Torero subalterno que ayuda al matador durante la lidia. || **~ de mano.** M. *Constr.* Operario que ayuda al oficial de albañil para emplear los materiales. || **~ doblado.** M. En el juego de ajedrez, peón que se coloca delante o detrás de otro de igual color, por haber comido una pieza o peón del color contrario.

peonada. F. **1.** Especialmente en labores agrícolas, jornada de trabajo de un peón. || **2.** Conjunto de peones que trabajan en una obra.

peonaje. M. Conjunto de peones que trabajan en una obra.

peoneta. M. *Chile.* Auxiliar de vehículos de carga.

peonía. F. **1.** Planta de la familia de las Ranunculáceas, de grandes flores rojas o rosáceas, propia de lugares húmedos y laderas montañosas. Se cultiva como ornamental. ‖ **2.** Flor de esa planta. ‖ **3.** *Am. Mer.* Planta leguminosa, especie de bejuco trepador, medicinal toda ella, tallo, flores, semillas y raíces. Tiene flores pequeñas, blancas o rojas, en espiga, y semillas en vaina, gruesas, duras, esféricas y de un rojo vivo con un lunar negro, que se usan para collares, pulseras y rosarios.

peonza. F. Peón, trompo.

peor. I. ADJ. COMP. de **malo. 1.** De mala condición o de inferior calidad respecto de otra cosa con que se compara. *Los peores días de mi vida.* ‖ **II.** ADV. M. COMP. de **mal².** **2.** Más mal, de manera más contraria a lo bueno o lo conveniente. ‖ **~ que ~.** EXPR. Se usa para significar que lo que se propone por remedio o disculpa de algo, lo empeora. ‖ **ponerse** alguien **en lo ~.** LOC. VERB. Suponer que sucederá algo desfavorable, muy temido o perjudicial. ‖ **tanto ~.** EXPR. peor todavía.

peoría. F. Acción o efecto de hacer peor de lo que es o está algo.

pepa¹. F. **pepita** (‖ simiente de algunas frutas).

Pepa². **viva la ~.** LOC. INTERJ. irón. Se usa para referirse a toda situación de desbarajuste, despreocupación o excesiva licencia.

pepazo. M. Á. *Caribe.* **balazo.**

pepena. F. *Am. Cen.* y *Méx.* Acción y efecto de pepenar.

pepenador, ra. M. y F. *Méx.* Persona que pepena.

pepenar. I. TR. **1.** *Am. Cen.* y *Méx.* Recoger del suelo, rebuscar. ‖ **II.** PRNL. **2.** *Méx.* **robar** (‖ tomar para sí lo ajeno).

pepinazo. M. *Dep.* En el fútbol, lanzamiento muy fuerte del balón.

pepiniano, na. ADJ. **1.** Natural de San Sebastián. U. t. c. s. ‖ **2.** Perteneciente o relativo a este municipio de Puerto Rico o a su cabeza.

pepinillo. M. Variedad de pepino de pequeño tamaño, en adobo.

pepino. M. **1.** Planta herbácea anual, de la familia de las Cucurbitáceas, con tallos blandos, rastreros, vellosos y de dos a tres metros de longitud, hojas pecioladas, pelosas, partidas en lóbulos agudos, flores amarillas, separadas las masculinas de las femeninas, y fruto pulposo, cilíndrico, de seis a doce centímetros de largo y dos a cinco de grueso, amarillo cuando está maduro, y antes verde más o menos claro por la parte exterior, interiormente blanco y con multitud de semillas ovaladas y puntiagudas por uno de sus extremos, chatas y pequeñas. Es comestible. ‖ **2.** Fruto de esta planta. ‖ **3.** coloq. Cosa insignificante, de poco o ningún valor. *Importarle a alguien un pepino algo.*

pepión. M. hist. Moneda menuda usada en Castilla en el siglo XIII, y cuyo valor fijó Alfonso el Sabio en la decimoctava parte de un metical.

pepita¹. F. *Veter.* Tumor que las gallinas suelen tener en la lengua, y no las deja cacarear.

pepita². F. **1.** Simiente de algunas frutas, como el melón, la pera, la manzana, etc. ‖ **2.** Trozo rodado de oro u otros metales nativos, que suele hallarse en los terrenos de aluvión.

pepito. M. **1.** Bocadillo que tiene dentro un filete de carne. ‖ **2.** Bollo alargado relleno de crema o chocolate.

pepitoria¹. F. Guisado que se hace con todas las partes comestibles del ave, o solo con los despojos, y cuya salsa tiene yema de huevo.

pepitoria². F. *Méx.* Dulce de pepita de calabaza con piloncillo.

peplo. M. hist. Vestidura exterior, amplia y suelta, sin mangas, que bajaba de los hombros formando caídas en punta por delante, usada por las mujeres en la Grecia antigua.

péplum. M. *Cinem.* Película ambientada en la Antigüedad clásica. MORF. pl. **péplums.**

pepón. M. **sandía** (‖ fruto).

pepona. F. Muñeca grande de cartón.

pepónide. F. *Bot.* Fruto carnoso unido al cáliz, con una sola celda y muchas semillas adheridas a tres placentas; p. ej., la calabaza, el pepino y el melón.

pepsina. F. *Biol.* Enzima del jugo gástrico que hidroliza proteínas, por lo que se utiliza en el tratamiento de digestiones deficientes.

peptídico, ca. ADJ. *Bioquím.* Perteneciente o relativo a los péptidos.

péptido. M. *Bioquím.* Molécula formada por la unión covalente de dos o más aminoácidos.

peque. COM. coloq. Niño **pequeño** (‖ de corta edad). U. menos c. adj.

pequén. M. *Chile.* Ave rapaz, diurna, del tamaño de un palomo, muy semejante a la lechuza, pero que habita en cuevas a campo raso, de las cuales despoja a algún roedor. Su graznido es lúgubre y muy frecuente.

pequeñez. F. **1.** Cualidad de pequeño. ‖ **2.** Cosa de poca importancia.

pequeño, ña. ADJ. **1.** Dicho de una persona, de un animal o de una cosa: Que tienen poco o menor tamaño que otros de su misma especie. ‖ **2.** **corto** (‖ que no tiene la extensión que le corresponde). *Los zapatos le están pequeños.* ‖ **3.** De corta edad. Apl. a pers., u. t. c. s. ‖ **4.** Bajo y humilde, como contrapuesto a *poderoso* y *soberbio. Pequeño barquichuelo.* ‖ **5.** Corto, breve o de poca importancia, aunque no sea corpóreo. *Una pequeña infección. Un pequeño problema.* ¶ MORF. sup. irreg. **mínimo.** ‖ **en pequeño.** LOC. ADV. Con proporciones reducidas. ☐ V. **letra ~, ~ pantalla.**

pequeñoburgués, sa. ADJ. **1.** despect. Dicho de una persona: De mentalidad estrecha, mediocre y acomodaticia. U. t. c. s. ‖ **2.** despect. Propio o característico de una persona pequeñoburguesa. *Mentalidad pequeñoburguesa.* ¶ MORF. pl. **pequeñoburgueses, sas.**

pequinés, sa. ADJ. pekinés. *Plaza pequinesa.* Apl. a pers. y a perros, u. t. c. s.

pera. F. **1.** Fruto del peral. ‖ **2.** Recipiente de goma en forma de pera, que se usa para impulsar líquidos, aire, etc. ‖ **3.** Llamador de timbre o interruptor de luz de forma parecida a una pera. ‖ **4.** Á. R. *Plata.* **mentón.** ‖ **~ de agua.** F. Variedad de pera muy estimada, de carne suave y caracterizada por la abundancia de su jugo. ‖ **~ en dulce.** F. Persona o animal de excelentes cualidades. ‖ **~ mosqueruela.** F. Especie de pera enteramente redonda, de tres a cuatro centímetros de diámetro, de color encarnado oscuro en la parte donde le da el sol y verde amarillento en el resto, de carne granujienta y de gusto dulce. Tiene el pezón largo y como enclavado en ella. ‖ **hacerse** alguien **la ~.** LOC. VERB. Á. *Andes.* Dejar de asistir a alguna parte contra lo debido o acostumbrado. ‖ **pedir ~s al olmo.** LOC. VERB. coloq. Esperar en vano de alguien lo que naturalmente no puede provenir de su educación, de su carácter o de su conducta. ☐ V. **año de la ~.**

perada. F. Conserva que se hace de la pera rallada.

peral. M. Árbol de la familia de las Rosáceas, cuya altura varía entre tres y catorce metros según las distintas variedades. Tiene tronco recto, liso y copa bien poblada; hojas pecioladas, lampiñas, aovadas y puntiagudas, flores blancas en corimbos terminales, y por fruto la pera.

peraltar. TR. **1.** *Arq.* Levantar la curva de un arco, bóveda o armadura más de lo que corresponde al semicírculo. || **2.** *Ingen.* En las carreteras, vías férreas, etc., levantar la parte exterior de una curva.

peralte. M. **1.** *Arq.* Parte que en la altura de un arco, bóveda o armadura excede al semicírculo. || **2.** *Ingen.* En las carreteras, vías férreas, etc., mayor elevación de la parte exterior de una curva en relación con la interior.

perborato. M. *Quím.* Sal producida por la oxidación del borato.

perca. F. **1.** Pez teleósteo fluvial, del suborden de los Acantopterigios, que llega a tener seis decímetros de largo, de cuerpo oblongo, cubierto de escamas duras y ásperas, verdoso en el lomo, plateado en el vientre y dorado, con seis o siete fajas negruzcas en los costados. Es de carne comestible y delicada. || **2.** Pez marino teleósteo del suborden de los Acantopterigios, de unos tres decímetros de largo, de color amarillo en la cabeza y el lomo, y rojo amarillento en el vientre, aletas en general amarillas, y encarnadas las que están junto a las agallas, cuyo opérculo es de borde menudamente aserrado y remata en la parte superior con dos fuertes aguijones.

percal. M. Tela de algodón más o menos fina, de escaso precio.

percalina. F. Percal de un solo color.

percán. M. *Chile.* Moho que, por la humedad, se forma en diversas sustancias vegetales y animales.

percance. M. Contratiempo, daño, perjuicio imprevisto.

per cápita. (Locución latina). LOC.ADJ. Por cabeza, por cada individuo. U. t. c. loc. adv. □ V. **renta ~**.

percatación. F. Acción y efecto de percatarse.

percatarse. PRNL. Darse cuenta clara de algo, tomar conciencia de ello. *No se percató de su error.*

percebe. M. Crustáceo cirrípedo, que tiene un caparazón compuesto de cinco piezas y un pedúnculo carnoso con el cual se adhiere a los peñascos de las costas. Se cría formando grupos y es comestible.

percentil. M. *Mat.* Valor que divide un conjunto ordenado de datos estadísticos de forma que un porcentaje de tales datos sea inferior a dicho valor. Así, un individuo en el percentil 80 está por encima del 80% del grupo a que pertenece.

percepción. F. Acción y efecto de percibir. || **~ extrasensorial.** F. percepción de fenómenos sin mediación normal de los sentidos, comprobada al parecer estadísticamente.

perceptibilidad. F. Cualidad de perceptible.

perceptible. ADJ. **1.** Que se puede comprender o percibir. *Gesto perceptible.* || **2.** Que se puede recibir o cobrar. *Cantidad perceptible.*

perceptivo, va. ADJ. **1.** Perteneciente o relativo a la percepción mental o sensorial. *Trastornos perceptivos.* || **2.** Que tiene virtud de percibir. *Es muy perceptivo con las burlas.*

percepto. M. El objeto tal como lo percibe el sujeto.

perceptor, ra. ADJ. Que percibe. U. t. c. s.

percha. F. **1.** Utensilio ligero que consta de un soporte donde se cuelga un traje u otra prenda parecida y que tiene en su parte superior un gancho para suspenderlo, generalmente de una barra. || **2.** Pieza o mueble de ma-

dera o metal con colgaderos en que se pone ropa, sombreros u otros objetos. Puede estar sujeto a la pared o constar de un palo largo y de un pie para que estribe en el suelo. || **3. colgadero.** || **4.** Madero o estaca larga y delgada, que regularmente se atraviesa en otras para sostener algo; como una parra. || **5.** Lazo de cazar perdices u otras aves. || **6.** Especie de bandolera que usan los cazadores para colgar en ella las piezas que matan. || **7.** hist. Barra donde se ponían las aves de cetrería. || **8.** coloq. Figura o tipo de una persona, especialmente si es bueno y elegante. *Con la percha que tiene, le sienta bien cualquier prenda.* || **9.** *Mar.* Tronco enterizo del árbol, descortezado o no, que por su especial tamaño sirve para la construcción de piezas de arboladura, vergas, botalones, etc. || **10.** *Mar.* Cada madero fijado por sus extremos desde la serviola al tajamar.

perchar. TR. Colgar el paño y sacarle el pelo con la carda.

perchel. M. **1.** Aparejo de pesca, consistente en uno o varios palos dispuestos para colgar las redes. || **2.** Lugar en que se colocan.

perchero. M. percha (|| pieza o mueble con colgaderos para la ropa).

percherón, na. ADJ. Dicho de un caballo: Perteneciente a una raza francesa que por su fuerza y corpulencia es muy a propósito para arrastrar grandes pesos. U. t. c. s.

percibir. TR. **1.** Recibir algo y encargarse de ello. *Percibir el dinero, la renta.* || **2.** Recibir por uno de los sentidos las imágenes, impresiones o sensaciones externas. *Percibir la luz.* || **3.** Comprender o conocer algo. *Percibir la diferencia entre dos conceptos.*

percibo. M. Acción y efecto de **percibir** (|| recibir algo).

percolación. F. Acción y efecto de percolar.

percolar. INTR. Dicho de un líquido: Moverse a través de un medio poroso.

percudir. TR. **1.** Dicho de la suciedad: Penetrar en algo. *Sábanas viejas y percudidas.* || **2.** Maltratar o ajar la tez o el lustre de las cosas. *El paso del tiempo percudió su cuerpo.*

percusión. F. **1.** Acción y efecto de percutir. || **2.** *Mús.* Conjunto de instrumentos de percusión de una orquesta. □ V. **arma de ~, instrumento de ~**.

percusionista. COM. Músico que toca instrumentos de percusión.

percusor. M. percutor.

percutáneo, a. ADJ. *Med.* Dicho de una sustancia o de un medicamento: Que se administran y actúan a través de la piel.

percutir. TR. Dar golpes repetidos, golpear. U. t. c. intr.

percutor. M. Pieza que golpea en cualquier máquina, y especialmente el martillo o la aguja con que se hace detonar las armas de fuego.

perdedero. M. **1.** Ocasión o motivo de perder. || **2.** Lugar por donde se zafa la liebre perseguida.

perdedor, ra. ADJ. Que pierde. Apl. a pers., u. t. c. s.

perder. **I.** TR. **1.** Dicho de una persona: Dejar de tener, o no hallar, aquello que poseía, sea por culpa o descuido del poseedor, sea por contingencia o desgracia. || **2.** Desperdiciar o malgastar algo. *Perder el tiempo.* || **3.** Ocasionar un daño a las cosas. *El granizo perdió la cosecha.* || **4.** Ocasionar a alguien ruina o daño en la honra o en la hacienda. *La afición al juego perdió a María.* U. t. c. prnl. || **5.** No obtener lo que se disputa en un juego, una batalla, una oposición, un pleito, etc. *Mi hermano ha perdido el concurso.* U. t. c. intr. *Perdieron* POR *dos puntos en el último minuto.* ‖ **6.** Dicho de un recipiente: Dejar salir poco a poco su contenido. *Esta rueda pierde aire.* ‖ **7.** Padecer un daño, ruina o disminución en lo material, inmaterial o espiritual. *Perdió su fortuna. Perdió la fe.* ‖ **8.** Decaer del concepto, crédito o estimación en que se estaba. *Ha perdido su prestigio.* U. t. c. intr. ‖ **9.** Faltar a una obligación o hacer algo en contrario. *Perder el respeto, la cortesía.* ‖ **II.** INTR. **10.** Empeorar de aspecto o de salud. *Tu sobrina ha perdido mucho.* ‖ **11.** Dicho de una tela: Desteñirse, bajar de color cuando se lava. ‖ **III.** PRNL. **12.** Dicho de una persona: Errar el camino o rumbo que llevaba. *Se ha perdido al venir a tu casa.* ‖ **13.** No hallar camino ni salida. *Perderse en un bosque.* ‖ **14.** No hallar modo de salir de una dificultad. *La puerta no se abre; estamos perdidos.* ‖ **15.** Entregarse ciegamente a los vicios. ‖ **16.** Borrarse el tema o ilación en un discurso. *El profesor se perdió a media conferencia.* ‖ **17.** No percibirse algo por el sentido que a ello concierne, especialmente el oído y la vista. U. t. c. tr. *No perdió detalle del curso.* ‖ **18.** Amar mucho o con ciega pasión a alguien o algo. *Se perdía por los automóviles de lujo.* ‖ **19.** Entregarse al vicio o a la perversión. *Se perdió por las malas compañías.* ‖ **20.** Dicho de las aguas corrientes: Ocultarse o filtrarse debajo de tierra o entre peñas o hierbas. ¶ MORF. conjug. c. *entender.* ‖ **no habérsele perdido nada** a alguien en algún lugar. LOC.VERB. Se usa para justificar su ausencia o reprocharle su presencia. ‖ **tener buen ~** quien ha tenido alguna pérdida en el juego, en trances aleatorios, etc. LOC.VERB. Mostrarse ecuánime. ‖ **tener mal ~** quien ha tenido alguna pérdida en el juego, en trances aleatorios, etc. LOC.VERB. Mostrarse molesto.

perdicera. □ V. **águila ~.**

perdición. F. **1.** Acción de perder o perderse. ‖ **2.** Ruina o daño grave en lo temporal o espiritual. ‖ **3.** Pasión desenfrenada de amor. ‖ **4.** Ruina o desarreglo en las costumbres o en el uso de los bienes temporales. ‖ **5.** Causa o persona que ocasiona un daño grave.

pérdida. F. **1.** Carencia, privación de lo que se poseía. ‖ **2.** Daño o deterioro que se recibe en algo. ‖ **3.** Cantidad o cosa perdida. ‖ **no tener ~** algo. LOC.VERB. coloq. Ser fácil de hallar. □ V. **ganancias y ~s.**

perdidamente. ADV. M. Con exceso, con vehemencia, con abandono. *Está perdidamente enamorado.*

perdidizo, za. ADJ. Dicho de una persona: Que se escabulle. ‖ **hacerse** alguien **el ~.** LOC.VERB. coloq. Ausentarse o retraerse disimuladamente.

perdido, da. PART. de *perder.* ‖ **I.** ADJ. **1.** Muy sucio o manchado. *Se puso la camisa perdida.* ‖ **2.** Se usa, unido a ciertos adjetivos, para aumentar y reforzar el sentido de estos. *Tonto perdido. Enamorada perdida.* ‖ **II.** M. y F. **3.** Persona viciosa y de moral reprobable. ‖ **III.** M. **4.** *Impr.* Cierto número de ejemplares que se tiran de más en cada pliego, para que supliendo con ellos los que salgan de la prensa imperfectos o inútiles, no resulte incompleta la edición. □ V. **bala ~, caja ~, caso ~, gente ~, manga ~, mano ~, mujer ~, ratos ~s, tiempo ~.**

perdidoso, sa. ADJ. Que pierde o padece una pérdida.

perdigón. M. **1.** Pollo de la perdiz. ‖ **2.** Cada una de las bolas pequeñas de plomo que forman la munición de caza.

perdigonada. F. **1.** Tiro de perdigones. ‖ **2.** Herida que produce.

perdiguero, ra. ADJ. **1.** Dicho de un animal: Que caza perdices. ‖ **2.** Se dice de un perro de talla mediana, con cuerpo recio, cuello ancho y fuerte, cabeza fina, hocico saliente, labios colgantes, orejas muy grandes y caídas, patas altas y nervudas, cola larga y pelaje corto y fino. Es muy apreciado para la caza por lo bien que olfatea y sigue las pistas. U. t. c. s.

perdimiento. M. Perdición o pérdida.

perdiz. F. Ave gallinácea, de hasta 40 cm de longitud y 50 de envergadura, con cuerpo grueso, cuello corto, cabeza pequeña, pico y pies encarnados, y plumaje de color ceniciento rojizo en las partes superiores, más vivo en la cabeza y cuello, blanco con un collar negro, azulado con manchas negras en el pecho y rojo amarillento en el abdomen. Es abundante en España. Anda más que vuela, se mantiene de semillas silvestres, y su carne es muy estimada. ‖ **~ blanca.** F. Ave gallinácea, poco mayor que la perdiz común, de la cual se distingue por el pico ceniciento, las patas del mismo color y con plumas hasta las uñas, y el plumaje blanco en el cuerpo y negro en la cola y alas, aunque los extremos de estas también son blancos. Vive en las regiones altas y frías, y en verano toma color gris amarillento con manchas negras. ‖ **~ cordillerana.** F. *Chile.* Especie de perdiz muy distinta de la europea, más pequeña, de alas puntiagudas y tarsos robustos y reticulares por delante. No es comestible y habita en lo alto de la cordillera de los Andes. ‖ **~ pardilla.** F. Ave gallinácea, de unos 30 cm de longitud y 55 de envergadura. Es muy parecida a la perdiz común, pero tiene el pico y las patas de color gris verdoso, y el plumaje, que en su aspecto general es de color pardo oscuro, lo tiene amarillento rojizo en la cabeza, gris con rayas negras en el cuello y pecho, y manchado de pardo castaño en medio del abdomen. Es la especie más común en Europa y la que más abunda en el norte de España. ‖ **marear** alguien **la ~.** LOC.VERB. coloq. Hacer perder intencionadamente el tiempo en rodeos o dilaciones que retrasen u obstaculicen la resolución de un problema. □ V. **ojo de ~.**

perdón. M. **1.** Acción de perdonar. ‖ **2.** Remisión de la pena merecida, de la ofensa recibida o de alguna deuda u obligación pendiente. ‖ **3.** **indulgencia** (‖ remisión de los pecados). ‖ **con ~.** EXPR. Se usa como excusa a algo que se dice, suponiendo el hablante que es inapropiado. ‖ **perdón.** EXPR. **1.** Se usa para pedir disculpas. ‖ **2.** Se usa para interrumpir el discurso de otra persona y tomar la palabra. ‖ **3.** Se usa en forma interrogativa para expresar que no se ha entendido algo.

perdonador, ra. ADJ. Que **perdona** (‖ deja de cobrar una deuda o de castigar una falta). Apl. a pers., u. t. c. s.

perdonar. TR. **1.** Dejar de cobrar una deuda o de castigar una ofensa, falta, delito u otra cosa. ‖ **2.** Exceptuar a alguien de lo que comúnmente se hace con todos, o eximirlo de la obligación que tiene. *Le perdonaron la cuota de ingreso.* ‖ **3.** Precedido del adverbio *no,* se usa para dar a entender que la acción del verbo que seguidamente se expresa o se supone, se realiza en todas las ocasiones posibles. *No perdonar ocasión de lucirse. No perdonar un baile. No perdonar ni un pormenor del suceso.* ‖ **~ hecho y por hacer.** LOC.VERB. Se usa para hacer notar la indulgencia excesiva y culpable de alguien.

perdonavidas. COM. coloq. Persona que presume de lo que no es y se jacta de valiente.

perdulario, ria. ADJ. Vicioso incorregible. U. t. c. s.

perdurabilidad. F. Cualidad de perdurable.

perdurable. ADJ. **1. perpetuo** (‖ que dura siempre). *Tiene esperanza en la vida perdurable.* ‖ **2.** Que dura mucho tiempo. *Aroma perdurable.*

perduración. F. Acción y efecto de perdurar.

perdurar. INTR. Durar mucho, subsistir, mantenerse en un mismo estado.

perecedero, ra. ADJ. Poco duradero, que ha de perecer o acabarse. *Productos perecederos.*

perecer. **I.** INTR. **1.** Acabar, fenecer o dejar de ser. ‖ **II.** PRNL. **2.** Desear o apetecer con ansia algo. *Se perece POR la vida al aire libre.* ¶ MORF. conjug. c. *agradecer.*

perecible. ADJ. perecedero.

perecimiento. M. Acción de perecer.

peregrinación. F. Acción y efecto de peregrinar.

peregrinaje. M. peregrinación.

peregrinar. INTR. **1.** Ir en romería a un santuario por devoción o por voto. ‖ **2.** Dicho de una persona: Andar por tierras extrañas. *Peregrinó por medio mundo.* ‖ **3.** En algunas religiones, vivir entendiendo la vida como un camino que hay que recorrer para llegar a una vida futura en unión con Dios después de la muerte. ‖ **4.** coloq. Andar de un lugar a otro buscando o resolviendo algo. *Peregrinó por todos los despachos hasta que la encontró.*

peregrino, na. ADJ. **1.** Dicho de una persona: Que por devoción o por voto va a visitar un santuario, especialmente si lleva el bordón y la esclavina. U. m. c. s. ‖ **2.** Dicho de una persona: Que anda por tierras extrañas. ‖ **3.** Extraño, especial, raro o pocas veces visto. *Idea peregrina.* ‖ **4.** Que está en esta vida mortal de paso para la eterna. □ V. **concha de ~, halcón ~.**

pereirano, na. ADJ. **1.** Natural de Pereira. U. t. c. s. ‖ **2.** Perteneciente o relativo a esta ciudad de Colombia, capital del departamento de Risaralda.

perejil. M. Planta herbácea vivaz, de la familia de las Umbelíferas, que crece hasta siete decímetros de altura, con tallos angulosos y ramificados, hojas pecioladas, lustrosas, de color verde oscuro, partidas en tres gajos dentados, flores blancas o verdosas y semillas menudas, parduscas, aovadas y con venas muy finas. Espontánea en algunas partes, se cultiva mucho en las huertas, por ser un condimento muy usado.

perejila. F. **1.** Juego de naipes que consiste en hacer 31 tantos, con otras varias suertes, y en el cual el siete de oros es comodín. ‖ **2.** Siete de oros en este juego.

perencejo. M. perengano.

perendengues. M. **1.** pl. Adornos, atavíos. ‖ **2.** pl. Dificultades, trabas.

perengano, na. M. y F. Se usa para aludir a alguien cuyo nombre se ignora o no se quiere expresar después de haber aludido a otra u otras personas con palabras de igual indeterminación, como *fulano, mengano, zutano.*

perenne. ADJ. **1.** Continuo, incesante, que no tiene interrupción. *Perenne enfrentamiento.* ‖ **2.** Dicho de una parte de un organismo vegetal: Que se conserva todo el año sin caer. *Árbol de hoja perenne.* ‖ **3.** Bot. Que vive más de dos años. *El tomillo es una planta perenne.*

perennidad. F. Perpetuidad, continuación incesante.

perennifolio, lia. ADJ. Bot. Que tiene hojas durante todo el año.

perennizar. TR. Hacer perenne.

perentoriedad. F. Cualidad de perentorio.

perentorio, ria. ADJ. **1.** Se dice del último plazo que se concede, o de la resolución final que se toma en cualquier asunto. ‖ **2.** Concluyente, decisivo, determinante. *Argumento perentorio.* ‖ **3.** Urgente, apremiante. *Necesidad económica perentoria.*

perestroika. F. Cambio político aperturista promovido en la antigua URSS a fines de la década de 1980.

pereza. F. **1.** Negligencia, tedio o descuido en las cosas a que se está obligado. ‖ **2.** Flojedad, descuido o tardanza en las acciones o movimientos. ‖ **sacudir la ~.** LOC.VERB. Vencerla.

perezoso, sa. **I.** ADJ. **1.** Negligente, descuidado o flojo en hacer lo que debe o necesita ejecutar. U. t. c. s. ‖ **2.** Tardo, lento o pesado en el movimiento o en la acción. *El vuelo perezoso de las gaviotas.* ‖ **3.** Que por demasiada afición a dormir se levanta de la cama tarde o con desgana. U. t. c. s. ‖ **II.** M. **4.** Mamífero desdentado, propio de la América tropical, que tiene unos 60 cm de longitud y 25 de altura, de cabeza pequeña, ojos oscuros, pelaje pardo, áspero y largo, piernas cortas, pies sin dedos aparentes, armados de tres uñas muy largas y fuertes, y cola rudimentaria. De andar muy lento, trepa con dificultad a los árboles, de cuyas hojas se alimenta.

perfección. F. **1.** Acción de perfeccionar. ‖ **2.** Cualidad de perfecto. ‖ **3.** Cosa perfecta. ‖ **4.** Der. En los actos jurídicos, fase y momento en que, al concurrir todos los requisitos, nacen los derechos y obligaciones. ‖ **a la ~.** LOC.ADV. perfectamente.

perfeccionador, ra. ADJ. Que perfecciona o da perfección a algo. *Evolución perfeccionadora.*

perfeccionamiento. M. Acción y efecto de perfeccionar.

perfeccionar. TR. **1.** Mejorar algo o hacerlo más perfecto. U. t. c. prnl. ‖ **2.** Der. Completar los requisitos para que un acto civil, especialmente un contrato, tenga plena fuerza jurídica. U. t. c. prnl.

perfeccionismo. M. Tendencia a mejorar indefinidamente un trabajo sin decidirse a considerarlo acabado.

perfeccionista. ADJ. Dicho de una persona: Que tiende al perfeccionismo. U. t. c. s. U. m. en sent. irón.

perfectamente. **I.** ADV.M. **1.** De manera perfecta. *El informe está perfectamente hecho.* ‖ **II.** ADV.AFIRM. **2.** Expresa asentimiento o cabal conformidad.

perfectibilidad. F. Cualidad de perfectible.

perfectible. ADJ. Capaz de perfeccionarse o de ser perfeccionado. *Ley perfectible.*

perfectivo, va. ADJ. **1.** Que da o puede dar perfección. *Un proceso de maduración perfectiva en la persona.* ‖ **2.** Gram. Dicho de una forma gramatical: Cuyo valor aspectual indica acción acabada.

perfecto, ta. **I.** ADJ. **1.** Que tiene el mayor grado posible de bondad o excelencia en su línea. *Una respuesta perfecta. Un mecanismo perfecto.* ‖ **2.** Que posee el grado máximo de una determinada cualidad o defecto. *Jesús es un perfecto caballero. Tu hermano es un perfecto idiota.* ‖ **3.** Der. De plena eficacia jurídica. ‖ **II.** ADV.AFIRM. **4.** **perfectamente** (‖ expresa asentimiento). □ V. **condicional ~, contrato ~, futuro ~, número ~, pretérito ~, pretérito ~ compuesto, pretérito ~ simple, rima ~.**

perfidia. F. Deslealtad, traición o quebrantamiento de la fe debida.

pérfido, da. ADJ. Desleal, infiel, traidor, que falta a la fe que debe. U. t. c. s.

perfil. M. **1.** Postura en que no se deja ver sino una sola de las dos mitades laterales del cuerpo. ‖ **2.** Conjunto de rasgos peculiares que caracterizan a alguien o algo. *¿Qué perfil debe tener el empleado ideal?* ‖ **3.** Cada una de las rayas delgadas que se hacen con la pluma llevada de manera conveniente. ‖ **4.** Adorno delicado, especialmente el que se pone en el borde o extremo de algo. ‖ **5.** *Geom.* Figura que representa un cuerpo cortado real o imaginariamente por un plano vertical. ‖ **6.** *Ingen.* Barra metálica obtenida por laminado, forja, estampación o estirado cuya sección transversal tiene forma cuadrada, redonda, rectangular, triangular, etc. ‖ **7.** *Pint.* Contorno aparente de la figura, representado por líneas que determinan la forma de aquella. ‖ **8.** pl. Complementos y retoques con que se remata una obra u otra cosa. ‖ **de ~.** LOC.ADV. De lado.

perfilado, da. PART. de **perfilar.** ‖ ADJ. Dicho del rostro: Adelgazado y largo en proporción. □ V. **nariz ~.**

perfilador, ra. ADJ. Que perfila. *Lápiz perfilador.* Apl. a pers., u. t. c. s.

perfilar. I. TR. **1.** Dar, presentar el perfil o sacar los perfiles a algo. *Perfilar una silueta.* ‖ **2.** Afinar, hacer con primor, rematar esmeradamente algo. *Perfilar un proyecto.* ‖ **3.** *Ingen.* Hacer **perfiles** (‖ barras metálicas). ‖ **II.** PRNL. **4.** Colocarse de perfil. ‖ **5.** coloq. **aderezarse** (‖ componerse, adornarse).

perfoliada. □ V. **hoja ~.**

perforación. F. Acción y efecto de perforar.

perforada. □ V. **tarjeta ~.**

perforador, ra. ADJ. Que perfora u horada. Apl. a pers., u. t. c. s.

perforadora. F. Máquina o herramienta que sirve para perforar.

perforar. TR. **1.** Agujerear algo atravesándolo. *Perforar una chapa.* ‖ **2.** Agujerear algo atravesando alguna capa. *Perforar el terreno.*

perfumador. M. Vaso o aparato para pulverizar perfumes o colonias.

perfumar. I. TR. **1.** Dar buen olor a algo o a alguien mediante perfume. U. t. c. prnl. ‖ **II.** INTR. **2.** Exhalar perfume, fragancia, olor agradable.

perfume. M. **1.** Sustancia que se utiliza para dar buen olor. ‖ **2.** Olor bueno o muy agradable.

perfumería. F. **1.** Tienda donde se venden perfumes. ‖ **2.** Arte de fabricar perfumes. ‖ **3.** Conjunto de productos y materias de esta industria.

perfumero, ra. M. y F. Persona que prepara o vende perfumes.

perfumista. COM. Persona que prepara o vende perfumes.

perfundir. TR. Introducir lenta y continuamente un líquido, como la sangre o una sustancia medicamentosa, por vía intravenosa o en el interior de órganos, cavidades o conductos.

perfusión. F. Acción y efecto de perfundir.

pergaminero, ra. M. y F. Persona que trabaja en pergaminos o los vende.

pergamino. M. **1.** Piel de la res, limpia del vellón o del pelo, raspada, curtida y estirada, que sirve para escribir en ella, para forrar libros o para otros usos. ‖ **2.** Título o documento escrito en pergamino. ‖ **3.** pl. Antecedentes nobiliarios de una familia o de una persona. ‖ **en ~.** LOC.ADV. Se dice de la encuadernación en que las cubiertas del libro son de pergamino.

pergeñar. TR. Disponer o ejecutar algo con más o menos habilidad.

pergeño. M. Traza, apariencia, disposición exterior de alguien o algo.

pérgola. F. **1.** Armazón para sostener una planta. ‖ **2.** Jardín que tienen algunas casas sobre la techumbre.

perianto. M. *Bot.* Envoltura típica de la flor de las plantas fanerógamas, formada por dos verticilos de hojas florales, el cáliz y la corola.

pericárdico, ca. ADJ. *Anat.* Perteneciente o relativo al pericardio.

pericardio. M. *Anat.* Envoltura del corazón, que está formada por dos membranas, una externa y fibrosa, y otra interna y serosa.

pericarditis. F. *Med.* Inflamación aguda o crónica del pericardio.

pericarpio. M. *Bot.* Parte exterior del fruto de las plantas, que cubre las semillas.

pericia. F. Sabiduría, práctica, experiencia y habilidad en una ciencia o arte.

pericial. I. ADJ. **1.** Perteneciente o relativo al perito. *Juicio, tasación pericial.* ‖ **II.** M. **2.** Funcionario del cuerpo de aduanas.

periclitar. INTR. Decaer, declinar.

perico. M. **1.** Ave trepadora, especie de papagayo, de unos 25 cm de altura, con pico róseo, ojos encarnados de contorno blanco, manchas rojizas, diseminadas en el cuello, lomo verdinegro y vientre verde pálido, plumas remeras de color verde azulado en el lado externo y amarillo en el interno, timoneras verdosas y pies de color gris. Es indígena de Cuba y de América Meridional, vive en los bosques durante el celo y la cría, y pasa el resto del año en las tierras cultivadas, donde destruye la flor y el fruto del naranjo, las siembras del maíz y la pulpa del café. Da gritos agudos y desagradables y se domestica fácilmente. ‖ **2.** Espárrago de gran tamaño. ‖ **3.** **orinal.** ‖ **4.** hist. Especie de tocado que se usó antiguamente, y se hacía de pelo postizo para adornar la parte delantera de la cabeza. ‖ **5.** jerg. **cocaína** (‖ droga). ‖ **6.** *Mar.* Juanete del palo de mesana que se cruza sobre el mastelero de sobremesana. ‖ **Perico de los palotes,** o **Perico el de los palotes.** M. Persona indeterminada, un individuo cualquiera. ‖ **~ ligero.** M. **perezoso** (‖ mamífero desdentado). ‖ **como Perico por su casa.** LOC.ADV. coloq. **como Pedro por su casa.**

pericón. M. **1.** Baile popular típico de la Argentina y del Uruguay que se ejecuta acompañado de guitarras y se interrumpe para que los bailarines digan coplas. ‖ **2.** Música de este baile. ‖ **3.** hist. Abanico de gran tamaño usado antiguamente.

pericote. M. *Am. Mer.* **ratón** (‖ mamífero roedor).

peridoto. M. *Geol.* Mineral granuloso o cristalino, silicato de magnesia y hierro, de color verde amarillento, brillo fuerte, poco menos duro que el cuarzo y que suele encontrarse entre las rocas volcánicas. Los cristales de color más uniforme y transparentes se emplean en Oriente como piedras finas de poco valor.

periferia. F. **1.** Espacio que rodea un núcleo cualquiera. *La periferia de la ciudad.* ‖ **2.** Contorno de un círculo, circunferencia. ‖ **3.** Término o contorno de una figura curvilínea.

periférico, ca. I. ADJ. **1.** Perteneciente o relativo a la periferia. *Barrios periféricos.* ‖ **II.** M. **2.** *Inform.* Aparato auxiliar e independiente conectado a la unidad central de una computadora u ordenador.

perifollo. M. **1.** Planta herbácea anual, de la familia de las Umbelíferas, con tallos de tres a cuatro decímetros de altura, finos, ramosos, huecos y estriados, hojas muy recortadas en lóbulos lanceolados, flores blancas en umbelas pequeñas, y semilla menuda, negra, aovada, puntiaguda y estriada. Se cultiva en las huertas por usarse como condimento las hojas, que son aromáticas. || **2.** pl. coloq. Adornos en el traje y peinado, especialmente los que son excesivos o de mal gusto.

periforme. ADJ. De forma de pera. *Hongo periforme.*

perífrasis. F. *Ret.* Figura que consiste en expresar por medio de un rodeo de palabras algo que hubiera podido decirse con menos o con una sola, pero no tan bella, enérgica o hábilmente. || **~ verbal.** F. *Gram.* Unidad verbal constituida por un verbo en forma personal y otro en forma no personal; p. ej., *Vengo observando su conducta.*

perifrástico, ca. ADJ. **1.** Perteneciente o relativo a la perífrasis. *Construcción perifrástica.* || **2.** Abundante en perífrasis. *Estilo perifrástico.*

perigeo. M. *Astr.* Punto más próximo a la Tierra de la órbita de un astro o un satélite artificial.

perigonio. M. *Bot.* Envoltura externa de las flores homoclamídeas, formada generalmente por un verticilo simple de hojas florales coloreadas o tépalos; como en los lirios.

perihelio. M. *Astr.* Punto en el que un planeta se halla más cerca del Sol.

perilla. F. **1.** Porción de pelo que se deja crecer en la punta de la barbilla. || **2.** Adorno en forma de pera. || **3.** *Méx.* **picaporte** (|| para puertas y ventanas). || **4.** *Méx.* Llave con que se abre el picaporte. **ǁ de ~,** o **de ~s.** LOCS. ADVS. coloq. A propósito o a tiempo.

perilustre. ADJ. Muy ilustre. *Perilustre novelista.*

perimétrico, ca. ADJ. Perteneciente o relativo al perímetro.

perímetro. M. **1.** Contorno de una superficie. || **2.** *Geom.* Contorno de una figura. || **3.** *Geom.* Medida de este contorno.

perimir. TR. *Á. R. Plata.* Caducar el procedimiento por haber transcurrido el término fijado por la ley sin que lo hayan impulsado las partes.

perinatal. ADJ. Que precede o sigue inmediatamente al nacimiento. *Patologías perinatales.*

perínclito, ta. ADJ. Grande, heroico, ínclito en sumo grado. *Perínclito caballero.*

periné. M. *Anat.* **perineo.**

perineal. ADJ. *Anat.* Perteneciente o relativo al perineo. *Región perineal.*

perineo. M. *Anat.* Espacio que media entre el ano y los genitales externos.

perinola. F. **1.** Peonza pequeña que baila cuando se hace girar rápidamente con dos dedos un mango pequeño que tiene en la parte superior. El cuerpo de este juguete es a veces un prisma de cuatro caras marcadas con letras. || **2.** Adorno en forma de perinola.

periodicidad. F. Cualidad de periódico.

periódico, ca. **I.** ADJ. **1.** Que guarda período determinado. *Las campanas periódicas de un reloj.* || **2.** Que se repite con frecuencia a intervalos determinados. *Terremotos periódicos.* || **3.** Dicho de un impreso: Que se publica con determinados intervalos de tiempo. || **4.** *Fís.* Dicho de un fenómeno: Cuyas fases se repiten con regularidad. || **5.** *Mat.* Dicho de una fracción decimal: Que

tiene período. || **II.** M. **6.** Publicación que sale diariamente. □ V. **clasificación ~, sistema ~, tabla ~.**

periodismo. M. **1.** Captación y tratamiento, escrito, oral, visual o gráfico, de la información en cualquiera de sus formas y variedades. || **2.** Estudios o carrera de periodista.

periodista. COM. **1.** Persona legalmente autorizada para ejercer el periodismo. || **2.** En un periódico o en un medio audiovisual, persona profesionalmente dedicada a tareas literarias o gráficas de información o de creación de opinión.

periodístico, ca. ADJ. Perteneciente o relativo al periódico o al periodista. *Lenguaje, estilo periodístico.*

periodización. F. Acción y efecto de periodizar.

periodizar. TR. Establecer períodos para un proceso histórico, cultural, científico, etc.

periodo. M. **1. período.** || **2.** Menstruo de las mujeres y de las hembras de ciertos animales.

período. M. **1.** Espacio de tiempo que incluye toda la duración de algo. *Debe pasar por un período de adaptación.* || **2.** *Fís.* Tiempo que tarda un fenómeno periódico en recorrer todas sus fases, como el que emplea un péndulo en su movimiento de vaivén, la Tierra en su movimiento alrededor del Sol, etc. || **3.** *Gram.* Conjunto de oraciones que, enlazadas unas con otras gramaticalmente, adquiere sentido completo. Se usa más refiriéndose a las construcciones condicionales, concesivas o semejantes. || **4.** *Mat.* Cifra o grupo de cifras que se repiten de modo indefinido, después del cociente entero, en las divisiones inexactas. || **5.** *Med.* Tiempo que duran ciertos fenómenos que se observan en el curso de las enfermedades.

periodonto. M. *Anat.* Tejido fibroso que rodea la raíz de los dientes, fijándola al hueso de la mandíbula y a la encía.

periostio. M. *Anat.* Membrana fibrosa adherida a los huesos, que sirve para su nutrición y renovación.

periostitis. F. *Med.* Inflamación del periostio.

peripecia. F. **1.** En el drama o en cualquier otra composición análoga, mudanza repentina de situación debida a un accidente imprevisto que cambia el estado de las cosas. || **2.** Accidente de esta misma clase en la vida real.

periplo. M. **1.** Viaje o recorrido, por lo común con regreso al punto de partida. || **2.** Recorrido o trayectoria espiritual de una persona. || **3.** hist. En la geografía antigua, **circunnavegación.**

peripuesto, ta. ADJ. coloq. Que se arregla y viste con demasiado esmero y afectación.

periquito. M. **perico** (|| ave trepadora).

periscópico, ca. ADJ. Perteneciente o relativo al periscopio.

periscopio. M. Instrumento óptico que permite la observación de una zona inaccesible a la visión directa por medio de espejos o prismas instalados en un tubo vertical; p. ej., el de los submarinos.

perisodáctilo. ADJ. *Zool.* Se dice de los mamíferos, en general corpulentos, que tienen los dedos en número impar, y las extremidades terminadas en pezuñas, con el dedo central más desarrollado que los demás; p. ej., el tapir; el rinoceronte y el caballo. U. t. c. s. m. ORTOGR. En m. pl., escr. con may. inicial c. taxón. *Los Perisodáctilos.*

perista. COM. Persona que comercia con objetos robados a sabiendas de que lo son.

peristalsis. F. *Biol.* Contracción progresiva, de un extremo a otro, de ciertos órganos tubulares para hacer avanzar su contenido.

peristáltico, ca. ADJ. *Biol.* Que tiene peristalsis. Se dice principalmente del movimiento de contracción a lo largo de los intestinos para impulsar los materiales de la digestión.

peristilo. M. Galería de columnas que rodea un edificio o parte de él.

peritación. F. Trabajo o estudio que hace un perito.

peritaje. M. **1.** peritación. || **2.** Estudios o carrera de perito.

peritar. TR. Evaluar en calidad de perito.

perito, ta. I. ADJ. **1.** Entendido, experimentado, hábil, práctico en una ciencia o arte. U. t. c. s. || **II.** M. y F. **2.** ingeniero técnico. || **3.** *Der.* Persona que, poseyendo determinados conocimientos científicos, artísticos, técnicos o prácticos, informa, bajo juramento, al juzgador sobre puntos litigiosos en cuanto se relacionan con su especial saber o experiencia.

peritoneal. ADJ. *Anat.* Perteneciente o relativo al peritoneo.

peritoneo. M. *Anat.* Membrana serosa, propia de los vertebrados y de otros animales, que reviste la cavidad abdominal y forma pliegues que envuelven las vísceras situadas en esta cavidad.

peritonitis. F. *Med.* Inflamación del peritoneo.

perjudicado, da. PART. de **perjudicar.** || ADJ. Que ha sido víctima de daño o deterioro material o moral. Apl. a pers., u. t. c. s.

perjudicador, ra. ADJ. Que perjudica. Apl. a pers., u. t. c. s.

perjudicar. TR. Ocasionar daño o deterioro material o moral. U. t. c. prnl.

perjudicial. ADJ. Que perjudica o puede perjudicar. *Heladas perjudiciales para los cultivos.*

perjuicio. M. **1.** Efecto de perjudicar. || **2.** *Der.* Detrimento patrimonial que debe ser indemnizado por quien lo causa. || **3.** *Der.* Indemnización que se debe pagar por este detrimento. || **sin ~.** LOC. ADV. Dejando a salvo. □ V. **daños y ~s.**

perjurar. INTR. **1.** Jurar en falso. U. t. c. prnl. || **2.** Jurar mucho o por vicio, o por añadir fuerza al juramento. U. t. c. tr. *Juraba y perjuraba que no lo conocía.*

perjurio. M. **1.** Juramento en falso. || **2.** Quebrantamiento de la fe jurada.

perjuro, ra. ADJ. **1.** Que jura en falso. U. t. c. s. || **2.** Que quebranta maliciosamente el juramento que ha hecho.

perla. F. **1.** Concreción nacarada, generalmente de color blanco agrisado, reflejos brillantes y forma más o menos esferoidal, que suele formarse en el interior de las conchas de diversos moluscos, sobre todo en las madreperlas. Se estima mucho en joyería cuando tiene buen oriente y es de forma regular. || **2.** Concreción análoga de color y brillo como el de las perlas, conseguida artificialmente por diversos procedimientos. || **3.** Persona de excelentes cualidades. || **4.** Cosa preciosa o exquisita en su clase. || **5.** Especie de píldora, hueca o llena de alguna sustancia medicinal o alimenticia. || **6.** irón. Frase llamativa por desafortunada. || **de ~s.** LOC. ADV. coloq. Perfectamente, de molde. □ V. **concha de ~, gris ~, hilo de ~s.**

perlado, da. PART. de **perlar.** || ADJ. **1.** De color de perla. *Dientes perlados.* || **2.** Que tiene forma o brillo de perla. *Lona perlada.* || **3.** Que está adornado con perlas o motivos que las imitan. *Rosarios perlados.* □ V. **cebada ~.**

perlar. TR. poét. Cubrir o salpicar algo de gotas de agua, lágrimas, etc. *El sudor perlaba su frente.* U. t. c. prnl.

perlático, ca. ADJ. Que padece perlesía. U. t. c. s.

perlé. M. Fibra de algodón mercerizado, más o menos gruesa, que se utiliza para bordar, hacer ganchillo, etc.

perlero, ra. ADJ. Perteneciente o relativo a la perla. *Industria perlera.*

perlesía. F. **1.** Privación o disminución del movimiento de partes del cuerpo. || **2.** Debilidad muscular producida por la mucha edad o por otras causas, acompañada de temblor.

perlífero, ra. ADJ. Que tiene o produce perlas. *Arrecifes perlíferos.*

perlino, na. ADJ. De color de perla. *Seda perlina.*

perlita. F. **1.** Roca compuesta de feldespato y silicato de alúmina; es de color gris azulado y textura compacta, y se emplea como piedra de construcción. || **2.** *Ingen.* Constituyente microscópico de las aleaciones férricas con el carbono.

permafrost. M. *Geol.* Capa del suelo permanentemente congelada en las regiones polares. MORF. pl. invar. *Los permafrost.*

permanecer. INTR. **1.** Mantenerse sin mutación en un mismo lugar, estado o calidad. *La música clásica siempre permanece.* || **2.** Estar en algún sitio durante cierto tiempo. *Permanecimos tres meses en Brasil.* ¶ MORF. conjug. c. *agradecer.*

permanencia. F. **1.** Duración firme, constancia, perseverancia, estabilidad, inmutabilidad. || **2.** Estancia en un lugar o sitio. || **3.** pl. Estudio vigilado por el profesor en un instituto o escuela. || **4.** pl. Remuneración especial recibida por el profesor que ejecuta esa tarea.

permanente. I. ADJ. **1.** Que permanece. *Alegría, dolor permanente.* || **2.** Sin limitación de tiempo. *Se reunieron en sesión permanente.* || **3.** Dicho de una comisión: Que en el seno de una institución u organización asegura la continuidad de sus funciones. U. t. c. s. f. *La permanente del Patronato.* || **II.** F. **4.** Rizado artificial del cabello, que se mantiene mucho tiempo. □ V. **ondulación ~.**

permanganato. M. *Quím.* Sal formada por la combinación de un ácido de manganeso con una base. El permanganato potásico se utiliza como desinfectante.

permeabilidad. F. Cualidad de permeable. || **~ magnética.** F. *Fís.* En un campo magnético, cociente de dividir la inducción por el poder de imantación.

permeable. ADJ. **1.** Que puede ser penetrado o traspasado por el agua u otro fluido. *Terreno permeable.* || **2.** Que se deja influir por opiniones ajenas. *Mentalidad permeable.*

permear. TR. **1.** Dicho de un líquido: Penetrar en un cuerpo o traspasarlo. || **2.** Dicho de una idea o de una doctrina: Penetrar en algo o en alguien, y más específicamente en un grupo social.

pérmico, ca. ADJ. **1.** *Geol.* Se dice del sexto y último período de la era paleozoica, que abarca desde hace 286 millones de años hasta hace 245 millones de años, caracterizado por la elevación de los continentes y la extinción de muchos grupos de invertebrados. U. t. c. s. m. ORTOGR. Escr. con may. inicial c. s. || **2.** *Geol.* Perteneciente o relativo a dicho período. *Fauna pérmica.*

permisible. ADJ. Que se puede permitir. *Límites permisibles.*

permisión. F. Acción de permitir.

permisionario, ria. ADJ. Que disfruta permiso. Apl. a pers., u. t. c. s.

permisividad. F. **1.** Condición de permisivo. || **2.** Tolerancia excesiva.

permisivo, va. ADJ. Que permite o consiente. *Padre permisivo.*

permiso. M. **1.** Licencia o consentimiento para hacer o decir algo. || **2.** Documento en que consta esa licencia. || **3.** Período durante el cual alguien está autorizado para dejar su trabajo u otras obligaciones. || **~ de lactancia.** M. Reducción de la jornada laboral a que durante un tiempo tienen derecho los trabajadores para el cuidado de su hijo recién nacido. || **~ de maternidad.** M. permiso laboral retribuido del que pueden disfrutar las mujeres tras el parto o los trabajadores tras la adopción. || **con ~, o ~.** EXPRS. Se usan como fórmulas de cortesía para pedir autorización para entrar o salir de un lugar, hacer uso de algo, etc.

permitir. **I.** TR. **1.** Dicho de quien tiene autoridad: Dar su consentimiento para que otros hagan o dejen de hacer algo. U. t. c. prnl. || **2.** Hacer posible algo. *El buen tiempo permitió que se celebrase la cena en el jardín.* || **3.** *Rel.* Dicho de Dios: No impedir algo malo, aunque sin voluntad directa de ello. *Dios permite los pecados.* || **II.** PRNL. **4.** Dicho de una persona: Tener los medios o tomarse la libertad de hacer o decir algo.

permuta. F. **1.** Acción y efecto de permutar. || **2.** hist. Renuncia que dos eclesiásticos hacen de sus beneficios en manos del ordinario, con súplica recíproca para que dé libremente al uno el beneficio del otro. || **3.** *Der.* Contrato por el que se entrega una cosa a cambio de recibir otra.

permutación. F. **1.** Acción y efecto de permutar. || **2.** *Mat.* Cada una de las ordenaciones posibles de los elementos de un conjunto finito.

permutar. TR. **1.** Cambiar algo por otra cosa, sin que en el cambio entre dinero a no ser el necesario para igualar el valor de las cosas cambiadas y transfiriéndose los contratantes recíprocamente el dominio de ellas. *La constructora les permutó el terreno por una vivienda nueva.* || **2.** Dicho de dos funcionarios públicos: Cambiar entre sí sus respectivos empleos. || **3.** Variar la disposición u orden en que estaban dos o más cosas. *El número se obtiene permutando las cifras.*

pernada. F. *Mar.* Rama o ramal de cualquier objeto de a bordo. □ V. **derecho de ~.**

pernear. INTR. Mover violentamente las piernas.

pernera. F. Parte del pantalón o calzón que cubre cada pierna.

pernetas. en ~. LOC.ADV. Con las piernas desnudas.

perniabierto, ta. ADJ. Que tiene las piernas abiertas o apartadas una de otra.

pernicioso, sa. ADJ. Gravemente dañoso y perjudicial. □ V. **anemia ~, fiebre ~.**

pernil. M. **1.** Anca y muslo del animal. || **2.** por antonom. Anca y muslo del cerdo. || **3.** **pernera.**

pernio. M. Gozne que se pone en las puertas y ventanas para que giren las hojas.

perniquebrar. TR. Romper, quebrar una pierna o las dos. U. t. c. prnl. MORF. conjug. c. *acertar.*

perno. M. Pieza de hierro u otro metal, larga, cilíndrica, con cabeza redonda por un extremo y asegurada con una chaveta, una tuerca o un remache por el otro, que se usa para afianzar piezas de gran volumen.

pernocta. □ V. **pase de ~.**

pernoctación. F. Acción de pernoctar.

pernoctar. INTR. Pasar la noche en determinado lugar, especialmente fuera del propio domicilio.

pero[1]**.** M. **1.** Variedad de manzano, cuyo fruto es más largo que grueso. || **2.** Fruto de este árbol.

pero[2]**.** **I.** CONJ.ADVERS. **1.** Se usa para contraponer a un concepto otro distinto o ampliador del anterior. *El dinero hace ricos a los hombres, pero no dichosos.* || **2.** Se usa a principio de cláusula sin referirse a otra anterior, para dar énfasis o fuerza de expresión a lo que se dice. *Pero ¿dónde vas a meter tantos libros? Pero ¡qué hermosa noche!* || **II.** M. **3.** coloq. Defecto u objeción. *Este cuadro no tiene pero. Es tan poco amigo de hacer favores, que nunca deja de poner algún pero a todo lo que se le pide.* || **~ que muy.** EXPR. coloq. Se usa ante adjetivos y adverbios para darles mayor relieve. *Toca el clarinete pero que muy bien.*

perogrullada. F. coloq. Verdad o certeza que, por notoriamente sabida, es necedad o simpleza el decirla.

perogrullesco, ca. ADJ. coloq. Perteneciente o relativo a la perogrullada.

perol. M. Vasija de metal, de forma semejante a media esfera, que sirve para cocer diferentes cosas.

perola. F. Especie de perol, más pequeño que el ordinario.

peroné. M. *Anat.* Hueso largo y delgado de la pierna, situado detrás de la tibia, con la cual se articula.

peronismo. M. **1.** Movimiento político argentino surgido en 1945, tras la subida al poder de Juan Domingo Perón. || **2.** Doctrina que recoge las ideas de este movimiento.

peronista. ADJ. **1.** Perteneciente o relativo al peronismo. *Himno peronista.* || **2.** Partidario de ese movimiento. U. t. c. s.

peroración. F. Acción y efecto de perorar.

perorar. INTR. **1.** Pronunciar un discurso u oración. || **2.** coloq. Hablar en la conversación familiar como si se estuviera pronunciando un discurso.

perorata. F. Discurso o razonamiento, generalmente pesado y sin sustancia.

peróxido. M. *Quím.* Óxido que tiene la mayor cantidad posible de oxígeno. || **~ de hidrógeno.** M. *Quím.* Líquido incoloro e inestable, soluble en el agua y en el alcohol, de múltiples aplicaciones. Su disolución acuosa al 30% se conoce comúnmente con el nombre de agua oxigenada. (Fórm. H_2O_2).

perpendicular. ADJ. *Geom.* Dicho de una línea o de un plano: Que forman ángulo recto con otra línea o con otro plano. Apl. a una línea, u. t. c. s. f.

perpendicularidad. F. Cualidad de perpendicular.

perpetración. F. Acción y efecto de perpetrar.

perpetrador, ra. ADJ. Que perpetra. Apl. a pers., u. t. c. s.

perpetrar. TR. Cometer, consumar un delito o culpa grave.

perpetua. F. **1.** Planta herbácea anual, de la familia de las Amarantáceas, con tallo derecho, articulado y ramoso, hojas opuestas, aovadas y vellosas, flores reunidas en cabezuela globosa, solitarias y terminales, con tres brácteas, perigonio dividido en cinco partes, tres estambres, y el fruto en forma de cápsula que encierra una sola semilla. Las flores son pequeñas, moradas o anacaradas, o jaspeadas de estos dos colores, y cogidas poco antes de granar la simiente, persisten meses enteros sin padecer alteración, por lo cual sirven para hacer guirnaldas, coronas y otros adornos semejantes. Se cría en la India y se cultiva en los jardines, donde llega a tener la altura de cuatro a seis decímetros. || **2.** Flor de esta planta.

perpetuación. F. Acción de perpetuar algo.

perpetuar. TR. **1.** Hacer perpetuo o perdurable algo. *Perpetuar la especie.* U. t. c. prnl. ‖ **2.** Dar a las cosas una larga duración. U. t. c. prnl. *La creencia errónea se perpetuó más de lo debido.* ¶ MORF. conjug. c. *actuar.*

perpetuidad. F. **1.** Duración sin fin. ‖ **2.** Duración muy larga o incesante. ‖ **a ~.** LOC.ADV. **para siempre.** U. t. c. loc. adj.

perpetuo, tua. ADJ. **1.** Que dura y permanece para siempre. *Fama perpetua.* ‖ **2.** Dicho de ciertos cargos, obtenidos por herencia o por elección: **vitalicios.** ‖ **3.** Dicho de ciertos cargos o puestos: Que no están sujetos a reelección. ☐ V. **cadena ~, calendario ~, nieves ~s.**

perpiaño. M. Piedra que atraviesa toda la pared.

perplejidad. F. Irresolución, confusión, duda de lo que se debe hacer en algo.

perplejo, ja. ADJ. Dudoso, incierto, irresoluto, confuso. *Miradas perplejas.*

perra. F. **1.** Hembra del perro. ‖ **2. tema** (‖ actitud arbitraria). ‖ **3.** coloq. Mujer despreciable. ‖ **~ chica.** F. hist. Moneda española de cobre o aluminio que valía cinco céntimos de peseta. ‖ **~ gorda.** F. hist. Moneda española de cobre o aluminio que valía diez céntimos de peseta.

perrada. F. **1.** Conjunto de perros. ‖ **2.** coloq. **perrería.**

perramente. ADV. M. coloq. Muy mal.

perrera. F. **1.** Lugar o sitio donde se guardan o encierran los perros. ‖ **2.** Coche municipal destinado a la recogida de perros vagabundos o abandonados. ‖ **3.** Departamento que hay en los trenes, destinado para llevar perros.

perrería. F. Acción mala o inesperada contra alguien.

perrero, ra. M. y F. **1.** Persona que tiene por oficio recoger los perros abandonados o vagabundos. ‖ **2.** Persona que cuida o tiene a su cargo los perros de caza.

perrilla. F. *Méx.* orzuelo.

perrito. ~ caliente. M. Panecillo caliente, generalmente untado de tomate frito y mostaza, en el que se introduce una salchicha cocida.

perro[1], rra. ADJ. coloq. Muy malo, indigno.

perro[2]. M. **1.** Mamífero doméstico de la familia de los Cánidos, de tamaño, forma y pelaje muy diversos, según las razas. Tiene olfato muy fino y es inteligente y muy leal al hombre. ‖ **2.** hist. Era usado por las gentes de ciertas religiones para referirse a las de otras por afrenta y desprecio. ‖ **3.** Hombre despreciable. ‖ **~ caliente.** M. **perrito caliente.** ‖ **~ de agua.** M. **1.** *Méx.* **nutria.** ‖ **2.** *Méx.* **hurón** (‖ mamífero carnicero). ‖ **~ de aguas.** M. El de una raza que se cree originaria de España, con cuerpo grueso, cuello corto, cabeza redonda, hocico agudo, orejas caídas y pelo largo, abundante, rizado y generalmente blanco. Es muy inteligente y se distingue por su aptitud para nadar. ‖ **~ de lanas.** M. **1. perro de aguas.** ‖ **2. faldero** (‖ perro). ‖ **~ del mal.** M. *Méx.* perro rabioso. ‖ **~ de muestra.** M. El que se para al ver u olfatear la pieza de caza, como mostrándosela al cazador. ‖ **~ de presa.** M. **dogo.** ‖ **~ de Terranova.** M. Especie de perro de aguas, de gran tamaño, pelo largo, sedoso y ondulado, de color blanco con grandes manchas negras, y cola algo curvada hacia arriba. Tiene los pies palmeados a propósito para nadar, y es muy inteligente. ‖ **~ lucharniego.** M. El adiestrado para cazar de noche. ‖ **~ policía.** M. El adiestrado para descubrir y perseguir aquello que se desea capturar. ‖ **~ raposero.** M. El de unos dos pies de altura, de pelo corto y de orejas grandes, caídas y muy dobladas. Se emplea en la caza de mon-

tería y especialmente en la de zorras. ‖ **~ viejo.** M. coloq. Persona sumamente cauta y prevenida por la experiencia. ‖ **~ zorrero.** M. perro raposero. ‖ **a otro ~ con ese hueso.** EXPR. coloq. Se usa para repeler a quien propone artificiosamente algo incómodo o desagradable, o cuenta algo que no debe creerse. ‖ **atar los ~s con longaniza.** LOC.VERB. coloq. Se usa para alabar, casi siempre con ironía, la abundancia o la esplendidez. ‖ **como el ~ y el gato,** o **como ~s y gatos.** LOCS.ADVS. coloqs. Se usan para explicar el aborrecimiento mutuo que se tienen algunos. ‖ **de ~,** o **de ~s.** LOCS.ADJS. coloqs. Dicho de una cosa: Que es sumamente molesta y desagradable. *Noche de perros. Humor de perros.* ‖ **echar,** o **soltar, los ~s** a alguien. LOCS.VERBS. coloqs. Vituperarlo, echarle una bronca. ‖ **estar como los ~s en misa.** LOC.VERB. coloq. Estar fuera de lugar, estorbar. ‖ **meado, da por los ~s.** LOC. ADJ. Á. R. *Plata.* Dicho de una persona: Que suele tener muy mala suerte. ‖ **morir** alguien **como un ~.** LOC.VERB. Morir solo, abandonado, sin ayuda alguna. ‖ **tratar** a alguien **como a un ~.** LOC.VERB. coloq. Maltratarlo, despreciarlo. ☐ V. **cara de ~, compañón de ~, lengua de ~.**

perruna. F. Torta de harina, manteca y azúcar.

perruno, na. ADJ. Perteneciente o relativo al perro. ☐ V. **sarna ~, tos ~.**

persa. I. ADJ. **1.** hist. Natural de Persia. U. t. c. s. ‖ **2.** hist. Perteneciente o relativo a este país de Asia, hoy Irán. ‖ **3.** Se dice de la lengua irania occidental hablada principalmente en Irán y el Afganistán. U. t. c. s. m. *El persa.* ‖ **4.** Perteneciente o relativo a esta lengua. *Gramática persa.* ‖ **II.** M. **5.** hist. Cada uno de los firmantes de un manifiesto favorable a la monarquía absoluta, que, en 1814, empezaba con la frase «Era costumbre en los antiguos persas...».

per se. (Locución latina). LOC.ADV. Por sí o por sí mismo. U. m. en leng. filosófico.

persecución. F. **1.** Acción y efecto de perseguir. ‖ **2.** por antonom. hist. Cada una de las crueles y sangrientas que ordenaron algunos emperadores romanos contra los cristianos en los tres primeros siglos de la Iglesia. ‖ **3.** Instancia enfadosa y continua con que se acosa a alguien a fin de que condescienda a lo que de él se solicita.

persecutor, ra. ADJ. Que persigue. Apl. a pers., u. t. c. s.

persecutorio, ria. ADJ. Que implica o denota persecución o se refiere a ella. *Movimiento persecutorio.* ☐ V. **manía ~.**

perseguidor, ra. ADJ. Que persigue a quien huye. Apl. a pers., u. t. c. s.

perseguimiento. M. Acción y efecto de perseguir.

perseguir. TR. **1.** Seguir algo o a alguien que huye o se aleja, con ánimo de alcanzarlo. *El niño perseguía la pelota. El policía persigue al ladrón.* ‖ **2.** Seguir o buscar a alguien en todas partes con frecuencia e importunidad. *Las admiradoras persiguen y atosigan al actor.* ‖ **3.** Molestar, conseguir que alguien sufra o padezca procurando hacerle el mayor daño posible. *Algunos intelectuales fueron perseguidos por motivos ideológicos.* ‖ **4.** Tratar de conseguir o de alcanzar algo. *Perseguir un objetivo.* ‖ **5.** Dicho de una determinada cosa o situación: Suceder repetidas veces en la vida de alguien. *Me persigue la mala suerte.* ‖ **6.** *Der.* Proceder judicialmente contra alguien y, por ext., contra una falta o un delito. *Perseguir las infracciones.* ¶ MORF. conjug. c. *pedir.*

persevante. M. hist. En el orden o regla de caballería, oficial de armas inmediatamente inferior al faraute.

perseveración. F. *Psicol.* Tendencia patológica a continuar, mantener o repetir una determinada actividad, sin que ello se deba a motivos fisiológicos o mecánicos.

perseverancia. F. Acción y efecto de perseverar. ‖ **~ final.** F. Constancia en la virtud y en mantener la gracia hasta la muerte.

perseverante. ADJ. Que persevera. *Contactos, alumnos perseverantes.*

perseverar. INTR. Mantenerse constante en la prosecución de lo comenzado, en una actitud o en una opinión.

persiana. F. Especie de celosía, formada de listones fijos o móviles, que sirve principalmente para graduar la entrada de luz en las habitaciones. ‖ **~ veneciana.** F. La formada por láminas delgadas y algo curvas de aluminio u otro material que, ensartadas mediante cordones, quedan superpuestas y apretadas al subirla.

persianista. COM. Persona que se dedica a la construcción, colocación o arreglo de persianas.

persicaria. F. **duraznillo.**

pérsico, ca. **I.** ADJ. **1. persa** (‖ perteneciente a Persia). *País pérsico.* ‖ **II.** M. **2.** Árbol frutal de la familia de las Rosáceas, originario de Persia y cultivado en varias provincias de España. Tiene las hojas aovadas y aserradas, las flores de color de rosa claro y el fruto es una drupa con el hueso lleno de arrugas asurcadas. ‖ **3.** Fruto de este árbol.

persignar. TR. **1. signar** (‖ hacer con los dedos tres cruces). U. t. c. prnl. ‖ **2.** Signar y santiguar a continuación. U. t. c. prnl.

persistencia. F. Acción y efecto de persistir. ‖ **~ retiniana.** F. *Cinem.* Tiempo durante el que la retina conserva la impresión de las imágenes y que da continuidad a las películas cinematográficas y de televisión.

persistente. ADJ. **1.** Que persiste. *Olor persistente.* ‖ **2.** *Bot.* Dicho del órgano de una planta: Que perdura una vez finalizada su función fisiológica.

persistir. INTR. **1.** Mantenerse firme o constante en algo. *¿Persistes en tus planes?* ‖ **2.** Durar por largo tiempo. *Aún persiste esa vieja costumbre.*

persona. F. **1.** Individuo de la especie humana. ‖ **2.** Hombre o mujer cuyo nombre se ignora o se omite. ‖ **3.** coloq. Hombre o mujer de capacidad, disposición y prudencia. *No vendrá hasta que no sepa comportarse como una persona.* ‖ **4.** *Der.* Sujeto de derecho. ‖ **5.** *Gram.* Accidente gramatical propio del verbo y de algunos elementos pronominales, que se refiere a los distintos participantes implicados en el acto comunicativo. ‖ **6.** *Gram.* Nombre sustantivo relacionado de manera mediata o inmediata con la acción del verbo. ‖ **7.** *Rel.* En la doctrina cristiana, el Padre, el Hijo o el Espíritu Santo, consideradas tres **personas** distintas con una misma esencia. ‖ **~ física.** F. *Der.* Individuo de la especie humana. ‖ **~ jurídica.** F. *Der.* Organización de **personas** o de **personas** y de bienes a la que el derecho reconoce capacidad unitaria para ser sujeto de derechos y obligaciones, como las corporaciones, asociaciones, sociedades y fundaciones. ‖ **~ natural.** F. *Der.* **persona** física, por contraposición a **persona** jurídica. ‖ **~ no grata.** F. **persona non grata.** ‖ **~ social.** F. *Der.* **persona** jurídica. ‖ **primera ~.** F. *Gram.* La que designa, en el discurso, a quien habla. ‖ **segunda ~.** F. *Gram.* Aquella a quien se dirige el discurso. ‖ **tercera ~.** F. **1.** La que media entre otras. *Llegó a mí la noticia por tercera persona. Se valió de tercera persona.* ‖ **2. tercero** (‖ **persona** que no es ninguna de quienes intervienen en un negocio). *Sin perjuicio de tercera per-* sona. *Sin intervención de tercera persona.* ‖ **3.** *Gram.* La que designa, en el discurso, lo que no es ni primera ni segunda **persona.** ‖ **de ~ a ~.** **I.** LOC. ADV. **1.** Estando una **persona** sola con otra, entre ambas y sin intervención de tercero. ‖ **II.** LOC. ADJ. **2.** Dicho de una llamada telefónica: Que solo se hace efectiva desde el momento en que se establece contacto con la **persona** requerida. ‖ **en ~,** o **por su ~.** LOCS. ADVS. Por uno mismo o estando presente. ‖ □ V. **acepción de ~s.**

personación. F. **1.** Acción y efecto de personarse en un lugar. ‖ **2.** *Der.* Acto de comparecer formalmente como parte en un juicio.

personado. M. **1.** hist. Prerrogativa que alguien tenía en la Iglesia, sin jurisdicción ni oficio, pero con silla en el coro y renta eclesiástica. ‖ **2.** hist. Persona que tenía esta prerrogativa.

personaje. M. **1.** Persona de distinción, calidad o representación en la vida pública. ‖ **2.** Cada uno de los seres humanos, sobrenaturales, simbólicos, etc., que intervienen en una obra literaria, teatral o cinematográfica.

personal. **I.** ADJ. **1.** Perteneciente o relativo a la persona. *Archivo personal.* ‖ **2.** Propio o particular de ella. *Costumbre muy personal.* ‖ **II.** M. **3.** Conjunto de las personas que trabajan en un mismo organismo, dependencia, fábrica, taller, etc. *El personal de oficina.* ‖ **4.** coloq. Conjunto de personas, gente. *No sé qué pensará el personal.* ‖ **III.** F. **5.** *Dep.* En baloncesto, falta que comete un jugador al tocar o empujar a otro del equipo contrario para impedir una jugada. ‖ □ V. **cédula ~, computador ~, computadora ~, defensa ~, derecho ~, estatuto ~, forma no ~, forma ~, higiene ~, ordenador ~, prelatura ~, prestación ~, privilegio ~, pronombre ~, señas ~es.**

personalidad. F. **1.** Diferencia individual que constituye a cada persona y la distingue de otra. ‖ **2.** Conjunto de características y cualidades originales que destacan en algunas personas. *Andrés es un escritor con personalidad.* ‖ **3.** Persona de relieve, que destaca en una actividad o en un ambiente social. *Al acto asistieron el gobernador y otras personalidades.* ‖ **4.** *Der.* Aptitud legal para intervenir en un negocio o para comparecer en juicio. ‖ **5.** *Der.* Representación legal y bastante con que alguien interviene en él. ‖ **6.** *Fil.* Conjunto de cualidades que constituyen a la persona o sujeto inteligente.

personalismo. M. **1.** Adhesión a una persona o a las tendencias que ella representa, especialmente en política. ‖ **2.** Tendencia a subordinar el interés común a miras personales.

personalísimo. □ V. **derecho ~.**

personalista. ADJ. **1.** Perteneciente o relativo al personalismo. *Ideas personalistas.* ‖ **2.** Que practica el personalismo. U. t. c. s.

personalizar. TR. Dar carácter personal a algo. *Personalizar una habitación.* U. t. c. intr. *No hay que personalizar EN nadie.*

persona non grata. (Locución latina). F. Persona rechazada por un Gobierno u otra institución.

personarse. PRNL. **1.** Presentarse personalmente en una parte. ‖ **2.** *Der.* Comparecer como parte interesada en un juicio o pleito.

personero, ra. M. y F. *Am.* Representante oficial.

personificación. F. **1.** Acción y efecto de personificar. ‖ **2.** *Ret.* **prosopopeya** (‖ figura retórica).

personificar. TR. **1.** Atribuir vida o acciones o cualidades propias del ser racional al irracional, o a las cosas inanimadas, incorpóreas o abstractas. ‖ **2.** Atribuir a una persona determinada un suceso, sistema, opinión, etc. *Lutero personifica la Reforma.* ‖ **3.** Representar en una persona una opinión, sistema, etc. *Galeno personificó en Hipócrates toda la medicina griega.* U. t. c. prnl. *EN ella se personifica la bondad.*

perspectiva. F. **1.** Sistema de representación que intenta reproducir en una superficie plana la profundidad del espacio y la imagen tridimensional con que aparecen las formas a la vista. ‖ **2.** Obra o representación ejecutada con este sistema. ‖ **3.** Panorama que desde un punto determinado se presenta a la vista del espectador, especialmente cuando está lejano. *Desde la cima se divisaba una asombrosa perspectiva.* ‖ **4.** Punto de vista desde el cual se considera o se analiza un asunto. ‖ **5.** Distancia espacial o temporal necesaria para apreciar algo en su justa medida. ‖ **6.** Contingencia que puede preverse en el curso de algún negocio. U. m. en pl. ‖ **~ caballera.** F. Modo convencional de representar los objetos en un plano y como si se vieran desde lo alto, conservando en la proporción debida sus formas y las distancias que los separan. ‖ **~ lineal.** F. La que en el dibujo representa las tres dimensiones solo con líneas. ‖ **en ~.** LOC. ADV. En proyecto o con posibilidades para un futuro. *Tengo en perspectiva un gran proyecto.*

perspectivismo. M. **1.** Doctrina según la cual la realidad solo puede ser interpretada desde un punto de vista o perspectiva. ‖ **2.** Tendencia a considerar o presentar las cosas desde distintas perspectivas.

perspicacia. F. Cualidad de perspicaz.

perspicaz. ADJ. **1.** Dicho del ingenio: Agudo y penetrante. ‖ **2.** Dicho de una persona: Que tiene este ingenio. ‖ **3.** Dicho de la vista, de la mirada, etc.: Muy agudas y que alcanzan mucho.

perspicuidad. F. Cualidad de perspicuo.

perspicuo, cua. ADJ. **1.** Claro, transparente. *Deducción perspicua.* ‖ **2.** Dicho de una persona: Que se explica con claridad. ‖ **3.** Dicho del estilo: **inteligible** (‖ que puede ser entendido).

persuadir. TR. Inducir, mover, obligar a alguien con razones a creer o hacer algo. U. t. c. prnl. *Se persuadió DE que era la mejor solución.*

persuasión. F. Acción y efecto de persuadir.

persuasivo, va. ADJ. Que tiene fuerza y eficacia para persuadir. *Persuasivas promesas.*

persuasor, ra. ADJ. Que persuade. Apl. a pers., u. t. c. s.

persuasorio, ria. ADJ. persuasivo.

pertenecer. INTR. **1.** Dicho de una cosa: Ser propia de alguien o serle debida. ‖ **2.** Dicho de una cosa: Ser del cargo, ocupación u obligación de alguien. ‖ **3.** Dicho de una cosa: Referirse o hacer relación a otra, o ser parte integrante de ella. ¶ MORF. conjug. c. *agradecer.*

perteneciente. ADJ. Que pertenece. *Restos arqueológicos pertenecientes a los iberos.*

pertenencia. F. **1.** Hecho o circunstancia de formar parte de un conjunto, como una clase, un grupo, una comunidad, una institución, etc. *Su pertenencia a ese estamento.* ‖ **2.** Cosa que es propiedad de alguien determinado. U. m. en pl. ‖ **3.** Cosa accesoria o dependiente de la principal, y que entra con ella en la propiedad. *Francisco compró la hacienda con todas sus pertenencias.* ‖ **4.**

Relación de una cosa con quien tiene derecho a ella. ‖ **5.** hist. Antigua unidad de medida del suelo para las concesiones mineras.

pértiga. F. **1.** Vara larga. ‖ **2.** *Dep.* En atletismo, vara larga de material flexible con la que un atleta toma impulso para alcanzar grandes alturas en la prueba de salto con pértiga.

pértigo. M. Lanza del carro.

pertiguista. COM. Deportista que practica el salto de altura con pértiga.

pertinacia. F. **1.** Cualidad de pertinaz. ‖ **2.** Actitud pertinaz.

pertinaz. ADJ. **1.** Obstinado, terco o muy tenaz en su dictamen o resolución. *Un deportista pertinaz y disciplinado.* ‖ **2.** Muy duradero o persistente. *Enfermedad pertinaz.*

pertinencia. F. Cualidad de pertinente.

pertinente. ADJ. **1.** Que viene a propósito. *Ese argumento sobra y no es aquí pertinente.* ‖ **2.** Perteneciente o correspondiente a algo. *Un teatro con su pertinente escenario.* ☐ V. **rasgo ~.**

pertrechar. TR. **1.** Abastecer de pertrechos. *Pertrecharon a los soldados con fusiles.* ‖ **2.** Disponer o preparar lo necesario para la ejecución de algo. U. t. c. prnl. *Se pertrechó de argumentos irrefutables para convencerme.*

pertrechos. M. **1.** pl. Municiones, armas y demás instrumentos, máquinas, etc., necesarios para el uso de los soldados y defensa de las fortificaciones o de los buques de guerra. ‖ **2.** pl. Instrumentos necesarios para cualquier operación.

perturbación. F. Acción y efecto de perturbar o perturbarse. ‖ **~ de la aguja.** F. *Mar.* Desviación que se produce en la dirección de la aguja magnética por la acción combinada del hierro del buque.

perturbado, da. PART. de **perturbar.** ‖ ADJ. Dicho de una persona: Que tiene alteradas sus facultades mentales. U. t. c. s.

perturbador, ra. ADJ. Que perturba. Apl. a pers., u. t. c. s.

perturbar. **I.** TR. **1.** Inmutar, trastornar el orden o la quietud y el sosiego de algo o de alguien. U. t. c. prnl. ‖ **II.** PRNL. **2.** Dicho de una persona: Perder el juicio.

Perú. valer algo un **~.** LOC. VERB. coloq. Ser de mucho precio o estimación. ☐ V. **bálsamo del ~.**

peruanismo. M. Vocablo, giro o modo de hablar propio de los peruanos.

peruano, na. ADJ. **1.** Natural del Perú. U. t. c. s. ‖ **2.** Perteneciente o relativo a este país de América.

perulero, ra. **I.** ADJ. **1.** Natural del Perú. ‖ **2.** Perteneciente o relativo a este país de América. ‖ **II.** M. y F. **3.** Persona que ha ido desde el Perú a España, y especialmente la adinerada.

peruviano, na. ADJ. **1.** Natural del Perú. ‖ **2.** Perteneciente o relativo a este país de América.

perversidad. F. Cualidad de perverso.

perversión. F. Acción y efecto de pervertir.

perverso, sa. ADJ. **1.** Sumamente malo, que causa daño intencionadamente. *Propósitos perversos.* Apl. a pers., u. t. c. s. ‖ **2.** Que corrompe las costumbres o el orden y estado habitual de las cosas. *Influencias perversas.* Apl. a pers., u. t. c. s.

pervertido, da. PART. de **pervertir.** ‖ ADJ. Dicho de una persona: De costumbres o inclinaciones sexuales que se consideran socialmente negativas o inmorales. U. t. c. s.

pervertidor, ra. ADJ. Que pervierte. Apl. a pers., u. t. c. s.

pervertir. TR. **1.** Viciar con malas doctrinas o ejemplos las costumbres, la fe, el gusto, etc. U. t. c. prnl. ‖ **2.** Perturbar el orden o estado de las cosas. ¶ MORF. conjug. c. *sentir.*

pervinca. F. vincapervinca.

pervivencia. F. Acción y efecto de pervivir.

pervivir. INTR. Seguir viviendo a pesar del tiempo o de las dificultades.

pesa. F. **1.** Pieza metálica que se utiliza como término de comparación para determinar el peso de un cuerpo. ‖ **2.** Pieza de peso suficiente que, colgada de una cuerda, se emplea para dar movimiento a ciertos relojes, como contrapeso para subir y bajar lámparas, etc. ‖ **3.** *Dep.* Pieza muy pesada que se emplea en halterofilia o para hacer gimnasia. U. m. en pl.

pesabebés. M. Balanza de platillo grande y abarquillado, propia para pesar niños muy pequeños. MORF. pl. invar. *Los pesabebés.*

pesada. F. Acción y efecto de pesar.

pesadamente. ADV. M. **1.** Con pesadez. *Se dejó caer en el sillón pesadamente.* ‖ **2.** Con tardanza o demasiada lentitud en el movimiento o en la acción. *El batallón se movía pesadamente.*

pesadez. F. **1.** Cualidad de pesado. ‖ **2.** Molestia, trabajo, fatiga. ‖ **3.** Cargazón, exceso, duración desmedida. *Pesadez del tiempo. Pesadez de estómago.*

pesadilla. F. **1.** Sueño angustioso y tenaz. ‖ **2.** Preocupación grave y continua que siente alguien a causa de alguna adversidad. ‖ **3.** Persona o cosa enojosa o molesta. *El tráfico de las ciudades es una pesadilla.*

pesado, da. PART. de *pesar¹.* ‖ ADJ. **1.** Que pesa mucho. *Un armario muy pesado.* ‖ **2.** Aburrido, que no tiene interés. *Discurso largo y pesado.* ‖ **3.** Molesto, enfadoso, impertinente. *Broma pesada.* ‖ **4.** Tardo o muy lento. *Movimientos pesados.* ‖ **5.** Que precisa mucha atención o es difícil de hacer. *Le encargan los trabajos más pesados y minuciosos.* ‖ **6.** Duro, violento, insufrible, difícil de soportar. *Pagó un pesado tributo por su error.* ‖ **7.** Dicho del sueño: Intenso, profundo. ‖ **8.** Dicho del tiempo o de la atmósfera: **bochornosos.** ‖ **9.** Dicho de la cabeza: **aturdida** (‖ que sufre aturdimiento). ‖ **10.** *Fís.* Dicho de un átomo: Cuyo núcleo está formado por un elevado número de nucleones, como el uranio. □ V. **agua ~, arma ~, espato ~, industria ~, peso ~, sangre ~.**

pesador, ra. ADJ. Que pesa. Apl. a pers., u. t. c. s.

pesadumbre. F. **1.** Cualidad de pesado. ‖ **2.** Molestia, desazón, padecimiento físico o moral. ‖ **3.** Motivo o causa del pesar, desazón o sentimiento en acciones o palabras.

pesaje. M. Acción y efecto de pesar algo.

pésame. M. Expresión con que se hace saber a alguien el sentimiento que se tiene de su pena o aflicción.

pesamedello. M. hist. Baile y cantar español de los siglos XVI y XVII.

pesante. ADJ. Que pesa. *Pesante utilería.*

pesantez. F. Gravedad terrestre.

pesar¹. **I.** TR. **1.** Determinar el peso o, más propiamente, la masa de algo por medio de la balanza o de otro instrumento equivalente. ‖ **2.** Examinar con atención o considerar con prudencia las razones de algo para hacer juicio de ello. *Pesar las consecuencias.* ‖ **II.** INTR. **3.** Tener gravedad o peso. ‖ **4.** Tener determinado peso. *La*

máquina pesa ochenta kilos. ‖ **5.** Tener mucho peso. ‖ **6.** Dicho de una persona o de una cosa: Tener estimación o valor, ser digna de mucho aprecio. *Ángel pesa mucho en la empresa.* ‖ **7.** Tratándose de un hecho o de un dicho: Causar arrepentimiento o dolor. MORF. U. solo en 3.ª pers. con los pronombres *me, te, se, le,* etc. ‖ **8.** Dicho de la razón o del motivo de algo: Hacer fuerza en el ánimo. ‖ **mal que me, te,** etc., **pese.** LOCS. ADVS. Aunque no quiera, o no quieras, o no quieran, etc. ‖ **pese a.** LOC. CONJUNT. a pesar. ‖ **pese a quien pese.** LOC. ADV. A todo trance, a pesar de todos los obstáculos o daños resultantes.

pesar². M. **1.** Sentimiento o dolor interior que molesta y fatiga el ánimo. ‖ **2.** Arrepentimiento o dolor de los pecados o de otra cosa mal hecha. ‖ **a ~, o a ~ de.** LOCS. CONJUNTS. Contra la voluntad o gusto de las personas y, por ext., contra la fuerza o resistencia de las cosas. *Lo haré a pesar de cuantos quieran impedirlo. A pesar del cariño que te profeso. A pesar de ser ya muy anciano.* ‖ **a ~ de los ~es.** LOC. ADV. A pesar de todo, a pesar de todos los obstáculos.

pesario. M. *Med.* Aparato que se coloca en la vagina para corregir el descenso de la matriz.

pesaroso, sa. ADJ. **1.** Sentido o arrepentido de lo que se ha dicho o hecho. *Estoy muy pesaroso de haberte ofendido.* ‖ **2.** Que por causa ajena tiene pesadumbre o sentimiento. *La muerte del abuelo nos dejó pesarosos.*

pesca. F. **1.** Acción y efecto de pescar. ‖ **2.** Oficio y arte de pescar. ‖ **3.** Conjunto de animales que se pescan o se han pescado. *Sitio abundante en pesca.* ‖ **~ costera.** F. La que se efectúa por embarcaciones de tamaño medio a una distancia máxima de 60 millas del litoral. ‖ **~ de altura.** F. La que se efectúa en aguas relativamente cerca del litoral. En el caso de España, entre los paralelos 0° y 60° y los meridianos 15° E y 20° O. ‖ **~ de arrastre.** F. La que se hace arrastrando redes. ‖ **~ de bajura.** F. La que se efectúa por pequeñas embarcaciones en las proximidades de la costa. ‖ **~ de gran altura.** F. La que se efectúa en aguas muy retiradas en cualquier lugar del océano.

pescada. F. merluza.

pescadería. F. Sitio, puesto o tienda donde se vende pescado.

pescadero, ra. M. y F. Persona que vende pescado, especialmente al por menor.

pescadilla. F. Cría de la merluza que ha pasado su primera fase de crecimiento y no ha adquirido aún su desarrollo normal. ‖ **la, o una, ~ que se muerde la cola.** LOCS. SUSTS. coloqs. Argumentación defectuosa que nada prueba, sino que vuelve al punto de partida.

pescado. M. **1.** Pez comestible sacado del agua por cualquiera de los procedimientos de pesca. ‖ **2.** *Am.* pez (‖ vertebrado acuático). ‖ **~ azul.** M. El abundante en grasa; p. ej., la sardina. ‖ **~ blanco.** M. El poco graso; p. ej., la merluza y el lenguado. □ V. **cola de ~, día de ~.**

pescador, ra. **I.** ADJ. **1.** Que pesca. *Población pescadora.* ‖ **II.** M. y F. **2.** Persona que pesca por oficio o por afición. □ V. **águila ~, anillo del Pescador, martín ~.**

pescante. M. **1.** En los carruajes, asiento exterior desde donde el cochero gobierna las mulas o caballos. ‖ **2.** Pieza saliente de madera o hierro sujeta a una pared, a un poste o al costado de un buque, etc., que sirve para sostener o colgar de ella algo. ‖ **3.** Delantera del vehículo automóvil desde donde lo dirige el mecánico o conductor.

pescar. TR. **1.** Sacar o tratar de sacar del agua peces y otros animales útiles al hombre. ‖ **2.** Sacar del agua algo. *Solo he pescado un trozo de plástico.* ‖ **3.** coloq. Contraer una dolencia o enfermedad. *Pescó la gripe.* ‖ **4.** coloq. Coger, agarrar o tomar cualquier cosa. *Pescar un premio en una rifa.* ‖ **5.** coloq. Coger a alguien en las palabras o en los hechos, cuando no lo esperaba, o sin prevención. ‖ **6.** coloq. Lograr o conseguir astutamente lo que se pretendía o anhelaba. ‖ **7.** coloq. Entender, captar con rapidez el significado de algo. *¿Lo pescas?* □ V. **caña de ~.**

pescozada. F. **1.** pescozón (‖ golpe en el pescuezo o la cabeza). ‖ **2.** hist. Golpe ritual que quien armaba caballero daba en el cuello con la mano abierta al caballero novel.

pescozón. M. **1.** Golpe que se da con la mano en el pescuezo o en la cabeza. ‖ **2.** Á. *Caribe.* Golpe dado en cualquier parte del cuerpo.

pescuezo. M. Parte del cuerpo animal o humano desde la nuca hasta el tronco. ‖ **apretar, o estirar,** a alguien **el ~.** LOCS.VERBS. coloqs. Ahorcarlo. ‖ **torcer el ~** alguien. LOC.VERB. coloq. **morir** (‖ llegar al término de la vida). ‖ **torcer, o retorcer,** a alguien **el ~.** LOCS.VERBS. coloqs. Matarlo ahorcándolo o con otro género de muerte semejante.

pescuezudo, da. ADJ. *Méx.* Que tiene muy grueso el pescuezo.

pescuño. M. Cuña gruesa y larga con que se aprietan la esteva, reja y palo donde se encaja esta que tiene la cama del arado.

pesebre. M. **1.** Especie de cajón donde come el ganado. ‖ **2.** Sitio destinado para este fin. ‖ **3. nacimiento** (‖ representación del de Jesucristo).

pesebrera. F. En las caballerizas, conjunto de pesebres.

pesebrista. COM. **belenista.**

peseta. F. **1.** Moneda española de curso legal desde 1869 hasta 2002. ‖ **2.** *Ant.* Moneda de 20 centavos. ‖ **mirar la ~.** LOC.VERB. Considerar con suma prudencia los gastos.

pesetero, ra. ADJ. despect. coloq. Aficionado al dinero, ruin, tacaño, avaricioso.

pesimismo. M. **1.** Propensión a ver y juzgar las cosas en su aspecto más desfavorable. ‖ **2.** Doctrina filosófica que insiste en los aspectos negativos de la realidad y el predominio del mal sobre el bien.

pesimista. ADJ. **1.** Que propende a ver y juzgar las cosas por el lado más desfavorable. U. t. c. s. ‖ **2.** Que profesa el pesimismo.

pésimo, ma. ADJ. SUP. de **malo.**

peso. M. **1.** Fuerza con que la Tierra atrae a un cuerpo. ‖ **2.** Fuerza de gravitación universal que ejerce un cuerpo celeste sobre una masa. ‖ **3.** Magnitud de dicha fuerza. ‖ **4.** peso que por ley o convenio debe tener algo. *Pan falto de peso.* ‖ **5.** El de la pesa o conjunto de pesas que se necesitan para equilibrar en la balanza un cuerpo determinado. ‖ **6.** Cosa pesada. *Le han prohibido levantar peso, porque tiene mal la espalda.* ‖ **7.** Clasificación de los contendientes en ciertos deportes por su peso, como en el boxeo. ‖ **8.** Balanza u otro utensilio para pesar. ‖ **9.** Unidad monetaria de diversos países americanos. ‖ **10.** hist. Antigua moneda de plata española, que tuvo diversos valores, y de donde procede el **peso** (‖ unidad monetaria). ‖ **11.** hist. Antigua moneda de cinco pesetas. ‖ **12.** Entidad, sustancia e importancia de algo. *Un negocio de mucho peso.* ‖ **13.** Fuerza y eficacia de las cosas no materiales. *El peso de la ley.* ‖ **14.** Carga o responsabilidad que alguien tiene a su cuidado. ‖ **15.** Pesadumbre, dolor, disgusto, preocupación. ‖ **16.** hist. Puesto o sitio público donde se vendían al por mayor comestibles, principalmente de despensa; como tocino, legumbres, etc. ‖ **17.** *Dep.* Bola de hierro de un peso establecido que se lanza en determinados ejercicios atléticos. ‖ **18.** *Mat.* Valor asociado a un número de un conjunto con el que, según el criterio que corresponda, se expresa su importancia en el conjunto. ‖ **~ atómico.** M. *Quím.* Relación entre la masa de un átomo de un isótopo determinado y 1/12 de la masa de un átomo de ^{12}C. ‖ **~ bruto.** M. El total, incluida la tara. ‖ **~ duro.** M. hist. Moneda de plata de peso de una onza y que valía 20 reales de vellón. ‖ **~ ensayado.** M. hist. Moneda imaginaria que se tomaba como unidad en las casas de moneda de América para apreciar las barras de plata. ‖ **~ específico.** M. **1.** *Fís.* El de un cuerpo o sustancia por unidad de volumen. *El peso específico del mercurio es de 13,6 g/cm³.* ‖ **2.** Especial valor o influencia que se reconoce a una persona en un entorno determinado. ‖ **~ fuerte.** M. hist. **peso duro.** ‖ **~ gallo.** M. En categoría inferior a la de peso pluma, el boxeador profesional que pesa menos de 53 kg 524 g y el no profesional que no pasa de los 54 kg. ‖ **~ ligero.** M. En categoría superior a la de peso pluma, el boxeador profesional que pesa menos de 61 kg 235 g y el no profesional que no pasa de los 62 kg. ‖ **~ molecular.** M. *Quím.* Suma de los pesos atómicos que entran en la fórmula molecular de un compuesto. ‖ **~ mosca.** M. **1.** El boxeador profesional que pesa menos de 50 kg 802 g y el no profesional que no pasa de los 51 kg. ‖ **2.** En lucha grecorromana y lucha libre olímpica, categoría para luchadores con peso entre los 48 y 52 kg. ‖ **3.** En taekwondo, categoría para luchadores con peso entre los 50 y 54 kg y para luchadoras con peso entre los 43 y 47 kg. ‖ **~ muerto.** M. *Mar.* Máxima carga de un barco mercante, expresada en toneladas métricas, que comprende, además del peso de la carga comercial, el del combustible, agua, víveres, dotación y pasaje. ‖ **~ neto.** M. El que resta del peso bruto, deducida la tara. ‖ **~ pesado.** M. **1.** El boxeador profesional que pesa más de 79 kg 378 g y el no profesional que rebasa los 80 kg. ‖ **2.** En lucha grecorromana y lucha libre olímpica, categoría para luchadores con peso entre los 100 y 130 kg. ‖ **3.** En yudo, categoría para luchadores que superen los 100 kg y para luchadoras que sobrepasen los 78 kg. ‖ **4.** En taekwondo, categoría para luchadores que superen los 83 kg y para luchadoras que sobrepasen los 70 kg. ‖ **5.** Persona de gran relieve e influencia en un determinado ámbito o actividad. ‖ **~ pluma.** M. **1.** En categoría superior a la de peso gallo, el boxeador profesional que pesa menos de 57 kg 152 g y el no profesional que no pasa de los 58 kg. ‖ **2.** En lucha grecorromana y lucha libre olímpica, categoría para luchadores con peso entre 57 y 62 kg. ‖ **3.** En taekwondo, categoría para luchadores con peso entre los 58 y 64 kg y para luchadoras con peso entre los 51 y 55 kg. ‖ **~ wélter.** M. El boxeador profesional que pesa de 66 kg 678 g hasta menos de 69 kg 853 g, y el no profesional que pesa entre 67 y 71 kg. ‖ **a ~ de oro.** LOC.ADV. A precio muy subido. ‖ **caerse** algo **de, o por, su ~.** LOCS. VERBS. Estar clara su mucha razón o la evidencia de su verdad. ‖ **de ~.** LOC.ADJ. **1.** Dicho de una persona: Juiciosa, sensata o influyente. ‖ **2.** Dicho de una razón o de un motivo: De valor decisivo o poderoso. ‖ **en ~.** LOC.ADV. En el aire, o sin que el cuerpo grave descanse sobre otro que el de la persona o cosa que lo sujeta.

pesor. M. *Am. Cen.* y *Ant.* **pesantez.**

pespuntar. TR. Coser o labrar de pespunte, o hacer pespuntes.

pespunte. M. Labor de costura, con puntadas unidas, que se hacen volviendo la aguja hacia atrás después de cada punto, para meter la hebra en el mismo sitio por donde pasó antes.

pespuntear. TR. **1.** Hacer pespuntes. || **2.** *Méx.* En el baile del jarabe, zapatear suavemente.

pesquera. F. **1.** Sitio o lugar donde frecuentemente se pesca. || **2. presa** (|| muro para almacenar el agua).

pesquería. F. **1.** Trato o ejercicio de los pescadores. || **2.** Acción de pescar. || **3.** Sitio donde frecuentemente se pesca.

pesquero, ra. **I.** ADJ. **1.** Que pesca. *Buque pesquero.* || **2.** Perteneciente o relativo a la pesca. *Industria pesquera.* || **II.** M. **3.** Barco pesquero.

pesquis. M. Agudeza, perspicacia.

pesquisa. F. Información o indagación que se hace de algo para averiguar la realidad de ello o sus circunstancias.

pesquisar. TR. Hacer pesquisa de algo.

pesquisidor, ra. ADJ. Que pesquisa. U. t. c. s.

pestaña. F. **1.** Cada uno de los pelos que hay en los bordes de los párpados, para defensa de los ojos. || **2.** Parte saliente y estrecha en el borde de alguna cosa; como en la llanta de una rueda de locomotora, en la orilla de un papel o una plancha de metal, etc. || **3.** Adorno estrecho que se pone al borde de las telas o vestidos, de fleco, encaje o cosa semejante, que sobresale algo. || **4.** pl. *Bot.* Pelos rígidos que están colocados en el borde de una superficie. || **~ vibrátil.** F. *Biol.* **cilio.** || **no pegar ~.** LOC. VERB. coloq. **no pegar ojo.** || **quemarse las ~s.** LOC.VERB. coloq. Estudiar con ahínco.

pestañear. INTR. Mover los párpados. || **no ~, o sin ~.** LOCS.VERBS. Se usan para denotar la suma atención con que se está mirando algo, o la serenidad con que se arrostra un peligro inesperado.

pestañeo. M. Movimiento rápido y repetido de los párpados.

pestañoso, sa. ADJ. **1.** Que tiene grandes pestañas. || **2.** Que tiene pestañas, como algunas plantas.

peste. F. **1.** Enfermedad contagiosa y grave que causa gran mortandad en los hombres o en los animales. || **2.** Mal olor. || **3.** Persona o cosa que puede ocasionar daño grave. *¡Qué peste de hombre!* || **4.** pl. Palabras de enojo o crítica negativa. *Echar pestes. Hablar pestes.* || **~ bubónica,** o **~ levantina.** F. *Med.* Enfermedad infecciosa epidémica y febril, caracterizada por bubones en diferentes partes del cuerpo, que produce con frecuencia la muerte.

pesticida. ADJ. Que se destina a combatir plagas. Apl. a una sustancia o un producto, u. t. c. s. m.

pestífero, ra. ADJ. **1.** Que tiene muy mal olor. *Recinto pestífero.* || **2.** Que puede ocasionar peste o daño grave. *Agua pestífera.*

pestilencia. F. **1.** Mal olor. || **2.** Enfermedad contagiosa y grave que origina gran mortandad.

pestilencial. ADJ. **pestilente.**

pestilente. ADJ. **1.** Que da mal olor. *Los pestilentes vertidos de las industrias.* || **2.** Que origina peste. *Una charca pestilente que contamina sus morbos a cuantos se acercan.*

pestillo. M. **1.** Pasador con que se asegura una puerta, corriéndolo como un cerrojo. || **2.** Pieza prismática que sale de la cerradura por la acción de la llave o a impulso de un muelle y entra en el cerradero.

pestiño. M. Fruta de sartén, hecha con porciones pequeñas de masa de harina y huevos batidos, que después de fritas en aceite se bañan con miel.

pesto. M. Salsa preparada con albahaca, piñones y ajo machacados y aceite, con que se condimenta especialmente la pasta italiana. || **al ~.** LOC.ADJ. Dicho de una comida: Preparada con pesto.

pestorejo. M. **cerviguillo.**

pesudo, da. ADJ. *Méx.* Dicho de una persona: Que tiene muchos **pesos** (|| unidades monetarias).

pesuño. M. Cada uno de los dedos, cubierto con su uña, del ganado de pata hendida.

petaca. F. **1.** Botella de bolsillo, ancha y plana, que sirve para llevar bebidas alcohólicas. || **2.** Estuche de cuero metal u otra materia adecuada, que sirve para llevar cigarros o tabaco picado. || **3.** *Méx.* **maleta** (|| caja para transportar ropas). || **4.** pl. *Méx.* Caderas, nalgas.

petacón, na. ADJ. **1.** *Méx.* Dicho de una cosa: Abultada en forma de nalgas. || **2.** *Méx.* Dicho de una persona: nalguda.

pétalo. M. *Bot.* Hoja transformada, por lo común de bellos colores, que forma parte de la corola de la flor.

petanca. F. Especie de juego de bochas.

petaquería. F. *Méx.* **marroquinería** (|| fábrica o tienda de maletas).

petardear. INTR. *Esp.* Producir ruidos que recuerdan a los ocasionados por la detonación repetida de petardos. *Aquel viejo coche petardeaba al subir las cuestas.*

petardeo. M. Ruido repetitivo semejante al producido por detonaciones de petardos.

petardista. COM. Persona que estafa, engaña o pide algo de prestado con ánimo de no devolverlo.

petardo, da. **I.** M. y F. **1.** despect. coloq. Persona o cosa pesada, aburrida o fastidiosa. *No aguanto a tu amiga. Es una petarda.* || **II.** M. **2.** Tubo de cualquier materia no muy resistente que se rellena de pólvora u otro explosivo y se ataca convenientemente para que, al darle fuego, se produzca una detonación considerable.

petate. M. **1.** Conjunto formado por la ropa de cama y la ropa de cada marinero, de cada soldado en el cuartel y de cada penado en su prisión. || **2.** Bolsa para llevar esa ropa. || **3.** Estera de palma, que se usa en los países cálidos para dormir sobre ella. || **4.** *Méx.* Tejido de palma o de carrizo.

petatero, ra. ADJ. **1.** *Méx.* Perteneciente o relativo a petate (|| tejido). || **2.** *Méx.* Dicho de una persona: Que hace o vende **petate** (|| tejido). U. t. c. s. || **el mero ~.** Manifest. *Méx.* El jefe, el que manda.

petenera. F. Aire popular parecido a la malagueña, con que se cantan coplas de cuatro versos octosílabos.

petenero, ra. ADJ. **1.** Natural de Petén. U. t. c. s. || **2.** Perteneciente o relativo a este departamento de Guatemala.

petequia. F. *Med.* Mancha pequeña en la piel, debida a efusión interna de sangre.

petequial. ADJ. *Med.* Perteneciente o relativo a la petequia. □ V. **tifus ~.**

petersburgués, sa. ADJ. **1.** Natural de San Petersburgo. U. t. c. s. || **2.** Perteneciente o relativo a esta ciudad de la Federación Rusa.

petición. F. **1.** Acción y efecto de pedir. || **2.** Escrito en que se hace una petición. || **3.** *Der.* Escrito que se presenta ante un juez. || **~ de mano.** F. Ceremonia para solicitar en matrimonio a una mujer. || **~ de principio.** F. *Fil.* Vicio del razonamiento que consiste en poner por antecedente lo mismo que se quiere probar.

peticionar. TR. *Am.* Presentar una petición o súplica, especialmente a las autoridades.

peticionario, ria. ADJ. Que pide o solicita oficialmente algo. Apl. a pers., u. t. c. s.

petifoque. M. *Mar.* Foque mucho más pequeño que el principal, de lona más delgada y que se orienta por fuera de él.

petimetre, tra. M. y F. Persona muy preocupada por su compostura y por seguir las modas.

petirrojo. M. Pájaro del tamaño del pardillo, con las partes superiores aceitunadas, cuello, frente, garganta y pecho de color rojo vivo uniforme, y el resto de las partes inferiores de color blanco brillante.

petiso, sa. I. ADJ. **1.** *Am. Mer.* Dicho de una persona: Pequeña, baja, de poca altura. U. t. c. s. || **II.** M. **2.** *Á. guar., Á. R. Plata* y *Chile.* Caballo de poca alzada. || **petiso de los mandados.** M. **1.** *Á. R. Plata.* Caballo manso y dócil que se utiliza para el trajín doméstico. || **2.** *Á. R. Plata.* Chico que en las casas suele hacer toda clase de trabajos.

petisú. M. Pastelillo redondo hecho de masa, al horno, y relleno después con una crema dulce. MORF. pl. **petisús** o **petisúes.**

petitoria. F. coloq. Acción de pedir.

petitorio, ria. ADJ. **1.** Perteneciente o relativo a la petición o a la súplica. *Mesa petitoria.* || **2.** Que la contiene. *Pliego petitorio.*

petizo, za. ADJ. *Am. Mer.* **petiso.** Apl. a pers., u. t. c. s.

peto. M. **1.** Prenda suelta o parte de una prenda de vestir que cubre el pecho. || **2.** Prenda de vestir con peto, especialmente el pantalón. || **3.** hist. Armadura del pecho. || **4.** En ciertos deportes, como la esgrima o el béisbol, protección acolchada que se pone en el pecho. || **5.** *Taurom.* Pieza que protege el pecho y el costado del caballo del picador. || **6.** *Zool.* Parte inferior de la coraza de los quelonios.

petorquino, na. ADJ. **1.** Natural de Petorca. U. t. c. s. || **2.** Perteneciente o relativo a esta provincia de Chile.

petra. F. *Chile.* Planta mirtácea de unos tres metros de altura, con muchas ramas, cubiertas de un vello rojizo las más tiernas, hojas anchas, elípticas, muy variables, y flores blancas, dispuestas en panícula a lo largo de las ramas. La baya es negra, semejante a la del arrayán y comestible. Sus hojas y corteza son medicinales, y el polvo de ellas se usa en agricultura como insecticida y constituye un importante ramo de comercio.

petrarquismo. M. Corriente de interés y de imitación de la obra de Petrarca, poeta y humanista toscano.

petrarquista. ADJ. Admirador de Petrarca, poeta y humanista toscano, o imitador de su estilo poético. U. t. c. s.

petrel. M. Ave palmípeda, muy voladora, del tamaño de una alondra, común en todos los mares, donde se la ve a enormes distancias de la tierra, nadando en las crestas de las olas, para coger los huevos de peces, moluscos y crustáceos, con que se alimenta. Es de plumaje pardo negruzco, con el arranque de la cola blanco, y vive en bandadas que anidan entre las rocas de las costas desiertas.

pétreo, a. ADJ. **1.** De piedra, roca o peñasco. *Murallón pétreo.* || **2.** De la calidad de la piedra. *Un rostro pétreo.*

petrificación. F. Acción y efecto de petrificar.

petrificar. TR. **1.** Transformar o convertir en piedra. *El tiempo petrificó algunos animales hasta convertirlos en fósiles.* U. t. c. prnl. || **2.** Endurecer algo de modo que parezca de piedra. U. t. c. prnl. *Las huellas se petrificaron con la sequía.* || **3.** Dejar a alguien inmóvil de asombro o de terror. *El pánico petrificó al soldado.*

petrodólar. M. Unidad monetaria empleada para cuantificar las reservas de divisas acumuladas por países productores de petróleo, y especialmente las depositadas en bancos europeos.

petroglifo. M. Grabado sobre roca obtenido por descascarillado o percusión, propio de pueblos prehistóricos.

petrografía. F. Descripción de las rocas.

petrográfico, ca. ADJ. Perteneciente o relativo a la petrografía.

petrolear. TR. **1.** Pulverizar con petróleo algo. *Petrolear un motor.* || **2.** Bañar en petróleo algo. *Petrolear la cadena de una bicicleta.*

petróleo. M. Líquido natural oleaginoso e inflamable, constituido por una mezcla de hidrocarburos, que se extrae de lechos geológicos continentales o marítimos. Mediante diversas operaciones de destilación y refino se obtienen de él distintos productos utilizables con fines energéticos o industriales, como la gasolina, la nafta, el queroseno, el gasoil, etc. □ V. **pozo de ~.**

petrolera. F. Empresa que se dedica a la industria o al comercio del petróleo.

petrolero, ra. I. ADJ. **1.** Perteneciente o relativo al petróleo. *Intereses petroleros.* || **2.** Dicho de una persona: Que con fines subversivos, sistemáticamente incendia o trata de incendiar por medio del petróleo. U. t. c. s. || **II.** M. y F. **3.** Persona que vende petróleo al por menor. || **III.** M. **4.** Barco aljibe destinado al transporte de petróleo.

petrolífero, ra. ADJ. Que contiene petróleo. *Yacimiento petrolífero.* □ V. **plataforma ~.**

petrología. F. Estudio de las rocas.

petromacorisano, na. ADJ. **1.** Natural de San Pedro de Macorís. U. t. c. s. || **2.** Perteneciente o relativo a esta provincia de la República Dominicana o a su capital.

petroquímica. F. Ciencia y técnica correspondientes a la industria de la utilización del petróleo o el gas natural como materias primas para la obtención de productos químicos.

petroquímico, ca. ADJ. Perteneciente o relativo a la petroquímica.

petulancia. F. Vana y exagerada presunción.

petulante. ADJ. Que tiene petulancia. U. t. c. s.

petunia. F. **1.** Planta de la familia de las Solanáceas, muy ramosa, con las hojas aovadas y enteras, y las flores en forma de embudo, grandes, olorosas y de diversos colores. || **2.** Flor de esta planta.

peuco. M. *Chile.* Ave de rapiña, diurna, semejante al gavilán, aunque el color varía según la edad y el sexo del animal, dominando el gris ceniciento. Se alimenta de pájaros, palomas y aun de pollos de otras aves, y a falta de ellos, come lagartijas y otros reptiles. || **~ bailarín,** o **~ blanco.** M. *Chile.* Ave de rapiña muy parecida al cernícalo hasta en el modo de mantenerse en el aire. Pero es de color negro por el lomo, muy blanco por el vientre y por la cabeza, gris claro.

peúco. M. Calcetín o bota de lana para los niños de corta edad.

peumo. M. *Chile.* Árbol de la familia de las Lauráceas, de hoja aovada y siempre verde, y fruto ovalado y rojizo como una pulpa blanca y mantecosa comestible.

peyorativo, va. ADJ. Dicho de una palabra o de un modo de expresión: Que indican una idea desfavorable.

peyote. M. **1.** Planta cactácea, de pequeño tamaño, que contiene una sustancia cuya ingestión produce efectos alucinógenos y narcóticos. ‖ **2.** Droga que se obtiene de esta planta.

pez[1]. M. **1.** Vertebrado acuático, de respiración branquial, generalmente con extremidades en forma de aleta aptas para la locomoción y sustentación en el agua. La piel, salvo raras excepciones, está protegida por escamas. La forma de reproducción es ovípara en la mayoría de estos animales. ORTOGR. En pl., escr. con may. inicial c. taxón. *Los Peces.* ‖ **2.** Montón prolongado de trigo en la era. ‖ **~ ballesta.** M. pez teleósteo, con la piel cubierta de escudetes, cuerpo deprimido y la primera aleta dorsal sostenida por fuertes radios espinosos. Es intertropical, pero hay una especie en el Mediterráneo. ‖ **~ de colores.** M. El de forma y tamaño semejantes a los de la carpa, pero de colores vivos, rojo y dorado. Procede de Asia. ‖ **~ de san Pedro.** M. pez teleósteo de hasta 70 cm de largo y 8 kg de peso, de color gris violáceo con marcas amarillas y una mancha oscura sobre los flancos; los radios de la aleta dorsal están unidos por una membrana que se prolonga en forma de filamentos. Vive en el Atlántico y el Mediterráneo y a menudo se entierra en el fondo, acostado sobre un flanco. ‖ **~ espada.** M. pez teleósteo marino del suborden de los Acantopterigios, que llega a tener cuatro metros de longitud. De piel áspera, sin escamas, negruzca por el lomo y blanca por el vientre, cuerpo rollizo, cabeza apuntada, con la mandíbula superior en forma de espada de dos cortes y como de un metro de largo. Se alimenta de plantas marinas y su carne es muy estimada. ‖ **~ gordo.** M. Persona de mucha importancia o muy acaudalada. ‖ **~ luna.** M. pez teleósteo marino de cuerpo comprimido y truncado por detrás, casi circular, de color plateado, con las aletas dorsal, caudal y anal unidas entre sí. Común en el Mediterráneo, puede alcanzar casi los dos metros de largo. ‖ **~ martillo.** M. pez selacio del suborden de los Escuálidos, cuya longitud suele ser de dos a tres metros, pero puede llegar a cinco y medio. Su cabeza tiene dos grandes prolongaciones laterales, que dan al animal el aspecto de un martillo. Vive en los mares tropicales y en los templados, siendo frecuente en las costas meridionales de España y en las del norte de África. ‖ **~ sierra.** M. pez espada. ‖ **estar** alguien **como el ~ en el agua.** LOC.VERB. coloq. Disfrutar comodidades y conveniencias. ‖ **reírse de los peces de colores.** LOC.VERB. No dar importancia a las consecuencias de un acto propio o ajeno, no tomarlas en serio. *Me río yo de los peces de colores.* U. m. c. antífrasis para destacar la importancia de lo que la ha provocado.

pez[2]. F. Sustancia resinosa, sólida, lustrosa, quebradiza y de color pardo amarillento, que se obtiene echando en agua fría el residuo que deja la trementina al acabar de sacarle el aguarrás. ‖ **~ griega.** F. colofonia. ‖ **~ negra.** F. La que resulta de la destilación de las trementinas impuras y es de color muy oscuro, por quedar mezclada con negro de humo.

pezón. M. **1.** Parte central, eréctil y más prominente de los pechos o tetas, por donde los hijos chupan la leche.

‖ **2.** En los carros y coches, extremo del eje que sobresale de la rueda. ‖ **3.** Parte saliente de ciertas frutas, como el limón. ‖ **4.** *Bot.* Rama pequeña que sostiene la hoja, la inflorescencia o el fruto en las plantas.

pezonera. F. **1.** Pieza redonda, con un hueco en el centro, que usan las mujeres para formar los pezones cuando crían. ‖ **2.** *Á.Andes.* **sacaleches.**

pezuña. F. Conjunto de los pesuños de una misma pata en el ganado de pata hendida. □ V. **ganado de ~ hendida.**

pH. (Sigla de *potencial* de *Hidrógeno*). M. *Quím.* Índice que expresa el grado de acidez o alcalinidad de una disolución. Entre 0 y 7 la disolución es ácida, y de 7 a 14, básica. MORF. pl. invar. *Los pH.*

pi. F. **1.** Decimosexta letra del alfabeto griego (Π, π), que corresponde a *p* latina. ‖ **2.** *Mat.* Símbolo del número trascendente 3,141592..., que expresa el cociente entre la longitud de la circunferencia y la de su diámetro (Símb. π).

piada. F. Acción o modo de piar.

piadoso, sa. ADJ. **1.** Benigno, blando, misericordioso, que se inclina a la piedad y conmiseración. ‖ **2.** Dicho de una cosa: Que mueve a compasión o se origina de ella. *Mentira piadosa.* ‖ **3.** Religioso, devoto.

piafar. INTR. Dicho de un caballo: Alzar ya una mano, ya otra, haciéndolas caer con fuerza y rapidez casi en el mismo sitio de donde las levantó.

pial. M. *Am.* **peal.**

pialar. TR. *Am.* **manganear.**

piamadre. F. *Anat.* Meninge interna de las tres que tienen los batracios, reptiles, aves y mamíferos. Es tenue, muy rica en vasos y está en contacto con el tejido nervioso del encéfalo y de la médula espinal.

piamontés, sa. ADJ. **1.** Natural del Piamonte. U. t. c. s. ‖ **2.** Perteneciente o relativo a esta región de Italia.

pian. M. Enfermedad contagiosa, propia de países cálidos, caracterizada por la erupción en la cara, manos, pies y regiones genitales de unas excrecencias fungosas semejantes a frambuesas, blancas o rojas, susceptibles de ulcerarse.

pianismo. M. *Mús.* Técnica o estilo de interpretación del piano, o de composición de obras para este instrumento, que resultan propios de un determinado autor, de un intérprete o de una época.

pianista. COM. Músico que toca el piano.

pianístico, ca. ADJ. Perteneciente o relativo al piano. *Sus composiciones pianísticas son muy inspiradas.*

piano. I. M. **1.** Instrumento musical de cuerdas metálicas dispuestas dentro de una caja de resonancia, que son golpeadas por macillos accionados desde un teclado. ‖ **II.** ADV.M. **2.** *Mús.* Con sonido suave y poco intenso. *Tocar piano.* ‖ **~ de manubrio.** M. organillo.

pianoforte. M. Instrumento musical de cuerda utilizado a fines del siglo XVIII y comienzos del XIX, primera forma del actual piano, provisto como este de un teclado cuyo accionamiento permite golpear las cuerdas.

pianola. (Marca reg.). F. **1.** Piano que puede tocarse mecánicamente por pedales o por medio de corriente eléctrica. ‖ **2.** Aparato que se une al piano y sirve para ejecutar mecánicamente las piezas preparadas al objeto.

piante. ADJ. Que pía. *Polluelo piante.*

piar. INTR. Dicho de algunas aves, y especialmente del pollo: Emitir cierto género de sonido o voz. MORF. conjug. c. *enviar.*

piara. F. Manada de cerdos, y, por ext., la de yeguas, mulas, etc.

piaroa. I. ADJ. **1.** Se dice del individuo de un pueblo amerindio que habita en las márgenes del río Orinoco, en el noroeste del estado venezolano de Amazonas y el extremo oeste del estado de Bolívar. U. t. c. s. ‖ **2.** Perteneciente o relativo a los piaroas. *Utensilio piaroa.* ‖ **II.** M. **3.** Lengua hablada por los piaroas.

piastra. F. Moneda de plata, de valor variable según los países que la usan.

pibe, ba. M. y F. *Á. R. Plata.* Niño o joven.

piberío. M. *Á. R. Plata.* Conjunto de pibes.

pibil. ADJ. *Méx.* Dicho de un alimento: Que se envuelve en hojas de plátano y se cocina bajo tierra, en barbacoa u horneado.

pica. F. **1.** hist. Especie de lanza larga, compuesta de un asta con hierro pequeño y agudo en el extremo superior, que usaban los soldados de infantería. ‖ **2.** Garrocha del picador de toros. ‖ **3.** Uno de los cuatro palos de la baraja francesa. U. m. en pl. ‖ **4.** *Á. Caribe.* **trocha** (‖ vereda). ‖ **poner una ~ en Flandes.** LOC.VERB. coloq. Conseguir algo de especial dificultad.

picacho. M. Punta aguda, especie de pico, que tienen algunos montes y riscos.

picada. F. **1.** Acción y efecto de picar un ave, un reptil o un insecto. ‖ **2.** *Am. Cen., Á. guar.* y *Á. R. Plata.* Camino o senda abiertos por el hombre a través de la espesura del monte. ‖ **3.** *Á. R. Plata.* Bocado ligero que se sirve como acompañamiento de una bebida.

picadero. M. **1.** Lugar o sitio donde los picadores adiestran y trabajan los caballos, y las personas aprenden a montar. ‖ **2.** Casa o apartamento que alguien dedica a sus encuentros eróticos de carácter reservado. ‖ **3.** *Mar.* Cada uno de los maderos cortos que se colocan a lo largo del eje longitudinal de un dique o grada, y en sentido perpendicular a él, para que sobre ellos descanse la quilla del buque en construcción o en carena. ‖ **4.** *Á. R. Plata.* Pista de arena en el circo.

picadillo. M. **1.** Cada uno de los distintos platos compuestos por diversos ingredientes muy troceados. ‖ **2.** Lomo de cerdo, picado, que se adoba para hacer chorizos. ‖ **hacer ~ a alguien.** LOC.VERB. coloq. Destruirlo o dejarlo en muy mala situación desde un punto de vista físico, anímico o social. ☐ V. **jota ~.**

picado, da. PART. de picar. ‖ **I.** ADJ. **1.** Dicho de una persona: Que tiene huellas o cicatrices de viruelas. ‖ **2.** *Am.* Achispado, calamocano. ‖ **II.** M. **3.** Acción y efecto de picar. ‖ **4.** *Cinem.* y *TV.* Ángulo de toma por el cual la cámara se inclina sobre el objeto filmado. ‖ **5.** *Mús.* Modo de ejecutar una serie de notas interrumpiendo momentáneamente el sonido entre unas y otras, por contraposición al *ligado.* ‖ **en picada.** LOC.ADV. *Am. Mer.* **en picado.** ‖ **en picado.** LOC.ADV. **1.** Dicho de volar un avión: Hacia abajo. ‖ **2.** Dicho de caer un avión: Casi en vertical y a gran velocidad. ‖ **3.** De manera rápida o irremediable. *Su salud cayó en picado. Los negocios entraron en picado.* ☐ V. **papel ~.**

picador, ra. I. M. y F. **1.** En las minas, persona que tiene por oficio arrancar el mineral por medio del pico u otro instrumento semejante. ‖ **II.** M. **2.** Torero de a caballo que pica con garrocha a los toros. ‖ **3.** Domador y adiestrador de caballos. ‖ **4.** Tajo de cocina.

picadora. F. Máquina o aparato que se utiliza para picar diversas sustancias.

picadura. F. **1.** Acción de picar un ave, un insecto o ciertos reptiles. ‖ **2.** Señal que deja esa picadura. ‖ **3.** Acción y efecto de picar algo. *Picadura de cebolla.* ‖ **4.** Tabaco picado para fumar. ‖ **5.** Agujero, grietas, etc., producidos por la herrumbre en una superficie metálica. ‖ **6.** Principio de caries en la dentadura.

picaflor. M. **1.** **pájaro mosca.** ‖ **2.** Hombre frívolo e inconstante.

picagallina. F. Planta anual de la familia de las Cariofiláceas, de doce a catorce centímetros de altura, con hojas pequeñas y aovadas y flores blancas. Abunda en los lugares húmedos, y se usa en medicina y para alimentar pájaros.

picajoso, sa. ADJ. Que fácilmente se pica o da por ofendido. U. t. c. s.

picamaderos. M. **pájaro carpintero.**

picana. F. **1.** **picana eléctrica.** ‖ **2.** *Am. Mer.* Aguijada de los boyeros. ‖ **~ eléctrica.** F. **1.** Instrumento de tortura con el que se aplican descargas eléctricas en cualquier parte del cuerpo de la víctima. ‖ **2.** Tortura que se da mediante este instrumento.

picanear. TR. *Am. Mer.* Aguijar a los bueyes.

picante. I. ADJ. **1.** Que pica. *Salsa picante.* ‖ **2.** Que tiene cierto carácter mordaz u obsceno que resulta gracioso. *Historia picante.* ‖ **II.** M. **3.** Sustancia o ingrediente picante. ‖ **4.** Acrimonia o mordacidad en el decir. ‖ **5.** *Am. Mer.* y *Méx.* Salsa o guiso aderezado con chile picante.

picantería. F. **1.** *Á. Andes.* Lugar donde se sirven y venden picantes. ‖ **2.** *Chile.* Acción propia de una persona maleducada.

picaño, ña. ADJ. Pícaro, holgazán, andrajoso y de poca vergüenza.

picapedrero. M. **1.** Trabajador que pica piedra. ‖ **2.** **cantero** (‖ encargado de labrar las piedras).

picapica. F. Polvos, hojas o pelusilla vegetales que, aplicados sobre la piel de las personas, causan una gran comezón. Proceden de varias clases de árboles americanos.

picapinos. M. **pájaro carpintero.**

picapleitos. COM. **1.** coloq. **pleitista.** ‖ **2.** coloq. Abogado sin pleitos, que anda buscándolos. ‖ **3.** coloq. Abogado enredador y rutinario.

picaporte. M. **1.** Mecanismo para cerrar de golpe las puertas y ventanas. ‖ **2.** Manija que sirve para accionar este mecanismo. ‖ **3.** **llamador** (‖ aldaba). ☐ V. **moño de ~.**

picar. I. TR. **1.** Golpear con pico, piqueta u otro instrumento adecuado, la superficie de las piedras para labrarlas, o la de las paredes para revocarlas. ‖ **2.** Pinchar una superficie con un instrumento punzante. *Picar la masa antes de hornear.* U. t. c. prnl. ‖ **3.** Cortar o dividir en trozos muy menudos. *Picar la verdura.* ‖ **4.** Dicho de ciertos animales: Morder o herir con el pico, la boca o el aguijón. U. t. c. intr. ‖ **5.** Dicho de un ave: Tomar la comida con el pico. ‖ **6.** Dicho de un pez: Morder el cebo puesto en el anzuelo para pescarlo. U. t. c. intr. ‖ **7.** Acudir a un engaño o caer en él. U. m. c. intr. *El incauto picó.* ‖ **8.** Dicho de ciertas cosas excitantes, como la pimienta, la guindilla, etc.: Irritar el paladar. U. t. c. intr. ‖ **9.** Comer uvas de un racimo tomándolas grano a grano. U. m. c. intr. ‖ **10.** Avivar con la espuela a la cabalgadura. ‖ **11.** Dicho de un picador: Herir al toro en el morrillo con la garrocha, procurando detenerlo cuando acomete al caballo. ‖ **12.** Dicho de un picador: Adiestrar al caballo.

‖ **13.** Golpear con el taco la bola de billar imprimiéndole un movimiento giratorio, distinto del de traslación. ‖ **14.** Dicho de un revisor: En los medios de transporte públicos, taladrar los billetes de los viajeros. ‖ **15.** Mover o estimular. *Picar la curiosidad.* U. t. c. intr. ‖ **16.** coloq. Enojar y provocar a alguien con palabras o acciones. ‖ **17.** *Mar.* Hacer funcionar una bomba. ‖ **18.** *Mús.* Hacer sonar una nota de manera muy clara, dejando un cortísimo silencio que la desligue de la siguiente. ‖ **19.** *Pint.* Concluir con algunos golpecitos graciosos y oportunos una cosa pintada. ‖ **II.** INTR. **20.** Dicho de una parte del cuerpo: Experimentar cierto ardor, escozor o desazón. *Me pica la garganta.* U. t. c. impers. *¿Dónde te pica? Me pica en todo el cuerpo.* ‖ **21.** Dicho del sol: Calentar mucho. ‖ **22.** Tomar una ligera porción de un alimento o cosa comestible. *Le gusta picar antes de comer.* U. t. c. tr. ‖ **23.** Dicho de los compradores: Empezar a concurrir. ‖ **24.** Dicho de un ave: Volar veloz y verticalmente hacia tierra. ‖ **25.** Dicho de un avión: Descender o caer en picado. ‖ **26.** Tocar, llegar, rayar. *Picar EN valiente.* ‖ **27.** *Á. R. Plata.* Dicho de un cuerpo elástico: **rebotar.** ‖ **III.** PRNL. **28.** apolillarse (‖ destruirse por la polilla). ‖ **29.** Dicho de un diente, de una muela, etc.: **cariarse.** ‖ **30.** Dicho de una cosa: Dañarse o empezar a pudrirse. *La lana del jersey se ha picado.* ‖ **31.** Dicho del vino: **avinagrarse.** ‖ **32.** Dicho de la superficie del mar: Agitarse formando olas pequeñas a impulso del viento. ‖ **33.** coloq. Ofenderse, enfadarse o enojarse, a causa de alguna palabra o acción ofensiva o indecorosa. ‖ **34.** jerg. Inyectarse droga. ‖ ~ alguien **más alto,** o **muy alto.** LOCS. VERBS. Pretender y solicitar algo muy exquisito y elevado, desigual a sus méritos y calidad. ‖ **picárselas.** LOC.VERB. *Á. Andes* y *Á. R. Plata.* Irse, por lo común rápidamente.

picaraza. F. **urraca.**

picardear. I. INTR. **1.** Decir o ejecutar picardías. ‖ **II.** PRNL. **2.** Resabiarse, adquirir algún vicio o mala costumbre.

picardía. F. **1.** Acción baja, ruindad, vileza, engaño o maldad. ‖ **2.** Astucia o disimulo en decir algo. ‖ **3.** Travesura de muchachos, burla inocente. ‖ **4.** Intención o acción deshonesta o impúdica. ‖ **5.** pl. Dichos injuriosos, denuestos. ‖ **6.** pl. u. c. sing. m. Camisón corto, con tirantes, hecho generalmente de tela transparente.

picardo, da. I. ADJ. **1.** Natural de Picardía. U. t. c. s. ‖ **2.** Perteneciente o relativo a esta provincia de Francia. ‖ **II.** M. **3.** Dialecto de los picardos.

picaresca. F. **1.** Conjunto de pícaros. ‖ **2.** Profesión de pícaros. ‖ **3.** Género literario formado por las novelas picarescas. ‖ **4.** Forma de vida o actuación aprovechada y tramposa.

picaresco, ca. ADJ. **1.** Perteneciente o relativo a los pícaros. *Actitud picaresca.* ‖ **2.** Se dice de las producciones literarias en que se pinta la vida de los pícaros, y de este género de literatura. □ V. **novela ~.**

pícaro, ra. I. ADJ. **1.** Bajo, ruin, falto de honra y vergüenza. Apl. a pers., u. t. c. s. ‖ **2.** Astuto, taimado. Apl. a pers., u. t. c. s. ‖ **3.** Que implica o denota cierta intención impúdica. *Una mirada pícara.* ‖ **4.** Dañoso y malicioso en su línea. *Un gesto pícaro.* ‖ **II.** M. y F. **5.** Persona de baja condición, astuta, ingeniosa y de mal vivir, protagonista de un género literario surgido en España. ‖ **pícaro de cocina.** M. **pinche.**

picatoste. M. Rebanada pequeña de pan tostada con manteca o frita.

picaza. F. **urraca.**

picazo. M. Golpe que se da con la pica o con alguna cosa puntiaguda y punzante.

picazón. F. **1.** Desazón y molestia que causa algo que pica en alguna parte del cuerpo. ‖ **2.** Enojo, desabrimiento o disgusto. *Sintió la picazón de los celos.*

pícea. F. Árbol parecido al abeto común, del cual se distingue por tener las hojas puntiagudas y las piñas más delgadas y colgantes en el extremo de las ramas superiores. No la hay silvestre en España.

picha. F. malson. Miembro viril.

pichana. F. *Á. Andes.* Escoba rústica hecha con un manojo de ramillas.

pichel. M. Vaso alto y redondo, ordinariamente de estaño, algo más ancho de la base que de la boca y con su tapa engoznada en el remate del asa.

pichelero, ra. M. y F. Persona que fabrica picheles.

pichi¹. M. *Chile.* Arbusto de la familia de las Solanáceas, con flores blancas, solitarias y muy numerosas en el extremo de los ramos tiernos. Se usa en medicina como diurético.

pichi². M. Prenda de vestir, semejante a un vestido sin mangas y escotado, que se pone encima de una blusa, jersey, etc.

pichicatear. TR. *Méx.* Hacer cicaterías.

pichicatería. F. *Méx.* **cicatería.**

pichicato, ta. ADJ. *Méx.* **cicatero.**

pichichi. M. **1.** En el fútbol, jugador que marca más goles durante la liga y, por ext., goleador. ‖ **2.** Distinción honorífica que se concede al pichichi de la liga.

pichilemino, na. ADJ. **1.** Natural de Pichilemu. U. t. c. s. ‖ **2.** Perteneciente o relativo a esta ciudad de Chile, capital de la provincia de Cardenal Caro.

pichinchano, na. ADJ. **1.** Natural de Pichincha. U. t. c. s. ‖ **2.** Perteneciente o relativo a esta provincia de Ecuador.

pichinglis. M. pidgin (‖ lengua franca de base inglesa).

pichiruche. M. *Á. Andes* y *Chile.* Persona insignificante.

pichoa. F. *Chile.* Planta de la familia de las Euforbiáceas, de raíz gruesa, con muchos tallos, largos de un decímetro o más, poblados de hojas alternas, ovaladas y oblongas que se terminan en umbelas trífidas. Es hierba muy purgante.

pichón. M. **1.** Pollo de la paloma doméstica. ‖ **2.** afect. coloq. Persona del sexo masculino. □ V. **tiro de ~.**

pichona. F. afect. coloq. Persona del sexo femenino.

pichuncho. M. *Chile.* Bebida preparada con pisco y vermú.

pícnico, ca. ADJ. De cuerpo rechoncho y con tendencia a la obesidad. *Constitución pícnica.*

pico¹. M. **1.** Parte saliente de la cabeza de las aves, compuesta de dos piezas córneas, una superior y otra inferior, que terminan generalmente en punta y les sirven para tomar el alimento. ‖ **2.** Parte puntiaguda que sobresale en la superficie o en el borde o límite de alguna cosa. *Los picos de la mesa.* ‖ **3.** Herramienta con dos puntas opuestas aguzadas y un mango largo de madera, que sirve para cavar, desbastar la piedra, etc. ‖ **4.** Punta acanalada que tienen en el borde algunas vasijas, para que se vierta con facilidad el líquido que contengan, y en los candiles y velones, para que la mecha no arda más de lo necesario. ‖ **5.** Cúspide aguda de una montaña. ‖ **6.** Montaña de cumbre puntiaguda. *El pico Aneto.* ‖ **7.** Pañal triangular de los niños, generalmente de tejido afelpado. ‖ **8.** Cantidad indeterminada de dinero. *Le debe un buen pico.* ‖ **9.** *Zool.* Órgano chupador de los hemípteros, consistente en un tubo que contiene cuatro cerdas largas y punzantes con las que el animal perfora los tejidos vegetales o animales, haciendo salir de ellos los líquidos de que se alimenta. ‖ **10.** coloq. Boca de una persona. ‖ **~ de cigüeña.** M. Planta herbácea anual, de la familia de las Geraniáceas, con tallos velludos y ramosos de cuatro a seis decímetros de altura, hojas pecioladas, grandes y recortadas en segmentos dentados por el margen, flores pequeñas, amoratadas, en grupillos sobre un largo pedúnculo, y fruto seco, abultado en la base y lo demás de forma cónica muy prolongada, el cual contiene cinco semillas. Es común en España en terrenos incultos. ‖ **~ de oro.** M. coloq. Persona que habla bien. ‖ **abrir el ~.** LOC.VERB. coloq. Intentar hablar o replicar. U. m. con neg. ‖ **andar de ~s pardos.** LOC. VERB. coloq. Ir de juerga o diversión a sitios de mala nota. ‖ **callar, o cerrar** alguien **el, o su, ~.** LOCS.VERBS. **1.** coloqs. **callar** (‖ cesar de hablar). ‖ **2.** coloqs. Disimular, o no darse por enterado de lo que sabe. ‖ **cortado, da a ~.** LOC.ADJ. Dicho de un terreno: Con escarpa vertical. ‖ **echarse al ~.** LOC.VERB. Á. *Caribe.* matar (‖ quitar la vida). ‖ **irse** alguien **a, o de ~s pardos.** LOCS.VERBS. coloqs. **andar de picos pardos.** ‖ **y ~.** EXPR. Se pospone a los numerales cardinales, excepto a *veinte,* para expresar imprecisión en las fracciones inferiores. *100 euros y pico. Las once y pico.* □ V. **hora ~, sombrero de tres ~s.**

pico². M. *Chile.* Crustáceo cirrípedo, de forma semejante a la cabeza del pájaro carpintero y de carne blanca comestible.

picón. M. Especie de carbón muy menudo, hecho de ramas de encina, jara o pino, que sirve para los braseros. □ V. **mojo ~.**

picop. AMB. *Am. Cen.* y *Méx.* Vehículo de transporte, más pequeño que un camión, con la parte de atrás descubierta. MORF. pl. **picops.**

picor. M. Desazón que causa algo que pica.

picoso, sa. ADJ. *Méx.* Dicho de un guiso: Que tiene exceso de chile.

picota. F. **1.** Variedad de cereza, que se caracteriza por su forma algo apuntada, consistencia carnosa y muy escasa adherencia al pedúnculo. ‖ **2.** hist. Rollo o columna de piedra o de fábrica, que había a la entrada de algunos lugares, donde se exponían públicamente las cabezas de los ajusticiados, o los reos. ‖ **3.** Parte superior, en punta, de una torre o montaña muy alta. ‖ **en la ~.** LOC.ADV. En una situación de descrédito por haberse hecho públicos sus defectos o faltas. *El escándalo puso al Gobierno en la picota.*

picotazo. M. Acción y efecto de picar un ave, un reptil o un insecto.

picote. M. hist. Cierta tela de seda muy lustrosa con la que se hacían vestidos.

picotear. **I.** TR. **1.** Dicho de un ave: Golpear o herir con el pico. U. t. c. intr. ‖ **II.** INTR. **2.** Dicho de un caballo: Mover de continuo la cabeza, de arriba hacia abajo y viceversa. ‖ **3.** picar (‖ tomar una ligera porción de un alimento). U. t. c. tr.

picoteo. M. Acción y efecto de picotear.

pícrico. □ V. **ácido ~.**

pictografía. F. Escritura ideográfica que consiste en dibujar los objetos que han de explicarse con palabras.

pictográfico, ca. ADJ. Perteneciente o relativo a la pictografía.

pictograma. M. Signo de la escritura de figuras o símbolos.

pictórico, ca. ADJ. **1.** Perteneciente o relativo a la pintura. *Arte pictórico.* ‖ **2.** Adecuado para ser representado en pintura. *Conjunto muy pictórico.*

picuda. F. Á. *Caribe.* barracuda.

picudilla. □ V. **aceituna ~.**

picudo, da. ADJ. Que tiene pico. *Sombrero picudo.*

picunche. **I.** ADJ. **1.** hist. Se dice del individuo de un pueblo amerindio que vivía en el valle central de Chile. U. t. c. s. ‖ **2.** hist. Perteneciente o relativo a los **picunches.** *Asentamiento picunche.* ‖ **II.** M. **3.** Lengua hablada por los **picunches.**

pidén. M. *Chile.* Ave parecida a la gallareta o focha española. Es de color aceitunado por encima y rojizo por el vientre, tiene pico rojo en la base, que se va tornando azulado y verdoso en el extremo, ojos purpúreos y tarsos y pies rojos. Frecuenta las riberas y se alimenta de gusanos y vegetales. Es muy huidiza y su canto es melodioso.

pidgin. M. **1.** Lengua mixta usada como lengua franca en puertos y otros lugares entre hablantes de diferente origen lingüístico. ‖ **2.** Lengua franca creada sobre una base de origen inglés. ¶ MORF. pl. invar. o **pidgins.**

pídola. F. Juego de muchachos en el que uno salta por encima de otro que está agachado.

pie. M. **1.** Extremidad de cualquiera de los dos miembros inferiores del hombre, que sirve para sostener el cuerpo y andar. ‖ **2.** Parte análoga en otros animales. ‖ **3.** Base o parte en que se apoya algo. *Pie de una lámpara.* ‖ **4.** Tallo de las plantas. ‖ **5.** Tronco del árbol. ‖ **6.** Planta entera. ‖ **7.** En las medias, calcetines o botas, parte que cubre el pie. ‖ **8.** Cada una de las partes, de dos o más sílabas, de que se compone y con que se mide un verso en aquellas poesías que, como la griega y la latina, atienden a la cantidad. ‖ **9.** En el juego, el último en orden de quienes juegan, a distinción del primero, llamado *mano.* ‖ **10.** Palabra con que termina lo que dice un actor en una representación dramática, cada vez que a otro le toca hablar. ‖ **11.** Medida de longitud usada en muchos países, con dimensión variable. ‖ **12.** Parte final de un escrito. *Al pie de la carta. Cabeza y pie del testamento.* ‖ **13.** Nombre o título de una persona o corporación a la que se dirige un escrito y que se pone al pie de este. ‖ **14.** Explicación o comentario breve que se pone debajo de las ilustraciones de prensa. ‖ **15.** Parte opuesta en algunas cosas a la que es principal en ellas, llamada cabecera. U. m. en pl. *Los pies de la iglesia. A los pies de la cama.* ‖ **16.** Ocasión o motivo de hacerse o decirse algo. *Dar pie. Tomar pie.* ‖ **17.** *Geom.* En una línea trazada desde un punto hacia una recta o un plano, punto en que la línea corta a la recta o al plano. ‖ **18.** *Zool.* Porción musculosa del cuerpo de los moluscos, con función fundamentalmente locomotora, de forma distinta según las especies. ‖ **19.** *Chile.* señal (‖ cantidad que se adelanta en algunos contratos). ‖ **~ ambulacral.** M. *Zool.* Cada uno de los apéndices tubuliformes y eréctiles, a veces terminados en ventosa, que salen por pequeños orificios del dermatoesqueleto de los equinodermos. Intervienen en la función respiratoria de estos animales y en muchos casos actúan como órganos de locomoción. ‖ **~ cavo.** M. El que tiene un arco plantar muy acusado. ‖ **~ de amigo.** M. Aquello que sirve para asegurar y fortalecer algo. ‖ **~ de atleta.** M. *Med.* Infección por hongos en los pies, especialmente entre los dedos. ‖ **~ de becerro.** M. aro². ‖ **~ de cabra.** M. Palanqueta hendida por uno de sus extremos en forma de dos uñas u orejas. ‖ **~ de cueca.** M. *Chile.* Cada una de las partes en que se divide el baile popular de la cueca. ‖ **~ de gallina.** M. Planta herbácea anual de la familia de las Umbelíferas, con tallo erguido, delgado, de dos a tres decímetros de altura, hojas partidas en segmentos lineales, flores blancas y fruto seco, de semilla piramidal con un pico muy largo. ‖ **~ de gallo.** M. Daño de algunos árboles, consistente en grietas que, partiendo del corazón del tronco, se dirigen en sentido radial a la periferia. Es principio de pudrición. ‖ **~ de imprenta.** M. Expresión de la oficina, lugar y año de la impresión, que suele ponerse al principio o al fin de los libros y otras publicaciones. ‖ **~ de león.** M. Planta herbácea anual, de la familia de las Rosáceas, con tallos erguidos, ramosos, de cuatro a cinco decímetros, hojas algo abrazadoras, plegadas y hendidas en cinco lóbulos dentados, algo parecidos al pie del león, y flores pequeñas y verdosas, en corimbos terminales. Es común en España y se ha empleado en cocimientos como tónica y astringente. ‖ **~ de paliza.** M. Tunda, zurra. ‖ **~ derecho.** M. 1. *Arq.* Madero que en los edificios se pone verticalmente para que cargue sobre él algo. ‖ 2. Madero que se usa en posición vertical. ‖ **~ de rey.** M. *Mec.* **calibre** (‖ instrumento que mide diámetros). ‖ **~ plano.** M. El que tiene un arco plantar casi plano. ‖ **~ quebrado.** M. Verso corto, de cinco sílabas a lo más, y cuatro generalmente, que alterna con otros más largos en ciertas combinaciones métricas. ‖ **a cuatro ~s.** LOC.ADV. **a gatas.** ‖ **al ~.** LOC.ADV. Junto a algo o al lado de ello. *Al pie del árbol.* ‖ **al ~ de la letra.** LOC.ADV. 1. literalmente. ‖ 2. Enteramente y sin variación, sin añadir ni quitar nada. ‖ **a ~.** LOC.ADV. **andando** (‖ dando pasos). ‖ **a ~ de fábrica.** LOC.ADV. Se usa hablando del valor primitivo que tiene una cosa en el sitio donde se fabrica. ‖ **a ~ de obra.** LOC.ADV. Se usa a propósito del valor que tienen, puestos en el sitio donde se construye una casa u otra obra, los materiales que en ella se han de emplear. ‖ **a ~ enjuto.** LOC.ADV. 1. Sin mojarse los pies al andar. ‖ 2. Sin zozobras ni peligros, o sin fatiga ni trabajo. ‖ **a ~ firme.** LOC.ADV. 1. Sin apartarse del sitio que se ocupa. ‖ 2. De manera constante o firme, con entereza o con seguridad. ‖ **a ~ juntillas, o a ~s juntillas.** LOCS.ADVS. 1. Con los pies juntos. *Saltó a pie juntillas.* ‖ 2. Sin discusión. *Creer a pie juntillas.* ‖ **arrastrar** alguien **los ~s.** LOC.VERB. coloq. Estar ya muy viejo. ‖ **besar los ~s** a alguien. LOC.VERB. Se usa de palabra o por escrito, hablando con personas reales, por respeto y sumisión, y con damas, por cortesanía y rendimiento. ‖ **buscarle cinco, o tres, ~s al gato.** LOCS.VERBS. 1. coloqs. Buscar soluciones o razones faltas de fundamento o que no tienen sentido. ‖ 2. coloqs. Empeñarse en cosas que pueden acarrear daño. ‖ **caer de ~, o de ~s** alguien. LOCS.VERBS. Tener suerte. ‖ **cojear** alguien **del mismo ~ que** otra persona. LOC.VERB. coloq. Adolecer del mismo vicio o defecto que ella. ‖ **comer por los ~s** a alguien. LOC.VERB. Ocasionarle gastos excesivos, serle muy gravoso. ‖ **con buen ~.** LOC.ADV. Con suerte, con dicha. ‖ **con el ~ derecho.** LOC.ADV. Con buen agüero, con buena fortuna. ‖ **con el ~ izquierdo.** LOC.ADV. Con mal agüero, con mala fortuna. ‖ **con los ~s.** LOC.ADV. Mal, de manera desacertada. *Hacer con los pies algo.* ‖ **con mal ~.** LOC.ADV.

Con mala suerte o desdicha. ‖ **con ~, o ~s, de plomo.** LOCS.ADVS. coloqs. Despacio, con cautela y prudencia. *Andar, ir con pies de plomo.* ‖ **con un ~ en el hoyo, en el sepulcro, o en la sepultura.** LOCS.ADVS. coloqs. Cercano a la muerte. ‖ **dar** a alguien **el ~ y tomarse** este **la mano.** LOC.VERB. coloq. Ofrecer ayuda a alguien, y propasarse este, tomándose otras libertades con ocasión de la que se le permite. ‖ **de a ~.** LOC.ADJ. 1. Dicho de un soldado, de un guarda, de un montero, etc.: Que no van a caballo para su cometido. ‖ 2. Dicho de una persona: Normal y corriente. ‖ **de ~.** LOC.ADV. **en pie.** ‖ **de ~s a cabeza.** LOC.ADV. **enteramente.** ‖ **echar el ~ atrás.** LOC.VERB. coloq. No mantenerse firme en el puesto que se ocupa o en la resolución que se tiene. ‖ **echar ~ a tierra.** LOC.VERB. Descabalgar o bajarse de un vehículo. ‖ **echarse a los ~s** de alguien. LOC.VERB. Manifestar acatamiento y sumisión. ‖ **en buen ~.** LOC.ADV. **con buen pie.** ‖ **en ~.** LOC.ADV. 1. Denota que alguien se ha levantado ya de la cama restablecido de una enfermedad, o que no guarda cama por ella. ‖ 2. Se usa para explicar la forma de estar o ponerse alguien derecho, erguido o apoyado sobre los pies. ‖ 3. Con permanencia y duración, sin destruirse, derogarse ni acabarse. ‖ **en ~ de guerra.** LOC.ADJ. 1. Dicho de un ejército: Que en tiempo de paz se halla preparado para entrar en campaña. U. t. c. loc. adv. ‖ 2. Dicho de una plaza, de una comarca o de una nación: Que se arma y pertrecha de todo lo necesario para combatir. U. t. c. loc. adv. ‖ 3. Preparado para una acción intensa. ‖ **entrar con buen ~, o con el ~ derecho, o con ~ derecho.** LOCS.VERBS. Empezar a dar acertadamente los primeros pasos en un asunto. ‖ **estar a los ~s** de alguien. LOC.VERB. **besar los pies.** ‖ **estar** alguien **al ~ del cañón.** LOC.VERB. coloq. No desatender ni por un momento un deber, una ocupación, etc. ‖ **estar** alguien **con el ~ en el estribo.** LOC.VERB. Estar dispuesto y próximo a hacer un viaje o emprender un camino. ‖ **estar** alguien **con un ~ en el aire.** LOC.VERB. coloq. Estar en situación o posición inestables. ‖ **hacer ~.** LOC.VERB. 1. Tocar el fondo para poder mantener la cabeza fuera del agua. ‖ 2. Afirmarse o ir con seguridad en un proyecto o intento. ‖ **ir** alguien **por su ~.** LOC.VERB. 1. Ir andando. ‖ 2. Valerse por sí mismo. ‖ **ir** alguien **por su ~ a la pila.** LOC.VERB. hist. Era usado para censurar a alguien su carácter de cristiano nuevo, o lo tardío de su bautismo. ‖ **írsele los ~s** a alguien. LOC.VERB. 1. Escurrirse o deslizarse. ‖ 2. Sentirse fuertemente atraído por algo. ‖ **irse** alguien **por ~s.** LOC.VERB. coloq. Huir, escapar. ‖ **más viejo que andar a ~.** LOC.ADJ. Muy viejo o antiguo. ‖ **meter el ~.** LOC.VERB. coloq. Introducirse en una casa, o bien en un asunto o dependencia. ‖ **nacer** alguien **de ~, o de ~s.** LOCS.VERBS. coloqs. Tener buena suerte. ‖ **no dar** alguien **~ con bola.** LOC.VERB. Hacer mal las cosas por ignorancia o aturdimiento. ‖ **no llevar** algo **~s ni cabeza.** LOC.VERB. coloq. **no tener pies ni cabeza.** ‖ **no poderse tener** alguien **en ~.** LOC.VERB. Padecer gran debilidad. ‖ **no poner** alguien **los ~s en el suelo.** LOC.VERB. Correr o caminar con gran ligereza o velocidad. ‖ **no tener** algo **~s ni cabeza.** LOC.VERB. coloq. No tener orden ni concierto. ‖ **parar los ~s** a alguien que se comporta de una manera inconveniente o descomedida. LOC.VERB. coloq. Detener o interrumpir su acción. ‖ **perder ~.** LOC.VERB. 1. Dicho de alguien que entra en el mar, en un río, lago, etc.: No encontrar el fondo en el agua. ‖ 2. Confundirse y no hallar salida en el discurso. ‖ **~ a tie-**

rra. LOC.ADJ. Desmontado del caballo. || **~s, ¿para qué os quiero?** EXPR. Denota la resolución de huir de un peligro. || **poner** a alguien **a los ~s de los caballos.** LOC.VERB. coloq. Tratarlo o hablar de él con el mayor desprecio. || **poner los ~s en** una parte. LOC.VERB. Estar en ella. U. m. con neg. || **poner** alguien **los ~s en el suelo.** LOC.VERB. coloq. Levantarse de la cama. || **poner ~s en polvorosa.** LOC.VERB. coloq. Huir, escapar. || **ponerse a los ~s de** alguien. LOC.VERB. **besar los pies.** || **por ~s.** LOC.ADV. Corriendo, alejándose con rapidez de un lugar. *Salir, salvarse, irse por pies.* || **saber de qué ~ cojea** alguien. LOC.VERB. coloq. Conocer a fondo el vicio o defecto moral de que adolece. || **sacar con los ~s por delante** a alguien. LOC.VERB. coloq. Llevarlo a enterrar. || **ser ~s y manos de** alguien. LOC.VERB. Servirle en todos sus asuntos. || **sin ~s ni cabeza.** LOC.ADV. coloq. Sin orden ni concierto. || **tener** alguien **el ~ en el estribo.** LOC.VERB. **tener con el pie en el estribo.** || **tener** alguien **los dos ~s en** algún lugar. LOC.VERB. coloq. Ser prácticamente segura o inminente la marcha a algún lugar. || **tener** alguien **un ~ dentro.** LOC.VERB. coloq. Empezar a experimentar adelantos en el logro de su pretensión. || **tener un ~ dentro y otro fuera.** LOC.VERB. coloq. Estar indeciso o en una situación ambigua. || **tomar** ~ algo. LOC.VERB. Arraigar o coger fuerza. □ V. **arco del ~, copla de ~ quebrado, hombre de a ~, salida de ~ de banco.**

piedad. F. **1.** Virtud que inspira, por el amor a Dios, tierna devoción a las cosas santas, y, por el amor al prójimo, actos de amor y compasión. || **2.** Amor entrañable que consagramos a los padres y a objetos venerables. || **3.** Lástima, misericordia, conmiseración. || **4.** Representación en pintura o escultura del dolor de la Virgen María al sostener el cadáver de Jesucristo descendido de la cruz. □ V. **monte de ~.**

piedra. F. **1.** Sustancia mineral, más o menos dura y compacta, que no es terrosa ni de aspecto metálico. || **2.** Trozo de roca tallado para la construcción. || **3.** piedra labrada con alguna inscripción o figura. *Se hallan escrituras, piedras y otros vestigios que aseguran esta verdad.* || **4. cálculo** (|| concreción anormal en la vejiga). || **5.** Granizo grueso. || **6.** En ciertos juegos, tanto con que se señalan los puntos ganados. || **7.** Aleación de hierro y cerio que, moldeada en trozos pequeños, se emplea en los encendedores de bolsillo para producir la chispa. || **8.** Muela de molino. || **~ angular.** F. **1.** La que en los edificios hace esquina, juntando y sosteniendo dos paredes. || **2.** Base o fundamento principal de algo. || **~ azufre.** F. azufre. || **~ ciega.** F. La preciosa que no tiene transparencia. || **~ de afilar, o ~ de amolar.** F. asperón. || **~ de cal.** F. caliza. || **~ de chispa.** F. pedernal. || **~ de escándalo, o ~ del escándalo.** F. Origen o motivo de escándalo. || **~ de moler.** F. *Am.* La de buen tamaño, con una cara cóncava o plana sobre la cual una persona desliza otra piedra para triturar diversos tipos de granos. || **~ de rayo.** F. Hacha de piedra pulimentada, que popularmente se cree que procede de la caída de un rayo. || **~ de toque.** F. **1.** Jaspe granoso, generalmente negro, que emplean los plateros. || **2.** Cosa que conduce al conocimiento de la bondad o malicia de algo. || **~ falsa.** F. La natural o artificial que imita las preciosas. || **~ filosofal.** F. Materia con que los alquimistas pretendían hacer oro artificialmente. || **~ fina.** F. piedra preciosa. || **~ fundamental.** F. **1.** La primera que se pone en los edificios. || **2.** Origen y principio de donde dimana algo, o que le

sirve como de base y fundamento. || **~ imán.** F. imán (|| mineral). || **~ jaspe.** F. jaspe. || **~ judaica.** F. Púa de erizo de mar fósil, de forma globular o cilíndrica, lisa, espinosa o estriada y siempre con una base que la unía al caparazón del animal. Son bastante abundantes sobre las rocas jurásicas y cretáceas, y, por la forma que algunas tienen, se han empleado como amuletos. || **~ lipes,** o **~ lipis.** F. Sulfato de cobre. || **~ litográfica.** F. Mármol algo arcilloso, de grano fino, en cuya superficie alisada se dibuja o graba lo que se quiere estampar. || **~ mármol.** F. mármol. || **~ meteórica.** F. aerolito. || **~ pómez.** F. piedra volcánica, esponjosa, frágil, de color agrisado y textura fibrosa, que raya el vidrio y el acero y es muy usada para desgastar y pulir. || **~ preciosa.** F. La que es fina, dura, rara y por lo común transparente, o al menos traslúcida, y que tallada se emplea en adornos de lujo. || **~ viva.** F. Peña que está adherida naturalmente al terreno. || **ablandar las ~s** un caso lastimoso. LOC.VERB. Suscitar gran compasión. || **a ~ y lodo.** LOC.ADJ. Dicho de una puerta, de una ventana, etc.: Completamente cerradas. || **de ~.** LOC.ADJ. coloq. Atónito, paralizado por la sorpresa. *Se quedó de piedra al conocer la fecha de la boda.* || **hasta las ~s.** LOC.SUST. Todos sin excepción. || **no dejar ~ sobre ~.** LOC.VERB. Quedar en completa destrucción y ruina un edificio, ciudad o fortaleza. || **no quedarle** a alguien **~ por mover.** LOC.VERB. Poner todas las diligencias y medios para conseguir un fin. || **no quedar ~ sobre ~.** LOC.VERB. no dejar piedra sobre piedra. || **poner la primera ~.** LOC.VERB. **1.** Ejecutar la ceremonia de asentar la piedra fundamental en un edificio notable que se quiere construir. || **2.** coloq. Dar principio a una pretensión o negocio. || **sacar** alguien **de debajo de las ~s** un beneficio, especialmente dinero. LOC.VERB. coloq. Tener habilidad para obtenerlo de donde aparentemente no podía conseguirse. || **señalar con ~ blanca.** LOC.VERB. Celebrar con aplauso y alegría el día feliz y dichoso. || **ser la ~ del escándalo** alguien o algo. LOC.VERB. Ser el motivo u origen de una disensión, cuestión o pendencia, y, en consecuencia, ser el blanco de la indignación y ojeriza de todos. || **tirar** alguien **la ~ y esconder la mano.** LOC.VERB. Hacer daño a otra persona, ocultando que se lo hace. || **tirar** alguien **~s a su tejado.** LOC.VERB. coloq. Conducirse de manera perjudicial a sus intereses. □ V. **azúcar ~, banco de ~, carbón de ~, cartón ~, cocaína en ~, Edad de Piedra, enfermedad de la ~, jabón de ~, mal de la ~, mal de ~, sal ~.**

piel. F. **1.** Tegumento extendido sobre todo el cuerpo del animal, que en los vertebrados está formado por una capa externa o epidermis y otra interna o dermis. || **2.** Cuero curtido. *Cartera de piel.* || **3.** Cuero curtido de modo que se conserve por fuera su pelo natural, usado para forros y adornos y para prendas de abrigo. || **4.** Epicarpio de ciertos frutos, como las ciruelas, las peras, etc. || **~ de ángel.** F. Tela de seda parecida al raso, pero menos rígida y con menos brillo que este. || **~ de cordero.** F. Apariencia inofensiva y bondadosa que encubre propósitos, normalmente negativos, que no se corresponden con ella. || **~ de gallina.** F. carne de gallina. || **~ de naranja.** F. Apariencia de superficie granulosa que toma la piel en procesos edematosos o celulíticos. || **~ de oveja.** F. piel de cordero. || **~ de Rusia.** F. piel curtida a la cual se da olor agradable y permanente por medio de un aceite sacado de la corteza del abedul. || **~ roja.** COM. Indio indígena de América del Norte. || **dejar,** o **dejarse**

alguien **la ~**. LOCS.VERBS. **1**. coloqs. Acabar la vida, morir. ‖ **2**. coloqs. Esforzarse al máximo en algo. ‖ **quitar**, o **sacar, la ~ a tiras** a alguien. LOCS.VERBS. coloqs. Criticarlo duramente. ‖ **salvar** alguien **la ~**. LOC.VERB. coloq. **salvar el pellejo**.

piélago. M. **1**. mar. ‖ **2**. Aquello que por su abundancia es dificultoso de enumerar y contar. *Piélago de opiniones*.

pielonefritis. F. *Med*. Inflamación de las vías urinarias por infección bacteriana.

pienso[1]. M. **1**. Alimento para el ganado. ‖ **2**. Porción de alimento seco que se da al ganado.

pienso[2]. **ni por ~**. LOC.ADV. coloq. Se usa para ponderar que algo ha estado tan lejos de suceder o ejecutarse, que ni aun se ha ofrecido en el pensamiento.

pierde. **no tener ~** algo. LOC.VERB. Ser fácil de encontrar, ateniéndose a las instrucciones recibidas.

pierna. **I**. F. **1**. Extremidad inferior de las personas. ‖ **2**. Parte de esa extremidad comprendida entre la rodilla y el pie. ‖ **3**. Muslo de los cuadrúpedos y aves. ‖ **4**. Cada una de las dos piezas, puntiagudas por uno de sus extremos, que forman el compás. ‖ **5**. pl. u. c. sing. m. Títere, persona sin autoridad ni relieve. ‖ **II**. COM. **6**. *Á. R. Plata*. Persona dispuesta a prestar compañía. ‖ **~ de nuez**. F. *Bot*. Cada uno de los cuatro lóbulos en que está dividida la semilla de una nuez común. ‖ **a la ~**. LOC.ADV. *Equit*. Dicho de andar un caballo: De costado. ‖ **a ~ suelta**. LOC.ADV. coloq. Sin preocupación, de manera tranquila. *Dormir a pierna suelta*. ‖ **cortar** a alguien las **~s**. LOC.VERB. coloq. Imposibilitarlo para algo. ‖ **cruzarse** alguien de **~s**. LOC. VERB. Montar una pierna sobre la otra estando sentado. ‖ **en ~s**. LOC.ADV. Con las piernas desnudas. ‖ **estirar** alguien las **~s**. LOC.VERB. coloq. Dar un paseo después de haber permanecido inmóvil durante largo tiempo. ‖ **hacer ~s**. LOC.VERB. Hacer ejercicio andando. ‖ **meter**, o **poner**, **~s** al caballo. LOCS.VERBS. *Equit*. Avivarlo o apretarlo para que corra o salga con prontitud. ‖ **ponerse sobre las ~s** el caballo. LOC. VERB. *Equit*. Suspenderse con garbo sobre ellas. ‖ **salir** alguien **por ~s**. LOC.VERB. coloq. **huir**.

pierrot. M. Persona cuyo vestido en un espectáculo o fiesta remeda el de Pierrot, personaje de la comedia del arte, que llevaba amplio traje blanco con grandes botones y gorguera. MORF. pl. **pierrots**.

piesco. M. **melocotón**.

pietismo. M. Movimiento religioso protestante iniciado en Alemania en el siglo XVII, principalmente por Philipp Jakob Spener, como reacción evangélica contra el intelectualismo y el formalismo dominantes en las Iglesias luterana y calvinista.

pietista. ADJ. **1**. Perteneciente o relativo al pietismo. *Misticismo pietista*. ‖ **2**. Se dice de ciertos protestantes que practican o aconsejan el ascetismo más riguroso. U. t. c. s.

pieza. F. **1**. Pedazo o parte de una cosa. ‖ **2**. Cada una de las partes que suelen componer un artefacto. ‖ **3**. Cada uno de los objetos que componen un conjunto; o cada unidad de ciertas cosas o productos que pertenecen a una misma especie. *Esta vajilla tiene 50 piezas*. ‖ **4**. Porción de tejido que se fabrica de una vez. ‖ **5**. Trozo de tela con que se remienda una prenda de vestir u otro tejido. ‖ **6**. Moneda de metal. ‖ **7**. Alhaja, herramienta, utensilio o mueble trabajados con arte. *Pieza de plata*.

‖ **8**. **habitación** (‖ espacio entre tabiques de una vivienda). ‖ **9**. Animal cazado o pescado. ‖ **10**. Porción de terreno cultivado. ‖ **11**. Figura que sirve para jugar a las damas, al ajedrez y a otros juegos. ‖ **12**. Obra teatral. ‖ **13**. Composición suelta de música vocal o instrumental. ‖ **14**. *Heráld*. Cada una de las figuras que se forman en el escudo y que, como la banda, el palo, el sotuer, etc., no representan objetos naturales o artificiales. ‖ **~ de artillería**. F. Arma de fuego que no es fácilmente portátil por una persona. ‖ **~ honorable**. F. *Heráld*. La que ocupa el tercio de la anchura del escudo. ‖ **buena ~**. F. irón. Persona pícara, viciosa, o astuta y traviesa. ‖ **de una ~**. LOC.ADV. coloq. Sorprendido, suspenso o admirado por haber visto u oído algo extraordinario o inesperado. *Se quedó de una pieza*.

piezgo. M. Parte correspondiente a cualquiera de las extremidades del animal de cuyo cuero se hace el odre.

piezoelectricidad. F. Propiedad que tienen ciertos cristales de polarizarse eléctricamente cuando son sometidos a presión, y a la inversa.

piezoeléctrico, ca. ADJ. Perteneciente o relativo a la piezoelectricidad.

pífano. **I**. M. **1**. Flautín de tono muy agudo, usado en las bandas militares. ‖ **II**. COM. **2**. Persona que toca este instrumento.

pifia. F. **1**. coloq. Error, descuido, paso o dicho desacertado. ‖ **2**. *Á. Andes* y *Chile*. **escarnio**.

pifiar. **I**. TR. **1**. *Á. Andes* y *Chile*. Reprobar mediante silbidos. ‖ **2**. *Á. Andes*. **escarnecer**. ‖ **II**. INTR. **3**. Hacer que se oiga demasiado el soplo de quien toca la flauta travesera. ‖ **4**. coloq. Cometer cualquier error, descuido o desacierto. U. t. c. tr. ¶ MORF. conjug. c. *anunciar*.

pigargo. M. Ave rapaz del orden de las Falconiformes, de casi un metro de longitud, de color pardo oscuro, pico amarillo, cabeza blancuzca y cola blanca. Es migratoria y vive en las costas rocosas de Europa, Asia y Norteamérica.

pigmentación. F. Acción y efecto de pigmentar.

pigmentar. TR. **1**. **colorar**. *Pigmentar un papel*. ‖ **2**. Producir coloración anormal y prolongada en la piel y otros tejidos, por diversas causas. U. t. c. prnl.

pigmentario, ria. ADJ. Perteneciente o relativo al pigmento. ▢ V. **epitelio ~**.

pigmento. M. **1**. Materia colorante que se usa en la pintura. ‖ **2**. *Biol*. Sustancia colorante que, disuelta o en forma de gránulos, se encuentra en el citoplasma de muchas células vegetales y animales. ‖ **~ respiratorio**. M. *Biol*. Proteína conjugada que transporta oxígeno en los fluidos corporales, por lo general en la sangre; p. ej., la hemoglobina.

pigmeo, a. **I**. M. y F. **1**. Individuo perteneciente a los pueblos enanos que viven en las selvas de la región ecuatorial de África y en grupos aislados en Borneo y Nueva Guinea. ‖ **II**. ADJ. **2**. Se dice de cierto pueblo fabuloso y de cada uno de sus individuos, los cuales, según la antigua poesía griega, no tenían más de un codo de alto, si bien eran muy belicosos y hábiles flecheros. Apl. a pers., u. t. c. s. ‖ **3**. Muy pequeño. Apl. a pers., u. t. c. s. U. t. en sent. despect.

pignoración. F. Acción y efecto de pignorar.

pignorar. TR. Dar o dejar en prenda.

pignoraticio, cia. ADJ. Perteneciente o relativo a la pignoración.

pigre. ADJ. Tardo, negligente, desidioso. *Alumnos pigres*.

pigricia. F. Pereza, ociosidad, negligencia, descuido.

pija. F. malson. **pijo** (‖ miembro viril).

pijama. M. Prenda para dormir, generalmente compuesta de pantalón y chaqueta de tela ligera. En algunos lugares de América, u. m. c. f.

pije. M. Á. *Andes* y *Chile*. Hombre que viste con excesiva elegancia y pulcritud.

pijije. M. *Am. Cen.* Ave limícola americana que se caracteriza por ser relativamente grande, de cuerpo delgado y cuello largo y grueso, ligeramente torcido hacia arriba. El plumaje es predominantemente café grisáceo oscuro con manchas blancuzcas.

pijo. M. **1.** despect. Cosa insignificante, nadería. ‖ **2.** malson. Miembro viril.

pijota. F. **pescadilla**.

pijotería. F. despect. Menudencia molesta.

pijotero, ra. ADJ. despect. Que produce hastío, cansancio u otra sensación. Apl. a pers., u. t. c. s.

pila[1]. F. **1.** montón. ‖ **2.** *Arq.* Cada uno de los machones que sostienen dos arcos contiguos o los tramos metálicos de un puente.

pila[2]. F. **1.** Pieza grande de piedra o de otra materia, cóncava y profunda, donde cae o se echa el agua para varios usos. ‖ **2. pila bautismal.** ‖ **3.** *Electr.* Dispositivo, generalmente pequeño, en el que la energía química se transforma en eléctrica. Tiene múltiples aplicaciones como fuente de energía en pequeños aparatos. ‖ **~ atómica.** F. **reactor nuclear.** ‖ **~ bautismal.** F. Pieza de piedra cóncava, con pedestal de la misma materia y tapa de madera, que hay en las iglesias parroquiales para administrar el sacramento del bautismo. ‖ **cargar** alguien **las ~s.** LOC.VERB. coloq. Hacer acopio de energía. *Procuraremos cargar las pilas durante las vacaciones.* ‖ **ponerse** alguien **las ~s.** LOC.VERB. coloq. Disponerse a emprender algo con energía y resolución. ‖ **sacar de ~**, o **tener en la ~**, a alguien. LOCS.VERBS. Ser padrino de una criatura en el bautismo. □ V. **nombre de ~**.

pilagá. I. ADJ. **1.** Se dice del individuo de un pueblo amerindio del grupo guaicurú que habita en la parte central de la provincia argentina de Formosa, sobre el río Pilcomayo. U. m. c. s. pl. ‖ **2.** Perteneciente o relativo a los pilagás. *Poblado pilagá.* ‖ **II.** M. **3.** Lengua hablada por los pilagás. ¶ MORF. pl. **pilagás**.

pilapila. F. *Chile*. Planta de la familia de las Malváceas, de tallo por lo común rastrero, rollizo, ramoso, de 60 a 80 cm de longitud y con nuevas raíces junto al pecíolo de cada hoja inferior. Se usa en medicina como atemperante de la sangre.

pilar[1]. TR. Descascarar los granos, golpeándolos con una o las dos manos o con majaderos largos de madera o de metal.

pilar[2]. M. **1.** Especie de pilastra, sin proporción fija entre su grueso y altura, que se pone aislada en los edificios, o sirve para sostener otra construcción o armazón cualquiera. ‖ **2.** Persona o cosa que sostiene o en que se apoya algo.

pilar[3]. M. **pilón**[2].

pilarense. ADJ. **1.** Natural de Pilar. U. t. c. s. ‖ **2.** Perteneciente o relativo a esta ciudad del Paraguay, capital del departamento de Ñeembucú.

pilastra. F. Columna de sección cuadrangular.

pilcha. F. Á. *R. Plata*. Pieza del recado de montar.

píldora. F. **1.** Bola pequeña que se hace mezclando un medicamento con un excipiente adecuado para ser ad-

ministrado por vía oral. ‖ **2.** por antonom. **píldora** anticonceptiva. ‖ **dorar la ~.** LOC.VERB. coloq. Suavizar con artificio y blandura la mala noticia que se da a alguien o la contrariedad que se le causa. ‖ **tragarse** alguien **la ~.** LOC.VERB. coloq. Creer una patraña.

pileta. F. **1.** hist. Pila pequeña que solía haber en las casas para tomar agua bendita. ‖ **2.** Sitio en que se recogen las aguas dentro de las minas. ‖ **3.** Á. *Andes* y Á. *R. Plata*. **piscina** (‖ estanque para la natación). ‖ **4.** Á. *guar.* y Á. *R. Plata*. Pila de cocina o de lavar. ‖ **5.** Á. *R. Plata*. **abrevadero**.

pililo, la. M. y F. *Chile*. Persona andrajosa y sucia.

pilipino, na. ADJ. *Filip*. Tagalo, frente a otros grupos étnicos de Filipinas. Apl. a pers., u. t. c. s.

pillaje. M. **1.** Hurto, latrocinio, rapiña. ‖ **2.** *Mil.* Robo, despojo, saqueo hecho por los soldados en país enemigo.

pillán. M. *Chile*. Entre los mapuches, poderosa divinidad con dominio sobre las personas y los fenómenos naturales.

pillar. I. TR. **1.** Alcanzar o atropellar embistiendo. *A Pedro lo pilló un automóvil. ¡Que te pilla el toro!* ‖ **2.** coloq. Coger, agarrar o aprehender a alguien o algo. *Corrió tras ella hasta que pudo pillarla.* ‖ **3.** coloq. Aprisionar con daño a algo o alguien. U. t. c. prnl. *Me pillé un dedo con la puerta.* ‖ **4.** coloq. Sorprender a alguien en flagrante delito o engaño. ‖ **5.** coloq. **coger** (‖ contraer ciertas enfermedades o empezar a padecer ciertos estados). *Pilló una pulmonía. Pilló una rabieta.* ‖ **6.** coloq. Dicho de una cosa: Sobrevenir a alguien, cogerlo desprevenido, sorprenderlo. *La enfermedad me pilló sin dinero. La noche nos pilló en el monte.* ‖ **7.** coloq. Coger, hallar o encontrar a alguien en determinada situación, temple, etc. *Me pillas de buen humor.* **II.** INTR. **8. coger** (‖ encontrarse algo en determinada situación respecto a alguien). *Tu casa nos pilla de camino. Este barrio pilla muy a trasmano.* ‖ **aquí te pillo, aquí te mato.** EXPR. coloq. Se usa para significar que alguien quiere aprovechar una ocasión favorable para realizar o exigir algo de improviso.

pillastre. M. coloq. **pillo**.

pillería. F. coloq. Cualidad de pillo.

pillo, lla. ADJ. **1.** coloq. Se dice de la persona pícara que no tiene crianza ni buenos modales. U. m. c. s. ‖ **2.** coloq. Sagaz, astuto. U. m. c. s.

pillopillo. M. *Chile*. Árbol, especie de laurel, de forma piramidal y flores blanquecinas dioicas. Su corteza interior es purgante y vomitiva.

pilmama. F. *Méx*. **niñera**.

pilme. M. *Chile*. Coleóptero de color negro, muy pequeño, que causa mucho daño en las huertas.

pilo. M. *Chile*. Arbusto que vive en sitios húmedos. Tiene hojas menudas y flores amarillas, y su cáscara es un vomitivo muy enérgico.

pilón[1]. M. **1.** Pan de azúcar refinado, de forma cónica. ‖ **2.** Pesa que, pendiente del brazo mayor de la romana, puede moverse libremente y determinar el peso de las cosas, cuando se equilibra con ellas. ‖ **3.** *Méx.* **añadidura** (‖ cosa que se añade). □ V. **azúcar de ~, martillo ~**.

pilón[2]. M. Receptáculo de piedra que se construye en las fuentes para que, cayendo el agua en él, sirva de abrevadero, de lavadero o para otros usos.

piloncillo. M. *Méx*. Azúcar morena que se vende generalmente en panes cónicos.

pilongo, ga. ADJ. Dicho de una persona: Extremadamente alta y flaca. □ V. **castaña ~.**

pilórico, ca. ADJ. Anat. Perteneciente o relativo al píloro.

píloro. M. Anat. Abertura posterior del estómago, inferior en el hombre, de los batracios, reptiles, aves y mamíferos, por la cual pasan los alimentos al intestino.

piloso, sa. ADJ. **1.** De mucho pelo. *Mejillas pilosas.* ‖ **2.** Perteneciente o relativo al pelo. *Folículo piloso.* □ V. **bulbo ~.**

pilotaje¹. M. **1.** Acción y efecto de pilotar. ‖ **2.** Ciencia y arte que enseñan el oficio de piloto. ‖ **3.** Derecho que pagan las embarcaciones en algunos puertos y entradas de ríos, en que se necesitan pilotos prácticos.

pilotaje². M. Conjunto de pilotes clavados en tierra para consolidar los cimientos.

pilotar. TR. **1.** Dirigir un buque, especialmente a la entrada o salida de puertos, barras, etc. ‖ **2.** Dirigir un automóvil, globo, aeroplano, etc.

pilote. M. Madero rollizo armado frecuentemente de una punta de hierro, que se clava en tierra para consolidar los cimientos.

pilotear. TR. Am. pilotar.

piloto. **I.** COM. **1.** Persona que gobierna y dirige un buque en la navegación. ‖ **2.** Persona que dirige un automóvil, un globo, un avión, etc. ‖ **II.** M. **3.** En algunos aparatos, instalaciones, etc., señal luminosa para indicar que están en funcionamiento o para transmitir otras informaciones. *El piloto del contestador está encendido.* ‖ **4.** Usado en aposición, indica que la cosa designada por el nombre que le precede funciona como modelo o con carácter experimental. *Instituto piloto. Pisos piloto.* ‖ **~ automático.** M. Dispositivo que permite gobernar automáticamente un barco o un avión. □ V. **faro ~.**

pilpil¹. M. Chile. Bejuco de hojas trifoliadas y flores blancas que produce el cóguil.

pilpil². □ V. **bacalao al ~.**

pilpilén. M. Chile. Ave zancuda y ribereña, de pico rojo y largo, que le sirve para abrir las valvas de los mariscos de que se alimenta. Tiene tres dedos en cada pie, sin pulgar, tarsos rojos y plumaje negro y blanco, con grandes manchas de cada color.

piltraca. F. piltrafa.

piltrafa. F. **1.** Parte de carne flaca, que casi no tiene más que el pellejo. ‖ **2.** Persona de ínfima consistencia física o moral. ‖ **3.** pl. Restos de comida o desechos de otras cosas.

pilucho. M. Chile. pelele (‖ traje de una pieza que se pone a los niños).

pimentero. M. **1.** Arbusto trepador, de la familia de las Piperáceas, con tallos ramosos que llegan a diez metros de longitud, leñosos en las partes viejas, herbáceos en las recientes, y con nudos gruesos de trecho en trecho, de donde nacen raíces adventicias. Tiene hojas alternas, pecioladas, gruesas, enteras, nerviosas, aovadas y de color verde oscuro, flores en espigas, pequeñas y verdosas, y su fruto es la pimienta. Es planta tropical. ‖ **2.** Vasija en que se pone la pimienta molida, para servirse de ella en la mesa.

pimentón. M. **1.** Polvo que se obtiene moliendo pimientos encarnados secos. ‖ **2.** pimiento (‖ fruto).

pimienta. F. Fruto del pimentero. Es una baya redonda, carnosa, rojiza, de unos cuatro milímetros de diámetro, que toma, cuando seca, color pardo o negruzco. Se arruga algo y contiene una semilla esférica, córnea y

blanca. Es aromática, ardiente, de gusto picante y muy usada para condimento. ‖ **~ blanca.** F. Aquella que, privada de la corteza, queda de color casi blanco. ‖ **~ larga.** F. Fruto de un pimentero asiático, de hojas largas, estrechas, poco simétricas, y flores amarillentas. Es de forma elipsoidal, algo mayor y de color más claro que la común. Se ha usado en medicina. ‖ **~ negra.** F. Aquella que conserva la película o corteza.

pimiento. M. **1.** Planta herbácea anual, de origen americano, de la familia de las Solanáceas, con fruto en baya hueca, de color verde, rojo o amarillo y forma más o menos cónica. ‖ **2.** Fruto comestible de esta planta. ‖ **~ de piquillo,** o **~ del piquillo.** M. Esp. Variedad del pimiento caracterizada por tener la punta curva y el sabor algo picante. ‖ **~ morrón.** M. pimiento rojo más grueso y dulce que el de las otras variedades. ‖ **~ silvestre.** M. sauzgatillo.

pimpampum. M. Juego que se procura derribar a pelotazos muñecos puestos en fila.

pimpante. ADJ. coloq. Rozagante, garboso. *Andar pimpante.*

pimpinela. F. Planta herbácea vivaz, de la familia de las Rosáceas, con tallos erguidos, rojizos, ramosos, de cuatro a seis decímetros de altura, hojas compuestas de número impar de hojuelas pecioladas, elípticas, dentadas en el margen y muy lisas, flores terminales, en espigas apretadas, en que las femeninas ocupan lo alto del grupo y las masculinas la base, sin corola y con cáliz purpurino, que se hincha, endurece y convierte en fruto elipsoidal, con cuatro aristas a lo largo, y que encierra dos o tres semillas pequeñas, alargadas, de color pardo. Abunda en España y se ha empleado en medicina como tónica y diaforética. ‖ **~ mayor.** F. Planta que se diferencia de la anterior en llegar a un metro de altura, tener las hojuelas sin pecíolo, ser más elipsoidal la espiga de las flores, que son hermafroditas, con el cáliz negro rojizo y una sola semilla en el fruto. Es común en España y se empleó en medicina para curar las llagas y heridas, y contra las hemorragias. ‖ **~ menor.** F. pimpinela.

pimpollo. M. **1.** Pino nuevo. ‖ **2.** Vástago o tallo nuevo de las plantas. ‖ **3.** Rosa por abrir. ‖ **4.** coloq. Niño o joven que se distingue por su belleza, gallardía y donosura.

pimpón. (Del inglés *Ping-pong,* marca reg.). M. **tenis de mesa.**

pin¹. M. Insignia o adorno pequeños que se llevan prendidos en la ropa. MORF. pl. **pines.**

pin². M. En algunos aparatos o dispositivos electrónicos, contraseña numérica. *Olvidó el pin de su teléfono móvil.* MORF. pl. **pines.**

pina. F. Cada uno de los trozos curvos de madera que forman en círculo la rueda del coche o carro, donde encajan por la parte interior los rayos y por la exterior se asientan las llantas de hierro.

pinabete. M. abeto.

pinacate. M. Méx. Escarabajo de color negruzco y hediondo que suele criarse en lugares húmedos.

pinacoteca. F. Galería o museo de pinturas.

pináculo. M. **1.** Parte superior y más alta de un edificio o templo. ‖ **2.** Remate en la arquitectura gótica y, por ext., en otros estilos, adorno terminal, piramidal o cónico. ‖ **3.** Parte más sublime de una ciencia o de otra cosa inmaterial.

pinada. F. pinar.

pinar. M. Sitio o lugar poblado de pinos.

pinareño, ña. ADJ. **1.** Natural de Pinar del Río. U. t. c. s. ‖ **2.** Perteneciente o relativo a esta provincia de Cuba o a su capital.

pinariego, ga. ADJ. Perteneciente o relativo al pino.

pinaza. F. **1.** Hojarasca del pino y demás coníferas. ‖ **2.** hist. Embarcación pequeña, estrecha y ligera de remo y de velas, que se usó en la Marina mercante.

pincel. M. **1.** Instrumento, usado principalmente para pintar, compuesto por un mango largo y delgado de madera o metal que en uno de los extremos tiene sujeto un manojo de pelos o cerdas. ‖ **2.** Mano que pinta. ‖ **3.** Modo de pintar.

pincelada. F. **1.** Trazo o golpe que el pintor da con el pincel. ‖ **2.** Expresión compendiosa de una idea o de un rasgo muy característico. *Describió a su amiga con cuatro pinceladas.* ‖ **dar la última ~.** LOC.VERB. Perfeccionar o concluir una obra, negocio o dependencia.

pincelar. TR. **1.** Representar o figurar algo con líneas y colores convenientes. ‖ **2.** Cubrir con color la superficie de algo.

pincerna. COM. hist. Persona que tenía por oficio servir la copa a su señor.

pinchadiscos. COM. Persona encargada de seleccionar y poner discos en una discoteca o en determinados programas de radio o televisión.

pinchadura. F. Acción y efecto de pinchar.

pinchar. I. TR. **1.** Picar, punzar o herir con algo agudo, como una espina, un alfiler, etc. *Pinchó el jamón con un tenedor.* U. t. c. prnl. ‖ **2.** Enojar, zaherir. *La pinché hasta que se enfadó.* ‖ **3.** coloq. Poner inyecciones. *La enfermera me pinchó el brazo.* U. t. c. prnl. ‖ **4.** coloq. **picar** (‖ estimular). *Lo pincharon para que cantara esa canción.* ‖ **5.** coloq. Manipular una línea telefónica para espiar las conversaciones que se realicen a través de ella. ‖ **6.** coloq. Poner discos en un equipo reproductor de sonido. U. t. c. intr. ‖ **II.** INTR. **7.** Dicho del conductor o de los ocupantes de un vehículo: Sufrir un pinchazo en una rueda. *Pinchamos en el kilómetro treinta. Fulano pinchó al salir de la curva.* ‖ **ni ~ ni cortar** algo o alguien. LOC. VERB. coloq. Tener poco valimiento o influjo en un asunto.

pinchazo. M. **1.** Acción y efecto de pinchar. ‖ **2.** **punzada** (‖ dolor agudo). *Sintió un pinchazo en la muela del juicio.* ‖ **3.** *Taurom.* Herida poco profunda que el diestro produce en el toro con el estoque al no lograr clavarlo lo suficiente.

pinche. I. COM. **1.** Persona que presta servicios auxiliares en la cocina. ‖ **II.** ADJ. **2.** *Am. Cen.* **tacaño.** ‖ **3.** despect. malson. *Méx.* **ruin** (‖ despreciable).

pincho. M. **1.** Aguijón o punta aguda de hierro u otra materia. ‖ **2.** Porción de comida tomada como aperitivo, que a veces se atraviesa con un palillo. ‖ **3.** Varilla de acero, como de un metro de longitud, con mango en un extremo y punta a veces dentada en el otro, con que los aduaneros reconocen las cargas. ‖ **~ moruno.** M. Comida constituida por varios trozos de carne que se presentan ensartados en una varilla metálica o de madera y que se sirve asada.

pinchudo, da. ADJ. Que tiene pinchos o fuertes púas. *Escamas pinchudas.*

pincullo. M. *Á. Andes.* Instrumento musical indígena en forma de flauta pequeña de madera.

pineal. □ V. **glándula ~.**

pineda. F. **pinar.**

pinedo. M. *Am. Mer.* **pinar.**

pinero, ra. ADJ. **1.** Natural de la Isla de la Juventud. U. t. c. s. ‖ **2.** Perteneciente o relativo a este municipio especial de Cuba.

pinga. F. *Filip.* Percha, por lo común de metro y medio de longitud, que sirve para conducir al hombro toda carga que se puede llevar colgada en las dos extremidades del palo. ‖ **de ~.** LOC.ADJ. *Á. Caribe.* Muy bueno, excelente.

pingajo. M. Harapo o jirón que cuelga de alguna parte.

pingajoso, sa. ADJ. Lleno de pingajos. *Chaqueta pingajosa.*

pinganilla. COM. *Chile.* Persona sin importancia, de poca valía.

pingar. INTR. **1.** Pender, colgar. *La falda le pinga por detrás.* ‖ **2.** Dicho de lo que está empapado en algún líquido: **gotear.** *Trajo la ropa pingando.*

pingo. M. **1.** coloq. Harapo o jirón que cuelga. ‖ **2.** *Á. guar., Á. R. Plata* y *Chile.* **caballo** (‖ mamífero perisodáctilo). ‖ **3.** *Á. R. Plata.* **flete** (‖ caballo de muy buenas cualidades). ‖ **4.** *Méx.* Muchacho travieso. ‖ **5.** *Méx.* **diablo** (‖ príncipe de los ángeles rebelados). *EL pingo.*

pingopingo. M. *Chile.* Arbusto de la familia de las Efedráceas, que a veces alcanza cinco metros de altura, con ramas articuladas y hojas opuestas a manera de escamas, flores pequeñas y por fruto unas nueces pequeñas que, como sus hojas, son diuréticas y depurativas.

pingorota. F. Parte más alta y aguda de una montaña o de otra cosa elevada.

pingüe. ADJ. **1.** Craso, gordo, mantecoso. *Materia pingüe.* ‖ **2.** Abundante, copioso, fértil. *Pingües beneficios.*

pingüino. M. **1.** **pájaro bobo.** ‖ **2.** Se usa como nombre común para referirse a varias aves caradriformes del hemisferio norte, como el alca y sus afines.

pinillo. M. **1.** Planta herbácea anual, de la familia de las Labiadas, con tallos tendidos, velludos, ramosos y de uno a dos decímetros de largo, hojas perfoliadas, oblongas, partidas en dos o tres lacinias, y flores pequeñas, amarillas, solitarias o axilares. Toda la planta es viscosa, frecuente en la zona mediterránea de España, y despide un olor parecido al del pino. ‖ **2.** **mirabel.**

pininos. M. pl. *Méx.* **pinitos.**

pinito. M. **1.** Cada uno de los primeros pasos que da el niño o el convaleciente. U. m. en pl. *Está haciendo pinitos.* ‖ **2.** pl. Primeros pasos que se dan en algún arte o ciencia.

pinjante. ADJ. Dicho de una joya o pieza de oro, plata u otra materia: Que se lleva colgada a la manera de un adorno. U. m. c. s. m.

pinna. F. *Bot.* En las hojas compuestas, **folíolo.**

pinnado, da. ADJ. *Bot.* Se dice de la hoja compuesta de hojuelas insertas a uno y otro lado del pecíolo, como las barbas de una pluma.

pinnípedo, da. ADJ. *Zool.* Se dice de los mamíferos marinos que se alimentan exclusivamente de peces, con cuerpo algo pisciforme, las patas anteriores provistas de membranas interdigitales y las posteriores ensanchadas en forma de aletas, a propósito para la natación, pero con uñas. Su piel está revestida de un pelaje espeso y el tejido adiposo subcutáneo es muy abundante; p. ej., la foca. U. t. c. s. m. pl., escr. con may. inicial c. taxón. *Los Pinnípedos.*

pino¹. M. **1.** Árbol de la familia de las Abietáceas, con las flores masculinas y femeninas separadas en distintas ramas. Tiene por fruto la piña, y por semilla el piñón. Su tronco, elevado y recto, contiene trementina; las hojas, muy estrechas, puntiagudas y punzantes, persisten durante el invierno y están reunidas por la base en pequeños haces de a dos, tres o cinco. De las muchas especies que se conocen, solo seis hay silvestres en España, todas con las hojas reunidas de dos en dos. ‖ **2.** Ejercicio gimnástico que consiste en poner el cuerpo verticalmente con los pies hacia arriba, apoyando las manos en el suelo. *Hacer el pino.* ‖ **~ albar.** M. **1.** Especie de pino que crece hasta la altura de 20 a 30 m, con la corteza rojiza en lo alto del tronco y ramas gruesas, piñas pequeñas y hojas cortas. Su madera es muy estimada en construcción. ‖ **2. pino piñonero.** ‖ **~ alerce.** M. **alerce.** ‖ **~ carrasco.** M. Especie de pino de tronco tortuoso y corteza resquebrajada, de color pardo rojizo, copa clara e irregular, hojas largas, delgadas y poco rígidas, y piñas de color de canela, con piñones pequeños. Es propio de los terrenos áridos del litoral mediterráneo. ‖ **~ de oro.** M. Persona o cosa de excelentes cualidades. ‖ **~ de Valsaín.** M. pino albar de corteza rojiza en lo alto. ‖ **~ doncel.** M. pino piñonero. ‖ **~ marítimo.** M. pino rodeno. ‖ **~ melis.** M. Variedad del pino negral muy estimada para entarimados, puertas y otras obras de carpintería. ‖ **~ negral.** M. Especie de pino que llega a más de 40 m de altura, con la corteza de un blanco ceniciento, hojas largas y fuertes y piñas pequeñas. Su madera es muy elástica y bastante rica en resina. ‖ **~ negro.** M. Especie de pino de 10 a 20 m de altura, corteza bastante lisa, de color pardo oscuro, hojas cortas y piñas pequeñas. ‖ **~ piñonero.** M. Especie de pino que llega a 30 m de altura, de tronco muy derecho y copa ancha, casi aparasolada, hojas largas y piñas aovadas, con piñones comestibles. ‖ **~ rodeno.** M. Especie de pino de mediana altura, corteza áspera, pardusca y a trechos rojiza, hojas muy largas, gruesas y rígidas, y piñas grandes, puntiagudas y un poco curvadas. Su madera es la más abundante en resina. ‖ **~ salgareño.** M. pino negral.

pino², na. ADJ. Muy pendiente o muy derecho. *La cuesta del monte es muy pina.*

pinocha. F. Hoja o rama del pino.

pinocho. M. **1.** Pino nuevo. ‖ **2.** Ramo de pino.

pinol. M. *Am. Cen.* Harina de maíz tostado.

pinole. M. **1.** hist. Mezcla de polvos de vainilla y otras especias aromáticas, que venía de América y servía para echarla en el chocolate, al cual daba exquisito olor y sabor. ‖ **2.** *Méx.* Harina de maíz tostado, a veces endulzada y mezclada con cacao, canela o anís.

pinolillo. M. *Am. Cen.* Pinol con cacao, de que se hace una bebida.

pinsapar. M. Sitio poblado de pinsapos.

pinsapo. M. Árbol del género del abeto, de 20 a 25 m de altura, corteza blanquecina, flores monoicas, hojas cortas, esparcidas y casi punzantes, que persisten durante muchos años, y piñas derechas, más gruesas que las del abeto. Aunque extendido como árbol de adorno por toda Europa, solo es espontáneo en una parte de la serranía de Ronda, en España.

pinta¹. I. F. **1.** Mancha o señal pequeña en el plumaje, pelo o piel de los animales y en la masa de los minerales. ‖ **2.** Adorno en forma de lunar o mota, con que se matiza algo. ‖ **3.** Señal que tienen los naipes en sus extremos, por donde se conoce, sin descubrirlos por entero, de qué palo son. ‖ **4.** Carta que, al comienzo de un juego de naipes, se descubre y designa el palo de triunfos. ‖ **5.** Aspecto o facha por donde se conoce la calidad buena o mala de personas o cosas. ‖ **II.** COM. **6.** coloq. Sinver-

güenza, desaprensivo. *Fulano es un pinta.* ‖ **sacar** a alguien **por la ~.** LOC.VERB. **1.** Deducir un parentesco por el parecido físico. ‖ **2.** coloq. Conocerlo por alguna señal.

pinta². F. Medida cuya capacidad varía según los países y a veces, dentro de un país, según sea para líquidos o para áridos.

pintacilgo. M. jilguero.

pintada. F. **1.** gallina de Guinea. ‖ **2.** Acción de pintar en las paredes letreros, preferentemente de contenido político o social. ‖ **3.** Letrero o conjunto de letreros de dicho carácter que se han pintado en un determinado lugar.

pintadera. F. Instrumento que se emplea para adornar con ciertos dibujos la cara superior del pan u otras cosas.

pintado, da. PART. de **pintar.** ‖ ADJ. Naturalmente matizado de diversos colores. ‖ **el más ~.** LOC. SUST. M. **1.** coloq. El de más valer. ‖ **2.** coloq. El más hábil, prudente o experimentado. ‖ **~, o como ~.** LOCS.ADJS. Ajustado y medido, muy a propósito. *Le está como pintado.* U. t. c. locs. advs. ‖ **~ en la pared.** LOC.ADJ. Á. *Caribe.* Dicho de una persona: Cuya autoridad o presencia es pasada por alto. ‖ **que ni ~.** LOC.ADJ. coloq. **pintado.** U. t. c. loc. adv. ☐ V. **pan ~, papel ~.**

pintalabios. M. Cosmético usado para colorear los labios, que se presenta generalmente en forma de barra guardada en un estuche.

pintamonas. COM. coloq. Pintor de corta habilidad.

pintar. I. TR. **1.** Representar o figurar un objeto en una superficie, con las líneas y los colores convenientes. *Pinta bodegones con gran maestría.* U. t. c. intr. ‖ **2.** Cubrir con un color la superficie de las cosas. *Alicia pintaba el mueble.* ‖ **3.** Dicho de un lápiz o cosa semejante: Dibujar o dejar una marca. *Este bolígrafo ya no pinta.* U. t. c. intr. ‖ **4.** Describir o representar de manera viva y animada personas o cosas por medio de la palabra. *Me pintó un panorama muy alentador.* ‖ **5.** En la minería, labrar la boca de un barreno. ‖ **II.** INTR. **6.** Dicho de un fruto: Empezar a tomar color y madurar. U. t. c. prnl. ‖ **7.** Dicho de un palo de la baraja: Señalar que es el triunfo en el juego. *Pinta oros.* ‖ **8.** Importar, significar, valer. *¿Qué pintas tú aquí?* ‖ **III.** PRNL. **9.** Darse colores en el rostro, maquillarse. ‖ **pintarse** alguien **solo para** algo. LOC.VERB. Ser muy apto o tener mucha habilidad para ello.

pintarrajar. TR. coloq. Manchar algo de varios colores y sin arte.

pintarrajear. I. TR. **1.** coloq. **pintarrajar.** U. t. c. prnl. ‖ **II.** PRNL. **2.** Pintarse o maquillarse mucho y mal.

pintarroja. F. lija (‖ pez).

pintaúñas. M. Cosmético de laca, de secado rápido, usado para colorear las uñas y darles brillo.

pintiparado, da. ADJ. Dicho de una cosa: Que viene adecuada a otra, o es a propósito para el fin propuesto. *El traje le viene pintiparado.*

pinto. M. *Méx.* carate. ☐ V. **estornino ~, mal de ~.**

pintojo, ja. ADJ. Que tiene **pintas** (‖ manchas). ☐ V. **sapillo ~.**

pintón, na. ADJ. Dicho de las uvas y de otros frutos: Que van tomando color al madurar.

pintor, ra. M. y F. **1.** Persona que profesa o ejercita el arte de la pintura. ‖ **2.** Persona que tiene por oficio pintar puertas, ventanas, paredes, etc. ☐ V. **brocha de pintor.**

pintoresco, ca. ADJ. **1.** Se dice de los paisajes, escenas, tipos, costumbres y de cuanto puede presentar una imagen peculiar y con cualidades plásticas. || **2.** Se dice del lenguaje, estilo, etc., con que se pintan de manera viva y animada las cosas. || **3.** Estrafalario, chocante. *Estaban ataviados de forma pintoresca.*

pintoresquismo. M. **1.** Tendencia a lo pintoresco. *Su estilo tiene asomos de pintoresquismo folclórico.* || **2.** Cualidad de pintoresco. *El pintoresquismo de los antiguos mercados.*

pintorrear. TR. coloq. Manchar de varios colores y sin arte algo. U. t. c. prnl.

pintura. F. **1.** Acción de pintar. || **2.** Arte de pintar. || **3.** Tabla, lámina o lienzo en que está pintado algo. || **4.** Obra pintada. || **5.** Color preparado para pintar. || **6.** Descripción o representación viva y animada de personas o cosas por medio de la palabra. || **~ al fresco.** F. La que se hace en paredes y techos con colores disueltos en agua de cal y extendidos sobre una capa de estuco fresco. || **~ al óleo.** F. La hecha con colores desleídos en aceite secante. || **~ al pastel.** F. La que se hace sobre papel con lápices blandos, pastosos y de colores variados. || **~ al temple.** F. La hecha con colores preparados con líquidos glutinosos y calientes, como el agua de cola. || **no poder ver** a alguien **ni** en **~.** LOC.VERB. coloq. Tenerle gran aversión.

pinturería. F. Apostura o gracia.

pinturero, ra. ADJ. **1.** Apuesto o gracioso. U. t. c. s. || **2.** Propio o característico de una persona pinturera. *Gracia pinturera.*

pinuca. F. *Chile.* Marisco de cerca de un decímetro de longitud y dos centímetros de anchura, de piel gruesa, coriácea, blanco, pardusco y arrugado. Es comestible.

pinza. F. **1.** Instrumento cuyos extremos se aproximan para sujetar algo. || **2.** Último artejo de algunas patas de ciertos artrópodos, como el cangrejo, el alacrán, etc., formado con dos piezas que pueden aproximarse entre sí y sirven como órganos prensores. || **3.** Pliegue que se cose en la tela para darle una forma determinada. || **4.** pl. Instrumento de metal, a manera de tenacillas, que sirve para coger o sujetar cosas menudas. || **no se lo sacarán ni con ~s.** EXPR. coloq. Se usa para señalar la dificultad de averiguar de una persona reservada o cauta lo que se desea saber.

pinzamiento. M. *Med.* Compresión de un órgano o parte de él, generalmente un nervio, entre dos superficies óseas.

pinzar. TR. **1.** Sujetar con pinza. *Pinzó la arteria con habilidad.* || **2.** Plegar una cosa, pellizcándola con los dedos, con un muelle, etc. *Juan pinzó la mano a su hermana.*

pinzón. M. Ave paseriforme, del tamaño de un gorrión, con plumaje de color rojo oscuro en la cara, pecho y abdomen, ceniciento en lo alto de la cabeza y del cuello, pardo rojizo en el lomo, verde amarillento en la rabadilla, negro en la frente, pardo con dos franjas transversales, una blanca y otra amarilla, en las alas, y negro con manchas blancas en la cola. Abunda en España, se alimenta principalmente de insectos, canta bien y la hembra es de color pardo. || **~ real.** M. El de pico muy grueso y robusto, que se alimenta principalmente de piñones.

pinzote. M. **1.** *Mar.* Hierro acodillado en forma de escarpia que se clava para servir de gozne o macho, como los del timón donde se enganchan las correspondientes hembras. || **2.** *Mar.* hist. Barra o palanca que se encajaba en la cabeza del timón y servía para moverlo.

piña. F. **1.** Fruto del pino y de otros árboles. Es de forma aovada, más o menos aguda, de tamaño que varía, según las especies, desde 2 hasta 20 cm de largo y aproximadamente la mitad de grueso, y se compone de varias piezas leñosas, triangulares, delgadas en la parte inferior, por donde están asidas, y recias por la superior, colocadas en forma de escama a lo largo de un eje común, y cada una con dos piñones y rara vez uno. || **2.** ananás. || **3.** Conjunto de personas o cosas unidas o agregadas estrechamente. || **4.** Tejido blanco mate, transparente y finísimo, que los indígenas de Filipinas fabrican con los filamentos de las hojas del ananás. Sirve para hacer pañuelos, toallas, fajas, camisas y vestidos. || **5.** *Mar.* Especie de nudo, generalmente redondeado, que se teje con los chicotes descolchados de un cabo. || **6.** *Á. guar.* y *Á. R. Plata.* puñetazo. || **~ de América.** F. ananás. || **~ de incienso.** F. Cada una de las cinco figuras de piña que se clavan en el cirio pascual.

piñal. M. *Am.* Terreno plantado de piñas (|| ananás).

piñata. F. Vasija de barro, llena de dulces, que en el baile de máscaras del primer domingo de Cuaresma suele colgarse del techo para que algunos de los concurrentes, con los ojos vendados, procuren romperla de un palo o bastonazo, y, por ext., la que se pone en una fiesta familiar, de cumpleaños o infantil.

piñón¹. M. **1.** Simiente del pino. Es de tamaños diferentes, según las especies, desde 2 a 20 mm de largo y 1 a 5 de grueso, elipsoidal, con tres aristas obtusas, cubierta leñosa muy dura y almendra blanca, dulce y comestible en el pino piñonero. || **2.** Almendra comestible de la semilla del pino piñonero. || **estar** alguien **a partir un ~ con** otra persona. LOC.VERB. coloq. Llevarse especialmente bien, estar muy unidos.

piñón². M. **1.** Rueda pequeña y dentada que engrana con otra mayor en una máquina. || **2.** *Arq.* Remate triangular de los hastiales góticos.

piñonate. M. **1.** Cierto género de pasta que se compone de piñones y azúcar. || **2.** Masa de harina frita cortada en pedazos que, rebozados con miel o almíbar, se unen unos a otros, formando por lo común una piña.

piñonear. INTR. Dicho del macho de la perdiz: Producir unos sonidos sueltos, a manera de chasquidos, cuando está en celo.

piñoneo. M. Acción y efecto de piñonear.

piñonero. □ V. pino ~.

piñuela. F. *Am. Cen.* Planta bromeliácea con penca y hojas espinosas dispuestas en círculos, y vainas grandes, cubiertas de escamas color café oscuro. Las flores son de color rosado y sus frutos comestibles. Se utiliza para hacer cercos o setos vivos.

pío¹. ONOMAT. Se usa para imitar la voz del pollo de cualquier ave, y para llamarlo a comer. U. t. c. s. m. || **no decir ~,** o **ni ~.** LOCS.VERBS. coloqs. No chistar, no despegar los labios.

pío², a. ADJ. Devoto, inclinado a la piedad, dado al culto de la religión y a las cosas pertenecientes al servicio de Dios y de los santos. □ V. obra ~.

pío³, a. ADJ. Dicho de un caballo, de un mulo o de un asno: Cuyo pelo, blanco en su fondo, presenta manchas más o menos extensas de otro color cualquiera, negro, castaño, alazán, etc.

piocha¹. F. hist. Joya que usaban las mujeres para adorno de la cabeza.

piocha². F. *Méx.* Barba de mentón.

piogenia. F. *Med.* Formación de pus.
piojento, ta. ADJ. Que tiene piojos. *Cabello piojento.* □ V. **hierba** ~.
piojera. F. Abundancia de piojos. □ V. **hierba** ~.
piojillo. M. Insecto anopluro, que vive parásito sobre las aves y se alimenta de materias córneas de la piel y plumas de estos animales.
piojo. M. **1.** Insecto hemíptero, anopluro, de dos a tres milímetros de largo, con piel flexible, resistente y de color pardo amarillento; cuerpo ovalado y chato, sin alas, con las patas terminadas en uñas y antenas muy cortas, filiformes y con cinco articulaciones, y boca con tubo a manera de trompa que le sirve para chupar. Vive parásito sobre los mamíferos, de cuya sangre se alimenta; su fecundidad es extraordinaria. || **2.** **piojillo.** || **3.** En las minas, partícula que a los golpes del martillo suele saltar de la cabeza de la barrena, y que clavándose en las manos del operario, le produce la sensación de una picadura.
piojoso, sa. ADJ. **1.** Que tiene muchos piojos. U. t. c. s. || **2.** Miserable, mezquino. U. t. c. s. || **3.** Sucio, harapiento.
piola. F. **1.** *Mar.* Cabo pequeño formado de dos o tres filásticas. || **2.** *Am.* Cuerda delgada.
piolet. M. Bastón de alpinista, con contera puntiaguda de hierro en un extremo y una especie de piqueta en el otro. MORF. pl. **piolets.**
piolín. M. Á. R. *Plata.* Cordel delgado de cáñamo, algodón u otra fibra.
pionero, ra. M. y F. **1.** Persona que inicia la exploración de nuevas tierras. || **2.** Persona que da los primeros pasos en alguna actividad humana. U. t. c. adj. *Hospital pionero en trasplantes de corazón.* || **3.** *Biol.* Grupo de organismos animales o vegetales que inicia la colonización de un nuevo territorio. *Los líquenes son pioneros en el poblamiento de rocas que aún no tienen suelo vegetal.*
pionono. M. Dulce hecho de bizcocho, cubierto de crema o de huevo, y generalmente enrollado.
piornal. M. Sitio poblado de piornos.
piorno. M. **1.** **gayomba.** || **2.** **codeso.**
piorrea. F. *Med.* Flujo de pus, especialmente en las encías.
pipa[1]**.** F. **1.** Utensilio para fumar, consistente en un tubo terminado en un recipiente, en que se coloca y enciende el tabaco picado u otra sustancia, cuyo humo se aspira por el extremo de la boquilla del tubo. || **2.** Cantidad de tabaco que se coloca en una pipa para fumarlo. || **3.** Tonel que sirve para transportar o guardar vino u otros licores. || **4.** Lengüeta de las chirimías, por donde se echa el aire. || **5.** Flauta pequeña hecha con caña de alcacer. || **6.** jerg. **pistola** (|| arma de fuego de corto alcance).
pipa[2]**.** F. **1.** **pepita** (|| simiente de algunas frutas). || **2.** Semilla de girasol, que se come, generalmente tostada, como golosina. U. m. en pl.
pipeño. M. *Chile.* Vino del año guardado en pipas.
piperáceo, a. ADJ. *Bot.* Se dice de las plantas angiospermas dicotiledóneas, herbáceas o leñosas, de hojas gruesas, enteras o aserradas, flores hermafroditas en espigas o en racimos y fruto en baya, cápsula o drupa con semillas de albumen córneo o carnoso; p. ej., el betel y el pimentero. U. t. c. s. f. ORTOGR. En f. pl., escr. con may. inicial c. taxón. *Las Piperáceas.*
pipermín. M. Licor de menta que se obtiene mezclando alcohol, menta y agua azucarada.

pipero, ra. M. y F. Persona que vende pipas, caramelos y otras golosinas en la calle.
pipeta. F. Tubo de cristal ensanchado en su parte media, que sirve para trasladar pequeñas porciones de líquido de un vaso a otro.
pipí. M. infant. **orina.** MORF. pl. **pipís.**
pipián. M. **1.** *Am. Cen.* **calabacera.** || **2.** *Am. Cen.* **calabaza** (|| fruto). || **3.** *Méx.* Salsa de semillas de calabaza, almendras o maíz tostado, molidos con chile verde. || **4.** *Méx.* Guiso de carne o de ave con esta salsa.
pipil. I. ADJ. **1.** hist. Se dice del indígena precolombino, descendiente directo de los aztecas, que habitaba en el occidente de El Salvador. U. t. c. s. || **2.** hist. Perteneciente o relativo a esos indígenas. *Civilización pipil.* || **II.** M. **3.** Lengua de los **pipiles.**
pípila. F. *Méx.* Hembra del guajolote.
pipiolera. F. *Méx.* **chiquillería.**
pipiolo, la. M. y F. **1.** coloq. Principiante, novato o inexperto. || **2.** coloq. Niño, muchacho.
pipirigallo. M. Planta herbácea vivaz, de la familia de las Papilionáceas, con tallos torcidos, de unos cuatro decímetros de altura, hojas compuestas de un número impar de hojuelas enteras y elípticas, flores encarnadas, olorosas, en espigas axilares y cuyo conjunto semeja la cresta y carúnculas del gallo, y fruto seco, cubierto de puntitas y con una sola semilla. Es común en España, se considera como una de las plantas mejores para prados, y una de sus variedades se cultiva en los jardines por la belleza de la flor.
pipirín. M. *Méx.* **alimento.**
pipiritaña. F. Flauta pequeña hecha con caña de alcacer.
pipitaña. F. Flauta pequeña hecha con caña de alcacer.
pipón, na. ADJ. Á. R. *Plata.* **ahíto** (|| saciado).
piporro. M. **botijo.**
pipote. M. Pipa pequeña que sirve para encerrar y transportar licores, pescados y otras cosas.
pique[1]**.** M. **1.** Resentimiento, desazón o disgusto ocasionado de una disputa u otra cosa semejante. || **2.** Empeño en hacer algo por amor propio o por rivalidad. || **3.** Acción y efecto de picar poniendo señales en un libro u otra cosa. || **4.** *Á. Andes* y *Á. guar.* Senda estrecha que se abre en la selva. || **5.** *Á. R. Plata.* En competencias, y refiriéndose por lo común a animales y automotores, **aceleración.** || **a ~ de.** LOC. PREPOS. Cerca de, a riesgo de, a punto de. *Estuvimos a pique de sufrir un grave percance.* || **echar a ~.** LOC. VERB. **1.** *Mar.* Hacer que un buque se hunda en el mar. || **2.** Arruinar algo. *Echar a pique la hacienda.* || **irse a ~.** LOC. VERB. **1.** *Mar.* Dicho de una embarcación o de otro objeto flotante: Hundirse en el agua. || **2.** coloq. Dicho de un intento u otra cosa: **malograrse.**
pique[2]**.** M. *Mar.* Varenga en forma de horquilla, que se coloca a la parte de proa.
piqué. M. Tela de algodón con diversos tipos de labor, que se emplea en prendas de vestir y otras cosas.
piquera. F. Agujero o puerta pequeña que se hace en las colmenas para que las abejas puedan entrar y salir.
piquero. M. **1.** Soldado que servía en el Ejército con la pica. || **2.** *Á. Andes* y *Chile.* Ave palmípeda, de pico recto puntiagudo, que anda en grandes bandadas y se alimenta de peces. De ella procede en gran parte el guano de las islas de Chincha.
piqueta. F. Herramienta de albañilería, con mango de madera y dos bocas opuestas, una plana como de martillo, y otra aguzada como de pico.

piquetazo. M. **1.** Á. *Caribe.* Golpe dado con el **pico** (‖ herramienta). ‖ **2.** Á. *Caribe.* **tijeretazo.**

piquete. M. **1.** Grupo de personas que, de manera pacífica o violenta, intenta imponer o mantener una consigna de huelga. ‖ **2.** Grupo poco numeroso de soldados que se emplea en diferentes servicios extraordinarios. ‖ **3.** Golpe o herida de poca importancia hecha con un instrumento agudo o punzante. ‖ **4.** Agujero pequeño que se hace en las ropas u otras cosas.

piquetero. M. hist. Muchacho que llevaba de una parte a otra las piquetas a los trabajadores de las minas.

piquillo. ◻ V. **pimiento de ~, pimiento del ~.**

piquituerto. M. Pájaro de mandíbulas muy curvas, con las cuales separa las escamas de las piñas, saca los piñones y los parte.

pira. F. **1.** hist. Hoguera en que antiguamente se quemaban los cuerpos de los difuntos y las víctimas de los sacrificios. ‖ **2. hoguera.**

pirado, da. ADJ. coloq. Dicho de una persona: **alocada.** U. t. c. s.

piragua. F. **1.** Embarcación larga y estrecha, mayor que la canoa, hecha generalmente de una pieza o con bordas de tabla o cañas. Navega a remo y vela, y la usan los indios de América y Oceanía. ‖ **2.** Embarcación pequeña, estrecha y muy ligera que se usa en los ríos y en algunas playas.

piragüismo. M. Deporte consistente en la competición de dos o más piraguas, movidas a remo por sendos piragüistas, que pueden ir sentados o de rodillas.

piragüista. COM. Deportista que tripula o forma parte de la tripulación de una piragua.

piramidal. ADJ. **1.** Perteneciente o relativo a la pirámide. *Estructura piramidal.* ‖ **2.** De forma de pirámide. *Edificio piramidal.* ‖ **3.** Anat. Se dice de cada uno de dos músculos pares, situados el uno en la parte anterior e inferior del vientre, y el otro en la posterior de la pelvis y superior del muslo. ◻ V. **hueso ~.**

pirámide. F. **1.** Geom. Sólido que tiene por base un polígono cualquiera y cuyas caras, tantas en número como los lados de aquel, son triángulos que se juntan en un solo punto, llamado vértice. ‖ **2.** Arq. Monumento, por lo común de piedra o ladrillo, con forma de pirámide. *Las pirámides egipcias. Las pirámides aztecas.* ‖ **~ de edades.** F. Diagrama que representa la distribución proporcional de los grupos de edades de una población por medio de rectángulos perpendiculares a un eje, cuyo conjunto sugiere muchas veces la forma de una pirámide. ‖ **~ truncada.** F. Geom. Parte de la pirámide comprendida entre la base y otro plano que corta a todas las aristas laterales.

pirandón, na. M. y F. Persona aficionada a ir de parranda.

pirante. COM. Golfante, sinvergüenza, bribón. *Mi tío es un pirante.*

piraña. F. Pez teleósteo de los ríos de América del Sur, de pequeño tamaño y boca armada de numerosos y afilados dientes. Vive en grupos y es temido por su voracidad, que lo lleva a atacar al ganado que cruza los ríos.

pirarse. PRNL. coloq. Fugarse, irse. *Manolo se piró de casa.*

pirata. I. COM. **1.** Persona que, junto con otras de igual condición, se dedica al abordaje de barcos en el mar para robar. ‖ **2.** Persona que se apropia o aprovecha ilícitamente de algo ajeno. ‖ **II.** ADJ. **3.** Perteneciente o relativo al pirata o a la piratería. *Barco pirata.* ‖ **4. clandestino.** *Mercado pirata de películas.* ‖ **~ aéreo, a.** COM. Persona que, bajo amenazas, obliga a la tripulación de un avión a modificar su rumbo. ‖ **~ informático, ca.** COM. Persona con grandes conocimientos informáticos que utiliza para acceder ilegalmente a redes o sistemas ajenos. ◻ V. **edición ~, radio ~.**

piratear. INTR. **1.** Ejercer la piratería. ‖ **2.** Cometer acciones delictivas contra la propiedad, como hacer ediciones sin permiso del autor o propietario, contrabando, etc. U. m. c. tr.

pirateo. M. Acción de piratear.

piratería. F. **1.** Ejercicio de pirata. ‖ **2.** Robo o destrucción de los bienes de alguien.

pirático, ca. ADJ. **pirata** (‖ perteneciente al pirata o a la piratería).

pirca. F. Á. *Andes* y *Chile.* Pared de piedra en seco.

pircar. TR. Á. *Andes* y *Chile.* Cerrar un lugar con muro de piedra en seco.

pireca. F. Á. *guar.* Piel que cubre la carne asada y, por ext., la de las frutas.

pirenaico, ca. ADJ. **1.** Natural de los montes Pirineos. U. t. c. s. ‖ **2.** Perteneciente o relativo a los montes Pirineos.

pireneísmo. M. Deporte que consiste en la ascensión a los montes Pirineos.

pireneísta. COM. Persona que practica el alpinismo en los montes Pirineos.

piretro. M. **pelitre.**

pirexia. F. Med. **fiebre** (‖ fenómeno patológico).

pirgüín o **pirhuín.** M. **1.** *Chile.* Especie de sanguijuela de unos dos centímetros de longitud, que vive en los remansos de los ríos y aguas dulces estancadas y penetra en el hígado e intestinos del ganado, al que suele causar la muerte. ‖ **2.** *Chile.* Enfermedad causada por este parásito.

piriforme. ADJ. Que tiene forma de pera. *Vientre piriforme.*

pirincho. M. Á. *guar.* y Á. *R. Plata.* Ave cuculiforme muy común, de unos 35 cm de longitud, de color pardo veteado en el dorso, y ocre moteado en el resto del plumaje, con una banda negra y otra blanca en el extremo de las plumas caudales. Es insectívora y depredadora de nidos y habita en parques, jardines y lugares abiertos, formando pequeñas bandadas.

pirinola. F. **1.** *Am. Cen., Chile* y *Méx.* Perinola de forma octogonal en la parte superior. ‖ **2.** *Chile.* Objeto que tiene aproximadamente esa forma.

piriñaca. F. *Esp.* Ensalada hecha con tomate, pimiento y cebolla.

pirita. F. Mineral brillante, de color amarillo de oro. Es un sulfuro de hierro. ‖ **~ de hierro.** F. **pirita.** ‖ **~ marcial.** F. **pirita.**

pirógeno, na. ADJ. Med. Que produce fiebre. Apl. a una sustancia o un agente, u. t. c. s. m.

pirograbado. M. **1.** Procedimiento para grabar o tallar superficialmente en madera por medio de una punta de platino incandescente. ‖ **2.** Talla o grabado así obtenidos.

pirograbador, ra. M. y F. Persona que tiene por oficio realizar pirograbados.

pirolatría. F. Culto al fuego.

pirólisis o **pirolisis.** F. Quím. Descomposición de un compuesto químico por acción del calor.

pirolusita. F. Mineral de color negro, pardo o gris azulado y textura terrosa, concrecionada o fibrosa, poco más duro que el yeso, de gran uso industrial para la obtención del oxígeno, preparación del cloro, fabricación del acero y del vidrio, etc. Es el peróxido de manganeso y la mena más abundante de este metal.

piromancia o **piromancía**. F. Adivinación supersticiosa por el color, chasquido y disposición de la llama.

piromanía. F. Tendencia patológica a la provocación de incendios.

pirómano, na. ADJ. Que padece piromanía. U. t. c. s.

pirometría. F. Fís. Medida y estudio de las temperaturas muy elevadas.

pirómetro. M. Instrumento para medir temperaturas muy elevadas.

pirón. M. Á. R. Plata. hist. Pasta hecha de harina de mandioca cocida en caldo, que se solía comer a modo de pan con el puchero.

piropear. TR. Decir piropos.

piropeo. M. Acción de piropear.

piropo. M. Lisonja, requiebro.

pirosis. F. Med. Sensación como de quemadura, que sube desde el estómago hasta la faringe, acompañada de flatos y excreción de saliva clara.

pirotecnia. F. 1. Técnica de la fabricación y utilización de materiales explosivos o fuegos artificiales. La pólvora se usa en pirotecnia. || 2. Material explosivo o para fuegos artificiales. Un almacén de pirotecnia militar. || 3. Fábrica de dichos materiales o productos. Se produjo una explosión en la pirotecnia.

pirotécnico, ca. I. ADJ. 1. Perteneciente o relativo a la pirotecnia. Juegos pirotécnicos. || II. M. y F. 2. Persona que conoce y practica el arte de la pirotecnia.

piroxeno. M. Geol. Mineral silíceo que aparece en rocas metamórficas ricas en magnesio y en hierro. Hay variedades blancas, amarillas, verdes, pardas y negruzcas.

piroxilina. F. Pólvora que se hace con la borra de una planta, impregnada de los ácidos nítrico y sulfúrico.

pirquén. dar a, o trabajar al, ~. LOCS.VERBS. Chile. En el lenguaje de las minas, trabajar sin condiciones ni sistema determinados, sino en la forma que el operario quiera, pagando lo convenido al dueño de la mina.

pirquinear. INTR. Chile. **dar a pirquén**.

pirquinero. M. Chile. Hombre mezquino o ruin.

pírrico[1], ca. ADJ. 1. Dicho de un triunfo o de una victoria: Obtenidos con más daño del vencedor que del vencido. || 2. Conseguido con mucho trabajo o por un margen muy pequeño. Triunfo pírrico del Partido Conservador. || 3. De poco valor o insuficiente, especialmente en proporción al esfuerzo realizado. Recibieron una cantidad pírrica por su trabajo.

pírrico[2], ca. ADJ. hist. Se dice de una danza practicada en la Grecia antigua, en la cual se imitaba un combate.

pirroniano, na. ADJ. pirrónico. Apl. a pers., u. t. c. s.

pirrónico, ca. ADJ. escéptico. Apl. a pers., u. t. c. s.

pirronismo. M. escepticismo.

pirueta. F. 1. **cabriola** (|| brinco que dan quienes danzan). || 2. **voltereta** (|| en el aire). || 3. Salto acrobático consistente en uno o varios giros alrededor del eje vertical del saltador. || 4. Equit. Vuelta rápida que se hace dar al caballo, obligándolo a alzarse de manos y girar apoyado sobre los pies.

piruétano. M. 1. Peral silvestre. || 2. Fruto de este árbol.

piruetear. INTR. Hacer piruetas.

piruja. F. 1. Mujer joven, libre y desenvuelta. || 2. Méx. prostituta.

pirul. M. Méx. turbinto.

piruleta. F. Caramelo plano, generalmente de forma circular, con un palito que sirve de mango.

pirulí. M. Caramelo, generalmente de forma cónica, con un palito que sirve de mango. MORF. pl. **pirulís**.

pis. M. coloq. orina.

pisa. F. Acción de pisar.

pisada. F. 1. Acción y efecto de pisar. || 2. Huella o señal que deja estampada el pie en la tierra. || **seguir las ~s de** alguien. LOC.VERB. Imitarlo, seguir su ejemplo.

pisadera. F. Chile. Parte de los vehículos que sirve para apoyar el pie en el momento de subirse o bajarse de ellos.

pisador, ra. I. ADJ. 1. Que pisa. || II. M. y F. 2. Persona encargada de pisar la uva.

pisadora. F. Máquina que sirve para aplastar y estrujar la uva.

pisano, na. ADJ. 1. Natural de Pisa. U. t. c. s. || 2. Perteneciente o relativo a esta ciudad de Italia.

pisapapeles. M. Utensilio que se pone sobre los papeles para que no se muevan.

pisar. TR. 1. Poner el pie sobre algo. Pisar el césped, un charco. || 2. Apretar o estrujar algo con los pies o a golpe de pisón o maza. Pisar la tierra, los paños, las uvas. || 3. Poner sucesivamente los pies en el suelo al andar. U. m. c. intr. El niño lleva botas ortopédicas porque pisa mal. Cruzó la pasarela pisando con cuidado. || 4. Dicho del macho de un ave: Cubrir a la hembra. || 5. Dicho de una cosa: Cubrir en parte a otra. La clase pisa una parte del recreo. || 6. Apretar con los dedos las teclas o las cuerdas de un instrumento de música. || 7. Entrar en un lugar, estar en él. U. m. con neg. Hace un año que no piso un hospital. || 8. coloq. Pisotear moralmente a alguien, tratarlo mal, humillarlo. Se ganó muchas antipatías por pisar a sus compañeros. || 9. coloq. Anticiparse a alguien con habilidad o audacia, en el logro o disfrute de un objetivo determinado. Le pisó el tema de su tesis doctoral. || ~ alguien **fuerte**. LOC.VERB. coloq. Actuar con seguridad, resolución y energía, y a veces con arrogancia.

pisaverde. M. coloq. Hombre presumido y afeminado, que no conoce más ocupación que la de acicalarse, perfumarse y andar vagando todo el día en busca de galanteos.

pisca[1]. F. Á. Caribe. Hembra del pavo.

pisca[2]. F. Méx. En las labores del campo, recolección y cosecha, sobre todo de granos, como los del café, el maíz o el algodón.

piscatoria. F. Égloga o composición poética en que se pinta la vida de los pescadores.

piscatorio, ria. ADJ. Perteneciente o relativo a la pesca o a los pescadores. Actividades piscatorias.

pisciano, na. ADJ. Á. R. Plata. Dicho de una persona: Nacida bajo el signo zodiacal de Piscis. U. t. c. s.

piscícola. ADJ. Perteneciente o relativo a la piscicultura.

piscicultor, ra. M. y F. Persona dedicada a la piscicultura.

piscicultura. F. Arte de repoblar de peces los ríos y los estanques o de dirigir y fomentar la reproducción de los peces y mariscos.

piscifactoría. F. Establecimiento donde se practica la piscicultura.

pisciforme. ADJ. De forma de pez. Silueta pisciforme.

piscina. F. 1. Estanque destinado al baño, a la natación o a otros ejercicios y deportes acuáticos. || 2. hist. Lugar en que se echaban algunas materias sacramentales, como el agua del bautismo, las cenizas de los lienzos que habían servido para los óleos, etc. ‖ ~ **probática.** F. hist. La que había en Jerusalén, inmediata al templo de Salomón, y que servía para lavar y purificar las reses destinadas a los sacrificios. ‖ **lanzarse, o tirarse, a la ~.** LOCS.VERBS. coloqs. Acometer una empresa sin ponderar sus riesgos.

piscis. ADJ. Dicho de una persona: Nacida bajo el signo zodiacal de Piscis. *Yo soy piscis, ella es leo.* U. t. c. s.

piscívoro, ra. ADJ. *Zool.* Que se alimenta de peces. U. t. c. s.

pisco[1]. M. Aguardiente de uva.

pisco[2]. M. *Á. Caribe.* **pavo** (‖ ave galliforme).

piscola. F. Chile. Bebida hecha con pisco y un refresco gaseoso.

piscolabis. M. coloq. Refacción ligera que se toma no tanto por necesidad como por ocasión o por satisfacerse.

pisiforme. ADJ. *Anat.* Se dice de uno de los huesos del carpo, que en el hombre es el cuarto de la primera fila. U. t. c. s. m.

piso. M. **1.** Cada una de las diferentes plantas que superpuestas constituyen un edificio. ‖ **2.** Conjunto de habitaciones que constituyen vivienda independiente en una casa de varias plantas. ‖ **3.** Pavimento natural o artificial de las habitaciones, calles, caminos, etc. ‖ **4.** Suela del calzado. ‖ **5.** Cada una de las partes superpuestas que en su conjunto forman una unidad. *Una tarta de cuatro pisos. Un autobús de dos pisos.* ‖ ~ **franco.** M. *Esp.* Vivienda clandestina en que se realizan actividades ilícitas. ‖ **serruchar el ~** a alguien. LOC.VERB. *Am. Mer.* serruchar (‖ trabajar secretamente en contra de su prestigio).

pisón. M. Instrumento pesado y grueso, de forma por lo común de cono truncado, que está provisto de un mango, y sirve para apretar tierra, piedras, etc.

pisonear. TR. apisonar.

pisoteada. F. *Méx.* pisoteo.

pisotear. TR. **1.** Pisar repetidamente, maltratando o ajando algo. *Pisoteó el hormiguero.* ‖ **2.** Humillar, maltratar de palabra a alguien. *No puedo tener piedad por los que me han pisoteado.* ‖ **3.** Tratar sin respeto y con violencia algo, especialmente de naturaleza no material. *Pisotearon la libertad de opinión.*

pisoteo. M. Acción de pisotear.

pisotón. M. Pisada fuerte sobre el pie de otro o sobre otra cosa.

pispajo. M. despect. Persona desmedrada o pequeña, especialmente un niño.

pisqueño, ña. ADJ. **1.** Natural de Pisco. U. t. c. s. ‖ **2.** Perteneciente o relativo a esta provincia del departamento de Ica, en el Perú.

pista. F. **1.** Huella o rastro que dejan los animales o personas en la tierra por donde han pasado. ‖ **2.** Conjunto de indicios o señales que pueden conducir a la averiguación de algo. ‖ **3.** Espacio acotado para ciertos tipos de carreras, juegos o competiciones, en hipódromos, velódromos, estadios, campos de tenis, etc. ‖ **4.** Espacio destinado al baile en salones de recreo, discotecas, etc. ‖ **5.** Espacio en que actúan los artistas de un circo o de una sala de fiestas. ‖ **6.** Camino carretero que se construye provisionalmente para fines forestales, militares, etc. ‖ **7.** autopista. ‖ **8.** Terreno especialmente acondicionado para el despegue y aterrizaje de aviones. ‖ **9.**

Cada una de las bandas paralelas de una cinta o un disco magnéticos en que se registra información de manera independiente. ‖ **seguir la ~** a alguien. LOC.VERB. coloq. Perseguirlo, espiarlo.

pistachero. M. **alfóncigo** (‖ árbol).

pistacho. M. Fruto del alfóncigo.

pistero, ra. **I.** ADJ. **1.** *Am. Cen.* Dicho de una persona: Muy aficionada al dinero. U. t. c. s. ‖ **II.** M. **2.** *Am. Cen.* **monedero** (‖ para llevar dinero en metálico).

pistilo. M. *Bot.* Órgano femenino vegetal, que ordinariamente ocupa el centro de la flor y consta de uno o más carpelos. En su base se encuentra el ovario y en su ápice el estigma, frecuentemente sostenido por un estilo. Su conjunto constituye el gineceo.

pisto. M. **1.** Fritada de pimientos, tomates, huevo, cebolla o de otros alimentos, picados y revueltos. ‖ **2.** *Am. Cen.* dinero. ‖ **darse ~.** LOC.VERB. coloq. Darse importancia.

pistola. F. **1.** Arma de fuego, corta y en general semiautomática, con la que se puede apuntar y disparar con una sola mano. ‖ **2.** Arma de fuego, de corto alcance, provista de un cargador en la culata, y que se puede usar con una sola mano. ‖ **3.** Utensilio que proyecta pintura pulverizada. ‖ **4.** Barra pequeña de pan. ‖ ~ **de arzón.** F. Cada una de las dos que, guardadas en las pistoleras, se llevan en el arzón de la silla de montar.

pistolera. F. Estuche o funda donde se guarda la pistola.

pistolero, ra. M. y F. Persona que utiliza de ordinario la pistola para atracar, asaltar, o, como mercenario, realizar atentados personales.

pistoletazo. M. **1.** Disparo hecho con una pistola. ‖ **2.** Ruido originado por ese disparo.

pistolete. M. cachorrillo.

pistón. M. **1.** émbolo. ‖ **2.** Parte o pieza central de la cápsula, donde está colocado el fulminante. ‖ **3.** Llave en forma de émbolo que tienen diversos instrumentos musicales de viento. □ V. **escopeta de ~, fusil de ~, trombón de pistones.**

pistonear. INTR. *Á. Caribe.* Dicho de un motor de explosión: Funcionar mal y ruidosamente por fallo en la combustión.

pita[1]. F. **1.** Planta vivaz, oriunda de México, de la familia de las Amarilidáceas, con hojas o pencas radicales, carnosas, en pirámide triangular, con espinas en el margen y en la punta, color verde claro, de 15 a 20 cm de anchura en la base y de hasta 3 m de longitud; flores amarillentas, en ramilletes, sobre un bohordo central que no se desarrolla hasta pasados varios años, pero entonces se eleva en pocos días a la altura de 6 ó 7 m. Se ha naturalizado en las costas del Mediterráneo. De las hojas se saca buena hilaza, y una variedad de esta planta produce, por incisiones en su tronco, un líquido azucarado, de que se hace el pulque. ‖ **2.** Hilo que se hace de las hojas de esta planta. ‖ **3.** *Á. Andes.* Cordel de cáñamo.

pita[2]. **I.** INTERJ. **1.** Se usa para llamar a las gallinas. U. m. en pl. ‖ **II.** F. **2.** gallina.

pita[3]. F. **tala** (‖ juego de muchachos).

pita[4]. F. Expresión de desaprobación mediante pitos y silbidos.

pitada. F. **1.** Sonido o golpe de pito. ‖ **2.** **pita**[4].

pitagórico, ca. ADJ. **1.** Que sigue la escuela, opinión o filosofía de Pitágoras. U. t. c. s. ‖ **2.** Perteneciente o relativo a ellas. *Teorías pitagóricas.* □ V. **tabla ~.**

pitagorismo. M. Conjunto de las doctrinas de Pitágoras y sus discípulos, que sostenía el carácter místico de los números, en la armonía del universo basada en ellos y la transmigración de las almas.

pitahaya. F. *Am.* Planta de la familia de las Cactáceas, trepadora y de flores encarnadas o blancas según sus variedades. Algunas dan fruto comestible.

pitajaña. F. *Am. Mer.* Planta de la familia de las Cactáceas, con tallos trepadores sin hojas y grandes flores amarillas, que se abren al anochecer, despiden olor suave como de vainilla y se marchitan al salir el sol.

pitajaya. F. *Am.* pitahaya.

pitanga. F. **1.** *Á. R. Plata.* pitanguero. || **2.** *Á. R. Plata.* Fruto de este árbol.

pitanguero. M. *Á. R. Plata.* Arbusto de las Mirtáceas, de unos cinco metros de altura, que crece en los montes fluviales, de corteza gris verdosa, hojas simples, ovoides, de color verde intenso y frutos comestibles, rojos o morados, en forma de pequeñas bayas globosas de dos centímetros de diámetro, que se utilizan para aromatizar bebidas alcohólicas.

pitanza. F. **1.** Ración de comida que se distribuye a quienes viven en comunidad o a los pobres. || **2.** coloq. Alimento cotidiano.

pitañoso, sa. ADJ. legañoso.

pitar. **I.** TR. **1.** Hacer sonar pitos o silbar para manifestar desagrado o desaprobación hacia alguien o algo. *El público pitó a los actores.* || **2.** *Dep.* En un partido, arbitrar. *Pitó una final muy comprometida.* U. t. c. intr. || **3.** *Dep.* Dicho de un árbitro: Señalar las distintas incidencias de un partido, especialmente las faltas. *El árbitro pitó un penalti sin contemplaciones.* || **4.** *Am. Mer.* Fumar cigarrillos. || **5.** *Chile.* Hacer burla o mofa de alguien. || **II.** INTR. **6.** Tocar el **pito** (|| instrumento que produce un sonido agudo). *Deja ya de pitar con ese instrumento.* || **7.** Tocar el **pito** (|| claxon). || **8.** Dicho de un pito: sonar (|| hacer ruido). *Ese silbato no pita.* || **9.** Dicho de una cosa: Zumbar, hacer ruido o sonido continuado. *A Jesús le pitan los oídos.* || **irse, marcharse, salir,** etc., pitando. LOCS.VERBS. coloqs. Salir apresuradamente, con prisa.

pitarra. F. legaña.

pitarroso, sa. ADJ. legañoso.

pitaya. F. **1.** *Méx.* pitahaya. || **2.** *Méx.* Fruto comestible de esta planta.

pitayo. M. *Méx.* pitahaya.

pitazo. M. **1.** *Á. Caribe.* pitada (|| sonido de pito). || **2.** *Méx.* soplo (|| aviso). || **3.** *Méx.* silbo (|| sonido que resulta al hacer pasar el aire por la boca).

pitecántropo. M. *Antrop.* Animal, cuyos restos fósiles fueron descubiertos en Java, que vivió en el período pleistoceno y al que los partidarios de la doctrina transformista consideran uno de los antepasados del hombre.

pítico, ca. ADJ. Perteneciente o relativo a Apolo. *Fiestas píticas.*

pitido. M. **1.** Silbido del **pito** (|| instrumento que produce un sonido agudo). || **2.** Silbido del **pito** (|| claxon). || **3.** Zumbido, ruido continuado.

pitihué. M. *Chile.* Ave trepadora, variedad del **pico²**. Habita en los bosques y matorrales, se nutre de insectos y fabrica su nido en los huecos de los árboles.

pitilla. F. *Chile.* Cordón delgado usado generalmente para envolver paquetes.

pitillera. F. Petaca para guardar pitillos.

pitillo. M. **1.** cigarrillo. || **2.** *Á. Caribe.* pajilla.

pítima. F. coloq. Embriaguez, borrachera.

pitiminí. de ~. LOC.ADJ. De poca importancia o solidez.

pitipié. M. Escala de un mapa o plano para calcular las distancias y medidas reales.

pitirre. M. *Ant.* Pájaro algo más pequeño que el gorrión, pero de cola más larga. De color oscuro, anida en los árboles y se alimenta de insectos.

pito¹. M. **1.** Instrumento pequeño que produce un sonido agudo cuando se sopla en él. || **2.** Claxon, bocina. || **3.** En el juego del dominó, ficha con un punto. U. m. en pl. || **4.** En el juego del mus, carta que vale un punto. || **5.** coloq. Sonido muy agudo. Se usa más referido a la voz humana. || **6.** coloq. **cigarrillo.** || **7.** coloq. **pene.** || **entre ~s y flautas.** LOC.ADV. coloq. Se usa para expresar que algo se debe a diferentes causas o motivos. *Entre pitos y flautas, se me hizo tarde.* || **no tocar ~.** LOC.VERB. coloq. No tener parte en un asunto o negocio. || **por ~s o por flautas.** LOC.ADV. coloq. Por un motivo o por otro. || **tres ~s.** LOC. ADV. coloq. **un pito.** || **un ~.** LOC.ADV. coloq. Muy poco o nada. *No importa un pito. Le importa un pito.*

pito². M. **pájaro carpintero.**

pitón¹. M. **1.** Punta del cuerno del toro. || **2.** pitorro. || **3.** Bulto pequeño que sobresale en punta en la superficie de algo.

pitón². F. **serpiente pitón.** U. menos c. m.

pitonazo. M. **1.** *Taurom.* Golpe producido por el pitón del toro. || **2.** *Taurom.* Herida poco profunda causada por el pitón de un toro.

pitonisa. F. **1.** adivinadora. || **2.** hist. Sacerdotisa de Apolo, que daba los oráculos en el templo de Delfos sentada en el trípode.

pitorra. F. becada.

pitorrearse. PRNL. coloq. Guasearse o burlarse de alguien.

pitorreo. M. coloq. Acción y efecto de pitorrearse.

pitorro. M. Tubo recto o curvo, pero siempre cónico, que arranca de la parte inferior del cuello en los botijos y porrones, y sirve para moderar la salida del líquido que en ellos se contiene.

pituitario, ria. ADJ. *Anat.* Perteneciente o relativo a la secreción de las mucosas y especialmente la de la nariz. □ V. **glándula ~, membrana ~.**

pituquería. F. *Chile.* Actitud de quien pretende ser elegante o distinguido.

pituso, sa. ADJ. Dicho de un niño: Pequeño, gracioso, lindo. U. t. c. s.

pituto. M. *Chile.* Tubo pequeño y sobresaliente de un objeto.

piuquén. M. *Chile.* Especie de avutarda, mayor que la europea, de color blanco, menos la cabeza, que es cenicienta, así como las remeras de las alas. La cola es corta y tiene 18 plumas blancas. Se alimenta de hierbas y no se reproduce hasta los dos años. Es mansa, se domestica con facilidad y su carne es comestible.

piurano, na. ADJ. **1.** Natural de Piura. U. t. c. s. || **2.** Perteneciente o relativo a este departamento del Perú o a su capital.

piure. M. *Chile.* Animal cordado invertebrado, de la clase de los Tunicados, sedentario, cuyo cuerpo, de color rojo y de cuatro a seis centímetros de longitud, tiene la forma de un saco con dos aberturas, que son, respectivamente, la boca y el ano, y es comestible.

pívot. COM. *Dep.* Jugador de baloncesto cuya misión básica consiste en situarse en las cercanías de la canasta para recoger rebotes o anotar puntos. MORF. pl. **pívots.**

pivotante. ADJ. **1.** Que tiene caracteres de pivote o que funciona como tal. *Herrajes pivotantes.* || **2.** *Bot.* Dicho de una raíz: Que se hunde verticalmente, como una prolongación del tronco.

pivotar. INTR. Moverse o apoyarse sobre un pivote. U. t. en sent. fig. *El funcionamiento de la empresa pivota sobre su presidente.*

pivote. **I.** M. **1.** Extremo cilíndrico o puntiagudo de una pieza, donde se apoya o inserta otra, bien con carácter fijo o bien de manera que una de ellas pueda girar u oscilar con facilidad respecto de la otra. || **II.** COM. **2.** Á. R. *Plata* y *Méx.* **pívot.**

píxel o **pixel.** M. *Inform.* Superficie homogénea más pequeña de las que componen una imagen, que se define por su brillo y color. MORF. pl. **píxeles** o **pixeles.**

píxide. F. Copón o caja pequeña en que se guarda el Santísimo Sacramento o se lleva a los enfermos.

piyama. M. *Am.* **pijama.** U. t. c. f.

pizarra. F. **1.** Roca homogénea, de grano muy fino, comúnmente de color negro azulado, opaca, tenaz, y que se divide con facilidad en hojas planas y delgadas. Procede de una arcilla metamorfoseada por las acciones telúricas. || **2.** Trozo de esta roca, cortado y preparado para tejar y solar. || **3.** Trozo de pizarra pulimentado, de forma rectangular, usado para escribir o dibujar en él con pizarrín, yeso o lápiz blanco. || **4. encerado** (|| para escribir o dibujar en él). || **5.** Placa de plástico blanco usada para escribir o dibujar en ella con un tipo especial de rotuladores cuya tinta se borra con facilidad.

pizarral. M. Lugar o sitio en que se hallan las pizarras.

pizarrería. F. Sitio donde se extraen y labran pizarras.

pizarrero, ra. M. y F. Persona que labra, pule y asienta las pizarras en los edificios.

pizarrín. M. Barrita de lápiz o de pizarra no muy dura, generalmente cilíndrica, que se usa para escribir o dibujar en las pizarras de piedra.

pizarrista. COM. Persona que, en ciertos deportes, anota en una pizarra los nombres de los competidores.

pizarrón. M. *Am.* **encerado** (|| para escribir o dibujar en él).

pizarroso, sa. ADJ. **1.** Abundante en pizarra. *Estratos pizarrosos.* || **2.** Que tiene apariencia de pizarra. *Mar pizarroso.*

pizca. F. coloq. Porción mínima o muy pequeña de algo. || **ni ~.** LOC. PRONOM. coloq. **nada.**

pizco. M. Porción mínima que se toma de algo.

pizote. M. *Am. Cen.* Mamífero plantígrado de cabeza alargada y hocico estrecho, con nariz muy saliente y puntiaguda, orejas cortas y redondeadas y pelaje tupido, pardo oscuro con tonalidades grises y blancuzcas.

pizpireto, ta. ADJ. coloq. Alegre, vivaz y algo coqueto. *Persona pizpireta. Andares pizpiretos.*

pizzería. F. **1.** Establecimiento comercial en que se elaboran y se venden *pizzas.* || **2.** Restaurante especializado en la preparación de *pizzas* y otras comidas italianas.

placa. F. **1.** Plancha de metal u otra materia, en general rígida y poco gruesa. || **2.** Plancha que, colocada en algún lugar público, sirve de guía, orientación, anuncio, prohibición, o como recuerdo de una efeméride. || **3.** Plancha que sirve para anunciar el ejercicio de una profesión y que suele colocarse en lugares visibles, como fachadas, portales, puertas de oficinas, etc. || **4.** Plancha que exponen en la entrada principal de los hoteles, restaurantes, talleres mecánicos, etc., con símbolos que

acreditan su categoría. || **5.** Lámina, plancha o película que se forma o está superpuesta en un objeto. || **6.** Insignia o distintivo que llevan los agentes de Policía para acreditar que lo son. || **7.** Insignia de alguna de las órdenes caballerescas, que se lleva bordada o sobrepuesta en el vestido. *La placa de la Orden de Carlos III.* || **8.** Parte superior de las cocinas económicas. || **9.** *Fotogr.* Vidrio cubierto en una de sus caras por una capa de sustancia alterable por la luz y en la que puede obtenerse una prueba negativa. || **10.** *Fotogr.* hist. Plancha de metal preparada con yoduro, sobre la que se hacía la daguerrotipia. || **11.** *Geol.* Cada una de las grandes partes parcialmente rígidas de la litosfera que flotan sobre el manto terrestre y cuyas zonas de choque forman los cinturones de actividad volcánica, sísmica o tectónica. || **12.** *Transp.* **matrícula** (|| placa que llevan los vehículos). || **~ motora.** F. *Biol.* Terminación nerviosa sobre un músculo, mediante la cual este recibe el impulso que determina su contracción.

placaje. M. *Dep.* En *rugby*, acción y efecto de **placar**[1].

placar[1]. TR. *Dep.* En *rugby*, detener un ataque, sujetando con las manos al contrario y forzándolo a abandonar el balón.

placar[2]. M. Á. R. *Plata.* **armario empotrado.** MORF. pl. **placares.**

placebo. M. *Med.* Sustancia que, careciendo por sí misma de acción terapéutica, produce algún efecto curativo en el enfermo, si este la recibe convencido de que esa sustancia posee realmente tal acción.

pláceme. M. **felicitación.**

placenta. F. **1.** Órgano intermediario durante la gestación entre la madre y el feto, que se adhiere a la superficie interior del útero y del que nace el cordón umbilical. || **2.** *Bot.* Parte vascular del fruto a la que están unidos los huevos o semillas. || **3.** *Bot.* Borde del carpelo, generalmente engrosado, en el que se insertan los óvulos. || **~ previa.** F. **1.** *Anat.* La que se desarrolla en la parte inferior del útero. || **2.** *Med.* Parto en el que la placenta se presenta antes que el feto, y puede ser causa de graves hemorragias.

placentación. F. *Bot.* Disposición de las placentas, y por consiguiente de los óvulos, en el ovario de los vegetales.

placentario, ria. ADJ. **1.** Perteneciente o relativo a la placenta. *Hormona placentaria.* || **2.** *Zool.* Se dice de los mamíferos que se desarrollan en el útero de la madre, con formación de una placenta. U. t. c. s. m. ORTOGR. En m. pl., escr. con may. inicial c. taxón. *Los Placentarios.*

placentero, ra. ADJ. Agradable, apacible, alegre. *Días placenteros.*

placentino, na. ADJ. **1.** Natural de Plasencia. U. t. c. s. || **2.** Perteneciente o relativo a esta localidad española, en la provincia de Cáceres.

placer[1]. INTR. Agradar o dar gusto. MORF. conjug. c. *agradecer.* Se usa también en la 3.ª persona de singular del pretérito perfecto simple *(plugo)*, del presente de subjuntivo *(plegue)*, del pretérito imperfecto de subjuntivo *(pluguiera* o *pluguiese)* y del futuro de subjuntivo *(pluguiere).*

placer[2]. M. **1.** Goce, disfrute espiritual. || **2.** Satisfacción, sensación agradable producida por la realización o recepción de algo que gusta o complace. || **a ~.** LOC. ADV. Con todo gusto, a toda satisfacción, sin impedimento ni embarazo alguno.

placer[3]. M. **1.** Banco de arena o piedra en el fondo del mar, llano y de bastante extensión. ‖ **2.** Arenal donde la corriente de las aguas depositó partículas de oro. ‖ **3.** Pesquería de perlas en las costas de América.

placero, ra. ADJ. Dicho de una persona: Que vende en la plaza los géneros y cosas comestibles. U. t. c. s.

plácet. M. **1.** Aprobación, opinión favorable. ‖ **2.** Aprobación que da un Gobierno para ejercer en su territorio la representación diplomática de otro país a la persona que ha sido designada para hacerlo. ¶ MORF. pl. **plácets.**

placidez. F. Cualidad de plácido.

plácido, da. ADJ. **1.** Quieto, sosegado y sin perturbación. *Carácter plácido.* ‖ **2.** Grato, apacible. *Día plácido.*

placiente. ADJ. Que place. *Vida placiente.*

plafón. M. **1.** Lámpara plana traslúcida, que se coloca pegada al techo para disimular las bombillas. ‖ **2.** Adorno en la parte central del techo de una habitación, en el cual está el soporte para suspender la lámpara.

plaga. F. **1.** Aparición masiva y repentina de seres vivos de la misma especie que causan graves daños a poblaciones animales o vegetales, como, respectivamente, la peste bubónica y la filoxera. ‖ **2.** Calamidad grande que aflige a un pueblo. ‖ **3.** Daño grave o enfermedad que sobreviene a alguien. ‖ **4.** Abundancia de algo nocivo, y, por ext., de lo que no lo es. *Este año ha habido plaga de albaricoques. Plaga de erratas.*

plagal. □ V. **modo** ~.

plagar. TR. Llenar o cubrir a alguien o algo de una cosa generalmente nociva o no conveniente. U. t. c. prnl.

plagiado, da. PART. de **plagiar.** ‖ ADJ. *Am.* Dicho de una persona: Que ha sido secuestrada. U. t. c. s.

plagiador, ra. ADJ. *Am.* Que **plagia** (‖ secuestra a alguien). U. m. c. s.

plagiar. TR. **1.** Copiar en lo sustancial obras ajenas, dándolas como propias. ‖ **2.** *Am.* Secuestrar a alguien para obtener rescate por su libertad. ¶ MORF. conjug. c. *anunciar.*

plagiario, ria. I. ADJ. **1.** Que **plagia** (‖ copia obras ajenas). *País plagiario.* Apl. a pers., u. m. c. s. ‖ **II.** M. y F. **2.** *Am.* Persona que **plagia** (‖ secuestra a alguien).

plagio. M. Acción y efecto de plagiar.

plaguear. INTR. **1.** *Á. guar.* **refunfuñar.** ‖ **2.** *Á. guar.* Hablar interminablemente de las desdichas propias.

plagueo. M. *Á. guar.* Acción y efecto de plaguear.

plaguicida. ADJ. **pesticida.** Apl. a una sustancia o un producto, u. t. c. s. m.

plan. M. **1.** Intención, proyecto. ‖ **2.** Modelo sistemático de una actuación pública o privada, que se elabora anticipadamente para dirigirla y encauzarla. *Plan de vivienda.* ‖ **3.** Dieta, régimen de vida, especialmente alimenticio. *El plan que siguió fue muy severo.* ‖ **4.** coloq. Relación amorosa frívola y fugaz. *No cuentes conmigo, porque me ha salido un plan para esta noche.* ‖ **5.** coloq. Actitud o propósito. *Todo se llevó a cabo en plan amistoso.* ‖ **6.** *Ingen.* En minería, conjunto de labores a una misma profundidad. ‖ **7.** *Mar.* Parte inferior y más ancha del fondo de un buque en la bodega. ‖ **8.** *Mar.* Parte casi horizontal de cada lado de la quilla. ‖ **~ de estudios.** M. Conjunto de enseñanzas y prácticas que, con determinada disposición, han de cursarse para cumplir un ciclo de estudios u obtener un título. ‖ **~ de inversiones.** M. El que establece el destino de los recursos financieros de una empresa. ‖ **~ de obras.** M. El que elaboran los técnicos y las Administraciones públicas para orde-

nar la previsión y ejecución de sus respectivas obras. ‖ **~ de pensiones.** M. El que organiza las aportaciones necesarias para tener derecho a percibir un capital o una renta periódica en caso de jubilación, supervivencia, viudedad, orfandad o invalidez. ‖ **~ de servicios.** M. El que elaboran los técnicos y las Administraciones públicas para ordenar la previsión y ejecución de sus respectivos servicios. ‖ **~ económico.** M. El que se refiere a la actividad económica global o a la de un sector o empresa. ‖ **~ hidrológico.** M. El que establece los usos del agua en una cuenca hidráulica o en el conjunto del territorio. ‖ **~ urbanístico.** M. El que se refiere a la ordenación del espacio urbano comprendiendo la previsión de desarrollo y asignando los diferentes usos del suelo. ‖ **a todo** ~. LOC. ADV. coloq. **a lo grande.**

plana. F. **1.** Cada una de las dos caras de una hoja de papel. ‖ **2.** Página escrita, especialmente la impresa de los periódicos y de las revistas. *Apareció la noticia en primera plana.* ‖ **3.** Escrito que hacen los niños en una cara del papel en que aprenden a escribir. ‖ **4.** Porción extensa de país llano. *La plana de Urgel.* ‖ **5.** *Impr.* Conjunto de líneas ya ajustadas de que se compone cada página. ‖ **~ mayor.** F. **1.** Conjunto de las personas de más relieve, autoridad e influencia en una organización, empresa, etc. ‖ **2.** *Mar.* En una escuadra, conjunto de generales, jefes, oficiales y marinería que, sin formar parte de la dotación en ninguno de sus buques, está afecto al de la insignia. ‖ **3.** *Mil.* Conjunto de los jefes y otros individuos de un batallón o regimiento que no pertenecen a ninguna compañía; como coronel, teniente coronel, tambor mayor, etc. ‖ **a ~ renglón,** o **a ~ y renglón.** LOCS. ADVS. Denotan la circunstancia de haberse hecho o haberse de hacer una copia manuscrita, o una reimpresión, de modo que tenga en cada una de sus **planas** los mismos renglones, y en cada uno de sus renglones las mismas palabras que en el escrito o impreso que ha servido de original. ‖ **a toda** ~. LOC. ADV. En periódicos y revistas, ocupando todas las columnas de una página o una parte considerable de ella. *Publicaron la noticia a toda plana.* U. t. c. loc. adj. ‖ **corregir,** o **enmendar, la** ~ a alguien. LOCS. VERBS. **1.** Advertir o notar en otra persona de menor peso o conocimiento algún defecto en lo que esta ha ejecutado. ‖ **2.** Hacer algo mejor que otra persona.

planazo. M. *Á. Caribe.* Golpe dado con la parte plana del machete, espada o sable.

plancha. F. **1.** Lámina o pedazo de metal llano y delgado respecto de su tamaño. ‖ **2.** Utensilio metálico, ordinariamente triangular y muy liso por su cara inferior, que en la superior tiene un asa por donde se coge para planchar. En la actualidad, el calor de la **plancha** procede generalmente de la energía eléctrica. ‖ **3.** Acción y efecto de planchar la ropa. *Mañana es día de plancha.* ‖ **4.** Conjunto de ropa planchada. ‖ **5.** Placa de hierro que se usa para asar o tostar alimentos. ‖ **6.** Posición horizontal del cuerpo flotando de espaldas. ‖ **7.** *Dep.* Posición horizontal del cuerpo en el aire durante algún lance deportivo. ‖ **8.** *Dep.* **plantillazo.** ‖ **9.** *Impr.* Reproducción estereotípica o galvanoplástica preparada para la impresión. ‖ **10.** *Mar.* Tablón con travesaños clavados de trecho en trecho, que se pone como puente entre la tierra y una embarcación, o entre dos embarcaciones y, por ext., puente provisional. ‖ **11.** *Méx.* Hecho de estar esperando en un lugar durante mucho tiempo. ‖ **a la** ~. LOC. ADJ. Dicho de ciertos alimentos: Asados o tostados sobre una placa caliente. *Carne a la plancha*. U. t. c. loc. adv. ‖ **tirar a alguien una ~.** LOC.VERB. *Méx.* **dar un plantón.**

planchada. F. **1.** Tablazón que, apoyada en la costa del mar o de un río u otro receptáculo, y sostenida por un caballete introducido en el agua, sirve para el embarco y desembarco y otros usos de la navegación. ‖ **2.** *Méx.* Acción y efecto de **planchar** (‖ dejar a alguien esperando).

planchado, da. PART. de **planchar.** ‖ M. Acción y efecto de planchar. *Mañana es día de planchado.* ‖ **dejar ~ a alguien.** LOC.VERB. coloq. Dejarlo sin poder reaccionar por alguna palabra o hecho inesperado.

planchador, ra. M. y F. Persona que plancha o tiene por oficio planchar.

planchar. TR. **1.** Quitar arrugas a la ropa mediante la plancha u otro procedimiento. U. t. c. intr. ‖ **2.** Alisar o estirar otro tipo de cosas. *Le plancharon el pelo el día de su primera comunión.* ‖ **3.** *Méx.* Dejar a alguien esperando.

planchero. M. **1.** Soporte para la **plancha** (‖ utensilio para planchar). ‖ **2.** Cuarto destinado a planchar ropa.

plancton. M. *Biol.* Conjunto de organismos animales y vegetales, generalmente diminutos, que flotan y son desplazados pasivamente en aguas saladas o dulces.

planctónico, ca. ADJ. *Biol.* Perteneciente o relativo al plancton.

planeación. F. *Méx.* **planeamiento.**

planeador. M. Aeronave sin motor, más pesada que el aire y con estructura de avión, que se sustenta y avanza aprovechando solamente las corrientes atmosféricas.

planeadora. F. Embarcación de pequeño tamaño, con motor fuera borda, especialmente diseñada para alcanzar gran velocidad.

planeamiento. M. Acción y efecto de **planear** (‖ trazar un plan).

planear. **I.** TR. **1.** Trazar o formar el plan de una obra. ‖ **II.** INTR. **2.** Dicho de un ave: Volar con las alas extendidas e inmóviles. ‖ **3.** *Aer.* Dicho de un avión: Descender en planeo.

planeo. M. **1.** Acción de volar las aves sin mover las alas. ‖ **2.** *Aer.* Descenso de un avión sin la acción del motor y en condiciones normales.

planeta. **I.** M. **1.** *Astr.* Cuerpo sólido celeste que gira alrededor de una estrella y que se hace visible por la luz que refleja. En particular los que giran alrededor del Sol. ‖ **II.** F. **2.** *Rel.* hist. Especie de casulla con la delantera más corta que las ordinarias.

planetario, ria. **I.** ADJ. **1.** Perteneciente o relativo a los planetas. *Escala planetaria.* ‖ **II.** M. **2.** Aparato que representa los planetas del sistema solar y reproduce los movimientos respectivos. ‖ **3.** Edificio en que está instalado. □ V. **espacio ~, sistema ~.**

planetoide. M. asteroide.

planicie. F. Terreno llano de alguna extensión.

planificación. F. **1.** Acción y efecto de planificar. ‖ **2.** Plan general, metódicamente organizado y frecuentemente de gran amplitud, para obtener un objetivo determinado, tal como el desarrollo armónico de una ciudad, el desarrollo económico, la investigación científica, el funcionamiento de una industria, etc.

planificado, da. PART. de **planificar.** ‖ ADJ. Sometido a planificación. □ V. **economía ~.**

planificador, ra. ADJ. **1.** Perteneciente o relativo a la planificación. *Proceso planificador.* ‖ **2.** Que planifica

(‖ organiza siguiendo un plan). *Organismo planificador.* Apl. a pers., u. m. c. s.

planificar. TR. **1.** Organizar algo siguiendo un plan. *Planificar un delito.* ‖ **2.** Trazar los planos para la ejecución de una obra. *Planificar un edificio.*

planilla. F. **1.** *Am.* Estado de cuentas, liquidación, ajuste de gasto. ‖ **2.** *Am.* **nómina.** ‖ **3.** *Am.* Impreso o formulario con espacios en blanco para rellenar, en los que se dan informes, se hacen peticiones o declaraciones, etc., ante la Administración pública. ‖ **4.** *Méx.* En una elección, lista de candidatos.

planímetro. M. Instrumento que sirve para medir áreas de figuras planas.

planisferio. M. Carta en que la esfera celeste o la terrestre está representada en un plano.

plano, na. **I.** ADJ. **1.** Llano, liso, sin relieves. *Terreno plano.* ‖ **2.** *Geom.* Perteneciente o relativo al plano. *Curva plana.* ‖ **II.** M. **3.** *Geom.* **superficie plana.** ‖ **4.** Representación esquemática, en dos dimensiones y a determinada escala, de un terreno, una población, una máquina, una construcción, etc. ‖ **5.** Posición, punto de vista desde el cual se puede considerar algo. *En un plano puramente teórico.* ‖ **6.** *Cinem.* y *TV.* Parte de una película rodada en una sola toma. ‖ **~ coordenado.** M. *Geom.* Cada uno de los tres planos que se cortan en un punto y sirven para determinar la posición de los demás puntos del espacio por medio de las líneas coordenadas paralelas a sus intersecciones mutuas. ‖ **plano de la expresión.** M. *Ling.* En semiología, componente formal de los signos, en oposición al plano del contenido. ‖ **plano del contenido.** M. *Ling.* En semiología, componente de los signos referido a su significado, en oposición al plano de la expresión. ‖ **plano de simetría.** M. *Geom.* El que divide una figura o un cuerpo en dos partes, de tal modo que cada una de ellas es la imagen especular de la otra. ‖ **~ geométrico.** M. *Pint.* Superficie plana paralela al horizonte, colocada en la parte inferior del cuadro, donde se proyectan los objetos, para construir después, según ciertas reglas, su perspectiva. ‖ **plano horizontal.** M. El definido por la superficie de un líquido en reposo. ‖ **~ inclinado.** M. *Mec.* Superficie plana, resistente, que forma ángulo agudo con la horizontal, y por medio de la cual se facilita la elevación o el descenso de cuerpos. ‖ **~ meridiano.** M. *Geom.* El que pasa por el eje de revolución de un sólido o de una superficie. ‖ **plano vertical.** M. El que contiene a una recta vertical. ‖ **primer ~.** M. *Cinem.* y *TV.* El que centra la atención en el rostro y los hombros de un personaje o en un objeto aislado, ocupando casi todo el espacio escenográfico. ‖ **dar de plano.** LOC.VERB. Dar con lo ancho de un instrumento cortante o con la mano abierta. ‖ **de plano.** **I.** LOC.ADV. **1.** Por entero, de manera clara y manifiesta. ‖ **2.** Dicho de incidir el sol o cualquier foco de luz potente: De lleno, de manera perpendicular. *El sol daba de plano sobre las murallas.* ‖ **II.** LOC.ADJ. **3.** *Der.* Dicho de una resolución judicial o administrativa: Que se adopta inmediatamente y sin trámites. U. t. c. loc. adv. □ V. **ángulo ~, geometría ~, hueso ~, pie ~, superficie ~, tarifa ~, triángulo ~, trigonometría ~.**

planta. F. **1.** Parte inferior del pie. ‖ **2.** Parte del calzado que corresponde a la planta del pie. ‖ **3.** Ser vivo autótrofo y capaz de realizar la fotosíntesis, cuyas células poseen pared compuesta principalmente de celulosa y carece de capacidad locomotora. ‖ **4.** Árbol u hortaliza que, sembrados y nacidos en alguna parte, están dispuestos para trasplantarse en otra. ‖ **5.** Diseño en que se da idea para la fábrica o formación de algo. *Planta de un edificio.* ‖ **6.** Proyecto o disposición que se hace para asegurar el acierto y buen logro de un negocio o pretensión. ‖ **7.** Cada una de las divisiones horizontales y superpuestas que constituyen un edificio. ‖ **8.** Central de energía o instalación industrial. ‖ **9.** *Arq.* Figura que forman sobre el terreno los cimientos de un edificio o la sección horizontal de las paredes en cada uno de los diferentes pisos. ‖ **10.** *Esgr.* Combinación de líneas trazadas real o imaginariamente en el suelo para fijar la dirección de los compases. ‖ **11.** *Geom.* Pie de la perpendicular bajada desde un punto al plano horizontal. ‖ **12.** pl. *Biol.* Reino de las **plantas** (‖ seres vivos autótrofos). ‖ **buena ~.** F. Buena presencia. ‖ **de ~,** o **de nueva ~.** LOCS.ADVS. De nuevo, desde los cimientos, a ras del suelo o poco elevado sobre él. *Hacer de planta, o de nueva planta, un edificio.*

plantación. F. **1.** Acción y efecto de plantar. ‖ **2.** Terreno en el que se cultivan plantas de una misma clase.

plantado, da. bien ~. LOC.ADJ. Que tiene buena planta o presencia.

plantador, ra. I. ADJ. **1.** Que planta. *Bastón plantador.* Apl. a pers., u. t. c. s. ‖ **II.** M. **2.** Instrumento pequeño de hierro que usan los hortelanos para plantar.

plantagináceo, a. ADJ. *Bot.* Se dice de las plantas angiospermas dicotiledóneas, herbáceas, con hojas sencillas, enteras o dentadas, rara vez con lacinias, y sin estípulas, flores hermafroditas o monoicas, actinomorfas, tetrámeras y dispuestas en espigas y fruto en cápsula; p. ej., el llantén y la zaragatona. U. t. c. s. f. ORTOGR. En f. pl., escr. con may. inicial c. taxón. *Las Plantagináceas.*

plantar¹. I. TR. **1.** Meter en tierra una planta, un vástago, un esqueje, un tubérculo, un bulbo, etc., para que arraigue. ‖ **2.** Poblar de plantas un terreno. ‖ **3.** Fijar verticalmente algo. *Plantar una cruz.* ‖ **4.** Asentar o colocar algo en el lugar en que debe estar para ser usado. *Aquí van a plantar un colegio.* ‖ **5.** coloq. Dar un golpe. *Le plantó una bofetada.* ‖ **6.** coloq. Abandonar a alguien con quien se tenía un compromiso o una obligación. *Plantó a su jefe y se marchó con la competencia.* ‖ **7.** coloq. Dejar de hacer una actividad, un estudio, etc. *Plantó la carrera.* ‖ **8.** coloq. Dejar esperando en vano a alguien con quien se tenía una cita. *Nos ha plantado una vez más.* ‖ **9.** coloq. Decir a alguien tales expresiones desenfadadas o injurias, que se quede aturdido y sin acertar a responder. ‖ **II.** PRNL. **10.** Resolverse a no hacer o a resistir algo. ‖ **11.** coloq. Ponerse de pie ocupando un lugar o sitio. ‖ **12.** coloq. Llegar con brevedad a un lugar, o en menos tiempo del que regularmente se gasta. *En dos horas se plantó en Alcalá.* ‖ **13.** coloq. Dicho de un animal: Detenerse obstinadamente. ‖ **14.** coloq. En algunos juegos de cartas, no querer más de las que se tienen. U. t. c. intr.

**plantar². **ADJ. *Anat.* Perteneciente o relativo a la planta del pie.

plante. M. Protesta colectiva, con abandono de su cometido habitual, de personas que viven agrupadas bajo una misma autoridad o trabajan en común, para exigir o rechazar enérgicamente algo. *Plante en una cárcel. Plante en una fábrica.*

planteamiento. M. Acción y efecto de plantear.

plantear. TR. **1.** Proponer, suscitar o exponer un problema matemático, un tema, una dificultad o una duda. ‖ **2.** Enfocar la solución de un problema, se llegue a obtenerla o no. U. t. c. prnl. ‖ **3.** Establecer o poner en ejecución un sistema, una institución, una reforma, etc.

plantel. M. **1.** Criadero de plantas. ‖ **2.** Establecimiento, lugar o reunión de gente, en que se forman personas hábiles o capaces en algún ramo del saber, profesión, ejercicio, etc. ‖ **3.** Conjunto de personas que comparte una misma actividad o tiene cualquier otra característica en común. *El hospital cuenta con un buen plantel de cirujanos.* ‖ **4.** Á. Andes, Á. Caribe y Á. R. Plata. Conjunto de integrantes de un equipo deportivo. ‖ **5.** Á. Andes, Á. guar. y Á. R. Plata. Personal con que cuenta una institución. ‖ **6.** Á. R. Plata. Conjunto de animales seleccionados pertenecientes a un establecimiento ganadero. ‖ **7.** *Méx.* escuela (‖ establecimiento para enseñanza infantil).

planteo. M. **1.** planteamiento. U. m. en América. ‖ **2.** Á. R. Plata. Protesta, exigencia, colectiva o individual.

plantígrado, da. ADJ. *Zool.* Se dice de los cuadrúpedos que al andar apoyan en el suelo toda la planta de los pies y las manos; p. ej., el oso, el tejón. U. t. c. s.

plantilla. F. **1.** Pieza con que interiormente se cubre la planta del calzado. ‖ **2.** Suela sobre la cual los zapateros arman el calzado. ‖ **3.** Tabla o plancha cortada con los mismos ángulos, figuras y tamaños que ha de tener la superficie de una pieza, y que puesta sobre ella, sirve en varios oficios de regla para cortarla y labrarla. ‖ **4.** Relación ordenada por categorías de las dependencias y empleados de una oficina, de un servicio público o privado, etc. ‖ **5.** *Dep.* Conjunto de jugadores que componen un equipo. ‖ **~ ortopédica.** F. La que sirve para corregir un defecto de la configuración ósea del pie o la pierna. ‖ **de ~.** LOC.ADJ. Dicho de un funcionario, de un empleado o de un trabajador: Incluido en una plantilla.

plantillazo. M. En fútbol y otros deportes, acción punible que consiste en adelantar la suela de la bota, generalmente en alto, con riesgo de lesionar a un contrario.

plantiniano, na. ADJ. hist. Se dice de la oficina y de las ediciones del impresor de Amberes Cristóbal Plantín y sus sucesores.

plantío. M. **1.** Lugar plantado recientemente de vegetales. ‖ **2.** Acción de plantar.

planto. M. Composición elegíaca.

plantón. M. **1.** Pimpollo o árbol nuevo que sirve para ser trasplantado. ‖ **2.** Estaca o rama de árbol plantada para que arraigue. ‖ **3.** hist. Soldado a quien se obligaba a estar de guardia en un puesto, sin relevarlo a hora regular, como castigo. ‖ **4.** coloq. Espera prolongada de alguien que finalmente no acude a una cita. *Se ha llevado muchos plantones.* ‖ **dar** alguien **~,** o **un ~.** LOCS.VERBS. cologs. Retrasarse mucho o no acudir donde otra persona lo espera. ‖ **de ~.** LOC.ADJ. coloq. De pie y fijo en algún sitio durante mucho tiempo. *Estuvimos de plantón toda la tarde.*

plántula. F. *Agr.* Planta joven, al poco tiempo de brotar de la semilla.

plañidero, ra. I. ADJ. **1.** Lloroso y lastimero. *Lamento plañidero.* ‖ **II.** F. **2.** hist. Mujer llamada y pagada que iba a llorar a los entierros.

plañido. M. Lamento, queja y llanto.

plañir. INTR. Gemir y llorar, sollozando o clamando. U. t. c. prnl. MORF. conjug. c. *mullir.*

plaqué. M. Chapa muy delgada, de oro o de plata, sobrepuesta y fuertemente adherida a la superficie de otro metal de menos valor.

plaqueta. F. **1.** Pieza de cerámica pequeña y de forma rectangular que se usa para revestir paredes y suelos. ‖ **2.** *Biol.* Célula oval de la sangre de los vertebrados, desprovista de núcleo, que interviene en el proceso de la coagulación.

plaquetario, ria. ADJ. *Biol.* Perteneciente o relativo a las **plaquetas** (‖ células de la sangre).

plasma. M. **1.** *Biol.* Parte líquida de la sangre o de la linfa, que contiene en suspensión sus células componentes. ‖ **2.** *Biol.* Sangre o linfa desprovistas de sus células. ‖ **3.** *Fís.* Materia gaseosa fuertemente ionizada, con igual número de cargas libres positivas y negativas. Es el estado de la materia más abundante en el universo.

plasmación. F. Acción y efecto de plasmar.

plasmador, ra. ADJ. Dicho especialmente de Dios: creador. U. t. c. s. ORTOGR. Escr. con may. inicial c. s.

plasmar. TR. Moldear una materia para darle una forma determinada. U. t. en sent. fig. *Plasmar una idea en el papel.*

plasmático, ca. ADJ. *Biol.* Perteneciente o relativo al plasma.

plasta. **I.** F. **1.** Cosa blanda, espesa y pegajosa; p. ej., la masa, el barro, etc. ‖ **2.** coloq. Excremento, defecación. ‖ **II.** ADJ. **3.** coloq. Dicho de una persona: Excesivamente pesada. U. t. c. s. m. *Este tío es un plasta.*

plaste. M. Masa hecha de yeso mate y agua de cola, para llenar los agujeros y hendiduras de algo que se va a pintar.

plastia. F. *Med.* Operación quirúrgica con la cual se pretende restablecer, mejorar o embellecer la forma de una parte del cuerpo, o modificar favorablemente una alteración morbosa subyacente a ella.

plástica. F. Arte de plasmar, o formar cosas de barro, yeso, etc.

plásticamente. ADV. M. **1.** De manera plástica. *Representar plásticamente una idea.* ‖ **2.** En el aspecto plástico. *Una escenografía poco atractiva plásticamente.*

plasticidad. F. Cualidad de plástico.

plasticina. F. *Chile.* plastilina.

plástico, ca. ADJ. **1.** Perteneciente o relativo a la plástica. *Recursos plásticos.* ‖ **2.** Capaz de ser modelado. *Arcilla plástica.* ‖ **3.** Dicho de ciertos materiales sintéticos: Que pueden moldearse fácilmente y en cuya composición entran principalmente derivados de la celulosa, proteínas y resinas. U. t. c. s. m. *Una caja de plástico.* ‖ **4.** Que forma o da forma. *Fuerza plástica. Virtud plástica.* ‖ **5.** Dicho de un estilo o de una frase: Que por su concisión, exactitud y fuerza expresiva dan mucho realce a las ideas o imágenes mentales. ‖ **plástico de burbuja.** M. *Esp.* Lámina flexible de plástico con vejigas de aire que se utiliza para acolchar y proteger objetos frágiles durante su transporte. ☐ V. **cirugía ~, cuadro ~, dinero de plástico, explosivo ~.**

plastificación. F. plastificado.

plastificado. M. Acción y efecto de plastificar.

plastificar. TR. Recubrir papeles, documentos, telas, gráficos, etc., con una lámina de material plástico.

plastilina. (Marca reg.). F. Sustancia moldeable, de diversos colores, que se utiliza en escultura y como material educativo.

plastrón. M. Corbata muy ancha que cubre el centro de la pechera de la camisa.

plata. **I.** F. **1.** Elemento químico de núm. atóm. 47. Metal escaso en la litosfera, se encuentra nativo, en granos o vetas, y en algunos minerales. De color blanco, brillante, con sonoridad peculiar, muy dúctil y maleable y muy buen conductor del calor y la electricidad. Se usa como catalizador, en la fabricación de utensilios y monedas, en joyería y en odontología, y muchas de sus sales tienen empleo en fotografía por ser sensibles a la luz. (Símb. *Ag,* de su denominación latina *argentum*). ‖ **2.** Cosa o conjunto de cosas de plata. *Hay que limpiar la plata del comedor.* ‖ **3.** Dinero en general, riqueza. *Tiene mucha plata.* U. m. en América. ‖ **4.** **medalla de plata.** ‖ **5.** *Heráld.* Uno de los dos metales que se usa en el blasón y se distingue por el fondo blanco del escudo o de la parte de él en que se pone. ‖ **II.** ADJ. **6.** plateado (‖ de color semejante al de la plata). *Una pitillera plata.* ‖ **~ labrada.** F. Conjunto de piezas de este metal destinadas al uso doméstico o al servicio de un templo, etc. ‖ **~ mexicana.** F. La acuñada fuera de las casas de la moneda, aunque sea de ley igual a la legítima. ‖ **en ~.** LOC. ADV. coloq. Con brevedad, sin rodeos ni circunloquios. ☐ V. **bodas de ~, ducado de ~, edad de ~, maravedí de ~, medalla de ~, papel de ~, real de ~, real de ~ doble, real de ~ vieja, siglo de ~, tacita de ~.**

plataforma. F. **1.** Tablero horizontal, descubierto y elevado sobre el suelo, donde se colocan personas o cosas. ‖ **2.** Suelo superior, especie de azotea, de las torres, reductos y otras obras. ‖ **3.** Vagón descubierto y con bordes de poca altura en sus cuatro lados. ‖ **4.** Parte anterior y posterior de tranvías, vagones, etc., por donde se accede a la zona de asientos. ‖ **5.** Parte anterior del autobús. ‖ **6.** Conjunto de personas, normalmente representativas, que dirigen un movimiento reivindicativo. ‖ **7.** Programa o conjunto de reivindicaciones o exigencias que presenta un grupo político, sindical, profesional, etc. ‖ **8.** **plataforma petrolífera.** ‖ **9.** *Inform.* Entorno informático determinado, que utiliza sistemas compatibles entre sí. ‖ **~ continental.** F. Superficie de un fondo submarino cercano a la costa, comprendido entre el litoral y las profundidades no mayores de 200 m. En su límite hay una acentuación brusca de la pendiente, que es el talud continental. ‖ **~ giratoria.** F. Dispositivo que permite, girando sobre un eje vertical, invertir la dirección de una locomotora. ‖ **~ petrolífera.** F. Instalación destinada a la prospección y extracción de petróleo del subsuelo marino.

platal. M. Gran suma de plata (‖ dinero). U. m. en América.

platanáceo, a. ADJ. *Bot.* Se dice de los árboles angiospermos dicotiledóneos que tienen hojas alternas palmeadas y lobuladas, sin estípulas, flores monoicas sobre receptáculos globosos, y fruto en baya o drupa, generalmente con una semilla que tiene abundante albumen córneo o carnoso; p. ej., el plátano. U. t. c. s. f. ORTOGR. En f. pl., escr. con may. inicial c. taxón. *Las Platanáceas.*

platanal. M. platanar.

platanar. M. Conjunto de plátanos que crecen en un lugar.

platanera. F. **1.** plátano (‖ planta musácea). ‖ **2.** platanar.

platanero, ra. I. ADJ. **1.** Perteneciente o relativo al plátano. *Explotación platanera.* ‖ **2.** *Ant.* Se dice del viento moderado que tiene, sin embargo, fuerza suficiente para desarraigar los plátanos. ‖ **II.** M. y F. **3.** Persona que cultiva plátanos o negocia con su fruto. ‖ **III.** M. **4. plátano** (‖ planta musácea).

plátano. M. **1.** Árbol de la familia de las Platanáceas, con una altura de 15 a 20 o más metros y amplia copa, tronco cilíndrico, de corteza lisa de tono claro, verde grisáceo, que se renueva anualmente, desprendiéndose en placas irregulares, hojas caedizas y alternas, de limbo amplio, palmeado-lobuladas, con pecíolo ensanchado en su base, que recubre la yema subsiguiente. Es árbol de sombra, muy apreciado para plantaciones lineales en calles y paseos. Su madera blanca rosada, de dureza media, ofrece un bello jaspeado y se presta para trabajos de ebanistería. ‖ **2.** Planta herbácea de grandes dimensiones, que en algunos países llaman banano. Pertenece a la familia de las Musáceas. Alcanza una altura de 2 a 3 m y un fuste de unos 20 cm de diámetro, formado por las vainas de las hojas, enrolladas apretadamente unas sobre otras y terminadas en un amplio limbo, de unos 2 m de longitud y unos 30 cm de anchura, redondeadas en su ápice. El conjunto de estas hojas forma el penacho o copa de la planta. ‖ **3.** Fruto comestible de esta planta. Es una baya alargada, de diez a quince centímetros de longitud, algo curvada y de corteza lisa y amarilla. ‖ **~ falso.** M. Árbol frondoso, botánicamente incluido en los llamados arces, cuyas hojas, amplias y palmeado-lobuladas, recuerdan las del verdadero plátano de sombra. ‖ **~ guineo.** M. Fruto de otra musácea del mismo género que el anterior, procedente de una especie originaria de la India y muy cultivada en América Central y las Antillas. ‖ **~ manzano.** M. *Méx.* Variedad de plátano cuyo sabor recuerda al de la manzana. ‖ **~ roatán.** M. *Méx.* Fruto comestible de una planta musácea de origen indo-malayo, muy cultivada hoy en el África tropical. Es mucho más grande, curvado y verde en el exterior.

platea. F. Patio o parte baja de los teatros.

plateado, da. PART. de **platear.** ‖ **I.** ADJ. **1.** De color semejante al de la plata. ‖ **II.** M. **2.** Acción y efecto de platear.

platear. TR. Dar o cubrir de plata algo.

platelminto. ADJ. *Zool.* Se dice de los gusanos, parásitos en su mayoría y casi todos hermafroditas, de cuerpo comúnmente aplanado, sin aparato circulatorio ni respiratorio. El aparato digestivo falta en muchas especies parásitas, como en la tenia, y cuando lo tiene carece de ano, como en la duela. U. t. c. s. m. ORTOGR. En m. pl., escr. con may. inicial c. taxón. *Los Platelmintos.*

platense. ADJ. **1.** Natural de La Plata. U. t. c. s. ‖ **2.** Perteneciente o relativo a esta ciudad de la Argentina, capital de la provincia de Buenos Aires. ‖ **3. rioplatense.** Apl. a pers., u. t. c. s.

plateresco, ca. ADJ. **1.** Se dice del estilo español de ornamentación empleado por los plateros del siglo XVI, aprovechando elementos de las arquitecturas clásica y ojival. U. t. c. s. m. ‖ **2.** *Arq.* Se dice del estilo arquitectónico en que se emplean estos adornos. U. t. c. s. m.

platería. F. **1.** Arte y oficio del platero. ‖ **2.** Obrador en que trabaja el platero. ‖ **3.** Tienda en que se venden obras de plata u oro.

platero, ra. I. M. y F. **1.** Persona que labra la plata. ‖ **2.** Persona que vende objetos labrados de plata u oro,

o joyas con pedrería. ‖ **II.** ADJ. **3.** Dicho de un asno: De pelaje gris plateado. U. t. c. s.

plática. F. **1. conversación** (‖ acción y efecto de hablar). U. m. en América. ‖ **2.** Discurso en que se enseña la doctrina cristiana, se elogian los actos de virtud o se reprenden los vicios o faltas de los fieles.

platicada. F. *Méx.* **conversación** (‖ acción y efecto de hablar).

platicador, ra. ADJ. Que platica, conversador. U. m. en América.

platicar. TR. **conversar** (‖ hablar). U. m. c. intr. U. m. en América.

platija. F. Pez teleósteo marino, semejante al lenguado, pero de escamas más fuertes y unidas, y color pardo con manchas amarillas en la cara superior. Vive en el fondo de las desembocaduras de los ríos al norte de España y su carne es poco apreciada.

platillero, ra. M. y F. Persona que toca los platillos en las bandas de música.

platillo. M. **1.** Pieza pequeña de forma semejante al plato, cualquiera que sea su uso y la materia de que esté formada. ‖ **2.** Cada una de las dos piezas, por lo común en forma de plato o de disco, que tiene la balanza. ‖ **3.** En ciertos juegos de naipes, recipiente, por lo común de forma circular, donde los jugadores ponen, en moneda o en fichas, la cantidad que se apuesta en cada mano. ‖ **4.** *Mús.* Cada una de las dos chapas metálicas en forma de plato que componen el instrumento de percusión llamado platillos y que tienen en el centro una correa doblada por la cual se pasan las manos para sujetar dichas chapas y hacerlas chocar una con otra. ‖ **5.** *Am.* **plato** (‖ alimento). ‖ **~ volador, o ~ volante.** M. **ovni.** □ V. **dulce de ~.**

platina. F. **1.** Parte del microscopio en que se coloca el objeto que se quiere observar. ‖ **2.** *Impr.* Mesa fuerte y ancha, forrada de una plancha bien lisa de hierro, bronce o cinc, que sirve para ajustar, imponer y acuñar las formas. ‖ **3.** *Impr.* Superficie plana de la prensa o máquina de imprimir, sobre la cual se coloca la forma.

platinar. TR. Cubrir un objeto con una capa de platino.

platino. M. **1.** Elemento químico de núm. atóm. 78. Metal escaso en la litosfera, se encuentra siempre nativo, sea en granos, incluido en ciertos minerales o aleado con otros metales. De color plateado, más pesado que el oro, dúctil y maleable, es prácticamente intacable y funde a temperatura muy elevada. Se usa para fabricar termómetros especiales, crisoles y prótesis, y sus aleaciones tienen empleo en joyería, en electrónica y en la fabricación de instrumentos científicos. (Símb. Pt.) ‖ **2.** *Mec.* Cada una de las piezas que establecen contacto en el sistema de encendido de un motor de explosión. U. m. en pl. □ V. **bodas de ~, rubio ~.**

platinotipia. F. **1.** *Fotogr.* Procedimiento que da imágenes positivas sobre papel sensibilizado con sales de platino. ‖ **2.** *Fotogr.* Cada una de las pruebas así obtenidas.

platirrino, na. ADJ. *Zool.* Se dice de los simios indígenas de América, cuyas fosas nasales están separadas por un tabique cartilaginoso, tan ancho que las ventanas de la nariz miran a los lados. U. t. c. s. m. ORTOGR. En m. pl., escr. con may. inicial c. taxón. *Los Platirrinos.*

plato. M. **1.** Recipiente bajo y redondo, con una concavidad en medio y borde comúnmente plano alrededor, empleado en las mesas para servir los alimentos y comer en él y para otros usos. ‖ **2.** Alimento que se sirve en un plato. *Resultó un plato exquisito.* ‖ **3.** Cantidad que contiene un plato. *Se comió dos platos de lentejas.* ‖ **4.** En un tocadiscos, pieza de forma circular sobre la que se coloca el disco. ‖ **5.** En una bicicleta, rueda dentada que, unida a los pedales, se comunica mediante la cadena con los piñones de la rueda trasera. ‖ **6.** Platillo de la balanza. ‖ **7.** *Dep.* Disco de arcilla que sirve de blanco en las pruebas de tiro al plato. ‖ **~ combinado.** M. El que tiene diversos alimentos y se sirve en cafeterías o locales análogos a modo de comida entera. ‖ **~ del día.** M. En algunos restaurantes y cafeterías, los que se ofrecen cada día de la semana. ‖ **~ fuerte.** M. **1.** El principal de una comida. ‖ **2.** coloq. Asunto o intervención más importante en una serie de ellos. ‖ **~ hondo.** M. Aquel cuya concavidad tiene mucha hondura. ‖ **~ llano.** M. Aquel cuya concavidad tiene poca hondura. ‖ **~ playo.** M. *Á. guar.* **plato llano.** ‖ **~ sopero.** M. **plato hondo.** ‖ **~ tendido.** M. *Méx.* **plato llano.** ‖ **comer en un mismo ~** dos o más personas. LOC.VERB. coloq. Tener gran amistad o confianza. ‖ **no haber quebrado,** o **roto,** alguien **un ~.** LOCS.VERBS. coloqs. Tener el aspecto o la impresión de no haber cometido ninguna falta. ‖ **pagar** alguien **los ~s rotos.** LOC.VERB. coloq. Ser castigado injustamente por un hecho que no ha cometido o del que no es el único culpable. ‖ **ser** alguien **~ de segunda mesa.** LOC.VERB. coloq. Ser o sentirse postergado o no considerado. ☐ V. **gorra de ~, huevos al ~, tiro al ~.**

plató. M. *Cinem.* y *TV.* Escenario acondicionado para el rodaje de películas o la realización de programas. MORF. pl. **platós.**

platón. M. *Am.* Recipiente de gran tamaño y de diversos usos según las comarcas; jofaina, cazuela, fuente, etc.

platónico, ca. ADJ. **1.** Desinteresado, honesto. *Enamoramiento platónico.* ‖ **2.** Que sigue la escuela y filosofía de Platón. U. t. c. s. ‖ **3.** Perteneciente o relativo a ella. ☐ V. **amor ~.**

platonismo. M. Escuela y doctrina filosófica de Platón.

plausibilidad. F. Cualidad de plausible.

plausible. ADJ. **1.** Digno o merecedor de aplauso. *Méritos plausibles.* ‖ **2.** Atendible, admisible, recomendable. *Hubo para ello motivos plausibles.*

playa. F. **1.** Ribera del mar o de un río grande, formada de arenales en superficie casi plana. ‖ **2.** Porción del mar contigua a esta ribera. ‖ **3.** *Á. Andes, Á. guar.* y *Á. R. Plata.* Espacio plano, ancho y despejado, destinado a usos determinados en los poblados y en las industrias de mucha superficie. *Playa de estacionamiento. Playa de maniobras.* ☐ V. **cabeza de ~, uva de ~.**

playera. F. **1.** Zapatilla de lona con suela de goma que se usa en verano. ‖ **2.** Cante popular andaluz, parecido a la seguidilla gitana. U. m. en pl. ‖ **3.** *Esp.* **zapatilla de deporte.** ‖ **4.** *Méx.* Camisa de manga corta y sin cuello.

playero, ra. ADJ. Perteneciente o relativo a la playa. *Vestido playero.*

playo, ya. ADJ. *Á. guar.* y *Á. R. Plata.* Dicho de una cosa: Que tiene poco fondo. ☐ V. **plato ~.**

plaza. F. **1.** Lugar ancho y espacioso dentro de un poblado, al que suelen afluir varias calles. ‖ **2.** plaza de abastos. ‖ **3.** plaza de toros. ‖ **4.** Sitio determinado para una persona o cosa, en el que cabe, con otras de su especie. *Plaza de colegial. Automóvil de cinco plazas.* ‖ **5.** Espacio, sitio o lugar. *Plaza de aparcamiento.* ‖ **6.** Oficio, ocupación, puesto o empleo. *Plazas de auxiliar administrativo.* ‖ **7.** hist. Lugar fortificado con muros, baluartes, etc., para que la gente se pueda defender del ene-

migo. ‖ **~ de abastos.** F. Mercado donde se venden comestibles. ‖ **~ de armas.** F. hist. Sitio o lugar en que se acampaba y formaba el ejército en campaña, o en el que se formaban y hacían el ejercicio las tropas de guardia en una plaza. ‖ **~ de soberanía.** F. Se usa para referirse al territorio español de Ceuta y al de Melilla. ‖ **~ de toros.** F. Construcción generalmente circular y con graderías, destinada a lidiar toros. ‖ **~ fuerte.** F. hist. plaza (‖ lugar fortificado). ‖ **~ mayor.** F. La que constituye o constituyó el núcleo principal de la vida urbana en numerosos pueblos y ciudades. ‖ **~ montada.** F. *Mil.* Soldado u oficial que usa caballo. ‖ **~ viva.** F. *Mil.* La del soldado que aunque no esté presente se cuenta como si lo estuviera. ‖ **sentar ~.** LOC. VERB. **1.** Adquirir fama o reputación de algo. *Sentó plaza DE sabio.* ‖ **2.** Entrar a servir de soldado. U. t. en sent. fig. *Sentó plaza DE peón.* ☐ V. **coche de ~, radio de la ~.**

plazo. M. **1.** Término o tiempo señalado para algo. ‖ **2.** Cada parte de una cantidad pagadera en dos o más veces. ‖ **a corto,** o **a muy corto, ~.** LOCS.ADVS. Dentro de un período relativamente breve. *La solución es, a corto plazo, imposible.* U. t. c. locs. adjs. ‖ **a largo,** o **a muy largo, ~.** LOCS.ADVS. Dentro de un período relativamente extenso. *A largo plazo, su decisión le ocasionó la ruina.* U. t. c. locs. adjs. ‖ **a medio ~.** LOC.ADV. Dentro de un período ni muy largo ni muy breve. *Esperemos que a medio plazo la empresa comience a ser rentable.* U. t. c. loc. adj. ‖ **a ~ fijo.** LOC.ADV. Sin poder retirar un depósito bancario hasta que se haya cumplido el plazo estipulado.

plazoleta. F. Espacio, a manera de plaza pequeña, que suele haber en jardines y alamedas.

pleamar. F. **1.** *Mar.* Fin o término de la creciente del mar. ‖ **2.** Tiempo que esta dura.

plebe. F. **1.** Clase social más baja. ‖ **2.** hist. En la antigua Roma, clase social que carecía de los privilegios de los patricios. ☐ V. **tribuno de la ~.**

plebeyez. F. Cualidad de plebeyo o villano.

plebeyo, ya. ADJ. **1.** Propio o característico de la plebe. *Comportamiento plebeyo.* ‖ **2.** Perteneciente o relativo a ella. *Mujeres plebeyas.* ‖ **3.** Dicho de una persona: Que no es noble ni hidalga. U. t. c. s.

plebiscitario, ria. ADJ. Perteneciente o relativo al plebiscito.

plebiscito. M. **1.** Resolución tomada por todo un pueblo a pluralidad de votos. ‖ **2.** Consulta que los poderes públicos someten al voto popular directo para que apruebe o rechace una determinada propuesta sobre una cuestión política o legal.

pleca. F. *Impr.* Filete pequeño o de una sola raya.

plectro. M. Púa para tocar instrumentos de cuerda pinzada.

plegable. ADJ. Capaz de plegarse. *Sillas plegables.*

plegadera. F. Instrumento de madera, hueso, marfil, etc., a manera de cuchillo, a propósito para plegar o cortar papel.

plegadizo, za. ADJ. Fácil de **plegar** (‖ doblarse, ceder). *Catre plegadizo.* U. m. en América.

plegado. M. Acción y efecto de plegar.

plegador, ra. **I.** ADJ. **1.** Que pliega. *Máquina plegadora.* Apl. a pers., u. t. c. s. ‖ **II.** M. **2.** En el arte de la seda, madero grueso y redondo donde se enrolla la urdimbre para ir tejiendo la tela.

plegadura. F. Acción y efecto de plegar.

plegamiento. M. *Geol.* Efecto producido en la litosfera por el movimiento conjunto de rocas sometidas a una presión lateral.

plegar. I. TR. 1. Doblar una cosa haciendo pliegues. *Plegar un toldo.* U. t. c. prnl. || 2. Doblar e igualar con la debida proporción los pliegos de que se compone un libro que se va a encuadernar. || II. PRNL. 3. Doblarse, ceder, someterse. ¶ MORF. conjug. c. *acertar.*

plegaria. F. Deprecación o súplica humilde y ferviente para pedir algo.

pleistoceno, na. ADJ. 1. *Geol.* Se dice de la primera época del período cuaternario, que abarca desde hace dos millones de años hasta hace 10 000 años. U. t. c. s. m. ORTOGR. Escr. con may. inicial c. s. || 2. *Geol.* Perteneciente o relativo a dicha época. *Arenales pleistocenos.*

pleita. F. Faja o tira de esparto trenzado en varios ramales, o de pita, palma, etc., que cosida con otras sirve para hacer esteras, sombreros y otras cosas.

pleiteador, ra. ADJ. Que pleitea. U. t. c. s.

pleitear. INTR. Disputar o contender judicialmente.

pleitesía. F. Muestra reverente de cortesía.

pleitista. ADJ. Dicho de una persona: Revoltosa y que con motivo escaso mueve y ocasiona contiendas y pleitos. U. t. c. s.

pleito. M. 1. Contienda, diferencia, disputa judicial entre partes. || 2. Disputa, riña o pendencia doméstica o privada. || ~ **homenaje.** M. hist. Homenaje de fidelidad al rey o al señor.

plenario, ria. I. ADJ. 1. Lleno, entero, cumplido, que no le falta nada. *Asistencia plenaria.* || II. M. 2. **pleno** (|| reunión o junta general de una corporación).

plenilunio. M. **luna llena.**

plenipotencia. F. Poder pleno, que se concede a alguien para ejecutar, concluir o resolver algo.

plenipotenciario, ria. ADJ. Dicho de una persona: Enviada a otros Estados, con el pleno poder y facultad de tratar, concluir y ajustar las paces u otros intereses. U. t. c. s. □ V. **ministro ~.**

plenitud. F. 1. Totalidad, integridad o cualidad de pleno. || 2. Apogeo, momento álgido o culminante de algo. *Estás en la plenitud de la vida.* || ~ **de los tiempos.** F. Época de la Encarnación de Jesucristo.

pleno, na. I. ADJ. 1. Completo, lleno. *Plena capacidad.* || 2. Se dice de la parte central o culminante de algo. *Juan está en plenos exámenes. Era pleno verano.* || II. M. 3. Reunión o junta general de una corporación o de una cámara legislativa. || 4. En los juegos de azar, acierto de todos los resultados. || **de pleno.** LOC.ADV. 1. **de pleno** (|| por entero). *Acertaron de pleno.* || 2. **de plano** (|| de lleno, de manera perpendicular). *Recibían el sol en la cara de pleno.* || **en pleno.** LOC.ADJ. Entero, con todos los miembros de la colectividad que se expresa. *Acudió el ayuntamiento en pleno.* □ V. **dedicación ~, sede ~.**

pleonasmo. M. *Ret.* Figura de construcción, que consiste en emplear en la oración uno o más vocablos innecesarios para que tenga sentido completo, pero con los cuales se añade expresividad a lo dicho; p. ej., *lo vi con mis propios ojos.*

pleonástico, ca. ADJ. Que encierra o incluye pleonasmo. *Discurso pleonástico.*

pletina. F. 1. Pieza metálica de forma rectangular y de espesor reducido. || 2. Dispositivo para grabar y reproducir cintas magnetofónicas en casete.

plétora. F. Gran abundancia de algo. *Plétora de biografías.*

pletórico, ca. ADJ. Que tiene plétora. *Una vida pletórica. Pletórico de emociones.*

pleura. F. *Anat.* Cada una de las membranas serosas que en ambos lados del pecho de los mamíferos cubren las paredes de la cavidad torácica y la superficie de los pulmones.

pleural. ADJ. *Anat.* Perteneciente o relativo a la pleura.

pleuresía. F. *Med.* Inflamación de la pleura.

pleuritis. F. *Med.* **pleuresía.**

pleurodinia. F. *Med.* Dolor de los músculos intercostales, generalmente como consecuencia de una pleuresía.

pleuronectiforme. ADJ. *Zool.* Se dice de los peces de cuerpo plano, muy comprimido, con los dos ojos en el mismo costado, que viven en el fondo del mar tendidos sobre uno de sus flancos, al acecho de sus presas; p. ej., el lenguado, el rodaballo y la solla. U. t. c. s. m. ORTOGR. En m. pl., escr. con may. inicial c. taxón. *Los Pleuronectiformes.*

plexiglás. (Del inglés *Plexiglas*, y este del latín *plexum*, plegado, y el inglés *glass*, vidrio, cristal; marca reg.). M. 1. Resina sintética que tiene el aspecto del vidrio. || 2. Material transparente y flexible de que se hacen telas, tapices, etc. ¶ MORF. pl. **plexiglases.**

plexo. M. *Anat.* Red formada por varios filamentos nerviosos y vasculares entrelazados. *El plexo hepático.* || ~ **solar.** M. *Anat.* Red nerviosa que rodea a la arteria aorta ventral, y procede especialmente del sistema simpático y del nervio vago.

pléyade. F. Grupo de personas famosas, especialmente en las letras, que viven en la misma época.

plica. F. Sobre cerrado y sellado en que se reserva algún documento o noticia que no debe publicarse hasta fecha u ocasión determinada.

pliego. M. 1. Porción o pieza de papel de forma cuadrangular, doblada por el medio. En el papel impreso los dobleces son dos o más. || 2. Hoja de papel que no se expende ni se usa doblada. || 3. Conjunto de páginas de un libro o folleto cuando, en el tamaño de fábrica, no forman más que un pliego. || 4. Papel o memorial comprensivo de las condiciones o cláusulas que se proponen o se aceptan en un contrato, una concesión gubernativa, una subasta, etc. || ~ **de cargos.** M. Resumen de las faltas que aparecen en un expediente contra el funcionario a quien se le comunica para que pueda contestar defendiéndose. || ~ **de condiciones.** M. Documento en que constan las cláusulas de un contrato o subasta. || ~s **cordel.** M. pl. Obras populares, como romances, novelas cortas, comedias, vidas de santos, etc., que se imprimían en pliegos sueltos y para venderlos se solían colgar de unos bramantes puestos horizontalmente en los portales, tiendas y mercados.

pliegue. M. 1. Doblez, especie de surco o desigualdad que resulta en cualquiera de aquellas partes en que una tela o cosa flexible deja de estar lisa o extendida. || 2. Doblez hecho artificialmente por adorno o para otro fin en la ropa o en cualquier cosa flexible. || 3. *Geol.* **plegamiento.**

plim o **plin. a mí, a ti,** etc., ~. EXPRS. coloqs. Se usan para indicar que a algo no se le da ninguna importancia.

plinto. M. 1. Base cuadrada de poca altura. || 2. *Arq.* Parte cuadrada inferior de la basa. || 3. *Dep.* Aparato gimnástico de madera con la superficie almohadillada utilizado para realizar pruebas de salto.

plioceno, na. ADJ. 1. *Geol.* Se dice de la quinta época del período terciario, que abarca desde hace cinco millones de años hasta hace dos millones de años. U. t. c. s. m.

ORTOGR. Escr. con may. inicial c. s. ‖ **2.** *Geol.* Perteneciente o relativo a dicha época. *Flora pliocena.*

plisado. M. Acción y efecto de plisar.

plisar. TR. Hacer que una tela o cosa flexible quede formando pliegues.

plomada. F. **1.** Instrumento compuesto por una pesa cilíndrica o cónica de metal que se sujeta al extremo de una cuerda para que esta, tensada por la fuerza de la gravedad, señale la línea vertical. ‖ **2.** Conjunto de plomos que se ponen en la red para pescar.

plomazo. M. **1.** Golpe del perdigón disparado con arma de fuego. ‖ **2.** Herida causada por el perdigón. ‖ **3.** coloq. Persona o cosa pesada y molesta.

plombagina. F. grafito[1].

plomería. F. **1.** *Am.* fontanería (‖ arte del fontanero). ‖ **2.** *Á. Caribe.* fontanería (‖ establecimiento).

plomero. M. **1.** Fabricante de objetos de plomo. ‖ **2.** *Am.* fontanero.

plomizo, za. ADJ. **1.** De color de plomo. *Cielo plomizo.* ‖ **2.** Parecido al plomo en alguna de sus cualidades. *Revestimiento plomizo.*

plomo. M. **1.** Elemento químico de núm. atóm. 82. Metal escaso en la litosfera, se encuentra en la galena y otros minerales. De color gris azulado, dúctil, pesado, maleable, resistente a la corrosión y muy blando, funde a bajas temperaturas y da lugar a intoxicaciones peculiares. Se usa en la fabricación de canalizaciones, como antidetonante en las gasolinas, en la industria química y de armamento y como blindaje contra radiaciones. (Símb. *Pb*). ‖ **2.** Pieza o pedazo de plomo que se pone en las redes y en otras cosas para darles peso. ‖ **3.** Bala de las armas de fuego. ‖ **4.** coloq. Persona o cosa pesada y molesta. ‖ **5.** pl. Cortacircuitos, fusible. ‖ **a ~.** LOC.ADV. De un modo vertical. *Un acantilado cortado a plomo.* ‖ **caer a ~.** LOC.VERB. coloq. Caer con todo el peso del cuerpo. ‖ V. **blanco de ~, lápiz de ~, lápiz ~.**

ploteado. M. Acción de plotear.

plotear. TR. Imprimir diagramas y gráficos mediante el plóter.

plóter. M. Periférico de una computadora u ordenador que dibuja o representa diagramas y gráficos. MORF. pl. **plóteres.**

pluma. F. **1.** Cada una de las piezas de que está cubierto el cuerpo de las aves. Consta de un tubo o cañón inserto en la piel y de un astil guarnecido de barbillas. ‖ **2.** Conjunto de plumas. *Un colchón de pluma.* ‖ **3.** hist. pluma de ave que, cortada convenientemente en la extremidad del cañón, servía para escribir. ‖ **4.** Instrumento de metal, semejante al pico de la pluma de ave cortada para escribir, que sirve para el mismo efecto colocado en un mango de madera, hueso u otra materia. ‖ **5.** **pluma estilográfica.** ‖ **6.** Escritor, autor de libros u otros escritos. *Miguel es la mejor pluma de su tiempo.* ‖ **7.** Estilo o manera de escribir. *La obra se escribió con pluma mordaz.* ‖ **8.** Profesión u ocupación del escritor. *José vende su pluma.* ‖ **9.** pluma preparada para servir de adorno. ‖ **10.** Adorno hecho de plumas. ‖ **11.** Mástil de una grúa. ‖ **12.** coloq. Afeminamiento en el habla o los gestos de un varón. *Está muy claro que tiene pluma.* ‖ **13.** *Á. Caribe.* grifo (‖ llave para regular el paso de los líquidos). ‖ **14.** *Méx.* Barrera que se coloca en lugares públicos para que los vehículos pasen de uno en uno y sea más fácil su control. ‖ **~ atómica.** F. *Méx.* bolígrafo. ‖ **~ de agua.** F. Unidad de medida que sirve para aforar las aguas, y cuya equivalencia varía mucho según los países. ‖ **~ estilográfica.** F. pluma de escribir que lleva incorporado un depósito recargable o un cartucho para la tinta. ‖ **~ fuente.** F. *Am.* pluma estilográfica. ‖ **a vuela ~.** LOC.ADV. **a vuelapluma.** ‖ **vivir** alguien **de su ~.** LOC. VERB. Ganarse la vida escribiendo. ‖ V. **papel ~, peso ~.**

plumado, da. ADJ. Que tiene pluma. *Cuerpo plumado.*

plumaje. M. Conjunto de plumas que adornan y visten al ave.

plumazo. de un ~. LOC.ADV. coloq. Denota el modo expeditivo de abolir o suprimir algo.

plumbagináceo, a. ADJ. *Bot.* Se dice de las plantas angiospermas dicotiledóneas, fruticosas o herbáceas, con hojas sencillas comúnmente enteras, con estípulas o sin ellas, flores solitarias y con más frecuencia en espigas o panojas, fruto coriáceo o membranoso con una sola semilla de albumen amiláceo; p. ej., la belesa. U. t. c. s. f. ORTOGR. En f. pl., escr. con may. inicial c. taxón. *Las Plumbagináceas.*

plúmbeo, a. ADJ. **1.** De plomo, o semejante a él en alguna de sus características. *Bola plúmbea. Cielo plúmbeo.* ‖ **2.** Que resulta aburrido por su pesadez. *Discurso plúmbeo.*

plúmbico, ca. ADJ. *Quím.* Perteneciente o relativo al plomo.

plumería. F. Conjunto o abundancia de plumas.

plumerío. M. Conjunto de plumas.

plumero. M. **1.** Mazo de plumas sujeto a un mango que sirve para quitar el polvo. ‖ **2.** Penacho de plumas. ‖ **vérsele** a alguien **el ~.** LOC.VERB. coloq. **vérsele la oreja.**

plumier. M. Caja o estuche que sirve para guardar plumas, lápices, etc. MORF. pl. **plumieres.**

plumífero, ra. I. ADJ. **1.** poét. Que tiene o lleva plumas. *Saco plumífero.* Apl. a aves, u. t. c. s. m. ‖ **II.** M. **2.** Prenda de abrigo de tejido impermeable doble, relleno de plumas de ave o de otro material aislante. ‖ **III.** M. y F. **3.** Persona que tiene por oficio escribir. U. m. en sent. despect.

plumilla. F. pluma (‖ instrumento para escribir).

plumín. M. Pequeña lámina de metal que se inserta en el portaplumas o está fija en el extremo de las plumas estilográficas para poder escribir o dibujar.

plumón. M. Pluma muy delgada, semejante a la seda, que tienen las aves debajo del plumaje exterior.

plural. I. ADJ. **1.** Múltiple, que se presenta en más de un aspecto. *Alardeaba de su plural conocimiento en el campo de las ciencias.* ‖ **II.** M. **2.** *Gram.* número plural. ‖ **~ de modestia.** M. *Gram.* plural del pronombre personal de primera persona, o de la flexión verbal correspondiente, empleado en vez del singular cuando alguien quiere no darse importancia. ‖ **~ mayestático.** M. *Gram.* plural del pronombre personal de primera persona, o de la flexión verbal correspondiente, empleado en vez del singular para expresar la autoridad y dignidad de reyes, papas, etc. ‖ **~ sociativo.** M. *Gram.* Tradicionalmente, el que en la lengua convencional se usa para dirigirse al oyente o a los oyentes implicando al hablante de forma afectiva; p. ej., *¿Qué tal estamos?* ‖ V. **número ~.**

pluralia tántum. (Locución latina). M. *Gram.* Nombre que solo se usa en plural; p. ej., *ambages, víveres.* MORF. pl. invar. *Los pluralia tántum.*

pluralidad. F. **1.** Multitud, número grande de algunas cosas, o el mayor número de ellas. ‖ **2.** Cualidad de ser más de uno.

pluralismo. M. Sistema por el cual se acepta o reconoce la pluralidad de doctrinas o posiciones.

pluralista. ADJ. Que se basa en el pluralismo o lo defiende. *Democracia pluralista.*

pluralizar. TR. Referir o atribuir algo que es peculiar de alguien a dos o más personas, pero sin generalizar.

plurianual. ADJ. **1.** Que dura varios años. *Período plurianual.* || **2.** Que afecta a varios años. *Presupuesto plurianual.*

pluricelular. ADJ. *Biol.* Dicho de una planta o de un animal: Cuyos cuerpos están formados por muchas células.

pluridimensional. ADJ. Que tiene varias dimensiones o aspectos. *Una sociedad pluridimensional.*

pluridisciplinar. ADJ. *Esp.* **multidisciplinario.**

pluridisciplinario, ria. ADJ. **multidisciplinario.**

pluriempleado, da. M. y F. Persona en situación de pluriempleo. U. t. c. adj.

pluriempleo. M. Situación social caracterizada por el desempeño de varios cargos, empleos, oficios, etc., por la misma persona.

pluriétnico, ca. ADJ. **multiétnico.** *Los Gobiernos atienden a la realidad pluriétnica de la población.*

plurilingüe. ADJ. **1.** Que habla varias lenguas. *Estudiante plurilingüe.* || **2.** Escrito en diversos idiomas. *Libro plurilingüe.* || **3.** Que tiene varias lenguas, o desarrolla su actividad en varias lenguas. *Bélgica es un país plurilingüe.*

plurilingüismo. M. Coexistencia de varias lenguas en un país o territorio.

plurimembre. ADJ. Que consta de varios miembros o elementos. *Versos plurimembres.*

plurinacional. ADJ. De múltiples naciones. *Acuerdos plurinacionales.*

pluripartidismo. M. Sistema político basado en la coexistencia de varios partidos.

pluripartidista. ADJ. Perteneciente o relativo al pluripartidismo.

plurivalencia. F. Pluralidad de valores que posee algo.

plurivalente. ADJ. **polivalente** (|| que vale para muchas cosas).

plus. M. Remuneración suplementaria u ocasional. MORF. pl. **pluses.**

pluscuamperfecto. M. *Gram.* **pretérito pluscuamperfecto.**

plusmarca. F. *Dep.* Marca superior a la antes establecida.

plusmarquista. COM. *Dep.* Persona que ostenta la mejor marca en una especialidad atlética.

plus minusve. (Locución latina). LOC.ADV. **más o menos.**

plus ultra. (Locución latina). LOC.ADV. Más allá.

plusvalía. F. Acrecentamiento del valor de una cosa por causas extrínsecas a ella.

plúteo. M. Cada uno de los cajones o tablas de un estante o armario de libros.

plutocracia. F. **1.** Preponderancia de los ricos en el gobierno del Estado. || **2.** Gobierno caracterizado por esa preponderancia o Estado así gobernado. || **3.** Grupo social constituido por los plutócratas.

plutócrata. COM. Persona influyente, especialmente en política, a causa de su riqueza.

plutocrático, ca. ADJ. Perteneciente o relativo a la plutocracia.

plutonio. M. Elemento químico radiactivo obtenido artificialmente, de núm. atóm. 94. Metal del grupo de los actínidos, es muy reactivo, de radiotoxicidad elevada y propiedades semejantes a las del uranio. Todos sus isótopos son radiactivos y se emplean como explosivos y combustibles en la industria nuclear. (Símb. *Pu*).

pluvial. ADJ. Perteneciente o relativo a la lluvia. *Sistema pluvial. Aportes pluviales.* □ V. **agua ~, capa ~.**

pluviometría. F. *Meteor.* Medida de las precipitaciones caídas en una localidad o región durante un tiempo dado.

pluviométrico, ca. ADJ. Perteneciente o relativo al pluviómetro.

pluviómetro. M. Aparato que sirve para medir la lluvia que cae en lugar y tiempo dados.

pluviosidad. F. Cantidad de lluvia que recibe un sitio en un período determinado de tiempo.

pluvioso, sa. I. ADJ. **1. lluvioso.** *Clima pluvioso.* || **II.** M. **2.** hist. Quinto mes del calendario francés de la Revolución, cuyos días primero y último coincidían, respectivamente, con el 20 de enero y el 18 de febrero.

pneuma. M. *Fil.* Impulso racional que, en la filosofía estoica, informa y ordena el universo.

PNN. (Sigla de Profesor No Numerario). COM. *Esp.* Profesor que ejerce en un centro de enseñanza del Estado mediante contrato temporal. MORF. pl. invar. *Los PNN.*

poa. F. **espiguilla** (|| planta gramínea).

pobeda. F. Sitio o lugar poblado de pobos.

población. F. **1.** Acción y efecto de poblar. || **2.** Conjunto de personas que habitan la Tierra o cualquier división geográfica de ella. || **3.** Lugar edificado y organizado administrativamente en que habita una colectividad. || **4.** *Ecol.* Conjunto de individuos de la misma especie que ocupan una misma área geográfica. || **5.** *Sociol.* Conjunto de los individuos o cosas sometido a una evaluación estadística mediante muestreo. || **~ activa.** F. Parte de la **población** de un país ocupada en el proceso productivo y por cuyo trabajo recibe retribución. || **~ de riesgo.** F. *Med.* Conjunto de personas que, por sus características genéticas, físicas o sociales, son más propensas a padecer una enfermedad determinada. □ V. **casco de ~, densidad de ~.**

poblada. F. **1.** *Am. Mer.* Multitud, gentío, turba, populacho, en especial cuando está en actitud levantisca o agresiva. || **2.** *Am. Mer.* **motín.**

poblado. M. Población, ciudad, villa o lugar.

poblador, ra. ADJ. **1. habitante.** U. t. c. s. || **2.** Fundador de una colonia. U. t. c. s.

poblamiento. M. Acción y efecto de poblar.

poblano¹, na. ADJ. *Am.* Lugareño, campesino. U. t. c. s.

poblano², na. ADJ. **1.** Natural de Puebla. U. t. c. s. || **2.** Perteneciente o relativo a este estado de México o a su capital. □ V. **chile ~.**

poblar. I. TR. **1.** Ocupar con gente un sitio para que habite o trabaje en él. *Un ilustre sudamericano quiso poblar sus tierras con colonos europeos.* || **2.** Ocupar un sitio con animales o cosas. *Poblar una colmena, un monte.* || **II.** PRNL. **3.** Recibir un gran aumento de árboles u otras cosas. *El cielo se pobló de nubes.* ¶ MORF. conjug. c. *contar.*

pobo. M. **álamo blanco.**

pobre. I. ADJ. **1.** Necesitado, que no tiene lo necesario para vivir. *Las muchachas pobres iban a servir a casa de los señores.* Apl. a pers., u. t. c. s. || **2.** Escaso, insuficiente. *Esta lengua es pobre de voces.* || **3.** Humilde, de poco valor o entidad. *Casa pobre.* || **4.** Infeliz, desdichado y triste. *Mi pobre madre se quedó viuda muy joven.* || **5.** Pacífico y de buen genio e intención. *El pobre Antonio es* *incapaz de hacer daño a nadie.* ¶ Morf. sup. irreg. **pau-pérrimo.** ‖ **II.** com. **6. mendigo.** ‖ **~ de solemnidad.** M. El que lo es con notoriedad. ‖ **~ de mí.** loc. interj. Triste, infeliz, pecador de mí. ‖ **~ de ti, de él,** etc. locs. interjs. Se usan para expresar amenaza. □ V. **gas ~, hermano ~, pariente ~, ~ diablo, ~ hombre.**

pobrería. f. Conjunto de pobres.

pobrete, ta. adj. coloq. Desdichado, infeliz. U. t. c. s.

pobretería. f. **1.** Conjunto de pobres. ‖ **2.** Escasez o miseria en las cosas. ‖ **3.** Tacañería, preocupación excesiva por el dinero.

pobretón, na. adj. Muy pobre. Apl. a pers., u. t. c. s.

pobreza. f. **1.** Cualidad de pobre. ‖ **2.** Falta, escasez. ‖ **3.** Abandono voluntario de todo lo que se posee, y de todo lo que el amor propio puede juzgar necesario, de la cual hacen voto público los religiosos el día de su profesión. ‖ **4.** Falta de magnanimidad, de gallardía, de nobleza del ánimo.

pocero. m. **1.** Hombre que fabrica o hace pozos o trabaja en ellos. ‖ **2.** Encargado de limpiar los pozos o depósitos de las inmundicias.

pocho, cha. adj. **1.** Dicho especialmente de la fruta: Que está podrida o empieza a pudrirse. ‖ **2.** Dicho de una persona: Floja de carnes o que no disfruta de buena salud. ‖ **3.** *Méx.* Dicho de un mexicano: Que adopta costumbres o modales de los estadounidenses. U. t. c. s.

pocholo, la. adj. coloq. Bonito, atractivo o agradable.

pochote. m. **1.** *Am. Cen.* y *Méx.* Árbol bombacáceo, con el tronco cubierto de espinas semejantes a pústulas, cuya madera se usa en construcción. ‖ **2.** *Méx.* Especie de algodón blancuzco que rodea las semillas del fruto de este árbol y que se utiliza como relleno de colchones y almohadas.

pocilga. f. **1.** Establo para ganado de cerda. ‖ **2.** coloq. Lugar hediondo y asqueroso.

pocillo. m. **1.** Vasija pequeña de loza, como la del chocolate. ‖ **2.** Tinaja o vasija empotrada en la tierra para recoger un líquido, como el aceite y vino en los molinos y lagares.

pócima. f. **1.** Bebida medicinal. ‖ **2.** coloq. Líquido desagradable de beber.

poción. f. Líquido compuesto que se bebe, especialmente el medicinal.

poco, ca. I. adj. indef. **1.** Escaso, limitado y corto en cantidad o calidad. U. t. c. pron. *Pocos decían la verdad.* ‖ **II.** m. **2.** Cantidad corta o escasa. *Un poco de agua.* ‖ **III.** adv. c. **3.** Con escasez, en corto grado, en reducido número o cantidad, menos de lo regular, ordinario o preciso. ‖ **4.** Denota corta duración. *Tardó poco en llegar.* ‖ **5.** Expresa idea de comparación. *Poco antes. Poco después. Poco más. Poco menos.* ‖ **a poco.** loc. adv. **1.** A breve término; corto espacio de tiempo después. ‖ **2.** *Méx.* Expresa sorpresa o incredulidad en oraciones exclamativas. *¿A poco crees que vendrá?* ‖ **al ~.** loc. adv. **a poco** (‖ a breve término). ‖ **de a poco.** loc. adv. *Á. R. Plata* y *Chile.* **poco a poco.** ‖ **de poco.** loc. adj. De escaso valor o importancia. *Cuestión de poco.* ‖ **en poco.** loc. adv. Muy a punto de suceder. *En poco estuvo que riñésemos.* ‖ **para poco.** loc. adj. Dicho de una persona: Pusilánime y de poco espíritu. ‖ **poco a poco. I.** loc. adv. **1.** Despacio, con lentitud. ‖ **2.** De corta en corta cantidad. ‖ **II.** expr. **3.** Se usa para contener o amenazar a quien se va precipitando en obras o palabras, y para denotar que en aquello de que se trata conviene proceder con or-

den y detenimiento. ‖ **poco más o menos.** loc. adv. Con corta diferencia. *Habrá en el barrio 2000 personas, poco más o menos.* ‖ **por poco.** loc. adv. Se usa para indicar que no faltó mucho para que sucediese algo. *Tropezó y por poco se cae.* ‖ **sobre poco más o menos.** loc. adv. **poco más o menos.** ‖ **tener** alguien **en poco** a una persona o cosa. loc. verb. Desestimarla, no hacer bastante aprecio de ella. ‖ **un poco.** loc. adv. Aporta un valor afirmativo respecto de un adjetivo dado. *Está un poco sucio.* □ V. **cara de ~s amigos.**

pocomam. I. adj. **1.** Se dice del individuo de un pueblo amerindio de la familia maya de Guatemala. U. t. c. s. ‖ **2.** Perteneciente o relativo a los **pocomames.** *Poblado pocomam.* ‖ **II.** m. **3.** Lengua hablada por los **pocomames.** ¶ Morf. pl. **pocomames** o **pocomams.**

poda. f. **1.** Acción y efecto de podar. ‖ **2.** Tiempo en que se ejecuta.

podada. f. *Méx.* **poda** (‖ acción y efecto de podar).

podadera. f. Herramienta acerada, con corte curvo y mango de madera o hierro, que se usa para podar.

podador, ra. adj. **1.** Que poda. Apl. a pers., u. t. c. s. ‖ **2.** Que sirve para podar. *Tijeras podadoras.*

podal. adj. Perteneciente o relativo al pie. *Reflexoterapia podal.*

podálico, ca. adj. Med. Se dice de una maniobra obstétrica, por la cual el tocólogo ayuda al parto tirando de los pies del feto.

podar. tr. **1.** Cortar o quitar las ramas superfluas de los árboles, vides y otras plantas para que después se desarrollen con más vigor. U. t. c. intr. ‖ **2.** Eliminar de algo ciertas partes o aspectos por considerarlos innecesarios o negativos. *Podó la biografía de datos superfluos.*

podenco, ca. adj. Se dice de un perro de cuerpo algo menor pero más robusto que el del lebrel, con la cabeza redonda, las orejas tiesas, el lomo recto, el pelo medianamente largo, la cola enroscada y las manos y pies pequeños pero muy fuertes. Es poco ladrador y sumamente sagaz y ágil para la caza, por su gran vista, olfato y resistencia. U. t. c. s.

podenquero. m. Entre cazadores, encargado de cuidar o tener a su cargo los podencos.

poder[1]. I. tr. **1.** Tener expedita la facultad o potencia de hacer algo. *El guepardo puede correr a más de 100 kilómetros por hora.* ‖ **2.** Tener facilidad, tiempo o lugar de hacer algo. U. m. con neg. *No puedo ir al cine porque tengo que estudiar.* ‖ **3.** coloq. Tener más fuerza que alguien, vencerlo luchando cuerpo a cuerpo. *Puedo a Roberto.* ‖ **II.** intr. **4.** Vencer o dominar a alguien. U. t. en sent. fig. *Me pueden sus impertinencias.* ‖ **5.** Ser contingente o posible que suceda algo. Morf. U. solo en 3.ª pers. *Puede que llueva mañana.* ¶ Morf. V. conjug. modelo. ‖ **a más no ~,** o **hasta más no ~.** locs. advs. Todo lo posible. *Alabar una cosa hasta más no poder.* ‖ **no ~ con** alguien. loc. verb. No poder sujetarlo ni reducirlo a la razón. ‖ **no ~ con** alguien o algo. loc. verb. coloq. Sentir repugnancia hacia él o hacia ello. *No puedo con la sidra.* ‖ **no ~** alguien **consigo mismo.** loc. verb. Aburrirse, fastidiarse aun de sí mismo. ‖ **no ~ más.** loc. verb. **1.** Tener precisión de ejecutar algo. ‖ **2.** Estar sumamente fatigado o rendido de hacer algo, o no poder continuar su ejecución. ‖ **no ~ menos.** loc. verb. Ser necesario o preciso. *No pudo menos que agradecércelo.* ‖ **no ~ parar.** loc. verb. Tener gran desasosiego o inquietud por causa de un dolor o molestia. || **no poder por menos.** LOC.VERB. *Esp.* no poder menos. || **no ~se tener** alguien o algo. LOC.VERB. Tener gran debilidad o flaqueza. || **no ~ tragar** a alguien. LOC.VERB. Tenerle aversión. || **no ~ ver** a alguien. LOC.VERB. Aborrecerlo. || **no ~ ver** a alguien **ni pintado.** LOC.VERB. Aborrecerlo de tal manera que ofende el verlo u oírlo. || **¿se puede?** EXPR. Se usa para pedir permiso de entrada en un sitio donde hay alguien.

poder². M. **1.** Dominio, facultad y jurisdicción que alguien tiene para mandar o ejecutar algo. || **2.** Gobierno de algunas comunidades políticas. || **3.** Acto o instrumento en que consta la facultad que alguien da a otra persona para que en lugar suyo y representándolo pueda ejecutar algo. *Tiene un poder de su hermana para entablar pleitos.* || **4.** Posesión actual o tenencia de algo. *Los autos están en poder del letrado.* || **5.** Fuerza, vigor, capacidad, posibilidad, poderío. || **6.** Suprema potestad rectora y coactiva del Estado. || **~ absoluto.** M. **despotismo.** || **~ adquisitivo.** M. Capacidad económica para obtener bienes y servicios. || **~ arbitrario.** M. **despotismo.** || **~ constituyente.** M. El que corresponde a la soberanía popular para organizarse, dictando y reformando sus Constituciones. || **~ de resolución.** M. *Fís.* Capacidad de un instrumento para representar o hacer perceptibles las imágenes o señales de dos sucesos u objetos próximos en el espacio o en el tiempo. || **~ ejecutivo.** M. Uno de los tres poderes del Estado, que tiene la potestad de ejecutar y hacer ejecutar las leyes. || **~ espiritual.** M. El que emana de una autoridad religiosa. || **~ fáctico.** M. Sector de la sociedad al margen de las instituciones políticas que ejerce sobre aquella una gran influencia, basada en su capacidad de presión; p. ej., la banca, la Iglesia, los medios de comunicación. || **~ judicial.** M. Uno de los tres poderes del Estado, que ejerce la Administración de Justicia. || **~ legislativo.** M. **1.** Uno de los tres poderes del Estado, en que reside la potestad de hacer y reformar las leyes. || **2.** En los países democráticos, Parlamento o asamblea legislativa. || **~ liberatorio.** M. **fuerza liberatoria.** || **~ moderador.** M. El que ejerce un jefe de Estado que no tiene poder ejecutivo. || **~ temporal.** M. **1.** Gobierno de un Estado, por oposición al poder espiritual. || **2.** El que tienen los papas como jefes de los Estados Pontificios. || **~es públicos.** M. pl. Conjunto de las autoridades que gobiernan un Estado. || **caer bajo el ~ de** alguien. LOC.VERB. coloq. Estar sujeto a su dominio o voluntad. || **de ~ a ~.** LOC.ADV. **1.** Se usa para dar a entender que algo se ha disputado o contendido de una parte y otra con todas las fuerzas disponibles para el caso. *Los ejércitos dieron la batalla de poder a poder.* || **2.** *Taurom.* Se usa para expresar que, en la suerte de banderillas, el diestro provoca la arrancada de la res avanzando hacia ella. || **por ~,** o **por ~es.** LOCS.ADVS. Con intervención de un apoderado. *Casarse por poder.* U. t. c. locs. adjs. *Casamiento por poder.* □ V. **división de ~es, exceso de ~.**

poderdante. COM. Persona que da poder o facultades a otra para que la represente en juicio o fuera de él.

poderhabiente. COM. Persona que tiene poder o facultad de otra para representarla, administrar una hacienda o ejecutar cualquier otra cosa.

poderío. M. **1.** Facultad de hacer o impedir algo. || **2.** Hacienda, bienes y riquezas. || **3.** Poder, dominio, señorío. || **4.** Potestad, facultad, jurisdicción. || **5.** Vigor, facultad o fuerza grande.

poderoso, sa. ADJ. **1.** Que tiene poder. *Ejército poderoso.* Apl. a pers., u. t. c. s. || **2.** Muy rico, colmado de bienes de fortuna. *Un poderoso armador griego compró la mansión.* Apl. a pers., u. t. c. s. || **3.** Grande, excelente, o magnífico en su línea. *Se escuchó un poderoso estampido.* || **4.** Activo, eficaz, que tiene virtud para algo. *Remedio poderoso.*

podiatra. COM. *Am.* **podólogo.**

podio. M. **1.** *Arq.* Pedestal largo en que estriban varias columnas. || **2.** Plataforma o tarima sobre la que se coloca a alguien para ponerlo en lugar preeminente por alguna razón, como un triunfo deportivo, el hecho de presidir un acto oficial, dirigir una orquesta, etc.

pódium. M. **podio** (|| plataforma).

podología. F. *Med.* Rama de la actividad médica, que tiene por objeto el tratamiento de las afecciones y deformidades de los pies, cuando dicho tratamiento no rebasa los límites de la cirugía menor.

podólogo, ga. M. y F. Especialista en podología.

podómetro. M. Aparato en forma de reloj de bolsillo, para contar el número de pasos que da la persona que lo lleva y la distancia recorrida.

podón. M. Podadera grande y fuerte usada para podar y rozar.

podre. F. **1.** Putrefacción de algunas cosas. || **2.** pus.

podredumbre. F. **1.** Putrefacción o corrupción material de las cosas. || **2.** Cosa podrida. || **3.** Corrupción moral.

podrido, da. PART. IRREG. de **pudrir.** || ADJ. Dicho de una persona o de una institución: Corrompida o dominada por la inmoralidad. || **estar ~ de.** LOC.VERB. coloq. Tener en gran abundancia dinero u otros bienes materiales. *Están podridos de dinero.* □ V. **burgo ~, miembro ~, olla ~.**

podrir. TR. **pudrir.** U. t. c. prnl. MORF. U. solo en infinit. y en part.

poema. M. **1.** Obra literaria normalmente en verso. || **2.** Obra poética de extensión variada. *Poema épico, dramático.* || **3.** poema épico. *El Poema del Cid.* || **4.** poema lírico. || **~ en prosa.** M. Obra poética en que no se utiliza el verso. || **~ sinfónico.** M. Composición para orquesta, de forma libre y desarrollo sugerido por una idea poética u obra literaria. || **ser** algo **todo un ~,** o **un ~.** LOCS.VERBS. coloqs. Se usan para indicar que, debido a su carácter ridículo, excesivo o inapropiado resulta fuera de lo que se considera común. *El vestido de la novia era todo un poema.*

poemario. M. Conjunto o colección de poemas.

poemático, ca. ADJ. **1.** Perteneciente o relativo al poema. *Fragmentos poemáticos.* || **2.** Que posee caracteres de poema. *Una composición muy poemática.*

poesía. F. **1.** Manifestación de la belleza o del sentimiento estético por medio de la palabra, en verso o en prosa. || **2.** Cada uno de los géneros en que se dividen las obras literarias. *Poesía épica, lírica, dramática.* || **3.** por antonom. poesía lírica. || **4.** poema (|| obra en verso). || **5.** Idealidad, lirismo, cualidad que suscita un sentimiento hondo de belleza, manifiesta o no por medio del lenguaje. *La poesía de un atardecer.* || **6.** Arte de componer obras poéticas en verso o en prosa.

poeta. COM. **1.** Persona que compone obras poéticas. || **2.** Persona dotada de gracia o sensibilidad poética.

poetastro, tra. M. y F. Mal poeta.

poética. F. **1.** poesía (|| arte de componer obras poéticas). || **2.** Disciplina que se ocupa de la naturaleza y principios de la poesía, y en general de la literatura. ‖ **3.** Tratado en que se recoge la teoría poética. *En la biblioteca hay una buena colección de poéticas.* ‖ **4.** Conjunto de principios o de reglas que caracterizan un género literario o artístico, una escuela o a un autor.

poético, ca. ADJ. **1.** Perteneciente o relativo a la poesía. *Antología poética.* ‖ **2.** Que manifiesta o expresa en alto grado las cualidades propias de la poesía, en especial las de la lírica. *Un libro muy poético.* ‖ **3.** Que participa de las cualidades de la idealidad, espiritualidad y belleza propias de la poesía. *Un gesto muy poético.* ‖ **4.** Propio o característico de la poesía; apto o conveniente para ella. *Lenguaje, estilo poético.* □ V. **arte poética, licencia ~.**

poetisa. F. **1.** Mujer que compone obras poéticas. ‖ **2.** Mujer dotada de gracia o sensibilidad poética.

poetización. F. Acción y efecto de poetizar.

poetizar. I. TR. **1.** Embellecer algo dándole carácter poético. ‖ **II.** INTR. **2.** Hacer o componer poesía.

pogromo. M. **1.** Matanza y robo de gente indefensa por una multitud enfurecida. ‖ **2.** hist. Asalto a las juderías con matanza de sus habitantes.

poiquilotermia. F. Zool. Incapacidad de regulación de la temperatura del cuerpo, por lo que esta varía de acuerdo con la temperatura ambiental.

poiquilotérmico, ca. ADJ. **1.** Zool. Perteneciente o relativo a la poiquilotermia. *Organismo poiquilotérmico.* ‖ **2.** Zool. Se dice de los animales llamados de sangre fría.

poiquilotermo, ma. ADJ. Zool. **poiquilotérmico.** Apl. a un animal, u. t. c. s. m.

póker. M. póquer.

polacada. F. Acto despótico o de favoritismo.

polaco, ca. I. ADJ. **1.** Natural de Polonia. U. t. c. s. ‖ **2.** Perteneciente o relativo a este país de Europa. ‖ **3.** hist. Se dice del individuo de uno de los bandos en que se dividían los aficionados madrileños al teatro en el siglo XVIII y comienzos del XIX. U. m. c. s. ‖ **II.** M. **4.** Lengua de los polacos, una de las eslavas.

polacra. F. Buque de cruz, de dos o tres palos enterizos y sin cofas.

polaina. F. Especie de media calza, hecha regularmente de paño o cuero, que cubre la pierna hasta la rodilla y a veces se abotona o abrocha por la parte de afuera.

polar. ADJ. Perteneciente o relativo a los polos. □ V. **aurora ~, casquete ~, círculo ~, coordenada ~, forro ~, oso ~.**

polaridad. F. **1.** Fís. Propiedad que tienen los agentes físicos de acumularse en los polos de un cuerpo y de polarizarse. ‖ **2.** Condición de lo que tiene propiedades o potencias opuestas, en partes o direcciones contrarias, como los polos.

polarimetría. F. Fís. Medida del sentido y la extensión del poder rotatorio de un cuerpo sobre la luz polarizada.

polarimétrico, ca. ADJ. Fís. Perteneciente o relativo a la polarimetría.

polarización. F. Acción y efecto de polarizar.

polarizar. TR. **1.** Fís. Modificar los rayos luminosos por medio de refracción o reflexión, de tal manera que queden incapaces de refractarse o reflejarse de nuevo en ciertas direcciones. U. t. c. prnl. ‖ **2.** Concentrar la atención o el ánimo en algo. *El descubrimiento polarizó la atención de los investigadores.* U. t. c. prnl. ‖ **3.** Orientar en dos direcciones contrapuestas. *La guerra polarizó la sociedad.* U. t. c. prnl.

polca. F. **1.** Danza de origen polaco de movimiento rápido y en compás de dos por cuatro. ‖ **2.** Música de esta danza. □ V. **año de la ~.**

pólder. M. Terreno pantanoso ganado al mar y que una vez desecado se dedica al cultivo. MORF. pl. **pólderes.**

polea. F. **1.** Rueda acanalada en su circunferencia y móvil alrededor de un eje. Por el canal pasa una cuerda o cadena en cuyos dos extremos actúan, respectivamente, la potencia y la resistencia. ‖ **2.** Rueda metálica de llanta plana que se usa en las transmisiones por correas. ‖ **3.** Mar. Motón doble, o sea de dos cuerpos, uno prolongación del otro, y cuyas roldanas están en el mismo plano. ‖ **~ fija.** F. La que no muda de sitio, y en este caso la resistencia se halla en un extremo de la cuerda. ‖ **~ movible.** F. La que cambia de sitio bajando y subiendo, y entonces un extremo de la cuerda está asegurado a un punto fijo, y la resistencia se sujeta a la armadura de la misma polea.

poleadas. F. pl. gachas (‖ harina cocida con agua y sal).

polémica. F. controversia.

polémico, ca. ADJ. **1.** Perteneciente o relativo a la polémica. *El pleno municipal se desarrolló en un clima polémico.* ‖ **2.** Que provoca polémicas. *Decisión polémica.*

polemista. COM. **1.** Escritor que sostiene polémicas. ‖ **2.** Persona aficionada a sostener polémicas.

polemizar. INTR. Sostener o entablar una polémica.

polemología. F. Estudio científico de la guerra como fenómeno social.

polemoniáceo, a. ADJ. Bot. Se dice de las plantas angiospermas dicotiledóneas, arbustos o hierbas, de hojas generalmente alternas, enteras o profundamente partidas y sin estípulas, con flores casi siempre en corimbo, de corola con cinco pétalos soldados por la base, y fruto capsular, con tres divisiones y muchas semillas menudas de albumen carnoso. U. t. c. s. f. ORTOGR. En f. pl., escr. con may. inicial c. taxón. *Las Polemoniáceas.*

polen. M. Bot. Conjunto de granos diminutos contenidos en las anteras de las flores, cada uno de los cuales está constituido por dos células rodeadas en común por dos membranas resistentes.

polenta. F. Gachas de harina de maíz.

poleo. M. **1.** Planta herbácea anual, de la familia de las Labiadas, con tallos tendidos, ramosos y velludos, hojas descoloridas, pequeñas, pecioladas, casi redondas y dentadas, y flores azuladas o moradas en verticilos bien separados. Toda la planta es aromática, se usa en infusión como estomacal y abunda en España a orillas de los arroyos. ‖ **2.** Infusión hecha con esta planta.

polera. F. **1.** Á. R. Plata. Jersey de punto fino y cuello alto. ‖ **2.** Chile. Camiseta deportiva de manga corta.

poliadelfos. ADJ. pl. Bot. Se dice de los estambres de una flor cuando están soldados entre sí por sus filamentos, formando tres o más haces distintos.

poliamida. F. Quím. Polímero caracterizado por la presencia de múltiples grupos amida, como el nailon.

poliandria. F. **1.** Estado de la mujer casada simultáneamente con dos o más hombres. ‖ **2.** Bot. Condición de la flor que tiene muchos estambres.

poliantea. F. Colección o conjunto de noticias en materias diferentes y de distinta clase.

poliarquía. F. Gobierno de muchos.

polibán. M. Bañera de asiento.

polichinela. M. Personaje de la farsa italiana y del teatro de marionetas, jorobado, de carácter chocarrero y fanfarrón.

policía. **I.** F. **1.** Cuerpo encargado de velar por el mantenimiento del orden público y la seguridad de los ciudadanos, a las órdenes de las autoridades políticas. ORTOGR. Escr. con may. inicial. || **2.** Buen orden que se observa y guarda en las ciudades y repúblicas, cumpliéndose las leyes u ordenanzas establecidas para su mejor gobierno. || **3.** Limpieza, aseo. || **II.** COM. **4.** Cada uno de los miembros del cuerpo encargado de velar por el mantenimiento del orden público. || **Policía gubernativa.** F. Policía (|| cuerpo que vela por el mantenimiento del orden público). || **Policía judicial.** F. La que, bajo la dirección de los jueces y tribunales, auxilia a estos y al ministerio fiscal en el ejercicio de sus funciones. || **Policía municipal.** F. La que, dependiendo de los ayuntamientos, se ocupa de la vigilancia y buen orden de una localidad. || **Policía secreta.** F. Aquella cuyos integrantes no llevan uniforme a fin de pasar inadvertidos. || **Policía urbana.** F. Policía municipal. □ V. **comisaría de Policía, comisario de Policía, perro ~.**

policíaco, ca o **policiaco, ca.** ADJ. **1.** Perteneciente o relativo a la policía. *Control policíaco. Brigadas policíacas.* || **2.** Dicho de una obra literaria o cinematográfica: Cuyo tema es la búsqueda del culpable de un delito.

policial. ADJ. Perteneciente o relativo a la policía.

policíclico, ca. ADJ. *Quím.* Dicho de una molécula: Que posee varios anillos o cadenas cerradas de átomos de carbono.

policlínica. F. Establecimiento privado con distintas especialidades médicas y quirúrgicas.

policroísmo. M. *Geol.* Propiedad de ciertos minerales, que ofrecen distinto color según se miren por reflexión o por refracción.

policromar. TR. Aplicar o poner diversos colores a algo, como a una estatua, a una pared, etc.

policromía. F. Cualidad de polícromo.

polícromo, ma o **policromo, ma.** ADJ. De varios colores.

polideportivo, va. ADJ. Dicho de un lugar, de una instalación, etc.: Destinados al ejercicio de varios deportes. U. t. c. s. m.

polidipsia. F. Necesidad de beber con frecuencia y abundantemente, que se presenta en algunos estados patológicos, como la diabetes.

poliédrico, ca. ADJ. **1.** *Geom.* Perteneciente o relativo al poliedro. *Estructura poliédrica.* || **2.** Que tiene muchas facetas o aspectos. *Personalidad poliédrica.*

poliedro. M. *Geom.* Sólido limitado por superficies planas.

poliéster. M. *Quím.* Resina termoplástica obtenida por polimerización del estireno y otros productos químicos. Se endurece a la temperatura ordinaria y es muy resistente a la humedad, a los productos químicos y a las fuerzas mecánicas. Se usa en la fabricación de fibras, recubrimientos de láminas, etc. MORF. pl. **poliésteres.**

polietileno. M. *Quím.* Polímero preparado a partir de etileno. Se emplea en la fabricación de envases, tuberías, recubrimientos de cables, objetos moldeados, etc.

polifacético, ca. ADJ. **1.** Que ofrece varias facetas o aspectos. *Ciencia polifacética.* || **2.** Dicho de una persona: De variada condición o de múltiples aptitudes. *Artista polifacético.*

polifagia. F. Excesivo deseo de comer que se presenta en algunos estados patológicos.

polifásico, ca. ADJ. **1.** De varias fases. *Enfermedad polifásica.* || **2.** *Electr.* Se dice de la corriente eléctrica alterna, constituida por la combinación de varias corrientes monofásicas del mismo período, pero distinta fase.

polifonemático, ca. ADJ. *Fon.* Dicho de una secuencia fónica: Que consta de dos o más fonemas.

polifonía. F. *Mús.* Conjunto de sonidos simultáneos en que cada uno expresa su idea musical, pero formando con los demás un todo armónico.

polifónico, ca. ADJ. *Mús.* Perteneciente o relativo a la polifonía.

polífono, na. ADJ. Perteneciente o relativo a la polifonía.

polígala. F. Planta herbácea de la familia de las Poligaláceas, con tallos delgados, hojas opuestas, flores en espiga, azules, violáceas o róseas, fruto capsular y raíz perenne, dura y de sabor amargo. El cocimiento de la raíz se usa en medicina contra el reumatismo y el tratamiento de las vías respiratorias.

poligaláceo, a. ADJ. *Bot.* Se dice de las plantas angiospermas dicotiledóneas, leñosas o herbáceas, que tienen hojas sencillas, esparcidas u opuestas, con estípulas o sin ellas, flores hermafroditas en grupos terminales, y fruto en cápsula o en drupa con semillas de albumen carnoso o nulo; p. ej., la polígala y el quelenquelén. U. t. c. s. f. ORTOGR. En f. pl., escr. con may. inicial c. taxón. *Las Poligaláceas.*

poligamia. F. **1.** Estado o cualidad de polígamo. || **2.** Régimen familiar en que se permite al varón tener pluralidad de esposas.

poligámico, ca. ADJ. Perteneciente o relativo a la poligamia.

polígamo, ma. ADJ. **1.** Dicho de una persona: Que está casada a la vez con varias personas del otro sexo. Se usa más para referirse al hombre que tiene a un tiempo varias esposas. U. t. c. s. || **2.** *Bot.* Se dice de las plantas que tienen en uno o más pies flores masculinas, femeninas y hermafroditas; p. ej., la parietaria, el fresno y el almez. || **3.** *Zool.* Se dice del animal que se junta con varias hembras, y de la especie a que pertenece.

poliginia. F. **1.** Régimen familiar en el que el hombre tiene varias esposas al mismo tiempo. || **2.** *Bot.* Condición de la flor que tiene muchos pistilos.

poliglotía. F. Conocimiento práctico de diversos idiomas.

poliglotismo. M. Dominio de varios idiomas.

polígloto, ta o **poligloto, ta.** ADJ. **1.** Escrito en varias lenguas. *Libro polígloto.* || **2.** Dicho de una persona: Versada en varias lenguas. ¶ MORF. U. t., para referirse al masculino, la forma *políglota. Un traductor políglota.* U. t. c. s. *Un políglota.*

poligonáceo, a. ADJ. *Bot.* Se dice de las plantas angiospermas dicotiledóneas, arbustos o hierbas, de tallos y ramos nudosos, hojas sencillas y alternas, flores hermafroditas, o unisexuales, cuyos frutos son cariópsides o aquenios con una sola semilla de albumen amiláceo; p. ej., el alforfón, la sanguinaria mayor, el ruibarbo y la acedera. U. t. c. s. f. ORTOGR. En f. pl., escr. con may. inicial c. taxón. *Las Poligonáceas.*

poligonal. ADJ. Perteneciente o relativo al polígono.

polígono. M. **1.** *Geom.* Porción de plano limitada por líneas rectas. || **2.** Unidad urbanística constituida por una superficie de terreno, delimitada para fines de valoración catastral, ordenación urbana, planificación industrial, comercial, residencial, etc. || ~ **de tiro.** M. *Mil.* Campo de tiro destinado a estudios y experiencias de la artillería. || ~ **exterior.** M. *Mil.* El que se forma tirando líneas rectas de punta a punta de todos los baluartes de una plaza.

polígrafo, fa. I. M. y F. **1.** Autor que ha escrito sobre diversas materias. || **II.** M. **2.** Aparato que registra gráficamente la medición simultánea de varias constantes psicosomáticas, como el pulso, el ritmo cardíaco, etc., y que se utiliza también para contrastar la veracidad de un testimonio.

polilla. F. **1.** Mariposa nocturna de un centímetro de largo, ceniciento, con una mancha negra en las alas, que son horizontales y estrechas, cabeza amarillenta y antenas casi verticales. Su larva, de unos dos milímetros de longitud, se alimenta de borra y hace una especie de capullo, destruyendo para ello la materia en donde anida, que suele ser de lana, tejidos, pieles, papel, etc. || **2.** Larva de este insecto.

polimerasa. F. *Biol.* Enzima que cataliza la síntesis de algunos biopolímeros, como los ácidos nucleicos.

polimérico, ca. ADJ. *Quím.* Perteneciente o relativo al polímero.

polimerización. F. *Quím.* Reacción química en la que dos o más moléculas se combinan para formar otra en la que se repiten unidades estructurales de las primitivas y su misma composición porcentual cuando estas son iguales.

polímero. M. *Quím.* Compuesto químico, natural o sintético, formado por polimerización y que consiste esencialmente en unidades estructurales repetidas.

polimetría. F. *Ret.* Variedad de metros en una misma composición.

polimétrico, ca. ADJ. *Ret.* Dicho de una composición poética: Escrita en diversas clases de metro.

polimórfico, ca. ADJ. **polimorfo.**

polimorfismo. M. **1.** Cualidad de lo que tiene o puede tener distintas formas. *El polimorfismo clínico de una enfermedad.* || **2.** *Biol.* Propiedad de las especies de seres vivos cuyos individuos pueden presentar diferentes formas o aspectos, bien por diferenciarse en castas, como los termes, bien por tratarse de distintas etapas del ciclo vital, como la oruga y la mariposa. || **3.** *Bioquím.* Propiedad de los ácidos nucleicos y las proteínas que pueden presentarse bajo varias formas moleculares. Es un fenómeno importante en la genética y en la patología molecular.

polimorfo, fa. ADJ. Que presenta polimorfismo. *Personalidad polimorfa. Hojas polimorfas.*

polín. M. *Á. Caribe.* Traviesa de ferrocarril.

polinesio, sia. ADJ. **1.** Natural de la Polinesia. U. t. c. s. || **2.** Perteneciente o relativo a esta región de Oceanía. || **3.** Se dice de un grupo o familia de lenguas malayo-polinesias, entre las que destaca el tongano y el samoano. U. t. c. s. m. *El polinesio.* || **4.** Perteneciente o relativo a este grupo. *Léxico polinesio.*

polineuritis. F. *Med.* Inflamación simultánea de varios nervios periféricos.

polinización. F. *Bot.* Paso o tránsito del polen desde el estambre en que se ha producido hasta el pistilo en que ha de germinar.

polinizar. TR. *Bot.* Efectuar la polinización.

polinomio. M. *Mat.* Expresión compuesta de dos o más términos algebraicos unidos por los signos más o me-

nos. Los de dos o tres términos reciben los nombres especiales de binomio y trinomio, respectivamente.

polinosis. F. *Med.* Trastorno alérgico producido por el polen.

polio. F. coloq. **poliomielitis.**

poliomielítico, ca. ADJ. **1.** *Med.* Perteneciente o relativo a la poliomielitis. *Parálisis de origen poliomielítico.* || **2.** Que padece o ha padecido los efectos de la poliomielitis. U. t. c. s.

poliomielitis. F. *Med.* Grupo de enfermedades, agudas o crónicas, producidas por la lesión de las astas anteriores o motoras de la médula. Sus síntomas principales son la atrofia y parálisis de los músculos correspondientes a las lesiones medulares.

poliorcética. F. *Mil.* Arte de atacar y defender las plazas fuertes.

polipasto. M. Aparejo de dos grupos de poleas, uno fijo y otro móvil.

polipéptido. M. *Bioquím.* Molécula constituyente de las proteínas, formada por una cadena de aminoácidos.

polipero. M. *Zool.* Masa de naturaleza calcárea, generalmente ramificada, producida por los pólipos de una misma colonia de antozoos y en la cual están implantados aquellos. La acumulación de poliperos calcáreos, en cantidades enormes, llega a formar en los mares tropicales escollos, arrecifes y aun islas de considerable extensión.

pólipo. M. **1.** *Med.* Tumor de estructura diversa, pero de forma pediculada, que se forma y crece en las membranas mucosas de diferentes cavidades y principalmente de la nariz y de la vagina y la matriz en la mujer. || **2.** *Zool.* Una de las dos formas de organización que se presenta en los celentéreos cnidarios, bien como tipo único, como en las actinias y restantes antozoos, bien en alternancia con una forma medusa, como ocurre en el ciclo reproductor alternante de muchos cnidarios. El pólipo vive fijo en el fondo de las aguas por uno de sus extremos, y lleva en el otro la boca, rodeada de tentáculos.

polipodiáceo, a. ADJ. *Bot.* Se dice de los helechos no arborescentes con rizomas ramificados lateralmente, provistos por lo común de frondas pinnadas que llevan esporangios en el envés; p. ej., el polipodio. U. t. c. s. f. ORTOGR. En f. pl., escr. con may. inicial c. taxón. *Las Polipodiáceas.*

polipodio. M. Planta considerada como tipo de la familia de las Polipodiáceas.

poliptoton. F. *Ret.* Figura que consiste en emplear dentro de la cláusula un mismo adjetivo o nombre en distintos casos, géneros o números, o un mismo verbo en distintos modos, tiempos o personas.

polis. F. hist. En la antigua Grecia, Estado autónomo constituido por una ciudad y un pequeño territorio.

polisacárido. M. *Biol.* Hidrato de carbono formado por una larga cadena de monosacáridos; p. ej., el almidón, la celulosa y el glucógeno.

polisemia. F. **1.** *Ling.* Pluralidad de significados de una palabra o de cualquier signo lingüístico. || **2.** *Ling.* Pluralidad de significados de un mensaje, con independencia de la naturaleza de los signos que lo constituyen.

polisémico, ca. ADJ. *Ling.* Que manifiesta polisemia. *Mensaje polisémico.*

polisílabo, ba. ADJ. Dicho de una palabra: Que consta de varias sílabas. U. t. c. s. m.

polisíndeton. M. *Ret.* Figura que consiste en emplear repetidamente las conjunciones para dar fuerza o energía a la expresión de los conceptos. MORF. pl. invar. *Los polisíndeton.*

polisón. M. hist. Armazón que, atado a la cintura, se ponían las mujeres para que abultasen los vestidos por detrás.

polista. COM. Jugador de polo. U. t. c. adj.

politécnico, ca. ADJ. Que abraza muchas ciencias o artes. *Escuela politécnica.*

politeísmo. M. Doctrina de quienes creen en la existencia de muchos dioses.

politeísta. ADJ. **1.** Perteneciente o relativo al politeísmo. *Cosmogonía politeísta.* || **2.** Que profesa el politeísmo. U. t. c. s.

política. F. **1.** Arte, doctrina u opinión referente al gobierno de los Estados. || **2.** Actividad de quienes rigen o aspiran a regir los asuntos públicos. || **3.** Actividad del ciudadano cuando interviene en los asuntos públicos con su opinión, con su voto o de cualquier otro modo. || **4.** Cortesía y buen modo de portarse. || **5.** Conjunto de orientaciones o directrices que rigen la actuación de una persona o entidad en un asunto o campo determinado. *Su política es no ofender a nadie.* || **~ de avestruz,** o **~ del avestruz.** F. **táctica de avestruz.**

políticamente. ADV. M. Conforme a las leyes o reglas de la política.

politicastro. M. despect. Político inhábil, rastrero, mal intencionado, que actúa con fines y medios turbios.

político, ca. ADJ. **1.** Perteneciente o relativo a la doctrina política. *Ideas políticas.* || **2.** Perteneciente o relativo a la actividad política. *Discurso político.* || **3.** Cortés, urbano. *Una respuesta muy política.* || **4.** Dicho de una persona: Que interviene en las cosas del gobierno y negocios del Estado. U. t. c. s. || **5.** Denota parentesco por afinidad. *Padre político. Hermano político. Hija política.* □ V. **asilo ~, comisario ~, derecho ~, geografía ~, jefe ~, madre ~.**

politiquear. INTR. **1.** Intervenir o brujulear en política. || **2.** Tratar de política con superficialidad o ligereza. || **3.** *Am.* Hacer política de intrigas y bajezas.

politiqueo. M. Acción y efecto de politiquear.

politiquería. F. Acción y efecto de politiquear.

politiquero, ra. ADJ. Que politiquea. U. t. c. s.

politización. F. Acción y efecto de politizar.

politizar. TR. **1.** Dar orientación o contenido político a acciones, pensamientos, etc., que, corrientemente, no lo tienen. U. t. c. prnl. || **2.** Inculcar a alguien una formación o conciencia política. *Politizar a los estudiantes.* U. t. c. prnl.

politología. F. Disciplina que estudia la política.

politólogo, ga. M. y F. Persona que profesa la politología o tiene especiales conocimientos de ella.

politraumatismo. M. *Med.* Conjunto de lesiones producidas simultáneamente por causas externas.

poliuretano. M. *Quím.* Resina sintética obtenida por condensación de poliésteres y caracterizada por su baja densidad.

poliuria. F. *Med.* Producción y excreción de gran cantidad de orina.

polivalencia. F. Cualidad de polivalente.

polivalente. ADJ. **1.** Que vale para muchas cosas. *Centro municipal polivalente.* || **2.** *Med.* Dotado de varias actividades o eficacias. Se dice principalmente de los sue-

ros y vacunas curativos cuando poseen acción contra varios microbios. || **3.** *Quím.* Se dice de los elementos que tienen varias valencias.

póliza. F. **1.** Documento justificativo del contrato de seguros, operaciones de bolsa y otras negociaciones comerciales. || **2.** Sello con que se satisface el impuesto del timbre en determinados documentos.

polizón, na. M. y F. Persona que se embarca clandestinamente.

polizonte. COM. despect. Agente de Policía.

polla. F. **1.** Gallina nueva, medianamente crecida, que no pone huevos o que hace poco tiempo que ha empezado a ponerlos. || **2.** malson. **pene.** || **3.** coloq. Mujer joven. || **4.** *Am.* Apuesta, especialmente en carreras de caballos. || **5.** *Chile.* **lotería nacional.** || **6.** *Méx.* Bebida hecha con leche, huevos y canela, y a la que a veces se le añade licor. || **~ de agua.** F. Ave zancuda del tamaño de la codorniz con plumaje algo parecido.

pollada. F. Conjunto de pollos que de una vez sacan las aves, particularmente las gallinas.

pollastre. M. Pollo algo crecido.

pollear. INTR. Dicho de un muchacho: Empezar a hacer cosas propias de los jóvenes.

pollera. F. **1.** Andador en forma de campana, hecho de mimbres, que se pone a los niños para que aprendan a andar sin caerse. || **2.** hist. Falda que las mujeres se ponían sobre el guardainfante y encima de la cual se asentaba la basquiña o la saya. || **3.** *Am.* Falda externa del vestido femenino.

pollería. F. Sitio, casa o calle donde se venden gallinas, pollos o pollas y otras aves comestibles.

pollero, ra. M. y F. **1.** Persona que tiene por oficio criar y vender pollos. || **2.** *Méx.* Persona que transporta trabajadores indocumentados a los Estados Unidos de América.

pollerudo, da. I. ADJ. **1.** *Chile.* **pusilánime.** || **II.** M. **2.** despect. *Á. R. Plata.* Varón sumiso a las decisiones femeninas.

pollina. F. **1.** Asna joven y cerril. || **2.** **borrica.** || **3.** Mujer simple, ignorante o ruda. U. t. c. adj.

pollino. M. **1.** Asno joven. || **2.** **asno** (|| animal solípedo). || **3.** Hombre simple, ignorante o rudo. U. t. c. adj.

pollito. □ V. **araña ~.**

pollo. M. **1.** Cría que nace del huevo de un ave y en especial la de la gallina. || **2.** Gallo o gallina jóvenes. || **3.** coloq. Escupitajo, esputo. || **~ tomatero.** M. El de gallina, tras la segunda muda. || **sudar como un ~.** LOC.VERB. coloq. Sudar mucho. □ V. **culo de ~.**

polluelo. M. Cría de ave.

polo¹. M. **1.** *Geom.* Punto en que el eje corta a una superficie de revolución. || **2.** Región contigua a un polo terrestre. || **3.** (Marca reg.). Tipo de helado que se come cogiéndolo de un palito clavado en su base. || **4.** *Electr.* Cada uno de los terminales del circuito de una pila o de ciertas máquinas eléctricas. || **5.** *Fís.* Cada uno de los dos puntos opuestos de un cuerpo, en los cuales se acumula en mayor cantidad la energía de un agente físico; como el magnetismo en los extremos de un imán. || **6.** *Geogr.* Cada uno de los dos puntos de intersección del eje de rotación de la Tierra con la esfera terrestre o celeste. || **7.** *Geom.* En las coordenadas polares, punto que se escoge para trazar desde él los radios vectores. || **~ de desarrollo.** M. **polo industrial.** || **~ de una función.** M. *Mat.* Valor singular de la variable que hace infinita a la función. || ~ **de un círculo en la esfera.** M. *Geom.* Cada uno de los dos extremos del diámetro perpendicular al plano del círculo mismo. || ~ **industrial.** M. Zona oficialmente delimitada, cuyo desarrollo industrial se trata de conseguir mediante diversas medidas de favor a las industrias que en aquella se establezcan. || ~ **magnético.** M. Cada uno de los puntos del globo terrestre situados en las regiones polares, hacia los que, por la acción del campo magnético terrestre, se dirige la aguja imantada. || ~ **negativo.** M. *Electr.* Extremidad de menor potencial del circuito de una pila o de ciertas máquinas eléctricas, que se indica con el signo (-). || **Polo Norte.** M. *Geogr.* Punto de intersección de la esfera terrestre con el eje de rotación de la Tierra, en dirección a la Osa Menor. || ~ **positivo.** M. *Electr.* Extremidad de mayor potencial del circuito de una pila o de ciertas máquinas eléctricas, que se indica con el signo (+). || **Polo Sur.** M. *Geogr.* Punto de intersección de la esfera terrestre con el eje de rotación de la Tierra, opuesto al Polo Norte. || **de ~ a ~.** LOC.ADV. Se usa para ponderar la gran distancia que hay de una parte a otra, o entre dos opiniones, doctrinas, sistemas, etc.

polo[2]. M. Cierto baile y canto popular de Andalucía.

polo[3]. M. **1.** Juego practicado entre grupos de jinetes que, con mazas de astiles largos, impulsan una bola de madera hacia una meta. || **2.** Prenda de punto que llega hasta la cintura, con cuello, y abotonada por delante en la parte superior. || ~ **acuático.** M. *Am.* waterpolo.

pololear. TR. *Chile.* Mantener relaciones amorosas de cierto nivel de formalidad.

pololo[1]. M. **1.** hist. Pantalón corto y con peto que usaban niñas y mujeres para hacer gimnasia. U. m. en pl. con el mismo significado que en sing. || **2.** pl. Pantalones bombachos cortos que se ponen debajo de la falda y la enagua, y forman parte de algunos trajes regionales femeninos.

pololo[2], **la. I.** M. y F. **1.** *Chile.* Persona que mantiene con otra una relación amorosa estable, pero no necesariamente de convivencia. || **II.** M. **2.** *Chile.* Insecto, como de un centímetro y medio, fitófago, que al volar produce un zumbido como el moscardón. Tiene la cabeza pequeña, el cuerpo con un surco por encima y verrugas, élitros cortos y de color verde, vientre ceniciento, patas anteriores rojizas, y posteriores verdes.

polonés, sa. ADJ. **1.** Natural de Polonia. U. t. c. s. || **2.** Perteneciente o relativo a este país de Europa.

polonesa. F. *Mús.* Composición que imita cierto aire de danza y canto polacos, y se caracteriza por sincopar las dos primeras notas de cada compás.

polonio. M. Elemento químico radiactivo de núm. atóm. 84. Metal raro en la litosfera, se encuentra en minerales de uranio. De gran radiotoxicidad, se usa como fuente de radiaciones y en instrumentos de calibración. (Símb. *Po*).

poltrón, na. ADJ. Flojo, perezoso, haragán, enemigo del trabajo.

poltrona. F. Silla más baja de brazos que la común, y de más amplitud y comodidad. U. t. en sent. fig. *Por fin había conseguido instalarse en una poltrona ministerial.*

poltronería. F. Pereza, haraganería, flojedad o aversión al trabajo.

polución. F. **1.** Contaminación intensa y dañina del agua o del aire, producida por los residuos de procesos industriales o biológicos. || **2.** Efusión del semen.

polucionar. TR. Contaminar el medioambiente, especialmente el agua y el aire, con los residuos de procesos industriales o biológicos.

poluto, ta. ADJ. Sucio, inmundo. *Alma poluta. Una ciudad bulliciosa y poluta.*

polvareda. F. **1.** Cantidad de polvo que se levanta de la tierra, agitada por el viento o por otra causa cualquiera. || **2.** Efecto causado entre las gentes por dichos o hechos que las alteran o apasionan. *Sus declaraciones levantaron una buena polvareda.*

polvearse. PRNL. *Méx.* Ponerse polvos cosméticos en la cara.

polvera. F. Recipiente que sirve para contener los polvos y la borla con que suelen aplicarse.

polvillo. M. *Am.* Hongo que ataca a los cereales, como el tizón.

polvo. M. **1.** Parte más menuda y deshecha de la tierra muy seca, que con cualquier movimiento se levanta en el aire. || **2.** Residuo que queda de otras cosas sólidas, moliéndolas hasta reducirlas a partes muy menudas. *Canela en polvo.* || **3.** Partículas de sólidos que flotan en el aire y se posan sobre los objetos. || **4.** coloq. **coito.** *Echar un polvo.* || **5.** jerg. En el lenguaje de la droga, **heroína**[2]. || **6.** pl. Producto cosmético de diferentes colores que se utiliza para el maquillaje. || ~ **de arroz.** M. hist. El obtenido de esta semilla que se usaba muy frecuentemente en el tocador femenino. || ~ **de gas.** M. Producto que se obtiene pasando cloro por una capa de cal y que permite el transporte del cloro en forma sólida. Se usa como decolorante y desinfectante. || **escribir en el ~.** LOC.VERB. **escribir en la arena.** || **estar** alguien **hecho ~.** LOC. VERB. coloq. Hallarse sumamente abatido por las adversidades, las preocupaciones o la falta de salud. || **hacer** a alguien. LOC.VERB. **1.** coloq. Aniquilarlo, vencerlo en una contienda. || **2.** coloq. Dejarlo muy cansado o abatido. || **3.** coloq. Causarle un gran contratiempo o trastorno. || **hacer morder el ~** a alguien. LOC.VERB. Rendirlo, vencerlo en la pelea, matándolo o derribándolo. || **hacer ~** algo. LOC.VERB. coloq. Deshacerlo o destruirlo por completo. || **levantar del ~,** o **del ~ de la tierra,** a alguien. LOCS.VERBS. Elevarlo de la infelicidad y abatimiento a una dignidad o empleo. || **limpio, pia de ~ y paja.** LOC.ADJ. coloq. Dado o recibido sin trabajo o gravamen. || **sacudir el ~ de los pies.** LOC.VERB. Apartarse de un lugar digno de castigo y aborrecimiento. ☐ V. **leche en ~, oro en ~.**

pólvora. F. **1.** Mezcla, por lo común de salitre, azufre y carbón, que a cierto grado de calor se inflama, desprendiendo bruscamente gran cantidad de gases. Se emplea casi siempre en granos, y es el principal agente de la pirotecnia. Hoy varía mucho la composición de este explosivo. || **2.** Conjunto de fuegos artificiales que se disparan en una celebración. *Hubo pólvora en aquella festividad.* || **correr la ~.** LOC.VERB. Ejecutar varias maniobras corriendo a escape a caballo y disparando las armas, ejercicio muy usado por los moros como diversión o festejo. || **gastar ~ en chimangos.** LOC.VERB. *Á. guar.* y *Á. R. Plata.* Hacer esfuerzos por algo o alguien que, en realidad, tiene poca importancia. || **mojar la ~** a alguien. LOC.VERB. Templar a quien estaba colérico o enojado sin motivo justo, dándole una razón que le convence y le da a conocer su engaño. || **no haber inventado** alguien **la ~.** LOC.VERB. coloq. Ser muy corto de alcances.

polvorear. TR. Echar, esparcir o derramar polvo o polvos sobre algo.

polvoriento, ta. ADJ. Lleno o cubierto de polvo. *Estantes polvorientos.*

polvorilla. COM. coloq. Persona de gran vivacidad, propensa al arrebato pasajero e intrascendente.

polvorín. M. **1.** Lugar o edificio dispuesto para guardar la pólvora y otros explosivos. || **2.** Frasco para llevar la pólvora. || **3.** Situación que por su conflictividad puede estallar en cualquier momento. *Tras la intentona, el país era un polvorín.*

polvorista. COM. Técnico de inventos del fuego en máquinas militares y artificios, como cohetes y otros.

polvorón. M. Torta, comúnmente pequeña, de harina, manteca y azúcar, cocida en horno fuerte y que se deshace en polvo al comerla.

polvoroso, sa. ADJ. Que tiene mucho polvo. *Nubes polvorosas.*

poma. F. **1.** manzana (|| fruto). || **2.** Pomo para perfumes y cajita en que se lleva.

pomáceo, a. ADJ. *Bot.* Se dice de las plantas pertenecientes a la familia de las Rosáceas que tienen hojas por lo común alternas, flores hermafroditas, en corimbos terminales, pentámeras, fruto en pomo y semillas sin albumen; p. ej., el peral y el manzano. U. t. c. s. f. ORTOGR. En f. pl., escr. con may. inicial c. taxón. *Las Pomáceas.*

pomada. F. **1.** Mezcla de una sustancia grasa y otros ingredientes, que se emplea como cosmético o medicamento. || **2.** coloq. Círculo de personas que por su prestigio o influencia ocupan una posición social o profesional privilegiada. *Eran los triunfadores, la gente que estaba en la pomada.*

pomar. M. Sitio, lugar o huerta donde hay árboles frutales, especialmente manzanos.

pomarada. F. Sitio poblado de manzanos.

pomarrosa. F. **1.** Árbol grande, de la familia de las Mirtáceas, procedente de la India oriental y muy cultivado en las Antillas, que tiene las hojas opuestas y lanceoladas, la inflorescencia en cima y por fruto la pomarrosa. || **2.** Fruto de la pomarrosa, semejante en su forma a una manzana pequeña, de color amarillento con partes rosadas, sabor dulce, olor de rosa y una sola semilla.

pombero. M. *Á. guar.* En la tradición popular, duende imaginado de quien se dice que protege a los pájaros y a los cocuyos y rapta a los niños que los persiguen.

pomelo. M. toronja.

pómez. F. piedra pómez.

pomo. M. **1.** Agarrador o tirador de una puerta, cajón, etc., de forma más o menos esférica. || **2.** Frasco o vaso pequeño de vidrio, cristal, porcelana o metal, que sirve para contener y conservar los licores y confecciones olorosas. || **3.** Extremo de la guarnición de la espada, que está encima del puño y sirve para tenerla unida y firme con la hoja. || **4.** *Bot.* Fruto con mesocarpio carnoso y endocarpio coriáceo que contiene varias semillas o pepitas; p. ej., la manzana y la pera. || **5.** *Á. Andes.* Recipiente cilíndrico de material flexible en que se expenden cosméticos, fármacos, pinturas, etc., de consistencia líquida o cremosa. || **6.** *Á. R. Plata.* Juguete, por lo común cilíndrico y flexible, con el que se arroja agua durante el carnaval.

pomología. F. Parte de la agricultura que trata de los frutos comestibles.

pompa[1]. F. **1.** Fausto, vanidad y grandeza. *Hicieron su entrada con gran pompa.* || **2.** Acompañamiento suntuoso, numeroso y de gran aparato, que se hace en una función, ya sea de júbilo o fúnebre.

pompa[2]. F. **1.** Burbuja que forma el agua por el aire que se le introduce. || **2.** pl. *Méx.* nalgas (|| porciones carnosas y redondeadas). || **~ de jabón.** F. Burbuja que se forma insuflando aire en agua saturada de jabón y que se desprende de esta.

pompeyano, na. ADJ. **1.** hist. Natural de Pompeya. U. t. c. s. || **2.** hist. Perteneciente o relativo a esta ciudad de la Italia antigua. || **3.** Dicho de un objeto de arte: Al estilo de la antigua Pompeya.

pompi o **pompis.** M. eufem. culo (|| nalgas).

pompón. M. Bola de lana o de otro género que se usa como adorno.

pomposidad. F. Cualidad de pomposo.

pomposo, sa. ADJ. **1.** Ostentoso, magnífico, grave y autorizado. *Apariencia pomposa.* || **2.** Hueco, hinchado y extendido circularmente. *Pomposa peluca.* || **3.** Dicho del lenguaje, del estilo, etc.: Ostentosamente exornados.

pómulo. M. **1.** Hueso y prominencia de cada una de las mejillas. || **2.** Parte del rostro correspondiente a este hueso.

ponceño, ña. ADJ. **1.** Natural de Ponce. U. t. c. s. || **2.** Perteneciente o relativo a este municipio de Puerto Rico o a su cabeza.

ponchada. F. *Á. R. Plata.* Contenido de un poncho.

ponche. M. Bebida que se hace mezclando ron u otro licor espiritoso con agua, limón y azúcar. A veces se le añade té. || **~ a la romana.** M. *Chile.* Champán servido con una bola de helado de piña encima. || **~ de huevo.** M. El que se hace mezclando ron con leche, clara de huevo y azúcar.

ponchera. F. **1.** Recipiente en el que se prepara y sirve el ponche. || **2.** *Á. Caribe.* jofaina.

poncho. M. Prenda de abrigo que consiste en una manta, cuadrada o rectangular, de lana de oveja, alpaca, vicuña, o de otro tejido, que tiene en el centro una abertura para pasar la cabeza, y cuelga de los hombros generalmente hasta más abajo de la cintura.

poncil. ADJ. Se dice de una especie de limón o cidra agria y de corteza muy gruesa. U. t. c. s. m.

ponderable. ADJ. **1.** Digno de ponderación. *Labor educativa ponderable.* || **2.** Que se puede pesar. *Materias ponderables.*

ponderación. F. **1.** Atención, consideración, peso y cuidado con que se dice o hace algo. || **2.** Exageración de algo. || **3.** Acción de pesar algo.

ponderado, da. PART. de **ponderar.** || ADJ. **1.** Dicho de una persona: Que procede con tacto y prudencia. || **2.** Propio o característico de una persona ponderada. *Una respuesta ponderada.* || **nunca bien ~.** LOC.ADJ. Digno de los mayores elogios. □ V. **media ~.**

ponderador, ra. ADJ. Que compensa o favorece el equilibrio. *Asumió un papel ponderador.*

ponderal. ADJ. Perteneciente o relativo al peso.

ponderar. TR. **1.** Examinar con cuidado algún asunto. || **2.** exagerar (|| dar proporciones excesivas). || **3.** Elogiar, alabar. || **4.** *Mat.* Atribuir un peso a un elemento de un conjunto con el fin de obtener la media ponderada.

ponderativo, va. ADJ. **1.** Que pondera (|| exagera). *Exhibición ponderativa.* || **2.** Que pondera (|| elogia). *Aludió a Juan en términos ponderativos.* || **3.** Dicho de una persona: Que tiene por hábito ponderar o exagerar mucho las cosas.

ponedero. M. **1.** nidal (|| lugar destinado para que pongan huevos las gallinas y otras aves). || **2.** Parte o lugar en que se halla el nidal de la gallina.

ponedor, ra. ADJ. Dicho de un ave: Que ya pone huevos.

ponencia. F. **1.** Comunicación o propuesta sobre un tema concreto que se somete al examen y resolución de una asamblea. ‖ **2.** Función de ponente. ‖ **3.** Persona o comisión designada para actuar como ponente. ‖ **4.** Informe o dictamen dado por el ponente.

ponente. ADJ. **1.** Dicho de una persona: Autora de una ponencia. U. t. c. s. ‖ **2.** Dicho de un magistrado, de un funcionario o de un miembro de un cuerpo colegiado o asamblea: Designados para hacer relación de un asunto y proponer la resolución. U. t. c. s.

poner. **I.** TR. **1.** Hacer que alguien o algo estén en un lugar. U. t. c. prnl. *Se puso a mi lado.* ‖ **2.** Situar a alguien o algo en el lugar adecuado. *Puso el edredón sobre la cama.* ‖ **3.** Disponer algo para un cierto fin. *Poner la mesa.* ‖ **4.** **suponer** (‖ conjeturar). *Pongamos que esto sucedió así.* ‖ **5.** Apostar una cantidad. *Lo puso todo al mismo número en la ruleta.* ‖ **6.** Reducir, estrechar o precisar a alguien a que ejecute algo contra su voluntad. *Poner en un aprieto.* ‖ **7.** Escribir algo en el papel. *¿Has puesto bien la dirección en el sobre?* ‖ **8.** Hacer uso de ciertos medios de comunicación. *Poner un telegrama, un fax.* ‖ **9.** Dicho de un ave u otro animal ovíparo: Soltar o depositar el huevo. U. t. c. intr. *La gallina ha puesto hoy.* ‖ **10.** Dedicar a alguien a un empleo u oficio. *Decidieron ponerla a trabajar como peluquera.* U. t. c. prnl. ‖ **11.** Establecer, instalar. *Puso un negocio.* ‖ **12.** **aplicar.** *Ponte colonia antes de salir.* ‖ **13.** Hacer la operación necesaria para que algo funcione. *Poner la radio.* ‖ **14.** Aplicar un nombre, un mote, etc., a una persona, un animal o una cosa. *¿Cómo pondrán a su hijo?* ‖ **15.** Contribuir o colaborar con algo en una empresa o actividad. *Él pondrá el dinero y yo el trabajo.* ‖ **16.** Exponer algo a la acción de un agente determinado. *Lo puso al sol.* ‖ **17.** Añadir algo. *Puso azúcar al pastel.* ‖ **18.** Ejercer una determinada acción. *Poner EN duda.* ‖ **19.** Valerse para un fin determinado. *Poner POR intercesor.* ‖ **20.** Causar lo significado por el nombre que sigue. *Poner paz.* ‖ **21.** Establecer, imponer o mandar. *Poner ley, contribución.* ‖ **22.** Tratar a alguien de un modo determinado. *Poner a alguien DE ladrón. Poner a alguien POR embustero.* ‖ **23.** Hacer adquirir una condición o estado. *Poner colorado. Poner de mal humor.* U. t. c. prnl. *Ponerse pálido.* ‖ **24.** coloq. Representar una obra de teatro o proyectar una película en el cine o en la televisión. ‖ **25.** Decir por escrito. *¿Qué pone este papel?* U. t. c. impers. *¿Qué pone aquí?* ‖ **II.** PRNL. **26.** Vestirse o ataviarse. *Ponte bien, que es día de fiesta.* ‖ **27.** Compararse, competir con alguien. *Me pongo CON el más pintado.* ‖ **28.** Dicho de un astro: Ocultarse en el horizonte. ‖ **29.** Llegar a un lugar determinado. *Se puso EN Sevilla en dos horas.* ‖ **30.** Atender una llamada telefónica. *No quiso ponerse al teléfono.* ‖ **31.** Comenzar a ejecutar una determinada acción. *Ponerse A escribir.* ‖ **32.** coloq. Dedicarse a algo o, especialmente, comenzar a hacerlo. *Se pone CON los juguetes y se olvida del todo. A las nueve, me pongo CON la cena.* ‖ **33.** coloq. Alcanzar la cantidad de una cifra y, en especial, el importe de algo. *El piso se puso EN cinco millones.* ¶ MORF. V. conjug. modelo; part. irreg. **puesto.** ‖ **no ponérsele** a alguien **nada por delante.** LOC.VERB. coloq. Hacer frente a cualquier dificultad. ‖ **~ a bien** a alguien **con** otra persona. LOC.VERB. Reconciliarlos. ‖ **~ a mal** a alguien **con** otra persona. LOC.VERB.

Enemistarlos. ‖ **~ a alguien a parir.** LOC.VERB. **1.** coloq. Tratar mal de palabra a alguien o censurarlo agriamente en su ausencia. ‖ **2.** coloq. poner a alguien de palabra en un trance difícil, apremiándolo para que confiese, resuelva o se decida. ‖ **~ bien** a alguien. LOC.VERB. Darle estimación y crédito en la opinión de otra persona, o deshacer la mala opinión que se tenía de él. ‖ **~ colorado** a alguien. LOC.VERB. coloq. Avergonzarlo. ‖ **~ como nuevo** a alguien. LOC.VERB. coloq. Maltratarlo de obra o de palabra. ‖ **~ en claro.** LOC.VERB. Averiguar o explicar con claridad algo intrincado o confuso. ‖ **~ mal** a alguien. LOC.VERB. Hablar mal de él. ‖ **~ por delante** a alguien algo. LOC.VERB. Suscitarle obstáculos o hacerle reflexiones para disuadirlo de un propósito. ‖ **~ por encima.** LOC.VERB. Preferir, anteponer algo, subordinar a ello otra u otras cosas. ‖ **~se a bien con** alguien. LOC.VERB. Reconciliarse con él. ‖ **~se al corriente.** LOC.VERB. Enterarse, adquirir el conocimiento necesario. ‖ **~se a mal con** alguien. LOC.VERB. Enemistarse con él. ‖ **~se colorado.** LOC.VERB. avergonzarse. ‖ **~se de largo** una joven. LOC.VERB. presentarse en sociedad. ‖ **ponérsele a** alguien algo **en la cabeza.** LOC.VERB. Empeñarse en ello. ‖ **~se rojo.** LOC.VERB. Ruborizarse, sentir vergüenza. □ V. **quita y pon.**

póney. M. poni. MORF. pl. poneis.

ponferradino, na. ADJ. **1.** Natural de Ponferrada. U. t. c. s. ‖ **2.** Perteneciente o relativo a esta ciudad de la provincia de León, en España.

pongo¹. M. Especie de orangután.

pongo². M. **1.** Á. Andes. Indio que hace oficios de criado. ‖ **2.** Á. Andes. hist. Indígena que trabajaba en una finca y estaba obligado a servir al propietario, durante una semana, a cambio del permiso que este le daba para sembrar una fracción de su tierra.

poni. M. Caballo de cierta raza de poca alzada.

poniente. **I.** ADJ. **1.** Dicho de un astro: Que se pone. ‖ **II.** M. **2.** **Oeste** (‖ punto cardinal). ORTOGR. Escr. con may. inicial. ‖ **3.** Viento procedente del oeste.

pontaje. M. pontazgo.

pontazgo. M. Derechos que se pagan en algunas partes para pasar por los puentes.

pontazguero, ra. M. y F. Persona encargada de cobrar el pontazgo.

pontear. TR. Fabricar o hacer un puente, o echarlo en un río o brazo de mar para pasarlos.

pontederiáceo, a. ADJ. Bot. Se dice de las plantas angiospermas monocotiledóneas, acuáticas, perennes, con rizoma rastrero, hojas radicales, anchas, enteras y de pecíolos envainadores, flores amarillas o azules, solitarias o en espiga, racimo o umbela, y frutos en cápsulas indehiscentes con semillas de albumen amiláceo; p. ej., el camalote. U. t. c. s. f. ORTOGR. En f. pl., escr. con may. inicial c. taxón. *Las Pontederiáceas.*

pontevedrés, sa. ADJ. **1.** Natural de Pontevedra. U. t. c. s. ‖ **2.** Perteneciente o relativo a esta ciudad de España o a su provincia.

póntico, ca. ADJ. **1.** Perteneciente o relativo al Ponto Euxino, hoy mar Negro. ‖ **2.** hist. Perteneciente o relativo al Ponto, región del Asia antigua.

pontificado. M. **1.** Dignidad de pontífice. ‖ **2.** Tiempo en que cada uno de los Sumos Pontífices ostenta esta dignidad.

pontifical. **I.** ADJ. **1.** Perteneciente o relativo al sumo pontífice. ‖ **2.** Perteneciente o relativo a un obispo o arzobispo. || **II.** M. **3.** Conjunto de ornamentos que sirven al obispo para la celebración de los oficios divinos. U. t. en pl. con el mismo significado que en sing. || **4.** Libro que contiene las ceremonias pontificias y las de las funciones episcopales. || **de ~.** LOC.ADV. coloq. En traje de ceremonia o de etiqueta. *Vestido de pontifical.*

pontificar. INTR. **1.** Celebrar funciones litúrgicas con rito pontifical. || **2.** Presentar como innegables dogmas o principios sujetos a examen. || **3.** Exponer opiniones con tono dogmático y suficiente.

pontífice. M. **1.** Obispo o arzobispo de una diócesis. || **2.** por antonom. Prelado supremo de la Iglesia católica, apostólica, romana. *Sumo pontífice.* || **3.** hist. Magistrado sacerdotal que presidía los ritos y ceremonias religiosas en la antigua Roma.

pontificio, cia. ADJ. Perteneciente o relativo al pontífice. □ V. **curia ~, rescripto ~.**

ponto. M. poét. **mar** (|| masa de agua salada).

pontón. M. **1.** Barco chato, para pasar los ríos o construir puentes, y en los puertos para limpiar su fondo con el auxilio de algunas máquinas. || **2.** Buque viejo que, amarrado de firme en los puertos, sirve de almacén, de hospital o de depósito de prisioneros. || **3.** Puente formado de maderos o de una sola tabla. || **~ flotante.** M. Barca hecha de maderos unidos, para pasar un río.

pontonero. M. Empleado en el manejo o construcción de los pontones.

ponzoña. F. **1.** Sustancia que tiene en sí cualidades nocivas para la salud, o destructivas de la vida. || **2.** Doctrina o práctica nociva y perjudicial a las buenas costumbres.

ponzoñoso, sa. ADJ. **1.** Que tiene o encierra en sí ponzoña. *Líquido ponzoñoso.* || **2.** Nocivo para la salud espiritual, o perjudicial para las buenas costumbres. *Teoría ponzoñosa.*

pop. ADJ. **1.** Se dice de un cierto tipo de música ligera y popular derivado de estilos musicales negros y de la música folclórica británica. U. t. c. s. m. || **2.** Se dice de una corriente artística de origen norteamericano que se inspira en los aspectos más inmediatos de la sociedad de consumo. U. t. c. s. m. ¶ MORF. pl. **pops.**

popa. F. Parte posterior de una embarcación. || **amollar en ~.** LOC.VERB. *Mar.* Arribar hasta ponerse viento en popa. || **de ~ a proa.** LOC.ADV. Enteramente, del todo. □ V. **castillo de ~, espejo de ~, orza a ~, viento en ~.**

pope. M. Sacerdote de la Iglesia ortodoxa griega.

popel. ADJ. *Mar.* Dicho de una cosa: Que está situada más a popa que otra u otras con que se compara.

popelín. M. **popelina.**

popelina. F. Tela fina y tupida, generalmente algodón con algo de brillo.

poplín. M. Á. R. *Plata.* **popelina.**

popó. M. **1.** infant. *Chile.* **nalgas** (|| porciones carnosas y redondeadas). || **2.** *Méx.* Excremento humano. En el área del Río de la Plata, u. en leng. infant.

popote. M. **1.** Paja semejante al bálago, aunque su caña es más corta y el color tira a dorado, usada en México para hacer escobas. || **2.** *Méx.* Pajilla para sorber líquidos.

populachería. F. Fácil popularidad que se alcanza entre la gente, halagando sus pasiones.

populachero, ra. ADJ. **1.** Perteneciente o relativo al populacho. *Costumbres, demostraciones populacheras.* || **2.** Propio para halagar al populacho, o para ser com-

prendido y estimado por él. *Héroe, drama, discurso po-pulachero.*

populacho. M. **1.** Parte ínfima de la plebe. || **2.** Multitud en revuelta o desorden.

popular. ADJ. **1.** Perteneciente o relativo al pueblo. *Soberanía popular.* || **2.** Que es peculiar del pueblo o procede de él. *Traje popular.* || **3.** Propio o característico de las clases sociales menos favorecidas. *Barrios populares.* || **4.** Que está al alcance de los menos dotados económica o culturalmente. *Precios populares.* || **5.** Que es estimado o, al menos, conocido por el público en general. *Actor muy popular.* || **6.** Dicho de una forma de cultura: Considerada por el pueblo propia y constitutiva de su tradición. *Folclore popular.* □ V. **acción ~, acusación ~, arte ~, cultura ~, democracia ~, etimología ~, iniciativa ~, lengua ~, milicias ~es.**

popularidad. F. Aceptación y aplauso que alguien tiene en el pueblo.

popularismo. M. Tendencia o afición a lo popular en formas de vida, arte, literatura, etc.

popularista. ADJ. Perteneciente o relativo al popularismo.

popularización. F. Acción y efecto de dar carácter popular a algo.

popularizar. TR. **1.** Acreditar a alguien o algo, extender su estimación en el concepto público. U. t. c. prnl. *La canción se popularizó en poco tiempo.* || **2.** Dar carácter popular a algo. *Existe un afán por popularizar la música clásica.* U. t. c. prnl.

populismo. M. **1.** **popularismo.** || **2.** Tendencia política que pretende prestar atención especial a los problemas de las clases populares. U. m. en sent. despect.

populista. ADJ. **1.** Perteneciente o relativo al populismo. *Medidas populistas.* || **2.** Partidario del populismo. U. t. c. s.

populoso, sa. ADJ. Dicho de una provincia, de una ciudad, de una villa o de un lugar: Que están muy poblados.

popurrí. M. **1.** Mezcolanza de cosas diversas. *La fiesta era un popurrí de gente variopinta.* || **2.** *Mús.* Composición musical formada de fragmentos o temas de obras diversas. ¶ MORF. pl. **popurrís.**

poquedad. F. **1.** Escasez, corta cantidad de algo. || **2.** Timidez, pusilanimidad y falta de espíritu. || **3.** Cosa de ningún valor o de poca entidad.

póquer. M. **1.** Juego de naipes en que cada jugador recibe cinco. Es juego de envite, y gana quien reúne la combinación superior entre las varias establecidas. || **2.** En este juego, jugada que resulta de la combinación de cuatro cartas iguales. *Póquer de ases.* □ V. **cara de ~.**

poquitero, ra. ADJ. *Am. Cen.* Dicho de una persona: Que tiene un negocio pequeño. U. t. c. s.

poquito. a ~. LOC.ADV. **poco a poco.** || **a ~s.** LOC.ADV. En pequeñas y repetidas porciones.

por. PREP. **1.** Indica el agente en las oraciones en pasiva. *La península fue conquistada por los romanos.* || **2.** Ante topónimos, denota tránsito por el lugar indicado. *Ir a Toledo por Illescas.* || **3.** Ante topónimos, indica localización aproximada. *Ese pueblo está por Toledo.* || **4.** Denota parte o lugar concretos. *Agarré a Juan por el brazo.* || **5.** Se une a los nombres de tiempo, determinándolo. *Por agosto. Por San Juan.* || **6.** En clase o calidad de. *Recibir por esposa.* || **7.** Denota causa. *Cerrado por vacaciones.* || **8.** Denota el medio de ejecutar algo. *Por señas. Por teléfono.* || **9.** Denota el modo de ejecutar algo. *Por fuerza.*

Por todo lo alto. Por las buenas. ‖ **10.** Denota precio o cuantía. *Por cien pesos lo compré. Por la casa me ofrece la huerta.* ‖ **11.** A favor o en defensa de alguien o de algo. *Por él daré la vida.* ‖ **12.** En sustitución de alguien o de algo. *Tiene a sus maestros por padres.* ‖ **13.** En juicio u opinión de. *Tener por santa.* ‖ **14.** Junto con algunos nombres, denota que se da o reparte con igualdad algo. *A bombón por barba. A euro por persona.* ‖ **15.** Denota multiplicación de números. *Tres por cuatro, doce.* ‖ **16.** Denota proporción. *A tanto por ciento.* ‖ **17.** Se usa para comparar entre sí dos o más cosas. *Ciudad por ciudad, prefiero la mía.* ‖ **18.** Denota idea de compensación o equivalencia. *Lo uno por lo otro. Lo comido por lo servido.* ‖ **19. a través de** (‖ pasando de un lado al otro). *Por el ojo de una aguja. Por un colador.* ‖ **20. sin** (‖ con idea de carencia o falta). *Esto está por pulir. Quedan plazas por cubrir.* ‖ **21.** Se usa en lugar de la preposición *a* y el verbo *traer* u otro. *Ir por leña. Ir por pan.* ‖ **22.** Con ciertos infinitivos, **para.** *Por no incurrir en la censura.* ‖ **23.** Con ciertos infinitivos, denota la acción futura de estos verbos. *Está por venir. La sala está por barrer.* ‖ **24.** Detrás de un verbo, y delante del infinitivo de ese mismo verbo, denota falta de utilidad. *Comer por comer. Barrió por barrer. Lo está planchando por planchar.* ‖ **25.** Precedida de *no,* o seguida de un adjetivo o un adverbio y de *que,* tiene valor concesivo. *No por mucho arreglarte estarás más guapa. Por atrevido que sea, no lo hará.* ‖ **26.** coloq. **¿por qué?** ‖ **~ que. I.** LOC. CONJUNT. CAUSAL. **1. porque. ‖ II.** LOC. CONJUNT. FINAL. **2.** Porque, para que. *Hice cuanto pude por que no llegara este caso.* ‖ **~ qué.** LOC. ADV. Por cuál razón, causa o motivo. *¿Por qué te agrada la compañía de alguien así? No acierto a explicarme por qué le tengo tanto cariño.* ‖ **~ si.** LOC. ADV. **por si acaso.**

porcelana. F. **1.** Especie de loza fina, transparente, clara y lustrosa, inventada en China e imitada en Europa. ‖ **2.** Vasija o figura de porcelana. ‖ **3.** *Méx.* **orinal.**

porcentaje. M. Proporción que toma como referencia el número 100.

porcentual. ADJ. Dicho de una composición, de una distribución, etc.: Calculadas o expresadas en tantos por ciento.

porche. M. Soportal, cobertizo.

porcicultor, ra. M. y F. Persona que se dedica a la porcicultura.

porcicultura. F. Arte de criar cerdos.

porciento. M. Á. *Caribe.* **porcentaje.** *El porciento de los alumnos matriculados es menor este año.*

porcino, na. I. ADJ. **1.** Perteneciente o relativo al puerco. *Ganado porcino.* ‖ **II.** M. **2.** Puerco pequeño.

porción. F. **1.** Cantidad segregada de otra mayor. ‖ **2.** Cantidad que corresponde a cada partícipe en un reparto o distribución. ‖ **3.** Cantidad de comida que diariamente se da a alguien para su alimento, y en especial la que se da en las comunidades. ‖ **4.** coloq. Número considerable e indeterminado de personas o cosas. □ V. **queso en porciones.**

porciúncula. F. hist. Jubileo que se gana el día dos de agosto en las iglesias y conventos de la Orden de San Francisco.

pordiosear. INTR. **1.** Mendigar o pedir limosna de puerta en puerta. ‖ **2.** Pedir algo con obstinación y humildad.

pordiosero, ra. ADJ. Que pide limosna. U. t. c. s. □ V. **hierba de los ~s.**

porfía. F. Acción de porfiar. ‖ **a ~.** LOC. ADV. Con emulación, a competencia.

porfiado, da. PART. de **porfiar.** ‖ ADJ. Dicho de una persona: Terca y obstinada en su dictamen y parecer. U. t. c. s.

porfiador, ra. ADJ. Que porfía mucho. U. t. c. s.

porfiar. INTR. **1.** Disputar obstinadamente y con tenacidad. ‖ **2.** Importunar repetidamente con el fin de conseguir un propósito. ‖ **3.** Intentar con tenacidad el logro de algo para lo que se encuentra resistencia. *Porfiar en abrir la puerta.* ¶ MORF. conjug. c. *enviar.*

porfídico, ca. ADJ. **1.** Perteneciente o relativo al pórfido. *Roca porfídica.* ‖ **2.** Parecido al pórfido. *De aspecto porfídico.*

pórfido. M. Roca compacta y dura, formada por una sustancia amorfa, ordinariamente de color oscuro y con cristales de feldespato y cuarzo.

porfolio. M. Conjunto de fotografías o grabados de diferentes clases que forman un tomo o volumen encuadernable.

porífero. ADJ. Zool. espongiario. U. t. c. s. m. ORTOGR. En m. pl., escr. con may. inicial c. taxón. *Los Poríferos.*

pormenor. M. **1.** Conjunto de circunstancias menudas y particulares de algo. U. m. en pl. *No entro en los pormenores de esta acción.* ‖ **2.** Cosa o circunstancia secundaria en un asunto.

pormenorizar. TR. Describir o enumerar minuciosamente.

porno. I. ADJ. **1.** coloq. **pornográfico.** MORF. pl. invar. *Películas porno.* ‖ **II.** M. **2.** coloq. **pornografía** (‖ espectáculo, texto o producto).

pornografía. F. **1.** Presentación abierta y cruda del sexo que busca producir excitación. ‖ **2.** Espectáculo, texto o producto audiovisual que utiliza la pornografía. *Prohibieron la venta de pornografía en los quioscos.*

pornográfico, ca. ADJ. Perteneciente o relativo a la pornografía. *Novela pornográfica.*

pornógrafo, fa. M. y F. **1.** Persona que escribe acerca de la prostitución. ‖ **2.** Autor de obras pornográficas.

poro[1]**.** M. **1.** Intersticio que hay entre las partículas de los sólidos de estructura discontinua. ‖ **2.** Orificio, por su pequeñez invisible a simple vista, que hay en la superficie de los animales y de los vegetales.

poro[2]**.** M. Á. *Andes.* Calabaza en forma de pera y con cuello, que sirve para diversos usos, especialmente para cebar mate.

poro[3]**.** M. *Méx.* **puerro.**

porongo. M. Á. R. *Plata.* **poro**[2]**.**

pororó. M. Á. *guar.* Rosetas de maíz. MORF. pl. **pororós.**

porosidad. F. Cualidad de poroso.

poroso, sa. ADJ. Que tiene poros. *Superficie, piel porosa.*

poroto. M. **1.** *Am. Mer.* **judía** (‖ planta papilionácea). ‖ **2.** *Am. Mer.* **judía** (‖ semilla). ‖ **3.** *Am. Mer.* Guiso que se hace con estas semillas. ‖ **ganarse** alguien **los ~s.** LOC. VERB. *Chile.* **ganarse la vida.**

porque. I. CONJ. CAUSAL. **1.** Por causa o razón de que. *No pudo asistir porque estaba ausente.* ‖ **II.** CONJ. FINAL. **2. para que.** *Recemos porque no llueva.*

porqué. M. Causa, razón o motivo.

porquera. F. Lugar o sitio en que se encaman y habitan los jabalíes en el monte.

porquería. F. **1.** Suciedad, inmundicia o basura. ‖ **2.** Cosa vieja, rota o que no desempeña su función como debiera. ‖ **3.** Acción sucia o indecente. ‖ **4.** Grosería, desatención y falta de crianza o respeto. ‖ **5.** Cosa de poco valor. ‖ **6.** Cosa que no gusta o no agrada. ‖ **7.** Comida de poco valor nutritivo o indigesta.

porqueriza. F. Sitio o pocilga donde se crían y recogen los puercos.

porquerizo, za. M. y F. Persona que guarda los puercos.

porquero, ra. M. y F. Persona que guarda los puercos.

porra. I. F. **1.** Instrumento o arma alargada, usada como maza, especialmente por algunos cuerpos encargados de vigilancia, de regulación del tráfico, etc. ‖ **2.** Fruta de sartén semejante al churro, pero más gruesa. ‖ **3.** hist. **clava.** ‖ **4.** coloq. Juego en que varias personas apuestan dinero a un resultado, número, etc., de modo que quien acierta se lleva todo el dinero apostado. ‖ **5.** Méx. Grupo de partidarios que en actos públicos apoyan ruidosamente a los suyos o rechazan a los contrarios. ‖ **6.** Méx. Conjunto de gritos de estos partidarios. ‖ **II. 7.** Entre muchachos, el último en el orden de jugar. ‖ **a la ~.** LOC.ADV. coloq. Se usa para manifestar el desagrado o desaprobación de lo que alguien propone, dice o hace.

porrada. F. coloq. Conjunto o montón de cosas, cuando es muy abundante.

porrazo. M. **1.** Golpe que se da con la porra. ‖ **2.** Golpe que se da con otro instrumento. ‖ **3.** coloq. Golpe que se recibe por una caída, o por topar con un cuerpo duro.

porrero, ra. ADJ. coloq. Dicho de una persona: Habituada a fumar porros. U. t. c. s.

porrista. COM. Méx. **hincha** (‖ partidarios de un equipo deportivo).

porro[1]. □ V. **ajo ~.**

porro[2]. M. coloq. Cigarrillo liado, de marihuana o de hachís mezclado con tabaco.

porrón. M. **1.** Redoma de vidrio muy usada en algunas provincias españolas para beber vino a chorro por el largo pitón que tiene en la panza. ‖ **2.** Vasija de barro de vientre abultado para agua.

porta. F. **1.** Mar. Cada una de las aberturas, a modo de ventanas, situadas en los costados y en la popa de los buques, para darles luz y ventilación, para efectuar su carga y descarga y, principalmente, para colocar la artillería. ‖ **2.** Mil. Portezuela de la tronera de la batería. □ V. **vena ~.**

portaaviones. M. Buque de guerra dotado de las instalaciones necesarias para el transporte, despegue y aterrizaje de aparatos de aviación.

portabandera. F. Especie de bandolera a la que se sujeta el regatón del asta de la bandera para llevarla cómodamente.

portabebés. M. Especie de cesta de plástico u otro material, acolchada en su interior, donde se transporta a los niños pequeños. MORF. pl. invar. Los portabebés.

portabrocas. M. Dispositivo mecánico que permite alojar e intercambiar las brocas de un taladro.

portacaja. F. Correa, especie de tahalí, de donde se cuelga el tambor o caja para poderlo tocar.

portacartas. M. Bolsa, cartera o valija en que se llevan las cartas.

portachuelo. M. Boquete abierto en la convergencia de dos montes.

portación. F. Á. R. Plata y Méx. Acción y efecto de portar o llevar, especialmente armas.

portacomidas. M. Á. Caribe. Conjunto de cacerolas iguales que, sobrepuestas unas a otras y con un brasero debajo, se usan, sujetas en dos barras de hierro, para llevar la comida caliente de un punto a otro.

portada. F. **1.** Ornato de arquitectura que se hace en las fachadas principales de los edificios suntuosos. ‖ **2.** Primera plana de los libros impresos, en que figuran el título del libro, el nombre del autor y el lugar y año de la impresión. ‖ **3.** En periódicos y revistas, primera página. Apareció la noticia en las portadas de los principales periódicos. ‖ **4.** Cubierta delantera de un libro o de cualquier otra publicación o escrito. Diseñador de portadas.

portadilla. F. **1.** Impr. **anteportada.** ‖ **2.** Impr. En el interior de una obra dividida en varias partes, página en que solo se pone el título de la parte inmediata siguiente.

portado, da. bien ~. LOC.ADJ. Dicho de una persona: Que se trata y viste con decoro. ‖ **mal ~.** LOC.ADJ. Dicho de una persona: Que se trata y viste sin decoro.

portador, ra. I. ADJ. **1.** Que lleva o trae algo de una parte a otra. Mano portadora del escudo. Apl. a pers., u. t. c. s. ‖ **II.** M. y F. **2.** Persona o animal que lleva en su cuerpo el germen de una enfermedad contagiosa. ‖ **III.** M. **3.** Com. Tenedor de efectos públicos o valores comerciales que no son nominativos, sino transmisibles sin endoso, por estar emitidos a favor de quienquiera que sea poseedor de ellos. □ V. **cheque al ~, título al ~.**

portaequipaje o **portaequipajes.** M. **1.** Espacio que, cubierto por una tapa, suelen tener los automóviles de turismo para guardar la rueda de repuesto, las herramientas, el equipaje, etc. ‖ **2.** Artefacto en forma de parrilla que se coloca sobre el techo del automóvil para llevar maletas y otros bultos.

portaestandarte. COM. Oficial destinado a llevar el estandarte de un regimiento de caballería.

portafolio o **portafolios.** M. Cartera de mano para llevar libros, papeles, etc.

portafusil. M. Correa que pasa por dos anillos que tienen el fusil y otras armas de fuego semejantes y sirve para echarlas a la espalda, dejándolas colgadas del hombro.

portaherramientas. M. En las máquinas de labrar metales, pieza que sujeta la herramienta.

portaje. M. Derechos que se pagan por pasar por un sitio.

portal. M. **1.** Zaguán o primera pieza de la casa, por donde se entra a las demás, y en la cual está la puerta principal. ‖ **2.** En una casa de vecinos, pieza inmediata a la puerta de entrada que sirve de paso para acceder a las distintas viviendas. ‖ **3.** Pórtico de un templo o de un edificio suntuoso. ‖ **4.** Puerta de la ciudad. ‖ **5.** Nacimiento, belén. ‖ **6.** Espacio de una red informática que ofrece, de forma sencilla e integrada, acceso a recursos y servicios.

portalada. F. Portada, de uno o más huecos, comúnmente monumental, situada en el muro de cerramiento, y que da acceso al patio en que tienen su portal las casas señoriales.

portalámpara o **portalámparas.** M. Parte metálica destinada a recibir el casquillo y asegurar la conexión de la lámpara con el circuito eléctrico.

portalápiz. M. Estuche o tubo de metal para resguardar la punta afilada de los lápices.

portalero. M. hist. Guarda que estaba a la entrada de una población para registrar los géneros que entraban y por los que se tenía que pagar derechos.

portalibros. M. Utensilio con correas, con tablas o sin ellas, para llevar libros y cuadernos.

portaligas. M. Á. *Andes*, Á. *R. Plata* y *Chile*. **liguero** (‖ especie de cinturón al que se sujetan las ligas).

portalira. M. poeta.

portalón. M. **1.** Puerta grande que hay en los palacios antiguos y cierra no la casa, sino un patio descubierto. ‖ **2.** *Mar.* Abertura a manera de puerta, hecha en el costado del buque y que sirve para la entrada y salida de personas y cosas.

portamaletas. M. **maletero** (‖ en los vehículos).

portamantas. M. Par de correas enlazadas por un travesaño de cuero o metal, con las que se sujetan y llevan a la mano las mantas o abrigos para viaje.

portaminas. M. Instrumento de metal, madera o plástico, que contiene minas de recambio y se utiliza como lápiz.

portamonedas. M. Bolsa pequeña o cartera, comúnmente con cierre, para llevar dinero a mano.

portante. I. ADJ. **1.** Que porta. *Cable portante.* ‖ **II.** M. **2. paso de ambladura.**

portañuela. F. Tira de tela con que se tapa la bragueta o abertura que tienen los calzones o pantalones por delante.

portaobjeto o portaobjetos. M. Pieza del microscopio, o lámina adicional en que se coloca el objeto para observarlo.

portapapeles. M. *Inform.* Depósito temporal en la memoria de una computadora u ordenador donde se coloca información para utilizarla posteriormente.

portapaz. AMB. hist. Placa de metal, madera, marfil, etc., con alguna imagen o signos en relieve que, en las misas solemnes, se besaba en la ceremonia de la paz.

portapliegos. M. Cartera pendiente del hombro o de la cintura, que sirve para llevar pliegos.

portaplumas. M. Mango en que se coloca la pluma metálica para escribir o dibujar.

portar. I. TR. **1.** Llevar o traer. *Los jóvenes portaban un lazo azul.* ‖ **II.** PRNL. **2.** Actuar o proceder de una manera determinada. *Portarse mal. Se portó como un hombre. Me porté con frialdad.* ‖ **3.** Distinguirse, quedar con lucimiento en cualquier empeño. *Guillermo se ha portado hoy.*

portarretrato o portarretratos. M. Marco que se usa para colocar retratos en él.

portarrollos. M. Utensilio, generalmente de cocina o de baño, que sirve para sostener un rollo de papel, de modo que se desenrolle con facilidad.

portátil. ADJ. Movible y fácil de transportar. *Radio portátil.* ☐ V. ordenador ~.

portaviandas. M. **fiambrera.**

portavocía. F. Cargo o condición de portavoz. *Se le ha ofrecido la portavocía de su grupo parlamentario.*

portavoz. COM. **1.** Persona que está autorizada para hablar en nombre y representación de un grupo o de cualquier institución o entidad. ‖ **2.** Persona autorizada para comunicar a la opinión pública lo que piensan acerca de un asunto determinado las instituciones políticas o sus dirigentes.

portazgar. TR. Cobrar el portazgo.

portazgo. M. **1.** hist. Derechos pagados por un sitio determinado de un camino. ‖ **2.** hist. Edificio donde se cobran.

portazguero. M. hist. Encargado de cobrar el portazgo.

portazo. M. **1.** Golpe fuerte que se da con la puerta. ‖ **2.** Golpe que da la puerta movida por el viento. ‖ **3.** Acción de cerrar la puerta para desairar a alguien y despreciarlo.

porte. M. **1.** Acción de portear. ‖ **2.** Cantidad que se da o paga por llevar o transportar algo de un lugar a otro. ‖ **3.** Tamaño o capacidad de un edificio o de un vehículo, especialmente de un barco. ‖ **4.** Aspecto exterior de una persona.

porteador, ra. ADJ. Que portea o tiene por oficio portear. Apl. a pers., u. t. c. s.

portear. TR. Conducir o llevar algo de una parte a otra por el porte o precio convenido o señalado.

portento. M. **1.** Cosa, acción o suceso singular que por su extrañeza o novedad causa admiración o terror. ‖ **2.** Persona admirable por alguna condición.

portentoso, sa. ADJ. Singular, extraño y que por su novedad causa admiración, terror o pasmo. *Hazaña, pianista portentosa.*

porteño, ña. ADJ. **1.** Natural de alguna de las ciudades de España y América en las que hay puerto. U. t. c. s. ‖ **2.** Natural de Buenos Aires, capital de la Argentina. U. t. c. s. ‖ **3.** Natural de Valparaíso, ciudad de Chile, capital de la provincia del mismo nombre. U. t. c. s. ‖ **4.** Natural de Puerto Barrios, ciudad de Guatemala, cabecera del departamento de Izabal. U. t. c. s. ‖ **5.** Natural de Cortés, departamento de Honduras. U. t. c. s. ‖ **6.** Natural de Puerto Cabezas, ciudad de Nicaragua, cabecera de la Región Autónoma del Atlántico Norte. U. t. c. s. ‖ **7.** Perteneciente o relativo a esas ciudades o a ese departamento.

porteo. M. Acción y efecto de portear.

portería. F. **1.** Lugar destinado al portero. ‖ **2.** Empleo u oficio de portero. ‖ **3.** En el juego del fútbol y otros semejantes, marco rectangular formado por dos postes y un larguero, por el cual ha de entrar el balón o la pelota para marcar tantos.

portero, ra. M. y F. **1.** Persona que, en las casas de vecinos, tiene a su cargo el guardar, cerrar y abrir el portal y vigilar la entrada y salida de personas, limpiar la entrada, escalera, etc. ‖ **2.** Funcionario subalterno encargado de la vigilancia, limpieza, servicios auxiliares, etc., en oficinas públicas. ‖ **3.** Persona encargada de funciones análogas en edificios privados. ‖ **4.** Jugador que en algunos deportes defiende la portería de su bando. ‖ ~ **automático,** o ~ **eléctrico.** M. Mecanismo eléctrico para abrir los portales en las casas de vecinos desde el interior de las viviendas. Va auxiliado por un sistema telefónico que permite saber quién llama.

portezuela. F. Puerta de un vehículo, especialmente un automóvil o carruaje.

porticado, da. ADJ. Dicho de una construcción: Que tiene pórtico.

pórtico. M. **1.** Sitio cubierto y con columnas que se construye delante de los templos u otros edificios suntuosos. ‖ **2.** Galería con arcadas o columnas a lo largo de un muro de fachada o de patio.

portilla. F. **1.** Paso, en los cerramientos de las fincas rústicas, para carros, ganados o peatones, que tiene a veces barrera con que interceptar el tránsito. ‖ **2.** *Mar.* Cada una de las aberturas pequeñas y de forma variada que se hacen en los costados de los buques, las cuales cerradas con un cristal grueso, sirven para dar claridad y ventilación a pañoles, alojamientos, etc.

portillera. F. Paso de entrada en las fincas rústicas.

portillo. M. **1.** Abertura en una muralla, pared o tapia. || **2.** Postigo o puerta chica en otra mayor. || **3.** Camino angosto entre dos alturas. || **4.** Paso o entrada que se abre en un muro, vallado, etc. || **5.** Entrada o salida que, para la consecución de algo, queda abierta por falta de cuidado o de medios. *Ahí está el único portillo abierto para su redención.* || **6.** hist. En algunas poblaciones, puerta no principal por donde no podía entrar cosa que haya de adeudar derechos.

Pórtland. □ V. **cemento de ~.**

portomontino, na. ADJ. **puertomontino.** Apl. a pers., u. t. c. s.

portón. M. **1.** Puerta principal de una casa o de un edificio. || **2.** Puerta que separa el zaguán del resto de la casa.

portor. M. En el mundo del circo, acróbata que sostiene o recibe a sus compañeros en los equilibrios de tierra o en los ejercicios aéreos.

portorriqueño, ña. ADJ. **puertorriqueño.** Apl. a pers., u. t. c. s.

portovejense. ADJ. **1.** Natural de Portoviejo. U. t. c. s. || **2.** Perteneciente o relativo a esta ciudad de Ecuador, capital de la provincia de Manabí.

portuario, ria. ADJ. Perteneciente o relativo al puerto de mar o a las obras de este.

portuense. ADJ. **1.** Natural de alguna de las poblaciones denominadas Puerto. U. t. c. s. || **2.** Perteneciente o relativo a ellas. || **3.** Natural de Puerto de Santa María, localidad española en la provincia de Cádiz. U. t. c. s.

portugalés, sa. ADJ. **1.** Perteneciente o relativo a Portugal, país de Europa. || **2.** hist. Se dice de una facción que luchaba en Badajoz con la de los bejaranos en tiempo de Sancho IV de Castilla, y de los individuos de este bando. Apl. a pers., u. t. c. s.

portugalujo, ja. ADJ. **1.** Natural de Portugalete. U. t. c. s. || **2.** Perteneciente o relativo a esta villa de la provincia de Vizcaya, en España.

portugués, sa. I. ADJ. **1.** Natural de Portugal. U. t. c. s. || **2.** Perteneciente o relativo a este país de Europa. || **II.** M. **3.** Lengua portuguesa. □ V. **carabela ~.**

portugueseño, ña. ADJ. **1.** Natural de Portuguesa. U. t. c. s. || **2.** Perteneciente o relativo a este estado de Venezuela.

portuguesismo. M. Voz o giro propio de la lengua portuguesa.

portulacáceo, a. ADJ. *Bot.* Se dice de las plantas angiospermas dicotiledóneas, herbáceas o fruticosas, con hojas carnosas provistas de estípulas que a veces están transformadas en manojitos de pelos, flores hermafroditas tetrámeras o pentámeras y fruto en cápsula; p. ej. la verdolaga. U. t. c. s. f. ORTOGR. En f. pl., escr. con may. inicial. c. taxón. *Las Portulacáceas.*

portulano. M. Colección de planos de varios puertos, encuadernada en forma de atlas.

porvenir. M. **1.** Suceso o tiempo futuro. || **2.** Situación futura en la vida de una persona, de una empresa, etc.

porvenireño, ña. ADJ. **1.** Natural de Porvenir. U. t. c. s. || **2.** Perteneciente o relativo a esta ciudad de Chile, capital de la provincia de Tierra del Fuego.

pos. en ~ de. LOC. PREPOS. **1.** tras (|| después de, a continuación de). || **2.** tras (|| en busca o seguimiento de).

posa. F. hist. Parada hecha por el clero al llevar a enterrar un cadáver, para cantar el responso.

posada. F. **1.** hist. Establecimiento económico de hospedaje que solía servir de aposento destinado a albergar viajeros, en ocasiones con sus carros, caballerías, etc. || **2.** Establecimiento hotelero moderno que evoca, al menos en su nombre, las antiguas posadas. || **3.** Alojamiento que se da a alguien. || **4.** Precio del hospedaje. || **~ de colmenas.** F. Trozo de monte bajo en el cual hay un colmenar no cercado. || **hacer ~.** LOC.VERB. Se usa para convidar cortesanamente a comer en su casa a alguien que pasa por ella.

posadeño, ña. ADJ. **1.** Natural de Posadas. U. t. c. s. || **2.** Perteneciente o relativo a esta ciudad de la Argentina, capital de la provincia de Misiones.

posaderas. F. pl. coloq. eufem. **nalgas** (|| porciones carnosas y redondeadas).

posadero, ra. I. M. y F. **1.** Persona que tiene casa de posadas y hospeda en ella a quienes se lo pagan. || **II.** M. **2.** Especie de asiento que se hace de espadaña, de soga de esparto o de corcho, de unos cuatro decímetros de alto, y de que se sirven comúnmente en zonas del sur de España.

posante. ADJ. Que posa². Apl. a pers., u. t. c. s.

posar¹. I. TR. **1.** Poner suavemente. *Posar los codos sobre la mesa.* || **II.** INTR. **2.** Dicho de un ave u otro animal que vuela, o de un avión o un aparato astronáutico: Situarse en un lugar o sobre una cosa después de haber volado. U. t. c. prnl. || **III.** PRNL. **3.** Dicho de las partículas sólidas que están en suspensión en un líquido: Depositarse en el fondo. || **4.** Dicho del polvo: Caer sobre las cosas o en el suelo.

posar². INTR. Permanecer en determinada postura para retratarse o para servir de modelo a un pintor o escultor.

posavasos. M. Soporte utilizado para que los vasos de bebida no dejen huella en la mesa.

posbélico, ca. ADJ. Posterior a una guerra. *Reconstrucción posbélica.*

posca. F. hist. Mezcla de agua y vinagre que empleaban los romanos como refresco y para otros usos.

poscomunión. F. hist. Oración que se decía en la misa después de la comunión.

posdata. F. Texto que se añade a una carta ya concluida y firmada.

pose. F. **1.** Postura poco natural. || **2.** Afectación en la manera de hablar y comportarse.

poseedor, ra. ADJ. Que posee. *Países poseedores de petróleo.* Apl. a pers., u. t. c. s. || **poseedor de buena fe.** M. *Der.* Persona que cree poseer debidamente, ignorando los vicios de su adquisición. || **tercer ~.** M. *Der.* Adquirente del dominio o de otros derechos reales sobre un bien embargado o hipotecado, a quien, por quedar sujeto a las consecuencias del proceso ejecutivo, se atribuye la facultad de liberar dicho bien satisfaciendo la deuda del ejecutante.

poseer. TR. **1.** Dicho de una persona: Tener en su poder algo. *Posee una gran mansión.* || **2.** Dicho de una persona o una cosa: Tener algo en su interior o formando parte de ella. *Posee cualidades innatas para la música. Este medicamento posee propiedades reguladoras.* || **3.** Dicho de una cosa: Tener una influencia poderosa sobre alguien. *Le poseía el ansia de venganza.* || **4.** Dicho de un espíritu maligno: Tener dominada o sometida a su voluntad a una persona. || **5.** Saber suficientemente algo, como una doctrina, un idioma, etc. || **6.** Dicho de una persona: Tener relación carnal con otra. || **7.** *Der.* Tener una cosa o ejercer una facultad con independencia de que se tenga o no derecho a ella. ¶ MORF. conjug. c. *leer.* || **estar poseído** alguien. LOC.VERB. Estar penetrado de una idea o pasión.

poseído, da. PART. de **poseer.** || ADJ. **poseso.** U. t. c. s.

posero, ra. ADJ. *Chile.* Dicho de una persona: Que actúa de forma poco auténtica o natural. U. t. c. s.

posesión. F. **1.** Acción y efecto de poseer. || **2.** Cosa poseída, y especialmente fincas rústicas. *Antonio tiene muchas posesiones.* || **3.** Territorio situado fuera de las fronteras de una nación, pero que le pertenece por convenio, ocupación o conquista. U. m. en pl. *Las posesiones de ultramar.* || **4.** *Der.* Situación de poder de hecho sobre las cosas o los derechos, a la que se otorga una protección jurídica provisional que no prejuzga la titularidad de aquellos. || **~ civil.** F. *Der.* La que se tiene sobre una cosa o un derecho con ánimo de dueño o de titular legítimo, y que permite adquirir la propiedad o titularidad por su ejercicio prolongado en el tiempo mediante usucapión. || **~ de buena fe.** F. *Der.* La que resulta de una adquisición que el poseedor estima legítima, ignorando los vicios que la invalidan. || **tomar ~.** LOC.VERB. Hacerse cargo de lo que se va a poseer, en ejercicio del derecho, uso o libre disposición. ☐ V. **acto de ~.**

posesionar. I. TR. **1.** Poner en posesión de algo. U. m. c. prnl. || **II.** PRNL. **2.** Adueñarse de algo o de alguien, en ocasiones de un modo indebido. *Se posesionaron de los bienes de los vencidos.*

posesivo, va. I. ADJ. **1.** Perteneciente o relativo a la posesión. *Afán posesivo.* || **2.** Dominante y absorbente en la relación con otra u otras personas. *Un amante posesivo. Una madre posesiva.* || **II.** M. **3.** *Gram.* **adjetivo posesivo.** || **4.** *Gram.* **pronombre posesivo.** ☐ V. **adjetivo ~, dativo ~, pronombre ~.**

poseso, sa. ADJ. Que padece posesión o apoderamiento de algún espíritu. U. t. c. s.

posesor, ra. ADJ. Dicho de una persona: Que posee. U. t. c. s.

posesorio, ria. ADJ. Perteneciente o relativo a la posesión, o que la denota. *Interdicto, acto posesorio.*

posglosador. M. *Der.* hist. Comentarista medieval del derecho romano, posterior al glosador Acursio. U. m. en pl.

posgrado. M. Ciclo de estudios de especialización posterior a la graduación o licenciatura.

posgraduado, da. ADJ. **1.** Perteneciente o relativo al posgrado. *Estudios posgraduados.* || **2.** Que cursa estudios de posgrado. U. m. c. s.

posguerra. F. Tiempo inmediato a la terminación de una guerra y durante el cual subsisten las perturbaciones ocasionadas por ella.

posibilidad. F. **1.** Aptitud, potencia u ocasión para ser o existir algo. || **2.** Aptitud o facultad para hacer o no hacer algo. || **3.** pl. Medios disponibles, hacienda propia. *La gente con más posibilidades vivía mejor.*

posibilismo. M. **1.** Tendencia a aprovechar para la realización de determinados fines o ideales, las posibilidades existentes en doctrinas, instituciones, circunstancias, etc., aunque no sean afines a aquellos. || **2.** hist. Partido político fundado y dirigido por Castelar en el último cuarto del siglo XIX, que propugnaba una evolución democrática de la monarquía constitucional.

posibilista. ADJ. **1.** Perteneciente o relativo al posibilismo. || **2.** Partidario de esta tendencia o partido. U. t. c. s.

posibilitar. TR. Facilitar y hacer posible algo dificultoso y arduo.

posible. I. ADJ. **1.** Que puede ser o suceder. *Es posible que vuelva.* || **2.** Que se puede ejecutar. *No es posible terminar el trabajo.* || **II.** M. **3.** pl. Bienes, rentas o medios que alguien posee o goza. *Mis posibles no alcanzan a eso.* || **hacer** alguien **lo ~, o todo lo ~.** LOCS.VERBS. No omitir circunstancia ni medio alguno para el logro de lo que intenta o le ha sido encargado. || **no ser ~** algo. LOC.VERB. Ser muy grande la dificultad de ejecutarlo, o de conceder lo que se pide.

posiblemente. ADV. Tal vez, quizá.

posición. F. **1.** Postura, actitud o modo en que alguien o algo está puesto. *Ponga el respaldo en posición vertical.* || **2.** Categoría o condición social de cada persona respecto de las demás. *Mi familia está en posición desahogada.* || **3.** Situación o disposición. *Las posiciones de la esfera.* || **4.** Actitud o manera de pensar, obrar o conducirse respecto de algo. *La posición de los nacionalistas.* || **5.** *Mil.* Punto fortificado o naturalmente ventajoso para los lances de la guerra. || **~ militar.** F. *Mil.* La del soldado cuando se cuadra al frente a la voz táctica de *¡firmes!* || **falsa ~.** F. *Mat.* Suposición que se hace de uno o más números para resolver una cuestión. || **tomar ~.** LOC.VERB. **tomar partido.** ☐ V. **guerra de posiciones, regla de falsa ~.**

posicional. ADJ. **1.** Perteneciente o relativo a la **posición** (|| postura o modo en que alguien o algo está puesto). *Cambio posicional.* || **2.** Perteneciente o relativo a la **posición** (|| situación o disposición). *El valor posicional de los signos.*

posicionamiento. M. Acción y efecto de posicionar.

posicionar. INTR. Tomar posición. U. t. c. prnl.

posindustrial. ADJ. Se dice de una fase de la sociedad moderna en la que la gran industria ha sido desplazada como sector predominante por la tecnología avanzada, los servicios, la informática y las actividades financieras y especulativas.

pósit. (Del inglés *Post-it*, marca reg.). M. Hoja pequeña de papel, empleada generalmente para escribir notas, con una franja autoadhesiva en el reverso, que permite pegarla y despegarla con facilidad. MORF. pl. **pósits.**

positivado. M. *Fotogr.* Acción y efecto de positivar.

positivar. TR. *Fotogr.* Obtener el positivo de una imagen fotográfica. U. t. c. intr.

positivismo. M. **1.** Tendencia a valorar preferentemente los aspectos materiales de la realidad. || **2.** Actitud práctica. || **3.** Sistema filosófico que admite únicamente el método experimental y rechaza toda noción a priori y todo concepto universal y absoluto. || **~ lógico.** M. **neopositivismo.**

positivista. ADJ. **1.** Perteneciente o relativo al positivismo. *Doctrina positivista.* || **2.** Partidario del positivismo. U. t. c. s.

positivo, va. ADJ. **1.** Cierto, efectivo, verdadero y que no ofrece duda. *Análisis positivo.* || **2.** Que es útil o práctico. *Desahogarse resulta positivo.* || **3.** Dicho de una persona: Que busca la realidad de las cosas o su aspecto práctico. || **4.** *Fís.* Se dice de una de dos características opuestas, elegida por convención. *Carga positiva.* || **5.** *Fotogr.* Se dice de las copias fotográficas en que los claros y oscuros no aparecen invertidos, sino como se ven en la realidad. U. t. c. s. m. ‖ **6.** *Mat.* Que tiene valor mayor que cero o está precedido por el signo (+). □ V. **actos ~s, cantidad ~, derecho ~, discriminación ~, polo ~, prueba ~, punto ~, signo ~, teología ~, término ~.**

pósito. M. **1.** Instituto de carácter municipal y de muy antiguo origen, destinado a mantener acopio de granos, principalmente de trigo, y prestarlos en condiciones módicas a los labradores y vecinos durante los meses de menos abundancia. ‖ **2.** Casa en que se guarda el grano de dicho instituto. ‖ **3.** Asociación formada para cooperación o mutuo auxilio entre personas de clase humilde. *Pósito de pescadores.*

positrón. M. *Fís.* Partícula elemental con carga eléctrica igual a la del electrón, pero positiva. Es la antipartícula del electrón.

positura. F. postura.

posmeridiano, na. ADJ. Perteneciente o relativo a la tarde, o que es después de mediodía.

posmodernidad. F. Movimiento artístico y cultural de fines del siglo XX, caracterizado por su oposición al racionalismo y por su culto predominante de las formas, el individualismo y la falta de compromiso social.

posmodernismo. M. Movimiento cultural que, originado en la arquitectura, se ha extendido a otros ámbitos del arte y de la cultura del siglo XX, y se opone al funcionalismo y al racionalismo modernos.

posmodernista. ADJ. **1.** Perteneciente o relativo al posmodernismo. *Cultura posmodernista.* ‖ **2.** Partidario del posmodernismo. U. t. c. s.

posmoderno, na. ADJ. **1.** Perteneciente o relativo al posmodernismo. *Debate posmoderno.* ‖ **2.** Partidario de este movimiento intelectual, literario o artístico. U. t. c. s.

posnominal. ADJ. **1.** *Gram.* Dicho de una palabra: Que se deriva de un sustantivo o de un adjetivo; p. ej., *decanato*, de *decano; amarillear*, de *amarillo.* ‖ **2.** *Gram.* Que se pospone al nombre.

poso. M. Sedimento del líquido contenido en una vasija. U. t. en sent. fig. *De sus enseñanzas aún nos queda algún poso.*

posología. F. **1.** *Med.* Parte de la farmacología que trata de las dosis en que deben administrarse los medicamentos. ‖ **2.** *Med.* Dosificación de un medicamento.

posoperatorio, ria. I. ADJ. **1.** Que se produce o aplica después de una operación quirúrgica. *Infección posoperatoria.* ‖ **II.** M. **2.** *Med.* curso posoperatorio.

posparto. M. puerperio.

posponer. TR. **1.** Poner o colocar a alguien o algo después de otra persona o cosa. ‖ **2.** Dejar de hacer algo momentáneamente, con idea de realizarlo más adelante. *Posponer el congreso hasta el otoño.* U. t. c. prnl. ‖ **3.** Apreciar a alguien o algo menos que a otra persona o cosa; darle inferior lugar en el juicio y la estimación. ¶ MORF. conjug. c. *poner;* part. irreg. **pospuesto.**

posposición. F. Acción de posponer.

posprandial. ADJ. *Med.* Posterior a las comidas. *Período posprandial.*

pospretérito. M. *Gram.* En la terminología de A. Bello, **condicional simple.**

pospuesto, ta. PART. IRREG. de **posponer.**

posromanticismo. M. Movimiento artístico que siguió al Romanticismo y conservó algunos de sus caracteres.

posromántico, ca. ADJ. Perteneciente o relativo al posromanticismo.

posta. F. **1.** En las armas de fuego, bala pequeña de plomo, mayor que los perdigones. ‖ **2.** Tajada o pedazo de carne, pescado u otra cosa. ‖ **3.** hist. Conjunto de caballerías que se apostaban en los caminos cada dos o tres leguas, para que los tiros, los correos, etc., pudiesen ser relevados. ‖ **4.** hist. Casa o lugar donde estaban las postas. ‖ **a ~.** LOC.ADV. coloq. **adrede.** □ V. **casa de ~s, silla de ~.**

postación. F. **1.** *Chile.* Colocación de postes de un cerco o de un tendido eléctrico. ‖ **2.** *Chile.* Conjunto de postes de un cerco o de un tendido eléctrico.

postal. I. ADJ. **1.** Perteneciente o relativo al correo. *Servicio postal.* ‖ **II.** F. **2.** Tarjeta postal ilustrada por una de sus caras. □ V. **casilla ~, código ~, giro ~, paquete ~, sello ~, tarjeta ~.**

postdata. F. posdata.

poste. M. **1.** Madero, piedra o columna colocada verticalmente para servir de apoyo o de señal. ‖ **2.** Cada uno de los dos palos verticales de la portería del fútbol y de otros deportes.

postemilla. F. *Á. R. Plata* y *Méx.* Absceso en la encía.

póster. M. Cartel que se fija en la pared sin finalidad publicitaria o habiendo perdido ese carácter. MORF. pl. **pósteres.**

postergación. F. Acción y efecto de postergar.

postergar. TR. **1.** Hacer sufrir atraso, dejar atrasado algo, ya sea respecto del lugar que debe ocupar, ya del tiempo en que había de tener su efecto. *Postergaron las elecciones hasta marzo.* ‖ **2.** Tener en menos o apreciar a alguien o algo menos que a otra persona o cosa. *Lo postergaban por su actitud rebelde.* ‖ **3.** Perjudicar a un empleado dando a otro más moderno el ascenso u otra recompensa que por su antigüedad correspondía al primero.

posteridad. F. **1.** Fama póstuma. ‖ **2.** Tiempo futuro.

posterior. ADJ. **1.** Que ocurre después de un momento dado. *Hechos posteriores a la guerra.* ‖ **2.** Que está o queda detrás. *El respaldo del asiento posterior.* ‖ **3.** *Fon.* Dicho de un sonido: Que se articula en la parte posterior de la cavidad bucal.

posterioridad. F. Cualidad de posterior.

posteriormente. ADV. ORD. Después, detrás, por contraposición a *delante.* U. t. c. adv. t.

posteta. F. *Impr.* Conjunto de pliegos de papel que los impresores meten unos dentro de otros para empaquetar las impresiones.

postgrado. M. posgrado.

postigo. M. **1.** Puerta que está fabricada en una pieza sin tener división ni más de una hoja, la cual se asegura con llave, cerrojo, picaporte, etc. ‖ **2.** Puerta chica abierta en otra mayor. ‖ **3.** Cada una de las puertas pequeñas que hay en las ventanas o contraventanas. ‖ **4.** Tablero sujeto con bisagras o goznes en el marco de una puerta o ventana para cubrir cuando conviene la parte acristalada. ‖ **5.** Puerta no principal de una ciudad o villa.

postilla. F. costra.

postillón. M. hist. Mozo que iba a caballo, delante de las postas para guiar a los caminantes, o bien delante de un tiro para conducir al ganado.

postín. M. Presunción afectada o sin fundamento. ‖ **darse ~.** LOC.VERB. Darse importancia. ‖ **de ~.** LOC.ADJ. Lujoso, distinguido.

postinear. INTR. Darse postín, presumir.

postinero, ra. ADJ. **1.** Dicho de una persona: Que se da postín. ‖ **2.** Propio o característico de una persona postinera. *Gesto postinero.*

postizo, za. I. ADJ. **1.** Que no es natural ni propio, sino agregado, imitado, fingido o sobrepuesto. *Dientes postizos.* ‖ **II.** M. **2.** Entre peluqueros, añadido o tejido de pelo que sirve para suplir la falta o escasez de este. □ V. **nombre ~.**

postmeridiano, na. ADJ. **posmeridiano.**

post merídiem. (Locución latina). LOC.ADV. Después del mediodía.

postmodernismo. M. **posmodernismo.**

postmoderno, na. ADJ. **posmoderno.** Apl. a pers., u. t. c. s.

post mórtem. (Locución latina). LOC.ADJ. Después de la muerte. U. t. c. loc. adv.

postnominal. ADJ. *Gram.* **posnominal.**

postón. M. *Chile.* **balín.**

postónico, ca. ADJ. *Fon.* Dicho de un elemento de la palabra: Que está después de la sílaba tónica. *Vocal, sílaba postónica.*

postoperatorio, ria. ADJ. **posoperatorio.**

postor, ra. M. y F. **1.** **licitador.** ‖ **2.** Persona que coloca a cada tirador en su puesto. ‖ **mayor ~,** o **mejor ~.** M. y F. Licitador que hace la postura más ventajosa en una subasta.

postración. F. **1.** Acción y efecto de postrar o postrarse. ‖ **2.** Abatimiento por enfermedad o aflicción.

postrar. I. TR. **1.** Rendir, humillar o derribar algo. *Postrar el arma.* ‖ **2.** Enflaquecer, debilitar, quitar el vigor y fuerzas a alguien. U. t. c. prnl. ‖ **II.** PRNL. **3.** Arrodillarse o ponerse a los pies de alguien, humillándose o en señal de respeto, veneración o ruego.

postre. M. Alimento, especialmente fruta o dulce, servido como final de una comida. ‖ **a la ~.** LOC.ADV. A lo último, al fin. ‖ **a los ~s.** LOC.ADV. **1.** Mientras se toma el postre. ‖ **2.** Al final, en la última parte de un acto o de una situación. ‖ **de ~.** LOC.ADV. **1.** coloq. Por último, en último lugar. ‖ **2.** coloq. Por si fuera poco todo lo anterior, además, para colmo. □ V. **vino de ~.**

postrer. ADJ. **postrero.** U. ante s. m. sing. *Postrer intento. Postrer viaje.*

postreramente. ADV. ORD. **a la postre.** U. t. c. adv. t.

postrero, ra. ADJ. Último o que está en último lugar. *Capítulo postrero.*

postrimería. F. **1.** Último período o últimos años de la vida. ‖ **2.** Período último de la duración de algo. U. m. en pl. *En las postrimerías del siglo pasado.* ‖ **3.** *Rel.* Cada uno de los novísimos del hombre.

postrimero, ra. ADJ. **postrero.**

postromanticismo. M. **posromanticismo.**

postromántico, ca. ADJ. **posromántico.**

post scríptum. (Locución latina). M. **posdata.** MORF. pl. invar. *Los post scríptum.*

postulación. F. Acción y efecto de postular.

postulado. M. **1.** Proposición cuya verdad se admite sin pruebas y que es necesaria para servir de base en ulteriores razonamientos. ‖ **2.** Idea o principio sustentado por una persona, un grupo, una organización, etc. *Sigue los postulados de su partido.* ‖ **3.** *Geom.* Supuesto que se establece para fundar una demostración.

postulador. M. Persona que por comisión legítima de parte interesada solicita en la curia romana la beatificación y canonización de una persona venerable.

postulanta. F. Mujer que pide ser admitida en una comunidad religiosa.

postulante. I. ADJ. **1.** Que postula. *Empresa postulante.* Apl. a pers., u. t. c. s. ‖ **II.** COM. **2.** *Am.* Candidato, aspirante a un cargo.

postular. TR. **1.** Pedir, pretender. *Algunos postulan la utilización de dos lenguas en documentos oficiales.* ‖ **2.** Pedir por la calle en una colecta. U. m. c. intr. ‖ **3.** Enunciar un postulado. ‖ **4.** Pedir para prelado de una iglesia a alguien que, según derecho, no puede ser elegido. ‖ **5.** Proponer un candidato para un cargo electivo. U. t. c. prnl.

póstumo, ma. ADJ. **1.** Que sale a la luz después de la muerte del padre o autor. *Hijo póstumo. Obra póstuma.* ‖ **2.** Se dice de los elogios, honores, etc., que se tributan a un difunto.

postura. F. **1.** Situación o modo en que está puesta una persona, animal o cosa. ‖ **2.** Posición o actitud que alguien adopta respecto de algún asunto. ‖ **3.** Planta o árbol tierno que se trasplantan. ‖ **4.** Precio que el comprador ofrece por algo que se vende o arrienda, particularmente en almoneda o por justicia. ‖ **5.** Conjunto de huevos puestos de una vez. ‖ **6.** En los juegos de azar, cantidad que arriesga un jugador en cada suerte. ‖ **7.** hist. Precio que la justicia ponía a las cosas comestibles.

postural. ADJ. Perteneciente o relativo a la postura. *Dolor postural. Ejercicios posturales.*

postverbal. ADJ. *Gram.* **posverbal.**

posventa. F. Plazo durante el cual el vendedor o fabricante garantiza al comprador asistencia, mantenimiento o reparación de lo comprado. MORF. pl. invar. en apos. *Garantías posventa.* □ V. **servicio ~.**

posverbal. ADJ. **1.** *Gram.* Dicho de una palabra: Que se deriva de una forma verbal; p. ej., *llamada* de *llamar.* U. t. c. s. m. *Complemento posverbal.* ‖ **2.** *Gram.* Que se pospone al verbo.

pota. F. Calamar basto.

potabilidad. F. Cualidad de potable.

potabilizador, ra. ADJ. Que potabiliza. *Planta potabilizadora.*

potabilizadora. F. Máquina o instalación destinada a potabilizar.

potabilizar. TR. Hacer potable.

potable. ADJ. **1.** Que se puede beber. *Agua potable.* ‖ **2.** coloq. Pasable, aceptable. *Película potable.*

potación. F. Acción de potar.

potaje. M. **1.** Caldo de olla u otro guisado. ‖ **2.** por antonom. Guiso hecho con legumbres, verduras y otros ingredientes. ‖ **3.** Legumbres secas. *Provisión de potajes para la Cuaresma.*

potar. TR. **beber.**

potasa. F. *Quím.* Hidróxido potásico. Es un sólido deshidratante y delicuescente. (Fórm. *KOH*).

potásico, ca. ADJ. *Quím.* Perteneciente o relativo al potasio.

potasio. M. Elemento químico de núm. atóm. 19. Metal muy abundante en la litosfera; se encuentra en forma de sales, generalmente silicatos, en muchos minerales y en el agua del mar. De color blanco argénteo, blando y con punto de fusión muy bajo, su hidróxido, la potasa, era conocido de antiguo como el álcali vegetal. Es un oligoelemento fundamental en el metabolismo celular, y algunos de sus derivados se usan como fertilizantes. (Símb. *K*, de *Kalium,* denominación latina de la potasa). □ V. **nitrato de ~.**

pote. M. **1.** Tiesto en forma de jarra en que se plantan y tienen flores y hierbas olorosas. ‖ **2.** Vasija redonda, generalmente de hierro, con barriga y boca ancha y con tres pies, que suele tener dos asas pequeñas, una a cada lado, y otra grande en forma de semicírculo. Sirve para guisar. ‖ **3.** *Am.* **bote** (‖ recipiente pequeño).

potencia. F. **1.** Capacidad para ejecutar algo o producir un efecto. *Potencia auditiva, visual.* ‖ **2.** Capacidad generativa. ‖ **3.** Poder y fuerza, especialmente de un Estado. ‖ **4.** Nación o Estado soberano. *Enfrentamiento de dos potencias.* ‖ **5.** Persona o entidad poderosa o influyente. ‖ **6.** Cada uno de los grupos de rayos de luz que en número de tres se ponen en la cabeza de las imágenes de Jesucristo, y en número de dos en la frente de las de Moisés. ‖ **7.** *Fil.* Aquello que está en calidad de posible y no en acto. ‖ **8.** *Fís.* Cantidad de energía producida o consumida por unidad de tiempo. ‖ **9.** *Mat.* Producto que resulta de multiplicar una cantidad o expresión por sí misma una o más veces. ‖ **elevar a ~.** LOC.VERB. *Mat.* Multiplicar una cantidad por sí misma tantas veces como su exponente indica. ‖ **en ~.** LOC.ADJ. Que puede llegar a ser lo que se expresa. *Un suicida en potencia.*

potenciación. F. **1.** Acción y efecto de potenciar. ‖ **2.** *Mat.* Elevación de una cantidad o una expresión a una potencia.

potenciador, ra. ADJ. Que potencia. *Efecto, elemento potenciador.* Apl. a una sustancia o un producto, u. t. c. s. m. *Un potenciador del gusto.*

potencial. I. ADJ. **1.** Que puede suceder o existir, en contraposición de lo que existe. *Riesgo potencial.* ‖ **II.** M. **2.** Fuerza o poder disponibles de determinado orden. *Potencial militar, económico, industrial.* ‖ **3.** *Electr.* Magnitud, medida en voltios, que expresa la diferencia de tensión entre dos puntos de un circuito. ‖ **4.** *Fís.* Función matemática que permite determinar la intensidad de un campo de fuerzas en un punto dado. ‖ **5.** *Gram.* **modo potencial.** ‖ **6.** *Gram.* **condicional** (‖ tiempo). **‖ ~ compuesto.** M. *Gram.* **condicional compuesto.** ‖ **~ imperfecto,** o **~ simple.** M. *Gram.* **condicional simple.** □ V. **energía ~, modo ~.**

potencialidad. F. **1.** Capacidad de la potencia, independiente del acto. ‖ **2.** Equivalencia de algo respecto de otra cosa en virtud y eficacia.

potenciar. TR. Comunicar potencia a algo o incrementar la que ya tiene. MORF. conjug. c. *anunciar.*

potenciómetro. M. **1.** *Electr.* Instrumento que mide las diferencias de potencial eléctrico. ‖ **2.** *Electr.* Resistencia regulable en un circuito eléctrico.

potentado, da. M. y F. Persona poderosa y opulenta.

potente. ADJ. **1.** Que tiene poder, eficacia o virtud para algo. *Medicamento potente.* ‖ **2.** Dicho de una persona: Que tiene capacidad y medios de dominar. ‖ **3.** Dicho de una persona: Que tiene grandes riquezas.

potenzada. □ V. **cruz ~.**

potera. F. Aparejo para pescar calamares, formado por una pieza de plomo cuya parte inferior está erizada de afilados ganchos.

poterna. F. *Mil.* En las fortificaciones, puerta menor que cualquiera de las principales, y mayor que un portillo, que da al foso o al extremo de una rampa.

potestad. F. **1.** Dominio, poder, jurisdicción o facultad que se tiene sobre algo. ‖ **2.** pl. *Rel.* Espíritus bienaventurados que ejercen cierta ordenación en cuanto a las diversas operaciones que los espíritus superiores ejecutan en los inferiores. Forman el sexto coro. ‖ **patria ~.** F. Conjunto de deberes y derechos que conforme a la ley

tienen los padres sobre sus hijos menores no emancipados.

potestativo, va. ADJ. Que está en la facultad o potestad de alguien. *Servicios complementarios de carácter potestativo.*

potingue. M. **1.** fest. coloq. Bebida de botica o de aspecto y sabor desagradable. ‖ **2.** fest. coloq. Producto cosmético, especialmente las cremas. U. m. en pl. *Usa muchos potingues para que no le salgan arrugas.*

potito. (Marca reg.). M. Alimento envasado y preparado a modo de puré, para niños de corta edad.

poto. M. Á. *Andes* y Á. *guar.* **nalgas** (‖ porciones carnosas y redondeadas).

potoco, ca. ADJ. *Chile.* **rechoncho.** U. t. c. s.

potosí. M. Riqueza extraordinaria. MORF. pl. **potosíes** o **potosís.** ‖ **valer** algo **un Potosí.** LOC.VERB. coloq. **valer un Perú.**

potosino, na. ADJ. **1.** Natural de Potosí, departamento de Bolivia, o de su capital. U. t. c. s. ‖ **2.** Natural de San Luis Potosí, estado de México, o de su capital. U. t. c. s. ‖ **3.** Perteneciente o relativo a aquel departamento, a este estado o a sus capitales.

potra. F. Yegua desde que nace hasta que muda los dientes de leche, que, generalmente, es a los cuatro años y medio de edad.

potrada. F. Conjunto de potros de una yeguada o de un dueño.

potranca. F. Yegua que no pasa de tres años.

potranco. M. Caballo que no tiene más de tres años.

potrear. I. TR. **1.** coloq. Molestar, mortificar a alguien. ‖ **II.** INTR. **2.** Dicho de una persona que no es joven: Ostentar viveza y gallardía.

potrero. M. **1.** Encargado de cuidar de los potros cuando están en la dehesa. ‖ **2.** Sitio destinado a la cría y pasto de ganado caballar. U. m. en América. ‖ **3.** *Am.* Terreno cercado con pastos para alimentar y guardar el ganado. ‖ **4.** Á. *Andes.* Terreno inculto y sin edificar, donde suelen jugar los muchachos.

potrillo. M. Caballo que no tiene más de tres años.

potro. M. **1.** Caballo desde que nace hasta que muda los dientes de leche, que, generalmente, es a los cuatro años y medio de edad. ‖ **2.** Máquina de madera que sirve para sujetar los caballos cuando se resisten a dejarse herrar o curar. ‖ **3.** hist. Aparato de madera en el cual sentaban a los procesados, para obligarlos a declarar por medio del tormento. ‖ **4.** *Dep.* Aparato de gimnasia que consiste en un paralelepípedo forrado de cuero u otro material, sostenido por cuatro patas. ‖ **5.** *Dep.* Modalidad de gimnasia artística que se practica con dicho aparato. **‖ ~ con arcos.** M. *Dep.* **caballo con arcos.** □ V. **bota de ~.**

poya. F. hist. Derecho que se pagaba en pan o en dinero, en el horno común.

poyal. M. Banco de piedra o materia análoga arrimado a una pared.

poyo. M. Banco de piedra, yeso u otra materia, que ordinariamente se fabrica arrimado a las paredes, junto a las puertas de las casas de campo, en los zaguanes y otras partes.

poza. F. **1.** Charca o concavidad en que hay agua detenida. ‖ **2.** Sitio o lugar donde el río es más profundo.

pozal. M. **1.** Cubo o zaque con que se saca el agua del pozo. ‖ **2.** Brocal del pozo. ‖ **3.** Vasija empotrada en tierra para recoger líquidos.

pozo. M. **1.** Perforación que se hace en la tierra para buscar una vena de agua. ‖ **2.** Hoyo profundo, aunque esté seco. ‖ **3.** Sitio o lugar en donde los ríos tienen mayor profundidad. ‖ **4.** Cosa llena, profunda o completa en su línea. *Es un pozo de ciencia.* ‖ **5.** Hoyo profundo para bajar a las minas. ‖ **6.** *Mar.* Distancia o profundidad que hay desde el canto de la borda hasta la cubierta superior en las embarcaciones que no tienen combés. ‖ **7.** *Am. Mer.* **bache** (‖ hoyo en el pavimento). ‖ **8.** *Á. Caribe.* Lugar de un río apropiado para bañarse. ‖ **~ Airón.** M. pozo o sima de gran profundidad. ‖ **~ artesiano.** M. pozo de gran profundidad, para que el agua contenida entre dos capas subterráneas impermeables encuentre salida y suba naturalmente a mayor o menor altura del suelo. ‖ **~ ciego.** M. **pozo negro.** ‖ **~ de nieve.** M. hist. Excavación seca, vestida de piedra o ladrillo y provista de desaguaderos, donde se guardaba y conservaba la nieve para el verano. ‖ **~ de petróleo.** M. Perforación profunda hecha para localizar o extraer petróleo. ‖ **~ negro.** M. El que para depósito de aguas residuales se hace junto a las casas, cuando no hay alcantarillas. ‖ **~ sin fondo.** M. Persona o cosa a la que no se le ve el fin, o que cuesta grandes cantidades de dinero. *Las relaciones humanas son un pozo sin fondo. La construcción de la autopista se convirtió en un pozo sin fondo.* ‖ **caer** algo **en un ~.** LOC.VERB. Quedar en olvido o en riguroso secreto.

pozol. hacer ~ algo. LOC.VERB. *Am. Cen.* Deshacerlo, destruirlo.

pozole. M. *Méx.* Guiso de maíz tierno, carne y chile con mucho caldo.

pozuelo. M. Vasija empotrada en tierra para recoger líquidos.

prácrito. M. Idioma vulgar de la India antigua, en oposición al *sánscrito* o lengua clásica.

práctica. F. **1.** Ejercicio de cualquier arte o facultad, conforme a sus reglas. ‖ **2.** Destreza adquirida con este ejercicio. ‖ **3.** Uso continuado, costumbre o estilo de algo. ‖ **4.** Modo o método que particularmente observa alguien en sus operaciones. ‖ **5.** Ejercicio que bajo la dirección de un maestro y por cierto tiempo tienen que hacer algunos para habilitarse y poder ejercer públicamente su profesión. U. m. en pl. ‖ **6.** Aplicación de una idea o doctrina. ‖ **7.** Contraste experimental de una teoría. ‖ **en la ~.** LOC.ADV. Casi en realidad. ‖ **llevar a la ~.** LOC.VERB. **poner en práctica.** ‖ **poner en ~.** LOC.VERB. Realizar ideas, planes, proyectos, etc.

practicable. ADJ. **1.** Que se puede practicar o poner en práctica. *Solución practicable.* ‖ **2.** Dicho de un camino, de una carretera, etc.: Por donde se puede transitar. ‖ **3.** Dicho de una puerta u otro accesorio: En el decorado teatral, que no son meramente figurados, sino que pueden usarse. U. t. c. s. m.

practicaje. M. **1.** *Mar.* Ejercicio de la profesión de piloto práctico. ‖ **2.** *Mar.* Derechos del práctico de puerto que pagan las embarcaciones.

prácticamente. **I.** ADV.C. **1.** Casi, por poco. *Ya tengo la casa prácticamente arreglada.* ‖ **II.** ADV.M. **2.** Con experimentación, con uso y ejercicio de algo. *A cocinar se aprende prácticamente.* ‖ **3.** **en la práctica.** *La cueva que descubrieron es prácticamente inaccesible.*

practicanta. F. **practicante** (‖ mujer que hace curas en los hospitales).

practicante. **I.** ADJ. **1.** Dicho de una persona: Que practica una actividad, profesión o religión. U. t. c. s. ‖ **II.** COM. **2.** Persona que en los hospitales hace las curas o administra a los enfermos las medicinas ordenadas por el facultativo de visita. ‖ **3.** Persona que posee título para el ejercicio de la cirugía menor.

practicar. TR. **1.** Ejercitar, poner en práctica algo que se ha aprendido. *Practican la equitación todos los domingos.* ‖ **2.** Usar o ejercer algo de manera continuada. *Hace diez años que practica la marcha atlética.* ‖ **3.** Realizar las prácticas que permiten a alguien habilitarse y poder ejercer públicamente su profesión. ‖ **4.** Ejecutar, hacer, llevar a cabo. *Practicar diligencias. Practicar una operación quirúrgica. Practicar un orificio.* ‖ **5.** Profesar, llevar a la práctica las normas y preceptos de una determinada religión. ‖ **6.** Ensayar, entrenar, repetir algo varias veces para perfeccionarlo. U. t. c. intr. *Tendrás que practicar más si quieres la medalla de oro.*

práctico, ca. **I.** ADJ. **1.** Perteneciente o relativo a la práctica. *Estudio teórico y práctico.* ‖ **2.** Se dice de los conocimientos que enseñan el modo de hacer algo. ‖ **3.** Experimentado, versado y diestro en algo. *Está muy práctico en la repostería.* ‖ **4.** Que piensa o actúa ajustándose a la realidad y persiguiendo normalmente un fin útil. ‖ **5.** Que comporta utilidad o produce provecho material inmediato. *Es una herramienta muy práctica.* ‖ **II.** M. **6.** *Mar.* Técnico que, por el conocimiento del lugar en que navega, dirige el rumbo de las embarcaciones en la costa o en un puerto.

pradera. F. **1.** Prado grande. ‖ **2.** Lugar del campo llano y con hierba.

pradería. F. Conjunto de prados.

pradial. M. hist. Noveno mes del calendario francés de la Revolución, cuyos días primero y último coincidían, respectivamente, con el 20 de mayo y el 18 de junio.

prado. M. Tierra muy húmeda o de regadío, en la cual se deja crecer o se siembra la hierba para pasto de los ganados. □ V. **reina de los ~s.**

pragmática. F. **1.** Disciplina que estudia el lenguaje en su relación con los hablantes y las circunstancias de la comunicación. ‖ **2.** hist. Ley emanada de competente autoridad, que se diferenciaba de los reales decretos y órdenes generales en las fórmulas de su publicación.

pragmático, ca. ADJ. **1.** Que da preferencia a lo práctico o útil. *Es un dirigente muy pragmático.* ‖ **2.** Perteneciente o relativo a la realidad concreta o a la acción. *El plan falla en su aplicación, en los aspectos pragmáticos.* ‖ **3.** *Fil.* Perteneciente o relativo al **pragmatismo** (‖ movimiento filosófico). ‖ **4.** Perteneciente o relativo a la **pragmática** (‖ disciplina).

pragmatismo. M. **1.** Actitud predominantemente **pragmática** (‖ que da preferencia a lo práctico). ‖ **2.** *Fil.* Movimiento filosófico iniciado en los Estados Unidos por C. S. Peirce y W. James a fines del siglo XIX, que busca las consecuencias prácticas del pensamiento y pone el criterio de verdad en su eficacia y valor para la vida.

pragmatista. ADJ. **1.** Perteneciente o relativo al pragmatismo. *Crítica pragmatista.* ‖ **2.** Partidario del pragmatismo. U. t. c. s.

praguense. ADJ. **1.** Natural de Praga. U. t. c. s. ‖ **2.** Perteneciente o relativo a esta ciudad, capital de la República Checa.

praliné. M. Crema de chocolate y almendra o avellana.

prángana. F. *Méx.* Pobreza extrema.

praseodimio. M. Elemento químico radiactivo de núm. atóm. 59. Metal de las tierras raras escaso en la litosfera, se encuentra disperso y acompañado de otros lantánidos en ciertos minerales. De color verde, al igual que sus sales, tiene propiedades paramagnéticas. Sus óxidos se usan en metalurgia, como catalizadores, y en las industrias cerámicas y del vidrio. (Símb. *Pr*).

pratense. ADJ. Que se produce o vive en el prado. *Vegetación pratense.*

pravedad. F. Iniquidad, perversidad, corrupción de costumbres.

praxis. F. Práctica, en oposición a *teoría* o *teórica*.

preacuerdo. M. Acuerdo previo entre varias partes que precisa ser ultimado o ratificado.

preámbulo. M. **1.** Palabras que se dicen antes de dar principio a lo que se trata de narrar, probar, mandar, pedir, etc. || **2.** Rodeo o digresión antes de entrar en materia o de empezar a decir claramente algo.

preanunciar. TR. Anunciar de antemano. MORF. conjug. c. *anunciar.*

preanuncio. M. Anuncio anticipado, presagio.

preaviso. M. Aviso obligatorio previo a la realización de un acto. *Un preaviso de huelga.*

prebenda. F. **1.** Renta aneja a una canonjía u otro oficio eclesiástico. || **2.** hist. Cualesquiera de los antiguos beneficios eclesiásticos superiores de las iglesias catedrales y colegiatas; como la dignidad, la canonjía, etc. || **3.** coloq. Oficio, empleo u ocupación lucrativos y poco trabajosos.

prebendado. M. hist. Dignidad, canónigo o racionero de alguna iglesia catedral o colegial.

prebendar. TR. Conferir prebenda a alguien.

prebiótico, ca. ADJ. Anterior a la existencia de la vida en la Tierra. *Atmósfera prebiótica.*

preboste. M. **1.** Individuo que es cabeza de una comunidad, y la preside o gobierna. || **2.** Persona que en un determinado ámbito político, económico, profesional, etc., tiene una posición de gran poder e importancia.

precalentamiento. M. **1.** Ejercicio que efectúa el deportista como preparación para el esfuerzo que posteriormente ha de realizar. || **2.** Calentamiento de un motor, aparato, etc., antes de someterlo a la función que debe desempeñar.

precámbrico, ca. ADJ. **1.** *Geol.* Se dice de la era geológica inicial que abarca desde hace unos 5000 millones de años hasta hace 570 millones de años, caracterizada por una intensa actividad volcánica y la aparición de las primeras formas de vida. U. t. c. s. m. ORTOGR. Escr. con may. inicial c. s. || **2.** *Geol.* Perteneciente o relativo a dicha era. *Fósiles precámbricos.*

precariedad. F. Cualidad de precario.

precario, ria. ADJ. **1.** De poca estabilidad o duración. *Contrato laboral precario.* || **2.** Que no posee los medios o recursos suficientes. *Situación económica precaria.* || **3.** *Der.* Que se tiene sin título, por tolerancia o por inadvertencia del dueño.

precarista. ADJ. *Der.* Dicho de una persona: Que posee, retiene o disfruta en precario cosas ajenas. U. t. c. s.

precarización. F. Acción y efecto de precarizar.

precarizar. TR. Convertir algo, especialmente el empleo, en precario, inseguro o de poca calidad. *Se ha optado por precarizar el trabajo juvenil.*

precaución. F. Reserva, cautela para evitar o prevenir los inconvenientes, dificultades o daños que pueden temerse.

precautelar. TR. Prevenir y poner los medios necesarios para evitar o impedir un riesgo o peligro.

precautorio, ria. ADJ. Que precave o sirve de precaución. *Medida precautoria.*

precaver. TR. Prevenir un riesgo, daño o peligro, para guardarse de él y evitarlo. U. t. c. prnl.

precavido, da. PART. de **precaver.** || ADJ. Sagaz, cauto, que sabe precaver los riesgos.

precedencia. F. **1.** Anterioridad, prioridad de tiempo. || **2.** Anteposición, antelación en el orden. || **3.** Preeminencia o preferencia en el lugar y en algunos actos honoríficos. || **4.** Primacía, superioridad.

precedente. **I.** ADJ. **1.** Que precede o es anterior y primero en el orden de la colocación o de los tiempos. *Semana precedente al campeonato.* || **II.** M. **2.** **antecedente** (|| acción, dicho o circunstancia que sirve para valorar hechos posteriores). || **3.** Aplicación de una resolución anterior en un caso igual o semejante al que se presenta.

preceder. TR. Ir delante en tiempo, orden o lugar. U. t. c. intr.

preceptista. ADJ. **1.** Dicho de una persona: Que da o enseña preceptos y reglas. U. t. c. s. || **2.** por antonom. preceptista en materia literaria.

preceptiva. F. Conjunto de preceptos aplicables a determinada materia.

preceptivo, va. ADJ. **1.** Que incluye o encierra en sí preceptos. *Dictamen preceptivo.* || **2.** Ordenado por un precepto. *Trámite preceptivo.*

precepto. M. **1.** Mandato u orden que el superior hace observar y guardar al inferior o súbdito. || **2.** Cada una de las instrucciones o reglas que se dan o establecen para el conocimiento o manejo de un arte o facultad. || **3.** por antonom. Cada uno de los del Decálogo o mandamientos de la ley de Dios. || ~ **afirmativo.** M. Cada uno de los del Decálogo en que se manda hacer algo. || ~ **formal de obediencia.** M. El que en las órdenes religiosas usan los superiores para estrechar a la obediencia en alguna cosa a los súbditos. || ~ **negativo.** M. Cada uno de los del Decálogo en que se prohíbe hacer algo. □ V. **día de ~, fiesta de ~, necesidad de ~.**

preceptor, ra. M. y F. Persona que enseña.

preceptuar. TR. Dar o dictar preceptos. MORF. conjug. c. *actuar.*

preces. F. **1.** pl. Versículos tomados de la Sagrada Escritura y oraciones destinadas por la Iglesia para pedir a Dios socorro en las necesidades públicas o particulares. || **2.** pl. Ruegos, súplicas. || **3.** pl. Oraciones dirigidas a Dios, a la Virgen o a los santos. || **4.** pl. Súplicas o instancias con que se pide y obtiene una bula o despacho de Roma.

precesión. F. *Mec.* Movimiento de rotación del eje de giro de un giróscopo, como un trompo o un proyectil. || ~ **de los equinoccios.** F. *Astr.* Movimiento retrógrado de los puntos de intersección del ecuador con la eclíptica, en virtud del cual se van anticipando las épocas de los equinoccios.

preciado, da. PART. de **preciar.** || ADJ. Precioso, excelente y de mucha estimación. *Preciado amigo.*

preciar. **I.** TR. **1.** **apreciar.** || **II.** PRNL. **2.** Jactarse y envanecerse de algo bueno o malo. ¶ MORF. conjug. c. *anunciar.*

precinta. F. Tira estampada, de papel, que en las aduanas se aplica a las cajas de tabacos de calidad y hace las veces del marchamo en los tejidos.

precintado. M. **precinto** (|| cierre sellado).

precintar. TR. Poner precinto o precinta.

precinto. M. **1.** Acción y efecto de precintar. ‖ **2.** Cierre sellado que se pone a los cajones, baúles, fardos, paquetes, legajos, puertas, cajas fuertes, etc., con el fin de que no se abran sino cuando y por quien corresponda legalmente.

precio. M. **1.** Valor pecuniario en que se estima algo. ‖ **2.** Esfuerzo, pérdida o sufrimiento que sirve de medio para conseguir algo, o que se presta o padece con ocasión de ello. *Al precio de su salud va saliendo de apuros.* ‖ **3.** *Der.* Contraprestación dineraria. ‖ **~ fijo.** M. El que se señala a una mercancía y no admite regateo. ‖ **~ público.** M. *Der.* Cantidad exigida por la Administración como contraprestación por un determinado servicio. ‖ **a cualquier ~.** LOC.ADV. Sin importar los medios que se ponen o el sacrificio que cuesta. *Se propuso triunfar a cualquier precio.* ‖ **a ~ de coste.** LOC.ADV. Por el precio y gastos que tiene algo, sin ganancia ninguna. ‖ **a ~ de oro.** LOC. ADV. A un precio exageradamente caro. ‖ **a ~ de saldo.** LOC.ADV. A un precio muy bajo. ‖ **de ~.** LOC.ADJ. Valioso, de gran calidad. *Siempre lleva ropa de precio.* ‖ **en ~.** LOC. ADJ. De precio adecuado o razonable. ‖ **no tener ~** alguien o algo. LOC.VERB. Valer mucho. U. m. en sent. irón. ‖ **poner ~ a** algo. LOC.VERB. Señalar el valor o tasa que se ha de dar o llevar por ello. ‖ **poner ~ a la cabeza** de alguien. LOC.VERB. Ofrecer una recompensa a cambio de su entrega. □ V. **guerra de ~s, índice de ~s al consumo.**

preciosidad. F. **1.** Cualidad de precioso. ‖ **2.** Persona o cosa preciosa.

preciosismo. M. **1.** Extremado atildamiento del estilo. U. m. en sent. peyor. ‖ **2.** hist. Refinamiento exagerado en el lenguaje, en el atuendo y en las maneras, característico de la alta sociedad francesa a mediados del siglo XVII.

preciosista. ADJ. **1.** Perteneciente o relativo al preciosismo. *Estilo preciosista.* ‖ **2.** Partidario del preciosismo. U. t. c. s.

precioso, sa. ADJ. **1.** Excelente, exquisito, primoroso y digno de estimación y aprecio. *Una preciosa jugada dio lugar al primer gol del partido.* ‖ **2.** De mucho valor o de elevado coste. *Tesoro precioso.* ‖ **3.** coloq. **hermoso.** *Esta mujer es preciosa. Aquel niño es precioso.* □ V. **metal ~, piedra ~.**

preciosura. F. coloq. Persona o cosa bonita.

precipicio. M. **1.** Despeñadero o derrumbadero por cuya proximidad no se puede andar sin riesgo de caer. ‖ **2.** Ruina espiritual.

precipitación. F. **1.** Acción y efecto de precipitar o precipitarse. ‖ **2.** *Meteor.* Agua procedente de la atmósfera, y que en forma sólida o líquida se deposita sobre la superficie de la tierra.

precipitado, da. PART. de precipitar. ‖ **I.** ADJ. **1.** Atropellado, alocado, inconsiderado. *Comportamiento precipitado.* ‖ **2.** Dicho de una cosa: Realizada con mucha prisa. *Huida precipitada.* ‖ **II.** M. **3.** *Quím.* Materia sólida que por efecto de ciertas reacciones químicas se forma en el seno de una disolución y se deposita más o menos rápidamente.

precipitante. ADJ. Que precipita. Apl. a un agente, u. t. c. s. m.

precipitar. **I.** TR. **1.** Despeñar, arrojar o derribar de un lugar alto. U. t. c. prnl. *Los vencejos se precipitan para después remontar el vuelo.* ‖ **2.** Provocar la aceleración de unos hechos. *Un error táctico precipitó la derrota.* U. t. c. prnl. ‖ **3.** *Quím.* Producir en una disolución una materia sólida que se deposita en el fondo de la vasija. ‖ **II.** PRNL. **4.** Arrojarse sin prudencia a ejecutar o decir algo.

precisamente. ADV.M. **1.** De manera justa y determinada. *Precisamente te estábamos esperando.* ‖ **2.** Con precisión. *Debe indicar precisamente el Norte.*

precisar. **I.** TR. **1.** Fijar o determinar de modo preciso. *Precisar el significado de un término.* ‖ **2.** Obligar, forzar determinadamente y sin excusa a ejecutar algo. *Nos vimos precisados a postergar nuestro viaje.* ‖ **II.** INTR. **3.** Ser necesario o imprescindible. U. t. c. tr. *Precisa un bastón para caminar.*

precisión. F. **1.** Determinación, exactitud, puntualidad, concisión. ‖ **2.** Concisión y exactitud rigurosa en el lenguaje, estilo, etc. ‖ **3.** Obligación o necesidad imprescindible que fuerza y precisa a ejecutar algo. ‖ **de ~.** LOC. ADJ. Dicho de un aparato, de una máquina, de un instrumento, etc.: Construidos con singular esmero para obtener resultados exactos. □ V. **arma de ~.**

preciso, sa. ADJ. **1.** Necesario, indispensable para un fin. *Es preciso ahorrar agua.* ‖ **2.** Puntual, fijo, exacto, cierto, determinado. *Llegar al tiempo preciso.* ‖ **3.** Distinto, claro y formal. *Contorno preciso.* ‖ **4.** Dicho del lenguaje, del estilo, etc.: Concisos y rigurosamente exactos.

precitado, da. ADJ. Antes citado. *Artículo precitado.*

preclaro, ra. ADJ. Esclarecido, ilustre, famoso y digno de admiración y respeto.

preclásico, ca. ADJ. Que antecede a lo clásico en artes y en letras. *Período preclásico.*

precluir. INTR. *Der.* Dicho de una acción o de un derecho: Quedarse sin la posibilidad de su ejercicio por el transcurso del plazo legal establecido.

precocidad. F. Cualidad de precoz.

precocinado, da. ADJ. Dicho de una comida: Que se vende casi elaborada, de modo que se emplea muy poco tiempo en su preparación definitiva. U. t. c. s. m.

precognición. F. Conocimiento anterior.

precolombino, na. ADJ. Dicho de Iberoamérica o lo iberoamericano: Anteriores a los viajes y descubrimientos de Cristóbal Colón.

preconcebido, da. PART. de preconcebir. ‖ ADJ. Dicho de una idea, de una teoría, etc.: Formadas sin juicio crítico y sin tener en cuenta los datos de la experiencia.

preconcebir. TR. Establecer previamente y con sus pormenores algún pensamiento o proyecto que ha de ejecutarse. *Fue capaz de preconcebir la distribución de los espacios.* MORF. conjug. c. *pedir.*

preconización. F. Acción y efecto de preconizar.

preconizador, ra. ADJ. Que preconiza. Apl. a pers., u. t. c. s.

preconizar. TR. **1.** Proponer, recomendar o apoyar un procedimiento, una medida, etc., por considerarlo bueno o adecuado para un determinado fin. *Preconiza un cambio de política.* ‖ **2.** Dicho del papa: Designar un nuevo obispo. ‖ **3.** *Rel.* hist. Hacer relación en el consistorio romano de las cualidades y méritos de quien era presentado por un rey o príncipe soberano para una prelacía.

preconocer. TR. Prever, conjeturar, conocer anticipadamente algo. MORF. conjug. c. *agradecer.*

preconstitucional. ADJ. Anterior a la Constitución de un Estado. *Código preconstitucional.*

precontrato. M. *Der.* Contrato preliminar en virtud del cual dos o más personas se comprometen a firmar, en un plazo cierto, un contrato que por el momento no quieren o no pueden estipular.

precordial. ADJ. *Anat.* Se dice de la región o parte del pecho que corresponde al corazón.

precortesiano, na. ADJ. Se dice del período anterior a la llegada de Hernán Cortés a América.

precoz. ADJ. **1.** Dicho de un fruto: Temprano, prematuro. ‖ **2.** Dicho de un proceso: Que aparece antes de lo habitual. ‖ **3.** Dicho de una persona: Que en corta edad muestra cualidades morales o físicas que de ordinario son más tardías, y, por antonom., en lo referente al talento, agudeza, valor de ánimo, etc. ‖ **4.** Se dice de estas mismas cualidades. ‖ **5.** *Med.* Perteneciente o relativo a las etapas tempranas de una enfermedad o proceso orgánico. *Diagnóstico precoz.*

precursor, ra. I. ADJ. **1.** Que precede. *Contracciones precursoras del parto.* Apl. a pers., u. t. c. s. ‖ **2.** Que profesa o enseña doctrinas o acomete empresas que no tendrán razón ni hallarán acogida sino en tiempo venidero. *Un filósofo precursor del escolasticismo.* U. t. c. s. ‖ **II.** M. **3.** por antonom. San Juan Bautista, que nació antes que Cristo y anunció su venida al mundo. ORTOGR. Escr. con may. inicial.

predador, ra. ADJ. **1.** Dicho de un animal: Que mata a otros de distinta especie para comérselos. U. t. c. s. m. ‖ **2.** Saqueador, que saquea. *Propósito predador.*

predatorio, ria. ADJ. **1.** Perteneciente o relativo al acto de hacer presa. *El instinto predatorio de la araña. La ocupación predatoria del cazador.* ‖ **2.** Perteneciente o relativo al robo o al saqueo. *Expediciones predatorias de guerrilleros.*

predecesor, ra. M. y F. Persona que precedió a otra en una dignidad, empleo o encargo.

predecir. TR. Anunciar por revelación, ciencia o conjetura algo que ha de suceder. MORF. conjug. c. *decir,* salvo la 2.ª pers. sing. del imper.: *predice.* U. t. el fut. imperf. de indic. y el condic. regs.; part. irreg. **predicho.**

predefinición. F. *Rel.* Decreto o determinación de Dios para la existencia de las cosas en un tiempo señalado.

predefinir. TR. *Rel.* Determinar el tiempo en que ha de existir algo.

predela. F. Parte inferior horizontal del retablo.

predestinación. F. **1.** Acción y efecto de **predestinar** (‖ destinar anticipadamente). ‖ **2.** *Rel.* por antonom. Ordenación de la voluntad divina con que ab aeterno tiene elegidos a quienes por medio de su gracia han de lograr la gloria.

predestinado, da. PART. de **predestinar.** ‖ ADJ. **1.** Que fatalmente tiene que acabar de una manera determinada. *Predestinado para el éxito.* U. t. c. s. ‖ **2.** Elegido por Dios desde la eternidad para lograr la gloria. U. t. c. s.

predestinar. TR. **1.** Destinar anticipadamente algo para un fin. *La habían predestinado para ser abogada.* ‖ **2.** *Rel.* por antonom. Dicho de Dios: Destinar y elegir ab aeterno a quienes por medio de su gracia han de lograr la gloria.

predeterminación. F. Acción y efecto de predeterminar.

predeterminar. TR. Determinar o resolver con anticipación algo.

predial. ADJ. Perteneciente o relativo al predio. *Servidumbre predial.*

prédica. F. **1.** Sermón o plática. ‖ **2.** Perorata, discurso vehemente.

predicable. I. ADJ. **1.** Dicho de un asunto propio del sermón: Digno de ser predicado. ‖ **II.** M. **2.** *Fil.* Cada una de las clases a que se reducen todas las cosas que se pue-

den decir o predicar del sujeto. Se dividen en cinco, que son género, especie, diferencia, individuo y propio.

predicación. F. **1.** Acción de predicar. ‖ **2.** Doctrina que se predica o enseñanza que se da con ella.

predicado. M. **1.** *Fil.* Aquello que se afirma del sujeto en una proposición. ‖ **2.** *Ling.* Segmento del discurso que, junto con el sujeto, constituye una oración gramatical. ‖ **~ nominal.** M. *Ling.* El constituido por un verbo copulativo, como *ser* o *estar,* y por un nombre, un adjetivo, un sintagma o una proposición en función nominal. El verbo, que en ocasiones puede faltar, sirve de nexo con el sujeto, de tal modo que se establece concordancia entre los tres componentes de la oración. ‖ **~ verbal.** M. *Ling.* El formado por un verbo que, por sí solo o acompañado de complementos, constituye el predicado de una oración gramatical.

predicador, ra. ADJ. Que predica, especialmente la palabra de Dios. *Monjes predicadores.* U. t. c. s.

predicamento. M. **1.** Dignidad, opinión, lugar o grado de estimación en que se halla alguien y que ha merecido por sus obras. ‖ **2.** *Fil.* Cada una de las clases o categorías a que se reducen todas las cosas y entidades físicas. Regularmente se dividen en diez, que son sustancia, cantidad, cualidad, relación, acción, pasión, lugar, tiempo, situación y hábito.

predicante. ADJ. Que predica.

predicar. TR. **1.** Pronunciar un sermón. U. m. c. intr. ‖ **2.** Publicar, hacer patente y claro algo. *Predicar las excelencias de la vida en el campo.* ‖ **3.** coloq. Amonestar o hacer observaciones a alguien para persuadirlo de algo. ‖ **4.** *Gram.* Decir algo de una persona, de un animal o de una cosa.

predicativo, va. ADJ. *Gram.* Perteneciente o relativo al predicado. □ V. **complemento ~.**

predicción. F. Acción y efecto de predecir.

predicho, cha. PART. IRREG. de **predecir.**

predictibilidad. F. Cualidad de predictible.

predictible. ADJ. Que puede predecirse. *Fenómeno predictible.*

predictor, ra. I. ADJ. **1.** Que predice o ayuda a predecir. Apl. a pers., u. t. c. s. ‖ **II.** M. **2.** Aparato o sistema que sirve para predecir.

predilección. F. Cariño especial con que se distingue a alguien o algo entre otros.

predilecto, ta. ADJ. Preferido por amor o afecto especial. *Libro predilecto.* □ V. **hijo ~.**

predio. M. Heredad, hacienda, tierra. ‖ **~ rústico.** M. El que, fuera de las poblaciones, está dedicado a uso agrícola, pecuario o forestal. ‖ **~ urbano.** M. El que está situado en poblado.

predisponer. TR. Preparar, disponer anticipadamente algo o el ánimo de alguien para un fin determinado. U. t. c. prnl. MORF. conjug. c. *poner;* part. irreg. **predispuesto.**

predisposición. F. Acción y efecto de predisponer.

predispuesto, ta. PART. IRREG. de **predisponer.**

predominancia. F. Condición de quien o de lo que predomina.

predominante. ADJ. Que predomina. *Especie predominante.*

predominar. I. TR. **1.** Prevalecer, preponderar. U. m. c. intr. *Predominó el interés general sobre el particular.* ‖ **II.** INTR. **2.** Dicho de una cosa: Ser más abundante en cantidad, en número o en intensidad que otra u otras. *En esta novela predomina lo descriptivo.*

predominio. M. Poder, superioridad, influjo o fuerza dominante que se tiene sobre alguien o algo.

predorsal. ADJ. *Fon.* Dicho de una consonante: Que se articula con la intervención principal de la parte anterior del dorso de la lengua; p. ej., la *ch*. U. t. c. s. f.

predorso. M. *Fon.* Parte anterior del dorso de la lengua.

preeminencia. F. Privilegio, exención, ventaja o preferencia que goza alguien respecto de otra persona por razón o mérito especial.

preeminente. ADJ. Sublime, superior, honorífico y que está más elevado. *Lugar preeminente.*

preescolar. **I.** ADJ. **1.** Perteneciente o relativo al período educacional anterior al de la enseñanza primaria. *Enseñanza preescolar.* ‖ **II.** M. **2.** Etapa educativa que precede a la enseñanza primaria.

preestablecido, da. ADJ. Se dice de lo establecido por ley o reglamento con anterioridad a un momento determinado.

preestreno. M. Exhibición que se hace con carácter restringido de un espectáculo antes de su estreno para el público en general.

preexistente. ADJ. Que preexiste. *Situación preexistente.*

preexistir. INTR. Existir con anterioridad, realmente o con antelación de naturaleza u origen.

prefabricado, da. ADJ. Dicho de una casa o de otra construcción: Cuyas partes esenciales se envían ya fabricadas al lugar de su emplazamiento, donde solo hay que acoplarlas a su emplazamiento.

prefacio. M. **1.** Prólogo o introducción de un libro. ‖ **2.** Parte de la misa que precede inmediatamente al canon.

prefecto. M. **1.** Ministro que preside y manda en un tribunal, junta o comunidad eclesiástica. ‖ **2.** En Francia, gobernador de un departamento. ‖ **3.** hist. Entre los romanos, jefe militar o civil. ‖ **~ del pretorio**, o **~ pretorio.** M. hist. Comandante de la guardia pretoriana de los emperadores romanos, el cual era como su principal ministro.

prefectura. F. **1.** Dignidad, empleo o cargo de prefecto. ‖ **2.** Territorio gobernado por un prefecto. ‖ **3.** Oficina o despacho del prefecto.

preferencia. F. **1.** Primacía, ventaja o mayoría que alguien o algo tiene sobre otra persona o cosa, en el valor o en el merecimiento. ‖ **2.** Elección de alguien o algo entre varias personas o cosas. **‖ de ~.** LOC.ADV. Con preferencia.

preferencial. ADJ. **preferente.**

preferente. ADJ. Que tiene preferencia o superioridad sobre algo. *Derecho preferente.*

preferible. ADJ. Digno de preferirse. *Sería preferible no verlas.*

preferir. TR. Dar la preferencia. U. t. c. prnl. MORF. conjug. c. *sentir.*

prefiguración. F. Representación anticipada de algo.

prefigurar. TR. Representar anticipadamente algo.

prefijación. F. *Gram.* Modo de formar nuevas voces por medio de prefijos.

prefijar. TR. **1.** Determinar, señalar o fijar anticipadamente algo. *Prefijar la duración del proyecto.* ‖ **2.** *Gram.* Anteponer un afijo a una palabra.

prefijo, ja. **I.** ADJ. **1.** *Gram.* Dicho de un afijo: Que va antepuesto; p. ej., en *desconfiar, reponer.* U. t. c. s. m. ‖ **II.** M. **2.** Serie de cifras o letras que indican zona, ciudad o país, y que para establecer comunicación telefónica automática se marcan antes del número del abonado a quien se llama.

preformación. F. *Biol.* hist. Idea sustentada por ciertos biólogos del siglo XVIII, según la cual en el germen de los seres vivos estaban contenidas, en miniatura, las estructuras del adulto.

preformista. ADJ. **1.** *Biol.* hist. Perteneciente o relativo a la preformación. *Conceptos preformistas.* ‖ **2.** *Biol.* hist. Partidario de esta teoría. U. t. c. s.

preglacial. ADJ. Anterior a la época glacial. *Fauna preglacial.*

pregnancia. F. Cualidad de las formas visuales que captan la atención del observador por la simplicidad, equilibrio o estabilidad de su estructura.

pregón. M. **1.** Promulgación o publicación que en voz alta se hace en los sitios públicos de algo que conviene que todos sepan. ‖ **2.** Discurso elogioso en que se anuncia al público la celebración de una festividad y se le incita a participar en ella.

pregonar. TR. **1.** Publicar, hacer patente algo para que llegue a conocimiento de todos. ‖ **2.** Dicho de una persona: Decir y publicar a voces la mercancía o género que lleva para vender.

pregonero, ra. **I.** ADJ. **1.** Que publica o divulga algo que es ignorado. Apl. a pers., u. t. c. s. ‖ **II.** M. y F. **2.** Empleado público que da en alta voz los pregones, publica y hace patente lo que se quiere hacer saber a todos.

preguerra. F. Período inmediatamente anterior a una guerra.

pregunta. F. Acción y efecto de preguntar. **‖ la ~ del millón.** F. coloq. La que es muy difícil de responder.

preguntadera. F. *Á. Caribe.* Acción reiterada y fastidiosa de preguntar.

preguntador, ra. ADJ. Que pregunta. Apl. a pers., u. t. c. s.

preguntar. TR. **1.** Pedir a alguien que diga y responda lo que sabe sobre un asunto. U. t. c. prnl. ‖ **2.** Exponer en forma de interrogación un asunto, bien para indicar duda o bien para vigorizar la expresión, cuando se reputa imposible o absurda la respuesta en determinado sentido. U. t. c. prnl.

pregunteo. M. Acción y efecto de preguntar.

preguntón, na. ADJ. coloq. Dicho de una persona: Que pregunta con insistencia.

prehispánico, ca. ADJ. Se dice de la América anterior a la conquista y colonización españolas, y de sus pueblos, lenguas y civilizaciones.

prehistoria. F. **1.** Período de la vida de la humanidad anterior a todo documento escrito y que solo se conoce por determinados vestigios, como las construcciones, los instrumentos, los huesos humanos o de animales, etc. ‖ **2.** Estudio de este período. ‖ **3.** Período en que se incuba un movimiento cultural, religioso, político, etc. *La prehistoria del Romanticismo está en el siglo XVIII.* ‖ **4.** En una actividad humana determinada, período que antecede a un momento de especial significación.

prehistórico, ca. ADJ. **1.** Perteneciente o relativo al período estudiado por la prehistoria. *Culturas prehistóricas.* ‖ **2.** Anticuado, viejo. *Iba montado en una bicicleta prehistórica.*

preincaico, ca. ADJ. Anterior a la civilización inca. *Cultura preincaica.*

preindustrial. ADJ. Anterior al desarrollo de la economía industrial. *Sociedad preindustrial.*

preinscribir. TR. Solicitar la admisión en una entidad o en el ejercicio de una actividad antes de presentar petición formal. U. m. c. prnl. MORF. part. irreg. **preinscrito.** *Á. R. Plata.* part. irreg. **preinscripto.**

preinscripción. F. Acción y efecto de preinscribir.

preinscripto, ta. PART. IRREG. Á. R. *Plata.* **preinscrito.**

preinscrito, ta. PART. IRREG. de **preinscribir.**

preinserto, ta. ADJ. Que antes se ha insertado. *Convenio preinserto en el boletín.*

prejubilación. F. Jubilación que se produce antes de la edad fijada por la ley o por una norma.

prejubilar. TR. Jubilar a alguien antes de la edad fijada por la ley o por una norma. U. t. c. prnl.

prejudicial. □ V. **cuestión ~.**

prejuiciado, da. ADJ. Que está influido por algún prejuicio.

prejuicio. M. **1.** Acción y efecto de prejuzgar. || **2.** Opinión previa y tenaz, por lo general desfavorable, acerca de algo que se conoce mal.

prejuzgar. TR. Juzgar las cosas antes del tiempo oportuno, o sin tener de ellas cabal conocimiento.

prelacía. F. Dignidad u oficio de prelado.

prelación. F. Antelación o preferencia con que algo debe ser atendido respecto de otra cosa con la cual se compara.

prelada. F. Superiora de un convento de religiosas.

prelado. M. **1.** Superior eclesiástico constituido en una de las dignidades de la Iglesia, como el abad, el obispo, el arzobispo, etc. || **2.** Superior de un convento o comunidad eclesiástica. || **~ doméstico.** M. Eclesiástico de la familia del papa.

prelaticio, cia. ADJ. Propio o característico del prelado. *Traje prelaticio.*

prelatura. F. Dignidad y oficio de prelado. || **~ personal.** F. Institución eclesiástica regida por un prelado cuya jurisdicción no está vinculada a un territorio determinado.

preliminar. ADJ. Que antecede o se antepone a una acción, a una empresa, a un litigio o a un escrito o a otra cosa. U. t. c. s. y m. en pl. *Los preliminares del diccionario.*

preliterario, ria. ADJ. Anterior a las primeras manifestaciones escritas en cualquier lengua. *Textos preliterarios.*

preludiar. I. TR. **1.** Preparar o iniciar algo, darle entrada. || **II.** INTR. **2.** *Mús.* Probar, ensayar un instrumento o la voz, por medio de escalas, arpegios, etc., antes de comenzar la pieza principal. U. t. c. tr. ¶ MORF. conjug. c. *anunciar.*

preludio. M. **1.** Cosa que precede y sirve de entrada, preparación o principio a algo. *El preludio de la guerra.* || **2.** *Mús.* Pasaje que se toca o canta para ensayar la voz, probar los instrumentos o fijar el tono, antes de comenzar la ejecución de una obra musical. || **3.** *Mús.* Composición musical de corto desarrollo y libertad de forma, generalmente destinada a preceder la ejecución de otras obras. || **4.** *Mús.* Obertura o sinfonía, pieza que antecede a una obra musical.

premamá. ADJ. Dicho de la ropa o de un accesorio: Destinados a las mujeres embarazadas. MORF. pl. invar. *Prendas premamá.*

premática. F. hist. **pragmática** (|| ley).

prematrimonial. ADJ. Que se realiza inmediatamente antes del matrimonio o como preparación a él. *Relaciones prematrimoniales. Cursillos prematrimoniales.*

prematuridad. F. Cualidad o condición de **prematuro** (|| que nace antes del término de la gestación).

prematuro, ra. ADJ. **1.** Que se da antes de tiempo. *Envejecimiento prematuro.* || **2.** Dicho de un niño: Que nace antes del término de la gestación. U. t. c. s.

premeditación. F. Acción de premeditar. Es circunstancia agravante de la responsabilidad criminal.

premeditar. TR. **1.** Pensar reflexivamente algo antes de ejecutarlo. || **2.** *Der.* Proponerse a cosa hecha perpetrar un delito, tomando al efecto previas disposiciones.

premenstrual. ADJ. *Med.* Previo al periodo menstrual. *Síndrome premenstrual.*

premiación. F. *Am.* Acción y efecto de premiar, distribuir los premios asignados en un concurso, una competencia, etc.

premiador, ra. ADJ. Que premia. Apl. a pers., u. t. c. s.

premiar. TR. Remunerar, galardonar con mercedes, privilegios, empleos o rentas los méritos y servicios de alguien. MORF. conjug. c. *anunciar.*

premidera. F. Listón del telar que sirve de pedal.

premio. M. **1.** Recompensa, galardón o remuneración que se da por algún mérito o servicio. || **2.** Recompensa que se otorga en rifas, sorteos o concursos. || **3.** Aumento de valor dado a algunas monedas o por el curso del cambio internacional. || **~ de consolación.** M. **1.** Recompensa que se otorga en sorteos, concursos o competiciones a quien no obtiene el premio principal. || **2.** Pequeño favor con que se pretende consolar a quien ha visto frustradas sus esperanzas. || **~ extraordinario.** M. Máxima calificación que puede otorgarse en una graduación académica. || **~ gordo.** M. coloq. Lote o premio mayor de la lotería pública, y especialmente el correspondiente a la de Navidad.

premiosidad. F. Cualidad de premioso.

premioso, sa. ADJ. **1.** Dicho de una persona: Falta de agilidad, tarda, torpe para la acción o la expresión. || **2.** Dicho de una persona: Que habla o escribe con mucha dificultad. || **3.** Dicho del lenguaje o del estilo: Que carece de espontaneidad y soltura. || **4.** Que apremia o estrecha. *Exigencias premiosas.*

premisa. F. **1.** Señal o indicio por donde se infiere algo o se llega al conocimiento de ello. || **2.** *Fil.* Cada una de las dos primeras proposiciones del silogismo, de donde se infiere y saca la conclusión. || **~ mayor.** F. *Fil.* Primera proposición de un silogismo. || **~ menor.** F. *Fil.* Segunda proposición de un silogismo.

premoción. F. En el uso escolástico, moción anterior, que inclina a un efecto u operación.

premolar. ADJ. Se dice de los molares que en la dentición del mamífero adulto han reemplazado a los de la primera dentición. Están situados al lado de los caninos y su raíz es más sencilla que la de las otras muelas. U. m. c. s. m. □ V. **diente ~.**

premonición. F. Presentimiento, presagio.

premonitor, ra. ADJ. Que anuncia o presagia. *Sueño premonitor.*

premonitorio, ria. ADJ. **1. premonitor.** || **2.** *Med.* Se dice del fenómeno o síntoma precursor de alguna enfermedad y del estado de la persona en que se manifiestan.

premonstratense. ADJ. **1.** Se dice de la orden de canónigos regulares fundada por san Norberto. || **2.** Se dice de los individuos que la profesan. U. t. c. s.

premostratense. ADJ. **premonstratense.** Apl. a pers., u. t. c. s.

premura. F. Aprieto, apuro, prisa, urgencia.

prenatal. ADJ. Que existe o se produce antes del nacimiento. *Diagnóstico prenatal.*

prenda. F. **1.** Cada una de las partes que componen el vestido y calzado del hombre o de la mujer. || **2.** Cosa mueble que se sujeta especialmente a la seguridad o cumplimiento de una obligación. ‖ **3.** Cosa que se da o hace en señal, prueba o demostración de algo. ‖ **4.** Cada una de las alhajas, muebles o enseres de una casa, particularmente cuando se dan a vender. ‖ **5.** Persona a quien se ama intensamente. ‖ **6.** Cada una de las perfecciones o cualidades físicas o morales que posee una persona. *Tiene buenas prendas.* ‖ **7.** pl. **juego de prendas. ‖ en ~.** LOC.ADV. En fianza. ‖ **no dolerle** a alguien **~s.** LOC.VERB. **1.** Ser fiel cumplidor de sus obligaciones. ‖ **2.** No escatimar garantías, concesiones, gastos o recursos para lograr un acuerdo u otro propósito cualquiera. ‖ **soltar ~** alguien. LOC.VERB. coloq. Decir algo que lo deje comprometido a una cosa. U. m. con neg. ☐ V. **juego de ~s.**

prendar. I. TR. **1.** Tomar una prenda como garantía de una deuda o como pago de un daño recibido. ‖ **2.** Ganar la voluntad y agrado de alguien. ‖ **II.** PRNL. **3.** Aficionarse, enamorarse de alguien o algo. *Se prendó DE aquel compañero suyo.*

prendario, ria. ADJ. Perteneciente o relativo a la prenda. *Mercancía prendaria.*

prendedor, ra. I. M. y F. **1.** Persona que prende. ‖ **II.** M. **2.** Broche que se usa como adorno o para sujetar alguna prenda. ‖ **3.** Instrumento que sirve para prender.

prender. I. TR. **1.** Asir, agarrar, sujetar algo. *Se miró en el espejo que prendía con su mano izquierda.* ‖ **2.** Sujetar una cosa a otra mediante un alfiler, unas puntadas, etc. *Prender una medalla en la solapa.* ‖ **3.** Asegurar a una persona privándola de la libertad, y principalmente, ponerla en la cárcel por delito cometido u otra causa. *Han prendido a los culpables de la estafa.* ‖ **4.** Encender el fuego, la luz o una cosa combustible. ‖ **5.** Dicho del macho: Cubrir o fecundar. ‖ **II.** INTR. **6.** Dicho de una planta: Arraigar en la tierra. ‖ **7.** Dicho de una cosa, especialmente del fuego cuando comienza a quemar: Empezar a ejecutar su cualidad o comunicar su virtud a otra, ya sea material o inmaterial. ‖ **8.** Dicho de la hembra: Quedarse preñada.

prendería. F. Tienda en que se compran y venden prendas, alhajas o muebles usados.

prendero, ra. M. y F. Persona que tiene prendería o comercia con muebles, alhajas o prendas.

prendido, da. PART. de **prender.** ‖ **I.** ADJ. **1.** Méx. **acicalado** (‖ muy pulcro). ‖ **II.** M. **2.** Adorno, especialmente el que las mujeres se ponen en el pelo.

prendimiento. M. **1.** Acción de prender, captura. ‖ **2.** por antonom. prendimiento de Jesucristo en el Huerto. ORTOGR. Escr. con may. inicial. ‖ **3.** Pintura o grupo escultórico que lo representa.

prenominal. ADJ. *Gram.* Que se antepone al nombre. *Adjetivo prenominal.*

prensa. F. **1.** Máquina que sirve para comprimir, cuya forma varía según los usos a que se aplica. ‖ **2.** Taller donde se imprime, imprenta. ‖ **3.** Conjunto o generalidad de las publicaciones periódicas y especialmente las diarias. ‖ **4.** Conjunto de personas dedicadas al periodismo. *Han permitido que la prensa entre en el juicio.* ‖ **~ amarilla.** F. La caracterizada por el cultivo del sensacionalismo. ‖ **dar a la ~.** LOC.VERB. Imprimir y publicar una obra. ‖ **en ~.** LOC.ADV. En curso de impresión y de publicación. U. t. c. loc. adj. ‖ **entrar en ~.** LOC.VERB. Comenzar la tirada del impreso. ‖ **tener** alguien **buena ~.** LOC.VERB. **1.** Serle favorable. ‖ **2.** Gozar de buena fama. ‖ **tener** alguien **mala ~.** LOC.VERB. **1.** Serle adversa. ‖ **2.** Tener mala fama. ☐ V. **conferencia de ~, nota de ~, rueda de ~.**

prensado. M. Acción y efecto de prensar.

prensador, ra. ADJ. Que prensa. Apl. a una máquina o un dispositivo, u. t. c. s. m.

prensar. TR. Apretar algo en la prensa, o mediante otro procedimiento, para compactarlo.

prensil. ADJ. Que sirve para asir o coger. *Cola, trompa prensil.*

prensión. F. Acción y efecto de prender algo.

prensista. COM. Persona que en las imprentas trabaja en la prensa.

prensor, ra. ADJ. **1.** Que **prende** (‖ agarra). *Manos prensoras.* ‖ **2.** Se dice de las aves de mandíbulas robustas, la superior curvada desde la base, y las patas con dos dedos dirigidos hacia atrás; p. ej., el guacamayo y el loro. U. t. c. s. f. ORTOGR. En f. pl., escr. con may. inicial c. taxón en desuso. *Las Prensoras.*

prenunciar. TR. preanunciar. MORF. conjug. c. *anunciar.*

prenuncio. M. preanuncio.

preñado, da. PART. de **preñar.** ‖ ADJ. **1.** Dicho de una mujer, o de una hembra de cualquier especie: Que ha concebido y tiene el feto o la criatura en el vientre. ‖ **2.** Lleno o cargado. *Nube preñada.* ‖ **3.** Que incluye en sí algo que no se descubre. *Halagos preñados de hipocresía.* ‖ **4.** Dicho de una pared: Que está desplomada y forma como una barriga.

preñar. TR. **1.** Fecundar o hacer concebir a la hembra. ‖ **2.** Llenar, henchir. *Preñar de ideas.*

preñez. F. Embarazo de la mujer o de la hembra de cualquier especie.

preocupación. F. **1.** Acción y efecto de preocupar o preocuparse. ‖ **2.** Cosa que preocupa o causa inquietud.

preocupante. ADJ. Que produce inquietud o temor.

preocupar. I. TR. **1.** Dicho de algo que ha ocurrido o va a ocurrir: Producir intranquilidad, temor, angustia o inquietud. *Me preocupa el examen de matemáticas.* U. t. c. prnl. *Su padre se preocupaba por sus compañías.* ‖ **2.** Dicho de una cosa: Interesar a alguien de modo que le sea difícil admitir o pensar en otras cosas. *Siempre está preocupado por su aspecto.* ‖ **II.** PRNL. **3.** Estar interesado o encaprichado en favor o en contra de una persona, de una opinión o de una cosa.

preolímpico, ca. ADJ. **1.** Dicho de una prueba deportiva: Que sirve de selección para una competición olímpica. U. t. c. s. m. ‖ **2.** Dicho de un deportista, de un equipo o de una selección: Que participan en una prueba preolímpica. U. t. c. s.

preoperatorio, ria. I. ADJ. **1.** *Med.* Que se produce antes de una intervención quirúrgica. *Análisis preoperatorios.* ‖ **II.** M. **2.** *Med.* Período previo a una intervención quirúrgica.

preopinante. ADJ. Dicho de una persona: Que en una discusión ha hablado o manifestado su opinión antes que otra. U. t. c. s.

prepalatal. ADJ. *Fon.* Dicho de una consonante: Que se pronuncia aplicando o acercando el dorso de la lengua a la parte anterior del paladar; p. ej., la *ch.* U. t. c. s. f.

preparación. F. **1.** Acción y efecto de preparar o prepararse. ‖ **2.** Conocimientos que alguien tiene de cierta materia. ‖ **3.** *Biol.* Porción de un tejido o de cualquier otro material, dispuesta sobre un portaobjeto para su observación microscópica.

preparado, da. PART. de **preparar.** ‖ ADJ. *Med.* Dicho de una droga o de un medicamento: Dispuestos según dosis y presentación adecuadas para su utilización. U. t. c. s. m.

preparador, ra. M. y F. **1.** Persona que prepara. ‖ **2.** Entrenador o responsable del rendimiento de un deportista o de un equipo.

preparar. I. TR. **1.** Disponer o hacer algo con alguna finalidad. *Preparó la habitación para sus invitados.* ‖ **2.** Disponer a alguien para una acción futura. *El sargento preparaba a la tropa para el desfile.* ‖ **3.** Hacer las operaciones necesarias para obtener un producto. *Juan nos preparó una fabada.* ‖ **4. estudiar.** *Preparan unas oposiciones difíciles.* U. t. c. prnl. ‖ **5.** Enseñar, dar clases a alguien antes de una prueba. *Un notario la está preparando para las oposiciones.* ‖ **II.** PRNL. **6.** Disponerse para ejecutar algo o con algún otro fin determinado. *Prepárate para mudarte de casa en cualquier momento.*

preparativo, va. I. ADJ. **1.** Que se prepara para algo. *Bocetos preparativos.* ‖ **II.** M. **2.** Cosa que se hace para preparar algo. U. m. en pl. *Los preparativos de la boda me ocupan todo el día.*

preparatoriano, na. I. ADJ. **1.** *Méx.* Perteneciente o relativo a la escuela preparatoria. *Hermandad preparatoriana.* ‖ **II.** M. y F. **2.** *Méx.* Estudiante de escuela preparatoria.

preparatorio, ria. ADJ. Que se prepara y dispone. *Diligencias preparatorias.* ☐ V. **escuela ~.**

preplatónico, ca. ADJ. Se dice de los filósofos anteriores a Platón, incluidos los llamados presocráticos. U. t. c. s. m.

preponderancia. F. Superioridad de crédito, consideración, autoridad, fuerza, etc.

preponderante. ADJ. Que prevalece o tiene cualquier tipo de superioridad respecto a aquello con lo cual se compara. *Influencia preponderante.*

preponderar. INTR. **1.** Dicho de una opinión u otra cosa: Prevalecer o hacer más fuerza que aquella con la cual se compara. ‖ **2.** Dicho de una persona o de un conjunto de ellas: Ejercer influjo dominante o decisivo.

preposición. F. *Gram.* Palabra invariable que introduce elementos nominales u oraciones subordinadas sustantivas haciéndolos depender de alguna palabra anterior. Varias de ellas coinciden en su forma con prefijos. ‖ **~ inseparable.** F. *Gram.* Prefijo que en sus orígenes funcionaba como preposición. No se puede utilizar sola; p. ej., *intra, sub.*

preposicional. ADJ. *Gram.* Perteneciente o relativo a la preposición. *Relación preposicional.* ☐ V. **grupo ~, locución ~, sintagma ~.**

prepositivo, va. ADJ. *Gram.* Perteneciente o relativo a la preposición.

prepósito. M. Persona que preside o manda en algunas religiones o comunidades religiosas.

prepóstero, ra. ADJ. Trastrocado, hecho al revés y sin tiempo. *Comparación prepóstera.*

prepotencia. F. Cualidad de prepotente.

prepotente. ADJ. **1.** Más poderoso que otros, o muy poderoso. U. t. c. s. ‖ **2.** Que abusa de su poder o hace alarde de él. U. t. c. s.

prepucial. ADJ. *Anat.* Perteneciente o relativo al prepucio.

prepucio. M. *Anat.* Piel móvil que cubre el glande del pene. ‖ **~ del clítoris.** M. Pliegue mucoso formado por los labios menores que cubren el clítoris.

prerrafaelismo. M. Movimiento artístico de origen inglés de la segunda mitad del siglo XIX, que se inspiró en los pintores italianos anteriores a Rafael de Urbino.

prerrafaelista. I. ADJ. **1.** Perteneciente o relativo al prerrafaelismo. ‖ **II.** M. **2.** Miembro del grupo prerrafaelista constituido en Inglaterra en la segunda mitad del siglo XIX. ‖ **III.** COM. **3.** Seguidor del prerrafaelismo.

prerrafaelita. ADJ. prerrafaelista. Apl. a pers., u. t. c. s.

prerrequisito. M. **1.** Requisito previo. ‖ **2.** *Chile.* Asignatura obligatoria y previa a otra que también lo sea para alcanzar un grado.

prerrogativa. F. **1.** Privilegio, gracia o exención que se concede a alguien para que goce de ello, anejo regularmente a una dignidad, empleo o cargo. ‖ **2.** Facultad importante de alguno de los poderes supremos del Estado, en orden a su ejercicio o a las relaciones con los demás poderes de clase semejante. ‖ **~ de gracia.** F. *Der.* La que ostenta el jefe del Estado para otorgar indultos.

prerromance. ADJ. *Ling.* Se dice de cada una de las lenguas que existieron en los territorios donde después se impuso el latín. U. t. c. s. m. *El prerromance.*

prerrománico, ca. ADJ. **1.** Se dice del arte medieval de la Europa occidental anterior al románico. U. t. c. s. m. ‖ **2.** Perteneciente o relativo a este arte. *El palacio prerrománico de Santa María del Naranco.*

prerromano, na. ADJ. Anterior al dominio o civilización de los antiguos romanos. *Época prerromana.*

prerromanticismo. M. Conjunto de formas culturales que anticipan el triunfo del Romanticismo.

prerromántico, ca. ADJ. **1.** Perteneciente o relativo al prerromanticismo. *Estilo prerromántico.* ‖ **2.** Partidario o cultivador del prerromanticismo. U. t. c. s.

presa. F. **1.** Acción de prender o tomar algo. ‖ **2.** Cosa apresada o robada. ‖ **3.** Animal que es o puede ser cazado o pescado. ‖ **4.** Persona que puede ser víctima de una acción, especialmente si es violenta. ‖ **5.** Muro grueso de piedra u otro material que se construye a través de un río, arroyo o canal, para almacenar el agua a fin de derivarla o regular su curso fuera del cauce. ‖ **6.** represa (‖ lugar donde las aguas están detenidas o almacenadas). ‖ **7.** Acequia o zanja de regar. ‖ **8.** Conducto por donde se lleva el agua para dar movimiento a las ruedas de los molinos u otras máquinas hidráulicas. ‖ **9.** Tajada, pedazo o porción pequeña de algo comestible. ‖ **10.** llave (‖ lance de lucha para inmovilizar al adversario). ‖ **11.** Persona, animal o cosa que sufre o padece algo. *Los vecinos eran presa del terror al ver arder su vivienda.* ‖ **buena ~.** F. La que ha sido hecha con arreglo a las normas jurídicas internacionales de la navegación y del tráfico marítimo. ‖ **mala ~.** F. La que ha sido hecha en contravención a las normas jurídicas internacionales de la navegación y del tráfico marítimo. ‖ **hacer ~.** LOC.VERB. **1.** Asir a una persona, una cosa o un animal y asegurarlo a fin de que no se escape. ‖ **2.** Aprovechar la circunstancia, acción o situación en perjuicio ajeno y en favor del intento propio. ☐ V. **perro de ~.**

presagiar. TR. Anunciar o prever algo, induciéndolo de presagios o conjeturándolo. MORF. conjug. c. *anunciar.*

presagio. M. **1.** Señal que indica y anuncia un suceso. ‖ **2.** Especie de adivinación o conocimiento de las cosas futuras por medio de señales que se han visto o de intuiciones y sensaciones.

presagioso, sa. ADJ. Que presagia o contiene presagio. *Sombras presagiosas.*

présago, ga. ADJ. Que anuncia, adivina o presiente algo. *Présagos resplandores.*

presbicia. F. *Med.* Defecto de la visión consistente en que los rayos luminosos procedentes de objetos situados a cierta distancia del ojo forman foco en un punto posterior a la retina.

présbita o **présbite.** ADJ. *Med.* Se dice del ojo o del individuo afecto de presbicia. Apl. a pers., u. t. c. s.

presbiterado. M. Dignidad de presbítero.

presbiteral. ADJ. Perteneciente o relativo al presbítero.

presbiteriano, na. ADJ. **1.** Se dice del protestante ortodoxo que no reconoce la autoridad episcopal sobre los presbíteros. U. t. c. s. ‖ **2.** Perteneciente o relativo a los presbiterianos. *Comunidad presbiteriana.*

presbiterio. M. **1.** Área del altar mayor hasta el pie de las gradas por donde se sube a él, que regularmente suele estar cercada con una reja o barandilla. ‖ **2.** Reunión de los presbíteros con el obispo.

presbítero. M. Clérigo ordenado de misa.

presciencia. F. Conocimiento de las cosas futuras.

prescindencia. F. Acción y efecto de prescindir.

prescindir. INTR. **1.** Hacer abstracción de alguien o algo, pasarlo en silencio. ‖ **2.** Abstenerse, privarse de algo, evitarlo.

prescribir. **I.** TR. **1.** Preceptuar, ordenar, determinar algo. *La sociedad prescribe ciertas normas morales.* ‖ **2.** Recetar, ordenar remedios. *Prescribir un antibiótico.* ‖ **II.** INTR. **3.** Dicho de un derecho, de una acción o de una responsabilidad: **extinguirse.** ‖ **4.** *Der.* Adquirir un derecho real por el transcurso del tiempo en las condiciones previstas por la ley. ¶ MORF. part. irreg. **prescrito.** Á. R. *Plata.* part. irreg. **prescripto.**

prescripción. F. Acción y efecto de prescribir. ‖ **~ adquisitiva.** F. *Der.* usucapión. ‖ **~ extintiva.** F. *Der.* Modo de extinguirse un derecho como consecuencia de su falta de ejercicio durante el tiempo establecido por la ley.

prescriptivo, va. ADJ. Que **prescribe** (‖ preceptúa, ordena). *Normas prescriptivas.*

prescripto, ta. PART. IRREG. Á. R. *Plata.* **prescrito.**

prescrito, ta. PART. IRREG. de **prescribir.**

presea. F. Alhaja, joya, tela, etc., preciosas.

preselección. F. Selección previa.

preseleccionado, da. PART. de **preseleccionar.** ‖ ADJ. Dicho de una persona: Que ha sido seleccionada previamente para intervenir en algo, especialmente en alguna competición deportiva. U. t. c. s.

preseleccionar. TR. Seleccionar previamente.

presencia. F. **1.** Asistencia personal, o estado de la persona que se halla delante de otra u otras o en el mismo sitio que ellas. ‖ **2.** Asistencia o estado de una cosa que se halla delante de otra u otras o en el mismo sitio que ellas. ‖ **3.** Talle, figura y disposición del cuerpo. ‖ **4.** Representación, pompa, fausto. ‖ **~ de ánimo.** F. Serenidad o tranquilidad que conserva el ánimo, tanto en los sucesos adversos como en los prósperos. ‖ **~ de Dios.** F. Consideración de estar delante del Señor.

presencial. ADJ. Perteneciente o relativo a la presencia.

presenciar. TR. Hallarse presente o asistir a un hecho, acontecimiento, etc. MORF. conjug. c. *anunciar.*

presenil. ADJ. *Med.* Dicho de un estado o de un fenómeno: De apariencia senil, pero ocurrido antes de la senectud.

presentable. ADJ. Que está en condiciones de presentarse o ser presentado. *Resultados poco presentables.*

presentación. F. **1.** Acción y efecto de presentar o presentarse. ‖ **2.** Modo de presentar o presentarse. ‖ **3.**

Med. Forma farmacéutica de los medicamentos, como las cápsulas, los jarabes, los inyectables, etc. ‖ **4.** *Med.* Parte del feto que se encaja en la pelvis y aparece al exterior en el parto. *Presentación de cara.*

presentador, ra. **I.** ADJ. **1.** Que presenta. *Capítulo presentador de los personajes.* Apl. a pers., u. t. c. s. ‖ **II.** M. y F. **2.** Persona que, profesional u ocasionalmente, presenta y comenta un espectáculo, o un programa televisivo o radiofónico.

presentar. **I.** TR. **1.** Hacer manifestación de algo, ponerlo en la presencia de alguien. *Presentar las cosas de otra manera es incompatible con la realidad.* U. t. c. prnl. ‖ **2.** Ofrecer, dar. *Presentar excusas, respetos.* ‖ **3.** Tener ciertas características o apariencias. *La operación presentó serias dificultades. Desde ayer el enfermo presenta una notable mejoría.* ‖ **4.** Proponer a alguien para una dignidad, oficio o cargo. *El partido presentó a Pérez como candidato para la alcaldía.* ‖ **5.** Colocar provisionalmente una cosa para ver el efecto que produciría colocada definitivamente. *El fontanero presentó el lavabo antes de instalar las tomas y los desagües.* ‖ **6.** Dar a conocer al público a alguien o algo. *A las ocho presentarán la última obra de Cela.* ‖ **7.** Comentar o anunciar un espectáculo, un programa de televisión, de radio, etc. *La actriz presentará la gala de los premios Goya.* ‖ **8.** Dar el nombre de una persona a otra en presencia de ambas para que se conozcan. *Te presento a Marta.* ‖ **II.** PRNL. **9.** Ofrecerse voluntariamente a la disposición de alguien para un fin. ‖ **10.** Comparecer ante un jefe o autoridad de quien se depende. ‖ **11.** Aparecer en cierto lugar de forma inesperada o a una hora intempestiva o no acordada. ‖ **12.** Producirse, mostrarse, aparecer. *Ya se presentó la lluvia.* ‖ **13.** Dicho de una persona: Darse a conocer a otra sin que intervenga ningún mediador, indicándole el nombre y otras circunstancias que contribuyan a su identificación.

presente. **I.** ADJ. **1.** Que está delante o en presencia de alguien, o concurre con él en el mismo sitio. *En la rueda de prensa estuvieron presentes los autores del libro.* Apl. a pers., u. t. c. s. ‖ **2.** Se dice del tiempo en que actualmente está alguien cuando refiere algo. *El siglo presente.* U. t. c. s. m. ‖ **II.** M. **3.** Obsequio, regalo que alguien da a otra persona en señal de reconocimiento o de afecto. ‖ **4.** *Gram.* Tiempo que sirve para denotar la acción o el estado de cosas simultáneos al momento en que se habla; p. ej., *amo, temen, vivimos.* ‖ **al ~,** o **de ~.** LOCS. ADVS. **1.** Ahora, cuando se está diciendo o tratando. ‖ **2.** En la época actual. ‖ **mejorando lo ~.** EXPR. Se usa por cortesía cuando se alaba a algún individuo delante de otra persona. ‖ **por el, por la,** o **por lo, ~.** LOCS. ADVS. Por ahora, en este momento. □ V. **misa de cuerpo ~, palabras de ~.**

presentemente. ADV. T. ahora. U. m. en América.

presentimiento. M. Acción y efecto de presentir.

presentir. TR. **1.** Intuir, tener la sensación de que algo va a suceder. ‖ **2.** Adivinar algo antes que suceda, por algunos indicios o señales que lo preceden. ¶ MORF. conjug. c. *sentir.*

presera. F. Planta anual de la familia de las Rubiáceas, parecida al galio, de tallo ramoso, velludo en los nudos y con aguijones echados hacia atrás en los ángulos, verticilos de ocho hojas lineales, lanceoladas y ásperas en la margen, y fruto globoso lleno de cerditas ganchosas en su ápice.

preservación. F. Acción y efecto de preservar.

preservador, ra. ADJ. Que preserva. *Gestión preservadora de la riqueza natural.* U. t. c. s.

preservar. TR. Proteger, resguardar anticipadamente a una persona, animal o cosa, de algún daño o peligro. U. t. c. prnl.

preservativo, va. I. ADJ. **1.** Que tiene virtud o eficacia de preservar. *Ungüento preservativo.* ‖ **II.** M. **2.** Funda fina y elástica para recubrir el pene durante la relación sexual, a fin de evitar la fecundación o el posible contagio de enfermedades.

presidencia. F. **1.** Dignidad, empleo o cargo de presidente. ‖ **2.** Acción de presidir. ‖ **3.** Sitio, oficina o vivienda que ocupa el presidente. ‖ **4.** Tiempo que dura el cargo. ‖ **5.** Persona o conjunto de personas que presiden algo.

presidenciable. ADJ. Que tiene posibilidades de ser presidente o candidato a presidente. U. t. c. s.

presidencial. ADJ. Perteneciente o relativo a la presidencia o al presidente. *Silla presidencial. Atribuciones presidenciales.*

presidencialismo. M. Sistema de organización política en que el presidente de la República es también jefe del Gobierno, sin depender de la confianza de las Cámaras.

presidencialista. ADJ. **1.** Perteneciente o relativo al presidencialismo. *Régimen presidencialista.* ‖ **2.** Partidario de este sistema. U. t. c. s.

presidenta. F. **1.** Mujer que preside. ‖ **2.** Mujer que es cabeza de un Gobierno, consejo, tribunal, junta, sociedad, etc. ‖ **3.** En los regímenes republicanos, jefa del Estado normalmente elegida por un plazo fijo.

presidente. I. ADJ. **1.** Que preside. Apl. a pers., u. t. c. s. ‖ **II.** COM. **2.** Cabeza de un Gobierno, consejo, tribunal, junta, sociedad, etc. ‖ **3.** En los regímenes republicanos, jefe del Estado normalmente elegido por un plazo fijo. ‖ **~ municipal.** M. *Méx.* **alcalde.**

presidiario, ria. M. y F. Persona que cumple en presidio su condena.

presidio. M. **1.** Establecimiento penitenciario en que, privados de libertad, cumplen sus condenas los penados por graves delitos. ‖ **2.** Pena consistente en la privación de libertad, señalada para varios delitos, con diversos grados de rigor y de tiempo. ‖ **3.** hist. Guarnición de soldados que se ponía en las plazas, castillos y fortalezas para su custodia y defensa.

presidir. TR. **1.** Tener el primer puesto o lugar más importante o de más autoridad en una asamblea, corporación, junta, tribunal, acto, empresa, etc. *El gobernador presidirá la función.* ‖ **2.** Dicho de una cosa: Ocupar el lugar más importante o destacado. *Su retrato presidía la sala.* ‖ **3.** Predominar, tener principal influjo. *Es un instituto en que la caridad lo preside todo.*

presídium. M. **1.** En algunos países socialistas, órgano superior de gobierno. ORTOGR. Escr. con may. inicial. *El presidente del Presídium del Sóviet Supremo de la URSS.* ‖ **2.** En algunos partidos u organizaciones políticas de ideología marxista, comité de dirección. *El presídium de la Internacional Socialista.* ‖ **3.** *Méx.* **presidencia** (‖ conjunto de personas que presiden). ‖ **4.** *Méx.* Lugar donde se sitúa. *Se acercó al presídium para tomar el micrófono.* ¶ MORF. pl. **presídiums.**

presilla. F. Cordón pequeño con forma de anilla que se cose al borde de una prenda para pasar por él un botón, un corchete, un broche, etc.

presión. F. **1.** Acción y efecto de apretar o comprimir. ‖ **2.** Magnitud física que expresa la fuerza ejercida por un cuerpo sobre la unidad de superficie. Su unidad en el Sistema Internacional es el *pascal* (Pa). ‖ **3.** Fuerza o coacción que se hace sobre una persona o colectividad. ‖ **4.** *Dep.* Acoso de un equipo al contrario para dificultar su jugada. ‖ **~ arterial.** F. **tensión arterial.** ‖ **~ atmosférica.** F. La que ejerce la atmósfera sobre todos los objetos inmersos en ella. Su valor normal al nivel del mar es de 760 mm Hg o 1013 mbar. ‖ **~ fiscal.** F. Relación existente entre los ingresos de la Hacienda pública de un país y el valor del producto nacional neto. ‖ **~ osmótica.** F. Fís. La que ejercen las partículas del disolvente en una disolución sobre la membrana semipermeable que la separa de otra de mayor concentración. ‖ **~ sanguínea.** F. La ejercida por la sangre circulante sobre las paredes de las arterias. ‖ **~ social.** F. Conjunto de influencias que ejerce la sociedad sobre los individuos que la componen. □ V. **broche de ~, caída de ~, grupo de ~, olla a ~.**

presionar. TR. Ejercer presión sobre alguien o algo.

preso, sa. ADJ. **1.** Dicho de una persona: Que sufre prisión. U. t. c. s. ‖ **2.** Dominado por un sentimiento, estado de ánimo, etc. *Fue preso de la ira ante tal calumnia.* □ V. **cuerda de ~s.**

presocrático, ca. ADJ. Se dice de los filósofos griegos anteriores a Sócrates y de su filosofía. Apl. a pers., u. t. c. s. m.

presostato. M. Dispositivo que permite mantener constante la presión de un fluido en un circuito.

prestación. F. **1.** Acción y efecto de prestar. ‖ **2.** Cosa o servicio exigido por una autoridad o convenido en un pacto. ‖ **3.** Renta, tributo o servicio pagadero al señor, al propietario o a alguna entidad corporativa. *Prestaciones jurisdiccionales, territoriales, enfitéuticas.* ‖ **4.** Servicio que proporciona un motor, un instrumento, un vehículo, etc. U. m. en pl. ‖ **5. prestación social.** ‖ **6.** Der. Cosa o servicio que alguien recibe o debe recibir de otra persona en virtud de un contrato o de una obligación legal. ‖ **~ personal.** F. Servicio personal obligatorio exigido por la ley a los vecinos de un pueblo para obras o servicios de utilidad común. ‖ **~ social.** F. La que la seguridad social u otras entidades otorgan en favor de sus beneficiarios, en dinero o en especie, para atender situaciones de necesidad.

prestado. de ~. LOC.ADV. **1.** Con cosas prestadas. *Hoy voy de prestado.* ‖ **2.** De modo precario, con poca estabilidad o duración.

prestador, ra. ADJ. Que presta. Apl. a pers., u. t. c. s.

prestamista. COM. Persona que da dinero a préstamo.

préstamo. M. **1.** Acción y efecto de **prestar** (‖ entregar algo a alguien para que lo devuelva). *El préstamo de libros se realiza por las tardes.* ‖ **2.** Cantidad de dinero que se solicita, generalmente a una institución financiera, con la obligación de devolverlo con un interés. *Nos han denegado el préstamo.* ‖ **3.** Contrato mediante el cual un particular se obliga a devolver el dinero que le ha sido prestado. ‖ **4.** Ling. Elemento, generalmente léxico, que una lengua toma de otra. ‖ **~ a la gruesa.** M. Com. Contrato por el que alguien presta a otra persona cierta cantidad sobre objetos expuestos a riesgos marítimos, con la condición de perderla si estos se pierden y de que, llegando a buen puerto, se le devuelva la suma con un premio convenido. □ V. **casa de ~s.**

prestancia. F. **1.** Excelencia o calidad superior entre los de su clase. ‖ **2.** Aspecto de distinción.

prestante. ADJ. Excelente o de calidad superior entre los de su clase. *Institución prestante.*

prestar. I. TR. 1. Entregar algo a alguien para que lo utilice durante algún tiempo y después lo restituya o devuelva. *Pedro prestó su moto generosamente.* || 2. Ayudar, asistir o contribuir al logro de algo. *Prestar auxilio.* || 3. Dar o comunicar. *Agradecíamos el calor que nos prestaban los otros cuerpos.* || 4. Tener u observar. *Prestar atención.* || II. PRNL. 5. Ofrecerse, avenirse a algo. *Se prestó a ser madrina.* || 6. Dar motivo u ocasión para algo. *Su actitud se presta a malentendidos.*

prestatario, ria. ADJ. Que toma dinero a préstamo. U. t. c. s.

preste. M. Sacerdote que preside la celebración de la misa o de otros actos litúrgicos. || ~ **Juan.** M. hist. Se usa como denominación legendaria del emperador de los abisinios, que tenía carácter sacerdotal.

presteza. F. Prontitud, diligencia y brevedad en hacer o decir algo.

prestidigitación. F. Arte o habilidad de hacer juegos de manos y otros trucos para distracción del público.

prestidigitador, ra. M. y F. Persona que hace juegos de manos y otros trucos.

prestigiar. TR. Dar prestigio, autoridad o importancia. MORF. conjug. c. *anunciar.*

prestigio. M. 1. Realce, estimación, renombre, buen crédito. || 2. Ascendiente, influencia, autoridad.

prestigioso, sa. ADJ. 1. Que tiene prestigio. *Prestigioso conferenciante.* || 2. Que causa prestigio. *Prestigiosa asociación.*

prestímano, na. M. y F. Prestidigitador que hace juegos de manos.

presto¹, ta. I. ADJ. 1. Pronto, diligente, ligero en la ejecución de algo. *Laura acudió presta a su llamada.* || 2. Preparado o dispuesto para ejecutar algo o para un fin. *Un pícaro presto a arrebatarle la cartera.* || II. ADV.T. 3. Al instante, con gran prontitud y brevedad. || **de presto.** LOC.ADV. Prontamente, con presteza.

presto². I. ADV.M. 1. *Mús.* Con movimiento muy rápido. || II. M. 2. *Mús.* Composición o parte de ella con que se ejecuta este movimiento.

presumido, da. PART. de presumir. || ADJ. 1. Vano, jactancioso, orgulloso, que tiene alto concepto de sí mismo. *Habló con aire presumido, casi triunfal.* U. t. c. s. || 2. Dicho de una persona: Que se compone o arregla mucho. U. t. c. s.

presumir. I. INTR. 1. Dicho de una persona: Vanagloriarse, tener alto concepto de sí misma. || 2. Dicho de una persona: Cuidar mucho su arreglo para parecer atractiva. || II. TR. 3. Sospechar, juzgar o conjeturar algo por tener indicios o señales para ello. *Presumo que el culpable aparecerá pronto.* || 4. *Méx.* Mostrar algo con orgullo o presunción. *Les presumieron su nueva casa.*

presunción. F. 1. Acción y efecto de presumir. || 2. Cualidad de presumido. || 3. *Der.* Hecho que la ley tiene por cierto sin necesidad de que sea probado. || ~ **de inocencia.** F. *Der.* La que se aplica a toda persona, aun acusada en un proceso penal, mientras no se produzca sentencia firme condenatoria.

presuntivo, va. ADJ. Que se puede presumir o está apoyado en presunción. *Diagnóstico presuntivo.*

presunto, ta. ADJ. 1. supuesto. *Sus presuntas actividades ilícitas.* || 2. *Der.* Se dice de aquel a quien se considera posible autor de un delito antes de ser juzgado. U. t. c. s.

presuntuosidad. F. Presunción, vanagloria.

presuntuoso, sa. ADJ. 1. Lleno de presunción y orgullo. *Es un individuo presuntuoso y altanero.* U. t. c. s. || 2. Que pretende pasar por muy elegante o lujoso. *Edificio presuntuoso de mármol.*

presuponer. TR. 1. Dar por sentado o cierto algo. || 2. Requerir o considerar algo como condición previa. *La ejecución del proyecto presupone una inversión importante.* || 3. **implicar** (|| contener o significar). *Cada innovación presupone una ruptura.* || 4. Hacer cálculo previo o presupuesto de gastos e ingresos. ¶ MORF. conjug. c. *poner;* part. irreg. **presupuesto.**

presuposición. F. Acción y efecto de presuponer.

presupuestal. ADJ. *Méx.* presupuestario.

presupuestar. TR. 1. Formar el cómputo de los gastos o ingresos, o de ambas cosas que resultan de un negocio público o privado. || 2. Incluir una partida en el presupuesto del Estado o de una corporación.

presupuestario, ria. ADJ. Perteneciente o relativo al presupuesto, especialmente al de un Estado. □ V. **déficit ~.**

presupuesto. M. 1. Cómputo anticipado del coste de una obra o de los gastos y rentas de una corporación. || 2. Cantidad de dinero calculado para hacer frente a los gastos generales de la vida cotidiana, de un viaje, etc. || 3. Supuesto o suposición. || 4. Motivo, causa o pretexto con que se ejecuta algo.

presura. F. Prisa, prontitud y ligereza.

presurización. F. Acción y efecto de presurizar.

presurizar. TR. Mantener la presión atmosférica normal en un recinto, independientemente de la presión exterior, como en la cabina de pasajeros de un avión.

presuroso, sa. ADJ. Rápido, ligero, veloz. *Paso presuroso.*

pretal. M. Correa o faja que, asida por ambos lados a la parte delantera de la silla de montar, ciñe y rodea el pecho de la cabalgadura.

pretemporada. F. *Dep.* Período en el que tienen lugar las competiciones que preceden al comienzo de una temporada oficial deportiva.

pretenciosidad. F. Cualidad de pretencioso.

pretencioso, sa. ADJ. Presuntuoso, que pretende ser más de lo que es. *Decoración pretenciosa.*

pretender. TR. 1. Querer o conseguir algo. *Pretendía ser concejal. Pretendía disculparse.* || 2. Dicho de una persona: Cortejar a otra.

pretendido, da. PART. de pretender. || ADJ. Supuesto, presunto. *El pretendido valor literario del poema.*

pretendienta. F. Mujer que pretende o solicita algo.

pretendiente. ADJ. 1. Que pretende o solicita algo. U. m. c. s. || 2. Aspirante a desempeñar un cargo público. U. m. c. s. || 3. Que aspira al noviazgo o al matrimonio con alguien. U. m. c. s.

pretensión. F. 1. Acción de pretender algo que se desea. || 2. Aspiración ambiciosa o desmedida. U. m. en pl. || 3. *Der.* Petición que se ejercita ante el juez como objeto principal de un proceso para obtener determinados pronunciamientos frente a una u otras personas.

pretensioso, sa. ADJ. pretencioso.

pretenso, sa. ADJ. supuesto.

preterición. F. 1. Acción y efecto de preterir. || 2. *Ret.* Figura que consiste en aparentar que se quiere omitir o pasar por alto aquello mismo que se dice.

preterir. TR. Hacer caso omiso de alguien o algo. MORF. conjug. c. *pedir.* U. solo las formas cuya desinencia empieza por -i.

pretérito, ta. I. ADJ. **1.** Que ya ha pasado o sucedió. *Realidad pretérita.* ‖ **II.** M. **2.** *Gram.* Tiempo que sirve para denotar una acción o un estado de cosas anterior al momento en que se habla; p. ej., *amaba, ha amado, amó, había dado, hubo amado.* ‖ **3.** *Gram.* En la terminología de A. Bello, **pretérito perfecto simple.** ‖ **pretérito anterior.** M. *Gram.* Tiempo que indica una acción o un estado de cosas acabados antes de otros también pasados; p. ej., *hubo amado, hubo temido, hubo vivido.* ‖ ~ **imperfecto.** M. *Gram.* Tiempo que indica una acción o un estado de cosas simultáneos a un instante anterior al momento en que se habla. En indicativo, *amaba, temía, vivía;* en subjuntivo, *amara* o *amase, temiera* o *temiese, viviera* o *viviese.* ‖ ~ **indefinido.** M. *Gram.* **pretérito perfecto simple.** ‖ ~ **perfecto.** M. **1.** *Gram.* Tiempo que denota ser ya pasada la significación del verbo, y se divide en simple; p. ej., *amó, temió, vivió,* y compuesto, tanto en indicativo, p. ej., *ha amado, ha temido, ha vivido,* como en subjuntivo, p. ej., *haya amado, haya temido, haya vivido.* ‖ **2.** *Gram.* **pretérito perfecto compuesto.** ‖ ~ **perfecto compuesto.** M. *Gram.* Tiempo que denota una acción o un estado de cosas anteriores al momento en que se habla, vinculado con el presente. ‖ ~ **perfecto simple.** M. *Gram.* Tiempo que denota una acción o un estado de cosas anteriores al momento en que se habla, sin vinculación con el presente. ‖ ~ **pluscuamperfecto.** M. *Gram.* Tiempo que indica una acción o un estado de cosas acabados antes de otros también pasados, tanto en indicativo, p. ej., *había amado, había temido, había vivido,* como en subjuntivo, p. ej., *hubiera* o *hubiese amado, hubiera* o *hubiese temido, hubiera* o *hubiese vivido.*

preternatural. ADJ. Que se halla fuera del ser y estado natural de algo. *Resplandor preternatural.*

pretextar. TR. Valerse de un pretexto.

pretexto. M. Motivo o causa simulada o aparente que se alega para hacer algo o para excusarse de no haberlo ejecutado.

pretil. M. Muro o vallado de piedra u otra materia que se pone en los puentes y en otros lugares para preservar de caídas.

pretina. F. **1.** Correa o cinta con hebilla o broche para sujetar en la cintura ciertas prendas de ropa. ‖ **2.** Parte de los calzones, basquiñas y otras ropas, que se ciñe y ajusta a la cintura.

pretónico, ca. ADJ. *Fon.* Dicho de un elemento de la palabra: Que va antes de la sílaba tónica.

pretor. M. hist. Magistrado romano que ejercía jurisdicción en Roma o en las provincias.

pretorianismo. M. Influencia política abusiva ejercida por algún grupo militar.

pretoriano, na. ADJ. **1.** hist. Perteneciente o relativo al pretor. *Actividades pretorianas.* ‖ **2.** hist. Se dice de los soldados que formaban la guardia de los emperadores romanos. U. t. c. s. ‖ **3.** Perteneciente o relativo al pretorianismo. *Época pretoriana.* ☐ V. **guardia** ~.

pretorio. M. hist. Palacio y sede del tribunal de los pretores romanos. ☐ V. **prefecto del** ~, **prefecto** ~.

preuniversitario, ria. ADJ. Se dice de las enseñanzas preparatorias para el ingreso en la universidad.

prevalecer. INTR. **1.** Dicho de una persona o de una cosa: Sobresalir, tener alguna superioridad o ventaja entre otras. ‖ **2.** Perdurar, subsistir. *Costumbres que prevalecen durante siglos.* ¶ MORF. conjug. c. *agradecer.*

prevaleciente. ADJ. Que prevalece. *Modelo prevaleciente.*

prevalencia. F. **1.** Acción y efecto de prevalecer. ‖ **2.** *Med.* En epidemiología, proporción de personas que sufren una enfermedad con respecto al total de la población en estudio.

prevalente. ADJ. **1.** **prevaleciente.** ‖ **2.** *Med.* Dicho de una enfermedad: Que presenta mayor prevalencia.

prevalerse. PRNL. Valerse o servirse de algo para ventaja o provecho propio. MORF. conjug. c. *valer.*

prevaricación. F. *Der.* Delito consistente en dictar a sabiendas una resolución injusta una autoridad, un juez o un funcionario.

prevaricador, ra. ADJ. **1.** Que prevarica. *Magistrado prevaricador.* U. t. c. s. ‖ **2.** Que pervierte e incita a alguien a faltar a las obligaciones de su oficio o religión. U. t. c. s.

prevaricar. INTR. **1.** *Der.* Cometer el delito de prevaricación. ‖ **2.** Cometer cualquier otra falta menos grave en el ejercicio de un deber o función.

prevención. F. **1.** Acción y efecto de prevenir. ‖ **2.** Provisión de mantenimiento o de otra cosa que sirve para un fin. ‖ **3.** Concepto, por lo común desfavorable, que se tiene de alguien o algo. ‖ **4.** *Mil.* Guardia del cuartel, que procura el buen orden de la tropa. ‖ **5.** *Mil.* Lugar donde está. ☐ V. **estado de** ~.

prevenido, da. PART. de **prevenir.** ‖ ADJ. Que tiende a tomar precauciones o a estar preparado para cualquier necesidad.

prevenir. I. TR. **1.** Prever, ver, conocer de antemano o con anticipación un daño o perjuicio. *No supieron prevenir el riesgo que corrían.* ‖ **2.** Precaver, evitar, estorbar o impedir algo. *Prevenir anomalías del embarazo.* ‖ **3.** Advertir, informar o avisar a alguien de algo. *Me previno para que estuviera alerta.* ‖ **4.** Preparar y disponer con anticipación lo necesario para un fin. *Tomó medidas para prevenir una operación a gran escala.* ‖ **5.** Imbuir, impresionar, preocupar a alguien, induciéndolo a prejuzgar personas o cosas. *Lo habían prevenido en contra de Luisa.* ‖ **II.** PRNL. **6.** Disponer con anticipación, prepararse de antemano para algo. *Ni siquiera había intentado prevenirse adecuadamente.* ¶ MORF. conjug. c. *venir.*

preventivo, va. ADJ. Que previene. *Medida preventiva.* ☐ V. **anotación** ~, **guerra** ~, **prisión** ~.

preventorio. M. Establecimiento destinado a prevenir el desarrollo o propagación de ciertas enfermedades, especialmente la tuberculosis infantil.

prever. TR. **1.** Ver con anticipación. *Yo no hubiera sido capaz de prever esto.* ‖ **2.** Conocer, conjeturar por algunas señales o indicios lo que ha de suceder. U. t. c. prnl. *Esta noche se prevén acontecimientos trascendentales.* ‖ **3.** Disponer o preparar medios contra futuras contingencias. *Había previsto y calculado todo.* ¶ MORF. conjug. c. *ver;* part. irreg. **previsto.**

previo, via. ADJ. Anticipado, que va delante o que sucede primero. *Trabajos previos.* ☐ V. **artículo de** ~ **pronunciamiento, censura** ~, **placenta** ~, ~ **censura.**

previsibilidad. F. Cualidad de previsible.

previsible. ADJ. Que puede ser previsto o entra dentro de las previsiones normales. *Frío previsible.*

previsión. F. Acción y efecto de prever.

previsivo, va. ADJ. *Á. Caribe.* **previsor.**

previsor, ra. ADJ. Que prevé.

previsto, ta. PART. IRREG. de **prever.**

prez. AMB. Honor, estima o consideración que se adquiere o gana con una acción gloriosa.

priapismo. M. *Med.* Erección continua y dolorosa del miembro viril, sin apetito sexual.

príapo. M. Pene, especialmente el del hombre.

prieto, ta. ADJ. **1.** Ajustado, ceñido, estrecho, duro, denso. *Cinturón prieto.* ‖ **2.** Mísero, escaso, codicioso. ‖ **3.** *Am.* Dicho de una persona: De piel morena. ‖ **4.** *Am.* Dicho de una cosa: **morena** (‖ de tono oscuro).

prima. F. **1.** Cantidad extra de dinero que se da a alguien como recompensa, estímulo, agradecimiento, etc. ‖ **2.** Cantidad que el cesionario de un derecho o una cosa da al cedente además del coste originario. ‖ **3.** En algunos instrumentos de cuerda, la primera y la más delgada de todas, que produce un sonido muy agudo. ‖ **4.** Premio concedido, la mayoría de las veces por el Gobierno, a fin de estimular operaciones o empresas que se reputan de conveniencia pública o que interesan a quien lo concede. ‖ **5.** Una de las siete horas canónicas del día, que se canta a primera hora de la mañana, después de laudes. ‖ **6.** hist. Primera de las cuatro partes iguales en que dividían los romanos las doce horas de luz diurna, y que comprendía desde el principio de la primera hora, a la salida del sol, hasta el fin de la tercera, a media mañana. ‖ **7.** *Com.* Suma que en ciertas operaciones de bolsa se obliga al comprador a plazo a pagar al vendedor por el derecho a rescindir el contrato. ‖ **8.** *Com.* Precio que el asegurado paga periódicamente al asegurador. ‖ **9.** *Mil.* Primero de los cuartos en que para los centinelas se dividía la noche, y comprendía desde las ocho a las once. ☐ V. **catedrático de ~.**

prima donna. F. Protagonista femenina de una ópera. MORF. pl. **primas donnas.**

primacía. F. **1.** Superioridad, ventaja o excelencia que algo tiene con respecto a otra cosa de su especie. ‖ **2.** Dignidad o empleo de primado.

primacial. ADJ. Perteneciente o relativo al primado o a la primacía.

primado, da. PART. de **primar.** ‖ **I.** ADJ. **1.** Que tiene preeminencia o calidad de **primado** (‖ arzobispo u obispo). ‖ **2.** Perteneciente o relativo al **primado** (‖ arzobispo u obispo). *Silla primada.* ‖ **II.** M. **3.** Primero y más preeminente de todos los arzobispos y obispos de un reino o región, ya ejerza sobre ellos algunos derechos de jurisdicción o potestad, ya solo goce de ciertas prerrogativas honoríficas. ‖ **4. primacía** (‖ dignidad). ☐ V. **iglesia ~.**

prima facie. (Locución latina). LOC. ADV. **a primera vista.** U. m. en leng. jurídico y c. coloq.

primal, la. ADJ. Dicho de una res ovejuna o cabría: Que tiene más de un año y no llega a dos. U. t. c. s.

primar. **I.** TR. **1.** Conceder primacía a algo. *Debéis primar los intereses del Estado.* ‖ **II.** INTR. **2.** Prevalecer, predominar, sobresalir.

primario, ria. ADJ. **1.** Primero en orden o grado. *Un intento elemental y primario de solución.* ‖ **2.** Principal, esencial. *Objetivo primario.* ‖ **3. primitivo** (‖ elemental). *Reacción primaria.* ‖ **4.** *Geol.* Perteneciente o relativo a los terrenos sedimentarios más antiguos. ☐ V. **atención ~, elecciones ~s, enseñanza ~, sector ~.**

primate. **I.** ADJ. **1.** *Zool.* Se dice de los mamíferos de superior organización, plantígrados, con extremidades terminadas en cinco dedos provistos de uñas, de los cuales el pulgar es oponible a los demás, por lo menos en los miembros torácicos. U. m. c. s. m. ORTOGR. En m. pl., escr. con may. inicial c. taxón. *Los Primates.* ‖ **II.** M. **2.** Personaje distinguido, prócer. U. t. en pl.

primavera. **I.** F. **1.** Estación del año, que astronómicamente principia en el equinoccio del mismo nombre y termina en el solsticio de verano. ‖ **2.** Época templada del año, que en el hemisferio boreal corresponde a los meses de marzo, abril y mayo, y en el austral a los de septiembre, octubre y noviembre. ‖ **3.** Planta herbácea perenne, de la familia de las Primuláceas, con hojas anchas, largas, arrugadas, ásperas al tacto y tendidas sobre la tierra. De entre ellas se elevan varios tallos desnudos que llevan flores amarillas en forma de quitasol. ‖ **4.** Cada uno de los años de edad de las personas jóvenes. U. m. en pl. *Tiene 15 primaveras.* ‖ **5.** Tiempo en que algo está en su mayor vigor y hermosura. *La primavera de su vida.* ‖ **II.** ADJ. **6.** Dicho de una persona: Simple, cándida o fácil de engañar. U. t. c. s. ☐ V. **rollito de ~.**

primaveral. ADJ. Perteneciente o relativo a la primavera.

primer. ADJ. **primero.** U. ante s. m. sing. ☐ V. **el ~ motor, ~ espada, ~ meridiano, ~ ministro, ~ oficial, ~ plano.**

primera. F. Marcha o velocidad más corta del motor de un vehículo que aplica la máxima potencia pero con la menor velocidad.

primeramente. ADV. T. De manera previa, con anticipación, antes de todo. U. t. c. adv. ord.

primeridad. F. Superioridad con relación a otros de su especie.

primerizo, za. ADJ. **1.** Que hace por vez primera algo, o es novicio o principiante en un arte, profesión o ejercicio. *Estudiante primerizo.* U. t. c. s. ‖ **2.** Se dice especialmente de la hembra que pare por primera vez. *Madre primeriza.* U. t. c. s. f.

primero, ra. **I.** ADJ. **1.** Dicho de una persona o de una cosa: Que precede a las demás de su especie en orden, tiempo, lugar, situación, clase o jerarquía. U. t. c. s. Apl. a los días del mes, u. t. c. s. m. *El primero de mayo.* ‖ **2.** Excelente, grande y que sobresale y excede a otros. *Primera figura.* ‖ **3.** Antiguo, y que antes se ha tenido. *Se restituyó a su estado primero.* ‖ **II.** ADV. T. **4. primeramente.** ‖ **5.** Antes, más bien, de mejor gana, con más o mayor gusto. Se usa para contraposición adversativa de algo que se pretende o se intenta. *Primero pediría limosna que prestado.* ‖ **a primeros,** o **a primeros de.** LOCS. ADVS. En los primeros días del período de tiempo que se indica o se sobrentiende. *Me examino a primeros. Llámame a primeros de semana.* ‖ **de primera.** LOC. ADJ. coloq. Sobresaliente en su línea. ‖ **de primero.** LOC. ADV. Antes o al principio. ☐ V. **artículo de ~ necesidad, cabo ~, causa ~, juez de ~ instancia, juez de ~ instancia o de instrucción, maestro de ~ enseñanza, maestro de ~s letras, nuestros ~s padres, ~ articulación, ~ dama, ~ enseñanza, ~ espada, ~ intención, ~ línea, ~ materia, ~ noche, ~ persona, ~s letras, sargento ~.**

primicia. F. **1.** Fruto primero de cualquier cosa. ‖ **2.** hist. Prestación de frutos y ganados que además del diezmo se daba a la Iglesia. ‖ **3.** Noticia, hecho que se da a conocer por primera vez. ‖ **4.** pl. Principios o primeros frutos que produce cualquier cosa no material.

primicial. ADJ. Perteneciente o relativo a las primicias.

primiciero. M. hist. Encargado de cobrar las **primicias** (‖ prestaciones que se daban a la Iglesia).

primigenio, nia. ADJ. Primitivo, originario. *Mito primigenio.*

primípara. F. Hembra que pare por primera vez.

primitiva. F. **lotería primitiva.**

primitivismo. M. **1.** Expresión o manifestación propia de los pueblos primitivos. || **2.** Tosquedad, rudeza, elementalidad.

primitivo, va. ADJ. **1.** Primero en su línea, o que no tiene ni toma origen de otra cosa. *Hay que volver al método primitivo.* || **2.** Se dice de los pueblos aborígenes o de civilización poco desarrollada, así como de los individuos que los componen, de su misma civilización o de las manifestaciones de ella. Apl. a pers., u. t. c. s. m. || **3.** Rudimentario, elemental, tosco. *Concepciones muy primitivas.* || **4.** *Esc.* y *Pint.* Se dice del artista y de la obra artística pertenecientes a épocas anteriores a las que se consideran clásicas dentro de una civilización o ciclo, y en especial de los artistas y obras del Occidente europeo anteriores al Renacimiento o a su influjo. Apl. a pers., u. t. c. s. m. || **5.** *Gram.* Dicho de una palabra: Que no se deriva de otra de la misma lengua. □ V. **comunismo** ~, **lotería** ~.

primo, ma. **I.** ADJ. **1.** primero. || **II.** M. y F. **2.** Respecto de una persona, hijo o hija de su tío o tía. || **3.** hist. Era usado por el rey como tratamiento dirigido a los grandes de España en cartas privadas y documentos oficiales. || **~ carnal.** M. y F. primo hermano. || **~ hermano, na.** M. y F. Respecto de una persona, hijo o hija de tíos carnales. || **~ segundo, da; tercero, ra, etc.** M. y F. Respecto de una persona, hijo o hija de tíos segundos, terceros, etc. □ V. **danza** ~, **materia** ~, **número** ~, **números** ~s **entre sí, obra** ~, **ópera** ~, ~ **tonsura.**

primogénito, ta. ADJ. Se dice del hijo que nace primero. U. t. c. s.

primogenitura. F. Dignidad, prerrogativa o derecho del primogénito.

primor. M. **1.** Destreza, habilidad, esmero o excelencia en hacer o decir algo. || **2.** Arte, belleza y hermosura de la obra ejecutada con él.

primordial. ADJ. Primitivo, primero. Se dice del principio fundamental de cualquier cosa. *Factor primordial.*

primordio. M. Cosa originaria o primera.

primoroso, sa. ADJ. **1.** Excelente, delicado y perfecto. *Bordado primoroso.* || **2.** Diestro, experimentado y que hace o dice con perfección algo. *Artista primoroso.*

prímula. F. primavera (|| planta primulácea).

primuláceo, a. ADJ. *Bot.* Se dice de las plantas herbáceas angiospermas dicotiledóneas con hojas radicales o sobre el tallo, flores hermafroditas, regulares, de cáliz persistente y corola de cuatro a cinco pétalos, y fruto capsular, con muchas semillas de albumen carnoso; p. ej., el pamporcino, la lisimaquia y la primavera. U. t. c. s. f. ORTOGR. En f. pl., escr. con may. inicial c. taxón. *Las Primuláceas.*

prínceps. ADJ. hist. **príncipe** (|| primera de una serie de ediciones). U. t. c. s. f. MORF. pl. invar. *Ediciones prínc.*

princesa. F. **1.** Soberana de un Estado que tiene el título de principado. || **2.** Mujer del príncipe. || **3.** En algunos países, hija del rey.

principado. M. **1.** Título o dignidad de príncipe. || **2.** Territorio o lugar sobre el que recae este título. || **3.** Territorio o lugar sujeto a la potestad de un príncipe. || **4.** pl. *Rel.* Espíritus bienaventurados, príncipes de todas las virtudes celestiales, que cumplen los mandatos divinos. Forman el séptimo coro.

principal. **I.** ADJ. **1.** Dicho de una persona o de una cosa: Que tiene el primer lugar en estimación o importancia y se antepone y prefiere a otras. *El deporte es la principal dedicación de su vida.* || **2.** Dicho de una persona: Que es la primera en un negocio o está a la cabeza de él. *Es el principal responsable de la sucursal.* || **3.** Esencial o fundamental, por oposición a *accesorio. Las principales defensas naturales del organismo.* || **4.** Se decía del piso que en los edificios se halla sobre el bajo o el entresuelo. U. t. c. s. m. || **II.** M. **5.** Capital de una obligación o censo, en oposición a rédito, pensión o canon. □ V. **nave** ~, **oración** ~.

principalidad. F. Cualidad de principal o de primero en su línea.

príncipe. **I.** M. **1.** En algunos países, hijo del rey. || **2.** Miembro de una familia real o imperial. || **3.** Soberano de un Estado. || **4.** Merced nobiliaria que de forma excepcional conceden los reyes. || **5.** En algunos países, hombre de un alto grado de nobleza superior al duque. || **6.** Primero y más excelente, superior o aventajado en algo. *Príncipe de la poesía.* || **II.** ADJ. **7.** Se dice de la primera de una serie de ediciones de una obra de cierta antigüedad. U. t. c. s. f. *Ha fijado el texto de la príncipe de Salamanca.* || **el ~ de las tinieblas.** M. **diablo** (|| príncipe de los ángeles rebelados). || **~ azul.** M. Hombre ideal soñado o esperado por una mujer. || **tratar** a alguien **como a un** ~. LOC. VERB. Agasajarlo con magnificencia. □ V. **corona del ~ de Asturias.**

principesa. F. princesa.

principesco, ca. ADJ. **1.** Perteneciente o relativo a los príncipes. *Corte principesca.* || **2.** Propio o característico de los príncipes. *Carácter principesco.*

principianta. F. Aprendiza de cualquier oficio, arte, facultad o profesión.

principiante. ADJ. Que empieza a estudiar, aprender o ejercer un oficio, arte, facultad o profesión. U. m. c. s.

principiar. TR. Comenzar, dar principio a algo. U. t. c. intr. MORF. conjug. c. *anunciar.*

principio. M. **1.** Primer instante del ser de algo. || **2.** Punto que se considera como primero en una extensión o en una cosa. || **3.** Base, origen, razón fundamental sobre la cual se procede discurriendo en cualquier materia. || **4.** Causa, origen de algo. || **5.** Cada una de las primeras proposiciones o verdades fundamentales por donde se empiezan a estudiar las ciencias o las artes. || **6.** Norma o idea fundamental que rige el pensamiento o la conducta. U. m. en pl. || **7.** pl. *Impr.* Partes que preceden al texto de un libro. || **~ activo.** M. *Quím.* Componente responsable de las propiedades farmacológicas o tóxicas de una sustancia. || **~ de contradicción.** M. *Fil.* Enunciado lógico y metafísico que consiste en reconocer la imposibilidad de que una cosa sea y no sea al mismo tiempo. || **~ de legalidad.** M. *Der.* principio jurídico en virtud del cual los ciudadanos y todos los poderes públicos están sometidos a las leyes y al derecho. || **a los ~s, o al ~.** LOCS. ADVS. Al empezar algo. || **a ~, o a ~s, de.** LOCS. ADVS. En los primeros días del período de tiempo que se indica. *Volveré a principios de octubre.* || **del ~ al fin.** De manera entera y absoluta. || **desde un** ~. LOC. ADV. Desde los comienzos, desde el inicio de algo. || **en** ~. LOC. ADV. Se usa para referirse a lo que provisionalmente se acepta o acoge en esencia, sin que haya entera conformidad en la forma o los detalles. || **tener** ~ algo **de** otra cosa. LOC. VERB. Proceder o provenir de ella. □ V. **petición de** ~.

pringamoza. F. Á. *Caribe.* Arbusto de la familia de las Euforbiáceas, cubierto de una pelusa urticante, con hojas alternas, dentadas y pecioladas, flores monoicas y apétalas, dispuestas en racimos las masculinas y en espiga las femeninas.

pringar. I. TR. **1.** Manchar con pringue o con cualquier otra sustancia grasienta o pegajosa. U. t. c. prnl. *Se pringó las manos de tarta.* ‖ **2.** Empapar con pringue el pan u otro alimento. *Pringó pan en la salsa.* ‖ **3.** *Méx.* **salpicar** (‖ saltar un líquido). ‖ **II.** INTR. IMPERS. **4.** *Méx.* **lloviznar.** ‖ ~**la.** LOC.VERB. vulg. **morir** (‖ llegar al término de la vida).

pringoso, sa. ADJ. Que tiene pringue o está grasiento o pegajoso. *Bollo pringoso.*

pringue. AMB. **1.** Grasa que suelta el tocino u otra cosa semejante sometida a la acción del fuego. ‖ **2.** Suciedad o grasa que se pega a la ropa o a otra cosa.

prion o **prión.** M. Agente infeccioso, constituido exclusivamente por proteínas, que produce alteraciones neurodegenerativas contagiosas en diversas especies animales.

prior. I. ADJ. **1.** Dicho de una cosa: En lo escolástico, que precede a otra en cualquier orden. ‖ **II.** M. **2.** En algunas religiones, superior o prelado ordinario del convento. ‖ **3.** En otras religiones, segundo prelado después del abad. ‖ **4.** Superior de cualquier convento de los canónigos regulares y de las órdenes militares. ‖ **5.** Dignidad que hay en algunas iglesias catedrales. ‖ **6.** En algunos obispados, párroco o cura. ‖ **7.** El cabeza de cualquier consulado, establecido con autoridad legítima para entender en asuntos de comercio.

priora. F. **1.** Prelada de algunos conventos de religiosas. ‖ **2.** En algunas religiones, segunda prelada, que tiene el gobierno y mando después de la superiora.

prioral. ADJ. Perteneciente o relativo al prior o a la priora.

priorato¹. M. **1.** Oficio, dignidad o empleo de prior o de priora. ‖ **2.** Distrito o territorio en que tiene jurisdicción el prior.

priorato². M. Vino tinto muy renombrado en gran parte de España.

priorazgo. M. Dignidad de prior o priora.

prioridad. F. **1.** Anterioridad de algo respecto de otra cosa, en tiempo o en orden. ‖ **2.** Anterioridad o precedencia de algo respecto de otra cosa que depende o procede de ello. ‖ ~ **de origen.** F. *Rel.* La de aquellas personas de la Trinidad que son principio de otra u otras que de ellas proceden; como el Padre, que es principio del Verbo, y ambos principio del Espíritu Santo.

prioritario, ria. ADJ. Que tiene prioridad respecto de algo. *Trabajo prioritario.*

priorizar. TR. Dar prioridad a algo.

prioste. M. Mayordomo de una hermandad o cofradía.

prisa. F. **1.** Prontitud y rapidez con que sucede o se ejecuta algo. *Llegó con prisa.* ‖ **2.** Necesidad o deseo de ejecutar algo con urgencia. *Tengo mucha prisa.* ‖ **a ~.** LOC. ADV. **aprisa.** ‖ **a toda ~.** LOC.ADV. Con la mayor prontitud. ‖ **correr ~** algo. LOC.VERB. Ser urgente. ‖ **dar ~.** LOC. VERB. Instar y obligar a alguien a que ejecute algo con presteza y brevedad. ‖ **darse** alguien ~**.** LOC.VERB. Acelerarse, apresurarse en la ejecución de algo. ‖ **de ~.** LOC. ADV. **deprisa.** ‖ **meter** alguien ~**.** LOC.VERB. Apresurar las cosas.

priscilianismo. M. hist. Herejía de Prisciliano, heresiarca del siglo IV, que profesaba algunos de los errores de los gnósticos y maniqueos.

priscilianista. ADJ. hist. Adepto al priscilianismo. U. t. c. s.

prisco. M. **1.** Árbol, variedad del melocotonero. ‖ **2.** Fruto de este árbol.

prisión. F. **1.** Cárcel o sitio donde se encierra a los presos. ‖ **2.** Acción de **prender** (‖ asir). ‖ **3.** *Der.* Pena de privación de libertad, inferior a la reclusión y superior a la de arresto. ‖ ~ **mayor.** F. *Der.* La que dura desde seis años y un día hasta doce años. ‖ ~ **menor.** F. *Der.* La de seis meses y un día a seis años. ‖ ~ **preventiva.** F. *Der.* La que sufre el acusado durante la sustanciación del proceso. ‖ ~ **provisional.** F. *Der.* La que, para evitar su fuga, se impone a una persona durante la instrucción y la tramitación de un proceso legal.

prisionero, ra. M. y F. **1.** Militar u otra persona que en campaña cae en poder del enemigo. ‖ **2.** Persona que está presa, generalmente por causas que no son delito. ‖ **3.** Persona que está dominada por un afecto o pasión. *Prisionero del rencor.* ‖ ~ **de guerra.** M. y F. Persona que se entrega al vencedor precediendo capitulación.

prisma. M. **1.** *Geom.* Cuerpo limitado por dos polígonos planos, paralelos e iguales que se llaman bases, y por tantos paralelogramos cuantos lados tenga cada base. Si estas son triángulos, el prisma es triangular; si pentágonos, pentagonal, etc. ‖ **2.** Punto de vista, perspectiva. ‖ **3.** *Ópt.* prisma triangular de cristal, que se usa para producir la reflexión, la refracción y la descomposición de la luz.

prismático, ca. I. ADJ. **1.** Perteneciente o relativo al prisma. *Plano prismático.* ‖ **2.** De forma de prisma. *Recipiente prismático.* ‖ **II.** M. **3.** pl. *Ópt.* **anteojos prismáticos.**

prístino, na. ADJ. Antiguo, primero, primitivo, original. *Cristianismo prístino.*

privacidad. F. Ámbito de la vida privada que se tiene derecho a proteger de cualquier intromisión.

privación. F. **1.** Acción de despojar, impedir o privar. ‖ **2.** Carencia o falta de algo en alguien capaz de tenerlo. ‖ **3.** Pena con que se desposee a alguien del empleo, derecho o dignidad que tenía, por un delito que ha cometido. ‖ **4.** Ausencia del bien que se apetece y desea. ‖ **5.** Renuncia voluntaria a algo.

privado, da. PART. de **privar.** ‖ **I.** ADJ. **1.** Que se ejecuta a la vista de pocos, en familia, sin formalidad ni ceremonia alguna. *Fiesta privada.* ‖ **2.** Particular y personal de cada individuo. *Vida privada.* ‖ **3.** Que no es de propiedad pública o estatal, sino que pertenece a particulares. *Clínica privada.* ‖ **II.** M. **4.** Persona que tiene privanza. ‖ **en privado.** LOC.ADV. A solas o en presencia de pocos, sin testigos. □ V. **capilla ~, derecho ~, detective ~, documento ~, oratorio ~.**

privanza. F. Primer lugar en la gracia y confianza de un príncipe o alto personaje, y, por ext., de cualquier otra persona.

privar. I. TR. **1.** Despojar a alguien de algo que poseía. *Los privaron de sus libertades civiles.* ‖ **2.** Destituir a alguien de un empleo, ocupación, dignidad, etc. *Fue privado del cargo de ministro.* ‖ **3.** Quitar o perder el sentido, como sucede con un golpe violento u olor sumamente vivo. U. m. c. prnl. *Soportó la paliza hasta que se privó.* ‖ **II.** INTR. **4.** coloq. Complacer o gustar extraordinariamente. *A Fulano le priva este género de pasteles.* || **5.** coloq. Dicho de una persona o de una cosa: Tener general aceptación. || **III.** PRNL. **6.** Dejar voluntariamente algo de gusto, interés o conveniencia. *Privarse del paseo.*

privativo, va. ADJ. **1.** Que causa privación o la significa. *Pena privativa de libertad.* || **2.** Propio y peculiar especialmente de alguien o algo, y no de otros. *Esta capacidad es privativa del ser humano.* □ V. **bienes ~s.**

privatización. F. Acción y efecto de privatizar.

privatizador, ra. ADJ. **1.** Que privatiza. *Leyes privatizadoras.* || **2.** Que tiende a la privatización o es partidario de ella. *Ideología privatizadora.*

privatizar. TR. Transferir una empresa o actividad pública al sector privado.

privilegiado, da. PART. de **privilegiar.** || ADJ. **1.** Que goza de un privilegio. Apl. a pers., u. t. c. s. || **2.** Que sobresale extraordinariamente dentro de su clase. *Tenía una memoria privilegiada.* □ V. **información ~.**

privilegiar. TR. Conceder privilegio. MORF. conjug. c. *anunciar.*

privilegio. M. **1.** Exención de una obligación o ventaja exclusiva o especial que goza alguien por concesión de un superior o por determinada circunstancia propia. || **2.** Documento en que consta la concesión de un privilegio. || **~ de invención.** M. Derecho de aprovechar exclusivamente, por tiempo determinado, una producción o un procedimiento industrial hasta entonces no conocidos o no usados. || **~ del canon.** M. hist. El que gozaban las personas del estado clerical y religioso, de que quien injuriase o pegase a alguna de ellas incurría inmediatamente en penas canónicas. || **~ del fuero.** M. hist. El que tenían los eclesiásticos para ser juzgados por sus tribunales. || **~ local.** M. El que se concede a un lugar determinado, fuera de cuyos límites no se extiende. || **~ odioso.** M. El que perjudica a tercero. || **~ personal.** M. El que se concede a una persona y no pasa a los sucesores. || **~ real.** M. El que está unido a la posesión de una cosa o al ejercicio de un cargo. □ V. **hidalgo de ~.**

pro. I. M. **1.** Provecho, ventaja. MORF. pl. **pros.** || **II.** PREP. **2. en favor de.** *Fundación pro Real Academia Española.* || **el ~ y el contra.** LOC. SUST. M. Se usa para denotar la confrontación de lo favorable y lo adverso de algo. || **de ~.** LOC.ADJ. **1.** Dicho de una persona: Que cumple puntualmente sus obligaciones. || **2.** Que se distingue por sus buenas cualidades. || **en ~ de.** LOC. PREPOS. **en favor de.** □ V. **~ memoria.**

proa. F. Parte delantera de la nave, con la cual corta las aguas, y, por ext., parte delantera de otros vehículos. || **~ de violín.** F. *Mar.* proa de una embarcación cuyo tajamar está rematado por un arco semejante al del violín. || **poner la ~.** LOC.VERB. **1.** Fijar la mira en algo, haciendo las diligencias conducentes para su logro y consecución. || **2.** Formar el propósito de perjudicar a alguien. □ V. **mascarón de ~, viento de ~.**

probabilidad. F. **1.** Cualidad de probable. || **2.** *Mat.* En un proceso aleatorio, razón entre el número de casos favorables y el número de casos posibles.

probabilismo. M. *Rel.* Doctrina de ciertos teólogos según los cuales, en la calificación de la bondad o malicia de las acciones humanas, se puede lícita y seguramente seguir la opinión probable, en contraposición a la más probable.

probabilista. ADJ. *Rel.* Que profesa la doctrina del probabilismo. U. t. c. s.

probable. ADJ. **1.** Verosímil, o que se funda en razón prudente. *Lo más probable es que la policía esté vigilándola.* || **2.** Dicho de una cosa: Que hay buenas razones para creer que se verificará o sucederá. *Es probable que llueva.*

probación. F. **1.** **prueba.** || **2.** En las órdenes regulares, examen y prueba que debe hacerse, al menos durante un año, de la vocación y virtud de los novicios antes de profesar.

probado, da. PART. de **probar.** || ADJ. Acreditado por la experiencia. *Es remedio probado.* □ V. **hecho ~.**

probador, ra. I. ADJ. **1.** Que prueba. *Piloto probador.* Apl. a pers., u. t. c. s. || **II.** M. **2.** En los talleres de costura, almacenes, tiendas de ropa, etc., habitación en que los clientes se prueban las prendas de vestir.

probadura. F. Acción de **probar** (|| gustar).

probanza. F. Cosa o conjunto de cosas que acreditan una verdad o un hecho.

probar. I. TR. **1.** Hacer examen y experimento de las cualidades de alguien o algo. *Estoy probando el teléfono para ver si funciona.* || **2.** Examinar si algo está arreglado a la medida, muestra o proporción de otra cosa a que se debe ajustar. U. t. c. prnl. *Se probó el pantalón.* || **3.** Justificar, manifestar y hacer patente la certeza de un hecho o la verdad de algo con razones, instrumentos o testigos. *El acusado probó su inocencia.* || **4.** Gustar una pequeña porción de una comida o bebida. *Probé la sopa para asegurarme de que tenía sal.* || **5.** Comer o beber algo. U. m. con neg. *Desde el año pasado no prueba el alcohol.* || **II.** INTR. **6.** Hacer prueba, experimentar o intentar algo. *Probó A levantarse y no pudo.* || **7.** Dicho de una cosa: Ser a propósito o convenir, o producir el efecto que se necesita. *El calor me prueba bien; el frío me prueba mal.* ¶ MORF. conjug. c. *contar.*

probática. □ V. **piscina ~.**

probativo, va. ADJ. **probatorio.**

probatorio, ria. ADJ. Que sirve para probar o averiguar la verdad de algo. *Material probatorio.*

probeta. F. **1.** Tubo de cristal, con pie o sin él, cerrado por un extremo y destinado a contener líquidos o gases. || **2.** Niño concebido mediante fecundación artificial. U. en apos. *Bebé, niña probeta.* || **~ graduada.** F. La que tiene señales para medir volúmenes.

probidad. F. honradez.

problema. M. **1.** Cuestión que se trata de aclarar. || **2.** Conjunto de hechos o circunstancias que dificultan la consecución de algún fin. || **3.** Disgusto, preocupación. U. m. en pl. *Mi hijo solo da problemas.* || **4.** Planteamiento de una situación cuya respuesta desconocida debe obtenerse a través de métodos científicos. || **~ determinado.** M. *Mat.* Aquel que no puede tener sino una solución, o más de una en número fijo. || **~ indeterminado.** M. *Mat.* Aquel que puede tener indefinido número de soluciones.

problemática. F. Conjunto de problemas pertenecientes a una ciencia o actividad determinada.

problematicidad. F. **problematismo.**

problemático, ca. ADJ. Que presenta dificultades o que causa problemas. *Mantenían unas relaciones muy problemáticas.*

problematismo. M. Cualidad de problemático.

problematizar. TR. Presentar algo como una cuestión. *Problematizar las ideas recibidas.*

probo, ba. ADJ. Que tiene probidad.

probóscide. F. *Zool.* Aparato bucal en forma de trompa o pico, dispuesto para la succión, que es propio de los insectos dípteros.

proboscidio. ADJ. *Zool.* Se dice de los mamíferos que tienen trompa prensil formada por la soldadura de la nariz con el labio superior, y cinco dedos en las extremidades, terminado cada uno de ellos en una pequeña pezuña y englobados en una masa carnosa; p. ej., el elefante. U. t. c. s. m. ORTOGR. En m. pl., escr. con may. inicial c. taxón. *Los Proboscidios.*

procacidad. F. **1.** Desvergüenza, insolencia, atrevimiento. || **2.** Dicho o hecho desvergonzado, insolente.

procaína. F. *Quím.* Amina aromática utilizada como anestésico local.

procarionte. ADJ. *Biol.* Dicho de un organismo: Cuyo ácido desoxirribonucleico no está confinado en el interior de un núcleo, sino extendido en el citoplasma. U. t. c. s. m.

procariota. ADJ. *Biol.* **procarionte.** U. t. c. s. m.

procaz. ADJ. Desvergonzado, atrevido. *Comentario procaz. Individuo procaz.*

procedencia. F. **1.** Origen, principio de donde nace o se deriva algo. || **2.** Punto de partida de un barco, un tren, un avión, una persona, etc., cuando llega al término de su viaje. || **3.** Conformidad con la moral, la razón o el derecho. □ V. **indicación de ~.**

procedente. ADJ. **1.** Que procede, dimana o trae su origen de alguien o algo. *Plantas procedentes de viveros.* || **2.** Arreglado a la prudencia, a la razón o al fin que se persigue. *Mantuvo una actitud no procedente.* || **3.** Conforme a derecho, mandato, práctica o conveniencia. *Demanda, recurso, acuerdo procedente.* □ V. **despido ~.**

proceder¹. INTR. **1.** Dicho de una cosa: Obtenerse, nacer u originarse de otra, física o moralmente. || **2.** Dicho de una persona o de una cosa: Tener su origen en un determinado lugar, o descender de cierta persona, familia o cosa. || **3.** Venir, haber salido de cierto lugar. *El vuelo procede de La Habana.* || **4.** Dicho de una persona: Portarse bien o mal. || **5.** Pasar a poner en ejecución algo a lo cual precedieron algunas diligencias. *Proceder a la elección de papa.* || **6.** Hacer algo conforme a razón, derecho, mandato, práctica o conveniencia. *Ya ha empezado la función y procede guardar silencio.* || **7.** *Der.* Iniciar o seguir procedimiento criminal contra alguien. *Procedieron* CONTRA *él.* || **8.** *Rel.* Se usa, hablando de la Santísima Trinidad, para significar que el Padre produce al Verbo, engendrándolo con su entendimiento, del cual procede; y que, amándose el Padre y el Hijo, producen al Espíritu Santo, que procede de los dos.

proceder². M. Modo, forma y orden de portarse y gobernar alguien sus acciones bien o mal.

procedimental. ADJ. Perteneciente o relativo al **procedimiento** (|| método de ejecutar algunas cosas).

procedimiento. M. **1.** Acción de proceder. || **2.** Método de ejecutar algunas cosas. || **3.** *Der.* Actuación por trámites judiciales o administrativos. || **~ arbitral.** M. **arbitraje** (|| procedimiento extrajudicial para resolver conflictos de intereses).

procela. F. poét. Borrasca, tormenta.

proceloso, sa. ADJ. Borrascoso, tormentoso, tempestuoso. *Mar proceloso.*

prócer. **I.** ADJ. **1.** Eminente, elevado, alto. *Ideas próceres.* || **II.** M. **2.** Persona de alta calidad o dignidad. || **3.** hist. Cada uno de los individuos que, por derecho propio o nombramiento del rey, formaban, bajo el régimen del Estatuto Real, el estamento a que daban nombre.

procerato. M. Dignidad de prócer.

procero, ra o **prócero, ra.** ADJ. Eminente, elevado, alto. *Figura procera.*

procesado, da. PART. de **procesar.** || ADJ. Dicho de una persona: Que ha sido objeto de procesamiento. U. t. c. s.

procesador. M. *Inform.* Unidad funcional de una computadora que se encarga de la búsqueda, interpretación y ejecución de instrucciones. || **~ de textos.** M. *Inform.* Programa para el tratamiento de textos.

procesal. ADJ. Perteneciente o relativo al proceso. *Costas procesales.* □ V. **derecho ~, legitimación ~, letra ~.**

procesamiento. M. **1.** Acto de procesar. || **2.** *Der.* Acto por el cual se declara a alguien como presunto autor de unos hechos penales a efectos de abrir contra él un proceso penal. || **~ de datos.** M. *Inform.* Aplicación sistemática de una serie de operaciones sobre un conjunto de datos, generalmente por medio de máquinas, para explotar la información que estos datos representan. || **~ de textos.** M. *Inform.* **tratamiento de textos.**

procesar. TR. **1.** *Der.* Declarar y tratar a alguien como presunto reo de delito. || **2.** *Tecnol.* Someter a un proceso de transformación física, química o biológica. || **3.** *Tecnol.* Someter datos o materiales a una serie de operaciones programadas.

procesión. F. **1.** Acto de ir ordenadamente de un lugar a otro muchas personas con algún fin público y solemne, por lo común religioso. || **2.** coloq. Hilera o conjunto de hileras de personas o animales que van de un lugar a otro. || **3.** *Rel.* Resultado de la acción eterna con que el Padre produce al Verbo, y con que estas dos personas producen al Espíritu Santo. || **andar, o ir, por dentro la ~.** LOCS.VERBS. coloqs. Sentir pena, cólera, inquietud, dolor, etc., aparentando serenidad o sin darlo a conocer.

procesional. ADJ. **1.** Perteneciente o relativo a una procesión. *Pasos procesionales.* || **2.** Ordenado en forma de procesión. *Se colocaron en fila procesional.*

procesionaria. F. Oruga de varias especies de lepidópteros que causan grandes estragos en los pinos, encinas y otros árboles.

proceso. M. **1.** Acción de ir hacia adelante. || **2.** Conjunto de las fases sucesivas de un fenómeno natural o de una operación artificial. || **3.** *Der.* Conjunto de actos y trámites seguidos ante un juez o tribunal, tendentes a dilucidar la justificación en derecho de una determinada pretensión entre partes y que concluye por resolución motivada. || **~ civil.** M. *Der.* El que resuelve pretensiones de derecho privado entre las partes. || **~ criminal.** M. *Der.* **derecho penal.** || **~ penal.** M. *Der.* El que, en relación con los delitos y faltas, se sigue entre una acusación pública o privada y la defensa del acusado.

proclama. F. **1.** Notificación pública. Se usa regularmente hablando de las amonestaciones para quienes quieren casarse u ordenarse. || **2.** Alocución política o militar, de viva voz o por escrito. || **correr las ~s.** LOC. VERB. Correr las amonestaciones.

proclamación. F. **1.** Acción y efecto de proclamar o proclamarse. || **2.** Serie de actos públicos y ceremonias con que se declara e inaugura un nuevo reinado, principado, etc.

proclamar. I. TR. 1. Publicar en alta voz algo para que se haga patente a todos. *Debo proclamar mi agradecimiento.* ‖ 2. Declarar solemnemente el principio o inauguración de un reinado u otra cosa. *Proclamaron la república.* ‖ 3. Conferir, por unanimidad, algún cargo. *Lo proclamaron diputado.* ‖ 4. Dar señales inequívocas de un afecto, de una pasión, etc. *No se atrevía a decir con los labios lo que proclamaban a gritos sus ojos.* ‖ II. PRNL. 5. Dicho de una persona: Declararse investida de un cargo, autoridad o mérito.

proclisis. F. *Gram.* Unión prosódica de una voz átona con la que le sigue.

proclítico, ca. ADJ. *Gram.* Dicho de una voz: Que, sin acentuación prosódica, se liga en la cláusula con el vocablo subsiguiente; p. ej., los artículos, los posesivos *mi, tu, su,* las preposiciones de una sílaba y otras partículas.

proclive. ADJ. Inclinado o propenso a algo, frecuentemente a lo malo.

proclividad. F. Cualidad de proclive.

procomún. M. Utilidad pública.

procónsul. M. hist. Entre los antiguos romanos, gobernador de una provincia con jurisdicción e insignias consulares.

proconsulado. M. hist. Oficio o dignidad de procónsul.

proconsular. ADJ. hist. Perteneciente o relativo al procónsul.

procrastinación. F. Aplazamiento, dilación.

procreación. F. Acción y efecto de procrear.

procreador, ra. ADJ. Que procrea. Apl. a pers., u. t. c. s.

procrear. TR. Engendrar, multiplicar una especie. U. t. c. intr.

proctología. F. *Med.* Conjunto de conocimientos y prácticas relativos al recto y a sus enfermedades.

proctológico, ca. ADJ. *Med.* Perteneciente o relativo a la proctología. *Problemas, tratamientos proctológicos.*

proctólogo, ga. M. y F. Especialista en proctología.

proctoscopia. F. *Med.* **rectoscopia.**

proctoscopio. M. *Med.* **rectoscopio.**

procura. F. Acción y efecto de procurar.

procuración. F. 1. Comisión o poder que alguien da a otra persona para que en su nombre haga o ejecute algo. ‖ 2. Oficio o cargo de procurador. ‖ 3. Oficina del procurador.

procurador, ra. M. y F. 1. Persona que en virtud de poder o facultad de otra ejecuta en su nombre algo. ‖ 2. En las comunidades, persona por cuya mano corren las dependencias económicas de la casa, o los negocios y diligencias de su provincia. ‖ 3. En las comunidades religiosas, persona que tiene a su cargo el gobierno económico del convento. ‖ 4. *Der.* Profesional del derecho que, en virtud de apoderamiento, ejerce ante juzgados y tribunales la representación procesal de cada parte. ‖ **procurador a Cortes,** o **procurador de Cortes.** M. **procurador en Cortes.** ‖ **procurador del Reino.** M. hist. Cada uno de los individuos que, elegidos por las provincias, formaban, bajo el régimen del Estatuto Real, el estamento al que daban nombre. ‖ **procurador en Cortes.** M. En ciertas épocas, persona elegida o designada para representar distintas comunidades en las Cortes.

procuraduría. F. 1. Oficio o cargo de procurador. ‖ 2. Oficina donde despacha el procurador.

procurar. TR. 1. Hacer diligencias o esfuerzos para que suceda algo. *Procura que no falte nada.* ‖ 2. Conseguir o adquirir algo. U. m. c. prnl. *Se procuró un buen empleo.*

prodigalidad. F. 1. Cualidad de **pródigo** (‖ que desperdicia). ‖ 2. Abundancia o multitud.

prodigar. I. TR. 1. Gastar con prodigalidad o con exceso y desperdicio algo. *En sus escritos prodiga las abreviaturas.* ‖ 2. Dar con profusión y abundancia. *El público no prodigó los aplausos.* ‖ 3. Dispensar de manera profusa y repetida elogios, favores, dádivas, etc. U. t. c. prnl. ‖ II. PRNL. 4. Excederse indiscretamente en la exhibición personal.

prodigio. M. 1. Suceso extraño que excede los límites regulares de la naturaleza. ‖ 2. Cosa especial, rara o primorosa en su línea. ‖ 3. **milagro** (‖ hecho de origen divino). ‖ 4. Persona que posee una cualidad en grado extraordinario.

prodigioso, sa. ADJ. 1. Excelente, primoroso, exquisito. *Memoria prodigiosa. Gusto prodigioso.* ‖ 2. Maravilloso, extraordinario, que encierra en sí prodigio. *Leyenda prodigiosa.*

pródigo, ga. ADJ. 1. Dicho de una persona: Que desperdicia y consume su hacienda en gastos inútiles, sin medida ni razón. U. t. c. s. ‖ 2. Muy dadivoso. ‖ 3. Que tiene o produce gran cantidad de algo. *La naturaleza es más pródiga y fecunda que la imaginación humana.* □ V. **hijo ~.**

pro domo súa. (Locución latina). LOC. ADV. Se usa para significar el modo egoísta con que obra alguien.

prodrómico, ca. ADJ. Perteneciente o relativo al pródromo.

pródromo. M. Malestar que precede a una enfermedad.

producción. F. 1. Acción de producir. ‖ 2. Cosa producida. ‖ 3. Suma de los productos del suelo o de la industria. □ V. **coste de ~.**

producir. I. TR. 1. Hacer que algo suceda o exista. *El estado de los rieles produjo el accidente.* U. t. c. prnl. *Se ha producido un terremoto.* ‖ 2. Dicho de un terreno, de un árbol, etc.: Dar, llevar, rendir fruto. ‖ 3. Dicho de una cosa: Rentar, rendir interés, utilidad o beneficio anual. ‖ 4. Fabricar, elaborar cosas útiles. *La planta produce 500 mil toneladas de hierro anuales.* ‖ 5. Facilitar los recursos económicos o materiales necesarios para la realización de una película, un programa de televisión u otra cosa semejante y dirigir su presupuesto. *Dirige y produce sus propias películas.* ‖ 6. *Econ.* Crear cosas o servicios con valor económico. *Producir empleos.* ‖ II. PRNL. 7. Explicarse, darse a entender por medio de la palabra. ¶ MORF. conjug. c. *conducir.*

productibilidad. F. Capacidad de ser producido.

productividad. F. 1. Cualidad de productivo. ‖ 2. *Econ.* Relación entre lo producido y los medios empleados, tales como mano de obra, materiales, energía, etc. *La productividad de la cadena de montaje es de doce televisores por operario y hora.*

productivo, va. ADJ. 1. Que tiene virtud de producir. *Filón productivo.* ‖ 2. Que es útil o provechoso. *Idea productiva.* ‖ 3. *Econ.* Que arroja un resultado favorable de valor entre precios y costes.

producto. M. 1. Cosa producida. ‖ 2. Caudal que se obtiene de algo que se vende, o el que ello rinde. ‖ 3. *Mat.* Cantidad que resulta de la multiplicación. ‖ **~ nacional bruto.** M. *Econ.* Valor de todos los bienes y servicios obtenidos en la economía de un país en un período de tiempo dado. ‖ ~ **nacional neto.** M. *Econ.* Resultado del producto nacional bruto menos el valor asignado a la depreciación del capital utilizado en la producción.

productor, ra. **I.** ADJ. **1.** Que produce. *Países productores de café.* Apl. a pers., u. t. c. s. ‖ **II.** M. y F. **2.** En la organización del trabajo, cada una de las personas que intervienen en la producción de bienes o servicios. ‖ **3.** Persona que con responsabilidad financiera y comercial organiza la realización de una obra cinematográfica, discográfica, televisiva, etc., y aporta el capital necesario.

productora. F. Empresa o asociación de personas que se dedican a la producción cinematográfica o discográfica.

proel. **I.** ADJ. **1.** *Mar.* Se dice de la parte que está más cerca de la proa en cualquiera de las cosas de que se compone una embarcación. *Extremo proel de la quilla.* ‖ **II.** M. **2.** *Mar.* Marinero que en un bote, lancha, falúa, etc., maneja el remo de proa, maneja el bichero para atracar o desatracar, y hace las veces de patrón a falta de este.

proemial. ADJ. Perteneciente o relativo al proemio.

proemio. M. Prólogo, discurso antepuesto al cuerpo de un libro.

proeza. F. Hazaña, valentía o acción valerosa.

profanación. F. Acción y efecto de profanar.

profanador, ra. ADJ. Que profana. U. t. c. s.

profanar. TR. **1.** Tratar algo sagrado sin el debido respeto, o aplicarlo a usos profanos. ‖ **2.** Deslucir, desdorar, deshonrar, prostituir, hacer uso indigno de cosas respetables. *Tocar una melodía tan insulsa es profanar el piano de cola.*

profanidad. F. Cualidad de profano.

profano, na. ADJ. **1.** Que no es sagrado ni sirve a usos sagrados, sino puramente secular. *Música profana.* ‖ **2.** Que carece de conocimientos y autoridad en una materia. U. t. c. s. *Es un profano en botánica.*

profe, fa. M. y F. coloq. **profesor.** MORF. U. t. la forma en m. para designar el f. *La profe.*

profecía. F. **1.** Don sobrenatural que consiste en conocer por inspiración divina las cosas distantes o futuras. ‖ **2.** Don sobrenatural para pronunciar oráculos en nombre y por inspiración de Dios. ‖ **3.** Predicción hecha en virtud de don sobrenatural. ‖ **4.** Cada uno de los libros canónicos del Antiguo Testamento en que se contienen los escritos de cualquiera de los profetas mayores. *La profecía de Isaías, la de Jeremías, la de Ezequiel, la de Daniel.* ‖ **5.** Juicio o conjetura que se forma de algo por las señales que se observan en ello. ‖ **6.** pl. Libros canónicos del Antiguo Testamento, en que se contienen los escritos de los doce profetas menores.

proferir. TR. Pronunciar, decir, articular palabras o sonidos. MORF. conjug. c. *sentir.*

profesar. **I.** TR. **1.** Ejercer una ciencia, un arte, un oficio, etc. ‖ **2.** Enseñar una ciencia o un arte. ‖ **3.** Ejercer algo con inclinación voluntaria y continuación en ello. *Profesar amistad, el mahometismo.* ‖ **4.** Creer, confesar. *Profesar un principio, una doctrina, una religión.* ‖ **5.** Sentir algún afecto, inclinación o interés, y perseverar voluntariamente en ellos. *Profesar cariño, odio.* ‖ **II.** INTR. **6.** En una orden religiosa, obligarse a cumplir los votos propios de su instituto.

profesión. F. **1.** Acción y efecto de profesar. ‖ **2.** Ceremonia eclesiástica en que alguien profesa en una orden religiosa. ‖ **3.** Empleo, facultad u oficio que alguien ejerce y por el que percibe una retribución.

profesional. ADJ. **1.** Perteneciente o relativo a la profesión. *Actividades profesionales.* ‖ **2.** Dicho de una persona: Que ejerce una profesión. U. t. c. s. ‖ **3.** Dicho de una persona: Que ejerce su profesión con relevante capacidad y aplicación. *Un electricista que deja los cables así es poco profesional.* U. t. c. s. ‖ **4.** Dicho de una persona: Que practica habitualmente una actividad, incluso delictiva, de la cual vive. *Es un relojero profesional.* U. t. c. s. *Es un profesional del sablazo.* ‖ **5.** Hecho por profesionales y no por aficionados. *Fútbol profesional.* □ V. **deformación** ~, **enfermedad** ~, **secreto** ~, **sigilo** ~.

profesionalidad. F. **1.** Cualidad de la persona u organismo que ejercen su actividad con relevante capacidad y aplicación. ‖ **2.** Actividad que se ejerce como una profesión.

profesionalismo. M. Cultivo o utilización de ciertas disciplinas, artes o deportes, como medio de lucro.

profesionalización. F. Acción y efecto de profesionalizar.

profesionalizar. TR. **1.** Dar carácter de profesión a una actividad. ‖ **2.** Convertir a un aficionado en **profesional** (‖ persona que ejerce una profesión). U. t. c. prnl.

profesionista. COM. *Méx.* **profesional** (‖ persona que ejerce su profesión con capacidad).

profeso, sa. ADJ. Dicho de un religioso: Que ha profesado. U. t. c. s.

profesor, ra. M. y F. Persona que ejerce o enseña una ciencia o arte. ‖ ~ **adjunto, ta.** M. y F. profesor normalmente adscrito a una determinada cátedra o departamento. ‖ ~ **agregado, da.** M. y F. En los institutos de bachillerato y en las universidades, profesor numerario adscrito a una cátedra o a un departamento, de rango administrativo inmediatamente inferior al de catedrático. ‖ ~ **asociado, da.** M. y F. Persona que trabaja fuera de la universidad y es contratada temporalmente por ella. ‖ ~ **numerario, ria.** M. y F. profesor que pertenece a una plantilla de funcionarios.

profesorado. M. **1.** Cuerpo de profesores. ‖ **2.** Cargo de profesor.

profesoral. ADJ. Perteneciente o relativo al profesor o al ejercicio del profesorado.

profeta. M. **1.** Poseedor del don de profecía. ‖ **2.** Hombre que por señales o cálculos hechos previamente, conjetura y predice acontecimientos futuros. ‖ **3.** Hombre que habla en nombre y por inspiración de Dios.

profético, ca. ADJ. Perteneciente o relativo a la profecía o al profeta.

profetisa. F. Mujer que posee el don de profecía.

profetismo. M. **1.** Tendencia de algunos filósofos y escritores de religión, principalmente antiguos, a profetizar. *El profetismo de Maimónides.* ‖ **2.** Institución, doctrinas, sistemas y cualidades de los profetas.

profetizar. TR. **1.** Anunciar o predecir las cosas distantes o futuras, en virtud del don de profecía. ‖ **2.** Conjeturar o hacer juicios del éxito de algo por ciertas señales que se han observado o por cálculos hechos previamente.

proficuo, cua. ADJ. Provechoso, ventajoso, favorable. *Proficua labor.*

profiláctica. F. Parte de la medicina que tiene por objeto la conservación de la salud y la preservación de la enfermedad.

profiláctico, ca. I. ADJ. **1.** *Med.* Dicho de una persona o de una cosa: Que puede preservar de la enfermedad. *Medidas profilácticas.* || II. M. **2.** **preservativo.**

profilaxis. F. *Med.* Preservación de la enfermedad.

profiterol. M. Pastelillo relleno de crema u otros ingredientes y cubierto de chocolate caliente.

pro forma. (Locución latina). LOC.ADJ. Dicho de liquidaciones, de facturas, de recibos, etc.: Para cumplir una formalidad y justificar operaciones posteriores a la fecha de los estados de cuenta en que figuran.

prófugo, ga. I. ADJ. **1.** Dicho de una persona: Que anda huyendo, principalmente de la justicia o de otra autoridad legítima. U. t. c. s. || II. M. **2.** Mozo que se ausenta o se oculta para eludir el servicio militar.

profundidad. F. **1.** Cualidad de profundo. || **2.** Lugar o parte honda de algo. || **3.** Dimensión de los cuerpos perpendicular a una superficie dada. || **4.** Hondura o penetración del pensamiento o de las ideas. || **en ~.** LOC. ADV. De forma completa, con el mayor cuidado y rigor. *La obra analiza en profundidad el problema del paro.* U. t. c. loc. adj. □ V. **carga de ~, timón de ~.**

profundización. F. Acción y efecto de profundizar.

profundizar. TR. **1.** **ahondar.** U. m. c. intr. *Profundizar en la tierra.* || **2.** Discurrir con la mayor atención y examinar o penetrar algo para llegar a su perfecto conocimiento. U. m. c. intr. *Profundizar en una argumentación.*

profundo, da. ADJ. **1.** Que tiene el fondo muy distante de la boca o borde de la cavidad. *Cazuela muy profunda. Lago muy profundo.* || **2.** Extendido a lo largo, o que tiene gran fondo. *Selva profunda. Esta casa tiene poca fachada, pero es profunda.* || **3.** Que penetra mucho o va hasta muy adentro. *Raíces profundas. Herida profunda.* || **4.** Intenso, o muy vivo y eficaz. *Sueño profundo. Oscuridad profunda. Pena profunda.* || **5.** Difícil de penetrar o comprender. *Concepto profundo.* || **6.** Dicho del entendimiento, de las cosas a él concernientes o de sus producciones: Extensos, vastos, que penetran o ahondan mucho. *Talento, saber, pensamiento profundo.* || **7.** Dicho de una persona: Cuyo entendimiento ahonda o penetra mucho. *Filósofo, matemático, sabio profundo.* || **8.** Humilde en sumo grado. *Profunda reverencia.* || **9.** Dicho de una comunidad: Conservadora, tradicional, resistente a la influencia externa. *En la Cataluña profunda se conserva aún esa costumbre.* □ V. **bajo ~.**

profusión. F. Cualidad de profuso.

profuso, sa. ADJ. **1.** Abundante, copioso. *Profusa hemorragia.* || **2.** Prodigado de manera superflua. *Los periodistas suelen llenar con profusa literatura sus escritos.*

progenie. F. **1.** Casta, generación o familia de la cual se origina o desciende una persona. || **2.** Descendencia o conjunto de hijos de alguien. || **3.** *Biol.* Descendencia directa de un ser vivo en una generación.

progenitor, ra. I. M. y F. **1.** Pariente en línea recta ascendente de una persona. || **2.** *Biol.* Ser vivo que origina a otro. || II. M. **3.** pl. El padre y la madre. *Mis progenitores ya no viven.*

progenitura. F. Casta de que alguien procede.

progeria. F. *Med.* Síndrome genético que consiste en un envejecimiento prematuro.

progestágeno, na. ADJ. *Med.* Dicho de una sustancia o de un medicamento: Que favorece el curso normal de la gestación, aunque en dosis elevadas impiden la ovulación, por lo que se emplean como componentes de los anticonceptivos orales. U. t. c. s. m.

prognatismo. M. *Anat.* Cualidad de prognato.

prognato, ta. ADJ. *Anat.* Dicho de una persona: Que tiene salientes las mandíbulas. U. t. c. s.

prognosis. F. Conocimiento anticipado de algún suceso. Se usa comúnmente hablando de la previsión meteorológica del tiempo.

programa. M. **1.** Previa declaración de lo que se piensa hacer en alguna materia u ocasión. || **2.** Sistema y distribución de las materias de un curso o asignatura. || **3.** Anuncio o exposición de las partes de que se han de componer ciertos actos o espectáculos o de las condiciones a que han de sujetarse, reparto, etc. || **4.** Impreso que contiene este anuncio. || **5.** Proyecto ordenado de actividades. || **6.** Serie ordenada de operaciones necesarias para llevar a cabo un proyecto. || **7.** Serie de las distintas unidades temáticas que constituyen una emisión de radio o de televisión. || **8.** Cada una de dichas unidades temáticas. *Va a comenzar el programa deportivo.* || **9.** Cada una de las operaciones que, en un orden determinado, ejecutan ciertas máquinas. || **10.** *Inform.* Conjunto unitario de instrucciones que permite a una computadora u ordenador realizar funciones diversas, como el tratamiento de textos, el diseño de gráficos, la resolución de problemas matemáticos, el manejo de bancos de datos, etc. || **~ continuo.** M. **sesión continua.**

programación. F. **1.** Acción y efecto de programar. || **2.** Conjunto de los programas de radio o televisión.

programador, ra. I. ADJ. **1.** Que programa. *Reloj programador.* Apl. a pers., u. t. c. s. || II. M. y F. **2.** Persona que elabora programas de computadora u ordenador. || III. M. **3.** Aparato que ejecuta un programa automáticamente.

programar. TR. **1.** Formar programas, previa declaración de lo que se piensa hacer y anuncio de las partes de que se va a componer un acto o espectáculo o una serie de ellos. || **2.** Idear y ordenar las acciones necesarias para realizar un proyecto. U. t. c. prnl. || **3.** Preparar ciertas máquinas o aparatos para que empiecen a funcionar en el momento y en la forma deseados. *Programar la calefacción.* || **4.** *Inform.* Elaborar programas para su empleo en computadoras u ordenadores.

programático, ca. ADJ. Perteneciente o relativo al **programa** (|| declaración de lo que se piensa hacer en alguna materia).

progre. ADJ. coloq. **progresista** (|| con ideas avanzadas). *Un grupo estudiantil progre.* Apl. a pers., u. t. c. s.

progresano, na. ADJ. **1.** Natural de El Progreso. U. t. c. s. || **2.** Perteneciente o relativo a este departamento de Guatemala.

progresar. INTR. **1.** Mejorar, hacer adelantos en determinada materia. || **2.** Avanzar, ir hacia delante. *El extremo progresó por la banda controlando el balón.*

progresía. F. **1.** Condición de **progresista** (|| con ideas avanzadas). || **2.** irón. Conjunto de personas **progresistas** (|| con ideas avanzadas).

progresión. F. **1.** Acción de avanzar o de proseguir algo. || **2.** *Mat.* Sucesión de números o términos algebraicos entre los cuales hay una ley de formación constante. || **~ aritmética.** F. *Mat.* Aquella en que la diferencia entre sus términos es constante. || **~ ascendente.** F. *Mat.* Aquella en que cada término tiene mayor valor que el antecedente. || **~ descendente.** F. *Mat.* Aquella en que cada término tiene menor valor que el antecedente.

‖ **~ geométrica.** F. *Mat.* Aquella en que la razón o cociente entre sus términos es constante.

progresismo. M. **1.** Conjunto de ideas y doctrinas progresivas. ‖ **2.** hist. Partido político que pregonaba estas ideas.

progresista. ADJ. **1.** Dicho de una persona o de una colectividad: Con ideas y actitudes avanzadas. Apl. a pers., u. t. c. s. ‖ **2.** Propio o característico de una persona progresista. *Mentalidad progresista.* ‖ **3.** hist. Se decía de un sector de los liberales españoles, que se constituyó en partido político. Apl. a pers., u. t. c. s. ‖ **4.** hist. Perteneciente o relativo a este partido. *Senador, periódico progresista.*

progresivo, va. ADJ. **1.** Que progresa o aumenta en cantidad o en perfección. *El progresivo refinamiento de la sociedad.* ‖ **2.** Que avanza, favorece el avance o lo procura. *El decurso histórico progresivo de la humanidad.*

progreso. M. **1.** Acción de ir hacia adelante. ‖ **2.** Avance, adelanto, perfeccionamiento.

prohibición. F. Acción y efecto de prohibir.

prohibido, da. □ V. **fruta ~, fruto ~.**

prohibir. TR. Impedir el uso o ejecución de algo. MORF. V. conjug. modelo.

prohibitivo, va. ADJ. **1.** Dicho de una cosa: Que prohíbe. *Cartel prohibitivo.* ‖ **2.** Dicho de una cosa: Cuyo precio es muy alto. *La vivienda es cada vez más prohibitiva.*

prohijamiento. M. Acción y efecto de prohijar.

prohijar. TR. **1.** Adoptar por hijo. ‖ **2.** Acoger como propias las opiniones o doctrinas ajenas. ¶ MORF. V. conjug. modelo.

prohombre. M. Hombre que goza de especial consideración entre los de su clase.

proindivisión. F. Estado y situación de los bienes pro indiviso.

proindiviso. ADJ. **pro indiviso.** *Bien proindiviso.*

pro indiviso. (Locución latina). LOC.ADJ. *Der.* Dicho de los caudales o de las cosas singulares: Que están en comunidad, sin dividir.

prójimo, ma. **I.** M. y F. **1.** coloq. Individuo cualquiera. ‖ **II.** M. **2.** Persona respecto de otra, consideradas bajo el concepto de la solidaridad humana.

prolapso. M. *Med.* Caída o descenso de una víscera, o del todo o parte de un órgano.

prole. F. **1.** Linaje, hijos o descendencia de alguien. ‖ **2.** coloq. Conjunto numeroso de personas que tienen algún tipo de relación entre sí.

prolegómeno. M. **1.** Tratado que se pone al principio de una obra o escrito, para establecer los fundamentos generales de la materia que se va a tratar después. U. m. en pl. ‖ **2.** Preparación, introducción excesiva o innecesaria de algo. U. m. en pl. *Déjate de prolegómenos y ve al grano.*

prolepsis. F. *Ret.* Figura de dicción en que anticipa el autor la objeción que pudiera hacerse.

proletariado. M. Clase social constituida por los proletarios.

proletario, ria. **I.** ADJ. **1.** Perteneciente o relativo a la clase obrera. *Movimientos proletarios.* ‖ **II.** M. y F. **2.** Persona de la clase obrera.

proletarización. F. Acción y efecto de proletarizar.

proletarizar. TR. Dar carácter proletario. U. t. c. prnl.

proliferación. F. Acción y efecto de proliferar.

proliferante. ADJ. Que se reproduce o multiplica en formas similares. *Fenómeno proliferante.*

proliferar. INTR. **1.** Reproducirse en formas similares. ‖ **2.** Multiplicarse de manera abundante.

prolífero, ra. ADJ. **prolífico.**

prolífico, ca. ADJ. **1.** Que se reproduce o es capaz de reproducirse en abundancia. *Madre prolífica.* ‖ **2.** Dicho de un escritor, de un artista, etc.: Autores de muchas obras.

prolijidad. F. Cualidad de prolijo.

prolijo, ja. ADJ. **1.** Largo, dilatado con exceso. *Enumeración prolija.* ‖ **2.** Cuidadoso o esmerado. *Es muy prolija con sus cosas.* ‖ **3.** Impertinente, pesado, molesto. *No quiero ser prolijo en mi exposición.* ‖ **4.** *Am.* **pulcro.**

prologal. ADJ. Perteneciente o relativo al prólogo.

prologar. TR. Escribir el prólogo de una obra.

prólogo. M. **1.** Texto preliminar de un libro, escrito por el autor o por otra persona, que sirve de introducción a su lectura. ‖ **2.** Parte primera de una cosa, que precede y sirve de introducción al resto. *El prólogo de la carrera ciclista.* ‖ **3.** Primera parte de una obra, en la que se refieren hechos anteriores a los recogidos en ella o reflexiones relacionadas con su tema central. ‖ **4.** Discurso que en el teatro griego y latino, y también en el moderno, precede al poema dramático.

prologuista. COM. Persona que escribe el prólogo de un libro.

prolongación. F. **1.** Acción y efecto de prolongar. ‖ **2.** Parte prolongada de algo.

prolongado, da. PART. de **prolongar.** ‖ ADJ. **1.** Más largo que ancho. *Un animal de cuerpo prolongado.* ‖ **2.** Dicho de una cosa: Que dura más tiempo de lo regular. *Un discurso prolongado.*

prolongador, ra. ADJ. Que prolonga. *Cable prolongador.*

prolongamiento. M. Acción y efecto de prolongar.

prolongar. TR. **1.** Alargar, dilatar o extender algo a lo largo. *Prolongar una carretera.* U. t. c. prnl. ‖ **2.** Hacer que dure algo más tiempo de lo regular. U. t. c. prnl. *Su intervención se ha prolongado en exceso.*

promediar. **I.** TR. **1.** Repartir algo en dos partes iguales o casi iguales. *Promediar un vaso de agua.* ‖ **2.** Determinar el promedio. *Promediar las calificaciones de un curso.* ‖ **II.** INTR. **3.** Interponerse entre dos o más personas para ajustar un negocio. ‖ **4.** Dicho de un espacio de tiempo determinado: Llegar a su mitad. *Antes de promediar el mes de junio.* ¶ MORF. conjug. c. *anunciar.*

promedio. M. **1.** Punto en que algo se divide por mitad o casi por la mitad. ‖ **2. término medio** (‖ cantidad igual o más próxima a la media aritmética).

promesa. F. **1.** Expresión de la voluntad de dar a alguien o hacer por él algo. ‖ **2.** Persona o cosa que promete por sus especiales cualidades. *El conferenciante es una joven promesa de las ciencias sociales.* ‖ **3.** Augurio, indicio o señal que hace esperar algún bien. ‖ **4.** Ofrecimiento hecho a Dios o a sus santos de ejecutar una obra piadosa. ‖ **5.** *Der.* Contrato preparatorio de otro más solemne o detallado al cual precede, especialmente al de compraventa. ‖ **simple ~.** F. La que no se confirma con voto o juramento.

promesante. COM. *Á. Andes* y *Chile.* Persona que cumple una promesa piadosa, generalmente en procesión.

prometedor, ra. ADJ. Que promete. *Carrera prometedora. Estudiante prometedor.*

prometer. **I.** TR. **1.** Obligarse a hacer, decir o dar algo. *Yo les prometo darles una fecha si me llaman mañana.* ‖ **2.** Asegurar la certeza de lo que se dice. *Yo no sabía* nada; lo prometo. || **3.** Dar muestras de que será verdad algo. *La película promete ser aburrida.* || **4.** Dicho de una persona: prometer solemnemente que cumplirá con las obligaciones de un cargo. *Los diputados prometieron sus cargos.* || **II.** INTR. **5.** Dicho de una persona o de una cosa: Mostrar especiales cualidades, que pueden llegar a hacerla triunfar. *El nuevo refresco de menta promete.* || **III.** PRNL. **6.** Esperar algo o mostrar gran confianza de lograrlo. || **7.** Dicho de una persona: Ofrecerse, por devoción o agradecimiento, al servicio o culto de Dios o de sus santos. || **8.** Darse mutuamente palabra de casamiento, por sí o por tercera persona.

prometido, da. PART. de **prometer.** || M. y F. Persona que ha contraído esponsales legales o que tiene una mutua promesa de casarse. □ V. **tierra ~.**

prometio. M. Elemento químico radiactivo de núm. atóm. 61. Metal de las tierras raras muy escaso en la litosfera, la radiación de alguno de sus isótopos se utiliza en la fabricación de pinturas luminiscentes, generadores de potencia para usos espaciales, y fuentes de rayos X. (Símb. *Pm*).

prominencia. F. Elevación de algo sobre lo que está alrededor o cerca de ello.

prominente. ADJ. **1.** Que se levanta o sobresale sobre lo que está en la cercanía o alrededores. *Cerro prominente.* || **2.** Ilustre, famoso, destacado. *Prominente empresario.*

promiscuación. F. Acción de promiscuar.

promiscuar. INTR. Participar indistintamente en cosas heterogéneas u opuestas, físicas o inmateriales. MORF. conjug. c. *averiguar* y c. *actuar.*

promiscuidad. F. **1.** Mezcla, confusión. || **2.** Convivencia con personas de distinto sexo.

promiscuo, cua. ADJ. **1.** Se dice de la persona que mantiene relaciones sexuales con otras varias, así como de su comportamiento, modo de vida, etc. || **2.** Mezclado de manera confusa o indiferente. *Horda promiscua.*

promisión. □ V. **tierra de ~.**

promisor, ra. ADJ. **prometedor.**

promisorio, ria. ADJ. Que encierra en sí promesa. *Juramento promisorio.*

promitente. ADJ. *Am.* Que promete. *Promitente comprador.*

promoción. F. **1.** Acción y efecto de promover. || **2.** Conjunto de los individuos que al mismo tiempo han obtenido un grado o empleo, principalmente en los cuerpos de escala cerrada. || **3.** Elevación o mejora de las condiciones de vida, de productividad, intelectuales, etc. || **4.** Conjunto de actividades cuyo objetivo es dar a conocer algo o incrementar sus ventas.

promocional. ADJ. Perteneciente o relativo a una **promoción** (|| conjunto de actividades).

promocionar. TR. Elevar o hacer valer artículos comerciales, cualidades, personas, etc. U. m. en leng. sociológico o comercial. U. t. c. prnl.

promontorio. M. **1.** Altura muy considerable de tierra. || **2.** Altura considerable de tierra que avanza dentro del mar.

promotor, ra. ADJ. Que promueve algo, haciendo las diligencias conducentes para su logro. *Entidad promotora.* Apl. a pers., u. t. c. s. || **promotor de la fe.** M. Individuo de la Sagrada Congregación de Ritos, que en las causas de beatificación y en las de canonización tiene el deber de suscitar dudas y oponer objeciones, sin perjuicio de votar después en pro con arreglo a su conciencia.

promovedor, ra. ADJ. Que promueve. Apl. a pers., u. t. c. s.

promover. TR. **1.** Iniciar o impulsar una cosa o un proceso, procurando su logro. *Promover un torneo de ajedrez.* || **2.** Levantar o elevar a alguien a una dignidad o empleo superior al que tenía. *Lo promovieron a coronel.* ¶ MORF. conjug. c. *mover.*

promulgación. F. Acción y efecto de promulgar.

promulgador, ra. ADJ. Que promulga. Apl. a pers., u. t. c. s.

promulgar. TR. **1.** Publicar algo solemnemente. *Promulgar una ley.* || **2.** Hacer que algo se divulgue y propague mucho en el público. *Promulgar la fraternidad universal.*

pronación. F. Movimiento del antebrazo que hace girar la mano de fuera a dentro presentando el dorso de ella.

pronaos. M. *Arq. hist.* En los templos antiguos, pórtico que había delante del santuario.

prono, na. ADJ. Echado sobre el vientre. □ V. **decúbito ~.**

pronombre. M. *Gram.* Clase de palabras que hace las veces del sustantivo. || **~ demostrativo.** M. *Gram.* El que señala personas, animales o cosas. Son esencialmente tres, *este, ese, aquel* y sus variantes. || **~ indefinido.** M. *Gram.* El que vagamente alude a personas o cosas o expresa alguna noción que cuantifica; p. ej., *alguien, algo, nadie, nada, uno.* || **~ indeterminado.** M. *Gram.* El que vagamente alude a personas o cosas; p. ej., *alguien, nadie, uno,* etc. || **~ interrogativo.** M. *Gram.* El que, sin acompañar al nombre, permite construir enunciados interrogativos. || **~ personal.** M. *Gram.* El que designa personas, animales o cosas mediante cualquiera de las tres personas gramaticales. Generalmente, desempeñan las mismas funciones del grupo nominal; p. ej., *yo, tú, él.* || **~ posesivo.** M. *Gram.* En algunas gramáticas, el que denota posesión o pertenencia; p. ej., *mío, tuyo, suyo, cuyo.* || **~ relativo.** M. *Gram.* El que desempeña una función en la oración a la que pertenece, inserta esta en una unidad superior y tiene un antecedente, expreso o implícito.

pronominal. ADJ. *Gram.* Perteneciente o relativo al pronombre. □ V. **locución ~, verbo ~.**

pronosticador, ra. ADJ. Que pronostica. Apl. a pers., u. t. c. s.

pronosticar. TR. Conocer por algunos indicios lo futuro.

pronóstico. M. **1.** Acción y efecto de pronosticar. || **2.** Señal por donde se conjetura o adivina algo futuro. || **3.** Calendario en que se incluye el anuncio de los fenómenos astronómicos y meteorológicos. || **4.** *Med.* Juicio que forma el médico respecto a los cambios que pueden sobrevenir durante el curso de una enfermedad, y sobre su duración y terminación por los síntomas que la han precedido o la acompañan. || **~ reservado.** M. *Med.* El que se reserva el médico, a causa de las contingencias que prevé en los efectos de una lesión. || **de ~ reservado.** LOC.ADJ. **1.** De dudoso resultado o que presupone un desenlace peligroso. || **2.** De incierto o mal resultado. || **3.** Peligroso, amenazador.

prontitud. F. Celeridad, presteza o velocidad en ejecutar algo.

pronto, ta. I. ADJ. **1.** Veloz, acelerado, ligero. *El pronto pago me granjeó su respeto.* || **2.** Dispuesto, preparado para la ejecución de algo. *Estoy pronto a acudir.* || **II.** M. **3.** coloq. Decisión repentina motivada por un sentimiento u ocurrencia inesperados. *Le dio un pronto, y tomó el abrigo para irse de casa.* ‖ **4.** coloq. Ataque repentino y aparatoso de algún mal. ‖ **III.** ADV. T. **5.** Presto, con prontitud. ‖ **6.** Con anticipación al momento oportuno, con tiempo de sobra. ‖ **al ~.** LOC. ADV. En el primer momento o a primera vista. ‖ **de pronto.** LOC. ADV. de repente. ‖ **hasta pronto.** EXPR. Se usa para despedirse. ‖ **por de, o por lo, ~.** LOCS. ADVS. De primera intención, entretanto, de manera provisional.

prontuario. M. **1.** Resumen o breve anotación de varias cosas a fin de tenerlas presentes cuando se necesiten. ‖ **2.** Compendio de las reglas de una ciencia o arte.

prónuba. F. poét. Madrina de boda.

pronunciable. ADJ. Que se pronuncia fácilmente. *Nombre muy poco pronunciable.*

pronunciación. F. Acción y efecto de pronunciar.

pronunciado, da. PART. de **pronunciar.** ‖ ADJ. Marcado o muy perceptible. *Pendiente muy pronunciada.*

pronunciador, ra. ADJ. Que pronuncia. Apl. a pers., u. t. c. s.

pronunciamiento. M. **1.** Alzamiento militar contra el Gobierno, promovido por un jefe del Ejército u otro caudillo. ‖ **2.** *Der.* Cada una de las declaraciones, condenas o mandatos del juzgador. □ V. **artículo de previo ~.**

pronunciar. **I.** TR. **1.** Emitir y articular sonidos para hablar. *Pronuncia mal la erre.* ‖ **2.** Decir una palabra o una frase. *Pronunció tu nombre.* ‖ **3.** Leer o decir una conferencia, un discurso, etc. ‖ **4.** Resaltar, acentuar, destacar. *Esa falda blanca pronuncia tus caderas.* U. t. c. prnl. ‖ **5.** Sublevar, levantar. U. m. c. prnl. *Un grupo de oficiales se pronunció al día siguiente.* ‖ **6.** *Der.* Publicar la sentencia o auto. ‖ **II.** PRNL. **7.** Declararse o mostrarse a favor o en contra de alguien o de algo. ¶ MORF. conjug. c. *anunciar.*

pronuncio. M. Eclesiástico investido transitoriamente de las funciones del nuncio pontificio.

propagación. F. Acción y efecto de propagar.

propagador, ra. ADJ. Que propaga. Apl. a pers., u. t. c. s.

propaganda. F. **1.** Acción y efecto de dar a conocer algo con el fin de atraer adeptos o compradores. ‖ **2.** Conjunto de textos, trabajos y medios empleados para este fin. ‖ **3.** Congregación de cardenales llamada *De propaganda fide,* para difundir la religión católica. ‖ **4.** Asociación cuyo fin es propagar doctrinas, opiniones, etc.

propagandismo. M. Tendencia a convertir algo o a alguien en materia de propaganda.

propagandista. ADJ. Dicho de una persona: Que hace propaganda, especialmente en materia política. U. t. c. s.

propagandístico, ca. ADJ. Perteneciente o relativo a la **propaganda** (‖ acción y efecto de dar a conocer para atraer adeptos).

propagar. TR. **1.** Multiplicar por generación u otra vía de reproducción. U. t. c. prnl. *La especie se propaga mediante esporas.* ‖ **2.** Hacer que algo se extienda o llegue a sitios distintos de aquel en que se produce. *Los altavoces propagaban la música por toda la ciudad.* U. t. c. prnl. ‖ **3.** Extender el conocimiento de algo o la afición a ello. *Propagar un rumor.* U. t. c. prnl.

propalador, ra. ADJ. Que propala. Apl. a pers., u. t. c. s.

propalar. TR. Divulgar algo oculto.

propano. M. *Quím.* Hidrocarburo gaseoso derivado del petróleo, con tres átomos de carbono, que tiene usos domésticos e industriales.

propao. M. *Mar.* Pieza gruesa de madera, atravesada por varias cabillas y asegurada horizontalmente a los guindastes, que sirve para amarrar algunos cabos de maniobra y para sujeción de los retornos por donde aquellos laborean.

proparoxítona. F. *Fon.* Palabra proparoxítona.

proparoxítono, na. ADJ. *Fon.* **esdrújulo** (‖ propio de una palabra esdrújula). *Acentuación proparoxítona.*

propasarse. PRNL. **1.** Excederse de lo razonable en lo que se hace o se dice. ‖ **2.** Faltar al respeto a alguien, especialmente en el aspecto sexual.

propedéutica. F. Enseñanza preparatoria para el estudio de una disciplina.

propedéutico, ca. ADJ. Perteneciente o relativo a la propedéutica.

propender. INTR. Dicho de una persona: Inclinarse por naturaleza, por afición o por otro motivo, hacia algo en particular.

propensión. F. Acción y efecto de propender.

propenso, sa. ADJ. Con tendencia o inclinación a algo.

propiamente. ADV. M. Con propiedad.

propiciación. F. **1.** Acción agradable a Dios, con que se le mueve a piedad y misericordia. ‖ **2.** hist. Sacrificio que se ofrecía en la ley de Moisés para aplacar la justicia divina y tener a Dios propicio.

propiciador, ra. ADJ. Que propicia. Apl. a pers., u. t. c. s.

propiciar. TR. **1.** Favorecer la ejecución de algo. *Los errores humanos propiciaron la catástrofe.* ‖ **2.** Atraer o ganar el favor o benevolencia de alguien. *Quiere propiciar a sus superiores.* ¶ MORF. conjug. c. *anunciar.*

propiciatorio, ria. ADJ. Que tiene virtud de hacer propicio. *Ritos propiciatorios.*

propicio, cia. ADJ. **1.** Favorable, inclinado a hacer un bien. *Muéstrate propicio a nosotros. Mujer propicia al perdón.* ‖ **2.** Favorable para que algo se logre. *Ocasión propicia. Momento propicio.*

propiedad. F. **1.** Derecho o facultad de poseer alguien algo y poder disponer de ello dentro de los límites legales. ‖ **2.** Cosa que es objeto del dominio, sobre todo si se trata de bienes inmuebles. ‖ **3.** Atributo o cualidad esencial de alguien o algo. *Las propiedades medicinales de la tila.* ‖ **4.** *Fil.* Accidente necesario e inseparable. ‖ **5.** *Gram.* Significado o sentido peculiar y exacto de las voces o frases. *Hablar con propiedad.* ‖ **~ horizontal.** F. La que recae sobre uno o varios pisos, viviendas o locales de un edificio, adquiridos separadamente por diversos propietarios, con ciertos derechos y obligaciones comunes. ‖ **~ industrial.** F. Derecho de explotación exclusiva sobre los nombres comerciales, las marcas y las patentes, que la ley reconoce durante cierto plazo. ‖ **~ intelectual.** F. Derecho de explotación exclusiva sobre las obras literarias o artísticas que la ley reconoce a su autor durante un cierto plazo. ‖ **nuda ~.** F. *Der.* La que carece del usufructo. ‖ **en ~.** LOC. ADV. **1.** Como propio. ‖ **2.** Se usa para referirse al cargo o empleo que disfruta alguien durante toda su vida laboral. *He sacado la plaza en propiedad.* □ V. **registro de la ~, registro de la ~ industrial, registro de la ~ intelectual.**

propietario, ria. ADJ. **1.** Que tiene derecho de propiedad sobre algo, y especialmente sobre bienes inmuebles. U. m. c. s. ‖ **2.** Que tiene cargo u oficio que le pertenece, a diferencia de quien solo transitoriamente desempeña las funciones inherentes a él. *Maestro pro-*

pietario. ‖ **3.** *Dep.* Dicho de un equipo: Que juega en su propio campo o cancha. U. t. c. s.

propileo. M. Vestíbulo de un templo, peristilo.

propina. F. **1.** Gratificación pequeña con que se recompensa un servicio eventual. ‖ **2.** Cantidad extra que sobre el precio convenido y como muestra de satisfacción se da por algún servicio.

propinación. F. Acción y efecto de propinar.

propinar. TR. Dar un golpe. *Propinar una bofetada, una paliza, una patada.*

propincuidad. F. Cualidad de propincuo.

propincuo, cua. ADJ. Allegado, cercano, próximo.

propio, pia. **I.** ADJ. **1.** Perteneciente o relativo a alguien que tiene la facultad exclusiva de disponer de ello. *No tiene casa propia.* ‖ **2.** Característico, peculiar de cada persona o cosa. *Esas preguntas son propias de un niño.* ‖ **3.** Conveniente, adecuado. *Dar el pésame es lo propio en estas ocasiones.* ‖ **4.** Perteneciente o relativo a la misma persona que habla o a la persona o cosa de que se habla. *Me insultó en mi propia cara.* ‖ **5.** Se dice, por oposición a *figurado,* del significado o uso original de las palabras. ‖ **6.** Dicho de una reproducción o imitación de alguien a algo: Hecha con gran exactitud o precisión. *El retrato ha quedado muy propio.* ‖ **7.** *Fil.* Se dice del accidente que se sigue necesariamente o es inseparable de la esencia y naturaleza de las cosas. U. t. c. s. ‖ **II.** M. **8.** Persona que de manera expresa se envía de un punto a otro con una carta o un recado. ‖ **9.** Heredad, dehesa, casa u otro género cualquiera de hacienda que tiene una ciudad, villa o lugar para satisfacer los gastos públicos. U. m. en pl. □ V. **amor ~, bienes ~s, cura propio, estimación ~, fondos ~s, fracción ~, mayordomo de propios, nombre ~, quebrado ~.**

propóleos. M. Sustancia cérea con que las abejas bañan las colmenas o vasos antes de empezar a obrar.

proponente. ADJ. Dicho de una persona o de una entidad: Que propone algo o a alguien. U. m. c. s.

proponer. TR. **1.** Manifestar con razones algo para conocimiento de alguien, o para inducirlo a adoptarlo. *Le propuso cambiar de automóvil.* ‖ **2.** Determinar o hacer propósito de ejecutar o no algo. U. m. c. prnl. *Me propongo no ceder.* ‖ **3.** Hacer una propuesta. ‖ **4.** Recomendar o presentar a alguien para desempeñar un empleo, cargo, etc. *Propuso su nombre para un ascenso.* ‖ **5.** En las escuelas, presentar los argumentos en pro y en contra de una cuestión. ¶ MORF. conjug. c. *poner;* part. irreg. **propuesto.**

proporción. F. **1.** Disposición, conformidad o correspondencia debida de las partes de una cosa con el todo o entre cosas relacionadas entre sí. ‖ **2.** Disposición u oportunidad para hacer o lograr algo. ‖ **3.** Mayor o menor dimensión de una cosa. *Un barco de grandes proporciones.* ‖ **4.** *Mat.* Igualdad de dos razones. *Proporción aritmética, geométrica.* ‖ **5.** *Á. guar.* Medio del que se vale alguien para enviar una carta o paquete. ‖ **~ armónica.** F. *Mat.* Serie de tres números, en la que el máximo tiene respecto del mínimo la misma razón que la diferencia entre el máximo y el medio tiene respecto de la diferencia entre el medio y el mínimo; p. ej., 6, 4, 3. ‖ **~ continua.** F. *Mat.* La que forman tres términos consecutivos de una progresión. ‖ **a ~.** LOC.ADV. Según, conforme a. □ V. **compás de ~, medio de ~.**

proporcionado, da. PART. de **proporcionar.** ‖ ADJ. Que guarda proporción. *Castigo proporcionado.*

proporcional. ADJ. **1.** Perteneciente o relativo a la proporción. *Medida proporcional.* ‖ **2.** Que la incluye en sí. *Distribución proporcional.* ‖ **3.** Dicho de una cantidad o una magnitud: Que mantiene una proporción o razón constante con otra. *Incremento del salario proporcional al aumento del coste de la vida.* □ V. **media ~, reparto ~, representación ~.**

proporcionalidad. F. Conformidad o proporción de unas partes con el todo o de cosas relacionadas entre sí.

proporcionar. TR. **1.** Poner a disposición de alguien lo que necesita o le conviene. *Proporcionar víveres a los damnificados.* U. t. c. prnl. ‖ **2.** Disponer y ordenar algo con la debida correspondencia en sus partes. *Proporcionar un dibujo.*

proposición. F. **1.** Acción y efecto de proponer. ‖ **2.** *Fil.* Expresión de un juicio entre dos términos, sujeto y predicado, que afirma o niega este de aquel, o incluye o excluye el primero respecto del segundo. ‖ **3.** *Gram.* Unidad lingüística de estructura oracional, esto es, constituida por sujeto y predicado, que se une mediante coordinación o subordinación a otra u otras *proposiciones* para formar una oración compuesta. ‖ **4.** *Gram.* oración (‖ palabra o conjunto de palabras con sentido completo). ‖ **5.** *Mat.* Enunciación de una verdad demostrada o que se trata de demostrar. ‖ **6.** *Ret.* Parte del discurso, en que se anuncia o expone aquello de que se quiere convencer y persuadir a los oyentes. ‖ **7.** pl. coloq. **proposiciones deshonestas** (‖ requerimientos eróticos). ‖ **~ de ley.** F. Texto ajustado a los requisitos y presentado por las Cámaras legislativas o por iniciativa extraparlamentaria, para su tramitación y aprobación como ley. ‖ **~ no de ley.** F. Propuesta de iniciativa parlamentaria para que una Cámara emita un pronunciamiento legislativo sobre un asunto concreto. ‖ **~ para delinquir.** F. *Der.* Delito consistente en la invitación que hace a otras personas quien ha resuelto cometer una acción delictiva, para que participen en ella. ‖ **proposiciones deshonestas.** F. **1.** Requerimientos eróticos. ‖ **2.** pl. irón. coloq. Propuestas u ofrecimientos para un determinado fin. □ V. **pan de ~.**

proposicional. □ V. **cálculo ~.**

propósito. M. **1.** Ánimo o intención de hacer o de no hacer algo. ‖ **2.** Objetivo que se pretende conseguir. ‖ **a ~.** **I.** LOC.ADJ. **1.** Adecuado u oportuno para lo que se desea o para el fin a que se destina. *Un lugar a propósito para vivir.* U. t. c. loc. adv. ‖ **II.** LOC.ADV. **2.** De manera voluntaria y deliberada. ‖ **3.** Se usa para expresar que algo, al ser mencionado, ha sugerido o recordado la idea de hablar de otra cosa. *A propósito de estudios, este año acabo la carrera.* ‖ **a ~ de.** LOC. PREPOS. acerca de. ‖ **de ~.** LOC.ADV. **a propósito** (‖ de manera voluntaria y deliberada). ‖ **fuera de ~.** LOC.ADV. Sin venir al caso, sin oportunidad o fuera de tiempo.

propuesta. F. **1.** Proposición o idea que se manifiesta y ofrece a alguien para un fin. ‖ **2.** Consulta de una o más personas hecha al superior para un empleo o beneficio. ‖ **3.** Consulta de un asunto o negocio a la persona, junta o cuerpo que lo ha de resolver.

propuesto, ta. PART. IRREG. de **proponer.**

propugnador, ra. ADJ. Que propugna. Apl. a pers., u. t. c. s.

propugnar. TR. Defender, amparar.

propulsar. TR. Impeler hacia adelante.

propulsión. F. Acción y efecto de propulsar. ‖ **~ a chorro.** F. Procedimiento empleado para que un avión, proyectil, cohete, etc., avance en el espacio, por efecto de la reacción producida por la descarga de un fluido que es expulsado a gran velocidad por la parte posterior.

propulsor, ra. **I.** ADJ. **1.** Que propulsa. Apl. a pers., u. t. c. s. ‖ **II.** M. **2.** Máquina o aparato que sirve para propulsar.

prorrata. F. Cuota o porción que toca a alguien de lo que se reparte entre varias personas, hecha la cuenta proporcionada a lo más o menos que cada una debe pagar o percibir. ‖ **a ~.** LOC.ADV. Mediante prorrateo.

prorratear. TR. Repartir una cantidad entre varias personas, según la parte que proporcionalmente toca a cada una.

prorrateo. M. Repartición de una cantidad, obligación o carga entre varias personas, proporcionada a lo que debe tocar a cada una.

prórroga. F. **1.** Continuación de algo por un tiempo determinado. ‖ **2.** Plazo por el cual se continúa o prorroga algo. ‖ **3.** Dep. Período suplementario de juego, de diferente duración según los deportes, que se añade al tiempo establecido cuando existe un empate. ‖ **4.** Mil. Aplazamiento del servicio militar que se concede a los llamados a este servicio.

prorrogación. F. Continuación de algo por un tiempo determinado.

prorrogar. TR. Continuar, dilatar, extender algo por un tiempo determinado.

prorrumpir. INTR. Proferir repentinamente y con fuerza o violencia una voz, suspiro u otra demostración de dolor o pasión vehemente. *Prorrumpió EN sollozos.*

prosa. F. **1.** Forma de expresión habitual, oral o escrita, no sujeta a las reglas del verso. ‖ **2.** Conjunto de obras escritas en prosa. *La prosa de Quevedo.* ‖ **3.** coloq. Exceso de palabras para decir cosas poco o nada importantes. ‖ **echar,** o **tirar, ~.** LOCS.VERBS. Á. Andes. Darse importancia, tomar actitudes de superioridad. □ V. **poema en ~.**

prosador, ra. M. y F. Persona que escribe obras literarias en prosa.

prosaico, ca. ADJ. **1.** Dicho de una obra poética o de cualquiera de sus partes: Que adolece de prosaísmo. ‖ **2.** Dicho de personas y de ciertas cosas: Faltas de idealidad o elevación. *Hombre, pensamiento, gusto prosaico.* ‖ **3.** Insulso, vulgar. *Vida prosaica.*

prosaísmo. M. **1.** Defecto de la obra literaria, o de cualquiera de sus partes, que consiste en la falta de cualidades poéticas, o en la vulgaridad de la expresión. ‖ **2.** Cualidad de **prosaico** (‖ insulso, vulgar).

prosapia. F. Ascendencia, linaje o generación de una persona.

proscenio. M. **1.** Parte del escenario más inmediata al público, que viene a ser la que media entre su borde y los bastidores. ‖ **2.** hist. En el antiguo teatro griego y latino, lugar entre la escena y la orquesta, más bajo que la primera y más alto que la segunda, en el cual estaba el tablado en que representaban los actores.

proscribir. TR. **1.** Excluir o prohibir una costumbre o el uso de algo. *Proscribir la pena de muerte. Proscribir las grasas.* ‖ **2.** Echar a alguien del territorio de su patria, comúnmente por causas políticas. ¶ MORF. part. irreg. **proscrito.** Á. R. Plata. **proscripto.**

proscripción. F. Acción y efecto de proscribir.

proscripto, ta. PART. IRREG. de **proscribir.** ‖ ADJ. Á. R. Plata. **proscrito.** U. t. c. s.

proscrito, ta. PART. IRREG. de **proscribir.** ‖ ADJ. **desterrado.** U. t. c. s.

prosecretario, ria. M. y F. Am. **vicesecretario.**

prosecución. F. **1.** Acción y efecto de proseguir. ‖ **2.** Seguimiento, persecución.

proseguir. **I.** TR. **1.** Seguir, continuar, llevar adelante lo que se tenía empezado. ‖ **II.** INTR. **2.** Dicho de una persona o de una cosa: Seguir en una misma actitud, estado, etc. *La huelga de trenes proseguirá toda la semana.* ¶ MORF. conjug. c. *pedir.*

proselitismo. M. Celo de ganar prosélitos.

proselitista. ADJ. Celoso de ganar prosélitos. U. t. c. s.

prosélito, ta. M. y F. **1.** Persona incorporada a una religión. ‖ **2.** Partidario que se gana para una facción o doctrina.

prosificación. F. Acción y efecto de prosificar.

prosificar. TR. Poner en prosa una composición poética.

prosimio, mia. ADJ. *Zool.* Se dice de ciertos mamíferos primates nocturnos, de pequeño tamaño, con dentición muy parecida a la de los insectívoros, las cuatro extremidades terminadas en mano, cara cubierta de pelo y ojos muy grandes. Viven en los árboles, se alimentan de insectos y otros pequeños animales y se encuentran en algunas regiones de África, especialmente en Madagascar. U. m. c. s. m. ORTOGR. En m. pl., escr. con may. inicial c. taxón. *Los Prosimios.*

prosista. COM. Persona que escribe obras en prosa.

prosístico, ca. ADJ. Perteneciente o relativo a la prosa literaria.

prosodia. F. **1.** Parte de la gramática que enseña la recta pronunciación y acentuación. ‖ **2.** Estudio de los rasgos fónicos que afectan a la métrica, especialmente de los acentos y de la cantidad. ‖ **3.** Parte de la fonología dedicada al estudio de los rasgos fónicos que afectan a unidades inferiores al fonema, como las moras, o superiores a él, como las sílabas u otras secuencias de la palabra u oración. ‖ **4.** métrica.

prosódico, ca. ADJ. Perteneciente o relativo a la prosodia. □ V. **acento ~.**

prosopografía. F. *Ret.* Descripción del exterior de una persona o de un animal.

prosopopeya. F. **1.** *Ret.* Figura que consiste en atribuir a las cosas inanimadas o abstractas, acciones y cualidades propias de seres animados, o a los seres irracionales las del hombre. ‖ **2.** coloq. Afectación de gravedad y pompa. *Gasta mucha prosopopeya.*

prosopopéyico, ca. ADJ. Grave y pomposo de manera afectada. *Persona prosopopéyica.*

prospección. F. **1.** Exploración del subsuelo basada en el examen de los caracteres del terreno y encaminada a descubrir yacimientos minerales, petrolíferos, aguas subterráneas, etc. ‖ **2.** Exploración de posibilidades futuras basada en indicios presentes. *Prospección de mercados. Prospección de tendencias de opinión.*

prospectar. TR. Realizar prospecciones en un terreno, explorar sus yacimientos minerales.

prospectiva. F. Conjunto de análisis y estudios realizados con el fin de explorar o de predecir el futuro, en una determinada materia.

prospectivo, va. ADJ. Que se refiere al futuro. *Estudio prospectivo.*

prospecto. M. **1.** Papel o folleto que acompaña a ciertos productos, especialmente los farmacéuticos, en el que se explica su composición, utilidad, modo de empleo, etc. ‖ **2.** Exposición o anuncio breve que se hace al público sobre una obra, un escrito, un espectáculo, una mercancía, etc.

prosperar. INTR. **1.** Tener o gozar prosperidad. *El comercio prospera.* ‖ **2.** Mejorar económicamente. ‖ **3.** Dicho de una idea, de un proyecto, etc.: Cobrar fuerza, imponerse o triunfar.

prosperidad. F. **1.** Condición de próspero. ‖ **2.** Buena suerte o éxito en lo que se emprende, sucede u ocurre.

próspero, ra. ADJ. **1.** Dicho de una persona o de una cosa: Que tiene éxito económico. ‖ **2.** Favorable, propicio, venturoso. *Próspero año nuevo.*

próstata. F. *Anat.* Glándula pequeña irregular, de color rojizo, que tienen los machos de los mamíferos unida al cuello de la vejiga de la orina y a la uretra, y que segrega un líquido blanquecino y viscoso.

prostático, ca. ADJ. **1.** *Anat.* Perteneciente o relativo a la próstata. *Inflamación prostática.* ‖ **2.** Dicho de un varón: Que padece afección morbosa de la próstata. U. t. c. s. m.

prostatitis. F. *Med.* Inflamación de la próstata.

prosternación. F. Acción y efecto de prosternarse.

prosternarse. PRNL. Arrodillarse o inclinarse por respeto.

prostibulario, ria. ADJ. Perteneciente o relativo al prostíbulo.

prostíbulo. M. Local donde se ejerce la prostitución.

prostitución. F. **1.** Acción y efecto de prostituir. ‖ **2.** Actividad a la que se dedica quien mantiene relaciones sexuales con otras personas, a cambio de dinero. ☐ V. **casa de ~.**

prostituir. TR. **1.** Hacer que alguien se dedique a mantener relaciones sexuales con otras personas, a cambio de dinero. U. t. c. prnl. ‖ **2.** Dicho de una persona: Deshonrar, vender su empleo, autoridad, etc., abusando con bajeza de ella por interés o por adulación. U. t. c. prnl. ¶ MORF. conjug. c. *construir.*

prostituto, ta. M. y F. Persona que mantiene relaciones sexuales a cambio de dinero.

protactinio. M. Elemento químico radiactivo de núm. atóm. 91. Metal raro en la litosfera, se encuentra en minerales de uranio, y su vida media es de unos 30 000 años. (Símb. *Pa*).

protagónico, ca. ADJ. protagonista. *Desempeña un papel protagónico.*

protagonismo. M. **1.** Condición de protagonista. ‖ **2.** Afán de mostrarse como la persona más calificada y necesaria en determinada actividad, independientemente de que se posean o no méritos que lo justifiquen.

protagonista. I. ADJ. **1.** Perteneciente o relativo al protagonista. *Desempeña un papel protagonista.* ‖ **II.** COM. **2.** Personaje principal de la acción en una obra literaria o cinematográfica. ‖ **3.** Persona o cosa que en un suceso cualquiera desempeña la parte principal. *Fue el protagonista de la fiesta.*

protagonizar. TR. **1.** Representar un papel en calidad de protagonista. ‖ **2.** Desempeñar el papel más importante en cualquier hecho o acción. *Protagonizar un tumulto.*

prótasis. F. **1.** Primera parte del poema dramático. ‖ **2.** *Gram.* Oración subordinada de los períodos condicionales y, por ext., de los concesivos. ‖ **3.** *Ret.* Primera parte del período en que queda pendiente el sentido, que se completa o cierra en la apódosis.

proteáceo, a. ADJ. *Bot.* Se dice de las plantas angiospermas dicotiledóneas, por lo general árboles y arbustos del hemisferio austral, principalmente en Australia, que tienen sus hojas alternas y dentadas, flores hermafroditas, agrupadas en espiga o racimo, y fruto con semilla sin albumen; p. ej., el ciruelillo. U. t. c. s. f. ORTOGR. En f. pl., escr. con may. inicial c. taxón. *Las Proteáceas.*

proteasa. F. *Bioquím.* Enzima que fragmenta las proteínas.

protección. F. **1.** Acción y efecto de proteger. ‖ **2.** Cosa que protege. ‖ **~ de datos.** F. Sistema legal que garantiza la confidencialidad de los datos personales en poder de las Administraciones públicas u otras organizaciones. *Agencia de protección de datos.* ‖ **~ diplomática.** F. La que dispensan los representantes diplomáticos o consulares de un Estado ante otro en defensa de los derechos e intereses de sus nacionales.

proteccionismo. M. **1.** *Econ.* Política económica que dificulta la entrada en un país de productos extranjeros que hacen competencia con los nacionales. ‖ **2.** *Econ.* Conjunto de doctrinas que fundamentan la política proteccionista.

proteccionista. ADJ. **1.** *Econ.* Perteneciente o relativo al proteccionismo. *Doctrinas proteccionistas.* ‖ **2.** Partidario del proteccionismo. U. t. c. s.

protector, ra. I. ADJ. **1.** Que protege. *Caparazón protector.* Apl. a pers., u. t. c. s. ‖ **II.** M. **2.** En algunos deportes, pieza u objeto que cubre y protege las partes del cuerpo más expuestas a los golpes.

protectorado. M. **1.** Parte de soberanía que un Estado ejerce, especialmente sobre las relaciones exteriores, en territorio que no ha sido incorporado plenamente al de su nación y en el cual existen autoridades propias de los pueblos autóctonos. ‖ **2.** Territorio en que se ejerce esta soberanía compartida. ‖ **3.** Alta dirección e inspección que se reserva el poder público sobre las instituciones de beneficencia particular.

proteger. TR. **1.** Amparar, favorecer, defender. *Deben tomarse medidas para proteger el deporte y a los deportistas.* ‖ **2.** Resguardar a una persona, animal o cosa de un perjuicio o peligro, poniéndole algo encima, rodeándolo, etc. *Proteger los cultivos de los topos.* U. t. c. prnl.

protegido, da. PART. de **proteger.** ‖ M. y F. Favorito, persona que recibe la protección de otra. ☐ V. **paisaje ~.**

proteico¹, ca. ADJ. Que cambia de formas o ideas. *Proteico director de cine.*

proteico², ca. ADJ. *Quím.* proteínico.

proteína. F. Sustancia constitutiva de la materia viva, formada por una o varias cadenas de aminoácidos; p. ej., las enzimas, las hormonas, los anticuerpos, etc. ‖ **~ conjugada.** F. *Bioquím.* proteína cuyas cadenas de aminoácidos están unidas mediante enlaces covalentes a moléculas de otra naturaleza; p. ej., los lípidos, los hidratos de carbono, etc.

proteínico, ca. ADJ. Perteneciente o relativo a las proteínas.

pro témpore. (Locución latina). LOC. ADV. De manera temporal o transitoria.

protervia. F. Perversidad, obstinación en la maldad.

protervo, va. ADJ. Perverso, obstinado en la maldad. *Fines protervos.* Apl. a pers., u. t. c. s.

protésico, ca. I. ADJ. **1.** Perteneciente o relativo a la **prótesis** (‖ reparación artificial de un órgano). *Especialista protésico.* ‖ **II.** M. y F. **2.** **protésico dental.** ‖ **~ den-**

tal. M. y F. Ayudante de odontólogo encargado de preparar y ajustar las piezas y aparatos para la prótesis dental.

prótesis. F. **1.** *Med.* Procedimiento mediante el cual se repara artificialmente la falta de un órgano o parte de él; como la de un diente, un ojo, etc. ‖ **2.** Aparato o dispositivo destinado a esta reparación. ‖ **3.** *Gram.* Figura de dicción que consiste en añadir algún sonido al principio de un vocablo; p. ej., en *amatar* por *matar*.

protesta. F. Acción y efecto de protestar.

protestante. ADJ. **1.** Que sigue el luteranismo o cualquiera de sus ramas. Apl. a pers., u. t. c. s. ‖ **2.** Perteneciente o relativo a estos grupos religiosos. *Ética protestante.* ‖ **3.** Que protesta. *Alumnos muy protestantes.* □ V. **pastor ~.**

protestantismo. M. **1.** Creencia religiosa de los protestantes. ‖ **2.** Conjunto de ellos.

protestar. **I.** INTR. **1.** Dicho de una persona: Expresar con ímpetu su queja o disconformidad. ‖ **2.** Aseverar con ahínco y con firmeza. *Protestar DE su honor.* ‖ **3.** Expresar la oposición a alguien o a algo. *Protestar CONTRA una injusticia.* U. menos c. tr. *Protestaron la designación.* ‖ **II.** TR. **4.** Declarar o proclamar un propósito. *Protestó sus buenas intenciones.* ‖ **5.** Confesar públicamente la fe y creencia que alguien profesa y en que desea vivir. ‖ **6.** *Com.* Hacer el protesto de una letra de cambio.

protestatario, ria. ADJ. **1.** Que manifiesta su disconformidad o su oposición. Apl. a pers., u. t. c. s. ‖ **2.** Propio o característico de una actitud de protesta. *Recursos protestatarios.*

protestativo, va. ADJ. Que protesta o declara algo o da testimonio de ello. *Escrito protestativo.*

protesto. M. **1.** *Com.* Diligencia que, por no ser aceptada o pagada una letra de cambio, se practica bajo fe notarial para que no se perjudiquen o mengüen los derechos y acciones entre las personas que han intervenido en el giro o en los endosos de él. ‖ **2.** *Com.* Testimonio por escrito del mismo requerimiento.

protestón, na. ADJ. Que protesta mucho y a menudo por cosas sin importancia. Apl. a pers., u. t. c. s.

protético, ca. ADJ. *Gram.* Perteneciente o relativo a la **prótesis** (‖ figura de dicción).

protista. **I.** ADJ. **1.** *Biol.* Se dice de los seres vivos unicelulares de organización eucarionte; p. ej., los protozoos. ‖ **II.** M. **2.** pl. *Biol.* Reino de estos seres vivos. ORTOGR. Escr. con may. inicial.

protocolar. ADJ. Perteneciente o relativo al protocolo.

protocolario, ria. ADJ. Perteneciente o relativo a las reglas del protocolo o de acuerdo con ellas. *Actos protocolarios. Audiencia protocolaria.*

protocolizar. TR. Incorporar al protocolo una escritura matriz u otro documento que requiera esta formalidad.

protocolo. M. **1.** Regla ceremonial diplomática o palatina establecida por decreto o por costumbre. ‖ **2.** Serie ordenada de escrituras matrices y otros documentos que un notario o escribano autoriza y custodia con ciertas formalidades. ‖ **3.** Acta o cuaderno de actas relativas a un acuerdo, conferencia o congreso diplomático. ‖ **4.** Secuencia detallada de un proceso de actuación científica, técnica, médica, etc. ‖ **5.** *Inform.* Conjunto de reglas que se establecen en el proceso de comunicación entre dos sistemas.

protohistoria. F. Período de la vida de la humanidad subsiguiente a la prehistoria del que se poseen tradiciones originariamente orales.

protomártir. M. Primero de los mártires. Se usa referido a san Esteban, por haber sido el primero de los discípulos de Cristo que padeció martirio.

protomedicato. M. hist. Tribunal formado por los protomédicos y examinadores, que reconocía la suficiencia de quienes aspiraban a ser médicos, y concedía las licencias necesarias para el ejercicio de dicha facultad. Hacía también veces de cuerpo consultivo.

protomédico. M. hist. Cada uno de los médicos del rey que componían el tribunal del protomedicato.

protón. M. *Fís.* Partícula subatómica con carga eléctrica positiva, que constituye el núcleo de los átomos junto con los neutrones, y cuyo número, denominado número atómico, determina las propiedades químicas del átomo.

protónico, ca. ADJ. *Fon.* Que precede a la sílaba tónica.

protonotario. M. hist. Primero y principal de los notarios y jefe de ellos, o el que despachaba con el príncipe y refrendaba sus despachos, cédulas y privilegios.

protoplasma. M. *Biol.* citoplasma.

protoplasmático, ca. ADJ. *Biol.* citoplasmático.

prototípico, ca. ADJ. **1.** Perteneciente o relativo al prototipo. *Rasgos prototípicos.* ‖ **2.** Que tiene carácter de prototipo. *Un personaje prototípico.*

prototipo. M. **1.** Ejemplar original o primer molde en que se fabrica una figura u otra cosa. ‖ **2.** Ejemplar más perfecto y modelo de una virtud, vicio o cualidad.

protozoo. ADJ. *Zool.* Se dice de los organismos, casi siempre microscópicos, cuyo cuerpo está formado por una sola célula o por una colonia de células iguales entre sí. U. m. c. s. m. ORTOGR. En m. pl., escr. con may. inicial c. taxón. *Los Protozoos.*

protráctil. ADJ. *Zool.* Dicho de la lengua de algunos animales: Que puede proyectarse mucho fuera de la boca, como en algunos reptiles, entre ellos el camaleón.

protruir. INTR. *Med.* Dicho de una parte o de un órgano: Desplazarse hacia delante, sobresalir de sus límites normales, de forma natural o patológica. MORF. conjug. c. *construir.*

protrusión. F. *Med.* Acción y efecto de protruir.

protuberancia. F. Prominencia más o menos redonda.

protuberante. ADJ. Que sobresale o lo hace más de lo normal. *Dientes protuberantes.*

protutor, ra. M. y F. Persona que interviene las funciones de la tutela y asegura su recto ejercicio.

provecho. M. Beneficio o utilidad que se consigue o se origina de algo o por algún medio. ‖ **buen ~.** EXPR. coloq. Se usa para manifestar el deseo de que algo sea útil o conveniente a la salud o bienestar de alguien, frecuentemente dirigiéndose a quienes están comiendo o bebiendo. ‖ **de ~.** LOC.ADJ. **1.** Dicho de una persona o de una cosa: Útil o a propósito para lo que se desea o intenta. ‖ **2. de pro.**

provechoso, sa. ADJ. Que causa provecho o es de provecho o utilidad. *Experiencia provechosa.*

provecto, ta. ADJ. **1.** Caduco, viejo. ‖ **2.** Maduro, entrado en años. □ V. **edad ~.**

proveedor, ra. **I.** ADJ. **1.** Que provee. ‖ **II.** M. y F. **2.** Persona o empresa que provee o abastece de todo lo necesario para un fin a grandes grupos, asociaciones, comunidades, etc.

proveeduría. F. Casa donde se guardan y distribuyen las provisiones.

proveer. TR. **1.** Preparar, reunir lo necesario para un fin. *Proveer medidas que acaben con el problema.* U. t. c. prnl. ‖ **2.** Suministrar o facilitar lo necesario o conveniente para un fin. *Proveer de víveres una plaza. Proveer a alguien de ropa.* U. t. c. prnl. ‖ **3.** Tramitar, resolver, dar salida a un negocio. *El alcalde está proveyendo los asuntos del concejo.* ‖ **4.** Dar o conferir una dignidad, un empleo, un cargo, etc. *Proveer una vacante.* ¶ MORF. conjug. c. *leer;* part. irreg. **provisto** y reg. **proveído.**

proveniencia. F. Procedencia, origen de algo.

proveniente. ADJ. Que proviene. *Metales preciosos provenientes de América.*

provenir. INTR. Dicho de una persona o de una cosa: Nacer, originarse, proceder de un lugar, de otra persona, de otra cosa, etc. MORF. conjug. c. *venir.*

provento. M. Producto, renta.

provenzal. I. ADJ. **1.** Natural de la Provenza. U. t. c. s. ‖ **2.** Perteneciente o relativo a esta antigua provincia de Francia. ‖ **II.** M. **3. lengua de oc.** ‖ **4.** Lengua de los provenzales, tal como ahora la hablan.

provenzalismo. M. Vocablo, giro o modo de hablar peculiares de la lengua provenzal.

provenzalista. COM. Especialista en la lengua y la cultura provenzales.

proverbial. ADJ. **1.** Perteneciente o relativo al proverbio. *Repertorios proverbiales.* ‖ **2.** Que incluye un proverbio. *Secuencia proverbial.* ‖ **3.** Muy notorio, conocido de siempre, consabido de todos. *Mi suegra nos recibía con su proverbial entusiasmo.* □ V. **frase** ~.

proverbio. M. **1.** Sentencia, adagio o refrán. ‖ **2.** pl. Libro de la Sagrada Escritura, que contiene varias sentencias de Salomón. ORTOGR. Escr. con may. inicial.

providencia. F. **1.** Disposición anticipada o prevención que conduce al logro de un fin. ‖ **2.** Disposición que se toma en un lance sucedido, para arreglarlo o remediar el daño que pueda resultar. ‖ **3.** por antonom. La de Dios. ORTOGR. Escr. con may. inicial. ‖ **4.** *Der.* Resolución judicial que tiene por objeto la ordenación material del proceso. ‖ **a la Providencia.** LOC. ADV. Sin más amparo que el de Dios.

providencial. ADJ. Dicho de un hecho o de un suceso casual: Que libra de un daño o perjuicio inminente.

providencialismo. M. Doctrina según la cual todo sucede por disposición de la Divina Providencia.

providencialista. ADJ. Que profesa la doctrina del providencialismo. U. t. c. s.

providenciar. TR. Dar disposiciones para lo que se va a hacer. MORF. conjug. c. *anunciar.*

providente. ADJ. **1.** Prevenido, diligente para proveer. *Adquirió responsabilidades como persona providente de toda la familia.* ‖ **2.** Avisado, prudente. *No tengo miedo, pero soy providente.*

próvido, da. ADJ. **1.** Prevenido, cuidadoso y diligente para proveer y acudir con lo necesario al logro de un fin. *Jefe paternalista y próvido.* ‖ **2.** Propicio, benévolo. *Próvida naturaleza.*

provincia. F. **1.** Cada una de las grandes divisiones de un territorio o Estado, sujeta por lo común a una autoridad administrativa. ‖ **2.** Cada uno de los distritos en que dividen un territorio las órdenes religiosas y que contiene determinado número de casas o conventos. ‖ **3.** hist. En la antigua Roma, territorio conquistado fuera de Italia, sujeto a las leyes romanas y administrado por un gobernador. ‖ ~ **eclesiástica.** F. Agrupación de varias diócesis vecinas, presidida por el metropolitano. □ V. **contaduría de** ~.

provincial. I. ADJ. **1.** Perteneciente o relativo a una provincia. *Censo provincial.* ‖ **II.** COM. **2.** Religioso que tiene el gobierno y superioridad sobre todas las casas y conventos de una provincia. □ V. **Administración** ~, **Audiencia Provincial, definidor** ~, **Diputación Provincial, diputado** ~, **renta** ~.

provinciala. F. Superiora religiosa que en ciertas órdenes gobierna las casas religiosas de una provincia.

provincialato. M. Dignidad, oficio o empleo de provincial o provinciala.

provincialismo. M. **1.** Predilección que generalmente se da a los usos, producciones, etc., de la provincia en que se ha nacido. ‖ **2.** Voz o giro que únicamente tiene uso en una provincia o comarca de un país o nación.

provincianismo. M. **1.** Condición de provinciano. ‖ **2.** Estrechez de espíritu y apego excesivo a la mentalidad o costumbres particulares de una provincia o sociedad cualquiera, con exclusión de las demás.

provinciano, na. ADJ. **1.** Habitante de una provincia, en contraposición al de la capital. *Tenía aire de joven provinciano.* U. t. c. s. ‖ **2.** Afectado de **provincianismo** (‖ estrechez de espíritu). *Burguesía muy provinciana.* U. t. c. s. ‖ **3.** coloq. Poco elegante o refinado.

provisión. F. **1.** Acción y efecto de proveer. ‖ **2.** Acopio de mantenimientos, caudales u otras cosas que se ponen en alguna parte para cuando hagan falta. ‖ **3.** Conjunto de cosas, especialmente alimentos, que se guardan o reservan para un fin. U. m. en pl. ‖ **4.** Providencia o disposición conducente al logro de algo. ‖ ~ **de fondos.** Com. Existencia en poder del pagador del valor de una letra, de un cheque, etc.

provisional. ADJ. Que se hace, se halla o se tiene temporalmente. □ V. **alférez** ~, **libertad** ~, **prisión** ~, **sobreseimiento** ~.

provisionalidad. F. **1.** Cualidad de provisional. ‖ **2.** Situación o circunstancia que tenga este carácter. *La provisionalidad es siempre incómoda.*

provisor, ra. I. M. y F. **1. proveedor.** ‖ **II.** M. **2.** Juez diocesano nombrado por el obispo, con quien constituye un mismo tribunal, y que tiene potestad ordinaria para ocuparse de causas eclesiásticas.

provisorio, ria. ADJ. provisional.

provisto, ta. PART. IRREG. de **proveer.**

provocación. F. Acción y efecto de provocar.

provocador, ra. ADJ. **1.** Que provoca, incita, estimula o excita. *Escote provocador.* Apl. a pers., u. t. c. s. ‖ **2.** Que trata de originar actos o movimientos sediciosos. *Grupos de individuos provocadores agredieron a los transeúntes.* Apl. a pers., u. t. c. s. □ V. **agente** ~.

provocar. TR. **1.** Irritar o estimular a alguien con palabras u obras para que se enoje. *Los manifestantes provocaron a la policía.* U. t. c. intr. ‖ **2.** Intentar excitar el deseo sexual en alguien. *Las muchachas se paseaban delante de los chicos para provocarlos.* U. t. c. intr. ‖ **3.** Ser causa o motivo de algo. *La caída de la bolsa provocó cierto nerviosismo.* ‖ **4.** coloq. Vomitar lo contenido en el estómago. U. m. c. intr.

provocativo, va. ADJ. **1.** Que **provoca** (‖ intenta excitar). *Escotes provocativos.* ‖ **2.** Que **provoca** (‖ estimula). *Manifestantes provocativos.*

proxeneta. COM. Persona que obtiene beneficios de la prostitución de otra persona.

proxenetismo. M. Acto u oficio de proxeneta.

proximal. ADJ. *Anat.* Se dice de la parte de un miembro o un órgano más próxima a la línea media del organismo en cuestión.

próximamente. ADV.T. Pronto, en un futuro próximo, dentro de poco tiempo.

proximidad. F. **1.** Cualidad de próximo. || **2.** Lugar próximo. U. m. en pl.

próximo, ma. ADJ. **1.** Cercano, que dista poco en el espacio o en el tiempo. *Un árbol próximo A la tapia.* U. t. en sent. fig. *Se siente próximo a los ideales extremistas.* || **2.** Siguiente, inmediatamente posterior. *El próximo capítulo.* U. t. c. s. □ V. **materia ~ del sacramento, ocasión ~.**

proyección. F. **1.** Acción y efecto de proyectar. || **2.** Imagen que por medio de un foco luminoso se fija temporalmente sobre una superficie plana. || **3.** En el psicoanálisis, atribución a otra persona de los defectos o intenciones que alguien no quiere reconocer en sí mismo. || **4.** Resonancia o alcance de un hecho o de las cualidades de una persona. *Un acontecimiento de proyección internacional.* || **5.** *Geom.* Figura que resulta, en una superficie, de proyectar en ella todos los puntos de un sólido u otra figura. || **~ estereográfica.** F. *Geom.* Representación de la superficie de una esfera, que se obtiene proyectando todos sus puntos desde uno de ellos sobre el plano tangente en el punto diametralmente opuesto, o sobre un plano paralelo a este, trazado por el centro de la esfera. || **~ ortogonal.** F. *Geom.* La que resulta de trazar todas las líneas proyectantes perpendiculares a un plano.

proyeccionista. COM. Persona que profesionalmente maneja un proyector de cine, de iluminación o un aparato análogo.

proyectante. ADJ. *Geom.* Se dice de la línea recta que sirve para proyectar un punto en una superficie. U. t. c. s. f.

proyectar. TR. **1.** Lanzar, dirigir hacia adelante o a distancia. *El aspersor proyectaba agua en todas direcciones.* || **2.** Idear, trazar o proponer el plan y los medios para la ejecución de algo. *Habíamos proyectado celebrar una fiesta este verano.* || **3.** Hacer un proyecto de arquitectura o ingeniería. *La oficina técnica del obispado proyectó la edificación de la catedral.* || **4.** Hacer visible sobre un cuerpo o una superficie la figura o la sombra de otro. U. t. c. prnl. || **5.** Reflejar sobre una pantalla la imagen óptica amplificada de diapositivas, películas u objetos opacos. || **6.** *Geom.* Trazar líneas rectas desde todos los puntos de un sólido u otra figura, según determinadas reglas, hasta que encuentren una superficie por lo común plana.

proyectil. M. Cuerpo arrojadizo, especialmente si se lanza con arma de fuego; p. ej., una bala, una bomba, etc.

proyectista. ADJ. **1.** Dicho de una persona: Que se dedica a hacer proyectos y a facilitarlos. U. t. c. s. || **2.** Dicho de una persona: Que dibuja planos de diversa naturaleza, proyectos artísticos, industriales, etc. U. t. c. s.

proyectivo, va. ADJ. **1.** Perteneciente o relativo al proyecto o a la proyección. *Técnicas proyectivas.* || **2.** *Mat.* Se dice de las propiedades que conservan las figuras cuando se las proyecta sobre un plano. □ V. **geometría ~.**

proyecto. M. **1.** Planta y disposición que se forma para la realización de un tratado, o para la ejecución de algo de importancia. || **2.** Propósito o pensamiento de ejecutar algo. || **3.** Conjunto de escritos, cálculos y dibujos que se hacen para dar idea de cómo ha de ser y lo que ha de costar una obra de arquitectura o de ingeniería. || **4.** Primer esquema o plan de cualquier trabajo que se hace a veces como prueba antes de darle la forma definitiva. || **~ de ley.** M. Texto elaborado por el Gobierno y sometido al Parlamento para su aprobación como ley.

proyector. M. **1.** Aparato que sirve para proyectar imágenes ópticas fijas o en movimiento. || **2.** Aparato óptico con el que se obtiene un haz luminoso de gran intensidad.

proyectora. F. *Chile.* proyector (|| aparato que sirve para proyectar imágenes ópticas).

prudencia. F. **1.** Templanza, cautela, moderación. || **2.** Sensatez, buen juicio. || **3.** *Rel.* Una de las cuatro virtudes cardinales, que consiste en discernir y distinguir lo que es bueno o malo, para seguirlo o huir de ello.

prudencial. ADJ. **1.** Perteneciente o relativo a la prudencia. *Medidas prudenciales para evitar desgracias.* || **2.** Que no es exagerado ni excesivo. *Plazo prudencial.*

prudente. ADJ. Que tiene prudencia y actúa con moderación y cautela.

prueba. F. **1.** Acción y efecto de probar. || **2.** Razón, argumento, instrumento u otro medio con que se pretende mostrar y hacer patente la verdad o falsedad de algo. || **3.** Indicio, señal o muestra que se da de algo. || **4.** Ensayo o experimento que se hace de algo, para saber cómo resultará en su forma definitiva. || **5.** Análisis médico. || **6.** Examen que se hace para demostrar o comprobar los conocimientos o aptitudes de alguien. || **7.** En algunos deportes, **competición.** || **8.** Muestra del grabado y de la fotografía. || **9.** *Der.* Justificación de la verdad de los hechos controvertidos en un juicio, hecha por los medios que autoriza y reconoce por eficaces la ley. || **10.** *Impr.* Muestra de la composición tipográfica, que se saca en papel ordinario para corregir y apuntar en ella las erratas que tiene, antes de la impresión definitiva. U. m. en pl. || **11.** *Mat.* Operación que se ejecuta para comprobar que otra ya hecha es correcta. || **~ de fuego.** F. La comprometida y decisiva, en la que es necesario demostrar que se está a la altura de lo esperado. || **~ del nueve.** F. **1.** *Mat.* Cálculo sencillo que sirve para verificar el resultado de las operaciones aritméticas, especialmente en la multiplicación y en la división, fundado en que el resto de dividir un número por nueve es el mismo que el de dividir también por nueve la suma de sus cifras. || **2.** *Esp.* prueba clara que confirma la verdad o falsedad de una cuestión debatida. || **~ negativa.** F. *Fotogr.* Imagen que se obtiene de la cámara oscura como primera parte de la operación fotográfica, donde los claros y los oscuros salen invertidos. || **~ positiva.** F. *Fotogr.* Última parte de la operación fotográfica, que consiste en invertir los claros y los oscuros de la prueba negativa, obteniendo así sobre papel, cristal o metal las imágenes con sus verdaderas luces y sombras. || **a ~. I.** LOC.ADJ. **1.** Dicho de un empleado: Que durante un tiempo tiene que demostrar su valía para poder confirmar su puesto de trabajo mediante un contrato. || **II.** LOC.ADV. **2.** Entre vendedores, se usa para dar a entender que el comprador puede probar o experimentar aquello que se vende, antes de efectuar la compra. || **a ~ de agua, de bomba,** etc. LOCS. ADVS. Se usan para referirse a lo que por su perfecta construcción, firmeza y solidez, es capaz de resistir al agua, a las bombas, etc. ‖ **de ~.** LOC.ADJ. Adecuado para probar el límite de la resistencia de alguien. □ V. **banco de ~s.**

pruina. F. Tenue recubrimiento céreo que presentan las hojas, tallos o frutos de algunos vegetales.

pruinoso, sa. ADJ. Cubierto de pruina. *Hojas pruinosas.*

pruna. F. ciruela.

pruno. M. ciruelo.

pruriginoso, sa. ADJ. **1.** *Med.* De la naturaleza del prurigo. *Erupción pruriginosa.* ‖ **2.** *Med.* Que produce prurigo. *Sarna pruriginosa.*

prurigo. M. *Med.* Afección cutánea, caracterizada por pápulas cubiertas frecuentemente de costras negruzcas debidas a excoriaciones producidas por rascarse.

prurito. M. **1.** Deseo persistente y excesivo de hacer algo de la mejor manera posible. ‖ **2.** *Med.* Comezón, picazón.

Prusia. □ V. **azul de ~.**

prusiano, na. ADJ. **1.** hist. Natural de Prusia. U. t. c. s. ‖ **2.** hist. Perteneciente o relativo a este antiguo estado de la Alemania del Norte.

prusiato. M. Sal compuesta de ácido cianhídrico combinado con una base.

pseudocientífico, ca. ADJ. Falsamente científico. *Diagnóstico pseudocientífico.*

pseudohermafrodita. ADJ. Dicho de una persona: Que tiene la apariencia, más o menos completa, del sexo contrario, conservando la gónada de su sexo verdadero. U. t. c. s.

pseudohermafroditismo. M. Cualidad de pseudohermafrodita.

pseudópodo. M. *Biol.* Extensión del citoplasma de una célula que engloba materiales o partículas externas con funciones locomotoras, alimentarias o de defensa.

psi. F. Vigésima tercera letra del alfabeto griego (Ψ, ψ), que corresponde a *ps* del latino.

psicoactivo, va. ADJ. Dicho de una sustancia: Que actúa sobre el sistema nervioso, alterando las funciones psíquicas.

psicoanálisis. M. **1.** *Med.* Método creado por Sigmund Freud, médico austríaco, para investigar y curar las alteraciones mentales mediante el análisis de los conflictos inconscientes. ‖ **2.** Doctrina que sirve de base a este tratamiento, en la que se concede importancia decisiva a la permanencia en lo subconsciente de los impulsos instintivos reprimidos por la consciencia, y en los cuales se ha pretendido ver una explicación de los sueños.

psicoanalista. ADJ. Dicho de una persona: Que se dedica al psicoanálisis. U. t. c. s.

psicoanalítico, ca. ADJ. Perteneciente o relativo al psicoanálisis. *Teoría psicoanalítica.*

psicoanalizar. TR. Aplicar el psicoanálisis a alguien. U. t. c. prnl.

psicodelia. F. Tendencia surgida en la década de 1960, caracterizada por la excitación extrema de los sentidos, estimulados por drogas alucinógenas, música estridente, luces de colores cambiantes, etc.

psicodélico, ca. ADJ. **1.** Perteneciente o relativo a la manifestación de elementos psíquicos que en condiciones normales están ocultos, o a la estimulación intensa de potencias psíquicas. *Estado psicodélico.* ‖ **2.** Dicho especialmente de drogas como la marihuana y otros alucinógenos: Causantes de esta manifestación o estimulación. ‖ **3.** coloq. Raro, extravagante, fuera de lo normal.

psicodiagnóstico. M. Diagnóstico psicológico.

psicodinámico, ca. ADJ. Dicho de un sistema psicológico: Que trata de explicar la conducta por motivaciones o impulsos.

psicodrama. M. Técnica psicoanalítica empleada en la psicoterapia de grupo que se efectúa mediante la representación por los pacientes de situaciones dramáticas relacionadas con sus conflictos patológicos.

psicofármaco. M. Medicamento que actúa sobre la actividad mental.

psicofísica. F. Disciplina que estudia las relaciones entre la magnitud de los estímulos físicos y la intensidad de las sensaciones que producen.

psicofísico, ca. ADJ. Perteneciente o relativo a la psicofísica.

psicofisiología. F. *Psicol.* Disciplina que estudia las relaciones entre los procesos de los sistemas nervioso, muscular y endocrino y las actividades mentales y el comportamiento.

psicofisiológico, ca. ADJ. *Psicol.* Perteneciente o relativo a la psicofisiología.

psicofonía. F. **1.** En parapsicología, grabación de sonidos atribuidos a espíritus del más allá. ‖ **2.** En parapsicología, estos mismos sonidos.

psicogénico, ca. ADJ. *Med.* Engendrado u originado en la psique. *Dolor psicogénico.*

psicógeno, na. ADJ. *Med.* psicogénico.

psicohistoria. F. Aplicación de la psicología, y predominantemente del psicoanálisis, a la explicación o interpretación de la historia.

psicolingüística. F. Ciencia que estudia las relaciones entre el comportamiento verbal y los procesos psicológicos que subyacen a él.

psicolingüístico, ca. ADJ. Perteneciente o relativo a la psicolingüística.

psicología. F. **1.** Parte de la filosofía que trata del alma, sus facultades y operaciones. ‖ **2.** Ciencia o estudio de la mente y de la conducta. ‖ **3.** Manera de sentir de una persona o de un pueblo. ‖ **4.** Síntesis de los caracteres espirituales y morales de un pueblo o de una nación.

psicológico, ca. ADJ. **1.** Perteneciente o relativo a la psique. *Trastorno psicológico.* ‖ **2.** Perteneciente o relativo a la psicología. *Interpretación psicológica.* □ V. **acoso ~, guerra ~.**

psicologismo. M. Tendencia que hace prevalecer el componente psicológico en las disciplinas a cuyo estudio se aplica.

psicólogo, ga. I. ADJ. **1.** Dicho de una persona: Dotada de especial sensibilidad para el conocimiento del comportamiento humano. *Juan es muy psicólogo.* ‖ **II.** M. Y F. **2.** Especialista en psicología.

psicómetra. COM. Especialista en psicometría.

psicometría. F. Medida de los fenómenos psíquicos.

psicomotor, ra. ADJ. *Psicol.* Perteneciente o relativo a la psicomotricidad.

psicomotricidad. F. **1.** *Psicol.* Motilidad de origen psíquico. ‖ **2.** *Psicol.* Integración de las funciones motrices y psíquicas. ‖ **3.** *Psicol.* Conjunto de técnicas que estimulan la coordinación de dichas funciones.

psicomotriz. ADJ. *Psicol.* **psicomotora.** MORF. U. solo apl. a susts. f.

psicópata. COM. Persona que padece psicopatía, especialmente anomalía psíquica.

psicopatía. F. 1. *Med.* Enfermedad mental. || 2. *Med.* Anomalía psíquica por obra de la cual, a pesar de la integridad de las funciones perceptivas y mentales, se halla patológicamente alterada la conducta moral y social del individuo que la padece.

psicopático, ca. ADJ. 1. *Med.* Perteneciente o relativo a la psicopatía. *Agresividad psicopática.* || 2. Que padece alguna psicopatía. U. t. c. s.

psicopatología. F. *Med.* Estudio de las alteraciones de las funciones mentales.

psicopatológico, ca. ADJ. *Med.* Perteneciente o relativo a la psicopatología.

psicopedagogía. F. *Psicol.* Rama de la psicología que se ocupa de los fenómenos de orden psicológico para llegar a una formulación más adecuada de los métodos didácticos y pedagógicos.

psicopedagógico, ca. ADJ. *Psicol.* Perteneciente o relativo a la psicopedagogía.

psicopedagogo, ga. M. y F. Especialista en psicopedagogía.

psicoquinesia. F. Supuesta acción del psiquismo en la modificación de un sistema físico en evolución, sin causa mecánica observable.

psicosis. F. 1. Enfermedad mental. || 2. *Med.* Enfermedad mental caracterizada por delirios o alucinaciones, como la esquizofrenia o la paranoia. || 3. *Med.* **psicosis maníaco-depresiva.** || ~ **maníaco-depresiva.** F. *Med.* Trastorno afectivo caracterizado por la alternancia de excitación y depresión del ánimo.

psicosomático, ca. ADJ. *Psicol.* Que afecta a la psique o que implica o da lugar a una acción de la psique sobre el cuerpo o al contrario. *Reacción psicosomática.*

psicotecnia. F. Rama de la psicología, que con fines de orientación y selección tiene por objeto explorar y clasificar las aptitudes de los individuos mediante pruebas adecuadas.

psicotécnico, ca. ADJ. *Psicol.* Perteneciente o relativo a la psicotecnia.

psicoterapeuta. COM. Especialista en psicoterapia.

psicoterapéutico, ca. ADJ. *Med.* Perteneciente o relativo a la psicoterapia.

psicoterapia. F. *Med.* Tratamiento psicológico de las enfermedades mentales.

psicótico, ca. ADJ. 1. *Med.* Perteneciente o relativo a la **psicosis** (|| enfermedad mental). *Rasgos psicóticos.* || 2. Que padece psicosis. U. t. c. s.

psicotrópico, ca. ADJ. Dicho de una sustancia psicoactiva: Que produce efectos por lo general intensos, hasta el punto de causar cambios profundos de personalidad.

psique. F. Alma humana.

psiquiatra. COM. Especialista en psiquiatría.

psiquiatría. F. Ciencia que trata de las enfermedades mentales.

psiquiátrico, ca. I. ADJ. 1. Perteneciente o relativo a la psiquiatría. *Diagnóstico psiquiátrico.* || **II.** M. 2. Hospital o clínica donde se trata a los enfermos mentales.

psíquico, ca. ADJ. Perteneciente o relativo a las funciones y contenidos psicológicos.

psiquis. F. 1. psique. || 2. psiquismo.

psiquismo. M. Conjunto de los caracteres y funciones de orden psíquico.

psitaciforme. ADJ. *Zool.* Se dice de las aves prensoras de pico ganchudo, vuelo rápido y colores vistosos, algunas de las cuales son capaces de imitar la voz humana; p. ej., el loro, el periquito y la cacatúa. U. t. c. s. f. ORTOGR. En f. pl., escr. con may. inicial c. taxón. *Las Psitaciformes.*

psitacismo. M. Método de enseñanza basado exclusivamente en el ejercicio de la memoria.

psitacosis. F. *Med.* Enfermedad infecciosa que padecen los loros y papagayos, de los que puede transmitirse al hombre.

psoriasis. F. *Med.* Dermatosis generalmente crónica.

pteridófito, ta o **pteridofito, ta.** ADJ. *Bot.* Se dice de las plantas criptógamas de generación alternante bien manifiesta; p. ej., los helechos. U. t. c. s. f. ORTOGR. En f. pl., escr. con may. inicial c. taxón. *Las Pteridófitas* o *Pteridofitas.*

pterodáctilo. M. Reptil fósil, probablemente volador gracias a unas membranas semejantes a las del murciélago, y del cual se han hallado restos petrificados principalmente en el terreno jurásico.

ptialina. F. *Biol.* Enzima presente en la saliva, que hidroliza el almidón de los alimentos.

ptolemaico, ca. ADJ. 1. hist. Perteneciente o relativo a Ptolomeo, astrónomo y matemático griego del siglo II, o a su sistema astronómico. || 2. hist. Perteneciente o relativo a la dinastía macedónica que reinó en Egipto desde finales del siglo IV hasta finales del siglo I a. C.

ptosis. F. *Med.* Caída o prolapso de un órgano o parte de él.

púa. F. 1. Cuerpo delgado y rígido que acaba en punta aguda. || 2. Cada uno de los pinchos o espinas del erizo, puercoespín, etc. || 3. Diente de un peine. || 4. Chapa triangular u ovalada de carey, marfil o material plástico, que se emplea para tocar ciertos instrumentos musicales de cuerda, como la guitarra, el laúd, etc. || 5. Vástago de un árbol, que se introduce en otro para injertarlo. □ V. **alambre de ~, alambre de ~s.**

púber. ADJ. Que ha llegado a la pubertad. U. t. c. s.

puberal. ADJ. Perteneciente o relativo a la pubertad.

pubertad. F. Primera fase de la adolescencia, en la cual se producen las modificaciones propias del paso de la infancia a la edad adulta.

pubescencia. F. pubertad.

pubescente. ADJ. 1. Que ha llegado a la pubertad. U. t. c. s. || 2. velloso. *Las hojas pubescentes de la ortiga.*

pubiano, na. ADJ. púbico.

púbico, ca. ADJ. Perteneciente o relativo al pubis.

pubis. M. 1. Parte inferior del vientre, que en la especie humana se cubre de vello al llegar a la pubertad. || 2. *Anat.* Hueso que en los mamíferos adultos se une al ilion y al isquion para formar el hueso innominado.

publicación. F. 1. Acción y efecto de publicar. || 2. Escrito impreso, como un libro, una revista, un periódico, etc., que ha sido publicado.

publicador, ra. ADJ. Que publica. U. t. c. s.

publicano. M. hist. Entre los romanos, arrendador de los impuestos o rentas públicas y de las minas del Estado.

publicar. TR. 1. Hacer patente, por televisión, radio, periódicos o por otros medios, algo que se quiere hacer llegar a noticia de todos. *El investigador publicó en una revista las conclusiones de su trabajo.* || 2. Hacer patente y manifiesto al público algo. *Publicar la sentencia.* || 3. Revelar o decir lo que estaba secreto u oculto y se debía ca-

llar. *Mis enemigos se encargaron de publicar mis errores.*
‖ **4.** Difundir por medio de la imprenta o de otro procedimiento cualquiera un escrito, una estampa, etc. *Los periódicos han publicado la fotografía del sospechoso.*

publicidad. F. **1.** Cualidad o estado de público. *La publicidad de este caso avergonzó a su autor.* ‖ **2.** Conjunto de medios que se emplean para divulgar o extender la noticia de las cosas o de los hechos. ‖ **3.** Divulgación de noticias o anuncios de carácter comercial para atraer a posibles compradores, espectadores, usuarios, etc.

publicista. COM. **1.** Persona que se dedica a la publicidad. ‖ **2.** Persona que escribe para el público, generalmente de varias materias.

publicitar. TR. Promocionar algo mediante publicidad.

publicitario, ria. **I.** ADJ. **1.** Perteneciente o relativo a la publicidad utilizada con fines comerciales. *Campaña publicitaria.* ‖ **II.** M. y F. **2.** Persona que se dedica a la publicidad.

público, ca. **I.** ADJ. **1.** Notorio, patente, manifiesto, visto o sabido por todos. *El compromiso matrimonial del Príncipe es público desde el viernes pasado.* ‖ **2.** Perteneciente o relativo al Estado o a otra entidad administrativa. *Colegio, hospital público.* ‖ **3.** Se dice de la potestad, jurisdicción y autoridad para hacer algo, como contrapuesto a *privado. Ejercer un cargo público.* ‖ **4.** Perteneciente o relativo a todo el pueblo. *Parque público.* ‖ **II.** M. **5.** Común del pueblo o ciudad. ‖ **6.** Conjunto de las personas que participan de unas mismas aficiones o con preferencia concurren a determinado lugar. *Cada escritor, cada teatro tiene su público.* ‖ **7.** Conjunto de las personas reunidas en determinado lugar para asistir a un espectáculo o con otro fin semejante. ‖ **el gran ~.** M. La mayoría de la gente, especialmente de la que no conoce a fondo el tema tratado. *No es una novela para el gran público.* ‖ **dar al ~.** LOC.VERB. **publicar** (‖ por medio de la imprenta u otro procedimiento un escrito). ‖ **en público.** LOC.ADV. De un modo público, a la vista de todos. ‖ **sacar al ~** algo. LOC.VERB. Publicarlo. □ V. **acción ~, Administración ~, asistencia ~, audiencia ~, auditoría ~, cargo ~, casa ~, causa ~, crédito ~, déficit ~, derecho ~, deuda ~, documento ~, dominio ~, efectos ~s, fe ~, fuerza ~, función ~, gasto ~, higiene ~, hombre ~, imagen ~, juego ~, libertades ~s, ministerio ~, mujer ~, obra ~, opinión ~, orden público, penitencia ~, poderes ~s, precio ~, ~ voz y fama, relaciones ~s, salud ~, sector ~, servicio ~, tesoro ~, venta ~, vía ~, vindicta ~.**

publificación. F. *Esp.* Acción y efecto de publificar.

publificar. TR. **1.** Dar carácter público o social a algo individual o privado. ‖ **2.** *Der.* Trasladar la regulación de una determinada actividad desde el derecho privado al derecho público. ‖ **3.** *Der.* Dicho de una entidad pública: Asumir la propiedad de una empresa privada.

publirreportaje. M. Reportaje publicitario, generalmente de larga duración.

pucallpino, na. ADJ. **1.** Natural de Pucallpa. U. t. c. s. ‖ **2.** Perteneciente o relativo a esta ciudad del Perú, capital del departamento de Ucayali.

pucará. M. En las regiones quechuas y diaguitas, fortaleza con gruesas pircas, que construían los indígenas en alturas estratégicas. MORF. pl. **pucarás.**

pucha. F. eufem. *Am.* **puta.** ‖ **pucha.** INTERJ. eufem. *Am.* Se usa para expresar sorpresa, disgusto, etc.

pucherazo. M. Fraude electoral que consiste en alterar el resultado del escrutinio de votos.

puchero. M. **1.** Vasija de barro o de otros materiales con asiento pequeño, panza abultada, cuello ancho, una sola asa junto a la boca, y, por ext., otros tipos de vasija. ‖ **2.** Especie de cocido, como el cocido español. ‖ **3.** coloq. Alimento diario y regular. *Véngase usted a come[r] el puchero conmigo.* ‖ **4.** coloq. Gesto o movimiento que precede al llanto verdadero o fingido. U. m. en pl. *Empez[ó] a hacer pucheros.* ‖ **~ de enfermo.** M. Cosa consabida insustancial y fuera de razón. *Huele a puchero de enfermo.* □ V. **café de ~.**

puches. AMB. pl. **gachas** (‖ harina cocida con agua y sal)[.]

púchica. INTERJ. eufem. *Am. Cen.* Se usa para expresar sorpresa, admiración, enfado o miedo.

pucho. M. **1.** *Am. Mer.* **colilla.** ‖ **2.** *Am. Mer.* Resto, resi[]duo, pequeña cantidad sobrante de alguna cosa. ‖ **a ~s.** LOC.ADV. *Am. Mer.* En pequeñas cantidades, poco a poco[.] ‖ **no valer un ~.** LOC.VERB. *Am. Mer.* No valer nada. ‖ **sobre el ~.** LOC.ADV. *Á. Andes* y *Á. R. Plata.* Inmediatamente[,] enseguida.

pudendo, da. ADJ. Torpe, feo, que debe causar vergüenza. □ V. **partes pudendas.**

pudibundez. F. Afectación o exageración del pudor[.]

pudibundo, da. ADJ. De mucho pudor. *Gesto pudi[]bundo.*

pudicia. F. Virtud que consiste en guardar y observa[r] honestidad en acciones y palabras.

púdico, ca. ADJ. Honesto, casto, pudoroso. *Muchacho[s] púdicos.* □ V. **mimosa ~.**

pudiente. ADJ. Poderoso, rico, hacendado. Apl. a pers[.] u. t. c. s.

pudin o **pudín.** M. **1.** Dulce que se prepara con bizco[]cho o pan deshecho en leche y con azúcar y frutas secas[.] ‖ **2.** Plato semejante, no dulce.

pudor. M. Honestidad, modestia, recato.

pudoroso, sa. ADJ. Lleno de pudor. *Movimiento pudo[]roso.*

pudrición. F. Acción y efecto de pudrir.

pudridero. M. **1.** Sitio o lugar en que se pone algo par[a] que se pudra o corrompa. ‖ **2.** Cámara destinada a lo[s] cadáveres antes de colocarlos en el panteón.

pudrimiento. M. Putrefacción, corrupción.

pudrir. TR. **1.** Hacer que una materia orgánica se alter[e] y descomponga. U. t. c. prnl. *Los filetes que guardaste s[e] están pudriendo.* ‖ **2.** Consumir, molestar, causar impa[]ciencia o fastidio. *Lo pudre con sus impertinencias.* ¶ MORF. part. irreg. **podrido.**

pudú. M. *Chile.* Cérvido pequeño, de aproximadament[e] 35 cm de altura, cuernos chicos, sencillos y rectos, que ha[]bita en los bosques de los Andes. MORF. pl. **pudúes** o **pudús[.]**

puebla. □ V. **carta ~.**

pueblerino, na. **I.** ADJ. **1.** Perteneciente o relativo [a] un pueblo pequeño o aldea. *El silencio de las noches pue[]blerinas.* ‖ **2.** Dicho de una persona: De poca cultura [y] de modales poco refinados. *Se avergonzaba de su madr[e] pueblerina.* U. t. c. s. ‖ **II.** M. y F. **3.** Persona de pueblo [o] que vive en un pueblo.

pueblo. M. **1.** Población de menor categoría que la ciu[]dad. ‖ **2.** Conjunto de personas de un lugar, región [o] país. ‖ **3.** Conjunto de personas que tienen un origen ét[]nico común. *El pueblo celta.* ‖ **4.** Gente común y humilde de una población. □ V. **defensor del ~.**

puelche. **I.** ADJ. **1.** Se dice del individuo de un puebl[o] amerindio del grupo tehuelche septentrional. U. m. c. s. [‖] **2.** Perteneciente o relativo a los puelches. *Trib[u]* *puelche*. || **II**. M. **3**. *Chile*. Indígena que vive en la parte oriental de la cordillera de los Andes. || **4**. *Chile*. Viento que sopla de la cordillera de los Andes hacia poniente.

puente. M. **1**. Construcción de piedra, ladrillo, madera, hierro, hormigón, etc., que se construye y forma sobre los ríos, fosos y otros sitios, para poder pasarlos. || **2**. Suelo que se hace poniendo tablas sobre barcas, odres u otros cuerpos flotantes, para pasar un río. || **3**. Tablilla colocada perpendicularmente en la tapa de los instrumentos de arco, para mantener levantadas las cuerdas. || **4**. Pieza de los instrumentos de cuerda que en la parte inferior de la tapa sujeta las cuerdas. || **5**. Pieza metálica que usan los dentistas para sujetar en los dientes naturales los artificiales. || **6**. Día o serie de días que entre dos festivos o sumándose a uno festivo se aprovechan para vacación. || **7**. Conexión con la que se establece la continuidad de un circuito eléctrico interrumpido. || **8**. Ejercicio gimnástico consistente en arquear el cuerpo hacia atrás de modo que descanse sobre manos y pies. || **9**. Pieza central de la montura de las gafas que une los dos cristales. || **10**. Curva o arco de la parte interior de la planta del pie. || **11**. Cada uno de los dos palos o barras horizontales que en los carros aseguran por la parte superior las estacas verticales de uno y otro lado. || **12**. *Arq*. Cada uno de los maderos que se colocan horizontalmente entre otros dos, verticales o inclinados, o entre un madero y una pared. || **13**. *Mar*. Cada una de las cubiertas que llevan batería en los buques de guerra. || **14**. *Mar*. Plataforma estrecha y con baranda que, colocada a cierta altura sobre la cubierta, va de banda a banda, y desde la cual puede el oficial de guardia comunicar sus órdenes a los diferentes puntos del buque. || **~ aéreo**. M. **1**. Comunicación frecuente y continua que, por medio de aviones, se establece entre dos lugares para facilitar el desplazamiento de personas y mercancías del uno al otro. || **2**. Conjunto de instalaciones que, en un aeropuerto, están al servicio de dicha comunicación. || **~ colgante**. M. El sostenido por cables o por cadenas de hierro. || **~ coronario**. M. *Med*. Conducto alternativo por el que, mediante una operación quirúrgica, se desvía toda la corriente sanguínea o parte de ella para facilitar la circulación. || **~ de barcas**. M. El que está tendido sobre barcas, pontones, etc. || **hacer ~**. LOC.VERB. Aprovechar para vacación algún día intermedio entre dos fiestas o inmediato a una. □ V. **cabecera de ~, cabeza de ~, día ~, oficial de ~ y cubierta**.

puentealtino, na. ADJ. **1**. Natural de Puente Alto. U. t. c. s. || **2**. Perteneciente o relativo a esta ciudad de Chile, capital de la provincia de Cordillera.

puentear. TR. **1**. Colocar un puente en un circuito eléctrico. || **2**. Recurrir a una instancia superior saltándose el orden jerárquico.

puerca. F. **1**. Hembra del puerco. || **2**. coloq. Mujer desaliñada, sucia, que no tiene limpieza. U. t. c. adj. || **3**. coloq. Mujer grosera, sin cortesía ni crianza. U. t. c. adj. || **4**. coloq. Mujer ruin, interesada, venal. U. t. c. adj.

puerco. M. **1**. cerdo (|| mamífero artiodáctilo). || **2**. coloq. Hombre desaliñado, sucio, que no tiene limpieza. U. t. c. adj. || **3**. coloq. Hombre grosero, sin cortesía ni crianza. U. t. c. adj. || **4**. coloq. Hombre ruin, interesado, venal. U. t. c. adj. || **5**. *Cineg*. **jabalí**. || **~ espín**. M. **puercoespín** (|| mamífero roedor). || **~ jabalí, ~ montés, o ~ salvaje**. M. **jabalí**.

puercoespín. M. **1**. Mamífero roedor que habita en el norte de África, de unos 25 cm de alto y 60 de largo, con cuerpo rechoncho, cabeza pequeña y hocico agudo, cuello cubierto de crines fuertes, blancas o grises, y lomo y costados con púas córneas de unos 20 cm de longitud y medio de grueso, blancas y negras en zonas alternas. Es animal nocturno, tímido y desconfiado, vive de raíces y frutos, y cuando lo persiguen, gruñe como el cerdo. || **2**. Persona huraña, áspera o poco afable. U. t. c. adj. ¶ MORF. pl. **puercoespines**.

puericia. F. Edad del hombre que media entre la infancia y la adolescencia, esto es, desde los siete años hasta los catorce.

puericultor, ra. M. y F. Especialista en puericultura.

puericultura. F. Ciencia que se ocupa del sano desarrollo del niño.

pueril. ADJ. **1**. Perteneciente o relativo al niño o a la puericia. *Juego pueril*. || **2**. Propio o característico de un niño o que parece de un niño. *Lágrimas pueriles. Actitud pueril*. || **3**. Fútil, trivial, infundado. *Trató de rebatirme con argumentos pueriles*.

puerilidad. F. **1**. Cualidad de pueril. || **2**. Hecho o dicho propio de niño, o que parece de niño. || **3**. Cosa de poca entidad o despreciable.

puérpera. F. Mujer recién parida.

puerperal. ADJ. Perteneciente o relativo al puerperio. □ V. **fiebre ~**.

puerperio. M. **1**. Período que transcurre desde el parto hasta que la mujer vuelve al estado ordinario anterior a la gestación. || **2**. Estado delicado de salud de la mujer en este tiempo.

puerro. M. Planta herbácea anual, de la familia de las Liliáceas, con cebolla alargada y sencilla, tallo de seis a ocho decímetros, hojas planas, largas, estrechas y enteras, y flores en umbela, con pétalos de color blanco rojizo. El bulbo de su raíz es comestible. □ V. **ajo ~**.

puerta. F. **1**. Vano de forma regular abierto en una pared, una cerca, una verja, etc., desde el suelo hasta una altura conveniente, para poder entrar y salir por él. || **2**. Armazón de madera, hierro u otra materia, que, engoznado o puesto en el quicio y asegurado por el otro lado con llave, cerrojo u otro instrumento, sirve para impedir la entrada y salida, para cerrar o abrir un armario o un mueble. || **3**. Agujero o abertura que sirve para entrar y salir por él, como en las cuevas, vehículos, etc. || **4**. Entrada a una población, que antiguamente era una abertura en la muralla y ahora es lugar de acceso normal a dicha población. || **5**. En el fútbol y otros deportes, **portería**. || **6**. En esquí alpino, espacio comprendido entre palos verticales paralelos que marcan el recorrido. || **7**. Camino, principio o entrada para entablar una pretensión u otra cosa. *Una buena carrera es la puerta para un buen puesto de trabajo*. || **8**. hist. Tributo de entrada que se pagaba en las ciudades y otros lugares. U. m. en pl. || **~ abierta**. F. Régimen de franquicia o igualdad aduanera impuesto a ciertos pueblos atrasados para conciliar intereses de otras potencias. || **~ blindada**. F. La reforzada por diversos sistemas de seguridad que se coloca en la entrada de las casas. || **~ cancel**. F. *Á. R. Plata*. **cancel** (|| verja que separa el zaguán del vestíbulo o del patio). || **~ cochera**. F. Aquella por donde pueden entrar y salir vehículos. || **~ de servicio**. F. En una casa o edificio de viviendas, la destinada al tránsito de los sirvientes o proveedores. || **~ excusada, o ~ falsa**. F. La que no está en la fachada principal de la casa, y sale a un paraje excusado. ‖ **~ franca.** F. **1.** Entrada o salida libre que se concede a todos. ‖ **2.** Exención que tienen algunas personas de pagar derechos de lo que introducen para su consumo. ‖ **~ giratoria.** F. La compuesta de dos o cuatro hojas montadas sobre un eje común que giran entre dos costados cilíndricos. ‖ **~ reglar.** F. Aquella por donde se entra a la clausura de las religiosas. ‖ **~ secreta.** F. **1.** **puerta excusada.** ‖ **2.** La muy oculta o construida de tal modo que solo la pueden ver y usar quienes sepan dónde está y cómo se abre y se cierra. ‖ **~ vidriera.** F. La que tiene vidrios o cristales en lugar de tableros, para dar luz a las habitaciones. ‖ **Sublime Puerta.** F. hist. Se usa como nombre para referirse al Estado y Gobierno turcos en tiempo de los sultanes. ‖ **abrir la ~, o ~.** LOCS. VERBS. Dar motivo, ocasión o facilidad para algo. ‖ **a las ~s de la muerte.** LOC.ADV. En cercano peligro de morir. ‖ **a ~ cerrada.** LOC.ADV. De manera secreta. ‖ **cerrar** alguien **la ~.** LOC.VERB. Hacer imposible o dificultar mucho algo. ‖ **cerrársele** a alguien **todas las ~s.** LOC.VERB. Faltarle todo recurso. ‖ **coger** alguien **la ~.** LOC.VERB. **tomar la puerta.** ‖ **dar** a alguien **con la ~ en la cara, o en las narices.** LOCS.VERBS. coloqs. Desairarlo, negarle bruscamente lo que pide o desea. ‖ **de ~ a ~.** LOC.ADV. Se usa para referirse al transporte de objetos y mercancías que se recogen en el domicilio del remitente para entregarlos directamente en el del destinatario. ‖ **de ~ en ~.** LOC. ADV. **mendigando** (‖ pidiendo limosna). ‖ **de ~s abiertas.** LOC.ADJ. **1.** Dicho de un período de tiempo limitado, como una semana o una jornada: En que se permite el acceso libre de la prensa o del público a un lugar de acceso restringido. ‖ **2.** Dicho de una política: Proclive a la participación y al compromiso. ‖ **de ~s adentro.** LOC. ADV. En la intimidad, en privado. ‖ **echar las ~s abajo.** LOC.VERB. coloq. Llamar muy fuerte. ‖ **en ~s.** LOC.ADV. A punto de ocurrir. ‖ **enseñarle** a alguien **~ de la calle.** LOC.VERB. coloq. Echarlo o despedirlo de casa. ‖ **entrársele** a alguien **por las ~s** alguien o algo. LOC.VERB. Venírsele a su casa u ocurrirle cuando menos lo esperaba. ‖ **estar, o llamar, a la ~, o a las ~s,** algo. LOCS.VERBS. Estar muy próximo a suceder. ‖ **fuera de ~s.** LOC.ADV. extramuros. ‖ **llamar a las ~s de** alguien. LOC.VERB. Implorar su favor. ‖ **poner** a alguien **en la ~ de la calle.** LOC.VERB. coloq. **poner de patitas en la calle.** ‖ **poner ~s al campo.** LOC.VERB. coloq. Se usa para dar a entender la imposibilidad de poner límites a lo que no los admite. ‖ **por la ~ grande.** LOC.ADV. De modo triunfal. ‖ **tomar** alguien **la ~.** LOC.VERB. Irse de una casa o de otro lugar.

puertaventana. F. contraventana. MORF. pl. **puertaventanas.**

puerto. M. **1.** Lugar en la costa o en las orillas de un río que por sus características, naturales o artificiales, sirve para que las embarcaciones realicen operaciones de carga y descarga, embarque y desembarque, etc. ‖ **2.** Localidad en la que existe dicho lugar. ‖ **3.** Paso entre montañas. ‖ **4.** Montaña o cordillera que tiene uno o varios de estos pasos. ‖ **5.** Asilo, amparo o refugio. ‖ **6.** *Inform.* Punto de conexión de una computadora u ordenador que los enlaza con algunos de sus periféricos. ‖ **~ de arribada.** M. *Mar.* puerto en el que entran las embarcaciones forzadas por el mal tiempo. ‖ **~ deportivo.** M. puerto especialmente construido para el amarre de embarcaciones deportivas y de recreo. ‖ **~ franco, o ~ libre.** M. Zona

portuaria habilitada como depósito franco. ‖ **~ seco.** M. Lugar de las fronteras donde está establecida una aduana. ‖ **agarrar** un barco **el ~.** LOC.VERB. *Mar.* tomar puerto. ‖ **tomar ~** un barco. LOC.VERB. Llegar a él. □ V. **capitán de ~, capitanía de ~, establecimiento de ~**

puertobarreño, ña. ADJ. **porteño** (‖ natural de Puerto Barrios, Guatemala). Apl. a pers., u. t. c. s.

puertomontino, na. ADJ. **1.** Natural de Puerto Montt. U. t. c. s. ‖ **2.** Perteneciente o relativo a esta ciudad de Chile, capital de la provincia de Llanquihue.

puertoplateño, ña. ADJ. **1.** Natural de Puerto Plata. U. t. c. s. ‖ **2.** Perteneciente o relativo a esta provincia de la República Dominicana o a su capital.

puertorriqueñismo. M. Locución, giro o modo de hablar propio y peculiar de los puertorriqueños.

puertorriqueño, ña. ADJ. **1.** Natural de Puerto Rico. U. t. c. s. ‖ **2.** Perteneciente o relativo a la isla de este nombre.

pues. CONJ. **1.** Denota causa, motivo o razón. *Háblale tú, pues lo conoces más que yo.* ‖ **2.** Se usa con valor condicional. *Pues el mal es ya irremediable, llévalo con paciencia.* ‖ **3.** Se usa con valor continuativo. *Repito, pues, que hace lo que debe.* ‖ **4.** Se usa con valor ilativo. *¿No quieres oír mis consejos?, pues algún día llorarás por ello.* ‖ **5.** Cómo, por qué. Se usa sola con interrogación. *Esta noche iré a la tertulia. —¿Pues?* ‖ **6.** Se usa a principio de cláusula para apoyarla o encarecer lo dicho en ella. *Pues como iba diciendo. ¡Pues no faltaba más!* ‖ **pues.** INTERJ. Denota la certeza de un juicio anteriormente formado o de algo que se esperaba o presumía. *¡Pues, lo que yo había dicho! ¡Pues, se salió con la suya!* ‖ **~ que.** LOC. CONJUNT. **1.** **pues** (‖ denotando causa, motivo o razón). ‖ **2.** **pues** (‖ con valor condicional). ‖ **¿y ~?** EXPR. coloq. **pues** (‖ cómo, por qué).

puesta. F. **1.** Acción y efecto de poner o ponerse. ‖ **2.** En algunos juegos de naipes, cantidad que pone la persona que pierde, para que se dispute en la mano o manos siguientes. ‖ **3.** En el juego de la banca y otros de naipes, cantidad que apunta cada jugador. ‖ **4.** Oferta de un precio superior al que otros ofrecen en una subasta o almoneda. ‖ **5.** *Á. R. Plata.* En carreras de caballos, **empate.** ‖ **~ a punto.** F. Operación consistente en regular un mecanismo, un dispositivo, etc., a fin de que funcione correctamente. ‖ **~ de largo.** F. Fiesta en que una joven se viste de largo y se presenta en sociedad. ‖ **~ en escena.** F. Realización escénica de un texto teatral o de un guion cinematográfico. ‖ **~ en marcha.** F. Mecanismo del automóvil que se utiliza para su arranque.

puestero, ra. M. y F. **1.** Persona que tiene o atiende un puesto de venta. ‖ **2.** *Á. guar., Á. R. Plata* y *Chile.* Persona que tiene a su cargo un puesto de una hacienda de campo.

puesto, ta. PART. IRREG. de **poner.** ‖ **I.** ADJ. **1.** Bien vestido, ataviado o arreglado. *Venía siempre muy puesto a clase.* ‖ **2.** coloq. Experto o buen conocedor de la materia o asunto que se expresa. *Muy puesto EN matemáticas.* ‖ **II.** M. **3.** Sitio o espacio que ocupa alguien o algo. ‖ **4.** Instalación, generalmente desmontable, que se pone en la calle para vender cosas. ‖ **5.** Tienda de un mercado. ‖ **6.** Destacamento permanente de Guardia Civil o de carabineros cuyo jefe inmediato tiene grado inferior al de oficial. ‖ **7.** Empleo, dignidad, oficio u ocupación. *Tiene un buen puesto en su empresa.* ‖ **8.** Sitio que se dispone con ramas o cantos para ocultarse el cazador y tirar desde él a la caza. ‖ **9.** *Mil.* Campo u otro lugar ocupado por tropa o individuos de ella o de la Policía en actos del servicio. ‖ **10.** *Á. guar.* y *Á. R. Plata.* Cada una de las partes en que se divide una hacienda, y en la que vive el puestero. ‖ **puesto de control.** M. Lugar donde una o varias personas, en misión de vigilancia, inspeccionan las gentes y vehículos que pasan. ‖ **puesto que.** LOC. CONJUNT. CAUSAL. **pues**. *Háganme la cura, puesto que no hay otro remedio.*

puf¹. INTERJ. Se usa para denotar molestia o repugnancia causada por malos olores o cosas nauseabundas.

puf². M. Asiento blando, normalmente de forma cilíndrica, sin patas ni respaldo. MORF. pl. **pufs.**

púgil. M. **1.** Luchador que por oficio contiende a puñetazos. ‖ **2.** hist. Gladiador que contendía o combatía a puñetazos.

pugilato. M. **1.** Contienda o pelea a puñetazos entre dos o más personas. ‖ **2.** Disputa extremada.

pugilismo. M. Técnica y organización de los combates entre púgiles.

pugilista. M. Luchador profesional y, más especialmente, boxeador.

pugilístico, ca. ADJ. Perteneciente o relativo al pugilismo.

pugna. F. **1.** Batalla, pelea. ‖ **2.** Oposición, rivalidad entre personas, naciones o bandos.

pugnacidad. F. Cualidad de pugnaz.

pugnante. ADJ. Que pugna. Apl. a pers., u. t. c. s.

pugnar. INTR. **1.** Batallar, contender o pelear. ‖ **2.** Solicitar con ahínco, procurar con eficacia. ‖ **3.** Instar por el logro de algo.

pugnaz. ADJ. Belicoso, guerrero.

puja. F. **1.** Acción y efecto de **pujar²**. ‖ **2.** Cantidad que un licitador ofrece.

pujador, ra. M. y F. Persona que hace puja en lo que se subasta.

pujamen. M. *Mar.* Orilla inferior de una vela.

pujante. ADJ. Que tiene pujanza. *Empresa pujante.*

pujanza. F. Fuerza grande o robustez para impulsar o ejecutar una acción.

pujar¹. INTR. **1.** Hacer fuerza para pasar adelante o proseguir una acción, procurando vencer el obstáculo que se encuentra. ‖ **2.** coloq. Hacer gestos o ademanes para prorrumpir en llanto, o quedar haciéndolos después de haber llorado. ‖ **3.** *Am. Cen.* y *Á. Caribe.* Emitir un sonido o voz particularmente característicos, cuando se hace un gran esfuerzo o se soporta un dolor.

pujar². TR. Dicho de un licitador: Aumentar el precio puesto a algo que se subasta. U. m. c. intr.

pujavante. M. Instrumento usado por los herradores para cortar el casco a los animales de carga.

pujido. M. *Am. Cen.*, *Á. Caribe* y *Méx.* Voz característica que emite alguien cuando hace un esfuerzo físico o se queja de un dolor.

pujo. M. **1.** Gana continua o frecuente de defecar o de orinar, con gran dificultad de lograrlo y acompañada de dolores. ‖ **2.** Gana violenta de prorrumpir en la manifestación exterior de un sentimiento, como la risa o el llanto. ‖ **3.** Deseo eficaz o ansia de lograr un propósito.

pularda. F. Gallina de cinco o seis meses, que todavía no ha puesto huevos, especialmente cebada para su consumo.

pulchinela. M. polichinela.

pulcritud. F. Cualidad de pulcro.

pulcro, cra. ADJ. **1.** Aseado, esmerado, bello, bien parecido. *Su aspecto es siempre pulcro.* ‖ **2.** Delicado, esmerado en la conducta y el habla. *Siempre tan cortés, tan pulcro, tan atento.* ¶ MORF. sup. irreg. **pulquérrimo.**

pulento, ta. ADJ. *Chile.* En lenguaje juvenil, **magnífico** (‖ excelente).

pulga. F. Insecto del orden de los Dípteros, sin alas, de unos dos milímetros de longitud, color negro rojizo, cabeza pequeña, antenas cortas y patas fuertes, largas y a propósito para dar grandes saltos. ‖ **~ de agua.** F. Pequeño crustáceo, de un milímetro de largo o poco más, que pulula en las aguas estancadas y nada como a saltos. ‖ **~ de mar.** F. Pequeño crustáceo del orden de los Anfípodos, que en la bajamar queda en las playas debajo de las algas y se mueve a grandes saltos. ‖ **sacudirse** alguien **las ~s.** LOC. VERB. coloq. Eludir las responsabilidades o intentar librarse de situaciones o trabajos incómodos. ‖ **tener** alguien **malas ~s.** LOC. VERB. coloq. Tener mal humor.

pulgada. F. Medida inglesa equivalente a 25,4 mm.

pulgar. M. **1.** dedo pulgar. ‖ **2.** Parte del sarmiento que con dos o tres yemas se deja en las vides al podarlas, para que por ellas broten los vástagos. □ V. **dedo ~.**

pulgarada. F. Cantidad que puede tomarse con dos dedos.

pulgón. M. Insecto hemíptero, de uno a dos milímetros de largo, color negro, bronceado o verdoso, sin alas las hembras y con cuatro los machos, cuerpo ovoide y con dos tubillos en la extremidad del abdomen, por donde segrega un líquido azucarado. Las hembras y sus larvas viven parásitas, apiñadas en gran número sobre las hojas y las partes tiernas de ciertas plantas, a las cuales causan grave daño.

pulgoso, sa. ADJ. Que tiene pulgas. *Perro pulgoso.*

pulguera. F. zaragatona. □ V. **hierba ~.**

pulguerío. M. *Chile* y *Méx.* Abundancia de pulgas.

pulguiento, ta. ADJ. *Am.* pulgoso.

pulicán. M. Gatillo de sacar dientes.

pulido, da. PART. de **pulir**. ‖ **I.** ADJ. **1.** Agraciado y de buen parecer. ‖ **II.** M. **2.** Acción y efecto de pulir.

pulidor, ra. **I.** ADJ. **1.** Que pule, compone y adorna algo. *Pasta pulidora.* Apl. a pers., u. t. c. s. ‖ **II.** M. **2.** Instrumento con que se pule algo.

pulidora. F. Máquina o aparato que sirven para pulir.

pulimentación. F. pulimento (‖ acción y efecto de pulir).

pulimentar. TR. Alisar, dar tersura y lustre a algo.

pulimento. M. **1.** Acción y efecto de pulir. ‖ **2.** Sustancia usada para pulir.

pulir. TR. **1.** Alisar o dar tersura y lustre a algo. *Pulir el cristal.* ‖ **2.** Revisar, corregir algo perfeccionándolo. *Hay que pulir los últimos detalles.* ‖ **3.** Educar a alguien para que sea más refinado y elegante. *Pulió a aquel muchacho hasta convertirlo en un caballero.* U. t. c. prnl. ‖ **4.** Derrochar, dilapidar. *Pulió toda la herencia.*

pulla. F. **1.** Dicho con que indirectamente se humilla a alguien. ‖ **2.** Expresión aguda y picante dicha con prontitud.

pullar. TR. *Á. Caribe.* Molestar, enardecer a alguien con **pullas** (‖ expresiones agudas y picantes).

pullazo. M. *Á. Caribe.* Alusión maliciosa e irónica que alguien dirige a otra persona encubiertamente para enardecerla, ofenderla o mortificarla.

pulmón. M. **1.** Órgano de la respiración del hombre y de los vertebrados que viven o pueden vivir fuera del agua. Es de estructura esponjosa, blando, flexible, que se comprime y se dilata, y ocupa una parte de la cavidad torácica. Generalmente son dos, aunque algunos reptiles tienen uno solo. ‖ **2.** *Zool.* Órgano respiratorio de los moluscos terrestres, que consiste en una cavidad cuyas paredes están provistas de numerosos vasos sanguíneos y que comunica con el exterior mediante un orificio por el cual penetra el aire atmosférico. ‖ **~ de acero.** M. Cámara metálica destinada a provocar los movimientos respiratorios del enfermo tendido en su interior, mediante alternativas de la presión del aire reguladas automáticamente. ‖ **a pleno ~, o a todo ~.** LOCS.ADVS. Con toda la fuerza y potencia posibles. *Cantar, gritar, respirar a pleno pulmón.*

pulmonado, da. ADJ. *Zool.* Se dice de los moluscos gasterópodos que respiran por medio de un pulmón; p. ej. la babosa. U. t. c. s. m. ORTOGR. En m. pl., escr. con may. inicial c. taxón. *Los Pulmonados.*

pulmonar. ADJ. Perteneciente o relativo a los pulmones.

pulmonaria. F. **1.** Planta herbácea anual, de la familia de las Borragináceas, con tallos erguidos y vellosos, de dos a cuatro decímetros de altura, hojas ovales, sentadas, ásperas, de color verde con manchas blancas, flores rojas en racimos terminales, y fruto seco, múltiple, con cuatro carpelos lisos, libres entre sí. Es común en España, y el cocimiento de las hojas se emplea en medicina como pectoral. ‖ **2.** Liquen coriáceo que vive sobre los troncos de diversos árboles, y cuya superficie se asemeja por su aspecto a la de un pulmón cortado.

pulmonía. F. neumonía.

pulóver. M. jersey. U. m. en América. MORF. pl. **pulóveres.**

pulpa. F. **1.** Parte mollar de la fruta. ‖ **2.** Parte mollar de la carne que no tiene huesos ni ternilla. ‖ **3.** En la industria azucarera, residuo de la remolacha después de extraer el jugo azucarado, y que sirve para piensos. ‖ **~ dentaria.** F. *Anat.* Tejido rico en células, con numerosos nervios y vasos sanguíneos, contenido en el interior de los dientes de los vertebrados.

pulpejo. M. Parte carnosa y mollar de un miembro pequeño del cuerpo humano, y, más comúnmente, parte de la palma de la mano, de la que sale el dedo pulgar.

pulpería. F. **1.** *Am.* Tienda donde se venden artículos de uso cotidiano, principalmente comestibles. ‖ **2.** Establecimiento de comidas en el que se sirve preferentemente pulpo.

pulpero, ra. **I.** ADJ. **1.** Perteneciente o relativo al pulpo o a su pesca. ‖ **II.** M. y F. **2.** *Am.* Propietario o dependiente de una pulpería.

pulpeta. F. Tajada que se saca de la pulpa de la carne.

púlpito. M. **1.** Plataforma pequeña y elevada con antepecho y tornavoz, que hay en algunas iglesias para predicar desde ella, cantar la epístola y el evangelio y hacer otros ejercicios religiosos. ‖ **2.** En las órdenes religiosas, empleo de predicador. *Se ha quedado sin púlpito.*

pulpo. M. **1.** Molusco cefalópodo sin branquias, octópodo, que vive de ordinario en el fondo del mar, y a veces nada a flor de agua. Es muy voraz, se alimenta de moluscos y crustáceos y su carne es comestible. Los individuos de la especie común en los mares de España, apenas tienen un metro de extremo a extremo de los tentáculos; pero los hay de otras especies que alcanzan hasta diez y doce. ‖ **2.** Cinta o cordón elástico que se em-

plea especialmente para afianzar o asegurar bultos sobre el portaequipaje del vehículo.

pulposo, sa. ADJ. Que tiene pulpa. *Pericarpio pulposo.*

pulque. M. Bebida alcohólica, blanca y espesa, del altiplano de México, que se obtiene haciendo fermentar el aguamiel o jugo extraído del maguey con el acocote. ‖ **~ curado.** M. El que ha sido mezclado con el jugo de alguna fruta.

pulquería. F. *Méx.* Tienda donde se vende pulque.

pulquero, ra. **I.** ADJ. **1.** *Méx.* Perteneciente o relativo al pulque. ‖ **II.** M. y F. **2.** *Méx.* Persona que fabrica y vende pulque.

pulquérrimo, ma. ADJ. SUP. de **pulcro.**

pulsación. F. **1.** Acción de pulsar. ‖ **2.** Cada uno de los golpes o toques que se dan en un teclado. ‖ **3.** Cada uno de los latidos que produce la sangre en las arterias. ‖ **4.** *Fís.* Forma de una onda de corta duración. ‖ **5.** *Fís.* Repetición de pulsos.

pulsador. M. Llamador o botón de un timbre eléctrico.

pulsante. ADJ. Que pulsa. *Ritmo pulsante.*

pulsar[1]. TR. **1.** Presionar un pulsador. ‖ **2.** Dar un toque a una tecla, a una cuerda de un instrumento, a un mando de alguna máquina, etc. ‖ **3.** Tantear un asunto para descubrir el medio de tratarlo. *Pudo pulsar las dificultades para llevar adelante su plan.*

púlsar o **pulsar**[2]. M. *Astr.* Estrella de neutrones, caracterizada por la emisión, a intervalos regulares y cortos, de radiación muy intensa.

pulsátil. ADJ. Que pulsa o golpea. *Cefalea pulsátil.*

pulsatila. F. Planta perenne de la familia de las Ranunculáceas, de raíz leñosa, hojas radicales y pecioladas, cortadas en tres segmentos divididos en lacinias aleznadas, bohordo rollizo y velloso, de 15 a 20 cm de altura, que sostiene una flor solitaria, erguida primero y después curvada hacia tierra, sin corola, con cáliz acampanado de color violáceo brillante; involucro dentado, en forma de embudo, y frutillos secos, indehiscentes y con una sola semilla, provistos de cola larga y pelosa.

pulsativo, va. ADJ. Que pulsa o golpea. *Dolor pulsativo.*

pulseada. F. *Am. Mer.* Acción y efecto de pulsear.

pulsear. INTR. Dicho de dos personas: Probar, asida mutuamente la mano derecha y puestos los codos en lugar firme, quién de ellas tiene más fuerza en el pulso y logra abatir el brazo del contrario.

pulsera. F. **1.** Cerco de metal o de otra materia que se lleva en la muñeca para adorno o para otros fines. ‖ **2.** Joya de metal fino, con piedras o sin ellas, sarta de perlas, corales, etc., que se pone en la muñeca. □ V. **reloj de ~.**

pulsión. F. En psicoanálisis, energía psíquica profunda que orienta el comportamiento hacia un fin y se descarga al conseguirlo.

pulso. M. **1.** Latido intermitente de las arterias, que se percibe en varias partes del cuerpo y especialmente en la muñeca. ‖ **2.** Parte de la muñeca donde se siente el latido de la arteria. ‖ **3.** Seguridad o firmeza en la mano para ejecutar una acción que requiere precisión. ‖ **4.** Tiento o cuidado en un negocio. ‖ **5.** Enfrentamiento entre dos partes equilibradas en sus fuerzas, que mantienen intereses o puntos de vista diferentes. *Los dos países mantienen un pulso por el dominio del islote.* ‖ **6.** *Fís.* Variación corta e intensa del valor de una magnitud. ‖ **~ arrítmico.** M. *Med.* El irregular en el ritmo o desigual en la intensidad de las pulsaciones. ‖ **~ filiforme.**

M. *Med.* pulso muy tenue y débil que apenas siente el observador. ‖ **~ lleno.** M. *Med.* El que produce al tacto sensación de plenitud en la arteria examinada. ‖ **~ saltón.** M. *Med.* El que produce una sensación de choque violento. ‖ **a ~.** LOC.ADV. **1.** Haciendo fuerza con la muñeca y la mano y sin apoyar el brazo en parte alguna, para levantar o sostener algo. ‖ **2.** Con el propio esfuerzo, sin la ayuda de otros, sin ventajas ni facilidades. *Se ganó a pulso su posición económica.* ‖ **echar un ~.** LOC.VERB. pulsear. ‖ **quedarse** alguien **sin ~.** LOC.VERB. Experimentar gran turbación a consecuencia de una noticia o suceso, o en una situación dada. ‖ **sacar a ~.** LOC.VERB. coloq. Llevar a término un negocio, venciendo dificultades a fuerza de perseverancia. ‖ **tomar el ~.** LOC.VERB. **1.** Reconocer el estado del pulso o latido de las arterias. ‖ **2.** Tantear un asunto.

pululación. F. Acción y efecto de pulular.

pulular. INTR. **1.** Dicho de las personas, animales o cosas: Abundar y bullir en un lugar. ‖ **2.** Dicho de los insectos y de las sabandijas: Abundar, multiplicarse rápidamente en un lugar.

pulverización. F. Acción y efecto de pulverizar.

pulverizador, ra. ADJ. Que pulveriza o sirve para pulverizar. *Máquina pulverizadora.* Apl. a un aparato, u. t. c. s. m.

pulverizar. TR. **1.** Reducir a polvo algo. *El trabajo consistía en pulverizar las rocas de granito.* U. t. c. prnl. ‖ **2.** Esparcir un líquido en partículas muy tenues, a manera de polvo. *Es necesario pulverizar la planta con agua.* U. t. c. prnl. ‖ **3.** Deshacer por completo algo incorpóreo. *Pulverizar una argumentación.*

pulverulento, ta. ADJ. En estado de polvo. *Sustancia pulverulenta.*

pum. INTERJ. Se usa para expresar ruido, explosión o golpe.

puma. M. Felino americano de unos 180 cm de longitud, de color rojizo o leonado uniforme, que vive en serranías y llanuras.

pumarada. F. Manzanar, pomarada.

pumba. INTERJ. Se usa para remedar la caída ruidosa.

pumita. F. piedra pómez.

puna. F. **1.** Tierra alta, próxima a la cordillera de los Andes. ‖ **2.** *Am. Mer.* Extensión grande de terreno raso y yermo. ‖ **3.** *Am. Mer.* soroche (‖ mal de montaña).

puncetear. TR. **1.** *Chile.* Aguijonear repetidamente. ‖ **2.** *Chile.* importunar.

punción. F. *Med.* Introducción de un instrumento agudo, como un trocar o una aguja, en un tejido, órgano o cavidad.

puncionar. TR. *Med.* Hacer punciones.

pundonor. M. Estado en que la gente cree que consiste la honra, el honor o el crédito de alguien.

pundonoroso, sa. ADJ. **1.** Que incluye en sí pundonor o lo causa. *Generación dueña de un destino pundonoroso.* ‖ **2.** Que lo tiene. *Torero pundonoroso.* U. t. c. s.

puneño, ña. ADJ. **1.** Natural de Puno, departamento del Perú, o de su capital. U. t. c. s. ‖ **2.** Natural de Puná, isla de Ecuador. U. t. c. s. ‖ **3.** Perteneciente o relativo a aquel departamento y su capital o a esta isla.

pungitivo, va. ADJ. Que hiere o puede herir. *Experiencias pungitivas.*

punibilidad. F. Cualidad de punible.

punible. ADJ. Que merece castigo. *Hechos punibles.*

punicáceo, a. ADJ. *Bot.* Se dice de los árboles pequeños angiospermos, oriundos de Oriente, que tienen hojas pequeñas, flores vistosas con cáliz coriáceo y rojo y numerosos estambres, y fruto con pericarpio coriáceo que contiene muchas semillas alojadas en celdas; p. ej., el granado. U. t. c. s. f. ORTOGR. En f. pl., escr. con may. inicial c. taxón. *Las Punicáceas.*

punición. F. Acción y efecto de punir.

púnico, ca. ADJ. **1.** hist. **cartaginés** (‖ natural de Cartago, antigua ciudad y reino de África). U. t. c. s. ‖ **2.** hist. **cartaginés** (‖ perteneciente a esta antigua ciudad y reino de África). ‖ **3.** Se dice de la variedad del fenicio, hoy extinta, que se hablaba en Cartago. U. m. c. s. m. *El púnico.* ‖ **4.** Perteneciente o relativo a esta variedad. *Léxico, vocablo púnico.*

punir. TR. Castigar a un culpado.

punitivo, va. ADJ. Perteneciente o relativo al castigo. *Justicia punitiva.*

punk. I. M. **1.** Movimiento musical aparecido en Inglaterra a fines de la década de 1970, que surge con carácter de protesta juvenil y cuyos seguidores adoptan atuendos y comportamientos no convencionales. ‖ **II.** ADJ. **2.** Perteneciente o relativo al movimiento punk. *Música punk.* ‖ **3.** Seguidor o partidario de ese movimiento. U. m. c. s. MORF. pl. **punks.**

punki. ADJ. **1.** *Esp.* punk (‖ perteneciente al movimiento punk). ‖ **2.** *Esp.* punk (‖ seguidor de este movimiento). U. m. c. s.

punta. I. F. **1.** Extremo de algo. *La punta del pie. La punta del banco.* ‖ **2.** Extremo agudo de un arma blanca u otro instrumento con que se puede herir. ‖ **3.** Extremo agudo de un lápiz u otro instrumento similar. ‖ **4.** Colilla de un cigarro. ‖ **5.** Pequeña porción de ganado que se separa del hato. ‖ **6.** Cantidad grande de personas, animales o cosas. ‖ **7.** Cada uno de los brotes desarrollados que tienen las astas del ciervo. ‖ **8.** Asta del toro. ‖ **9.** Clavo pequeño. ‖ **10.** Lengua de tierra, generalmente baja y de poca extensión, que penetra en el mar. ‖ **11.** Sabor que va tirando a agrio, como el del vino cuando se comienza a avinagrar. ‖ **12.** Algo, un poco de una cualidad moral o intelectual. *Tener una punta de loco.* ‖ **13.** *Heráld.* Tercio inferior de la superficie del campo del escudo. ‖ **14.** *Impr.* Punzón utilizado para sacar de la composición letras o palabras. ‖ **II.** ADJ. **15.** puntero (‖ avanzado y reciente en su género). *Tecnología punta.* ‖ **la ~ del iceberg.** F. coloq. Parte visible o conocida de un asunto, del cual se desconoce otra parte mucho mayor. ‖ **~ de diamante.** F. **1.** Diamante pequeño que, engastado en una pieza de acero, sirve para cortar el vidrio y grabar superficies muy duras. ‖ **2.** Pirámide de poca altura que como adorno se suele labrar en piedras u otras materias. ‖ **~ de París.** F. Clavo de cabeza plana y punta piramidal, hecho con alambre de hierro. ‖ **~ seca.** F. Instrumento de acero con que se dibuja sobre una lámina de metal barnizada para grabar al aguafuerte. ‖ **a ~ de lanza.** LOC.ADV. Con todo rigor. *Llevar un asunto a punta de lanza.* ‖ **de ~. I.** LOC.ADJ. **1.** Dicho de un objeto con el extremo agudo: Que está tieso o como dispuesto a penetrar. *Pelo de punta. Clavo de punta.* ‖ **2.** puntero (‖ avanzado y reciente en su género). U. m. en América. *Tecnología, investigación de punta.* ‖ **II.** LOC.ADV. **3.** de puntillas (‖ pisando con las puntas de los pies). ‖ **de a cabo.** LOC.ADV. Del principio al fin. ‖ **de ~ en blanco.** LOC.ADV. **1.** hist. Con todas las piezas de la armadura antigua. *Armar de punta en blanco.* ‖ **2.** coloq. Con uniforme, de etiqueta o con el mayor esmero. *Estar, ir, po-*

nerse de punta en blanco. ‖ **en ~.** LOC.ADV. **1.** Dicho de amarrar un barco a un muelle: En posición perpendicular a él. ‖ **2.** Dicho de danzar: Con los pies apoyados en la punta de los pies rígidos. ‖ **en ~s.** LOC.ADJ. *Taurom.* Dicho de un toro: Que no tiene afeitados los cuernos. ‖ **en ~s de pie.** LOC.ADV. *Am.* de puntillas. ‖ **estar** alguien **hasta la ~ de los pelos,** o **del pelo.** LOCS.VERBS. coloqs. estar hasta los pelos. ‖ **hacer ~** alguien. LOC.VERB. **1.** Dirigirse o encaminarse el primero a una parte. ‖ **2.** Oponerse abiertamente a otra persona, pretendiendo adelantarse a ella en lo que solicita o intenta. ‖ **3.** Sobresalir, destacar entre muchos por los méritos personales, o por otras circunstancias. ‖ **sacar ~ a** algo. LOC. VERB. **1.** Aprovecharlo para fin distinto del que le corresponde. ‖ **2.** coloq. Atribuirle malicia o significado que no tiene. ‖ **tener** alguien algo **en la ~ de la lengua.** LOC.VERB. **1.** Estar a punto de decirlo. ‖ **2.** Estar a punto de acordarse de algo y no dar en ello. □ V. **hora ~, sierra de ~, velocidad ~.**

puntada. F. **1.** Acción y efecto de pasar la aguja o instrumento análogo por los agujeros hechos en el tejido, cuero u otra materia que se va cosiendo. ‖ **2.** Espacio que media entre dos de estos agujeros próximos entre sí. ‖ **3.** Porción de hilo que ocupa este espacio. ‖ **4.** Razón o palabra que se dice como al descuido para recordar un asunto o motivar que se hable de él. ‖ **no dar** alguien **~ sin hilo,** o **sin nudo.** LOCS.VERBS. coloqs. Obrar siempre con intención, de una manera calculada, en busca del propio beneficio y provecho.

puntaje. M. *Á. R. Plata* y *Chile.* Conjunto de puntos obtenidos en algún tipo de prueba.

puntal. M. **1.** Madero fijado en el suelo para sostener la pared que está desplomada o el edificio o parte de él que amenaza ruina. ‖ **2.** Prominencia de un terreno, que forma como punta. ‖ **3.** Apoyo, fundamento. *Es el puntal de su familia.* ‖ **4.** *Mar.* Altura de la nave desde su plan hasta la cubierta principal o superior. ‖ **5.** *Am.* refrigerio (‖ alimento).

puntano, na. ADJ. **1.** Natural de San Luis, provincia de la Argentina, o de San Luis de la Punta de los Venados, su capital. U. t. c. s. ‖ **2.** Perteneciente o relativo a esa provincia o a su capital.

puntapié. M. Golpe que se da con la punta del pie. ‖ **a ~s.** LOC.ADV. Sin consideración, muy mal o con violencia.

puntarenense[1]**.** ADJ. **1.** Natural de Punta Arenas. U. t. c. s. ‖ **2.** Perteneciente o relativo a esta ciudad de Chile, capital de la provincia de Magallanes.

puntarenense[2]**.** ADJ. **1.** Natural de Puntarenas. U. t. c. s. ‖ **2.** Perteneciente o relativo a este cantón, o a esta provincia de Costa Rica y su capital.

puntazo. M. **1.** Herida hecha con la punta de un arma o de otro instrumento punzante. ‖ **2.** Herida penetrante menor que una cornada, causada por una res vacuna al cornear. ‖ **3.** pulla (‖ dicho con que indirectamente se humilla). ‖ **4.** *Am.* punterazo.

punteado. M. Acción y efecto de puntear.

puntear. **I.** TR. **1.** Marcar, señalar puntos en una superficie. *Puntear las ciudades en un mapa.* ‖ **2.** Hacer sonar la guitarra u otro instrumento de cuerda, tocando las cuerdas por separado. ‖ **3.** Compulsar una cuenta partida por partida o una lista nombre por nombre, señalando o cotejando con puntos u otras marcas gráficas. ‖ **4.** *Á. R. Plata.* Remover la capa superior de la tierra con

la punta de la pala. ‖ **II.** INTR. **5.** *Am. Mer.* y *Méx.* Marchar a la cabeza de un grupo de personas o animales. ‖ **6.** *Chile.* Ir en cabeza en una competición deportiva.

punteo. M. Acción y efecto de puntear.

puntera. F. **1.** Parte del calcetín, de la media, del zapato, etc., que cubre la punta del pie. ‖ **2.** Remiendo o pieza que se pone en esa parte del zapato, calcetín o media para arreglarlos o renovarlos.

punterazo. M. Golpe dado con la puntera del calzado.

puntería. F. **1.** Destreza del tirador para dar en el blanco. *Tener puntería. Tener buena o mala puntería.* ‖ **2.** Acción de apuntar un arma arrojadiza o de fuego. *Hacer puntería.* ‖ **afinar la ~** alguien. LOC.VERB. **1.** Apuntar con esmero y detenimiento el arma contra el blanco. ‖ **2.** Ajustar cuidadosamente a su propósito lo que se dice o hace. ‖ **dirigir,** o **poner, la ~.** LOCS.VERBS. coloqs. Discurrir los medios, tomar las medidas para conseguir algo.

puntero, ra. **I.** ADJ. **1.** Más avanzado y reciente dentro de su mismo género o especie. *Compañía puntera.* ‖ **II.** M. y F. **2.** En algunos deportes, persona o equipo que aventaja a los otros. ‖ **3.** *Á. Andes* y *Chile.* En las competencias de velocidad, persona que se halla en el primer puesto. ‖ **4.** *Á. Andes, Á. R. Plata* y *Chile.* En algunos deportes, **delantero** (‖ jugador que forma parte de la línea delantera). ‖ **5.** *Á. Andes.* En el fútbol, delantero que se desempeña en los laterales. ‖ **6.** *Á. Andes, Á. guar.* y *Á. R. Plata.* Persona o animal que va delante de los demás componentes de un grupo. ‖ **III.** M. **7.** Vara o palo largo y fino con que se señala algo para llamar la atención sobre ello. ‖ **8.** Cincel de boca puntiaguda y cabeza plana, con el cual labran los canteros a golpes de martillo las piedras muy duras. ‖ **9.** Tubo corto de la gaita gallega a modo de dulzaina.

puntete. **I.** ADJ. **1.** *Chile.* Que molesta de forma insistente. ‖ **II.** M. **2.** *Chile.* En deporte, **punterazo.**

puntiagudo, da. ADJ. Que tiene aguda la punta. *Dientes puntiagudos.*

puntilla. F. **1.** Encaje generalmente estrecho que forma ondas o picos en una de sus orillas y que se pone como adorno en el borde de pañuelos, toallas, vestidos, etc. ‖ **2.** Especie de puñal corto, y particularmente el que sirve para rematar las reses. ‖ **dar la ~.** LOC.VERB. **1.** Rematar las reses con la **puntilla** (‖ puñal corto). ‖ **2.** Acabar, causar el fracaso definitivo de alguien o algo. ‖ **de,** o **en, ~s.** LOCS.ADVS. **1.** Pisando con las puntas de los pies y levantando los talones. ‖ **2.** Con **sigilo** (‖ silencio cauteloso).

puntillazo. M. golpe de gracia (‖ revés que completa la desgracia).

puntillero. M. Torero que remata al toro con la **puntilla** (‖ puñal corto).

puntillismo. M. Escuela pictórica del siglo XIX, derivada del impresionismo y que se caracteriza por los toques de color cortos y desunidos.

puntillista. ADJ. **1.** Perteneciente o relativo al puntillismo. *Técnica puntillista.* ‖ **2.** Que practica el puntillismo. U. m. c. s.

puntillo. M. **1.** Amor propio o pundonor muy exagerado y basado en cosas sin importancia. ‖ **2.** *Mús.* Signo que consiste en un punto que se pone a la derecha de una nota y aumenta en la mitad su duración y valor.

puntillosidad. F. **1.** Cualidad de puntilloso. ‖ **2.** Hecho o dicho puntilloso.

puntilloso, sa. ADJ. **1.** Dicho de una persona: Que es muy minuciosa y concienzuda, a veces hasta la exageración, en lo que hace. || **2.** Suspicaz, quisquilloso. || **3.** Dicho de una persona: Que tiene mucho puntillo.

puntitas. de, o **en, ~.** LOCS.ADVS. *Am.* de puntillas.

punto. M. **1.** Señal de dimensiones pequeñas, ordinariamente circular, que, por contraste de color o de relieve, es perceptible en una superficie. || **2.** Signo ortográfico (.) usado para señalar la pausa que indica el final de un enunciado, de un párrafo o de un texto. Se pone asimismo después de las abreviaturas; p. ej., en *Excmo. Sr.* También se emplea en la expresión numérica del tiempo, para separar las horas de los minutos, p. ej., en *Eran las 12.30,* y en la expresión numérica de las fechas, para separar el día, el mes y el año; p. ej., en *21.10.2006.* Se emplea, colocado a media altura, como signo de multiplicación; p. ej., en *4 · 4 = 16.* || **3.** Rasgo gráfico que se pone sobre la *i* y la *j* minúsculas, y que forma parte de ellas. || **4.** Cada una de las partes en que se divide el pico de la pluma de escribir, por efecto de la abertura o aberturas hechas a lo largo de él. || **5.** Cada una de las puntadas que en las obras de costura se van dando para hacer una labor sobre la tela. *Punto de cadeneta. Punto de cruz.* || **6.** Cada una de las lazadas o nudos pequeños que forman la malla de que se hacen medias, jerséis, calcetines, etc. || **7.** Rotura pequeña que se hace en las medias por soltarse alguna de estas lazadas. || **8.** Tejido de punto. *Prendas de punto.* || **9.** Cada una de las diversas maneras de trabar y enlazar entre sí los hilos que forman ciertos tejidos. *Punto de aguja. Punto de malla.* || **10.** Cada una de las partes de dos tercios de centímetro de longitud en que se divide el cartabón de los zapateros. || **11.** Cada uno de los agujeros que tienen a trechos ciertas piezas, como la correa de un cinturón o el timón de un arado, para sujetarlas y ajustarlas, según convenga, con hebillas, clavijas, etc. || **12.** Sitio, lugar. *¿En qué punto exacto de la plaza está?* || **13.** En ciertos juegos de naipes, as de cada palo. || **14.** En algunos juegos y en otros ejercicios, como exámenes, oposiciones, etc., unidad de tanteo. || **15.** En el juego del mus, último lance de la partida que solo se lleva a cabo cuando ningún jugador, sumando el valor de sus cartas, alcanza 31 tantos. || **16.** Unidad de valoración dentro de una escala. *La bolsa bajó dos puntos. El índice de audiencia subió medio punto.* || **17.** En algunos juegos de azar, jugador que apunta contra el banquero. || **18.** Instante, momento, porción pequeñísima de tiempo. *En aquel punto, nos detuvimos.* || **19.** Cada uno de los asuntos o materias diferentes de que se trata en un sermón, en un discurso, en una conferencia, etc. || **20.** Parte o cuestión de una ciencia. *Punto filosófico, teológico.* || **21.** Lo sustancial o principal en un asunto. || **22.** Estado de cualquier asunto o negocio. *A ese punto llegó la situación.* || **23.** Estado perfecto que llega a tomar un alimento al cocinarlo, condimentarlo o prepararlo. || **24.** Extremo o grado a que puede llegar algo. *Hasta tal punto llegó el enfrentamiento.* || **25.** *Fís.* Temperatura a la que se produce un determinado fenómeno físico. *Punto de congelación. Punto de fusión.* || **26.** *Geom.* Límite mínimo de la extensión, que se considera sin longitud, anchura ni profundidad. || **27.** *Impr.* Unidad de medida tipográfica, que es la duodécima parte del cícero y equivale a 0,375 mm. || **28.** *Med.* Puntada que da el cirujano pasando la aguja por los labios de la herida para que se unan y pueda curarse. || **~ acápite.** M. *Am.* **punto y aparte.** || **~ aparte.** M. *Am.* **punto y aparte.** || **~ cardinal.** M. Cada uno de los cuatro que di-

viden el horizonte en otras tantas partes iguales, y están determinados, respectivamente, por la posición del polo septentrional, el Norte; por la del Sol a la hora de mediodía, el Sur; y por la salida y puesta de este astro en los equinoccios, el Este y el Oeste. || **~ céntrico.** M. Lugar muy concurrido y de fácil acceso en una población. || **~ crítico.** M. Momento exacto en que ocurre o es preciso hacer algo. || **~ de apoyo.** M. **1.** *Mec.* Lugar fijo sobre el cual estriba una palanca u otra máquina, para que la potencia pueda vencer la resistencia. || **2.** Aquello sobre lo que se basa o sustenta algo. *La familia es su punto de apoyo.* || **~ de articulación.** M. *Fon.* Zona o región en que un órgano activo se aproxima a otro, activo o pasivo, o establece contacto con él en el momento de la articulación. || **~ débil.** M. Aspecto o parte más vulnerable de alguien o de algo. || **~ de caramelo.** M. Concentración que adquiere el almíbar por medio de la cocción cuando, al enfriarse, se convierte en caramelo. || **~ de costado.** M. *Med.* Dolor con punzadas al lado del corazón. || **~ de estima.** M. *Mar.* El que se coloca en la carta de marear, deduciéndolo del rumbo seguido y de la distancia recorrida en un tiempo determinado. || **~ de hebra.** M. Grado de solidez que adquiere el almíbar cuando, cogiendo una gota de él entre dos dedos y separándolos, queda un filamento entre ambos. || **~ de honra.** M. **pundonor.** || **~ de merengue.** M. **punto de nieve.** || **~ de mira.** M. **1.** **mira** (|| pieza que se coloca en las armas de fuego para asegurar la puntería). || **2.** Objeto y centro de atención e interés. *Está en el punto de mira de todos sus compañeros.* || **~ de nieve.** M. Aquel en el cual la clara de huevo batida adquiere espesor y consistencia. || **~ de partida.** M. Aquello que se toma como antecedente y fundamento para tratar o deducir algo. || **~ de referencia.** M. Dato, informe, documento, etc., para iniciar o completar el conocimiento exacto de algo. || **~ de vista.** M. Cada uno de los modos de considerar un asunto u otra cosa. || **~ final.** M. **1.** El que acaba un escrito o una división importante del texto. || **2.** Hecho o palabras con que se da por terminado un asunto, una discusión, etc. || **~ flaco.** M. **punto débil.** || **~ fuerte.** M. Aspecto más seguro e incluso destacado de alguien o de algo. *El punto fuerte de este equipo es su defensa.* || **~ muerto.** M. **1.** *Mec.* Posición de los engranajes de la caja de cambios en que el movimiento del árbol del motor no se transmite al mecanismo que actúa sobre las ruedas. || **2.** Estado de un asunto o negociación que por cualquier motivo no puede de momento llevarse adelante. || **~ negativo.** M. Cada uno de los que se atribuyen a un equipo deportivo por haber empatado o perdido en su propio terreno. || **~ negro.** M. **1.** Poro de la piel que debe este color a la acumulación de grasa y suciedad. || **2.** Aquello que resulta negativo, conflictivo o peligroso. *En su gestión hubo algún punto negro.* || **~ neurálgico.** M. **1.** Parte de un asunto especialmente delicada, importante y difícil de tratar. || **2.** *Med.* Aquel en que el nervio se hace superficial, o en donde nacen sus ramas cutáneas. || **~ positivo.** M. Cada uno de los que se atribuyen a un equipo deportivo por haber empatado o ganado en el terreno del equipo contrario. || **~ seguido.** M. *Am.* **punto y seguido.** || **~ visual.** M. Distancia óptima para ver los objetos con toda claridad, que suele ser de 24 cm aproximadamente. Es mayor en la presbicia, y menor en la miopía. || **~ y aparte.** M. El que se pone cuando termina un párrafo y el texto continúa en otro. || **~ y coma.** M. Signo ortográfico (;) con que se indica una pausa mayor que la correspondiente a la coma y menor que la correspondiente al punto. Se usa para separar oraciones sintácticamente independientes, pero con relación semántica directa entre sí. Sirve también para separar los elementos de una enumeración que, por su complejidad, incluyen comas. Se coloca asimismo delante de conectores de sentido adversativo, concesivo o consecutivo. ‖ **~ y seguido.** M. El que se pone cuando termina un período y el texto continúa inmediatamente después del punto en el mismo párrafo. ‖ **~s suspensivos.** M. pl. Signo ortográfico (...) usado para señalar la interrupción de un discurso, para darlo por conocido o sobrentendido, para indicar vacilación o para sugerir un final abierto. ‖ **dos ~s.** M. pl. Signo ortográfico (:) que marca una pausa para anunciar lo que sigue. Se usa principalmente para abrir o cerrar, compendiándola, una enumeración. Aparece también precediendo a las citas textuales y siguiendo a las fórmulas de saludo. Se usa igualmente para conectar oraciones relacionadas entre sí y para dar paso a las ejemplificaciones. En la expresión del tiempo, se emplea para separar las horas de los minutos; p. ej., en *9:45 h.* Se usa, por último, como signo de la división en matemáticas; p. ej., en *25 : 5 = 5.* ‖ **al ~.** LOC.ADV. Enseguida, sin la menor dilación. ‖ **a ~.** LOC.ADV. **1.** Con la prevención y disposición necesarias para que algo pueda servir al fin a que se destina. ‖ **2.** A tiempo, de manera oportuna. ‖ **a ~ de.** EXPR. Seguida de un infinitivo, expresa la proximidad de la acción indicada por este. *Están a punto de llegar.* ‖ **a ~ de caramelo.** LOC.ADJ. coloq. Perfectamente dispuesto y preparado para algún fin. ‖ **a ~ fijo.** LOC.ADV. Cabalmente o con certidumbre. ‖ **a tal ~ que.** LOC. CONJUNT. Señala los resultados que se derivan de una acción o situación. ‖ **bajar el ~** a algo. LOC.VERB. Moderarlo. ‖ **calzar** alguien **muchos ~s.** LOC.VERB. Ser aventajado en alguna materia. ‖ **calzar** alguien **pocos ~s.** LOC.VERB. Ser desaventajado en alguna materia. ‖ **con ~s y comas.** LOC.ADV. Con mucha minuciosidad, sin olvidar detalle alguno. ‖ **dar en el ~.** LOC.VERB. Dar en la dificultad. ‖ **de todo ~.** LOC.ADV. Enteramente, sin que falte cosa alguna. ‖ **en ~.** LOC.ADV. Sin sobra ni falta. *Son las seis en punto.* ‖ **en su ~.** LOC.ADJ. En el estado de perfección que le corresponde. *El asado está en su punto.* U. t. c. loc. adv. *Poner en su punto.* ‖ **ganar muchos ~s,** o **ganar ~s.** LOCS.VERBS. Mejorar en posición, prestigio o estimación. ‖ **hacer ~ de** algo. LOC.VERB. Tomarlo por caso de honra, y no desistir de ello hasta conseguirlo. ‖ **hasta cierto ~.** LOC.ADV. En alguna manera, no del todo. ‖ **hasta tal ~ que.** LOC. CONJUNT. **a tal punto que.** ‖ **perder muchos ~s,** o **perder ~s.** LOCS.VERBS. Desmerecer o disminuir en prestigio o estimación. ‖ **poner en su ~** algo. LOC. VERB. coloq. Apreciarlo debida y justamente. ‖ **ponerle los ~s** a algo. LOC.VERB. coloq. Proponerse intervenir en lo referente a ello. ‖ **poner los ~s.** LOC.VERB. Dirigir la mira o intención a un fin que se desea. ‖ **poner los ~s sobre las íes.** LOC.VERB. **1.** Determinar y precisar algunos extremos que no estaban suficientemente especificados. ‖ **2.** coloq. Acabar o perfeccionar algo con gran minuciosidad. ‖ **por ~ general.** LOC.ADV. Por regla general. ‖ **por ~s.** LOC.ADV. En juegos o deportes, perder o ganar por leve diferencia. ‖ **~ en boca.** EXPR. Se usa para prevenir a alguien que calle, o encargarle que guarde secreto. ‖ **~ menos.** EXPR. Denota que algo es casi igual a otra cosa con la cual se compara. ‖ **~ por ~.** LOC.ADV. Se

usa para expresar el modo de referir algo muy en detalle y sin omitir circunstancia. ‖ **sin faltar ~ ni coma.** LOC.ADV. coloq. **sin faltar una coma.** ‖ **subir de ~** algo. LOC.VERB. Crecer o aumentar. □ V. **arco de medio ~, coche de ~, letra de dos ~s, puesta a ~.**

puntuación. F. **1.** Acción y efecto de puntuar. ‖ **2.** Conjunto de los signos que sirven para puntuar. ‖ **3.** Número de puntos que se dan o se obtienen en una prueba.

puntual. ADJ. **1.** Pronto, diligente, exacto en hacer las cosas a su tiempo y sin dilatarlas. *Es muy puntual en los pagos.* ‖ **2.** Que llega a un lugar o parte de él a la hora convenida. *Sabía que llegaría puntual a la cita.* ‖ **3.** Concreto o determinado. *Solo han conseguido éxitos puntuales.*

puntualidad. F. **1.** Cuidado y diligencia en llegar a un lugar o partir de él a la hora convenida. *Su falta de puntualidad exaspera. El tren salió con puntualidad.* ‖ **2.** Cuidado y diligencia en hacer las cosas a su debido tiempo. *Tarea realizada con gran puntualidad.*

puntualización. F. Precisión para aclarar, completar o corregir algo.

puntualizar. TR. **1.** Añadir una o más precisiones a algo con el fin de aclararlo, completarlo o corregirlo. *Esta nota ha venido a puntualizar sus declaraciones.* U. t. c. intr. ‖ **2.** Referir un suceso o describir algo con todas sus circunstancias.

puntuar. **I.** TR. **1.** Poner en la escritura los signos ortográficos necesarios para distinguir el valor prosódico de las palabras y el sentido de las oraciones y de cada uno de sus miembros. ‖ **2.** Ganar u obtener **puntos** (‖ unidades de tanteo en algunos juegos). U. t. c. intr. *El equipo sigue sin puntuar.* ‖ **3.** Calificar con puntos algo o a alguien. *Los trabajos han sido puntuados por el jurado.* ‖ **II.** INTR. **4.** Dicho de una prueba o de una competición: Entrar en el cómputo de los puntos. ¶ MORF. conjug. c. *actuar.*

puntura. F. **1.** Herida con un instrumento u otra cosa que punza. ‖ **2.** Impr. Cada una de las dos puntas de hierro afianzadas en los dos costados del tímpano de una prensa de imprimir, o fijas en la superficie del cilindro de las máquinas sencillas, en las cuales se clava y sujeta el pliego que ha de tirarse. ‖ **ajustar las ~s.** LOC.VERB. Impr. Colocarlas de modo que el blanco coincida con la retiración.

punzada. F. **1.** Dolor agudo, repentino y pasajero, pero que suele repetirse de tiempo en tiempo. ‖ **2.** Sentimiento interior causado por algo que aflige el ánimo. ‖ **3.** Herida ocasionada por la punta de un objeto. □ V. **edad de la ~**

punzador, ra. ADJ. Que punza. *Turbación punzadora.*

punzante. ADJ. Que punza. *Arma punzante.* □ V. **herida ~.**

punzar. **I.** TR. **1.** Herir con un objeto puntiagudo. ‖ **2.** Enojar, zaherir. *Este libro nos punza en los más íntimo.* ‖ **II.** INTR. **3.** Dicho de un dolor: Avivarse de cuando en cuando. ‖ **4.** Dicho de algo que aflige el ánimo: Hacerse sentir interiormente.

punzó. M. Color rojo muy vivo.

punzón. M. **1.** Instrumento de hierro o de otro material, rematado en punta, que sirve para abrir ojetes y para otros usos. ‖ **2.** Instrumento de acero durísimo, de forma cilíndrica o prismática, que en la boca tiene una figura de realce, la cual, clavada por presión o percusión queda impresa en el troquel de monedas, medallas, botones u otras piezas semejantes.

puñada. F. Golpe con la mano cerrada.

puñado. M. **1.** Porción de cosas sueltas que se puede contener en el puño. *Un puñado de monedas.* ‖ **2.** Poca cantidad de algo de lo que debe o suele haber bastante. *Un puñado de gente.* ‖ **a ~s.** LOC.ADV. En gran número.

puñal. M. Arma de acero, de dos a tres decímetros de largo, que solo hiere con la punta.

puñalada. F. **1.** Golpe que se da clavando el puñal u otra arma semejante. ‖ **2.** Herida que resulta de este golpe. ‖ **3.** Pesadumbre grande dada de repente. ‖ **~ trapera.** F. Traición, mala pasada.

puñalero. M. Fabricante o vendedor de puñales.

puñeta. F. **1.** Encaje o vuelillo de algunos puños. ‖ **2.** coloq. Pejiguera, dificultad, molestia. ‖ **a hacer ~s.** LOC. ADV. **1.** coloq. Se usa para desechar algo, o para despedir a alguien, despectivamente o sin miramientos. *Vete, anda a hacer puñetas.* ‖ **2.** coloq. Se usa para manifestar que algo se ha estropeado o que un asunto ha fracasado. *El televisor se ha ido a hacer puñetas. Mi ascenso se fue a hacer puñetas.* ‖ **3.** coloq. **sanseacabó.** *Dejad el trabajo como está y a hacer puñetas, que ya es hora.* ‖ **hacer,** o **hacerse, la ~.** LOCS.VERBS. Masturbar o masturbarse. ‖ **puñeta,** o **puñetas.** INTERJS. Se usan para expresar asombro o enfado.

puñetazo. M. Golpe que se da con el puño de la mano.

puñete. M. Golpe con la mano cerrada.

puñetería. F. **1.** coloq. Acción molesta, enfadosa. ‖ **2.** coloq. Bobada, insignificancia. U. m. en pl.

puñetero, ra. ADJ. coloq. Molesto, fastidioso, cargante. Apl. a pers., u. t. c. s.

puño. M. **1.** Mano cerrada. ‖ **2.** Parte de la manga de la camisa y de otras prendas de vestir, que rodea la muñeca. ‖ **3.** Parte de algunos utensilios, armas blancas o herramientas por donde se agarran. *El puño del paraguas.* ‖ **4. puñado.** *Un puño de arena.* ‖ **5.** *Mar.* Cada uno de los vértices de los ángulos de las velas. ‖ **6.** *Am.* Golpe con la mano cerrada. ‖ **apretar los ~s.** LOC.VERB. coloq. Poner mucho empeño para ejecutar algo o para concluirlo. ‖ **como el ~.** LOC.ADJ. coloq. **como un puño.** ‖ **como ~s.** LOC.ADJ. coloq. Dicho de verdades o de realidades: Muy evidentes e hirientes. *Ojos como puños. Verdades como puños.* ‖ **como un ~.** LOC.ADJ. coloq. Muy grande y evidente. *Un rubí como un puño. Una verdad como un puño.* ‖ **de a ~.** LOC.ADJ. coloq. **como puños.** *Verdades de a puño.* ‖ **de ~,** o **de ~ y letra.** LOCS. ADJS. **autógrafo** (‖ de mano de su mismo autor). *Recibí una carta de su puño y letra.* U. t. c. locs. advs. ‖ **en un ~.** LOC.ADV. En situación de estar confundido, intimidado u oprimido. *Lo tiene en un puño.* ‖ **~ en rostro.** EXPR. Se usa como apodo del avaro o tacaño. □ V. **arma de ~, el corazón en un ~, estocada de ~.**

pupa. F. **1.** Erupción en los labios. ‖ **2.** Postilla que queda cuando se seca un grano. ‖ **3.** Lesión cutánea bien circunscrita, que puede ser de muy variado origen. ‖ **4.** infant. Daño o dolor corporal. ‖ **5.** *Zool.* **crisálida.**

pupar. INTR. *Zool.* Dicho de una larva de insecto: Transformarse en pupa.

pupila. F. **1.** *Anat.* Abertura circular o en forma de rendija de color negro, que el iris del ojo tiene en su parte media y que da paso a la luz. ‖ **2.** Perspicacia, sagacidad. *Ese hombre tiene mucha pupila.* ‖ **3. prostituta.**

pupilaje. M. **1.** Estado o condición del pupilo. ‖ **2.** Casa donde se reciben huéspedes mediante precio convenido. ‖ **3.** Este precio.

pupilar. ADJ. *Anat.* Perteneciente o relativo a la **pupila** (‖ del ojo).

pupilero, ra. M. y F. Persona que recibe pupilos en su casa.

pupilo, la. M. y F. **1.** Huérfano menor de edad, respecto de su tutor. ‖ **2.** Persona confiada al cuidado de otra persona. ‖ **3.** Persona que se hospeda en casa particular por precio ajustado. ‖ **medio, dia ~.** M. y F. Alumno que permanece en el colegio hasta la noche, haciendo en él la comida del mediodía. □ V. **casa de pupilos.**

pupitre. M. Mueble de madera, con tapa en forma de plano inclinado, para escribir sobre él.

puposo, sa. ADJ. Que tiene pupas. *Rostro puposo.*

pupusa. F. *Am. Cen.* Tortilla de maíz o arroz, rellena de chicharrones, queso u otros alimentos.

puquina. **I.** ADJ. **1.** hist. Se dice del individuo de un pueblo amerindio que vivía en la hoya del lago Titicaca, en Bolivia y el Perú. U. t. c. s. ‖ **2.** hist. Perteneciente o relativo a los puquinas. *Cerámica puquina.* ‖ **II.** M. **3.** Lengua hablada por los puquinas.

purasangre. M. Caballo de una raza que es producto del cruce de la árabe con las del norte de Europa. U. t. c. adj. MORF. pl. **purasangres.**

puré. M. Pasta que se hace de legumbres u otras cosas comestibles, cocidas y trituradas. ‖ **hacer ~ a alguien o algo.** LOC.VERB. coloq. **hacer papilla.**

pureza. F. Cualidad de puro.

purga. F. **1.** Acción de purgar. ‖ **2.** Medicina que se toma para defecar. ‖ **3.** Residuos que en algunas operaciones industriales o en los artefactos se acumulan y se han de eliminar o expeler. ‖ **4.** Expulsión o eliminación de funcionarios, empleados, miembros de una organización, etc., que se decreta por motivos políticos, y que puede ir seguida de sanciones más graves.

purgable. ADJ. Que se puede o debe purgar. *Elementos nocivos y purgables.*

purgación. F. **1.** Acción y efecto de purgar. ‖ **2.** Sangre que de forma natural evacuan las mujeres todos los meses, y después de haber parido. ‖ **3.** Flujo mucoso de una membrana, principalmente de la uretra. U. m. en pl.

purgador, ra. **I.** ADJ. **1.** Que purga. *Válvula purgadora de aire.* ‖ **II.** M. **2.** Dispositivo que permite evacuar fluidos o residuos de un recipiente.

purgante. ADJ. **1.** Que purga. *Sustancia purgante.* ‖ **2.** Dicho comúnmente de una medicina: Que se aplica o sirve para este efecto. U. t. c. s. m. □ V. **iglesia ~.**

purgar. TR. **1.** Limpiar, purificar algo, quitándole lo innecesario, inconveniente o superfluo. *Se deberían purgar los caracoles antes de cocinarlos.* ‖ **2.** Sufrir con una pena o castigo lo que alguien merece por su culpa o delito. *Purgaba su delito con una pena de 30 años.* ‖ **3.** Dicho del alma: Padecer las penas del purgatorio. ‖ **4.** Dar al enfermo la medicina conveniente para evacuar el vientre. U. t. c. prnl. ‖ **5.** Evacuar una sustancia del organismo, ya sea naturalmente o mediante la medicina que se ha aplicado a este fin. U. t. c. intr. *La llaga ha purgado bien.* U. t. c. prnl. ‖ **6.** Sacar el aire u otro fluido en un circuito de un aparato o máquina para su buen funcionamiento. *Debería purgar el radiador.* ‖ **7.** Depurar a alguien mediante un expediente para rehabilitarlo en el ejercicio de un cargo.

purgativo, va. ADJ. Que purga o tiene virtud de purgar. *Sustancia purgativa.*

purgatorio. M. **1.** En la doctrina católica, estado de quienes, habiendo muerto en gracia de Dios, necesitan aún purificarse para alcanzar la gloria. ORTOGR. Escr. t. con may. inicial. ‖ **2.** Lugar donde se pasa la vida con trabajo y penalidad. *Su puesto de trabajo era para él un purgatorio.* ‖ **3.** Esta misma penalidad. ☐ V. **ánima del ~.**

puridad. F. Cualidad de puro. ‖ **en ~.** LOC.ADV. En realidad, en sentido estricto, a decir verdad.

purificación. F. **1.** Acción y efecto de purificar. ‖ **2.** Cada uno de los lavatorios con que en la misa se purifica el cáliz después de consumido el sanguis. ‖ **3.** Fiesta que el día 2 de febrero celebra la Iglesia en memoria de que la Virgen María fue con su Hijo a presentarlo en el templo a los 40 días de su parto. ORTOGR. Escr. con may. inicial.

purificador, ra. **I.** ADJ. **1.** Que purifica. *Fuego purificador.* ‖ **II.** M. **2.** Paño de lino, con el cual se enjuga y purifica el cáliz. ‖ **3.** Lienzo de que se sirve el sacerdote en el altar para limpiarse los dedos.

purificar. TR. **1.** Quitar de algo lo que le es extraño, dejándolo en el ser y perfección que debe tener según su calidad. *Purificar el agua mediante un filtro adecuado.* U. t. c. prnl. ‖ **2.** Limpiar de toda imperfección algo no material. *La rebeldía queda purificada por el triunfo.* U. t. c. prnl. ‖ **3.** Dicho de Dios: Acrisolar las almas por medio de las aflicciones y trabajos. U. t. c. prnl. ‖ **4.** hist. En la ley de Moisés, ejecutar las ceremonias prescritas por ella para dejar libres de ciertas impurezas a personas o cosas. U. t. c. prnl.

purificatorio, ria. ADJ. Que sirve para purificar algo. *Ritos purificatorios.*

purín. M. Líquido formado por las orinas de los animales y lo que rezuma del estiércol. U. m. en pl.

Purísima. F. por antonom. La Virgen María en el misterio de su Inmaculada Concepción.

purismo. M. Cualidad de purista.

purista. ADJ. **1.** Que escribe o habla con pureza. U. t. c. s. ‖ **2.** Dicho de una persona: Que, al hablar o escribir, evita conscientemente los extranjerismos y neologismos que juzga innecesarios, o defiende esta actitud. U. t. c. s. ‖ **3.** Que defiende el mantenimiento de una doctrina, una práctica, una costumbre, etc., en toda su pureza y sin admitir cambios ni concesiones. U. t. c. s. *Los puristas consideran su última grabación como una ruina para el flamenco.*

puritanismo. M. **1.** Exagerada escrupulosidad en el proceder. ‖ **2.** Cualidad de puritano. ‖ **3.** hist. Doctrina de los puritanos.

puritano, na. ADJ. **1.** Dicho de una persona: Que de manera real o afectada profesa con rigor las virtudes públicas o privadas y hace alarde de ello. U. t. c. s. ‖ **2.** hist. Se dice del individuo de un grupo reformista, inicialmente religioso, formado en Inglaterra en el siglo XVI, que propugnaba purificar la Iglesia anglicana oficial de las adherencias recibidas del catolicismo. U. t. c. s. ‖ **3.** hist. Perteneciente o relativo a estos individuos. *Doctrinas puritanas.*

puro, ra. **I.** ADJ. **1.** Libre y exento de toda mezcla de otra cosa. *Lo que hay que beber es agua pura.* ‖ **2.** Que no incluye ninguna condición, excepción o restricción ni plazo. *Es la pura verdad.* ‖ **3.** Casto, ajeno a la sensualidad. *Amor puro.* ‖ **4.** Libre y exento de imperfecciones morales. *Este libro contiene una moral pura.* ‖ **5.** Dicho del lenguaje o del estilo: Correcto, exacto, ajustado a las leyes gramaticales y al mejor uso, exento de voces y construcciones extrañas o viciosas. ‖ **6.** Dicho de una

persona: Que usa este lenguaje o este estilo. *Escritor puro.* ‖ **II.** M. **7.** Cigarro hecho de hojas de tabaco enrolladas y liado sin papel. ‖ **a puro.** LOC.ADV. a fuerza de. ‖ **de puro.** LOC.ADV. En grado sumo, en exceso, a fuerza de. ☐ V. **café ~, ciencia ~, ciencias ~s, cigarro ~, la ~ verdad, matemáticas ~s.**

púrpura. **I.** F. **1.** Molusco gasterópodo marino, cuya concha, que es retorcida y áspera, tiene la boca o abertura ancha o con una escotadura en la base. Segrega en cortísima cantidad una tinta amarillenta, la cual al contacto del aire toma color verde, que luego se cambia en rojo más o menos oscuro, en rojo violáceo o en violado. ‖ **2.** hist. Tinte muy costoso que los antiguos preparaban con la tinta de varias especies de este molusco o de otros parecidos. ‖ **3.** Prenda de vestir, del color de la púrpura o roja, que forma parte del traje característico de emperadores, reyes, cardenales, etc. ‖ **4.** Dignidad imperial, real, consular, cardenalicia, etc. ‖ **5.** *Heráld.* Color heráldico, que en pintura se representa por el violado y en dibujo ordinario por medio de líneas diagonales que, partiendo del cantón siniestro del jefe, bajan hasta el opuesto de la punta. ‖ **6.** *Med.* Estado morboso, caracterizado por hemorragias, petequias o equimosis. ‖ **II.** M. **7.** Color rojo subido que tira a violado. U. t. c. adj.

purpurado. M. Cardenal de la Iglesia romana.

purpurar. TR. Teñir de púrpura.

purpúreo, a. ADJ. **1.** De color púrpura. *Las flores son de color rosado, casi purpúreo.* ‖ **2.** Perteneciente o relativo a la púrpura. *Vestido con todos sus purpúreos atributos.*

purpurina. F. **1.** Polvo finísimo de bronce o de metal blanco, que se aplica a las pinturas antes de que se sequen, para darles aspecto dorado o plateado. ‖ **2.** Pintura brillante preparada con este polvo.

purpurino, na. ADJ. De color púrpura. *Pétalos purpurinos.*

puruhá. **I.** ADJ. **1.** Se dice del individuo de un pueblo amerindio de la familia yunga que habitaba en la hoya del río Chambo. U. t. c. s. ‖ **2.** Perteneciente o relativo a los puruhás. *Tradición puruhá.* ‖ **II.** M. **3.** Lengua hablada por los puruhás. ¶ MORF. pl. **puruhás.**

purulencia. F. *Med.* Cualidad de purulento.

purulento, ta. ADJ. *Med.* Que tiene pus. *Herida purulenta.*

pus. M. Líquido espeso de color amarillento o verdoso, segregado por un tejido inflamado, y compuesto por suero, leucocitos, células muertas y otras sustancias. En México, u. t. c. amb. En Chile, u. c. f.

pusilánime. ADJ. Falto de ánimo y valor para tolerar las desgracias o para intentar cosas grandes. U. t. c. s.

pusilanimidad. F. Cualidad de pusilánime.

pústula. F. *Med.* Vejiga inflamatoria de la piel, que está llena de pus. *Pústula variolosa.*

pustuloso, sa. ADJ. *Med.* Perteneciente o relativo a la pústula.

putada. F. vulg. **cabronada** (‖ acción malintencionada que perjudica a alguien).

putañero, ra. ADJ. coloq. **putero.** U. t. c. s.

putativo, va. ADJ. Reputado o tenido por padre, hermano, etc., no siéndolo.

puteada. F. *Am.* Acción y efecto de **putear** (‖ injuriar).

putear. **I.** INTR. **1.** coloq. Tener relaciones sexuales con prostitutas. ‖ **2.** coloq. Dedicarse a la prostitución. ‖ **3.**

Comportarse de manera **promiscua** (‖ manteniendo relaciones sexuales con varias personas). ‖ **4.** *Am.* Injuriar, dirigir palabras soeces a alguien. ‖ **II.** TR. **5.** vulg. Fastidiar, perjudicar a alguien.

putería. F. **1.** Vida, ejercicio de prostituta. ‖ **2.** Reunión de estas mujeres.

puterío. M. **1.** vulg. **prostitución.** ‖ **2.** vulg. Conjunto de personas que ejercen la prostitución.

putero, ra. ADJ. coloq. Dicho de un hombre: Que mantiene relaciones sexuales con prostitutas. U. t. c. s.

puto, ta. I. ADJ. **1.** vulg. Se usa como calificación denigratoria. *Me quedé en la puta calle.* ‖ **2.** vulg. Se usa como antífrasis, para ponderar. *Ha vuelto a ganar. ¡Qué puta suerte tiene!* ‖ **3.** vulg. Se usa para enfatizar la ausencia o la escasez de algo. *No tengo un puto duro.* ‖ **II.** M. y F. **4.** prostituto. ‖ **III.** M. **5.** sodomita (‖ que practica sodomía). □ V. **casa de putas, hijo de puta.**

putón. M. despect. coloq. Mujer de costumbres sexuales muy libres.

putrefacción. F. Acción y efecto de pudrir.

putrefactivo, va. ADJ. Que puede causar putrefacción. *Flora putrefactiva.*

putrefacto, ta. ADJ. Podrido, corrompido. *Agua putrefacta.*

putreño, ña. ADJ. **1.** Natural de Putre. U. t. c. s. ‖ **2.** Perteneciente o relativo a esta ciudad de Chile, capital de la provincia de Parinacota.

putrescible. ADJ. Que se pudre o puede pudrirse fácilmente. *Producto putrescible.*

putridez. F. Cualidad de pútrido.

pútrido, da. ADJ. **1.** Podrido, corrompido. *Vertedero de pútrida basura.* ‖ **2.** Acompañado de putrefacción. *Fermentaciones pútridas.*

putumayense. ADJ. **1.** Natural de Putumayo. U. t. c. s. ‖ **2.** Perteneciente o relativo a este departamento de Colombia o al río Putumayo.

pututo o **pututu.** M. *Á. Andes.* Instrumento indígena hecho de cuerno de buey, que los campesinos de los cerros tocan para convocar una reunión.

puya[1]. F. **1.** Punta acerada que en una extremidad tienen las varas o garrochas de los picadores y vaqueros, con la cual estimulan o castigan a las reses. ‖ **2.** Garrocha o vara con puya. ‖ **3.** *Á. Caribe.* Objeto de punta afilada.

puya[2]. F. *Chile.* Planta de la familia de las Bromeliáceas, de la que existen varias especies. Su altura varía de dos a cinco metros. Tiene hojas tendidas, verdes y blancas en la cara inferior, flores amarillas y en alguna especie azules, con largos pétalos que se arrollan en espiral al secarse.

puyar. TR. **1.** *Am. Cen.* y *Á. Caribe.* Herir con la puya[1]. ‖ **2.** *Am. Cen.* **estimular** (‖ incitar).

puyazo. M. Herida que se hace con una puya[1]. U. t. en sent. fig. *En su discurso, lanzó varios puyazos contra la oposición.*

puyense. ADJ. **1.** Natural de Puyo. U. t. c. s. ‖ **2.** Perteneciente o relativo a esta ciudad de Ecuador, capital de la provincia de Pastaza.

puzle. M. **rompecabezas** (‖ juego).

puzolana. F. Roca volcánica muy desmenuzada, de la misma composición que el basalto, la cual se encuentra en Puzol, población próxima a Nápoles, y en sus cercanías, y sirve para hacer, mezclada con cal, mortero hidráulico.

pyme. F. Empresa mercantil, industrial, etc., compuesta por un número reducido de trabajadores, y con un moderado volumen de facturación.

q. F. Decimoséptima letra del abecedario latino internacional y vigésima del español, que representa el mismo fonema consonántico oclusivo, velar y sordo de la *c* ante *a, o, u,* o de la *k* ante cualquier vocal. Su nombre es *cu*. ORTOGR. En español se usa principalmente ante *e* o *i*, mediante interposición gráfica de una *u*, que generalmente no suena; p. ej., en *quema, quite*.

qatarí. ADJ. **catarí**. Apl. a pers., u. t. c. s. MORF. pl. **qataríes** o **qatarís**.

quadrívium. M. hist. **cuadrivio**.

quark. M. *Fís.* Tipo de partículas elementales, componentes de otras partículas subatómicas, como el protón y el neutrón, y que no existen de manera aislada. MORF. pl. **quarks**.

quásar. M. *Astr.* Cuerpo celeste de pequeño diámetro y gran luminosidad, que emite grandes cantidades de radiación en todas las frecuencias. Es el tipo de astro más alejado en el universo. MORF. pl. **quásares**.

quáter. ADJ. Pospuesto a un número entero, indica que este se emplea o se adjudica por cuarta vez y tras haberse utilizado el mismo número adjetivado con *ter*. *Se detalla en las notas 6 ter y 6 quáter.*

que. I. PRON. RELAT. **1.** Forma invariable de masculino, femenino y neutro, tanto singular como plural. *Ha venido el chico que conociste ayer.* || **2.** Junto con el artículo determinado, que marca la variación de género y número, forma el pronombre relativo compuesto: *el que, la que, los que, las que, lo que.* || **II.** ADJ. INTERROG. **3.** Se utiliza en oraciones interrogativas, ya sean directas o indirectas, para identificar a alguien o algo. ORTOGR. Escr. con acento. *¿Qué niño vino? Dígame qué libro busca.* || **III.** PRON. INTERROG. **4.** Inquiere la naturaleza, cantidad, intensidad, etc., de algo. ORTOGR. Escr. con acento. *¿Qué buscan? No sé qué decir.* || **IV.** ADV. INTERROG. **5.** coloq. Se utiliza como equivalente de *cuánto,* para preguntar peso, medida o precio. ORTOGR. Escr. con acento. *¿Qué vale esta mesa? ¿Qué pesan las manzanas?* || **V.** ADJ. EXCL. **6.** Agrupado con un nombre sustantivo, encarece la naturaleza, cantidad, calidad, intensidad, etc., de algo. ORTOGR. Escr. con acento. *¡Qué tiempo tan delicioso!* U. t. c. pron. *¡Qué de insectos hay aquí!* || **VI.** ADV. EXCL. **7.** Encarece la calidad o intensidad de los adjetivos, adverbios y locuciones adverbiales a las que precede. Equivale a *cuán.* ORTOGR. Escr. con acento. *¡Qué fácil es! ¡Qué mal lo hiciste!* || **8.** En oraciones interrogativo-exclamativas de naturaleza afirmativa o negativa equivalentes a oraciones declarativas de naturaleza negativa o afirmativa respectivamente, desempeña diferentes funciones gramaticales, agrupado con diversas clases de palabras. ORTOGR. Escr. con acento. *¿Qué tengo que ver con eso? Yo no tengo nada que ver con eso. ¿Qué no se esperará de aquí en adelante? Todo se esperará. ¡Qué ha de ser una broma! No es una broma.* || **VII.** CONJ. **9.** Introduce una oración subordinada sustantiva con función de sujeto, complemento directo o término de preposición. *Es imposible que lo olvide. Quiero que estudies. Estoy segura de que vendrá.* || **10.** Sirve también para enlazar con el verbo otras partes de la oración. *Antes que llegue. Luego que amanezca. Por mucho que corriese. Por necio que sea. Por muy obcecado que esté. ¡Ojalá que todo salga como tú dices!* || **11.** Forma parte de varias locuciones conjuntivas o adverbiales. *A menos que; con tal que.* || **12.** Introduce el segundo término de una comparación. *Más vale prevenir que curar.* En frases de esta naturaleza se omite con frecuencia el segundo verbo. *Pedro es mejor que tú.* || **13.** Se omite el verbo en locuciones coloquiales como *otro que tal.* || **14.** Se usa con valor adversativo. Si precede a la negación equivale a la conjunción copulativa *y. Suya es la culpa, que no mía.* || **15.** Se usa igualmente como conjunción causal y equivale a *porque* o *pues. Lo hará, sin duda, que ha prometido hacerlo.* || **16.** Introduce subordinadas que enuncian la consecuencia de lo que anteriormente se ha dicho. *Vamos tan despacio que no llegaremos a tiempo. Hablaba de modo que nadie le entendía.* || **17.** Suele usarse también como conjunción final con el significado de *para que. Corre, que no te pillen.* || **18.** Precede a oraciones no enlazadas con otras. *Que vengas pronto.* || **19.** Precede también a oraciones incidentales de sentido independiente. *Habiendo llegado tarde, que nunca vienes con puntualidad, ¿te atreves a protestar?* || **20.** Después de expresiones de aseveración o juramento sin verbo alguno expreso, precede asimismo al verbo con que empieza a manifestarse aquello que se asevera o jura. *Por Dios, señora, que el autobús ya está completo.* || **21.** Con el adverbio *no* pospuesto, forma una locución equivalente a *sin que,* en expresiones como la siguiente: *No salgo una sola vez a la calle que no tropiece con algún pesado.* || **22.** Se utiliza en determinados giros con valor ponderativo. *Está que trina. Hablan que da gusto.* || **23.** Se usa con sentido frecuentativo de encarecimiento y equivale a *y más. Dale que dale.* || **24.** Se usa tras los adverbios *sí* y *no* para dar fuerza a lo que se dice. *Sí que lo haré. Que no quiero.* || **25.** Se usa también como conjunción causal o copulativa antes de otro *que* equivale a *cuál* o *qué cosa. Me ha preguntado que qué te pasa.* || **26.** Precedida y seguida de la tercera persona de indicativo de un mismo verbo, denota el progreso o eficacia de la acción de este verbo. *Corre que corre. Rema que rema.* ‖ **pues qué.** EXPR. Se usa sin vínculo gramatical con ninguna otra, precediendo a frase interrogativa en la forma, y sustancialmente negativa. *¡Pues qué! ¿Ha de hacer siempre su gusto, y yo nunca he de hacer el mío?* ‖ **pues y qué.** EXPR. Se usa para denotar que no tiene inconveniente o que no es legítimo el cargo que se hace. ‖ **¿qué tal?** LOC.ADV. **1.** cómo (‖ de qué modo). *¿Qué tal lo has hecho? ¿Qué tal resultó el estreno?* ‖ **2.** Se usa como fórmula de saludo, abreviación de *¿Qué tal estás?* o *¿Qué tal está usted?*, etc., con que el hablante expresa su interés por la salud, estado de ánimo, etc., del interlocutor. ‖ **qué tanto.** LOC.ADV. Equivale a *cuánto* o *cómo de* en oraciones interrogativas o exclamativas. *¿Qué tanto podrá crecer sin un buen sustento?* ‖ **sin qué ni para,** o **por, qué.** LOCS.ADVS. Sin motivo, causa ni razón alguna. ‖ **¿y qué?** EXPR. Denota que lo dicho o hecho por otro no interesa o no importa. □ V. **mayor o igual ~, mayor ~, menor o igual ~, menor ~.**

quebequense. ADJ. **quebequés.** Apl. a pers., u. t. c. s.

quebequés, sa. ADJ. **1.** Natural de Quebec. U. t. c. s. ‖ **2.** Perteneciente o relativo a esta ciudad del Canadá o a su provincia.

quebracho. M. **1.** Se usa como nombre genérico para referirse a varias especies botánicas de árboles americanos de madera muy dura. ‖ **2.** *Á. guar.* Árbol de gran porte, de la familia de las Anacardiáceas, con cuya madera, muy dura, se fabrican durmientes. Su corteza es rica en tanino.

quebrada. F. **1.** Paso estrecho entre montañas. ‖ **2.** Hendidura de una montaña. ‖ **3.** *Am.* Arroyo o riachuelo que corre por una quiebra.

quebradero. M. coloq. **quebradero de cabeza.** U. m. en pl. ‖ **~ de cabeza.** M. coloq. Preocupación o inquietud.

quebradillano, na. ADJ. **1.** Natural de Quebradillas. U. t. c. s. ‖ **2.** Perteneciente o relativo a este municipio de Puerto Rico o a su cabeza.

quebradizo, za. ADJ. **1.** Fácil de quebrarse. *Pelo quebradizo.* ‖ **2.** Delicado en la salud y disposición corporal. *Aspecto quebradizo.* ‖ **3.** Dicho de la voz: Ágil para hacer quiebros en el canto. ‖ **4.** Dicho de una persona: Frágil, de poca entereza moral.

quebrado, da. PART. de **quebrar.** ‖ **I.** ADJ. **1.** Dicho de un terreno, de un camino, etc.: Desiguales, tortuosos, con altos y bajos. ‖ **II.** M. **2.** *Mat.* **número quebrado.** ‖ **~ compuesto.** M. *Mat.* **quebrado de quebrado.** ‖ **quebrado decimal.** M. *Mat.* **fracción decimal.** ‖ **quebrado de quebrado.** M. *Mat.* Número compuesto de uno o más de las partes iguales en que se considera dividido un quebrado. ‖ **~ impropio.** M. *Mat.* **fracción impropia.** ‖ **~ propio.** M. *Mat.* **fracción propia.** □ V. **azúcar de quebrados, azúcar ~, copla de pie ~, línea ~, número ~, pie ~.**

quebradura. F. **1.** Hendidura, rotura o abertura. ‖ **2.** Hernia, principalmente en el escroto. ‖ **3.** *Á. R. Plata.* **fractura** (‖ rotura de un hueso).

quebrantado, da. PART. de **quebrantar.** ‖ ADJ. Roto, dolorido. *Tiene las espaldas quebrantadas.*

quebrantador, ra. ADJ. Que quebranta. Apl. a pers., u. t. c. s.

quebrantadora. F. Máquina que sirve para quebrantar.

quebrantahuesos. M. Ave carroñera del orden de las Falconiformes, de más de un metro de longitud y dos de envergadura, con la cabeza clara y destacados bigotes negros, el pecho y el vientre anaranjados y el dorso oscuro. Habita en cordilleras abruptas de los países mediterráneos y se encuentra en peligro de extinción.

quebrantamiento. M. Acción y efecto de quebrantar o quebrantarse.

quebrantar. **I.** TR. **1.** Cascar o hender algo; ponerlo en estado de que se rompa más fácilmente. *Quebrantar la pintura de una pared.* U. t. c. prnl. ‖ **2.** Machacar o reducir una cosa sólida a fragmentos relativamente pequeños, pero sin triturarla. *Quebrantar una piedra.* ‖ **3.** Violar o profanar algún lugar sagrado, seguro o coto. ‖ **4.** Traspasar, violar una ley, palabra u obligación. *Quebrantar la orden de prisión.* ‖ **5.** Disminuir las fuerzas o el brío; suavizar o templar el exceso de algo. *Quebrantar su voluntad.* ‖ **6.** *Méx.* Empezar a domar un potro. ‖ **II.** PRNL. **7.** Dicho de una persona: Experimentar algún malestar a causa de un golpe, una caída, el trabajo continuo o un ejercicio violento, o por efecto de la edad, de las enfermedades o de los disgustos. ‖ **8.** *Mar.* Dicho de la quilla de un buque: Perder su forma, arqueándose.

quebranto. M. **1.** Acción y efecto de quebrantar o quebrantarse. ‖ **2.** Decaimiento, desaliento, falta de fuerza. ‖ **3.** Pérdida o daño grandes. ‖ **4.** Aflicción, dolor o pena grande. □ V. **duelos y ~s.**

quebrar. **I.** TR. **1.** Romper, separar con violencia. *Esa fiera le puede quebrar la nariz.* ‖ **2.** Traspasar, violar una ley u obligación. *Quebrar la Constitución.* ‖ **3.** Interrumpir o estorbar la continuación de algo no material. *Quebrar el aislamiento.* ‖ **4.** Vencer una dificultad material u oposición. *El equipo tiene el sueño de quebrar su mala racha de juego.* ‖ **5.** *Á. Caribe.* **suspender** (‖ negar la aprobación a un examinando). ‖ **II.** INTR. **6.** Dicho de la amistad de alguien: Romperse, disminuir o entibiarse. ‖ **7.** *Com.* Dicho de una empresa o de un negocio: **arruinarse.** ‖ **III.** PRNL. **8.** Dicho de una persona: **herniarse** (‖ empezar a padecer hernia). ¶ MORF. conjug. c. *acertar.*

quebrazón. M. *Chile.* **estropicio** (‖ rotura estrepitosa).

queche. M. Embarcación usada en los mares del norte de Europa, de un solo palo y de igual forma por la popa que por la proa, con un porte que varía de 100 a 300 t.

quechemarín. M. Embarcación pequeña de dos palos, con velas trapezoidales, algunos foques en un botalón a proa, y gavias volantes en tiempos bonancibles.

quechua. ADJ. **1.** hist. Se dice del indígena que al tiempo de la colonización del Perú habitaba la región del Cuzco, y, por ext., de otros indígenas pertenecientes al Imperio incaico. U. t. c. s. ‖ **2.** Se dice de los actuales descendientes de estos. U. t. c. s. ‖ **3.** Perteneciente o relativo a estos indios y a su lengua. *Cultura quechua.* ‖ **II.** M. **4.** Lengua hablada por los primitivos quechuas, extendida por los incas a todo el territorio de su imperio, y por los misioneros católicos a otras regiones.

quechuismo. M. Palabra o giro de la lengua quechua empleado en otra lengua.

queda. F. **1.** Hora de la noche, señalada en algunos pueblos para que todos se recojan, lo cual se avisa con la campana. ‖ **2.** Toque que se da con ella. □ V. **toque de ~.**

quedada. F. **1.** Acción de **quedarse** (‖ en un lugar). ‖ **2.** Acción y efecto de disminuir la fuerza del viento.

quedar. I. INTR. **1.** Estar, detenerse forzosa o voluntariamente en un lugar. U. t. c. prnl. *Me quedo en América.* || **2.** Dicho de una parte de algo: Subsistir, permanecer. *Me quedan cinco céntimos. De los manuscritos solo quedan cenizas.* || **3.** Dicho de una persona: Ganarse cierta fama o representación, merecida o inmerecida, como resultado de su comportamiento o de las circunstancias. *Quedó COMO valiente. Quedó POR mentiroso.* || **4.** Dicho de una persona o de una cosa: Permanecer en su estado, o pasar a otro más o menos estable. *Quedó herido. La carta quedó sin contestar.* || **5.** Cesar, terminar, acabar. *Quedó aquí la conversación. Quedamos conformes.* || **6.** Ponerse de acuerdo, convenir en algo. *Quedamos EN comprar la finca.* || **7.** Concertar una cita. *Quedamos a las diez.* || **8.** Estar situado. *Ese pueblo queda lejos de aquí.* || **II.** PRNL. **9.** Pasar a la posesión de algo. *Yo me quedaré CON los libros.* U. t. c. tr. *Me los quedaré.* || **10.** coloq. Engañar a alguien o abusar diestramente de su credulidad. *Se quedó CON Arturo.* || **¿en qué quedamos?** EXPR. coloq. Se usa para invitar a poner término a una indecisión o aclarar una contradicción. || **no ~ algo por** alguien o algo. LOC. VERB. No dejar de realizarse algo a causa del incumplimiento de alguien o de la falta de algo. *Por mí no queda. Por dinero que no quede.* || **~, o ~se,** alguien **atrás.** LOCS. VERBS. No lograr el progreso alcanzado por otros; encontrarse en situación inferior a la que se ha tenido. || **~se** alguien **bizco.** LOC.VERB. coloq. **asombrarse.** || **~se** alguien **corto.** LOC.VERB. **1.** No llegar en sus hechos o dichos hasta donde se proponía. || **2.** coloq. No decir o hacer todo lo que podría. || **~se** alguien **más ancho que largo, o tan ancho, o tan fresco.** LOCS.VERBS. coloqs. Mostrarse despreocupado y tranquilo. || **~se** alguien **tieso.** LOC.VERB. **1.** Sentir mucho frío. || **2.** coloq. quedarse muerto.

quedo, da. I. ADJ. **1.** Silencioso o que casi no hace ruido. *Voz queda.* || **2. quieto.** *Aguas quedas.* || **II.** ADV. M. **3.** Con voz baja o que apenas se oye. *Llorar quedo.*

quehacer. M. Ocupación, negocio, tarea que ha de hacerse. U. m. en pl.

queimada. F. Bebida caliente, originaria de Galicia, que se prepara quemando aguardiente de orujo con limón y azúcar.

queísmo. M. *Gram.* Empleo indebido de la conjunción *que* en lugar de la secuencia *de que;* p. ej., *°Me da la sensación que no han venido.*

queja. F. Acción y efecto de quejarse.

quejarse. PRNL. **1.** Expresar con la voz el dolor o pena que se siente. || **2.** Dicho de una persona: Manifestar el resentimiento que tiene de otra. || **3.** Manifestar disconformidad con algo o alguien.

quejica. ADJ. coloq. **quejicoso.**

quejicoso, sa. ADJ. Que se queja demasiado, y la mayoría de las veces sin causa.

quejido. M. Voz lastimosa, motivada por un dolor o pena que aflige y atormenta.

quejigal. M. Terreno poblado de quejigos.

quejigo. M. Árbol de la familia de las Fagáceas, de unos 20 m de altura, con tronco grueso y copa recogida, hojas grandes, duras, algo coriáceas, dentadas, lampiñas y verdes por el haz, garzas y algo vellosas por el envés; flores muy pequeñas, y por fruto bellotas parecidas a las del roble.

quejigueta. F. Arbusto de la familia de las Fagáceas, de poca altura, con hojas duras, casi persistentes, oblongas, dentadas en su tercio superior, lampiñas por el haz y algo pelosas por el envés, y flores femeninas sobre pedúnculos cortos. Se cría en España.

quejoso, sa. ADJ. Dicho de una persona: Que tiene queja de otra. U. t. c. s.

quejumbre. F. Queja frecuente y por lo común sin gran motivo.

quejumbroso, sa. ADJ. **1.** Que se queja con poco motivo o por hábito. || **2.** Dicho de una cosa: Que implica o denota queja. *Tono quejumbroso. Actitud quejumbrosa.*

quelenquelén. M. *Chile.* Planta medicinal de la familia de las Poligaláceas, de la que hay varias especies, caracterizadas por tener sus flores pequeñas, rosadas y en racimos.

quelite. M. *Méx.* Se usa como nombre para referirse a varias hierbas silvestres comestibles, cuando están tiernas.

quelonio. ADJ. *Zool.* Se dice de los reptiles que tienen cuatro extremidades cortas, mandíbulas córneas, sin dientes, y el cuerpo protegido por un caparazón duro que cubre la espalda y el pecho. U. t. c. s. m. ORTOGR. En m. pl., escr. con may. inicial c. taxón. *Los Quelonios.*

queltehue. M. Ave zancuda de Chile parecida al frailecillo, que habita en los campos húmedos y que domesticada se tiene en los jardines porque destruye los insectos nocivos.

quema. F. **1.** Acción y efecto de quemar o quemarse. || **2.** Incendio, fuego. || **huir de la ~** alguien. LOC.VERB. **1.** Apartarse, alejarse de un peligro. || **2.** Esquivar compromisos graves de manera previsora y sagaz.

quemacocos. M. *Méx.* En algunos automóviles, ventanilla corredera situada en el techo, que permite la entrada de la luz y el aire.

quemada. F. **1.** *Méx.* **quemadura** (|| señal que hace el fuego). || **2.** *Méx.* Desprestigio público.

quemadero. M. **1.** Lugar destinado a la quema de animales muertos, basuras, desechos, etc. || **2.** hist. Lugar destinado antiguamente para quemar a los sentenciados o condenados a la pena de fuego.

quemado. M. coloq. Cosa quemada o que se quema. *Huele a quemado.* □ V. **cobre ~.**

quemador, ra. I. ADJ. **1.** Que quema. *Dispositivo quemador.* || **II.** M. **2.** Aparato destinado a facilitar la combustión del carbón o de los carburantes líquidos o gaseosos en el hogar de las calderas o de otras instalaciones térmicas.

quemadura. F. **1.** Descomposición de un tejido orgánico, producida por el contacto del fuego o de una sustancia cáustica o corrosiva. || **2.** Señal, llaga, ampolla o impresión que hace el fuego o una cosa muy caliente o cáustica aplicada a otra.

quemante. ADJ. Que quema. *Mirada quemante.*

quemar. I. TR. **1.** Dicho del fuego: Destruir algo o a alguien. U. t. c. prnl. *Se quemó la casa.* || **2.** Destruir con fuego algo o a alguien. *La guerrilla quemó un autobús.* || **3.** Calentar mucho. *Quemar el azúcar.* || **4.** Secar una planta a causa del excesivo calor o frío. *La helada quemó el rosal.* U. t. c. prnl. || **5.** Dicho de una cosa caliente, picante o urticante: Causar una sensación de ardor. *El agua del baño te va a quemar.* U. t. c. intr. || **6.** Dicho del sol: Producir heridas en la piel. U. t. c. prnl. || **7.** Dicho de una cosa cáustica o muy caliente: Destruir o dañar algo. *La sosa le quemó la piel.* U. t. c. prnl. || **8.** coloq. Derrochar, malgastar dinero u otra cosa. || **9.** coloq. Impacientar o desazonar a alguien. *Me quema con su impuntualidad.* || **10.** *Méx.* **desacreditar.** || **II.** INTR. **11.** Dicho de una cosa: Estar demasiado caliente. || **III.** PRNL. **12.** Padecer o sentir mucho calor. *Se quemó al dar vuelta a la tortilla.* || **13.** Padecer la fuerza de una pasión o afecto. *Vale la pena quemarse en el intento de hacer felices a los demás.* || **14.** coloq. Estar muy cerca de acertar o de hallar una cosa. MORF. U. m. en 2.ª y en 3.ª pers. del pres. de indic. *¿Es un actor famoso? –¡Huy, que te quemas!; es un político.* || **15.** coloq. Dejar de ser útil, quedarse sin recursos o prestigio en alguna actividad por abuso de las facultades o excesiva presencia. *Se ha quemado como profesor.*

quemarropa. a ~. LOC. ADV. **1.** Dicho de disparar un arma de fuego: Desde muy cerca. U. t. c. loc. adj. || **2.** De modo brusco y demasiado directo. *Le preguntó a quemarropa.*

quemazón. F. **1.** Acción y efecto de quemar o quemarse. || **2.** Sensación de ardor o escozor. || **3.** Desazón anímica o intranquilidad.

quemón. M. *Méx.* **chasco**[1].

quena. F. Flauta aborigen del Altiplano, construida tradicionalmente con caña, hueso o barro. Mide unos 50 cm de longitud y se caracteriza por su escotadura en forma de U con el borde anterior afilado.

quenopodiáceo, a. ADJ. *Bot.* Se dice de las plantas angiospermas dicotiledóneas, herbáceas, rara vez leñosas, de hojas esparcidas, flores pentámeras con los estambres opuestos a sus sépalos y perianto casi siempre incoloro, y fruto en aquenio; p. ej., la espinaca, la remolacha y la barrilla. U. t. c. s. f. ORTOGR. En f. pl., escr. con may. inicial c. taxón. *Las Quenopodiáceas.*

queo. INTERJ. Se usa para avisar de la presencia de algo o de alguien, especialmente si constituyen un peligro.

quepi. M. *Méx.* **quepis.**

quepis. M. Gorra cilíndrica o ligeramente cónica, con visera horizontal, que como prenda de uniforme usan los militares en algunos países.

querandí. I. ADJ. **1.** hist. Se dice del individuo de un pueblo amerindio del grupo tehuelche septentrional que, en época de la conquista, habitaba en la margen derecha del río Paraná, desde el río Carcarañá, en la provincia argentina de Santa Fe, al norte, y los ríos Salado y Saladillo, en la provincia de Buenos Aires, al sur. U. t. c. s. || **2.** hist. Perteneciente o relativo a los querandíes. *Poblado querandí.* || **II.** M. **3.** Lengua hablada por los querandíes. ¶ MORF. pl. **querandíes** o **querandís.**

queratina. F. *Bioquím.* y *Zool.* Proteína rica en azufre, que constituye la parte fundamental de las capas más externas de la epidermis de los vertebrados y de sus derivados, como plumas, pelos, cuernos, uñas, pezuñas, etc., a la que deben su resistencia y su dureza.

queratitis. F. *Med.* Inflamación de la córnea.

queratosis. F. *Med.* Crecimiento córneo del tegumento, como una verruga o una callosidad.

querella. F. **1.** Discordia, pendencia. || **2.** *Der.* Acto por el que el fiscal o un particular ejercen ante un juez o un tribunal la acción penal contra quienes se estiman responsables de un delito.

querellado, da. PART. de **querellarse.** || M. y F. *Der.* Persona contra la cual se dirige una querella.

querellante. ADJ. *Der.* Que se querella. U. t. c. s.

querellarse. PRNL. *Der.* Presentar querella contra alguien.

querencia. F. **1.** Acción de amar o querer bien. || **2.** Inclinación o tendencia del hombre y de ciertos animales a volver al sitio en que se han criado o tienen costumbre de acudir. || **3.** Ese mismo sitio. || **4.** *Taurom.* Tendencia o inclinación del toro a preferir un determinado lugar de la plaza donde fijarse.

querencioso, sa. ADJ. **1.** Dicho de un animal: Que tiene mucha querencia. || **2.** Se dice también del sitio a que se la tienen los animales.

querendón, na. I. ADJ. **1.** *Am.* Muy cariñoso. || **II.** M. y F. **2. querido.**

querer[1]**.** TR. **1.** Desear o apetecer. *Quiero un helado.* || **2.** Amar, tener cariño, voluntad o inclinación a alguien o algo. *Quiere mucho a su perro.* || **3.** Tener voluntad o determinación de ejecutar algo. *Quiero tener el permiso de conducir.* || **4.** Resolver, determinar. *¡Quiero este!* || **5.** Pretender, intentar o procurar. *Quiere ser amable.* || **6.** En el juego, aceptar el envite. || **7.** Dicho de una persona: Dar ocasión, con lo que hace o dice, para que se ejecute algo contra ella. *Este quiere que le rompamos la cabeza.* || **8.** Estar próximo a ser o verificarse algo. MORF. U. solo en 3.ª pers. *Parece que quiere llover.* ¶ MORF. V. conjug. modelo. || **como quiera que.** LOC. CONJUNT. **1.** De cualquier modo, o de este o el otro modo, que. *Ignoro si tuvo o no motivo para irritarse; pero como quiera que sea, el hecho no merece disculpa.* || **2.** Supuesto que, dado que. *Como quiera que nadie sabe cuándo ha de morir, es absurdo dejarlo todo para mañana.* || **cuando quiera.** LOC. ADV. En cualquier tiempo. || **cuanto quiera que.** LOC. CONJUNT. **como quiera que.** || **donde quiera.** LOC. ADV. **dondequiera.** || **do quiera.** LOC. ADV. **doquiera.** || **¿qué más quieres?** EXPR. coloq. Se usa para dar a entender que lo que alguien ha logrado es todo lo que podía desear, según su proporción y sus méritos. || **que quiera, que no quiera.** EXPR. Sin atender a la voluntad o aprobación de alguien, convenga o no convenga con ello. || **¿qué quiere decir eso?** EXPR. Se usa para avisar o amenazar para que alguien corrija o modere lo que ha dicho. || **qué quieres,** o **qué quieres que le haga,** o **que le hagamos. I.** EXPRS. **1.** coloqs. Indican conformidad o excusa. || **II.** LOCS. INTERJS. **2.** Se usan para conformarse alguien con lo que sucede, dando a entender que no está en su mano evitarlo. || **~ bien** alguien a otra persona. LOC. VERB. Amarla. || **~ decir.** LOC. VERB. Significar, indicar, dar a entender algo. *Eso quiere decir que ya no somos amigos. El concepto es oscuro, pero comprendo lo que quiere decir.* || **sin ~.** LOC. ADV. Sin intención ni premeditación, de manera inadvertida.

querer[2]**.** M. Cariño, amor.

queretano, na. ADJ. **1.** Natural de Querétaro. U. t. c. s. || **2.** Perteneciente o relativo a este estado de México o a su capital.

querido, da. PART. de **querer**[1]**.** || **I.** ADJ. **1.** Se usa como fórmula de cortesía para dirigirse afectuosamente al destinatario de una carta. || **II.** M. y F. **2.** Hombre, respecto de la mujer, o mujer, respecto del hombre, con quien tiene relaciones amorosas ilícitas.

querindongo, ga. M. y F. despect. **querido.**

quermes. M. Insecto hemíptero parecido a la cochinilla, que vive en la coscoja y cuya hembra forma las agallas que dan el color de grana.

quermés. F. **kermés.** MORF. pl. **quermeses.**

quero. M. hist. Vaso coloreado de madera que usaban en sus ceremonias los incas en el sur del Perú.

querosén. M. *Am.* queroseno.

querosene. M. *Á. R. Plata.* queroseno.

queroseno. M. Una de las fracciones del petróleo natural, obtenida por refinación y destilación, que se destina al alumbrado y se usa como combustible en los sistemas de propulsión a chorro.

querrequerre. M. *Á. Caribe.* Pájaro de la familia de los Córvidos, de aproximadamente 30 cm de longitud, de lomo y alas verdes, vientre amarillo, cola verde por encima, coronilla azul con una pequeña cresta eréctil, y garganta y mejillas de color negro brillante, que habita en bandadas en regiones de hasta 1000 m sobre el nivel del mar y emite un canto ruidoso.

querube. M. poét. querubín.

querubín. M. **1.** *Rel.* Cada uno de los espíritus celestes caracterizados por la plenitud de ciencia con que ven y contemplan la belleza divina. Forman el segundo coro. ‖ **2.** Persona de singular hermosura.

quesada. F. quesadilla.

quesadilla. F. **1.** Pastel compuesto de queso y masa. ‖ **2.** *Méx.* Tortilla de maíz rellena de queso u otros ingredientes que se come caliente.

quesera. F. **1.** Plato con cubierta, ordinariamente de cristal, en que se sirve el queso a la mesa. ‖ **2.** Vasija de barro, que se destina para guardar y conservar los quesos. ‖ **3.** Lugar o sitio donde se fabrican los quesos. ‖ **4.** Mesa o tabla a propósito para hacerlos.

quesería. F. **1.** Lugar donde se fabrican quesos. ‖ **2.** Tienda en que se vende queso.

quesero, ra. **I.** ADJ. **1.** Perteneciente o relativo al queso. *España es el tercer gran país quesero de Europa.* ‖ **2.** Dicho de una persona: Que gusta mucho del queso. U. t. c. s. ‖ **II.** M. y F. **3.** Persona que hace o vende queso.

quesillo. □ V. pan y ~.

quesito. M. Cada una de las partes o unidades envueltas y empaquetadas en que aparece dividido un queso cremoso.

queso. M. **1.** Producto obtenido por maduración de la cuajada de la leche con características propias para cada uno de los tipos según su origen o método de fabricación. ‖ **2.** coloq. **pie** (‖ del hombre). ‖ **~ de bola.** M. queso de origen holandés que tiene forma esférica y corteza roja. ‖ **~ de cerdo.** M. Alimento que se compone principalmente de carne de cabeza de cerdo o jabalí, picada y prensada en forma de queso. ‖ **~ en porciones.** M. **quesito.**

quetro. M. *Chile.* Pato muy grande, caracterizado por tener las alas sin plumas, de modo que no vuela; los pies, con cuatro dedos, palmeados, y el cuerpo vestido de una pluma larga, fina y rizada como lana y de color ceniciento.

quetzal. M. **1.** Ave trepadora, propia de la América tropical, de unos 25 cm desde lo alto de la cabeza hasta la rabadilla, 54 de envergadura y 60 en las coberteras de la cola; plumaje suave, de color verde tornasolado y muy brillante en las partes superiores del cuerpo y rojo en el pecho y abdomen, cabeza gruesa, con un moño sedoso y verde, mucho más desarrollado en el macho que en la hembra, y pies y pico amarillentos. ‖ **2.** Moneda guatemalteca, que en una de sus caras lleva grabada la imagen de esa ave.

quetzalteco, ca. ADJ. **1.** Natural de Quetzaltenango. U. t. c. s. ‖ **2.** Perteneciente o relativo a este departamento de Guatemala o a su cabecera.

queule. M. **1.** *Chile.* Árbol de la India, de la familia de las Combretáceas, del cual hay varias especies, cuyos frutos, negros, rojos o amarillos, parecidos en forma y tamaño unos a la ciruela y otros a la aceituna, se usan en medicina y en tintorería. ‖ **2.** *Chile.* Fruto de este árbol.

quevedos. M. pl. Lentes de forma circular con montura a propósito para que se sujete en la nariz.

quianti. M. Vino común que se elabora en Toscana.

quiasma. M. *Biol.* Entrecruzamiento de estructuras orgánicas, como el formado por los nervios ópticos.

quiasmo. M. *Ret.* Figura de dicción que consiste en presentar en órdenes inversos los miembros de dos secuencias; p. ej., *Cuando quiero llorar no lloro, y a veces lloro sin querer.*

quibdoano, na. ADJ. **1.** Natural de Quibdó. U. t. c. s. ‖ **2.** Perteneciente o relativo a esta ciudad de Colombia, capital del departamento de Chocó.

quiche[1]. M. *Á. Caribe.* Bromeliácea epífita de hojas acanaladas y espigas de flores con brácteas rojas.

quiche[2]. AMB. Pastel hecho con una base de pasta sobre la que se pone una mezcla de huevos, leche y otros ingredientes y se cuece al horno.

quiché. ADJ. **1.** Se dice del individuo perteneciente a un numeroso grupo étnico indígena, de origen maya, que puebla varios departamentos del occidente de Guatemala. U. t. c. s. ‖ **2.** Se dice del idioma hablado por este grupo étnico. U. t. c. s. m. *El quiché.* ‖ **3.** Perteneciente o relativo a dicho grupo étnico y a su cultura. *Mito quiché.*

quichelense. ADJ. **1.** Natural de Quiché, departamento de Guatemala, o de Santa Cruz de Quiché, su cabecera. U. t. c. s. ‖ **2.** Perteneciente o relativo a este departamento o a su cabecera.

quichua. M. Variedad del quechua que se habla en Ecuador.

quicial. M. **1.** Madero que asegura las puertas y ventanas por medio de pernios y bisagras, para que girando se abran y cierren. ‖ **2.** Quicio de puertas y ventanas.

quicio. M. Parte de las puertas o ventanas en que entra el pernio del quicial, y en que se mueve y gira. ‖ **fuera de ~.** LOC. ADV. Fuera del orden o estado regular. ‖ **sacar de ~** algo. LOC. VERB. Violentarlo o sacarlo de su natural curso o estado. ‖ **sacar de ~** a alguien. LOC. VERB. Exasperarlo, hacerle perder el tino.

quid. M. Esencia, punto más importante o porqué de una cosa. *EL quid.*

quídam. M. **1.** coloq. Sujeto a quien se designa indeterminadamente. ‖ **2.** coloq. Sujeto despreciable y de poco valer, cuyo nombre se ignora o se quiere omitir. ¶ MORF. pl. **quídams.**

quid divínum. (Locución latina). M. Inspiración propia del genio.

quid pro quo. (Locución latina). M. **1.** Cosa que sustituye a algo equivalente o que se recibe como compensación por ello. ‖ **2.** Error que consiste en tomar a alguien o algo por otra persona o cosa. ¶ MORF. pl. invar. *Los quid pro quo.*

quiebra. F. **1.** **grieta** (‖ hendidura en la tierra). ‖ **2.** Pérdida o deterioro de algo. *La quiebra de su salud.* ‖ **3.** *Com.* Acción y efecto de quebrar un comerciante. ‖ **4.** *Der.* Juicio por el que se incapacita patrimonialmente a alguien por su situación de insolvencia y se procede a ejecutar todos sus bienes en favor de la totalidad de sus acreedores.

quiebrahacha. M. **quebracho** (‖ nombre genérico de varios árboles americanos).

quiebre. M. *Chile*. **ruptura** (‖ rompimiento de relaciones entre las personas).

quiebro. M. **1.** Ademán que se hace con el cuerpo, como doblándolo por la cintura. ‖ **2.** *Mús*. Nota o grupo de notas de adorno que acompañan a una principal. ‖ **3.** *Taurom*. Lance o suerte con que el torero hurta el cuerpo, con rápido movimiento de la cintura, al embestirlo el toro.

quien. **I.** PRON. RELAT. **1.** Referido a personas o seres personificados, equivale a *que, el que, la que*, etc., y a veces, a *el cual* y sus variantes. *Mi padre, a quien respeto.* ‖ **2.** Con antecedente implícito, designa a la persona que, aquel que. *Quien mal anda, mal acaba.* U. m. en sing. ‖ **II.** PRON. INTERROG. **3.** Equivale a *qué persona*. ORTOGR. Escr. con acento. *¿Quién mató al comendador? Dime con quién andas y te diré quién eres.* U. t. c. pron. excl. *¡Quién supiera escribir!* ‖ **III.** PRON. INDEF. **4.** Alguno que, alguien que. *Hay quien no sabe guardar un secreto.* U. m. en sing. ‖ **5.** Dependiendo de un verbo con negación, equivale a *nadie que*. *No hay quien pueda con él.* U. m. en sing. ORTOGR. Escr. con acento si depende de estos verbos en infinitivo. *Ya tengo a quién cuidar.* ‖ **6.** En la fórmula **quién(es) ... quién(es)**, equivale a *uno(s) ... otro(s)*. ORTOGR. Escr. con acento. *Quién aconseja la retirada, quién morir peleando.* ‖ **no ser** alguien ~. LOC. VERB. No tener capacidad o habilidad para hacer algo.

quienesquiera. PRON. INDEF. PL. de **quienquiera**.

quienquiera. PRON. INDEF. Persona indeterminada, alguno, sea el que fuere. *Quienquiera que acuda al acto, debe guardar las normas de etiqueta.* MORF. pl. **quienesquiera**.

quiescencia. F. Cualidad de quiescente.

quiescente. ADJ. Que está quieto pudiendo tener movimiento propio. *Expresión quiescente de su rostro.*

quietismo. M. **1.** Inacción, quietud, inercia. ‖ **2.** *Rel*. Doctrina de algunos místicos heterodoxos que hacen consistir la suma perfección del alma humana en el anonadamiento de la voluntad para unirse con Dios, en la contemplación pasiva y en la indiferencia de cuanto pueda sucederle en tal estado.

quietista. ADJ. **1.** Perteneciente o relativo al quietismo. *Meditación quietista.* ‖ **2.** Partidario de esta doctrina. U. t. c. s.

quieto, ta. ADJ. **1.** Que no tiene o no hace movimiento. *Mira qué quieto está el gato.* ‖ **2.** Pacífico, sosegado, sin turbación o alteración. *Una habitación muy quieta.*

quietud. F. **1.** Carencia de movimientos. ‖ **2.** Sosiego, reposo, descanso.

quif. M. **hachís**.

quijada. F. Cada una de las dos mandíbulas de los vertebrados que tienen dientes.

quijera. F. Cada una de las dos correas de la cabezada del caballo, que van desde la que le ciñe la frente a la muserola.

quijongo. M. *Am. Cen*. Instrumento musical de cuerda, compuesto por una vara larga y flexible en cuyos extremos se fija una cuerda o alambre tenso que en el medio lleva una jícara como caja de resonancia. El sonido se produce golpeando la cuerda o el alambre con un palo pequeño.

quijotada. F. Acción propia de un quijote.

quijote. M. Hombre que antepone sus ideales a su conveniencia y obra de manera desinteresada y comprometida en defensa de causas que considera justas, sin conseguirlo. U. t. c. adj.

quijotesco, ca. ADJ. **1.** Que obra con el modo de proceder de un quijote. *Es muy quijotesco en sus planteamientos.* ‖ **2.** Propio o característico de don Quijote de la Mancha o de cualquier quijote. *Comportamiento quijotesco.*

quijotil. ADJ. Perteneciente o relativo al quijote.

quijotismo. M. Exageración en los sentimientos caballerosos.

quila. F. *Am. Mer*. Especie de bambú, más fuerte y de usos más variados que el malayo.

quilate. M. **1.** Unidad de peso para las perlas y piedras preciosas, que equivale a 1/140 de onza, o sea 205 mg. ‖ **2.** Cada una de las veinticuatroavas partes en peso de oro puro que contiene cualquier aleación de este metal, y que a su vez se divide en cuatro granos. ‖ **3.** Grado de perfección en cualquier cosa no material. U. m. en pl. *Un corazón de muchos quilates.*

quilífero, ra. ADJ. *Anat*. Se dice de cada uno de los vasos linfáticos de los intestinos, que absorben el quilo durante la digestión y lo conducen al canal torácico.

quilla. F. **1.** Pieza de madera o hierro, que va de popa a proa por la parte inferior del barco y en que se asienta todo su armazón. ‖ **2.** *Zool*. Parte saliente y afilada del esternón de las aves, más desarrollada en las de vuelo vigoroso y sostenido. ‖ ~ **de balance.** F. *Mar*. Cada una de las piezas longitudinales y salientes de la carena paralelas a la **quilla**, que sirven para amortiguar los balances. ‖ **dar de** ~, o **la** ~. LOCS. VERBS. *Mar*. Inclinar o escorar un barco halando desde otro o desde tierra, de aparejos dados a la cabeza de sus palos, para descubrir bien todo el costado hasta la **quilla** y poderlo limpiar o componer.

quillacolleño, ña. ADJ. **1.** Natural de Quillacollo. U. t. c. s. ‖ **2.** Perteneciente o relativo a esta localidad del departamento de Cochabamba, en Bolivia, o a su provincia.

quillay. M. *Chile*. Árbol de la familia de las Rosáceas, de gran tamaño, madera útil y cuya corteza interior se usa como jabón para lavar telas y la cabeza de las personas. Su tronco es alto, derecho y cubierto de corteza gruesa y cenicienta, muy frondoso, con hojas menudas, coriáceas, elípticas, obtusas, algo dentadas, lampiñas y cortamente pecioladas. Sus flores tienen pétalos blanquecinos y cáliz tomentoso por fuera, y su fruto es un folículo tomentoso. MORF. pl. **quillayes**.

quillotano, na. ADJ. **1.** Natural de Quillota. U. t. c. s. ‖ **2.** Perteneciente o relativo a esta provincia de Chile o a su capital.

quilo[1]**.** M. *Biol*. Linfa de aspecto lechoso por la gran cantidad de grasa que acarrea, y que circula por los vasos quilíferos durante la digestión.

quilo[2]**.** M. **kilo**.

quilo[3]**.** M. **1.** *Chile*. Arbusto de la familia de las Poligonáceas, lampiño, de ramos flexuosos y trepadores, hojas oblongas en forma de flecha, flores axilares o aglomeradas en racimo, y fruto azucarado, comestible, del cual se hace una chicha. ‖ **2.** *Chile*. Fruto de este arbusto.

quilogramo. M. **kilogramo**.

quilombo. M. *Á. guar*. y *Á. R. Plata*. **prostíbulo**.

quilométrico, ca. ADJ. **kilométrico**.

quilómetro. M. **kilómetro**.

quilquil. M. *Chile*. Helecho arbóreo de la familia de las Polipodiáceas, cuyo tronco tiene a veces un metro de altura y sus ramas casi otro tanto.

quiltro. M. *Chile.* Perro y, en particular, el que no es de raza.

quimbámbaras. en las ~. LOC.ADV. *Ant.* en las quimbambas.

quimbambas. en las ~. LOC.ADV. coloq. En sitio lejano o impreciso.

quimbombó. M. Á. *Caribe.* quingombó. MORF. pl. quimbombós.

quimera. F. **1.** Monstruo imaginario que, según la fábula, vomitaba llamas y tenía cabeza de león, vientre de cabra y cola de dragón. ‖ **2.** Cosa o idea que se propone a la imaginación como posible o verdadero, no siéndolo.

quimérico, ca. ADJ. Fabuloso, fingido o imaginado sin fundamento. *Criatura quimérica. Planes quiméricos.*

quimerista. ADJ. Amigo de ficciones y de cosas quiméricas. U. t. c. s.

química. F. **1.** Ciencia que estudia la estructura, propiedades y transformaciones de la materia a partir de su composición atómica. ‖ **2.** Relación de peculiar entendimiento o compenetración que se establece entre dos o más personas. ‖ **~ inorgánica.** F. La de los cuerpos simples y de los compuestos que no contienen carbono en sus moléculas. ‖ **~ orgánica.** F. La de los compuestos que contienen carbono en sus moléculas.

químico, ca. **I.** ADJ. **1.** Perteneciente o relativo a la química. *Elemento químico.* ‖ **II.** M. y F. **2.** Persona que profesa la química o tiene en ella especiales conocimientos. ☐ V. **análisis ~, equivalente ~.**

quimio. F. coloq. quimioterapia.

quimioterapia. F. **1.** *Med.* Tratamiento de las enfermedades por medio de productos químicos. ‖ **2.** *Med.* por antonom. Tratamiento del cáncer con productos químicos.

quimo. M. *Biol.* Pasta homogénea y agria, variable según los casos, en que los alimentos se transforman en el estómago por la digestión.

quimono. M. kimono.

quina. F. **1.** Corteza del quino, de aspecto variable según la especie de árbol de que procede, muy usada en medicina por sus propiedades febrífugas. ‖ **2.** Líquido confeccionado con la corteza de dicho árbol y otras sustancias, que se toma como medicina, tónico o mera bebida de aperitivo. ‖ **~ de Loja.** F. quina gris.

quinado, da. ADJ. Dicho de un vino o de otro líquido: Que se prepara con quina.

quinario, ria. ADJ. Compuesto de cinco elementos, unidades o guarismos. *Sistema quinario de numeración.*

quinas. F. pl. Armas de Portugal, que son cinco escudos azules puestos en cruz, y en cada escudo cinco dineros en aspa.

quincalla. F. Conjunto de objetos de metal, generalmente de escaso valor, como tijeras, dedales, imitaciones de joyas, etc.

quincallería. F. **1.** Tienda o lugar donde se vende. ‖ **2.** Comercio de quincalla. ‖ **3.** quincalla.

quincallero, ra. M. y F. Persona que fabrica o vende quincalla.

quince. **I.** ADJ. **1.** Diez más cinco. ‖ **2.** decimoquinto. *Número quince. Año quince.* Apl. a los días del mes, u. t. c. s. m. *El quince de enero.* ‖ **II.** M. **3.** Conjunto de signos con que se representa el número quince. ‖ **4.** En el juego de pelota a largo, cada uno de los dos primeros lances y tantos que se ganan. ‖ **III.** F. **5.** pl. Tercera hora en punto después de las doce de mediodía. *El almuerzo comenzará a las quince treinta.*

quinceañero, ra. ADJ. Dicho de una persona: Que tiene quince años o alrededor de esa edad. U. t. c. s.

quinceavo, va. ADJ. Se dice de cada una de las quince partes iguales en que se divide un todo. U. t. c. s. m.

quincena. F. **1.** Conjunto de quince unidades. ‖ **2.** Espacio de quince días. ‖ **3.** Paga que se recibe cada quince días. ‖ **4.** Detención gubernativa durante quince días. ‖ **5.** *Mús.* Intervalo que comprende las quince notas sucesivas de dos octavas.

quincenal. ADJ. **1.** Que sucede o se repite cada quincena. *Publicación quincenal.* ‖ **2.** Que dura una quincena. *Estancia quincenal.*

quincha. F. **1.** *Am. Mer.* Tejido o trama de junco con que se afianza un techo o pared de paja, totora, cañas, etc. ‖ **2.** Á. *Andes* y *Chile.* Pared hecha de cañas, varillas u otra materia semejante, que suele recubrirse de barro y se emplea en cercas, chozas, corrales, etc.

quinchamalí. M. *Chile.* Planta medicinal, de la familia de las Santaláceas, que mide entre 10 y 20 cm de altura, con hojas alternas, lanceoladas, y flores amarillas terminales, dispuestas en espigas cortas apretadas. MORF. pl. quinchamalíes o quinchamalís.

quinchar. TR. *Am. Mer.* Cubrir o cercar con quinchas.

quinchihue. M. *Am. Mer.* Planta anual, de color verde claro, pelada, olorosa, con hojas opuestas, cabezuelas numerosas, pequeñas, cilíndricas, dispuestas en corimbos terminales, y flores amarillas. Es también medicinal.

quincho. M. Á. *guar.* y Á. *R. Plata.* Cobertizo con techo de paja sostenido solo por columnas, que se usa para resguardarse en comidas al aire libre.

quincuagenario, ria. ADJ. Dicho de una persona: Que tiene entre 50 y 59 años. U. t. c. s.

quincuagésima. F. hist. Dominica que precede a la primera de Cuaresma.

quincuagésimo, ma. ADJ. **1.** Que sigue inmediatamente en orden al o a lo cuadragésimo noveno. ‖ **2.** Se dice de cada una de las 50 partes iguales en que se divide un todo. U. t. c. s. m.

quinde. M. Á. *Andes.* colibrí (‖ pájaro americano).

quindenio. M. **1.** Tiempo de quince años. ‖ **2.** hist. Cantidad que se pagaba a Roma de las rentas eclesiásticas, agregadas por el pontífice a comunidades o manos muertas.

quindiano, na. ADJ. **1.** Natural del Quindío. ‖ **2.** Perteneciente o relativo a este departamento de Colombia.

quinesiología. F. kinesiología.

quinesiólogo, ga. M. y F. kinesiólogo.

quingentésimo, ma. ADJ. **1.** Que sigue inmediatamente en orden al o a lo cuadringentésimo nonagésimo noveno. ‖ **2.** Se dice de cada una de las 500 partes iguales en que se divide un todo. U. t. c. s. m.

quingombó. M. Planta herbácea originaria de África y cultivada en América, de la familia de las Malváceas, de tallo recto y velludo, hojas grandes y flores amarillas parecidas a las del algodonero, y fruto alargado, casi cilíndrico y lleno de semillas que al madurar toman un color oscuro. El fruto tierno se emplea en algunos guisos dando una especie de gelatina que los espesa, y también en medicina. La planta, que es filamentosa, se emplea como textil. MORF. pl. quingombós.

quiniela. F. **1.** Apuesta mutua en la que los apostantes pronostican los resultados de los partidos de fútbol, carreras de caballos y otras competiciones. ‖ **2.** Boleto en que se escribe la apuesta. ‖ **3.** Juego de pelota entre cinco jugadores. ‖ **4.** Á. R. *Plata.* Juego que consiste en apostar a la última o a las últimas cifras de los premios mayores de la lotería.

quinielero, ra. M. y F. **1.** Á. R. *Plata.* Capitalista u organizador de quinielas. ‖ **2.** Á. *guar.* y Á. R. *Plata.* Persona que recibe o realiza apuestas de quiniela.

quinielista. COM. Jugador de quinielas.

quinielístico, ca. ADJ. Perteneciente o relativo a la quiniela.

quinientos, tas. I. ADJ. **1.** Cinco veces ciento. ‖ **2.** **quingentésimo** (‖ que sigue en orden al cuadringentésimo nonagésimo noveno). *Número quinientos. Año quinientos.* ‖ **II.** M. **3.** Signo o conjunto de signos con que se representa el número quinientos. ☐ V. **las mil y quinientas.**

quinina. F. Alcaloide de la quina, principio activo de este medicamento febrífugo. Es una sustancia blanca, amorfa, sin olor, muy amarga y poco soluble, que se emplea en forma de sales.

quino. M. Árbol americano del que hay varias especies, pertenecientes a la familia de las Rubiáceas, con hojas opuestas, ovales, más o menos grandes y apuntadas, enteras, lisas en el haz y algo vellosas en el envés, y fruto seco, capsular, con muchas semillas elipsoidales. Su corteza es la quina.

quínola. F. **1.** Lance principal del juego de las **quínolas,** que consiste en reunir cuatro cartas de un palo, ganando, cuando hay más de un jugador que tenga **quínola,** quien suma más puntos, atendiendo al valor de las cartas. ‖ **2.** pl. Juego de naipes cuyo lance principal es la **quínola.**

quinoto. M. **1.** Á. R. *Plata.* Árbol de no más de dos metros de altura, de copa redondeada y hojas lanceoladas de color verde brillante y flores blancas. Los frutos ovoides, de unos cuatro centímetros de longitud, de cáscara y color similares a la naranja, se emplean para hacer dulces y jaleas. ‖ **2.** Á. R. *Plata.* Fruto de este arbusto.

quinqué. M. Lámpara de mesa alimentada con petróleo y provista de un tubo de cristal que resguarda la llama.

quinquenal. ADJ. **1.** Que sucede o se repite cada quinquenio. *Revisiones quinquenales.* ‖ **2.** Que dura un quinquenio. *Presupuesto quinquenal.*

quinquenio. M. **1.** Tiempo de cinco años. ‖ **2.** Incremento económico de un sueldo o salario al cumplirse cinco años de antigüedad en un puesto de trabajo.

quinqui. COM. Persona que pertenece a cierto grupo social marginado de la sociedad por su forma de vida.

quinquies. ADJ. Pospuesto a un número entero, indica que este se emplea o se adjudica por quinta vez y tras haberse utilizado el mismo número adjetivado con *quáter. Se rechazan las enmiendas 14 quáter y 14 quinquies.*

quinquillero, ra. M. y F. **1.** **quincallero.** ‖ **2.** **quinqui.**

quinta. F. **1.** Casa de recreo en el campo. ‖ **2.** Reemplazo anual para el servicio militar. ‖ **3.** Conjunto de personas que nacieron en el mismo año. ‖ **4.** En la mayor parte de los automóviles, última marcha del motor, que consigue la máxima velocidad con la menor potencia. ‖ **5.** En el juego de los cientos, cinco cartas de un palo, seguidas en orden. ‖ **6.** *Mús.* Intervalo que consta de tres tonos y un semitono mayor. ‖ **7.** Á. *Caribe.* Casa con antejardín, o rodeada de jardines. ‖ **8.** Á. R. *Plata.* Huerta de extensión variable dedicada al cultivo de hortalizas para el consumo familiar o con fines comerciales. ‖ **entrar en ~s.** LOC.VERB. En el servicio militar, llegar a la edad en que se sortea.

quintacolumnista. COM. Persona afiliada a la quinta columna de un país.

quintada. F. **1.** Broma, generalmente vejatoria, que dan en los cuarteles los soldados veteranos a los de nuevo reemplazo. ‖ **2.** **novatada.**

quintaesencia. F. **1.** Lo más puro, fino y acendrado de una cosa. ‖ **2.** Última esencia o extracto de algo. ¶ MORF. pl. **quintaesencias.**

quintaesenciar. TR. Refinar, apurar, alambicar. MORF. conjug. c. *anunciar.*

quintal. M. hist. Peso de 100 libras equivalente en Castilla a 46 kg aproximadamente. ‖ **~ métrico.** M. Peso de 100 kg. (Símb. *Qm.*).

quintanarroense. ADJ. **1.** Natural de Quintana Roo. U. t. c. s. ‖ **2.** Perteneciente o relativo a este estado de México.

quintar. TR. **1.** Sortear el destino de los mozos que han de hacer el servicio militar. ‖ **2.** hist. Pagar al rey el derecho llamado quinto.

quintería. F. Casa de campo o cortijo para labor.

quinteto. M. **1.** Conjunto de cinco personas o cosas. ‖ **2.** *Métr.* Combinación de cinco versos de arte mayor aconsonantados y ordenados como los de la quintilla. ‖ **3.** *Mús.* Composición a cinco voces o instrumentos. ‖ **4.** *Mús.* Conjunto de estas voces o instrumentos, o de los cantantes o instrumentistas.

quintilla. F. *Métr.* Combinación de cinco versos octosílabos, con dos diferentes consonancias, y ordenados generalmente de modo que no vayan juntos los tres a que corresponde una de ellas, ni los dos últimos sean pareados.

quintillizo, za. ADJ. Nacido de un parto quíntuple. U. t. c. s.

Quintín. armarse la de San ~. LOC.VERB. coloq. Haber riña o pelea entre dos o más personas.

quinto, ta. I. ADJ. **1.** Que sigue inmediatamente en orden al o a lo cuarto. ‖ **2.** Se dice de cada una de las cinco partes iguales en que se divide un todo. U. t. c. s. m. ‖ **II.** M. **3.** Mozo desde que sortea hasta que se incorpora al servicio militar. ‖ **4.** Derecho de 20 por 100. ‖ **5.** hist. Cierta especie de derecho que se pagaba al rey, de las presas, tesoros y otras cosas semejantes, que siempre era la quinta parte de lo hallado, descubierto o aprehendido. ☐ V. **el ~ infierno, los ~s infiernos, ~ columna, ~ esencia.**

quintonil. M. *Méx.* Planta herbácea silvestre de la familia de las Amarantáceas, que se come como verdura.

quintral. M. **1.** *Chile.* Muérdago de flores rojas, de cuyo fruto se extrae liga, y sirve para teñir. ‖ **2.** *Chile.* Cierta enfermedad que sufren las sandías y porotos.

quíntuple. ADJ. **1.** Que contiene un número cinco veces exactamente. U. t. c. s. m. ‖ **2.** Caracterizado por la existencia o la repetición de cinco elementos iguales o semejantes. *Quíntuple campeón. Quíntuple crimen.*

quintuplicación. F. Acción y efecto de quintuplicar.

quintuplicar. TR. **1.** Hacer quíntuple algo. U. t. c. prnl. *El caudal del río se ha quintuplicado.* ‖ **2.** Dicho de una cosa: Ser cinco veces mayor que otra. *Las ventas de este año quintuplican las cifras anteriores.*

quinua. F. Á. *Andes.* Planta anual de la familia de las Quenopodiáceas, de la que hay varias especies, de hojas rómbicas y flores pequeñas dispuestas en racimos. Las hojas tiernas y las semillas, muy abundantes y menudas, son comestibles.

quiñar. TR. **1.** Á.*Andes* y *Chile.* Dar golpes con la punta del trompo. ‖ **2.** Á.*Andes.* Desportillar, astillar.

quiñazo. M. **1.** Á.*Andes* y *Chile.* Golpe que dan los muchachos con el hierro del trompo en la cabeza de otro trompo. ‖ **2.** Á.*Andes* y *Chile.* Agujero que hace la punta del trompo. ‖ **3.** Á.*Andes.* Golpe de mala suerte. ‖ **4.** Á.*Andes* y *Chile.* Encontrón, empujón.

quiñón. M. Parte que alguien tiene con otros en una cosa productiva, especialmente una tierra que se reparte para sembrar.

quiosco. M. **1.** Construcción pequeña que se instala en la calle u otro lugar público para vender en ella periódicos, flores, etc. ‖ **2.** Templete o pabellón en parques o jardines, generalmente abierto por todos sus lados, que entre otros usos ha servido tradicionalmente para celebrar conciertos populares.

quiosquero, ra. M. y F. Persona que trabaja en un quiosco, especialmente de periódicos.

quiote. M. *Méx.* Tallo comestible de la flor del maguey.

quipu. M. hist. Cada uno de los ramales de cuerdas anudados, con diversos nudos y varios colores, con que los indios del Perú suplían la falta de escritura y daban razón de las historias y noticias, así como de las cuentas en que es necesario usar guarismos. U. m. en pl.

quique. M. *Am. Mer.* Especie de comadreja.

quiquiriquí. ONOMAT. Se usa para imitar el canto del gallo. U. t. c. s. m. MORF. pl. c. s. **quiquiriquíes** o **quiquiriquís.**

quiragra. F. Med. Gota de las manos.

quiridio. M. *Zool.* Extremidad tipo mano, modelo seguido en el esqueleto de los vertebrados tetrápodos.

quirinal. ☐ V. **flamen ~.**

quiritario, ria. ADJ. hist. Perteneciente o relativo a los quirites.

quirite. M. hist. Ciudadano de la antigua Roma.

quirófano. M. *Med.* Local convenientemente acondicionado para hacer operaciones quirúrgicas de manera que puedan presenciarse a través de una separación de cristal, y, por ext., cualquier sala donde se efectúan estas operaciones.

quirografario, ria. ADJ. Perteneciente o relativo al quirógrafo, o en esta forma acreditado. *Crédito quirografario.*

quirógrafo, fa. I. ADJ. **1.** Perteneciente o relativo al quirógrafo. ‖ **II.** M. **2.** Documento concerniente a la obligación contractual que no está autorizado por notario ni lleva otro signo oficial o público.

quiromancia o **quiromancía.** F. Supuesta adivinación de lo concerniente a una persona por las rayas de sus manos.

quiromántico, ca. I. ADJ. **1.** Perteneciente o relativo a la quiromancia. *Afición quiromántica.* ‖ **II.** M. y F. **2.** Persona que la profesa.

quiromasaje. M. Masaje terapéutico dado con las manos.

quiromasajista. COM. Persona que da quiromasajes.

quiropráctica. F. Med. Tratamiento de ciertas dolencias óseas o musculares mediante manipulación de la zona afectada.

quiropráctico, ca. M. y F. Especialista en quiropráctica.

quiróptero. ADJ. *Zool.* Se dice de los mamíferos que buscan su alimento en el crepúsculo o durante la noche, casi todos insectívoros, que vuelan con alas formadas por una extensa y delgada membrana o repliegue cutáneo, que, partiendo de los lados del cuerpo, se extiende sobre cuatro de los dedos de las extremidades anteriores, que son larguísimos, y llega a englobar los miembros posteriores y la cola, cuando esta existe; p. ej., el murciélago. U. t. c. s. m. ORTOGR. En m. pl., escr. con may. inicial c. taxón. *Los Quirópteros.*

quirquincho. M. *Am. Mer.* Mamífero, especie de armadillo, de cuyo carapacho se sirven los indios para hacer charangos.

quirúrgico, ca. ADJ. Perteneciente o relativo a la cirugía. *Intervención quirúrgica.*

quirurgo. M. **cirujano.**

quísame. M. *Filip.* Techo falso que se coloca por debajo del de una habitación.

quisca. F. *Chile.* Cada una de las espinas del quisco.

quisco. M. *Chile.* Especie de cacto espinoso que crece en forma de cirio cubierto de espinas, que alcanzan más de 30 cm de longitud.

quiscudo, da. ADJ. *Chile.* Que tiene el cabello liso y tieso.

quisquilla. F. **camarón** (‖ crustáceo).

quisquillosidad. F. Cualidad de quisquilloso.

quisquilloso, sa. ADJ. **1.** Que se para en pequeñeces, reparos o dificultades menudas. U. t. c. s. ‖ **2.** Demasiado delicado en el trato común. *Siempre he sido quisquilloso para comer.* U. t. c. s. ‖ **3.** Fácil de agraviarse u ofenderse con pequeña causa o pretexto. *Es muy quisquilloso y soporta muy mal las críticas.* U. t. c. s.

quiste. M. **1.** *Biol.* Envoltura resistente e impermeable que rodea a un animal o vegetal de pequeño tamaño, a veces microscópico, manteniéndolo completamente aislado del medio. ‖ **2.** *Biol.* Cuerpo formado por una envoltura resistente e impermeable y el pequeño animal o vegetal encerrado en ella. ‖ **3.** *Med.* Vejiga membranosa que se desarrolla anormalmente en diferentes regiones del cuerpo y que contiene líquido o materias alteradas.

quístico, ca. ADJ. *Med.* Perteneciente o relativo al quiste. *Enfermedad pulmonar quística.*

quisto, ta. ADJ. **querido.** *Bien, mal quisto.*

quita. F. *Der.* Remisión o liberación que de la deuda o parte de ella hace el acreedor al deudor. ‖ **~ y espera.** F. *Der.* Petición que un deudor hace judicialmente a todos sus acreedores, bien para que estos aminoren los créditos o aplacen el cobro, o bien para una u otra de ambas concesiones.

quitaesmalte. M. Sustancia líquida, compuesta de acetona, usada para quitar el esmalte de las uñas.

quitaipón. M. **quitapón.** MORF. pl. invar. o **quitaipones.**

quitamanchas. M. Producto natural o preparado que sirve para quitar manchas.

quitameriendas. F. Planta de la familia de las Liliáceas, muy parecida al cólquico, del que se distingue por no estar soldadas entre sí las largas uñas de sus sépalos y pétalos.

quitamiedos. M. Baranda o barrera que, a modo de pasamanos, se coloca en lugares elevados donde hay peligro de caer y que especialmente sirve para evitar el vértigo o la caída.

quitanieves. F. Máquina para limpiar de nieve los caminos.

quitapenas. M. coloq. **licor** (‖ bebida espirituosa).

quitapón. M. Adorno, generalmente de lana de colores y con borlas, que suele ponerse en las cabezadas del ganado mular y de carga. MORF. pl. invar. o **quitapones.**

quitar. **I.** TR. **1.** Tomar algo separándolo y apartándolo de otras cosas, o del lugar o sitio en que estaba. *Quitar las ramas secas del árbol.* ‖ **2.** Tomar o coger algo ajeno, hurtar. *Me han quitado la cartera.* ‖ **3.** Prohibir o vedar algo a alguien. *El médico me ha quitado el pan.* ‖ **4.** Obstar, impedir. *Lo cortés no quita lo valiente.* ‖ **5.** Despojar o privar de algo. *Quitar la vida.* ‖ **6. suprimir** (‖ hacer desaparecer). *Han quitado autobuses de esta línea.* ‖ **7.** Libertar o desembarazar a alguien de una obligación. *El profesor nos quitó los deberes.* ‖ **8.** *Esgr.* Defenderse de un tajo o apartar la espada del contrario. ‖ **II.** PRNL. **9.** Dejar algo o apartarse totalmente de ello. *Quitarse del tabaco.* ‖ **10.** Irse, separarse de un lugar. ‖ **quita y pon.** M. coloq. Juego de dos cosas destinadas al mismo uso, generalmente prendas de vestir, cuando no se dispone de más repuesto. ‖ **de quita y pon.** LOC.ADJ. Dicho de una pieza o de una parte de un objeto: Que está dispuesta para poderla quitar y poner. ‖ **quita, o quite, de ahí.** EXPRS. coloqs. Se usan para rechazar a alguien o reprobar por falso, desatinado o ilícito lo que dice o propone. ‖ **~se de encima** a alguien o algo. LOC.VERB. Librarse de algún enemigo o de alguna importunidad o molestia. ‖ **sin ~ ni poner.** LOC.ADV. Al pie de la letra, sin exageración ni omisión.

quitasol. M. Especie de paraguas o sombrilla usado para resguardarse del sol.

quite. M. **1.** *Esgr.* Movimiento defensivo con que se detiene o evita el ofensivo. ‖ **2.** *Taurom.* Suerte que ejecuta un torero, generalmente con el capote, para librar a otro del peligro en que se halla por la acometida del toro. ‖ **estar al ~.** LOC.VERB. Estar preparado para acudir en defensa de alguien. ‖ **ir al ~.** LOC.VERB. Acudir prontamente en defensa o auxilio de alguien, sobre todo en cosas de carácter moral.

quiteño, ña. ADJ. **1.** Natural de Quito. U. t. c. s. ‖ **2.** Perteneciente o relativo a esta ciudad, capital de la provincia de Pichincha y de la República del Ecuador.

quitina. F. *Bioquím.* Hidrato de carbono nitrogenado, de color blanco, insoluble en el agua y en los líquidos orgánicos. Se encuentra en el dermatoesqueleto de los artrópodos, al cual da su dureza especial, en la piel de los nematelmintos y en las membranas celulares de muchos hongos y bacterias.

quitinoso, sa. ADJ. *Biol.* Que tiene quitina. *Cutícula quitinosa.*

quitón. M. *Zool.* Molusco marino de forma ovalada, con concha de ocho piezas alineadas e imbricadas de delante atrás, por lo que estos animales pueden arrollarse en bola.

quitrín. M. hist. Carruaje abierto, de dos ruedas, con una sola fila de asientos y cubierta plegable que se usó en varios países de América.

quitu. ADJ. **1.** hist. Se dice del individuo de un pueblo amerindio que habitaba en la región ecuatoriana de los altos Andes, al pie del Pichincha. U. t. c. s. ‖ **2.** hist. Perteneciente o relativo a los quitus. *Tradición quitu.*

quizá. ADV. DUDA. Denota la posibilidad de que ocurra o sea cierto lo que se expresa. *Quizá llueva mañana. Quizá sea verdad lo que dice. Quizá trataron de engañarme.* ‖ **~ y sin ~.** LOC.ADV. Se usa para dar por seguro o por cierto algo.

quizás. ADV. DUDA. quizá.

quórum. M. Número de individuos necesario para que un cuerpo deliberante tome ciertos acuerdos. MORF. pl. **quórums.**

r. F. Decimoctava letra del abecedario latino internacional y vigésima primera del español, que por sí sola representa, en final de sílaba, agrupada con otra consonante en la misma sílaba y en posición intervocálica, un fonema consonántico vibrante simple. En los demás casos, y combinada con otra *r,* representa un fonema vibrante múltiple. Su nombre es *erre* o, sobre todo cuando se quiere hacer notar su carácter vibrante simple, *ere.* ORTOGR. El dígrafo *rr* es inseparable en la escritura, excepto cuando la primera *r* corresponde a la letra final de un prefijo. *Inter-/ racial.*

rabadán. M. **1.** Mayoral que cuida y gobierna todos los hatos de ganado de una cabaña, y manda a los zagales y pastores. ‖ **2.** Pastor que gobierna uno o más hatos de ganado, a las órdenes del mayoral de una cabaña.

rabadilla. F. **1.** Punta o extremidad de la columna vertebral, formada por la última pieza del hueso sacro y por todas las del coxis. ‖ **2.** En las aves, extremidad móvil en donde están las plumas de la cola.

rabanera. F. Vasija para colocar rábanos.

rabanillo. M. Planta herbácea anual, de la familia de las Crucíferas, de cuatro a seis decímetros de altura, con hojas radicales, ásperas y partidas en lóbulos desigualmente dentados; flores blancas o amarillas con listas casi negras, fruto seco en vaina, con muchas simientes menudas, y raíz fusiforme de color blanco rojizo. Es hierba nociva y muy común en los sembrados.

rabaniza. F. Planta herbácea anual, de la familia de las Crucíferas, con tallo ramoso de tres a cuatro decímetros de altura, hojas vellosas, radicales y partidas en lóbulos agudos, pequeños los laterales y muy grande el central, flores blancas, y fruto seco en vaina ensiforme, con muchas semillas menudas. Es común en los terrenos incultos de España.

rábano. M. **1.** Planta herbácea anual, de la familia de las Crucíferas, con tallo ramoso y velludo de seis a ocho decímetros de altura, hojas ásperas, grandes, partidas en lóbulos dentados las radicales y casi enteras las superiores, flores blancas, amarillas o purpurinas, en racimos terminales, fruto seco en vaina estriada, con muchas semillas menudas, y raíz carnosa, casi redonda, o fusiforme, blanca, roja, amarillenta o negra, según las variedades, de sabor picante. ‖ **2.** Raíz de esta planta. ‖ **~ silvestre.** M. rabanillo. ‖ **agarrar,** o **coger,** alguien **el ~ por las hojas.** LOCS.VERBS. coloqs. **tomar el rábano por las hojas.** ‖ **importar,** o **no importar,** algo un **~.** LOCS.VERBS. coloqs. Importar poco o nada. ‖ **tomar alguien el ~ por las hojas.** LOC.VERB. coloq. Interpretar

algo de manera torcida o equivocada, confundiendo lo accesorio con lo fundamental. ‖ **un ~.** LOC. INTERJ. Se usa cuando alguien rehúsa algo.

rabdomancia. F. **radiestesia.**

rabdomante. COM. Persona que practica la rabdomancia.

rabear. INTR. *Mar.* Dicho de un buque: Mover con exceso su popa a uno y otro lado.

rabel¹. M. **1.** Instrumento musical pastoril, pequeño, de hechura como la del laúd y compuesto de tres cuerdas solas, que se tocan con arco y tienen un sonido muy agudo. ‖ **2.** Instrumento musical que consiste en una caña y un bordón, entre los cuales se coloca una vejiga llena de aire. Se hace sonar la cuerda o bordón con un arco de cerdas, y sirve para juguete de los niños.

rabel². M. fest. Nalgas, especialmente las de los muchachos.

rabera. F. **1.** Parte posterior de algo. ‖ **2.** Pieza de madera que se pone en los carros de labranza, con que se une y traba la tablazón de su asiento.

rabí. M. **1.** Sabio de la ley judía, cuyo título le es conferido con varias ceremonias. ‖ **2.** rabino. ¶ MORF. pl. **rabíes** o **rabís.**

rabia. F. **1.** *Med.* Enfermedad que se produce en algunos animales y se transmite por mordedura a otros o al hombre, al inocularse el virus por la saliva o baba del animal rabioso. ‖ **2.** Ira, enojo, enfado grande. ‖ **3.** Roya que padecen los garbanzos y que suelen contraer cuando, después de una lluvia o rociada, calienta fuertemente el sol. ‖ **con ~.** LOC.ADV. Dicho especialmente de cualidades negativas: Mucho, con exceso. *Es feo con rabia.* ‖ **tener ~ a** alguien. LOC.VERB. coloq. Tenerle odio o mala voluntad.

rabiar. INTR. **1.** Padecer o tener **rabia** (‖ enfermedad). ‖ **2.** Desear algo con vehemencia. *Rabiar POR una distinción.* ‖ **3.** Impacientarse o enojarse con muestras de cólera y enfado. ‖ **4.** Exceder en mucho a lo usual y ordinario. *Pica que rabia. Rabiaba de tonto.* ¶ MORF. conjug. c. *anunciar.* ‖ **a ~.** LOC. ADV. coloq. Mucho, con exceso. ‖ **estar a ~ con** alguien. LOC.VERB. coloq. Estar muy enojado con él. ☐ V. **el rey que rabió.**

rabicano, na. ADJ. Dicho de un animal: Que tiene en la cola canas o cerdas blancas.

rábico, ca. ADJ. Perteneciente o relativo a la **rabia** (‖ enfermedad). *Virus rábico.*

rabicorto, ta. ADJ. Dicho de un animal: Que tiene corto el rabo.

rábida. F. hist. Fortaleza militar y religiosa musulmana edificada en la frontera con los reinos cristianos.

rabieta. F. coloq. Impaciencia, enfado o enojo grande, especialmente cuando se toma por leve motivo y dura poco.

rabihorcado. M. Ave palmípeda, propia de los países tropicales, de tres metros de envergadura y uno aproximadamente de largo, con cola ahorquillada, plumaje negro, algo pardo en la cabeza y cuello y blanquecino en el pecho, pico largo, fuerte y curvo por la punta, buche grande y saliente, cuerpo pequeño, tarsos cortos y vestidos de plumas, y dedos gruesos, con uñas fuertes y curvas. Anida en las costas y se alimenta de peces, que coge volando a flor de agua.

rabilargo, ga. **I.** ADJ. **1.** Dicho de un animal: Que tiene largo el rabo. ‖ **II.** M. **2.** Pájaro de unos cuatro decímetros de largo y cinco de envergadura, con plumaje negro brillante en la cabeza, azul claro en las alas y la cola, y leonado en el resto del cuerpo. Abunda en los encinares de España, y sus costumbres son muy parecidas a las de la urraca.

rabillo. M. **pezón** (‖ rama pequeña). ‖ ~ **del ojo.** M. **ángulo del ojo.** ‖ **mirar con el ~ del ojo.** LOC.VERB. coloq. **mirar con el rabo del ojo.**

rabínico, ca. ADJ. Perteneciente o relativo a los rabinos o a su lengua o doctrina. □ V. **hebreo** ~.

rabinismo. M. Doctrina que siguen y enseñan los rabinos.

rabinista. COM. Persona que sigue las doctrinas de los rabinos.

rabino. M. **1.** Maestro hebreo que interpreta los textos sagrados. ‖ **2.** Jefe espiritual de una comunidad judía.

rabión. M. **rápido** (‖ corriente del río).

rabioso, sa. ADJ. **1.** Que padece rabia. *Perro rabioso.* ‖ **2.** Colérico, enojado, airado. *Se puso llorosa y rabiosa.* ‖ **3.** Vehemente, excesivo, violento. *Pasión desatada y rabiosa.*

rabiza. F. **1.** Punta de la caña de pescar, en la que se pone el sedal. ‖ **2.** Mar. Cabo corto y delgado unido por un extremo a un objeto cualquiera, para facilitar su manejo o sujeción al sitio que convenga. *Motón, boya de rabiza.*

rabo. M. **1.** **cola** (‖ extremidad de la columna vertebral de algunos animales). *Rabo de zorra.* ‖ **2.** **pezón** (‖ rama pequeña). ‖ **3.** coloq. Cosa que cuelga a semejanza de la cola de un animal. ‖ **4.** vulg. Pene del hombre. ‖ ~ **de junco.** M. Palmípeda americana del tamaño de un mirlo, con plumaje verde de reflejos dorados en el lomo y vientre, amarillo intenso en las alas y la cola, azulado en el moño de la cabeza, y verde en las dos coberteras de aquella, que son muy largas y estrechas. ‖ ~ **del ojo.** M. **ángulo del ojo.** ‖ **con el ~ entre las piernas,** o **entre piernas.** LOCS.ADVS. Con vergüenza y humillación. ‖ **mirar a** alguien **con el ~ del ojo.** LOC.VERB. **1.** coloq. Mostrarse cauteloso o severo con él en el trato, o quererle mal. ‖ **2.** coloq. Mirar de lado, disimulando. □ V. **estrella de** ~.

rabón, na. ADJ. Dicho de un animal: Que tiene el rabo más corto que lo ordinario en su especie, o que no lo tiene.

rabudo, da. ADJ. Dicho de un animal: Que tiene grande el rabo.

rábula. M. Abogado indocto, charlatán y vocinglero.

racamento. M. Mar. Guarnimiento, especie de anillo que sujeta las vergas a sus palos o masteleros respectivos, para que puedan correr fácilmente a lo largo de ellos.

racha. F. **1.** Ráfaga de aire. ‖ **2.** En cualquier actividad, período breve de fortuna o desgracia.

racheado, da. PART. de **rachear.** ‖ ADJ. Dicho del viento: Que sopla a rachas.

rachear. INTR. Dicho del viento: Soplar a rachas.

racial. ADJ. Perteneciente o relativo a la raza. *Diferencias raciales.*

racimo. M. **1.** Conjunto de uvas sostenidas en un mismo tallo que pende del sarmiento. ‖ **2.** Porción de otras frutas. *Racimo de ciruelas. Racimo de guindas.* ‖ **3.** Conjunto de cosas menudas dispuestas con alguna semejanza de racimo. *Racimo de casitas blancas.* ‖ **4.** Bot. Conjunto de flores o frutos sostenidos por un eje común, y con pecíolos casi iguales, más largos que las mismas flores; p. ej., en la vid.

raciocinar. INTR. Usar la razón para conocer y juzgar.

raciocinio. M. **1.** Facultad de raciocinar. ‖ **2.** Acción y efecto de raciocinar.

ración. F. **1.** Parte o porción de alimento que se da tanto a personas como a animales. ‖ **2.** Cantidad de algo que puede adquirir la población en épocas de escasez. ‖ **3.** Porción, generalmente pequeña, de un alimento que se sirve en bares, tabernas, restaurantes, etc. ‖ **4.** hist. Prebenda en alguna iglesia catedral o colegial, y que tiene su renta en las del cabildo. ‖ **5.** coloq. Cantidad de algo. *Nadie se libró de su ración de golpes.* ‖ **a media** ~. LOC.ADV. Con escasa comida o con reducidos medios de subsistencia. ‖ **a** ~. LOC.ADV. **1.** Con tasa o medida. ‖ **2.** De manera limitada y escasa. □ V. **maestre de raciones.**

racionabilidad. F. Facultad intelectiva que juzga de las cosas con razón, discerniendo lo bueno de lo malo y lo verdadero de lo falso.

racional. **I.** ADJ. **1.** Perteneciente o relativo a la razón. *El desarrollo racional del niño.* ‖ **2.** Conforme a ella. *Busquemos una solución racional al problema.* ‖ **3.** Dotado de razón. *Animal racional.* ‖ **4.** Mat. Dicho de una expresión algebraica: Que no contiene cantidades irracionales. ‖ **II.** M. **5.** hist. Contador mayor de la casa real de Aragón. □ V. **cantidad** ~, **número** ~.

racionalidad. F. Cualidad de racional.

racionalismo. M. **1.** Doctrina filosófica cuya base es la omnipotencia e independencia de la razón humana. ‖ **2.** Movimiento de vanguardia europea que en la arquitectura utiliza formas simples y funcionales atendiendo a las necesidades del urbanismo moderno.

racionalista. ADJ. **1.** Perteneciente o relativo al racionalismo. *Pensamiento racionalista.* ‖ **2.** Seguidor del racionalismo. U. t. c. s.

racionalización. F. Acción y efecto de racionalizar.

racionalizar. TR. **1.** Reducir a normas o conceptos racionales. *Racionalizar los sentimientos.* ‖ **2.** Hacer racional algo. *Es necesario racionalizar el consumo de agua.* ‖ **3.** Organizar la producción o el trabajo de manera que aumente los rendimientos o reduzca los costos con el mínimo esfuerzo.

racionamiento. M. Acción y efecto de racionar.

racionar. TR. **1.** Someter algo en caso de escasez a una distribución ordenada. *Si continúa la sequía, el Gobierno racionará el agua.* ‖ **2.** Limitar el consumo de algo para evitar consecuencias negativas. *Te voy a racionar el dulce.* ‖ **3.** Mil. Distribuir raciones o proveer de ellas a las tropas. U. t. c. prnl.

racionero, ra. I. M. y F. **1.** Encargado de distribuir las raciones en una comunidad. ‖ II. M. **2.** hist. Prebendado que tenía ración en una iglesia catedral o colegial.

raciovitalismo. M. Teoría que funda el conocimiento en la realidad radical de la vida, uno de cuyos componentes esenciales es la propia razón.

racismo. M. **1.** Exacerbación del sentido racial de un grupo étnico, especialmente cuando convive con otro u otros. ‖ **2.** Doctrina antropológica o política basada en este sentimiento y que en ocasiones ha motivado la persecución de un grupo étnico considerado como inferior.

racista. ADJ. **1.** Perteneciente o relativo al racismo. *Comentarios racistas.* ‖ **2.** Partidario del racismo. U. t. c. s.

racor. M. **1.** Pieza metálica con dos roscas internas en sentido inverso, que sirve para unir tubos y otros perfiles cilíndricos. ‖ **2.** Pieza de otra materia que se enchufa sin rosca para unir dos tubos.

rada. F. Bahía, ensenada, donde las naves pueden estar ancladas al abrigo de algunos vientos.

radal. M. *Chile.* Arbusto de la familia de las Proteáceas, de follaje persistente, cuyas hojas son simples, aovadas, y sus flores blancas, cubiertas de un vello rojizo. Es planta ornamental y forestal. Su corteza se emplea en medicina para las afecciones del pecho.

radar. M. *Electr.* Sistema que utiliza radiaciones electromagnéticas reflejadas por un objeto para determinar la localización o velocidad de este. MORF. pl. **radares.**

radiación. F. *Fís.* **1.** Acción y efecto de irradiar. ‖ **2.** *Fís.* Energía ondulatoria o partículas materiales que se propagan a través del espacio.

radiactividad. F. *Fís.* Propiedad de ciertos cuerpos cuyos átomos, al desintegrarse espontáneamente, emiten radiaciones. Su unidad de medida en el Sistema Internacional es el *becquerel* (Bq).

radiactivo, va. ADJ. *Fís.* Que tiene radiactividad. *Residuos radiactivos.* □ V. **lluvia ~, nube ~.**

radiado, da. PART. de **radiar.** ‖ ADJ. **1.** Dicho de una cosa: Dispuesta de manera análoga a los radios de una circunferencia, es decir, con arranque en el centro. *Sistema radiado de vías de comunicación.* ‖ **2.** *Bot.* Que tiene sus diversas partes situadas alrededor de un punto o de un eje; p. ej., la panoja de la avena. ‖ **3.** *Zool.* Se dice del animal invertebrado cuyas partes interiores y exteriores están dispuestas, a manera de radios, alrededor de un punto o de un eje central; p. ej., las estrellas de mar, las medusas, los pólipos, etc. U. t. c. s.

radiador. M. **1.** Aparato metálico con gran desarrollo superficial, por cuyo interior circula un fluido caliente que transmite calor al medio circundante. ‖ **2.** Serie de tubos por los cuales circula el agua destinada a refrigerar los cilindros de algunos motores de explosión.

radial¹. ADJ. **1.** *Geom.* Perteneciente o relativo al **radio¹.** *Longitud radial.* ‖ **2.** *Transp.* Dicho de un neumático o de una cubierta: Que tiene surcos cruzados con respecto al sentido de la marcha.

radial². ADJ. *Am.* Perteneciente o relativo a la radiodifusión. *Concursos radiales.*

radián. M. *Geom.* Unidad de ángulo plano del Sistema Internacional equivalente a uno cuyo arco tiene igual longitud que el radio. (Símb. *rad*).

radiante. ADJ. **1.** Brillante, resplandeciente. *Hace un sol radiante.* ‖ **2.** Que siente y manifiesta gozo o alegría grandes. *Tras la victoria, los jugadores estaban radiantes.* □ V. **energía ~.**

radiar. TR. **1.** *Fís.* Producir la radiación de ondas, sean sonoras, electromagnéticas, etc., o de partículas. ‖ **2.** *Med.* Tratar con radiaciones una enfermedad. ‖ **3.** *Telec.* Difundir por medio de las ondas electromagnéticas sonidos e imágenes. ¶ MORF. conjug. c. *anunciar.*

radicación. F. **1.** Acción y efecto de radicar o radicarse. ‖ **2.** Hecho de estar arraigado un uso, una práctica, una costumbre, etc.

radical. I. ADJ. **1.** Perteneciente o relativo a la raíz. *La planta absorbe la solución acuosa a través de los pelos radicales.* ‖ **2.** Fundamental, de raíz. *Diferencias radicales.* ‖ **3.** Partidario de reformas extremas, especialmente en sentido democrático. U. t. c. s. ‖ **4.** Extremoso, tajante, intransigente. *Es muy radical en sus gustos.* ‖ **5.** *Bot.* Dicho de cualquier parte de una planta: Que nace inmediatamente de la raíz. *Hoja, tallo radical.* ‖ **6.** *Gram.* Perteneciente o relativo a los radicales de las palabras. *Variantes radicales.* ‖ **7.** *Gram.* Se dice de cada uno de los fonemas que constituyen el radical de una palabra. ‖ **8.** *Mat.* Se dice del signo ($\sqrt{\ }$) con que se indica la operación de extraer raíces. U. t. c. s. m. ‖ II. M. **9.** *Gram.* Conjunto de fonemas que comparten vocablos de una misma familia; p. ej., *am-*, en *amado, amable, amigo,* etc. ‖ **10.** *Quím.* Agrupamiento de átomos que interviene como una unidad en un compuesto químico y pasa inalterado de unas combinaciones a otras.

radicalidad. F. **1.** Cualidad de **radical** (‖ fundamental). ‖ **2.** Cualidad de **radical** (‖ extremoso, intransigente).

radicalismo. M. **1.** Cualidad de radical. ‖ **2.** Conjunto de ideas y doctrinas de quienes, en ciertos momentos de la vida social, pretenden reformar total o parcialmente el orden político, científico, moral y aun religioso. ‖ **3.** Modo extremado de tratar los asuntos.

radicalizar. TR. **1.** Hacer que alguien adopte una actitud radical. U. t. c. prnl. ‖ **2.** Hacer más radical una postura o tesis.

radicando. M. *Mat.* Número o expresión de que se extrae una raíz.

radicar. I. INTR. **1.** Dicho de una cosa: Estar o encontrarse en determinado lugar. *La sede de la organización radica en Buenos Aires.* ‖ **2. consistir.** *El problema radica en su falta de generosidad.* ‖ II. PRNL. **3.** Dicho de una persona: Establecerse en un lugar. *Se ha marchado del pueblo para radicarse en la ciudad.*

radícula. F. *Bot.* En el embrión de la planta, órgano de que se forma la raíz.

radicular. ADJ. Perteneciente o relativo a las raíces. *Desarrollo radicular.*

radiculitis. F. *Med.* Inflamación de las raíces de los nervios espinales.

radiestesia. F. Sensibilidad especial para captar ciertas radiaciones, utilizada por los zahoríes para descubrir manantiales subterráneos, venas metalíferas, etc.

radiestesista. COM. Persona que practica la radiestesia.

radio¹. M. **1.** *Geom.* Segmento lineal que une el centro del círculo con la circunferencia. ‖ **2.** Rayo de la rueda. ‖ **3.** *Anat.* Hueso contiguo al cúbito, y poco más corto y situado en posición inferior a él, y con el cual forma el antebrazo. ‖ **4.** *Zool.* Cada una de las piezas a modo de varillas más o menos duras que sostienen la parte membranosa de las aletas de los peces. ‖ **~ de acción.** M. **1.** Máximo alcance o eficacia de un agente o instrumento. ‖ **2.** Distancia máxima que un vehículo marítimo, aéreo o terrestre puede cubrir regresando al lugar de partida sin repostar. || ~ **de la plaza.** M. *Mil.* La mayor distancia a que se extiende la eficacia defensiva de una fortaleza, según la potencia de su artillería, la situación, etc. || ~ **vector.** M. **1.** *Geom.* Línea recta tirada desde un foco de una curva a cualquier punto de esta. || **2.** *Geom.* En las coordenadas polares, distancia de un punto cualquiera al **polo**[1].

radio[2]. M. Elemento químico radiactivo de núm. atóm. 88. Metal raro en la litosfera, se encuentra acompañando a los minerales de uranio, elemento del que procede por desintegración. De color blanco brillante y radiotoxicidad muy elevada, su descubrimiento significó el origen de la física nuclear y sus aplicaciones. Se usa en la industria nuclear y en la fabricación de pinturas fosforescentes. (Símb. *Ra*).

radio[3]. F. radiodifusión. || ~ **pirata.** F. Emisora de radiodifusión que funciona sin licencia legal.

radio[4]. AMB. coloq. radiorreceptor.

radio[5]. M. radiotelegrama.

radio[6]. COM. radiotelegrafista.

radioactividad. F. *Fís.* radiactividad.

radioactivo, va. ADJ. *Fís.* radiactivo.

radioaficionado, da. M. y F. Persona autorizada que emite y recibe mensajes radiados privados, usando bandas de frecuencia administrativa establecidas.

radioastronomía. F. *Fís.* Estudio de la radiación emitida por los cuerpos celestes en el espectro de las radiofrecuencias.

radiobaliza. F. Emisor de señales radioeléctricas que permite fijar una posición o situación.

radiobiología. F. *Biol.* Estudio de los efectos y las aplicaciones de las radiaciones sobre los seres vivos.

radiocasete. M. Aparato electrónico que consta de una radio y un casete.

radiocomunicación. F. Telecomunicación realizada por medio de las ondas radioeléctricas.

radiodiagnóstico. M. *Med.* Diagnóstico médico que utiliza radiaciones electromagnéticas, como rayos X o isótopos radiactivos.

radiodifundir. TR. Radiar noticias, discursos, música, etc.

radiodifusión. F. **1.** Emisión radiotelefónica destinada al público. || **2.** Conjunto de los procedimientos o instalaciones destinados a esta emisión. || **3.** Empresa dedicada a hacer estas emisiones.

radiodifusor, ra. ADJ. Que radia noticias, música, etc. *Cadena radiodifusora.*

radiodifusora. F. *Am. Mer.* radiodifusión (|| empresa dedicada a la emisión radiotelefónica).

radioelectricidad. F. Producción, propagación y recepción de las ondas hercianas.

radioeléctrico, ca. ADJ. Perteneciente o relativo a la radioelectricidad.

radioemisora. F. *Am. Cen.* y *Am. Mer.* Estación de radiodifusión.

radioenlace. F. **1.** *Telec.* Conexión entre dos puntos mediante ondas radioeléctricas. || **2.** Equipo necesario para establecer dicha conexión.

radioescucha. COM. Persona que oye las emisiones radiofónicas y radiotelegráficas.

radiofaro. M. Emisor de ondas hercianas que sirve para orientar a los aviones o barcos mediante determinadas señales.

radiofonía. F. Sistema de comunicación por medio de ondas hercianas.

radiofónico, ca. ADJ. **1.** Perteneciente o relativo a la radiofonía. *Emisora radiofónica.* || **2.** Que se difunde por radiofonía. *Entrevista radiofónica.*

radiofonista. COM. Persona que trabaja en el servicio de instalaciones de radiotelefonía.

radiofrecuencia. F. Cada una de las frecuencias de las ondas electromagnéticas empleadas en la radiocomunicación.

radiofuente. F. *Astr.* Objeto que emite parte de su radiación en el espectro de las radiofrecuencias.

radiogalaxia. F. *Astr.* Galaxia que emite parte de sus radiaciones en el espectro de las radiofrecuencias.

radiogoniómetro. M. *Electr.* Aparato receptor que permite determinar la dirección de una señal radioeléctrica.

radiograbador. M. *Á. R. Plata.* radiocasete.

radiograbadora. F. *Á. R. Plata.* radiocasete.

radiografía. F. **1.** Procedimiento para hacer fotografías del interior de un cuerpo, por medio de los rayos X. || **2.** Fotografía obtenida por este procedimiento. || **3.** Descripción o análisis detallado. *Una excelente radiografía social de la época.*

radiografiar. TR. **1.** Hacer fotografías por medio de los rayos X. || **2.** Hacer una descripción o un análisis detallado de algo o alguien. *Radiografió todos sus gestos.* ¶ MORF. conjug. c. *enviar.*

radiográfico, ca. ADJ. Perteneciente o relativo a la radiografía.

radiograma. M. radiotelegrama.

radiogramola. F. Mueble cerrado en forma de armario, que contiene un aparato receptor de radio y un gramófono eléctrico sin bocina exterior.

radioinmunoensayo. M. *Biol.* Técnica inmunológica de determinación cuantitativa de antígenos o anticuerpos mediante el empleo de reactivos marcados con isótopos radiactivos.

radioisótopo. M. *Fís.* Isótopo radiactivo de un elemento químico.

radiola. F. *Á. Andes.* radiogramola.

radiolario, ria. ADJ. *Zool.* Se dice de los protozoos marinos de la clase de los Rizópodos, con una membrana que divide el citoplasma en dos zonas concéntricas, de las que la exterior emite pseudópodos finos, largos y unidos entre sí que forman redes. Pueden vivir aislados, pero a veces están reunidos en colonias, y en su mayoría tienen un esqueleto formado por finísimas agujas o varillas silíceas, sueltas o articuladas entre sí. U. t. c. s. m. ORTOGR. En m. pl., escr. con may. inicial c. taxón. *Los Radiolarios.*

radiolocalización. F. **1.** *Electr.* Técnica para determinar la posición y velocidad de un objeto mediante el radar. || **2.** *Electr.* Técnica para determinar la posición de un objeto o animal al que se ha incorporado un emisor radioeléctrico.

radiología. F. *Med.* Estudio de la aplicación terapéutica de los distintos tipos de radiaciones, como los rayos X, los rayos gamma o los ultrasonidos, y de su utilización en el diagnóstico y tratamiento de las enfermedades.

radiológico, ca. ADJ. *Med.* Perteneciente o relativo a la radiología. *Estudio radiológico.*

radiólogo, ga. M. y F. Especialista en radiología.

radiometría. F. *Fís.* Detección y medida de los campos de radiación y sus magnitudes.

radionavegación. F. *Electr.* Sistema de navegación aérea o marítima guiada por ondas electromagnéticas emitidas por radiofaros.

radionovela. F. Serial radiofónico.

radiorreceptor. M. Aparato empleado en radiotelegrafía y radiotelefonía para recoger y transformar en señales o sonidos las ondas emitidas por el radiotransmisor.

radioscopia. F. Examen del interior del cuerpo humano y, en general, de los cuerpos opacos, por medio de la imagen que proyectan en una pantalla al ser atravesados por los rayos X.

radioscópico, ca. ADJ. Perteneciente o relativo a la radioscopia.

radioso, sa. ADJ. Que despide rayos de luz. *Sol radioso.*

radiosonda. F. *Meteor.* Aparato eléctrico, transportado por un globo y dotado de una pequeña emisora, que transmite a la superficie terrestre los valores de temperatura, presión y humedad de la atmósfera.

radiotaxi. M. Taxi dotado de un aparato de radio emisor y receptor.

radioteatro. M. Á. R. *Plata.* **radionovela.**

radiotecnia. F. Técnica relativa a la telecomunicación por radio así como a la construcción, manejo y reparación de aparatos emisores o receptores.

radiotécnico, ca. I. ADJ. **1.** Perteneciente o relativo a la radiotecnia. *Informe radiotécnico.* ‖ II. M. y F. **2.** Persona versada o especializada en radiotecnia.

radiotelefonía. F. Sistema de comunicación telefónica por medio de ondas hercianas.

radiotelefónico, ca. ADJ. Perteneciente o relativo a la radiotelefonía.

radioteléfono. M. Teléfono sin hilos, en el que la comunicación se establece por ondas electromagnéticas.

radiotelegrafía. F. Sistema de comunicación telegráfica por medio de ondas hercianas.

radiotelegráfico, ca. ADJ. Perteneciente o relativo a la radiotelegrafía.

radiotelegrafista. COM. Persona que se encarga de la instalación, conservación y servicio de aparatos de radiocomunicación.

radiotelegrama. M. Telegrama cuyo origen o destino es una estación móvil, transmitido, en todo o parte de su recorrido, por las vías de radiocomunicación.

radiotelescopio. M. Instrumento que sirve para detectar las señales emitidas por los objetos celestes en el dominio de las radiofrecuencias.

radioterapeuta. COM. Persona especializada en radioterapia.

radioterapéutico, ca. ADJ. *Med.* Perteneciente o relativo a la radioterapia.

radioterapia. F. *Med.* Tratamiento de las enfermedades, y especialmente del cáncer, mediante radiaciones.

radiotoxicidad. F. *Med.* Toxicidad de origen radiactivo.

radiotóxico, ca. ADJ. *Med.* Que produce radiotoxicidad.

radiotransmisor. M. Aparato empleado en radiotelegrafía y radiotelefonía para producir y enviar las ondas portadoras de señales o de sonidos.

radioyente. COM. Persona que oye la radio.

radón. M. Elemento químico radiactivo de núm. atóm. 86. Gas noble presente en el aire en pequeñísima cantidad, incoloro, muy pesado y radiotóxico. Se usa en radioterapia, y como indicio de la existencia de uranio y de la inminencia de actividades sísmicas. (Símb. *Rn*).

raedera. F. **1.** Instrumento para raer. ‖ **2.** Azada pequeña, de pala semicircular, muy usada en las minas para recoger el mineral y los escombros, llenar espuertas, etc.

raedura. F. Parte menuda que se rae de algo. U. m. en pl.

raer. TR. **1.** Raspar una superficie quitando pelos, sustancias adheridas, pintura, etc., con un instrumento áspero o cortante. ‖ **2.** Extirpar enteramente algo, como un vicio o una mala costumbre. *Raer de la memoria su desgraciada infancia.* ¶ MORF. conjug. c. *caer*, salvo la 1.ª persona del presente de indicativo (*raigo* o *rayo*) y el presente de subjuntivo (*raiga* o *raya, raigas* o *rayas...*).

rafa. F. Pilar que se injiere en una pared para reforzarla o reparar una grieta.

ráfaga. F. **1.** Viento fuerte, repentino y de corta duración. ‖ **2.** Golpe de luz vivo o instantáneo. ‖ **3.** *Mil.* Conjunto de proyectiles que en sucesión rapidísima lanza un arma automática, cambiando convenientemente la puntería para cubrir por completo el blanco del tiro. *Ráfaga de ametralladora.*

rafe. AMB. *Bot.* En algunas semillas, cordoncillo saliente que forma el funículo.

rafia. F. **1.** Se usa como nombre para referirse a un género de palmeras de África y América que dan una fibra muy resistente y flexible. ‖ **2.** Esta fibra.

raglan o **raglán.** □ V. **manga ~.**

ragú. M. Guiso de carne con patatas y verduras. MORF. pl. **ragús.**

rahez. ADJ. Vil, bajo, despreciable. *Lenguaje rahez.*

raicilla. F. *Bot.* Cada una de las ramificaciones del cuerpo principal de la raíz de una planta.

raid. M. **1.** Prueba deportiva en la que los participantes miden su resistencia y la de los vehículos o animales con los que participan recorriendo largas distancias. ‖ **2.** Incursión militar, generalmente aérea. ¶ MORF. pl. **raides** o **raids.**

raído, da. PART. de **raer.** ‖ ADJ. Dicho de una tela o de un vestido: Muy gastados por el uso, aunque no rotos.

raigal. ADJ. Perteneciente o relativo a la raíz. *Vínculos raigales.*

raigambre. F. **1.** Conjunto de raíces de los vegetales, unidas y trabadas entre sí. ‖ **2.** Conjunto de antecedentes, intereses, hábitos o afectos que hacen firme y estable algo o que ligan a alguien a un sitio.

raigón. M. Raíz de las muelas y de los dientes.

raíl. M. Carril de las vías férreas.

raíz. F. **1.** *Bot.* Órgano de las plantas que crece en dirección inversa a la del tallo, carece de hojas e, introducido en tierra o en otros cuerpos, absorbe de estos o de aquella las materias necesarias para el crecimiento y desarrollo del vegetal y le sirve de sostén. ‖ **2.** Parte inferior o pie de cualquier cosa. *La raíz del pelo.* ‖ **3.** Causa u origen de algo. *La raíz de un problema.* ‖ **4.** Finca, tierra, edificio, etc. U. m. en pl. ‖ **5.** *Gram.* Conjunto de fonemas mínimo e irreductible que comparten las palabras de una misma familia; p. ej., *am-* en *amado, amable, amigo, amor,* etc. ‖ **6.** *Mat.* Cada uno de los valores que puede tener la incógnita de una ecuación. ‖ **7.** *Mat.* Cantidad que se multiplica por sí misma una o más veces para obtener un número determinado. ‖ **8.** *Zool.* Parte de los dientes de los vertebrados que está engastada en los alvéolos. ‖ **~ cuadrada.** F. *Mat.* Cantidad que se multiplica por sí misma una vez para obtener un número determinado. ‖ **~ cúbica.** F. *Mat.* Cantidad que se multiplica por sí misma dos veces para obtener un número determinado. ‖ **~ irracional.** F. *Mat.* raíz o cantidad radical que no puede expresarse exactamente con números enteros ni fraccionarios. ‖ **a ~ de. I.** LOC. PREPOS. **1. a causa de.** ‖ **II.** LOC. PREPOS. **2.** Con proximidad, inmediatamente después de. *A raíz de la conquista de Granada.* ‖ **de ~.** LOC. ADV. **1.** Desde los principios y del todo, quitando los inconvenientes que pueden resultar de algo y la causa de donde provienen. *Cortar, arrancar de raíz.* ‖ **2.** Enteramente, o desde el principio de algo. ‖ **echar raíces.** LOC. VERB. **1.** Fijarse, establecerse en un lugar. ‖ **2.** Dicho especialmente de una pasión: Afirmarse o arraigarse. ‖ **tener raíces** algo. LOC. VERB. Ofrecer resistencia al apartarlo de donde está o al cambiar su estado. □ V. **bienes raíces.**

raja¹. F. **1.** Hendidura o abertura de algo. ‖ **2.** Pedazo que se corta a lo largo o a lo ancho de un fruto o de algunos otros comestibles, como un melón, una sandía, un queso, etc. ‖ **3.** Una de las partes de un leño que resultan de abrirlo a lo largo con un hacha, una cuña u otro instrumento. ‖ **hacer ~s** algo. LOC. VERB. Dividirlo, repartiéndolo entre varios interesados o para diversos usos.

raja². **~ de Florencia.** F. hist. Especie de paño muy fino y caro que venía de Italia.

rajá. M. hist. Soberano índico. MORF. pl. **rajás.** ‖ **como un ~.** LOC. ADV. coloq. Con lujo y opulencia.

rajadura. F. Acción y efecto de rajar o rajarse.

rajar. I. TR. **1.** Hender, partir, abrir. U. t. c. prnl. *Rajar un melón.* ‖ **2.** coloq. Herir con arma blanca. *Dame todo lo que llevas encima o te rajo.* ‖ **II.** INTR. **3.** coloq. Hablar mucho. ‖ **4.** *Am.* Hablar mal de alguien, desacreditarlo. ‖ **III.** PRNL. **5.** coloq. Volverse atrás, acobardarse o desistir de algo a última hora.

rajatabla. a ~. LOC. ADV. coloq. Cueste lo que cueste, a toda costa, a todo trance, sin remisión.

rajuela. F. Piedra delgada y sin labrar que se emplea en obras de poca importancia.

ralea. F. **1.** Especie, género, cualidad. ‖ **2.** despect. Raza, casta o linaje de una persona.

ralear. INTR. Dicho de una cosa: Hacerse rala, perdiendo la densidad, opacidad o solidez que tenía. U. t. c. tr. *El viento ralea las zarzas.*

ralentí. M. **1.** Número de revoluciones por minuto a que debe funcionar un motor de explosión para mantenerse en funcionamiento. ‖ **2.** *Cinem.* **cámara lenta.** ¶ MORF. pl. **ralentís** o **ralentíes.** ‖ **al ~.** LOC. ADJ. Dicho de una actividad: Mantenida a un ritmo inferior al normal. *Negociaciones al ralentí.* U. t. c. loc. adv. *Jugó al ralentí.*

ralentización. F. Acción y efecto de ralentizar.

ralentizar. TR. **lentificar.**

rallador. M. Utensilio de cocina, compuesto principalmente de una chapa de metal, curva y llena de agujeros de borde saliente, que sirve para desmenuzar el pan, el queso, etc., restregándolos con él.

ralladura. F. Cosa que queda rallada.

rallar. TR. **1.** Desmenuzar algo restregándolo con el rallador. *Rallar el queso.* ‖ **2.** coloq. Molestar, fastidiar con importunidad y pesadez.

rallo. M. Especie de botijo con boca ancha de agujeros pequeños.

ralo, la. ADJ. Dicho de una cosa: Cuyos componentes, partes o elementos están separados más de lo regular en su clase. *Cabello ralo.*

rama¹. F. **1.** Cada una de las partes que nacen del tronco o tallo principal de la planta y en las cuales brotan por lo común las hojas, las flores y los frutos. ‖ **2.** Serie de personas que traen su origen en el mismo tronco. *La rama andaluza de su familia.* ‖ **3.** Parte secundaria de algo, que nace o se deriva de otra cosa principal. *La rama más integrista de la secta.* ‖ **4. ramo** (‖ parte en que se divide una ciencia, un arte, una industria, etc.). ‖ **5.** *Am.* En el constitucionalismo iberoamericano, cada uno de los poderes del Estado. *Rama ejecutiva, judicial.* ‖ **andarse,** o **irse,** alguien **por las ~s.** LOCS. VERBS. coloqs. Detenerse en lo menos sustancial de un asunto, dejando lo más importante.

rama². F. *Impr.* Cerco de hierro cuadrangular con que se ciñe el molde que se va a imprimir, apretándolo con varias cuñas o tornillos.

rama³. en ~. LOC. ADV. **1.** Se usa para designar el estado de ciertas materias antes de recibir su última aplicación o manufactura. *Algodón en rama.* ‖ **2.** Se usa para referirse a los ejemplares de una obra impresa que aún no se han encuadernado. □ V. **canela en ~, cupones en ~.**

ramadán. M. Noveno mes del año lunar de los musulmanes, quienes durante sus 30 días observan riguroso ayuno.

ramaje. M. Conjunto de ramas o ramos.

ramal. M. **1.** Cada uno de los cabos de que se componen las cuerdas, sogas, pleitas y trenzas. ‖ **2.** Ronzal asido a la cabezada de una caballería. ‖ **3.** Cada uno de los diversos tramos que concurren en la misma meseta de una escalera. ‖ **4.** Parte que arranca de la línea principal de un camino, acequia, mina, cordillera, etc. ‖ **a ~ y media manta.** LOC. ADV. Con pobreza y escasez.

ramalazo. M. Arranque de locura, dolor u otros estados.

ramalera. F. Cada uno de los cordeles de cáñamo que sirven de riendas a la caballería de tiro. U. m. en pl.

ramasco. M. Rama pequeña.

ramazón. F. Conjunto de ramas separadas de los árboles.

rambla. F. **1.** Lecho natural de las aguas pluviales cuando caen copiosamente. ‖ **2.** Suelo por donde las aguas pluviales corren cuando son muy copiosas. ‖ **3.** En Cataluña y otras zonas de Levante, calle ancha y con árboles, generalmente con andén central. ‖ **4.** *Á. R. Plata.* Avenida que bordea la costa de un lago, un río o el mar.

ramblazo. M. Sitio por donde corren las aguas de los turbiones y avenidas.

ramblizo. M. **ramblazo.**

rameado, da. ADJ. Dicho de un dibujo o de una pintura: Que representan ramos.

rámeo, a. ADJ. *Bot.* Perteneciente o relativo a la rama. *Hojas rámeas.*

ramera. F. prostituta.

ramería. F. **1.** Casa de prostitutas. ‖ **2.** Actividad, comercio de las prostitutas.

ramificación. F. **1.** Acción y efecto de ramificar o ramificarse. ‖ **2.** *Anat.* División y extensión de las venas, arterias o nervios, que, como ramas, nacen de un mismo principio o tronco.

ramificar. I. INTR. **1.** Dicho de un árbol, de un arbusto, etc.: Echar ramas. ‖ **II.** PRNL. **2.** Dicho de una cosa: Dividirse en ramas. *El partido político se ramifica en tres grupos.*

ramilla. F. Rama de tercer orden o que sale inmediatamente del ramo.

ramillete. M. **1.** Ramo pequeño de flores o hierbas olorosas formado artificialmente. ‖ **2.** Conjunto pequeño de personas o cosas selectas. ‖ **3.** *Bot.* Conjunto de flores que forman una cima contraída como las de la ambrosía.

ramilletero, ra. **I.** M. y F. **1.** Persona que hace o vende ramilletes. ‖ **II.** M. **2.** florero (‖ vaso para flores).

ramio. M. Planta de la familia de las Urticáceas, con tallos herbáceos y ramosos que crecen hasta tres metros de altura, hojas alternas, casi aovadas, dentadas, puntiagudas, de pecíolo muy grande, color verde oscuro por el haz y vellosas por el envés, flores verdes de grupos axilares, y fruto elipsoidal algo carnoso. Es propia de las Indias Orientales, y se utiliza como textil en Europa.

ramirense. ADJ. Propio o característico del estilo arquitectónico correspondiente al reinado del monarca asturiano Ramiro I.

ramnáceo, a. A. ADJ. *Bot.* Se dice de los árboles y arbustos dicotiledóneos, a veces espinosos, de hojas sencillas, alternas u opuestas, con estípulas caducas o aguijones persistentes, flores pequeñas, solitarias o en racimo y fruto de drupa; p. ej., el cambrón, la aladierna y el azufaifo. U. t. c. s. f. ORTOGR. En f. pl., escr. con may. inicial c. taxón. *Las Ramnáceas.*

ramo. M. **1.** Rama de segundo orden o que sale de la rama madre. ‖ **2.** Conjunto o manojo de flores, ramas o hierbas o de unas y otras cosas, natural o artificial. ‖ **3.** Cada una de las partes en que se considera dividida una ciencia, arte, industria, etc. *Ramo del saber. Ramo de la Administración pública. Ramo de mercería.* □ V. **Domingo de Ramos.**

ramojo. M. Conjunto de ramas cortadas de los árboles, especialmente cuando son pequeñas y delgadas.

ramón. M. **1.** Ramojo que cortan los pastores para apacentar los ganados en tiempo de muchas nieves o de rigurosa sequía. ‖ **2.** Ramaje que resulta de la poda de los olivos y otros árboles.

ramonear. INTR. Dicho de los animales: Pacer las hojas y las puntas de los ramos de los árboles, ya sean cortadas antes o en pies tiernos de poca altura.

ramoneo. M. Acción de ramonear.

ramoso, sa. ADJ. Que tiene muchos ramos o ramas. *Arbusto, tallo ramoso.*

rampa¹. F. Calambre de los músculos.

rampa². F. **1.** Plano inclinado dispuesto para subir y bajar por él. ‖ **2.** Terreno en pendiente.

rampante. ADJ. **1.** Ascendente, creciente. *Inflación rampante.* ‖ **2.** Trepador, ambicioso sin escrúpulos. *Los rampantes usureros que acumulan fortunas.* ‖ **3.** *Arq.* Dicho de una bóveda: En rampa, con las impostas oblicuas o a distinto nivel. U. t. c. s. m. ‖ **4.** *Heráld.* Se dice del león o de otro animal cuando está en el campo del escudo de armas con la mano abierta y las garras tendidas en ademán de agarrar o asir.

rampar. INTR. **1.** Trepar, alzarse, encaramarse. ‖ **2.** Reptar, deslizarse como los reptiles.

ramplón, na. ADJ. Vulgar, chabacano. *Poesía ramplona. Crítico ramplón.*

ramplonería. F. **1.** Cualidad de ramplón. ‖ **2.** Dicho o hecho ramplón.

rana. F. **1.** Batracio del orden de los Anuros, de unos ocho a quince centímetros de largo, con el dorso de color verdoso manchado de oscuro, verde, pardo, etc., y el abdomen blanco, boca con dientes y pupila redonda o en forma de rendija vertical. Se conocen diversas especies, algunas muy comunes en España, y todas ellas, muy ágiles y buenas nadadoras, viven de adultas en las inmediaciones de aguas corrientes o estancadas y se alimentan de animalillos acuáticos o terrestres. ‖ **2.** Juego que consiste en introducir desde cierta distancia una chapa o moneda por la boca abierta de una rana de metal colocada sobre una mesa, o por otras ranuras convenientemente dispuestas. ‖ **cuando las ~s críen pelo.** EXPR. coloq. Se usa para dar a entender el tiempo remoto en que se ejecutará algo, o que se duda de la posibilidad de que suceda. ‖ **salir ~** alguien o algo. LOC. VERB. coloq. **defraudar.** □ V. **apio de ~s, hombre ~.**

rancagüino, na. ADJ. **1.** Natural de Rancagua. U. t. c. s. ‖ **2.** Perteneciente o relativo a esta ciudad de Chile, capital de la provincia de Cachapoal.

ranchera. F. Canción y danza populares de diversos países de Hispanoamérica.

ranchería. F. Conjunto de chozas o casas pobres con techumbre de ramas o paja, fuera de poblado.

rancherío. M. *Á. R. Plata* y *Chile.* Conjunto desordenado y miserable de viviendas precarias en las zonas rurales.

ranchero, ra. **I.** ADJ. **1.** Perteneciente o relativo al rancho. *Territorio ranchero.* ‖ **2.** *Méx.* **tímido.** U. t. c. s. ‖ **II.** M. y F. **3.** Persona que guisa el rancho y cuida de él. ‖ **4.** Persona que gobierna un rancho.

rancho. M. **1.** Comida que se hace para muchos en común, y que generalmente se reduce a un solo guisado; p. ej., la que se da a los soldados y a los presos. ‖ **2.** Granja característica de América donde se crían caballos y otros cuadrúpedos. ‖ **3.** *Mar.* Lugar determinado en las embarcaciones, donde se aloja a los individuos de la dotación. *Rancho del armero.* ‖ **4.** *Mar.* Cada una de las divisiones que se hacen de la marinería para el buen orden y disciplina en los buques de guerra, para alternarse en las faenas y servicios. ‖ **5.** *Mar.* Provisión de comida que embarca el comandante o los individuos que forman rancho. ‖ **hacer ~ aparte** alguien. LOC. VERB. coloq. Alejarse o separarse de los demás personas en actos o en cosas que pudieron ser comunes a todos.

ranciar. TR. Poner rancio. U. m. c. prnl. MORF. conjug. c. *anunciar.*

rancidez. F. Cualidad de rancio.

ranciedad. F. **1.** Cualidad de rancio del vino y de los comestibles. ‖ **2.** Cualidad de rancio de las cosas antiguas y de las personas apegadas a ellas.

rancio, cia. **I.** ADJ. **1.** Se dice del vino y de los comestibles grasientos que con el tiempo adquieren sabor y olor más fuertes, mejorándose o echándose a perder. ‖ **2.** Se dice de las cosas antiguas y de las personas apegadas a ellas. *Rancia estirpe. Filósofo rancio.* ‖ **II.** M. **3.** Cualidad de rancio.

rand. M. Unidad monetaria de Sudáfrica. MORF. pl. **rands.**

randa. F. **1.** Guarnición de encaje con que se adornan los vestidos, la ropa blanca y otras cosas. ‖ **2.** Encaje de bolillos.

ranglan o **ranglán.** □ V. **manga ~.**

rango. M. **1.** Categoría de una persona con respecto a su situación profesional o social. ‖ **2.** Nivel o categoría. *Una ley de rango constitucional.* ‖ **3.** Situación social elevada. *Persona de rango.* ‖ **4.** *Estad.* Amplitud de la variación de un fenómeno entre un límite menor y uno mayor claramente especificados.

rangoso, sa. ADJ. *Chile.* Desprendido, dadivoso.

ranilla. F. Parte del casco de las caballerías más flexible que el resto, de forma piramidal, situada entre las dos partes blandas de aquel.

rano. M. Macho de la rana.

ranquel. **I.** ADJ. **1.** hist. Se dice del individuo de un pueblo amerindio del grupo tehuelche fusionado con los araucanos que, entre los siglos XVIII y XIX habitó las llanuras del noroeste de La Pampa, el sureste de San Luis y el sur de Córdoba, en la Argentina. U. t. c. s. ‖ **2.** hist. Perteneciente o relativo a los ranqueles. *Cultura ranquel.* ‖ **II.** M. **3.** Lengua de los ranqueles, que es un dialecto del araucano o mapuche.

ranunculáceo, a. ADJ. *Bot.* Se dice de las plantas angiospermas dicotiledóneas, arbustos o hierbas, con hojas por lo común alternas, simples, sin estípulas, de pecíolos abrazadores y márgenes casi siempre cortadas de varios modos, flores de colores brillantes, solitarias o agrupadas en racimo o en panoja, y fruto seco y a veces carnoso, con semillas de albumen córneo; p. ej., la anémona, el acónito y la peonía. U. t. c. s. f. ORTOGR. En f. pl., escr. con may. inicial c. taxón. *Las Ranunculáceas.*

ranúnculo. M. Planta herbácea anual, de la familia de las Ranunculáceas, con tallo hueco, ramoso, de dos a seis decímetros de altura, hojas partidas en tres lóbulos, muy hendidos en las inferiores, y enteros, casi lineales, en las superiores, flores amarillas y fruto seco. Es común en los terrenos húmedos de España y tiene jugo acre muy venenoso. Hay diversas especies.

ranura. F. **1.** Surco estrecho y largo que se abre en un madero, piedra u otro material, para hacer una ensambladura, guiar una pieza móvil, etc. ‖ **2. hendidura.**

raña¹. F. Instrumento para pescar pulpos en fondos de roca, formado por una cruz de madera o hierro erizada de garfios, que se echa al agua con una piedra.

raña². F. Terreno de monte bajo.

raño. M. Garfio de hierro con mango largo de madera, que sirve para arrancar de las peñas las ostras, lapas, etc.

rap. M. Estilo musical de origen afroamericano en que, con un ritmo sincopado, la letra, de carácter provocador, es más recitada que cantada. U. t. c. adj. MORF. pl. **raps.** *Canciones raps.*

rapacejo. M. **1.** Parte central de hilo, cáñamo o algodón, sobre la cual se tuerce estambre, seda o metal para formar los cordoncillos de los flecos. ‖ **2.** Fleco liso.

rapacería. F. **1.** Condición de quien es dado al robo o al hurto. ‖ **2. robo** (‖ acción y efecto de robar).

rapacidad. F. Condición de quien es dado al robo o al hurto.

rapada. □ V. **cabeza ~.**

rapado. M. coloq. Corte de pelo muy corto.

rapadura. F. *Am. Cen.* y *Á. guar.* Azúcar mascabado en panes prismáticos o conos truncados.

rapagón. M. Mozo joven a quien todavía no ha salido la barba, y parece que está como rapado.

rapapolvo. M. coloq. Represión áspera.

rapar. TR. **1.** Cortar el pelo al rape. ‖ **2.** Rasurar o afeitar la barba. U. t. c. prnl.

rapaz. **I.** ADJ. **1.** Inclinado o dado al robo, hurto o rapiña. *Instinto rapaz.* ‖ **2.** *Zool.* Se dice de las aves de

presa, generalmente de los órdenes de las Falconiformes y Estrigiformes. ‖ **II.** M. **3.** Muchacho de corta edad. ‖ **III.** F. **4. ave de rapiña** (‖ ave carnívora). ‖ **rapaces diurnas.** F. pl. **Falconiformes.** ‖ **rapaces nocturnas.** F. pl. **Estrigiformes.** □ V. **ave ~.**

rapaza. F. Muchacha de corta edad.

rape¹. M. coloq. Corte de la barba hecho deprisa y sin cuidado. *Le dieron un buen rape.* ‖ **al ~.** LOC. ADV. **1.** Dicho de cortar el pelo: Al límite. ‖ **2.** A la orilla o casi a raíz.

rape². M. **pejesapo.**

rapé. M. Tabaco de polvo, más grueso y más oscuro que el ordinario y elaborado con hoja cortada algún tiempo después de madurar.

rapel o **rápel.** M. En alpinismo, descenso rápido en el que se utiliza una cuerda doble sujeta en un anclaje por la que se desliza el deportista.

rapero, ra. ADJ. **1.** Perteneciente o relativo al rap. *Música rapera.* ‖ **2.** Que canta o baila música rap. *Intérprete rapero.* U. t. c. s.

rapidez. F. Cualidad de rápido.

rápido, da. **I.** ADJ. **1.** Que se mueve, se hace o sucede a gran velocidad, muy deprisa. *Vehículo muy rápido.* ‖ **2.** Que se hace a la ligera, sin profundizar. *Eché un vistazo rápido a la novela.* ‖ **II.** M. **3.** Corriente del río en los lugares donde la estrechez o inclinación del cauce se hace muy violenta e impetuosa. ‖ **4. tren rápido.** ‖ **III.** ADV. M. **5.** Con ímpetu, celeridad y presteza. *Volved rápido a casa.* □ V. **acero ~, cámara ~, comida ~, tren ~, vía ~.**

rapiña. F. Robo, expoliación o saqueo que se ejecuta arrebatando con violencia. □ V. **ave de ~.**

rapiñador, ra. ADJ. Que rapiña. Apl. a pers., u. t. c. s.

rapiñar. TR. Hurtar o quitar algo arrebatándolo.

rapónchigo. M. Planta perenne de la familia de las Campanuláceas, con tallos estriados de cuatro a seis decímetros de altura, hojas radicales oblongas, y lineales las del tallo, flores azules en panojas terminales, de corola en forma de campana, hendida en cinco puntas por el borde, fruto capsular y raíz blanca, fusiforme, carnosa y comestible. Es común en los terrenos montuosos.

raposa. F. **zorra** (‖ mamífero cánido).

raposero. □ V. **perro ~.**

raposo. M. **zorro** (‖ macho de la zorra).

rapsoda. **I.** M. **1.** hist. Recitador que en la Grecia antigua cantaba poemas de Homero u otras poesías épicas. ‖ **II.** COM. **2. poeta.** ‖ **3.** Recitador de versos.

rapsodia. F. Pieza musical formada con fragmentos de otras obras o con trozos de aires populares.

rapsódico, ca. ADJ. Perteneciente o relativo a la rapsodia o al rapsoda.

raptar. TR. **1.** Secuestrar, retener a alguien en contra de su voluntad, por lo general con el fin de conseguir un rescate. ‖ **2.** Sacar a una mujer, violentamente o con engaño, de la casa y potestad de sus padres y parientes.

rapto. M. **1.** Secuestro de personas, con el fin de conseguir un rescate. ‖ **2.** Impulso o arrebato. *Un rapto de locura.* ‖ **3.** Estado del alma dominada por un sentimiento de admiración y unión mística con Dios.

raptor, ra. **I.** ADJ. **1.** Que comete con una mujer el delito de rapto. *Dioses raptores.* U. t. c. s. ‖ **II.** M. y F. **2.** Persona que secuestra a otra, por lo general con el fin de obtener un rescate.

raque. M. Acto de recoger los objetos perdidos en las costas por algún naufragio o abandono de la carga. *Andar al raque.*

raquero, ra. M. y F. Ratero que hurta en puertos y costas.

raqueta. F. **1.** Pala de forma ovalada que se emplea para impulsar la pelota o el volante en juegos como el tenis, el bádminton, el *pimpón,* etc. ‖ **2.** Deportista que juega con raqueta. ‖ **3.** Juego de pelota en que se emplea la pala. ‖ **4.** Utensilio de madera en forma de raqueta, que se usa en las mesas de juego para mover el dinero de las apuestas. ‖ **5.** Objeto similar a una raqueta, que se pone en los pies para andar por la nieve. ‖ **6.** Desvío semicircular en una carretera para cambiar de dirección o de sentido. ‖ **7.** Conjunto de vías de circulación en distintos niveles para facilitar los cruces.

raquetazo. M. Golpe fuerte dado con una raqueta.

raquialgia. F. *Med.* Dolor a lo largo del raquis.

raquianestesia. F. *Med.* Anestesia producida por la inyección de un anestésico en el conducto raquídeo.

raquídeo, a. ADJ. *Biol.* Perteneciente o relativo al raquis. □ V. **bulbo ~, conducto ~.**

raquis. M. **1.** *Anat.* **columna vertebral.** ‖ **2.** *Bot.* y *Zool.* Raspa o eje de una espiga o pluma.

raquítico, ca. ADJ. **1.** Que padece raquitismo. U. t. c. s. ‖ **2.** Dicho de una persona: Muy delgada y débil. *Ha adelgazado tanto que está raquítico.* ‖ **3.** coloq. Dicho de una cosa: Muy pequeña o escasa. *Nos pusieron unas raciones raquíticas.*

raquitismo. M. *Med.* Enfermedad por lo común infantil, debida al defecto de vitamina D en la alimentación y consistente en trastornos del metabolismo del calcio, que se manifiestan por deformación de los huesos y debilidad general.

raquítomo. M. *Med.* Instrumento para abrir el conducto vertebral sin interesar la médula.

rara. F. *Am. Mer.* Ave del tamaño de la codorniz, con el pico grueso y dentado, de color gris oscuro por el lomo, blanquecino por el vientre y negro en las puntas de las alas. Se alimenta de plantas tiernas, por lo cual es dañosa en las huertas y sembrados.

rara avis. (Locución latina). AMB. coloq. Persona o cosa conceptuada como singular excepción de una regla cualquiera. U. m. c. f.

rarámuri. M. Lengua hablada por los tarahumaras.

rarefacción. F. Acción y efecto de hacer menos denso un cuerpo gaseoso.

rareza. F. **1.** Cualidad de raro. ‖ **2.** Cosa rara. ‖ **3.** Acción característica de la persona rara o extravagante.

rarificar. TR. Hacer menos denso un cuerpo gaseoso, enrarecer. U. t. c. prnl.

raro, ra. ADJ. **1.** Que se comporta de un modo no habitual. *Se ha vuelto muy rara; no quiere ni salir a la calle.* ‖ **2.** Extraordinario, poco común o frecuente. *Había algo raro en sus ojos.* ‖ **3.** Escaso en su clase o especie. *Es un raro ejemplar, difícil de encontrar.* ‖ **4.** Insigne, sobresaliente o excelente en su línea. *Tenía una rara habilidad para la poesía.* ‖ **5.** Dicho principalmente de un gas enrarecido: Que tiene poca densidad y consistencia. □ V. **bicho ~, tierras ~s.**

ras. M. Igualdad en la superficie o la altura de las cosas. ‖ **a ~, o al ~.** LOCS. ADVS. Casi tocando, casi al nivel de una cosa.

rasante. **I.** ADJ. **1.** Que rasa. *Planeo rasante.* ‖ **II.** F. **2.** Línea de una calle o camino considerada en su inclina-ción o paralelismo respecto del plano horizontal. □ V. **vuelo ~.**

rasar. TR. **1.** Igualar con el rasero las medidas de trigo, cebada y otras cosas. ‖ **2.** Dicho de un cuerpo: Pasar rozando ligeramente con otro. *La bala rasó la pared.*

rascacielos. M. Edificio de gran altura y muchos pisos.

rascador. M. **1.** Instrumento que sirve para rascar la superficie de un metal, la piel, etc. ‖ **2.** hist. Especie de aguja larga adornada con piedras, que las mujeres se ponían en la cabeza.

rascadura. F. Acción y efecto de rascar.

rascamiento. M. Acción y efecto de rascar.

rascar. TR. **1.** Refregar o frotar fuertemente la piel con algo agudo o áspero, y por lo regular con las uñas. U. t. c. prnl. ‖ **2.** Limpiar algo con un rascador o una rasqueta. *Rascó la superficie antes de pintarlo.* ‖ **llevar,** o **tener, alguien qué ~.** LOCS. VERBS. coloqs. Haber recibido un mal que no puede remediarse pronto.

rascle. M. Arte usado para la pesca del coral.

rascón. M. Ave zancuda, del tamaño de una codorniz, con pico cónico comprimido lateralmente, alas puntiagudas, tarsos largos y gruesos, plumaje pardo negruzco con manchas cenicientas en el lomo, agrisado en la garganta y el abdomen, rojizo en las alas y la cola, y blanco amarillento en el borde de las plumas remeras. Vive y anida en los terrenos húmedos, y por acompañar a las codornices en sus migraciones, suele suponerse que les sirve de guía. Su carne es muy gustosa.

rasera. F. Paleta de metal, por lo común con varios agujeros, que se emplea en la cocina para volver los fritos y para otros fines.

rasero. M. Palo cilíndrico que sirve para rasar las medidas de los áridos y que, a veces, tiene forma de rasqueta. ‖ **por el mismo,** o **por un, ~.** LOCS. ADVS. Con rigurosa igualdad, sin la menor diferencia. *Medir por el mismo rasero.*

rasgada. F. *Méx.* **rasgadura** (‖ acción y efecto de rasgar).

rasgado, da. PART. de **rasgar**¹. ‖ **I.** ADJ. **1.** Dicho de un balcón o de una ventana: Grandes, que se abren mucho y tienen mucha luz. ‖ **II.** M. **2.** **rasgón.** □ V. **boca ~, ojos ~s.**

rasgador, ra. ADJ. Que rasga. *Manía rasgadora.*

rasgadura. F. **1.** Acción y efecto de **rasgar**¹. ‖ **2.** Rotura o rasgón de una tela.

rasgar¹. TR. Romper o hacer pedazos y sin el auxilio de ningún instrumento, cosas de poca consistencia, como tejidos, pieles, papel, etc. U. t. c. prnl.

rasgar². TR. Tocar la guitarra rozando a la vez varias cuerdas.

rasgo. M. **1.** Línea o trazo que se hace al escribir las letras. ‖ **2.** Expresión viva y oportuna. *Rasgo de humor.* ‖ **3.** Acción noble y digna de alabanza. *Rasgo heroico. Rasgo de humildad.* ‖ **4.** Facción del rostro. U. m. en pl. ‖ **5.** Peculiaridad, propiedad o nota distintiva. ‖ **~ diferencial, ~ distintivo, ~ pertinente,** o **~ relevante.** M. *Ling.* El que sirve para distinguir una unidad lingüística, especialmente un fonema, de otra u otras de la misma lengua; p. ej., en español los rasgos pertinentes del fonema consonántico *m* son *nasal, labial.* ‖ **a grandes ~s.** LOC. ADV. De un modo general, sin entrar en pormenores.

rasgón. M. Rotura de un vestido o tela.

rasgueado. M. Acción y efecto de rasguear.

rasguear. I. TR. **1.** Tocar la guitarra u otro instrumento rozando varias cuerdas a la vez con las puntas de los dedos. ‖ **II.** INTR. **2.** Hacer rasgos al escribir.

rasgueo. M. Acción y efecto de rasguear.

rasguñada. F. *Méx.* **rasguño.**

rasguñar. TR. Arañar o rascar algo, especialmente el cuero, con las uñas o con algún instrumento cortante.

rasguño. M. Herida pequeña o corte hecho con las uñas o a causa de un roce violento.

rasilla. F. Ladrillo hueco y más delgado que el corriente, empleado para forjar bovedillas y otras obras de fábrica.

rasmillar. TR. *Á. Andes* y *Chile.* Arañar ligeramente.

raso, sa. I. ADJ. **1.** Plano, liso, libre de estorbos. *Cumbre rasa.* Apl. a un terreno, u. t. c. s. m. ‖ **2.** Dicho de un asiento o de una silla: Que no tienen respaldo. ‖ **3.** Dicho de una persona: Que no tiene un título u otro elemento que la distinga. *Soldado raso.* ‖ **4.** Dicho de la atmósfera: Que está libre de nubes y nieblas. ‖ **5.** Que pasa o se mueve a poca altura del suelo. *Vuelo raso.* ‖ **6.** Completamente lleno, sin exceder los bordes. *Una cucharada rasa.* ‖ **II.** M. **7.** Tela de seda lustrosa, de más cuerpo que el tafetán y menos que el terciopelo. ‖ **al ~.** LOC. ADV. a la intemperie. □ V. campo ~, cielo ~.

raspa. F. **1.** En los pescados, cualquier espina, especialmente la columna vertebral. ‖ **2.** Filamento del cascabillo del grano del trigo y de otras gramíneas. ‖ **3.** *Bot.* Eje o pedúnculo común de las flores y frutos de una espiga o un racimo.

raspada. F. *Méx.* Acción y efecto de raspar.

raspadita. F. *Á. R. Plata.* Juego de azar que consiste en raspar la parte de un cartón donde puede aparecer algún premio.

raspado. M. **1.** Acción y efecto de raspar. ‖ **2.** *Med.* legrado. ‖ **3.** *Á. Caribe* y *Méx.* Refresco granizado.

raspador. M. Instrumento que sirve para raspar.

raspadura. F. **1.** Acción y efecto de raspar. ‖ **2.** Parte que raspando se quita de la superficie.

raspante. ADJ. Dicho especialmente del vino: Que raspa (‖ pica al paladar).

raspar. I. TR. **1.** Frotar ligeramente algo quitándole alguna parte superficial. *Raspó la pared con la paleta.* ‖ **2.** Pasar rozando. *La bala pasó raspando la ropa.* ‖ **II.** INTR. **3.** Dicho especialmente de un tejido áspero: Producir una sensación desagradable en la piel. *Estas camisas raspan.* ‖ **4.** Dicho del vino u otro licor: Picar al paladar.

raspilla. F. Planta herbácea de la familia de las Borragináceas, con tallos casi tendidos, angulares, con espinas pequeñas vueltas hacia abajo, hojas ásperas, estrechas por la base y aovadas por la parte opuesta, y flores azules, llamadas nomeolvides.

raspón. M. **rasponazo.**

rasponazo. M. Lesión o erosión superficial causada por un roce violento.

rasposo, sa. ADJ. **1.** Áspero al tacto o al paladar. *Sábanas rasposas.* ‖ **2.** Que tiene abundantes raspas. *Pescado rasposo.* ‖ **3.** De trato desagradable. *Carácter áspero y rasposo.*

rasqueta. F. **1.** Utensilio compuesto generalmente por un mango y una chapa de cantos afilados, que sirve para raspar ciertas superficies. ‖ **2.** *Am. Mer.* y *Ant.* almohaza.

rasquetear. TR. *Am. Mer.* Limpiar con rasqueta.

rasquiña. F. *Á. Caribe.* **comezón** (‖ picazón).

rasta. I. ADJ. **1.** **rastafari.** *Congregación rasta.* Apl. a pers., u. t. c. s. ‖ **II.** F. **2.** Cada una de las trenzas que componen el peinado característico de los rastafaris.

rastacuero. I. M. **1.** Vividor, advenedizo. ‖ **II.** COM. **2.** *Am.* Persona inculta, adinerada y jactanciosa.

rastafari. ADJ. **1.** Se dice de los seguidores de un movimiento religioso, social y cultural de origen jamaiquino que se caracteriza por transmitir sus creencias a través de la música, defender el consumo de marihuana y el uso de una indumentaria y un peinado característicos. U. t. c. s. ‖ **2.** Perteneciente o relativo a ese movimiento o a sus partidarios. *Cocina rastafari.*

rastra. F. **1.** **rastrillo** (‖ instrumento para recoger hierba). ‖ **2.** **narria.** ‖ **3.** **grada²**. ‖ **4.** Tabla que, arrastrada por una caballería, sirve para recoger la parva de la era. ‖ **5.** Cosa que va colgando y arrastrando. ‖ **6.** Entre ganaderos, cría de una res, y especialmente la que mama aún y sigue a su madre. ‖ **7.** *Mar.* Seno de cabo que se arrastra por el fondo del mar para buscar y sacar cierta clase de objetos sumergidos. ‖ **8.** *Á. R. Plata.* hist. Pieza, generalmente de plata, con la que el gaucho sujetaba el tirador, formada por una chapa central labrada y monedas o botones unidos a esta por medio de cadenas. ‖ **a la ~,** o **a ~s.** LOCS. ADVS. **1.** **arrastrando** (‖ llevando por el suelo). ‖ **2.** De mala gana, obligado o forzado.

rastreador, ra. ADJ. Que rastrea. Apl. a pers., u. t. c. s.

rastrear. TR. **1.** Seguir el rastro o buscar algo por él. *Rastrearon la zona hasta encontrarlo.* ‖ **2.** Llevar arrastrando por el fondo del agua una rastra, un arte de pesca u otra cosa. ‖ **3.** Inquirir, indagar, averiguar algo, discurriendo por conjeturas o señales. *Han rastreado la bibliografía existente.*

rastrel. M. *Arq.* Listón grueso de madera.

rastreo. M. Acción y efecto de rastrear.

rastrera. F. *Mar.* Ala del trinquete.

rastrero, ra. I. ADJ. **1.** Dicho de una cosa: Que va por el aire, pero casi tocando el suelo. *Humo rastrero.* ‖ **2.** Bajo, vil y despreciable. *Intenciones rastreras.* ‖ **3.** *Bot.* Dicho del tallo de una planta: Que, tendido por el suelo, echa raicillas de trecho en trecho. ‖ **II.** M. y F. **4.** Persona que trabaja en el **rastro** (‖ mercado callejero). □ V. sabina ~.

rastrilla. F. Rastrillo que tiene el mango en una de las caras estrechas del travesaño.

rastrillada. F. *Á. R. Plata.* Surco o huellas que en el suelo firme o sobre el pasto dejan los cascos de tropas de animales.

rastrillado. M. Acción y efecto de rastrillar.

rastrillar. TR. **1.** Recoger con el rastrillo la parva en las eras o la hierba segada en los prados. ‖ **2.** Pasar el rastrillo por los sembrados. ‖ **3.** Limpiar de hierba con el rastrillo las calles de los parques y jardines. ‖ **4.** Allanar la tierra con el rastrillo u otro utensilio semejante. *Los areneros rastrillan la arena de la plaza.* ‖ **5.** Limpiar el lino o cáñamo de la arista y estopa. ‖ **6.** *Á. R. Plata.* En operaciones militares o policiales, batir áreas urbanas o despobladas para reconocerlas o registrarlas.

rastrillo. M. **1.** Instrumento compuesto de un mango largo y delgado cruzado en uno de sus extremos por un travesaño armado de púas a manera de dientes, y que sirve para recoger hierba, paja, broza, etc. ‖ **2.** Tabla con muchos dientes de alambre grueso, a manera de carda, sobre los que se pasa el lino o cáñamo para apartar la estopa y separar bien las fibras. ‖ **3.** Verja o puerta de hierro que defiende la entrada de una fortaleza o de un establecimiento penitenciario. ‖ **4.** hist. Verja levadiza que defiende la entrada de las plazas de armas. ‖ **5.** Mercadillo que suele tener fines benéficos. ‖ **6.** *Méx.* **maquinilla.**

rastro. M. **1.** Vestigio o huella que queda de algo. ‖ **2.** **rastrillo** (‖ instrumento para recoger hierba). ‖ **3.** Herramienta a manera de azada, que en vez de pala tiene dientes fuertes y gruesos, y sirve para extender piedra partida y para usos análogos. ‖ **4.** Mercado callejero donde suelen venderse todo tipo de objetos viejos o nuevos.

rastrojal. M. **rastrojera.**

rastrojera. F. Conjunto de tierras que han quedado de rastrojo.

rastrojo. M. **1.** Residuo de las cañas de la mies, que queda en la tierra después de segar. ‖ **2.** El campo después de segada la mies y antes de recibir nueva labor. ‖ **3.** pl. Residuos que quedan de algo.

rasura. F. Acción y efecto de rasurar.

rasuración. F. Acción y efecto de rasurar.

rasuradora. F. *Méx.* **afeitadora.**

rasurar. TR. **afeitar** (‖ raer el pelo del cuerpo, especialmente el de la cara).

rata¹. I. F. **1.** Mamífero roedor, de unos 36 cm desde el hocico a la extremidad de la cola, que tiene hasta 16, con cabeza pequeña, hocico puntiagudo, orejas tiesas, cuerpo grueso, patas cortas, cola delgada y pelaje gris oscuro. Es animal muy fecundo, destructor y voraz, se ceba con preferencia en las sustancias duras, y vive por lo común en los edificios y embarcaciones. ‖ **2.** coloq. Persona despreciable. ‖ **II.** M. **3.** coloq. **ratero** (‖ ladrón que hurta cosas de poco valor). ‖ **III.** COM. **4.** coloq. Persona tacaña. ‖ **~ canguro.** F. *Méx.* Roedor marsupial campestre nocturno. ‖ **~ de agua.** F. Roedor del tamaño de la rata común, y como esta, con tres molares a cada lado de las mandíbulas, pero de cola corta y de costumbres acuáticas. Otra especie construye su vivienda bajo tierra y se la confunde con el topo, dándole este nombre. ‖ **hacer,** o **hacerse, la ~.** LOCS.VERBS. Á. R. *Plata.* Dejar de asistir a alguna parte contra lo debido o acostumbrado. ‖ **más pobre que las ~s,** o **que una ~.** LOCS.ADJS. coloqs. Sumamente pobre.

rata². F. Á. *Caribe.* Tanto por ciento.

ratafía. F. Rosoli en que entra zumo de ciertas frutas, principalmente de cerezas o de guindas.

rataplán. ONOMAT. Se usa para imitar el sonido del tambor.

ratear. TR. Hurtar con destreza y sutileza cosas pequeñas.

ratería. F. **1.** Hurto de cosas de poco valor. ‖ **2.** Vileza, bajeza o ruindad en los tratos o negocios.

rateril. ADJ. *Méx.* Perteneciente o relativo al **ratero** (‖ ladrón).

ratero, ra. ADJ. **1.** Dicho de un ladrón: Que hurta con maña y cautela cosas de poco valor. U. m. c. s. ‖ **2.** Bajo, vil, despreciable. *Debía adecentar sus rateras costumbres.*

raticida. M. Sustancia que se emplea para exterminar ratas y ratones.

ratificación. F. Acción y efecto de ratificar.

ratificar. TR. Aprobar o confirmar actos, palabras o escritos dándolos por valederos y ciertos. U. t. c. prnl.

ratificatorio, ria. ADJ. Que ratifica o denota ratificación. *Plebiscito ratificatorio.*

ratio. F. **razón** (‖ cociente de los números). U. t. c. m.

rato¹. □ V. **matrimonio ~.**

rato². M. **1.** Espacio de tiempo, especialmente cuando es corto. *Estuve esperando un rato. Voy a descansar un rato. Un rato de conversación. El rato del estudio.* ‖ **2.** Gusto o disgusto pasajeros. *Pasó un* BUEN *rato. Me has dado un* MAL *rato.* ‖ **buen ~.** M. coloq. Mucha o gran cantidad de algo. ‖ **~s perdidos.** M. pl. Aquellos en que uno se ve libre de ocupaciones obligatorias y puede dedicarse a otros quehaceres y tareas. *Estudiaba a ratos perdidos.* ‖ **a cada ~.** LOC.ADV. A cada momento, con gran frecuencia. ‖ **al poco ~, al ~,** o **a poco ~.** LOCS.ADVS. Poco después, al poco tiempo. ‖ **a ~s.** LOC.ADV. **de rato en rato.** ‖ **de ~ en ~.** LOC.ADV. Con algunas interrupciones. ‖ **para ~.** LOC.ADV. Por mucho tiempo, generalmente referido a lo venidero, y a veces a aquello cuya realización no parece probable. *Si esperas que el asunto se resuelva, tienes para rato. Eso va para rato.* ‖ **pasar el ~.** LOC.VERB. coloq. Ocupar un espacio de tiempo generalmente con algún entretenimiento. ‖ **un ~,** o **un ~ largo.** LOCS.ADVS. coloqs. **mucho** (‖ con abundancia). *Sabe un rato largo de geografía. Eso es un rato difícil.*

ratón. M. **1.** Mamífero roedor, de unos dos decímetros de largo desde el hocico hasta la extremidad de la cola, que tiene la mitad, de pelaje generalmente gris, muy fecundo y ágil y que vive en las casas, donde causa daño por lo que come, roe y destruye. Hay especies que habitan en el campo. ‖ **2.** *Inform.* Pequeño aparato manual conectado a una computadora u ordenador, cuya función es mover el cursor en la pantalla para dar órdenes. ‖ **~ almizclero.** M. Especie de **ratón** pequeño, arborícola, nocturno, que se alimenta sobre todo de avellanas. Pasa el invierno aletargado y huele ligeramente a almizcle. Vive en Europa, pero no en la península Ibérica. ‖ **~ de biblioteca.** M. Erudito que con asiduidad escudriña muchos libros. U. m. en sent. peyor. □ V. **oreja de ~.**

ratona. F. Hembra del ratón.

ratonar. TR. Dicho de los ratones: Morder o roer algo, como el queso, el pan, etc.

ratonera. F. **1.** Trampa en que se cogen o cazan los ratones. ‖ **2.** Agujero que hace el ratón en las paredes, arcas, etc., para entrar y salir por él. ‖ **3.** Madriguera de ratones. ‖ **4.** Trampa o engaño urdidos con el fin de coger a alguien. ‖ **caer** alguien **en la ~.** LOC.VERB. coloq. **caer en el lazo.**

ratonero, ra. ADJ. Perteneciente o relativo a los ratones. □ V. **águila ~.**

ratonil. ADJ. **ratonero.**

rauco, ca. ADJ. poét. Ronco, afónico. *Sonido rauco y anhelante.*

raudal. M. **1.** Caudal de agua que corre violentamente. ‖ **2.** Abundancia de cosas que rápidamente y como de repente concurren o se derraman. *Un raudal de desdichas.* ‖ **a ~es.** LOC.ADV. Con abundancia.

raudo, da. ADJ. Rápido, precipitado. *Vuelo raudo. Gentes raudas.*

raulí. M. *Chile.* Árbol de gran porte, de la familia de las Fagáceas, con hojas caedizas, oblongas, doblemente aserradas, pálidas en su cara interna, y fruto muy erizado. Es característico de los bosques andinos, y de valor forestal por su madera. MORF. pl. **raulíes** o **raulís.**

raviol. M. Á. R. *Plata.* **ravioli.** U. m. en pl.

ravioli. M. Pasta alimenticia de harina, que se hace en forma de pequeños cuadrados rellenos de picadillo, verduras, requesón, etc. U. m. en pl. MORF. pl. **raviolis.**

rawsense. ADJ. **1.** Natural de Rawson. U. t. c. s. ‖ **2.** Perteneciente o relativo a esta ciudad de la Argentina, capital de la provincia de Chubut.

raya[1]. F. **1.** Línea o señal larga y estrecha que por combinación de un color con otro, por pliegue o por hendidura poco profunda, se hace o se forma natural o artificialmente en un cuerpo cualquiera. ‖ **2.** Término, confín o límite de una nación, provincia, región o distrito. ‖ **3.** Término que se pone a algo, tanto en lo físico como en lo moral. ‖ **4.** Línea que resulta de separar porciones de cabello con el peine. ‖ **5.** Distintivo de un vino de Jerez del tipo de los olorosos, pero más basto y de fermentación incompleta. ‖ **6.** Pliegue vertical que se marca al planchar los pantalones y otras prendas de vestir. ‖ **7.** jerg. En el lenguaje de la droga, dosis de cocaína. ‖ **8.** Ortogr. Signo algo más largo que el guion, usado en lugar del paréntesis o para preceder a lo que cada personaje dice en un diálogo. ‖ **tres en ~.** F. pl. Juego consistente en llegar a colocar tres objetos en una de las líneas de las trazadas en un cuadro. ‖ **a ~.** LOC.ADV. Dentro de los justos límites. *Poner, tener a raya.* ‖ **hacer ~.** LOC.VERB. Aventajarse, esmerarse o sobresalir en algo. ‖ **pasar,** o **pasarse, de la ~,** o **de ~.** LOCS.VERBS. Propasarse o excederse en cualquier línea. ☐ V. **lista de ~, tienda de ~.**

raya[2]. F. **1.** Pez selacio del suborden de los Ráyidos, muy abundante en los mares españoles, cuyo cuerpo tiene la forma de un disco romboidal y puede alcanzar un metro de longitud, con aletas dorsales pequeñas y situadas en la cola, que es larga y delgada y tiene una fila longitudinal de espinas, y aleta caudal rudimentaria. ‖ **2.** Zool. Cada uno de los selacios pertenecientes al suborden de los Ráyidos.

rayadillo. M. Tela de algodón rayada.

rayado. M. **1.** Acción y efecto de rayar. ‖ **2.** Conjunto de rayas o listas de una tela, de un papel, etc. ☐ V. **cañón ~, disco ~, papel ~.**

rayador. M. Am. Mer. Ave que tiene el pico muy aplanado y delgado y la mandíbula superior mucho más corta que la inferior. Debe su nombre a que cuando vuela sobre el mar parece que va rayando el agua que roza con su cuerpo.

rayano, na. ADJ. **1.** Que confina o linda con algo. *Terrenos rayanos.* ‖ **2.** Que está en la raya que divide dos territorios. *Cordillera rayana.* ‖ **3.** Cercano, con semejanza que se aproxima a igualdad. *Una discreción rayana EN el mutismo.*

rayar. **I.** TR. **1.** Hacer o tirar rayas. *De pronto empieza a rayar furiosamente el papel.* ‖ **2.** Tachar lo manuscrito o impreso, con una o varias rayas. ‖ **3.** subrayar. ‖ **4.** Estropear o deteriorar una superficie lisa o pulida con rayas o incisiones. *Le han rayado la carrocería del automóvil.* U. t. c. prnl. *Se han rayado los lentes.* ‖ **II.** INTR. **5.** Dicho de una cosa: Confinar con otra. ‖ **6.** Amanecer, alborear. *Rayar el alba, el día, la luz, el sol.* ‖ **7.** Sobresalir o distinguirse entre otros en cualidades o acciones. ‖ **8.** Dicho de una cosa: Asemejarse a otra, acercarse a igualarla. *Esto raya EN lo ridículo.*

ráyido. ADJ. Zool. Se dice de los peces selacios que tienen el cuerpo deprimido, de forma discoidal o romboidal, con las aberturas branquiales en la cara inferior del cuerpo y con la cola larga y delgada; p. ej., la raya y el torpedo. U. t. c. s. m. ORTOGR. En m. pl., escr. con may. inicial c. taxón. *Los Ráyidos.*

rayo. M. **1.** Cada una de las líneas, generalmente rectas, que parten del punto en que se produce una determinada forma de energía y señalan la dirección en que esta se propaga. ‖ **2.** Línea de luz que procede de un cuerpo luminoso, y especialmente las que vienen del Sol. ‖ **3.** Chispa eléctrica de gran intensidad producida por descarga entre dos nubes o entre una nube y la tierra. ‖ **4.** Cada una de las piezas que, como los radios del círculo, unen el cubo a la llanta de una rueda. ‖ **5.** Persona pronta y ligera en sus acciones. *Es un rayo escribiendo a máquina.* ‖ **~ de luz.** M. **1.** Imagen o idea feliz que surge repentinamente. ‖ **2.** Ópt. Cada una de las líneas que componen un haz luminoso. ‖ **~ láser.** M. láser (‖ haz de luz). ‖ **~ verde.** M. Destello vivo e instantáneo que a veces se observa al trasponer el sol el horizonte del mar. ‖ **~s gamma,** o **~s γ.** M. pl. Ondas electromagnéticas extraordinariamente penetrantes, producidas en las transiciones nucleares o en la aniquilación de partículas. ‖ **~s X.** M. pl. Ondas electromagnéticas extraordinariamente penetrantes que atraviesan ciertos cuerpos, producidas por la emisión de los electrones internos del átomo. Originan impresiones fotográficas y se utilizan en medicina como medio de investigación y de tratamiento. ‖ **echar** alguien **~s.** LOC.VERB. Manifestar gran ira o enojo con acciones o palabras. ‖ **oler,** o **saber, a ~s** algo. LOCS.VERBS. Oler o saber muy mal. ‖ **mal ~ te, os, le,** etc., **parta.** EXPRS. coloqs. Se usan como amenaza. ☐ V. **piedra de ~, tubo de ~s catódicos.**

rayón. (Del inglés *Rayon,* marca reg.). M. **1.** Filamento textil obtenido artificialmente y cuyas propiedades son parecidas a las de la seda. ‖ **2.** Tela fabricada con este filamento.

rayuela. F. **1.** Juego en el que, tirando monedas o tejos a una raya hecha en el suelo y a cierta distancia, gana quien la toca o más se acerca a ella. ‖ **2.** Juego de muchachos que consiste en sacar de varias divisiones trazadas en el suelo un tejo al que se da con un pie, llevando el otro en el aire y cuidando de no pisar las rayas y de que el tejo no se detenga en ellas.

raza. F. **1.** Cada uno de los grupos en que se subdividen algunas especies biológicas y cuyos caracteres diferenciales se perpetúan por herencia. ‖ **2.** Casta o calidad del origen o linaje. ‖ **~ humana.** F. Conjunto de todos los seres humanos. ‖ **de ~.** LOC.ADJ. Dicho de un animal: Que pertenece a una raza seleccionada.

razia. F. **1.** Incursión, correría en país enemigo y sin más objeto que el botín. ‖ **2.** Batida, redada.

razón. F. **1.** Facultad de discurrir. ‖ **2.** Acto de discurrir el entendimiento. ‖ **3.** Palabras o frases con que se expresa el discurso. ‖ **4.** Argumento o demostración que se aduce en apoyo de algo. ‖ **5. motivo** (‖ causa). ‖ **6.** Justicia, rectitud en las operaciones, o derecho para ejecutarlas. ‖ **7.** coloq. Recado, mensaje, aviso. ‖ **8.** Mat. Cociente de dos números o, en general, de dos cantidades comparables entre sí. ‖ **~ aritmética.** F. Mat. Diferencia constante entre dos términos consecutivos de una progresión aritmética. ‖ **~ armónica.** F. Mat. La razón doble que vale –1; p. ej., (8, 12, 9, 6) = –1. ‖ **~ de Estado.** F. **1.** Política y regla con que se dirige y gobierna lo perteneciente al interés y utilidad de la república. ‖ **2.** Consideración de interés superior que se invoca en un Estado para hacer algo contrario a la ley o al derecho. ‖ **~ doble de cuatro números.** F. Mat. Cociente de las razones simples formadas por cada uno de los dos primeros y los otros dos; p. ej., (8, 6, 4, 3) = (8, 4, 3) / (6, 4, 3) = 6/5. || **~ geométrica.** F. *Mat.* Cociente constante entre dos términos consecutivos de una progresión geométrica. || **~ natural.** F. Potencia discursiva del hombre, desnuda de todo matiz científico que la ilustre. || **~ por cociente.** F. *Mat.* **razón geométrica.** || **~ por diferencia.** F. *Mat.* **razón aritmética.** || **~ simple de tres números.** F. *Mat.* Cociente de las diferencias entre el primero y cada uno de los otros; p. ej., (6, 4, 3) = (6–4) / (6–3) = 2/3. || **~ social.** F. *Com.* Nombre y firma por los cuales es conocida una compañía mercantil de forma colectiva, comanditaria o anónima. || **~ trigonométrica.** F. *Mat.* Relación entre los lados de un triángulo rectángulo; como el seno, el coseno, la secante y la tangente. || **a ~ de.** LOC. PREPOS. Indica la correspondencia de la cantidad que se expresa a cada una de las partes de que se trata. *A razón de tres por cabeza.* || **asistir la ~** a alguien. LOC.VERB. Tenerla de su parte. || **atender** alguien **a razones.** LOC.VERB. Quedar convencido por los argumentos que se le presentan. || **cargarse** alguien **de ~.** LOC.VERB. Tener mucha paciencia para proceder después con más fundamento. || **dar la ~** a alguien. LOC.VERB. Concederle lo que dice, confesarle que obra racionalmente. || **dar ~.** LOC.VERB. **noticiar.** || **dar** alguien **~ de sí.** LOC.VERB. Corresponder a lo que se le ha encargado o confiado, ejecutándolo exactamente. || **en ~ a, o ~ de.** LOCS. PREPOS. **1.** Con arreglo a, en función de. *Se riegan las plantas en razón de la humedad del ambiente.* || **2.** Por causa de. *Había grandes medidas de seguridad en razón de la amenaza terrorista.* || **3.** En lo relativo a, por lo que toca a. *Tanto en razón del fondo como de la forma.* || **entrar** alguien **en ~.** LOC.VERB. Darse cuenta de lo que es razonable. || **fuera de ~.** LOC. ADV. Sin justificación. || **llenarse** alguien **de ~.** LOC.VERB. **cargarse de razón.** || **meter** a alguien **en ~.** LOC. VERB. Obligarlo a obrar razonablemente. || **perder** alguien **la ~.** LOC.VERB. Volverse loco. || **ponerse en ~, o en la ~.** LOCS.VERBS. En los ajustes y conciertos, venir a términos equitativos. || **privarse** alguien **de ~.** LOC.VERB. Tener embargado el uso y ejercicio de ella por una pasión violenta o por otro motivo, especialmente la embriaguez. || **ser ~** algo. LOC.VERB. Ser justo, razonable. *¿No es razón que llore su desamparo?* || **tener ~.** LOC.VERB. Estar en lo cierto. || **tomar ~.** LOC.VERB. Asentar una partida en cuenta o hacer constar en un registro lo que en él debe copiarse, inscribirse o anotarse. □ V. **ente de ~, luz de la ~, uso de ~.**

razonable. ADJ. **1.** Conforme a razón. *Solución razonable.* || **2.** Mediano, regular, bastante en calidad o en cantidad. *Comida razonable.*

razonado, da. PART. de **razonar.** || ADJ. Fundado en razones, documentos o pruebas. *Análisis razonado. Cuenta razonada.*

razonador, ra. ADJ. Que explica y razona. U. t. c. s.

razonamiento. M. **1.** Acción y efecto de razonar. || **2.** Serie de conceptos encaminados a demostrar algo o a persuadir a oyentes o lectores.

razonar. **I.** INTR. **1.** Discurrir, ordenando ideas en la mente para llegar a una conclusión. *Antes de decidirte, razona un poco.* || **2.** Hablar dando razones para probar algo. *No razonó nada de lo expuesto.* || **II.** TR. **3.** Exponer, aducir las razones o documentos en que se apoyan dictámenes, cuentas, etc.

re. M. *Mús.* Segunda nota de la escala musical. MORF. pl. **res.**

reabierto, ta. PART. IRREG. de **reabrir.**

reabrir. TR. Volver a abrir lo que estaba cerrado. U. t. c. prnl. *Se reabrió su herida.* MORF. part. irreg. **reabierto.**

reabsorber. **I.** TR. **1.** Volver a absorber. || **II.** PRNL. **2.** *Med.* Dicho de un exudado: Desaparecer, espontánea o terapéuticamente, del lugar en que se había producido.

reabsorción. F. Acción y efecto de reabsorber.

reacción. F. **1.** Acción que resiste o se opone a otra acción, obrando en sentido contrario a ella. || **2.** Forma en que alguien o algo se comporta ante un determinado estímulo. *Mi reacción a su respuesta no se hizo esperar.* || **3.** Tendencia tradicionalista en lo político opuesta a las innovaciones. || **4.** Conjunto de los valedores y partidarios de esta tendencia. || **5.** Efecto secundario inmediato y patente de un medicamento o terapia. || **6.** *Biol.* Acción del organismo que trata de contrarrestar la influencia de un agente patógeno. || **7.** *Mec.* Fuerza, igual y opuesta, con que un cuerpo responde a la acción de otro sobre él. || **8.** *Quím.* Transformación de unos compuestos químicos en otros. || **~ en cascada.** F. *Biol.* Secuencia de reacciones en la que cada producto recién formado cataliza la transformación subsiguiente de otro. || **~ secundaria.** F. *Med.* **efecto secundario.** □ V. **avión de ~, motor de ~.**

reaccionar. INTR. **1.** Dicho de un ser: Actuar por reacción de la actuación de otro, o por efecto de un estímulo. *Los seres reaccionan favorablemente o en contra de un estímulo.* || **2.** Dicho de una persona: Empezar a recobrar la actividad fisiológica que parecía haber perdido. *El herido no reaccionaba.* || **3.** Dicho de una persona: Mejorar en su salud. *El enfermo reacciona por sí y por los medicamentos.* || **4.** Dicho de una cosa: Recobrar la actividad que había perdido. *La bolsa reaccionó gracias a las nuevas medidas económicas.* || **5.** En las guerras o luchas, defenderse o rechazar un ataque o agresión. *El agredido reaccionó en el acto.* || **6.** Oponerse a algo que se cree inadmisible. *El mundo reaccionará ante tal injusticia o error.* || **7.** *Quím.* Dicho de dos compuestos: Actuar entre sí, produciendo otro nuevo. *Por la acción de una sustancia reaccionan otras.*

reaccionario, ria. ADJ. **1.** Perteneciente o relativo a la reacción. *Estilo artístico reaccionario.* || **2.** Partidario de la **reacción** (|| tendencia tradicionalista). U. t. c. s.

reacio, cia. ADJ. Contrario a algo, o que muestra resistencia a hacer algo. *Juan es reacio a las fiestas.*

reactancia. F. *Electr.* Impedancia ofrecida por un circuito eléctrico en el que existe inducción sin resistencia. Se mide en ohmios.

reactante. ADJ. Se dice de cada una de las sustancias que participan en una reacción química produciendo otra u otras diferentes de las primitivas. U. t. c. s. m.

reactivación. F. Acción y efecto de reactivar.

reactivar. TR. Volver a activar.

reactivo, va. **I.** ADJ. **1.** Que produce reacción. *Metal reactivo.* Apl. a un agente, u. m. c. s. m. *La falta de sus amigos fue un reactivo para ella.* || **II.** M. **2.** *Quím.* Sustancia empleada para descubrir y valorar la presencia de otra, con la que reacciona de forma peculiar.

reactor. M. **1.** **motor de reacción.** || **2.** Avión que usa motores de reacción. || **3.** **reactor nuclear.** || **~ nuclear.** M. Instalación en la que puede iniciarse, mantenerse y controlarse una reacción nuclear de fisión en cadena.

reacuñación. F. Acción y efecto de reacuñar.

reacuñar. TR. Resellar la moneda.

readmisión. F. Admisión por segunda o más veces.

readmitir. TR. Volver a admitir.

reafirmación. F. Acción y efecto de reafirmar.

reafirmante. ADJ. Dicho de un producto o de un tratamiento cosmético: Que sirve para proporcionar consistencia y firmeza a los tejidos.

reafirmar. TR. **1.** Afirmar de nuevo, confirmar. U. t. c. prnl. || **2.** Reforzar una postura o una condición. U. t. c. prnl.

reagrupación. F. Acción y efecto de reagrupar.

reagrupamiento. M. Acción y efecto de reagrupar.

reagrupar. TR. Agrupar de nuevo o de modo diferente lo que ya estuvo agrupado.

reajustar. TR. **1.** Volver a ajustar, ajustar de nuevo. *Reajustó el formato de la pantalla.* || **2.** Aumentar, disminuir o cambiar precios, salarios, puestos de trabajo, cargos de responsabilidad, etc., por motivos coyunturales, económicos o políticos.

reajuste. M. Acción y efecto de reajustar.

real[1]. ADJ. Que tiene existencia verdadera y efectiva. *Sensación real, no imaginaria.* □ V. **activo ~, cantidad ~, derecho ~, derechos ~es, imagen ~, parte ~.**

real[2]. **I.** ADJ. **1.** Perteneciente o relativo al rey o a la realeza. *Familia real.* || **2.** Regio, grandioso, suntuoso. *Es una real mansión.* || **3.** hist. Se decía del navío de 3 puentes y más de 120 cañones. || **4.** hist. Se decía de la galera que llevaba el estandarte real. U. t. c. s. f. || **II.** M. **5.** Unidad monetaria del Brasil desde 1994. || **6.** hist. Moneda de plata, del valor de 34 maravedís, equivalente a 25 céntimos de peseta. || **~ de a cuatro.** M. hist. Moneda de plata, del valor de la mitad del real de a ocho. || **~ de a dos.** M. hist. Moneda de plata, del valor de la mitad del real de a cuatro. || **~ de a ocho.** M. **1.** hist. Moneda antigua de plata, que valía ocho reales de plata doble. || **2.** hist. Moneda española antigua de plata de fines del siglo XVII. || **~ de minas.** M. *Méx.* Pueblo en cuyo distrito hay minas, especialmente de plata. || **~ de plata.** M. hist. Moneda efectiva de plata, que tuvo diferentes valores, según los tiempos, aunque el más corriente fue el de 2 reales de vellón, o sea, 68 maravedís. || **~ de plata doble.** M. hist. Moneda de cambio, del valor de 16 cuartos. || **~ de vellón.** M. hist. **real** (moneda de plata). || **no valer** algo o alguien **un ~,** o **ni un ~.** LOCS.VERBS. coloqs. Valer muy poco o no valer nada. || **por cuatro ~es.** LOC. ADV. Por muy poco dinero. □ V. **águila ~, alférez del pendón ~, ánade ~, aparejo ~, camino ~, capilla ~, carga ~, carta ~, casa ~, cédula ~, Consejo Real, Consejo Real de España y Ultramar, corona ~, coronilla ~, escala ~, estandarte ~, Estatuto Real, fiestas ~es, garza ~, grillo ~, jalea ~, laurel ~, malva ~, marcha ~, marcha ~ fusilera, marco ~, número ~, octava ~, palma ~, pato ~, patrimonio ~, patronato ~, pavo ~, pinzón ~, privilegio ~, ~ cañada, romance ~, sitio ~, tapia ~, tercias ~es, vale ~, zorzal ~.**

real[3]. M. **1.** Campamento de un ejército, y especialmente el lugar donde está la tienda del rey o general. U. t. en pl. con el mismo significado que en sing. || **2.** Campo donde se celebra una feria. || **sentar los ~es.** LOC.VERB. **1.** Dicho de un ejército: **acampar.** || **2.** Domiciliarse en un lugar.

realce. M. **1.** Adorno o labor que sobresale en la superficie de una cosa. || **2.** Lustre, estimación, grandeza sobresaliente. || **bordar de ~.** LOC.VERB. Hacer un bordado que sobresalga en la superficie de la tela.

realejo. M. **1.** Sitio donde está acampado un ejército. || **2.** Órgano pequeño manual.

realengo, ga. ADJ. **1.** Dicho de un terreno: Perteneciente al Estado. || **2.** hist. Dicho de un pueblo: Que no era de señorío ni de las órdenes. || **3.** *Á. Caribe.* **holgazán.** || **4.** *Á. Caribe.* Dicho especialmente de un animal: Que no tiene dueño.

realera. F. Celda de la abeja reina.

realeza. F. **1.** Dignidad o soberanía real. || **2.** Magnificencia, grandiosidad propia de un rey. || **3.** Conjunto de familias reales.

realidad. F. **1.** Existencia real y efectiva de algo. || **2.** Verdad, lo que ocurre verdaderamente. || **3.** Lo que es efectivo o tiene valor práctico, en contraposición con lo *fantástico* e *ilusorio.* || **~ virtual.** F. *Inform.* Representación de escenas o imágenes de objetos producida por un sistema informático, que da la sensación de su existencia real. || **en ~.** LOC.ADV. De manera efectiva, sin duda alguna. || **en ~ de verdad.** LOC.ADV. **verdaderamente.**

realimentación. F. *Electr.* Acción y efecto de realimentar.

realimentar. TR. *Electr.* Alimentar un sistema o circuito mediante el retorno de una parte de su salida.

realismo. M. **1.** Forma de presentar las cosas tal como son, sin suavizarlas ni exagerarlas. || **2.** Sistema estético que asigna como fin a las obras artísticas o literarias la imitación fiel de la realidad. || **3.** *Fil.* Tendencia a afirmar la existencia objetiva de los universales. En este sentido equivale a idealismo y se opone a nominalismo. Estas denominaciones, de gran uso en la Edad Media, se han renovado en el pensamiento contemporáneo. || **~ mágico.** M. Movimiento literario hispanoamericano surgido a mediados del siglo XX, caracterizado por la introducción de elementos fantásticos inmersos en una narrativa realista.

realista[1]. ADJ. **1.** Partidario del realismo. U. t. c. s. || **2.** Perteneciente o relativo al realismo o a los realistas. *Sistema, escuela realista.* || **3.** Que actúa con sentido práctico o trata de ajustarse a la realidad.

realista[2]. ADJ. **1.** Partidario del rey o de la monarquía, en especial de la pura o absoluta. U. t. c. s. || **2.** Perteneciente o relativo a los realistas. *Partido, ejército realista.*

realito. M. hist. Moneda de plata, del valor de 34 maravedís, equivalente a 25 céntimos de peseta.

realización. F. Acción y efecto de realizar o realizarse.

realizador, ra. M. y F. **1.** Persona que realiza o lleva a ejecución una obra. || **2.** En el cine y la televisión, responsable de la ejecución de una película o programa.

realizar. **I.** TR. **1.** Efectuar, llevar a cabo algo o ejecutar una acción. *Las autoridades sanitarias realizan un estudio sobre la mortandad.* U. t. c. prnl. || **2.** Dirigir la ejecución de una película o de un programa televisivo. || **3.** *Com.* Vender, convertir en dinero mercancías u otros bienes. Se usa más comúnmente hablando de la venta a bajo precio para reducirlos pronto a dinero. || **II.** PRNL. **4.** Sentirse satisfecho por haber logrado cumplir aquello a lo que se aspiraba.

realojamiento. M. **realojo.**

realojar. TR. Volver a alojar a alguien, especialmente a población marginal o en situación de emergencia, en un nuevo lugar.

realojo. M. Acción y efecto de realojar.

realquilado, da. PART. de **realquilar.** ‖ ADJ. Dicho de una persona: Que vive en régimen de alquiler en un lugar alquilado por otra persona. U. t. c. s.

realquilar. TR. Alquilar, en todo o en parte, algo que a su vez se tiene en alquiler, especialmente un local o una vivienda.

realzar. TR. **1.** Destacar o engrandecer. *El color blanco realzaba su bronceado. La presencia del alcalde realzó el acto.* U. t. c. prnl. ‖ **2.** Levantar o elevar algo más de lo que estaba. *Realzan la mesa presidencial con una tarima.* U. t. c. prnl. ‖ **3.** Labrar algo con realce. ‖ **4.** *Pint.* Tocar de luz algo.

reanimación. F. **1.** Acción y efecto de reanimar. ‖ **2.** *Med.* Conjunto de medidas terapéuticas que se aplican para recuperar o mantener las constantes vitales del organismo.

reanimar. TR. **1.** Hacer que recobre el conocimiento alguien que lo ha perdido. U. t. c. prnl. ‖ **2.** Infundir ánimo y valor a quien está abatido. *El abrazo reanimó a la viuda.* U. t. c. prnl. ‖ **3.** Confortar, dar vigor, restablecer las fuerzas. *La nueva ley reanimará el mercado.* U. t. c. prnl.

reanudación. F. Acción y efecto de reanudar.

reanudar. TR. Renovar o continuar el trato, estudio, trabajo, conferencia, etc. U. t. c. prnl.

reaparecer. INTR. Volver a aparecer o a mostrarse. MORF. conjug. c. *agradecer.*

reaparición. F. Acción y efecto de reaparecer.

reapertura. F. Acción de reabrir.

reargüir. TR. **redargüir.** MORF. conjug. c. *construir.*

rearmar. TR. Equipar nuevamente con armamento militar o reforzar el que ya existía. U. t. c. prnl.

rearme. M. Acción y efecto de rearmar.

reaseguro. M. Contrato por el cual un asegurador toma a su cargo, en totalidad o parcialmente, un riesgo ya cubierto por otro asegurador, sin alterar lo convenido entre este y el asegurado.

reasumir. TR. Asumir de nuevo lo que antes se había tenido, ejercido o adoptado, especialmente cargos, funciones o responsabilidades.

reasunción. F. Acción y efecto de reasumir.

reata. F. **1.** Cuerda, tira o faja que sirve para sujetar algunas cosas. ‖ **2.** Cuerda o correa que ata y une dos o más caballerías para que vayan en hilera una detrás de otra. ‖ **3.** Hilera de caballerías que van atadas. ‖ **4.** Conjunto de personas o cosas que van atadas una detrás de otra. *Una reata de presos.* ‖ **5.** *Méx.* **pene.** ‖ **de ~.** LOC. ADV. En hilera, formando reata.

reatazo. M. *Méx.* Golpe dado con la reata o con un objeto similar.

reavivación. F. Acción y efecto de reavivar.

reavivar. TR. Volver a avivar, o avivar intensamente. U. t. c. prnl.

rebaba. F. Porción de materia sobrante que sobresale irregularmente en los bordes o en la superficie de un objeto cualquiera; como la argamasa que forma resalte en los ladrillos al sentarlos en obra.

rebaja. F. **1.** Acción y efecto de rebajar algo, especialmente un precio. ‖ **2.** pl. Venta de existencias a precios más bajos, durante un tiempo determinado. ‖ **3.** pl. Período de tiempo en que tiene lugar esta venta.

rebajado. □ V. **arco ~.**

rebajador, ra. ADJ. *Fotogr.* Se dice del baño que se usa para rebajar las imágenes muy oscuras. U. t. c. s. m.

rebajamiento. M. Acción y efecto de rebajar o rebajarse.

rebajar. I. TR. **1.** Hacer más bajo el nivel o superficie horizontal de un terreno u otro objeto. *Rebajar el suelo de la habitación.* ‖ **2.** Disminuir el precio de algo. ‖ **3. humillar** (‖ abatir el orgullo). *¿Has olvidado ya lo mucho que rebajaron a tu propio padre?* U. t. c. prnl. ‖ **4.** Reducir la concentración o la fuerza de una bebida. *Rebajar la ginebra.* ‖ **5.** *Fotogr.* Reducir la intensidad de una imagen fotográfica mediante sustancias químicas. ‖ **6.** *Pint.* Cambiar el claro hacia el oscuro. ‖ **II.** PRNL. **7.** Dicho de un militar: Quedar dispensado del servicio.

rebaje. M. **1. rebajo.** ‖ **2.** *Á. R. Plata.* Disminución de la marcha de un automóvil por medio de un cambio a una velocidad más corta.

rebajo. M. Parte del canto de un madero u otra cosa, donde se ha disminuido el grosor por medio de un corte a modo de ranura o de un agujero hecho con escoplo que empieza desde una de las aristas de la cara del madero y no llega a la opuesta.

rebalsa. F. Porción de agua que, detenida en su curso, forma balsa.

rebalsar. TR. Detener y recoger el agua u otro líquido, de manera que haga balsa. U. m. c. intr. y c. prnl.

rebalse. M. Acción y efecto de rebalsar.

rebanada. F. Porción delgada, ancha y larga que se saca de una cosa, y especialmente del pan, cortando de un extremo al otro.

rebanar. TR. **1.** Hacer rebanadas algo o de algo. *Rebanar el pan.* ‖ **2.** Cortar o dividir algo de una parte a otra. *Le rebanaron el cuello.*

rebañaduras. F. pl. Residuos de algo, por lo común comestible, que se recogen rebañando.

rebañar. TR. **1.** Juntar y recoger algo sin dejar nada. *El equipo necesita jugar muy bien para rebañar puntos.* ‖ **2.** Recoger de un plato o vasija, para comerlos, los residuos de algo hasta apurarlo.

rebañego, ga. ADJ. Perteneciente o relativo al rebaño de ganado.

rebaño. M. **1.** Hato grande de ganado, especialmente del lanar. ‖ **2.** Congregación de los fieles respecto de sus pastores espirituales. ‖ **3.** despect. Conjunto de personas que se mueven gregariamente o se dejan dirigir en sus opiniones, gustos, etc.

rebasar. TR. **1.** Pasar o exceder de cierto límite. *La subida de tarifas no rebasará el 3%.* ‖ **2.** En una marcha, progresión, etc., dejar atrás, adelantar. *El piloto, en una maniobra arriesgada, lo rebasó.* ‖ **3.** *Mar.* Pasar, navegando, más allá de un buque, cabo, escollo u otro estorbo o peligro.

rebatimiento. M. Acción y efecto de rebatir.

rebatiña. F. Acción de coger deprisa algo entre muchos que quieren cogerlo a la vez. ‖ **andar a la ~.** LOC. VERB. coloq. Competir para coger algo, arrebatándoselo de las manos unos a otros.

rebatir. TR. **refutar.** *Dio tres razones para rebatir la tesis de la oposición.*

rebato. M. **1.** Convocatoria de los vecinos de uno o más pueblos, hecha por medio de campana, tambor u otra señal, con el fin de advertir de la inminencia de un peligro. ‖ **2.** Alarma o conmoción ocasionada por algún acontecimiento repentino y temeroso. ‖ **tocar a ~.** LOC. VERB. Dar la señal de alarma ante cualquier peligro.

rebeca. F. Chaqueta femenina de punto, sin cuello, abrochada por delante, y cuyo primer botón está, por lo general, a la altura de la garganta.

rebeco. M. **gamuza** (‖ antílope).

rebelar. **I.** TR. **1.** Sublevar, levantar a alguien haciendo que falte a la obediencia debida. U. m. c. prnl. ‖ **II.** PRNL. **2.** Oponer resistencia.

rebelde. ADJ. **1.** Que, faltando a la obediencia debida, se rebela (‖ se subleva). *El comandante rebelde capitaneó la revuelta.* U. t. c. s. ‖ **2.** Que se rebela (‖ opone resistencia). *La gente más rebelde e improductiva es así porque no le gusta lo que hace.* ‖ **3.** Dicho de una cosa: Que es difícil de dominar o controlar. *Tiene un pelo muy rebelde.* ‖ **4.** Dicho de una enfermedad: Resistente a los medicamentos. ‖ **5.** *Der.* Dicho de una persona: Que por no comparecer en el juicio, después de habérsele notificado la existencia del pleito, o por tener incumplida alguna orden del juez, es declarada por este en rebeldía. U. t. c. s.

rebeldía. F. **1.** Cualidad de rebelde. ‖ **2.** Acción propia del rebelde. ‖ **3.** *Der.* Situación procesal de quien, siendo parte en un juicio, no comparece al llamamiento que formalmente le hace el juez. ‖ **en ~.** LOC.ADV. *Der.* En situación jurídica de rebelde.

rebelión. F. **1.** Acción y efecto de rebelarse. ‖ **2.** *Der.* Delito contra el orden público, penado por la ley ordinaria y por la militar, consistente en el levantamiento público y en cierta hostilidad contra los poderes del Estado, con el fin de derrocarlos.

rebencazo. M. hist. Golpe dado con el rebenque.

rebenque. M. **1.** hist. Látigo de cuero o cáñamo embreado, con el cual se castigaba a los galeotes. ‖ **2.** *Mar.* Cuerda o cabo cortos. ‖ **3.** *Am. Mer.* Látigo fuerte de jinete.

reblandecer. TR. Ablandar algo o ponerlo tierno. U. t. c. prnl. MORF. conjug. c. *agradecer.*

reblandecimiento. M. **1.** Acción y efecto de reblandecer. ‖ **2.** *Med.* Lesión de los tejidos orgánicos, caracterizada por la disminución de su consistencia natural.

reblar. INTR. **retroceder.**

rebobinado. M. Acción y efecto de rebobinar.

rebobinar. TR. **1.** En un circuito eléctrico, sustituir el hilo de una bobina por otro. ‖ **2.** Hacer que un hilo o cinta se desenrolle de un carrete para enrollarse en otro.

rebocero, ra. M. y F. *Méx.* Persona que fabrica o vende rebociños.

rebocillo. M. **rebociño.**

rebociño. M. Mantilla o toca corta usada por las mujeres para rebozarse.

rebollar. M. Sitio poblado de rebollos.

rebollo. M. Árbol de la familia de las Fagáceas, de unos 25 m de altura, con tronco grueso, copa ancha, corteza cenicienta, hojas caedizas, algo rígidas, oblongas o trasovadas, sinuosas, verdes y lampiñas en el haz, pálidas en el envés y con pelos en los nervios, flores en amento y bellotas solitarias y sentadas, o dos o tres sobre un pedúnculo corto. Vive en España.

reborde. M. Faja estrecha y saliente a lo largo del borde de algo.

rebordeador. M. Aparato para formar el reborde que han de tener algunas cosas.

rebordear. TR. Hacer o formar un reborde.

rebosadero. M. Sitio u orificio por donde rebosa un líquido.

rebosamiento. M. Acción y efecto de rebosar.

rebosante. ADJ. Que rebosa. *Salón rebosante de gente. Jardín rebosante de azaleas.*

rebosar. INTR. **1.** Dicho de una materia líquida: Derramarse por encima de los bordes del recipiente que la contiene. *El agua del vaso rebosaba.* U. t. c. prnl. ‖ **2.** Dicho de un recipiente: Exceder su capacidad hasta derramarse su contenido. *El vaso rebosaba.* U. t. c. prnl. ‖ **3.** Dicho de una cosa: Abundar mucho. *Le rebosan los bienes.* U. t. c. tr. ‖ **4.** Dicho de un lugar: Estar exageradamente lleno. *El cine rebosaba de gente dispuesta a ver la película.* ‖ **5.** Estar invadido por un sentimiento o estado de ánimo con manifiesta intensidad. *Rebosaba de satisfacción.* U. t. c. tr.

rebotado, da. PART. de **rebotar.** ‖ ADJ. Dicho de una persona: Que llega a alguna actividad o profesión después de haber fracasado en otras. U. t. c. s.

rebotadura. F. Acción de rebotar.

rebotar. **I.** INTR. **1.** Dicho de un cuerpo elástico: Botar repetidamente, sobre el terreno o chocando con otros cuerpos. ‖ **2.** Dicho de la pelota: Botar en la pared después de haber botado en el suelo. ‖ **3.** Dicho de un cuerpo en movimiento: Retroceder o cambiar de dirección por haber chocado con un obstáculo. *La bala rebotó.* ‖ **4.** *Inform.* Dicho de un mensaje de correo electrónico: Volver a su origen por algún problema en la entrega. ‖ **5.** *Á. R. Plata* y *Méx.* Dicho de un cheque: Ser devuelto por falta de fondos. ‖ **II.** TR. **6.** Dicho de un cuerpo: Resistir a otro forzándolo a retroceder.

rebote. M. **1.** Acción y efecto de **rebotar** (‖ un cuerpo elástico). ‖ **2.** Cada uno de los botes que después del primero da el cuerpo que rebota. ‖ **3.** *Dep.* En el baloncesto, pelota que rebota en el tablero o en el aro de la canasta, y por cuya posesión disputan los equipos. ‖ **de ~.** LOC. ADV. De rechazo, de resultas.

rebotica. F. Pieza que está detrás de la principal de la botica, y le sirve de desahogo.

rebotín. M. Segunda hoja que echa la morera cuando la primera ha sido cogida.

rebozar. TR. **1.** Bañar un alimento en huevo batido, harina, miel, etc. ‖ **2.** Manchar o cubrir a alguien o algo de cualquier sustancia. *El barro ha rebozado a los niños.* ‖ **3.** Disimular o esconder un propósito, una idea, un sentimiento, etc. ‖ **4.** Cubrir casi todo el rostro con la capa o manto. U. t. c. prnl.

rebozo. M. **rebociño.** ‖ **sin ~.** LOC.ADV. Con franqueza y sinceridad.

rebrillo. M. **brillo** (‖ luz que refleja o emite un cuerpo).

rebrincar. INTR. Brincar con reiteración y alborozo.

rebrotar. INTR. **1.** Dicho de una planta: Volver a brotar. ‖ **2.** Dicho de lo que había perecido o se había amortiguado: Volver a vivir o ser. *La vida animal rebrotó con dificultades tras la explosión.*

rebrote. M. Nuevo brote.

rebudiar. INTR. *Cineg.* Dicho de un jabalí: **gruñir.** MORF. conjug. c. *anunciar.*

rebudio. M. Ronquido del jabalí.

rebufar. INTR. Bufar con fuerza.

rebufo. M. **1.** Expansión del aire alrededor de la boca del arma de fuego al salir el tiro. ‖ **2.** Vacío que deja un móvil y que puede aprovechar el que sigue.

rebujo. M. **1.** Envoltorio que con desaliño y sin orden se hace de papel, trapos u otras cosas. ‖ **2.** hist. Embozo usado por las mujeres para no ser conocidas.

rebullicio. M. Bullicio grande.

rebullir. INTR. Dicho de algo que estaba quieto: Empezar a moverse. U. t. c. prnl. MORF. conjug. c. *mullir*.

rebultado, da. ADJ. abultado.

reburujar. TR. coloq. Cubrir o revolver algo.

rebusca. F. Acción y efecto de rebuscar.

rebuscado, da. PART. de rebuscar. ‖ ADJ. Dicho del lenguaje o de la expresión: Que muestran rebuscamiento.

rebuscador, ra. ADJ. Que rebusca. Apl. a pers., u. t. c. s.

rebuscamiento. M. **1.** Acción y efecto de rebuscar. ‖ **2.** En el lenguaje y estilo, así como en las maneras y porte de las personas, exceso de atildamiento que degenera en afectación.

rebuscar. TR. **1.** Escudriñar o buscar con cuidado. U. t. c. intr. *Rebuscó en los bolsillos hasta encontrar un cigarrillo.* ‖ **2.** Recoger el fruto que queda en los campos, particularmente el de las viñas, después de alzadas las cosechas.

rebusco. M. Acción y efecto de rebuscar.

rebusque. M. **1.** Á. *Caribe*, Á. *guar.* y Á. *R. Plata.* Ingenio para enfrentar y sortear dificultades cotidianas. ‖ **2.** Á. *R. Plata.* Solución ocasional e ingeniosa con que se resuelve una dificultad.

rebuznador, ra. ADJ. Que rebuzna. *Pollinos rebuznadores.*

rebuznar. INTR. Dar rebuznos.

rebuzno. M. Voz del asno.

recabar. TR. **1.** Alcanzar, conseguir con instancias o súplicas lo que se desea. *Recabar donaciones.* ‖ **2.** Pedir, reclamar algo alegando o suponiendo un derecho. *Recabaron su colaboración.*

recadero, ra. M. y F. Persona que tiene por oficio llevar recados de un punto a otro.

recadista. COM. Persona que lleva recados.

recado. M. **1.** Mensaje o respuesta que de palabra se da o se envía a alguien. ‖ **2.** Encargo, encomienda. *Tengo que hacer varios recados antes de las cinco.* ‖ **3.** Conjunto de objetos necesarios para hacer ciertas cosas. *Recado de escribir.* U. m. en América. ‖ **4.** Precaución, seguridad. ‖ **5.** *Am. Cen.* Aderezo líquido y espeso usado para condimentar carnes. ‖ **6.** Á. *R. Plata.* Apero de montar. ‖ **coger, o tomar, un ~.** LOCS.VERBS. coloqs. Tomar nota, mentalmente o por escrito, de un mensaje para otra persona.

recaer. INTR. **1.** Volver a caer. ‖ **2.** Dicho de quien estaba convaleciendo o había recobrado ya la salud: Caer nuevamente enfermo de la misma dolencia. ‖ **3.** Reincidir en los vicios, errores, etc. ‖ **4.** Dicho de un beneficio o de un gravamen: Venir a caer o parar en alguien o sobre alguien. *Recayó en él el mayorazgo. Recayó sobre él la responsabilidad.* ¶ MORF. conjug. c. *caer*.

recaída. F. Acción y efecto de recaer.

recalada. F. *Mar.* Acción de recalar (‖ un buque).

recalar. **I.** INTR. **1.** Dicho de una persona: Aparecer por algún sitio. ‖ **2.** *Mar.* Dicho de un buque: Llegar, después de una navegación, a la vista de un punto de la costa, como fin de viaje o para, después de reconocido, continuar su navegación. ‖ **II.** TR. **3.** Dicho de un líquido: Penetrar poco a poco por los poros de un cuerpo seco, dejándolo húmedo o mojado. U. t. c. prnl.

recalcar. TR. Decir palabras o frases con lentitud y exagerada fuerza de expresión, o repetirlas para atraer la atención hacia ellas.

recalce. M. **1.** *Agr.* Acción y efecto de recalzar. ‖ **2.** *Arq.* recalzo.

recalcitrante. ADJ. Terco, reacio, reincidente, obstinado, aferrado a una opinión o conducta. *Postura recalcitrante.*

recalentamiento. M. Acción y efecto de recalentar o recalentarse.

recalentar. **I.** TR. **1.** Volver a calentar. *Recalentamos los calabacines en el horno.* ‖ **2.** Calentar demasiado. *Recalentar el motor de un automóvil.* ‖ **II.** PRNL. **3.** Dicho de una cosa: Tomar más calor del que conviene para su uso. *Los cables pueden recalentarse y fallar.* ¶ MORF. conjug. c. *acertar*.

recalentón. M. Calentamiento rápido y fuerte.

recalificación. F. Acción y efecto de recalificar.

recalificar. TR. Cambiar la calificación urbanística de un terreno.

recalmón. M. *Mar.* Súbita y considerable disminución en la fuerza del viento, y en ciertos casos, de la marejada.

recalzar. TR. *Agr.* Arrimar tierra alrededor de las plantas o de los árboles.

recalzo. M. *Arq.* Reparación que se hace en los cimientos de un edificio ya construido.

recamado. M. Bordado de realce.

recamar. TR. Bordar algo con realce.

recámara. F. **1.** En las armas de fuego, lugar del ánima del cañón al extremo opuesto a la boca, en el cual se coloca el cartucho. ‖ **2.** Sitio en el interior de una mina, destinado a contener los explosivos. ‖ **3.** Hornillo de la mina de guerra. ‖ **4.** hist. Cuarto después de la cámara, o habitación principal, destinado para guardar los vestidos o alhajas. ‖ **5.** *Méx.* dormitorio.

recamarero, ra. M. y F. *Méx.* Persona encargada de la limpieza de los cuartos de un hotel.

recambiar. TR. **1.** Sustituir una pieza por otra de su misma clase. ‖ **2.** *Com.* Girar letra de resaca. ¶ MORF. conjug. c. *anunciar*.

recambio. M. **1.** Acción y efecto de recambiar. ‖ **2.** Pieza destinada a sustituir en caso necesario a otra igual de una máquina, aparato o instrumento. ‖ **de ~.** LOC.ADJ. Dicho de una pieza: Que va a sustituir a otra estropeada.

recamo. M. Bordado de realce.

recapacitar. INTR. Reflexionar de manera cuidadosa y detenida sobre algo, en especial sobre los propios actos. U. menos c. tr. *Recapacite su postura.*

recapitulación. F. Acción y efecto de recapitular.

recapitular. TR. Recordar de manera sumaria y ordenada lo que se ha manifestado con extensión por escrito o de palabra .

recarga. F. Acción y efecto de recargar.

recargamiento. M. En literatura y en artes plásticas, acumulación excesiva de elementos.

recargar. **I.** TR. **1.** Volver a cargar. *Recargan combustible.* ‖ **2.** Aumentar la carga o el trabajo. *Lo han recargado de tareas.* ‖ **3.** Agravar una cuota de impuesto u otra prestación que se adeuda. ‖ **4.** Adornar con exceso a alguien o algo. *Recargó su discurso de adjetivos.* ‖ **II.** PRNL. **5.** *Méx.* apoyarse (‖ cargar, estribar).

recargo. M. **1.** Nueva carga o aumento de carga. ‖ **2.** *Der.* Cantidad o tanto por ciento en que se incrementa la deuda, por lo general a causa del retraso en un pago.

recatado, da. PART. de recatar. ‖ ADJ. **1.** Circunspecto, cauto. *Un libro recatado y profundo.* ‖ **2.** Dicho especialmente de una mujer: Honesta, modesta.

recatar. **I.** TR. **1.** Encubrir u ocultar lo que no se quiere que se vea o se sepa. *La palabra «mamá» recata una con-*

notación pueril impropia de él. U. t. c. prnl. ‖ **II.** PRNL. **2.** Mostrar recelo en tomar una resolución. *No se recatarán en decir lo que piensan.*

recato. M. **1.** Cautela, reserva. ‖ **2.** Honestidad, modestia.

recauchutado. M. Acción y efecto de recauchutar.

recauchutar. TR. Volver a cubrir de caucho una llanta o cubierta desgastada.

recaudación. F. **1.** Acción de recaudar. ‖ **2.** Cantidad recaudada. ‖ ~ **tributaria.** F. **1.** *Der.* Función de cobro de los distintos tributos. ‖ **2.** *Der.* Órgano que tiene encomendada legalmente dicha función. ‖ **3.** *Der.* Personas adscritas a ese órgano.

recaudador, ra. **I.** ADJ. **1.** Que recauda. *Organismo recaudador.* ‖ **II.** M. y F. **2.** Persona encargada del cobro de caudales, y especialmente de los públicos.

recaudar. TR. Cobrar o percibir dinero. MORF. conjug. c. *causar.*

recaudatorio, ria. ADJ. Perteneciente o relativo a la recaudación.

recaudería. F. *Méx.* especiería (‖ tienda).

recaudo. M. **1.** Acción de recaudar. ‖ **2.** *Méx.* Aderezo líquido y espeso usado para condimentar carnes. ‖ **a buen ~, o a ~.** LOCS. ADVS. Bien custodiado, con seguridad. *Estar, poner a buen recaudo.*

rección. F. *Ling.* Relación gramatical obligatoria entre una palabra y otra que depende de ella.

recechar. TR. *Cineg.* Acechar a la caza.

rececho. M. *Cineg.* Acción y efecto de recechar.

recelar. TR. Temer, desconfiar y sospechar. U. t. c. intr. y c. prnl.

recelo. M. Acción y efecto de recelar.

receloso, sa. ADJ. Que tiene recelo. *Vecinos recelosos. Actitud recelosa.*

recensión. F. **1.** Noticia o reseña de una obra literaria o científica. ‖ **2.** *Ecd.* Estudio y jerarquización de los testimonios de una tradición textual.

recensor, ra. M. y F. Persona que hace una recensión.

recental. ADJ. **1.** Dicho de un cordero o de un ternero: Que mama o que no ha pastado todavía. U. t. c. s. ‖ **2.** Dicho de una persona o de una cosa: **reciente** (‖ nueva). *La recental democracia de entonces.*

recentísimo, ma. ADJ. SUP. de **reciente.**

recepción. F. **1.** Acción y efecto de recibir. ‖ **2.** Ceremonia o fiesta que se celebra para recibir a un personaje importante. ‖ **3.** Reunión con carácter de fiesta que se celebra en algunas casas particulares. ‖ **4.** Acto solemne en el que desfilan ante el jefe del Estado u otra autoridad los representantes de cuerpos o clases. ‖ **5.** En hoteles, congresos, etc., dependencia u oficina donde se inscriben los nuevos huéspedes, los congresistas que llegan, etc. ‖ **6.** *Telec.* Conversión de señales eléctricas o electromagnéticas en sonidos o imágenes. ‖ **7.** *Méx.* Acción y efecto de **recibirse** (‖ tomar la investidura o el título para ejercer una profesión).

recepcionista. COM. Persona encargada de atender al público en una oficina de recepción.

receptáculo. M. **1.** Cavidad en que se contiene o puede contenerse cualquier sustancia. ‖ **2.** *Bot.* Extremo ensanchado o engrosado del pedúnculo, casi siempre carnoso, donde se asientan los verticilos de la flor o las flores de una inflorescencia.

receptar. TR. Recibir, acoger. U. t. c. prnl. *Las inscripciones se receptan en la sede de la Casa de la Cultura.*

receptividad. F. **1.** Capacidad de recibir. ‖ **2.** Capacidad de una persona para recibir estímulos exteriores.

receptivo, va. ADJ. Que recibe o es capaz de recibir. *Carácter receptivo. Población receptiva.*

receptor, ra. **I.** ADJ. **1.** Que recepta. *El municipio receptor se ocupará del traslado.* Apl. a pers., u. t. c. s. ‖ **2.** Dicho de un aparato: Que sirve para recibir las señales eléctricas, telegráficas, telefónicas o electromagnéticas. U. m. c. s. m. ‖ **II.** M. y F. **3.** En un acto de comunicación, persona que recibe el mensaje. ‖ **4.** *Á. Caribe.* En el béisbol, jugador que indica al lanzador por señas el tipo de lanzamiento que debe realizar y que recibe la pelota detrás del bateador. ‖ **III.** M. **5.** *Biol.* Estructura especializada del organismo, que recibe estímulos y los transmite a los órganos nerviosos correspondientes. ‖ **6.** *Bioquím.* Organización molecular compleja, localizada por lo general en la membrana celular, cuya interacción específica con sustancias como neurotransmisores, hormonas, toxinas, medicamentos, etc., inicia los correspondientes mecanismos de respuesta.

recesión. F. **1.** Acción y efecto de retirarse o retroceder. ‖ **2.** *Econ.* Depresión de las actividades económicas en general que tiende a ser pasajera.

recesivo, va. ADJ. **1.** *Biol.* Se dice de los caracteres hereditarios que no se manifiestan en el fenotipo del individuo que los posee, pero que pueden aparecer en la descendencia de este. ‖ **2.** *Econ.* Que tiende a la recesión o la provoca.

receso. M. **1.** Pausa, descanso, interrupción. ‖ **2.** *Am.* En los cuerpos colegiados, asambleas, etc., vacación, suspensión temporal de actividades. ‖ **3.** *Am.* Tiempo que dura esta suspensión de actividades. ‖ **4.** *Á. Caribe.* **recreo** (‖ suspensión de la clase).

receta. F. **1.** Prescripción facultativa. ‖ **2.** Nota escrita de esta prescripción. ‖ **3.** Nota que comprende aquello de que debe componerse algo, y el modo de hacerlo. *Receta de cocina.* ‖ **4.** Procedimiento adecuado para hacer o conseguir algo. *Nadie tiene la receta para ser feliz.*

recetador, ra. M. y F. Persona que receta.

recetar. TR. Prescribir un medicamento, con expresión de sus dosis, preparación y uso.

recetario. M. Conjunto de recetas.

rechazable. ADJ. Que puede o debe ser rechazado. *Propuesta rechazable.*

rechazador, ra. ADJ. Que rechaza. Apl. a pers., u. t. c. s.

rechazamiento. M. Acción y efecto de rechazar.

rechazar. TR. **1.** Resistir al enemigo, obligándolo a retroceder. *La infantería rechazó el ataque.* ‖ **2.** Contradecir lo que alguien expresa o no admitir lo que propone u ofrece. *El veterinario rechaza que los análisis se hagan sin garantías.* ‖ **3.** Denegar algo que se pide. *La Unión Europea rechaza un incremento de las exportaciones de patata.* ‖ **4.** Mostrar oposición o desprecio a una persona, grupo, comunidad, etc. *Rechazar a los violentos.* ‖ **5.** Resistir la fuerza que ejerce un cuerpo obligándolo a desviarse. *El portero rechazó el balón.* ‖ **6.** *Biol.* Producir o experimentar **rechazo** (‖ inmunológico).

rechazo. M. **1.** Acción y efecto de rechazar. ‖ **2.** *Biol.* Fenómeno inmunológico por el que un organismo reconoce como extraño a un órgano o tejido procedente de otro individuo, aunque sea de la misma especie. ‖ **de ~.** LOC. ADV. De una manera incidental, ocasional o consiguiente.

rechifla. F. Acción de rechiflar.

rechiflar. TR. Silbar con insistencia.

rechinamiento. M. Acción y efecto de rechinar.

rechinar. INTR. Dicho de una cosa: Hacer o causar un sonido, comúnmente desagradable, por rozar con otra. *Le rechinaban los dientes.*

rechinido. M. Acción y efecto de rechinar.

rechino. M. Acción y efecto de rechinar.

rechistar. INTR. **chistar.**

rechoncho, cha. ADJ. Dicho de una persona o de un animal: Gruesos y de poca altura.

rechupete. de ~. I. LOC.ADJ. 1. coloq. Muy exquisito y agradable. *El asado está de rechupete.* ‖ II. LOC.ADV. 2. coloq. Muy bien. *Vive de rechupete.*

recial. M. Corriente recia, fuerte e impetuosa de los ríos.

recibí. M. Fórmula que, situada delante de la firma en ciertos documentos, expresa que se ha recibido lo que en ellos se indica. MORF. pl. **recibís.**

recibido. □ V. **valor ~, valor ~ en cuentas, valor ~ en efectivo, valor ~ en géneros, valor ~ en mercancías.**

recibidor, ra. I. ADJ. 1. Que recibe. *Cajero recibidor de una sucursal bancaria.* Apl. a pers., u. t. c. s. ‖ II. M. 2. **antesala.** ‖ 3. Pieza que da entrada a los cuartos habitados por una familia.

recibimiento. M. 1. **recepción** (‖ acción y efecto de recibir). ‖ 2. Acogida buena o mala que se hace a quien viene de fuera. ‖ 3. **antesala.**

recibir. I. TR. 1. Dicho de una persona: Tomar lo que le dan o le envían. *Recibir un regalo.* ‖ 2. Dicho de una persona: Hacerse cargo de lo que le dan o le envían. *Recibir un encargo.* ‖ 3. Dicho de un cuerpo: Sustentar, sostener a otro. *Los cimientos reciben el peso del edificio.* ‖ 4. Dicho de una persona: Padecer el daño que otra le hace o casualmente le sucede. *Recibió la bofetada sin inmutarse.* ‖ 5. Dicho de un organismo público: Aceptar oficialmente una construcción o una obra acabada. ‖ 6. Admitir, aceptar, aprobar algo. *Recibieron mal aquella opinión.* ‖ 7. Dicho de una persona: Admitir a otra en su compañía o comunidad. *El general no quiere recibirlo en su casa.* ‖ 8. Dicho de una persona: Admitir visitas, ya sea en día previamente determinado, ya en cualquier otro cuando lo estima conveniente. U. t. c. intr. *El médico no recibe los lunes.* ‖ 9. Salir a encontrarse con alguien para agasajarlo cuando viene de fuera. *Recibieron al equipo en el aeropuerto.* ‖ 10. Esperar o hacer frente a quien acomete, con ánimo y resolución de resistirlo o rechazarlo. *El Valencia recibe a su rival el sábado.* ‖ 11. Asegurar con yeso u otro material un cuerpo que se introduce en la fábrica, como un madero, una ventana, etc. ‖ 12. *Taurom.* Dicho del diestro: Cuadrarse en la suerte de matar, para citar al toro, conservando esta postura, sin mover los pies al dar la estocada, y resistir la embestida, de la cual procura librarse con el quiebro del cuerpo y el movimiento de la muleta. ‖ II. PRNL. 13. Dicho de una persona: Tomar la investidura o el título conveniente para ejercer alguna facultad o profesión.

recibo. M. 1. Escrito o resguardo firmado en que se declara haber recibido dinero u otra cosa. ‖ 2. Acción y efecto de recibir. ‖ **ser de ~** algo. LOC.VERB. Tener todas las cualidades necesarias para administrarse según la costumbre, ley o contrato.

reciclado. M. Acción y efecto de reciclar.

reciclaje. M. **reciclamiento.**

reciclamiento. M. Acción y efecto de reciclar.

reciclar. TR. 1. Someter un material usado a un proceso para que se pueda volver a utilizar. *Reciclar botellas.* ‖ 2. Dar formación complementaria a profesionales o técnicos para que amplíen y pongan al día sus conocimientos. ‖ 3. Dar una nueva formación a profesionales o técnicos para que actúen en otra especialidad. ‖ 4. *Tecnol.* Someter repetidamente una materia a un mismo ciclo, para ampliar o incrementar los efectos de este.

recidiva. F. *Med.* Reaparición de una enfermedad algún tiempo después de padecida.

recidivar. INTR. *Med.* Padecer una recidiva.

reciedumbre. F. Fuerza, fortaleza o vigor.

recién. I. ADV.T. 1. **recientemente.** U. ante part. *Recién salido. Recién puesta.* En América, u. t. antepuesto al verbo en forma conjugada. *Recién lo vi entrar en el cine.* ‖ II. ADV.C. 2. *Am.* **apenas** (‖ solo). *Recién cuando estuve dentro me di cuenta. Vicenta tiene recién una semana en casa.* ‖ III. CONJ.T. 3. *Am.* **apenas** (‖ en cuanto). *Lo vi recién llegó.* □ V. **anemia del ~ nacido.**

reciente. ADJ. 1. Nuevo, fresco o acabado de hacer. *Pan reciente.* ‖ 2. Que ha sucedido hace poco. *Tragedia reciente.* ¶ MORF. sup. irreg. **recentísimo.**

recientemente. ADV.T. Poco tiempo antes.

recinto. M. Espacio comprendido dentro de ciertos límites.

recio, cia. I. ADJ. 1. Fuerte, robusto, vigoroso. *Era un hombre recio en extremo.* ‖ 2. Grueso, gordo. *Esta casa tiene unas paredes muy recias.* ‖ 3. Intenso, violento. *Soplaba un viento recio y frío.* ‖ II. ADV. M. 4. **de recio.** ‖ **de recio.** LOC.ADV. Con fuerza, vigor y violencia.

recipiendario, ria. M. y F. Persona que es recibida solemnemente en una corporación para formar parte de ella.

recipiente. I. ADJ. 1. Que recibe. *Manos recipientes.* ‖ II. M. 2. Utensilio destinado a guardar o conservar algo. ‖ 3. Campana de vidrio o cristal de la máquina neumática, que cierra el espacio donde se hace el vacío.

reciprocar. I. TR. 1. Responder a una acción con otra semejante. *Ella reciprocaba su amor con creces.* U. m. en América. ‖ II. PRNL. 2. Dicho de una cosa: Corresponderse con otra. *Es especial amigo de esta casa donde se reciprocan su aprecio y afecto con igual sentimiento.*

reciprocidad. F. 1. Correspondencia mutua de una persona o cosa con otra. ‖ 2. *Gram.* Cualidad de **recíproco** (‖ que incluye varios sujetos).

recíproco, ca. ADJ. 1. Igual en la correspondencia de uno a otro. *Influencia, curiosidad recíproca.* ‖ 2. *Gram.* Dicho de una acción, de un verbo o de una oración: Que incluyen varios sujetos. U. t. c. s. m. ‖ **a la ~.** LOC.ADJ. coloq. Dispuesto a corresponder del mismo modo a un determinado comportamiento ajeno. *Estoy a la recíproca.* U. t. c. loc. adv. □ V. **correspondencia ~.**

recitación. F. Acción de recitar.

recitado. M. 1. Acción y efecto de recitar. ‖ 2. Fragmento o composición que se recita. ‖ 3. *Mús.* Composición musical que se usa en las poesías narrativas y en los diálogos, intermedia entre la declamación y el canto.

recitador, ra. ADJ. Que recita. U. t. c. s.

recital. M. 1. Lectura o recitación de composiciones literarias. ‖ 2. *Mús.* Concierto compuesto de varias obras ejecutadas por un solo artista en un mismo instrumento.

recitar. TR. 1. Referir, contar o decir en voz alta un discurso u oración. ‖ 2. Decir o pronunciar de memoria y en voz alta versos, discursos, etc.

recitativo. □ V. estilo ~.

reciura. F. Cualidad de recio.

reclamación. F. **1.** Acción y efecto de reclamar. ‖ **2.** Oposición o contradicción que se hace a algo como injusto, o mostrando no consentir en ello.

reclamante. ADJ. Que reclama. Apl. a pers., u. t. c. s.

reclamar. **I.** TR. **1.** Pedir o exigir con derecho o con instancia algo. *Reclamar el precio de un trabajo. Reclamar atención.* ‖ **2.** Llamar a alguien con insistencia. *Reclaman a un cliente en caja.* ‖ **3.** Llamar a las aves con el reclamo. ‖ **II.** INTR. **4.** Clamar contra algo, oponerse a ello de palabra o por escrito. *Reclamar contra un fallo.* ‖ **III.** PRNL. **5.** Dicho de ciertas aves de la misma especie: Llamarse unas a otras. U. t. c. tr.

reclame. F. *Am.* Publicidad de carácter general. En el área del Río de la Plata, u. c. m.

reclamo. M. **1.** Propaganda de una mercancía, espectáculo, doctrina, etc. ‖ **2.** Cosa que atrae o convida. *Su presencia en el programa es un reclamo para el público.* ‖ **3.** Voz con que un ave llama a otra de su especie. ‖ **4.** Ave amaestrada que se lleva a la caza para que con su canto atraiga a otras de su especie. ‖ **5.** Instrumento para llamar a las aves en la caza imitando su voz. ‖ **6.** *Impr.* Palabra o sílaba que solía ponerse impresa al fin de cada plana, y era la misma con que había de empezar la plana siguiente. ‖ **acudir** alguien **al ~.** LOC.VERB. coloq. Ir adonde ha oído que hay algo conveniente a su propósito.

reclinación. F. Acción y efecto de reclinar.

reclinar. TR. Dicho de una cosa, especialmente del cuerpo o parte de él: Inclinarlo apoyándolo en otra cosa. U. t. c. prnl.

reclinatorio. M. Mueble apto para arrodillarse y orar.

recluir. TR. Encerrar o poner en reclusión. U. t. c. prnl. MORF. conjug. c. *construir.*

reclusión. F. **1.** Encierro o prisión voluntaria o forzada. ‖ **2.** Sitio en que alguien está recluido.

recluso, sa. ADJ. Dicho de una persona: **encarcelada.** U. m. c. s.

reclusorio. M. Sitio en que alguien está recluido.

recluta. **I.** F. **1.** Acción y efecto de reclutar. ‖ **II.** COM. **2.** Soldado novato.

reclutador, ra. M. y F. Persona encargada de reclutar o alistar reclutas.

reclutamiento. M. Acción y efecto de reclutar. □ V. caja de ~.

reclutar. TR. **1.** Alistar reclutas. ‖ **2.** Reunir gente para un propósito determinado. *Los clubes de fútbol comenzaron a reclutar jugadores extranjeros.*

recobrar. **I.** TR. **1.** Volver a tomar o adquirir lo que antes se tenía o poseía. *Recobrar las alhajas, la salud.* ‖ **II.** PRNL. **2.** Recuperarse de un daño recibido. *Tras la intervención quirúrgica, se recuperó inmediatamente.* ‖ **3.** Volver en sí de la enajenación del ánimo o de los sentidos, o de un accidente o enfermedad.

recobro. M. Acción y efecto de recobrar o recobrarse.

recocer. TR. **1.** Volver a cocer. *Un pan que se ha recocido dura meses.* ‖ **2.** Cocer mucho algo. U. t. c. prnl. *Si el café se recuece sabe mal.* ‖ **3.** Caldear los metales para que adquieran de nuevo la ductilidad o el temple que suelen perder al trabajarlos. ¶ MORF. conjug. c. *mover.*

recochineo. M. coloq. Burla o ironía molestas que acompañan a algo que se hace o dice.

recocho, cha. ADJ. Muy cocido. *Ladrillo recocho.*

recocida. F. recocido.

recocido. M. Acción y efecto de recocer.

recocina. F. Cuarto contiguo a la cocina, para desahogo de ella.

recodo. M. Ángulo o revuelta que forman las calles, caminos, ríos, etc., torciendo notablemente la dirección que traían.

recogedor, ra. **I.** ADJ. **1.** Que **recoge** (‖ junta personas o cosas dispersas). *Hormigas recogedoras de hojas.* Apl. a pers., u. t. c. s. *Hoy hay huelga de recogedores de basura.* ‖ **2.** Que **recoge** (‖ da asilo). ‖ **II.** M. **3. cogedor** (‖ especie de cajón para recoger la basura).

recogemigas. M. Juego compuesto de cepillo y pala para recoger las migas que quedan sobre el mantel.

recogepelotas. COM. En los campos de deportes, persona encargada de recoger las pelotas que, en algunas jugadas de los partidos, quedan en el suelo o salen fuera del terreno de juego.

recoger. **I.** TR. **1.** Coger algo que se ha caído. *Recogió las llaves del suelo.* ‖ **2.** Juntar o congregar personas o cosas separadas o dispersas. *Recogieron las pruebas del delito.* ‖ **3.** Volver a coger, tomar por segunda vez algo. *Estoy harto de coger y recoger tu ropa.* ‖ **4.** Hacer la recolección de los frutos, coger la cosecha. *Es época de recoger la aceituna.* ‖ **5.** Dicho de una persona: Recibir o sufrir las consecuencias o resultados, buenos o malos, de algo que ha hecho. *Recogió los odios que había sembrado.* ‖ **6.** Encoger, estrechar o ceñir, con el fin de reducir la longitud o el volumen de algo. *Recogía su pelo en un moño.* ‖ **7.** Guardar, alzar o poner en lugar seguro algo. *Recoge la plata.* ‖ **8.** Ir juntando y guardando poco a poco algo, especialmente el dinero. *Vamos a recoger donativos para los damnificados.* ‖ **9.** Disponer con buen orden y aseo los objetos de una casa, una habitación, una oficina, etc. ‖ **10.** Volver a plegar o a enrollar algo que se había estirado, desenvuelto, etc. *Recoger el mantel, el hilo de la cometa.* ‖ **11.** Reunir ordenadamente libros, papeles, naipes, herramientas, etc., cuando han dejado de usarse. ‖ **12.** Dicho del servicio de correos: Retirar la correspondencia depositada en los buzones para su envío. ‖ **13.** Dar asilo, acoger. *Recogimos un perro abandonado.* ‖ **14.** Admitir lo que alguien envía o entrega, hacerse cargo de ello. *Recogemos el paquete en correos.* ‖ **15.** Ir a buscar a alguien o algo donde se sabe que se encuentra para llevarlo consigo. *Recogimos a mi madre y comenzamos el viaje.* ‖ **16.** Tomar en cuenta lo que alguien ha dicho, para aceptarlo, rebatirlo o transmitirlo. *Recogió con disgusto sus alusiones.* ‖ **17.** Encerrar a alguien por loco o insensato. *Lo recogieron en el manicomio.* ‖ **18.** Suspender el uso o curso de algo para enmendarlo o para que no tenga efecto. *Van a recoger toda la tirada del diario, porque tiene un error grave.* ‖ **II.** PRNL. **19.** Retirarse a algún sitio, apartándose del trato con la gente. ‖ **20.** Retirarse a casa, especialmente a dormir o descansar. *Juan se recoge temprano.* ‖ **21.** Remangarse las prendas que cuelgan cerca del suelo para que no se manchen o para facilitar los movimientos. ‖ **22.** Ceñirse o peinarse la cabellera de modo que se reduzca su longitud o su volumen. ‖ **23.** Apartar o abstraer el espíritu de todo lo terreno que le pueda impedir la meditación o contemplación. *El Papa se recogió en plegarias en su capilla privada.*

recogida. F. Acción y efecto de recoger o recogerse.

recogido, da. PART. de **recoger.** ‖ **I.** ADJ. **1.** Que tiene recogimiento y vive retirado del trato y comunicación de las gentes. *Un lugar recogido y ajeno a las costumbres mundanas.* ‖ **2.** Dicho de un animal: Que es corto de tronco. ‖ **3.** Que está poco extendido y no ocupa mucho espacio. *El mantel plegado y recogido cabe en el cajón.* ‖ **4.** Dicho de una habitación o de un edificio: Que, aunque reducidos, resultan agradables por la ordenada disposición de las cosas que contienen. *Es una sala muy recogida.* ‖ **II.** M. **5.** Parte de una cosa, como tela, papel o pelo, que se recoge o junta. *La falda tenía un recogido en un lado.*

recogimiento. M. Acción y efecto de recoger o recogerse.

recolección. F. **1.** Acción y efecto de recolectar. ‖ **2.** Cosecha de los frutos. ‖ **3.** Época en que tiene lugar dicha cosecha.

recolectar. TR. **1.** Juntar personas o cosas dispersas. *Recolectar donativos.* ‖ **2.** Recoger la cosecha. *Recolectar café.*

recolector, ra. I. ADJ. **1.** Que recolecta. *Camión recolector.* Apl. a pers., u. t. c. s. ‖ **II.** M. y F. **2. recaudador.**

recoleto, ta. ADJ. **1.** Se dice del religioso que observa estrechamente la regla. U. t. c. s. ‖ **2.** Dicho de una persona: Que vive con retiro y abstracción, o viste modestamente. U. t. c. s. ‖ **3.** Dicho de un lugar: Solitario o poco transitado.

recombinación. F. *Biol.* Aparición en la descendencia de combinaciones de genes que no estaban presentes en los progenitores.

recombinante. ADJ. *Biol.* Dicho de un organismo: Cuyo genoma es el producto de una recombinación. □ V. **ADN ~.**

recomendable. ADJ. Digno de recomendación, aprecio o estimación. *Una película muy recomendable.*

recomendación. F. **1.** Acción y efecto de recomendar. ‖ **2.** Encargo o súplica que se hace a alguien, poniendo algo a su cuidado. ‖ **3.** Alabanza o elogio de alguien para introducirlo con otra persona. ‖ **4.** Autoridad, representación o calidad por la que algo se hace más apreciable y digno de respeto. ‖ **~ del alma.** F. Súplica que hace la Iglesia con determinadas preces por quien está en la agonía.

recomendado, da. PART. de **recomendar.** ‖ M. y F. Persona en cuyo favor se ha hecho una recomendación.

recomendar. TR. **1.** Encargar, pedir o dar orden a alguien para que tome a su cuidado una persona o un asunto. *Cayó en la tentación de recomendar a su hija.* ‖ **2.** Aconsejar algo a alguien para bien suyo. *El médico recomienda una dieta saludable.* ‖ **3.** Hacer recomendable a alguien. U. t. c. prnl. *Me recomendó un buen abogado.* ¶ MORF. conjug. c. *acertar.*

recomenzar. TR. Volver a comenzar. MORF. conjug. c. *acertar.*

recomerse. PRNL. **concomerse.**

recompensa. F. **1.** Acción y efecto de recompensar. ‖ **2.** Cosa que sirve para recompensar.

recompensar. TR. **1.** Compensar el daño hecho. *Recompensarán a las víctimas del enfrentamiento.* ‖ **2.** Retribuir o remunerar un servicio. *Su sueldo no llega a recompensar el esfuerzo que hace.* ‖ **3.** Premiar un beneficio, favor, virtud o mérito. *Recompensaron a los soldados valientes.*

recomponer. TR. Reparar, componer de nuevo. MORF. conjug. c. *poner;* part. irreg. **recompuesto.**

recompuesto, ta. PART. IRREG. de **recomponer.**

reconcentración. F. Acción y efecto de reconcentrar o reconcentrarse.

reconcentrar. I. TR. **1.** Reunir en un punto, como centro, a las personas o cosas que estaban esparcidas. *Nos reconcentraron en el patio.* U. t. c. prnl. ‖ **2.** Disminuir el volumen que ocupa algo, haciéndolo más denso. U. t. c. prnl. *Al cerrar la ventana, el humo se ha reconcentrado.* ‖ **II.** PRNL. **3.** Abstraerse, ensimismarse. *Cierra los ojos para reconcentrarse en la melodía.*

reconciliación. F. Acción y efecto de reconciliar.

reconciliador, ra. ADJ. Que reconcilia. Apl. a pers., u. t. c. s.

reconciliar. I. TR. **1.** Hacer que personas enfrentadas vuelvan a tener buenas relaciones. U. t. c. prnl. ‖ **2.** Poner de acuerdo dos o más posturas o ideas contrarias. *Reconciliaron sus propuestas para unir sus fuerzas.* ‖ **3.** Restituir al seno de la Iglesia a alguien que se había separado de sus doctrinas. U. t. c. prnl. ‖ **4.** Oír una breve o ligera confesión. ‖ **5.** Bendecir un lugar sagrado, por haber sido violado. ‖ **II.** PRNL. **6.** Confesarse de algunas culpas ligeras u olvidadas en otra confesión que se acaba de hacer. ‖ **7.** *Rel.* Confesarse, especialmente de manera breve o de culpas ligeras. ¶ MORF. conjug. c. *anunciar.*

reconcomerse. PRNL. Impacientarse por una molestia moral.

reconcomio. M. **1.** Impaciencia o agitación por una molestia o ansiedad moral. ‖ **2.** coloq. Prurito o deseo persistente.

reconditez. F. Cualidad de recóndito.

recóndito, ta. ADJ. Muy escondido, reservado y oculto. *Patio recóndito. Deseos recónditos.*

reconducir. TR. Volver a llevar a una situación normal cualquier cuestión, objeto o proceso. MORF. conjug. c. *conducir.*

reconfortante. ADJ. Que reconforta. Apl. a un agente o un producto, u. t. c. s. m.

reconfortar. TR. Confortar de nuevo o con energía y eficacia.

reconocedor, ra. ADJ. Que reconoce, revisa o examina. Apl. a pers., u. t. c. s.

reconocer. I. TR. **1.** Examinar con cuidado algo o a alguien para enterarse de su identidad, naturaleza y circunstancias. *Reconocimos la casa.* ‖ **2.** En las relaciones internacionales, aceptar un nuevo estado de cosas. *No todos los países han reconocido las fronteras establecidas tras la guerra.* ‖ **3.** Confesar con cierta publicidad la dependencia o subordinación en que se está respecto de alguien, o la legitimidad de la jurisdicción que ejerce. *Reconoció al rey como señor natural.* ‖ **4.** Dicho de una persona: Admitir y manifestar que es cierto lo que otra dice o que está de acuerdo con ello. ‖ **5.** Dicho de una persona: Mostrarse agradecida a otra por haber recibido un beneficio suyo. ‖ **6.** Dicho de una persona: Dar por suya, confesar que es legítima, una obligación en que aparece su nombre, como una firma, un conocimiento, un pagaré, etc. ‖ **7.** Distinguir o identificar algo o a alguien en virtud de determinados rasgos o características que le son propios. *Reconozco a mi madre por sus pasos. No tuvo dificultad en reconocer sus joyas.* ‖ **8.** Conceder a alguien, con la conveniente solemnidad, la cualidad y relación de parentesco que tiene con el que ejecuta este reconocimiento, y los derechos que son consiguientes. *Reconocer POR hijo. Reconocer POR hermano.* ‖ **9.** Acatar como legítima la autoridad o superioridad de alguien o cualquier otra de sus cualidades. *Reconocer POR superior.* ‖ **10.** Examinar a alguien para averiguar el estado de su salud o para diagnosticar una presunta enfermedad. ‖ **II.** PRNL. **11.** Confesarse culpable de un error, falta, etc. *El dirigente se reconoció culpable de enardecer los ánimos.* ‖ **12.** Dicho de una persona: Tenerse a sí misma por lo que es en realidad en cuanto a su mérito, talento, fuerzas, recursos, etc. *Se reconoce anárquico.* ¶ MORF. conjug. c. *agradecer.*

reconocido, da. PART. de **reconocer.** ‖ ADJ. Dicho de una persona: Que reconoce el favor o beneficio que otra le ha hecho. □ V. **hijo ~.**

reconocimiento. M. **1.** Acción y efecto de reconocer o reconocerse. ‖ **2. gratitud.** □ V. **rueda de ~.**

reconquista. F. **1.** Acción y efecto de reconquistar. ‖ **2.** por antonom. hist. Recuperación del territorio español invadido por los musulmanes y cuya culminación fue la toma de Granada en 1492. ORTOGR. Escr. con may. inicial.

reconquistador, ra. ADJ. Que reconquista. Apl. a pers., u. t. c. s.

reconquistar. TR. **1.** Volver a conquistar una plaza, provincia o reino. ‖ **2.** Recuperar la opinión, el afecto, la hacienda, etc.

reconsiderar. TR. Volver a considerar.

reconstitución. F. Acción y efecto de reconstituir.

reconstituir. TR. **1.** Volver a constituir, rehacer. *Tras la guerra civil, hubo que reconstituir el país.* U. t. c. prnl. ‖ **2.** Med. Dar o devolver a la sangre y al organismo sus condiciones normales. U. t. c. prnl. ¶ MORF. conjug. c. *construir.*

reconstituyente. ADJ. **1.** Que reconstituye. ‖ **2.** Med. Dicho especialmente de un medicamento o un remedio: Que tiene virtud de reconstituir. U. t. c. s. m.

reconstrucción. F. Acción y efecto de reconstruir.

reconstructivo, va. ADJ. Perteneciente o relativo a la reconstrucción.

reconstruir. TR. **1.** Volver a construir. *Reconstruir un puente.* ‖ **2.** Rehacer o arreglar algo roto. *Reconstruir un jarrón.* ‖ **3.** Unir, allegar, evocar recuerdos o ideas para completar el conocimiento de un hecho o el concepto de algo. *Reconstruir la prehistoria a partir del estudio de los fósiles.* ¶ MORF. conjug. c. *construir.*

recontar. TR. **1.** Dar a conocer o referir un hecho. ‖ **2.** Contar o volver a contar el número de cosas. ¶ MORF. conjug. c. *contar.*

reconvención. F. **1.** Acción de reconvenir. ‖ **2.** Cargo o argumento con que se reconviene. ‖ **3.** Der. Demanda que al contestar entabla el demandado contra quien promovió el juicio.

reconvenir. TR. **1.** Censurar, reprender a alguien por lo que ha hecho o dicho. *Lo reconvino por su traición.* ‖ **2.** Der. Dicho de un demandado: Ejercitar, cuando contesta, acción contra quien promovió juicio. ¶ MORF. conjug. c. *venir.*

reconversión. F. **1.** Acción y efecto de volver a convertir o transformar. ‖ **2.** Proceso técnico de modernización de industrias. U. t. en sent. fig. *Reconversión emocional.*

reconvertir. TR. **1.** Hacer que vuelva a su situación anterior lo que ha sufrido un cambio. ‖ **2.** Proceder a la reconversión industrial. *Reconvertir algunas industrias tradicionales en crisis.* ‖ **3. reestructurar.** *Si se recortan los plazos habrá que reconvertir todo el proyecto.* ¶ MORF. conjug. c. *sentir.*

recopilación. F. **1.** Colección de escritos diversos. *Recopilación de las leyes.* ‖ **2.** Compendio o resumen de una obra o un discurso.

recopilador, ra. M. y F. Persona que recopila.

recopilar. TR. Juntar en compendio, recoger o unir diversas cosas, especialmente escritos literarios.

recopilatorio, ria. ADJ. Que junta en compendio diversas cosas. U. t. c. s. m. *Van a publicar un recopilatorio de su música.*

recórcholis. INTERJ. **córcholis.**

récord. M. **1. marca** (‖ mejor resultado en el ejercicio de un deporte). MORF. pl. **récords.** ‖ **2.** Resultado máximo o mínimo en otras actividades. U. m. en apos. MORF. pl. invar. o **récords.** *Precios récord. Precios récords.*

recordable. ADJ. **1.** Que se puede recordar. *El eslogan de una campaña publicitaria debe ser fácilmente recordable.* ‖ **2.** Digno de recordación. *El guitarrista más recordable de la música popular catalana.*

recordación. F. **1.** Acción de recordar. ‖ **2.** Memoria que alguien se hace de algo pasado. ‖ **3.** Memoria o aviso que alguien hace a otra persona de algo pasado o de que ya se habló.

recordador, ra. ADJ. Que recuerda. *Actos recordadores del nacimiento de Cervantes.*

recordar. **I.** TR. **1.** Traer a la memoria algo. *Estos árboles me recuerdan la plaza de mi pueblo.* U. t. c. intr. ‖ **2.** Hacer presente a alguien algo de que se hizo cargo o que tomó a su cuidado. *No hace falta que me recuerdes mis obligaciones.* U. t. c. intr. y c. prnl. ‖ **3.** Dicho de una persona o de una cosa: Semejar a otra. *Su peinado recuerda los tocados clásicos.* ‖ **II.** INTR. **4.** Á. Caribe y Méx. **despertar** (‖ dejar de dormir). U. t. c. prnl. ¶ MORF. conjug. c. *contar.* ‖ **si mal no recuerdo.** EXPR. coloq. Si la memoria no me engaña.

recordativo, va. ADJ. Que hace o puede hacer recordar. *Cartas recordativas.*

recordatorio, ria. **I.** ADJ. **1.** Que sirve para recordar. *Símbolos recordatorios del antiguo régimen.* ‖ **II.** M. **2.** Aviso, advertencia, comunicación u otro medio para hacer recordar algo. ‖ **3.** Tarjeta o impreso breve en que con fines religiosos se recuerda la fecha de la primera comunión, los votos, el fallecimiento, etc., de alguien.

recorrer. TR. **1.** Atravesar un espacio o lugar en toda su extensión o longitud. *El viajero ha recorrido toda España.* ‖ **2.** Efectuar un trayecto. *El tren ha recorrido doce kilómetros.* ‖ **3.** Registrar, mirar con cuidado, andando de una parte a otra, para averiguar lo que se desea saber o hallar. *Recorrió los ficheros varias veces sin encontrar el documento perdido.* ‖ **4. repasar** (‖ reconocer muy por encima un escrito). *Recorrer las páginas del periódico.* ‖ **5.** Reparar lo que estaba deteriorado. *Recorrer un tejado.* ‖ **6.** Impr. Justificar la composición pasando letras de una línea a otra, a consecuencia de enmiendas o de variación en la medida de la página.

recorrido. M. **1.** Acción y efecto de recorrer. ‖ **2.** Espacio que ha recorrido, recorre o ha de recorrer alguien o algo. ‖ **3.** Ruta, itinerario prefijado. ‖ **dar un ~ a** alguien. LOC. VERB. Hacerle objeto de una reprensión o corrección por alguna falta.

recortable. **I.** ADJ. **1.** Que se puede recortar. ‖ **II.** M. **2.** Hoja u hojas de papel o cartulina con figuras, que se recortan para entretenimiento, juego o enseñanza, y que a veces sirven para reproducir un modelo.

recortado, da. PART. de **recortar**. ‖ ADJ. **1.** Dicho de una cosa: Cuyo borde presenta muchos entrantes y salientes. *La isla tiene una costa muy recortada.* ‖ **2.** *Bot.* Dicho de las hojas y otras partes de las plantas: Cuyos bordes tienen muchas y muy señaladas desigualdades.

recortar. **I.** TR. **1.** Cortar lo que sobra de algo. *El jardinero recorta el seto.* ‖ **2.** Cortar con arte el papel u otra cosa en varias figuras. ‖ **3.** Disminuir o hacer más pequeño algo material o inmaterial. *Recortar el presupuesto.* ‖ **4.** *Pint.* Señalar los perfiles de una figura. ‖ **5.** *Méx.* Hablar mal de alguien. ‖ **II.** PRNL. **6.** Dicho de una cosa: Dibujarse su perfil sobre otra. *Las montañas se recortan en el firmamento.*

recorte. M. **1.** Acción y efecto de recortar. ‖ **2.** *Taurom.* Regate para evitar la cogida del toro. ‖ **3.** *Méx.* **murmuración.** ‖ **4.** pl. Porciones excedentes que por medio de un instrumento cortante se separan de cualquier materia trabajada hasta reducirla a la forma que conviene.

recoser. TR. **1.** Volver a coser. *El cirujano tuvo que recoser la herida.* ‖ **2.** Componer, zurcir o remendar la ropa, y especialmente la blanca.

recostar. **I.** TR. **1.** Dicho de quien está de pie o sentado: Reclinar la parte superior del cuerpo. U. t. c. prnl. *Pilar se recostó sobre mi hombro.* ‖ **2.** Inclinar algo sobre otra cosa. *Recostó la escalera contra la pared.* U. t. c. prnl. ‖ **II.** PRNL. **3.** Acostarse durante un breve período de tiempo. ¶ MORF. conjug. c. *contar.*

recova. F. **1.** Lugar público en que se venden las gallinas y demás aves domésticas. ‖ **2.** *Cineg.* Cuadrilla de perros de caza.

recoveco. M. **1.** Vuelta y revuelta de un callejón, pasillo, arroyo, etc. ‖ **2.** Sitio escondido, rincón. ‖ **3.** Artificio o rodeo simulado de que alguien se vale para conseguir un fin.

recovero, ra. M. y F. Persona que vende gallinas y demás aves domésticas en una recova.

recreación. F. **1.** Acción y efecto de recrear. ‖ **2.** Diversión para alivio del trabajo.

recrear. TR. **1.** Crear o producir de nuevo algo. *El autor recrea en su obra la sociedad de la época.* ‖ **2.** Divertir, alegrar o deleitar. U. t. c. prnl. *Me recreo contemplando el atardecer.*

recreativo, va. ADJ. Que recrea o es capaz de causar recreación. *Actividades recreativas.*

recrecer. **I.** TR. **1.** Aumentar, acrecentar algo. U. t. c. intr. ‖ **II.** PRNL. **2.** Reanimarse, cobrar bríos. ¶ MORF. conjug. c. *agradecer.*

recrecimiento. M. Acción y efecto de recrecer o recrecerse.

recreo. M. **1.** Acción de recrearse (‖ divertirse). ‖ **2.** En los colegios, suspensión de la clase para descansar o jugar. ‖ **3.** Sitio o lugar apto o dispuesto para diversión. ☐ V. **casa de ~.**

recría. F. Acción y efecto de recriar.

recriar. TR. Fomentar, a fuerza de pasto y pienso, el desarrollo de potros u otros animales criados en región distinta. MORF. conjug. c. *enviar.*

recriminación. F. Acción y efecto de recriminar o recriminarse.

recriminador, ra. M. y F. Persona que recrimina.

recriminar. **I.** TR. **1.** Reprender, censurar a alguien su comportamiento, echarle en cara su conducta. ‖ **II.** PRNL. **2.** Dicho de dos o más personas: Incriminarse, hacerse cargos.

recriminatorio, ria. ADJ. Que recrimina. *Tono recriminatorio.*

recrudecer. INTR. Dicho de un mal físico o moral, o de un afecto o algo perjudicial o desagradable: Tomar nuevo incremento después de haber empezado a remitir o ceder. U. t. c. prnl. MORF. conjug. c. *agradecer.*

recrudecimiento. M. Acción y efecto de recrudecer.

recrudescencia. F. **recrudecimiento.**

recruzar. TR. Cruzar de nuevo o cruzar dos veces.

recta. F. **1.** Línea, dirección recta. *La recta esbelta del acueducto.* ‖ **2.** Tramo recto de una carretera, camino, línea férrea, etc. ‖ **3.** *Geom.* **línea recta.** ‖ **~ final.** F. En carreras deportivas, último tramo antes de la meta. U. t. en sent. fig. *La recta final del curso académico.*

rectal. ADJ. *Anat.* Perteneciente o relativo al **recto** (‖ última porción del intestino).

rectangular. ADJ. **1.** Que tiene forma de rectángulo. *Patio rectangular.* ‖ **2.** *Geom.* Perteneciente o relativo al ángulo recto. *Coordenadas rectangulares.* ‖ **3.** *Geom.* Que contiene uno o más rectángulos. *Pirámide rectangular.*

rectángulo, la. **I.** ADJ. **1.** *Geom.* Dicho principalmente del triángulo o del paralelepípedo: Que tiene ángulos rectos. ‖ **II.** M. **2.** *Geom.* Paralelogramo que tiene los cuatro ángulos rectos y los lados contiguos desiguales. ☐ V. **triángulo ~.**

rectificación. F. Acción y efecto de rectificar. ☐ V. **derecho de ~.**

rectificador, ra. **I.** ADJ. **1.** Que rectifica. *Medidas rectificadoras.* ‖ **II.** M. **2.** *Electr.* Aparato que transforma una corriente alterna en corriente continua.

rectificadora. F. *Mec.* Máquina que se usa para rectificar piezas metálicas.

rectificar. **I.** TR. **1.** Reducir algo a la exactitud que debe tener. *Rectificar los datos.* ‖ **2.** Dicho de una persona: Procurar reducir a la conveniente equidad y certeza los dichos o hechos que se le atribuyen. *Se me ha malinterpretado y me gustaría rectificar mis palabras.* ‖ **3.** Contradecir a alguien en lo que ha dicho, por considerarlo erróneo. *Los investigadores reunieron datos para rectificar las tesis del maestro.* ‖ **4.** Modificar la propia opinión que se ha expuesto antes. U. t. c. intr. *Se dio cuenta de su error y decidió rectificar.* ‖ **5.** Corregir las imperfecciones, errores o defectos de algo ya hecho. *Se detectó un descuadre y hubo que rectificar los cálculos.* ‖ **6.** *Electr.* Convertir una corriente alterna en continua. ‖ **7.** *Mec.* Mecanizar una pieza con el fin de que tenga sus medidas exactas. ‖ **8.** *Quím.* Purificar líquidos por destilación. ‖ **II.** PRNL. **9.** Dicho de una persona: Enmendar sus actos o su proceder.

rectificativo, va. ADJ. Que rectifica o puede rectificar. *Decisión rectificativa.*

rectilíneo, a. ADJ. *Geom.* Que se compone de líneas rectas. *Trayectoria rectilínea.*

rectitud. F. **1.** Cualidad de **recto** (‖ que no se inclina ni hace curvas o ángulos). ‖ **2.** Cualidad de **recto** (‖ justo).

recto, ta. **I.** ADJ. **1.** Que no se inclina a un lado ni a otro, ni hace curvas o ángulos. *Camino recto.* ‖ **2.** Dicho de un tipo de vestido o de una parte de él: De corte sencillo, sin pinzas, pliegues, etc. *Pantalón recto. Falda, manga recta.* ‖ **3.** Dicho del movimiento o de una cosa que se mueve: Que van sin desviarse al punto donde se dirigen. ‖ **4.** Justo, severo e intachable en su conducta. *Un hombre recto y cabal.* ‖ **5.** Se dice del sentido primitivo o literal de las palabras, a diferencia del *traslaticio* o *figurado*. ‖ **6.** Dicho de un folio o plana de un libro o cuaderno abierto: Que caen a la derecha de quien lee, en oposición al folio *verso* o *vuelto*. ‖ **7.** *Zool.* Se dice de la última porción del intestino, que termina en el ano. En los mamíferos forma parte del intestino grueso y está situada a continuación del colon. U. t. c. s. m. ‖ **II.** M. **8.** *Geom.* **ángulo recto.** ‖ **III.** ADV. M. **9.** En línea recta. *Siga recto hasta el cruce.* ☐ V. ángulo ~, cilindro ~, compás ~, cono ~, folio ~, línea ~.

rector, ra. I. ADJ. **1.** Que rige o gobierna. *Organismo rector del deporte.* Apl. a pers., u. t. c. s. ‖ **II.** M. y F. **2.** Persona a cuyo cargo está el gobierno y mando de una comunidad, hospital o colegio. ‖ **3.** Persona que rige una universidad o centro de estudios superiores. ‖ **III.** M. **4.** Párroco o cura propio.

rectorado. M. **1.** Oficio, cargo y oficina del rector. ‖ **2.** Tiempo que se ejerce.

rectoral. I. ADJ. **1.** Perteneciente o relativo al rector. *Sala rectoral.* ‖ **II.** F. **2. casa parroquial.** ☐ V. casa ~.

rectorar. INTR. regir (‖ gobernar).

rectoría. F. **1.** Empleo, oficio o jurisdicción del rector. ‖ **2.** Oficina del rector. ‖ **3.** Casa donde vive el **rector** (‖ párroco).

rectoscopia. F. *Med.* Examen óptico del recto por vía anal.

rectoscopio. M. *Med.* Instrumento para practicar la rectoscopia.

recua. F. **1.** Conjunto de animales de carga, que sirve para trajinar. ‖ **2.** coloq. Multitud de personas o cosas que van o siguen unas detrás de otras. *Una recua de amigas.*

recuadrar. TR. Encerrar algo en un recuadro.

recuadro. M. **1.** En un muro u otra superficie, compartimento o división en forma de cuadro o rectángulo. ‖ **2.** En los periódicos, espacio encerrado por líneas para hacer resaltar una noticia.

recubierto, ta. PART. IRREG. de recubrir.

recubrimiento. M. **1.** Acción y efecto de recubrir. ‖ **2.** Cosa que recubre o sirve para recubrir.

recubrir. TR. Volver a cubrir. MORF. part. irreg. recubierto.

recuelo. M. Café cocido por segunda vez.

recuento. M. **1.** Acción y efecto de volver a contar algo. ‖ **2.** Comprobación del número de personas, cosas, etc., que forman un conjunto.

recuerdo. M. **1.** Acción de recordar. ‖ **2.** Cosa recordada. ‖ **3.** Cosa que se regala en testimonio de buen afecto. *Quiero que guardes esto como recuerdo mío.* ‖ **4.** Objeto que se conserva para recordar a una persona, una circunstancia, un suceso, etc. *No he querido desprenderme de los recuerdos de familia. Trajimos muchos recuerdos del viaje a Roma.* ‖ **5.** pl. Saludo o recado cortés o afectuoso a un ausente, por escrito o por medio de tercera persona.

recuero. M. Arriero u hombre a cuyo cargo está la recua.

recuesto. M. Sitio o lugar en declive.

reculada. F. Acción de recular.

recular. INTR. Retroceder, andar hacia atrás.

reculón. M. Retroceso brusco.

recuperable. ADJ. Que puede o debe recuperarse. *La conservación del medio ambiente exige el uso de envases recuperables.*

recuperación. F. **1.** Acción y efecto de recuperar o recuperarse. ‖ **2.** Examen que se realiza para aprobar la materia no aprobada en otro precedente.

recuperador, ra. ADJ. Que recupera. Apl. a pers., u. t. c. s.

recuperar. I. TR. **1.** Volver a tomar o adquirir lo que antes se tenía. *Recuperar el automóvil robado.* ‖ **2.** Volver a poner en servicio lo que ya estaba inservible. *En lugar de recuperar la vieja caldera, optaron por instalar una nueva.* ‖ **3.** Trabajar un determinado tiempo para compensar lo que no se había hecho por algún motivo. *Los trabajadores se comprometieron a recuperar las jornadas de huelga.* ‖ **4.** Aprobar una materia o parte de ella después de que no haberla aprobado en una convocatoria anterior. ‖ **II.** PRNL. **5. volver en sí.** ‖ **6.** Dicho de una persona o de una cosa: Volver a un estado de normalidad después de haber pasado por una situación difícil.

recuperativo, va. ADJ. Dicho de una persona: Que recupera o tiene virtud de recuperar.

recurrencia. F. **1.** Cualidad de recurrente. ‖ **2.** *Mat.* Propiedad de aquellas secuencias en las que cualquier término se puede calcular conociendo los precedentes.

recurrente. I. ADJ. **1.** Que recurre. *Empresas recurrentes.* ‖ **2.** Que vuelve a ocurrir o a aparecer, especialmente después de un intervalo. *Pesadillas recurrentes.* ‖ **3.** *Anat.* Dicho de un vaso o de un nervio: Que en algún lugar de su trayecto vuelve hacia su origen. ‖ **4.** *Mat.* Dicho de un proceso: Que se repite. ‖ **II.** COM. **5.** *Der.* Persona que entabla o tiene entablado un recurso. ☐ V. fiebre ~.

recurrible. ADJ. *Der.* Dicho de un acto de la Administración: Contra el cual cabe entablar recurso.

recurrido, da. PART. de recurrir. ‖ ADJ. *Der.* Se dice, especialmente en casación, de la parte que sostiene o a quien favorece la sentencia de que se recurre. U. t. c. s.

recurrir. I. INTR. **1.** Acudir a un juez o autoridad con una demanda o petición. ‖ **2.** Acogerse en caso de necesidad al favor de alguien, o emplear medios no comunes para el logro de un objeto. *Tuvo que recurrir a sus padres para que lo trajeran hasta aquí.* ‖ **3.** *Med.* Dicho de una enfermedad o de sus síntomas: Reaparecer después de interrupciones. ‖ **II.** TR. **4.** *Der.* Entablar recurso contra una resolución. *Recurrir una multa.* U. t. c. intr. *Recurrir CONTRA una sentencia.*

recurso. M. **1.** Acción y efecto de recurrir. ‖ **2.** Medio de cualquier clase que, en caso necesario, sirve para conseguir lo que se pretende. *El transporte público es el mejor recurso para moverse por la ciudad.* ‖ **3.** *Der.* En los procesos judiciales, petición motivada dirigida a un órgano jurisdiccional para que dicte una resolución que sustituya a otra que se impugna. ‖ **4.** pl. Bienes, medios de subsistencia. ‖ **5.** pl. Conjunto de elementos disponibles para resolver una necesidad o llevar a cabo una empresa. *Recursos naturales, hidráulicos, forestales, económicos, humanos.* ‖ **6.** pl. Expedientes, arbitrios para salir airoso de una empresa. *Persona de recursos.* ‖ ~ **de alzada.** M. *Der.* alzada (‖ recurso de apelación en lo gubernativo). ‖ ~ **de amparo.** M. *Der.* El estatuido por algunas Constituciones modernas, europeas y americanas, para ser tramitado ante un alto tribunal de justicia, cuando los derechos asegurados por la Ley fundamental no fueren respetados por otros tribunales o autoridades. ‖ ~ **de apelación.** M. *Der.* El que se entabla a fin de que una resolución sea revocada, total o parcialmente, por tribunal o autoridad superior al que la dictó. ‖ **~ de casación.** M. *Der.* El que con carácter extraordinario se interpone ante el Tribunal Supremo contra fallos definitivos, por apreciar en ellos la infracción de una ley o doctrina legal o el quebranto de alguna garantía legal del proceso. En el caso del derecho foral en España, el recurso de casación se lleva ante el Tribunal Superior de Justicia de la correspondiente comunidad autónoma. ‖ **~ de fuerza.** M. *Der.* El que se interpone ante tribunal secular reclamando la protección real contra agravios que se reputan inferidos por un tribunal eclesiástico. ‖ **~ de nulidad.** M. *Der.* hist. En América, acción judicial o contencioso-administrativa tendente a la anulación de una resolución o disposición administrativa. ‖ **~ de reposición.** M. *Der.* El que se interpone ante un juez o tribunal que en un proceso ha dictado una resolución, normalmente de trámite, para que la reconsidere. ‖ **~ de súplica.** M. El que se interpone contra las resoluciones incidentales de los tribunales superiores, pidiendo ante ellos mismos su modificación o revocación.

recusación. F. **1.** Acción y efecto de recusar. ‖ **2.** *Der.* Acto de las partes de un procedimiento administrativo o judicial, tendente a apartar de la intervención en el mismo a un juez, a un testigo, a un perito, etc., por su relación con los hechos o con las demás partes.

recusante. ADJ. Que recusa. U. t. c. s. *Los recusantes en el proceso.*

recusar. TR. **1.** No querer admitir o aceptar algo. *El Gobierno recusa la construcción masiva de viviendas.* ‖ **2.** *Der.* Ejercitar la recusación.

red. F. **1.** Aparejo hecho con hilos, cuerdas o alambres trabados en forma de mallas, y convenientemente dispuesto para pescar, cazar, cercar, sujetar, etc. ‖ **2.** Labor o tejido de mallas. ‖ **3. redecilla** (‖ prenda de malla para el pelo). ‖ **4.** Ardid o engaño de que alguien se vale para atraer a otra persona. *Cayó en la red.* ‖ **5.** Conjunto de elementos organizados para determinado fin. *Red de abastecimiento de aguas. Red telegráfica o telefónica. Red ferroviaria o de carreteras.* ‖ **6. cadena** (‖ conjunto de establecimientos o construcciones pertenecientes a una sola empresa). ‖ **7.** Conjunto de personas relacionadas para una determinada actividad, por lo general de carácter secreto, ilegal o delictivo. *Red de contrabandistas. Red de espionaje.* ‖ **8.** Conjunto de computadoras o de equipos informáticos conectados entre sí que pueden intercambiar información. ‖ **9. internet.** ORTOGR. Escr. con may. inicial. *En LA Red puedes encontrar cualquier información.* ‖ **~ barredera.** F. La que roza y barre el fondo del mar capturando todos los peces que encuentra. ‖ **~ de araña.** F. telaraña. ‖ **~ trófica.** F. Conjunto de relaciones entre cadenas alimentarias, que existen en las especies de una comunidad biológica, y que representa el flujo de materia y energía que atraviesa el ecosistema. ‖ **echar, o tender, la ~, o las ~es.** LOCS. VERBS. **1.** Echarlas al agua para pescar. ‖ **2.** coloqs. Hacer los preparativos y disponer los medios para obtener algo.

redacción. F. **1.** Acción y efecto de redactar. ‖ **2.** Lugar u oficina donde se redacta. ‖ **3.** Conjunto de redactores de una publicación periódica. ‖ **4.** Especialmente en la escuela, escrito redactado como ejercicio.

redactar. TR. Poner por escrito algo sucedido, acordado o pensado con anterioridad.

redactor, ra. ADJ. **1.** Que redacta. U. t. c. s. ‖ **2.** Que forma parte de una redacción u oficina donde se redacta. U. t. c. s.

redada. F. **1.** Lance de red. ‖ **2.** Operación policial consistente en apresar de una vez a un conjunto de personas. *La Policía hizo una redada para limpiar el barrio de maleantes.* ‖ **3.** coloq. Conjunto de personas o cosas que se toman o cogen de una vez. *Cogieron una redada de ladrones.*

redaños. M. pl. coloq. Fuerzas, bríos, valor.

redargüir. TR. Convertir el argumento contra quien lo hace. MORF. conjug. c. *construir.*

redecilla. F. **1.** Prenda de malla, en forma de bolsa, y con cordones o cintas, usada para recoger el pelo o adornar la cabeza. ‖ **2.** Malla muy fina, casi imperceptible, que se utiliza para mantener el peinado. ‖ **3.** *Zool.* Segunda de las cuatro cavidades en que se divide el estómago de los rumiantes.

redecir. TR. Repetir obstinadamente uno o más vocablos. MORF. conjug. c. *decir,* salvo la 2.ª pers. sing. del imper.: *redice;* part. irreg. **redicho.**

rededor. M. Contorno o alrededor. ‖ **al, o en, ~.** LOCS. ADVS. **alrededor.**

redefinir. TR. Volver a definir algo cuyas características o circunstancia han cambiado.

redención. F. **1.** Acción y efecto de redimir. ‖ **2.** por antonom. redención que Jesucristo hizo del género humano por medio de su pasión y muerte. ORTOGR. Escr. con may. inicial.

redentor, ra. **I.** ADJ. **1.** Que redime. *Ilusión redentora.* Apl. a pers., u. t. c. s. ‖ **II.** M. **2.** por antonom. **Jesucristo.** ORTOGR. Escr. con may. inicial.

redentorista. ADJ. **1.** Se dice del individuo de la congregación fundada por san Alfonso María de Ligorio. U. t. c. s. ‖ **2.** Perteneciente o relativo a dicha congregación. *Misiones redentoristas.*

redero, ra. M. y F. Persona que hace redes.

redescontar. TR. *Com.* Descontar un efecto que ya ha sufrido un descuento previo. MORF. conjug. c. *contar.*

redescubierto, ta. PART. IRREG. de **redescubrir.**

redescubrimiento. M. Acción de redescubrir.

redescubrir. TR. Volver a sentir interés por algo o alguien que se había olvidado. MORF. part. irreg. **redescubierto.**

redescuento. M. *Com.* Nuevo descuento de valores o efectos mercantiles adquiridos por operación análoga.

redicho, cha. PART. IRREG. de **redecir.** ‖ ADJ. Que habla pronunciando las palabras con una perfección afectada.

rediez. INTERJ. eufem. **rediós.**

redil. M. **1.** Aprisco cercado. ‖ **2.** Situación de quien continúa en un lugar o estado, o bien regresa a él. *Volver al redil.*

redileo. M. Reunión del ganado menor en una tierra de labor para que así la abonen.

redimir. TR. **1.** hist. Rescatar o sacar de esclavitud al cautivo mediante precio. U. t. c. prnl. ‖ **2.** Librar de una obligación o extinguirla. *Los presos redimen su condena por medio del trabajo.* U. t. c. prnl. ‖ **3.** Poner término a algún dolor, penuria u otra adversidad o molestia. *Lo han redimido del castigo por buen comportamiento.* U. t. c. prnl. ‖ **4.** Comprar de nuevo algo que se había vendido, poseído o tenido por alguna razón o título. ‖ **5.** Dicho de quien cancela su derecho o de quien consigue la liberación: Dejar libre algo hipotecado, empeñado o sujeto a otro gravamen.

ʼedingote. M. hist. Capote de poco vuelo y con mangas ajustadas.

ʼediós. INTERJ. Denota enfado, cólera, sorpresa, etc.

ʼedistribución. F. Acción y efecto de redistribuir.

ʼedistribuir. TR. **1.** Distribuir algo de nuevo. ‖ **2.** Distribuir algo de forma diferente a como estaba. *Redistribuir la riqueza.* ¶ MORF. conjug. c. *construir.*

ʼedistributivo, va. ADJ. En relación con las políticas públicas, que procura el reparto más igualitario de la riqueza nacional.

ʼédito. M. Renta, utilidad o beneficio renovable que rinde un capital.

ʼedituable. ADJ. Que rinde periódicamente utilidad o beneficio. *Negocio, trabajo redituable.* U. m. en América.

ʼedituar. TR. Rendir o producir utilidad periódicamente. MORF. conjug. c. *actuar.*

ʼedivivo, va. ADJ. Aparecido, resucitado. *Como si fuera un Borges redivivo.*

ʼedoblado. □ V. **paso ~.**

ʼedoblamiento. M. Acción y efecto de redoblar.

ʼedoblante. M. Tambor de caja prolongada, sin bordones en la cara inferior, usado en las orquestas y bandas militares.

ʼedoblar. I. TR. **1.** Aumentar algo otro tanto o el doble de lo que antes era. *Redoblar la vigilancia.* U. t. c. prnl. ‖ **2.** Volver la punta del clavo o cosa semejante en dirección opuesta a la de su entrada. ‖ **II.** INTR. **3.** Tocar redobles en el tambor.

ʼedoble. M. **1.** Acción y efecto de redoblar. ‖ **2.** Toque vivo y sostenido que se produce hiriendo rápidamente el tambor con los palillos.

ʼedolada. F. Comarca de varios pueblos o lugares que tienen alguna unidad natural o de intereses.

ʼedolente. ADJ. Que tiene redolor. *Sensación redolente.*

ʼedolor. M. Dolor tenue y sordo que se siente o queda después de un padecimiento.

ʼedoma. F. Vasija de vidrio ancha en su fondo que va estrechándose hacia la boca. □ V. **azúcar de ~.**

ʼedomado, da. ADJ. Que tiene en alto grado la cualidad negativa que se le atribuye. *Pillo, embustero redomado.*

ʼedomón, na. ADJ. *Am. Mer.* Dicho de una caballería: No domada por completo.

ʼedonda. F. **1.** Espacio grande que comprende varios lugares, zonas o pueblos. *Es el labrador más rico de la redonda.* ‖ **2.** *Impr.* **letra redonda.** ‖ **3.** *Mar.* Vela cuadrilátera que se larga en el trinquete de las goletas y en el único palo de las balandras. ‖ **4.** *Mús.* Nota cuya duración llena un compasillo. ‖ **a la ~.** LOC.ADV. En torno, alrededor.

ʼedondeado, da. PART. de **redondear.** ‖ ADJ. De forma que tira a redondo. *Peña redondeada. Perfil redondeado.*

ʼedondear. TR. **1.** Poner redondo algo. *Redondear las aristas con la lija.* U. t. c. prnl. ‖ **2.** Terminar o completar algo de modo satisfactorio. *Si todo sale bien, esta tarde redondearemos el negocio.* ‖ **3.** Prescindir, en cantidades, de pequeñas diferencias en más o en menos, para tener en cuenta solamente unidades de orden superior.

ʼedondel. M. **1. circunferencia** (‖ curva). ‖ **2. círculo** (‖ área o superficie contenida dentro de una circunferencia). ‖ **3. ruedo** (‖ terreno destinado a la lidia de toros).

ʼedondeo. M. Acción y efecto de redondear.

redondez. F. **1.** Cualidad de redondo. ‖ **2.** Superficie de un cuerpo redondo.

redondilla. F. **1.** Combinación métrica de cuatro octosílabos en que riman los versos primero y cuarto, tercero y segundo. ‖ **2.** *Impr.* **letra redonda.** □ V. **letra ~.**

redondo, da. I. ADJ. **1.** De forma circular o semejante a ella. *Vestido de cuello redondo.* ‖ **2.** De forma esférica o semejante a ella. *Cabeza redonda.* ‖ **3.** Claro, sin rodeo, completo. *Frase redonda.* ‖ **4.** Perfecto, completo, bien logrado. *La operación está saliendo redonda.* ‖ **II.** M. **5.** Perfil de sección circular. ‖ **6.** Pieza de carne de res, que se corta de forma casi cilíndrica, de la parte inmediata a la contratapa. ‖ **en redondo.** LOC.ADV. **1.** En circuito, en circunferencia o alrededor. ‖ **2.** De manera clara y categórica. □ V. **aristoloquia ~, bulto ~, cama ~, letra ~, mesa ~, negocio ~, número ~, vela ~, vuelta en redondo.**

redopelo. a ~. LOC.ADV. a contrapelo.

redor. en ~. LOC.ADV. alrededor.

redorar. TR. Volver a dorar.

redova. F. **1.** Danza polaca, menos viva que la mazurca. ‖ **2.** Música de esta danza.

redropelo. al ~, o a ~. LOCS.ADVS. a contrapelo.

reducción. F. **1.** Acción y efecto de reducir o reducirse. ‖ **2.** hist. Pueblo de indígenas convertidos al cristianismo.

reducido, da. PART. de **reducir.** ‖ ADJ. Estrecho, pequeño, limitado. *Espacio reducido. Reducido tonelaje.*

reducidor, ra. M. y F. *Am. Mer.* **perista.**

reducir. I. TR. **1.** Disminuir o aminorar. *Reducir los impuestos.* ‖ **2.** Mudar algo en otra cosa equivalente. *El fuego redujo los papeles a ceniza.* ‖ **3.** Comprender o incluir bajo cierto número o cantidad. U. t. c. prnl. *Los capítulos de este libro se reducen a ocho.* ‖ **4.** Sujetar a la obediencia a quienes se habían separado de ella. *La policía redujo a los amotinados con botes de humo.* ‖ **5.** En culinaria, hervir un líquido para que se concentre. ‖ **6.** *Mat.* Simplificar una expresión. *Reducir un quebrado.* ‖ **7.** *Med.* Restablecer en su situación natural los huesos dislocados o rotos, o bien los tejidos protruidos en las hernias. ‖ **8.** *Pint.* Hacer una figura o dibujo más pequeño, guardando la misma proporción en las medidas que tiene otro mayor. ‖ **9.** *Quím.* Hacer que un compuesto gane electrones, como sucede en la eliminación parcial o total del oxígeno contenido. ‖ **10.** *Á. R. Plata.* Comerciar con objetos robados. ‖ **II.** INTR. **11.** En un vehículo, cambiar a una marcha más corta. *Al entrar en la curva tienes que reducir.* ‖ **III.** PRNL. **12.** Dicho de una cosa: No tener mayor importancia que la que se expresa. *El asunto se reduce a unas cuantas formalidades.* ¶ MORF. conjug. c. *conducir.*

reductible. ADJ. Que se puede reducir. *Funciones difícilmente reductibles a un esquema.*

reducto. M. *Mil.* Construcción de guerra, cerrada, que ordinariamente tiene un parapeto.

reductor, ra. ADJ. Que reduce o sirve para reducir. Apl. a una sustancia o un agente, u. t. c. s. m. □ V. **marcha ~.**

reductora. F. *Mec.* **marcha reductora.**

redundancia. F. **1.** Repetición o uso excesivo de una palabra o concepto. ‖ **2.** Cierta repetición de la información contenida en un mensaje, que permite, a pesar de la pérdida de una parte de este, reconstruir su contenido.

redundante. ADJ. Que tiene redundancia. *Información redundante.*

redundar. INTR. Dicho de una cosa: Venir a parar en beneficio o daño de alguien o algo.

reduplicación. F. **1.** Acción y efecto de reduplicar. || **2.** *Ret.* Figura que consiste en repetir consecutivamente un mismo vocablo en una cláusula o miembro del período.

reduplicar. TR. **1.** Aumentar algo al doble de lo que antes era. *Cuando salió a escena el director, el público reduplicó los aplausos.* || **2. repetir** (|| volver a hacer lo que se había hecho). *Reduplicó su negativa.*

reedición. F. **1.** Acción y efecto de reeditar. || **2.** Nueva edición de un libro o publicación.

reedificación. F. Acción y efecto de reedificar.

reedificador, ra. ADJ. Que reedifica o hace reedificar. Apl. a pers., u. t. c. s.

reedificar. TR. Volver a edificar o construir de nuevo lo que está en ruinas o lo que se derriba con tal intento.

reeditar. TR. Volver a editar.

reeducación. F. Acción de reeducar.

reeducar. TR. **1.** Volver a educar a alguien o algo. *Ha reeducado a algunos menores conflictivos.* || **2.** *Med.* Volver a enseñar, mediante movimientos y maniobras reglados, el uso de los miembros u otros órganos, perdido o dañado por ciertas enfermedades.

reelaborar. TR. Elaborar de nuevo.

reelección. F. Acción y efecto de reelegir.

reelecto, ta. PART. IRREG. de **reelegir.**

reelegir. TR. Volver a elegir. MORF. conjug. c. *pedir;* part. irreg. **reelecto** y reg. **reelegido.**

reembarcar. TR. Volver a embarcar. U. t. c. intr. y c. prnl.

reembarque. M. Acción y efecto de reembarcar.

reembolsable. ADJ. Que puede o debe ser reembolsado. *Intereses, gastos reembolsables.*

reembolsar. TR. Volver una cantidad a poder de quien la había desembolsado. U. t. c. prnl.

reembolso. M. **1.** Acción y efecto de reembolsar. || **2.** Cantidad que en nombre del remitente reclaman del consignatario la administración de correos, las compañías de ferrocarriles o agencias de transportes, a cambio de la remesa que le entregan.

reemplazante. ADJ. Que **reemplaza** (|| sucede en un empleo o cargo). U. t. c. s.

reemplazar. TR. **1.** Sustituir algo por otra cosa, poner en su lugar otra que haga sus veces. *Reemplazar una bombilla.* || **2.** Suceder a alguien en el empleo, cargo o comisión que tenía o hacer accidentalmente sus veces. *El secretario reemplaza al presidente en ausencia de este.*

reemplazo. M. **1.** Acción y efecto de reemplazar. || **2.** Renovación parcial del contingente del Ejército activo en los plazos establecidos por la ley. || **3.** Conjunto de soldados correspondiente a un mismo **reemplazo. || de ~.** LOC.ADJ. **1.** Se dice del soldado o marinero que está cumpliendo el servicio militar de acuerdo con los plazos establecidos por la ley. || **2.** *Mil.* Se dice de la situación en que queda el jefe u oficial que no tiene plaza efectiva en los cuerpos de su arma, pero sí opción a ella en las vacantes que ocurran.

reemprender. TR. Continuar una acción que se había interrumpido. U. t. c. prnl.

reencarnación. F. Acción y efecto de reencarnar.

reencarnar. INTR. Volver a encarnar. U. t. c. prnl.

reencauchadora. F. *Am. Cen.* y *Á. Andes.* Instalación industrial para recauchutar llantas o cubiertas de automóviles, camiones, etc.

reencauchar. TR. *Á. Andes* y *Á. Caribe.* **recauchuta**▮ MORF. conjug. c. *causar.*

reencauche. M. *Á. Caribe.* **recauchutado.**

reencontrar. TR. Volver a encontrar. U. t. c. prnl. MOR conjug. c. *contar.*

reencuentro. M. Acción y efecto de reencontrar.

reenganchar. TR. *Mil.* Volver a enganchar o atraer a a▮ guien a que siente plaza de soldado ofreciéndole diner▮ U. t. c. prnl. U. t. en sent. fig. *Se reenganchó en la fil▮ donde repartían bebidas.*

reenganche. M. *Mil.* Acción y efecto de reengancha▮ U. t. en sent. fig. *El equipo pretendía el reenganche de s▮ delantero.*

reenviar. TR. Enviar algo que se ha recibido. MOR▮ conjug. c. *enviar.*

reenvidar. TR. Envidar sobre lo envidado.

reenvío. M. Acción y efecto de reenviar.

reescribir. TR. **1.** Volver a escribir lo ya escrito intr▮ duciendo cambios. *Reescribieron cuatro veces el guion d▮ la película.* || **2.** Volver a escribir sobre algo dándole un▮ nueva interpretación. *Reescribir la historia.* ¶ MORF. par▮ irreg. **reescrito.**

reescrito, ta. PART. IRREG. de **reescribir.**

reestrenar. TR. Volver a estrenar, especialmente pel▮ culas u obras teatrales ya ofrecidas al público con ant▮ rioridad.

reestreno. M. Acción y efecto de reestrenar.

reestructuración. F. Acción y efecto de reestru▮ turar.

reestructurar. TR. Modificar la estructura de un▮ obra, disposición, empresa, proyecto, organización, et▮

reexaminar. TR. Volver a examinar.

reexpedición. F. Acción y efecto de reexpedir.

reexpedir. TR. Expedir algo que se ha recibido. MOR▮ conjug. c. *pedir.*

reexportar. TR. *Com.* Exportar lo que se había impo▮ tado.

refacción. F. **1.** Alimento moderado que se toma par▮ reparar las fuerzas. || **2.** Compostura o reparación de l▮ estropeado. || **3.** hist. Restitución que se hacía al estad▮ eclesiástico de aquella porción con que había contr▮ buido a los derechos reales de que estaba exento. || **4**▮ *Méx.* **recambio** (|| pieza para sustituir a otra igual▮ *Llanta de refacción.*

refaccionar. TR. *Am.* Restaurar o reparar, especia▮ mente edificios.

refaccionaria. F. *Méx.* Establecimiento donde se ve▮ den refacciones para automóviles.

refajo. M. **1.** En los pueblos, falda corta y con much▮ vuelo, por lo general de bayeta o paño, usada por las m▮ jeres encima de las enaguas. || **2.** Falda interior usad▮ por las mujeres para abrigo.

refalosa. F. *Chile.* hist. **resfalosa.**

refección. F. **1.** Alimento moderado para repara▮ fuerzas. || **2.** Compostura, reparación de lo estr▮ peado.

refectorio. M. En las comunidades y en algunos col▮ gios, habitación destinada para juntarse a comer.

referencia. F. **1.** Acción y efecto de **referirse** (|| aludi▮ || **2.** Narración o relación de algo. || **3.** Relación, depe▮ dencia o semejanza de algo respecto de otra cosa. || **4**▮ Base o apoyo de una comparación, de una medición o d▮ una relación de otro tipo. *Modelo, ángulo de referencia▮* || **5.** En un escrito, indicación del lugar de él mismo o d▮

otro al que se remite al lector. ‖ **6.** Comúnmente en el ejercicio comercial, informe que acerca de la probidad, solvencia u otras cualidades de tercero da una persona a otra. U. m. en pl. ‖ **7.** Noticia o información sobre alguien o algo. *Tener alguna referencia de una película.* ‖ **8.** Combinación de signos que identifican un objeto, especialmente un producto comercial. *La referencia figura en la etiqueta.* ‖ **de ~.** LOC.ADJ. Dicho de los accionistas o miembros de una sociedad: Que tienen un papel destacado en un gobierno o gestión. ‖ **con,** o **en, ~ a.** LOCS. PREPOS. **acerca de.** ‖ **por ~,** o **por ~s.** LOCS.ADVS. De manera indirecta. *Conozco su contenido solo por referencias.* ☐ V. **punto de ~.**

referencial. ADJ. **1.** Que sirve como **referencia** (‖ base de una comparación o de una relación). *Marco, precio referencial.* ‖ **2.** Consistente en una **referencia** (‖ narración o relación). *Testimonio referencial.*

referendo. M. Procedimiento jurídico por el que se someten al voto popular leyes o actos administrativos cuya ratificación por el pueblo se propone.

referéndum. M. **referendo.**

referente. I. ADJ. **1.** Que refiere o que expresa relación a algo. *Leyes referentes a la familia.* ‖ **II.** M. **2.** Término modélico de referencia. ‖ **3.** *Ling.* Ser u objeto de la realidad extralingüística a los que remite el signo.

réferi o **referí.** M. *Am.* árbitro (‖ de competiciones deportivas). MORF. pl. **réferis** o **referís.**

referir. I. TR. **1.** Dar a conocer, de palabra o por escrito, un hecho verdadero o ficticio. *Alicia me refirió la conversación que había tenido con Paco.* ‖ **2.** Poner algo en relación con otra cosa o con una persona. U. m. c. prnl. *Episodios que se refieren a la guerra civil.* ‖ **II.** PRNL. **3.** aludir. ‖ **4.** Tratar de alguien o de algo. *A esto se refieren los tres últimos capítulos.* ‖ **5.** Concernir, afectar. *Es muy austero en lo que se refiere a su indumentaria.* ¶ MORF. conjug. c. *sentir.*

refilón. de ~. LOC.ADV. **1.** Al soslayo, al sesgo. ‖ **2.** De paso, de pasada.

refina. ☐ V. azúcar ~.

refinación. F. Acción y efecto de refinar.

refinado, da. PART. de **refinar.** ‖ **I.** ADJ. **1.** Exquisito o que sobresale por su calidad o perfección. ‖ **II.** M. **2.** Acción y efecto de refinar. ☐ V. **azúcar ~.**

refinador, ra. ADJ. Que refina. *Planta refinadora de gasolina.* Apl. a pers., u. t. c. s.

refinamiento. M. Cualidad de refinado.

refinar. I. TR. **1.** Hacer más fino o más puro algo, separando las heces y materias heterogéneas o groseras. *Refinar petróleo.* ‖ **2.** Perfeccionar algo adecuándolo a un fin determinado. U. t. c. prnl. *En el terreno militar, la tecnología se ha refinado considerablemente.* ‖ **II.** PRNL. **3.** Hacerse más fino en el hablar, comportamiento social y gustos.

refinería. F. Fábrica o instalación industrial donde se refina un producto.

refino. M. **1.** Acción y efecto de refinar. ‖ **2.** *Méx.* aguardiente. ☐ V. **azúcar ~.**

refirmar. TR. Confirmar, ratificar.

refitolear. TR. Curiosear y entrometerse en cosas de poca importancia. U. t. c. intr.

refitolero, ra. ADJ. **1.** Dicho de una persona: Afectada o redicha. U. t. c. s. ‖ **2.** Dicho de una persona: Muy compuesta o acicalada. ‖ **3.** Que tiene a su cuidado el refectorio. *Hermana refitolera.* U. t. c. s.

reflectancia. F. *Fís.* Propiedad de un cuerpo de reflejar la luz.

reflectante. I. ADJ. **1.** Que reflecta. *Superficie reflectante.* ‖ **II.** M. **2.** Dispositivo dotado de muchas facetas que devuelve la luz en múltiples direcciones.

reflectar. TR. *Fís.* Dicho de una superficie lisa: Devolver la luz, el calor, el sonido o un cuerpo elástico.

reflector, ra. I. ADJ. **1.** Dicho de un cuerpo: Que refleja. *Telescopio reflector.* ‖ **II.** M. **2.** Aparato que lanza la luz de un foco en determinada dirección.

reflejar. I. TR. **1.** Dicho de una superficie lisa y brillante, como el agua, un espejo, etc.: Formar la imagen de algo. *El espejo refleja la habitación.* U. t. c. prnl. *El pueblo se refleja en el río.* ‖ **2.** Dicho de una cosa: Dejarse ver en otra. *La literatura española refleja el espíritu cristiano.* U. t. c. prnl. *Se refleja el alma en el semblante.* ‖ **3.** Manifestar o hacer patente algo. *Las pruebas realizadas al paciente reflejan una inestabilidad emocional.* U. t. c. prnl. *En su cara se refleja el cansancio.* ‖ **II.** INTR. **4.** *Fís.* Hacer retroceder, cambiando de dirección, la luz, el calor, el sonido al chocar con una superficie lisa de otro medio. U. t. c. prnl. ‖ **III.** PRNL. **5.** Dicho del dolor: Sentirse en una parte del cuerpo distinta del punto en que se origina.

reflejo, ja. I. ADJ. **1.** Que ha sido reflejado. *Imagen refleja.* ‖ **2.** Dicho del movimiento, de la secreción, del sentimiento, etc.: Que se producen involuntariamente como respuesta a un estímulo. ‖ **II.** M. **3.** Luz reflejada. ‖ **4.** Imagen de alguien o de algo reflejada en una superficie. ‖ **5.** Aquello que reproduce, muestra o pone de manifiesto otra cosa. *Las palabras son el reflejo de su pensamiento.* ‖ **6.** *Psicol.* Reacción automática y simple a un estímulo. ‖ **7.** pl. Capacidad que tiene alguien para reaccionar rápida y eficazmente ante algo. ‖ **~ condicionado.** M. *Psicol.* El provocado, en ausencia de un estímulo específico, por otro no específico previamente asociado. ‖ **~ incondicionado.** M. *Psicol.* El provocado por un estímulo específico. ☐ V. **pasiva ~.**

réflex. I. ADJ. **1.** Dicho de una cámara fotográfica: Que tiene un visor para ver la misma imagen que saldrá en la fotografía. ‖ **II.** F. **2.** Cámara fotográfica con este tipo de visor.

reflexión. F. **1.** Acción y efecto de reflexionar. ‖ **2.** Advertencia o consejo con que alguien intenta persuadir o convencer a otra persona. ‖ **3.** *Fís.* Acción y efecto de reflejar o reflejarse. ☐ V. **ángulo de ~.**

reflexionar. INTR. Pensar de manera atenta y detenida sobre algo. U. t. c. tr.

reflexividad. F. **1.** Cualidad de reflexivo. ‖ **2.** **introspección.**

reflexivo, va. ADJ. **1.** Acostumbrado a hablar y a obrar con reflexión. ‖ **2.** *Gram.* Dicho de un verbo o de un pronombre: Que se refiere a la misma persona, animal o cosa que el sujeto. U. t. c. s. m.

reflexología. F. Estudio de la técnica de los masajes aplicados en determinados puntos de los pies o de las manos con el fin de estimular las capacidades curativas del organismo.

reflexoterapia. F. Tratamiento de ciertas enfermedades por medio de masajes en determinados puntos de los pies o de las manos con el fin de estimular capacidades curativas del organismo.

reflorecer. INTR. **1.** Dicho de los campos o de las plantas: Volver a florecer. ‖ **2.** Dicho de algo inmaterial: Recobrar el lustre y estimación que tuvo. *El teatro español está refloreciendo.* ¶ MORF. conjug. c. *agradecer.*

reflorecimiento. M. Acción y efecto de reflorecer.

reflotación. F. reflotamiento.

reflotamiento. M. Acción y efecto de reflotar.

reflotar. TR. **1.** Volver a poner a flote la nave sumergida o encallada. || **2.** Dar un nuevo impulso a algo o a alguien que se encuentra en el olvido o en decadencia, con el fin de que recobre su situación primera. *Reflotar un proyecto político.* || **3.** *Econ.* Hacer que una empresa o cualquier entidad económica con dificultades financieras vuelva a ser rentable. U. t. c. intr.

refluir. INTR. **1.** Dicho de un líquido: Volver hacia atrás o hacer retroceso. || **2.** redundar. *Las bajas temperaturas han refluido sobre el turismo.* ¶ MORF. conjug. c. *construir.*

reflujo. M. Movimiento de descenso de la marea.

refocilarse. PRNL. Regodearse, recrearse en algo grosero.

refocilo. M. Acción y efecto de refocilarse.

reforestación. F. Acción y efecto de reforestar.

reforestar. TR. Repoblar un terreno con plantas forestales.

reforma. F. **1.** Acción y efecto de reformar o reformarse. || **2.** hist. Movimiento religioso que, iniciado en el siglo XVI, motivó la formación de las Iglesias protestantes. ORTOGR. Escr. con may. inicial.

reformable. ADJ. **1.** Que se puede reformar. *Las leyes son preceptos reformables.* || **2.** Digno de reforma. *Hay que acabar con las instituciones obsoletas, porque no creemos que sean reformables.*

reformación. F. Acción y efecto de reformar o reformarse.

reformado, da. PART. de **reformar.** || ADJ. **1.** Se dice del religioso de una orden reformada. U. t. c. s. || **2.** Partidario de la religión reformada. U. t. c. s. □ V. **calendario ~, religión ~.**

reformador, ra. ADJ. Que reforma o pone en debida forma algo. Apl. a pers., u. t. c. s.

reformar. **I.** TR. **1.** Modificar algo, por lo general con la intención de mejorarlo. *Reformar el edificio.* || **2.** Reducir o restituir una orden religiosa u otro instituto a su primitiva observancia o disciplina. || **3.** Enmendar, corregir la conducta de alguien, haciendo que abandone comportamientos o hábitos que se consideran censurables. U. t. c. prnl. || **II.** PRNL. **4.** Dicho de una persona: Contenerse, moderarse o reportarse en lo que dice o ejecuta.

reformatorio, ria. **I.** ADJ. **1.** Que reforma o arregla. *Proyecto reformatorio.* || **II.** M. **2.** Establecimiento en donde, por medios educativos severos, se trata de corregir la conducta delictiva de los menores que ingresan allí.

reformismo. M. Cada una de las tendencias o doctrinas que procuran el cambio y las mejoras graduables de una situación política, social, religiosa, etc.

reformista. ADJ. **1.** Perteneciente o relativo al reformismo. *Ideales reformistas.* || **2.** Partidario de reformas o ejecutor de ellas. U. t. c. s.

reforzado, da. PART. de **reforzar.** || ADJ. Dicho especialmente de una pieza de artillería o de una maquinaria: Que tiene refuerzo.

reforzador, ra. **I.** ADJ. **1.** Que refuerza. *Pastillas reforzadoras de las defensas.* || **II.** M. **2.** *Fotogr.* Baño que sirve para reforzar o hacer más clara una imagen débil.

reforzamiento. M. refuerzo (|| acción y efecto de re forzar).

reforzar. TR. **1.** Añadir nuevas fuerzas o fomento a algo. *Reforzar la democracia.* U. t. c. prnl. || **2.** Fortalecer o reparar lo que padece ruina o deterioro. *Tra el invierno, tuvimos que reforzar el tejado.* || **3.** Ani mar, alentar, dar espíritu. *Los profesores deben refor zar las conductas positivas de los alumnos.* U. t. c. prnl || **4.** *Fotogr.* Dar un baño especial a los clichés para au mentar el contraste de las imágenes. ¶ MORF. conjug c. *contar.*

refracción. F. *Fís.* Acción y efecto de refractar. □ V. **án gulo de ~, índice de ~.**

refractante. ADJ. Que refracta. *Cuerpo refractante*

refractar. TR. *Fís.* Hacer que cambie de dirección un rayo de luz u otra radiación electromagnética al pasa oblicuamente de un medio a otro de diferente velocidad de propagación. U. t. c. prnl.

refractario, ria. ADJ. **1.** Dicho de un material: Que re siste la acción del fuego sin alterarse. || **2.** Opuesto rebelde a aceptar una idea, opinión o costumbre.

refrán. M. Dicho agudo y sentencioso de uso común || **tener muchos refranes, o tener refranes para todo.** LOCS.VERBS. coloqs. Hallar salidas o pretextos para cualquier cosa.

refranero. M. **1.** Conjunto de los refranes. || **2.** Colección de refranes.

refranesco, ca. ADJ. Dicho de una frase o de un concepto: Que se expresan a manera de refrán.

refrangibilidad. F. Posibilidad de refractarse.

refranista. COM. Persona que con frecuencia cita refranes.

refregar. TR. **1.** Frotar algo con otra cosa. U. t. c. prnl. || **2.** coloq. Dar en cara a alguien con algo que le ofende, insistiendo en ello. ¶ MORF. conjug. c. *acertar.*

refregón. M. coloq. Acción de refregar.

refreír. TR. **1.** Volver a freír. || **2.** Freír mucho o muy bien algo. ¶ MORF. conjug. c. *sonreír;* part. irreg. **refrito** y reg. **refreído.**

refrenamiento. M. Acción y efecto de refrenar.

refrenar. TR. **1.** Contener o reprimir la fuerza o la violencia de algo. *Refrenar la impaciencia.* U. t. c. prnl. || **2.** Sujetar y reducir al caballo con el freno.

refrendar. TR. **1.** Autorizar un despacho u otro documento por medio de la firma de persona hábil para ello. || **2.** Corroborar algo afirmándolo.

refrendo. M. Acción y efecto de refrendar.

refrescador, ra. ADJ. Que refresca. *Aparato refrescador.* U. m. en América.

refrescamiento. M. Acción y efecto de refrescar.

refrescante. ADJ. Que refresca. *Bebida, pensamiento refrescante.*

refrescar. **I.** TR. **1.** Moderar o disminuir el calor de algo. *Refrescó la botella metiéndola en un arroyo.* U. t. c. prnl. || **2.** Renovar o hacer actual un recuerdo, sentimiento o costumbre antiguos. *Si no te acuerdas, yo te refrescaré la memoria.* || **II.** INTR. **3.** Templarse o moderarse el calor del aire. *Ha refrescado la tarde.* || **4. tomar el fresco.** U. t. c. prnl. || **5.** Tomar una bebida para reducir el calor. U. t. c. prnl. || **6.** *Mar.* Dicho del viento: Aumentar su fuerza.

refresco. M. **1.** Bebida fría o del tiempo. || **2.** Agasajo de bebidas, dulces, etc., que se da en las visitas u otras reuniones. || **de ~.** LOC.ADJ. Dicho de un animal: Que se previene como supletorio en grandes cabalgadas o trabajos fuertes.

refresquería. F. *Méx.* Establecimiento donde se venden refrescos.

refriega. F. **1.** Batalla de poca importancia. ‖ **2.** Riña violenta.

refrigeración. F. **1.** Acción y efecto de refrigerar. ‖ **2.** Sistema o dispositivo que se utiliza para refrigerar.

refrigerador, ra. I. ADJ. **1.** Dicho de un aparato o de una instalación: Que sirven para refrigerar. U. t. c. s. m. ‖ **II.** M. **2.** frigorífico (‖ aparato electrodoméstico para conservar alimentos).

refrigeradora. F. refrigerador (‖ frigorífico).

refrigerante. I. ADJ. **1.** Que refrigera. *Líquido refrigerante.* Apl. a una sustancia, u. t. c. s. m. ‖ **II.** M. **2.** Baño frío en que está sumergido el serpentín del alambique. ‖ **3.** *Quím.* Conducto de doble pared por el que se hace pasar un fluido que se enfría por la acción de un líquido que circula en su cámara externa.

refrigerar. TR. **1.** Hacer más fría una habitación u otra cosa por medios artificiales. ‖ **2.** Enfriar en cámaras especiales, hasta una temperatura próxima a cero grados, alimentos, productos, etc., para su conservación.

refrigerio. M. **1.** Corto alimento que se toma para reparar las fuerzas. ‖ **2.** Alivio o consuelo en cualquier apuro, incomodidad o pena.

refringencia. F. *Ópt.* Propiedad de refractar la luz.

refringente. ADJ. *Ópt.* Que produce refracción. *Medios refringentes.*

refrito. M. **1.** Aceite frito con ajo, cebolla, pimentón y otros ingredientes que se añaden en caliente a algunos guisos. ‖ **2.** Obra, especialmente literaria, rehecha, recompuesta o refundida a partir de otras.

refucilo. M. relámpago.

refuerzo. M. **1.** Acción y efecto de reforzar. ‖ **2.** Pieza que se pone para hacer más sólido o resistente algo. ‖ **3.** Ayuda, socorro o complemento. *Clases de refuerzo. Refuerzo vitamínico.* ‖ **4.** Persona o conjunto de personas que se unen a otras para aportar su fuerza o eficacia. U. m. en pl.

refugiado, da. PART. de **refugiar.** ‖ M. y F. Persona que, a consecuencia de guerras, revoluciones o persecuciones políticas, se ve obligada a buscar refugio fuera de su país. □ V. **campo de refugiados.**

refugiar. I. TR. **1.** Acoger o amparar a alguien, sirviéndole de protección y asilo. ‖ **II.** PRNL. **2.** Buscar protección en alguien o algo. *Se refugiaron en el sótano.* ¶ MORF. conjug. c. *anunciar.*

refugio. M. **1.** Asilo, acogida o amparo. ‖ **2.** Lugar adecuado para refugiarse. ‖ **3.** Edificio situado en determinados lugares de las montañas para acoger a viajeros y excursionistas. ‖ **4.** Zona situada dentro de la calzada, reservada para los peatones y convenientemente protegida del tránsito rodado. ‖ **~ atómico.** M. Espacio habitable, protegido contra los efectos inmediatos de las explosiones nucleares y contra los efectos posteriores de la radiación producida.

refulgencia. F. Resplandor que emite el cuerpo resplandeciente.

refulgente. ADJ. Que emite resplandor. *Bronce, lámpara refulgente.*

refulgir. INTR. Resplandecer, emitir fulgor.

refundación. F. Acción y efecto de refundar.

refundar. TR. **1.** Volver a fundar algo. *Refundar una ciudad.* ‖ **2.** Revisar la marcha de una entidad o institución, para hacerla volver a sus principios originales o para adaptar estos a los nuevos tiempos.

refundición. F. **1.** Acción y efecto de refundir. ‖ **2.** Obra refundida.

refundidor, ra. M. y F. Persona que refunde.

refundir. TR. **1.** Volver a fundir o liquidar los metales. ‖ **2. comprender** (‖ contener). *Su obra refunde las diferentes corrientes artísticas del momento.* U. t. c. prnl. ‖ **3.** Dar nueva forma y disposición a una obra de ingenio, como una comedia, un discurso, etc., con el fin de mejorarla o modernizarla. ‖ **4.** *Am. Cen.* Perder, extraviar. ‖ **5.** *Méx.* encarcelar.

refunfuñador, ra. ADJ. Que refunfuña. U. t. c. s.

refunfuñar. INTR. Emitir voces confusas o palabras mal articuladas o entre dientes, en señal de enojo o desagrado.

refunfuño. M. Acción y efecto de refunfuñar.

refunfuñón, na. ADJ. Que refunfuña mucho.

refutable. ADJ. Que puede ser refutado o es fácil de refutar. *Argumentos difícilmente refutables.*

refutación. F. **1.** Acción y efecto de refutar. ‖ **2.** Argumento o prueba cuyo objeto es destruir las razones del contrario. ‖ **3.** *Ret.* Parte del discurso comprendida en la confirmación y cuyo objeto es rebatir los argumentos aducidos o que pueden aducirse en contra de lo que se defiende o se quiere probar.

refutar. TR. Contradecir, rebatir, impugnar con argumentos o razones lo que otros dicen.

refutatorio, ria. ADJ. Que sirve para refutar. *Enunciado refutatorio.*

regadera. F. **1.** Recipiente portátil a propósito para regar, compuesto por un depósito del que sale un tubo terminado en una boca con orificios por donde se esparce el agua. ‖ **2.** Acequia, reguera. ‖ **3.** *Am.* **ducha** (‖ aparato o instalación para ducharse). ‖ **4.** *Am.* **ducha** (‖ recipiente).

regaderazo. M. *Méx.* **ducha** (‖ acción y efecto de duchar).

regadío, a. I. ADJ. **1.** Dicho de un terreno: Que se puede regar. U. t. c. s. m. ‖ **II.** M. **2.** Terreno dedicado a cultivos que se fertilizan con riego.

regador, ra. ADJ. Que riega. Apl. a pers., u. t. c. s.

regajo. M. **1.** Charco que se forma de un arroyuelo. ‖ **2.** Arroyo pequeño.

regala. F. *Mar.* Tablón que cubre todas las cabezas de las ligazones en su extremo superior y forma el borde de las embarcaciones.

regalado, da. PART. de **regalar.** ‖ ADJ. **1.** Placentero, deleitoso. *Vida regalada.* ‖ **2.** Extremadamente barato. *Me compré un pantalón regalado, por pocos euros.* ‖ **3.** Suave o delicado. *Pan de Sevilla, regalado y tierno.*

regalar. I. TR. **1.** Dar a alguien, sin recibir nada a cambio, algo en muestra de afecto o consideración o por otro motivo. *Te regalo mi pañuelo.* ‖ **2.** Halagar, acariciar o hacer expresiones de afecto o benevolencia. *La pintura regalaba sus sentidos.* ‖ **II.** PRNL. **3.** Tratarse bien, procurando tener las comodidades posibles. *Se regalaron con un viaje soberbio.*

regalía. F. **1.** Preeminencia, prerrogativa o excepción particular y privativa que en virtud de suprema potestad ejerce un soberano en su reino o Estado; p. ej., el acuñar moneda. ‖ **2.** hist. Privilegio que la Santa Sede concedía a los reyes o soberanos en algún punto relativo a la disciplina de la Iglesia. U. m. en pl. *Las regalías de la Corona.* || **3.** *Econ.* Participación en los ingresos o cantidad fija que se paga al propietario de un derecho a cambio del permiso para ejercerlo. || **4.** *Am. Cen.* y *Á. Caribe.* **regalo** (|| dádiva). || **5.** *Méx.* Participación de un autor en los ingresos del editor por la venta de su obra. || **~ de aposento.** F. hist. Especie de tributo que pagaban los dueños de casas en la corte por la exención del alojamiento que antes daban a la servidumbre de la casa real y a las tropas.

regalicia. F. **regaliz.**

regalismo. M. hist. Escuela o sistema de los regalistas.

regalista. ADJ. **1.** hist. Perteneciente o relativo al regalismo. *Pensamiento regalista.* || **2.** hist. Defensor de las regalías de la Corona en las relaciones del Estado con la Iglesia. Apl. a pers., u. t. c. s.

regaliz. M. **1. orozuz.** || **2.** Trozo seco de rizoma de esta planta. || **3.** Pasta hecha con el jugo del rizoma de esta planta, que se toma como golosina en pastillas o barras pequeñas.

regalo. M. **1.** Dádiva que se hace voluntariamente o por costumbre. || **2.** Gusto o complacencia que se recibe. *El buen tiempo es un regalo.* || **3.** Conveniencia, comodidad o descanso que se procura en orden a la persona. *Intenta que su familia viva con regalo.*

regalón, na. ADJ. coloq. Que se cría o se trata con mucho regalo. Apl. a pers., u. t. c. s. En América.

regalonear. TR. *Chile.* **consentir** (|| mimar).

regante. I. ADJ. **1.** Que riega. *Población regante.* || **II.** COM. **2.** Persona que tiene derecho de regar con agua comprada o repartida para ello. || **3.** Empleado u obrero encargado del riego de los campos.

regañada. F. *Méx.* **regañina.**

regañadientes. a ~. LOC.ADV. Con disgusto o repugnancia de hacer algo.

regañar. I. TR. **1.** Reprender, reconvenir. || **II.** INTR. **2.** Dicho de un perro: Emitir cierto sonido en demostración de saña, sin ladrar y mostrando los dientes. || **3.** coloq. **reñir** (|| contender o disputar).

regañina. F. **reprimenda.**

regaño. M. **1.** Gesto del rostro acompañado, por lo común, de palabras ásperas, con que se muestra enfado o disgusto. || **2.** coloq. **regañina.**

regañón, na. ADJ. coloq. Dicho de una persona: Proclive a regañar sin motivo suficiente. U. t. c. s.

regar. TR. **1.** Esparcir agua sobre una superficie, como la de la tierra, para beneficiarla, o la de una calle, una sala, etc., para limpiarla o refrescarla. || **2.** Dicho de un río o de un canal: Atravesar una comarca o territorio. || **3.** Esparcir, desparramar algo. *Regaron la vía pública con papeletas electorales.* ¶ MORF. conjug. c. *acertar.* || **~la.** LOC.VERB. *Méx.* Cometer un error.

regata¹. F. En las huertas y jardines, reguera pequeña o surco por donde se conduce el agua a las eras.

regata². F. Competición deportiva en la que un grupo de embarcaciones de la misma clase, a vela, motor o remo, deben recorrer un itinerario preestablecido en el menor tiempo posible.

regate. M. **1.** Movimiento pronto y rápido que se hace hurtando el cuerpo a una parte u otra. || **2.** En el fútbol y otros deportes, finta que hace el jugador para no dejarse arrebatar el balón.

regatear¹. I. TR. **1.** Dicho del comprador y del vendedor: Debatir el precio de algo puesto en venta. U. t. c. intr. || **2.** coloq. Escamotear o rehusar la ejecución de algo. *No he regateado esfuerzos para acabar el trabajo a tiempo.* || **II.** INTR. **3.** Hacer regates.

regatear². INTR. *Mar.* Dicho de las embarcaciones: Disputar regatas.

regateo. M. **1.** Discusión del comprador y del vendedor sobre el precio de algo. || **2.** Reparos o excusas que se ponen para la ejecución de algo.

regatista. COM. Deportista que participa en regatas.

regato. M. **1.** Arroyo pequeño. || **2.** **acequia.**

regatón¹. M. **1.** Contera que se pone en el extremo inferior de las lanzas, bastones, etc., para mayor firmeza. || **2.** Hierro en forma de ancla o de gancho y punta, que tienen los bicheros en uno de sus extremos.

regatón², na. ADJ. Que vende al por menor los comestibles comprados al por mayor. U. t. c. s.

regazo. M. **1.** Hueco que forma la falda en la parte del cuerpo que va desde la cintura hasta las rodillas. || **2.** Parte del cuerpo donde se forma ese hueco. || **3.** Cosa que recibe en sí a otra, dándole amparo, gozo o consuelo.

regencia. F. **1.** Acción de **regir** (|| gobernar). || **2.** Cargo de regente. || **3.** Gobierno de un Estado durante la minoría de edad, ausencia o incapacidad de su legítimo príncipe. || **4.** Tiempo que dura tal gobierno.

regeneración. F. **1.** Acción y efecto de regenerar. || **2.** *Biol.* Reconstrucción que hace un organismo vivo por sí mismo de sus partes perdidas o dañadas.

regeneracionismo. M. **1.** Tendencia a regenerar en una comunidad los valores morales y sociales que se consideran perdidos o aminorados. || **2.** hist. Movimiento ideológico que se inició en España a fines del siglo XIX, motivado principalmente por el sentimiento de decadencia y por la pérdida de sus colonias, y que defendía la renovación de la vida política y social española.

regeneracionista. ADJ. **1.** Perteneciente o relativo al regeneracionismo. *Principios regeneracionistas.* || **2.** hist. Partidario del regeneracionismo. U. t. c. s.

regenerador, ra. I. ADJ. **1.** Que regenera. Apl. a pers., u. t. c. s. || **II.** M. **2.** Sustancia o producto que sirven para regenerar algo deteriorado, como la piel.

regenerar. TR. **1.** Dar nuevo ser a algo que degeneró, restablecerlo o mejorarlo. *El Gobierno pretende regenerar la economía.* U. t. c. prnl. || **2.** Hacer que alguien abandone una conducta o unos hábitos reprobables para llevar una vida moral y físicamente ordenada. U. t. c. prnl. *El delincuente se regeneró en la cárcel.* || **3.** *Tecnol.* Someter las materias desechadas a determinados tratamientos para su reutilización.

regenerativo, va. ADJ. **1.** Perteneciente o relativo a la regeneración. *El poder regenerativo de las plantas.* || **2.** Que regenera. *Terapias regenerativas.*

regenta. F. **1.** En algunos establecimientos de educación, **profesora.** || **2.** Mujer encargada de un establecimiento o negocio. || **3.** hist. Mujer del regente.

regentar. TR. **1.** Desempeñar temporalmente ciertos cargos y empleos. || **2.** Dirigir un negocio o estar al frente de él.

regente. I. ADJ. **1.** Que **rige** (|| gobierna). || **2.** *Ling.* En la relación de rección, se dice de la palabra de la que depende gramaticalmente otra. || **II.** M. **3.** En las órdenes religiosas, encargado de gobernar y regir los estudios.

‖ **4.** hist. Magistrado que presidía una Audiencia Territorial, que tenía jurisdicción sobre varias provincias de España. ‖ **III.** COM. **5.** Persona que gobierna un Estado en la minoría de edad de un príncipe o por otro motivo. ‖ **6.** Persona encargada de un establecimiento o negocio.

regentear. TR. Regentar un cargo ostentando superioridad.

regicida. ADJ. **1.** Dicho de una persona: Que mata a un rey o reina. U. t. c. s. ‖ **2.** Dicho de una persona: Que atenta contra la vida del soberano, aunque no consume el hecho. U. t. c. s.

regicidio. M. Muerte violenta dada al monarca o a su consorte, o al príncipe heredero o al regente.

regido. □ V. **complemento ~.**

regidor, ra. I. ADJ. **1.** Que **rige** (‖ gobierna). *Código regidor del uso de las tarjetas de visita.* Apl. a pers., u. t. c. s. ‖ **II.** M. y F. **2.** Alcalde o concejal. ‖ **3.** *Cinem., Teatro* y *TV.* Persona responsable de la organización de los movimientos y efectos escénicos dispuestos por el realizador o por el director.

regiduría. F. **1.** Acción de **regir** (‖ gobernar). ‖ **2.** Oficio de regidor.

régimen. M. **1.** Conjunto de normas que gobiernan o rigen una cosa o una actividad. ‖ **2.** Sistema político por el que se rige una nación. ‖ **3.** Modo regular o habitual de producirse algo. *El régimen de lluvias no ha cambiado en los últimos años.* ‖ **4.** Conjunto de normas referentes al tipo, cantidad, etc., de los alimentos, que debe observar una persona, generalmente por motivos de salud. ‖ **5.** *Gram.* Dependencia que tienen entre sí las palabras en la oración, determinada por el oficio de unos vocablos respecto de otros, estén relacionados o no por medio de las preposiciones; p. ej., *Respeto a mis padres. Amo la virtud. Saldré a pasear. Quiero comer.* ‖ **6.** *Gram.* Preposición que pide cada verbo, o caso que pide cada preposición. ‖ **7.** *Tecnol.* Estado de una máquina o dispositivo cuando funciona de un modo regular y permanente. ¶ MORF. pl. **regímenes.** ‖ **~ económico.** M. Situación de la economía de una nación en relación con los intercambios con el exterior. ‖ **Antiguo Régimen.** M. régimen monárquico absolutista anterior a la Revolución francesa y, por ext., situación política anterior a los regímenes democráticos. □ V. **complemento de ~.**

regimentar. TR. Reducir a regimientos varias compañías o partidas sueltas. MORF. conjug. c. *acertar.* U. m. c. reg.

regimiento. M. **1.** *Mil.* Unidad homogénea de cualquier arma o cuerpo militar. Se compone de varios grupos o batallones, y su jefe es normalmente un coronel. ‖ **2.** Acción y efecto de regir. ‖ **3.** coloq. **multitud.**

regio, gia. ADJ. **1.** real (‖ perteneciente al rey). *Audiencia regia.* ‖ **2.** Suntuoso, grande, magnífico. *Frente a nosotros se levantaba una regia mansión de dos plantas.* □ V. **agua ~, victoria ~.**

regiomontano, na. ADJ. **1.** Natural de Monterrey. U. t. c. s. ‖ **2.** Perteneciente o relativo a esta ciudad de México, capital del estado de Nuevo León.

región. F. **1.** Porción de territorio determinado por caracteres étnicos o circunstancias especiales de clima, producción, topografía, administración, gobierno, etc. ‖ **2.** Cada una de las grandes divisiones territoriales de una nación, definida por características geográficas e histórico-sociales, y que puede dividirse a su vez en provincias, departamentos, etc. ‖ **3.** *Zool.* Cada una de las

partes en que se considera dividido en su exterior el cuerpo de los animales, con el fin de determinar el sitio, extensión y relaciones de los diferentes órganos. *Región frontal, mamaria, epigástrica.* ‖ **~ aérea.** F. Cada una de las partes en que se divide un territorio nacional, a efectos de mando de las fuerzas aéreas y de dirección de los aeropuertos. ‖ **~ militar.** F. Cada una de las partes en que se divide un territorio nacional, a efectos de mando de las fuerzas terrestres.

regional. ADJ. Perteneciente o relativo a una región. *Equipo, tren regional.*

regionalismo. M. **1.** Tendencia o doctrina política según la cual en el gobierno de un Estado debe atenderse especialmente al modo de ser y a las aspiraciones de cada región. ‖ **2.** Vocablo o giro privativo de una región determinada.

regionalista. ADJ. **1.** Perteneciente o relativo al regionalismo o a los regionalistas. *Ideas regionalistas.* ‖ **2.** Partidario del regionalismo. U. t. c. s.

regionalización. F. **1.** Acción y efecto de regionalizar. ‖ **2.** *Chile.* Proceso de integración de diversos países en una zona o región continental.

regionalizar. TR. Organizar con criterios descentralizadores un territorio, una actividad, una entidad, una empresa, etc. U. t. c. intr.

regionario. □ V. **obispo ~.**

regir. I. TR. **1.** Dirigir, gobernar o mandar. *Regir los destinos de un país.* ‖ **2.** *Gram.* Dicho de una palabra: Pedir tal o cual preposición, caso de la declinación o modo verbal. ‖ **3.** *Gram.* Dicho de una preposición: Pedir o representar este o el otro caso. ‖ **II.** INTR. **4.** Estar vigente. ‖ **5.** Dicho de un artefacto o de un organismo: Funcionar bien, especialmente cuando se trata de las facultades mentales. ‖ **6.** *Mar.* Dicho de una nave: Obedecer al timón, volviendo la proa en dirección contraria a la que tiene este. ¶ MORF. conjug. c. *pedir.*

registrada. □ V. **marca ~.**

registrador, ra. I. ADJ. **1.** Que registra. *Se resaltará la función registradora de la actividad cinematográfica.* ‖ **2.** Dicho de un aparato: Que deja anotadas automáticamente las indicaciones variables de su función propia, como la presión, la temperatura, el peso, la velocidad, etc. U. t. c. s. m. ‖ **II.** M. y F. **3.** Persona que tiene a su cargo algún registro público, especialmente el de la propiedad. □ V. **caja ~.**

registradora. F. **caja registradora.**

registrar. I. TR. **1.** Examinar algo o a alguien minuciosamente, casi siempre para encontrar algo que puede estar oculto. *La policía registró el coche buscando droga.* ‖ **2.** Transcribir o extractar en los libros de un registro público las resoluciones de la autoridad o los actos jurídicos de los particulares. ‖ **3.** Anotar, señalar. *Registrar los cambios habidos en una lista.* ‖ **4.** Inscribir en una oficina determinados documentos públicos, instancias, etc. ‖ **5.** Inscribir con fines jurídicos o comerciales la firma de determinadas personas, o una marca comercial. ‖ **6.** Contabilizar, enumerar los casos reiterados de alguna cosa o suceso. *Registraron cuidadosamente todas sus entradas y salidas.* ‖ **7.** Inscribir mecánicamente en un disco, cilindro, cinta, etc., las diferentes fases de un fenómeno. ‖ **8.** **grabar** (‖ imágenes o sonidos). *Discos que permiten registrar y reproducir los programas.* ‖ **9.** Dicho de un aparato: Marcar automáticamente ciertos datos propios de su función, como una cantidad o una magnitud. *El termómetro registró una mínima de dos grados.* ‖ **II.** PRNL. **10.** Presentarse en algún lugar, oficina, etc., matricularse. ‖ **11.** Dicho de ciertas realidades que pueden medirse o cuantificarse: Producirse, suceder. *Se registraron temperaturas muy altas en la ciudad.* ‖ **a mí que me registren.** LOC.VERB. coloq. Se usa para declararse alguien inocente o libre de una determinada responsabilidad.

registro. M. **1.** Acción y efecto de registrar. ‖ **2.** Protocolo del notario o registrador. ‖ **3.** Lugar y oficina en donde se registra. ‖ **4.** En las diversas dependencias de la Administración pública, departamento especial donde se entrega, anota y registra la documentación referente a ellas. ‖ **5.** Asiento que queda de lo que se registra. ‖ **6.** Libro, a manera de índice, donde se apuntan noticias o datos. ‖ **7.** Padrón y matrícula. ‖ **8.** Abertura con su tapa o cubierta, para examinar, conservar o reparar lo que está subterráneo o empotrado en un muro, pavimento, etc. ‖ **9.** En el reloj u otra máquina, pieza que sirve para disponer o modificar su movimiento. ‖ **10.** Cordón, cinta u otra señal que se pone entre las hojas de los misales, breviarios y otros libros, para manejarlos mejor y consultarlos con facilidad en los lugares convenientes. ‖ **11.** Trampilla con puerta para deshollinar la chimenea. ‖ **12.** Pieza movible del órgano, próxima a los teclados, por medio de la cual se modifica el timbre o la intensidad de los sonidos. ‖ **13.** Cada género de voces del órgano; p. ej., flautado mayor, menor, clarines, etc. ‖ **14.** *Impr.* Correspondencia igual de las planas de un pliego impreso con las del dorso. ‖ **15.** *Inform.* Conjunto de datos relacionados entre sí, que constituyen una unidad de información en una base de datos. ‖ **16.** *Ling.* Modo de expresarse que se adopta en función de las circunstancias. ‖ **17.** *Mús.* Cada una de las tres grandes partes en que puede dividirse la escala musical. *La escala musical consta de tres registros: grave, medio y agudo.* ‖ **18.** *Mús.* Parte de la escala musical que se corresponde con la voz humana. ‖ **~ civil.** M. Aquel en que se hacen constar por autoridades competentes los nacimientos, matrimonios, defunciones y demás hechos relativos al estado civil de las personas. ‖ **~ de actos de última voluntad.** M. El que existe en el Ministerio de Justicia para hacer constar los otorgamientos mortis causa. ‖ **~ de la propiedad.** M. Aquel en que el registrador inscribe todos los bienes raíces de un partido judicial, con expresión de sus dueños, y donde se hacen constar los cambios y limitaciones de derecho que experimentan dichos bienes. ‖ **~ de la propiedad industrial.** M. El que sirve para registrar patentes de invención o de introducción, marcas de fábrica, nombres comerciales y recompensas industriales, y para obtener el amparo legal de los derechos concernientes a todo ello. ‖ **~ de la propiedad intelectual.** M. El que tiene por objeto inscribir y amparar los derechos de autores, traductores o editores de obras científicas, literarias o artísticas. ‖ **~ mercantil.** M. El que, con carácter público, sirve para la inscripción de actos y contratos del comercio, preceptuada legalmente en determinados casos. ‖ **salir** alguien **por** tal o cual **~.** LOC.VERB. Cambiar inesperadamente de modos o de razones en una controversia, o de conducta en la prosecución de un negocio.

regla. F. **1.** Instrumento de madera, metal u otra materia rígida, por lo común de poco grueso y de forma rectangular, que sirve principalmente para trazar líneas rectas, o para medir la distancia entre dos puntos. ‖ **2.** Principio que ha de cumplirse por estar convenido en una colectividad. ‖ **3.** Conjunto de preceptos fundamentales que debe observar una orden religiosa. ‖ **4.** Modo establecido de ejecutar algo. ‖ **5.** En las ciencias o artes, precepto, principio o máxima. ‖ **6.** En sentido moral, razón a que han de ajustarse las decisiones y las acciones. ‖ **7.** En sentido moral, moderación, templanza, medida. ‖ **8.** Manera uniforme y previsible en que se manifiestan los fenómenos naturales. ‖ **9.** Menstruación de la mujer. ‖ **10.** *Ling.* Formulación teórica generalizada de un procedimiento lingüístico. *Regla de formación del plural.* ‖ **11.** *Mat.* Método de hacer una operación. ‖ **~ de aligación.** F. *Mat.* La que enseña a calcular el promedio de varios números, atendiendo a la proporción en que cada uno entra a formar un todo, empleada principalmente para averiguar el precio que corresponde a una mezcla de varias especies cuyos precios respectivos se conocen. ‖ **~ de cálculo.** F. Instrumento constituido por dos piezas con graduación logarítmica que permite realizar con rapidez ciertas operaciones al desplazarse una sobre otra. ‖ **~ de compañía.** F. *Mat.* La que enseña a dividir una cantidad en partes proporcionales a otras cantidades conocidas, empleada principalmente para la distribución de ganancias o pérdidas entre los socios de una compañía comercial con arreglo a los capitales aportados por cada uno. ‖ **~ de falsa posición.** F. *Mat.* La que enseña a resolver un problema por tanteos. ‖ **~ de tres.** F. *Mat.* La que enseña a determinar una cantidad desconocida por medio de una proporción de la cual se conocen dos términos entre sí homogéneos, y otro tercero de la misma especie que el cuarto que se busca. ‖ **~ de tres compuesta.** F. *Mat.* Aquella en que los dos términos conocidos y entre sí homogéneos, resultan de la combinación de varios elementos. ‖ **las cuatro ~s.** F. pl. Las cuatro operaciones de sumar, restar, multiplicar y dividir. ‖ **a ~.** LOC.ADV. Con arreglo, con sujeción a la razón ‖ **en ~.** LOC.ADV. como es debido. ‖ **¿por qué ~ de tres?** EXPR. ¿Por qué causa o razón? ‖ **por ~ general.** LOC.ADV. Casi siempre, de manera normal. *Por regla general, venimos a esta hora.*

reglado, da. PART. de **reglar**[1]. ‖ ADJ. **1.** Dicho comúnmente del ejercicio de autoridad pública cuando las disposiciones vigentes no lo han dejado al discrecional arbitrio de esta: Sujeto a precepto, ordenación o regla. ‖ **2.** templado (‖ moderado, contenido). *Un modo de vida reglado y modesto.*

reglaje. M. *Mec.* Reajuste que se hace de las piezas de un mecanismo para mantenerlo en perfecto funcionamiento.

reglamentación. F. **1.** Acción y efecto de reglamentar. ‖ **2.** Conjunto de reglas.

reglamentar. TR. Sujetar a reglamento un instituto o una materia determinada.

reglamentario, ria. ADJ. **1.** Perteneciente o relativo al reglamento. *Actividad legislativa y reglamentaria.* ‖ **2.** Preceptuado y exigido por alguna disposición obligatoria. *Cauce reglamentario.*

reglamentista. ADJ. Dicho de una persona: Celosa de cumplir y hacer cumplir con rigor los reglamentos.

reglamento. M. **1.** Colección ordenada de reglas o preceptos, que por la autoridad competente se da para la ejecución de una ley o para el régimen de una corporación, una dependencia o un servicio. ‖ **2.** *Der.* Norma ju rídica general y con rango inferior a la ley, dictada por una autoridad administrativa.

reglar¹. TR. Sujetar a reglas algo.

reglar². ADJ. Perteneciente o relativo a una regla o a un instituto religioso. ☐ V. **canónigo ~, puerta ~.**

regleta. F. **1.** Soporte aislante sobre el cual se disponen uno o más componentes de un circuito eléctrico. ‖ **2.** *Impr.* Plancha pequeña de metal, que sirve para regletear.

regletear. TR. *Impr.* Espaciar la composición poniendo regletas entre los renglones.

regloscopio. M. Aparato para comprobar y corregir el reglaje de los faros de un automóvil.

regnícola. ADJ. Natural de un reino. *Nobleza regnícola.* U. t. c. s.

regocijado, da. PART. de **regocijar.** ‖ ADJ. Que causa o incluye regocijo o alegría. *El sector más regocijado por la visita del presidente.*

regocijar. TR. Alegrar, festejar, causar gusto o placer. U. t. c. prnl.

regocijo. M. **1.** Alegría expansiva, júbilo. ‖ **2.** Acto con que se manifiesta la alegría.

regodearse. PRNL. **1.** Deleitarse o complacerse en lo que gusta o se goza, deteniéndose en ello. ‖ **2.** Complacerse maliciosamente con un percance, apuro, etc., que le ocurre a otra persona.

regodeo. M. Acción y efecto de regodearse.

regoldar. INTR. Eructar los gases del estómago. MORF. conjug. c. *contar.*

regoldo. M. Castaño sin injertar o silvestre.

regolfo. M. Seno o cala en el mar, comprendida entre dos cabos o puntas de tierra.

regordete, ta. ADJ. coloq. Dicho de una persona o de una parte de su cuerpo: Pequeña y gruesa.

regordido, da. ADJ. Gordo, grueso, abultado. *Un toro regordido.*

regosto. M. Apetito o deseo de repetir lo que con delectación se empezó a gustar o gozar.

regraciar. TR. Dicho de una persona: Mostrar su agradecimiento de palabra o con otra expresión. MORF. conjug. c. *anunciar.*

regresar. **I.** INTR. **1.** Volver al lugar de donde se partió. En América, u. c. prnl. ‖ **II.** TR. **2.** *Am.* Devolver o restituir algo a su poseedor. *Regresar un libro.*

regresión. F. **1.** Acción de volver hacia atrás. ‖ **2.** *Psicol.* Retroceso a estados psicológicos o formas de conducta propios de etapas anteriores.

regresivo, va. ADJ. **1.** Perteneciente o relativo a la regresión. *Etapa regresiva.* ‖ **2.** Que hace volver hacia atrás. *Movimiento, impulso regresivo. Marcha regresiva.* ☐ V. **derivación ~.**

regreso. M. Acción de regresar.

regüeldo. M. Acción y efecto de regoldar.

reguera. F. Canal que se hace en la tierra a fin de conducir el agua para el riego.

reguero. M. **1.** Corriente, a modo de chorro o de arroyo pequeño, que se hace de un líquido. ‖ **2.** Línea o señal continuada que queda de algo que se va vertiendo. U. t. en sent. fig. *El asesino dejó tras de sí un reguero de cadáveres.* ‖ **3. reguera.** ‖ **4.** *Méx.* desorden (‖ confusión). ‖ **ser** algo **un ~ de pólvora.** LOC.VERB. Propagarse rápidamente.

reguilete. M. Banderilla, rehilete.

regulación. F. Acción y efecto de regular. ☐ V. **expediente de ~ de empleo.**

regulador, ra. **I.** ADJ. **1.** Que regula o sirve para regular. *Poder regulador sobre el intestino.* ‖ **II.** M. **2.** Mecanismo que sirve para ordenar o normalizar el movimiento o los efectos de una máquina o de alguno de los órganos o piezas de ella. ‖ **3.** *Mús.* Signo en forma de ángulo agudo que, colocado horizontalmente, sirve para indicar, según la dirección de su abertura, que la intensidad del sonido se ha de aumentar o disminuir gradualmente. ☐ V. **base ~.**

regular¹. TR. **1.** Medir, ajustar o computar algo por comparación o deducción. *El diafragma regula la intensidad de la luz.* ‖ **2.** Ajustar, reglar o poner en orden algo. *Regular el tráfico.* ‖ **3.** Ajustar el funcionamiento de un sistema a determinados fines. *El dispositivo regula la apertura de las puertas.* ‖ **4.** Determinar las reglas o normas a que debe ajustarse alguien o algo. *La normativa regulará el sistema de elecciones.* ‖ **5.** *Econ.* **reajustar** (‖ aumentar, disminuir o cambiar). *Regular las tarifas, los gastos, la plantilla de empleados.*

regular². **I.** ADJ. **1.** Ajustado y conforme a regla. *Estudios regulares.* ‖ **2.** Uniforme, sin cambios grandes o bruscos. *Ritmo muy regular.* ‖ **3.** Ajustado, medido, arreglado en las acciones y modo de vivir. *Es un hombre de costumbres regulares y gran austeridad.* ‖ **4.** De tamaño o condición media o inferior a ella. *Piedras de regular tamaño.* ‖ **5.** Se dice de las personas que viven bajo una regla o instituto religioso, y de lo que pertenece a su estado. U. t. c. s. ‖ **6.** En cristalografía, **cúbico.** ‖ **7.** *Geom.* Dicho de un polígono: Cuyos lados y ángulos son iguales entre sí. ‖ **8.** *Geom.* Dicho de un poliedro: Cuyas caras y ángulos sólidos son iguales. ‖ **9.** *Gram.* Dicho de una palabra: Derivada, o formada de otro vocablo, según la regla de formación seguida generalmente por las de su clase. *Participio regular.* ‖ **II.** M. **10.** pl. hist. Soldados marroquíes que estaban encuadrados en cuerpos militares del antiguo protectorado de Marruecos. ‖ **11.** Unidades de infantería situadas en Ceuta y Melilla, ciudades autónomas españolas del norte de África. ‖ **III.** ADV.M. **12.** De manera mediana, no demasiado bien. *En las pruebas me fue regular.* ‖ **por lo ~.** LOC.ADV. Comúnmente, con regularidad. ☐ V. **cáliz ~, canónigo ~, clero ~, compañía ~ colectiva, corola ~, flor ~, ~ observancia, sociedad ~ colectiva, verbo ~.**

regularidad. F. **1.** Cualidad de **regular².** ‖ **2.** Exacta observancia de la regla o instituto religioso.

regularización. F. Acción y efecto de regularizar.

regularizador, ra. ADJ. Que regulariza. *Control, proceso regularizador.*

regularizar. TR. **1. regular** (‖ ajustar o poner en orden). *Había conseguido regularizar su ritmo respiratorio.* U. t. c. prnl. ‖ **2.** *Der.* Legalizar, adecuar a derecho una situación de hecho o irregular. *Regularizar la situación de una persona.*

regulativo, va. ADJ. Que regula o dirige. *Actividad regulativa. Principio regulativo.*

régulo. M. Señor de un Estado pequeño.

regurgitación. F. Acción y efecto de regurgitar.

regurgitar. INTR. **1.** *Biol.* Expeler por la boca, sin esfuerzo o sacudida de vómito, sustancias sólidas o líquidas contenidas en el esófago o en el estómago. U. t. c. tr. *La vaca regurgita la bola de alimento y la vuelve a masticar.* ‖ **2. rebosar** (‖ derramarse por encima de los bordes del recipiente). U. t. c. tr. *La cañería regurgitaba agua negruzca.*

regusto. M. **1.** Sabor que queda de la comida o bebida. ‖ **2.** Afición que queda a otras cosas físicas o morales. ‖ **3.** Sensación o evocación imprecisas, placenteras o dolorosas, que despiertan la vivencia de cosas pretéritas. ‖ **4.** Impresión de analogía, semejanza, etc., que evocan algunas cosas. *Este texto tiene un regusto romántico.*

rehabilitación. F. **1.** Acción y efecto de rehabilitar. ‖ **2.** *Med.* Conjunto de métodos que tiene por finalidad la recuperación de una actividad o función perdida o disminuida por traumatismo o enfermedad.

rehabilitador, ra. ADJ. Que rehabilita o sirve para rehabilitar. Apl. a pers., u. t. c. s.

rehabilitar. TR. Habilitar de nuevo o restituir a alguien o algo a su antiguo estado. U. t. c. prnl.

rehacer. **I.** TR. **1.** Volver a hacer lo que se había deshecho, o hecho mal. *Deberías rehacer los cálculos del presupuesto.* ‖ **2.** Reformar, refundir. *Buñuel rehízo el argumento de Dalí.* ‖ **3.** Reponer, reparar, restablecer lo disminuido o deteriorado. *Consiguió rehacer su vida profesional.* U. t. c. prnl. ‖ **II.** PRNL. **4.** Reforzarse, fortalecerse o tomar nuevo brío. ‖ **5.** Serenarse, dominar una emoción, mostrar tranquilidad. ¶ MORF. conjug. c. *hacer.* Se acentúa en los hiatos que lo exigen: *rehíce, rehízo...;* part. irreg. **rehecho.**

rehacimiento. M. Acción y efecto de rehacer o rehacerse.

rehala. F. Jauría o agrupación de perros de caza mayor, cuyo número oscila entre 14 y 24.

rehalero. M. Hombre que conduce una rehala.

rehecho, cha. PART. IRREG. de **rehacer.**

rehén. COM. Persona retenida por alguien como garantía para obligar a un tercero a cumplir determinadas condiciones.

rehilado, da. PART. de **rehilar.** ‖ ADJ. *Fon.* **rehilante.**

rehilamiento. M. *Fon.* Vibración que se produce en el punto de articulación de algunas consonantes y que suma su sonoridad a la originada por la vibración de las cuerdas vocales; p. ej., hay rehilamiento en la pronunciación castellana de *s* y *z* en *mismo, esbelto, juzgar, Luzbel,* o en la rioplatense de *ayer, mayo.*

rehilante. ADJ. *Fon.* Dicho de una consonante: Articulada con rehilamiento.

rehilar. INTR. **1.** Dicho de una persona o de una cosa: Moverse como temblando. ‖ **2.** *Fon.* Pronunciar con rehilamiento ciertas consonantes sonoras. U. t. c. tr. ¶ MORF. conjug. c. *descafeinar.*

rehilete. M. **1.** **banderilla** (‖ de los toreros). ‖ **2.** Flecha pequeña con una punta en un extremo y papel o plumas en el otro, que se lanza para clavarla en un blanco.

rehiletero. M. *Taurom.* **banderillero.**

rehogar. TR. Sofreír un alimento para que se impregne de la grasa y los ingredientes con que se condimenta.

rehuir. TR. **1.** Retirar, apartar algo como con temor, sospecha o recelo de un riesgo. *Rehuía los compromisos.* U. t. c. intr. y c. prnl. ‖ **2.** Evitar el trato o la compañía de alguien. ¶ MORF. conjug. c. *construir* y con la acentuación de *reunir.*

rehundir. TR. Hacer más honda una cavidad o agujero. MORF. conjug. c. *reunir.*

rehusar. TR. No querer o no aceptar algo. MORF. V. conjug. modelo.

reidor, ra. ADJ. Que ríe con frecuencia. U. t. c. s.

reificación. F. **cosificación.**

reiforme. ADJ. *Zool.* Se dice de las aves americanas de gran tamaño semejantes al avestruz; p. ej., el ñandú. U. t. c. s. f. ORTOGR. En f. pl., escr. con may. inicial c. taxón. *Las Reiformes.*

reimplantación. F. **1.** Acción y efecto de reimplantar. ‖ **2.** *Med.* Intervención que tiene por objeto volver a colocar un órgano que había sido seccionado en su lugar correspondiente.

reimplantar. TR. Volver a implantar.

reimplante. M. **reimplantación.**

reimportar. TR. Importar en un país lo que se había exportado de él.

reimpresión. F. **1.** Acción y efecto de reimprimir. ‖ **2.** Conjunto de ejemplares reimpresos de una vez.

reimpreso, sa. PART. IRREG. de **reimprimir.**

reimprimir. TR. Volver a imprimir, o repetir la impresión de una obra o escrito. MORF. part. irreg. **reimpreso** y reg. **reimprimido.**

reina. F. **1.** Mujer que ejerce la potestad real. ‖ **2.** Esposa del rey. ‖ **3.** Pieza del juego de ajedrez, la más importante después del rey, que puede caminar como cualquiera de las demás piezas, exceptuado el caballo. ‖ **4.** **abeja reina.** ‖ **5.** Mujer, animal o cosa del género femenino, que por su excelencia sobresale entre las demás de su clase o especie. ‖ **~ de los prados.** F. Hierba perenne de la familia de las Rosáceas, con tallos de seis a ocho decímetros de altura, hojas alternas, divididas en segmentos aovados desiguales, blancos y tomentosos por el envés, y el terminal, mayor, dividido en tres lóbulos, y flores blancas o rosáceas en umbela. Se cultiva como planta de adorno y su raíz es tónica y febrífuga. □ V. **abeja ~, aceituna de la ~, silla de la ~.**

reinado. M. **1.** Ejercicio del poder regio. *El de Carlos III fue un modelo de reinado.* ‖ **2.** Espacio de tiempo en que ejerce su función un rey o una reina. ‖ **3.** Espacio de tiempo en que predomina o está en auge algo. *El reinado de la música* rock.

reinante. ADJ. Que reina. *Monarca, dinastía reinante.*

reinar. INTR. **1.** Dicho de un rey o de un príncipe: Regir un Estado. ‖ **2.** Ejercer en una monarquía la jefatura del Estado. ‖ **3.** Dicho de una persona o de una cosa: Dominar o tener predominio sobre otra. *La actriz reinó sobre la escena.* ‖ **4.** Dicho de una cosa: Prevalecer o persistir continuándose o extendiéndose. *Reinar una costumbre, una enfermedad, un viento.* ¶ MORF. conjug. c. *peinar.*

reincidencia. F. **1.** Reiteración de una misma culpa o defecto. ‖ **2.** *Der.* Circunstancia agravante de la responsabilidad criminal, que consiste en haber sido el reo condenado antes por un delito análogo al que se le imputa.

reincidente. ADJ. Que reincide o ha reincidido. U. t. c. s.

reincidir. INTR. Volver a caer o incurrir en un error, falta o delito.

reincorporación. F. Acción y efecto de reincorporar.

reincorporar. TR. **1.** Volver a incorporar a alguien a un servicio o empleo. U. t. c. prnl. *Ha decidido reincorporarse al trabajo.* ‖ **2.** Volver a incorporar, agregar o unir a un cuerpo político o moral lo que se había separado de él. *El partido ha conseguido reincorporar a los intelectuales disidentes.* U. t. c. prnl.

reineta. F. **manzana reineta.**

reingresar. INTR. Volver a ingresar. U. t. c. tr.

reingreso. M. Acción y efecto de reingresar.

reiniciar. TR. **1. recomenzar.** ‖ **2.** *Inform.* Cargar de nuevo el sistema operativo en una computadora. ¶ MORF. conjug. c. *anunciar.*

reinicio. M. Acción de reiniciar.

reino. M. **1.** Estado cuya organización política es una monarquía. ‖ **2.** Cada uno de los territorios de un Estado que antiguamente constituyeron un reino. *Reino de Aragón. Reino de Sevilla.* ‖ **3. campo** (‖ ámbito propio de una actividad). ‖ **4.** Cada una de las grandes subdivisiones en que se consideraban distribuidos los seres naturales. *Reino animal, mineral, vegetal.* ‖ **5.** *Biol.* Categoría taxonómica que agrupa filos de organismos que comparten rasgos vitales básicos; en la actualidad se aceptan generalmente cinco reinos de seres vivos: Moneras, Protistas, Hongos, Plantas y Animales. ‖ **Reino de Dios.** M. *Rel.* Nuevo estado de cosas en que rige la salvación y la voluntad de Dios. Fue anunciado por los profetas de Israel, predicado e instaurado por Jesucristo. Su realización, incompleta y temporal en la iglesia militante, se consuma y perpetúa en la iglesia triunfante. ‖ **~ de los cielos.** M. **1.** *Rel.* **cielo** (‖ morada en que se goza de la presencia de Dios). ‖ **2.** *Rel.* **Reino de Dios.** ORTOGR. Escr. con mays. iniciales. □ V. **procurador del Reino, título del ~.**

reinserción. F. Acción y efecto de reinsertar.

reinsertado, da. PART. de **reinsertar.** ‖ ADJ. Dicho de una persona: Que se integra de nuevo en la sociedad después de un tiempo de marginación o por haber cumplido condena. U. t. c. s.

reinsertar. TR. **1.** Volver a **insertar** (‖ introducir). *Reinsertar una tarjeta en el cajero automático de un banco.* U. t. c. prnl. ‖ **2.** Volver a integrar en la sociedad a alguien que estaba condenado penalmente o marginado. U. t. c. prnl.

reinstalación. F. Acción y efecto de reinstalar.

reinstalar. TR. Volver a instalar. U. t. c. prnl.

reintegrable. ADJ. Que se puede o se debe reintegrar. *Anticipo, préstamo reintegrable.*

reintegración. F. Acción y efecto de reintegrar o reintegrarse.

reintegrar. I. TR. **1.** Restituir o satisfacer íntegramente algo. *Se negaron a reintegrar el dinero en su cuenta.* ‖ **2.** Reconstituir la mermada integridad de algo. *Reintegró su país al seno de la ONU.* ‖ **3.** Poner la póliza o estampilla en los documentos en que legalmente es obligatorio. ‖ **II.** PRNL. **4.** Recobrarse enteramente de lo que se había perdido, o dejado de poseer. ‖ **5.** Volver a ejercer una actividad, incorporarse de nuevo a una colectividad o situación social o económica. *Reintegrarse a sus funciones. Reintegrarse al partido.*

reintegro. M. **1.** Acción y efecto de reintegrar. ‖ **2.** Pago de un dinero o especie que se debe. ‖ **3.** Póliza o timbre de un documento. ‖ **4.** En la lotería, premio igual a la cantidad jugada.

reinversión. F. *Econ.* Aplicación de los beneficios de una actividad productiva al aumento de su capital.

reír. I. INTR. **1.** Manifestar alegría mediante determinados movimientos del rostro, acompañada frecuentemente por sacudidas del cuerpo y emisión de peculiares sonidos inarticulados. U. t. c. prnl. ‖ **2.** Hacer burla. U. t. c. tr. y c. prnl. ‖ **3.** Dicho de algo deleitoso, como el alba, el agua de una fuente, de un prado ameno, etc.: Infundir gozo o alegría. *El agua de la fuente reía.* U. t. c. prnl. ‖ **II.** TR. **4.** Celebrar con risa algo. *Reír un chiste.*

‖ **III.** PRNL. **5.** coloq. Dicho de una persona: Despreciar a alguien o algo, no hacer caso de él o de ello. *Se reían DE todo y DE todos.* ¶ MORF. conjug. c. *sonreír.*

reiteración. F. Acción y efecto de reiterar.

reiterado, da. PART. de **reiterar.** ‖ ADJ. Que se hace o sucede repetidamente. *Experiencia reiterada. Incumplimiento reiterado.*

reiterar. TR. Volver a decir o hacer algo. U. t. c. prnl.

reiterativo, va. ADJ. **1.** Que tiene la propiedad de reiterarse. *Procesos reiterativos.* ‖ **2.** Que denota reiteración. *Adoptó un tono reiterativo.*

reitre. M. hist. Antiguo soldado de la caballería alemana.

reivindicación. F. Acción y efecto de reivindicar.

reivindicador, ra. ADJ. **1.** Que **reivindica** (‖ reclama algo a lo que cree tener derecho). *Organizaciones reivindicadoras de la igualdad.* U. t. c. s. ‖ **2.** Que **reivindica** (‖ argumenta en favor de algo o de alguien). *Campaña reivindicadora de la cultura andina.* U. t. c. s.

reivindicar. TR. **1.** Reclamar algo a lo que se cree tener derecho. *Reivindicar un derecho laboral.* ‖ **2.** Argumentar en favor de algo o de alguien. *Reivindicó la sencillez en el arte.* ‖ **3.** Reclamar para sí la autoría de una acción. *El grupo terrorista reivindicó el atentado.* ‖ **4.** *Der.* Reclamar o recuperar alguien lo que por razón de dominio, cuasi dominio u otro motivo le pertenece.

reivindicativo, va. ADJ. Que reivindica. *Pancarta, personalidad reivindicativa.*

reivindicatorio, ria. ADJ. **1.** Perteneciente o relativo a la reivindicación. *Carácter reivindicatorio.* ‖ **2.** Que sirve para reivindicar. *Acciones reivindicatorias.*

reja¹. F. **1.** Instrumento de hierro, que es parte del arado y sirve para romper y revolver la tierra. ‖ **2.** Labor o vuelta que se da a la tierra con el arado.

reja². F. Conjunto de barrotes de varias formas, convenientemente enlazados, que se ponen en las ventanas y otras aberturas de los muros para seguridad o adorno, y también en el interior de los templos y otras construcciones para formar el recinto aislado del resto del edificio. ‖ **entre ~s.** LOC. ADV. coloq. En la cárcel.

rejalgar. M. Mineral de color rojo, lustre resinoso y fractura concoidea, que se raya con la uña, y es una combinación muy venenosa de arsénico y azufre.

rejego, ga. ADJ. *Méx.* Dicho de un animal o de una persona: **renuentes.**

rejería. F. **1.** Arte de construir verjas o **rejas².** ‖ **2.** Conjunto de obras de rejero.

rejero. M. Hombre que tiene por oficio labrar o fabricar **rejas².**

rejilla. F. **1.** Entramado de metal, madera u otro material que, generalmente enmarcado en un hueco, permite el paso del aire, la luz, la voz, etc. ‖ **2.** Abertura pequeña cerrada con rejilla. ‖ **3.** Entramado hecho con tallos de ciertas plantas, como el bejuco, que se utiliza para construir respaldos, asientos y otros objetos. ‖ **4.** Tejido en forma de red que se coloca en alto, encima de los asientos del ferrocarril, para depositar objetos menudos y de poco peso durante el viaje. ‖ **5.** En radio y televisión, esquema o cuadro de programación. ‖ **6.** *Arq.* Emparrillado de barras metálicas que se suele disponer en los registros de aireación de las alcantarillas.

rejo. M. **1.** Punta o aguijón de hierro, y, por ext., punta o aguijón de otra especie, como el de la abeja. ‖ **2.** Robustez o fortaleza. ‖ **3.** *Am. Cen.* y *Á. Caribe.* **látigo** (‖ azote).

‖ **4.** *Á. Caribe.* Soga o pedazo de cuero que sirve para atar el becerro a la vaca, o para maniatar reses.

rejón. M. **1.** *Taurom.* Asta de madera, de metro y medio de largo aproximadamente, con una cuchilla de acero en la punta, que sirve para rejonear. ‖ **2.** Punta del trompo.

rejonazo. M. **1.** Golpe de rejón. U. t. en sent. fig. *Aguanté el rejonazo de su crítica y no me di por aludida.* ‖ **2.** Herida causada por un rejón.

rejoneador, ra. M. y F. Persona que rejonea.

rejonear. TR. Lidiar los toros a caballo. U. t. c. intr.

rejoneo. M. Acción de rejonear.

rejuntar. I. TR. **1.** **juntar.** U. t. c. prnl. ‖ **2.** *Arq.* Repasar y tapar las juntas de un paramento. ‖ **II.** PRNL. **3.** **amancebarse.**

rejuvenecedor, ra. ADJ. Que rejuvenece. *Tratamiento rejuvenecedor de la piel.*

rejuvenecer. TR. **1.** Dar a alguien fortaleza y vigor, como se suele tener en la juventud. *Trabajar a su lado me ha rejuvenecido.* U. t. c. intr. y c. prnl. ‖ **2.** Remozar, mediante la incorporación de personas jóvenes, algo que estaba ocupado o desempeñado por otras de mayor edad. *Señaló la necesidad de rejuvenecer el equipo directivo.* ‖ **3.** Renovar, dar modernidad o actualidad a lo desusado, olvidado o postergado. *Medidas que rejuvenecen el parque de automóviles.* ¶ MORF. conjug. c. *agradecer.*

rejuvenecimiento. M. Acción y efecto de rejuvenecer.

relación. F. **1.** Conexión, correspondencia de algo con otra cosa. ‖ **2.** Conexión, correspondencia, trato, comunicación de alguien con otra persona. U. m. en pl. *Relaciones de parentesco. Relaciones comerciales.* ‖ **3.** Trato de carácter amoroso. U. m. en pl. *Tienen relaciones desde hace tiempo.* ‖ **4.** Exposición que se hace de un hecho. ‖ **5.** Lista de nombres o elementos de cualquier clase. ‖ **6.** Informe que generalmente se hace por escrito, y se presenta ante una autoridad. ‖ **7.** En el poema dramático, trozo largo que dice un personaje, para contar o narrar algo u con cualquier otro fin. ‖ **8.** *Gram.* Conexión o enlace entre dos términos de una misma oración; p. ej., en la frase *amor de madre* hay una relación gramatical cuyos dos términos son las voces *amor* y *madre.* ‖ **9.** *Á. R. Plata.* En diversos bailes tradicionales, copla que se dicen los integrantes de las parejas. ‖ **10.** pl. Conocidos o amigos influyentes. *Sin relaciones no se puede triunfar en esa profesión.* ‖ **~ jurídica.** F. *Der.* La que, regulada por el derecho, se establece entre dos o más personas. ‖ **relaciones públicas.** F. **1.** pl. Actividad profesional cuyo fin es, mediante gestiones personales o con el empleo de las técnicas de difusión y comunicación, informar sobre personas, empresas, instituciones, etc., tratando de prestigiarlas y de captar voluntades a su favor. ‖ **2.** pl. u. c. sing. com. Persona que desempeña esta profesión. ‖ **con ~ a,** o **en ~ con.** LOCS. PREPOS. **1.** Que tiene conexión o correspondencia con algo. ‖ **2.** **con respecto a.** ‖ **hacer** aquello de que se trata **~ a** algo. LOC. VERB. Tener con ello conexión. □ V. **adjetivo de ~, vida de ~.**

relacional. ADJ. Perteneciente o relativo a la **relación** (‖ correspondencia de algo con otra cosa). □ V. **adjetivo ~.**

relacionar. I. TR. **1.** Establecer relación entre personas, cosas, ideas o hechos. *Existen pruebas que relacionan al acusado con el delito.* U. t. c. prnl. ‖ **2.** Hacer relación de un hecho. *Comenzó a relacionar lo ocurrido con detalle.* ‖ **II.** PRNL. **3.** Mantener trato social. *Este niño se relaciona bien con sus compañeros.*

relacionista. COM. **relaciones públicas** (‖ persona).

relajación. F. **1.** Acción y efecto de relajar o relajarse. ‖ **2.** Inmoralidad en las costumbres. ‖ **3.** *Fís.* Fenómeno en el que es necesario un tiempo perceptible para que un sistema reaccione ante cambios bruscos de las condiciones físicas a que está sometido. ‖ **4.** *Ingen.* Pérdida de tensiones que sufre un material que ha estado sometido a una deformación constante.

relajado, da. PART. de **relajar.** ‖ ADJ. **1.** Que no produce tensión o no supone mucho esfuerzo. *Un programa de trabajo relajado.* ‖ **2.** *Fon.* Dicho de un sonido: Que se realiza con una tensión muscular menor de lo que es usual en otras posiciones.

relajador, ra. ADJ. Que relaja. *Sueño profundo y relajador.*

relajamiento. M. Acción y efecto de relajar o relajarse.

relajante. ADJ. **1.** Que relaja. *Baño relajante.* ‖ **2.** *Med.* Dicho especialmente de un medicamento: Que tiene la propiedad de relajar. U. t. c. s. m. ‖ **3.** *Chile.* Dicho de una bebida o de un alimento: Azucarados en extremo. U. t. c. s.

relajar. I. TR. **1.** Aflojar o ablandar. *Debe relajar los músculos del pecho.* U. t. c. prnl. ‖ **2.** Esparcir o distraer el ánimo con algún descanso. *Me relajó el largo paseo.* ‖ **3.** Hacer menos severa o rigurosa la observancia de las leyes, reglas, estatutos, etc. U. t. c. prnl. ‖ **II.** PRNL. **4.** Viciarse, caer en malas costumbres. ‖ **5.** Conseguir un estado de reposo físico y moral, dejando los músculos en completo abandono y la mente libre de toda preocupación.

relajear. INTR. *Méx.* **divertirse** (‖ entretenerse).

relajiento, ta. ADJ. *Méx.* Aficionado al relajo y a las diversiones desordenadas. U. t. c. s.

relajo. M. **1.** Desorden, falta de seriedad, barullo. ‖ **2.** Holganza, laxitud en el cumplimiento de las normas. ‖ **3.** Degradación de las costumbres. ‖ **4.** *Á. guar., Ant.* y *Méx.* Broma pesada. ‖ **5.** *Ant.* **bachata.**

relamer. I. TR. **1.** Volver a lamer. ‖ **II.** PRNL. **2.** Lamerse los labios una o muchas veces. ‖ **3.** Encontrar mucho gusto o satisfacción en algo. *Se relame de pura satisfacción.*

relamido, da. PART. de **relamer.** ‖ ADJ. **1.** Afectado, demasiado pulcro. *Joven acicalada y relamida.* ‖ **2.** *Am. Cen.* Descarado, jactancioso.

relámpago. M. **1.** Resplandor vivísimo e instantáneo producido en las nubes por una descarga eléctrica. ‖ **2.** Fuego o resplandor repentino. ‖ **3.** Cosa que pasa ligeramente o es pronta en sus operaciones. *Un relámpago de ira.* ‖ **4.** Se usa en aposición para denotar la rapidez, carácter repentino o brevedad de algo. *Guerra relámpago.* □ V. **cierre ~.**

relampagueante. ADJ. **1.** Que relampaguea. *Ojos relampagueantes.* ‖ **2.** Muy rápido. *Una carrera relampagueante.*

relampaguear. I. INTR. IMPERS. **1.** Haber relámpagos. ‖ **II.** INTR. **2.** Dicho frecuentemente de los ojos muy vivos o iracundos: Arrojar luz o brillar mucho con algunas interrupciones.

relampagueo. M. Acción de relampaguear.

relance. M. *Taurom.* Segundo lance o suerte.

relanzamiento. M. Acción y efecto de **relanzar** (‖ volver a lanzar).

relanzar. TR. **1.** Volver a **lanzar** (‖ promover la rápida difusión de algo). ‖ **2.** **repeler** (‖ rechazar, resistir).

relatador, ra. ADJ. Que relata. U. t. c. s.

relatar. **I.** TR. **1. referir** (‖ dar a conocer un hecho). *Relató el incidente con detalle.* ‖ **II.** INTR. **2.** Refunfuñar o protestar, gruñendo por algo.

relatividad. F. **1.** Cualidad de relativo. ‖ **2.** *Fís.* Teoría que se propone averiguar cómo se transforman las leyes físicas cuando se cambia de sistema de referencia. ‖ **~ especial.** F. *Fís.* La formulada por el científico alemán Einstein, basada en que la luz se propaga con independencia del movimiento del cuerpo que la emite, y en que no hay ni puede haber fenómeno que permita averiguar si un cuerpo está en reposo o se mueve con movimiento rectilíneo y uniforme.

relativismo. M. *Fil.* Teoría que niega el carácter absoluto del conocimiento, al hacerlo depender del sujeto que conoce.

relativista. ADJ. **1.** Perteneciente o relativo a la relatividad o al relativismo. *Mecánica relativista.* ‖ **2.** Seguidor o partidario de esta teoría. U. t. c. s.

relativización. F. Acción y efecto de relativizar.

relativizador, ra. ADJ. Que relativiza. *Un factor relativizador.*

relativizar. TR. Introducir en la consideración de un asunto aspectos que atenúan sus efectos o su importancia. *Relativizar los resultados electorales, las cifras del paro.*

relativo, va. **I.** ADJ. **1.** Que guarda relación con alguien o con algo. *Problemas relativos a la vivienda.* ‖ **2.** Que no es absoluto. *Valores relativos de energía.* ‖ **3.** No mucho, en poca cantidad o intensidad. *Daba a aquel asunto una relativa importancia.* ‖ **4.** Discutible, susceptible de ser puesto en cuestión. *Su opinión es muy relativa.* ‖ **II.** M. **5.** *Gram.* pronombre relativo. □ V. adjetivo ~, adjetivo superlativo ~, **mayoría** ~, oración de relativo, pronombre ~, tiempo ~, valor ~.

relato. M. **1.** Conocimiento que se da, generalmente detallado, de un hecho. ‖ **2.** Narración, cuento.

relator, ra. **I.** ADJ. **1.** Que relata (‖ refiere un hecho). *Voz relatora.* Apl. a pers., u. t. c. s. ‖ **II.** M. y F. **2.** Persona que en un congreso o asamblea hace relación de los asuntos tratados, así como de las deliberaciones y acuerdos correspondientes. ‖ **3.** *Á. R. Plata.* En la radio, persona que tiene a su cargo la narración de un espectáculo, generalmente deportivo.

relavar. TR. Volver a lavar o purificar más algo.

relax. M. Relajamiento físico o psíquico producido por ejercicios adecuados o por comodidad, bienestar o cualquier otra causa.

relé. M. *Electr.* Aparato destinado a producir en un circuito una modificación dada, cuando se cumplen determinadas condiciones en el mismo circuito o en otro distinto.

releer. TR. Leer de nuevo o volver a leer algo. MORF. conjug. c. *leer.*

relegación. F. Acción y efecto de relegar.

relegar. TR. Apartar, posponer. *Relegar al olvido algo.*

releje. M. rodada.

relente. M. Humedad que en noches serenas se nota en la atmósfera.

relevancia. F. Cualidad o condición de relevante, importancia, significación.

relevante. ADJ. **1.** Sobresaliente, destacado. *Investigadora relevante.* ‖ **2.** Importante, significativo. *Dato relevante.* □ V. **rasgo ~.**

relevar. TR. **1.** Exonerar de un peso o gravamen, de un empleo, actividad o cargo. *Lo relevaron del servicio mili-*

tar. U. t. c. prnl. ‖ **2.** Sustituir a personas, animales o cosas en algún servicio o función. ‖ **3.** Poner de relieve algo. *Relevar la calidad de un producto.* ‖ **4.** *Mil.* Mudar un centinela o cuerpo de tropa que hace una guardia o guarnece un puesto.

relevista. ADJ. *Dep.* Dicho de un deportista: Que participa en pruebas de relevos. U. t. c. s.

relevo. M. **1.** Acción y efecto de **relevar** (‖ sustituir). ‖ **2.** Persona o grupo de personas que relevan a otra. ‖ **3.** *Dep.* En carreras por equipos, acción de reemplazar un corredor a otro cuando recibe de él el testigo. ‖ **4.** *Dep.* En algunas competiciones deportivas por equipos, acción de reemplazar un deportista por otro con fines tácticos. ‖ **5.** *Mil.* Acción de relevar o cambiar la guardia. ‖ **6.** *Mil.* Soldado o cuerpo que releva. ‖ **7.** pl. *Dep.* **carrera de relevos.**

relicario. M. **1.** Lugar donde están guardadas las reliquias. ‖ **2.** Caja o estuche comúnmente precioso para custodiar reliquias.

relievar. TR. **1.** *Á. Andes.* **relevar** (‖ poner de relieve algo). ‖ **2.** *Á. Andes.* Exaltar o engrandecer algo.

relieve. M. **1.** Labor o figura que resalta sobre el plano. ‖ **2.** Conjunto de formas complejas que producen elevaciones o depresiones en la superficie del globo terráqueo. ‖ **3.** Importancia o renombre de alguien o algo. ‖ **4.** Obra de escultura cuyas figuras sobresalen de un plano. ‖ **5.** *Pint.* Realce o bulto que aparentan algunas cosas pintadas. ‖ **alto ~.** M. **altorrelieve.** ‖ **bajo ~.** M. **bajorrelieve.** ‖ **medio ~.** M. *Esc.* Aquel en que las figuras salen del plano la mitad de su grueso. ‖ **poner de ~** algo. LOC.VERB. Subrayarlo, destacarlo.

religación. F. Acción y efecto de religar.

religar. TR. Ceñir más estrechamente.

religión. F. **1.** Conjunto de creencias o dogmas acerca de la divinidad, de sentimientos de veneración y temor hacia ella, de normas morales para la conducta individual y social y de prácticas rituales, principalmente la oración y el sacrificio para darle culto. ‖ **2.** Virtud que mueve a dar a Dios el culto debido. ‖ **3.** Profesión y observancia de la doctrina religiosa. ‖ **4.** Obligación de conciencia, cumplimiento de un deber. *La religión del juramento.* ‖ **5.** orden (‖ instituto religioso). ‖ **~ católica.** F. Confesión cristiana regida por el papa de Roma. ‖ **~ natural.** F. La descubierta por la sola razón y que funda las relaciones del hombre con la divinidad en la misma naturaleza de las cosas. ‖ **~ reformada.** F. Instituto religioso en que se ha restablecido su primitiva disciplina. ‖ **entrar en ~** alguien. LOC.VERB. Tomar el hábito en una orden o congregación religiosa.

religiosamente. ADV.M. **1.** Con religión. *Viven religiosamente.* ‖ **2.** Con puntualidad y exactitud. *Paga sus deudas religiosamente.*

religiosidad. F. **1.** Cualidad de religioso. ‖ **2.** Práctica y esmero en cumplir las obligaciones religiosas. ‖ **3.** Puntualidad o exactitud. *Cumple sus obligaciones con religiosidad.*

religioso, sa. ADJ. **1.** Perteneciente o relativo a la religión o a quienes la profesan. *Prácticas religiosas.* ‖ **2.** Que tiene religión, y particularmente que la profesa con celo. ‖ **3.** Que ha profesado en una orden o congregación religiosa. U. t. c. s. ‖ **4.** Dicho de una cosa: Que tiene características propias de la religión o de lo sagrado. *Un silencio religioso.* □ V. **arquitectura ~, congregación ~, libertad ~, mantis ~.**

relimpio, pia. ADJ. coloq. Muy limpio.

relinchar. INTR. Dicho del caballo: Emitir con fuerza su voz.

relincho. M. Voz del caballo.

relindo, da. ADJ. Muy **lindo** (‖ hermoso).

relinga. F. **1.** Cada una de las cuerdas o sogas en que van colocados los plomos y corchos con que se calan y sostienen las redes en el agua. ‖ **2.** *Mar.* Cabo con que se refuerzan las orillas de las velas.

reliquia. F. **1.** Parte del cuerpo de un santo. ‖ **2.** Cosa que, por haber tocado ese cuerpo, es digna de veneración. ‖ **3.** Residuo que queda de un todo. U. m. en pl. *Reliquias de un antiguo cine.* ‖ **4.** Objeto o prenda con valor sentimental, generalmente por haber pertenecido a una persona querida. ‖ **5.** Dolor o achaque habitual que resulta de una enfermedad o accidente. ‖ **~ insigne.** F. Porción principal del cuerpo de un santo.

rellano. M. **1.** Porción horizontal en que termina cada tramo de escalera. ‖ **2.** Llano que interrumpe la pendiente de un terreno.

rellena. F. *Méx.* morcilla.

rellenar. TR. **1.** Volver a llenar algo. *Rellenar el depósito del coche.* U. t. c. prnl. ‖ **2.** Llenar enteramente. *Rellenaron el bache con gravilla.* U. t. c. prnl. ‖ **3.** Llenar de carne picada u otros ingredientes un ave u otro alimento. ‖ **4.** Introducir rellenos. *Rellenar empanadas.* ‖ **5.** Cubrir con los datos necesarios espacios en blanco en formularios, documentos, etc.

relleno. M. **1.** Material con que se llena algo. ‖ **2.** Picadillo sazonado de carne, hierbas u otros ingredientes, con que se llenan tripas, aves, hortalizas, etc. ‖ **3.** Conjunto de cosas con que se acaba de llenar algo en que los objetos contenidos han dejado huecos, para asegurar aquellos, adornarlos o complementarlos. ‖ **4.** Acción de llenado que se efectúa en los espacios vacíos de las minas, generalmente con tierra o gravas. ‖ **5.** Parte superflua que alarga una oración o un escrito. ‖ **6.** Acción y efecto de rellenar. ‖ **de ~.** LOC.ADJ. coloq. Dicho de una o más palabras: Que no son necesarias en los escritos o en las oraciones y solo se intercalan para alargarlos.

reloj. M. **1.** Instrumento que sirve para medir el tiempo. ‖ **2. reloj mecánico.** ‖ **~ astronómico.** M. **1.** El que muestra datos astronómicos, como las fases de la Luna. ‖ **2.** El que mide el tiempo sidéreo, y se utiliza en los observatorios astronómicos. ‖ **~ atómico.** M. El electrónico de extremada precisión, que mide el tiempo por las oscilaciones de átomos o moléculas, especialmente el cesio 133. ‖ **~ biológico.** M. *Biol.* Conjunto de mecanismos fisiológicos que se regulan en sincronía con fenómenos rítmicos diarios, anuales, etc., como los ciclos del sueño, los menstruales o la fotosíntesis. ‖ **~ de agua.** M. Aparato para medir el tiempo por medio del agua que va cayendo de un vaso a otro. ‖ **~ de arena.** M. Aparato que se compone de dos ampollas unidas por el cuello, y sirve para medir el tiempo por medio de la arena que va cayendo de una a otra. ‖ **~ de campana.** M. El que da las horas con campana. ‖ **~ de cuarzo.** M. Aquel cuyo movimiento está regulado por las oscilaciones de un cristal de cuarzo sometido a la acción de un campo eléctrico. ‖ **~ de cuco.** M. El que tiene un cuclillo mecánico que sale por una abertura y da las horas con su canto. ‖ **~ de Flora.** M. *Bot.* Tabla de las diversas horas del día en que abren sus flores ciertas plantas. ‖ **~ de pulsera.** M. El que se lleva en la muñeca. ‖ **~ de sol.** M. Sistema ideado para señalar las diversas horas del día por medio de la variable iluminación de un cuerpo expuesto al sol, o por medio de la sombra que un gnomon arroja sobre una superficie, o con auxilio de un simple rayo de luz, directo, reflejado o refractado, proyectado sobre aquella superficie. ‖ **~ despertador.** M. **despertador** (‖ reloj para despertar a quien duerme). ‖ **~ interno.** M. *Biol.* reloj biológico. ‖ **~ mecánico.** M. Aquel en el que un peso, un muelle o una pila producen, por lo común, el movimiento, que se regula con un péndulo o un volante, y se transmite a las manecillas por medio de varias ruedas dentadas. Según sus dimensiones, colocación o uso, el reloj se denomina de torre, de pared, de sobremesa, de bolsillo, etc. ‖ **~ solar.** M. **reloj de sol.** ‖ **contra el ~,** o **contra ~.** LOCS.ADJS. Dicho de una carrera: **contrarreloj.** U. t. c. locs. susts. f. U. t. c. locs. advs. *Se reunieron contra reloj para alcanzar un acuerdo.* ‖ **ser** alguien **como un ~,** o **un ~.** LOCS.VERBS. coloqs. Ser muy puntual o regular.

relojería. F. **1.** Arte de hacer relojes. ‖ **2.** Taller donde se hacen o reparan relojes. ‖ **3.** Tienda donde se venden.
□ V. **bomba de ~.**

relojero, ra. I. ADJ. **1.** Perteneciente o relativo al reloj. *Empresa relojera.* ‖ II. M. y F. **2.** Persona que hace, repara o vende relojes.

reluciente. ADJ. Que reluce. *Medalla, piso reluciente.*

relucir. INTR. **1.** Dicho de una cosa: Brillar o resplandecer. ‖ **2.** Dicho de una cualidad excelente o notable: Destacar en algo o en alguien. *Su moralidad relucía por encima de todas las cosas.* ¶ MORF. conjug. c. *lucir.* ‖ **sacar a ~** algún hecho o razón. LOC.VERB. coloq. Alegarlo de manera inesperada o inoportuna. ‖ **salir a ~** algún hecho o razón. LOC.VERB. coloq. Aparecer de forma inesperada o inoportuna.

reluctancia. F. renuencia.

reluctante. ADJ. Reacio, opuesto. *La lengua española es algo menos reluctante que la francesa a los anglicismos.*

relumbrar. INTR. Dicho de una cosa: Dar viva luz o alumbrar con exceso.

relumbre. M. Brillo, destello, luz muy viva.

relumbrón. M. **1.** Rayo de luz vivo y pasajero. ‖ **2.** Cosa deslumbrante de escaso valor. ‖ **de ~.** LOC.ADJ. Más aparente que verdadero, o de mejor apariencia que calidad.

relumbroso, sa. ADJ. Que relumbra. *Espuelas relumbrosas.*

remachado. M. Acción y efecto de remachar.

remachadora. F. Máquina que sirve para remachar.

remachar. TR. **1.** Machacar la punta o la cabeza del clavo ya clavado, para mayor firmeza. ‖ **2.** Percutir el extremo del roblón colocado en el correspondiente taladro hasta formarle una cabeza que lo sujeta y asegura. ‖ **3.** Sujetar con remaches. *Remachar una placa de hierro.* ‖ **4.** Recalcar, afianzar, robustecer lo dicho o hecho. *Remachar un acuerdo.*

remache. M. **1.** Acción y efecto de remachar. ‖ **2.** roblón.

remador, ra. M. y F. Persona que rema.

remallar. TR. Componer, reforzar las mallas viejas o rotas.

remanecer. INTR. Aparecer de nuevo e inopinadamente. MORF. conjug. c. *agradecer.*

remanente. M. Parte que queda de algo.

remangado, da. PART. de **remangar.** ‖ ADJ. Levantado o vuelto hacia arriba. *Hocico remangado.*

remangar. TR. Levantar, recoger hacia arriba las mangas o la ropa. U. t. c. prnl.

remanguillé. a la ~. LOC.ADV. **1.** De manera descuidada o imprecisa. *Hizo el presupuesto a la remanguillé.* U. t. c. loc. adj. *Un presupuesto a la remanguillé.* ‖ **2.** De forma inadecuada. *Se fueron a la remanguillé.* U. t. c. loc. adj. *Una despedida a la remanguillé.*

remansarse. PRNL. Dicho de la corriente de un líquido: Hacerse más lenta.

remanso. M. **1.** Acción y efecto de remansarse. ‖ **2.** Lugar en que esto ocurre. ‖ **3.** Lugar o situación en que se disfruta de algo. *Un remanso DE paz.*

remar. INTR. **1.** Trabajar con el remo para impeler la embarcación en el agua. ‖ **2.** Trabajar con continua fatiga y gran afán en algo. *El equipo de baloncesto tuvo que remar cuesta arriba para recuperar los puntos.*

remarcar. TR. Subrayar o poner de relieve algo. *Remarcar la figura con el rotulador. Remarcar los aspectos positivos.*

rematadamente. ADV. M. Enteramente, en conclusión o absolutamente.

rematado, da. PART. de **rematar.** ‖ ADJ. Dicho de una persona: Que se halla en tan mal estado que es imposible, o casi imposible, su remedio. *Loco rematado.*

rematador, ra. I. ADJ. **1.** Que remata. ‖ **II.** M. y F. **2.** En el fútbol y otros deportes, jugador que remata una jugada.

rematante. COM. Persona a quien se adjudica la cosa subastada.

rematar. I. TR. **1.** Dar fin o remate a algo. *Rematar una novela.* ‖ **2.** Poner fin a la vida de la persona o del animal que está en trance de muerte. *Lo remató con un hacha.* ‖ **3.** Dicho de un cazador: Dejar la pieza enteramente muerta del tiro. ‖ **4.** Dicho de un sastre o costurero: Afianzar la última puntada, dando otra sobre ella para asegurarla, o haciendo un nudo especial a la hebra. ‖ **5.** Hacer remate en la venta o arrendamiento de algo. ‖ **6.** Vender lo último que queda de una mercancía a precio más bajo. *Rematamos las existencias.* U. t. c. intr. ‖ **7.** En el fútbol y otros deportes, dar término a una serie de jugadas lanzando el balón hacia la meta contraria. U. t. c. intr. ‖ **8.** Comprar en subasta pública. ‖ **9.** Vender en subasta pública. ‖ **II.** INTR. **10.** Terminar o fenecer. ‖ **III.** PRNL. **11.** Dicho de una cosa: Perderse, acabarse o destruirse. *La lidia se remata con una magnífica estocada.*

remate. M. **1.** Acción y efecto de rematar. *El remate acabó en el larguero.* ‖ **2.** Fin o cabo, extremidad o conclusión de algo. ‖ **3.** Adjudicación que se hace de los bienes que se venden en subasta o almoneda al comprador de mejor puja y condición. ‖ **4.** Subasta pública. U. m. en América. ‖ **de ~.** LOC.ADV. coloq. Se usa para intensificar la expresividad de ciertas voces despectivas a las que sigue. *Tonto, loco de remate.* ‖ **por ~.** LOC.ADV. Por fin, por último.

rembolsar. TR. **reembolsar.**

rembolso. M. **reembolso.**

remecer. TR. Mover reiteradamente algo de un lado a otro. U. t. c. prnl.

remedador, ra. ADJ. Que remeda. U. t. c. s.

remedar. TR. **1.** Imitar o contrahacer algo, hacerlo semejante a otra cosa. *Remedar un estilo.* ‖ **2.** Dicho de una persona: Seguir las mismas huellas y ejemplos de otra, o llevar el mismo método, orden o disciplina que ella. ‖ **3.**

Dicho de una persona: Hacer los mismos gestos y ademanes que hace otra, generalmente con intención de burla.

remediador, ra. ADJ. Que remedia. Apl. a pers., u. m. c. s.

remediar. TR. **1.** Poner remedio al daño. *Remediar una mala política cultural.* U. t. c. prnl. ‖ **2.** Socorrer una necesidad o urgencia. *Remediar los apuros económicos de la familia.* U. t. c. prnl. ‖ **3.** Evitar que suceda algo de que pueda derivarse algún daño o molestia. *No lo pudo remediar.* ¶ MORF. conjug. c. *anunciar.*

remediavagos. M. Libro o manual que resume una materia en poco espacio, para facilitar su estudio.

remedio. M. **1.** Medio que se toma para reparar un daño o inconveniente. ‖ **2.** Cosa que sirve para producir un cambio favorable en las enfermedades. ‖ **3.** *Filip.* **préstamo** (‖ dinero que se solicita). ‖ **~ casero.** M. El que se aplica tradicionalmente a los enfermos, como cataplasmas, tisanas, etc., sin necesidad de llamar al médico. ‖ **no haber más ~.** LOC.VERB. Haber necesidad de hacer o de sufrir algo. ‖ **no haber para un ~.** LOC.VERB. coloq. **no tener para un remedio.** ‖ **no quedar, o no encontrar,** algo **para un ~.** LOCS.VERBS. coloqs. Ser imposible o muy difícil encontrarlo. ‖ **no tener para un ~.** LOC.VERB. coloq. Carecer absolutamente de todo. ‖ **no tener ~** alguien. LOC.VERB. Ser incorregible. ‖ **poner ~** a algo. LOC.VERB. Arreglarlo o evitar su continuación. ‖ **qué ~.** LOC. INTERJ. Expresa resignación para aceptar algo que no ofrece alternativa. ‖ **ser peor el ~ que la enfermedad.** LOC.VERB. Ser lo propuesto más perjudicial para evitar un daño que el daño mismo. ‖ **sin ~.** LOC. ADV. De manera inevitable o necesaria.

remedo. M. Imitación de algo, especialmente cuando no es perfecta la semejanza.

remejer. TR. Revolver, remover.

remembranza. F. **1. recuerdo** (‖ acción de recordar). ‖ **2. recuerdo** (‖ cosa recordada).

remembrar. TR. **recordar** (‖ traer a la memoria).

rememoración. F. Acción y efecto de rememorar.

rememorar. TR. **recordar** (‖ traer a la memoria).

rememorativo, va. ADJ. Que recuerda o es capaz de hacer recordar algo. *Libro rememorativo. Mirada rememorativa.*

remendado. M. Acción y efecto de remendar.

remendar. TR. **1.** Reforzar con remiendo lo que está viejo o roto, especialmente la ropa. U. t. c. intr. ‖ **2.** Arreglar o reparar, generalmente de manera superficial o transitoria, algo o a alguien. *Especialista en remendar calamidades causadas por el ser humano.* ¶ MORF. conjug. c. *acertar.*

remendón, na. ADJ. Dicho especialmente de sastres y zapateros de viejo: Que tienen por oficio remendar. U. t. c. s.

remeneo. M. Serie de movimientos rápidos y continuos.

remera. F. Zool. Pluma grande con que terminan las alas de las aves.

remero, ra. I. M. y F. **1.** Persona que rema o que trabaja al remo. ‖ **II.** ADJ. **2.** *Zool.* Se dice de cada una de las plumas grandes con que terminan las alas de las aves.

remesa. F. Cosa enviada en cada vez.

remesar. TR. *Com.* Hacer remesas de dinero o géneros.

remeter. TR. **1.** Meter más adentro. *Remeter un edificio para ensanchar la calle.* ‖ **2.** Empujar algo, especialmente los bordes de una cosa, para meterlo en un lugar. *Hay que remeter las sábanas.*

remezón. M. **1.** *Am.* Terremoto ligero o sacudida breve de la tierra. || **2.** *Am. Mer.* Acción y efecto de remecer. *Debimos despertarlo a remezones.* U. t. en sent. fig. *La noticia le dio un buen remezón.*

remiendo. M. **1.** Pedazo de paño u otra tela que se cose a lo que está viejo o roto. || **2.** Composición, enmienda o añadidura que se introduce en algo. || **3.** coloq. Arreglo o reparación, generalmente provisional, que se hace en caso de urgencia.

remilgado, da. ADJ. Que afecta excesiva compostura, delicadeza y gracia en porte, gestos y acciones.

remilgo. M. Delicadeza exagerada o afectada, mostrada con gestos expresivos. U. m. en pl.

reminiscencia. F. **1.** Acción de representarse u ofrecerse a la memoria el recuerdo de algo que pasó. || **2.** Recuerdo vago e impreciso. || **3.** En literatura y música, rasgo idéntico o muy semejante al utilizado anteriormente por otro autor. || **4.** Evocación de recuerdos. || **5.** *Psicol.* Mejora del aprendizaje que se produce como resultado de un período de descanso.

remirado, da. PART. de **remirar.** || ADJ. Dicho de una persona: Que reflexiona escrupulosamente sobre sus acciones. *Sigue tan remirado y ahorrador.*

remirar. TR. Volver a mirar o reconocer con reflexión y cuidado lo que ya se había visto. *El general lo mira y remira como queriendo acordarse de él.*

remisible. ADJ. Que se puede **remitir** (|| perdonar). *Una impertinencia no remisible.*

remisión. F. **1.** Acción y efecto de remitir o remitirse. || **2.** Indicación, en un escrito, del lugar de él o de otro escrito a que se remite al lector.

remiso, sa. ADJ. Flojo, dejado o detenido en la resolución o determinación de algo. *Cada vez estaba más remisa a respaldar su candidatura.*

remisorio, ria. ADJ. Que tiene virtud o facultad de **remitir** (|| perdonar). *Declaración remisoria.*

remite. M. Nota que se pone en los envíos por correo, en la que constan el nombre y dirección de la persona que los envía.

remitente. ADJ. Que remite. *Agencia remitente de las noticias del Japón.* Apl. a pers., u. t. c. s. □ V. **fiebre** ~.

remitido. M. Artículo o noticia cuya publicación interesa a un particular y que a petición de este se inserta en un periódico mediante pago. Suele llevar al final una *R.*

remitir. **I.** TR. **1.** Enviar algo a determinada persona de otro lugar. *Remitiremos las quejas al defensor del pueblo.* || **2.** Perdonar una pena o eximir o liberar de una obligación. || **3.** Dicho de una cosa: Ceder o perder parte de su intensidad. U. t. c. intr. y c. prnl. *La fiebre remite en unas horas.* || **4.** Dejar al juicio o dictamen de alguien la resolución de algo. U. m. c. prnl. || **II.** PRNL. **5.** Atenerse a lo dicho o hecho, o a lo que ha de decirse o hacerse, por uno mismo o por otra persona, de palabra o por escrito.

remo. M. **1.** Instrumento de madera, en forma de pala larga y estrecha, que sirve para mover las embarcaciones haciendo fuerza en el agua. || **2.** En el hombre y en los cuadrúpedos, brazo o pierna. U. m. en pl. || **3.** En las aves, cada una de las alas. U. m. en pl. || **4.** Deporte que consiste en recorrer una determinada distancia sobre el agua en una embarcación impulsada por medio de remos. || **a** ~. LOC. ADV. Remando, o por medio de remo.

remoción. F. Acción y efecto de remover.

remodelación. F. Acción y efecto de remodelar.

remodelar. TR. Reformar algo, modificando alguno de sus elementos, o variando su estructura.

remojar. TR. **1.** Empapar en agua o poner en remojo algo. *Remojar los pies en el arroyo.* U. t. c. prnl. || **2.** coloq. Convidar a beber a los amigos para celebrar el estreno de un traje, un objeto comprado o algún suceso feliz para quien convida.

remojo. M. **1.** Acción de **remojar** (|| empapar en agua). || **2.** Operación de mantener en agua, durante un cierto espacio de tiempo, algunos alimentos, como las legumbres, antes de consumirlos o cocinarlos. || **echar en** ~ un negocio. LOC. VERB. coloq. Diferir el tratar de él hasta que esté en mejor disposición.

remojón. M. **mojadura.**

remolacha. F. **1.** Planta herbácea anual, de la familia de las Quenopodiáceas, con tallo derecho, grueso, ramoso, de uno a dos metros de altura, hojas grandes, enteras, ovales, con nervio central rojizo, flores pequeñas y verdosas en espiga terminal, fruto seco con una semilla lenticular, y raíz grande, carnosa, fusiforme, generalmente encarnada, que es comestible y de la cual se extrae azúcar. || **2.** Esta raíz. || ~ **azucarera.** F. Cada una de las variedades de remolacha empleadas en la industria azucarera. || ~ **forrajera.** F. La que no recibe el cultivo necesario para acrecentar la proporción del azúcar, y se utiliza como alimento del ganado.

remolachero, ra. **I.** ADJ. **1.** Perteneciente o relativo al cultivo de la remolacha y a su industrialización y venta. *Sector remolachero.* || **II.** M. y F. **2.** Persona que se dedica al cultivo, industrialización y venta de remolacha.

remolcador, ra. ADJ. Que sirve para remolcar. Apl. a embarcaciones, u. t. c. s. m.

remolcar. TR. **1.** Dicho de un vehículo: Llevar por tierra a otro. || **2.** Dicho de una persona: Traer a otra u otras, contra la inclinación de estas, al intento o la obra que quiere acometer o consumar. || **3.** *Mar.* Llevar una embarcación u otra cosa sobre el agua, tirando de ella por medio de un cabo o cuerda.

remoler. **I.** TR. **1.** Moler mucho algo. || **II.** INTR. **2.** *Chile.* Parrandear, divertirse. ¶ MORF. conjug. c. *mover.*

remolienda. F. *Chile.* **juerga** (|| diversión bulliciosa).

remolinar. **I.** INTR. **1.** Dicho de una cosa: Hacer o formar remolinos. U. t. c. prnl. || **II.** PRNL. **2.** Dicho de una cantidad grande de personas: Juntarse en grupos desordenadamente. U. t. c. intr.

remolinear. TR. Mover algo alrededor en forma de remolino.

remolino. M. **1.** Movimiento giratorio y rápido del aire, el agua, el polvo, el humo, etc. || **2.** Retorcimiento del pelo en redondo, que se forma en una parte del cuerpo del hombre o del animal. || **3.** Amontonamiento de gente, o confusión de unas personas con otras, por efecto de un desorden.

remolón, na. ADJ. Que intenta evitar el trabajo o la realización de algo. U. t. c. s.

remolonear. INTR. Rehusar moverse, detenerse en hacer o admitir algo, por flojedad y pereza. U. t. c. prnl.

remolque. M. **1.** Acción y efecto de remolcar. || **2.** Vehículo remolcado por otro. || **a** ~. LOC. ADV. **1.** remolcando. || **2.** Dicho de llevar a cabo una acción: Poco espontáneamente, y más bien por excitación o impulso de otra persona.

remonta. F. **1.** *Mil.* Compra, cría y cuidado de los caballos para proveer al Ejército. || **2.** *Mil.* Conjunto de los caballos o mulas destinados a cada cuerpo. || **3.** *Mil.* Establecimiento destinado a la compra, cría y cuidado del ganado para los institutos militares. || **4.** *Á. Caribe.* Animal que un jinete lleva de repuesto para cambiarlo por el que monta.

remontada. F. Superación de un resultado o de una posición adversos. U. m. en leng. deportivo.

remontar. **I.** TR. **1.** Superar algún obstáculo o dificultad. *Remontar la crisis.* || **2.** Subir una pendiente, sobrepasarla. || **3.** Navegar aguas arriba en una corriente. || **4.** Elevar en el aire una cometa. || **5.** *Dep.* Dicho de un equipo o de un deportista: Superar un resultado adverso o ganar posiciones en una clasificación. U. t. c. intr. **II.** PRNL. **6.** Subir, ir hacia arriba. U. t. en sent. fig. *Mis pensamientos no consiguen remontarse.* || **7.** Ascender por el aire. U. t. c. tr. *Remontar el vuelo.* || **8.** Retroceder hasta una época pasada. *Este historiador se ha remontado hasta la época prehistórica.* || **9.** Pertenecer a una época muy lejana. *Esta iglesia se remonta al siglo XII.*

remonte. M. **1.** Acción y efecto de remontar o remontarse. || **2.** Variedad del juego de pelota en que se usa la cesta de remonte. || **3.** *Dep.* Aparato utilizado para remontar una pista de esquí; p. ej., el telesilla. □ V. **cesta de ~.**

remontista. COM. Pelotari que juega de remonte.

remoquete. M. **apodo.**

rémora. F. **1.** Pez teleósteo marino, del suborden de los Acantopterigios, de unos 40 cm de largo y de 7 a 9 en su mayor diámetro, fusiforme, de color ceniciento, con una aleta dorsal y otra ventral que nacen en la mitad del cuerpo y se prolongan hasta la cola, y encima de la cabeza un disco oval, formado por una serie de láminas cartilaginosas movibles, con el cual hace el vacío para adherirse fuertemente a los objetos flotantes. Los antiguos le atribuían la propiedad de detener las naves. || **2.** Cosa que detiene, embarga o suspende. *Su presencia es una rémora para la negociación.*

remorder. TR. Inquietar, alterar o desasosegar interiormente algo, especialmente los escrúpulos por un comportamiento que se considera malo o perjudicial para otro. *Remorder la conciencia.* MORF. conjug. c. *mover.*

remordimiento. M. Inquietud, pesar interno que queda después de ejecutada una mala acción.

remotamente. ni ~. LOC. ADV. Sin verosimilitud ni probabilidad de que exista o sea cierto algo, sin proximidad ni proporción cercana de que se verifique.

remoto, ta. ADJ. **1.** **distante** (|| apartado). *Pueblo remoto.* || **2.** Que no es verosímil, o está muy distante de suceder. *Peligro remoto.* □ V. **control ~, materia ~ del sacramento, ocasión ~, ~ idea.**

remover. TR. **1.** Mover algo, agitándolo o dándole vueltas, generalmente para que sus distintos elementos se mezclen. *Hay que remover constantemente los ingredientes para lograr la mezcla.* || **2.** Quitar, apartar u obviar un inconveniente. || **3.** Conmover, alterar o revolver alguna cosa o asunto que estaba olvidado, detenido, etc. *Pidió disculpas por remover su dolor.* U. t. c. prnl. || **4.** Deponer o apartar a alguien de su empleo o destino. || **5.** Investigar un asunto para sacar a la luz cosas que estaban ocultas. ¶ MORF. conjug. c. *mover.*

remozamiento. M. Acción y efecto de remozar.

remozar. TR. Dar o comunicar un aspecto más lozano, nuevo o moderno a alguien o algo. U. m. c. prnl.

remplazar. TR. **reemplazar.**

remplazo. M. **reemplazo.**

rempujar. TR. **1.** Echar a alguien a empellones. || **2.** coloq. Hacer fuerza contra algo para moverlo.

rempujón. M. coloq. Impulso violento con que se mueve a alguien o algo.

remudar. TR. **1.** Reemplazar a alguien o algo con otra persona o cosa. *Remudamos a los porteadores porque ya no podían más.* U. t. c. prnl. || **2.** **cambiar.** *Remudar la clase política.* || **3.** Mudar la ropa o el vestido, dejando el que antes se llevaba puesto.

remugar. TR. **rumiar.**

remuneración. F. **1.** Acción y efecto de remunerar. || **2.** Cosa que se da o sirve para remunerar. || **3.** **retribución.**

remunerador, ra. ADJ. Que remunera. *Precio suficientemente remunerador.* Apl. a pers., u. t. c. s.

remunerar. TR. **1.** Recompensar, premiar, galardonar. *Remunerar el esfuerzo.* || **2.** **retribuir** (|| recompensar o pagar). *Remunerar las horas extra.*

remunerativo, va. ADJ. Que remunera o produce recompensa o provecho. *Trabajo, fin remunerativo.*

remuneratorio, ria. ADJ. Que se hace o da en premio de un beneficio u obsequio recibidos. *Galardón remuneratorio.*

remusgo. M. Barrunto que se tiene por algún indicio.

renacentista. ADJ. **1.** Perteneciente o relativo al Renacimiento. *Arte renacentista.* || **2.** Dicho de una persona: Que cultiva los estudios o arte propios del Renacimiento. U. t. c. s.

renacer. INTR. **1.** Volver a nacer. U. t. en sent. fig. *Renacer la esperanza.* || **2.** Adquirir por el bautismo la vida de la gracia. ¶ MORF. conjug. c. *agradecer.*

renacimiento. M. **1.** Acción de renacer. || **2.** Época que comienza a mediados del siglo XV, en que se despertó en Occidente vivo entusiasmo por el estudio de la Antigüedad clásica griega y latina. ORTOGR. Escr. con may. inicial.

renacuajo. M. **1.** Larva de la rana, que se diferencia del animal adulto principalmente por tener cola, carecer de patas y respirar por branquias. || **2.** Larva de cualquier batracio. || **3.** afect. Niño pequeño y travieso.

renal. ADJ. Perteneciente o relativo a los riñones. □ V. cólico ~, diabetes ~, diálisis ~.

renano, na. ADJ. **1.** Se dice de los territorios situados en las orillas del Rin, río de la Europa central. || **2.** Perteneciente o relativo a estos territorios. *Industria renana.*

rencilla. F. Cuestión o riña que da lugar a un estado de hostilidad entre dos o más personas. U. m. en pl.

rencilloso, sa. ADJ. Inclinado a rencillas. *Carácter rencilloso.*

renco, ca. ADJ. Cojo por lesión de las caderas. Apl. a pers., u. t. c. s.

rencontrar. TR. **reencontrar.** MORF. conjug. c. *contar.*

rencor. M. Resentimiento arraigado y tenaz.

rencoroso, sa. ADJ. Que tiene o guarda rencor. U. t. c. s.

rencuentro. M. **reencuentro.**

rendibú. M. Acatamiento, agasajo que se hace a alguien, por lo general con la intención de adularlo. MORF. pl. **rendibús** o **rendibúes.**

rendición. F. Acción y efecto de rendir o rendirse.

rendido, da. PART. de **rendir.** || ADJ. Sumiso, obsequioso, galante.

rendidor, ra. ADJ. Que rinde, que produce buen rendimiento. *Táctica rendidora.*

rendija. F. **1.** Hendidura, raja o abertura larga y estrecha que se produce en cualquier cuerpo sólido, como una pared, una tabla, etc., y lo atraviesa de parte a parte. ‖ **2.** Espacio, generalmente estrecho, entre dos tableros o planchas metálicas que se articulan el uno con el otro, como una caja con su tapadera, la hoja de la ventana o de la puerta con el marco, etc. ‖ **3.** Hendidura por donde puede entrar la luz y el aire exteriores.

rendimiento. M. **1.** Producto o utilidad que rinde o da alguien o algo. ‖ **2.** Proporción entre el producto o el resultado obtenido y los medios utilizados. ‖ **3.** **cansancio** (‖ falta de fuerzas). ‖ **4.** Sumisión, subordinación, humildad. ‖ **5.** Obsequiosa expresión de la sujeción a la voluntad de otro en orden a servirlo o complacerlo.

rendir. **I.** TR. **1.** Vencer, sujetar, obligar a las tropas, plazas, embarcaciones enemigas, etc., a que se entreguen. *Rendir una ciudad.* ‖ **2.** Sujetar, someter algo al dominio de alguien. *Rendir la voluntad.* U. t. c. prnl. ‖ **3.** Dicho de una persona o de una cosa: Dar fruto o utilidad. U. t. c. intr. *Rinde mucho en su trabajo.* ‖ **4.** Cansar, fatigar, vencer. U. t. c. prnl. *Se rindió de tanto trabajar.* ‖ **5.** **entregar.** *Rindió el alma a Dios.* ‖ **6.** Junto con algunos nombres, toma la significación del que se le añade. *Rendir homenaje, homenajear.* ‖ **7.** Mar. Terminar, llegar al fin de una bordada, un crucero, un viaje, etc. ‖ **8.** Mil. Entregar, hacer pasar algo al cuidado o vigilancia de otra persona. *Rendir la guardia.* ‖ **9.** Mil. Hacer con ciertas cosas actos de sumisión y respeto. *Rendir el arma, la bandera.* ‖ **II.** PRNL. **10.** Tener que admitir algo. *Se rindió ante tantas evidencias.* ‖ **11.** Mar. Dicho de un palo, de un mastelero o de una verga: Romperse o henderse. ¶ MORF. conjug. c. *pedir.*

rene. F. riñón.

renegado, da. PART. de **renegar.** ‖ ADJ. **1.** Que ha abandonado voluntariamente su religión o sus creencias. U. t. c. s. ‖ **2.** coloq. Dicho de una persona: Áspera de condición y maledicente. U. t. c. s.

renegar. INTR. **1.** Dicho de una persona: Abandonar su religión o sus creencias para seguir otras. *Renegó DE su catolicismo.* ‖ **2.** **blasfemar** (‖ decir blasfemias). ‖ **3.** coloq. Decir injurias o palabras afrentosas contra alguien. ‖ **4.** coloq. **refunfuñar.** ¶ MORF. conjug. c. *acertar.*

renegón, na. ADJ. coloq. Que reniega con frecuencia. U. t. c. s.

renegrear. INTR. Negrear intensamente.

renegrido, da. ADJ. **1.** Dicho de un color, especialmente del de la piel: oscuro. *Piel de color renegrido.* ‖ **2.** Ennegrecido por el humo o por la suciedad. *Muros renegridos.*

renglera. F. ringlera.

renglón. M. **1.** Serie de palabras o caracteres escritos o impresos en línea recta. ‖ **2.** Cada una de las líneas horizontales que tienen algunos papeles y que sirven para escribir sin torcerse. ‖ **3.** Parte de renta, utilidad o beneficio que alguien tiene, o del gasto que hace. *En mi casa es muy costoso el renglón del aceite.* ‖ **4.** pl. coloq. Escrito o impreso. *Bien sé que no merecen ningún aplauso estos renglones.* ‖ **a ~ seguido.** LOC.ADV. A continuación, inmediatamente.

rengo, ga. ADJ. **1.** renco. Apl. a pers., u. t. c. s. ‖ **2.** Á. R. *Plata.* Cojo por lesión de un pie.

renguear. INTR. **renquear** (‖ andar como renco). U. m. en América.

renguera. F. *Am.* renquera.

reniego. M. Maldición o dicho injurioso contra alguien.

reniforme. ADJ. De forma parecida a la de un riñón. *Planta de hojas reniformes.*

renio. M. Elemento químico de núm. atóm. 75. Metal raro en la litosfera, se encuentra asociado a los minerales de molibdeno y platino. Tiene las mismas propiedades que este último, y sus derivados son parecidos a los del manganeso. Se usa en la construcción de termopares, para fabricar contactos eléctricos, y como catalizador. (Símb. *Re*).

renitente. ADJ. Que se resiste a hacer o admitir algo. *Su estómago, renitente, no toleraba ni un simple café.*

reno. M. Especie de ciervo de los países septentrionales, con astas muy ramosas, tanto el macho como la hembra, y pelaje espeso, rojo pardusco en verano y rubio blanquecino en invierno. Se domestica con facilidad, sirve como animal de tiro para los trineos y se aprovechan su carne, su piel y sus huesos.

renombrado, da. ADJ. famoso.

renombre. M. Fama y celebridad.

renovable. □ V. **energía ~.**

renovación. F. Acción y efecto de renovar.

renovador, ra. ADJ. Que renueva. Apl. a pers., u. t. c. s.

renoval. M. Terreno poblado de renuevos.

renovar. TR. **1.** Hacer como de nuevo algo, o volverlo a su primer estado. *Renovar una fachada.* U. t. c. prnl. ‖ **2.** Restablecer o reanudar una relación u otra cosa que se había interrumpido. *Renovar nuestra fe en la democracia.* U. t. c. prnl. ‖ **3.** Sustituir una cosa vieja, o que ya ha servido, por otra nueva de la misma clase. *Renovar la cera, la plata.* ‖ **4.** Dar nueva energía a algo, transformarlo. *Buero Vallejo renovó el teatro de la época.* ¶ MORF. conjug. c. *contar.*

renqueante. ADJ. Que renquea. *Pasos renqueantes.*

renquear. INTR. **1.** Andar o moverse como renco, oscilando a un lado y a otro a trompicones. ‖ **2.** coloq. Dicho de quien ejecuta un acto o toma una resolución: No acabar de decidirse. ‖ **3.** Tener dificultad en alguna empresa, negocio, quehacer, etc.

renqueo. M. Acción y efecto de renquear.

renquera. F. *Am.* Cojera especial del renco.

renta. F. **1.** Utilidad o beneficio que rinde anualmente algo, o lo que de ello se cobra. ‖ **2.** Cantidad que paga en dinero o en frutos un arrendatario. ‖ **3.** Ingreso, caudal, aumento de la riqueza de una persona. ‖ **4.** *Der.* En materia tributaria, importe neto de los rendimientos. ‖ **~ estancada.** F. La que procede de un artículo cuya venta exclusiva se reserva el Gobierno, como el tabaco. ‖ **~ general.** F. hist. Cualquiera de las que se cobraban directamente por la Hacienda en todo el país, como las de la sal, tabaco, aduanas, etc. ‖ **~ nacional.** F. Conjunto de los ingresos derivados de la participación en el proceso productivo durante un año, y referido a una entidad nacional. ‖ **~ per cápita.** F. renta nacional dividida por el número de habitantes de un país. ‖ **~ provincial.** F. hist. Cada una de las procedentes de los tributos regulares que pagaba una provincia a la Hacienda, como alcabala, cientos, etc. ‖ **~ vitalicia.** F. *Der.* Contrato aleatorio en el que una parte cede a otra una suma o capital con la obligación de pagar una pensión al cedente o a tercera persona durante la vida del beneficiario. ‖ **a ~,** o **en ~.**

LOCS.ADVS. En arrendamiento. ‖ **vivir de las ~s.** LOC. VERB. coloq. Aprovechar algo que se ha conseguido anteriormente, sin hacer ningún esfuerzo por renovarlo. □ V. **declaración de la ~.**

rentabilidad. F. **1.** Cualidad de rentable. ‖ **2.** Capacidad de rentar.

rentabilización. F. Acción y efecto de rentabilizar.

rentabilizar. TR. Hacer que algo sea rentable, productivo o provechoso.

rentable. ADJ. Que produce renta suficiente o remuneradora. U. t. en sent. fig. *La formación de un hogar es rentable cuando se cree en la familia.*

rentado, da. PART. de **rentar.** ‖ ADJ. Que tiene renta para mantenerse.

rentar. TR. Dicho de una cosa: Producir o rendir beneficio o utilidad anualmente. U. t. c. intr. U. t. en sent. fig. *Les renta más ir en coche que tomar el autobús.*

rentero, ra. I. ADJ. **1.** Que paga algún tributo. *Campesinos renteros.* ‖ **II.** M. y F. **2.** Persona que tiene en arrendamiento una posesión o finca rural.

rentista. COM. **1.** Persona que percibe renta procedente de una propiedad de cualquier tipo. ‖ **2.** Persona que principalmente vive de sus rentas.

rentístico, ca. ADJ. Perteneciente o relativo a las rentas públicas. *Sistema rentístico. Reformas rentísticas.*

rento. M. Renta o pago con que contribuye anualmente el labrador o el colono.

rentoy. M. Juego de naipes entre dos, cuatro, seis u ocho personas, a cada una de las cuales se dan tres cartas. Se vuelve otra para mostrar el triunfo y el dos o malilla del palo correspondiente gana a todas las demás, cuyo orden es: rey, caballo, sota, siete, seis, cinco, cuatro y tres. Se roba y hacen bazas como en el tresillo, se envida y se permiten señas entre los compañeros.

renuencia. F. Repugnancia que se muestra a hacer algo.

renuente. ADJ. Indócil, remiso. *Actitud renuente hacia la maternidad.*

renuevo. M. **1.** Vástago que echan el árbol o la planta después de podados o cortados. ‖ **2.** Acción y efecto de renovar.

renuncia. F. **1.** Acción de renunciar. ‖ **2.** Instrumento o documento que contiene la renuncia. ‖ **3.** Dimisión o dejación voluntaria de algo que se posee, o del derecho a ello.

renunciación. F. renunciamiento.

renunciamiento. M. Acción y efecto de renunciar.

renunciante. ADJ. Que renuncia. Apl. a pers., u. t. c. s.

renunciar. INTR. **1.** Hacer dejación voluntaria, dimisión o apartamiento de algo que se tiene, o se puede tener. *Renunciaré a mi libertad.* ‖ **2.** Desistir de algún empeño o proyecto. *El presidente renuncia a presentarse a las próximas elecciones.* ‖ **3.** Privarse o prescindir de algo o de alguien. *Renunciar al café. Renunciar al mundo.* ‖ **4.** En algunos juegos, **pasar** (‖ no intervenir). ¶ MORF. conjug. c. *anunciar.*

renuncio. M. **1.** En algunos juegos de naipes, falta que se comete renunciando. ‖ **2.** coloq. Mentira o contradicción en que se coge a alguien.

reñidero. M. Sitio destinado a la riña de algunos animales, y principalmente a la de los gallos.

reñido, da. PART. de **reñir.** ‖ ADJ. **1.** Que está enemistado con alguien o se niega a mantener trato con él. ‖ **2.** Dicho de una oposición, de una elección, de un concurso, etc.: Que presentan mucha rivalidad entre los oponentes. *Presenciamos una reñida final.* ‖ **estar ~.** LOC.VERB.

Ser incompatible u opuesto. *La cortesía no está reñida con la justicia.*

reñidor, ra. ADJ. Que riñe frecuentemente.

reñir. I. TR. **1.** Reprender o corregir a alguien con algún rigor o amenaza. ‖ **2.** Ejecutar, llevar a efecto un desafío, una batalla, etc. *Está dispuesto a reñir la batalla de los despachos.* ‖ **II.** INTR. **3.** Contender o disputar altercando de obra o de palabra. ‖ **4. enemistarse.** ¶ MORF. conjug. c. *ceñir.*

reo[1]. M. Trucha marina. Es especie muy parecida, pero distinta a la trucha común o de río.

reo[2]. M. Vez, turno. ‖ **a ~ y al ~.** LOC.ADV. **de seguida.**

reo[3]. COM. **1.** Persona condenada en un juicio penal. ‖ **2.** *Der.* Demandado en juicio civil o criminal, a distinción del *actor.* ‖ **~ de Estado.** COM. El que ha cometido un delito contra la seguridad del Estado.

reobrar. INTR. Obrar o actuar favorable o desfavorablemente frente a una acción o estímulo anteriores.

reojo. mirar de ~. LOC.VERB. **1.** Mirar disimuladamente dirigiendo la vista por encima del hombro, o hacia un lado y sin volver la cabeza. ‖ **2.** Mirar con prevención hostil o enfado.

reorganización. F. Acción y efecto de reorganizar.

reorganizador, ra. I. ADJ. **1.** Perteneciente o relativo a la reorganización. *Tarea reorganizadora.* ‖ **II.** M. y F. **2.** Persona que reorganiza.

reorganizar. TR. Organizar algo de manera distinta y de forma que resulte más eficaz. *Reorganizar la plantilla de la empresa.*

reostato o **reóstato.** M. *Electr.* Instrumento para variar la resistencia de un circuito eléctrico.

repanchigarse o **repanchingarse.** PRNL. repantigarse.

repantigarse o **repantingarse.** PRNL. Arrellanarse en el asiento y extenderse para mayor comodidad.

reparación. F. **1.** Acción y efecto de reparar cosas materiales mal hechas o estropeadas. ‖ **2.** Desagravio, satisfacción completa de una ofensa, daño o injuria.

reparado, da. PART. de **reparar.** ‖ ADJ. Bizco o que tiene otro defecto en los ojos.

reparador, ra. ADJ. **1.** Que repara o mejora algo. *Un tratamiento reparador de la piel.* Apl. a pers., u. t. c. s. ‖ **2.** Que propende a notar defectos frecuentemente y con exceso. U. t. c. s. ‖ **3.** Que restablece las fuerzas y da aliento o vigor. *Un sueño tranquilo y reparador.* ‖ **4.** Que desagravia o satisface por alguna culpa. *Sentencia reparadora.*

reparar. I. TR. **1.** Arreglar algo que está roto o estropeado. *Reparar una conexión eléctrica.* ‖ **2.** Enmendar, corregir o remediar. *Te dan la oportunidad de reparar el error.* ‖ **3.** Desagraviar, satisfacer al ofendido. *Pueden reparar la injusticia con dignidad.* ‖ **4.** Restablecer las fuerzas, dar aliento o vigor. *Las proteínas reparan el desgaste del organismo.* ‖ **II.** INTR. **5.** Mirar con cuidado, notar, advertir. ‖ **6.** Atender, considerar o reflexionar. *No reparan en medios para conseguirlo.*

reparativo, va. ADJ. Que repara o tiene la virtud de reparar. *El láser tiene efectos reparativos.*

reparcelación. F. En urbanismo, operación en virtud de la cual se redistribuyen entre los distintos propietarios de un polígono las cargas y los beneficios derivados de la urbanización.

reparo. M. **1.** Advertencia, nota, observación sobre algo, especialmente para señalar en ello una falta o defecto. ‖ **2.** Duda, dificultad o inconveniente. ‖ **3.** Restauración o remedio. ‖ **4.** Remedio que se pone al enfermo en la boca del estómago para darle vigor. ‖ **5.** Cosa que se pone por defensa o protección. ‖ **6.** *Esgr.* **parada** (‖ movimiento defensivo).

repartible. ADJ. Que se puede o se debe repartir. *Utilidades repartibles de las acciones comerciales.*

repartición. F. **1.** Acción y efecto de repartir. ‖ **2.** *Am.* Cada una de las dependencias que, en una organización administrativa, se destina a despachar determinadas clases de asuntos.

repartidor, ra. ADJ. Que reparte o distribuye. *Camión repartidor.* Apl. a pers., u. t. c. s.

repartimiento. M. **1.** Acción y efecto de repartir. ‖ **2.** Contribución o carga con que se grava a cada uno de los que voluntariamente, por obligación o por necesidad, la aceptan o consienten. ‖ **~ de indios.** M. hist. Sistema seguido en la colonización de las Indias desde principios del siglo XVI, con la finalidad de dotar de mano de obra a las explotaciones agrícolas y mineras. Se repartía un número determinado de indios entre los colonizadores españoles, y la asignación se hacía en encomienda, por la cual los indios quedaban debiéndole obediencia al encomendero. ‖ **~ vecinal.** M. hist. Derrama entre los vecinos para completar los ingresos del municipio.

repartir. TR. **1.** Distribuir algo dividiéndolo en partes. *Repartir un pastel.* ‖ **2.** Distribuir por lugares distintos o entre personas diferentes. *Repartir folletos a domicilio.* U. t. c. prnl. ‖ **3. clasificar** (‖ ordenar). *Repartir ocho servilletas en ocho platos.* ‖ **4.** Entregar a personas distintas lo que han encargado o deben recibir. *Tuve que repartir mis cuidados entre tres.* ‖ **5.** Señalar o atribuir partes a un todo. *Repartir una herencia.* ‖ **6.** Extender o distribuir uniformemente una materia sobre una superficie. *Repartir la mantequilla sobre el pan.* ‖ **7.** Cargar una contribución o gravamen por partes. ‖ **8.** Adjudicar los papeles de una obra dramática a los actores que han de representarla.

reparto. M. **1.** Acción y efecto de repartir. ‖ **2.** Relación de los personajes de una obra dramática, cinematográfica o televisiva, y de los actores que los encarnan. ‖ **3.** Conjunto de los actores del reparto. ‖ **~ proporcional.** M. *Mat.* Operación de repartir una cantidad de manera que los resultados sean proporcionales a cantidades determinadas. ☐ V. **actor de ~, actriz de ~.**

repasador. M. *Á. guar.* y *Á. R. Plata.* Paño de cocina, lienzo para secar la vajilla.

repasar. **I.** TR. **1.** Volver a pasar por un mismo sitio o lugar. U. t. c. intr. ‖ **2.** Volver a mirar, examinar o registrar algo. *El programa repasa la carrera del director de cine.* ‖ **3.** Volver a explicar la lección. ‖ **4.** Recorrer lo que se ha estudiado o recapacitar las ideas que se tienen en la memoria. *Repasar la lección.* U. t. c. intr. ‖ **5.** Reconocer muy por encima un escrito, pasando por él la vista ligeramente o de corrido. *Antes del discurso repasó sus notas.* ‖ **6.** Recoser, remendar la ropa que lo necesita. *Repasaba la ropa mientras los niños jugaban.* ‖ **7.** Examinar una obra ya terminada, para corregir sus imperfecciones. ‖ **II.** PRNL. **8.** Dicho de un recipiente: **rezumar** (‖ dejar pasar gotas de algún líquido).

repaso. M. **1.** Acción y efecto de repasar. ‖ **2.** Estudio ligero que se hace de lo que se tiene visto o estudiado, para mayor comprensión y firmeza en la memoria. ‖ **3.** Reconocimiento de algo después de hecho, para ver si le

falta o sobra algo. ‖ **dar un ~** a alguien. LOC.VERB. coloq. Demostrarle gran superioridad en conocimientos, habilidad, etc.

repasto. M. Pasto añadido al ordinario o regular.

repatriación. F. Acción y efecto de repatriar.

repatriado, da. PART. de **repatriar.** ‖ ADJ. Devuelto a la patria. Apl. a pers., u. t. c. s.

repatriar. TR. Devolver algo o a alguien a su patria. U. t. c. intr. y m. c. prnl. MORF. conjug. c. *anunciar* y c. *enviar.*

repechar. INTR. Subir por un repecho.

repecho. M. Cuesta bastante pendiente y no larga.

repeinado, da. PART. de **repeinar.** ‖ ADJ. Dicho de una persona: Arreglada con afectación y exceso, especialmente en lo que toca a su rostro y cabeza.

repeinar. TR. Peinar muy cuidadosamente. MORF. conjug. c. *peinar.*

repelar. TR. Pelar completamente algo. *Repelar pollos.*

repelencia. F. **1.** Acción y efecto de repeler. ‖ **2.** Condición de repelente.

repelente. **I.** ADJ. **1.** Que repele. *Fuerza repelente. Imágenes repelentes.* ‖ **2.** coloq. Impertinente, redicho, sabelotodo. ‖ **3.** *Á. Caribe.* Dicho de una persona: **antipática.** ‖ **II.** M. **4.** Sustancia empleada para alejar a ciertos animales.

repeler. **I.** TR. **1.** Rechazar, resistir. *Repeler un ataque.* ‖ **2.** Dicho de una cosa: Rechazar, no admitir a otra en su masa o composición. *Esta tela repele el agua.* ‖ **II.** INTR. **3.** Causar repugnancia o aversión. *Hay cosas que repelen.* U. t. c. prnl.

repellar. TR. Arrojar porciones de yeso o cal a la pared que se está fabricando o reparando.

repello. M. Acción y efecto de repellar.

repelo. M. Conjunto de fibras torcidas de una madera. ‖ **a ~.** LOC.ADV. En contra de la dirección normal del pelo.

repelón, na. **I.** ADJ. **1.** *Méx.* **rezongón.** U. t. c. s. ‖ **II.** M. **2.** Tirón que se da del pelo.

repelús. M. Temor indefinido o repugnancia que inspira algo. MORF. pl. **repeluses.**

repeluzno. M. **1.** Escalofrío leve y pasajero. ‖ **2.** **repelús.**

repensar. TR. Pensar de nuevo o detenidamente sobre algo. U. t. c. intr. MORF. conjug. c. *acertar.*

repente. M. **1.** Impulso brusco e inesperado que mueve a hacer o decir cosas del mismo tipo. *Le dio un repente y se marchó.* ‖ **2.** coloq. Movimiento súbito o no previsto de personas o animales. ‖ **de ~.** LOC.ADV. De manera súbita, sin preparación, sin discurrir o pensar.

repentino, na. ADJ. Pronto, impensado, no previsto. *Asalto repentino. Muerte repentina.*

repentista. COM. Persona que improvisa un discurso, una poesía, etc.

repentización. F. Acción y efecto de repentizar.

repentizar. TR. **1.** Improvisar con rapidez. U. t. c. intr. ‖ **2.** Dicho de un instrumentista o de un cantante: Ejecutar a la primera lectura piezas de música. U. t. c. intr.

repercusión. F. **1.** Acción y efecto de repercutir. ‖ **2.** Circunstancia de tener mucha resonancia algo.

repercutir. **I.** INTR. **1.** Dicho de una cosa: Causar efecto en otra. ‖ **2.** **reverberar.** ‖ **II.** TR. **3.** Hacer un impuesto, un coste, etc., recaiga o tenga efecto sobre otra persona distinta de la que lo paga inicialmente.

repertorio. M. **1.** Conjunto de obras teatrales o musicales que una compañía, orquesta o intérprete tienen preparadas para su posible representación o ejecución.

‖ **2.** Colección o recopilación de obras o de noticias de una misma clase. ‖ **3.** Libro abreviado, índice o registro en que sucintamente se hace mención de cosas notables y otras informaciones, remitiéndose a lo que se expresa más latamente en otros escritos. ‖ **~ de aduanas.** M. Indicador oficial, clasificado y alfabético, para la aplicación de impuesto o renta.

repesar. TR. Volver a pesar algo, por lo común para asegurarse de la exactitud del primer peso.

repesca. F. Acción y efecto de repescar.

repescar. TR. Admitir nuevamente a quien ha sido eliminado en un examen, en una competición, etc. U. t. en sent. fig. *He podido repescar esa película.*

repetibilidad. F. En la metodología científica, cualidad de repetible.

repetible. ADJ. **1.** Que se puede repetir. *Un espectáculo difícilmente repetible.* ‖ **2.** En la metodología científica, que se puede repetir obteniendo los mismos resultados.

repetición. F. **1.** Acción y efecto de repetir o repetirse. ‖ **2.** *Der.* Acción de quien ha sido desposeído, obligado o condenado, contra tercera persona que haya de reintegrarle o responderle. ‖ **3.** *Esc.* y *Pint.* Obra de escultura y pintura, o parte de ella, repetida por el mismo autor. ‖ **4.** *Ret.* Figura que consiste en repetir a propósito palabras o conceptos. ‖ **de ~.** LOC.ADJ. Dicho de un aparato o de un mecanismo: Que, una vez puesto en marcha, repite su acción automáticamente. □ V. **fusil de ~.**

repetidor, ra. **I.** ADJ. **1.** Que repite. *El alumno no debe ser simple repetidor del maestro.* ‖ **2.** Dicho especialmente de un alumno: Que repite un curso o una asignatura. U. m. c. s. ‖ **II.** M. **3.** En comunicaciones, televisión, etc., aparato electrónico que recibe una señal electromagnética y la vuelve a transmitir amplificada.

repetir. **I.** TR. **1.** Volver a hacer lo que se había hecho, o decir lo que se había dicho. *Repetir una orden.* ‖ **2.** En una comida, volver a servirse de un mismo guiso. *Repitió su plato favorito.* U. t. c. intr. ‖ **II.** INTR. **3.** Dicho de lo que se ha comido o bebido: Venir a la boca su sabor. ‖ **III.** PRNL. **4.** Dicho de una cosa: Volver a suceder regularmente. *Los atascos se repiten en esa zona todos los días.* ¶ MORF. conjug. c. *pedir.*

repetitividad. F. Cualidad de repetitivo.

repetitivo, va. ADJ. Que se repite o que contiene repeticiones. *Trabajo monótono y repetitivo.*

repicar. TR. **1.** Dicho de las campanas o de otros instrumentos: Tañer o sonar repetidamente y con cierto compás en señal de fiesta o júbilo. U. t. c. intr. ‖ **2.** Volver a picar o punzar. *Repicar las plantas.* ‖ **~ gordo.** LOC. VERB. Celebrar con solemnidad una fecha o acontecimiento.

repinarse. PRNL. Remontarse, elevarse.

repintar. **I.** TR. **1.** Pintar algo nuevamente. ‖ **II.** PRNL. **2.** *Impr.* Dicho de la letra de una página: Señalarse en otra por estar reciente la impresión.

repinte. M. Acción y efecto de repintar.

repipi. ADJ. coloq. Dicho especialmente de un niño: Afectado y pedante. U. t. c. s.

repique. M. Acción y efecto de repicar.

repiquete. M. Repique vivo y rápido de campanas, parecido al redoble del tambor.

repiquetear. TR. **1.** Dicho de las campanas o de otro instrumento sonoro: Repicar con mucha viveza. U. t. c. intr. ‖ **2.** Hacer ruido golpeando repetidamente sobre algo. *Repiquetear los nudillos en la puerta.*

repiqueteo. M. Acción y efecto de repiquetear.

repisa. F. **1.** Estante, placa de madera, cristal u otro material, colocados horizontalmente contra la pared para servir de soporte a algo. ‖ **2.** Elemento arquitectónico, especie de ménsula, que tiene más longitud que vuelo y sirve para sostener un objeto de utilidad o adorno, o un piso a un balcón. ‖ **3.** Parte superior de la caja de las chimeneas, francesas o análogas, donde se colocan cacharros y otros útiles.

repisar. TR. Volver a pisar.

repitente. ADJ. *Am.* **repitiente.** Apl. a pers., u. t. c. s.

repitiente. ADJ. **1.** Que repite o se repite. Apl. a pers., u. t. c. s. ‖ **2.** *Am.* **repetidor** (‖ que repite un curso). U. t. c. s.

replantación. F. Acción y efecto de replantar.

replantar. TR. **1.** Volver a plantar en el suelo o sitio que ha estado plantado. *De cada diez árboles que caen hoy, se replanta uno.* ‖ **2.** Trasplantar un vegetal desde el sitio en que está a otro. *Se sacan los bulbos de las macetas para replantarlos en el suelo.*

replanteamiento. M. Acción y efecto de **replantear** (‖ un problema o asunto).

replantear. TR. **1.** Trazar en el terreno o sobre el plano de cimientos la planta de una obra ya estudiada y proyectada. ‖ **2.** Volver a plantear un problema o asunto.

replanteo. M. Acción y efecto de replantear.

repleción. F. Acción y efecto de repletar.

replegar. **I.** TR. **1.** Plegar o doblar muchas veces. ‖ **II.** PRNL. **2.** Recogerse, encerrarse en sí mismo, refugiarse en la propia intimidad. ‖ **3.** *Mil.* Dicho de las tropas avanzadas: Retirarse en buen orden. U. t. c. tr. U. t. en sent. fig. *Replegaron sus inversiones bursátiles.* ¶ MORF. conjug. c. *acertar.*

repletar. TR. Rellenar, colmar. *El humo repletaba las habitaciones.* U. t. c. prnl. *Las calles se repletaban de coches.* U. m. en América.

repleto, ta. ADJ. Muy lleno, o tan lleno que ya no puede contener nada más. *El avión viene repleto de alimentos para los refugiados.*

réplica. F. **1.** Acción de replicar. ‖ **2.** Expresión, argumento o discurso con que se replica. ‖ **3.** Copia de una obra artística que reproduce con igualdad la original. ‖ **4.** Repetición de un terremoto, normalmente más atenuado. □ V. **derecho de ~.**

replicación. F. *Biol.* Proceso de duplicación del ADN para transmitir a la siguiente generación una copia íntegra de la información genética.

replicar. INTR. **1.** Instar o argüir contra la respuesta o argumento. ‖ **2.** Responder oponiéndose a lo que se dice o manda. U. t. c. tr.

replicón, na. ADJ. coloq. Que replica frecuentemente. U. t. c. s.

repliegue. M. **1.** Pliegue doble o irregular. ‖ **2.** Acción y efecto de **replegarse** (‖ encerrarse en sí mismo). ‖ **3.** *Mil.* Acción y efecto de **replegarse** (‖ las tropas).

repoblación. F. Acción y efecto de repoblar. ‖ **~ forestal.** F. Acción y efecto de reforestar.

repoblador, ra. ADJ. Que repuebla. Apl. a pers., u. t. c. s.

repoblar. TR. **1.** Volver a poblar. *Repoblar una ciudad.* U. t. c. prnl. ‖ **2.** Poblar los lugares de los que se ha expulsado a los pobladores anteriores, o que han sido abandonados. *Algunas zonas del Levante español fueron repobladas en el siglo XVII, tras la expulsión de los moriscos.*

‖ **3.** Volver a plantar árboles y otras especies vegetales en un lugar. *Repoblar los montes.* ¶ MORF. conjug. c. *contar.*

repollo. M. Especie de col que tiene hojas firmes, comprimidas y abrazadas tan estrechamente, que forman entre todas, antes de echar el tallo, a manera de una cabeza.

repolludo, da. ADJ. **1.** Dicho de una planta: Que forma repollo. ‖ **2.** Dicho de una persona: Gruesa y bajita.

reponer. I. TR. **1.** Volver a poner, constituir, colocar a alguien o algo en el empleo, lugar o estado que antes tenía. *Los expulsados fueron rehabilitados y repuestos en sus cargos.* ‖ **2.** Reemplazar lo que falta o lo que se había sacado de alguna parte. *Comer dulce repone fuerzas a cualquier hora.* ‖ **3.** **responder** (‖ replicar). *Me preguntó si necesitaba dinero. Le repuse que no.* MORF. U. solo en pret. perf. simple y en pret. imperf. de subj. ‖ **4.** Volver a poner en escena una obra dramática, cinematográfica o musical ya estrenada en una temporada anterior. ‖ **II.** PRNL. **5.** Recobrar la salud o la hacienda. ‖ **6.** Serenarse, tranquilizarse. *Se repone fácilmente de sus fracasos.* ¶ MORF. conjug. c. *poner;* part. irreg. **repuesto.**

reportación. F. Sosiego, serenidad, moderación.

reportaje. M. Trabajo periodístico, cinematográfico, etc., de carácter informativo. ‖ **~ gráfico.** M. Conjunto de fotografías que aparece en un periódico o revista sobre un suceso.

reportar. TR. **1.** Refrenar, reprimir o moderar una pasión de ánimo o a quien la tiene. U. t. c. prnl. *¡Díaz, repórtese!* ‖ **2.** Dicho de una cosa: Producir algún beneficio o ventaja, o, por el contrario, dificultades o disgustos. *Los cuidados intensivos reportan mayores gastos.* ‖ **3.** *Am.* Transmitir, comunicar, dar noticia.

reporte. M. Noticia, informe. U. m. en América.

reportear. TR. **1.** *Am.* Dicho de un periodista: Entrevistar a alguien para hacer un reportaje. ‖ **2.** *Am.* Tomar fotografías para realizar un reportaje gráfico. ‖ **3.** *Á. R. Plata* y *Méx.* Buscar noticias y difundirlas desde un medio de comunicación.

reporteril. ADJ. Perteneciente o relativo al reportero o a su oficio.

reporterismo. M. Oficio de reportero.

reportero, ra. ADJ. Dicho de un periodista: Que se dedica a los reportes o noticias. U. t. c. s.

reportorio. M. **almanaque** (‖ registro de los días del año).

reposacabezas. M. En los asientos de algunos vehículos, parte que sirve para apoyar la cabeza.

reposado, da. PART. de **reposar.** ‖ ADJ. Sosegado, quieto, tranquilo. *Trabajo reposado. Mujer muy reposada.*

reposapiés. M. **escabel.** MORF. pl. invar. *Los reposapiés.*

reposar. INTR. **1.** Descansar, dar interrupción a la fatiga o al trabajo. U. t. c. tr. *Reposar la comida.* ‖ **2.** Descansar, durmiendo un breve sueño. U. t. c. prnl. ‖ **3.** Dicho de una persona o de una cosa: Permanecer en quietud y paz y sin alteración. *La masa debe reposar antes de darle forma.* U. t. c. prnl. ‖ **4.** Estar enterrado, yacer. U. t. c. prnl.

reposera. F. *Á. guar.* y *Á. R. Plata.* **tumbona.**

reposición. F. Acción y efecto de reponer o reponerse. □ V. **recurso de ~.**

repositorio. M. Lugar donde se guarda algo.

reposo. M. **1.** Acción y efecto de reposar. ‖ **2.** *Fís.* Inmovilidad de un cuerpo respecto de un sistema de referencia.

repostada. F. *Am.* Respuesta desabrida o grosera.

repostar. TR. Reponer provisiones, pertrechos, combustibles, etc. *El acorazado fondeó para repostar combustible.* U. t. c. intr. y c. prnl.

repostería. F. **1.** Arte y oficio del repostero. ‖ **2.** Productos de este arte. ‖ **3.** Establecimiento donde se hacen y venden dulces, pastas, fiambres, embutidos y algunas bebidas.

repostero, ra. I. M. y F. **1.** Persona que tiene por oficio hacer pastas, dulces y algunas bebidas. ‖ **II.** M. **2.** hist. En los palacios de los antiguos reyes y señores, encargado del orden y custodia de los objetos pertenecientes a un ramo de servicio, como el de cama. ‖ **3.** Paño cuadrado o rectangular, con emblemas heráldicos.

reprehender. TR. **reprender.**

reprehensión. F. **reprensión.**

reprender. TR. Corregir, amonestar a alguien vituperando o desaprobando lo que ha dicho o hecho.

reprensible. ADJ. Digno de reprensión. *Comportamiento reprensible. Palabras reprensibles.*

reprensión. F. **1.** Acción de reprender. ‖ **2.** Expresión o razonamiento con que se reprende. ‖ **3.** *Der.* Pena que se ejecuta amonestando al reo, y se considera grave o leve según se aplique en audiencia pública o ante el tribunal solo.

represa. F. **1.** Obra, generalmente de cemento armado, para contener o regular el curso de las aguas. U. m. en América. ‖ **2.** Lugar donde las aguas están detenidas o almacenadas, natural o artificialmente.

represalia. F. **1.** Respuesta de castigo o venganza por alguna agresión u ofensa. ‖ **2.** Medida o trato de rigor que, sin llegar a ruptura violenta de relaciones, adopta un Estado contra otro para responder a los actos o determinaciones adversos de este. U. m. en pl.

represaliado, da. PART. de **represaliar.** ‖ ADJ. Que ha sufrido represalias. Apl. a pers., u. t. c. s.

represaliar. TR. Castigar, tomar represalias. MORF. conjug. c. *anunciar.*

represar. TR. **1.** Detener o estancar el agua corriente. U. t. c. prnl. ‖ **2.** Detener, contener, reprimir. *Represar la alegría.* U. t. c. prnl.

representación. F. **1.** Acción y efecto de representar. ‖ **2.** Autoridad, dignidad, categoría de la persona. *Juan es hombre de representación en su localidad.* ‖ **3.** Conjunto de personas que representan a una entidad, colectividad o corporación. ‖ **4.** Cosa que representa otra. ‖ **5.** *Psicol.* Imagen o concepto en que se hace presente a la consciencia un objeto exterior o interior. ‖ **~ gráfica.** F. *Mat.* Figura con que se expresa la relación entre diversas magnitudes. ‖ **~ mayoritaria.** F. Procedimiento electoral por el que se eligen representantes a quienes obtienen mayoría de votos. ‖ **~ proporcional.** F. Procedimiento electoral que establece una proporción entre el número de votos obtenidos por cada partido o tendencia y el número de sus representantes elegidos. ‖ **de ~.** LOC.ADJ. Dicho de una cosa: Que realza una función o cargo. □ V. **gastos de ~.**

representante. I. ADJ. **1.** Que representa. *Equipo representante de la ciudad.* ‖ **II.** COM. **2.** Persona que representa a un ausente, cuerpo o comunidad. ‖ **3.** Persona que promueve y concierta la venta de los productos de una casa comercial, debidamente autorizada por esta. ‖ **4.** Persona que gestiona los contratos y asuntos profesionales a actores, escritores, artistas, compañías teatrales, etc.

representar. I. TR. **1.** Hacer presente algo con palabras o figuras que la imaginación retiene. *La figura 7 representa el curso del proceso.* U. t. c. prnl. ‖ **2.** Recitar o ejecutar en público una obra dramática. ‖ **3.** Interpretar un papel de una obra dramática. ‖ **4.** Sustituir a alguien o hacer sus veces, desempeñar su función o la de una entidad, empresa, etc. ‖ **5.** Ser imagen o símbolo de algo, o imitarlo perfectamente. ‖ **6.** Dicho de una persona: Aparentar determinada edad. ‖ **II.** INTR. **7.** Dicho de una persona o de una cosa: Importar mucho o poco. *La amistad representa mucho para mí.*

representatividad. F. Cualidad de representativo.

representativo, va. ADJ. **1.** Que sirve para representar algo. *Un comité representativo.* ‖ **2.** Que representa con justos títulos. *Presidirá el acto una figura representativa de las letras.* □ V. **gobierno ~, monarquía ~.**

represión. F. **1.** Acción y efecto de reprimir. ‖ **2.** Acto, o conjunto de actos, ordinariamente desde el poder, para contener, detener o castigar con violencia actuaciones políticas o sociales. ‖ **3.** En el psicoanálisis, proceso por el cual un impulso o una idea inaceptable se relega al inconsciente.

represivo, va. ADJ. **1.** Que reprime. *Realidad represiva.* ‖ **2.** Que reprime el ejercicio de las libertades. *Leyes represivas.* ‖ **3.** Que reprime con energía o violencia las alteraciones de orden público, manifestaciones, protestas, etc. *Fuerzas represivas.*

represor, ra. ADJ. Que reprime. Apl. a pers., u. t. c. s.

reprimenda. F. Represión vehemente.

reprimido, da. PART. de **reprimir.** ‖ ADJ. Dicho de una persona: Que oculta o refrena en exceso sus sentimientos o deseos, especialmente los sexuales. U. t. c. s.

reprimir. TR. **1.** Contener, refrenar, templar o moderar. *Reprimir la impaciencia.* U. t. c. prnl. ‖ **2.** Contener, detener o castigar, por lo general desde el poder y con el uso de la violencia, actuaciones políticas o sociales.

reprobable. ADJ. Digno de reprobación o que puede reprobarse. *Acto, conducta reprobable.*

reprobación. F. Acción y efecto de reprobar.

reprobado, da. PART. de **reprobar.** ‖ ADJ. Condenado a las penas eternas. U. t. c. s.

reprobador, ra. ADJ. Que reprueba. *Gesto reprobador.* Apl. a pers., u. t. c. s.

reprobar. TR. **1.** No aprobar, dar por malo. ‖ **2.** *Am.* Suspender un examen, una asignatura o a un alumno. U. t. c. intr. ¶ MORF. conjug. c. *contar.*

reprobatorio, ria. ADJ. Que reprueba o sirve para reprobar. *Tono reprobatorio.*

réprobo, ba. ADJ. **1.** Condenado a las penas eternas. U. t. c. s. ‖ **2.** Dicho de una persona: Condenada por su heterodoxia religiosa. U. t. c. s. ‖ **3.** Dicho de una persona: Apartada de la convivencia por razones distintas de las religiosas. U. t. c. s. ‖ **4. malvado.** U. t. c. s.

reprocesado. M. *Quím.* Tratamiento químico a que se somete el combustible nuclear, después de ser utilizado en los reactores, mediante el cual se recuperan uranio y plutonio para utilizarlos nuevamente.

reprochable. ADJ. Que puede reprocharse o es digno de reproche. *Reprochable frivolidad.*

reprochador, ra. ADJ. Dicho de una persona: Que reprocha.

reprochar. TR. Reconvenir, echar en cara. U. t. c. prnl.

reproche. M. **1.** Acción de reprochar. ‖ **2.** Expresión con que se reprocha. ‖ **3.** *Der.* Atribución a alguien de las consecuencias de una acción dañosa o ilegal, mediante la exigencia de responsabilidad civil o penal.

reproducción. F. **1.** Acción y efecto de reproducir o reproducirse. ‖ **2.** Cosa que reproduce o copia un original. ‖ **~ asistida.** F. *Med.* Conjunto de técnicas médicas que favorecen la fecundación en caso de impedimentos fisiológicos del varón o de la mujer.

reproducibilidad. F. Capacidad de reproducirse o ser reproducido.

reproducir. I. TR. **1.** Volver a producir o producir de nuevo. U. t. c. prnl. *Reproducirse un tumor.* ‖ **2.** Volver a hacer presente lo que antes se dijo y alegó. *Reproducir su declaración.* ‖ **3.** Sacar copia de una obra de arte, un texto, una imagen o una grabación sonora o audiovisual. ‖ **4.** Hacer que se vea u oiga el contenido de una grabación visual o sonora. *Al reproducir la cinta, comprobamos que tenía defectos.* ‖ **5.** Ser copia de un original. *Reproducir el documento.* ‖ **II.** PRNL. **6.** Dicho de los seres vivos: Engendrar y producir otros seres de sus mismos caracteres biológicos. ¶ MORF. conjug. c. *conducir.*

reproductivo, va. ADJ. **1.** Perteneciente o relativo a la reproducción. *Ciclo reproductivo.* ‖ **2.** Que produce beneficio o provecho. *La vaca holandesa es más reproductiva que un molino de viento.*

reproductor, ra. I. ADJ. **1.** Que reproduce o sirve para reproducir. *Aparato reproductor.* U. t. c. s. ‖ **II.** M. y F. **2.** Animal destinado a mejorar su raza. ‖ **III.** M. **3.** Aparato que sirve para la reproducción de imágenes o sonidos.

reprografía. F. Reproducción de los documentos por diversos medios, como la fotografía, el microfilme, etc.

reprográfico, ca. ADJ. Perteneciente o relativo a la reprografía. *Material reprográfico. Técnica reprográfica.*

reprógrafo, fa. M. y F. Persona que tiene por oficio la reprografía.

reps. M. Tela de seda o de lana, fuerte y bien tejida, que se usa en obras de tapicería.

reptador, ra. ADJ. Que repta. Apl. a animales, u. t. c. s.

reptar. INTR. Andar arrastrándose como algunos reptiles.

reptil. ADJ. *Zool.* Se dice de los animales vertebrados, ovíparos u ovovivíparos, de temperatura variable y respiración pulmonar que, por carecer de pies o por tenerlos muy cortos, caminan rozando la tierra con el vientre; p. ej., la culebra, el lagarto y el galápago. U. t. c. s. m. ORTOGR. En m. pl., escr. con may. inicial c. taxón. *Los Reptiles.*

república. F. **1.** Organización del Estado cuya máxima autoridad es elegida por los ciudadanos o por el Parlamento para un período determinado. ‖ **2.** En algunos países, régimen no monárquico. ‖ **3.** Estado que posee este tipo de organización o de denominación. ‖ **4.** Causa pública, el común o su utilidad. ‖ **5.** *irón.* Lugar donde reina el desorden. ‖ **~ de las letras,** o **~ literaria.** F. Conjunto de las personas dedicadas a la literatura o a otras actividades humanísticas.

republicanismo. M. **1.** Condición de republicano. ‖ **2.** Sistema político que proclama la forma republicana para el gobierno de un Estado. ‖ **3.** Amor o afección a esta forma de gobierno.

republicano, na. ADJ. **1.** Perteneciente o relativo a la **república** (‖ organización del Estado). *Tendencia republicana.* ‖ **2.** Partidario de este género de gobierno. U. t. c. s.

repúblico. M. **1.** Hombre de representación que es capaz de los oficios públicos. ‖ **2.** Persona versada en la dirección de los Estados o en materia política.

repucharse. PRNL. Cohibirse, acobardarse, amilanarse.

repudiable. ADJ. **1.** Que puede ser repudiado. *Son unos versos sin calidad, repudiables.* ‖ **2.** Que se puede recusar, que no se acepta. *Actos repudiables.*

repudiación. F. Acción y efecto de **repudiar** (‖ a la mujer propia).

repudiar. TR. **1.** Rechazar algo, no aceptarlo. *Repudiar la ley. Repudiar la paz. Repudiar un consejo.* ‖ **2.** Rechazar a la mujer propia. ¶ MORF. conjug. c. *anunciar.*

repudio. M. **1.** Acción y efecto de repudiar. ‖ **2. renuncia.** *Repudio del mundo. Repudio de los hábitos.*

repuesto. M. **1.** Provisión de comestibles u otras cosas para cuando sean necesarias. ‖ **2. recambio** (‖ pieza para sustituir a otra igual). **‖ de ~.** LOC.ADJ. Dispuesto para prevenir.

repugnancia. F. **1.** Oposición o contradicción entre dos cosas. ‖ **2.** Aversión a alguien o algo. ‖ **3. asco** (‖ alteración del estómago). ‖ **4.** Aversión que se siente o resistencia que se opone a consentir o hacer algo.

repugnante. ADJ. **1.** Que repugna. *Sensación repugnante.* ‖ **2.** Que causa **repugnancia** (‖ aversión). *Bicho repugnante.*

repugnar. **I.** TR. **1.** Rehusar, hacer de mala gana algo o admitirlo con dificultad. *Él repugna las mentiras.* ‖ **II.** INTR. **2.** Causar aversión o asco. *La mentira me repugna. Ese olor me repugna.*

repujado. M. **1.** Acción y efecto de repujar. ‖ **2.** Obra repujada.

repujador, ra. M. y F. Persona que tiene por oficio repujar.

repujar. TR. Labrar a martillo chapas metálicas, de modo que en una de sus caras resulten figuras de relieve, o hacerlas resaltar en cuero u otra materia adecuada.

repulgar. TR. Hacer repulgos.

repulgo. M. **1.** Pliegue que como remate se hace a la ropa en los bordes. ‖ **2.** Punto pequeño y espeso con que se cosen a mano algunos dobladillos. ‖ **3.** Escrúpulo o melindre.

repulir. TR. **1.** Volver a pulir algo. *Repulir un espejo.* ‖ **2.** Acicalar, componer con demasiada afectación. *Repulir las manos.* U. t. c. prnl.

repullo. M. Movimiento violento del cuerpo, especie de salto que se da por sorpresa o susto.

repulsa. F. **1.** Acción y efecto de repulsar. ‖ **2.** Condena enérgica de algo.

repulsar. TR. Desechar, repeler o despreciar algo.

repulsión. F. **1.** Acción y efecto de repeler. ‖ **2.** Acción y efecto de repulsar. ‖ **3.** Repugnancia, aversión.

repulsivo, va. ADJ. **1.** Que tiene acción o virtud de repulsar. *Acción repulsiva entre elementos electrizados.* ‖ **2.** Que causa repulsión. *Cara repulsiva.*

repunta. F. **1.** Indicio o primera manifestación de algo. ‖ **2.** *Méx.* **crecida.**

repuntar. **I.** INTR. **1.** *Econ.* Dicho de la economía en general o de cualquiera de sus variables en particular: Experimentar un crecimiento. ‖ **2.** *Mar.* Dicho de la marea:

Empezar para creciente o para menguante. ‖ **3.** *Am.* Dicho de las aguas de un río: Volver a subir. ‖ **4.** *Am. Mer.* Dicho de una persona: Aparecer de improviso. ‖ **5.** *Á. Andes* y *Á. R. Plata.* Recuperar una posición favorable. ‖ **II.** PRNL. **6.** Dicho del vino: Empezar a volverse, tener punta de vinagre.

repunte. M. **1.** Subida o aumento que experimenta cualquier hecho, fenómeno o proceso. *Repunte de la tuberculosis.* ‖ **2.** *Econ.* Acción y efecto de **repuntar** (‖ la economía o cualquiera de sus variables). ‖ **3.** *Mar.* Acción y efecto de **repuntar** (‖ la marea).

reputación. F. **1.** Opinión o consideración en que se tiene a alguien o algo. ‖ **2.** Prestigio o estima en que es tenido alguien o algo.

reputado, da. PART. de **reputar.** ‖ ADJ. Reconocido públicamente como experto en una profesión.

reputar. TR. Juzgar o hacer concepto del estado o calidad de alguien o algo. U. t. c. prnl.

requebrador, ra. ADJ. Que requiebra. U. t. c. s.

requebrar. TR. **1.** Lisonjear a una mujer alabando sus atractivos. ‖ **2.** Adular, lisonjear. ¶ MORF. conjug. c. *acertar.*

requemado, da. PART. de **requemar.** ‖ ADJ. Que tiene color oscuro denegrido por haber estado al fuego o a la intemperie. *Árbol, rostro requemado.*

requemar. **I.** TR. **1.** Tostar mucho. *Requemar la carne.* U. t. c. prnl. ‖ **2.** Privar de jugo a las plantas, haciéndoles perder su verdor. *El sol requema la maleza.* U. t. c. prnl. ‖ **II.** PRNL. **3.** Dolerse interiormente y sin darlo a conocer.

requeridor, ra. ADJ. Que requiere. Apl. a pers., u. t. c. s.

requerimiento. M. **1.** Acción y efecto de requerir. ‖ **2.** *Der.* Acto judicial por el que se intima que se haga o se deje de ejecutar algo. ‖ **3.** *Der.* Aviso, manifestación o pregunta que se hace, generalmente bajo fe notarial, a alguien exigiendo o interesando de él que exprese y declare su actitud o su respuesta.

requerir. TR. **1. necesitar.** *Su estado físico requiere atención médica.* U. t. c. intr. *Es una tarea que requiere DE mucha atención.* ‖ **2.** Pedir a alguien que haga algo. *El ayuntamiento requiere colaboración de los ciudadanos.* ‖ **3.** Exigir algo con autoridad. *Para entrar requieren autorización escrita.* ¶ MORF. conjug. c. *sentir.*

requesón. M. **1.** Masa blanca y mantecosa que se hace cuajando la leche y escurriendo el suero sobrante. ‖ **2.** Cuajada que se saca de los residuos de la leche después de hecho el queso.

requesonero, ra. M. y F. Persona que hace o vende requesón.

requeté. M. **1.** hist. Cuerpo de voluntarios que, distribuidos en tercios, lucharon en las guerras civiles españolas en defensa de la tradición religiosa y monárquica. ‖ **2.** hist. Individuo afiliado a este cuerpo, aun en tiempo de paz.

requetebién. ADV. M. coloq. Muy bien.

requiebro. M. **1.** Acción y efecto de requebrar. ‖ **2.** Dicho o expresión con que se requiebra.

réquiem. M. Composición musical que se canta con el texto litúrgico de la misa de difuntos, o parte de él. MORF. pl. **réquiems.** □ V. **misa de ~.**

requilorio. M. Adorno o complemento excesivo o innecesario. U. m. en pl.

requintar. TR. *Am. Cen.* y *Méx.* Poner tirante una cuerda.

requinto. **I.** M. **1.** Clarinete pequeño y de tono agudo que se usa en las bandas de música. ‖ **2.** Guitarrillo que se toca pasando el dedo índice o el corazón sucesivamente y con ligereza de arriba abajo, y viceversa, rozando las cuerdas. ‖ **II.** COM. **3.** Músico que toca el requinto.

requirente. ADJ. *Der.* Que requiere en juicio. U. t. c. s.

requisa. F. Acción y efecto de requisar.

requisar. TR. **1.** Hacer requisición de caballos, vehículos, alimentos y otras cosas para el servicio militar. ‖ **2.** *Der.* Dicho de la autoridad militar, en tiempo de guerra, o de la autoridad civil, en caso de calamidad pública: Expropiar, con efecto inmediato y sin seguir el procedimiento ordinario, cosas, derechos y servicios.

requisición. F. En tiempo de guerra, recuento y embargo de caballos, bagajes, alimentos, etc., que suele hacerse para el servicio militar.

requisito. M. Circunstancia o condición necesaria para algo.

res. F. **1.** Animal cuadrúpedo de ciertas especies domésticas, como del ganado vacuno, lanar, etc., o de los salvajes, como venados, jabalíes, etc. ‖ **2.** *Am.* Animal vacuno. ☐ V. **carne de ~.**

resabiado, da. PART. de **resabiar.** ‖ ADJ. Dicho de una persona: Que, por su experiencia vital, ha perdido su ingenuidad volviéndose agresiva o desconfiada.

resabiar. **I.** TR. **1.** Hacer tomar un vicio o mala costumbre. *Resabiar al toro.* U. t. c. prnl. ‖ **II.** PRNL. **2.** Disgustarse o desazonarse. ¶ MORF. conjug. c. *anunciar.*

resabido, da. ADJ. **1.** Que se precia de entendido. ‖ **2.** Dicho de una cosa: Muy conocida. *Le contó una vez más la resabida historia de sus abuelos.*

resabio. M. **1.** Sabor desagradable que deja algo. ‖ **2.** Vicio o mala costumbre que se toma o adquiere.

resaca. F. **1.** Movimiento en retroceso de las olas después que han llegado a la orilla. ‖ **2.** Limo o residuos que el mar o los ríos dejan en la orilla después de la crecida. ‖ **3.** Malestar que padece al despertar quien ha bebido alcohol en exceso. ‖ **4.** Efecto o serie de consecuencias que produce algún acontecimiento o situación. *La resaca del éxito.* ‖ **5.** *Com.* Letra de cambio que el tenedor de otra que ha sido protestada gira a cargo del librador o de una de las personas que han efectuado la transmisión por endoso, para reembolsarse de su importe y de los gastos de protesto y recambio.

resalado, da. ADJ. coloq. Que tiene mucha sal, mucha gracia.

resaltar. INTR. **1.** Dicho de un cuerpo: En los edificios u otras cosas, sobresalir en parte de otro cuerpo. ‖ **2.** Poner de relieve, destacar algo haciéndolo notar. U. t. c. tr. *El alcalde resaltó la importancia del proyecto.*

resalte o **resalto.** M. Parte que sobresale.

resalvo. M. Vástago que al rozar un monte se deja en cada mata como el mejor para formar un árbol.

resanar. TR. Reparar los desperfectos que en su superficie presenta una pared, un mueble, etc.

resarcible. ADJ. Que se puede o se debe resarcir. *Daños difícilmente resarcibles.*

resarcimiento. M. Acción y efecto de resarcir.

resarcir. TR. Indemnizar, reparar, compensar un daño, perjuicio o agravio. U. t. c. prnl.

resbaladero. M. Lugar resbaladizo.

resbaladizo, za. ADJ. **1.** Que resbala o escurre fácilmente. *Brazo resbaladizo.* ‖ **2.** Se dice del lugar en que hay exposición de resbalar. *Terreno resbaladizo.* ‖ **3.** Que expone a incurrir en algún desliz. *Teoría resbaladiza.*

resbalador, ra. ADJ. Que resbala. *Troncos resbaladores por el agua.* U. m. en América.

resbalamiento. M. Acción y efecto de resbalar.

resbalar. INTR. **1.** Desplazarse involuntariamente sobre una superficie lisa o viscosa sin dejar de rozarla, normalmente con alteración del equilibrio. *Resbalan los pies sobre el hielo.* U. t. c. prnl. ‖ **2.** **deslizarse** (‖ arrastrarse con suavidad por una superficie). *Los labios resbalan sobre la piel.* ‖ **3.** Dicho de una cosa: Caer, desprenderse o escaparse de donde estaba. *Resbalar el lápiz de las manos.* U. t. c. prnl. ‖ **4.** Hacer **resbalar** (‖ desplazarse involuntariamente). *Este piso resbala.* ‖ **5.** coloq. Incurrir en un desliz. U. t. c. prnl. ‖ **6.** coloq. Dicho de lo que alguien oye o de lo que sucede: Dejar indiferente, no afectar. *Su intransigencia me resbala.*

resbalón. M. **1.** Acción y efecto de resbalar. ‖ **2.** Pestillo que tienen algunas cerraduras y que queda encajado en el cerradero por la presión de un resorte. ‖ **3.** coloq. Indiscreción, metedura de pata.

resbaloso, sa. ADJ. **1.** **resbaladizo.** U. m. en América. ‖ **2.** *Méx.* Dicho de una persona: Que **se insinúa** (‖ da a entender que desea relaciones amorosas). U. t. c. s.

rescaño. M. Resto o parte de algo.

rescatador, ra. ADJ. Que rescata. Apl. a pers., u. t. c. s.

rescatar. TR. **1.** Recobrar por precio o por fuerza lo que el enemigo ha cogido, y, por ext., cualquier cosa que pasó a mano ajena. *Rescatar a los rehenes.* ‖ **2.** Liberar de un peligro, daño, trabajo, molestia, opresión, etc. *Rescatar a un náufrago.* U. t. c. prnl. ‖ **3.** Recuperar para su uso algún objeto que se tenía olvidado, estropeado o perdido. *El término «halitosis» fue rescatado de los viejos diccionarios de medicina.*

rescate. M. **1.** Acción y efecto de rescatar. ‖ **2.** Dinero con que se rescata, o que se pide para ello. ‖ **3.** Juego en el que participan dos bandos de chicos elegidos por dos capitanes. Los de un bando tratan de atrapar a los del contrario. Los atrapados pueden ser rescatados por los de su propio bando.

rescindir. TR. Dejar sin efecto un contrato, una obligación, una resolución judicial, etc.

rescisión. F. Acción y efecto de rescindir.

rescisorio, ria. ADJ. Que rescinde, sirve para rescindir o dimana de la rescisión. *Decisiones rescisorias.*

rescoldar. TR. Atizar la lumbre removiendo el rescoldo.

rescoldera. F. pirosis.

rescoldo. M. **1.** Brasa menuda resguardada por la ceniza. ‖ **2.** Escozor, recelo o escrúpulo. ‖ **3.** Residuo que queda de un sentimiento, pasión o afecto.

rescripto. M. Decisión del papa, de un emperador o de cualquier soberano para resolver una consulta o responder a una petición. ‖ **~ pontificio.** M. *Der.* Respuesta del papa escrita a continuación de preces con que se le pide alguna gracia, privilegio o dispensa.

resecación. F. Acción y efecto de **resecar**[2].

resecamiento. M. **resecación.**

resecar[1]**.** TR. *Med.* Efectuar la resección de un órgano.

resecar[2]**.** TR. Secar mucho. U. t. c. prnl.

resección. F. *Med.* Extirpación total o parcial de un órgano.

reseco, ca. **I.** ADJ. **1.** Demasiado seco. *Valle reseco.* ‖ **2.** Flaco, enjuto, de pocas carnes. ‖ **II.** M. **3.** Sensación de sequedad en la boca.

reseda. F. **1.** Planta herbácea anual, de la familia de las Resedáceas, con tallos ramosos de uno a dos decímetros de altura, hojas alternas, enteras o partidas en tres gajos, y flores amarillentas. Es originaria de Egipto, y por su fragancia se cultiva en los jardines. ‖ **2.** Flor de esta planta.

resedáceo, a. ADJ. *Bot.* Se dice de las plantas dicotiledóneas herbáceas, angiospermas, de hojas alternas, enteras o más o menos hendidas, con estípulas glandulosas, flores en espigas, fruto capsular y semillas sin albumen; p. ej., la reseda y la gualda. U. t. c. s. f. ORTOGR. En f. pl., escr. con may. inicial c. taxón. *Las Resedáceas.*

reseguir. TR. Quitar a los filos de las espadas las ondas, resaltes o torceduras, dejándolos en línea seguida. MORF. conjug. c. *pedir.*

resellar. TR. Volver a sellar la moneda u otra cosa.

resello. M. Acción y efecto de resellar.

resembrar. TR. Volver a sembrar un terreno o parte de él por haberse malogrado la primera siembra. MORF. conjug. c. *acertar.*

resentido, da. PART. de **resentirse.** ‖ ADJ. **1.** Dicho de una persona: Que muestra o tiene algún resentimiento. U. t. c. s. ‖ **2.** Dicho de una persona: Que se siente maltratada por la sociedad o por la vida en general. U. t. c. s.

resentimiento. M. Acción y efecto de resentirse.

resentir. **I.** TR. **1.** *Am.* Sufrir las consecuencias negativas de algo o sufrir por algo. *Resentía la indiferencia de sus amigos.* ‖ **II.** PRNL. **2.** Empezar a **flaquear** (‖ debilitarse). ‖ **3.** Tener sentimiento, pesar o enojo por algo. ‖ **4.** Sentir dolor o molestia en alguna parte del cuerpo, a causa de alguna enfermedad o dolencia pasada. ¶ MORF. conjug. c. *sentir.*

reseña. F. **1.** Narración sucinta. ‖ **2.** Noticia y examen de una obra literaria o científica. ‖ **3.** Nota que se toma de los rasgos distintivos de una persona, animal o cosa para su identificación.

reseñable. ADJ. Que merece ser reseñado. *Sucesos reseñables.*

reseñador, ra. M. y F. **1.** Persona que hace una **reseña** (‖ de una obra literaria o científica). ‖ **2.** Persona que hace una **reseña** (‖ de los rasgos distintivos de una persona, animal o cosa).

reseñar. TR. Hacer una reseña.

resero, ra. M. y F. **1.** Persona que cuida de las reses. ‖ **2.** Á. *guar.* Arreador de reses, especialmente de ganado vacuno.

reserva. **I.** F. **1.** Guarda o custodia que se hace de algo, o prevención de ello para que sirva a su tiempo. ‖ **2.** Prevención o cautela para no descubrir algo que se sabe o piensa. ‖ **3.** Discreción, circunspección, comedimiento. ‖ **4.** Acción de destinar un lugar o una cosa, de un modo exclusivo, para un uso o una persona determinados. ‖ **5.** Actitud de recelo, desconfianza o desacuerdo ante algo o alguien. ‖ **6.** Acción de reservar solemnemente el Santísimo Sacramento. ‖ **7.** Parte de las fuerzas armadas de una nación, que ha terminado su servicio activo, pero que puede ser movilizada. ‖ **8.** Conjunto de tropas dispuestas para el combate, que no intervienen en él mientras no son necesarias. ‖ **9.** En ciertos países, territorio sujeto a un régimen especial en el que vive confinada una comunidad indígena. ‖ **10.** Espacio natural regulado legalmente para la conservación de especies botánicas y zoológicas. *Reserva nacional de caza.* ‖ **11.** pl. **recursos** (‖ elementos disponi-

bles). ‖ **II.** M. **12.** Vino o licor que tiene una crianza mínima de tres años en envase de roble o en botella. ‖ **III.** COM. **13.** *Dep.* Jugador que no figura en la alineación titular de su equipo, y que puede actuar en sustitución de otro. ‖ **~ de la biosfera.** F. Espacio natural integrante de una red internacional de áreas protegidas legalmente para preservar los principales ecosistemas de la Tierra. ‖ **~ de ley.** F. *Der.* Mandato constitucional en virtud del cual ciertas materias deben ser reguladas solamente por la ley, excluyendo normas de rango inferior. ‖ **~ mental.** F. Intención restrictiva del juramento, promesa o declaración, al tiempo de formularlos. U. t. en pl. con el mismo significado que en sing. ‖ **~ natural.** F. Espacio natural, constituido por ecosistemas o elementos biológicos que por su fragilidad, importancia o singularidad son objeto de protección legal para garantizar su conservación. *Reserva natural integral.* ‖ **a ~ de.** LOC. PREPOS. Con el propósito, con la intención de. ‖ **de ~.** LOC. ADJ. **1.** Que se tiene dispuesto para suplir algo. ‖ **2.** *Biol.* Dicho de una sustancia: Que se almacena en determinadas células de las plantas o de los animales y es utilizada por el organismo para su nutrición en caso necesario; p. ej., las grasas, el almidón y el glucógeno. ‖ **sin ~, o sin ~s.** LOCS. ADVS. Con sinceridad, con franqueza. □ V. **escala de ~, moneda de ~.**

reservación. F. **1.** Acción y efecto de reservar. ‖ **2.** *Am.* Reserva de habitaciones, de localidades para un espectáculo, etc.

reservado, da. PART. de **reservar.** ‖ **I.** ADJ. **1.** Cauteloso, reacio en manifestar su interior. ‖ **2.** Comedido, discreto, circunspecto. ‖ **3.** Que se reserva o debe reservarse. *Asiento reservado para ancianos.* ‖ **II.** M. **4.** Compartimiento de un coche de ferrocarril, estancia de un edificio o parte de un parque o jardín que se destina solo a personas o a usos determinados. □ V. **fondos ~s, pronóstico ~, valor ~ en sí mismo.**

reservar. **I.** TR. **1.** Guardar algo para lo futuro. *Reservar la matanza para el invierno.* ‖ **2.** Dilatar para otro tiempo lo que se podía o se debía ejecutar o comunicar al presente. *La vida les reserva todavía muchos placeres.* U. t. c. prnl. ‖ **3.** Destinar un lugar o una cosa, de un modo exclusivo, para uso o persona determinados. *Le han reservado una habitación.* ‖ **4.** Dicho de una persona: Separar o apartar algo de lo que se distribuye, reteniéndolo para sí o para entregarlo a otro. *Reservó lo mejor del pastel para los niños.* U. t. c. prnl. ‖ **5.** Retener o no comunicar algo o el ejercicio o conocimiento de ello. *Reservó la decisión de acudir o no a la cita.* ‖ **6.** En algunos juegos de naipes, conservar discrecionalmente ciertas cartas que no hay obligación de servir. ‖ **7.** Encubrir el Santísimo Sacramento, que estaba expuesto. ‖ **II.** PRNL. **8.** Conservarse o irse deteniendo para mejor ocasión. ‖ **9.** Precaverse, guardarse, desconfiar de alguien.

reservista. ADJ. Dicho de un militar: Perteneciente a la reserva, o que no está en servicio activo. U. t. c. s.

reservorio. M. **1.** *Biol.* Población de seres vivos que aloja de forma crónica el germen de una enfermedad, la cual puede propagarse como epidemia. ‖ **2.** *Am.* Depósito, estanque.

resfalosa. F. *Chile.* hist. En la época colonial, baile popular entre los miembros de la alta sociedad.

resfriado. M. **1.** Enfriamiento, catarro. ‖ **2.** Destemplanza general del cuerpo, ocasionada por interrumpirse la transpiración.

resfriarse. PRNL. **1.** Contraer resfriado. ‖ **2.** Dicho del amor o de la amistad: Entibiarse, disminuir. ¶ MORF. conjug. c. *enviar.*

resfrío. M. **1.** Acción y efecto de resfriarse. U. m. en América. ‖ **2.** Acción y efecto de moderar el calor de algo. U. m. en América. ‖ **3. catarro.** U. m. en América.

resguardar. **I.** TR. **1. defender** (‖ amparar). ‖ **II.** PRNL. **2.** Precaverse o prevenirse contra un daño.

resguardo. M. **1.** Documento acreditativo de haber realizado determinada gestión, pago o entrega. ‖ **2.** Guardia, seguridad que se pone en una cosa. ‖ **3.** En las deudas o contratos, seguridad que se hace por escrito. ‖ **4.** *Mar.* Distancia prudencial que por precaución toma el buque al pasar cerca de un punto peligroso. ‖ **5.** *Á. R. Plata.* Techumbre de material ligero que se construye para refugio de las personas que esperan un medio de transporte colectivo.

residencia. F. **1.** Acción y efecto de residir. ‖ **2.** Lugar en que se reside. ‖ **3.** Casa en que se vive, especialmente la grande y lujosa. ‖ **4.** Casa donde conviven y residen, sujetándose a determinada reglamentación, personas afines por la ocupación, el sexo, el estado, la edad, etc. *Residencia de estudiantes. Residencia de ancianos.* ‖ **5.** Establecimiento público donde se alojan viajeros o huéspedes estables. ‖ **6.** Edificio donde una autoridad o corporación tiene su domicilio o donde ejerce sus funciones. □ V. **libertad de ~.**

residencial. ADJ. Dicho de una parte de una ciudad: Destinada principalmente a viviendas, donde por lo general residen las clases más acomodadas, a diferencia de los barrios populares, industriales y comerciales, etc.

residenciarse. PRNL. *Á. Caribe.* **establecerse** (‖ avecindarse). MORF. conjug. c. *anunciar.*

residente. **I.** ADJ. **1.** Que reside. *Españoles residentes en el extranjero.* Apl. a pers., u. t. c. s. ‖ **II.** COM. **2. médico residente.** □ V. **ministro ~.**

residir. INTR. **1.** Estar establecido en un lugar. ‖ **2.** Dicho de algo inmaterial, como un derecho, una facultad, etc.: Estar en una persona o en una cosa.

residual. ADJ. **1.** Perteneciente o relativo al residuo. *Tratamiento residual.* ‖ **2.** Que constituye un residuo. *Zonas forestales residuales.* □ V. **agua ~.**

residuo. M. **1.** Parte o porción que queda de un todo. ‖ **2.** Cosa que resulta de la descomposición o destrucción de algo. ‖ **3.** Material que queda inservible después de haber realizado un trabajo u operación. U. m. en pl.

resiembra. F. Acción y efecto de resembrar.

resignación. F. **1.** Entrega voluntaria que alguien hace de sí poniéndose en las manos y voluntad de otra persona. ‖ **2.** Conformidad, tolerancia y paciencia en las adversidades.

resignar. **I.** TR. **1.** Dicho de una autoridad: Entregar el mando a otra en determinadas circunstancias. *El rey hubo de resignar su poder al pueblo soberano.* ‖ **II.** PRNL. **2.** Someterse, entregarse a la voluntad de alguien. ‖ **3.** Conformarse con las adversidades.

resina. F. Sustancia sólida o de consistencia pastosa, insoluble en el agua, soluble en el alcohol y en los aceites esenciales, y capaz de arder en contacto con el aire, obtenida naturalmente como producto que fluye de varias plantas.

resinación. F. Acción y efecto de resinar.

resinar. TR. Sacar resina a ciertos árboles haciendo incisiones en el tronco.

resinero, ra. **I.** ADJ. **1.** Perteneciente o relativo a la resina. *Industria resinera.* ‖ **II.** M. y F. **2.** Persona que tiene por oficio resinar.

resinoso, sa. ADJ. **1.** Que tiene mucha resina. *Corteza resinosa.* ‖ **2.** Que participa de alguna de las cualidades de la resina. *Gusto, olor resinoso.*

resistencia. F. **1.** Acción y efecto de resistir o resistirse. ‖ **2.** Capacidad para resistir. ‖ **3.** Conjunto de las personas que, clandestinamente de ordinario, se oponen con violencia a los invasores de un territorio o a una dictadura. ‖ **4.** En el psicoanálisis, oposición del paciente a reconocer sus impulsos o motivaciones inconscientes. ‖ **5.** *Electr.* Dificultad que opone un circuito al paso de una corriente. ‖ **6.** *Electr.* Magnitud que mide esta propiedad. Su unidad en el Sistema Internacional es el *ohmio* (Ω). ‖ **7.** *Electr.* Elemento que se intercala en un circuito para dificultar el paso de la corriente o para hacer que esta se transforme en calor. ‖ **8.** *Mec.* Causa que se opone a la acción de una fuerza. ‖ **~ pasiva.** F. Renuencia a hacer o cumplir algo.

resistenciano, na. ADJ. **1.** Natural de Resistencia. U. t. c. s. ‖ **2.** Perteneciente o relativo a esta ciudad de la Argentina, capital de la provincia del Chaco.

resistente. ADJ. **1.** Que resiste o es capaz de resistir. *Microbio resistente a los antibióticos.* ‖ **2.** Que pertenece a la **resistencia** (‖ conjunto de las personas que se oponen a los invasores o a una dictadura). U. t. c. s.

resistero. M. Calor causado por la reverberación del sol.

resistir. **I.** TR. **1.** Tolerar, aguantar o sufrir. *Esa planta resiste bien el sol.* ‖ **2.** Combatir las pasiones, deseos, etc. U. t. c. prnl. ‖ **II.** INTR. **3.** Dicho de un cuerpo o de una fuerza: Oponerse a la acción o violencia de otra. U. t. c. tr. *Resistir el embate de las olas.* U. t. c. prnl. ‖ **4.** Dicho de una persona o de un animal: **pervivir.** ‖ **5.** Dicho de una cosa: **durar** (‖ continuar sirviendo). *La moda de Borges resistirá mucho tiempo.* ‖ **III.** PRNL. **6.** Dicho de una persona: Oponerse con fuerza a algo. *Se resistió a ser detenido.* ‖ **7.** Dicho de una cosa: Oponer dificultades para su comprensión, manejo, conocimiento, realización, etc. *Este problema se me resiste.*

resistividad. F. *Electr.* Resistencia eléctrica específica de una determinada sustancia.

resma. F. Conjunto de 20 manos de papel.

resmilla. F. Paquete de 20 cuadernillos de papel de cartas.

resobado, da. PART. de **resobar.** ‖ ADJ. Dicho de un tema o de un asunto de conversación o literario: Muy trillado.

resobar. TR. Sobar mucho. U. t. en sent. fig. *Los críticos cinematográficos han resobado ese término.*

resobrino, na. M. y F. Hijo o hija de sobrino o sobrina carnal.

resol. M. Luz y calor ocasionados en un sitio por la reverberación del sol.

resolana. F. **1.** Sitio donde se toma el sol sin que moleste el viento. ‖ **2.** *Méx.* Reverberación del sol. ‖ **3.** *Méx.* **resistero.**

resolano, na. ADJ. Dicho de un sitio: Donde se toma el sol sin que moleste el viento.

resollar. INTR. **1.** Dicho de una persona o de un animal: Absorber y expeler el aire por sus órganos respiratorios. ‖ **2.** Respirar fuertemente y con algún ruido. ¶ MORF. conjug. c. *contar.*

resoluble. ADJ. Que se puede resolver. *Problemas resolubles.*

resolución. F. **1.** Acción y efecto de resolver o resolverse. ‖ **2.** Ánimo, valor o arresto. ‖ **3.** Cosa que se decide. ‖ **4.** Decreto, providencia, auto o fallo de autoridad gubernativa o judicial. ‖ **5.** *Fís.* Distinción o separación mayor o menor que puede apreciarse entre dos sucesos u objetos próximos en el espacio o en el tiempo. ‖ **6.** *Med.* Terminación de una enfermedad, especialmente de un proceso inflamatorio. ‖ **7.** *Mús.* Paso de un acorde disonante a otro consonante. ‖ **8.** *Mús.* Este último acorde con relación al anterior. ‖ **~ judicial firme.** F. *Der.* Aquella que, por no ser susceptible de recurso, se considera como definitiva. ‖ **en ~.** LOC. ADV. Se usa para expresar el fin de un razonamiento. ☐ V. **poder de ~.**

resolutivo, va. ADJ. **1.** Perteneciente o relativo a la resolución. *Capacidad resolutiva.* ‖ **2.** Que intenta resolver, o resuelve, cualquier asunto o problema con eficacia, rapidez y determinación. *Un jugador resolutivo.* ‖ **3.** *Med.* Que tiene virtud de **resolver** (‖ terminar las enfermedades). Apl. a un agente o un medicamento, u. t. c. s. m.

resoluto, ta. ADJ. **1.** Dicho de una persona: Que obra con decisión y firmeza. ‖ **2.** Dicho de una persona: Que tiene desenvoltura, facilidad y destreza.

resolutorio, ria. ADJ. Que tiene, motiva o denota resolución. *Conducta resolutoria. Proceso resolutorio.*

resolver. **I.** TR. **1.** Tomar determinación fija y decisiva. *Resolvió quedarse un día más en Madrid.* U. t. c. intr. ‖ **2.** Deshacer una dificultad o dar solución a una duda. *Resolver un caso de conciencia.* ‖ **3.** Hallar la solución de un problema. ‖ **4.** *Mús.* Llevar a efecto una **resolución** (‖ paso de un acorde a otro). ‖ **II.** PRNL. **5.** Decidirse a decir o hacer algo. ‖ **6.** Dicho de una cosa: Reducirse, venir a parar en otra de menor importancia en relación con lo que se creía o temía. ‖ **7.** *Med.* Dicho de las enfermedades, y en especial de las inflamaciones: Terminar, espontáneamente o en virtud de los medios médicos, quedando los órganos en el estado normal. ¶ MORF. conjug. c. *mover*; part. irreg. **resuelto.**

resonador, ra. **I.** ADJ. **1.** Que resuena. *Caja resonadora.* Apl. a un aparato o un dispositivo, u. t. c. s. m. ‖ **II.** M. **2.** *Fon.* Cada una de las cavidades que se producen en el canal vocal, por la disposición que adoptan los órganos en el momento de la articulación. El resonador predominante determina el timbre particular de cada sonido.

resonancia. F. **1.** Prolongación del sonido, que se va disminuyendo por grados. ‖ **2.** Sonido producido por repercusión de otro. ‖ **3.** Cada uno de los sonidos elementales que acompañan al principal en una nota musical y comunican timbre particular a cada voz o instrumento. ‖ **4.** Gran divulgación o propagación que adquieren un hecho o las cualidades de una persona. ‖ **5.** *Fís.* Fenómeno que se produce al coincidir la frecuencia propia de un sistema mecánico, eléctrico, etc., con la frecuencia de una excitación externa. ‖ **6.** *Quím.* Estado de ciertas moléculas cuya estructura y propiedades resultan de la contribución de varias fórmulas de valencia. ‖ **~ magnética.** F. **1.** *Fís.* Absorción de energía por los átomos de una sustancia cuando son sometidos a campos magnéticos de frecuencias específicas. ‖ **2.** *Med.* Técnica basada en este fenómeno, que obtiene imágenes internas de un organismo, especialmente con fines diagnósticos. ☐ V. **caja de ~.**

resonante. ADJ. **1.** Que resuena. *Voz resonante.* ‖ **2.** Que ha alcanzado mucha resonancia. *Triunfo resonante.*

resonar. INTR. **1.** Hacer sonido por repercusión. *Su grito resuena con un eco lejano.* ‖ **2.** Sonar mucho. *Resonó un gran aplauso en la sala.* ¶ MORF. conjug. c. *contar.*

resoplar. INTR. Dar resoplidos.

resoplido. M. Resuello fuerte.

resoplo. M. **resoplido.**

resorber. TR. Dicho de una persona o de una cosa: Recibir o recoger dentro de sí un líquido que ha salido de ella misma.

resorción. F. Acción y efecto de resorber.

resorte. M. **1.** **muelle** (‖ pieza elástica). ‖ **2.** Fuerza elástica de algo. ‖ **3.** Medio material o inmaterial de que alguien se vale para lograr un fin. *Los rebeldes querían apoderarse de los resortes del Estado al planear su golpe.*

resortera. F. *Méx.* **tirachinas.**

respaldar[1]. M. Parte del asiento en que descansa la espalda.

respaldar[2]. **I.** TR. **1.** Proteger, apoyar, garantizar. *El Parlamento respaldó su propuesta.* ‖ **2.** Anotar o apuntar algo en el respaldo de un escrito. ‖ **II.** PRNL. **3.** Inclinarse de espaldas o arrimarse al respaldo de la silla o banco.

respaldo. M. **1.** Parte de un asiento en que descansa la espalda. ‖ **2.** Vuelta del papel o escritos, en que se anota algo. ‖ **3.** Texto que allí se escribe. ‖ **4.** Apoyo, protección, garantía. *Vive desahogadamente gracias al respaldo de su familia.*

respectar. INTR. Tocar, pertenecer, atañer. ‖ **por lo que respecta a.** LOC. PREPOS. En lo que toca o atañe a.

respectivo, va. ADJ. **1.** Que atañe o se aplica a una persona o cosa determinada. *Los oradores defendieron sus respectivas ideas.* ‖ **2.** Dicho de los miembros de una serie: Que tienen correspondencia, por unidades o grupos, con los miembros de otra serie. *Cada profesor estaba en su aula respectiva. Los alumnos iban acompañados de sus respectivos profesores.*

respecto. a ese, o a este, o al ~. LOCS. ADVS. En relación con aquello de que se trata. ‖ **con ~ a, o con ~ de.** LOCS. PREPOS. **respecto a.** ‖ **~ a, o ~ de.** LOCS. PREPOS. En relación con aquello de que se trata.

respetabilidad. F. Cualidad de respetable.

respetable. **I.** ADJ. **1.** Digno de respeto. U. t. en sent. ponder. *Se halla a respetable distancia.* ‖ **II.** M. **2.** Se usa como nombre para designar al público del teatro u otros espectáculos. *EL respetable.* U. m. c. coloq. U. m. en sent. fest.

respetar. TR. **1.** Tener **respeto** (‖ veneración, acatamiento). *Respeta a sus mayores.* ‖ **2.** Tener **respeto** (‖ miramiento, consideración). *Respeta las leyes.*

respeto. M. **1.** Veneración, acatamiento que se hace a alguien. ‖ **2.** Miramiento, consideración, deferencia. ‖ **3.** Cosa que se tiene de prevención o repuesto. *Coche de respeto.* ‖ **4.** **miedo** (‖ recelo). ‖ **5.** pl. Manifestaciones de acatamiento que se hacen por cortesía. ‖ **~ humano.** M. Miramiento excesivo hacia la opinión de las personas, antepuesto a los dictados de la moral estricta. U. m. en pl. ‖ **campar** alguien **por su ~, o por sus ~s.** LOCS. VERBS. Obrar a su antojo, sin miramientos a la obediencia o a la consideración debida a otra persona.

respetuosidad. F. Cualidad de respetuoso.

respetuoso, sa. ADJ. **1.** Que observa veneración, cortesía y respeto. *Alumnos respetuosos.* ‖ **2.** Que implica o denota respeto. *Comportamiento respetuoso.*

respingar. INTR. **1.** Dicho de un animal: Sacudirse y gruñir porque le lastima o molesta algo o le hace cosquillas. ‖ **2.** Dicho de una persona: Dar respingos. ‖ **3.** Dicho del borde de una prenda: Elevarse por estar mal hecha o mal colocada.

respingo. M. **1.** Sacudida violenta del cuerpo, causada por un sobresalto, una sorpresa, etc. ‖ **2.** Expresión y movimiento de desapego y enfado con que alguien muestra vivamente la repugnancia que tiene en ejecutar lo que se le manda. ‖ **3.** *Méx.* **frunce.**

respingón, na. ADJ. Dicho especialmente de una parte del cuerpo: Levantada hacia arriba. *Culo respingón. Nariz respingona.*

respiración. F. **1.** Acción y efecto de respirar. ‖ **2.** Entrada y salida libre del aire en un aposento u otro lugar cerrado. ‖ **~ artificial.** F. Conjunto de maniobras que se practican en el cuerpo de una persona exánime por algún accidente, para restablecer la respiración. ‖ **~ celular.** F. *Biol.* Conjunto de reacciones metabólicas por el que las células reducen el oxígeno, con producción de energía y agua. ‖ **sin ~.** I. LOC.ADV. **1.** Muy asombrado, impresionado o asustado. *Lo dejó sin respiración. Se quedó sin respiración.* ‖ **II.** LOC.ADJ. **2.** Muy cansado. *Llegó sin respiración.*

respiradero. M. **1.** Abertura por donde entra y sale el aire. ‖ **2.** coloq. Órgano o conducto de la respiración.

respirador, ra. I. ADJ. **1.** Que respira o sirve para respirar. *Tubo respirador.* ‖ **II.** M. **2.** *Med.* Aparato utilizado en la práctica de la respiración asistida.

respirar. I. INTR. **1.** Dicho de un ser vivo: Absorber el aire, por pulmones, branquias, tráquea, etc., tomando parte de las sustancias que lo componen, y expelerlo modificado. U. t. c. tr. ‖ **2.** Dicho de un fluido que está encerrado: Tener salida o comunicación con el aire externo o libre. ‖ **3.** Descansar, aliviarse del trabajo, salir de la opresión o del calor excesivo, o de un agobio, dificultad, etc. ‖ **4.** Gozar de un ambiente más fresco, cuando en un lugar o tiempo hace mucho calor. ‖ **5.** Dar alguna noticia de sí, por escrito, hablando, etc. ‖ **6.** coloq. Pronunciar palabras, hablar. U. m. con neg. *Antonio no respiró.* ‖ **II.** TR. **7.** Dicho de la persona de quien se habla: Tener de manera ostensible la cualidad o el estado de ánimo a que se alude. *Respirar simpatía, temor, bondad, satisfacción.* ‖ **8.** Se dice también de las cosas. *La noche respira amor.* ‖ **no dejar ~ a** alguien. LOC.VERB. coloq. No dejarlo tranquilo, importunarlo continuamente. ‖ **no poder ~, o ni ~.** LOCS.VERBS. **1.** coloqs. Tener mucho trabajo. ‖ **2.** coloqs. Estar muy cansado. ‖ **sin ~.** LOC.ADV. **1.** Se usa para dar a entender que algo se ha hecho sin descanso ni interrupción. ‖ **2.** coloq. Con mucha atención. *Miraba, escuchaba sin respirar.*

respiratorio, ria. ADJ. Que sirve para la respiración o la facilita. *Órgano, aparato respiratorio.* ☐ V. **árbol ~, pigmento ~.**

respiro. M. **1.** Acción y efecto de respirar. ‖ **2.** Rato de descanso en el trabajo, para volver a él con nuevo aliento. ‖ **3.** Alivio, descanso en medio de una fatiga, pena o dolor.

resplandecer. INTR. **1.** Dicho de una cosa: Despedir rayos de luz. ‖ **2.** Sobresalir, aventajarse a algo. ‖ **3.** Dicho del rostro de una persona: Reflejar gran alegría o satisfacción. ¶ MORF. conjug. c. *agradecer.*

resplandeciente. ADJ. Que resplandece. *Luz resplandeciente. Rostro resplandeciente.*

resplandecimiento. M. **1.** Luz o resplandor que despide un cuerpo. ‖ **2.** Lucimiento, lustre, gloria, nobleza.

resplandor. M. **1.** Luz muy clara que arroja o despide el sol u otro cuerpo luminoso. ‖ **2.** Brillo de algunas cosas. *El resplandor de una vela.* ‖ **3.** Lucimiento, lustre, gloria, nobleza.

respondedor, ra. ADJ. Que responde. Apl. a un dispositivo o un aparato, u. t. c. s. m.

responder. I. TR. **1.** Contestar a lo que se pregunta o propone. *En la rueda de prensa respondió varias preguntas.* U. t. c. intr. *Respondió A todas las preguntas del examen.* ‖ **2.** Dicho de una persona: Contestar a quien la llama o a quien toca a la puerta. ‖ **3.** Contestar al mensaje que se ha recibido. ‖ **4.** Dicho de un animal: Corresponder con su voz a la de los otros de su especie o al reclamo artificial que la imita. ‖ **5.** Cantar o recitar en correspondencia con lo que otra persona canta o recita. ‖ **6.** Replicar a los requerimientos o afirmaciones de otra persona. MORF. En esta acepción conserva su perfecto fuerte originario, que coincide con el del verbo *reponer. No podré ir a esa fiesta, repuso la invitada.* ‖ **II.** INTR. **7. corresponder** (‖ a los afectos, beneficios, etc.). *A esta faena pienso responder con otra.* ‖ **8.** Rendir o fructificar. *Este campo no responde.* ‖ **9.** Reaccionar, acusar el efecto que se desea o pretende. *El enfermo respondió al tratamiento.* ‖ **10.** Corresponder con una acción a la realizada por otro. *Respondieron a tiros.* ‖ **11.** Dicho de una cosa: Tener proporción, corresponder con otra. *Esta compra no responde a sus necesidades.* ‖ **12.** Dicho de una persona: Estar obligada u obligarse a la pena y resarcimiento correspondientes al daño causado o a la culpa cometida. ‖ **13.** Asegurar algo haciéndose responsable de ello. *Respondo del buen comportamiento de mi recomendada.* ‖ **14. abonar** (‖ salir fiador de alguien). *Respondo POR mis amigos.* ‖ **~ alguien o algo al nombre de.** LOC.VERB. Llamarse de ese modo.

respondón, na. ADJ. coloq. Que tiene el vicio de replicar irrespetuosamente. U. t. c. s.

responsabilidad. F. **1.** Cualidad de responsable. ‖ **2.** Deuda, obligación de reparar y satisfacer, por sí o por otra persona, a consecuencia de un delito, de una culpa o de otra causa legal. ‖ **3.** Cargo u obligación moral que resulta para alguien del posible yerro en cosa o asunto determinado. ‖ **4.** *Der.* Capacidad existente en todo sujeto activo de derecho para reconocer y aceptar las consecuencias de un hecho realizado libremente. ☐ V. **sociedad de ~ limitada.**

responsabilizar. I. TR. **1.** Hacer a alguien responsable de algo, atribuirle responsabilidad en ello. ‖ **II.** PRNL. **2.** Asumir la responsabilidad de algo.

responsable. I. ADJ. **1.** Obligado a responder de algo o por alguien. *Organismo responsable de la situación.* Apl. a pers., u. t. c. s. ‖ **2.** Dicho de una persona: Que pone cuidado y atención en lo que hace o decide. ‖ **II.** COM. **3.** Persona que tiene a su cargo la dirección y vigilancia del trabajo en fábricas, establecimientos, oficinas, inmuebles, etc. ☐ V. **corrector ~.**

responsiva. F. **1.** *Méx.* **garantía** (‖ fianza). ‖ **2.** *Méx.* Documento mediante el que un médico se compromete a encargarse del tratamiento de un paciente enjuiciado y a cuidar de que no se escape.

responso. M. Responsorio que, separado del rezo, se dice por los difuntos.

responsorial. ☐ V. **salmo ~.**

responsorio. M. En el rezo, serie de preces y versículos que se dicen después de las lecciones en los maitines y después de las capítulas de otras horas.

respuesta. F. **1.** Contestación a una pregunta, duda o dificultad. ‖ **2.** Contestación a quien nos llama o toca a la puerta. ‖ **3.** Réplica, refutación o contradicción de lo que alguien dice. ‖ **4.** Contestación a un mensaje. ‖ **5.** Acción con que alguien corresponde a la de otra persona. ‖ **6.** Efecto que se pretende conseguir con una acción. *A pesar de la propaganda, no hubo una respuesta positiva de los lectores.* ☐ V. **demandas y ~s.**

resquebrajadura. F. **hendidura.**

resquebrajamiento. M. Acción y efecto de resquebrajar.

resquebrajar. TR. Hender ligera y a veces superficialmente algunos cuerpos duros, en especial la madera, la loza, el yeso, etc. U. m. c. prnl. U. t. en sent. fig. *Sus ilusiones se han resquebrajado.*

resquemor. M. Sentimiento causado en el ánimo por algo penoso.

resquicio. M. **1.** Abertura que hay entre el quicio y la puerta. ‖ **2.** Hendidura pequeña. ‖ **3.** Coyuntura u ocasión que se proporciona para un fin.

resta. F. *Mat.* Operación de restar.

restablecer. **I.** TR. **1.** Volver a establecer algo o ponerlo en el estado que antes tenía. ‖ **II.** PRNL. **2.** Recuperarse de una dolencia, enfermedad u otro daño. ¶ MORF. conjug. c. *agradecer.*

restablecimiento. M. Acción y efecto de restablecer o restablecerse.

restallar. INTR. **1.** Dicho de una cosa, como la honda o el látigo cuando se manejan o sacuden en el aire con violencia: **chasquear.** U. t. c. tr. ‖ **2.** Crujir, hacer fuerte ruido.

restallido. M. Ruido que produce algo al restallar.

restante. ADJ. Que resta. *Datos, países restantes.*

restañar. TR. Detener una hemorragia o el derrame de otro líquido. U. t. c. intr. y c. prnl.

restar. **I.** TR. **1.** Disminuir, rebajar, recortar. *Su mal comportamiento le ha restado mucha autoridad.* ‖ **2.** *Dep.* En el juego de pelota y otros deportes, devolver la pelota al saque de los contrarios o del contrario. ‖ **3.** *Mat.* Hallar la diferencia entre dos cantidades o expresiones. ‖ **II.** INTR. **4. quedar** (‖ permanecer). *En todo lo que resta de año.*

restauración. F. **1.** Acción y efecto de restaurar. ‖ **2.** En un país, restablecimiento del régimen político que existía y que había sido sustituido por otro. ‖ **3.** Reposición en el trono de un rey destronado o del representante de una dinastía derrocada. ‖ **4.** Período histórico que comienza con esta reposición. ORTOGR. Escr. con may. inicial. ‖ **5.** Actividad de quien tiene o explota un restaurante.

restaurador, ra. **I.** ADJ. **1.** Que restaura. *Trabajos restauradores del claustro.* Apl. a pers., u. t. c. s. ‖ **II.** M. y F. **2.** Persona que tiene por oficio restaurar pinturas, estatuas, porcelanas y otros objetos artísticos o valiosos. ‖ **3.** Persona que tiene o dirige un restaurante. U. t. c. adj.

restaurante. M. Establecimiento público donde se sirven comidas y bebidas, mediante precio, para ser consumidas en el mismo local.

restaurantero, ra. M. y F. *Méx.* **restaurador** (‖ persona que tiene o dirige un restaurante).

restaurar. TR. **1.** Recuperar o recobrar. *Restauró la paz y el orden público.* ‖ **2.** Reparar, renovar o volver a poner algo en el estado o estimación que antes tenía. *Restaurar una pintura.* ¶ MORF. conjug. c. *causar.*

restaurativo, va. ADJ. Que restaura o tiene virtud de restaurar. *Proceso, tratamiento restaurativo.*

restinga. F. Punta o lengua de arena o piedra debajo del agua y a poca profundidad.

restirador. M. *Méx.* Mesa o tablero para estirar el papel en que se dibuja.

restitución. F. Acción y efecto de restituir.

restituidor, ra. ADJ. Que restituye. Apl. a pers., u. t. c. s.

restituir. TR. **1.** Volver algo a quien lo tenía antes. *Fue obligado a restituir las joyas sustraídas.* ‖ **2.** Restablecer o poner algo en el estado que antes tenía. *Restituyó la tranquilidad en toda la región.* ¶ MORF. conjug. c. *construir.*

restitutorio, ria. ADJ. Que restituye, o se da o se recibe por vía de restitución. *Acción restitutoria. Proceso restitutorio.*

resto. M. **1.** Parte que queda de un todo. ‖ **2.** En los juegos de envite, cantidad que se considera para jugar y envidar. ‖ **3.** *Dep.* En el juego de pelota y otros deportes, acción de restar. ‖ **4.** *Dep.* En el juego de pelota y otros deportes, sitio donde se resta. ‖ **5.** *Mat.* Resultado de la operación de restar. ‖ **6.** *Mat.* Número obtenido tras una división que, sumado al producto del divisor por el cociente, da el dividendo. ‖ **7.** *Quím.* **radical** (‖ agrupamiento atómico que interviene como una unidad). ‖ **8.** pl. Residuos, sobras de comida. ‖ **9.** pl. **restos mortales.** ‖ **~s mortales.** M. pl. El cuerpo humano después de muerto, o parte de él. ‖ **echar,** o **envidar, el ~.** LOCS.VERBS. coloqs. Hacer todo el esfuerzo posible.

restorán. M. **restaurante.**

restregamiento. M. Acción de restregar.

restregar. TR. Frotar mucho y con ahínco algo con otra cosa. MORF. conjug. c. *acertar.*

restregón. M. **1.** Acción de restregar. ‖ **2.** Señal que queda de restregar.

restricción. F. **1.** Acción y efecto de restringir. ‖ **2.** Limitación o reducción impuesta en el suministro de productos de consumo, generalmente por escasez de estos. U. m. en pl. ‖ **~ mental.** F. Intención mental con la que se limita, desvirtúa evasivamente o niega el sentido expreso de lo que se dice, sin llegar a mentir.

restrictivo, va. ADJ. Que tiene virtud o fuerza para restringir. *Medidas restrictivas.*

restricto, ta. ADJ. Limitado, ceñido o preciso. *Criterio restricto. Dimensiones restrictas.*

restringido. ☐ V. **sufragio ~, voto ~.**

restringir. TR. Ceñir, circunscribir, reducir a menores límites.

restriñir. TR. **constreñir** (‖ apretar). MORF. conjug. c. *mullir.*

resucitación. F. *Med.* Acción de volver a la vida, con maniobras y medios adecuados, a los seres vivos en estado de muerte aparente.

resucitador, ra. ADJ. Que hace resucitar. Apl. a pers., u. t. c. s.

resucitar. **I.** TR. **1.** Volver la vida a un muerto. ‖ **2.** Restablecer, renovar, dar nuevo ser a algo. *Resucitar la vida cultural.* ‖ **II.** INTR. **3.** Dicho de una persona: Volver a la vida.

resudar. I. INTR. **1.** Sudar ligeramente. ‖ **II.** PRNL. **2.** Dicho de un cuerpo: Hacer salir al exterior un líquido por los poros e intersticios. U. t. c. intr. *La pared resuda por la humedad.*

resuello. M. Aliento o respiración, especialmente la violenta. ‖ **cortar el ~ a** alguien. LOC.VERB. coloq. Hacerlo callar, intimidándolo.

resuelto, ta. PART.IRREG. de **resolver.** ‖ ADJ. **1.** Muy determinado, audaz, arrojado y libre. *Manifestaba una resuelta voluntad de independencia.* ‖ **2.** Pronto, diligente, expedito. *Se dirigió hacia allí con paso resuelto.*

resulta. F. **1.** Efecto, consecuencia. ‖ **2.** Vacante que queda de un empleo, por ascenso, traslado o jubilación de quien le tenía. ‖ **3.** pl. Atenciones que, habiendo tenido crédito en un presupuesto, no pudieron pagarse durante su vigencia y pasan en concepto especial a otro presupuesto. ‖ **de ~s.** LOC.ADV. Por consecuencia, por efecto.

resultado. M. **1.** Efecto y consecuencia de un hecho, operación o deliberación. ‖ **2.** Cosa que se produce como consecuencia de otra.

resultancia. F. **resultado.**

resultante. ADJ. Dicho de una cosa: Que resulta. U. t. c. s. f.

resultar. INTR. **1.** Dicho de una cosa: **redundar.** ‖ **2.** Dicho de una cosa: Nacer, originarse o venir de otra. ‖ **3.** Dicho de una cosa: Aparecer, manifestarse o comprobarse. *Su figura, aunque desgarbada, resulta noble. La casa resulta pequeña.* ‖ **4.** Llegar a ser. ‖ **5.** Tener resultado. *Los esfuerzos resultaron vanos.* ‖ **6.** Producir agrado o satisfacción.

resultón, na. ADJ. coloq. Que gusta por su aspecto agradable. *Una camisa resultona. Un muchacho muy resultón.*

resumen. M. **1.** Acción y efecto de resumir o resumirse. ‖ **2.** Exposición resumida en un asunto o materia. ‖ **en ~.** LOC.ADV. Resumiendo, recapitulando.

resumidero. M. *Am.* **alcantarilla** (‖ acueducto subterráneo).

resumir. I. TR. **1.** Reducir a términos breves y precisos, o considerar tan solo y repetir abreviadamente lo esencial de un asunto o materia. *Resumió su exposición en unas pocas líneas.* U. t. c. prnl. ‖ **II.** PRNL. **2.** Dicho de una cosa: Convertirse, resolverse en otra.

resurgimiento. M. Acción y efecto de resurgir.

resurgir. INTR. **1.** Surgir de nuevo, volver a aparecer. ‖ **2.** Recobrar nuevas fuerzas físicas o morales.

resurrección. F. **1.** Acción de resucitar. ‖ **2.** por antonom. resurrección de Jesucristo. ORTOGR. Escr. con may. inicial. ‖ **3.** Pascua de Resurrección de Cristo. ‖ **~ de la carne.** F. *Rel.* La de todos los muertos, en el día del Juicio Final. □ V. **Domingo de Resurrección.**

retablo. M. **1.** Conjunto o colección de figuras pintadas o de talla, que representan en serie una historia o suceso. ‖ **2.** Obra de arquitectura, hecha de piedra, madera u otra materia, que compone la decoración de un altar. ‖ **3.** hist. Pequeño escenario en que se representaba una acción valiéndose de figurillas o títeres.

retacar. TR. Apretar el contenido de algo para que quepa más cantidad.

retacear. TR. *Á. Andes, Á. guar.* y *Á. R. Plata.* Escatimar lo que se da a alguien, material o moralmente.

retaceo. M. *Á. Andes, Á. guar.* y *Á. R. Plata.* Acción y efecto de retacear.

retacharse. PRNL. *Méx.* Volverse atrás.

retache. M. *Méx.* devolución.

retaco, ca. I. ADJ. **1.** coloq. Dicho de una persona: De baja estatura y, en general, rechoncha. U. m. c. s. ‖ **II.** M. **2.** Escopeta corta muy reforzada en la recámara.

retador, ra. ADJ. **1.** Que reta (‖ desafía). Apl. a pers., u. t. c. s. ‖ **2.** Que implica o denota reto o desafío. *Un gesto retador.*

retaguardia. F. **1.** Porción de una fuerza desplegada o en columna más alejada del enemigo o, simplemente, la que se mantiene o avanza en último lugar. ‖ **2.** En tiempo de guerra, zona no ocupada por los ejércitos. ‖ **3.** Parte que se encuentra detrás de algo o en último lugar. *La retaguardia de la sierra.* ‖ **a ~, o a la ~.** LOCS.ADVS. En el último o en los últimos puestos, retrasado respecto a los demás. *Ir, estar a retaguardia.* ‖ **a ~ de.** LOC. PREPOS. Detrás de. ‖ **en ~.** LOC.ADV. **a retaguardia.**

retahíla. F. Serie de muchas cosas que están, suceden o se mencionan por su orden.

retal. M. Pedazo sobrante de una tela, piel, chapa metálica, etc.

retallo. M. *Arq.* Resalte que queda en el paramento de un muro por la diferencia de espesor de dos de sus partes sobrepuestas.

retalteco, ca. ADJ. **1.** Natural de Retalhuleu. U. t. c. s. ‖ **2.** Perteneciente o relativo a este departamento de Guatemala o a su cabecera.

retama. F. Mata de la familia de las Papilionáceas, de dos a cuatro metros de altura, con muchas verdascas o ramas delgadas, largas, flexibles, de color verde ceniciento y algo angulosas, hojas muy escasas, pequeñas, lanceoladas, flores amarillas en racimos laterales y fruto de vaina globosa con una sola semilla negruzca. Es común en España y apreciada para combustible de los hornos de pan. ‖ **~ blanca.** F. La que se distingue de la común en tener blancas las flores. ‖ **~ de escobas.** F. Mata de la familia de las Papilionáceas, de doce a catorce decímetros de altura, con ramas espesas, asurcadas, verdes y lampiñas, hojas pequeñas, partidas en tres gajos, flores grandes, amarillas, solitarias o apareadas, y fruto de vaina ancha, muy aplastada y con varias semillas. Es abundante en España y se emplea en hacer escobas y como combustible ligero. ‖ **~ de olor.** F. gayomba. ‖ **~ de tintoreros.** F. Mata de la familia de las Papilionáceas, con tallo de seis a ocho decímetros de altura, ramas herbáceas, estriadas y angulosas, hojas lanceoladas u ovales, vellosas en su margen y sentadas, flores grandes, amarillas y en racimos, y fruto de vaina aplastada y con varias semillas. La raíz contiene una sustancia amarilla empleada en tintorería. Es común en el centro y en el litoral mediterráneo de España. ‖ **~ negra.** F. retama de escobas.

retamal. M. Sitio poblado de retamas.

retamar. M. Sitio poblado de retamas.

retamo. M. *Chile.* retama.

retamón. M. piorno.

retar. TR. **1.** Desafiar a duelo o pelea, o a competir en cualquier terreno. ‖ **2.** coloq. Reprender, tachar, echar en cara.

retardación. F. Acción y efecto de retardar.

retardado, da. PART. de **retardar.** ‖ ADJ. *Am. Cen.* Dicho de una persona: **retrasada** (‖ que no ha llegado al desarrollo normal de su edad). U. t. c. s. □ V. **espoleta ~, movimiento ~, movimiento uniformemente ~.**

retardador, ra. ADJ. Que retarda. *Acción, estrategia retardadora.*

retardar. TR. Diferir, detener, entorpecer, dilatar. U. t. c. prnl.

retardatario, ria. ADJ. Que se resiste o se opone al progreso o a las innovaciones. *Efecto retardatario.* Apl. a pers., u. t. c. s.

retardatorio, ria. ADJ. Que tiende a producir retraso o retardo en la ejecución de alguna cosa o proyecto. *Maniobra retardatoria. Factor retardatorio.*

retardo. M. Demora, tardanza, detención.

retasación. F. Acción y efecto de retasar.

retasar. TR. Rebajar el justiprecio de las cosas puestas en subasta y no rematadas.

retazar. TR. Hacer piezas o pedazos de algo.

retazo. M. **1.** Retal o pedazo de una tela. || **2.** Pedazo de cualquier cosa. *Entre las nubes se veían retazos de cielo.* || **3.** Trozo o fragmento de un razonamiento o discurso.

retejador, ra. M. y F. Persona encargada de retejar.

retejar. TR. Reparar los tejados, poniendo las tejas que les faltan.

retejer. TR. Tejer de manera unida y apretada.

retejo. M. Acción y efecto de retejar.

retel. M. Arte de pesca que consiste en una red, sujeta a un aro, en forma de bolsa y que se usa para la pesca de cangrejos de río.

retemblar. INTR. Temblar con movimiento repetido. MORF. conjug. c. *acertar.*

retén. M. **1.** Conjunto de personas que permanecen en un puesto para controlar o vigilar. *Un retén de bomberos.* || **2.** Repuesto o prevención que se tiene de algo. *Un retén de maquinaria para la extinción de posibles incendios.* || **3.** *Mec.* Pieza dispuesta alrededor del eje de giro de una máquina o mecanismo, que lo aísla del polvo y la suciedad e impide fugas de lubricante. || **4.** *Mil.* Tropa que en más o menos número tome las armas, cuando las circunstancias lo requieren, para reforzar, especialmente de noche, uno u más puestos militares. || **5.** *Á. Andes* y *Méx.* Puesto fijo o móvil que sirve para controlar o vigilar cualquier actividad.

retención. F. **1.** Acción y efecto de retener. || **2.** Parte o totalidad retenida de un sueldo, salario u otro haber. || **3.** Detención o marcha muy lenta de los vehículos provocada por su aglomeración o por obstáculos que impiden o dificultan su circulación normal. || **4.** *Biol.* Dificultad fisiológica para eliminar líquidos del organismo.

retenedor, ra. ADJ. Que retiene. *Fruta retenedora de agua.*

retener. TR. **1.** Impedir que algo salga, se mueva, se elimine o desaparezca. *Retenía su mano mientras hablaba.* || **2.** Conservar en la memoria algo. *Retuvo en su mente todos los datos.* || **3.** Interrumpir o dificultar el curso normal de algo. *Intentó retener el avance de la enfermedad.* || **4.** Suspender en todo o en parte el pago del sueldo, salario u otro haber que alguien ha devengado, hasta que satisfaga lo que debe, por disposición judicial, gubernativa o administrativa. || **5.** Descontar de un pago el importe de una deuda tributaria. || **6.** Imponer prisión preventiva, arrestar. *La policía lo retuvo durante unas horas en comisaría.* || **7.** Reprimir o contener un sentimiento, deseo, pasión, etc. *Retuvo su deseo de venganza.* U. t. c. prnl. ¶ MORF. conjug. c. *tener.*

retenida. F. Cuerda, aparejo, y a veces palo, que sirve para contener o guiar un cuerpo en su caída.

retentiva. F. Memoria, facultad de acordarse.

retentivo, va. ADJ. Perteneciente o relativo a la retención (|| acción y efecto de retener). *Esfuerzo retentivo.*

reteñir¹. TR. Volver a teñir del mismo o de otro color algo. MORF. conjug. c. *ceñir.*

reteñir². INTR. **retiñir.** MORF. conjug. c. *ceñir.*

reticencia. F. **1.** Efecto de no decir sino en parte, o de dar a entender claramente, y de ordinario con malicia, que se oculta o se calla algo que debiera o pudiera decirse. || **2.** Reserva, desconfianza. || **3.** *Ret.* Figura que consiste en dejar incompleta una frase o no acabar de aclarar una especie, dando, sin embargo, a entender el sentido de lo que no se dice, y a veces más de lo que se calla.

reticente. ADJ. **1.** Que usa reticencias. *Juan estuvo reticente a la hora de contar detalles.* || **2.** Que envuelve o incluye reticencia. *Su conversación tenía un tono reticente.* || **3.** Reservado, desconfiado. *Mantuvo una actitud negativa y reticente.*

rético, ca. **I.** ADJ. **1.** hist. Perteneciente o relativo a la Retia, región de la Europa antigua. *Regiones réticas.* || **II.** M. **2.** *Ling.* **retorrománico.**

retícula. F. **1.** Conjunto de hilos o líneas que se ponen en un instrumento óptico para precisar la visual. || **2.** Red de puntos que, en cierta clase de fotograbado, reproduce las sombras y los claros de la imagen mediante la mayor o menor densidad de dichos puntos.

reticular. ADJ. De forma de redecilla o red. *Aparejo, membrana reticular.*

retículo. M. **1.** Tejido en forma de red. Se toma generalmente por la estructura filamentosa de las plantas. || **2.** Conjunto de dos o más hilos o líneas cruzadas que se ponen en el foco de ciertos instrumentos ópticos y sirve para precisar la visual o efectuar medidas muy delicadas. || **~ endoplásmico.** M. *Biol.* Conjunto laberíntico de conductos y espacios membranosos del interior de la célula, con funciones de síntesis y transporte de sustancias.

retina. F. *Anat.* Membrana interior del ojo, constituida por varias capas de células, que recibe imágenes y las envía al cerebro a través del nervio óptico.

retiniano, na. ADJ. *Anat.* Perteneciente o relativo a la retina. □ V. **persistencia ~.**

retinte. M. Segundo tinte que se da a algo.

retintín. M. **1.** Sonido que deja en los oídos la campana u otro cuerpo sonoro. || **2.** coloq. Tonillo y modo de hablar, por lo común para zaherir a alguien.

retinto, ta. ADJ. Dicho de un animal: De color castaño muy oscuro.

retiñir. INTR. Dicho del metal o del cristal: Producir un sonido vibrante. MORF. conjug. c. *mullir.*

retiración. F. **1.** Acción y efecto de **retirar².** || **2.** *Impr.* Forma o molde para imprimir por la segunda cara el papel que ya está impreso por la primera.

retirada. F. **1.** Acción y efecto de retirarse. || **2.** **retreta** (|| toque militar). || **3.** hist. Paso de la antigua danza española, que se hacía avanzando y retirando con rapidez el pie derecho. || **4.** *Mil.* Acción de retroceder en orden, alejándose del enemigo. || **batirse en ~.** LOC.VERB. **1.** Dicho de un ejército: Retroceder combatiendo. || **2.** Irse para evitar algo.

retirado, da. PART. de **retirar¹.** || ADJ. **1.** Distante, apartado de un lugar. *Vive en un lugar retirado de la ciudad.* || **2.** Dicho de un militar: Que deja oficialmente el servicio, conservando algunos derechos. U. t. c. s. || **3.** Dicho de un funcionario, de un obrero, etc.: Que alcanza la situación de retiro. || **4.** Dicho de una persona y de la vida que lleva: Alejada del trato con los demás.

retiramiento. M. Acción de retirarse.

retirar[1]. **I.** TR. **1.** Apartar o separar a alguien o algo de otra persona o cosa o de un sitio. *Retiró la comida del fuego.* U. t. c. prnl. || **2.** Obligar a alguien a que se aparte, o rechazarlo. *Retiraron a Juan de la lista de invitados.* || **3.** Dicho de una persona: Desdecirse, declarar que no mantiene lo dicho. *Retiro mis palabras.* || **4.** Negar, dejar de dar algo. *Le retiró el saludo.* || **II.** PRNL. **5.** Apartarse o separarse del trato, comunicación o amistad. || **6.** Irse a dormir. || **7.** Irse a casa. || **8.** Dicho de un ejército: Abandonar el campo de batalla. || **9.** Abandonar un trabajo, una competición, una empresa. || **10.** Resguardarse, ponerse a salvo. *Se retiraron a las montañas.* || **11.** Dicho de un militar, de un funcionario, etc.: Pasar a la situación de retirado.

retirar[2]. TR. *Impr.* Estampar por el revés el pliego que ya lo está por la cara.

retiro. M. **1.** Acción y efecto de retirarse. || **2.** Lugar apartado y distante de la gente. || **3.** Recogimiento, apartamiento y abstracción. || **4. retiro espiritual.** || **5.** Situación del militar, funcionario, obrero, etc., retirado. || **6.** Sueldo, haber o pensión que perciben los retirados. || **~ espiritual.** M. Ejercicio piadoso que consiste en practicar ciertas devociones retirándose por uno o más días, en todo o en parte, de las ocupaciones ordinarias.

reto. M. **1.** Provocación o citación al duelo o desafío. || **2. regaña.** || **3.** Objetivo o empeño difícil de llevar a cabo, y que constituye por ello un estímulo y un desafío para quien lo afronta.

retobado, da. PART. de **retobar.** || ADJ. **1.** *Am. Cen.* Indómito, obstinado. || **2.** *Am. Cen.* y *Méx.* **respondón.**

retobar. **I.** TR. **1.** *Á. R. Plata.* Forrar o cubrir con cuero ciertos objetos, como las boleadoras, el cabo del rebenque, etc. || **2.** *Chile.* Envolver o forrar los fardos con cuero o con arpillera, encerado, etc. || **3.** *Méx.* Rezongar, responder. || **II.** PRNL. **4.** *Á. guar.* y *Á. R. Plata.* Ponerse displicente y en actitud de reserva excesiva. || **5.** *Á. R. Plata.* Rebelarse, enojarse.

retobo. M. **1.** *Á. R. Plata* y *Chile.* Acción y efecto de retobar. || **2.** *Chile.* Arpillera, tela basta o encerado con que se retoba.

retocado. M. Acción y efecto de retocar.

retocador, ra. M. y F. Persona que retoca, especialmente la que se dedica a retocar fotografías.

retocar. TR. **1.** Tocar repetidamente. *Sus manos retocan todo su cuerpo.* || **2.** Dar a un dibujo, cuadro o fotografía ciertos toques de pluma o de pincel para quitarle imperfecciones. || **3.** Restaurar las pinturas deterioradas. || **4.** Perfeccionar el maquillaje de alguien. U. m. c. prnl. || **5.** Recorrer y dar la última mano a algo. *Retocó su discurso antes de subir al estrado.*

retomar. TR. Volver a tomar, reanudar algo que se había interrumpido.

retoñar. INTR. **1.** Dicho de una planta: Volver a echar vástagos. || **2.** Dicho de lo que había dejado de ser o estaba amortiguado: Reproducirse, volver de nuevo. *Retoñar la esperanza.*

retoño. M. **1.** Vástago o tallo que echa de nuevo la planta. || **2.** coloq. Hijo de una persona, y especialmente el de corta edad.

retoque. M. Acción y efecto de retocar.

retor. M. Tela de algodón fuerte y ordinaria en que la trama y urdimbre están muy torcidas.

rétor. M. hist. Hombre que escribía o enseñaba retórica.

retorcedura. F. Acción y efecto de retorcer.

retorcer. **I.** TR. **1.** Torcer mucho algo, dándole vueltas alrededor. *Retorció su cigarrillo aplastándolo contra el cenicero.* U. t. c. prnl. || **2.** Interpretar de manera sinuosa algo, dándole un sentido diferente del que tiene. *Retorció mis palabras con mala intención.* || **II.** PRNL. **3.** Hacer movimientos, contorsiones, etc., por un dolor muy agudo, risa violenta, etc. ¶ MORF. conjug. c. *mover.*

retorcido, da. PART. de **retorcer.** || ADJ. **1.** Dicho del lenguaje o del modo de hablar: Confuso o de difícil comprensión. || **2.** coloq. Dicho de una persona: De intención sinuosa.

retorcijón. M. Retorcimiento grande, especialmente de alguna parte del cuerpo.

retorcimiento. M. Acción y efecto de retorcer o retorcerse.

retórica. F. **1.** Arte de bien decir, de dar al lenguaje escrito o hablado eficacia bastante para deleitar, persuadir o conmover. || **2.** Teoría de la composición literaria y de la expresión hablada. || **3.** despect. Uso impropio o intempestivo de este arte. *Habla con una retórica insoportable.* || **4.** pl. coloq. Sofisterías o razones que no son del caso. *No me venga usted a mí con retóricas.*

retórico, ca. ADJ. **1.** Perteneciente o relativo a la retórica. *Figura retórica.* || **2.** Versado en retórica. U. t. c. s.

retornable. ADJ. Dicho de un envase: Que se puede volver a utilizar.

retornar. **I.** TR. **1. devolver** (|| restituir). *Apareció con la criatura en brazos, retornándola sana y salva.* || **2.** Hacer que algo retroceda o vuelva atrás. *La bomba retorna el agua a la parte superior del tanque.* || **II.** INTR. **3.** Volver al lugar o a la situación en que se estuvo. U. t. c. prnl.

retornelo. M. *Mús.* Repetición de la primera parte del aria, que también se usa en algunos villancicos y otras canciones.

retorno. M. **1.** Acción y efecto de retornar. || **2.** *Mar.* Motón colocado accidentalmente en determinado lugar para variar la dirección en que trabaja un cabo de labor.

retorromance. ADJ. *Ling.* **retorrománico.** U. t. c. s. m. *El retorromance.*

retorrománico, ca. **I.** ADJ. **1.** *Ling.* Perteneciente o relativo al conjunto de variedades lingüísticas originadas del latín hablado en la región alpina central y oriental. || **II.** M. **2.** *Ling.* Grupo formado por dichas variedades lingüísticas.

retorromano, na. ADJ. *Ling.* **retorrománico.** U. t. c. s. m. *El retorromano.*

retorsión. F. Acción de devolver o inferir a alguien el mismo daño o agravio que de él se ha recibido.

retorta. F. Vasija con cuello largo y curvo, a propósito para diversas operaciones químicas.

retortijar. TR. Ensortijar o retorcer mucho.

retortijón. M. Retorcimiento grande, especialmente de alguna parte del cuerpo. || **~ de tripas.** M. Dolor breve y agudo que se siente en ellas.

retostado, da. PART. de **retostar.** || ADJ. De color oscuro, como de cosa muy tostada. *Piel retostada.*

retostar. TR. Tostar mucho algo. MORF. conjug. c. *contar.*

retozar. INTR. **1.** Saltar y brincar alegremente. || **2.** Realizar juegos amorosos. U. t. c. tr.

retozo. M. Acción y efecto de retozar.

retozón, na. ADJ. Inclinado a retozar o que retoza con frecuencia. *Niños retozones.*

retracción. F. **1.** Acción y efecto de retraer. || **2.** Med. En ciertos tejidos orgánicos, reducción persistente de volumen.

retractación. F. Acción de retractarse.

retractar. TR. Revocar expresamente lo que se ha dicho, desdecirse de ello. U. m. c. prnl. *Se retractó DE SUS acusaciones.*

retráctil. ADJ. **1.** Dicho de una pieza o de parte de un todo: Que puede avanzar o adelantarse, y después, por sí misma, retraerse o esconderse. *Tren de aterrizaje retráctil.* || **2.** Zool. Dicho de una parte del cuerpo animal: Que puede retraerse, quedando oculta; p. ej., las uñas de los félidos.

retracto. M. Der. Derecho que compete a ciertas personas para quedarse, por el tanto de su precio, con la cosa vendida a otro.

retraducir. TR. Traducir de nuevo, o volver a traducir al idioma primitivo, una obra sirviéndose de una traducción. MORF. conjug. c. *conducir.*

retraer. **I.** TR. **1.** Hacer que algo o alguien vaya hacia atrás en el espacio o en el tiempo. U. t. c. prnl. *La pared abdominal se retrae al presionar el vientre.* || **2.** Apartar o disuadir de un intento. *Esta situación anómala, lejos de retraerlo, representaba un aliciente.* U. t. c. prnl. || **II.** PRNL. **3.** Hacer vida retirada. ¶ MORF. conjug. c. *traer.*

retraído, da. PART. de **retraer.** || ADJ. **1.** Que gusta de la soledad. *Tenía un carácter huraño y retraído.* || **2.** Poco comunicativo, corto, tímido. *Sonrisa retraída.*

retraimiento. M. **1.** Acción y efecto de retraerse. || **2.** Cortedad, condición personal de reserva y de poca comunicación.

retranca. F. **1.** Intención disimulada, oculta. || **2.** Cineg. En la batida, línea de puestos situada a espaldas de quienes baten. || **3.** Á. Caribe. Freno de distintas formas de un carruaje.

retranquear. TR. Arq. Remeter el muro de fachada en la planta o plantas superiores de un edificio.

retransmisión. F. Acción y efecto de retransmitir.

retransmitir. TR. **1.** Volver a transmitir. *Los altavoces retransmiten las instrucciones cada cinco minutos.* || **2.** Transmitir desde una emisora de radio o de televisión lo que se ha transmitido a ella desde otro lugar. *La televisión retransmite la carrera esta tarde.*

retrasado, da. PART. de **retrasar.** || ADJ. **1.** Dicho de una persona, de una planta o de un animal: Que no han llegado al desarrollo normal de su edad. || **2.** Dicho de una persona: Que no tiene el desarrollo mental corriente. U. t. c. s.

retrasar. **I.** TR. **1.** Atrasar, diferir o suspender la ejecución de algo. *Retrasar la paga, el viaje.* U. t. c. prnl. || **2.** atrasar (|| hacer que el reloj señale tiempo que ya ha pasado). || **II.** INTR. **3.** Ir atrás o a menos en algo. *Retrasar en los estudios.* || **III.** PRNL. **4.** Llegar tarde a alguna parte.

retraso. M. Acción y efecto de retrasar o retrasarse.

retratar. TR. **1.** Copiar, dibujar o fotografiar la figura de una persona o de una cosa. *Retrató a la modelo con maestría.* || **2.** Hacer la descripción de la figura o del carácter de una persona. U. t. c. prnl. || **3.** Describir con exacta fidelidad algo. *El autor retrata perfectamente la sociedad de la época.*

retratista. COM. Persona que hace retratos.

retrato. M. **1.** Pintura o efigie principalmente de una persona. || **2.** Descripción de la figura o carácter, o sea, de las cualidades físicas o morales de una persona. || **~ hablado.** M. Á. Caribe y Méx. retrato robot. || **~ robot.** M. **1.** Imagen de una persona dibujada a partir de los rasgos físicos que ofrece quien la conoce o la ha visto. || **2.** Conjunto de características de un tipo de personas. || **ser** alguien **el vivo ~ de** otra persona. LOC.VERB. Parecérsele mucho.

retrechero, ra. ADJ. coloq. Que con artificios disimulados y mañosos trata de eludir la confesión de la verdad o el cumplimiento de lo debido.

retreparse. PRNL. **1.** Echar hacia atrás la parte superior del cuerpo. || **2.** Recostarse en la silla de tal modo que esta se incline también hacia atrás.

retreta. F. **1.** Toque militar para avisar a la tropa que se recoja por la noche en el cuartel. || **2.** Fiesta nocturna en la cual recorren las calles tropas de diferentes armas, con faroles, hachas de viento, músicas y a veces carrozas con atributos varios. || **3.** Á. Caribe. Concierto que ofrece en las plazas públicas una banda militar o de cualquier otra institución.

retrete. M. **1.** Aposento dotado de las instalaciones necesarias para orinar y evacuar el vientre. || **2.** Estas instalaciones.

retribución. F. **1.** Acción y efecto de retribuir. || **2.** Cantidad de dinero con que se retribuye.

retribuir. TR. **1.** Recompensar o pagar un servicio, favor, etc. || **2.** Am. Corresponder al favor o al obsequio que alguien recibe. ¶ MORF. conjug. c. *construir.*

retributivo, va. ADJ. Perteneciente o relativo a la retribución. *Política retributiva.*

retro. ADJ. Propio de una época pasada. *Tiene un coche de aire retro.* MORF. pl. invar. *Vestidos retro.*

retroacción. F. **1.** Acción hacia atrás. || **2.** Fís. Acción que el resultado de un proceso material ejerce sobre el sistema físico que lo origina.

retroactividad. F. **1.** Cualidad de retroactivo. || **2.** Der. Extensión de la aplicación de una norma a hechos y situaciones anteriores a su entrada en vigor o a actos o negocios jurídicos.

retroactivo, va. ADJ. Que obra o tiene fuerza sobre lo pasado. *Efectos retroactivos.*

retrocarga. de ~. LOC.ADJ. Dicho de un arma de fuego: Que se carga por la parte inferior de su mecanismo, y no por la boca del cañón.

retroceder. INTR. **1.** Volver hacia atrás. || **2.** Detenerse ante un peligro u obstáculo.

retrocesión. F. Der. Cesión a alguien del derecho de lo que él había cedido antes.

retroceso. M. **1.** Acción y efecto de retroceder. || **2.** Movimiento brusco y hacia atrás de un arma de fuego al ser disparada. || **3.** Med. Recrudecimiento de una enfermedad que había empezado a remitir.

retrogradar. INTR. Ir hacia atrás, retroceder.

retrógrado, da. ADJ. **1.** Que retrograda. *Camino retrógrado.* || **2.** despect. Partidario de instituciones políticas o sociales propias de tiempos pasados. U. t. c. s. || **3.** despect. Propio o característico de una persona retrógrada. *Ideas retrógradas.* □ V. **movimiento ~.**

retronar. INTR. Hacer un gran ruido o estruendo retumbante. MORF. conjug. c. *contar.*

retropropulsión. F. Sistema de propulsión de un móvil en que la fuerza que causa el movimiento se produce por reacción a la expulsión hacia atrás de un chorro, generalmente de gas, lanzado por el propio móvil.

retroproyector. M. Proyector que, mediante un espejo, dirige hacia una pantalla vertical la imagen de un objeto o una transparencia colocados horizontalmente.

retrospección. F. Mirada o examen retrospectivo.

retrospectiva. F. Exposición o muestra que presenta cronológicamente las obras de un artista o un grupo con el fin de mostrar cabalmente su trayectoria.

retrospectivo, va. ADJ. **1.** Que se considera en su desarrollo anterior. *Análisis retrospectivo.* || **2.** Dicho de una exposición o de una muestra: Que presenta cronológicamente las obras de un artista o un grupo con el fin de mostrar cabalmente su trayectoria.

retrotraer. TR. Retroceder a un tiempo pasado para tomarlo como referencia o punto de partida de un relato. *Retrotrajo su relato a los primeros años de su estancia allí.* U. t. c. prnl. *Se retrotrajo a los tiempos de su infancia.* MORF. conjug. c. *traer.*

retroversión. F. *Med.* Desviación hacia atrás de algún órgano del cuerpo.

retrovirus. M. *Biol.* Virus cuyo genoma está constituido por ARN que origina un ADN y lo incorpora a la célula huésped; p. ej., los virus de la leucemia, el sarcoma o el sida.

retrovisor. M. Pequeño espejo colocado en la parte anterior de los vehículos automóviles, de manera que el conductor pueda ver lo que viene o está detrás de él.

retrucar. INTR. coloq. Replicar con acierto y energía.

retruécano. M. **1.** Inversión de los términos de una proposición o cláusula en otra subsiguiente para que el sentido de esta última forme contraste o antítesis con el de la anterior. Se usa para referirse a otros juegos de palabras. || **2.** *Ret.* Figura que consiste en esta inversión de términos.

retumbante. ADJ. **1.** Que retumba. *Eco retumbante.* || **2.** Ostentoso, pomposo. *Discurso retumbante.*

retumbar. INTR. Dicho de una cosa: Resonar mucho o hacer gran ruido o estruendo.

retumbo. M. Acción y efecto de retumbar.

reuma o **reúma.** AMB. *Med.* **reumatismo.** U. m. c. m.

reumático, ca. ADJ. **1.** *Med.* Perteneciente o relativo al reuma. *Afección reumática.* || **2.** Que padece este mal. U. t. c. s.

reumatismo. M. *Med.* Enfermedad que se manifiesta generalmente por inflamación de las articulaciones de las extremidades.

reumatología. F. Parte de la medicina referente a las afecciones reumáticas.

reumatológico, ca. ADJ. *Med.* Perteneciente o relativo a la reumatología.

reumatólogo, ga. M. y F. Especialista en reumatología.

reunificación. F. Acción y efecto de reunificar.

reunificar. TR. Volver a unir una entidad que en algún momento constituyó una unidad. U. t. c. prnl.

reunión. F. **1.** Acción y efecto de reunir. || **2.** Conjunto de personas reunidas.

reunir. TR. **1.** Volver a unir. *Reunió los fragmentos dispersos de su obra.* U. t. c. prnl. || **2.** Juntar, congregar, amontonar. *El congreso reúne a los máximos representantes de la cultura.* U. t. c. prnl. || **3.** Juntar determinadas cosas para coleccionarlas o con algún otro fin. *Ha*

reunido una importante colección de cuadros. ¶ MORF. V. conjug. modelo.

reusense. ADJ. **1.** Natural de Reus. U. t. c. s. || **2.** Perteneciente o relativo a esta ciudad de la provincia de Tarragona, en España.

reutilización. F. Acción y efecto de reutilizar.

reutilizar. TR. Utilizar algo, con la función que desempeñaba anteriormente o con otros fines.

revacunación. F. Acción y efecto de revacunar.

revacunar. TR. Vacunar a quien ya está vacunado. U. t. c. prnl.

reválida. F. **1.** Acción y efecto de revalidarse. || **2.** Examen que se hace al acabar ciertos estudios.

revalidación. F. Acción y efecto de revalidar.

revalidar. I. TR. **1.** Ratificar, confirmar o dar nuevo valor y firmeza a algo. || **II.** PRNL. **2.** Recibirse o ser aprobado en una facultad ante tribunal superior.

revalorización. F. Acción y efecto de revalorizar.

revalorizador, ra. ADJ. Que revaloriza. *Factor revalorizador.*

revalorizar. TR. **1.** Devolver a algo el valor o estimación que había perdido. *Los cocineros intentan revalorizar la cocina tradicional.* || **2.** Aumentar el valor de algo. *La empresa revalorizó sus acciones durante el pasado ejercicio.* U. t. c. prnl.

revaluación. F. Acción y efecto de revaluar.

revaluar. TR. **1.** Volver a evaluar. *El médico solicitó unas pruebas para revaluar el estado del paciente.* || **2.** Elevar el valor de una moneda o de otra cosa, en oposición a *devaluar.* ¶ MORF. conjug. c. *actuar.*

revancha. F. desquite.

revanchismo. M. Actitud de quien mantiene un espíritu de revancha o venganza.

revanchista. ADJ. **1.** Perteneciente o relativo al revanchismo. *Espíritu revanchista.* || **2.** Partidario del revanchismo. U. t. c. s.

revejido, da. ADJ. Envejecido antes de tiempo. *Un automóvil, un niño revejido.*

revelación. F. **1.** Acción y efecto de revelar. || **2.** por antonom. Manifestación divina. ORTOGR. Escr. con may. inicial.

revelado. M. Conjunto de operaciones necesarias para revelar una imagen fotográfica.

revelador, ra. I. ADJ. **1.** Que revela. *Declaración reveladora.* Apl. a pers., u. t. c. s. || **II.** M. **2.** Líquido que contiene en disolución una o varias sustancias reductoras, el cual aísla finísimas partículas de plata, de color negro, en los puntos de la placa o película fotográfica impresionados por la luz.

revelar. TR. **1.** Descubrir o manifestar lo ignorado o secreto. U. t. c. prnl. || **2.** Proporcionar indicios o certidumbre de algo. *Su mirada revela cansancio.* || **3.** Dicho de Dios: Manifestar a los hombres lo futuro u oculto. || **4.** *Fotogr.* Hacer visible la imagen impresa en la placa o película fotográfica.

revellín. M. *Mil.* Obra exterior que cubre la cortina de un fuerte y la defiende.

revendedor, ra. ADJ. Que revende. Apl. a pers., u. t. c. s.

revender. TR. Volver a vender lo que se ha comprado con ese intento o al poco tiempo de haberlo comprado.

revendón, na. M. y F. *Á. Andes* y *Á. Caribe.* Persona que vende, de manera ambulante, frutas, verduras, huevos u otros artículos comestibles.

revenido. M. Operación que consiste en recocer el acero a temperatura inferior a la del temple para mejorar este.

revenir. I. INTR. 1. Dicho de una cosa: Retornar o volver a su estado propio. ‖ II. PRNL. 2. Dicho de una masa, de una pasta o de una fritura: Ponerse blanda con la humedad o el calor. *Revenirse el pan.* ‖ 3. Dicho de una conserva o de un licor: Acedarse o avinagrarse. ‖ 4. Dicho de una cosa: Escupir hacia afuera la humedad que tiene. *Revenirse la pared, la pintura, la sal.* ¶ MORF. conjug. c. *venir.*

reventa. I. F. 1. Acción y efecto de revender. ‖ 2. Conjunto de revendedores de entradas para espectáculos públicos o local en el que desempeñan su actividad. *LA reventa.* ‖ II. COM. 3. Revendedor de entradas para espectáculos públicos.

reventador, ra. M. y F. Persona que asiste a espectáculos o reuniones públicas dispuesta premeditadamente a mostrar de modo ruidoso su desagrado o a provocar el fracaso de dichas reuniones.

reventar. I. TR. 1. Deshacer o desbaratar algo aplastándolo con violencia. *La máquina, al caer, le reventó un dedo del pie.* ‖ 2. Fatigar mucho a alguien con exceso de trabajo. U. t. c. prnl. ‖ 3. Hacer fracasar un espectáculo o reunión pública mostrando desagrado ruidosamente. ‖ 4. Hacer enfermar o morir al caballo por exceso en la carrera. U. t. c. prnl. ‖ 5. coloq. Molestar, cansar, enfadar. *Su insistencia me revienta.* ‖ II. INTR. 6. Dicho de una cosa: Abrirse por no poder soportar la presión interior. *Reventó el neumático.* U. t. c. prnl. ‖ 7. Dicho de las olas del mar: Deshacerse en espuma por la fuerza del viento o por el choque contra los peñascos o playas. ‖ 8. Brotar, nacer o salir con ímpetu. *Reventó la indignación popular.* ‖ 9. Tener ansia o deseo vehemente de algo. ‖ 10. coloq. Dicho de una pasión: Estallar violentamente. ‖ 11. coloq. Sentir y manifestar un estado de ánimo, especialmente de ira. *Estoy que reviento.* ‖ 12. coloq. Morir violentamente. ¶ MORF. conjug. c. *acertar.*

reventazón. F. 1. Acción y efecto de **reventar** (‖ por presión interior). ‖ 2. Acción y efecto de **reventar** (‖ deshacerse en espuma las olas).

reventón, na. I. ADJ. 1. Que revienta o parece que va a reventar. *Cartera, burbuja reventona.* U. t. en sent. fig. *Clavel reventón. Boca reventona.* ‖ II. M. 2. Acción y efecto de reventar. ‖ 3. Trabajo o fatiga que se da o se toma en un caso urgente y preciso. *Al caballo le di un reventón para llegar más pronto.* ‖ 4. *Chile.* Afloramiento a la superficie del terreno de un filón o capa mineral. ‖ 5. *Méx.* **juerga** (‖ diversión bulliciosa). □ V. **ojos reventones.**

rever. TR. Volver a ver. MORF. conjug. c. *ver;* part. irreg. *revisto.*

reverberación. F. 1. Acción y efecto de reverberar. ‖ 2. Reflexión difusa de la luz o del calor. ‖ 3. *Acús.* Reforzamiento y persistencia de un sonido en un espacio más o menos cerrado.

reverberar. INTR. 1. Dicho de la luz: Reflejarse en una superficie bruñida. ‖ 2. Dicho de un sonido: Reflejarse en una superficie que no lo absorba.

reverbero. M. 1. Acción y efecto de reverberar. ‖ 2. Farol que hace reverberar la luz. ‖ 3. *Am.* **infiernillo.** □ V. **horno de ~.**

reverdecer. INTR. 1. Dicho de un campo o plantío que estaba mustio o seco: Cobrar nuevo verdor. U. t. c. tr. ‖ 2. Renovarse o tomar nuevo vigor. *Reverdecen mis esperanzas.* U. t. c. tr. ¶ MORF. conjug. c. *agradecer.*

reverdecimiento. M. Acción y efecto de reverdecer.

reverencia. F. 1. Respeto o veneración que tiene alguien a otra persona. ‖ 2. Inclinación del cuerpo en señal de respeto o veneración. ‖ 3. Se usa como tratamiento para los religiosos condecorados o de cierta dignidad.

reverenciable. ADJ. Digno de reverencia y respeto. *Una creencia tan reverenciable como cualquier otra.*

reverenciador, ra. ADJ. Que reverencia o respeta. *Eran, paradójicamente, idólatras reverenciadores.*

reverencial. ADJ. Que incluye reverencia o respeto. *Silencio, temor reverencial.*

reverenciar. TR. Respetar o venerar. MORF. conjug. c. *anunciar.*

reverencioso, sa. ADJ. Dicho de una persona: Que hace muchas inclinaciones o reverencias.

reverendísimo, ma. ADJ. Se usa como tratamiento para los cardenales, arzobispos y otras personas constituidas en alta dignidad eclesiástica.

reverendo, da. ADJ. 1. Digno de reverencia. ‖ 2. Se usa como tratamiento para las dignidades eclesiásticas y para los prelados y graduados de las religiones. U. t. c. s.

reverente. ADJ. Que muestra reverencia o respeto. *Actitud, persona reverente.*

reversa. F. *Am. Cen., Á. Caribe* y *Méx.* En un automóvil, **marcha atrás.**

reversibilidad. F. Cualidad de reversible.

reversible. ADJ. 1. Que puede volver a un estado o condición anterior. *Cambio reversible.* ‖ 2. Dicho de una prenda de vestir: Que puede usarse por el derecho o por el revés según convenga. ‖ 3. *Fís.* y *Quím.* Se dice del proceso ideal que cambia de sentido al alterarse en muy pequeña proporción las causas que lo originan. ‖ 4. *Mec.* Se dice de un mecanismo en que el movimiento de una de sus partes causa el movimiento de otra, y a su vez, moviendo esta última, es posible producir el movimiento de la primera.

reversión. F. Restitución de algo al estado que tenía.

reverso. M. 1. Parte opuesta al frente de una cosa. ‖ 2. En las monedas y medallas, haz opuesta al anverso. ‖ **el ~ de la medalla.** M. Persona que por su genio, cualidades, inclinaciones o costumbres es la antítesis de otra con quien se compara.

revertir. INTR. 1. Dicho de una cosa: Volver al estado o condición que tuvo antes. *La enfermedad puede revertir.* ‖ 2. Dicho de una cosa: Venir a parar en otra. *Su esfuerzo revierte en nuestro beneficio.* ¶ MORF. conjug. c. *sentir.*

revés. M. 1. Espalda o parte opuesta de algo. ‖ 2. Golpe que se da a alguien con la mano vuelta. ‖ 3. Golpe que con la mano vuelta da el jugador de pelota para devolverla. ‖ 4. Infortunio, desgracia o contratiempo. ‖ 5. *Dep.* En tenis y otros juegos similares, golpe dado a la pelota, cuando esta viene por el lado contrario a la mano que empuña la raqueta. ‖ 6. *Esgr.* Golpe que se da con la espada diagonalmente, partiendo de izquierda a derecha. ‖ **el ~ de la medalla.** M. **el reverso de la medalla.** ‖ **al ~.** LOC.ADV. Al contrario, o invertido el orden regular. ‖ **de ~.** LOC.ADV. 1. **al revés.** ‖ 2. De izquierda a derecha.

revesar. TR. Vomitar lo que se tiene en el estómago.

revesino. M. Juego de naipes que se juega entre cuatro. Quien da se queda con doce cartas, da once a cada uno de los otros tres jugadores y se dejan tres en la baceta. Gana quien hace todas las bazas, y esta es la jugada maestra y la que lleva el nombre de revesino, o en su defecto gana quien hace menos bazas.

revestido. M. revestimiento.

revestimiento. M. **1.** Acción y efecto de revestir. ‖ **2.** Capa o cubierta con que se resguarda o adorna una superficie. □ V. **epitelio de ~.**

revestir. TR. **1.** Cubrir con un revestimiento. *Revestir con mármol la fachada.* ‖ **2.** Exornar la expresión o escrito con galas retóricas o conceptos complementarios. ‖ **3.** Dicho de una cosa: Presentar determinado aspecto, cualidad o carácter. *Revestir importancia, gravedad.* U. t. c. prnl. *La escena se reviste DE misterio.* ‖ **4.** Dicho especialmente del sacerdote cuando sale a decir misa y se pone sobre el vestido los ornamentos: Vestir una ropa sobre otra. U. m. c. prnl. ¶ MORF. conjug. c. *pedir.*

revezo. M. Cosa que reemplaza, releva o sustituye a otra.

reviejo, ja. ADJ. Muy viejo.

revirar. **I.** TR. **1.** torcer (‖ desviar algo de su posición o dirección habitual). *Revirar los ojos.* ‖ **2.** Replicar, volver rápidamente contra algo o alguien. *Cuando nos acusaron, reviramos con furia que aquello no era cierto.* U. t. c. prnl. ‖ **3.** *Méx.* En ciertos juegos, doblar la apuesta del contrario. ‖ **II.** INTR. **4.** *Mar.* Volver a virar.

revisada. F. *Am.* revisión.

revisar. TR. **1.** Ver con atención y cuidado. *La policía revisó mi equipaje en el aeropuerto.* ‖ **2.** Someter algo a nuevo examen para corregirlo, enmendarlo o repararlo. *Un técnico revisa anualmente las máquinas del taller.* ‖ **3.** actualizar (‖ poner al día).

revisión. F. Acción y efecto de revisar.

revisionismo. M. Tendencia a someter a revisión metódica doctrinas, interpretaciones o prácticas establecidas con la pretensión de actualizarlas.

revisionista. ADJ. **1.** Perteneciente o relativo al revisionismo. *Política revisionista.* ‖ **2.** Partidario o seguidor de esta tendencia. U. t. c. s.

revisita. F. Nuevo reconocimiento o registro que se hace de algo.

revisor, ra. **I.** ADJ. **1.** Que revisa o examina con cuidado algo. *Comisión revisora de cuentas.* ‖ **II.** M. y F. **2.** Persona que tiene por oficio revisar o reconocer. ‖ **3.** En los ferrocarriles y otros medios de transporte, agente encargado de verificar que cada viajero lleva su billete.

revista. F. **1.** Publicación periódica con textos e imágenes sobre varias materias, o sobre una especialmente. ‖ **2.** Examen hecho con cuidado y diligencia. *Revista de un motor.* ‖ **3.** Inspección que un jefe hace de las personas o cosas sometidas a su autoridad o a su cuidado. ‖ **4.** Formación de las tropas para que un general o jefe las inspeccione, conozca el estado de su instrucción, etc. ‖ **5.** Espectáculo teatral de variedades, en el que alternan números dialogados y musicales de carácter festivo. ‖ **~ de comisario.** F. *Mil.* Inspección que a principios de mes hace el comisario de guerra para comprobar el número de individuos de cada clase que componen un cuerpo militar y abonarles su paga. ‖ **~ de inspección.** F. *Mil.* La que de tiempo en tiempo pasa el inspector o director general, o, en su nombre, otro oficial de graduación, a cada uno de los cuerpos militares, examinando su estado de instrucción y disciplina, el modo con que ha sido gobernado por los inmediatos jefes, la inversión y estado de caudales y todo cuanto pertenece a la mecánica del cuerpo. ‖ **~ musical.** F. revista (‖ espectáculo en el que alternan números dialogados y musicales). ‖ **pasar ~.** LOC.VERB. **1.** Dicho de un jefe: Ejercer las funciones de inspección que le corresponden sobre las personas o cosas sujetas a su autoridad o a su cuidado. ‖ **2.** Dicho de una autoridad o de un personaje: Pasar ante las tropas que les rinden honores. ‖ **3.** Examinar con cuidado una serie de cosas.

revistar. TR. **1.** Dicho de un jefe: Ejercer las funciones de inspección. ‖ **2.** Dicho de una autoridad: Pasar ante las tropas que le rinden honores.

revistero, ra. **I.** M. y F. **1.** Persona encargada de escribir revistas en un periódico. ‖ **II.** M. **2.** Mueble en donde se colocan las revistas.

revisto, ta. PART. IRREG. de rever.

revitalización. F. Acción y efecto de revitalizar.

revitalizar. TR. Dar más fuerza y vitalidad a algo.

revivificación. F. Acción y efecto de revivificar.

revivificar. TR. Vivificar, reavivar.

revivir. **I.** INTR. **1.** resucitar (‖ volver a la vida). ‖ **2.** Dicho de quien parecía muerto: Volver en sí. ‖ **3.** Dicho de una cosa: Renovarse o reproducirse. *Revivió la discordia.* ‖ **II.** TR. **4.** Evocar, recordar. *Revivió los días de su infancia.*

reviviscencia. F. Acción y efecto de revivir.

revocabilidad. F. Cualidad de revocable.

revocable. ADJ. Que se puede o se debe revocar. *Edicto, decisión revocable.*

revocación. F. **1.** Acción y efecto de revocar. ‖ **2.** *Der.* Anulación, sustitución o enmienda de orden o fallo por autoridad distinta de la que había resuelto. ‖ **3.** *Der.* Acto jurídico que deja sin efecto otro anterior por la voluntad del otorgante.

revocar. TR. **1.** Dejar sin efecto una concesión, un mandato o una resolución. ‖ **2.** Hacer retroceder ciertas cosas. *El viento revoca el humo.* U. t. c. intr. ‖ **3.** Enlucir o pintar de nuevo por la parte que está al exterior las paredes de un edificio, y, por ext., enlucir cualquier paramento.

revocatorio, ria. ADJ. Que revoca o invalida. *Sentencia revocatoria de otra anterior.*

revoco. M. Revoque de las fachadas y paredes de las casas.

revolar. INTR. **1.** Dicho de un ave: Dar segundo vuelo. U. t. c. prnl. ‖ **2.** Volar haciendo giros. ¶ MORF. conjug. c. *contar.*

revolcadero. M. Sitio donde habitualmente se revuelcan los animales.

revolcar. **I.** TR. **1.** Derribar a alguien y maltratarlo o pisotearlo. *El toro revolcó al torero.* ‖ **2.** coloq. Vencer de manera contundente a un adversario en una disputa o discusión. ‖ **3.** coloq. Suspender a alguien en un examen. ‖ **II.** PRNL. **4.** Echarse sobre algo, restregándose y refregándose en ello. ‖ **5.** vulg. Practicar juegos eróticos o mantener relaciones sexuales. ¶ MORF. conjug. c. *contar.*

revolcón. M. coloq. Acción y efecto de revolcar o revolcarse. *Dar un revolcón. Darse un revolcón.*

revolear. **I.** TR. **1.** *Á. guar.* y *Á. R. Plata.* Hacer girar una correa, un lazo, etc., para despedir algo, o ejecutar molinetes con cualquier objeto. ‖ **II.** INTR. **2.** Volar, haciendo vueltas o giros.

revoleo. M. Revuelo o agitación entre las personas.

revolera. F. *Taurom.* Larga en cuyo remate el torero hace girar el capote por encima de su cabeza.

revolotear. INTR. Volar haciendo vueltas o giros en poco espacio.

revoloteo. M. Acción y efecto de revolotear.

revoltijo. M. **1.** Conjunto o compuesto de muchas cosas, sin orden ni método. ‖ **2.** Confusión o enredo.

revoltillo. M. revoltijo.

revoltón. M. Arq. Sitio en que una moldura cambia de dirección, como en los rincones.

revoltoso, sa. ADJ. **1.** Alborotador, rebelde. *La policía trataba de identificar a los elementos revoltosos.* U. t. c. s. ‖ **2.** Travieso, enredador. *El pequeño es algo revoltoso, pero buen estudiante.*

revoltura. F. **1.** Méx. revoltijo (‖ conjunto de cosas sin orden). ‖ **2.** Méx. Argamasa de cal, arena y agua.

revolú. M. Ant. Desorden, gritería, alboroto. MORF. pl. **revolús** o **revolúes.**

revolución. F. **1.** Cambio violento en las instituciones políticas, económicas o sociales de una nación. ‖ **2.** Inquietud, alboroto, sedición. ‖ **3.** Cambio rápido y profundo en cualquier cosa. ‖ **4.** Astr. Movimiento de un astro a lo largo de una órbita completa. ‖ **5.** Geom. Rotación de una figura alrededor de un eje, que configura un sólido o una superficie. ‖ **6.** Mec. Giro o vuelta que da una pieza sobre su eje. □ V. **superficie de ~.**

revolucionar. TR. **1.** Provocar un estado de revolución. ‖ **2.** Mec. Imprimir más revoluciones en un tiempo determinado a un cuerpo que gira o al mecanismo que produce el movimiento.

revolucionario, ria. ADJ. **1.** Perteneciente o relativo a la revolución. *Entusiasmo revolucionario.* ‖ **2.** Partidario de la revolución. U. m. c. s. □ V. **huelga ~, impuesto ~.**

revolvedor, ra. ADJ. Que revuelve o inquieta. *La burguesía tuvo en la época decimonónica un acusado efecto revolvedor de la sociedad.*

revolvedora. F. Méx. **hormigonera.**

revolver. **I.** TR. **1.** Mover algo de un lado a otro, o alrededor o de arriba abajo. *Revolvía el café con una cucharilla.* ‖ **2.** Mirar o registrar moviendo y separando algunas cosas que estaban ordenadas. *He encontrado la carta revolviendo mis papeles.* ‖ **3.** Inquietar, enredar. *El calor revuelve a los chiquillos.* ‖ **4.** Mover sediciones, causar disturbios. *Algunos insurgentes trataron de revolver a los ciudadanos.* ‖ **5.** Dicho de una cosa: Dar vuelta entera hasta llegar al punto de donde salió. U. t. c. prnl. ‖ **6.** Alterar el buen orden y disposición de las cosas. *El viento me ha revuelto el pelo.* U. t. c. intr. ‖ **II.** PRNL. **7.** Moverse de un lado a otro. U. m. con neg. para ponderar lo estrecho del lugar en que se halla algo. ‖ **8.** Dicho del tiempo: Ponerse borrascoso. ‖ **9.** Enfrentarse a alguien o algo. *Se revolvió contra mí.* ¶ MORF. conjug. c. *mover;* part. irreg. **revuelto.**

revólver. M. **1.** Arma corta de ánima estriada cuya munición se aloja en un tambor giratorio montado coaxialmente con el cañón. ‖ **2.** Mec. Dispositivo que soporta varias piezas y que, por un simple giro, permite colocar la pieza elegida en la posición adecuada para su utilización. □ V. **torno ~.**

revoque. M. **1.** Acción y efecto de **revocar** (‖ las paredes). ‖ **2.** Capa o mezcla de cal y arena u otro material análogo con que se revoca.

revuelco. M. Acción y efecto de revolcar o revolcarse.

revuelo. M. **1.** Segundo vuelo que dan las aves. ‖ **2.** Vuelta y revuelta del vuelo. ‖ **3.** Agitación entre personas. ‖ **4.** Am. Salto que da el gallo en la pelea asestando el espolón al adversario y sin usar el pico.

revuelta. F. **1.** Alboroto, alteración, sedición. ‖ **2.** Punto en que algo empieza a torcer su dirección o a tomar otra. *La revuelta de un camino.* ‖ **3.** Este mismo cambio de dirección.

revuelto, ta. PART. IRREG. de **revolver.** ‖ **I.** ADJ. **1.** Dicho de un líquido: Turbio por haberse levantado el sedimento del fondo. ‖ **2.** Dicho del estómago: **alterado** (‖ dañado). ‖ **II.** M. **3.** Plato consistente en una mezcla de huevos y algún otro ingrediente, que se cuaja sin darle forma alguna. *Revuelto de espárragos. Revuelto de gambas.* □ V. **huevos ~s, mesa ~.**

revulsivo, va. ADJ. **1.** Dicho de una persona o de una cosa: Que provoca una reacción brusca, generalmente con efectos beneficiosos. U. t. c. s. m. *Su discurso fue un revulsivo para los oyentes.* ‖ **2.** Med. Se dice de los vomitivos y purgantes. U. t. c. s. m.

rey. M. **1.** Monarca o príncipe soberano de un reino. ‖ **2.** Pieza principal del juego de ajedrez, la cual camina en todas direcciones, pero solo de una casilla a otra contigua, excepto en el enroque. ‖ **3.** Naipe de cada palo de la baraja que tiene impresa la figura de un rey. *Se canta con un rey y un caballo.* ‖ **4.** Hombre, animal o cosa del género masculino, que por su excelencia sobresale entre los demás de su clase o especie. *El rey de la industria electrónica.* ‖ **5.** pl. **Epifanía** (‖ festividad). ORTOGR. Escr. con may. inicial. ‖ **el ~ que rabió.** M. Personaje proverbial, símbolo de antigüedad muy remota. ‖ **~ de armas.** M. hist. Caballero que en las cortes de la Edad Media tenía el cargo de transmitir mensajes de importancia, ordenar las grandes ceremonias y llevar los registros de la nobleza de la nación. ‖ **2.** Persona que tiene oficio de conocer y ordenar los blasones y las genealogías de las familias nobles. ‖ **Rey de Romanos.** M. hist. En el Imperio de Alemania, se usaba como tratamiento dirigido a los emperadores nuevamente elegidos, antes de su coronación en Roma, y a los príncipes designados por los electores del imperio para heredar la dignidad imperial. ‖ **~ gallinazo.** M. Á. Andes. **rey zopilote.** ‖ **Rey Mago.** M. En el cristianismo, cada uno de los magos que, guiados por una estrella, llegaron de Oriente para adorar al Niño Jesús. ‖ **~ zamuro.** M. Á. Caribe. **rey zopilote.** ‖ **~ zopilote.** M. Ave rapaz del orden de las Catartiformes, de un metro de longitud y hasta tres de envergadura. De plumaje blanco, excepto la cola y parte de las alas, que son negras, tiene el pico, la carúncula y el ojo de color rojo. Vive en los bosques de América Central y del Sur y se alimenta de carroña. ‖ **alzar por ~** a alguien. LOC. VERB. Aclamarlo por tal. □ V. **Adoración de los Reyes, alférez del ~, casa del ~, corona de ~, palabra de ~, pie de ~.**

reyerta. F. Contienda, altercado o cuestión.

reyezuelo. M. Pájaro común en Europa, de nueve a diez centímetros de longitud, con las alas cortas y redondeadas y plumaje vistoso por la variedad de sus colores.

reyuno, na. ADJ. Á. R. Plata. hist. Se decía del caballo que pertenecía al Estado y que como señal llevaba cortada la mitad de la oreja derecha.

rezada. □ V. **misa ~.**

rezado. M. Oficio eclesiástico que se reza diariamente.

rezador, ra. ADJ. Que reza mucho. U. t. c. s.

rezagarse. PRNL. Quedarse atrás.

rezago. M. Atraso o residuo que queda de algo. U. m. en América. □ V. **almacén de ~.**

rezandero, ra. ADJ. Que reza mucho. U. t. c. s.

rezar. TR. **1.** Dirigir a Dios o a personas santas oraciones de contenido religioso. U. t. c. intr. || **2.** *Rel.* Recitar la misa, una oración, etc., en contraposición a *cantarla.* || **3.** coloq. En un escrito, decir o decirse algo. *El calendario reza agua. El libro lo reza.*

rezo. M. **1.** Acción de rezar. || **2.** Cosa que se reza.

rezón. M. Ancla pequeña, de cuatro uñas y sin cepo, que sirve para embarcaciones menores.

rezongar. INTR. Gruñir, refunfuñar a lo que se manda, ejecutándolo de mala gana.

rezongo. M. refunfuño.

rezongón, na. ADJ. coloq. Que rezonga con frecuencia. U. t. c. s.

rezumadero. M. Sitio o lugar por donde rezuma algo.

rezumar. **I.** TR. **1.** Dicho de un sólido: Dejar pasar a través de sus poros o grietas gotas de algún líquido. *La pared rezuma humedad.* U. t. c. intr. *El botijo rezuma.* U. t. c. prnl. *El cántaro se rezuma.* || **2.** Manifestar o dejar traslucir una cualidad o sentimiento. *Sus ojos rezuman felicidad.* || **II.** INTR. **3.** Dicho de un líquido: Salir al exterior en gotas a través de los poros de un cuerpo. *El sudor le rezumaba por la frente.* U. t. c. prnl. *El agua se rezuma por la cañería.*

rezurcir. TR. Volver a zurcir.

Rh. M. *Med.* **factor Rh.** MORF. pl. invar. *Los Rh.*

ría. F. **1.** Penetración que forma el mar en la costa, debida a la sumersión de la parte litoral de una cuenca fluvial de laderas más o menos abruptas. || **2.** *Dep.* En ciertas competiciones deportivas, balsa de agua que, tras una valla, se pone como obstáculo.

riacho. M. Río pequeño y de poco caudal.

riada. F. Avenida, inundación, crecida.

rial. M. Unidad monetaria de Irán.

ribazo. M. **1.** Porción de tierra con elevación y declive. || **2.** Caballón que divide dos fincas o cultivos. || **3.** Caballón que permite dirigir los riegos, y andar sin pisar la tierra de labor.

ribeiro. M. Vino que se cosecha en la comarca gallega del Ribeiro, en España.

ribera. F. **1.** Margen y orilla del mar o río. || **2.** Tierra cercana a los ríos, aunque no esté a su margen. || **3.** Vallado de estacas, cascajo y tepes que se hace a la orilla de las presas para que no se salga y derrame el agua. || **4.** Huerto cercado que linda con un río. ☐ V. **carpintero de ~.**

riberalteño, ña. ADJ. **1.** Natural de Riberalta. U. t. c. s. || **2.** Perteneciente o relativo a esta localidad del departamento del Beni, en Bolivia.

ribereño, ña. ADJ. **1.** Perteneciente o relativo a la ribera. *Países ribereños del Mediterráneo.* || **2.** Propio o característico de ella. *Vegetación ribereña.* || **3.** Se dice del dueño o morador de un predio contiguo al río. U. t. c. s.

ribete. M. **1.** Cinta o cosa análoga con que se guarnece y refuerza la orilla del vestido, calzado, etc. || **2.** pl. **asomos** (|| indicios). *Tiene sus ribetes de poeta.* || **de ~.** LOC. ADV. *Méx.* **además.**

ribetear. TR. Echar ribetes.

ribonucleico. ☐ V. **ácido ~.**

ribonucleótido. M. *Bioquím.* Nucleótido cuyo azúcar constituyente es la ribosa.

ribosa. F. *Quím.* Azúcar cíclico de cinco carbonos presente en algunos tipos de ácidos nucleicos, que por ello reciben la denominación de ribonucleicos.

ribosoma. M. *Biol.* Orgánulo en el que tienen lugar las últimas etapas de la síntesis de proteínas.

ribosómico, ca. ADJ. *Biol.* Perteneciente o relativo a los ribosomas.

ricacho, cha. M. y F. coloq. Persona acaudalada, aunque de humilde condición o vulgar en su trato y porte. U. t. c. adj.

ricahembra. F. hist. Hija o mujer de grande o de ricohombre. MORF. pl. **ricashembras** o **ricahembras.**

ricamente. ADV. M. **1.** De manera primorosa, preciosa. *Vestidos ricamente adornados.* || **2.** coloq. Muy a gusto, con toda comodidad. *Aquí estamos tan ricamente.*

ricashembras. F. pl. de **ricahembra.**

ricino. M. Planta originaria de África, de la familia de las Euforbiáceas, arborescentes en los climas cálidos y anual en los templados, con tallo ramoso de color verde rojizo, hojas muy grandes, pecioladas, partidas en lóbulos lanceolados y aserrados por el margen, flores monoicas en racimos axilares o terminales, y fruto capsular, esférico, espinoso, con tres divisiones y otras tantas semillas, de las cuales se extrae un aceite purgante. ☐ V. **aceite de ~.**

rico, ca. ADJ. **1.** Adinerado, hacendado o acaudalado. *El empresario más rico de la ciudad.* Apl. a pers., u. t. c. s. || **2.** Abundante, opulento. *La flora de este lugar es rica en hierbas forrajeras.* || **3.** Dicho de un terreno: **fértil.** *Ricas tierras de labor.* || **4.** Lujoso, o de mucho valor o precio. *Las paredes estaban cubiertas de ricos tapices.* || **5.** Gustoso, sabroso, agradable. *El bizcocho está muy rico.* || **6.** coloq. Dicho especialmente de un niño: Bonito y a la vez gracioso, encantador. *¡Qué niños más ricos tiene!* || **7.** coloq. Se usa aplicado a las personas como expresión de cariño. U. t. en sent. irón. o despect. || **nuevo, va ~.** M. y F. Persona que se ha enriquecido bruscamente y que hace ostentación de su dinero, y frecuentemente deja ver su incultura y tosquedad.

ricohombre. M. hist. Hombre que antiguamente pertenecía a la primera nobleza de España. MORF. pl. **ricoshombres** o **ricohombres.**

ricoshombres. M. pl. de **ricohombre.**

ricota. F. *Á. R. Plata.* **requesón.**

rictus. M. **1.** Aspecto fijo o transitorio del rostro al que se atribuye la manifestación de un determinado estado de ánimo. || **2.** *Med.* Contracción de los labios que deja al descubierto los dientes y da a la boca el aspecto de la risa.

ricura. F. **1.** coloq. Cualidad de **rico** (|| sabroso). || **2.** coloq. Cualidad de **rico** (|| bonito y gracioso).

ridiculez. F. **1.** Dicho o hecho ridículo. || **2.** Excesiva delicadeza de genio o natural. || **3.** Cosa pequeña o de poco aprecio.

ridiculización. F. Acción y efecto de ridiculizar.

ridiculizar. TR. Poner en ridículo.

ridículo[1]. M. hist. Bolsa de mano que, pendiente de unos cordones, usaban las señoras para llevar el pañuelo y otras cosas pequeñas.

ridículo[2], la. **I.** ADJ. **1.** Que por su rareza o extravagancia mueve o puede mover a risa. *Me sentía ridícula vestida con tantos lazos y adornos.* || **2.** Escaso, corto, de poca estimación. *Le ofrecieron un sueldo ridículo.* || **3.** Extraño, irregular y de poco aprecio y consideración. *Pasó la tarde entregado a la ridícula tarea de poner derechos los cuadros.* || **II.** M. **4.** Situación ridícula en que cae una persona. || **en ridículo.** LOC. ADV. Expuesto a la burla o al menosprecio de las gentes, sea o no con razón justificada. *Estar, poner, quedar en ridículo.*

riego. M. Acción y efecto de regar. || ~ **a manta.** M. *Esp.* Sistema de riego mediante el cual se cubre de agua por completo un terreno plano. || ~ **por aspersión.** M. Sistema de riego mediante el cual se esparcen sobre el terreno agua u otros productos líquidos con un aspersor. || ~ **por goteo.** M. Sistema de riego mediante el cual el agua cae gota a gota junto al tallo de cada planta. || ~ **sanguíneo.** M. Cantidad de sangre que nutre los órganos o la superficie del cuerpo. □ V. **boca de** ~.

riel. M. Carril de una vía férrea.

rielar. INTR. **1.** Vibrar, temblar. *Veía rielar su imagen en las aguas del estanque.* || **2.** poét. Brillar con luz trémula. *La luna riela sobre el mar.*

rielero, ra. M. y F. *Méx.* Persona que trabaja en los servicios de ferrocarril.

rienda. F. **1.** Cada una de las dos correas, cintas o cuerdas que, unidas por uno de sus extremos al freno, lleva asidas por el otro quien gobierna la caballería. U. m. en pl. || **2.** pl. Gobierno, dirección de algo. *Apoderarse de las riendas del Estado.* || **falsa** ~. F. *Equit.* Conjunto de dos correas unidas por el extremo que lleva el jinete en la mano, y fijas por el otro en el bocado o en el filete, para poder contener al caballo en el caso de que fallen las riendas. U. m. en pl. || **aflojar las** ~**s.** LOC.VERB. Aliviar, disminuir el trabajo y fatiga en la ejecución de algo, o ceder en la vigilancia y cuidado de lo que está a cargo de uno mismo. || **a media** ~. LOC.ADV. *Equit.* Se usa para explicar el movimiento violento que lleva el caballo, que consiste en no darle toda la rienda, azuzándolo. || **a** ~ **suelta.** LOC.ADV. **1.** Con violencia o celeridad. || **2.** Sin sujeción y con toda libertad. || **correr a** ~ **suelta** un jinete. LOC.VERB. *Equit.* Soltar las riendas al caballo, picándole al mismo tiempo para que corra cuanto pueda. || **dar** ~ **suelta.** LOC.VERB. Dar libre curso. || **soltar la** ~. LOC.VERB. Entregarse con libertad y desenfreno a los vicios, pasiones o afectos. || **tener las** ~**s.** LOC.VERB. *Equit.* Tirar de ellas para detener el paso de una caballería. || **volver** ~**s.** LOC.VERB. **volver grupas.**

riesgo. M. **1.** Contingencia o proximidad de un daño. || **2.** Cada una de las contingencias que pueden ser objeto de un contrato de seguro. || **a** ~ **y ventura.** LOC.ADV. Dicho de acometer una empresa o de celebrar un contrato: Sometiéndose al influjo de la suerte o de un evento, sin poder reclamar por la acción de estos. || **correr** ~ algo. LOC.VERB. Estar expuesto a perderse o a no verificarse. □ V. **deporte de** ~, **grupo de** ~, **población de** ~.

riesgoso, sa. ADJ. *Am.* Aventurado, peligroso, que entraña contingencia o proximidad de un daño. *Riesgosas iniciativas.*

rifa. F. Juego que consiste en sortear algo entre varias personas.

rifar. **I.** TR. **1.** Efectuar el juego de la rifa. || **II.** PRNL. **2.** coloq. **disputarse** (|| contender). *Quedaban pocos sitios libres y la gente se los rifaba.* || **3.** *Mar.* Dicho de una vela: Romperse, abrirse, descoserse o hacerse pedazos.

rifeño, ña. ADJ. **1.** Natural del Rif. U. t. c. s. || **2.** Perteneciente o relativo a esta comarca de Marruecos.

rifle. M. Fusil con cañón rayado de procedencia norteamericana.

riflero. M. *Chile.* En algunas profesiones y actividades rentables, persona que las desempeña sin tener los requisitos legales para hacerlo.

rigidez. F. Cualidad de rígido.

rígido, da. ADJ. **1.** Que no se puede **doblar** (|| torcer). *Tubo rígido.* || **2.** Riguroso, severo. *Moral rígida.* □ V. **disco** ~.

rigodón. M. **1.** hist. Cierta especie de contradanza. || **2.** *Filip.* Acto presidencial en el que se cambia de puesto a un político criticado en lugar de destituirlo.

rigor. M. **1.** Excesiva y escrupulosa severidad. || **2.** Aspereza, dureza o acrimonia en el genio o en el trato. || **3.** **intensidad** (|| vehemencia). *El rigor del verano.* || **4.** Propiedad y precisión. || **5.** *Med.* Rigidez preternatural de los músculos, tendones y demás tejidos fibrosos, que los hace inflexibles e impide los movimientos del cuerpo. || **en** ~. LOC.ADV. En realidad, de manera estricta. || **ser de** ~ algo. LOC.VERB. Ser indispensable por requerirlo así la costumbre, la moda o la etiqueta. || **ser alguien el** ~ **de las desdichas.** LOC. VERB. coloq. Padecer muchos y diferentes males o desgracias.

rigorista. ADJ. Extremadamente severo, sobre todo en materias morales o disciplinarias. U. t. c. s.

rígor mortis. (Locución latina). M. Estado de rigidez e inflexibilidad que adquiere un cadáver pocas horas después de la muerte.

rigoroso, sa. ADJ. **riguroso.**

rigurosidad. F. Cualidad de riguroso.

riguroso, sa. ADJ. **1.** Muy severo, cruel. *Castigo riguroso.* || **2.** Estrecho, austero, rígido. *Disciplina rigurosa.* || **3.** Dicho de un temporal o de una desgracia u otro mal: Extremados, duros de soportar. || **4.** Exacto, preciso, minucioso. *Datos rigurosos. Investigación rigurosa.*

rija. F. *Med.* Fístula que se hace debajo del lagrimal, por la cual fluye pus, moco o lágrimas.

rijo. M. Conato o propensión a lo sensual.

rijosidad. F. Cualidad de rijoso.

rijoso, sa. ADJ. **1.** Lujurioso, sensual. *Miraba las piernas de la muchacha con rijosa curiosidad.* || **2.** Inquieto y alborotado a vista de la hembra. *Caballo rijoso.* || **3.** Pronto, dispuesto para reñir o contender. *Se enfrentó a un grupo de matones rijosos y pendencieros.*

rilar. INTR. Temblar, tiritar.

rima. F. **1.** Consonancia o consonante. || **2.** Asonancia o asonante. || **3.** Composición en verso, del género lírico. *Rimas de Garcilaso. Rimas de Bécquer.* || **4.** Conjunto de los consonantes de una lengua. *Diccionario de la rima.* || **5.** Conjunto de los consonantes o asonantes empleados en una composición o en todas las de un poeta. *Rima fácil, rica, pobre, vulgar.* || ~ **imperfecta.** F. rima (|| asonancia o asonante). || ~ **perfecta.** F. rima (|| consonancia o consonante). || **sexta** ~. F. sextina (|| combinación métrica). □ V. **octava** ~.

rimador, ra. ADJ. Que se distingue en sus composiciones poéticas más por la rima que por otras cualidades. U. t. c. s.

rimar. **I.** TR. **1.** Dicho de un poeta: Hacer una palabra asonante o consonante de otra. || **II.** INTR. **2.** Dicho de una palabra: Ser asonante, o más especialmente, consonante de otra. || **3.** Componer en verso.

rimbombancia. F. Cualidad de rimbombante.

rimbombante. ADJ. Ostentoso, llamativo. *Declaraciones, palabras rimbombantes.*

rímel. (De Rimmel, marca reg.). M. Cosmético para ennegrecer y endurecer las pestañas. MORF. pl. **rímeles.**

rimero. M. Montón de cosas puestas unas sobre otras.

rincoeño, ña. ADJ. **1.** Natural de Rincón. U. t. c. s. || **2.** Perteneciente o relativo a este municipio de Puerto Rico o a su cabeza.

rincón. M. **1.** Ángulo entrante que se forma en el encuentro de dos paredes o de dos superficies. || **2.** Escondrijo o lugar retirado. || **3.** Residuo de algo que queda en un lugar apartado de la vista. *Quedan todavía algunos rincones de correspondencia por repartir.* || **4.** coloq. Domicilio o vivienda particular de alguien.

rinconada. F. Ángulo entrante que se forma en la unión de dos casas, calles o caminos, o entre dos montes.

rinconera. F. Mesita, armario o estante pequeños, comúnmente de forma triangular, que se colocan en un rincón o ángulo de una sala o habitación.

rinde. M. *Á. R. Plata.* En economía, **rendimiento.**

ringlera. F. Fila o línea de cosas puestas en orden unas tras otras.

rinitis. F. *Med.* Inflamación de la mucosa de las fosas nasales.

rinoceronte. M. Mamífero del orden de los Perisodáctilos, propio de la zona de Asia y África comprendida entre los trópicos, que llega a tener tres metros de largo y uno y medio de altura hasta la cruz, con cuerpo muy grueso, patas cortas y terminadas en pies anchos y provistos de tres pesuños; la cabeza estrecha, el hocico puntiagudo, con el labio superior movedizo, capaz de alargarse, y uno o dos cuernos cortos y curvos en la línea media de la nariz; la piel negruzca, recia, dura y sin flexibilidad sino en los dobleces; las orejas puntiagudas, rectas y cubiertas de pelo, y la cola corta y terminada en una borla de cerdas tiesas y muy duras. Se alimenta de vegetales y prefiere los lugares cenagosos. □ V. **escarabajo ~.**

rinofaringe. F. *Anat.* Porción de la faringe contigua a las fosas nasales.

rinología. F. *Med.* Tratado de la nariz y de sus funciones y enfermedades.

rinólogo, ga. M. y F. Especialista en rinología.

rinoplastia. F. *Med.* Operación quirúrgica para restaurar la nariz.

rinoscopia. F. *Med.* Exploración de las cavidades nasales.

riña. F. Acción y efecto de reñir.

riñón. M. **1.** *Anat.* Cada una de las glándulas secretoras de la orina, que generalmente existen en número de dos. En los mamíferos son voluminosas, de color rojo oscuro y están situadas a uno y otro lado de la columna vertebral, al nivel de las vértebras lumbares. || **2.** *Méx.* **cuña** (|| recipiente para recoger los excrementos del enfermo). || **3.** pl. Parte del cuerpo que corresponde a la pelvis. *Recibió un golpe en los riñones.* || **~ artificial.** M. Aparato que depura la sangre fuera del riñón en la insuficiencia renal aguda o crónica. || **costar** algo **un ~.** LOC.VERB. coloq. **costar los ojos de la cara.**

riñonada. F. Lugar del cuerpo en que están los riñones.

riñonera. F. Cartera pequeña que se lleva sujeta a la cintura.

río. M. **1.** Corriente de agua continua y más o menos caudalosa que va a desembocar en otra, en un lago o en el mar. || **2.** Gran abundancia de una cosa líquida, y, por ext., de cualquier otra. *Correr ríos de tinta.* || **3.** Afluencia de personas. || **a ~ revuelto.** LOC.ADV. En la confusión, turbación y desorden. || **pescar** alguien **en ~ revuelto.** LOC.VERB. Aprovecharse de alguna confusión o

desorden en beneficio propio. □ V. **almeja de ~, brazo de ~, cangrejo de ~.**

riobambeño, ña. ADJ. **1.** Natural de Riobamba. U. t. c. s. || **2.** Perteneciente o relativo a esta ciudad de Ecuador, capital de la provincia de Chimborazo.

rioense. ADJ. **1.** Natural de Los Ríos. U. t. c. s. || **2.** Perteneciente o relativo a esta provincia de Ecuador.

riograndeño, ña. ADJ. **1.** Natural de Río Grande. U. t. c. s. || **2.** Perteneciente o relativo a este municipio de Puerto Rico o a su cabeza.

riohachero, ra. ADJ. **1.** Natural de Riohacha. U. t. c. s. || **2.** Perteneciente o relativo a esta ciudad de Colombia, capital del departamento de La Guajira.

rioja. M. Vino de fina calidad, que se cría y elabora en la comarca española de este nombre.

riojanismo. M. Locución, giro o modo de hablar propio de los riojanos.

riojano, na. **I.** ADJ. **1.** Natural de La Rioja, región y comunidad autónoma de España. U. t. c. s. || **2.** Natural de La Rioja, provincia de la Argentina, o de su capital. U. t. c. s. || **3.** Perteneciente o relativo a aquella región y comunidad o a esta provincia y su capital. || **II.** M. **4.** Castellano hablado en la región española de La Rioja.

rionegrense. ADJ. **1.** Natural de Río Negro. U. t. c. s. || **2.** Perteneciente o relativo a este departamento del Uruguay.

rionegrino, na. ADJ. **1.** Natural de Río Negro. U. t. c. s. || **2.** Perteneciente o relativo a esta provincia de la Argentina.

rioplatense. ADJ. **1.** Natural del Río de la Plata. U. t. c. s. || **2.** Perteneciente o relativo a los países de la cuenca del Río de la Plata.

riosellano, na. ADJ. **1.** Natural de Ribadesella. U. t. c. s. || **2.** Perteneciente o relativo a esta localidad de Asturias, en España.

riostra. F. *Arq.* Pieza que, puesta oblicuamente, asegura la invariabilidad de forma de un armazón.

ripia. F. Tabla delgada, desigual y sin pulir.

ripícola. ADJ. *Esp.* Perteneciente o relativo a las riberas. *Vegetación ripícola.*

ripio. M. **1.** Cascajo o fragmentos de ladrillos, piedras y otros materiales de obra de albañilería desechados o rotos, que se utiliza para rellenar huecos de paredes o pisos. || **2. guijarro.** || **3.** Palabra o frase inútil o superflua que se emplea con el solo objeto de completar el verso, o de darle la consonancia o asonancia requerida. || **4.** Residuo que queda de algo. || **5.** *Am. Mer.* Grava que se usa para pavimentar. || **no perder ~.** LOC.VERB. **1.** Estar muy atento a lo que se oye, sin perder palabra. || **2.** No perder ni malograr ocasión.

ripioso, sa. ADJ. **1.** Que abunda en ripios. *Versos ripiosos.* || **2.** Dicho de un poeta: Que utiliza ripios con frecuencia.

riqueza. F. **1.** Abundancia de bienes y cosas preciosas. || **2.** Abundancia de cualidades o atributos excelentes. || **3.** Abundancia relativa de cualquier cosa. *Riqueza alcohólica. Riqueza de vocabulario.* || **~ imponible.** F. **líquido imponible.**

risa. F. **1.** Movimiento de la boca y otras partes del rostro, que demuestra alegría. || **2.** Voz o sonido que acompaña a la risa. || **3.** Cosa que mueve a reír. || **~ sardónica.** F. risa afectada y que no nace de alegría interior. || **caerse de ~** alguien. LOC.VERB. coloq. Reír desordenadamente. || **comerse la ~** alguien. LOC.VERB. coloq. Reprimirla, contenerla por algún respeto. || **descoyuntarse**, o **desternillarse, de** ~ alguien. LOCS.VERBS. coloqs. Reír con vehemencia y con movimientos descompasados. || **estar muerto de** ~ alguien. LOC.VERB. Violentarse o hacerse fuerza para no reírse estando muy tentado de la risa. || **mearse**, o **mondarse, de** ~ alguien. LOCS. VERBS. coloqs. Reírse mucho y con muchas ganas. || **morirse de** ~. LOC.VERB. **1.** Dicho de una persona: Permanecer inactiva. || **2.** Dicho de una cosa: Estar abandonada, olvidada y sin resolver. || **3.** coloq. **mearse de risa.** || **qué** ~. LOC. INTERJ. Se usa para expresar burla o incredulidad. || **partirse de** ~. LOC.VERB. coloq. **mearse de risa.** || **reventar de** ~ alguien. LOC.VERB. coloq. **mearse de risa.** || **tentado a**, o **de, la** ~. LOCS.ADJS. coloqs. Propenso a reír inmoderadamente. || **tomar a** ~ algo. LOC. VERB. coloq. No darle crédito o importancia.

risada. F. Risa sonora.

risaraldense. ADJ. **1.** Natural del Risaralda. U. t. c. s. || **2.** Perteneciente o relativo a este departamento de Colombia.

riscal. M. Sitio de muchos riscos.

risco. M. Peñasco alto y escarpado, difícil y peligroso para andar por él.

riscoso, sa. ADJ. Que tiene muchos riscos. *Paraje riscoso.*

risibilidad. F. Facultad de reír, privativa de los seres racionales.

risible. ADJ. Que causa risa o es digno de ella. *Actitud risible. Personajes risibles.*

risotada. F. Carcajada, risa estrepitosa y descompuesta.

risotear. INTR. Dar risotadas.

risoteo. M. Acción y efecto de risotear.

ríspido, da. ADJ. Áspero, violento, intratable. *Ríspida discusión. Relaciones ríspidas.*

ristra. F. **1.** Trenza hecha de los tallos de ajos o cebollas. || **2.** coloq. Conjunto de ciertas cosas colocadas unas tras otras. *Ristra de números.*

ristre. M. hist. Hierro injerido en la parte derecha del peto de la armadura antigua, donde encajaba el cabo de la empuñadura de la lanza para afianzarlo en él. || **en** ~. LOC.ADJ. Dicho de un objeto: Empuñado y, ordinariamente, dispuesto para ser utilizado. *Pluma en ristre.* U. t. c. loc. adv.

risueño, ña. ADJ. **1.** Que muestra risa en el semblante. *Cara risueña.* || **2.** Que se ríe con facilidad. *Un niño simpático y risueño.* || **3.** De aspecto deleitoso, o capaz, por alguna circunstancia, de infundir gozo o alegría. *Fuente risueña. Prado risueño.* || **4.** Próspero, favorable. *El negocio auguraba un porvenir risueño.*

ritmar. TR. Sujetar a ritmo.

rítmico, ca. ADJ. Perteneciente o relativo al ritmo o al metro. □ V. acento ~, gimnasia ~, música ~.

ritmo. M. **1.** Orden acompasado en la sucesión o acaecimiento de las cosas. || **2.** Armoniosa combinación y sucesión de sílabas y acentos, y de pausas y cortes en el texto, especialmente en el de carácter poético. || **3.** Mús. Proporción guardada entre los acentos, pausas y repeticiones de diversa duración en una composición musical.

rito. M. **1.** Costumbre o ceremonia. || **2.** Conjunto de reglas establecidas para el culto y ceremonias religiosas. || ~ **abisinio.** M. El seguido por los católicos romanos del África central bajo la autoridad de un vicario apostólico residente en Abisinia.

ritón. M. *Arqueol.* Vaso, a menudo en forma de cuerno o de cabeza de animal, usado en la Antigüedad para beber.

ritornelo. M. **1.** *Mús.* Trozo musical antes o después de un trozo cantado. || **2.** Repetición, estribillo.

ritual. **I.** ADJ. **1.** Perteneciente o relativo al rito. *Copa ritual.* || **II.** M. **2.** Conjunto de ritos de una religión, de una iglesia o de una función sagrada. || **3.** Libro que enseña el orden de las sagradas ceremonias y administración de los sacramentos. || **ser de** ~ algo. LOC.VERB. Estar impuesto por la costumbre.

ritualidad. F. Observancia de las formalidades prescritas para hacer algo.

ritualismo. M. **1.** Movimiento del anglicanismo que concede gran importancia a los ritos y tiende a acercarse al catolicismo. || **2.** En los actos jurídicos, y en general en los oficiales, exagerado predominio de las formalidades y trámites reglamentarios.

ritualista. COM. Partidario del ritualismo.

rival. ADJ. Dicho de una persona o de un grupo: Que compiten con otros, pugnando por obtener una misma cosa o por ser superiores. U. m. c. s. U. t. en sent. fig. *La televisión se convirtió en rival de la radio.*

rivalidad. F. **1.** Cualidad de rival. || **2.** Enemistad producida por emulación o competencia muy vivas.

rivalizar. INTR. competir.

rivense. ADJ. **1.** Natural de Rivas. U. t. c. s. || **2.** Perteneciente o relativo a este departamento de Nicaragua o a su cabecera.

rivera. F. **1.** Arroyo, pequeño caudal de agua continua que corre por la tierra. || **2.** Cauce por donde corre.

riverense. ADJ. **1.** Natural de Rivera. U. t. c. s. || **2.** Perteneciente o relativo a este departamento del Uruguay o a su capital.

riza. F. Destrozo o estrago que se hace en una cosa. || **hacer** ~. LOC.VERB. Causar gran destrozo y mortandad en una acción de guerra.

rizado, da. PART. de **rizar.** || **I.** ADJ. **1.** rizoso. || **II.** M. **2.** Acción y efecto de rizar o rizarse. □ V. **mar rizada.**

rizador. M. Tenacillas para rizar el pelo.

rizar. **I.** TR. **1.** Formar en el pelo artificialmente anillos o sortijas, bucles, tirabuzones, etc. || **2.** Dicho del viento: Mover la mar, formando olas pequeñas. U. t. c. prnl. || **3.** Hacer en las telas, papel o cosa semejante dobleces menudos que forman diversas figuras. || **II.** PRNL. **4.** Dicho del pelo: Ensortijarse naturalmente.

rizo[1], za. **I.** ADJ. **1.** Ensortijado o hecho rizos naturalmente. *Tiene el cabello rizo.* || **II.** M. **2.** Mechón de pelo que artificial o naturalmente tiene forma de sortija, bucle o tirabuzón. || **hacer,** o **rizar, el** ~. LOCS.VERBS. **1.** Hacer dar al avión en el aire una como vuelta de campana. || **2.** Sortear con habilidad las dificultades de una actividad cualquiera. || **3.** Complicar algo más de lo necesario.

rizo[2]. M. *Mar.* Cada uno de los pedazos de cabo no alquitranado, de dos pernadas, que pasando por los ollaos abiertos en línea horizontal en las velas de los buques, sirven como de envergues para la parte de aquellas que se deja orientada, y de tomadores para la que se recoge o aferra, siempre que por cualquier motivo conviene disminuir su superficie. || **tomar** ~s. LOC.VERB. *Mar.* Aferrar a la verga una parte de las velas, disminuyendo su superficie para que tomen menos viento.

rizófito, ta o **rizofito, ta.** ADJ. *Bot.* Se dice de los vegetales provistos de raíces. U. t. c. s. ORTOGR. En f. pl., escr. con may. inicial c. taxón. *Las Rizófitas* o *Rizofitas.*

rizoforáceo, a. ADJ. *Bot.* Se dice de los árboles o arbustos angiospermos dicotiledóneos que viven en las costas de las regiones intertropicales, con muchas raíces, en parte visibles, hojas sencillas, opuestas y con estípulas, flores actinomorfas, hermafroditas o unisexuales, de cáliz persistente, y fruto indehiscente con una sola semilla sin albumen; p. ej. el mangle. U. t. c. s. f. ORTOGR. En f. pl., escr. con may. inicial c. taxón. *Las Rizoforáceas.*

rizoide. ADJ. *Bot.* Se dice de los pelos o filamentos que hacen las veces de raíces en ciertas plantas que, como los musgos, carecen de estos órganos, absorbiendo del suelo el agua con las sales minerales que lleva en disolución. U. t. c. s.

rizoma. M. *Bot.* Tallo horizontal y subterráneo, como el del lirio común.

rizópodo. ADJ. *Zool.* Se dice del protozoo cuyo cuerpo es capaz de emitir pseudópodos que le sirven para moverse y para apoderarse de las partículas orgánicas de que se alimenta. U. m. c. s. m. ORTOGR. En m. pl., escr. con may. inicial c. taxón. *Los Rizópodos.*

rizoso, sa. ADJ. Dicho del pelo: Que tiende a rizarse naturalmente.

RNA. (Sigla del inglés *Ribonucleic Acid*). M. *Bioquím.* **ARN.** MORF. pl. invar. *Los RNA.*

ro. F. Decimoséptima letra del alfabeto griego (P, ρ), que corresponde a *r* del latino.

roano, na. ADJ. Dicho de un caballo: De pelo mezclado de blanco, gris o bayo.

roatán. □ V. plátano ~.

roateño, ña. ADJ. **1.** Natural de Roatán. U. t. c. s. ‖ **2.** Perteneciente o relativo a esta ciudad de Honduras, capital del departamento de Islas de la Bahía.

rob. M. Arrope o cualquier zumo de frutos maduros, mezclado con alguna miel o azúcar cocido, hasta que tome la consistencia de jarabe o miel líquida. MORF. pl. **robs.**

robachicos. COM. *Méx.* Persona que secuestra menores de edad para traficar con ellos.

robador, ra. ADJ. Que roba. Apl. a pers., u. t. c. s.

robalo o **róbalo.** M. Pez teleósteo marino, del suborden de los Acantopterigios, de siete a ocho decímetros de largo, cuerpo oblongo, cabeza apuntada, boca grande, dientes pequeños y agudos, dorso azul negruzco, vientre blanco, dos aletas en el lomo y cola recta. Vive en los mares de España y su carne es muy apreciada.

robar. TR. **1.** Quitar o tomar para sí con violencia o con fuerza lo ajeno. *Robó el bolso a una anciana de un tirón.* U. t. c. intr. En América, u. t. c. prnl. ‖ **2.** Tomar para sí lo ajeno, o hurtar de cualquier modo que sea. *Robó un pedazo de pan aprovechando un descuido del expendiente.* U. t. c. intr. En América, u. t. c. prnl. *Se robó el carro durante la noche.* ‖ **3.** **raptar** (‖ sacar a una mujer con violencia o con engaño de la casa y potestad de sus padres o parientes). ‖ **4.** En ciertos juegos de cartas, tomar naipes del monte. U. t. c. intr. ‖ **5.** En el dominó, tomar fichas. U. t. c. intr. ‖ **6.** Atraer con eficacia y como violentamente el afecto o ánimo. *Robar el corazón, el alma.*

robellón. M. Níscalo o agárico comestible.

robinia. F. **acacia blanca.**

robinsón. M. Hombre que en la soledad y sin ayuda ajena llega a bastarse a sí mismo.

robinsoniano, na. ADJ. **1.** Perteneciente o relativo al héroe novelesco Robinsón Crusoe. *Aventuras robinso-*

nianas. ‖ **2.** Propio o característico de él. *Barba robinsoniana.* ‖ **3.** Perteneciente o relativo a un robinsón. *Soledad robinsoniana.* ‖ **4.** Propio o característico de él. *Vocación robinsoniana.*

robinsonismo. M. Modo de vida propio de Robinsón Crusoe, o de un robinsón.

robla. F. **robra.**

roble. M. **1.** Árbol de la familia de las Fagáceas, que tiene por lo común de 15 a 20 m de altura y llega a veces hasta 40, con tronco grueso y grandes ramas tortuosas, hojas perennes, casi sentadas, trasovadas, lampiñas y de margen lobulado, flores de color verde amarillento en amentos axilares, y por fruto bellotas pedunculadas, amargas. Su madera es dura, compacta, de color pardo amarillento y muy apreciada para construcciones. ‖ **2.** Persona o cosa fuerte, recia y de gran resistencia. ‖ **~ albar.** M. Especie que se distingue de la común por tener las hojas pecioladas y las bellotas sin rabillo. ‖ **~ carrasqueño.** M. **quejigo.** ‖ **~ negral, ~ negro,** o **~ villano.** M. **melojo.**

robleda. F. Sitio poblado de robles.

robledal. M. Robledo de gran extensión.

robledo. M. Sitio poblado de robles.

roblizo, za. ADJ. Fuerte y duro. *Naturaleza robliza. Mujer robliza.*

roblón. M. Clavo o clavija de hierro o de otro metal dulce, con cabeza en un extremo, y que después de pasada por los taladros de las piezas que ha de asegurar, se remacha hasta formar otra cabeza en el extremo opuesto.

roblonado. M. Acción y efecto de sujetar con roblones remachados.

robo. M. **1.** Acción y efecto de robar. ‖ **2.** En algunos juegos de naipes y en el dominó, número de cartas o de fichas que se toman del monte. ‖ **3.** *Der.* Delito que se comete apoderándose con ánimo de lucro de bienes muebles ajenos, empleándose violencia o intimidación sobre las personas, o fuerza en las cosas.

roborar. TR. Dar fuerza y firmeza a algo.

robot. M. **1.** Máquina o ingenio electrónico programable, capaz de manipular objetos y realizar operaciones antes reservadas solo a las personas. ‖ **2.** Persona que se comporta como una máquina o que se deja dirigir por otra. ‖ **3.** *Inform.* Programa que explora automáticamente la Red para encontrar información. ¶ MORF. pl. **robots.** □ V. **retrato ~.**

robótica. F. Técnica que aplica la informática al diseño y empleo de aparatos que, en sustitución de personas, realizan operaciones o trabajos, por lo general en instalaciones industriales.

robotizar. TR. **1.** Introducir robots en procesos industriales. *Robotizar una empresa.* ‖ **2.** **mecanizar** (‖ dar la regularidad de una máquina). *Los anuncios robotizan al consumidor.*

robra. F. Agasajo del comprador o del vendedor a quienes intervienen en una venta.

robustecer. TR. Dar robustez. U. t. c. prnl. MORF. conjug. c. *agradecer.*

robustecimiento. M. Acción y efecto de robustecer.

robustez. F. Cualidad de robusto.

robusto, ta. ADJ. **1.** Fuerte, vigoroso, firme. *Árbol robusto.* ‖ **2.** Que tiene fuertes miembros y firme salud.

roca. F. **1.** Piedra, o vena de ella, muy dura y sólida. ‖ **2.** Peñasco que se levanta en la tierra o en el mar. ‖ **3.** Persona o cosa muy dura, firme y constante. ‖ **4.** *Geol.* Sustancia mineral que por su extensión forma parte importante de la masa terrestre. ☐ V. **cristal de ~, gallo de ~.**

rocadero. M. Armazón en forma de piña, formado de tres o más varillas curvas, que en la parte superior de la rueca sirve para poner el copo que se va a hilar.

rocalla. F. **1.** Conjunto de piedras pequeñas desprendidas de las rocas por la acción del tiempo o del agua, o que han saltado al labrar las piedras. ‖ **2.** Decoración disimétrica inspirada en el arte chino, que imita contornos de piedras y de conchas y caracteriza una modalidad del estilo dominante en el reinado de Luis XV de Francia en la arquitectura, la cerámica y el mobiliario.

rocalloso, sa. ADJ. Abundante en rocalla. *Costas, montañas rocallosas.*

rocambolesco, ca. ADJ. Dicho de una circunstancia o de un hecho, generalmente en serie con otros: Extraordinarios, exagerados o inverosímiles.

rocambor. M. *Am. Mer.* Juego de naipes muy parecido al tresillo.

rocanrol. M. **1.** Género musical de ritmo muy acentuado, derivado de la mezcla de diversos estilos del folclore estadounidense, y popularizado desde la década de 1950. U. t. c. adj. *Música rocanrol. La era rocanrol.* ‖ **2.** Baile que se ejecuta con esta música.

rocanrolero, ra. ADJ. **roquero²**. Apl. a pers., u. t. c. s.

roce. M. **1.** Acción y efecto de rozar o rozarse. ‖ **2.** Señal o marca que queda en algo tras haberse rozado con otra cosa. ‖ **3.** Trato o comunicación frecuente con algunas personas. ‖ **4.** Discusión o enfrentamiento leve.

rochar. TR. *Chile.* Sorprender a alguien en algo ilícito.

rochela. F. *Á. Caribe.* Bullicio, algazara.

rochense. ADJ. **1.** Natural de Rocha. U. t. c. s. ‖ **2.** Perteneciente o relativo a este departamento del Uruguay o a su capital.

rociada. F. **1.** Acción y efecto de rociar. ‖ **2.** Rocío de la tierra y de las plantas. ‖ **3.** Conjunto de cosas que se esparcen al arrojarlas. *Una rociada de perdigones.* ‖ **4.** Reprensión áspera con que se reconviene a alguien.

rociador. M. **pulverizador.**

rociadura. F. Acción y efecto de rociar.

rociar. TR. **1.** Esparcir en gotas menudas el agua u otro líquido. *Rociar las plantas.* ‖ **2.** Arrojar algunas cosas de modo que caigan diseminadas. *Roció la cama de picapica.* ¶ MORF. conjug. c. *enviar.*

rociero, ra. I. ADJ. **1.** Perteneciente o relativo a la romería de la Virgen del Rocío, en Huelva, España. *Salve rociera.* ‖ **II.** M. y F. **2.** Persona que acude a esta romería.

rocín. M. **1.** Caballo de mala traza, basto y de poca alzada. ‖ **2.** Caballo de trabajo, a distinción del reservado para el lucimiento. *Un rocín de campo.*

rocinante. M. Rocín matalón.

rocío. M. **1.** Vapor que con la frialdad de la noche se condensa en la atmósfera en muy menudas gotas, las cuales aparecen luego sobre la superficie de la tierra o sobre las plantas. ‖ **2.** Gotas de rocío perceptibles a la vista. ‖ **3.** Lluvia corta y pasajera. ‖ **4.** Gotas menudas esparcidas sobre algo para humedecerlo.

rococó. ADJ. Se dice del estilo barroco que predominó en Francia en tiempo de Luis XV. U. t. c. s. m. MORF. pl. **rococós.**

rocódromo. M. Lugar en que se celebran actuaciones musicales, normalmente al aire libre.

rocola. F. *Am. Cen., Á. Caribe* y *Méx.* **gramola** (‖ gramófono que funciona con monedas).

rocoso, sa. ADJ. Dicho de un lugar: Lleno de rocas.

roda. F. *Mar.* Pieza gruesa y curva, de madera o hierro, que forma la proa de la nave.

rodaballo. M. Pez teleósteo, de unos ocho decímetros de largo, con cuerpo aplanado, asimétrico, blanquecino y liso por debajo, pardo azulado y escamas con tubérculos, muy duras por encima, cabeza pequeña, ojos en el lado izquierdo, aleta dorsal tan larga como todo el cuerpo, y cola casi redonda. Es el más ancho de los peces planos y llega a alcanzar un metro de anchura.

rodada. F. Señal que deja impresa la rueda de un vehículo en el suelo por donde pasa.

rodadero, ra. I. ADJ. **1.** Que rueda con facilidad. *Piedras rodaderas.* ‖ **II.** M. **2.** Terreno pedregoso y con fuerte declive en el que se producen fácilmente desprendimientos de tierras y guijarros.

rodado, da. PART. de **rodar.** ‖ **I.** ADJ. **1.** Dicho del tránsito: De vehículos de rueda. ‖ **2.** Dicho del transporte o del transbordo: Que se realiza valiéndose de estos vehículos. ‖ **3.** *Ingen.* Dicho de un pedazo de mineral: Desprendido de la veta y esparcido naturalmente por el suelo. ‖ **II.** M. **4.** *Á. R. Plata* y *Chile.* Vehículo de ruedas. ‖ **5.** *Chile.* Avalancha de piedras y nieve. ☐ V. **canto ~.**

rodador, ra. I. ADJ. **1.** Que rueda o cae rodando. *Vehículos rodadores.* ‖ **II.** M. **2.** **llaneador.**

rodadura. F. Acción y efecto de rodar. ☐ V. **banda de ~.**

rodaja. F. **1.** Pieza circular y plana, de madera, metal u otra materia. ‖ **2.** Tajada circular o rueda de algunos alimentos. *Rodaja de patata.*

rodaje. M. **1.** Situación en que se encuentra un motor, particularmente el de un automóvil, hasta que no ha funcionado el tiempo previsto por el fabricante. ‖ **2.** Preparación, aprendizaje, práctica. ‖ **3.** Impuesto o arbitrio sobre los vehículos. ‖ **4.** Proceso de grabación de una acción televisiva o cinematográfica.

rodajear. TR. *Am. Cen.* Partir o cortar algo en rodajas.

rodal. M. **1.** Lugar, sitio o espacio pequeño que por alguna circunstancia particular se distingue de lo que lo rodea. ‖ **2.** Parte de una cosa con distinto color del general. ‖ **3.** Conjunto de plantas que pueblan un terreno diferenciándolo de los colindantes.

rodamiento. M. *Mec.* Cojinete formado por dos cilindros concéntricos, entre los que se intercala una corona de bolas o rodillos que pueden girar libremente. ☐ V. **balero de ~.**

rodante. ADJ. Que **rueda** (‖ se mueve por medio de ruedas). *Butaca, mesa rodante.* ☐ V. **casa ~.**

rodapié. M. **1.** **friso** (‖ faja de la parte inferior de las paredes). ‖ **2.** Paramento de madera, tela u otra materia con que se cubren alrededor los pies de las camas, mesas y otros muebles. ‖ **3.** Tabla, celosía o enrejado que se pone en la parte inferior de la barandilla de los balcones para que no se vean los pies de las personas asomadas a ellos.

rodar. I. INTR. **1.** Dicho de un cuerpo: Dar vueltas alrededor de un eje, sin mudar de lugar, como la piedra de un molino, o mudando, como la bola que corre por el suelo. ‖ **2.** Moverse por medio de ruedas. *Rodar un coche.* ‖ **3.** Caer dando vueltas por una pendiente. ‖ **4.** Dicho de una cosa: No tener colocación fija. *Ese encendedor siempre anda rodando por la casa.* ‖ **5.** Ir de un lado para otro sin fijarse o establecerse en sitio determinado. ‖ **6.**

Marchar o funcionar de determinada manera. *Las cosas no les ruedan bien.* ‖ **7.** Dicho del dinero: Abundar o correr. *En aquella casa rueda el dinero.* ‖ **II.** TR. **8.** Hacer que un automóvil marche sin rebasar las velocidades prescritas por el fabricante para el rodaje. ‖ **9.** Filmar o impresionar una película cinematográfica. ‖ **10.** Hacer que algo ruede. *Unos críos jugaban a rodar los neumáticos.* ¶ MORF. conjug. c. *contar.*

rodear. **I.** TR. **1.** Poner una o varias cosas o personas alrededor de otra. *Los operarios rodearon el hueco con barreras protectoras.* U. t. c. prnl. ‖ **2.** Cercar algo cogiéndolo en medio. *Las tropas rodean la ciudad.* ‖ **3.** Á. *Andes,* Á. *Caribe* y *Chile.* Reunir el ganado mayor en un sitio determinado, arreándolo desde los distintos lugares en donde pace. ‖ **II.** INTR. **4.** Ir por camino más largo que el ordinario o regular.

rodela. F. hist. Escudo redondo y delgado que, embrazado en el brazo izquierdo, cubría el pecho al que se servía de él peleando con espada.

rodelero. M. hist. Soldado que usaba rodela.

rodeno, na. ADJ. Dicho de una tierra, de una roca, etc.: Que tiran a rojo. □ V. **pino** ~.

rodeo. M. **1.** Acción de rodear. ‖ **2.** Camino más largo o desvío del camino derecho. ‖ **3.** Manera indirecta o medio no habitual empleado para hacer algo, a fin de eludir las dificultades que presenta. U. m. en pl. *Siempre está con rodeos.* ‖ **4.** Manera de decir algo, valiéndose de términos o expresiones que no la den a entender sino indirectamente. ‖ **5.** Salida o efugio para disimular la verdad, para eludir la instancia que se hace sobre un asunto. ‖ **6.** En algunos países de América, deporte que consiste en montar a pelo potros salvajes o reses vacunas bravas y hacer otros ejercicios, como arrojar el lazo, etc. ‖ **7.** Sitio donde se reúne el ganado mayor, bien para sestear o para pasar la noche, o bien para contar las reses o para venderlas. ‖ **8.** Reunión del ganado mayor para reconocerlo, para contar las cabezas, o para cualquier otro fin. ‖ **parar** ~. LOC.VERB. Á. *guar.* y Á. *R. Plata.* Reunir en el rodeo el ganado vacuno de un potrero.

rodera. F. Señal que deja impresa la rueda de un vehículo en el suelo.

rodero, ra. ADJ. Perteneciente o relativo a la rueda o que sirve para ella. *Circulación rodera.*

rodete. M. **1.** Rosca que se hace con las trenzas del pelo para tenerlo recogido y para adorno de la cabeza. ‖ **2.** Rosca de lienzo, paño u otra materia que se pone en la cabeza para cargar y llevar sobre ella un peso. ‖ **3.** *Heráld.* Trenza o cordón que rodea la parte superior del yelmo y que sirve de cimera. ‖ **4.** *Mec.* Rueda horizontal con paletas de una turbina hidráulica.

rodezno. M. Rueda hidráulica con paletas curvas y eje vertical.

rodilla. F. **1.** Conjunto de partes blandas y duras que forman la unión del muslo con la pierna. ‖ **2.** Región prominente de dicho conjunto. ‖ **3.** En los cuadrúpedos, unión del antebrazo con la caña. ‖ **de** ~s. LOC.ADV. **1.** Con las rodillas dobladas y apoyadas en el suelo, y el cuerpo descansando sobre ellas, generalmente en señal de respeto o veneración, o por castigo o penitencia. ‖ **2.** En tono suplicante y con ahínco. *Te lo pido de rodillas.* ‖ **doblar,** o **hincar,** alguien **la** ~. LOCS.VERBS. **1.** Arrodillarse, apoyando una sola rodilla en tierra. ‖ **2.** **sujetarse.** ‖ **hincar** alguien **las** ~s, o **hincarse de** ~s. LOCS. VERBS. **arrodillarse.** ‖ ~ **en tierra.** LOC.ADV. Con una ro-

dilla apoyada en el suelo, generalmente en señal de humillación o reverencia.

rodillazo. M. Golpe dado con la rodilla.

rodillera. F. **1.** Cosa que se pone para comodidad, defensa o adorno de la rodilla. ‖ **2.** Pieza o remiendo que se echa a los pantalones, calzones u otra ropa, en la parte que sirve para cubrir la rodilla. ‖ **3.** Convexidad que llega a formar el pantalón en la parte que cae sobre la rodilla.

rodillo. M. **1.** Madero redondo y fuerte que se hace rodar por el suelo para llevar sobre él algo de mucho peso y moverlo con más facilidad. ‖ **2.** Cilindro muy pesado de piedra o de hierro, que se hace rodar para allanar y apretar la tierra o para consolidar el firme de las carreteras. ‖ **3.** En las imprentas, litografías, etc., cilindro que se emplea para dar tinta. ‖ **4.** Pieza de metal, cilíndrica y giratoria, que forma parte de diversos mecanismos. ‖ **5.** Cilindro de madera para estirar la masa. ‖ **6.** En una institución cuyas decisiones se adoptan mediante votos, uso resolutivo de la mayoría de la que se dispone, sin atender a las razones de la minoría.

rodio[1]. M. Elemento químico de núm. atóm. 45. Metal escaso en la litosfera, se encuentra nativo y a veces asociado al oro y al platino. De color plateado, dúctil, maleable y muy pesado, tiene un elevado punto de fusión. Se usa como catalizador y para fabricar espejos especiales, y, aleado con platino, se emplea en joyería y para la construcción de diversos instrumentos y aparatos. (Símb. *Rh,* del griego científico *Rhodium*).

rodio[2]**, dia.** ADJ. **1.** Natural de Rodas. U. t. c. s. ‖ **2.** Perteneciente o relativo a esta isla del mar Egeo.

rodo. a ~. LOC.ADV. En abundancia.

rododendro. M. Arbolillo de la familia de las Ericáceas, de dos a cinco metros de altura, con hojas persistentes, coriáceas, oblongas, agudas, verdes y lustrosas por el haz y pálidas por el envés, flores en corimbo, con cáliz corto y corola grande, acampanada, de cinco lóbulos desiguales, sonrosada o purpúrea, y fruto capsular. Es propio de las regiones montañosas del hemisferio boreal y sus muchas variedades se cultivan como plantas de adorno.

rodrigón. M. **tutor** (‖ caña para mantener derecha una planta).

roedor, ra. ADJ. **1.** Que roe. *Criaturas roedoras.* ‖ **2.** Que conmueve, punza o agita el ánimo. *Crítica roedora.* ‖ **3.** *Zool.* Se dice de los mamíferos generalmente pequeños, unguiculados, con dos incisivos en cada mandíbula, largos, fuertes y curvados hacia fuera, cuyo crecimiento es continuo y sirven para roer; p. ej., la ardilla, el ratón y el castor. U. t. c. s. m. ORTOGR. En m. pl., escr. con may. inicial c. taxón. *Los Roedores.*

roedura. F. **1.** Acción de roer. ‖ **2.** Señal que queda en la parte roída.

roel. M. *Heráld.* Pieza redonda de los escudos de armas.

roer. TR. **1.** Dicho de un animal: Cortar menuda y superficialmente, con los dientes u otros órganos bucales análogos, el alimento. ‖ **2.** Quitar poco a poco con los dientes a un hueso la carne que se le quedó pegada. ‖ **3.** Gastar o quitar superficialmente, poco a poco y por partes menudas. *La humedad roía las paredes.* ‖ **4.** Molestar, afligir o atormentar interiormente y con frecuencia. *La incertidumbre roía su corazón.* ¶ MORF. V. conjug. modelo.

rogación. F. Acción de rogar.

rogado, da. PART. de **rogar.** ‖ ADJ. Dicho de una persona: Que gusta que le rueguen mucho antes de acceder a lo que le piden.

rogar. TR. **1.** Pedir por gracia algo. *Rogar silencio.* U. t. c. intr. *Ruega POR nosotros.* ‖ **2.** Instar con súplicas. *Rogar su perdón.* ¶ MORF. conjug. c. *contar.*

rogativa. F. Oración pública hecha a Dios para conseguir el remedio de una grave necesidad. U. m. en pl.

rogativo, va. ADJ. Que incluye ruego. *Notas rogativas.*

rogatorio, ria. ADJ. Que implica ruego. *Comisión rogatoria.*

rojear. INTR. Dicho de una cosa: Mostrar el color rojo que en sí tiene.

rojez. F. **1.** Cualidad de rojo. ‖ **2.** Mancha roja en la piel.

rojizo, za. ADJ. Que tira a rojo. *Cabello rojizo. Trigales rojizos.*

rojo, ja. **I.** ADJ. **1.** De color encarnado muy vivo, que corresponde a la sensación producida por el estímulo de longitudes de onda de alrededor de 640 nm o mayores. U. t. c. s. m. Es el primer color del espectro solar. ‖ **2. rubio** (‖ de color parecido al del oro). ‖ **3.** Dicho del pelo: De un rubio muy vivo, casi colorado. ‖ **4.** coloq. Izquierdista, especialmente comunista. U. m. c. s. ‖ **5.** hist. En la Guerra Civil española de 1936-1939, **republicano** (‖ partidario de la república). U. t. c. s. ‖ **II.** M. **6.** Colorante o pigmento utilizado para producir el color rojo. ‖ **7.** Señal de tráfico de color rojo que, en los semáforos, exige detenerse. *Al ver el rojo, paró inmediatamente.* ‖ **~ alambrado,** o **~ vivo.** LOCS.ADJS. De color encendido de brasa. ‖ **al ~.** LOC.ADJ. **1.** Dicho del hierro o de otra materia: Que por el efecto de una alta temperatura toman dicho color. U. t. c. loc. adv. ‖ **2.** Muy exaltadas las pasiones. U. t. c. loc. adv. ‖ **al ~ blanco.** LOC.ADJ. Dicho de una materia incandescente: Que por la elevada temperatura se torna blanquecina. ‖ **al ~ vivo.** LOC.ADJ. **al rojo** (‖ muy exaltadas las pasiones). U. t. c. loc. adv. ‖ V. **abeto ~, arsénico ~, farolillo ~, glóbulo ~, libro ~, marea ~, números ~s, ocre ~, piel ~, sándalo ~, sangre ~, teléfono ~, tuna ~.**

rol¹. M. **papel** (‖ función que alguien o algo cumple). ☐ V. **juego de ~.**

rol². M. **1. lista** (‖ enumeración). ‖ **2.** *Mar.* Licencia que da al comandante de una provincia marítima al capitán o patrón de un buque, y en la cual consta la lista de la marinería que lleva.

rolar. INTR. **1.** *Mar.* Dar vueltas en círculo. ‖ **2.** *Mar.* Dicho del viento: Ir variando de dirección.

roldana. F. En una polea, rodaja por donde corre la cuerda.

rolde. M. Corro o rueda de personas.

rollete. M. Á. *Caribe.* **rodete** (‖ para llevar pesos sobre la cabeza).

rollito. **~ de primavera.** M. Rollo de pasta frito relleno de verduras, típico de la cocina china.

rollizo, za. **I.** ADJ. **1.** Dicho de una persona o de un animal: Robustos y gruesos. ‖ **2.** Redondo en forma de rollo. *El tallo es rollizo y estriado.* ‖ **II.** M. **3.** Madero en rollo.

rollo. **I.** M. **1.** Cilindro de madera, metal u otra materia, generalmente dura. ‖ **2.** Objeto cuya materia toma forma cilíndrica. *Un rollo de carne para guisar. Hacer un rollo con la masa.* ‖ **3.** Madero redondo descortezado, pero sin labrar. ‖ **4.** Porción de tejido, papel, etc., que se tiene enrollada en forma cilíndrica. *Rollo de estera. Ro-*

llo de papel. ‖ **5.** Película enrollada en forma de bobina, usada en fotografía y cinematografía. ‖ **6.** Canto rodado de forma casi cilíndrica. ‖ **7.** hist. Papiro u otro material laminado que, enrollado, constituía el libro en la Antigüedad. ‖ **8.** hist. Columna de piedra, ordinariamente rematada por una cruz, que antiguamente era insignia de jurisdicción y que en muchos casos servía de picota. ‖ **9.** Bollo o pan en forma de rosca. ‖ **10.** coloq. Discurso largo, pesado y aburrido. ‖ **11.** coloq. Cosa y, por ext., persona, que resulta aburrida, pesada o fastidiosa. ‖ **12.** coloq. Mentira, historia inventada o falsa. *Llegué tarde a casa y tuve que contarles un rollo a mis padres.* ‖ **13.** coloq. Relación amorosa, generalmente pasajera. ‖ **14.** coloq. **michelín.** ‖ **II.** ADJ. **15.** coloq. Aburrido, pesado. *¡Qué novela tan rollo!* ‖ **estar hecho un ~ de manteca** un niño. LOC.VERB. Estar muy gordo. ‖ **ir a mi, tu, su,** etc., **~.** LOCS.VERBS. coloqs. **ir a lo mío.** ☐ V. **madera en ~.**

rollón. M. Salvado con alguna corta porción de harina.

rolo. M. Á. *Caribe.* Rodillo de imprenta.

Roma. F. Autoridad del papa y de la curia romana. ‖ **mover, remover,** o **revolver, ~ con Santiago.** LOCS. VERBS. *Esp.* Poner en acción todos los recursos imaginables para conseguir algo.

romadizo. M. Catarro de la membrana pituitaria.

romaico, ca. ADJ. Se dice de la lengua griega moderna. U. t. c. s. m. *El romaico.*

román. **~ paladino.** M. Lenguaje llano y claro.

romana. F. Instrumento que sirve para pesar, compuesto de una palanca de brazos muy desiguales, con el fiel sobre el punto de apoyo. El cuerpo que se va a pesar se coloca en el extremo del brazo menor, y se equilibra con un pilón o peso constante que se hace correr sobre el brazo mayor, donde se halla trazada la escala de los pesos.

romanato. M. *Arq.* Especie de alero abovedado con moldura que cubre las buhardillas de las armaduras quebrantadas.

romance. **I.** ADJ. **1.** Se dice de las lenguas modernas derivadas del latín, como el español, el italiano, el francés, etc. U. t. c. s. m. *Los romances actuales.* ‖ **II.** M. **2.** Idioma español. ‖ **3.** Combinación métrica de origen español que consiste en repetir al fin de todos los versos pares una misma asonancia y en no dar a los impares rima de ninguna especie. ‖ **4.** romance de versos octosílabos. ‖ **5.** Composición poética escrita en romance. ‖ **6.** Relación amorosa pasajera. ‖ **~ andalusí.** M. **mozárabe** (‖ lengua romance). ‖ **~ de ciego.** M. hist. romance poético sobre un suceso o historia, cantado o vendido por los ciegos en la calle. ‖ **~ heroico,** o **~ real.** M. El que se compone de versos endecasílabos. ‖ **en buen ~.** LOC.ADV. Con claridad y de modo que todos lo entiendan. ‖ **hablar** alguien **en ~.** LOC.VERB. Explicarse con claridad y sin rodeos.

romanceador, ra. ADJ. Que romancea. Apl. a pers., u. t. c. s.

romancear. TR. Traducir al romance.

romancero. M. Colección de romances.

romancesco, ca. ADJ. Propio o característico de la novela, de pura invención.

romanche. ADJ. **retorrománico.** U. t. c. s. m. *El romanche.*

romancillo. M. Romance compuesto de versos de menos de ocho sílabas.

romancista. I. ADJ. **1.** hist. Se dice de quien escribía en lengua romance, por contraposición a quien lo hacía en latín. U. m. c. s. ‖ **II.** COM. **2.** Autor de romances. ☐ V. **cirujano ~.**

romancístico, ca. ADJ. Perteneciente o relativo a los romances. *Versificación romancística.*

romanear. TR. Dicho de un cornúpeta: Levantar o sostener en vilo a una persona, animal o cosa.

romanense. ADJ. **1.** Natural de La Romana. U. t. c. s. ‖ **2.** Perteneciente o relativo a esta provincia de la República Dominicana o a su capital.

romanesco, ca. ADJ. **1.** Perteneciente o relativo a los romanos, o a sus artes o costumbres. *Templo romanesco.* ‖ **2.** Característico de la novela, de pura invención. *Episodio romanesco.*

romaní. M. caló.

románico, ca. ADJ. **1.** Se dice de las lenguas derivadas del latín y de sus correspondientes manifestaciones literarias y culturales. ‖ **2.** Perteneciente o relativo a dichas lenguas y a sus manifestaciones literarias y culturales. *Literaturas románicas.* ‖ **3.** Arq. Se dice del estilo arquitectónico que dominó en Europa durante los siglos XI, XII y parte del XIII, caracterizado por el empleo de arcos de medio punto, bóvedas de cañón, columnas exentas y a veces resaltadas en los machones, y molduras robustas. U. t. c. s. m. ☐ V. **columna ~.**

romanilla. F. Cancel corrido, a manera de celosía, que se usa en las casas de Venezuela, principalmente en el comedor.

romanismo. M. Conjunto de instituciones, cultura o tendencias políticas de Roma.

romanista. I. COM. **1.** Especialista en las lenguas románicas y en sus correspondientes culturas. ‖ **II.** ADJ. **2.** Dicho de una persona: Que profesa el derecho romano o tiene en él especiales conocimientos. U. m. c. s.

romanística. F. Filología románica.

romanización. F. Acción y efecto de romanizar.

romanizar. I. TR. **1.** Difundir la civilización, leyes y costumbres romanas, o la lengua latina. ‖ **II.** INTR. **2.** Adoptar la civilización romana o la lengua latina. U. t. c. prnl.

romano, na. ADJ. **1.** Natural de Roma. U. t. c. s. ‖ **2.** Perteneciente o relativo a esta ciudad, capital de Italia, o a cada uno de los Estados antiguos y modernos de que ha sido metrópoli. ‖ **3.** hist. Natural o habitante de cualquiera de los países de que se componía el antiguo Imperio romano, a distinción de los bárbaros que los invadieron. U. t. c. s. ‖ **4.** Se dice de la religión católica y de lo perteneciente a ella. *Rito romano.* ‖ **a la ~. I.** LOC.ADV. **1.** Al uso de Roma. ‖ **2.** Se usa para designar un saludo que los antiguos romanos hacían brazo en alto y que fue recuperado por los movimientos fascistas. ‖ **II.** LOC.ADJ. **3.** Dicho de un alimento: Frito con harina. ‖ **de romanos.** LOC.ADJ. **1.** Dicho de una obra, de un trabajo, etc.: Que exigen gran esfuerzo. ‖ **2.** Dicho de una película o de un género cinematográfico: Ambientados en la Antigüedad clásica. ☐ V. **billar ~, curia ~, lechuga ~, manzanilla ~, numeración ~, número ~, obra de romanos, ponche a la ~, Rey de Romanos.**

romanó. M. caló.

romanticismo. M. **1.** Escuela literaria de la primera mitad del siglo XIX, extremadamente individualista y que prescindía de las reglas o preceptos tenidos por clá-

sicos. ‖ **2.** Época de la cultura occidental en que prevaleció tal escuela literaria. ¶ ORTOGR. Escr. con may. inicial. ‖ **3.** Cualidad de romántico, sentimental.

romántico, ca. ADJ. **1.** Perteneciente o relativo al Romanticismo o que participa de sus peculiaridades en cualquiera de sus manifestaciones culturales o sociales. *Época romántica.* ‖ **2.** Partidario del romanticismo. U. t. c. s. ‖ **3.** Sentimental, generoso y soñador.

romanza. F. **1.** Aria generalmente de carácter sencillo y tierno. ‖ **2.** Composición musical del mismo carácter y meramente instrumental.

romanzar. TR. Traducir al romance.

romaza. F. Hierba perenne de la familia de las Poligonáceas, con tallo nudoso, rojizo, de seis a ocho decímetros de altura, hojas alternas, envainadoras, oblongas, más agudas las superiores que las inferiores, y de nervios encarnados, flores sin pedúnculo, en verticilos apretados, fruto seco con una sola semilla dura y triangular, y raíz gruesa, de corteza parda e interior amarillento con vetas sanguíneas. Es común en España, las hojas se comen en potaje, y el cocimiento de la raíz se ha usado como tónico y laxante.

rombal. ADJ. De forma de rombo. *Recipiente de sección rombal.*

rómbico, ca. ADJ. **1.** Que tiene forma de rombo. *Mesa rómbica.* ‖ **2.** Se dice del sistema cristalográfico según el cual cristalizan el topacio, el aragonito y otros minerales.

rombo. M. *Geom.* Paralelogramo que tiene los lados iguales y dos de sus ángulos mayores que los otros dos.

romboédrico, ca. ADJ. *Geom.* Perteneciente o relativo al romboedro. *Superficie romboédrica.*

romboedro. M. *Geom.* Prisma oblicuo de bases y caras rómbicas.

romboidal. ADJ. De forma de romboide. *Gafas romboidales.*

romboide. M. *Geom.* Paralelogramo cuyos lados contiguos son desiguales y dos de sus ángulos mayores que los otros dos.

romboideo, a. ADJ. **romboidal.**

romeraje. M. Romería o peregrinación.

romeral. M. Terreno poblado de **romeros**[1].

romería. F. **1.** Viaje o peregrinación, especialmente la que se hace por devoción a un santuario. ‖ **2.** Fiesta popular que con meriendas, bailes, etc., se celebra en el campo inmediato a alguna ermita o santuario el día de la festividad religiosa del lugar. ‖ **3.** Gran número de gentes que afluye a un sitio.

romerillo. M. *Am.* Planta silvestre, de la que hay varias especies, utilizadas en su mayoría en medicina casera.

romero[1]. M. Arbusto de la familia de las Labiadas, con tallos ramosos de un metro aproximadamente de altura, hojas opuestas, lineales, gruesas, coriáceas, sentadas, enteras, lampiñas, lustrosas, verdes por el haz y blanquecinas por el envés, de olor muy aromático y sabor acre, flores en racimos axilares de color azulado, y fruto seco con cuatro semillas menudas. Es común en España y se utiliza en medicina y perfumería.

romero[2], **ra.** ADJ. - Dicho de una persona: Que participa en una romería. U. m. c. s. ‖ **echar un ~.** LOC.VERB. Echar suerte entre varias personas para ver a quién cae el voto o promesa de una romería.

romí. ☐ V. **azafrán ~.**

romín. ☐ V. **azafrán ~.**

romo, ma. ADJ. **1.** Obtuso y sin punta. *Lápiz romo.* ‖ **2.** De nariz pequeña y poco puntiaguda. □ V. **macho ~.**

rompecabezas. M. **1.** Juego que consiste en componer determinada figura combinando cierto número de pedazos de madera o cartón, en cada uno de los cuales hay una parte de la figura. ‖ **2.** coloq. Problema o acertijo de difícil solución.

rompecorazones. ADJ. coloq. Dicho de una persona: Que enamora con facilidad a otras. U. t. c. s.

rompedizo, za. ADJ. Que se puede romper con mucha facilidad. *Cristal fino y rompedizo.*

rompedor, ra. ADJ. **1.** Que rompe o destruye. Apl. a pers., u. t. c. s. ‖ **2.** Muy avanzado e innovador. *Teoría rompedora.* ‖ **3.** Mil. Dicho de un proyectil o de una carga: De alto poder explosivo y que, al impactar, producen gran cantidad de metralla por fragmentación. ‖ **4.** eufem. Á. R. Plata. **pesado** (‖ molesto).

rompehielos. M. Buque de formas, resistencia y potencia adecuadas para abrir camino en los mares helados.

rompenueces. M. Am. Instrumento para romper o cascar nueces.

rompeolas. M. **1.** Dique avanzado en el mar, para procurar abrigo a un puerto o rada. ‖ **2. rompiente.**

romper. I. TR. **1.** Quebrar o hacer pedazos algo. U. t. c. prnl. *El jarrón se rompió contra el suelo.* ‖ **2.** Separar con más o menos violencia las partes de un todo, deshaciendo su unión. U. t. c. prnl. *Se ha roto la dirección del automóvil al soltarse la tuerca.* ‖ **3.** Gastar, destrozar. *Romper los zapatos.* U. t. c. prnl. ‖ **4.** Hacer una abertura en un cuerpo o causarla hiriéndolo. *De un golpe le rompió la cabeza.* U. t. c. prnl. ‖ **5. roturar:** *Los bueyes aran rompiendo la tierra.* ‖ **6.** Traspasar el coto, límite o término que está puesto, o salirse de él. *Romper las costumbres.* ‖ **7.** Dividir o separar por breve tiempo la unión o continuidad de un cuerpo fluido, al atravesarlo. *Romper el aire, las aguas.* ‖ **8.** Interrumpir la continuidad de algo no material. *Romper la monotonía, el hilo del discurso, el silencio, la tregua, las negociaciones, el noviazgo.* ‖ **9.** Dicho de un astro o de la luz: Vencer con su claridad, descubriéndose a la vista, el impedimento que los ocultaba. *El sol rompía la niebla, las nubes.* ‖ **10.** Quebrantar la observancia de la ley, precepto, contrato u otra obligación. ‖ **11.** Desbaratar o deshacer un cuerpo de gente armada. *El ataque consiguió romper el regimiento.* ‖ **II.** INTR. **12.** Dicho de las olas: Deshacerse en espuma. ‖ **13.** Tener principio, empezar, comenzar. *Romper el día. Romper a hablar. Romper la marcha.* ‖ **14.** Manifestar a alguien la queja o el disgusto que de él se tiene, separándose de su trato y amistad. *Romper CON un amigo.* ‖ **15.** Prorrumpir o brotar. *El agua puede romper por el muro de contención.* ‖ **16.** Dicho de una flor: **abrirse** (‖ pasar a tener separados los pétalos). ¶ MORF. part. irreg. **roto.** ‖ **de rompe y rasga.** LOC.ADJ. coloq. De ánimo resuelto y gran desenfado.

rompiente. I. ADJ. **1.** Que rompe. *Olas rompientes.* ‖ **II.** AMB. **2.** Bajo, escollo o costa donde, cortado el curso de la corriente de un río o el de las olas, rompe y se levanta el agua. U. m. c. f.

rompimiento. M. **1.** Acción y efecto de romper. ‖ **2.** Desavenencia o riña entre algunas personas.

rompón. M. Chile. Bebida que se prepara con aguardiente, leche, huevos, azúcar y canela.

rompope. M. Méx. Bebida que se confecciona con aguardiente, leche, huevos, azúcar y canela.

ron. M. Bebida alcohólica obtenida por fermentación de la caña de azúcar.

roncador, ra. I. ADJ. **1.** Que ronca. *Paciente roncador.* Apl. a pers., u. t. c. s. ‖ **II.** M. **2.** Pez teleósteo marino, del suborden de los Acantopterigios, de cuatro a cinco decímetros de largo, de cuerpo comprimido, color negruzco, con 20 o más líneas amarillas, que corren desde las agallas hasta la cola, mandíbulas armadas de dientes agudos, una sola aleta sobre el lomo y arpada la de la cola.

roncadora. F. Á. Andes. Espuela de rodaja muy grande.

roncar. INTR. **1.** Hacer ruido bronco con el resuello cuando se duerme. ‖ **2.** Dicho del gamo: Llamar a la hembra, cuando está en celo, dando el grito que le es natural. ‖ **3.** Dicho del mar, del viento, etc.: Hacer un ruido sordo o bronco.

roncear. INTR. **1.** Entretener, dilatar o retardar la ejecución de algo por hacerlo de mala gana. ‖ **2.** Mar. Dicho de una embarcación: Ir tarda y perezosa, especialmente cuando va con otras. ‖ **3.** Chile. **derrapar.** U. t. c. prnl.

roncero, ra. ADJ. Tardo y perezoso en ejecutar lo que se manda.

roncha[1]**.** F. Bulto pequeño que se eleva en forma de haba en el cuerpo del animal. ‖ **levantar ~s.** LOC.VERB. **mortificar** (‖ afligir, desazonar).

roncha[2]**.** F. Tajada delgada de cualquier cosa, cortada en redondo.

ronchar. TR. Hacer ruido al comer un alimento quebradizo.

ronchón. M. Bulto pequeño que se forma en el cuerpo del animal.

ronco, ca. ADJ. **1.** Que tiene o padece ronquera. ‖ **2.** Dicho de la voz o de un sonido: Ásperos y broncos. *Risa ronca.*

roncón. M. Tubo de la gaita unido al cuero y que, al mismo tiempo que suena la flauta, forma el bajo del instrumento.

ronda. F. **1.** Acción de rondar. ‖ **2.** Grupo de personas que andan rondando. ‖ **3.** Reunión nocturna para tocar y cantar por las calles. ‖ **4.** Serie de cosas que se desarrollan ordenadamente durante un tiempo limitado. *Ronda de conversaciones. Ronda de negociaciones.* ‖ **5.** Espacio que hay entre la parte interior del muro y las casas de una plaza fuerte. ‖ **6.** Cada uno de los paseos o calles cuyo conjunto circunda una ciudad o la parte antigua de ella. ‖ **7.** En varios juegos de naipes, lance de todos los jugadores. ‖ **8.** Invitación a comer o a beber que a su costa hace uno de los participantes en una reunión. ‖ **9.** Cineg. Caza mayor practicada de noche, a pie o a caballo. ‖ **10.** Dep. **vuelta** (‖ carrera ciclista en etapas). ‖ **11.** Dep. Fase de una competición. *El tenista español cayó eliminado en la primera ronda.* ‖ **12.** Mil. Patrulla destinada a rondar las calles o a recorrer los puestos exteriores de una plaza. ‖ **13.** Chile. Juego del corro. ‖ **~ mayor.** F. Mil. La efectuada por un jefe en la plaza o en el campo. ‖ **~ ordinaria.** F. Mil. La mandada por un oficial con un sargento, en iguales condiciones. □ V. **cabo de ~, camino de ~, cinturón de ~.**

rondador, ra. ADJ. Que ronda. Apl. a pers., u. t. c. s.

rondalla. F. Conjunto musical de instrumentos de cuerda.

rondar. I. TR. **1.** Dar vueltas alrededor de algo. *La mariposa ronda la luz.* ‖ **2.** Andar alrededor de alguien, o siguiéndolo continuamente, para conseguir de él algo.

‖ **3.** Amagar, empezar a sentir algo. *Rondar el sueño, la enfermedad.* ‖ **II.** INTR. **4.** Andar de noche paseando las calles. *Los mozos salieron a rondar tocando guitarras.* U. t. c. tr. ‖ **5.** Andar de noche visitando una población para impedir los desórdenes. U. t. c. tr. ‖ **6.** *Mil.* Visitar los diferentes puestos de una plaza fuerte o campamento para cerciorarse de que el servicio se desempeña en ellos con la debida puntualidad.

rondel. M. Composición poética corta en que se repite al final el primer verso o las primeras palabras.

rondeña. F. Música o tono especial y característico de Ronda, en Málaga, España, algo parecido al del fandango, con que se cantan coplas de cuatro versos octosílabos.

rondeño, ña. ADJ. **1.** Natural de Ronda. U. t. c. s. ‖ **2.** Perteneciente o relativo a esta ciudad de la provincia de Málaga, en España.

rondín. M. **1.** Ronda que hace regularmente un cabo de escuadra para celar la vigilancia de los centinelas. ‖ **2.** En los arsenales de marina, hombre destinado a vigilar e impedir los robos. ‖ **3.** *Chile.* Individuo que vigila o ronda de noche.

rondó. M. *Mús.* Composición musical cuyo tema se repite o insinúa varias veces. MORF. pl. **rondós.**

rondón. de ~. LOC.ADV. coloq. Con intrepidez y sin reparo.

ronquear. INTR. Estar ronco.

ronquedad. F. Aspereza o bronquedad de la voz o del sonido.

ronquera. F. Afección de la laringe, que cambia el timbre de la voz haciéndolo bronco y poco sonoro.

ronquido. M. **1.** Ruido o sonido que se hace roncando. ‖ **2.** Ruido o sonido bronco.

ronrón. M. **1.** *Am. Cen.* Pedazo de tabla con un agujero y una cuerda atada en él, que en sus juegos hacen sonar los muchachos. ‖ **2.** *Am. Cen.* Especie de escarabajo pelotero.

ronronear. INTR. Dicho del gato: Producir una especie de ronquido, en demostración de contento.

ronroneo. M. Acción y efecto de ronronear.

ronza. a la ~. LOC.ADV. *Mar.* A sotavento.

ronzal. M. Cuerda que se ata al pescuezo o a la cabeza de las caballerías para sujetarlas o para conducirlas caminando.

ronzar. TR. Comer algo quebradizo partiéndolo ruidosamente con los dientes.

roña. F. **1.** Porquería y suciedad pegada fuertemente. ‖ **2.** Orín de los metales. ‖ **3.** Sarna del ganado lanar. ‖ **4.** Corteza del pino.

roñosería. F. coloq. **mezquindad.**

roñoso, sa. ADJ. **1.** Que tiene o padece roña. *La oreja roñosa del animal.* ‖ **2.** Puerco, sucio o asqueroso. *Manos roñosas.* ‖ **3.** Oxidado o cubierto de orín. *Clavos roñosos.* ‖ **4.** coloq. Miserable, mezquino, tacaño.

ropa. F. Conjunto de prendas de vestir. ‖ **~ blanca.** F. Conjunto de prendas de tela de hilo, algodón u otras materias, usualmente sin teñir, que se emplean debajo del vestido exterior, y, por ext., las de cama y mesa. ‖ **~ hecha.** F. La que para vender se hace en diversas tallas, sin medidas de persona determinada. ‖ **~ interior.** F. La de uso personal, bajo las prendas exteriores. ‖ **~ vieja.** F. Guisado de la carne y otros restos que han sobrado de la olla. ‖ **en ~s menores.** LOC.ADV. **en paños menores.** ‖ **haber ~ tendida.** LOC.VERB. coloq. Estar presentes

algunas personas ante las cuales no conviene hablar sin discreción. □ V. **bastidor de ~.**

ropaje. M. **1.** Ropa de vestir, especialmente la lujosa y solemne. U. m. en pl. con el mismo significado que en sing. ‖ **2.** Forma, modo de expresión, lenguaje. *Da a sus versos el ropaje lírico que los distingue.*

ropavejería. F. Tienda de ropavejero.

ropavejero, ra. M. y F. Persona que vende, con tienda o sin ella, ropas y vestidos viejos, y baratijas usadas.

ropavieja. F. *Méx.* Plato de la cocina criolla que se hace con carne de res cocida y luego deshilachada y sazonada con tomate y otros condimentos que se agregan al freírla ligeramente.

ropería. F. **1.** Tienda donde se vende ropa hecha. ‖ **2.** Habitación donde se guarda y dispone la ropa de los individuos de una colectividad.

ropero, ra. **I.** M. y F. **1.** Persona que vende ropa hecha. ‖ **2.** Persona destinada a cuidar de la ropa de una comunidad. ‖ **3.** Zagal que hace los recados de la casa donde los pastores trashumantes guardan el **hato** (‖ de ganado). ‖ **II.** M. **4.** Armario o cuarto donde se guarda ropa. ‖ **5.** Asociación o instituto benéfico destinado a distribuir ropas entre los necesitados, u ornamentos a las iglesias pobres.

ropilla. F. hist. Vestidura corta con mangas, de las que pendían regularmente otras mangas sueltas o perdidas, y se vestía ajustada al medio cuerpo sobre el jubón.

ropón. M. **1.** Especie de acolchado que se hace cosiendo unas telas gordas sobre otras o poniéndolas dobladas. ‖ **2.** hist. Ropa larga que regularmente se ponía suelta sobre los demás vestidos.

roque¹. M. Torre del ajedrez.

Roque². □ V. **casa de tócame ~.**

roqueda. F. Lugar abundante en rocas.

roquedal. M. Lugar abundante en rocas.

roquedo. M. Peñasco o roca.

roquefort. M. Queso de origen francés, fabricado con leche de oveja, de olor y sabor fuertes y color verdoso producido por un moho. MORF. pl. **roqueforts.**

roqueño, ña. ADJ. **1.** Dicho de un sitio: Lleno de rocas. ‖ **2.** Duro como roca. *Bastión, cimiento roqueño.*

roquero¹, ra. ADJ. **1.** Perteneciente o relativo a las rocas. *Fauna roquera.* ‖ **2.** Edificado sobre ellas. *Castillo roquero.*

roquero², ra. ADJ. **1.** Perteneciente o relativo al *rock.* *Tradición roquera.* ‖ **2.** Que interpreta música *rock.* *Músico roquero.* U. t. c. s. ‖ **3.** Seguidor de la música *rock.* U. t. c. s.

roquete. M. Especie de sobrepelliz cerrada y con mangas.

rorcual. M. Especie de ballena con aleta dorsal, común en los mares de España. Alcanza una longitud hasta de 24 m y tiene la piel de la garganta y del pecho surcada a lo largo formando pliegues.

rorro. M. coloq. Niño pequeño.

ros. M. Especie de chacó pequeño, de fieltro y más alto por delante que por detrás. MORF. pl. **roses.**

rosa. **I.** F. **1.** Flor del rosal, notable por su belleza, la suavidad de su fragancia y su color. Suele llevar el mismo calificativo de la planta que la produce. *Rosa de Alejandría. Rosa de pitiminí.* ‖ **2.** Mancha redondeada, encarnada o de color de rosa, que sale en alguna parte del cuerpo. ‖ **3.** Cosa fabricada o formada con alguna semejanza a la figura de una rosa. *Rosa de chocolate.* ‖ **4.**

diamante rosa. ‖ **5.** Fruta de sartén hecha con masa de harina. ‖ **II.** M. **6.** Color encarnado poco subido, como el de la rosa ordinaria. U. t. c. adj. *Blusa rosa.* ‖ **III.** ADJ. **8.** Dicho de ciertos medios de comunicación: Que tratan de asuntos amorosos o relativos a la vida privada de personas famosas o conocidas por su frecuente aparición en estos medios. ‖ **~ albardera.** F. **peonía** (‖ planta ranunculácea). ‖ **~ de Jericó.** F. Planta herbácea anual, de la familia de las Crucíferas, con tallo delgado de uno a dos decímetros de altura y muy ramoso, hojas pecioladas, estrechas y blanquecinas, y flores pequeñas y blancas, en espigas terminales. Vive en los desiertos de Siria, y al secarse las ramas y hojas se contraen formando una pelota apretada, que se deshace y extiende cuando se pone en agua, y vuelve a cerrarse si se saca de ella. ‖ **~ del azafrán.** F. Flor del azafrán. ‖ **~ de los vientos.** F. Círculo que tiene marcados alrededor los 32 rumbos en que se divide un giro completo del horizonte. ‖ **~ de té.** F. La de color amarillo o algo anaranjado cuyo olor se parece al del té. ‖ **~ náutica.** F. **rosa de los vientos.** ‖ **como una ~.** LOC.ADJ. coloq. Con una buena salud evidenciada por su aspecto físico. □ V. **acacia ~, camino de ~s, diamante ~, laurel ~, lecho de ~s, mal de la ~, novela ~, palo de ~, salsa ~.**

rosáceo, a. ADJ. **1.** De color parecido al de la rosa. *Mancha rosácea.* ‖ **2.** Bot. Se dice de las plantas angiospermas dicotiledóneas, hierbas, arbustos o árboles, lisos o espinosos, que se distinguen por sus hojas alternas, a menudo compuestas de un número impar de folíolos y con estípulas, flores hermafroditas con cáliz de cinco sépalos y corola regular, solitarias o en corimbo, fruto en drupa, en pomo, en aquenio, en folículo y aun en cápsula, con semillas casi siempre desprovistas de albumen; p. ej., el rosal, la fresa, el almendro y el peral. U. t. c. s. f. ORTOGR. En f. pl., escr. con may. inicial c. taxón. *Las Rosáceas.*

rosacruz. COM. Persona perteneciente a la Orden de la Rosacruz, fundada al parecer en el siglo XIII por Cristian Rosenkreuz.

rosada. F. Rociada o escarcha.

rosado, da. I. ADJ. **1.** Dicho de un color: Como el de la rosa. ‖ **2.** Compuesto con rosas. *Aceite rosado. Miel rosada.* ‖ **II.** M. **3. vino rosado.** □ V. **agua ~, azúcar ~, vino ~.**

rosal. M. Arbusto tipo de la familia de las Rosáceas, con tallos ramosos, generalmente llenos de aguijones, hojas alternas, ásperas, pecioladas, con estípulas, compuestas de un número impar de hojuelas elípticas, casi sentadas y aserradas por el margen, flores terminales, solitarias o en panoja, con cáliz aovado o redondo, corola de cinco pétalos redondos o acorazonados, y cóncavos, y muchos estambres y pistilos. Tiene por fruto una baya carnosa que el cáliz corona y muchas semillas menudas, elipsoidales y vellosas. Se llama así principalmente el cultivado, con rosas de muchos pétalos.

rosaleda. F. Sitio en que hay muchos rosales.

rosalera. F. **rosaleda.**

rosarino, na. ADJ. **1.** Natural de Rosario. U. t. c. s. ‖ **2.** Perteneciente o relativo a esta ciudad de la provincia de Santa Fe, en la Argentina.

rosario. M. **1.** Rezo de la Iglesia, en que se conmemoran los quince misterios principales de la vida de Jesucristo y de la Virgen, recitando después de cada uno un padrenuestro, diez avemarías y un gloria. ‖ **2.** Sarta de cuentas, separadas de diez en diez por otras de distinto tamaño, unida por sus dos extremos a una cruz, precedida por lo común de tres cuentas pequeñas, que suele adornarse con medallas u otros objetos de devoción y sirve para hacer ordenadamente el rezo del mismo nombre o una de sus partes. ‖ **3. serie** (‖ conjunto de cosas relacionadas). *Rosario de desdichas.* ‖ **4.** Rezo o canto del rosario en coros. ‖ **5.** Máquina elevadora, compuesta de unos tacos forrados de cuero o de unos cubos, sujetos de trecho en trecho a una cuerda o cadena, los cuales entran sucesivamente muy ajustados en un cañón vertical cuya base está sumergida en el depósito, y dan vuelta sobre una rueda como los arcaduces de la noria. ‖ **acabar** una reunión, o sus asistentes, **como el ~ de la aurora.** LOC.VERB. coloq. Desbandarse de manera desordenada y tumultuosa por falta de acuerdo. □ V. **parte de ~.**

rosbif. M. Pieza de carne de vacuno asada. MORF. pl. **rosbifs.**

rosca. F. **1.** Cosa redonda y rolliza que, cerrándose, forma un círculo u óvalo, dejando en medio un espacio vacío. ‖ **2.** Pan o bollo de esta forma. ‖ **3.** Resalte helicoidal de un tornillo o tuerca. ‖ **4.** Rodete para llevar pesos en la cabeza. ‖ **5.** Á. *Caribe* y Á. R. *Plata.* **camarilla.** ‖ **hacerse ~.** LOC.VERB. **1.** Enroscar el cuerpo. ‖ **2.** *Méx.* **remolonear.** ‖ **hacerse una ~.** LOC.VERB. **hacerse rosca** (‖ enroscar el cuerpo). ‖ **pasarse de ~.** LOC.VERB. **1.** Dicho de un tornillo: No agarrar en la tuerca por haberse desgastado su rosca. ‖ **2.** coloq. Dicho de una persona: Excederse en lo que dice, hace o pretende, yendo más allá de lo debido.

roscado, da. PART. de **roscar.** ‖ **I.** ADJ. **1.** En forma de rosca. *Las uniones roscadas se preparan con una herramienta especial.* ‖ **II.** M. **2.** Acción y efecto de roscar.

roscar. TR. Labrar las espiras de un tornillo.

rosco. M. Roscón o rosca de pan o de bollo.

roscón. M. Bollo en forma de rosca grande.

rosedal. M. Á. *guar.* **rosaleda.**

rosellonés, sa. ADJ. **1.** Natural del Rosellón. U. t. c. s. ‖ **2.** Perteneciente o relativo a esta comarca de Francia.

róseo, a. ADJ. De color de rosa. *Piel rósea.* □ V. **malva ~.**

roséola. F. *Med.* Erupción cutánea, caracterizada por la aparición de pequeñas manchas rosáceas.

rosero, ra. M. y F. Persona que trabaja en la recolección de rosas del azafrán.

roseta. F. **1.** Mancha rosada en las mejillas. ‖ **2.** Arete o zarcillo adornado con una piedra preciosa a la que rodean otras pequeñas. ‖ **3.** Grano de maíz que al tostarse se abre en forma de flor. U. m. en pl.

rosetón. M. *Arq.* Ventana circular calada, con adornos.

rosicler. M. **1.** Color rosado, claro y suave de la aurora. U. t. c. adj. ‖ **2.** Mineral de color y brillo de rubí, que se compone de azufre, arsénico y plata.

rosillo, lla. ADJ. Dicho de una caballería: Cuyo pelo está mezclado de blanco, negro y castaño.

rosmarino. M. **romero**[1].

roso, sa. ADJ. Rojo, rusiente. *Labios rosos.*

rosoli o **rosolí.** M. Aguardiente con canela, azúcar y otros ingredientes olorosos. MORF. pl. **rosolis** o **rosolíes** –o **rosolís**–.

rosquear. INTR. *Chile.* Armar riñas.

rosquilla. F. **1.** Dulce en forma de rosca pequeña, hecho de masa de harina con huevos, azúcar y algún otro ingrediente. ‖ **2.** Larva de insecto que se enrosca con facilidad y al menor peligro. Hay varias especies, todas dañinas para los vegetales.

rosticería. F. *Méx.* Establecimiento donde se asan y venden pollos.

rostizar. TR. *Méx.* Asar carnes, especialmente pollos.

rostro. M. **1. cara** (‖ humana). ‖ **2. cara** (‖ de algunos animales). ‖ **3. semblante** (‖ representación de algún estado de ánimo en el rostro). *Rostro sombrío.* ‖ **4.** Aspecto característico propio de algo o de alguien. *La vida política presenta mal rostro.* ‖ **5.** coloq. **desfachatez.** *¡Qué rostro tiene ese individuo!* ‖ **6.** *Zool.* Estructura semejante a un pico en su forma y su disposición anatómica en diversos animales, como los crustáceos. ‖ **volver** alguien **el ~.** LOC.VERB. *Am.* **huir** (‖ alejarse deprisa).

rota¹. F. **1.** *Mar.* **derrota** (‖ rumbo). ‖ **2.** *Mil.* **derrota** (‖ vencimiento de tropas enemigas).

Rota². F. Tribunal de la Sede Apostólica romana constituido por un número indeterminado de jueces o auditores que se turnan en su función, y principalmente, juzga como tribunal de apelación las causas eclesiásticas de todo el orbe católico. ‖ **~ de la Nunciatura Apostólica.** F. Tribunal supremo eclesiástico de última apelación en España, compuesto de jueces españoles. ▢ V. **auditor de la ~.**

rotación. F. Acción y efecto de rotar. ‖ **~ de cultivos.** F. Variedad de siembras alternativas o simultáneas, para evitar que el terreno se agote en la exclusiva alimentación de una sola especie vegetal. ▢ V. **capital de ~, movimiento de ~.**

rotacismo. M. *Fon.* Conversión de *s* en *r*; p. ej., en *®lor dos,* por *los dos.*

rotar. INTR. **1. rodar** (‖ dar vueltas alrededor de un eje). ‖ **2.** Seguir un turno en cargos, comisiones, etc.

rotario, ria. **I.** M. y F. **1.** Miembro de una asociación o club filantrópico y de ayuda mutua originario de los Estados Unidos de América. ‖ **II.** ADJ. **2.** Perteneciente o relativo a los rotarios. *Club rotario.*

rotativa. F. Máquina que imprime periódicos a gran velocidad mediante un movimiento rotatorio continuado.

rotativo, va. **I.** ADJ. **1.** Que **rueda** (‖ da vueltas alrededor de un eje). *Motor rotativo.* ‖ **2.** Dicho de una máquina de imprimir: Que con movimiento seguido y a gran velocidad imprime los ejemplares de un periódico. ‖ **II.** M. **3.** Periódico impreso en una rotativa.

rotatorio, ria. ADJ. Que rota. *Motor rotatorio. Presidencia rotatoria.*

rotería. F. *Chile.* Acto de mala educación.

rotisería. F. *Á. R. Plata* y *Chile.* Tienda donde se venden comidas para llevar, especialmente asados, quesos y fiambres.

roto, ta. PART. IRREG. de **romper.** ‖ **I.** ADJ. **1.** Andrajoso y que lleva rotos los vestidos. U. t. c. s. ‖ **2.** coloq. Agotado o muy cansado. *Vuelve a casa roto.* ‖ **II.** M. y F. **3.** *Chile.* Persona maleducada, de modales groseros. ‖ **III.** M. **4.** Desgarrón en la ropa, en un tejido, etc. ‖ **5.** *Méx.* Petimetre del pueblo. ▢ V. **verso de cabo ~.**

rotonda. F. **1.** Templo, edificio o sala de planta circular. ‖ **2.** Plaza circular.

rotor. M. **1.** *Fís.* Parte giratoria de una máquina eléctrica o de una turbina. ‖ **2.** Sistema giratorio que sirve para la sustentación de los helicópteros.

rotoso, sa. ADJ. *Am. Mer.* **desharrapado** (‖ andrajoso).

rótula. F. **1.** *Anat.* Hueso en la parte anterior de la articulación de la tibia con el fémur. ‖ **2.** *Mec.* Articulación de forma esférica entre dos piezas.

rotulación. F. Acción y efecto de rotular.

rotulado. M. Acción y efecto de rotular.

rotulador, ra. **I.** ADJ. **1.** Que rotula o sirve para rotular. ‖ **II.** M. **2.** Instrumento semejante a un bolígrafo o a una estilográfica, que escribe o dibuja con un trazo generalmente más grueso que el habitual, mediante una escobilla o pincel de fieltro.

rotuladora. F. Máquina para rotular.

rotular¹. TR. Poner un rótulo a algo o en alguna parte.

rotular². ADJ. *Anat.* Perteneciente o relativo a la rótula.

rotuliano, na. ADJ. *Anat.* Perteneciente o relativo a la rótula.

rotulista. COM. Persona que tiene por oficio trazar rótulos.

rótulo. M. **1.** Título de un escrito o de una parte suya. ‖ **2.** Letrero o inscripción con que se indica o da a conocer el contenido, objeto o destino de algo, o la dirección a que se envía. ‖ **3.** Letrero con que se da a conocer el contenido de otras cosas. ‖ **4.** Cartel que se fija en los cantones y otras partes públicas para dar noticia o aviso de algo.

rotundez. F. **rotundidad.**

rotundidad. F. Cualidad de rotundo.

rotundidez. F. **rotundidad.**

rotundo, da. ADJ. **1.** Dicho del lenguaje: Lleno y sonoro. *Pronunció unas palabras rotundas.* ‖ **2.** Completo, preciso y terminante. *Negativa rotunda.* ‖ **3. redondo.** *Rotundas caderas.*

rotura. F. **1.** Acción y efecto de romper. ‖ **2.** Raja o grieta de un cuerpo sólido.

roturación. F. Acción y efecto de roturar.

roturador, ra. ADJ. Que rotura. *Los planes roturadores para el valle.*

roturadora. F. Máquina que sirve para roturar las tierras.

roturar. TR. Arar o labrar por primera vez las tierras eriales o los montes descuajados, para ponerlos en cultivo.

roya. F. **1.** Hongo de tamaño muy pequeño, del cual se conocen muchas especies, que vive parásito sobre diversos vegetales, ocasionando en ellos peligrosas enfermedades. Sus esporas son de color variado en las diferentes especies y forman en conjunto manchas amarillas, negras, etc., en las hojas de las plantas atacadas por el parásito. ‖ **2.** Enfermedad de algunos árboles en los que el centro del tronco se convierte en un polvo rojo negruzco.

roza. F. **1.** Acción y efecto de rozar. ‖ **2.** Surco o canal abierto en una pared para empotrar tuberías, cables, etc. ‖ **3.** Hierbas o matas que se obtienen de rozar un campo.

rozadera. F. Especie de guadaña para quitar matas y hierbas inútiles.

rozado. M. *Á. guar.* Tierra rozada y limpia de las matas que naturalmente cría, para sembrar en ella.

rozador, ra. M. y F. Persona que roza las tierras.

rozadura. F. **1.** Acción y efecto de frotar algo con otra cosa. ‖ **2.** Herida superficial de la piel, en que hay desprendimiento de la epidermis y de alguna porción de la dermis.

rozagante. ADJ. Vistoso, ufano. *Una muchacha lozana y rozagante.*

rozamiento. M. **1.** Acción y efecto de rozar o rozarse. ‖ **2.** Disensión o disgusto leve entre dos o más personas o entidades. ‖ **3.** *Mec.* Resistencia que se opone a la rotación o al deslizamiento de un cuerpo sobre otro.

rozar. I. TR. **1.** Dicho de una cosa: Pasar tocando y oprimiendo ligeramente la superficie de otra o acercándose mucho a ella. U. t. c. intr. *La silla rozaba con la pared.* || **2.** Producir un ligero daño o desgaste en alguien o algo al rozarlo. *Los zapatos le rozaban el talón.* U. t. c. prnl. || **3.** Estar muy cerca de algo. *La inflación roza el 4%.* U. t. c. intr. *Su actitud roza en la descortesía.* || **4.** Limpiar las tierras de las matas y hierbas inútiles antes de labrarlas, para que retoñen las plantas o para otros fines. *No han podido rozar los bordes de la carretera.* || **5.** Dicho de un cantante: Entonar con inseguridad o con voz poco clara una nota determinada. *El tenor rozó el do de pecho.* || **6.** *Constr.* Abrir algún hueco o canal en un paramento. || **II.** PRNL. **7.** Dicho de dos o más personas: Tratarse o tener entre sí familiaridad y confianza. *A los juveniles les gusta rozarse con jugadores de mayor experiencia.*

rúa. F. **1.** Calle de un pueblo. || **2. camino carretero.**

ruana. F. *Á. Caribe.* Especie de capote de monte o poncho.

ruandés, sa. ADJ. **1.** Natural de Ruanda. U. t. c. s. || **2.** Perteneciente o relativo a este país de África.

ruano, na. ADJ. **1.** Dicho de un caballo: Cuyo pelo está mezclado de blanco, gris o bayo. || **2.** *Á. R. Plata.* Dicho de un caballo, en particular del bayo: Que tiene crines y cola blancas. U. t. c. s.

ruar. INTR. Andar por las calles y otros sitios públicos a pie, a caballo o en coche. U. t. c. tr. *Ruar calles.* MORF. conjug. c. *actuar.*

rubefacción. F. *Med.* Rubicundez producida en la piel por la acción de un medicamento o por alteraciones de la circulación de la sangre, debidas a inflamación u otras enfermedades.

rubefaciente. ADJ. *Med.* Que produce rubefacción. *La ruda tiene acción rubefaciente.*

rubeola o **rubéola.** F. *Med.* Enfermedad infecciosa, contagiosa y epidémica, caracterizada por una erupción semejante a la del sarampión y por infartos ganglionares.

rubescente. ADJ. Que tira a rojo. *Halo rubescente.*

rubí. M. Mineral cristalizado, más duro que el acero, de color rojo y brillo intenso. Es una de las piedras preciosas de más estima, está compuesto de alúmina y magnesia, y es de color más o menos subido, por los óxidos metálicos que contiene. MORF. pl. **rubíes** o **rubís.**

rubia[1]. F. Planta vivaz, de la familia de las Rubiáceas, con tallo cuadrado, voluble, espinoso y de uno a dos metros de longitud, hojas lanceoladas, con espinas en el margen, en verticilos cuádruples o séxtuples, flores pequeñas, amarillentas, en racimos axilares o terminales, fruto carnoso, de color negro, con dos semillas, y raíces delgadas, largas y rojizas. Es originaria de Oriente y se cultiva en Europa por la utilidad de la raíz, que después de seca y pulverizada sirve para preparar una sustancia colorante roja muy usada en tintorería.

rubia[2]. F. Pez teleósteo de agua dulce que apenas llega a la longitud de siete centímetros. Tiene el cuerpo alargado, tenue, casi cilíndrico, cubierto de escamas menudas, manchado de pardo y rojo, y con una pinta negra en el arranque de la cola. Es común en los ríos y arroyos españoles, donde se pesca a flor de agua.

rubiáceo, a. ADJ. *Bot.* Se dice de las plantas angiospermas dicotiledóneas, árboles, arbustos y hierbas, que tienen hojas simples y enterísimas, opuestas o verticiladas y con estípulas, flor con el cáliz adherente al ovario, y

por fruto una baya, cápsula o drupa con semillas de albumen córneo o carnoso; p. ej., la rubia, el quino y el café. U. t. c. s. f. ORTOGR. En f. pl., escr. con may. inicial c. taxón. *Las Rubiáceas.*

rubial. ADJ. Dicho de una tierra o de una planta: Que tira al color rubio.

Rubicón. pasar el ~. LOC.VERB. Dar un paso decisivo arrostrando un riesgo.

rubicundez. F. **1.** Cualidad de rubicundo. || **2.** *Med.* Color rojo o sanguíneo que se presenta como fenómeno morboso en la piel y en las membranas mucosas.

rubicundo, da. ADJ. **1.** Rubio que tira a rojo. *Color rubicundo.* || **2.** Dicho de una persona: De buen color y que parece gozar de completa salud. || **3.** Dicho del pelo: Que tira a colorado.

rubidio. M. Elemento químico de núm. atóm. 37. Metal raro en la litosfera, se encuentra como traza en algunas aguas minerales, en ciertas plantas y en minerales de potasio. De color blanco de plata, blando y pesado, es muy reactivo y se oxida rápidamente. Se usa en la fabricación de células fotoeléctricas. (Símb. *Rb*).

rubio, bia. I. ADJ. **1.** Dicho especialmente del pelo: De color amarillo, parecido al del oro. || **2.** Dicho de una persona: Que tiene el pelo rubio. U. t. c. s. || **3.** De tabaco rubio. *Prefiere los cigarrillos rubios.* U. t. c. s. m. *Siempre fuma rubio.* || **II.** M. **4.** Pez teleósteo, marino, del suborden de los Acantopterigios, de unos tres decímetros de largo, cuerpo en forma de cuña adelgazada hacia la cola, cabeza casi cúbica, cubierta de láminas duras, con hocico saliente y partido, ojos grandes con dos espinas fuertes en la parte posterior, dorso de color rojo negruzco, vientre plateado, aletas pectorales azules, de color amarillo rojizo las demás, y delante de las primeras tres apéndices delgados y cilíndricos de tres a cuatro centímetros de largo. Abunda en las costas españolas. || **~ platino.** LOC.ADJ. Dicho del cabello: rubio muy claro. □ V. **tabaco ~.**

rubiola. F. *Ant.* rubeola.

rublo. M. Unidad monetaria de la Federación Rusa y de algunos otros países de la antigua Unión Soviética.

rubor. M. **1.** Color encarnado o rojo muy encendido. || **2.** Color que la vergüenza saca al rostro, y que lo pone encendido. || **3. vergüenza** (|| turbación).

ruborizar. I. TR. **1.** Causar rubor o vergüenza. *Esta historia no ruborizaría las mejillas de la joven más inocente.* || **II.** PRNL. **2.** Dicho de una persona: Teñirse de rubor. *Tiene propensión a ruborizarse y balbucir.*

ruboroso, sa. ADJ. Que tiene rubor. *Se alejó, ruboroso y sorprendido.*

rúbrica. F. **1.** Rasgo o conjunto de rasgos de forma determinada, que como parte de la firma pone cada cual después de su nombre o título, y que a veces va sola, esto es, no precedida del nombre o título de la persona que rubrica. || **2.** Epígrafe o rótulo. || **3.** Cada una de las reglas que enseñan la ejecución y práctica de las ceremonias y ritos de la Iglesia católica en los libros litúrgicos. || **4.** Conjunto de estas reglas. || **ser de ~** algo. LOC.VERB. En estilo eclesiástico, ser conforme a regla.

rubricar. TR. **1.** Dicho de una persona: Poner su rúbrica, vaya o no precedida de su nombre. || **2.** Suscribir, firmar un despacho o papel y ponerle el sello o escudo de armas de aquel en cuyo nombre se escribe. || **3.** Suscribir o dar testimonio de algo. *Rubricaron con goles su pase a la final.*

rubricista. M. Persona versada en las rúbricas litúrgicas.

rubro. M. *Am.* Título, rótulo.

ruca[1]. F. Planta silvestre de la familia de las Crucíferas, erguida, ramosa, con flores violáceas y frutos en forma de silicuas cilíndricas. Florece en primavera y se encuentra en el centro y este de España.

ruca[2]. F. *Chile.* Vivienda de los aborígenes pampeanos y patagónicos.

rucho. M. Burro, pollino.

rucio, cia. ADJ. Dicho de un animal: De color pardo claro, blanquecino o canoso. Apl. a un caballo o un asno, u. t. c. s.

ruco, ca. ADJ. **1.** *Am. Cen.* Viejo, inútil. || **2.** *Am. Cen.* Dicho especialmente de una caballería: **matalona.**

ruda. F. Planta perenne, de la familia de las Rutáceas, con tallos erguidos y ramosos de seis a ocho decímetros, hojas alternas, gruesas, compuestas de hojuelas partidas en lóbulos oblongos y de color garzo, flores pequeñas, de cuatro pétalos, amarillas, en corimbos terminales, y fruto capsular con muchas semillas negras, menudas y en forma de riñón. Es de olor fuerte y desagradable y se usa en medicina. || **~ cabruna.** F. **galega.**

ruderal. ADJ. *Biol.* Propio o característico de terrenos incultos o de aquellos donde se vierten desperdicios o escombros. *Comunidades vegetales ruderales.*

rudeza. F. Cualidad de rudo.

rudimental. ADJ. Perteneciente o relativo al rudimento. *Los pulgares rudimentales del mono zambo.*

rudimentario, ria. ADJ. Perteneciente o relativo al rudimento o a los rudimentos. *Esquema rudimentario.*

rudimento. M. **1.** Embrión o estado primordial e informe de un ser orgánico. || **2.** pl. Primeros estudios de cualquier ciencia o profesión.

rudo, da. ADJ. **1.** Tosco, sin pulimento, naturalmente basto. *Modales rudos.* || **2.** Que no se ajusta a las reglas del arte. *Estos poemas pueden parecer rudos y faltos de sutileza.* || **3.** Descortés, áspero, grosero. *Rudos trabajadores.* || **4.** Riguroso, violento, impetuoso. *Sometidos a rudos trabajos.*

rueca. F. Instrumento que sirve para hilar, y se compone de una vara delgada con un rocadero hacia la extremidad superior.

rueda. F. **1.** Pieza mecánica en forma de disco que gira alrededor de un eje. || **2.** Círculo o corro de personas o cosas. || **3.** Despliegue en abanico, que hace el pavo con las plumas de la cola. || **4.** Tajada circular de ciertas frutas, carnes o pescados. || **5.** Turno, vez, orden sucesivo. || **~ de identificación.** F. *Esp.* **rueda de reconocimiento.** || **~ de la fortuna.** F. Inconstancia y poca estabilidad de las cosas humanas en la prosperidad y en la adversidad. || **~ del timón.** M. *Mar.* **timón** (|| pieza que permite controlar el timón de la nave). || **~ de molino.** F. Muela de molino. || **~ dentada.** F. La que en su periferia tiene dientes para funcionar en un engranaje. || **~ de prensa.** F. Reunión de periodistas en torno a una figura pública para escuchar sus declaraciones y dirigirle preguntas. || **~ de reconocimiento.** F. Diligencia probatoria realizada ante la policía o ante el juez en la que, entre varias personas, se incluye al denunciado, para que pueda ser reconocido por los testigos o por las partes. || **~ libre.** F. La que estando ordinariamente conectada con el mecanismo propulsor, se desconecta para que ruede libremente. || **chupar ~** un corredor. LOC.VERB. coloq. En ci-

clismo, colocarse inmediatamente detrás de otro para utilizarlo como pantalla frente a la resistencia del aire. || **hacer la ~** a alguien. LOC.VERB. coloq. **rondar** (|| andar alrededor de alguien para conseguir algo). || **sobre ~s.** LOC.ADV. coloq. Muy bien o sin ningún problema. □ V. **silla de ~s.**

ruedo. M. **1.** Terreno circular destinado a la lidia de toros y limitado por la valla o barrera. || **2.** Parte puesta o colocada alrededor de algo. || **3.** Círculo o circunferencia de algo. || **4.** Contorno, límite, término. || **5.** *Á. R. Plata.* **bajo** (|| dobladillo de la ropa).

ruego. M. Súplica, petición hecha a alguien con el fin de alcanzar lo que se le pide.

rufián. M. **1.** Hombre sin honor, perverso, despreciable. || **2.** Hombre que hace tráfico de prostitutas.

rufianería. F. Dichos o hechos propios de rufián.

rufianesca. F. Conjunto de rufianes.

rufianesco, ca. ADJ. Perteneciente o relativo a los rufianes o a la rufianería. *Lenguaje rufianesco.*

rufo, fa. ADJ. **1.** Rubio, rojo o bermejo. *Pelambrera rufa.* || **2.** Que tiene el pelo ensortijado.

rugbista. COM. *Á. R. Plata* y *Chile.* Jugador de *rugby.*

rugido. M. Acción y efecto de rugir.

rugidor, ra. ADJ. Que ruge. *Animales rugidores. Rugidora muchedumbre.*

rugir. INTR. **1.** Dicho del león: **bramar** (|| dar bramidos). || **2.** Dicho de una persona enojada: **bramar** (|| manifestar con voces la ira). || **3.** Crujir o rechinar, y hacer ruido fuerte. || **4.** Empezarse a decir y saberse lo que estaba oculto o ignorado. MORF. U. solo en 3.ª pers.

rugosidad. F. **1.** Cualidad de rugoso. || **2.** **arruga.**

rugoso, sa. ADJ. Que tiene arrugas. *Piel rugosa. Hojas rugosas.*

ruibarbo. M. Planta herbácea, vivaz, de la familia de las Poligonáceas, con hojas radicales, grandes, pecioladas, de borde dentado y sinuoso, ásperas por encima, nervudas y vellosas por debajo, flores amarillas o verdes, pequeñas, en espigas, sobre un escapo fistuloso y anguloso. Mide de uno a dos metros de altura, tiene fruto seco, de una sola semilla triangular, y rizoma pardo por fuera, rojizo con puntos blancos en el interior, compacto y de sabor amargo. Vive en el Asia central y la raíz se usa mucho en medicina como purgante.

ruidero. M. *Méx.* Ruido intenso y repetido.

ruido. M. **1.** Sonido inarticulado, por lo general desagradable. || **2.** Litigio, pendencia, pleito, alboroto o discordia. || **3.** Repercusión pública de algún hecho. *Sus declaraciones han producido mucho ruido.* || **4.** *Ling.* En semiología, interferencia que afecta a un proceso de comunicación. || **~ de sables.** M. Malestar entre los miembros de las fuerzas armadas, que hace sospechar una rebelión. || **hacer,** o **meter, ~** alguien o algo. LOCS.VERBS. Causar admiración, novedad o extrañeza. || **mucho ~ y pocas nueces.** EXPR. coloq. Se usa para señalar que algo aparentemente importante tiene poca sustancia o es insignificante. || **ser más el ~ que las nueces.** LOC.VERB. coloq. Tener poca sustancia o ser insignificante algo que tiene la apariencia de ser importante.

ruidoso, sa. ADJ. **1.** Que causa mucho ruido. *Una fiesta ruidosa.* || **2.** Dicho de una acción o de un lance: Notables y de los que se habla mucho. *Pisa los escenarios con ruidosa desenvoltura.*

ruin. ADJ. **1.** Vil, bajo y despreciable. *Utilizan la amenaza ruin del atentado.* || **2.** Pequeño, desmedrado y humilde. *Un salario ruin.* || **3.** Dicho de una persona: De malas costumbres y procedimientos. || **4.** Mezquino y avariento. *Era codicioso, amigo del dinero y ruin.* || **5.** Dicho de un animal: Falso y de malas mañas.

ruina. F. **1.** Acción de caer o destruirse algo. *La casa amenaza ruina.* || **2.** Pérdida grande de los bienes de fortuna. || **3.** Destrozo, perdición, decadencia de una persona, familia, comunidad o Estado. || **4.** Causa de esta caída, decadencia o perdición, así en lo físico como en lo moral. || **5.** pl. Restos de uno o más edificios arruinados.

ruindad. F. **1.** Cualidad de ruin. || **2.** Acción ruin.

ruinoso, sa. ADJ. **1.** Que amenaza ruina. *Una enorme y ruinosa mansión.* || **2.** Que arruina y destruye. *La guerra es ruinosa para las naciones beligerantes.*

ruiseñor. M. Ave del orden de las Paseriformes, común en España, de unos 16 cm de largo, desde lo alto de la cabeza hasta la extremidad de la cola, y unos 28 de envergadura, con plumaje de color pardo rojizo, más oscuro en el lomo y la cabeza que en la cola y el pecho, y gris claro en el vientre. Tiene pico fino, pardusco, y tarsos delgados y largos. Se alimenta de insectos y habita en las arboledas y lugares frescos y sombríos.

rulemán. M. Á. guar. y Á. R. Plata. **rodamiento.**

rulero. M. Á. Andes, Á. guar. y Á. R. Plata. **rulo** (|| cilindro para rizar el cabello).

ruleta. F. **1.** Rueda giratoria utilizada en juegos de azar. || **2.** Juego de azar para el que se usa una rueda giratoria, dividida en casillas numeradas. || **~ rusa.** F. Juego temerario que consiste en disparar alguien contra sí mismo un revólver cargado con una sola bala, ignorando en qué lugar del tambor está alojada.

ruletear. INTR. Méx. Dicho del conductor de un vehículo de alquiler: Recorrer las calles en busca de pasaje.

ruletero, ra. M. y F. **1.** *Am.* Dueño o explotador de una ruleta. || **2.** Méx. Conductor de un automóvil de alquiler que no tiene parada fija.

rulo[1]. M. **1.** Rodillo para allanar el suelo. || **2.** Rizo del cabello. || **3.** Pequeño cilindro hueco y perforado al que se arrolla el cabello para rizarlo.

rulo[2]. M. Chile. Tierra de labor sin riego.

rumano, na. **I.** ADJ. **1.** Natural de Rumanía. U. t. c. s. || **2.** Perteneciente o relativo a este país de Europa. || **II.** M. **3.** Lengua rumana.

rumba. F. **1.** Baile popular afrocubano, ejecutado a un ritmo vivo y con un pronunciado movimiento de caderas. || **2.** Música de este baile. || **3.** *Ant.* Francachela, parranda.

rumbeador, ra. ADJ. Á. R. Plata. Que acierta el rumbo.

rumbear[1]. **1.** *Am.* Orientarse, tomar el rumbo. || **2.** *Am.* Encaminarse, dirigirse hacia un lugar.

rumbear[2]. INTR. *Ant.* Andar de parranda.

rumbero, ra. ADJ. **1.** Perteneciente o relativo a la rumba. *Música rumbera.* || **2.** Aficionado a bailar la rumba, experto en este baile. U. t. c. s.

rumbo. M. **1.** Dirección considerada o trazada en el plano del horizonte, y principalmente cualquiera de las comprendidas en la rosa de los vientos. || **2.** Dirección o camino que sigue una embarcación o un avión. || **3.** Camino y senda que alguien se propone seguir en lo que intenta o procura. *No sé qué rumbo piensa seguir en sus estudios.* || **abatir el ~.** LOC.VERB. Mar. Hacer variar su dirección hacia sotavento. || **corregir el ~.** LOC.VERB. Mar. Reducir a verdadero el que se ha hecho por la indicación de la aguja, sumándole o restándole la variación

de esta en combinación con el abatimiento cuando lo hay. || **hacer ~.** LOC.VERB. Mar. Ponerse a navegar con dirección a un punto determinado.

rumboso, sa. ADJ. **1.** Desprendido, dadivoso. || **2.** Pomposo y magnífico. *Edificios rumbosos.*

rumia. F. Acción y efecto de rumiar.

rumiante. ADJ. **1.** Que rumia. || **2.** Zool. Se dice de los mamíferos artiodáctilos de pezuña hendida, que se alimentan de vegetales, carecen de dientes incisivos en la mandíbula superior, y tienen el estómago compuesto de cuatro cavidades, como los camellos, toros, ciervos, carneros, cabras, etc. U. t. c. s. m. ORTOGR. En m. pl., escr. con may. inicial c. taxón. *Los Rumiantes.*

rumiar. TR. **1.** Masticar por segunda vez, volviéndolo a la boca, el alimento que ya estuvo en el depósito que a este efecto tienen algunos animales. || **2.** coloq. Considerar despacio y pensar con reflexión y madurez algo. || **3.** coloq. Rezongar, refunfuñar. ¶ MORF. conjug. c. *anunciar.*

rumor. M. **1.** Noticia falsa o sin confirmar que circula entre la gente. || **2.** Ruido confuso de voces. || **3.** Ruido vago, sordo y continuado.

rumorar. TR. **rumorear** (|| difundir un rumor). U. t. c. intr.

rumorear. **I.** TR. **1.** Difundir entre la gente un **rumor** (|| noticia sin confirmar). U. t. c. prnl. || **II.** INTR. **2.** Sonar de manera vaga, sorda y continuada.

rumorología. F. Empleo o difusión de rumores.

rumoroso, sa. ADJ. Que causa rumor. *Arboleda, fuente rumorosa.*

rumpiata. F. Chile. Arbusto de la familia de las Sapindáceas, hasta de metro y medio de altura, con hojas alternas, dentadas, flores pequeñas, amarillentas y fruto capsular con tres lóbulos en forma de ala.

runa[1]. F. Cada uno de los caracteres que empleaban en la escritura los antiguos escandinavos.

runa[2]. **I.** M. **1.** Hombre indio. || **II.** F. **2.** Á. Andes. Variedad de patata pequeña, cuya cocción es lenta.

runfla. F. Serie de varias cosas de una misma especie.

rúnico, ca. ADJ. **1.** Perteneciente o relativo a las **runas**[1]. *Caracteres rúnicos.* || **2.** Escrito en ellas. *Poesía rúnica.*

runrún. M. **1.** Zumbido, ruido o sonido continuado y bronco. || **2.** Ruido confuso de voces. || **3.** coloq. Voz que corre entre el público. || **4.** Chile. Juguete que se hace girar y produce un zumbido. || **5.** Chile. Ave de plumaje negro, con las remeras blancas. Vive a orilla de los ríos y se alimenta de insectos.

runrunear. INTR. **susurrar.** U. m. c. prnl.

runruneo. M. **1.** Acción de runrunear. || **2.** **runrún** (|| ruido confuso).

rupestre. ADJ. **1.** Perteneciente o relativo a las rocas. *Planta rupestre.* || **2.** Se dice especialmente de las pinturas y dibujos prehistóricos existentes en algunas rocas y cavernas. || **3.** Rudo y primitivo. *Escribía con una máquina rupestre.*

rupia. F. Moneda de plata usada en la India y en el Pakistán.

rupícola. ADJ. Que se cría en las rocas. *Aves rupícolas.*

ruptura. F. **1.** Acción y efecto de romper. || **2.** Rompimiento de relaciones entre las personas.

rural. ADJ. **1.** Perteneciente o relativo a la vida del campo y a sus labores. *Desarrollo, turismo, economía rural.* || **2.** Inculto, tosco, apegado a cosas lugareñas. *Costumbres muy rurales.*

ruralismo. M. Cualidad de rural.

rurrupata. F. *Chile*. Canto para adormecer al niño.

rusco. M. **brusco²**.

Rusia. □ V. **piel de ~**.

rusiente. ADJ. Que se pone rojo o candente con el fuego. *Brasas rusientes.*

ruso, sa. I. ADJ. **1.** Natural de Rusia. U. t. c. s. ‖ **2.** Perteneciente o relativo a este país de Europa y Asia. ‖ **II.** M. **3.** Lengua rusa. ‖ **4.** Gabán de paño grueso. □ V. **baño ~, carlota ~, desmán ~, ensalada ~, ensaladilla ~, filete ~, montaña ~, ruleta ~**.

rusticidad. F. Cualidad de rústico.

rústico, ca. I. ADJ. **1.** Perteneciente o relativo al campo. *Finca rústica.* ‖ **2. tosco** (‖ grosero). *Costumbre muy rústica.* ‖ **II.** M. y F. **3.** Persona del campo. ‖ **a la,** o **en, rústica.** LOCS. ADVS. Dicho de encuadernar libros: Con cubierta flexible de papel, cartulina o plástico. □ V. **predio ~**.

rustiquez. F. Cualidad de rústico.

ruta. F. **1.** Rota o derrota de un viaje. ‖ **2.** Itinerario para él. ‖ **3.** Camino o dirección que se toma para un propósito. ‖ **4. carretera.** □ V. **hoja de ~**.

rutáceo, a. ADJ. *Bot.* Se dice de las plantas angiospermas dicotiledóneas, hierbas por lo común perennes, o arbustos y árboles, a veces siempre verdes, con hojas alternas u opuestas, simples o compuestas, flores pentámeras o tetrámeras y fruto dehiscente con semillas menudas y provistas de albumen, o en hesperidio; p. ej., la ruda y el naranjo. U. t. c. s. f. ORTOGR. En f. pl., escr. con may. inicial c. taxón. *Las Rutáceas.*

rutenio. M. Elemento químico de núm. atóm. 44. Metal raro en la litosfera, se encuentra en los minerales de platino. De color grisáceo, duro y quebradizo, se usa como catalizador y como endurecedor en joyería y odontología. (Símb. *Ru*).

ruteno, na. I. ADJ. **1.** Se decía de los individuos del pueblo ucraniano. U. t. c. s. ‖ **2.** Perteneciente o relativo a este pueblo. *Tradiciones rutenas.* ‖ **3.** hist. Se decía de las Iglesias de liturgia ortodoxa que, en estas regiones, aceptaron la autoridad del papa. ‖ **II.** M. **4.** Dialecto ucraniano de Galicia y Bukovina, en la Europa central.

rutherfordio. M. *Quím.* Elemento químico transuránico de núm. atóm. 104. Obtenido artificialmente, es el primer elemento posterior al grupo de los actínidos. (Símb. *Rt*).

rutilancia. F. Brillo rutilante.

rutilante. ADJ. Que rutila. *Estrella rutilante.*

rutilar. INTR. **brillar.**

rutilo. M. *Geol.* Óxido de titanio.

rútilo, la. ADJ. **resplandeciente.**

rutina. F. **1.** Costumbre inveterada, hábito adquirido de hacer las cosas por mera práctica y sin razonarlas. ‖ **2.** *Inform.* Secuencia invariable de instrucciones que forma parte de un programa y se puede utilizar repetidamente.

rutinario, ria. ADJ. **1.** Que se hace o practica por rutina. *Inspección rutinaria.* ‖ **2.** Dicho de una persona: Que obra por mera rutina.

rutinero, ra. ADJ. Que ejerce un arte u oficio, o procede en cualquier asunto por mera rutina. U. t. c. s.

S

s. F. Decimonovena letra del abecedario latino internacional y vigésima segunda del español, que representa
un fonema consonántico fricativo y sordo. Entre muchas variedades de articulación tiene dos principales:
la apical, que domina en la mayor parte de España,
y la predorsal, más frecuente en las regiones meridionales de España y en Hispanoamérica. Su nombre
es *ese*.

sabadellense. ADJ. **1.** Natural de Sabadell. U. t. c. s.
∥ **2.** Perteneciente o relativo a esta ciudad de la provincia de Barcelona, en España.

sábado. M. **1.** Sexto día de la semana, séptimo de la semana litúrgica. ∥ **2.** Día santo para el judaísmo y alguna
otra confesión religiosa. ∥ **Sábado de Gloria.** M. Sábado Santo.

sábalo. M. Pez teleósteo marino de la misma familia que
la sardina, de hasta siete decímetros de largo, con el
cuerpo en forma de lanzadera y algo comprimido; de color verde azulado y flancos plateados, tiene una gran
mancha negra en la espalda, y las aletas, pequeñas. Habita en el océano Atlántico y remonta los ríos en primavera para desovar.

sabana. F. Llanura, en especial si es muy dilatada, sin
vegetación arbórea.

sábana. F. Cada una de las dos piezas de lienzo, algodón
u otro tejido, de tamaño suficiente para cubrir la cama
y colocar el cuerpo entre ambas. ∥ **~ santa.** F. Aquella en
que envolvieron a Cristo para ponerlo en el sepulcro.
∥ **pegársele** a alguien **las ~s.** LOC.VERB. coloq. Levantarse
más tarde de lo que debe o acostumbra.

sabandija. F. **1.** Reptil pequeño o insecto, especialmente de los perjudiciales y molestos; p. ej., la salamanquesa, el escarabajo, etc. ∥ **2.** coloq. Persona despreciable.

sabanear. INTR. *Am.* Recorrer la sabana donde se ha establecido un hato, para buscar y reunir el ganado, o para
vigilarlo.

sabaneño, ña. ADJ. **1.** Natural de Sabana Grande.
U. t. c. s. ∥ **2.** Perteneciente o relativo a este municipio
de Puerto Rico o a su cabeza.

sabaneo. M. *Á. Caribe.* Acción de sabanear.

sabanera. F. *Á. Caribe.* Se usa como nombre genérico
para referirse a cuatro especies de culebras no venenosas, de hábitos diurnos, que se identifican por su cabeza
ovalada, y tienen el lomo pardo con diverso colorido, según las especies.

sabanero, ra. **I.** ADJ. **1.** Habitante de una sabana.
U. t. c. s. ∥ **2.** Perteneciente o relativo a la sabana. *Vege-*

tación sabanera. ∥ **II.** M. **3.** *Am.* Hombre encargado de
sabanear.

sabanilla. F. **1.** Cubierta exterior de lienzo con que se
cubre el altar, sobre la cual se ponen los corporales. ∥ **2.**
Pieza de lienzo pequeña; p. ej. un pañuelo, una toalla,
etc. ∥ **3.** *Chile.* Sábana pequeña que cubre parte de la sábana inferior y que impide que esta se ensucie.

sabañón. M. Rubicundez, hinchazón o ulceración de la
piel, principalmente de las manos, de los pies y de las
orejas, con ardor y picazón, causada por frío excesivo.
∥ **comer** alguien **como un ~.** LOC.VERB. coloq. Comer mucho y con ansia.

sabático, ca. **I.** ADJ. **1.** Perteneciente o relativo al sábado. *Descanso sabático.* ∥ **2.** hist. Se dice del séptimo
año, en que los hebreos dejaban descansar sus tierras,
viñas y olivares. ∥ **II.** M. **3. año sabático.**

sabatino, na. ADJ. Perteneciente o relativo al sábado o
ejecutado en él. *Bula sabatina.*

sabbat. M. **1.** En el judaísmo, **sábado** (∥ día santo). ∥ **2.**
En las leyendas y creencias sobre la brujería, **aquelarre.** ¶ MORF. pl. **sabbats.**

sabedor, ra. ADJ. Instruido o conocedor de algo. *Sabedor de sus desdichas.*

sabelianismo. M. hist. Doctrina de Sabelio, heresiarca
africano del siglo III, fundada en la creencia de un solo
Dios que se revela bajo tres nombres diferentes, y negando, por tanto, la distinción de las tres Personas y el
misterio de la Santísima Trinidad.

sabeliano, na. ADJ. **1.** hist. Dicho de una persona: Que
sigue la doctrina de Sabelio. U. t. c. s. ∥ **2.** hist. Perteneciente o relativo a su doctrina. *Ideas sabelianas.*

sabélico, ca. ADJ. Perteneciente o relativo a los sabinos
o samnitas.

sabelotodo. COM. coloq. Que presume de sabio sin
serlo. MORF. pl. invar. o **sabelotodos.**

sabeo, a. ADJ. **1.** hist. Natural de Saba. U. t. c. s. ∥ **2.**
hist. Perteneciente o relativo a esta región de la Arabia
antigua.

saber¹. **I.** TR. **1.** Conocer algo, o tener noticia o conocimiento de ello. *Supe que se había casado. No sé ir a su
casa.* ∥ **2.** Ser docto en algo. *Sabe geometría.* ∥ **3.** Tener
habilidad para algo, o estar instruido y diestro en un
arte o facultad. *Sabe nadar. Sabe inglés.* ∥ **II.** INTR. **4.**
Estar informado de la existencia, paradero o estado de
alguien o de algo. *¿Qué sabes de tu amigo? Hace un mes
que no sé de mi hermano.* ∥ **5.** Ser muy sagaz y prevenido. ∥ **6.** Dicho de una cosa: Tener sabor. ∥ **7.** Dicho de
una cosa: Agradar o desagradar. *Le supo mal tu nega-*

tiva. ¶ MORF. V. conjug. modelo. ‖ ~ **a poco** algo. LOC. VERB. coloq. Resultar insuficiente cuando se estima su gran calidad, valor o importancia y se desearía mayor cantidad de ello. ‖ **a ~.** EXPR. **1. es a saber.** ‖ **2. vete tú a saber.** *¡A saber cuándo vendrá!* ‖ **3.** Se usa para dar comienzo a una enumeración. *Extremadura tiene dos provincias, a saber, Cáceres y Badajoz.* ‖ **no ~** alguien **dónde meterse.** LOC.VERB. coloq. Mostrar temor y vergüenza en una situación. ‖ **no ~** alguien **lo que tiene.** LOC.VERB. **1.** coloq. Tener un gran caudal. ‖ **2.** coloq. No ser consciente del valor o de las cualidades de alguien o de algo suyo. ‖ **no ~** alguien **por dónde anda, o se anda.** LOCS. VERBS. **1.** coloqs. No tener habilidad ni capacidad para desempeñar aquello de que está encargado. ‖ **2.** coloqs. No acertar a apreciar o resolver algo, por falta de datos o por ofuscación. ‖ **no sé cuántos.** LOC. SUST. M. **fulano** (‖ persona indeterminada). *El actor no sé cuántos llegó entonces.* ‖ **no sé qué.** LOC. SUST. M. Cosa sutil y misteriosa que no se acierta a explicar. *Tiene un no sé qué muy agradable.* ‖ **no sé qué te diga.** EXPR. coloq. Se usa para indicar desconfianza o incertidumbre de lo que le dicen a alguien. ‖ **que sepamos, se sepa,** etc. LOCS.VERBS. Que haya constancia. ‖ **~ estar** alguien. LOC.VERB. Comportarse adecuadamente en un determinado ambiente. *El que no sabe estar no tiene nada que hacer.* U. t. c. loc. sust. m. *El saber estar.* ‖ **~ hacer.** LOC. SUST. M. Conjunto de conocimientos y técnicas acumulados por una persona o una empresa. ‖ **sabérselas todas** alguien. LOC.VERB. coloq. Tener gran habilidad para desenvolverse con éxito en las más diversas circunstancias. ‖ **y qué sé yo.** EXPR. coloq. Y muchos más, y muchas más cosas. Se usa para no proseguir una enumeración.

saber². M. **1. sabiduría** (‖ conocimiento profundo en ciencias, letras o artes). ‖ **2.** Ciencia o facultad.

sabicú. M. Á. *Caribe.* Árbol grande, de la familia de las Papilionáceas, con flores blancas o amarillas, pequeñas y olorosas, legumbre aplanada, oblonga y lampiña, y madera dura, pesada y compacta, de color amarillo pardo o rojo vinoso. MORF. pl. **sabicúes** o **sabicús.**

sabidillo, lla. ADJ. despect. Que presume de entendido y docto sin serlo o sin venir a cuento. U. t. c. s.

sabido, da. PART. de **saber¹.** ‖ ADJ. **1.** Que sabe o entiende mucho. *Elena es muy sabida.* U. t. en sent. irón. ‖ **2.** Dicho de una cosa: Que es habitual o de siempre. *Es sabido que Beethoven nació en 1770.*

sabiduría. F. **1.** Grado más alto del conocimiento. ‖ **2.** Conducta prudente en la vida o en los negocios. ‖ **3.** Conocimiento profundo en ciencias, letras o artes. ‖ **~ eterna,** o **~ increada.** F. El Verbo divino.

sabiendas. a ~. LOC.ADV. Con conocimiento y deliberación.

sabihondo, da. ADJ. coloq. **sabiondo.** U. t. c. s.

sábila. F. Á. *Caribe* y Méx. **áloe** (‖ planta liliácea).

sabina. F. Arbusto o árbol de poca altura, de la familia de las Cupresáceas, siempre verde, con tronco grueso, corteza de color pardo rojizo, ramas extendidas, hojas casi cilíndricas, opuestas, escamosas y unidas entre sí de cuatro en cuatro, fruto redondo, pequeño, negro azulado, y madera encarnada y olorosa. ‖ **~ albar.** F. Árbol de la misma familia que el anterior, de unos diez metros de altura, con hojas y fruto algo mayores, y más claro el color de la corteza del tronco. ‖ **~ rastrera.** F. Especie muy ramosa, de hojas pequeñitas adheridas a la rama, y fruto de color negro azulado. Despide un olor fuerte y desagradable.

sabinar. M. Terreno poblado de sabinas.

sabinilla. F. *Chile.* Arbusto de la familia de las Rosáceas, con hojas compuestas de hojuelas lineales y fruto carnoso, pequeño, lustroso, comestible.

sabino¹, na. I. ADJ. **1.** hist. Se dice del individuo de cierto pueblo de la Italia antigua que habitaba entre el Tíber y los Apeninos. U. t. c. s. ‖ **2.** hist. Perteneciente o relativo a este pueblo. *Tradiciones sabinas.* ‖ **II.** M. **3.** Dialecto que hablaba este pueblo.

sabino². M. *Méx.* **ahuehuete.**

sabio, bia. ADJ. **1.** Dicho de una persona: Que posee la sabiduría. U. t. c. s. ‖ **2.** Dicho de una persona: Que tiene profundos conocimientos en una materia, ciencia o arte. U. t. c. s. ‖ **3.** Dicho de una cosa: Que instruye o resolver algo que contiene sabiduría. *Sabios consejos.* ‖ **4. cuerdo** (‖ prudente). *Tomamos la sabia decisión de llevar ropa de abrigo.* Apl. a pers., u. t. c. s. ‖ **5.** Dicho de un animal: Que tiene muchas habilidades. *Perro sabio.* ¶ MORF. sup. irreg. **sapientísimo.** □ V. **lengua ~, mono ~.**

sabiondez. F. coloq. Cualidad de sabiondo.

sabiondo, da. ADJ. coloq. Que presume de sabio sin serlo. U. t. c. s.

sabir. M. Pidgin de base románica.

sablazo. M. **1.** Golpe dado con un sable. ‖ **2.** Herida hecha con él. ‖ **3.** coloq. Acto de sacar dinero a alguien pidiéndoselo, por lo general, con habilidad o insistencia y sin intención de devolverlo.

sable¹. M. **1.** Arma blanca semejante a la espada, pero algo curva y por lo común de un solo corte. ‖ **2.** *Dep.* En esgrima, arma con hoja de sección rectangular, triangular o con forma de trapecio y cazoleta, cuyo peso no supera los 500 g. □ V. **ruido de ~s.**

sable². M. *Heráld.* Color heráldico que en pintura se expresa con el negro, y en el grabado por medio de líneas verticales y horizontales que se entrecruzan. U. t. c. adj.

sablear. TR. coloq. Sacar dinero a alguien dándole sablazos, esto es, con petición hábil o insistente y sin intención de devolverlo. U. t. c. intr.

sablista. ADJ. coloq. Que tiene por hábito sablear. U. m. c. s.

saboga. F. **sábalo.**

saboneta. F. Reloj de bolsillo, cuya esfera, cubierta con una tapa de oro, plata u otro metal, se descubre apretando un muelle.

sabor. M. **1.** Sensación que ciertos cuerpos producen en el órgano del gusto. ‖ **2.** Impresión que algo produce en el ánimo. *Su dimisión dejó un sabor amargo.* ‖ **3.** Propiedad que tienen algunas cosas de parecerse a otras con que se las compara. *Un poema de sabor clásico.* ‖ **a ~.** LOC.ADV. Al gusto o conforme a la voluntad y deseo. ‖ **dejar** algo **mal ~ de boca** a alguien. LOC.VERB. Dejar un mal recuerdo o producir un disgusto por haber sido triste, desagradable, etc.

saboreador, ra. ADJ. Que saborea. *Persona saboreadora de nuevas experiencias.*

saborear. TR. **1.** Percibir detenidamente y con deleite el sabor de lo que se come o se bebe. *Saborear un buen vino.* U. t. c. prnl. ‖ **2.** Apreciar detenidamente y con deleite una cosa grata. *Saborear el triunfo.* U. t. c. prnl.

saboreo. M. Acción de saborear.

saborizante. ADJ. Que, añadido a algo, especialmente a un alimento, le da sabor. Apl. a una sustancia o un producto, u. t. c. s. m.

sabotaje. M. **1.** Daño o deterioro que en las instalaciones, productos, etc., se hace como procedimiento de lucha contra los patronos, contra el Estado o contra las fuerzas de ocupación en conflictos sociales o políticos. ‖ **2.** Oposición u obstrucción disimulada contra proyectos, órdenes, decisiones, ideas, etc.

saboteador, ra. ADJ. Que sabotea. Apl. a pers., u. t. c. s.

sabotear. TR. Realizar actos de sabotaje.

saboyana. F. hist. Ropa exterior que usaban las mujeres, a modo de basquiña abierta por delante.

saboyano, na. ADJ. **1.** Natural de Saboya. U. t. c. s. ‖ **2.** Perteneciente o relativo a esta región de Francia y de Italia.

sabroso, sa. ADJ. **1.** Sazonado y grato al sentido del gusto. *El salmonete es un pescado sabroso.* ‖ **2.** Delicioso, gustoso, deleitoso al ánimo. *Estuvimos muy atentos al sabroso relato que nos contó.* ‖ **3.** coloq. Ligeramente salado.

sabrosura. F. *Am. Cen.* y *Á. Caribe.* Cualidad de sabroso.

sabueso, sa. **I.** ADJ. **1.** Se dice de un perro variedad del podenco, algo mayor que el común y de olfato muy fino. U. t. c. s. ‖ **II.** M. **2.** Pesquisidor, que sabe indagar, que olfatea, descubre, sigue o averigua los hechos.

sabuloso, sa. ADJ. Que tiene arena o está mezclado con ella. *Secreciones sabulosas del riñón.*

saburra. F. **1.** *Biol.* Secreción mucosa espesa que se acumula en las paredes del estómago. ‖ **2.** *Biol.* Capa blanquecina que cubre la lengua por efecto de dicha secreción.

saburral. ADJ. *Biol.* Perteneciente o relativo a la saburra.

saburroso, sa. ADJ. *Med.* Que indica la existencia de saburra gástrica. *Lengua saburrosa.*

saca¹. F. Acción y efecto de sacar.

saca². F. Costal muy grande de tela fuerte, más largo que ancho.

sacabocado o sacabocados. M. Instrumento metálico con boca hueca y cortes afilados, que sirve para taladrar. Los hay en forma de punzón, de tenaza, etc.

sacabuche. M. Instrumento musical metálico, especie de trombón, que se alarga y acorta recogiéndose en sí mismo, para que haga la diferencia de voces que pide la música.

sacacorchos. M. Instrumento consistente en una espiral metálica con un mango o una palanca que sirve para quitar los tapones de corcho a los frascos y botellas.

sacada. F. **1.** Partido o territorio que se ha separado de una merindad, provincia o reino. ‖ **2.** En el tresillo, jugada en que quien entra y juega ha hecho más bazas que ninguno de los contrarios. ‖ **3.** *Chile.* Acción y efecto de sacar.

sacador, ra. ADJ. Que saca. Apl. a pers., u. t. c. s.

sacaleches. M. Aparato que sirve para extraer la leche del pecho de una mujer.

sacamantecas. M. **1.** coloq. Criminal que abre el cuerpo a sus víctimas para sacarle las vísceras. ‖ **2.** coloq. Ser imaginario con que se asusta a los niños.

sacamiento. M. Acción y efecto de sacar.

sacamuelas. M. **1.** hist. Persona que tenía por oficio sacar muelas. ‖ **2.** Vendedor ambulante que, a fuerza de palabrería, intenta convencer a las gentes para que compren mercancías de poco valor.

sacapulteca. **I.** ADJ. **1.** Se dice del individuo de un pueblo amerindio de la familia maya de Guatemala. U. t. c. s. ‖ **2.** Perteneciente o relativo a los sacapulte-

cas. *Artesanía sacapulteca.* ‖ **II.** M. **3.** Lengua hablada por los sacapultecas.

sacapulteco, ca. ADJ. **1.** Natural de Sacapulas. U. t. c. s. ‖ **2.** Perteneciente o relativo a este municipio de Guatemala o a su cabecera, en el departamento de Quiché.

sacapuntas. M. Instrumento para afilar los lápices.

sacar. **I.** TR. **1.** Poner algo fuera del lugar donde estaba encerrado o contenido. *Sacó un mantel del cajón.* ‖ **2.** Quitar, apartar a alguien o algo del sitio o condición en que se halla. *Sacar al niño de la escuela. Sacar a alguien de un apuro.* ‖ **3.** Aprender, averiguar, resolver algo por medio del estudio. *Sacar la cuenta.* ‖ **4.** Conocer, descubrir, hallar por señales e indicios. *Sacar una pista por el rastro.* ‖ **5.** Hacer con fuerza o con maña que alguien diga o dé algo. *Me sacaron veinte euros.* ‖ **6.** Extraer de una cosa alguno de los principios o partes que la componen o constituyen. *Sacar aceite de almendras.* ‖ **7.** Elegir por sorteo o por pluralidad de votos. *Sacar alcalde.* ‖ **8.** Conseguir, lograr, obtener algo. *Saca buenas notas.* ‖ **9.** Comprar algo, como un billete, una entrada, etc. ‖ **10.** Aventajar a alguien o algo en lo que se expresa. *Mi hermano me saca diez centímetros.* ‖ **11.** Alargar, adelantar algo. *Antonio saca el pecho cuando anda.* ‖ **12.** Ensanchar o alargar una prenda de vestir. ‖ **13.** Exceptuar, excluir. *Sacando aquel, el resto no vale nada.* ‖ **14.** Hacer una fotografía o retrato. ‖ **15.** Mostrar, manifestar algo. *Marta es muy dulce, pero a veces saca el genio.* ‖ **16.** Quitar algo que afea o perjudica. *Sacar una mancha, una enfermedad.* ‖ **17.** Ganar al juego. *Sacar la lotería.* ‖ **18.** Producir, inventar, imitar algo. *Sacar una máquina, una moda, una copia, un bordado.* ‖ **19.** Dar a la pelota o al balón el impulso inicial, sea al comienzo del partido o en los lances en que así lo exigen las reglas del juego. ‖ **20.** En el juego de pelota, arrojarla desde el rebote que da en el saque hacia los contrarios que la han de devolver. ‖ **21.** Aplicar, atribuir un apodo, un mote, una falta, etc. ‖ **II.** PRNL. **22.** *Méx.* **quitarse** (‖ irse de un lugar). ‖ **~ a bailar.** LOC.VERB. **1.** Dicho de una persona: Pedir a otra que baile con ella. ‖ **2.** coloq. Nombrar a alguien de quien no se hablaba, o citar un hecho que no se tenía presente. Se usa de ordinario culpando o censurando a quien lo hace con poca razón. *¿Qué necesidad había de sacar a bailar a los que ya han muerto?* ‖ **~ adelante.** LOC.VERB. **1.** Proteger a una persona en su crianza, educación o empresas. ‖ **2.** Llevar un asunto o un negocio a feliz término. ‖ **~ en claro, o en limpio.** LOCS.VERBS. Deducir de manera clara, en sustancia, en conclusión.

sacárido. M. *Bioquím.* **hidrato de carbono.**

sacarífero, ra. ADJ. Que produce o contiene azúcar. *Región sacarífera. Caña sacarífera.*

sacarina. F. Sustancia blanca que se comercializa en forma de pequeños comprimidos y que puede endulzar tanto como 234 veces su peso de azúcar. Se obtiene por transformación de ciertos productos extraídos de la brea mineral.

sacarino, na. ADJ. Perteneciente o relativo al azúcar. *La producción sacarina del territorio.* □ V. **diabetes ~.**

sacaroideo, a. ADJ. Semejante en su estructura al azúcar de pilón. *Mármol sacaroideo.*

sacarosa. F. *Quím.* **azúcar.**

sacate. M. *Méx.* **zacate.**

sacatepecano, na. ADJ. **1.** Natural de Sacatepéquez. U. t. c. s. ‖ **2.** Perteneciente o relativo a este departamento de Guatemala.

sacatinta. M. *Am. Cen.* Arbusto de cerca de un metro de altura, de cuyas hojas se extrae un tinte azul violeta.

sacatrapos. M. hist. Espiral de hierro que se atornillaba en el extremo de la baqueta y servía para sacar los tacos, u otros cuerpos blandos, del ánima de las armas de fuego.

sacciforme. ADJ. Que tiene forma de saco. *Órganos sacciformes.*

sacerdocio. M. **1.** Dignidad y estado de sacerdote. ‖ **2.** Ejercicio y ministerio propio del sacerdote. ‖ **3.** Consagración activa y celosa al desempeño de una profesión o ministerio elevado y noble.

sacerdotal. ADJ. Perteneciente o relativo al sacerdote. □ V. orden ~, paramentos ~es.

sacerdote. **I.** M. **1.** En la Iglesia católica, hombre ordenado para celebrar el sacrificio de la misa y realizar otras tareas propias del ministerio pastoral. ‖ **II.** COM. **2.** Persona dedicada y consagrada a hacer, celebrar y ofrecer sacrificios. ‖ ~ **augustal.** M. hist. Cada uno de los 21 creados por Tiberio, y que luego fueron 25, para hacer sacrificios a Augusto, contado entre los dioses. ‖ **sumo ~.** M. Entre los hebreos, príncipe de los sacerdotes.

sacerdotisa. F. Mujer que ejerce el sacerdocio.

sachapera. F. *Á. Andes.* Árbol espinoso ornamental de hojas lanceoladas y pequeñas flores verdosas.

sacho. M. **1.** Instrumento de hierro, pequeño y manejable, en forma de azadón, que sirve para escardar. ‖ **2.** *Chile.* Instrumento formado por un armazón de madera con una piedra que sirve de lastre. Se usa en lugar de ancla en las embarcaciones menores.

saciar. TR. **1.** Hartar y satisfacer de bebida o de comida. *Sació su apetito con dulces.* U. t. c. prnl. ‖ **2.** Hartar y satisfacer en las cosas del ánimo. *Sació su curiosidad.* U. t. c. prnl. ¶ MORF. conjug. c. *anunciar.*

saciedad. F. Hartura producida por satisfacer con exceso el deseo de algo. ‖ **hasta la ~.** LOC.ADV. Hasta no poder más, enteramente.

saco. M. **1.** Receptáculo de tela, cuero, papel, etc., por lo común de forma rectangular o cilíndrica, abierto por uno de los lados. ‖ **2.** Cosa contenida en él. *Necesitan tres sacos de carbón para la cocina.* ‖ **3.** Cosa que en sí incluye otras muchas, en la realidad o en la apariencia. U. m. en sent. peyor. *Saco de mentiras. Saco de malicias.* ‖ **4.** Especie de gabán grande, y en general vestidura holgada, que no se ajusta al cuerpo. ‖ **5.** Acción de entrar a saco. ‖ **6.** *Biol.* Órgano o parte del cuerpo, en forma de bolsa o receptáculo, que funciona como reservorio. *Saco lagrimal, amniótico, vasculoso.* ‖ **7.** *Mar.* Bahía, ensenada, y en general, entrada del mar en la tierra, especialmente cuando su boca es muy estrecha con relación al fondo. ‖ **8.** *Am.* Chaqueta, americana. ‖ ~ **de aire.** M. bolsa de aire. ‖ ~ **de dormir.** M. El que forrado o acolchado se usa para dormir dentro de él. ‖ ~ **terrero.** M. El que se llena de tierra y se emplea en defensa contra los proyectiles. ‖ ~ **vitelino.** M. *Biol.* Bolsa llena de vitelo, del que se alimentan ciertos embriones animales durante las primeras etapas de su desarrollo. ‖ **echar en ~ roto** algo. LOC.VERB. coloq. Olvidarlo, no tenerlo en cuenta. ‖ **entrar a ~.** LOC.VERB. saquear. ‖ **meter en el mismo ~.** LOC.VERB. coloq. Dar el mismo tratamiento o consideración, sin atender a diferencias que pueden ser legítimas. ‖ **ponerse el ~.** LOC.VERB. *Méx.* Darse por aludido ante una indirecta. □ V. hombre del ~.

sacón. M. *Á. R. Plata.* chaquetón.

sacral. ADJ. sagrado (‖ digno de veneración y respeto). *Carácter, consideración sacral.*

sacralidad. F. Cualidad de sagrado.

sacralización. F. Acción y efecto de sacralizar.

sacralizar. TR. Atribuir carácter sagrado a lo que no lo tenía.

sacramentado. ADJ. Dicho de Jesucristo: Que está en la eucaristía.

sacramental. **I.** ADJ. **1.** Perteneciente o relativo a los sacramentos. *El sacerdote recitó la fórmula sacramental.* ‖ **2.** Se dice de los remedios que tiene la Iglesia para sanar el alma y limpiarla de los pecados veniales, y de las penas debidas por estos y por los mortales; p. ej., el agua bendita, las indulgencias y los jubileos. U. t. c. s. m. pl. ‖ **II.** F. **3.** Cofradía dedicada a dar culto al sacramento del altar. □ V. absolución ~, auto ~, especies ~es, frase ~, sigilo ~.

sacramentar. TR. En el sacramento de la eucaristía, convertir el pan en el cuerpo de Jesucristo. U. t. c. prnl.

sacramentino, na. ADJ. **1.** Se dice de los religiosos de la Orden de la Adoración Perpetua del Santísimo Sacramento. U. t. c. s. ‖ **2.** Perteneciente o relativo a esta orden. *Devoción sacramentina.*

sacramento. M. **1.** Cada uno de los siete signos sensibles de un efecto interior y espiritual que Dios obra en nuestras almas. ‖ **2.** Cristo sacramentado en la hostia. ‖ ~ **del altar.** M. El eucarístico. ‖ **Santísimo Sacramento.** M. sacramento (‖ Cristo sacramentado). ‖ **últimos ~s.** M. pl. Los de la penitencia, eucaristía y extremaunción que se administran a un enfermo en peligro de muerte. ‖ **recibir los ~s** el enfermo. LOC.VERB. Recibir los de penitencia, eucaristía y extremaunción. □ V. **materia del ~, materia próxima del ~, materia remota del ~.**

sacratísimo, ma. ADJ. SUP. de sagrado.

sacre. M. **1.** Halcón de dorso pardo y cabeza clara, propio del este de Europa y Asia Menor. ‖ **2.** Hombre que roba o hurta.

sacrificador, ra. ADJ. Que sacrifica. Apl. a pers., u. t. c. s.

sacrificar. **I.** TR. **1.** Hacer sacrificios, ofrecer o dar algo en reconocimiento de la divinidad. ‖ **2.** Matar reses u otros animales, especialmente para el consumo. ‖ **3.** Poner a alguien o algo en algún riesgo o trabajo, abandonarlo a la muerte, destrucción o daño, en provecho de un fin o interés que se estima de mayor importancia. *La estrategia militar obliga a sacrificar algunas unidades para ganar la guerra.* ‖ **4.** Renunciar a algo para conseguir otra cosa. *Para vestir elegantemente, a veces hay que sacrificar la comodidad.* U. t. c. prnl. ‖ **II.** PRNL. **5.** Dedicarse, ofrecerse particularmente a Dios. ‖ **6.** Sujetarse con resignación a algo violento o repugnante. *Sacrificarse por la patria en el frente de combate.*

sacrificial. ADJ. Perteneciente o relativo al sacrificio. *Rito sacrificial.*

sacrificio. M. **1.** Ofrenda a una deidad en señal de homenaje o expiación. ‖ **2.** Acto del sacerdote al ofrecer en la misa el cuerpo de Cristo bajo las especies de pan y vino en honor de su Eterno Padre. ‖ **3.** Matanza de animales, especialmente para el consumo. ‖ **4.** Matanza de personas, especialmente en una guerra o por una determinada causa. *La revolución supuso el sacrificio de miles de vidas.* ‖ **5.** Peligro o trabajo graves a que se somete una persona. ‖ **6.** Acción a que alguien se sujeta con gran repugnancia por consideraciones que a ello le mueven. ‖ **~ del altar.** M. El de la misa.

sacrilegio. M. Lesión o profanación de cosa, persona o lugar sagrados. U. t. en sent. fig. *Recitar así un poema de Garcilaso es un sacrilegio.*

sacrílego, ga. ADJ. **1.** Que comete o contiene sacrilegio. Apl. a pers., u. t. c. s. ‖ **2.** Perteneciente o relativo al sacrilegio. *Acción sacrílega.* ‖ **3.** Que sirve para cometer sacrilegio.

sacristán, na. I. M. y F. **1.** Persona que en las iglesias tiene a su cargo ayudar al sacerdote en el servicio del altar y cuidar de los ornamentos y de la limpieza y aseo de la iglesia y sacristía. ‖ **II.** M. **2.** hist. Dignidad eclesiástica a cuyo cargo estaba la custodia y guarda de los vasos, vestiduras y libros sagrados, y la vigilancia de todos los dependientes de la sacristía.

sacristanesco, ca. ADJ. despect. Perteneciente o relativo al sacristán.

sacristanía. F. Empleo de sacristán.

sacristía. F. En una iglesia, lugar donde se revisten los sacerdotes y están guardados los ornamentos y otras cosas pertenecientes al culto.

sacro, cra. I. ADJ. **1.** sagrado. *Lugares sacros.* ‖ **2.** Anat. Perteneciente o relativo a la región en que está situado el hueso sacro, desde el lomo hasta el coxis. *Nervios sacros. Vértebras sacras.* ‖ **II.** M. **3.** Anat. hueso sacro. □ V. historia ~, hueso ~, Sacra Faz.

sacrosanto, ta. ADJ. Que reúne las cualidades de sagrado y santo. *Las sacrosantas instituciones romanas.*

sacudida. F. Acción y efecto de sacudir.

sacudidor, ra. I. ADJ. **1.** Que sacude. *Dispositivo sacudidor.* Apl. a pers., u. t. c. s. ‖ **II.** M. **2.** Instrumento con que se sacude o limpia.

sacudimiento. M. Acción y efecto de sacudir.

sacudión. M. Sacudida rápida y brusca.

sacudir. TR. **1.** Mover violentamente algo a una y otra parte. *Sacudir la cabeza.* U. t. c. prnl. ‖ **2.** Golpear algo o agitarlo en el aire con violencia para quitarle el polvo, enjugarlo, etc. *Sacudir la mopa.* ‖ **3.** Golpear, dar golpes. *Sacudir a alguien.* U. t. c. prnl. ‖ **4.** Arrojar, tirar o despedir algo o apartarlo violentamente de sí. *Sacudió la arena que se le pegaba al cuerpo.* U. t. c. prnl. ‖ **5.** Conmocionar, alterar el ánimo de alguien. *El escándalo sacudió a todos los amigos.* ‖ **6.** Apartar de sí con aspereza de palabras a alguien, o rechazar una acción, proposición o dicho, con libertad, viveza o desapego. *Sacudir las responsabilidades.* U. t. c. prnl.

sacudón. M. Am. Sacudida rápida y brusca.

sádico, ca. ADJ. **1.** Perteneciente o relativo al sadismo. *Tendencias sádicas.* ‖ **2.** Que practica actos de sadismo. U. t. c. s.

sadismo. M. **1.** Perversión sexual de quien provoca su propia excitación cometiendo actos de crueldad en otra persona. ‖ **2.** Crueldad refinada, con placer de quien la ejecuta.

sadomasoquismo. M. Tendencia sexual morbosa de quien goza causando y recibiendo humillación y dolor.

sadomasoquista. ADJ. **1.** Perteneciente o relativo al sadomasoquismo. *Inclinaciones sadomasoquistas.* ‖ **2.** Que practica actos de sadomasoquismo. U. t. c. s.

saduceísmo. M. hist. Doctrina de los saduceos.

saduceo, a. ADJ. **1.** hist. Se dice del individuo de cierta secta de judíos que negaba la inmortalidad del alma y la

resurrección del cuerpo. U. t. c. s. ‖ **2.** hist. Perteneciente o relativo a estos sectarios. *Doctrina saducea.*

saeta. F. **1.** Arma arrojadiza compuesta de un asta delgada con una punta afilada en uno de sus extremos y en el opuesto algunas plumas cortas que sirven para que mantenga la dirección al ser disparada. ‖ **2.** Manecilla del reloj. ‖ **3.** En una brújula, flecha que se vuelve hacia el polo magnético. ‖ **4.** Copla breve y sentenciosa que para incitar a la devoción o a la penitencia se canta en las iglesias o en las calles durante ciertas solemnidades religiosas. ‖ **5.** Jaculatoria o copla que una persona canta en las procesiones.

saetazo. M. **1.** Acción de tirar o herir con la saeta. ‖ **2.** Herida hecha con ella.

saetera. F. **1.** hist. Aspillera para disparar saetas. ‖ **2.** Ventanilla estrecha de las que se suelen abrir en las escaleras y otras partes.

saetero. M. hist. Hombre que peleaba con arco y saetas.

safari. M. **1.** Excursión de caza mayor, que se realiza en algunas regiones de África. ‖ **2.** Excursión para ver o fotografiar animales salvajes, efectuada en África o en otros territorios.

safena. □ V. **vena** ~.

sáfico, ca. ADJ. **1.** Dicho de un verso de la poesía griega y latina: Compuesto de once sílabas distribuidas en cinco pies, de los cuales son, por regla general, troqueos el primero y los dos últimos, espondeo el segundo, y dáctilo el tercero. ‖ **2.** Dicho de una estrofa: Compuesta de tres versos sáficos y uno adónico. ‖ **3.** Dicho de una composición: Que consta de estrofas de esta clase. □ V. **endecasílabo** ~.

saga. F. **1.** Cada una de las leyendas poéticas contenidas en su mayor parte en las dos colecciones de primitivas tradiciones heroicas y mitológicas de la antigua Escandinavia. ‖ **2.** Relato novelesco que abarca las vicisitudes de dos o más generaciones de una familia.

sagacidad. F. Cualidad de sagaz.

sagaz. ADJ. Astuto y prudente, que prevé y previene las cosas.

sagitaria. F. Planta herbácea anual, de la familia de las Alismatáceas, de cuatro o seis decímetros de altura, con tallo derecho y triangular, hojas en forma de saeta, muy pecioladas las inferiores, flores terminales, blancas, en verticilos triples, fruto seco, capsular, y raíz fibrosa, con los extremos en forma de bulbo carnoso. Vive en los terrenos encharcados de varios puntos de España.

sagitariano, na. ADJ. Á. R. Plata. Dicho de una persona: Nacida bajo el signo zodiacal de Sagitario. U. t. c. s.

sagitario. ADJ. Dicho de una persona: Nacida bajo el signo zodiacal de Sagitario. *Yo soy sagitario, ella es piscis.* U. t. c. s.

sagrado, da. I. ADJ. **1.** Digno de veneración por su carácter divino o por estar relacionado con la divinidad. *Imágenes sagradas.* ‖ **2.** Que es objeto de culto por su relación con fuerzas sobrenaturales de carácter apartado o desconocido. *Tierra sagrada.* ‖ **3.** Perteneciente o relativo al culto divino. *Sagrado cáliz.* ‖ **4.** Digno de veneración y respeto. *La familia es sagrada para mí.* ‖ **5.** inmodificable. *Sus costumbres son sagradas.* ¶ MORF. sup. irreg. **sacratísimo.** ‖ **II.** M. **6.** Lugar que, por privilegio, podía servir de refugio a los perseguidos por la justicia. U. t. en sent. fig. *Se abrazó a él acogiéndose a sagrado.* □ V. **cáscara** ~, **hierba** ~, **historia** ~, **letras** ~s, **libro** ~, **monstruo** ~, **Sagrado Texto**, **vaca** ~, **vaso** ~,

sagrario. M. **1.** Lugar donde se guarda y deposita a Cristo sacramentado. ‖ **2.** En algunas iglesias catedrales, capilla que sirve de parroquia.

sagú. M. *Am. Cen.* y *Á. Caribe.* Planta herbácea de la familia de las Marantáceas, con hojas lanceoladas de unos 30 cm de longitud, flor blanca, y raíz y tubérculos de los que se obtiene una fécula muy nutritiva. MORF. pl. **sagúes** o **sagús.**

saguaipé. M. *Á. R. Plata.* **duela** (‖ gusano trematodo).

saguaro. M. Planta de la familia de las Cactáceas, que crece en las regiones desérticas de México y el suroeste de los Estados Unidos de América, con flores blancas y fruto comestible.

saguntino, na. ADJ. **1.** Natural de Sagunto. U. t. c. s. ‖ **2.** Perteneciente o relativo a esta ciudad de Valencia, en España.

sah. M. Rey de Persia o del Irán.

saharaui. ADJ. **1.** Natural del Sáhara Occidental. U. t. c. s. ‖ **2.** Perteneciente o relativo a este territorio.

sahariana. F. Especie de chaqueta propia de climas cálidos, cerrada por delante, hecha de tejido delgado y color claro. Tiene bolsillos de parche y suele ajustarse con un cinturón.

sahariano, na. ADJ. **1.** Natural del desierto del Sáhara. U. t. c. s. ‖ **2.** Perteneciente o relativo a este desierto.

sahárico, ca. ADJ. **sahariano.**

sahumador. M. Vaso para quemar perfumes.

sahumar. TR. Dar humo aromático a algo a fin de purificarlo o para que huela bien. U. t. c. prnl. MORF. conjug. c. *aunar.*

sahumerio. M. **1.** Acción y efecto de sahumar. ‖ **2.** Humo que produce una materia aromática que se echa en el fuego para sahumar. ‖ **3.** Materia quemada para sahumar.

saín. M. **1.** Grosura de un animal. ‖ **2.** Aceite extraído de la gordura de algunos peces y cetáceos.

sainete. M. **1.** Obra teatral frecuentemente cómica, aunque puede tener carácter serio, de ambiente y personajes populares, en uno o más actos, que se representa como función independiente. ‖ **2.** Pieza dramática jocosa en un acto, de carácter popular, que se representaba como intermedio de una función o al final.

sainetero, ra. M. y F. Persona que escribe sainetes.

sainetesco, ca. ADJ. **1.** Perteneciente o relativo al sainete. *Comedia sainetesca.* ‖ **2.** Propio o característico del sainete. *Situación sainetesca.*

sainetista. COM. **sainetero.**

saíno. M. Mamífero paquidermo, cuyo aspecto es el de un jabato de seis meses, sin cola, con cerdas largas y fuertes, colmillos pequeños y una glándula en lo alto del lomo, de forma de ombligo, que segrega una sustancia fétida. Vive en los bosques de la América Meridional y su carne es apreciada.

sajar. TR. **1.** Cortar en la carne. ‖ **2.** Cortar en un grano o en un quiste para que salga el pus.

sajón, na. ADJ. **1.** hist. Se dice del individuo de un pueblo germánico que habitaba antiguamente en la desembocadura del Elba, y parte del cual se estableció en Inglaterra en el siglo V. U. t. c. s. ‖ **2.** hist. Perteneciente o relativo a este pueblo. *Reinos sajones.* ‖ **3.** Se dice de un conjunto de dialectos germánicos occidentales. U. t. c. s. m. *El sajón.* ‖ **4.** Perteneciente o relativo a este conjunto de dialectos. *Fonética sajona.* ‖ **5.** Natural de Sajonia. U. t. c. s. ‖ **6.** Perteneciente o relativo a este estado alemán. ‖ **~ antiguo.** M. Variedad antigua del bajo alemán.

Sajonia. □ V. **azul de ~.**

sake. M. Bebida alcohólica obtenida por fermentación del arroz.

sal. F. **1.** Sustancia ordinariamente blanca, cristalina, de sabor propio bien señalado, muy soluble en agua, crepitante en el fuego y que se emplea para sazonar los alimentos y conservar las carnes muertas. Es el cloruro sódico; abunda en las aguas del mar y se halla también en masas sólidas en el seno de la tierra, o disuelta en lagunas y manantiales. ‖ **2.** Agudeza, donaire, chiste en el habla. ‖ **3.** Garbo, gracia, gentileza en los ademanes. ‖ **4.** *Quím.* Compuesto resultante de la sustitución de los átomos de hidrógeno de un ácido por radicales básicos. ‖ **5.** *Am. Cen.* y *Méx.* Mala suerte, desgracia, infortunio. ‖ **6.** pl. Sustancia salina que generalmente contiene amoníaco y que se da a respirar a alguien que se ha desmayado para reanimarlo. ‖ **7.** pl. **sales de baño.** ‖ **~ amoniacal.** F. sal que se prepara con algunos de los productos volátiles de la destilación de las sustancias orgánicas nitrogenadas, y que se compone de ácido clorhídrico y amoníaco. ‖ **~ ática.** F. aticismo. ‖ **~ común.** F. **sal** (‖ sustancia blanca y cristalina). ‖ **~ de cocina.** F. **sal** (‖ sustancia blanca y cristalina). ‖ **~ gema.** F. La común que se halla en las minas o procede de ellas. ‖ **~ gorda.** F. *Esp.* Humorismo tosco o grosero. ‖ **~ piedra.** F. **sal gema.** ‖ **~es de baño.** F. pl. Sustancia perfumada que se disuelve en el agua para el baño. ‖ **con su ~ y pimienta.** LOC.ADV. Con cierto donaire y gracia picante. ‖ **hacerse ~ y agua.** LOC.VERB. Reducirse a nada, desvanecerse, disiparse. ‖ **sembrar de ~.** LOC.VERB. Esparcir sal en el solar o solares de edificios arrasados por castigo. □ V. **agua ~.**

sala. F. **1.** Habitación principal de la casa. ‖ **2.** En un edificio público, habitación de grandes dimensiones. *Sala de conferencias.* ‖ **3.** Edificio o local destinado a fines culturales. *Sala de exposiciones.* ‖ **4.** Conjunto de magistrados o jueces que tiene atribuida jurisdicción privativa sobre determinadas materias. ‖ **~ capitular.** F. En las catedrales y monasterios, la destinada a las reuniones del cabildo o del capítulo. ‖ **~ de estar.** F. **cuarto de estar.** ‖ **~ de fiestas.** F. Local de diversión donde se sirven bebidas, dotado generalmente de una pista de baile y en el que, normalmente, se exhibe un espectáculo. ‖ **~ de operaciones.** F. **quirófano.** ‖ **~ X.** F. Cine en que se proyectan películas pornográficas. □ V. **fútbol ~.**

salabardear. INTR. Sacar la pesca de las redes con el salabardo.

salabardo. M. Saco o manga de red, colocado en un aro de hierro con tres o cuatro cordeles que se atan a un cabo delgado. Se emplea para sacar la pesca de las redes grandes.

salabre. M. Arte de pesca menor, individual, consistente en un bolso de red sujeto a una armadura con mango, cuando la pesca es de escaso peso, o provisto de cordeles para lanzarlo y luego volcarlo, si se trata de pesca de más peso.

salacidad. F. Inclinación vehemente a la lascivia.

salacot. M. Sombrero usado en Filipinas y otros países cálidos, en forma de medio elipsoide o de casquete esférico, a veces ceñido a la cabeza con un aro distante de los bordes para dejar circular el aire, y hecho de un tejido de tiras de caña, o de otras materias. MORF. pl. **salacots.**

saladar. M. **1.** Charco en que se cuaja la sal en las marismas. ‖ **2.** **salobral.**

saladero. M. Casa o lugar destinado para salar carnes o pescados.

salado, da. PART. de **salar.** ‖ **I.** ADJ. **1.** Que contiene sal. *El agua salada del mar.* ‖ **2.** Dicho de un alimento: Que tiene más sal de la necesaria. ‖ **3.** coloq. Gracioso, agudo o chistoso. *Ana es una niña riquísima y muy salada.* ‖ **4.** *Am. Cen., Á. Andes* y *Á. Caribe.* **desafortunado** (‖ sin fortuna). ‖ **II.** M. **5.** Operación de salar.

salador, ra. ADJ. Que sala. Apl. a pers., u. t. c. s.

salamanca. F. **1.** *Á. R. Plata* y *Chile.* Cueva natural que hay en algunos cerros. ‖ **2.** *Filip.* **juego de manos.**

salamandra. F. **1.** Anfibio urodelo de unos 20 cm de largo, la mitad aproximadamente para la cola, y piel lisa, de color negro, con manchas amarillas. ‖ **2.** Según los cabalistas, ser fantástico, espíritu elemental del fuego. ‖ **3.** Especie de calorífero de combustión lenta.

salamanqueja. F. *Á. Andes.* **salamanquesa.**

salamanquero, ra. M. y F. *Filip.* **prestidigitador.**

salamanquesa. F. Reptil saurio, de unos ocho centímetros de largo, con cuerpo ceniciento y patas con los dedos adaptados a trepar por paredes lisas. Vive en las grietas de los edificios y debajo de las piedras, se alimenta de insectos y se la tiene equivocadamente por venenosa.

salamanquino, na. ADJ. **salmantino.** Apl. a pers., u. t. c. s.

salamateco, ca. ADJ. **1.** Natural de Salamá. U. t. c. s. ‖ **2.** Perteneciente o relativo a esta ciudad de Guatemala, cabecera del departamento de Baja Verapaz.

salame. M. *Am.* **salami.**

salami. M. Embutido hecho con carne vacuna y carne y grasa de cerdo, picadas y mezcladas en determinadas proporciones, que, curado y prensado dentro de una tripa o de un tubo de material sintético, se come crudo.

salamín. M. *Á. R. Plata.* **salami.**

salamunda. F. Planta de la familia de las Timeleáceas, cuyos frutos y tallos se emplean como purgante para el ganado.

salar. TR. **1.** Sazonar con sal, echar la sal conveniente a un alimento. ‖ **2.** Echar en sal, curar con sal carnes, pescados y otras sustancias para su conservación. ‖ **3.** *Am. Cen.* y *Á. Caribe.* Desgraciar, echar a perder. U. t. c. prnl. ‖ **4.** *Am. Cen., Á. Caribe* y *Méx.* Dar o causar mala suerte. U. t. c. prnl.

salariado. M. Organización del pago del trabajo del obrero por medio del salario exclusivamente.

salarial. ADJ. Perteneciente o relativo al salario. *Subida salarial.* □ V. **masa ~.**

salario. M. **1.** Paga o remuneración regular. ‖ **2.** En especial, cantidad de dinero con que se retribuye a los trabajadores por cuenta ajena. ‖ **~ mínimo.** M. El que establece la ley como retribución mínima para cualquier trabajador. ‖ **~ social.** M. El que concede el Estado a personas sin ingresos para atender a sus necesidades primarias. ‖ **~s de tramitación.** M. pl. Los dejados de percibir por el trabajador durante el proceso de despido y que le son restituidos si obtiene sentencia favorable.

salaz. ADJ. Muy inclinado a la lujuria. *Historias salaces.*

salazón. F. **1.** Acción y efecto de **salar** (‖ carnes o pescados). ‖ **2.** Acopio de carnes o pescados salados. ‖ **3.** Industria y comercio que se hace con estas conservas.

salbute. M. *Méx.* Especie de **chalupa** (‖ tortilla de maíz).

salcajeño, ña. ADJ. **1.** Natural de Salcajá. U. t. c. s. ‖ **2.** Perteneciente o relativo a este municipio de Guatemala o a su cabecera, en el departamento de Quetzaltenango.

salce. M. **sauce.**

salcedense. ADJ. **1.** Natural de Salcedo. U. t. c. s. ‖ **2.** Perteneciente o relativo a esta provincia de la República Dominicana o a su capital.

salchicha. F. **1.** Embutido, en tripa delgada, de carne de cerdo magra y gorda, bien picada, que se sazona con sal, pimienta y otras especias. ‖ **2.** Embutido semejante a este, con otros ingredientes.

salchichería. F. Tienda donde se venden embutidos.

salchichero, ra. M. y F. Persona que hace o vende embutidos.

salchichón. M. Embutido de jamón, tocino y pimienta en grano, prensado y curado, que se come crudo.

salcochar. TR. Cocer carnes, pescados, legumbres u otros alimentos, solo con agua y sal.

salcocho. M. *Am.* Preparación de un alimento cociéndolo en agua y sal para después condimentarlo.

saldar. TR. **1.** Liquidar enteramente una cuenta satisfaciendo la cantidad adeudada o recibiendo el sobrante que resulta de ella. ‖ **2.** Vender a bajo precio una mercancía para despacharla pronto. ‖ **3.** Acabar, terminar, liquidar un asunto, cuestión, etc. *Ya han saldado sus diferencias.*

saldo. M. **1.** Cantidad positiva o negativa que resulta de una cuenta. ‖ **2.** Resultado final favorable o desfavorable, al dar por terminado un asunto. ‖ **3.** Resto de mercancías que el fabricante o el comerciante venden a bajo precio para despacharlas pronto. ‖ **4.** Venta de mercancías a bajo precio. *Mañana empiezan los saldos.*

saledizo, za. ADJ. **saliente** (‖ que sobresale). *Balcón saledizo.*

salega. F. Piedra en que se da sal a los ganados en el campo.

salegar. INTR. Dicho del ganado: Tomar la sal que se le da.

salernitano, na. ADJ. **1.** Natural de Salerno. U. t. c. s. ‖ **2.** Perteneciente o relativo a esta ciudad de Italia.

salero. M. **1.** Recipiente en que se sirve la sal en la mesa. ‖ **2.** coloq. Gracia, donaire. *Tener mucho salero.*

saleroso, sa. ADJ. coloq. Que tiene **salero** (‖ gracia). *Andares salerosos.* Apl. a pers., u. t. c. s.

salesa. ADJ. Se dice de la religiosa que pertenece a la Orden de la Visitación de Nuestra Señora, fundada en el siglo XVII, en Francia, por san Francisco de Sales y santa Juana Francisca Fremiot de Chantal. U. t. c. s. f.

salesiano, na. ADJ. **1.** Se dice del religioso que pertenece a la Sociedad de San Francisco de Sales, congregación fundada por san Juan Bosco. U. t. c. s. ‖ **2.** Perteneciente o relativo a dicha congregación. *Colegio salesiano.*

saleta. F. Habitación anterior a la antecámara del rey o de las personas reales.

salgareño. □ V. **pino ~.**

salguera. F. **sauce.**

salguero. M. **sauce.**

sálica. □ V. **ley ~.**

salicáceo, a. ADJ. *Bot.* Se dice de los árboles y arbustos angiospermos dicotiledóneos que tienen hojas sencillas, alternas y con estípulas, flores dioicas en espigas, con perianto nulo o muy reducido, y fruto en cápsula con muchas semillas sin albumen; p. ej., el sauce, el álamo y el chopo. U. t. c. s. f. ORTOGR. En f. pl., escr. con may. inicial c. taxón. *Las Salicáceas.*

salicaria. F. Planta herbácea anual, de la familia de las Litráceas, que crece a orillas de los ríos y arroyos, con tallo ramoso y prismático de seis a ocho decímetros de altura, hojas enteras, opuestas, parecidas a las del sauce, flores purpúreas, en espigas interrumpidas, y fruto seco, capsular, de dos celdillas con muchas semillas.

salicor. M. Planta fruticosa, vivaz, de la familia de las Quenopodiáceas, con tallos ramosos, rollizos, nudosos, de color verde oscuro y de cuatro a seis decímetros de largo, sin hojas, y flores pequeñas, verdes y en espigas terminales. Vive en los saladares y por incineración da barrilla.

salida. F. **1.** Acción y efecto de salir o salirse. ‖ **2.** Parte por donde se sale fuera de un sitio o lugar. ‖ **3.** Escapatoria, pretexto, recurso. ‖ **4.** Medio o razón con que se vence un argumento, dificultad o peligro. ‖ **5.** Despacho o venta de los géneros. *Los televisores convencionales tienen muy poca salida.* ‖ **6.** Partida de data o de descargo en una cuenta. ‖ **7.** Acto de comenzar una carrera o competición de velocidad. ‖ **8.** Lugar donde los participantes se sitúan para comenzar una competición de velocidad. ‖ **9.** Acción de salir un **astro** (‖ cuerpo celeste). ‖ **10.** coloq. Dicho agudo, ocurrencia. *Tener buenas salidas.* ‖ **11.** *Inform.* Información que sale procesada por un sistema informático o por una computadora. ‖ **12.** *Mar.* Partida de un buque. ‖ **13.** *Mar.* Velocidad con que navega un buque, en especial la que le queda al parar la máquina. ‖ **14.** *Mil.* Acometida repentina de tropas de una plaza sitiada contra los sitiadores. ‖ **15.** pl. Posibilidades favorables de futuro que, en el terreno laboral o profesional, ofrecen algunos estudios. ‖ **~ de baño.** F. Capa o ropaje para ponerse sobre el traje de baño. ‖ **~ de pie de banco.** F. coloq. Despropósito, incongruencia, disparate. ‖ **~ de tono.** F. coloq. Dicho destemplado o inconveniente. ‖ **dar la ~.** LOC.VERB. Hacer una señal convenida que indique a los participantes el comienzo de la competición de velocidad. ☐ V. **bandeja de ~, callejón sin ~, entrada por ~, parrilla de ~.**

salidero. M. Salida, espacio para salir.

salidizo. M. *Arq.* Parte del edificio que sobresale fuera de la pared maestra en la fábrica.

salido, da. PART. de **salir.** ‖ ADJ. **1.** Dicho de una cosa: Que sobresale en un cuerpo más de lo regular. *Venas salidas.* ‖ **2.** Dicho de la hembra de algunos animales: Que está en celo. *Perra salida.* ‖ **3.** coloq. Dicho de una persona o de un animal macho: Que experimentan con urgencia el apetito sexual.

saliente. **I.** ADJ. **1.** Que sale. *Ministro saliente.* ‖ **II.** M. **2. Este** (‖ punto cardinal). ORTOGR. Escr. con may. inicial. ‖ **3.** Parte que sobresale en una cosa. En algunos lugares de América, u. t. c. f.

salífero, ra. ADJ. **salino.**

salificar. TR. *Quím.* Convertir en sal una sustancia.

salina. F. **1.** Mina de sal. ‖ **2.** Establecimiento donde se beneficia la sal de las aguas del mar o de ciertos manantiales, cuando se ha evaporado el agua.

salinense. ADJ. **1.** Natural de Salinas. U. t. c. s. ‖ **2.** Perteneciente o relativo a este municipio de Puerto Rico o a su cabeza.

salinero, ra. **I.** ADJ. **1.** Perteneciente o relativo a la salina. *Compañía salinera.* ‖ **2.** Dicho de un toro: Que tiene el pelo jaspeado de colorado y blanco. ‖ **II.** M. y F. **3.** Persona que fabrica, extrae o transporta sal.

salinidad. F. **1.** Cualidad de salino. ‖ **2.** En oceanografía, cantidad proporcional de sales que contiene el agua del mar.

salino, na. ADJ. **1.** Que naturalmente contiene sal. *Brisa salina.* ‖ **2.** Que participa de los caracteres de la sal. *Sabor salino.* ☐ V. **agua ~.**

salio. M. hist. En la Roma antigua, sacerdote de Marte.

salir. **I.** INTR. **1.** Pasar de dentro a fuera. *Salir de la habitación.* U. t. c. prnl. ‖ **2.** Partir de un lugar a otro. *Ayer salieron los reyes de Madrid para Barcelona.* ‖ **3.** Desembarazarse, librarse de algún lugar estrecho, peligroso o molesto. *Salir del laberinto.* ‖ **4.** Libertarse, desembarazarse de algo que ocupa o molesta. *Salió de la duda. Salir de apuros.* ‖ **5.** Aparecer, manifestarse, descubrirse. *Va a salir el sol. El alcalde salió en televisión. La revista sale los jueves.* ‖ **6.** Nacer, brotar. *Empieza a salir el trigo.* ‖ **7.** Dicho de una mancha: Quitarse, borrarse, desaparecer. *Las manchas de vino salen con sal.* ‖ **8.** Dicho de una mancha: **aparecer** (‖ manifestarse, dejarse ver). *La mancha ha vuelto a salir.* ‖ **9.** Dicho de una cosa: Sobresalir, estar más alta o más afuera que otra. *El alero sale mucho.* ‖ **10.** Dicho de una persona: Descubrir su índole, idoneidad o aprovechamiento. *Salió muy travieso, muy juicioso, buen matemático.* ‖ **11.** Dicho de una cosa: Nacer, proceder, traer su origen de otra. *Miraba fijamente girar el disco negro de donde salían aquellas palabras incomprensibles.* ‖ **12.** Dicho de una persona: En ciertos juegos, ser la primera que juega. ‖ **13.** Decir o hacer algo inesperado o intempestivo. *¿Ahora sale usted con eso?* ‖ **14.** Dicho de una cosa: Ocurrir, sobrevenir u ofrecerse de nuevo. *Salir un empleo.* ‖ **15.** Dicho de una cosa que se compra: Importar, costar. *Me sale a quince céntimos el metro de paño.* ‖ **16.** Dicho de una cuenta: Resultar, de la oportuna operación aritmética, que está bien hecha o ajustada. ‖ **17.** Corresponder a cada uno en pago o ganancia una cantidad. *Salimos A seis euros.* ‖ **18.** Trasladarse dentro del lugar donde se está al sitio adecuado para realizar una actividad. *Salir A bailar. Salir A escena.* ‖ **19.** Mostrar o iniciar inesperadamente algo. *Salir CON la pretensión. Salir CON la amenaza.* U. t. c. prnl. ‖ **20.** Fiar, abonar, defender a alguien. *Salió POR su amigo.* ‖ **21.** Frecuentar, por motivos amorosos o amistosos, el trato de otra persona, fuera de su domicilio. *Salir con los amigos.* ‖ **22.** En una función de teatro o en una película, representar, figurar o hacer un papel. *Ella salió DE Doña Inés.* ‖ **23.** Venir a ser, quedar. *Salir vencedor.* ‖ **24.** Tener buen o mal éxito. *Salir bien en los exámenes.* ‖ **25.** Dicho de un período de tiempo: **fenecer.** *Hoy sale el verano.* ‖ **26.** Dicho especialmente de los hijos respecto de sus padres o de los discípulos respecto de sus maestros: Parecerse, asemejarse. *Este niño ha salido a su padre. Juan de Juanes salió a Rafael en su primera escuela.* ‖ **27.** Apartarse, separarse de algo o faltar a ello en lo regular o debido. *Salió de la regla.* U. t. c. prnl. ‖ **28.** Ser elegido o sacado por suerte o votación. *En la lotería salieron tales números. Antón ha salido diputado.* ‖ **29.** Ir a parar, tener salida a un punto determinado. *Esta calle sale a la plaza.* ‖ **II.** PRNL. **30.** Dicho de un líquido: Rebosar al hervir. *Se ha salido la leche.* ‖ **31.** Dicho de una vasija o de un depósito: Tener alguna rendija o rotura por la cual se derrama el contenido. *Este cántaro se sale.* ‖ **32.** En algunos juegos, hacer los tantos o las jugadas necesarios para ganar. ¶ MORF. V. conjug. modelo. ‖ **a lo que salga.** LOC.ADV. **1.** coloq. Sin saber o sin importar lo que resulte. *Andar a lo que salga.* ‖ **2.** coloq. Con descuido. ‖ **~ alguien adelante, o avante.** LOCS.VERBS. Llegar a feliz término en un propósito o empresa, vencer una gran dificultad o peligro. || ~**le caro** algo a alguien. LOC.VERB. Resultarle daño de su ejecución o intento. || ~ alguien **pitando.** LOC.VERB. coloq. salir o echar a correr de manera impetuosa y desordenada.

salitral. M. Sitio donde se cría y halla el salitre.

salitre. M. **1. nitro** (|| nitrato potásico). || **2.** Sustancia salina, especialmente la que aflora en tierras y paredes.

salitrera. F. **1.** Sitio donde hay salitre. || **2.** *Á. Andes* y *Chile.* Casa o lugar donde se fabrica salitre.

salitrero, ra. ADJ. Perteneciente o relativo al salitre. *Explotaciones salitreras.*

salitroso, sa. ADJ. Que tiene salitre. *Aguas salitrosas. Terrenos salitrosos.*

saliva. F. Líquido de reacción alcalina, algo viscoso, segregado por glándulas cuyos conductos excretores se abren en la cavidad bucal de muchos animales, y que sirve para reblandecer los alimentos, facilitar su deglución e iniciar la digestión de algunos. || **gastar ~ en balde.** LOC.VERB. coloq. Hablar inútilmente. || **tragar ~.** LOC.VERB. **1.** Turbarse, no acertar a hablar. || **2.** coloq. Soportar en silencio, sin protesta, una determinación, palabra o acción que ofende o disgusta.

salivación. F. **1.** Acción de salivar. || **2.** *Biol.* Secreción permanente y excesiva de saliva.

salivadera. F. *Am. Mer.* **escupidera** (|| recipiente para escupir).

salivajo. M. **salivazo.**

salival. ADJ. Perteneciente o relativo a la saliva. *Secreción salival.*

salivar. INTR. Producir saliva.

salivazo. M. Saliva que se escupe de una vez.

salivoso, sa. ADJ. Que expele mucha saliva. *Boca salivosa.*

salmanticense. ADJ. Perteneciente o relativo a Salamanca. *Concilio Salmanticense.*

salmantino, na. ADJ. **1.** Natural de Salamanca. U. t. c. s. || **2.** Perteneciente o relativo a esta ciudad de España o a su provincia. || **3.** Natural de alguna de las ciudades, distritos, etc., que en América tienen el nombre de Salamanca. U. t. c. s. || **4.** Perteneciente o relativo a ellos.

salmer. M. *Arq.* Piedra del machón o muro cortada en plano inclinado, de donde arranca un arco adintelado o escarzano. || **mover de ~.** LOC.VERB. *Arq.* Sentar sobre un salmer la primera dovela de un arco o la primera hilada de una bóveda.

salmista. M. **1.** Autor de salmos. || **2.** por antonom. El real profeta David. ORTOGR. Escr. con may. inicial.

salmo. M. **1.** Composición o cántico que contiene alabanzas a Dios. || **2.** pl. por antonom. Los de David. || **~ gradual.** M. Cada uno de los 15 que el Salterio comprende desde el 119 hasta el 133. || **~ responsorial.** M. El que se lee o canta en la misa u otras funciones litúrgicas con respuestas aclamadoras del pueblo. || **~s penitenciales.** M. pl. Los que en la Vulgata tienen los números 6, 31, 37, 50, 101, 129 y 142, y se emplean juntos en la liturgia.

salmodia. F. **1.** Parte del oficio divino en que se rezan o cantan varios salmos. || **2.** coloq. Canto monótono, sin gracia ni expresión.

salmodiar. I. TR. **1.** Cantar algo con cadencia monótona. || **II.** INTR. **2.** Cantar salmodias. ¶ MORF. conjug. c. *anunciar.*

salmón. M. **1.** Pez teleósteo de hasta metro y medio de longitud, de cuerpo rollizo, cabeza apuntada y una aleta adiposa dorsal junto a la cola. El adulto tiene azulado el lomo y plateado el vientre, con reflejos irisados en los costados. Los machos presentan, además, manchas rojas o anaranjadas. Su carne es rojiza y sabrosa, vive en el mar y emigra a los ríos para la freza. Existen varias especies, una de las cuales es propia del Atlántico, y las restantes del Pacífico. || **2.** Color rojizo como el de la carne de este pez. U. t. c. adj.

salmonado, da. ADJ. **asalmonado.**

salmonela. F. **1.** *Biol.* Bacteria anaerobia que contamina los alimentos, produciendo trastornos intestinales. || **2.** *Med.* **salmonelosis.**

salmonelosis. F. *Med.* Infección por bacterias del género *Salmonella.*

salmonera. F. Red destinada a la pesca del salmón, usada en los ríos del mar Cantábrico.

salmonete. M. Pez teleósteo marino, acantopterigio, de unos 25 cm de largo, color rojo en el lomo y blanco sonrosado en el vientre. Tiene cabeza grande, con un par de barbillas en la mandíbula inferior, cuerpo oblongo, algo comprimido lateralmente, y cola muy ahorquillada. Es comestible apreciado y abunda en el Mediterráneo.

salmónido. ADJ. *Zool.* Se dice de los peces teleósteos fisóstomos que tienen el cuerpo cubierto de escamas muy adherentes, excepto en la cabeza, y una aleta adiposa entre la dorsal y la caudal. Hay especies dulciacuícolas y marinas, que efectúan importantes migraciones en época de freza; p. ej., el salmón y la trucha. U. t. c. s. m. ORTOGR. En m. pl., escr. con may. inicial c. taxón. *Los Salmónidos.*

salmorejo. M. **1.** Especie de gazpacho que se hace con pan, huevo, tomate, pimiento, ajo, sal y agua; todo ello muy desmenuzado y batido para que resulte como puré. || **2.** Salsa compuesta de agua, vinagre, aceite, sal y pimienta.

salmuera. F. **1.** Agua cargada de sal. || **2.** Líquido que se prepara con sal y otros condimentos, y se utiliza para conservar carnes, pescados, etc.

salobral. M. Terreno salobre o que contiene en abundancia alguna sal.

salobre. ADJ. Que tiene sabor de alguna sal. *Lágrimas tibias y salobres.* □ V. **agua ~.**

salobridad. F. Cualidad de salobre.

saloma. F. Son cadencioso con que acompañan los marineros y otros operarios su faena, para hacer simultáneo el esfuerzo de todos.

Salomón. □ V. **sello de ~.**

salomonense. ADJ. **1.** Natural de las Islas Salomón. U. t. c. s. || **2.** Perteneciente o relativo a este país de Oceanía.

salomónico, ca. ADJ. **1.** Perteneciente o relativo a Salomón, rey de Israel y de Judá. *En la Biblia se recoge el célebre juicio salomónico.* || **2.** Propio o característico de Salomón. *Decisión salomónica.* □ V. **columna ~.**

salón. M. **1.** En una casa, aposento de grandes dimensiones para visitas y fiestas. || **2.** Habitación principal de una vivienda. || **3.** Pieza de grandes dimensiones donde celebra sus juntas una corporación. *Salón de actos. Salón de sesiones.* || **4.** En algunas ciudades, parque o paseo público. || **5.** Instalación donde se exponen con fines comerciales los productos de una determinada industria. *Salón del automóvil.* || **6.** *Á. R. Plata* y *Méx.* **aula.** || **~ de belleza.** M. Establecimiento donde se presta a los clientes servicios diversos de peluquería, depilación, manicura, cosmética, etc. || **de ~.** LOC.ADJ. **1.** despect.

Frívolo, insustancial, mundano. *Charla, vida de salón.*
‖ **2.** Dicho de una forma de toreo: Que se realiza sin toro.
U. t. c. loc. adv. *Torear de salón.* ‖ **3.** despect. Puramente
teórico, o que no entraña esfuerzo ni riesgo. *Maquinación de salón.* □ V. **baile de ~, escopeta de ~.**

saloncillo. M. En los establecimientos públicos, sala reservada para algún uso especial. *El saloncillo de un teatro.*

salpa. F. Pez marino teleósteo, del suborden de los Acantopterigios, muy semejante a la boga marina, de unos
25 cm de largo, cabeza apuntada, cuerpo comprimido,
grandes escamas, y color verdoso por el lomo, plateado
en los costados y vientre, y con once rayas doradas en
cada lado, desde las agallas hasta la cola.

salpicadera. F. **1.** *Méx.* Acción reiterada de salpicar.
‖ **2.** *Méx.* **guardabarros.**

salpicadero. M. En los vehículos automóviles, tablero
situado delante del asiento del conductor, y en el que se
hallan algunos mandos y aparatos indicadores.

salpicadura. F. Acción y efecto de salpicar.

salpicar. TR. **1.** Saltar un líquido esparcido en gotas menudas por choque o movimiento brusco. U. t. c. intr. *Ten
cuidado al freír, que el aceite salpica.* ‖ **2.** Mojar o manchar con un líquido que salpica. *Salpicó la camisa con
la sopa.* U. t. c. prnl. ‖ **3.** Esparcir varias cosas, como rociando con ellas una superficie u otra cosa. *Salpicar de
chistes la conversación. Un valle salpicado de caseríos.*
‖ **4.** Dicho de las consecuencias de un asunto reprobable o delictivo: Repercutir sobre una persona o entidad.
El escándalo salpicó al presidente.

salpicón. M. **1.** Guiso de carne, pescado o marisco desmenuzado, con pimienta, sal, aceite, vinagre y cebolla.
‖ **2.** Plato de pescado o marisco cortado en trozos adobados con vinagreta y otros ingredientes que se consume frío. ‖ **3.** Acción y efecto de salpicar. ‖ **4.** *Á. R. Plata.*
Plato hecho con carne, papa, cebolla y otros ingredientes, desmenuzados y sazonados con pimienta, sal, aceite
y vinagre, que se consume frío.

salpimentar. TR. **1.** Adobar algo con sal y pimienta,
para que se conserve y tenga mejor sabor. *Salpimentar
las aves por dentro.* ‖ **2.** Amenizar, sazonar, hacer sabroso algo con palabras o hechos. *Salpimienta sus palabras con anécdotas.* ¶ MORF. conjug. c. *acertar.*

salpique. M. Acción y efecto de salpicar.

salpresar. TR. Aderezar con sal una cosa, prensándola
para que se conserve.

salpullido. M. **sarpullido.**

salsa. F. **1.** Composición o mezcla de varias sustancias
comestibles desleídas, que se hace para aderezar o condimentar la comida. ‖ **2.** Cosa que mueve o excita el
gusto. *Sus intervenciones son la salsa de la reunión.* ‖ **3.**
Género de música popular bailable, con influencia afrocubana, que ejecuta una orquesta acompañada por instrumentos tradicionales del Caribe y por uno o varios
cantantes. ‖ **~ bearnesa.** F. La que se hace al baño María, mezclando mantequilla, huevos, vino blanco, perejil, etc., y que se utiliza para acompañar carnes y pescados. ‖ **~ blanca.** F. La que se hace con harina y manteca
que no se han dorado al fuego. ‖ **~ boloñesa.** F. La que se
hace con carne picada, tomate y especias, y se emplea especialmente como acompañamiento de la pasta. ‖ **~ mahonesa.** F. *Esp.* **salsa mayonesa.** ‖ **~ mayonesa.** F. La
que se hace batiendo aceite crudo y huevo. ‖ **~ rosa.** F.
La que se hace con mayonesa y tomate frito. ‖ **~ tártara.**
F. La que se hace con yemas de huevo, aceite, vinagre o

limón y diversos condimentos. ‖ **~ verde.** F. La hecha a
base de perejil, usada especialmente para acompañar
pescados. ‖ **en su propia ~.** LOC. ADV. coloq. Con todas
aquellas circunstancias que más realzan lo típico y característico que hay en alguien o algo.

salsera. F. Recipiente en que se lleva la salsa para servirla.

salsero, ra. ADJ. **1.** Perteneciente o relativo a la música
de salsa o a su baile. *Ritmo salsero.* ‖ **2.** Que compone o
interpreta música de salsa. U. m. c. s. ‖ **3.** Aficionado a
la música de salsa o a su baile. U. t. c. s. □ V. **tomillo ~.**

salsifí. M. Planta herbácea bienal, de la familia de las
Compuestas, de unos seis decímetros de altura, con tallo hueco y lampiño, hojas rectas, planas, estrechas, alternas y envainadoras, flores terminales de corola purpúrea, y raíz fusiforme, blanca, tierna y comestible.
MORF. pl. **salsifíes** o **salsifís.**

saltabancos. M. Vendedor o artista ambulante.

saltador, ra. **I.** ADJ. **1.** Que salta. *Liebre saltadora.*
‖ **II.** M. y F. **2.** Persona que tiene oficio o ejercicio en que
necesita saltar, y por lo común, la que lo hace para divertir al público. ‖ **III.** M. **3.** Cuerda para saltar, especialmente para jugar a la comba.

saltamontes. M. Insecto ortóptero de la familia de los
Acrídidos, de cabeza gruesa, ojos prominentes, antenas
finas, alas membranosas, patas anteriores cortas y muy
robustas y largas las posteriores, con las cuales da grandes saltos. Se conocen numerosas especies, todas herbívoras y muchas de ellas comunes en España.

saltaojos. M. **peonía** (‖ planta ranunculácea).

saltar. **I.** INTR. **1.** Alzarse con impulso rápido, separándose de donde se está. U. t. en sent. fig. *Saltar a la
fama.* ‖ **2.** Arrojarse desde una altura. *Saltar desde un
trampolín. Saltar en paracaídas.* ‖ **3.** Abalanzarse sobre
alguien o sobre algo. ‖ **4.** Dicho de una cosa: Moverse de
una parte a otra, levantándose con violencia. *Saltar la
chispa de la lumbre.* ‖ **5.** Dicho de un líquido: Salir hacia arriba con ímpetu. *Saltar el agua en el surtidor.* ‖ **6.**
Dicho de una cosa: Romperse o quebrantarse violentamente cuando está sometida a condiciones que rebasan
su capacidad de funcionamiento. *La casa saltó en pedazos con el tornado.* ‖ **7.** Dicho de una cosa: Desprenderse
de donde estaba unida o fija. *Saltó la pintura.* ‖ **8.** Dicho del
agua de un río: Caer por un gran desnivel. ‖ **9.** Dicho de un
resorte o de otro tipo de mecanismo: Funcionar repentinamente. *Saltó la alarma.* ‖ **10.** Surgir repentinamente. *De pronto, saltó el ejemplo que buscaba.* ‖ **11.** Dicho
de una persona: Reaccionar con viveza, sin poder contenerse. *No pudo soportar tanta humillación y saltó.* ‖ **12.**
Mostrar ostensiblemente el contento. *Saltar DE alegría.*
‖ **13.** Romper el silencio o irrumpir inesperadamente
en la conversación. ‖ **14.** Ascender a un puesto más alto
sin haber pasado por los intermedios. *Ha saltado al primer puesto de los libros más vendidos.* U. t. c. tr. *Ha saltado tres puestos en el escalafón.* ‖ **15.** Pasar de un lugar
a otro, o de un asunto a otro, omitiendo pasos intermedios. *En tres días salté de un extremo a otro de Europa.*
‖ **16.** *Dep.* Dicho de los jugadores de fútbol o de otros deportes: Salir al terreno de juego. ‖ **17.** *Dep.* Dicho de un
corredor: En ciclismo, escaparse del pelotón. ‖ **II.** TR.
18. Salvar saltando un espacio o distancia. *Saltar una
zanja.* ‖ **19.** Omitir voluntariamente o por inadvertencia parte de un escrito, al leerlo o copiarlo. U. t. c. prnl.
Me he saltado un renglón, un párrafo, una página. ‖ **20.**

Mar. Arriar ligeramente un cabo para disminuir su tensión y trabajo. ‖ **III.** PRNL. **21.** coloq. Infringir una ley, un precepto, etc. *Saltarse una ordenanza, un semáforo.*

saltarín, na. ADJ. **1.** Que danza o baila. *Marionetas saltarinas.* U. t. c. s. ‖ **2.** Movido o inquieto. *Es una jovencita saltarina y pizpireta.* U. t. c. s.

saltatrás. COM. Descendiente de mestizos y con caracteres propios de una sola de las razas originarias. MORF. pl. **saltatrases.**

salteador, ra. M. y F. Persona que saltea y roba en los despoblados o caminos.

saltear. TR. **1.** Sofreír un alimento a fuego vivo en manteca o aceite hirviendo. ‖ **2.** Salir a los caminos y robar a los pasajeros. ‖ **3.** Hacer algo discontinuamente sin seguir el orden natural, o saltando y dejando sin hacer parte de ello.

salteño¹, ña. ADJ. **1.** Natural de Salta. U. t. c. s. ‖ **2.** Perteneciente o relativo a esta provincia de la Argentina o a su capital.

salteño², ña. ADJ. **1.** Natural de Salto. U. t. c. s. ‖ **2.** Perteneciente o relativo a este departamento del Uruguay o a su capital.

salteo. M. Acción y efecto de saltear.

salterio. M. **1.** Libro canónico del Antiguo Testamento, que contiene las alabanzas de Dios, de su santa ley y del varón justo, particularmente de Jesucristo, que es el primer argumento de este libro. Consta de 150 salmos, de los cuales el mayor número fue compuesto por David. ‖ **2.** Libro de coro que contiene solo los salmos. ‖ **3.** Parte del breviario que contiene las horas canónicas de toda la semana, menos las lecciones y oraciones. ‖ **4.** Instrumento musical que consiste en una caja prismática de madera, más estrecha por la parte superior, donde está abierta, y sobre la cual se extienden muchas hileras de cuerdas metálicas que se tocan con un macillo, con un plectro o con las uñas.

saltillense. ADJ. **1.** Natural de Saltillo. U. t. c. s. ‖ **2.** Perteneciente o relativo a esta ciudad de México, capital del estado de Coahuila.

saltimbanqui. COM. coloq. Persona que realiza saltos y ejercicios acrobáticos, generalmente en espectáculos al aire libre.

salto. M. **1.** Acción y efecto de saltar. ‖ **2.** Espacio comprendido entre el punto de donde se salta y aquel a que se llega. ‖ **3.** Tránsito de una cosa a otra, sin tocar los medios o alguno de ellos. *De un salto, pasó al último capítulo.* ‖ **4. salto de agua** (‖ caída de un río). ‖ **5.** Omisión de una parte de un escrito, al leerlo o copiarlo. ‖ **6.** Ascenso a puesto más alto que el inmediato superior. ‖ **7.** Palpitación violenta del corazón. ‖ **8.** Acción de lanzarse en paracaídas desde un avión, helicóptero, etc. ‖ **9.** *Dep.* Prueba atlética que consiste en saltar en altura o longitud. ‖ **10.** *Dep.* Modalidad de atletismo que abarca los saltos horizontales de longitud y triple salto y los saltos verticales de altura y con pértiga. ‖ **11.** *Dep.* Deporte olímpico de invierno en el que un esquiador o un equipo de atletas se deslizan por un trampolín normal o grande para lanzarse al vacío y ejecutar un salto de larga distancia hasta aterrizar sobre una pista. ‖ **12.** *Dep.* Modalidad de esquí artístico en la que se realizan rotaciones y giros en el aire tras tomar impulso en trampolines colocados en mitad de la pista o en el límite de la pendiente. ‖ **13.** *Dep.* Modalidad de deporte ecuestre en la que el jinete salva con el caballo, en el menor tiempo

posible y sin hacer derribos, una serie de variados obstáculos situados en un circuito. ‖ **14.** *Dep.* En natación, acción de lanzarse desde un trampolín. ‖ **15.** *Dep.* Modalidad de gimnasia artística que consiste en efectuar diferentes tipos de giros, piruetas, etc., al saltar sobre el potro. ‖ **16.** *Dep.* Modalidad deportiva en la que un atleta, tras tomar impulso desde una palanca o un trampolín, realiza una serie de figuras antes de caer en la piscina. ‖ **~ atrás.** M. **1.** Retroceso en sentido moral o físico. ‖ **2.** En una película o un relato literario, interrupción de la acción en curso para mostrar hechos ocurridos en un tiempo anterior que afectan a dicha acción. ‖ **~ de agua.** M. **1.** Caída del agua de un río, arroyo o canal donde hay un desnivel repentino. ‖ **2.** Conjunto de construcciones y artefactos destinados a aprovechar el salto. ‖ **~ de altura.** M. *Dep.* En atletismo, prueba que consiste en saltar en sentido vertical arqueando el cuerpo por encima de un listón colocado a una altura determinada sin ningún elemento de apoyo. ‖ **~ de cama.** M. Bata ligera de mujer para el momento de levantarse de la cama. ‖ **~ del ángel.** M. El que se hace saltando desde gran altura con los brazos abiertos. ‖ **~ de longitud.** M. *Dep.* En atletismo, prueba que consiste en salvar en sentido horizontal la mayor distancia posible a partir de un punto marcado para caer en el foso. ‖ **~ mortal.** M. El que dan los volatineros lanzándose de cabeza y dando vuelta en el aire para caer de pie. ‖ **triple ~.** M. *Dep.* salto de longitud en el que se apoyan los pies alternativamente dos veces antes de caer con los dos pies juntos. ‖ **a ~ de mata.** LOC.ADV. coloq. Aprovechando las ocasiones que depara la casualidad. ‖ **a ~s.** LOC.ADV. Dando saltos. ‖ **dar** alguien **~s de alegría,** o **de contento.** LOCS.VERBS. coloqs. Manifestar con extremos su alegría.

saltoguareño, ña. ADJ. **1.** Natural de Salto del Guairá. U. t. c. s. ‖ **2.** Perteneciente o relativo a esta ciudad del Paraguay, capital del departamento de Canindeyú.

saltón, na. I. ADJ. **1.** Que anda a saltos, o salta mucho. *Perro saltón.* ‖ **2.** Dicho de una cosa, especialmente de los ojos o de los dientes: Que sobresale más de lo regular, y parece que se sale de su sitio. ‖ **II.** M. **3.** Saltamontes, especialmente cuando tiene las alas rudimentarias. ‖ **4.** Cresa que aparece en el tocino y el jamón. □ V. **ojos saltones, pulso ~.**

salubérrimo, ma. ADJ. SUP. de **salubre.**

salubre. ADJ. Bueno para la salud. *Clima salubre.* MORF. sup. irreg. **salubérrimo.**

salubridad. F. Cualidad de salubre.

salud. F. **1.** Estado en que el ser orgánico ejerce normalmente todas sus funciones. U. t. en sent. fig. *El conflicto pesquero podría afectar a la salud de las relaciones diplomáticas.* ‖ **2.** Condiciones físicas en que se encuentra un organismo en un momento determinado. U. t. en sent. fig. *La buena salud de la democracia.* ‖ **3.** Estado de gracia espiritual. ‖ **4.** salvación (‖ consecución de la gloria eterna). ‖ **~ pública.** F. *Der.* Conjunto de condiciones mínimas de salubridad de una población determinada, que los poderes públicos tienen la obligación de garantizar y proteger. ‖ **beber a la ~** de alguien. LOC. VERB. Brindar a su salud. ‖ **curarse** alguien **en ~.** LOC.VERB. Precaverse de un daño ante la más leve amenaza. ‖ **salud.** INTERJ. Se usa para saludar a alguien o desearle un bien.

saluda. M. besalamano.

saludable. ADJ. **1.** Que sirve para conservar o restablecer la salud corporal. *Ejercicio saludable.* ‖ **2.** De buena salud, de aspecto sano. *Está muy saludable.* ‖ **3.** Provechoso para un fin, particularmente para el bien del alma. *El contacto con otros niños podría resultarle saludable.*

saludador, ra. ADJ. Que saluda. Apl. a pers., u. t. c. s.

saludar. TR. **1.** Dirigir a alguien, al encontrarlo o despedirse de él, palabras corteses, interesándose por su salud o deseándosela, diciendo *adiós, hola,* etc. ‖ **2.** Mostrar a alguien benevolencia o respeto mediante señales formularias. *La saludó inclinando levemente la cabeza.* U. t. c. intr. *Salió al escenario a saludar.* ‖ **3.** Enviar saludos. *Por la radio dijo que quería saludar a su madre.* ‖ **4.** *Mar.* Dicho de un buque: Arriar un poco y por breve tiempo sus banderas en señal de bienvenida o buen viaje. ‖ **5.** *Mil.* Dar señales de obsequio o festejo con descargas de artillería o fusilería, movimientos del arma o toques de los instrumentos militares.

saludes. F. pl. *Am. Cen.* saludos (‖ expresiones corteses). *Les traigo las saludes de los amigos.*

saludo. M. **1.** Acción y efecto de saludar. ‖ **2.** Palabra, gesto o fórmula para saludar. ‖ **3.** pl. Expresiones corteses. ‖ **~ a la voz.** M. *Mar.* Honor que se tributa a bordo y que consiste en determinado número de vítores o hurras, a los que contesta la tripulación, convenientemente distribuida sobre las vergas o las bordas.

salutación. F. Acción y efecto de saludar. ‖ **Salutación angélica.** F. **1.** La que hizo el arcángel san Gabriel a la Virgen cuando le anunció la concepción de Jesús, y forma la primera parte de la oración de la avemaría. ‖ **2.** Esta misma oración.

salutífero, ra. ADJ. saludable.

salva. F. **1.** Saludo hecho con armas de fuego. ‖ **2.** Serie de cañonazos consecutivos y sin bala disparados en señal de honores o saludos. ‖ **3.** Disparo simultáneo de varias piezas idénticas de artillería. ‖ **4.** Saludo, bienvenida. ‖ **5.** Juramento, promesa solemne. ‖ **6.** hist. Prueba que hacía de la comida y bebida la persona encargada de servirla a los reyes y grandes señores, para asegurar que no había en ellas veneno. ‖ **~ de aplausos.** F. Aplausos nutridos en que prorrumpe una concurrencia. ‖ **~ entera.** F. *Mar.* La de ceremonial, pero con bala, como mayor honor. ‖ **~ fría.** F. *Mar.* La primera salva de un buque, cuando los cañones están aún fríos.

salvabarros. M. Pieza de un vehículo destinada a impedir que salpique el barro.

salvación. F. **1.** Acción y efecto de salvar o salvarse. ‖ **2.** Consecución de la gloria y bienaventuranza eternas. □ V. **tabla de ~.**

salvadera. F. hist. Vaso, por lo común cerrado y con agujeros en la parte superior, en que se tenía la arenilla para secar lo escrito recientemente.

salvado. M. Cáscara del grano de los cereales desmenuzada por la molienda. □ V. **pan de ~.**

salvador, ra. I. ADJ. **1.** Que salva. *Gol salvador.* Apl. a pers., u. t. c. s. ‖ **II.** M. **2.** por antonom. **Jesucristo.** ORTOGR. Escr. con may. inicial.

salvadoreñismo. M. Locución, giro o modo de hablar propio y peculiar de los salvadoreños.

salvadoreño, ña. ADJ. **1.** Natural de El Salvador. U. t. c. s. ‖ **2.** Perteneciente o relativo a este país de América.

salvaguarda. F. Custodia, amparo, garantía.

salvaguardar. TR. Defender, amparar, proteger.

salvaguardia. F. salvaguarda.

salvajada. F. Dicho o hecho propio de un salvaje.

salvaje. ADJ. **1.** Dicho de una planta: No cultivada, silvestre. ‖ **2.** Dicho de un animal: Que no es doméstico. ‖ **3.** Dicho de un terreno: Montuoso, áspero e inculto. ‖ **4.** Sumamente necio, terco, zafio o rudo. U. t. c. s. ‖ **5.** hist. Se dice de los pueblos primitivos y de los individuos pertenecientes a ellos. U. t. c. s. ‖ **6.** Falto de educación o ajeno a las normas sociales. *Unos niños salvajes han destrozado las mesas de la clase.* U. t. c. s. ‖ **7.** coloq. Dicho de una actitud o de una situación: Que no está controlada o dominada. ‖ **8.** coloq. **cruel** (‖ insufrible). *Le impusieron un castigo salvaje.* Apl. a pers., u. t. c. s. □ V. **huelga ~, puerco ~, seda ~.**

salvajería. F. Dicho o hecho propio de un salvaje.

salvajina. F. Conjunto de fieras montesas.

salvajismo. M. **1.** Modo de ser o de obrar propio de los salvajes. ‖ **2.** Cualidad de salvaje.

salvamanteles. M. Pieza de cristal, loza, madera, etc., que se pone en la mesa debajo de las fuentes, botellas, vasos, etc., para proteger el mantel.

salvamento. M. Acción y efecto de salvar o salvarse.

salvapantalla o **salvapantallas.** M. Imagen que se activa de manera automática en una computadora u ordenador encendidos cuando no están siendo utilizados.

salvar. I. TR. **1.** Librar de un riesgo o peligro, poner en seguro. *Conseguimos salvar a la niña.* U. t. c. prnl. ‖ **2.** Dicho de Dios: Dar la gloria y bienaventuranza eterna. ‖ **3.** Evitar un inconveniente, impedimento, dificultad o riesgo. *Tenemos que salvar las diferencias entre nosotros.* ‖ **4.** Exceptuar, dejar aparte, excluir algo de lo que se dice o se hace de otra u otras cosas. ‖ **5.** Vencer un obstáculo, pasando por encima o a través de él. *La avenida salvó el pretil del puente. Salvar de un salto un foso. Salvar los montes.* ‖ **6.** Recorrer la distancia que media entre dos lugares. ‖ **7.** Poner al fin de la escritura o documento una nota para que valga lo enmendado o añadido entre renglones o para que no valga lo borrado. ‖ **II.** PRNL. **8.** Alcanzar la gloria eterna, ir al cielo. ‖ **sálvese el que pueda.** EXPR. Se usa para incitar a huir a la desbandada cuando es difícil hacer frente a un ataque.

salvaúñas. M. Estropajo que lleva adherida una esponja con ranuras laterales que protegen las uñas.

salvavidas. M. **1.** Flotador de forma anular que permite sostenerse en la superficie del agua. ‖ **2.** Se usa en aposición para indicar que lo designado por el sustantivo al que se pospone sirve para el salvamento de personas en el agua o para mantenerlas a flote. *Bote salvavidas, chaleco salvavidas.* U. t. en sent. fig. *Crédito salvavidas.*

salve. I. INTERJ. **1.** poét. Se usa para saludar. ‖ **II.** F. **2.** Oración con que se saluda y ruega a la Virgen María. ‖ **3.** Composición musical para el canto de esta oración. ‖ **4.** Este canto.

salvedad. F. **1.** Razonamiento o advertencia que se emplea como excusa, descargo, limitación o cortapisa de lo que se va a decir o hacer. ‖ **2.** Nota por la cual se salva una enmienda en un documento.

salveque. M. *Am. Cen.* Bolsa de cuerda de pita o de cuero para llevar los utensilios de pesca o de caza.

salvia. F. **1.** Mata labiada de la que hay varias especies. Alcanza hasta seis u ocho decímetros de alto. Tiene hojas estrechas de borde ondulado, cuyo cocimiento se usa como sudorífico y astringente, flores azuladas en espiga, y fruto seco. Es común en los terrenos áridos de España.

‖ **2.** *Á. R. Plata.* Planta olorosa de la familia de las Verbenáceas. Se usa contra las hemorroides y para hacer una infusión estomacal.

salvífico, ca. ADJ. Perteneciente o relativo a la salvación. *Promesa salvífica.*

salvilla. F. Bandeja con una o varias encajaduras donde se aseguran las copas, tazas o jícaras que se sirven en ella.

salvo, va. I. ADJ. **1.** Ileso, librado de un peligro. *Las carabelas están salvas, pero han perdido algunos hombres.* ‖ **II.** PREP. **2.** excepto. ‖ **a salvo.** LOC.ADV. **1.** Sin daño o deterioro, fuera de peligro. ‖ **2.** Al margen o a un lado. ‖ **dejar a salvo.** LOC.VERB. Exceptuar, sacar aparte. ‖ **en salvo.** LOC.ADV. En libertad, en seguridad, fuera de peligro. ‖ **salir a salvo** algo difícil. LOC.VERB. Concluir, terminar felizmente.

salvoconducto. M. **1.** Documento expedido por una autoridad para que quien lo lleva pueda transitar sin riesgo por donde aquella es reconocida. ‖ **2.** Libertad para hacer algo sin temor de castigo.

sama. F. Pez teleósteo, del suborden de los Acantopterigios, común en los mares de España, de unos dos decímetros de largo, con cabeza y ojos grandes, rojizo por el lomo, plateado por el vientre y con aletas y cola encarnadas. Su carne es blanca, comestible y bastante estimada.

samán. M. *Á. Caribe.* Árbol americano de la familia de las Mimosáceas, de hasta 25 m de altura, copa ancha y frondosa, hojas algo pilosas y flores rosadas, que crece en tierras calientes.

samanés, sa. ADJ. **1.** Natural de Samaná. U. t. c. s. ‖ **2.** Perteneciente o relativo a esta provincia de la República Dominicana o a su capital.

sámara. F. Bot. Fruto seco, indehiscente, con pocas semillas y pericarpio extendido a manera de ala; p. ej., el del olmo y el fresno.

samario[1]. M. Elemento químico de núm. atóm. 62. Metal de las tierras raras escaso en la litosfera, se encuentra en ciertos minerales junto con otros elementos de su grupo. De color gris, duro y quebradizo. Se emplea en la industria electrónica, del vidrio y de la cerámica. (Símb. *Sm*).

samario[2]**, ria.** ADJ. **1.** Natural de Santa Marta. U. t. c. s. ‖ **2.** Perteneciente o relativo a esta ciudad de Colombia, capital del departamento de Magdalena.

samaritano, na. ADJ. **1.** Natural de Samaria. U. t. c. s. ‖ **2.** Perteneciente o relativo a esta región de Palestina. ‖ **3.** Sectario del cisma de Samaria, por el cual las diez tribus de Israel rechazaron ciertas prácticas y doctrinas de los judíos. U. t. c. s. ‖ **4.** Dicho de una persona: Que ayuda a otra desinteresadamente. U. t. c. s.

samba. F. **1.** Danza popular brasileña, de influencia africana, cantada, de compás binario. En algunos países de América, u. c. m. ‖ **2.** Música con que se acompaña esta danza. En algunos lugares de América, u. c. m.

sambenito. M. **1.** hist. Capotillo o escapulario que se ponía a los penitentes reconciliados por el antiguo Tribunal eclesiástico de la Inquisición. ‖ **2.** hist. Letrero que se ponía en las iglesias con el nombre y castigo de los penitenciados, y las señales de su castigo. ‖ **3.** Descrédito que queda de una acción. ‖ **4. difamación.**

sambernardino, na. ADJ. **1.** Natural de San Bernardo. U. t. c. s. ‖ **2.** Perteneciente o relativo a esta ciudad de Chile, capital de la provincia de Maipo.

samblasino, na. ADJ. **kuna**[2]. Apl. a pers., u. t. c. s.

sambuca. F. hist. Antiguo instrumento musical de cuerda, semejante al arpa.

samnita. ADJ. hist. Natural de Samnio, país de la Italia antigua. U. t. c. s.

samoano, na. ADJ. **1.** Natural de Samoa. U. t. c. s. m. ‖ **2.** Perteneciente o relativo a este país de Oceanía. ‖ **3.** Se dice de la lengua polinesia que se habla, principalmente, en la Samoa occidental. U. t. c. s. m. *El samoano.* ‖ **4.** Perteneciente o relativo a esta lengua. *Gramática samoana.*

samovar. M. Recipiente de origen ruso, provisto de un tubo interior donde se ponen carbones, que se usa para calentar el agua del té.

samoyedo, da. ADJ. **1.** Se dice del individuo de un pueblo del norte de Rusia que habita las costas del mar Blanco y el norte de Siberia. U. t. c. s. ‖ **2.** Perteneciente o relativo a este pueblo. *Costumbres samoyedas.* ‖ **3.** Se dice de un grupo o familia de lenguas urálicas habladas por este pueblo. U. t. c. s. m. *El samoyedo.* ‖ **4.** Perteneciente o relativo a este grupo o familia de lenguas. *Léxico samoyedo.*

sampán. M. Embarcación ligera propia de China, para la navegación en aguas costeras y fluviales, provista de una vela y un toldo y propulsada a remo. Se emplea para el transporte de mercancías y se utiliza como vivienda flotante.

sampedrano, na. ADJ. **1.** Natural de San Pedro Sula, ciudad de Honduras, capital del departamento de Cortés. U. t. c. s. ‖ **2.** Natural de San Pedro, departamento del Paraguay, o de su capital. U. t. c. s. ‖ **3.** Perteneciente o relativo a aquella ciudad o a este departamento y su capital.

samsara. M. En algunas doctrinas orientales, ciclo de transmigraciones, o de renacimientos, causados por el karma.

samurái. M. hist. En el antiguo sistema feudal japonés, individuo perteneciente a una clase inferior de la nobleza, constituida por los militares que estaban al servicio de los daimios.

san. ADJ. santo. *San Antonio.* Se usa ante nombres masculinos de santos, salvo los de Tomás, Tomé, Toribio y Domingo. □ V. **baile de ~ Vito, cátedra de ~ Pedro, cordonazo de ~ Francisco, cruz de ~ Andrés, cruz de ~ Antonio, fuego de ~ Telmo, haba de ~ Ignacio, hierba de ~ Juan, nave de ~ Pedro, óbolo de ~ Pedro, pez de ~ Pedro, tablillas de ~ Lázaro, veranillo de San Juan, veranito de San Juan.**

sanabrés, sa. ADJ. **1.** Natural de Sanabria. U. t. c. s. ‖ **2.** Perteneciente o relativo a esta región de Zamora, en España.

sanación. F. **1.** Acción y efecto de sanar. ‖ **2.** Curación por medio de prácticas esotéricas o de terapias alternativas.

sanador, ra. ADJ. Que sana. Apl. a pers., u. t. c. s.

sanalotodo. M. Medio que se intenta aplicar generalmente a todo lo que ocurre o con que se juzga que se puede componer cualquier especie de daño. MORF. pl. invar. o **sanalotodos.**

sanandresano, na. ADJ. **1.** Natural de San Andrés, Providencia y Santa Catalina, departamento de Colombia, o de San Andrés, su capital. U. t. c. s. ‖ **2.** Perteneciente o relativo a este departamento y su capital.

sanantonino, na. ADJ. **1.** Natural de San Antonio. U. t. c. s. ‖ **2.** Perteneciente o relativo a esta provincia de Chile o a su capital.

sanar. **I.** TR. **1.** Restituir a alguien la salud que había perdido. ‖ **II.** INTR. **2.** Dicho de un enfermo: Recobrar la salud.

sanate. M. *Méx.* zanate.

sanativo, va. ADJ. Que sana o tiene virtud de sanar. *Técnicas sanativas.*

sanatorial. ADJ. Perteneciente o relativo al sanatorio. *Institución sanatorial.*

sanatorio. M. Establecimiento convenientemente dispuesto para la estancia de enfermos que necesitan someterse a tratamientos médicos, quirúrgicos o climatológicos.

sancarleño, ña. ADJ. **1.** Natural de San Carlos, ciudad de Venezuela, capital del estado de Cojedes. U. t. c. s. ‖ **2.** Natural de San Carlos, ciudad de Nicaragua, cabecera del departamento de Río San Juan. U. t. c. s. ‖ **3.** Perteneciente o relativo a alguna de estas ciudades.

sanchopancesco, ca. ADJ. **1.** Propio o característico de Sancho Panza, escudero de don Quijote. ‖ **2.** Falto de idealidad, acomodaticio y socarrón.

sanción. F. **1.** Pena que una ley o un reglamento establece para sus infractores. ‖ **2.** Autorización o aprobación que se da a cualquier acto, uso o costumbre. ‖ **3.** Acto solemne por el que el jefe del Estado confirma una ley o estatuto.

sancionable. ADJ. Que merece sanción. *Infracción sancionable.*

sancionador, ra. ADJ. Que sanciona. *Procedimiento sancionador.*

sancionar. TR. **1.** Dar fuerza de ley a una disposición. ‖ **2.** Autorizar o aprobar cualquier acto, uso o costumbre. *Estas prácticas han sido sancionadas por el uso.* ‖ **3.** Aplicar una sanción o castigo. *El árbitro sancionó la falta con tarjeta roja.*

sancionatorio, ria. ADJ. Perteneciente o relativo a la **sanción** (‖ pena que la ley establece para sus infractores). *Régimen sancionatorio.*

sancochar. TR. **1.** Cocer la comida, dejándola medio cruda y sin sazonar. ‖ **2.** *Á. Caribe.* Cocer completamente un alimento en agua.

sancocho. M. **1.** Alimento a medio cocer. ‖ **2.** *Am.* Olla compuesta de carne, yuca, plátano y otros ingredientes, y que se toma en el almuerzo.

sancristobalense. ADJ. **1.** Natural de San Cristóbal, ciudad de Venezuela, capital del estado de Táchira. U. t. c. s. ‖ **2.** Natural de San Cristóbal, provincia de la República Dominicana, o de su capital. U. t. c. s. ‖ **3.** Perteneciente o relativo a aquella ciudad o a esta provincia y su capital.

sancristobaleño, ña. ADJ. **1.** Natural de San Cristóbal y Nieves. U. t. c. s. ‖ **2.** Perteneciente o relativo a este país de América.

sancristobero, ra. ADJ. **1.** sancristobalense (‖ natural de San Cristóbal, provincia y ciudad de la República Dominicana). U. t. c. s. ‖ **2.** sancristobalense (‖ perteneciente a esta provincia y su capital).

sancta. M. Parte anterior del tabernáculo erigido por orden de Dios en el desierto, y del templo de Jerusalén, separada por un velo de la interior o sanctasanctórum. ‖ **non ~.** LOC. ADJ. Mala, depravada, pervertida. *Gente, casa, palabra non sancta.*

sanctasanctórum. M. **1.** Parte interior y más sagrada del tabernáculo erigido en el desierto, y del templo de Jerusalén, separada del sancta por un velo. ‖ **2.** Cosa que para una persona es de singularísimo aprecio. ‖ **3.** Lugar muy reservado y misterioso. ¶ MORF. pl. **sanctasanctórums.**

sanctórum. M. hist. En Filipinas, cuota con que, como limosna para sostenimiento del culto parroquial, contribuía cada individuo de la familia, natural o mestizo, desde que cumplía 16 años. MORF. pl. **sanctórums.**

sanctus. M. Parte de la misa, después del prefacio y antes del canon, en que el sacerdote dice tres veces esta palabra. *Tocan a sanctus.*

sandalia. F. **1.** Calzado compuesto de una suela que se asegura con correas o cintas. ‖ **2.** Zapato ligero y muy abierto, usado en tiempo de calor.

sándalo. M. **1.** Planta herbácea, olorosa, vivaz, de la familia de las Labiadas, con tallo ramoso de cuatro a seis decímetros de altura, hojas pecioladas, elípticas, y lampiñas, con dientecillos en el borde, y flores rosáceas. Es originaria de Persia y se cultiva en los jardines. ‖ **2.** Árbol de la familia de las Santaláceas, muy semejante en su aspecto al nogal, con hojas elípticas, opuestas, enteras, gruesas, lisas y muy verdes, flores pequeñas en ramos axilares, fruto parecido a la cereza, y madera amarillenta de excelente olor. Vive en las costas de la India y de varias islas de Oceanía. ‖ **3.** Leño oloroso de este árbol. ‖ **~ rojo.** M. Árbol del Asia tropical, de la familia de las Papilionáceas, que crece hasta diez o doce metros de altura, con tronco recto, copa amplia, hojas compuestas de hojuelas ovales, flores blancas en ramos axilares, fruto en vainas aplastadas y redondas, y madera tintórea, pesada, dura, de color rojo muy encendido, la cual se pulveriza fácilmente.

sandáraca. F. Resina amarillenta que se saca del enebro, de un tipo de tuya y de otras coníferas. Se emplea para barnices y se usa en polvo.

sandez. F. Despropósito, simpleza, necedad.

sandía. F. **1.** Planta herbácea anual, de la familia de las Cucurbitáceas, con tallo velloso, flexible, rastrero, de tres a cuatro metros de largo, hojas partidas en segmentos redondeados y de color verde oscuro, flores amarillas, fruto casi esférico, tan grande que a veces pesa 20 kg, de corteza verde uniforme o jaspeada y pulpa encarnada, aguanosa y dulce, entre la que se encuentran, formando líneas concéntricas, muchas pepitas negras y aplastadas. Es planta muy cultivada en España. ‖ **2.** Fruto de esta planta.

sandial. M. Terreno sembrado de sandías.

sandialahuén. M. *Chile.* Planta de la familia de las Verbenáceas, de tallo tendido, hojas hendidas de través en tiras largas y flores rosadas, en espiga. Se usa como aperitivo y diurético.

sandinismo. M. Movimiento revolucionario nicaragüense basado en las ideas de Sandino.

sandinista. ADJ. **1.** Perteneciente o relativo al sandinismo. *Gobiernos sandinistas.* ‖ **2.** Partidario del sandinismo.

sandio, dia. ADJ. Necio o simple. U. t. c. s.

sanducero, ra. ADJ. **1.** Natural de Paysandú. U. t. c. s. ‖ **2.** Perteneciente o relativo a este departamento del Uruguay o a su capital.

sandunga. F. **1.** coloq. Gracia, donaire, salero. ‖ **2.** *Á. Caribe* y *Chile.* parranda (‖ juerga bulliciosa).

sandunguear. INTR. *Chile.* **bailar** (‖ ejecutar movimientos acompasados).

sandunguero, ra. ADJ. coloq. Que tiene **sandunga** (‖ gracia). *Aristocracia sandunguera. Intención sandunguera.*

sándwich. M. Emparedado hecho con dos rebanadas de pan de molde entre las que se coloca jamón, queso, embutido, vegetales u otros alimentos. MORF. pl. **sándwiches.**

saneado, da. PART. de **sanear.** ‖ ADJ. **1.** Dicho de un bien, de una renta o de un haber: Que están libres de cargas o descuentos. ‖ **2.** Dicho de una renta, de un sueldo o de un ingreso: Especialmente satisfactorios.

saneamiento. M. **1.** Acción y efecto de sanear. ‖ **2.** Conjunto de técnicas y elementos destinados a fomentar las condiciones higiénicas en un edificio, de una comunidad, etc. ‖ **3.** Conjunto de acciones para mejorar y corregir una situación económica.

sanear. TR. **1.** Dar condiciones de salubridad a un terreno, a un edificio, etc., o preservarlos de la humedad y vías de agua. ‖ **2.** Liberar de dificultades económicas una empresa. ‖ **3.** Reparar o remediar algo. *Debemos sanear nuestro sistema democrático.*

sanedrín. M. **1.** hist. Consejo supremo de los judíos, en el que se trataban y decidían los asuntos de estado y de religión. ‖ **2.** hist. Sitio donde se reunía este consejo. ‖ **3.** Junta o reunión para tratar de algo que se quiere dejar oculto.

sanfelipeño, ña. ADJ. **1.** Natural de San Felipe, ciudad de Venezuela, capital del estado de Yaracuy. U. t. c. s. ‖ **2.** Natural de San Felipe, ciudad de Chile, capital de la provincia de San Felipe de Aconcagua. U. t. c. s. ‖ **3.** Perteneciente o relativo a estas ciudades.

sanfermines. M. pl. Festejos que se celebran en Pamplona durante una semana, en torno a la festividad de San Fermín.

sanfernandino, na. ADJ. **1.** Natural de San Fernando de Apure, ciudad de Venezuela, capital del estado de Apure. U. t. c. s. ‖ **2.** Natural de San Fernando, ciudad de Chile, capital de la provincia de Colchagua. U. t. c. s. ‖ **3.** Perteneciente o relativo a estas ciudades.

sangermeño, ña. ADJ. **1.** Natural de San Germán. U. t. c. s. ‖ **2.** Perteneciente o relativo a este municipio de Puerto Rico o a su cabeza.

sangradera. F. **1.** Caz o acequia de riego que se deriva de otra corriente de agua. ‖ **2.** hist. Vasija que sirve para recoger la sangre cuando sangran a alguien. ‖ **3.** *Am. Cen.* y *Am. Mer.* Sangría del brazo.

sangrado. M. Acción y efecto de sangrar.

sangrador. M. **1.** Abertura que se hace para dar salida a los líquidos contenidos en un depósito, como en las calderas de jabón y en las presas de los ríos. ‖ **2.** hist. Hombre que tenía por oficio sangrar.

sangrante. ADJ. Que sangra. U. m. en sent. fig. *Una decisión sangrante.*

sangrar. **I.** TR. **1.** Abrir o punzar una vena y dejar salir determinada cantidad de sangre. ‖ **2.** Dar salida a un líquido en todo o en parte, abriendo conducto por donde corra. ‖ **3.** **resinar.** ‖ **4.** *Impr.* Empezar un renglón más adentro que los otros de la plana, como se hace con el primero de cada párrafo. ‖ **II.** INTR. **5.** Arrojar sangre.

sangraza. F. Sangre corrompida.

sangre. F. **1.** Líquido, generalmente de color rojo, que circula por las arterias y venas del cuerpo de los animales. Se compone de una parte líquida o plasma y de células en suspensión: hematíes, leucocitos y plaquetas. Su función es distribuir oxígeno, nutrientes y otras sustancias a las células del organismo, y recoger de estas los productos de desecho. ‖ **2.** Linaje o parentesco. ‖ **3.** Condición o carácter de una persona. ‖ **~ azul.** F. Linaje noble. ‖ **~ de atole.** F. *Méx.* **sangre de horchata.** ‖ **~ de drago.** F. Resina encarnada que mediante incisiones se saca del tronco del drago y se usa en medicina como astringente. Otros árboles tropicales de Asia y América dan también resinas rojas a que se aplica este mismo nombre. ‖ **~ de horchata.** F. coloq. Carácter calmoso que no se altera por nada. ‖ **~ en el ojo.** F. **1.** Honra y valor para cumplir las obligaciones. ‖ **2.** Resentimiento, deseo de venganza. ‖ **~ fría.** F. Serenidad, tranquilidad del ánimo, que no se conmueve o afecta fácilmente. ‖ **~ ligera.** F. *Am. Cen.* y *Am. Mer.* Carácter simpático. ‖ **~ negra.** F. *Am. Mer.* Carácter simpático. ‖ **~ pesada.** F. *Am. Cen.* y *Am. Mer.* Carácter antipático. ‖ **~ roja.** F. **sangre** arterial. ‖ **buena ~.** F. coloq. Condición benigna y noble de una persona. ‖ **mala ~.** F. coloq. **malasangre.** ‖ **a primera ~.** LOC.ADJ. Dicho de un desafío: Que ha de cesar en cuanto uno de los contendientes esté herido. ‖ **arrebatársele** a alguien **la ~.** LOC.VERB. **subírsele la sangre a la cabeza.** ‖ **a ~ fría.** LOC.ADV. Con premeditación y cálculo, una vez pasado el arrebato de la cólera. ‖ **a ~ y fuego.** LOC.ADV. **1.** Con todo rigor, sin dar cuartel, sin perdonar vidas ni haciendas, talándolo o destruyéndolo todo. ‖ **2.** Con violencia, sin ceder en nada, atropellándolo todo. ‖ **bullirle** a alguien **la ~.** LOC.VERB. **1.** Acalorarse, apasionarse. ‖ **2.** coloq. Tener el vigor y lozanía de la juventud. ‖ **correr ~.** LOC.VERB. En una riña, llegar hasta haber heridas. ‖ **chupar la ~.** LOC.VERB. coloq. Ir quitando o mermando la hacienda ajena en provecho propio. ‖ **de ~ caliente.** LOC.ADJ. Dicho de un animal: Cuya temperatura no depende de la del ambiente y es, por lo general, superior a la de este. ‖ **de ~ fría.** LOC.ADJ. Dicho de un animal: Cuya temperatura es la del ambiente. ‖ **encenderle** a alguien **la ~.** LOC.VERB. coloq. Causarle disgusto o enfado hasta impacientarlo o exasperarlo. ‖ **haber mucha ~.** LOC. VERB. En una contienda o una batalla, haber habido fuerte lucha. ‖ **hacer ~.** LOC.VERB. Causar una herida leve de donde sale **sangre**. ‖ **hacerse** alguien **mala ~.** LOC.VERB. coloq. Atormentarse por algo. ‖ **helar la ~.** LOC.VERB. coloq. Paralizar de miedo o espanto. ‖ **hervirle la ~** a alguien. LOC.VERB. coloq. **bullirle la sangre.** ‖ **lavar con ~.** LOC.VERB. Derramar la del enemigo en satisfacción de un agravio. ‖ **llevar** algo **en la ~.** LOC.VERB. Ser innato o hereditario. ‖ **no llegar la ~ al río.** LOC. VERB. fest. coloq. En una disputa, no haber consecuencias graves. ‖ **no tener ~ en las venas.** LOC.VERB. coloq. Tener carácter calmoso que no se altera por nada. ‖ **quedarse** alguien **sin ~.** LOC.VERB. Tener mucho susto o miedo. ‖ **quemarle** a alguien **la ~.** LOC.VERB. coloq. Causarle disgusto o enfado hasta impacientarlo o exasperarlo. ‖ **quemársele** a alguien **la ~.** LOC.VERB. coloq. Disgustarse o enfadarse hasta impacientarse o exasperarse. ‖ **subírsele** a alguien **la ~ a la cabeza.** LOC.VERB. Perder la serenidad, irritarse, montar en cólera. ‖ **sudar ~.** LOC. VERB. coloq. Realizar un gran esfuerzo necesario para lograr algo. ‖ **tener** alguien **la ~ caliente.** LOC.VERB. Arrojarse precipitadamente y sin consideración a los peligros o empeños arduos. ‖ **tomar la ~.** LOC.VERB. *Med.* Contener la que fluye de una herida. □ V. **baño de ~,**

bautismo de ~, circulación de la ~, delito de ~, hidalgo de ~, hospital de ~, limpieza de ~, masa de la ~, transfusión de ~, vómito de ~.

sangría. F. **1.** Acción y efecto de **sangrar** (‖ abrir o punzar una vena). ‖ **2.** Bebida refrescante que se compone de agua y vino con azúcar y limón u otros aditamentos. ‖ **3.** Parte de la articulación del brazo opuesta al codo. ‖ **4.** Extracción o hurto de una cosa, que se hace por pequeñas partes, especialmente en el caudal. ‖ **5.** Impr. Acción y efecto de **sangrar** (‖ empezar un renglón más adentro que los otros). ‖ **6.** Ingen. En los hornos de fundición, chorro de metal al que se da salida.

sangriento, ta. ADJ. **1.** Que se goza en derramar sangre. *El sangriento Nerón.* ‖ **2.** Que causa efusión de sangre. *Batalla sangrienta.* ‖ **3.** Que ofende gravemente. *Injuria sangrienta.* ‖ **4.** poét. De color de sangre. *Dibujo sangriento.* ‖ **5.** Teñido en sangre o mezclado con sangre. *Saliva sangrienta.*

sangrita. F. Méx. Bebida de jugo de tomate y de naranja, que se suele tomar acompañando el tequila.

sangrón, na. ADJ. Méx. Dicho de una persona: **impertinente.** U. t. c. s.

sangronería. F. Méx. impertinencia (‖ importunidad molesta).

sanguaza. F. Sangre corrompida.

sanguijuela. F. **1.** Anélido acuático de hasta doce centímetros de largo y uno de grueso, cuerpo anillado y una ventosa en cada extremo, con la boca en el centro de la anterior. Vive en las aguas dulces y se alimenta de la sangre que chupa a los animales a los que se agarra. Hay varias especies, alguna de las cuales se ha utilizado en medicina para sangrar a los enfermos. ‖ **2.** coloq. Persona que va poco a poco sacando a alguien el dinero, alhajas y otras cosas.

sanguijuelero, ra. M. y F. hist. Persona que se dedicaba a coger sanguijuelas, que las vendía o las aplicaba.

sanguina. F. **1.** Lápiz rojo oscuro fabricado con hematites en forma de barritas. ‖ **2.** Dibujo hecho con este lápiz. ‖ **3.** Naranja cuya pulpa es de color rojizo.

sanguinaria. ~ **mayor.** F. **1.** Planta de la familia de las Poligonáceas, con hojas enteras, oblongas y pequeñas, tallos cilíndricos con muchos nudos y tendidos sobre la tierra, y semilla pequeña y muy apetecida de las aves. Es medicinal. ‖ **2.** Planta de la familia de las Poligonáceas, de poco más de un metro de altura, con tallo recto y de articulaciones muy abultadas, hojas lanceoladas, flores en espiga terminal, inodoras y de color verde o rosa. ‖ ~ **menor.** F. nevadilla.

sanguinario, ria. ADJ. Feroz, vengativo, que se goza en derramar sangre. *Atacantes sanguinarios. Invasión sanguinaria.*

sanguíneo, a. ADJ. **1.** Perteneciente o relativo a la sangre. *Plasma sanguíneo.* ‖ **2.** Que contiene sangre o abunda en ella. *Vasos sanguíneos.* ‖ **3.** Dicho de una persona: De temperamento impulsivo. ‖ **4.** De color de sangre. *Destellos sanguíneos.* ☐ V. **circulación** ~, **grupo** ~, **presión** ~, **riego** ~.

sanguino, na. I. ADJ. **1.** sanguíneo. *Viscosidad sanguina.* ‖ **2.** Dicho de una variedad de naranja: Cuya pulpa es de color rojizo. ‖ II. M. **3.** aladierna. ‖ **4.** cornejo.

sanguinolento, ta. ADJ. **1.** Que echa sangre. *Herida sanguinolenta.* ‖ **2.** Mezclado con sangre. *Fango sanguinolento.* ‖ **3.** Dicho especialmente de los ojos: Que tienen las venas y los capilares muy rojos.

sanguinoso, sa. ADJ. Que participa de la naturaleza o accidentes de la sangre. *Flujo sanguinoso.*

sanguiñuelo. M. cornejo.

sanguis. M. Sangre de Cristo bajo los accidentes del vino.

sanguisorba. F. pimpinela.

sanícula. F. Planta herbácea anual, de la familia de las Umbelíferas, con tallo sencillo y lampiño de cuatro a seis decímetros de altura, hojas verdes, brillantes, pecioladas, anchas, casi redondas, algo tiesas y divididas en tres o cinco gajos dentados por los bordes, flores pequeñas, blancas o rojizas, de cinco pétalos, en umbelas irregulares, y fruto seco, globoso y cubierto de aguijones ganchudos. Es común en los sitios frescos y se ha usado en medicina para curar las llagas y heridas.

sanidad. F. Conjunto de servicios gubernativos ordenados para preservar la salud del común de los habitantes de la nación, de una provincia o de un municipio. ‖ ~ **civil.** F. Conjunto de servicios para preservar la salud de los habitantes de una nación, de una provincia, etc. ‖ ~ **exterior.** F. La gubernativa que tiene establecidos sus servicios y los presta en las costas y fronteras nacionales. ‖ ~ **interior.** F. La gubernativa que ejerce su cometido propio dentro del Estado o país. ‖ ~ **militar.** F. Cuerpo de profesores médicos, farmacéuticos y veterinarios y de tropas especiales, que prestan sus servicios profesionales en los Ejércitos de Aire, Mar y Tierra. ☐ V. **patente de** ~.

sanitario, ria. I. ADJ. **1.** Perteneciente o relativo a la sanidad. *Medidas sanitarias.* ‖ **2.** Perteneciente o relativo a las instalaciones higiénicas de una casa, de un edificio, etc. *Instalaciones sanitarias.* ‖ II. M. y F. **3.** Individuo del cuerpo de sanidad militar. ‖ **4.** Persona que trabaja en la sanidad civil. ‖ III. M. **5.** Dispositivo o pila de higiene instalado en un cuarto de baño; p. ej., la bañera, el bidé, etc. U. t. c. adj. *Aparatos sanitarios.* ‖ **6.** Á. Caribe y Méx. Retrete de uso público. ☐ V. **ciudad** ~, **cordón** ~, **servicios** ~s, **toalla** ~.

sanjuaneño, ña. ADJ. **1.** Natural de Río San Juan. U. t. c. s. ‖ **2.** Perteneciente o relativo a este departamento de Nicaragua.

sanjuanero, ra. ADJ. **1.** Natural de San Juan, municipio de Puerto Rico, o de su cabeza. U. t. c. s. ‖ **2.** Natural de San Juan de los Morros, ciudad de Venezuela, capital del estado de Guárico. U. t. c. s. ‖ **3.** Natural de San Juan, provincia de la República Dominicana, o de San Juan de la Maguana, su capital. U. t. c. s. ‖ **4.** Perteneciente o relativo a alguna de esas ciudades o de esas provincias. ☐ V. **escarabajo** ~.

sanjuanino, na. ADJ. **1.** Natural de San Juan, provincia de la Argentina, o de su capital. U. t. c. s. ‖ **2.** Natural de San Juan Bautista, ciudad del Paraguay, capital del departamento de las Misiones. U. t. c. s. ‖ **3.** Perteneciente o relativo a aquella provincia o a estas capitales.

sanjuanista. ADJ. Se dice del individuo de la Orden de San Juan de Jerusalén. U. t. c. s.

sanlorenceño, ña. ADJ. **1.** Natural de San Lorenzo. U. t. c. s. ‖ **2.** Perteneciente o relativo a este municipio de Puerto Rico o a su cabeza.

sanluqueño, ña. ADJ. **1.** Natural de Sanlúcar. U. t. c. s. ‖ **2.** Natural de San Lucas Sacatepéquez o de San Lucas Tolimán, municipios de Guatemala o de sus cabeceras, en los departamentos de Sacatepéquez y de Sololá, respectivamente. U. t. c. s. ‖ **3.** Perteneciente o relativo a alguna de las poblaciones con aquel nombre o a estos municipios y sus cabeceras.

sanmarinense. ADJ. **1.** Natural de San Marino. U. t. c. s. ‖ **2.** Perteneciente o relativo a este país de Europa o a su capital.

sanmarquense. ADJ. **marquense.** Apl. a pers., u. t. c. s.

sanmarqueño, ña. ADJ. **marquense.** Apl. a pers., u. t. c. s.

sanmartín. llegar, o venirle, a alguien su **~.** LOCS.VERBS. coloqs. Se usan para dar a entender que a quien vive en placeres le llegará un día en que tenga que sufrir y padecer.

sanmartineco, ca. ADJ. **1.** Natural de San Martín Jilotepeque. U. t. c. s. ‖ **2.** Perteneciente o relativo a este municipio de Guatemala o a su cabecera, en el departamento de Chimaltenango.

sanmartinense. ADJ. **1.** Natural de San Martín. U. t. c. s. ‖ **2.** Perteneciente o relativo a este departamento del Perú.

sanmartiniano, na. ADJ. **sanmartinense.** Apl. a pers., u. t. c. s.

sano, na. ADJ. **1.** Que goza de perfecta salud. *Ha tenido unos hijos sanos.* ‖ **2.** Que es bueno para la salud. *Alimentación sana. País, aire sano.* ‖ **3.** Seguro, sin riesgo. *Negocio sano.* ‖ **4.** Dicho de un vegetal o de lo perteneciente a él: Sin daño o corrupción. *Árbol, melocotón sano. Madera sana.* ‖ **5.** Libre de error o vicio, recto, saludable desde el punto de vista moral o psicológico. *Principios sanos. Doctrina, crítica sana.* ‖ **6.** Sincero, de buena intención. *Es un hombre sano y sin dobleces.* ‖ **7.** coloq. Entero, no roto ni estropeado. *No queda un plato sano.* ‖ **cortar por lo ~.** LOC.VERB. coloq. Emplear el procedimiento más expeditivo sin consideración alguna, para remediar males o conflictos, o zanjar inconvenientes o dificultades. ‖ **~ y salvo, va.** LOC.ADJ. Sin lesión, enfermedad ni peligro.

sansalvadoreño, ña. ADJ. **1.** Natural de San Salvador. U. t. c. s. ‖ **2.** Perteneciente o relativo a este departamento de El Salvador o a su cabecera, que también es capital del país.

sanscritista. COM. Especialista en la lengua y la cultura sánscritas.

sánscrito, ta. ADJ. **1.** Se dice de la antigua lengua de los brahmanes, que sigue siendo la sagrada del Indostán. U. t. c. s. m. *El sánscrito.* ‖ **2.** Perteneciente o relativo a dicha lengua. *Libros, poemas sánscritos.*

sanseacabó. EXPR. coloq. Se usa para dar por terminado un asunto.

sansimoniano, na. ADJ. **1.** hist. Perteneciente o relativo al sansimonismo. *Ideas sansimonianas.* ‖ **2.** hist. Partidario de esta doctrina. U. t. c. s.

sansimonismo. M. hist. Doctrina socialista de Saint-Simon, conforme a la cual debe ser cada uno clasificado según su capacidad y remunerado según sus obras.

sansón. M. Hombre muy forzudo.

santabárbara. F. *Mar.* Pañol o lugar destinado en las embarcaciones para custodiar la munición.

santabarbarense. ADJ. **1.** Natural de Santa Bárbara. U. t. c. s. ‖ **2.** Perteneciente o relativo a este departamento de Honduras o a su capital.

santaclareño, ña. ADJ. **1.** Natural de Santa Clara. U. t. c. s. ‖ **2.** Perteneciente o relativo a esta ciudad de Cuba, capital de la provincia de Villa Clara.

santacruceño, ña. ADJ. **1.** Natural de Santa Cruz de Tenerife, ciudad de España, capital, junto con Las Palmas de Gran Canaria, de la comunidad autónoma de Canarias. U. t. c. s. ‖ **2.** Natural de Santa Cruz, provincia de la Argentina. U. t. c. s. ‖ **3.** Natural de Santa Cruz de Quiché, ciudad de Guatemala, cabecera del departamento de Quiché. U. t. c. s. ‖ **4.** Perteneciente o relativo a esa provincia o a esas ciudades.

santacrucero, ra. ADJ. **1.** Natural de Santa Cruz de Tenerife. U. t. c. s. ‖ **2.** Perteneciente o relativo a esta ciudad de España, capital, junto con Las Palmas de Gran Canaria, de la comunidad autónoma de Canarias.

santafecino, na. ADJ. **santafesino.** Apl. a pers., u. t. c. s.

santafereño, ña. ADJ. **bogotano.** Apl. a pers., u. t. c. s.

santafesino, na. ADJ. **1.** Natural de Santa Fe. U. t. c. s. ‖ **2.** Perteneciente o relativo a esta provincia de la Argentina o a su capital.

santaisabelino, na. ADJ. **1.** Natural de Santa Isabel. U. t. c. s. ‖ **2.** Perteneciente o relativo a este municipio de Puerto Rico o a su cabeza.

santaláceo, a. ADJ. *Bot.* Se dice de las plantas angiospermas dicotiledóneas, árboles, matas o hierbas, que tienen hojas verdes, gruesas, sin estípulas, y por lo común alternas; flores pequeñas, sin pétalos y con el cáliz colorido, y fruto drupáceo con una semilla de albumen carnoso; p. ej., el guardalobo y el sándalo de la India. U. t. c. s. f. ORTOGR. En f. pl., escr. con may. inicial c. taxón. *Las Santaláceas.*

santalucense. ADJ. **1.** Natural de Santa Lucía. U. t. c. s. ‖ **2.** Perteneciente o relativo a este país de América.

santandereano, na. ADJ. **1.** Natural de Santander. U. t. c. s. ‖ **2.** Perteneciente o relativo a este departamento de Colombia.

santanderino, na. ADJ. **1.** Natural de Santander. U. t. c. s. ‖ **2.** Perteneciente o relativo a esta ciudad de España, capital de la comunidad autónoma de Cantabria. ‖ **3.** Perteneciente o relativo a la antigua provincia de Santander, en España.

santaneco, ca. ADJ. **1.** Natural de Santa Ana. U. t. c. s. ‖ **2.** Perteneciente o relativo a este departamento de El Salvador o a su cabecera.

santarroseño, ña. ADJ. **1.** Natural de Santa Rosa, ciudad de la Argentina, capital de la provincia de La Pampa. U. t. c. s. ‖ **2.** Natural de Santa Rosa, departamento de Guatemala. U. t. c. s. ‖ **3.** Perteneciente o relativo a aquella ciudad o a este departamento.

Santelmo. □ V. **fuego de ~.**

santeño, ña. ADJ. **1.** Natural de Los Santos. U. t. c. s. ‖ **2.** Perteneciente o relativo a esta provincia de Panamá.

santería. F. **1.** Cualidad de **santero** (‖ que tributa a las imágenes un culto supersticioso). ‖ **2.** Conjunto de creencias en los poderes de los santos y en el de su intermediario o santero. ‖ **3.** *Am.* Tienda en donde se venden imágenes de santos y otros objetos religiosos.

santero, ra. I. ADJ. **1.** Dicho de una persona: Que tributa a las imágenes un culto supersticioso. ‖ **II.** M. y F. **2.** Persona que cuida de un santuario. ‖ **3.** Persona que pinta, esculpe o vende santos. ‖ **4.** *Á. Caribe.* Persona con poderes especiales que ejerce a través de santos o de otros personajes. □ V. **tablilla de santero.**

Santiago. □ V. **cruz de ~.**

santiaguense. ADJ. **santiaguero** (‖ natural de Santiago, provincia de la República Dominicana). U. t. c. s.

santiagueño, ña. ADJ. **1.** Natural de Santiago del Estero, provincia de la Argentina, o de su capital. U. t. c. s. ‖ **2.** Natural de Morona Santiago, provincia de Ecuador. U. t. c. s. ‖ **3.** Natural de Santiago, ciudad de Panamá, cabecera de la provincia de Veraguas. U. t. c. s. ‖ **4.** Perteneciente o relativo a aquellas provincias o a esas ciudades.

santiaguero, ra. ADJ. **1.** Natural de Santiago de Cuba, provincia de Cuba, o de su capital. U. t. c. s. ‖ **2.** Natural de Santiago, provincia de la República Dominicana, o de Santiago de los Caballeros, su capital. U. t. c. s. ‖ **3.** Perteneciente o relativo a estas provincias y sus capitales.

santiagués, sa. ADJ. **1.** Natural de Santiago de Compostela. U. t. c. s. ‖ **2.** Perteneciente o relativo a esta ciudad de España, capital de la comunidad autónoma de Galicia.

santiaguino, na. ADJ. **1.** Natural de Santiago. U. t. c. s. ‖ **2.** Perteneciente o relativo a esta ciudad de Chile, capital de la provincia del mismo nombre y del país.

santiaguista. ADJ. Se dice del individuo de la Orden de Santiago. U. t. c. s.

santiamén. en un ~. LOC.ADV. coloq. En un instante.

santidad. F. **1.** Cualidad de santo. ‖ **2.** Se usa como tratamiento honorífico para dirigirse al papa. ORTOGR. Escr. con may. inicial.

santificación. F. Acción y efecto de santificar.

santificador, ra. ADJ. Que santifica. *Doctrina, penitencia santificadora.*

santificante. □ V. **gracia ~.**

santificar. TR. **1.** Hacer a alguien santo por medio de la gracia. ‖ **2.** Dedicar a Dios algo. ‖ **3.** Hacer venerable algo por la presencia o contacto de lo que es santo. ‖ **4.** Reconocer a quien es santo, honrándolo y sirviéndolo como a tal.

santiguada. para mi ~. EXPR. Por mi fe, o por la cruz.

santiguamiento. M. Acción y efecto de santiguar o santiguarse.

santiguar. **I.** TR. **1.** Hacer la señal de la cruz desde la frente al pecho y desde el hombro izquierdo al derecho, invocando a la Santísima Trinidad. U. m. c. prnl. ‖ **II.** PRNL. **2.** coloq. **hacerse cruces.** ¶ MORF. conjug. c. *averiguar.*

santísimo, ma. **I.** ADJ. **1.** Se aplica al papa como tratamiento honorífico. ‖ **II.** M. **2.** Cristo en la eucaristía. ORTOGR. Escr. con may. inicial. ‖ **descubrir, o manifestar, el Santísimo.** LOCS.VERBS. Exponerlo a la pública adoración de los fieles. □ V. **Domingo de la Santísima Trinidad, Santísimo Sacramento.**

santo, ta. **I.** ADJ. **1.** En el mundo cristiano, se dice de la persona a quien la Iglesia otorga culto universal por su virtud y perfección. U. t. c. s. ‖ **2.** Dicho de una persona: De especial virtud y ejemplo. U. t. c. s. ‖ **3.** Dicho de una cosa: Que está especialmente dedicada o consagrada a Dios. *Santos óleos.* ‖ **4.** Dicho de una cosa: Que es venerable por algún motivo de religión. *Santos lugares.* ‖ **5.** Se dice de los días festivos religiosos y también de los de la Semana Santa que siguen al Domingo de Ramos. ORTOGR. Escr. con may. inicial *Sábado Santo.* ‖ **6.** Sagrado, inviolable. *Santa iglesia catedral.* ‖ **7.** Dicho de una cosa: Que tiene singular virtud para la curación de algunas enfermedades. *Medicina santa.* ‖ **8.** Se dice de la Iglesia católica por nota característica suya. ‖ **9.** Se

usa para encarecer el significado de algunos nombres. *Hizo su santa voluntad, su santo gusto o capricho. Se echó en el santo suelo. Esperó todo el santo día.* U. t. en sup. *La santísima voluntad.* ‖ **II.** M. **10.** Imagen de un santo. ‖ **11.** Onomástica de una persona. ‖ **12.** *Mil.* hist. Nombre de santo que, con la seña, servía para reconocer fuerzas como amigas o enemigas. ‖ **santo y seña.** M. **contraseña** (‖ seña secreta). ‖ **alzarse** alguien **con el ~ y la limosna.** LOC.VERB. coloq. Apropiárselo todo, lo suyo y lo ajeno. ‖ **a qué santo,** o **a santo de qué.** LOCS. ADVS. coloqs. Con qué motivo, a fin de qué, con qué pretexto. ‖ **desnudar a un ~ para vestir a otro.** LOC.VERB. coloq. Arreglar una cosa estropeando otra. ‖ **írsele** a alguien **el ~ al cielo.** LOC.VERB. coloq. Olvidársele lo que iba a decir o lo que tenía que hacer. ‖ **llegar y besar el ~.** LOC. VERB. coloq. Se usa para explicar la brevedad con que se logra algo. ‖ **no ser** alguien **santo de la devoción de** otra persona. LOC.VERB. coloq. No gustarle, no inspirarle confianza, no tenerla por buena. ‖ **por todos los ~s,** o **por todos los ~s del cielo.** EXPRS. coloqs. Se usan para rogar encarecidamente algo. ‖ **quedarse para vestir santos** alguien, especialmente una mujer. LOC.VERB. Quedarse soltero. ‖ **~ y bueno.** EXPR. Se usa para aprobar una proposición o asunto. □ V. **año ~, bula de la Santa Cruzada, calificador del Santo Oficio, campo ~, cardo ~, comisario del Santo Oficio, comunión de los ~s, espina ~, Espíritu Santo, guerra ~, hierba ~, hoja ~, hora ~, hueso de santo, Invención de la Santa Cruz, mano de santo, Padre Santo, palo ~, Pascua del Espíritu Santo, sábana ~, Santa Faz, Santa Hermandad, ~ palabra, Santa Sede, Santo Advenimiento, Santo Entierro, Santo Padre, Santo Sepulcro, ~ sínodo, ~ sudario, ~ varón, sello de ~ María, Semana Santa, Tierra Santa.**

santol. M. *Filip.* Árbol frutal de la familia de las Meliáceas.

santón. M. Hombre que profesa vida austera y penitente fuera de la religión cristiana.

santoral. M. **1.** Libro que contiene vidas o hechos de santos. ‖ **2.** Lista de los santos cuya festividad se conmemora en cada uno de los días del año.

santotomense. ADJ. **1.** Natural de Santo Tomé y Príncipe. U. t. c. s. ‖ **2.** Perteneciente o relativo a este país de África.

santuario. M. **1.** Templo en que se venera la imagen o reliquia de un santo de especial devoción. ‖ **2.** Parte anterior del tabernáculo, separada por un velo del sanctasanctórum.

santulón, na. ADJ. *Am.* **santurrón.**

santurrón, na. ADJ. **1.** Exagerado en los actos de devoción. U. t. c. s. ‖ **2.** Gazmoño, hipócrita que aparenta ser devoto.

santurronería. F. Cualidad de santurrón.

sanvicentino, na. ADJ. **1.** Natural de San Vicente y las Granadinas. U. t. c. s. ‖ **2.** Perteneciente o relativo a este país de América.

saña. F. **1.** Furor, enojo ciego. ‖ **2.** Intención rencorosa y cruel.

sañudo, da. ADJ. **1.** Propenso a la saña. *Hombre sañudo.* ‖ **2.** Que manifiesta saña. *Sañuda persecución.*

sapallo. M. *Am. Mer.* **zapallo.**

sapear. TR. *Chile.* Mirar indiscretamente.

sapeli. M. Árbol del África occidental, de madera dura semejante a la caoba.

sapidez. F. Cualidad de sápido.

sápido, da. ADJ. Dicho de una sustancia: Que tiene algún sabor.

sapiencia. F. **1. sabiduría.** || **2.** Libro de la Sabiduría, que escribió Salomón. ORTOGR. Escr. con may. inicial.

sapiencial. ADJ. Perteneciente o relativo a la sabiduría. □ V. **libro ~.**

sapiente. ADJ. **1. sabio** (|| que tiene profundos conocimientos). *Sapiente jurista.* || **2. sabio** (|| que instruye o contiene sabiduría). *Sapiente conversación.*

sapientísimo, ma. ADJ. SUP. de **sabio.**

sapillo. M. Á. *Caribe.* Especie de afta que padecen en la boca algunos niños de pecho. || **~ pintojo.** M. Anfibio anuro, de aspecto intermedio entre rana y sapo, con el dorso manchado, la lengua discoidal y la pupila en forma de corazón.

sapina. F. salicor.

sapindáceo, a. ADJ. *Bot.* Se dice de las plantas angiospermas dicotiledóneas, exóticas, arbóreas o sarmentosas de hojas casi siempre alternas, agrupadas de tres en tres y pecioladas, flores en espiga con pedúnculos que suelen transformarse en zarcillos, y fruto capsular; p. ej., la guaraná y el jaboncillo. U. t. c. s. f. ORTOGR. En f. pl., escr. con may. inicial c. taxón. *Las Sapindáceas.*

sapito. M. Á. R. *Plata* y *Chile.* Bote que dan las piedras lanzadas sobre la superficie del agua.

sapo, pa. I. M. y F. **1.** Á. *Caribe.* Soplón, delator. || **2.** *Am. Cen.* Persona de baja estatura. || **II.** M. **3.** Anfibio anuro de cuerpo grueso y robusto, ojos saltones, extremidades cortas y piel de aspecto verrugoso. || **4.** Á. *Andes* y Á. R. *Plata.* **rana** (|| juego). || **5.** *Chile.* En el juego de billar, suerte favorable que se gana por casualidad. || **6.** *Chile.* Válvula que impide que entre aire a los cañones de los pozos. || **~ corredor.** M. El de pequeño tamaño y que presenta una línea amarilla a lo largo del dorso. || **sapo de cuatro ojos.** M. *Chile.* **coicoy.** || **sapo de espuelas.** M. El de grandes ojos, pupilas verticales y un saliente, especie de espolón, en las patas traseras. || **~ partero.** M. El de pequeño tamaño y que porta sobre el dorso y las ancas los huevos puestos por la hembra hasta su eclosión. || **echar** alguien **sapos y culebras.** LOC.VERB. coloq. Proferir con ira denuestos, blasfemias, juramentos. □ V. **ojos de ~.**

saponaria. F. **jabonera** (|| planta cariofilácea con tallos erguidos).

saponificación. F. *Quím.* Acción y efecto de saponificar.

saponificar. TR. *Quím.* Hidrolizar un éster, fundamentalmente para fabricar jabones.

sapotáceo, a. ADJ. *Bot.* Se dice de los arbustos y árboles angiospermos dicotiledóneos, con hojas alternas, enteras y coriáceas, flores axilares, solitarias y más frecuentemente en umbela, y por frutos drupas o bayas casi siempre indehiscentes con semillas de albumen carnoso u oleoso o sin albumen; p. ej., el zapote y el ácana. U. t. c. s. f. ORTOGR. En f. pl., escr. con may. inicial c. taxón. *Las Sapotáceas.*

sapote. M. **zapote** (|| árbol).

saprófito, ta o **saprofito, ta.** ADJ. *Biol.* Se dice de las plantas y los microorganismos que se alimentan de materias orgánicas en descomposición.

saprozoico, ca. ADJ. **1.** *Biol.* Se dice de los animales que se alimentan de materias orgánicas en descomposición. || **2.** *Biol.* Se dice de este tipo de alimentación.

saque. M. **1.** Acción de sacar que se realiza para iniciar o reanudar el juego de pelota y otros deportes. || **2.** Raya o sitio desde el cual se saca la pelota. || **~ de esquina.** M. En el fútbol, el que se hace desde una esquina del campo por un jugador del bando atacante por haber salido el balón del campo de juego cruzando una de las líneas de meta, tras haber sido tocado en último lugar por un jugador del bando defensor.

saqueador, ra. ADJ. Que saquea. Apl. a pers., u. t. c. s.

saquear. TR. **1.** Dicho de los soldados: Apoderarse violentamente de lo que hallan en un lugar. || **2.** Entrar en una plaza o lugar robando cuanto se halla. *Los piratas saquearon la isla.* || **3.** Apoderarse de todo o la mayor parte de aquello que hay o se guarda en algún sitio. *Tras el terremoto, saquearon los comercios.*

saqueo. M. Acción y efecto de saquear.

saquera. □ V. **aguja ~.**

saquerío. M. Conjunto de sacos.

sarabaíta. ADJ. hist. Se dice del monje relajado que, por no sujetarse a la vida regular de los anacoretas y cenobitas, moraba en las ciudades con dos o tres compañeros, sin regla ni superior. U. t. c. s.

saraguate. M. *Am. Cen.* Especie de mono.

saraguato. M. *Méx.* **mono aullador.**

sarampión. M. *Med.* Enfermedad febril, contagiosa y muchas veces epidémica, que se manifiesta por multitud de manchas pequeñas y rojas, y que va precedida y acompañada de lagrimeo, estornudo, tos y otros síntomas catarrales.

sarandí. M. Á. R. *Plata.* Se usa como nombre genérico para referirse a varias especies de arbustos perennes que crecen en las márgenes de ríos, arroyos o esteros, muchas veces sumergidos. Tienen ramas flexibles, flores pequeñas y hojas lanceoladas. MORF. pl. **sarandíes** o **sarandís.**

sarao. M. Reunión nocturna de personas de distinción para divertirse con baile o música.

sarape. M. *Méx.* Especie de frazada de lana o colcha de algodón generalmente de colores vivos, con abertura o sin ella en el centro para la cabeza, que se lleva para abrigarse.

sarazo, za. ADJ. *Am.* Dicho de un fruto, especialmente del maíz: Que empieza a madurar.

sarcasmo. M. **1.** Burla sangrienta, ironía mordaz y cruel con que se ofende o maltrata a alguien o algo. || **2.** *Ret.* Figura que consiste en emplear esta especie de ironía o burla.

sarcástico, ca. ADJ. Que manifiesta o implica sarcasmo. *Profesor sarcástico. Comentarios sarcásticos.*

sarcocele. M. *Med.* Tumor duro y crónico del testículo, ocasionado por causas que alteran más o menos la textura de este órgano.

sarcófago. M. **sepulcro** (|| obra para dar sepultura a un cadáver).

sarcolema. M. *Anat.* Membrana muy fina que envuelve por completo a cada una de las fibras musculares.

sarcoma. M. *Med.* Tumor maligno derivado de estructuras procedentes del mesénquima.

sarda[1]. F. **caballa.**

sarda[2]. F. **matorral.**

sardana. F. **1.** Danza en corro, tradicional de Cataluña, en España. || **2.** Música de esta danza.

sardesco, ca. ADJ. Dicho de un caballo o de un asno: **pequeño.** U. t. c. s.

sardina. F. Pez teleósteo marino fisóstomo, de doce a quince centímetros de largo, parecido al arenque, pero de carne más delicada, cabeza relativamente menor, la aleta dorsal muy delantera y el cuerpo más fusiforme y de color negro azulado por encima, dorado en la cabeza y plateado en los costados y vientre. || ~ **arenque.** F. arenque. || como ~**s,** o como ~**s en banasta,** o **en lata.** LOCS.ADVS. coloqs. Con muchas apreturas o estrecheces, por la gran cantidad de gente reunida en un lugar. □ V. **entierro de la ~.**

sardinada. F. **1.** Comida de sardinas a la parrilla. || **2.** Conjunto de sardinas que se toman en esta reunión.

sardinel. M. *Arq.* Obra hecha de ladrillos sentados de canto y de modo que coincida en toda su extensión la cara de uno con la del otro. *Cornisa, escalón, hecho a sardinel.*

sardinero, ra. I. ADJ. **1.** Perteneciente o relativo a las sardinas. *Flota sardinera.* || **II.** M. y F. **2.** Persona que vende sardinas o comercia con ellas.

sardineta. F. Adorno de ciertos uniformes militares formado por dos galones apareados y terminados en punta.

sardio. M. **sardónica.**

sardo, da. I. ADJ. **1.** Natural de Cerdeña. U. t. c. s. || **2.** Perteneciente o relativo a esta isla de Italia. || **3.** Dicho del ganado vacuno: Que tiene la capa con mezcla de negro, blanco y colorado. || **II.** M. **4. sardónica.** || **5.** Lengua hablada en la isla de Cerdeña, y que pertenece al grupo de las neolatinas.

sardonia. F. Especie de ranúnculo de hojas lampiñas, pecioladas las inferiores, con lóbulos obtusos las superiores, y flores cuyos pétalos apenas son más largos que el cáliz. Su jugo aplicado en los músculos de la cara produce una contracción que imita la risa.

sardónica. F. Ágata de color amarillento con zonas más o menos oscuras.

sardónico, ca. ADJ. sarcástico. □ V. **risa ~.**

sarga¹**.** F. **1.** Tela cuyo tejido forma unas líneas diagonales. || **2.** *Pint.* Tela pintada para adornar o decorar las paredes de las habitaciones.

sarga²**.** F. Arbusto de la familia de las Salicáceas, de tres a cinco metros de altura, con tronco delgado, ramas mimbreñas, hojas estrechas, lanceoladas, de margen aserrada y lampiñas, flores verdosas en amentos cilíndricos, y fruto capsular ovoide. Es común en España a orillas de los ríos.

sargazo. M. Alga marina, en la que el talo está diferenciado en una parte que tiene aspecto de raíz y otra que se asemeja a un tallo. De esta última arrancan órganos laminares, parecidos por su forma y disposición a hojas de plantas fanerógamas, con un nervio central saliente y vesículas axilares, aeríferas, a modo de flotadores que sirven para sostener la planta dentro o en la superficie del agua.

sargenta. F. **1.** despect. coloq. Mujer autoritaria. || **2.** despect. coloq. Mujer corpulenta, hombruna y de dura condición.

sargento. COM. *Mil.* Suboficial de graduación inmediatamente superior al cabo mayor e inferior al sargento primero. || ~ **mayor.** M. hist. Oficial que solía haber en los regimientos, encargado de su instrucción y disciplina. Era jefe superior a los capitanes, ejercía las funciones de fiscal e intervenía en todos los ramos económicos y en la distribución de caudales. || ~ **primero.** COM. *Mil.* Suboficial de categoría comprendida entre la de sargento y brigada.

sargentona. F. **1.** despect. coloq. Mujer autoritaria. || **2.** despect. coloq. Mujer corpulenta, hombruna y de dura condición.

sargo. M. Pez teleósteo marino, del suborden de los Acantopterigios, de unos 20 cm de largo, con el cuerpo comprimido lateralmente el dorso y el vientre muy curvados junto a la cola, cabeza de hocico puntiagudo, labios dobles, dientes robustos y cortantes, aletas pectorales redondas y cola ahorquillada. Es de color plateado, cruzado con fajas transversales negras.

sari. M. Vestido típico de las mujeres indias.

sarmentoso, sa. ADJ. Que tiene semejanza con los sarmientos. *Dedos sarmentosos.*

sarmiento. M. Vástago de la vid, largo, delgado, flexible y nudoso, de donde brotan las hojas, los zarcillos y los racimos.

sarna. F. Afección cutánea contagiosa provocada por un ácaro o arador, que excava túneles bajo la piel, produciendo enrojecimiento, tumefacción y un intenso prurito. || ~ **perruna.** F. *Med.* Variedad de sarna cuyas vesículas no supuran y cuyo prurito es muy vivo. || **más viejo, ja que la ~.** LOC.ADJ. coloq. Muy viejo o antiguo. || **no faltar** a alguien **sino ~ que rascar.** LOC.VERB. coloq. Gozar de la salud y conveniencias que necesita. Se usa especialmente para responder a quien inmotivadamente se queja de que le falte algo o lo echa de menos. □ V. **ácaro de la ~, arador de la ~.**

sarniento, ta. ADJ. *Am. Cen.* y *Méx.* sarnoso.

sarnoso, sa. ADJ. Que tiene sarna. Apl. a pers., u. t. c. s.

sarpullido. M. Erupción leve y pasajera en el cutis, formada por muchos granos o ronchas.

sarraceno, na. ADJ. **musulmán** (|| que profesa la religión islámica). U. t. c. s. □ V. **trigo ~.**

sarracina. F. **1.** Pelea entre muchos, especialmente cuando es confusa o tumultuosa. || **2.** Riña o pendencia en que hay heridos o muertes.

sarro. M. **1.** Sedimento que se adhiere al fondo y paredes de una vasija donde hay un líquido que precipita parte de las sustancias que lleva en suspensión o disueltas. || **2.** Sustancia amarillenta, más o menos oscura y de naturaleza calcárea, que se adhiere al esmalte de los dientes.

sarroso, sa. ADJ. Que tiene sarro. *Dientes sarrosos.*

sarta. F. **1.** Serie de cosas metidas por orden en un hilo, en una cuerda, etc. *Sarta de perlas.* || **2.** Porción de gentes o de otras cosas que van o se consideran en fila unas tras otras. || **3.** Serie de sucesos o cosas no materiales, iguales o análogas. *Sarta de desdichas. Sarta de disparates.*

sartal. M. **sarta** (|| serie de cosas metidas en un hilo o cuerda).

sartén. F. **1.** Recipiente de cocina, generalmente de metal, de forma circular, poco hondo y con mango largo, que sirve para guisar. En muchos lugares de América y España es m. || **2.** Conjunto de alimentos que se fríen de una vez en la sartén. || **tener** alguien **la ~ por el mango.** LOC.VERB. coloq. Ser dueño de la situación, poder decidir o mandar. □ V. **fruta de ~.**

sartenada. F. Conjunto de alimentos que se fríen de una vez en la sartén, o lo que cabe en ella.

sartenazo. M. Golpe que se da con la sartén.

sartorial. ADJ. Perteneciente o relativo al sastre y a sus actividades.

sartorio. □ V. **músculo ~.**

sasacayan. M. *Filip.* Barca con fondo plano que se emplea como transporte y, por ext., cualquier otro vehículo para el mismo fin.

sasafrás. M. Árbol americano de la familia de las Lauráceas, de unos diez metros de altura, con tronco recio de corteza gorda y rojiza, y copa redondeada, hojas gruesas, partidas en tres lóbulos, verdes por encima y vellosas por el envés, flores dioicas, pequeñas, amarillas y en racimos colgantes, fruto en baya rojiza con una sola semilla, y raíces, madera y corteza de olor fuerte aromático. La infusión de las partes leñosas de esta planta se ha usado en medicina contra los males nefríticos y hoy se emplea como sudorífica. MORF. pl. **sasafrases.**

sasánida. ADJ. **1.** hist. Se dice de una dinastía que estuvo al frente de los destinos de Persia durante los últimos siglos anteriores al Islam. U. t. c. s. ‖ **2.** hist. Perteneciente o relativo a dicha dinastía. *Monarca sasánida.*

sastre, tra. M. y F. Persona que tiene por oficio cortar y coser vestidos, principalmente de hombre. □ V. **cajón de sastre, jabón de sastre, jaboncillo de sastre, terno ~, traje ~.**

sastrería. F. **1.** Oficio de sastre. ‖ **2.** Tienda y taller de sastre.

satán. M. Persona diabólica. *Es un satán.*

satanás. M. Persona perversa. MORF. pl. **satanases.**

satánico, ca. ADJ. **1.** Perteneciente o relativo a Satanás, príncipe de los ángeles rebelados. *Literatura satánica.* ‖ **2.** Propio o característico de él. *Ojos satánicos.* ‖ **3.** Dicho especialmente de un defecto o de una cualidad: Extremadamente perversos. *Orgullo satánico. Ira, soberbia satánica.*

satanismo. M. Perversidad, maldad satánica.

satanización. F. Acción y efecto de satanizar.

satanizar. TR. Atribuir a alguien o algo cualidades en extremo perversas.

satelital. ADJ. *Am.* Perteneciente o relativo a los satélites artificiales.

satélite. M. **1.** *Astr.* Cuerpo celeste opaco que solo brilla por la luz refleja del Sol y gira alrededor de un planeta primario. ‖ **2. satélite artificial.** ‖ **3.** Persona o cosa que depende de otra y está sometida a su influencia. U. t. en apos. *Culturas satélite.* ‖ **4.** Estado dominado política y económicamente por otro Estado vecino más poderoso. U. en apos. ‖ **~ artificial.** M. Vehículo tripulado o no que se coloca en órbita alrededor de la Tierra o de otro astro, y que lleva aparatos apropiados para recoger información y retransmitirla. □ V. **ciudad ~.**

satén. M. Tejido parecido al raso.

satín. M. *Am.* satén.

satinado. M. Acción y efecto de satinar.

satinadora. F. *Impr.* Calandria utilizada para satinar papel.

satinar. TR. Dar al papel o a la tela tersura y lustre por medio de la presión.

sátira. F. **1.** Composición poética u otro escrito cuyo objeto es censurar acremente o poner en ridículo a alguien o algo. ‖ **2.** Discurso o dicho agudo, picante y mordaz, dirigido a este mismo fin.

satiriasis. F. *Med.* Estado de exaltación morbosa de las funciones genitales, propio del sexo masculino.

satírico, ca. ADJ. **1.** Perteneciente o relativo a la sátira. *Teatro satírico.* ‖ **2.** Dicho de un escritor: Que cultiva la sátira. U. t. c. s. □ V. **drama ~.**

satirión. M. Planta herbácea, vivaz, de la familia de las Orquidáceas, con tallo de tres a cuatro decímetros de altura; dos o tres hojas radicales, anchas, ovales y obtusas, y otras tantas sobre el tallo, más pequeñas y envainado-ras; flores de forma extraña, blancas, olorosas y en espiga laxa, y raíces con dos tubérculos parejos y aovados, de que puede sacarse fécula. Es común en España.

satirizante. ADJ. Que satiriza. *Escritos satirizantes.*

satirizar. TR. Criticar y censurar.

sátiro. M. **1.** En la mitología grecorromana, divinidad campestre y lasciva, con figura de hombre barbado, patas y orejas cabrunas y cola de caballo o de chivo. ‖ **2.** Hombre lascivo.

satisfacción. F. **1.** Acción y efecto de satisfacer o satisfacerse. ‖ **2.** Presunción, vanagloria. *Tener mucha satisfacción de sí mismo.* ‖ **3.** Confianza o seguridad del ánimo. ‖ **4.** Cumplimiento del deseo o del gusto. ‖ **5.** Una de las tres partes del sacramento de la penitencia, que consiste en pagar con obras de penitencia la pena debida por las culpas cometidas. ‖ **a ~.** LOC. ADV. A gusto de alguien, de manera cumplida. ‖ **tomar** alguien **~.** LOC. VERB. Volver por su propio honor, vengándose u obligando al ofensor a que deshaga el agravio.

satisfacer. **I.** TR. **1.** Pagar enteramente lo que se debe. *Nadie podrá alegar nada para no satisfacer los pagos.* ‖ **2.** Hacer una obra que merezca el perdón de la pena debida. *Sacrificaron un cabrito para satisfacer a los dioses.* ‖ **3.** Aquietar y sosegar las pasiones. *Sin fe nada lograrás satisfacerte.* ‖ **4.** Saciar un apetito, una pasión, etc. *Su reacción solo sirvió para satisfacer su soberbia.* ‖ **5.** Dar solución a una duda o a una dificultad. *La explicación no ha satisfecho a la comisión.* ‖ **6.** Cumplir, llenar ciertos requisitos o exigencias. *Ciertos aceites vegetales satisfacen la condición de contener ácidos grasos esenciales o insaturados.* ‖ **7.** Deshacer un agravio u ofensa. ‖ **8.** *Mat.* Dicho de un valor de una magnitud: Cumplir las condiciones expresadas en un problema, y ser, por tanto, su solución. ‖ **II.** INTR. **9.** agradar. ‖ **III.** PRNL. **10.** Aquietarse y convencerse con una eficaz razón de la duda o queja que se había formado. ¶ MORF. conjug. c. *hacer,* salvo el imper.: *satisfaz* o *satisface;* part. irreg. **satisfecho.**

satisfactorio, ria. ADJ. **1.** Que puede satisfacer o pagar una cosa debida. *El almuerzo fue satisfactorio.* ‖ **2.** Que puede satisfacer una duda o una queja, o deshacer un agravio. *Explicación satisfactoria.* ‖ **3.** Grato, próspero. *La plantación da resultados satisfactorios.*

satisfecho, cha. PART. IRREG. de **satisfacer.** ‖ ADJ. **1.** presumido (‖ vano, orgulloso). ‖ **2.** Complacido, contento.

sativo, va. ADJ. Que se cultiva, a distinción de lo *agreste* o *silvestre.*

sato, ta. ADJ. *Ant.* Dicho de un perro o de un gato: Pequeño, de cualquier color y pelo corto, vagabundo y, en el caso del perro, ladrador.

sátrapa. M. **1.** hist. Gobernador de una provincia de la antigua Persia. ‖ **2.** coloq. Hombre sagaz, que sabe gobernarse con astucia e inteligencia, o que gobierna despóticamente. U. t. c. adj.

satrapía. F. **1.** hist. Dignidad de sátrapa. ‖ **2.** hist. Territorio gobernado por un sátrapa.

saturación. F. Acción y efecto de saturar.

saturado, da. PART. de **saturar.** ‖ ADJ. *Quím.* Dicho de un compuesto químico orgánico: Cuyos enlaces covalentes, por lo general entre átomos de carbono, son de tipo sencillo.

saturar. TR. **1.** colmar (‖ llenar una medida). U. t. c. prnl. U. t. en sent. fig. *La luz saturaba sus ojos.* ‖ **2. sa-**

ciar (‖ hartar y satisfacer de comida o de bebida). *Estábamos saturados de champán y de turrones.* ‖ **3.** *Fís.* Aumentar la señal de entrada en un sistema hasta que no se produzca el incremento en su efecto. ‖ **4.** *Fís. y Quím.* Añadir una sustancia a un disolvente hasta que este no admita mayor concentración de ella. U. t. c. prnl. ‖ **5.** *Quím.* Combinar dos o más cuerpos en las proporciones atómicas máximas en que pueden unirse.

saturnal. I. ADJ. **1.** Perteneciente o relativo a Saturno. *Fiestas saturnales.* ‖ **II.** F. **2.** hist. Fiesta en honor del dios Saturno. U. m. en pl. ‖ **3.** Orgía desenfrenada.

saturnino, na. ADJ. **1.** Dicho de una persona: Triste y taciturna. ‖ **2.** *Med.* Dicho de una enfermedad: Producida por intoxicación con una sal de plomo.

saturnismo. M. *Med.* Enfermedad crónica producida por la intoxicación ocasionada por las sales de plomo.

sauce. M. Árbol de la familia de las Salicáceas, que crece hasta 20 m de altura, con tronco grueso, derecho, de muchas ramas y ramillas colgantes. Tiene copa irregular, estrecha y clara, hojas angostas, lanceoladas, de margen poco aserrado, verdes por el haz y blancas y algo pelosas por el envés, flores sin cáliz ni corola, en amentos verdosos, y fruto capsular. Es común en las orillas de los ríos. ‖ **~ blanco.** M. **sauce.** ‖ **~ cabruno.** M. Árbol de la familia de las Salicáceas, que principalmente se diferencia del sauce blanco por tener las hojas mayores, ovaladas, con ondas en el margen y vellosas por el envés. En España abundó en las provincias del norte. ‖ **~ de Babilonia, o ~ llorón.** M. Árbol de la familia de las Salicáceas, de seis a siete metros de altura, con tronco grueso, copa amplia, ramas y ramillas muy largas, flexibles y colgantes, y hojas lampiñas, muy estrechas y lanceoladas. Es originario del Asia Menor y se cultiva en Europa como planta de adorno.

sauceda. F. Sitio poblado de sauces.

sauco. M. *Am.* **saúco.**

saúco. M. Arbusto o arbolillo de la familia de las Caprifoliáceas, con tronco de dos a cinco metros de altura, lleno de ramas, de corteza parda y rugosa y médula blanca abundante, hojas compuestas de cinco a siete hojuelas ovales, de punta aguda, aserradas por el margen, de color verde oscuro, de olor desagradable y sabor acre, flores blancas y fruto en bayas negruzcas. Es común en España, y el cocimiento de las flores se usa en medicina como diaforético y resolutivo. ‖ **~ falso.** M. *Chile.* Árbol de unos cinco metros de altura, con hojas largamente pecioladas, compuestas de cinco hojuelas lanceoladas, aserradas, y umbelas compuestas de tres a cinco flores.

saudade. F. Soledad, nostalgia, añoranza.

saudí. ADJ. **saudita.** Apl. a pers., u. t. c. s.

saudita. ADJ. **1.** Natural de Arabia Saudí o Saudita. U. t. c. s. ‖ **2.** Perteneciente o relativo a este país de Asia.

saudoso, sa. ADJ. Soledoso, nostálgico. *Un personaje saudoso.*

sauna. F. **1.** Baño de vapor, en un recinto de madera, a muy alta temperatura, que produce una rápida y abundante sudoración, y que se toma con fines higiénicos y terapéuticos. En América, u. m. c. m. ‖ **2.** Local en que se pueden tomar esos baños. En América, u. m. c. m.

sauquillo. M. **mundillo** (‖ arbusto caprifoliáceo).

saurio. ADJ. *Zool.* Se dice de los reptiles que generalmente tienen cuatro extremidades cortas, mandíbulas con dientes, y cuerpo largo con cola también larga y

piel escamosa o cubierta de tubérculos; p. ej., el lagarto. U. t. c. s. m. ORTOGR. En m. pl., escr. con may. inicial c. taxón. *Los Saurios.*

sauzal. M. Sitio poblado de sauces.

sauzgatillo. M. Arbusto de la familia de las Verbenáceas, que crece en los sotos frescos y a orillas de los ríos hasta tres o cuatro metros de altura, con ramas abundantes, mimbreñas, cuadrangulares y de corteza blanquecina, hojas digitadas con pecíolo muy largo y cinco o siete hojuelas lanceoladas, flores pequeñas y azules en racimos terminales, y fruto redondo, pequeño y negro.

savia. F. **1.** *Bot.* Líquido que circula por los vasos de las plantas pteridófitas y fanerógamas y del cual toman las células las sustancias que necesitan para su nutrición. ‖ **2.** Energía, elemento vivificador. *La abundante savia de su inspiración.*

sawali. M. *Filip.* Tejido hecho con tiras de caña que se emplea para hacer toldos.

saxífraga. F. Planta herbácea, vivaz, de la familia de las Saxifragáceas, que crece hasta tres o cuatro decímetros de altura, con tallo ramoso, velludo y algo rojizo, hojas radicales, casi redondas y festoneadas, las superiores de tres gajos estrechos, flores en corimbo, grandes, de pétalos blancos con nervios verdosos, fruto capsular con muchas semillas menudas, y raíz bulbosa llena de granos pequeños, cada uno de los cuales puede reproducir la planta. Es común en España en los sitios frescos y su infusión se ha empleado en medicina contra los cálculos de los riñones.

saxifragáceo, a. ADJ. *Bot.* Se dice de las hierbas, arbustos o árboles angiospermos dicotiledóneos, a veces con tallos fistulosos, de hojas alternas u opuestas, enteras o lobuladas, generalmente sin estípulas, flores hermafroditas, de cinco a diez pétalos, o tetrámeras, casi siempre regulares, dispuestas en racimos, panojas o cimas, y fruto capsular o en baya; p. ej., la saxífraga, el grosellero y la hortensia. U. t. c. s. f. ORTOGR. En f. pl., escr. con may. inicial c. taxón. *Las Saxifragáceas.*

saxifragia. F. **saxífraga.**

saxo. I. M. **1.** **saxófono.** ‖ **II.** COM. **2.** **saxofonista.**

saxofón. M. **saxófono.**

saxofonista. COM. Músico que toca el saxófono.

saxófono. M. Instrumento musical de viento, de metal, con boquilla de madera y con lengüeta. Tiene varias llaves, es de invención moderna, y muy usado, principalmente en las bandas militares y orquestas de *jazz.*

saya. F. **1.** **falda** (‖ prenda de vestir). ‖ **2.** hist. Vestidura talar antigua, especie de túnica, que usaban los hombres.

sayagués. M. Habla que pretende ser rústica y se finge dialecto leonés de la comarca de Sayago, utilizada por personajes villanescos en el teatro español de los siglos XV al XVII.

sayal. M. **1.** Tela muy basta labrada de lana burda. ‖ **2.** Prenda de vestir hecha con este tejido.

sayo. M. hist. Prenda de vestir holgada y sin botones que cubría el cuerpo hasta la rodilla.

sayón. M. **1.** Cofrade que va en las procesiones de Semana Santa vestido con una túnica larga. ‖ **2.** hist. Verdugo que ejecutaba las penas a que eran condenados los reos.

saz. M. **sauce.**

sazón. F. **1.** Punto o madurez de las cosas, o estado de perfección en su línea. ‖ **2.** Ocasión, tiempo oportuno o coyuntura. ‖ **3.** Gusto y sabor que se percibe en los alimentos. ‖ **a la ~.** LOC.ADV. En aquel tiempo u ocasión. ‖ **en ~.** LOC.ADV. De manera oportuna, a tiempo.

sazonado, da. PART. de **sazonar.** ‖ ADJ. Dicho de una frase, de un dicho o de un estilo: Sustanciosos y expresivos.

sazonador, ra. ADJ. Que sazona. *Ingredientes sazonadores.*

sazonar. TR. **1.** Dar sazón a la comida. *Sazonar los filetes ligeramente.* ‖ **2.** Poner las cosas en la sazón, punto y madurez que deben tener. *El destino acostumbra a sazonar las cosas con lo imprevisto.* U. t. c. prnl.

se¹. PRON. PERSON. **1.** Forma de la 3.ª persona del singular y del plural que cumple la función de complemento directo o indirecto. No admite preposición y se puede usar como enclítico. *Se peina muy bien. Se escriben a diario. Se leyó la novela en una tarde.* ‖ **2.** Se usa para formar oraciones impersonales. *Se come muy bien en este restaurante.* ‖ **3.** Se usa para formar oraciones de pasiva refleja. *Se venden libros viejos.*

se². PRON. PERSON. Forma que toma la 3.ª persona del singular o del plural que cumple la función de complemento indirecto cuando se utiliza en combinación con las formas de complemento directo *lo, la,* etc. *Dáselo. Se las dio.*

sebáceo, a. ADJ. Que participa de la naturaleza del sebo o se parece a él. *Aspecto sebáceo.*

sebiche. M. Méx. **cebiche.**

sebo. M. Grasa sólida y dura que se saca de los animales herbívoros, y que, derretida, sirve para hacer velas, jabones y para otros usos.

seborrea. F. Aumento patológico de la secreción de las glándulas sebáceas de la piel.

seborreico, ca. ADJ. **1.** Perteneciente o relativo a la seborrea. *Flujo seborreico.* ‖ **2.** Que padece seborrea. *Pieles seborreicas.*

seboso, sa. ADJ. **1.** Que tiene sebo, especialmente si es mucho. *Cuello seboso.* ‖ **2.** Untado de sebo o de otra cosa mantecosa o grasa. *Mostradores sebosos.*

sebucán. M. Á. Caribe. **cebucán.**

seca. F. **1.** Infarto de una glándula. ‖ **2. sequía.** ‖ **3.** Banco de arena no cubierto por el agua.

secadal. M. Terreno muy seco.

secadero. M. Lugar dispuesto para secar natural o artificialmente ciertos frutos u otros productos.

secado. M. Acción y efecto de secar o secarse.

secador, ra. I. ADJ. **1.** Que seca. *Sistema secador.* ‖ **II.** M. **2.** Aparato o máquina destinados a secar las manos, el cabello, la ropa, etc. ‖ **3.** Á. Andes. Paño de cocina para secar los platos y la vajilla.

secadora. F. **secador** (‖ aparato destinado a secar).

secamanos. M. Aparato eléctrico que sirve para secar las manos por medio de un chorro de aire caliente.

secamiento. M. Acción y efecto de secar o secarse.

secano. M. Tierra de labor que no tiene riego, y solo participa del agua de lluvia.

secante¹. I. ADJ. **1.** Que seca. *Polvos secantes.* Apl. a pers., u. t. c. s. ‖ **II.** M. **2. aceite secante.** ‖ **3. papel secante.** ☐ V. **aceite ~, papel ~.**

secante². ADJ. **1.** Geom. Dicho de una línea o de una superficie: Que corta a otra línea o superficie. U. t. c. s. f. ‖ **2.** Mat. Cantidad inversa del coseno.

secapelos. M. Aparato para secar el pelo.

secar. I. TR. **1.** Extraer la humedad, o hacer que se evapore de un cuerpo mojado, mediante el aire o el calor que se le aplica. *Secar el pelo.* ‖ **2.** Quitar con un trapo,

toalla, etc., el líquido o las gotas que hay en una superficie. *Se secó el cuerpo lentamente.* ‖ **3.** Cerrar, cicatrizar una herida, llaga, úlcera, etc. U. t. c. prnl. ‖ **II.** PRNL. **4.** Dicho de un río, de una fuente o de algo similar: Quedarse sin agua. ‖ **5.** Dicho de una planta: Perder su verdor, vigor o lozanía. ‖ **6.** Dicho de una persona o de un animal: Enflaquecer y extenuarse. ‖ **7.** Dicho del corazón o del ánimo: Embotarse, disminuir en afectividad.

secarral. F. Terreno muy seco.

sección. F. **1.** Separación que se hace en un cuerpo sólido con un instrumento o algo cortante. ‖ **2.** Cada una de las partes en que se divide o considera dividido un objeto, un conjunto de objetos, una empresa, una organización, etc. *Sección de relaciones públicas. Sección de perfumería.* ‖ **3.** En los medios de comunicación, espacio que se reserva para un tema determinado. *Sección de deportes. Sección de economía.* ‖ **4.** Cada uno de los grupos en que se divide o considera dividido un conjunto de personas. ‖ **5.** Dibujo del perfil o figura que resultaría si se cortara un terreno, edificio, máquina, etc., por un plano, con objeto de dar a conocer su estructura o su disposición interior. ‖ **6.** Geom. Figura que resulta de la intersección de una superficie o un sólido con otra superficie. ‖ **7.** Mil. Pequeña unidad homogénea, que forma parte de una compañía o de un escuadrón. ‖ **8.** Á. R. Plata. **sesión** (‖ cada una de las funciones de teatro o cine). *Sección vermú.*

seccionador, ra. ADJ. Que secciona. *Dispositivo seccionador.*

seccionar. TR. Dividir en secciones.

secesión. F. **1.** Acto de separarse de una nación parte de su pueblo y territorio. ‖ **2.** Apartamiento, retraimiento de los negocios públicos.

secesionismo. M. Tendencia u opinión favorable a la secesión política.

secesionista. ADJ. **1.** Perteneciente o relativo a la secesión. *Movimiento secesionista.* ‖ **2.** Partidario de la secesión. U. t. c. s.

seco, ca. ADJ. **1.** Que carece de agua u otro líquido. *Arena seca.* ‖ **2.** Dicho de un manantial, de un arroyo, de un río, de una laguna, etc.: Faltos de agua. ‖ **3.** Dicho de un guiso: Sin caldo. *Arroz seco.* ‖ **4.** Se dice de las frutas, especialmente de las de cáscara dura, como avellanas, nueces, etc., y también de las que se quita el agua que contienen para que se conserven, como los higos, las pasas, etc. ‖ **5.** Dicho del cabello o de la piel: Faltos de grasa o de hidratación. ‖ **6.** Dicho de una planta: Muerta, sin vida. *Árbol seco. Rama seca.* ‖ **7.** Se dice del tiempo en que no llueve. ‖ **8.** Dicho de un país o de su clima: Caracterizado por la escasez de lluvia o de humedad. ‖ **9.** Dicho de una cosa: Que está sola, sin otra accesoria que le dé mayor valor o estimación. *Pan seco para merendar.* ‖ **10.** Dicho de una persona o de un animal: Flacos o de muy pocas carnes. ‖ **11.** Áspero, desabrido en el trato. ‖ **12.** Riguroso, estricto, sin contemplaciones ni rodeos. *Justicia, verdad seca.* ‖ **13.** Dicho del entendimiento o del ingenio y de sus producciones: Áridos, estériles, faltos de amenidad. ‖ **14.** Dicho del aguardiente: **puro** (‖ libre de mezcla). ‖ **15.** Dicho de una bebida alcohólica: Que no tiene sabor dulce. *Champán seco.* ‖ **16.** Dicho de un sonido: Ronco, áspero. *Tos seca.* ‖ **17.** Dicho de un golpe: Fuerte, rápido y que no resuena. *Portazo seco.* ‖ **18.** coloq. Que tiene mucha sed. ‖ **19.** coloq. Muerto en el acto. *Lo dejó seco de un tiro.* ‖ **20.** coloq. Sorprendido o muy impresionado. *Me quedé* *seco con su reacción.* ‖ **21.** *Mús.* Dicho de un sonido: Brevísimo y cortado. ‖ **a secas.** LOC.ADV. Solamente, sin otra cosa alguna. ‖ **en seco.** LOC.ADV. **1.** Fuera del agua o de un lugar húmedo. *La nave varó en seco.* ‖ **2.** De repente. *Paró en seco.* ‖ **3.** *Constr.* Sin argamasa. ‖ **parar en seco** a alguien. LOC.VERB. Á. R. *Plata* y *Chile.* Reprenderlo. ‖ **~ como parto de gallina.** LOC.ADJ. Á. R. *Plata.* Dicho de una persona: hosca (‖ intratable). □ V. **ama ~, amores ~s, dique ~, dulce ~, fruta ~, herbario ~, hielo ~, ley ~, limpieza en seco, pasto ~, puerto ~, punta ~, vino ~.**

secoya. F. secuoya.

secreción. F. Acción y efecto de secretar. ‖ **~ interna.** F. *Med.* Conjunto de hormonas elaboradas en las glándulas endocrinas.

secreta. F. Cada una de las oraciones que se dicen en algunas misas después del ofertorio y antes del prefacio.

secretar. TR. *Biol.* Dicho de una glándula: Despedir materias elaboradas por ella y que el organismo utiliza en el ejercicio de alguna función.

secretaría. F. **1.** Destino o cargo de secretario. ‖ **2.** Oficina donde trabaja. ‖ **3.** Sección de un organismo, institución, empresa, etc., ocupada de las tareas administrativas. ‖ **4.** *Am.* **ministerio** (‖ departamento en que se divide la gobernación del Estado).

secretariado. M. **1.** **secretaría** (‖ destino o cargo de secretario). ‖ **2.** Carrera o profesión de secretario. ‖ **3.** secretaría (‖ oficina donde trabaja el secretario). ‖ **4.** Cuerpo o conjunto de secretarios.

secretarial. ADJ. Perteneciente o relativo a la profesión o cargo de secretario.

secretario, ria. M. y F. **1.** Persona encargada de escribir la correspondencia, extender las actas, dar fe de los acuerdos y custodiar los documentos de una oficina, asamblea o corporación. ‖ **2.** Persona que por oficio público da fe de escritos y actos. ‖ **3.** Encargado de redactar la correspondencia de aquel a quien sirve para este fin. ‖ **4.** Máximo dirigente de algunas instituciones y partidos políticos. *Fue nombrado secretario general del partido opositor.* ‖ **5.** *Am.* **ministro** (‖ persona que forma parte del Gobierno). ‖ **~ particular.** M. y F. Persona que está encargada de los asuntos y correspondencia no oficiales de una persona constituida en autoridad.

secretear. INTR. coloq. Dicho de una persona: Hablar en secreto con otra.

secreteo. M. coloq. Acción de secretear.

secreter. M. Mueble con tablero para escribir y con cajones para guardar papeles. MORF. pl. **secreteres.**

secretismo. M. Modo de actuar en secreto con respecto a asuntos que debieran manifestarse.

secretista. ADJ. Dicho de una persona: Que habla mucho en secreto.

secreto, ta. I. ADJ. **1.** Oculto, ignorado, escondido y separado de la vista o del conocimiento de los demás. *Pasaje secreto.* ‖ **2. callado** (‖ silencioso, reservado). *Deseo secreto.* ‖ **II.** M. **3.** Cosa que cuidadosamente se tiene reservada y oculta. *Te diré un secreto.* ‖ **4.** Reserva, sigilo. *Lo hizo con gran secreto.* ‖ **5.** Conocimiento que exclusivamente alguien posee de la virtud o propiedades de una cosa o de un procedimiento útil en medicina o en otra ciencia, arte u oficio. ‖ **6. misterio** (‖ negocio muy reservado). *Su fórmula es un secreto bien guardado.* ‖ **7.** Escondrijo que suelen tener algunos muebles para guardar papeles, dinero u otras cosas. ‖ **8.** *Mús.* Tabla armónica del órgano y de otros instrumentos semejantes.

‖ **~ a voces.** M. **1.** coloq. Misterio que se hace de lo que ya es público. ‖ **2.** coloq. secreto que se confía a muchos. ‖ **~ de Estado.** M. **1.** El que no puede revelar un funcionario público sin incurrir en delito. ‖ **2.** Grave asunto político o diplomático no divulgado todavía. ‖ **~ profesional.** M. Deber que tienen los miembros de ciertas profesiones, como los médicos, los abogados, los notarios, etc., de no descubrir a tercero los hechos que han conocido en el ejercicio de su profesión. ‖ **en secreto.** LOC. ADV. De manera secreta. □ V. **agente ~, fondos ~s, Policía ~, puerta ~, servicio ~, votación ~, voto ~.**

secretor, ra. ADJ. *Biol.* Dicho de un órgano del cuerpo que tiene la facultad de secretar: Que secreta.

secta. F. **1.** Conjunto de seguidores de un grupo religioso o ideológico. ‖ **2.** Doctrina religiosa o ideológica que se diferencia e independiza de otra. ‖ **3.** Conjunto de creyentes en una doctrina particular o de fieles a una religión que el hablante considera falsa.

sectario, ria. ADJ. **1.** Que profesa y sigue una secta. U. t. c. s. ‖ **2.** Secuaz, fanático e intransigente, de un partido o de una idea. U. t. c. s. *En política, es un sectario.*

sectarismo. M. Celo propio de sectario.

sector. M. **1.** Parte de una ciudad, de un local o de cualquier otro lugar. *Vive en el sector norte de la ciudad.* ‖ **2.** Cada una de las partes de una colectividad, grupo o conjunto que tiene caracteres peculiares y diferenciados. *Su discurso fue aplaudido por los distintos sectores de la Cámara. Pertenece al sector privilegiado de la sociedad.* ‖ **3.** Conjunto de empresas o negocios que se engloban en un área diferenciada dentro de la actividad económica y productiva. *El sector del automóvil.* ‖ **4.** *Geom.* Porción de círculo comprendida entre un arco y los dos radios que pasan por sus extremidades. ‖ **~ primario.** M. El que abarca las actividades productivas de la agricultura, ganadería, pesca y minería. ‖ **~ público.** M. Conjunto de las organizaciones públicas y organismos, entidades y empresas de ellas dependientes. ‖ **~ secundario.** M. El que abarca las actividades productivas que someten las materias primas a procesos industriales de transformación. ‖ **~ servicios, o ~ terciario.** M. El que abarca las actividades relacionadas con los servicios materiales no productivos de bienes, que se prestan a los ciudadanos, como la Administración, la enseñanza, el turismo, etc.

sectorial. ADJ. Perteneciente o relativo a un **sector** (‖ parte de una colectividad con caracteres peculiares). *Planes sectoriales de reestructuración.*

secuaz. ADJ. Que sigue el partido, doctrina u opinión de otro. U. t. c. s. U. m. en sent. peyor.

secuela. F. **1.** Consecuencia o resulta de algo. ‖ **2.** Trastorno o lesión que queda tras la curación de una enfermedad o un traumatismo, y que es consecuencia de ellos.

secuencia. F. **1.** Continuidad, sucesión ordenada. ‖ **2.** Serie o sucesión de cosas que guardan entre sí cierta relación. ‖ **3.** En cinematografía, serie de planos o escenas que en una película se refieren a una misma parte del argumento. ‖ **4.** Pasaje que se dice en ciertas misas después del gradual. ‖ **5.** *Mat.* Conjunto de cantidades u operaciones ordenadas de tal modo que cada una está determinada por las anteriores. ‖ **6.** *Mús.* Progresión o marcha armónica.

secuenciación. F. Acción y efecto de secuenciar.

secuencial. ADJ. Perteneciente o relativo a la secuencia.

secuenciar. TR. Establecer una **secuencia** (‖ serie o sucesión). MORF. conjug. c. *anunciar.*

secuestrador, ra. ADJ. Que secuestra. U. m. c. s.

secuestrar. TR. **1.** Retener indebidamente a una persona para exigir dinero por su rescate, o para otros fines. ‖ **2.** Tomar por las armas el mando de un vehículo, ya sea un avión, un barco, etc., reteniendo a la tripulación y pasaje, a fin de exigir como rescate una suma de dinero o la concesión de ciertas reivindicaciones. ‖ **3.** Embargar judicialmente. ‖ **4.** Impedir, por orden judicial, la distribución y venta de una publicación.

secuestro. M. **1.** Acción y efecto de secuestrar. ‖ **2.** *Med.* Porción de hueso mortificada que subsiste en el cuerpo separada de la parte viva.

secular. ADJ. **1.** Que dura un siglo, o desde hace siglos. *Problema, injusticia secular.* ‖ **2.** seglar. *Católico secular.* ‖ **3.** Dicho de un sacerdote o del clero: Que vive en el siglo, a distinción del que vive en clausura. Apl. a pers., u. t. c. s. ☐ V. **clero ~.**

secularidad. F. **1.** *Rel.* Condición común de lo laico en contraposición a lo eclesiástico. ‖ **2.** *Rel.* Condición de vida de los miembros de un instituto secular.

secularización. F. Acción y efecto de secularizar.

secularizar. TR. **1.** Hacer secular lo que era eclesiástico. U. t. c. prnl. ‖ **2.** Autorizar a un religioso para que pueda vivir fuera de clausura. ‖ **3.** Reducir a un sacerdote católico al estado laical con dispensa de sus votos por la autoridad competente.

secundar. TR. Apoyar, cooperar con alguien ayudándolo en la realización de sus propósitos.

secundario, ria. ADJ. **1.** Segundo en orden y no principal. *Raíces secundarias.* ‖ **2.** Que deriva o es consecuencia de lo principal. *Efectos secundarios.* ‖ **3.** Se dice de la segunda enseñanza. *Estudios secundarios.* ‖ **4.** *Geol.* mesozoico. ☐ V. **efecto ~, enseñanza ~, reacción ~, sector ~.**

secundinas. F. pl. *Med.* Placenta y membranas que envuelven el feto.

secundípara. ADJ. Dicho de una mujer: Que pare por segunda vez.

secuoya. F. Se usa como nombre para referirse a un género de árboles pertenecientes a las coníferas de la familia de las Taxodiáceas, con dos especies de América del Norte, bastante difundidas en nuestros parques y arboretos. Ambas son célebres por sus grandes dimensiones y majestuoso porte.

secura. F. Cualidad de seco.

sed. F. **1.** Gana y necesidad de beber. ‖ **2.** Necesidad de agua o de humedad que tienen ciertas cosas. *Los campos tienen sed.* ‖ **3.** Apetito o deseo ardiente de algo. *Sed de justicia.* ‖ **matar la ~.** LOC.VERB. Apagarla.

seda. F. **1.** *Zool.* Líquido viscoso segregado por ciertas glándulas de algunos artrópodos, como las orugas y las arañas, que sale del cuerpo por orificios muy pequeños y se solidifica en contacto con el aire formando hilos finísimos y flexibles. ‖ **2.** Hilo formado con hebras muy finas, que se utiliza para coser o tejer. ‖ **3.** Tejido hecho de seda. ‖ **~ artificial.** F. rayón. ‖ **~ cruda.** F. La que conserva la goma que naturalmente tiene. ‖ **~ joyante.** F. La que es muy fina y de mucho lustre. ‖ **~ natural.** F. Tejido confeccionado con los hilos del capullo que forma el gusano de seda. ‖ **~ salvaje.** F. Tejido de seda que tiene algunos hilos más gruesos que el resto. ‖ **~ verde.** F. La que se hila estando vivo el gusano dentro del capullo. ‖ **como una ~.** **I.** LOC.ADJ. **1.** coloq. Muy suave al tacto.

‖ **2.** coloq. Dicho de una persona: Dócil y de suave condición. ‖ **II.** LOC.ADV. **3.** coloq. Sin tropiezo ni dificultad. ☐ V. **brocatel de ~, gusano de la ~, gusano de ~, mariposa de la ~, papel de ~.**

sedación. F. Acción y efecto de sedar.

sedal. M. Trozo corto de hilo fino y muy resistente que se ata por un extremo al anzuelo y por el otro a la cuerda que pende de la caña de pescar.

sedán. M. Automóvil de turismo con cubierta fija.

sedancia. F. Cualidad de sedante.

sedante. ADJ. **1.** Que seda. *Colores sedantes.* ‖ **2.** Dicho de un fármaco: Que disminuye la excitación nerviosa o produce sueño. U. t. c. s. m.

sedar. TR. Apaciguar, sosegar, calmar.

sede. F. **1.** Lugar donde tiene su domicilio una entidad económica, literaria, deportiva, etc. ‖ **2.** Asiento o trono de un prelado que ejerce jurisdicción. ‖ **3.** Capital de una diócesis. ‖ **4.** Territorio de la jurisdicción de un prelado. ‖ **5.** Jurisdicción y potestad del sumo pontífice, vicario de Cristo. ‖ **~ apostólica.** F. La fundada por alguno de los doce apóstoles o de sus inmediatos discípulos y, por antonom., la de Roma. ‖ **~ plena.** F. Actual ocupación de la dignidad episcopal o pontificia por persona que, como prelado de ella, la administra y rige. ‖ **~ vacante.** F. La que no está ocupada, por muerte o cese del sumo pontífice o del prelado de una iglesia. ‖ **Santa Sede.** F. Jurisdicción y potestad del papa.

sedentario, ria. ADJ. **1.** Dicho de un oficio o de un modo de vida: De poca agitación o movimiento. ‖ **2.** Dicho de una tribu o de un pueblo: Dedicados a la agricultura, asentados en algún lugar, por oposición a los *nómadas.* ‖ **3.** *Zool.* Dicho de un animal: Que, como los pólipos coloniales, carece de órganos de locomoción durante toda su vida y permanece siempre en el mismo lugar en que ha nacido, o que, como los moluscos del tipo del mejillón, pierde en el estado adulto los órganos locomotores que tenía en la fase larval y se fija en un sitio determinado, en el que pasa el resto de su vida.

sedentarismo. M. Actitud de la persona que lleva una vida sedentaria.

sedentarización. F. Acción y efecto de sedentarizar.

sedentarizar. TR. Hacer o volver sedentario. U. m. c. prnl.

sedente. ADJ. Que está sentado. *Figura sedente.*

sedeño, ña. ADJ. De seda o semejante a ella. *Lazos sedeños. Aspecto sedeño.*

sedería. F. **1.** Género o prenda de seda. ‖ **2.** Conjunto de prendas de seda. ‖ **3.** Tienda donde se venden géneros de seda.

sedero, ra. I. ADJ. **1.** Perteneciente o relativo a la seda. *Industria sedera.* ‖ **II.** M. y F. **2.** Persona que labra la seda o trata en ella.

sedicente. ADJ. irón. Dicho de una persona: Que se da a sí misma tal o cual nombre, sin convenirle el título o condición que se atribuye. *Los sedicentes filósofos.*

sedición. F. Alzamiento colectivo y violento contra la autoridad, el orden público o la disciplina militar, sin llegar a la gravedad de la rebelión.

sedicioso, sa. ADJ. **1.** Perteneciente o relativo a la sedición. *Escritos sediciosos.* ‖ **2.** Dicho de una persona: Que promueve una sedición o toma parte en ella. U. t. c. s. ‖ **3.** Se dice de los actos o palabras de esta persona.

sediento, ta. ADJ. **1.** Que tiene sed. Apl. a pers., u. t. c. s. ‖ **2.** Dicho de un campo, de una tierra o de una planta:

Que necesitan de humedad o riego. ‖ **3.** Que con ansia desea algo. *Sediento de perfección intelectual.*

sedimentación. F. Acción y efecto de sedimentar.

sedimentar. **I.** TR. **1.** Dicho de un líquido: Depositar sedimento. U. t. en sent. fig. *La década de 1960 sirvió para sedimentar ideas.* ‖ **II.** INTR. **2.** Dicho de las materias suspendidas en un líquido: Formar sedimento. U. t. c. prnl. U. t. en sent. fig. *Aquella enemistad se sedimentó durante el Gobierno siguiente.*

sedimentario, ria. ADJ. Perteneciente o relativo al sedimento.

sedimento. M. Materia que, habiendo estado suspendida en un líquido, se posa en el fondo por su mayor gravedad. U. t. en sent. fig. *El sedimento de la civilización romana.*

sedosidad. F. Cualidad de sedoso. U. t. en sent. fig. *Me gusta la sedosidad de su voz.*

sedoso, sa. ADJ. Parecido a la seda o suave como ella. *Cabellos sedosos.*

seducción. F. **1.** Acción y efecto de seducir. ‖ **2.** Capacidad para seducir.

seducir. TR. **1.** Engañar con arte y maña; persuadir suavemente para algo malo. *La sedujo para que la ayudara a robar.* ‖ **2.** Atraer físicamente a alguien con el propósito de obtener de él una relación sexual. *Esas son las armas de algunos donjuanes para seducir a sus víctimas.* ‖ **3.** Embargar o cautivar el ánimo. *No os dejéis seducir por la demagogia política.* ¶ MORF. conjug. c. *conducir.*

seductivo, va. ADJ. Que seduce. *Conducta seductiva.*

seductor, ra. ADJ. Que seduce. Apl. a pers., u. t. c. s.

sefardí. **I.** ADJ. **1.** Se dice de los judíos oriundos de España, o de los que, sin proceder de España, aceptan las prácticas especiales religiosas que en el rezo mantienen los judíos españoles. U. t. c. s. ‖ **2.** Perteneciente o relativo a ellos. *Canción sefardí.* ‖ **II.** M. **3.** Dialecto judeoespañol. ¶ MORF. pl. **sefardíes** o **sefardís.**

sefardita. ADJ. sefardí. Apl. a pers., u. t. c. s.

segador, ra. **I.** ADJ. **1.** Dicho de una máquina: Que sirve para segar. ‖ **II.** M. y F. **2.** Persona que siega.

segadora. F. Máquina que sirve para segar.

segar. TR. **1.** Cortar mieses o hierba con la hoz, la guadaña o cualquier máquina a propósito. U. t. c. intr. ‖ **2.** Cortar de cualquier manera, y especialmente lo que sobresale o está más alto. *Segar la cabeza, el cuello.* ‖ **3.** Cortar, interrumpir algo de forma violenta y brusca. *La muerte iba tras de mí segando las vidas de aquellos a quienes me acercaba.* ¶ MORF. conjug. c. *acertar.*

seglar. ADJ. **1.** Perteneciente o relativo a la vida, estado o costumbre del siglo o mundo. ‖ **2.** Que no tiene órdenes clericales. U. t. c. s.

segmentación. F. **1.** Acción y efecto de segmentar. ‖ **2.** *Biol.* Secuencia de las primeras divisiones de la célula huevo de animales y plantas, que dan lugar a la aparición del embrión.

segmentado, da. PART. de **segmentar.** ‖ ADJ. *Zool.* Dicho de un animal: Que tiene su cuerpo formado de partes o segmentos dispuestos en serie lineal, como la tenia y el cangrejo.

segmentar. TR. Cortar o partir en segmentos.

segmentario, ria. ADJ. Perteneciente o relativo al segmento o a la segmentación.

segmento. M. **1.** Porción o parte cortada o separada de una cosa, de un elemento geométrico o de un todo. ‖ **2.** *Geom.* Parte de una recta comprendida entre dos

puntos. ‖ **3.** *Ling.* Signo o conjunto de signos que pueden aislarse en la cadena oral mediante una operación de análisis. ‖ **4.** *Mec.* Cada uno de los aros elásticos de metal que encajan en ranuras circulares del émbolo y que, por tener un diámetro algo mayor que este, se ajustan a las paredes del cilindro. ‖ **5.** *Zool.* Cada una de las partes dispuestas en serie lineal de que está formado el cuerpo de algunos animales, como los insectos y las lombrices de tierra, o ciertos órganos de otros, como las vértebras en la columna vertebral. ‖ **~ de mercado.** M. *Econ.* Cada uno de los grupos homogéneos diferenciados a los que se dirige la política comercial de una empresa.

segorbino, na. ADJ. **1.** Natural de Segorbe. U. t. c. s. ‖ **2.** Perteneciente o relativo a esta ciudad de Castellón, en España.

Segovia. ☐ V. **tierra de ~.**

segoviano, na. ADJ. **1.** Natural de Segovia, ciudad de España, o de su provincia. U. t. c. s. ‖ **2.** Natural de Nueva Segovia, departamento de Nicaragua. U. t. c. s. ‖ **3.** Perteneciente o relativo a aquella ciudad, a aquella provincia o a este departamento.

segregación. F. Acción y efecto de segregar.

segregacionismo. M. **1.** Doctrina del segregacionista. ‖ **2.** Práctica del segregacionismo.

segregacionista. ADJ. **1.** Perteneciente o relativo a la segregación racial. *Política segregacionista.* ‖ **2.** Partidario de esta segregación. U. t. c. s.

segregador, ra. ADJ. Que segrega. *En la educación deben evitarse actitudes segregadoras y racistas.*

segregar. TR. **1.** Separar o apartar algo de otra u otras cosas. *Segregaron una parte de la finca para venderla.* ‖ **2.** Separar y marginar a una persona o a un grupo de personas por motivos sociales, políticos o culturales. ‖ **3.** Secretar, excretar, expeler. *Las glándulas sebáceas de la piel segregan sebo.*

segregativo, va. ADJ. Que segrega o tiene virtud de segregar. *Distribución de servicios segregativa.* U. m. en América.

segueta. F. Sierra de marquetería.

seguetear. INTR. Trabajar con la segueta.

seguida. a ~. LOC. ADV. **a seguido.** ‖ **de ~.** LOC. ADV. **1.** De manera consecutiva o continua, sin interrupción. ‖ **2.** inmediatamente. ‖ **en ~.** LOC. ADV. enseguida.

seguidamente. ADV. M. **1.** de seguida. ‖ **2.** enseguida.

seguidilla. F. **1.** Composición métrica que puede constar de cuatro o de siete versos, de los cuales son, en ambos casos, heptasílabos y libres el primero y el tercero, y de cinco sílabas y asonantes los otros dos. Cuando consta de siete, el quinto y el séptimo tienen esta misma medida y forman también asonancia entre sí, y el sexto es, como el primero y el tercero, heptasílabo y libre. ‖ **2.** *Á. R. Plata.* Sucesión de hechos u objetos que se perciben como semejantes y próximos en el tiempo. ‖ **3.** pl. Aire popular español. ‖ **4.** pl. Baile correspondiente a este aire. ‖ **~s boleras.** F. pl. Música con que se acompaña las bailadas a lo bolero. ‖ **~s manchegas.** F. **1.** pl. Música o tono especial, originario de la Mancha, con que se cantan las **seguidillas** (‖ aire popular). ‖ **2.** pl. Baile propio de esta tonada.

seguidismo. M. Acción de dejarse llevar por ideas o comportamientos ajenos.

seguido, da. PART. de **seguir.** ‖ **I.** ADJ. **1.** Continuo, sucesivo, sin interrupción. *Libra en el trabajo tres días seguidos.* ‖ **II.** ADV. M. **2.** de seguida. ‖ **3.** En línea recta.

Continúas todo seguido. ‖ **a seguido.** LOC.ADV. A continuación, de modo consecutivo. ☐ V. **punto ~, punto y seguido.**

seguidor, ra. ADJ. Partidario activo de alguien o de algo. U. t. c. s.

seguimiento. M. Acción y efecto de seguir o seguirse.

seguir. I. TR. **1.** Ir después o detrás de alguien. *Seguimos a Juan hasta el despacho.* U. t. c. intr. ‖ **2.** Ir en busca de alguien o algo; dirigirse, caminar hacia él o ello. *La policía seguía la pista de los maletines.* ‖ **3.** Proseguir o continuar en lo empezado. *Después de la interrupción, siguió su discurso.* ‖ **4.** Ir en compañía de alguien. *Vine con él y lo seguí siempre.* ‖ **5.** Profesar o ejercer una ciencia, arte o estado. *Comenzó siguiendo el impresionismo.* ‖ **6.** Dirigir la vista hacia un objeto que se mueve y mantener la visión de él. *El hombre la siguió con la mirada.* ‖ **7.** Observar atentamente el curso de un negocio o los movimientos de alguien o algo. *Siguen el caso con interés.* ‖ **8.** Conformarse, convenir, ser del dictamen o parecer de alguien. *Hay dos corrientes principales: la de quienes siguen a santo Tomás y la de quienes siguen a san Pablo.* ‖ **9.** Perseguir, acosar o molestar a alguien; ir en su busca o alcance. *Seguir una fiera.* ‖ **10.** Imitar o hacer algo por el ejemplo que alguien ha dado de ello. *Pretende seguir a su padre en el ejercicio de la medicina.* ‖ **11.** Dirigir algo por camino o método adecuado, sin apartarse del intento. *Nos emplazó a seguir la lucha hacia la presidencia.* ‖ **II.** INTR. **12.** No dejar de producirse o tener lugar. *Sus discos siguen vendiéndose.* ‖ **III.** PRNL. **13.** Dicho de una cosa: Inferirse o ser consecuencia de otra. *De lo dicho se sigue que hay que trabajar más.* ‖ **14.** Dicho de una cosa: Suceder a otra por orden, turno o número, o ser continuación de ella. *La raya se utiliza para marcar una separación entre dos genes que se sigan.* ‖ **15.** Dicho de una cosa: Originarse o causarse de otra. *De la interrupción de la medicación se sigue un comportamiento violento.* ¶ MORF. conjug. c. *pedir.*

según. PREP. **1.** Conforme, o con arreglo, a. *Según la ley.* ‖ **2.** Con arreglo, o en conformidad, a lo que, o a como. *Según veamos. Según se encuentre mañana el enfermo.* ‖ **3.** En proporción o correspondencia a. *Se te pagará según lo que trabajes.* ‖ **4.** De la misma suerte o manera que. *Todo queda según estaba.* ‖ **5.** Ante nombres o pronombres personales, con arreglo o conforme a lo que opinan o dicen las personas de que se trate. *Según él. Según Aristóteles.* ‖ **6.** Con carácter adverbial y en frases elípticas, indica eventualidad o contingencia. *Iré o me quedaré, según.* ‖ **~ y como, o ~ y conforme.** LOCS. CONJUNTS. **1.** De igual suerte o manera que. *Se lo diré según y como tú me lo dices. Todo te lo devuelvo según y como lo recibí.* ‖ **2. según** (‖ con idea de contingencia). U. t. c. locs. advs. *¿Vendrás mañana? —Según y conforme.*

segunda. F. **1. segunda intención.** *Hablar con la segunda.* U. m. en pl. con el mismo significado que en sing. *Hablar con segundas.* ‖ **2.** En algunos instrumentos de cuerda, la que está después de la prima. ‖ **3.** Marcha del motor de un vehículo que tiene mayor velocidad y menor potencia que la primera y menor velocidad y mayor potencia que la tercera.

segundero. M. Manecilla que señala los segundos en el reloj.

segundo, da. I. ADJ. **1.** Que sigue inmediatamente en orden al o a lo primero. ‖ **II.** M. y F. **2.** Persona que en una institución sigue en jerarquía a quien la dirige o preside. ‖ **III.** M. **3.** En el boxeo, persona que ayuda y atiende al púgil antes del combate o en las pausas dentro del cuadrilátero. ‖ **4.** Unidad de tiempo en el Sistema Internacional, equivalente a la sexagésima parte de un minuto de tiempo. Se ha establecido como 9 192 631 770 períodos de la radiación correspondiente a la transición entre dos niveles del estado fundamental del átomo de cesio 133. (Símb. *s*). ‖ **5.** Período muy breve de tiempo. *Vuelvo en un segundo.* ‖ **6.** *Geom.* Cada una de las 60 partes iguales en que se divide un minuto de circunferencia. ‖ **batir segundos.** EXPR. Dicho de un reloj o de un péndulo: Sonar o producir el ruido acompasado indicador de su marcha. ‖ **segundos fuera.** EXPR. Se usa como aviso que hace el árbitro para que los segundos abandonen el cuadrilátero. ☐ V. **cabo ~, causa ~, primo ~, ~ articulación, ~ edición, ~ enseñanza, ~ intención, ~ lengua, ~ mesa, ~ persona, ~ voz, ~ cabo, segundo frente, sobrino ~, tío ~.**

segundogénito, ta. ADJ. Dicho de un hijo: Nacido después del primogénito. U. t. c. s.

segundón, na. M. y F. **1.** Hijo segundo de la casa. ‖ **2.** Hijo no primogénito. U. t. c. adj. ‖ **3.** coloq. Persona que ocupa un puesto o cargo inferior al más importante o de mayor categoría. U. t. c. adj.

segur. F. **1.** Hacha grande para cortar. ‖ **2.** hist. Hacha que formaba parte de cada uno de los fasces de los lictores romanos.

seguramente. ADV. M. **1.** De modo seguro. U. t. c. adv. afirm. *¿Vendrás mañana? —Seguramente.* ‖ **2.** Probablemente, acaso. *Seguramente lloverá.*

seguridad. F. **1.** Cualidad de seguro. ‖ **2. certeza** (‖ conocimiento seguro y claro de algo). ‖ **~ ciudadana.** F. *Der.* Situación de tranquilidad pública y de libre ejercicio de los derechos individuales, cuya protección efectiva se encomienda a las fuerzas de orden público. ‖ **~ jurídica.** F. Cualidad del ordenamiento jurídico, que implica la certeza de sus normas y, consiguientemente, la previsibilidad de su aplicación. En España es un principio constitucional. ‖ **~ social.** F. Organización estatal que se ocupa de atender determinadas necesidades económicas y sanitarias de los ciudadanos. ‖ **de ~.** LOC.ADJ. **1.** Dicho de un ramo de la Administración pública: Cuyo fin es el de velar por la seguridad de los ciudadanos. *Agente de seguridad.* ‖ **2.** Dicho de un mecanismo: Que asegura algún buen funcionamiento, precaviendo que este falle, se frustre o se violente. *Muelle, cerradura de seguridad.* ☐ V. **beneficiario de la ~ social, cinturón de ~, medidas de ~, válvula de ~.**

seguro, ra. I. ADJ. **1.** Libre y exento de todo peligro, daño o riesgo. *Aquí estamos seguros.* ‖ **2.** Cierto, indubitable y en cierta manera infalible. *Es seguro que va a nevar.* ‖ **3.** Firme, constante y que no está en peligro de faltar o caerse. *Afianzado el soporte, la lámpara ha quedado segura.* ‖ **II.** M. **4.** Lugar o sitio libre de todo peligro. ‖ **5.** Mecanismo que impide el funcionamiento indeseado de un aparato, utensilio, máquina o arma, o que aumenta la firmeza de su cierre. ‖ **6.** coloq. Asociación médica privada, que se ocupa de la prevención y remedio de las enfermedades de las personas que abonan las primas correspondientes. ‖ **7.** coloq. **seguridad social.** ‖ **8.** *Der.* Contrato por el que alguien se obliga mediante el cobro de una prima a indemnizar el daño producido a otra persona, o a satisfacerle un capital, una renta u otras prestaciones convenidas. ‖ **III.** ADV. M. **9.** seguramente. ‖ **seguro de vida.** M. Contrato por el cual el asegurador se obliga, mediante una cuota estipulada, a entregar al contratante o al beneficiario un capital o renta al verificarse el acontecimiento previsto o durante el término señalado. ‖ **a seguro.** LOC.ADV. **a salvo** (‖ fuera de peligro). ‖ **a buen ~.** LOC.ADV. *Esp.* **de seguro.** ‖ **de seguro.** LOC.ADV. Con certeza, en verdad. ‖ **en seguro.** LOC.ADV. **a salvo** (‖ fuera de peligro). ‖ **estar ~.** LOC. VERB. No tener duda. *Está seguro de que pasó la prueba.* ‖ **sobre seguro.** LOC.ADV. Sin aventurarse a ningún riesgo. □ V. **actuario de seguros, contrato de seguro.**

seibano, na. ADJ. **1.** Natural de El Seibo. U. t. c. s. ‖ **2.** Perteneciente o relativo a esta provincia de la República Dominicana o a su capital.

seibó. M. *Á. Caribe.* **aparador** (‖ mueble).

seis. I. ADJ. **1.** Cinco más uno. ‖ **2. sexto** (‖ que sigue en orden al quinto). *Número seis. Año seis.* Apl. a los días del mes, u. t. c. s. m. *El seis de abril.* ‖ **II.** M. **3.** Signo o conjunto de signos con que se representa el número seis. ‖ **4.** Naipe que tiene seis señales. *El seis de espadas.* ‖ **III.** F. **5.** pl. Sexta hora a partir de mediodía o de medianoche. *El programa comienza a las seis.* □ V. **compás de ~ por ocho.**

seiscientos, tas. I. ADJ. **1.** Seis veces ciento. ‖ **2. sexcentésimo** (‖ que sigue en orden al quingentésimo nonagésimo noveno). *Número seiscientos. Año seiscientos.* ‖ **II.** M. **3.** Conjunto de signos con que se representa el número seiscientos.

seise. M. Cada uno de los niños de coro, seis por lo común, que, vestidos lujosamente con traje antiguo de seda azul y blanca, bailan y cantan tocando las castañuelas en algunas catedrales en determinadas festividades del año.

seisillo. M. *Mús.* Conjunto de seis notas iguales que se deben cantar o tocar en el tiempo correspondiente a cuatro de ellas.

seísmo. M. **terremoto.** U. m. en España.

selacio, cia. ADJ. *Zool.* Se dice de los peces marinos de esqueleto cartilaginoso que tienen cuerpo fusiforme o deprimido, cola heterocerca, piel muy áspera, boca casi semicircular con numerosos dientes triangulares y de bordes cortantes o aserrados y mandíbula inferior móvil y varias hendiduras branquiales; p. ej., la tintorera y la raya. U. t. c. s. m. ORTOGR. En m. pl., escr. con may. inicial c. taxón. *Los Selacios.*

selección. F. **1.** Acción y efecto de elegir a una o varias personas o cosas entre otras, separándolas de ellas y prefiriéndolas. ‖ **2.** Elección de los animales destinados a la reproducción, para conseguir mejoras en la raza. ‖ **3.** *Dep.* Equipo que se forma con atletas o jugadores de distintos clubes para disputar un encuentro o participar en una competición, principalmente de carácter internacional. ‖ **~ natural.** F. Sistema establecido por el naturalista inglés Charles Darwin, que pretende explicar, por la acción continuada del tiempo y del medio, la desaparición más o menos completa de determinadas especies animales o vegetales, y su sustitución por otras de condiciones superiores.

seleccionado. M. *Á. R. Plata.* **selección** (‖ equipo de jugadores).

seleccionador, ra. I. ADJ. **1.** Que selecciona. *Comité seleccionador.* Apl. a pers., u. t. c. s. ‖ **II.** M. y F. **2.** *Dep.* Persona que se encarga de elegir los jugadores o atletas que han de intervenir en un partido o en una competición.

seleccionar. TR. Elegir, escoger por medio de una selección.

selectividad. F. **1.** Cualidad de selectivo. ‖ **2.** Función de seleccionar o elegir. ‖ **3.** *Esp.* Conjunto de pruebas que se hacen para poder acceder a la universidad.

selectivo, va. ADJ. Que implica o denota selección. *Pruebas, subvenciones selectivas.*

selecto, ta. ADJ. Que es o se reputa como mejor entre las cosas de su especie. *Vinos selectos.*

selector, ra. I. ADJ. **1.** Que selecciona o escoge. *Ha conseguido pasar la primera criba selectora.* ‖ **II.** M. **2.** En ciertos aparatos o máquinas, dispositivo que sirve para elegir la función deseada.

selenio. M. Elemento químico de núm. atóm. 34. Escaso en la litosfera, se encuentra nativo junto al azufre, y combinado en la pirita y otros minerales. Presenta varias formas alotrópicas de color rojo y una de color gris. Por sus propiedades semiconductoras tiene gran aplicación en la fabricación de equipos electrónicos, y se usa para dar color rojo en la industria del vidrio, de los esmaltes y de la cerámica. (Símb. *Se*).

selenita. I. M. **1.** Supuesto habitante de la Luna. ‖ **II.** F. **2. espejuelo** (‖ yeso cristalizado).

selenosis. F. *Med.* **mentira** (‖ manchita blanca en las uñas).

sellado. □ V. **papel ~.**

sellador, ra. ADJ. Que sella. Apl. a un utensilio o a un producto, u. t. c. s. m.

sellar. TR. **1.** Estampar, imprimir o dejar señalada una cosa en otra o comunicarle determinado carácter. *Sellar el pasaporte.* ‖ **2.** Concluir, poner fin a algo. *Sellar la paz.* ‖ **3.** Cerrar herméticamente algo, precintar. *Sellaron las rendijas con silicona.*

sello. M. **1. sello postal.** ‖ **2.** Trozo pequeño de papel, con timbre oficial de figuras o signos grabados, que se pega a ciertos documentos para darles valor y eficacia. ‖ **3.** Utensilio que sirve para estampar las armas, divisas, cifras y otras imágenes en él grabadas, y se emplea para autorizar documentos, cerrar pliegos y otros usos análogos. ‖ **4.** Marca que queda estampada, impresa y señalada con un sello. ‖ **5. precinto** (‖ cierre sellado). ‖ **6.** Especialmente en discos, libros y películas, **firma** (‖ razón social). ‖ **7.** Especialmente en discos, libros y películas, **marca registrada.** ‖ **8.** Anillo que, en la parte ancha, lleva grabadas las iniciales de una persona, el escudo de su apellido, etc. ‖ **9.** Carácter peculiar o especial de alguien o algo, que lo hace diferente de los demás. *La novela tiene el sello inconfundible de su autor.* ‖ **10.** hist. Disco de metal, cera o lacre que, estampado con un sello, se unía, pendiente de hilos, cintas o correas, a ciertos documentos de importancia. ‖ **11.** *Am. Mer.* **cruz** (‖ reverso de la moneda). ‖ **~ de Salomón.** M. **1.** Estrella de seis puntas formada por dos triángulos equiláteros cruzados y a la cual atribuían ciertas virtudes los cabalistas. ‖ **2.** Planta herbácea de la familia de las Liliáceas, de cuatro a seis decímetros de altura, con tallo sencillo y algo doblado en la punta, hojas alternas, sentadas, ovales y enteras, flores blancas y axilares; fruto en baya redonda y azulada, y rizoma horizontal, blanco, tierno, nudoso, macizo, del grueso de un dedo. Se cría en los montes de España, y su rizoma se ha empleado en medicina como astringente y para curar llagas y heridas. ‖ **~ de santa María.** M. **sello de Salomón** (‖ planta liliácea). ‖ **~ postal.** M. El de papel que se adhiere a las cartas para franquearlas o certificarlas.

Seltz. □ V. **agua de ~**.

selva. F. **1.** Terreno extenso, inculto y muy poblado de árboles. || **2.** Abundancia desordenada de algo. *Una selva de papeles sobre el escritorio.* || **3.** Confusión, cuestión intrincada. *No te metas en esa selva.* □ V. **clarín de la ~**.

selvático, ca. ADJ. **1.** Perteneciente o relativo a las selvas. *Un lugar selvático, de difícil acceso.* || **2.** Que se cría en ellas. *Insecto selvático.* || **3.** Tosco, rústico, falto de cultura. *Desgreñada, su belleza juvenil adquiría un atractivo selvático.*

selvatiquez. F. Cualidad de selvático.

selvicultura. F. **silvicultura**.

selvoso, sa. ADJ. **1.** Propio o característico de la selva. *Formaciones selvosas.* || **2.** Dicho de un país o de un territorio: Que tiene muchas selvas.

sema. M. *Ling.* Unidad mínima de significado léxico o gramatical.

semafórico, ca. ADJ. Perteneciente o relativo al semáforo.

semáforo. M. **1.** Aparato eléctrico de señales luminosas para regular la circulación. || **2.** Telégrafo óptico de las costas, para comunicarse con los buques por medio de señales. || **3.** Otro sistema de señales ópticas. *Semáforo de banderas.*

semana. F. **1.** Serie de siete días naturales consecutivos, del lunes al domingo. || **2.** Período de siete días consecutivos. *Hoy es jueves; dentro de una semana, nos volvemos a ver.* || **3.** Salario ganado en una semana. || **4.** Una de las muchas variedades del juego de la rayuela. || **~ corrida.** F. *Á.Andes* y *Chile.* Para los efectos del pago de salarios a los obreros, semana completa, aunque haya días feriados intermedios. || **~ grande.** F. **1.** La última de la Cuaresma, desde el Domingo de Ramos hasta el de Resurrección. || **2.** Libro en que está el rezo propio del tiempo de la Semana Santa, y los oficios que se celebran en ella. || **~ inglesa.** F. Régimen semanal de trabajo que termina a mediodía del sábado. || **~ litúrgica.** F. Período de siete días consecutivos que comienza el domingo y concluye el sábado. || **~ mayor**, o **Semana Santa.** F. **semana grande.** || **entre ~.** LOC.ADV. En cualquier día de ella, menos el primero y el último. □ V. **fin de ~**.

semanal. ADJ. **1.** Que sucede o se repite cada semana. *Informes semanales.* || **2.** Que dura una semana o corresponde a ella. *Catorce horas de trabajo semanal.*

semanalmente. ADV.T. Cada semana.

semanario, ria. **I.** ADJ. **1.** Que sucede o se repite cada semana. *Verificación semanaria de peso.* || **II.** M. **2.** Periódico que se publica semanalmente. || **3.** Conjunto o juego de siete cosas iguales o que entre sí guardan relación.

semanilla. F. Libro que contiene el rezo y los oficios de Semana Santa.

semantema. M. *Ling.* **lexema**.

semántica. F. Estudio del significado de los signos lingüísticos y de sus combinaciones, desde un punto de vista sincrónico o diacrónico.

semántico, ca. ADJ. Perteneciente o relativo a la significación de las palabras. *Cambios semánticos.* □ V. **calco ~, campo ~**.

semantista. COM. Lingüista especializado en semántica.

semasiología. F. **1.** **semántica**. || **2.** Estudio semántico que parte del signo y de sus relaciones, para llegar a la determinación del concepto.

semasiológico, ca. ADJ. Perteneciente o relativo a la semasiología.

semblante. M. **1.** Cara o rostro humanos. || **2.** Representación de algún estado de ánimo en el rostro. *Semblante alegre.* || **3.** **apariencia** (|| aspecto exterior de alguien o algo). *El semblante gris del cielo.*

semblantear. TR. *Am.* Mirar a alguien cara a cara para penetrar sus sentimientos o intenciones. U. t. c. intr.

semblanza. F. Bosquejo biográfico.

sembradío, a. ADJ. Dicho de un terreno: Destinado o a propósito para sembrar.

sembrado, da. PART. de **sembrar**. || M. Tierra sembrada, hayan o no germinado y crecido las semillas. || **estar ~.** LOC.VERB. Estar ingenioso, ocurrente.

sembrador, ra. ADJ. Que siembra. Apl. a pers., u. t. c. s.

sembradora. F. Máquina que sirve para sembrar.

sembradura. F. Acción y efecto de sembrar.

sembrar. TR. **1.** Arrojar y esparcir las semillas en la tierra preparada para este fin. || **2.** Desparramar, esparcir. *Sembrar dinero. Sembrar de palmas y olivas el camino.* || **3.** Esparcir, publicar una noticia para que se divulgue. *Lleva años sembrando insinuaciones.* || **4.** Dar motivo, causa o principio a algo. *Sembró el terror.* || **5.** Hacer algo de lo que seguirá fruto. *Sembró un germen político.* || **6.** *Biol.* Poner microorganismos, células o tejidos en un medio de cultivo adecuado para su multiplicación. || **7.** *Á. Caribe.* **plantar** (|| meter en tierra una planta). ¶ MORF. conjug. c. *acertar.*

sembrío. M. *Á.Andes.* **sembrado**.

semejante. **I.** ADJ. **1.** Que semeja o se parece a alguien o algo. *Un movimiento semejante a un latigazo.* || **2.** Se usa con sentido de comparación o ponderación. *No es lícito valerse de semejantes medios.* || **3.** Empleado con carácter de demostrativo, equivale a *tal. No he visto a semejante hombre.* || **4.** *Geom.* Dicho de una figura: Que es distinta a otra solo por el tamaño y cuyas partes guardan todas respectivamente la misma proporción. || **II.** M. **5.** **prójimo.** *Nuestros semejantes.*

semejanza. F. **1.** Cualidad de semejante. || **2.** Símil retórico.

semejar. COP. Dicho de una persona o de una cosa: Parecer otra.

semema. M. **1.** *Ling.* Conjunto de todos los semas evocados por un signo lingüístico en un contexto determinado. || **2.** *Ling.* Conjunto de semas de un morfema en una lengua determinada.

semen. M. Conjunto de espermatozoides y sustancias fluidas que se producen en el aparato genital masculino de los animales y de la especie humana.

semental. ADJ. Dicho de un animal macho: Que se destina a padrear. U. t. c. s. m.

sementera. F. **1.** Acción y efecto de sembrar. || **2.** Tierra sembrada. || **3.** Tiempo a propósito para sembrar.

semestral. ADJ. **1.** Que sucede o se repite cada semestre. *Pago semestral.* || **2.** Que dura un semestre o corresponde a él. *Asignatura semestral.*

semestralmente. ADV.T. Cada semestre.

semestre. M. Tiempo de seis meses.

semiabierto, ta. ADJ. Abierto a medias. *Portalón semiabierto.*

semianalfabeto, ta. ADJ. Dicho de una persona: Que es casi analfabeta. U. t. c. s.

semiautomático, ca. ADJ. *Mec.* Dicho de un mecanismo o de un proceso: Parcialmente automático. □ V. **arma ~**.

semicadencia. F. *Mús.* Paso sencillo de la nota tónica a la dominante.

semicilíndrico, ca. ADJ. De forma de semicilindro o semejante a ella. *Pieza semicilíndrica.*

semicilindro. M. *Geom.* Cada una de las dos mitades del cilindro separadas por un plano que pasa por el eje.

semicircular. ADJ. **1.** Perteneciente o relativo al semicírculo. *Forma semicircular.* || **2.** De forma de semicírculo o semejante a ella. *Escenario semicircular.*

semicírculo. M. *Geom.* Cada una de las dos mitades del círculo separadas por un diámetro.

semicircunferencia. F. *Geom.* Cada una de las dos mitades de la circunferencia.

semiconductor, ra. ADJ. *Electr.* Se dice de las sustancias aislantes, como el germanio y el silicio, que se transforman en conductores por la adición de determinadas impurezas. Se usan en la fabricación de transistores, chips y derivados. U. t. c. s. m.

semiconserva. F. En la industria conservera, alimentos de origen vegetal o animal envasados en recipientes cerrados, sin previa esterilización, que se conservan por tiempo limitado, merced a la adición de sal común, vinagre, aceite, almíbar, así como por el ahumado, la deshidratación, etc.

semiconsonante. ADJ. *Fon.* Se dice en general de las vocales *i, u,* en principio de diptongo o triptongo, como en *piedra, hielo, huerto, apreciáis,* y más propiamente cuando en dicha posición se pronuncian con sonido de duración momentánea, improlongable, abertura articulatoria creciente y timbre más próximo a consonante que a vocal. U. t. c. s. f.

semicorchea. F. *Mús.* Nota musical cuyo valor es la mitad de una corchea.

semicultismo. M. Palabra influida por el latín, o por la lengua culta, que no ha realizado por completo su evolución fonética normal; p. ej., *siglo, tilde.*

semiculto, ta. ADJ. **1.** Perteneciente o relativo al semicultismo. *Léxico semiculto.* || **2.** Dicho de una persona: Que solo tiene una mediana cultura general. U. m. c. s. U. m. en sent. peyor.

semicursiva. □ V. letra ~.

semideponente. □ V. verbo ~.

semidescremado, da. ADJ. semidesnatado.

semidesértico, ca. ADJ. Casi desértico.

semidesnatado, da. ADJ. Se dice de la leche o del producto lácteo a los que se les ha quitado parte de su grasa.

semidifunto, ta. ADJ. Medio difunto o casi difunto.

semidiós, sa. M. y F. Héroe o heroína de las antiguas mitologías descendiente de un dios.

semiditono. M. *Mús.* Intervalo de un tono y un semitono mayor.

semidormido, da. ADJ. Medio dormido o casi dormido.

semieje. M. *Geom.* Cada una de las dos mitades de un eje separadas por el centro.

semiesfera. F. hemisferio.

semiesférico, ca. ADJ. **1.** Perteneciente o relativo a la semiesfera. *Un hongo de forma semiesférica.* || **2.** De forma de semiesfera. *Un disco semiesférico de barro.*

semifinal. F. Cada una de las dos penúltimas competiciones del campeonato o concurso, que se gana por eliminación del contrario y no por puntos. U. m. en pl.

semifinalista. ADJ. Que contiende en la semifinal de una competición o concurso. U. t. c. s.

semifusa. F. *Mús.* Nota musical cuyo valor es la mitad de una fusa.

semiinconsciencia. F. Estado de semiinconsciente.

semiinconsciente. ADJ. Casi inconsciente. *Tras el golpe, permaneció varias horas semiinconsciente.*

semilíquido, da. ADJ. Dicho de una sustancia: Muy viscosa, que puede fluir al ser sometida al calor o a una baja presión.

semilla. F. **1.** *Bot.* Parte del fruto de las fanerógamas, que contiene el embrión de una futura planta, protegido por una testa, derivada de las cubiertas del primordio seminal. || **2.** Grano que en diversas formas produce las plantas y que al caer o ser sembrado produce nuevas plantas de la misma especie. || **3.** Cosa que es causa u origen de que proceden otras. *La semilla de la discordia.*

semillero. M. **1.** Sitio donde se siembran y crían los vegetales que después han de trasplantarse. || **2.** Sitio donde se guardan y conservan para estudio colecciones de diversas semillas. || **3.** Origen y principio de que nacen o se propagan algunas cosas. *Semillero de vicios.*

semilogarítmico, ca. ADJ. *Mat.* Dicho de una representación gráfica: Que tiene dos ejes de coordenadas, uno con escala logarítmica y otro aritmética.

semilunar. ADJ. Que tiene forma de media luna. *Cuchilla semilunar.*

semimetal. M. *Quím.* Cada uno de los elementos químicos cuyas propiedades son intermedias entre las de los elementos metálicos y las de los no metálicos.

seminal. ADJ. **1.** Perteneciente o relativo al semen de los animales masculinos. *Líquido seminal.* || **2.** Perteneciente o relativo a la semilla. *Aspecto seminal de un grano.* □ V. vesícula ~.

seminario. M. **1.** seminario conciliar. || **2.** Clase en que se reúne el profesor con los discípulos para realizar trabajos de investigación. || **3.** Organismo docente en que, mediante el trabajo en común de maestros y discípulos, se adiestran estos en la investigación o en la práctica de alguna disciplina. || ~ conciliar. M. Casa destinada para la educación de los jóvenes que se dedican al estado eclesiástico.

seminarista. M. Alumno de un seminario conciliar.

seminífero, ra. ADJ. *Anat.* Que produce o contiene semen. *Glándula seminífera.*

semiología. F. **1.** Estudio de los signos en la vida social. || **2.** semiótica (|| estudio de los signos de las enfermedades).

semiológico, ca. ADJ. Perteneciente o relativo a la semiología, y al punto de vista adoptado por esta.

semiólogo, ga. M. y F. Especialista en semiología.

semiotecnia. F. Conocimiento de los signos gráficos que sirven para la notación musical.

semiótica. F. **1.** semiología (|| estudio de los signos en la vida social). || **2.** Teoría general de los signos. || **3.** Parte de la medicina que trata de los signos de las enfermedades desde el punto de vista del diagnóstico y del pronóstico.

semiótico, ca. ADJ. Perteneciente o relativo a la semiótica, y al punto de vista adoptado por esta.

semipermeable. ADJ. **1.** Parcialmente permeable. *Bolsas semipermeables.* || **2.** *Fís.* y *Quím.* Dicho de una membrana: Que separa dos fases líquidas o gaseosas y deja pasar a su través algunos de sus componentes, pero no otros.

semiprecioso, sa. ADJ. Dicho de un mineral o de una piedra utilizada en joyería: Que no alcanzan el valor de las verdaderas gemas.

semiproducto. M. *Tecnol.* Producto obtenido en una fase intermedia de un proceso de fabricación.

semirrecto. ADJ. *Geom.* Dicho de un ángulo: Que vale la mitad de un recto, es decir, 45°.

semirrefinado, da. □ V. azúcar ~.

semisalvaje. ADJ. Casi salvaje. *Tribus semisalvajes.*

semisótano. M. Conjunto de locales situados en parte bajo el nivel de la calle.

semisuma. F. Resultado de dividir por dos una suma.

semita. ADJ. **1.** Según la tradición bíblica, descendiente de Sem. U. m. c. s. || **2.** Se dice de los árabes, hebreos y otros pueblos. U. m. c. s. || **3.** Perteneciente o relativo a estos pueblos. *Religión semita.*

semítico, ca. ADJ. **1.** Perteneciente o relativo a los semitas. *Música semítica.* || **2.** Se dice de un grupo o familia de lenguas camito-semíticas del suroeste de Asia y del norte de África, entre las que destacan el árabe, el hebreo, el asirio y los extintos arameo, acadio y fenicio. U. t. c. s. m. *El semítico.* || **3.** Perteneciente o relativo a este grupo o familia de lenguas. *Raíz semítica.*

semitismo. M. **1.** Conjunto de las doctrinas morales, instituciones y costumbres de los pueblos semitas. || **2.** Giro o modo de hablar propio de las lenguas semíticas. || **3.** Vocablo o giro de estas lenguas empleado en otras.

semitista. COM. Especialista en la lengua y la cultura de los pueblos semíticos.

semitono. M. *Mús.* Cada una de las dos partes desiguales en que se divide el intervalo de un tono. || **~ cromático.** M. *Mús.* **semitono menor.** || **~ diatónico.** M. *Mús.* **semitono mayor.** || **~ enarmónico.** M. *Mús.* Intervalo de una coma, que media entre dos semitonos menores comprendidos dentro de un mismo tono. || **~ mayor.** M. *Mús.* El que comprende tres comas. || **~ menor.** M. *Mús.* El que comprende dos comas.

semitrino. M. *Mús.* Trino de corta duración, que comienza por la nota superior.

semivacío, a. ADJ. **1.** Casi **vacío** (|| falto de contenido). *Un discurso semivacío.* || **2.** Casi **vacío** (|| con menos gente de la que puede concurrir). *Un teatro semivacío.*

semivivo, va. ADJ. Medio vivo o que no tiene vida perfecta o cabal. *Materia orgánica semiviva.*

semivocal. ADJ. **1.** *Fon.* Se dice de la vocal *i* o *u* al final de un diptongo. *Aire, aceite, causa, feudo.* U. t. c. s. f. || **2.** *Fon.* Dicho de una consonante: Que puede pronunciarse sin que se perciba directamente el sonido de una vocal; p. ej. la *f.* U. t. c. s. f.

sémola. F. Pasta alimenticia de harina, arroz u otro cereal en forma de granos finos.

semoviente. **I.** ADJ. **1.** Que se mueve por sí mismo. *Maquinaria semoviente.* || **II.** M. **2.** Animal de granja. *Entre los semovientes, había mulas, vacas y ovejas.*

sempiterno, na. ADJ. Que durará siempre; que, habiendo tenido principio, no tendrá fin. *Sempiternas ambiciones de la humanidad.*

sen. M. Arbusto oriental, de la familia de las Papilionáceas, parecido a la casia, y cuyas hojas se usan en infusión como purgantes.

sena[1]**.** F. **sen.**

sena[2]**.** F. Conjunto de seis puntos señalados en una de las caras del dado.

senado. M. **1.** Cámara que participa junto con otra en la función legislativa y que en ciertos países representa a sus diversos territorios. || **2.** Edificio o lugar donde los senadores celebran sus sesiones. || **3.** hist. Asamblea de patricios que formaba el Consejo supremo de la antigua Roma y, por ext., asamblea política de otros Estados. ¶ ORTOGR. Escr. con may. inicial. || **4.** Junta o concurrencia de personas graves y respetables.

senador, ra. M. y F. Persona que es miembro del Senado.

senaduría. F. Dignidad de senador.

senario, ria. ADJ. Compuesto de seis elementos, unidades o guarismos. *Orden senario.*

senatorial. ADJ. Perteneciente o relativo al Senado o al senador.

sencillez. F. Cualidad de sencillo.

sencillo, lla. **I.** ADJ. **1.** Que no tiene artificio ni composición. *La trama de la novela es muy sencilla.* || **2.** Que carece de ostentación y adornos. *Un traje de novia sencillo y recto.* || **3.** Dicho del estilo: Que carece de exornación y artificio, y expresa de manera ingenua y natural los conceptos. || **4.** Que no ofrece dificultad. *Se hace de manera muy sencilla.* || **5.** Dicho de una persona: Natural, espontánea, que obra con llaneza. || **6.** Ingenuo en el trato, sin doblez ni engaño, y que dice lo que siente. || **7.** Dicho de una cosa: Que tiene menos cuerpo que otras de su especie. *Tafetán sencillo.* || **II.** M. **8.** Disco fonográfico de corta duración con una o dos grabaciones en cada cara. U. t. c. adj. || **9.** *Am.* Calderilla, dinero suelto. □ V. cruz ~, doblón ~.

senda. F. **1.** Camino más estrecho que la vereda, abierto principalmente por el tránsito de peatones y del ganado menor. || **2.** Procedimiento o medio para hacer o lograr algo. *La senda del éxito.*

senderismo. M. Actividad deportiva que consiste en caminar por el campo siguiendo un itinerario determinado.

senderista. **I.** ADJ. **1.** Dicho de una persona: Que practica el senderismo. U. t. c. s. || **2.** Perteneciente o relativo al grupo revolucionario peruano Sendero Luminoso. *Ataque senderista.* || **II.** M. y F. **3.** Miembro de este grupo.

sendero. M. **1.** **senda** (|| camino). || **2.** Procedimiento o medio para hacer o lograr algo. *El sendero de la virtud.*

sendos, das. ADJ. pl. Uno o una para cada cual de dos o más personas o cosas. *Llegaron sus hermanos con sendas bicicletas.*

senectud. F. Período de la vida humana que sigue a la madurez.

senegalés, sa. ADJ. **1.** Natural del Senegal. U. t. c. s. || **2.** Perteneciente o relativo a este país de África.

senequismo. M. **1.** Doctrina filosófica y moral de Séneca, pensador del siglo I d. C. || **2.** Norma de vida ajustada a los dictados de esa doctrina.

senequista. ADJ. **1.** Perteneciente o relativo al senequismo. *Verso senequista.* || **2.** Partidario o seguidor del senequismo. U. t. c. s.

senescal. M. **1.** hist. En algunos países, mayordomo mayor de la casa real. || **2.** hist. Jefe o cabeza principal de la nobleza, a la que gobernaba, especialmente en la guerra.

senescalía. F. hist. Dignidad de senescal.

senescencia. F. Cualidad de senescente.

senescente. ADJ. Que empieza a envejecer. *Sociedad senescente.*

senil. ADJ. Perteneciente o relativo a la persona de avanzada edad en la que se advierte su decadencia física. *Candidez senil.* □ V. atrofia ~, involución ~, muerte ~.

senilidad. F. **1.** Condición de senil. || **2.** Edad senil. || **3.** Degeneración progresiva de las facultades físicas y psíquicas debida a una alteración de los tejidos.

sénior. ADJ. **1.** Que es mayor que otra persona, generalmente su hijo, y tiene el mismo nombre. || **2.** Dicho de un deportista: De la categoría y edad superiores. U. t. c. s. || **3.** Perteneciente o relativo a este deportista. *Categoría sénior.* || **4.** Dicho de un profesional: Superior a otros en categoría y experiencia. ¶ MORF. pl. **séniores.**

seno. M. **1.** Concavidad o hueco. || **2.** Concavidad que forma una cosa curvada. || **3. pecho** (|| mama de la mujer). || **4.** Espacio o hueco que queda entre el vestido y el pecho. *Sacó del seno una bolsa.* || **5.** Matriz de la mujer y de las hembras de los mamíferos. || **6.** Parte interna de algo. *El seno del mar. El seno de una sociedad.* || **7.** Parte de mar que se recoge entre dos puntas o cabos de tierra. || **8. regazo** (|| cosa que recibe en sí a algo o a alguien, dándole amparo, protección, consuelo, etc.). || **9.** *Anat.* Cavidad existente en el espesor de un hueso o formada por la reunión de varios huesos. *El seno frontal. El seno maxilar.* || **10.** *Arq.* Espacio comprendido entre los trasdoses de arcos o bóvedas contiguas. || **11.** *Mar.* Curvatura que hace cualquier vela o cuerda que no esté tirante. || **12.** *Mat.* Cociente entre la ordenada del extremo final del arco y el radio de la circunferencia, tomando el origen de coordenadas en el centro de la circunferencia y el extremo inicial del arco sobre la parte positiva del eje de abscisas. || **~ de Abraham.** M. Lugar en que estaban detenidas las almas de los fieles que habían pasado de esta vida en la fe y con esperanza del Redentor.

sensación. F. **1.** Impresión que las cosas producen por medio de los sentidos. || **2.** Efecto de sorpresa, generalmente agradable, producido por algo en un grupo de personas. *Su nuevo peinado causó sensación.* || **3.** Corazonada o presentimiento de que algo va a suceder. *Tengo la sensación de que nos va a tocar la lotería.*

sensacional. ADJ. **1.** Dicho de una persona, de una cosa, de un suceso o de algo similar: Que llaman mucho la atención. || **2.** coloq. Muy bueno. *Una novela sensacional.*

sensacionalismo. M. Tendencia a producir sensación, emoción o impresión, con noticias, sucesos, etc.

sensacionalista. ADJ. **1.** Perteneciente o relativo al sensacionalismo. *Noticia sensacionalista.* || **2.** Inclinado al sensacionalismo o que lo practica. *Prensa sensacionalista.*

sensatez. F. Cualidad de sensato.

sensato, ta. ADJ. **1.** Prudente, cuerdo, de buen juicio. || **2.** Propio o característico de una persona sensata. *Propuesta sensata.*

sensibilidad. F. **1.** Facultad de sentir, propia de los seres animados. || **2.** Propensión natural del hombre a dejarse llevar de los afectos de compasión, humanidad y ternura. || **3.** Cualidad de las cosas sensibles. || **4.** Grado o medida de la eficacia de ciertos aparatos científicos, ópticos, etc. || **5.** Capacidad de respuesta a muy pequeñas excitaciones, estímulos o causas.

sensibilización. F. **1.** Acción y efecto de sensibilizar. || **2.** *Biol.* Mecanismo por el que la respuesta inmunitaria provocada por un antígeno aparece con mayor intensidad tras una administración inicial de este.

sensibilizado, da. PART. de **sensibilizar.** || ADJ. Dicho de una cosa: Que ha sido sometida a sensibilización y reacciona positivamente.

sensibilizador, ra. ADJ. Que hace sensible, o aumenta la sensibilidad. *Efecto sensibilizador.* Apl. a un agente o un producto, u. t. c. s. m.

sensibilizar. TR. **1.** Hacer sensible. *El polen de las gramíneas es el alérgeno que más me sensibiliza.* || **2.** Dotar de sensibilidad o despertar sentimientos morales, estéticos, etc. *Conviene sensibilizar a la opinión pública.*

sensible. ADJ. **1.** Que siente, física y moralmente. *Una persona muy sensible.* || **2.** Que puede ser conocido por medio de los sentidos. *Unas irregularidades orográficas muy sensibles.* || **3.** Perceptible, manifiesto, patente al entendimiento. *Sensible descenso de los tipos de interés.* || **4.** Que causa o mueve sentimientos de pena o de dolor. *Expresan su condolencia ante tan sensible pérdida.* || **5.** Dicho de una persona: Que se deja llevar fácilmente del sentimiento. || **6.** Que cede o responde fácilmente a la acción de ciertos agentes. *Flores sensibles a la luz.* || **7.** *Mús.* Se dice de la séptima nota de la escala diatónica. U. t. c. s. f. □ V. **horizonte ~.**

sensiblería. F. Sentimentalismo exagerado, trivial o fingido.

sensiblero, ra. ADJ. Que muestra sensiblería. U. t. c. s.

sensismo. M. Teoría filosófica según la cual el origen de todo conocimiento radica en la percepción sensible.

sensitiva. F. Planta de la familia de las Mimosáceas, con tallo de 60 a 70 cm de altura y lleno de aguijones ganchosos, hojas pecioladas, compuestas de 18 pares de hojuelas lineales y agudas, flores pequeñas de color rojo oscuro, y fruto en vainas con varias simientes. Es originaria de la América Central y presenta el fenómeno de que si se la toca o sacude, los folíolos se aproximan y juntan unos a otros, al propio tiempo que el pecíolo principal se dobla y queda la hoja pendiente cual si estuviera marchita, hasta que después de algún tiempo vuelve todo al estado normal.

sensitivo, va. ADJ. **1.** Perteneciente o relativo a las sensaciones producidas en los sentidos y especialmente en la piel. *Tacto, dolor sensitivo.* || **2.** Dotado de sensibilidad o capaz de sentir. *Dichoso el árbol, que es apenas sensitivo.* || **3.** Que tiene la virtud de excitar la sensibilidad. *Su sensitiva vena poética.*

sensor. M. Dispositivo que detecta una determinada acción externa, temperatura, presión, etc., y la transmite adecuadamente.

sensorial. ADJ. Perteneciente o relativo a la **sensibilidad** (|| facultad de sentir). *Órganos sensoriales.* □ V. **epitelio ~.**

sensorio, ria. **I.** ADJ. **1. sensorial.** *Dato sensorio.* || **II.** M. **2. sensorio común.** || **sensorio común.** M. Supuesta facultad interior que recibe e imprime cuanto envían los sentidos.

sensual. ADJ. **1.** Perteneciente o relativo a las sensaciones de los sentidos. *Goce sensual.* || **2.** Se dice de los gustos y deleites de los sentidos, de las cosas que los incitan o satisfacen y de las personas aficionadas a ellos. *Labios sensuales.* || **3.** Perteneciente o relativo al deseo sexual. *Actitudes muy sensuales.*

sensualidad. F. **1.** Cualidad de sensual. || **2.** Propensión excesiva a los placeres de los sentidos.

sensualismo. M. Propensión excesiva a los placeres de los sentidos.

sensuntepecano, na. ADJ. **1.** Natural de Sensuntepeque. U. t. c. s. || **2.** Perteneciente o relativo a esta ciudad de El Salvador, cabecera del departamento de Cabañas.

sensu stricto. (Locución latina). LOC.ADV. **stricto sensu.**

sentada. F. **1.** Tiempo en que sin interrupción está sentada una persona. || **2.** Acción de permanecer sentado en el suelo un grupo de personas por un largo período de tiempo, con objeto de manifestar una protesta o apoyar una petición. || **de una ~.** LOC.ADV. De una vez, sin levantarse.

sentaderas. F. pl. Méx. **nalgas** (|| porciones carnosas y redondeadas).

sentado, da. PART. de **sentar.** || ADJ. **1.** Juicioso, sesudo. || **2.** Quieto, sosegado. || **3.** Biol. Dicho de un órgano o de un organismo: Sésil, que carece de pedúnculo. *Hojas sentadas.*

sentar. **I.** TR. **1.** Poner o colocar a alguien en una silla, banco, etc., de manera que quede apoyado y descansando sobre las nalgas. U. t. c. prnl. || **2.** apoyar (|| hacer que algo descanse sobre otra cosa). *No pudieron sentar la escultura en su pedestal.* || **3.** Dar por supuesto o por cierto algo. *Sentar el principio de un acuerdo.* || **4.** Á. Andes, Á. R. Plata y Chile. Sofrenar bruscamente al caballo, haciendo que levante las manos y se apoye sobre los cuartos traseros. || **II.** INTR. **5.** Dicho de una cosa: Cuadrar, convenir a otra o a una persona, parecer bien con ella, o al contrario. *El pantalón le sienta muy bien.* || **6.** coloq. Dicho de una comida o de una bebida: Ser recibida o digerida por el estómago de cierta manera. *El cocido me sienta mal. La sopa me sienta bien.* || **7.** coloq. Dicho de una cosa: Hacer efecto en la salud del cuerpo. *Le ha sentado mal el paseo.* || **8.** coloq. Dicho de una cosa: Agradar o desagradar a alguien. *Te sentó mal que nos riésemos.* || **III.** PRNL. **9.** Dicho del tiempo: **serenarse** (|| aclararse). ¶ MORF. conjug. c. *acertar.*

sentencia. F. **1.** Dictamen o parecer que alguien tiene o sigue. || **2.** Dicho grave y sucinto que encierra doctrina o moralidad. || **3.** Declaración del juicio y resolución del juez. || **4.** Decisión de cualquier controversia o disputa extrajudicial, que da la persona a quien se ha hecho árbitro de ella para que la juzgue o componga. || **~ firme.** F. Der. resolución judicial firme.

sentenciador, ra. ADJ. Que sentencia o tiene competencia para sentenciar. Apl. a pers., u. t. c. s.

sentenciar. TR. **1.** Dar o pronunciar sentencia. *Acabaron sentenciándola.* || **2.** Condenar por sentencia en materia penal. *Lo sentenciaron a un año de prisión.* || **3.** Expresar el parecer, juicio o dictamen que decide a favor de una de las partes contendientes lo que se disputa o controvierte. *Un modo de sentenciar a muerte el proyecto recién presentado.* || **4.** aseverar. *Sentenció que la economía seguirá creciendo.* || **5.** Decidir el resultado de una competición antes del final. *Sentenciar el Tour de Francia en las etapas de montaña.* || **6.** coloq. Destinar o pronosticar un final generalmente funesto. ¶ MORF. conjug. c. *anunciar.*

sentencioso, sa. ADJ. **1.** Dicho de una expresión, de una oración o de un escrito: Que encierran moralidad o doctrina expresada con gravedad o agudeza. || **2.** Dicho de una persona: Que habla con cierta afectada gravedad, como si cuanto dice fuera una sentencia.

sentido, da. PART. de **sentir**[1]. || **I.** ADJ. **1.** Que incluye o expresa un sentimiento. *Un discurso muy sentido.* || **2.** Dicho de una persona: Que se resiente u ofende con facilidad. || **II.** M. **3.** Proceso fisiológico de recepción y reconocimiento de sensaciones y estímulos que se produce a través de la vista, el oído, el olfato, el gusto o el tacto, o la situación de su propio cuerpo. || **4.** Entendimiento o razón, en cuanto discierne las cosas. || **5.** Modo particular de entender algo, o juicio que se hace de ello. || **6.**

Inteligencia o conocimiento con que se ejecutan algunas cosas. *Leer con sentido.* || **7.** Razón de ser, finalidad. *Su conducta carecía de sentido.* || **8.** Significación cabal de una proposición o cláusula. *Esta proposición no tiene sentido.* || **9.** Cada una de las distintas acepciones de las palabras. *Este vocablo tiene varios sentidos.* || **10.** Cada una de las interpretaciones que puede admitir un escrito, cláusula o proposición. *La Sagrada Escritura tiene varios sentidos.* || **11.** Geom. Cada una de las dos orientaciones opuestas de una misma dirección. || **~ acomodaticio.** M. Inteligencia espiritual y mística que se da a algunas palabras de la Escritura, aplicándolas a personas y cosas distintas de las que se dijeron en su significado riguroso y literal. || **sentido común.** M. Modo de pensar y proceder tal como lo haría la generalidad de las personas. || **sentido de la orientación.** M. Aptitud para situarse correctamente respecto de un determinado punto de referencia. || **sentido del equilibrio.** M. Facultad fisiológica por la que algunos seres vivos perciben su posición en el espacio. || **sentido interior.** M. Facultad interior en la cual se reciben e imprimen todas las especies que envían los sentidos interiores. || **sexto ~.** M. intuición. || **con los cinco ~s.** LOC.ADV. **1.** coloq. Con toda atención, advertencia y cuidado. || **2.** coloq. Con suma eficacia. || **de sentido común.** LOC.ADJ. Conforme al buen juicio natural de las personas. || **perder** alguien **el ~.** LOC.VERB. desmayarse. || **poner** alguien, o **tener puestos, sus cinco ~s en** alguien o algo. LOCS.VERBS. coloqs. Dedicarle extraordinaria atención o afecto. □ V. **pena de sentido.**

sentimental. ADJ. **1.** Que alberga o suscita sentimientos tiernos o amorosos. *Una novela muy sentimental.* || **2.** Dicho de una persona: Propensa a tales sentimientos. U. t. c. s. || **3.** Perteneciente o relativo al sentimiento. *Educación sentimental.* || **4.** Exagerado en la expresión de sus sentimientos. *No soporto ese lagrimeo sentimental.* U. t. c. s. || **5.** eufem. Correspondiente a las relaciones amorosas sin vínculos regulados por la ley. *Experiencias, relaciones sentimentales.* □ V. **novela ~.**

sentimentalidad. F. **1.** Cualidad de **sentimental** (|| que alberga o suscita sentimientos tiernos). || **2.** Cualidad de **sentimental** (|| propenso a tales sentimientos).

sentimentalismo. M. Cualidad de sentimental.

sentimiento. M. **1.** Acción y efecto de sentir o sentirse. || **2.** Estado afectivo del ánimo producido por causas que lo impresionan vivamente. || **3.** Estado del ánimo afligido por un suceso triste o doloroso.

sentina. F. **1.** Mar. Cavidad inferior de la nave, que está sobre la quilla y en la que se reúnen las aguas que, de diferentes procedencias, se filtran por los costados y cubierta del buque, de donde son expulsadas después por las bombas. || **2.** Lugar lleno de inmundicias y mal olor. || **3.** Lugar donde abundan o de donde se propagan los vicios.

sentir[1]. **I.** TR. **1.** Experimentar sensaciones producidas por causas externas o internas. *Abrí la ventana para sentir el viento en la cara.* || **2.** Oír o percibir con el sentido del oído. *Siento pasos.* || **3.** Experimentar una impresión, placer o dolor corporal. *Sentir fresco, sed.* || **4.** Experimentar una impresión, placer o dolor espiritual. *Sentir alegría, miedo.* || **5.** Lamentar, tener por doloroso y malo algo. *Sentir la muerte de un amigo.* || **6.** Tomar conciencia o percibir algo. *Sintió de pronto vocación religiosa. La siento distante.* || **7.** Juzgar, opinar, formar parecer o dictamen. *Digo lo que siento.* || **8.** Presentir, barruntar lo que ha de sobrevenir. Se usa especialmente hablando de los animales que presienten la mudanza del tiempo y la anuncian con algunas acciones. ‖ **II.** PRNL. **9.** Hallarse o estar de determinada manera. *Sentirse enfermo.* ‖ **10.** Considerarse, reconocerse. *Sentirse muy obligado.* ¶ MORF. V. conjug. modelo. ‖ **sin ~.** LOC. ADV. De manera inadvertida, sin darse cuenta de ello.

sentir². M. **1.** Sentimiento del ánimo. ‖ **2.** opinión (‖ juicio).

sentón. M. *Méx.* culada. ‖ **darse** alguien un **~.** LOC. VERB. *Méx.* fracasar (‖ tener resultado adverso).

seña. F. **1.** Nota, indicio o gesto para dar a entender algo o llegar al conocimiento de ello. ‖ **2.** Aquello que de concierto está determinado entre dos o más personas para entenderse. ‖ **3.** Signo o medio que se emplea para luego acordarse de algo. ‖ **4.** Vestigio que queda de algo y lo recuerda. ‖ **5.** *Mil.* hist. Palabra convenida que, con el santo, servía para reconocer fuerzas como amigas o enemigas. ‖ **6.** *Á. R. Plata.* **señal** (‖ cantidad que se adelanta en algunos contratos). ‖ **7.** pl. Indicación del lugar y el domicilio de alguien. ‖ **~s personales.** F. pl. Rasgos característicos de una persona que permitan distinguirla de las demás. ‖ **hablar** alguien **por ~s.** LOC. VERB. Explicarse, darse a entender por medio de ademanes. ‖ **por ~s,** o **por más ~s.** LOCS. ADVS. coloqs. Se usan para traer al conocimiento algo, recordando sus circunstancias o indicios. ☐ V. **santo** y ~.

señal. F. **1.** Rasgo o nota que se pone o hay en las cosas para darlas a conocer y distinguirlas de otras. ‖ **2.** Signo o medio que se emplea para luego acordarse de algo. ‖ **3.** Distintivo, marca. ‖ **4.** **signo** (‖ cosa que representa o sustituye a otra). ‖ **5.** Indicio o muestra inmaterial de algo. ‖ **6.** **seña** (‖ nota, indicio o gesto). ‖ **7.** Vestigio o impresión que queda de algo, por donde se llega al conocimiento de ello. ‖ **8.** Cicatriz que queda en el cuerpo por resultas de una herida u otro daño. ‖ **9.** Imagen o representación de algo. ‖ **10.** Prodigio o cosa extraordinaria y fuera del orden natural. ‖ **11.** Cantidad o parte de precio que se adelanta en algunos contratos como garantía de su cumplimiento. ‖ **12.** Aviso que se comunica o se da, de cualquier modo que sea, para concurrir a un lugar determinado o para ejecutar otra cosa. ‖ **13.** Sonido característico que da el teléfono al descolgarlo. ‖ **14.** *Fís.* Variación de una corriente eléctrica u otra magnitud que se utiliza para transmitir información. ‖ **~ de la cruz.** F. Cruz formada con dos dedos de la mano o con el movimiento de esta, representando aquella en que murió Jesucristo. ‖ **dar ~es** de algo. LOC. VERB. Mostrar indicios de su existencia. ‖ **en ~.** LOC. ADV. En prueba, prenda o muestra de algo. ‖ **ni ~.** EXPR. Se usa para dar a entender que algo ha cesado, o se acabó del todo, o no se halla. ☐ V. **código de ~es, pelos y ~es.**

señalada. F. *Á. R. Plata.* Fiesta que se celebra cuando se marca el ganado.

señalado, da. PART. de **señalar.** ‖ ADJ. Insigne, famoso.

señalamiento. M. **1.** Acción de **señalar** (‖ determinar lugar, hora, etc., para un fin). ‖ **2.** *Der.* Designación de día para un juicio oral o una vista.

señalar. I. TR. **1.** Poner o estampar señal en una cosa para darla a conocer o distinguirla de otra, o para acordarse después de algo. *Señalé con una cruz mis preferidos.* ‖ **2.** Llamar la atención hacia alguien o algo, designándolo con la mano o de otro modo. *Me lo señaló con un movimiento de la barbilla.* ‖ **3.** Decir algo. *El portavoz*

señaló que habría nuevas elecciones. ‖ **4.** Nombrar o determinar persona, día, hora, lugar o cosa para algún fin. *Señalaron el juicio para primeros de enero.* ‖ **5.** Hacer una herida o señal en el cuerpo, particularmente en el rostro, que le cause imperfección o defecto. ‖ **6.** Hacer el amago y señal de algo sin ejecutarlo. *Señalar las estocadas en la esgrima.* ‖ **7.** Hacer señal para dar noticia de algo. *El castillo de San Antón señaló dos naves.* ‖ **II.** PRNL. **8.** Distinguirse o singularizarse, especialmente en materias de reputación, crédito y honra.

señalización. F. Acción y efecto de señalizar.

señalizador, ra. ADJ. Dicho de un cartel, de un mojón o de otro indicador: Que señaliza o sirve de guía a los usuarios de las vías de comunicación. U. t. c. s. m.

señalizar. TR. Colocar en las carreteras y otras vías de comunicación las señales que indican bifurcaciones, cruces, pasos a nivel y otras para que sirvan de guía a los usuarios.

señera. F. Bandera de las comunidades que constituyeron la Corona de Aragón.

señero, ra. ADJ. Único, sin par. *Cumbres señeras.*

señor, ra. I. ADJ. **1.** Que es dueño de algo; que tiene dominio y propiedad en ello. U. m. c. s. *El señor de la casa.* ‖ **2.** coloq. Noble, decoroso y propio de señor. *Un hotel muy señor.* ‖ **3.** coloq. Antepuesto a algunos nombres, sirve para encarecer su significado. *Se produjo una señora herida. Me dio un señor disgusto.* ‖ **II.** M. y F. **4.** Persona respetable que ya no es joven. ‖ **5.** Se usa como tratamiento que se antepone al apellido de un varón o de una mujer casada o viuda. *Señor González, señora Pérez;* o al cargo que desempeña. *Señores diputados, señora presidenta;* en España y otros países de lengua española, se antepone al *don* o *doña* que precede al nombre. *Señor don Pedro, señor don Pedro González, señora doña Luisa, señora doña Luisa Pérez;* en gran parte de América, al nombre seguido de apellido. *Señor Pedro González, señora Luisa Pérez;* y en uso popular, al nombre solo. *Señor Pedro, señora Luisa.* ‖ **6.** Se usa como tratamiento para dirigirse a una persona real de palabra o por escrito. ‖ **7.** Se usa como término de cortesía aplicado a un hombre o a una mujer, aunque sea de igual o inferior condición. ‖ **8.** Poseedor de estados y lugares con dominio y jurisdicción, o con solo prestaciones territoriales. ‖ **9.** Amo con respecto a los criados. ‖ **10.** Persona que posee cierto título nobiliario. ‖ **III.** M. **11.** por antonom. **Dios.** ORTOGR. Escr. con may. inicial. ‖ **12.** Para los cristianos, segunda persona de la Santísima Trinidad, hecha hombre para redimir al género humano. ORTOGR. Escr. con may. inicial. ‖ **IV.** F. **13.** Mujer o esposa. ‖ **señora de honor.** F. hist. La que tenía en palacio empleo inferior a la dama. ‖ **~ mayor.** M. y F. Persona respetable, de avanzada edad. ‖ **Nuestra Señora.** F. La Virgen María. ☐ V. **casa del Señor, ministro del Señor.**

señorear. TR. **1.** Dominar o mandar en algo como dueño de ello. *Las estrellas señorean la noche.* ‖ **2.** Dicho de una persona: Apoderarse de algo, sujetarlo a su dominio y mando. U. t. c. prnl. ‖ **3.** Dicho de una persona: Mandar imperiosamente y disponer de las cosas como si fuera dueño de ellas. ‖ **4.** Dicho de una cosa: Estar en situación superior o en mayor altura del lugar que ocupa otra, como dominándola. *La estatua de bronce señorea la plaza.*

señoría. F. **1.** Se usa como tratamiento para las personas a quienes compete por su dignidad. ‖ **2.** Persona a quien se da este tratamiento. ‖ **3.** hist. Soberanía de ciertos Estados particulares que se gobernaban como repúblicas. *La señoría de Venecia. La señoría de Génova.*

señorial. ADJ. **1.** Perteneciente o relativo al señorío. *Dominio señorial.* ‖ **2.** Majestuoso, noble. *Una mansión señorial.*

señoril. ADJ. Perteneciente o relativo al señor.

señorío. M. **1.** Dominio o mando sobre algo. ‖ **2.** Territorio perteneciente al señor. ‖ **3.** Dignidad de señor. ‖ **4.** Gravedad y mesura en el porte o en las acciones. ‖ **5.** Dominio y libertad en obrar, sujetando las pasiones a la razón. ‖ **6.** Conjunto de señores o personas de distinción. □ V. **lugar de ~.**

señorita. F. V. **señorito.**

señoritingo, ga. M. y F. despect. **señorito.**

señoritismo. M. Actitud social de inferior señorío, tendente a la ociosidad y a la presunción.

señorito, ta. I. M. y F. **1.** Hijo de un señor o de persona de representación. ‖ **2.** coloq. Amo, con respecto a los criados. ‖ **II.** M. **3.** coloq. Joven acomodado y ocioso. ‖ **III.** F. **4.** Se usa como término de cortesía para la mujer soltera. ‖ **5.** Se usa como tratamiento de cortesía para las maestras de escuela, profesoras u otras mujeres que desempeñan algún servicio, como secretarias, empleadas de la Administración o del comercio, etc.

señorón, na. ADJ. Muy señor, por serlo en realidad, por conducirse como tal o por afectar señorío y grandeza. U. t. c. s.

señuelo. M. **1.** Figura de ave en que se ponen algunos trozos de carne para atraer al halcón remontado. ‖ **2.** Cosa que sirve para atraer otras aves. ‖ **3.** Ave destinada a atraer a otras. ‖ **4.** Cosa que sirve para atraer, persuadir o inducir, con alguna falacia. *La oferta de trabajo era un señuelo.* ‖ **5.** *Á. guar.* Grupo de cabestros o mansos para conducir el ganado.

sépalo. M. *Bot.* Hoja transformada, generalmente recia y de color verdoso, que forma parte del cáliz o verticilo externo de las flores heteroclamídeas.

separación. F. **1.** Acción y efecto de separar o separarse. ‖ **2.** *Der.* Interrupción de la vida conyugal por conformidad de las partes o fallo judicial, sin que quede extinguido el vínculo matrimonial. ‖ **~ de bienes.** F. *Der.* Régimen económico en virtud del cual cada cónyuge conserva la titularidad y libre disposición de los bienes de que fuese titular antes del matrimonio y de los que adquiera durante este.

separado, da. PART. de **separar.** ‖ ADJ. Dicho de una persona: Que ha interrumpido la vida en común con su cónyuge, conservando el vínculo matrimonial. U. t. c. s. ‖ **por separado.** LOC. ADV. Considerando de manera individual las personas o cosas de que se trata.

separador, ra. I. ADJ. **1.** Que separa. Apl. a pers., u. t. c. s. ‖ **II.** M. **2.** Objeto o dispositivo que sirve para separar.

separar. I. TR. **1.** Establecer distancia, o aumentarla, entre algo o alguien y una persona, animal, lugar o cosa que se toman como punto de referencia. *Separa la mesa de la pared.* U. t. c. prnl. ‖ **2.** Formar grupos homogéneos de cosas que estaban mezcladas con otras. *Separar y clasificar los residuos domésticos.* ‖ **3.** Privar de un empleo, cargo o condición a quien lo servía u ostentaba. *Separó de sus responsabilidades a tres miembros de la ejecutiva.* ‖ **4.** Forzar a dos o más personas o animales que riñen, para que dejen de hacerlo. *Intentaron separarlos y cal-*

mar los ánimos, pero fue imposible. ‖ **II.** PRNL. **5.** Dicho de una persona, de un animal o de un vehículo que iban juntos o por el mismo camino: Tomar caminos distintos. ‖ **6.** Dicho de los cónyuges: Interrumpir la vida en común, por fallo judicial o por decisión coincidente, sin que se extinga el vínculo matrimonial. ‖ **7.** Renunciar a la asociación que se mantenía con otra u otras personas y que se basaba en una actividad, creencia o doctrina común. ‖ **8.** Dicho de una comunidad política: Hacerse autónoma respecto de otra a la cual pertenecía. ‖ **9.** Dicho de una persona: Retirarse de algún ejercicio u ocupación.

separata. F. Impresión por separado de un artículo o capítulo publicado en una revista o libro.

separatismo. M. Doctrina política que propugna la separación de algún territorio para alcanzar su independencia o anexionarse a otro país.

separatista. ADJ. **1.** Perteneciente o relativo al separatismo. *Tesis separatistas.* ‖ **2.** Partidario o defensor del separatismo. U. t. c. s.

separativo, va. ADJ. Que separa o tiene virtud de separar. *Actitudes integradoras o separativas.*

separo. M. *Méx.* En una cárcel, celda para incomunicar a un recluso.

sepelio. M. Acción de inhumar o enterrar.

sepia. I. F. **1.** jibia (‖ molusco). ‖ **2.** Materia colorante que se saca de la jibia y se emplea en pintura. ‖ **II.** M. **3.** Color rojizo claro, que se obtiene de esta materia o por otros procedimientos. U. t. c. adj.

sepsis. F. septicemia.

septembrino, na. ADJ. Perteneciente o relativo al mes de septiembre.

septenario, ria. I. ADJ. **1.** Compuesto de siete elementos, unidades o guarismos. ‖ **II.** M. **2.** Tiempo de siete días.

septenio. M. Tiempo de siete años.

septentrión. M. **1.** **Norte** (‖ punto cardinal). ORTOGR. Escr. con may. inicial. ‖ **2.** **norte** (‖ lugar situado al norte de otro). ‖ **3.** Viento procedente del norte.

septentrional. ADJ. **1.** Perteneciente o relativo al septentrión. *Zona septentrional.* ‖ **2.** Que procede del norte. *Vientos septentrionales.*

septeto. M. **1.** *Mús.* Composición para siete instrumentos o siete voces. ‖ **2.** *Mús.* Conjunto de estos siete instrumentos o voces.

septicemia. F. *Med.* Afección generalizada producida por la presencia en la sangre de microorganismos patógenos o de sus toxinas.

septicémico, ca. ADJ. *Med.* Perteneciente o relativo a la septicemia.

séptico, ca. ADJ. **1.** *Med.* Que produce putrefacción o es causado por ella. *Bacterias sépticas.* ‖ **2.** *Med.* Que contiene gérmenes patógenos. *Foco séptico.* □ V. **fosa ~.**

septiembre. M. Noveno mes del año. Tiene 30 días.

septillizo, za. ADJ. Nacido de un parto séptuple. U. t. c. s.

septillo. M. *Mús.* Conjunto de siete notas iguales que se deben cantar o tocar en el tiempo correspondiente a seis de ellas.

séptima. F. *Mús.* Intervalo de una nota a la séptima ascendente o descendente en la escala. ‖ **~ aumentada.** F. *Mús.* Intervalo que consta de cinco tonos y dos semitonos. ‖ **~ disminuida.** F. *Mús.* Intervalo que consta de tres tonos y tres semitonos. ‖ **~ mayor.** F. *Mús.* Intervalo que consta de cinco tonos y un semitono. ‖ ~ **menor**. F. *Mús.* Intervalo que consta de cuatro tonos y dos semitonos mayores.

séptimo, ma. ADJ. **1.** Que sigue inmediatamente en orden al o a lo sexto. ‖ **2.** Se dice de cada una de las siete partes iguales en que se divide un todo. U. t. c. s. m. ▢ V. el ~ arte, el ~ cielo.

septingentésimo, ma. ADJ. **1.** Que sigue inmediatamente en orden al o a lo sexcentésimo nonagésimo noveno. ‖ **2.** Se dice de cada una de las 700 partes iguales en que se divide un todo. U. t. c. s. m.

septo. M. *Zool.* Tabique que divide de un modo completo o incompleto una cavidad o partes del cuerpo en un animal.

septuagenario, ria. ADJ. Dicho de una persona: Que tiene entre 70 y 79 años. U. t. c. s.

septuagésima. F. hist. Domínica que celebraba la Iglesia tres semanas antes de la primera de Cuaresma.

septuagésimo, ma. ADJ. **1.** Que sigue inmediatamente en orden al o a lo sexagésimo noveno. ‖ **2.** Se dice de cada una de las 70 partes iguales en que se divide un todo. U. t. c. s. m.

séptuple. ADJ. **1.** Que contiene un número siete veces exactamente. U. t. c. s. m. ‖ **2.** Se dice de la serie de siete cosas iguales o semejantes. *Séptuple empate. Conexión séptuple.*

sepulcral. ADJ. Perteneciente o relativo al sepulcro. *Inscripción sepulcral.* U. t. en sent. fig. *Un silencio sepulcral se hizo en el estadio.*

sepulcro. M. **1.** Obra por lo común de piedra, que se construye levantada del suelo, para dar en ella sepultura al cadáver de una o más personas. ‖ **2.** Urna o andas cerradas, con una imagen de Jesucristo difunto. ‖ **Santo Sepulcro.** M. Aquel en que estuvo sepultado Jesucristo. ‖ **bajar al ~.** LOC.VERB. morir (‖ llegar al término de la vida).

sepultación. F. *Chile.* Acto legal de inhumar cadáveres.

sepultador, ra. ADJ. Que sepulta. Apl. a pers., u. t. c. s.

sepultar. TR. **1.** Poner en la sepultura a un difunto; enterrar su cuerpo. ‖ **2.** Esconder, ocultar algo como enterrándolo. *Una densa capa de polvo sepultaba los libros.* U. t. c. prnl. ‖ **3.** Sumergir, abismar, refiriéndose al ánimo. *Quedó sepultado en sus tristes pensamientos.* U. m. c. prnl.

sepulto, ta. ADJ. Sepultado, enterrado.

sepultura. F. **1.** Acción y efecto de sepultar. ‖ **2.** Lugar en que está enterrado un cadáver. ‖ **3.** hist. Sitio que en la iglesia tenía señalado una familia para colocar la ofrenda por sus difuntos. ‖ **dar ~ a un cadáver.** LOC.VERB. Enterrarlo.

sepulturero, ra. M. y F. Persona que tiene por oficio abrir las sepulturas y sepultar a los muertos.

sequedad. F. Cualidad de seco.

sequedal. M. Terreno muy seco.

sequero. M. Tierra sin riego.

sequeroso, sa. ADJ. Falto del jugo o humedad que debía tener. *Praderas sequerosas.*

sequía. F. Tiempo seco de larga duración.

sequillo. M. Pedazo pequeño de masa azucarada en forma de bollo, rosquilla, etc.

séquito. M. Grupo de gente que en obsequio, autoridad o aplauso de alguien lo acompaña y sigue.

ser¹. **I.** COP. **1.** Se usa para afirmar del sujeto lo que significa el atributo. *Irene es muy divertida.* ‖ **II.** AUX. **2.** Se usa para conjugar todos los verbos en la voz pasiva. *Cartago fue destruida.* ‖ **III.** INTR. **3.** Haber o existir. *Llevo mucho tiempo siendo, viviendo.* ‖ **4.** Indica tiempo. *Son las tres.* ‖ **5.** Servir o ser capaz. *Los idiomas son PARA comunicarse.* ‖ **6.** Estar en lugar o situación. *¿Es aquí donde debo entregar el certificado?* ‖ **7.** Suceder, acontecer, tener lugar. *¿Dónde fue la boda? El partido fue a las seis.* ‖ **8.** Valer, costar. *¿A cómo es la merluza?* ‖ **9.** Indica relación de posesión. *Este jardín es DE mi familia.* ‖ **10.** Corresponder, parecer propio. *Este proceder no es de una persona.* ‖ **11.** Deber o merecer. *Su mal carácter es de temer.* ‖ **12.** Formar parte de una corporación o comunidad. *Es del Consejo. Es de la Academia.* ‖ **13.** Tener principio, origen o naturaleza, hablando de los lugares o países. *Antonio es de Madrid.* ‖ **14.** Se usa para afirmar o negar en lo que se dice o pretende. *Esto es.* ¶ MORF. V. conjug. modelo. ‖ **como dos y dos son cuatro.** **I.** EXPR. **1.** Se usa para asegurar que ha de cumplirse lo que se dice. ‖ **II.** LOC.ADV. **2.** coloq. De manera evidente, sin necesidad de demostración. ‖ **cómo es eso.** LOC. INTERJ. Se usa para reprender a alguien, censurándolo por atrevido. ‖ **érase que se era,** o **érase,** o **éranse, una vez.** EXPRS. coloqs. Se usan como fórmulas tradicionales para dar principio a los cuentos. *Éranse una vez dos ancianos que...* ‖ **es a saber,** o **esto es.** EXPRS. Se usan para dar a entender que se va a explicar mejor o de otro modo lo que ya se ha expresado. ‖ **lo que es.** EXPR. coloq. Se usa para presentar en primer lugar, con intención enfática, un elemento de la oración. *Lo que es yo, no estoy de acuerdo.* ‖ **lo que sea, sonará.** EXPR. **1.** Denota que se arrostran las consecuencias de una decisión, por peligrosas que sean. ‖ **2.** coloq. Se usa para dar a entender que a su tiempo se hará patente algo, o se conocerán sus consecuencias. ‖ **no ~ para menos.** LOC.VERB. Se usa para justificar algo. *Juan reprendió ásperamente a su hermano; la conducta de este no era para menos.* ‖ **no somos nadie.** EXPR. Se usa para aludir a la fragilidad de la condición humana. ‖ **o sea.** EXPR. Es decir, esto es. ‖ **o somos, o no somos.** EXPR. fest. coloq. Se usa para dar a entender que por ser quien somos podemos o debemos hacer algo o portarnos de tal o cual manera. ‖ **sea lo que fuere,** o **sea lo que sea.** EXPRS. Se usan para indicar que se prescinde de lo que se considera accesorio, pasando a tratar del asunto principal. ‖ **~ de ver,** o **para ver,** algo. LOCS. VERBS. Llamar la atención por alguna circunstancia, y especialmente por lo extraña o singular. ‖ **~ alguien quien es.** LOC.VERB. Corresponder con sus acciones a lo que debe a su sangre, carácter o cargo. ‖ **soy contigo, con usted,** etc. EXPRS. Se usan para prevenir a alguien que espere un poco para hablarle. ‖ **un sí es no es.** EXPR. Se usa para significar cortedad, pequeñez o poquedad.

ser². M. **1.** Esencia o naturaleza. ‖ **2.** Cosa creada, especialmente las dotadas de vida. *Seres orgánicos. Seres vivos.* ‖ **3.** ser humano. *Es un ser admirable. Seres desgraciados.* ‖ **4.** Modo de existir. ‖ **Ser supremo.** M. Dios.

sera. F. Espuerta grande, regularmente sin asas.

seráfico, ca. ADJ. **1.** *Rel.* Perteneciente o parecido al serafín. *Coro seráfico.* ‖ **2.** *Rel.* Se dice de san Francisco de Asís y de la orden religiosa que fundó.

serafín. M. *Rel.* Cada uno de los espíritus bienaventurados que forman el primer coro.

serba. F. Fruto del serbal. En forma de pera pequeña, de color encarnado que participa de amarillo, y comestible después de madurar entre paja o colgado.

serbal. M. Árbol de la familia de las Rosáceas, de seis a ocho metros de altura, con tronco recto y liso, ramas gruesas y copa abierta, hojas compuestas de hojuelas elípticas, dentadas y lampiñas, flores blancas, pequeñas, en corimbos axilares, y cuyo fruto es la serba. Es común en los montes de España.

serbio, bia. **I.** ADJ. **1.** Natural de Serbia. U. t. c. s. || **2.** Perteneciente o relativo a este país de Europa. || **II.** M. **3.** Idioma serbio.

serbocroata. **I.** ADJ. **1.** Perteneciente o relativo a Serbia y Croacia, común a serbios y croatas. *Población serbocroata.* || **II.** M. **2.** Lengua eslava meridional que se habla en Serbia, Croacia, Bosnia-Herzegovina y Montenegro.

serbokosovar. ADJ. Natural de Kosovo o Kósovo de etnia serbia. U. t. c. s.

serenar. **I.** TR. **1.** Aclarar, sosegar, tranquilizar algo. *Serenar el tiempo, el mar.* U. t. c. intr. y c. prnl. || **2.** Apaciguar o sosegar disturbios o tumultos. || **3.** Templar, moderar o cesar del todo en el enojo o señas de ira u otra pasión, especialmente en el ceño del semblante. U. t. c. prnl. || **II.** PRNL. **4.** Á. Caribe. Exponerse al sereno.

serenata. F. **1.** Música en la calle o al aire libre y durante la noche, para festejar a alguien. || **2.** Composición poética o musical destinada a este objeto.

serenense. ADJ. **1.** Natural de La Serena. U. t. c. s. || **2.** Perteneciente o relativo a esta ciudad de Chile, capital de la región de Coquimbo.

serenero. M. hist. Toca usada por las mujeres en algunas regiones como defensa contra la humedad de la noche.

serenidad. F. Cualidad de **sereno²**.

serenísimo, ma. ADJ. hist. Se aplicaba en España como tratamiento a los príncipes hijos de reyes. También se ha dado como título a algunas repúblicas.

sereno¹. M. **1.** Humedad de que está impregnada la atmósfera durante la noche. || **2.** Encargado de rondar de noche por las calles para velar por la seguridad del vecindario, de la propiedad, etc. || **al ~.** LOC.ADV. A la intemperie de la noche.

sereno², na. ADJ. **1.** **claro** (|| despejado de nubes o nieblas). *Una noche serena de primavera.* || **2.** Apacible, sosegado, sin turbación física o moral. *Una expresión serena que infunde confianza.* || **3.** Dicho de una persona: Que no está bajo los efectos del alcohol. □ V. **gota ~.**

seriación. F. Acción y efecto de seriar.

serial. **I.** ADJ. **1.** Perteneciente o relativo a una serie. *Procesos seriales.* || **II.** M. **2.** Obra radiofónica o televisiva que se difunde en emisiones sucesivas.

seriar. TR. Poner en serie. MORF. conjug. c. *anunciar.*

sericicultura. F. Industria que tiene por objeto la producción de la seda.

sérico, ca. ADJ. De seda. *Cabello sérico.*

sericultura. F. sericicultura.

serie. F. **1.** Conjunto de cosas que se suceden unas a otras y que están relacionadas entre sí. || **2.** Conjunto de varias cosas o personas. *Acudió en su ayuda una serie de personas que pasaban por allí.* || **3.** **serial.** || **4.** Conjunto de sellos, billetes u otros valores que forman parte de una misma emisión. || **5.** Mat. Expresión de la suma de los infinitos términos de una sucesión. || **~ conver-**

gente. F. *Mat.* serie en que la suma de sus términos se aproxima cada vez más a una determinada cantidad; p. ej., 1/2 + 1/4 + 1/8 + 1/16..., se acerca progresivamente a valer 1, sin llegar nunca. || **~ divergente.** F. *Mat.* serie en que la suma de sus términos tiende al infinito. || **en ~.** LOC.ADJ. **1.** Se dice de la fabricación mecánica de muchos objetos iguales. U. t. c. loc. adv. || **2.** *Electr.* Dicho de dos o más circuitos: Que se conectan uno tras otro. U. t. c. loc. adv. || **fuera de ~.** LOC.ADJ. **1.** Dicho de un objeto: Cuya construcción esmerada lo distingue de los fabricados en serie. || **2.** Sobresaliente en su línea. U. t. c. loc. sust. com. *Es un fuera de serie.* □ V. **cabeza de ~.**

seriedad. F. Cualidad de serio.

serigrafía. F. **1.** Procedimiento de estampación mediante estarcido a través de un tejido, en principio seda, por el que un rodillo hace pasar la tinta o pintura. Se imprime sobre cualquier material, como papel, tela, metal, cerámica, etc. || **2.** Estampa obtenida por este procedimiento.

serigráfico, ca. ADJ. Perteneciente o relativo a la serigrafía.

serijo. M. **1.** Sera pequeña que sirve para poner y llevar pasas, higos u otras cosas menudas. || **2.** Asiento cilíndrico de esparto o enea.

serillo. M. Sera pequeña.

seringa. F. *Am.* **caucho** (|| látex).

serio, ria. ADJ. **1.** Dicho de una persona: Que actúa con responsabilidad y tomando en consideración aquello que importa. *Tiene fama de hombre serio y respetable.* || **2.** Propio o característico de una persona seria. *Comportamiento serio.* || **3.** Severo en el semblante, en el modo de mirar o hablar. *Se puso serio para reprender al niño.* || **4.** Real, verdadero y sincero, sin engaño o burla, doblez o disimulo. *Promesa seria.* || **5.** Grave, importante, de consideración. *Negocio serio. Enfermedad seria.* || **6.** Se usa contrapuesto a *jocoso* u *bufo.* *Ópera seria.* || **en serio.** LOC.ADV. Sin engaño, sin burla.

sermón. M. **1.** Discurso cristiano u oración evangélica que predica el sacerdote ante los fieles para la enseñanza de la buena doctrina. || **2.** despect. Amonestación o reprensión insistente y larga.

sermonario. M. Colección de sermones.

sermoneador, ra. ADJ. Que sermonea o acostumbra reprender. U. t. c. s.

sermonear. **I.** TR. **1.** Amonestar o reprender. || **II.** INTR. **2.** **predicar** (|| pronunciar un sermón).

sermoneo. M. coloq. Acción de sermonear.

serna. F. Porción de tierra de sembradura.

serología. F. Estudio químico y bioquímico de los sueros, especialmente del suero sanguíneo.

serón. M. Sera más larga que ancha, que sirve regularmente para carga de una caballería.

serondo, da. ADJ. Dicho de un fruto: **tardío.**

seronegativo, va. ADJ. Dicho de una persona o de un animal: Cuya sangre no contiene anticuerpos específicos frente a un antígeno determinado. U. t. c. s.

seropositivo, va. ADJ. Dicho de una persona o de un animal: Cuya sangre, infectada por algún virus, como el del sida, contiene anticuerpos específicos. U. t. c. s.

serosa. F. *Anat.* Membrana que reviste cavidades del cuerpo animal incomunicadas con el exterior y lubricadas.

serosidad. F. **1.** Líquido que ciertas membranas del organismo segregan en estado normal, y cuya acumulación patológica constituye las hidropesías. ‖ **2.** Líquido que se acumula en las ampollas formadas por lesiones en la epidermis.

seroso, sa. ADJ. **1.** Perteneciente o relativo al suero o a la serosidad. *Secreción serosa.* ‖ **2.** Semejante a estos líquidos. *Fluido seroso.* ‖ **3.** Que produce serosidad. *La pleura es la membrana serosa que cubre los pulmones.*

seroterapia. F. Tratamiento de las enfermedades por los sueros medicinales.

serpear. INTR. Andar o moverse como la serpiente.

serpentario. M. Instalación destinada a la cría y exhibición de serpientes.

serpenteado, da. PART. de **serpentear.** ‖ ADJ. Que tiene ondulaciones semejantes a las que forma la serpiente al moverse. *Carretera serpenteada.*

serpentear. INTR. Andar, moverse o extenderse formando curvas y vueltas como la serpiente.

serpenteo. M. Acción y efecto de serpentear.

serpentín. M. **1.** Tubo largo en línea espiral o quebrada que sirve para facilitar el enfriamiento de la destilación en los alambiques u otros aparatos. ‖ **2.** hist. Instrumento de hierro en que se ponía la mecha o cuerda encendida para hacer fuego con el mosquete.

serpentina. F. **1.** Tira de papel arrollada que en días de carnaval u otras fiestas y diversiones se arrojan unas personas a otras, teniéndola sujeta por un extremo. ‖ **2.** Piedra de color verdoso, con manchas o venas más o menos oscuras, casi tan dura como el mármol, tenaz, que admite hermoso pulimento y tiene mucha aplicación en las artes decorativas. Es un silicato de magnesia teñido por óxidos de hierro.

serpentino, na. ADJ. **1.** Perteneciente o relativo a la serpiente. *Silbo serpentino.* ‖ **2.** poét. Que serpentea. *Llama serpentina.*

serpentón. M. **1.** Instrumento musical de viento, de tonos graves, que consiste en un tubo delgada forrado de cuero, curvado en forma de S, más ancho por el pabellón que por la boquilla y con agujeros para los dedos o tapados con llaves. ‖ **2.** Instrumento musical de viento, usado por las bandas militares, compuesto de un tubo de madera curvado en forma de U, con agujeros y llaves, y de un pabellón de metal que figura una cabeza de serpiente.

serpiente. F. **1.** culebra. ‖ **2.** diablo (‖ príncipe de los ángeles rebelados). *LA serpiente.* ‖ **~ de anteojos.** F. Reptil venenoso del orden de los Ofidios, de más de un metro de longitud, cabeza que se endereza verticalmente y, sobre el disco que pueden formar las costillas detrás de la cabeza, un dibujo en forma de anteojos. ‖ **~ de cascabel.** F. **crótalo** (‖ serpiente venenosa de América). ‖ **~ pitón.** F. Se usa como nombre para referirse a un género de culebras, de las de mayor tamaño conocidas, propias de Asia y de África. Tienen la cabeza cubierta, en gran parte, de escamas pequeñas, y dobles fajas transversas debajo de la cola.

serpiginoso, sa. ADJ. Perteneciente o relativo al serpigo.

serpigo. M. Llaga que por un extremo cicatriza y por el otro se extiende.

serpol. M. Especie de tomillo de tallos rastreros y hojas planas y obtusas.

serpollo. M. **1.** Cada una de las ramas nuevas que brotan al pie de un árbol o en la parte por donde se le ha podado. ‖ **2.** renuevo (‖ vástago de un árbol o de una planta).

serrado, da. PART. de **serrar.** ‖ ADJ. Que tiene dientes semejantes a los de la sierra. *Hojas serradas.*

serradora. F. Máquina para serrar.

serrallo. M. **1.** harén. ‖ **2.** Sitio donde se cometen graves desórdenes obscenos.

serrana. F. **1.** Composición poética parecida a la serranilla. ‖ **2.** Canción andaluza, variedad del cante hondo.

serranía. F. Espacio de terreno cruzado por montañas y sierras.

serraniego, ga. ADJ. serrano.

serranilla. F. Composición lírica de asunto villanesco o rústico, y las más de las veces erótico, escrita por lo general en metros cortos.

serrano, na. ADJ. **1.** Que habita en una sierra o ha nacido en ella. *Leñador serrano.* U. t. c. s. ‖ **2.** Perteneciente o relativo a las sierras o serranías, o a sus moradores. *Típica casa serrana.* ☐ V. **chile ~, cuerpo ~, jamón ~.**

serrar. TR. Cortar o dividir con la sierra. MORF. conjug. c. *acertar.*

serrato. ☐ V. **músculo ~.**

serrería. F. Taller mecánico para serrar madera.

serrijón. M. Sierra o cordillera de montes de poca extensión.

serrín. M. *Esp.* Conjunto de partículas que se desprenden de la madera cuando se sierra.

serruchar. TR. **1.** Cortar o dividir con serrucho la madera u otra cosa. ‖ **2.** *Am. Cen.* y *Á. Andes.* Trabajar secretamente en contra del prestigio o posición de alguien.

serrucho. M. Sierra de hoja ancha y regularmente con un solo mango.

serventesio. M. Cuarteto en que riman el primer verso con el tercero y el segundo con el cuarto.

servicial. ADJ. **1.** Que sirve con cuidado, diligencia y obsequio. *Un mayordomo servicial y eficiente.* ‖ **2.** Pronto a complacer y servir a otros. *Compañeros amables y serviciales.*

servicio. M. **1.** Acción y efecto de servir. ‖ **2.** servicio doméstico. ‖ **3.** Culto religioso. ‖ **4.** retrete (‖ aposento). U. t. en pl. con el mismo significado que en sing. ‖ **5.** Cubierto que se pone a cada comensal. ‖ **6.** Conjunto de vajilla y otros utensilios, para servir la comida, el café, el té, etc. ‖ **7.** Organización y personal destinados a cuidar intereses o satisfacer necesidades del público o de alguna entidad oficial o privada. *Servicio de correos. Servicio de incendios.* ‖ **8.** Función o prestación desempeñada por estas organizaciones y su personal. ‖ **9.** servicio militar. ‖ **10.** hist. En la época anterior a la Constitución, contribución votada por las Cortes. ‖ **11.** *Dep.* saque (‖ acción de sacar). ‖ **12.** *Econ.* Prestación humana que satisface alguna necesidad social y que no consiste en la producción de bienes materiales. ‖ **~ activo.** M. Situación laboral o, sobre todo, funcionarial, en la que una persona desempeña efectivamente el puesto que le corresponde. ‖ **~ de inteligencia.** M. Organización secreta de un Estado para dirigir y organizar el espionaje y el contraespionaje. ‖ **~ discrecional.** M. servicio público regulable en función de las necesidades de los usuarios y de la empresa que lo presta. ‖ **~ doméstico.** M. **1.** Sirviente o sirvientes de una casa. ‖ **2.** Prestación que realizan. ‖ **~ militar.** M. El que se presta como soldado o marinero. ‖ **~ posventa.** M. Organización y personal destinados por una firma comercial al mantenimiento de aparatos, coches, etc., después de haberlos vendido. ‖ **~ público.** M. *Der.* Actividad llevada a cabo por la Administración o, bajo un cierto control y regulación de esta, por una organización, especializada o no, y destinada a satisfacer necesidades de la colectividad. *Servicios públicos de transporte. Servicios públicos sanitarios.* ‖ **~ secreto.** M. **servicio de inteligencia.** ‖ **~s mínimos.** M. pl. *Der.* En caso de huelga, actividades impuestas por la Administración para asegurar el mantenimiento de los servicios esenciales de la comunidad. ‖ **~s sanitarios.** M. pl. Organización destinada a vigilar y proteger la salud pública. ‖ **de ~.** LOC.ADV. En el desempeño activo de un cargo o función durante un turno de trabajo. *Entrar, estar, salir de servicio.* ‖ **estar al ~ de** alguien. LOC.VERB. Estar a su disposición. ‖ **hacer un flaco ~ a** alguien. LOC.VERB. coloq. Causarle un perjuicio. □ V. **área de ~, comisión de ~, encomienda de ~s, escalera de ~, estación de ~, foja de ~s, fojas de ~, hoja de ~s, plan de ~s, puerta de ~, sector ~s.**

servidas. □ V. **aguas ~.**

servidor, ra. I. M. y F. **1.** Persona que sirve como criado. ‖ **2.** Persona que presta un servicio, especialmente como miembro o empleado de una institución u organismo. ‖ **3.** Persona adscrita al manejo de un arma, de una maquinaria o de otro artefacto. ‖ **4.** Se usa como nombre que por cortesía y obsequio se da a sí misma una persona respecto de otra. ‖ **5.** Se usa como fórmula de cortesía para despedirse en las cartas. *Su atento, su seguro servidor.* ‖ **II.** M. **6.** *Inform.* Unidad informática que proporciona diversos servicios a computadoras conectadas con ella a través de una red. □ V. **cliente-~.**

servidumbre. F. **1.** Trabajo o ejercicio propio del siervo. ‖ **2.** Estado o condición de siervo. ‖ **3.** Conjunto de criados que sirven a un tiempo o en una casa. ‖ **4.** Sujeción grave u obligación inexcusable de hacer algo. ‖ **5.** Sujeción causada por las pasiones o afectos que coarta la libertad. ‖ **6.** *Der.* Derecho en predio ajeno que limita el dominio en este y que está constituido en favor de las necesidades de otra finca perteneciente a distinto propietario, o de quien no es dueño de la gravada.

servil. ADJ. **1.** Que de modo rastrero se somete totalmente a la autoridad de alguien. *Solo recibe alabanzas de sus serviles subordinados.* ‖ **2.** Perteneciente o relativo a los siervos y criados. *Menesteres serviles.* ‖ **3.** hist. En el primer tercio del siglo XIX, partidario de la monarquía absoluta. U. m. c. s.

servilismo. M. **1.** Condición de servil. ‖ **2.** hist. Actitud ideológica de los servilones.

servilleta. F. Pieza de tela o papel que usa cada comensal para limpiarse los labios y las manos.

servilletero. M. **1.** Aro en que se pone arrollada la servilleta. ‖ **2.** Utensilio para poner las servilletas de papel.

servilón. M. hist. En el primer tercio del siglo XIX, partidario de la monarquía absoluta.

servio, via. ADJ. serbio. Apl. a pers., u. t. c. s.

serviola. F. **1.** *Mar.* Pescante muy robusto instalado en las proximidades de la amura y hacia la parte exterior del costado del buque. En su cabeza tiene un juego de varias roldanas por las que laborea el aparejo de gata. ‖ **2.** *Mar.* Vigía que se establece de noche cerca de este pescante.

servir. I. INTR. **1.** Estar al servicio de alguien. U. t. c. tr. ‖ **2.** Dicho de un instrumento o de una máquina: Ser a

propósito para determinado fin. *Estas tijeras sirven PARA podar.* ‖ **3.** Ejercer un empleo o cargo propio o en lugar de alguien. U. t. c. tr. ‖ **4.** Aprovechar, valer, ser de utilidad. *Ese cuchillo no sirve.* ‖ **5.** Asistir con naipe del mismo palo a quien ha jugado primero. ‖ **6.** Asistir a la mesa trayendo o repartiendo los alimentos o las bebidas. ‖ **7.** Ser soldado en activo. ‖ **8.** *Dep.* Sacar o restar la pelota de modo que se pueda jugar fácilmente. ‖ **II. 9.** Dar culto o adoración a Dios y a los santos, o emplearse en los ministerios de su gloria y veneración. ‖ **10.** Obsequiar a alguien o hacer algo en su favor, beneficio o utilidad. *Si puedo servirte en algo, dímelo.* ‖ **11.** Poner en un plato, vaso u otro recipiente la comida o la bebida que se va a tomar. U. t. c. prnl. ‖ **12.** Repartir o suministrar algún producto a un cliente. U. t. c. intr. *Servimos a domicilio.* ‖ **III.** PRNL. **13.** Querer o tener a bien hacer algo. ‖ **14.** Valerse de una cosa para el uso propio de ella. *Servirse DE un martillo.* ¶ MORF. conjug. c. *pedir.* ‖ **estar servido** algo. LOC.VERB. Estar dispuesto o preparado. *La comida está servida. La polémica está servida.* ‖ **ir** alguien **servido.** LOC.VERB. irón. Salir desfavorecido o chasqueado. ‖ **para ~te, para ~ a usted,** etc. EXPRS. Se usan como fórmulas de cortesía para ofrecerse a la disposición u obsequio de otra persona. ‖ **ser** alguien **servido de** algo. LOC.VERB. Querer o gustar de ello accediendo a una súplica o pretensión que se hace. *Sea usted servido de aceptar este regalo.*

servita. ADJ. Se dice de quien profesa la orden tercera fundada en Italia por san Felipe Benicio en el siglo XIII. U. t. c. s.

servo. M. servomecanismo.

servodirección. F. *Mec.* dirección asistida.

servofreno. M. *Mec.* Freno cuya acción es amplificada por un dispositivo eléctrico o mecánico.

servomecanismo. M. Sistema electromecánico que se regula por sí mismo al detectar el error o la diferencia entre su propia actuación real y la deseada.

servomotor. M. Sistema electromecánico que amplifica la potencia reguladora.

sesada. F. Fritada de sesos.

sésamo. M. Planta pedaliácea, de la especie del ajonjolí.

sesamoideo, a. ADJ. Se dice especialmente de unos huesos pequeños, cortos y redondeados, de constitución fibrosa, que se desarrollan en el espesor de los tendones y en determinadas articulaciones.

seseante. ADJ. **1.** Perteneciente o relativo al seseo. *Pronunciación, articulación seseante.* ‖ **2.** Que sesea al hablar. U. t. c. s.

sesear. INTR. Pronunciar la *z*, o la *c* ante *e* o *i*, con la articulación que corresponde a la letra *s*. Es uso general en América, Andalucía occidental, Canarias y otros puntos de la geografía española.

sesenta. I. ADJ. **1.** Seis veces diez. ‖ **2.** sexagésimo (‖ que sigue en orden al quincuagésimo noveno). *Número sesenta. Año sesenta.* ‖ **II.** M. **3.** Conjunto de signos con que se representa el número sesenta.

sesentavo, va. ADJ. Se dice de cada una de las 60 partes iguales en que se divide un todo. U. t. c. s. m.

sesentón, na. ADJ. coloq. sexagenario. U. t. c. s. U. m. en sent. despect.

seseo. M. Acción y efecto de sesear.

sesera. F. **1.** coloq. Parte de la cabeza del animal en que están los sesos. ‖ **2.** coloq. seso (‖ masa contenida en el cráneo).

sesgado, da. PART. de sesgar. ‖ ADJ. **1.** oblicuo. *Los rayos sesgados del sol.* ‖ **2.** Desviado, tendencioso. *Datos sesgados.*

sesgar. TR. **1.** Cortar o partir en sesgo. ‖ **2.** Torcer a un lado.

sesgo. M. **1.** Cualidad de sesgado. ‖ **2.** Curso o rumbo que toma un negocio. ‖ **al ~.** LOC.ADV. Con oblicuidad.

sésil. ADJ. *Biol.* Dicho de un órgano o de un organismo: Sujeto al sustrato.

sesión. F. **1.** Espacio de tiempo ocupado por una actividad. *Sesión de trabajo. Sesión de quimioterapia.* ‖ **2.** Cada una de las juntas de un concilio, congreso u otra corporación. ‖ **3.** Cada una de las funciones de teatro o cine que se celebran, a distintas horas, en un mismo día. ‖ **~ continua.** F. Aquella en que se proyecta repetidamente el mismo programa.

sesionar. INTR. **1.** Celebrar sesión. U. m. en América. ‖ **2.** Asistir a una sesión participando en sus debates.

seso[1]. M. **1.** Masa de tejido nervioso contenida en la cavidad del cráneo. U. m. en pl. ‖ **2.** Prudencia, madurez. ‖ **calentarse** alguien **los ~s.** LOC.VERB. coloq. **devanarse los sesos.** ‖ **devanarse** alguien **los ~s.** LOC.VERB. Fatigarse meditando mucho en algo. ‖ **perder** alguien **el ~.** LOC. VERB. coloq. Perder el juicio. ‖ **sorber el ~** a alguien. LOC.VERB. coloq. Ejercer sobre él influjo incontrastable. □ V. **tapa de los ~s.**

seso[2]. M. Piedra, ladrillo o hierro con que se calza la olla para que asiente bien.

sesquicentenario. M. Día o año en que se cumple siglo y medio del nacimiento o muerte de una persona ilustre o de un suceso famoso.

sesquiplano. M. Biplano con un par de alas mucho menor que las otras dos.

sesteadero. M. Lugar donde sestea el ganado.

sestear. INTR. **1.** Pasar la siesta durmiendo o descansando. ‖ **2.** Dicho del ganado: Recogerse durante el día en un lugar sombrío para descansar y librarse de los rigores del sol.

sesteo. M. Acción y efecto de sestear.

sestercio. M. hist. Moneda de plata de los romanos, que valía dos ases y medio.

sestero. M. sesteadero.

sesudo, da. ADJ. Que tiene **seso** (‖ prudencia).

set. M. **1.** Conjunto de elementos que comparten una propiedad o tienen un fin común. *Un set de repuesto.* ‖ **2.** En el tenis y otros deportes, parte o manga de un partido, con tanteo independiente. ‖ **3.** Plató cinematográfico o televisivo. ¶ MORF. pl. **sets.**

seta. F. Cualquier especie de hongo, comestible o no, con forma de sombrilla, sostenida por un pedicelo.

setecientos, tas. I. ADJ. **1.** Siete veces ciento. ‖ **2.** **septingentésimo** (‖ que sigue en orden al sexcentésimo nonagésimo noveno). *Número setecientos. Año setecientos.* ‖ **II.** M. **3.** Conjunto de signos con que se representa el número setecientos.

setenta. I. ADJ. **1.** Siete veces diez. ‖ **2.** **septuagésimo** (‖ que sigue en orden al sexagésimo noveno). *Número setenta. Año setenta.* ‖ **II.** M. **3.** Conjunto de signos con que se representa el número setenta.

setentavo, va. ADJ. Se dice de cada una de las 70 partes iguales en que se divide un todo. U. t. c. s. m.

setentón, na. ADJ. coloq. **septuagenario.** U. t. c. s. U. m. en sent. despect.

setiembre. M. septiembre.

sétimo, ma. ADJ. séptimo. U. t. c. s. m.

seto. M. **1.** Cercado hecho de palos o varas entretejidas. ‖ **2.** seto vivo. ‖ **~ vivo.** M. Cercado de matas o arbustos.

seudónimo, ma. I. ADJ. **1.** Dicho de un autor: Que oculta con un nombre falso el suyo verdadero. ‖ **2.** Se dice de la obra de este autor. ‖ **II.** M. **3.** Nombre utilizado por un artista en sus actividades, en vez del suyo propio.

seudópodo. M. *Biol.* pseudópodo.

severidad. F. Cualidad de severo.

severo, ra. ADJ. **1.** Riguroso, áspero, duro en el trato o castigo. *Es demasiado severo con sus hijos.* ‖ **2.** Exacto y rígido en la observancia de una ley, precepto o regla. *La señorita Trini era muy severa en la aplicación del reglamento.* ‖ **3.** Dicho de una estación del año: Que tiene temperaturas extremas. *El invierno ha sido severo.*

seviche. M. Á.*Andes* y *Méx.* cebiche.

sevicia. F. **1.** Crueldad excesiva. ‖ **2.** Trato cruel.

sevillanas. F. **1.** pl. Aire musical propio de Sevilla y tierras comarcanas, bailable y con el cual se cantan seguidillas. ‖ **2.** pl. Danza que se baila con esta música.

sevillano, na. ADJ. **1.** Natural de Sevilla. U. t. c. s. ‖ **2.** Perteneciente o relativo a esta ciudad de España, capital de la comunidad autónoma de Andalucía, o a su provincia.

sexado. M. Acción de sexar.

sexador, ra. M. y F. Persona que se dedica a sexar animales, especialmente pollos.

sexagenario, ria. ADJ. Dicho de una persona: Que tiene entre 60 y 69 años. U. t. c. s.

sexagésima. F. hist. Domínica segunda de las tres que se contaban antes de la primera de Cuaresma.

sexagesimal. ADJ. Se dice del sistema de contar o de subdividir de 60 en 60.

sexagésimo, ma. ADJ. **1.** Que sigue inmediatamente en orden al o a lo quincuagésimo noveno. ‖ **2.** Se dice de cada una de las 60 partes iguales en que se divide un todo. U. t. c. s. m.

sexar. TR. Determinar o precisar el sexo de un animal.

sexcentésimo, ma. ADJ. **1.** Que sigue inmediatamente en orden al o a lo quingentésimo nonagésimo noveno. ‖ **2.** Se dice de cada una de las 600 partes iguales en que se divide un todo. U. t. c. s. m.

sexenal. ADJ. **1.** Que sucede o se repite cada sexenio. *Sufragio sexenal.* ‖ **2.** Que dura un sexenio. *Gobierno sexenal.*

sexenio. M. Tiempo de seis años.

sexi. I. ADJ. **1.** Que tiene atractivo físico y sexual. *Es muy sexi.* ‖ **2.** Que resalta el atractivo físico y sexual de alguien. *Una blusa muy sexi.* ‖ **II.** M. **3.** Atractivo físico y sexual. *Tiene sexi.*

sexismo. M. Discriminación de personas de un sexo por considerarlo inferior al otro.

sexista. ADJ. **1.** Perteneciente o relativo al sexismo. *Trato sexista.* ‖ **2.** Partidario del sexismo. U. t. c. s.

sexmero. M. hist. Encargado de los negocios y derechos de un sexmo.

sexmo. M. hist. División territorial que comprendía cierto número de pueblos asociados para la administración de bienes comunes.

sexo. M. **1.** Condición orgánica masculina o femenina de los animales y las plantas. ‖ **2.** Conjunto de seres pertenecientes a un mismo sexo. *Sexo masculino, femenino.* ‖ **3.** Órganos sexuales. ‖ **4.** Placer venéreo. *Está obse-*

sionado con el sexo. ‖ **~ débil.** M. Conjunto de las mujeres. ‖ **~ feo,** o **~ fuerte.** M. Conjunto de los hombres. ‖ **bello ~.** M. sexo débil.

sexología. F. Estudio de la sexualidad y de las cuestiones a ella referidas.

sexólogo, ga. M. y F. Especialista en sexología.

sexta. F. **1.** En el rezo eclesiástico, una de las horas menores, que se dice después de la tercia. ‖ **2.** hist. Tercera de las cuatro partes iguales en que dividían los romanos las doce horas de luz diurna, y que comprendía desde el final de la sexta hora, a mediodía, hasta el fin de la novena, a media tarde. ‖ **3.** *Mús.* Intervalo de una nota a la sexta ascendente o descendente en la escala. ‖ **~ aumentada.** F. *Mús.* Intervalo que consta de cuatro tonos y dos semitonos. ‖ **~ disminuida.** F. *Mús.* Intervalo que consta de dos tonos y tres semitonos. ‖ **~ mayor.** F. *Mús.* hexacordo mayor. ‖ **~ menor.** F. *Mús.* hexacordo menor.

sextante. M. Instrumento astronómico para las observaciones marítimas, cuyo sector es de 60 grados, o sea la sexta parte del círculo.

sexteto. M. **1.** Conjunto de seis personas o cosas. ‖ **2.** Composición poética de seis versos de arte mayor. ‖ **3.** *Mús.* Composición para seis instrumentos o seis voces. ‖ **4.** *Mús.* Conjunto de estos seis instrumentos o voces.

sextilla. F. Combinación métrica de seis versos de arte menor aconsonantados alternadamente o de otra manera.

sextillizo, za. ADJ. Nacido de un parto séxtuple. U. t. c. s.

sextillo. M. *Mús.* Conjunto de seis notas iguales que se ejecutan en el tiempo de cuatro.

sextina. F. **1.** Composición poética que consta de seis estrofas de seis versos endecasílabos cada una, y de otra que solo se compone de tres. En todas, menos en esta, acaban los versos con las mismas palabras, bien que no ordenadas de igual manera, por haber de concluir con la voz final del último verso de una estrofa el primero de la siguiente. En cada uno de los tres con que se da remate a esta composición entran dos de los seis vocablos repetidos de las estrofas anteriores. ‖ **2.** Cada una de las estrofas de seis versos endecasílabos que entran en esta composición. ‖ **3.** Combinación métrica de seis versos endecasílabos en la cual aconsonantan el primero con el tercero y el segundo con el cuarto, y son pareados los dos últimos. También se da este nombre a otras combinaciones métricas de seis versos.

sexto, ta. **I.** ADJ. **1.** Que sigue inmediatamente en orden al o a lo quinto. ‖ **2.** Se dice de cada una de las seis partes iguales en que se divide un todo. U. t. c. s. m. ‖ **II.** M. **3.** Libro en que están juntas algunas constituciones y derechos canónicos. □ V. **~ rima, ~ sentido.**

séxtuple. ADJ. **1.** Que contiene un número seis veces exactamente. U. t. c. s. m. ‖ **2.** Se dice de la serie de seis cosas iguales o semejantes. *Parto séxtuple. Séxtuple asesinato.*

sextuplicar. TR. **1.** Hacer séxtuple algo. U. t. c. prnl. *Se ha sextuplicado el número de denuncias.* ‖ **2.** Dicho de una cosa: Ser seis veces mayor que otra. *Sus afiliados sextuplican a los nuestros.*

sexuado, da. ADJ. *Biol.* Dicho de una planta o de un animal: Que tienen órganos sexuales.

sexual. ADJ. Perteneciente o relativo al sexo. □ V. **abusos ~es, acoso ~, acto ~, agresión ~, carácter ~, símbolo ~.**

sexualidad. F. **1.** Conjunto de condiciones anatómicas y fisiológicas que caracterizan a cada sexo. ‖ **2.** Apetito sexual, propensión al placer carnal.

sexualización. F. Acción y efecto de sexualizar.

sexualizar. TR. Conferir carácter o significado sexual a algo.

seychellense. ADJ. **1.** Natural de Seychelles. U. t. c. s. ‖ **2.** Perteneciente o relativo a este país de África.

si¹. CONJ. **1.** Denota condición o suposición en virtud de la cual un concepto depende de otro u otros. *Si llegas el lunes, llegarás a tiempo. Estudia, si quieres ser docto.* ‖ **2.** Denota aseveración terminante. *Si ayer lo aseguraste aquí mismo una y otra vez delante de todos nosotros, ¿cómo lo niegas hoy?* ‖ **3.** Se usa para introducir oraciones interrogativas, a veces con matiz de duda. *Ignoro si es soltero o casado. Hay que ver si hacemos algo en su favor. Pregúntale si querría entrar en una casa de comercio.* ‖ **4.** Denota ponderación o encarecimiento. *Es atrevido, si los hay.* ‖ **5.** Usado a principio de frase, da énfasis o energía a las expresiones de duda o aseveración. *¿Si será verdad lo del testamento? ¡Si ya os dije que esto no podía acabar bien!* ‖ **6.** Se usa para introducir oraciones desiderativas. *¡Si alguien consiguiera ablandarle el corazón!* ‖ **7.** Se usa con valor distributivo cuando se emplea repetida para contraponer, con elipsis de verbo o no, una cláusula a otra. *Si uno habla, malo; si no habla, peor. Si vienes, bien; si no, también.* ‖ **8.** Usado tras el adverbio *como* o la conjunción *que,* se emplea en conceptos comparativos. *Se quedó más contento que si le hubieran dado un millón.* ‖ **~ no.** LOC. CONJUNT. De otra suerte, en otro caso.

si². M. *Mús.* Séptima nota de la escala musical. MORF. pl. **sis.**

sí¹. PRON. PERSON. Forma de la 3.ª persona del singular y de plural que se emplea únicamente como término de preposición. ‖ **de por ~.** LOC. ADV. **1.** Cada cosa por separado; sola o aparte de las demás. ‖ **2.** Por su propia naturaleza. *La caoba ya es de por sí bastante oscura.* ‖ **para ~.** LOC. ADV. Con el pensamiento o sin dirigir a otro la palabra. *Dijo para sí.* ‖ **por ~ y ante ~.** LOC. ADV. Por propia deliberación y sin consultar a nadie ni contar con nadie. □ V. **dueño de ~ mismo, valor en ~ mismo, valor reservado en ~ mismo.**

sí². **I.** ADV. **1.** Expresa afirmación. Se usa más respondiendo a preguntas. *¿Volverás pronto? —Sí.* ‖ **2.** Denota especial aseveración en lo que se dice o se cree, o pondera una idea. *Esto sí que es portarse bien. Aquel sí que es buen abogado.* ‖ **3.** Se usa con énfasis para avivar la afirmación expresada por el verbo con que se junta. *Iré, sí, aunque pierda el tiempo.* ‖ **II.** M. **4.** Consentimiento o permiso. *Ya tengo el sí de mi padre.* MORF. pl. **síes.** ‖ **dar** alguien **el ~.** LOC. VERB. Conceder algo, convenir en ello. ‖ **porque ~.** LOC. ADV. coloq. Sin causa justificada, por simple voluntad o capricho. ‖ **por ~ o por no.** LOC. ADV. Por si ocurre o no, o por si puede o no lograrse, algo. Se dice como causa o motivo de la resolución que se piensa tomar. *No alcanzarás lo que pretendes, pero, por sí o por no, habla hoy con el director.* ‖ **pues ~ que.** EXPR. irón. Se usa para reconvenir o redargüir a alguien como asintiendo a lo que propone, pero haciéndole ver lo contrario. *Diego no sabe de eso, ¡pues sí que no lo ha manejado continuamente!*

sialismo. M. *Med.* Salivación exagerada y continua.

siamés, sa. **I.** ADJ. **1.** Natural de Siam. U. t. c. s. ‖ **2.** Perteneciente o relativo a este país de Asia, hoy Tailandia. || **3.** Dicho de un hermano: Gemelo que nace unido por alguna parte de su cuerpo. U. m. c. s. pl. || **II.** M. **4.** Idioma siamés. □ V. **gato ~.**

sibarita. ADJ. Dicho de una persona: Que se trata con mucha prodigalidad y refinamiento. U. t. c. s.

sibarítico, ca. ADJ. Aficionado al regalo o al placer.

sibaritismo. M. Género de vida regalada y sensual.

siberiano, na. ADJ. **1.** Natural de Siberia. U. t. c. s. || **2.** Perteneciente o relativo a esta región de Asia.

sibila. F. hist. Mujer sabia a quien los antiguos atribuyeron espíritu profético.

sibilante. ADJ. **1.** Dicho de un sonido: Semejante a un silbido. || **2.** Fon. Dicho de un fonema: Que, siendo fricativo o africado y articulándose en la zona dentoalveolar o palatal, se percibe en su emisión una especie de silbido. U. t. c. s. f.

sibilino, na. ADJ. **1.** hist. Perteneciente o relativo a la sibila. *Oráculo sibilino.* || **2.** Misterioso, oscuro con apariencia de importante. *Maniobras secretas y sibilinas.*

sibilítico, ca. ADJ. sibilino.

siboney. M. **1.** Pueblo que se considera el más antiguo de los que habitaron en Cuba. || **2.** Miembro de esta colectividad. ¶ MORF. pl. **siboneyes.**

sic. ADV. Se usa en impresos y manuscritos españoles, por lo general entre paréntesis, para dar a entender que una palabra o frase empleada en ellos, y que pudiera parecer inexacta, es textual.

sicalipsis. F. Malicia sexual, picardía erótica.

sicalíptico, ca. ADJ. Perteneciente o relativo a la sicalipsis.

sicario. M. Asesino asalariado.

siciliano, na. I. ADJ. **1.** Natural de Sicilia. U. t. c. s. || **2.** Perteneciente o relativo a esta isla de Italia. || **II.** M. **3.** Dialecto italiano hablado en Sicilia.

siclo. M. hist. Moneda de plata usada en Israel.

sicoanálisis. M. psicoanálisis.

sicofanta. M. sicofante.

sicofante. M. Impostor, calumniador.

sicología. F. psicología.

sicológico, ca. ADJ. psicológico.

sicólogo, ga. M. y F. psicólogo.

sicomoro o **sicómoro.** M. **1.** Planta de la familia de las Moráceas, que es una higuera propia de Egipto, con hojas algo parecidas a las del moral, fruto pequeño, de color blanco amarillento, y madera incorruptible, que usaban los antiguos egipcios para las cajas donde encerraban las momias. || **2. plátano falso.**

sicomotor, ra. ADJ. psicomotor.

sicomotriz. ADJ. psicomotora. MORF. U. solo apl. a susts. f.

sicono. M. Infrutescencia de la higuera y especies afines.

sicópata. COM. psicópata.

sicopatía. F. psicopatía.

sicosis¹. F. psicosis.

sicosis². F. Med. Enfermedad inflamatoria de la piel que afecta a los folículos pilosos, especialmente de la barba y da lugar a la formación de pápulas, pústulas o tubérculos.

sicote. M. Ant. Cochambre del cuerpo humano, especialmente de los pies, mezclada con el sudor.

sicoterapia. F. psicoterapia.

sicu. M. Á. Andes. Instrumento musical de viento compuesto por una doble hilera de tubos de longitud decreciente.

sículo, la. ADJ. **1.** Natural de Sicilia. U. t. c. s. || **2.** Perteneciente o relativo a esta isla de Italia.

sicuri. M. **1.** Á. Andes. Tañedor de sicu. || **2.** Á. Andes. sicu.

sida. M. Med. Enfermedad viral consistente en la ausencia de respuesta inmunitaria.

sidafobia. F. Med. Temor morboso al sida.

sidecar. M. **1.** Asiento lateral adosado a una motocicleta y apoyado en una rueda. || **2.** Motocicleta provista de sidecar.

sideral. ADJ. Perteneciente o relativo a las estrellas o a los astros. □ V. **año ~.**

sidéreo, a. ADJ. sideral. □ V. **año ~, día ~.**

siderita. F. Mineral de color pardo amarillento, brillo acerado, quebradizo y algo más duro que el mármol. Es carbonato de óxido de hierro y excelente mena para la siderurgia.

siderometalurgia. F. siderurgia.

siderosis. F. Med. Neumoconiosis producida por el polvo de los minerales de hierro.

siderurgia. F. Metalurgia del hierro, del acero, de la fundición y de las aleaciones férricas.

siderúrgico, ca. ADJ. Perteneciente o relativo a la siderurgia.

sidoso, sa. ADJ. Que padece sida. U. t. c. s. U. t. en sent. despect.

sidra. F. Bebida alcohólica, de color ambarino, que se obtiene por la fermentación del zumo de las manzanas exprimidas.

sidrería. F. Despacho en que se vende sidra.

sidrero, ra. I. ADJ. **1.** Perteneciente o relativo a la sidra. *Comarca sidrera.* || **II.** M. y F. **2.** Persona que trabaja en la fabricación de la sidra o que la vende.

siega. F. **1.** Acción y efecto de segar. || **2.** Tiempo en que se siega.

siembra. F. **1.** Acción y efecto de sembrar. || **2.** Tiempo en que se siembra. || **3.** Tierra sembrada.

siempre. ADV. T. **1.** En todo o en cualquier tiempo. || **2.** En todo caso o cuando menos. *Ocurra lo que ocurra, siempre quedará en buena situación económica.* || **3.** Méx. Se usa como refuerzo enfático ante los adverbios *sí* y *no.* *¿Estás seguro de que siempre no lo vas a usar?* || **para ~.** LOC. ADV. Por todo tiempo o por tiempo indefinido. *Me voy para siempre.* || **por ~.** LOC. ADV. Por tiempo sin fin. *Por siempre sea alabado y bendito.* || **~ jamás.** LOC. ADV. siempre, con sentido reforzado. || **~ que. I.** LOC. CONJUNT. **1.** En todos los casos en que. || **II.** LOC. CONJUNT. CONDIC. **2.** con tal de que. *Mañana comeré en tu casa, siempre que tú comas hoy en la mía.* || **~ y cuando,** o **~ cuando que.** LOCS. CONJUNTS. **con tal de que.**

siempreviva. F. **1.** Planta herbácea vivaz, de la familia de las Compuestas, con tallos algo ramosos, blanquecinos, duros y leñosos en la parte inferior, hojas sentadas, lineales, blanquecinas y vellosas, y flores pequeñas y amarillas que forman corimbo terminal y convexo. Es espontánea en España y se cultiva en los jardines, donde llega a tener la altura de seis a siete decímetros. || **2.** Flor de esta planta. || **3.** Planta de la familia de las Compuestas, muy parecida a la anterior, con hojas lineales y persistentes y flores de mayor tamaño y de color amarillo más vivo y hermoso. Es originaria de Oriente y se cultiva en los jardines, donde llega a tener la altura de tres a cuatro decímetros. || **4.** Flor de esta planta. || **5.** Planta de la familia de las Compuestas, parecida a las dos anteriores, con hojas lineales y lanceoladas, flores de color de azufre y escamas plateadas en la base de las cabezuelas. Es originaria de Virginia, se cultiva en los jardines, llega a tener cinco o seis decímetros de altura, y se ha usado algo en medicina. ‖ **6.** Flor de esta planta. ‖ **~ amarilla.** F. siempreviva. ‖ **~ mayor.** F. Planta perenne de la familia de las Crasuláceas, con hojas planas, gruesas, jugosas, pestañosas, lanceoladas las de los tallos y aovadas las radicales, flores con escamas carnosas, cáliz de cinco a nueve sépalos, y corola de igual número de pétalos, que no se marchitan. Vive en las peñas y en los tejados y se emplea en medicina doméstica. ‖ **~ menor.** F. uva de gato.

sien. F. Cada una de las dos partes laterales de la cabeza situadas entre la frente, la oreja y la mejilla.

siena. M. Color castaño más o menos oscuro. U. t. c. adj. ☐ V. **tierra de Siena.**

sienés, sa. ADJ. **1.** Natural de Siena. U. t. c. s. ‖ **2.** Perteneciente o relativo a esta ciudad de Italia.

sienita. F. Roca compuesta de feldespato, anfíbol y algo de cuarzo, de color generalmente rojo, y que se descompone con más dificultad que el granito.

sierpe. F. **1.** Culebra de gran tamaño. ‖ **2.** Cosa que se mueve con rodeos a manera de sierpe. *Una sierpe de sangre corría por la tierra.*

sierra. F. **1.** Herramienta para cortar madera u otros objetos duros, que generalmente consiste en una hoja de acero dentada sujeta a una empuñadura. ‖ **2.** Herramienta que consiste en una hoja de acero fuerte, larga y estrecha, con borde liso, sujeta a un bastidor, y que sirve para dividir piedras duras con el auxilio de arena y agua. ‖ **3.** Parte de una cordillera. ‖ **4.** Cordillera de montes o peñascos cortados. ‖ **5. pez sierra.** ‖ **6.** Á. *Caribe.* Pez marino comestible de la familia de los Escómbridos, de un metro de longitud, sin escamas, que tiene a ambos lados del cuerpo dos líneas de color amarillento pardo y manchas ovaladas del mismo color. ‖ **~ de mano.** F. La que puede manejar una persona sola. ‖ **~ de punta.** F. La de hoja estrecha y puntiaguda, que sirve para hacer calados y otras labores delicadas. ☐ V. **madera de ~, pez ~.**

sierraleonés, sa. ADJ. **1.** Natural de Sierra Leona. U. t. c. s. ‖ **2.** Perteneciente o relativo a este país de África.

siervo, va. M. y F. **1.** hist. Esclavo de un señor. ‖ **2.** hist. En el feudalismo, persona sometida a un señor, obligada a trabajar para él, generalmente como campesino, que conservaba ciertas libertades. ‖ **3.** Persona profesa en orden o comunidad religiosa de las que por humildad se denominan así. ‖ **~ de Dios.** M. y F. **1.** Persona que sirve a Dios y guarda sus preceptos. ‖ **2.** Persona católica difunta cuya causa de canonización se ha introducido, antes de ser proclamado beato. ‖ **siervo de la gleba.** M. hist. siervo afecto a una heredad y que no se desligaba de ella al cambiar de dueño. ‖ **siervo de los ~s de Dios.** M. Nombre que por humildad se da a sí mismo el papa.

sieso. M. Ano con la porción inferior del intestino recto.

siesta. F. **1.** Sueño que se toma después de comer. ‖ **2.** Tiempo destinado para dormir o descansar después de comer. ‖ **3.** Tiempo después del mediodía, en que aprieta más el calor. ‖ **~ del carnero.** F. La que se duerme antes de la comida del mediodía. ‖ **dormir,** o **echar,** alguien **la ~.** LOCS. VERBS. Echarse a dormir después de comer.

siete. I. ADJ. **1.** Seis más uno. ‖ **2.** séptimo (‖ que sigue en orden al sexto). *Número siete. Año siete.* Apl. a los días del mes, u. t. c. s. m. *El siete de julio.* ‖ II. M. **3.** Signo o conjunto de signos con que se representa el número siete. ‖ **4.** Naipe que tiene siete señales. *El siete de copas.* ‖ III. F. **5.** pl. Séptima hora a partir de mediodía o de medianoche. *Ha llegado tarde a la clase de las siete.* ‖ **~ y media.** F. pl. Juego de naipes en que cada carta tiene el valor que representan sus puntos, excepto las figuras, que valen media. Se da una carta a cada jugador, el cual puede pedir otras. Gana quien primero hace siete puntos y medio o quien más se acerque por debajo de este número. ‖ **tres ~s.** M. pl. Juego de naipes cuyo objeto es llegar a 21 puntos. ☐ V. **gato de ~ colas, látigo de ~ colas.**

sietecolores. M. Á. *Andes* y *Chile.* Pájaro con las patas y el pico negros, plumaje manchado de rojo, amarillo, azul, verde y blanco, y la cola y alas negruzcas. Tiene en medio de la cabeza un moño de color rojo vivo. Habita en las orillas de las lagunas y construye su nido en las hojas secas de totora.

sietecueros. M. Á. *Andes* y Á. *Caribe.* Tumor que se forma en el pie, especialmente junto a la uña y quien anda descalzo.

sietemesino, na. ADJ. **1.** Dicho de una criatura: Que nace a los siete meses de engendrada. U. t. c. s. ‖ **2.** coloq. Jovencito que presume de persona mayor. U. t. c. s.

sifílide. F. *Med.* Dermatosis originada o sostenida por la sífilis.

sífilis. F. *Med.* Enfermedad infecciosa, endémica, crónica, causada por el *Treponema pallidum,* adquirida por contagio o transmitida por alguno de los progenitores a su descendencia.

sifilítico, ca. ADJ. **1.** *Med.* Perteneciente o relativo a la sífilis. *Etiología sifilítica.* ‖ **2.** Que padece esta enfermedad. U. t. c. s.

sifilografía. F. Parte de la medicina que trata de las enfermedades sifilíticas.

sifilográfico, ca. ADJ. *Med.* Perteneciente o relativo a la sifilografía.

sifiloma. M. Goma sifilítica, tumor de este origen.

sifón. M. **1.** Tubo curvo que sirve para sacar líquidos del vaso que los contienen, haciéndolos pasar por un punto superior a su nivel. ‖ **2.** Tubo doblemente acodado en que el agua detenida dentro de él impide la salida de los gases de las cañerías al exterior. ‖ **3.** Botella, generalmente de cristal, cerrada herméticamente con una tapa por la que pasa un sifón, cuyo tubo tiene una llave para abrir o cerrar el paso del agua cargada de ácido carbónico que aquella contiene. ‖ **4.** Agua carbónica contenida en esta botella. ‖ **5.** *Zool.* Tubo que comunica la cavidad del manto de los moluscos con el exterior, así como otros tipos de conductos con ese aspecto en diversos animales.

sifónico. ☐ V. **bote ~.**

sigilo. M. **1.** Secreto que se guarda de una cosa o noticia. ‖ **2.** Silencio cauteloso. *Entraron con sigilo en la habitación.* ‖ **~ profesional.** M. secreto profesional. ‖ **~ sacramental.** M. Secreto inviolable que debe guardar el confesor de lo que oye en la confesión sacramental.

sigilografía. F. Estudio de los sellos empleados para autorizar documentos, cerrar pliegos, etc.

sigiloso, sa. ADJ. Que guarda sigilo.

sigla. F. **1.** Palabra formada por el conjunto de letras iniciales de una expresión compleja; p. ej., *ONU,* de *O(rganización de) N(aciones) U(nidas); ovni,* de *o(bjeto) v(olante) n(o) i(dentificado).* ORTOGR. En la actualidad, las siglas se escriben sin puntos ni espacios de separación.

‖ **2.** Cada una de las letras de una siglа; p. ej., *O*, *N* y *U* son siglas en *ONU*.

siglo. M. **1.** Período de 100 años. ‖ **2.** Cada uno de los períodos de 100 años en que se divide una era, especialmente la cristiana. *El siglo XX.* ‖ **3.** Tiempo en que floreció alguien o en que existió, sucedió o se inventó o descubrió algo muy notable. *El siglo DE Augusto. El siglo DE los ferrocarriles.* ‖ **4.** Mucho o muy largo tiempo, indeterminadamente. *Hace un siglo que no te veo.* ‖ **5.** Mundo de la vida civil, en oposición al de la vida religiosa. *Sor María del Tránsito se llamó en el siglo Teresa García.* ‖ **~ de oro.** M. **edad de oro.** ‖ **~ de plata.** M. **edad de plata.** ‖ **~ dorado.** M. **edad de oro.** ‖ **por los ~s de los ~s.** LOC.ADV. Para siempre jamás. □ V. **la consumación de los ~s.**

sigma. F. Decimoctava letra del alfabeto griego (Σ, σ o ς), que corresponde a *s* del latino.

sigmoideo, a. ADJ. Dicho de una cosa: Que por su forma se parece a la sigma. *Curva sigmoidea.*

signar. TR. **1.** Hacer la señal de la cruz sobre alguien o algo. U. t. c. prnl. ‖ **2.** Hacer con los dedos índice y pulgar de la mano derecha cruzados, o solo con el pulgar, tres cruces, la primera en la frente, la segunda en la boca y la tercera en el pecho, pidiendo a Dios que nos libre de nuestros enemigos. U. t. c. prnl. ‖ **3.** Dicho de una persona: Poner su firma. ‖ **4.** Hacer, poner o imprimir el signo. *Signó la portada del libro.*

signatario, ria. ADJ. Dicho de una persona: Que firma. U. t. c. s.

signatura. F. **1.** Señal de números y letras que se pone a un libro o a un documento para indicar su colocación dentro de una biblioteca o un archivo. ‖ **2.** Marca o nota puesta en una cosa para distinguirla de otras. ‖ **3.** Tribunal de la corte romana compuesto de varios prelados, en el cual se determinan diversos negocios de gracia o de justicia, según el tribunal de signatura a que corresponden. ‖ **4.** *Impr.* Señal que con las letras del alfabeto o con números se ponía antes al pie de las primeras planas de los pliegos o cuadernos, y hoy solo al pie de la primera de cada uno de estos, para gobierno del encuadernador.

sígnico, ca. ADJ. Perteneciente o relativo al **signo** (‖ objeto, fenómeno o acción material).

signífero, ra. ADJ. poét. Que lleva o incluye una señal o insignia. *Oficial signífero.*

significación. F. **1.** Acción y efecto de significar. ‖ **2.** Sentido de una palabra o frase. ‖ **3.** Objeto que se significa. ‖ **4.** Importancia en cualquier orden.

significado, da. PART. de **significar.** ‖ **I.** ADJ. **1.** Conocido, importante, reputado. *Los hombres más significados de la oposición.* ‖ **II.** M. **2.** Significación o sentido de una palabra o de una frase. ‖ **3.** Cosa que se significa de algún modo. ‖ **4.** *Ling.* Contenido semántico de cualquier tipo de signo, condicionado por el sistema y por el contexto.

significador, ra. ADJ. Que significa. *Partículas compositivas significadoras de número.*

significante. I. ADJ. **1.** Que significa. *Resultados significantes.* ‖ **II.** M. **2.** *Ling.* Fonema o secuencia de fonemas que, asociados con un significado, constituyen un signo lingüístico.

significar. I. TR. **1.** Dicho de una cosa: Ser, por naturaleza, imitación o convención, representación, indicio o signo de otra cosa distinta. *Su gesto podía significar cualquier cosa.* ‖ **2.** Dicho de una palabra o de una frase: Ser expresión o signo de una idea, de un pensamiento o de algo material. ‖ **3.** Hacer saber, declarar o manifestar algo. *No entiendo lo que quieres significar.* ‖ **II.** INTR. **4.** Representar, valer, tener importancia. ‖ **III.** PRNL. **5.** Hacerse notar o distinguirse por alguna cualidad o circunstancia.

significatividad. F. Cualidad de significativo.

significativo, va. ADJ. **1.** Que da a entender o conocer con precisión algo. *El ejemplo es particularmente significativo.* ‖ **2.** Que tiene importancia por representar o significar algo. *Su papel es muy significativo en la obra.*

signo. M. **1.** Objeto, fenómeno o acción material que, por naturaleza o convención, representa o sustituye a otro. ‖ **2.** Indicio, señal de algo. *Su rubor me pareció signo de su indignación.* ‖ **3.** Señal o figura que se emplea en la escritura y en la imprenta. ‖ **4.** Señal que se hace por modo de bendición; como las que se hacen en la misa. ‖ **5.** Hado, sino. ‖ **6.** *Astr.* Cada una de las doce partes iguales en que se considera dividido el Zodíaco. ‖ **7.** *Ling.* **signo lingüístico.** ‖ **8.** *Mat.* Señal o figura que se usa en los cálculos para indicar la naturaleza de las cantidades y las operaciones que se han de ejecutar con ellas. ‖ **~ lingüístico.** M. Unidad mínima de la oración, constituida por un significante y un significado. ‖ **~ natural.** M. El que nos hace llegar al conocimiento de algo por la analogía o dependencia natural que tiene con ello. *El humo es signo natural del fuego.* ‖ **~ negativo.** M. *Mat.* **menos** (‖ signo de la resta). ‖ **~ ortográfico.** M. Marca gráfica que, sin ser letra ni número, se emplea en la lengua escrita para contribuir a la correcta lectura e interpretación de palabras y enunciados; p. ej., los signos de puntuación. ‖ **~ positivo.** M. *Mat.* **más** (‖ signo de la suma).

siguiente. ADJ. **1.** Que sigue. *Pronunció las siguientes palabras.* ‖ **2.** Ulterior, posterior. *Comienza la fase siguiente.*

sij. ADJ. **1.** Perteneciente o relativo al sijismo. ‖ **2.** Seguidor de esta religión. U. t. c. s. ¶ MORF. pl. **sijes** o **sijs.**

sijismo. M. Religión monoteísta fundada por Nanak en la India en el siglo XVI, que combina elementos del hinduismo y del islamismo.

sijú. M. Ave rapaz nocturna de las Antillas, de unos 16 cm de longitud, con lomo blanco manchado de puntos rojos, cabeza y vientre blancos con manchas pardas, cuello, pecho y muslos rojos con rayas oscuras, y ojos de color amarillo verdoso. MORF. pl. **sijúes** o **sijús.**

sílaba. F. **1.** Sonido o sonidos articulados que constituyen un solo núcleo fónico entre dos depresiones sucesivas de la emisión de voz. ‖ **2.** *Mús.* Cada uno de los dos o tres nombres de notas que se añaden a las siete primeras letras del alfabeto para designar los diferentes modos musicales. ‖ **~ breve.** F. *Fon.* La de menor duración en las lenguas que, como el latín y el griego, se sirven regularmente de dos medidas de cantidad silábica. ‖ **~ larga.** F. *Fon.* La de mayor duración en las lenguas que, como el latín y el griego, se sirven regularmente de dos medidas de cantidad silábica. ‖ **~ libre.** F. La que termina en vocal; p. ej., las de *paso.* ‖ **~ trabada.** F. La que termina en consonante; p. ej., las de *pastor.* □ V. **margen de ~.**

silabación. F. *Ling.* División en sílabas, tanto en la pronunciación como en la escritura.

silabario. M. **1.** Libro pequeño o cartel con sílabas sueltas y palabras divididas en sílabas, que sirve para enseñar a leer. ‖ **2.** *Ling.* Conjunto de los signos silábicos de ciertas escrituras.

silabear. INTR. Ir pronunciando separadamente cada sílaba. U. t. c. tr.

silabeo. M. Acción y efecto de silabear.

silábico, ca. ADJ. Perteneciente o relativo a la sílaba. □ V. **núcleo ~.**

silanga. F. *Filip.* Brazo de mar largo y estrecho que separa dos islas.

silba. F. pita⁴.

silbador, ra. ADJ. Que silba. Apl. a pers. o aves, u. t. c. s.

silbante. ADJ. **1.** Que silba. *Balas silbantes.* || **2.** *Fon.* sibilante (|| fonema fricativo o africado). U. t. c. s. f.

silbar. INTR. **1.** Dar o producir silbos. U. t. c. tr. *Silbó una melodía muy conocida.* || **2.** Dicho de una cosa: Agitar el aire produciendo un sonido como de silbo. *Las balas silbaron sobre su cabeza.* || **3.** Dicho del público: Manifestar desagrado y desaprobación con silbidos u otras demostraciones ruidosas. U. t. c. tr. *Silbar a un actor. Silbar un discurso.*

silbatina. F. *Am. Mer.* Silba, rechifla prolongada.

silbato. M. Instrumento pequeño y hueco que se hace de diferentes modos y de diversas materias, y que, soplando en él con fuerza, suena como el silbo.

silbido. M. Acción y efecto de silbar.

silbo. M. **1.** Sonido agudo que hace el aire. || **2.** Sonido agudo que resulta de hacer pasar con fuerza el aire por la boca con los labios fruncidos o con los dedos colocados en ella convenientemente. || **3.** Sonido de igual clase que se hace soplando con fuerza en un cuerpo hueco, como un silbato, una llave, etc. || **4.** Voz aguda y penetrante de algunos animales, como la de la serpiente. || **5.** silbato.

silbón. M. Ave palmípeda semejante a la cerceta, que vive en las costas y lanza un sonido fuerte. Se domestica con facilidad.

silenciador. M. Dispositivo que se acopla al tubo de salida de gases en algunos motores de explosión, o al cañón de algunas armas de fuego, para amortiguar el ruido.

silenciar. TR. **1.** Callar, omitir, pasar en silencio. *Silenció su identidad.* || **2.** Hacer callar, reducir al silencio. *La censura no podrá silenciar nuestra palabra.* ¶ MORF. conjug. c. *anunciar.*

silencio. M. **1.** Abstención de hablar. || **2.** Falta de ruido. *El silencio de los bosques. El silencio de la noche.* || **3.** Falta u omisión de algo por escrito. *El silencio de los historiadores contemporáneos. Escríbeme cuanto antes, porque tan largo silencio me tiene preocupada.* || **4.** *Der.* silencio administrativo. || **5.** *Mil.* Toque militar que ordena el silencio a la tropa al final de la jornada. || **6.** *Mús.* Pausa musical. || **~ administrativo.** M. *Der.* Pasividad de la Administración ante una petición o recurso a la que la ley da un significado estimatorio o desestimatorio. || **en ~.** LOC.ADV. Sin protestar, sin quejarse. *Sufrir en silencio.* || **imponer** alguien **~.** LOC.VERB. Hacer callar a otra persona. || **pasar** alguien **en ~** algo. LOC.VERB. Omitirlo, callarlo, no hacer mención de ello cuando se habla o escribe.

silencioso, sa. ADJ. **1.** Dicho de una persona: Que calla o tiene hábito de callar. || **2.** Dicho de un lugar o de un tiempo: En que hay o se guarda silencio. || **3.** Que no hace ruido. *Llanto silencioso.* □ V. **mayoría ~.**

silente. ADJ. Silencioso, tranquilo, sosegado. *El silente ámbito de la muerte.*

silepsis. F. **1.** *Gram.* Figura de construcción que consiste en quebrantar las leyes de la concordancia en el género

o el número de las palabras; p. ej., *Vuestra Beatitud* (femenino) *es justo* (masculino). *La mayor parte* (singular *murieron* (plural). || **2.** *Ret.* Tropo que consiste en usar a la vez una misma palabra en sentido recto y figurado p. ej., *Poner a alguien más suave que un guante.*

sílex. M. **pedernal** (|| variedad de cuarzo).

sílfide. F. Según los cabalistas, ser fantástico o espíritu elemental del aire.

silfo. M. Según los cabalistas, ser fantástico, espíritu elemental del aire.

silicato. M. *Quím.* Sal del ácido silícico.

sílice. F. *Quím.* Mineral formado por silicio y oxígeno. S es anhidro, forma el cuarzo y, si está hidratado, el ópalo

silíceo, a. ADJ. De sílice. *Arena silícea.*

silícico, ca. ADJ. *Quím.* Perteneciente o relativo a la sílice. □ V. **ácido ~.**

silicio. M. Elemento químico de núm. atóm. 14. Extraordinariamente abundante en la litosfera, de la que constituye más de la cuarta parte, se encuentra principalmente en forma de sílice, como en el cuarzo y sus variedades, y de silicatos, como en la mica, el feldespato y la arcilla. Posee un elevado punto de fusión, y, por sus propiedades semiconductoras, tiene gran aplicación en la industria electrónica y como detector de radiaciones Sus derivados presentan gran variedad de usos, desde las industrias del vidrio a las de los polímeros artificiales, como las siliconas. (Símb. *Si*).

silicona. F. *Quím.* Polímero químicamente inerte, utilizado como adhesivo en la fabricación de prótesis y en otras aplicaciones.

silicosis. F. *Med.* Enfermedad crónica del aparato respiratorio, frecuente entre los mineros, canteros, etc., producida por el polvo de sílice.

silicótico, ca. ADJ. **1.** *Med.* Perteneciente o relativo a la silicosis. *Tos silicótica.* || **2.** Que padece esta enfermedad. U. t. c. s.

silicua. F. *Bot.* Fruto simple, seco, dehiscente, bivalvo, cuyas semillas se hallan alternativamente adheridas a las dos suturas; p. ej., el de la mostaza y el alhelí.

silingo, ga. ADJ. **1.** hist. Se dice del individuo de un pueblo de raza germánica que habitó entre el Elba y el Óder al norte de Bohemia, y en el siglo V se unió con otros para invadir el mediodía de Europa. U. m. c. s. pl. || **2** hist. Perteneciente o relativo a este pueblo. *Poblado silingo.*

silla. F. **1.** Asiento con respaldo, por lo general con cuatro patas, y en que solo cabe una persona. || **2. silla de niño.** || **3.** Aparejo para montar a caballo, formado por un armazón de madera, cubierto generalmente de cuero y relleno de crin o pelote. || **4.** sede (|| asiento o trono de un prelado con jurisdicción). || **5.** Dignidad de papa y otras eclesiásticas. || **~ curul.** F. **1.** hist. Asiento semicircular con incrustaciones de marfil que ocupaban los ediles romanos. || **2.** La que ocupa la persona que ejerce una elevada magistratura o dignidad. || **~ de extensión.** Á. *Caribe.* **tumbona.** || **~ de la reina.** F. Asiento que forman entre dos personas con las cuatro manos, asiendo cada uno su muñeca y la del otro. || **~ de manos.** F. **1.** hist. Vehículo con asiento para una persona, a manera de caja de coche, y el cual, sostenido en dos varas largas, era llevado por hombres. || **2.** *Chile.* silla de la reina. || **~ de montar.** F. **silla** (|| aparejo para montar a caballo). || **~ de niño.** F. **silla** baja sobre ruedas, que, empujada por una persona, permite transportar a un niño acostado o sentado. ‖ **~ de posta.** F. hist. Carruaje, de dos o de cuatro ruedas, tirado por posta. ‖ **~ de ruedas.** F. La que, con ruedas laterales grandes, permite que se desplace una persona imposibilitada. ‖ **~ de tijera.** F. La que tiene el asiento por lo general de tela y las patas cruzadas en aspa de manera que puede plegarse. ‖ **~ eléctrica.** F. La que se usa para electrocutar a los condenados a muerte. ‖ **~ gestatoria.** F. silla portátil usada por el papa en ciertos actos de gran ceremonia. ‖ **~ turca.** F. *Anat.* Escotadura en forma de silla que ofrece el hueso esfenoides. ‖ **~ volante.** F. hist. Carruaje de dos ruedas y de dos asientos, puesto sobre dos varas, del que regularmente tira un caballo, sobre cuyo sillín entra la correa. ‖ **mover la ~** a alguien. LOC.VERB. coloq. Intrigar para hacerle perder su puesto. ‖ **pegársele a** alguien **la ~.** LOC.VERB. coloq. Estar mucho tiempo en una parte, detenerse mucho en una visita. ‖ **quitar la ~** a alguien. LOC.VERB. coloq. Hacerle perder su puesto. □ V. **caballo de ~, juez de ~.**

sillar. M. Cada una de las piedras labradas, por lo común en forma de paralelepípedo rectángulo, que forma parte de una construcción de sillería. ‖ **~ lleno.** M. *Arq.* El que tiene igual grueso en el paramento que en el tizón.

sillarejo. M. Piedra labrada de una construcción, especialmente la que no atraviesa todo el grueso del muro y no tiene sino un paramento o dos cuando más.

sillería[1]. F. 1. Conjunto de sillas iguales o de sillas, sillones y canapés de una misma clase, con que se amuebla una habitación. ‖ 2. Conjunto de asientos unidos unos a otros, como los del coro de las iglesias, los de las salas capitulares, etc. ‖ 3. Taller donde se fabrican sillas. ‖ 4. Tienda donde se venden. ‖ 5. Oficio de sillero.

sillería[2]. F. 1. Fábrica hecha de sillares asentados unos sobre otros y en hileras. ‖ 2. Conjunto de estos sillares.

sillero, ra. M. y F. Persona que se dedica a hacer sillas o a venderlas.

silleta. F. *Am.* Silla de sentarse.

silletazo. M. Golpe dado con una silla.

silletero, ra. M. y F. *Am.* Persona que fabrica o vende sillas.

sillín. M. 1. Asiento que tienen la bicicleta y otros vehículos análogos para montar en ellos. ‖ 2. Silla de montar más ligera y sencilla que la común y algo menos que el galápago.

sillón. M. Silla de brazos, mayor y más cómoda que la ordinaria.

silo. M. 1. Lugar seco en donde se guarda el trigo u otros granos, semillas o forrajes. ‖ 2. Depósito subterráneo de misiles.

silogismo. M. *Fil.* Argumento que consta de tres proposiciones, la última de las cuales se deduce necesariamente de las otras dos.

silogístico, ca. ADJ. *Fil.* Perteneciente o relativo al silogismo.

silueta. F. 1. Dibujo sacado siguiendo los contornos de la sombra de un objeto. ‖ 2. Forma que presenta a la vista la masa de un objeto más oscuro que el fondo sobre el cual se proyecta. ‖ 3. perfil (‖ contorno de una figura).

siluetar. TR. siluetear.

siluetear. TR. Dibujar, recorrer, etc., algo siguiendo su silueta. U. t. c. prnl.

silúrico, ca. ADJ. 1. *Geol.* Se dice del tercer período de la era paleozoica, que abarca desde hace 440 millones de años hasta hace 408 millones de años, caracterizado por los primeros terrenos sedimentarios y la formación de

los mares continentales. U. t. c. s. m. ORTOGR. Escr. con may. inicial c. s. ‖ 2. *Geol.* Perteneciente o relativo a dicha era. *Pizarras silúricas.*

siluro. M. Pez teleósteo fluvial, fisóstomo, parecido a la anguila, con la boca muy grande y rodeada de seis u ocho apéndices como barbillas, de color verde oscuro, de unos cinco metros de largo y muy voraz.

silva. F. 1. Colección de varias materias o temas, escritos sin método ni orden. ‖ 2. Combinación métrica, no estrófica, en la que alternan libremente versos heptasílabos y endecasílabos. ‖ 3. Composición poética escrita en silva.

silvano. M. *Mit.* Semidiós de las selvas.

silvático, ca. ADJ. selvático.

silvestre. ADJ. Criado naturalmente y sin cultivo en selvas o campos. □ V. **ave ~, cerezo ~, higuera ~, mejorana ~, miel ~, olivo ~, paloma ~, pimiento ~, rábano ~, vid ~.**

silvícola. ADJ. Que habita en la selva.

silvicultor, ra. M. y F. Persona que profesa la silvicultura o tiene en ella especiales conocimientos.

silvicultura. F. Cultivo de los bosques o montes.

sima. F. Cavidad grande y muy profunda en la tierra.

simaruba. F. *Á. Caribe.* Árbol de la familia de las Simarubáceas, cuya corteza se emplea en infusión como febrífugo.

simarubáceo, a. ADJ. *Bot.* Se dice de los árboles o arbustos angiospermos dicotiledóneos, casi todos de países cálidos, y que suelen contener principios amargos en su corteza. Tienen hojas comúnmente esparcidas, flores regulares unisexuales, rara vez hermafroditas, fruto generalmente en drupa y semillas sin albumen; p. ej. la cuasia. U. t. c. s. f. ORTOGR. En f. pl., escr. con may. inicial c. taxón. *Las Simarubáceas.*

simbionte. M. *Biol.* Individuo asociado en simbiosis. U. t. c. adj.

simbiosis. F. *Biol.* Asociación de individuos animales o vegetales de diferentes especies, sobre todo si los simbiontes sacan provecho de la vida en común.

simbiótico, ca. ADJ. *Biol.* Perteneciente o relativo a la simbiosis.

simbólico, ca. ADJ. 1. Perteneciente o relativo al símbolo. *Interpretación simbólica.* ‖ 2. Expresado por medio de él. *Mensaje simbólico.* ‖ 3. Dicho de una persona o de una cosa: Que sirve de símbolo. *Personaje simbólico.*

simbolismo. M. 1. Sistema de símbolos con que se representan creencias, conceptos o sucesos. ‖ 2. Escuela poética, y, en general, artística, aparecida en Francia a fines del siglo XIX, que elude nombrar directamente los objetos y prefiere sugerirlos o evocarlos.

simbolista. I. ADJ. 1. Perteneciente o relativo al **simbolismo** (‖ escuela poética del siglo XIX). ‖ 2. Seguidor del **simbolismo** (‖ escuela poética del siglo XIX). U. t. c. s. ‖ II. COM. 3. Persona que gusta de usar símbolos.

simbolización. F. Acción y efecto de simbolizar.

simbolizar. TR. Dicho de una cosa: Servir como símbolo de otra, representarla y explicarla por alguna relación o semejanza que hay entre ellas.

símbolo. M. 1. Representación sensorialmente perceptible de una realidad, en virtud de rasgos que se asocian con esta por una convención socialmente aceptada. ‖ 2. Figura retórica o forma artística, especialmente frecuentes a partir de la escuela simbolista, a fines del siglo XIX, y más usadas aún en las escuelas poéticas o artísticas posteriores, sobre todo en el surrealismo, y que consiste en utilizar la asociación o asociaciones subliminales de las palabras o signos para producir emociones conscientes. || **3.** *Ling.* Abreviación de carácter científico o técnico, constituida por una o más letras u otros signos no alfabetizables, que goza de difusión internacional, y que, a diferencia de la abreviatura, no se escribe con punto pospuesto; p. ej., *N, He, km* y € por *Norte, helio, kilómetro* y *euro*, respectivamente. || **4.** *Numism.* Emblema o figura accesoria que se añade al tipo en las monedas y medallas. || **~ algébrico.** M. Letra o figura que representa un número variable o bien cualquiera de los entes para los cuales se ha definido la igualdad y la suma. || **~ de la fe,** o **~ de los Apóstoles.** M. **credo** (|| oración). || **~ sexual.** M. Persona considerada la esencia del atractivo sexual.

simbología. F. **1.** Estudio de los símbolos. || **2.** Conjunto o sistema de símbolos.

simetría. F. **1.** Correspondencia exacta en forma, tamaño y posición de las partes de un todo. || **2.** *Biol.* Correspondencia que se puede distinguir, de manera ideal, en el cuerpo de una planta o de un animal respecto a un centro, un eje o un plano, de acuerdo con los cuales se disponen ordenadamente órganos o partes equivalentes. || **3.** *Geom.* Correspondencia exacta en la disposición regular de las partes o puntos de un cuerpo o figura con relación a un centro, un eje o un plano. □ V. **centro de ~, eje de ~, plano de ~.**

simétrico, ca. ADJ. **1.** Que tiene simetría. *Imagen simétrica. Cuerpo simétrico.* || **2.** *Gram.* Dicho de una palabra: Que léxicamente tiene significado recíproco e implica idéntica participación de dos o más seres en alguna acción o situación; p. ej., *Juan y María simpatizan. Juan y María son socios. Juan y María son diferentes.* □ V. **elemento ~.**

simia. F. Hembra del simio.

simiente. F. **1. semilla.** || **2. semen.**

simiesco, ca. ADJ. Que se asemeja al simio. *Mueca simiesca.*

símil. M. **1.** Comparación, semejanza entre dos cosas. || **2.** *Ret.* Figura que consiste en comparar expresamente una cosa con otra, para dar idea viva y eficaz de una de ellas.

similar. ADJ. Que tiene semejanza o analogía con algo. *Mesa de color similar al caoba.*

similicadencia. F. *Ret.* Figura que consiste en emplear al fin de dos o más cláusulas, o miembros del período, nombres en el mismo caso de la declinación, verbos en igual modo o tiempo y persona, o palabras de sonido semejante.

similitud. F. **semejanza.**

similor. M. Aleación que se hace fundiendo cinc con tres, cuatro o más partes de cobre, y que tiene el color y el brillo del oro. || **de ~.** LOC.ADJ. Falso, fingido, que aparenta mejor calidad que la que tiene.

simio. M. Primate antropoide. ORTOGR. En pl., escr. con may. inicial c. taxón. *Los Simios.*

simón. M. hist. **coche de plaza.**

simonía. F. **1.** Compra o venta deliberada de cosas espirituales, como los sacramentos y sacramentales, o temporales inseparablemente anejas a las espirituales, como las prebendas y beneficios eclesiásticos. || **2.** Propósito de efectuar dicha compraventa.

simoníaco, ca o **simoniaco, ca.** ADJ. **1.** Perteneciente o relativo a la simonía. *Prácticas simoniacas.* || **2.** Que la comete. U. t. c. s.

simpatético. □ V. **dativo ~.**

simpatía. F. **1.** Inclinación afectiva entre personas, generalmente espontánea y mutua. || **2.** Análoga inclinación hacia animales o cosas, y la que se supone en algunos animales. || **3.** Modo de ser y carácter de una persona que la hacen atractiva o agradable a las demás.

simpático, ca. ADJ. **1.** Que inspira simpatía. *Tu hermana es muy simpática.* || **2.** *Anat.* Se dice de una de las dos partes del sistema neurovegetativo, cuyos centros radican en las regiones torácica y lumbar de la médula espinal y cuya acción es antagonista del sistema parasimpático. U. t. c. s. m. || **3.** *Mús.* Dicho de una cuerda: Que resuena por sí sola cuando se hace sonar otra. □ V. **tinta ~.**

simpaticón, na. ADJ. coloq. Dicho de una persona: Que provoca fácilmente una simpatía superficial.

simpatizador, ra. ADJ. Que simpatiza.

simpatizante. ADJ. Que simpatiza. U. t. c. s.

simpatizar. INTR. Sentir simpatía.

simpétalo, la. ADJ. *Bot.* Dicho de una flor: Cuya corola está formada por pétalos soldados en un tubo único, como la de la petunia y otras muchas.

simple. ADJ. **1.** Sin composición. *El ojo simple de los moluscos.* || **2.** Sencillo, sin complicaciones ni dificultades. *Tenía que hacer un simple trámite.* || **3.** Se dice de aquello que, pudiendo ser doble o estar duplicado, no lo es o no lo está. *Impreso simple.* || **4.** Dicho de un traslado o de una copia de una escritura: Que se sacan sin firmar ni autorizar. || **5.** Manso, apacible e incauto. U. t. c. s. || **6.** Mentecato, abobado. U. t. c. s. ¶ MORF. sup. irreg. **simplicísimo.** || **7.** *Gram.* Dicho de una palabra: Que no se compone de otras de la lengua a que pertenece. □ V. **aprehensión ~, cláusula ~, comillas ~s, condicional ~, cuerpo ~, futuro ~, interés ~, oración ~, potencial ~, pretérito perfecto ~, razón ~ de tres números, ~ promesa, tiempo ~, voto ~.**

simpleza. F. Bobería, necedad.

simplicidad. F. **1.** Sencillez, candor. || **2.** Cualidad de ser simple, sin composición.

simplicísimo, ma. ADJ. SUP. de **simple.**

simplicista. ADJ. Dicho de una persona: Que simplifica o tiende a simplificar. U. t. c. s.

simplificación. F. Acción y efecto de simplificar.

simplificador, ra. ADJ. Que simplifica. *Maniqueísmo simplificador.*

simplificar. TR. **1.** Hacer más sencillo, más fácil o menos complicado algo. *Simplificar los trámites burocráticos.* || **2.** *Mat.* Reducir una expresión, cantidad o ecuación a su forma más breve y sencilla.

simplismo. M. Cualidad de simplista.

simplista. ADJ. Que simplifica o tiende a simplificar. Apl. a pers., u. t. c. s.

simplón, na. ADJ. Sencillo, ingenuo. U. t. c. s.

simposio. M. Conferencia o reunión en que se examina y discute determinado tema.

simulación. F. **1.** Acción de simular. || **2.** *Der.* Alteración aparente de la causa, la índole o el objeto verdadero de un acto o contrato.

simulacro. M. **1.** Ficción, imitación, falsificación. *Simulacro de reconciliación. Simulacro de vida doméstica. Simulacro de juicio.* || **2.** Imagen hecha a semejanza de alguien o algo, especialmente sagrada. || **3.** Idea que forma la fantasía.

simulador, ra. **I.** ADJ. **1.** Que simula. *Vehículo simulador de tráfico.* Apl. a pers., u. t. c. s. || **II.** M. **2.** *Tecnol.*

Aparato que reproduce el comportamiento de un sistema en determinadas condiciones, aplicado generalmente para el entrenamiento de quienes deben manejar dicho sistema.

simular. TR. Representar algo, fingiendo o imitando lo que no es.

simultanear. TR. Realizar en el mismo espacio de tiempo dos operaciones o propósitos.

simultaneidad. F. Cualidad de simultáneo.

simultáneo, a. ADJ. Dicho de una cosa: Que se hace u ocurre al mismo tiempo que otra. *Posesión simultánea.* □ V. **traducción ~.**

simún. M. Viento abrasador que suele soplar en los desiertos de África y de Arabia.

sin. PREP. **1.** Denota carencia o falta de algo. *Perro sin dueño.* ‖ **2. aparte.** *Llevó tanto en dinero, sin las alhajas.* ‖ **3.** Ante un verbo en infinitivo, equivale a *no* con su participio o gerundio. *Me fui sin comer,* esto es, *no habiendo comido.*

sinagoga. F. **1.** Congregación o junta religiosa de los judíos. ‖ **2.** Casa en que se juntan los judíos a orar y a oír la doctrina de Moisés.

sinalefa. F. *Fon.* y *Métr.* Enlace de sílabas por el cual se forma una sola de la última de un vocablo y de la primera del siguiente, cuando aquel acaba en vocal y este empieza con vocal, precedida o no de *h* muda. A veces enlaza sílabas de tres palabras; p. ej., en *Partió a Europa.*

sinalefar. INTR. *Fon.* y *Métr.* Unir vocales por medio de sinalefa. U. t. c. tr.

sinaloense. ADJ. **1.** Natural de Sinaloa. U. t. c. s. ‖ **2.** Perteneciente o relativo a este estado de México.

sinapismo. M. Cataplasma hecha con polvo de mostaza.

sinapsis. F. Relación funcional de contacto entre las terminaciones de las células nerviosas.

sináptico, ca. ADJ. Perteneciente o relativo a la sinapsis.

sinarquía. F. **1.** Gobierno constituido por varios príncipes, cada uno de los cuales administra una parte del Estado. ‖ **2.** Influencia, generalmente decisiva, de un grupo de empresas comerciales o de personas poderosas en los asuntos políticos y económicos de un país.

sincategoremático, ca. ADJ. *Fil.* Se dice de las palabras que solo ejercen en la frase oficios determinativos, modificadores o de relación. Se opone a *categoremático.*

sincelejano, na. ADJ. **1.** Natural de Sincelejo. U. t. c. s. ‖ **2.** Perteneciente o relativo a esta ciudad de Colombia, capital del departamento de Sucre.

sincerar. TR. Hablar con alguien con sinceridad, especialmente contándole algo que se mantenía oculto. U. m. c. prnl.

sinceridad. F. Cualidad de sincero.

sincero, ra. ADJ. **1.** Que dice o expresa lo que realmente piensa o siente, sin fingimiento. ‖ **2.** Propio o característico de una persona *sincera. Mirada sincera.*

sinclinal. ADJ. *Geol.* Dicho de un plegamiento de las capas de un terreno: En forma de V. U. m. c. s. m.

síncopa. F. **1.** *Gram.* Figura de dicción que consiste en la supresión de uno o más sonidos dentro de un vocablo; p. ej., en *navidad* por *natividad.* ‖ **2.** *Mús.* Enlace de dos sonidos iguales, de los cuales el primero se halla en el tiempo o parte débil del compás, y el segundo en el fuerte.

sincopado, da. PART. de **sincopar.** ‖ ADJ. **1.** *Mús.* Dicho de una nota: Que se halla entre dos o de menos valor, pero que juntas valen tanto como ella. Toda sucesión

de notas *sincopadas* toma un movimiento contrario al orden natural, es decir, va a contratiempo. ‖ **2.** Dicho del ritmo o del canto: Que tiene notas *sincopadas.*

sincopar. TR. **1.** *Gram.* y *Mús.* Hacer síncopa. ‖ **2.** Abreviar, acortar. *Sincopar una intervención.*

síncope. M. *Med.* Pérdida repentina del conocimiento y de la sensibilidad, debida a la suspensión súbita y momentánea de la acción del corazón.

sincrético, ca. ADJ. Perteneciente o relativo al sincretismo.

sincretismo. M. **1.** Sistema filosófico que trata de conciliar doctrinas diferentes. ‖ **2.** *Ling.* Expresión en una sola forma de dos o más elementos lingüísticos diferentes.

sincretizar. TR. Juntar, aunar dos o más tendencias, corrientes o elementos distintos.

sincronía. F. **1.** Coincidencia de hechos o fenómenos en el tiempo. ‖ **2.** *Ling.* Consideración de la lengua en su aspecto estático, en un momento dado de su existencia histórica.

sincrónico, ca. ADJ. **1.** *Fís.* Dicho de un proceso o de su efecto: Que se desarrolla en perfecta correspondencia temporal con otro proceso o causa. ‖ **2.** *Ling.* Se dice de las leyes y relaciones internas propias de una lengua o dialecto en un momento o período dados. ‖ **3.** *Ling.* Se dice del estudio de la estructura o funcionamiento de una lengua o dialecto sin atender a su evolución.

sincronismo. M. Correspondencia en el tiempo entre las diferentes partes de los procesos.

sincronización. F. Acción y efecto de sincronizar.

sincronizar. TR. Hacer que coincidan en el tiempo dos o más movimientos o fenómenos.

sincrotrón. M. *Fís.* Acelerador de partículas en el que estas se desplazan en una órbita circular por la acción de un campo magnético y son aceleradas por un campo eléctrico sincronizado con el movimiento orbital.

sincuate. M. *Méx.* **cencuate.**

sindéresis. F. Discreción, capacidad natural para juzgar rectamente.

sindicación. F. Acción y efecto de sindicar o sindicarse.

sindicado, da. PART. de **sindicar.** ‖ **I.** ADJ. **1.** Dicho de una persona: Que pertenece a un sindicato. U. t. c. s. ‖ **2.** *Á. Andes* y *Á. Caribe.* Dicho de una persona: Acusada de infracción de las leyes penales. U. t. c. s. ‖ **II.** M. **3.** Junta de síndicos. □ V. **crédito ~.**

sindical. ADJ. Perteneciente o relativo al sindicato. *Reforma sindical.* □ V. **enlace ~, libertad ~.**

sindicalismo. M. **1.** Sistema y movimiento sindical. ‖ **2.** Actitud sindical.

sindicalista. **I.** ADJ. **1.** Perteneciente o relativo al sindicalismo. *Dirigente sindicalista.* ‖ **II.** COM. **2.** Miembro de un sindicato de trabajadores.

sindicar. **I.** TR. **1.** Ligar varias personas de una misma profesión, o de intereses comunes, para formar un sindicato. ‖ **2.** Sujetar una cantidad de dinero o cierta clase de valores o mercancías a compromisos especiales para negociarlos o venderlos. ‖ **II.** PRNL. **3.** Entrar a formar parte de un sindicato.

sindicato. M. Asociación de trabajadores constituida para la defensa y promoción de sus intereses. ‖ **~ amarillo.** M. Organización sindical cuyo objetivo es minar la acción reivindicativa de los sindicatos obreros.

sindicatura. F. **1.** Oficio o cargo de síndico. ‖ **2.** Oficina del síndico.

síndico, ca. I. M. y F. **1.** En un concurso de acreedores o en una quiebra, persona encargada de liquidar el activo y el pasivo del deudor. ‖ **2.** Persona elegida por una comunidad o corporación para cuidar de sus intereses. ‖ **II.** M. **3.** hist. En los ayuntamientos o concejos, encargado de promover los intereses de los pueblos, defender sus derechos y quejarse de los agravios que se les hacían.

síndrome. M. **1.** Conjunto de síntomas característicos de una enfermedad. ‖ **2.** Conjunto de fenómenos que caracterizan una situación determinada. ‖ **~ de abstinencia.** M. *Psicol.* Conjunto de síntomas provocado por la reducción o suspensión brusca de la dosis habitual de una sustancia de la que se tiene dependencia. ‖ **~ de Down.** M. *Med.* Enfermedad producida por la triplicación total o parcial del cromosoma 21, que se caracteriza por distintos grados de retraso mental y un conjunto variable de anomalías somáticas, entre las que destaca el pliegue cutáneo entre la nariz y el párpado, que da a la cara un aspecto típico. ‖ **~ de Estocolmo.** M. Actitud de la persona secuestrada que termina por comprender las razones de sus captores. ‖ **~ de inmunodeficiencia adquirida.** M. sida. ‖ **~ de pánico.** M. *Psicol.* Cuadro clínico de miedo compulsivo relacionado con la depresión.

sinécdoque. F. *Ret.* Tropo que consiste en extender, restringir o alterar de algún modo la significación de las palabras, para designar un todo con el nombre de una de sus partes, o viceversa; un género con el de una especie, o al contrario; una cosa con el de la materia de que está formada, etc.

sinecura. F. Empleo o cargo retribuido que ocasiona poco o ningún trabajo.

sine díe. (Locución latina). LOC. ADV. Sin plazo fijo, sin fecha. Se utiliza generalmente con referencia a un aplazamiento.

sine qua non. (Locución latina). LOC. ADJ. **inexcusable** (‖ que no puede eludirse). *El pago previo es condición sine qua non para obtener descuento.*

sinéresis. F. *Gram.* Reducción a una sola sílaba, en una misma palabra, de vocales que normalmente se pronuncian en sílabas distintas; p. ej., en *aho-ra* por *a-ho-ra.* La sinéresis en el verso es considerada como licencia poética por la preceptiva tradicional.

sinergia. F. **1.** Acción de dos o más causas cuyo efecto es superior a la suma de los efectos individuales. ‖ **2.** *Biol.* Concurso activo y concertado de varios órganos para realizar una función.

sinérgico, ca. ADJ. Perteneciente o relativo a la sinergia.

sinestesia. F. **1.** *Psicol.* Imagen o sensación subjetiva, propia de un sentido, determinada por otra sensación que afecta a un sentido diferente. ‖ **2.** *Ret.* Tropo que consiste en unir dos imágenes o sensaciones procedentes de diferentes dominios sensoriales; p. ej., *soledad sonora; verde chillón.*

sinfín. M. **infinidad.**

sínfisis. F. *Med.* Pegadura de dos órganos o tejidos a consecuencia de una inflamación.

sinfonía. F. **1.** Composición instrumental para orquesta. ‖ **2.** Pieza de música instrumental, que precede, por lo común, a las óperas y otras obras teatrales. ‖ **3.** Conjunto de voces, de instrumentos, o de ambas cosas, que suenan acordes a la vez. ‖ **4.** Cierto instrumento musical. ‖ **5.** Armonía de los colores.

sinfónica. F. Orquesta formada por un amplio número de músicos que tocan instrumentos pertenecientes a las familias de cuerda, viento y percusión.

sinfónico, ca. ADJ. **1.** Perteneciente o relativo a la sinfonía. *La producción sinfónica de Brahms.* ‖ **2.** Dicho de una orquesta: Que está formada por un amplio número de músicos que tocan instrumentos pertenecientes a las familias de cuerda, viento y percusión. ☐ V. **poema ~.**

sinfonismo. M. **1.** Conjunto de las características del género sinfónico o de las sinfonías de un autor. *El sinfonismo de Schumann.* ‖ **2.** Género musical de la sinfonía. *Esta obra es una de las cumbres del sinfonismo.*

sinfonista. COM. Persona que compone sinfonías.

singalés, sa. I. ADJ. **1.** cingalés. Apl. a pers., u. t. c. s. ‖ **II.** M. **2.** Lengua hablada en la isla de Ceilán, hoy Sri Lanka.

singapurense. ADJ. **1.** Natural de Singapur. U. t. c. s. ‖ **2.** Perteneciente o relativo a este país de Asia o a su capital.

singar. INTR. **1.** *Mar.* Remar con un remo armado en la popa de una embarcación manejado de tal modo que produzca un movimiento de avance. ‖ **2.** *Á. Caribe.* Realizar el coito.

singenésico, ca. ADJ. *Bot.* Dicho del estambre de una flor: Que está soldado a otros por sus anteras.

singladura. F. **1.** *Mar.* Distancia recorrida por una nave en 24 h, que ordinariamente empiezan a contarse desde medianoche. ‖ **2.** *Mar.* En las navegaciones, intervalo de 24 h que empiezan ordinariamente a contarse al ser medianoche. ‖ **3.** rumbo (‖ dirección trazada en el plano del horizonte).

singlar. INTR. *Mar.* Navegar, moverse la nave con rumbo determinado.

singular. I. ADJ. **1.** solo (‖ único en su especie). *Viven en una casa singular.* ‖ **2.** Extraordinario, raro o excelente. *Desarrolla una singular labor social.* ‖ **II.** M. **3.** *Gram.* número singular.

singularia tántum. (Locución latina). M. *Gram.* Nombre que solo se usa en singular. U. m. en pl. MORF. pl. invar. *Los singularia tántum.*

singularidad. F. Cualidad de singular.

singularizar. I. TR. **1.** Distinguir o particularizar una cosa entre otras. *Estos rasgos acotan y singularizan nuestro territorio.* ‖ **II.** PRNL. **2.** Distinguirse, particularizarse o apartarse del común.

sinhueso. F. coloq. **lengua** (‖ órgano muscular de los vertebrados).

sínico, ca. ADJ. Dicho de una cosa: **china** (‖ perteneciente a China). *Historia sínica.*

siniestra. F. **mano izquierda** (‖ la opuesta a la derecha)

siniestrado, da. ADJ. Dicho de una persona o de una cosa: Que ha padecido un **siniestro** (‖ suceso que produce un daño). Apl. a pers., u. t. c. s.

siniestralidad. F. Frecuencia o índice de siniestros.

siniestro, tra. I. ADJ. **1.** Dicho de una parte o de un sitio: Que están a la mano izquierda. ‖ **2.** Avieso y malintencionado. *Dejó ver sus siniestras intenciones.* ‖ **3.** Infeliz, funesto o aciago. *Siniestros augurios.* ‖ **II.** M. **4.** Suceso que produce un daño o pérdida material considerable. ‖ **5.** *Der.* En el contrato de seguro, concreción del riesgo cubierto en dicho contrato y que determina el nacimiento de la prestación del asegurador. ☐ V. **mano ~.**

sinnúmero. M. Número incalculable de personas o cosas. *Hubo un sinnúmero de desgracias.*

sino[1]. M. hado.

sino[2]. CONJ.ADVERS. **1.** Se usa para contraponer un concepto afirmativo a otro negativo anterior. *No lo hizo Juan, sino Pedro. No quiero que venga, sino, al contrario, que no vuelva por aquí. No sentí alegría ninguna por él, sino, antes bien, pesadumbre.* || **2.** Denota idea de excepción. *Nadie lo sabe sino Antonio.* || **3.** Solamente, tan solo. *No te pido sino que me oigas con paciencia.* || **4.** Denota adición de otro u otros miembros a la cláusula. *No solo por entendido, sino también por afable y modesto, merece ser muy estimado.*

sinodal. I. ADJ. **1.** Perteneciente o relativo al sínodo. *Asamblea sinodal.* || **II.** F. **2.** Decisión de un sínodo. □ V. **testigo ~.**

sinódico, ca. ADJ. Perteneciente o relativo al sínodo.

sínodo. M. **1.** Concilio de los obispos. || **2.** Junta de eclesiásticos que nombra el ordinario para examinar a los ordenandos y confesores. || **3.** Junta de ministros protestantes encargados de decidir sobre asuntos eclesiásticos. || **~ diocesano.** M. Junta del clero de una diócesis, convocada y presidida por el obispo para tratar de asuntos eclesiásticos. || **santo ~.** M. Asamblea de la Iglesia rusa.

sinología. F. Estudio de las lenguas y culturas de China.

sinólogo, ga. M. y F. Persona que profesa la sinología.

sinonimia. F. Circunstancia de ser sinónimos dos o más vocablos.

sinonímico, ca. ADJ. Perteneciente o relativo a la sinonimia o a los sinónimos.

sinónimo, ma. ADJ. Dicho de una palabra o de una expresión: Que tiene una misma o muy parecida significación que otro. U. t. c. s. m.

sinople. M. *Heráld.* Color heráldico que en pintura se representa por el verde y en el grabado por líneas oblicuas y paralelas a una que va desde el cantón diestro del jefe al siniestro de la punta. U. t. c. adj.

sinopsis. F. **1.** Disposición gráfica que muestra o representa cosas relacionadas entre sí, facilitando su visión conjunta. || **2.** Exposición general de una materia o asunto, presentados en sus líneas esenciales.

sinóptico, ca. I. ADJ. **1.** Que tiene forma o caracteres de sinopsis. *Tabla sinóptica.* || **II.** M. **2.** Cada uno de los Evangelios sinópticos. □ V. **cuadro ~, Evangelios ~s.**

sinovia. F. *Anat.* Líquido viscoso que lubrica las articulaciones de los huesos.

sinovial. ADJ. *Anat.* Se dice de las glándulas que secretan la sinovia y de lo concerniente a ella.

sinovitis. F. *Med.* Inflamación de la membrana sinovial de las grandes articulaciones.

sinrazón. F. Acción hecha contra justicia y fuera de lo razonable o debido.

sinsabor. M. Pesar, desazón moral, pesadumbre.

sinsentido. M. Cosa absurda y que no tiene explicación.

sinsépalo, la. ADJ. *Bot.* Dicho de una flor: Cuyo cáliz está formado por sépalos soldados entre sí; p. ej., la flor del tomate.

sintáctico, ca. ADJ. *Ling.* Perteneciente o relativo a la sintaxis.

sintagma. M. *Ling.* grupo (|| conjunto de palabras). || **~ adjetival,** o **~ adjetivo.** M. *Gram.* grupo adjetival. || **~ adverbial.** M. *Gram.* grupo adverbial. || **~ nominal.** M. *Gram.* grupo nominal. || **~ preposicional.** M. *Gram.* grupo preposicional. || **~ verbal.** M. *Gram.* grupo verbal.

sintagmático, ca. ADJ. **1.** *Ling.* Perteneciente o relativo al sintagma. *Compuesto sintagmático.* || **2.** *Ling.* Se dice de las relaciones que se establecen entre dos o más unidades que se suceden en la cadena hablada.

sintasol. (Marca reg.). M. Material plástico utilizado para el cubrimiento de suelos.

sintaxis. F. *Ling.* Parte de la gramática que enseña a coordinar y unir las palabras para formar las oraciones y expresar conceptos.

sinterización. F. *Ingen.* Producción de piezas de gran resistencia y dureza que se lleva a cabo calentando, sin llegar a la temperatura de fusión, conglomerados de polvo, generalmente metálicos, a los que se ha modelado por presión.

síntesis. F. **1.** Composición de un todo por la reunión de sus partes. || **2.** Suma y compendio de una materia u otra cosa. || **3.** *Quím.* Proceso de obtención de un compuesto a partir de sustancias más sencillas. || **~ abiótica.** F. *Bioquím.* Producción de biopolímeros a partir de moléculas orgánicas sencillas.

sintético, ca. ADJ. **1.** Perteneciente o relativo a la síntesis. *Respuesta sintética.* || **2.** Que procede componiendo, o que pasa de las partes al todo. *Visión sintética.* || **3.** Dicho de un producto: Obtenido por procedimientos industriales, generalmente una síntesis química, que reproduce la composición y propiedades de algunos cuerpos naturales. *Petróleo sintético.* □ V. **lengua ~.**

sintetizador, ra. I. ADJ. **1.** Que sintetiza. *Espíritu sintetizador.* || **II.** M. **2.** Instrumento musical electrónico capaz de producir sonidos de cualquier frecuencia e intensidad y combinarlos con armónicos, proporcionando así sonidos propios de cualquier instrumento conocido, o efectos sonoros que no corresponden a ningún instrumento convencional.

sintetizar. TR. Hacer síntesis.

sintoísmo. M. Religión primitiva y popular de los japoneses.

sintoísta. ADJ. **1.** Perteneciente o relativo al sintoísmo. *Tradición sintoísta.* || **2.** Partidario del sintoísmo. U. t. c. s.

síntoma. M. **1.** *Med.* Fenómeno revelador de una enfermedad. || **2.** Señal, indicio de algo que está sucediendo o va a suceder. *Los síntomas de una recuperación económica.*

sintomático, ca. ADJ. **1.** Perteneciente o relativo al síntoma. *Alivio sintomático.* || **2.** Que constituye un síntoma. *La anemia suele ser una manifestación sintomática de infecciones.* □ V. **carbunco ~.**

sintomatología. F. **1.** *Med.* Conjunto de los síntomas de una enfermedad. || **2.** Conjunto de indicios de algo.

sintomatológico, ca. ADJ. *Med.* Perteneciente o relativo a la sintomatología.

sintonía. F. **1.** Señal sonora, consistente muchas veces en una melodía, con la que se marca el comienzo de un programa de radio o televisión, y sirve para identificarlo entre los demás. || **2.** Coincidencia de ideas u opiniones. *Hay sintonía entre esas dos personas.* || **3.** Situación en que la frecuencia de un aparato receptor de radio o televisión se ajusta a la de una emisora.

sintónico, ca. ADJ. sintonizado.

sintonización. F. Acción y efecto de sintonizar.

sintonizador. M. *Electr.* Dispositivo que permite sintonizar una señal en una frecuencia determinada.

sintonizar. I. TR. **1.** Ajustar la frecuencia de resonancia de un circuito a una frecuencia determinada. *Sinto-*

nizar una emisora en un receptor de radio. || **II.** INTR. **2.** Dicho de una persona: Coincidir en pensamiento o en sentimientos con otra.

sinuosidad. F. **1.** Cualidad de sinuoso. || **2.** Concavidad o hueco. || **3.** Concavidad que forma una cosa curva.

sinuoso, sa. ADJ. **1.** Que tiene senos, ondulaciones o recodos. *Camino sinuoso.* || **2.** Dicho de una acción: Que trata de ocultar el propósito o fin a que se dirige. *Ofrecimiento sinuoso.*

sinusal. ADJ. *Anat.* Perteneciente o relativo a un nódulo específico del tejido cardíaco.

sinusitis. F. *Med.* Inflamación de los senos del cráneo.

sinusoidal. ADJ. *Mat.* Perteneciente o relativo a la sinusoide.

sinusoide. F. *Mat.* Curva que representa gráficamente la función trigonométrica seno.

sinvergonzón, na. ADJ. coloq. **sinvergüenza.** U. t. en sent. benévolo.

sinvergonzonada. F. sinvergonzonería.

sinvergonzonería. F. Desfachatez, falta de vergüenza.

sinvergüencería. F. coloq. Desfachatez, falta de vergüenza.

sinvergüenza. ADJ. **1.** Pícaro, bribón. U. t. c. s. || **2.** Dicho de una persona: Que comete actos ilegales en provecho propio, o que incurre en inmoralidades. U. t. c. s.

sinvergüenzón, na. ADJ. Á. *Caribe.* **sinvergonzón.**

sinvergüenzura. F. Á. *Caribe.* **sinvergonzonería.**

sinvivir. M. Estado de angustia que hace vivir con intranquilidad a quien lo sufre. MORF. pl. **sinvivires.**

sionismo. M. **1.** Aspiración de los judíos a recobrar Palestina como patria. || **2.** Movimiento internacional de los judíos para lograr esta aspiración.

sionista. ADJ. **1.** Perteneciente o relativo al sionismo. *Movimiento sionista.* || **2.** Partidario del sionismo. U. t. c. s.

sipacapense. ADJ. **1.** Natural de Sipacapa. U. t. c. s. || **2.** Perteneciente o relativo a este municipio de Guatemala o a su cabecera, en el departamento de San Marcos.

sique. M. Ritmo y baile folclórico nacional de Honduras, que se acompaña con guitarra y marimba y se baila en pareja.

siquiatra. COM. psiquiatra.

siquiatría. F. psiquiatría.

síquico, ca. ADJ. psíquico.

siquiera. I. CONJ. ADVERS. **1.** aunque. *Hazme este favor, siquiera sea el último.* || **II.** ADV. C. **2.** por lo menos. U. t. c. adv. m. *Deme usted siquiera la mitad del dinero.* || **3.** Tan solo. U. t. c. adv. m. *No tengo un peso siquiera.*

siquitraque. M. *Ant.* **triquitraque.**

sirena. F. **1.** Ninfa marina con busto de mujer y cuerpo de ave, que extraviaba a los navegantes atrayéndolos con la dulzura de su canto. Algunos artistas la representan impropiamente con torso de mujer y parte inferior de pez. || **2.** Pito que se oye a mucha distancia y que se emplea en los buques, automóviles, fábricas, etc., para avisar. □ V. **canto de ~.**

sirenio. ADJ. *Zool.* Se dice de los mamíferos marinos que tienen el cuerpo pisciforme y terminado en una aleta caudal horizontal, con extremidades torácicas en forma de aletas y sin extremidades abdominales, las aberturas nasales en el extremo del hocico y mamas pectorales; p. ej., el manatí. U. t. c. s. m. ORTOGR. En m. pl., escr. con may. inicial c. taxón. *Los Sirenios.*

sirga. F. *Mar.* Maroma que sirve para tirar las redes, para llevar las embarcaciones desde tierra, principalmente en la navegación fluvial, y para otros usos. || **a la ~.** LOC. ADV. *Mar.* Dicho de navegar: Tirando de una sirga desde la orilla.

sirgar. TR. Llevar a la sirga una embarcación.

siríaco, ca o **siriaco, ca.** ADJ. **1.** sirio. Apl. a pers., u. t. c. s. || **2.** Se dice especialmente de la lengua hablada por los antiguos siríacos. U. t. c. s. m. *El siríaco.*

siringa. F. **1.** poét. Especie de zampoña, compuesta de varios tubos de caña que forman escala musical y van sujetos unos al lado de otros. || **2.** Á. *Andes.* Árbol de la familia de las Euforbiáceas, de unos 40 m de altura. Del tronco, mediante incisiones, se extrae un jugo lechoso, que produce la goma elástica.

siringe. F. *Zool.* Aparato de fonación que tienen las aves en el lugar en que la tráquea se bifurca para formar los bronquios. Está muy desarrollada en las aves canoras.

sirio, ria. ADJ. **1.** Natural de Siria. U. t. c. s. || **2.** Perteneciente o relativo a este país de Asia.

sirle. M. Excremento del ganado lanar y cabrío.

siroco. M. Viento sureste.

sirope. M. Líquido espeso azucarado que se emplea en repostería y para elaborar refrescos.

sirte. F. Bajo de arena.

sirventés. M. Género de composición de la poética provenzal, de asunto generalmente moral o político y a veces de tendencia satírica. MORF. pl. **sirventeses.**

sirvienta. F. Mujer dedicada al servicio doméstico.

sirviente. I. ADJ. **1.** Que sirve. *Políticos sirvientes del antiguo régimen.* || **II.** COM. **2.** servidor (|| persona adscrita al manejo de un arma, de una maquinaria o de otro artefacto). || **3.** servidor (|| persona que sirve como criado).

sisa. F. **1.** Parte que se defrauda o se hurta, especialmente en la compra diaria de comestibles y otras cosas. || **2.** Corte curvo hecho en el cuerpo de una prenda de vestir que corresponde a la parte de la axila. || **3.** hist. Impuesto que se cobraba sobre géneros comestibles, menguando las medidas.

sisal. M. Fibra flexible y resistente obtenida de la pita en el sureste de México y partes de América Central.

sisallo. M. Planta del mismo género y usos de la barrilla, con el tallo fruticoso, erguido y pubescente, y hojas de color verde claro y agudas.

sisar. TR. **1.** Quedarse con la sisa (|| parte que se defrauda o se hurta). *Le sisaron los últimos ahorros.* || **2.** Hacer sisas (|| en las prendas de vestir). *Sisar un vestido.* || **3.** hist. Acortar o rebajar las medidas de los comestibles en proporción al impuesto de la sisa.

sisear. INTR. Emitir repetidamente el sonido inarticulado de *s* y *ch*, por lo común para manifestar desaprobación o desagrado. U. t. c. tr. *Sisear una escena. Sisear a un orador.*

siseo. M. Acción y efecto de sisear. U. m. en pl.

sisero. M. hist. Empleado en el cobro de la sisa (|| impuesto).

sísmico, ca. ADJ. Perteneciente o relativo al terremoto.

sismo. M. *Am.* terremoto.

sismógrafo. M. Instrumento que señala durante un terremoto la dirección y amplitud de las oscilaciones y sacudidas de la tierra.

sismología. F. Ciencia que estudia los terremotos.

sismológico, ca. ADJ. Perteneciente o relativo a la sismología.

sismólogo, ga. M. y F. Especialista en sismología. U. t. c. adj.

sismómetro. M. Instrumento que sirve para medir durante el terremoto la fuerza de las oscilaciones y sacudidas.

sismorresistente. ADJ. Construido para resistir terremotos. *Rascacielos sismorresistente.*

sisón. M. Ave zancuda, de unos 45 cm de largo, cabeza pequeña, pico y patas amarillos, plumaje leonado con rayas negras en la espalda y cabeza, y blanco en el vientre y en los bordes de las alas y la cola. Es común en España, se alimenta de insectos, tiene el vuelo tardo, anda con mucha ligereza y su carne es comestible.

sistema. M. **1.** Conjunto de reglas o principios sobre una materia racionalmente enlazados entre sí. *Sistema político.* ‖ **2.** Conjunto de cosas que relacionadas entre sí ordenadamente contribuyen a determinado objeto. *Sistema de medidas.* ‖ **3.** Mecanismo o dispositivo, generalmente complejo, que realiza una función. *Sistema de alarma.* ‖ **4.** Conjunto de ideas o teorías estructurado como un todo coherente. *Sistema filosófico.* ‖ **5.** Método de ejecutar algunas cosas. *Sistema defensivo.* ‖ **6.** *Biol.* Conjunto de órganos que intervienen en alguna de las principales funciones vegetativas. *Sistema nervioso.* ‖ **7.** *Ling.* Conjunto estructurado de unidades relacionadas entre sí que se definen por oposición; p. ej., la lengua o los distintos componentes de la descripción lingüística. ‖ **Sistema Cegesimal.** M. El de pesas y medidas que tiene por unidades fundamentales el centímetro, el gramo y el segundo. ‖ **~ cristalográfico.** M. *Fís.* y *Geol.* Grupo de formas cristalinas definido por sus elementos de simetría. ‖ **~ de ecuaciones.** M. *Mat.* Conjunto de dos o más ecuaciones cuya solución es común a todas ellas. ‖ **~ de numeración.** M. *Mat.* Conjunto de reglas y signos para representar los números. ‖ **~ de unidades.** M. *Fís.* Conjunto de unidades coordinadas, determinadas por convenios científicos internacionales, que permiten expresar la medida de cualquier magnitud física. ‖ **~ electoral.** M. Ordenación del régimen de las distintas elecciones políticas, con determinación de la capacidad para elegir y ser elegido, del ámbito territorial de la elección y del modo en que se asignan los escaños. ‖ **Sistema Internacional de unidades.** M. Conjunto de unidades de medida coordinadas adoptado internacionalmente a partir del Sistema Métrico Decimal y formado por unas unidades fundamentales y por otras derivadas de ellas. ‖ **~ límbico.** M. *Anat.* Parte del cerebro implicada en las emociones, el hambre y la sexualidad. ‖ **Sistema Métrico Decimal.** M. El de pesas y medidas que tiene por base el metro y en el cual las unidades de una misma naturaleza son 10, 100, 1000, 10 000 veces mayores o menores que la unidad principal de cada clase. ‖ **~ operativo.** M. *Inform.* Programa o conjunto de programas que realizan funciones básicas y permiten el desarrollo de otros programas. ‖ **~ periódico.** M. *Fís.* y *Quím.* Ordenación de los elementos químicos según su número atómico y dispuestos de tal modo que resulten agrupados los que poseen propiedades químicas análogas. ‖ **~ planetario.** M. Conjunto formado por una estrella central y sus planetas, satélites y cometas. ‖ **~ solar.** M. sistema planetario que tiene al Sol como estrella central. ‖ **~ tributario.** M. Ordenación del conjunto de los impuestos conforme a cier-

tos principios como el de igualdad, finalidad redistributiva de las rentas, carácter progresivo, etc. ‖ **por ~.** LOC. ADV. Procurando obstinadamente hacer siempre algo en particular, o hacerlo de cierta manera sin razón o justificación. *Me contradice por sistema.*

sistemática. F. *Biol.* Estudio de la clasificación de las especies con arreglo a su historia evolutiva o filogenia.

sistematicidad. F. sistematismo.

sistemático, ca. ADJ. **1.** Que sigue o se ajusta a un sistema. *Estudio sistemático.* ‖ **2.** Dicho de una persona: Que procede por principios y con rigidez en su tenor de vida o en sus escritos, opiniones, etc. ‖ **3.** Reiterado con insistencia. *Incumplimiento sistemático.*

sistematismo. M. Cualidad de **sistemático** (‖ que se ajusta a un sistema).

sistematización. F. Acción y efecto de sistematizar.

sistematizar. TR. Organizar según un sistema.

sistémico, ca. ADJ. **1.** Perteneciente o relativo a la totalidad de un sistema; general, por oposición a *local.* *Enfoque sistémico.* ‖ **2.** *Med.* Perteneciente o relativo a un organismo en su conjunto. *Musculatura sistémica.* ‖ **3.** *Med.* Perteneciente o relativo a la circulación general de la sangre. *Volumen sistémico.*

sístilo. ADJ. *Arq.* Dicho de un edificio o de un monumento: Cuyos intercolumnios tienen cuatro módulos de vano.

sístole. F. *Biol.* Movimiento de contracción del corazón y de las arterias para empujar la sangre que contienen.

sistólico, ca. ADJ. *Biol.* Perteneciente o relativo a la sístole.

sistro. M. hist. Antiguo instrumento musical de metal en forma de aro o de herradura y atravesado por varillas, que se hacía sonar agitándolo con la mano.

sitacosis. F. *Med.* psitacosis.

sitiado, da. PART. de **sitiar.** ‖ ADJ. Dicho de una persona: Cercada para cogerla o rendir su voluntad. U. t. c. s.

sitiador, ra. ADJ. Que sitia una plaza o fortaleza. U. t. c. s.

sitial. M. Asiento de ceremonia, especialmente el que usan en actos solemnes ciertas personas constituidas en dignidad. U. t. en sent. fig. *El sitial del éxito.*

sitiar. TR. **1.** Cercar una plaza o fortaleza para combatirla y apoderarse de ella. *Los franceses sitiaron Gerona.* ‖ **2.** Cercar a alguien tomándole o cerrándole todas las salidas para cogerlo o rendir su voluntad. *La policía sitió a los concentrados en la plaza.* ¶ MORF. conjug. c. *anunciar.*

sitibundo, da. ADJ. poét. Que tiene sed.

sitio. M. **1.** Espacio que es ocupado o puede serlo por algo. ‖ **2.** Lugar o terreno determinado que es a propósito para algo. ‖ **3.** Acción y efecto de sitiar. ‖ **4.** *Inform.* Conjunto de datos estructurados bajo una misma dirección de Internet y organizados como una o varias páginas web. ‖ **5.** *Méx.* Parada de taxis autorizada. ‖ **~ real.** M. hist. Palacio, casa de recreo o de salud con dependencias y aledaños que eran propiedad de los reyes y les servían de residencia eventual. ‖ **dejar a** alguien **en el ~.** LOC.VERB. Dejarlo muerto en el acto. ‖ **hacer ~.** LOC.VERB. Desembarazar un lugar o dar cabida a algo en una parte de él. ‖ **levantar el ~.** LOC.VERB. Desistir del asedio de una plaza o fortaleza. U. t. en sent. fig. *Ante la imposibilidad de enamorarla, decidió levantar el sitio.* ‖ **poner a** alguien **en su ~.** LOC.VERB. coloq. Hacerle ver cuál es su posición, importancia, etc., para que no se permita ciertas libertades. ‖ **poner ~.** LOC.VERB. Sitiar, asediar. ‖ **quedarse** alguien **en el ~.** LOC.VERB. coloq. Morir en el mismo punto y hora en que le hieren o en que le ocurre cualquier otro accidente repentino. □ V. **artillería de ~, automóvil de ~, estado de ~.**

sito, ta. ADJ. Situado o fundado. *Abrió una tienda sita en el mismo inmueble.*

situación. F. **1.** Disposición de una cosa respecto del lugar que ocupa. ‖ **2.** Posición social o económica. ‖ **3.** Conjunto de factores o circunstancias que afectan a alguien o algo en un determinado momento. ‖ **4.** Estado social y político de un grupo o partido gobernante. *Ser de LA situación.* ‖ **~ activa.** F. La del funcionario que está prestando de hecho, de manera real y positiva, algún servicio al Estado. ‖ **~ dramática.** F. **1.** En las obras de teatro, cada una de las que muestran cómo un personaje afronta determinado conflicto. ‖ **2.** Aquella que revela alguna relación especialmente significativa entre personajes. ‖ **~ pasiva.** F. La de la persona que se encuentra jubilada, excedente, en la reserva, retirada del servicio, etc. ‖ **entrar en ~.** LOC.VERB. **1.** Dicho de un intérprete: En las representaciones teatrales, lograr identificarse con su personaje. ‖ **2.** Dicho de una persona: Sintonizar adecuadamente con una situación determinada. □ V. **comedia de ~, farol de ~.**

situacional. ADJ. Propio y específico de una determinada **situación** (‖ conjunto de factores o circunstancias). *Análisis de factores situacionales.*

situar. **I.** TR. **1.** Poner a alguien o algo en determinado sitio o situación. *Situó la planta al lado de la ventana.* U. t. c. prnl. ‖ **2.** Asignar o determinar fondos para algún pago o inversión. *Al Ministerio de Educación le corresponde situar los fondos.* ‖ **II.** PRNL. **3.** Lograr una posición social, económica o política privilegiada. ¶ MORF. conjug. c. *actuar.*

so¹. ADV. Se usa para potenciar las cualidades del adjetivo o del nombre a que antecede. *So tonto.*

so². PREP. Bajo, debajo de. *So pena de. So pretexto de.*

so³. INTERJ. Se usa para hacer que se paren o detengan las caballerías.

soasar. TR. Medio asar o asar ligeramente.

soba. F. coloq. Aporreamiento o zurra.

sobaco. M. Concavidad que forma el arranque del brazo con el cuerpo.

sobadero. M. Sitio destinado a sobar las pieles en las fábricas de curtidos.

sobado, da. PART. de **sobar.** ‖ **I.** ADJ. **1.** Se dice del bollo o de la torta a cuya masa se ha agregado aceite o manteca. U. t. c. s. m. ‖ **2.** Muy usado. *Cartera sobada.* ‖ **II.** M. **3.** Acción y efecto de sobar.

sobador, ra. M. y F. *Am. Cen.* Persona hábil en tratar dislocaciones de huesos.

sobajar. TR. **1.** Manosear algo con fuerza, ajándolo. ‖ **2.** *Méx.* humillar (‖ herir la dignidad).

sobajear. TR. **sobar** (‖ manosear).

sobajeo. M. Acción y efecto de sobajear.

sobandero. M. *Á. Caribe.* Persona experta en dar masajes o fricciones con fines curativos.

sobao. M. Bizcocho a cuya masa se le añade aceite o manteca de vaca, cocido al horno en un envase de papel.

sobaquera. F. Pieza con que se refuerza el vestido, interior o exteriormente, por la parte que corresponde al sobaco.

sobaquillo. a ~. LOC.ADV. Dicho de lanzar un objeto: Con un movimiento del brazo por debajo del sobaco del mismo lado.

sobaquina. F. **1.** Sudor de los sobacos, que tiene un olor característico y desagradable. ‖ **2.** Ese mismo olor.

sobar. TR. **1.** Tocar repetidamente algo pasando la mano. *Sobar la fruta.* ‖ **2.** Estropear o deteriorar algo por usarlo o manosearlo mucho. *Sobar un vestido.* ‖ **3.** Manejar y oprimir algo repetidamente a fin de que se ablande o suavice. *Sobar la masa.* ‖ **4.** Castigar, dando algunos golpes. *¿A que te sobamos la cara ahora mismo?* ‖ **5.** coloq. Manosear a alguien. *Siempre le molestó que lo sobaran.* ‖ **6.** *Á. Andes* y *Méx.* Dar masaje, friccionar. U. t. c. prnl.

soberado. M. *Am.* desván.

soberanía. F. **1.** Cualidad de soberano. ‖ **2.** Poder político supremo que corresponde a un Estado independiente. □ V. **plaza de ~.**

soberano, na. ADJ. **1.** Que ejerce o posee la autoridad suprema e independiente. *Pueblo soberano.* Apl. a pers., u. t. c. s. ‖ **2.** Elevado, excelente y no superado. *Elocuencia soberana.*

soberbia. F. **1.** Apetito desordenado de ser preferido a otros. ‖ **2.** Satisfacción y envanecimiento por la contemplación de las propias cualidades con menosprecio de los demás.

soberbio, bia. ADJ. **1.** Que tiene soberbia o se deja llevar de ella. ‖ **2.** Grandioso, magnífico. *Cuadro soberbio.* ‖ **3.** Dicho ordinariamente de un caballo: Fogoso, orgulloso y violento.

soberbioso, sa. ADJ. De gran soberbia.

sobo. M. Acción y efecto de sobar.

sobón, na. ADJ. coloq. Muy aficionado a **sobar** (‖ manosear). U. t. c. s.

sobordo. M. Libro o documento en que el capitán del barco anota todos los efectos o mercancías que constituyen el cargamento.

sobornador, ra. ADJ. Que soborna. U. t. c. s.

sobornar. TR. Corromper a alguien con dádivas para conseguir de él algo.

soborno. M. **1.** Acción y efecto de sobornar. ‖ **2.** Dádiva con que se soborna.

sobra. F. **1.** Exceso en cualquier cosa sobre su justo ser, peso o valor. ‖ **2.** pl. Restos que quedan de la comida al levantar la mesa. ‖ **3.** pl. Parte que sobra o queda de otras cosas. ‖ **4.** pl. Parte del haber del soldado que se le entrega en mano semanal o diariamente. ‖ **de ~.** **I.** LOC ADV. **1.** De manera abundante, con exceso o con más de lo necesario. ‖ **II.** LOC.ADJ. **2.** Bastante, suficiente.

sobrado, da. PART. de **sobrar.** ‖ **I.** ADJ. **1.** Demasiado, que sobra. *Tiempo sobrado.* ‖ **2.** Rico y abundante de bienes. *Ganaron a la lotería; andan sobrados.* ‖ **3.** *Á. Andes.* valentón. ‖ **II.** M. **4.** desván. ‖ **III.** ADV.C. **5.** de sobra.

sobrancero, ra. ADJ. Dicho de una persona: Que está sin trabajar y sin oficio determinado. U. t. c. s.

sobrante. ADJ. Que sobra. Apl. a un conjunto de cosas o una cantidad, u. t. c. s. m.

sobrar. INTR. **1.** Haber más de lo que se necesita. *En la habitación sobran cortinas.* ‖ **2.** estar de más. Se usa frecuentemente referido a quienes se introducen donde no los llaman o no tienen qué hacer. ‖ **3.** quedar (‖ permanecer o restar). *Ha sobrado pan.*

sobrasada. F. Embuchado grueso de carne de cerdo muy picada y sazonada con sal y pimiento molido, que se hace especialmente en la isla española de Mallorca.

sobre[1]. PREP. **1.** Encima de. *Lo dejé sobre la mesa.* || **2.** acerca de. *¿Hay algo escrito sobre ese tema?* || **3.** Además de. *Sobre escritor ilustre, Jovellanos fue destacado político.* || **4.** Se usa para indicar aproximación en una cantidad o un número. *Tengo sobre cien euros. Vendré sobre las once.* || **5.** Cerca de otra cosa, con más altura que ella y dominándola. *La casa destaca sobre las que la rodean.* || **6.** Con dominio y superioridad. *Tiene autoridad sobre los directores generales.* || **7.** En prenda de algo. *Sobre esta alhaja préstame veinte euros.* || **8.** En el comercio, denota la persona contra quien se gira una cantidad, o la plaza donde ha de hacerse efectiva. || **9.** Se usa precediendo al nombre de la finca o fundo que tiene afecta una carga o gravamen. *Un censo sobre tal casa.* || **10.** A, hacia. *La marcha sobre Madrid.* || **11.** Precedida y seguida de un mismo sustantivo, denota idea de reiteración o acumulación. *Crueldad sobre crueldad; robo sobre robo.* || **12.** En una gradación numérica, indica una posición superior a la que se toma como referencia. *Estamos a dos grados sobre cero.*

sobre[2]. M. Cubierta, por lo común de papel, en que se incluye la carta, comunicación, tarjeta, etc., que ha de enviarse de una parte a otra.

sobreabundancia. F. Acción y efecto de sobreabundar.

sobreabundar. INTR. Abundar mucho.

sobreactuación. F. Acción y efecto de sobreactuar.

sobreactuar. TR. **1.** Dicho de un actor o de una actriz: Realizar una interpretación exagerada. || **2.** Exagerar la expresión al actuar ante alguien. ¶ MORF. conjug. c. *actuar.*

sobreaguar. INTR. Andar o estar sobre la superficie del agua. U. t. c. prnl. MORF. conjug. c. *averiguar.*

sobreagudo, da. ADJ. *Mús.* Se dice de los sonidos más agudos del sistema musical, y en particular de los de un instrumento. U. t. c. s. m.

sobrealimentación. F. Acción y efecto de sobrealimentar.

sobrealimentador, ra. ADJ. Que sirve para sobrealimentar. *Un motor dotado de dispositivo sobrealimentador.* Apl. a un dispositivo, u. t. c. s. m.

sobrealimentar. TR. **1.** Dar a una persona o a un animal más alimento del que ordinariamente necesita para su manutención. U. t. c. prnl. || **2.** *Mec.* Inyectar a un motor más combustible o de mejor calidad para incrementar su rendimiento por encima de lo normal.

sobrealzar. TR. Alzar demasiado algo o aumentar su elevación.

sobreañadir. TR. Añadir con exceso o con repetición.

sobreático. M. *Esp.* Vivienda situada sobre un **ático** (|| último piso, más bajo de techo que los inferiores).

sobrebota. F. *Am. Cen.* Polaina de cuero curtido.

sobrecalentamiento. M. Calentamiento excesivo de un sistema, aparato, motor o dispositivo, que puede producir su deterioro o avería.

sobrecama. F. colcha.

sobrecarga. F. **1.** Exceso de carga. || **2.** Molestia, pena o tristeza. *Sobrecarga vital.* || **3.** Impresión tipográfica hecha oficialmente sobre un sello de correos para alterar su valor, conmemorar un suceso, etc. || **4.** Uso excesivo de un servicio determinado, que puede provocar su interrupción. *Sobrecarga telefónica, eléctrica.* || ~ muscular. F. Fatiga de un músculo por exceso de ejercicio, que puede fácilmente degenerar en lesión.

sobrecargar. TR. **1.** Cargar con exceso. *Sobrecargar un coche.* || **2.** Coser por segunda vez una costura redo-

blando un borde sobre el otro para que quede bien rematada.

sobrecargo. COM. **1.** Persona que en los buques mercantes lleva a su cuidado y bajo su responsabilidad el cargamento. || **2.** Tripulante de avión que tiene a su cargo supervisar diversas funciones auxiliares.

sobrecielo. M. Dosel, toldo.

sobrecincha. F. Faja o correa que, pasada por debajo de la barriga de la cabalgadura y por encima del aparejo, sujeta la manta.

sobrecogedor, ra. ADJ. Que sobrecoge. *Alarido sobrecogedor.*

sobrecoger. **I.** TR. **1.** Coger de repente y desprevenido. || **II.** PRNL. **2.** Sorprenderse, intimidarse.

sobrecogimiento. M. **1.** Acción de sobrecoger. || **2.** Efecto de sobrecogerse.

sobrecostilla. F. *Chile.* Corte de carne de res, delgado, que se saca a la altura de la costilla.

sobrecubierta. F. Segunda cubierta que se pone a algo para resguardarlo mejor.

sobrecuello. M. Segundo cuello sobrepuesto al de una prenda de vestir.

sobredicho, cha. ADJ. Dicho arriba o antes. *Son maestros en las sobredichas tretas.*

sobredimensionar. TR. **1.** Dar a algo dimensiones excesivas. *La empresa ha sobredimensionado la plantilla laboral.* || **2.** Dar a algo más importancia de la que en realidad tiene. *No querían sobredimensionar el problema.*

sobredorar. TR. Dorar los metales, y especialmente la plata.

sobredosis. F. Dosis excesiva de un medicamento o droga. U. t. en sent. fig. *Una sobredosis de erudición.*

sobreedificar. TR. **1.** Construir sobre otra edificación u otra fábrica. || **2.** Construir un volumen de edificaciones mayor de lo autorizado.

sobreentender. TR. sobrentender. MORF. conjug. c. *entender.*

sobreentendido, da. PART. de **sobreentender.** || ADJ. sobrentendido.

sobreesdrújula. F. *Fon.* sobresdrújula.

sobreesdrújulo, la. ADJ. *Fon.* sobresdrújulo.

sobreexceder. TR. sobrexceder.

sobreexcitación. F. Acción y efecto de sobreexcitar.

sobreexcitar. TR. Aumentar o exagerar las propiedades vitales de todo el organismo o de una de sus partes. U. t. c. prnl.

sobreexplotación. F. Acción y efecto de sobreexplotar.

sobreexplotar. TR. Utilizar en exceso cualquier tipo de recurso.

sobrefalda. F. Falda corta que se coloca como adorno sobre otra.

sobrefaz. F. Superficie o cara exterior de las cosas.

sobregirar. TR. Exceder en un giro del crédito disponible.

sobregiro. M. Giro o libranza que excede de los créditos o fondos disponibles.

sobrehaz. F. **1.** sobrefaz. || **2.** Cosa que se pone encima de otra para taparla. || **3.** Apariencia somera. *Intento mirar las cosas más allá de su sobrehaz.*

sobrehilado. M. Serie de puntadas en la orilla de una tela para que no se deshilache.

sobrehilar. TR. Dar puntadas sobre el borde de una tela cortada, para que no se deshilache. MORF. conjug. c. *descafeinar.*

sobrehueso. M. Tumor duro que está sobre un hueso.

sobrehumano, na. ADJ. Que excede a lo humano. *Esfuerzos sobrehumanos.*

sobreimpresión. F. *Impr.* Acción y efecto de sobreimprimir.

sobreimpreso, sa. PART. IRREG. de **sobreimprimir.**

sobreimprimir. TR. *Impr.* Imprimir algo sobre un texto o sobre una imagen gráfica. MORF. part. irreg. **sobreimpreso** y reg. **sobreimprimido.**

sobrejuanete. M. **1.** *Mar.* Cada una de las vergas que se cruzan sobre los juanetes. ‖ **2.** *Mar.* Velas que se largan en ellas.

sobrelecho. M. *Arq.* Superficie inferior de la piedra, que descansa sobre el lecho superior de la que está debajo.

sobrellenar. TR. Llenar en abundancia.

sobrellevar. TR. **1.** Dicho de una persona: Llevar encima o a cuestas una carga o peso para aliviar a otra. *Mi madre es la que sobrelleva el peso de la casa.* ‖ **2.** Ayudar a sufrir los trabajos o molestias de la vida. *Solo el amor nos permitió sobrellevar las duras pruebas de aquellos años.* ‖ **3.** Dicho de quien los padece: Resignarse a ellos. *Lo único que puedo hacer es sobrellevarlo con paciencia.* ‖ **4.** Disimular y suplir los defectos o descuidos de otra persona. *No sobrelleva bien el alcoholismo de su marido.*

sobremanera. ADV. M. En extremo, muchísimo.

sobremesa. F. Tiempo que se está a la mesa después de haber comido. ‖ **de ~.** LOC. ADJ. **1.** Dicho de un objeto: A propósito para ser colocado sobre una mesa u otro mueble parecido. *Encendedor de sobremesa.* ‖ **2.** Que tiene lugar durante el tiempo de la sobremesa. *Charla de sobremesa.*

sobremesana. F. *Mar.* Gavia del palo mesana.

sobremodo. ADV. M. En extremo, sobremanera.

sobrenadante. ADJ. Dicho de una cosa: Que **sobrenada** (‖ se mantiene encima del agua). *Tras la centrifugación, se extrae el líquido sobrenadante.* U. m. c. s. m.

sobrenadar. INTR. **1.** Mantenerse encima del agua o de otro líquido sin hundirse. U. t. c. tr. U. t. en sent. fig. *Su figura sobrenada el olvido.* ‖ **2. bandearse** (‖ saberse gobernar).

sobrenatural. ADJ. Que excede los términos de la naturaleza. *Seres, poderes sobrenaturales.*

sobrenombre. M. Nombre calificador con que se distingue especialmente a una persona.

sobrentender. TR. Entender algo que no está expreso, pero que no puede menos de suponerse según lo que antecede a la materia que se trata. U. t. c. prnl. MORF. conjug. c. *entender.*

sobrentendido, da. PART. de **sobrentender.** ‖ **I.** ADJ. **1.** Que se sobrentiende. *Acuerdo sobrentendido.* ‖ **II.** M. **2.** Idea que no está expresada, especialmente la que se da por supuesta en una declaración, en una conversación, etc.

sobrepaga. F. Aumento de paga, ventaja en ella.

sobrepaño. M. Lienzo o paño que se pone encima de otro paño.

sobreparto. M. **puerperio.**

sobrepasar. TR. **1.** Rebasar un límite, exceder de él. *El pino del jardín sobrepasa la valla.* ‖ **2.** Superar, aventajar. *Sus conocimientos sobrepasaban la cultura media del hombre de la calle.*

sobrepelliz. F. Vestidura blanca de lienzo fino, con mangas perdidas o muy anchas, que llevan sobre la sotana los eclesiásticos, y aun los legos que sirven en las funciones de iglesia, y que llega desde el hombro hasta la cintura poco más o menos.

sobrepeso. M. Exceso de peso.

sobreplán. F. *Mar.* Cada una de las ligazones que, de trecho en trecho, se colocan sobre el forro interior del buque, y que, aseguradas a la sobrequilla y a las cuadernas, sirven para refuerzo de estas.

sobreponer. **I.** TR. **1.** Añadir algo o ponerlo encima de otra cosa. *Él sobrepone sus convicciones y sus principios a la medra personal.* U. t. c. prnl. ‖ **II.** PRNL. **2.** Dominar los impulsos del ánimo, hacerse superior a las adversidades o a los obstáculos que ofrece un asunto. *Se sobrepuso a la muerte de su familia.* ‖ **3.** Dicho de una persona: Obtener o afectar superioridad respecto de otra. ¶ MORF. conjug. c. *poner;* part. irreg. **sobrepuesto.**

sobreprecio. M. Recargo en el precio ordinario.

sobrepresión. F. Presión superior a la normal o a la adecuada.

sobreproducción. F. **superproducción.**

sobrepuerta. F. Pintura, tela, talla, etc., más larga que alta, que se pone por adorno sobre las puertas.

sobrepuesto. M. Ornamento de materia distinta de aquella a que se sobrepone.

sobrepujar. TR. Dicho de una cosa o de una persona: Exceder a otra en cualquier línea.

sobrequilla. F. *Mar.* Madero formado de piezas, colocado de popa a proa por encima de la trabazón de las varengas, y fuertemente asegurado a la quilla, que sirve para consolidar la unión de esta con las costillas. En los buques de hierro la sobrequilla es del mismo metal, cualquiera que sea su estructura.

sobrero, ra. ADJ. Dicho de un toro: Que se tiene de más por si se inutiliza alguno de los destinados a una corrida. U. t. c. s.

sobrerrienda. F. *Chile.* **falsa rienda.**

sobresalienta. F. Sustituta, y en especial la comedianta que sustituye a otra.

sobresaliente. **I.** ADJ. **1.** Que sobresale. *Acontecimientos sobresalientes.* ‖ **II.** M. **2.** En los exámenes, calificación máxima, superior a la de notable. ‖ **III.** COM. **3.** Especialmente entre comediantes y toreros, persona destinada a suplir la falta o ausencia de otra.

sobresalir. INTR. **1.** Dicho de una persona o de una cosa: Exceder a otras en figura, tamaño, etc. ‖ **2.** Aventajarse frente a otros, distinguirse entre ellos. ¶ MORF. conjug. c. *salir.*

sobresaltar. TR. Asustar, acongojar, alterar a alguien repentinamente. U. t. c. prnl.

sobresalto. M. Temor o susto repentino. ‖ **de ~.** LOC. ADV. De improviso o de manera impensada.

sobrescribir. TR. Escribir o poner un letrero sobre algo. MORF. part. irreg. **sobrescrito.**

sobrescrito, ta. PART. IRREG. de **sobrescribir.**

sobresdrújula. F. *Fon.* Palabra sobresdrújula.

sobresdrújulo, la. ADJ. *Fon.* Dicho de una palabra: Que lleva el acento prosódico en una sílaba anterior a la antepenúltima; p. ej., *devuélvemelo, llévesemelo.*

sobreseer. TR. **1.** Cesar en el cumplimiento de una obligación pecuniaria. *La empresa había sobreseído el pago de sus obligaciones.* ‖ **2.** *Der.* Poner fin, sin llegar a una resolución sobre el fondo, a un procedimiento penal o sancionador. ¶ MORF. conjug. c. *leer.*

sobreseimiento. M. Acción y efecto de sobreseer. ‖ ~ **libre.** M. *Der.* El que por ser evidente la inexistencia de delito o la irresponsabilidad del inculpado, pone término al proceso con efectos análogos a los de la sentencia absolutoria. ‖ ~ **provisional.** M. *Der.* El que por deficiencia de pruebas paraliza la causa.

sobrestadía. F. **1.** *Com.* Cada uno de los días que pasan después de las estadías, o segundo plazo que se prefija algunas veces para cargar o descargar un buque. ‖ **2.** *Com.* Cantidad que por tal demora se paga.

sobrestante. M. **capataz** (‖ hombre que gobierna y vigila a cierto número de trabajadores).

sobrestimar. TR. Estimar algo por encima de su valor.

sobresueldo. M. Retribución o consignación que se añade al sueldo fijo.

sobretasa. F. Recargo sobre la tasa ordinaria.

sobretensión. F. *Electr.* Exceso momentáneo sobre la tensión normal.

sobretiro. M. **separata.**

sobretítulo. M. Traducción del texto original de una obra teatral, que va apareciendo en una pantalla sobre el escenario a medida que se desarrolla la representación.

sobretodo. M. Abrigo o impermeable que se lleva sobre las demás prendas.

sobrevalorar. TR. Otorgar a alguien o algo mayor valor del que realmente tiene.

sobrevenir. INTR. **1.** Dicho de una cosa: Acaecer o suceder además o después de otra. *Después de las comidas sobreviene una somnolencia difícil de vencer.* ‖ **2.** Venir improvisamente. *Sobrevenir una crisis.* ¶ MORF. conjug. c. *venir.*

sobreventa. F. Venta anticipada por encima de las disponibilidades.

sobreviviente. ADJ. **superviviente.** U. t. c. s.

sobrevivir. INTR. **1.** Dicho de una persona: Vivir después de la muerte de otra o después de un determinado suceso. ‖ **2.** Vivir con escasos medios o en condiciones adversas. ‖ **3.** Dicho de una persona o de una cosa: Permanecer en el tiempo, perdurar. *Esa tradición sobrevive en las zonas rurales.*

sobrevolar. TR. Volar sobre un lugar, una ciudad, un territorio, etc. MORF. conjug. c. *contar.*

sobrexceder. TR. Exceder, aventajar a alguien.

sobrexcitación. F. **sobreexcitación.**

sobrexcitar. TR. **sobreexcitar.** U. t. c. prnl.

sobriedad. F. Cualidad de sobrio.

sobrino, na. M. y F. **1.** Respecto de una persona, hijo o hija de su hermano o hermana. ‖ **2.** Respecto de una persona, hijo o hija de su primo o prima. ‖ ~ **carnal.** M. y F. **sobrino** (‖ hijo o hija del hermano o hermana). ‖ ~ **nieto, ta.** M. y F. Respecto de una persona, nieto o nieta de su hermano o hermana. ‖ ~ **segundo, da;** ~ **tercero, ra,** etc. M. y F. Respecto de una persona, hijo o hija de su primo o prima según el grado de parentesco.

sobrio, bria. ADJ. **1.** Templado, moderado. *Razonamiento sobrio.* ‖ **2.** Que carece de adornos superfluos. *Habitación sobria.* ‖ **3.** Dicho de una persona: Que no está borracha.

soca. F. *Am.* Último retoño de la caña de azúcar.

socaire. M. *Mar.* Abrigo o defensa que ofrece algo en su lado opuesto a aquel de donde sopla el viento. ‖ **al ~ de** **algo.** LOC. ADV. Amparándose en ello o sirviéndose de su protección. *Nos resguardamos al socaire del muro. Al socaire de su amistad con el alcalde, hacía negocios sucios.*

socaliña. F. Ardid o artificio con que se saca a alguien lo que no está obligado a dar.

socaliñar. TR. Sacar a alguien con socaliña algo.

socapar. TR. *Á. Andes.* Encubrir faltas ajenas.

socarrar. TR. Quemar o tostar ligera y superficialmente algo. U. t. c. prnl.

socarrena. F. *Arq.* Hueco entre cada dos maderos de un suelo o un tejado.

socarrón, na. ADJ. Que obra con socarronería. U. t. c. s.

socarronería. F. Astucia o disimulo acompañados de burla encubierta.

socava. F. Acción y efecto de socavar.

socavación. F. Acción y efecto de socavar.

socavar. TR. Excavar por debajo de algo, dejándolo en falso. *Las olas en retroceso socavaban la arena bajo sus pies.* U. t. c. prnl. ‖ **2.** Debilitar algo o a alguien, especialmente en el aspecto moral. *Socavaron su voluntad.*

socavón. M. **1.** Cueva que se excava en la ladera de un cerro o monte y a veces se prolonga formando galería subterránea. ‖ **2.** Hundimiento del suelo por haberse producido una oquedad subterránea.

sochantre. M. Director del coro en los oficios divinos.

sociabilidad. F. Cualidad de sociable.

sociabilización. F. Acción y efecto de hacer sociable.

sociable. ADJ. Naturalmente inclinado al trato y relación con las personas o que gusta de ello.

social. ADJ. **1.** Perteneciente o relativo a la sociedad. *Fenómeno social.* ‖ **2.** Perteneciente o relativo a una compañía o sociedad, o a los socios o compañeros, aliados o confederados. *Sede social.* ‖ **3.** *Der.* Se dice del orden jurisdiccional competente en materia laboral y de seguridad social. ☐ V. **asistencia** ~, **asistente** ~, **beneficiario de la seguridad** ~, **capital** ~, **ciencias** ~**es, clase** ~, **diálogo** ~, **domicilio** ~, **gasto** ~, **graduado** ~, **insecto** ~, **obra** ~, **persona** ~, **presión** ~, **prestación** ~, **razón** ~, **salario** ~, **seguridad** ~.

socialcristiano, na. ADJ. Dicho especialmente de una idea o de un partido político: Que participan de los principios del socialismo y del cristianismo. Apl. a pers., u. t. c. s.

socialdemocracia. F. Movimiento político que defiende una transición pacífica del capitalismo al socialismo por vía democrática.

socialdemócrata. ADJ. **1.** Perteneciente o relativo a la socialdemocracia. *Grupo socialdemócrata.* ‖ **2.** Partidario de la socialdemocracia. U. t. c. s.

socialismo. M. **1.** Sistema de organización social y económico basado en la propiedad y administración colectiva o estatal de los medios de producción y en la regulación por el Estado de las actividades económicas y sociales, y la distribución de los bienes. ‖ **2.** Movimiento político que intenta establecer, con diversos matices, este sistema. ‖ **3.** Teoría filosófica y política del filósofo alemán Karl Marx, que desarrolla y radicaliza los principios del socialismo.

socialista. ADJ. **1.** Perteneciente o relativo al socialismo. *Postulados socialistas.* ‖ **2.** Que profesa la doctrina del socialismo. U. t. c. s.

socialización. F. Acción y efecto de socializar.

socializador, ra. ADJ. Que socializa. *Función socializadora.*

socializar. TR. **1.** Transferir al Estado, o a otro órgano colectivo, las propiedades, industrias, etc., particulares. ‖ **2.** Promover las condiciones sociales que, independientemente de las relaciones con el Estado, favorezcan en los seres humanos el desarrollo integral de su persona.

sociativo. □ V. plural ~.

sociedad. F. **1.** Reunión mayor o menor de personas, familias, pueblos o naciones. ‖ **2.** Agrupación natural o pactada de personas, que constituyen unidad distinta de cada uno de sus individuos, con el fin de cumplir, mediante la mutua cooperación, todos o alguno de los fines de la vida. ‖ **3.** Agrupación natural de algunos animales. *Las abejas viven en sociedad.* ‖ **4.** *Com.* Agrupación de comerciantes o accionistas de alguna compañía. ‖ ~ **civil.** F. Ámbito no público, sociedad de los ciudadanos y sus relaciones y actividades privadas. ‖ ~ **comanditaria,** o ~ **en comandita.** F. *Com.* La formada por dos clases de socios, unos los llamados colectivos, que responden ilimitadamente de las deudas sociales, y los comanditarios, cuya responsabilidad está limitada por el importe de su aportación económica. ‖ ~ **comanditaria por acciones.** F. *Com.* Aquella en que el capital aportado por los socios comanditarios se divide o representa por acciones. ‖ ~ **conyugal.** F. La constituida por el marido y la mujer durante el matrimonio, por ministerio de la ley, salvo pacto en contrario. ‖ ~ **cooperativa.** F. La que se constituye entre productores, vendedores o consumidores, para la utilidad común de los socios. ‖ ~ **de gananciales.** F. *Der.* Régimen económico en virtud del cual se consideran comunes a ambos cónyuges los bienes adquiridos a título oneroso durante el matrimonio. ‖ ~ **de responsabilidad limitada.** F. La formada por reducido número de socios con derechos en proporción a las aportaciones de capital y en que solo se responde de las deudas por la cuantía del capital social. ‖ ~ **regular colectiva.** F. *Com.* La que se ordena bajo pactos comunes a los socios, con el nombre de todos o algunos de ellos, y participando todos proporcionalmente de los mismos derechos y obligaciones, con responsabilidad indefinida. ‖ **buena** ~. F. Conjunto de personas generalmente adineradas que se distinguen por preocupaciones, costumbres y comportamientos que se juzgan elegantes y refinados. ‖ **presentar en** ~. LOC.VERB. Celebrar una fiesta, normalmente un baile, para incorporar simbólicamente a reuniones de la buena sociedad a una muchacha o grupo de muchachas que antes no participaban en ellas a causa de su poca edad. U. t. con el verbo c. prnl. □ V. **contrato de** ~, **juego de** ~.

societario, ria. ADJ. Perteneciente o relativo a las asociaciones, especialmente a las obreras.

socio, cia. M. y F. **1.** Persona asociada con otra u otras para algún fin. *Su socio en los negocios la engañó.* ‖ **2.** Individuo de una sociedad, o agrupación de individuos. *Soy socio de un equipo de fútbol.* ‖ ~ **capitalista.** M. y F. Persona que aporta capital a una empresa o compañía, poniéndolo a ganancias o pérdidas. ‖ ~ **industrial.** M. y F. Persona que no aporta capital a la compañía o empresa, sino servicios o pericia personales, para tener alguna participación en las ganancias.

sociobiología. F. Estudio interdisciplinario de las bases biológicas del comportamiento social de los animales, incluido el del hombre.

sociocultural. ADJ. Perteneciente o relativo al estado cultural de una sociedad o grupo social.

sociolingüística. F. Disciplina que estudia las relaciones entre la lengua y la sociedad.

sociolingüístico, ca. ADJ. Perteneciente o relativo a la sociolingüística.

sociología. F. Ciencia que trata de la estructura y funcionamiento de las sociedades humanas.

sociológico, ca. ADJ. Perteneciente o relativo a la sociología.

sociólogo, ga. M. y F. Persona que profesa la sociología o tiene en ella especiales conocimientos.

sociometría. F. Estudio de las formas o tipos de interrelación existentes en un grupo de personas, mediante métodos estadísticos.

sociométrico, ca. ADJ. Perteneciente o relativo a la sociometría.

socolar. TR. *Am. Cen.* desmontar (‖ cortar árboles o matas).

socollada. F. *Mar.* Estirón o sacudida que dan las velas cuando hay poco viento, y las jarcias cuando están flojas.

socolor. **I.** M. **1.** Pretexto y apariencia para disimular y encubrir el motivo o el fin de una acción. ‖ **II.** ADV.M. **2.** so color.

socorredor, ra. ADJ. Que socorre. Apl. a pers., u. t. c. s.

socorrer. TR. Ayudar, favorecer en un peligro o necesidad.

socorrido, da. PART. de socorrer. ‖ ADJ. Dicho de un recurso: Que fácilmente y con frecuencia sirve para resolver una dificultad.

socorrismo. M. Organización y adiestramiento para prestar socorro en caso de accidente.

socorrista. COM. Persona especialmente adiestrada para prestar socorro en caso de accidente.

socorro. M. **1.** Acción y efecto de socorrer. ‖ **2.** Dinero, alimento u otra cosa con que se socorre. ‖ **3.** Tropa que acude en auxilio de otra. □ V. **agua de** ~, **bautismo de** ~, **casa de** ~, **omisión del deber de** ~.

socoyote. M. *Méx.* xocoyote.

socrático, ca. ADJ. **1.** Perteneciente o relativo a la doctrina de Sócrates, filósofo griego del siglo V a. C. *Círculo socrático.* ‖ **2.** Que sigue esta doctrina. U. t. c. s.

soda. F. **1.** sosa. ‖ **2.** Bebida de agua gaseosa que contiene ácido carbónico.

sódico, ca. ADJ. *Quím.* Perteneciente o relativo al sodio. □ V. **cloruro** ~.

sodio. M. Elemento químico de núm. atóm. 11. Metal muy abundante en la litosfera, principalmente en forma de sales, como el cloruro sódico o sal común. De color blanco brillante, blando como la cera, muy ligero y con un punto de fusión muy bajo, es un elemento fundamental en el metabolismo celular, se usa en la fabricación de células fotoeléctricas, y aleado con plomo, como antidetonante de las gasolinas. (Símb. *Na*, de *natrĭum*, nombre latino de su hidróxido, la sosa). □ V. **bomba de** ~, **cloruro de** ~, **nitrato de** ~.

sodomía. F. Práctica del coito anal.

sodomita. ADJ. **1.** hist. Natural de Sodoma. U. t. c. s. ‖ **2.** hist. Perteneciente o relativo a esta antigua ciudad de Palestina. ‖ **3.** Que practica la sodomía. U. t. c. s. m.

sodomítico, ca. ADJ. Perteneciente o relativo a la sodomía.

sodomizar. TR. Someter a penetración anal.

soez. ADJ. Bajo, grosero, indigno, vil. *Lenguaje soez.*

sofá. M. Asiento cómodo para dos o más personas, que tiene respaldo y brazos. MORF. pl. **sofás.** ‖ ~ **cama.** M. sofá que se puede convertir en cama.

sofaldar. TR. Alzar las faldas.

sofí. ADJ. sufí. Apl. a pers., u. t. c. s. MORF. pl. **sofíes** o **sofís.**

sofión. M. Expresión o demostración de enojo o enfado.

sofisma. M. Razón o argumento aparente con que se quiere defender o persuadir lo que es falso.

sofismo. M. sufismo.

sofista. I. ADJ. **1.** Que se vale de sofismas. *Discusión sofista.* Apl. a pers., u. t. c. s. ‖ **II.** M. **2.** hist. Maestro de retórica que, en la Grecia del siglo V a. C., enseñaba el arte de analizar los sentidos de las palabras como medio de educación y de influencia sobre los ciudadanos.

sofistería. F. **1.** Uso de raciocinios sofísticos. ‖ **2.** Estos mismos raciocinios.

sofística. F. Movimiento cultural que, en la Grecia del siglo V a. C., intentaba renovar los hábitos mentales tradicionales mediante el análisis del lenguaje y su utilización para influir en los ciudadanos.

sofisticación. F. Acción y efecto de sofisticar.

sofisticado, da. PART. de **sofisticar**. ‖ ADJ. **1.** Falto de naturalidad, afectadamente refinado. *Un maquillaje muy sofisticado.* ‖ **2.** Elegante, refinado. *Una mujer distinguida, sofisticada y atractiva.* ‖ **3.** Dicho de un sistema o de un mecanismo: Técnicamente complejo o avanzado.

sofisticar. TR. Falsificar, corromper algo.

sofístico, ca. ADJ. De refinada sutileza. *Argumentación sofística.*

sofito. M. *Arq.* Plano inferior del saliente de una cornisa o de otro cuerpo voladizo.

soflama. F. **1.** Expresión artificiosa con que alguien intenta engañar o chasquear. ‖ **2.** despect. Discurso, alocución, perorata. ‖ **3.** Bochorno o ardor que suele subir al rostro por accidente, o por enojo, vergüenza, etc.

soflamarse. PRNL. Dicho de aquello que se asa o se cuece: Tostarse, requemarse con la llama.

soflamero, ra. ADJ. Que usa soflamas. U. t. c. s.

sofocación. F. Acción y efecto de sofocar.

sofocamiento. M. Acción de sofocar.

sofocante. ADJ. Que sofoca. U. t. en sent. fig. *El ambiente provinciano le resulta sofocante.*

sofocar. TR. **1.** Ahogar, impedir la respiración. *La ira lo sofocaba.* ‖ **2.** Apagar, oprimir, dominar, extinguir. *Sofocar un incendio.* ‖ **3.** Avergonzar, abochornar, poner colorado a alguien con insultos o de otra manera. U. t. c. prnl. *Me humillaba, me sofocaba que alguien viera eso.*

sofoco. M. **1.** Efecto de sofocar. ‖ **2.** Sensación de calor, muchas veces acompañada de sudor y enrojecimiento de la piel, que suelen sufrir las mujeres en la época de la menopausia. ‖ **3.** Grave disgusto que se da o se recibe.

sofocón. M. coloq. **desazón** (‖ disgusto).

sófora. F. Árbol de la familia de las Papilionáceas, con tronco recto y grueso, copa ancha, ramas retorcidas, hojas compuestas de once a trece hojuelas aovadas, flores pequeñas, amarillas, en panojas colgantes, y fruto en vainas nudosas con varias semillas pequeñas, lustrosas y negras. Es originaria de Oriente y se cultiva en los jardines y paseos de Europa.

sofreír. TR. Freír un poco o ligeramente algo. MORF. conjug. c. *sonreír;* part. irreg. **sofrito** y reg. **sofreído.**

sofrenar. TR. **1.** Dicho de un jinete: Reprimir a la caballería tirando violentamente de las riendas. ‖ **2.** Reprender con aspereza a alguien. *Sofrenar a los amotinados.* ‖ **3.** Refrenar un sentimiento o estado de ánimo. *Sofrenar las ínfulas.*

sofrito. M. Condimento que se añade a un guiso, compuesto por diversos ingredientes fritos en aceite, especialmente cebolla o ajo entre otros.

sofrología. F. *Med.* y *Psicol.* Práctica clínica que utiliza técnicas de relajación inspiradas en el hipnotismo y en doctrinas orientales, como el yoga, con el fin de lograr el equilibrio psicosomático del sujeto.

sofrólogo, ga. M. y F. *Med.* y *Psicol.* Psicoterapeuta especializado en sofrología.

soga. F. **1.** Cuerda gruesa de esparto. ‖ **2.** *Arq.* Parte de un sillar o ladrillo que queda descubierta en el paramento de la fábrica. ‖ **a ~.** LOC. ADV. *Arq.* Dicho de construir: Con la dimensión más larga del ladrillo o piedra en la misma dirección del largo del paramento. ‖ **atar a ~.** LOC. VERB. *Á. R. Plata.* Atar a un animal con una soga larga, sujeta a una estaca clavada en el suelo, para que pueda pastar sin escaparse. ‖ **con la ~ a la garganta,** o **al cuello.** LOCS. ADJS. **1.** Amenazado de un riesgo grave. ‖ **2.** En apretura o apuro. ‖ **dar ~.** LOC. VERB. **dar cuerda** (‖ halagar la pasión). ‖ **mentar la ~ en casa del ahorcado.** LOC. VERB. Hablar ante alguien de algo que puede despertarle recuerdos dolorosos o molestos.

soguero, ra. M. y F. Persona que fabrica o vende sogas.

soguilla. I. F. **1.** Trenza delgada hecha de pelo o de esparto. ‖ **II.** M. **2.** hist. Mozo que se dedicaba a transportar objetos de poco peso en los mercados, estaciones, etc.

sogún. M. hist. Jefe supremo militar que gobernaba el Japón, en representación del emperador.

soja. F. **1.** Planta leguminosa procedente de Asia. ‖ **2.** Semilla de esta planta.

sojuzgador, ra. ADJ. Que sojuzga. U. t. c. s.

sojuzgar. TR. Sujetar, dominar, mandar con violencia.

sol[1]**.** M. **1.** Estrella luminosa, centro de nuestro sistema planetario. ORTOGR. Escr. con may. inicial en textos y contextos científicos. *El solsticio es la época en que el Sol se halla en uno de los trópicos.* ‖ **2.** Luz, calor o influjo de este astro. *Sentarse al sol. Entrar el sol en una habitación. Sufrir soles y nieves.* ‖ **3.** hist. Cierto género de encajes de labor antigua. ‖ **4.** Unidad monetaria del Perú. ‖ **5.** coloq. Persona, animal o cosa cuyas cualidades se ponderan afectuosamente. *Tu primo es un sol.* ‖ **~ de justicia.** M. **1.** Se usa para designar a Cristo. ‖ **2.** sol fuerte y ardiente que calienta y se deja sentir mucho. ‖ **~ figurado.** M. *Heráld.* El que se representa con cara humana. ‖ **al ~ naciente.** LOC. ADV. coloq. Se usa para explicar el anhelo y adulación con que sigue alguien a quien empieza a ser poderoso o espera que lo será pronto. ‖ **arrimarse al ~ que más calienta.** LOC. VERB. coloq. Servir y adular al más poderoso. ‖ **coger el ~.** LOC. VERB. **tomar el sol.** ‖ **de ~ a ~.** LOC. ADV. Desde que nace el sol hasta que se pone. ‖ **no dejar a ~ ni a sombra** a alguien. LOC. VERB. coloq. Perseguirlo con importunidad a todas horas y en todo sitio. ‖ **tomar el ~.** LOC. VERB. Ponerse en parte donde se espera que llegue para gozar de él. □ V. **reloj de ~.**

sol[2]**.** M. *Mús.* Quinta nota de la escala musical. MORF. pl. **soles.**

sol[3]**.** M. Dispersión coloidal de un sólido en un líquido.

solado. M. **1.** Acción de solar. ‖ **2.** Revestimiento de un piso con ladrillo, losas u otro material análogo.

solador, ra. M. y F. Persona que se dedica a **solar**[3].

solamente. ADV. M. De un solo modo, en una sola cosa, o sin otra cosa. ‖ **~ que.** LOC. ADV. Con solo que, con la única condición de que.

solana. F. **1.** Sitio o lugar donde el sol da de lleno. ‖ **2.** Corredor o pieza destinada en la casa para tomar el sol.

solanáceo, a. ADJ. *Bot.* Se dice de las hierbas, matas y arbustos angiospermos dicotiledóneos que tienen hojas simples y alternas, flores de corola acampanada, y baya o caja con muchas semillas provistas de albumen carnoso; p. ej., la hierba mora, la tomatera, la patata, la berenjena, el pimiento y el tabaco. U. t. c. s. f. ORTOGR. En f. pl., escr. con may. inicial c. taxón. *Las Solanáceas.*

solanera. F. **1.** Efecto que produce en una persona el tomar mucho sol. ‖ **2.** Lugar expuesto sin protección a los rayos solares cuando son más molestos y peligrosos. ‖ **3.** Exceso de sol en un sitio.

solano¹. M. Viento que sopla de donde nace el sol.

solano². M. **hierba mora** (‖ planta solanácea).

solapa. F. **1.** Parte del vestido, correspondiente al pecho, y que suele ir doblada hacia fuera sobre la misma prenda de vestir. ‖ **2.** Prolongación lateral de la cubierta o camisa de un libro, que se dobla hacia adentro y en la que se imprimen algunas advertencias o anuncios. ‖ **3.** Ficción o colorido que se usa para disimular algo.

solapado, da. PART. de **solapar.** ‖ ADJ. **1.** Dicho de una persona: Que por costumbre oculta maliciosa y cautelosamente sus pensamientos. ‖ **2.** Dicho de una cosa: Que no se manifiesta abiertamente. *La enfermedad se desarrolla de forma solapada.*

solapamiento. M. Acción y efecto de solapar.

solapar. I. TR. **1.** Cubrir total o parcialmente algo con otra cosa. *Solapa cada fotografía en el álbum con parte de la anterior.* ‖ **2.** Ocultar maliciosa y cautelosamente la verdad o la intención. *Solapar la corrupción.* ‖ **II.** INTR. **3.** Dicho de un vestido: Caer cierta parte del cuerpo de él doblada sobre otra para adorno o mayor abrigo. *Este chaleco solapa bien.*

solar¹. M. **1.** Porción de terreno donde se ha edificado o que se destina a edificar. ‖ **2.** Casa, descendencia, linaje noble. *Su padre venía del solar de Vegas.* ‖ **3.** **casa solar.** ‖ **4.** Suelo de la **era².** ‖ **5.** Á. Caribe. Corral o terreno libre situado en la parte posterior de las casas, que se utiliza como huerto o para la cría de animales y a veces como desahogo. ◻ V. **casa ~, hidalgo de ~** conocido.

solar². ADJ. Perteneciente o relativo al sol. *Rayos solares.* ◻ V. **color del espectro ~, corona ~, día ~, eclipse ~, energía ~, eritema ~, espectro ~, hora ~, plexo ~, reloj ~, sistema ~, viento ~.**

solar³. TR. Revestir el suelo con ladrillos, losas u otro material. MORF. conjug. c. *contar.*

solar⁴. TR. Echar suelas al calzado. MORF. conjug. c. *contar.*

solariego, ga. ADJ. **1.** Perteneciente o relativo al solar de antigüedad y nobleza. *El caserón solariego de mi infancia.* ‖ **2.** Dicho de un fundo: Que pertenece con pleno derecho a su dueño. *Posesiones solariegas.* ‖ **3.** hist. En la Edad Media, se decía del hombre o colono que vivía en tierra del rey, de la Iglesia o de un hidalgo, sometido al poder personal de su señor. U. m. c. s. ◻ V. **casa ~.**

solárium. M. En piscinas, gimnasios, balnearios, etc., terraza o lugar reservado para tomar el sol. MORF. pl. **soláriums.**

solaz. M. Consuelo, placer, esparcimiento, alivio de los trabajos.

solazar. TR. Dar solaz. U. m. c. prnl.

soldada. F. **1.** Sueldo, salario o estipendio. ‖ **2.** Haber del soldado.

soldadesca. F. **1.** despect. Conjunto de soldados. ‖ **2.** despect. Tropa indisciplinada.

soldadesco, ca. ADJ. Perteneciente o relativo a los soldados.

soldado. COM. **1.** Persona que sirve en la milicia. ‖ **2.** *Mil.* Militar sin graduación. ‖ **3.** Persona que mantiene algo, sirve a algo o a alguien, o es partidaria de algo o de alguien. ‖ **~ de cuota.** M. hist. El que solo debía estar en filas una parte del tiempo señalado por la ley, por haber pagado la cuota militar correspondiente a la rebaja que se le concedía. ‖ **~ veterano, o ~ viejo.** COM. Militar que ha servido muchos años, a distinción del nuevo y bisoño. ‖ **~ voluntario.** COM. soldado que libremente se alista para el servicio.

soldador, ra. I. ADJ. **1.** Que suelda. ‖ **II.** M. y F. **2.** Persona que se dedica a soldar. ‖ **3.** Instrumento con que se suelda.

soldadura. F. **1.** Acción y efecto de soldar. ‖ **2.** Material que sirve y está preparado para soldar. ‖ **3.** Enmienda o corrección de algo. *Este desacierto no tiene soldadura.*

soldar. TR. **1.** Pegar y unir sólidamente dos cosas, o dos partes de una misma cosa, de ordinario con alguna sustancia igual o semejante a ellas. *Soldar las tuberías.* U. t. c. prnl. ‖ **2.** Componer, enmendar y disculpar un desacierto con acciones o palabras. *Soldar el compromiso con el pueblo.* ¶ MORF. conjug. c. *contar.*

soleá. F. **1.** soledad (‖ tonada). ‖ **2.** soledad (‖ copla). ‖ **3.** Danza que se baila con esa música. ¶ MORF. pl. **soleares.**

soleamiento. M. Acción de solear.

solear. TR. Tener expuesto al sol algo por algún tiempo. U. t. c. prnl.

solecismo. M. *Gram.* Falta de sintaxis; error cometido contra las normas de algún idioma.

soledad. F. **1.** Carencia voluntaria o involuntaria de compañía. ‖ **2.** Lugar desierto, o tierra no habitada. ‖ **3.** Pesar y melancolía que se sienten por la ausencia, muerte o pérdida de alguien o de algo. ‖ **4.** Tonada andaluza de carácter melancólico. ‖ **5.** Copla que se canta con esta música.

soledoso, sa. ADJ. Que vive en soledad.

solemne. ADJ. **1.** Celebrado o hecho públicamente con pompa o ceremonias extraordinarias. *Exequias, procesión, junta, audiencia solemne.* ‖ **2.** Formal, grave, firme, válido, acompañado de circunstancias importantes o de todos los requisitos necesarios. *Compromiso, declaración, promesa, prueba, juramento solemne.* ‖ **3.** Crítico, interesante, de mucha entidad. *Ocasión, plática solemne.* ‖ **4.** peyor. Se usa para encarecer la significación de algunos nombres. *Solemne disparate.* ◻ V. **misa ~, voto ~.**

solemnidad. F. **1.** Cualidad de solemne. ‖ **2.** Acto o ceremonia solemne. ‖ **3.** Festividad eclesiástica. ‖ **4.** Cada una de las formalidades de un acto solemne. ◻ V. **pobre de ~.**

solemnizador, ra. ADJ. Que solemniza. *Elemento solemnizador. Conferenciante solemnizador.*

solemnizar. TR. **1.** Festejar o celebrar de manera solemne un suceso. *Para solemnizar el acontecimiento se entonaba un himno.* ‖ **2.** Engrandecer, aplaudir, autorizar o encarecer algo. *La presencia del obispo solemniza la procesión.*

solenoide. M. *Fís.* Bobina cilíndrica de hilo conductor arrollado de manera que la corriente eléctrica produzca un intenso campo magnético.

sóleo. M. *Anat.* Músculo de la pantorrilla unido a los gemelos por su parte inferior para formar el tendón de Aquiles.

soler. INTR. **1.** Dicho de un ser vivo: Tener costumbre. *Suele dormir la siesta.* ‖ **2.** Dicho de un hecho o de una cosa: Ser frecuentes. *Por la tarde suele haber tormenta.* ¶ MORF. conjug. c. *mover.* U. en infinit., en ger. y en los tiempos con aspecto imperfectivo.

solera[1]. F. **1.** Madero asentado de plano sobre fábrica para que en él descansen o se ensamblen otros horizontales, inclinados o verticales. ‖ **2.** Piedra plana puesta en el suelo para sostener pies derechos u otras cosas semejantes. ‖ **3.** Muela del molino que está fija debajo de la volandera. ‖ **4.** Suelo del horno. ‖ **5.** Superficie del fondo en canales y acequias. ‖ **6.** Madre o lía del vino. ‖ **7.** Carácter tradicional de las cosas, usos, costumbres, etc. □ V. **vino de ~.**

solera[2]. F. Á. R. *Plata.* Vestido femenino de una pieza, sin mangas y escotado.

solercia. F. Industria, habilidad y astucia para hacer o tratar algo.

solería. F. **solado** (‖ revestimiento del piso).

soletilla. F. **bizcocho de soletilla.**

solevantar. TR. Levantar algo empujando de abajo arriba. U. t. c. prnl.

solfa. F. **1.** **solfeo** (‖ adiestramiento). ‖ **2.** Conjunto o sistema de signos con que se escribe la música. ‖ **poner en ~** algo o a alguien. LOC.VERB. coloq. Presentarlo bajo un aspecto ridículo. ‖ **tomar en ~** algo o a alguien. LOC.VERB. coloq. Hacerle objeto de bromas, no tomarlo en serio.

solfatara. F. En los terrenos volcánicos, abertura por donde salen, a diversos intervalos, vapores sulfurosos.

solfear. TR. Cantar marcando el compás y pronunciando los nombres de las notas.

solfeo. M. **1.** Acción y efecto de solfear. ‖ **2.** Adiestramiento para leer y entonar la notación musical.

solferino, na. ADJ. De color morado rojizo. *Colcha de damasco solferino.*

solfista. COM. Persona que practica el solfeo.

solicitación. F. Acción de solicitar.

solicitada. F. **remitido.**

solicitador, ra. **I.** ADJ. **1.** Que solicita. U. t. c. s. ‖ **II.** M. y F. **2.** **agente** (‖ persona que obra con poder de otro).

solicitante. ADJ. Que solicita. U. t. c. s.

solicitar. TR. **1.** Pretender, pedir o buscar algo con diligencia y cuidado. *Solicitar ayuda.* ‖ **2.** Requerir y procurar con instancia tener amores con alguien. ‖ **3.** Pedir algo de manera respetuosa, o rellenando una solicitud o instancia. *Solicitar una beca.*

solícito, ta. ADJ. **1.** Dicho de una persona: Diligente, cuidadosa. ‖ **2.** Propio o característico de una persona solícita. *Gesto solícito.*

solicitud. F. **1.** Diligencia o instancia cuidadosa. ‖ **2.** Carta o documento en que se solicita algo.

solidaridad. F. **1.** Adhesión circunstancial a la causa o a la empresa de otros. ‖ **2.** Der. Modo de derecho u obligación in sólidum.

solidario, ria. ADJ. **1.** Adherido o asociado a la causa, empresa u opinión de alguien. *Es solidario con sus vecinos.* ‖ **2.** Propio o característico de una persona solidaria. *Actitud solidaria.* ‖ **3.** Der. Se dice de las obligaciones contraídas in sólidum y de las personas que las contraen. □ V. **obligación ~.**

solidarizar. TR. Hacer a alguien o algo solidario con otra persona o cosa. U. t. c. prnl.

solideo. M. Casquete de seda u otra tela ligera, que usan los eclesiásticos para cubrirse la coronilla.

solidez. F. Cualidad de sólido.

solidificación. F. Acción y efecto de solidificar.

solidificar. TR. Hacer sólido un fluido. U. t. c. prnl.

sólido, da. **I.** ADJ. **1.** Firme, macizo, denso y fuerte. *Estructuras arquitectónicas sólidas.* ‖ **2.** Dicho de un cuerpo: Que, debido a la gran cohesión de sus moléculas, mantiene forma y volumen constantes. U. t. c. s. m. ‖ **3.** Asentado, establecido con razones fundamentales y verdaderas. *Sólidos principios morales.* ‖ **II.** M. **4.** hist. Moneda de oro de los antiguos romanos, que comúnmente valía 25 denarios de oro. ‖ **5.** *Geom.* **cuerpo** (‖ objeto material de tres dimensiones). □ V. **ángulo ~, disolución ~, solución ~.**

soliloquio. M. **1.** Reflexión en voz alta y a solas. ‖ **2.** Parlamento que hace de este modo un personaje de obra dramática o de otra semejante.

solimán. M. **sublimado corrosivo.**

solio. M. **trono** (‖ asiento con gradas y dosel).

solípedo. ADJ. *Zool.* Se dice del cuadrúpedo provisto de un solo dedo, cuya uña, engrosada, constituye una funda protectora muy fuerte denominada casco; p. ej., el caballo, el asno o la cebra. U. t. c. s. m.

solipsismo. M. *Fil.* Forma radical de subjetivismo según la cual solo existe o solo puede ser conocido el propio yo.

solista. ADJ. *Mús.* Que ejecuta un solo de una pieza musical. Apl. a pers., u. t. c. s.

solitaria. F. **tenia** (‖ gusano cestodo).

solitario, ria. **I.** ADJ. **1.** Desamparado, desierto. *Tiene miedo a los lugares solitarios.* ‖ **2.** **solo** (‖ sin compañía). *Vive solitario en lo más recóndito del bosque.* ‖ **3.** Retirado, que ama la soledad o vive en ella. *Es una persona solitaria e individualista.* U. t. c. s. ‖ **II.** M. **4.** Diamante grueso que se engasta solo en una joya. ‖ **5.** Juego que ejecuta una sola persona, especialmente de naipes. □ V. **flores ~s, lombriz ~, pecado ~.**

sólito, ta. ADJ. Acostumbrado, que se suele hacer ordinariamente. *Etiqueta sólita.*

soliviantado, da. PART. de **soliviantar.** ‖ ADJ. Inquieto, perturbado, solícito.

soliviantar. TR. **1.** Mover el ánimo de alguien para inducirlo a adoptar alguna actitud rebelde u hostil. *Soliviantar los ánimos de las familias.* U. t. c. prnl. ‖ **2.** Inquietar o alterar a alguien. *La reconstrucción ha soliviantado a los arquitectos.*

soliviarse. PRNL. Dicho de una persona sentada, echada o cargada sobre algo: Alzarse un poco, sin acabarse de levantar del todo. MORF. conjug. c. *anunciar.*

solla. F. Pez muy parecido a la platija y del mismo género que esta.

sollado. M. *Mar.* Cada uno de los pisos o cubiertas inferiores del buque, donde se suelen instalar alojamientos y pañoles.

sollamar. TR. Socarrar algo con la llama. U. t. c. prnl.

sollo. M. esturión.

sollozante. ADJ. Que solloza. *Sollozante, se echó en sus brazos.*

sollozar. INTR. Respirar profunda y entrecortadamente a causa del llanto.

sollozo. M. Acción y efecto de sollozar. U. m. en pl.

solo, la. **I.** ADJ. **1.** Único en su especie. *Hay un solo Dios.* ‖ **2.** Que está sin otra cosa o que se mira separado de ella. *Tengo una sola mano libre.* || **3.** Dicho de una persona: Sin compañía. *Viajaba solo en el vagón.* || **4.** Que no tiene quien lo ampare, socorra o consuele en sus necesidades o aflicciones. *Está solo en el mundo.* || **II.** M. **5.** Paso de danza que se ejecuta sin pareja. || **6.** Juego de naipes parecido al tresillo, y en el cual gana quien hace por lo menos 36 tantos, contando por cinco la malilla de cada palo, que es el siete, por cuatro el as, por tres el rey y por dos las demás cartas, excepto los doses, ochos y nueves, que se han quitado previamente de la baraja. || **7.** En algunos juegos de naipes, lance en que se hacen todas las bazas necesarias para ganar, sin ayuda de robo ni de compañero. || **8.** *Mús.* Composición o parte de ella que canta o toca una persona *sola.* || **III.** ADV.M. **9.** Únicamente, solamente. ORTOGR. Escr. con acento cuando existe riesgo de anfibología con el adjetivo. *Estaré sólo un mes.* || **a solas.** LOC.ADV. Sin ayuda ni compañía de otro. □ V. **café ~.**

sololateco, ca. ADJ. **1.** Natural de Sololá. U. t. c. s. || **2.** Perteneciente o relativo a este departamento de Guatemala o a su cabecera.

solomillo. M. En los animales de matadero, capa muscular que se extiende por entre las costillas y el lomo.

solomo. M. **solomillo.**

solsticial. ADJ. *Astr.* Perteneciente o relativo al solsticio. *Círculo solsticial.*

solsticio. M. *Astr.* Época en que el Sol se halla en uno de los dos trópicos, lo cual sucede del 21 al 22 de junio para el de Cáncer, y del 21 al 22 de diciembre para el de Capricornio.

soltar. **I.** TR. **1.** Desatar o desceñir. *Soltar el nudo de la corbata.* || **2.** Desasir lo que estaba sujeto. *Soltar la espada, la cuerda.* U. t. c. prnl. *Soltarse los puntos de una media.* || **3.** Dejar ir o dar libertad a quien estaba detenido o preso. U. t. c. prnl. || **4.** Dar salida a lo que estaba detenido o confinado. *Soltar el agua.* U. t. c. prnl. *Soltarse la sangre.* || **5.** Hacer al vientre evacuar con frecuencia. U. t. c. prnl. || **6.** Romper en una señal de afecto interior, como la risa, el llanto, etc. || **7.** Explicar, descifrar, dar solución. *Soltar la dificultad, el argumento.* || **8.** **desprender** (|| echar de sí algo). *Este jersey suelta pelo.* || **9.** coloq. Decir con violencia o franqueza algo que se sentía contenido o que debía callarse. *Soltar un juramento, una desvergüenza.* || **II.** PRNL. **10.** Adquirir agilidad o desenvoltura en la ejecución o negociación de las cosas. || **11.** Empezar a hacer algo. *Soltarse a hablar, andar, escribir.* ¶ MORF. conjug. c. *contar.*

soltería. F. Estado de soltero.

soltero, ra. ADJ. Que no está casado. U. t. c. s.

solterón, na. ADJ. despect. Dicho de una persona: Entrada en años y que no se ha casado. U. t. c. s.

soltura. F. **1.** Agilidad, prontitud, gracia y facilidad en lo material o en lo inmaterial. || **2.** Facilidad y lucidez de dicción.

solubilidad. F. Cualidad de soluble.

soluble. ADJ. **1.** Que se puede disolver o desleír. *Café soluble.* || **2.** Que se puede resolver. *Problema soluble.*

solución. F. **1.** Acción y efecto de resolver una duda o dificultad. || **2.** Satisfacción que se da a una duda, o razón con que se deshace la dificultad de un argumento. || **3.** Acción y efecto de disolver. || **4.** Desenlace o término de un proceso, de un negocio, etc. || **5.** *Mat.* Cada una de las cantidades que satisfacen las condiciones de un problema o de una ecuación. || **6.** *Quím.* **disolución**

(|| mezcla). || **~ de continuidad.** F. Interrupción o falta de continuidad. || **~ sólida.** F. *Fís.* y *Quím.* **disolución sólida.**

solucionar. TR. Resolver un asunto, hallar solución o término a un negocio.

soluto. ADJ. *Quím.* Que está disuelto. Apl. a una sustancia o un cuerpo, u. m. c. s. m.

solutrense. ADJ. **1.** Se dice de un estadio cultural del Paleolítico superior, caracterizado especialmente por unos útiles líticos muy planos y de gran belleza en la talla. U. m. c. s. m. ORTOGR. Escr. con may. inicial c. s. || **2.** Perteneciente o relativo a este estadio cultural. *Pinturas solutrenses.*

solvencia. F. **1.** Carencia de deudas. || **2.** Capacidad de satisfacerlas. || **3.** Cualidad de solvente.

solventar. TR. **1.** Arreglar cuentas, pagando la deuda a que se refieren. || **2.** Dar solución a un asunto difícil.

solvente. ADJ. **1.** Desempeñado de deudas. *Libre de cargas y solvente de impuestos o tasas.* || **2.** Capaz de satisfacerlas. *Un banco solvente y con una creciente cartera de clientes.* || **3.** Que merece crédito. *Un estudio científico y solvente del pasado guanche.* || **4.** Capaz de cumplir una obligación, un cargo, etc., y más en especial, capaz de cumplirlos con cuidado y celo. || **5.** *Quím.* Dicho de una sustancia: Que puede disolver y producir con otra una mezcla homogénea. U. t. c. s. m.

somalí. **I.** ADJ. **1.** Natural de Somalia. U. t. c. s. || **2.** Perteneciente o relativo a este país de África. || **II.** M. **3.** Lengua somalí. ¶ MORF. pl. **somalíes** o **somalís.**

somatar. TR. **1.** *Am. Cen.* golpear. || **2.** *Am. Cen.* **rematar** (|| vender a precio más bajo).

somatén. M. hist. Cuerpo de gente armada, no perteneciente al Ejército, que se reúne a toque de campana para perseguir a los criminales o defenderse del enemigo. Es instituto propio de Cataluña.

somático, ca. ADJ. **1.** En un ser animado, que es material o corpóreo. *Proceso somático.* || **2.** *Biol.* Dicho de un síntoma: Cuya naturaleza es eminentemente corpórea o material, en oposición al síntoma *psíquico.*

somatización. F. Acción y efecto de somatizar.

somatizar. TR. Transformar problemas psíquicos en síntomas orgánicos de manera involuntaria. U. t. c. intr. *Tiene tendencia a somatizar.* U. t. c. prnl. *Los trastornos psíquicos tienden a somatizarse.*

sombra. F. **1.** Oscuridad, falta de luz, más o menos completa. U. m. en pl. *Las sombras de la noche.* || **2.** Imagen oscura que sobre una superficie cualquiera proyecta un cuerpo opaco, interceptando los rayos directos de la luz. *La sombra de un árbol. La sombra de un edificio.* || **3.** **oscuridad** (|| falta de luz y conocimiento). || **4.** Mácula, defecto. *El grabado tiene una sombra en la parte superior.* || **5.** **sombra de ojos.** || **6.** coloq. Persona que sigue a otra por todas partes. || **7.** *Pint.* Color oscuro, contrapuesto al claro, con que los pintores y dibujantes representan la falta de luz, dando entonación a sus obras y bulto aparente a los objetos. || **8.** *Telec.* Lugar, zona o región a la que, por una u otra causa, no llegan las imágenes, sonidos o señales transmitidos por un emisor. || **~ de ojos.** F. Producto cosmético que sirve para colorear los párpados. || **~ de Venecia.** F. *Pint.* Color pardo negruzco que se prepara con lignito terroso. || **buena ~.** F. **1.** coloq. Gracia, simpatía, encanto. || **2.** coloq. Buena intención. || **mala ~.** **I.** F. **1.** coloq. Mala idea o intención. || **2.** coloq. Mala suerte. || **II.** COM. **3.** Persona que tiene mala idea o intención. U. t. c. loc. adj. || **~s chinescas.** F. pl. Espectáculo que consiste en unas figuras que se mueven detrás de una cortina de papel o lienzo blanco iluminadas por la parte opuesta a los espectadores. ‖ **a la ~.** LOC.ADV. coloq. En la cárcel. *Estar a la sombra.* ‖ **hacer ~** alguien o algo. LOC.VERB. Hacer que aparezcan atenuados los méritos de otra persona o cosa, por comparación con los suyos. ‖ **ni por ~.** LOC.ADV. De ningún modo. ‖ **no ser** alguien o algo ~, o **ni ~, de lo que era.** LOCS.VERBS. Haber degenerado o decaído en extremo; haber cambiado mucho y desventajosamente. ‖ **no tener** alguien ~, o **ni ~, de** algo. LOCS.VERBS. Carecer absolutamente de ello. *Juan no tiene ni sombra de miedo.*

sombraje. M. sombrajo.

sombrajo. M. Cobijo o protección de ramas, mimbres, esteras, etc., para hacer sombra.

sombreado. M. *Pint.* Acción y efecto de **sombrear** (‖ una pintura).

sombrear. TR. **1.** Dar o producir sombra. ‖ **2.** *Pint.* Poner sombra en una pintura o dibujo.

sombrerazo. M. Golpe dado con el sombrero.

sombrerera. F. Caja para guardar el sombrero.

sombrerería. F. **1.** Oficio de hacer sombreros. ‖ **2.** Fábrica donde se hacen. ‖ **3.** Tienda donde se venden.

sombrerero, ra. M. y F. Persona que hace sombreros o los vende.

sombrerete. M. *Bot.* sombrerillo.

sombrerillo. M. *Bot.* Parte abombada de las setas, especie de sombrilla sostenida por el pedicelo. En su cara inferior hay numerosas láminas que, partiendo de la periferia, se reúnen en el centro, y en las cuales se forman las esporas.

sombrero. M. **1.** Prenda de vestir, que sirve para cubrir la cabeza, y que generalmente consta de copa y ala. ‖ **2.** Capa formada por hollejos y escobajos en la superficie del mosto en fermentación. ‖ **3.** *Bot.* sombrerillo. ‖ **~ apuntado.** M. hist. El de ala grande, recogida por ambos lados y sujeta con una puntada por encima de la copa, usado solamente como prenda de uniforme. ‖ **~ chambergo.** M. hist. El de copa más o menos acampanada y de ala ancha levantada por un lado y sujeta con presilla, el cual solía adornarse con plumas y cintillos y también con una cinta que, rodeando la base de la copa, caía por detrás. ‖ **~ cordobés.** M. El de fieltro, de ala ancha y plana, con copa baja cilíndrica. ‖ **~ de canal,** o **~ de canoa.** M. hist. **sombrero de teja.** ‖ **~ de copa,** o **~ de copa alta.** M. El de ala estrecha y copa alta, casi cilíndrica y plana por encima, generalmente forrado de felpa de seda negra. ‖ **~ de jipijapa.** M. El de ala ancha tejido con paja muy fina, que se fabrica en Jipijapa y en otras varias poblaciones ecuatorianas. ‖ **~ de teja.** M. hist. sombrero usado por los eclesiásticos, que antiguamente tenía levantadas y abarquilladas las dos mitades laterales de su ala en forma de teja. ‖ **~ de tres picos.** M. El que teniendo levantada y abarquillada el ala por terceras partes, forma en su base un triángulo con tres picos. ‖ **~ flexible.** M. El de fieltro sin apresto. ‖ **~ gacho.** M. hist. El de copa baja y ala ancha y tendida hacia abajo. ‖ **~ hongo.** M. El de copa baja, rígida y forma semiesférica. ‖ **~ jarano.** M. El de fieltro, usado en América, muy duro, de color blanco, ala ancha y tendida horizontalmente, y bajo de copa, la cual suele llevar un cordón que la rodea por la base y cuyos dos extremos caen por detrás y rematan con borlas. ‖ **quitarse el ~.** LOC.VERB. Se usa para expresar la admiración por algo o

alguien. ‖ **sacarse el ~.** LOC.VERB. *Am. Mer.* **quitarse el sombrero.**

sombrilla. F. quitasol.

sombrío, a. ADJ. **1.** Dicho de un lugar: De poca luz y en que frecuentemente hay sombra. *Un túnel sombrío y enfangado.* ‖ **2.** Tétrico, melancólico. *El rostro sombrío y triste de su padre.*

sombroso, sa. ADJ. **1.** Que hace mucha sombra. *Árboles de sombrosa fronda.* ‖ **2.** Dicho de un lugar: De poca luz y en que frecuentemente hay sombra. *Una sombrosa gruta.*

somero, ra. ADJ. **1.** Casi encima o muy inmediato a la superficie. *Zonas someras o litorales.* ‖ **2.** Ligero, superficial, hecho con poca meditación y profundidad. *Una somera reflexión.*

someter. TR. **1.** Sujetar, humillar a una persona, una tropa o una facción. U. t. c. prnl. ‖ **2.** Conquistar, subyugar, pacificar un pueblo, provincia, etc. U. t. c. prnl. ‖ **3.** Subordinar el juicio, decisión o afecto propios a los de otra persona. ‖ **4.** Proponer a la consideración de alguien razones, reflexiones u otras ideas. *Someter a debate la propuesta.* ‖ **5.** Hacer que alguien o algo reciba o soporte cierta acción. U. t. c. prnl. *Someterse a una operación quirúrgica.*

sometimiento. M. Acción y efecto de someter.

somier. M. Soporte de tela metálica, láminas de madera, etc., sobre el que se coloca el colchón.

somnífero, ra. ADJ. Dicho especialmente de un medicamento: Que da o causa sueño. U. t. c. s. m.

somnolencia. F. Pesadez y torpeza de los sentidos motivadas por el sueño.

somnoliento, ta. ADJ. Que tiene o denota sueño. *Viajeros somnolientos. Expresión somnolienta.*

somocismo. M. Movimiento político y social desarrollado en Nicaragua entre 1937 y 1979 bajo el gobierno dictatorial de varios miembros de la familia Somoza.

somocista. ADJ. **1.** Perteneciente o relativo al somocismo. *Dictadura somocista.* ‖ **2.** Partidario del somocismo o seguidor de él. U. t. c. s.

somontano, na. ADJ. **1.** Dicho de una región o de un terreno: Situados al pie de una montaña. U. t. c. s. ‖ **2.** Natural del Alto Aragón. U. t. c. s. ‖ **3.** Perteneciente o relativo a esta región situada en las vertientes de los Pirineos.

somorgujar. INTR. Bucear bajo el agua.

somorgujo. M. Ave palmípeda, con pico recto y agudo, alas cortas, patas vestidas, plumas del lomo, cabeza y cuello negras, pecho y abdomen blancos, costados castaños, y un penacho de plumas detrás de cada ojo. Vuela poco y puede mantener por mucho tiempo sumergida la cabeza bajo el agua.

somormujo. M. somorgujo.

somoteño, ña. ADJ. **1.** Natural de Somoto. U. t. c. s. ‖ **2.** Perteneciente o relativo a esta ciudad de Nicaragua, cabecera del departamento de Madriz.

son. M. Sonido que afecta agradablemente al oído, en especial el que se hace con arte. ‖ **al ~ de un instrumento.** LOC.ADV. Con acompañamiento de ese instrumento. *Bailar al son de la guitarra.* ‖ **¿a qué ~?,** o **¿a ~ de qué?** EXPRS. coloqs. ¿Con qué motivo? *¿A qué son se ha de hacer esto?* ‖ **bailar** alguien **a cualquier ~.** LOC.VERB. coloq. Mudar fácilmente de afecto o pasión. ‖ **bailar** alguien **al ~ que le tocan.** LOC.VERB. coloq. Acomodar la conducta propia a los tiempos y circunstancias. ‖ **en ~ de.** LOC. PREPOS. **1.** De tal modo o a manera de. ‖ **2.** A título de, con ánimo de.

sonado, da. PART. de **sonar**[1]. ‖ ADJ. **1. famoso** (‖ que tiene fama). *El sonado juez llevará el caso.* ‖ **2.** Divulgado con mucho ruido y admiración. *Una sonada demanda judicial.* ‖ **3.** Dicho de un boxeador: Que ha perdido facultades mentales como consecuencia de los golpes recibidos en los combates. ‖ **4.** coloq. **chiflado.**

sonador, ra. ADJ. Que **suena** (‖ hace ruido). *Sonadoras espuelas.* Apl. a un dispositivo, u. t. c. s. m.

sonaja. F. **1.** Par o pares de chapas de metal que, atravesadas por un alambre, se colocan en algunos juguetes e instrumentos rústicos para hacerlas sonar agitándolas. ‖ **2.** pl. Instrumento rústico que consiste en un aro de madera delgada con varias sonajas colocadas en otras tantas aberturas.

sonajero. M. Juguete con sonajas o cascabeles, que sirve para entretener a los bebés.

sonambulismo. M. Estado de sonámbulo.

sonámbulo, la. ADJ. Dicho de una persona: Que mientras está dormida tiene cierta aptitud para ejecutar algunas funciones correspondientes a la vida de relación exterior, como las de levantarse, andar y hablar. U. t. c. s.

sonante. **I.** ADJ. **1.** Que suena. *Pagos en moneda sonante.* ‖ **2.** Fon. **sonántico.** ‖ **II.** F. **3.** Fon. Consonante que funciona como vocal y forma núcleo silábico. □ V. **dinero contante y ~, moneda contante y ~.**

sonántico, ca. ADJ. Fon. Se dice de las consonantes líquidas y nasales con resonancia vocálica o vocal reducida, que pueden ser silábicas y desarrollar plenamente su vocal.

sonar[1]. **I.** INTR. **1.** Dicho de una cosa: Hacer o causar ruido. ‖ **2.** Dicho de una letra: Tener valor fónico. *La letra «h» no suena.* ‖ **3.** Mencionarse, citarse. *Su nombre no suena en aquella escritura.* ‖ **4.** Dicho de una cosa: Tener visos o apariencias de algo. *La proposición sonaba a interés y la aceptaron.* ‖ **5.** Susurrarse, esparcirse rumores de algo. MORF. U. solo en 3.ª pers. *Suena que habrá crisis.* ‖ **6.** coloq. Dicho de una persona o de una cosa: Ofrecerse vagamente al recuerdo como ya oída o vista anteriormente. *No me suena ese apellido.* ‖ **7.** Chile. Sufrir las consecuencias de algún hecho o cambio. *Los inquilinos estaban bien, pero sonaron cuando se dictó la nueva ley de alquileres.* ‖ **II.** TR. **8.** Tocar o tañer algo para que suene con arte y armonía. ‖ **9.** Limpiar de mocos las narices, haciéndolos salir con una espiración violenta. U. m. c. prnl. ¶ MORF. conjug. c. *contar.* ‖ **como suena.** LOC.ADV. coloq. Literalmente, con arreglo al sentido estricto de las palabras. ‖ **hacer ~.** LOC.VERB. Chile. Ganar en una pelea, dejando al adversario fuera de combate. ‖ **~ bien** una expresión. LOC.VERB. Producir buena impresión en el ánimo de quien la oye. ‖ **~ mal** una expresión. LOC.VERB. Producir mala impresión en el ánimo de quien la oye.

sonar[2]. M. Aparato que detecta la presencia y situación de objetos sumergidos mediante ondas acústicas, producidas por el propio objeto o por la reflexión de las emitidas por el aparato.

sonata. F. *Mús.* Composición musical, para uno o más instrumentos, que consta generalmente de tres o cuatro movimientos, uno de ellos escrito en forma sonata. □ V. **forma ~.**

sonatina. F. *Mús.* Sonata corta y, por lo común, de fácil ejecución.

sonda. F. **1.** Acción y efecto de sondar. ‖ **2.** Cuerda con un peso de plomo, que sirve para medir la profundidad de las aguas y explorar el fondo. ‖ **3.** Barrena que sirve para abrir en los terrenos taladros de gran profundidad. ‖ **4.** *Mar.* Sitio del mar cuya profundidad es comúnmente sabida. ‖ **5.** *Med.* Instrumento más o menos largo, delgado y liso, metálico o de goma elástica, rígido o flexible, destinado para explorar cavidades y conductos naturales, o la profundidad y dirección de las heridas, y especialmente para dar curso y salida a la orina u otros líquidos. ‖ **~ acanalada.** F. *Med.* Vástago de metal, acanalado por una de sus caras, y que se usa para introducir sin riesgo el bisturí a través de un órgano. □ V. **globo ~.**

sondaleza. F. *Mar.* Cuerda larga y delgada, con la cual se sondea y se reconocen las brazas de agua que hay desde la superficie hasta el fondo.

sondar. TR. **1.** **sondear** (‖ averiguar la profundidad del agua). ‖ **2.** **sondear** (‖ averiguar la naturaleza del subsuelo). ‖ **3.** *Med.* Introducir en el cuerpo por algún conducto, natural o accidental, un instrumento de forma especial para combatir una estrechez, destruir un obstáculo que se opone al libre ejercicio de la función de un órgano, o para conducir al interior sustancias líquidas o gaseosas, y otras veces para extraerlas.

sondear. TR. **1.** Echar un instrumento al agua para averiguar la profundidad y la calidad del fondo. *El peón sondeaba constantemente el agua con largas cañas.* ‖ **2.** Averiguar la naturaleza del subsuelo con una sonda. ‖ **3.** Hacer las primeras averiguaciones sobre alguien o algo. *Sondear las posibilidades del mercado.*

sondeo. M. **1.** Acción y efecto de sondear. ‖ **2.** Investigación de la opinión de una colectividad acerca de un asunto mediante encuestas realizadas en pequeñas muestras, que se juzgan representativas del conjunto a que pertenecen. ‖ **3.** Resultado de dicha investigación.

sonecillo. M. Son que se percibe poco.

sonería. F. **1.** Dispositivo o mecanismo que hace sonar las horas en un reloj. ‖ **2.** Sonido producido por este dispositivo.

sonetillo. M. Soneto de versos de ocho o menos sílabas.

sonetista. COM. Autor de sonetos.

soneto. M. Composición poética que consta de catorce versos endecasílabos distribuidos en dos cuartetos y dos tercetos.

sónico, ca. ADJ. *Fís.* Perteneciente o relativo al sonido.

sonido. M. **1.** Sensación producida en el órgano del oído por el movimiento vibratorio de los cuerpos, transmitido por un medio elástico, como el aire. ‖ **2.** *Fís.* Vibración mecánica transmitida por un medio elástico. ‖ **3.** *Fon.* Realización oral de un fonema, constituida por rasgos pertinentes y no pertinentes. □ V. **banda de ~, barrera del ~, cadena de ~.**

sonio. M. *Acús.* Unidad de sonoridad equivalente a 40 fonios.

soniquete. M. **1.** Son que se percibe poco. ‖ **2.** **sonsonete.**

sonora. F. *Fon.* Consonante **sonora** (‖ que se articula con vibración de las cuerdas vocales).

sonorense. ADJ. **1.** Natural de Sonora. U. t. c. s. ‖ **2.** Perteneciente o relativo a este estado de México.

sonoridad. F. **1.** Cualidad de sonoro. ‖ **2.** *Fís.* Cualidad de la sensación auditiva que permite apreciar la mayor o menor intensidad de los sonidos. Su unidad en el Sistema Internacional es el *fonio.*

sonorización. F. Acción y efecto de sonorizar.

sonorizar. TR. **1.** Incorporar sonidos, ruidos, etc., a la banda de imágenes previamente dispuesta. ‖ **2.** Instalar equipos sonoros en lugar cerrado o abierto necesarios para obtener una buena audición. *Sonorizar las habitaciones con hilo musical.* ‖ **3.** Ambientar una escena, un programa, etc., mediante los sonidos adecuados. *Sonorizar con la voz algunos gestos de los mimos.* ‖ **4.** *Fon.* Convertir una consonante sorda en sonora. U. t. c. intr. y c. prnl.

sonoro, ra. ADJ. **1.** Perteneciente o relativo al sonido. *Recursos sonoros.* ‖ **2.** Que suena o puede sonar. *Cristal sonoro.* ‖ **3.** Que suena bien, o que suena mucho y agradablemente. *Voz, palabra sonora. Instrumento, verso, período sonoro.* ‖ **4.** Dicho de un lugar: Que permite una buena audición en su interior. *Bóveda sonora.* ‖ **5.** *Fon.* Dicho de un sonido: Que se articula con vibración de las cuerdas vocales. □ V. **banda ~, cine ~, onda ~.**

sonoroso, sa. ADJ. sonoro.

sonreír. INTR. **1.** Reírse un poco o levemente, y sin ruido. U. t. c. prnl. ‖ **2.** Dicho de un asunto, de un suceso, de una esperanza, etc.: Mostrarse favorables o halagüeños para alguien. ¶ MORF. V. conjug. modelo.

sonriente. ADJ. Que sonríe.

sonrisa. F. Acción y efecto de sonreír.

sonrisueño, ña. ADJ. Que se sonríe.

sonrojar. TR. Hacer salir los colores al rostro diciendo o haciendo algo que cause empacho o vergüenza. U. t. c. prnl.

sonrojo. M. Acción y efecto de sonrojar.

sonrosar. TR. Dar, poner o causar color como de rosa. U. t. c. prnl.

sonsacador, ra. ADJ. Que sonsaca. U. t. c. s.

sonsacar. TR. Procurar con maña que alguien diga o descubra lo que sabe y reserva. *Los intentos por sonsacar algo a la abuela resultaron inútiles.*

sonsera. F. *Á. Andes.* zoncera.

sonso, sa. ADJ. zonzo. U. m. en América. U. t. c. s.

sonsonateco, ca. ADJ. **1.** Natural de Sonsonate. U. t. c. s. ‖ **2.** Perteneciente o relativo a este departamento de El Salvador o a su cabecera.

sonsonete. M. **1.** Sonido que resulta de los golpes pequeños y repetidos que se dan en una parte, imitando un son de música. ‖ **2.** Tonillo o modo especial en la risa o palabras, que denota desprecio o ironía.

sonto, ta. ADJ. **1.** *Am. Cen.* Dicho de una persona o de un animal: Faltos de una oreja. ‖ **2.** *Am. Cen.* Desparejado, sin pareja. *Espuela sonta.*

soñador, ra. ADJ. **1.** Que sueña mucho. ‖ **2.** Que discurre fantásticamente, sin tener en cuenta la realidad. *Es una persona fantasiosa y soñadora.*

soñar. I. TR. **1.** Representar en la fantasía imágenes o sucesos mientras se duerme. *Soñé que podía volar.* U. t. c. intr. *Soñó CON sus antepasados.* ‖ **2.** Discurrir fantásticamente y dar por cierto y seguro lo que no lo es. *Soñaban que había vuelto la paz.* U. t. c. intr. ‖ **3.** Temer a alguien, acordarse de su venganza o castigo. U. m. c. amenaza. *Yo os haré que me soñéis. Me vas a soñar.* ‖ **II.** INTR. **4.** Anhelar persistentemente algo. *Soñar con grandezas.* ¶ MORF. conjug. c. *contar.* ‖ **ni ~lo. I.** EXPR. **1.** coloq. Se usa para explicar que se está lejos de un asunto, y que ni aun por sueño se ha ofrecido al pensamiento. ‖ **II.** LOC. INTERJ. **2.** Se usa para rehusar o rechazar algo. ‖ **~ despierto.** LOC.VERB. soñar (‖ discurrir fantásticamente y dar por cierto lo que no es).

soñera. F. Propensión al sueño.

soñolencia. F. somnolencia.

soñoliento, ta. ADJ. **1.** Acometido por el sueño o muy inclinado a él. *Un pajarillo soñoliento en la rama.* ‖ **2.** Que causa sueño. *Una película aburrida y soñolienta.*

sopa. F. **1.** Plato compuesto de rebanadas de pan, fécula, arroz, fideos u otras pastas, y el caldo de la olla u otro análogo en que se han cocido. ‖ **2.** Plato compuesto de un líquido alimenticio y de rebanadas de pan. *Sopa de leche. Sopa de almendras.* ‖ **3.** Pasta, fécula o verduras que se mezclan con el caldo en el plato de este mismo nombre. ‖ **4.** Pedazo de pan empapado en cualquier líquido. ‖ **5.** hist. **sopa boba** (‖ comida que se daba a los pobres). ‖ **6.** pl. Rebanadas de pan que se cortan para echarlas en el caldo. ‖ **~ boba.** F. **1.** hist. Comida que se daba a los pobres en los conventos. ‖ **2.** Vida holgazana y a expensas de otro. *Comer la sopa boba. Andar a la sopa boba.* ‖ **~ de letras.** F. Pasatiempo consistente en detectar ciertas palabras dentro de un cuadro compuesto de letras aparentemente desordenadas. ‖ **~ juliana.** F. La preparada con verduras cortadas en juliana. ‖ **~s de ajo.** F. pl. Las que se hacen de rebanadas de pan cocidas en agua, y aceite frito con ajos, sal y, a veces, pimienta o pimentón. ‖ **como una ~.** LOC.ADJ. coloq. **hecho una sopa.** ‖ **hasta en la ~.** LOC.ADV. coloq. En todas partes. ‖ **hecho, cha una ~.** LOC. ADJ. coloq. Muy mojado.

sopaipilla. F. *Á. Andes* y *Chile.* Masa que, bien batida, frita y enmelada, forma una especie de hojuela gruesa.

sopapear. TR. coloq. Dar sopapos.

sopapo. M. coloq. Golpe que se da con la mano en la cara.

sopear. TR. Hacer sopa.

sopeña. F. Espacio o concavidad que forma una peña por su pie o parte inferior.

sopera. F. Vasija honda en que se sirve la sopa en la mesa.

sopero, ra. I. ADJ. **1.** Dicho de una cuchara: Que se usa para comer la sopa. ‖ **2.** Dicho de una persona: Aficionada a la sopa. ‖ **II.** M. **3.** **plato hondo.** □ V. **plato ~.**

sopesar. TR. **1.** Levantar algo como para tantear el peso que tiene o para reconocerlo. *Sopesó el paquete antes de abrirlo.* ‖ **2.** Examinar con atención el pro y el contra de un asunto. *Sopesó mis palabras para responderme.*

sopetón. de ~. LOC.ADV. coloq. Pronta e impensadamente, de improviso.

sopicaldo. M. Caldo con muy pocas sopas.

sopié. M. Terreno situado en la falda de una montaña.

sopilote. M. *Méx.* zopilote.

sopista. M. hist. Estudiante que seguía su carrera literaria sin otros recursos que los de la caridad.

soplado. M. Acción y efecto de **soplar** (‖ la pasta de vidrio).

soplador, ra. I. ADJ. **1.** Que sopla. *Motor soplador.* ‖ **II.** M. y F. **2.** Persona que tiene como trabajo soplar en la pasta de vidrio para obtener las formas previstas. ‖ **III.** M. **3.** **aventador** (‖ soplillo, abanico). ‖ **4.** Abertura por donde sale con fuerza el aire de las cavidades subterráneas.

soplamocos. M. coloq. Golpe que se da a alguien en la cara, especialmente en las narices.

soplante. I. ADJ. **1.** Dicho especialmente del viento: Que sopla. ‖ **II.** AMB. **2.** Máquina impulsora de grandes cantidades de aire o gas a una presión determinada.

soplapollas. COM. malson. Persona tonta o estúpida.

soplar. I. TR. **1.** Apartar con el soplo algo. *Sopló la ceniza que tenía en sus manos.* ‖ **2.** Inflamar algo con aire.

Sopló la brasa del cigarrillo para que no se apagara. U. t. c. prnl. ‖ **3.** Insuflar aire en la pasta de vidrio a fin de obtener las formas previstas. ‖ **4.** coloq. Sugerir a alguien algo que debe decir y no acierta o ignora. *Juan sopló el examen a su compañera.* ‖ **5.** coloq. Acusar o delatar. *Soplaron a la policía el nombre del ladrón.* ‖ **II.** INTR. **6.** Despedir aire con violencia por la boca, alargando los labios un poco abiertos por su parte media. U. t. c. tr. ‖ **7.** Hacer que los fuelles u otros artificios adecuados arrojen el aire que han recibido. ‖ **8.** Dicho del viento: Correr, haciéndose sentir. ‖ **sopla.** INTERJ. Se usa para denotar admiración o ponderación.

soplete. M. **1.** Instrumento constituido principalmente por un tubo destinado a recibir por uno de sus extremos la corriente gaseosa que al salir por el otro se aplica a una llama para dirigirla sobre objetos que se han de fundir o examinar a muy elevada temperatura. ‖ **2.** Canuto de boj por donde se hincha de aire la gaita gallega.

soplido. M. Acción y efecto de soplar.

soplillo. M. **1.** Utensilio circular pequeño, comúnmente de esparto, con mango o sin él, que se usa para avivar el fuego. ‖ **2.** Especie de tela de seda muy ligera. ‖ **3.** *Chile.* Trigo aún no maduro que se come tostado. □ V. **orejas de ~.**

soplo. M. **1.** Acción y efecto de soplar. ‖ **2.** Instante o brevísimo tiempo. *Desapareció en un soplo.* ‖ **3.** coloq. Aviso que se da en secreto y con cautela. ‖ **4.** coloq. Denuncia de una falta de alguien. ‖ **5.** *Med.* Ruido peculiar que se aprecia en la auscultación de distintos órganos y que puede ser normal o patológico.

soplón, na. ADJ. coloq. Dicho de una persona: Que acusa en secreto y cautelosamente. U. t. c. s.

soplonaje. M. **1.** *Chile.* Conjunto de soplones. ‖ **2.** *Chile.* Costumbre de delatar.

soponcio. M. coloq. Desmayo, congoja.

sopor. M. **1.** Adormecimiento, somnolencia. ‖ **2.** *Med.* Modorra morbosa persistente.

soporífero, ra. ADJ. Que mueve o inclina al sueño. U. t. en sent. fig. *Un discurso soporífero.* Apl. a un medicamento o una sustancia, u. t. c. s. m.

soporoso, sa. ADJ. Que tiene o padece sopor.

soportador, ra. ADJ. Que soporta. *Sujeto soportador de calumnias.*

soportal. M. **1.** Pórtico, a manera de claustro, que tienen algunos edificios o manzanas de casas en sus fachadas y delante de las puertas y tiendas que hay en ellas. U. m. en pl. con el mismo significado que en sing. ‖ **2.** Espacio cubierto que en algunas casas precede a la entrada principal.

soportar. TR. **1.** Sostener o llevar sobre sí una carga o peso. *Los gruesos muros soportan el peso del edificio.* U. t. en sent. fig. *Soporta la carga de toda la familia.* ‖ **2.** sufrir (‖ aguantar, tolerar). *Soportó resignada sus insultos.*

soporte. M. **1.** Apoyo o sostén. ‖ **2.** *Heráld.* Cada una de las figuras que sostienen el escudo. ‖ **3.** *Quím.* Sustancia inerte que en un proceso proporciona la adecuada superficie de contacto o fija alguno de sus reactivos. ‖ **4.** *Telec.* Material en cuya superficie se registra información, como el papel, la cinta de vídeo o el disco compacto. ‖ **~ físico.** M. *Inform.* equipo (‖ conjunto de aparatos de una computadora u ordenador). ‖ **~ lógico.** M. *Inform.* Conjunto de programas, instrucciones y reglas informáticas para ejecutar ciertas tareas en una computadora u ordenador.

soprano. **I.** M. **1.** *Mús.* Voz más aguda de las voces humanas. ‖ **II.** COM. **2.** *Mús.* Persona que tiene voz de soprano.

soquete. M. **1.** *Á. guar., Á. R. Plata* y *Chile.* Calcetín corto que cubre el pie hasta el tobillo. ‖ **2.** *Chile.* **portalámpara.**

sor. F. **hermana.** Se usa ante los nombres de las religiosas. *Sor María. Sor Juana.*

sorbedor, ra. ADJ. Que sorbe.

sorber. TR. **1.** Beber aspirando. *Sorbían el té.* ‖ **2.** Atraer hacia dentro la mucosidad nasal. ‖ **3.** Atraer hacia dentro de sí algunas cosas aunque no sean líquidas. *Sorbe rapé.* ‖ **4.** Dicho del ánimo: Apoderarse con avidez de algún deseo.

sorbete. M. Refresco de zumo de frutas con azúcar, o de agua, leche o yemas de huevo azucaradas y aromatizadas con esencias u otras sustancias, al que se da cierto grado de congelación pastosa.

sorbo. M. **1.** Acción y efecto de sorber un líquido. ‖ **2.** Porción que se sorbe de una vez. ‖ **3.** Cantidad pequeña de una bebida. ‖ **a ~s.** LOC. ADV. Poco a poco, con ligeros intervalos. *Vivir una experiencia a sorbos.*

sorda. F. **1.** **becada.** ‖ **2.** *Fon.* Consonante **sorda** (‖ que se articula sin vibración de las cuerdas vocales).

sordera. F. Privación o disminución de la facultad de oír.

sordez. F. *Fon.* Cualidad de **sordo** (‖ sin vibración de las cuerdas vocales).

sordidez. F. Cualidad de sórdido.

sórdido, da. ADJ. **1.** Impuro, indecente o escandaloso. *Los más sórdidos casos de maltrato infantil.* ‖ **2.** Mezquino, avariento. *Sórdido egocentrismo.*

sordina. F. **1.** Pieza pequeña que se ajusta por la parte superior del puente a los instrumentos de arco y cuerda para disminuir la intensidad y variar el timbre del sonido. ‖ **2.** Pieza que para el mismo fin se pone en otros instrumentos. ‖ **3.** Registro en los órganos y pianos, con que se produce el mismo efecto. ‖ **a la ~.** LOC. ADV. De manera silenciosa, sin estrépito y con disimulo.

sordino. M. Instrumento musical de cuerda, parecido al violín, que tiene dos tablas y a veces una sola, sin concavidad, por lo que sus voces son menos sonoras.

sordo, da. ADJ. **1.** Que no oye, o no oye bien. *Anciano sordo.* Apl. a pers., u. t. c. s. ‖ **2.** Callado, silencioso y sin ruido. *Persecuciones sordas.* ‖ **3.** Que suena poco o sin timbre claro. *Ruido sordo. Campana sorda.* ‖ **4.** Insensible a las súplicas o al dolor ajeno. *Permanecen sordos ante el hambre del mundo.* ‖ **5.** Indócil a las persuasiones, consejos o avisos. *Seguía sordo a mis consejos.* ‖ **6.** *Fon.* Dicho de un sonido: Que se articula sin vibración de las cuerdas vocales. □ V. **diálogo de sordos, dolor ~, guerra ~, linterna ~.**

sordomudez. F. Cualidad de sordomudo.

sordomudo, da. ADJ. Privado de la facultad de hablar por sordera de nacimiento. U. t. c. s.

sordón. M. hist. Bajón antiguo semejante al fagot, con lengüeta doble de caña y doble tubo.

sorgo. M. **1.** Planta anual, originaria de la India, de la familia de las Gramíneas, con cañas de dos a tres metros de altura, llenas de un tejido blanco y algo dulce y vellosas en los nudos; hojas lampiñas, ásperas en los bordes, flores en panoja floja, grande y derecha, o espesa, arracimada y colgante, y granos mayores que los cañamones, algo rojizos, blanquecinos o amarillos. Sirven estos para hacer pan y de alimento a las aves, y toda la planta de pasto a las vacas y otros animales. ‖ **2.** Semilla de esta planta.

sorianense. ADJ. **1.** Natural de Soriano. U. t. c. s. ‖ **2.** Perteneciente o relativo a este departamento del Uruguay.

soriano, na. ADJ. **1.** Natural de Soria. U. t. c. s. ‖ **2.** Perteneciente o relativo a esta ciudad de España o a su provincia.

soriasis. F. *Med.* psoriasis.

sorna. F. ironía (‖ tono burlón con que se dice algo).

sornar. INTR. pernoctar.

soro. M. *Bot.* Conjunto de esporangios que se presentan formando unas manchas pequeñas en el reverso de las hojas de los helechos.

soroche. M. **1.** *Am. Mer.* mal de montaña. ‖ **2.** *Chile.* galena.

sororal. ADJ. Perteneciente o relativo a la hermana. *Burla sororal.*

sorprendente. ADJ. Que sorprende o admira. *Conducta sorprendente.*

sorprender. TR. **1.** Coger desprevenido. *Sorprendió a su rival con un gran golpe.* ‖ **2.** Conmover o maravillar con algo imprevisto, raro o incomprensible. *Me sorprendió tu valor.* U. t. c. prnl. ‖ **3.** Descubrir a alguien que oculta o disimula algo. *Sorprendieron a Pedro en actitud sospechosa.*

sorpresa. F. **1.** Acción y efecto de sorprender. ‖ **2.** Cosa que da motivo para que alguien se sorprenda. *En el armario había una sorpresa.* ‖ **coger** a alguien **de, o por, ~** algo. LOCS.VERBS. **sorprender** (‖ coger desprevenido).

sorpresivo, va. ADJ. Que se produce por sorpresa, inesperado. *Resultado sorpresivo.*

sorteador, ra. ADJ. Que sortea. Apl. a pers., u. t. c. s.

sortear. TR. **1.** Someter a alguien o algo al resultado de los medios que se emplean para fiar a la suerte una resolución. *Sortearon los terrenos de juego antes de comenzar el partido.* ‖ **2.** Evitar con maña o eludir un compromiso, conflicto, riesgo o dificultad. ‖ **3.** Lidiar a pie y hacer suertes a los toros.

sorteo. M. Acción de sortear.

sortija. F. **1.** Anillo, especialmente el que se lleva por adorno en los dedos de la mano. ‖ **2.** Rizo del cabello, en forma de anillo, natural o artificial.

sortilegio. M. **1.** Adivinación que se hace por suertes supersticiosas. ‖ **2.** Hechizo o encantamiento.

sortílego, ga. ADJ. Que adivina o pronostica algo por medio de suertes supersticiosas. U. t. c. s.

sosa. F. **1.** barrilla (‖ planta). ‖ **2.** *Quím.* Hidróxido sódico, muy cáustico. (Fórm. *NaOH*).

sosegado, da. PART. de **sosegar.** ‖ ADJ. Quieto, pacífico naturalmente o por su genio.

sosegador, ra. ADJ. Que sosiega. *Murmullo sosegador.*

sosegar. **I.** TR. **1.** Aplacar, pacificar, aquietar. *Sosegó su respiración.* U. t. c. prnl. ‖ **2.** Aquietar las alteraciones del ánimo, mitigar las turbaciones y movimientos o el ímpetu de la cólera y ira. *Intentó sosegar su enfado.* U. t. c. prnl. ‖ **II.** INTR. **3.** Descansar, reposar, aquietarse o cesar la turbación o el movimiento. U. t. c. prnl. ¶ MORF. conjug. c. *acertar.*

sosera. F. sosería.

sosería. F. **1.** Insulsez, falta de gracia y de viveza. ‖ **2.** Dicho o hecho insulso y sin gracia.

sosia. COM. sosias.

sosias. COM. Persona que tiene parecido con otra hasta el punto de poder ser confundida con ella.

sosiego. M. Quietud, tranquilidad, serenidad.

soslayar. TR. Pasar por alto o de largo, dejando de lado alguna dificultad.

soslayo. al ~. LOC.ADV. De manera oblicua. ‖ **de ~.** LOC. ADV. **1.** al soslayo. ‖ **2.** De largo, de pasada o por encima, para esquivar una dificultad.

soso, sa. ADJ. **1.** Que no tiene sal, o tiene poca. *Arroz soso.* ‖ **2.** Que tiene poco sabor. *La sosa comida de abstinencia.* ‖ **3.** Dicho de una persona, de una acción o de una palabra: Que carece de gracia y viveza. Apl. a pers., u. t. c. s.

sospecha. F. Acción y efecto de sospechar.

sospechable. ADJ. sospechoso (‖ que da motivo para sospechar).

sospechar. **I.** TR. **1.** Aprehender o imaginar algo por conjeturas fundadas en apariencias o visos de verdad. ‖ **II.** INTR. **2.** Desconfiar, dudar, recelar de alguien.

sospechoso, sa. **I.** ADJ. **1.** Que da fundamento o motivo para sospechar o hacer mal juicio de las acciones, conducta, rasgos, caracteres, etc. *Oferta sospechosa.* ‖ **II.** M. y F. **2.** Persona cuya conducta o antecedentes inspiran sospecha o desconfianza.

sostén. M. **1.** Acción de sostener. ‖ **2.** Persona o cosa que sostiene. ‖ **3.** Prenda de vestir interior que usan las mujeres para ceñir el pecho. ‖ **4.** *Mar.* Resistencia que ofrece el buque al esfuerzo que hace el viento sobre sus velas para escorarlo.

sostenedor, ra. ADJ. Que sostiene. Apl. a pers., u. t. c. s.

sostener. **I.** TR. **1.** Mantener firme algo. *Su mano sostenía un vaso casi vacío.* U. t. c. prnl. ‖ **2.** Sustentar o defender una proposición. *Sostuvo sus argumentos con mucho énfasis.* ‖ **3.** Prestar apoyo, dar aliento o auxilio. *La fundación sostiene varios grupos de investigación.* ‖ **4.** Dar a alguien lo necesario para su manutención. *Javier sostuvo a su familia durante años.* ‖ **5.** Mantener, proseguir. *Sostener conversaciones.* ‖ **II.** PRNL. **6.** Dicho de un cuerpo: Mantenerse en un medio o en un lugar, sin caer o haciéndolo muy lentamente. ¶ MORF. conjug. c. *tener.*

sostenible. ADJ. Dicho de un proceso: Que puede mantenerse por sí mismo, como lo hace, p. ej., un desarrollo económico sin ayuda exterior ni merma de los recursos existentes. ◻ V. **desarrollo ~.**

sostenido, da. PART. de **sostener.** ‖ **I.** ADJ. **1.** *Mús.* Dicho de una nota: Cuya entonación excede en un semitono mayor a la que corresponde a su sonido natural. *Do sostenido.* ‖ **2.** *Mús.* Dicho de una nota: Cuya entonación es dos semitonos más alta que la que corresponde a su sonido natural. *Fa DOBLE sostenido.* ‖ **II.** M. **3.** *Mús.* Signo (#) que representa la alteración del sonido natural de la nota o notas a que se refiere. ‖ **doble sostenido.** M. *Mús.* Signo (# #) que representa la doble alteración del sonido natural de la nota o notas a que se refiere. ◻ V. **galope ~.**

sostenimiento. M. Acción y efecto de sostener o sostenerse.

sota. **I.** F. **1.** Naipe décimo de cada palo de la baraja española, que tiene estampada la figura de un paje o infante. *La sota de espadas.* ‖ **2.** Mujer insolente y desvergonzada. ‖ **II.** COM. **3.** *Á. R. Plata.* Persona que finge no saber o no conocer. U. t. c. adj.

sotabanco. M. Piso habitable colocado por encima de la cornisa general de la casa.

sotabarba. F. papada (‖ abultamiento carnoso).

sotana. F. Vestidura talar, abrochada a veces de arriba abajo, que usan los eclesiásticos y los legos que sirven en las funciones de iglesia.

sotanilla. F. hist. Traje que en algunas ciudades usaban los colegiales. Era de bayeta negra, ajustado al cuerpo, y de la cintura abajo como un tonelete que bajaba poco más de la rodilla.

sótano. M. Pieza subterránea, a veces abovedada, entre los cimientos de un edificio.

sotaventarse. PRNL. *Mar.* Dicho de un buque: Irse o caer a sotavento.

sotavento. M. *Mar.* Parte opuesta a aquella de donde viene el viento con respecto a un punto o lugar determinado.

sotechado. M. Cobertizo, techado.

soteriología. F. Doctrina referente a la salvación en el sentido de la religión cristiana.

soteriológico, ca. ADJ. Perteneciente o relativo a la soteriología.

soterramiento. M. Acción y efecto de soterrar.

soterrar. TR. enterrar (‖ poner debajo de tierra). U. t. en sent. fig. *Soterrar los problemas.* MORF. conjug. c. *acertar.* U. t. c. reg.

soto. M. Sitio poblado de árboles y arbustos.

sotobosque. M. Vegetación formada por matas y arbustos que crece bajo los árboles de un bosque.

sotuer. M. *Heráld.* Pieza honorable que ocupa el tercio del escudo, cuya forma es como si se compusiera de la banda y de la barra cruzadas.

soturno, na. ADJ. hist. saturnino.

soviet. M. *Méx.* hist. **sóviet.** MORF. pl. **soviets.**

sóviet. M. **1.** hist. Órgano de gobierno local que ejerció la dictadura comunista en Rusia. ‖ **2.** hist. Agrupación de obreros y soldados durante la Revolución rusa. ‖ **3.** hist. Conjunto de la organización del Estado o de su poder supremo que se dio en aquel país. U. m. en pl. ¶ MORF. pl. **sóviets.**

soviético, ca. ADJ. **1.** Natural de la desaparecida Unión de Repúblicas Socialistas Soviéticas. U. t. c. s. ‖ **2.** Perteneciente o relativo a aquel país. ‖ **3.** hist. Perteneciente o relativo al sóviet. *Régimen soviético.*

sovietización. F. Acción y efecto de sovietizar.

sovietizar. TR. Implantar el régimen soviético en un país.

soya. F. *Am.* soja.

stábat máter. (Locución latina). M. **1.** Himno dedicado a los dolores de la Virgen al pie de la cruz. ‖ **2.** Composición musical para este himno. ¶ MORF. pl. invar. *Los stábat máter.*

statu quo. (Locución latina). M. En la diplomacia, estado de cosas en un determinado momento. MORF. pl. invar. *Los statu quo.*

stricto sensu. (Locución latina). LOC.ADV. En sentido estricto.

su. ADJ. POSES. **suyo.** U. ante s.

suabo, ba. ADJ. **1.** Natural de Suabia. U. t. c. s. ‖ **2.** Perteneciente o relativo a esta región de Alemania.

suajili. M. Lengua del grupo bantú hablada en el África oriental.

suarismo. M. Sistema escolástico contenido en las obras del jesuita español Francisco Suárez. Se usa más especialmente hablando de su teoría del concurso simultáneo, inventada para conciliar la libertad humana con la infalible eficacia de la gracia divina.

suarista. **I.** ADJ. **1.** Perteneciente o relativo al suarismo. ‖ **II.** COM. **2.** Partidario del suarismo.

suasorio, ria. ADJ. **1.** Perteneciente o relativo a la persuasión. *Conocía bien el arte suasoria.* ‖ **2.** Propio para persuadir. *Argumento suasorio.*

suave. ADJ. **1.** Liso y blando al tacto, en contraposición a *tosco* y *áspero. Piel suave.* ‖ **2.** Blando, dulce, grato a los sentidos. *Temperaturas suaves. Licor suave.* ‖ **3.** Tranquilo, quieto, manso. *Habló en tono suave.* ‖ **4.** Lento, moderado. *Cocinar a fuego suave.* ‖ **5.** Dicho, por lo común, del genio o del natural: Dócil, manejable o apacible. ‖ **6.** *Méx.* **magnífico** (‖ excelente). U. t. c. adv. □ V. espíritu ~.

suavidad. F. Cualidad de suave.

suavización. F. Acción y efecto de suavizar.

suavizador, ra. **I.** ADJ. **1.** Que suaviza. *Acción suavizadora del mar.* ‖ **II.** M. **2.** Pedazo de cuero, o utensilio de otra clase, para suavizar el filo de las navajas de afeitar.

suavizante. **I.** ADJ. **1.** Que suaviza. *Propiedades suavizantes.* ‖ **II.** M. **2.** Producto de cosmética o limpieza que se emplea para suavizar.

suavizar. TR. Hacer suave. U. t. c. prnl.

suazi. ADJ. **1.** Natural de Suazilandia. U. t. c. s. ‖ **2.** Perteneciente o relativo a este país de África.

suba. F. *Á. guar.* y *Á. R. Plata.* Alza, subida de precios.

subacuático, ca. ADJ. Que existe, se usa o se realiza bajo el agua. *Equipo subacuático.*

subafluente. M. Río o arroyo que desagua en un afluente.

subalterno, na. **I.** ADJ. **1.** inferior (‖ que está debajo de algo). *Labores subalternas.* ‖ **2.** Dicho de una persona: inferior (‖ subordinada). *Auxiliar subalterno.* ‖ **II.** M. y F. **3.** Empleado de categoría inferior. ‖ **4.** En los centros oficiales, empleado de categoría inferior afecto a servicios que no requieren aptitudes técnicas. ‖ **III.** M. **5.** Torero que forma parte de la cuadrilla de un matador. ‖ **6.** *Mil.* Oficial cuyo empleo es inferior al de capitán.

subálveo, a. ADJ. Que está debajo del álveo de un río o arroyo. Apl. a un curso, u. t. c. s. m. □ V. aguas ~s.

subarrendador, ra. M. y F. Persona que da en subarriendo algo.

subarrendamiento. M. subarriendo.

subarrendar. TR. Dar o tomar en arriendo algo, no de su dueño ni de su administrador, sino de otro arrendatario de ello. MORF. conjug. c. *acertar.*

subarrendatario, ria. M. y F. Persona que toma en subarriendo algo.

subarriendo. M. Acción y efecto de subarrendar.

subasta. F. **1.** Venta pública de bienes o alhajas que se hace al mejor postor, y regularmente por mandato y con intervención de un juez u otra autoridad. ‖ **2.** Adjudicación que en la misma forma se hace de una contrata, generalmente de servicio público; como la ejecución de una obra, el suministro de provisiones, etc. ‖ **sacar a pública ~** algo. LOC.VERB. Ofrecerlo a quien haga proposiciones más ventajosas en las condiciones prefijadas.

subastador, ra. M. y F. Persona que subasta.

subastar. TR. Vender efectos o contratar servicios, arriendos, etc., en pública subasta.

subastero, ra. M. y F. Persona que se dedica a pujar con algunas ventajas en subastas.

subatómico, ca. ADJ. *Fís.* y *Quím.* Se dice del nivel estructural inferior al del átomo, como el de protones, neutrones y partículas elementales.

subcampeón, na. M. y F. Persona o equipo que se clasifica en segundo lugar en un campeonato.

subcelular. ADJ. *Biol.* Que posee una estructura más sencilla que la de la célula y está contenido en ella.

subclase. F. *Bot.* y *Zool.* Cada uno de los grupos taxonómicos en que se dividen las clases de plantas y animales.

subclavio, via. ADJ. *Zool.* Que en el cuerpo del animal está debajo de la clavícula. ☐ V. **arteria ~.**

subcomisión. F. Grupo de individuos de una comisión que tiene cometido determinado.

subconciencia. F. **subconsciencia.**

subconjunto. M. *Mat.* Conjunto de elementos que pertenecen a otro conjunto.

subconsciencia. F. Estado inferior de la consciencia psicológica en el que, por la poca intensidad o duración de las percepciones, no se da cuenta de estas el individuo.

subconsciente. ADJ. **1.** Que se refiere a la subconsciencia. ‖ **2.** Que no llega a ser consciente. *Temor subconsciente.* ‖ **3.** Parte subconsciente de la mente.

subcontrata. F. **subcontratación.**

subcontratación. F. Contrato que una empresa hace a otra para que realice determinados servicios, asignados originalmente a la primera.

subcontratar. TR. Concertar una subcontratación para determinados servicios.

subcontratista. ADJ. Dicho de una empresa: Que es subcontratada por otra para determinados servicios. U. t. c. s.

subcostal. ADJ. *Anat.* Que está debajo de las costillas. *Nervio subcostal.*

subcutáneo, a. ADJ. *Biol.* Que está inmediatamente debajo de la piel. *Grasa subcutánea.*

subdelegación. F. Distrito, oficina y empleo del subdelegado.

subdelegado, da. ADJ. Dicho de una persona: Que sirve inmediatamente a las órdenes del delegado o lo sustituye en sus funciones. U. m. c. s.

subdesarrollado, da. ADJ. Que sufre subdesarrollo. *Países subdesarrollados.*

subdesarrollo. M. Atraso, situación de un país o región que no alcanza determinados niveles económicos, sociales, culturales, etc.

subdiaconado. M. hist. Orden de subdiácono.

subdiácono. M. hist. Clérigo ordenado cuya misión principal consistía en leer la epístola.

subdirección. F. **1.** Cargo de subdirector. ‖ **2.** Oficina del subdirector.

subdirector, ra. M. y F. Persona que sirve inmediatamente a las órdenes del director o lo sustituye en sus funciones.

subdirectorio. M. *Inform.* Directorio englobado en otro más amplio.

súbdito, ta. **I.** ADJ. **1.** Sujeto a la autoridad de un superior con obligación de obedecerlo. *Países súbditos del imperio.* Apl. a pers., u. t. c. s. ‖ **II.** M. y F. **2.** Natural o ciudadano de un país en cuanto sujeto a las autoridades políticas de este.

subdividir. TR. Dividir una parte señalada por una división anterior. U. t. c. prnl.

subdivisión. F. Acción y efecto de subdividir.

subdominante. F. *Mús.* Cuarta nota de la escala diatónica.

subducción. F. *Geol.* Deslizamiento del borde de una placa de la litosfera por debajo del borde de otra.

subemplear. TR. Emplear a alguien en un cargo o puesto inferior al que su capacidad le permitiría desempeñar.

subempleo. M. Acción y efecto de subemplear.

subentender. TR. **sobrentender.** U. t. c. prnl. MORF. conjug. c. *entender.*

suberoso, sa. ADJ. Parecido al corcho. *Tejido suberoso.*

subespecie. F. *Biol.* Cada uno de los grupos en que se subdivide una especie.

subestación. F. Instalación, generalmente eléctrica, dependiente de otra principal, que da servicio a una zona determinada.

subestimar. TR. Estimar a alguien o algo por debajo de su valor.

subfiador. M. Fiador subsidiario.

subfusil. M. **metralleta.**

subgénero. M. Cada uno de los grupos particulares en que se divide un género.

subgobernador, ra. M. y F. Persona que ayuda al gobernador y que lo sustituye en sus funciones.

subgrupo. M. Cada una de las partes en que se divide un grupo.

subida. F. **1.** Acción y efecto de subir. ‖ **2.** Sitio o lugar en declive, que va subiendo. ‖ **3.** Lugar por donde se sube.

subido, da. PART. de **subir.** ‖ ADJ. **1.** Último, más fino y acendrado en su especie. *Son de un generoso subido.* ‖ **2.** Dicho de un color o de un olor: Que impresiona fuertemente la vista o el olfato. ‖ **3.** Muy elevado, que excede al término ordinario. *Precio subido.*

subidón. M. coloq. Elevación rápida y fuerte que experimenta algo. *Tuvo un subidón de fiebre.*

subíndice. M. Letra o número que se coloca en la parte inferior derecha de un símbolo o de una palabra para distinguirlos de otros semejantes.

subinspección. F. **1.** Cargo de subinspector. ‖ **2.** Oficina del subinspector.

subinspector, ra. M. y F. Jefe inmediato después del inspector.

subintendencia. F. **1.** Cargo de subintendente. ‖ **2.** Oficina o despacho del subintendente.

subintendente. COM. Persona que sirve inmediatamente a las órdenes del intendente o lo sustituye en sus funciones.

subir. **I.** TR. **1.** Recorrer yendo hacia arriba, remontar. *Subir la escalera, una cuesta.* ‖ **2.** Trasladar a alguien o algo a lugar más alto que el que ocupaba. *Subir a un niño en brazos. Subir las pesas de un reloj.* U. t. c. prnl. ‖ **3.** Hacer más alto algo o irlo aumentando hacia arriba. *Subir una torre, una pared.* ‖ **4.** Enderezar o poner derecho algo que estaba inclinado hacia abajo. *Sube esa cabeza, esos brazos.* ‖ **5.** Dar a algo más precio o mayor estimación del que tenía. *El cosechero ha subido el vino.* U. t. c. intr. *El pan ha subido.* ‖ **6.** Aumentar el volumen de un aparato de difusión o reproducción de sonido. *Sube la radio, el tocadiscos.* ‖ **7.** *Inform.* **colgar** (‖ introducir información en una página web). ‖ **II.** INTR. **8.** Pasar de un sitio o lugar a otro superior o más alto. U. t. c. prnl. ‖ **9.** Entrar en un vehículo. *Subir al avión. Subir en un tranvía.* U. t. c. prnl. ‖ **10.** Cabalgar, montar. U. t. c. prnl. ‖ **11.** Dicho de una cosa: Crecer en altura. *Ha subido el río. Va subiendo la pared.* ‖ **12.** Dicho de una cuenta: **importar.** *La deuda sube a cien euros.* ‖ **13.** Ascender en dignidad o empleo, o crecer en caudal o hacienda. || **14.** Dicho de una enfermedad: Agravarse o difundirse. *Subir la fiebre, la epidemia.* || **15.** Dicho del grado o del efecto de algo: Aumentar en cantidad o intensidad. *Subir las temperaturas.* || **16.** *Mús.* Dicho de la voz o del sonido de un instrumento: Elevarse desde un tono grave a otro más agudo. U. t. c. tr.

subitáneo, a. ADJ. Que sucede de manera súbita. *Impresión subitánea.*

súbito, ta. I. ADJ. **1.** Improvisto, repentino. *Caída súbita de la temperatura.* || **II.** ADV. M. **2. de súbito.** || **de súbito.** LOC. ADV. De repente, de manera súbita.

sub iúdice. (Locución latina). LOC. ADJ. *Der.* Dicho de una cuestión: Pendiente de una resolución. U. t. c. loc. adv.

subjefe, fa. M. y F. Persona que hace las veces de jefe y sirve a sus órdenes. MORF. U. t. la forma en m. para designar el f. *Lidia es subjefe.*

subjetividad. F. Cualidad de subjetivo.

subjetivismo. M. Predominio de lo subjetivo.

subjetivista. ADJ. Perteneciente o relativo al subjetivismo.

subjetivo, va. ADJ. **1.** Perteneciente o relativo a nuestro modo de pensar o de sentir, y no al objeto en sí mismo. *Un enfoque muy subjetivo del problema.* || **2.** Perteneciente o relativo al sujeto, considerado en oposición al mundo externo. *La conducta es una actividad subjetiva.* □ V. **derecho ~.**

sub júdice. LOC. ADJ. **sub iúdice.** U. t. c. loc. adv.

subjuntivo. M. *Gram.* modo subjuntivo.

sublevación. F. Acción y efecto de sublevar.

sublevar. TR. **1.** Alzar en sedición o motín. *Sublevar a los soldados. Sublevar al pueblo.* U. t. c. prnl. || **2.** Suscitar indignación, promover sentimiento de protesta. *La injusticia me subleva.*

sublimación. F. Acción y efecto de sublimar.

sublimado. M. *Quím.* Sustancia obtenida por sublimación. || **~ corrosivo.** M. *Quím.* Cloruro mercúrico. Sustancia muy venenosa utilizada en medicina como desinfectante.

sublimar. TR. **1.** Engrandecer, exaltar, ensalzar o poner en altura. *Sublima los recuerdos de su niñez.* || **2.** *Fís.* Pasar directamente del estado sólido al de vapor. U. t. c. prnl.

sublime. ADJ. Excelso, eminente, de elevación extraordinaria. U. m. en sent. fig. *La sublime grandeza de las cosas pequeñas. Un orador, un escritor sublime.* □ V. **Sublime Puerta.**

sublimidad. F. Cualidad de sublime.

subliminal. ADJ. **1.** *Psicol.* Que está por debajo del umbral de la consciencia. || **2.** *Psicol.* Dicho de un estímulo: Que por su debilidad o brevedad no es percibido conscientemente, pero influye en la conducta.

sublingual. ADJ. *Anat.* Perteneciente o relativo a la región inferior de la lengua. *Glándulas sublinguales.*

sublunar. ADJ. Que está debajo de la Luna. Se suele aplicar al globo que habitamos. *Este mundo sublunar.*

submarinismo. M. Conjunto de las actividades que se realizan bajo la superficie del mar, con fines científicos, deportivos, militares, etc.

submarinista. I. ADJ. **1.** Perteneciente o relativo al submarinismo. *Equipo submarinista.* || **2.** Que practica el submarinismo. U. t. c. s. || **II.** M. **3.** Individuo de la Armada especializado en el servicio de submarinos.

submarino, na. I. ADJ. **1.** Que está o se efectúa bajo la superficie del mar. *Pesca submarina.* || **2.** Perteneciente o relativo a lo que está o se efectúa debajo de la superficie del mar. *Topografía submarina.* || **II.** M. **3.** Navío capaz de navegar bajo la superficie del agua. || **4.** infiltrado. □ V. **cable ~, mina ~.**

submaxilar. ADJ. *Anat.* Que está debajo de la mandíbula inferior. *Glándula submaxilar.*

submúltiplo, pla. ADJ. *Mat.* Se dice del número o de la cantidad que otro u otra contiene exactamente dos o más veces. U. t. c. s. m.

submundo. M. Ambiente marginal o delictivo.

subnormal. ADJ. Dicho de una persona: Que tiene una capacidad intelectual notablemente inferior a lo normal. U. t. c. s.

subnormalidad. F. Condición de subnormal.

suboficial. COM. *Mil.* Militar de categoría intermedia entre las de oficial y tropa, que comprende los grados de sargento, sargento primero, brigada, subteniente y suboficial mayor. || **~ mayor.** COM. *Mil.* Militar con el grado superior de la categoría de suboficial, inmediatamente superior al subteniente e inferior al alférez.

suborden. M. *Bot.* y *Zool.* Cada uno de los grupos taxonómicos en que se dividen los órdenes de plantas y animales.

subordinación. F. **1.** Sujeción a la orden, mando o dominio de alguien. || **2.** *Gram.* Relación entre dos oraciones, una de las cuales es dependiente de la otra.

subordinado, da. PART. de **subordinar.** || ADJ. **1.** Dicho de una persona: Sujeta a otra o dependiente de ella. U. m. c. s. || **2.** *Gram.* Dicho de un elemento gramatical: Regido por otro, como el adjetivo por el sustantivo, el nombre por la preposición, etc. U. t. c. s. m. □ V. **oración ~.**

subordinante. I. ADJ. **1.** Que subordina. *Ideología subordinante.* || **II.** F. **2.** *Gram.* Oración de la que otra depende. □ V. **conjunción ~.**

subordinar. TR. **1.** Sujetar a alguien o algo a la dependencia de otra persona o cosa. *Los individuos más fuertes y activos subordinan a los más débiles.* U. t. c. prnl. || **2.** Clasificar algo como inferior en orden respecto de otra u otras cosas. *Subordinan toda la programación a sus intereses.*

subprefecto. M. Jefe o magistrado inmediatamente inferior al prefecto.

subprefectura. F. **1.** Cargo de subprefecto. || **2.** Oficina del subprefecto.

subproducto. M. En cualquier operación, producto que en ella se obtiene además del principal. Suele ser de menor valor que este. U. t. en sent. fig. *Esa película es un subproducto.*

subrayable. ADJ. Que puede o merece ser subrayado. *Característica subrayable.*

subrayado. M. Acción y efecto de subrayar.

subrayar. TR. **1.** Señalar por debajo con una raya alguna letra, palabra o frase escrita, para llamar la atención sobre ella o con cualquier otro fin. || **2. recalcar.**

subreino. M. *Zool.* Cada uno de los dos grupos taxonómicos en que se divide el reino animal.

subrepticio, cia. ADJ. Que se hace o toma ocultamente y a escondidas. *Ojeada subrepticia.*

subrogación. F. Acción y efecto de subrogar.

subrogar. TR. *Der.* Sustituir o poner a alguien o algo en lugar de otra persona o cosa. U. t. c. prnl.

subsahariano, na. ADJ. **1.** Se dice de la parte de África situada al sur del Sáhara. || **2.** Perteneciente o relativo a esta parte de África. *Vegetación esteparia* *subsahariana.* ‖ **3.** Natural del África subsahariana. U. t. c. s.

subsanación. F. Acción y efecto de subsanar.

subsanar. TR. **1.** Reparar o remediar un defecto. *La empresa subsanó el fallo en sus instalaciones.* ‖ **2.** Resarcir un daño. *Ayudas destinadas a subsanar los daños producidos por el terremoto.*

subscribir. TR. suscribir. U. t. c. prnl. MORF. part. irreg. subscrito. Á. R. *Plata.* part. irreg. **subscripto.**

subscripción. F. suscripción.

subscripto, ta. PART. IRREG. Á. R. *Plata.* suscrito.

subscriptor, ra. M. y F. suscriptor.

subscrito, ta. PART. IRREG. de subscribir.

subsecretaría. F. **1.** Empleo de subsecretario. ‖ **2.** Oficina del subsecretario.

subsecretario, ria. M. y F. **1.** Persona que hace las veces del secretario. ‖ **2.** Secretario general de un ministro.

subsecuente. ADJ. subsiguiente.

subseguir. INTR. Dicho de una cosa: Seguir inmediatamente a otra. U. t. c. prnl. MORF. conjug. c. *pedir.*

subsidiar. TR. Conceder subsidio o subvención a alguna persona o entidad. MORF. conjug. c. *anunciar.*

subsidiaridad. F. subsidiariedad.

subsidiariedad. F. *Sociol.* Tendencia favorable a la participación subsidiaria del Estado en apoyo de las actividades privadas o comunitarias.

subsidiario, ria. ADJ. **1.** Que se da o se manda en socorro o subsidio de alguien. *Control sobre el dinero subsidiario.* ‖ **2.** *Der.* Dicho de una acción o de una responsabilidad: Que suple a otra principal.

subsidio. M. **1.** Prestación pública asistencial de carácter económico y de duración determinada. *Subsidio de desempleo.* ‖ **2.** Contribución impuesta al comercio y a la industria.

subsiguiente. ADJ. Que subsigue. *Reclamación subsiguiente.*

subsistencia. F. **1.** Vida, acción de vivir un ser humano. ‖ **2.** Permanencia, estabilidad y conservación de las cosas. ‖ **3.** Conjunto de medios necesarios para el sustento de la vida humana. U. m. en pl. ‖ **4.** *Fil.* Complemento último de la sustancia, o acto por el cual una sustancia se hace incomunicable a otra.

subsistente. ADJ. Que subsiste. *Problema subsistente.*

subsistir. INTR. **1.** Dicho de una cosa: Permanecer, durar o conservarse. *Subsisten las medidas de extrema seguridad.* ‖ **2.** Mantener la vida, seguir viviendo. *Subsiste gracias a la ayuda social.* ‖ **3.** *Fil.* Dicho de una sustancia: Existir con todas las condiciones propias de su ser y de su naturaleza.

subsolador. M. Apero para subsolar.

subsolar. TR. Remover el suelo por debajo de la capa arable. MORF. conjug. c. *contar.*

subsónico, ca. ADJ. *Fís.* Que es inferior a la velocidad del sonido. *Velocidad subsónica.*

substancia. F. sustancia.

substanciación. F. sustanciación.

substancial. ADJ. sustancial.

substanciar. TR. sustanciar. MORF. conjug. c. *anunciar.*

substancioso, sa. ADJ. sustancioso.

substantivación. F. *Gram.* sustantivación.

substantivar. TR. *Gram.* sustantivar. U. t. c. prnl.

substantividad. F. sustantividad.

substantivo, va. **I.** ADJ. **1.** sustantivo. ‖ **II.** M. **2.** nombre sustantivo.

substitución. F. sustitución.

substituible. ADJ. sustituible.

substituidor, ra. ADJ. sustituidor.

substituir. TR. sustituir. MORF. conjug. c. *construir.*

substitutivo, va. ADJ. sustitutivo.

substituto, ta. M. y F. sustituto.

substitutorio, ria. ADJ. sustitutorio.

substracción. F. sustracción.

substractivo, va. ADJ. *Mat.* sustractivo.

substraendo. M. *Mat.* sustraendo.

substraer. TR. sustraer. MORF. conjug. c. *traer.*

substrato. M. sustrato.

subsuelo. M. **1.** Terreno que está debajo de la capa labrantía o en general debajo de una capa de tierra. ‖ **2.** Parte profunda del terreno a la cual no llegan los aprovechamientos superficiales de los predios y en donde las leyes consideran estatuido el dominio público, facultando a la autoridad gubernativa para otorgar concesiones mineras.

subsumir. TR. Considerar algo como parte de un conjunto más amplio o como caso particular sometido a un principio o norma general.

subsunción. F. Acción y efecto de subsumir.

subteniente. COM. *Mil.* Suboficial de grado inmediatamente superior al brigada e inferior al suboficial mayor.

subterfugio. M. Efugio, escapatoria, excusa artificiosa.

subterráneo, a. **I.** ADJ. **1.** Que está debajo de tierra. *Aguas subterráneas.* ‖ **II.** M. **2.** Lugar o espacio que está debajo de tierra.

subtipo. M. *Bot.* y *Zool.* Cada uno de los grupos taxonómicos en que se dividen los tipos de plantas y de animales.

subtitular. **I.** TR. **1.** Escribir subtítulos. *El autor subtituló su libro.* ‖ **2.** Incorporar subtítulos a un filme. *La emisora subtitulará películas y programas para sordos.* ‖ **II.** PRNL. **3.** Tener por subtítulo la palabra o el nombre que se expresa. *La novela se subtitula* Aurora.

subtítulo. M. **1.** Título secundario que se pone a veces después del título principal. ‖ **2.** Letrero que, al proyectarse un filme, aparece en la parte inferior de la imagen, normalmente con la versión del texto hablado de la película.

subtropical. ADJ. Perteneciente o relativo a las zonas templadas adyacentes a los trópicos, caracterizadas por un clima cálido con lluvias estacionales.

suburbano, na. **I.** ADJ. **1.** Perteneciente o relativo a un suburbio. *Parroquia suburbana.* ‖ **II.** M. **2.** **ferrocarril suburbano.**

suburbial. ADJ. suburbano. *Vive en un barrio suburbial.*

suburbio. M. Barrio o núcleo de población situado en las afueras de una ciudad o en su periferia, especialmente el que constituye una zona pobre aneja a la ciudad.

suburense. ADJ. **1.** Natural de Sitges. U. t. c. s. ‖ **2.** Perteneciente o relativo a esta ciudad de la provincia de Barcelona, en España.

subvención. F. **1.** Acción y efecto de subvenir. ‖ **2.** Cantidad con que se subviene.

subvencionar. TR. Favorecer con una subvención.

subvenir. INTR. Venir en auxilio de alguien o acudir a las necesidades de algo. MORF. conjug. c. *venir.*

subversión. F. Acción y efecto de subvertir.

subversivo, va. ADJ. Capaz de subvertir, o que tiende a subvertir, especialmente el orden público. *Propaganda subversiva.*

subvertir. TR. Trastornar, revolver, destruir, especialmente en lo moral. MORF. conjug. c. *sentir.*

subyacente. ADJ. Que subyace. *Complejos subyacentes.*

subyacer. INTR. **1.** Yacer o estar debajo de algo. *La complejidad estratigráfica de los restos romanos que subyacen en la ciudad es muy grande.* ‖ **2.** Dicho de una cosa: Estar oculta tras otra. *Lo que subyace tras su comportamiento es un gran miedo a lo desconocido.* ¶ MORF. conjug. c. *yacer.*

subyugación. F. Acción y efecto de subyugar.

subyugador, ra. ADJ. **subyugante.**

subyugante. ADJ. Que subyuga. *Atracción subyugante.*

subyugar. TR. **1.** Avasallar, sojuzgar, dominar poderosa o violentamente. *Su rigor excesivo subyugó al pueblo.* U. t. c. prnl. ‖ **2. embelesar.** *Su belleza me subyugaba.*

succión. F. Acción de succionar.

succionar. TR. **1.** Chupar, extraer algún jugo o cosa análoga con los labios. *Los niños saben succionar la leche debido a una acción refleja.* ‖ **2. absorber.** *La campana extractora de la cocina succiona el humo y el vapor.*

sucedáneo, a. ADJ. Dicho de una sustancia: Que, por tener propiedades parecidas a las de otra, puede reemplazarla. U. m. c. s. m.

suceder. **I.** TR. **1.** Dicho de una persona o de una cosa: Entrar en lugar de otra o seguirse a ella. *Sucedió a un gran hombre en el cargo de presidente.* ‖ **2.** Entrar como heredero o legatario en la posesión de los bienes de un difunto. *Sucedía a sus padres en la posesión de la casa.* ‖ **II.** INTR. **3.** Dicho de una cosa: Hacerse realidad.

sucedido. M. coloq. Cosa que sucede.

sucesión. F. **1.** Acción y efecto de suceder. ‖ **2.** Entrada o continuación de alguien o algo en lugar de otra persona o cosa. ‖ **3.** Prosecución, continuación ordenada de personas, cosas, sucesos, etc. ‖ **4.** Entrada como heredero o legatario en la posesión de los bienes de un difunto. ‖ **5. prole** (‖ descendencia). ‖ **6.** Mat. Conjunto ordenado de términos, que cumplen una ley determinada. ‖ ~ **convergente.** F. Mat. Aquella que tiende a un límite. ‖ ~ **divergente.** F. Mat. Aquella que no tiende a un límite. ‖ ~ **forzosa.** F. Der. La que está ordenada preceptivamente, de modo que el causante no pueda variarla ni estorbarla. ‖ ~ **intestada.** F. Der. La que se verifica por ministerio de la ley y no por testamento. ‖ ~ **testada.** F. Der. La que se defiere y regula por la voluntad del causante, declarada con las solemnidades que exige la ley. ‖ ~ **universal.** F. Der. La que transmite al heredero la totalidad o una parte alícuota de la personalidad civil y del haber íntegro del causante, haciéndole continuador o partícipe de cuantos bienes, derechos y obligaciones tenía este al morir.

sucesivo, va. ADJ. Dicho de una cosa: Que sucede o se sigue a otra. *Capítulos sucesivos.* ‖ **en lo ~.** LOC.ADV. En el tiempo que ha de seguir al momento en que se está.

suceso. M. **1.** Cosa que sucede, especialmente cuando es de alguna importancia. ‖ **2.** Hecho delictivo. ‖ **3.** Accidente desgraciado. ‖ **4.** Éxito, resultado, término de un negocio.

sucesor, ra. ADJ. Que sucede a alguien o sobreviene en su lugar, como continuador de él. U. t. c. s.

sucesorio, ria. ADJ. Perteneciente o relativo a la sucesión.

suche. M. **1.** Á. Andes. Árbol americano de las Apocináceas, de ocho metros de altura, hojas coriáceas, flores olorosas en grandes cimas axilares, y fruto en vainas pareadas de 15 a 25 cm de longitud. ‖ **2.** despect. Chile. Empleado de última categoría, subalterno.

suchitepecano, na. ADJ. **1.** Natural de Suchitepéquez. U. t. c. s. ‖ **2.** Perteneciente o relativo a este departamento de Guatemala.

suciedad. F. **1.** Cualidad de sucio. ‖ **2.** Polvo, manchas, grasa o cualquier otra cosa que ensucia. ‖ **3.** Dicho o hecho sucio.

sucinto, ta. ADJ. Breve, compendioso. *Informe sucinto.*

sucio, cia. **I.** ADJ. **1.** Que tiene manchas o impurezas. *Una colcha sucia y maloliente.* ‖ **2.** Que se ensucia fácilmente. *Las batas blancas son muy sucias.* ‖ **3.** Que produce suciedad. *Ese perro es muy sucio.* ‖ **4.** Deshonesto u obsceno en acciones o palabras. *Deseos sucios e inconfesables.* ‖ **5.** Con daño, infección, imperfección o impureza. *Viento sucio. Labor sucia.* ‖ **6.** Contrario a la legalidad o a la ética. *Trabajo, negocio sucio.* ‖ **II.** ADV.M. **7.** Dicho de practicar algunos juegos: Sin la debida observancia de sus reglas y leyes propias. □ V. **guerra ~, manos ~s.**

sucre. M. Unidad monetaria de Ecuador.

sucrense. ADJ. **1.** Natural de Sucre, ciudad de Bolivia, capital del departamento de Chuquisaca y capital constitucional del país. U. t. c. s. ‖ **2.** Natural de Sucre, departamento de Colombia. U. t. c. s. ‖ **3.** Natural de Sucre, estado de Venezuela. U. t. c. s. ‖ **4.** Perteneciente o relativo a esos departamentos o a este estado.

sucreño, ña. ADJ. **1. sucrense** (‖ natural de Sucre, Colombia). U. t. c. s. ‖ **2. sucrense** (‖ perteneciente a este departamento de Colombia).

súcubo. ADJ. Dicho de un diablo: Que, con apariencia de mujer, tiene relación sexual con un varón. U. m. c. s. m.

sucucho. M. Am. Mer. Rincón, tabuco.

suculencia. F. Cualidad de suculento.

suculento, ta. ADJ. Jugoso, sustancioso, muy nutritivo. U. t. en sent. fig. *Un suculento negocio.*

sucumbir. INTR. **1.** Ceder, rendirse, someterse. *Sucumbió a las presiones de sus jefes.* ‖ **2.** Morir, perecer.

sucursal. ADJ. Dicho de un establecimiento: Que, situado en distinto lugar que la central de la cual depende, desempeña las mismas funciones que esta. U. t. c. s. f.

sucusumucu. a lo ~. LOC.ADV. Á. Caribe. **a la chita callando.**

sudadera. F. **1.** Jersey o chaqueta deportivos, a veces con capucha. ‖ **2.** coloq. Sudoración intensa.

sudadero. M. Manta pequeña que se pone a las cabalgaduras debajo de la silla o aparejo.

sudafricano, na. ADJ. **1.** Natural del sur de África. U. t. c. s. ‖ **2.** Perteneciente o relativo a esta parte de África. ‖ **3.** Natural de Sudáfrica. U. t. c. s. ‖ **4.** Perteneciente o relativo a este país de África.

sudamericano, na. ADJ. **1.** Natural de Sudamérica o América del Sur. U. t. c. s. ‖ **2.** Perteneciente o relativo a esta parte de América.

sudamina. F. Med. Erupción de innumerables vejigas blancas que se manifiesta después de una copiosa transpiración.

sudanés, sa. ADJ. **1.** Natural del Sudán. U. t. c. s. ‖ **2.** Perteneciente o relativo a este país de África.

sudar. **I.** INTR. **1.** Exhalar el sudor. ‖ **2.** Dicho de un árbol, de una planta o de un fruto: Destilar algunas gotas de su jugo. *Sudar las castañas después de tostadas.* U. t. c. s. ‖ **3.** Dicho de una cosa impregnada de humedad: Destilar agua a través de sus poros. *Suda la pared, un botijo.* ‖ **4.** coloq. Trabajar con fatiga o desvelo, física o moralmente. ‖ **II.** TR. **5.** Empapar en sudor. *Sudar la ropa.*

sudario. M. Lienzo que se pone sobre el rostro de los difuntos o en que se envuelve el cadáver. ‖ **santo ~.** M. Sábana o lienzo con que José de Arimatea cubrió el cuerpo de Cristo cuando lo bajó de la cruz.

sudcaliforniano, na. ADJ. **1.** Natural de Baja California Sur. U. t. c. s. ‖ **2.** Perteneciente o relativo a este estado de México.

sudestada. F. Á. R. *Plata.* Viento fuerte que desde el sureste impulsa el Río de la Plata sobre la costa. Suele acompañarlo un temporal de lluvias.

sudeste. M. **sureste.** ORTOGR. Escr. con may. inicial c. punto del horizonte.

sudista. ADJ. **1.** hist. En la Guerra de Secesión de los Estados Unidos de América, perteneciente o relativo a los Estados Confederados del Sur. *Ofensiva sudista.* ‖ **2.** hist. En la Guerra de Secesión de los Estados Unidos de América, partidario de los Estados Confederados del Sur. U. t. c. s.

sudoeste. M. **suroeste.** ORTOGR. Escr. con may. inicial c. punto del horizonte.

sudor. M. **1.** Líquido claro y transparente que segregan las glándulas sudoríparas de la piel de los mamíferos y cuya composición química es parecida a la de la orina. ‖ **2.** Gotas que salen y se destilan de las peñas u otras cosas que contienen humedad. ‖ **3.** Trabajo y fatiga. ‖ **~ diaforético.** M. *Biol.* sudor disolutivo, continuo y copioso que acompaña a ciertas calenturas.

sudoración. F. Secreción de sudor.

sudoral. ADJ. Perteneciente o relativo al sudor.

sudoriento, ta. ADJ. Sudado, humedecido con el sudor. *Sábanas sudorientas.*

sudorífero, ra. ADJ. **sudorífico.** Apl. a un medicamento, u. t. c. s. m.

sudorífico, ca. ADJ. Que hace sudar. Apl. a un medicamento, u. t. c. s. m.

sudoríparo, ra. ADJ. *Biol.* Dicho especialmente de una glándula: Que segrega el sudor.

sudoroso, sa. ADJ. Que está sudando mucho. *Calva sudorosa.*

sudoso, sa. ADJ. Que tiene sudor. *Mechón sudoso.*

sudsudeste. M. **sursureste.** ORTOGR. Escr. con may. inicial c. punto del horizonte.

sudsudoeste. M. **sursuroeste.** ORTOGR. Escr. con may. inicial c. punto del horizonte.

sueco¹, ca. **I.** ADJ. **1.** Natural u oriundo de Suecia. U. t. c. s. ‖ **2.** Perteneciente o relativo a este país de Europa. ‖ **II.** M. **3.** Idioma sueco, uno de los dialectos del nórdico. □ V. **gimnasia ~.**

sueco², ca. **hacerse** alguien **el, la ~.** LOC.VERB. coloq. Desentenderse de algo, fingir que no se entiende.

suegro, gra. **I.** M. y F. **1.** Respecto de una persona casada, padre o madre de su cónyuge. ‖ **II.** M. **2.** pl. El suegro y la suegra. *Esta Nochebuena cenaremos en casa de mis suegros.*

suela. F. **1.** Parte del calzado que toca el suelo, hecha regularmente de cuero fuerte. ‖ **2.** Cuero vacuno curtido. ‖ **3.** Pedazo de cuero que se pega a la punta del taco con que se juega al billar. ‖ **media ~.** F. Pieza de cuero con que se remienda el calzado y que cubre la planta desde la punta hasta la parte más estrecha entre esta y el tacón. U. m. en pl. ‖ **no llegarle** a alguien **a la ~ del zapato.**

LOC.VERB. coloq. Ser muy inferior a él en alguna prenda o habilidad.

suelazo. M. **1.** *Chile.* Golpe que alguien se da contra el suelo. ‖ **2.** *Chile.* Fracaso inesperado.

suelda. F. **consuelda.**

sueldo. M. **1.** Remuneración regular asignada por el desempeño de un cargo o servicio profesional. ‖ **2.** hist. Moneda antigua, de distinto valor según los tiempos y países, igual a la vigésima parte de la libra respectiva. ‖ **3.** hist. **sólido** (‖ antigua moneda romana). ‖ **~ de oro.** M. hist. Moneda bizantina que pesaba un sexto de onza. ‖ **a ~.** LOC.ADV. Mediante retribución fija.

suelo. M. **1.** Superficie de la Tierra. ‖ **2.** Superficie inferior de algunas cosas; p. ej., la de las vasijas. ‖ **3.** Sitio o solar de un edificio. ‖ **4.** Superficie artificial que se hace para que el piso esté sólido y llano. ‖ **5.** Piso de un cuarto o vivienda. ‖ **6. territorio** (‖ superficie terrestre de una nación, región, etc.). ‖ **7.** *Agr.* Conjunto de materias orgánicas e inorgánicas de la superficie terrestre, capaz de sostener vida vegetal. ‖ **8.** *Dep.* Modalidad de gimnasia artística que consiste en la ejecución de ejercicios acrobáticos y gimnásticos sin aparatos sobre una superficie de medidas reglamentarias. ‖ **9.** *Dep.* Superficie en la que se ejecutan dichos ejercicios acrobáticos y gimnásticos sin aparatos. ‖ **~ natal.** M. **patria.** ‖ **arrastrarse** alguien **por el ~.** LOC.VERB. coloq. Abatirse, humillarse, proceder con bajeza. ‖ **besar el ~.** LOC.VERB. coloq. Caerse de bruces. ‖ **dar** alguien **consigo en el ~.** LOC.VERB. Caerse en tierra. ‖ **medir** alguien **el ~.** LOC.VERB. Caerse a la larga. ‖ **por el ~,** o **los ~s.** LOCS.ADVS. Se usan para denotar el desprecio con que se trata algo o el estado abatido en que se halla. ‖ **venir,** o **venirse, al ~** algo. LOCS.VERBS. **venir a tierra.**

suelta. F. Acción y efecto de soltar. ‖ **dar ~** a alguien. LOC. VERB. Permitirle que por breve tiempo se divierta o salga de su retiro.

suelto, ta. **I.** ADJ. **1.** Poco compacto, disgregado. *Tierra suelta.* ‖ **2.** Expedito, ágil o hábil en la ejecución de algo. *El torero no estuvo muy suelto en el manejo de la muleta.* ‖ **3.** Libre, atrevido y poco sujeto. *Es tímido con los extraños, pero en familia está más suelto.* ‖ **4.** Dicho del lenguaje, del estilo, etc.: Fáciles, corrientes. ‖ **5.** Separado y que no hace juego ni forma con otras cosas la unión debida. *Muebles sueltos. Especies sueltas.* ‖ **6.** Se dice del conjunto de monedas fraccionarias, y de cada pieza de esta clase. *Dinero suelto. Diez céntimos sueltos.* U. t. c. s. m. *No tengo suelto.* ‖ **7.** Dicho de una cosa: Que queda holgada, ancha. *Vestido suelto.* ‖ **8.** Que no está envasado o empaquetado. *No se pueden vender cigarrillos sueltos.* ‖ **9.** Dicho de un período o de una cláusula: Que se distinguen por su fluidez. *Sintaxis, prosa suelta.* ‖ **10.** coloq. Que padece diarrea. ‖ **11.** coloq. Dicho de un baile: Que se baila sin enlazarse por parejas. ‖ **II.** M. **12.** Escrito inserto en un periódico que no tiene la extensión ni la importancia de los artículos ni es mera gacetilla. □ V. **cabo ~, hoja ~, verso ~.**

sueño. M. **1.** Acto de dormir. ‖ **2.** Acto de representarse en la fantasía de alguien, mientras duerme, sucesos o imágenes. ‖ **3.** Estos mismos sucesos o imágenes que se representan. ‖ **4.** Gana de dormir. *Tengo sueño. Me estoy cayendo de sueño.* ‖ **5.** Cosa que carece de realidad o fundamento, y, en especial, proyecto, deseo, esperanza sin probabilidad de realizarse. ‖ **~ dorado.** M. Anhelo, ilusión halagüeña, desiderátum. U. t. en pl. con el mismo significado que en sing. ‖ ~ **eterno**. M. **muerte** (‖ término de la vida). ‖ **caerse de** ~ alguien. LOC.VERB. coloq. Estar acometido del sueño, sin poderlo resistir. ‖ **coger** alguien **el** ~. LOC.VERB. Quedarse dormido. ‖ **conciliar** alguien **el** ~. LOC.VERB. Conseguir dormirse. ‖ **descabezar** alguien **el** ~, o **un** ~. LOCS.VERBS. coloqs. Quedarse dormido un breve rato sin acostarse en la cama. ‖ **echar un** ~. LOC.VERB. coloq. Dormir breve rato. ‖ **en** ~s. LOC.ADV. **durmiendo** (‖ en estado de reposo). ‖ **entre** ~s. LOC. ADV. **1. dormitando**. ‖ **2. durmiendo** (‖ en estado de reposo). ‖ **espantar el** ~. LOC.VERB. coloq. Estorbarlo, impedir o no dejar dormir. ‖ **ni en** ~s, o **ni por** ~s. LOCS.ADVS. coloqs. **ni por pienso**. ‖ **quitar el** ~ algo a alguien. LOC. VERB. coloq. Preocuparle mucho. ☐ V. **enfermedad del** ~.

suero. M. Parte de la sangre o de la linfa que permanece líquida después de haberse producido la coagulación. ‖ ~ **de la leche**. M. Parte que permanece líquida al coagularse la leche. ‖ ~ **fisiológico**. M. Solución salina isotónica con los líquidos del organismo. ‖ ~ **medicinal**. M. Disolución de sales u otras sustancias en agua, que se inyecta con fin curativo.

sueroterapia. F. Tratamiento de las enfermedades por los sueros medicinales.

suerte. F. **1**. Encadenamiento de los sucesos, considerado como fortuito o casual. *Así lo ha querido la suerte.* ‖ **2**. Circunstancia de ser, por mera casualidad, favorable o adverso a alguien o algo lo que ocurre o sucede. *Ana tiene mala suerte. Este libro habla de la buena suerte.* ‖ **3**. suerte favorable. *Dios te dé suerte. Juan es hombre de suerte.* ‖ **4**. Casualidad a que se fía la resolución de algo. *Elegir representantes por suerte. Que lo decida la suerte.* ‖ **5**. Aquello que ocurre o puede ocurrir para bien o para mal de personas o cosas. *Ignoro cuál será mi suerte. Fiar a hombres incapaces la suerte del Estado.* ‖ **6**. Estado, condición. *Mejorar la suerte del pueblo.* ‖ **7**. Género o especie de algo. *Feria de toda suerte de ganados.* ‖ **8**. Manera o modo de hacer algo. *¿De qué suerte haces la elección?* ‖ **9**. En la lidia taurina, cada uno de los actos ejecutados por el diestro, especialmente cada uno de los tercios en que se divide la lidia. *Suerte de varas.* ‖ **10**. Parte de tierra de labor, separada de otra u otras por sus lindes. ‖ **11**. Á. R. *Plata*. En el juego de la taba, parte que esta tiene algo cóncava, y forma una figura como de S, contraria a la parte lisa. ‖ **caerle** a alguien **en** ~ algo. LOC.VERB. **1**. Corresponderle por sorteo. ‖ **2**. Sucederle algo por designio providencial. ‖ **caerle** a alguien la ~. LOC.VERB. Tener o sacar en un sorteo cédula, bola o número favorable o adverso. ‖ **de** ~ **que**. LOC. CONJUNT. Indica consecuencia, resultado o finalidad. ‖ **echar** ~s, o **a** ~. LOCS.VERBS. Valerse de medios fortuitos o casuales para resolver o decidir algo. ‖ **entrar en** ~. LOC.VERB. Estar entre las cosas que se sortean o entre las personas a quienes se va a sortear algo. ‖ **repetir la** ~. LOC.VERB. coloq. Volver a hacer algo, insistir en ello. ‖ **tentar a la** ~. LOC.VERB. Arriesgarse de modo temerario. ‖ **tocarle** a alguien **en** ~ algo. LOC.VERB. Tenerlo o tocarle en un sorteo. ☐ V. **golpe de** ~, **juego de** ~.

suertero, ra. ADJ. *Am*. Afortunado, dichoso.

suertudo, da. ADJ. coloq. Dicho de una persona: Que tiene buena suerte.

suéter. M. jersey. MORF. pl. **suéteres**.

suevo, va. ADJ. **1**. hist. Se dice del individuo perteneciente a una liga de varias tribus germánicas que en el siglo III se hallaba establecida entre el Rin, el Danubio y el Elba, y en el siglo V invadió las Galias y parte de Hispania. U. m. c. s. pl. ‖ **2**. hist. Perteneciente o relativo a los suevos. *Invasiones suevas.*

sufí. ADJ. **1**. Perteneciente o relativo al sufismo. *Doctrina sufí.* ‖ **2**. Que profesa el sufismo. U. t. c. s. ¶ MORF. pl. **sufíes** o **sufís**.

suficiencia. F. **1**. **capacidad** (‖ aptitud). ‖ **2**. despect. Presunción, engreimiento, pedantería.

suficiente. ADJ. **1**. Bastante para lo que se necesita. *No hay suficientes platos.* ‖ **2**. Pedante, engreído que habla con afectación. *Es muy suficiente; siempre quiere tener razón.*

sufijación. F. *Gram*. Procedimiento de formación de palabras con ayuda de sufijos.

sufijo, ja. ADJ. *Gram*. Se dice del afijo que va pospuesto y, en particular, de los pronombres que se juntan al verbo y forman con él una sola palabra; p. ej., *morirse, dímelo.* U. m. c. s. m.

sufismo. M. Doctrina mística que profesan ciertos musulmanes, principalmente en Persia.

sufista. ADJ. Que profesa el sufismo. U. t. c. s.

suflé. **I**. ADJ. **1**. Dicho de un alimento: Preparado de manera que quede inflado. *Patatas suflés.* ‖ **II**. M. **2**. Alimento preparado con claras de huevo a punto de nieve y cocido en el horno para que adquiera una consistencia esponjosa. *Suflé de coliflor.*

sufra. F. Correa que sostiene las varas, apoyada en la silla de la caballería de tiro.

sufragáneo, a. **I**. ADJ. **1**. Que depende de la jurisdicción y autoridad de alguien. *Población sufragánea.* ‖ **2**. Perteneciente o relativo a la jurisdicción del obispo sufragáneo. *Iglesia sufragánea.* ‖ **II**. M. **3**. **obispo sufragáneo**.

sufragar. **I**. TR. **1**. Costear, satisfacer. *La obra fue sufragada por el Ayuntamiento.* ‖ **2**. Ayudar o favorecer. *Esta ley sufraga la lucha contra el maltrato infantil.* ‖ **II**. INTR. **3**. *Am*. Votar a un candidato o una propuesta, un dictamen, etc.

sufragio. M. **1**. **voto** (‖ parecer o dictamen explicado en una congregación). ‖ **2**. Sistema electoral para la provisión de cargos. ‖ **3**. Voto de quien tiene capacidad de elegir. ‖ **4**. Ayuda, favor o socorro. ‖ **5**. Obra buena que se aplica por las almas del purgatorio. ‖ ~ **activo**. M. Derecho a participar en unas elecciones. ‖ ~ **pasivo**. M. Derecho a optar a la elección como cargo público. ‖ ~ **restringido**. M. Aquel en que se reserva el derecho de voto para los ciudadanos que reúnen ciertas condiciones. ‖ ~ **universal**. M. Aquel en que tienen derecho a participar todos los ciudadanos, salvo determinadas excepciones.

sufragismo. M. hist. Movimiento de los sufragistas.

sufragista. **I**. ADJ. **1**. hist. Se dice de la persona que, en Inglaterra a principios del siglo XX, se manifestaba a favor de la concesión del sufragio femenino. ‖ **II**. COM. **2**. Persona partidaria del sufragio femenino.

sufrido, da. PART. de **sufrir**. ‖ ADJ. **1**. Que sufre con resignación. ‖ **2**. Dicho de un color: Que disimula lo sucio.

sufridor, ra. ADJ. Que sufre. Apl. a pers., u. t. c. s.

sufrimiento. M. Padecimiento, dolor, pena.

sufrir. TR. **1**. Sentir físicamente un daño, un dolor, una enfermedad o un castigo. U. t. c. intr. *Ha sufrido mucho.* ‖ **2**. Sentir un daño moral. *Sufrir un desprecio.* ‖ **3**. Sostener, resistir. *Las columnas sufren el peso del arco.* ‖ **4**. Aguantar, tolerar, soportar. *No puedo sufrir la injusticia.*

sugerencia. F. Insinuación, inspiración, idea que se sugiere.

sugerente. ADJ. **1.** Que sugiere o evoca algo. *«Sal y arena» es muy sugerente: me hace pensar en el mar.* || **2.** sugestivo. *Me ha propuesto una sugerente excursión.*

sugeridor, ra. ADJ. Que sugiere. *Imagen sugeridora.*

sugerir. TR. **1.** Proponer o aconsejar algo. *Le sugerí que no trabajara tanto.* || **2.** **evocar** (|| traer algo a la memoria). *Esa canción me sugiere recuerdos de la infancia.* ¶ MORF. conjug. c. *sentir.*

sugestión. F. **1.** Acción de sugerir. || **2.** Idea o imagen sugerida. U. m. en sent. peyor. *Las sugestiones del demonio.* || **3.** Acción y efecto de sugestionar.

sugestionable. ADJ. Fácil de ser sugestionado.

sugestionador, ra. ADJ. Que sugestiona. *Frases sugestionadoras.*

sugestionar. **I.** TR. **1.** Dominar la voluntad de alguien, llevándolo a obrar en determinado sentido. *La publicidad trata de sugestionar al telespectador.* || **2.** Fascinar a alguien, provocar su admiración o entusiasmo. *Me sugestionó tanto su sonrisa que deseé volver a verla enseguida.* || **II.** PRNL. **3.** Experimentar sugestión.

sugestivo, va. ADJ. **1.** Que resulta atrayente. *La novela tiene un título muy sugestivo.* || **2.** Que suscita emoción. *El director acompaña las escenas románticas con música sugestiva.*

suicida. **I.** ADJ. **1.** Perteneciente o relativo al suicidio. *Impulsos suicidas.* || **2.** Dicho de un acto o de una conducta: Que pueden dañar o destruir al propio agente. *Unas inversiones suicidas provocaron la quiebra de la empresa.* || **II.** COM. **3.** Persona que se suicida. U. t. c. adj.

suicidarse. PRNL. Quitarse voluntariamente la vida.

suicidio. M. **1.** Acción y efecto de suicidarse. || **2.** Acción o conducta que perjudica o puede perjudicar muy gravemente a quien la realiza.

suido, da. ADJ. *Zool.* Se dice de los mamíferos artiodáctilos, paquidermos, con jeta bien desarrollada y caninos largos y fuertes, que sobresalen de la boca; p. ej., el jabalí. U. t. c. s. m. ORTOGR. En m. pl., escr. con may. inicial c. taxón. *Los Suidos.*

sui géneris. (Locución latina). LOC.ADJ. Dicho de una cosa: De un género o especie muy singular y excepcional.

suindá. M. *Á. guar.* y *Á. R. Plata.* Ave del orden de las Estrigiformes, de 38 cm de longitud, cabeza grande, pico corto, curvo y filoso, plumaje dorsal ocre pardo, con manchas blanquecinas y cara blanca y oscura alrededor de los ojos. Construye su nido en el suelo. MORF. pl. **suindás.**

suite. F. **1.** En los hoteles, conjunto de sala, alcoba y cuarto de baño. || **2.** *Mús.* Composición instrumental integrada por movimientos muy variados, basados en una misma tonalidad. *Suite en re mayor.*

suizo, za. **I.** ADJ. **1.** Natural de Suiza. U. t. c. s. || **2.** Perteneciente o relativo a este país de Europa. || **II.** M. **3.** Bollo de harina, huevo y azúcar.

sujeción. F. **1.** Acción de sujetar. || **2.** Unión con que algo está sujeto de modo que no puede separarse, dividirse o inclinarse.

sujetador, ra. **I.** ADJ. **1.** Que sujeta. *Mecanismo sujetador del cerrojo.* || **II.** M. **2.** **sostén** (|| prenda interior femenina). || **3.** Pieza del biquini que sujeta el pecho.

sujetapapeles. M. **1.** Pinza para sujetar papeles. || **2.** Instrumento de otra forma destinado al mismo objeto.

sujetar. TR. **1.** Afianzar o contener algo o a alguien con la fuerza. *Sujeta al perro para que no se escape.* || **2.** Poner en una cosa algún objeto para que no se caiga, mueva, desordene, etc. *Sujetar la ropa con pinzas.* || **3.**

Someter al dominio, señorío o disposición de alguien. U. t. c. prnl. *Los alumnos deben sujetarse a las normas del centro.*

sujeto, ta. **I.** ADJ. **1.** Que está sujetado. *Un estante sujeto a la pared.* || **2.** Expuesto o propenso a algo. *El presupuesto está sujeto a posibles variaciones.* || **II.** M. **3.** Asunto o materia sobre que se habla o escribe. *Es un sujeto peligroso.* || **4.** Persona innominada. Se usa frecuentemente cuando no se quiere declarar de quién se habla, o cuando se ignora su nombre. || **5.** *Fil.* Espíritu humano, considerado en oposición al mundo externo, en cualquiera de las relaciones de sensibilidad o de conocimiento, y también en oposición a sí mismo como término de consciencia. || **6.** *Fil.* Ser del cual se predica o anuncia algo. || **7.** *Gram.* Función oracional que desempeñada por un sustantivo, un pronombre o un grupo nominal en concordancia obligada de persona y de número con el verbo. Pueden desempeñarla también cualquier grupo o proposición sustantivados, con concordancia verbal obligada de número en tercera persona. || **8.** *Gram.* Elemento o conjunto de elementos lingüísticos que, en una oración, desempeñan la función de sujeto. || **~ pasivo.** M. **1.** *Der.* Parte obligada en una relación jurídica. || **2.** *Der.* En materia de tributos, persona obligada a su pago según la ley.

sulfamida. F. Cada una de las sustancias químicas derivadas de la sulfonamida, que por su poderosa acción bacteriostática son empleadas en el tratamiento de diversas enfermedades infecciosas.

sulfatación. F. Acción y efecto de sulfatar.

sulfatado. M. Acción y efecto de sulfatar.

sulfatadora. F. Máquina para sulfatar.

sulfatar. **I.** TR. **1.** Impregnar o bañar con sulfato. || **2.** *Agr.* **fumigar** (|| combatir las plagas). || **II.** PRNL. **3.** Dicho de una pila o de una batería: Sufrir el rebosamiento del sulfato por una reacción química interna.

sulfatillo. M. *Am. Cen.* Planta de la familia de las Melastomatáceas, de tallos débiles, hojas acorazonadas y flores pequeñas en panoja, de color morado. Es amarga y se usa su cocimiento como febrífugo.

sulfato. M. *Quím.* Sal mineral u orgánica del ácido sulfúrico.

sulfhídrico, ca. ADJ. *Quím.* Perteneciente o relativo a las combinaciones del azufre con el hidrógeno. □ V. **ácido ~.**

sulfonamida. F. **1.** Sustancia química en cuya composición entran el azufre, el oxígeno y el nitrógeno, que forma el núcleo de la molécula de las sulfamidas. || **2.** **sulfamida.**

sulfurar. TR. **1.** Combinar un cuerpo con el azufre. || **2.** Irritar, encolerizar. U. m. c. prnl. *No hay motivo para que te sulfures.*

sulfúreo, a. ADJ. Que tiene azufre. *Minerales sulfúreos.*

sulfúrico, ca. ADJ. **1.** Perteneciente o relativo al azufre. *Luz sulfúrica.* || **2.** **sulfúreo.** *Vapor sulfúrico.* || **3.** *Á. Andes.* **irascible.** □ V. **ácido ~, éter ~.**

sulfuro. M. *Quím.* Sal del ácido sulfhídrico.

sulfuroso, sa. ADJ. **1.** **sulfúreo.** *Emanaciones sulfurosas.* || **2.** *Quím.* Que participa de las propiedades del azufre.

sultán. M. **1.** hist. Emperador de los turcos. || **2.** Príncipe o gobernador musulmán.

sultana. F. hist. Mujer del sultán, o la que sin serlo gozaba de igual consideración.

sultanato. M. **1.** Dignidad de sultán. ‖ **2.** Territorio sometido a la autoridad de un sultán.

suma. F. **1.** Conjunto de muchas cosas, y más comúnmente de dinero. ‖ **2.** Acción y efecto de sumar. ‖ **3.** Recopilación de todas las partes de una ciencia o facultad. ‖ **4.** *Mat.* Resultado de añadir a una cantidad otra u otras homogéneas. ‖ **5.** Operación de sumar. ‖ **en ~.** LOC.ADV. **en resumen.** ‖ **~ y sigue.** EXPR. Se usa para indicar que, sumadas las cantidades que se anotaron en una plana, continúa la suma en la plana siguiente.

sumador, ra. ADJ. Que suma. Apl. a pers., u. t. c. s.

sumando. M. *Mat.* Cada una de las cantidades parciales que han de acumularse o añadirse unas a otras para formar la suma o cantidad total que se busca.

sumar. TR. **1. añadir** (‖ agregar). U. t. c. prnl. *A su falta de tiempo se suma ahora una nueva obligación.* ‖ **2.** *Mat.* Reunir en una sola varias cantidades homogéneas.

sumarial. ADJ. Perteneciente o relativo al sumario.

sumario[1]. M. **1.** Resumen, compendio o suma. ‖ **2.** *Der.* Conjunto de actuaciones encaminadas a preparar el juicio criminal, haciendo constar la perpetración de los delitos con las circunstancias que puedan influir en su calificación, determinar la culpabilidad y prevenir el castigo de los delincuentes.

sumario[2], ria. ADJ. Reducido a compendio. *Discurso sumario. Exposición sumaria.* ☐ V. **juicio ~.**

sumarísimo, ma. ADJ. *Der.* Se dice de cierta clase de juicios, tanto civiles como criminales, a que por la urgencia o sencillez del caso litigioso, o por la gravedad o flagrancia del hecho criminal, señala la ley una tramitación brevísima.

sumatorio. M. *Mat.* Notación que expresa la suma de los términos de una sucesión entre dos límites definidos. (Símb. Σ).

sumergible. I. ADJ. **1.** Que se puede sumergir. *Reloj sumergible.* ‖ **II.** M. **2.** Nave sumergible.

sumergido, da. PART. de **sumergir.** ‖ ADJ. **1.** Que está metido debajo del agua o de otro líquido. U. t. en sent. fig. *Tenía la mente sumergida en el sopor de la noche.* ‖ **2.** Dicho de una persona: Que tiene la atención concentrada en algo. *Está sumergido en el estudio.* ‖ **3. clandestino.** *Trabajo sumergido.* ☐ V. **economía ~.**

sumergimiento. M. Acción y efecto de sumergir o sumergirse.

sumergir. I. TR. **1.** Meter algo debajo del agua o de otro líquido. *Sumergir la verdura en agua caliente.* U. t. c. prnl. ‖ **2.** Meter por completo en algo, especialmente una situación. *La noticia nos sumergió en la confusión.* U. t. c. prnl. ‖ **II.** PRNL. **3.** Abstraerse, concentrar la atención en algo.

sumerio, ria. I. ADJ. **1.** hist. Natural de Sumeria, región de la baja Mesopotamia, cerca del golfo Pérsico. U. t. c. s. ‖ **II.** M. **2.** Lengua sumeria.

sumersión. F. Acción y efecto de sumergir o sumergirse.

sumidad. F. **ápice** (‖ extremo superior).

sumidero. M. Conducto o canal por donde se sumen las aguas.

sumiller. I. COM. **1.** En algunos hoteles, restaurantes, etc., persona encargada del servicio de licores. ‖ **II.** M. **2.** hist. Jefe o superior en algunas oficinas y ministerios de palacio. ¶ MORF. pl. **sumilleres.** ‖ **~ de corps.** M. hist. Jefe de palacio, que tenía a su cargo el cuidado de la real cámara.

sumillería. F. Ejercicio y cargo de sumiller.

suministración. F. Acción y efecto de suministrar.

suministrador, ra. ADJ. Que suministra. Apl. a pers., u. t. c. s.

suministrar. TR. Proporcionar a alguien algo que necesita.

suministro. M. **1.** Acción y efecto de suministrar. ‖ **2.** Provisión de víveres o utensilios para las tropas, penados, presos, etc. U. m. en pl. ‖ **3.** Conjunto de cosas o efectos suministrados.

sumir. I. TR. **1.** Hundir o meter debajo de la tierra o del agua. U. t. c. prnl. *Los delfines saltaron y se sumieron de nuevo en el mar.* ‖ **2. sumergir** (‖ meter por completo en una situación). *Las humillaciones la sumieron en una depresión.* U. t. c. prnl. ‖ **3.** Dicho de un sacerdote: **consumir** (‖ recibir o tomar la comunión en la misa). ‖ **II.** PRNL. **4.** Dicho de alguna parte del cuerpo: Hundirse o formar una concavidad anormal; como la boca, por falta de la dentadura, o el pecho, etc.

sumisión. F. **1.** Sometimiento de alguien a otra u otras personas. ‖ **2.** *Der.* Acto por el cual alguien se somete a otra jurisdicción, renunciando o perdiendo su domicilio y fuero.

sumiso, sa. ADJ. **1.** Obediente, subordinado. ‖ **2.** Que implica o denota sumisión. *Actitud sumisa.*

súmmum. M. El colmo, lo sumo.

sumo[1], ma. ADJ. **1.** Supremo, altísimo o que no tiene superior. *Sumo inquisidor.* ‖ **2.** Muy grande, enorme. *Suma necedad.* ‖ **a lo ~.** LOC.ADV. **1.** A lo más, al mayor grado, número, cantidad, etc., a que puede llegar alguien o algo. ‖ **2.** Cuando más, si acaso. ☐ V. **~ sacerdote.**

sumo[2]. M. **1.** Arte marcial de origen japonés, en que los adversarios, cuyo peso excede siempre de los 100 kg, luchan cuerpo a cuerpo. ‖ **2.** Luchador de sumo.

sumo[3], ma. ADJ. Se dice del grupo lingüístico amerindio de procedencia chibcha que se asienta en la zona nororiental de Honduras y en la zona atlántica de Nicaragua, integrado, entre otros, por el tawahka. U. t. c. s. m. *El sumo.*

sumu. ADJ. sumo[3]. U. t. c. s. m.

sunco, ca. ADJ. *Chile.* **manco** (‖ que ha perdido un brazo o una mano o el uso de ellos). Apl. a pers., u. t. c. s.

suní. ADJ. **1.** Perteneciente o relativo al sunismo. *Doctrinas suníes.* ‖ **2.** Partidario o seguidor del sunismo. U. t. c. s. ¶ MORF. pl. **suníes** o **sunís.**

sunismo. M. Rama ortodoxa de la religión islámica que sigue los preceptos de la Sunna, doctrina que recoge los dichos y hechos de Mahoma. En contraposición con el *chiismo,* considera lícita la elección de imanes fuera de los descendientes de Alí.

sunita. ADJ. suní. Apl. a pers., u. t. c. s.

sunní. ADJ. suní. Apl. a pers., u. t. c. s. MORF. pl. **sunníes** o **sunnís.**

sunnita. ADJ. suní. Apl. a pers., u. t. c. s.

suntuario, ria. ADJ. Perteneciente o relativo al lujo. *Gastos suntuarios.*

suntuosidad. F. Cualidad de suntuoso.

suntuoso, sa. ADJ. Grande y costoso. *Palacio suntuoso.*

supeditación. F. Acción y efecto de supeditar.

supeditar. TR. **1.** Subordinar algo a otra cosa. *Supeditar el interés individual al bien de la mayoría.* ‖ **2.** Condicionar algo al cumplimiento de otra cosa. *Los trabajadores supeditaban la vuelta a la normalidad a la readmisión de los despedidos.*

súper[1]. **I.** ADJ. **1.** Dicho de la gasolina: De octanaje superior al considerado normal. U. t. c. s. f. ‖ **2.** coloq. Superior, extraordinario. MORF. pl. invar. *Regalos súper.* ‖ **II.** ADV. **3.** coloq. Fenomenal, de modo superior.

súper[2]. M. coloq. **supermercado.** MORF. pl. invar. *Los súper.*

superabundancia. F. Abundancia muy grande.

superabundante. ADJ. Que superabunda. *Especies superabundantes.*

superabundar. INTR. Abundar con extremo.

superación. F. Acción y efecto de superar.

superador, ra. ADJ. Que supera. *Esfuerzo superador.*

superar. **I.** TR. **1.** Ser superior a alguien. *Juan nos supera a todos en velocidad.* ‖ **2.** Vencer obstáculos o dificultades. *Superar una grave intervención quirúrgica.* ‖ **3. rebasar** (‖ exceder de un límite). *La temperatura del desierto supera los 50 grados.* U. t. c. prnl. ‖ **4. rebasar** (‖ dejar atrás). *Hay que superar los prejuicios raciales.* ‖ **II.** PRNL. **5.** Dicho de una persona: Hacer algo mejor que en otras ocasiones.

superávit. M. **1.** En el comercio, exceso del haber o caudal sobre el debe u obligaciones de la caja. ‖ **2.** En la Administración pública, exceso de los ingresos sobre los gastos. ‖ **3.** Abundancia o exceso de algo que se considera necesario. ¶ MORF. pl. **superávits.**

superbombardero. M. Bombardero que tiene un extenso campo de acción y gran capacidad de carga.

superchería. F. Engaño, dolo, fraude.

superchero, ra. ADJ. Que actúa con supercherías. U. t. c. s.

superciliar. ADJ. Anat. Se dice del reborde en forma de arco que tiene el hueso frontal en la parte correspondiente a la zona inmediata a las cejas.

superconductividad. F. Electr. Propiedad de ciertos materiales de perder bruscamente su resistencia eléctrica por debajo de una temperatura específica.

superconductor, ra. ADJ. Electr. Se dice de los materiales que a muy bajas temperaturas pierden su resistencia eléctrica, transformándose en conductores eléctricos perfectos. U. t. c. s. m.

superdominante. F. Mús. Sexta nota de la escala diatónica.

superdotado, da. ADJ. Dicho de una persona: Que posee cualidades que exceden de lo normal. Se usa especialmente refiriéndose a las condiciones intelectuales. U. t. c. s.

superego. M. Psicol. En el psicoanálisis freudiano, parte inconsciente del yo que se observa, critica y trata de imponerse a sí mismo por referencia a las demandas de un yo ideal.

supereminente. ADJ. Muy elevado. *Posición supereminente.*

supererogación. F. Acción ejecutada sobre o además de los términos de la obligación.

supererogatorio, ria. ADJ. Perteneciente o relativo a la supererogación.

superestrato. M. **1.** Ling. Lengua que se extiende por otro dominio lingüístico y que es abandonada por sus hablantes en favor de la lengua originaria, sobre la que, sin embargo, ejerce algún influjo. ‖ **2.** Ling. Influencia que ejerce una lengua que se ha extendido por un área geográfica distinta de la propia, en la que se habla otra lengua, a pesar de que termina desapareciendo de ella.

superestructura. F. **1.** Parte de una construcción que está por encima del nivel del suelo. ‖ **2.** Estructura social,

ideológica o cultural fundamentada en otra. ‖ **3.** En el marxismo, ideas, instituciones características de una sociedad y que surgen de su base económica. ‖ **4.** Mar. En los barcos, parte construida por encima de la cubierta alta.

superferolítico, ca. ADJ. coloq. Excesivamente delicado, fino, primoroso.

superfetación. F. **1.** Med. Concepción de un segundo feto durante el embarazo. ‖ **2.** En una exposición oral o escrita, multiplicación de elementos innecesarios.

superficial. ADJ. **1.** Perteneciente o relativo a la superficie. *Medida superficial de 50 metros cuadrados.* ‖ **2.** Que está o se queda en ella. *Raíces superficiales.* ‖ **3.** Aparente, sin solidez ni sustancia. *Juicios superficiales. Cultura superficial.* ‖ **4.** Frívolo, sin fundamento. *¡Qué superficiales son algunas personas!* □ V. **tensión ~.**

superficialidad. F. Cualidad de superficial.

superficie. F. **1.** Límite o término de un cuerpo, que lo separa y distingue de lo que no es él. ‖ **2.** Extensión de tierra. ‖ **3.** Aspecto externo de algo. ‖ **4.** Fís. Magnitud que expresa la extensión de un cuerpo en dos dimensiones: longitud y anchura. Su unidad en el Sistema Internacional es el *metro cuadrado* (m²). ‖ **5.** Geom. Extensión en que solo se consideran dos dimensiones. ‖ **~ cilíndrica.** F. Geom. superficie generada por una recta que se mueve paralelamente a sí misma y recorre una curva dada. ‖ **~ cónica.** F. Geom. La generada por una recta que pasa por un punto fijo, el vértice, y recorre una curva dada. ‖ **~ curva.** F. Geom. La que no es plana ni compuesta de superficies planas. ‖ **~ de onda.** F. En un movimiento ondulatorio, superficie formada por los puntos que, en un momento dado, se hallan en la misma fase. ‖ **~ de revolución.** F. Geom. La engendrada por el movimiento de una curva que gira alrededor de un eje. ‖ **~ plana.** F. Geom. La que puede contener una recta imaginaria en cualquier dirección. ‖ **gran ~.** F. Establecimiento comercial o conjunto de establecimientos comerciales de grandes dimensiones. U. m. en pl.

superfluidad. F. **1.** Cualidad de superfluo. ‖ **2.** Cosa superflua.

superfluo, flua. ADJ. No necesario, que está de más. *Gastos superfluos.*

superfosfato. M. Fosfato ácido de cal que se emplea como abono.

superheterodino. M. Electr. Receptor en que las oscilaciones de la onda transmitida se combinan con las de un oscilador local para obtener una oscilación de frecuencia intermedia fija, utilizada para amplificar la señal.

superhombre. M. Tipo de hombre muy superior a los demás.

superíndice. M. Letra o número que se coloca en la parte superior derecha de un símbolo o de una palabra para distinguirlos de otros semejantes.

superintendencia. F. **1.** Suprema administración en un ramo. ‖ **2.** Empleo, cargo y jurisdicción del superintendente. ‖ **3.** Oficina del superintendente.

superintendente. COM. Persona a cuyo cargo está la dirección y cuidado de algo, con superioridad a las demás que sirven en ello.

superior. **I.** ADJ. COMP. de **alto.** **1.** Dicho de una cosa: Que está más alta y en lugar preeminente respecto de otra. *El libro está en el estante superior.* ‖ **II.** ADJ. **2.** Dicho de una persona: Que tiene otras a su cargo. U. t. c. s. m. *Aceptó las críticas de su superior.* ‖ **3.** Dicho de una cosa: Más excelente y digna, respecto de otras de menos aprecio y bondad. *Las materias grasas contenidas en la yema son de calidad superior a las de la carne.* || **4.** Que excede a otras cosas en virtud, vigor o cualidades, y así se particulariza entre ellas. *Tiene un nivel cultural superior a la media.* || **5.** Excelente, muy bueno. *Venden un turrón de calidad superior.* || **6.** *Biol.* Se dice de los seres vivos de organización más compleja y que se suponen más evolucionados que otros; p. ej., los mamíferos. || **II.** M. **7.** Hombre que manda, gobierna o dirige una congregación o comunidad, principalmente religiosa. □ V. **enseñanza** ~, **jefe** ~ **de Administración, límite** ~, **oficial** ~.

superiora. F. Mujer que manda, gobierna o dirige una congregación o comunidad, principalmente religiosa.

superiorato. M. **1.** Empleo o dignidad de superior o superiora, especialmente en las comunidades. || **2.** Tiempo que dura.

superioridad. F. **1.** Preeminencia, excelencia o ventaja en alguien o algo respecto de otra persona o cosa. || **2.** Persona o conjunto de personas de superior autoridad. □ V. **abuso de** ~.

superlativo, va. ADJ. Muy grande y excelente en su línea. *Superlativo gesto de paz.* □ V. **adjetivo** ~ **absoluto, adjetivo** ~ **relativo.**

supermán. M. coloq. Hombre de capacidades y cualidades sobrehumanas. U. t. c. adj. U. t. en sent. fest. o afect.

supermercado. M. Establecimiento comercial de venta al por menor en el que se expenden todo género de artículos alimenticios, bebidas, productos de limpieza, etc., y en el que el cliente se sirve a sí mismo y paga a la salida.

supermodelo. COM. Modelo de alta costura, especialmente el muy cotizado.

supernova. F. *Astr.* **estrella supernova.**

supernumerario, ria. **I.** ADJ. **1.** Que excede o está fuera del número señalado o establecido. *Cromosoma supernumerario.* || **2.** Dicho de un militar, de un funcionario, etc.: Que está en situación análoga a la de excedencia. || **II.** M. y F. **3.** Empleado que trabaja en una oficina pública sin figurar en la plantilla.

súpero, ra. ADJ. *Bot.* Se dice del tipo de ovario vegetal que se desarrolla por encima del cáliz, como el tomate y otras solanáceas.

superpoblación. F. Exceso de individuos de una especie o de un conjunto de especies en un espacio determinado.

superpoblar. TR. Poblar en exceso. MORF. conjug. c. *contar.*

superponer. TR. Añadir algo o ponerlo encima de otra cosa. MORF. conjug. c. *poner;* part. irreg. **superpuesto.**

superponible. ADJ. 1. Que se puede superponer. *Piezas superponibles.* || **2.** Que es igual o equivalente. *Resultados superponibles.*

superposición. F. Acción y efecto de superponer.

superpotencia. F. País dotado de un gran poder económico y militar.

superproducción. F. **1.** Exceso de producción. || **2.** Obra cinematográfica o teatral que se presenta con excepcional y de gran costo. || **3.** *Econ.* Proceso económico en el que se obtienen cantidades superiores a las necesarias.

superproparoxítona. F. *Fon.* Palabra sobresdrújula.

superproparoxítono, na. ADJ. *Fon.* **sobresdrújulo.**

superpuesto, ta. PART. IRREG. de **superponer.**

superrealismo. M. **surrealismo.**

superrealista. ADJ. **surrealista.** *Película superrealista.*

supersónico, ca. ADJ. Que supera la velocidad del sonido. Apl. a un avión, u. t. c. s. m.

superstición. F. **1.** Creencia extraña a la fe religiosa y contraria a la razón. || **2.** Fe desmedida o valoración excesiva respecto de algo. *Superstición de la ciencia.*

supersticioso, sa. ADJ. **1.** Perteneciente o relativo a la superstición. *Conductas supersticiosas.* || **2.** Dicho de una persona: Que cree en ella. U. t. c. s. □ V. **culto** ~.

supervaloración. F. Acción y efecto de supervalorar.

supervalorar. TR. **sobrevalorar.**

superveniencia. F. Acción y efecto de suceder, acaecer, sobrevenir.

superventas. ADJ. Dicho de un libro, de un disco, etc.: Que han alcanzado un extraordinario número de ejemplares vendidos. U. t. c. s. m.

supervisar. TR. Ejercer la inspección superior en trabajos realizados por otros.

supervisión. F. Acción y efecto de supervisar.

supervisor, ra. ADJ. Que supervisa. U. t. c. s.

supervivencia. F. **1.** Acción y efecto de sobrevivir. || **2.** Gracia concedida a alguien para gozar una renta o pensión después de haber fallecido quien la obtenía.

superviviente. ADJ. Que conserva la vida después de un suceso en el que otros la han perdido. U. t. en sent. fig. *Se han apuntalado los edificios supervivientes después de un terremoto.* Apl. a pers., u. t. c. s.

supervivir. INTR. **sobrevivir.**

superyó. M. **superego.** MORF. pl. **superyós** o **superyoes.**

supinación. F. **1.** Posición de una persona tendida sobre el dorso, o de la mano con la palma hacia arriba. || **2.** Movimiento del antebrazo que hace girar la mano de dentro a fuera, presentando la palma.

supino, na. **I.** ADJ. **1.** Tendido sobre el dorso. *Posición supina.* || **2.** Dicho del estado de ánimo, de una acción o de una cualidad moral: Necios, estólidos. *Estupidez supina.* || **II.** M. **3.** *Gram.* En algunas lenguas indoeuropeas, una de las formas nominales del verbo. □ V. **decúbito** ~, **ignorancia** ~.

súpito, ta. ADJ. **repentino.**

suplantación. F. Acción y efecto de suplantar.

suplantador, ra. ADJ. Que suplanta. U. t. c. s.

suplantar. TR. **1.** Falsificar un escrito con palabras o cláusulas que alteren el sentido que antes tenía. *Suplantar la firma de alguien.* || **2.** Ocupar con malas artes el lugar de alguien, defraudándole el derecho, empleo o favor que disfrutaba.

suplementario, ria. ADJ. Que sirve para suplir algo o completarlo. *Tiempo suplementario de juego.* □ V. **aire** ~, **ángulo** ~, **arco** ~.

suplementero, ra. ADJ. *Chile.* Que se dedica a la venta ambulante de periódicos. Apl. a pers., u. t. c. s.

suplemento. M. **1.** Cosa o accidente que se añade a otra cosa para hacerla íntegra o perfecta. || **2.** Hoja o cuaderno que publica un periódico o revista y cuyo texto es independiente del número ordinario. || **3.** *Geom.* Ángulo que falta a otro para componer dos rectos. || **4.** *Gram.* Complemento verbal de régimen preposicional obligado.

suplencia. F. Acción y efecto de **suplir** (|| ponerse en lugar de alguien).

suplente. ADJ. Que suple. Apl. a pers., u. t. c. s.

supletorio, ria. ADJ. **1.** Que suple una falta. *Legislación supletoria.* || **2.** **suplementario.** *Sillas supletorias.*

‖ **3.** Dicho de un aparato telefónico: Conectado a otro principal. U. t. c. s. m. ‖ **4.** *Der.* Dicho de una norma: Que se aplica en defecto de otra. *El Código Civil se aplica como supletorio en algunas materias.* ☐ V. **derecho** ~.

súplica. F. Acción y efecto de suplicar. ☐ V. **recurso de** ~.

suplicación. F. **1.** Acción y efecto de suplicar. ‖ **2.** hist. Hoja muy delgada hecha de masa de harina con azúcar y otros ingredientes, que cocida en un molde servía para hacer barquillos. ‖ **3.** hist. Barquillo estrecho que se hacía en forma de canuto.

suplicante. ADJ. Que suplica. U. t. c. s.

suplicar. TR. Rogar, pedir con humildad y sumisión algo. *Me suplicó sigilo.*

suplicatorio, ria. I. ADJ. **1.** Que contiene súplica. *Mirada suplicatoria.* ‖ **II.** M. **2.** *Der.* Instancia que un juez o tribunal eleva a un cuerpo legislativo, pidiendo permiso para proceder en justicia contra algún miembro de ese cuerpo.

suplicio. M. **1.** Lesión corporal, o muerte, infligida como castigo. ‖ **2.** Molestia grande y prolongada. *Su empleo es un suplicio para él.* ‖ **3.** Grave tormento o dolor físico o moral. ‖ **último** ~. M. **pena capital.**

suplido. M. Anticipo que se hace por cuenta y cargo de otra persona, con ocasión de mandato o trabajos profesionales. U. m. en pl.

suplidor, ra. ADJ. Que suple. *Empresa suplidora.* Apl. a pers., u. t. c. s.

suplir. TR. **1.** Cumplir o integrar lo que falta en algo, o remediar la carencia de ello. *El dinero no suple al genio.* ‖ **2.** Ponerse en lugar de alguien para hacer sus veces. *María ha suplido a su hermana en el trabajo.* ‖ **3.** Reemplazar, sustituir algo por otra cosa. *Las máquinas suplen el esfuerzo de los hombres.*

suponer. TR. **1.** Dar por sentado y existente algo. *Supongo que esto te gusta.* ‖ **2.** Fingir, dar existencia ideal a lo que realmente no la tiene. *Supongamos que tú eres ella.* ‖ **3.** Traer consigo, importar. *Las nuevas instalaciones suponen desmedidos gastos de conservación.* ‖ **4.** Conjeturar, calcular algo a través de los indicios que se poseen. *Supongo que no estamos aquí para hablar de eso.* ¶ MORF. conjug. c. *poner;* part. irreg. **supuesto.**

suposición. F. Acción y efecto de suponer.

supositorio. M. Porción de medicamento sólido que se introduce por vía rectal y se funde con el calor del cuerpo.

supraclavicular. ADJ. Se dice de la región situada encima de las clavículas.

supranacional. ADJ. Dicho de una entidad: Que está por encima del ámbito de los Gobiernos e instituciones nacionales y que actúa con independencia de ellos.

suprarrenal. ADJ. *Anat.* Situado encima de los riñones. ☐ V. **glándula** ~.

suprasegmental. ADJ. *Fon.* Se dice del elemento que afecta a más de un fonema y que no puede segmentarse en unidades menores, como el acento, la entonación o el ritmo.

supremacía. F. **1.** Grado supremo en cualquier línea. ‖ **2.** Preeminencia, superioridad jerárquica.

supremo, ma. ADJ. **1.** Sumo, altísimo. *Esfuerzo supremo.* ‖ **2.** Que no tiene superior en su línea. *Arquitecto supremo.* ‖ **3.** Dicho de un momento o de un instante: **decisivo.** *La muerte del toro es el momento supremo de la lidia.* ☐ V. **hora** ~, **Ser** ~, **Tribunal Supremo.**

supresión. F. Acción y efecto de suprimir.

supresor, ra. ADJ. Que suprime. *Medicamento supresor del apetito.*

suprimir. TR. **1.** Hacer cesar, hacer desaparecer. *Suprimir un empleo, un impuesto, una pensión.* ‖ **2.** Omitir, callar, pasar por alto. *Suprimir pormenores en la narración de un suceso.*

suprior. M. **1.** Clérigo que en algunas comunidades religiosas hace las veces del prior. ‖ **2.** Segundo prelado destinado en algunas órdenes religiosas para hacer las veces del prior.

supriora. F. Religiosa que en algunas comunidades hace las veces de la priora.

supriorato. M. Empleo de suprior o supriora.

supuesto. M. Suposición, hipótesis. ‖ **por** ~. LOC. ADV. Con certeza. ‖ ~ **que.** LOC. CONJUNT. **puesto que.**

supuración. F. Acción y efecto de supurar.

supurar. INTR. Formar o echar pus.

supurativo, va. ADJ. Que tiene virtud de hacer supurar. *Cura supurativa.*

sur. M. **1.** Punto cardinal del horizonte en dirección al Polo Sur, que coincide con la posición del Sol a mediodía. (Símb. *S*). ORTOGR. Escr. con may. inicial. ‖ **2.** Región o territorio situado en la parte sur de un país o de un área geográfica determinada. *Los barrios obreros del sur.* ‖ **3.** Lugar situado al sur de otro lugar con cuya posición se compara. *Los países al sur del Mediterráneo.* ‖ **4.** Se usa en aposición para indicar que lo designado por el sustantivo al que se pospone está orientado al Sur o procede del sur. *Capilla, viento sur.* ‖ **5.** Viento procedente del sur. ☐ V. **Polo Sur.**

sura. M. Cada una de las lecciones o capítulos en que se divide el Corán.

surada. F. Golpe de viento sur.

sural. ADJ. *Anat.* Perteneciente o relativo a la pantorrilla. *Músculo sural. Arteria sural.*

suramericano, na. ADJ. **sudamericano.** Apl. a pers., u. t. c. s.

surazo. M. *Chile.* Viento fuerte que sopla del sur.

surcador, ra. ADJ. Que surca. *Proa surcadora.*

surcar. TR. **1.** Hacer surcos en la tierra al ararla. ‖ **2.** Hacer en algo rayas parecidas a los surcos que se hacen en la tierra. *Las arrugas le surcaban el rostro.* ‖ **3.** Ir o caminar por un fluido rompiéndolo o cortándolo. *Surca la nave el mar, y el ave, el viento.*

surco. M. **1.** Hendidura que se hace en la tierra con el arado. ‖ **2.** Señal o hendidura prolongada que deja una cosa que pasa sobre otra. ‖ **3.** Arruga en el rostro o en otra parte del cuerpo. ‖ **4.** Cada una de las estrías de un disco musical.

surcoreano, na. ADJ. **1.** Natural de Corea del Sur. U. t. c. s. ‖ **2.** Perteneciente o relativo a este país de Asia.

sureño, ña. ADJ. **1.** Natural del sur de un país. *Inmigrantes sureños.* U. t. c. s. ‖ **2.** Perteneciente o relativo al sur. *Dimensión sureña.* ‖ **3.** Que está situado en la parte sur de un país. *Estado sureño.*

sureste. M. **1.** Punto del horizonte entre el Sur y el Este, a igual distancia de ambos. (Símb. *SE*). ORTOGR. Escr. con may. inicial. ‖ **2.** Región o territorio situado en la parte sureste de un país o de un área geográfica determinada. *El sureste francés da buenos vinos.* ‖ **3.** Lugar situado al sureste de otro con cuya posición se compara. *La República Dominicana está al sureste de Cuba.* ‖ **4.** Usado en aposición, indica que lo designado por el sustantivo al que se pospone está orientado al Sureste o procede del sureste. *Ruta, viento sureste.* || **5.** Viento procedente del sureste.

surf. M. **1.** Deporte náutico consistente en mantenerse en equilibrio encima de una tabla especial que se desplaza sobre la cresta de las olas. || **2.** Baile propio de la década de 1960. MORF. pl. **surfs.**

surfactante. M. *Tecnol.* Sustancia que reduce la tensión superficial de un líquido, y que sirve como agente humectante o detergente. U. t. c. adj.

surfista. COM. Persona que practica el surf.

surgidero. M. Lugar donde dan fondo las naves.

surgimiento. M. Acción y efecto de **surgir** (|| aparecer, manifestarse).

surgir. INTR. **1.** Dicho del agua: Surtir, brotar hacia arriba. || **2.** Dicho de una nave: Dar fondo. || **3.** Aparecer, manifestarse, brotar. *Surgir un problema.*

surinamés, sa. ADJ. **1.** Natural de Surinam. U. t. c. s. || **2.** Perteneciente o relativo a este país de América.

suripanta. F. despect. Mujer ruin, moralmente despreciable.

suroeste. M. **1.** Punto del horizonte entre el Sur y el Oeste, a igual distancia de ambos. (Símb. *SO* o *SW*). ORTOGR. Escr. con may. inicial. || **2.** Región o territorio situado en la parte suroeste de un país o de un área geográfica determinada. *Los países del suroeste asiático.* || **3.** Lugar situado al suroeste de otro con cuya posición se compara. *Las islas Canarias están al suroeste de la península Ibérica.* || **4.** Usado en aposición, indica que lo designado por el sustantivo al que se pospone está orientado al Suroeste o procede del suroeste. *Dirección, viento suroeste.* || **5.** Viento procedente del suroeste.

surrealismo. M. Movimiento literario y artístico, cuyo primer manifiesto fue realizado por André Breton en 1924, que intenta sobrepasar lo real impulsando con automatismo psíquico lo imaginario y lo irracional.

surrealista. **I.** ADJ. **1.** Perteneciente o relativo al surrealismo. *Opiniones surrealistas.* || **II.** COM. **2.** Persona que es partidaria de este movimiento o que lo practica.

sursudoeste. M. **sudsudoeste.** ORTOGR. Escr. con may. inicial c. punto del horizonte.

sursureste. M. **1.** Punto del horizonte que media entre el Sur y el Sureste. (Símb. *SSE*). ORTOGR. Escr. con may. inicial. || **2.** Viento procedente del sursureste.

sursuroeste. M. **1.** Punto del horizonte que media entre el Sur y el Suroeste. (Símb. *SSO* o *SSW*). ORTOGR. Escr. con may. inicial. || **2.** Viento que procede del sursuroeste.

surtido, da. PART. de **surtir.** || **I.** ADJ. **1.** Dicho de un artículo de comercio: Que se ofrece como mezcla de diversas clases. *Galletas surtidas.* U. t. c. s. m. *Un surtido de horquillas.* || **II.** M. **2.** Acción y efecto de surtir.

surtidor, ra. **I.** ADJ. **1.** Que **surte** (|| provee). *Máquina surtidora de café.* || **II.** M. **2.** Bomba que extrae de un depósito subterráneo de gasolina la necesaria para repostar a los vehículos automóviles. || **3.** Chorro de agua que brota o sale, especialmente hacia arriba.

surtimiento. M. **surtido** (|| acción y efecto de surtir).

surtir. **I.** TR. **1.** Proveer a alguien de algo. U. t. c. prnl. || **II.** INTR. **2.** Dicho del agua: Brotar, saltar, o simplemente salir, en particular hacia arriba.

surto, ta. ADJ. **fondeado** (|| asegurado por medio de anclas). *Barcos surtos en la bahía.*

surubí. M. Pez teleósteo de río, de gran tamaño, cuya piel es de color general pardusco con distintas tonalidades y su carne, amarilla y compacta. Habita la cuenca del Plata. MORF. pl. **surubíes** o **surubís.**

suruví. M. Á. guar. y Á. R. *Plata.* **surubí.** MORF. pl. **suruvíes** o **suruvís.**

sus. INTERJ. Se usa para infundir ánimo repentinamente, incitando a ejecutar algo con vigor o celeridad.

susceptibilidad. F. Cualidad de susceptible.

susceptible. ADJ. **1.** Capaz de recibir modificación o impresión. *La madera susceptible de pulimento se emplea en ebanistería.* || **2.** Quisquilloso, picajoso.

suscitación. F. Acción y efecto de suscitar.

suscitar. TR. Levantar, promover.

suscribir. **I.** TR. **1.** Firmar al pie o al final de un escrito. *Enviaron una carta suscrita por diez de los doce testigos.* || **2.** Convenir con el dictamen de alguien. *Suscribimos sus palabras.* || **II.** PRNL. **3.** Dicho de una persona: Obligarse a contribuir como otras al pago de una cantidad para cualquier obra o empresa. *Me he suscrito a Médicos sin Fronteras.* || **4.** Abonarse para recibir alguna publicación periódica o algunos libros que se hayan de publicar en serie o por fascículos. *Se ha suscrito a esa revista médica.* U. t. c. tr. ¶ MORF. part. irreg. **suscrito.** Á. R. *Plata.* part. irreg. **suscripto.**

suscripción. F. Acción y efecto de suscribir o suscribirse.

suscripto, ta. PART. IRREG. Á. R. *Plata.* **suscrito.**

suscriptor, ra. M. y F. Persona que suscribe o se suscribe.

suscrito, ta. PART. IRREG. de **suscribir.**

susidio. M. Inquietud, zozobra.

susodicho, cha. ADJ. Dicho arriba, mencionado con anterioridad. Apl. a pers., u. t. c. s.

suspender. TR. **1.** Levantar, colgar o detener algo en alto o en el aire. *Suspendió al niño en el aire.* || **2.** Detener o diferir por algún tiempo una acción u obra. U. t. c. prnl. *Se suspende la sesión hasta nuevo aviso.* || **3.** **embelesar.** *Es un hecho que maravilla y suspende el ánimo.* || **4.** Privar temporalmente a alguien del sueldo o empleo que tiene. *Lo han suspendido de empleo y sueldo hasta que se aclare el asunto.* || **5.** Negar la aprobación a un examinando hasta nuevo examen. *Han suspendido a su hijo en matemáticas.* || **6.** Obtener una calificación inferior al aprobado en un examen o una asignatura. *He suspendido la literatura.*

suspense. M. Expectación impaciente o ansiosa por el desarrollo de una acción o suceso, especialmente en una película cinematográfica, una obra teatral o un relato.

suspensión. F. **1.** Acción y efecto de suspender. || **2.** En los automóviles y vagones del ferrocarril, conjunto de las piezas y mecanismos destinados a hacer elástico el apoyo de la carrocería sobre los ejes de las ruedas. || **3.** Censura eclesiástica o corrección gubernativa que en todo o en parte priva del uso del oficio, beneficio o empleo o de sus goces y emolumentos. || **4.** *Mús.* Prolongación de una nota que forma parte de un acorde, sobre el siguiente, produciendo disonancia. || **5.** *Rel.* **éxtasis** (|| unión mística con Dios). || **6.** *Ret.* Figura que consiste en diferir, para avivar el interés del oyente o lector, la declaración del concepto a que va encaminado y en que ha de tener remate lo dicho anteriormente. || **7.** *Am.* **suspense.** || **~ coloidal.** F. *Quím.* Compuesto que resulta de disolver cualquier coloide en un fluido. || **~ de armas.** F. *Mil.* Cese temporal de hostilidades. || **~ de garantías.** F.

Situación anormal en que, por motivos de orden público, quedan temporalmente sin vigencia algunas de las garantías constitucionales. || **~ de pagos.** F. *Com.* Situación en que se coloca ante el juez el comerciante cuyo activo no es inferior al pasivo, pero que no puede temporalmente atender al pago puntual de sus obligaciones. || **en ~.** LOC.ADJ. Dicho de una partícula o de un cuerpo: Que se mantienen durante tiempo más o menos largo en el seno de un fluido. U. t. c. loc. adv.

suspensivo, va. ADJ. Que tiene virtud o fuerza de suspender. *Momento suspensivo.* □ V. **puntos ~s.**

suspenso, sa. I. ADJ. **1.** Que está suspendido. *Una maceta suspensa del techo.* Apl. a pers., u. t. c. s. || **2.** Admirado, perplejo. *Sus palabras me dejaron suspenso.* || **II.** M. **3.** Nota de haber sido suspendido en un examen. || **4.** *Am.* **suspense.** || **en suspenso.** LOC.ADV. Diferida la resolución o su cumplimiento.

suspensorio, ria. I. ADJ. **1.** Que sirve para suspender en alto o en el aire. *Aparato suspensorio.* || **II.** M. **2.** Vendaje para sostener el escroto u otro miembro.

suspicacia. F. **1.** Cualidad de suspicaz. || **2.** Especie o idea sugerida por la sospecha o desconfianza.

suspicaz. ADJ. Propenso a concebir sospechas o a tener desconfianza.

suspirar. INTR. **1.** Dar suspiros. || **2.** Querer algo o a alguien intensamente. *Suspiro* POR *irme de viaje. Suspiro* POR *mi hijo.*

suspiro. M. **1.** Aspiración fuerte y prolongada seguida de una espiración, acompañada a veces de un gemido y que suele denotar pena, ansia o deseo. || **2.** Golosina que se hace de harina, azúcar y huevo. || **3.** coloq. Espacio de tiempo brevísimo. || **4.** *Mús.* Pausa breve. || **5.** *Mús.* Signo que la representa. || **6.** *Chile.* **trinitaria.** || **7.** *Chile.* Se usa como nombre para referirse a distintas especies de enredaderas, de la familia de las Convolvuláceas, con hojas alternas, flores de diversos colores que tienen el tubo de la corola casi cilíndrico y el limbo extendido en forma pentagonal. || **último ~.** M. **1.** coloq. suspiro de las personas al morir. || **2.** coloq. Fin y remate de algo.

suspirón, na. ADJ. Que suspira mucho.

suspiroso, sa. ADJ. Que suspira con dificultad.

sustancia. F. **1.** Ser, esencia o naturaleza de algo. || **2.** Jugo que se extrae de ciertas materias alimenticias, o caldo que con ellas se hace. || **3.** Parte que permanece en algo que cambia. || **4.** Parte que constituye lo más importante de algo. || **5.** Valor y estimación que tienen las cosas. *Negocio de sustancia.* || **6.** Componentes nutritivos de los alimentos. || **7.** coloq. Juicio, madurez. *Hombre sin sustancia.* || **8.** *Fil.* Realidad que existe por sí misma y es soporte de sus cualidades o accidentes. || **9.** *Á. guar.* Alimento elaborado con leche, huevo y azúcar, que se da a personas convalecientes. || **~ blanca.** F. *Anat.* La formada principalmente por la reunión de fibras nerviosas, que constituye la parte periférica de la médula espinal y la central del encéfalo. || **~ gris.** F. *Anat.* La formada principalmente por la reunión de cuerpos de células nerviosas, que constituye la porción central de la médula espinal y la superficial del encéfalo. || **en ~.** LOC. ADV. **en compendio.** □ V. **cantidad de ~.**

sustanciación. F. Acción y efecto de sustanciar.

sustancial. ADJ. **1.** Perteneciente o relativo a la sustancia. *Correlaciones sustanciales.* || **2. sustancioso.** *Un desayuno sustancial.* || **3.** Que constituye lo esencial y más importante de algo. *Elemento sustancial.*

sustanciar. TR. **1.** Compendiar, extractar. || **2.** *Der.* Tramitar y resolver un proceso. ¶ MORF. conjug. c. *anunciar.*

sustancioso, sa. ADJ. **1.** Que tiene valor o estimación. *Discurso sustancioso.* || **2.** Que tiene virtud nutritiva. *Caldo sustancioso.*

sustantivación. F. *Gram.* Acción y efecto de sustantivar.

sustantivar. TR. *Gram.* Dar valor y significación de nombre sustantivo a otra parte de la oración y aun a locuciones enteras.

sustantividad. F. Existencia real, independencia, individualidad.

sustantivo, va. I. ADJ. **1.** Que tiene existencia real, independiente, individual. *Organismo sustantivo.* || **2.** Importante, fundamental, esencial. *Desarrollo sustantivo.* || **II.** M. **3. nombre sustantivo.** □ V. **locución ~, nombre ~, oración ~.**

sustentación. F. **1.** Acción y efecto de sustentar. || **2.** **sustentáculo.**

sustentáculo. M. Apoyo o sostén de algo.

sustentador, ra. ADJ. Que sustenta. Apl. a pers., u. t. c. s.

sustentante. I. ADJ. **1.** Que sustenta. *Base sustentante.* || **II.** COM. **2.** Defensor de conclusiones en acto público de una facultad.

sustentar. TR. **1.** Proveer a alguien del alimento necesario. U. t. c. prnl. *Solo se sustentaba de líquidos.* || **2.** Conservar algo en su ser o estado. *Las fuerzas liberales sustentaron la monarquía.* || **3.** Sostener algo para que no se caiga o se tuerza. *Esas columnas sustentan todo el edificio.* U. t. c. prnl. || **4.** Defender o sostener determinada opinión. *La ideología que sustenta es frágil.* || **5. apoyar** (|| basar). U. m. c. prnl. *Las bases estadísticas en que se sustenta son irreprochables.*

sustento. M. **1.** Mantenimiento, alimento. || **2.** Cosa que sirve para dar vigor y permanencia. || **3.** Sostén o apoyo.

sustitución. F. Acción y efecto de sustituir.

sustituible. ADJ. Que se puede o debe sustituir. *Términos sustituibles.*

sustituidor, ra. ADJ. Que sustituye. *Política sustituidora de importaciones.*

sustituir. TR. Poner a alguien o algo en lugar de otra persona o cosa. MORF. conjug. c. *construir.*

sustitutivo, va. ADJ. Dicho de una cosa: Que puede reemplazar a otra en el uso. U. t. c. s. m.

sustituto, ta. M. y F. Persona que hace las veces de otra. U. t. c. adj.

sustitutorio, ria. ADJ. **sustitutivo.**

susto. M. **1.** Impresión repentina causada por miedo, espanto o pavor. || **2.** Preocupación por alguna adversidad o daño que se teme. || **dar un ~ al miedo.** LOC.VERB. coloq. Se usa para encarecer lo feo o repugnante. || **no ganar** alguien **para ~s.** LOC.VERB. coloq. Sufrir continuos sobresaltos.

sustracción. F. **1.** Acción y efecto de sustraer o sustraerse. || **2.** *Mat.* Operación de restar.

sustractivo, va. ADJ. *Mat.* Dicho de un término de un polinomio: Que va precedido del signo menos.

sustraendo. M. *Mat.* Cantidad que ha de restarse de otra.

sustraer. I. TR. **1.** Apartar, separar, extraer. *Sustrajeron a las plantas jóvenes de la intemperie para que no se dañaran.* || **2.** Hurtar, robar fraudulentamente. *Los ladrones sustrajeron varios millones del banco.* || **3.** *Mat.* Restar, hallar la diferencia entre dos cantidades. || **II.**

PRNL. **4.** Separarse de lo que es de obligación, de lo que se tenía proyectado o de alguna otra cosa. *Estaba demasiado desconcertado para sustraerse al influjo de mi determinación.* ¶ MORF. conjug. c. *traer.*

sustrato. M. **1.** Estrato que subyace a otro. || **2.** *Biol.* Lugar que sirve de asiento a una planta o a un animal fijo. || **3.** *Bioquím.* Sustancia sobre la que actúa una enzima. || **4.** *Fil.* **sustancia** (|| ser, esencia o naturaleza de algo). || **5.** *Fil.* **sustancia** (|| realidad que existe por sí misma). || **6.** *Fotogr.* Baño aplicado al soporte para permitir la adherencia entre la capa sensible a la luz y el vidrio o las materias plásticas. || **7.** *Geol.* Terreno situado debajo del que se considera. *El sustrato de un manto.* || **8.** *Ling.* Lengua que ejerce una influencia en otra instalada posteriormente en el mismo territorio. || **9.** *Ling.* Esa misma influencia.

susurración. F. Murmuración secreta.

susurrador, ra. ADJ. Que susurra. Apl. a pers., u. t. c. s.

susurrante. ADJ. **1.** Que habla o se dice en voz muy baja. *Cuchicheos susurrantes.* || **2.** Dicho del aire o del agua: Que **susurra** (|| produce un ruido suave). *Olas susurrantes.*

susurrar. INTR. **1.** Hablar quedo, produciendo un murmullo. U. t. c. tr. *Me susurró la respuesta al oído.* || **2.** Dicho del aire, de un arroyo, etc.: Producir un ruido suave. U. t. c. tr.

susurro. M. **1.** Ruido suave y remiso que resulta de hablar quedo. || **2.** Ruido suave que naturalmente hacen algunas cosas. *El susurro del viento.*

sute. ADJ. Á. *Caribe.* Enteco, canijo.

sutil. ADJ. **1.** Delgado, delicado, tenue. *Hilos sutiles.* || **2.** Agudo, perspicaz, ingenioso. *Problema sutil.* □ V. **escuadra ~.**

sutileza. F. **1.** Cualidad de sutil. || **2.** Dicho o concepto sutil. U. t. en sent. despect. *No me marees con tus sutilezas.* || **3.** *Rel.* Una de las cuatro dotes del cuerpo glorioso, que consiste en poder penetrar por otro cuerpo.

sutilidad. F. **sutileza.**

sutilizar. TR. **1.** Adelgazar, atenuar. *El espejo sutiliza la imagen del cuerpo.* || **2.** Limar, pulir y perfeccionar algo no material. *Sutilizar un concepto.* || **3.** Discurrir ingeniosamente o con profundidad. *Sutiliza las anécdotas para expresar de manera más completa la realidad humana.*

sutorio, ria. ADJ. Se dice del arte de hacer zapatos.

sutura. F. **1.** *Bot.* Cordoncillo que forma la juntura de las ventallas de un fruto. || **2.** *Med.* Costura con que se reúnen los labios de una herida. || **3.** *Zool.* Línea sinuosa, especie de sierra, que forma la unión de ciertos huesos del cráneo.

suturar. TR. Coser una herida.

suyo, ya. PRON. POSES. Designa la persona o la cosa cuyo poseedor corresponde a la 3.ª persona tanto del singular como del plural. *Lo suyo todavía no está listo.* || **la ~.** LOC. PRONOM. coloq. Indica que ha llegado la ocasión favorable a la persona de que se trata. *Ahora es,* o *será, la suya.* || **los ~s.** LOC. PRONOM. Personas propias y unidas a otra por parentesco, amistad, servidumbre, etc. || **de suyo.** LOC. ADV. Naturalmente, propiamente o sin sugestión ni ayuda ajena. || **lo ~.** LOC. PRONOM. coloq. Pondera la dificultad, mérito o importancia de algo. *Traducir a Horacio tiene lo suyo.* || **hacer** alguien **de las ~s.** LOC. VERB. coloq. Obrar, proceder según su genio y costumbre. U. m. en sent. peyor. || **salir,** o **salirse,** alguien **con la ~.** LOCS. VERBS. Lograr su intento a pesar de contradicciones y dificultades.

t. F. Vigésima letra del abecedario latino internacional y vigésima tercera del español, que representa un fonema consonántico oclusivo, dental y sordo. Su nombre es *te*.

taba. F. **1.** astrágalo (‖ hueso del tarso). ‖ **2.** Juego en que se tira al aire una taba de carnero, u otro objeto similar, y se gana o se pierde según la posición en que caiga.

tabacal. M. Sitio sembrado de tabaco.

tabacalera. F. Fábrica o empresa dedicada a la explotación del tabaco.

tabacalero, ra. ADJ. **1.** Perteneciente o relativo al cultivo, fabricación o venta del tabaco. *Sector tabacalero.* ‖ **2.** Dicho de una persona: Que cultiva el tabaco. U. t. c. s.

tabachín. M. *Méx.* flamboyán.

tabaco. M. **1.** Planta de la familia de las Solanáceas, originaria de América, de raíz fibrosa, tallo de cinco a doce decímetros de altura, velloso y con médula blanca, hojas alternas, grandes, lanceoladas y glutinosas, flores en racimo, con el cáliz tubular y la corola de color rojo purpúreo o amarillo pálido, y fruto en cápsula cónica con muchas semillas menudas. Toda la planta tiene olor fuerte y es narcótica. ‖ **2.** Producto elaborado con las hojas curadas del tabaco, que se fuma, se mastica o se aspira. *Compró un paquete de tabaco.* ‖ **3.** Color marrón semejante al de las hojas de tabaco. ‖ **~ de montaña.** M. árnica (‖ planta). ‖ **~ holandés, o ~ holandilla.** M. El flojo y de poco aroma que se cría y elabora en Holanda. ‖ **~ negro.** M. Aquel cuya elaboración lo oscurece, dándole sabor y olor fuerte. ‖ **~ rubio.** M. **1.** El que resulta de la mezcla de las variedades de color amarillo y cobrizo. ‖ **2.** Aquel de color más o menos melado y de olor y sabor característicos. ‖ **~ turco.** M. El picado en hebras, muy suave y aromático. ‖ **tomar ~.** LOC. VERB. Sorberlo en polvo por las narices.

tabacoso, sa. ADJ. Manchado o maloliente por el tabaco. *Mano enjuta y tabacosa.*

tabal. M. Barril en que se conservan las sardinas arenques, y, en algunas partes del litoral, el boquerón descabezado o anchoa.

tabalear. INTR. tamborilear (‖ con los dedos).

tabanco. M. **1.** Puesto o tienda que se pone en las calles o en los mercados para la venta de comestibles. ‖ **2.** *Am. Cen.* Desván, sobrado.

tábano. M. Insecto díptero de cuerpo grueso, de dos a tres centímetros de longitud y de color pardo, alas anchas y antenas cortas, que molesta con sus picaduras principalmente a las caballerías.

tabaque. M. Cesto o canastillo de mimbre.

tabaquera. F. Recipiente para llevar o guardar el tabaco.

tabaquería. F. Puesto o tienda donde se vende tabaco.

tabaquero, ra. **I.** ADJ. **1.** Perteneciente o relativo al tabaco. *Sector tabaquero.* ‖ **II.** M. y F. **2.** Obrero que tuerce el tabaco. ‖ **3.** Persona que lo vende o comercia con él.

tabaquismo. M. Intoxicación crónica producida por el abuso del tabaco.

tabaquista. COM. Persona que consume mucho tabaco.

tabardillo. AMB. *Med.* tifus.

tabardo. M. **1.** Prenda de abrigo ancha y larga, de paño tosco, con las mangas abiertas y no ajustadas al puño, que se usa en el campo. ‖ **2.** hist. Chaquetón militar, que formaba parte del uniforme de invierno del soldado.

tabarra. F. Molestia causada por algo pesado e insistente. *Dar la tabarra.*

tabasco. M. **1.** (Marca reg.). Salsa roja muy picante que sirve de condimento. ‖ **2.** *Méx.* plátano roatán.

tabasqueño, ña. ADJ. **1.** Natural de Tabasco. U. t. c. s. ‖ **2.** Perteneciente o relativo a este estado de México.

taberna. F. Establecimiento público, de carácter popular, donde se sirven y expenden bebidas y, a veces, se sirven comidas.

tabernáculo. M. **1.** Sagrario donde se guarda el Santísimo Sacramento. ‖ **2.** hist. Lugar donde los hebreos tenían colocada el arca del Testamento. ‖ **3.** hist. Tienda en que habitaban los antiguos hebreos.

tabernario, ria. ADJ. **1.** Propio o característico de la taberna o de las personas que la frecuentan. *Vino tabernario.* ‖ **2.** Bajo, grosero, vil. *Ambientes soeces y tabernarios.*

tabernero, ra. M. y F. Persona que tiene una taberna.

tabes. ~ dorsal. F. *Med.* Enfermedad de los cordones posteriores de la médula espinal, de origen sifilítico, cuyos síntomas principales son la ataxia, la pérdida de los reflejos y diversos trastornos de la sensibilidad.

tabí. M. hist. Tela antigua de seda, con labores ondeadas y que forman aguas. MORF. pl. **tabíes** o **tabís**.

tabica. F. *Arq.* Tabla con que se cubre un hueco, como el de una socarrena o el del frente de un escalón de madera.

tabicada. □ V. bóveda ~.

tabicar. TR. **1.** Cerrar con tabique una puerta, una ventana, etc. ‖ **2.** Cerrar u obstruir lo que debería estar abierto o tener curso. U. t. c. prnl. *Tabicarse las narices.*

tabicón. M. Tabique que no pasa de un pie de grueso.

tabique. M. **1.** Pared delgada que sirve para separar las piezas de la casa. || **2.** División plana y delgada que separa dos huecos. *El tabique de las fosas nasales.* || **3.** *Méx.* ladrillo (|| masa rectangular de barro).

tabiquería. F. Conjunto o serie de tabiques.

tabla. F. **1.** Pieza de madera plana, de poco grueso y cuyas dos caras son paralelas entre sí. || **2.** Pieza plana y de poco espesor de alguna otra materia rígida. *Tabla de melamina.* || **3.** Utensilio constituido básicamente por una tabla. *Tabla de planchar. Tabla de lavar.* || **4.** Dimensión mayor de una escuadría. || **5.** Diamante que está labrado por la cara superior con una superficie plana, y alrededor con cuatro biseles. || **6.** Doble pliegue ancho y plano que se hace por adorno en una tela y que deja en el exterior un trozo liso entre doblez y doblez. || **7.** tablilla (|| en que se fijan anuncios). || **8.** Índice de materias en los libros. || **9.** Lista o catálogo de cosas puestas por orden sucesivo o relacionadas entre sí. *Tabla de equivalencias.* || **10.** Cuadro o catálogo de números de especie determinada, dispuestos en forma adecuada para facilitar los cálculos. *Tabla de multiplicar. Tabla de logaritmos.* || **11.** Parte algo plana de ciertos miembros del cuerpo. *Tabla del pecho.* || **12.** Faja de tierra, y especialmente la labrantía. || **13.** Parte en que, por haber poca pendiente, el río corre más extendido y plano, de modo que casi no se nota su corriente. || **14.** Aduana en los puertos secos. || **15.** Puesto público de carne u otros alimentos. || **16.** Superficie ovalada y con un hueco central, provista de una tapa, que se coloca sobre la taza del retrete para sentarse sobre ella. || **17.** pl. En el juego de damas o en el de ajedrez, estado en el cual ninguno de los jugadores puede ganar la partida. || **18.** pl. Empate entre competidores. *Quedar en tablas.* || **19.** pl. **Tablas de la Ley.** || **20.** pl. Escenario del teatro. || **21.** pl. Soltura en cualquier actuación ante el público. *Un actor con muchas tablas.* || **22.** pl. hist. Conjunto de tres tablillas como las de san Lázaro, con cuyo ruido despertaban a los frailes de algunas órdenes religiosas para rezar maitines. || **23.** pl. *Taurom.* Barrera o valla que circunda el ruedo. || **~ de armonía.** F. *Mús.* tabla delgada de madera ligera, que cubre la caja de los instrumentos de cuerda y sirve para aumentar su resonancia. || **~ de doble entrada.** F. Aquella en la que se obtienen los datos en el cruce de filas y columnas. || **~ de Grecia.** F. *Pint.* icono (|| tabla pintada con técnica bizantina). || **~ de jarcia.** F. *Mar.* Conjunto de obenques de cada banda de un palo o mastelero, cuando están colocados y tensos en su lugar y con la flechadura hecha. || **~ de salvación.** F. Último recurso para salir de un apuro. || **~ periódica.** F. *Fís.* y *Quím.* **sistema periódico.** || **~ pitagórica.** F. *Mat.* tabla de multiplicación de los números dígitos dispuesta en forma de cuadro. || **Tablas de la Ley.** F. pl. Piedras en que se escribió el Decálogo que, según la Biblia, dio Dios a Moisés en el Sinaí. || **a raja ~.** LOC.ADV. coloq. **a rajatabla.** || **hacer** alguien **~ rasa** de algo. LOC.VERB. Prescindir o desentenderse de ello, por lo común arbitrariamente. || **por ~.** LOC.ADV. De manera indirecta, por rodeos.

tablada. F. *Á. guar.* Lugar próximo al matadero de abasto de una población, donde se reúne el ganado.

tablado. M. **1.** Suelo plano formado de tablas unidas o juntas por el canto. || **2.** Suelo de tablas formado en alto sobre un armazón. || **3.** Pavimento del escenario de un teatro.

tablaje. M. **1.** Conjunto de tablas. || **2.** garito (|| casa de juego).

tablajero, ra. M. y F. Persona que vende carne.

tablao. M. **1.** Tablado, escenario dedicado al cante y baile flamencos. || **2.** Local dedicado a espectáculos de baile y cante flamencos.

tablar. M. Conjunto de tablas de huerta o de jardín.

tablazo. M. **1.** Golpe dado con una tabla. || **2.** Pedazo de mar o de río, extendido y de poco fondo.

tablazón. F. **1.** Conjunto de tablas. || **2.** *Mar.* Conjunto o compuesto de tablas con que se hacen las cubiertas de las embarcaciones y se cubre su costado y otras zonas.

tableado. M. Conjunto de tablas que se hacen en una tela.

tablear. TR. Hacer tablas en la tela.

tableño, ña. ADJ. **1.** Natural de Las Tablas. U. t. c. s. || **2.** Perteneciente o relativo a esta ciudad de Panamá, cabecera de la provincia de Los Santos.

tablero. M. **1.** Tabla o conjunto de tablas unidas por el canto, con una superficie plana y alisada, y travesaños por la cara opuesta o en los bordes, para evitar el alabeo. || **2.** Tabla de una materia rígida. || **3.** Superficie horizontal de la mesa. || **4.** Tabla dibujada y coloreada a propósito para jugar al ajedrez y a otros varios juegos. || **5.** Mesa grande de trabajo, como la del delineante o el sastre. || **6.** Suelo bien cimentado de una represa en un canal. || **7.** encerado (|| para escribir o dibujar en él). || **8.** Plancha preparada para fijar y exponer en ella al público cualquier cosa, como anuncios, llaves, etc. || **9.** Superficie en que se agrupan los indicadores o controles de un sistema. || **10.** Cuadro esquemático o tabla en que se registran datos. || **11.** salpicadero. || **12.** *Carp.* Tablazón que se coloca en los cuadros formados por los largueros y peinazos de una hoja de puerta o ventana. || **13.** *Ingen.* Estructura que sostiene la calzada de un puente.

tablestaca. F. Pilote de madera o tablón que se clava en el suelo y que sirve para entibar excavaciones.

tableta. F. **1.** Pastilla de chocolate plana y rectangular. || **2.** pastilla (|| porción de pasta medicinal).

tabletear. INTR. Producir algún ruido a manera de tablas que chocan. *Las ametralladoras seguían tableteando a lo lejos.*

tableteo. M. Acción y efecto de tabletear.

tablilla. F. **1.** Tabla pequeña en que se fijan anuncios. || **2.** hist. Placa barnizada o encerada en que antiguamente se escribía con un punzón. || **3.** Llave basculante para el mando de los registros de un órgano. || **4.** *Méx.* tableta (|| de chocolate). || **~ de santero.** F. hist. Insignia con que se pedían las limosnas para los santuarios o ermitas. || **~s de san Lázaro.** F. pl. hist. Tres tablillas que, a modo de carraca, usaban los leprosos para avisar de su presencia y pedir limosna. || **~s neperianas.** F. pl. Tablas de logaritmos, inventadas por Juan Néper.

tabloide. M. **1.** Periódico de dimensiones menores que las ordinarias, con fotograbados informativos. || **2.** Periódico sensacionalista.

tablón. M. **1.** Tabla gruesa. || **2.** tablón de anuncios. || **~ de anuncios.** M. Tabla o tablero en que se fijan avisos, noticias, etc.

tabloncillo. M. tabla (|| del retrete).

tabolango. M. *Chile.* Insecto díptero, con cuerpo grueso y alargado, de color pardo oscuro, reluciente. Despide un olor fétido y habita debajo de las piedras.

tabón. M. *Filip.* Ave marítima zancuda, con plumaje enteramente negro. La hembra entierra los huevos en la arena para que el calor del sol los incube.

tabor. M. *Mil.* En las plazas de soberanía españolas del norte de África, unidad de tropa regular perteneciente al Ejército y compuesta por varias compañías.

tabú. M. **1.** Prohibición o reserva para decir o hacer algo, debida a imposiciones religiosas o a prejuicios sociales. ‖ **2.** Condición de las personas, instituciones y cosas a las que no es lícito censurar o mencionar. U. t. en apos. *Palabra tabú.* ¶ MORF. pl. **tabúes** o **tabús.**

tabuco. M. **1.** Aposento pequeño. ‖ **2.** Habitación estrecha.

tabulación. F. **1.** Acción y efecto de tabular. ‖ **2.** En las máquinas de escribir, conjunto de los topes del tabulador.

tabulador. M. **1.** Sistema que, en una máquina de escribir o en una computadora u ordenador, permite introducir en un texto espacios predeterminados. ‖ **2.** Tecla que activa este sistema.

tábula gratulatoria. (Locución latina). F. Relación nominal de personas o entidades que han colaborado en una empresa, que tiene como fin el recuerdo y el agradecimiento.

tabular[1]. ADJ. Que tiene forma de tabla. *Relieve tabular.*

tabular[2]. TR. **1.** Expresar valores, magnitudes u otros datos por medio de tablas. *Procedimos a tabular los datos obtenidos.* ‖ **2.** Accionar el tabulador de una máquina de escribir o de una computadora u ordenador. *Sangrar y tabular párrafos.*

tábula rasa. (Locución latina). F. Entendimiento sin cultivo ni estudios. ‖ **hacer** alguien ~ **de algo.** LOC.VERB. **hacer tabla rasa.**

taburete. M. **1.** Asiento sin brazos ni respaldo, para una persona. ‖ **2.** Escabel para apoyar los pies o para otro uso.

tac[1]. ONOMAT. Se usa para imitar el ruido que producen ciertos movimientos acompasados, como el latido del corazón. U. m. repetido. U. t. c. s. m. MORF. pl. c. s. **tacs.**

tac[2]. M. *Med.* Conjunto de imágenes seriadas de secciones de un órgano o tejido, obtenidas a lo largo de un eje mediante distintas técnicas, y computarizadas. U. t. c. f. MORF. pl. **tacs.**

taca. F. *Chile.* Marisco comestible, de concha casi redonda, estriada, blanca con manchas violadas y amarillas.

tacada. F. **1.** Golpe dado con el taco a la bola de billar. ‖ **2.** Serie de carambolas hecha sin perder golpe. ‖ **de una ~.** LOC.ADV. De una vez.

tacañería. F. **1.** Cualidad de tacaño. ‖ **2.** Acción propia del tacaño.

tacaño, ña. ADJ. Que escatima exageradamente en lo que gasta o en lo que da. U. t. c. s.

tacatá. M. Andador metálico con asiento de lona y ruedas en las patas, para que los niños aprendan a andar sin caerse. MORF. pl. **tacatás.**

tacataca. M. **tacatá.**

tacazo. M. Golpe dado con el taco.

tácet. M. *Mús.* Prolongado silencio que ha de guardar un ejecutante durante un fragmento musical o hasta el fin de la interpretación. MORF. pl. **tácets.**

tacha[1]. F. **1.** Falta o defecto que se halla en una cosa y la hace imperfecta. ‖ **2.** Especie de clavo pequeño, mayor que la tachuela común. ‖ **3.** *Der.* Motivo legal para desestimar en un pleito la declaración de un testigo.

tacha[2]. F. *Am.* En la fabricación de azúcar, aparato donde se evapora en vacío el jarabe hasta obtener una masa cristalizada.

tachadura. F. **1.** Acción de tachar lo escrito. ‖ **2.** **tachón**[1].

tachar. TR. **1.** Borrar lo escrito haciendo unos trazos encima. *Me pidió que tachara unas frases.* ‖ **2.** Alegar contra un testigo algún motivo legal para que no sea creído en el pleito. ‖ **3.** Atribuir a algo o a alguien cierta falta. *Lo tachan DE reaccionario.*

tache. M. *Méx.* **tachón**[1].

tachero, ra. I. M. y F. **1.** *Am.* Persona que maneja los tachos en la fabricación del azúcar. ‖ **II.** M. **2.** *Am.* Fabricante o reparador de tachos u otras vasijas de metal.

tachirense. ADJ. **1.** Natural de Táchira. U. t. c. s. ‖ **2.** Perteneciente o relativo a este estado de Venezuela.

tacho. M. **1.** *Am.* Paila grande en que se acaba de cocer el melado y se le da el punto de azúcar. ‖ **2.** *Am. Mer.* Cubo de la basura. ‖ **3.** *Á. guar., Á. R. Plata* y *Chile.* Vasija de metal, de fondo redondeado, con asas, parecida a la paila. ‖ **4.** *Á. R. Plata* y *Chile.* Recipiente de latón, hojalata, plástico u otro material. ‖ **5.** *Á. R. Plata* y *Chile.* Recipiente para calentar agua y otros usos culinarios.

tachón[1]. M. Señal, generalmente compuesta por rayas, que se hace sobre lo escrito para borrarlo.

tachón[2]. M. Tachuela grande, de cabeza dorada o plateada, con que suelen adornarse cofres, sillerías y otros objetos.

tachonar. TR. **1.** Adornar algo claveteándolo con tachones. ‖ **2.** Cubrir una superficie casi por completo. *Envases de todo tipo tachonaban la superficie y fondos de la bahía.* U. t. en sent. fig. *Las estrellas tachonaban el firmamento de aquella noche de verano.*

tachuela[1]. F. Clavo corto y de cabeza grande.

tachuela[2]. F. *Á. Caribe.* hist. Taza de metal, a veces de plata y con adornos, que se tenía en el tinajero para beber agua.

tacita. ~ **de plata.** F. Cosa muy limpia y acicalada.

tácito, ta. ADJ. Que no se entiende, percibe, oye o dice formalmente, sino que se supone e infiere. *Acuerdo tácito.*

taciturnidad. F. Cualidad de taciturno.

taciturno, na. ADJ. **1.** Callado, silencioso, que le molesta hablar. ‖ **2.** Triste, melancólico o apesadumbrado.

tacneño, ña. ADJ. **1.** Natural de Tacna. U. t. c. s. ‖ **2.** Perteneciente o relativo a este departamento del Perú o a su capital.

taco. M. **1.** Pedazo de madera corto y grueso. ‖ **2.** Trozo de madera o de plástico, de forma más o menos alargada, que se empotra en la pared para introducir en él clavos o tornillos con el fin de sostener algún objeto. ‖ **3.** Vara de madera dura, pulimentada, como de metro y medio de largo, más gruesa por un extremo que por el otro y con la cual se impelen las bolas del billar. ‖ **4.** Canuto de madera con que juegan los muchachos lanzando por medio de aire comprimido tacos de papel o de otra materia. ‖ **5.** Conjunto de las hojas de papel superpuestas que forman el calendario de pared. ‖ **6.** Conjunto de hojas de papel sujetas en un solo bloque. ‖ **7.** Cada uno de los pedazos de queso, jamón, etc., de cierto grosor, que se cortan como aperitivo o merienda. ‖ **8.** Tortilla de maíz enrollada con algún alimento dentro, típica de México. ‖ **9.** Cada una de las piezas cónicas o puntiagudas que tienen en la suela algunos zapatos deportivos para dar firmeza al paso. ‖ **10.** coloq. Juramento, palabrota. *Echar, soltar* *tacos.* ‖ **11.** *Impr.* Trozo de madera fuerte, agudo por un extremo, que sirve para apretar y aflojar las cuñas de la forma. ‖ **12.** *Am. Mer.* **tacón** (‖ pieza del calzado). ‖ **echarse un ~.** LOC.VERB. *Méx.* Tomar un pequeño refrigerio.

tacógrafo. M. Tacómetro registrador.

tacómetro. M. **1. cuentarrevoluciones.** ‖ **2.** Aparato que registra continuamente ciertos datos correspondientes al movimiento de un vehículo pesado.

tacón. M. **1.** Pieza, de mayor o menor altura, unida a la suela del calzado en la parte que corresponde al calcañar. ‖ **2.** tacón alto. *Zapatos de tacón.* ‖ **3.** Calzado de tacón alto. U. m. en pl. *Lleva tacones para parecer más alta.* ‖ **4.** *Impr.* Cuadro formado por unas barras, a las cuales se ajustaba el pliego al colocarlo en la prensa para ser impreso. ‖ **5.** *Mar.* **talón** (‖ corte oblicuo en la quilla). ‖ **~ de aguja.** M. El muy fino y alto.

taconazo. M. Golpe dado con el tacón.

taconear. INTR. **1.** Pisar con fuerza o brío, produciendo ruido. ‖ **2.** En ciertos bailes, mover rítmicamente los pies haciendo ruido con los tacones en el suelo. U. t. c. tr. ‖ **3.** Dar golpes con algo en el suelo haciendo ruido. U. t. c. tr.

taconeo. M. Acción y efecto de taconear.

táctica. F. **1.** Método o sistema para ejecutar o conseguir algo. ‖ **2.** Habilidad o tacto para aplicar este sistema. ‖ **3.** *Mil.* Arte de disponer, mover y emplear la fuerza bélica para el combate. ‖ **~ de avestruz,** o **~ del avestruz.** F. Actitud de quien trata de ignorar peligros o problemas.

táctico, ca. ADJ. **1.** Perteneciente o relativo a la táctica. *Un error táctico.* ‖ **2.** Experto en táctica. U. t. c. s. *Un gran entrenador y un gran táctico.*

táctil. ADJ. **1.** Perteneciente o relativo al tacto. *Sensaciones táctiles.* ‖ **2.** Que posee cualidades perceptibles por el tacto, o que sugiere tal percepción. *El lenguaje táctil de la piel.*

tacto. M. **1.** Sentido corporal con el que se perciben sensaciones de contacto, presión y temperatura. ‖ **2.** Acción de tocar o palpar. *Reconoció la pieza al tacto.* ‖ **3.** Manera de impresionar un objeto el sentido táctil. *La pieza tiene un tacto áspero.* ‖ **4.** Prudencia para proceder en un asunto delicado. ‖ **5.** *Med.* Exploración, con las yemas de los dedos, de una superficie orgánica o de una cavidad accesible. ‖ **~ de codos.** M. Connivencia que establecen varias personas para favorecer algo o favorecerse, a veces en detrimento de otros.

tacuache. M. *Méx.* **zarigüeya.**

tacuacín. M. *Am. Cen.* **zarigüeya.**

tacuaco, ca. ADJ. **1.** *Chile.* Rechoncho, grueso y de poca altura. U. t. c. s. ‖ **2.** *Chile.* Dicho de un animal: Que tiene las patas cortas. U. t. c. s.

tacuara. F. *Á. guar., Á. R. Plata* y *Chile.* Planta gramínea, especie de bambú de cañas huecas, leñosas y resistentes, que alcanzan los doce metros de altura. Se usó para fabricar astiles de lanzas.

tacuaremboense. ADJ. **1.** Natural de Tacuarembó. U. t. c. s. ‖ **2.** Perteneciente o relativo a este departamento del Uruguay o a su capital.

tacurú. M. **1.** *Á. guar.* Nido sólido y resistente en forma de montículo de hasta dos metros y medio de altura, que hacen las hormigas o los termes de sus excrementos amasados con tierra y saliva. ‖ **2.** *Á. R. Plata.* Especie de hormiga, propia de la región chaqueña. ¶ MORF. pl. **tacurúes** o **tacurús.**

taekwondo. M. Arte marcial de origen coreano, que desarrolla especialmente las técnicas del salto.

tael. M. hist. Moneda china que se usaba en Filipinas.

tafetán. M. Tela delgada de seda, muy tupida.

tafia. F. Aguardiente de caña.

tafilete. M. Cuero bruñido y lustroso, mucho más delgado que el cordobán.

tafiletear. TR. Adornar o componer, especialmente el calzado, con tafilete.

tagalo, la. I. ADJ. **1.** Se dice del individuo de una raza indígena de Filipinas, de origen malayo, que habita en el centro de la isla de Luzón y en algunas otras islas inmediatas. U. t. c. s. ‖ **2.** Perteneciente o relativo a los tagalos. *Costumbres tagalas.* ‖ **II.** M. **3.** Lengua que hablan los tagalos.

tagarnina. F. **cardillo[1].**

tagarote. M. **halcón** (‖ ave rapaz).

tagua. F. *Chile.* Ave, especie de focha que vive en las lagunas y pajonales.

taguán. M. *Filip.* **escondite** (‖ lugar para esconder o esconderse).

tahalí. M. **1.** Tira de cuero u otra materia, que cruza en diagonal desde el hombro hasta la cintura, donde se juntan los dos cabos y se pone la espada. ‖ **2.** Pieza de cuero que, pendiente del cinturón, sostiene el machete o la bayoneta. ‖ **3.** hist. Caja de cuero pequeña en que los soldados solían llevar reliquias y oraciones. ¶ MORF. pl. **tahalíes** o **tahalís.**

tahitiano, na. ADJ. **1.** Natural de Tahití. U. t. c. s. ‖ **2.** Perteneciente o relativo a esta isla de la Polinesia francesa.

tahona. F. **1. panadería** (‖ lugar donde se hace el pan). ‖ **2.** hist. Molino de harina con rueda movida por caballería.

tahonero, ra. M. y F. Persona que tiene una tahona.

tahúr, ra. I. ADJ. **1. jugador** (‖ que tiene el vicio de jugar). U. m. c. s. ‖ **2. jugador** (‖ que es muy diestro en el juego). U. t. c. s. ‖ **II.** M. y F. **3.** Jugador fullero.

taichí. M. Tipo de gimnasia china, de movimientos lentos y coordinados, que se hace para conseguir el equilibrio interior y la liberación de la energía.

taifa. F. **1.** hist. Cada uno de los reinos en que se dividió la España árabe al disolverse el califato cordobés. *Reyes de taifa.* ‖ **2.** Bando, facción.

taiga. F. Geogr. Selva propia del norte de Rusia y Siberia, de subsuelo helado y formada en su mayor parte de coníferas. Está limitada al sur por la estepa y al norte por la tundra.

tailandés, sa. ADJ. **1.** Natural de Tailandia. U. t. c. s. ‖ **2.** Perteneciente o relativo a este país de Asia.

taima. F. *Chile.* Murria, emperramiento.

taimado, da. ADJ. Astuto, disimulado y pronto en advertirlo todo. U. t. c. s.

taimarse. PRNL. **1.** *Chile.* Hacerse taimado. ‖ **2.** *Chile.* Bajar la cabeza, obstinándose en no hablar. ¶ MORF. conjug. c. *bailar.*

taíno, na. I. ADJ. **1.** hist. Se dice del individuo perteneciente a los pueblos amerindios del gran grupo lingüístico arahuaco que estaban establecidos en La Española y también en Cuba y Puerto Rico cuando se produjo el descubrimiento de América. U. t. c. s. ‖ **2.** hist. Perteneciente o relativo a los taínos. *Cultura taína.* ‖ **II.** M. **3.** Lengua hablada por los taínos.

taita. M. **1.** infant. **padre** (‖ varón, respecto de sus hijos). U. m. en América. ‖ **2.** Ant. Se usa como tratamiento para referirse a los negros ancianos.

taiwanés, sa. ADJ. **1.** Natural de Taiwán. U. t. c. s. ‖ **2.** Perteneciente o relativo a esta isla del Pacífico.

tajá. F. Ant. Especie de pájaro carpintero. MORF. pl. **tajás.**

tajada. F. Porción cortada de algo, especialmente de carne cocinada. ‖ **sacar** alguien ~. LOC.VERB. coloq. Conseguir con maña alguna ventaja, y en especial parte de lo que se distribuye entre varios.

tajadero. M. tajo (‖ para partir la carne).

tajado, da. PART. de **tajar.** ‖ ADJ. Dicho de una costa, de una roca o de una peña: Cortada verticalmente y que forma como una pared. □ V. **escudo** ~.

tajador. M. tajo (‖ para partir la carne).

tajadura. F. Acción y efecto de tajar.

tajamar. M. **1.** Arq. Parte de fábrica que se añade a las pilas de los puentes, aguas arriba y aguas abajo, en forma curva o angular, de manera que pueda cortar el agua de la corriente y repartirla con igualdad por ambos lados de aquellas. ‖ **2.** Mar. Tablón recortado en forma curva y ensamblado en la parte exterior de la roda, que sirve para hender el agua cuando el buque marcha. ‖ **3.** Á. guar. y Á. R. Plata. Represa o dique pequeño. ‖ **4.** Chile. **malecón** (‖ muralla o terraplén para defenderse de las aguas).

tajante. ADJ. **1.** Concluyente, terminante, contundente. *Afirmaciones tajantes.* ‖ **2.** Que taja. *Aristas tajantes.*

tajar. TR. Dividir algo en dos o más partes con un instrumento cortante.

tajaraste. M. Baile popular canario.

tajear. TR. **1.** Á. R. Plata. Realizar un tajo. ‖ **2.** Chile. Cortar superficialmente dejando marcas.

tajo. M. **1.** Corte hecho con instrumento adecuado. ‖ **2.** tarea (‖ trabajo que debe hacerse en tiempo limitado). ‖ **3.** Lugar en el que se trabaja. *Me voy al tajo.* ‖ **4.** Sitio hasta donde llega en su faena la cuadrilla de operarios que trabaja avanzando sobre el terreno; como la de mineros, segadores, taladores, etc. ‖ **5.** Escarpa alta y cortada casi a plomo. ‖ **6.** Filo o corte. ‖ **7.** Pedazo de madera grueso, por lo regular asentado sobre tres pies, que sirve para partir y picar la carne sobre él. ‖ **8.** tajuelo. ‖ **9.** hist. Trozo de madera grueso y pesado sobre el cual se cortaba la cabeza a los condenados. ‖ **10.** Esgr. Corte que se da con la espada u otra arma blanca, llevando el brazo de derecha a izquierda.

tajón. M. tajo (‖ para partir la carne).

tajuela. F. tajuelo.

tajuelo. M. Banco pequeño y rústico de madera.

tal. I. ADJ. **1.** Se aplica a las cosas con sentido indefinido, para determinar en ellas lo que por su término correlativo se denota. *Su fin será tal cual ha sido su principio.* ‖ **2.** Igual, semejante, o de la misma forma o figura. *Tal cosa jamás se ha visto.* ‖ **3.** ponder. Tanto o tan grande. *Tal falta no la puede cometer una persona tal.* ‖ **4.** Se usa para determinar y contraer lo que no está especificado o distinguido, y suele repetirse para dar más viveza a la expresión. *Haced tales y tales cosas, y acertaréis.* ‖ **5.** Se usa como demostrativo. *Tal origen tuvo su ruina* (este que se acaba de explicar). *No conozco a tal hombre* (a ese de que antes se ha hablado). Usado como neutro, equivale a *cosa* o *cosa tal*, y toma carácter de sustantivo en algunas frases. *Para destruir un pueblo, no hay tal como dividirlo y corromperlo.* Puede construirse con el artículo determinado masculino o femenino. *El tal*, o *la tal, se*

acercó a mí (este hombre o esta mujer de que se ha hecho mención). *El tal drama, la tal comedia* (ese o esa de que se trata). ‖ **6.** Se usa como pronombre indeterminado. *Tal* (alguno) *habrá que lo sienta así y no lo diga*, o *tales habrá que lo sientan así.* ‖ **7.** Aplicado a un nombre propio, da a entender que aquella persona es poco conocida de quien habla o de quienes escuchan. *Estaba allí un tal Cárdenas.* ‖ **II.** ADV.M. **8.** Así, de esta manera, de esta suerte. *Tal estaba él con la lectura de estos libros. Tal me habló, que no supe qué responderle.* ‖ **9.** Se usa en sentido comparativo, correspondiéndose con *cual, como* o *así como*, y en este caso equivale a *de igual modo* o *asimismo. Así como el Sol da luz a la Tierra, tal la verdad ilumina el entendimiento.* ‖ **con ~ de.** LOC. CONJUNT. CONDIC. Con la condición de. *Haré cuanto pueda, con tal de no molestarte.* ‖ **con ~ de que**, o **con ~ que.** LOCS. CONJUNTS. CONDICS. En el caso de que, con la precisa condición de que. *Procuraré complacerte, con tal que no me pidas cosas imposibles.* ‖ **~ cual. I.** LOC.ADV. **1.** Así, así, no demasiado bien. ‖ **II.** EXPR. **2.** Se usa para dar a entender que por defectuoso que algo sea, se estima por alguna bondad que se considera en ello. *Esta casa es estrecha y oscura, pero tal cual es, la prefiero a la otra por el sitio en que está.* ‖ **3.** Pasadero, mediano, regular. ‖ **~ para cual.** EXPR. coloq. Se usa para denotar igualdad o semejanza moral entre dos personas. U. m. en sent. peyor. ‖ **una ~.** LOC. SUST. F. despect. Una prostituta. ‖ **y ~.** EXPR. Se usa para añadir un término poco preciso, pero semejante a lo ya dicho. *Vendían frutas, verduras y tal.*

tala¹. F. **1.** Acción y efecto de talar². ‖ **2.** Chile. Acción de pacer los ganados la hierba que no se alcanza a cortar con la hoz.

tala². F. **1.** Juego de muchachos, que consiste en dar con un palo en otro palo pequeño y puntiagudo por ambos extremos colocado en el suelo; el golpe lo hace saltar, y en el aire se le da un segundo golpe que lo despide a mayor distancia. ‖ **2.** Palo pequeño que se emplea en este juego.

tala³. M. Á. R. Plata. Árbol de la familia de las Ulmáceas, de madera blanca y fuerte, cuya raíz sirve para teñir, y cuyas hojas, en infusión, tienen propiedades medicinales.

talabarte. M. Pretina o cinturón, ordinariamente de cuero, que lleva pendientes los tiros de que cuelga la espada o el sable.

talabartería. F. Tienda o taller de talabartero.

talabartero, ra. M. y F. Guarnicionero que hace talabartes y otros correajes.

talacha. F. Méx. Trabajo mecánico largo y fatigoso.

talacho. M. Méx. Especie de azada.

talador, ra. ADJ. Que tala². Apl. a pers., u. t. c. s.

taladrado. M. Acción y efecto de taladrar.

taladrador, ra. ADJ. Que taladra. Apl. a pers., u. t. c. s.

taladradora. F. Máquina provista de barrena o taladro para perforar.

taladrar. TR. **1.** Horadar algo con taladro u otro instrumento semejante. U. t. en sent. fig. *Me taladraba con la mirada.* ‖ **2.** Dicho de un sonido agudo: Herir los oídos fuerte y desagradablemente.

taladro. M. **1.** Herramienta aguda o cortante con que se agujerea la madera u otra cosa. ‖ **2.** Agujero practicado con esta herramienta.

talagantino, na. ADJ. **1.** Natural de Talagante. U. t. c. s. ‖ **2.** Perteneciente o relativo a esta provincia de Chile o a su capital.

talaje. M. **1.** *Chile.* Acción de pacer los ganados la hierba en los campos o potreros. ‖ **2.** *Chile.* Precio que por esto se paga.

tálamo. M. **1.** Cama de los desposados y lecho conyugal. ‖ **2.** hist. Lugar preeminente donde los novios celebraban sus bodas y recibían los parabienes. ‖ **~ óptico.** M. *Anat.* Conjunto de núcleos voluminosos, de tejido nervioso, situados a ambos lados de la línea media, en los hemisferios cerebrales, por encima del hipotálamo. Se enlazan con casi todas las regiones del encéfalo e intervienen en la regulación de la sensibilidad y de la actividad de los sentidos.

talán. ONOMAT. Se usa para imitar el sonido de la campana. U. m. repetido. U. t. c. s. m.

talanquera. F. **1.** Valla, pared o cualquier lugar que sirve de defensa o reparo. ‖ **2.** Seguridad y defensa.

talante. M. **1.** Modo o manera de ejecutar algo. ‖ **2.** Semblante o disposición personal. ‖ **3.** Estado o calidad de algo. ‖ **4.** Voluntad, deseo, gusto.

talar¹. ADJ. Dicho de un traje o de una vestidura: Que llegan hasta los talones.

talar². TR. **1.** Cortar por el pie un árbol o una masa de árboles. ‖ **2.** Arrasar campos, edificios, poblaciones, etc.

talareño, ña. ADJ. **1.** Natural de Talara. U. t. c. s. ‖ **2.** Perteneciente o relativo a esta provincia del departamento de Piura, en el Perú.

talasemia. F. *Med.* Anemia hemolítica hereditaria, que se presenta de modo preferente en individuos de países mediterráneos y se debe a un trastorno cuantitativo en la producción de hemoglobina.

talasocracia. F. **1.** Dominio ejercido sobre los mares. ‖ **2.** Sistema político cuya potencia reside en el poderío naval.

talasoterapia. F. *Med.* Uso terapéutico de los baños o del aire de mar.

talaverano, na. ADJ. **1.** Natural de Talavera. U. t. c. s. ‖ **2.** Perteneciente o relativo a alguna de las poblaciones de este nombre.

talco. M. Mineral muy difícil de fundir, de textura laminar, muy suave al tacto, lustroso, tan blando que se raya con la uña, y de color generalmente verdoso. Es un silicato de magnesia. Se usaba en láminas, sustituyendo al vidrio en ventanillas, faroles, etc., y, en forma de polvo, se utiliza para la higiene y en la industria cosmética.

taled. M. Pieza de lana con que se cubren la cabeza y el cuello los judíos en sus ceremonias religiosas.

talega. F. **1.** Saco o bolsa ancha y corta, de lienzo basto u otra tela, que sirve para llevar o guardar las cosas. ‖ **2.** Especie de bolsa de lienzo que se pone a los niños en la parte posterior, para su limpieza.

talegada. F. Caída de lleno de una persona en el suelo.

talegazo. M. costalada.

talego. M. Saco largo y estrecho, de lienzo basto o de lona, que sirve para guardar o llevar algo.

taleguilla. F. Calzón que forma parte del traje usado en la lidia por los toreros.

talento. M. **1.** inteligencia (‖ capacidad de entender). ‖ **2.** aptitud (‖ capacidad para el desempeño o ejercicio de una ocupación). ‖ **3.** Persona inteligente o apta para determinada ocupación. ‖ **4.** hist. Moneda de cuenta de los griegos y de los romanos.

talentoso, sa. ADJ. Que tiene talento, ingenio, capacidad y entendimiento.

talentudo, da. ADJ. talentoso.

talero. M. *Á. guar., Á. R. Plata* y *Chile.* Rebenque corto y grueso, con cabo de tala u otra madera dura.

tálero. M. hist. Antigua moneda alemana de plata.

talgo. (Acrónimo de *tren articulado ligero Goicoechea Oriol*; marca reg.). M. Tren articulado de muy poco peso, fabricado en diversos modelos.

talibán, na. **I.** ADJ. **1.** Perteneciente o relativo a una secta fundamentalista musulmana que trata de imponer la doctrina del islam por la fuerza. *Milicia talibana.* ‖ **II.** M. **2.** Integrante de esta secta. ¶ MORF. pl. **talibanes, nas.**

talio. M. Elemento químico de núm. atóm. 81. Metal escaso en la litosfera, sus sales se encuentran junto con minerales potásicos. De color blanco azulado, ligero y muy tóxico, se usa como catalizador, y en la fabricación de vidrios protectores, insecticidas y raticidas. (Símb. *Tl*).

talión. M. Pena que consiste en hacer sufrir al delincuente un daño igual al que causó. ☐ V. **ley del ~.**

talismán. M. Objeto, a veces con figura o inscripción, al que se atribuyen poderes mágicos. U. t. en sent. fig. *Es el talismán del equipo.* U. en apos. *Un jugador talismán.*

talla. F. **1.** Acción de **tallar** (‖ trabajar un material). ‖ **2.** Obra de escultura, especialmente en madera. ‖ **3.** Estatura o altura de las personas. ‖ **4.** Medida convencional usada en la fabricación y venta de prendas de vestir. ‖ **5.** Altura moral o intelectual. ‖ **6.** *Med.* Operación cruenta para extraer los cálculos de la vejiga. ‖ **~ dulce.** F. grabado en dulce. ‖ **media ~.** F. *Esc.* medio relieve. ‖ **dar alguien la ~.** LOC. VERB. Ser apto para algo.

tallada. F. *Méx.* Acción y efecto de **tallar** (‖ restregar).

tallado, da. PART. de **tallar.** ‖ **I.** ADJ. **1.** De buen o mal talle. *MAL tallado. BIEN tallado.* ‖ **II.** M. **2.** Acción y efecto de hacer obras de talla. ‖ **3.** Acción y efecto de labrar piedras preciosas. ‖ **4.** Acción y efecto de grabar en hueco.

tallador, ra. **I.** ADJ. **1.** Que talla o sirve para tallar. *Artesano, utensilio tallador.* ‖ **II.** M. y F. **2.** Persona que talla.

talladura. F. entalladura.

tallar. **I.** TR. **1.** Dar forma o trabajar un material. *Tallar un bloque de mármol.* ‖ **2.** Medir la estatura de alguien. *Ayer lo tallaron para incorporarse a filas.* ‖ **3.** En el juego de la banca y otros, llevar la baraja. *Hicieron una maniobra sucia al tallar las cartas.* ‖ **4.** *Méx.* restregar. ‖ **II.** PRNL. **5.** *Méx.* Trabajar mucho.

tallarín. M. Pasta alimenticia de harina en forma de tira estrecha y larga. U. m. en pl.

talle. M. **1.** Cintura del cuerpo humano. ‖ **2.** Forma que se da al vestido, cortándolo y proporcionándolo al cuerpo. ‖ **3.** Parte del vestido que corresponde a la cintura. ‖ **4.** Medida tomada para un vestido o traje, comprendida desde el cuello a la cintura, tanto por delante como por detrás. ‖ **5.** Tallo de una planta o tronco de un árbol. ‖ **6.** Traza, disposición o apariencia.

taller. M. **1.** Lugar en que se trabaja una obra de manos. ‖ **2.** Lugar en que se realizan reparaciones, especialmente de coches. ‖ **3.** Escuela o seminario de ciencias o de artes. ‖ **4.** Conjunto de colaboradores de un maestro. ☐ V. **obra de ~.**

tallista. COM. Persona que hace tallados artísticos.

tallo. M. **1.** Órgano de las plantas que se prolonga en sentido contrario al de la raíz y sirve de sustentáculo a las hojas, flores y frutos. ‖ **2.** Renuevo de las plantas. ‖ **3.**

Germen que ha brotado de una semilla, bulbo o tubérculo. ‖ **4.** *Chile.* **cardo santo.**

talludo, da. ADJ. **1.** Dicho de una persona: Que va pasando de la juventud. ‖ **2.** De tallo grande o con muchos tallos. *Árbol talludo.*

talmente. ADV. M. De tal manera, así, en tal forma.

talmúdico, ca. ADJ. Perteneciente o relativo al Talmud, libro que contiene la tradición, doctrinas, ceremonias y preceptos de la religión judía.

talmudista. M. Hombre que profesa la doctrina del Talmud, sigue sus dogmas o se ocupa en entenderlos o explicarlos.

talo. M. *Bot.* Cuerpo de las talofitas, equivalente al conjunto de raíz, tallo y hojas de otras plantas.

talófito, ta o **talofito, ta.** ADJ. *Bot.* Se dice de la planta cuyo cuerpo vegetativo es el talo, que puede estar constituido por una sola célula o por un conjunto de células dispuestas en forma de filamento, de lámina, etc., como las algas y los hongos. U. t. c. s. f. ORTOGR. En f. pl., escr. con may. inicial c. taxón en desuso. *Las Talófitas* o *las Talofitas.*

talón. M. **1.** Parte posterior del pie humano. ‖ **2.** Parte del calzado que cubre el calcañar. *El talón del zapato.* ‖ **3.** *Arq.* Reborde de una teja. ‖ **4.** *Com.* Documento o resguardo expedido separándolo de la matriz de un libro. ‖ **5.** *Mar.* Corte oblicuo en la extremidad posterior de la quilla, que se ajusta a otro hecho en el chaflán anterior del madero principal del timón. ‖ **~ de Aquiles.** M. Punto vulnerable o débil de algo o de alguien. ‖ **pisarle a alguien los talones.** LOC. VERB. **1.** Emularlo con buena fortuna. ‖ **2.** coloq. Seguirlo de cerca.

talonario. M. Libro que solo contiene libranzas, recibos, cédulas, billetes u otros documentos, de los cuales, cuando se cortan, queda una parte encuadernada para comprobar su legitimidad o falsedad y para otros varios efectos.

talonazo. M. Golpe dado con el talón.

talonear. **I.** TR. **1.** *Á. Andes, Á. R. Plata, Chile* y *Méx.* Dicho de un jinete: Incitar a la caballería, picándola con los talones. ‖ **II.** INTR. **2.** *Chile.* Saludar golpeando los talones entre sí. ‖ **3.** *Méx.* **trabajar** (‖ ocuparse).

talonera. F. **1.** *Chile.* Pieza de cuero que se pone en el talón de la bota para asegurar la espuela. ‖ **2.** *Chile.* Pieza de cuero que se pone en el contrafuerte de los zapatos para evitar que se salgan al caminar.

talquino, na. ADJ. **1.** Natural de Talca. U. t. c. s. ‖ **2.** Perteneciente o relativo a esta provincia de Chile o a su capital.

taltuza. F. *Am. Cen.* Mamífero roedor, de 16 a 18 cm de longitud y pelaje rojizo oscuro, que vive bajo tierra en túneles que excava. A ambos lados del interior de la boca, bajo las mejillas, tiene bolsas que le sirven para transportar alimento.

talud. M. Inclinación del paramento de un muro o de un terreno. ‖ **~ continental.** M. *Geol.* Vertiente rápida submarina que desciende desde el borde de la plataforma continental hasta profundidades de 2000 m o más.

talvina. F. Gachas que se hacen con leche de almendras.

tamagás. M. *Am. Cen.* Víbora muy venenosa. MORF. pl. **tamagases.**

tamal. M. **1.** *Am.* Especie de empanada de masa de harina de maíz, envuelta en hojas de plátano o de la mazorca del maíz, y cocida al vapor o en el horno. Las hay de diversas clases, según el comestible que se pone en su

interior y los ingredientes que se le agregan. ‖ **2.** *Am.* Embrollo, intriga.

tamalada. F. *Méx.* **tamaleada.**

tamaleada. F. *Méx.* Reunión de personas para comer tamales.

tamalería. F. *Méx.* Lugar donde se venden tamales.

tamalero, ra. M. y F. *Am.* Persona que hace o vende tamales.

tamanaco, ca. **I.** ADJ. **1.** hist. Se dice del individuo de una tribu que habitaba en las orillas del Orinoco. U. t. c. s. ‖ **2.** hist. Perteneciente o relativo a esta tribu. *Tradición tamanaca.* ‖ **II.** M. **3.** Lengua tamanaca.

tamango. M. *Á. guar.* y *Á. R. Plata.* **calzado.**

tamañito, ta. ADJ. Achicado, confuso. *Dejar, quedar tamañito.*

tamaño, ña. **I.** ADJ. COMP. **1.** Tan grande o tan pequeño. *Todos los actores entrarán en acción, pero sin que haya un alboroto tamaño como para que no se les entienda.* ‖ **II.** ADJ. **2.** Muy grande o muy pequeño. *Proyecto de tamaña envergadura.* ‖ **III.** M. **3.** Mayor o menor volumen o dimensión de algo.

támara. F. **1.** Rama de árbol. ‖ **2.** Leña muy delgada, despojos de la gruesa, o astillas que resultan de labrar la madera.

tamarao. M. *Filip.* Especie de búfalo, más pequeño que el carabao, pero más bravo.

tamaricáceo, a. ADJ. *Bot.* Se dice de los árboles o arbustos angiospermos dicotiledóneos, abundantes en los países mediterráneos y en el Asia central, con hojas aciculares o escamosas, flores en racimo o en espiga, tetrámeras o pentámeras; fruto en cápsula, con semillas que llevan pelos como órganos de diseminación; p. ej., el taray. U. t. c. s. f. ORTOGR. En f. pl., escr. con may. inicial c. taxón. *Las Tamaricáceas.*

tamarindo. M. **1.** Árbol de la familia de las Papilionáceas, con tronco grueso, elevado y de corteza parda, copa extensa, hojas compuestas de hojuelas elípticas, gruesas y pecioladas, flores amarillentas en espiga, y fruto en vainas pulposas de una sola semilla. Originario de Asia, se cultiva en los países cálidos, por su fruto de sabor apreciado, que se usa en medicina como laxante. ‖ **2.** Fruto de este árbol.

tamarisco. M. **taray.**

tamariz. M. **taray.**

tamarugal. M. *Chile.* Terreno poblado de tamarugos.

tamarugo. M. *Chile.* Árbol de la familia de las Papilionáceas, especie de algarrobo que crece en la pampa.

tamaulipeco, ca. ADJ. **1.** Natural de Tamaulipas. U. t. c. s. ‖ **2.** Perteneciente o relativo a este estado de México.

tambache. M. **1.** *Méx.* **bulto** (‖ fardo). ‖ **2.** *Méx.* **montón** (‖ conjunto de cosas sin orden unas encima de otras).

tambaleante. ADJ. Que se tambalea, como si se fuese a caer. U. t. en sent. fig. *Un imperio tambaleante.*

tambalear. INTR. Moverse a uno y otro lado, como si se fuese a caer. U. m. c. prnl. U. t. en sent. fig. *La confianza en la política del Gobierno se tambaleaba.*

tambaleo. M. Acción de tambalear. U. t. en sent. fig. *Los tambaleos políticos.*

tambero, ra. **I.** ADJ. **1.** *Am. Mer.* Perteneciente o relativo al tambo. ‖ **2.** *Á. R. Plata.* Se dice del ganado manso, especialmente de las vacas lecheras. U. t. c. s. ‖ **II.** M. y F. **3.** *Am. Mer.* Persona que tiene a su cargo un tambo.

también. ADV. M. Se usa para indicar la igualdad, semejanza, conformidad o relación de una cosa con otra ya nombrada.

tambo. M. **1.** Á. R. Plata. Establecimiento ganadero destinado al ordeño de vacas y a la venta, generalmente al por mayor, de su leche. || **2.** Á.Andes. hist. **posada** (|| establecimiento económico de hospedaje). || **3.** Méx. Tonel de lámina. || **4.** Méx. **prisión** (|| cárcel).

tambor. I. M. **1.** Instrumento musical de percusión, de madera o metal, de forma cilíndrica, hueco, cubierto por sus dos bases con piel estirada, que se toca con dos palillos. || **2.** Objeto que por su forma y proporciones recuerda un tambor. Un tambor de detergente. || **3.** Aro de madera sobre el cual se tiende una tela para bordarla. || **4.** Cilindro giratorio donde van las cápsulas de un revólver. || **5.** Cilindro metálico, hueco y giratorio, de una lavadora, en el que se introduce la ropa. || **6.** Anat. Tímpano del oído. || **7.** Arq. Muro cilíndrico que sirve de base a una cúpula. || **8.** Arq. Cuerpo central del capitel y más abultado, o de mayor diámetro, que el fuste de la columna. || **9.** Arq. Cada una de las piezas del fuste de una columna cuando no es monolítica. || **10.** Mar. Cilindro de madera en que se arrollan los guardines del timón. || **11.** Mar. En un vapor, cada uno de los cajones o cubiertas de las ruedas. || **12.** Mec. Disco de acero acoplado a la cara interior de las ruedas, provisto de un reborde sobre el que actúan las zapatas del freno. || **13.** Á. R. Plata. **bombona** (|| recipiente de metal). || **14.** Méx. Armazón de una cama sobre el que se coloca el colchón. || **II.** COM. **15.** Persona que toca el tambor. || **~ mayor.** M. **1.** Maestro y jefe de una banda de tambores. || **2.** hist. En los tercios y en los antiguos regimientos, encargado de la instrucción y distribución de los tambores. || **~es de guerra.** M. pl. Rumores o indicios que anuncian la inminencia de un conflicto o de un enfrentamiento grave. A pesar de los esfuerzos diplomáticos, se oyen tambores de guerra. || **a ~ batiente.** LOC.ADV. **1.** Tocando el tambor. || **2.** Con aire triunfal. □ V. **freno de ~.**

tambora. F. coloq. **tambor** (|| instrumento musical). U. m. en América.

tamborada. F. **tamborrada.**

tamborear. INTR. **tamborilear** (|| con los dedos).

tamboreo. M. Acción y efecto de tamborear.

tamborete. M. Mar. Trozo de madera que sirve para sujetar a un palo otro sobrepuesto.

tamboril. M. Tambor pequeño que, colgado del brazo, se toca con un solo palillo, y, acompañando generalmente al pito, se usa en algunas danzas populares.

tamborilear. INTR. **1.** Tocar el tamboril. || **2.** Hacer son con los dedos imitando el ruido del tambor.

tamborileo. M. Acción y efecto de tamborilear.

tamborilero, ra. M. y F. Persona que tiene por oficio tocar el tamboril o el tambor.

tamborín. M. **tamboril.**

tamboritero, ra. M. y F. **tamborilero.**

tamborón. M. **bombo** (|| tambor grande).

tamborrada. F. Celebración popular que consiste en producir estruendo tocando tambores, bombos, etc.

tambucho. M. Mar. Escotilla protegida que da acceso a las habitaciones de la tripulación.

tameme. M. Méx. hist. Cargador indio que acompañaba a los viajeros.

tamil. I. ADJ. **1.** Se dice del individuo de uno de los pueblos no arios de la rama dravídica, que habita en el sureste de la India y parte de Sri Lanka, antiguo Ceilán. U. t. c. s. || **2.** Perteneciente o relativo a este pueblo. Guerrilla tamil. || **II.** M. **3.** Idioma hablado por los tamiles, el principal de la familia de las lenguas dravídicas.

tamiz. M. Cedazo muy tupido. || **pasar** algo **por el ~.** LOC.VERB. Examinarlo o seleccionarlo concienzudamente.

tamización. F. Acción y efecto de tamizar.

tamizar. TR. **1.** Pasar algo por tamiz. Tamizar la harina. U. t. en sent. fig. La luz del sol, tamizada por los visillos, iluminaba el salón. || **2.** Depurar, elegir con cuidado y minuciosidad. Es prudente tamizar las noticias al leer la prensa.

tamo. M. Polvo o paja muy menuda de varias semillas trilladas, como el trigo, el lino, etc.

támpax. (Marca reg.). M. **tampón** (|| rollo de celulosa).

tampiqueño, ña. ADJ. **1.** Natural de Tampico. U. t. c. s. || **2.** Perteneciente o relativo a esta ciudad de México, puerto del estado de Tamaulipas.

tampoco. ADV. NEG. Se usa para negar algo después de haberse negado otra cosa.

tampón. M. **1.** Almohadilla empapada en tinta que se emplea para entintar sellos, estampillas, etc. || **2.** Rollo de celulosa que, introducido en la vagina de la mujer, absorbe el flujo menstrual.

tamtan. M. **1.** Tambor africano de gran tamaño, que se toca con las manos. || **2.** En África, redoble con que se anuncian determinados actos.

tamujo. M. Mata de la familia de las Euforbiáceas, de doce a trece decímetros de altura, con ramas largas, espinosas, puntiagudas y muy abundantes, hojas en pequeños ramos, lampiñas y aovadas, flores verdosas, y fruto capsular, globoso, de color pardo rojizo cuando maduro. Es común en las márgenes de los arroyos y en los sitios sombríos, y con las ramas se hacen escobas.

tamul. ADJ. **tamil.**

tan¹. ONOMAT. Se usa para imitar el sonido o eco que resulta del tambor u otro instrumento semejante, tocado a golpes. U. m. repetido. U. t. c. s. m.

tan². ADV.C. **1.** Se usa para modificar, encareciéndola en proporción relativa, la significación del adjetivo, el adverbio o el participio. || **2.** Se usa para denotar idea de equivalencia o igualdad correspondiéndose con como o cuan en comparación expresa. Tan duro como el hierro. El castigo fue tan grande como grande fue la culpa. || **3.** Se usa como término correlativo de que en las oraciones consecutivas. || **de ~.** EXPR. Se usa para referirse a algo que es exagerado, y que da como resultado lo que se expresa. De tan bueno es tonto. || **~ siquiera.** LOC.CONJUNT. **por lo menos.**

tanaceto. M. **hierba lombriguera.**

tanagra. F. Estatuilla de barro cocido como las halladas en la ciudad griega de Tanagra.

tanate. M. **1.** Am. Cen. Lío, fardo, envoltorio. || **2.** Méx. Mochila, zurrón de cuero o de palma.

tanatofobia. F. Miedo obsesivo a la muerte.

tanatología. F. **1.** Conjunto de conocimientos médicos relativos a la muerte. || **2.** En medicina legal, estudio de los efectos que produce la muerte en los cuerpos.

tanatológico, ca. ADJ. Perteneciente o relativo a la tanatología.

tanatorio. M. Edificio en que son depositados los cadáveres durante las horas que preceden a su inhumación o cremación.

tanda. F. **1.** Alternativa o turno. || **2.** Cada uno de los grupos en que se dividen las personas o los animales empleados en una operación o trabajo. || **3.** Partida de juego, especialmente de billar. || **4.** Número indeterminado de ciertas cosas de un mismo género. *Tanda de azotes.* || **5.** *Am.* Sección de una representación teatral.

tándem. M. **1.** Bicicleta para dos personas, que se sientan una tras otra, provista de pedales para ambas. || **2.** Conjunto de dos personas que tienen una actividad común, o que colaboran en algo. || **3.** Conjunto de dos elementos que se complementan. ¶ MORF. pl. **tándems. || en ~.** LOC.ADV. Dicho de montar ciertos aparatos: De manera que funcionen simultánea o sucesivamente.

tanga[1]. F. **1.** chito (|| juego que consiste en tirar tejos contra un cilindro de madera). || **2.** Pieza sobre la que se ponen las monedas.

tanga[2]. F. Prenda que por delante cubre solo la zona genital y por detrás adopta la forma de una cinta estrecha. En España, u. m. c. m.

tángana o **tangana.** F. **1.** coloq. Alboroto, escándalo. || **2.** coloq. En el fútbol, jaleo, pelea. || **3.** *Á. Caribe.* Discusión violenta sobre un asunto.

tanganazo. M. Trago de bebida alcohólica.

tanganillo. M. Palo, piedra o cosa semejante que se pone para sostener y apoyar algo provisionalmente.

tangencia. F. *Geom.* Cualidad de tangente.

tangencial. ADJ. **1.** *Geom.* Perteneciente o relativo a la **tangente** (|| recta que toca a una curva o a una superficie sin cortarlas). *Aceleración tangencial.* || **2.** *Geom.* Dicho de una línea o de una superficie: Que es tangente a otra. || **3.** Dicho de una idea, de una cuestión, de un problema, etc.: Que solo parcial y no significativamente se refieren a algo. *El autor menciona el problema de forma tangencial.*

tangente. I. ADJ. **1.** *Geom.* Dicho de dos o más líneas o superficies: Que se tocan o tienen puntos comunes sin cortarse. || **II.** F. **2.** *Geom.* Recta que toca a una curva o a una superficie sin cortarlas. || **3.** *Mat.* Parte de la recta **tangente** al extremo de un arco, comprendida entre este punto y la prolongación del radio, considerado como unidad, que pasa por el otro extremo y que equivale al cociente entre el seno y el coseno. **|| escapar, escaparse, irse,** o **salir,** alguien **por la ~.** LOCS.VERBS. coloqs. Valerse de un subterfugio o evasiva para salir hábilmente de un apuro.

tangerina. F. naranja mandarina.

tangerino, na. ADJ. **1.** Natural de Tánger. U. t. c. s. || **2.** Perteneciente o relativo a esta ciudad de Marruecos. ☐ V. **naranja ~.**

tangible. ADJ. **1.** Que se puede tocar. *Realidad tangible.* || **2.** Que se puede percibir de manera precisa. *Resultados tangibles.*

tango. M. **1.** Baile rioplatense, difundido internacionalmente, de pareja enlazada, forma musical binaria y compás de dos por cuatro. || **2.** Música de este baile y letra con que se canta.

tangón. M. *Mar.* Cada uno de los dos botalones que se colocan en el costado de proa, uno por cada banda, para amurar en ellos las rastreras, y, en puerto, amarrar las embarcaciones menores que están en el agua para el servicio.

tanguero, ra. I. ADJ. **1.** Perteneciente o relativo al tango. *Fatalidad tanguera.* || **II.** M. y F. **2.** Autor o intérprete de tangos.

tanguillo. M. Cierto tipo de cante y baile flamenco propio de la provincia de Cádiz, en España.

tanguista. I. COM. **1. tanguero** (|| autor o intérprete de tangos). || **II.** F. **2.** Mujer que actúa en un cabaré o alterna con los clientes de este.

tánico, ca. ADJ. **1.** Que contiene tanino. *Vino tánico.* || **2.** Perteneciente o relativo a los taninos. *Sustancias tánicas.*

tanino. M. *Quím.* Sustancia astringente contenida en las cortezas de la encina, olmo, sauce y otros árboles, y en la raspa y hollejo de la uva y otros frutos. Se emplea para curtir las pieles y para otros usos.

tanka[1]. F. Poema de origen japonés que consta de cinco versos, pentasílabos el primero y el tercero y heptasílabos los restantes.

tanka[2]. F. Pintura realizada sobre lienzo, generalmente encuadrada por telas bordadas, que representa motivos del budismo tibetano. U. t. c. m.

tano, na. ADJ. *Á. R. Plata.* **italiano** (|| natural de Italia). U. t. c. s.

tanque[1]. M. **1.** Recipiente de gran tamaño, normalmente cerrado, destinado a contener líquidos o gases. || **2.** Estanque, depósito de agua. || **3.** Depósito montado sobre ruedas para su transporte. || **4.** *Mar.* **aljibe** (|| embarcación para transportar agua dulce). || **5.** *Á. R. Plata y Méx.* Depósito de combustible de un automóvil.

tanque[2]. M. **1. carro de combate.** || **2.** coloq. Persona o cosa gruesa, corpulenta o resistente.

tanqueta. F. Vehículo semejante al tanque, pero dotado de mayor velocidad y mejor movilidad.

tantalio. M. Elemento químico de núm. atóm. 73. Metal escaso en la litosfera, sus sales aparecen en ciertos minerales, siempre acompañando al niobio. De color gris, pesado, duro, dúctil, y muy resistente a la corrosión. Se usa para fabricar material quirúrgico y dental, así como prótesis e injertos, y como catalizador y en la industria electrónica. (Símb. *Ta*).

tantarantán. M. coloq. Golpe que hace oscilar o tambalearse dado a alguien o algo.

tanteada. F. *Méx.* Acción de **tantear** (|| dar a la mentira apariencia de verdad).

tanteador, ra. I. ADJ. **1.** Que tantea. || **II.** M. y F. **2.** Persona que tantea, y más frecuentemente, la que tantea en el juego. || **III.** M. **3.** *Dep.* **marcador** (|| tablero).

tantear. I. TR. **1.** Medir o parangonar algo con otra cosa para ver si viene bien o ajustada. *Tanteó el papel antes de cortarlo para envolver el regalo.* || **2.** En el juego, señalar o apuntar los tantos para saber quién gana. *Iba tanteando los puntos según los ganaba.* U. t. c. intr. || **3.** Intentar averiguar con cuidado las cualidades o intenciones de alguien o el interés de una cosa o de una acción. *Yo tantearé a mi padre esta noche, a ver si nos deja ir a la fiesta.* || **4.** Calcular aproximadamente o al tanteo. *Tantear nuevas combinaciones.* || **5.** Tocar algo repetidamente a tientas para obtener información mediante el tacto. *Tanteamos las paredes buscando la salida.* U. t. c. intr. *Tanteaba en busca de sus gafas.* || **6.** *Der.* Dar por algo el mismo precio en que ha sido rematado en favor de otra persona, por la preferencia que concede el derecho en algunos casos, como en el de condominio. || **7.** *Méx.* Dar a la mentira apariencia de verdad. || **II.** PRNL. **8.** *Méx.* Burlarse de alguien.

tanteo. M. **1.** Acción y efecto de tantear o tantearse. || **2.** Número determinado de tantos que se ganan en el juego. || **3.** *Dep.* Número de tantos que obtienen dos equipos o dos jugadores que compiten en una prueba. || **al, o por, ~.** LOCS.ADVS. A ojo, a bulto, sin peso ni medida.

tantico. M. **poco** (|| cantidad escasa).

tanto, ta. I. ADJ. INDEF. **1.** Se dice de la cantidad, número o porción de algo indeterminado o indefinido. Se usa como término correlativo de *cuanto* y *que*. *Tanta agua bebió que no pudo comer más.* U. t. c. pron. *Tantos solicitaron la entrevista, que fue imposible atender a todos.* || II. ADJ. **2.** Tan grande o muy grande. *¡Me hacía tanta ilusión!* || III. PRON. DEM. N. **3.** Equivale a *eso*, incluyendo idea de calificación o ponderación. *A tanto arrastra la codicia.* || IV. M. **4.** Relación aritmética que expresa la proporción entre una cantidad y otra tomada como referencia, generalmente formada por la unidad seguida de ceros. *Tanto POR ciento. Tanto POR mil.* || **5.** Cantidad cierta o número determinado de algo. *Por cada día de estancia deberá pagar un tanto que después fijaremos.* || **6.** Unidad de cuenta en muchos juegos. || **7.** pl. Número que se ignora o no se quiere expresar. *A tantos de julio.* || V. ADV. C. **8.** Hasta tal punto o tal cantidad. *No debes trabajar tanto. No creía que costase tanto un libro tan pequeño.* || **9.** Tan largo tiempo. *En ir allá no puede tardarse tanto.* || **10.** En sentido comparativo, se corresponde con *cuanto* o *como*, y denota idea de equivalencia o igualdad. *Tanto vales cuanto tienes. Tanto sabes tú como yo.* || VI. ADV. M. **11.** De tal modo o en tal grado. || **al ~.** LOC. ADJ. Al corriente, enterado. *Está al tanto.* || **apuntarse** alguien **un ~.** LOC.VERB. coloq. Lograr o tener un acierto o un mérito en el asunto de que se trata. || **de tanto en tanto.** LOC.ADV. **de cuando en cuando.** || **en su tanto.** LOC.ADV. En proporción. || **en tanto, o entre tanto.** LOCS.ADVS. entretanto. || **en tanto en cuanto.** LOC. CONJUNT. *Esp.* En la medida en que. *Un medicamento será mejor en tanto en cuanto sea más efectivo.* || **las ~s.** LOC. SUST. F. pl. coloq. Una hora muy avanzada del día o de la noche. || **ni tanto ni tan poco.** EXPR. Se usa para censurar la exageración por exceso o por defecto. || **otro ~.** LOC. SUST. M. Lo mismo, cosa igual. *Quisiera yo poder hacer otro tanto.* || **por lo ~.** LOC.ADV. Por consiguiente, por lo que antes se ha dicho, por el motivo o las razones de que acaba de hablarse. U. t. c. loc. conjunt. || **por tanto.** LOC.ADV. Por lo que, en atención a lo cual. U. t. c. loc. conjunt. || **¿qué tanto?** LOC. PRONOM. *Méx.* ¿cuánto? || **~ bueno, o ~ bueno por aquí.** EXPRS. Se usan para manifestar bienvenida. || **tanto cuanto.** LOC.ADV. **algún tanto.** || **tanto más que.** LOC. CONJUNT. Con tanto mayor motivo que. || **tanto menos que.** LOC. CONJUNT. Con tanto menor motivo que. || **tanto que.** LOC.ADV. **así que.** || **~s otros.** LOC. PRONOM. pl. Otros muchos. || **y tanto.** LOC. INTERJ. Se usa para manifestar ponderativamente el asentimiento propio a lo que otro ha dicho. *Vas a pasar un mal rato. —¡Y tanto!* || **y ~s.** EXPR. Se pospone a los numerales cardinales que corresponden a las decenas, excepto a *veinte*, para expresar imprecisión en las unidades. *Tiene treinta y tantos años.*

tantra. M. En el hinduismo y en el budismo, colección de textos sagrados que recogen doctrinas, prácticas y ritos esotéricos.

tantrismo. M. tantra.

tántum ergo. (Locución latina). M. Estrofa quinta del himno *Pange lingua*, que suele cantarse al reservar solemnemente el Santísimo Sacramento. MORF. pl. invar. *Los tántum ergo.*

tanzano, na. ADJ. **1.** Natural de Tanzania. U. t. c. s. || **2.** Perteneciente o relativo a este país de África.

tañedor, ra. ADJ. Que tañe un instrumento musical. U. t. c. s.

tañer. TR. Tocar un instrumento musical de percusión o de cuerda, en especial una campana. MORF. V. conjug. modelo.

tañido. M. Acción y efecto de tañer.

taoísmo. M. Doctrina de la antigua religión de los chinos.

taoísta. ADJ. **1.** Perteneciente o relativo al taoísmo. *Tradición taoísta.* || **2.** Que profesa el taoísmo. U. t. c. s.

tapa. F. **1.** Pieza que cierra por la parte superior cajas o recipientes. || **2.** Cada una de las capas de suela del calzado, especialmente la que está en contacto con el suelo. || **3.** Cada una de las dos cubiertas de un libro encuadernado. || **4.** Carne de la ternera que corresponde al medio de la pierna trasera. || **5.** En las chaquetas, abrigos, etc., vuelta que cubre el cuello de una a otra solapa. || **6.** Pequeña porción de algún alimento que se sirve como acompañamiento de una bebida. || **7.** *Filip.* Tasajo o cecina. || **~ de los sesos.** F. coloq. Parte superior del cráneo. || **abrir, levantar, reventar, saltar, o volar** a alguien **la ~ de los sesos.** LOCS.VERBS. **1.** coloqs. Romperle el cráneo. || **2.** coloqs. Darle un tiro en el cráneo. || **meter en ~s.** LOC.VERB. *Impr.* Colocar dentro de ellas el libro ya cosido y preparado para encuadernar.

tapabarriga. M. *Chile.* Corte alargado de carne de vacuno, de mediano espesor, que se obtiene de la parte posterior del animal.

tapabarro. M. **1.** *Chile.* Protector que se sitúa tras la rueda de un vehículo para evitar las salpicaduras. || **2.** *Chile.* guardabarros.

tapaboca. M. **1.** Golpe que se da en la boca con la mano abierta. || **2.** Bufanda grande. || **3.** coloq. Razón, dicho o acción con que se hace callar a alguien, especialmente cuando se le convence de que es falso lo que dice. || **4.** *Méx.* Mascarilla del médico.

tapabocas. M. Bufanda grande.

tapacubos. M. Tapa metálica que se adapta exteriormente al cubo de la rueda.

tapaculo. M. **1.** **escaramujo** (|| fruto). || **2.** *Chile.* Pájaro pequeño, de color terroso, con una gran mancha blanca en el pecho, que anida en cuevas abandonadas por algunos roedores.

tapadera. F. **1.** Pieza que se ajusta a la boca de alguna cavidad para cubrirla, como en los pucheros, tinajas, pozos, etc. || **2.** Persona o cosa que sirve para encubrir o disimular algo.

tapadillo. M. Uno de los registros de flautas que hay en el órgano. || **de ~.** LOC.ADV. A escondidas, con disimulo.

tapado, da. PART. de **tapar.** || I. ADJ. **1.** hist. Se dice de la mujer que se tapaba con el manto o el pañuelo para no ser conocida. U. t. c. s. f. *El galanteador planeaba como un cuervo sobre la linda tapada.* || II. M. y F. **2.** En política mexicana especialmente, candidato de un partido a la presidencia, cuyo nombre se mantiene en secreto hasta el momento propicio. || **3.** Persona que secretamente tiene la confianza y el apoyo de otra u otras para ser promovida a un cargo u obtener una distinción. || III. M. **4.** *Á. Andes.* Tesoro enterrado. || **5.** *Á. guar. Á. R. Plata* y *Chile.* Abrigo de señora o de niño, largo, cerrado y con mangas.

tapador, ra. ADJ. Que tapa. Apl. a pers., u. t. c. s.

tapadura. F. Acción y efecto de tapar.

tapajuntas. M. *Carp.* Listón moldeado que se pone para tapar la unión o juntura del cerco de una puerta o ventana con la pared, o los vivos o ángulos de una pared para que el yeso no se desconche.

tápalo. M. *Méx.* Chal o mantón.

tapaojos. M. *Á. Caribe.* Frontal de la cabezada, dispuesto para cubrir los ojos del ganado mular o caballar.

tapapecho. M. *Chile.* Corte alargado de carne de vacuno, de color rojo oscuro, de grosor variable hacia el extremo, que se obtiene del pecho del animal.

tapar. TR. **1.** Cubrir o cerrar lo que está descubierto o abierto. *Una gran piedra tapaba la salida.* ‖ **2.** Cubrir con algo una abertura, una hendidura o una herida. ‖ **3.** Cubrir con algo, de modo que impida ver o ser visto. *Llevaba una falda recta que tapaba sus rodillas.* U. t. c. prnl. U. t. en sent. fig. *Tapaba su miedo con una mirada de superioridad.* ‖ **4.** Cerrar con tapadera, tapón, tapa o cobertura un recipiente. *Hay que tapar la cacerola y cocer a fuego lento.* ‖ **5.** Cubrir con algo para proteger de los golpes, del polvo, del frío, de la luz, etc. *Tapa el televisor para que no le entre polvo.* U. t. c. prnl.

taparrabo o **taparrabos.** M. **1.** Pedazo de tela u otra cosa estrecha con que se cubren en algunas tribus los genitales. ‖ **2. tanga².**

tapatío, a. ADJ. **1.** Natural de Guadalajara. U. t. c. s. ‖ **2.** Perteneciente o relativo a esta ciudad de México, capital del estado de Jalisco. □ V. jarabe ~.

tape. M. *Á. R. Plata.* Hombre de rasgos aindiados, robusto y de baja estatura.

tapera. F. **1.** *Am. Mer.* Conjunto de ruinas de un pueblo. ‖ **2.** *Am. Mer.* Habitación ruinosa y abandonada.

tapesco. M. *Am. Cen.* y *Méx.* Especie de zarzo que sirve de cama, y otras veces, colocado en alto, de vasar.

tapete. M. **1.** Cubierta de hule, paño u otro tejido, que para adorno o protección se suele poner en las mesas y otros muebles. ‖ **2.** Alfombra pequeña. U. m. en América. ‖ **estar sobre el ~** algo. LOC.VERB. Estar discutiéndose o examinándose, o sometido a resolución.

tapia. F. Pared o muro que cercan un lugar. ‖ **~ real.** F. *Constr.* Pared que se forma mezclando la tierra con alguna parte de cal. ‖ **más sordo, da que una ~.** LOC.ADJ. coloq. Muy sordo.

tapiado. M. Acción y efecto de tapiar.

tapial. M. **1.** Trozo de pared que se hace con tierra amasada. ‖ **2.** Pared formada de esta manera.

tapiar. TR. **1.** Rodear con tapias. *Tapiar el huerto.* ‖ **2.** Cerrar un hueco haciendo en él un muro o un tabique. *Tapiar la puerta, la ventana.* ¶ MORF. conjug. c. *anunciar.*

tapicería. F. **1.** Arte de tapicero. ‖ **2.** Obra de tapicero. ‖ **3.** Tienda de tapicero. ‖ **4.** Tela para cortinajes, forros de muebles y, en general, tejido que se usa en decoración.

tapicero, ra. M. y F. **1.** Persona que teje tapices o los prepara y compone. ‖ **2.** Persona que tiene por oficio poner alfombras, tapices o cortinajes, guarnecer almohadones, sofás, etc.

tapilla. F. *Chile.* Pieza que remata el tacón de los zapatos y los protege del roce contra el suelo.

tapín. M. *Mar.* Taco pequeño de madera con que se cubre la cabeza de los pernos o clavos que sujetan a los baos las tablas de las cubiertas, después de bien embutidos en ellas.

tapioca. F. **1.** Fécula blanca y granulada que se extrae de la raíz de la mandioca y se usa para sopa. ‖ **2.** Esta misma sopa.

tapir. M. Mamífero de Asia y América del Sur, del orden de los Perisodáctilos, del tamaño de un jabalí, con cuatro dedos en las patas anteriores y tres en las posteriores, y la nariz prolongada en forma de pequeña trompa. Su carne es comestible.

tapis. M. Faja ancha, de color oscuro, por lo común negro, que usan las mujeres filipinas, ciñéndosela encima de la saya desde la cintura hasta más abajo de la rodilla.

tapisca. F. *Am. Cen.* Recolección del maíz.

tapiscar. TR. *Am. Cen.* Recolectar el maíz, cortando las mazorcas de la planta.

tapiz. M. **1.** Paño grande, tejido con lana o seda, y algunas veces con oro y plata, en el que se copian cuadros y sirve de paramento. ‖ **2. alfombra** (‖ con que se cubre el piso). U. t. en sent. fig. *A ras del suelo, los musgos dominan y forman un buen tapiz.*

tapizado. M. **1.** Acción y efecto de tapizar. ‖ **2.** Material empleado para tapizar.

tapizar. TR. **1.** Forrar con telas las paredes, sillas, sillones, etc. ‖ **2.** Cubrir o revestir una superficie con algo, como cubriéndola con un tapiz. *Las hojas caídas tapizaban el camino.* U. t. c. prnl.

tapón. M. **1.** Pieza que se introduce en la abertura de un recipiente o en un orificio por donde pasa el líquido y sirve para cerrarlo. ‖ **2.** Acumulación de cerumen en el oído, que puede dificultar la audición y producir otros trastornos. ‖ **3.** Persona o cosa que produce obstrucción del paso. ‖ **4.** Embotellamiento de vehículos. ‖ **5.** coloq. Persona rechoncha. ‖ **6.** *Dep.* En baloncesto, acción que impide un enceste del equipo contrario. ‖ **7.** *Med.* Masa de hilas o de algodón en rama con que se obstruye una herida o una cavidad natural del cuerpo. ‖ **8.** *Á. R. Plata.* **taco** (‖ pieza de la suela de algunos zapatos deportivos).

taponamiento. M. Acción y efecto de taponar.

taponar. TR. **1.** Cerrar con tapón un orificio cualquiera. *Taponar una botella.* ‖ **2.** Obstruir o atascar un conducto o paso. *Taponar la salida.* U. t. en sent. fig. *Taponar una parte de su memoria.*

taponazo. M. **1.** Golpe dado con el tapón de una botella de cerveza o de otro licor espumoso, al destaparla. ‖ **2.** Estruendo que este acto produce.

taponear. TR. *Chile.* **taponar** (‖ obstruir).

taponero, ra. M. y F. Persona que fabrica o vende tapones.

tapsia. F. Planta herbácea vivaz, de la familia de las Umbelíferas, como de un metro de altura, con tallo corto, grueso y ligeramente estriado. Tiene hojas pecioladas, enteras las inferiores, partidas en lacinias las medias y con solo el pecíolo las superiores, flores amarillas y fruto seco, oval y circuido de una aleta membranosa. De la raíz se saca un jugo de consistencia de miel con el cual se prepara un esparadrapo, en lienzo o papel, muy usado como revulsivo.

tapujo. M. **1.** Embozo con que alguien se tapa para no ser conocido. ‖ **2.** coloq. Reserva o disimulo con que se disfraza u oscurece la verdad. ‖ **3.** coloq. Enredo, asunto turbio.

taqué. M. *Mec.* Cada uno de los vástagos que transmiten la acción del árbol de levas a las válvulas de admisión y de escape del motor.

taquear. INTR. *Méx.* Comer **tacos** (‖ tortillas de maíz con algún alimento dentro).

taquería. F. Establecimiento en donde se venden **tacos** (‖ tortillas de maíz con algún alimento dentro).

taquero, ra. M. y F. *Méx.* Persona que hace y vende tacos (‖ tortillas de maíz con algún alimento dentro).

taquicardia. F. *Med.* Frecuencia excesiva del ritmo de las contracciones cardíacas.

taquigrafía. F. Arte de escribir tan deprisa como se habla, por medio de ciertos signos y abreviaturas.

taquigrafiar. TR. Escribir en taquigrafía. MORF. conjug. c. *enviar.*

taquigráfico, ca. ADJ. **1.** Perteneciente o relativo a la taquigrafía. *Signos taquigráficos.* ‖ **2.** Escrito en taquigrafía. *Texto taquigráfico.* U. t. en sent. fig. *Una noticia transmitida de manera taquigráfica.*

taquígrafo, fa. M. y F. Persona que sabe o profesa la taquigrafía.

taquilla. F. **1.** Despacho de billetes. ‖ **2.** Mueble vertical con casillas o cajones que se utiliza en las oficinas para tener clasificados documentos. ‖ **3.** Recaudación obtenida en cada función de un espectáculo. ‖ **4.** Armario individual para guardar la ropa y otros efectos personales, en los cuarteles, gimnasios, piscinas, etc.

taquillaje. M. **1.** Conjunto de entradas o billetes que se venden en una taquilla. ‖ **2.** Recaudación obtenida con dicha venta.

taquillar. INTR. *Chile.* Buscar popularidad y aceptación.

taquillero, ra. **I.** ADJ. **1.** Dicho de una persona que actúa en espectáculos, o del espectáculo mismo: Que suelen proporcionar buenas recaudaciones a la empresa. ‖ **II.** M. y F. **2.** Persona encargada de una **taquilla** (‖ despacho de billetes).

taquillón. M. Mueble de madera y de escasa capacidad que suele colocarse en el recibidor, normalmente con uso decorativo.

taquimeca. F. coloq. **taquimecanógrafa.**

taquimecanografía. F. Arte del taquimecanógrafo.

taquimecanógrafo, fa. M. y F. Persona versada en taquigrafía y mecanografía.

taquimétrico, ca. ADJ. Perteneciente o relativo al taquímetro.

taquímetro. M. Instrumento semejante al teodolito, que sirve para medir a un tiempo distancias y ángulos horizontales y verticales.

taquipnea. F. *Med.* Aceleración del ritmo respiratorio.

tara[1]. F. **1.** Peso del continente de una mercancía o género, vehículo, caja, vasija, etc., que se rebaja en la pesada total con el contenido. ‖ **2.** Peso sin calibrar que se coloca en un platillo de la balanza para calibrarla, o para realizar determinadas pesadas. ‖ **3.** Defecto físico o psíquico, por lo común importante o de carácter hereditario. ‖ **4.** Defecto o mancha que disminuye el valor de algo o de alguien.

tara[2]. F. *Á. Andes.* Arbusto de las Leguminosas, con hojas pinnadas, flores amarillas y legumbres oblongas y esponjosas. Se usa como tinte.

tarabilla. F. **1.** cítola. ‖ **2.** coloq. Persona que habla mucho, deprisa y sin orden ni concierto.

tarabita. F. **1.** *Am. Mer.* Maroma por la cual corre la oroya del andarivel. ‖ **2.** *Á. Andes.* Andarivel para pasar ríos y hondonadas que no tienen puente.

taracea. F. **1.** Embutido hecho con pedazos menudos de chapa de madera en sus colores naturales, o de madera teñida, concha, nácar y otras materias. ‖ **2.** Entarimado hecho de maderas finas de diversos colores formando dibujo. ‖ **3.** Obra realizada con elementos tomados de diversos sitios.

taracear. TR. Adornar con taracea.

taracol. M. *Ant.* Crustáceo parecido al cangrejo.

tarado, da. ADJ. **1.** Que padece tara física o psíquica. ‖ **2.** Tonto, bobo, alocado. U. t. c. s.

tarahumara. **I.** ADJ. **1.** Se dice del individuo de u[pueblo amerindio de la familia azteca que habita en e[estado mexicano de Chihuahua. U. t. c. s. ‖ **2.** Perteneciente o relativo a los tarahumaras. *Cultura tarahu[mara.* ‖ **II.** M. **3.** Lengua hablada por los tarahumaras[

taraje. M. taray.

tarambana. COM. coloq. Persona alocada, de poco jui[cio. U. t. c. adj.

tarángana. F. Especie de morcilla muy ordinaria.

taranta. F. vena (‖ humor).

tarantela. F. **1.** Baile napolitano de movimiento muy vivo, que se ha tenido popularmente como remedio para curar a los picados por la tarántula. ‖ **2.** Aire musica[con que se ejecuta este baile. ‖ **darle** a alguien **la** ~. LOC[VERB. coloq. Decidirse a hacer algo de repente e inopor[tunamente.

tarantín. M. *Am. Cen. y Ant.* Cachivache, trasto.

tarántula. F. Araña muy común en el mediodía de Eu[ropa, principalmente en los alrededores de Tarento, e[Italia, y cuyo cuerpo, de unos tres centímetros de largo[es negro por encima, rojizo por debajo, velloso en el tó[rax, casi redondo en el abdomen, y con patas fuertes[Vive entre las piedras o en agujeros profundos que hac[en el suelo, y es venenosa, aunque su picadura, a la cua[se atribuían en otro tiempo raros efectos nerviosos, sol[produce una inflamación. ‖ **picado, da de la** ~. LOC.AD[Dicho de una persona: Que adolece de alguna afecció[física o moral.

tarantulado, da. ADJ. Picado de la tarántula.

tarapaqueño, ña. ADJ. **1.** Natural de Tarapacá[U. t. c. s. ‖ **2.** Perteneciente o relativo a esta región d[Chile.

tarará. ONOMAT. tararí. U. t. c. s. m. MORF. pl. c. s. tararás[

tararaco. M. *Ant.* Planta bulbosa de la familia de la[Amarilidáceas, narcótica y venenosa, que se cultiva e[los jardines y tiene flores de color rojo brillante.

tararear. TR. Cantar entre dientes y sin articular pala[bras. U. t. c. intr.

tararí. M. Acción y efecto de tararear.

tarareo. ONOMAT. Se usa para imitar el sonido del toqu[de trompeta. U. t. c. s. m. MORF. pl. c. s. tararís o tararíes[

tararira. F. *Á. R. Plata.* Pez común de agua dulce, de carn[comestible, de forma alargada y color negro azulad[agrisado hacia los flancos, que alcanza los 60 cm de lon[gitud. Es veloz, agresivo e ictiófago voraz.

tarasca. F. **1.** Figura de sierpe monstruosa, con un[boca muy grande, que en algunas partes se saca durant[la procesión del Corpus. ‖ **2.** *Chile.* Boca grande.

tarascada. F. **1.** Golpe, mordedura o herida. ‖ **2.** coloq[Exabrupto o brusquedad con que alguien contesta a otr[persona.

tarascón. M. *Á. Andes, Á. R. Plata y Chile.* mordedura[

taray. M. Arbusto de la familia de las Tamaricáceas, qu[crece hasta tres metros de altura, con ramas mimbreñas d[corteza rojiza, hojas glaucas, menudas, abrazadoras en l[base, elípticas y con punta aguda, flores pequeñas, globo[sas, en espigas laterales, con cáliz encarnado y pétalos blan[cos, y fruto seco, capsular, de tres divisiones, y semillas n[gras. Es común en las orillas de los ríos. MORF. pl. **tarayes[**

tarayal. M. Sitio poblado de tarayes.

tarazón. M. Trozo que se parte o corta de algo, y, comúnmente, de carne o pescado.

tarbea. F. Sala grande.

tardano, na. ADJ. tardío.

tardanza. F. Acción y efecto de tardar.

tardar. INTR. **1.** Emplear tiempo en hacer algo. ‖ **2.** Emplear demasiado tiempo en hacer algo. U. t. c. prnl. *No te tardes.* ‖ **a más ~.** LOC.ADV. Se usa para señalar el plazo máximo en que ha de suceder algo. *A más tardar, iré la semana que viene.*

tarde. **I.** F. **1.** Tiempo que hay desde mediodía hasta anochecer. ‖ **2.** Últimas horas del día. ‖ **II.** ADV.T. **3.** Fuera de tiempo, después de haber pasado el oportuno, conveniente o acostumbrado para algún fin, o en tiempo futuro relativamente lejano. ‖ **4.** A hora avanzada del día o de la noche. *Cenar tarde. Levantarse tarde.* ‖ **buenas ~s.** EXPR. Se usa como salutación durante la tarde. ‖ **de ~ en ~.** LOC.ADV. De cuando en cuando, transcurriendo largo tiempo de una a otra vez. ‖ **para luego es ~.** EXPR. Se usa para exhortar y dar prisa a alguien para que ejecute prontamente y sin dilación lo que debe hacer o aquello de lo que se ha encargado. ‖ **~, mal y nunca.** EXPR. coloq. Se usa para ponderar lo mal y fuera de tiempo que se hace lo que fuera casi mejor que no se ejecutara ya. □ V. **lucero de la ~.**

tardeada. F. *Méx.* Diversión o fiesta que se hace por la tarde.

tardígrado. M. *Zool.* Invertebrado microscópico afín a los artrópodos, de cuerpo rechoncho cubierto por cutícula y cuatro pares de patas terminadas en uñas. ORTOGR. En m. pl., escr. con may. inicial c. taxón. *Los Tardígrados.*

tardío, a. ADJ. **1.** Dicho especialmente de una fruta o de un fruto: Que tardan en venir a sazón y madurez algún tiempo más del regular. ‖ **2.** Que sucede, en una vida o una época, después del tiempo en que se necesitaba o esperaba. *Heladas tardías.* ‖ **3.** Dicho de una lengua muerta: Que se encuentra en la última fase de su existencia. *Latín tardío.*

tardo, da. ADJ. **1.** Lento, perezoso en obrar. *Caminaba con paso tardo y fatigado.* ‖ **2.** Que sucede después de lo que convenía o se esperaba. *Este año, el florecimiento de los almendros ha sido tardo.* ‖ **3.** Torpe, no expedito en la comprensión o explicación. *Me hablaba muy despacio, como si yo fuera tardo.*

tardofranquismo. M. Última etapa del franquismo.

tardomedieval. ADJ. Perteneciente o relativo a la última etapa del Medievo.

tardón, na. ADJ. coloq. Que suele retrasarse o hace las cosas con mucha flema. U. t. c. s.

tarea. F. **1.** Obra o trabajo. ‖ **2.** Trabajo que debe hacerse en tiempo limitado. ‖ **3.** *Á. Caribe.* **deber** (‖ ejercicio que se encarga al alumno).

tárgum. M. Libro de los judíos que contiene las glosas y paráfrasis caldeas de la Escritura. MORF. pl. **tárgumes.**

tarifa. F. **1.** Tabla de precios, derechos o cuotas tributarias. ‖ **2.** Precio unitario fijado por las autoridades para los servicios públicos realizados a su cargo. ‖ **~ plana.** F. Cobro de servicios, generalmente de telecomunicaciones, durante un período determinado, por una cantidad fija y con independencia del tiempo y el tipo de su utilización.

tarifación. F. Acción y efecto de tarifar.

tarifar. TR. Señalar o aplicar una tarifa.

tarifario, ria. ADJ. Perteneciente o relativo a la tarifa. *Régimen, aumento tarifario.*

tarifeño, ña. ADJ. **1.** Natural de Tarifa. U. t. c. s. ‖ **2.** Perteneciente o relativo a esta ciudad de la provincia de Cádiz, en España.

tarificación. F. Acción y efecto de tarificar.

tarificar. TR. tarifar. U. t. c. intr. *La empresa tarifica en función de la calidad del servicio.*

tarijeño, ña. ADJ. **1.** Natural de Tarija. U. t. c. s. ‖ **2.** Perteneciente o relativo a este departamento de Bolivia o a su capital.

tarima. F. **1.** Zona del pavimento o entablado, superior en altura al resto. ‖ **2.** Suelo similar al parqué, pero de placas mayores y más gruesas.

tarja. F. **1.** Caña o palo sencillo en que por medio de muescas se va marcando el importe de las ventas. ‖ **2.** hist. Escudo grande que cubría todo el cuerpo, y más especialmente la pieza de la armadura que se aplicaba sobre el hombro izquierdo como defensa de la lanza contraria. ‖ **3.** *Am.* Tarjeta de visita.

tarjar. TR. *Á. Andes.* tachar (‖ borrar lo escrito).

tarjeta. F. **1.** Pieza de cartulina u otro material, generalmente rectangular y de pequeño tamaño, usada para escribir o imprimir algo. ‖ **2.** tarjeta postal. ‖ **3.** tarjeta de visita. ‖ **4.** tarjeta de crédito. ‖ **5.** *Inform.* Placa de circuito impreso que, como parte del equipo de una computadora u ordenador, permite la realización de ciertas funciones, como audio, vídeo, edición de gráficos, etc. ‖ **6.** *Dep.* En fútbol y otros deportes, cartulina de distintos colores que utiliza el árbitro como señal de amonestación o expulsión. ‖ **~ de crédito.** F. tarjeta magnética emitida por bancos, grandes almacenes y otras entidades, que permite a su titular el pago sin dinero en efectivo o el acceso al cajero automático. ‖ **~ de embarco.** F. *Á. R. Plata.* tarjeta de embarque. ‖ **~ de embarque.** F. La que debe poseer un pasajero para embarcar en un avión. ‖ **~ de identidad.** F. **carné de identidad.** ‖ **~ de Navidad.** F. La ilustrada de felicitación navideña. ‖ **~ de visita.** F. tarjeta de una o más personas, que sirve de presentación. ‖ **~ electrónica, o ~ magnética.** F. La que, mediante una banda magnética que puede ser leída por un dispositivo electrónico, permite la realización de diferentes operaciones. ‖ **~ perforada.** F. *Inform.* La que, mediante perforaciones que representan datos, puede ser leída por las primeras computadoras u ordenadores. ‖ **~ postal.** F. La que se emplea como carta, generalmente sin sobre, y frecuentemente con ilustración por un lado. ‖ **~ telefónica.** F. La que permite el uso de los teléfonos públicos sin monedas.

tarjetahabiente. COM. *Á. Caribe* y *Méx.* Persona poseedora de tarjeta de crédito.

tarjetero. M. Cartera, recipiente o mueble donde se guardan o exponen tarjetas de visita, fotografías, correspondencia, etc.

tarlatana. F. Tejido ralo de algodón, semejante a la muselina, pero de mayor consistencia que esta y más fino que el linón.

tarot. M. **1.** Baraja formada por 78 naipes que llevan estampadas diversas figuras, y que se utiliza en cartomancia. ‖ **2.** Juego que se practica con esta baraja. ¶ MORF. pl. **tarots.**

tarraconense. ADJ. **1.** hist. Natural de la antigua Tarraco, hoy Tarragona. U. t. c. s. ‖ **2.** hist. Perteneciente o relativo a aquella antigua ciudad o a la antigua provincia del mismo nombre, de la que dicha ciudad fue la capital. *Hispania Tarraconense.* ‖ **3.** Natural de Tarragona. U. t. c. s. ‖ **4.** Perteneciente o relativo a esta ciudad de Cataluña, en España, o a su provincia.

tarraja. F. **1. terraja.** ‖ **2.** Orificio circular de la caja de la guitarra.

tarraya. F. Á. *Caribe.* Red redonda para pescar, que se arroja a fuerza de brazo en los ríos y lugares de poco fondo.

tarreña. F. Cada una de las dos tejuelas que, metidas entre los dedos y batiendo una con otra, hacen un ruido como el de las castañuelas.

tarrina. F. Envase pequeño para algunos alimentos que deben conservarse en frío.

tarro. M. **1.** Recipiente de vidrio o porcelana, generalmente cilíndrico y más alto que ancho. ‖ **2.** coloq. Cabeza humana.

tarsero. M. Especie de lémur propio de Malasia.

tarso. M. **1.** *Anat.* Conjunto de huesos cortos que, en número variable, forman parte del esqueleto de las extremidades posteriores de los batracios, reptiles y mamíferos, situado entre los huesos de la pierna y el metatarso. En el hombre constituye la parte posterior del pie y está formado por siete huesos estrechamente unidos, uno de los cuales se articula con la tibia y el peroné. ‖ **2.** *Zool.* Parte más delgada de las patas de las aves, que une los dedos con la tibia y ordinariamente no tiene plumas. ‖ **3.** *Zool.* Pieza más externa de las cinco que componen las patas de los insectos, que está articulada con la tibia.

tarta. F. Pastel grande, de forma generalmente redonda, relleno de frutas, crema, etc., o bien de bizcocho, pasta de almendra y otras clases de masa homogénea.

tártago. M. **1.** Planta herbácea anual de la familia de las Euforbiáceas, que crece hasta un metro de altura, con tallo corto, sencillo y garzo, hojas lanceoladas, opuestas, en cruz, enteras y obtusas, flores unisexuales sin corola y fruto seco, capsular, redondeado, con semillas arrugadas, del tamaño de cañamones. Tiene virtud purgante y emética muy fuerte, y es común en España. ‖ **2.** Disgusto que sobreviene por algún grave suceso, como la pérdida del caudal o de la salud.

tartajear. INTR. coloq. **tartamudear.**

tartajeo. M. coloq. Acción y efecto de tartajear.

tartajoso, sa. ADJ. coloq. **tartamudo.** U. t. c. s.

tartaleta. F. Pastelillo de hojaldre en forma de cazoleta, que se rellena de diversos ingredientes después de haber sido cocido al horno.

tartamudear. INTR. Hablar o leer con pronunciación entrecortada y repitiendo las sílabas.

tartamudeo. M. Acción y efecto de tartamudear.

tartamudez. F. Cualidad de tartamudo.

tartamudo, da. ADJ. Que tartamudea. U. t. c. s.

tartán[1]. M. Tela de lana con cuadros o listas cruzadas de diferentes colores, característica de Escocia.

tartán[2]. (Marca reg.). M. Material formado por una mezcla de goma y asfalto, muy resistente y deslizante, que se emplea como superficie de pistas de atletismo.

tartana. F. **1.** Carruaje con cubierta abovedada y asientos laterales, por lo común de dos ruedas. ‖ **2.** Embarcación menor, de vela latina y con un solo palo en su centro, perpendicular a la quilla. Es de mucho uso para la pesca y el tráfico de cabotaje. ‖ **3.** Cosa vieja e inútil, especialmente un automóvil.

tartanero. M. Conductor de una **tartana** (‖ carruaje).

tartáreo, a. ADJ. poét. Perteneciente o relativo al **tártaro**[2].

tartárico. □ V. **ácido ~.**

tártaro[1]. M. **1.** Sal potásica del ácido tartárico que forma una costra cristalina en el fondo y paredes de la vasija donde fermenta el mosto. ‖ **2.** Sarro de los dientes. ‖ **~ emético.** M. Sal del ácido tartárico, con potasio y antimonio, de poderosa acción emética o purgante según la dosis. □ V. **cristal ~.**

tártaro[2]. M. poét. **infierno** (‖ lugar que habitan los espíritus de los muertos).

tártaro[3]**, ra.** **I.** ADJ. **1.** Natural de Tartaristán. U. t. c. s. ‖ **2.** Perteneciente o relativo a esta república de la Federación Rusa. ‖ **3.** Natural de Tartaria. U. t. c. s. ‖ **4.** Perteneciente o relativo a esta región de Asia. ‖ **II.** M. **5.** Lengua hablada en esta región. □ V. **salsa ~.**

tartera. F. Recipiente cerrado herméticamente, que sirve para llevar los guisos fuera de casa o conservarlos en el frigorífico.

tartesio, sia. ADJ. **1.** hist. Se dice de un pueblo hispánico prerromano que habitaba en Tartesia, región situada en el occidente de la actual Andalucía y que tuvo por capital a Tartesos. ‖ **2.** hist. Se dice del individuo de este pueblo. U. t. c. s. ‖ **3.** hist. Perteneciente o relativo a los tartesios o a Tartesia. *Asentamientos tartesios.*

tártrico. □ V. **ácido ~.**

tartufo. M. Hombre hipócrita y falso.

taruga. F. Mamífero rumiante americano parecido al ciervo, de pelaje rojo oscuro y orejas blandas y caídas, que vive salvaje en los Andes sin formar manadas.

tarugo. M. **1.** Trozo de madera o pan, generalmente grueso y corto. ‖ **2.** coloq. Persona de rudo entendimiento.

tarumá. M. Á. *guar.* Se usa como nombre para referirse a dos árboles de la familia de las Verbenáceas, de seis metros de altura, corteza gris y flores lilas uno y de hasta doce metros y maderable el otro. MORF. pl. **tarumás.**

tas. M. Yunque pequeño y cuadrado que, encajado por medio de una espiga en el banco, usan los plateros, hojalateros y plomeros. MORF. pl. **tases.**

tasa. F. **1.** Acción y efecto de tasar. ‖ **2.** Relación entre dos magnitudes. *Tasa de inflación. Tasa de desempleo. Tasa de natalidad.* ‖ **3.** Der. Tributo que se impone al disfrute de ciertos servicios o al ejercicio de ciertas actividades.

tasación. F. **1.** Acción y efecto de **tasar** (‖ graduar). ‖ **2.** *Econ.* Estimación del valor de un bien o de un servicio.

tasador, ra. **I.** ADJ. **1.** Que tasa. *Perito tasador.* Apl. a pers., u. t. c. s. ‖ **II.** M. y F. **2.** Persona habilitada para tasar o graduar el precio de un bien.

tasajear. TR. *Méx.* Hacer tasajos la carne.

tasajeo. M. *Méx.* Acción y efecto de tasajear.

tasajera. F. *Méx.* Vara para secar la carne al sol.

tasajero, ra. M. y F. *Méx.* Persona que prepara o vende **tasajos** (‖ pedazos de carne secos y salados).

tasajo. M. **1.** Pedazo de carne seco y salado o acecinado para que se conserve. ‖ **2.** Tajada de cualquier carne, pescado e incluso fruta.

tasar. TR. **1.** Graduar el precio o valor de una cosa o un trabajo. *Llevó el anillo a un joyero para que lo tasara.* ‖ **2.** Fijar oficialmente el precio máximo o mínimo para una mercancía. *La OPEP tasa el precio del barril de petróleo.* ‖ **3.** Restringir el uso de algo por prudencia o tacañería. *Tasar la comida al enfermo.*

tasca. F. taberna.

tascar. TR. Dicho de un animal herbívoro: Quebrantar con ruido la hierba o el verde cuando pace.

tastana. F. Membrana que separa los gajos de ciertas frutas, como la nuez, la naranja, la granada, etc.

tata. M. afect. *Am.* **padre** (‖ varón que ha engendrado). U. en algunos lugares de América como tratamiento de respeto.

tatami. M. Tapiz acolchado sobre el que se ejecutan algunos deportes, como el yudo o el kárate.

tatarabuelo, la. M. y F. Tercer abuelo.

tataranieto, ta. M. y F. Tercer nieto, el cual tiene el cuarto grado de consanguinidad en la línea recta descendente.

tatarear. TR. tararear.

tate. INTERJ. **1.** Se usa para denotar haber llegado al conocimiento de algo en lo que no se había caído o no se había podido comprender. U. t. repetida. ‖ **2.** Cuidado, poco a poco. U. t. repetida.

tatema. F. *Méx.* Acción y efecto de tatemar.

tatemada. F. *Méx.* tatema.

tatemar. TR. *Méx.* Tostar, abrasar.

tatetí. M. Á. R. *Plata.* tres en raya.

tatú. M. Á. *guar.* y Á. R. *Plata.* Se usa como nombre para referirse a diversas especies de armadillo. MORF. pl. **tatúes** o **tatús.**

tatuaje. M. **1.** Acción y efecto de tatuar. ‖ **2.** Cerco o señal que queda alrededor de una herida por arma de fuego disparada desde muy cerca.

tatuar. TR. **1.** Grabar dibujos en la piel humana, introduciendo materias colorantes bajo la epidermis, por las punzadas previamente dispuestas. U. t. c. prnl. ‖ **2.** Marcar, dejar huella en alguien o algo. *Las imágenes de la miseria han tatuado mi retina.* ¶ MORF. conjug. c. *actuar.*

tau. **I.** M. **1.** Última letra del alfabeto hebreo. ‖ **II.** F. **2.** Decimonovena letra del alfabeto griego (T, τ), que corresponde a *t* del latino.

tauca. F. Á. *Andes.* **montón** (‖ conjunto de cosas sin orden unas encima de otras).

taucar. TR. Á. *Andes.* **apilar.** MORF. conjug. c. *causar.*

taula. F. Monumento megalítico frecuente en Menorca, constituido por una piedra clavada verticalmente en el suelo, que soporta otra plana horizontal, con la que forma como una T.

taumaturgia. F. Facultad de realizar prodigios. U. t. en sent. fig. *La taumaturgia de las palabras.*

taumatúrgico, ca. ADJ. Perteneciente o relativo a la taumaturgia.

taumaturgo, ga. M. y F. **mago** (‖ persona que practica la magia).

táurico, ca. ADJ. Perteneciente o relativo al toro y a los mitos y rituales relacionados con él. *Rito táurico.*

taurino, na. ADJ. **1.** Perteneciente o relativo al toro o a las corridas de toros. *Festejo taurino.* ‖ **2.** Á. R. *Plata.* Dicho de una persona: Nacida bajo el signo zodiacal de Tauro. U. t. c. s.

tauro. ADJ. Dicho de una persona: Nacida bajo el signo zodiacal de Tauro. *Yo soy tauro, ella es piscis.* U. t. c. s.

taurófilo, la. ADJ. Que tiene afición a las corridas de toros.

taurófobo, ba. ADJ. Que desaprueba la celebración de corridas de toros y se muestra disconforme con ellas.

taurómaco, ca. ADJ. Perteneciente o relativo a la tauromaquia. *Tratado taurómaco.*

tauromaquia. F. **1.** Arte de lidiar toros. ‖ **2.** Obra o libro que trata de este arte.

tauromáquico, ca. ADJ. Perteneciente o relativo a la tauromaquia. *Gestas tauromáquicas.*

tautología. F. **1.** *Ret.* Repetición de un mismo pensamiento expresado de distintas maneras. ‖ **2.** despect. Repetición inútil y viciosa.

tautológico, ca. ADJ. Perteneciente o relativo a la tautología.

tawahka. **I.** ADJ. **1.** Se dice del individuo del pueblo amerindio de la familia sumo, que vive en Honduras en el curso medio del río Patuca y en los departamentos de Olancho y Gracias a Dios. U. t. c. s. ‖ **2.** Perteneciente o relativo a los **tawahkas.** *Reserva tawahka.* ‖ **II.** M. **3.** Lengua de la familia misumalpa que hablan los **tawahkas.**

taxáceo, a. ADJ. *Bot.* Se dice de la planta arbórea gimnosperma, conífera, con hojas aciculares, aplastadas y persistentes, flores dioicas y desnudas, y semillas rodeadas por arilos generalmente carnosos y coloreados; p. ej., el tejo². U. t. c. s. f. ORTOGR. En f. pl., escr. con may. inicial c. taxón. *Las Taxáceas.*

taxativo, va. ADJ. Que no admite discusión. *Alfonso manifestó su oposición taxativa a la propuesta.*

taxi. M. Automóvil de alquiler con conductor, provisto de taxímetro.

taxidermia. F. Arte de disecar los animales para conservarlos con apariencia de vivos.

taxidermista. COM. Persona que se dedica a practicar la taxidermia.

taxímetro. M. **1.** Aparato de que van provistos algunos coches de alquiler, el cual marca automáticamente la distancia recorrida y la cantidad devengada. ‖ **2.** *Mar.* Instrumento semejante, en forma y aplicación, al círculo acimutal.

taxista. COM. Persona que conduce un taxi.

taxodiáceo, a. ADJ. *Bot.* Se dice de las plantas gimnospermas de la clase de las Coníferas. Comprende árboles de hojas esparcidas, con los estróbilos lignificados. U. t. c. s. f. ORTOGR. En f. pl., escr. con may. inicial c. taxón. *Las Taxodiáceas.*

taxón o **taxon.** M. *Biol.* Cada una de las subdivisiones de la clasificación biológica, desde la especie, que se toma como unidad, hasta el filo o tipo de organización.

taxonomía. F. **1.** Ciencia que trata de los principios, métodos y fines de la clasificación. Se aplica en particular, dentro de la biología, para la ordenación jerarquizada y sistemática, con sus nombres, de los grupos de animales y de vegetales. ‖ **2. clasificación** (‖ acción y efecto de clasificar).

taxonómico, ca. ADJ. Perteneciente o relativo a la taxonomía.

taxonomista. COM. **taxónomo.**

taxónomo, ma. M. y F. Persona especialmente versada en el conocimiento de la taxonomía y en sus usos y procedimientos.

tayiko, ka. ADJ. **1.** Natural de Tayikistán. U. t. c. s. ‖ **2.** Perteneciente o relativo a este país de Asia.

taylorismo. M. *Econ.* Método de organización del trabajo que persigue el aumento de la productividad mediante la máxima división de funciones, la especialización del trabajador y el control estricto del tiempo necesario para cada tarea.

tayo. M. Á. *Andes.* Ave nocturna de la selva amazónica, notable por la abundante grasa que acumula en el pecho, y cuya carne es comestible.

taza. F. **1.** Vasija pequeña, por lo común de loza o de metal y con asa, empleada generalmente para tomar líquidos. || **2.** Cantidad que cabe en una taza. *Una taza de caldo.* || **3.** Receptáculo redondo y cóncavo donde vacían el agua las fuentes. || **4.** Receptáculo del retrete.

tazar. TR. Estropear la ropa con el uso, principalmente a causa del roce, por los dobleces y bajos. U. m. c. prnl.

tazmía. F. hist. Porción de granos que cada cosechero llevaba al acervo del diezmo.

tazón. M. **1.** Recipiente comúnmente mayor que una taza, de contorno aproximadamente semiesférico, a veces con un pie diferenciado y generalmente sin asa. || **2.** Receptáculo donde cae el agua de las fuentes.

te¹. F. Nombre de la letra *t.* MORF. pl. **tes.**

te². PRON. PERSON. Forma de la 2.ª persona del singular que cumple la función de complemento directo o indirecto. No admite preposición y se puede usar como enclítico. *Te persiguen. Persíguete.*

té. M. **1.** Arbusto del Extremo Oriente, de la familia de las Teáceas, que crece hasta cuatro metros de altura, con las hojas perennes, alternas, elípticas, puntiagudas, dentadas y coriáceas, de seis a ocho centímetros de largo y tres de ancho. Tiene flores blancas, axilares y con pedúnculo, y fruto capsular, globoso, con tres semillas negruzcas. || **2.** Hoja de este arbusto, seca, arrollada y tostada ligeramente. || **3.** Infusión de las hojas de este arbusto. || **4.** Reunión de personas que se celebra por la tarde y durante la cual se sirve un refrigerio del que forma parte el té. || **5.** *Am.* infusión (‖ bebida). *Té de manzanilla. Té de tila.* ¶ MORF. pl. **tés.** || **~ de España,** o **~ de Europa.** M. epazote. || **~ de los jesuitas,** o **~ del Paraguay.** M. Árbol de hojas persistentes, de cinco a siete centímetros de longitud, con flores axilares blancas y fruto pardusco. || **~ negro.** M. El que se ha tostado después de secar al sol las hojas con su pecíolo y se ha aromatizado con ciertas hierbas. || **~ verde.** M. El que se ha tostado cuando las hojas están frescas, después de quitado el pecíolo, y teñidas después con una mezcla de yeso y añil. □ V. **rosa de ~.**

tea. F. Astilla o raja de madera muy impregnada en resina, que, encendida, alumbra como un hacha.

teáceo, a. ADJ. *Bot.* Se dice de los árboles y arbustos angiospermos dicotiledóneos, siempre verdes, con hojas enteras, esparcidas y sin estípulas, flores axilares, hermafroditas o unisexuales, y fruto capsular o indehiscente, rara vez en baya, con semillas sin albumen; p. ej., la camelia y el té. U. t. c. s. f. ORTOGR. En f. pl., escr. con may. inicial c. taxón. *Las Teáceas.*

teatina. F. *Chile.* Planta gramínea, especie de avena, cuya paja se usa para tejer sombreros.

teatino, na. ADJ. **1.** Se dice del clérigo regular de San Cayetano. U. t. c. s. || **2.** Perteneciente o relativo a esta orden religiosa, fundada por san Cayetano de Thiene en 1524. *Convento teatino.*

teatral. ADJ. **1.** Perteneciente o relativo al teatro. *Autor teatral.* || **2.** Efectista, exagerado y deseoso de llamar la atención. *Aparato, actitud, tono teatral.*

teatralidad. F. Cualidad de teatral.

teatralización. F. Acción y efecto de teatralizar.

teatralizar. TR. **1.** Dar forma teatral o representable a un tema o asunto. || **2.** Dar carácter espectacular o efec-

tista a una actitud o expresión. *Conseguirá ponernos nerviosos a fuerza de teatralizar su serenidad.*

teatrero, ra. **I.** ADJ. **1.** teatral (‖ deseoso de llamar la atención). *Se hace la enferma, pero no me fío porque es muy teatrera.* U. t. c. s. || **2.** coloq. Muy aficionado al teatro. U. t. c. s. || **II.** M. y F. **3.** coloq. **histrión** (‖ persona afectada, que gesticula con exageración).

teatro. M. **1.** Edificio o sitio destinado a la representación de obras dramáticas o a otros espectáculos públicos propios de la escena. || **2.** Lugar en que ocurren acontecimientos notables y dignos de atención. *Italia fue el teatro de aquella guerra.* || **3.** Conjunto de todas las producciones dramáticas de un pueblo, de una época o de un autor. *El teatro griego. El teatro del siglo XVII. El teatro de Calderón.* || **4.** Literatura dramática. *Lope de Rueda fue uno de los fundadores del teatro en España.* || **5.** Arte de componer obras dramáticas, o de representarlas. *Este escritor y ese actor conocen mucho teatro.* || **6.** coloq. Acción fingida y exagerada. *Arturo le echa mucho teatro a sus intervenciones.* || **~ de autor.** M. El que da mayor relieve al texto escrito que a los demás elementos del espectáculo. || **~ de bolsillo.** M. El que se representa en salas de pequeño aforo. || **~ de cámara,** o **~ de ensayo.** M. El experimental y artístico que se presenta en locales pequeños y, a menudo, en representaciones excepcionales. || **~ épico.** M. El que, por contraposición al que pretende la identificación del espectador con las emociones de la obra, intenta que esta cause en aquel reflexiones distanciadoras y críticas por medio de una técnica apoyada más en lo narrativo que en lo dramático. □ V. **café-~.**

tebano, na. ADJ. **1.** hist. Natural de Tebas. U. t. c. s. || **2.** hist. Perteneciente o relativo a esta ciudad de la antigua Grecia.

tebeo. M. Revista infantil de chistes e historietas cuyo asunto se desarrolla en series de dibujos.

teca¹. F. Árbol de la familia de las Verbenáceas, que se cría en las Indias Orientales, corpulento, de hojas opuestas, grandes, casi redondas, enteras y ásperas por encima. Tiene flores blanquecinas en panojas terminales, y drupas globosas y corchosas, que contienen una nuez durísima con cuatro semillas. Su madera es tan dura, elástica e incorruptible, que se emplea preferentemente para ciertas construcciones navales.

teca². F. **1.** Cajita donde se guarda una reliquia. || **2.** *Bot.* Célula en cuyo interior se forman las esporas de algunos hongos.

tecali. M. *Méx.* Mármol de colores muy vivos.

techado. M. **1.** Acción de techar. || **2.** techo (‖ de un edificio).

techador, ra. M. y F. Persona que se dedica a techar.

techar. TR. Cubrir un edificio formando el techo.

techo. M. **1.** Parte superior de un edificio, construcción, habitáculo, etc., que lo cubre y cierra. || **2.** Cara inferior del techo que cierra en lo alto una habitación o cualquier habitáculo. || **3.** Casa, vivienda o domicilio. *No tiene techo donde cobijarse.* || **4.** Altura o límite máximo a que puede llegar y del que no puede pasar un asunto, una negociación, una evolución, etc. || **5.** *Aer.* Altura máxima alcanzable por una aeronave, en determinadas condiciones de vuelo. || **~ de nubes.** M. *Meteor.* Altitud de la base de la capa inferior de las nubes, cuando el cielo está cubierto. || **falso ~.** M. El que, por debajo del verdadero techo, sirve para reducir la altura de una habitación, ocultar instalaciones u otros fines. || **sin ~.** LOC. ADJ. Dicho de una persona: Que carece de vivienda y, generalmente, de cualquier medio de vida. U. t. c. loc. sust. com. *Los sin techo.*

techumbre. F. techo (‖ de un edificio).

tecla. F. **1.** Cada una de las piezas que, por la presión de los dedos, hacen sonar ciertos instrumentos musicales. ‖ **2.** Pieza que se pulsa para poner en acción un mecanismo. *La tecla para encender un televisor.* ‖ **3.** En las máquinas de escribir y otros aparatos, pieza móvil que contiene una letra o un signo. ‖ **4.** Materia o cosa delicada que debe tratarse con cuidado. ‖ **dar** alguien **en la ~.** LOC.VERB. coloq. Acertar en el modo de ejecutar algo. ‖ **tocar** alguien **muchas ~s.** LOC.VERB. coloq. Recurrir a los medios o personas necesarios para solucionar un asunto difícil.

teclado. M. **1.** Conjunto de las teclas de un piano u otro instrumento musical. ‖ **2.** Conjunto de las teclas de diversos aparatos o máquinas. *El teclado de una computadora.*

tecle. M. *Mar.* Piso desde donde se maniobran e inspeccionan las máquinas y calderas.

tecleado. M. Acción de teclear con los dedos.

teclear. INTR. **1.** Pulsar las teclas de una máquina o de un aparato. U. t. c. tr. ‖ **2.** Pulsar las teclas de un instrumento musical. U. t. c. tr.

tecleño, ña. ADJ. **1.** Natural de Santa Tecla. U. t. c. s. ‖ **2.** Perteneciente o relativo a esta ciudad de El Salvador, cabecera del departamento de La Libertad.

tecleo. M. Acción y efecto de teclear.

teclista. COM. **1.** Músico que toca un instrumento electrónico de teclado, generalmente en un conjunto musical ligero. ‖ **2.** *Impr.* Persona que se dedica profesionalmente a componer textos manejando el teclado de una máquina o de un aparato. *El oficio de teclista de linotipia ha sido sustituido por el de teclista de computadora.*

tecnecio. M. Elemento químico radiactivo de núm. atóm. 43. Metal del grupo del manganeso, se encontró en los residuos industriales de la fisión nuclear. Uno de sus isótopos se usa para el diagnóstico de tumores. (Símb. *Tc*).

técnica. F. **1.** Conjunto de procedimientos y recursos de que se sirve una ciencia o un arte. ‖ **2.** Pericia o habilidad para usar de esos procedimientos y recursos. ‖ **3.** Conjunto de procedimientos científicos aplicados a la producción industrial y a la explotación de los recursos naturales. ‖ **4.** Habilidad para ejecutar cualquier cosa, o para conseguir algo.

tecnicidad. F. Cualidad o carácter técnico de algo.

tecnicismo. M. **1.** Cualidad de técnico. ‖ **2.** Cada una de las voces técnicas empleadas en el lenguaje de un arte, de una ciencia, de un oficio, etc.

técnico, ca. I. ADJ. **1.** Perteneciente o relativo a las aplicaciones de las ciencias y las artes. *Progresos técnicos.* ‖ **2.** Dicho de una palabra o de una expresión: Empleada exclusivamente, y con sentido distinto del vulgar, en el lenguaje propio de un arte, ciencia, oficio, etc. ‖ **II.** M. y F. **3.** Persona que posee los conocimientos especiales de una ciencia o arte. □ V. **arquitecto ~, auxiliar ~ sanitario, escala ~, ficha ~, ingeniero ~.**

tecnicolor. (De *Technicolor*, marca reg.). M. Procedimiento que permite reproducir en la pantalla cinematográfica los colores de los objetos.

tecnificación. F. Acción y efecto de tecnificar.

tecnificar. TR. **1.** Introducir procedimientos técnicos modernos en las ramas de producción que no los emplea-

ban. *Tecnificar la agricultura.* ‖ **2.** Hacer algo más eficiente desde el punto de vista tecnológico. *Los avances de la mecánica han tecnificado la producción.* U. t. c. intr.

tecnocracia. F. **1.** Ejercicio del poder por los tecnócratas. U. m. en sent. irón. o despect. ‖ **2.** Grupo o equipo de tecnócratas dirigentes.

tecnócrata. COM. **1.** Partidario de la tecnocracia. U. t. c. adj. ‖ **2.** Técnico o persona especializada en alguna materia de economía, administración, etc., que ejerce su cargo público con tendencia a hallar soluciones eficaces por encima de otras consideraciones ideológicas o políticas.

tecnocrático, ca. ADJ. Perteneciente o relativo a la tecnocracia.

tecnología. F. **1.** Conjunto de teorías y de técnicas que permiten el aprovechamiento práctico del conocimiento científico. ‖ **2.** Conjunto de los instrumentos y procedimientos industriales de un determinado sector o producto.

tecnológico, ca. ADJ. Perteneciente o relativo a la tecnología. □ V. **parque ~.**

tecnólogo, ga. M. y F. Persona que se dedica a la tecnología.

tecol. M. *Méx.* Gusano que se cría en el maguey.

tecolote. M. **1.** *Méx.* búho. ‖ **2.** *Méx.* Miembro del cuerpo de Policía. ‖ **cantarle** a alguien **el ~.** LOC.VERB. *Méx.* Estar cerca de la muerte.

tecomate. M. **1.** *Am. Cen.* Especie de calabaza de cuello estrecho y corteza dura, de la cual se hacen vasijas. ‖ **2.** *Am. Cen.* Vasija hecha con esta calabaza. ‖ **3.** *Méx.* Vasija de barro, a manera de taza honda. ‖ **4.** *Méx.* **oronja.**

tectónica. F. Parte de la geología que trata de la estructura de la litosfera.

tectónico, ca. ADJ. *Geol.* Perteneciente o relativo a la estructura de la litosfera. □ V. **fosa ~.**

tecuín o **tecuino.** M. *Méx.* Bebida fermentada hecha de maíz, agua y piloncillo.

tedeum. M. Himno litúrgico solemne de acción de gracias de la Iglesia católica. MORF. pl. **tedeums.**

tedio. M. Aburrimiento extremo o estado de ánimo de quien soporta algo o a alguien que no le interesa.

tedioso, sa. ADJ. Que produce tedio. *Programa tedioso.*

teflón. (Del inglés *Teflon*, marca reg.). M. Material aislante muy resistente al calor y a la corrosión, usado para articulaciones y revestimientos así como en la fabricación de ollas y sartenes.

tegucigalpense. ADJ. **1.** Natural de Tegucigalpa. U. t. c. s. ‖ **2.** Perteneciente o relativo a esta ciudad de Honduras, capital del departamento de Francisco Morazán y del país.

tegumentario, ria. ADJ. *Biol.* Perteneciente o relativo al tegumento.

tegumento. M. *Biol.* Órgano que sirve de protección externa al cuerpo del hombre y de los animales, con varias capas y elementos anejos como glándulas, escamas, pelo y plumas.

tehuano, na. ADJ. **1.** Natural de Tehuantepec. U. t. c. s. ‖ **2.** Perteneciente o relativo a este distrito del estado de Oaxaca, en México.

tehuelche. I. ADJ. **1.** Se dice del individuo perteneciente a un grupo de pueblos amerindios prácticamente extinto, que habitó desde la pampa hasta Tierra del Fuego. U. t. c. s. ‖ **2.** Perteneciente o relativo a los tehuelches. *Cultura tehuelche.* ‖ **II.** M. **3.** Lengua que hablaban los tehuelches.

teína. F. *Quím.* Principio activo del té, análogo a la cafeína contenida en el café.

teísmo. M. Creencia en un dios personal y providente, creador y conservador del mundo.

teísta. ADJ. **1.** Perteneciente o relativo al teísmo. *Explicación teísta.* || **2.** Que profesa el teísmo. U. t. c. s.

teja¹. I. F. **1.** Pieza de barro cocido hecha con frecuencia en forma acanalada, para cubrir por fuera los techos y recibir y dejar escurrir el agua de lluvia. || **2.** Pasta de harina, azúcar y otros ingredientes, cocida al horno, y de forma semejante a la de una teja. || **3.** hist. **sombrero de teja.** || **4.** *Impr.* Plancha de plomo curvada, grabada en negativo y relieve por su parte convexa, que por la cóncava se adapta a un cilindro de las máquinas rotativas. || **5.** *Mil.* Segmento metálico destinado a sostener los proyectiles antes de que sean introducidos en el ánima del cañón. || **II.** M. **6.** Color marrón rojizo, como el de las tejas de barro cocido. U. t. c. adj. || **~ árabe.** F. La que tiene forma de canal cónico. □ V. **sombrero de ~.**

**teja². ** F. tilo.

tejadillo. M. *Constr.* Tejado de una sola vertiente adosado a un edificio.

tejado. M. Parte superior del edificio, cubierta comúnmente por tejas.

tejamaní. M. *Ant.* tejamanil. MORF. pl. tejamaníes o tejamanís.

tejamanil. M. *Méx.* Tabla delgada y cortada en listones que se colocan como tejas en los techos de las casas.

tejano, na. I. ADJ. **1.** texano. *Sombrero tejano.* Apl. a pers., u. t. c. s. || **II.** M. **2.** *Esp.* **pantalón tejano.** U. m. en pl. con el mismo significado que en sing.

tejar¹. M. Sitio donde se fabrican tejas, ladrillos y adobes.

tejar². TR. Cubrir de tejas una casa u otro edificio o fábrica.

tejaroz. M. **1.** Alero del tejado. || **2.** Tejadillo construido sobre una puerta o ventana.

tejedor, ra. I. ADJ. **1.** Que teje. *Araña tejedora.* || **II.** M. y F. **2.** Persona que tiene por oficio tejer. || **III.** M. **3.** Insecto hemíptero de cuerpo prolongado, con las dos patas delanteras cortas y las cuatro posteriores muy largas y delgadas. Corre con mucha agilidad por la superficie del agua y se alimenta de otros insectos que coge con las patas delanteras. □ V. **nudo de tejedor.**

tejedora. F. Máquina de hacer punto.

tejedura. F. Acción y efecto de tejer.

tejeduría. F. **1.** Arte de tejer. || **2.** Taller o lugar en que están los telares y trabajan los tejedores.

tejemaneje. M. **1.** coloq. Acción de desarrollar mucha actividad o movimiento al realizar algo. || **2.** coloq. Enredos poco claros para conseguir algo.

tejer. TR. **1.** Formar en el telar la tela con la trama y la urdimbre. U. t. c. intr. || **2.** Entrelazar hilos, cordones, espartos, etc., para formar telas, trencillas, esteras u otras cosas semejantes. *Tejer cestas de mimbre.* || **3.** Hacer punto a mano o con máquina tejedora. *Mi abuela me tejió un jersey.* U. t. c. intr. || **4.** Dicho de ciertos animales articulados: Formar sus telas y capullos superponiendo unos hilos a otros. U. t. c. intr. || **5.** Discurrir, idear un plan. *Los novios iban tejiendo proyectos para su futuro matrimonio.* || **~ y destejer.** LOC. VERB. Mudar de resolución en lo emprendido, haciendo y deshaciendo una misma cosa.

tejera. F. tejar¹.

tejería. F. tejar¹.

tejero, ra. M. y F. Persona que fabrica tejas y ladrillos.

tejido. M. **1.** Acción de tejer. || **2.** Material hecho tejiendo. || **3.** Textura de una tela. *El color de esta tela es bueno, pero el tejido es flojo.* || **4.** Cosa formada al entrelazar varios elementos. *El tejido industrial de una comarca.* || **5.** *Anat., Bot.* y *Zool.* Cada uno de los diversos conjuntos de células de la misma naturaleza, diferenciadas de un modo determinado, ordenadas regularmente y que desempeñan en bloque una determinada función. || **6.** *Á. R. Plata.* **tela metálica.** || **~ adiposo.** *Anat.* El formado exclusivamente por células que contienen en su citoplasma una voluminosa gota de grasa o bien muchas gotitas de grasa dispersas. || **~ cartilaginoso.** M. *Anat.* El que constituye los cartílagos, que consta de células generalmente redondeadas u ovales y separadas unas de otras por una materia sólida, compacta y elástica, cruzada a veces por numerosas fibras. || **~ celular.** M. *Anat.* Estructura formada por células y fibras. Se usa generalmente para referirse al tejido conjuntivo subcutáneo. || **~ conjuntivo.** M. *Anat.* El formado por células de diversos aspectos, generalmente aisladas, y por materia homogénea, recorrida por numerosas fibras, especialmente de colágeno. || **~ epitelial.** M. *Anat.* epitelio. || **~ fibroso.** M. *Anat.* Una de las variedades del conjuntivo, principal elemento de los ligamentos, tendones y aponeurosis. || **~ linfático.** M. *Anat.* El formado por un estroma, en parte celular y en parte fibroso, y numerosas células, la mayoría de las cuales son linfocitos. Constituye la porción principal de algunos órganos, como los ganglios linfáticos. || **~ muscular.** M. *Anat.* El que está constituido por un conjunto de fibras musculares, que forma la mayor parte de los músculos. || **~ nervioso.** M. *Anat.* El que forma los órganos del sistema nervioso, que está constituido por los cuerpos de las células nerviosas y sus prolongaciones y por células de la neuroglia. || **~ óseo.** M. *Anat.* El que constituye los huesos, que consta de células provistas de numerosas, finas y largas prolongaciones y separadas unas de otras por una materia orgánica que está íntimamente mezclada con sales de calcio, a las que deben los huesos su gran dureza.

tejo¹. M. **1.** Pedazo pequeño de teja o cosa semejante, que se utiliza en diversos juegos. || **2.** Cada uno de los juegos en que se emplea el tejo.

tejo². M. Árbol de la familia de las Taxáceas, siempre verde, con tronco grueso y poco elevado, ramas casi horizontales y copa ancha, hojas lineales, planas, aguzadas, de color verde oscuro, flores poco visibles, y cuyo fruto consiste en una semilla elipsoidal, envuelta en un arilo de color escarlata.

tejocotal. M. *Méx.* Terreno plantado de tejocotes.

tejocote. M. **1.** *Méx.* Planta rosácea que da un fruto parecido a la ciruela, de color amarillo. || **2.** *Méx.* Fruto de esta planta.

tejoleta. F. tarreña.

tejolote. M. *Méx.* Mano del molcajete.

tejón. M. Mamífero carnicero, de unos ocho decímetros de largo desde la punta del hocico hasta el nacimiento de la cola, que mide dos, con piel dura y pelo largo, espeso y de tres colores, blanco, negro y pajizo tostado. Habita en madrigueras profundas y se alimenta de animales pequeños y de frutos. Es común en España.

tejuela. F. Pedazo de teja o de barro cocido.

tejuelo. M. **1.** Cuadro de piel o de papel que se pega al lomo de un libro para poner el rótulo. || **2.** Ese mismo rótulo.

tejuino. M. *Méx.* **tecuín.**

tela[1]. F. **1.** Obra hecha de muchos hilos, que, entrecruzados alternativa y regularmente en toda su longitud, forman como una lámina. Se usa especialmente hablando de la obra tejida en el telar. ‖ **2.** Obra semejante a esa, pero formada por series alineadas de puntos o lazadas hechas con un mismo hilo, especialmente la tela de punto elástico tejida a máquina. ‖ **3. membrana** (‖ tejido de forma laminar de consistencia blanda). *Tela del cerebro. Tela del corazón.* ‖ **4.** Nata que crían algunos líquidos. ‖ **5.** Película que en algunas frutas o bulbos está pegada a la cáscara y cubre más inmediatamente la carne. ‖ **6.** Tejido que forman la araña común y otros animales de su clase. ‖ **7.** coloq. Asunto o materia. *Ya tienen tela para un buen rato.* ‖ **8.** *Pint.* **lienzo** (‖ pintura). ‖ **~ asfáltica.** F. Material recubierto de asfalto que se usa como impermeabilizante. ‖ **~ de araña.** F. telaraña. ‖ **~ de cebolla.** F. Película que tiene la cebolla por la parte exterior. ‖ **~ metálica.** F. Tejido hecho con alambre. ‖ **haber ~ que cortar.** LOC.VERB. coloq. **tener tela que cortar.** ‖ **sobrar ~ de que cortar.** LOC.VERB. coloq. **tener tela que cortar.** ‖ **tener** algo **~ que cortar.** LOC. VERB. coloq. Haber materia abundante para tratar a propósito de ello. □ V. **papel ~.**

tela[2]. **en ~ de juicio.** LOC.ADV. En duda acerca de la certeza o el éxito de algo. *Estar, poner, quedar algo en tela de juicio.*

telar. M. **1.** Máquina para tejer. ‖ **2.** Fábrica de tejidos. U. m. en pl. ‖ **3.** Parte superior del escenario, de donde bajan o a donde suben los telones, bambalinas y otros elementos móviles del decorado. ‖ **4.** Aparato en que los encuadernadores colocan los pliegos para coserlos.

telaraña. F. **1.** Tela que forma la araña segregando un hilo muy tenue. U. t. en sent. fig. *Los testimonios de los testigos son una telaraña de contradicciones.* ‖ **2.** Nubosidad real o sensación de tenerla delante de los ojos, por defecto de la vista. ‖ **tener** alguien **~s en los ojos.** LOC. VERB. coloq. No percibir bien la realidad; tener el ánimo ofuscado o mal prevenido para juzgar un asunto.

telarañoso, sa. ADJ. Cubierto de telarañas. *Desván telarañoso.*

tele. F. coloq. **televisión.**

teleadicto, ta. ADJ. Excesivamente aficionado a ver programas de televisión. U. m. c. s.

telebanco. M. Servicio bancario prestado a distancia mediante redes de telecomunicación.

telebasura. F. coloq. Conjunto de programas televisivos de muy baja calidad.

telecabina. F. Teleférico de cable único para la tracción y la suspensión, dotado de cabina.

teleclub. M. Lugar de reunión para ver programas de televisión. MORF. pl. **teleclubs** o **teleclubes.**

telecomedia. F. Comedia televisiva que se emite en forma de serie.

telecomunicación. F. Sistema de comunicación telegráfica, telefónica o radiotelegráfica, y demás análogos.

teleconferencia. F. Comunicación telefónica en que participan simultáneamente más de dos personas.

telecontrol. M. Mando de un aparato, máquina o sistema, ejercido a distancia.

telediario. M. Información de los acontecimientos más sobresalientes del día, transmitida por televisión.

teledifusión. F. Transmisión de imágenes de televisión mediante ondas electromagnéticas.

teledirigir. TR. **1.** Dirigir un aparato o vehículo mediante un mando a distancia. ‖ **2.** Dirigir o controlar reservadamente algo o a alguien.

telefacsímil. M. **fax.**

telefax. M. **fax.** MORF. pl. **telefaxes.**

teleférico. M. Sistema de transporte en que los vehículos van suspendidos de un cable de tracción. Se emplea principalmente para salvar grandes diferencias de altitud.

telefilm. M. **telefilme.** MORF. pl. **telefilms.**

telefilme. M. Filme de televisión.

telefonazo. M. coloq. Llamada telefónica.

telefonear. I. TR. **1.** Transmitir mensajes por teléfono. ‖ **II.** INTR. **2.** Establecer una comunicación telefónica con alguien. U. t. c. tr. *Luis la telefonea a diario.*

telefonema. M. Despacho telefónico.

telefonía. F. **1.** Arte de construir, instalar y manejar los teléfonos. ‖ **2.** Servicio público de comunicaciones telefónicas. ‖ **~ móvil.** F. Sistema telefónico en el que la conexión entre el aparato portátil y la central se realiza mediante ondas hercianas.

telefónico, ca. ADJ. Perteneciente o relativo al teléfono o a la telefonía. □ V. **caseta ~, directorio ~, línea ~, tarjeta ~.**

telefonillo. M. **1.** interfono. ‖ **2.** portero automático.

telefonista. COM. Persona que se ocupa en el servicio de los aparatos telefónicos.

teléfono. M. **1.** Conjunto de aparatos e hilos conductores con los cuales se transmite a distancia la palabra y toda clase de sonidos por la acción de la electricidad. ‖ **2.** Aparato para hablar según ese sistema. ‖ **3.** Número que se asigna a cada uno de esos aparatos. ‖ **~ celular.** M. *Am.* Aparato portátil de un sistema de telefonía móvil. ‖ **~ erótico.** M. Servicio telefónico que ofrece al usuario conversaciones eróticas. ‖ **~ inalámbrico.** M. teléfono que está conectado sin cable con el resto del aparato. ‖ **~ móvil.** M. Aparato portátil de un sistema de telefonía móvil. ‖ **~ rojo.** M. Línea telefónica especial destinada al intercambio de informaciones urgentes entre autoridades políticas de distintos países y, por ext., entre otras personas con cargos de responsabilidad. ‖ **coger el ~.** LOC. VERB. Contestar a una llamada telefónica.

telefoto. F. **telefotografía.**

telefotografía. F. **1.** Arte de tomar fotografías de objetos lejanos. ‖ **2.** Fotografía así tomada. ‖ **3.** Arte de tomar y transmitir fotografías a distancia mediante sistemas electromagnéticos. ‖ **4.** Fotografía transmitida a distancia mediante sistemas electromagnéticos.

telegenia. F. Conjunto de cualidades de una persona que la hacen atractiva en televisión.

telegénico, ca. ADJ. Que tiene telegenia. *Un presentador telegénico. Una sonrisa telegénica.*

telegrafía. F. **1.** Arte de construir, instalar y manejar los telégrafos. ‖ **2.** Servicio público de comunicaciones telegráficas.

telegrafiar. TR. **1.** Comunicar por telégrafo. *Telegrafiar un mensaje.* U. t. c. intr. y c. prnl. ‖ **2.** Dictar comunicaciones para su expedición telegráfica, o escribirlas y entregarlas, o hacerlas entregar con el propio objeto. *Fue a la oficina de telégrafos para telegrafiarle la noticia.* ¶ MORF. conjug. c. *enviar.*

telegráfico, ca. ADJ. **1.** Perteneciente o relativo al telégrafo o a la telegrafía. *Códigos telegráficos.* ‖ **2.** Dicho del estilo: Sumamente conciso. □ V. **giro ~, línea ~.**

telegrafista. COM. Persona que se ocupa en la instalación o el servicio de los aparatos telegráficos.

telégrafo. M. **1.** Conjunto de aparatos que sirven para transmitir despachos con rapidez y a distancia. || **2.** pl. Administración de la que depende este sistema de comunicación. || **~ óptico.** M. El que funciona por medio de señales que se ven desde lejos y se repiten de estación en estación. || **~ sin hilos.** M. El eléctrico en que las señales se transmiten por medio de las ondas hercianas, sin necesidad de conductores entre una estación y otra.

telegrama. M. **1.** Despacho telegráfico. || **2.** Papel normalizado en que se recibe escrito el mensaje telegráfico.

teleguiado, da. ADJ. Dicho de un aparato o de un vehículo: Guiado por medio de un mando a distancia.

teleimpresor. M. teletipo.

telele. M. coloq. Patatús, soponcio.

telemando. M. **1. mando a distancia.** || **2.** Transmisión a distancia de señales que controlan el funcionamiento de un mecanismo.

telemática. F. Telec. Aplicación de las técnicas de la telecomunicación y de la informática a la transmisión de información computarizada.

telemático, ca. ADJ. Telec. Perteneciente o relativo a la telemática.

telemetría. F. **1.** Medida de distancias mediante el telémetro. || **2.** Sistema de medida de magnitudes físicas que permite transmitir esta a un observador lejano.

telemétrico, ca. ADJ. Fotogr. y Topogr. Perteneciente o relativo al telémetro.

telémetro. M. Fotogr. y Topogr. Sistema óptico que permite apreciar desde el punto de mira la distancia a que se halla un objeto lejano.

telenovela. F. Novela filmada y grabada para ser emitida por capítulos por la televisión.

teleobjetivo. M. Objetivo fotográfico de mucha distancia focal, que permite fotografiar objetos muy lejanos.

teleología. F. Fil. Doctrina de las causas finales.

teleológico, ca. ADJ. Fil. Perteneciente o relativo a la teleología.

teleósteo. ADJ. Zool. Se dice del pez que tiene el esqueleto completamente osificado. U. t. c. s. m. ORTOGR. En m. pl., escr. con may. inicial c. taxón. Los Teleósteos.

telepatía. F. **1.** Coincidencia de pensamientos o sensaciones entre personas generalmente distantes entre sí, sin el concurso de los sentidos, y que induce a pensar en la existencia de una comunicación de índole desconocida. || **2.** Transmisión de contenidos psíquicos entre personas, sin intervención de agentes físicos conocidos.

telepático, ca. ADJ. Perteneciente o relativo a la telepatía.

telepredicador. M. En los Estados Unidos de América, pastor eclesiástico que predica a través de la televisión.

teleproceso. M. Inform. Envío de datos o instrucciones que se procesan en otro lugar a través de redes de comunicación.

telequinesia o telequinesis. F. Desplazamiento de objetos sin causa física, motivada por una fuerza psíquica o mental.

telera. F. **1.** Redil formado por palos y estacas. || **2.** Cada una de las secciones móviles del vallado con que se forma el redil. || **3.** Mar. Palo con una fila de agujeros, que sirve para mantener separados los cabos de una araña.

telescópico, ca. ADJ. **1.** Perteneciente o relativo al telescopio. Visor telescópico. || **2.** Hecho con auxilio del telescopio. Observaciones telescópicas. || **3.** Dicho de ciertos instrumentos: Construidos de forma semejante a la del telescopio portátil, es decir, formados por piezas longitudinalmente sucesivas que pueden recogerse encajando cada una en la anterior, con lo cual se reduce su largura para facilitar su transporte. Trípode telescópico. || **4.** Dicho de algunos órganos o de otros objetos: Que presentan una estructura semejante. Células con mecanismo telescópico. □ V. mira ~.

telescopio. M. Ópt. Instrumento que permite ver agrandada una imagen de un objeto lejano. El objetivo puede ser o un sistema de refracción, en cuyo caso el telescopio recibe el nombre de anteojo, o un espejo cóncavo.

teleserie. F. Serial de televisión.

telesilla. M. Asiento suspendido de un cable de tracción, para el transporte de personas a la cumbre de una montaña o a un lugar elevado.

telespectador, ra. M. y F. Persona que ve la televisión.

telesquí. M. Aparato que permite a los esquiadores subir hasta las pistas sobre sus esquís mediante un sistema de arrastre. MORF. pl. **telesquís** o **telesquíes.**

teleteatro. M. Teatro que se transmite por televisión.

teletexto. (Del inglés Teletext, marca reg.). M. Sistema de transmisión de textos escritos por medio de la televisión.

teletienda. F. Servicio de venta por televisión.

teletipo. (Del francés Télétype, marca reg.). **I.** AMB. **1.** Aparato telegráfico que permite transmitir directamente un texto, por medio de un teclado mecanográfico, así como su inscripción en la estación receptora en letras de imprenta. || **II.** M. **2.** Mensaje transmitido por este sistema telegráfico.

teletón. M. Méx. Campaña benéfica que consiste en recoger dinero entre la población utilizando la televisión, conjuntos musicales y otros espectáculos.

teletrabajo. M. Utilización de las redes de telecomunicación para trabajar desde un lugar fuera de la empresa usando sus sistemas informáticos.

televenta. F. teletienda.

televidente. COM. telespectador.

televisar. TR. Transmitir imágenes por televisión.

televisión. F. **1.** Transmisión de imágenes a distancia mediante ondas hercianas. || **2. televisor.** || **3.** Emisora de televisión. || **4.** Actividad profesional relativa a la televisión.

televisivo, va. ADJ. **1.** Perteneciente o relativo a la televisión. Programación televisiva. || **2.** Que tiene buenas condiciones para ser televisado. Película muy televisiva.

televisor. M. Aparato receptor de televisión.

televisual. ADJ. Perteneciente o relativo a la televisión.

télex. M. **1.** Sistema telegráfico de comunicación, que se sirve de un transmisor semejante a una máquina de escribir y de un receptor que imprime el mensaje recibido. || **2.** Mensaje transmitido por este sistema.

telilla. F. Tejido de lana más delgado que el camelote.

tell. M. Arqueol. Colina artificial formada por la superposición de ruinas de edificaciones en diferentes épocas. MORF. pl. **tells.**

Telmo. □ V. **fuego de san ~.**

telón. M. Lienzo grande que se pone en el escenario de un teatro de modo que pueda bajarse y subirse. || **~ corto.** M. El que sustituye al de boca y oculta parcial o pasajeramente la escena durante entreactos o mutaciones, en los que, a veces, pueden representarse ante él breves escenas. ‖ **~ de acero.** M. Frontera política e ideológica que separaba los países del bloque soviético de los occidentales. ‖ **~ de boca.** M. El que cierra la embocadura del escenario, y está echado antes de que empiece la función teatral y durante los entreactos o intermedios. ‖ **~ de fondo.** M. **1. telón de foro.** ‖ **2.** Conjunto de circunstancias que, estando en segundo plano, explican o condicionan determinados hechos, procesos, etc. *Los cambios institucionales fueron el telón de fondo del desarrollo económico.* ‖ **~ de foro.** M. El que cierra la escena formando el frente de la decoración. ‖ **~ griego.** M. En el teatro, doble cortina que se abre y se cierra lateralmente, mediante rieles situados en el telar. ‖ **~ metálico.** M. El que, hecho de metal, se destina en los teatros a aislar el escenario de la sala para evitar o limitar los siniestros. ‖ **bajar el ~.** LOC. VERB. Interrumpir o dejar de desarrollar alguna actividad.

telonero, ra. ADJ. **1.** Dicho de un artista o de una obra: Que, en un espectáculo musical o de variedades, actúan o se presentan, como menos importantes, antes de la atracción principal. Apl. a pers., u. t. c. s. ‖ **2.** Dicho de un orador: Que interviene en primer lugar en un acto público. U. t. c. s.

telúrico, ca. ADJ. **1.** Perteneciente o relativo a la Tierra como planeta. *Movimiento telúrico.* ‖ **2.** Perteneciente o relativo al telurismo. *Hoy en día el hombre, sin perder sus valoraciones telúricas, se siente más cercano al resto del mundo.*

telurio. M. *Quím.* Elemento químico de núm. atóm. 52. Escaso en la litosfera, se encuentra nativo o formando sales. De color grisáceo o pardo, sus propiedades son similares a las del azufre. Se usa como aditivo en metalurgia, y como colorante en las industrias cerámicas y del vidrio. (Símb. *Te*).

telurismo. M. Influencia del suelo de una comarca sobre sus habitantes.

teluro. M. *Quím.* **telurio.**

tema. **I.** M. **1.** Proposición o texto que se toma por asunto o materia de un discurso. ‖ **2.** Este mismo asunto o materia. ‖ **3.** Asunto general que en su argumento desarrolla una obra literaria. *El tema de esta obra son los celos.* ‖ **4.** Motivo que se repite, especialmente en una obra literaria o cinematográfica. ‖ **5.** Cada una de las unidades de contenido en que se divide un programa de estudios o de una oposición, o un libro de texto. ‖ **6.** *Gram.* Cada una de las formas que, en ciertas lenguas, presenta una radical para recibir los morfemas de flexión; p. ej., *cab-*, *cup-* y *quep-* son los temas correspondientes al verbo *caber.* ‖ **7.** *Mús.* Elemento pequeño de una composición, con arreglo al cual se desarrolla el resto de ella y, a veces, la composición entera. ‖ **8.** *Mús.* Principal elemento de una fuga. ‖ **II.** F. **9.** Actitud arbitraria y no razonada en que alguien se obstina contra algo o alguien. U. t. c. m. ☐ V. **variaciones sobre el mismo ~.**

temario. M. Conjunto de temas que se proponen para su estudio a una conferencia, un congreso, etc.

temascal. M. *Méx.* Casa baja de adobe donde se toman baños de vapor.

temática. F. Conjunto de los temas parciales contenidos en un asunto general.

temático, ca. ADJ. **1.** Perteneciente o relativo al tema, especialmente el gramatical. *Cercanía temática.* ‖ **2.**

Que se arregla, ejecuta o dispone según el tema o asunto de cualquier materia. *Enciclopedia temática.* ☐ V. **parque ~.**

tematización. F. Acción y efecto de tematizar.

tematizar. TR. Convertir algo en tema central de un discurso, texto, discusión, obra de arte, etc. *Ese director tematiza la vida cotidiana en sus películas.*

temazcal. M. *Méx.* **temascal.**

tembeleque. ADJ. *Méx.* Dicho de una persona: Que sufre temblores continuos. U. t. c. s.

tembladera. F. **1.** Acción y efecto de temblar. ‖ **2.** Planta anual de la familia de las Gramíneas, con cañas cilíndricas de unos cuatro decímetros de altura, dos o tres hojas lampiñas y estrechas, y panoja terminal compuesta de ramitos capilares y flexuosos, de los cuales cuelgan unas espigas aovadas matizadas de verde y blanco.

tembladeral. M. *Á. R. Plata.* **tremedal.**

tembladerilla. F. **1.** *Chile.* Planta de la familia de las Papilionáceas, que produce temblor en los animales que la comen. ‖ **2.** *Chile.* Planta herbácea de la familia de las Umbelíferas, con tallos rastreros, hojas sencillas, lobuladas, y umbelas sencillas, con involucros.

temblador, ra. **I.** ADJ. **1.** Que tiembla. *Estrellas tembladoras.* ‖ **II.** M. **2.** *Á. Caribe.* **torpedo** (‖ pez selacio).

temblante. ADJ. Que tiembla. *Temblante mano.*

temblar. INTR. **1.** Agitarse con sacudidas de poca amplitud, rápidas y frecuentes. ‖ **2.** Tener mucho miedo, o recelar con mucho temor de alguien o algo. U. t. c. tr. *Lo tembló el universo entero.* ‖ **3.** Dicho de la tierra: Sufrir movimientos sísmicos. ¶ MORF. conjug. c. *acertar.* ‖ **temblando.** ADV. A punto de arruinarse, acabarse o concluirse. *Empinó la bota y la dejó temblando.*

tembleque. **I.** ADJ. **1.** **tembloroso.** *Cuerpo tembleque.* ‖ **II.** M. **2.** coloq. Temblor del cuerpo.

temblequear. INTR. coloq. Temblar con frecuencia o continuación.

temblequera. F. coloq. **temblor** (‖ acción y efecto de temblar).

temblón, na. **I.** ADJ. **1.** coloq. Que tiembla mucho. *Voz temblona.* ‖ **II.** M. **2.** **álamo temblón.**

temblor. M. **1.** Acción y efecto de temblar. ‖ **2.** Terremoto de escasa intensidad. U. m. en América. ‖ **~ de tierra.** M. **terremoto.**

temblorina. F. *Méx.* **tembladera** (‖ acción y efecto de temblar).

tembloroso, sa. ADJ. Que tiembla. *Dedos temblorosos.*

temer. **I.** TR. **1.** Tener a alguien o algo por objeto de temor. En América, u. t. c. intr. *Le temía a la ciudad.* ‖ **2.** Sospechar un daño. *Temo que vendrán mayores males.* ‖ **3.** Sospechar, creer. *Temo que sea más antiguo de lo que parece.* U. t. c. prnl. ‖ **II.** INTR. **4.** Sentir temor. *Temo POR mis hijos.*

temerario, ria. ADJ. **1.** Excesivamente imprudente arrostrando peligros. ‖ **2.** Propio o característico de una persona temeraria. *Empeño temerario.* ‖ **3.** Que se dice, hace o piensa sin fundamento, razón o motivo. *Juicio temerario.* ☐ V. **imprudencia ~.**

temeridad. F. **1.** Cualidad de temerario. ‖ **2.** Acción temeraria. ‖ **3.** Juicio temerario.

temeroso, sa. ADJ. **1.** Medroso, irresoluto. *Mirada temerosa.* ‖ **2.** Que sospecha un daño.

temible. ADJ. Digno o capaz de ser temido. *Huracán, adversario temible.*

temor. M. **1.** Sentimiento que hace huir o rehusar aquello que se considera dañoso, arriesgado o peligroso. ‖ **2.**

Presunción o sospecha. ‖ **3.** Sospecha de un daño futuro. ‖ **~ de Dios.** M. Miedo reverencial y respetuoso que se debe tener a Dios.

temoso, sa. ADJ. Tenaz y obstinado en sostener un propósito o una idea.

témpano. M. **1.** Pedazo de una cosa dura, extendida o plana; como un pedazo de hielo o de tierra unida. ‖ **2.** Piel extendida del pandero, tambor, etc. ‖ **3.** *Arq.* **tímpano** (‖ de un frontón).

tempate. M. *Am. Cen.* Arbusto de la familia de las Euforbiáceas, de dos a cinco metros de altura, con hojas acorazonadas, divididas casi siempre en lóbulos y pecioladas, flores en cima y fruto carnoso con semillas crasas. Se cría en las regiones cálidas de América, sus semillas se emplean en medicina como purgantes, y en la industria para extraer su aceite, y las raíces sirven para teñir de color violado.

témpera. F. pintura al temple.

temperado, da. PART. de **temperar.** ‖ ADJ. **1.** *Mús.* Se dice de la escala musical ajustada a los doce sonidos. ‖ **2.** *Am.* **templado.**

temperamental. ADJ. **1.** Perteneciente o relativo al **temperamento** (‖ carácter, manera de ser). *Arrebatos temperamentales.* ‖ **2.** Dicho de una persona: De genio vivo, y que cambia con mucha frecuencia de humor o de estado de ánimo.

temperamento. M. **1.** Carácter, manera de ser o de reaccionar de las personas. ‖ **2.** Manera de ser de las personas tenaces e impulsivas en sus reacciones. *Es persona de temperamento.* ‖ **3.** Vocación, aptitud particular para un oficio o arte. ‖ **4.** *Mús.* Ligera modificación que se hace en los sonidos rigurosamente exactos de ciertos instrumentos al templarlos, para que se puedan acomodar a la práctica del arte.

temperancia. F. Moderación, templanza.

temperante. ADJ. **1.** Que tempera. *Actividades temperantes.* ‖ **2.** *Am. Mer.* abstemio. U. t. c. s.

temperar. I. TR. **1.** atemperar: *Es preciso temperar los deseos de guerra.* U. t. c. prnl. ‖ **II.** INTR. **2.** *Á. Caribe.* Dicho de una persona: Mudar temporalmente de clima por placer o por razones de salud.

temperatura. F. **1.** Magnitud física que expresa el grado o nivel de calor de los cuerpos o del ambiente. Su unidad en el Sistema Internacional es el *kelvin* (K). ‖ **2.** coloq. Estado de calor del cuerpo humano o de los seres vivos. U. t. en sent. fig. *El debate ha ido subiendo de temperatura.* ‖ **~ absoluta.** F. *Fís.* La medida en grados kelvin, según la escala que parte del cero absoluto. ‖ **~ ambiente.** F. La ordinaria en torno a un cuerpo. ‖ **~ crítica.** F. temperatura por encima de la cual es imposible que un vapor se transforme en líquido, por mucho que se eleve la presión. ‖ **tener ~.** LOC.VERB. Tener fiebre. □ V. **escala de ~s, grado de ~.**

temperie. F. Estado de la atmósfera, según los diversos grados de calor o frío, sequedad o humedad.

tempero. M. Sazón y buena disposición en que se halla la tierra para las sementeras y labores.

tempestad. F. **1.** Tormenta grande, especialmente marina, con vientos de extraordinaria fuerza. ‖ **2.** Conjunto de palabras ásperas o injuriosas. ‖ **3.** Agitación de los ánimos. ‖ **levantar ~es.** LOC.VERB. Producir disturbios, desórdenes, movimientos de indignación, etc.

tempestuoso, sa. ADJ. **1.** Que causa o constituye una tempestad. *Viento tempestuoso.* ‖ **2.** Expuesto o propenso a tempestades. *Noviazgo tempestuoso.*

tempisque. M. *Am. Cen.* Árbol de la familia de las Sapotáceas, de unos quince metros de altura, con corteza gris oscura, flores de color blanco crema, y fruto en baya globosa ovoide, puntiaguda, de color amarillento, muy dulce, que se come crudo y cocido.

templa[1]**.** F. *Pint.* Agua con cola fuerte o con yema de huevo batida, que se emplea para desleír los colores de la pintura al temple y darles fijeza.

templa[2]**.** F. sien. U. m. en pl.

templa[3]**.** F. *Ant.* Porción de meladura contenida en un tacho.

templado, da. PART. de **templar.** ‖ ADJ. **1.** Dicho de algunos materiales, como el cristal: Resistentes y sin transparencia ni brillo. Apl. a los nervios, u. t. en sent. fig. *Para solucionar la crisis hay que tener la mente fría y los nervios templados.* ‖ **2.** Moderado, contenido y parco en la comida o bebida o en algún otro apetito o pasión. ‖ **3.** Que no está frío ni caliente, sino en un término medio. *Leche templada.* ‖ **4.** coloq. Valiente con serenidad.

templador. M. Llave o martillo con que se templan algunos instrumentos de cuerda, como el arpa, el piano, el salterio, etc., o con que se regula la tensión de alambres, cables, etc.

templanza. F. **1.** Moderación, sobriedad y continencia. ‖ **2.** Benignidad del aire o clima de un país. ‖ **3.** *Rel.* Una de las cuatro virtudes cardinales, que consiste en moderar los apetitos y el uso excesivo de los sentidos, sujetándolos a la razón.

templar. I. TR. **1.** Moderar, entibiar o suavizar la fuerza de algo. U. t. en sent. fig. *Templar los nervios.* ‖ **2.** Quitar el frío de algo, especialmente de un líquido. *Templó la leche para que no estuviera fría.* ‖ **3.** Enfriar bruscamente en agua, aceite, etc., un material calentado por encima de determinada temperatura, con el fin de mejorar ciertas propiedades suyas. U. t. en sent. fig. *La autodisciplina ayuda a templar el carácter.* ‖ **4.** Poner en tensión o presión moderada algo, como una cuerda, una tuerca, el freno de un vehículo, etc. *Templó la cuerda del arco y lanzó la flecha.* ‖ **5.** *Mar.* Adaptar las velas a la fuerza del viento. ‖ **6.** *Mar.* Dar igual grado de tensión a varios cables o hacer que empiece a trabajar uno de ellos. ‖ **7.** *Mús.* Disponer un instrumento de manera que pueda producir con exactitud los sonidos que le son propios. ‖ **8.** *Pint.* Proporcionar la pintura y disponerla de modo que no desdigan los colores. ‖ **9.** *Taurom.* Ajustar el movimiento de la capa o la muleta a la embestida del toro, para moderarla o alegrarla. ‖ **II.** INTR. **10.** Dicho de una cosa: Perder el frío, empezar a calentarse. *El tiempo ha templado mucho.* ‖ **III.** PRNL. **11.** Contenerse, moderarse y evitar el exceso en una materia; como en la comida. ‖ **12.** *Am. Mer.* enamorarse. ¶ MORF. En España, u. c. reg. En América, c. reg. y c. *acertar.*

templario, ria. ADJ. **1.** hist. Se dice del individuo de una orden de caballería que tuvo principio en 1118 y cuyo cometido era asegurar los caminos a los que iban a visitar los Santos Lugares de Jerusalén. U. t. c. s. ‖ **2.** hist. Perteneciente o relativo a los templarios. *Castillo templario.*

temple. M. **1.** Punto de dureza o elasticidad que se da a un metal, al cristal, etc., templados. ‖ **2.** Acción y efecto de templar el metal, el cristal u otras materias. ‖ **3.** Disposición apacible o alterada del cuerpo o del humor de una persona. ‖ **4.** Fortaleza enérgica y valentía serena para afrontar las dificultades y los riesgos. ‖ **5.**

Mús. Acción y efecto de templar instrumentos. ‖ **6.** *Pint.* Procedimiento pictórico en que los colores se diluyen en líquidos glutinosos o calientes. □ V. **pintura al ~.**

templete. M. **1.** Armazón pequeño, en forma de templo, que sirve para cobijar una imagen, o que forma parte de un mueble o alhaja. ‖ **2.** Pabellón o quiosco, cubierto por una cúpula sostenida por columnas.

templo. M. **1.** Edificio o lugar destinado pública y exclusivamente a un culto. ‖ **2.** Lugar real o imaginario en que se rinde o se supone rendirse culto al saber, a la justicia, etc. *La universidad debe ser el templo de la sabiduría.* □ V. **una verdad como un ~.**

tempo. M. **1.** Velocidad del movimiento musical. U. m. en leng. musical y poét. ‖ **2.** Ritmo de una acción. Se usa más referido a la acción novelesca o teatral.

témpora. F. Tiempo de ayuno en el comienzo de cada una de las cuatro estaciones del año. U. m. en pl.

temporada. F. **1.** Espacio de varios días, meses o años que se consideran aparte formando un conjunto. *Temporada de verano. La mejor temporada de mi vida.* ‖ **2.** Tiempo durante el cual se realiza habitualmente algo. *Temporada de ópera. Temporada de ferias.* ‖ **~ alta.** F. Época del año con más actividad turística que la normal o media. ‖ **~ baja.** F. Época del año con menos actividad turística que la normal o media. ‖ **~ media.** F. Época del año con un nivel de actividad turística normal o medio. ‖ **de ~.** LOC.ADJ. Que ha sido o se usa solo en cierta época. *Fruta de temporada. Un vestido de temporada.*

temporal¹. **I.** ADJ. **1.** Perteneciente o relativo al tiempo. *Intervalo temporal.* ‖ **2.** Que dura por algún tiempo. *Subsidio temporal.* ‖ **3.** Secular, profano. *Bienes temporales y espirituales.* ‖ **4.** Que pasa con el tiempo, que no es eterno. *Tiene una parálisis temporal.* ‖ **II.** M. **5.** tempestad (‖ tormenta grande). U. t. en sent. fig. *Prefiero no insistir y esperar a que pase el temporal.* ‖ **6.** Tiempo de lluvia persistente. ‖ **capear el ~.** LOC.VERB. coloq. Evitar con astucia compromisos, trabajos o situaciones difíciles. □ V. **baja ~, poder ~.**

temporal². **I.** ADJ. **1.** *Anat.* Perteneciente o relativo a las sienes. *Músculos temporales.* ‖ **II.** M. **2.** *Anat.* **hueso temporal.**

temporalidad. F. Cualidad de **temporal** (‖ perteneciente al tiempo).

temporalizar. TR. Convertir en temporal.

temporáneo, a. ADJ. **temporal** (‖ que dura algún tiempo). U. m. en América.

temporario, ria. ADJ. **temporal** (‖ que dura algún tiempo). U. m. en América.

temporero, ra. ADJ. Dicho de una persona: Que ejerce un trabajo temporalmente. U. t. c. s.

temporizador. M. Sistema de control de tiempo que se utiliza para abrir o cerrar un circuito en uno o más momentos determinados, y que conectado a un dispositivo lo pone en acción; p. ej., el destinado a disparar una cámara fotográfica o a activar una carga explosiva.

temporizar. TR. Regular el tiempo en un mecanismo para que funcione en un momento dado o en momentos determinados.

tempranal. ADJ. Dicho de la tierra o del plantío: De fruto temprano. U. t. c. s. m.

tempranamente. ADV.T. **temprano** (‖ muy pronto).

tempranero, ra. ADJ. **1.** **temprano** (‖ adelantado). *Calor tempranero.* ‖ **2.** **madrugador.** Apl. a pers., u. t. c. s.

tempranito. ADV.T. coloq. Muy temprano.

temprano, na. **I.** ADJ. **1.** Adelantado, anticipado o que es antes del tiempo regular u ordinario. *Vocación temprana.* ‖ **2.** *Biol.* Que está en una fase inicial de su desarrollo. *Habas tempranas.* ‖ **II.** ADV.T. **3.** En las primeras horas del día o de la noche y, por ext., al principio de un período determinado de tiempo. *Levantarse temprano. Almorzar temprano.* ‖ **4.** En tiempo anterior al oportuno, convenido o acostumbrado para algún fin, o muy pronto. □ V. **edad ~.**

temu. M. *Chile.* Árbol de la familia de las Mirtáceas, de madera muy dura y semillas amargas semejantes al café.

temucano, na. ADJ. **1.** Natural de Temuco. U. t. c. s. ‖ **2.** Perteneciente o relativo a esta ciudad de Chile, capital de la provincia de Cautín.

temuquense. ADJ. **temucano.** Apl. a pers., u. t. c. s.

ten. **~ con ~.** LOC.SUST. M. Tacto o moderación en la manera de tratar a alguien o de llevar algún asunto. *Miguel gasta cierto ten con ten en sus cosas.*

tenacidad. F. Cualidad de tenaz.

tenacillas. F. **1.** pl. Tenaza pequeña de muelle, que sirve para coger terrones de azúcar, dulces y otras cosas. ‖ **2.** pl. Instrumento, a manera de tenaza pequeña, que sirve para rizar el pelo.

tenada. F. tinada.

tenamaste. M. *Am. Cen.* y *Méx.* Cada una de las tres piedras que forman el fogón y sobre las que se coloca la olla para cocinar.

tenante. M. *Heráld.* Cada una de las figuras de ángeles u hombres que sostienen el escudo.

tenate. M. *Méx.* Canasta de palma.

tenaz. ADJ. **1.** Firme y pertinaz en un propósito. *Resistencia tenaz.* ‖ **2.** Que opone mucha resistencia a romperse o deformarse. *Acero tenaz.* ‖ **3.** Que se pega, ase o prende a una cosa, y es dificultoso de separar. *Manchas tenaces.*

tenaza. F. **1.** Instrumento de metal, compuesto de dos brazos trabados por un clavillo o eje que permite abrirlos y volverlos a cerrar, usado para sujetar fuertemente una cosa, o arrancarla o cortarla. U. m. en pl. con el mismo significado que en sing. U. t. en sent. fig. *Se le puso una tenaza en la garganta que no le dejaba hablar.* ‖ **2.** Instrumento de metal, compuesto de dos brazos paralelos enlazados en uno de sus extremos por un muelle semicircular y que por el otro tienen forma propia para coger la leña o el carbón de las chimeneas u otras cosas. U. m. en pl. con el mismo significado que en sing. ‖ **3.** Pinza de algunos artrópodos.

tenazón. **a ~, o de ~.** LOCS.ADVS. **1.** Al golpe, sin fijar la puntería. ‖ **2.** **de pronto.**

tenca. F. **1.** Pez teleósteo de agua dulce, fisóstomo, de unos tres decímetros de largo, con cuerpo fusiforme, verdoso por encima y blanquecino por debajo, cabeza pequeña, barbillas cortas, aletas débiles y cola poco ahorquillada. Prefiere las aguas estancadas, y su carne es blanca y sabrosa, pero está llena de espinas y suele tener sabor de cieno. ‖ **2.** *Chile.* Alondra de tres colas.

tendajo. M. tendejón (‖ tienda pequeña).

tendal. M. **1.** toldo (‖ cubierta de tela para hacer sombra). ‖ **2.** Secadero de frutos. ‖ **3.** *Á. guar.* y *Á. R. Plata.* Gran cantidad de cuerpos o cosas que por causa violenta han quedado tendidos.

tendalada. F. *Am.* tendal (‖ cuerpos o cosas que han quedado tendidos).

tendedero. M. **1.** Sitio o lugar donde se tiende algo. ‖ **2.** Dispositivo de alambres, cuerdas, etc., donde se tiende la ropa.

tendejón. M. **1.** Tienda pequeña. ‖ **2.** Barraca mal construida.

tendel. M. **1.** *Constr.* Cuerda que se tiende horizontalmente entre dos reglas grandes verticales, para sentar con igualdad las hiladas de ladrillo o piedra. ‖ **2.** *Constr.* Capa de mortero o de yeso que se extiende sobre cada hilada de ladrillos al construir un muro, para sentar la siguiente.

tendencia. F. **1.** Propensión o inclinación en las personas y en las cosas hacia determinados fines. ‖ **2.** Fuerza por la cual un cuerpo se inclina hacia otro o hacia alguna cosa. ‖ **3.** Idea religiosa, económica, política, artística, etc., que se orienta en determinada dirección.

tendencial. ADJ. Perteneciente o relativo a la **tendencia** (‖ propensión hacia determinados fines).

tendenciosidad. F. Cualidad de tendencioso.

tendencioso, sa. ADJ. Que presenta o manifiesta algo parcialmente, obedeciendo a ciertas tendencias, ideas, etc. *Interpretación tendenciosa.*

tendente. ADJ. Que tiende a algún fin. *Medidas tendentes a reactivar la economía.* U. m. en España.

tender. **I.** TR. **1.** Desdoblar, extender o desplegar lo que está doblado, arrugado o amontonado. *Tender un mantel sobre la mesa.* ‖ **2.** Echar a alguien o algo por el suelo de un golpe. ‖ **3.** Echar por el suelo algo, esparciéndolo. *Dio la vuelta a su bolso y tendió todas sus cosas por el suelo.* ‖ **4.** Extender al aire, al sol o al fuego la ropa mojada, para que se seque. ‖ **5.** Suspender, colocar o construir algo apoyándolo en dos o más puntos. *Tender una cuerda. Tender la vía. Tender un puente.* ‖ **6.** Alargar algo aproximándolo hacia alguien o hacia otra cosa. *Tender la mano.* ‖ **7.** Preparar una trampa o un engaño contra alguien. *Le tendió una emboscada.* ‖ **II.** INTR. **8.** Propender, dirigirse a algún fin. *La lluvia tiende a aumentar.* ‖ **9.** Dicho de una persona o de una cosa: Tener una cualidad o característica no bien definida, pero sí aproximada a otra de la misma naturaleza. *Tiende a abstemia.* ‖ **10.** *Arq.* Poner el tendido en paredes y techos. ‖ **11.** *Mat.* Dicho de una variable o de una función: Aproximarse progresivamente a un valor determinado, sin llegar nunca a alcanzarlo. ‖ **III.** PRNL. **12.** Echarse, tumbarse a la larga. ¶ MORF. conjug. c. *entender.*

ténder. M. Depósito incorporado a la locomotora o enganchado a ella, que lleva el combustible y agua necesarios para alimentarla durante el viaje. MORF. pl. **ténderes.**

tenderete. M. **1.** Puesto de venta al por menor, instalado al aire libre. ‖ **2.** coloq. Conjunto de cosas que se dejan tendidas en desorden.

tendero, ra. M. y F. Dueño o dependiente de una tienda, especialmente de comestibles.

tendida. □ V. **mar.**

tendido. M. **1.** Acción y efecto de tender. ‖ **2.** Conjunto de cables y otras cosas que constituyen una conducción eléctrica. ‖ **3.** En las plazas de toros, gradería descubierta y próxima a la barrera. ‖ **4.** *Arq.* Capa delgada de cal, yeso o mortero, que se tiende en paredes o techos. □ V. **galope ~, plato ~.**

tendiente. ADJ. *Am.* **tendente.**

tendinitis. F. *Med.* Inflamación de un tendón.

tendinoso, sa. ADJ. **1.** *Anat.* Que tiene tendones o se compone de ellos. *Carne tendinosa.* ‖ **2.** *Anat.* Perteneciente o relativo a los tendones. *Reflejos tendinosos.*

tendón. M. *Anat.* Cada uno de los órganos formados por tejido fibroso, en los que las fibras están dispuestas en haces paralelos entre sí. Son de color blanco y brillante, muy resistentes a la tracción y tienen la forma de cordones, a veces cilíndricos y con más frecuencia aplastados, que por lo común unen los músculos a los huesos. ‖ **~ de Aquiles.** M. **1.** *Anat.* El grueso y fuerte, que en la parte posterior e inferior de la pierna une el talón con la pantorrilla. ‖ **2. talón de Aquiles.**

tenebrario. M. hist. Candelabro triangular, con pie muy alto y con quince velas, que se encendían en los oficios de tinieblas de Semana Santa.

tenebrismo. M. Tendencia pictórica que opone con fuerte contraste luz y sombra, haciendo que las partes iluminadas destaquen violentamente sobre las que no lo están.

tenebrista. ADJ. **1.** Perteneciente o relativo al tenebrismo. *Escuela tenebrista.* ‖ **2.** Dicho de un pintor: Que practica el tenebrismo. U. t. c. s.

tenebrosidad. F. Cualidad de tenebroso.

tenebroso, sa. ADJ. **1.** Oscuro, cubierto de tinieblas. *Escalera tenebrosa.* ‖ **2.** Sombrío, tétrico, negro. *Día tenebroso.* ‖ **3.** Hecho ocultamente y con intenciones perversas. *Tenebrosas ideas de venganza.*

tenedero. M. *Mar.* Lugar del mar donde puede asegurarse el ancla.

tenedor, ra. **I.** M. y F. **1.** Persona que tiene o posee algo, especialmente la que posee legítimamente alguna letra de cambio u otro valor endosable. ‖ **II.** M. **2.** Instrumento de mesa en forma de horca, con dos o más púas y que sirve para comer alimentos sólidos. ‖ **3.** Signo en forma de este utensilio que, en España, sirve para indicar la categoría de los restaurantes o comedores según el número de tenedores representados. *Restaurante de tres tenedores.* ‖ **~ de libros.** M. y F. Persona encargada de llevar los libros de contabilidad. ‖ **tenedor libre.** M. Á. R. *Plata.* En un restaurante, derecho a consumir sin restricción el conjunto de platos que se ofrecen en el menú, por un único pago. ‖ **comer de tenedor.** LOC. VERB. Tomar comida sólida.

teneduría. F. Cargo y oficina del tenedor de libros. ‖ **~ de libros.** F. Arte de llevar los libros de contabilidad.

tenencia. F. **1.** Ocupación y posesión actual y corporal de algo. ‖ **2.** Cargo u oficio de teniente. ‖ **3.** Oficina en que lo ejerce.

teneño, ña. ADJ. **1.** Natural de Tena. U. t. c. s. ‖ **2.** Perteneciente o relativo a esta ciudad de Ecuador, capital de la provincia de Napo.

tener. **I.** TR. **1.** Asir o mantener asido algo. *Tiene un sobre en la mano.* ‖ **2. poseer** (‖ tener en su poder). *Tiene tres casas.* ‖ **3. mantener** (‖ sostener). U. t. c. prnl. *Está tan cansada que no se tiene en pie.* ‖ **4.** Contener o comprender en sí. *La casa tiene tres dormitorios.* ‖ **5. guardar** (‖ cumplir). *Tener la palabra, la promesa.* ‖ **6. hospedar** (‖ recibir huéspedes). ‖ **7.** Estar en precisión de hacer algo u ocuparse en ello. *Tener clase. Tener junta.* ‖ **8.** Juzgar, reputar, considerar. *Tener a alguien POR rico. Tener A gala algo.* ‖ **9.** Estimar, apreciar. *Tener EN POCO. Tener EN MUCHO.* U. t. c. prnl. ‖ **10.** Emplear, pasar algún espacio de tiempo en un lugar o sitio, o de cierta manera. *Tener las vacaciones en Barcelona. Tener un día aburrido.*

‖ **11. experimentar.** *Tener cuidado, vergüenza, miedo, hambre, calor, nervios.* ‖ **12.** Profesar o sentir cierta actitud hacia alguien o algo. *Tener cariño, odio.* ‖ **13.** Se usa, con los nombres que significan tiempo, para expresar la duración o edad de las cosas o personas de que se habla. *Tener años. Tener días.* ‖ **14.** Usado como auxiliar con participio conjugado, **haber**[1]. *Te tengo dicho que no salgas.* ‖ **15.** Denota la necesidad, precisión o determinación de hacer lo que el verbo pospuesto significa. *Tendré que salir.* ‖ **16.** *Am.* Haber pasado un determinado período de tiempo en una misma situación o en un mismo lugar. *La ciudad tiene varios días sin electricidad. Tiene seis años enfermo.* ‖ **II.** PRNL. **17.** Dicho de una persona: Afirmarse o asegurarse para no caer. ‖ **18.** Resistir o hacer oposición a alguien en una riña o una pelea. ¶ MORF. V. conjug. modelo. ‖ **esas tenemos.** EXPR. Denota sorpresa y enfado ante algo que ha dicho o hecho alguien. ‖ **no ~ alguien donde caerse muerto.** LOC.VERB. coloq. Hallarse en suma pobreza. ‖ **no ~las** alguien **todas consigo.** LOC.VERB. coloq. Sentir recelo o temor. ‖ **no ~** alguien **nada suyo.** LOC.VERB. Ser por extremo generoso o manirroto. ‖ **no ~** alguien o algo **por donde agarrarlo,** o **cogerlo.** LOCS.VERBS. **1.** coloqs. Ser de muy mala calidad, no tener nada bueno. ‖ **2.** coloqs. No tener ningún defecto. ‖ **quien tuvo, retuvo.** EXPR. Se usa para indicar que siempre se conserva algo de lo que en otro tiempo se tuvo, ya sea belleza, gracia, dinero, etc. ‖ **~** alguien **algo que perder.** LOC.VERB. Ser persona de estimación y crédito, y que expone mucho si se arriesga. ‖ **~** alguien **a menos.** LOC.VERB. Eludir hacer algo por considerarlo humillante. ‖ **~** alguien **las de ganar.** LOC.VERB. **llevar las de ganar.** ‖ **~lo crudo.** LOC.VERB. tenerlo difícil. ‖ **~ lo suyo** algo. LOC.VERB. coloq. Estar lleno de gracia, de interés o de dificultades, aunque a primera vista no se perciba. ‖ **~** alguien **mucho que perder.** LOC.VERB. **tener algo que perder.** ‖ **~** alguien **para sí** algo. LOC.VERB. Estar persuadido de ello. ‖ **~** alguien **presente.** LOC.VERB. Conservar en la memoria y tomar en consideración algo para usarlo cuando convenga, o a alguien para atenderlo en ocasión oportuna. *Es necesario que tengas presentes las consecuencias de tus actos.* ‖ **~ que ver** alguien o algo **con** otra persona o cosa. LOC.VERB. Haber entre ellos alguna conexión, relación o semejanza. ‖ **~** alguien **sobre sí.** LOC.VERB. Soportar obligaciones o padecimientos.

tenería. F. curtiduría.

tenesmo. M. pujo (‖ gana frecuente de defecar o de orinar).

tenia. F. **1.** Gusano platelminto del orden de los Cestodos, de forma de cinta y de color blanco, que consta de innumerables anillos, cuya anchura aumenta gradualmente, y puede alcanzar varios metros de longitud. En el estado adulto vive parásito en el intestino de otro animal, al cual se fija mediante ventosas o ganchos que tiene en su parte anterior. Por lo común, la larva o cisticerco se enquista en los músculos del cerdo o de la vaca, de donde pasa al hombre u otro mamífero cuando ingiere la carne cruda de aquellos animales. ‖ **2.** *Arq.* filete (‖ componente de una moldura).

teniasis. F. *Med.* Infestación por tenias.

tenida. F. **1.** Sesión de una logia masónica. ‖ **2.** *Á. Andes* y *Chile.* **traje** (‖ vestido completo de persona).

teniente. COM. **1.** *Mil.* Oficial de graduación inmediatamente superior al alférez e inferior al capitán. ‖ **2.** Persona que ejerce el cargo u ocupación de otra, y es sustituta suya. *Teniente de alcalde.* ‖ **~ coronel.** COM. *Mil.* Jefe de graduación inmediatamente superior al comandante e inferior al coronel. ‖ **~ de navío.** COM. *Mar.* Oficial del cuerpo general de la Armada, de graduación inmediatamente superior al alférez de navío e inferior al capitán de corbeta. ‖ **~ general.** COM. *Mil.* Oficial general de graduación superior al general de división e inferior al capitán general.

tenío. M. *Chile.* Árbol de la familia de las Saxifragáceas, cuya corteza es medicinal.

tenis. M. **1.** Juego practicado por dos personas o dos parejas, que se lanzan alternativamente una pelota, utilizando raquetas, por encima de una red, con el propósito de que la otra parte no acierte a devolverla. ‖ **2.** Instalaciones en un club de tenis. ‖ **3.** pl. **zapatillas de deporte.** ‖ **~ de mesa.** M. Juego semejante al tenis, que se practica sobre una mesa de medidas reglamentarias, con pelota ligera y con palas pequeñas de madera a modo de raquetas. ‖ **colgar los ~.** LOC.VERB. *Méx.* **morir** (‖ llegar al término de la vida).

tenista. COM. Persona que juega al tenis.

tenístico, ca. ADJ. Perteneciente o relativo al tenis.

tenor[1]. M. **1.** Constitución u orden firme y estable de algo. ‖ **2.** Contenido literal de un escrito u oración. ‖ **a este ~.** LOC.ADV. Por el mismo estilo. ‖ **a ~ de,** o **al ~ de.** LOCS. PREPOS. Según, conforme a.

tenor[2]. M. **1.** *Mús.* Voz media entre la de contralto y la de barítono. ‖ **2.** *Mús.* Persona que tiene esta voz. ‖ **3.** *Mús.* Instrumento cuyo ámbito corresponde a la tesitura de esta voz.

tenora. F. Instrumento de viento, de lengüeta doble como el oboe, de mayor tamaño que este y con el pabellón de metal. Forma parte de los instrumentos que componen la típica cobla de sardanas.

tenorino. M. *Mús.* Tenor ligero, que canta con voz de falsete.

tenorio. M. Hombre mujeriego, galanteador, frívolo e inconstante.

tensar. TR. Poner tenso algo.

tensiómetro. M. *Med.* Aparato que mide la tensión arterial.

tensión. F. **1.** Estado de un cuerpo sometido a la acción de fuerzas opuestas que lo atraen. ‖ **2.** tensión vascular, especialmente la arterial. ‖ **3.** Estado de oposición u hostilidad latente entre personas o grupos humanos, como naciones, clases, razas, etc. ‖ **4.** Estado anímico de excitación, impaciencia, esfuerzo o exaltación. ‖ **5.** *Electr.* Voltaje entre dos polos o electrodos. ‖ **6.** *Electr.* Voltaje con que se realiza una transmisión de energía eléctrica. ‖ **7.** *Mec.* Fuerza de tracción a la que está sometido un cuerpo. ‖ **8.** *Mec.* Magnitud que mide esta fuerza. Su unidad en el Sistema Internacional es el *newton por metro cuadrado* (N/m^2). ‖ **~ arterial.** F. Presión que ejerce la sangre sobre la pared de las arterias. ‖ **~ superficial.** F. *Fís.* Acción de las fuerzas moleculares en virtud de la cual la capa exterior de los líquidos tiende a contener el volumen de estos dentro de la mínima superficie. ‖ **~ vascular.** F. La de la pared de los vasos sanguíneos, que resulta de la presión de la sangre circulante y del tono muscular y elástico de las paredes del vaso. ‖ **~ venosa.** F. Presión que ejerce la sangre sobre la pared de las venas. ‖ **alta ~.** F. *Fís.* La superior a los 1000 voltios. ‖ **baja ~.** F. *Fís.* La inferior a los 1000 voltios.

‖ **en ~.** LOC. ADJ. Sometido a tensión. U. t. c. loc. adv. □ V. **caída de ~.**

tensionar. TR. tensar.

tenso, sa. ADJ. **1.** En estado de tensión física, moral o espiritual. *Ambiente tenso.* ‖ **2.** Fon. Dicho de un sonido: Que se articula con un alto grado de tensión muscular.

tensón. F. Composición de la lírica provenzal, que consiste en una controversia entre dos o más poetas sobre un tema determinado, por lo común de amores.

tensor, ra. **I.** ADJ. **1.** Que tensa, origina tensión o está dispuesto para producirla. *Cable tensor.* Apl. a un mecanismo o un músculo, u. t. c. s. m. ‖ **II.** M. **2.** Mecanismo que se emplea para tensar algo. ‖ **3.** Mat. Conjunto de magnitudes dependiente de las coordenadas, empleado en las representaciones físico-matemáticas, y cuyos valores se transforman según el sistema de coordenadas elegido.

tensorial. ADJ. Perteneciente o relativo a los tensores.

tentación. F. **1.** Instigación o estímulo que induce el deseo de algo. ‖ **2.** Persona, cosa o circunstancia que la provoca. ‖ **3.** Rel. Solicitación al pecado inducida por el demonio. ‖ **caer** alguien **en la ~.** LOC. VERB. Dejarse vencer de ella.

tentacular. ADJ. Perteneciente o relativo al tentáculo. *Fuerza tentacular.* U. t. en sent. fig. *Ciudad tentacular.*

tentáculo. M. *Zool.* Cada uno de los apéndices móviles y blandos que tienen muchos animales invertebrados y que pueden desempeñar diversas funciones, actuando principalmente como órganos táctiles o de prensión.

tentadero. M. *Taurom.* Corral o sitio cerrado en que se hace la tienta.

tentador, ra. **I.** ADJ. **1.** Que tienta. *Demonios tentadores.* ‖ **2.** Que hace caer en la tentación. *Fragancia tentadora.* ‖ **3.** Apetecible, deseable. *Proposición tentadora.* ‖ **II.** M. **4.** diablo (‖ príncipe de los ángeles rebelados). *EL tentador.* ‖ **5.** *Taurom.* Encargado de picar las reses vacunas en la tienta.

tentalear. TR. *Méx.* Tentar repetidas veces, reconocer a tientas algo.

tentar. TR. **1.** Ejercitar el sentido del tacto, palpando o tocando una cosa materialmente. *Deja que te tiente la frente a ver si tienes fiebre.* U. t. c. prnl. ‖ **2.** Examinar y reconocer por medio del sentido del tacto lo que no se puede ver, como hace el ciego o quien se halla en un lugar oscuro. *Tentó la cara de la muñeca.* ‖ **3.** Instigar, inducir o estimular. *Esa utopía nos ha tentado a todos. Nada la tienta a regresar al cine.* ‖ **4.** Examinar, probar o experimentar. *Tentar el poder.* ‖ **5.** Probar a alguien, haciendo examen de su constancia o fortaleza. *El diablo lo tentó.* ‖ **6.** *Taurom.* Practicar la tienta. ¶ MORF. conjug. c. *acertar.* ‖ **estar, sentirse,** o **verse, tentado.** LOCS. VERBS. Tener la tentación de hacer algo. *Estuve tentada DE hacerlo, pero me detuve a tiempo.*

tentativa. F. **1.** Acción con que se intenta, experimenta, prueba o tantea algo. ‖ **2.** Der. Principio de ejecución de un delito por actos externos que no llegan a ser los suficientes para que se realice el hecho, sin que haya mediado desistimiento voluntario del culpable.

tentativo, va. ADJ. Que sirve para tantear o probar algo. *Reflexión tentativa.*

tentemozo. M. **1.** Puntal o arrimo que se aplica a una cosa expuesta a caerse o que amenaza ruina. ‖ **2.** Palo que cuelga del pértigo del carro y, puesto de punta contra el suelo, impide que aquel caiga hacia adelante.

tentempié. M. **1.** tentetieso. ‖ **2.** coloq. refrigerio (‖ alimento). ¶ MORF. pl. **tentempiés.**

tentenelaire. COM. hist. Hijo de cuarterón y mulata o de mulato y cuarterona.

tentetieso. M. Muñeco de materia ligera, o hueco, que lleva un contrapeso en la base, y que, movido en cualquier dirección, vuelve siempre a quedar derecho.

tenue. ADJ. **1.** Delicado, delgado y débil. *Tenues visillos.* ‖ **2.** De poca sustancia, valor o importancia. *Solo hubo protestas tenues.*

tenuidad. F. Cualidad de tenue.

teñido. M. Acción y efecto de teñir.

teñir. TR. **1.** Dar cierto color a una cosa, encima del que tenía. *Teñir el pelo.* U. t. c. prnl. ‖ **2.** Dar a algo un carácter o apariencia que no es el suyo propio, o que lo altera. *Por la mañana el pesimismo teñía mis ideas.* ¶ MORF. conjug. c. *ceñir.*

teobroma. M. Semilla del árbol del cacao.

teocali. M. hist. Templo de los antiguos nahuas de México.

teocinte. M. *Am. Cen.* Planta de las Cicadáceas, con el tallo generalmente subterráneo, fruto en pequeños granos, y hojas compuestas de hojuelas rígidas terminadas en espinas. Su raíz es muy venenosa, pero cocida es comestible.

teocracia. F. **1.** Gobierno ejercido directamente por Dios, como el de los hebreos antes que tuviesen reyes. ‖ **2.** Sociedad en que la autoridad política, considerada emanada de Dios, se ejerce por sus ministros.

teocrático, ca. ADJ. Perteneciente o relativo a la teocracia.

teodicea. F. Teología fundada en principios de la razón.

teodolito. M. *Mat.* Instrumento de precisión que se compone de un círculo horizontal y un semicírculo vertical, ambos graduados y provistos de anteojos, para medir ángulos en sus planos respectivos.

teofanía. F. Manifestación de la divinidad de Dios.

teogonía. F. Generación de los dioses del paganismo.

teogónico, ca. ADJ. Perteneciente o relativo a la teogonía.

teologal. ADJ. Perteneciente o relativo a la teología. □ V. **virtud ~.**

teología. F. Ciencia que trata de Dios y de sus atributos y perfecciones. ‖ **~ ascética.** F. Parte de la teología dogmática y moral que se refiere al ejercicio de las virtudes. ‖ **~ de la liberación.** F. Movimiento cristiano que propone una nueva lectura del Evangelio, con un enfoque social y político influido por el marxismo. ‖ **~ dogmática.** F. La que trata de Dios y de sus atributos y perfecciones a la luz de los principios revelados. ‖ **~ escolástica.** F. La dogmática que, partiendo de las verdades reveladas, colige sus conclusiones usando los principios y métodos de la filosofía escolástica. ‖ **~ mística.** F. Parte de la teología dogmática y moral que se refiere a la perfección de la vida cristiana en las relaciones más íntimas que tiene la humana inteligencia con Dios. ‖ **~ moral.** F. Ciencia que trata de las aplicaciones de los principios de la teología dogmática o natural a las acciones humanas. ‖ **~ natural.** F. La que trata de Dios y de sus atributos y perfecciones a la luz de los principios de la razón, independientemente de las verdades reveladas. ‖ **~ pastoral.** F. La que trata de la cura de almas. ‖ **~ positiva.** F. La dogmática que principalmente apoya y demuestra sus conclusiones con los principios, hechos y monumentos de la revelación cristiana.

teológico, ca. ADJ. Perteneciente o relativo a la teología.

teologizar. INTR. Discurrir sobre principios o razones teológicas.

teólogo, ga. I. ADJ. **1. teologal.** *Virtud teóloga.* || **II.** M. y F. **2.** Persona que profesa la teología o tiene en esta ciencia especiales conocimientos. || **3.** Estudiante de teología.

teomanía. F. Manía que consiste en creerse Dios quien la padece.

teónimo. M. Nombre propio de un dios.

teorema. M. Proposición demostrable lógicamente partiendo de axiomas, postulados o de otras proposiciones ya demostradas.

teorético, ca. ADJ. **teórico.**

teoría. F. **1.** Conocimiento especulativo considerado con independencia de toda aplicación. || **2.** Serie de las leyes que sirven para relacionar determinado orden de fenómenos. *Teoría de la herencia.* || **3.** Hipótesis cuyas consecuencias se aplican a toda una ciencia o a parte muy importante de ella. || **4.** hist. Entre los antiguos griegos, procesión religiosa. || **en ~.** LOC. ADV. Sin haberlo comprobado en la práctica.

teórica. F. **teoría** (|| conocimiento especulativo con independencia de toda aplicación).

teórico, ca. ADJ. **1.** Perteneciente o relativo a la teoría. *Conceptos teóricos.* || **2.** Dicho de una persona: Que cultiva la parte teórica de una ciencia o un arte. U. t. c. s.

teorizador, ra. ADJ. Que teoriza. U. t. c. s.

teorizante. ADJ. Que teoriza. U. t. c. s.

teorizar. INTR. Tratar acerca de un asunto solo en teoría.

teosofía. F. Denominación que se da a diversas doctrinas religiosas y místicas, que creen estar iluminadas por la divinidad e íntimamente unidas con ella.

teosófico, ca. ADJ. Perteneciente o relativo a la teosofía.

teósofo, fa. M. y F. Persona que profesa la teosofía.

teotihuacano, na. ADJ. **1.** Natural de San Juan de Teotihuacán. U. t. c. s. || **2.** Perteneciente o relativo a este municipio del estado mexicano de México.

tepache. M. *Méx.* Bebida fermentada hecha de piña y azúcar.

tepachera. F. *Méx.* Vasija en que se prepara el tepache.

tepachería. F. *Méx.* Lugar donde se vende tepache.

tepalcate. M. *Méx.* **tiesto.**

tépalo. M. *Bot.* Cada una de las piezas que componen los perigonios sencillos.

tepe. M. Pedazo de tierra cubierto de césped y muy trabado con las raíces de esta hierba, que, cortado generalmente en forma prismática, sirve para hacer paredes y malecones, y para otros usos.

tepeizcuinte. M. *Méx.* **paca**[1].

tepemechín. M. *Am. Cen.* Pez de agua dulce de la América tropical, alargado y cilíndrico, con boca grande y terminal y hocico largo, perfil convexo y nuca un poco abultada. El dorso es grisáceo oliva, con un retículo negro sobrepuesto. Los costados son plateados, con un retículo oscuro, y el vientre blanco perla. Habita en aguas torrentosas y rápidas. Su carne es comestible.

tepetate. M. *Méx.* Capa terrestre caliza y dura que se emplea en revestimientos de carreteras y para la fabricación de bloques para paredes.

tepezcuinte. M. *Am. Cen.* **paca**[1].

tepezcuintle. M. *Am. Cen.* **paca**[1].

tepiqueño, ña. ADJ. **1.** Natural de Tepic. U. t. c. s. || **2.** Perteneciente o relativo a esta ciudad de México, capital del estado de Nayarit.

teponastle. M. *Méx.* Instrumento musical indígena, parecido a un tambor pequeño.

tepozán. M. *Méx.* Planta escrofulariácea.

tepozteco, ca. ADJ. **1.** Natural de Tepoztlán. U. t. c. s. || **2.** Perteneciente o relativo a esta población del estado de Morelos, en México.

tepú. M. *Chile.* Árbol pequeño de la familia de las Mirtáceas. Se cría en lugares húmedos y forma a veces selvas enmarañadas difíciles de atravesar. Su madera se utiliza para leña. MORF. pl. **tepúes** o **tepús.**

tequeño, ña. ADJ. **1.** Natural de Los Teques. U. t. c. s. || **2.** Perteneciente o relativo a esta ciudad de Venezuela, capital del estado de Miranda.

tequesquital. M. *Méx.* Terreno donde abunda el tequesquite.

tequesquite. M. *Méx.* Salitre de tierras lacustres.

tequila. M. Bebida mexicana semejante a la ginebra, que se destila de una especie de maguey.

tequilería. F. **1.** *Méx.* Destilería de tequila. || **2.** *Méx.* Establecimiento donde se vende tequila.

tequilero, ra. ADJ. *Méx.* Perteneciente o relativo al tequila.

tequio. M. **1.** *Am. Cen.* Molestia, perjuicio. || **2.** *Méx.* Tarea o faena que se realiza para pagar un tributo.

ter. ADJ. Pospuesto a un número entero, indica que este se emplea o se adjudica por tercera vez y tras haberse utilizado el mismo número adjetivado con *bis. Artículos 16, 16 bis y 16 ter del reglamento.*

terapeuta. COM. Persona que profesa la terapéutica.

terapéutica. F. **1.** Parte de la medicina que enseña los preceptos y remedios para el tratamiento de las enfermedades. || **2. terapia.**

terapéuticamente. ADV. M. **1.** Con fines terapéuticos o curativos. *Muchas plantas se usan terapéuticamente.* || **2.** Desde el punto de vista terapéutico. *Terapéuticamente, es cuestionable la utilidad de este tratamiento.*

terapéutico, ca. ADJ. Perteneciente o relativo a la terapéutica.

terapia. F. **1.** Tratamiento de una enfermedad o de cualquier otra disfunción. *Terapia contra el sida.* || **2.** Tratamiento destinado a solucionar problemas psicológicos. *Terapia familiar, matrimonial. Terapia para superar la timidez, etc.* || **~ intensiva.** F. *Á. R. Plata.* **unidad de cuidados intensivos.** || **~ ocupacional.** F. Tratamiento empleado en diversas enfermedades somáticas y psíquicas, que tiene como finalidad rehabilitar al paciente haciéndole realizar las acciones y movimientos de la vida diaria.

teratogénico, ca. ADJ. *Biol.* Que produce malformaciones en el embrión o feto. *Medicamentos teratogénicos.*

teratógeno. M. *Biol.* Agente que produce malformaciones en el embrión o feto.

teratología. F. *Biol.* Estudio de las anomalías y monstruosidades del organismo animal o vegetal.

teratológico, ca. ADJ. **1.** *Biol.* Perteneciente o relativo a la teratología. *Doctrina teratológica.* || **2.** Monstruoso, deforme. *Criaturas teratológicas.*

teratoma. M. *Med.* Tumor de origen embrionario.

terbio. M. Elemento químico de núm. atóm. 65. Metal de las tierras raras muy escaso en la litosfera, se encuentra en ciertos minerales de Suecia unido al itrio y al erbio.

De brillo metálico y muy reactivo, forma sales incoloras, y se usa en la producción de rayos láser. (Símb. *Tb*).

tercelete. □ V. **arco ~.**

tercer. ADJ. tercero. U. ante s. m. sing. □ V. **~ grado, Tercer Mundo, ~ poseedor.**

tercera. F. **1.** Marcha del motor de un vehículo que tiene mayor velocidad y menor potencia que la primera y segunda, y mayor potencia y menor velocidad que la cuarta. ‖ **2.** *Mús.* Consonancia o intervalo de dos tonos o de un tono y un semitono. ‖ **~ mayor.** F. *Mús.* **dítono.** ‖ **~ menor.** F. *Mús.* **semidítono.**

tercería. F. **1.** **alcahuetería.** ‖ **2.** hist. Oficio del encargado de recoger los diezmos. ‖ **3.** *Der.* Acción que, en un proceso ejecutivo, ejercita quien dice ser dueño de un bien embargado o pretende tener mejor derecho sobre él. ‖ **4.** *Der.* Juicio en el que se ejercita este derecho.

tercerilla. F. **1.** **salvado.** ‖ **2.** *Métr.* Composición métrica de tres versos de arte menor, dos de los cuales riman o hacen consonancia.

tercerista. M. *Der.* Parte demandante en una tercería.

tercermundismo. M. Condición de tercermundista.

tercermundista. ADJ. **1.** Perteneciente o relativo al Tercer Mundo. *País tercermundista.* ‖ **2.** despect. De calidad muy deficiente. *Sanidad tercermundista.*

tercero, ra. **I.** ADJ. **1.** Que sigue inmediatamente en orden al o a lo segundo. ‖ **2.** Que media entre dos o más personas. U. m. c. s. ‖ **3.** Se dice de cada una de las tres partes iguales en que se divide un todo. ‖ **II.** M. y F. **4.** **alcahuete** (‖ persona que concierta una relación amorosa). ‖ **III.** M. **5.** Persona que no es ninguna de dos o más de quienes se trata o que intervienen en un negocio de cualquier género. ‖ **6.** hist. Encargado de recoger los diezmos y guardarlos hasta que se entregaban a los partícipes. ‖ **~ en discordia.** M. y F. Persona que media para zanjar una desavenencia. □ V. **orden tercera, primo ~, sobrino ~, ~ edad, ~ persona, tío ~.**

tercerola. F. **1.** Arma de fuego usada por la caballería, que es un tercio más corta que la carabina. ‖ **2.** Flauta más pequeña que la ordinaria y mayor que el flautín.

terceto. M. **1.** Combinación métrica de tres versos de arte mayor que, a veces, constituye estrofa autónoma dentro del poema. ‖ **2.** Conjunto de tres personas o cosas. ‖ **3.** *Mús.* Composición para tres voces o instrumentos. ‖ **4.** *Mús.* Conjunto de estas tres voces o instrumentos. ‖ **~s encadenados.** M. pl. Serie de tercetos que constituyen un poema, cuyo primer endecasílabo rima con el tercero, mientras el segundo rimará con el primero y el tercero del terceto siguiente, y así sucesivamente. Normalmente, la composición acaba con un serventesio, resultante de añadir un verso que rima con el penúltimo del terceto final.

tercia. F. **1.** Una de las horas menores del oficio divino, la inmediata después de prima. ‖ **2.** En el juego de los cientos, reunión de tres cartas del mismo palo y de valor correlativo. ‖ **3.** hist. Tercera parte de una vara. ‖ **4.** hist. Segunda de las cuatro partes iguales en que dividían los romanos las doce horas de luz diurna, y que comprendía la segunda mitad de la mañana, desde el fin de la tercera hora hasta el fin de la sexta, a mediodía. ‖ **5.** *Agr.* Tercera cava o segunda bina que se da a las viñas. ‖ **~s reales.** F. pl. hist. Los dos novenos que de todos los diezmos eclesiásticos se deducían para el rey.

terciado, da. PART. de terciar. ‖ ADJ. **mediano** (‖ ni muy grande ni muy pequeño). *Pescadilla terciada.* □ V. **azúcar ~, pan ~.**

terciana. F. *Med.* Calentura intermitente que repite cada tercer día. U. m. en pl. □ V. **fiebre ~.**

terciar. **I.** TR. **1.** Poner algo atravesado diagonalmente o al sesgo, o ladearlo. *Terciar la banda, la capa.* ‖ **2.** Dividir algo en tres partes. *Terció la baraja.* ‖ **3.** Equilibrar la carga repartiéndola por igual a los dos lados de la acémila. ‖ **4.** *Agr.* Dar la tercera reja o labor a las tierras, después de barbechadas y binadas. ‖ **5.** *Á. Caribe* y *Méx.* Cargar a la espalda algo. ‖ **6.** *Méx.* Mezclar líquidos, especialmente con el vino y la leche, para adulterarlos. ‖ **II.** INTR. **7.** Interponerse y mediar para componer algún ajuste, disputa o discordia. ‖ **8.** Tomar parte igual en la acción de otros, especialmente en una conversación. ‖ **III.** PRNL. **9.** Dicho de una cosa o de la oportunidad de hacerla: Presentarse casualmente. MORF. U. en infinit. y en 3.ª pers. *Si se tercia, le hablaré de nuestro asunto.* ¶ MORF. conjug. c. *anunciar*.

terciario, ria. **I.** ADJ. **1.** Tercero en orden o grado. *Efecto terciario.* ‖ **2.** *Geol.* Se dice del primer período de la era cenozoica, que abarca desde hace 65 millones de años hasta hace dos millones de años, caracterizado por la aparición y diversificación de los mamíferos. U. t. c. s. m. ORTOGR. Escr. con may. inicial c. s. ‖ **3.** *Geol.* Perteneciente o relativo a dicho período. *Suelos terciarios.* ‖ **II.** M. y F. **4.** Persona que profesa una de las órdenes terceras. □ V. **sector ~.**

tercio. M. **1.** Cada una de las tres partes iguales en que se divide un todo. ‖ **2.** Cada una de las tres partes en que se divide el rosario. ‖ **3.** Tercera parte de un litro de cerveza. ‖ **4.** *Mil.* hist. Regimiento de infantería española de los siglos XVI y XVII. ‖ **5.** *Mil.* Cierto cuerpo o batallón de infantería en la milicia moderna. ORTOGR. Escr. con may. inicial. ‖ **6.** *Mil.* Cada una de las divisiones del instituto de la Guardia Civil. ‖ **7.** *Taurom.* Cada una de las tres partes en que se considera dividida la lidia de toros. *Tercio de varas. Tercio de banderillas. Tercio de muerte.* ‖ **8.** *Taurom.* Cada una de las tres partes concéntricas en que se considera dividido el ruedo, y, especialmente, el comprendido entre las tablas y los medios. ‖ **9.** *Á. Caribe.* **sujeto** (‖ persona innominada). ‖ **ganar** alguien **los ~s de la espada** a otra persona. LOC.VERB. *Esgr.* Adelantar la propia espada mucho, impidiendo maniobrar a la contraria. ‖ **hacer** alguien **mal ~** a otra persona. LOC.VERB. Hacerle daño en una pretensión o cosa semejante.

terciopelero, ra. M. y F. Persona que trabaja los terciopelos.

terciopelo. M. **1.** Tela de seda velluda y tupida, formada por dos urdimbres y una trama, o la de aspecto muy semejante. ‖ **2.** *Chile.* Planta perenne de la familia de las Bignoniáceas, con hojuelas dentadas y fruto en cápsulas alargadas. Se cultiva en los jardines.

terciopersonal. □ V. **verbo ~.**

terco, ca. ADJ. Pertinaz, obstinado e irreductible.

terebinto. M. Arbolillo de la familia de las Anacardiáceas, de tres a seis metros de altura, con tronco ramoso y lampiño, hojas alternas, compuestas de hojuelas ovales, enteras y lustrosas, flores en racimos laterales y por frutos drupas pequeñas, primero rojas y después casi negras. Es común en España. Su madera, dura y compacta, exuda por la corteza gotas de trementina blanca muy olorosa, y suele criar agallas de tres a cuatro centímetros de largo.

teredo. M. **broma** (‖ molusco lamelibranquio).

tereque. M. *Á. Caribe.* **trebejo** (‖ utensilio).

tereré. M. Á. *guar.* y Á. R. *Plata.* Infusión de yerba mate que comúnmente se sirve fría.

teresa. ADJ. Se dice de la monja carmelita descalza que profesa la reforma de santa Teresa de Jesús. U. t. c. s. f.

teresiana. F. Especie de quepis usado como prenda de uniforme militar.

teresiano, na. ADJ. **1.** hist. Perteneciente o relativo a santa Teresa de Jesús. *Fundaciones teresianas.* || **2.** Afiliado a la devoción de esta santa. || **3.** Se dice de la religiosa de la Compañía de Santa Teresa de Jesús. U. t. c. s. f. || **4.** Perteneciente o relativo a esta compañía. *Colegio teresiano.*

tergal. (Marca reg.). M. Tejido de fibra sintética muy resistente.

tergiversación. F. Acción y efecto de tergiversar.

tergiversador, ra. ADJ. Que tergiversa. U. t. c. s.

tergiversar. TR. Dar una interpretación forzada o errónea a palabras o acontecimientos.

termal. ADJ. Perteneciente o relativo a las **termas** (|| caldas). □ V. **agua** ~.

termas. F. **1.** pl. **caldas** (|| baños). || **2.** pl. hist. Baños públicos de los antiguos romanos.

termes. M. Insecto del orden de los Isópteros, que, por su vida social, se ha llamado también, erróneamente, hormiga blanca. Roen madera, de la que se alimentan, por lo que pueden ser peligrosos para ciertas construcciones.

térmico, ca. ADJ. **1.** Perteneciente o relativo al calor o la temperatura. *Equilibrio térmico.* || **2.** Que conserva la temperatura. *Material térmico.* □ V. **luneta** ~.

termidor. M. hist. Undécimo mes del calendario francés de la Revolución, cuyos días primero y último coincidían, respectivamente, con el 19 de julio y el 17 de agosto.

terminacho. M. **1.** coloq. Voz o palabra poco culta, mal formada o indecente. || **2.** coloq. Término bárbaro o mal usado.

terminación. F. **1.** Acción y efecto de terminar. || **2.** Parte final de una obra o de otra cosa. || **3.** *Gram.* Letra o letras que se subsiguen al radical de los vocablos, especialmente la desinencia. || **4.** *Med.* Estado de la naturaleza de un enfermo al entrar en convalecencia. || **5.** *Métr.* Letra o letras que determinan la asonancia o consonancia de unos vocablos con otros.

terminador, ra. ADJ. Que termina. *Elemento terminador.*

terminal. I. ADJ. **1.** Final, que pone término a algo. *Cambio terminal.* || **2.** Dicho de una enfermedad: Que es grave e irreversible y conduce a la muerte. || **3.** Dicho de un enfermo o de un paciente: Que padece una enfermedad terminal. || **4.** *Bot.* Que está en el extremo de cualquier parte de la planta. *Hojuela terminal. Flores terminales.* || **II.** AMB. **5.** Extremo en que termina algo. || **6.** Cada uno de los extremos de una línea de transporte público. || **7.** *Inform.* Máquina con teclado y pantalla mediante la cual se proporcionan datos a una computadora u ordenador o se obtiene información de ellos. U. m. c. m. || **III.** F. **8.** *Electr.* Extremo de un conductor preparado para facilitar su conexión con un aparato.

terminante. ADJ. Categórico, concluyente, que hace imposible cualquier insistencia o discusión sobre la cosa de que se trata. *Las prevenciones de esta ley son terminantes.*

terminar. I. TR. **1.** Poner término a algo. *El orador terminó su discurso.* || **2.** Poner mucho esmero en la conclusión de una obra. *Terminó muy mal el cuadro.* || **3.** Consumir o usar algo agotándolo por completo. *Ha terminado el jarabe.* || **II.** INTR. **4.** Dicho de una cosa: **cesar** (|| acabarse). U. t. c. prnl. || **5.** Dicho de una cosa: Tener su final de una manera determinada. *Termina en punta. El partido terminó en empate.* || **6. aniquilar** (|| destruir enteramente). *Hay que terminar CON la injusticia y CON los explotadores.* || **7.** Poner fin a las relaciones, especialmente amorosas, que se mantienen con otra persona. *Ha terminado CON su novio.* || **8.** Realizar algo por completo. *Terminar de trabajar.*

término. M. **1.** Último punto hasta donde llega o se extiende algo. || **2.** Último momento de la duración o existencia de algo. || **3.** Límite o extremo de algo inmaterial. *He llegado al término de mi paciencia.* || **4.** Línea divisoria de los Estados, provincias, distritos, etc. || **5. término municipal.** || **6.** Plazo de tiempo determinado. || **7. palabra** (|| segmento del discurso). || **8.** Estado o situación en que se halla alguien o algo. || **9.** Forma o modo de portarse o hablar. U. m. en pl. *Se dirigió a mí en muy buenos términos.* || **10.** Elemento con el que se establece una relación. *Término comparativo. Término de referencia.* || **11.** Plano en que se representa alguien o algo ante la vista. *Primer término de un cuadro.* || **12.** En una enumeración con los adjetivos *primer, segundo* y *último,* lugar que se atribuye a lo que se expresa. || **13.** *Fil.* Cada una de las palabras que sustancialmente integran una proposición o un silogismo. Los términos de una proposición son dos: sujeto y predicado; los de un silogismo son tres: mayor, menor y medio. || **14.** *Gram.* Cada uno de los dos elementos necesarios en la relación gramatical. || **15.** *Mat.* Numerador o denominador de un quebrado. || **16.** *Mat.* En una expresión analítica, cada una de las partes ligadas entre sí por el signo de sumar o de restar. || **17.** *Mús.* En los instrumentos musicales, tono determinado de consonancia para que estén acordes. || **18.** pl. Condiciones con que se plantea un asunto o cuestión, o que se establecen en un contrato. || ~ **algebraico.** M. Producto indicado de factores expresados mediante números y letras. || ~ **medio.** M. **1.** *Mat.* Cantidad igual o más próxima a la media aritmética de un conjunto de varias cantidades. || **2.** Arbitrio proporcionado que se toma o sigue para salir de alguna duda, o para componer una discordia. || ~ **municipal.** M. Porción de territorio sometido a la autoridad de un ayuntamiento. || ~ **negativo.** M. *Mat.* El que lleva el signo menos (–). || ~ **positivo.** M. *Mat.* El que lleva el signo más (+), explícito o implícito, cuando es el primero de un polinomio. || **medio** ~. M. **término medio** (|| arbitrio proporcionado). || **en primer** ~. LOC.ADV. **1. primeramente.** || **2.** En el lugar más cercano al observador. || **en último** ~. LOC. ADV. Sin otra solución. || **llevar a** ~. LOC.VERB. **llevar a cabo.** || **poner,** o **dar,** ~ a algo. LOCS.VERBS. Hacer que cese, que acabe.

terminología. F. Conjunto de términos o vocablos propios de determinada profesión, ciencia o materia.

terminológico, ca. ADJ. Perteneciente o relativo a un término o a una terminología y a su empleo.

terminólogo, ga. M. y F. Persona especialista en terminología.

termistor. M. *Electr.* Dispositivo que disminuye su resistencia eléctrica cuando aumenta la temperatura.

termita. F. **termes.**

térmite. F. **termes.**

termitera. F. termitero.

termitero. M. Nido de termes, que estos animales construyen en una viga o bien, como ocurre en la mayoría de las especies tropicales, en el suelo. Alcanzan a veces gran altura. U. t. en sent. fig. *La plaza era un termitero.*

termo[1]**.** (De *Thermos,* marca reg.). M. Vasija de dobles paredes, entre las que se ha hecho el vacío, y provista de cierre hermético. Sirve para que las sustancias introducidas en la vasija conserven su temperatura sin que influya en esta la del ambiente.

termo[2]**.** M. coloq. termosifón.

termodinámica. F. Parte de la física en que se estudian las relaciones entre el calor y las restantes formas de energía.

termodinámico, ca. ADJ. *Fís.* Perteneciente o relativo a la termodinámica.

termoelectricidad. F. **1.** Energía eléctrica producida por el calor. ‖ **2.** Parte de la física que estudia esta energía.

termoeléctrico, ca. ADJ. Dicho de un aparato: En que se desarrolla electricidad por la acción del calor.

termoestable. ADJ. **1.** Que no se altera fácilmente por la acción del calor. *Proteínas termoestables.* ‖ **2.** Dicho del plástico: Que no pierde su forma por la acción del calor y de la presión.

termografía. F. Registro gráfico del calor emitido por la superficie de un cuerpo en forma de radiaciones infrarrojas, que tiene aplicaciones médicas, técnicas, etc.

termoiónico, ca. ADJ. *Electr.* Perteneciente o relativo a la emisión de los electrones provocada por el calor.

termolábil. ADJ. *Quím.* Que se altera fácilmente por la acción del calor.

termología. F. Parte de la física que trata de los fenómenos en que interviene el calor o la temperatura.

termometría. F. Parte de la termología que trata de la medición de la temperatura.

termométrico, ca. ADJ. *Fís.* Perteneciente o relativo al termómetro.

termómetro. M. *Fís.* Instrumento que sirve para medir la temperatura. El más usual se compone de una ampolla de vidrio que se continúa por un tubo capilar y que contiene mercurio o alcohol teñido; su dilatación por efecto de la temperatura se mide sobre una escala graduada. ‖ ~ **clínico.** M. El de precisión que se usa para tomar la temperatura corporal a los enfermos.

termonuclear. ADJ. *Fís.* Se dice de cualquier proceso de fusión de núcleos atómicos ligeros, a temperaturas de millones de grados centígrados, con liberación de energía. □ V. **energía** ~, **explosión** ~.

termopar. M. *Fís.* Dispositivo para medir temperaturas, mediante las fuerzas electromotoras originadas por el calor en las soldaduras de dos metales distintos.

termoplástico, ca. ADJ. Dicho de un material: Maleable por el calor. U. t. c. s. m.

termorregulación. F. Regulación de la temperatura para mantenerla entre ciertos límites.

termorresistente. ADJ. Dicho de un material: Que conserva sus propiedades a altas temperaturas.

termosifón. M. **1.** Aparato anejo a una cocina y que sirve para calentar agua y distribuirla por medio de tuberías a los lavabos, baños y pilas de una casa. ‖ **2.** Aparato de calefacción por medio de agua caliente que va entubada a diversos locales de un edificio o elementos de una maquinaria.

termostato o **termóstato.** M. Aparato que sirve para mantener automáticamente una determinada temperatura.

termotecnia. F. Técnica del calor.

termoterapia. F. Tratamiento de dolencias mediante la aplicación de calor.

terna. F. **1.** Conjunto de tres personas propuestas para que se designe de entre ellas la que haya de desempeñar un cargo o empleo. ‖ **2. trío** (‖ conjunto de tres personas, animales o cosas).

ternada. F. *Chile.* **terno** (‖ de chaqueta, chaleco y pantalón).

ternario, ria. I. ADJ. **1.** Compuesto de tres elementos, unidades o guarismos. *Compuesto ternario.* ‖ **II.** M. **2.** Espacio de tres días dedicados a una devoción o ejercicio espiritual. □ V. **compás** ~.

ternera. F. **1.** Cría hembra de la vaca. ‖ **2.** Carne de ternera o de ternero.

ternero. M. Cría macho de la vaca.

terneza. F. **1.** Cualidad de tierno. ‖ **2. requiebro** (‖ dicho con que se requiebra). U. m. en pl.

ternilla. F. cartílago.

terno. M. **1.** Conjunto de pantalón, chaleco y chaqueta, u otra prenda semejante, hechos de una misma tela. ‖ **2.** En el juego de la lotería primitiva, lance de tres números. ‖ **3.** Conjunto del oficiante y sus dos ministros, diácono y subdiácono, que celebran una misa mayor o asisten en esta forma a una función eclesiástica. ‖ **4.** Vestuario exterior del terno eclesiástico, el cual consta de casulla y capa pluvial para el oficiante y de dalmáticas para sus dos ministros. ‖ **5.** Voto, juramento o amenaza. *Echar ternos.* ‖ **6.** *Ant.* Aderezo de joyas compuesto de pendientes, collar y alfiler. ‖ ~ **sastre.** M. *Á. Andes.* Vestido femenino, que consiste en falda y chaqueta.

ternura. F. **1.** Cualidad de tierno. ‖ **2. requiebro** (‖ dicho con que se requiebra).

tero. M. *Á. guar.* y *Á. R. Plata.* teruteru.

terpeno. M. Se usa como nombre común para referirse a ciertos hidrocarburos que se encuentran en los aceites volátiles obtenidos de las plantas, principalmente de las coníferas y de los frutos cítricos.

terquear. INTR. Mostrarse terco.

terquedad. F. Cualidad de terco.

terracería. F. *Méx.* Camino sin pavimentar. ‖ **de ~.** LOC. ADJ. *Méx.* Dicho de un camino: Sin pavimentar.

terracota. F. **1.** Arcilla modelada y endurecida al horno. ‖ **2.** Escultura de pequeño tamaño hecha de arcilla endurecida.

terrado. M. terraza (‖ cubierta de un edificio).

terraja. F. Herramienta formada por una barra de acero con una caja rectangular en el medio, donde se ajustan las piezas que sirven para labrar las roscas de los tornillos.

terral. M. Viento que viene de la tierra.

terramicina. F. *Med.* Antibiótico producido por el *Streptomyces rimosus.*

Terranova. □ V. **perro de** ~.

terraplén. M. **1.** Macizo de tierra con que se rellena un hueco, o que se levanta para hacer una defensa, un camino u otra obra semejante. ‖ **2.** Desnivel con una cierta pendiente.

terraplenar. TR. Acumular tierra para levantar un terraplén.

terráqueo, a. □ V. **esfera** ~, **globo** ~.

terrario. M. Instalación adecuada para mantener vivos y en las mejores condiciones a ciertos animales, como reptiles, anfibios, etc.

terrateniente. COM. Persona que posee tierras, especialmente la que es dueña de grandes extensiones agrícolas.

terraza. F. **1.** Sitio abierto de una casa desde el cual se puede explayar la vista. ‖ **2.** Terreno situado delante de un café, bar, restaurante, etc., acotado para que los clientes puedan sentarse al aire libre. ‖ **3.** Cubierta plana y practicable de un edificio, provista de barandillas o muros. ‖ **4.** Cada uno de los espacios de terreno llano dispuestos en forma de escalones en la ladera de una montaña.

terrazgo. M. Pedazo de tierra para sembrar.

terrazo. M. Pavimento formado por chinas o trozos de mármol aglomerados con cemento y cuya superficie se pulimenta.

terregal. M. *Méx.* polvareda (‖ polvo que se levanta de la tierra).

terregoso, sa. ADJ. Dicho del campo: Lleno de terrones.

terremotear. INTR. *Chile.* Dicho de la tierra: Temblar con fuerza.

terremoto. M. Sacudida del terreno, ocasionada por fuerzas que actúan en el interior del globo.

terrenal. ADJ. Perteneciente o relativo a la tierra, en contraposición de lo que pertenece al *cielo.* □ V. **paraíso ~.**

terrenidad. F. Cualidad de terreno.

terreno, na. **I.** ADJ. **1.** Perteneciente o relativo a la tierra. *Características terrenas.* ‖ **2.** terrenal. *Existencia terrena.* ‖ **II.** M. **3.** Sitio o espacio de tierra. ‖ **4.** Campo o esfera de acción en que con mayor eficacia pueden mostrarse la índole o las cualidades de personas o cosas. ‖ **5.** Orden de materias o de ideas de que se trata. ‖ **6.** *Dep.* Espacio generalmente acotado y debidamente acondicionado para la práctica de ciertos deportes. ‖ **7.** *Taurom.* Porción de ruedo en que es más eficaz la acción ofensiva del toro que la defensiva del torero. ‖ **~ abonado.** M. Cosa, circunstancia, etc., en que se dan condiciones óptimas para que se produzca algo determinado. ‖ **allanar el ~** a alguien. LOC.VERB. coloq. **preparar el terreno.** ‖ **comprar** alguien **terreno.** LOC.VERB. *Á. R. Plata.* Caerse o golpearse con cierta violencia sin daño o con daño leve. ‖ **ganar** alguien **terreno.** LOC.VERB. Adelantar en algo. ‖ **medir** alguien **el ~.** LOC.VERB. Tantear las dificultades de un negocio a fin de poner los medios para vencerlas. ‖ **minarle** a alguien **el ~.** LOC.VERB. Trabajar solapadamente para desbaratarle sus planes. ‖ **perder** alguien **terreno.** LOC.VERB. Atrasar en un negocio. ‖ **preparar el ~** a alguien. LOC.VERB. coloq. Conseguirle un ambiente favorable. ‖ **reconocer el ~.** LOC.VERB. **reconocer el campo.** ‖ **saber** alguien **el ~ que pisa.** LOC.VERB. Conocer bien el asunto que se trae entre manos o las personas con quienes se trata. ‖ **sobre el ~.** LOC.VERB. Precisamente en el sitio donde se desenvuelve o ha de resolverse aquello de que se trata.

terreño, ña. ADJ. terroso.

térreo, a. ADJ. **1.** De tierra. *Materiales térreos.* ‖ **2.** Parecido a ella. *Coloración térrea.*

terrera. F. alondra.

terrero, ra. **I.** ADJ. **1.** terreno (‖ perteneciente a la tierra). *Muro terrero.* ‖ **II.** M. **2.** Montón de tierra. ‖ **3.** Depósito de tierras acumuladas por la acción de las aguas.

‖ **4.** Montón de broza o desechos sacados de una mina. ‖ **5.** *Méx.* polvareda (‖ polvo que se levanta de la tierra). □ V. **saco ~.**

terrestre. ADJ. **1.** Perteneciente o relativo a la Tierra. *Atmósfera terrestre.* ‖ **2.** Perteneciente o relativo a la tierra en contraposición del *cielo* y del *mar. Animales terrestres.* □ V. **ecuador ~, eje de la esfera ~, esfera ~, globo ~, hiedra ~, magnetismo ~, manto ~, milla ~.**

terrible. ADJ. **1.** Que causa terror. *Acaecieron sucesos terribles.* ‖ **2.** Difícil de tolerar. *Unas escenas terribles tomadas en un campo de concentración.* ‖ **3.** coloq. Muy grande o desmesurado. *Dio un martillazo terrible.*

terrícola. **I.** COM. **1.** Habitador de la Tierra. ‖ **II.** ADJ. **2.** terrestre. *Escarabajo terrícola.*

terrífico, ca. ADJ. terrorífico.

terrígeno, na. ADJ. Nacido o engendrado de la tierra. *Sedimentos terrígenos.*

terrina. F. **1.** Vasija pequeña, de barro cocido o de otros materiales, con forma de cono invertido, destinada a conservar o expender algunos alimentos. ‖ **2.** En jardinería, tiesto de igual forma, usado para ciertos cultivos, especialmente semilleros.

territorial. ADJ. Perteneciente o relativo al territorio. □ V. **aguas ~es, contribución ~, mar ~.**

territorialidad. F. **1.** Consideración especial en que se toman las cosas en cuanto están dentro del territorio de un Estado. ‖ **2.** Ficción jurídica por la cual los buques y los domicilios de los agentes diplomáticos se consideran, dondequiera que estén, como si formasen parte del territorio de su propia nación.

territorialización. F. Acción y efecto de territorializar.

territorializar. TR. Adscribir una competencia, una actuación, etc., a un territorio determinado.

territorio. M. **1.** Porción de la superficie terrestre perteneciente a una nación, región, provincia, etc. ‖ **2.** terreno (‖ campo o esfera de acción). ‖ **3.** Circuito o término que comprende una jurisdicción, un cometido oficial u otra función análoga. ‖ **4.** Terreno o lugar concreto, como una cueva, un árbol o un hormiguero, donde vive un determinado animal, o un grupo de animales relacionados por vínculos de familia, y que es defendido frente a la invasión de otros congéneres.

terrizo, za. **I.** ADJ. **1.** Dicho del suelo: De tierra, sin pavimentar. ‖ **II.** M. **2.** Barreño, lebrillo.

terrón. M. **1.** Masa pequeña y suelta de tierra compacta. ‖ **2.** Masa pequeña y suelta de otras sustancias. *Terrón de azúcar. Terrón de sal.*

terror. M. **1.** Miedo muy intenso. ‖ **2.** Persona o cosa que produce terror. U. t. en sent. fest. *De joven era el terror de las chicas del barrio.* ‖ **3.** Método expeditivo de justicia revolucionaria y contrarrevolucionaria. ‖ **4.** por antonom. hist. Época, durante la Revolución francesa, en que este método era frecuente. ORTOGR. Escr. con may. inicial. ‖ **de ~.** LOC.ADJ. Dicho de una obra cinematográfica o literaria y del género al que pertenecen: Que buscan causar miedo o angustia en el espectador o en el lector.

terrorífico, ca. ADJ. **1.** Que infunde terror. *Relato terrorífico.* ‖ **2.** coloq. **espantoso** (‖ desmesurado). *Unos precios terroríficos.*

terrorismo. M. Actuación criminal de bandas organizadas, que, reiteradamente y por lo común de modo indiscriminado, pretende crear alarma social con fines políticos.

terrorista. ADJ. **1.** Perteneciente o relativo al terrorismo. *Atentado terrorista.* ‖ **2.** Que practica actos de terrorismo. U. t. c. s.

terroso, sa. ADJ. **1.** Que participa de la naturaleza y propiedades de la tierra. *Color terroso.* ‖ **2.** Que tiene mezcla de tierra. *Líquido terroso.*

terruñero, ra. ADJ. **1.** Perteneciente o relativo al terruño. ‖ **2.** Que sigue apegado a su tierra natal, participando de su idiosincrasia. *Regionalismo terruñero.*

terruño. M. **1.** Comarca o tierra, especialmente el país natal. ‖ **2.** coloq. **terreno** (‖ sitio o espacio de tierra).

tersar. TR. Poner terso algo.

terso, sa. ADJ. **1.** Limpio, claro, bruñido y resplandeciente. *Zapatos tersos y brillantes.* ‖ **2.** Liso, sin arrugas. *Piel tersa.* ‖ **3.** Dicho del lenguaje, del estilo, etc.: Puros, limados, fluidos, fáciles.

tersura. F. Cualidad de terso.

tertulia. F. **1.** Reunión de personas que se juntan habitualmente para conversar o recrearse. ‖ **2.** Conversación o charla. *Están de tertulia en el comedor.* ‖ **3.** Á. R. Plata. hist. **luneta** (‖ asiento de teatro).

tertuliano, na. M. y F. Persona que concurre con otras a una tertulia.

tertuliante. COM. tertuliano.

tertuliar. INTR. *Am.* Estar de tertulia, conversar. MORF. conjug. c. *anunciar.*

tertulio, lia. M. y F. tertuliano.

teruteru. M. *Am. Mer.* Ave zancuda, del orden de las Caradriformes, de 30 a 40 cm de envergadura, con plumaje de color blanco con mezcla de negro y pardo. Anda en bandadas y alborota mucho con sus chillidos desagradables al levantar el vuelo.

tesa. □ V. **lima ~.**

tesalonicense. ADJ. **1.** hist. Natural de Tesalónica, hoy Salónica. U. t. c. s. ‖ **2.** hist. Perteneciente o relativo a esta ciudad de Grecia.

tesar. TR. *Mar.* Poner tirantes los cabos y cadenas, velas, toldos y cosas semejantes.

tesela. F. Cada una de las piezas con que se forma un mosaico.

tesgüino. M. *Méx.* tecuín.

tesina. F. Trabajo escrito, exigido para ciertos grados en general inferiores al de doctor.

tesis. F. **1.** Conclusión, proposición que se mantiene con razonamientos. ‖ **2.** Opinión de alguien sobre algo. ‖ **3.** Disertación escrita que presenta a la universidad el aspirante al título de doctor en una facultad. ‖ **4.** *Mús.* Golpe en el movimiento de la mano con que se marca alternativamente el compás.

tesitura. F. **1.** Actitud o disposición del ánimo. ‖ **2.** Situación, circunstancia, en especial si es desfavorable. *Se vio en la tesitura de encontrar piso en menos de una semana.* ‖ **3.** *Mús.* Altura propia de cada voz o de cada instrumento.

tesla. M. *Fís.* Unidad de inducción magnética del Sistema Internacional, equivalente a un *weber* por metro cuadrado. (Símb. *T*).

teso. M. Colina baja que tiene alguna extensión llana en la cima.

tesón. M. Decisión y perseverancia que se ponen en la ejecución de algo.

tesonero, ra. ADJ. Dicho de una persona: Que tiene tesón o constancia.

tesorería. F. **1.** Cargo u oficio de tesorero. ‖ **2.** Oficina o despacho del tesorero. ‖ **3.** Parte del activo de un comerciante disponible en metálico o fácilmente realizable.

tesorero, ra. **I.** M. y F. **1.** Persona encargada de custodiar y distribuir los caudales de una dependencia pública o particular. ‖ **II.** M. **2.** Canónigo o dignidad a cuyo cargo está la custodia de las reliquias y alhajas de una catedral o colegiata.

tesoro. M. **1.** Cantidad de dinero, valores u objetos preciosos, reunida y guardada. ‖ **2.** **tesoro público.** ‖ **3.** Persona o cosa, o conjunto o suma de cosas, de mucho precio o muy dignas de estimación. *Tu hija es un tesoro. Un tesoro de noticias.* ‖ **4.** Diccionario que pretende registrar el léxico total de una lengua, de una época o de un autor. ‖ **5.** *Der.* Conjunto escondido de monedas o cosas preciosas, de cuyo dueño no queda memoria. ‖ **~ público.** M. Organismo del Estado dedicado a la elaboración del presupuesto y a su administración.

test. M. **1.** Prueba destinada a evaluar conocimientos o aptitudes, en la cual hay que elegir la respuesta correcta entre varias opciones previamente fijadas. ‖ **2.** Prueba o control para comprobar un dato. *Test de embarazo.* ‖ **3.** *Psicol.* Prueba psicológica para estudiar alguna función. ¶ MORF. pl. invar. o **tests.** □ V. **batería de ~.**

testa. F. **1.** Cabeza del hombre y de los animales. ‖ **2.** *Bot.* Cubierta externa de la semilla, de consistencia y dureza variables. ‖ **~ coronada.** F. Monarca o señor soberano de un Estado.

testado, da. PART. de **testar.** ‖ ADJ. Se dice de la sucesión de la persona que ha hecho testamento o de la misma persona. □ V. **sucesión ~.**

testador, ra. M. y F. Persona que hace testamento.

testaferro. M. Persona que presta su nombre en un contrato, pretensión o negocio que en realidad es de otra persona.

testamentaría. F. **1.** Ejecución de lo dispuesto en el testamento. ‖ **2.** Conjunto de bienes que constituyen una herencia, considerados desde que muere el testador hasta que quedan definitivamente en poder de los herederos.

testamentario, ria. **I.** ADJ. **1.** Perteneciente o relativo al testamento. *Disposición testamentaria.* ‖ **II.** M. y F. **2.** Persona encargada por el testador de cumplir su última voluntad.

testamento. M. **1.** Declaración que de su última voluntad hace alguien, disponiendo de bienes y de asuntos que le atañen para después de su muerte. ‖ **2.** Documento donde consta en forma legal la voluntad del testador. ‖ **3.** Obra en que un autor, en el último período de su actividad, deja expresados los puntos de vista fundamentales de su pensamiento o las principales características de su arte, en forma que él o la posteridad consideran definitiva. ‖ **~ abierto.** M. El que se otorga de palabra o por minuta que ha de leerse ante notario y testigos o solo ante testigos, en el número y condiciones determinados por la ley civil, el cual se protocoliza como escritura pública. ‖ **~ cerrado.** M. El que se otorga escribiendo o haciendo escribir el testador su voluntad bajo cubierta sellada que no puede abrirse sin romperla, donde aparece un texto autorizado por el notario y los testigos en la forma prescrita por la ley civil. ‖ **~ ológrafo.** M. El que deja el testador escrito y firmado de su mano propia y que es adverado y protocolizado después. ‖ **Antiguo Testamento.** M. **1.** Conjunto de los escritos atribuidos a Moisés y todos los demás canónicos anteriores a la venida de Jesucristo. ‖ **2.** Libro en que se contienen estos escritos. ‖ **Nuevo Testamento.** M. **1.** Los Evangelios y demás obras canónicas posteriores al nacimiento de Jesucristo. ‖ **2.** Libro en que se contienen estas obras. ‖ **Viejo Testamento.** M. **Antiguo Testamento.** □ V. **arca del Testamento.**

testar. INTR. Hacer testamento.

testarazo. M. coloq. Golpe dado con la testa.

testarudez. F. Cualidad de testarudo.

testarudo, da. ADJ. Obstinado, terco, temoso. U. t. c. s.

teste. M. testículo.

testera. F. **1.** Frente o principal fachada de algo. ‖ **2.** Parte anterior y superior de la cabeza del animal.

testerilla. F. Á. R. *Plata.* Mancha que presentan en la frente algunas caballerías.

testero. M. testera.

testicular. ADJ. *Anat.* Perteneciente o relativo a los testículos.

testículo. M. *Anat.* Cada una de las dos glándulas sexuales masculinas, de forma oval, que segregan los espermatozoos.

testificación. F. Acción y efecto de testificar.

testifical. ADJ. Perteneciente o relativo a los testigos.

testificar. TR. **1.** Afirmar o probar de oficio algo, con referencia a testigos o documentos auténticos. *Las escrituras testifican la propiedad de la vivienda.* ‖ **2.** Deponer como testigo en algún acto judicial. ‖ **3.** Declarar, explicar y denotar con seguridad y verdad algo, en lo físico y en lo moral. *El libro testifica sus argumentos.*

testigo. **I.** COM. **1.** Persona que da testimonio de algo, o lo atestigua. ‖ **2.** Persona que presencia o adquiere conocimiento directo y verdadero de algo. ‖ **II.** M. **3.** Cosa, aunque sea inanimada, por la cual se arguye o infiere la verdad de un hecho. *La historia será testigo de estas atrocidades.* ‖ **4.** En los tramos de una vía de comunicación en los que circunstancialmente solo se permite circular en una dirección, bastón u otro objeto que transporta el conductor del último de los vehículos que marchan en un sentido, para que su entrega al primero de los que aguardan para hacerlo en sentido contrario, señale el comienzo de este movimiento. ‖ **5.** Especie de hito de tierra que se deja a trechos en las excavaciones, para poder cubicar después con exactitud el volumen de tierra extraída. ‖ **6.** Muestra que se excluye de un análisis experimental, para que sirva de referencia en la evaluación de resultados de la parte analizada. U. en apos. *Animales testigo.* ‖ **7.** Pieza de escayola o de otro material adecuado que se coloca sobre las grietas de un edificio para comprobar su evolución. ‖ **8.** Señal luminosa de aviso en un tablero de instrumentos. *Se encendió el testigo del nivel de aceite.* ‖ **9.** *Dep.* En las carreras de relevos, objeto que en el lugar marcado intercambian los corredores de un mismo equipo, para dar fe de que la sustitución ha sido correctamente ejecutada. ‖ **~ de cargo.** COM. testigo que depone en contra del procesado. ‖ **~ de descargo.** COM. testigo que depone en favor del procesado. ‖ **~ ocular.** COM. testigo que se halló presente en el caso sobre el que atestigua o depone. ‖ **~ sinodal.** COM. Persona honesta, de suficiencia y probidad, nombrada en el sínodo para dar testimonio de la observancia de los Estatutos sinodales. □ V. **cerro ~.**

testimonial. **I.** ADJ. **1.** Que hace fe y verdadero testimonio. *Libro testimonial.* ‖ **II.** F. **2.** pl. Instrumento auténtico que asegura y hace fe de lo contenido en él. ‖ **3.**

pl. Testimonio que dan los obispos de la buena vida, costumbres y libertad de un súbdito que pasa a otra diócesis.

testimoniar. TR. Atestiguar, o servir de testigo para algo. MORF. conjug. c. *anunciar.*

testimonio. M. **1.** Atestación o aseveración de algo. ‖ **2.** Instrumento autorizado por escribano o notario, en que se da fe de un hecho, se traslada total o parcialmente un documento o se resume por vía de relación. ‖ **3.** Prueba, justificación y comprobación de la certeza o verdad de algo. ‖ **4.** *Ecd.* Cada uno de los textos manuscritos o impresos que constituyen la tradición textual de una obra. ‖ **falso ~.** M. Falsa atribución de una culpa.

testosterona. F. *Biol.* Hormona producida por los testículos, que tiene por función el desarrollo de las glándulas genitales y el mantenimiento de los caracteres sexuales secundarios del varón.

testuz. AMB. **1.** En algunos animales, **frente** (‖ parte superior de la cara). ‖ **2.** En otros animales, nuca.

teta. F. **1.** Cada uno de los órganos glandulosos y salientes que los mamíferos tienen en número par y sirven en las hembras para la secreción de la leche. ‖ **2.** Pecho pequeño en forma de teta de mujer. ‖ **3.** coloq. Leche que segregan estos órganos. *El niño quiere teta.* ‖ **dar la ~.** LOC.VERB. Dar de mamar. ‖ **de ~.** LOC.ADJ. Dicho de un niño o de una cría de un animal: Que están en el período de la lactancia. ‖ **quitar la ~.** LOC.VERB. coloq. Hacer que deje de mamar el niño o la cría de animal. □ V. **niño de ~.**

tetada. F. Leche que mama el niño cada vez.

tetamen. M. vulg. Busto de la mujer, especialmente cuando es muy voluminoso.

tetania. F. **1.** *Med.* Enfermedad producida por insuficiencia de la secreción de ciertas glándulas endocrinas situadas en torno del tiroides, y caracterizada por contracciones dolorosas de los músculos y por diversos trastornos del metabolismo, principalmente la disminución del calcio en la sangre. ‖ **2.** *Med.* Espasmo intermitente de un músculo.

tetánico, ca. ADJ. *Med.* Perteneciente o relativo al tétanos o a la tetania.

tétano. M. *Med.* tétanos.

tétanos. M. **1.** *Med.* Rigidez y tensión convulsiva de los músculos. ‖ **2.** *Med.* Enfermedad muy grave producida por un bacilo que penetra generalmente por las heridas y ataca el sistema nervioso. Sus síntomas principales son la contracción dolorosa y permanente de los músculos, y la fiebre.

tetera[1]. F. Vasija de metal, loza, porcelana o barro, con tapadera y un pico provisto de colador interior o exterior, que se usa para hacer y servir el té.

tetera[2]. F. *Am.* tetilla (‖ del biberón).

tetero. M. Á. *Caribe.* biberón.

tetilla. F. **1.** Cada una de las tetas de los machos en los mamíferos, menos desarrolladas que las de las hembras. ‖ **2.** Especie de pezón de goma que se pone al biberón para que el niño haga la succión. ‖ **3.** *Chile.* Hierba anual de la familia de las Saxifragáceas, que tiene los pecíolos de las hojas muy abultados, las cuales contienen mucha agua.

tetina. F. tetilla (‖ del biberón).

tetona. ADJ. coloq. Que tiene grandes las tetas.

tetracordio. M. *Mús.* Serie de cuatro sonidos que forman un intervalo de cuarta.

tétrada. F. Conjunto de cuatro seres o cosas vinculados entre sí de manera estrecha o especial.

tetradracma. M. hist. Moneda antigua que valía cuatro dracmas.

tetraedro. M. *Geom.* Sólido terminado por cuatro planos o caras.

tetragonal. ADJ. **1.** De forma de tetrágono o semejante a él. *Prisma tetragonal.* ‖ **2.** Se dice del sistema cristalográfico según el cual cristalizan sustancias como el rutilo y la casiterita.

tetrágono, na. ADJ. *Geom.* Dicho de un polígono: Que tiene cuatro ángulos y cuatro lados. U. m. c. s. m.

tetragrama. M. *Mús.* Pauta formada por cuatro rectas paralelas y equidistantes, usada en la escritura del canto gregoriano.

tetralogía. F. **1.** Conjunto de cuatro obras literarias o musicales que tienen entre sí enlace histórico o unidad de pensamiento. ‖ **2.** hist. Conjunto de cuatro obras, tres tragedias y un drama satírico de un mismo autor, presentadas a concurso en los festivales teatrales de la Grecia clásica. ‖ **3.** *Med.* Conjunto de cuatro malformaciones congénitas del corazón, que ocasiona la enfermedad azul.

tetrámero, ra. ADJ. *Bot.* Se dice del verticilo que consta de cuatro piezas y de la flor que tiene corola y cáliz con este carácter.

tetramorfos. M. En el arte medieval, símbolo de los evangelistas, consistente en cuatro figuras humanas con cabeza de animal.

tetramotor. M. cuatrimotor.

tetraplejia o **tetraplejía.** F. *Med.* Parálisis de las cuatro extremidades.

tetrapléjico, ca. ADJ. **1.** *Med.* Perteneciente o relativo a la tetraplejia. *Lesión tetrapléjica.* ‖ **2.** Que padece tetraplejia. U. t. c. s.

tetrápodo, da. ADJ. *Zool.* Se dice de los animales vertebrados que poseen dos pares de extremidades pentadáctilas, como los anfibios, los reptiles, las aves y los mamíferos. U. t. c. s. m. ORTOGR. En m. pl., escr. con may. inicial c. taxón. *Los Tetrápodos.*

tetrarca. M. hist. Señor de la cuarta parte de un reino o provincia.

tetrarquía. F. **1.** hist. Dignidad de tetrarca. ‖ **2.** hist. Territorio de su jurisdicción.

tetrasilábico, ca. ADJ. Que consta de cuatro sílabas.

tetrasílabo, ba. ADJ. Que consta de cuatro sílabas. Apl. a un verso, u. t. c. s. m.

tetrástilo, la. ADJ. *Arq.* Dicho especialmente de un edificio de estilo clásico: Que tiene cuatro columnas en la fachada.

tetrástrofo. M. Estrofa de cuatro versos.

tétrico, ca. ADJ. Triste, demasiado serio, grave y melancólico. *Imagen tétrica.*

tetuda. ADJ. coloq. Que tiene grandes las tetas. ☐ V. aceituna ~.

tetunte. M. *Am. Cen.* Piedra, ladrillo o pedazo de adobe.

teucrio. M. Arbusto de la familia de las Labiadas, como de un metro de altura, con tallos leñosos, ramas extendidas, hojas persistentes, aovadas, enteras, verdes y lustrosas por el haz, amarillentas y vellosas por el envés; flores axilares, solitarias, azuladas con venas más oscuras, y por fruto cuatro aquenios pardos y algo rugosos en el fondo del cáliz.

teucro, cra. ADJ. **1.** hist. Natural de Troya. U. t. c. s. ‖ **2.** hist. Perteneciente o relativo a esta ciudad del Asia antigua.

teúrgia. F. hist. Especie de magia de los antiguos gentiles, mediante la cual pretendían tener comunicación con sus divinidades y operar prodigios.

teúrgico, ca. ADJ. hist. Perteneciente o relativo a la teúrgia.

teutón, na. ADJ. **1.** hist. Se dice del individuo de un pueblo de raza germánica que habitó antiguamente cerca de la desembocadura del Elba, en el territorio del moderno Holstein. U. m. c. s. pl. ‖ **2.** coloq. **alemán.**

teutónico, ca. I. ADJ. **1.** hist. Perteneciente o relativo a los teutones. *Invasiones teutónicas.* ‖ **2.** Se dice de una orden militar de Alemania y de los caballeros de esta orden. ‖ **II.** M. **3.** Lengua de los teutones.

texano, na. ADJ. **1.** Natural de Texas. U. t. c. s. ‖ **2.** Perteneciente o relativo a este estado de la Unión norteamericana.

textil. ADJ. **1.** Dicho de una materia: Capaz de reducirse a hilos y ser tejida. U. t. c. s. m. ‖ **2.** Perteneciente o relativo a los tejidos. *Industria textil.*

texto. M. **1.** Enunciado o conjunto coherente de enunciados orales o escritos. ‖ **2.** Pasaje citado de una obra escrita u oral. ‖ **3.** Todo lo que se dice en el cuerpo de la obra manuscrita o impresa, a diferencia de lo que en ella va por separado; como las portadas, las notas, los índices, etc. ‖ **4.** *Impr.* **libro de texto.** ‖ ~ **base,** o ~ **de base.** M. *Ecd.* En la edición de textos, manuscrito o impreso que se sigue con preferencia sobre otros o en función del que se señalan las variantes de los demás testimonios. ‖ **Sagrado Texto.** M. La Biblia. ☐ V. **libro de ~, procesador de ~s, procesamiento de ~s, tratamiento de ~s.**

textual. ADJ. **1.** Perteneciente o relativo al texto. *Estructura textual.* ‖ **2.** Conforme con el texto o propio de él. *Cita textual.* ‖ **3.** Exacto, preciso. *Palabras textuales.* ‖ **4.** Perteneciente o relativo a la crítica textual. *La Celestina plantea serios problemas textuales.* ☐ V. **crítica ~.**

textura. F. **1.** Disposición y orden de los hilos en una tela. ‖ **2.** Operación de tejer. ‖ **3.** Estructura, disposición de las partes de un cuerpo, de una obra, etc.

texturizar. TR. Tratar los hilos de fibras sintéticas para darles buenas propiedades textiles.

teyú. M. *Á. guar.* Especie de lagarto de unos 45 cm de longitud, verde por el dorso, con dos líneas amarillas a cada lado y una serie de manchas negras. MORF. pl. **teyúes** o **teyús.**

tez. F. Superficie, especialmente la del rostro humano.

tezontle. M. *Méx.* Piedra volcánica porosa, muy ligera, de color rojo oscuro, usada en construcción.

ti. PRON. PERSON. Forma de la 2.ª persona del singular que se emplea únicamente como término de preposición. ‖ **hoy por ~ y mañana por mí.** EXPR. Se usa para manifestar la reciprocidad que puede haber en servicios o favores. ‖ **para ~.** LOC. ADV. Con el pensamiento o sin dirigir a otro la palabra. *Tú dirás para ti.*

tía. F. V. **tío.**

tianguis. M. *Méx.* **mercado** (‖ sitio público).

tiara. F. **1.** Triple corona usada por los papas, símbolo de su autoridad como papa, obispo y rey. ‖ **2.** Dignidad del sumo pontífice. ‖ **3.** hist. Gorro alto, a veces ricamente adornado, que simbolizaba la realeza en el antiguo Egipto y otras monarquías orientales. ‖ **4.** **diadema** (‖ joya femenina).

tibe. M. Á. *Caribe.* Piedra, especie de esquisto, que se usa para afilar instrumentos.

tibetano, na. I. ADJ. **1.** Natural del Tíbet. U. t. c. s. ‖ **2.** Perteneciente o relativo a esta región de Asia. ‖ **II.** M. **3.** Lengua de los tibetanos.

tibia. F. **1.** *Anat.* Hueso principal y anterior de la pierna, que se articula con el fémur, el peroné y el astrágalo. ‖ **2.** *Zool.* Una de las piezas, alargada en forma de varilla, de las patas de los insectos, que por uno de sus extremos se articula con el fémur y por el otro con el tarso. ‖ **3.** flauta (‖ instrumento musical).

tibial. ADJ. *Anat.* Perteneciente o relativo a la tibia.

tibiar. TR. Hacer que un cuerpo tome una temperatura moderada. U. t. c. prnl. U. m. en América. MORF. conjug. c. *anunciar.*

tibieza. F. Cualidad de tibio.

tibio, bia. ADJ. **1.** templado (‖ ni frío ni caliente). *Agua tibia.* ‖ **2.** Indiferente, poco afectuoso. *Aplausos tibios.* ‖ **ponerse** alguien **~.** LOC. VERB. Mancharse, ensuciarse mucho. □ V. huevo ~, paños ~s.

tibisí. M. Á. *Caribe.* Especie de carrizo silvestre, de tallos de dos a tres metros, y flores en panojas terminales. Las hojas sirven de forraje al ganado vacuno y con los tallos se hacen jaulas, nasas, etc. MORF. pl. **tibisíes** o **tibisís.**

tibor. M. Vaso grande de barro, de China o el Japón, por lo regular en forma de tinaja, aunque los hay de varias hechuras, y decorado exteriormente.

tiburón. M. **1.** Pez selacio marino, del suborden de los Escuálidos, de cuerpo fusiforme y hendiduras branquiales laterales. La boca está situada en la parte inferior de la cabeza, arqueada en forma de media luna y provista de varias filas de dientes cortantes. Su tamaño varía entre cinco y nueve metros y se caracteriza por su voracidad. ‖ **2.** Persona que adquiere de forma solapada un número suficientemente importante de acciones en un banco o sociedad mercantil para lograr cierto control sobre ellos. ‖ **3.** Persona ambiciosa que a menudo actúa sin escrúpulos y solapadamente.

tiburoneo. M. Actuación propia de un **tiburón** (‖ persona que adquiere solapadamente acciones).

tic. M. Movimiento convulsivo, que se repite con frecuencia, producido por la contracción involuntaria de uno o varios músculos. MORF. pl. **tics.**

tico, ca. ADJ. coloq. costarricense. Apl. a pers., u. t. c. s.

tictac. ONOMAT. Se usa para imitar el sonido acompasado que produce el escape de un reloj. U. t. c. s. m. *El tictac del reloj.* MORF. pl. c. s. **tictacs.**

tiemblo. M. **1.** álamo temblón. ‖ **2.** temblor.

tiempal. M. *Am. Cen.* Período largo de tiempo. U. m. en pl.

tiempo. M. **1.** Duración de las cosas sujeta a mudanza. ‖ **2.** Magnitud física que permite ordenar la secuencia de los sucesos, estableciendo un pasado, un presente y un futuro. Su unidad en el Sistema Internacional es el *segundo* (s). ‖ **3.** Parte de esta secuencia. ‖ **4.** Época durante la cual vive alguien o sucede algo. *En tiempo de Trajano. En tiempo del descubrimiento de América.* ‖ **5.** edad (‖ tiempo vivido). *¿Qué tiempo tiene el niño?* ‖ **6.** Oportunidad, ocasión o coyuntura de hacer algo. *A su tiempo. Ahora no es tiempo.* ‖ **7.** Lugar, proporción o espacio libre de otros asuntos. *No tengo tiempo.* ‖ **8.** Largo espacio de tiempo. *Hace tiempo que no nos vemos.* ‖ **9.** Cada uno de los actos sucesivos en que se divide la ejecución de algo; como ciertos ejercicios militares, las composiciones musicales, etc. ‖ **10.** Estado atmosférico.

Hace buen tiempo. ‖ **11.** *Esgr.* Golpe que a pie firme ejecuta el tirador para llegar a tocar al adversario. ‖ **12.** *Gram.* Cada una de las divisiones de la conjugación correspondiente al instante o al período en que se ejecuta o sucede lo significado por el verbo. ‖ **13.** *Mar.* Tempestad duradera en el mar. *Correr un tiempo. Aguantar un tiempo.* ‖ **14.** *Mec.* Fase de un motor de explosión. *Un motor de cuatro tiempos.* ‖ **15.** *Mús.* Cada una de las partes de igual duración en que se divide el compás. ‖ **~ absoluto.** M. *Gram.* El que, como el presente o el futuro, expresa el momento de una acción o un estado de cosas situados con respecto al momento en que se habla. ‖ **~ compuesto.** M. *Gram.* El que se forma con el participio pasivo y un verbo auxiliar. En español, con el verbo *haber.* ‖ **~ de pasión.** M. hist. En liturgia, el que comenzaba en las vísperas del Domingo de Pasión y acababa con la nona del Sábado Santo. ‖ **~ geológico.** M. El transcurrido en las diversas eras geológicas, que se mide en millones de años. U. m. en pl. ‖ **~ muerto.** M. **1.** En algunos deportes, suspensión temporal del juego solicitada por un entrenador cuando su equipo está en posesión del balón. ‖ el juego se halla detenido por cualquier causa. ‖ **2.** *Tecnol.* Intervalo de tiempo en que el funcionamiento de un sistema no es eficaz. ‖ **~ pascual.** M. En liturgia, el que principia en las vísperas del Sábado Santo y acaba con las completas del Domingo de Pentecostés. ‖ **~ perdido.** M. El que transcurre sin hacer nada provechoso o sin obtener ningún adelanto en la cosa de que se trata. ‖ **~ relativo.** M. *Gram.* El que, como el pretérito imperfecto o el pluscuamperfecto, indica el momento de una acción o un estado de cosas, considerados desde el punto de vista de su situación con respecto a otra acción o estado expresados en el mismo contexto; p. ej., *Cuando llegué, Juan ya había salido.* ‖ **~ simple.** M. *Gram.* tiempo del verbo que se conjuga sin auxilio de otro verbo; p. ej., *doy, daba, dio, daré, daría, dar.* ‖ **medio ~.** M. El que se interpone y pasa entre un suceso y otro, o entre una estación y otra. ‖ **~s heroicos.** M. **1.** pl. Aquellos en que se supone haber vivido los héroes del paganismo. ‖ **2.** Aquellos en que se ha hecho un gran esfuerzo para sacar adelante una cosa. ‖ **acomodarse** alguien **al ~.** LOC. VERB. Conformarse con lo que sucede o con lo que permiten la ocasión o las circunstancias. ‖ **a largo ~.** LOC. ADV. Después de mucho tiempo; cuando haya pasado mucho tiempo. ‖ **al mismo ~.** LOC. ADV. Con simultaneidad. ‖ **a medio ~.** LOC. ADV. Con media jornada laboral. U. t. c. loc. adj. ‖ **andando el ~.** LOC. ADV. En el transcurso del tiempo, más adelante. ‖ **a ~.** LOC. ADV. En el momento oportuno, cuando todavía no es tarde. ‖ **a ~ completo. I.** LOC. ADJ. **1.** Dicho de un contrato de trabajo o de un empleo: Que ocupa toda la jornada laboral establecida. ‖ **II.** LOC. ADV. **2.** Durante toda la jornada laboral establecida. ‖ **a ~ parcial.** LOC. ADV. Con dedicación no exclusiva. U. t. c. loc. adj. ‖ **a un ~.** LOC. ADV. De manera simultánea o con unión entre varios. ‖ **capear el ~.** LOC. VERB. *Mar.* Estar a la capa, o no dar a la nave, cuando corre algún temporal, otro gobierno que el necesario para la defensa. ‖ **con ~.** LOC. ADV. **1.** Con anticipación, sin premura, con desahogo. ‖ **2.** Cuando es aún ocasión oportuna. *Dar socorro con tiempo.* ‖ **dar ~.** LOC. VERB. **1.** No apremiar a alguien. ‖ **2.** No apresurar algo. ‖ **3.** Disponer de tiempo suficiente. *Lo haré si me da tiempo.* ‖ **dar ~ al ~.** LOC. VERB. **1.** coloq. Esperar la oportunidad o coyuntura para algo. ‖ **2.** coloq. Adoptar condescendencia con alguien, atendiendo a las circunstancias. ‖ **dejar al ~** un negocio. LOC.VERB. Abandonarlo, a ver si el tiempo lo resuelve. ‖ **del ~.** LOC.ADJ. Dicho de una bebida: No enfriada. ‖ **del ~ de Maricastaña.** LOC. ADJ. coloq. De tiempo muy antiguo. ‖ **de medio ~.** LOC.ADJ. *Am.* **a medio tiempo.** U. t. c. loc. adv. ‖ **de ~.** LOC. ADV. Desde bastante tiempo atrás. *Sus rarezas ya vienen de tiempo.* ‖ **de ~ completo.** LOC.ADV. *Am.* **a tiempo completo.** U. t. c. loc. adj. ‖ **de ~ en ~.** LOC.ADV. Con discontinuidad, dejando pasar un espacio de tiempo entre una y otra de las cosas y acciones de que se trata. ‖ **de ~ parcial.** LOC.ADJ. *Am.* **a tiempo parcial.** U. t. c. loc. adv. ‖ **de todo ~.** LOC.ADJ. de tiempo. ‖ **de un ~ a esta parte.** LOC.ADV. Desde hace poco tiempo. ‖ **en los buenos ~s** de alguien. LOC.ADV. coloq. Cuando era joven o estaba boyante. ‖ **en ~s.** LOC.ADV. En época pasada. ‖ **entretener** alguien **el ~.** LOC.VERB. **matar el tiempo.** ‖ **faltar ~** a alguien **para** algo. LOC.VERB. Hacerlo de manera inmediata, sin pérdida de tiempo. *Le faltó tiempo para contarme la noticia.* ‖ **ganar ~.** LOC.VERB. **1.** coloq. Darse prisa, no perder momento. ‖ **2.** coloq. Hacer de modo que el tiempo que transcurra aproveche al intento de acelerar o retardar algún suceso o la ejecución de algo. ‖ **gastar** alguien **el ~.** LOC.VERB. **perder el tiempo.** ‖ **hacer ~** alguien. LOC.VERB. Entretenerse esperando que llegue el momento oportuno para algo. ‖ **matar** alguien **el ~.** LOC. VERB. Ocuparse en algo, para que el tiempo se le haga más corto. ‖ **no tener ~ material.** LOC.VERB. coloq. No disponer del que estrictamente se necesita para algo. *No tuve tiempo material para escribirte.* ‖ **no tener** alguien **~ ni para rascarse.** LOC.VERB. coloq. Estar muy ocupado. ‖ **pasar** alguien **el ~.** LOC.VERB. Estar ocioso o entretenido en cosas fútiles o de mera distracción. ‖ **perder** alguien **el ~,** o **~.** LOCS.VERBS. **1.** No aprovecharlo, o dejar de hacer en él lo que podía o debía. ‖ **2.** Trabajar en vano. ‖ **por ~.** LOC.ADV. Por cierto tiempo, por algún tiempo. ‖ **tener ~.** LOC.VERB. **dar tiempo** (‖ disponer de tiempo suficiente). *Aún tienes tiempo de llegar al aeropuerto.* ‖ **tomarse ~** alguien. LOC.VERB. Dejar para más adelante lo que ha de hacer, a fin de asegurar el acierto. ‖ **un ~.** LOC. ADV. En otro tiempo. □ V. **bomba de ~, fruta del ~, noche de los ~s, lapso de ~, plenitud de los ~s, unidad de ~.**

tienda. F. **1.** Casa, puesto o lugar donde se venden al público artículos de comercio al por menor. ‖ **2.** por antonom. La de comestibles o la de mercería. ‖ **3. tienda de campaña.** ‖ **4.** *Á. Caribe* y *Chile.* por antonom. Aquella en donde se venden tejidos. ‖ **~ de campaña.** F. Armazón de palos clavados en tierra y cubierto con telas o pieles sujetas con cuerdas, que sirve de alojamiento o aposento en un espacio abierto. ‖ **~ de modas.** F. Aquella en que se venden las últimas novedades en ropa. ‖ **~ de raya.** F. *Méx.* Establecimiento comercial en una hacienda, donde se venden mercancías a los trabajadores a cuenta de sus salarios. ‖ **~ por departamentos.** F. *Á. Caribe.* **grandes almacenes.** ‖ **abrir ~.** LOC.VERB. Poner tienda pública de algún trato, manufactura o mercadeo.

tienta. F. Prueba que se hace con la garrocha para apreciar la bravura de los becerros. ‖ **a ~s.** LOC.ADV. **1.** Valiéndose del tacto para reconocer las cosas en la oscuridad, o por falta de vista. ‖ **2.** Con incertidumbre, con duda, sin tino. *Andar a tientas.*

tiento. M. **1.** Ejercicio del sentido del tacto. ‖ **2. pulso** (‖ seguridad o firmeza en la mano). ‖ **3. tacto** (‖ pru-

dencia para proceder en un asunto delicado). ‖ **4.** *Mús.* Floreo o ensayo que hace el músico antes de dar principio a lo que se propone tañer, recorriendo las cuerdas por todas las consonancias, para ver si está bien templado el instrumento. ‖ **5.** *Mús.* hist. Composición instrumental con series de exposiciones sobre diversos temas, cultivada entre los siglos XVI y XVIII. ‖ **6.** *Á. guar., Á. R. Plata* y *Chile.* Tira delgada de cuero sin curtir que sirve para hacer lazos, trenzas, pasadores, etc. ‖ **7.** pl. Cante andaluz con letra de tres versos octosílabos. ‖ **8.** pl. Baile que se ejecuta al compás de este cante. ‖ **dar** alguien **un ~** a algo. LOC.VERB. Reconocerlo o examinarlo con prevención y advertencia, física o moralmente. *Dar un tiento a la espada. Dar un tiento a un ingenio.*

tierno, na. **I.** ADJ. **1.** Que se deforma fácilmente por la presión y es fácil de partir o cortar. *Filete tierno.* ‖ **2.** Reciente, de poco tiempo. *Tallos tiernos.* ‖ **3.** Se dice de la edad de la niñez, para explicar su delicadeza y docilidad. ‖ **4.** Que no ha alcanzado su madurez. *El proyecto aún está tierno.* ‖ **5.** Propenso al llanto. ‖ **6.** Afectuoso, cariñoso y amable. *Tierna languidez. Colores tiernos.* ‖ **8.** Que todavía no ha secado completamente. *Ropa, pintura tierna.* ‖ **9.** *Am. Cen.* y *Á. Andes.* Dicho de un fruto: **verde** (‖ que aún no está maduro). ‖ **II.** M. y F. **10.** *Am. Cen.* **bebé.** ‖ **11.** *Am. Cen.* **benjamín** (‖ hijo menor). *Fulanito es el tierno de la casa.* □ V. **edad ~, ojos ~s.**

tierra. F. **1.** Planeta que habitamos. ORTOGR. Escr. con may. inicial. *La órbita de la Tierra está situada entre la de Venus y la de Marte.* ‖ **2.** Parte superficial del planeta Tierra no ocupada por el mar. ‖ **3.** Material desmenuzable de que principalmente se compone el suelo natural. ‖ **4.** Suelo o piso. *Cayó a tierra.* ‖ **5.** Terreno dedicado a cultivo o propio para ello. ‖ **6.** Nación, región o lugar en que se ha nacido. ‖ **7.** País, región. ‖ **8.** Territorio o distrito constituido por intereses presentes o históricos. ‖ **9.** *Electr.* Masa conductora de la Tierra, o todo conductor unido a ella por una impedancia despreciable. ‖ **~ batida.** F. tierra muy fina y firmemente apisonada que se utiliza en pistas de tenis. ‖ **~ blanca.** F. **1.** tierra de Segovia. ‖ **2.** tierra campa. ‖ **~ caliente.** F. **1.** *Á. Caribe.* Zona climática situada a menos de 1000 m de altura sobre el nivel del mar. ‖ **2.** *Méx.* Región de clima tropical. ‖ **~ campa.** F. La que carece de arbolado y por lo común solo sirve para la siembra de cereales. ‖ **~ de brezo.** F. Mantillo producido por los despojos del brezo y mezclado con arena, muy usado en jardinería. ‖ **~ de nadie.** F. Territorio no ocupado entre las primeras líneas de dos ejércitos enfrentados. U. t. en sent. fig. *El verano es una tierra de nadie en la que cada uno hace lo que quiere.* ‖ **~ de pan llevar.** F. La destinada a la siembra de cereales o adecuada para este cultivo. ‖ **~ de promisión.** F. **1.** La que, según la Biblia, Dios prometió al pueblo de Israel. U. t. en sent. fig. *América era para los emigrantes una tierra de promisión.* ‖ **2.** La muy fértil y abundante. ‖ **~ de Segovia.** F. Carbonato cálcico limpio de impurezas y reducido a polvo, que se usa en pintura. ‖ **~ de Siena.** F. Arcilla de color ocre pardo en cuya composición se encuentran óxidos de hierro y manganeso y que se usa como colorante de tono castaño una vez tostada. ‖ **~ firme.** F. *Geogr.* **continente.** ‖ **~ negra.** F. **mantillo.** ‖ **~ prometida.** F. tierra de promisión. ‖ **Tierra Santa.** F. Lugares donde, según la Biblia y la tradición, nació, vivió y murió Jesucristo. ‖ **~ vegetal.** F. La que de modo natural tiene gran cantidad de materia orgánica, lo cual la hace apta para el cultivo. ‖ **~s raras.** F. pl. **lantánidos** (‖ grupo de elementos químicos). ‖ **besar la ~.** LOC.VERB. **1.** Besarla en señal de humildad o respeto. ‖ **2.** coloq. Caer de bruces. ‖ **besar** alguien **la ~ que** otro **pisa.** LOC. VERB. Tenerle profunda gratitud, sintiéndose siempre en deuda con él. ‖ **dar en ~ con** algo. LOC.VERB. **1.** Derribarlo. ‖ **2.** Deshacer las esperanzas que en ello se fundan. ‖ **dar en ~ con** alguien. LOC.VERB. Hacerlo decaer de su favor, de su opinión o estado; destruirlo. ‖ **dar ~.** LOC. VERB. **1.** Enterrar a una persona muerta. ‖ **2.** *Electr.* Unir un aparato eléctrico mediante un conductor metálico a la tierra, para evitar los efectos de las posibles descargas eléctricas. ‖ **de la ~.** LOC.ADJ. Se dice de los frutos que produce el país o la comarca. ‖ **de ~ quemada.** LOC. ADJ. Dicho de una táctica de guerra: Que consiste en la devastación del territorio que se abandona para obstaculizar el avance del enemigo. U. t. en sent. fig. *Política de tierra quemada.* ‖ **echar por ~** un argumento, una idea, un proyecto, etc. LOC.VERB. Desbaratarlo. ‖ **echar ~** a algo. LOC.VERB. Ocultarlo, hacer que se olvide y que no se hable más de ello. ‖ **en ~** LOC.ADV. coloq. Sin poder servirse del medio en que se preveía viajar. *Se quedó en tierra.* ‖ **irse a ~** algo. LOC.VERB. **venirse a tierra.** ‖ **hacer morder la ~** a alguien. LOC.VERB. **hacer morder el polvo.** ‖ **poner a ~.** LOC.VERB. *Electr.* **dar tierra** (‖ unir mediante un conductor). ‖ **poner** alguien **~ de por medio.** LOC.VERB. Alejarse de un lugar o de una situación para evitar algo. ‖ **sacar** alguien **de debajo de la ~** algo, especialmente dinero. LOC.VERB. coloq. Tener habilidad para obtenerlo de donde aparentemente no podía conseguirse. ‖ **saltar** alguien **a, o en ~.** LOCS.VERBS. Apearse del medio de transporte en que viaja. ‖ **~ adentro.** LOC.ADV. Se usa para determinar todo lugar que en los continentes y en las islas se aleja o está distante de las costas o riberas. ‖ **tomar ~.** LOC.VERB. **1.** *Mar.* Dicho de una nave: aportar (‖ arribar). ‖ **2.** Dicho de una persona: Desembarcar, saltar a tierra. ‖ **3.** Dicho de un aparato de aviación o de sus ocupantes: Aterrizar, descender a tierra. ‖ **trágame ~.** LOC.INTERJ. Enfatiza el sentimiento de vergüenza ante una torpeza o inconveniencia propia que se ha hecho patente. ‖ **tragarse** a alguien **la ~.** LOC.VERB. coloq. Desaparecer de los lugares que frecuentaba. ‖ **venir, o venirse, a ~** algo o alguien. LOCS.VERBS. Caer, arruinarse, destruirse. □ V. **criadilla de ~, escala de mar y de ~, fanega de ~, hiel de la ~, hijo de la ~, lengua de ~, línea de ~, palmo de ~, temblor de ~, toma de ~, turma de ~.**

tierral. M. *Méx.* polvareda (‖ polvo que se levanta de la tierra).

tierroso, sa. ADJ. *Méx.* terroso (‖ que tiene tierra).

tieso, sa. ADJ. **1.** Duro, firme, rígido. *Pelo tieso.* ‖ **2.** Tenso, tirante. *Cuerda tiesa.* ‖ **3.** Afectadamente grave, estirado y circunspecto. ‖ **4.** Terco, inflexible. ‖ **5.** coloq. muerto (‖ sin vida). ‖ **6.** coloq. Muy impresionado o asombrado. *Su confesión dejó tiesos a los oyentes. Se quedó tiesa al verme llegar.* ‖ **7.** coloq. Entumecido a causa del frío. ‖ **tenérselas tiesas.** LOC.VERB. Hacer frente con entereza a un contrario, discutiendo o peleándose con él.

tiesto. M. **1.** maceta (‖ recipiente de barro para criar plantas). ‖ **2.** Pedazo de cualquier vasija de barro. ‖ **3.** *Chile.* Vasija de cualquier clase. ‖ **mear fuera del ~.** LOC. VERB. coloq. Salirse de la cuestión, decir algo que no viene al caso.

tiesura. F. **1.** Dureza o rigidez. ‖ **2.** Gravedad excesiva o con afectación.

tifáceo, a. ADJ. *Bot.* Se dice de las plantas angiospermas monocotiledóneas acuáticas, perennes, de tallos cilíndricos, hojas alternas, lineales, reunidas en la base de cada tallo, flores en espiga, y por frutos drupas con semillas de albumen carnoso; p. ej., la espadaña. U. t. c. s. f. ORTOGR. En f. pl., escr. con may. inicial c. taxón. *Las Tifáceas.*

tífico, ca. ADJ. **1.** *Med.* Perteneciente o relativo al tifus. *Enfermedades tíficas.* ‖ **2.** Que tiene tifus. U. t. c. s.

tiflología. F. Parte de la medicina que estudia la ceguera y los medios de curarla.

tiflológico, ca. ADJ. Perteneciente o relativo a la tiflología o a los tiflólogos.

tiflólogo, ga. M. y F. Especialista en tiflología.

tifo. M. *Méx.* tifus.

tifoidea. F. *Med.* fiebre tifoidea.

tifoideo, a. ADJ. **1.** *Med.* Perteneciente o relativo al tifus. *Infección tifoidea.* ‖ **2.** *Med.* Perteneciente o relativo a la fiebre tifoidea. *Lesiones tifoideas.* □ V. **fiebre ~.**

tifón. M. **1.** Huracán en el mar de la China. ‖ **2.** Columna de agua que se eleva desde el mar con movimiento giratorio por efecto de un torbellino atmosférico.

tifus. M. *Med.* Se usa como nombre para referirse a un género de enfermedades infecciosas, graves, con alta fiebre, delirio o postración, aparición de costras negras en la boca y a veces presencia de manchas punteadas en la piel. ‖ **~ exantemático,** o **~ petequial.** M. *Med.* Infección tífica, epidémica, transmitida generalmente por el piojo, caracterizada por las manchas punteadas en la piel.

tigra. F. *Am.* Jaguar hembra.

tigre. M. **1.** Mamífero felino muy feroz y de gran tamaño, de pelaje blanco en el vientre, amarillento y con listas oscuras en el lomo y la cola, donde las tiene en forma de anillos. La especie más conocida es propia de la India. ‖ **2.** Persona cruel y sanguinaria. ‖ **3.** *Á. Caribe.* jaguar. ‖ **oler a ~.** LOC.VERB. coloq. Oler muy mal. □ V. **ojo de ~.**

tigresa. F. **1.** Tigre hembra. ‖ **2.** Mujer furiosa, llena de ira. ‖ **3.** coloq. Mujer seductora, provocadora y activa en las relaciones amorosas.

tigrillo. M. *Am. Cen.* y *Á. Andes.* ocelote.

tigüilote. M. *Am. Cen.* Árbol cuya madera se usa en tintorería.

tijera. F. **1.** Instrumento compuesto de dos hojas de acero, a manera de cuchillas de un solo filo, y por lo común con un ojo para meter los dedos en el remate de cada mango, las cuales pueden girar alrededor de un eje que las traba, para cortar, al cerrarlas, lo que se pone entre ellas. U. m. en pl. con el mismo significado que en sing. ‖ **2.** Salto o movimiento consistente en levantar las piernas alternativamente en el aire. ‖ **echar la ~.** LOC.VERB. **1.** Empezar a cortar con este instrumento en paño o tela. ‖ **2.** Atajar o cortar los inconvenientes que sobrevienen en un negocio. ‖ **echar ~.** LOC.VERB. *Méx.* Conversar en perjuicio de un ausente, censurando sus acciones. ‖ **meter la ~.** LOC.VERB. **echar la tijera.** □ V. **catre de ~, escalera de ~, silla de ~.**

tijeral. M. **1.** *Á. Andes* y *Chile.* Conjunto de tablas que sobre cabrios sostienen la cubierta de un edificio. ‖ **2.** pl. *Chile.* Fiesta que ofrecen los constructores a los obreros cuando se terminan de colocar los tijerales.

tijerear. TR. *Méx.* tijeretear (‖ murmurar).

tijereta. F. **1.** Insecto ortóptero de dos centímetros de largo aproximadamente, cuerpo estrecho, de color negro, cabeza rojiza, antenas filiformes, élitros cortos, y a veces sin alas ni élitros, y abdomen terminado por dos piezas córneas, móviles, que forman una especie de alicates. Es muy dañoso para las plantas. Todas sus especies son fitófagas. || **2.** Ave palmípeda de América Meridional, con el pico aplanado, cortante y desigual, cuello largo y cola ahorquillada.

tijeretazo. M. Corte hecho de un golpe con las tijeras.

tijeretear. TR. **1.** Dar varios cortes con las tijeras a algo, por lo común sin arte ni tino. || **2.** Am. Murmurar, criticar.

tijereteo. M. Acción y efecto de tijeretear.

tila. F. **1.** Flor del tilo. || **2.** Bebida antiespasmódica que se hace con flores de tilo en infusión de agua caliente.

tilapia. F. Filip. Pez muy voraz, parecido a la piraña, de carne blanca comestible.

tílburi. M. hist. Carruaje de dos ruedas grandes, ligero y sin cubierta, a propósito para dos personas y tirado por una sola caballería.

tildar. TR. **1.** Poner tilde a las letras que lo necesitan. || **2.** Señalar a alguien con alguna nota denigrativa. *La han tildado de ambiciosa.*

tilde. **I.** AMB. **1.** Virgulilla o rasgo que se pone sobre algunas abreviaturas, el que lleva la ñ, y cualquier otro signo que sirva para distinguir una letra de otra o denotar su acentuación. U. m. c. f. || **II.** F. **2.** Cosa mínima.

tilia. F. tilo.

tiliáceo, a. ADJ. Bot. Se dice de las plantas angiospermas dicotiledóneas, árboles, arbustos o hierbas con hojas alternas, sencillas y de nervios muy señalados, estípulas dentadas y caedizas, flores axilares de jugo mucilaginoso, y fruto capsular con muchas semillas de albumen carnoso; p. ej., el tilo. U. t. c. s. f. ORTOGR. En f. pl., escr. con may. inicial c. taxón. *Las Tiliáceas.*

tiliche. M. Am. Cen. y Méx. Baratija, cachivache, bujería.

tilichero, ra. **I.** ADJ. **1.** Méx. Dicho de una persona: Muy afecta a guardar tiliches. || **II.** M. **2.** Am. Cen. y Méx. Vendedor de tiliches.

tilico, ca. ADJ. Méx. Flaco, enclenque.

tilín. ONOMAT. Se usa para imitar el sonido de la campanilla. U. t. c. s. m.

tilinte. ADJ. Am. Cen. Estirado en su grado máximo de tensión y a punto de romperse. *Culebra tilinte como un riel.*

tillado. M. Suelo de tablas.

tilma. F. Méx. hist. Manta de algodón que llevaban los hombres del campo a modo de capa, anudada sobre un hombro.

tilo. M. Árbol de la familia de las Tiliáceas, que llega a 20 m de altura, con tronco recto y grueso, de corteza lisa algo cenicienta, ramas fuertes, copa amplia, madera blanca y blanda; hojas acorazonadas, puntiagudas y serradas por los bordes, flores de cinco pétalos, blanquecinas, olorosas y medicinales, y fruto redondo y velloso, del tamaño de un guisante. Es árbol de mucho adorno en los paseos, y su madera, de gran uso en escultura y carpintería.

timador, ra. M. y F. Persona que tima.

timar. TR. **1.** Quitar o hurtar con engaño. *Cuando le vendieron ese cuadro lo timaron, porque no tiene valor.* || **2.** Engañar a alguien con promesas o esperanzas. *Ha timado a la sociedad entera para medrar.*

timba. F. **1. casa de juego.** || **2.** coloq. Partida de naipes u otro juego de azar. || **3.** Am. Cen. y Méx. **panza** (|| barriga). || **4.** Filip. Cubo para sacar agua del pozo.

timbal. M. **1.** Especie de tambor de un solo parche, con caja metálica en forma de media esfera. Generalmente se tocan dos a la vez, afinados en tono diferente. || **2.** **tamboril.** || **3.** Masa de harina y manteca, por lo común en forma de cubilete, que se rellena de macarrones u otros ingredientes.

timbalero, ra. M. y F. Persona que toca los timbales.

timbó. M. Á. guar. Árbol leguminoso muy corpulento, cuya madera se utiliza para hacer canoas. MORF. pl. **timbós.**

timbón, na. ADJ. Am. Cen. y Méx. Dicho de una persona: Que tiene la tripa grande.

timbrado, da. PART. de **timbrar.** || ADJ. Dicho de la voz: Que tiene un timbre agradable. *Voz bien timbrada.*

timbrar. TR. **1.** Poner el timbre en el escudo de armas. || **2.** Estampar un timbre, un sello o un membrete. *Timbrar el papel.*

timbrazo. M. Toque fuerte de un timbre.

timbre. M. **1.** Aparato empleado para llamar o avisar mediante la emisión rápida de sonidos intermitentes. || **2.** Sello, especialmente el que se estampa en seco. || **3.** Sello emitido por el Estado para algunos documentos, como pago al fisco en concepto de derechos. || **4.** hist. Sello que se ponía en las hojas de los periódicos, en señal de haber satisfecho el impuesto del franqueo de correos. || **5.** Renta del Tesoro constituida por el importe de los sellos, papel sellado y otras imposiciones, algunas cobradas en metálico, que gravan la emisión, uso o circulación de documentos. || **6.** Calidad de los sonidos, que diferencia a los del mismo tono y depende de la forma y naturaleza de los elementos que entran en vibración. *El timbre del violín. Su timbre de voz.* || **7.** Acción gloriosa o cualidad personal que ensalza y ennoblece. || **8.** Heráld. Insignia que se coloca encima del escudo de armas. || **9.** Am. Cen. y Méx. **sello postal.** || **~ móvil.** M. Sello, de tamaño parecido al de correos, que se aplica a ciertos documentos o artículos de comercio para satisfacer el impuesto del timbre.

tímbrico, ca. ADJ. Perteneciente o relativo al **timbre** (|| calidad de los sonidos).

timeleáceo, a. ADJ. Bot. Se dice de las plantas angiospermas dicotiledóneas, arbustos y hierbas que tienen hojas alternas u opuestas, sencillas, enteras y sin estípulas, flores axilares o terminales, sin corola, y por fruto bayas o cápsulas; p. ej., la adelfilla y el torvisco. U. t. c. s. f. ORTOGR. En f. pl., escr. con may. inicial c. taxón. *Las Timeleáceas.*

timidez. F. Cualidad de tímido.

tímido, da. ADJ. Temeroso, medroso, corto de ánimo. U. t. c. s.

timina. F. Biol. Base nitrogenada fundamental, componente del ADN. (Símb. *T*).

timo¹. M. **1.** Acción y efecto de timar. || **2.** Dicho o frase que se repite a manera de muletilla.

timo². M. Anat. Glándula endocrina de los vertebrados, que participa en la función inmunitaria a través de una clase especial de linfocitos.

timocracia. F. Gobierno en que ejercen el poder los ciudadanos que tienen cierta renta.

timócrata. ADJ. Partidario de la timocracia. U. t. c. s.

timol. M. Sustancia de carácter ácido usada como desinfectante.

timón. M. **1.** Pieza plana y móvil montada en la parte posterior de una nave, que sirve para controlar su dirección en el plano horizontal. ‖ **2.** Pieza similar de submarinos, aeronaves, etc. ‖ **3.** Pieza, generalmente en forma de rueda, o cualquier otro dispositivo, que permite a quien pilota controlar el timón de la nave. ‖ **4.** Palo derecho que sale de la cama del arado y al que se fija el tiro. ‖ **5.** Lanza del carro. ‖ **6.** Dirección o gobierno de un negocio. ‖ **7.** *Á. Caribe.* **volante** (‖ del automóvil). ‖ **~ de profundidad.** M. Pieza plana y móvil montada en una aeronave, submarino, etc., que sirve para controlar la dirección en el plano vertical. ‖ **cerrar el ~ a la banda.** LOC.VERB. *Mar.* Hacer girar el timón hacia una banda todo lo posible. ▢ V. **caña del ~, macho del ~, rueda del ~.**

timonear. **I.** INTR. **1.** Gobernar el timón. ‖ **II.** TR. **2.** Manejar un negocio, dirigir algo.

timonel. COM. Persona que gobierna el timón de la nave.

timonera. F. Pluma timonera.

timonero, ra. ADJ. Se dice de las plumas grandes que tienen las aves en la cola, y que en el vuelo les sirven para dar dirección al cuerpo.

timorato, ta. ADJ. **1.** Tímido, indeciso. U. t. c. s. ‖ **2.** Dicho de una persona: Que se escandaliza con exageración de cosas que no le parecen conformes a la moral convencional. U. t. c. s.

timorense. ADJ. **1.** Natural de Timor Oriental. U. t. c. s. ‖ **2.** Perteneciente o relativo a este país de Asia.

timote. **I.** ADJ. **1.** hist. Se dice del individuo de un pueblo amerindio que habitaba la región montañosa del estado venezolano de Mérida. U. t. c. s. ‖ **2.** hist. Perteneciente o relativo a los timotes. *Asentamientos timotes.* ‖ **II.** M. **3.** Lengua desaparecida, de la familia chibcha, hablada por los timotes.

timpánico, ca. ADJ. **1.** *Anat.* Perteneciente o relativo al tímpano del oído. *Cavidad timpánica.* ‖ **2.** *Med.* Se dice del sonido como de tambor que producen por la percusión ciertas cavidades del cuerpo cuando están llenas de gases.

timpanitis. F. *Med.* Hinchazón de alguna cavidad del cuerpo producida por gases, y en especial, abultamiento del vientre, que por acumulación de gases en el conducto intestinal o en el peritoneo, se pone tenso como la piel de un tambor.

timpanizarse. PRNL. *Med.* Dicho del vientre: Abultarse y ponerse tenso, con timpanitis.

tímpano. M. **1.** *Anat.* Membrana extendida y tensa como la de un tambor, que limita exteriormente el oído medio de los vertebrados y que en los mamíferos y aves establece la separación entre esta parte del oído y el conducto auditivo externo. ‖ **2.** Instrumento musical compuesto de varias tiras desiguales de vidrio colocadas de mayor a menor sobre dos cuerdas o cintas, y que se toca con una especie de macillo de corcho o forrado de badana. ‖ **3.** *Arq.* Espacio triangular que queda entre las dos cornisas inclinadas de un frontón y la horizontal de su base. ‖ **4.** *Impr.* Bastidor que tienen las prensas antiguas, sobre el cual descansa el papel que ha de imprimirse.

tina. F. **1.** tinaja (‖ vasija grande de barro). ‖ **2.** Vasija de madera, de forma de media cuba. ‖ **3.** Vasija grande, de forma de caldera, que sirve para el tinte de telas y para otros usos. ‖ **4.** Pila que sirve para bañarse todo el cuerpo o parte de él.

tinaco. M. **1.** Tina pequeña de madera. ‖ **2.** *Am. Cen.* y *Méx.* Depósito de gran capacidad que se usa para almacenar agua en las casas.

tinada. F. Cobertizo para tener recogidos los ganados, y particularmente los bueyes.

tinado. M. Cobertizo de ganado.

tinaja. F. **1.** Vasija grande de barro cocido, y a veces vidriado, mucho más ancha por el medio que por el fondo y por la boca, y que encajada en un pie o aro, o, empotrada en el suelo, sirve ordinariamente para guardar agua, aceite u otros líquidos. ‖ **2.** Cantidad de líquido que cabe en una tinaja. *Esta viña producirá diez tinajas de vino.*

tinajero, ra. **I.** M. y F. **1.** Persona que hace o vende tinajas. ‖ **II.** M. **2.** Sitio o lugar donde se ponen o empotran las tinajas. ‖ **3.** *Á. Caribe.* hist. Mueble de madera en cuya parte superior se ponía una piedra para filtrar el agua y en la parte inferior una tinaja que recogía el agua gota a gota.

tinajón. M. Vasija tosca de barro cocido parecida a la mitad inferior de una tinaja.

tinapá. M. *Filip.* Pescado seco ahumado. MORF. pl. **tinapás.**

tincar. TR. **1.** *Á. Andes.* Golpear con la uña del dedo medio haciéndola resbalar con violencia sobre la yema del pulgar. ‖ **2.** *Á. Andes.* En el juego de las canicas, impulsarlas con la uña del dedo pulgar. ‖ **3.** *Á. Andes.* Golpear una bola con otra. ‖ **4.** *Chile.* intuir.

tincazo. M. *Á. Andes.* capirotazo.

tinción. F. Acción y efecto de teñir.

tinelo. M. Comedor de la servidumbre en las casas de los grandes.

tineo. M. *Chile.* tenío.

tinerfeño, ña. ADJ. **1.** Natural de Tenerife. U. t. c. s. ‖ **2.** Perteneciente o relativo a esta isla del archipiélago canario, en España.

tingible. ADJ. Que se puede teñir. *Granos tingibles por el yodo.*

tingladillo. M. *Mar.* Disposición de las tablas de forro de algunas embarcaciones menores, cuando, en vez de juntarse por sus cantos, montan unas sobre otras, como las pizarras de los tejados.

tinglado. M. **1.** cobertizo. ‖ **2.** Tablado armado a la ligera. ‖ **3.** Artificio, enredo, maquinación.

tiniebla. F. **1.** Falta de luz. U. m. en pl. con el mismo significado que en sing. ‖ **2.** pl. Suma ignorancia y confusión, por falta de conocimientos. ‖ **3.** pl. Oscuridad, falta de luz en lo abstracto o en lo moral. ▢ V. **ángel de ~s, el príncipe de las ~s, oficio de ~s.**

tino¹. M. **1.** Acierto y destreza para dar en el blanco u objeto a que se tira. ‖ **2.** Juicio y cordura. ‖ **3.** Moderación, prudencia en una acción. ‖ **a buen ~.** LOC.ADV. coloq. a ojo. ‖ **sin ~.** LOC.ADV. Sin tasa, sin medida. *Comer, engordar sin tino.*

tino². M. Lagar para uva o aceituna.

tinola. F. *Filip.* Especie de sopa con gallina picada y papaya, calabaza o patata.

tinta. F. **1.** Líquido coloreado que se emplea para escribir o dibujar, mediante un instrumento apropiado. ‖ **2.** tinte (‖ sustancia con que se tiñe). ‖ **3.** Secreción líquida de los cefalópodos para enturbiar el agua como defensa. ‖ **4.** pl. matices (‖ gradaciones de color). *Las tintas de la aurora.* ‖ **~ china.** F. La hecha con negro de humo, que se usa especialmente para dibujar. ‖ **~ de imprenta.** F. Composición grasa y generalmente negra que se emplea para imprimir. ‖ **~ simpática.** F. Composición líquida que tiene la propiedad de que no sea visible lo escrito con ella hasta el momento en que se le aplica el reactivo conveniente. || **media ~.** F. **1.** *Pint.* tinta general que se da primero para pintar al temple y al fresco, sobre la cual se va colocando el claro y el oscuro. || **2.** *Pint.* Color templado que une y empasta los claros con los oscuros. || **medias ~s.** F. pl. coloq. Hechos, dichos o juicios vagos y nada resueltos, que revelan precaución o recelo. || **cargar** alguien **las ~s.** LOC.VERB. **recargar las tintas.** || **de buena ~.** LOC.ADV. coloq. De fuente fidedigna. *Saber de buena tinta.* U. t. c. loc. adj. || **recargar** alguien **las ~s.** LOC.VERB. Exagerar el alcance o significación de un dicho o hecho. || **sudar ~.** LOC.VERB. coloq. Realizar un trabajo con mucho esfuerzo. □ V. **lápiz de ~, lápiz ~.**

tintar. TR. **teñir.** *Cristales tintados.* U. t. c. prnl. *El cielo se tintó de naranja.*

tinte. M. **1.** Acción y efecto de teñir. || **2.** Color con que se tiñe. || **3.** Sustancia con que se tiñe. || **4. tintorería** (|| establecimiento). || **5.** Artificio mañoso con que se da diverso color a las cosas no materiales o se las desfigura. *Presentaron el asunto con tintes muy parciales.*

tinterillo. M. *Am.* Pleitista, rábula.

tintero. M. **1.** Recipiente en que se pone la tinta de escribir. || **2.** *Impr.* Depósito que en las máquinas de imprimir recibe la tinta, impregnando de ella un cilindro giratorio que a su vez la transmite a los otros cilindros que han de realizar la impresión. || **quedársele** a alguien algo **en el ~.** LOC.VERB. coloq. Olvidarlo u omitirlo.

tintilla. F. Variedad de vid, de sarmientos rojos parduscos, y granos pequeños, redondos y negros.

tintillo. M. Vino poco subido de color.

tintín. M. Sonido de la esquila, campanilla o timbre, o el que hacen, al recibir un ligero choque, las copas u otras cosas parecidas.

tintinar. INTR. Producir el sonido especial del tintín.

tintineante. ADJ. Que tintinea. *Frascos tintineantes.*

tintinear. INTR. **tintinar.**

tintineo. M. Acción y efecto de tintinear.

tinto, ta. **I.** ADJ. **1.** Rojo oscuro. *Uvas muy tintas.* || **2.** Que está teñido de algo. *Las manos tintas en sangre.* || **II.** M. **3. vino tinto.** □ V. **uva ~, vino ~.**

tintóreo, a. ADJ. **1.** Perteneciente o relativo a los tintes o sustancias colorantes. *Pasta tintórea.* || **2.** *Bot.* Se dice en especial de las plantas de donde se extraen los colorantes.

tintorera. F. Tiburón muy semejante al cazón, frecuente en las costas del sur de España y en las de Marruecos, que alcanza de tres a cuatro metros de longitud y que tiene dientes triangulares y cortantes, de los cuales los de la mandíbula superior son más anchos y su punta está dirigida hacia atrás. Su dorso y costados son de color azul oscuro.

tintorería. F. **1.** Oficio de tintorero. || **2.** Establecimiento donde se limpian o tiñen telas, ropas y otras cosas.

tintorero, ra. M. y F. Persona que tiene por oficio teñir o dar tintes. □ V. **retama de tintoreros.**

tintura. F. **1.** Acción y efecto de teñir. || **2.** Sustancia con que se tiñe. || **3.** Cosmético para el rostro. || **4.** Líquido en que se ha hecho disolver una sustancia que le comunica color. || **5.** *Med.* Solución de cualquier sustancia medicinal simple o compuesta, en un líquido que disuelve de ella ciertos principios. *Tintura acuosa, vinosa, alcohólica.*

tiña. F. **1.** Arañuelo que daña las colmenas. || **2.** *Med.* Cada una de las enfermedades producidas por diversos

parásitos en la piel del cráneo, y de las cuales unas consisten en costras y ulceraciones, y otras ocasionan solo la caída del cabello.

tiñoso, sa. ADJ. **1.** Que padece tiña. *Perro tiñoso.* U. t. c. s. || **2.** despect. Escaso, miserable y ruin. U. t. c. s.

tío, a. **I.** M. y F. **1.** Respecto de una persona, hermano o hermana de su padre o madre. || **2.** Respecto de una persona, primo o prima de su padre o madre. || **3. tío abuelo.** || **4.** En algunos lugares se usa, ante el nombre propio o el apodo, como tratamiento para la persona casada o entrada ya en edad. || **5.** coloq. Persona de quien se pondera algo bueno o malo. *¡Qué tío más pelma! ¡Qué tía más lista!* || **6.** coloq. Persona cuyo nombre y condición se ignoran o no se quieren decir. *Nos recibió un tío con poca amabilidad.* || **II.** M. **7.** pl. El tío y la tía. *Están en casa de sus tíos.* || **III.** F. **8.** prostituta. || **~ abuelo, la.** M. y F. Respecto de una persona, hermano o hermana de uno de sus abuelos. || **~ carnal.** M. y F. **tío** (|| hermano o hermana del padre o de la madre). || **~ segundo, da; ~ tercero, ra,** etc. M. y F. Respecto de una persona, primo o prima de su padre o madre, según el grado de parentesco. || **contárselo** alguien **a** su **tía.** LOC.VERB. coloq. **contárselo a** su **abuela.**

tiorba. F. Instrumento musical semejante al laúd, pero algo mayor, con dos mangos y con ocho cuerdas más para los bajos.

tiovivo. M. Atracción de feria que consiste en varios asientos colocados en un círculo giratorio. MORF. pl. **tiovivos.**

tipa. F. Árbol leguminoso sudamericano, que crece hasta 20 m de altura, con tronco grueso, copa amplia, hojas compuestas de hojuelas ovales y lisas, flores amarillas, y fruto con semillas negras. Da una variedad poco apreciada de sangre de drago, y la madera, dura y amarillenta, se emplea en carpintería y ebanistería.

tiparraco, ca. M. y F. despect. **tipejo.**

tipazo. M. **1.** coloq. Cuerpo muy atractivo de una persona. *Aquella mujer tiene un tipazo.* || **2.** coloq. Persona muy atractiva por sus rasgos corporales.

tipejo, ja. M. y F. despect. Persona ridícula y despreciable.

tipi. M. hist. Tienda de piel de forma cónica que utilizaban como vivienda los indios de las praderas de América del Norte.

tipicidad. F. **1.** Cualidad de típico. || **2.** *Der.* Principio jurídico en virtud del cual en materia penal o sancionatoria no se pueden imponer penas o sanciones sino a conductas previamente definidas por la ley.

tipicismo. M. **tipismo.**

típico, ca. ADJ. **1.** Característico o representativo de un tipo. *Modelo típico de organización.* || **2.** Peculiar de un grupo, país, región, época, etc. *Una casona típica de Cantabria.*

tipificación. F. Acción y efecto de tipificar.

tipificar. TR. **1.** Ajustar varias cosas semejantes a un tipo o norma común. *El cuadro sinóptico tipifica las clases de parásitos.* || **2.** *Der.* En la legislación penal o sancionatoria, definir una acción u omisión concretas, a las que se asigna una pena o sanción.

tipismo. M. **1.** Cualidad o condición de típico. || **2.** Conjunto de caracteres o rasgos típicos.

tiple. **I.** M. **1.** Voz humana más aguda, propia especialmente de mujeres y niños. || **2.** Guitarra pequeña de voces muy agudas. || **3.** Especie de oboe, más pequeño que la tenora, empleado en la cobla de las sardanas. ‖ **II.** COM. **4.** Persona cuya voz es la de tiple. ‖ **5.** Persona que toca el tiple.

tipo, pa. I. M. y F. **1. persona** (‖ hombre o mujer). U. t. en sent. despect. *Aquel tipo ni me miró.* U. t. en sent. ponder. *Rosa es una gran tipa.* ‖ **II.** M. **2.** Modelo, ejemplar. ‖ **3.** Símbolo representativo de algo figurado. ‖ **4.** Clase, índole, naturaleza de las cosas. ‖ **5.** Ejemplo característico de una especie, de un género, etc. ‖ **6.** Pieza de la imprenta y de la máquina de escribir en que está de realce una letra u otro signo. ‖ **7.** Figura o talle de una persona. *Fulano tiene buen tipo.* ‖ **8.** Personaje de una obra de ficción. ‖ **9.** *Biol.* y *Zool.* Cada uno de los grandes grupos taxonómicos en que se dividen los reinos animal y vegetal, y que, a su vez, se subdividen en clases. ‖ **10.** *Der.* En la legislación penal o sancionatoria, definición por la ley de una conducta a efectos de la imposición de la pena o sanción correspondiente. ‖ **11.** *Numism.* Figura principal de una moneda o medalla. ‖ **tipo de cambio.** M. cambio (‖ valor de las monedas de diferentes países). ‖ **mantener el ~.** LOC.VERB. coloq. Comportarse de modo gallardo ante la adversidad o el peligro. ‖ **ser** alguien **mi, tu, su,** etc., **tipo.** LOCS.VERBS. coloqs. Reunir las cualidades necesarias para gustar a la persona a la que se refiere el posesivo. ☐ V. **escala de ~s impositivos.**

tipografía. F. **1. imprenta** (‖ arte de imprimir). ‖ **2. imprenta** (‖ taller donde se imprime). ‖ **3.** Modo o estilo en que está impreso un texto.

tipográfico, ca. ADJ. Perteneciente o relativo a la tipografía.

tipógrafo, fa. M. y F. Persona que sabe o profesa la tipografía.

tipoi. M. Á. guar. Túnica larga, generalmente de lienzo o algodón, con escote cuadrado y mangas muy cortas.

tipología. F. **1.** Estudio y clasificación de tipos que se practica en diversas ciencias. ‖ **2.** Conjunto de los tipos clasificados.

tipológico, ca. ADJ. Perteneciente o relativo a la tipología.

tipometría. F. *Impr.* Medición de los puntos tipográficos.

tipómetro. M. *Impr.* Instrumento que sirve para medir los puntos tipográficos.

típula. F. Insecto díptero semejante al mosquito, pero algo mayor. No pica al hombre ni a los animales, se alimenta del jugo de las flores y su larva ataca las raíces de muchas plantas de huerta y de jardín.

tique[1]**.** M. *Chile.* Árbol de la familia de las Euforbiáceas, con hojas lampiñas, muy pálidas por debajo, cubiertas de escamas de lustre metálico. El fruto es una drupa dura semejante a una aceituna pequeña.

tique[2]**.** M. **1.** Billete, boleto. ‖ **2.** Vale, bono, cédula, recibo.

tiquear. TR. *Chile.* Marcar partes de un documento para indicar que se ha tomado nota de su contenido.

tiquete. M. *Am. Cen.* tique[2].

tiquis. ~ miquis. M. coloq. tiquismiquis.

tiquismiquis. I. M. **1.** pl. coloq. Escrúpulos o reparos vanos o de poquísima importancia. ‖ **II.** COM. **2.** coloq. Persona que hace o dice tiquismiquis.

tira. F. **1.** Pieza larga, estrecha, delgada y generalmente flexible, de tela, papel, cuero u otro material de propiedades semejantes. ‖ **2. historieta** (‖ serie de dibujos). ‖ **3.** coloq. Gran cantidad de algo. *Vino LA tira de gente.*

‖ **4.** *Mar.* Parte de un cabo que pasando por un motón se extiende horizontalmente de modo que se agarren de ella los marineros para halar. ‖ **~ bordada.** F. Franja bordada a máquina, de hilo u otro material, que se emplea como adorno, especialmente en lencería y ropa de cama. ‖ **~ cómica.** F. **historieta** (‖ serie de dibujos). ☐ V. **asado de ~.**

tirabeque. M. Guisante mollar.

tirabuzón. M. **1.** Rizo de cabello, largo y pendiente en espiral. ‖ **2. sacacorchos.** ‖ **sacar** algo **con ~.** LOC. VERB. coloq. Sacarlo a la fuerza. Se dice especialmente de las palabras que se obliga a decir a una persona callada.

tirachinas. M. Horquilla con mango a cuyos extremos se unen los de una goma para estirarla y disparar así piedras, perdigones, etc.

tirada. F. **1.** Acción de tirar. ‖ **2.** Distancia que hay de un lugar a otro, o de un tiempo a otro. *Desde aquí hasta Madrid hay una buena tirada.* ‖ **3.** Serie de cosas que se dicen o escriben de un tirón. *Tirada de versos.* ‖ **4.** *Impr.* Número de ejemplares de que consta una edición. ‖ **5.** *Impr.* Número de ejemplares que se tira en un solo día de labor. ‖ **~ aparte.** F. *Impr.* Impresión por separado que se hace de algún artículo o capítulo publicado en una revista u obra, y que, aprovechando los moldes de estas, se edita en cierto número de ejemplares sueltos. ‖ **de,** o **en, una ~.** LOCS.ADVS. de un tirón.

tiradera. F. hist. Flecha muy larga, de bejuco y con punta de asta de ciervo, usada por los indios de América, que la disparaban por medio de correas.

tiradero. M. **1.** Lugar donde el cazador se pone para tirar. ‖ **2.** *Méx.* **basurero** (‖ sitio donde se arroja la basura).

tirado, da. PART. de tirar. ‖ **I.** ADJ. **1.** coloq. Dicho de una cosa: Que se da muy barata o es de fácil realización u obtención. ‖ **2.** coloq. Dicho de una persona: Despreciable o que ha perdido la vergüenza. ‖ **3.** coloq. Abandonado, sin ayuda, sin recursos. *Se ha ido de vacaciones y ha dejado tirado a su perro. El coche me ha dejado tirado.* ‖ **II.** M. **4.** Acción de reducir a hilo los metales, en particular el oro. ‖ **5.** *Impr.* Acción y efecto de imprimir.

tirador, ra. I. M. y F. **1.** Persona que tira, especialmente la que lo hace con cierta destreza y habilidad. *Tirador de escopeta.* ‖ **II.** M. **2.** Asidero del cual se tira para abrir o cerrar una puerta, un cajón, etc. ‖ **3.** Cordón, cinta, cadena o alambre del que se tira para hacer sonar la campanilla o el timbre. ‖ **4. tirachinas.** ‖ **5.** Instrumento con que se estira. ‖ **6.** *Á. guar.* y *Á. R. Plata.* **tirante** (‖ tira que sostiene el pantalón u otras prendas). U. m. en pl.

tirafondo. M. Tornillo para asegurar, especialmente en la madera, algunas piezas de hierro.

tiragomas. M. tirachinas.

tiraje. M. **1.** *Impr.* **tirada** (‖ número de ejemplares). ‖ **2.** *Am.* Tiro de la chimenea.

tiraleche. M. *Méx.* sacaleches.

tiralevitas. COM. adulador.

tiralíneas. M. Instrumento de metal, a modo de pinzas, cuya separación se gradúa con un tornillo, y sirve para trazar líneas de tinta más o menos gruesas, según dicha separación.

tiramisú. M. Dulce hecho con bizcocho empapado en café y mezclado con un queso suave y nata montada. MORF. pl. **tiramisús.**

tiramollar. INTR. *Mar.* Tirar de un cabo que pasa por retorno, para aflojar lo que asegura o sujeta.

tirana. F. hist. Antigua canción popular española, de aire lento y ritmo sincopado en compás ternario.

tiranía. F. **1.** Gobierno ejercido por un tirano. || **2.** Abuso o imposición en grado extraordinario de cualquier poder, fuerza o superioridad. || **3.** Dominio excesivo que un afecto o pasión ejerce sobre la voluntad.

tiranicida. COM. Persona que da muerte a un tirano. U. t. c. adj.

tiranicidio. M. Muerte dada a un tirano.

tiránico, ca. ADJ. **1.** Perteneciente o relativo a la tiranía. *Un régimen tiránico.* || **2.** Que ejerce tiranía.

tiranizar. TR. **1.** Dicho de un tirano: Gobernar algún Estado. || **2.** Dominar tiránicamente. *Un padre cruel lo tiranizaba.*

tirano, na. ADJ. **1.** Dicho de una persona: Que obtiene contra derecho el gobierno de un Estado, especialmente si lo rige sin justicia y a medida de su voluntad. U. t. c. s. || **2.** Dicho de una persona: Que abusa de su poder, superioridad o fuerza en cualquier concepto o materia, o que, simplemente, impone ese poder y superioridad en grado extraordinario. U. t. c. s. || **3.** Dicho de una pasión o de un afecto: Que dominan el ánimo o arrastran el entendimiento. *Amor tirano.*

tiranosaurio. M. Dinosaurio carnívoro que llegaba a alcanzar cinco metros de altura y siete toneladas de peso, cuyas extremidades anteriores eran mucho más pequeñas que las posteriores, tenía locomoción bípeda y vivió durante el período cretácico en América del Norte y Asia central.

tirante. **I.** ADJ. **1. tenso** (|| en estado de tensión). *La cuerda tirante se rompió.* || **2.** Dicho de una relación de amistad: Próxima a romperse. || **3.** Dicho de una situación: Violenta y embarazosa. || **II.** M. **4.** Cuerda o correa que, asida a las guarniciones de las caballerías, sirve para tirar de un carruaje. || **5.** Cada una de las cintas o tiras que sostienen de los hombros el pantalón u otras prendas de vestir. U. m. en pl. || **6.** *Arq.* Pieza de madera o barra de hierro colocada horizontalmente en una armadura de tejado para impedir la separación de los pares, o entre dos muros para evitar un desplome. || **7.** *Mec.* Pieza, generalmente de hierro o acero, destinada a soportar un esfuerzo de tensión.

tirantez. F. Cualidad de tirante.

tirapiedras. M. *Ant.* **tirachinas.**

tirar. **I.** TR. **1.** Dejar caer intencionadamente algo. *Tirar el libro, el pañuelo.* || **2.** Arrojar, lanzar en dirección determinada. *Juan tiraba piedras a Diego.* U. t. c. intr. || **3.** Derribar a alguien. || **4.** Echar abajo, demoler, poner lo de arriba, abajo. *Tirar una casa, un árbol.* || **5.** Desechar algo, deshacerse de ello. *Esta camisa está para tirarla.* || **6.** Disparar la carga de un arma de fuego, o un artefacto explosivo. *Tirar un cañonazo, un cohete.* || **7.** Trazar líneas o rayas. || **8.** Hacer sufrir un golpe o daño. *Tirar un pellizco, un mordisco, una coz.* || **9.** En ciertos deportes de balón, pelota, etc., lanzarlos o impulsarlos para conseguir un tanto. U. t. c. intr. || **10.** Malgastar el caudal o malvender la hacienda. *Ha tirado su patrimonio.* || **11.** *Fotgr.* Disparar una cámara fotográfica. || **12.** *Impr.* **imprimir.** *Tirar un pliego, un grabado.* || **13.** *Impr.* Dicho generalmente de un periódico o de una publicación periódica: Publicar, editar un determinado número de ejemplares. || **14.** Á. *Caribe.* Conducir, transportar, aca-

rrear. || **15.** Á. *Caribe.* Cerrar con fuerza algo, especialmente una puerta. || **16.** Á. *Caribe.* Decir o proferir una pulla. || **II.** INTR. **17.** Dicho de personas, animales o vehículos: Hacer fuerza para traer hacia sí o para llevar tras sí. *La yegua tira del carro.* || **18.** Manejar o esgrimir ciertas armas según arte. *Tira bien con la espada, pero mal con la pistola.* || **19.** Sacar o tomar un arma o un instrumento en la mano para emplearlos. *Enfurecido, tiró* DE *navaja.* || **20.** Producir la corriente de aire necesaria para mejorar la combustión. *La chimenea tira mucho. Este cigarro no tira.* || **21.** Apretar, ser demasiado estrecho o corto. *Me tira el hombro de la chaqueta.* || **22.** Dicho de una persona o de una cosa: Atraer la voluntad y el afecto de alguien. *La patria tira siempre.* || **23.** Dirigirse a uno u otro lado. *Al llegar a la esquina, tire usted a la derecha.* || **24.** Tender, propender, inclinarse. *Esta carne tira a dura.* || **25.** Poner los medios, disimuladamente por lo común, para lograr algo. *Ese tira a ministro.* || **26.** coloq. Dicho de una persona o de una cosa: Durar o mantenerse trabajosamente. *El enfermo va tirando. El camión tirará aún un par de años.* || **27.** coloq. Dicho de una persona o de una cosa: Imitar, asemejarse o parecerse a otra. *Tira a la familia de su padre.* || **28.** coloq. Poseer sexualmente a alguien. U. t. c. tr. y c. prnl. || **III.** PRNL. **29.** Abalanzarse, precipitarse a decir o ejecutar algo. *Se tiró a insultar a todos.* || **30.** Arrojarse, dejarse caer. *Tirarse del tren en marcha.* || **31.** Echarse, tenderse en el suelo o encima de algo. *Tirarse en la cama.* || **a todo ~.** LOC. ADV. A lo más, a lo sumo. *El enfermo vivirá, a todo tirar, un mes.* || **~ de, o por, largo.** LOCS. VERBS. coloqs. Gastar sin tasa. || **tira y afloja.** LOC. SUST. M. coloq. Negociación en la que se cede y se concede.

tirilla. F. **1.** Tira de lienzo puesta en el cuello de la camisa para fijar en ella el cuello postizo. || **2.** *Chile.* Vestido hecho de andrajos.

tirio, ria. ADJ. **1.** hist. Natural de Tiro. U. t. c. s. || **2.** hist. Perteneciente o relativo a esta ciudad de Fenicia. || **~s y troyanos.** M. pl. Partidarios de opiniones o intereses opuestos.

tirita. (Marca reg.). F. Tira adhesiva por una cara, en cuyo centro tiene un apósito esterilizado que se coloca sobre heridas pequeñas para protegerlas.

tiritar. INTR. Temblar o estremecerse de frío o por causa de fiebre, de miedo, etc. || **tiritando.** ADV. temblando. *Empinó la bota y la dejó tiritando.*

tiritera. F. coloq. Temblor producido por el frío del ambiente o al iniciarse la fiebre.

tiritón, na. **I.** ADJ. **1.** Que tiembla. *La llama de la vela vacilaba tiritona.* || **II.** M. **2.** Cada uno de los estremecimientos que siente quien tirita.

tiritona. F. coloq. Temblor al iniciarse la fiebre.

tiro. M. **1.** Acción y efecto de tirar. || **2.** Señal o impresión que hace lo que se tira. || **3.** Disparo de un arma de fuego. || **4.** Estampido que este produce. || **5.** Carga de un arma de fuego. *Pistola de nueve tiros.* || **6.** Alcance de cualquier arma arrojadiza. || **7.** Lugar donde se tira al blanco. *Va al tiro todas las semanas.* || **8.** Se usa como medida de distancia para armas disparadas u objetos arrojados. *A un tiro de bala. Dista un tiro de piedra.* || **9.** Conjunto de animales que tiran de algo, especialmente de un carruaje. || **10. tirante** (|| de un carruaje). || **11.** Cuerda puesta en una polea o en una máquina, para subir una cosa. || **12.** Corriente de aire que produce el fuego de un hogar, y, por ext., la que se produce entre puertas y ventanas de una casa. ‖ **13.** Longitud de una pieza de cualquier tejido; como un paño, una estera, etc. ‖ **14.** Distancia desde la unión de las perneras de un pantalón hasta la cintura. ‖ **15.** *Dep.* Cada una de las especialidades deportivas que consisten en disparar con distintos tipos de armas sobre determinados blancos. ‖ **~ al blanco.** M. **1.** Deporte o ejercicio que consiste en disparar a un blanco con un arma. ‖ **2.** Lugar donde se practica. ‖ **~ al plato.** M. **1.** Deporte o ejercicio que consiste en disparar con escopeta a un plato lanzado al vuelo. ‖ **2.** Lugar donde se practica. ‖ **~ de gracia.** M. **1.** El que se da en la cabeza para rematar a quien ha sido fusilado. ‖ **2.** Acción que pone fin inexorablemente a un determinado proceso o situación. *La caída de la bolsa supuso para él el tiro de gracia.* ‖ **~ de pichón.** M. **1.** Deporte o ejercicio que consiste en disparar con escopeta a un pichón al vuelo. ‖ **2.** Lugar donde se practica. ‖ **~ directo.** M. *Dep.* En el fútbol y otros juegos, disparo a balón parado contra la portería de un equipo para ejecutar la sanción de una falta desde el lugar en que se ha cometido. ‖ **~ indirecto.** M. *Dep.* En el fútbol y otros juegos, disparo a balón parado que, en cumplimiento de una sanción, no puede ser lanzado directamente a la portería contraria. ‖ **~ libre.** M. *Dep.* En baloncesto, tiro a canasta que se concede a un jugador como consecuencia de una falta cometida por el equipo contrario. ‖ **al ~.** LOC.ADV. *Am. Mer.* inmediatamente (‖ al instante). ‖ **a ~.** LOC.ADV. **1.** Al alcance de un arma arrojadiza o de fuego. ‖ **2.** Al alcance de los deseos o intentos de alguien. ‖ **a ~ hecho.** LOC.ADV. Con la seguridad de obtener el resultado que se desea. ‖ **como un ~.** LOC. ADV. **1.** coloq. **como una flecha.** ‖ **2.** coloq. Muy mal, fatal. *La comida le sentó como un tiro. Ese traje te cae como un tiro.* ‖ **de al ~.** LOC.ADV. *Méx.* De una vez, enteramente, del todo. ‖ **de ~s largos.** LOC.ADV. coloq. Con vestido de gala. ‖ **errar** alguien **el ~.** LOC.VERB. Engañarse en el dictamen o fracasar en el intento. ‖ **ni a ~s.** LOC. ADV. coloq. Ni aun con la mayor violencia, de ningún modo, en absoluto. ‖ **no van por ahí los ~s.** EXPR. coloq. Se usa para dar a entender lo descaminado de una presunción o conjetura. ‖ **pegar** a alguien **cuatro ~s.** LOC. VERB. Matarlo alevosamente con arma de fuego. ‖ **pegarse un ~.** LOC.VERB. Suicidarse con arma de fuego. ‖ **salir el ~ por la culata.** LOC.VERB. coloq. Obtener resultado contrario del que se pretendía o deseaba. □ V. **ángulo de ~, campo de ~, dirección de ~, polígono de ~.**

tiroideo, a. ADJ. *Anat.* Perteneciente o relativo al tiroides.

tiroides. F. *Anat.* Glándula endocrina de los animales vertebrados, situada por debajo y a los lados de la tráquea y de la parte posterior de la laringe. En el hombre está delante y a los lados de la tráquea y de la parte inferior de la laringe. En España, u. m. c. m.

tirolés, sa. I. ADJ. **1.** Natural del Tirol. U. t. c. s. ‖ **2.** Perteneciente o relativo a esta comarca de los Alpes o a la región austríaca de ese nombre. ‖ **II.** M. **3.** Dialecto hablado en el Tirol.

tirón. M. **1.** Acción y efecto de tirar con violencia, de golpe. ‖ **2.** Sacudida o movimiento brusco de un vehículo o de un motor. ‖ **3.** En una carrera deportiva, arrancada repentina de algún participante. ‖ **4.** Agarrotamiento o contracción muscular. ‖ **5.** Atracción que ejerce alguien o algo sobre una persona. ‖ **6.** Robo con-

sistente en apoderarse el ladrón de un bolso, u otro objeto, tirando violentamente de él y dándose a la fuga. ‖ **7.** *Econ.* Movimiento fuerte de las cotizaciones en la bolsa. ‖ **de un ~.** LOC.ADV. De una vez, de un golpe.

tironear. TR. Dar tirones.

tirosina. F. *Bioquím.* Aminoácido proteínico, que participa en la formación de ciertas melaninas y hormonas tiroideas.

tirotear. TR. Disparar repetidamente armas de fuego portátiles contra personas o cosas.

tiroteo. M. Acción y efecto de tirotear.

tirreno, na. ADJ. hist. **etrusco.** Apl. a pers., u. t. c. s.

tirria. F. coloq. Manía, odio u ojeriza hacia algo o alguien.

tirso. M. hist. Vara enramada, cubierta de hojas de hiedra y parra, que solía llevar como cetro la figura de Baco, usada en las fiestas dedicadas a este dios.

tisana. F. Bebida medicinal que resulta del cocimiento ligero de una o varias hierbas y otros ingredientes en agua.

tisanuro. M. *Zool.* Insecto de pequeño tamaño, cuerpo brillante, áptero y sin metamorfosis, con antenas largas, órganos bucales rudimentarios y abdomen terminado en tres filamentos largos y delgados. U. t. c. adj. ORTOGR. En pl., escr. con may. inicial c. taxón. *Los Tisanuros.*

tisera. F. *Am.* **tijera.** U. m. en pl. con el mismo significado que en sing.

tísico, ca. ADJ. **1.** Perteneciente o relativo a la tisis. *Síntomas tísicos.* ‖ **2.** Que padece de tisis. U. t. c. s.

tisis. F. Tuberculosis pulmonar.

tiste. M. *Am. Cen.* Bebida refrescante que se prepara con harina de maíz tostado, cacao, achiote y azúcar.

tisú. M. Tela de seda entretejida con hilos de oro o plata que pasan desde el haz al envés. MORF. pl. **tisúes** o **tisús.**

tisular. ADJ. *Biol.* Perteneciente o relativo a los tejidos de los organismos.

titán. M. **1.** Persona que descuella por su excepcional fuerza. *Era un titán en el* ring. ‖ **2.** Persona que sobresale en alguna cualidad. *Galdós es uno de los titanes de la literatura española.*

titánico, ca. ADJ. **1.** Perteneciente o relativo a un titán. *Brazos titánicos.* ‖ **2.** Desmesurado, excesivo. *Empresa titánica.*

titanio. M. Elemento químico de núm. atóm. 22. Metal abundante en la litosfera, se encuentra en el rutilo en forma de óxido, en la escoria de ciertos minerales de hierro y en cenizas de animales y plantas. De color gris oscuro, de gran dureza, resistente a la corrosión y de propiedades físicas parecidas a las del acero, se usa en la fabricación de equipos para la industria química y, aleado con el hierro y con otros metales, se emplea en la industria aeronáutica y aeroespacial. Algunos de sus compuestos son muy opacos y, por su blanco intenso, se utilizan en la fabricación de pinturas. (Símb. *Ti*).

títere. M. **1.** Muñeco de pasta u otra materia que se mueve por medio de hilos u otro procedimiento. ‖ **2.** Persona que se deja manejar por otra. ‖ **3.** coloq. Persona que actúa ligeramente o sin fundamento. ‖ **4.** pl. coloq. Espectáculo consistente en títeres, acrobacias, y otros ejercicios de carácter circense generalmente ejecutados por artistas ambulantes y al aire libre. ‖ **no dejar,** o **no quedar, ~ con cabeza.** LOCS.VERBS. **1.** coloqs. Desacreditar acremente, hablando o escribiendo, a un cierto número de personas. ‖ **2.** coloqs. Deshacer radicalmente una organización.

titerero, ra. M. y F. **titiritero** (‖ persona que maneja los títeres).

tití. M. Mamífero primate, de 15 a 30 cm de largo, de color ceniciento, cara blanca y pelada, con una mancha negruzca sobre la nariz y la boca, y mechones blancos alrededor de las orejas, rayas oscuras transversales en el lomo y de forma de anillos en la cola. Habita en América Meridional, es tímido y fácil de domesticar, y se alimenta de pájaros y de insectos. MORF. pl. **titís** o **titíes.**

titiaro. □ V. **cambur ~.**

titilación. F. Acción y efecto de titilar.

titilar. INTR. **1.** Dicho de un cuerpo luminoso: Centellear con ligero temblor. ‖ **2.** Dicho de una parte del organismo animal: Agitarse con ligero temblor.

titileo. M. Acción y efecto de **titilar** (‖ centellear).

titipuchal. M. *Méx.* **muchedumbre.**

titirimundi. M. hist. Cajón que contenía un artificio óptico para ver aumentados los objetos con cámara oscura, o una colección de figuras de movimiento, y se llevaba por las calles para diversión de la gente.

titiritero, ra. M. y F. **1.** Persona que maneja los títeres. ‖ **2.** volatinero.

tito. M. almorta.

titubeante. ADJ. **1.** Que titubea. *Una mujer titubeante.* ‖ **2.** Que implica o denota titubeo. *Voz titubeante.*

titubear. INTR. **1.** Oscilar, perdiendo la estabilidad y firmeza. ‖ **2.** Tropezar o vacilar en la elección o pronunciación de las palabras. ‖ **3.** Sentir perplejidad en algún punto o materia.

titubeo. M. Acción y efecto de titubear.

titulación. F. **1.** Acción y efecto de titularse o **titular².** *Titulación de los capítulos de un libro. Titulación de una disolución química.* ‖ **2.** Conjunto de títulos de propiedad que afectan a finca. ‖ **3.** Obtención de un título académico.

titulado, da. PART. de **titular².** ‖ M. y F. **1.** Persona que posee un título académico. ‖ **2.** **título** (‖ persona que posee una dignidad nobiliaria).

titular¹. I. ADJ. **1.** Que ejerce un cargo o una profesión con título o nombramiento oficiales. *Juez, médico, profesor universitario titular.* U. t. c. s. ‖ **2.** Dicho de una persona o de una entidad: Que tiene a su nombre un título o documento jurídico que la identifica, le otorga un derecho o la propiedad de algo, o le impone una obligación. U. t. c. s. *El titular del carné. La titular de la cuenta bancaria.* ‖ **3.** Dicho de una persona divina o de un santo: Que dan nombre a una iglesia. U. t. c. s. ‖ **4.** *Dep.* Dicho de un jugador: Que interviene habitualmente en la formación de su equipo. U. t. c. s. ‖ **II.** M. **5.** Cada uno de los títulos de una revista, de un periódico, etc., compuesto en tipos de mayor tamaño. U. m. en pl. ‖ **III.** F. **6.** *Impr.* **letra titular.** □ V. **obispo ~.**

titular². I. TR. **1.** Poner título, nombre o inscripción a algo. ‖ **II.** INTR. **2.** *Quím.* Valorar una disolución. ‖ **III.** PRNL. **3.** Dicho de una persona: Obtener un título académico. ‖ **4.** Tener algo como título o nombre. *La película se titula* El viento.

titularidad. F. **1.** Cualidad o condición de **titular¹.** ‖ **2.** Propiedad de algo legalmente reconocido.

titularización. F. Acción y efecto de titularizar.

titularizar. TR. Dar a algo carácter de titular.

titulillo. M. *Impr.* Renglón que se pone en la parte superior de la página impresa, para indicar la materia de que se trata.

titulitis. F. despect. coloq. Valoración desmesurada de los títulos y certificados de estudios como garantía de los conocimientos de alguien.

titulización. F. *Econ.* Acción y efecto de titulizar.

titulizar. TR. *Econ.* Convertir determinados activos, generalmente préstamos, en valores negociables en el mercado.

título. M. **1.** Palabra o frase con que se da a conocer el nombre o asunto de una obra o de cada una de las partes o divisiones de un escrito. ‖ **2.** Sobrenombre o distintivo con que se conoce a alguien por sus cualidades o sus acciones. ‖ **3.** Testimonio o instrumento dado para ejercer un empleo, dignidad o profesión. ‖ **4.** Dignidad nobiliaria, otorgada por el rey, normalmente transmisible, como la de conde, marqués, duque. ‖ **5.** Persona que posee esta dignidad nobiliaria. ‖ **6.** Documento financiero que representa deuda pública o valor comercial. ‖ **7.** *Der.* Acto o contrato que es causa de la adquisición de la propiedad o de otro derecho real. ‖ **8.** *Quím.* Valoración cuantitativa de una disolución. ‖ **~ al portador.** M. El que no es nominativo, sino pagadero a quien lo lleva o exhibe. ‖ **~ del reino.** M. **título** (‖ dignidad nobiliaria). ‖ **~ valor.** M. *Der.* Documento que incorpora un derecho de contenido patrimonial. Puede ser nominativo o al portador, dependiendo de si identifica o no a la persona legitimada para el ejercicio o la transmisión del derecho incorporado. ‖ **~s de crédito.** M. pl. *Cinem.* y *TV.* **créditos** (‖ relación de personas que han intervenido en una película). ‖ **a ~ de.** LOC. PREPOS. Con pretexto, motivo o causa de.

tiuque. M. *Chile.* **chimango.**

tiza. F. **1.** Arcilla terrosa blanca que se usa para escribir en los encerados y, pulverizada, para limpiar metales. ‖ **2.** Compuesto de yeso y greda que se usa en el juego de billar para frotar la suela de los tacos a fin de que no resbalen al dar en las bolas.

tiznado, da. PART. de **tiznar.** ‖ ADJ. *Am. Cen.* **ebrio** (‖ embriagado por la bebida). ‖ **llevárselo** a alguien **la ~.** LOC. VERB. eufem. *Méx.* **encolerizarse.**

tiznar. TR. **1.** Manchar con tizne, hollín u otra materia semejante. U. t. c. prnl. ‖ **2.** Manchar a manera de tizne con una sustancia de cualquier otro color. *Han tiznado con sangre la cueva.* U. t. c. prnl. ‖ **3.** Deslustrar, oscurecer o manchar la fama u opinión. *Tizna sin miramientos y con falsedades la reputación de cualquier individuo.*

tizne. M. **1.** Humo que se pega a las sartenes, peroles y otras vasijas que han estado a la lumbre. U. menos c. f. ‖ **2.** Tizón o palo a medio quemar.

tiznón. M. **1.** Mancha que se echa o pone en una cosa con tizne o tizón. ‖ **2.** Mancha con otras cosas semejantes, como la tinta, etc.

tizo. M. Pedazo de leña mal carbonizado que despide humo al arder.

tizón. M. **1.** Palo a medio quemar. ‖ **2.** Hongo de pequeño tamaño que vive parásito en el trigo y otros cereales, cuyo micelio invade preferentemente los ovarios de estas plantas y forma esporangios en los que se producen millones de esporas de color negruzco. ‖ **3.** *Arq.* Parte de un sillar o ladrillo, que entra en la fábrica. ‖ **a ~.** LOC. ADV. *Arq.* Dicho de construir: Con la dimensión más larga del ladrillo o piedra colocada perpendicularmente al paramento.

tizona. F. **espada** (‖ arma blanca).

tizonazo. M. **1.** Golpe dado con un tizón. ‖ **2.** Tormento del fuego en el infierno. U. m. en pl.

tizonear. INTR. Componer los tizones, atizar la lumbre.

tlachique. M. *Méx.* **aguamiel** (‖ jugo del maguey).

tlaco. M. **1.** *Am.* hist. Moneda que valía la octava parte del real columnario. ‖ **2.** pl. *Méx.* **dinero** (‖ moneda corriente).

tlacoache. M. *Méx.* **zarigüeya.**

tlaconete. M. *Méx.* Caracol de tierra.

tlacote. M. *Méx.* Tumor pequeño o divieso.

tlacoyo. M. *Méx.* Tortilla gruesa de maíz rellena de frijoles u otro alimento.

tlacuache. M. *Méx.* **zarigüeya.**

tlapalería. F. *Méx.* Tienda de pintura, donde también se venden materiales eléctricos y herramientas.

tlapalero, ra. M. y F. *Méx.* Dueño o empleado de una tlapalería.

tlaxcalteca. ADJ. **1.** Natural de Tlaxcala. U. t. c. s. ‖ **2.** Perteneciente o relativo a este estado de México o a su capital.

TNT. (Sigla). M. *Quím.* **trinitrotolueno.**

to. INTERJ. Se usa para llamar al perro. U. m. repetida.

toa. F. *Am.* Maroma o sirga.

toabajeño, ña. ADJ. **1.** Natural de Toa Baja. U. t. c. s. ‖ **2.** Perteneciente o relativo a este municipio de Puerto Rico o a su cabeza.

toalla. F. **1.** Pieza de felpa, algodón u otro material, por lo general rectangular, para secarse el cuerpo. ‖ ~ **sanitaria.** F. *Á. Caribe.* **compresa higiénica.** ‖ **arrojar,** o **tirar, la** ~. LOCS.VERBS. **1.** *Dep.* Dicho del cuidador de un púgil: Lanzarla a la vista del árbitro del combate para, dada la inferioridad de su pupilo, dar por terminada la pelea. ‖ **2.** coloqs. Darse por vencido, desistir de un empeño.

toallero. M. Mueble o útil para colgar toallas.

toalteño, ña. ADJ. **1.** Natural de Toa Alta. U. t. c. s. ‖ **2.** Perteneciente o relativo a este municipio de Puerto Rico o a su cabeza.

toar. TR. *Mar.* **atoar.**

toba[1]**.** F. **1.** Piedra caliza, muy porosa y ligera, formada por la cal que llevan en disolución las aguas de ciertos manantiales y que van depositándola en el suelo o sobre las plantas u otras cosas que hallan a su paso. ‖ **2. cardo borriqueño.** ‖ ~ **calcárea.** F. Roca sedimentaria formada por la precipitación del carbonato cálcico disuelto en el agua. ‖ ~ **volcánica.** F. Roca ligera, de consistencia porosa, formada por la acumulación de cenizas u otros elementos volcánicos muy pequeños.

toba[2]**. I.** ADJ. **1.** Se dice del individuo perteneciente a un pueblo amerindio del grupo guaicurú, cuyos descendientes habitan la parte del Chaco paraguayo y argentino. U. t. c. s. ‖ **2.** Perteneciente o relativo a los tobas. *Comunidades tobas.* ‖ **II.** M. **3.** Lengua, con varios dialectos, de los tobas.

tobar. M. Cantera de **toba**[1].

tobera. F. **1.** Tubo troncocónico por donde se inyecta aire, agua o combustible en dispositivos o instalaciones como fraguas, altos hornos, motores o turbinas. ‖ **2.** En los motores de reacción de aviones o misiles, dispositivo situado en la parte posterior por donde se expulsa el chorro de los gases de combustión, que proporciona el empuje. ‖ **3.** Conducto de salida de aire a presión utilizado en diversos aparatos, como los secamanos.

tobiano, na. ADJ. *Á. R. Plata.* Dicho de un caballo overo: Cuyo pelaje presenta grandes manchas blancas. U. t. c. s.

tobillera. F. **1.** Venda generalmente elástica con la que se sujeta el tobillo. ‖ **2.** *Méx.* Calcetín corto.

tobillero, ra. ADJ. Dicho de una prenda de vestir: Que llega hasta los tobillos. *Falda tobillera.*

tobillo. M. Protuberancia de la tibia y del peroné. La del primer hueso sobresale en el lado interno y la del segundo, en el lado externo de la garganta del pie. ‖ **hasta el** ~. LOC.ADV. coloq. Se usa para ponderar lo encharcado que está el suelo por donde se anda.

toboba. F. *Am. Cen.* Se usa como nombre genérico para referirse a varias especies de víboras venenosas.

tobogán. M. **1.** Rampa deslizante, generalmente con bordes, por la que las personas, sentadas o tendidas, se dejan resbalar por diversión. ‖ **2.** Pista hecha en la nieve, por la que se deslizan a gran velocidad trineos especiales. ‖ **3.** Zona de una vía de comunicación que presenta sucesivas cuestas arriba y abajo. *La carretera, al llegar a Aguilar, tenía varios toboganes.*

toca. F. **1.** Prenda de lienzo que, ceñida al rostro, usan las monjas para cubrir la cabeza. ‖ **2.** hist. Prenda de tela con que se cubría la cabeza.

tocada. F. *Méx.* Reunión en que se toca música popular.

tocadiscos. M. Aparato que consta de un plato giratorio, sobre el que se colocan los discos de vinilo, y de un dispositivo conectado a un altavoz que permite reproducir eléctricamente las vibraciones inscritas en los discos.

tocado[1]**.** M. **1.** Prenda con que se cubre la cabeza. ‖ **2.** Peinado y adorno de la cabeza, en las mujeres.

tocado[2]**, da.** PART. de **tocar.** ‖ ADJ. **1.** Dicho de la fruta: Que ha empezado a dañarse. ‖ **2.** coloq. Medio loco, algo perturbado. *Un pobre iluso algo tocado.* ‖ **3.** *Dep.* Afectado por alguna indisposición o lesión.

tocador[1]**.** M. **1.** Mueble, por lo común en forma de mesa, con espejo y otros utensilios, para el peinado y aseo de una persona. ‖ **2.** Aposento destinado a este fin.

tocador[2]**, ra.** ADJ. Que toca. Apl. especialmente a quien tañe un instrumento musical, u. t. c. s.

tócame. □ V. **casa de** ~ **Roque.**

tocamiento. M. Acción y efecto de tocar.

tocante. ADJ. Que toca. *Árboles tocantes con la pared de la casa.* ‖ ~ **a.** LOC. PREPOS. Respecto a, referente a.

tocar. I. TR. **1.** Ejercitar el sentido del tacto. *Sintió que unas manos le tocaban la espalda.* ‖ **2.** Llegar a algo con la mano, sin asirlo. *Pudo tocar el borde de su túnica.* ‖ **3.** Hacer sonar según arte cualquier instrumento. ‖ **4.** Interpretar una pieza musical. ‖ **5.** Avisar haciendo seña o llamada, con una campana u otro instrumento. *Tocar diana. Tocar llamada.* U. t. c. intr. ‖ **6.** Dicho de una cosa: Tropezar ligeramente con otra. *El mueble apenas toca la pared.* ‖ **7.** Golpear algo, para reconocer su calidad por el sonido. ‖ **8.** Acercar algo a otra cosa, para que le comunique cierta virtud, como un hierro al imán, una medalla a una reliquia, etc. ‖ **9.** Alterar el estado o condición de algo. U. m. con neg. *Esta poesía está bien, no hay que tocarla.* ‖ **10.** Saber o conocer algo por experiencia. *Tocó los resultados de su imprevisión.* ‖ **11.** Estimular, persuadir, inspirar. *Lo tocó Dios en el corazón.* ‖ **12.** Tratar o hablar leve o superficialmente de una materia sin hacer asunto principal de ella. ‖ **13.** *Mar.* Dar suavemente con la quilla en el fondo. ‖ **II.** INTR. **14.** Corresponder por algún derecho o título. *Te toca intervenir.* ‖ **15.** Llegar o arribar, solo de paso, a algún lugar. *El barco tocó en el puerto de Málaga.* ‖ **16.** Importar, ser de interés, conveniencia o provecho. *Por lo que me toca.* ‖ **17.** Dicho de una parte o porción de algo que se reparte entre varios, o les es común: Caber o pertenecer. *Te toca la mitad de la tarta.* ‖ **18.** Dicho de una cosa: Caer en suerte. *Me tocó la lotería.* ‖ **19.** Dicho de una cosa: Estar cerca de otra de modo que no quede entre ellas distancia alguna. ‖ **20.** Dicho de una persona: Ser pariente de otra, o tener alianza con ella. ‖ **21.** Haber llegado el momento oportuno de ejecutar algo. *Tocan a pagar.* ‖ **~ de cerca.** LOC.VERB. Tener conocimiento práctico de un asunto o negocio. ‖ **~le a alguien bailar con la más fea.** LOC.VERB. coloq. Corresponderle resolver un asunto muy difícil o desagradable.

tocario. M. Idioma indoeuropeo del Turquestán chino.

tocarse. PRNL. Cubrirse la cabeza con gorra, sombrero, mantilla, pañuelo, etc.

tocata. F. Pieza de música, destinada por lo común a instrumentos de teclado.

tocateja. a ~. LOC.ADV. En dinero contante, sin dilación en el pago, con dinero en mano, en efectivo.

tocayo, ya. M. y F. Respecto de una persona, otra que tiene su mismo nombre.

toche. M. Á. *Caribe.* Pájaro de la misma familia que el turpial, de unos 23 cm de longitud, con lomo, vientre y parte superior de la cabeza de color amarillo dorado, y cola, alas y cara de color negro.

tocho, cha. I. ADJ. **1.** Tosco, inculto, tonto, necio. ‖ **II.** M. **2.** Libro de muchas páginas. *Ha publicado un tocho de 1000 páginas.*

tocinería. F. Tienda, puesto o lugar donde se vende tocino.

tocinero, ra. M. y F. Persona que vende tocino.

tocineta. F. Á. *Caribe.* **panceta.**

tocino. M. **1.** Panículo adiposo, muy desarrollado, de ciertos mamíferos, especialmente del cerdo. ‖ **2.** Lardo del tocino. ‖ **3.** En el juego de la comba, saltos muy rápidos y seguidos. ‖ **~ de cielo.** M. Dulce compuesto de yema de huevo y almíbar cocidos juntos hasta que están bien cuajados. ‖ **~ entreverado.** M. El que tiene algunas hebras de magro. ☐ V. **hoja de ~.**

tocio, cia. ADJ. Dicho especialmente de un tipo de roble: Enano, muy pequeño.

tocología. F. **obstetricia.**

tocológico, ca. ADJ. Perteneciente o relativo a la tocología.

tocólogo, ga. M. y F. Especialista en tocología.

tocomate. M. **1.** *Am. Cen.* **tecomate** (‖ especie de calabaza). ‖ **2.** *Am. Cen.* **tecomate** (‖ vasija hecha con esta calabaza). ‖ **3.** *Am. Cen.* **tecomate** (‖ vasija de barro).

tocomocho. M. Timo cometido con un billete de lotería falso con el que se estafa a alguien vendiéndoselo o intentando vendérselo como premiado, a un precio inferior.

tocón¹. M. Parte del tronco de un árbol que queda unida a la raíz cuando lo cortan por el pie.

tocón², na. ADJ. coloq. Muy aficionado a tocar o sobar algo o a alguien, especialmente cuando toca lascivamente a una persona. U. t. c. s.

tocopillano, na. ADJ. **1.** Natural de Tocopilla. U. t. c. s. ‖ **2.** Perteneciente o relativo a esta provincia de Chile o a su capital.

tocte. M. **1.** Á. *Andes.* Árbol de las Yuglandáceas semejante al nogal, que da una madera que se utiliza en carpintería, y unos frutos comestibles semejantes a las nueces. ‖ **2.** Á. *Andes.* Fruto de este árbol.

tocuyo. M. *Am. Mer.* Tela burda de algodón.

todabuena. F. Planta herbácea anual, de la familia de las Gutíferas, como de un metro de altura, con tallo ramoso, hojas sentadas, opuestas, ovales y glandulosas, flores amarillas en panoja terminal, y por fruto bayas negruzcas con una sola semilla. La infusión de las hojas y flores en aceite se ha usado en medicina para curar las llagas y heridas. MORF. pl. **todabuenas.**

todasana. F. **todabuena.** MORF. pl. **todasanas.**

todavía. I. ADV.T. **1.** Hasta un momento determinado desde tiempo anterior. *Está durmiendo todavía.* ‖ **II.** ADV.M. **2.** Con todo eso, no obstante, sin embargo. *Es muy ingrato, pero todavía quiero hacerle bien.* ‖ **3.** Se usa con sentido concesivo corrigiendo una frase anterior. *¿Para qué ahorras?; todavía si tuvieras hijos estaría justificado.* ‖ **4.** Denota encarecimiento o ponderación: *Juan es todavía más aplicado que su hermano.*

todo, da. I. ADJ. INDEF. **1.** Dicho de una cosa: Que se toma o se comprende enteramente en la entidad o en el número. *Le transmití todo mi afecto. Comieron toda la fruta.* U. t. c. pron. *Esperaré a que estén todos para empezar la clase.* ‖ **I.** ADJ. **2.** Se usa para ponderar el exceso de alguna calidad o circunstancia. *Este pez es todo espinas. Juan es todo un caballero.* ‖ **3.** Se usa para dar al sustantivo al que precede valor de plural. *Todo delito,* equivalente a *todos los delitos.* ‖ **4.** Indica plenitud en la significación del nombre al que se refiere. *Es toda UNA señora. Fue todo UN fracaso.* ‖ **5.** pl. **cada** (‖ ante un nombre numerable). *Tiene 100 euros todos los meses;* es decir, *cada mes.* ‖ **III.** M. **6.** Cosa íntegra. *El todo vale más que sus partes.* ‖ **IV.** ADV.M. **7. enteramente.** *Lo sé todo.* ‖ **ante todo.** LOC.ADV. Primeramente o de manera principal. ‖ **así y todo.** LOC. CONJUNT. A pesar de eso, aun siendo así. ‖ **a ~.** LOC.ADJ. Seguida de ciertos sustantivos o infinitivos sin artículo, dota a su significado de intensidad máxima. *A toda velocidad, a todo volumen, a todo correr.* ‖ **a todo.** LOC.ADV. Con obligación de velar por la seguridad de algo, no obstante los inconvenientes o riesgos que puedan ofrecerse en contra. *Tiene que estar a todo.* ‖ **a ~ esto,** o **a ~s estas.** LOCS.ADVS. Mientras tanto, entretanto. ‖ **con todo, con ~ eso,** o **con ~ esto.** LOCS. CONJUNTS. No obstante, sin embargo. ‖ **con todo y.** I. LOC.ADV. 1. *Am. Cen.* y *Méx.* y **todo.** *Se tragó la aceituna con todo y hueso.* ‖ **II.** LOC. CONJUNT. 2. **a pesar de.** *Con todo y ser inteligente, no lo era más que su hermano. Con todo y el dolor, se mantuvo en pie.* ‖ **del ~.** LOC.ADV. Entera, absolutamente, sin excepción ni limitación. ‖ **de todas todas.** LOC.ADV. Con seguridad, sin remedio. ‖ **en todo y por todo.** LOC.ADV. Entera o absolutamente, o con todas las circunstancias. ‖ **en un ~.** LOC.ADV. De manera absoluta y general. ‖ **jugar,** o **jugarse,** alguien **el ~ por el ~.** LOCS.VERBS. Aventurarlo todo, o arrostrar gran riesgo para alcanzar algún fin. ‖ **ser** alguien **el ~.** LOC.VERB. Ser la persona más influyente o capaz en un negocio, o de quien principalmente depende su buen éxito. ‖ **sobre todo.** LOC.ADV. De manera especial o principal. ‖ **y todo.** LOC.ADV. Hasta, también, aun, indicando gran encarecimiento. *Volcó el carro con mulas y todo.* ☐ V. **~ cristo.**

todopoderoso, sa. I. ADJ. **1.** Que todo lo puede. *Un gobernante todopoderoso.* ‖ **II.** M. **2.** por antonom. **Dios.** ORTOGR. Escr. con may. inicial.

todoterreno. ADJ. **1.** Dicho de un vehículo: Que sirve para circular por zonas escarpadas e irregulares.

U. t. c. s. m. ‖ **2.** Dicho de una persona: Capaz de realizar múltiples funciones. U. t. c. s. m. ¶ Morf. pl. invar. c. adj. *Vehículos todoterreno.*

toesa. F. hist. Antigua medida francesa de longitud, equivalente a 1,946 m.

tofo. M. *Chile.* Arcilla blanca refractaria.

tofu. M. Cuajada elaborada a partir de leche de soja.

toga. F. **1.** hist. Vestidura talar con mangas que usaban los romanos. ‖ **2.** Traje de ceremonia con que se revisten magistrados, letrados y algunos docentes.

togado, da. ADJ. Que viste toga. Se usa más referido a los magistrados superiores, y en la jurisdicción militar, a los jueces letrados. U. t. c. s.

togolés, sa. ADJ. **1.** Natural del Togo. U. t. c. s. ‖ **2.** Perteneciente o relativo a este país de África.

toisón. M. **1.** Insignia de la Orden del Toisón, instituida por Felipe el Bueno, duque de Borgoña, en 1430. Ortogr. Escr. con may. inicial. ‖ **2.** Persona condecorada con esa insignia. ‖ **Toisón de oro.** M. **Toisón** (‖ insignia).

tojal. M. Terreno poblado de tojos.

tojo. M. Planta perenne de la familia de las Papilionáceas, variedad de aulaga, que crece hasta dos metros de altura, con muchas ramillas enmarañadas, hojas reducidas a puntas espinosas, flores amarillas, y por fruto vainas aplastadas con cuatro o seis semillas.

tokiota. ADJ. **1.** Natural de Tokio. U. t. c. s. ‖ **2.** Perteneciente o relativo a esta ciudad, capital de Japón.

tola. F. *Am. Mer.* Se usa como nombre para referirse a diferentes especies de arbustos de la familia de las Compuestas, que crecen en las laderas de la cordillera.

tólar. M. Unidad monetaria de Eslovenia.

toldería. F. *Á. R. Plata.* Conjunto de **toldos** (‖ tiendas de indígenas).

toldilla. F. *Mar.* Cubierta parcial que tienen algunos buques a la altura de la borda, desde el palo mesana al coronamiento de popa.

toldillo. M. Silla de manos cubierta.

toldo. M. **1.** Pabellón o cubierta de tela que se tiende para hacer sombra. ‖ **2.** Pabellón semejante que se forma sobre el carro. ‖ **3.** *Á. R. Plata.* Tienda de indígenas, hecha de ramas y cueros.

tole. M. **1.** Confusión y gritería popular. U. m. repetido. ‖ **2.** Rumor de desaprobación, que va cundiendo entre las gentes, contra alguien o algo. U. m. repetido.

toledano, na. ADJ. **1.** Natural de Toledo. U. t. c. s. ‖ **2.** Perteneciente o relativo a esta ciudad de España, capital de la comunidad autónoma de Castilla-La Mancha, o a su provincia.

tolemaico, ca. ADJ. hist. **ptolemaico.**

tolerabilidad. F. Capacidad de ser tolerado.

tolerado, da. PART. de **tolerar.** ‖ ADJ. Dicho de una película o de otro espectáculo: Que pueden ser vistos por los niños.

tolerancia. F. **1.** Acción y efecto de tolerar. ‖ **2.** Respeto a las ideas, creencias o prácticas de los demás cuando son diferentes o contrarias a las propias. ‖ **3.** Reconocimiento de inmunidad política para quienes profesan religiones distintas de la admitida oficialmente. ‖ **4.** Margen o diferencia que se consiente en la calidad o cantidad de las cosas o de las obras contratadas. ‖ **5.** Máxima diferencia que se tolera o admite entre el valor nominal y el valor real o efectivo en las características físicas y químicas de un material, pieza o producto. ‖ **6.** Diferencia consentida entre la ley o peso teórico y el que

tienen las monedas. ‖ **~ de cultos.** F. Derecho reconocido por la ley para celebrar privadamente actos de culto que no son los de la religión del Estado. □ V. **casa de ~.**

tolerante. ADJ. Que tolera, o es propenso a la tolerancia.

tolerantismo. M. Opinión de quienes creen que debe permitirse el libre ejercicio de todo culto religioso.

tolerar. TR. **1.** Sufrir, llevar con paciencia. *Toleraba de mejor o peor grado que siguiera saliendo con sus amigos.* ‖ **2.** Permitir algo que no se tiene por lícito, sin aprobarlo expresamente. *La policía toleraba sus actividades mafiosas.* ‖ **3.** Resistir, soportar, especialmente un alimento o una medicina. ‖ **4.** Respetar las ideas, creencias o prácticas de los demás cuando son diferentes o contrarias a las propias. *No toleraba iniciativas políticas de la oposición.*

toletazo. M. *Méx.* Golpe dado con un **tolete** (‖ garrote corto).

tolete. **I.** M. **1.** *Am. Cen., Á. Caribe* y *Méx.* Garrote corto. ‖ **2.** *Ant.* pene. ‖ **II.** ADJ. **3.** *Á. Caribe.* **lerdo** (‖ tardo y torpe para comprender). U. t. c. s.

tolimense. ADJ. **1.** Natural de Tolima. U. t. c. s. ‖ **2.** Perteneciente o relativo a este departamento de Colombia.

tolla. F. Terreno húmedo que se mueve al pisarlo.

tollo. M. **1.** **lija** (‖ pez). ‖ **2.** Pez selacio del suborden de los Escuálidos, de cuerpo casi plano por el vientre, aquillado por el lomo, y cuya longitud no suele pasar de un metro, cabeza pequeña, boca con muchos dientes puntiagudos, piel gruesa, pardusca, sin escamas y llena de gruesos tubérculos córneos, dos aletas dorsales armadas con una púa muy dura y aguzada, y cola gruesa y corta. Vive en casi todos los mares tropicales y templados y es abundantísimo en todo el litoral español. La carne es comestible, aunque dura y fibrosa, y la piel se emplea como la de la lija.

tolmo. M. Peñasco elevado, que tiene semejanza con un gran hito o mojón.

toloache. M. *Méx.* Se usa como nombre genérico para referirse a varias plantas con propiedades medicinales, del mismo género que el estramonio.

tolondro, dra. ADJ. Aturdido, desatinado. U. t. c. s. ‖ **a topa tolondro.** LOC. ADV. Sin reflexión, reparo o advertencia. U. m. en América.

tolondrón, na. **I.** ADJ. **1.** Aturdido, desatinado, tonto. ‖ **II.** M. **2.** **chichón.**

tolosano, na. ADJ. **1.** Natural de Tolosa. U. t. c. s. ‖ **2.** Perteneciente o relativo a alguna de las poblaciones de este nombre.

tolteca. **I.** ADJ. **1.** hist. Se dice del individuo de unas tribus que dominaron en México antiguamente. U. t. c. s. ‖ **2.** hist. Perteneciente o relativo a estas tribus. *Bajorrelieve tolteca.* ‖ **II.** M. **3.** Lengua de los toltecas.

Tolú. □ V. **bálsamo de ~.**

tolueno. M. *Quím.* Líquido derivado del benceno, que se emplea como disolvente en la industria química y, principalmente, en la fabricación de trinitrotolueno.

tolupán. **I.** ADJ. **1.** Se dice del individuo de un pueblo amerindio de procedencia mesoamericana que vive en el departamento de Yoro y en la Montaña de la Flor del departamento de Francisco Morazán, en Honduras. U. t. c. s. ‖ **2.** Perteneciente o relativo a los tolupanes. *Costumbre tolupán.* ‖ **II.** M. **3.** Lengua de los tolupanes.

toluqueño, ña. ADJ. **1.** Natural de Toluca. U. t. c. s. ‖ **2.** Perteneciente o relativo a esta ciudad, capital del estado mexicano de México.

tolva. F. Caja en forma de tronco de pirámide o de cono invertido y abierta por abajo, dentro de la cual se echan granos u otros cuerpos para que caigan poco a poco entre las piezas del mecanismo destinado a triturarlos, molerlos, limpiarlos, clasificarlos o para facilitar su descarga.

tolvanera. F. Remolino de polvo.

toma. F. **1.** Acción de **tomar** (‖ recibir). ‖ **2.** Conquista u ocupación por la fuerza de una plaza o ciudad. ‖ **3.** Porción de algo, que se coge o recibe de una vez. *Una toma de jarabe.* ‖ **4.** Abertura para desviar de un embalse o de una corriente de agua parte de su caudal. ‖ **5.** Lugar por donde se deriva una corriente de fluido o electricidad. ‖ **6.** *Cinem.* Acción y efecto de fotografiar o filmar. ‖ **~ de tierra.** F. *Electr.* Conductor o dispositivo que une parte de la instalación o aparato eléctrico a tierra, como medida de seguridad.

tomacorriente. M. *Am.* En instalaciones eléctricas, dispositivo donde se inserta la clavija.

tomadero. M. Abertura para desviar de un embalse o de una corriente de agua parte de su caudal.

tomado, da. PART. de **tomar.** ‖ ADJ. **1.** Dicho de la voz: Baja, sin sonoridad, por padecer afección de la garganta. ‖ **2.** *Á. R. Plata.* Dicho de una persona: Que tiene cáncer en grado avanzado.

tomador, ra. I. ADJ. **1.** Que toma. Apl. a pers., u. t. c. s. *Los tomadores de decisiones.* ‖ **2.** *Am.* Aficionado a la bebida. ‖ **II.** M. y F. **3.** *Der.* Persona a la orden de quien se gira una letra de cambio. ‖ **4.** *Der.* En el contrato de seguro, persona que contrata el seguro con la entidad aseguradora. ‖ **III.** M. **5.** *Mar.* Trenza de filástica, larga, con que se aferran las velas.

tomadura. **~ de pelo.** F. coloq. Burla, chunga.

tomar. I. TR. **1.** Coger o asir con la mano algo. *Toma las riendas con la mano derecha y la fusta con la izquierda.* ‖ **2.** Coger, aunque no sea con la mano. *Tomar tinta con la pluma. Tomar agua de la fuente.* ‖ **3.** Recibir o aceptar de cualquier modo que sea. *¿Cómo ha tomado la noticia?* ‖ **4.** Recibir algo y hacerse cargo de ello. *Tras la dimisión de la antigua junta, el senador tomó la presidencia.* ‖ **5.** Comer o beber. *Tomar un desayuno, el chocolate.* U. t. c. prnl. ‖ **6.** Servirse de un medio de transporte. *Tomar el tren para Buenos Aires.* ‖ **7.** Adoptar, emplear, poner por obra. *Tomar precauciones.* ‖ **8.** Contraer, adquirir. *Tomar un vicio.* ‖ **9.** Ocupar o adquirir por expugnación, trato o asalto una fortaleza o ciudad. ‖ **10.** Contratar o ajustar a una o varias personas para que presten un servicio. *Tomar un secretario.* ‖ **11. alquilar** (‖ tomar de alguien algo mediante pago). *Tomar un coche, una casa, un palco.* ‖ **12.** Entender, juzgar e interpretar algo en determinado sentido. *Hay que tomar estas corazonadas como venidas del cielo. Tomar a broma una cosa. Tomar en serio a alguien o algo.* ‖ **13.** Se usa para indicar juicio equivocado. *Tomar a alguien POR ladrón. Tomar una cosa POR otra.* ‖ **14.** Dicho de una persona: Recibir en sí los usos, modos o cualidades de otra, imitarlos. *Tomar el estilo de alguien.* ‖ **15.** Recibir en sí los efectos de algo, consintiéndolos o padeciéndolos. *Tomar frío.* ‖ **16.** Fotografiar, filmar. *El cámara tomó toda la ceremonia.* ‖ **17.** Dicho de algún efecto o accidente que invade y se apodera del ánimo: Sobrevenir a alguien.

Tomarle a alguien el sueño, la risa, la gana, un desmayo. ‖ **18.** Elegir, entre varias cosas que se ofrecen al arbitrio, alguna de ellas. *Entre todas las posibilidades, tomaré la que más me interese.* ‖ **19.** Dicho del macho: Cubrir a la hembra. ‖ **20.** Usado con ciertos nombres deverbales, significa lo mismo que los verbos de donde tales nombres se derivan. *Tomar resolución,* resolver. *Tomar aborrecimiento,* aborrecer. ‖ **21.** Ponerse a ejecutar la acción o la labor para la cual sirve un determinado instrumento. *Tomar la pluma,* ponerse a escribir. *Tomar la aguja,* ponerse a coser. ‖ **22.** Empezar a seguir una dirección, entrar en una calle, camino o tramo, encaminarse por ellos. *Tomar la derecha. Tomar la carretera de Madrid. Tomar una vuelta, una curva* o *un giro.* U. t. c. intr. *Al llegar a la esquina, tomó por la derecha.* ‖ **II.** INTR. **23.** Resolverse o determinarse a efectuar una acción. *Tomó Y escapó.* ‖ **24.** *Am.* Ingerir bebidas alcohólicas. ‖ **III.** PRNL. **25. emborracharse** (‖ beber hasta trastornarse los sentidos). ‖ **toma.** INTERJ. Se usa para señalar como castigo, expiación o desengaño, aquello de que se habla. *¿No te dije que corrías peligro? Pues ¡toma!* ‖ **~la con** alguien. LOC.VERB. **1.** Contradecirlo y culparlo en cuanto dice o hace. ‖ **2.** Tenerle manía. ‖ **~ por avante** una nave. LOC.VERB. *Mar.* Virar involuntariamente por la parte por donde viene el viento. ‖ **~ alguien sobre sí** algo. LOC.VERB. Encargarse o responder de ello. ‖ **toma y daca.** LOC. SUST. M. **1.** coloq. Trueque simultáneo de cosas o servicios. ‖ **2.** coloq. Favor que espera la reciprocidad inmediata.

tomatazo. M. Golpe dado con un tomate.

tomate. M. **1.** Fruto de la tomatera, que es una baya casi roja, de superficie lisa y brillante, en cuya pulpa hay numerosas semillas, algo aplastadas y amarillas. ‖ **2. tomatera.** ‖ **3.** Juego de naipes, parecido al julepe. ‖ **4.** *Méx.* tomate verde. ‖ **~ verde.** M. **1.** *Méx.* Planta herbácea americana cuyo fruto es verdoso cuando está maduro y está cubierto de una envoltura muy delgada, como papel. ‖ **2.** *Méx.* Fruto de esta planta. ‖ **ponerse como un ~.** LOC.VERB. coloq. Sonrojarse, azorarse.

tomatera. F. Planta herbácea anual originaria de América, de la familia de las Solanáceas, con tallos de uno a dos metros de largo, vellosos, huecos, endebles y ramosos; hojas algo vellosas recortadas en segmentos desiguales dentados por los bordes, y flores amarillas en racimos sencillos. Se cultiva mucho en las huertas por su fruto, que es el tomate.

tomatero, ra. M. y F. Persona que vende tomates. □ V. **pollo ~.**

tomaticán. M. *Chile.* Guiso o salsa de tomate con carne, cebolla y otras verduras.

tomatillo. M. *Chile.* Planta anual solanácea, con hojas aovadas y dentadas de hasta ocho centímetros de longitud y flores amarillas, que tienen cinco manchas oscuras en la garganta. El fruto es púrpura, como las venas de su cáliz.

tomavistas. I. M. **1.** Cámara cinematográfica portátil. ‖ **II.** COM. **2.** *Cinem.* Operador de cinematografía.

tómbola. F. **1.** Rifa pública de objetos diversos, cuyo producto se destina generalmente a fines benéficos. ‖ **2.** Local en que se efectúa esta rifa.

tómbolo. M. Lengua de tierra que une una antigua isla o un islote con el continente.

tomento. M. *Bot.* Capa de pelos que cubre la superficie de los órganos de algunas plantas.

tomentoso, sa. ADJ. *Bot.* Que tiene tomento. *Hojas tomentosas.*

tomillar. M. Sitio poblado de tomillo.

tomillo. M. Planta perenne de la familia de las Labiadas, muy olorosa, con tallos leñosos, derechos, blanquecinos, ramosos, de dos a tres decímetros de altura, hojas pequeñas, lanceoladas, con los bordes revueltos y algo pecioladas, y flores blancas o róseas en cabezuelas laxas axilares. Es muy común en España, y el cocimiento de sus flores suele usarse como tónico y estomacal. || ~ **blanco.** M. Planta perenne de la familia de las Compuestas, con tallo erguido y ramoso de tres a seis decímetros de altura, hojas alternas, lineales y blanquecinas, hendidas las inferiores y enteras las superiores, flores en cabezuelas pequeñas, ovoides, casi sentadas y en panojas, y por frutos aquenios terminados por un disco. Es de sabor amargo y de olor fuerte y aromático; se cría en la Santoña y otras comarcas del oeste de Francia y en muchas de España, y sus cabezuelas se usan en medicina como tónicas y principalmente como vermífugas. || ~ **salsero.** M. Planta de la misma familia que el tomillo común, del cual se distingue principalmente por ser los tallos menos leñosos, las hojas más estrechas, pestañosas en la base, y las flores en espiga. Es muy aromática y se emplea como condimento, sobre todo en el adobo o aliño de las aceitunas.

tomín. M. **1.** hist. Tercera parte del adarme y octava del castellano, la cual se divide en 12 granos y equivale a 596 mg aproximadamente. || **2.** hist. Moneda de plata que se usaba en algunas partes de América.

tomismo. M. Sistema escolástico contenido en las obras de santo Tomás de Aquino y de sus discípulos.

tomista. ADJ. **1.** Perteneciente o relativo a santo Tomás de Aquino, o al tomismo. *Los escritos tomistas.* || **2.** Que sigue la doctrina de santo Tomás de Aquino. U. t. c. s.

tomiza. F. Cuerda o soguilla de esparto.

tomo. M. Cada una de las partes, con paginación propia y encuadernadas por lo común separadamente, en que suelen dividirse para su más fácil manejo las obras impresas o manuscritas de cierta extensión. || **de ~ y lomo.** LOC.ADJ. coloq. De consideración o importancia. *Una investigación de tomo y lomo.*

tomografía. F. Técnica de registro gráfico de imágenes corporales, correspondiente a un plano predeterminado. De acuerdo con los mecanismos utilizados y los procedimientos técnicos seguidos, existen tomografías de rayos X, axial computarizada, de ultrasonido, de emisión de positrones y de resonancia magnética.

ton. sin ~ ni son. LOC.ADV. Sin motivo, ocasión, o causa, o fuera de orden y medida.

tonada. F. **1.** Composición métrica para cantarse. || **2.** Música de esta canción. || **3.** *Am.* dejo (‖ modo particular de la voz).

tonadilla. F. **1.** Tonada alegre y ligera. || **2.** Canción o pieza corta y ligera, que se canta en algunos teatros.

tonadillero, ra. M. y F. **1.** Persona que compone tonadillas. || **2.** Persona que las canta.

tonal. ADJ. *Mús.* Perteneciente o relativo a la tonalidad. □ V. **lengua ~.**

tonalidad. F. **1.** Sistema de colores y tonos. || **2.** *Fon.* Altura de una vocal. || **3.** *Ling.* entonación. || **4.** *Mús.* Sistema musical definido por el orden de los intervalos dentro de la escala de los sonidos.

tonante. ADJ. Que truena. Se usa especialmente referido al dios Júpiter. U. t. en sent. fig. *Voz tonante.*

tonar. INTR. poét. Tronar o arrojar rayos.

tonel. M. **1.** Cuba grande. || **2.** Maniobra de un avión en vuelo que consiste en un giro completo alrededor de su eje longitudinal, manteniendo la dirección. || **3.** coloq. Persona muy gorda.

tonelada. F. **1.** **tonelada métrica.** || **2.** hist. Medida antigua para el arqueo de las embarcaciones. || **3.** hist. Derecho que pagaban las embarcaciones para la fábrica de galeones. || ~ **métrica.** F. Peso de 1000 kg. (Símb. *t*).

tonelaje. M. **1.** arqueo (‖ cabida de una embarcación). || **2.** Número de toneladas que mide un conjunto de buques mercantes.

tonelería. F. **1.** Arte u oficio del tonelero. || **2.** Taller del tonelero.

tonelero, ra. **I.** ADJ. **1.** Perteneciente o relativo al tonel. *Industria tonelera.* || **II.** M. y F. **2.** Persona que hace toneles.

tonelete. M. **1.** hist. Falda corta que solo cubría hasta las rodillas. || **2.** hist. Parte de las antiguas armaduras que tenía forma de tonel.

tonema. M. *Fon.* Inflexión que recibe la entonación de una frase a partir de la última sílaba acentuada.

tóner. M. Pigmento que utilizan ciertas fotocopiadoras e impresoras para reproducir letras e imágenes. MORF. pl. **tóneres.**

tongada. F. Cosa extendida encima de otra.

tongano, na. ADJ. **1.** Natural de Tonga. U. t. c. s. || **2.** Perteneciente o relativo a este país de Oceanía. || **3.** Se dice de la lengua polinesia que se habla en las islas Tonga. U. t. c. s. m. *El tongano.*

tongo. M. Trampa realizada en competiciones deportivas, en que uno de los contendientes se deja ganar por razones ajenas al juego. U. t. en sent. fig. *Ha habido tongo en el recuento de votos.*

tónica. F. **1.** **agua tónica.** || **2.** Tono, característica general o tendencia perceptibles en una obra, actividad o situación. *La indiferencia fue la tónica del curso.* || **3.** *Fon.* Vocal, sílaba o palabra tónica. || **4.** *Mús.* Nota primera de una escala musical.

tonicidad. F. Grado de tensión de los órganos del cuerpo vivo.

tónico, ca. **I.** ADJ. **1.** Que entona o vigoriza. *El ejercicio físico ejerce una acción tónica.* Apl. a un medicamento o una sustancia, u. t. c. s. m. || **2.** *Fon.* Dicho de una vocal, de una sílaba, de una posición o de una palabra: **acentuada** (‖ con acento prosódico). || **3.** *Med.* **reconstituyente.** Apl. a un remedio, u. t. c. s. m. || **II.** M. **4.** En cosmética, loción ligeramente astringente para limpiar y refrescar el cutis, o para vigorizar el cabello. □ V. **acento ~, agua ~.**

tonificación. F. Acción y efecto de tonificar.

tonificador, ra. ADJ. Que tonifica. *Baño tonificador.*

tonificante. ADJ. Dicho de una cosa: Que tonifica. U. t. c. s. m. *El paseo sirve como tonificante muscular.*

tonificar. TR. entonar (‖ fortalecer, vigorizar el organismo).

tonillo. M. **1.** Tono monótono y desagradable con que algunos hablan o leen. || **2.** dejo (‖ acento peculiar). || **3.** Entonación enfática al hablar. || **4.** Tono o entonación reticente o burlona con que se dice algo.

tonina. F. **1.** atún. || **2.** delfín[1].

tono. M. **1.** Cualidad de los sonidos, dependiente de su frecuencia, que permite ordenarlos de graves a agudos. || **2.** Inflexión de la voz y modo particular de decir algo, según la intención o el estado de ánimo de quien habla. ‖ **3.** Volumen de una voz o de algún sonido. *¡Baja el tono!* ‖ **4.** Señal acústica que suena en el auricular del teléfono para indicar que hay línea. ‖ **5.** Cada una de las señales acústicas que suenan en el auricular del teléfono una vez marcado el número con el que se desea establecer comunicación. ‖ **6.** Carácter o modo particular de la expresión y del estilo de un texto según el asunto que trata o el estado de ánimo que pretende reflejar. ‖ **7.** Energía, vigor, fuerza. ‖ **8.** Lustre, distinción, elegancia. ‖ **9.** Orientación ideológica o moral. *La reunión tuvo un tono reivindicativo.* ‖ **10.** Grado de coloración. ‖ **11.** *Biol.* Energía potencial de un músculo y, por ext., de algunos órganos. ‖ **12.** *Ling.* En algunas lenguas, acento musical de las palabras. ‖ **13.** *Ling.* Una de las varias entonaciones musicales que puede presentar un grupo fónico, que, en algunas lenguas, se constituye así en diversas palabras. ‖ **14.** *Mús.* **modo** (‖ disposición de los intervalos de la escala). ‖ **15.** *Mús.* Cada una de las escalas que para las composiciones musicales se forman, partiendo de una nota fundamental, que le da nombre. ‖ **16.** *Mús.* **diapasón normal** (‖ dispositivo para regular voces e instrumentos). ‖ **17.** *Mús.* Cada una de las piezas o trozos de tubo que, en las trompas y otros instrumentos de metal, se mudan para hacer subir o bajar el **tono.** ‖ **18.** *Mús.* Intervalo o distancia que media entre una nota y su inmediata, excepto del *mi* al *fa* y del *si* al *do*. ‖ **~ disonante.** M. *Mús.* disonancia (‖ acorde no consonante). ‖ **~ maestro.** M. *Mús.* Cada uno de los cuatro tonos impares del canto gregoriano. ‖ **~ mayor.** M. **1.** *Mús.* **modo mayor.** ‖ **2.** *Mús.* Intervalo entre dos notas consecutivas de la escala diatónica cuando guardan la proporción de 8 a 9. ‖ **~ menor.** M. **1.** *Mús.* **modo menor.** ‖ **2.** *Mús.* Intervalo entre dos notas consecutivas de la escala diatónica cuando guardan proporción de 9 a 10. ‖ **a ~.** LOC. ADJ. Acorde, en armonía, en consonancia. *Siempre lleva los zapatos y el bolso a tono. Sus ideas no están muy a tono* CON *el espíritu moderno.* ‖ **darse** ~ alguien. LOC.VERB. coloq. **darse postín.** ‖ **de buen ~.** LOC.ADJ. Propio de gente distinguida o elegante. ‖ **decir algo en todos los ~s.** LOC.VERB. Decirlo haciendo uso de todos los recursos, con repetición e insistencia. ‖ **de mal ~.** LOC.ADJ. Propio de gente no distinguida ni elegante. ‖ **fuera de ~.** LOC.ADJ. Inoportuno, desacertado, inapropiado. ‖ **subido, da de ~.** LOC.ADJ. **1.** Dicho de un chiste, de una palabra, de una acción, etc.: Obscenos o impúdicos. ‖ **2.** Dicho especialmente de una discusión: Tensa, exaltada. ▢ V. **salida de ~.**

tonsura. F. **1.** Acción y efecto de tonsurar. ‖ **2.** *Rel.* Porción tonsurada de la cabeza, ordinariamente de forma circular. ‖ **3.** *Rel.* hist. Rito preparatorio que precedía a la recepción de las antiguas órdenes menores. ‖ **prima ~.** F. *Rel.* hist. tonsura (‖ rito preparatorio).

tonsurado. M. **1.** clérigo. ‖ **2.** *Rel.* hist. Hombre que había recibido la tonsura. U. t. c. adj.

tonsurando. M. *Rel.* hist. Aspirante que estaba próximo a recibir o recibía la tonsura.

tonsurar. TR. *Rel.* hist. Adscribir a alguien a la clerecía, lo que se realizaba mediante el corte ritual de cierta porción de cabello.

tontada. F. Tontería, simpleza.

tontear. INTR. **1.** Hacer o decir tonterías. ‖ **2.** coloq. Dar los primeros pasos en la relación amorosa.

tonteo. M. Acción de **tontear** (‖ dar los primeros pasos en la relación amorosa).

tontera. F. coloq. Tontería, simpleza.

tontería. F. **1.** Cualidad de tonto. ‖ **2.** Dicho o hecho tonto. ‖ **3.** Cosa de poca entidad o importancia. *Algunos enfermos se quejan de tonterías.*

tontillo. M. **1.** hist. Faldellín con aros de ballena o de otra materia que usaron las mujeres para ahuecar las faldas. ‖ **2.** hist. Pieza tejida de cerda o de algodón engomado, que ponían los sastres en los pliegues de las casacas para ahuecarlas.

tontiloco, ca. ADJ. Tonto alocado.

tontina. F. *Com.* Operación de lucro, que consiste en poner un fondo entre varias personas para repartirlo en una época dada, con sus intereses, solamente entre los asociados que han sobrevivido y que siguen perteneciendo a la agrupación.

tontito. M. *Chile.* chotacabras.

tonto, ta. **I.** ADJ. **1.** Falto o escaso de entendimiento o de razón. U. t. c. s. ‖ **2.** Propio o característico de una persona **tonta.** *Comportamiento tonto.* ‖ **3.** coloq. Que padece cierta deficiencia mental. U. t. c. s. ‖ **4.** coloq. Dicho de una persona: Pesada, molesta. *Se pone muy tonto con la manía de los celos.* ‖ **5.** coloq. **absurdo** (‖ contrario y opuesto a la razón). *Se rompió un brazo de la manera más tonta.* ‖ **II.** M. **6.** Personaje que en una pareja de payasos hace el papel de **tonto.** ‖ **a lo ~.** coloq. **como quien no quiere la cosa.** ‖ **a tontas y a locas.** LOC.ADV. coloq. Sin orden ni concierto. ‖ **hacer el ~.** LOC.VERB. coloq. **tontear** (‖ hacer o decir tonterías). ‖ **hacerse** alguien **el ~.** LOC.VERB. coloq. Aparentar que no advierte algo de lo que no le conviene darse por enterado. ‖ **ponerse ~.** LOC.VERB. coloq. Mostrar petulancia, vanidad o terquedad. ▢ V. **ave ~, hora ~.**

tontorrón, na. ADJ. coloq. tonto.

tontuna. F. Dicho o hecho tonto.

toña. F. tala².

top. M. Prenda de vestir femenina, generalmente ajustada, que cubre el pecho y llega como mucho hasta la cintura. MORF. pl. **tops.**

topacio. M. Piedra fina, amarilla, muy dura, compuesta generalmente de sílice, alúmina y flúor.

topada. F. Golpe que dan con la cabeza los animales cornudos.

topadora. F. **1.** *Á. R. Plata.* Pala mecánica, acoplada frontalmente a un tractor de oruga, que se emplea en tareas de desmonte y nivelación de terrenos. ‖ **2.** *Á. R. Plata.* Tractor de oruga.

topar. TR. **1.** Dicho de una cosa: Chocar con otra. *La bicicleta paró cuando topó el muro.* U. t. c. intr. y c. prnl. ‖ **2.** Hallar casualmente. U. t. c. intr. y c. prnl. *En la fiesta me topé con muchas caras nuevas.* ‖ **3.** Encontrar lo que se andaba buscando. *Los mineros no pararon hasta topar oro.* U. t. c. intr. y c. prnl. ‖ **4.** Dicho de un animal cornudo: **topetar.** ‖ **5.** Tropezar en algo por algún obstáculo, dificultad o falta que se advierte. U. t. c. intr. *Decidimos no seguir adelante cuando topamos con las primeras nieves.* U. t. c. prnl. ‖ **6.** *Am.* Echar a pelear los gallos por vía de ensayo.

topatopa. F. *Chile.* Planta herbácea ornamental de la familia de las Escrofulariáceas, de 30 a 70 cm de altura. Sus flores son amarillentas virando al púrpura, según las variedades.

tope¹. M. **1.** Parte por donde algo puede topar con otra cosa. ‖ **2.** Pieza que sirve para impedir que el movimiento de un mecanismo pase de un cierto punto. *El tope* *de un arma. El tope de una persiana.* || **3.** Pieza que sirve para amortiguar el choque de las unidades de un tren. || **4.** Refuerzo interno, a modo de armadura, en la punta de un zapato o de una bota. || **5. topetazo** (|| encuentro o golpe de una cosa con otra).

tope². M. **1.** Extremo o límite al que puede llegar algo. *Tope de edad. Fecha tope.* || **2.** *Mar.* Extremo superior de cada palo de arboladura. || **al ~.** LOC.ADV. **hasta el tope.** || **a ~.** LOC.ADV. **1. hasta el tope.** U. t. c. loc. adj. || **2.** Dicho de unir piezas: Por sus extremos, sin montar una sobre otra. U. t. c. loc. adj. || **3.** coloq. Hasta el límite de las fuerzas o posibilidades. *Bailar, jugar, divertirse a tope.* || **estar hasta los ~s.** LOC.VERB. **1.** coloq. Dicho de una persona o de una cosa: Tener hartura o exceso de algo. || **2.** *Náut.* Dicho de un buque: Hallarse con excesiva carga. || **hasta el ~,** o **hasta los ~s.** LOCS.ADVS. Al máximo, hasta donde se puede llegar, enteramente. *Llenaron hasta el tope el estadio.* U. t. c. locs. adjs. *Un vaso de agua hasta el tope.*

topeadura. F. *Chile.* Diversión de los guasos que consiste en empujar un jinete a otro para desalojarlo de su puesto.

topear. TR. *Chile.* Dicho de un jinete: Empujar a otro para desalojarlo de su puesto.

topera. F. Madriguera del topo.

toperol. M. *Chile.* **taco** (|| pieza de la suela de algunos zapatos deportivos).

topetar. TR. **1.** Dicho especialmente de un animal cornudo: Dar con la cabeza en algo con golpe e impulso. U. t. c. intr. || **2. topar** (|| chocar). *Topetó la cara contra la borda al caer.*

topetazo. M. **1.** Golpe que dan con la cabeza los animales cornudos. || **2.** Encuentro o golpe de una cosa con otra. || **3.** coloq. Golpe que da alguien con la cabeza en algo.

topetón. M. topetazo.

tópico, ca. I. ADJ. **1.** Perteneciente o relativo a la expresión trivial o muy empleada. *Frase tópica.* || **2.** *Med.* Dicho de un medicamento o de su modo de aplicación: De uso externo y local. U. t. c. s. m. || **II.** M. **3.** *Ret.* Expresión vulgar o trivial. || **4.** *Ret.* Lugar común que la retórica antigua convirtió en fórmulas o clichés fijos y admitidos en esquemas formales o conceptuales de que se sirvieron los escritores con frecuencia. U. m. en pl.

topinera. F. Madriguera del topo.

toples. M. **1.** Desnudo femenino de cintura para arriba. || **2.** Bar o local donde trabajan mujeres desnudas de cintura para arriba.

topo¹. M. **1.** Mamífero insectívoro del tamaño de un ratón, de cuerpo rechoncho, cola corta y pelaje negruzco suave y tupido. Tiene hocico afilado, ojos pequeños y casi ocultos por el pelo, brazos recios, manos anchas, cortas y robustas, y cinco dedos armados de fuertes uñas que le sirven para socavar y apartar la tierra al abrir las galerías subterráneas donde vive. Se alimenta de gusanos y larvas de insectos. || **2.** Persona que, infiltrada en una organización, actúa al servicio de otros. || **3.** *Chile.* Máquina excavadora que trabaja bajo tierra formando túneles.

topo². M. *Á. Andes* y *Chile.* Prendedor tradicional indígena, en forma de alfiler grande, rematado en una cuchara o disco con grabados regionales.

topo³. M. Dibujo con forma de lunar en una tela o papel.

topocho. □ V. **cambur ~.**

topografía. F. **1.** Arte de describir y delinear detalladamente la superficie de un terreno. || **2.** Conjunto de particularidades que presenta un terreno en su configuración superficial.

topográfico, ca. ADJ. Perteneciente o relativo a la topografía. *Carta topográfica.*

topógrafo, fa. M. y F. Persona que profesa el arte de la topografía o tiene en ella especiales conocimientos.

topología. F. Rama de las matemáticas que trata especialmente de la continuidad y de otros conceptos más generales originados de ella, como las propiedades de las figuras con independencia de su tamaño o forma.

topológico, ca. ADJ. *Mat.* Perteneciente o relativo a la topología.

toponimia. F. **1.** Estudio del origen y significación de los nombres propios de lugar. || **2.** Conjunto de los nombres propios de lugar de un país o de una región.

toponímico, ca. I. ADJ. **1.** Perteneciente o relativo a la toponimia. *Apéndice toponímico.* || **II.** M. **2. topónimo.**

topónimo. M. Nombre propio de lugar.

toque. M. **1.** Acción de tocar algo, tentándolo, palpándolo, o llegando inmediatamente a ello. || **2.** Tañido de una campana o sonido de un instrumento, con que se anuncia algo. *Toque de ánimas. Toque de diana.* || **3.** Aplicación de un medicamento o disolución sobre heridas, úlceras, etc., tocándolas una o varias veces con algo empapado en dicha disolución. || **4.** quid. *El toque está en eso.* || **5. toque de atención.** || **6.** coloq. Golpe que se da a alguien. || **7.** *Pint.* Pincelada ligera. U. t. en sent. fig. *Un toque de erudición. Un toque de distinción.* || **8.** *Méx.* **calambre** (|| estremecimiento producido por una descarga eléctrica). || **~ de atención.** M. Llamamiento, indicación, advertencia que se hace a alguien. || **~ del alba.** M. hist. El de las campanas de los templos, al amanecer, con que se avisaba a los fieles para el rezo de la avemaría. || **~ de oscuro.** M. *Pint.* **apretón** (|| golpe de color oscuro). || **~ de queda.** M. Medida gubernativa que, en circunstancias excepcionales, prohíbe el tránsito o permanencia en las calles de una ciudad durante determinadas horas, generalmente nocturnas. || **último ~.** M. Ligera corrección o aditamento que se hace en una obra o labor ya acabada para perfeccionarla. U. m. en pl. □ V. **piedra de ~.**

toquetear. TR. **1.** Tocar reiteradamente algo con la mano. *Toquetear la fruta.* || **2.** Tocar reiteradamente a alguien o una parte de su cuerpo, especialmente por deseo sexual.

toqueteo. M. Acción de toquetear.

toqui. M. *Chile.* hist. Entre los antiguos mapuches, jefe del Estado en tiempo de guerra.

toquido. M. **1.** *Méx.* **toque** (|| tañido). || **2.** *Méx.* Golpe que se da en una puerta para llamar a ella.

toquilla. F. **1.** Prenda de punto, generalmente de lana, que usan para abrigo las mujeres y los niños. || **2.** hist. Adorno de gasa, cinta, etc., que se ponía alrededor de la copa del sombrero. || **3.** *Á. Andes.* Planta de la familia de las Pandanáceas, de tallo sarmentoso y hojas alternas y palmeadas que, cortadas en tiras, sirven para fabricar objetos de jipijapa. Es originario de las regiones tropicales de América.

tora¹. F. **1.** Libro de la ley de los judíos. || **2.** hist. Tributo que pagaban los judíos por familias.

tora[2]. F. Armazón en forma de toro que, revestido de cohetes y otros artificios pirotécnicos, sirve para diversión en algunas fiestas populares.

torácico, ca. ADJ. *Anat.* Perteneciente o relativo al tórax. □ V. **aorta** ~, **canal torácico.**

toral. ADJ. Principal o que tiene más fuerza y vigor en cualquier concepto. *Fundamento toral.* □ V. **arco** ~.

tórax. M. **1.** *Anat.* Pecho del hombre y de los animales. ‖ **2.** *Anat.* Cavidad del pecho. ‖ **3.** *Zool.* Región media de las tres en que está dividido el cuerpo de los insectos, arácnidos y crustáceos.

toráxico, ca. ADJ. *Am.* torácico.

torbellino. M. **1.** Remolino de viento. ‖ **2.** Abundancia de cosas que ocurren a un mismo tiempo. ‖ **3.** coloq. Persona demasiado viva e inquieta y que actúa o habla atropellada y desordenadamente.

torca. F. Depresión circular con bordes escarpados en un terreno.

torcal. M. Terreno donde hay torcas.

torcaz. □ V. **paloma** ~.

torcaza. F. **paloma torcaz.**

torcecuello. M. Ave trepadora, de unos 16 cm de largo, de color pardo jaspeado de negro y rojo en el lomo, alas y cola, amarillento en el cuello y pecho, y blanquecino con rayas negras en el vientre. Si teme algún peligro, eriza las plumas de la cabeza, tuerce el cuello hacia atrás y lo extiende después rápidamente. Es ave de paso en España y suele anidar en los huecos de los árboles. Se alimenta de insectos, principalmente de hormigas.

torcedor, ra. I. ADJ. **1.** Que tuerce. *Máquina torcedora de alambre.* Apl. a pers., u. t. c. s. ‖ II. M. **2.** Huso con que se tuerce la hilaza, el cual tiene en el remate un garabato donde se prende la hebra, y debajo de él una rodaja de madera para que haga peso. ‖ **3.** Cosa que ocasiona persistente disgusto, mortificación o sentimiento.

torcedura. F. **1.** Acción y efecto de torcer o torcerse. ‖ **2.** *Med.* Distensión de las partes blandas que rodean las articulaciones de los huesos. ‖ **3.** *Med.* Desviación de un miembro u órgano de su dirección normal.

torcer. I. TR. **1.** Encorvar o doblar algo. *Es tan fuerte que puede torcer una barra de hierro.* U. t. c. prnl. ‖ **2.** Alterar la posición recta, perpendicular o paralela que algo tiene con respecto a otra cosa. *El terremoto torció los cuadros de toda la casa.* U. t. c. prnl. ‖ **3.** Desviar algo de su posición o dirección habitual. *Torcer los ojos.* ‖ **4.** Dar al rostro expresión de desagrado, enojo u hostilidad. *Torcer el gesto, el semblante. Torcer el morro. Torcer el hocico.* ‖ **5.** Mover bruscamente un miembro u otra cosa, contra el orden natural. *Le torció un brazo.* U. t. c. prnl. ‖ **6.** Dar vueltas a algo sobre sí mismo, de modo que tome forma helicoidal. *Lavó la ropa y la torció.* U. t. c. prnl. ‖ **7.** Dicho de una persona o de una cosa: Desviar la dirección que llevaba, para tomar otra. *El escritor tuerce el curso de su razonamiento.* U. t. c. intr. *El camino tuerce a mano derecha.* U. t. c. prnl. *El coche se torció hacia la cuneta.* ‖ **8.** Elaborar el cigarro puro, envolviendo la tripa en la capa. ‖ **9.** **tergiversar.** *Su interpretación tuerce los testimonios y confunde las fechas.* ‖ **10.** Mudar, trocar la voluntad o el dictamen de alguien. U. t. c. prnl. ‖ II. PRNL. **11.** Dicho de un negocio: Dificultarse y frustrarse. ‖ **12.** Desviarse del camino recto de la virtud o de la razón. ¶ MORF. conjug. c. *mover.*

torcida. F. Mecha de algodón o trapo torcido, que se pone en los velones, candiles, velas, etc.

torcido, da. PART. de **torcer.** ‖ I. ADJ. **1.** Que no es recto, que hace curvas. *Camino torcido.* ‖ **2.** Oblicuo, inclinado. *Lleva el sombrero torcido.* ‖ **3.** Dicho de una persona: Que no obra con rectitud. ‖ **4.** Dicho de una conducta: Propia de esa persona. ‖ II. M. **5.** Hebra gruesa y fuerte de seda torcida, que sirve para hacer media y para otros usos.

torcijón. M. Retorcimiento o dolor de tripas.

torcimiento. M. Acción y efecto de torcer o torcerse.

torción. F. Acción y efecto de torcer o torcerse.

tórculo. M. Prensa, y en especial la que se usa para estampar grabados en cobre, en acero, etc.

torda. F. Hembra del tordo.

tordillo, lla. ADJ. Dicho de una caballería: **torda.** U. t. c. s.

tordo, da. I. ADJ. **1.** Dicho de una caballería: Que tiene el pelo mezclado de negro y blanco, como el plumaje del tordo. U. t. c. s. ‖ II. M. **2.** Pájaro de unos 24 cm de largo, cuerpo grueso, pico delgado y negro, lomo gris aceitunado, vientre blanco amarillento con manchas pardas redondas o triangulares y las coberteras de la cola de color amarillo rojizo. Es común en España y se alimenta de insectos y de frutos, principalmente de aceitunas. ‖ **3.** *Am. Cen.* y *Am. Mer.* Pájaro de la misma familia que el turpial, de pico cónico, recto y robusto en la base, alas alargadas y plumaje eréctil, negro brillante el macho y negro grisáceo la hembra.

torear. I. INTR. **1.** Lidiar los toros en una plaza. U. t. c. tr. ‖ **2.** *Á. R. Plata.* Dicho de un perro: Ladrar repetidas veces en señal de alarma y ataque. ‖ II. TR. **3.** Entretener las esperanzas de alguien engañándolo. *Las autoridades nos están toreando, sin darnos soluciones.* ‖ **4.** Hacer burla de alguien. *Tú a tu madre no la toreas.* ‖ **5.** Conducir hábilmente un asunto que se presenta difícil o embarazoso. ‖ **6.** *Chile.* **incitar.**

toreo. M. **1.** Acción de torear. ‖ **2.** Arte de **torear** (‖ lidiar los toros).

torera. F. Chaquetilla ceñida al cuerpo, por lo general sin abotonar y que no pasa de la cintura.

torería. F. **1.** Gremio o conjunto de toreros. ‖ **2.** Maestría, garbo y valor propios del torero. ‖ **3.** *Am.* Travesura, calaverada.

torerista. ADJ. Que concede mayor importancia al torero que al toro. Apl. a pers., u. t. c. s.

torero, ra. I. ADJ. **1.** coloq. Perteneciente o relativo al toreo. *Aire torero. Sangre torera.* ‖ II. M. y F. **2.** Persona que por profesión ejerce el arte del toreo. ‖ **saltarse algo a la** ~. LOC. VERB. coloq. Soslayar una obligación o un compromiso. □ V. **capa** ~, **chaquetilla** ~.

toresano, na. ADJ. **1.** Natural de Toro. U. t. c. s. ‖ **2.** Perteneciente o relativo a esta ciudad de la provincia de Zamora, en España.

toril. M. Sitio donde se tienen encerrados los toros que han de lidiarse.

torio. M. Elemento químico radiactivo de núm. atóm. 90. Metal del grupo de los actínidos escaso en la litosfera, se encuentra en minerales de las tierras raras. De color plomizo, dúctil y maleable, arde muy fácilmente en el aire. Se usa en la industria nuclear y, aleado, para proporcionar dureza a ciertos metales. (Símb. *Th,* del latín científico *thorium*).

torista. ADJ. Que concede mayor importancia al toro que al torero. Apl. a pers., u. t. c. s.

torito. M. **1.** *Á. Andes* y *Á. R. Plata.* Coleóptero muy común de color negro. El macho tiene un cuerno curvado en la frente. ‖ **2.** *Chile.* **fiofío.** ‖ **3.** *Méx.* Pregunta capciosa de difícil respuesta. ‖ **4.** *Méx.* Cierta bebida alcohólica.

torloroto. M. Instrumento musical de viento, parecido al orlo.

tormenta. F. **1.** Perturbación atmosférica violenta acompañada de aparato eléctrico y viento fuerte, lluvia, nieve o granizo. ‖ **2.** Adversidad, desgracia o infelicidad de alguien. ‖ **3.** Manifestación violenta de un estado de ánimo excitado. ‖ **4.** Cantidad grande de algo, especialmente si es impetuoso y violento. *Una tormenta de ataques y de protestas de la prensa contra el Gobierno.* ‖ **5.** Perturbación o agitación en algún aspecto de la organización política, económica o social. *Una tormenta financiera.*

tormentila. F. Planta herbácea anual, de la familia de las Rosáceas, con tallos enhiestos en forma de horquilla y de dos a tres decímetros de altura, hojas verdes, compuestas de siete hojuelas ovales, dentadas en el margen y algo vellosas por el envés. Tiene flores amarillas, axilares y solitarias, fruto seco y rizoma rojizo que se emplea en medicina como astringente enérgico y contra el dolor de muelas. Es común en España.

tormento. M. **1.** Acción y efecto de atormentar. ‖ **2.** Dolor físico. ‖ **3.** Congoja o aflicción. ‖ **4.** Persona o cosa que causa dolor físico o moral. *Su hijo es un tormento. Los zapatos de tacón son un tormento.* ‖ **5.** Dolor corporal causado al reo para obligarlo a confesar o declarar.

tormentoso, sa. ADJ. **1.** Que ocasiona tormenta. *Nubes tormentosas.* ‖ **2.** Dicho del tiempo: En que hay tormenta o que la amenaza. ‖ **3.** Lleno de tensiones y de conflictos. *Año, sentimiento tormentoso.* ‖ **4.** *Mar.* Dicho de un buque: Que por defecto de construcción o de la estiba trabaja mucho con la mar y el viento.

tormo. M. **terrón** (‖ masa de tierra compacta).

torna. F. Obstáculo, por lo general de tierra y césped, que se pone en una reguera para cambiar el curso del agua. ‖ **volver las ~s** la marcha de un asunto. LOC.VERB. Cambiar en sentido opuesto. U. m. con el verbo c. prnl.

tornaboda. F. **1.** Día siguiente al de la boda. ‖ **2.** Fiesta celebrada ese día.

tornada. F. Acción de **tornar** (‖ regresar).

tornadizo, za. ADJ. Que cambia o varía con facilidad, especialmente en materia de creencia, partido u opinión. *Cristianos tornadizos.*

tornado. M. **huracán** (‖ viento a la manera de un torbellino).

tornapunta. F. Madero ensamblado en uno horizontal para servir de apoyo a otro vertical o inclinado.

tornar. **I.** TR. **1.** Devolver algo a quien lo poseía. *El nacimiento del niño tornó la alegría a la familia.* ‖ **2.** Volver a poner algo en su lugar habitual. *Tornó los papeles al cajón.* ‖ **3.** Cambiar la naturaleza o el estado de alguien o algo. U. t. c. prnl. *A medida que llega el otoño, los días se tornan grises.* ‖ **II.** INTR. **4.** Regresar al lugar de donde se partió. ‖ **5.** Volver a hacer algo. *Tornar A entrar.*

tornasol. M. **1.** Cambiante, reflejo o viso que hace la luz en algunas telas o en otras cosas muy tersas. ‖ **2.** *Quím.* Materia colorante azul violácea, de origen vegetal, que sirve de reactivo para reconocer el carácter ácido o básico de una disolución. □ V. **papel de ~.**

tornasolado, da. PART. de **tornasolar.** ‖ ADJ. Que tiene o hace visos y tornasoles. *Vidrio tornasolado.*

tornasolar. TR. Hacer o causar tornasoles. U. t. c. prnl.

tornaviaje. M. Viaje de regreso.

tornavirón. M. Golpe que recibe alguien de mano de otro en la cara o en la cabeza, y especialmente cuando se da de revés.

tornavoz. M. Techo del púlpito, concha del apuntador en los teatros, o cualquier otro aparato semejante dispuesto para que el sonido repercuta y se oiga mejor.

torneado, da. PART. de **tornear.** ‖ **I.** ADJ. **1.** Dicho de algunas partes del cuerpo humano: De suaves curvas o bien configuradas. ‖ **II.** M. **2.** Acción y efecto de tornear.

torneador, ra. M. y F. Persona que tornea.

tornear. TR. Labrar y pulir un objeto en el torno.

torneo. M. **1.** hist. Competición armada que se celebraba entre dos bandos de caballeros para conseguir un trofeo. ‖ **2.** Cualquier tipo de competición. ‖ **3.** *Dep.* Serie de encuentros deportivos o de juegos en los que compiten entre sí varias personas o equipos que se eliminan unos a otros progresivamente.

tornera. F. V. **tornero.**

tornería. F. **1.** Taller o tienda de tornero. ‖ **2.** Oficio de tornero.

tornero, ra. **I.** M. y F. **1.** Persona que tiene por oficio hacer obras en el torno. ‖ **II.** F. **2.** Monja destinada para servir en el torno.

tornés, sa. ADJ. hist. Se dice de una moneda francesa que se fabricó en la ciudad de Tours. *Sueldo tornés. Libra tornesa.* MORF. pl. **torneses, sas.**

tornillería. F. **1.** Conjunto de tornillos y piezas semejantes. ‖ **2.** Fabricación de tornillos. ‖ **3.** Fábrica de tornillos o lugar donde se venden.

tornillo. M. **1.** Pieza cilíndrica o cónica, por lo general metálica, con resalte en hélice y cabeza apropiada para enroscarla. ‖ **2.** *Am. Cen.* Arbusto de la familia de las Esterculiáceas, con flores rojas y fruto capsular retorcido en forma de hélice, que se usa en medicina. ‖ **~ de banco.** M. Utensilio usado en carpintería, cerrajería, etc., que se compone de una parte fijada en el banco y otra que se mueve mediante un **tornillo,** entre las que sujeta, apretándola, la pieza que se trabaja. ‖ **apretar los ~s** a alguien. LOC.VERB. coloq. **apretar las clavijas.** ‖ **faltarle** a alguien **un ~,** o **tener flojos los ~s.** LOCS. VERBS. coloqs. Tener poca sensatez.

torniquete. M. **1.** Dispositivo con varias barras giratorias para que las personas pasen de una en una, a fin de facilitar su control. ‖ **2.** Instrumento o dispositivo para detener una hemorragia en una extremidad mediante la compresión de la zona próxima a la herida con una ligadura fuertemente apretada. ‖ **3.** Compresión realizada con un **torniquete.**

torno. M. **1.** Máquina simple que consiste en un cilindro dispuesto para girar alrededor de su eje por la acción de palancas, manivelas o ruedas, y que ordinariamente actúa sobre la resistencia por medio de una cuerda que se va arrollando al cilindro. ‖ **2.** Máquina para labrar en redondo piezas de madera, metal, hueso, etc. ‖ **3.** Instrumento eléctrico formado por una barra con una pieza giratoria en su extremo, usada por los dentistas para limpiar y limar la dentadura. ‖ **4. torniquete** (‖ dispositivo para que las personas pasen de una en una). ‖ **5.** Armazón giratorio compuesto de varios tableros verticales que concurren en un eje, y de un suelo y un techo circulares, el cual se ajusta al hueco de una pared y sirve para pasar objetos de una parte a otra, sin que se vean las personas que los dan o reciben, como en las clausuras y en los comedores. ‖ **6.** Máquina que, por medio de una rueda, manivela, etc., hace que algo dé vueltas sobre sí mismo, como las que sirven para hilar, torcer seda, devanar, hacer obras de alfarería, etc. ‖ **7.** Recodo que forma el cauce de un río y en el cual adquiere por lo común mucha fuerza la corriente. ‖ **~ revólver.** M. *Mec.* torno automático o semiautomático que dispone de un revólver para el cambio de herramientas. ‖ **a ~.** LOC. ADJ. Hecho con un torno. ‖ **en ~ a.** LOC. PREPOS. **1. alrededor de.** ‖ **2. acerca de.** ‖ **en ~ de.** LOC. PREPOS. **alrededor de.**

toro[1]. M. **1.** Macho bovino adulto. ‖ **2.** Hombre muy robusto y fuerte. ‖ **3.** pl. Fiesta o corrida de toros. ‖ **~ de fuego.** M. **1.** tora[2]. ‖ **2.** El que lleva en las astas unas bolas de materia inflamable encendidas, y que se corre en algunos festejos populares. ‖ **~ de lidia,** o **~ de muerte.** M. El que se cría en el campo para el toreo. ‖ **a ~ pasado.** LOC. ADV. Después de haber perdido o dejado pasar la oportunidad. ‖ **coger al ~ por las astas,** o **por los cuernos.** LOCS. VERBS. coloqs. Enfrentarse resueltamente con una dificultad. ‖ **mirar,** o **ver,** alguien **los ~s desde la barrera.** LOCS. VERBS. coloqs. Presenciar algo o tratar de ello sin correr el peligro a que se exponen quienes en ello intervienen. ☐ V. **corrida de ~s, plaza de ~s.**

toro[2]. M. **1.** *Arq.* bocel. ‖ **2.** *Geom.* Superficie de revolución engendrada por una circunferencia que gira alrededor de una recta fija de su plano, que no la corta.

toroidal. ADJ. *Geom.* Perteneciente o relativo al toroide.

toroide. M. *Geom.* Superficie de revolución engendrada por una curva cerrada y plana que gira alrededor de una recta fija de su plano, que no la corta.

toromiro. M. *Chile.* Árbol originario de Isla de Pascua, utilizado para tallar figuras rituales.

toronja. F. Cidra de forma globosa como la naranja.

toronjil. M. Planta herbácea anual, de la familia de las Labiadas, con muchos tallos rectos de cuatro a seis decímetros de altura, hojas pecioladas, ovales, arrugadas, dentadas y olorosas, flores blancas en verticilos axilares, y fruto seco, capsular, con cuatro semillas menudas. Es común en España, y sus hojas y sumidades floridas se usan en medicina como remedio tónico y antiespasmódico.

toronjina. F. toronjil.

toronjo. M. Variedad de cidro que produce las toronjas.

torozón. M. Inquietud, desazón, sofoco.

torpe. ADJ. **1.** Que se mueve con dificultad. *La abuela no sale sola, porque está muy torpe.* ‖ **2.** desmañado. *No se me dan bien las manualidades, porque soy muy torpe.* ‖ **3.** Rudo, tardo en comprender. *Es muy torpe, no tiene dos dedos de frente.* ‖ **4.** Deshonesto, impúdico, lascivo. *La dependienta esquivaba como podía las torpes caricias del cliente.* ‖ **5.** Propio o característico de una persona o un animal torpes. *Movimientos torpes.*

torpedad. F. torpeza.

torpedeamiento. M. torpedeo.

torpedear. TR. **1.** Batir con torpedos. *El barco fue torpedeado por un submarino enemigo.* ‖ **2.** Hacer fracasar un asunto o un proyecto. *Torpedear una reunión.*

torpedeo. M. Acción y efecto de torpedear.

torpedero, ra. ADJ. Dicho de un barco de guerra: Destinado a disparar torpedos. *Lancha torpedera.* U. m. c. s. m.

torpedo. M. **1.** Selacio de cuerpo deprimido y discoidal, de hasta cuatro decímetros, de color blanquecino en el lado ventral y más oscuro en el dorso, en donde lleva,

debajo de la piel, un par de órganos musculosos, que producen corrientes eléctricas bastante intensas. La cola es más carnosa y menos larga que en la raya, y a los lados del cuerpo tiene dos pares de aletas. Es vivíparo. La especie más conocida lleva manchas redondas y negras en el dorso. ‖ **2.** Proyectil submarino autopropulsado que explota al chocar contra su objetivo, generalmente una embarcación.

torpeza. F. **1.** Cualidad de torpe. ‖ **2.** Acción o dicho torpes.

tórpido, da. ADJ. *Biol.* Que reacciona con dificultad o torpeza.

torques. F. hist. Collar que como insignia o adorno usaban los antiguos.

torrado. M. Garbanzo tostado.

torrar. TR. **tostar** (‖ poner algo a la lumbre hasta que tome color).

torre. F. **1.** Edificio más alto que ancho, destinado a defenderse de los enemigos desde él, o a defender una ciudad o plaza. U. t. en sent. fig. *El defensa central es una torre.* ‖ **2.** Edificio más alto que ancho y que en las iglesias sirve para colocar las campanas. ‖ **3.** Edificio de mucha más altura que superficie. ‖ **4.** Pieza grande del juego de ajedrez, en forma de torre, que se mueve en línea recta en todas direcciones, hacia adelante, hacia atrás, a derecha o izquierda, sin más limitación que la de no saltar por encima de otra pieza, excepto en el enroque. ‖ **5.** En los buques de guerra, reducto acorazado que se alza sobre la cubierta y que alberga piezas de artillería. ‖ **6.** *Ant.* Chimenea del ingenio de azúcar. ‖ **~ albarrana.** F. **1.** hist. Cada una de las torres que antiguamente se ponían a trechos en las murallas, a modo de baluartes muy fuertes. ‖ **2.** hist. La que, levantada fuera de los muros de un lugar fortificado, servía no solo para defensa, sino también de atalaya. ‖ **~ de Babel.** F. coloq. babel. ‖ **~ de control.** F. Construcción existente en los aeropuertos, con altura suficiente para dominar las pistas y el área de aparcamiento de los aviones, en la que se encuentran todos los servicios de radionavegación y telecomunicaciones para regular el tránsito de aviones que entran y salen. ‖ **~ del homenaje.** F. hist. La dominante y más fuerte, en la que el castellano o gobernador hacía juramento de guardar fidelidad y de defender la fortaleza con valor. ‖ **~ de marfil.** F. Aislamiento del escritor minoritario que atiende solo a la perfección de su obra, indiferente ante la realidad y los problemas del momento.

torrefacción. F. Tostadura, especialmente la del café.

torrefacto, ta. ADJ. **1.** Tostado al fuego. *Granos de cebada torrefactos.* ‖ **2.** Dicho del café: Tostado con algo de azúcar.

torreja. F. **1.** *Am.* torrija. ‖ **2.** *Á. Caribe.* Dulce hecho de láminas irregulares de masa de harina con huevos, mantequilla y sal que se fríe y se espolvorea con azúcar.

torrencial. ADJ. Parecido al torrente. *Lluvias torrenciales.*

torrente. M. **1.** Corriente o avenida impetuosa de aguas que sobreviene en tiempos de muchas lluvias o de rápidos deshielos. ‖ **2.** Curso de la sangre en el aparato circulatorio. ‖ **3.** Abundancia o muchedumbre de personas que afluyen a un lugar o coinciden en una misma apreciación, o de cosas que concurren a un mismo tiempo. *Un torrente de quejas.* ‖ **~ de voz.** M. Gran cantidad de voz fuerte y sonora.

torrentera. F. Cauce de un torrente.

torrentoso, sa. ADJ. *Am.* Dicho de un río o de un arroyo: De curso rápido e impetuoso.

torreón. M. Torre grande, para defensa de una plaza o castillo.

torrero, ra. M. y F. Persona que cuida de una atalaya o de un faro.

torreta. F. En un buque de guerra o en un tanque, torre acorazada.

torreznada. F. Fritada abundante de torreznos.

torrezno. M. Pedazo de tocino frito o para freír.

tórrido, da. ADJ. Muy ardiente o quemado. *Tórrido aire de verano.*

torrija. F. Rebanada de pan empapada en vino o leche y rebozada con huevo, frita y endulzada.

torrontés. ADJ. Dicho de una vid o de un viñedo: Que producen la uva torrontés. MORF. pl. **torronteses.** □ V. **uva ~.**

torrotito. M. *Mar.* Bandera pequeña que los buques de guerra fondeados izan a proa los domingos y días de fiesta y también cuando están en puerto extranjero.

tórsalo. M. *Am. Cen.* Gusano parásito que se desarrolla bajo la piel del hombre y de algunos animales, que produce hinchazón y dolores.

torsión. F. Acción y efecto de torcer algo en forma helicoidal.

torso. M. **1.** Tronco del cuerpo humano. ‖ **2.** Estatua falta de cabeza, brazos y piernas.

torta. F. **1.** Masa de harina, con otros ingredientes, de forma redonda, que se cuece a fuego lento. ‖ **2.** Cualquier masa reducida a forma de torta. ‖ **3.** coloq. Bofetada en la cara. ‖ **4.** coloq. Golpe, caída, accidente. ‖ **5.** *Am. Mer.* **tarta.** ‖ **6.** *Méx.* Panecillo partido longitudinalmente que se rellena con diversos alimentos. ‖ **~ frita.** F. *Á. R. Plata.* Plancha de masa frita en grasa, de forma redondeada o cuadrangular, que se hace con harina, grasa, sal y agua. ‖ **costar** algo **la ~ un pan.** LOC.VERB. coloq. Costar mucho más de lo que vale. ‖ **ser** algo **~s y pan pintado.** LOC.VERB. No ofrecer dificultad.

tortada. F. Torta grande, de masa delicada, rellena de carne, huevos, dulce, etc.

tortazo. M. coloq. Bofetada en la cara. ‖ **darse el,** o **un, ~.** LOCS.VERBS. coloqs. Sufrir un accidente aparatoso.

tortel. M. Bollo de hojaldre en forma de rosca.

tortera. F. Cazuela o cacerola casi plana que sirve para hacer tostadas.

tortería. F. *Méx.* Establecimiento donde se preparan y venden **tortas** (‖ panecillos).

tortero, ra. **I.** ADJ. **1.** Se dice de la cazuela o cacerola casi plana que sirve para hacer tostadas. ‖ **II.** M. y F. **2.** Persona que hace o vende tortas. ‖ **III.** M. **3.** Caja o cesta para guardar tortas.

torticero, ra. ADJ. Injusto, o que no se arregla a las leyes o a la razón. *Interpretación torticera del discurso.*

tortícolis. F. *Med.* Espasmo doloroso, de origen inflamatorio o nervioso, de los músculos del cuello, que obliga a tener este torcido con la cabeza inmóvil. U. menos c. m.

tortilla. F. **1.** Fritada de huevo batido, en forma redonda o alargada, a la cual se añade a veces algún otro ingrediente. ‖ **2.** *Am. Cen., Ant.* y *Méx.* Alimento en forma circular y aplanada, para acompañar la comida, que se hace con masa de maíz hervido en agua con cal, y se cuece en comal. ‖ **3.** *Á. Andes* y *Chile.* Pequeña torta chata, por lo

común salada, hecha con harina de trigo o maíz, y cocida al rescoldo. ‖ **~ de harina.** F. *Méx.* Torta circular y aplanada hecha con harina de trigo. ‖ **hacer ~** a alguien o algo. LOC.VERB. Aplastarlo o quebrantarlo en pedazos menudos. ‖ **hacerse ~** alguien o algo. LOC.VERB. coloq. Quedar aplastado o hecho pedazos menudos. ‖ **volverse la ~.** LOC.VERB. **1.** coloq. Suceder algo al contrario de lo que se esperaba o era costumbre. ‖ **2.** coloq. Cambiar la fortuna favorable que alguien tenía, o mudarse a favor de otra persona.

tortillera. F. V. **tortillero.**

tortillería. F. *Méx.* Sitio, casa o lugar donde se hacen o se venden tortillas.

tortillero, ra. **I.** ADJ. **1.** *Méx.* Perteneciente o relativo a la tortilla de maíz. *Industria tortillera.* ‖ **II.** M. y F. **2.** *Am. Cen.* y *Méx.* Persona que por oficio hace o vende tortillas, principalmente de maíz. ‖ **III.** F. **3.** despect. vulg. lesbiana.

tortillo. M. *Heráld.* roel.

tortita. F. Torta fina de harina y otros ingredientes, que se hace a la plancha y se sirve acompañada generalmente de nata y chocolate o caramelo líquidos.

tórtola. F. **1.** Ave del orden de las Columbiformes, de unos tres decímetros de longitud desde el pico hasta la terminación de la cola. Tiene plumaje ceniciento azulado en la cabeza y cuello, pardo con manchas rojizas en el lomo, gris vinoso en la garganta, pecho y vientre, y negro, cortado por rayas blancas, en el cuello, pico agudo, negruzco y pies rojizos. Es común en España, donde se presenta por la primavera, y pasa a África en otoño. ‖ **2.** Ave exótica y domesticada, del mismo orden que la anterior y parecida a ella, cuyo plumaje es de color ceniciento rojizo.

tortolita. F. *Á. Caribe.* Ave de las Columbiformes, de unos quince centímetros de longitud, de plumaje pardo rojizo o grisáceo escamado, según la especie.

tórtolo. M. **1.** Macho de la tórtola. ‖ **2.** pl. coloq. Pareja de enamorados.

tortosino, na. ADJ. **1.** Natural de Tortosa. U. t. c. s. ‖ **2.** Perteneciente o relativo a esta ciudad de la provincia de Tarragona, en España.

tortuga. F. **1.** Reptil marino del orden de los Quelonios, que llega a tener hasta dos metros y medio de largo y uno de ancho, con las extremidades torácicas más desarrolladas que las abdominales, unas y otras en forma de paletas, que no pueden ocultarse, y coraza, cuyas láminas, más fuertes en el espaldar que en el peto, tienen manchas verdosas y rojizas. Se alimenta de vegetales marinos, y su carne, huevos y tendones son comestibles. ‖ **2.** Reptil terrestre del orden de los Quelonios, de dos a tres decímetros de largo, con los dedos reunidos en forma de muñón, espaldar muy convexo, y láminas granujientas en el centro y manchadas de negro y amarillo en los bordes. Vive en Italia, Grecia y las islas Baleares, se alimenta de hierbas, insectos y caracoles, y su carne es sabrosa y delicada.

tortuosidad. F. Cualidad de tortuoso.

tortuoso, sa. ADJ. **1.** Que tiene vueltas y rodeos. *Calles tortuosas.* ‖ **2.** Dicho de una persona: Que actúa con malicia o intenciones ocultas. ‖ **3.** Propio o característico de una persona tortuosa. *Actuación tortuosa.*

tortura. F. **1.** Grave dolor físico o psicológico infligido a alguien, con métodos y utensilios diversos, con el fin de obtener de él una confesión o como medio de castigo.

‖ **2.** Dolor o aflicción grande, o cosa que lo produce. *Hacer frente a los impuestos es una tortura.*

torturador, ra. ADJ. Que tortura. Apl. a pers., u. t. c. s.

torturar. TR. Dar tortura. U. t. c. prnl.

torunda. F. Pelota de algodón envuelta en gasa y por lo común esterilizada, que se usa con diversos fines en curas y operaciones quirúrgicas.

toruno. M. *Chile.* Toro que ha sido castrado después de tres o más años.

torvisco. M. Mata de la familia de las Timeleáceas, como de un metro de altura, ramosa, con hojas persistentes, lineales, lampiñas y correosas, flores blanquecinas en racimillos terminales, y por fruto una baya redonda, verdosa primero y después roja. La corteza sirve para cauterios.

torvo, va. ADJ. Dicho especialmente de la mirada: Fiera, espantosa, airada y terrible a la vista.

torzal. M. **1.** Cordoncillo delgado de seda, hecho de varias hebras torcidas, empleado para coser y bordar. ‖ **2.** Unión de varias cosas que hacen como hebra, torcidas y dobladas unas con otras.

tos. F. Movimiento convulsivo y sonoro del aparato respiratorio del hombre y de algunos animales. MORF. pl. **toses.** ‖ **~ convulsiva,** o **~ convulsa.** F. *Med.* La que da por accesos violentos, intermitentes y sofocantes. ‖ **~ ferina.** F. *Med.* Enfermedad infecciosa, caracterizada por un estado catarral del árbol respiratorio, con accesos de tos convulsiva muy intensos. ‖ **~ perruna.** F. tos bronca, de ruido característico, producida por espasmos de la laringe. □ V. **golpe de ~.**

tosca. F. Piedra caliza porosa que se forma de la cal de algunas aguas.

toscano, na. I. ADJ. **1.** Natural de Toscana. U. t. c. s. ‖ **2.** Perteneciente o relativo a esta región de Italia. ‖ **II.** M. **3.** Lengua italiana. ‖ **4.** *Á. R. Plata.* Cigarro de hoja de origen italiano. □ V. **basa ~, capitel ~, columna ~, orden toscano.**

tosco, ca. ADJ. **1.** Grosero, sin pulimento ni labor. *Madera tosca.* ‖ **2.** Dicho de una persona: Inculta, sin doctrina ni enseñanza. U. t. c. s. ‖ **3.** Propio o característico de una persona tosca. *Modales toscos.*

tosedera. F. *Méx.* Tos persistente.

tosedor, ra. ADJ. Que padece tos crónica o es propenso a toser. U. t. c. s.

toser. INTR. **1.** Hacer fuerza y violencia con la respiración, para arrancar del pecho lo que le fatiga y molesta. ‖ **2.** Tener y padecer la tos.

tosida. F. *Méx.* Acción y efecto de toser.

tosiento, ta. ADJ. *Méx.* tosigoso.

tósigo. M. Angustia o pena grande.

tosigoso, sa. ADJ. Que padece tos, fatiga y opresión de pecho. U. t. c. s.

tosquedad. F. Cualidad de tosco.

tostación. F. Acción y efecto de tostar.

tostada. F. Rebanada de pan que, después de tostada, se unta por lo común con manteca, miel u otra cosa.

tostadero, ra. I. ADJ. **1.** Dicho de un útil o de una máquina: Que sirven para tostar. U. t. c. s. m. ‖ **II.** M. **2.** Lugar o instalación en que se tuesta algo. ‖ **3.** Lugar donde hace excesivo calor. *Este cuarto es un tostadero.*

tostadillo. M. Vino ligero que se cría en varias regiones del norte de España.

tostado, da. PART. de **tostar.** ‖ **I.** ADJ. **1.** Dicho de un color: Subido y oscuro. ‖ **II.** M. **2. tostadura.** ‖ **3.** *Á. Andes.* Maíz tostado.

tostador, ra. I. ADJ. **1.** Que tuesta. *Empresas tostadoras.* Apl. a pers., u. t. c. s. ‖ **II.** M. **2.** Instrumento o vasija para tostar algo.

tostadura. F. Acción y efecto de tostar.

tostar. I. TR. **1.** Poner algo a la lumbre, para que lentamente se le introduzca el calor y se vaya desecando, sin quemarse, hasta que tome color. *Tostar pan.* U. t. c. prnl. ‖ **2.** Dicho del sol o del viento: Curtir, atezar la piel del cuerpo. U. t. c. prnl. ‖ **II.** PRNL. **3.** *Chile.* Molestarse, desazonarse. ¶ MORF. conjug. c. *contar.*

tostón[1]. M. **1.** Trozo pequeño de pan frito, generalmente en forma de cubo, que se añade a las sopas, purés, etc. U. m. en pl. ‖ **2.** Cochinillo asado. ‖ **3.** Tabarra, lata. ‖ **4.** Persona habladora y sin sustancia. ‖ **5.** *Á. Caribe.* Rodaja de plátano verde, machacado y frito y a veces con especias.

tostón[2]. M. **1.** hist. En México y Nueva Granada designaba al real de a cuatro. ‖ **2.** Tejo para jugar al chito.

total. I. ADJ. **1.** General, universal y que lo comprende todo en su especie. *Ruina total.* ‖ **II.** M. **2.** *Mat.* Resultado de una suma u otras operaciones. ‖ **III.** ADV. M. **3.** En suma, en resumen, en conclusión. *Total, que lo más prudente será quedarse en casa.* □ V. **anestesia ~.**

totalidad. F. **1.** Conjunto de todas las cosas o personas que forman una clase o especie. *La totalidad de los vecinos.* ‖ **2.** Período de discusión relativo a una ley o propuesta en que se examina lo esencial de su tendencia antes de pasar al articulado o detalles.

totalitario, ria. ADJ. **1.** Perteneciente o relativo al totalitarismo. *Estado totalitario.* ‖ **2.** Que incluye la totalidad de las partes o atributos de algo, sin merma ninguna. *Concepción totalitaria de una cuestión.*

totalitarismo. M. Régimen político que ejerce fuerte intervención en todos los órdenes de la vida nacional, concentrando la totalidad de los poderes estatales en manos de un grupo o partido que no permite la actuación de otros.

totalitarista. ADJ. **1.** Perteneciente o relativo al totalitarismo. *Ideología totalitarista.* ‖ **2.** Partidario del totalitarismo. U. t. c. s.

totalizador, ra. ADJ. Que totaliza. *Análisis totalizador.*

totalizar. TR. Determinar el total de diversas cantidades.

tótem. M. **1.** Objeto de la naturaleza, generalmente un animal, que en la mitología de algunas sociedades se toma como emblema protector de la tribu o del individuo, y a veces como ascendiente o progenitor. ‖ **2.** Emblema tallado o pintado, que representa el tótem. ¶ MORF. pl. **tótems.**

totémico, ca. ADJ. Perteneciente o relativo al tótem.

totemismo. M. Sistema de creencias y organización de una tribu basado en el tótem.

totipotente. □ V. **célula ~.**

totol. M. *Méx.* **pavo** (‖ ave galliforme).

totola. F. *Méx.* **pava** (‖ hembra del pavo).

totolate. M. *Am. Cen.* Piojillo de las aves y especialmente de la gallina.

totomochtle. M. *Méx.* Conjunto de hojas secas de la mazorca del maíz que se usan para forraje y para envoltura de los tamales.

totonaco, ca. I. ADJ. **1.** Se dice de una gran tribu de México, que habita hacia la costa del golfo. ‖ **2.** Perteneciente o relativo a este pueblo. *Figurilla totonaca.* ‖ **II.** M. **3.** Lengua del mismo pueblo.

totonicapense. ADJ. **1.** Natural de Totonicapán. U. t. c. s. || **2.** Perteneciente o relativo a este departamento de Guatemala o a su cabecera.

totopo. M. *Méx.* totoposte.

totoposte. M. *Am. Cen.* y *Méx.* Tortilla de maíz o fracción de ella muy tostada.

totora. F. *Am. Mer.* Planta perenne, común en esteros y pantanos, cuyo tallo erguido mide entre uno y tres metros, según las especies. Tiene uso en la construcción de techos y paredes para cobertizos y ranchos. □ V. **caballito de ~.**

totoral. M. *Am. Mer.* Lugar poblado de totoras.

totorero. M. *Chile.* Pájaro que vive en los pajonales de las vegas. Construye con hojas de totora un nido de forma cónica con la entrada a un lado.

totovía. F. cotovía.

totuma. F. **1.** *Am.* Fruto del totumo. || **2.** *Am.* Vasija hecha con ese fruto.

totumo. M. *Á. Andes* y *Á. Caribe.* güira (|| árbol bignoniáceo).

tótum revolútum. (Locución latina). M. **revoltijo** (|| conjunto de cosas sin orden). MORF. pl. invar. *Los tótum revolútum.*

toxemia. F. *Med.* Presencia de toxinas en la sangre.

toxicidad. F. Grado de efectividad de una sustancia tóxica.

tóxico, ca. ADJ. **1.** Que contiene veneno o produce envenenamiento. Apl. a una sustancia, u. t. c. s. m. || **2.** Perteneciente o relativo a una sustancia tóxica. *Efecto tóxico.*

toxicogénesis. F. *Biol.* Producción de toxinas por organismos patógenos.

toxicología. F. *Biol.* Estudio de las sustancias tóxicas y sus efectos.

toxicológico, ca. ADJ. *Biol.* Perteneciente o relativo a la toxicología.

toxicólogo, ga. M. y F. Especialista en toxicología.

toxicomanía. F. Hábito patológico de intoxicarse con sustancias que procuran sensaciones agradables o que suprimen el dolor.

toxicómano, na. ADJ. Que padece toxicomanía. U. t. c. s.

toxicosis. F. *Med.* Estado patológico producido por una intoxicación.

toxiinfección. F. *Med.* Proceso patológico caracterizado por infección e intoxicación simultáneas.

toxina. F. *Biol.* Veneno producido por organismos vivos.

toxoplasmosis. F. *Med.* Enfermedad producida por protozoos del género *Toxoplasma* que, contraída durante la gestación, puede ocasionar anomalías fetales.

tozo. M. melojo.

tozolada. F. Golpe que se da en el tozuelo.

tozolón. M. tozolada.

tozudez. F. Cualidad de tozudo.

tozudo, da. ADJ. Obstinado, testarudo. U. t. en sent. fig. *La realidad es tozuda e implacable.*

tozuelo. M. Cerviz gruesa, carnosa y crasa de un animal.

traba. F. **1.** Ligadura con que se atan, por las cuartillas, las manos o los pies de una caballería. || **2.** Cosa que impide o estorba la fácil ejecución de otra. *Siempre le ponen trabas para admitirlo en el curso.* || **3.** *Der.* Embargo de bienes, incluso derechos, o impedimento para disponer de ellos o para algún acto. || **4.** *Chile.* Gancho para sujetar el pelo.

trabacuenta. F. Error o equivocación en una cuenta, que la enreda o dificulta.

trabada. □ V. **sílaba ~.**

trabajado, da. PART. de **trabajar.** || ADJ. **1.** Cansado, molido del trabajo, por haberse ocupado mucho tiempo o con afán en él. || **2.** Lleno de trabajos. *Está harta de la vida tan trabajada que le impone el destino.* || **3.** Dicho de una cosa: Elaborada con minuciosidad y gran cuidado. *Una novela muy trabajada.*

trabajador, ra. I. ADJ. **1.** Que trabaja. *Clase trabajadora.* || **2.** Muy aplicado al trabajo. || **II.** M. y F. **3.** Jornalero, obrero. || **III.** M. **4.** *Chile.* **totorero.**

trabajar. I. INTR. **1.** Ocuparse en cualquier actividad física o intelectual. *Trabajar en la tesis doctoral. Trabaja poco y mal.* || **2.** Tener una ocupación remunerada en una empresa, una institución, etc. *¿Trabajas o estudias?* || **3.** Ejercer determinada profesión u oficio. *Trabaja como periodista. Trabaja de jardinero.* || **4.** Dicho de una máquina: **funcionar.** *La computadora trabaja según un programa determinado.* || **5.** Dicho de un establecimiento o de un organismo: Desarrollar su actividad. *El Parlamento trabajará durante el fin de semana.* || **6.** Colaborar o mantener relaciones comerciales con una empresa o entidad. *Siempre trabajamos con la misma agencia de viajes.* || **7.** Intentar conseguir algo, generalmente con esfuerzo. *Trabajar por la paz.* || **8.** Dicho de una cosa: Obrar o producir un efecto. *La naturaleza trabaja para vencer la enfermedad.* || **II.** TR. **9.** Aplicarse o dedicarse con esfuerzo a la realización de algo. *Este curso ha trabajado mucho las matemáticas.* U. t. c. prnl. *Se ha trabajado el ascenso.* || **10.** Elaborar o dar forma a una materia. *Trabajar la madera, el cuero.* || **11.** Cultivar la tierra. *Trabajar el campo.* || **12.** **ejercitar** (|| usar reiteradamente una parte del cuerpo). *Deberías trabajar los músculos de las piernas.* || **13.** Tratar de influir en alguien para lograr lo que se desea de él. *Trabajó a su marido para hacerle cambiar de opinión.* U. t. c. prnl. *Trabajarse a un cliente.* || **14.** **dañar** (|| causar perjuicio). *Los años la han trabajado ya bastante.* || **15.** *Dep.* En equitación, ejercitar y amaestrar el caballo.

trabajo. M. **1.** Acción y efecto de trabajar. || **2.** Ocupación retribuida. || **3.** Obra, resultado de la actividad humana. || **4.** Esfuerzo humano aplicado a la producción de riqueza, en contraposición a *capital.* || **5.** Lugar donde se trabaja. *Vivo muy lejos de mi trabajo.* || **6.** Dificultad, impedimento o perjuicio. || **7.** Penalidad, molestia, estrechez. U. m. en pl. *Pasó grandes trabajos durante el exilio.* || **8.** *Mec.* Producto de la fuerza por el camino que recorre su punto de aplicación y por el coseno del ángulo que forma la una con el otro. || **~ de zapa.** M. El que se hace oculta y solapadamente para conseguir algún fin. || **~s forzados, o ~s forzosos.** M. **1.** pl. Aquellos en que se ocupa por obligación el presidiario como parte de la pena de su delito. || **2.** pl. Ocupación o trabajo ineludible que se hace a disgusto. || **tomarse** alguien **el ~** de algo. LOC.VERB. **tomarse la molestia.** *Le agradezco que se haya tomado el trabajo de venir a visitarme.* || **~ le,** o **~s te, mando.** EXPRS. Se usan para dar a entender que es muy difícil aquello de que se trata de ejecutar o alcanzar. □ V. **accidente de ~, bolsa de ~, convención colectiva de ~, derecho del ~, día de ~, grupo de ~, hipótesis de ~.**

trabajólico, ca. ADJ. *Chile.* Que trabaja afanosa y compulsivamente. U. t. c. s.

trabajoso, sa. ADJ. Que da, cuesta o causa mucho trabajo. *Trabajosas pesquisas.*

trabalenguas. M. Palabra o locución difícil de pronunciar, en especial cuando sirve de juego para hacer que alguien se equivoque.

trabanca. F. Mesa formada por un tablero sobre dos caballetes, que usan los empapeladores y otros operarios.

trabar. I. TR. 1. **prender** (‖ asir, agarrar). *Se le sentaron sobre la espalda y otros dos le trabaron el brazo.* U. t. c. intr. ‖ 2. Juntar o unir una cosa con otra, para mayor fuerza o resistencia. *Trabar el mimbre.* ‖ 3. Echar trabas. *Trabar las patas del caballo.* ‖ 4. Impedir el desarrollo de algo o el desenvolvimiento de alguien. *Son varios los impedimentos que traban la empresa.* ‖ 5. Espesar o dar mayor consistencia a un líquido o a una masa. ‖ 6. Emprender o comenzar una batalla, una contienda, una disputa, una conversación, etc. *Trabar amistad.* ‖ 7. *Der.* Embargar o retener bienes o derechos. ‖ II. PRNL. 8. Entorpecerse la lengua al hablar.

trabazón. F. 1. Juntura o enlace de dos o más cosas que se unen entre sí. ‖ 2. Conexión de una cosa con otra o dependencia que entre sí tienen.

trabe. F. **viga** (‖ madero largo y grueso).

trabilla. F. 1. Tira de tela colocada exteriormente al nivel del talle para reducir el vuelo de la prenda. ‖ 2. Tira de tela que sujeta el cinturón del pantalón o de la falda.

trabucaire. I. ADJ. 1. Valentón, osado. *Tono trabucaire.* ‖ II. M. 2. hist. Antiguo faccioso catalán armado de trabuco.

trabucar. TR. 1. Trastornar, descomponer el buen orden o colocación que tiene algo, volviendo lo de arriba abajo o lo de un lado a otro. U. t. c. prnl. ‖ 2. Ofuscar, confundir o trastornar el entendimiento. *Lo que quiere ese indeseable es trabucarme.* U. t. c. prnl. ‖ 3. Pronunciar o escribir equivocadamente unas palabras, sílabas o letras por otras. U. t. c. prnl.

trabucazo. M. 1. hist. Disparo del trabuco. ‖ 2. hist. Herida y daño producidos por el disparo del trabuco.

trabuco. M. hist. Arma de fuego más corta y de mayor calibre que la escopeta ordinaria.

traca¹. F. 1. Artefacto de pólvora que se hace con una serie de petardos colocados a lo largo de una cuerda y que estallan sucesivamente. ‖ 2. Gran estampido final de estos petardos.

traca². F. *Mar.* Cada una de las tres hiladas de la cubierta inmediatas al trancanil.

trácala. F. *Á. Caribe* y *Méx.* ardid. U. t. c. adj.

tracalada. F. *Am.* Muchedumbre, multitud.

tracalero, ra. ADJ. *Méx.* Que se vale de engaños o estafas.

tracción. F. 1. Acción y efecto de tirar de algo para moverlo o arrastrarlo. *Tracción animal, eléctrica.* ‖ 2. *Mec.* Sistema mecánico que aplica la potencia del motor a las ruedas del vehículo. *Tracción delantera. Tracción a las cuatro ruedas.* ‖ 3. *Mec.* Esfuerzo a que está sometido un cuerpo por la acción de dos fuerzas opuestas que tienden a alargarlo.

tracería. F. Decoración arquitectónica formada por combinaciones de figuras geométricas.

tracio, cia. ADJ. 1. hist. Natural de Tracia. U. t. c. s. ‖ 2. hist. Perteneciente o relativo a esta región de la Europa antigua.

tracista. ADJ. 1. Dicho de una persona: Que dispone o inventa el plan de una construcción, ideando su traza.

U. t. c. s. ‖ 2. Dicho de una persona: Fecunda en tretas o engaños. U. t. c. s.

tracoma. M. *Med.* Conjuntivitis grave y contagiosa, que llega a causar la ceguera.

tracomatoso, sa. ADJ. 1. *Med.* Perteneciente o relativo al tracoma. *Síntomas tracomatosos.* ‖ 2. Que padece esta enfermedad. U. t. c. s.

tracto. M. 1. *Anat.* Formación anatómica que media entre dos lugares del organismo y realiza una función de conducción. *Tracto alimentario o digestivo. Tracto linfático.* ‖ 2. *Biol.* Haz de fibras nerviosas que tienen el mismo origen y la misma terminación y cumplen la misma función fisiológica. ‖ 3. hist. Conjunto de versículos que se cantan o rezan inmediatamente antes del evangelio en la misa de ciertos días.

tractor, ra. I. ADJ. 1. Perteneciente o relativo a la tracción. *Vehículo tractor.* ‖ II. M. 2. Vehículo automotor cuyas ruedas o cadenas se adhieren fuertemente al terreno, y se emplea para arrastrar arados, remolques, etc., o para tirar de ellos.

tractorista. COM. Persona que conduce un tractor.

tradición. F. 1. Transmisión de noticias, composiciones literarias, doctrinas, ritos, costumbres, etc., hecha de generación en generación. ‖ 2. Noticia de un hecho antiguo transmitida de este modo. ‖ 3. Doctrina, costumbre, etc., conservada en un pueblo por transmisión de padres a hijos. ‖ 4. Conjunto de estas costumbres, doctrinas, etc., de un pueblo o comunidad. ‖ 5. Elaboración literaria, en prosa o verso, de un suceso transmitido por tradición oral. ‖ 6. *Der.* Entrega a alguien de algo. *Tradición de una cosa vendida.* ‖ 7. *Ecd.* Conjunto de los textos, conservados o no, que a lo largo del tiempo han transmitido una determinada obra. *La tradición del Libro de Buen Amor está formada por pocos manuscritos.*

tradicional. ADJ. 1. Perteneciente o relativo a la tradición. *Festejo tradicional.* ‖ 2. Que se transmite por medio de ella. *Relato tradicional.* ‖ 3. Que sigue las ideas, normas o costumbres del pasado. *Urbanidad muy tradicional.* □ V. **gramática ~.**

tradicionalismo. M. 1. Sistema político que consiste en mantener o restablecer las instituciones antiguas en el régimen de la nación y en la organización social. *El tradicionalismo español fue el carlismo.* ‖ 2. Tendencia consistente en la adhesión a las ideas, normas o costumbres del pasado.

tradicionalista. ADJ. 1. Perteneciente o relativo al tradicionalismo. *Pensamiento tradicionalista.* ‖ 2. Que profesa el tradicionalismo o es partidario de él. U. t. c. s.

traducción. F. 1. Acción y efecto de traducir. ‖ 2. Obra del traductor. ‖ **~ directa.** F. La que se hace de un idioma extranjero al idioma del traductor. ‖ **~ inversa.** F. La que se hace del idioma del traductor a un idioma extranjero. ‖ **~ libre.** F. La que, siguiendo un sentido del texto, se aparta del original en la elección de la expresión. ‖ **~ literal.** F. La que sigue palabra por palabra el texto original. ‖ **~ literaria.** F. **traducción libre.** ‖ **~ simultánea.** F. La que se hace oralmente al mismo tiempo que se está pronunciando un discurso, conferencia, etc.

traducibilidad. F. Capacidad de ser traducido.

traducir. TR. 1. Expresar en una lengua lo que está escrito o se ha expresado antes en otra. ‖ 2. Convertir, mudar, trocar. U. t. c. prnl. *La hemorragia interna se traduce en un descenso de la presión arterial.* ‖ 3. Explicar, interpretar. U. t. c. prnl. *Este problema se traduce en un* *informe de la Organización Mundial de la Salud.* ¶ MORF. conjug. c. *conducir.*

traductor, ra. ADJ. Que traduce una obra o escrito. Apl. a pers., u. t. c. s.

traedor, ra. ADJ. Que trae. Apl. a pers., u. t. c. s.

traer. TR. **1.** Conducir o trasladar algo al lugar en donde se habla o de que se habla. *Traer una carta, una noticia.* ‖ **2.** Causar, ocasionar, acarrear. *La ociosidad trae estos vicios.* ‖ **3.** Tener a alguien en un estado o situación. *Traer a alguien inquieto, convencido.* ‖ **4.** Tener puesto algo. *Traía un vestido muy llamativo.* ‖ **5.** Tratar, andar haciendo algo, tenerlo pendiente, estar empleado en su ejecución. *Traigo un negocio entre manos.* U. t. c. prnl., sobre todo refiriéndose a propósitos ocultos o maliciosos. *¿Qué se traerá Pepe con tantas visitas como me hace?* ‖ **6.** Contener escritos, en especial los publicados en periódicos. ¶ MORF. V. conjug. modelo. ‖ **a mal ~.** LOC.ADV. a maltraer. ‖ **~ a alguien de acá para allá, o de aquí para allí.** LOCS.VERBS. **1.** Tenerlo en continuo movimiento, no dejarlo parar en ningún lugar. ‖ **2.** Inquietarlo, zarandearlo, marearlo. ‖ **traérselas.** LOC.VERB. coloq. Se aplica a aquello que tiene más intención, malicia o dificultades de lo que a primera vista parece. ‖ **~ y llevar.** LOC.VERB. coloq. **chismear.**

tráfago. M. **1.** tráfico. ‖ **2.** Conjunto de negocios, ocupaciones o faenas que ocasionan mucha fatiga o molestia.

trafalmejas. ADJ. Dicho de una persona: Bulliciosa y de poco seso. U. t. c. s.

traficante. ADJ. Que **trafica** (‖ comercia). Apl. a pers., u. t. c. s.

traficar. INTR. **1.** Comerciar, negociar con el dinero y las mercancías. En América, u. t. c. tr. ‖ **2.** Hacer negocios no lícitos. *Traficar con heroína.* En América, u. t. c. tr. *Vive de traficar antigüedades.*

tráfico. M. **1.** Acción de traficar. ‖ **2.** Circulación de vehículos por calles, caminos, etc. ‖ **3.** Movimiento o tránsito de personas, mercancías, etc., por cualquier otro medio de transporte. ‖ **4.** *Inform.* Movimiento de datos que se envían y se reciben a través de la Red, medido en cantidad de información por unidad de tiempo. ‖ **~ de drogas.** M. *Der.* Delito que consiste en realizar cualquier actuación de cultivo, elaboración o comercio de drogas tóxicas. ‖ **~ de influencias.** M. *Der.* Delito que comete quien, prevaliéndose de su posición, induce a una autoridad o funcionario a adoptar una resolución en beneficio propio o de un tercero. ☐ V. **guardia de ~.**

trafique. M. *Méx.* Maniobra poco limpia en un negocio.

tragacanto. M. **1.** Arbusto de la familia de las Papilionáceas, de unos dos metros de altura, con ramas abundantes, hojas compuestas de hojuelas elípticas, flores blancas en espigas axilares y fruto en vainas. Crece en Persia y Asia Menor, y de su tronco y ramas fluye naturalmente una goma blanquecina muy usada en farmacia y en la industria. ‖ **2.** Esta misma goma.

tragaderas. F. pl. coloq. **faringe.**

tragadero. M. **1.** Boca o agujero que traga o sorbe agua u otra cosa. ‖ **2.** coloq. **faringe.**

tragador, ra. ADJ. **1.** Que traga. Apl. a pers., u. t. c. s. *Tragador de sables.* ‖ **2.** Que come vorazmente. Apl. a pers., u. t. c. s.

trágala. M. **1.** hist. Canción con que los liberales españoles zaherían a los partidarios del gobierno absoluto durante el primer tercio del siglo XIX. ‖ **2.** Manifesta-

ciones o hechos por los cuales se obliga a alguien a soportar algo de lo que es enemigo.

tragaldabas. COM. coloq. Persona muy tragona.

tragaluz. M. Ventana abierta en un techo o en la parte superior de una pared, generalmente con derrame hacia adentro.

tragamonedas. F. *Á. R. Plata.* **tragaperras.**

tragantada. F. Mayor trago que se puede tragar de una vez.

tragaperras. F. *Esp.* Máquina de juegos de azar que funciona introduciendo monedas. U. t. c. adj. *Máquina tragaperras.*

tragar. **I.** TR. **1.** Hacer movimientos voluntarios o involuntarios de tal modo que algo pase de la boca hacia el estómago. U. t. c. intr. y c. prnl. ‖ **2.** Dicho de la tierra o de las aguas: Abismar lo que está en su superficie. U. t. c. prnl. ‖ **3.** coloq. Comer vorazmente. ‖ **4.** coloq. Dar fácilmente crédito a las cosas, aunque sean inverosímiles. U. t. c. prnl. *Le contó una mentira y no se la tragó.* ‖ **5.** coloq. Soportar o disimular algo muy desagradable. U. t. c. prnl. ‖ **6.** coloq. Absorber, consumir, gastar. U. t. c. prnl. *El muro se tragó más piedra de la que se creía.* ‖ **II.** PRNL. **7.** coloq. Chocar con un obstáculo. *Tragarse una farola.* ‖ **8.** coloq. No hacer caso a una señal, a una obligación o a una advertencia. *Tragarse un semáforo.* ‖ **no ~ a alguien o algo.** LOC.VERB. coloq. Sentir marcada antipatía hacia él o hacia ello.

tragasables. COM. Artista de circo cuya actuación consiste en tragarse armas blancas.

tragavenado. F. *Á. Caribe.* Serpiente de unos cuatro metros de longitud, con la piel adornada de colores variados y más brillantes que los de la boa. No es venenosa, vive en tierra y en los árboles, y ataca, para alimentarse, al venado y a otros cuadrúpedos corpulentos.

tragedia. F. **1.** Obra dramática cuya acción presenta conflictos de apariencia fatal que mueven a compasión y espanto, con el fin de purificar estas pasiones en el espectador y llevarlo a considerar el enigma del destino humano, y en la cual la pugna entre libertad y necesidad termina generalmente en un desenlace funesto. ‖ **2.** Obra dramática en la que predominan algunos de los caracteres de la tragedia. ‖ **3.** Género trágico. ‖ **4.** Suceso de la vida real capaz de suscitar emociones trágicas. ‖ **hacer una ~.** LOC.VERB. coloq. Dar tintes trágicos a un suceso que no los tiene. ‖ **parar** algo **en ~.** LOC.VERB. coloq. Tener un fin desgraciado.

trágico, ca. ADJ. **1.** Perteneciente o relativo a la tragedia. *Género trágico.* ‖ **2.** Dicho de un autor: Que escribe tragedias. U. t. c. s. ‖ **3.** Dicho de un actor: Que representa papeles trágicos. ‖ **4.** Infausto, hondamente conmovedor. *Final trágico.*

tragicomedia. F. **1.** Obra dramática con rasgos de comedia y de tragedia. U. t. en sent. fig. *Su vida es una tragicomedia.* ‖ **2.** Designación que a *La Celestina* dio su autor, Fernando de Rojas, en el siglo XV, la cual fundó un subgénero de obras enteramente dialogadas, aunque irrepresentables por su extensión, en las que intervienen personajes nobles y plebeyos, se mezclan pasiones elevadas y viles, y alternan el estilo más refinado con el puramente coloquial.

tragicómico, ca. ADJ. **1.** Perteneciente o relativo a la tragicomedia. *Género tragicómico.* ‖ **2.** Que participa de las cualidades de lo trágico y de lo cómico. *Incidente tragicómico.*

trago[1]. M. **1.** Porción de agua u otro líquido que se bebe o se puede beber de una vez. ‖ **2.** coloq. Adversidad, infortunio, contratiempo que con dificultad y sentimiento se sufre. ‖ **3.** *Am.* Copa de una bebida alcohólica. ‖ **4.** *Am. Mer.* Bebida alcohólica. ‖ **a ~s.** LOC.ADV. coloq. Poco a poco, de manera lenta y pausada.

trago[2]. M. Prominencia de la oreja, situada delante del conducto auditivo.

tragón, na. ADJ. coloq. Que traga o come mucho. Apl. a pers., u. t. c. s.

traguilla. COM. **1.** *Chile.* Persona que come y bebe muy rápidamente. ‖ **2.** *Chile.* En deportes de equipo, jugador individualista.

traición. F. **1.** Falta que se comete quebrantando la fidelidad o lealtad que se debe guardar o tener. ‖ **2.** *Der.* Delito cometido por civil o militar que atenta contra la seguridad de la patria. ‖ **alta ~.** F. La cometida contra la soberanía o contra el honor, la seguridad y la independencia del Estado. ‖ **a ~.** LOC.ADV. De manera alevosa, faltando a la lealtad o confianza.

traicionar. **I.** TR. **1.** Cometer traición. ‖ **2.** Fallar a alguien, abandonarlo. *La intuición nunca me ha traicionado.* ‖ **3.** Delatar con algo de lo que se hace o dice la verdadera intención. *Finge alegría, pero el gesto lo traiciona.* ‖ **II.** PRNL. **4.** Dicho de una persona: Descubrir involuntariamente lo que desea ocultar. *No dice nada porque teme traicionarse si habla.*

traicionero, ra. ADJ. **traidor.** Apl. a pers., u. t. c. s.

traída. F. Acción y efecto de traer. *Traída de aguas.*

traído, da. PART. de **traer.** ‖ ADJ. Dicho principalmente de la ropa: Usada, gastada, que se va haciendo vieja. ‖ **~ y llevado, da.** LOC.ADJ. **1.** Trasladado con frecuencia de un lugar a otro. ‖ **2.** Frecuentemente usado, manoseado.

traidor, ra. ADJ. **1.** Que comete traición. Apl. a pers., u. t. c. s. ‖ **2.** Que implica o denota traición o falsedad. *Saludo traidor. Ojos traidores.* ‖ **3.** Que es más perjudicial de lo que parece. *Un catarro traidor.*

tráiler. M. **1.** Remolque de un camión. ‖ **2.** *Cinem.* **avance** (‖ conjunto de fragmentos de una película). ¶ MORF. pl. **tráileres.**

traílla. F. **1.** Cuerda o correa con que se lleva al perro atado a las cacerías, para soltarlo a su tiempo. ‖ **2.** Instrumento agrícola para allanar un terreno. ‖ **3.** Pareja de perros atraillados. ‖ **4.** Conjunto de estas traíllas unidas por una cuerda.

traína. F. Red de fondo, especialmente la de pescar sardina.

trainera. **I.** ADJ. **1.** Dicho de una barca: Que pesca con traína o traíña. U. t. c. s. f. ‖ **II.** F. **2.** Embarcación de remo con la que se hacen competiciones deportivas.

traíña. F. Red extensa que se cala rodeando un banco de sardinas para llevarlas así a la costa.

traje. M. **1.** Vestido completo de una persona. ‖ **2.** Vestido peculiar de una clase de personas o de los naturales de un país. ‖ **3.** Conjunto de chaqueta, pantalón y a veces, chaleco, hechos de la misma tela. ‖ **4.** Vestido femenino de una pieza. ‖ **~ corto.** M. Conjunto de chaquetilla corta y pantalón de talle alto, usado por bailaores y toreros. ‖ **~ de baño.** M. **bañador.** ‖ **~ de ceremonia.** M. **1.** Uniforme de gala propio de una dignidad o cargo. ‖ **2.** El que usan los hombres en actos solemnes que lo requieran; p. ej., el frac o el chaqué. ‖ **~ de chaqueta.** M. Atuendo femenino de corte recto compuesto de chaqueta y falda o pantalón a juego. ‖ **~ de luces.** M. traje de seda,

bordado de oro, plata o azabache, con lentejuelas, que usan los toreros. ‖ **~ de noche.** M. Vestido femenino, generalmente largo, usado en fiestas y ceremonias que lo requieran. ‖ **~ sastre.** M. **traje de chaqueta.** □ V. **baile de ~s.**

trajeado, da. bien ~. LOC.ADJ. Dicho de una persona: Bien vestida. ‖ **mal ~.** LOC.ADJ. Dicho de una persona: Mal vestida.

trajear. TR. Proveer de traje a alguien. U. t. c. prnl.

trajín. M. Acción de trajinar.

trajinante. ADJ. Que trajina. Apl. a pers., u. t. c. s.

trajinar. **I.** TR. **1.** Acarrear o llevar géneros de un lugar a otro. ‖ **II.** INTR. **2.** Ir y volver de un sitio a otro con cualquier diligencia u ocupación.

trajinera. F. **1.** *Méx.* En los canales de Xochimilco, embarcación desde la que se vende comida, flores y recuerdos a los pasajeros de otras embarcaciones. ‖ **2.** *Méx.* Embarcación para pasajeros o carga. □ V. **canoa ~.**

trajinería. F. Ejercicio de trajinante.

trajinero. M. **trajinante.**

tralhuén. M. *Chile.* Arbusto espinoso de la familia de las Ramnáceas, cuya madera se utiliza para hacer carbón.

tralla. F. **1.** Látigo provisto a su extremo de una cuerda que restalla. ‖ **2.** Esa misma cuerda.

trallazo. M. **1.** Latigazo dado con la tralla. ‖ **2.** Chasquido de la tralla. ‖ **3.** Golpe o ruido violentos. U. t. en sent. fig. *La crítica recibió su novela con un trallazo de disgusto.* ‖ **4.** Represión áspera e inesperada. ‖ **5.** *Dep.* En el fútbol, **cañonazo** (‖ disparo muy fuerte a la portería contraria).

trama. F. **1.** Conjunto de hilos dispuestos a lo ancho que, cruzados y enlazados con los de la urdimbre, forman una tela. ‖ **2.** Estructura formada por el entrecruzamiento de la trama con la urdimbre. ‖ **3.** Artificio, dolo, confabulación con que se perjudica a alguien. ‖ **4.** Disposición interna, contextura, ligazón entre las partes de un asunto u otra cosa, y en especial el enredo de una obra dramática o novelesca.

tramar. TR. **1.** Atravesar los hilos de la trama por entre los de la urdimbre, para tejer alguna tela. ‖ **2.** Disponer o preparar con astucia o dolo un enredo, engaño o traición. *No sospechan lo que tramamos.* ‖ **3.** Disponer con habilidad la ejecución de cualquier cosa complicada o difícil. *Tramar una táctica.*

tramitación. F. **1.** Acción y efecto de tramitar. ‖ **2.** Serie de trámites prescritos para un asunto, o de los seguidos en él. □ V. **salarios de ~.**

tramitador, ra. M. y F. Persona que tramita un asunto. U. m. en América.

tramitar. TR. Hacer pasar un negocio por los trámites debidos.

trámite. M. **1.** Cada uno de los estados y gestiones que hay que recorrer en un negocio hasta su conclusión. ‖ **2.** Procedimiento constituido por esos trámites. ‖ **3.** Paso de una parte a otra, o de una cosa a otra.

tramo. M. **1.** Cada una de las partes en que está dividida o se puede dividir una extensión lineal. ‖ **2.** Cada una de las partes o de las etapas en que se divide algo no material. *El primer tramo del sistema educativo. Tramo de las rentas a efectos tributarios.* ‖ **3.** Parte de una escalera, comprendida entre dos mesetas o descansillos.

tramontana. F. Viento procedente del norte.

tramontano, na. ADJ. Que, respecto de alguna parte, está al otro lado de los montes. *Valle tramontano.*

tramontar. INTR. Pasar del otro lado de los montes, respecto del país o territorio de que se habla.

tramoya. F. **1.** Máquina para figurar en el teatro transformaciones o casos prodigiosos. || **2.** Conjunto de máquinas de este tipo. || **3.** Enredo dispuesto con ingenio, disimulo y maña.

tramoyista. COM. **1.** Persona que inventa, construye o dirige tramoyas de teatro. || **2.** Persona que las coloca o las hace funcionar. || **3.** Persona que trabaja en las mutaciones escénicas. || **4.** Persona que utiliza ficciones o engaños. U. t. c. adj.

trampa. F. **1.** Artificio para cazar, compuesto ordinariamente de una excavación y una tabla que la cubre y puede hundirse al ponerse encima el animal. || **2.** Contravención disimulada a una ley, convenio o regla, o manera de eludirla, con miras al provecho propio. || **3.** Infracción maliciosa de las reglas de un juego o de una competición. || **4.** Ardid para burlar o perjudicar a alguien. || **5.** Deuda cuyo pago se demora. || **6.** Puerta en el suelo, para poner en comunicación cualquier parte de un edificio con otra inferior. || **7.** Tira de tela con que se tapa la abertura de los calzones o pantalones por delante. || ~ **legal.** F. Acto ilícito que se cubre con apariencias de legalidad. || **coger** a alguien **en la** ~. LOC.VERB. coloq. Sorprenderlo en algún mal hecho. || **llevarse la** ~ una cosa o asunto. LOC.VERB. coloq. Echarse a perder o malograrse. || **sin** ~ **ni cartón.** LOC.ADV. Sin engaño alguno.

trampal. M. Pantano, tremedal.

trampantojo. M. coloq. Trampa o ilusión con que se engaña a alguien haciéndole ver lo que no es.

trampear. **I.** TR. **1.** coloq. Engañar a alguien o eludir alguna dificultad con artificio y cautela. || **II.** INTR. **2.** coloq. Pedir prestado o fiado con ardides y engaños. || **3.** coloq. Discurrir medios lícitos para hacer más llevadera la penuria o alguna adversidad.

trampero, ra. M. y F. Cazador que emplea trampas para lograr sus presas.

trampilla. F. **1.** Ventanilla hecha en el suelo de una habitación para comunicar con la que está debajo. || **2.** Portezuela que se levanta sobre goznes colocados en su parte superior.

trampolín. M. **1.** Plano inclinado y elástico que presta impulso al gimnasta para dar grandes saltos. || **2.** Persona, cosa o suceso de que alguien se aprovecha para mejorar su situación o posición. *Su nombramiento como asesor es solo un trampolín para llegar más arriba.* || **3.** *Dep.* Tabla elástica colocada sobre una plataforma y desde la que se lanza al agua el nadador. || **4.** *Dep.* Estructura al final de un plano inclinado, desde la que realiza el salto el esquiador.

tramposo, sa. ADJ. **1.** Que hace trampas en el juego. U. t. c. s. || **2.** Embustero, petardista, mal pagador. U. t. c. s.

tranca. F. **1.** Palo grueso y fuerte. || **2.** Palo grueso que se pone para mayor seguridad, a manera de puntal o atravesado detrás de una puerta o ventana cerrada. || **a ~s y barrancas.** LOC.ADV. coloq. Pasando sobre todos los obstáculos.

trancada. F. tranco (|| paso largo).

trancanil. M. *Mar.* Serie de maderas fuertes tendidos desde la proa a la popa, para ligar los baos a las cuadernas y al forro exterior.

trancar. TR. Cerrar una puerta con una tranca o un cerrojo.

trancazo. M. **1.** Golpe que se da con una tranca. || **2.** coloq. **gripe.** || **3.** *Á. Caribe.* **golpetazo.**

trance. M. **1.** Momento crítico y decisivo por el que pasa alguien. || **2.** Último estado o tiempo de la vida, próximo a la muerte. *Último trance. Trance postrero, mortal.* || **3.** Estado en que un médium manifiesta fenómenos paranormales. || **4.** Estado en que el alma se siente en unión mística con Dios. || **a todo** ~. LOC.ADV. De manera resuelta, sin reparar en riesgos.

tranchete. M. Cuchilla de zapatero.

tranco. M. **1.** Paso largo o salto que se da abriendo mucho las piernas. || **2.** Umbral de la puerta. || **al** ~. LOC. ADV. *Á. guar., Á. R. Plata* y *Chile.* Dicho de moverse las caballerías, y, por ext., las personas: **a paso largo.**

tranque. M. *Chile.* Depósito artificial de agua, que se forma haciendo una presa en un valle o quebrada.

tranquera. F. *Am.* Especie de puerta rústica en un alambrado, hecha generalmente con trancas.

tranquil. □ V. **arco por** ~.

tranquilidad. F. Cualidad de tranquilo.

tranquilización. F. Acción y efecto de tranquilizar.

tranquilizador, ra. ADJ. Que tranquiliza. *Noticias tranquilizadoras.*

tranquilizante. ADJ. **1.** Que tranquiliza. *Argumento tranquilizante.* || **2.** Dicho de un fármaco: De efecto tranquilizador o sedante. U. t. c. s. m.

tranquilizar. TR. Poner tranquilo, sosegar a alguien o algo. U. t. c. prnl.

tranquillo. M. Hábito especial que se logra a fuerza de repetición y con el que se consigue realizar más fácilmente un trabajo. *Encontrar el tranquillo.*

tranquillón. M. Mezcla de trigo con centeno en la siembra y en el pan.

tranquilo, la. ADJ. **1.** Quieto, sosegado, pacífico. *Comportamiento tranquilo.* || **2.** Dicho de una persona: Que se toma las cosas con tiempo, sin nerviosismos ni agobios, y que no se preocupa por quedar bien o mal ante la opinión de los demás. || **3.** Libre de sentimiento de culpa o remordimiento. *Tengo la conciencia tranquila.* □ V. **bálsamo** ~.

transacción. F. Trato, convenio, negocio.

transaccional. ADJ. Perteneciente o relativo a la transacción.

transalpino, na. ADJ. **1.** Se dice de las regiones que desde Italia aparecen situadas al otro lado de los Alpes. || **2.** Perteneciente o relativo a cada una de estas regiones. *Negocios transalpinos.*

transandino, na. ADJ. **1.** Se dice de las regiones situadas al otro lado de la cordillera de los Andes. || **2.** Perteneciente o relativo a cada una de estas regiones. *Economía transandina.* || **3.** Se dice del tráfico y de los medios de locomoción que atraviesan los Andes. *Oleoducto transandino.*

transar. INTR. *Am.* Transigir, ceder, llegar a una transacción o acuerdo. U. t. c. prnl.

transatlántico, ca. **I.** ADJ. **1.** Se dice de las regiones situadas al otro lado del Atlántico. || **2.** Perteneciente o relativo a cada una de estas regiones. *Pacto transatlántico.* || **3.** Se dice del tráfico y medios de locomoción que atraviesan el Atlántico. *Vuelo transatlántico.* || **II.** M. **4.** Buque de grandes dimensiones destinado a hacer la travesía del Atlántico, o de otro gran mar. U. menos c. adj.

transbordador, ra. **I.** ADJ. **1.** Que transborda. *Plataforma transbordadora.* || **II.** M. **2.** Embarcación de transporte que enlaza dos puntos regularmente. ‖ **3.** Buque proyectado para transbordar vehículos. ‖ **4. funicular.** ‖ **5.** Nave espacial que, lanzada al espacio mediante un cohete, se destina a misiones de investigación o de transporte de astronautas y materiales a otras naves o estaciones espaciales, para aterrizar después como un avión.

transbordar. TR. **1.** Trasladar efectos o personas de una embarcación a otra. U. t. c. prnl. ‖ **2.** Trasladar personas o efectos de unos vehículos a otros, especialmente de un tren a otro. U. t. c. intr. y c. prnl.

transbordo. M. Acción y efecto de transbordar.

transcendencia. F. trascendencia.

transcendental. ADJ. trascendental.

transcendentalismo. M. Cualidad de trascendental.

transcender. INTR. trascender. MORF. conjug. c. *entender.*

transcontinental. ADJ. Que atraviesa un continente.

transcribir. TR. **1. copiar** (‖ escribir en una parte lo escrito en otra). *Ha transcrito parcialmente el acuerdo.* ‖ **2. transliterar.** *Transcribió toda su obra poética del griego.* ‖ **3.** Representar elementos fonéticos, fonológicos, léxicos o morfológicos de una lengua o dialecto mediante un sistema de escritura. ‖ **4.** *Mús.* Arreglar para un instrumento la música escrita para otro u otros. ¶ MORF. part. irreg. **transcrito.** Á. *R. Plata.* part. irreg. **transcripto.**

transcripción. F. Acción y efecto de transcribir.

transcripto, ta. PART. IRREG. Á. *R. Plata.* **transcrito.**

transcriptor, ra. ADJ. Que transcribe. Apl. a pers., u. t. c. s.

transcrito, ta. PART. IRREG. de **transcribir.**

transculturación. F. Recepción por un pueblo o grupo social de formas de cultura procedentes de otro, que sustituyen de un modo más o menos completo a las propias.

transcultural. ADJ. Que afecta a varias culturas o a sus relaciones.

transculturización. F. **transculturación.**

transcurrir. INTR. **1.** Dicho generalmente del tiempo: Pasar, correr. ‖ **2.** Dicho de una cosa que se extiende en el tiempo: Realizarse o desarrollarse. *La reunión transcurrió sin problemas.*

transcurso. M. Paso o carrera del tiempo.

transducción. F. Transformación de un tipo de señal en otro distinto.

transductor. M. Dispositivo que transforma el efecto de una causa física, como la presión, la temperatura, la dilatación, la humedad, etc., en otro tipo de señal, normalmente eléctrica.

transeúnte. ADJ. **1.** Que transita o pasa por un lugar. Apl. a pers., u. t. c. s. *Los transeúntes caminaban deprisa.* ‖ **2.** Que está de paso, que no reside sino transitoriamente en un sitio. Apl. a pers., u. t. c. s. *El refugio acogía a peregrinos y transeúntes.* ‖ **3.** De duración limitada. *Había compartido el instante transeúnte y efímero.*

transexual. ADJ. **1.** Dicho de una persona: Que se siente del otro sexo, y adopta sus atuendos y comportamientos. U. t. c. s. ‖ **2.** Dicho de una persona: Que mediante tratamiento hormonal e intervención quirúrgica adquiere caracteres sexuales del sexo opuesto. U. t. c. s.

transexualidad. F. Cualidad o condición de transexual.

transexualismo. M. **transexualidad.**

transferencia. F. **1.** Acción y efecto de transferir. ‖ **2.** *Com.* Operación por la que se transfiere una cantidad de dinero de una cuenta bancaria a otra. ‖ **3.** *Psicol.* Evocación en toda relación humana, con más intensidad en la psicoterapia, de los afectos y emociones de la infancia. ‖ **4.** *Psicol.* Desarrollo de una actitud afectiva del paciente, positiva u hostil, hacia el psicoanalista. ‖ **~ de crédito.** F. Aquella que, según la ley, y sin aumentar el gasto total de un presupuesto, varía la adscripción de las distintas partidas.

transferencial. ADJ. Perteneciente o relativo a la transferencia.

transferente. ADJ. *Biol.* Dicho de un ácido ribonucleico: Que transfiere aminoácidos y los incorpora específicamente en la secuencia de las proteínas.

transferidor, ra. ADJ. Que transfiere. Apl. a pers., u. t. c. s.

transferir. TR. **1.** Pasar o llevar algo desde un lugar a otro. *Transferir la información genética del núcleo al citoplasma.* ‖ **2.** Remitir fondos bancarios de una cuenta a otra. *Transfirieron a su cuenta importantes cantidades de dinero.* ‖ **3.** Extender o trasladar el significado de una voz a un sentido figurado. ‖ **4.** Ceder a otra persona el derecho, dominio o atribución que se tiene sobre algo. *Transferí a mi sucesor todos los proyectos en marcha.* ¶ MORF. conjug. c. *sentir.*

transfiguración. F. **1.** Acción y efecto de transfigurar. ‖ **2.** *Rel.* Estado glorioso en que Jesucristo se mostró entre Moisés y Elías en el monte Tabor, ante la presencia de sus discípulos Pedro, Juan y Santiago. ORTOGR. Escr. con may. inicial.

transfigurar. TR. Hacer cambiar de figura o aspecto a alguien o algo. U. t. c. prnl.

transflor. M. *Pint.* Pintura que se da sobre plata, oro, estaño, etc., especialmente el verde sobre oro.

transflorar. TR. *Pint.* Copiar un dibujo al trasluz.

transfocador. M. *Cinem.* Teleobjetivo especial a través del que un tomavistas fijo puede conseguir un avance o un retroceso rápido de la imagen.

transformación. F. **1.** Acción y efecto de transformar. ‖ **2.** *Biol.* Fenómeno por el que ciertas células adquieren material génico de otras. ‖ **~ maligna.** F. *Biol.* Alteración del crecimiento y multiplicación de las células por oncogenes activados.

transformacional. □ V. **gramática ~.**

transformador, ra. **I.** ADJ. **1.** Que transforma. *Voluntad transformadora.* Apl. a pers., u. t. c. s. ‖ **II.** M. **2.** Aparato eléctrico para convertir la corriente alterna de alta tensión y débil intensidad en otra de baja tensión y gran intensidad, o viceversa.

transformar. TR. **1.** Hacer cambiar de forma a alguien o algo. *La erosión transforma el paisaje.* U. t. c. prnl. ‖ **2.** Transmutar algo o a alguien en otra cosa. *El agua se transforma en vapor. Me transformé en constructor de microscopios.* ‖ **3.** Hacer mudar de porte o de costumbres a alguien. *La educación transforma al hombre.* U. t. c. prnl. ‖ **4.** *Dep.* En rugby, baloncesto o fútbol, conseguir un tanto con el lanzamiento de una falta. U. t. c. intr. *El equipo no transformó pese a sus muchos tiros a puerta.*

transformativo, va. ADJ. Que tiene virtud o fuerza para transformar. *La capacidad transformativa de la educación.* □ V. **gramática ~.**

transformismo. M. **1.** *Biol.* Doctrina según la cual los caracteres típicos de las especies animales y vegetales no son por naturaleza fijos e inmutables, sino que pueden variar por la acción de diversos factores intrínsecos y extrínsecos. ‖ **2.** Arte del **transformista** (‖ actor o payaso).

transformista. I. ADJ. **1.** Perteneciente o relativo al transformismo. *Ideas transformistas.* ‖ **II.** COM. **2.** Actor o payaso que hace mutaciones rapidísimas en sus trajes y en los tipos que representa.

transfronterizo, za. ADJ. Que opera por encima de las fronteras. *Comercio transfronterizo.*

tránsfuga. COM. **1.** Persona que pasa de una ideología o colectividad a otra. ‖ **2.** Persona que en un cargo público no abandona este al separarse del partido que lo presentó como candidato. ‖ **3.** Militar que cambia de bando en tiempo de conflicto.

transfuguismo. M. Especialmente en la vida política, actitud y comportamiento de quien se convierte en tránsfuga.

transfundir. TR. **1.** Echar un líquido poco a poco de un recipiente a otro. *Se procedió a transfundir el crudo del tanque dañado a otros depósitos.* ‖ **2.** *Med.* Realizar una transfusión.

transfusión. F. Acción y efecto de transfundir. ‖ **~ de sangre.** F. *Med.* Operación por medio de la cual se hace pasar directa o indirectamente la sangre o plasma sanguíneo de las arterias o venas de un individuo a las arterias o venas de otro, indicada especialmente para reemplazar la sangre perdida por hemorragia.

transgénico, ca. ADJ. *Biol.* Dicho de un organismo vivo: Que ha sido modificado mediante la adición de genes exógenos para lograr nuevas propiedades.

transgredir. TR. Quebrantar, violar un precepto, ley o estatuto.

transgresión. F. Acción y efecto de transgredir.

transgresivo, va. ADJ. Que implica o denota transgresión. *Carácter, placer transgresivo.*

transgresor, ra. ADJ. Que comete transgresión. Apl. a pers., u. t. c. s.

transiberiano, na. I. ADJ. **1.** Se dice del tráfico y de los medios de locomoción que atraviesan Siberia. *Expedición transiberiana.* ‖ **II.** M. **2.** Tren que discurre entre Moscú y Vladivostok.

transición. F. **1.** Acción y efecto de pasar de un modo de ser o estar a otro distinto. ‖ **2.** Estado intermedio entre el principio y el final de una transición.

transido, da. ADJ. Fatigado, acongojado o consumido de alguna penalidad, angustia o necesidad. *Transido de dolor.*

transigencia. F. **1.** Condición de transigente. ‖ **2.** Hecho propio o característico de una persona transigente.

transigente. ADJ. Que transige.

transigir. INTR. Consentir en parte con lo que no se cree justo, razonable o verdadero, a fin de acabar con una diferencia.

transilvano, na. ADJ. **1.** Natural de Transilvania. U. t. c. s. ‖ **2.** Perteneciente o relativo a esta región de Rumanía.

transistor. M. **1.** Semiconductor provisto de tres o más electrodos que sirve para rectificar y amplificar los impulsos eléctricos. Sustituye ventajosamente a las lámparas o tubos electrónicos por no requerir corriente de caldeo, por su tamaño pequeñísimo, por su robustez y por operar con voltajes pequeños y poder admitir corrientes relativamente intensas. ‖ **2.** Radiorreceptor provisto de transistores.

transitable. ADJ. Dicho de un sitio o de un lugar: Por donde se puede transitar.

transitar. INTR. Ir o pasar de un punto a otro por vías o lugares públicos.

transitividad. F. Condición del verbo transitivo.

transitivo. □ V. verbo ~.

tránsito. M. **1.** Acción de transitar. ‖ **2.** Actividad de personas y vehículos que pasan por una calle, una carretera, etc. ‖ **3.** paso (‖ sitio por donde se pasa de un lugar a otro). ‖ **4.** En conventos, seminarios y otras casas de comunidad, pasillo o corredor. ‖ **5.** Paso de un estado o empleo a otro. ‖ **6.** Muerte de una persona santa y justa, o que ha dejado buena opinión con su virtuosa vida, y muy especialmente de la Virgen María. ‖ **7.** hist. Fiesta que la Iglesia católica celebraba el día 15 de agosto para conmemorar la muerte de la Virgen. ORTOGR. Escr. con may. inicial. ‖ **de ~.** LOC.ADJ. **1.** Dicho de una persona: Que no reside en el lugar, sino que está en él de paso. ‖ **2.** Dicho de una mercancía: Que atraviesa un país situado entre el de origen y el de destino.

transitoriedad. F. Cualidad de transitorio.

transitorio, ria. ADJ. Pasajero, temporal. *Pérdida auditiva transitoria.* □ V. derecho ~.

translación. F. traslación.

translaticio, cia. ADJ. traslaticio.

transliteración. F. Acción y efecto de transliterar.

transliterar. TR. Representar los signos de un sistema de escritura mediante los signos de otro.

translucidez. F. Cualidad de translúcido.

translúcido, da. ADJ. traslúcido.

translucir. TR. traslucir. U. t. c. prnl. MORF. conjug. c. *lucir.*

transmarino, na. ADJ. **1.** Dicho de una región: Situada al otro lado del mar. ‖ **2.** Perteneciente o relativo a ella. *Transporte transmarino.*

transmigración. F. Acción y efecto de transmigrar.

transmigrar. INTR. **1.** Dicho especialmente de una nación entera o de una parte considerable de ella: Pasar a otro país para vivir en él. ‖ **2.** Dicho de un alma: Pasar de un cuerpo a otro, según opinan quienes creen en la metempsícosis.

transmigratorio, ria. ADJ. Perteneciente o relativo a la transmigración.

transmisible. ADJ. Que se puede transmitir. *Enfermedad animal transmisible al hombre.*

transmisión. F. **1.** Acción y efecto de transmitir. ‖ **2.** *Mec.* En un vehículo automóvil, conjunto de mecanismos constituido por el embrague, la caja de cambios, el árbol de la transmisión, el diferencial y los palieres, que traslada a las ruedas motrices el movimiento y la potencia del motor. ‖ **~ de movimiento.** F. *Mec.* Conjunto de mecanismos que comunican el movimiento de un cuerpo a otro, alterando generalmente su velocidad, su sentido o su forma. □ V. correa de ~.

transmisor, ra. I. ADJ. **1.** Que transmite o puede transmitir. *Agente transmisor de enfermedades.* ‖ **II.** M. **2.** Aparato telefónico por el cual las vibraciones sonoras se transmiten al hilo eléctrico conductor. ‖ **3.** Aparato telegráfico o telefónico que sirve para producir las corrientes, o las ondas hercianas, que han de actuar en el receptor.

transmitir. TR. **1.** Trasladar, transferir. *El corazón transmite la sangre a todo el sistema arterial.* ‖ **2.** Dicho de una emisora de radio o de televisión: Difundir noticias, programas de música, espectáculos, etc. U. t. c. intr. ‖ **3.** Hacer llegar a alguien mensajes o noticias. ‖ **4.** Comunicar a otras personas enfermedades o estados de ánimo. ‖ **5.** Conducir o ser el medio a través del cual se pasan las vibraciones o radiaciones. ‖ **6.** En una máquina, comunicar el movimiento de una pieza a otra. U. t. c. prnl. ‖ **7.** *Der.* Enajenar, ceder o dejar a alguien un derecho u otra cosa.

transmontano, na. ADJ. Que está o viene del otro lado de los montes. *Gentes transmontanas.*

transmudar. TR. **1.** **trasladar** (‖ llevar de un lugar a otro). *No sé dónde transmudó sus cosas.* U. t. c. prnl. ‖ **2.** **transmutar.** U. t. c. prnl. *La capa se transmudó milagrosamente.*

transmundano, na. ADJ. Que está fuera del mundo. *Reino transmundano.*

transmutación. F. Acción y efecto de transmutar.

transmutar. TR. Mudar o convertir algo en otra cosa. U. t. c. prnl.

transmutativo, va. ADJ. Que tiene virtud o fuerza para transmutar. *Actividad transmutativa.*

transmutatorio, ria. ADJ. Que tiene virtud o fuerza para transmutar. *Actividad transmutatoria.*

transnacional. **I.** ADJ. **1.** Que se extiende a través de varias naciones. *Empresa, cultura transnacional.* ‖ **II.** F. **2.** **multinacional.**

transoceánico, ca. ADJ. **1.** Que atraviesa un océano. *Vuelos transoceánicos.* ‖ **2.** Que está situado al otro lado de un océano. *Castellanohablantes transoceánicos.*

transpacífico, ca. ADJ. **1.** Perteneciente o relativo a las regiones situadas al otro lado del Pacífico. *Comercio transpacífico.* ‖ **2.** Que hace sus viajes a través del Pacífico. *Vuelos transpacíficos.*

transparencia. F. **1.** Cualidad de transparente. ‖ **2.** Lámina transparente que contiene dibujos o textos y a la que se pueden añadir datos durante su proyección. ‖ **3.** *Cinem.* Proyección sobre una pantalla transparente de imágenes móviles filmadas con antelación, que sirve de fondo a una acción real.

transparentar. **I.** TR. **1.** Dicho de un cuerpo: Permitir que se vea o perciba algo a través de él. ‖ **II.** INTR. **2.** Dicho de un cuerpo: Ser transparente. U. t. c. prnl. ‖ **III.** PRNL. **3.** Dicho de una cosa que no se manifiesta o declara: Dejarse descubrir o adivinar en lo patente o declarado. *Transparentarse un propósito, el temor, la alegría.* U. t. c. tr. ‖ **4.** coloq. Dicho de una prenda de ropa: Estar demasiado fina por el desgaste.

transparente. **I.** ADJ. **1.** Dicho de un cuerpo: A través del cual pueden verse los objetos claramente. ‖ **2.** Dicho de un cuerpo: **traslúcido.** *Blusa transparente.* ‖ **3.** Claro, evidente, que se comprende sin duda ni ambigüedad. *El sentido de estas palabras es transparente.* ‖ **II.** M. **4.** Ventana de cristales que ilumina y adorna el fondo de un altar. ‖ **5.** Tela o papel que, colocado a modo de cortina delante del hueco de ventanas o balcones, sirve para templar la luz, o, ante una luz artificial, sirve para mitigarla o para hacer aparecer en él figuras o letreros.

transpiración. F. **1.** Acción y efecto de transpirar. ‖ **2.** *Bot.* Salida de vapor de agua, que se efectúa a través de las membranas de las células superficiales de las plantas, y especialmente por los estomas.

transpirar. INTR. **1.** Dicho del cuerpo: Exudar a través del tegumento. ‖ **2.** Dicho de una cosa: **sudar** (‖ destilar agua a través de sus poros). *El botijo transpira.*

transpirenaico, ca. ADJ. **1.** Se dice de las regiones situadas al otro lado de los Pirineos. ‖ **2.** Perteneciente o relativo a ellas. *Escuela arquitectónica transpirenaica.* ‖ **3.** Se dice del comercio y de los medios de locomoción que atraviesan los Pirineos.

transponer. TR. **trasponer.** U. t. c. intr. y c. prnl. MORF. conjug. c. *poner;* part. irreg. **transpuesto.**

transportación. F. Acción y efecto de transportar o transportarse.

transportador, ra. **I.** ADJ. **1.** Que transporta. *Compañía transportadora.* ‖ **II.** M. **2.** Círculo graduado de metal, talco o papel, que sirve para medir o trazar los ángulos de un dibujo geométrico. ☐ V. **cinta ~.**

transportadora. F. **1.** Máquina que sirve para transportar. ‖ **2.** Instalación donde se transporta.

transportar. **I.** TR. **1.** Llevar a alguien o algo de un lugar a otro. *José transportaba una pesada cesta repleta de hortalizas.* ‖ **2.** **portear.** *Ese camión que transportaba material pesado.* ‖ **3.** *Mús.* Trasladar una composición de un tono a otro. ‖ **II.** PRNL. **4.** Enajenarse de la razón o del sentido, por pasión, éxtasis o accidente.

transporte. M. **1.** Acción y efecto de transportar o transportarse. ‖ **2.** Sistema de medios para conducir personas y cosas de un lugar a otro. *El transporte público.* ‖ **3.** Vehículo dedicado a tal misión. ‖ **4.** **buque de transporte.** ☐ V. **aviación de ~, buque de ~, navío de ~.**

transportista. ADJ. Que se dedica a hacer transportes. Apl. a pers., u. m. c. s.

transposición. F. **trasposición.**

transpositivo, va. ADJ. **traspositivo.**

transpuesto, ta. PART. IRREG. de **transponer.**

transubstanciación. F. **transustanciación.**

transubstanciar. TR. **transustanciar.** MORF. conjug. c. *anunciar.*

transuránico. ADJ. *Quím.* Se dice de cada uno de los elementos o cuerpos simples que ocupan en el sistema periódico un lugar superior al 92, que es el correspondiente al uranio. Todos ellos son inestables y han sido obtenidos artificialmente, con posterioridad a la escisión del núcleo del uranio.

transustanciación. F. Conversión de las sustancias del pan y del vino en el cuerpo y sangre de Jesucristo.

transustanciar. TR. Convertir una sustancia en otra, especialmente el cuerpo y sangre de Cristo en la eucaristía. U. t. c. prnl. U. t. en sent. fig. *Lo vil se transustancia en noble.* MORF. conjug. c. *anunciar.*

transvasar. TR. Pasar un líquido de un recipiente a otro. U. t. en sent. fig. *Es necesario transvasar trabajadores a otros sectores.*

transvase. M. Acción y efecto de transvasar. U. t. en sent. fig. *El transvase de votos en las elecciones.*

transverberación. F. Acción de herir pasando de parte a parte. *La fiesta de la transverberación del corazón de santa Teresa de Jesús.*

transversal. ADJ. **1.** Que se halla o se extiende atravesado de un lado a otro. *Colocó un mueble con estantes transversales.* ‖ **2.** Que se cruza en dirección perpendicular con aquello de que se trata. *Calle transversal.*

transverso, sa. ADJ. Colocado o dirigido de través. *Ligamento transverso.* ☐ V. **flauta ~.**

tranvía. M. **1.** Vehículo que circula sobre raíles en el interior de una ciudad o sus cercanías y que se usa principalmente para transportar viajeros. ‖ **2.** Ferrocarril establecido en una calle o camino carretero. ☐ V. **tren ~.**

tranviario, ria. I. ADJ. **1.** Perteneciente o relativo a los tranvías. *Línea tranviaria.* ‖ **II.** M. y F. **2.** Persona empleada en el servicio de tranvías.

tranzón. M. Cada una de las partes en que para su aprovechamiento o cultivo se divide un monte o un pago de tierras.

trapacear. INTR. Emplear trapacerías u otros engaños.

trapacería. F. **1.** Artificio engañoso e ilícito con que se perjudica y defrauda a alguien en alguna compra, venta o cambio. ‖ **2.** Fraude, engaño.

trapacero, ra. ADJ. **trapacista.** U. t. c. s.

trapacista. ADJ. Que emplea trapacerías. U. t. c. s.

trapajoso, sa. ADJ. Dicho de una persona o de su lengua: Que pronuncia las palabras de manera confusa o indistinta por enfermedad o defecto natural.

trapalón, na. M. y F. Persona embustera. U. t. c. adj.

trapeador. M. *Am. Cen., Á. Andes, Á. Caribe* y *Méx.* Utensilio para limpiar el suelo.

trapear. TR. *Am.* Fregar el suelo con trapo o estropajo. U. t. c. intr.

trapecio. M. **1.** Palo horizontal suspendido de dos cuerdas por sus extremos y que sirve para ejercicios gimnásticos. ‖ **2.** *Anat.* Uno de los huesos del carpo, que en el hombre forma parte de la segunda fila. ‖ **3.** *Anat.* Cada uno de los dos músculos, propios de los animales vertebrados, que en los mamíferos están situados en la parte dorsal del cuello y anterior de la espalda y se extienden desde el occipucio hasta los respectivos omóplatos y las vértebras dorsales. ‖ **4.** *Geom.* Cuadrilátero irregular que tiene paralelos solamente dos de sus lados.

trapecista. COM. Artista de circo que trabaja en los trapecios.

trapense. ADJ. **1.** Se dice del monje de la Trapa, instituto religioso perteneciente a la Orden del Císter, reformado en el siglo XVII por el abate Rancé. U. t. c. s. ‖ **2.** Perteneciente o relativo a esta orden religiosa. *Monasterio trapense.*

trapería. F. **1.** Conjunto de muchos trapos. ‖ **2.** Sitio donde se venden trapos y otros objetos usados.

trapero, ra. M. y F. **1.** Persona que compra y vende trapos y otros objetos usados. ‖ **2.** Persona que, por su cuenta, retira a domicilio basuras y desechos. □ V. **puñalada ~.**

trapezoedro. M. *Geom.* Poliedro de 24 caras que son trapecios.

trapezoidal. ADJ. De forma de trapezoide. *Habitación trapezoidal.*

trapezoide. M. **1.** *Geom.* Cuadrilátero irregular que no tiene ningún lado paralelo a otro. ‖ **2.** *Anat.* Segundo hueso de la segunda fila del carpo.

trapicarse. PRNL. *Chile.* Atragantarse con un líquido o con trozos de alimento.

trapiche. M. **1.** Molino para extraer el jugo de algunos frutos de la tierra, como la aceituna o la caña de azúcar. ‖ **2.** *Chile.* Molino para pulverizar minerales.

trapichear. INTR. **1.** Comerciar al por menor. ‖ **2.** coloq. Ingeniarse, buscar recursos, no siempre lícitos, para el logro de algún objeto.

trapicheo. M. coloq. Acción de trapichear.

trapío. M. Buena planta y gallardía del toro de lidia.

trapisonda. F. **1.** coloq. Alboroto o riña con voces o acciones. ‖ **2.** coloq. **embrollo** (‖ enredo, confusión).

trapisondista. COM. coloq. Persona que arma trapisondas o anda en ellas.

trapo. M. **1.** Pedazo de tela desechado. ‖ **2.** Paño de uso doméstico para secar, limpiar, quitar el polvo, etc. ‖ **3.** Vela de una embarcación. ‖ **4.** Copo grande de nieve. ‖ **5.** pl. coloq. Prendas de vestir, especialmente de la mujer. *Todo su caudal lo gasta en trapos.* ‖ **a todo ~.** LOC. ADV. **1.** coloq. Con todo lo necesario o con lujo. *Vivir a todo trapo.* U. t. c. loc. adj. ‖ **2.** *Mar.* **a toda vela.** ‖ **como a un ~,** o **como a un ~ sucio.** LOCS. ADVS. coloqs. Con desprecio y de forma humillante. *Trata a su marido como a un trapo.* ‖ **como un ~.** LOC. ADJ. coloq. Desmadejado o muy cansado. ‖ **hecho, cha un ~.** LOC. ADJ. **1.** coloq. **como un trapo.** ‖ **2.** coloq. Derrotado, deprimido o trastornado. ‖ **lavar los ~s sucios.** LOC. VERB. coloq. Arreglar privadamente los aspectos enojosos de la vida personal. ‖ **poner** a alguien **como un ~.** LOC. VERB. coloq. Reprenderlo agriamente, decirle palabras ofensivas o enojosas. ‖ **sacar los ~s sucios,** o **todos los ~s, a la colada,** o **a relucir,** o **al sol.** LOCS. VERBS. coloqs. Echar a alguien en cara sus faltas y hacerlas públicas, en especial cuando se riñe con él acaloradamente. ‖ **ser** alguien **un ~,** o **un ~ viejo.** LOCS. VERBS. coloqs. No tener ningún valor o no servir para nada. ‖ **soltar** alguien **el ~.** LOC. VERB. coloq. Echarse a llorar. □ V. **lengua de ~.**

tráquea. F. **1.** *Anat.* Parte de las vías respiratorias que va desde la laringe a los bronquios. ‖ **2.** *Bot.* Vaso conductor de la savia, cuya pared está reforzada por un filamento resistente y dispuesto en espiral. ‖ **3.** *Zool.* Cada uno de los conductos aéreos ramificados, cuyo conjunto forma el aparato respiratorio de los insectos y otros animales articulados.

traqueal. ADJ. *Anat., Bot.* y *Zool.* Perteneciente o relativo a la tráquea.

traquear. INTR. **traquetear.**

traqueo. M. Acción y efecto de traquetear.

traqueotomía. F. *Med.* Abertura que se hace artificialmente en la tráquea para impedir en ciertos casos la sofocación de los enfermos.

traquetear. I. INTR. **1.** Hacer ruido, estruendo o estrépito. *El tren traquetea.* ‖ **II.** TR. **2.** Mover o agitar algo de una parte a otra. *La locomotora traqueteaba el puente.* ‖ **3.** coloq. Frecuentar, manejar mucho algo. *Traquetea siempre las mismas palabras.*

traqueteo. M. Movimiento de alguien o algo que se golpea al transportarlo de un punto a otro.

traquido. M. **chasquido** (‖ ruido seco y súbito).

traro. M. *Chile.* Ave de rapiña, de color blanquecino salpicado de negro. Los bordes de las alas y la punta de la cola son negros. Lleva en la cabeza una especie de corona de plumas negras, y los pies son amarillos y escamosos.

tras[1]. PREP. **1.** Después de, a continuación de, aplicado al espacio o al tiempo. *Tras este tiempo vendrá otro mejor.* ‖ **2.** En busca o seguimiento de. *Se fue deslumbrado tras los honores.* ‖ **3.** Detrás de, en situación posterior. *Tras una puerta.* ‖ **4.** Fuera de esto, además. *Tras de venir tarde, se pone a regañar.*

tras[2]. ONOMAT. Se usa para imitar un golpe con ruido. U. t. repetida, especialmente para referirse al que se da llamando a una puerta.

trasalpino, na. ADJ. **transalpino.**

trasaltar. M. Sitio que en las iglesias está detrás del altar.

trasandino, na. ADJ. **transandino.**

trasantier. ADV.T. coloq. En el día que precedió inmediatamente al de anteayer.

trasañejo, ja. ADJ. Muy añejo. *Vino trasañejo.*

trasatlántico, ca. I. ADJ. 1. transatlántico. ‖ II. M. 2. transatlántico (‖ buque).

trasbordador, ra. I. ADJ. 1. transbordador (‖ que transborda). ‖ II. M. 2. transbordador.

trasbordar. TR. transbordar.

trasbordo. M. transbordo.

trascendencia. F. 1. Resultado, consecuencia de índole grave o muy importante. ‖ 2. *Fil.* Aquello que está más allá de los límites naturales.

trascendental. ADJ. 1. Que se comunica o extiende a otras cosas. *Meditación trascendental.* ‖ 2. Que es de mucha importancia o gravedad, por sus probables consecuencias. *Un logro trascendental en su carrera.* ‖ 3. *Fil.* Se dice de los conceptos que se derivan del ser y se aplican a todos los entes.

trascendente. ADJ. 1. Que trasciende. *Los resultados de las elecciones son cada vez más trascendentes.* ‖ 2. *Fil.* Que está más allá de los límites de cualquier conocimiento posible. *Realidad trascendente.* ‖ 3. *Mat.* No algebraico. π *es un número trascendente.*

trascender. INTR. 1. Dicho de algo que estaba oculto: Empezar a ser conocido o sabido. ‖ 2. Dicho de los efectos de algunas cosas: Extenderse o comunicarse a otras, produciendo consecuencias. ‖ 3. Estar o ir más allá de algo. U. t. c. tr. *Su concepción del hombre trasciende lo meramente físico.* ‖ 4. Exhalar olor tan vivo y subido que penetra y se extiende a gran distancia. ¶ MORF. conjug. c. *entender.*

trascendido. M. *Chile.* Noticia que por vía no oficial adquiere carácter público.

trascoda. M. En los instrumentos de arco, trozo de cuerda de tripa que sujeta el cordal al botón.

trascolar. TR. Pasar desde un lado a otro de un monte u otro sitio. MORF. conjug. c. *contar.*

trascordarse. PRNL. Perder la noticia puntual de algo, por olvido o por confusión con otra cosa. MORF. conjug. c. *contar.*

trascoro. M. En las iglesias, sitio que está detrás del coro.

trascorral. M. Sitio cerrado y descubierto que suele haber en algunas casas después del corral.

trascribir. TR. transcribir. MORF. part. irreg. **trascrito.** Á. R. *Plata.* part. irreg. **trascripto.**

trascripción. F. transcripción.

trascripto, ta. PART. IRREG. Á. R. *Plata.* trascrito.

trascrito, ta. PART. IRREG. de trascribir.

trascurrir. INTR. transcurrir.

trascurso. M. transcurso.

trasdoblar. TR. Triplicar algo.

trasdós. M. *Arq.* Superficie exterior convexa de un arco o bóveda, contrapuesta al *intradós.* MORF. pl. **trasdoses.**

trasdosar. TR. *Arq.* Recubrir de material el trasdós.

trasegador, ra. ADJ. Que trasiega. Apl. a pers., u. t. c. s.

trasegar. TR. 1. Trastornar, revolver. *Se pasó la tarde trasegando papeles.* ‖ 2. Mudar las cosas de un lugar a otro, y en especial un líquido de una vasija a otra. *Trasegaron la cerveza a los toneles.* ‖ 3. coloq. Beber en cantidad vino y licores. *Era capaz de trasegar cualquier licor barato.* ¶ MORF. conjug. c. *acertar.*

trasera. F. Parte de atrás o posterior de un coche, de una casa, etc.

trasero, ra. I. ADJ. 1. Que está, se queda o viene detrás. *Asiento trasero.* ‖ II. M. 2. eufem. **nalgas** (‖ porciones carnosas y redondeadas). □ V. **cuarto ~.**

trasferencia. F. transferencia.

trasferir. TR. transferir. MORF. conjug. c. *sentir.*

trasfiguración. F. transfiguración.

trasfigurar. TR. transfigurar. U. t. c. prnl.

trasfondo. M. Elemento que está o parece estar más allá del fondo visible de una cosa o detrás de la apariencia o intención de una acción humana.

trasformación. F. transformación.

trasformador, ra. I. ADJ. 1. transformador. Apl. a pers., u. t. c. s. ‖ II. M. 2. transformador (‖ aparato eléctrico).

trasformar. TR. transformar. U. t. c. prnl.

trasformativo, va. ADJ. transformativo.

trasfretano, na. ADJ. Que está al otro lado de un estrecho o brazo de mar. *Territorios trasfretanos.*

trásfuga. COM. tránsfuga.

trasfuguismo. M. transfuguismo.

trasfundir. TR. transfundir. U. t. c. prnl.

trasfusión. F. transfusión.

trasgo. M. duende. ‖ dar ~ a alguien. LOC.VERB. Fingir acciones propias de un duende, para espantarlo.

trasgredir. TR. transgredir.

trasgresión. F. transgresión.

trasgresor, ra. ADJ. transgresor. Apl. a pers., u. t. c. s.

trashoguero. M. Losa o plancha que está detrás del hogar o en la pared de la chimenea, para su protección.

trashumación. F. trashumancia.

trashumancia. F. Acción y efecto de trashumar.

trashumante. ADJ. 1. Dicho del ganado o de sus conductores: Que trashuman. ‖ 2. Perteneciente o relativo a la trashumancia. *Vida trashumante.*

trashumar. INTR. 1. Dicho del ganado y sus conductores: Pasar desde las dehesas de invierno a las de verano, y viceversa. ‖ 2. Dicho de una persona: Cambiar periódicamente de lugar.

trasiego. M. 1. Acción y efecto de trasegar. ‖ 2. Paso constante de personas de un lugar a otro.

trasijado, da. ADJ. 1. Que tiene las ijadas recogidas, a causa de no haber comido o bebido en mucho tiempo. ‖ 2. Dicho de una persona: Que está muy flaca.

traslación. F. 1. Acción y efecto de trasladar de lugar a alguien o algo. ‖ 2. Traducción a una lengua distinta. ‖ 3. *Ret.* metáfora. □ V. **movimiento de ~.**

trasladador, ra. ADJ. Que traslada o sirve para trasladar. Apl. a pers., u. t. c. s.

trasladar. TR. 1. Llevar a alguien o algo de un lugar a otro. *Trasladé la mesa a otra habitación.* U. t. c. prnl. ‖ 2. Hacer pasar a alguien de un puesto o cargo a otro de la misma categoría. *Trasladaron a José a otro departamento.* ‖ 3. Hacer que un acto se celebre en día o tiempo diferente del previsto. *Las fiestas que caigan en sábado se pueden trasladar al lunes siguiente.* ‖ 4. Pasar o traducir algo de una lengua a otra. ‖ 5. Copiar o reproducir un escrito.

traslado. M. Acción y efecto de trasladar. ‖ dar ~. LOC. VERB. En un proceso judicial o en un procedimiento administrativo, comunicar a las partes o a algunas de ellas un determinado documento o resolución.

traslapar. TR. solapar (‖ cubrir algo con otra cosa).

traslaticio, cia. ADJ. Se dice del sentido en que se usa un vocablo para que signifique o denote algo distinto de lo que con él se expresa cuando se emplea en su acepción primitiva o más propia y corriente.

traslativo, va. ADJ. Que transfiere. *Título traslativo de dominio.*

traslúcido, da. ADJ. Dicho de un cuerpo: Que deja pasar la luz, pero que no deja ver nítidamente los objetos.

trasluciente. ADJ. **traslúcido.**

traslucir. **I.** TR. **1.** Conjeturar o inferir algo en virtud de algún antecedente o indicio. U. t. c. prnl. || **II.** PRNL. **2.** Dicho de un cuerpo: Ser traslúcido.

trasluz. M. **1.** Luz que pasa a través de un cuerpo traslúcido. || **2.** Luz reflejada de soslayo por la superficie de un cuerpo. || **al ~.** LOC.ADV. Con el objeto puesto entre la luz y el ojo, para que se trasluzca.

trasmallo. M. Arte de pesca formado por tres redes, más tupida la central que las exteriores superpuestas.

trasmano. a ~. LOC.ADV. **1.** Fuera del alcance o del manejo habitual y cómodo de la mano. *No lo pude coger cuando se caía porque me cogía a trasmano.* || **2.** Fuera de los caminos frecuentados o desviado del trato corriente de las gentes.

trasmigración. F. **transmigración.**

trasmigrar. INTR. **transmigrar.**

trasminar. TR. **1.** Abrir camino por debajo de tierra. || **2.** Dicho de un olor, de un líquido, etc.: Penetrar o pasar a través de algo. U. t. c. prnl.

trasmisible. ADJ. **transmisible.**

trasmisión. F. **transmisión.**

trasmitir. TR. **transmitir.**

trasmocho, cha. ADJ. **1.** Dicho de un árbol: Descabezado o cortado a cierta altura de su tronco para que produzca brotes. U. t. c. s. m. || **2.** Dicho de un monte: Cuyos árboles han sido descabezados.

trasmontano, na. ADJ. **transmontano.**

trasmontar. TR. **tramontar.** U. t. c. intr. y c. prnl.

trasmudar. TR. **transmudar.** U. t. c. prnl.

trasmundo. M. **ultratumba** (|| ámbito más allá de la muerte).

trasmutación. F. **transmutación.**

trasmutar. TR. **transmutar.** U. t. c. prnl.

trasmutatorio, ria. ADJ. **transmutatorio.**

trasnacional. **I.** ADJ. **1.** **transnacional.** || **II.** F. **2.** **multinacional.**

trasnochada. F. Vela o vigilancia por una noche.

trasnochado, da. PART. de **trasnochar.** || ADJ. **1.** Falto de novedad y de oportunidad. *Ideas trasnochadas.* || **2.** Dicho de una cosa: Que, por haber pasado una noche por ella, se altera o echa a perder. *Alimento trasnochado.*

trasnochador, ra. ADJ. Que trasnocha. Apl. a pers., u. t. c. s.

trasnochar. INTR. Dicho de una persona: Pasar la noche, o gran parte de ella, velando o sin dormir.

trasnoche. **I.** M. **1.** coloq. Acción y efecto de trasnochar. || **II.** F. **2.** *Á. guar.* y *Á. R. Plata.* Sesión de espectáculos cinematográficos, televisivos o de revista, que se ofrece después de la medianoche. *Me quedé a ver la trasnoche.* || **de ~.** LOC.ADJ. *Chile.* Dicho de un espectáculo: Que se ofrece después de la medianoche. U. t. c. loc. adv.

trasoír. TR. Oír con equivocación o error lo que se dice. MORF. conjug. c. *oír.*

trasojado, da. ADJ. Caído, desmejorado, maciento o con ojeras.

trasovada. □ V. **hoja ~.**

traspalar. TR. Mover, pasar o mudar algo de un lugar a otro.

traspapelar. TR. **1.** Confundir, perder un papel entre otros, haciendo perder el lugar o colocación que tenía. U. t. c. prnl. || **2.** Perder o colocar en sitio equivocado cualquier otra cosa. *La película, tanto tiempo traspapelada, ha sido estrenada.* U. t. c. prnl.

trasparencia. F. **transparencia.**

trasparentarse. PRNL. **transparentarse.**

trasparente. **I.** ADJ. **1.** **transparente.** || **II.** M. **2.** **transparente** (|| ventana).

traspasar. TR. **1.** Pasar o llevar algo de un sitio a otro. *Traspasaron sus ahorros a otra cuenta.* || **2.** Pasar adelante, hacia otra parte o a otro lado. *Su fama ha traspasado nuestras fronteras.* || **3.** Pasar a la otra parte o a la otra cara. *Traspasar el arroyo. Traspasar la pared.* || **4.** Pasar, atravesar de parte a parte con un arma u otro instrumento. *El puñal traspasó su brazo.* U. t. c. prnl. || **5.** Ceder a favor de otra persona el derecho o dominio de algo. *Traspasaron su negocio.* || **6.** Transgredir o quebrantar un precepto. *Traspasó el límite de velocidad.* || **7.** Exceder de lo debido, contravenir a lo razonable. *Traspasó la barrera de la cordura.* || **8.** Dicho de un dolor físico o moral: Hacerse sentir con extraordinaria violencia.

traspaso. M. **1.** Traslado de algo desde un lugar a otro. || **2.** Paso adelante hacia otra parte u otro lado. || **3.** Paso de una parte a otra de algo. || **4.** Cesión a favor de otra persona del dominio de algo. || **5.** Acción de pasar otra vez por el mismo lugar. || **6.** Transgresión o quebrantamiento de un precepto. || **7.** Precio de la cesión de géneros que se traspasan o del local donde se ejerce un comercio o industria.

traspatio. M. *Am.* Segundo patio de las casas de vecindad, que suele estar detrás del principal.

traspié. M. Resbalón o tropezón. || **dar** alguien **~s.** LOC. VERB. coloq. Cometer errores o faltas.

traspillado, da. ADJ. Pobretón, desharrapado. U. t. c. s.

traspiración. F. **transpiración.**

traspirar. INTR. **transpirar.**

trasplantación. F. **trasplante.**

trasplantado, da. PART. de **trasplantar.** || M. y F. Persona que ha sufrido un trasplante. U. t. c. adj.

trasplantador, ra. **I.** ADJ. **1.** Que trasplanta. *Maquinaria trasplantadora.* Apl. a pers., u. t. c. s. || **II.** M. **2.** Instrumento que se emplea para trasplantar.

trasplantar. TR. **1.** Trasladar plantas del sitio en que están arraigadas y plantarlas en otro. || **2.** Hacer salir de un lugar o país a personas arraigadas en él, para asentarlas en otro. U. t. c. prnl. || **3.** Trasladar de un lugar a otro una ciudad, una institución, etc. || **4.** Introducir en un país o lugar ideas, costumbres, instituciones, técnicas, formas artísticas o literarias, etc., procedentes de otro. U. t. c. prnl. || **5.** *Med.* Trasladar un órgano desde un organismo donante a otro receptor, para sustituir en este al que está enfermo o inútil.

trasplante. M. **1.** Acción y efecto de trasplantar. || **2.** *Med.* Órgano trasplantado.

trasponedor, ra. ADJ. Que traspone. Apl. a pers., u. t. c. s.

trasponer. **I.** TR. **1.** Poner a alguien o algo más allá, en lugar diferente del que ocupaba. U. t. c. prnl. || **2.** Trasplantar o trasladar algo a otro ámbito. *Pretende trasponer al mundo del arte conceptos de la filosofía oriental.* || **3.** Pasar al otro lado de algo, como un límite o un obstáculo. *Trasponer el umbral.* ‖ **4.** Der. Dicho de cada uno de los Estados miembros de la Unión Europea: Incorporar a su ordenamiento interno las directivas emanadas de esta. ‖ **II.** INTR. **5.** Dicho de una persona o de una cosa: Ocultarse a la vista de otra, doblando una esquina, un cerro o algo similar. U. t. c. tr. *Traspuso la esquina.* ‖ **III.** PRNL. **6.** Dicho de una persona: Quedarse algo dormida.¶ MORF. conjug. c. *poner;* part. irreg. **traspuesto.**

traspontín. M. **traspuntín.**

trasportación. F. **transportación.**

trasportador, ra. **I.** ADJ. **1.** **transportador.** ‖ **II.** M. **2.** transportador (‖ círculo graduado).

trasportadora. F. **transportadora.**

trasportar. TR. **transportar.** U. t. c. prnl.

trasporte. M. **transporte.**

trasportín. M. **traspuntín.**

trasportista. ADJ. **transportista** Apl. a pers., u. t. c. s.

trasposición. F. **1.** Acción y efecto de trasponer o trasponerse. ‖ **2.** Ret. Figura que consiste en alterar el orden normal de las voces en la oración.

traspositivo. ADJ. Perteneciente o relativo a la trasposición.

traspuesto, ta. PART. IRREG. de **trasponer.**

traspunte. COM. Persona que avisa a cada actor cuando ha de salir a escena.

traspuntín. M. Asiento suplementario y plegadizo que hay en algunos coches.

trasquila. F. Acción y efecto de trasquilar.

trasquilar. TR. **1.** Cortar el pelo o la lana a algunos animales. ‖ **2.** Cortar el pelo a trechos, sin orden ni arte. U. t. c. prnl.

trasquilón. M. Acción y efecto de trasquilar.

trastabillante. ADJ. Que trastabilla. *Paso trastabillante.*

trastabillar. INTR. **1.** Dar traspiés o tropezones. ‖ **2.** Tambalearse, vacilar, titubear.

trastabillón. M. *Am.* Tropezón, traspié.

trastada. F. **1.** coloq. **jugada** (‖ acción mala e inesperada contra alguien). ‖ **2.** coloq. **travesura** (‖ acción maligna e ingeniosa).

trastazo. M. coloq. Golpe, porrazo.

traste[1]**.** M. **1.** Cada uno de los resaltes de metal o hueso que se colocan a trechos en el mástil de la guitarra u otros instrumentos semejantes, para que, oprimiendo entre ellos las cuerdas, quede a estas la longitud libre correspondiente a los diversos sonidos. ‖ **2.** *Am. Cen.* y *Méx.* **trasto** (‖ utensilio casero). ‖ **dar** alguien **al ~ con** algo. LOC. VERB. Destruirlo, echarlo a perder, malgastarlo. ‖ **irse** algo **al ~.** LOC. VERB. Fracasar o malograrse.

traste[2]**.** M. **nalgas** (‖ porciones carnosas y redondeadas). U. m. en América.

trasteado. M. Conjunto de trastes que hay en un instrumento musical.

trastear[1]**.** TR. **1.** Pisar las cuerdas de los instrumentos de **trastes**[1]. ‖ **2.** Poner o echar los trastes a la guitarra u otro instrumento semejante.

trastear[2]**.** **I.** INTR. **1.** Revolver o mudar trastos de una parte a otra. ‖ **2.** **enredar** (‖ revolver). ‖ **II.** TR. **3.** Dicho de un espada: Dar al toro pases de muleta.

trasteo. M. **1.** Acción de **trastear** (‖ al toro). ‖ **2.** Acción de manejar con habilidad a una persona o un negocio.

trastería. F. Muchedumbre o montón de trastos viejos.

trastero, ra. ADJ. Dicho de una pieza o de un desván: Que están destinados a guardar los trastos que no se usan. *Cuarto trastero.* U. t. c. s. m.

trastienda. F. Aposento, cuarto o pieza que está detrás de la tienda. U. t. en sent. fig. *Oficialmente no ocurre nada, pero algo se está cociendo en la trastienda.*

trasto. M. **1.** Cada uno de los muebles o utensilios de una casa. ‖ **2.** despect. Cosa inútil, estropeada, vieja o que estorba mucho. ‖ **3.** coloq. Persona inútil o informal. ‖ **4.** pl. Armas, utensilios o herramientas de algún arte o ejercicio. *Los trastos de pescar.* ‖ **tirarse los ~s a la cabeza** dos o más personas. LOC. VERB. coloq. Disputar violentamente.

trastocar. **I.** TR. **1.** Trastornar, revolver. ‖ **II.** PRNL. **2.** Trastornarse, perturbarse.

trastoque. M. Acción y efecto de trastocar.

trastornador, ra. ADJ. Que trastorna. *Un sonido trastornador.*

trastornar. TR. **1.** Invertir el orden regular de algo. *Dosis moderadas pueden trastornar seriamente los mecanismos inmunitarios.* ‖ **2.** **inquietar.** *Mi marcha lo trastornó durante un tiempo.* ‖ **3.** Perturbar o alterar el funcionamiento normal de la mente o la conducta de alguien. *La droga lo trastornó.* U. t. c. prnl. *Se trastornó tanto que parecía loco.* U. t. en sent. fig. *Se trastornó al comprobar que estaba nevando.*

trastorno. M. **1.** Acción y efecto de trastornar. ‖ **2.** Alteración leve de la salud. ‖ **3.** Der. **enajenación mental.** ‖ **~ mental.** M. **1.** Der. En el derecho penal, una de las circunstancias eximentes o atenuantes de la responsabilidad criminal. ‖ **2.** Psicol. Perturbación de las funciones psíquicas y del comportamiento.

trastrocamiento. M. Acción y efecto de trastrocar.

trastrocar. TR. Mudar el ser o estado de algo, dándole otro diferente del que tenía. U. t. c. prnl. MORF. conjug. c. *contar.*

trastrueque. M. Acción y efecto de trastrocar.

trastumbar. TR. Dejar caer o echar a rodar algo.

trasudación. F. Med. Acción y efecto de trasudar, sin carácter osmótico, un líquido orgánico a través de las paredes del vaso en que se hallaba contenido.

trasudado. M. Med. Líquido no inflamatorio contenido en una cavidad serosa.

trasudar. TR. Exhalar o echar de sí trasudor.

trasudor. M. Sudor tenue y leve.

trasunto. M. Imitación exacta, imagen o representación de algo.

trasvasar. TR. **transvasar.**

trasvase. M. **transvase.**

trasversal. ADJ. **transversal.**

trasverso, sa. ADJ. **transverso.**

trasvolar. TR. Pasar volando de una parte a otra. MORF. conjug. c. *contar.*

trata. F. Tráfico que consiste en vender seres humanos como esclavos. ‖ **~ de blancas.** F. Tráfico de mujeres, que consiste en atraerlas con coacción o mediante engaño a centros de prostitución para su explotación sexual.

tratable. ADJ. **1.** Que se puede o deja tratar fácilmente. *Pacientes con enfermedades muy tratables.* ‖ **2.** Cortés, accesible y razonable. *Es el único miembro tratable de la familia.*

tratadista. COM. Autor que escribe tratados sobre una materia determinada.

tratado. M. **1.** Ajuste o conclusión de un negocio o materia, después de haberse examinado y hablado sobre ella. ‖ **2.** Documento en que consta. ‖ **3.** Escrito o discurso de una materia determinada.

tratamiento. M. **1.** Modo de trabajar ciertas materias para su transformación. ‖ **2.** Conjunto de medios que se emplean para curar o aliviar una enfermedad. ‖ **3.** **trato** (‖ acción y efecto de tratar). ‖ **4.** Título de cortesía que se da a una persona; p. ej., *usted, señoría, excelencia,* etc. ‖ **5.** Se usa como vocativo coloquial para aludir a la categoría social, edad, sexo u otras cualidades de alguien; p. ej., *¡Señor! ¡Caballero! ¡Señora!* ‖ **~ de textos.** M. Proceso de composición y manipulación de textos en una computadora u ordenador.

tratante. **I.** ADJ. **1.** Que trata. *Champú tratante contra la caspa.* ‖ **II.** COM. **2.** Persona que se dedica a comprar géneros para revenderlos.

tratar. **I.** TR. **1.** Manejar algo y usarlo materialmente. *Existen tres formas de tratar el plutonio.* ‖ **2.** Manejar, gestionar o disponer algún negocio. *Dejamos por tratar un asunto grave.* ‖ **3.** Comunicar, relacionarse con un individuo. U. t. c. intr. y c. prnl. *Tratarse CON los vecinos.* ‖ **4.** Tener relaciones amorosas. *Viven juntos pero no se tratan como pareja.* U. m. c. intr. ‖ **5.** Proceder bien, o mal, con una persona, de obra o de palabra. *Trata con deferencia a los compañeros.* ‖ **6.** Cuidar bien, o mal, a alguien, especialmente en orden a la comida, vestido, etc. *Me trataba como una reina.* U. t. c. prnl. ‖ **7.** Conferir, discurrir o disputar de palabra o por escrito sobre un asunto. U. t. c. intr. *Tratar de algo. Tratar sobre algo.* ‖ **8.** Dar un título a alguien. *Lo trató DE señoría.* ‖ **9.** motejar. *Lo trató DE loco.* ‖ **10.** Aplicar los medios adecuados para curar o aliviar una enfermedad. *Tratar la migraña con analgésicos.* ‖ **11.** *Quím.* Someter una sustancia a la acción de otra. *Tratar agua con azufre.* ‖ **12.** *Tecnol.* Someter una sustancia o material a un proceso para purificarlos, analizarlos o darles otras propiedades. *Tratar los aceros.* ‖ **II.** INTR. **13.** Procurar el logro de algún fin. *Yo trato DE vivir bien.* ‖ **14.** Comerciar géneros. *Tratar EN ganado.* ‖ **III.** PRNL. **15.** ser[1]. *Se trata DE un asunto complejo.* ‖ **16.** Ser necesario, deber. *Se trata DE derribar barreras arquitectónicas, no DE construirlas.*

tratativa. F. Á.*Andes* y Á. R. *Plata.* Etapa preliminar de una negociación en la que comúnmente se discuten problemas laborales, políticos, económicos, etc.

trato. M. **1.** Acción y efecto de tratar. ‖ **2.** Tratado, convenio, especialmente el que se hacía entre distintos Estados o Gobiernos. ‖ **3.** **tratamiento** (‖ título de cortesía). ‖ **4.** Ocupación u oficio de tratante. ‖ **5.** coloq. Contrato, especialmente el relativo a ganados, y más aún el celebrado en feria o mercado. ‖ **~ carnal.** M. Relación sexual. ‖ **~ de gentes.** M. Experiencia y habilidad en la vida social. ‖ **~ de nación más favorecida.** M. En los tratados de comercio, el que asegura a una potencia el goce de las mayores ventajas que el otro Estado conceda a un tercer país. ‖ **malos ~s.** M. pl. *Der.* Delito consistente en ejercer de modo continuado violencia física o psíquica sobre el cónyuge o las personas con quienes se convive o están bajo la guarda del agresor. ‖ **~ hecho.** EXPR. coloq. Se usa para dar por cerrado un convenio o acuerdo. □ V. **casa de ~.**

trauco. M. *Chile.* En la mitología popular, ser dotado de un poder cautivador, que atrae a las mujeres vírgenes y las deshonra.

trauma. M. **1.** Lesión duradera producida por un agente mecánico, generalmente externo. ‖ **2.** Choque emocional que produce un daño duradero en el inconsciente. ‖ **3.** Emoción o impresión negativa, fuerte y duradera.

traumado, da. PART. de **traumar.** ‖ ADJ. traumatizado. U. t. c. s. U. m. en América.

traumar. TR. traumatizar. U. t. c. prnl. U. m. en América.

traumático, ca. ADJ. **1.** Perteneciente o relativo al trauma. *Neurosis traumática.* ‖ **2.** **traumatizante.** *Agente, acontecimiento traumático.*

traumatismo. M. *Med.* Lesión de los órganos o los tejidos por acciones mecánicas externas.

traumatizado, da. PART. de **traumatizar.** ‖ ADJ. Que sufre o ha sufrido un trauma. *Un país traumatizado.* Apl. a pers., u. t. c. s.

traumatizante. ADJ. Que traumatiza. *Vivencia traumatizante.*

traumatizar. TR. Causar un trauma. U. t. c. prnl.

traumatología. F. Parte de la medicina referente a los traumatismos y sus efectos.

traumatológico, ca. ADJ. *Med.* Perteneciente o relativo a la traumatología.

traumatólogo, ga. M. y F. Especialista en traumatología.

trávelin. M. **1.** *Cinem.* Desplazamiento de la cámara montada sobre ruedas para acercarla al objeto, alejarla de él o seguirlo en sus movimientos. ‖ **2.** *Cinem.* Plataforma móvil sobre la cual va montada dicha cámara. ¶ MORF. pl. invar. *Los trávelin.*

traversa. □ V. **flauta ~.**

través. M. **1.** Inclinación o torcimiento de una cosa hacia algún lado. ‖ **2.** *Mar.* Dirección perpendicular a la de la quilla. ¶ MORF. pl. **traveses.** ‖ **a, o al, ~.** LOCS.ADVS. **de través.** ‖ **a ~ de.** LOC. PREPOS. **1.** Denota que algo pasa de un lado a otro. *A través de la celosía. A través de una gasa.* ‖ **2.** Por entre. *A través de la multitud.* ‖ **3.** **por intermedio de.** ‖ **dar al ~** una nave. LOC.VERB. *Mar.* Tropezar por los costados en una roca, o costa de tierra, en que se deshace o vara. ‖ **de ~.** LOC.ADV. En dirección transversal.

travesaño. M. **1.** Pieza de madera o hierro que atraviesa de una parte a otra. ‖ **2.** En el fútbol y otros deportes, larguero de la portería.

travesear. INTR. **1.** Andar inquieto o revoltoso de una parte a otra. ‖ **2.** Discurrir con ingenio y viveza.

travesero, ra. ADJ. Dicho de una cosa: Que se pone de través. *Piedras traveseras.* □ V. **flauta ~.**

travesía. F. **1.** Camino transversal entre otros dos. ‖ **2.** Calleja que atraviesa entre calles principales. ‖ **3.** Parte de una carretera comprendida dentro del casco de una población. ‖ **4.** Viaje por mar o por aire.

travesti o **travestí.** COM. Persona que, por inclinación natural o como parte de un espectáculo, se viste con ropas del sexo contrario. MORF. pl. **travestis** o **travestís.**

travestido, da. PART. de **travestir.** ‖ **I.** ADJ. **1.** Disfrazado o encubierto con un traje que hace que se desconozca a quien lo usa. *Un soldado raso travestido de príncipe.* ‖ **II.** M. y F. **2.** **travesti.**

travestir. TR. Vestir a alguien con la ropa del sexo contrario. U. m. c. prnl. MORF. conjug. c. *pedir.*

travestismo. M. **1.** Práctica que consiste en el uso de las prendas de vestir del sexo contrario. ‖ **2.** Práctica consistente en la ocultación de la verdadera apariencia de alguien o algo. U. t. en sent. fig. *Travestismo político.*

travestista. COM. **travesti.**

travesura. F. **1.** Acción maligna e ingeniosa y de poca importancia, especialmente hecha por niños. ‖ **2.** Acción y efecto de travesear. ‖ **3.** Viveza y sutileza de ingenio para conocer las cosas y discurrir en ellas.

traviesa. F. **1.** Cada una de las piezas de madera u otro material que se atraviesan en una vía férrea para asentar sobre ellas los rieles. ‖ **2.** Cada una de las piezas que unen los largueros del bastidor sobre los que se montan o asientan los vagones de los ferrocarriles. ‖ **3.** Apuesta que quien no juega hace a favor de un jugador. ‖ **4.** *Arq.* Cada uno de los cuchillos de armadura que sirven para sostener un tejado. ‖ **5.** *Arq.* Pared maestra que no está en fachada ni en medianería.

travieso, sa. ADJ. **1.** Inquieto y revoltoso. *Una niña traviesa y juguetona.* ‖ **2.** Sutil, sagaz. *Mirada traviesa y de soslayo.* ‖ **3.** Dicho de una cosa: Insensible, bulliciosa e inquieta. *La luz parpadeante y traviesa de las estrellas.*

trayecto. M. **1.** Espacio que se recorre o puede recorrerse de un punto a otro. ‖ **2.** Acción de recorrerlo.

trayectoria. F. **1.** Línea descrita en el espacio por un cuerpo que se mueve, y, más comúnmente, la que sigue un proyectil. ‖ **2.** Curso que, a lo largo del tiempo, sigue el comportamiento o el ser de una persona, de un grupo social o de una institución. ‖ **3.** *Geom.* y *Mec.* Curva descrita en el plano o en el espacio por un punto móvil de acuerdo con una ley determinada.

traza. F. **1.** Diseño que se hace para la fabricación de un edificio u otra obra. ‖ **2.** Plan para realizar un fin. ‖ **3.** Invención, arbitrio, recurso. ‖ **4.** Modo, apariencia o figura de alguien o algo. U. m. en pl. ‖ **5.** Huella, vestigio.

trazabilidad. F. **1.** Posibilidad de identificar el origen y las diferentes etapas de un proceso de producción y distribución de bienes de consumo. ‖ **2.** Reflejo documental de estas etapas.

trazado, da. PART. de **trazar.** ‖ **I.** ADJ. **1.** Dicho de una persona: De buena o mala disposición o compostura de cuerpo. *Era un hombre dispuesto y bien trazado.* ‖ **II.** M. **2.** Acción y efecto de trazar. ‖ **3.** **traza** (‖ diseño para hacer un edificio u otra obra). ‖ **4.** Recorrido o dirección de un camino, de un canal, etc., sobre el terreno.

trazador, ra. ADJ. **1.** Que traza o idea una obra. U. t. c. s. ‖ **2.** *Biol., Fís.* y *Quím.* Dicho de una sustancia: Que revela la existencia de un agente o proceso, como el carbono 14 en la datación de restos arqueológicos. U. t. c. s. m. ‖ **3.** *Mil.* Dicho de un tipo de munición: Que al ser disparada deja en el aire una traza luminosa o fumígena de su trayectoria.

trazar. TR. **1.** Hacer trazos. *La pluma trazaba las letras con suavidad.* ‖ **2.** Delinear o diseñar la traza que se va a seguir en un edificio u otra obra. *Trazaban planos para construir autopistas.* ‖ **3.** Discurrir y disponer los medios oportunos para el logro de algo. *Su plan lo trazó con esmero y lo cumplió a rajatabla.* ‖ **4.** Describir, dibujar, exponer por medio del lenguaje los rasgos característicos de una persona o de un asunto. *La novela trazaba un excelente boceto de la presencia militar.*

trazo. M. **1.** Delineación con que se forma el diseño o planta de cualquier cosa. ‖ **2.** **línea** (‖ raya). ‖ **3.** Cada una de las partes en que se considera dividida la letra de mano, según el modo de formarla. ‖ **4.** *Pint.* Pliegue del ropaje.

trébedes. F. pl. Aro o triángulo de hierro con tres pies, que sirve para poner al fuego sartenes, peroles, etc.

trebejo. M. **1.** Utensilio, instrumento. U. m. en pl. ‖ **2.** Cada una de las piezas del juego de ajedrez.

trebo. M. *Chile.* Arbusto espinoso de la familia de las Ramnáceas, que se utiliza para formar setos.

trébol. M. **1.** Planta herbácea anual, de la familia de las Papilionáceas, de unos dos decímetros de altura, con tallos vellosos, que arraigan de trecho en trecho, hojas casi redondas, pecioladas de tres en tres; flores blancas o moradas en cabezuelas apretadas, y fruto en vainas con semillas menudas. Es espontánea en España y se cultiva como planta forrajera muy estimada. ‖ **2.** Uno de los cuatro palos de la baraja francesa. U. m. en pl.

trebolar. M. Terreno poblado de trébol.

trece. **I.** ADJ. **1.** Diez más tres. ‖ **2.** **decimotercero.** *Número trece. Año trece.* Apl. a los días del mes, u. t. c. s. m. *El trece de noviembre.* ‖ **II.** M. **3.** Conjunto de signos con que se representa el número trece. ‖ **4.** hist. Cada uno de los trece regidores que había antiguamente en algunas ciudades. ‖ **5.** Cada uno de los caballeros elegidos por sus hermanos en capítulo general, para gobierno y administración de la Orden de Santiago. ‖ **III.** F. **6.** pl. Primera hora en punto después de las doce de mediodía. *El almuerzo comenzará a las trece treinta.* ‖ **estarse, mantenerse,** o **seguir,** alguien **en sus ~.** LOCS. VERBS. **1.** Persistir con pertinacia en algo que ha aprendido o empezado a ejecutar. ‖ **2.** Mantener a todo trance su opinión.

treceavo, va. ADJ. Se dice de cada una de las trece partes iguales en que se divide un todo. U. t. c. s. m.

trechel. M. Trigo que se siembra en primavera y fructifica en el verano del mismo año.

trecho. M. **1.** Espacio, distancia de lugar o tiempo. ‖ **2.** Tramo de un recorrido. ‖ **a ~s.** LOC. ADV. Con interrupción. ‖ **de ~ a,** o **en, ~.** LOCS. ADVS. De distancia a distancia, de lugar a lugar, de tiempo en tiempo.

trefilado. M. Acción y efecto de trefilar.

trefilar. TR. Reducir un metal a alambre o hilo pasándolo por una hilera.

trefilería. F. Fábrica o taller donde se trefila.

tregua. F. **1.** Suspensión de hostilidades, por determinado tiempo, entre los enemigos. ‖ **2.** Interrupción, descanso. *Una tregua en el calor del verano.*

treinta. **I.** ADJ. **1.** Tres veces diez. ‖ **2.** **trigésimo** (‖ que sigue en orden al vigésimo noveno). *Número treinta. Año treinta.* Apl. a los días del mes, u. t. c. s. m. *El treinta de enero.* ‖ **II.** M. **3.** Conjunto de signos con que se representa el número treinta. ‖ **~ y cuarenta.** M. Cierto juego de azar. ‖ **~ y una.** F. Juego de naipes o de billar, que consiste en hacer 31 tantos o puntos, y no más. U. t. en pl. con el mismo significado que en sing. *Jugar a las treinta y una.*

treintaidosavo, va. ADJ. Se dice de cada una de las 32 partes iguales en que se divide un todo. U. t. c. s. m. ‖ **treintaidosavos de final.** M. pl. Conjunto de las treinta y dos competiciones cuyos ganadores pasan a los dieciseisavos de final de un campeonato o concurso que se gana por eliminación de quienes se van enfrentando. ‖ **en treintaidosavo.** LOC. ADJ. *Impr.* Dicho de un libro, de un folleto, etc.: Cuyo tamaño iguala a la treintaidosava parte de un pliego de papel de marca ordinaria.

treintaitresino, na. ADJ. **1.** Natural de Treinta y Tres. U. t. c. s. ‖ **2.** Perteneciente o relativo a este departamento del Uruguay o a su capital.

treintañero, ra. ADJ. Dicho de una persona: Que tiene entre 30 y 39 años. U. t. c. s.

treintavo, va. ADJ. Se dice de cada una de las 30 partes iguales en que se divide un todo. U. t. c. s. m.

treintena. F. Conjunto de 30 unidades.

treintón, na. ADJ. coloq. **treintañero.** U. t. c. s. U. m. en sent. despect.

trematodo. M. *Zool.* Invertebrado platelminto parásito que tiene el cuerpo no segmentado, tubo digestivo ramificado y sin ano, dos o más ventosas y a veces también ganchos que le sirven para fijarse al cuerpo de su huésped; p. ej., la duela. U. t. c. adj. ORTOGR. En pl., escr. con may. inicial c. taxón. *Los Trematodos.*

tremble. M. *Impr.* Filete ondulado que se usa en tipografía.

tremebundo, da. ADJ. **1.** Espantable, horrendo, que hace temblar. *Rugido tremebundo.* ‖ **2.** coloq. Muy grande o extraordinario. *Tremebundo ridículo.*

tremedal. M. Terreno pantanoso, abundante en turba, cubierto de césped, y que, por su escasa consistencia, retiembla cuando se anda sobre él. U. t. en sent. fig. *Un tremedal de angustia.*

tremendismo. M. **1.** Corriente estética desarrollada en España durante el siglo XX entre escritores y artistas plásticos que exageran la expresión de los aspectos más crudos de la vida real. ‖ **2. alarmismo.**

tremendista. ADJ. **1.** Perteneciente o relativo al tremendismo. *Unas declaraciones tremendistas.* ‖ **2.** Dicho de una persona: Que practica el tremendismo. U. t. c. s. ‖ **3.** Dicho de una obra: Que manifiesta la estética tremendista. ‖ **4.** Dicho de una persona: Aficionada a contar noticias extremas y alarmantes. U. t. c. s.

tremendo, da. ADJ. **1.** Terrible, digno de ser temido. *Una tremenda crisis.* ‖ **2.** Digno de respeto y reverencia. *Su tremendo aspecto imponía a todos.* ‖ **3.** coloq. Muy grande y excesivo en su línea. ‖ **4.** coloq. Dicho de un niño: Muy travieso. ‖ **por la ~.** LOC. ADV. Denota el modo desconsiderado y violento de tratar o resolver algún negocio o asunto. *Echó por la tremenda.* ‖ **tomarse** algo **a la ~.** LOC. VERB. coloq. Darle demasiada importancia.

trementina. F. Jugo casi líquido, pegajoso, odorífero y de sabor picante, que fluye de los pinos, abetos, alerces y terebintos. Se emplea principalmente como disolvente en la industria de pinturas y barnices.

tremís. M. hist. Moneda romana que valía la tercera parte de un sólido de oro. MORF. pl. **tremises.**

tremol. M. Adorno a manera de marco, que se pone a los espejos que están fijos en la pared.

tremolar. TR. Enarbolar los pendones, las banderas o los estandartes, y, por ext., otras cosas, batiéndolas o moviéndolas en el aire. U. t. c. intr.

tremolina. F. **1.** Movimiento ruidoso del aire. ‖ **2.** coloq. Confusión de voces y personas que gritan y enredan, o riñen.

trémolo. M. *Mús.* Sucesión rápida de muchas notas iguales, de la misma duración.

tremor. M. **temblor.**

tremulante. ADJ. **trémulo.**

trémulo, la. ADJ. **1.** Que tiembla. *Pulso trémulo.* ‖ **2.** Dicho de una cosa: Que tiene un movimiento o agitación semejante al temblor; como la luz de una vela.

tren. M. **1.** Medio de transporte que circula sobre raíles, compuesto por uno o más vagones arrastrados por una locomotora. ‖ **2.** Conjunto de instrumentos, máquinas y útiles que se emplean para realizar una misma operación o servicio. *Tren de dragado. Tren de laminar.* ‖ **3. tren de vida.** ‖ **4.** *Méx.* tranvía (‖ vehículo urbano que circula sobre raíles). ‖ **~ correo.** M. El destinado normalmente a transportar la correspondencia pública. ‖ **~ de aterrizaje.** M. *Aer.* Sistema mecánico dotado de ruedas o esquíes que permite el correcto aterrizaje y despegue de los aviones. ‖ **~ de cercanías.** M. El que une una ciudad populosa con localidades vecinas. ‖ **~ de gran velocidad.** M. El que debe circular a una velocidad mínima muy elevada por vías especialmente diseñadas. ‖ **~ de ondas.** M. *Fís.* Conjunto de ondas sucesivas de un mismo origen. ‖ **~ de vida.** M. **1.** Lujo y comodidades con que vive una persona. ‖ **2.** Ritmo de vida de una persona. ‖ **~ expreso.** M. El de viajeros que circula de noche y se detiene solamente en las estaciones principales del trayecto. ‖ **~ rápido.** M. El que circula de día y se detiene solamente en las estaciones principales del trayecto. ‖ **~ tranvía.** M. El de viajeros que realiza un trayecto corto y para en todas las estaciones. ‖ **a todo ~.** LOC. ADV. **1.** coloq. Sin reparar en gastos, con fausto y opulencia. ‖ **2.** Con la máxima velocidad. ‖ **estar como un ~,** o **como para parar un ~.** LOCS. VERBS. coloqs. Se usan para denotar que una persona es muy atractiva. ‖ **perder el último ~.** LOC. VERB. coloq. Perder la última oportunidad o esperanza.

trenca. F. Abrigo corto, con capucha y con piezas alargadas a modo de botones, que se abrocha pasando cada una de ellas por sus respectivas presillas.

trencilla. F. Galón trenzado de seda, algodón o lana, que sirve para adornos de pasamanería, bordados y otras muchas cosas.

treno. M. **1.** Canto fúnebre o lamentación por alguna calamidad o desgracia. ‖ **2.** por antonom. Cada una de las lamentaciones del profeta Jeremías.

trenza. F. **1.** Conjunto de tres o más ramales que se entretejen, cruzándolos alternativamente. ‖ **2.** Peinado que se hace entretejiendo el cabello largo. ‖ **3.** Bollo en forma de trenza.

trenzado. M. **1.** trenza. ‖ **2.** *Danza.* Salto ligero en el cual los pies baten rápidamente uno contra otro, cruzándose. ‖ **3.** *Equit.* Paso que hace el caballo piafando.

trenzar. **I.** TR. **1.** Hacer trenzas. ‖ **2.** *Dep.* En deportes de equipo, hacer pases hábiles y brillantes entre varios jugadores. ‖ **II.** INTR. **3.** *Danza* y *Equit.* Hacer trenzados.

trepa¹. F. Acción y efecto de **trepar¹.**

trepa². F. **1.** Acción y efecto de **trepar².** ‖ **2.** Adorno o guarnición que se cose a la orilla de un vestido, y que va dando la vuelta por ella. ‖ **3.** Aguas u ondulaciones que presenta la superficie de algunas maderas labradas.

trepado. M. trepa (‖ adorno).

trepador, ra. ADJ. **1.** Que trepa (‖ sube a un lugar alto). *Excursionistas trepadores.* ‖ **2.** Que trepa sin escrúpulos en la escala social. *Lo tildan de arribista y trepador.* U. t. c. s. ‖ **3.** *Bot.* Dicho de una planta: Que trepa o sube agarrándose a los árboles u otros objetos. ‖ **4.** *Zool.* Se dice de las aves que tienen el dedo externo unido al de en medio, bien versátil, bien dirigido hacia atrás para trepar con facilidad; p. ej., el cuclillo y el pájaro carpintero. U. t. c. s. f. ORTOGR. En f. pl., escr. con may. inicial c. taxón en desuso. *Las Trepadoras.*

trepanación. F. *Med.* Acción y efecto de trepanar.

trepanar. TR. *Med.* Horadar el cráneo u otro hueso con fin curativo o diagnóstico.

trépano. M. *Med.* Instrumento que se usa para trepanar.

trepar[1]. INTR. **1.** Subir a un lugar alto o poco accesible valiéndose y ayudándose de los pies y las manos. U. t. c. tr. ‖ **2.** Dicho de una planta: Crecer y subir agarrándose a los árboles u otros objetos, comúnmente por medio de zarcillos, raicillas u otros órganos. ‖ **3.** coloq. Elevarse en la escala social ambiciosamente y sin escrúpulos. ‖ **trepársele** a alguien. LOC.VERB. *Méx.* **emborracharse** (‖ beber hasta trastornarse los sentidos).

trepar[2]. TR. **1.** Taladrar, horadar, agujerear. ‖ **2.** Guarnecer el bordado con **trepas** (‖ adornos).

trepidación. F. Acción de trepidar.

trepidante. ADJ. **1.** Que **trepida** (‖ tiembla fuertemente). *Un ascensor trepidante.* ‖ **2.** Rápido, agitado, intenso. *Baile trepidante. Trepidante siglo XX.*

trepidar. INTR. **1.** Temblar fuertemente. ‖ **2.** *Am.* Vacilar, dudar.

treponema. M. *Biol.* Bacteria del grupo de las espiroquetas, casi siempre parásitas y a veces patógenas para el hombre, como el *Treponema pallidum,* agente productor de la sífilis.

tres. **I.** ADJ. **1.** Dos más uno. ‖ **2. tercero** (‖ que sigue en orden al segundo). *Número tres. Año tres.* Apl. a los días del mes, u. t. c. s. m. *El tres de julio.* ‖ **II.** M. **3.** Signo o conjunto de signos con que se representa el número tres. ‖ **4.** Naipe que tiene **tres** señales. *El tres de oros. La baraja tiene cuatro treses.* ‖ **5.** Conjunto de tres voces o de tres instrumentos. ‖ **III.** F. **6.** pl. Tercera hora a partir de mediodía o de medianoche. *Sale de trabajar a las tres.* ‖ **como ~ y dos son cinco.** EXPR. coloq. Se usa para ponderar la evidencia de alguna verdad. ‖ **ni a la de ~.** LOC.ADV. coloq. De ningún modo. □ V. **compás de ~ por cuatro, razón simple de ~ números, regla de ~, regla de ~ compuesta, sombrero de ~ picos, ~ en raya, ~ sietes.**

tresalbo, ba. ADJ. Dicho de un caballo: Que tiene tres pies blancos.

tresbolillo. a, o al, ~. LOCS.ADVS. Dicho de colocar plantas: En filas paralelas, de modo que las de cada fila correspondan al medio de los huecos de la fila inmediata, de manera que formen triángulos equiláteros.

trescientos, tas. I. ADJ. **1.** Tres veces ciento. ‖ **2. tricentésimo** (‖ que sigue en orden al ducentésimo nonagésimo noveno). *Número trescientos. Año trescientos.* ‖ **II.** M. **3.** Conjunto de signos con que se representa el número trescientos.

tresillista. COM. Jugador de tresillo.

tresillo. M. **1.** Juego de naipes entre tres personas, cada una de las cuales recibe nueve cartas, y gana en cada lance la que hace mayor número de bazas. ‖ **2.** Conjunto de un sofá y dos butacas que hacen juego. ‖ **3.** Sortija con tres piedras que hacen juego. ‖ **4.** *Mús.* Conjunto de tres notas iguales que se deben cantar o tocar en el tiempo correspondiente a dos de ellas.

treta. F. **1.** Artificio sutil e ingenioso para conseguir algún intento. ‖ **2.** *Esgr.* Engaño que traza y ejecuta el diestro para herir o desarmar a su contrario, o para defenderse.

tría. F. Acción y efecto de triar.

tríada o tríade. F. Conjunto de tres cosas o seres estrecha o especialmente vinculados entre sí.

triádico, ca. ADJ. Perteneciente o relativo a la tríada.

trial. M. *Dep.* Prueba de habilidad con motocicleta o bicicleta realizada sobre terrenos accidentados, montañosos y con obstáculos preparados para dificultar más el recorrido.

trianero, ra. ADJ. **1.** Natural de Triana. U. t. c. s. ‖ **2.** Perteneciente o relativo a este barrio de Sevilla, en España.

triangulación. F. **1.** *Geol.* Operación de **triangular**[2]. ‖ **2.** *Geol.* Conjunto de datos obtenidos mediante esa operación.

triangular[1]. ADJ. De forma de triángulo o semejante a él. *Rostro triangular.*

triangular[2]. TR. *Geol.* Ligar por medio de triángulos ciertos puntos determinados de una comarca para levantar el plano de ella.

triángulo. M. **1.** *Geom.* Polígono de tres ángulos y tres lados. ‖ **2.** *Mús.* Instrumento que consiste en una varilla metálica doblada en forma triangular y suspendida de un cordón, la cual se hace sonar golpeándola con otra varilla también de metal. ‖ **~ acutángulo.** M. *Geom.* El que tiene los tres ángulos agudos. ‖ **~ amoroso.** M. Relación amorosa de marido, mujer y el amante de uno de ellos. ‖ **~ escaleno.** M. *Geom.* El que tiene los tres lados desiguales. ‖ **~ esférico.** M. *Geom.* El trazado en la superficie de la esfera, y especialmente el que se compone de tres arcos de círculo máximo. ‖ **~ isósceles.** M. *Geom.* El que tiene iguales solamente dos ángulos y dos lados. ‖ **~ oblicuángulo.** M. *Geom.* El que no tiene ángulo recto alguno. ‖ **~ obtusángulo.** M. *Geom.* El que tiene obtuso uno de sus ángulos. ‖ **~ plano.** M. *Geom.* El que tiene sus tres lados en un mismo plano. ‖ **~ rectángulo.** M. *Geom.* El que tiene recto uno de sus ángulos.

triar. TR. Escoger, separar, entresacar. MORF. conjug. c. *enviar.*

triásico, ca. ADJ. **1.** *Geol.* Se dice del primer período de la era mesozoica, que abarca desde hace 245 millones de años hasta hace 208 millones de años, caracterizado por la aparición de los dinosaurios y el predominio de las coníferas. U. t. c. s. m. ORTOGR. Escr. con may. inicial c. s. ‖ **2.** *Geol.* Perteneciente o relativo a dicho período. *Areniscas triásicas.*

triate. ADJ. *Méx.* **trillizo.** U. t. c. s.

triatleta. COM. Deportista que compite en un triatlón.

triatlón. M. Conjunto de tres pruebas olímpicas que consisten en recorrer 1500 m a nado, 10 km de carrera a pie y 40 km de ciclismo en carretera.

tribada o tríbada. F. poét. lesbiana.

tribadismo. M. poét. lesbianismo.

tribal. ADJ. Perteneciente o relativo a la tribu.

tribalismo. M. **1.** Organización social basada en la tribu. ‖ **2.** despect. Tendencia a sentirse muy ligado al grupo de gente al que se pertenece, y a ignorar al resto de la sociedad.

tribu. F. **1.** hist. Cada una de las agrupaciones en que algunos pueblos antiguos estaban divididos; p. ej., las doce del pueblo hebreo y las tres primitivas de los romanos. ‖ **2.** Grupo social primitivo de un mismo origen, real o supuesto, cuyos miembros suelen tener en común usos y costumbres. ‖ **3.** coloq. Grupo grande de personas con alguna característica común, especialmente las pandillas juveniles violentas. *Las tribus urbanas.* ‖ **4.** *Biol.* Cada uno de los grupos taxonómicos en que se dividen muchas familias y que, a su vez, se subdividen en géneros.

tribulación. F. **1.** Congoja, pena, tormento o aflicción moral. ‖ **2.** Persecución o adversidad que padece el hombre.

tribuna. F. **1.** Plataforma elevada desde la cual se lee o perora en las asambleas públicas o privadas. U. t. en sent. fig. *Desde la tribuna de algunos periódicos se critica la gestión del Gobierno.* ‖ **2.** Galería destinada a los espectadores en estas mismas asambleas. ‖ **3.** Ventana o balcón que hay en algunas iglesias, y desde donde se podía asistir a las celebraciones litúrgicas. ‖ **4.** Localidad preferente en un campo de deporte. ‖ **5.** Plataforma elevada para presenciar un espectáculo público, como un desfile, una procesión, etc. ‖ **6.** Oratoria, principalmente política, de un país, de una época, etc. ‖ **7.** Conjunto de oradores políticos de un país, de una época, etc.

tribunal. M. **1.** Ministro o ministros que ejercen la justicia y pronuncian la sentencia. ‖ **2.** Conjunto de jueces ante el cual se efectúan exámenes, oposiciones y otros certámenes o actos análogos. ‖ **3.** pl. por antonom. Los de justicia. ‖ **Tribunal de Cuentas.** M. Oficina central de contabilidad que tiene a su cargo examinar y censurar las cuentas de todas las dependencias del Estado. ‖ **~ de Dios.** M. Juicio que Dios hace de los hombres después de la muerte. ‖ **Tribunal Penal Internacional.** M. Corte Penal Internacional. ‖ **Tribunal Supremo.** M. El más alto de la justicia ordinaria.

tribunicio, cia. ADJ. Perteneciente o relativo al tribuno. *Potestad tribunicia. Elocuencia tribunicia.*

tribuno. M. **1.** Orador político que mueve a la multitud con elocuencia fogosa y apasionada. ‖ **2.** hist. Cada uno de los magistrados que elegía el pueblo romano reunido en tribus, y tenían facultad de poner el veto a las resoluciones del Senado y de proponer plebiscitos. ‖ **~ de la plebe.** M. hist. **tribuno** (‖ magistrado romano). ‖ **~ militar.** M. hist. Jefe de un cuerpo de tropas de los antiguos romanos.

tributación. F. **1.** Acción de tributar. ‖ **2.** Cantidad que se tributa. ‖ **3.** Régimen o sistema tributario.

tributante. ADJ. Que tributa. Apl. a pers., u. t. c. s.

tributar. TR. **1.** Pagar algo al Estado para las cargas y atenciones públicas. ‖ **2.** Ofrecer o manifestar veneración como prueba de agradecimiento o admiración. *El público le tributó un gran aplauso.* ‖ **3.** hist. Dicho de un vasallo: Entregar al señor en reconocimiento del señorío un pago en dinero, especie o servicios.

tributario, ria. ADJ. **1.** Perteneciente o relativo al tributo. *Reforma tributaria.* ‖ **2.** Que paga tributo o está obligado a pagarlo. U. t. en sent. fig. *Nuestra civilización es tributaria del mundo grecolatino.* Apl. a pers., u. t. c. s. ‖ **3.** Se dice de un curso de agua con relación al río o mar adonde va a parar. □ V. cuota **~**, declaración **~**, derecho **~**, deuda **~**, devolución **~**, estimación **~**, liquidación **~**, recaudación **~**, sistema **~**.

tributo. M. **1.** Cantidad que se tributa. ‖ **2.** censo (‖ contrato por el que se sujeta un inmueble al pago de una pensión anual). ‖ **3.** Carga continua u obligación que impone el uso o disfrute de algo. ‖ **4.** Der. Obligación dineraria establecida por la ley, cuyo importe se destina al sostenimiento de las cargas públicas. □ V. encomienda de **~**.

tricahue. M. *Chile.* Loro grande que habita en los barrancos de la cordillera.

tricéfalo, la. ADJ. Que tiene tres cabezas. *Monstruo tricéfalo.*

tricentenario, ria. **I.** ADJ. **1.** Que tiene 300 años de existencia, o poco más o menos. *Una institución tricentenaria.* ‖ **II.** M. **2.** Fecha en que se cumplen 300 años del nacimiento o muerte de alguna persona ilustre o de algún suceso famoso. ‖ **3.** Conjunto de fiestas o actos que alguna vez se celebran con dichos motivos.

tricentésimo, ma. ADJ. **1.** Que sigue inmediatamente en orden al o a lo ducentésimo nonagésimo noveno. ‖ **2.** Se dice de cada una de las 300 partes iguales en que se divide un todo. U. t. c. s. m.

tríceps. ADJ. *Anat.* Dicho de un músculo: Que tiene tres porciones o cabezas; p. ej., el del brazo y el del muslo. U. t. c. s. m.

triciclo. M. **1.** Vehículo de tres ruedas. ‖ **2.** Juguete infantil de tres ruedas, que se mueve mediante la acción de pedales.

triclínico, ca. ADJ. Dicho de un sistema cristalográfico: De ejes que se cortan en ángulos diferentes, como el de la turquesa.

triclinio. M. **1.** hist. Cada uno de los lechos, capaces por lo común para tres personas, en que los antiguos griegos y romanos se reclinaban para comer. ‖ **2.** hist. Comedor de los antiguos griegos y romanos.

tricolor. ADJ. De tres colores.

tricornio. M. **1.** sombrero de tres picos. ‖ **2.** Miembro de la Guardia Civil.

tricota. F. *Á. guar.* jersey.

tricotar. INTR. Hacer punto a mano o con máquina tejedora. U. t. c. tr.

tricotomía. F. **1.** *Bot.* Trifurcación de un tallo o una rama. ‖ **2.** *Fil.* Método de clasificación en que las divisiones y subdivisiones tienen tres partes.

tricotómico, ca. ADJ. *Bot. y Fil.* Perteneciente o relativo a la tricotomía.

tricotosa. F. Máquina para hacer tejido de punto.

tricromía. F. *Impr.* Estampación hecha mediante la combinación de tres tintas de diferente color.

tricúspide. □ V. válvula **~**.

tridente. **I.** ADJ. **1.** De tres dientes. *Tenedor tridente.* ‖ **II.** M. **2.** Cetro en forma de arpón de tres puntas, que tienen en la mano las estatuas de Neptuno, dios romano del mar.

tridentino, na. ADJ. **1.** Natural de Trento. U. t. c. s. ‖ **2.** Perteneciente o relativo a esta ciudad de Italia. ‖ **3.** hist. Perteneciente o relativo al concilio ecuménico que en esta ciudad se reunió a partir del año 1545.

tridimensional. ADJ. De tres dimensiones. *Visión tridimensional.*

tridimensionalidad. F. Cualidad de tridimensional.

triduo. M. Serie de ejercicios devotos que se practican durante tres días.

trienal. ADJ. **1.** Que sucede o se repite cada trienio. *Publicación trienal.* ‖ **2.** Que dura un trienio. *Plan trienal de inversiones.*

trienio. M. **1.** Tiempo de tres años. ‖ **2.** Incremento económico de un sueldo o salario correspondiente a cada tres años de servicio activo.

triente. M. hist. Moneda bizantina que valía un tercio de sólido.

triestino, na. **I.** ADJ. **1.** Natural de Trieste. U. t. c. s. ‖ **2.** Perteneciente o relativo a esta ciudad de Italia. ‖ **II.** M. **3.** Dialecto hablado en la región de Trieste.

trifásico, ca. ADJ. *Electr.* Se dice de un sistema de tres corrientes eléctricas alternas iguales, desfasadas entre sí en un tercio de período.

trífido, da. ADJ. *Bot.* Abierto o hendido por tres partes.

trifoliado, da. ADJ. *Bot.* Que tiene hojas compuestas de tres folíolos.

trifolio. M. trébol.

triforio. M. *Arq.* Galería que rodea el interior de una iglesia sobre los arcos de las naves y que suele tener ventanas de tres huecos.

triforme. ADJ. De tres formas o figuras. *Diosa triforme.*

trifulca. F. coloq. Desorden y camorra entre varias personas.

trifurcación. F. Acción y efecto de trifurcarse.

trifurcado, da. PART. de **trifurcarse.** || ADJ. De tres ramales, brazos o puntas. *Cresta trifurcada.*

trifurcarse. PRNL. Dicho de una cosa: Dividirse en tres ramales, brazos o puntas. *Trifurcarse la rama de un árbol.*

trigal. M. Campo sembrado de trigo.

trigésimo, ma. ADJ. **1.** Que sigue inmediatamente en orden al o a lo vigésimo noveno. || **2.** Se dice de cada una de las 30 partes iguales en que se divide un todo. U. t. c. s. m.

triglifo o **tríglifo.** M. *Arq.* Adorno del friso dórico que tiene forma de rectángulo saliente y está surcado por tres estrías.

trigo. M. **1.** Se usa como nombre para referirse a un género de plantas de la familia de las Gramíneas, con espigas terminales compuestas de cuatro o más carreras de granos, de los cuales, triturados, se saca la harina con que se hace el pan. Hay muchas especies, y en ellas innumerables variedades. || **2.** Grano de esta planta. || **3.** Conjunto de granos de esta planta. || **~ sarraceno.** M. alforfón. || **no ser ~ limpio** un asunto o la conducta de alguien. LOC.VERB. coloq. No ser tan intachable como a primera vista parece, o adolecer de un grave defecto.

trigón. M. hist. Instrumento musical de forma triangular y con cuerdas metálicas, usado por los antiguos griegos y romanos.

trigonal. ADJ. Se dice de un sistema cristalográfico incluido en el hexagonal.

trigonometría. F. *Mat.* Estudio de las relaciones numéricas entre los elementos que forman los triángulos planos y esféricos. || **~ esférica.** F. La que trata de los triángulos esféricos. || **~ plana.** F. La que trata de los triángulos planos.

trigonométrico, ca. ADJ. *Mat.* Perteneciente o relativo a la trigonometría. *Cálculo trigonométrico. Operación trigonométrica.* □ V. **función ~, razón ~.**

trigueño, ña. ADJ. De color del trigo, entre moreno y rubio. *Cabello trigueño.*

triguera. F. Planta perenne de la familia de las Gramíneas, muy parecida al alpiste, pero de menor tamaño, que crece en sembrados húmedos y da buen forraje.

triguero, ra. **I.** ADJ. **1.** Perteneciente o relativo al trigo. *Producción triguera.* || **2.** Que se cría o anda entre el trigo. *Pájaro triguero.* || **3.** Dicho de un terreno: En que se da bien el trigo. || **II.** M. y F. **4.** Persona que comercia en trigo. □ V. **espárrago ~.**

trile¹. M. *Chile.* Pájaro negro parecido al tordo, que tiene dos manchas amarillas debajo de las alas y anida en lugares húmedos.

trile². M. Juego callejero de apuestas fraudulentas que consiste en adivinar en qué lugar de tres posibles se encuentra una pieza manipulada.

trilero. M. Tahúr que dirige el juego del trile.

trilingüe. ADJ. **1.** Que tiene tres lenguas. *Sociedad trilingüe.* || **2.** Que habla tres lenguas. *Estudiante trilingüe.* || **3.** Escrito en tres lenguas. *Libro trilingüe.*

trilita. F. *Quím.* trinitrotolueno.

trilito. M. Dolmen compuesto de tres grandes piedras, dos de las cuales, clavadas verticalmente en el suelo, sostienen la tercera en posición horizontal.

trilla¹. F. **rubio** (|| pez).

trilla². F. **1.** Acción y efecto de trillar. || **2.** Tiempo en que se trilla. □ V. **canción de ~.**

trilladera. F. **trillo** (|| instrumento para trillar).

trillado, da. PART. de **trillar.** || ADJ. Común y sabido. *Imágenes trilladas.* □ V. **camino ~.**

trillador, ra. ADJ. Que trilla. Apl. a pers., u. t. c. s.

trilladora. F. Máquina para trillar.

trillar. TR. **1.** Quebrantar la mies tendida en la era, y separar el grano de la paja. || **2.** coloq. Frecuentar y seguir algo continuamente o de ordinario.

trillizo, za. ADJ. Nacido de un parto triple. U. t. c. s.

trillo. M. **1.** Instrumento para trillar, que comúnmente consiste en un tablón con pedazos de pedernal o cuchillas de acero encajadas en una de sus caras. || **2.** *Am.* Senda formada comúnmente por el tránsito.

trillón. M. Un millón de billones, que se expresa por la unidad seguida de 18 ceros.

trillonésima. F. Cada una de las partes iguales de una unidad de medida dividida en un trillón de ellas. *Hay longitudes de onda de trillonésimas de milímetro.*

trillonésimo, ma. ADJ. **1.** Se dice de cada una del trillón de partes iguales en que se divide un todo. U. t. c. s. m. || **2.** Que ocupa en una serie el lugar al cual preceden otros 999 999 999 999 999 999 lugares.

trilobites. M. Artrópodo marino fósil del Paleozoico. Su cuerpo, algo deprimido y de contorno oval, está dividido en tres regiones y a lo largo recorrido por dos surcos que le dan aspecto de trilobulado. Abunda en España en las pizarras silúricas.

trilobulado, da. ADJ. Que tiene tres lóbulos. *Arco trilobulado.*

trilocular. ADJ. Dividido en tres partes. *Cápsula trilocular.*

trilogía. F. **1.** Conjunto de tres obras literarias o artísticas de un autor que constituyen una unidad. || **2.** hist. Conjunto de tres obras trágicas de un mismo autor, presentadas a concurso en los festivales teatrales de la Grecia clásica.

trimembre. ADJ. De tres miembros o partes. *Esquema trimembre.*

trimestral. ADJ. **1.** Que sucede o se repite cada trimestre. *Publicación trimestral.* || **2.** Que dura un trimestre. *Asignaturas trimestrales.*

trimestralmente. ADV.T. Cada trimestre.

trimestre. M. Tiempo de tres meses.

trimotor. ADJ. Dicho especialmente de un avión: Que tiene tres motores. U. t. c. s. m.

trimurti. F. En el hinduismo, tríada compuesta por los dioses Brahma, Siva y Visnú.

trinar. INTR. **1.** Dicho de una persona o de un pájaro: gorjear (|| hacer quiebros con la voz en la garganta). || **2.** coloq. rabiar (|| impacientarse o enojarse). *Sus compañeros están que trinan.* || **3.** *Mús.* Hacer trinos.

trinca. F. **1.** Conjunto de tres cosas de una misma clase. || **2.** Conjunto de tres personas designadas para argüir recíprocamente en las oposiciones. || **3.** Grupo o pandilla reducida de amigos. ‖ **4.** *Mar.* Cabo o cuerda, cable, cadena, etc., que sirve para **trincar** (‖ asegurar).

trincar. TR. **1.** Atar fuertemente. *Los tres nos trincamos al portón.* ‖ **2.** Sujetar a alguien con los brazos o las manos como amarrándolo. *Lo trincó por la espalda.* ‖ **3.** coloq. Apoderarse de alguien o de algo con dificultad. ‖ **4.** coloq. **robar** (‖ tomar para sí lo ajeno). *Brujulean por aquí y trincan todo lo que se les pone a tiro.* ‖ **5.** *Mar.* Asegurar o sujetar fuertemente con trincas los efectos de a bordo. ‖ **6.** *Am. Cen.* Apretar, oprimir.

trincha. F. **1.** Trabilla colocada por detrás en el lugar de la cintura, en los chalecos, pantalones u otras prendas, para ceñirlos por medio de hebillas o botones. ‖ **2.** *Á. guar.* Conjunto de seis bollos de pan de estilo francés de costra dura, tostada y de miga blanca muy esponjosa.

trinchador, ra. ADJ. Que trincha. Apl. a pers., u. t. c. s.

trinchante. M. **1.** Instrumento para trinchar. ‖ **2.** Instrumento con que se asegura lo que se va a trinchar. ‖ **3.** trinchero (‖ mueble de comedor).

trinchar. TR. Partir en trozos la comida para servirla.

trinche. M. *Á. Andes* y *Méx.* **tenedor** (‖ instrumento de mesa para comer).

trinchera. F. **1.** Zanja defensiva que permite disparar a cubierto del enemigo. U. t. en sent. fig. *Cada uno desde su trinchera debe defender sus ideas.* ‖ **2.** Desmonte hecho en el terreno para una vía de comunicación, con taludes por ambos lados. ‖ **3.** Gabardina de aspecto militar. □ V. **guerra de ~s.**

trinchero. M. **1.** Mueble de comedor, que sirve principalmente para trinchar sobre él los alimentos. ‖ **2.** Plato que sirve para trinchar en él los alimentos. ‖ **3.** **plato llano.**

trineo. M. Vehículo provisto de cuchillas o esquíes en lugar de ruedas para deslizarse sobre el hielo y la nieve.

trinidad. F. **1.** *Rel.* Distinción de tres personas divinas en una sola y única esencia, misterio inefable de la religión cristiana. ORTOGR. Escr. con may. inicial. ‖ **2.** Unión de tres personas en algún negocio. U. m. en sent. despect. □ V. **Domingo de la Santísima Trinidad, flor de la Trinidad.**

trinitaria. F. **1.** **pensamiento** (‖ planta violácea). ‖ **2.** Flor de esta planta. ‖ **3.** *Á. Caribe.* **buganvilia.**

trinitario, ria. ADJ. **1.** Perteneciente o relativo a la Santísima Trinidad. *Misterio trinitario.* ‖ **2.** Se dice del religioso de la Orden de la Trinidad. U. t. c. s. ‖ **3.** Natural de Trinidad, ciudad de Bolivia, capital del departamento de Beni. U. t. c. s. ‖ **4.** Natural de Trinidad, ciudad del Uruguay, capital del departamento de Flores. U. t. c. s. ‖ **5.** Perteneciente o relativo a estas capitales.

trinitense. ADJ. **1.** Natural de Trinidad y Tobago. U. t. c. s. ‖ **2.** Perteneciente o relativo a este país de América.

trinitrotolueno. M. *Quím.* Derivado nitrado del tolueno en forma de sólido cristalino. Es un explosivo muy potente.

trino¹, na. ADJ. **1.** Que contiene en sí tres cosas distintas, o participa de ellas. *Dios es uno y trino.* ‖ **2.** Que consta de tres elementos o unidades. *Relación trina.*

trino². M. **1.** gorjeo (‖ de los pájaros). ‖ **2.** *Mús.* Sucesión rápida y alternada de dos notas de igual duración, entre las cuales media la distancia de un tono o de un semitono.

trinomio. M. **1.** *Mat.* Expresión algebraica compuesta de tres términos unidos por los signos más o menos. ‖ **2.**

Conjunto de tres personas o elementos que actúan como uno solo.

trinquetada. correr una ~. LOC.VERB. Padecer trabajos, miserias o males de alguna duración.

trinquete¹. M. **1.** *Mar.* Verga mayor que se cruza sobre el palo de proa. ‖ **2.** *Mar.* Vela que se larga en ella. ‖ **3.** *Mar.* Palo de proa, en las embarcaciones que tienen más de uno. ‖ **4.** *Á. Caribe.* Persona de gran fortaleza física.

trinquete². M. Frontón cerrado sin contracancha y con doble pared lateral.

trinquete³. M. **1.** Garfio que resbala sobre los dientes de una rueda, para impedir que esta se vuelva hacia atrás. ‖ **2.** *Méx.* Soborno a un funcionario público. ‖ **3.** *Méx.* Timo, estafa.

trinquetero, ra. ADJ. *Méx.* Dicho de una persona: Que recurre a menudo a los trinquetes o medra a base de estos sobornos.

trinquetilla. F. *Mar.* Foque pequeño que se caza cuando hay temporal.

trío. M. **1.** Conjunto de tres voces o instrumentos. ‖ **2.** Conjunto de tres personas, animales o cosas. ‖ **3.** En los juegos de dados y de naipes, conjunto de tres de ellos que presentan el mismo número o se corresponden en la figura. *Trío de ases.* ‖ **4.** *Mús.* Composición para tres voces o instrumentos.

triodo. M. *Electr.* Válvula termoiónica compuesta de tres electrodos.

tripa. F. **1.** intestino (‖ conducto del aparato digestivo). ‖ **2.** Vientre, región exterior del cuerpo correspondiente al abdomen, especialmente si es abultado. ‖ **3.** Trozo de intestino. *La especialidad del restaurante es la tripa de cerdo.* ‖ **4.** **panza** (‖ de las vasijas). ‖ **5.** Relleno del cigarro puro. ‖ **6.** Contenido de ciertas cosas. *Al acerico se le salen las tripas.* ‖ **~ gorda.** F. *Á. R. Plata.* Intestino grueso de los animales, que se vende como producto de casquería. ‖ **echar** alguien **las ~s.** LOC.VERB. coloq. **echar las entrañas.** ‖ **hacer** alguien **de ~s corazón.** LOC.VERB. coloq. Esforzarse para disimular el miedo, dominarse, sobreponerse en las adversidades. ‖ **revolver** a alguien **las ~s** otra persona o una cosa. LOC.VERB. coloq. Causarle disgusto o repugnancia. ‖ **rompérsele** a alguien **una ~.** LOC.VERB. coloq. Ocurrirle algo que necesite ayuda de otra persona. *¿Qué tripa se le habrá roto a ese?* □ V. **retortijón de ~s.**

tripanosoma. M. Se usa como nombre para referirse a un género de flagelados parásitos, con una membrana ondulante, que engloba al flagelo adosado al borde del cuerpo. Provocan enfermedades infecciosas, en general graves, como la enfermedad del sueño, transmitidas casi siempre por artrópodos.

tripanosomiasis. F. *Med.* Enfermedad producida por tripanosomas.

tripartición. F. Acción y efecto de tripartir.

tripartir. TR. Dividir en tres partes.

tripartito, ta. ADJ. **1.** Dividido en tres partes, órdenes o clases. *Estructura tripartita.* ‖ **2.** Formado por tres partes o elementos. *Gobierno tripartito.*

tripería. F. Lugar o puesto donde se venden tripas o mondongo.

tripero, ra. M. y F. Persona que vende tripas o mondongo.

tripié. M. *Méx.* **trípode** (‖ armazón de tres pies).

triplano. M. Aeroplano cuyas alas están formadas por tres planos rígidos superpuestos.

triple. I. ADJ. **1.** Que contiene un número tres veces exactamente. U. t. c. s. m. ‖ **2.** Dicho de una cosa: Que va acompañada de otras dos semejantes para servir a un mismo fin. *Triple muralla.* ‖ **II.** M. **3.** *Dep.* En baloncesto, enceste que vale tres puntos. □ V. ~ **salto.**

triplemente. ADV. M. Tres veces, o por tres conceptos. *Una ciudad triplemente famosa.*

tripleta. F. **trío** (‖ conjunto de tres personas, animales o cosas).

triplete. M. *Biol.* Secuencia de tres nucleótidos en un ácido nucleico, y en particular en un ARN mensajero.

triplicación. F. Acción y efecto de triplicar.

triplicado, da. PART. de **triplicar.** ‖ **I.** ADJ. **1.** Dicho del número, de la cantidad, del peso, del tamaño, etc., de algo: Multiplicado por tres o aumentado tres veces. *Premio triplicado.* ‖ **II.** M. **2.** Tercer ejemplar o copia de un documento o escrito. ‖ **por triplicado.** LOC. ADV. En tres ejemplares o copias. *Formalizar por triplicado un contrato.*

triplicar. TR. **1.** Hacer triple algo. U. t. c. prnl. *Los gastos se han triplicado.* ‖ **2.** Dicho de una cosa: Ser tres veces mayor que otra. *La calle principal triplica en anchura a las demás.*

tríplice. ADJ. **triple.**

triplicidad. F. Cualidad de triple.

trípode. I. ADJ. **1.** De tres pies. *Vasijas trípodes.* ‖ **II.** M. **2.** Armazón de tres pies, para sostener instrumentos geodésicos, fotográficos, etc. ‖ **3.** Mesa, banquillo, pebetero, etc., de tres pies. ‖ **4.** hist. Banquillo de tres pies en que daba la sacerdotisa de Apolo sus respuestas en el templo de Delfos.

tripolino, na. ADJ. **tripolitano.** Apl. a pers., u. t. c. s.

tripolitano, na. ADJ. **1.** Natural de Trípoli. U. t. c. s. ‖ **2.** Perteneciente o relativo a esta ciudad, capital de Libia.

tripón, na. ADJ. coloq. **tripudo.** Apl. a pers., u. t. c. s.

tripsina. F. *Bioquím.* Proteasa específica segregada por el páncreas.

tríptico. M. **1.** Libro o tratado que consta de tres partes. ‖ **2.** Pintura, grabado o relieve distribuido en tres hojas, unidas de modo que puedan doblarse las de los lados sobre la del centro. ‖ **3.** Documento o prospecto que consiste en una hoja doblada en tres partes.

triptongar. TR. *Fon.* Pronunciar tres vocales formando un triptongo.

triptongo. M. *Fon.* Secuencia de tres vocales que forman una sola sílaba; p. ej., en *adecuéis, buey, cambiéis, vieira.*

tripudo, da. ADJ. Que tiene mucha tripa. Apl. a pers., u. t. c. s.

tripulación. F. Conjunto de personas que van en una embarcación o en un aparato de locomoción aérea, dedicadas a su maniobra y servicio.

tripulante. COM. Miembro de una tripulación.

tripular. TR. Conducir o prestar servicio en un barco o vehículo aéreo.

trique. M. **1.** *Á. Caribe.* **tres en raya.** ‖ **2.** pl. *Méx.* Trastos, trebejos.

triquina. F. Nematodo de uno a tres milímetros de largo, cuya larva se enquista, en forma de espiral, en los músculos de algunos mamíferos, como el cerdo. La carne infestada de este animal, si es ingerida por el hombre cruda o poco cocida, puede provocar en él la triquinosis.

triquinosis. F. *Med.* Enfermedad, a veces mortal, provocada por la invasión de las larvas de triquina que penetran en las fibras musculares y producen dolores agudos.

triquiñuela. F. coloq. Efugio, artería.

triquitraque. M. **1.** Ruido como de golpes repetidos y desordenados. ‖ **2.** Rollo delgado de papel con pólvora y atado en varios dobleces, de cada uno de los cuales resulta una pequeña detonación cuando se pega fuego a la mecha que tiene en uno de sus extremos. ‖ **3.** **buscapiés.**

trirreme. M. hist. Embarcación de tres órdenes de remos, que usaron los antiguos.

tris. en un ~. LOC. ADV. coloq. En peligro inminente.

trisagio. M. Himno en honor de la Santísima Trinidad, en el cual se repite tres veces la palabra *santo.*

trisar. INTR. Dicho de una golondrina o de otros pájaros: Cantar o chirriar.

triscador, ra. ADJ. Que trisca. *Un conejo triscador.*

triscar. INTR. Retozar, travesear.

trisemanal. ADJ. **1.** Que se repite tres veces por semana. *Control trisemanal.* ‖ **2.** Que se repite cada tres semanas. *Publicación trisemanal.*

trisilábico, ca. ADJ. Que consta de tres sílabas.

trisílabo, ba. ADJ. Que consta de tres sílabas. Apl. a un verso, u. t. c. s. m.

trismo. M. *Med.* Contracción tetánica de los músculos maseteros, que produce la imposibilidad de abrir la boca.

trisomía. F. *Gen.* Anomalía genética que consiste en la presencia de un cromosoma adicional en uno de los pares normales. *El síndrome de Down es una trisomía del par 21.*

triste. I. ADJ. **1.** Afligido, apesadumbrado. *Juan se fue triste.* ‖ **2.** De carácter o genio melancólico. *Antonia es mujer muy triste.* ‖ **3.** Que denota pesadumbre o melancolía. *Cara triste.* ‖ **4.** Que ocasiona pesadumbre o melancolía. *Noticia triste.* ‖ **5.** Pasado o hecho con pesadumbre o melancolía. *Día, vida, plática, ceremonia triste.* ‖ **6.** Funesto, deplorable. *Todos le habíamos pronosticado su triste fin.* ‖ **7.** Doloroso, enojoso, difícil de soportar. *Es triste haber trabajado toda la vida y encontrarse a la vejez sin pan.* ‖ **8.** Insignificante, insuficiente, ineficaz. *Triste consuelo. Triste recurso.* ‖ **II.** M. **9.** Canción popular de la Argentina, el Perú y otros países sudamericanos, por lo general amorosa y triste, que se acompaña con la guitarra.

tristeza. F. **1.** Cualidad de triste. ‖ **2.** Estado de ánimo que se caracteriza por un sentimiento de dolor o desilusión que incita al llanto. ‖ **3.** Cosa que produce tristeza.

tristón, na. ADJ. coloq. Un poco triste. *Paisaje tristón.*

tristura. F. tristeza.

tritio. M. *Quím.* Isótopo artificial del hidrógeno, de número másico 3.

tritón. M. **1.** *Mit.* Cada una de ciertas deidades marinas a que se atribuía figura de hombre desde la cabeza hasta la cintura, y de pez el resto. ‖ **2.** Batracio urodelo de unos doce centímetros de longitud, de los cuales algo menos de la mitad corresponde a la cola, que es comprimida como la de la anguila y con una especie de cresta, que se prolonga en los machos por encima del lomo. Tiene la piel granujienta, de color pardo con manchas negruzcas en el dorso y rojizas en el vientre.

trítono. M. *Mús.* Intervalo compuesto de tres tonos consecutivos, dos mayores y uno menor.

trituración. F. Acción y efecto de triturar.

triturador, ra. ADJ. Que tritura. *Dientes trituradores.* Apl. a una máquina, u. t. c. s. m.

trituradora. F. Máquina que sirve para triturar.

triturar. TR. **1.** Moler o desmenuzar una materia sólida, sin reducirla enteramente a polvo. *Para hacer horchata hay que triturar la chufa.* || **2.** Maltratar, molestar gravemente. *Hay que abandonar la penosa costumbre de triturar al perdedor.* || **3.** Desmenuzar, rebatir y censurar aquello que se examina o considera. *Trituró los argumentos de su oponente.*

triunfador, ra. ADJ. Que triunfa. Apl. a pers., u. t. c. s.

triunfal. ADJ. Perteneciente o relativo al triunfo. ☐ V. **arco ~, carro ~, corona ~.**

triunfalismo. M. **1.** Actitud real o supuesta, de seguridad en sí mismo y superioridad, respecto a los demás, fundada en la propia valía. || **2.** Optimismo exagerado procedente de tal actitud.

triunfalista. ADJ. **1.** Perteneciente o relativo al triunfalismo. *Noticias triunfalistas.* || **2.** Que practica el triunfalismo. U. t. c. s. *Nos conviene actuar con prudencia y no ser triunfalistas.*

triunfante. ADJ. **1.** Que **triunfa** (|| queda victorioso). *Candidato triunfante.* || **2.** Que incluye triunfo. *Celebraban el triunfante regreso de su equipo.* ☐ V. **iglesia ~.**

triunfar. INTR. **1.** Quedar victorioso. || **2.** Tener éxito. || **3.** En ciertos juegos de naipes, jugar del palo del triunfo.

triunfo. M. **1.** Acción y efecto de **triunfar** (|| quedar victorioso). || **2.** Éxito en cualquier empeño. || **3.** En ciertos juegos de naipes, carta del palo de más valor. || **4. burro** (|| juego de naipes). || **5.** hist. En la antigua Roma, entrada solemne en la ciudad de un general vencedor con su ejército. || **6.** Obra de arte que representa un triunfo romano, y, en general, la que exalta la victoria de un personaje histórico, bíblico o mitológico, o, alegóricamente, de una virtud cristiana. *Triunfo de Maximiliano. Triunfo de la Fe. Los triunfos de san Rafael en Córdoba.* || **costar un ~** algo. LOC.VERB. coloq. Exigir un gran esfuerzo o sacrificio, necesario para alcanzarlo. || **en ~.** LOC.ADV. Entre aclamaciones. *Llevar, sacar, recibir a alguien en triunfo.* ☐ V. **arco de ~.**

triunvirato. M. **1.** hist. Magistratura de la Roma antigua, en que intervenían tres personas. || **2.** Junta de tres personas para cualquier empresa o asunto.

triunviro. M. hist. Cada uno de los tres magistrados romanos que en ciertas ocasiones gobernaron la república.

trivalente. ADJ. **1.** Que cumple tres funciones. *Vacuna trivalente.* || **2.** Quím. Que funciona con tres valencias.

trivial. ADJ. Que no sobresale de lo ordinario y común, que carece de toda importancia y novedad. *Expresión, concepto, poesía trivial.*

trivialidad. F. **1.** Cualidad de trivial. || **2.** Cosa que carece de importancia. || **3.** Dicho o especie trivial.

trivialización. F. Acción y efecto de trivializar.

trivializar. TR. Quitar importancia, o no dársela, a una cosa o a un asunto.

trivio. M. hist. En la Edad Media, conjunto de las tres artes liberales relativas a la elocuencia, es decir, gramática, retórica y dialéctica, que, junto con el cuadrivio, constituía los estudios que impartían las universidades.

trívium. M. hist. **trivio.**

triza. F. Pedazo pequeño o partícula dividida de un cuerpo. || **hacer ~s.** LOC.VERB. **1.** coloq. Destruir completamente, hacer pedazos menudos algo. || **2.** coloq. He-

rir o lastimar gravemente a una persona o a un animal. || **hacerse ~s** algo. LOC.VERB. coloq. Destruirse completamente.

trizar. TR. Hacer pedazos menudos algo.

trocador, ra. ADJ. Que trueca algo por otra cosa. Apl. a pers., u. t. c. s.

trocaico, ca. I. ADJ. **1.** Perteneciente o relativo al troqueo. *Ritmo trocaico.* || **II.** M. **2.** Se dice del verso de la poesía latina que consta de siete pies, de los cuales los unos son troqueos y los demás espondeos o yambos, al arbitrio. U. t. c. s. m.

trocánter. M. **1.** *Anat.* Prominencia que algunos huesos largos tienen en su extremidad, y especialmente la de la protuberancia de la parte superior del fémur. || **2.** *Zool.* Segunda de las cinco piezas de que constan las patas de los insectos, que está articulada con la cadera y el fémur.

trocar[1]. M. Instrumento de cirugía, que consiste en un punzón con punta de tres aristas cortantes, revestido de una cánula.

trocar[2]. I. TR. **1. cambiar** (|| dar o tomar algo por otra cosa). || **2.** *Equit.* Hacer que una caballería al galope cambie de pie y mano. || **II.** PRNL. **3.** Dicho de una cosa: Mudarse, cambiarse enteramente. *Trocarse la suerte, el color.* ¶ MORF. conjug. c. *contar.* U. t. c. reg.

trocear. TR. Dividir en trozos.

troceo. M. Acción y efecto de trocear.

trocha. F. **1.** Vereda o camino angosto y excusado, o que sirve de atajo para ir a una parte. || **2.** *Á. guar.* y *Á. R. Plata.* Ancho de las vías férreas.

trochemoche o **troche y moche. a ~.** LOCS. ADVS. coloqs. De manera disparatada e inconsiderada.

trofeo. M. **1.** Monumento, insignia o señal de una victoria. || **2.** Despojo obtenido en la guerra. || **3.** Competición en la que se obtiene como premio un trofeo.

trófico, ca. ADJ. *Biol.* Perteneciente o relativo a la nutrición. ☐ V. **cadena ~, red ~.**

troglodita. ADJ. **1.** Que habita en cavernas. Apl. a pers., u. t. c. s. || **2.** Dicho de una persona: Bárbara y cruel. U. t. c. s.

troglodítico, ca. ADJ. Perteneciente o relativo a los trogloditas.

troica. F. **troika.**

troika. F. **1.** En Rusia, trineo tirado por tres caballos. || **2.** hist. En la antigua Unión Soviética, equipo político dirigente, formado por el presidente de la República, el jefe de Gobierno y el secretario general del Partido Comunista. || **3.** Especialmente en el ámbito político, equipo dirigente o con labores de representación integrado por tres miembros.

troj. F. Espacio limitado por tabiques, para guardar frutos y especialmente cereales. MORF. pl. **trojes.**

troja. F. *Am.* **troj.**

troje. F. **troj.**

trole. M. Pértiga o armadura de hierro que sirve para transmitir a los vehículos de tracción eléctrica la corriente del cable conductor, tomándola por medio de una polea o un arco que lleva en su extremidad.

trolebús. M. Ómnibus de tracción eléctrica, sin carriles, que toma la corriente de un cable aéreo por medio de un trole doble.

tromba. F. **1.** Columna de agua que se eleva desde el mar con movimiento giratorio por efecto de un torbellino atmosférico. || **2. tromba de agua. || ~ de agua.** F. Avenida de agua o chaparrón intenso y repentino. || **en ~.**

LOC.ADV. Dicho especialmente de entrar o salir de un sitio: *De golpe y con fuerza. Entraron en tromba en el portal.* U. t. c. loc. adj.

trombo. M. *Med.* Coágulo de sangre en el interior de un vaso sanguíneo.

tromboangitis. F. *Med.* Inflamación de la túnica interior de un vaso sanguíneo, con producción de coágulo. ‖ ~ **obliterante.** F. *Med.* Enfermedad debida a la inflamación y trombosis de las arterias y venas de una zona del organismo, generalmente la pierna, dando lugar al fenómeno de la claudicación intermitente y a veces a ulceración y gangrena del pie. Aparece casi siempre en los grandes fumadores.

trombocito. M. *Biol.* Plaqueta de la sangre.

tromboflebitis. F. *Med.* Inflamación de las venas con formación de trombos.

trombón. **I.** M. **1.** Instrumento musical de metal, especie de trompeta grande, cuyos sonidos responden, según su clase, a las voces de tenor, contralto o bajo respectivamente. ‖ **II.** COM. **2.** Músico que toca este instrumento. ‖ ~ **de pistones.** M. Aquel en que la variación de notas se obtiene por el juego combinado de llaves o pistones. ‖ ~ **de varas.** M. **sacabuche.**

trombonista. COM. **trombón** (‖ músico).

trombosis. F. *Med.* Formación de un trombo en el interior de un vaso sanguíneo.

trompa. **I.** F. **1.** Instrumento musical de viento, que consiste en un tubo de latón enroscado que va ensanchándose desde la boquilla al pabellón, cuyo sonido se modifica por medio de pistones y, antiguamente, introduciendo la mano en el pabellón. ‖ **2.** Prolongación muscular, hueca y elástica, de la nariz de algunos animales, como el elefante o el tapir, capaz de absorber fluidos. ‖ **3.** Aparato chupador, dilatable y contráctil que tienen algunos órdenes de insectos. ‖ **4.** Trompo, especialmente el grande y de forma achatada. ‖ **5.** *Arq.* Bóveda voladiza fuera del paramento de un muro. ‖ **6.** *Zool.* Prolongación, generalmente retráctil, del extremo anterior del cuerpo de muchos gusanos. ‖ **II.** COM. **7.** Músico que toca la trompa en las orquestas o en las bandas militares. ‖ ~ **de Eustaquio.** F. *Anat.* Conducto, propio de muchos vertebrados, que pone en comunicación el oído medio con la faringe. En el hombre tiene unos 40 ó 50 mm de longitud. ‖ ~ **de Falopio.** F. *Anat.* Oviducto de las mujeres y de las hembras de los mamíferos en general. ‖ ~ **marina.** F. Instrumento musical de una sola cuerda muy gruesa, que se toca con arco, apoyando sobre ella el dedo pulgar de la mano izquierda.

trompada. F. **1.** coloq. **trompazo.** ‖ **2.** coloq. **puñetazo.** ‖ **3.** *Mar.* Embestida que da un buque contra otro o contra la tierra.

trompazo. M. coloq. Golpe fuerte.

trompear. TR. Dar trompadas.

trompeta. **I.** F. **1.** Instrumento musical de viento, consistente en un tubo largo de metal que va ensanchándose desde la boquilla al pabellón y produce diversidad de sonidos según la fuerza con que la boca impele el aire. ‖ **II.** COM. **2.** Músico que toca la trompeta. ‖ ~ **de amor.** F. **girasol** (‖ planta compuesta).

trompetazo. M. Sonido destemplado o excesivamente fuerte de la trompeta o cualquier instrumento semejante.

trompetear. TR. Pregonar, publicar una noticia.

trompeteo. M. Acción y efecto de trompetear.

trompetería. F. **1.** Conjunto de varias trompetas. ‖ **2.** Sonido que produce ese conjunto. ‖ **3.** Conjunto de todos los registros del órgano formados con trompetas de metal.

trompetero, ra. M. y F. Persona que se dedica a tocar la trompeta. U. t. c. adj.

trompetilla. F. hist. Instrumento en forma de trompeta, que servía para que los sordos percibieran los sonidos, aplicándoselo al oído. ‖ **de ~.** LOC.ADJ. Dicho de ciertos mosquitos: Que al volar producen un zumbido.

trompetista. COM. Músico que toca la trompeta.

trompicar. **I.** TR. **1.** Hacer a alguien tropezar violenta y repetidamente. ‖ **II.** INTR. **2.** Dar pasos tambaleantes, tumbos o vaivenes.

trompicón. M. **1.** Tropezón o paso tambaleante de una persona. ‖ **2.** Tumbo o vaivén de un vehículo. ‖ **3.** Porrazo, golpe fuerte. ‖ **a trompicones.** LOC.ADV. **1.** A tropezones, a empujones, a golpes. ‖ **2.** Con discontinuidad, con dificultades.

trompiza. F. Á. *Andes.* Pendencia a puñadas.

trompo. M. **1.** **peón** (‖ juguete que se hace bailar). ‖ **2.** Giro de un vehículo, especialmente un coche, sobre sí mismo al derrapar. ‖ **3.** Persona muy torpe. ‖ **bailar un ~ en la uña.** LOC.VERB. *Méx.* Ser muy listo. ‖ **échate ese ~ a la uña.** EXPR. *Méx.* Se usa para indicar que un asunto es de suma dificultad.

trompudo, da. ADJ. Á. *R. Plata* y *Méx.* Enfadado, enojado.

trona. F. Silla de patas altas para dar de comer a los niños pequeños.

tronada. F. Tempestad de truenos.

tronado, da. PART. de **tronar.** ‖ ADJ. **1.** Deteriorado por efecto del uso o del tiempo. *Llevaba un automóvil tronado que no había modo de poner en marcha.* ‖ **2.** coloq. **loco** (‖ que ha perdido la razón).

tronador, ra. ADJ. Que truena. *Voz tronadora.*

tronadura. F. *Chile.* **dinamitazo.**

tronar. **I.** INTR. IMPERS. **1.** Haber o sonar truenos. ‖ **II.** INTR. **2.** Despedir o causar ruido o estampido; como las armas de fuego cuando se disparan. ‖ **3.** Hablar de forma enérgica o violenta. ‖ **4.** coloq. Dicho de una persona: Perder su caudal hasta el punto de arruinarse. U. t. c. prnl. ‖ **III.** TR. **5.** *Méx.* **suspender** (‖ negar la aprobación a un examinando). ‖ **6.** *Méx.* Matar a tiros. ¶ MORF. conjug. c. *contar.*

troncal. ADJ. Perteneciente o relativo al tronco. *Las columnas troncales de los árboles. Las asignaturas troncales. El aspecto troncal de una teoría.* □ V. **célula ~.**

troncar. TR. **truncar.**

tronchado. □ V. **escudo ~.**

tronchar. TR. **1.** Partir o romper sin herramienta un vegetal por su tronco, tallo o ramas principales. *El viento tronchó el árbol.* U. t. c. prnl. ‖ **2.** Partir o romper con violencia cualquier cosa de forma parecida a la de un tronco o tallo. *Tronchar un palo, un bastón, una barra.* U. m. c. prnl. ‖ **3.** Truncar, impedir que se realice algo. *El ir y venir de las modas tronchó la venta de aquella novela.* U. t. c. prnl.

troncho. M. Tallo de las hortalizas.

tronco. M. **1.** Tallo fuerte y macizo de los árboles y arbustos. ‖ **2.** Cuerpo humano o de cualquier animal, prescindiendo de la cabeza y las extremidades. ‖ **3.** Cuerpo truncado. *Tronco de pirámide. Tronco de columna.* ‖ **4.** Conducto o canal principal del que salen o al que concurren otros menores. *Tronco arterial. Tronco de chimenea.* ‖ **5.** Ascendiente común de dos o más ramas, líneas o familias. *El tronco de las lenguas indoeuropeas.* ‖ **6.** Parte principal que constituye el eje de algo. *El tronco de la carrera de traducción está constituido por dos idiomas extranjeros.* ‖ **7.** Conjunto de dos o más mulas o caballos que tiran de un carruaje. ‖ **~ braquiocefálico.** M. *Anat.* Arteria gruesa que nace del cayado de la aorta y se divide en dos, la carótida y la subclavia del lado derecho. ‖ **dormir como un ~,** o **estar hecho un ~.** LOCS.VERBS. coloqs. Estar profundamente dormido.

troncocónico, ca. ADJ. En forma de cono truncado. *Cántaro troncocónico.*

troncón. M. Tocón de un árbol.

tronera. F. **1.** Abertura en el costado de un buque, en el parapeto de una muralla o en el espaldón de una batería, para disparar con seguridad y acierto los cañones. ‖ **2.** Ventana pequeña y angosta por donde entra escasamente la luz. ‖ **3.** En las mesas de billar, cada uno de los agujeros o aberturas para que por ellos entren las bolas.

tronido. M. **1.** Trueno de las nubes. ‖ **2.** Estruendo, estallido, estrépito.

tronío. M. coloq. Ostentación y pompa.

trono. M. **1.** Asiento con gradas y dosel, que usan los monarcas y otras personas de alta dignidad, especialmente en los actos de ceremonia. ‖ **2.** Dignidad de rey o soberano. ‖ **3.** hist. Tabernáculo colocado encima de la mesa del altar y en que se exponía a la veneración pública el Santísimo Sacramento. ‖ **4.** hist. Lugar o sitio en que se colocaba la efigie de un santo cuando se le quería honrar con culto más solemne. ‖ **5.** pl. *Rel.* Espíritus bienaventurados que pueden conocer inmediatamente en Dios las razones de las obras divinas o del sistema de las cosas. Forman el tercer coro. □ V. **el altar y el ~.**

tronzar. TR. **1.** Dividir o hacer trozos. *La excavadora tronzaba los árboles.* ‖ **2.** Cansar excesivamente, rendir de fatiga corporal. *La tronzó por completo.* U. t. c. prnl.

tropa. F. **1.** Grupo o muchedumbre de gente reunida con un fin determinado. *Una tropa de turistas.* ‖ **2.** despect. Gente ruin y despreciable. ‖ **3.** Gente militar, a distinción de los civiles. ‖ **4.** *Mil.* Conjunto de cabos y soldados. ‖ **5.** *Mil.* Toque militar que sirve normalmente para que las tropas tomen las armas y formen. ‖ **6.** *Am. Mer.* **recua** (‖ conjunto de animales de carga). ‖ **7.** *Á. guar.* y *Á. R. Plata.* Ganado que se conduce de un punto a otro. ‖ **8.** pl. *Mil.* Conjunto de cuerpos que componen un ejército, una división, una guarnición, etc. ‖ **~ de línea.** F. **1.** *Mil.* La organizada para maniobrar y combatir en orden cerrado y por cuerpos. ‖ **2.** *Mil.* La que por su institución es permanente, a diferencia de la que no lo es. ‖ **~ ligera.** F. *Mil.* La organizada para maniobrar y combatir en orden abierto y más individualmente que la de línea. □ V. **clase de ~.**

tropel. M. **1.** Muchedumbre que se mueve en desorden ruidoso. ‖ **2.** Conjunto de cosas mal ordenadas o colocadas sin concierto. ‖ **en ~.** LOC.ADV. **1.** Con movimiento acelerado y violento. ‖ **2.** Yendo muchos juntos, sin orden y con confusión.

tropelía. F. Atropello o acto violento, cometido generalmente por quien abusa de su poder.

tropeoláceo, a. ADJ. *Bot.* Se dice de las plantas angiospermas dicotiledóneas, muy afines a las Geraniáceas. Son herbáceas, rastreras o trepadoras, y tienen hojas opuestas, pecioladas, enteras o lobuladas, flores zigomorfas, con ocho estambres y un largo espolón en el cáliz, fruto carnoso o seco, con semillas sin albumen. La raíz es un tubérculo; p. ej., la capuchina. U. t. c. s. f. ORTOGR. En f. pl., escr. con may. inicial c. taxón. *Las Tropeoláceas.*

tropezar. INTR. **1.** Dicho de una persona: Dar con los pies en un obstáculo al ir andando, con lo que se puede caer. ‖ **2.** Dicho de una cosa: Detenerse o ser impedida por encontrar un estorbo que no le permite avanzar o colocarse en algún sitio. ‖ **3.** Sufrir un fracaso o cometer una equivocación. ‖ **4.** Reñir con alguien u oponerse a su dictamen. ‖ **5.** Advertir el defecto o falta de algo o la dificultad de su ejecución. ‖ **6.** coloq. Hallar por casualidad a alguien o algo. *Ordenando facturas tropezó* CON *el diario de su padre.* U. t. c. prnl. ¶ MORF. conjug. c. *acertar.*

tropezón. M. **1.** Acción y efecto de tropezar. ‖ **2.** coloq. Pedazo pequeño de jamón u otro alimento que se mezcla con las sopas o las legumbres. U. m. en pl. ‖ **a tropezones.** LOC.ADV. coloq. Con varios impedimentos y tardanzas. *Juan lee a tropezones.*

tropical. ADJ. Perteneciente o relativo a los trópicos.

trópico, ca. I. ADJ. **1.** *Ret.* Perteneciente o relativo al **tropo** (‖ empleo de las palabras en sentido distinto del que les corresponde). *La personificación suele tener una base trópica.* ‖ **II.** M. **2.** *Astr.* Cada uno de los dos círculos menores que se consideran en la esfera celeste, paralelos al ecuador y que tocan a la eclíptica en los puntos de intersección de esta con el coluro de los solsticios. El del hemisferio boreal se llama **trópico** de Cáncer, y el del austral, **trópico** de Capricornio. ‖ **3.** *Geogr.* Cada uno de los dos paralelos del globo terrestre que se corresponden con los dos de la esfera celeste y distan del ecuador 23° 27' Norte y Sur, respectivamente. ‖ **4.** Región de la Tierra comprendida entre el **trópico** de Cáncer y el de Capricornio.

tropiezo. M. **1.** Acción y efecto de tropezar. ‖ **2.** Cosa en que se tropieza. ‖ **3.** Dificultad, contratiempo o impedimento en un trabajo, negocio o pretensión.

tropilla. F. *Á. R. Plata.* Conjunto de caballos de montar, que se tienen juntos por un tiempo.

tropismo. M. *Biol.* Movimiento de orientación de un organismo sésil como respuesta a un estímulo.

tropo. M. **1.** *Rel.* Texto breve con música que, durante la Edad Media, se añadía al oficio litúrgico y que poco a poco empezó a ser recitado alternativamente por el cantor y el pueblo, dando origen al drama litúrgico. ‖ **2.** *Ret.* Empleo de las palabras en sentido distinto del que propiamente les corresponde, pero que tiene con este alguna conexión, correspondencia o semejanza. El **tropo** comprende la sinécdoque, la metonimia y la metáfora en todas sus variedades.

tropología. F. Lenguaje figurado, sentido alegórico.

tropológico, ca. ADJ. Figurado, expresado por tropos. *Sentido tropológico.*

troposfera. F. *Meteor.* Zona inferior de la atmósfera, hasta la altura de doce kilómetros, donde se desarrollan los meteoros aéreos, acuosos y algunos eléctricos.

tropósfera. F. *Am.* troposfera.

troposférico, ca. ADJ. *Meteor.* Perteneciente o relativo a la troposfera.

troquel. M. **1.** Molde empleado en la acuñación de monedas, medallas, etc. ‖ **2.** Instrumento análogo de mayores dimensiones, que se emplea para el estampado de piezas metálicas. ‖ **3.** Instrumento o máquina con bordes cortantes para recortar con precisión planchas, cartones, cueros, etc.

troquelado. M. Acción y efecto de troquelar.

troquelar. TR. **1.** acuñar[1]. *Troquelar monedas.* ‖ **2.** Recortar con troquel piezas de cuero, cartones, etc.

troqueo. M. **1.** En la poesía griega y latina, pie compuesto de dos sílabas, la primera larga y la otra breve. ‖ **2.** En la poesía española, por imitación de la latina, pie compuesto de una sílaba acentuada y otra átona; p. ej., *prado*.

trotacalles. COM. coloq. Persona muy callejera.

trotaconventos. F. coloq. Alcahueta, celestina.

trotador, ra. ADJ. Que trota bien o mucho. *Caballo trotador.*

trotamundos. COM. Persona aficionada a viajar y recorrer países.

trotar. INTR. **1.** Dicho de un caballo: Ir al trote. ‖ **2.** Dicho de una persona: Cabalgar en caballo que va al trote. ‖ **3.** coloq. Dicho de una persona: Andar mucho o con celeridad.

trote. M. **1.** Modo de caminar acelerado, natural a todas las caballerías, que consiste en avanzar saltando, con apoyo alterno en cada conjunto de mano y pie contrapuestos. Apl. al modo de caminar de otros animales o de personas, u. t. en sent. fig. ‖ **2.** Trabajo o faena apresurada y fatigosa. U. m. en pl. *Mi edad no es para andar en esos trotes.* ‖ **a ~, o al ~.** LOCS. ADVS. De manera acelerada, sin asiento ni sosiego. ‖ **amansar** alguien **el ~.** LOC. VERB. coloq. **moderarse.** ‖ **para todo ~.** LOC. ADJ. coloq. Dicho principalmente de una prenda de vestir: Para uso diario y continuo.

trotón, na. I. ADJ. **1.** Dicho de una caballería: Cuyo paso ordinario es el trote. ‖ **II.** M. **2. caballo** (‖ mamífero perisodáctilo).

trotskismo. M. Teoría y práctica de León Trotski, político soviético del siglo XX, que preconiza la revolución permanente internacional, contra el criterio estalinista de consolidar el comunismo en un solo país.

trotskista. ADJ. **1.** Perteneciente o relativo al trotskismo. *Tesis trotskistas.* ‖ **2.** Partidario del trotskismo. U. t. c. s.

trova. F. **1.** Composición métrica escrita generalmente para canto. ‖ **2.** Canción amorosa compuesta o cantada por los trovadores.

trovador, ra. I. ADJ. **1.** Que trova. *Niño trovador.* U. t. c. s. ‖ **II.** M. **2.** hist. Poeta provenzal de la Edad Media, que escribía y trovaba en lengua de oc. ‖ **3. poeta.** ‖ **III.** F. **4. poetisa.**

trovadoresco, ca. ADJ. Perteneciente o relativo a los trovadores.

trovar. INTR. **1.** Hacer versos. ‖ **2.** Componer trovas.

trovero, ra. I. M. y F. **1.** Persona que improvisa o canta trovos. ‖ **II.** M. **2.** hist. En la Francia medieval, poeta en la lengua de oíl.

trovo. M. Composición métrica popular, generalmente de asunto amoroso.

troy. ▢ V. **onza ~.**

Troya. ahí, o allí, o aquí, fue, o será, etc., **~.** EXPRS. coloqs. Se usan para indicar el momento en que estalla el conflicto o la dificultad en el asunto o el hecho de que se trata. ‖ **arda ~.** EXPR. coloq. Denota el propósito o determinación de hacer algo sin reparar en las consecuencias o resultados. ‖ **armarse la de ~.** LOC. VERB. coloq. Organizarse un gran jaleo. ▢ V. **caballo de ~.**

troyano, na. ADJ. **1.** hist. Natural de Troya. U. t. c. s. ‖ **2.** hist. Perteneciente o relativo a esta ciudad del Asia antigua. ▢ V. **tirios y troyanos.**

troza. F. Tronco aserrado por los extremos para sacar tablas.

trozar. TR. **romper** (‖ quebrar).

trozo. M. **1.** Parte de algo que se considera por separado del resto. *Este trozo del parque es el más frondoso.* ‖ **2.** Mil. hist. Cada una de las dos partes, de vanguardia y retaguardia, en que se dividía una columna. ‖ **ser** alguien **un ~ de pan.** LOC. VERB. coloq. Ser de condición afable y bondadosa.

truca. F. Máquina para realizar efectos ópticos y sonoros especiales en las películas cinematográficas o de televisión.

trucaje. M. Acción y efecto de trucar.

trucar. TR. **1.** Disponer o preparar algo con ardides o trampas que produzcan el efecto deseado. ‖ **2.** Realizar ciertos cambios en el motor de un vehículo para darle mayor potencia.

trucha[1]. F. Pez teleósteo de agua dulce, de la familia de los Salmónidos, que mide hasta ocho decímetros de longitud, con cuerpo de color pardo y lleno de pintas rojizas o negras, según los casos, cabeza pequeña, cola con un pequeño entrante y carne comestible blanca o encarnada. ‖ **~ de mar.** F. **reo**[1]. ‖ **ponerse ~** alguien. LOC. VERB. *Méx.* **abrir los ojos.** ‖ **ser una ~, o muy ~.** LOCS. VERBS. *Méx.* Ser sagaz.

trucha[2]. F. *Am. Cen.* Puesto o tienda pequeña de mercería.

truchero, ra. ADJ. Dicho de un río o de otra corriente de agua: En que abundan las truchas.

truchuela. F. Bacalao curado más delgado que el común.

truco. M. **1.** Cada una de las mañas o habilidades que se adquieren en el ejercicio de un arte, oficio o profesión. ‖ **2.** Ardid o trampa que se utiliza para el logro de un fin. ‖ **3.** Ardid o artificio para producir determinados efectos en el ilusionismo, en la fotografía, en la cinematografía, etc. ‖ **4.** *Á. R. Plata.* Juego de naipes tradicional con baraja española. ‖ **5.** pl. hist. Juego de destreza y habilidad parecido al billar.

truculencia. F. Cualidad de truculento.

truculento, ta. ADJ. Que sobrecoge o asusta por su morbosidad, exagerada crueldad o dramatismo. *Historias truculentas.*

trueco. M. **trueque.**

trueno. M. **1.** Estruendo, asociado al rayo, producido en las nubes por una descarga eléctrica. ‖ **2.** Ruido o estampido que causa el tiro de cualquier arma o artificio de fuego. ‖ **escapar del ~ y dar en el relámpago.** LOC. VERB. Escapar de un gran peligro para caer en otro. ▢ V. **voz de ~.**

trueque. M. **1.** Acción y efecto de trocar o trocarse. ‖ **2.** Intercambio directo de bienes y servicios, sin mediar la intervención de dinero. ‖ **a, o en, ~.** LOCS. ADVS. Cambiando una cosa por otra.

trufa. F. **1.** Variedad muy aromática de criadilla de tierra. ‖ **2.** Pasta hecha con chocolate sin refinar y mantequilla. ‖ **3.** Dulce de pasta de trufa rebozado en cacao en polvo o en una especie de fideos cortos de chocolate.

trufador, ra. ADJ. Que dice mentiras. U. t. c. s.

trufar. TR. **1.** Aderezar o rellenar con trufas o criadillas de tierra las aves u otras comidas. ‖ **2.** *Esp.* Introducir elementos extraños en un conjunto determinado, algunas veces de manera subrepticia. *Una clase trufada de anécdotas. Los servicios secretos trufaron las organizaciones anarquistas.*

truhan, na o **truhán, na.** ADJ. Dicho de una persona: Sinvergüenza, que vive de engaños y estafas. U. t. c. s.

truhanería. F. **1.** Acción truhanesca. ‖ **2.** Conjunto de truhanes.

truhanesco, ca. ADJ. Propio o característico de truhan.

truismo. M. Verdad obvia y trivial.

trujal. M. Prensa donde se estrujan las uvas o se exprime la aceituna.

trujamán, na. M. y F. **1.** Persona que aconseja o media en el modo de ejecutar algo, especialmente compras, ventas o cambios. ‖ **2. intérprete** (‖ de lenguas).

trujillano, na. ADJ. **1.** Natural de Trujillo, ciudad de España, en la provincia de Cáceres. U. t. c. s. ‖ **2.** Natural de Trujillo, ciudad de Honduras, capital del departamento de Colón. U. t. c. s. ‖ **3.** Natural de Trujillo, ciudad del Perú, capital del departamento de La Libertad. U. t. c. s. ‖ **4.** Natural de Trujillo, estado de Venezuela, o de su capital. U. t. c. s. ‖ **5.** Natural de Trujillo, municipio de Puerto Rico, o de su cabeza. U. t. c. s. ‖ **6.** Perteneciente o relativo a aquellas ciudades, a ese estado y su capital o a este municipio y su cabeza.

trujimán, na. M. y F. **trujamán.**

trulla. F. Turba, tropa o multitud de gente.

trumao. M. *Chile.* Tierra arenisca muy fina de rocas volcánicas.

trun. M. *Chile.* Fruto espinoso de algunas plantas, que se adhiere al pelo o a la lana, como los cadillos.

truncado, da. PART. de **truncar.** ‖ ADJ. Dicho de un cuerpo: Que está cortado por un plano paralelo u oblicuo a la base. *Columna truncada.* ☐ V. **cilindro ~, cono ~, pirámide ~.**

truncamiento. M. Acción y efecto de truncar.

truncar. TR. **1.** Cortar una parte a algo. *Truncar una columna.* ‖ **2.** Interrumpir una acción o una obra, dejándola incompleta. *Una enfermedad truncó la carrera profesional de Óscar.* ‖ **3.** Quitar a alguien las ilusiones o esperanzas. U. t. c. prnl.

trunco, ca. ADJ. Truncado, mutilado, incompleto. *Una vida trunca.*

trusa. F. *Á. R. Plata.* **braga** (‖ prenda interior).

trust. M. *Econ.* **cartel** (‖ convenio entre varias empresas). MORF. pl. invar. o **trusts.**

trutro. M. *Chile.* Muslo de las aves.

trutuca. F. *Chile.* Especie de corneta larga usada por el pueblo mapuche en ocasiones especiales.

tu. ADJ. POSES. **tuyo.** U. ante s.

tú. PRON. PERSON. Forma de la 2.ª persona del singular que cumple la función de sujeto, vocativo, atributo y término de las preposiciones *entre* y *según.* ‖ **hablar, llamar,** o **tratar, de ~** a alguien. LOCS.VERBS. Tutearlo. ‖ **tratarse de ~** dos o más personas. LOC.VERB. Ser de análogo nivel cultural, de conductas o éticas parecidas, etc. U. m. en sent. peyor.

tuareg. ADJ. **1.** Se dice del individuo de un pueblo bereber nómada del Sáhara. U. t. c. s. ‖ **2.** Perteneciente o relativo a este pueblo. *El té tuareg es fuerte y amargo.* ¶ MORF. pl. **tuaregs.**

tuba[1]. F. **1.** *Filip.* Savia que se recoge de la palmera del coco, cortando a este extremo superior de la espata antes de

que se abran las flores. ‖ **2.** *Filip.* Licor suave y algo viscoso que se obtiene por destilación de la **tuba.** Recién destilado, es bebida refrescante, y después de la fermentación sirve para hacer vinagre o aguardiente.

tuba[2]. F. Especie de bugle, cuya tesitura corresponde a la del contrabajo.

túbano. M. *Ant.* **puro** (‖ cigarro liado sin papel).

tuberculina. F. *Med.* Preparación hecha con gérmenes de la tuberculosis, y utilizada en el tratamiento y en el diagnóstico de las enfermedades tuberculosas.

tuberculización. F. *Med.* Infección de un organismo por la tuberculosis.

tubérculo. M. **1.** *Bot.* Parte de un tallo subterráneo, o de una raíz, que engruesa considerablemente, en cuyas células se acumula una gran cantidad de sustancias de reserva, como en la patata y el boniato. ‖ **2.** *Med.* Producto morboso, de color ordinariamente blanco amarillento, redondeado, duro al principio y que adquiere en la etapa de reblandecimiento el aspecto y la consistencia del pus. ‖ **3.** *Zool.* Protuberancia que presenta el dermatoesqueleto o la superficie de varios animales.

tuberculosis. F. *Med.* Enfermedad del hombre y de muchas especies animales producida por el bacilo de Koch. Adopta formas muy diferentes según el órgano atacado, la intensidad de la afección, etc. Su lesión habitual es un pequeño nódulo, de estructura especial, llamado tubérculo.

tuberculoso, sa. ADJ. **1.** *Med.* Perteneciente o relativo a la tuberculosis. *Bacilo tuberculoso.* ‖ **2.** Que padece tuberculosis. U. t. c. s.

tubería. F. **1.** Conducto formado de tubos por donde se lleva el agua, los gases combustibles, etc. ‖ **2.** Conjunto de tubos.

tuberosa. F. **nardo** (‖ planta liliácea).

tuberosidad. F. Hinchazón, tubérculo.

tuberoso, sa. ADJ. Que tiene tuberosidades. *Raíz tuberosa.*

tubo. M. **1.** Pieza hueca, de forma por lo común cilíndrica y generalmente abierta por ambos extremos. ‖ **2.** Recipiente de forma cilíndrica destinado a contener sustancias blandas, como pinturas, pomadas, etc., y que suele ser de paredes flexibles, cerrado por un extremo y abierto por el otro con tapón de rosca. ‖ **3. tubo** rígido, generalmente de cristal, cerrado por un extremo y obturado por el otro con un tapón, destinado a contener pastillas u otras cosas menudas. ‖ **4.** *Electr.* **válvula** (‖ elemento de los aparatos de radio y televisión). ‖ **~ de ensayo.** M. El de cristal, cerrado por uno de sus extremos, usado para los análisis químicos. ‖ **~ de escape.** M. *Mec.* Dispositivo que conduce al exterior los gases de la combustión de un motor de explosión. ‖ **~ de rayos catódicos.** M. *Electr.* **tubo** de cristal en cuyo interior se produce un haz de electrones de dirección e intensidad controladas, que al incidir sobre una pantalla luminiscente reproduce gráficos e imágenes. ‖ **~ fluorescente.** M. El de iluminación en el que un gas se torna incandescente por efecto de una corriente eléctrica. ‖ **~ intestinal.** M. Conjunto de los intestinos de un animal. ‖ **como por un ~.** LOC.ADV. *Á. R. Plata.* Con rapidez y facilidad. ‖ **por un ~.** LOC.ADV. coloq. En gran cantidad. *Gana dinero por un tubo.* U. t. c. loc. adj.

tubular. ADJ. **1.** Perteneciente o relativo al tubo. *Forma tubular.* ‖ **2.** Que tiene su forma o está formado de tubos. *Caverna tubular.* ☐ V. **caldera ~.**

tubuliforme. ADJ. De forma de tubo.

tucán. M. Ave americana trepadora, de unos tres decímetros de longitud, sin contar el pico, que es arqueado, muy grueso y casi tan largo como el cuerpo, con cabeza pequeña, alas cortas, cola larga, y plumaje negro en general y de colores vivos, comúnmente anaranjado y escarlata en el cuello y el pecho. Se domestica fácilmente.

tuco¹, ca. **I.** ADJ. **1.** *Á. Caribe.* **manco** (|| que ha perdido un brazo o una mano o el uso de ellos). || **II.** M. **2.** *Am. Cen.* **muñón** (|| parte de un miembro cortado adherida al cuerpo).

tuco². M. *Á. Andes* y *Á. R. Plata.* Salsa de tomate frito con cebolla, orégano, perejil, ají, etc., con la que se acompañan o condimentan diversos platos como pastas, polenta, arroz, entre otros.

tucumano, na. ADJ. **1.** Natural de Tucumán, provincia de la Argentina, o de San Miguel de Tucumán, su capital. U. t. c. s. || **2.** Perteneciente o relativo a esta provincia o a su capital.

tucupiteño, ña. ADJ. **1.** Natural de Tucupita. U. t. c. s. || **2.** Perteneciente o relativo a esta ciudad de Venezuela, capital del estado de Delta Amacuro.

tucúquere. M. *Chile.* Búho de gran tamaño.

tucura. M. *Á. R. Plata.* **langosta** (|| insecto).

tucu-tuco. M. *Am. Mer.* Roedor de tamaño pequeño, coloración marrón amarillenta o parecida a la del ante, que tiene patas y uñas fuertes, aptas para la excavación. MORF. pl. **tucu-tucos.**

tucutuzal. M. *Am. Mer.* Terreno en el que abundan las cuevas de los tucu-tucos.

tudel. M. Tubo de latón curvo, fijo en lo alto del bajón u otro instrumento semejante y a cuyo extremo libre se ajusta el estrangul.

tudelano, na. ADJ. **1.** Natural de Tudela. U. t. c. s. || **2.** Perteneciente o relativo a alguna de las poblaciones de este nombre.

tudense. ADJ. **1.** Natural de Tuy. U. t. c. s. || **2.** Perteneciente o relativo a esta ciudad de la provincia de Pontevedra, en España.

tudesco, ca. ADJ. **alemán.** Apl. a pers., u. t. c. s.

tueco. M. Tocón de árbol.

tuera. F. **coloquíntida.**

tuerca. F. Pieza con un hueco labrado en espiral que ajusta exactamente en la espiral saliente de un tornillo. || **apretar las ~s** a alguien. LOC.VERB. coloq. **apretar las clavijas.** □ V. **llave de ~s.**

tuero. M. **leño** (|| trozo de árbol cortado y limpio de ramas).

tuerto, ta. ADJ. Falto de la vista en un ojo. Apl. a pers., u. t. c. s.

tueste. M. **tostadura.**

tuétano. M. **1.** **médula** (|| sustancia interior de los huesos). || **2.** Parte interior de una raíz o tallo de una planta. || **hasta los ~s.** LOC.ADV. coloq. Hasta lo más íntimo o profundo de la parte física o moral de una persona. *Enamorado hasta los tuétanos.*

tufarada. F. Olor vivo o fuerte y desagradable que se percibe de pronto.

tufo¹. M. **1.** Emanación gaseosa que se desprende de las fermentaciones y de las combustiones imperfectas. || **2.** Sospecha de algo que está oculto o por suceder. || **3.** coloq. **hedor.** || **4.** coloq. Soberbia, vanidad. U. m. en pl.

tufo². M. Cada una de las dos porciones de pelo, por lo común peinado o rizado, que caen por delante de las orejas.

tufo³. M. **toba** (|| piedra caliza muy porosa).

tufoso, sa. ADJ. *Am. Cen.* **vanidoso.**

tugurio. M. **1.** Habitación, vivienda o establecimiento pequeño y mezquino. || **2.** Choza o casilla de pastores.

tul. M. Tejido delgado y transparente de seda, algodón o hilo, que forma malla, generalmente en octógonos.

tulcaneño, ña. ADJ. **1.** Natural de Tulcán. U. t. c. s. || **2.** Perteneciente o relativo a esta ciudad de Ecuador, capital de la provincia de Carchi.

tule. M. *Méx.* Se usa como nombre genérico para referirse a varias especies de plantas de tallo largo, con cuyas fibras se tejen petates y asientos de silla.

tulio. M. Elemento químico de núm. atóm. 69. Metal de las tierras raras muy escaso en la litosfera, se encuentra en ciertos minerales de Suecia. De brillo metálico, denso y fácilmente inflamable, sus sales tienen color verde grisáceo. Se usa en la industria nuclear y como fuente de rayos X. (Símb. *Tm*, del latín científico *thulium*).

tulipa. F. **1.** Tulipán pequeño. || **2.** Pantalla de vidrio a modo de fanal, con forma algo parecida a la de un tulipán.

tulipán. M. **1.** Planta herbácea de la familia de las Liliáceas, vivaz, con raíz bulbosa y tallo liso de cuatro a seis decímetros de altura, hojas grandes, radicales, enteras y lanceoladas, flor única en lo alto del escapo, grande, globosa, de seis pétalos de hermosos colores e inodora, y fruto capsular con muchas semillas. || **2.** Flor de esta planta.

tullido, da. PART. de **tullir.** || ADJ. Que ha perdido el movimiento del cuerpo o de alguno de sus miembros. Apl. a pers., u. t. c. s.

tullimiento. M. Acción y efecto de tullir.

tullir. TR. Hacer que alguien pierda el movimiento de su cuerpo o de alguno de sus miembros. U. t. c. prnl. MORF. conjug. c. *mullir.*

tumba¹. F. **1.** Lugar en el que está enterrado un cadáver. || **2.** Obra levantada de piedra en que está sepultado un cadáver. || **3.** coloq. Persona que guarda celosamente un secreto. LOC.ADV. **1.** Con gran velocidad y riesgo. *El ciclista se lanzó a tumba abierta en el descenso del puerto.* || **2.** Con osadía, sin reserva alguna. *Conversamos a tumba abierta.*

tumba². F. *Á. Caribe.* Acción y efecto de **tumbar** (|| talar árboles).

tumbaburros. M. fest. *Méx.* **diccionario** (|| libro).

tumbador, ra. **I.** ADJ. **1.** Que tumba. *Sufrió un calambre tumbador.* || **II.** M. **2.** **bongó.** U. m. en pl.

tumbaga. F. **1.** Liga metálica muy quebradiza, compuesta de oro y de igual o menor cantidad de cobre, que se emplea en joyería. || **2.** Sortija hecha de esta liga.

tumbal. ADJ. Perteneciente o relativo a la **tumba** (|| obra levantada de piedra).

tumbar. **I.** TR. **1.** Hacer caer o derribar a alguien o algo. *Lo tumbó de un puñetazo.* || **2.** Inclinar algo sin que llegue a caer enteramente. *El viento tumbaba la hierba.* || **3.** Poner algo o a alguien en posición horizontal. *Tumbar a un herido.* U. t. c. prnl. *Tumbarse a dormir.* || **4.** Talar árboles o cortar ciertas plantas. || **5.** coloq. Herir gravemente o matar a alguien. || **6.** coloq. Dicho de algo fuerte, como el vino o un olor: Turbar o quitar a alguien el sentido. || **7.** coloq. Eliminar a alguien en una prueba. || **8.** *Á. Caribe.* Alejar a alguien de otra persona en el plano afectivo. || **II.** INTR. **9.** Caer, rodar por tierra. *El camión tumbó en la curva.* || **10.** *Mar.* **dar de quilla.**

tumbesino, na. ADJ. **1.** Natural de Tumbes. U. t. c. s. ‖ **2.** Perteneciente o relativo a este departamento del Perú o a su capital.

tumbo[1]. M. **1.** Vaivén violento. ‖ **2.** Caída violenta, vuelco o voltereta. ‖ **3.** Ondulación de una ola del mar, y especialmente la de una ola grande. ‖ **4.** Ondulación del terreno. ‖ **5.** Retumbo, estruendo. ‖ **dar ~s.** LOC.VERB. coloq. Tener dificultades y tropiezos.

tumbo[2]. M. hist. Libro grande de pergamino, donde las iglesias, monasterios, concejos y comunidades tenían copiados al pie de la letra los privilegios y demás escrituras de sus pertenencias.

tumbona. F. Silla con largo respaldo y con tijera que permite inclinarlo en ángulos muy abiertos.

tumefacción. F. Med. **hinchazón** (‖ efecto de hincharse).

tumefacto, ta. ADJ. Dicho de una parte del cuerpo humano: Que tiene hinchazón.

túmido, da. ADJ. **tumefacto.**

tumor. M. **1.** Med. Masa de células transformadas, con crecimiento y multiplicación anormales. ‖ **2.** Hinchazón y bulto que se forma anormalmente en alguna parte del cuerpo de un animal.

tumoración. F. **1.** Med. Tumefacción, bulto o hinchazón de carácter patológico. ‖ **2. tumor.**

tumoral. ADJ. Med. Perteneciente o relativo a los tumores.

túmulo. M. **1.** Sepulcro levantado de la tierra. ‖ **2.** Armazón de madera, vestido de paños fúnebres, que se erige para la celebración de las honras de un difunto. ‖ **3.** hist. Montículo artificial con que en algunos pueblos antiguos era costumbre cubrir una sepultura.

tumulto. M. **1.** Motín, confusión, alboroto producido por una multitud. ‖ **2.** Multitud de personas reunidas en desorden. ‖ **3.** Confusión agitada o desorden ruidoso.

tumultuario, ria. ADJ. **tumultuoso.**

tumultuoso, sa. ADJ. **1.** Que está o se efectúa sin orden ni concierto. Reunión tumultuosa. ‖ **2.** Que causa o levanta tumultos. Tumultuosa decisión.

tuna[1]. F. **1. higuera de tuna.** ‖ **2. higo de tuna.** ‖ **3.** Fruto de una planta de la familia de las Cactáceas que se cría en varias provincias de la Argentina y en México. ‖ **~ brava, ~ colorada, o ~ roja.** F. Especie semejante a la higuera de tuna, silvestre, con más espinas y fruto de pulpa muy encarnada. □ V. **higo de ~, higuera de ~.**

tuna[2]. F. Grupo de estudiantes que forman un conjunto musical. □ V. **estudiante de la ~.**

tunal. M. **1. higuera de tuna.** ‖ **2.** Sitio donde abunda esta planta.

tunante, ta. ADJ. Pícaro, bribón, taimado. U. t. c. s.

tunco, ca. ADJ. Am. Cen. Mutilado de algún miembro. Hombre tunco. Yegua tunca.

tunda. F. coloq. Castigo con golpes, palos o azotes.

tundido. M. Acción y efecto de tundir.

tundidor, ra. M. y F. Persona que tunde.

tundidora. F. Máquina que sirve para tundir.

tundir. TR. Cortar o igualar con tijera el pelo de los paños.

tundra. F. Terreno abierto y llano, de clima muy frío y subsuelo helado, falto de vegetación arbórea; suelo cubierto de musgos y líquenes, y pantanoso en muchos sitios. Se extiende por Siberia y Alaska.

tunecino, na. ADJ. **1.** Natural de Túnez. U. t. c. s. ‖ **2.** Perteneciente o relativo a este país de África o a su capital.

túnel. M. **1.** Vía subterránea abierta artificialmente para el paso de personas y vehículos. U. t. en sent. fig. La depresión lo sumió en un túnel. ‖ **2. túnel aerodinámico.** ‖ **~ aerodinámico.** M. Construcción que contiene una larga cavidad de forma cilíndrica por la que se hace circular el aire a la velocidad conveniente para ensayar modelos de aviación, náutica, automovilismo, etc. ‖ **~ de lavado.** M. Dispositivo para lavar vehículos automáticamente sin necesidad de que salga de ellos el conductor.

tuneladora. F. Máquina para construir túneles que realiza simultáneamente la perforación y el revestimiento interior.

tunera. F. **higuera de tuna.**

tunero, ra. ADJ. **1.** Natural de Las Tunas. U. t. c. s. ‖ **2.** Perteneciente o relativo a esta provincia de Cuba o a su capital.

tungsteno. M. Quím. **wolframio.**

tungurahuense. ADJ. **1.** Natural de Tungurahua. U. t. c. s. ‖ **2.** Perteneciente o relativo a esta provincia de Ecuador.

tungús. ADJ. **1.** Se dice del individuo de un pueblo mongol de la Siberia oriental. U. t. c. s. ‖ **2.** Se dice del grupo o familia de lenguas altaicas que habla este pueblo. U. t. c. s. m. El tungús. ‖ **3.** Perteneciente o relativo a este grupo o familia de lenguas. Fonética tungús. ¶ MORF. pl. **tunguses.**

túnica. F. **1.** Vestidura exterior amplia y larga. ‖ **2.** Vestidura de lana que usan algunos religiosos debajo de los hábitos. ‖ **3.** hist. Vestidura sin mangas, que usaban los antiguos y les servía como de camisa. ‖ **4.** Anat. Membrana delgada que cubre algunas partes del cuerpo. Las túnicas de los ojos. Las túnicas de las venas. ‖ **5.** Zool. Membrana, constituida fundamentalmente por una sustancia del tipo de la celulosa, que envuelve por completo el cuerpo de los animales tunicados.

tunicado, da. ADJ. **1.** Bot. y Zool. Envuelto por una túnica. ‖ **2.** Zool. Se dice de los animales cordados invertebrados con cuerpo blando, de aspecto gelatinoso y rodeado de una membrana o túnica constituida principalmente por una sustancia del tipo de la celulosa. Al nacer tienen la forma de un renacuajo, cuya cola, que está provista de notocordio, desaparece cuando el animal llega al estado adulto. U. t. c. s. m. ORTOGR. En m. pl., escr. con may. inicial c. taxón. Los Tunicados. □ V. **bulbo ~.**

tunicela. F. **1.** hist. Pequeña túnica de los antiguos. ‖ **2.** hist. Vestidura episcopal, especie de dalmática, con mangas cortas que se aseguraban a los brazos por medio de cordones, usada en los pontificales debajo de la casulla y de su mismo color.

tunjano, na. ADJ. **1.** Natural de Tunja. U. t. c. s. ‖ **2.** Perteneciente o relativo a esta ciudad de Colombia, capital del departamento de Boyacá.

tuno, na. **I.** ADJ. **1.** Pícaro, tunante. U. t. c. s. ‖ **II.** M. **2.** Componente de una **tuna**[2].

tuntún. al, o al buen, ~. LOCS.ADVS. coloqs. Sin cálculo ni reflexión o sin conocimiento del asunto.

tupa. F. Chile. Planta de la familia de las Lobeliáceas, con flores grandes de color de grana, en largos racimos terminales, y que segrega un jugo lechoso tóxico.

tupamaro, ra. **I.** ADJ. **1.** Perteneciente o relativo a la organización guerrillera uruguaya Túpac Amaru. Dirigentes tupamaros. ‖ **II.** M. y F. **2.** Miembro de esta organización.

tupé. M. **1.** copete (‖ pelo que se lleva levantado sobre la frente). ‖ **2.** coloq. Atrevimiento, desfachatez.

tupí. I. ADJ. **1.** Se dice de los indios que, formando una nación numerosa, dominaban en la costa del Brasil al llegar allí los portugueses. U. m. c. s. pl. ‖ **2.** Perteneciente o relativo a estos indios. *Territorio tupí.* ‖ **II.** M. **3.** Lengua de estos indios, que pertenece a la gran familia guaraní, llamada también tupí-guaraní. ¶ MORF. pl. tupís o tupíes.

tupidez. F. Cualidad de tupido.

tupido, da. PART. de tupir. ‖ ADJ. **1.** Que tiene sus elementos muy juntos o apretados. *Seto muy tupido.* ‖ **2.** Dicho del entendimiento o de los sentidos: torpes (‖ tardos en comprender).

tupí-guaraní. ADJ. **1.** Se dice de un grupo o familia de lenguas amerindias habladas en el sur del Brasil, el Paraguay y regiones limítrofes, que comprende, principalmente, el tupí y el guaraní. U. t. c. s. m. *El tupí-guaraní.* ‖ **2.** Perteneciente o relativo a este grupo o familia de lenguas. *Léxico tupí-guaraní.* ¶ MORF. pl. tupí-guaraníes o tupí-guaranís.

tupinambo. M. **1.** Planta de la familia de las Compuestas, herbácea, con tallos rectos de dos metros de altura, hojas ovales, acuminadas, ásperas y vellosas, flores redondas y amarillas. Su rizoma es un tubérculo feculento y comestible. ‖ **2.** Rizoma de esta planta.

tupir. I. TR. **1.** Apretar mucho algo cerrando sus poros o intersticios. U. t. en sent. fig. *Han tupido una densa red de intereses.* U. t. c. prnl. ‖ **II.** PRNL. **2.** Á. *Caribe.* obturarse.

turanio, nia. ADJ. Se dice de las lenguas que, como el turco y el húngaro, se creen originarias del Asia Central y no corresponden a los grupos ario y semítico.

turba[1]**.** F. **1.** Combustible fósil formado de residuos vegetales acumulados en sitios pantanosos, de color pardo oscuro, aspecto terroso y poco peso, y que al arder produce humo denso. ‖ **2.** Estiércol mezclado con carbón mineral que se emplea como combustible en los hornos de ladrillos.

turba[2]**.** F. Muchedumbre de gente confusa y desordenada.

turbación. F. **1.** Acción y efecto de turbar. ‖ **2.** Confusión, desorden, desconcierto.

turbador, ra. ADJ. Que causa turbación. *Belleza turbadora.*

turbal. M. turbera.

turbamulta. F. coloq. Multitud confusa y desordenada.

turbante. M. Tocado propio de las naciones orientales, que consiste en una faja larga de tela rodeada a la cabeza.

turbar. TR. **1.** Alterar o interrumpir el estado o curso natural de algo. *Turbar el sueño.* U. t. c. prnl. ‖ **2.** Sorprender o aturdir a alguien, de modo que no acierte a hablar o a proseguir lo que estaba haciendo. *Sus ojos la turbaban.* U. t. c. prnl. ‖ **3.** Interrumpir, violenta o molestamente, la quietud. *Turbar el sosiego, el silencio.* U. t. c. prnl.

turbera. F. Sitio donde yace la turba[1].

turbidez. F. Cualidad de turbio.

turbiedad. F. Cualidad de turbio.

turbieza. F. Cualidad de turbio.

turbina. F. **1.** Rueda hidráulica, con paletas curvas colocadas en su periferia, que recibe el agua por el centro y la despide en dirección tangente a la circunferencia, con lo cual aprovecha la mayor parte posible de la fuerza motriz. ‖ **2.** Máquina destinada a transformar en movimiento giratorio de una rueda de paletas la fuerza viva o la presión de un fluido. *Turbina de vapor.*

turbinto. M. Árbol de América Meridional, de la familia de las Anacardiáceas, con tronco recto, corteza resquebrajada y ramas colgantes; hojas compuestas de hojuelas lanceoladas siempre verdes, flores pequeñas, blanquecinas, en panojas axilares, y fruto en bayas redondas de corteza rojiza y olor de pimienta. Da buena trementina y con sus bayas se hace en América una bebida muy grata.

turbio, bia. I. ADJ. **1.** Mezclado o alterado por algo que oscurece o quita la claridad natural o transparencia. *Agua turbia.* ‖ **2.** Dicho de tiempos o circunstancias: Revueltos, dudosos, azarosos. ‖ **3.** Dicho de la visión, del lenguaje, de la locución, etc.: Confusos, poco claros. ‖ **4.** Deshonesto o de licitud dudosa. *Turbios objetivos.* ‖ **II.** M. **5.** pl. Heces de un líquido, principalmente del aceite o del vino.

turbión. M. **1.** Aguacero con viento fuerte, que viene repentinamente y dura poco. ‖ **2.** Multitud de cosas que caen de repente, llevando tras sí lo que encuentran. *Un turbión de excrementos.* ‖ **3.** Multitud de cosas que vienen juntas y violentamente y ofenden y lastiman. *Un turbión de críticas.*

turbit. M. **1.** Planta trepadora asiática, de la familia de las Convolvuláceas, con tallos sarmentosos muy largos, hojas parecidas a las de la malva, flores acampanadas rojas y blancas, fruto capsular con semillas negras casi esféricas, y raíces largas, gruesas como el dedo, de corteza oscura, blancas por dentro y resinosas, que se han empleado en medicina como purgante drástico. ‖ **2.** Raíz de esta planta. ¶ MORF. pl. turbits.

turbo. I. ADJ. **1.** Dicho de un vehículo o de un motor: Dotado de turbocompresor. ‖ **II.** M. **2.** turbocompresor. U. t. en sent. fig. *El delantero metió el turbo durante el partido.* ◻ V. **motor ~.**

turbobomba. F. *Mec.* Bomba movida por una turbina.

turbocompresor. M. Compresor movido por una turbina.

turbodiésel. ADJ. Dicho de un motor diésel: Alimentado con un turbocompresor. U. t. c. s. m. MORF. pl. invar. c. adj. *Motores turbodiésel;* pl. c. s. **turbodiéseles.**

turbogenerador. M. Generador eléctrico movido por una turbina de gas, de vapor o hidráulica.

turbohélice. ADJ. **1.** Dicho de un motor: Provisto de una turbina que mueve una hélice. U. t. c. s. m. ‖ **2.** Dicho de un avión: Dotado de este tipo de motor. U. t. c. s. m.

turbonada. F. Fuerte chubasco de viento y agua, acompañado de truenos, relámpagos y rayos. U. t. en sent. fig. *La turbonada de la Revolución mexicana.*

turbopropulsión. F. Sistema de propulsión mediante turbinas de gas.

turbopropulsor. M. Motor turbohélice.

turborreactor. M. Motor de reacción del que es parte funcional una turbina de gas.

turbulencia. F. **1.** Cualidad de turbio o de turbulento. ‖ **2.** Confusión, alboroto o perturbación. ‖ **3.** *Fís.* Movimiento turbulento del aire.

turbulento, ta. ADJ. **1.** Dicho especialmente de un líquido: Turbio y agitado. *Mar turbulento.* ‖ **2.** Dicho de una acción o situación: Agitada y desordenada. *Aventura sentimental turbulenta.* ‖ **3.** Dicho de una persona:

Agitadora, que promueve disturbios, discusiones, etc. U. t. c. s. ‖ **4.** *Fís.* Se dice del movimiento de un fluido en el que la presión y la velocidad en cada punto fluctúan muy irregularmente, con la consiguiente formación de remolinos.

turca. F. *Chile.* Pájaro granívoro de pico grueso, fuerte y cónico, plumaje pardo rojizo, alas cortas, y las patas con tarsos muy fuertes y uñas muy largas.

turco, ca. I. ADJ. **1.** hist. Se dice del individuo de un pueblo que, procedente del Turquestán, se estableció en Asia Menor y en la parte oriental de Europa, a las que dio nombre. U. t. c. s. ‖ **2.** Natural de Turquía. U. t. c. s. ‖ **3.** Perteneciente o relativo a este país de Europa y Asia. ‖ **4.** *Am.* Árabe de cualquier procedencia. U. t. c. s. ‖ **II.** M. **5.** Lengua turca. ‖ **el gran ~.** M. hist. Sultán de Turquía. ☐ V. **baño ~, cabeza de turco, café a la ~, café ~, cama ~, silla ~, tabaco ~.**

turcomano, na. ADJ. **1.** Se dice del individuo de cierta rama de la raza turca, muy numerosa en Persia y otras regiones de Asia. U. t. c. s. ‖ **2.** Perteneciente o relativo a los turcomanos. *Alfombras turcomanas.* ‖ **3.** Natural de Turkmenistán. U. t. c. s. ‖ **4.** Perteneciente o relativo a este país de Asia.

turdetano, na. ADJ. **1.** hist. Se dice de un pueblo hispánico prerromano, considerado heredero de los tartesios y que habitaba la mayor parte de la actual Andalucía. ‖ **2.** hist. Se dice también de los individuos que formaban este pueblo. U. t. c. s. ‖ **3.** hist. Perteneciente o relativo a los turdetanos o a la Turdetania. *Cultura turdetana.*

túrdiga. F. Tira de pellejo.

túrdulo, la. ADJ. **1.** hist. Se dice de los pobladores antiguos de la Andalucía central, que habitaron las zonas llanas de las actuales provincias de Córdoba y Jaén, y el interior de las de Cádiz, Málaga y Granada. También hubo túrdulos en otras regiones de la península Ibérica, como Sierra Morena o la costa de Portugal. U. t. c. s. ‖ **2.** hist. Perteneciente o relativo a los túrdulos. *Asentamiento túrdulo.* ‖ **3.** hist. **turdetano.** Apl. a pers., u. t. c. s.

turgencia. F. Cualidad de turgente.

turgente. ADJ. **1.** Abultado, elevado. *Vientre turgente.* ‖ **2.** *Med.* Dicho de un líquido: Que hincha alguna parte del cuerpo.

túrgido, da. ADJ. poét. **turgente** (‖ abultado).

turiferario. M. Encargado de llevar el incensario.

turinés, sa. ADJ. **1.** Natural de Turín. U. t. c. s. ‖ **2.** Perteneciente o relativo a esta ciudad de Italia.

turión. M. *Bot.* Yema que nace de un tallo subterráneo; como en los espárragos.

turismo. M. **1.** Actividad o hecho de viajar por placer. ‖ **2.** Conjunto de los medios conducentes a facilitar estos viajes. ‖ **3.** Conjunto de personas que realiza este tipo de viajes. ‖ **4. automóvil de turismo.** ☐ V. **parador nacional de ~.**

turista. COM. Persona que hace turismo.

turístico, ca. ADJ. Perteneciente o relativo al turismo. ☐ V. **operador ~.**

turkmeno, na. ADJ. **1.** Natural de Turkmenistán. U. t. c. s. ‖ **2.** Perteneciente o relativo a este país de Asia.

turma. F. testículo. ‖ **~ de tierra.** F. **criadilla de tierra.**

turmalina. F. Mineral formado por un silicato de alúmina con ácido bórico, magnesia, cal, óxido de hierro y otras sustancias, que se encuentra en los granitos. Sus variedades verdes y encarnadas suelen emplearse como piedras finas.

túrmix. (Marca reg.). AMB. *Esp.* Batidora eléctrica. U. m. c. f. MORF. pl. invar. *Las túrmix.*

turmódigo, ga. ADJ. **1.** hist. Se dice de un pueblo de la Hispania antigua que habitaba en la actual región de Burgos. ‖ **2.** hist. Se dice de los individuos que componían este pueblo. U. t. c. s. ‖ **3.** hist. Perteneciente o relativo a los turmódigos. *Yacimiento turmódigo.*

turnar. I. INTR. **1.** Alternar con una o más personas en el repartimiento de algo o en el servicio de algún cargo, guardando orden sucesivo entre todas. U. t. c. prnl. ‖ **II.** TR. **2.** *Méx.* Remitir una comunicación, expediente o actuación a otro departamento, juzgado, sala de tribunales, funcionario, etc.

turnio, nia. ADJ. **1.** Dicho de un ojo: torcido. ‖ **2.** Que tiene los ojos torcidos.

turno. M. **1.** Orden según el cual se suceden varias personas en el desempeño de cualquier actividad o función. ‖ **2. vez** (‖ tiempo en que se ejecuta una acción). ‖ **3.** Conjunto de trabajadores que desempeñan su actividad al mismo tiempo, según un orden establecido previamente. *El turno de noche no entró a trabajar.* ‖ **~ de oficio.** M. El que se establece en los colegios de abogados y procuradores para defender y representar a quienes tienen derecho a la asistencia jurídica gratuita. ‖ **de ~.** LOC.ADJ. **1.** Dicho de una persona o de una cosa: A la que corresponde actuar en cierto momento, según la alternativa previamente acordada. *Médico de turno.* ‖ **2.** Que está o se produce siempre en determinadas circunstancias. *Los charlatanes de turno.*

turolense. ADJ. **1.** Natural de Teruel. U. t. c. s. ‖ **2.** Perteneciente o relativo a esta ciudad de España o a su provincia.

turón. M. Mamífero carnicero de unos 35 cm de largo desde lo alto de la cabeza hasta el arranque de la cola, que mide poco más de 10 cm. Tiene cuerpo flexible y prolongado, cabeza pequeña, hocico agudo, orejas chicas y casi redondas, patas cortas, pelaje blanco alrededor de la boca y orejas, negro en las patas y cola y pardo oscuro en el resto del cuerpo. Despide olor fétido y habita en sitios montuosos donde abunda la caza, de la cual se alimenta.

turoperador. M. operador turístico.

turpial. M. Pájaro tropical, de unos 24 cm de longitud, de plumaje negro brillante en la cabeza, cuello, lomo, alas y cola, y amarillo anaranjado en la nuca y la zona ventral, cuyo canto es variado y melodioso. Es el ave nacional de Venezuela.

turquesa. I. F. **1.** Mineral amorfo, formado por un fosfato de alúmina con algo de cobre y hierro, de color azul verdoso, y casi tan duro como el vidrio, que se halla en granos menudos en distintos puntos de Asia, principalmente en Persia, y se emplea en joyería. ‖ **II.** ADJ. **2.** Dicho de un color: Azul verdoso, como el de la turquesa. U. t. c. s. m. *El turquesa.* ‖ **3.** Que tiene color turquesa. *Vestido turquesa.*

turquesado, da. ADJ. azul turquí.

turquesco, ca. ADJ. turco (‖ perteneciente a Turquía).

turquí. M. azul turquí. U. t. c. adj. MORF. pl. **turquíes** o **turquís.**

turrón. M. Dulce, por lo general en forma de tableta, hecho de almendras, piñones, avellanas o nueces, tostado todo y mezclado con miel y azúcar.

turronería. F. Tienda en que se vende el turrón.

turronero, ra. I. ADJ. **1.** Perteneciente o relativo al turrón. *Las industrias turroneras.* ‖ **II.** M. y F. **2.** Persona que hace o vende turrón.

turulato, ta. ADJ. coloq. Alelado, estupefacto.

turullo. M. Cuerno que usan los pastores para llamar y reunir el ganado.

tusa¹. INTERJ. Se usa para llamar o espantar a la perra.

tusa². F. **1.** *Am. Cen.* y *Á. Caribe.* Persona despreciable y de poca dignidad. ‖ **2.** *Am. Cen.* Objeto despreciable y de poco valor. ‖ **3.** *Am. Cen.* Hoja que envuelve la mazorca del maíz. ‖ **4.** *Á. Caribe.* Corazón de la mazorca. ‖ **5.** *Chile.* Crines del caballo.

tusar. TR. **1.** *Am.* trasquilar. ‖ **2.** *Am.* Atusar el pelo. ‖ **3.** *Á. R. Plata.* Cortar las crines del caballo según un modelo determinado.

tusculano, na. ADJ. **1.** hist. Natural de Túsculo. U. t. c. s. ‖ **2.** hist. Perteneciente o relativo a esta antigua ciudad del Lacio.

tusígeno, na. ADJ. *Med.* Que produce tos.

tusilago. M. fárfara¹.

tuso. INTERJ. Se usa para llamar o espantar a los perros.

tusón. M. Potro que no ha llegado a dos años.

tute. M. **1.** Juego de naipes en que gana quien reúne los cuatro reyes o los cuatro caballos. ‖ **2.** En este juego, reunión de los cuatro reyes o los cuatro caballos. ‖ **3.** coloq. Esfuerzo excesivo que se obliga a hacer a personas o animales en un trabajo o ejercicio. *Dar, darse un tute.* ‖ **4.** coloq. Acometida que se da a algo en su uso, consumo o ejecución, reduciéndolo o acabándolo. *Dar un tute.*

tutear. TR. Hablar a alguien empleando el pronombre de segunda persona. Con su uso se borran todos los tratamientos de cortesía y de respeto. U. t. c. prnl.

tutela. F. **1.** Autoridad que, en defecto de la paterna o materna, se confiere para cuidar de la persona y los bienes de quien, por minoría de edad o por otra causa, no tiene completa capacidad civil. ‖ **2.** Cargo de tutor. ‖ **3.** Dirección, amparo o defensa de una persona respecto de otra.

tutelaje. M. Acción y efecto de **tutelar¹**.

tutelar¹. TR. Ejercer la tutela.

tutelar². ADJ. **1.** Que guía, ampara o defiende. *Ángel tutelar.* U. t. c. s. ‖ **2.** Perteneciente o relativo a la tutela. *Acción tutelar.*

tuteo. M. Acción y efecto de tutear.

tutía. no haber ~. EXPR. coloq. Se usa para dar a entender a alguien que no debe tener esperanza de conseguir lo que desea o de evitar lo que teme.

tutiplén. a ~. LOC. ADV. coloq. En abundancia.

tuto. M. *Chile.* Muslo de las personas.

tutor, ra. I. M. y F. **1.** Persona que ejerce la tutela. ‖ **2.** Persona encargada de orientar a los alumnos de un curso o asignatura. ‖ **3.** Defensor, protector o director en cualquier línea. ‖ **II.** M. **4.** Caña o estaca que se clava al pie de una planta para mantenerla derecha en su crecimiento.

tutorar. TR. Poner **tutores** (‖ cañas para mantener derecha una planta).

tutoría. F. **1.** Cargo de tutor. ‖ **2.** Actividad del tutor.

tutú. M. Faldellín usado por las bailarinas de danza clásica. MORF. pl. **tutús.**

tuturuto, ta. ADJ. *Á. Caribe.* turulato.

tuvaluano, na. ADJ. **1.** Natural de Tuvalu. U. t. c. s. ‖ **2.** Perteneciente o relativo a este país de Oceanía.

tuxtleco, ca. ADJ. **1.** Natural de Tuxtla Gutiérrez. U. t. c. s. ‖ **2.** Perteneciente o relativo a esta ciudad de México, capital del estado de Chiapas.

tuya. F. Árbol americano de la familia de las Cupresáceas, con hojas siempre verdes y de forma de escamas, madera muy resistente y fruto en piñas pequeñas y lisas.

tuyo, ya. PRON. POSES. Designa la persona o la cosa cuyo poseedor corresponde a la 2.ª persona del singular. U. t. c. n. con la terminación m. sing. *Lo tuyo.* ‖ **la ~.** LOC. PRONOM. coloq. Indica que ha llegado la ocasión favorable a la persona a la que se dirige el hablante. *Ahora es,* o *será, la tuya.* ‖ **los ~s.** LOC. PRONOM. Los que forman parte de la familia, partido, etc., del oyente.

tuza. F. *Méx.* taltuza.

u¹. F. Vigésima primera letra del abecedario latino internacional y vigésima cuarta del español, que representa un fonema vocálico cerrado y posterior. Es letra muda en las sílabas *que, qui,* p. ej., en *queja, quicio;* y también, por regla general, en las sílabas *gue, gui,* p. ej., en *guerra, guion.* ORTOGR. Cuando en una de estas dos últimas tiene sonido, debe llevar diéresis; p. ej., en *vergüenza, argüir.* MORF. pl. **úes.** ‖ **doble ~.** F. *Méx.* **uve doble.**

u². CONJ. DISYUNT. Se usa por *o,* para evitar el hiato, ante palabras que empiezan por *o* o por *ho;* p. ej., *diez u once; belga u holandés; 7 u 8.*

ube. M. *Filip.* Planta de la familia de las Dioscoreáceas, que produce rizomas comestibles.

ubérrimo, ma. ADJ. Muy abundante y fértil. *Tierra ubérrima.*

ubetense. ADJ. 1. Natural de Úbeda. U. t. c. s. ‖ 2. Perteneciente o relativo a esta ciudad de la provincia de Jaén, en España.

ubicación. F. 1. Acción y efecto de ubicar. ‖ 2. Lugar en que está ubicado algo.

ubicado, da. PART. de ubicar. ‖ ADJ. *Á. R. Plata.* Dicho de una persona: Que sabe comportarse adecuadamente en cada situación.

ubicar. I. TR. 1. Situar o instalar en determinado espacio o lugar. ‖ 2. *Á. R. Plata.* **colocar** (‖ acomodar a alguien en un empleo). U. t. c. prnl. ‖ 3. *Á. R. Plata.* Traer a la memoria algo o a alguien. ‖ 4. *Á. R. Plata* y *Méx.* **hallar** (‖ encontrar lo que se busca). ‖ 5. *Méx.* **buscar** (‖ hacer algo para hallar). ‖ **II.** INTR. 6. Estar en determinado espacio o lugar. U. m. c. prnl.

ubicuidad. F. Cualidad de ubicuo.

ubicuo, cua. ADJ. 1. Dicho principalmente de Dios: Que está presente a un mismo tiempo en todas partes. ‖ 2. Dicho de una persona: Que todo lo quiere presenciar y vive en continuo movimiento.

ubio. M. Yugo de los bueyes y de las mulas.

ubre. F. 1. En los mamíferos, cada una de las tetas de la hembra. ‖ 2. Conjunto de ellas.

ucase. M. 1. hist. Decreto del zar. ‖ 2. Orden gubernativa injusta y tiránica. ‖ 3. Mandato arbitrario y tajante.

ucayalino, na. ADJ. 1. Natural de Ucayali. U. t. c. s. ‖ 2. Perteneciente o relativo a este departamento del Perú o a la provincia del mismo nombre, del departamento peruano de Loreto.

uchu. M. *Á. Andes.* Ají pequeño y picante que se usa como condimento.

uci. F. **unidad de cuidados intensivos.**

ucraniano, na. I. ADJ. 1. Natural de Ucrania. U. t. c. s. ‖ 2. Perteneciente o relativo a este país de Europa. ‖ **II.** M. 3. Lengua de los ucranianos, perteneciente al grupo oriental de las lenguas eslavas.

ucranio, nia. ADJ. ucraniano. Apl. a pers., u. t. c. s.

ucronía. F. Reconstrucción lógica, aplicada a la historia, dando por supuestos acontecimientos no sucedidos, pero que habrían podido suceder.

ucrónico, ca. ADJ. Perteneciente o relativo a la ucronía.

uf. INTERJ. 1. Se usa para denotar cansancio, fastidio o sofocación. ‖ 2. Indica repugnancia.

ufa. INTERJ. *Á. R. Plata.* Se usa para expresar fastidio, fatiga o desagrado.

ufanarse. PRNL. Engreírse, jactarse, gloriarse.

ufanía. F. Cualidad de ufano.

ufano, na. ADJ. 1. Arrogante, presuntuoso, engreído. ‖ 2. Satisfecho, alegre, contento.

ufología. F. Simulacro de investigación científica basado en la creencia de que ciertos objetos voladores no identificados son naves espaciales de procedencia extraterrestre.

ufológico, ca. ADJ. Perteneciente o relativo a la ufología.

ufólogo, ga. M. y F. Persona versada en ufología.

ugandés, sa. ADJ. 1. Natural de Uganda. U. t. c. s. ‖ 2. Perteneciente o relativo a este país de África.

ugrofinés, sa. ADJ. 1. Perteneciente o relativo a los fineses y a otros pueblos de lengua semejante. ‖ 2. Se dice de un grupo de lenguas uraloaltaicas, que comprende principalmente el húngaro, el finlandés y el estoniano. U. t. c. s. m. *El ugrofinés.*

uh. INTERJ. Se usa para denotar desilusión o desdén.

ujier. COM. En algunos tribunales y cuerpos del Estado, empleado subalterno que tiene a su cargo la práctica de ciertas diligencias en la tramitación de los asuntos, y algunas veces cuida del orden y mantenimiento de los estrados. ‖ **~ de cámara.** M. hist. El que vigilaba la puerta de la cámara del rey.

ukelele. M. Instrumento musical de cuerda, popularizado desde el archipiélago estadounidense de Hawái, parecido a la guitarra, pero de menor tamaño.

ulano. M. hist. En los ejércitos austríaco, alemán y ruso, soldado de caballería ligera armado de lanza.

úlcera. F. Herida que se abre en un tejido orgánico y no cicatriza, o lo hace con dificultad.

ulceración. F. Acción y efecto de ulcerar.

ulcerar. TR. Causar úlcera. U. t. c. prnl.

ulcerativo, va. ADJ. Que causa o puede causar úlceras. *Proceso ulcerativo.*

ulceroso, sa. ADJ. 1. Que tiene úlceras. || 2. Perteneciente o relativo a la úlcera. *Lesión ulcerosa.*

ulema. M. Doctor de la ley musulmana.

ulluco. M. 1. *Á.Andes.* Planta de la familia de las Baseláceas, que vive en los parajes fríos de la región andina y cuya raíz tiene tubérculos feculentos y comestibles. || 2. *Á.Andes.* Tubérculo de esta planta.

ulmáceo, a. ADJ. *Bot.* Se dice de los árboles o arbustos angiospermos dicotiledóneos, con ramas alternas, lisas o corchosas, hojas aserradas, flores hermafroditas o unisexuales, solitarias o en cimas, y fruto seco con una sola semilla, aplastada y sin albumen, o drupas carnosas con una semilla; p. ej., el olmo y el almez. U. t. c. s. f. ORTOGR. En f. pl., escr. con may. inicial c. taxón. *Las Ulmáceas.*

ulmaria. F. reina de los prados.

ulpo. M. *Chile.* Especie de mazamorra hecha con harina tostada y agua fría.

ulterior. ADJ. 1. Que está de la parte de allá de un sitio o territorio. Se usa en contraposición a *citerior. Los romanos llamaron Hispania citerior a la Tarraconense, y ulterior a la Lusitana y a la Bética.* || 2. Que se dice, sucede o se ejecuta después de otra cosa. *Se han tomado providencias ulteriores.*

ultílogo. M. Discurso puesto en un libro después de terminada la obra.

ultimación. F. Acción y efecto de ultimar.

ultimadamente. ADV.T. **últimamente.**

últimamente. ADV.T. Hace poco tiempo, recientemente.

ultimar. TR. 1. Dar fin a algo, acabarlo, concluirlo. *Ultimar detalles.* || 2. *Am.* **matar** (|| quitar la vida).

ultimátum. M. 1. En el lenguaje diplomático, resolución terminante y definitiva, comunicada por escrito. || 2. coloq. Resolución definitiva. ¶ MORF. pl. **ultimátums.**

ultimidad. F. 1. Cualidad de último. || 2. Cualidad del horizonte extremo de la vida humana. || 3. pl. *Rel.* **postrimerías** (|| novísimos del hombre).

último, ma. ADJ. 1. Que en una serie o sucesión ocupa el lugar posterior a todos los demás elementos. *Don Rodrigo fue el último rey de los godos.* || 2. Que es inmediatamente anterior en el tiempo. *Ha radicalizado su postura en los últimos años.* || 3. Dicho de una cosa: Que en su línea no tiene otra después de sí. *El fin último de la humanidad.* || 4. Se dice de lo más remoto, retirado o escondido. *Último rincón.* || 5. Final, definitivo. *Última oferta.* || 6. Extremado en su línea. *La última miseria.* || 7. Se dice del blanco, fin o término a que deben dirigirse todas nuestras acciones y propósitos. || 8. Se dice del precio que se pide como mínimo o del que se ofrece como máximo. || **a la ~.** LOC.ADV. coloq. A la última moda. || **a últimos.** LOC.ADV. En los últimos días del período de tiempo que se indica o se sobrentiende. *Estará aquí a últimos. Ven a últimos de semana.* || **estar** alguien **en las ~s.** LOC.VERB. 1. coloq. Estar para morir, en el fin de la vida. || 2. coloq. Estar muy apurado de algo, especialmente de dinero. || **por último.** LOC.ADV. Después o detrás de todo, finalmente. || **ser** algo **lo ~.** LOC.VERB. coloq. Ser el colmo de lo admirativo o lo peyorativo. □ V. **fin ~, las diez de últimas, registro de actos de ~ voluntad, ~ cena, ~ disposición, ~ palabra, ~ voluntad, ~ grito, ~ suplicio, ~ suspiro, ~ toque, ~s sacramentos.**

ultra. ADJ. 1. Dicho de un grupo político, de una ideología, o de una persona: De extrema derecha. U. t. c. s. || 2. Dicho de una ideología: Que extrema y radicaliza sus opiniones.

ultracorrección. F. Deformación de una palabra por equivocado prurito de corrección, según el modelo de otras: p. ej., *inflacción* por *inflación,* por influjo de *transacción, lección,* etc.

ultraderecha. F. Derecha política de ideología radical o extremista.

ultraderechista. ADJ. 1. Perteneciente o relativo a la ultraderecha. *Grupo ultraderechista.* || 2. Partidario de la ideología de la ultraderecha. U. t. c. s.

ultraísmo. M. Movimiento poético surgido en 1918 y que durante algunos años agrupó a los poetas españoles e hispanoamericanos que, manteniendo cada uno sus particulares ideales estéticos, coincidían en sentir la urgencia de una renovación radical del espíritu y la técnica.

ultraísta. ADJ. 1. Perteneciente o relativo al ultraísmo. *Estética ultraísta.* || 2. Dicho de un poeta: Adepto al ultraísmo. U. t. c. s.

ultraizquierda. F. Izquierda política de ideología radical o extremista.

ultraizquierdista. ADJ. 1. Perteneciente o relativo a la ultraizquierda. *Grupo ultraizquierdista.* || 2. Partidario de la ideología de la ultraizquierda. U. t. c. s.

ultrajador, ra. ADJ. Que ultraja. U. t. c. s.

ultrajante. ADJ. Que ultraja. *Abusos ultrajantes.*

ultrajar. TR. 1. Ajar o injuriar. *La película ultraja a nuestra comunidad.* || 2. Despreciar o tratar con desapego a alguien. || 3. *Á. Caribe.* **violar** (|| tener acceso carnal con alguien en contra de su voluntad).

ultraje. M. Acción y efecto de ultrajar.

ultraligero, ra. ADJ. 1. Sumamente ligero. *Materiales ultraligeros.* || 2. Dicho de un avión deportivo: De poco peso y escaso consumo. U. t. c. s. m.

ultraliviano, na. ADJ. **ultraligero** (|| sumamente ligero).

ultramar. M. 1. País o sitio que está de la otra parte del mar, considerado desde el punto en que se habla. || 2. **azul de ultramar.** □ V. **Consejo Real de España y Ultramar.**

ultramarino, na. ADJ. 1. Que está o se considera del otro lado o a la otra parte del mar. *Territorios ultramarinos.* || 2. Perteneciente o relativo a ultramar. *Colonización ultramarina.* || 3. Se dice de los géneros o comestibles traídos de la otra parte del mar, y más particularmente de América y Asia, y en general de los comestibles que se pueden conservar sin que se alteren fácilmente. U. m. c. s. m. pl. *Tienda de ultramarinos.* □ V. **azul ~.**

ultramaro. □ V. **azul ~.**

ultramontanismo. M. 1. hist. Conjunto de las doctrinas y opiniones de los ultramontanos. || 2. hist. Conjunto de los ultramontanos.

ultramontano, na. ADJ. 1. Que está más allá o de la otra parte de los montes. *Territorios ultramontanos.* || 2. hist. Se dice de quienes se oponían en España a las regalías de la Corona. U. t. c. s. || 3. hist. Partidario y defensor del más lato poder y amplias facultades del papa. U. t. c. s. || 4. hist. Perteneciente o relativo a la doctrina de los ultramontanos. *Pensamiento ultramontano.*

ultramundano, na. ADJ. Que excede a lo mundano o está más allá. *Vida ultramundana.*

ultranza. a ~. LOC.ADV. **1. a muerte.** || **2.** A todo trance, de manera resuelta.

ultrapuertos. M. Lugar que está más allá o a la otra parte de los puertos.

ultrasensible. ADJ. Dotado de una sensibilidad superior a la normal. *Cámaras ultrasensibles.*

ultrasónico, ca. ADJ. Perteneciente o relativo al ultrasonido.

ultrasonido. M. Sonido cuya frecuencia de vibraciones es superior al límite perceptible por el oído humano. Tiene muchas aplicaciones industriales y se emplea en medicina.

ultratumba. I. F. **1.** Ámbito más allá de la muerte. *De ultratumba.* || **II.** ADV. **2.** Más allá de la muerte. *Mi patria se encuentra ultratumba.*

ultravioleta. ADJ. *Fís.* Se dice de la radiación electromagnética que se encuentra entre el extremo violado del espectro visible y los rayos X y provoca reacciones químicas de gran repercusión biológica.

úlula. F. autillo.

ulular. INTR. **1.** Dar gritos o alaridos. || **2.** Dicho del viento: Producir sonido.

ululato. M. Clamor, lamento, alarido.

umbela. F. *Bot.* Grupo de flores o frutos que nacen en un mismo punto del tallo y se elevan a igual o casi igual altura.

umbelífero, ra. ADJ. *Bot.* Se dice de las plantas angiospermas dicotiledóneas que tienen hojas por lo común alternas, simples, más o menos divididas y con pecíolos envainadores, flores en umbela, blancas o amarillas, y fruto compuesto de dos aquenios, en cada uno de los cuales hay una sola semilla de albumen carnoso o córneo; p. ej., el cardo corredor, el apio, el perejil, el hinojo, el comino y la zanahoria. U. t. c. s. f. ORTOGR. En f. pl., escr. con may. inicial c. taxón. *Las Umbelíferas.*

umbilicado, da. ADJ. De forma de ombligo. *Hongo umbilicado.*

umbilical. ADJ. *Anat.* Perteneciente o relativo al ombligo. *Vasos umbilicales.* □ V. **cordón ~.**

umbráculo. M. Sitio cubierto de ramaje o de otra cosa que da paso al aire, para resguardar las plantas de la fuerza del sol.

umbral. M. **1.** Parte inferior o escalón, contrapuesto al dintel, en la puerta o entrada de una casa. || **2.** Paso primero y principal o entrada de cualquier cosa. *El umbral de la fama.* || **3.** Valor mínimo de una magnitud a partir del cual se produce un efecto determinado. || **4.** *Arq.* Madero que se atraviesa en lo alto de un vano, para sostener el muro que hay encima. || **atravesar, o pisar, los ~es de** un edificio. LOCS.VERBS. Entrar en él. U. m. con neg.

umbralado. M. *Am. Mer.* umbral.

umbrátil. ADJ. umbroso.

umbría. F. Parte de terreno en que casi siempre hace sombra, por estar expuesta al norte.

umbrío, a. ADJ. Dicho de un lugar: Donde da poco el sol.

umbro, bra. ADJ. Natural de la región italiana de Umbría. U. t. c. s.

umbroso, sa. ADJ. Que tiene sombra o la causa. *Árboles umbrosos.*

un, una. I. ART.INDET. **1.** Formas de singular en masculino y femenino. Puede usarse con énfasis para indicar que la persona o cosa a que se antepone se considera en todas sus cualidades más características. *¡Un Avellaneda*

competir con un Cervantes! || **II.** ADJ. **2.** uno. || **~ tanto,** o **~ tanto cuanto.** LOCS.ADVS. algún tanto.

una. F. Primera hora a partir de mediodía o de medianoche. *Ya ha dado la una en el reloj de la catedral.*

unalbo, ba. ADJ. Dicho de una caballería: Que tiene blancos un pie o una mano.

unánime. ADJ. **1.** Dicho de un conjunto de personas: Que convienen en un mismo parecer, dictamen, voluntad o sentimiento. || **2.** Se dice de este parecer, dictamen, voluntad o sentimiento. *Voto unánime.*

unanimidad. F. Cualidad de unánime. || **por ~.** LOC. ADV. Sin discrepancia, de manera unánime.

uncia. F. hist. Moneda romana de cobre, que pesaba y valía la duodécima parte del as.

uncial. ADJ. **1.** Se dice de ciertas letras, todas mayúsculas y del tamaño de una pulgada, que se usaron hasta el siglo VII. U. t. c. s. f. || **2.** Se dice también de este sistema de escritura.

unción. F. **1.** Acción de ungir o untar. || **2.** extremaunción. || **3.** Gracia y comunicación especial del Espíritu Santo, que mueve al alma a la virtud y perfección. || **4.** Devoción, recogimiento y perfección con que el ánimo se entrega a la exposición de una idea, a la realización de una obra, etc. || **~ de los enfermos.** F. extremaunción.

uncir. TR. Atar o sujetar al yugo bueyes, mulas u otros cuadrúpedos.

undécimo, ma. ADJ. **1.** Que sigue inmediatamente en orden al o a lo décimo. || **2.** Se dice de cada una de las once partes iguales en que se divide un todo. U. t. c. s. m.

undísono, na. ADJ. poét. Dicho de las aguas: Que causan ruido con el movimiento de las ondas.

undívago, ga. ADJ. poét. Que ondea o se mueve como las olas. *Cabellos undívagos.*

undoso, sa. ADJ. Que se mueve haciendo olas. *Mar undoso.*

ungido. M. Rey o sacerdote signado con el óleo santo.

ungimiento. M. Acción y efecto de ungir.

ungir. TR. **1.** Aplicar a algo aceite u otra materia pingüe, extendiéndola superficialmente. || **2.** Signar con óleo sagrado a alguien, para denotar el carácter de su dignidad, o para la recepción del sacramento. || **3.** Conferir un cargo o dignidad a alguien. *El congreso del partido la ungió presidenta general.*

ungüento. M. **1.** Sustancia que sirve para ungir o untar. || **2.** Medicamento que se aplica en el exterior, compuesto de diversas sustancias. || **3.** Cosa que suaviza y ablanda el ánimo o la voluntad, trayéndola a lo que se desea conseguir. *Le aplicaron el ungüento de la paciencia.* || **~ amarillo.** M. coloq. Remedio que irónicamente se supone aplicable a todos los casos. || **~ basilicón.** M. El madurativo y supurativo cuyo principio medicinal es la pez negra.

unguiculado, da. ADJ. *Zool.* Se dice del mamífero que tiene los dedos terminados por uñas. U. t. c. s. m.

unguis. M. *Anat.* Hueso muy pequeño y delgado de la parte anterior e interna de cada una de las órbitas, el cual contribuye a formar los conductos lagrimal y nasal.

ungulado, da. ADJ. *Zool.* Se dice del mamífero que tiene casco o pezuña, como el caballo y el toro. U. t. c. s. m. ORTOGR. En m. pl., escr. con may. inicial c. taxón. *Los Ungulados.*

ungular. ADJ. Perteneciente o relativo a la uña.

uniata. ADJ. *Rel.* Se dice de los cristianos orientales que, unidos a la Iglesia católica, conservan su liturgia propia. U. t. c. s.

únicamente. ADV.M. Sola o precisamente.

unicameral. ADJ. Dicho del poder legislativo: Formado por una sola cámara de representantes.

unicelular. ADJ. Que consta de una sola célula. *Organismo unicelular.*

unicidad. F. Cualidad de único.

único, ca. ADJ. **1.** Solo y sin otro de su especie. *Los cíclopes tenían un único ojo.* ‖ **2. singular** (‖ extraordinario, excelente). *Una ocasión única.* ☐ V. **frente único, hijo ~.**

unicolor. ADJ. De un solo color. *Tela unicolor.*

unicornio. M. **1.** Animal fabuloso de forma de caballo y con un cuerno recto en mitad de la frente. ‖ **2. rinoceronte.**

unidad. F. **1.** Propiedad de todo ser, en virtud de la cual no puede dividirse sin que su esencia se destruya o altere. ‖ **2.** Singularidad en número o calidad. ‖ **3.** Unión o conformidad. ‖ **4.** Cosa que tiene unidad. *Los visigodos afirmaron la unidad peninsular.* ‖ **5.** Cualidad de la obra literaria o artística en que solo hay un asunto o pensamiento principal, generador y lazo de unión de todo lo que en ella ocurre, se dice o representa. ‖ **6.** Cada uno de los elementos que forman un convoy, un tren, etc. ‖ **7.** *Mat.* Cantidad que se toma por medida o término de comparación de las demás de su especie. ‖ **8.** *Mil.* Fracción, constitutiva o independiente, de una fuerza militar. ‖ **~ astronómica.** F. Radio medio de la órbita terrestre, o sea la distancia de la Tierra al Sol, equivalente a 149 millones y medio de kilómetros. ‖ **~ de acción.** F. Cualidad, en la obra dramática o en cualquier otra, de tener una sola acción principal. ‖ **~ de cuidados intensivos.** F. Sección hospitalaria donde se concentran aparatos y personal especializado para la vigilancia y el tratamiento de enfermos muy graves, que requieren atención inmediata y mantenida. ‖ **~ de lugar.** F. Cualidad, en la obra dramática, de desarrollarse su acción en un solo lugar. ‖ **~ de muestreo.** F. Cada uno de los elementos que forman un universo o conjunto sometido a estudio estadístico. ‖ **~ de tiempo.** F. Cualidad, en la obra dramática, de durar la acción el tiempo, sobre poco más o menos, que dure la representación, o 24 h aproximadamente. ‖ **~ de vigilancia intensiva.** F. **unidad de cuidados intensivos.** ‖ **~ monetaria.** F. Moneda real o imaginaria que sirve legalmente de patrón en cada país y de la cual se derivan las demás. ☐ V. **sistema de ~es, Sistema Internacional de ~es.**

unidimensional. ADJ. De una sola dimensión. *Visión unidimensional.*

unidireccional. ADJ. **1.** De una sola dirección. *Camino unidireccional.* ‖ **2.** Que se orienta en una única **dirección** (‖ tendencia). *Manipulación unidireccional.*

unidor, ra. ADJ. Que une. *Soberanía unidora.*

unifamiliar. ADJ. Que corresponde a una sola familia. *Vivienda unifamiliar.*

unificación. F. Acción y efecto de unificar.

unificado, da. PART. de **unificar.** ‖ ADJ. Que ha recibido unificación. *Teoría unificada.*

unificador, ra. ADJ. **1.** Que unifica. *El español es un elemento unificador en América.* ‖ **2.** Perteneciente o relativo a la unificación. *Proceso unificador.*

unificar. TR. **1.** Hacer de muchas cosas una o un todo, uniéndolas, mezclándolas o reduciéndolas a una misma especie. *Unificar varias teorías en una.* U. t. c. prnl. ‖ **2.** Hacer que cosas diferentes o separadas formen una organización, produzcan un determinado efecto, tengan una misma finalidad, etc. *La guerra había unificado a la población.* U. t. c. prnl.

uniformador, ra. ADJ. Que uniforma. *Rasgos uniformadores.*

uniformar. TR. **1.** Hacer uniformes dos o más cosas. *Uniformar tendencias económicas distintas.* U. t. c. prnl. ‖ **2.** Dar traje igual a los individuos de un cuerpo o comunidad. *Uniformar al equipo de fútbol.*

uniforme. **I.** ADJ. **1.** Que se mantiene igual o con parecidas características en el tiempo o en el espacio. *Desarrollo uniforme.* ‖ **2.** Igual, conforme, semejante. *Criterios uniformes.* ‖ **II.** M. **3.** Traje peculiar y distintivo que por establecimiento o concesión usan los militares y otros empleados o los individuos que pertenecen a un mismo cuerpo o colegio. ☐ V. **movimiento ~.**

uniformemente. ☐ V. **movimiento ~ acelerado, movimiento ~ retardado.**

uniformidad. F. Cualidad de uniforme.

uniformizar. TR. **uniformar** (‖ hacer uniformes dos o más cosas). U. t. c. prnl.

unigénito, ta. **I.** ADJ. **1.** Se dice del hijo único. ‖ **II.** M. **2.** por antonom. El Verbo eterno, Hijo de Dios, que es unigénito del Padre. ORTOGR. Escr. con may. inicial.

unilateral. ADJ. **1.** Que se refiere o se circunscribe solamente a una parte o a un aspecto de algo. *Posición unilateral.* ‖ **2.** *Bot.* Que está colocado solamente a un lado. *Panojas unilaterales.*

unilateralidad. F. Cualidad de **unilateral** (‖ que se refiere solamente a una parte o a un aspecto de algo).

unimembre. ADJ. De un solo miembro o elemento. *Oración unimembre.*

unión. F. **1.** Acción y efecto de unir o unirse. ‖ **2.** Correspondencia y conformidad de una cosa con otra, en el sitio o composición. ‖ **3.** Conformidad y concordia de los ánimos, voluntades o dictámenes. ‖ **4.** Acción y efecto de unirse en matrimonio. ‖ **5.** Composición que resulta de la mezcla de algunas cosas que se incorporan entre sí. ‖ **6.** Grado de perfección espiritual en que el alma, desasida de toda criatura, se une con su Creador por la caridad, de manera que solo aspira a cumplir en todo la voluntad divina. ‖ **7.** Alianza, confederación, compañía. ‖ **8.** Inmediación de una cosa a otra. ‖ **9.** *Chile.* Entredós de bordado o encaje. ‖ **~ aduanera.** F. unión de dos o más países para eliminar las restricciones comerciales entre ellos y seguir una política arancelaria común. ‖ **en ~ de.** LOC. PREPOS. **junto con.**

unionense. ADJ. **1.** Natural de La Unión. U. t. c. s. ‖ **2.** Perteneciente o relativo a este departamento de El Salvador o a su cabecera.

unionismo. M. Doctrina que favorece y defiende la unión de partidos o naciones.

unionista. ADJ. Dicho de una persona, de un partido o de una doctrina: Que mantienen cualquier ideal de unión. Apl. a pers., u. t. c. s.

unipersonal. ADJ. **1.** Que consta de una sola persona. *Sistema de dirección unipersonal.* ‖ **2.** Que corresponde o pertenece a una sola persona. *Decisión unipersonal.* ☐ V. **verbo ~.**

unir. **I.** TR. **1.** Hacer que dos o más cosas formen un todo entre sí. *Unir las piezas del rompecabezas.* ‖ **2.** Mezclar o trabar algunas cosas entre sí, incorporándolas. *Añadir el azúcar a la almendra y mover hasta unir bien la mezcla.* ‖ **3.** Atar o juntar una persona a otra, física o moralmente. *Quiero alejarme de todo lo que aún me une al mundo.* ‖ **4.** Acercar una cosa a otra, para que formen un conjunto o concurran al mismo objeto o fin.

Firmó ayer un contrato que lo unirá al equipo angelino durante siete años. ‖ **5. casar** (‖ autorizar el matrimonio de dos personas). ‖ **6.** Concordar o conformar las voluntades, ánimos o pareceres. ‖ **II.** PRNL. **7.** Dicho de varias personas: Confederarse para el logro de algún intento, ayudándose mutuamente. ‖ **8.** Cesar la oposición positiva o aparente entre dos o más cosas. *El partido consiguió unirse en el último momento.* ‖ **9.** Dicho de una cosa: Estar muy cercana, contigua o inmediata a otra. *La belleza y el talento se unen en su caso.* ‖ **10.** Dicho de una persona: Agregarse o juntarse a la compañía de otra. *Ella se unió a su ilustre visitante.*

unisex. ADJ. Que es adecuado o está destinado tanto para los hombres como para las mujeres. MORF. pl. invar. *Pantalones unisex.*

unisexual. ADJ. *Biol.* Dicho de un individuo vegetal o animal: Que tiene un solo sexo.

unisonancia. F. Concurrencia de dos o más voces o instrumentos en un mismo tono de música.

unísono. M. *Mús.* Trozo de música en que las distintas voces o instrumentos suenan en idénticos tonos. ‖ **al ~.** LOC.ADV. Sin discrepancia, con unanimidad.

unitario, ria. ADJ. **1.** Perteneciente o relativo a la unidad. *Teoría unitaria de la estructura de la materia.* ‖ **2.** Que constituye una unidad. *Acciones unitarias.* ‖ **3.** Partidario de la unidad en materias políticas. U. t. c. s. ‖ **4.** Que propende a la unidad o desea conservarla. *Política unitaria.* ‖ **5.** *Rel.* Seguidor de la doctrina cristiana del unitarismo. U. t. c. s.

unitarismo. M. **1.** Doctrina u opinión de los unitarios. ‖ **2.** Doctrina cristiana que, admitiendo en parte la Revelación, no reconoce en Dios más que una sola persona.

unitivo, va. ADJ. Que tiene virtud de unir. *Símbolo unitivo.*

univalvo, va. ADJ. **1.** Dicho de una concha: De una sola pieza. ‖ **2.** Dicho de un molusco: Que tiene concha de esta clase. U. t. c. s. m. ‖ **3.** *Bot.* Dicho de un fruto: Cuya cáscara o envoltura no tiene más que una sutura.

universal. **I.** ADJ. **1.** Perteneciente o relativo al universo. *Gravitación universal.* ‖ **2.** Que comprende o es común a todos en su especie, sin excepción de ninguno. *Moda universal.* ‖ **3.** Que pertenece o se extiende a todo el mundo, a todos los países, a todos los tiempos. *Historia universal.* ‖ **4.** Dicho de una máquina o de una herramienta: Que sirve para muchos y distintos usos, o se adapta a ellos. *Llave universal.* ‖ **5.** *Fil.* Que por su naturaleza es apto para ser predicado de muchos. ‖ **II.** M. **6.** pl. **ideas universales.** □ V. **articulación ~, atracción ~, cuantificador ~, ideas ~es, juicio ~, panacea ~, sucesión ~, sufragio ~.**

universalidad. F. Cualidad de universal.

universalización. F. Acción y efecto de universalizar.

universalizar. TR. Hacer universal algo, generalizarlo mucho.

universidad. F. **1.** Institución de enseñanza superior que comprende diversas facultades, y que confiere los grados académicos correspondientes. Según las épocas y países puede comprender colegios, institutos, departamentos, centros de investigación, escuelas profesionales, etc. ‖ **2.** Edificio o conjunto de edificios destinado a las cátedras y oficinas de una universidad. ‖ **3.** hist. Conjunto de poblaciones o de barrios que estaban unidos por intereses comunes, o bajo una misma representación jurídica.

universitario, ria. **I.** ADJ. **1.** Perteneciente o relativo a la **universidad** (‖ institución de enseñanza superior). *Estudios universitarios.* ‖ **2.** Perteneciente o relativo a la **universidad** (‖ edificio o conjunto de edificios). *Aulas universitarias.* ‖ **II.** M. y F. **3.** Profesor, graduado o estudiante de universidad. □ V. **ciudad ~, colegio ~, milicias ~s.**

universo. M. **1. mundo** (‖ conjunto de todo lo existente). U. t. en sent. fig. *El universo de la cultura.* ‖ **2.** Conjunto de individuos o elementos cualesquiera en los cuales se consideran una o más características que se someten a estudio estadístico.

univitelino, na. ADJ. Que procede de la fecundación y posterior división de un solo óvulo, por lo que los hermanos así engendrados son idénticos y del mismo sexo. *Gemelos univitelinos.*

univocidad. F. Cualidad o condición de unívoco.

unívoco, ca. ADJ. **1.** Que tiene igual naturaleza o valor que otra cosa. *Contestaciones unívocas.* ‖ **2.** *Fil.* Dicho de un término: Que se predica de varios individuos con la misma significación. *Animal es término unívoco que conviene a todos los vivientes dotados de sensibilidad.* □ V. **correspondencia ~.**

unjú. INTERJ. **1.** *Á. Caribe.* Se usa para expresar duda o incredulidad. ‖ **2.** *Á. Caribe.* Se usa para expresar asentimiento.

uno, na. **I.** ADJ. **1.** Expresa unidad. *En el parque hay solo una niña.* U. t. c. pron. —*¿Cuántos paquetes necesitas?* —*Uno.* ‖ **2. primero** (‖ que precede en orden a las demás cosas de su especie). *Año uno.* Apl. a los días del mes, u. t. c. s. m. *El uno de noviembre.* ‖ **3.** Dicho de una persona o de una cosa: Idéntica a otra o identificada con ella. *Esa razón y la que yo digo es una. Todos los terrorismos, en realidad, son uno.* ‖ **II.** ADJ. INDEF. **4.** Se usa, contrapuesto a *otro,* con sentido distributivo. *Una niña cantaba y las otras saltaban a la cuerda.* U. t. c. pron. *El uno leía, el otro miraba la televisión.* ‖ **5. alguno.** U. t. c. pron. *Vinieron unos con la buena noticia.* ‖ **6.** pl. Algunos, **unos** indeterminados. *Unos años después.* ‖ **7.** pl. Antepuesto a un número cardinal, poco más o menos. *Eso valdrá unos cien euros. Dista de la ciudad unos tres kilómetros.* ‖ **III.** PRON. PERSON. **8.** coloq. Se usa en tercera persona para referirse a la primera. *Uno hará lo que pueda. Una es como es.* ‖ **IV.** M. **9.** Unidad, cantidad que se toma como término de comparación. ‖ **10.** Signo o guarismo que representa la unidad. ‖ **11.** Individuo de cualquier especie. ‖ **a una.** LOC.ADV. A un tiempo, de manera unida o conjunta. ‖ **de ~ en ~.** LOC.ADV. **uno a uno.** ‖ **en uno.** LOC.ADV. **1.** Con unión o de conformidad. ‖ **2.** A un mismo tiempo. ‖ **hacer una.** LOC.VERB. coloq. Ejecutar una mala acción o travesura. ‖ **lo ~ por lo otro.** EXPR. Se usa para indicar que se establece la compensación de una cosa por otra. ‖ **más de ~.** LOC. PRONOM. Algunos o muchos. ‖ **no dar, acertar,** etc., **una.** LOCS.VERBS. coloqs. Estar siempre desacertado. ‖ **ser todo ~,** o **ser ~.** LOCS.VERBS. Dicho de varias cosas: Venir a ser o parecer una misma, o verificarse una inmediatamente, a continuación o al mismo tiempo que la otra, a modo de su consecuencia forzosa. ‖ **una de.** EXPR. coloq. Seguida de un sustantivo, gran cantidad de lo que se expresa en él. ‖ **una de dos.** EXPR. Se usa para contraponer en disyuntiva dos cosas o ideas. *Una de dos, o te enmiendas, o rompemos las amistades.* ‖ **una de las tuyas,** o **de las suyas.** EXPRS. Se usan para aludir a algo característico de alguien. ‖ **una y no más.** EXPR. Denota la resolución o propósito firme de no volver a caer en algo que nos ha dejado escarmentados. ‖ **~ a ~.** LOC.ADV. Se usa para explicar la separación o distinción por orden de personas y cosas. ‖ **~ con otro, tra.** LOC.PRONOM. Varias cosas tomadas en conjunto, compensando lo que excede una con lo que falta a otra. *Uno con otro se venden a euro.* ‖ **~ de tantos, tas.** LOC.ADJ. coloq. Que no se distingue entre los de su grupo por ninguna cualidad especial. *Una película de tantas.* U. t. c. pron. *Como compositor, es uno de tantos.* ‖ **~ por ~.** LOC.ADV. Se usa para expresar mayor separación o distinción. ‖ **~ que otro, tra.** LOC. PRONOM. Algunos pocos de entre muchos. ‖ **~s cuantos, tas.** LOC. PRONOM. pl. Pocos, en número reducido de personas o cosas. ‖ **~ tras otro, tra.** LOC.ADV. De modo o por orden sucesivo. ‖ **~ y otro, tra.** LOC. PRONOM. pl. **ambos.** □ V. **número ~, treinta y una, ~s letras, una de cal y otra de arena.**

untadura. F. Acción y efecto de untar o untarse.

untar. **I.** TR. **1.** Aplicar y extender superficialmente aceite u otra materia pingüe sobre algo. ‖ **2.** coloq. Corromper o sobornar a alguien con dones o dinero. ‖ **II.** PRNL. **3.** Mancharse casualmente con una materia untuosa o sucia.

unto. M. **1.** Materia pingüe a propósito para untar. ‖ **2.** Crasitud o gordura interior del cuerpo del animal. ‖ **3.** Sustancia que sirve para untar. ‖ **4.** *Chile.* Betún para el calzado.

untuosidad. F. Cualidad de untuoso.

untuoso, sa. ADJ. **1.** Graso y pegajoso. *Salsa untuosa.* ‖ **2.** despect. De una dulzura y amabilidad excesivas en el modo de hablar y comportarse, hasta el punto de resultar falso y empalagoso. *Sus modales untuosos no despertaban simpatías.*

untura. F. **1.** Acción y efecto de untar o untarse. ‖ **2.** Materia con que se unta.

uña. F. **1.** Parte del cuerpo animal, dura, de naturaleza córnea, que nace y crece en las extremidades de los dedos. ‖ **2.** Casco o pezuña de los animales que no tienen dedos separados. ‖ **3.** Punta curva en que remata la cola del alacrán, y con la cual pica. ‖ **4.** Garfio o punta curva de algunos instrumentos de metal. ‖ **5.** *Bot.* Estrechamiento que tienen algunos pétalos en su parte inferior y que corresponde al pecíolo de la hoja transformada en pétalo; como en el clavel. ‖ **6.** *Mar.* Punta triangular en que rematan los brazos del ancla. □ V. **de caballo.** F. **fárfara**[1]. ‖ **~ de la gran bestia.** F. La del pie derecho del alce, que por mucho tiempo, se creyó ser remedio eficaz para la epilepsia. ‖ **~ gata.** F. **gatuña.** ‖ **~s largas.** F. pl. u. c. sing. com. *Méx.* Persona con **manos largas** (‖ con inclinación al hurto). ‖ **afilar, o afilarse,** alguien las **~s.** LOCS.VERBS. coloqs. Hacer un esfuerzo extraordinario de ingenio, habilidad o destreza. ‖ **caer en las ~s de** alguien. LOC.VERB. coloq. **caer en las garras.** ‖ **comerse** alguien las **~s.** LOC.VERB. coloq. Morderse las de las manos. ‖ **con ~s y dientes.** LOC.ADV. Con la mayor intensidad y energía posibles. *Defendió su postura con uñas y dientes.* ‖ **de ~s.** LOC.ADV. coloq. Denota la enemistad de dos o más personas. *Estaban de uñas.* ‖ **enseñar** alguien las **~s** a otra persona. LOC.VERB. coloq. **enseñar los dientes.** ‖ **mostrar** alguien las **~s** a otra persona. LOC.VERB. coloq. **enseñar los dientes.** ‖ **sacar** alguien las **~s.** LOC. VERB. **1.** coloq. Valerse de toda su habilidad, ingenio o valor en algún lance. ‖ **2.** coloq. Amenazar o mostrar su carácter agresivo. ‖ **ser ~ y carne** dos o más personas. LOC.VERB. coloq. Haber estrecha amistad entre ellas. ‖ **tener** alguien las **~s afiladas.** LOC.VERB. coloq. Estar ejercitado en el robo o dispuesto para robar. ‖ **~s abajo.** LOC. ADV. **1.** *Equit.* Explica la posición en que queda la mano del jinete cuando se afloja un poco la rienda, esto es, vuelta de modo que las uñas miren hacia abajo. ‖ **2.** *Esgr.* Denota la estocada que se da volviendo hacia el suelo la mano y los gavilanes de la espada. ‖ **~s adentro.** LOC. ADV. *Equit.* Explica la posición ordinaria de la mano izquierda, con que se llevan las riendas, la cual ha de ir cerrada y las uñas mirando hacia el cuerpo. ‖ **~s arriba.** LOC.ADV. **1.** *Equit.* Explica la posición en que ha de quedar la mano del jinete cuando se acorta un poco la rienda, esto es, vuelta de modo que las uñas miren hacia arriba. ‖ **2.** *Esgr.* Denota la estocada que se tira volviendo los gavilanes y la mano hacia arriba. □ V. **blanco de la ~, esmalte de ~s, laca de ~s, negro de la ~.**

uñarada. F. Rasguño o arañazo que se hace con las uñas.

uñero. M. **1.** Herida que produce la uña cuando, al crecer mal, se introduce en la carne. ‖ **2.** Inflamación en la raíz de la uña.

uñeta. F. *Chile.* Especie de plectro o dedal de carey que usan los tocadores de instrumentos de cuerda.

uñi. M. *Chile.* Arbusto de la familia de las Mirtáceas, con flores rojizas y por fruto una baya comestible.

uñilargo, ga. M. y F. *Méx.* Inclinado al robo, ladrón, ratero.

uñir. TR. Á. R. *Plata.* uncir. MORF. conjug. c. *mullir.*

uñoperquén. M. *Chile.* Planta herbácea de la familia de las Campanuláceas, de unos 30 cm de altura, con hojas lineales y flores blancas algo azuladas. Crece en terrenos pedregosos.

upa. INTERJ. Se usa para esforzar a levantar algún peso o a levantarse. Se dice especialmente a los niños. ‖ **a ~.** LOC.ADV. infant. En brazos.

upupa. F. abubilla.

ura. F. Á. *guar.* Larva de un díptero que excava bajo la piel una larga galería ocasionando graves molestias.

uracilo. M. *Biol.* Base nitrogenada fundamental, componente del ARN. (Símb. *U*).

urálico, ca. ADJ. **1.** Se dice de un grupo o familia de lenguas uraloaltaicas de Europa, que comprende el finoúgrio y el samoyedo. U. t. c. s. m. *El urálico.* ‖ **2.** Perteneciente o relativo a este grupo o familia de lenguas. *Fonética urálica.*

uralita. (Marca reg.). F. Material de construcción hecho a base de cemento y de fibras, generalmente de asbesto, usado sobre todo en cubiertas y tejados.

uraloaltaico, ca. ADJ. **1.** Se dice de una gran familia de lenguas aglutinantes, cuyos principales grupos son el mongol, el turco y el ugrofinés. U. t. c. s. m. *El uraloaltaico.* ‖ **2.** Se dice de los pueblos que hablan estas lenguas.

uranio. M. Elemento químico radiactivo de núm. atóm. 92. Metal abundante en la litosfera, se encuentra principalmente en la pecblenda. De color blanco argénteo, muy pesado, dúctil y maleable, es fácilmente inflamable, muy tóxico y se puede fisionar. Se usa como combustible nuclear, y sus sales se emplean en fotografía y en la industria del vidrio; uno de sus isótopos se utilizó en la fabricación de la primera bomba atómica. (Símb. *U*).

urbanícola. COM. fest. urbanita. U. t. c. adj.

urbanidad. F. Comportamiento correcto, especialmente en el trato con los demás.

urbanismo. M. **1.** Conjunto de conocimientos relativos a la planificación, desarrollo, reforma y ampliación de los edificios y espacios de las ciudades. *Tratado de urbanismo.* ‖ **2.** Organización u ordenación de dichos edificios y espacios. *El urbanismo de Madrid.* ‖ **3.** Concentración y distribución de la población en ciudades.

urbanista. **I.** ADJ. **1.** Perteneciente o relativo al urbanismo. *Visión urbanista.* ‖ **II.** COM. **2.** Persona versada en la teoría y técnica del urbanismo.

urbanística. F. **1.** urbanismo (‖ conjunto de conocimientos). ‖ **2.** urbanismo (‖ organización u ordenación).

urbanístico, ca. ADJ. Perteneciente o relativo al urbanismo. ☐ V. **plan ~.**

urbanita. COM. fest. Persona que vive acomodada a los usos y costumbres de la ciudad. U. t. c. adj.

urbanización. F. **1.** Acción y efecto de urbanizar. ‖ **2.** Núcleo residencial urbanizado.

urbanizador, ra. ADJ. Dicho de una persona o de una empresa: Que se dedica a urbanizar terrenos.

urbanizar. TR. **1.** Acondicionar una porción de terreno y prepararlo para su uso urbano, abriendo calles y dotándolas de luz, pavimento y demás servicios. *Urbanizar un pueblo.* ‖ **2.** Hacer urbano y sociable a alguien. U. t. c. prnl.

urbano, na. **I.** ADJ. **1.** Perteneciente o relativo a la ciudad. *Tráfico urbano.* ‖ **2.** Cortés, atento y de buen modo. ‖ **II.** M. **3.** hist. Individuo de la milicia urbana. ☐ V. **aglomeración ~, casco ~, contribución ~, guardia ~, milicia ~, mobiliario ~, Policía urbana, predio ~, zona ~.**

urbe. F. Ciudad, especialmente la muy populosa.

urbi et orbi. (Locución latina.) **I.** LOC.ADJ. **1.** A la ciudad de Roma y al mundo entero. Usado por el sumo pontífice como fórmula para indicar que lo dicho por él, y especialmente su bendición, se extiende a todo el mundo. ‖ **II.** LOC.ADV. **2.** A los cuatro vientos, a todas partes. U. t. c. loc. adj.

urca. F. hist. Embarcación grande, muy ancha por el centro, utilizada para el transporte de granos y otros géneros.

urce. M. **brezo.**

urdidor, ra. **I.** ADJ. **1.** Que urde. Apl. a pers., u. t. c. s. *Urdidor de intrigas.* ‖ **II.** M. **2.** Instrumento, especie de devanadera, donde se preparan los hilos para las urdimbres.

urdiembre. F. **urdimbre.** U. m. en América.

urdimbre. F. **1.** Conjunto de hilos paralelos que se colocan a lo largo en el telar para formar una tela. U. t. en sent. fig. *La novela tiene una complicada urdimbre.* ‖ **2.** Acción de **urdir** (‖ tramar algo).

urdir. TR. **1.** Preparar los hilos en el urdidor para pasarlos al telar. U. m. c. intr. ‖ **2.** Tramar, disponer cautelosamente algo contra alguien, o para la consecución de algún propósito. *Urdir una conspiración.*

urdu. M. Lengua indoeuropea oficial del Pakistán, variante del hindi, escrita en caracteres árabes.

urea. F. *Quím.* Producto nitrogenado de excreción, que constituye la mayor parte de la materia orgánica contenida en la orina de los vertebrados terrestres. Es una amida doble del ácido carbónico, muy soluble en el agua, cristalizable, inodora e incolora.

uremia. F. *Med.* Conjunto de síntomas cerebrales, respiratorios, circulatorios, digestivos, etc., producidos por la acumulación en la sangre y en los tejidos de venenos derivados del metabolismo orgánico eliminados por el riñón cuando el estado es normal.

urémico, ca. ADJ. *Med.* Perteneciente o relativo a la uremia.

urente. ADJ. Que escuece, ardiente, abrasador. *Sol urente.*

uréter. M. *Anat.* Cada uno de los conductos por donde desciende la orina a la vejiga desde los riñones.

uretra. F. *Anat.* En el género humano y en otros animales, conducto por donde es emitida la orina desde la vejiga al exterior.

uretral. ADJ. *Anat.* Perteneciente o relativo a la uretra.

uretritis. F. **1.** *Med.* Inflamación de la membrana mucosa que tapiza el conducto de la uretra. ‖ **2.** *Med.* Flujo mucoso de la uretra.

urgencia. F. **1.** Cualidad de urgente. ‖ **2.** Necesidad o falta apremiante de lo que se requiere para algún negocio. ‖ **3.** Caso urgente. *Lo necesito para una urgencia. El hospital quedó saturado por las urgencias.* ‖ **4.** Inmediata obligación de cumplir una ley o un precepto. ‖ **5.** pl. Sección de los hospitales en que se atiende a los enfermos y heridos graves que necesitan cuidados médicos inmediatos. ☐ V. **decreto de ~.**

urgente. ADJ. Que urge. *Necesidad urgente.* ☐ V. **carta ~, correo ~.**

urgir. **I.** TR. **1.** Pedir o exigir algo con urgencia o apremio. *Los vecinos urgían la construcción de un parque.* ‖ **2.** Conducir o empujar a alguien a una rápida actuación. *El director la urgió a terminar el informe.* ‖ **II.** INTR. **3.** Dicho de una cosa: Instar o precisar a su pronta ejecución o remedio. ‖ **4.** Dicho de la ley o de un precepto: Obligar con apremio.

Urías. ☐ V. **carta de ~.**

úrico, ca. ADJ. Perteneciente o relativo al ácido úrico. ☐ V. **ácido ~.**

urinario, ria. **I.** ADJ. **1.** Perteneciente o relativo a la orina. *Retención urinaria.* ‖ **II.** M. **2.** Lugar destinado para orinar y en especial el dispuesto para el público en calles, teatros, etc.

urna. F. **1.** Arca que sirve para depositar las cédulas, números o papeletas en los sorteos y en las votaciones secretas. ‖ **2.** Caja de cristales planos a propósito para tener dentro visibles y resguardados del polvo efigies u otros objetos preciosos. U. t. en sent. fig. *No puedes vivir en una urna.* ‖ **3.** Caja de metal, piedra u otra materia, que sirve para varios usos, como guardar dinero, los restos o las cenizas de los cadáveres humanos, etc.

uro. M. hist. Bóvido salvaje muy parecido al toro, pero de mayor tamaño, que fue abundantísimo en la Europa central en la época diluvial y se extinguió en 1627.

urodelo. ADJ. *Zool.* Se dice de los anfibios que durante toda su vida conservan una larga cola que utilizan para nadar y tienen cuatro extremidades, aunque a veces faltan las dos posteriores. En algunos persisten las branquias en el estado adulto; p. ej., la salamandra. U. t. c. s. ORTOGR. En m. pl., escr. con may. inicial c. taxón. *Los Urodelos.*

urogallo. M. Ave gallinácea, de unos ocho decímetros de largo y quince de envergadura, con plumaje pardo negruzco jaspeado de gris, patas y pico negros, tarsos emplumados y cola redonda. Vive en los bosques, y en la época del celo da gritos roncos algo semejantes al mugido del uro.

urogenital. ADJ. *Anat.* genitourinario.

urografía. F. *Med.* Técnica radiológica que permite visualizar las vías urinarias mediante el empleo de sustancias de contraste.

urología. F. Parte de la medicina referente al aparato urinario.

urológico, ca. ADJ. *Med.* Perteneciente o relativo a la urología.

urólogo, ga. M. y F. Especialista en urología.

uroscopia. F. *Med.* Inspección visual y metódica de la orina, antiguamente usada para establecer el diagnóstico de las enfermedades internas.

urraca. F. **1.** Pájaro que tiene cerca de medio metro de largo y unos seis decímetros de envergadura, con pico y pies negruzcos, y plumaje blanco en el vientre y arranque de las alas, y negro con reflejos metálicos en el resto del cuerpo. ‖ **2.** *Am.* Ave semejante al arrendajo. ‖ **hablar** alguien **más que una ~.** LOC.VERB. coloq. Hablar mucho.

ursulina. ADJ. Se dice de la religiosa que pertenece a la congregación agustiniana fundada por santa Ángela de Brescia, en el siglo XVI, para educación de niñas y cuidado de enfermos. U. t. c. s.

urta. F. Pez teleósteo, del suborden de los Acantopterigios, común en los mares de España, muy semejante al pagel, de doble largo que este y con el hocico obtuso.

urticáceo, a. ADJ. *Bot.* Se dice de las plantas angiospermas dicotiledóneas, arbustos o hierbas, de hojas sencillas, opuestas o alternas, con estípulas y casi siempre provistas de pelos que segregan un jugo urente. Tienen flores pequeñas en espigas, panojas o cabezuelas, fruto desnudo o contenido en el perigonio, y semilla de albumen carnoso; p. ej., la ortiga y la parietaria. U. t. c. s. f. ORTOGR. En f. pl., escr. con may. inicial c. taxón. *Las Urticáceas.*

urticante. ADJ. Que produce comezón semejante a las picaduras de ortiga. *Sustancias urticantes.*

urticaria. F. *Med.* Enfermedad eruptiva de la piel, cuyo síntoma más notable es una comezón parecida a la que producen las picaduras de la ortiga.

urucú. M. Á. *guar.* **bija** (‖ árbol). MORF. pl. **urucúes** o **urucús.**

uruguayismo. M. Locución, giro o modo de hablar propio y peculiar de los uruguayos.

uruguayo, ya. ADJ. **1.** Natural del Uruguay. U. t. c. s. ‖ **2.** Perteneciente o relativo a este país de América.

urutaú. M. Á. *guar.* Ave nocturna de unos 30 cm de longitud, de color plomizo, pico corto y ojos negros con párpados de bordes amarillos. MORF. pl. **urutaúes** o **urutaús.**

usado, da. PART. de **usar.** ‖ ADJ. **1.** Gastado y deslucido por el uso. *Traje muy usado.* ‖ **2.** Dicho de un sello de correos: Que ya ha sido matado, por lo que su único valor es el que le conceden los filatelistas.

usanza. F. **1.** Ejercicio o práctica de algo. ‖ **2.** Uso o costumbre.

usar. **I.** TR. **1.** Hacer servir una cosa para algo. *Usamos la escuadra y el cartabón para hacer líneas paralelas.* U. t. c. intr. *Usar DE tretas y engaños para convencer.* ‖ **2.** Practicar algo habitualmente o por costumbre. *Los jóvenes usan decir palabrotas.* ‖ **3.** Llevar una prenda de vestir, un adorno personal o tener por costumbre ponerse algo. *Usa corbata todos los días.* ‖ **II.** PRNL. **4.** Estar de moda.

ushuaiense. ADJ. **1.** Natural de Ushuaia. U. t. c. s. ‖ **2.** Perteneciente o relativo a esta ciudad de la Argentina, capital de la provincia de Tierra del Fuego, Antártida e Islas del Atlántico Sur.

usía. COM. Vuestra señoría.

usina. F. *Am. Mer.* Instalación industrial importante, en especial la destinada a producción de gas, energía eléctrica, agua potable, etc.

uslero. M. *Chile.* **rodillo** (‖ cilindro para estirar la masa).

uso. M. **1.** Acción y efecto de usar. ‖ **2.** Costumbre o práctica habitual en una sociedad. ‖ **3.** Modo determinado de obrar que tiene alguien o algo. ‖ **4.** Empleo continuado y habitual de alguien o algo. ‖ **~ de razón.** M. **1.** Posesión del natural discernimiento, que se adquiere pasada la primera niñez. ‖ **2.** Tiempo en que se descubre o se empieza a reconocer este discernimiento en los actos del niño o del individuo. ‖ **al ~.** LOC.ADJ. Conforme o según el uso. ‖ **estar en buen ~** lo que ya se ha usado. LOC. VERB. coloq. No estar estropeado.

uspanteca. **I.** ADJ. **1.** Se dice del individuo de un pueblo amerindio de la familia maya de Guatemala. U. t. c. s. ‖ **2.** Perteneciente o relativo a los **uspantecas.** ‖ **II.** M. **3.** Lengua hablada por los **uspantecas.**

uspanteco, ca. ADJ. **1.** Natural de Uspantán. U. t. c. s. ‖ **2.** Perteneciente o relativo a este municipio de Guatemala o a su cabecera, en el departamento de Quiché.

usted. PRON. PERSON. Forma de 3.ª persona gramatical usada con referente de 2.ª persona como tratamiento de cortesía, respeto o distanciamiento. *Usted es muy amable. ¿Vienen ustedes?* Se utiliza como sujeto, vocativo, atributo y término de preposición. En América y algunas zonas de España, es la forma utilizada para el referente de la 2.ª persona del plural tanto en el tratamiento formal como en el informal. *Niños, hay merienda para ustedes en la cocina.*

usual. ADJ. Que común o frecuentemente se usa o se practica. *Utilizó un apelativo nada usual.*

usuario, ria. ADJ. Que usa ordinariamente algo. Apl. a pers., u. t. c. s. *Los usuarios del metro han sufrido grandes retrasos.*

usucapión. F. *Der.* Adquisición de una propiedad o de un derecho real mediante su ejercicio en las condiciones y durante el tiempo previsto por la ley.

usucapir. TR. *Der.* Adquirir una cosa por usucapión. MORF. U. solo en infinit. y en part.

usufructo. M. **1.** Derecho a disfrutar bienes ajenos con la obligación de conservarlos, salvo que la ley autorice otra cosa. ‖ **2.** Utilidades, frutos o provechos que se sacan de cualquier cosa.

usufructuar. TR. Tener o gozar del usufructo de una cosa. MORF. conjug. c. *actuar.*

usufructuario, ria. ADJ. **1.** Dicho de una persona: Que posee y disfruta una cosa. U. t. c. s. ‖ **2.** *Der.* Dicho de una persona: Que posee derecho real de usufructo sobre alguna cosa en que otro tiene nuda propiedad. U. t. c. s.

usuluteco, ca. ADJ. **1.** Natural de Usulután. U. t. c. s. ‖ **2.** Perteneciente o relativo a este departamento de El Salvador o a su cabecera.

usura. F. **1.** Interés excesivo en un préstamo. ‖ **2.** Ganancia, fruto, utilidad o aumento que se saca de algo, especialmente cuando es excesivo. *Llegaba a la usura en la administración de su cariño.*

usurario, ria. ADJ. Perteneciente o relativo a la usura.

usurero, ra. M. y F. **1.** Persona que presta con usura o interés excesivo. ‖ **2.** Persona que en otros contratos obtiene lucro desmedido.

usurpación. F. Acción y efecto de usurpar. ‖ ~ **de estado civil.** F. *Der.* Delito que comete quien utiliza de forma estable el estado civil, nombre y apellidos de otra persona, suplantando su personalidad.

usurpador, ra. ADJ. Que usurpa. Apl. a pers., u. t. c. s.

usurpar. TR. **1.** Apoderarse de una propiedad o de un derecho que legítimamente pertenece a otro, por lo general con violencia. ‖ **2.** Arrogarse la dignidad, empleo u oficio de otro, y usarlos como si fueran propios.

utensilio. M. **1.** Cosa que sirve para el uso manual y frecuente. U. m. en pl. *Utensilios de cocina.* ‖ **2.** Herramienta o instrumento de un oficio o arte. U. m. en pl. *Utensilios quirúrgicos.*

uterino, na. ADJ. Perteneciente o relativo al útero. ☐ V. **cuello ~, furor ~, hermano ~, involución ~.**

útero. M. *Anat.* Órgano muscular hueco de la mujer y de las hembras de los mamíferos, situado en el interior de la pelvis, donde se produce la hemorragia menstrual y se desarrolla el feto hasta el parto. ☐ V. **cuello del ~.**

útil[1]. ADJ. Que trae o produce provecho, comodidad, fruto o interés. *Una mesa plegable muy útil.* ☐ V. **voto ~.**

útil[2]. M. **utensilio** (‖ herramienta). U. m. en pl.

utilería. F. Conjunto de objetos y enseres que se emplean en un escenario teatral o cinematográfico.

utilero, ra. M. y F. Persona encargada de la utilería.

utilidad. F. Cualidad de **útil**[1].

utilitario, ria. **I.** ADJ. **1.** Orientado prioritariamente a la utilidad. *Las construcciones romanas tenían un carácter utilitario.* ‖ **2.** Perteneciente o relativo al **utilitarismo** (‖ actitud que valora exageradamente la utilidad y antepone a todo su consecución). *Pensamiento utilitario.* ‖ **II.** M. **3. coche utilitario.**

utilitarismo. M. **1.** Doctrina filosófica que considera la utilidad como principio de la moral. ‖ **2.** Actitud que valora exageradamente la utilidad y antepone a todo su consecución.

utilitarista. ADJ. **1.** Perteneciente o relativo al utilitarismo. *Está imbuido de un claro sentido utilitarista del ejercicio del poder.* ‖ **2.** Partidario o defensor del **utilitarismo** (‖ doctrina filosófica). U. t. c. s.

utilizable. ADJ. Que puede o debe utilizarse. *Algunas ideas utilizables.*

utilización. F. Acción y efecto de utilizar.

utilizar. TR. **1.** Hacer que una cosa sirva para algo. *Utiliza un machete para partir cocos.* U. t. c. prnl. ‖ **2.** Aprovecharse de alguien para que haga algo sin que se dé cuenta. *Me ha utilizado para dar celos a su novia.*

utillaje. M. Conjunto de útiles necesarios para una industria.

utopía. F. Plan, proyecto, doctrina o sistema optimistas que aparecen como irrealizables en el momento de su formulación.

utópico, ca. ADJ. **1.** Perteneciente o relativo a la utopía. *Ideas utópicas.* ‖ **2. utopista.** U. t. c. s.

utopismo. M. Tendencia a la utopía.

utopista. ADJ. Que traza utopías o es dado a ellas. U. m. c. s.

utrera. F. Novilla desde los dos años hasta cumplir los tres.

utrerano, na. ADJ. **1.** Natural de Utrera. U. t. c. s. ‖ **2.** Perteneciente o relativo a esta ciudad de la provincia de Sevilla, en España.

utrero. M. Novillo desde los dos años hasta cumplir los tres.

ut supra. (Locución latina). LOC. ADV. Se usa en ciertos documentos para referirse a una fecha, cláusula o frase escrita más arriba, y evitar su repetición.

utuadeño, ña. ADJ. **1.** Natural de Utuado. U. t. c. s. ‖ **2.** Perteneciente o relativo a este municipio de Puerto Rico o a su cabeza.

uva. F. **1.** Baya o grano más o menos redondo y jugoso, fruto de la vid, que forma racimos. ‖ **2.** Baya de otros arbustos. ‖ ~ **albilla.** F. Variedad de uva, de hollejo tierno y delgado y muy gustosa. ‖ ~ **crespa.** F. **uva espina.** ‖ ~ **de gato.** F. Hierba anual de la familia de las Crasuláceas, que se cría comúnmente en los tejados, con tallos de dos a tres centímetros, hojas pequeñas, carnosas, casi elipsoidales, obtusas, lampiñas, que parecen racimos de grosellas no maduras, y flores blancas en corimbos. ‖ ~ **de playa.** F. Fruto del uvero, del tamaño de una cereza grande, morado, tierno, muy jugoso y dulce. Encierra una sola semilla negra, de volumen igual a las dos terceras partes del fruto. ‖ ~ **espina.** F. Variedad de grosellero, que crece espontáneamente en Europa y América y tiene las hojas vellosas y los frutos menos dulces. ‖ ~ **moscatel.** F. Variedad de uva, blanca o morada, de grano redondo y muy liso y gusto muy dulce. ‖ ~ **tinta.** F. Variedad de uva que tiene negro el zumo y sirve para dar color a ciertos mostos. ‖ ~ **torrontés.** F. Variedad de uva, blanca, muy transparente y que tiene el grano pequeño y el hollejo muy tierno y delgado, por lo cual se pudre pronto. De ella se hace vino muy oloroso, suave y claro, que se conserva mucho tiempo. ‖ **mala ~.** F. **1.** coloq. Mala intención o mal carácter. *Estos versos estás escritos con muy mala uva. Luis tiene mala uva.* ‖ **2.** coloq. **mal humor.** *Se puso de mala uva.* ‖ **de pura ~, o la pura ~.** LOCS. ADJS. *Méx.* Excelente en su clase. ☐ V. **azúcar de ~.**

uvaduz. F. gayuba.

uve. F. Nombre de la letra *v.* MORF. pl. **uves.** ‖ ~ **doble.** F. Nombre de la letra *w.*

uveítis. F. *Med.* Inflamación de la capa media de la pared del globo ocular.

uveral. M. *Am.* Lugar en donde abundan los uveros.

uvero. M. Árbol silvestre de la familia de las Poligonáceas, que vive en las costas de las Antillas, Venezuela y América Central, muy frondoso, de poca altura y con hojas consistentes, casi redondas, como de dos decímetros de diámetro y color verde rojizo. Su fruto es la uva de playa.

uvi. F. unidad de vigilancia intensiva.

úvula. F. *Anat.* Parte media del velo palatino, de forma cónica y textura membranosa y muscular, la cual divide el borde libre del velo en dos mitades a modo de arcos.

uvular. ADJ. *Fon.* Dicho de un sonido: En cuya articulación interviene la úvula. U. t. c. s. f.

uxoricida. M. Hombre que mata a su mujer. U. t. c. adj.

uxoricidio. M. Muerte causada a la mujer por su marido.

uzbeco, ca. ADJ. **uzbeko.** Apl. a pers., u. t. c. s.

uzbeko, ka. ADJ. **1.** Natural de Uzbekistán. U. t. c. s. ‖ **2.** Perteneciente o relativo a este país de Asia.

V

v. F. **1.** Vigésima segunda letra del abecedario latino internacional y vigésima quinta del español, que representa un fonema consonántico labial y sonoro, el mismo que la *b* en todos los países de lengua española. Su nombre es *uve, ve, ve baja* o *ve corta.* ‖ **2.** Letra numeral que tiene el valor de cinco en la numeración romana. ORTOGR. Escr. con may. ‖ **~ doble.** F. w.

vaca. F. **1.** Hembra del toro. ‖ **2.** Carne de vaca o de buey, que se emplea como alimento. ‖ **3.** Dinero que juegan en común dos o más personas. ‖ **4.** *Mar.* Depósito o aljibe de agua dulce para la bebida de la marinería. ‖ **5.** *Am.* Dinero que se reúne entre varias personas para compartir un gasto determinado. ‖ **~ loca.** F. Res afectada por la encefalopatía espongiforme bovina. ‖ **~ marina.** F. **manatí.** ‖ **~ sagrada.** F. coloq. Persona que, a lo largo del tiempo, ha adquirido en su profesión una autoridad y un prestigio que la hacen socialmente intocable. ‖ **~s flacas.** F. pl. coloq. Período de escasez. ‖ **~s gordas.** F. pl. coloq. Período de abundancia. ▢ V. **caña de ~, leña de ~.**

vacación. F. **1.** Descanso temporal de una actividad habitual, principalmente del trabajo remunerado o de los estudios. U. m. en pl. ‖ **2.** Tiempo que dura el cese del trabajo. U. m. en pl.

vacacional. ADJ. Perteneciente o relativo a las vacaciones. *Período vacacional.*

vacacionar. INTR. *Am.* Pasar las vacaciones.

vacacionista. COM. *Á. Caribe.* Persona que viaja en disfrute de vacaciones.

vacada. F. Conjunto o manada de ganado vacuno.

vacancia. F. **vacante** (‖ cargo sin proveer). U. m. en América.

vacante. **I.** ADJ. **1.** Que está sin ocupar. *Asiento vacante.* Apl. a una plaza, u. t. c. s. f. ‖ **2.** Dicho de un cargo, un empleo o una dignidad: Que están sin proveer. U. t. c. s. f. ‖ **II.** F. **3.** Renta devengada en el tiempo que permanece sin proveerse un beneficio o dignidad eclesiástica. ▢ V. **sede ~.**

vacar. INTR. **1.** Dicho de una persona: Cesar por algún tiempo en sus habituales negocios, estudios o trabajo. ‖ **2.** Dicho de un empleo, de un cargo o de una dignidad: Quedar sin persona que los desempeñe o posea.

vacceo, a. ADJ. **1.** hist. Se dice de un pueblo hispánico prerromano que habitaba un territorio extendido a ambos lados del Duero por los actuales términos de Medina del Campo, Valladolid, Palencia, Sahagún, Villalpando y Toro. ‖ **2.** hist. Se dice de los individuos que formaban este pueblo. U. t. c. s. ‖ **3.** hist. Perteneciente o relativo a los vacceos. *Armas vacceas.*

vaccinieo, a. ADJ. *Bot.* Se dice de las matas o arbustos pequeños pertenecientes a la familia de las Ericáceas, con hojas simples, casi sentadas y perennes, flores solitarias o en racimo, y fruto en bayas jugosas con semillas de albumen carnoso; p. ej., el arándano. U. t. c. s. f.

vaciadero. M. Sitio en que se vacía algo.

vaciado, da. PART. de **vaciar.** ‖ **I.** ADJ. **1.** *Méx.* **simpático** (‖ que inspira simpatía). *Esa historia está bien vaciada.* ‖ **II.** M. **2.** Acción de vaciar en un molde un objeto de metal, yeso, etc. ‖ **3.** *Arqueol.* Excavación de la tierra para descubrir lo enterrado. ‖ **4.** *Esc.* Figura o adorno de yeso, estuco, etc., que se ha formado en el molde.

vaciador, ra. **I.** M. y F. **1.** Persona que vacía. ‖ **II.** M. **2.** Instrumento por donde o con que se vacía.

vaciamiento. M. Acción y efecto de vaciar.

vaciante. F. **menguante** (‖ descenso del agua del mar por efecto de la marea).

vaciar. **I.** TR. **1.** Dejar vacío algo. *Vaciar una botella. Vaciar el bolsillo.* U. t. c. prnl. ‖ **2.** Sacar, verter o arrojar el contenido de una vasija u otra cosa. *Vaciar el agua en la calle.* U. t. c. prnl. ‖ **3.** Formar un objeto echando en un molde hueco metal derretido u otra materia blanda. *Copió esculturas griegas y romanas que habían vaciado en escayola.* ‖ **4.** Formar un hueco en alguna cosa. *Vació el melón para rellenarlo de helado.* ‖ **5.** Sacar filo muy agudo en la piedra a los instrumentos cortantes delicados. ‖ **6.** Exponer o explicar con todo detalle un saber o doctrina. ‖ **II.** INTR. **7.** Dicho de un río o de una corriente: **desaguar.** ‖ **8.** Dicho del agua de los ríos, del mar, etc.: **menguar.** ¶ MORF. conjug. c. *enviar.*

vaciedad. F. **1.** Cualidad de vacío. ‖ **2.** Necedad, sandez, simpleza.

vacilación. F. Acción y efecto de vacilar.

vacilada. F. **1.** *Méx.* Diversión, goce intenso. ‖ **2.** *Méx.* Burla, tomadura de pelo.

vacilante. ADJ. **1.** Que **vacila** (‖ se mueve indeterminadamente). *Resplandor vacilante.* ‖ **2.** Que **vacila** (‖ está poco firme en su estado). *Pasos vacilantes.* ‖ **3.** Que **vacila** (‖ titubea). *Persona vacilante.*

vacilar. **I.** INTR. **1.** Dicho de una cosa: Moverse indeterminadamente. ‖ **2.** Dicho de una cosa: Estar poco firme en su estado, o tener riesgo de caer o arruinarse. ‖ **3.** Dicho de una persona: Titubear, estar indecisa. ‖ **II.** TR. **4.** Engañar, tomar el pelo, burlarse o reírse de alguien.

vacile. M. coloq. Guasa, tomadura de pelo.

vacilón, na. I. ADJ. **1.** coloq. Guasón, burlón. U. t. c. s. ‖ **II.** M. **2.** Á. *Caribe.* **vacile.**

vacío, a. I. ADJ. **1.** Falto de contenido físico o mental. *Jarra vacía. Mente vacía.* ‖ **2.** Dicho de un sitio: Que está con menos gente de la que puede concurrir a él. ‖ **3.** Deshabitado o sin gente. *Un piso vacío.* ‖ **4.** Que está libre o disponible. *Un taxi vacío.* ‖ **5.** Dicho de una hembra: Que no puede tener cría. ‖ **6. vano** (‖ arrogante, presuntuoso). *Un hombre vacío y altanero.* ‖ **II.** M. **7.** Concavidad o hueco de algunas cosas. ‖ **8.** Cavidad entre las costillas falsas y los huecos de las caderas. ‖ **9.** Abismo, precipicio o altura considerable. ‖ **10.** Falta, carencia o ausencia de alguna cosa o persona que se echa de menos. ‖ **11.** *Fís.* Espacio carente de materia. ‖ **al ~.** LOC.ADJ. Dicho de una forma de envasar: Sin aire. U. t. c. loc. adv. ‖ **caer en el ~** lo que se dice o se propone. LOC.VERB. coloq. No tener acogida. ‖ **de vacío.** LOC.ADV. **1.** Sin carga. *El camión volvió de vacío.* ‖ **2.** Sin haber conseguido lo que se pretendía. *El predicador se fue de vacío.* ‖ **en vacío.** LOC.ADV. **1.** Sin firmeza ni consistencia, o con riesgo de caerse, o sin apoyo en que mantenerse. ‖ **2.** *Mús.* Pulsando la cuerda sin pisarla. ‖ **hacer el ~.** LOC.VERB. **1.** *Fís.* Extraer el aire u otro gas contenidos en un recipiente cerrado. ‖ **2.** Negarle o dificultarle a alguien el trato con los demás, aislarlo. □ V. **conjunto ~, horror al ~.**

vacuidad. F. Cualidad de vacuo.

vacuna. F. **1.** Virus o principio orgánico que convenientemente preparado se inocula a una persona o a un animal para preservarlos de una enfermedad determinada. ‖ **2.** Grano o viruela que sale a las vacas en las tetas, y que se transmite al hombre por inoculación para preservarlo de las viruelas naturales. ‖ **3.** Pus de estos granos o de los granos de los vacunos.

vacunación. F. Acción y efecto de vacunar.

vacunador, ra. ADJ. Que vacuna. Apl. a pers., u. t. c. s.

vacunar. TR. Inocular a una persona o animal un virus o principio orgánico convenientemente preparado, para preservarlos de una enfermedad determinada. U. t. c. prnl. U. t. en sent. fig. *No se vacunó contra la estupidez.*

vacuno, na. I. ADJ. **1.** Perteneciente o relativo al ganado bovino. *Carne vacuna.* ‖ **II.** M. **2.** Animal bovino.

vacunoterapia. F. Tratamiento o profilaxis de las enfermedades infecciosas por medio de las vacunas.

vacuo, cua. ADJ. Vacío, falto de contenido. *Expresión vacua.*

vacuola. F. *Biol.* Orgánulo celular en forma de vesícula que almacena sustancias para diversas funciones celulares.

vadear. TR. Pasar un río u otra corriente de agua profunda por el vado o por cualquier otro sitio donde se pueda hacer pie.

vademécum. M. Libro de poco volumen y de fácil manejo para consulta inmediata de nociones o informaciones fundamentales. MORF. pl. **vademécums.**

vade retro. (Locución latina). EXPR. Se usa para rechazar a alguien o algo.

vado. M. **1.** Lugar de un río con fondo firme, llano y poco profundo, por donde se puede pasar andando, cabalgando o en algún vehículo. ‖ **2.** Modificación de las aceras y bordillos de las vías públicas para facilitar el acceso de los vehículos a los locales y viviendas.

vagabundear. INTR. Andar vagabundo.

vagabundeo. M. Acción y efecto de vagabundear.

vagabundería. F. Cualidad de vagabundo.

vagabundo, da. ADJ. **1.** Que anda errante de una parte a otra. *Perro vagabundo.* ‖ **2.** Holgazán u ocioso que anda de un lugar a otro, sin tener oficio ni domicilio determinado. U. t. c. s. *En la calle dormían borrachos y vagabundos.*

vagancia. F. **1.** Pereza y falta de ganas de hacer algo. ‖ **2.** Acción de **vagar¹.**

vagante. ADJ. Que vaga o anda suelto y libre. *Juglares vagantes.*

vagar¹. INTR. Estar ocioso.

vagar². INTR. Andar por varias partes sin dirección determinada a algún sitio o lugar, o sin especial detención en ninguno. U. t. en sent. fig. *Dejé vagar el pensamiento.*

vagaroso, sa. ADJ. Que vaga, o que fácilmente y de continuo se mueve de una a otra parte. *Mirada vagarosa.* U. m. en leng. poét.

vagido. M. Gemido o llanto del recién nacido.

vagina. F. *Anat.* Conducto muscular y membranoso que en la mujer, así como en las hembras de los mamíferos, se extiende desde la vulva hasta la matriz.

vaginal. ADJ. *Anat.* Perteneciente o relativo a la vagina. □ V. **labio ~.**

vaginitis. F. *Med.* Inflamación de la vagina.

vago¹, ga. ADJ. **1.** Holgazán, perezoso, poco trabajador. *Es un alumno muy vago.* U. t. c. s. ‖ **2.** Dicho de una persona: Sin oficio y mal entretenida. U. t. c. s. *Es un vago que vive a costa de los demás.* ‖ **3.** Dicho de un ojo: Que tiende a desarrollar su actividad con rendimiento inferior al normal.

vago², ga. I. ADJ. **1.** Impreciso, indeterminado. *Es un término muy vago.* ‖ **II.** M. **2.** *Anat.* **nervio vago.**

vagón. M. En los ferrocarriles, carruaje de viajeros o de mercancías y equipajes. ‖ **~ de cola.** M. El último de un tren.

vagoneta. F. Vagón pequeño y descubierto, para transporte.

vaguada. F. Línea que marca la parte más honda de un valle, y es el camino por donde van las aguas de las corrientes naturales. ‖ **~ barométrica.** F. *Meteor.* Depresión barométrica que en forma de valle penetra entre dos zonas de alta presión.

vaguear. INTR. **holgazanear.**

vaguedad. F. **1.** Cualidad de **vago** (‖ impreciso). ‖ **2.** Expresión o frase vaga.

vaguería. F. **vagancia** (‖ pereza).

váguido. M. *Am.* Desvanecimiento, vahído.

vahaje. M. Viento suave.

vahar. INTR. Echar vaho.

vaharada. F. Acción y efecto de arrojar o echar el vaho, aliento o respiración.

vahear. INTR. Echar de sí **vaho** (‖ vapor).

vahído. M. Desvanecimiento, turbación breve del sentido por alguna indisposición.

vaho. M. **1.** Vapor que despiden los cuerpos en determinadas condiciones. ‖ **2.** pl. Método curativo que consiste en respirar vahos con alguna sustancia balsámica.

vaída. ADJ. *Arq.* **baída.**

vaina. I. F. **1.** Cáscara tierna y larga en que están encerradas las semillas de algunas plantas. ‖ **2.** Funda ajustada para armas blancas o instrumentos cortantes o punzantes. ‖ **3.** *Anat.* Envoltura ajustada generalmente flexible. ‖ **4.** *Bot.* Ensanchamiento del pecíolo o de la hoja que envuelve el tallo. ‖ **5.** *Mar.* Jareta de lona fina o lienzo duro que se cose en el borde vertical de una bandera, y sirve para que por dentro de ella pase la driza o cordel con que se iza. ‖ **6.** *Mil.* Parte metálica de la munición, que contiene la carga explosiva. ‖ **7.** *Am. Cen.* y *Am. Mer.* Contrariedad, molestia. ‖ **8.** *Am. Cen.* y *Am. Mer.* Cosa no bien conocida o recordada. ‖ **II.** COM. **9.** coloq. Persona poco seria e irresponsable.

vainica. F. Bordado que se hace especialmente en el borde de los dobladillos, sacando algunas hebras del tejido.

vainilla. F. **1.** Planta americana, de la familia de las Orquidáceas, con tallos muy largos, verdes, sarmentosos y trepadores, hojas enteras, ovales u oblongas, flores grandes, verdosas, y fruto capsular en forma de judía, de unos 20 cm de largo por uno de ancho, que contiene muchas simientes menudas. ‖ **2.** Fruto de esta planta, muy oloroso, que se emplea para aromatizar los licores, el chocolate, etc. ‖ **3.** Heliotropo que se cría en América.

vaivén. M. **1.** Movimiento alternativo de un cuerpo que después de recorrer una línea vuelve a describirla, caminando en sentido contrario. ‖ **2.** Variedad inestable o inconstancia de las cosas en su duración o logro. *Vaivenes bursátiles.* ¶ MORF. pl. **vaivenes.**

vaivoda. M. hist. Soberano de Moldavia, Valaquia o Transilvania.

vajilla. F. Conjunto de platos, fuentes, vasos, tazas, etc., que se destinan al servicio de la mesa.

valaco, ca. ADJ. **1.** Natural de Valaquia. U. t. c. s. ‖ **2.** Perteneciente o relativo a este antiguo principado del reino de Rumanía. ‖ **3.** Se dice de la lengua romance que se habla en Valaquia, Moldavia y otros territorios rumanos. U. t. c. s. m. *El valaco.*

valdense. ADJ. **1.** hist. Sectario de Pedro de Valdo, heresiarca francés del siglo XII, según el cual todo lego que practicase voluntariamente la pobreza podría ejercer las funciones del sacerdocio. U. t. c. s. ‖ **2.** hist. Perteneciente o relativo a esta secta. *Ideario valdense.*

valdepeñas. M. Vino tinto procedente de Valdepeñas, villa de la provincia de Ciudad Real, en España.

valdiviano, na. I. ADJ. **1.** Natural de Valdivia. U. t. c. s. ‖ **2.** Perteneciente o relativo a esta provincia de Chile o a su capital. ‖ **II.** M. **3.** *Chile.* Guiso de caldo compuesto de charqui, cebolla frita y papas.

valduparense. ADJ. **1.** Natural de Valledupar. U. t. c. s. ‖ **2.** Perteneciente o relativo a esta ciudad de Colombia, capital del departamento de Cesar.

vale[1]. INTERJ. Se usa alguna vez para despedirse en estilo cortesano y familiar.

vale[2]. M. **1.** Papel o seguro que se hace a favor de alguien, obligándose a pagarle una cantidad de dinero. ‖ **2.** Bono o tarjeta que sirve para adquirir comestibles u otros artículos. ‖ **3.** Nota o apuntación firmada y a veces sellada, que se da a quien ha de entregar algo, para que después acredite la entrega y cobre el importe. ‖ **4.** Entrada gratuita para un espectáculo público. ‖ **~ real.** M. hist. Título de una antigua deuda pública.

valedero, ra. ADJ. Que debe valer y ser firme. *Un criterio valedero.*

valedor, ra. M. y F. Persona que **vale** (‖ ampara).

valencia. F. Número que expresa la capacidad de combinación de un átomo o radical con otros para formar un compuesto. La unidad se atribuye al hidrógeno.

valenciana. F. *Méx.* Parte baja de las perneras del pantalón que se vuelve hacia fuera y hacia arriba.

valencianidad. F. Cualidad o carácter de lo que es valenciano.

valencianismo. M. **1.** Locución, giro o modo de hablar propio de los valencianos. ‖ **2.** Amor o apego a las cosas características o típicas de Valencia.

valenciano, na. I. ADJ. **1.** Natural de Valencia, antiguo reino y ciudad de España, capital de la Comunidad Valenciana, o de su provincia. U. t. c. s. ‖ **2.** Natural de la Comunidad Valenciana. U. t. c. s. ‖ **3.** Natural de Valencia, ciudad de Venezuela, capital del estado de Carabobo. U. t. c. s. ‖ **4.** Perteneciente o relativo a aquel antiguo reino, a aquella provincia, a esa comunidad autónoma o a estas ciudades. ‖ **II.** M. **5.** Variedad del catalán, que se usa en gran parte del antiguo reino de Valencia y se siente allí comúnmente como lengua propia. ☐ V. **pasta ~.**

valentía. F. **1.** Esfuerzo, aliento, vigor. ‖ **2.** Hecho o hazaña heroica ejecutada con valor.

valentino, na. ADJ. Perteneciente o relativo a Valencia. *Concilio valentino.*

valentísimo, ma. ADJ. SUP. de **valiente.**

valentón, na. ADJ. Arrogante o que se jacta de guapo o valiente. U. t. c. s.

valentonada. F. Jactancia o exageración del propio valor.

valer[1]. I. TR. **1.** Dicho de una cosa: Tener un precio determinado para la compra o la venta. *Ese collar vale una fortuna.* ‖ **2.** Dicho de una cosa: Equivaler a otra en número, significación o aprecio. *Una nota blanca vale dos negras.* U. t. c. intr. ‖ **3.** Producir, dar ganancias o interés. U. t. en sent. fig. *La tardanza me valió un gran disgusto.* ‖ **4.** Amparar, proteger, patrocinar. *Dios nos valga.* ‖ **II.** INTR. **5.** Ser de naturaleza, o tener alguna calidad, que merezca aprecio y estimación. ‖ **6.** Dicho de una cosa: Tener vigencia. *Este pasaporte no vale; está caducado.* ‖ **7.** Dicho de una cosa: Ser útil para realizar cierta función. *Esta caja vale para guardar muchas cosas.* ‖ **8.** Dicho de una cosa: Prevalecer en oposición de otra. *Valió el parecer del director.* ‖ **9.** Dicho de una cosa: Ser o servir de defensa o amparo. *No le valdrá conmigo el parentesco. ¡No hay excusa que valga!* ‖ **10.** Tener la fuerza o valor que se requiere para la subsistencia o firmeza de algún efecto. *Este sorteo que vamos a hacer no vale; es un ensayo.* ‖ **11.** Incluir en sí de manera equivalente las calidades de otra cosa. *Esta razón vale* POR *muchas.* ‖ **III.** PRNL. **12.** Usar algo con tiempo y ocasión, o servirse últimamente de ello. *Valerse* DE *una herramienta.* ‖ **13.** Recurrir al favor o interposición de alguien para un intento. *Valerse* DE *un amigo.* ‖ **14.** Dicho de una persona: Tener capacidad para cuidarse por sí misma. *Mi abuelo todavía se vale muy bien.* ¶ MORF. V. conjug. modelo. ‖ **menos ~.** M. Acción de que resulta a alguien mengua o deshonor. ‖ **más valiera.** EXPR. irón. Se usa para expresar la extrañeza o disonancia que hace lo que se propone, como opuesto a lo que se intentaba. ‖ **vale.** INTERJ. Se usa para expresar asentimiento o conformidad. ‖ **~ alguien, o algo, lo que pesa.** LOC.VERB. coloq. Se usa para encarecer las excelentes cualidades de una persona o cosa.

valer[2]. M. Valor, valía.

valeriana. F. Planta herbácea, vivaz, de la familia de las Valerianáceas, con tallo recto, erguido, hueco, algo velloso y como de un metro de altura, hojas partidas en hojuelas puntiagudas y dentadas, flores en corimbos terminales, blancas o rojizas, fruto seco con tres divisiones y una sola semilla, y rizoma fragante, con muchas raicillas en círculos nudosos, que se usa en medicina como antiespasmódico.

valerianáceo, a. ADJ. *Bot.* Se dice de las plantas angiospermas dicotiledóneas, herbáceas, anuales o vivaces, con hojas opuestas y sin estípulas, flores en corimbos terminales, blancas, rojas, amarillas o azules, de corola tubular, gibosa o con espolón, cáliz persistente, y fruto membranoso o coriáceo, indehiscente, con una sola semilla sin albumen; p. ej., la valeriana y la milamores. U. t. c. s. f. ORTOGR. En f. pl., escr. con may. inicial c. taxón. *Las Valerianáceas.*

valeroso, sa. ADJ. Que tiene valentía. *Propuesta valerosa. Soldados valerosos.*

valetudinario, ria. ADJ. Dicho de quien sufre los achaques de la edad: Enfermizo, delicado, de salud quebrada. U. t. c. s.

valgo o **valgus.** ADJ. *Med.* Dicho de un elemento anatómico, generalmente articular: Desviado hacia fuera por malformación congénita.

valí. M. En algunos Estados musulmanes, gobernador de una provincia o de una parte de ella. MORF. pl. **valíes** o **valís.**

valía. F. 1. Valor, aprecio de algo. ‖ 2. Calidad de una persona que vale.

validación. F. Acción y efecto de validar.

validador, ra. ADJ. Que valida. *Autoridad validadora.* Apl. a un agente o un elemento, u. t. c. s. m.

validar. TR. Dar fuerza o firmeza a algo, hacerlo válido.

validez. F. Cualidad de válido.

valido. M. hist. Hombre que, por tener la confianza de un alto personaje, ejercía el poder de este.

válido, da. ADJ. 1. Firme y que vale o debe valer legalmente. *Trocaban monedas antiguas por monedas válidas.* ‖ 2. **aceptable.** *Un argumento válido.* ‖ 3. Dicho de una persona anciana: Que puede valerse por sí misma. U. t. c. s. *Residencia para válidos.*

valiente. ADJ. 1. Esforzado, animoso y de valor. *Es valiente y capaz de cualquier cosa.* U. t. c. s. ‖ 2. Grande y excesivo. U. m. en sent. irón. *¡Valiente amigo tienes!* ¶ MORF. sup. irreg. **valentísimo.**

valija. F. 1. maleta (‖ caja para transportar ropas). ‖ 2. Saco de cuero, cerrado con llave, donde llevan la correspondencia los correos. ‖ 3. Este correo. ‖ ~ **diplomática.** F. 1. Cartera cerrada y precintada que contiene la correspondencia oficial entre un Gobierno y sus agentes diplomáticos en el extranjero. ‖ 2. Esta misma correspondencia.

valimiento. M. 1. Acción de valer una cosa o de valerse de ella. ‖ 2. Privanza o aceptación particular que alguien tiene con otra persona, especialmente si es príncipe o superior. ‖ 3. Amparo, favor, protección o defensa. ‖ 4. hist. Servicio transitorio que el rey mandaba que le hiciesen sus súbditos de una parte de sus bienes o rentas, para alguna urgencia.

valioso, sa. ADJ. Que vale mucho o tiene mucha estimación o poder. *Cuadro valioso. Mujer valiosa.*

valkiria. F. **valquiria.**

valla. F. 1. Línea o término formado de estacas clavadas en el suelo o de tablas unidas, para cerrar algún sitio o señalarlo. ‖ 2. Cartelera situada en calles, carreteras, etc., con fines publicitarios. ‖ 3. *Dep.* Obstáculo en forma de valla que debe ser saltado por los participantes en ciertas competiciones hípicas o atléticas. ‖ **saltar**

alguien **la** ~. LOC.VERB. 1. Emprender el primero la ejecución de algo difícil. ‖ 2. Prescindir de las consideraciones y respetos debidos.

valladar. M. 1. **vallado.** ‖ 2. Obstáculo de cualquier clase para impedir que sea invadido o allanado algo.

vallado. M. Cerco que se levanta y se forma de tierra apisonada, o de bardas, estacas, etc., para defender un sitio e impedir la entrada en él.

vallar. TR. Cercar o cerrar un sitio con vallado.

valle. M. 1. Llanura de tierra entre montes o alturas. ‖ 2. Cuenca de un río. ‖ 3. Conjunto de lugares, caseríos o aldeas situados en un valle. ‖ ~ **de lágrimas.** M. Este mundo, aludiendo a las penalidades que se pasan en él. □ V. **hora** ~, **lirio de los** ~**s.**

vallecaucano, na. ADJ. 1. Natural del Valle del Cauca. U. t. c. s. ‖ 2. Perteneciente o relativo a este departamento de Colombia.

vallegrandino, na. ADJ. 1. Natural de Vallegrande. U. t. c. s. ‖ 2. Perteneciente o relativo a esta localidad del departamento de Santa Cruz de la Sierra, en Bolivia, o a su provincia.

vallenarino, na. ADJ. 1. Natural de Vallenar. U. t. c. s. ‖ 2. Perteneciente o relativo a esta ciudad de Chile, capital de la provincia de Huasco.

vallense. ADJ. 1. Natural de Valle. U. t. c. s. ‖ 2. Perteneciente o relativo a este departamento de Honduras.

valleño, ña. ADJ. **vallense.** Apl. a pers., u. t. c. s.

vallico. M. **ballico.**

vallisoletano, na. ADJ. 1. Natural de Valladolid. U. t. c. s. ‖ 2. Perteneciente o relativo a esta ciudad de España, capital de la comunidad autónoma de Castilla y León, o a su provincia.

vallista. COM. Corredor de carreras de vallas.

valluno^1, na. ADJ. **vallecaucano.** Apl. a pers., u. t. c. s.

valluno^2, na. ADJ. 1. Natural del Valle. U. t. c. s. ‖ 2. Perteneciente o relativo a esta región de Bolivia.

valón, na. ADJ. **I.** 1. Natural del territorio belga que ocupa la parte meridional de este país de Europa. U. t. c. s. ‖ 2. Perteneciente o relativo a él. ‖ **II.** M. 3. Idioma hablado por los valones, que es un dialecto del antiguo francés.

valona. F. 1. hist. Cuello grande y vuelto sobre la espalda, hombros y pecho, que se usó especialmente en los siglos XVI y XVII. ‖ 2. *Á. Caribe.* Crines convenientemente recortadas que cubren el cuello de las caballerías.

valor. M. 1. Grado de utilidad o aptitud de las cosas, para satisfacer las necesidades o proporcionar bienestar o deleite. ‖ 2. Cualidad de las cosas, en virtud de la cual se da por poseerlas cierta suma de dinero o equivalente. ‖ 3. Suma de dinero que se paga por poseer las cosas. ‖ 4. Alcance de la significación o importancia de una cosa, acción, palabra o frase. ‖ 5. Cualidad del ánimo, que mueve a acometer resueltamente grandes empresas y a arrostrar los peligros. U. t. en sent. peyor., denotando osadía, y hasta desvergüenza. *¿Cómo tienes valor para eso? Tuvo el valor de negarlo.* ‖ 6. Equivalencia de una cosa a otra, especialmente hablando de las monedas. ‖ 7. Persona que posee o a quien se atribuyen cualidades positivas para desarrollar una determinada actividad. *Es un joven valor de la guitarra.* ‖ 8. *Fil.* Cualidad que poseen algunas realidades, consideradas bienes, por lo cual son estimables. ‖ 9. *Mús.* Duración del sonido que corresponde a cada nota, según la figura con que esta se representa. ‖ 10. *Pint.* En una pintura o un dibujo, grado de claridad, media tinta o sombra que tiene cada tono o cada pormenor en relación con los demás. ‖ **11.** pl. Títulos representativos o anotaciones en cuenta de participación en sociedades, de cantidades prestadas, de mercancías, de depósitos o de fondos monetarios, futuros, opciones, etc., que son objeto de operaciones mercantiles. *Los valores están en alza.* ‖ **~ absoluto.** M. *Mat.* valor de un número sin tener en cuenta su signo. ‖ **~ agregado.** M. *Am.* valor añadido. ‖ **~ añadido.** M. *Econ.* Incremento del valor de un producto durante las sucesivas etapas de su producción o distribución. ‖ **~ cívico.** M. Entereza de ánimo para cumplir los deberes de la ciudadanía, sin arredrarse por amenazas, peligros ni vejaciones. ‖ **~ en cuenta.** M. *Com.* El que el librador de una letra de cambio, o de otro título a la orden, cubre con asiento de igual cuantía a cargo del tomador en la cuenta abierta entre ambos. ‖ **~ en sí mismo.** M. *Com.* Fórmula empleada en las letras o pagarés para significar que el librador gira a su propia orden, y que tiene en su poder el importe del libramiento. ‖ **~ entendido.** M. **1.** *Com.* El de las letras o pagarés, cuyo librador se reserva asentárselo en cuenta al tomador, cuando median razones que impiden a uno y otro explicar con claridad la verdadera causa de deber. ‖ **2.** Se usa para indicar connivencia o acuerdo consabido entre dos o más personas. ‖ **~ facial.** M. En filatelia, el impreso en el sello a efectos de franqueo, a diferencia del valor de mercado o colección. ‖ **~ nominal.** M. *Econ.* Cantidad por la que se emite una acción, una obligación y otros documentos mercantiles. ‖ **~ recibido, o ~ recibido en efectivo, géneros, mercancías, cuentas,** etc. M. *Com.* Se usan como fórmula para significar que el librador se da por satisfecho, de cualquiera de estos modos, del importe de la letra o pagaré. ‖ **~ relativo.** M. *Mat.* El que tiene una cantidad en comparación con otra. ‖ **~ reservado en sí mismo.** M. *Com.* valor en sí mismo. ‖ **~es declarados.** M. pl. Monedas o billetes que se envían por correo, bajo sobre cerrado, cuyo valor se declara en la administración de salida y de cuya entrega responde el servicio de correos. ☐ V. **cartera de ~es, título ~.**

valoración. F. Acción y efecto de valorar.

valorar. TR. **1.** Señalar el precio de algo. *Valoraron el cuadro en seis mil euros.* ‖ **2.** Reconocer, estimar o apreciar el valor o mérito de alguien o algo. *Valora mucho su independencia.* ‖ **3.** *Quím.* Determinar la composición exacta de una disolución.

valorativo, va. ADJ. **1.** Perteneciente o relativo a la valoración, o que la contiene. *Juicios valorativos.* ‖ **2.** Que valora. *Nos observaba atento, valorativo.*

valorización. F. Acción y efecto de valorizar.

valorizar. TR. **1.** valorar (‖ señalar el precio). *Valorizan y aquilatan las piedras preciosas.* ‖ **2.** valorar (‖ reconocer, estimar el valor o mérito de alguien o algo). *Valorizó su personalidad literaria.* ‖ **3.** Aumentar el valor de algo. *La libertad de exportación haría valorizar los productos del país.*

valquiria. F. Cada una de ciertas divinidades de la mitología escandinava que en los combates designaban los héroes que habían de morir, y en el cielo les servían de escanciadoras.

vals. M. **1.** Baile, de origen alemán, que ejecutan las parejas con movimiento giratorio y de traslación. Se acompaña con una música de ritmo ternario, cuyas frases constan generalmente de 16 compases, en aire vivo. ‖ **2.** Música de este baile. ¶ MORF. pl. **valses.**

Valsaín. ☐ V. **pino de ~.**

valsar. INTR. Bailar el vals.

valse. M. **vals.** U. m. en América.

valuación. F. Acción y efecto de valuar.

valuador, ra. M. y F. *Méx.* Persona que tiene por oficio valuar.

valuar. TR. **valorar** (‖ señalar el precio). U. m. en América. MORF. conjug. c. *actuar.*

valva. F. **1.** *Bot.* **ventalla.** ‖ **2.** *Med.* Instrumento en forma de lámina curva doblada, que se utiliza para separar los bordes de una incisión quirúrgica. ‖ **3.** *Zool.* Cada una de las piezas duras y movibles que constituyen la concha de los moluscos lamelibranquios y de otros invertebrados.

valvar. ADJ. *Bot.* y *Zool.* Perteneciente o relativo a las valvas.

válvula. F. **1.** Mecanismo que regula el flujo de la comunicación entre dos partes de una máquina o sistema. ‖ **2.** Mecanismo que impide el retroceso de un fluido que circula por un conducto. ‖ **3.** *Anat.* Pliegue membranoso que impide el retroceso de lo que circula por los vasos o conductos del cuerpo de los animales. ‖ **4.** *Electr.* Elemento de los aparatos de radio y televisión, parecido en su origen a una lámpara eléctrica de incandescencia, y que en su forma más simple consta de tres electrodos metálicos. ‖ **~ de escape.** F. **1.** válvula de seguridad. ‖ **2.** Ocasión, motivo u otra cosa a la que se recurre para desahogarse de una tensión, de un trabajo excesivo o agotador o para salir de la monotonía de la vida diaria. ‖ **~ de seguridad.** F. La que se coloca en un circuito o recipiente que contiene un fluido y que se abre automáticamente, permitiendo que escape cuando la presión es excesiva. ‖ **~ mitral.** F. *Anat.* La que existe entre la aurícula y el ventrículo izquierdos del corazón de los mamíferos. ‖ **~ tricúspide.** F. *Anat.* La que se halla entre la aurícula y el ventrículo derechos del corazón de los mamíferos, llamada así por terminar en tres puntas.

valvular. ADJ. Perteneciente o relativo a las válvulas.

vamos. EXPR. Se usa para exhortar. *Vamos, tenemos que darnos prisa. Vamos, di lo que sepas. Vamos, decid lo que sepáis.* U. t. c. interj. *¡Vamos, qué tontería!*

vampiresa. F. mujer fatal.

vampírico, ca. ADJ. Perteneciente o relativo a los vampiros.

vampirismo. M. Conducta de la persona que actúa como un vampiro.

vampirizar. TR. Abusar o aprovecharse de alguien o de algo.

vampiro. M. **1.** Espectro o cadáver que, según se cree popularmente en ciertos países, va por las noches a chupar poco a poco la sangre de los vivos hasta matarlos. ‖ **2.** Murciélago hematófago de América del Sur. ‖ **3.** coloq. Persona codiciosa que abusa o se aprovecha de los demás.

vanadio. M. Elemento químico de núm. atóm. 23. Metal escaso en la litosfera, se encuentra disperso en minerales de hierro, titanio y fósforo, y en forma de óxido, asociado al plomo. De color gris claro, dúctil y resistente a la corrosión, se usa como catalizador, y, aleado con aluminio o con hierro, mejora las propiedades mecánicas del hierro, el acero y el titanio. (Símb. *V*).

vanagloria. F. Jactancia del propio valer u obrar.

vanagloriarse. PRNL. Jactarse del propio valer u obrar. MORF. conjug. c. *anunciar.*

vanaglorioso, sa. ADJ. Jactancioso, ufano. U. t. c. s.

vandalaje. M. *Am.* Vandalismo, bandidaje.

vandálico, ca. ADJ. Perteneciente o relativo a los vándalos o al vandalismo.

vandalismo. M. **1.** Devastación propia de los antiguos vándalos. ‖ **2.** Espíritu de destrucción que no respeta cosa alguna, sagrada ni profana.

vándalo, la. ADJ. **1.** hist. Se dice del individuo perteneciente a un pueblo bárbaro de origen germánico oriental procedente de Escandinavia. U. t. c. s. ‖ **2.** hist. Perteneciente o relativo a los vándalos. *Asentamientos vándalos.* ‖ **3.** Dicho de una persona: Que comete acciones propias de gente salvaje y desalmada. U. t. c. s.

vanguardia. F. **1.** Parte de una fuerza armada, que va delante del cuerpo principal. ‖ **2.** Avanzada de un grupo o movimiento ideológico, político, literario, artístico, etc. ‖ **a, o a la, o en, ~.** LOCS. ADVS. En primera posición, en el punto más avanzado, adelantado a los demás. *Ir a la vanguardia. Estar en vanguardia.*

vanguardismo. M. Conjunto de las escuelas o tendencias artísticas, nacidas en el siglo XX, tales como el cubismo, el ultraísmo, etc., con intención renovadora, de avance y exploración.

vanguardista. ADJ. **1.** Perteneciente o relativo al vanguardismo. *Arte vanguardista.* ‖ **2.** Partidario de esta tendencia. U. t. c. s.

vanidad. F. **1.** Cualidad de vano. ‖ **2.** Cosa inútil o vana e insustancial. ‖ **3.** Cualidad de vanidoso. ‖ **4.** Cosa propia de la persona vanidosa.

vanidoso, sa. ADJ. Dicho de una persona: Que se siente y muestra orgulloso de sus méritos, y tiene un deseo excesivo de reconocimiento y alabanza.

vanílocuo, cua. ADJ. Hablador u orador insustancial. U. t. c. s.

vano, na. **I.** ADJ. **1.** Falto de realidad, sustancia o entidad. *Sus argumentos eran vanos e insustanciales.* ‖ **2.** Inútil, infructuoso o sin efecto. *Sus empeños de mejorar la situación fueron vanos.* ‖ **3.** Arrogante, presuntuoso, envanecido. *Era una persona vana y presumida.* ‖ **4.** Que no tiene fundamento, razón o prueba. *Se alimentaban de vanas esperanzas.* ‖ **5.** Dicho de un fruto de cáscara: Cuya semilla o sustancia interior está seca o podrida. ‖ **II.** M. **6.** *Arq.* Parte del muro o fábrica en que no hay sustentáculo o apoyo para el techo o bóveda; p. ej., los huecos de ventanas o puertas y los intercolumnios. ‖ **en vano.** LOC. ADV. **1.** Sin utilidad, logro ni efecto. ‖ **2.** Sin necesidad, razón o justicia.

vanuatuense. ADJ. **1.** Natural de Vanuatu. U. t. c. s. ‖ **2.** Perteneciente o relativo a este país de Oceanía.

vapor. M. **1.** Fluido gaseoso cuya temperatura es inferior a su temperatura crítica. Su presión no aumenta al ser comprimido, sino que se transforma parcialmente en líquido; p. ej., el producido por la ebullición del agua. ‖ **2. buque de vapor.** *Se espera la llegada del vapor.* ‖ **al ~.** LOC. ADJ. Dicho de algunos alimentos: Cocidos con vapor de agua sin que entren en contacto con ella. U. t. c. loc. adv. ☐ V. **buque de ~, caballo de ~, caldera de ~, máquina de ~.**

vaporación. F. evaporación.

vaporario. M. Aparato para producir vapor, usado en los baños rusos.

vaporización. F. **1.** Acción y efecto de vaporizar. ‖ **2.** Uso medicinal de vapores, especialmente de aguas termales.

vaporizador. M. Aparato que sirve para vaporizar.

vaporizar. TR. **1.** Convertir un líquido en vapor, por la acción del calor. *El agua caliente se utiliza para vaporizar el amoníaco.* U. t. c. prnl. ‖ **2.** Dispersar un líquido en pequeñas gotas. *Comenzó a vaporizar nubes de agua en torno a mi cabeza.*

vaporoso, sa. ADJ. **1.** Tenue, ligero, parecido en alguna manera al vapor. *Había una luz vaporosa que difuminaba los contornos.* ‖ **2.** Dicho de una tela, como la gasa o el organdí: Muy fina o transparente.

vapuleador, ra. ADJ. Que vapulea. U. t. c. s.

vapulear. TR. **1.** Golpear o dar repetidamente contra alguien o algo. *El boxeador vapuleó con saña el rostro de su adversario.* U. t. c. prnl. ‖ **2.** Reprender, criticar o hacer reproches duramente a alguien. *Los críticos vapulearon la película.*

vapuleo. M. Acción y efecto de vapulear.

vaquería. F. Lugar donde hay vacas o se vende su leche.

vaquerizo, za. M. y F. vaquero.

vaquero, ra. **I.** ADJ. **1.** Propio o característico de los pastores de ganado bovino. *Costumbres vaqueras.* ‖ **2.** Se dice de un tipo de tela de algodón resistente y, generalmente, de color azul, semejante a la usada en la ropa de los vaqueros del Lejano Oeste. ‖ **3.** Hecho con esta tela. *Cazadora, bolsa vaquera.* ‖ **II.** M. y F. **4.** Pastor de reses vacunas. ‖ **III.** M. **5.** pantalón vaquero. U. m. en pl. con el mismo significado que en sing. ‖ **6.** *Á. guar.* matambre (‖ fiambre). ☐ V. **pantalón ~.**

vaqueta. F. Cuero de ternera, curtido y adobado.

vaquilla. F. *Á. Andes* y *Chile.* Ternera de año y medio a dos años.

vaquillona. F. *Am. Mer.* Vaca de uno a dos años aún no cubierta (‖ por el macho).

vara. F. **1.** Rama delgada. ‖ **2.** Palo largo y delgado. ‖ **3.** Bastón que por insignia de autoridad usaban los ministros de justicia y que hoy llevan los alcaldes y sus tenientes. ‖ **4.** Jurisdicción de que es insignia la vara. ‖ **5.** Medida de longitud usada en distintas regiones de España con valores diferentes, que oscilan entre 768 y 912 mm. ‖ **6.** Barra de madera o metal, que tiene esa longitud y sirve para medir. ‖ **7.** Cada una de las dos piezas de madera del carro entre las cuales se engancha la caballería. ‖ **8. vara larga.** ‖ **9.** Golpe de garrocha dado al toro por el picador. ‖ **10.** Bohordo con flores de algunas plantas. *Vara de nardo. Vara de azucena.* ‖ **~ alta.** F. Autoridad, influencia, ascendiente. *Tiene vara alta.* ‖ **~ cuadrada.** F. Cuadrado que tiene de lado una vara. ‖ **~ de detener.** F. vara larga. ‖ **~ larga.** F. Especie de pica que se usa para guiar y sujetar los toros, o para picarlos en la plaza. ‖ **doblar la ~ de la justicia** quien juzga. LOC. VERB. Inclinarse injustamente en favor de alguien. ‖ **poner ~s** los vaqueros y picadores. LOC. VERB. Dar con la garrocha al toro. ‖ **tomar ~s** un toro. LOC. VERB. Recibir golpes de garrocha del picador. ☐ V. **trombón de ~s.**

varada. F. Acción y efecto de varar (‖ poner en seco una embarcación).

varadero. M. Lugar donde varan las embarcaciones para resguardarlas o para limpiar sus fondos o componerlas. ‖ **~ del ancla.** M. *Mar.* Plancha de hierro con que se defiende el costado del buque en el sitio en que descansa el ancla.

varado, da. PART. de varar. ‖ ADJ. *Am.* Dicho de una persona: Que no tiene recursos económicos. U. t. c. s.

varadura. F. varada.

varal. M. **1.** Vara muy larga y gruesa. ‖ **2.** En los carros, cada uno de los dos palos redondos donde encajan las estacas que forman los costados de la caja. ‖ **3.** Cada una de las varas del carro. U. m. en pl. ‖ **4.** Cada uno de los dos largueros que llevan en los costados las andas de las imágenes. ‖ **5.** *Á. R. Plata.* Armazón de cañas o palos que en los saladeros sirve para tender al aire libre la carne con que se hace el tasajo.

varamiento. M. Acción y efecto de varar (‖ encallar una embarcación).

varapalo. M. **1.** Golpe dado con un palo o una vara. ‖ **2.** Palo largo, especie de vara. ‖ **3.** Daño o quebranto que alguien recibe en sus intereses materiales o morales.

varar. **I.** TR. **1.** *Mar.* Sacar a la playa y poner en seco una embarcación, para resguardarla de la resaca o de los golpes de mar, o también para carenarla. ‖ **II.** INTR. **2.** Dicho de una embarcación: Encallar en la costa o en las peñas, o en un banco de arena. ‖ **3.** Dicho de un negocio: Quedar parado o detenido. ‖ **4.** *Am.* Dicho de un vehículo: Quedarse detenido por avería.

varazo. M. Golpe dado con una vara.

varazón. M. *Chile.* Cantidad grande de peces muertos que arroja el mar a la playa.

varbasco. M. *Méx.* Se usa como nombre genérico para referirse a varias especies de plantas.

várdulo, la. ADJ. **1.** hist. Se dice de un pueblo hispánico prerromano que habitaba el territorio de la actual provincia de Guipúzcoa, extendiéndose hasta Estella, Laguardia y las cumbres próximas al Ebro. ‖ **2.** hist. Se dice de los individuos que componían este pueblo. U. t. c. s. ‖ **3.** hist. Perteneciente o relativo a los *várdulos*. *Cerámica várdula.*

varea. F. Acción de **varear** (‖ derribar frutos).

vareador, ra. **I.** M. y F. **1.** Persona que varea. ‖ **II.** M. **2.** *Á. R. Plata.* Peón encargado de varear los caballos de competición.

varear. TR. **1.** Derribar con los golpes y movimientos de la vara los frutos de algunos árboles. ‖ **2.** Dar golpes con vara o palo. *Varearon sus espaldas con fuerza.* ‖ **3.** *Á. R. Plata.* Ejercitar un caballo de competición para conservar su buen estado físico.

varejón. M. *Am. Mer.* **verdasca.**

varenga. F. *Mar.* Pieza curva que se coloca atravesada sobre la quilla para formar la cuaderna.

vareo. M. **1.** Acción de varear. ‖ **2.** *Á. R. Plata.* Entrenamiento del galope de un caballo de carreras.

vareta. F. Lista de color diferente del fondo de un tejido.

varetazo. M. Golpe de lado que da el toro con el asta.

varga. F. Parte más pendiente de una cuesta.

varguense. ADJ. **1.** Natural de Vargas. U. t. c. s. ‖ **2.** Perteneciente o relativo a este estado de Venezuela.

vargueño. M. **bargueño.**

variabilidad. F. Cualidad de variable.

variable. **I.** ADJ. **1.** Que varía o puede variar. *Espesor variable.* ‖ **2.** Inestable, inconstante. *Carácter variable.* ‖ **II.** F. **3.** *Mat.* Magnitud que puede tener un valor cualquiera de los comprendidos en un conjunto. ‖ **~ estadística.** F. *Mat.* Magnitud cuyos valores están determinados por las leyes de probabilidad, como los puntos resultantes de la tirada de un dado. □ V. **cantidad ~, estrella ~.**

variación. F. **1.** Acción y efecto de variar. ‖ **2.** *Mat.* Cada uno de los subconjuntos del mismo número de elementos de un conjunto dado, que difieren entre sí por algún elemento o por el orden de estos. ‖ **3.** *Mús.* Cada una de las imitaciones melódicas de un mismo tema. ‖ **~ de la aguja,** o **~ magnética.** F. *Mar.* **declinación de la aguja.** ‖ **variaciones sobre el mismo tema.** F. pl. irón. coloq. Insistencia en un mismo asunto.

variado, da. PART. de **variar.** ‖ ADJ. Que tiene variedad. *Ritmo variado. Soluciones variadas.*

variancia. F. *Estad.* **varianza.**

variante. **I.** ADJ. **1.** Que varía. *Formas variantes.* ‖ **II.** M. **2.** Fruto o verdura que se encurte en vinagre. U. m. en pl. ‖ **III.** F. **3.** Variedad o diferencia entre diversas clases o formas de una misma cosa. ‖ **4.** Desviación provisional o definitiva de un trecho de una carretera o camino. ‖ **5.** Cada uno de los resultados con que en las quinielas de fútbol se refleja que el equipo propietario del campo empata o pierde con el visitante. ‖ **6.** *Ecd.* Variedad o diferencia textual que hay en los ejemplares o copias de un códice, manuscrito o libro, cuando se cotejan los de una época o edición con los de otra. ‖ **7.** *Ling.* Cada una de las diferentes formas con que se presenta una unidad lingüística de cualquier nivel.

varianza. F. *Estad.* Media de las desviaciones cuadráticas de una variable aleatoria, referidas al valor medio de esta.

variar. **I.** TR. **1.** Hacer que una cosa sea diferente en algo de lo que antes era. *Debería variar el rumbo.* ‖ **2.** Dar variedad. *Deberías variar las comidas para tener una dieta sana.* ‖ **II.** INTR. **3.** Dicho de una cosa: Cambiar de forma, propiedad o estado. ‖ **4.** Dicho de una cosa: Ser diferente de otra. ¶ MORF. conjug. c. *enviar.*

várice o **varice.** F. *Am.* **variz.**

varicela. F. *Med.* Enfermedad contagiosa, aguda y febril, caracterizada por una erupción parecida a la de la viruela benigna, pero cuyas vesículas supuran moderadamente.

varicocele. M. *Med.* Tumor formado por la dilatación de las venas del escroto y del conducto espermático.

varicoso, sa. ADJ. **1.** Perteneciente o relativo a las varices. *Dilataciones varicosas.* ‖ **2.** Que tiene varices. *Paciente varicoso.* Apl. a pers., u. t. c. s.

variedad. F. **1.** Cualidad de vario. ‖ **2.** Diferencia dentro de la unidad. ‖ **3.** Conjunto de cosas diversas. ‖ **4.** *Bot.* y *Zool.* Cada uno de los grupos en que se dividen algunas especies de plantas y animales y que se distinguen entre sí por ciertos caracteres que se perpetúan por la herencia. ‖ **5.** pl. Espectáculo teatral ligero en que se alternan números de diverso carácter.

variegación. F. *Bot.* Estado de la planta que muestra tejidos de distintos colores o de diversa constitución.

variegado, da. ADJ. **1.** De diversos colores. *Ovejas variegadas.* ‖ **2.** *Bot.* Dicho de una planta y de sus hojas: Que presentan variegación.

varietés. F. pl. **variedades** (‖ espectáculo teatral ligero).

varilarguero. M. Picador de toros.

varilla. F. **1.** Cada una de las piezas largas y delgadas que forman el armazón de los paraguas, abanicos, etc. ‖ **2.** Cada una de las costillas de metal, ballena, etc., que forman el armazón de los corsés. ‖ **3.** *Chile.* Arbusto, variedad del palhuén.

varillaje. M. Conjunto de varillas de un utensilio, especialmente un paraguas o un abanico.

varillero. M. *Méx.* **buhonero.**

vario, ria. I. ADJ. **1.** Diverso o diferente. *Enfoques varios.* ‖ **2.** Que tiene variedad o está compuesto de diversos adornos o colores. *Temas varios.* ‖ **II.** ADJ. INDEF. **3.** Algunos, unos cuantos. *Varias cristaleras.* U. t. c. pron. *Varios se negaron a embarcar.* ‖ **III.** M. **4.** pl. Conjunto de libros, folletos, hojas sueltas o documentos, de diferentes autores, materias o tamaños, reunidos en tomos, legajos o cajas.

varioloso, sa. ADJ. **1.** *Med.* Perteneciente o relativo a la viruela. *Granos variolosos.* ‖ **2.** Que tiene viruelas. U. t. c. s.

variopinto, ta. ADJ. **1.** Que ofrece diversidad de colores o de aspecto. *Banderas variopintas.* ‖ **2.** Multiforme, mezclado, diverso, abigarrado. *Equipo variopinto.*

varita. F. **varita mágica.** ‖ **~ de virtudes.** F. **varita mágica.** U. m. en América. ‖ **~ mágica.** F. Vara pequeña que utilizan los magos, hadas y prestidigitadores para hacer sus prodigios o trucos.

variz. F. *Med.* Dilatación permanente de una vena, causada por la acumulación de sangre en su cavidad.

varón. M. **1.** Ser humano de sexo masculino. ‖ **2.** Hombre que ha llegado a la madurez sexual. ‖ **~ de Dios.** M. Hombre santo o de particular espíritu o virtud. ‖ **santo ~.** M. **1.** Hombre de gran bondad. ‖ **2.** Hombre sencillo, poco sagaz, de pocos alcances.

varona. F. Mujer varonil.

varonil. ADJ. **1.** Perteneciente o relativo al varón. *Voz varonil.* ‖ **2.** Que tiene la fuerza, el valor u otras características consideradas propias del varón. *Intento varonil.*

varsoviana. F. **1.** Danza polaca, variante de la mazurca. ‖ **2.** Música de esta danza.

varsoviano, na. ADJ. **1.** Natural de Varsovia. U. t. c. s. ‖ **2.** Perteneciente o relativo a esta ciudad, capital de Polonia.

vasallaje. M. **1.** hist. Vínculo de dependencia y fidelidad que una persona tenía respecto de otra, contraído mediante ceremonias especiales, como besar la mano al vasallo a quien iba a ser su señor. ‖ **2.** hist. Tributo pagado por el vasallo a su señor.

vasallo, lla. I. ADJ. **1.** hist. **feudatario.** *Reino vasallo.* ‖ **II.** M. y F. **2.** Persona que reconoce a otra por superior o tiene dependencia de ella.

vasar. M. Poyo o anaquelería de ladrillo y yeso u otra materia que, sobresaliendo en la pared, especialmente en las cocinas, despensas y otros lugares semejantes, sirve para poner vasos, platos, etc.

vasco, ca. ADJ. **1.** **vascongado.** Apl. a pers., u. t. c. s. ‖ **2.** Natural de una parte del territorio francés comprendido en el departamento de los Bajos Pirineos. U. t. c. s. ‖ **3.** Perteneciente o relativo a esta parte. ‖ **4.** Se dice de la lengua europea sin filiación genética demostrada que se habla en el País Vasco español, en el francés y en la Comunidad Navarra. U. m. c. s. m. *El vasco.* ‖ **5.** Perteneciente o relativo a esta lengua. *Léxico, vocablo vasco.* ☐ V. **pelota ~.**

vascófilo, la. M. y F. **1.** Persona aficionada a la lengua y cultura vascongadas. ‖ **2.** Persona entendida en ellas.

vascofrancés, sa. ADJ. **1.** Natural del País Vasco francés. U. t. c. s. ‖ **2.** Perteneciente o relativo a esta región del sur de Francia. ¶ MORF. pl. **vascofranceses, sas.**

vascohablante. ADJ. Que tiene el vasco como lengua materna o propia. Apl. a pers., u. t. c. s.

vascólogo, ga. M. y F. Persona versada en estudios vascos.

vascón, na. ADJ. **1.** hist. Natural de la Vasconia, región de la España Tarraconense. U. t. c. s. ‖ **2.** hist. Perteneciente o relativo a esta región.

vascongado, da. ADJ. **1.** Natural del País Vasco. U. t. c. s. ‖ **2.** Perteneciente o relativo a esta comunidad autónoma de España.

vascónico, ca. ADJ. hist. Perteneciente o relativo a los vascones.

vascoparlante. ADJ. **vascohablante.** Apl. a pers., u. t. c. s.

vascuence. ADJ. **1.** **vasco** (‖ dicho de la lengua europea). U. m. c. s. m. *El vasco.* ‖ **2.** **vasco** (‖ perteneciente a esta lengua). *Fonética vascuence.*

vascular. ADJ. *Bot.* y *Zool.* Perteneciente o relativo a los vasos de las plantas o de los animales. ☐ V. **tensión ~.**

vasculoso, sa. ADJ. *Bot.* y *Zool.* Dicho de un cuerpo, de una parte o de un tejido: Que tienen vasos por los que circula la sangre o la savia.

vasectomía. F. *Med.* Sección quirúrgica de un vaso o conducto, especialmente de los deferentes en el aparato genital masculino.

vaselina. (Del inglés *vaseline*, marca reg.). F. **1.** Sustancia crasa, con aspecto de cera, que se saca de la parafina y aceites densos del petróleo y se usa en farmacia y perfumería. ‖ **2.** En el fútbol y otros deportes, disparo suave y de trayectoria muy curva que hace volar el balón por encima de uno o varios jugadores contrarios.

vasera. F. Poyo o anaquel para poner vasos.

vasija. F. **1.** Pieza cóncava y pequeña, de barro u otra materia y de forma común u ordinaria, que sirve para contener especialmente líquidos o cosas destinadas a la alimentación. ‖ **2.** vasija de medianas o grandes dimensiones.

vasito. M. *Á. R. Plata.* Helado que se vende servido en un vaso pequeño.

vaso. M. **1.** Pieza cóncava de mayor o menor tamaño, capaz de contener algo. ‖ **2.** Recipiente de metal, vidrio u otra materia, por lo común de forma cilíndrica, que sirve para beber. ‖ **3.** Cantidad de líquido que cabe en él. *Vaso de agua.* ‖ **4.** hist. Recipiente de barro vidriado, alto y cilíndrico, que servía para recibir los excrementos del cuerpo humano. ‖ **5.** Casco o uña de los animales caballares. ‖ **6.** Obra de escultura, en forma de jarrón, florero o pebetero, que, colocada sobre un zócalo, pedestal o peana, sirve para decorar edificios, jardines, etc. ‖ **7.** *Bot.* Conducto por el que circula en el vegetal la savia o el látex. ‖ **8.** *Zool.* Conducto por el que circula en el cuerpo del animal la sangre o la linfa. ‖ **~ criboso.** M. *Bot.* Cada uno de los que conducen la savia descendente de los vegetales. ‖ **~ leñoso.** M. *Bot.* Cada uno de los que conducen la savia ascendente de los vegetales. ‖ **~ sagrado.** M. El que, consagrado y bendecido, se destina a la celebración de la misa o a la conservación de las especies sacramentales. ‖ **~s comunicantes.** M. pl. Recipientes unidos por conductos que permiten el paso de un líquido de unos a otros. ‖ **ahogarse** alguien **en un ~ de agua.** LOC. VERB. coloq. Apurarse y afligirse por causa liviana.

vasoconstrictor, ra. ADJ. *Med.* Que contrae los vasos sanguíneos. Apl. a un medicamento o una sustancia, u. t. c. s. m.

vasodilatador, ra. ADJ. *Med.* Que dilata los vasos sanguíneos. Apl. a un medicamento o una sustancia, u. t. c. s. m.

vasquismo. M. **1.** Locución, giro o modo de hablar propio de los vascos. ‖ **2.** Amor o apego a las cosas características o típicas del País Vasco.

vástago. M. **1.** Renuevo o ramo tierno que brota del árbol o de otra planta. ‖ **2.** Conjunto del tallo y las hojas. ‖ **3.** Persona descendiente de otra. ‖ **4.** Pieza en forma de varilla que sirve para articular o sostener otras piezas. ‖ **5.** Barra que, sujeta al centro de una de las dos caras del émbolo, sirve para darle movimiento o transmitir el suyo a algún mecanismo. ‖ **6.** *Á. Caribe.* Tallo de planta musácea, como el plátano, el banano y el guineo o cambur.

vastedad. F. Dilatación, anchura o grandeza de algo.

vasto, ta. ADJ. Dilatado, muy extendido o muy grande. *Tierras vastas. Vasta cultura.*

vate. M. **1. adivino.** ‖ **2. poeta.**

váter. M. **1. inodoro.** ‖ **2. cuarto de baño.**

vaticanista. ADJ. **1.** Perteneciente o relativo a la política del Vaticano, sede de la corte pontificia. *Opiniones vaticanistas.* ‖ **2.** Partidario de esta política. U. t. c. s.

vaticano, na. **I.** ADJ. **1.** Natural de Ciudad del Vaticano. ‖ **2.** Perteneciente o relativo a este país de Europa. ‖ **3.** Perteneciente o relativo al Vaticano, palacio en que ordinariamente habita el papa. *Museos vaticanos.* ‖ **4.** Perteneciente o relativo al monte Vaticano, en Italia. *Alturas vaticanas.* ‖ **5.** Perteneciente o relativo al papa o a la corte pontificia. *Doctrina vaticana.* ‖ **II.** M. **6.** Corte pontificia.

vaticinador, ra. ADJ. Que vaticina. U. t. c. s.

vaticinar. TR. Pronosticar, adivinar, profetizar.

vaticinio. M. Predicción, adivinación, pronóstico.

vatio. M. *Electr.* Unidad de potencia eléctrica del Sistema Internacional, que equivale a un julio por segundo. (Símb. *W*).

vaupense. ADJ. **1.** Natural del Vaupés. U. t. c. s. ‖ **2.** Perteneciente o relativo a este departamento de Colombia.

vaya. INTERJ. **1.** Se usa para comentar algo que satisface o que, por el contrario, decepciona o disgusta. *Pablo ha aprobado todas las asignaturas, ¡vaya! No podemos ir al teatro: se ha suspendido la sesión, ¡vaya!* ‖ **2.** Se usa, antepuesta a un sustantivo, en construcciones exclamativas, para conferir sentido superlativo a las cualidades buenas o malas, según sean la entonación y contexto, que se reconocen en la persona o cosa designadas por dicho sustantivo. *¡Vaya mujer! ¡Vaya reloj que te has comprado!* ‖ **3.** Se usa, seguida de la preposición *con* y de un sintagma nominal, para marcar la actitud, favorable o desfavorable del hablante, matizada muchas veces de ironía, ante la persona o cosa designada por dicho sintagma. *¡Vaya con el niño! ¡Vaya con la musiquita!*

ve. F. uve. MORF. pl. **ves.** ‖ ~ **baja,** ~ **corta,** o ~ **chica.** F. *Am.* uve. ‖ ~ **doble.** F. *Am.* **uve doble.** ‖ **doble** ~. F. *Am.* **uve doble.**

vecero, ra. ADJ. Dicho de una planta: Que en un año da mucho fruto y poco o ninguno en otro.

vecinal. ADJ. Perteneciente o relativo al vecindario o a los vecinos. ☐ V. **camino** ~, **repartimiento** ~.

vecindad. F. **1.** Cualidad de vecino. ‖ **2.** Conjunto de las personas que viven en las distintas viviendas de una misma casa, o en varias inmediatas las unas a las otras.

‖ **3.** Conjunto de personas que viven en una población o en parte de ella. ‖ **4.** Contorno o cercanías de un lugar. ☐ V. **casa de** ~, **cédula de** ~, **chisme de** ~.

vecindario. M. **1.** Conjunto de los vecinos de un municipio, o solo de una población o de parte de ella. ‖ **2.** Lista o padrón de los vecinos de un pueblo.

vecino, na. ADJ. **1.** Que habita con otros en un mismo pueblo, barrio o casa, en vivienda independiente. U. t. c. s. ‖ **2.** Que ha ganado los derechos propios de la vecindad en un pueblo por haber habitado en él durante el tiempo determinado por la ley. U. t. c. s. ‖ **3.** Cercano, próximo o inmediato en cualquier línea. *Hacienda vecina.* ☐ V. **cada hijo de vecino, cualquier hijo de vecino.**

vector. M. **1.** *Bioquím.* Fragmento de ácido desoxirribonucleico que puede unir otro fragmento ajeno y transferirlo al genoma de otros organismos. ‖ **2.** *Fís.* Magnitud en la que, además de la cuantía, hay que considerar el punto de aplicación, la dirección y el sentido; p. ej., las fuerzas son **vectores.** ‖ **3.** *Med.* Ser vivo que puede transmitir o propagar una enfermedad. ☐ V. **radio** ~.

vectorial. ADJ. Perteneciente o relativo a los vectores.

veda. F. **1.** Espacio de tiempo en que está vedado cazar o pescar. ‖ **2.** Acción y efecto de vedar.

vedado. M. Campo o sitio acotado o cerrado por ley u ordenanza.

vedar. TR. **1.** Prohibir por ley, estatuto o mandato. ‖ **2.** Impedir, estorbar o dificultar.

vedegambre. M. *Bot.* Planta de la familia de las Liliáceas, con tallo erguido, de seis a ocho decímetros de altura, hojas alternas, blanquecinas por el envés, grandes y elípticas las inferiores y lanceoladas las superiores, flores blancas en espiga, y fruto capsular con multitud de semillas comprimidas y aladas. El polvo del rizoma se emplea en medicina como estornutatorio.

vedete. F. **1.** Artista principal en un espectáculo de variedades. ‖ **2.** Persona que destaca o quiere hacerse notar en algún ámbito. *Ese saltador es una vedete del atletismo.* U. t. c. adj.

vedetismo. M. Inclinación desmesurada a destacar y ser el centro de atención.

vedija. F. **1.** Mechón de lana. ‖ **2.** Mata de pelo enredada y ensortijada.

vedismo. M. hist. Religión más antigua de los indios, contenida en los libros llamados Vedas.

veedor, ra. **I.** ADJ. **1.** Que ve, mira o registra con curiosidad las acciones de los otros. *Ojo veedor.* Apl. a pers., u. t. c. s. ‖ **II.** M. **2.** hist. Encargado por oficio, en las ciudades o villas, de reconocer si son conformes a la ley u ordenanza las obras de cualquier gremio u oficinas de bastimentos. ‖ **3.** hist. Visitador, inspector, observador. ‖ **4.** hist. Jefe segundo de las caballerizas de los reyes de España, que tenía a su cargo el ajuste de las provisiones y la conservación de los coches y el ganado. ‖ **5.** *Á. R. Plata* y *Chile.* Encargado de inspeccionar el correcto desarrollo de una carrera de caballos.

veeduría. F. **1.** Cargo u oficio de veedor. ‖ **2.** Oficina del veedor.

vega. F. **1.** Parte de tierra baja, llana y fértil. ‖ **2.** *Á. Caribe.* Terreno sembrado de tabaco. ‖ **3.** *Chile.* Terreno muy húmedo.

vegabajeño, ña. ADJ. **1.** Natural de Vega Baja. U. t. c. s. ‖ **2.** Perteneciente o relativo a este municipio de Puerto Rico o a su cabeza.

vegalteño, ña. ADJ. **1.** Natural de Vega Alta. U. t. c. s. ‖ **2.** Perteneciente o relativo a este municipio de Puerto Rico o a su cabeza.

vegano, na. ADJ. **1.** Natural de La Vega. U. t. c. s. ‖ **2.** Perteneciente o relativo a esta provincia de la República Dominicana o a su capital.

vegetación. F. **1.** Acción y efecto de vegetar. ‖ **2.** Conjunto de los vegetales propios de un lugar o región, o existentes en un terreno determinado. ‖ **3. vegetación adenoidea.** U. m. en pl. ‖ ~ **adenoidea.** F. *Med.* Hipertrofia de las amígdalas faríngea y nasal y, sobre todo, de los folículos linfáticos de la parte posterior de las fosas nasales. U. m. en pl.

vegetal. I. ADJ. **1.** Perteneciente o relativo a las plantas. *Proteínas vegetales.* ‖ **2.** Que vegeta. *Gentes vegetales.* ‖ **II.** M. **3.** Ser orgánico que crece y vive, pero no muda de lugar por impulso voluntario. ☐ V. **asociación** ~, **azufre** ~, **carbón** ~, **manto** ~, **mosaico** ~, **papel** ~, **tierra** ~.

vegetalismo. M. Régimen alimenticio estrictamente vegetal que excluye todos los productos de animal, vivo o muerto.

vegetalista. ADJ. Dicho de una persona: Que practica el vegetalismo. U. t. c. s.

vegetar. INTR. **1.** Dicho de una planta: Germinar, nutrirse, crecer y aumentarse. U. t. c. prnl. ‖ **2.** Dicho de una persona: Vivir maquinalmente con vida meramente orgánica, comparable a la de las plantas. ‖ **3.** Disfrutar voluntariamente vida tranquila, exenta de trabajo y preocupaciones.

vegetarianismo. M. **1.** Régimen alimenticio basado principalmente en el consumo de productos vegetales, pero que admite el uso de productos del animal vivo, como los huevos, la leche, etc. ‖ **2.** Doctrina y práctica de los vegetarianos.

vegetariano, na. ADJ. **1.** Perteneciente o relativo al vegetarianismo. *Régimen vegetariano.* ‖ **2.** Partidario del vegetarianismo. U. t. c. s.

vegetativo, va. ADJ. **1.** Que vegeta o tiene vigor para vegetar. *Actividad vegetativa.* ‖ **2.** *Biol.* Perteneciente o relativo a las funciones vitales básicas inconscientes. *Órganos, aparatos vegetativos.*

vegoso, sa. ADJ. *Chile.* Dicho de un terreno: Que se conserva siempre húmedo.

veguer. M. hist. Magistrado que en Aragón, Cataluña y Mallorca ejercía, con poca diferencia, la misma jurisdicción que el corregidor en Castilla.

veguería. F. hist. Territorio o distrito a que se extendía la jurisdicción del veguer.

veguero, ra. I. M. y F. **1.** Persona que trabaja en el cultivo de una vega, en especial para la explotación del tabaco. ‖ **II.** M. **2.** Cigarro puro hecho rústicamente de una sola hoja de tabaco enrollada.

vehemencia. F. Cualidad de vehemente.

vehemente. ADJ. **1.** Que tiene una fuerza impetuosa. *Un discurso vehemente.* ‖ **2.** Ardiente y lleno de pasión. *Gestos vehementes.* ‖ **3.** Dicho de una persona: Que obra de forma irreflexiva, dejándose llevar por los impulsos.

vehicular[1]. TR. Servir de vehículo.

vehicular[2]. ADJ. **1.** Perteneciente o relativo al vehículo. *Tráfico peatonal y vehicular.* ‖ **2.** Dicho de una lengua: Que sirve de comunicación entre grupos de personas de lengua materna distinta.

vehiculizar. TR. **vehicular**[1].

vehículo. M. **1.** Medio de transporte de personas o cosas. ‖ **2.** Medio que sirve para conducir o transmitir fácilmente algo, como el sonido, la electricidad, las enfermedades contagiosas, etc. ‖ ~ **espacial.** M. **nave espacial.**

veinte. I. ADJ. **1.** Dos veces diez. ‖ **2. vigésimo** (‖ que sigue en orden al decimonoveno). *Número veinte. Año veinte.* Apl. a los días del mes, u. t. c. s. m. *El veinte de julio.* ‖ **II.** M. **3.** Conjunto de signos con que se representa el número **veinte.** ‖ **III.** F. **4.** pl. Octava hora en punto a partir de las doce de mediodía. *El concierto comenzará a las veinte treinta.* ‖ **5.** pl. Número de puntos que gana en el tute quien reúne el rey y el caballo de un palo que no sea triunfo, y lo declara o canta al ganar una baza. *Veinte en oros. Juan cantó las veinte en espadas.*

veinteañero, ra. ADJ. Dicho de una persona: Que tiene entre 20 y 29 años. U. t. c. s.

veinteavo, va. ADJ. Se dice de cada una de las 20 partes iguales en que se divide un todo. U. t. c. s. m.

veintena. F. Conjunto de 20 unidades.

veinticinco. I. ADJ. **1.** Veinte más cinco. ‖ **2.** Vigésimo quinto. *Número veinticinco. Año veinticinco.* Apl. a los días del mes, u. t. c. s. m. *El veinticinco de agosto.* ‖ **II.** M. **3.** Conjunto de signos con que se representa el número veinticinco.

veinticuatro. I. ADJ. **1.** Veinte más cuatro. ‖ **2.** Vigésimo cuarto. *Número veinticuatro. Año veinticuatro.* Apl. a los días del mes, u. t. c. s. m. *El veinticuatro de diciembre.* ‖ **II.** M. **3.** Conjunto de signos con que se representa el número veinticuatro.

veintidós. I. ADJ. **1.** Veinte más dos. ‖ **2.** Vigésimo segundo. *Número veintidós. Año veintidós.* Apl. a los días del mes, u. t. c. s. m. *El veintidós de mayo.* ‖ **II.** M. **3.** Conjunto de signos con que se representa el número veintidós. ‖ **III.** F. **4.** pl. Décima hora en punto después de las doce de mediodía. *La cena se servirá a las veintidós treinta.*

veintinueve. I. ADJ. **1.** Veinte más nueve. ‖ **2.** Vigésimo noveno. *Número veintinueve. Año veintinueve.* Apl. a los días del mes, u. t. c. s. m. *El veintinueve de febrero.* ‖ **II.** M. **3.** Conjunto de signos con que se representa el número veintinueve.

veintiocho. I. ADJ. **1.** Veinte más ocho. ‖ **2.** Vigésimo octavo. *Número veintiocho. Año veintiocho.* Apl. a los días del mes, u. t. c. s. m. *El veintiocho de agosto.* ‖ **II.** M. **3.** Conjunto de signos con que se representa el número veintiocho.

veintipico. ADJ. Veinte y algunos más, sin llegar a treinta. *Hace veintipico años que no se veían.*

veintiséis. I. ADJ. **1.** Veinte más seis. ‖ **2.** Vigésimo sexto. *Número veintiséis. Año veintiséis.* Apl. a los días del mes, u. t. c. s. m. *El veintiséis de septiembre.* ‖ **II.** M. **3.** Conjunto de signos con que se representa el número veintiséis.

veintisiete. I. ADJ. **1.** Veinte más siete. ‖ **2.** Vigésimo séptimo. *Número veintisiete. Año veintisiete.* Apl. a los días del mes, u. t. c. s. m. *El veintisiete de noviembre.* ‖ **II.** M. **3.** Conjunto de signos con que se representa el número veintisiete.

veintitantos, tas. ADJ. Veinte y algunos más, sin llegar a treinta. Apl. a los días del mes, u. t. c. s. m. *El veintitantos de junio tiene un examen.*

veintitrés. I. ADJ. **1.** Veinte más tres. ‖ **2.** Vigésimo tercio. *Número veintitrés. Año veintitrés.* Apl. a los días del mes, u. t. c. s. m. *El veintitrés de octubre.* ‖ **II.** M. **3.** Conjunto de signos con que se representa el número **veintitrés.** ‖ **III.** F. **4.** pl. Undécima hora en punto después de las doce de mediodía. *El programa comenzará a las veintitrés treinta.*

veintiún. ADJ. veintiuno. U. ante s. m. *Veintiún libros.*

veintiuno, na. I. ADJ. **1.** Veinte más uno. ‖ **2.** Vigésimo primero. *Número veintiuno. Año veintiuno.* Apl. a los días del mes, u. t. c. s. m. *El veintiuno de marzo.* ‖ **II.** M. **3.** Conjunto de signos con que se representa el número **veintiuno.** ‖ **III.** F. **4.** pl. Novena hora en punto después de las doce de mediodía. *La cena comenzará a las veintiuna treinta.*

vejación. F. Acción y efecto de vejar.

vejamen. M. **1.** Acción y efecto de vejar. ‖ **2.** Represión satírica y festiva con que se ponen de manifiesto y se ponderan los defectos físicos o morales de alguien. ‖ **3.** hist. Discurso o composición poética de índole burlesca, que con motivo de ciertos grados o certámenes se pronunciaba o leía en las universidades y academias contra quienes en ellos tomaban parte.

vejar. TR. Maltratar, molestar, perseguir a alguien, perjudicarlo o hacerle padecer.

vejatorio, ria. ADJ. Que veja o puede vejar. *Condiciones vejatorias.*

vejestorio. M. **1.** despect. Persona muy vieja. ‖ **2.** Á. Caribe. Objeto viejo.

vejez. F. **1.** Cualidad de viejo. ‖ **2.** Edad senil, senectud. ‖ **3.** Conjunto de achaques, manías, actitudes propias de la edad de los viejos.

vejiga. F. **1.** *Anat.* vejiga de la orina. ‖ **2.** ampolla (‖ elevación de la epidermis). ‖ **3.** Bolsa pequeña formada en cualquier superficie y llena de aire u otro gas o de un líquido. ‖ **~ de la orina.** F. *Anat.* Órgano muscular y membranoso, a manera de bolsa, que tienen muchos vertebrados y en el cual va depositándose la orina producida en los riñones. ‖ **~ natatoria.** F. *Zool.* Saco membranoso lleno de aire, que tienen muchos peces sobre el tubo digestivo, y que permite al animal mantenerse entre dos aguas sin esfuerzo alguno.

vela¹. F. **1.** Acción y efecto de velar¹. ‖ **2.** Tiempo que se vela. ‖ **3.** Asistencia por horas o turno delante del Santísimo Sacramento. ‖ **4.** Cilindro o prisma de cera, sebo, estearina, esperma de ballena u otra materia crasa, con pabilo en el eje para que pueda encenderse y dar luz. ‖ **5.** velatorio. ‖ **6.** pl. coloq. Mocos que cuelgan de la nariz, especialmente en los niños. ‖ **~ María.** F. hist. vela blanca que se colocaba en el tenebrario en medio de las demás amarillas. ‖ **encender una ~ a Dios y otra al diablo.** LOC.VERB. poner una vela a Dios y otra al diablo. ‖ **en ~.** LOC.ADV. Sin dormir, con falta de sueño. ‖ **no darle ~ en un entierro.** LOC.VERB. coloq. No darle autoridad, motivo o pretexto para que intervenga en aquello de que se esté tratando. U. t. sin neg. en sent. interrog. *¿Quién le ha dado a usted vela en este entierro?* ‖ **poner** alguien **una ~ a Dios y otra al diablo.** LOC.VERB. Querer contemporizar para sacar provecho de unos y otros.

vela². F. **1.** Conjunto o unión de paños o piezas de lona o lienzo fuerte, que, cortados de diversos modos y cosidos, se amarran a las vergas para recibir el viento que impele la nave. ‖ **2.** toldo. ‖ **3.** Deporte náutico que consiste en recorrer determinados trayectos con veleros. ‖ **4.** Barco de vela. ‖ **~ cangreja.** F. *Mar.* vela de cu-

chillo, de forma trapezoidal, que va envergada por dos relingas en el pico y palo correspondientes. ‖ **~ cuadra.** F. *Mar.* Especie de vela de forma cuadrangular. ‖ **~ de cruz.** F. *Mar.* La cuadrada o trapezoidal que se enverga en las vergas que se cruzan sobre los mástiles. ‖ **~ de cuchillo.** F. *Mar.* La que está envergada en nervios o perchas colocados en el plano longitudinal del buque. ‖ **~ latina.** F. *Mar.* La triangular, envergada en entena, que suelen usar las embarcaciones de poco porte. ‖ **~ mayor.** F. *Mar.* vela principal que va en el palo mayor. ‖ **~ redonda.** F. *Mar.* redonda (‖ vela cuadrilátera). ‖ **~s mayores.** F. pl. *Mar.* Las tres velas principales del navío y otras embarcaciones, que son la mayor, el trinquete y la mesana. ‖ **alzar ~s.** LOC.VERB. *Mar.* Disponerse para navegar. ‖ **a toda ~, o a todas ~s, o a ~s desplegadas, o llenas, o tendidas.** LOCS.ADVS. **1.** *Mar.* Dicho de navegar la embarcación: Con gran viento. ‖ **2.** Entregándose enteramente o con ansia y toda diligencia a la ejecución de algo. ‖ **dar la ~, dar ~, hacer a la ~, hacerse a la ~, o largar las ~s** un barco de vela. LOCS.VERBS. *Mar.* Salir del puerto para navegar. ‖ **recoger ~s** alguien. LOC.VERB. Contenerse, moderarse, ir desistiendo de un propósito. □ V. **buque de ~.**

velacho. M. *Mar.* Gavia del trinquete.

velación¹. F. Acción y efecto de velar¹.

velación². F. hist. Ceremonia instituida por la Iglesia católica para dar solemnidad al matrimonio, y que consistía en cubrir con un velo a los cónyuges en la misa nupcial que se celebraba, por lo común, inmediatamente después del casamiento, y que tenía lugar durante todo el año, excepto en tiempo de Adviento y en el de la Cuaresma. U. m. en pl. ‖ **abrirse las velaciones.** LOC.VERB. hist. Comenzar el tiempo en que la Iglesia permitía que se velaran los desposados. ‖ **cerrarse las velaciones.** LOC.VERB. hist. Suspender la Iglesia en ciertos tiempos del año las velaciones solemnes en los matrimonios.

velada. F. **1.** Concurrencia nocturna a una plaza o paseo público, iluminado con motivo de alguna festividad. ‖ **2.** Reunión nocturna de varias personas para solazarse de algún modo. ‖ **3.** Fiesta musical, literaria o deportiva, que se hace por la noche.

velador, ra. I. ADJ. **1.** Que vela¹. Apl. a pers., u. t. c. s. *Era la única veladora del difunto.* ‖ **2.** Dicho de una persona: Que, con vigilancia y solicitud, cuida de algo. U. t. c. s. *Veladores de la seguridad.* ‖ **II.** M. **3.** Mesita de un solo pie, redonda por lo común. ‖ **4.** Á. Andes y Chile. mesa de noche. ‖ **5.** *Méx.* Vigilante nocturno.

veladora. F. **1.** Á. guar. y Méx. Lámpara o luz portátil que suele colocarse en la mesita de noche. ‖ **2.** Méx. Lamparilla que consta de una vasija de aceite o parafina y una mecha.

veladura. F. *Pint.* Tinta transparente que se da para suavizar el tono de lo pintado.

velaje. M. Conjunto de velas (‖ de una embarcación).

velamen. M. Conjunto de velas (‖ de una embarcación).

velar¹. I. TR. **1.** Hacer centinela o guardia por la noche. *Velar el castillo.* ‖ **2.** Asistir de noche a un enfermo. ‖ **3.** Pasar la noche al cuidado de un difunto. ‖ **4.** Observar atentamente algo. *Velé su sueño hasta la madrugada.* ‖ **II.** INTR. **5.** Estar sin dormir el tiempo destinado de ordinario para el sueño. ‖ **6.** Cuidar solícitamente de algo. *El profesor debe velar POR la educación de sus alumnos.* ‖ **7.** Asistir por horas o turnos delante del Santísimo Sacramento cuando está expuesto en el monumento. U. t. c. tr. || **8.** *Mar.* Dicho de un escollo, peñasco u otro objeto peligroso para los navegantes: Sobresalir o manifestarse sobre la superficie del agua.

velar². TR. **1.** Cubrir, ocultar a medias algo, atenuarlo, disimularlo. *La bruma fue velando las formas de la plaza.* || **2.** En fotografía, borrar total o parcialmente la imagen en la placa o en el papel por la acción indebida de la luz. U. m. c. prnl. *Velarse un carrete.* || **3.** Cubrir con velo. *Velar un espejo.* U. t. c. prnl. || **4.** hist. Celebrar la ceremonia nupcial de las velaciones. U. t. c. prnl. || **5.** *Pint.* Dar veladuras.

velar³. ADJ. **1.** Perteneciente o relativo al velo del paladar. *Zona velar.* || **2.** *Fon.* Dicho de un sonido: Cuya articulación se caracteriza por la aproximación o contacto del dorso de la lengua y el velo del paladar. U. t. c. s. f.

velarización. F. *Fon.* Desplazamiento del punto de articulación hacia la zona del velo del paladar.

velarizar. TR. *Fon.* Dar articulación o resonancia velar a vocales o consonantes no velares. U. t. c. prnl.

velarte. M. hist. Paño tratado en el batán y lustroso, de color negro, que servía para capas, sayos y otras prendas exteriores de abrigo.

velatorio. M. **1.** Acto de **velar** (|| a un difunto). || **2.** En hospitales, sanatorios, clínicas, tanatorios, etc., lugar donde se vela un difunto.

velay. INTERJ. **claro.** Se usa a veces para indicar resignación o indiferencia. *¡Velay, qué le vamos a hacer!*

velcro. (Del acrónimo francés de *velours*, terciopelo, y *crochet*, gancho; marca reg.) M. Sistema de cierre o sujeción formado por dos tiras de tejidos diferentes que se enganchan al entrar en contacto.

veleidad. F. **1.** Voluntad antojadiza o deseo vano. || **2.** Inconstancia, ligereza.

veleidoso, sa. ADJ. Inconstante, mudable. *Suerte veleidosa. Una reina veleidosa.*

velero¹, ra. ADJ. Dicho de una persona: Que asiste a velas y romerías. U. t. c. s.

velero², ra. I. ADJ. **1.** Dicho de una embarcación: Muy ligera o que navega mucho. || **II.** M. **2. buque de vela.**

veleta. I. F. **1.** Pieza de metal, ordinariamente en forma de saeta, que se coloca en lo alto de un edificio, de modo que pueda girar alrededor de un eje vertical impulsada por el viento, y que sirve para señalar la dirección de este. || **2.** Pluma u otra cosa de poco peso que los pescadores de caña ponen sobre el corcho para conocer por su movimiento de sumersión cuándo pica el pez. || **II.** COM. **3.** Persona inconstante y mudable.

velillo. M. Tela muy delgada y rala, confeccionada con algunas flores de hilo de plata.

velis nolis. (Locución latina). LOC.ADV. De grado o por fuerza.

veliz. M. *Méx.* Maleta de mano.

vello. M. **1.** Pelo que sale más corto y suave que el de la cabeza y de la barba, en algunas partes del cuerpo humano. || **2.** Pelusa de que están cubiertas algunas frutas o plantas.

vellocino. M. **zalea.**

vellón¹. M. **1.** Conjunto de la lana de un carnero u oveja que se esquila. || **2.** Vedija o guedeja de lana.

vellón². M. **1.** hist. Liga de plata y cobre con que se labraba moneda antiguamente. || **2.** hist. Moneda de cobre que se usó en lugar de la fabricada con liga de plata. □ V. **moneda de ~, real de ~.**

vellonero, ra. M. y F. En los esquileos, persona encargada de recoger los vellones.

vellorí. M. Paño entrefino, de color pardo ceniciento o de lana sin teñir. MORF. pl. **velloríes** o **velloríl.**

vellorita. F. **maya** (|| planta compuesta).

vellosidad. F. Abundancia de vello.

vellosilla. F. Planta herbácea, vivaz, de la familia de las Compuestas, con hojas radicales, elípticas, enteras, vellosas y blanquecinas por el envés y con pelos largos en las dos caras, flores amarillas con pedúnculos radicales de uno a dos decímetros de largo, erguidos y velludos, fruto seco con semillas pequeñas, negras, en forma de cuña y vestidas de pelusa, y raíz rastrera con renuevos que arraigan pronto. Es común en los montes de España, y su cocimiento, amargo y astringente, se ha usado en medicina.

velloso, sa. ADJ. Que tiene vello. *Hojas vellosas.*

velludillo. M. Felpa o terciopelo de algodón, de pelo muy corto.

velludo, da. I. ADJ. **1.** Que tiene mucho vello. *Cuerpo velludo.* || **II.** M. **2.** Felpa o terciopelo.

velo. M. **1.** Cortina o tela que cubre algo. || **2.** Prenda del traje femenino de calle, hecha de tul, gasa u otra tela delgada de seda o algodón, y con la cual se cubren las mujeres la cabeza, el cuello y a veces el rostro. || **3.** hist. velo de uno u otro color que, sujeto por delante al sombrero, cubriendo el rostro, solían llevar las señoras. || **4.** Manto bendito con que cubren la cabeza y la parte superior del cuerpo las religiosas. || **5.** Cosa delgada, ligera o flotante, que acude más o menos la vista de otra. *Un velo de niebla.* || **6.** Pretexto, disimulación o excusa con que se intenta ocultar, atenuar u oscurecer la verdad. || **7.** Confusión u oscuridad del entendimiento en lo que discurre, que le estorba percibirlo enteramente u ocasiona duda. || **8.** Cosa que encubre o disimula el conocimiento expreso de otra. || **9.** hist. Banda de tela blanca, que en la misa de velaciones se ponía al marido por los hombros y a la mujer sobre la cabeza, en señal de la unión que habían contraído. || **~ del paladar.** M. *Anat.* Especie de cortina muscular y membranosa que separa la cavidad de la boca de la de las fauces. || **~ humeral,** o **~ ofertorio.** M. Paño blanco que se pone sobre los hombros el sacerdote, y en cuyos extremos envuelve ambas manos para coger la custodia o el copón en que va el Santísimo Sacramento y trasladarlos de una parte a otra, o para exponerlos a la adoración de los fieles. || **correr el ~.** LOC.VERB. Manifestar, descubrir algo que estaba oscuro u oculto. || **correr,** o **echar, un ~,** o **un tupido ~, sobre** algo. LOCS.VERBS. Callarlo, omitirlo, darlo al olvido, porque no se deba o no convenga hacer mención de ello o recordarlo. || **tomar una monja el ~.** LOC.VERB. **profesar** (|| en una orden religiosa).

velocidad. F. **1.** Magnitud física que expresa el espacio recorrido por un móvil en la unidad de tiempo. Su unidad en el Sistema Internacional es el *metro por segundo* (m/s). || **2.** Variación por unidad de tiempo de alguna de las características de un fenómeno. *Velocidad de reacción.* || **3.** Cada una de las posiciones del mecanismo motor de una caja de cambios. || **4.** Ligereza o prontitud en el movimiento. || **~ angular.** F. *Mec.* Ángulo descrito en la unidad de tiempo por el radio de un cuerpo que gira en torno a un eje. || **~ de crucero.** F. La que mantiene el vehículo terrestre, embarcación o aeronave durante la mayor parte de un determinado recorrido. || **~ punta.** F.

La máxima que puede alcanzar un vehículo u otro móvil. □ V. **caja de ~es, cambio de ~es, tren de gran ~.**

velocímetro. M. Aparato que en un vehículo indica su velocidad de traslación.

velocipédico, ca. ADJ. hist. Perteneciente o relativo al velocípedo.

velocipedista. COM. hist. Persona que anda o sabe andar en velocípedo.

velocípedo. M. hist. Vehículo de hierro, formado por una especie de caballete, con dos o con tres ruedas, y que movía por medio de pedales quien iba montado en él.

velocista. COM. Deportista que participa en carreras de corto recorrido.

velódromo. M. Lugar destinado para carreras en bicicleta.

velomotor. M. Bicicleta provista de un pequeño motor propulsor.

velón. M. **1.** Lámpara de metal, para aceite común, compuesta de un vaso con uno o varios picos o mecheros, y de un eje en que puede girar, subir y bajar, terminado por arriba en un asa y por abajo en un pie, por lo general de forma de platillo. ‖ **2.** Cirio o vela grande.

velorio. M. **1.** Reunión con bailes, cantos y cuentos que durante la noche se celebra en las casas de los pueblos, por lo común con ocasión de alguna faena doméstica, como hilar, matar el puerco, etc. ‖ **2.** Velatorio, especialmente para velar a un niño difunto.

veloz. ADJ. **1.** Acelerado, ligero y pronto en el movimiento. *Coche veloz.* ‖ **2.** Ágil y pronto en lo que ejecuta o discurre. *Contestación veloz.*

veludillo. M. velludillo.

veludo. M. velludo (‖ felpa, terciopelo).

vena. F. **1.** Cada uno de los vasos o conductos por donde retorna la sangre al corazón. ‖ **2.** Filón metálico. ‖ **3.** Cada uno de los pequeños haces de fibras que sobresalen en el envés de las hojas de las plantas. ‖ **4.** Fibra de la vaina de ciertas legumbres. ‖ **5.** Faja de tierra o piedra, que por su calidad o su color se distingue de la masa en que se halla interpuesta. ‖ **6.** Conducto natural por donde circula el agua en las entrañas de la tierra. ‖ **7.** Cada una de las listas onduladas o ramificadas y de diversos colores que tienen ciertas piedras y maderas. ‖ **8.** Inspiración poética, facilidad para componer versos. ‖ **9.** Humor, disposición variable del ánimo. ‖ **10.** Inclinación a comportarse o pensar de determinada manera. ‖ **11.** *Zool.* Engrosamiento cuticular, más o menos ramificado, de las alas de los insectos. ‖ **~ cava.** F. *Anat.* Cada una de las dos venas mayores del cuerpo, una superior o descendente, que recibe la sangre de la mitad superior del cuerpo, y otra inferior o ascendente, que recoge la sangre de los órganos situados debajo del diafragma. Ambas desembocan en la aurícula derecha del corazón. ‖ **~ cefálica.** F. *Anat.* La del brazo, que se aproxima al pliegue del codo. ‖ **~ de agua.** F. vena (‖ conducto natural de agua subterránea). ‖ **~ porta.** F. *Anat.* La gruesa cuyo tronco está entre las eminencias de la superficie interior del hígado. ‖ **~ safena.** F. *Anat.* Cada una de dos principales que van a lo largo de la pierna, una por la parte interior y otra por la exterior. ‖ **~ yugular.** F. *Anat.* Cada una de las dos que hay a uno y otro lado del cuello. ‖ **descabezarse una ~.** LOC.VERB. *Med.* Romperse, o por sí misma, o por haber recibido un golpe. ‖ **estar** alguien **en ~.** LOC.VERB. **1.** coloq. Estar inspirado para componer versos, o para llevar a cabo alguna em-

presa. ‖ **2.** coloq. Ocurrírsele con afluencia y fecundidad las ideas.

venablo. M. Dardo o lanza corta y arrojadiza. ‖ **echar** alguien **~s.** LOC.VERB. Prorrumpir en expresiones de cólera y enojo.

venada. F. Ataque de locura.

venadear. TR. *Méx.* Perseguir a una persona y dispararle como se caza a un venado.

venado. M. ciervo.

venaje. M. Conjunto de venas de agua y manantiales que dan origen a un río.

venal. ADJ. **1.** Que puede ser vendido o que está expuesto a la venta. *Edición no venal.* ‖ **2.** Que se deja sobornar con dádivas. *Funcionario venal.*

venalidad. F. Cualidad de venal.

venatorio, ria. ADJ. Perteneciente o relativo a la montería. *Ejercicio venatorio.*

vencedero, ra. ADJ. Que está sujeto a vencimiento en época determinada. *Contrato vencedero en julio.*

vencedor, ra. ADJ. Que vence. U. t. c. s. *La vencedora en el campeonato fue la selección alemana.*

vencejo[1]. M. Lazo o ligadura con que se ata algo, especialmente los haces de las mieses.

vencejo[2]. M. Pájaro de dos decímetros de longitud desde la punta del pico hasta la extremidad de la cola, que es muy larga y ahorquillada. Tiene alas también largas y puntiagudas, plumaje blanco en la garganta y negro en el resto del cuerpo, pies cortos, con cuatro dedos dirigidos todos adelante, y pico pequeño algo curvo en la punta. Es ave de temporada en España, se alimenta de insectos, anida en los aleros de los tejados.

vencer. **I.** TR. **1.** Superar a alguien en algo, especialmente en una disputa o combate o en una competición. ‖ **2.** Dicho de las cosas físicas o morales a cuya fuerza resiste difícilmente la naturaleza: Rendir a alguien. *Vencer a alguien el sueño. Vencerlo el dolor, la pasión.* U. t. c. prnl. ‖ **3.** Sujetar o rendir las pasiones y afectos, reduciéndolos a la razón. *Vencer tentaciones.* ‖ **4.** Superar las dificultades o estorbos, obrando contra ellos. *Vencer las adversidades.* ‖ **5.** Dicho de una cosa, incluso inmaterial: Prevalecer sobre otra. *La curiosidad vencía el cansancio de los cofrades.* ‖ **6.** Dicho de una persona: Atraer o reducir a otra de modo que siga su dictamen o deseo. ‖ **7.** Subir, montar o superar la altura o aspereza de un sitio o camino. *Vencer la montaña.* ‖ **8.** Ladear, torcer o inclinar algo. *El viento vence los árboles.* U. m. c. prnl. ‖ **II.** INTR. **9.** Dicho de un término o de un plazo: Cumplirse. ‖ **10.** Dicho de un contrato: Terminar o perder su fuerza obligatoria por cumplirse la condición o el plazo en él fijados. ‖ **11.** Dicho de una deuda u otra obligación: Hacerse exigible por haberse cumplido la condición o el plazo necesarios para ello. ‖ **12.** Dicho de una persona: Salir con el intento deseado, en contienda física o moral, disputa o pleito.

vencetósigo. M. Planta perenne de la familia de las Asclepiadáceas, de tres a cuatro decímetros de altura, con hojas aovadas llenas de pelusa en su base, flores pequeñas y blancas y raíz medicinal, de olor parecido al del alcanfor.

vencida. F. vencimiento (‖ acto de vencer o de ser vencido). ‖ **a la tercera va la ~.** EXPR. Se usa para dar a entender que si se repiten los intentos, al tercero se suele conseguir el fin deseado. ‖ **de ~.** LOC.ADV. A punto de ser vencido alguien o dominado o concluido algo. *Ir de vencida.*

vencimiento. M. **1.** Acto de vencer o de ser vencido. ‖ **2.** Inclinación o torcimiento de una cosa material. ‖ **3.** Cumplimiento del plazo de una deuda, de una obligación, etc.

venda. F. Tira, por lo común de lienzo, gasa, etc., que sirve para ligar un miembro o para sujetar los apósitos aplicados sobre una llaga, contusión, etc. ‖ **caérsele** a alguien **la ~ de los ojos.** LOC.VERB. Desengañarse, salir del estado de ofuscación en que se hallaba. ‖ **poner** a alguien **una ~ en los ojos.** LOC.VERB. Influir en su ánimo para que viva engañado. ‖ **tener** alguien **una ~ en los ojos.** LOC.VERB. Desconocer la verdad por ofuscación del entendimiento.

vendaje[1]. M. **1.** Acción de **vendar** (‖ atar con vendas). ‖ **2.** Ligadura que se hace con vendas o con otras piezas de lienzo dispuestas de modo que se acomoden a la forma de la región del cuerpo donde se aplican, y sujetan el apósito. ‖ **~ enyesado.** M. *Med.* Apósito preparado con yeso, que se emplea principalmente en la curación de las fracturas de los huesos, para inmovilizar los fragmentos, previamente restablecidos en su disposición anatómica.

vendaje[2]. M. *Á. Andes.* **añadidura** (‖ cosa que se añade).

vendar. TR. **1.** Atar, ligar o cubrir con una venda. *Vendar un brazo.* ‖ **2.** Poner un impedimento o estorbo al conocimiento o a la razón, para que no vea las cosas como son en sí, o los inconvenientes que se siguen de ellas.

vendaval. M. **1.** Viento fuerte que sopla del sur, con tendencia al oeste. ‖ **2.** Viento fuerte que no llega a ser temporal declarado. ‖ **3.** *Á. R. Plata.* Temporal de viento y lluvia.

vendedor, ra. ADJ. Que vende. Apl. a pers., u. t. c. s.

vender. **I.** TR. **1.** Traspasar a alguien por el precio convenido la propiedad de lo que uno posee. *Vender una casa.* ‖ **2.** Exponer u ofrecer al público los géneros o mercancías para quien los quiera comprar. *En esta tienda venden electrodomésticos.* U. t. c. intr. ‖ **3.** Sacrificar al interés algo que no tiene valor material. *Vender la honra, la justicia.* ‖ **4.** Dicho de una persona: Faltar a la fe, confianza o amistad que debe a otra. *Vender a un amigo.* ‖ **5.** Hacer aparecer o presentar algo o a alguien de una manera hábil y persuasiva. *Vendía bien su imagen.* ‖ **II.** INTR. **6.** Dicho de una persona, de una idea, de una conducta y, especialmente, de un producto comercial: Conseguir mayor o menor éxito de ventas o alcanzar aceptación social. *La novela histórica vende mucho últimamente.* ‖ **III.** PRNL. **7.** Dejarse sobornar. ‖ **estar vendido** alguien. LOC.VERB. Estar en conocido peligro entre algunos que son capaces de ocasionarlo, o más sagaces en la materia de que se trata. ‖ **~ caro** algo a alguien. LOC.VERB. Hacer que le cueste mucho trabajo, diligencia o fatiga el conseguirlo. ‖ **~se** alguien **caro.** LOC.VERB. Prestarse con gran dificultad al trato, comunicación o vista de quien lo apetece o busca.

vendí. M. Certificado que da el vendedor, corredor o agente que ha intervenido en una venta de mercancías o efectos públicos, para acreditar la procedencia y precio de lo comprado. MORF. pl. **vendís** o **vendíes.**

vendimia. F. **1.** Recolección y cosecha de la uva. ‖ **2.** Tiempo en que se hace.

vendimiador, ra. M. y F. Persona que vendimia.

vendimiar. TR. Recoger el fruto de las viñas. MORF. conjug. c. *anunciar.*

vendimiario. M. hist. Primer mes del calendario francés de la Revolución, cuyos días primero y último coincidían, respectivamente, con el 22 de septiembre y el 21 de octubre.

Venecia. ☐ V. **sombra de ~.**

veneciano, na. ADJ. **1.** Natural de Venecia. U. t. c. s. ‖ **2.** Perteneciente o relativo a esta ciudad de Italia. ‖ **3.** Se dice de la variedad lingüística italorrománica hablada en Venecia. U. t. c. s. m. *El veneciano.* ‖ **4.** Perteneciente o relativo a esta variedad. *Léxico veneciano.* ‖ **a la ~.** LOC. ADV. Dicho de iluminar en festejos: Con gran profusión de faroles de colores vistosos. ☐ V. **persiana ~.**

venencia. F. Utensilio formado por un pequeño recipiente cilíndrico unido a una larga varilla, que se emplea para extraer pequeñas cantidades de vino de una bota.

veneno. M. **1.** Sustancia que, incorporada a un ser vivo en pequeñas cantidades, es capaz de producir graves alteraciones funcionales, e incluso la muerte. ‖ **2.** Cosa nociva a la salud. *El tabaco es veneno.* ‖ **3.** Cosa que puede causar un daño moral. *Su actitud destila veneno.* ‖ **4.** Afecto de ira, rencor u otro mal sentimiento.

venenosidad. F. Cualidad de venenoso.

venenoso, sa. ADJ. Que incluye veneno. *Seta venenosa. Comentario venenoso.*

venera. F. **1.** Concha semicircular de dos valvas, una plana y otra muy convexa, de diez a doce centímetros de diámetro, rojizas por fuera y blancas por dentro, con dos protuberancias laterales y catorce estrías radiales que forman a modo de costillas gruesas. ‖ **2.** Insignia distintiva que traen pendiente al pecho los caballeros de cada una de las órdenes.

venerable. ADJ. **1.** Digno de veneración, de respeto. *Reliquia venerable.* ‖ **2.** Se usa como epíteto o tratamiento para referirse a las personas de conocida virtud. ‖ **3.** Se usa como tratamiento para dirigirse a las personas eclesiásticas constituidas en prelacía y dignidad. ‖ **4.** Que ha muerto con fama de santidad y a quien la Iglesia católica concede este primer título que va seguido comúnmente de los de beato y santo. U. t. c. s.

veneración. F. Acción y efecto de venerar.

venerador, ra. ADJ. Que venera. *Silencio venerador.* Apl. a pers., u. t. c. s.

venerando, da. ADJ. **venerable** (‖ digno de veneración).

venerar. TR. **1.** Respetar en sumo grado a alguien por su santidad, dignidad o grandes virtudes, o a algo por lo que representa o recuerda. ‖ **2.** Dar culto a Dios, a los santos o a las cosas sagradas.

venéreo, a. ADJ. **1.** Perteneciente o relativo al deleite sexual o acto carnal. *Pasión venérea.* ‖ **2.** *Med.* Se dice de la enfermedad contagiosa que ordinariamente se contrae por el trato sexual. U. t. c. s. m.

venereología. F. Parte de la medicina referente a las enfermedades venéreas.

venereólogo, ga. M. y F. Especialista en venereología.

venero. M. **1.** Manantial de agua. ‖ **2.** Origen y principio de donde procede algo.

véneto, ta. ADJ. **1.** Natural de Venecia. U. t. c. s. ‖ **2.** Perteneciente o relativo a esta ciudad de Italia. *Dialecto véneto.*

venezolanismo. M. Vocablo, giro o modo de hablar propio de los venezolanos.

venezolano, na. ADJ. **1.** Natural de Venezuela. U. t. c. s. ‖ **2.** Perteneciente o relativo a este país de América.

vengador, ra. ADJ. Que venga o se venga. U. t. c. s.

venganza. F. Satisfacción que se toma del agravio o daño recibidos.

vengar. TR. Tomar satisfacción de un agravio o daño. U. t. c. prnl.

vengativo, va. ADJ. Inclinado o determinado a tomar venganza de cualquier agravio.

venia. F. **1.** Licencia o permiso pedido para ejecutar algo. ‖ **2.** Inclinación que se hace con la cabeza, saludando cortésmente a alguien.

venial. ADJ. Que se opone levemente a la ley o precepto, y por eso es de fácil remisión. *Ofensa venial.* ☐ V. **pecado ~.**

venialidad. F. Cualidad de venial.

venida. F. **1.** Acción de venir. ‖ **2.** regreso.

venidero, ra. ADJ. Que está por venir o suceder. *Generación venidera.*

venimécum. M. vademécum. MORF. pl. **venimécums.**

venir. INTR. **1.** Dicho de una cosa: Moverse de allá hacia acá. ‖ **2.** Dicho de una persona o de una cosa: Llegar a donde está quien habla. ‖ **3.** Dicho de una cosa: Ajustarse, acomodarse o conformarse a otra o con otra. *A Juan le viene bien ese traje. Tal cosa vino de perilla.* ‖ **4.** Dicho de una cosa: Inferirse, deducirse o ser consecuencia de otra. ‖ **5.** Dicho del tiempo en que algo ha de acaecer: Acercarse o llegar. *El mes que viene. Vino la noche. Tras el verano viene el otoño.* ‖ **6.** Dicho de una cosa: Traer origen, proceder o tener dependencia de otra en lo físico o en lo moral. *Persona que viene de familia distinguida.* ‖ **7.** Dicho de un afecto, de una pasión o de un apetito: Empezarse a mover. *Venir gana. Venir deseo.* ‖ **8.** Figurar, aparecer, estar incluido o mencionado en un libro, en un periódico, etc. *Esa noticia viene en la última página. Ese párrafo no viene en la edición que he consultado.* ‖ **9.** Dicho de una cosa: Ofrecerse u ocurrir a la imaginación o a la memoria. ‖ **10.** Persistir en una acción o estado. *Las guerras vienen sucediéndose desde que la humanidad existe. Siempre venían con la misma petición.* ‖ **11.** Se usa para mostrar equivalencia aproximada. *Esto viene A ser una retractación. Viene A tener mil pesos de renta.* ‖ **12.** comparecer. *Venir ANTE el juez.* ‖ **13.** Aducir, traer a colación algo. *Venir CON una historia.* ‖ **14.** Dicho de una autoridad, y especialmente la suprema: Resolver, acordar. *Vengo EN decretar lo siguiente. Vengo EN nombrar, conferir, admitir, separar.* ‖ **15.** Se usa, seguido de la preposición *en* y un sustantivo, tomando la significación del verbo correspondiente a dicho sustantivo. *Venir EN conocimiento, conocer. Venir EN deseo, desear.* ‖ **16.** caer (‖ moverse de arriba abajo). *Vinieron SOBRE nosotros.* ‖ **17.** Suceder, acontecer o sobrevenir. *Venir una crisis.* ¶ MORF. V. conjug. modelo. ‖ **¿a qué viene eso?** EXPR. Indica que la acción que alguien ha realizado se considera inoportuna o injustificada. ‖ **el que venga detrás, que arree.** EXPR. Indica que alguien, que ha salvado ya circunstancias difíciles, se desentiende de los peligros o daños que las mismas circunstancias pueden tener para los demás. ‖ **en lo por ~.** LOC.ADV. En lo sucesivo o venidero. ‖ **~ a menos.** LOC.VERB. Deteriorarse, empeorarse o caer del estado que se gozaba. ‖ **~le** a alguien **grande,** o **muy grande,** algo. LOCS.VERB. coloqs. Ser excesivo para su capacidad o su mérito. ‖ **~ mal dadas.** LOC.VERB. coloq. Dicho de cosas, asuntos, circunstancias, etc.: Presentarse adversamente. ‖ **~ rodado** algo. LOC.VERB. Suceder casualmente en favor de lo que se intentaba o deseaba. ‖ **~se** algo **abajo.** LOC.VERB.

1. venirse a tierra. ‖ **2.** Dicho especialmente de un recinto: Parecer que se derrumba a causa del estruendo que en él se produce.

venopunción. F. Punción que se hace en una vena para extraer sangre o para inyectar algo.

venoso, sa. ADJ. **1.** Que tiene venas. *Manos venosas.* ‖ **2.** Perteneciente o relativo a la vena. *Trombosis venosa.* ☐ V. **hoja ~, latido ~, tensión ~.**

venta. F. **1.** Acción y efecto de vender. ‖ **2.** Contrato en virtud del cual se transfiere a dominio ajeno una cosa propia por el precio pactado. ‖ **3.** Casa establecida en los caminos o despoblados para hospedaje de los pasajeros. ‖ **~ pública.** F. almoneda. ‖ **en ~.** LOC.ADJ. Se dice de aquello que un propietario quiere vender. U. t. c. loc. adv. ☐ V. **carta de ~, contrato de compra y ~, el enano de la ~.**

ventada. F. Golpe de viento.

ventaja. F. **1.** Superioridad o mejoría de alguien o algo respecto de otra persona o cosa. ‖ **2.** Excelencia o condición favorable que alguien o algo tiene. ‖ **3.** Sueldo sobreañadido al común que gozan otros. ‖ **4.** Ganancia anticipada que un jugador concede a otro para compensar la superioridad que el primero tiene o se atribuye en habilidad o destreza. ‖ **5.** Dep. En algunos juegos de equipo, beneficio que se obtiene de una falta cometida por el contrario. ☐ V. **jugador de ~.**

ventajear. TR. despect. Á. R. Plata. Sacar ventaja mediante procedimientos reprobables o abusivos.

ventajista. ADJ. Dicho de una persona: Que sin miramientos procura obtener ventaja en los tratos, en el juego, etc. U. t. c. s.

ventajoso, sa. I. ADJ. **1.** Que tiene ventaja o la reporta. *Condiciones ventajosas.* ‖ **II.** M. y F. **2.** Méx. Persona que intenta conseguir ventajas para sí.

ventalla. F. Bot. Cada una de las dos o más partes de la cáscara de un fruto, que, juntas por una o más suturas, encierran las semillas, como en el haba y el estramonio.

ventalle. M. abanico (‖ para hacer aire).

ventana. F. **1.** Abertura más o menos elevada sobre el suelo, que se deja en una pared para dar luz y ventilación. ‖ **2.** Hoja u hojas de madera y de cristales con que se cierra esa abertura. ‖ **3.** Cada uno de los orificios de la nariz. ‖ **4.** Inform. Recuadro que aparece en la pantalla de una computadora u ordenador y cuyo contenido puede manejarse independientemente del resto. ‖ **5.** TV. Recuadro en la pantalla de un televisor donde se ofrecen imágenes diferentes de la emisión principal. ‖ **arrojar, echar,** o **tirar** algo **por la ~.** LOCS.VERBS. Desperdiciarlo o malgastarlo.

ventanaje. M. Conjunto de ventanas de un edificio.

ventanal. M. Ventana grande.

ventanero, ra. ADJ. Dicho de una persona ociosa: Muy aficionada a asomarse a la ventana para ver y ser vista. U. t. c. s.

ventanilla. F. **1.** Abertura pequeña que hay en la pared o tabique de los despachos de billetes, bancos y otras oficinas para que los empleados de estas comuniquen desde dentro con el público que está en la parte de fuera. ‖ **2.** Abertura provista de cristal que tienen en sus costados los automóviles, vagones del tren y otros vehículos. ‖ **3.** Orificio de la nariz. ‖ **4.** Abertura rectangular cubierta con un material transparente, que llevan algunos sobres para ver la dirección del destinatario escrita en la misma carta.

ventanillo. M. **1.** Postigo pequeño de puerta o ventana. ‖ **2.** Ventana pequeña o abertura redonda o de otra forma, hecha en la puerta exterior de las casas y resguardada por lo común con rejilla, para ver a la persona que llama, o hablar con ella sin franquearle la entrada.

ventano. M. Ventana pequeña.

ventanuco. M. Ventana pequeña y estrecha.

ventar. INTR. IMPERS. Soplar el viento. MORF. conjug. c. *acertar.*

ventarrón. M. Viento que sopla con mucha fuerza.

ventear. I. INTR. IMPERS. **1.** Soplar el viento o hacer aire fuerte. ‖ **II.** TR. **2.** Dicho de algunos animales: Tomar el viento con el olfato. ‖ **3.** Poner, sacar o arrojar algo al viento para enjugarlo o limpiarlo. *Ventear el grano.* ‖ **4.** Andar indagando o inquiriendo algo. *Ventear un rastro y seguirlo.*

ventero, ra. M. y F. Persona que tiene a su cuidado y cargo una venta para hospedaje de los pasajeros.

ventilación. F. **1.** Acción y efecto de ventilar o ventilarse. ‖ **2.** Abertura que sirve para ventilar un aposento. ‖ **3.** Corriente de aire que se establece al ventilarlo. ‖ **4.** Instalación con que se ventila un recinto.

ventilador. M. **1.** Instrumento o aparato que impulsa o remueve el aire en una habitación. ‖ **2.** Abertura que se deja hacia el exterior en una habitación, para que se renueve el aire de esta sin necesidad de abrir las puertas o ventanas.

ventilar. I. TR. **1.** Renovar el aire enrarecido de un aposento o pieza cerrada. ‖ **2.** Exponer algo al efecto del aire. *Renovar el aire sin ventilar las plantas.* ‖ **3.** Dirimir o resolver una cuestión o duda. *Quiere ventilar la crisis por el procedimiento político.* ‖ **4.** Hacer público un asunto privado. *No quiero ventilar intimidades en público.* ‖ **II.** PRNL. **5.** coloq. Terminar algo rápidamente. *Se ha ventilado el libro en dos horas. Se ha ventilado él solo la comida de todos.*

ventisca. F. Borrasca de viento, o de viento y nieve, que suele ser más frecuente en los puertos y gargantas de los montes.

ventisquero. M. **1.** Altura de los montes más expuesta a las ventiscas. ‖ **2.** Sitio, en las alturas de los montes, donde se conserva la nieve y el hielo. ‖ **3.** Masa de nieve o hielo reunida en este sitio.

ventolera. F. **1.** Golpe de viento fuerte y poco durable. ‖ **2.** coloq. Pensamiento o determinación inesperada y extravagante. *Le dio la ventolera de irse a Australia.*

ventolina. F. *Mar.* Viento leve y variable.

ventor, ra. I. ADJ. **1.** Dicho de un animal: Que, guiado por su olfato y el viento, busca un rastro o huye del cazador. ‖ **II.** M. **2.** Perro de caza, que sigue a esta por el olfato y viento.

ventorrillo. M. **1.** ventorro. ‖ **2.** Bodegón o casa de comidas en las afueras de una población.

ventorro. M. despect. Venta de hospedaje pequeña o mala.

ventosa. F. **1.** Órgano que tienen ciertos animales en los pies, la boca u otras partes del cuerpo, para adherirse o agarrarse, mediante el vacío, al andar o hacer presa. ‖ **2.** Pieza cóncava de material elástico en la cual, al ser oprimida contra una superficie lisa, se produce el vacío, con lo cual queda adherida a dicha superficie.

ventosear. INTR. Expeler del cuerpo los gases intestinales. U. t. c. prnl.

ventosidad. F. Conjunto de gases intestinales encerrados o comprimidos en el cuerpo, especialmente cuando se expelen.

ventoso, sa. I. ADJ. **1.** Se dice del día o del tiempo en que hace aire fuerte, y del sitio combatido por los vientos. ‖ **II.** M. **2.** hist. Sexto mes del calendario francés de la Revolución, cuyos días primero y último coincidían, respectivamente, con el 19 de febrero y el 20 de marzo.

ventral. ADJ. Perteneciente o relativo al vientre.

ventresca. F. Vientre de los pescados.

ventricular. ADJ. *Anat.* Perteneciente o relativo al ventrículo.

ventrículo. M. **1.** *Anat.* Cavidad del corazón que recibe sangre de una aurícula y la impulsa por el sistema arterial. Su número varía en los distintos grupos animales. ‖ **2.** *Anat.* Cada una de las cuatro cavidades del encéfalo de los vertebrados.

ventriculografía. F. *Med.* Visualización radiográfica de los ventrículos cerebrales por la insuflación de aire.

ventrílocuo, cua. ADJ. Dicho de una persona: Que tiene el arte de modificar su voz de manera que parezca venir de lejos, y que imita las de otras personas o diversos sonidos. U. t. c. s.

ventriloquia. F. Arte del ventrílocuo.

ventrudo, da. ADJ. Que tiene abultado el vientre. *Señor ventrudo. Tonel ventrudo.*

ventura. F. **1.** felicidad. ‖ **2.** suerte. ‖ **3.** Contingencia o casualidad. ‖ **buena ~.** F. buenaventura. ‖ **a la buena ~,** o **a la ~.** LOCS.ADVS. Sin determinado objeto ni propósito; a lo que depare la suerte. ‖ **por ~.** LOC.ADV. quizá.

venturoso, sa. ADJ. **1.** Que tiene buena suerte. ‖ **2.** Que implica o trae felicidad. *Un venturoso día.*

venus. F. **1.** Mujer muy hermosa. ‖ **2.** Representación plástica de la diosa Venus. ‖ **3.** Estatuilla prehistórica femenina elaborada en piedra, marfil o hueso. □ V. **monte de Venus, ombligo de Venus.**

venusiano, na. ADJ. Perteneciente o relativo al planeta Venus.

venusino, na. ADJ. poét. Perteneciente o relativo a la diosa Venus.

venustidad. F. Hermosura perfecta o muy agraciada.

venusto, ta. ADJ. Hermoso y agraciado. *Una cara venusta.*

ver[1]**.** I. TR. **1.** Percibir por los ojos los objetos mediante la acción de la luz. *De noche ve mal la carretera.* ‖ **2.** Percibir algo con cualquier sentido o con la inteligencia. *Vemos claramente la intención del autor.* ‖ **3.** Observar, considerar algo. *Veo que te aburres.* ‖ **4.** Reconocer con cuidado y atención algo, leyéndolo o examinándolo. *Veo la prensa a diario para estar informado.* ‖ **5.** Visitar a alguien o estar con él para tratar de algún asunto. *Veremos a un abogado para arreglar el contrato.* ‖ **6.** Experimentar o reconocer por el hecho. *Veo que está repuesto, ya no cojea.* ‖ **7.** Considerar, advertir o reflexionar. ‖ **8.** Prevenir las cosas del futuro; preverlas o inferirlas de lo que sucede en el presente. *Estoy viendo que mi hermano llega mañana sin avisar.* ‖ **9.** Conocer, juzgar. *Cada uno hace lo que quiere; ni lo veo bien, ni mal.* ‖ **10.** Se usa para remitir, quien habla o escribe, a otra ocasión, algún tema que entonces se toca de paso, o bien para aludir a algo de que ya se trató. *Como en su lugar veremos.* ‖ **11.** Intentar, tratar de realizar algo. *Ver DE hacer algo.* ‖ **12.** Dicho de un lugar: Ser escenario de un acontecimiento.

Este teatro ha visto muchos éxitos y fracasos. ‖ **II.** PRNL. **13.** Hallarse constituido en algún estado o situación. *Verse agasajado.* ‖ **14.** Dicho de una persona: Avistarse con otra para algún asunto. *Se ven en casa de un amigo.* ‖ **15.** Representarse material o inmaterialmente la imagen o semejanza de algo. *Verse al espejo.* ‖ **16.** Dicho de una cosa: Darse a conocer, o conocerse tan clara o patentemente como si se estuviera *viendo.* ‖ **17.** Estar o hallarse en un sitio o lance. *Cuando se vieron en el puerto, no se reconocieron.* ‖ **18.** coloq. **verse las caras.** *Me veré* CON *ese indeseable.* ¶ MORF. V. conjug. modelo; part. irreg. **visto.** ‖ **aquí donde me,** o **lo, ves,** o **veis,** o **ve usted,** o **ven ustedes.** EXPRS. coloqs. Se usan para denotar que alguien va a decir de sí mismo o de otra persona algo que no es de presumir. *Aquí donde usted me ve, soy noble por los cuatro costados.* ‖ **a ~.** EXPR. **1.** Se usa para pedir algo que se quiere reconocer o *ver.* ‖ **2.** coloq. **a ver, veamos.** ‖ **3.** coloq. Se utiliza para indicar que se acepta algo inevitable. *¿Vendrás? —A ver, no me queda otra salida.* ‖ **a ~ si.** EXPR. **1.** Se usa, seguida de un verbo, para denotar curiosidad, expectación o interés. ‖ **2.** Denota temor o sospecha. ‖ **3.** Expresa mandato. *A ver si te estás quieto.* ‖ **a ~, veamos.** EXPR. coloq. Explica la determinación de esperar que el suceso patentice la certidumbre de algo o la eventualidad de un suceso. ‖ **había que ~.** EXPR. Se usa para ponderar algo notable. *Había que ver lo elegantes que estaban.* ‖ **hasta más ~.** EXPR. coloq. **hasta la vista.** ‖ **hay que ~.** EXPR. **1.** Se usa para ponderar algo notable. *¡Hay que ver cómo han crecido estos niños!* ‖ **2.** Se usa, sin complemento, como exclamación ponderativa. ‖ **habrase visto.** LOC. INTERJ. Se usa para expresar reproche ante un mal proceder inesperado. ‖ **si te he visto,** o **si te vi, no me acuerdo,** o **ya no me acuerdo.** EXPRS. Se usan para manifestar el desapego con que los ingratos suelen pagar los favores que recibieron. ‖ **te veo,** o **te veo venir.** EXPRS. coloqs. Se usan para advertir a alguien que adivinamos su intención. ‖ **veremos.** EXPR. **1.** Se usa para diferir la resolución de algo, sin concederlo ni negarlo. ‖ **2.** Se usa para manifestar la duda de que se realice o resulte algo. *Te aseguro que vendrá, veremos.* ‖ **~las venir.** LOC.VERB. coloq. **ver venir.** *El muy ladino está entre los dos partidos a verlas venir.* ‖ **~ para creer,** o **~ y creer.** EXPRS. Se usan para manifestar que no se quiere creer algo solo por oídas, por ser tal que solo *viéndolo* se puede creer. ‖ **~se negro** alguien. LOC.VERB. coloq. Hallarse en gran afán, fatiga o apuro para ejecutar algo. ‖ **~ venir.** LOC.VERB. Esperar para la resolución de algo la determinación o intención de alguien, o el suceso futuro. ‖ **ya se ve.** EXPR. Se usa para manifestar asentimiento. ☐ V. **cosa de ~.**

ver². M. Parecer o apariencia de las cosas materiales o inmateriales. *Estar de buen ver. Tener otro ver.*

vera. a la ~. LOC.ADV. **1.** a la orilla. *A la vera del Guadalquivir.* ‖ **2.** Al lado próximo. *A la vera de su familia.*

veracidad. F. Cualidad de veraz.

veracruzano, na. ADJ. **1.** Natural de Veracruz. U. t. c. s. ‖ **2.** Perteneciente o relativo a este estado o a esta ciudad de México.

veragüense. ADJ. **1.** Natural de Veraguas. U. t. c. s. ‖ **2.** Perteneciente o relativo a esta provincia de Panamá.

veranada. F. Temporada de verano, respecto de los ganados.

veranda. F. Galería, porche o mirador de un edificio o jardín.

veraneante. ADJ. Que veranea. U. m. c. s.

veranear. INTR. Pasar las vacaciones de verano en lugar distinto de aquel en que habitualmente se reside.

veraneo. M. Acción y efecto de veranear.

veraniego, ga. ADJ. **1.** Perteneciente o relativo al verano. *Festival veraniego.* ‖ **2.** Ligero, de poco fuste. *Un vestido muy veraniego.*

veranillo. M. Tiempo breve en que, en España, suele hacer calor durante el otoño. *El veranillo de San Miguel. El veranillo de San Martín.* ‖ **~ de San Juan.** M. **1.** Am. Mer. Tiempo breve de calor o de sequía que, en América del Sur, suele presentarse a fines de junio. ‖ **2.** Chile. Período corto de bienestar.

veranito. **~ de San Juan.** M. Am. Mer. veranillo de San Juan.

verano. M. **1.** estío. ‖ **2.** Época más calurosa del año, que en el hemisferio septentrional comprende los meses de junio, julio y agosto. En el hemisferio austral corresponde a los meses de diciembre, enero y febrero. ‖ **3.** En el ecuador, donde las estaciones no son sensibles, temporada de sequía, que dura aproximadamente unos seis meses, con algunas intermitencias y alteraciones. ☐ V. **hora de ~, horario de ~, nube de ~.**

verapacense. ADJ. **1.** Natural de Alta Verapaz o de Baja Verapaz. U. t. c. s. ‖ **2.** Perteneciente o relativo a estos departamentos de Guatemala.

veras. F. pl. Realidad, verdad en lo que se dice o hace. ‖ **de ~.** LOC.ADV. **1.** Con verdad. ‖ **2.** Con formalidad, eficacia o empeño.

veraz. ADJ. **1.** Dicho de una persona: Que dice, usa o profesa siempre la verdad. ‖ **2.** Que se ajusta a la verdad. *Testimonio veraz.*

verba. F. Labia, locuacidad.

verbal. ADJ. **1.** Que se refiere a la palabra, o se sirve de ella. *Memoria verbal. Expresión verbal.* ‖ **2.** Que se hace o estipula solo de palabra, y no por escrito. *Contrato verbal.* ‖ **3.** Gram. Perteneciente o relativo al verbo. *Morfología verbal.* ☐ V. **grupo ~, locución ~, nota ~, perífrasis ~, predicado ~, sintagma ~.**

verbalismo. M. **1.** Propensión a fundar el razonamiento más en las palabras que en los conceptos. ‖ **2.** Procedimiento de enseñanza en que se cultiva con preferencia la memoria verbal.

verbalista. ADJ. Perteneciente o relativo al verbalismo.

verbalización. F. Acción y efecto de verbalizar.

verbalizar. TR. Expresar una idea o un sentimiento por medio de palabras.

verbasco. M. gordolobo.

verbena. F. **1.** Planta herbácea anual, de la familia de las Verbenáceas, con tallo de seis a ocho decímetros de altura, erguido y ramoso por arriba, hojas ásperas y hendidas, flores de varios colores, terminales y en espigas largas y delgadas, y fruto seco con dos o cuatro divisiones y otras tantas semillas. Es común en España. ‖ **2.** Fiesta popular con baile que se celebra por la noche, al aire libre y, normalmente, con motivo de alguna festividad.

verbenáceo, a. ADJ. Bot. Se dice de las plantas angiospermas dicotiledóneas, hierbas, arbustos y árboles, de tallos y ramas casi siempre cuadrangulares, hojas opuestas y verticiladas y sin estípulas, flores en racimo, espiga, cabezuela o cima, y fruto capsular o drupáceo con semillas sin albumen; p. ej., la verbena, la hierba luisa y el sauzgatillo. U. t. c. s. f. ORTOGR. En f. pl., escr. con may. inicial c. taxón. *Las Verbenáceas.*

verbenero, ra. ADJ. **1.** Perteneciente o relativo a las verbenas populares. *Ambiente verbenero.* || **2.** Aficionado a las verbenas. U. t. c. s. || **3.** Alegre, movido, multicolor. *Espectáculo verbenero.* || **4.** Dicho de una persona: Bulliciosa, de ánimo festivo. U. t. c. s.

verbigracia. ADV. **por ejemplo.**

verbi gratia. (Locución latina). LOC. ADV. **por ejemplo.**

verbo. M. **1.** Expresión, oral o escrita, del pensamiento. || **2.** Segunda persona de la Santísima Trinidad. ORTOGR. Escr. con may. inicial. || **3.** *Gram.* Clase de palabras que puede tener variación de persona, número, tiempo, modo y aspecto. || **~ auxiliar.** M. *Gram.* El que se emplea en la formación de la voz pasiva, de los tiempos compuestos y de las perífrasis verbales; p. ej., *haber, ser.* || **~ causativo.** M. *Gram.* **verbo factitivo.** || **~ copulativo.** M. *Gram.* Aquel que, junto con el atributo, forma el predicado nominal de una oración. || **~ defectivo.** M. *Gram.* Aquel que no se usa en todos los modos, tiempos o personas; p. ej., *abolir, soler.* || **~ deponente.** M. **1.** *Gram.* verbo latino que, con significación de activo, se conjuga por la voz pasiva. || **2.** En español, se usa a veces para referirse a verbos intransitivos cuyo participio se usa como el de los transitivos; p. ej., *La gente nacida en Madrid.* || **~ factitivo.** M. *Gram.* verbo, o perífrasis verbal, cuyo sujeto no ejecuta por sí mismo la acción, sino que la hace ejecutar por otro. || **~ frecuentativo.** M. *Gram.* verbo iterativo. || **~ impersonal.** M. *Gram.* El que se emplea generalmente en la tercera persona de singular de todos los tiempos y modos, simples y compuestos, y en infinitivo o gerundio, sin referencia ninguna a sujeto elíptico o expreso. || **~ incoativo.** M. *Gram.* El que indica el comienzo de una acción; p. ej., *florecer.* || **~ intransitivo.** M. *Gram.* El que se construye sin complemento directo; p. ej., *nacer, morir, correr.* || **~ irregular.** M. *Gram.* El que se conjuga alterando o combinando la raíz, el tema o las desinencias de la conjugación regular; p. ej., *acertar, caber, ir.* || **~ iterativo.** M. *Gram.* El que expresa una acción que se compone de acciones repetidas; p. ej., *besuquear, pisotear, tirotear.* || **~ pronominal.** M. *Gram.* El que se construye en todas sus formas con un pronombre átono que concuerda con el sujeto y que no desempeña ninguna función sintáctica oracional. Algunos verbos son exclusivamente pronominales, como *arrepentirse,* y otros adoptan determinados matices significativos o expresivos en las formas reflexivas; p. ej., *caer* o *morir.* || **~ regular.** M. *Gram.* El que se ajusta en su conjugación al modelo que se fija como propio de esa conjugación; p. ej., *amar, temer, partir.* || **~ semideponente.** M. *Gram.* verbo latino que se conjuga por la voz activa en los tiempos de presente y en los de perfecto por la voz pasiva, pero con significado activo; p. ej., *audeo, fido.* || **~ terciopersonal.** M. *Gram.* El que se construye solo en tercera persona de singular y plural; p. ej., *ocurrir.* || **~ transitivo.** M. *Gram.* El que se construye con complemento directo; p. ej., *Amar a Dios. Decir la verdad.* || **~ unipersonal.** M. *Gram.* verbo impersonal.

verborragia. F. Verbosidad excesiva.

verborrea. F. coloq. Verbosidad excesiva.

verbosidad. F. Abundancia de palabras en la elocución.

verboso, sa. ADJ. Abundante y copioso de palabras. *Un escritor verboso. Ingenio verboso.*

verdad. F. **1.** Conformidad de las cosas con el concepto que de ellas forma la mente. || **2.** Conformidad de lo que se dice con lo que se siente o se piensa. || **3.** Propiedad que tiene una cosa de mantenerse siempre la misma sin mutación alguna. || **4.** Juicio o proposición que no se puede negar racionalmente. || **5.** Cualidad de veraz. *Hombre de verdad.* || **6.** Expresión clara, sin rebozo ni lisonja, con que a alguien se le corrige o reprende. U. m. en pl. *Cayetano le dijo dos verdades.* || **7. realidad** (|| existencia real de algo). || **~ moral.** F. verdad (|| conformidad de lo que se dice con lo que se piensa). || **la pura ~.** F. La verdad indubitable, clara y sin tergiversación. || **una ~ como un templo.** Aquella verdad es evidente, o la que se tiene por tal. || **a decir ~.** EXPR. **a la verdad.** || **a la ~.** LOC. ADV. Se usa para asegurar la certeza y realidad de algo. || **bien es ~.** EXPR. Se usa contraponiendo algo a otra cosa, como que no impide o estorba el asunto, o para exceptuarlo de una regla general. || **decir** a alguien **las cuatro ~es,** o **las ~es del barquero.** LOCS. VERBS. coloqs. Decirle sin rebozo ni miramiento cosas que le duelan. || **de ~.** LOC. ADV. **1.** a la verdad. || **2.** de veras. || **en ~.** LOC. ADV. verdaderamente. U. m. repetida. || **es ~ que.** EXPR. bien es verdad. || **faltar** alguien **a la ~.** LOC. VERB. Decir lo contrario de lo que se sabe. || **la ~ amarga.** EXPR. Se usa para significar el disgusto que causa a alguien el que le pongan de manifiesto sus desaciertos o defectos. || **¿verdad?** EXPR. Busca el asentimiento del interlocutor. || **~ es que.** EXPR. bien es verdad. □ V. **la hora de la ~.**

verdaderamente. ADV. M. Con toda verdad o con verdad.

verdadero, ra. ADJ. **1.** Que contiene verdad. *Una historia verdadera.* || **2.** Real y efectivo. *Sus verdaderas intenciones.* || **3.** Que dice siempre verdad. □ V. **costilla ~, movimiento ~.**

verdasca. F. Vara o ramo delgado, ordinariamente verde.

verde. **I.** ADJ. **1.** De color semejante al de la hierba fresca, la esmeralda, etc., que corresponde a la sensación producida por el estímulo de longitudes de onda de alrededor de 520 nm. U. t. c. s. m. || **2.** En contraposición a *seco,* se dice de los árboles y las plantas que aún conservan alguna savia. || **3.** Dicho de la leña: Recién cortada del árbol vivo. || **4.** Dicho de una legumbre: Que se consume fresca, para diferenciarla de la que se guisa seca. *Judías, habas verdes.* || **5.** Que aún no está maduro. *Esas manzanas están verdes.* || **6.** Se usa, junto con algunos sustantivos, para referirse a un color parecido al de las cosas que estos designan. *Verde mar. Verde botella. Verde oliva. Verde esmeralda.* || **7.** Se dice del vino por cuyo sabor áspero se conoce que al hacerlo se mezcló uva agraz con la madura. || **8.** Se dice de los primeros años de la vida y de la juventud. || **9.** Dicho de una cosa: Que está en los principios y a la cual falta mucho para perfeccionarse. *Su candidatura está aún muy verde.* || **10.** Dicho de una persona: Inexperta y poco preparada. || **11.** Dicho de un cuento, de una comedia, de una poesía, etc.: Libres, indecentes, obscenos. || **12.** Dicho de una persona: Que conserva inclinaciones galantes impropias de su edad o de su estado. *Viejo verde.* || **13.** Se dice del lugar destinado a parque o jardín y en el que no se puede edificar. *Zona, espacio verde.* || **14.** Se dice de ciertos partidos ecologistas y de sus miembros. Apl. a pers., u. t. c. s. || **II.** M. **15.** Alcacer y demás hierbas que se siegan en verde y las consume el ganado sin dejarlas secar. || **16.** **follaje** (|| conjunto de hojas de los árboles y de otras plantas). || **17.** Señal de tráfico de color verde que, en los semáforos, indica que la vía está libre. *Al ver el verde, aceleró con suavidad.* ‖ **18.** pl. Pastos del campo para el ganado. ‖ **poner ~ a alguien.** LOC.VERB. coloq. Colmarlo de improperios o censurarlo acremente. □ V. **chile ~, cinturón ~, cobre ~, habas ~s, luz ~, malaquita ~, manzana ~ doncella, mate ~, oro ~, oronja ~, pasto ~, rayo ~, salsa ~, seda ~, té ~, tomate ~, zona ~.**

verdear. INTR. **1.** Dicho de una cosa: Mostrar el color verde que en sí tiene. ‖ **2.** Dicho del color: Tirar a verde. ‖ **3.** Dicho de una cosa: Ir tomando color verde. ‖ **4.** Dicho del campo: Empezar a brotar plantas en él. ‖ **5.** Dicho de un árbol: Cubrirse de hojas y tallos.

verdecer. INTR. Dicho de la tierra o los árboles: Reverdecer, cubrirse de verde. MORF. conjug. c. *agradecer.*

verdecillo. M. verderón[1].

verdegay. ADJ. De color verde claro. U. t. c. s. m. MORF. pl. **verdegayes** o **verdegáis.**

verdeguear. INTR. verdear.

verdejo, ja. ADJ. **1.** Dicho de una fruta: Que tiene color verde aun después de madura. *Higos verdejos.* ‖ **2.** Se dice de los árboles que las producen.

verdel. M. **caballa.**

verdemar. M. Color semejante al verdoso que suele tomar el mar. U. t. c. adj.

verdeo. M. Recolección de las aceitunas antes de que maduren para consumirlas después de aderezadas o encurtidas. □ V. **aceituna de ~.**

verderol. M. verderón[1].

verderón[1]**.** M. Ave canora del orden de las Paseriformes, del tamaño y forma del gorrión, con plumaje verde y manchas amarillentas en las remeras principales y en la base de la cola.

verderón[2]**, na.** ADJ. Verde o verdoso.

verdial. M. **1.** Cierta clase de cante flamenco. U. m. en pl. ‖ **2.** Baile que se ejecuta al son de este cante. U. m. en pl.

verdín. M. **1.** Primer color verde que tienen las hierbas o plantas que no han llegado a su sazón. ‖ **2.** Estas mismas hierbas o plantas que no han llegado a sazón. ‖ **3.** Capa verde de plantas criptógamas, que se cría en las aguas dulces, principalmente en las estancadas, en las paredes y lugares húmedos y en la corteza de algunos frutos, como el limón y la naranja, cuando se pudren. ‖ **4. cardenillo** (‖ mezcla de acetatos básicos de cobre).

verdina. F. Primer color verde de las plantas nacientes.

verdinegro, gra. ADJ. De color verde oscuro. *Ciprés verdinegro.*

verdino, na. ADJ. Muy verde o de color verdoso. *Lenteja verdina.*

verdinoso, sa. ADJ. verdoso.

verdolaga. F. **1.** Planta herbácea anual, de la familia de las Portulacáceas, con tallos tendidos, gruesos, jugosos, de tres a cuatro decímetros de largo; hojas sentadas, carnosas, casi redondas, verdes por el haz y blanquecinas por el envés, flores amarillas, y fruto capsular con semillas menudas y negras. Es planta hortense y se usa como verdura. ‖ **2. verdura** (‖ hortaliza). U. m. en pl. ‖ **como ~ en huerto.** LOC.ADV. Se usa para referirse a quien está o se pone a sus anchas.

verdor. M. **1.** Color verde vivo de las plantas. ‖ **2.** Color verde. ‖ **3.** Vigor, lozanía, fortaleza. ‖ **4.** Edad de la mocedad o juventud. U. t. en pl. con el mismo significado que en sing.

verdoso, sa. ADJ. Que tira a verde. *Luz verdosa.*

verdugada. F. *Arq.* Hilada horizontal, doble o sencilla, de ladrillo en una fábrica de tierra o mampostería.

verdugado. M. hist. Vestidura que las mujeres usaban debajo de las basquiñas, para ahuecarlas.

verdugo. M. **1.** Funcionario de justicia que ejecuta las penas de muerte. ‖ **2.** Persona muy cruel o que castiga demasiado y sin piedad. ‖ **3.** Gorro de lana que ciñe cabeza y cuello, dejando descubiertos los ojos, la nariz y la boca. ‖ **4.** Moldura convexa de perfil semicircular. ‖ **5.** hist. Vestidura armada o rígida que se ponía debajo de las basquiñas para ahuecarlas.

verdugón. M. Roncha que levanta el golpe del azote.

verduguillo. M. Estoque muy delgado.

verdulera. F. V. **verdulero.**

verdulería. F. Tienda o puesto de verduras.

verdulero, ra. I. M. y F. **1.** Persona que vende verduras. ‖ **II.** F. **2.** coloq. Mujer descarada y ordinaria. □ V. **boca de verdulera.**

verdura. F. **1.** Color verde, verdor. ‖ **2.** Hortaliza, especialmente la de hojas verdes. ‖ **3.** Follaje que se pinta en lienzos y tapicerías. ‖ **4. obscenidad.**

verdusco, ca. ADJ. Que tira a verde oscuro. *Plumaje verdusco.*

verduzco, ca. ADJ. verdusco.

verecundia. F. vergüenza.

vereda. F. **1.** Camino angosto, formado comúnmente por el tránsito de peatones y ganados. ‖ **2.** Vía pastoril para los ganados trashumantes, que, según la antigua legislación de la Mesta, es, como mínimo, de 25 varas de ancho. ‖ **3.** *Am. Mer.* Acera de una calle o plaza. ‖ **hacer** a alguien **entrar en ~.** LOC.VERB. coloq. Obligarlo al cumplimiento de sus deberes.

veredicto. M. **1.** Fallo pronunciado por un jurado. ‖ **2.** Parecer, dictamen o juicio emitido reflexiva y autorizadamente.

verga. F. **1. pene.** ‖ **2. vara** (‖ palo largo y delgado). ‖ **3.** *Mar.* Percha labrada convenientemente, a la cual se asegura el grátil de una vela. ‖ **~s en alto.** LOC.ADV. *Mar.* Denota que la embarcación está pronta y expedita para navegar.

vergajazo. M. Golpe dado con un vergajo.

vergajo. M. Verga del toro, que después de cortada, seca y retorcida, se usa como látigo.

vergazal. M. malson. *Am. Cen.* **montón** (‖ número considerable).

vergel. M. Huerto con variedad de flores y árboles frutales.

vergonzante. ADJ. Que tiene vergüenza. Se dice regularmente de quien pide limosna con cierto disimulo o encubriéndose.

vergonzoso, sa. ADJ. **1.** Que causa vergüenza. *Un espectáculo vergonzoso.* ‖ **2.** Que se avergüenza con facilidad. *Son tímidos y vergonzosos.* U. t. c. s. □ V. **mimosa ~, partes vergonzosas.**

vergüenza. F. **1.** Turbación del ánimo, que suele encender el color del rostro, ocasionada por alguna falta cometida, o por alguna acción deshonrosa y humillante, propia o ajena. ‖ **2.** Pundonor, estimación de la propia honra. *Hombre de vergüenza.* ‖ **3.** Encogimiento o cortedad para ejecutar algo. ‖ **4.** Deshonra, deshonor. ‖ **5.** hist. Pena o castigo que consistía en exponer al reo a la afrenta pública con alguna señal que denotaba su delito. *Sacar a la vergüenza.* ‖ **6.** pl. Partes externas de los órganos humanos de la generación. ‖ **~ ajena.** F. La que uno siente por lo que hacen o dicen otros. ‖ **perder** alguien **la ~.** LOC.VERB. **1.** Abandonarse, rebajándose en su conducta. ‖ **2.** Desechar el encogimiento o la cortedad.

vericueto. M. Lugar o sitio áspero, alto y quebrado, por donde no se puede andar sino con dificultad.

verídico, ca. ADJ. Que se ajusta a la verdad. *Un relato verídico.*

verificabilidad. F. *Fil.* Cualidad de verificable.

verificable. ADJ. **1.** Que se puede verificar. *Información verificable.* ‖ **2.** *Fil.* Dicho de una proposición: Que permite comprobar su verdad y examinar el método por el que se ha alcanzado.

verificación. F. **1.** Acción de **verificar** (‖ comprobar la verdad). ‖ **2.** Acción de **verificarse** (‖ salir cierto o verdadero lo que se dijo).

verificador, ra. ADJ. Que verifica. *Instrumento verificador de calibres.* Apl. a pers., u. t. c. s.

verificar. **I.** TR. **1.** Comprobar o examinar la verdad de algo. *Verificar la exactitud del peso.* ‖ **2.** Realizar, efectuar. U. t. c. prnl. *Las elecciones se verificaron en marzo.* ‖ **II.** PRNL. **3.** Dicho de algo que se dijo o pronosticó: Salir cierto y verdadero. *El trasplante se verifica cuando las plantas tienen 20 cm.*

verija. F. Región de las partes pudendas.

veril. M. *Mar.* Orilla o borde de un bajo, de una sonda, de un placer, etc.

verismo. M. **1.** Realismo llevado al extremo en las obras de arte. ‖ **2.** Movimiento literario y operístico surgido en Italia a finales del siglo XIX, influido por el naturalismo francés y otros movimientos realistas, y caracterizado por su *verismo* en la presentación de la realidad y en los aspectos escénicos.

verja. F. Enrejado que sirve de puerta, de ventana o, especialmente, de cerca.

verjurado. ☐ V. **papel ~.**

vermicida. ADJ. *Med.* **vermífugo.** Apl. a un medicamento o una sustancia, u. t. c. s. m.

vermicular. ADJ. Que se parece a los gusanos o participa de sus cualidades. ☐ V. **apéndice ~.**

vermiforme. ADJ. De forma de gusano. ☐ V. **apéndice ~.**

vermífugo, ga. ADJ. *Med.* Que tiene virtud para matar las lombrices intestinales. Apl. a un medicamento o una sustancia, u. t. c. s. m.

vermú o vermut. M. **1.** Licor aperitivo compuesto de vino blanco, ajenjo y otras sustancias amargas y tónicas. ‖ **2.** Función de cine o teatro por la tarde, celebrada con horario anterior al de las sesiones acostumbradas. ¶ MORF. pl. **vermús o vermuts.**

vernáculo, la. ADJ. Dicho especialmente de un idioma o de una lengua: Domésticos, nativos, de nuestra casa o país.

vernal. ADJ. Perteneciente o relativo a la primavera. *Equinoccio vernal.*

veronal. M. Derivado del ácido barbitúrico, usado como somnífero y tranquilizante.

veronés, sa. ADJ. **1.** Natural de Verona. U. t. c. s. ‖ **2.** Perteneciente o relativo a esta ciudad de Italia.

verónica. F. **1.** Planta herbácea, vivaz, de la familia de las Escrofulariáceas, con tallos delgados y rastreros de dos a tres decímetros de longitud, hojas opuestas, vellosas, elípticas y pecioladas, flores azules en espigas axilares, y fruto seco, capsular, con semillas menudas. ‖ **2.** *Taurom.* Lance que consiste en esperar el lidiador la acometida del toro teniendo la capa extendida o abierta con ambas manos enfrente de la res.

veros. M. pl. *Heráld.* Esmaltes que cubren el escudo, en forma de campanillas alternadas, unas de plata y otras de azur, y con las bocas opuestas.

verosímil. ADJ. **1.** Que tiene apariencia de verdadero. *Un personaje verosímil.* ‖ **2.** Que se puede creer por no ofrecer carácter alguno de falsedad. *Todo lo que dijo es verosímil.*

verosimilitud. F. Cualidad de verosímil.

verraco. M. Cerdo padre.

verriondo, da. ADJ. Se dice del puerco y de otros animales cuando están en celo. *Los coyotes hambrientos y verriondos aúllan.*

verruga. F. **1.** Excrecencia cutánea por lo general redonda. ‖ **2.** Abultamiento que la acumulación de savia produce en algún punto de la superficie de una planta.

verrugoso, sa. ADJ. Que tiene muchas verrugas. *Sapo verrugoso.*

versado, da. PART. de **versar.** ‖ ADJ. Ejercitado, práctico, instruido. *Versado en matemáticas.*

versal. F. *Impr.* **letra mayúscula.** ☐ V. **letra ~.**

versalilla. ☐ V. **letra ~.**

versalita. F. *Impr.* **letra versalita.**

versallesco, ca. ADJ. **1.** Perteneciente o relativo a Versalles, palacio y sitio real cercano a París. Se dice especialmente de las costumbres de la corte francesa establecida en dicho lugar y que tuvo su apogeo en el siglo XVIII. ‖ **2.** coloq. Dicho del lenguaje y de los modales: Afectadamente corteses.

versar. INTR. Dicho de un libro, de un discurso o de una conversación: Tratar de una materia determinada. *Versar sobre matemáticas. Versar acerca de poesía.*

versátil. ADJ. **1.** De genio o carácter voluble e inconstante. *Una persona caprichosa y versátil.* ‖ **2.** Capaz de adaptarse con facilidad y rapidez a diversas funciones. *Una herramienta muy versátil.* ‖ **3.** Que se vuelve o se puede volver fácilmente. *Dedos versátiles.*

versatilidad. F. Cualidad de versátil.

versículo. M. **1.** Cada una de las breves divisiones de los capítulos de ciertos libros, y en particular de las Sagradas Escrituras. ‖ **2.** Parte del responsorio que se dice en las horas canónicas, regularmente antes de la oración. ‖ **3.** Cada uno de los versos de un poema escrito sin rima ni metro fijo y determinado, en especial cuando el verso constituye unidad de sentido.

versificación. F. **1.** Acción y efecto de versificar. ‖ **2.** *Métr.* Arte de versificar.

versificador, ra. ADJ. Que hace o compone versos. U. t. c. s.

versificar. **I.** TR. **1.** Poner en verso. ‖ **II.** INTR. **2.** Hacer o componer versos.

versión. F. **1.** Cada una de las formas que adopta la relación de un suceso, el texto de una obra o la interpretación de un tema. ‖ **2. traducción** (‖ acción y efecto de traducir). ‖ **3.** Modo que tiene cada uno de referir un mismo suceso. ‖ **4.** *Med.* Operación para cambiar la postura del feto que se presenta mal para el parto.

versionar. TR. Hacer una versión nueva de una obra musical, generalmente ligera.

verso[1]. M. **1.** Palabra o conjunto de palabras sujetas a medida y cadencia, o solo a cadencia. Se usa también en sentido colectivo, por contraposición a *prosa. Comedia en verso.* ‖ **2.** Versículo de las Sagradas Escrituras. ‖ **3.** coloq. Composición en **verso.** U. m. en pl. ‖ **~ blanco.** M. **verso suelto.** ‖ **~ de arte mayor.** M. El que tiene más de ocho sílabas. ‖ **~ de arte mayor castellano.** M. El de arte mayor, normalmente dodecasílabo, con dos hemistiquios, en cada uno de los cuales se da la combinación de dos sílabas átonas entre otras dos tónicas. || **~ de arte menor.** M. El que no pasa de ocho sílabas. || **~ de cabo roto.** M. El que tiene suprimida o cortada la sílaba o sílabas que siguen a la última acentuada. || **~ libre.** M. **1. verso suelto.** || **2.** El que no está sujeto a rima ni a metro fijo y determinado. || **~ suelto.** M. El que no forma con otro rima perfecta ni imperfecta. □ V. **compañía de ~.**

verso². □ V. **folio ~.**

versolari. M. Improvisador popular de versos en vasco.

versta. F. Medida itineraria rusa, equivalente a 1067 m.

vértebra. F. *Anat.* Cada uno de los huesos cortos, articulados entre sí, que forman la columna vertebral de los animales vertebrados.

vertebración. F. Acción y efecto de vertebrar.

vertebrado, da. PART. de **vertebrar.** || ADJ. **1.** *Zool.* Que tiene vértebras. *Fauna vertebrada.* || **2.** *Zool.* Se dice de los animales cordados que tienen esqueleto con columna vertebral y cráneo, y sistema nervioso central constituido por médula espinal y encéfalo. U. t. c. s. m. ORTOGR. En m. pl., escr. con may. inicial c. taxón. *Los Vertebrados.*

vertebrador, ra. ADJ. Que vertebra. *Un objetivo vertebrador.*

vertebral. ADJ. *Anat.* Perteneciente o relativo a las vértebras. □ V. **columna ~.**

vertebrar. TR. Dar consistencia y estructura internas, dar organización y cohesión.

vertedera. F. Especie de orejera que sirve para voltear y extender la tierra levantada por el arado.

vertedero. M. **1.** Lugar adonde o por donde se vierte algo. || **2.** Lugar donde se vierten basuras o escombros. || **3.** Conducto por el que se arrojan a un depósito situado a nivel inferior basuras, desechos, ropa sucia, etc.

vertedor. M. Canal o conducto que en los puentes y otras fábricas sirve para dar salida al agua y a las inmundicias.

verter. **I.** TR. **1.** Derramar o vaciar líquidos, y también cosas menudas, como sal, harina, etc. U. t. c. prnl. || **2.** Inclinar una vasija o volverla bocabajo para vaciar su contenido. U. t. c. prnl. || **3. traducir** (|| de una lengua a otra). *Al verterlo todo al castellano, la censura maniobraba a su antojo.* || **4.** Decir con determinado objeto, y por lo común con fin siniestro, máximas, conceptos, etc. *Verter graves acusaciones.* || **II.** INTR. **5.** Dicho de un líquido: Correr por una pendiente. || **6.** Dicho de una corriente de agua: Desembocar en otra. ¶ MORF. conjug. c. *entender.*

vertical. ADJ. **1.** *Geom.* Dicho de una recta o de un plano: Que son perpendiculares a otra recta o plano horizontal. || **2.** Que tiene la dirección de una plomada. *Pongan sus asientos en posición vertical.* Apl. a una línea, u. t. c. s. f. || **3.** Que, en figuras, dibujos, escritos, impresos, etc., va de la cabeza al pie. *Lectura vertical.* || **4.** Dicho de una organización, de una estructura, etc.: Que están fuertemente subordinadas al estrato superior máximo. *Un orden vertical y jerarquizado.* □ V. **barra ~, doble barra ~, línea ~, plano ~.**

verticalidad. F. Cualidad de vertical.

vértice. M. **1.** *Geom.* Punto en que concurren los dos lados de un ángulo. || **2.** *Geom.* Punto donde concurren tres o más planos. || **3.** *Geom.* Punto donde concurren los vértices de todos los triángulos que forman las caras de la pirámide, o las generatrices del cono. || **4.** Parte más elevada de la cabeza humana. □ V. **ángulos opuestos por el ~.**

verticilado, da. ADJ. *Bot.* Que forma verticilo.

verticilo. M. *Bot.* Conjunto de tres o más ramos, hojas, flores, pétalos u otros órganos, que están en un mismo plano alrededor de un tallo.

vertido. M. **1.** Acción de **verter** (|| derramar o vaciar líquidos). || **2.** Material de desecho que las instalaciones industriales o energéticas arrojan a vertederos o al agua. U. m. en pl. □ V. **canon de ~s.**

vertiente. **I.** AMB. **1.** Declive o sitio por donde corre o puede correr el agua. || **II.** F. **2.** Aspecto, punto de vista.

vertiginosidad. F. Cualidad de vertiginoso.

vertiginoso, sa. ADJ. **1.** Perteneciente o relativo al vértigo. *Sensaciones vertiginosas.* || **2.** Que causa vértigo. *Alturas vertiginosas.*

vértigo. M. **1.** *Med.* Trastorno del sentido del equilibrio caracterizado por una sensación de movimiento rotatorio del cuerpo o de los objetos que lo rodean. || **2.** *Med.* Turbación del juicio, repentina y pasajera. || **3.** Apresuramiento anormal de la actividad de una persona o colectividad. || **~ de la altura.** M. *Psicol.* Sensación de inseguridad y miedo a precipitarse desde una altura o a que pueda precipitarse otra persona.

vertimiento. M. Acción y efecto de verter.

vesania. F. Demencia, locura, furia.

vesánico, ca. ADJ. **1.** Perteneciente o relativo a la vesania. *Violencia vesánica.* || **2.** Que padece de vesania. U. t. c. s.

vesical. ADJ. *Zool.* Perteneciente o relativo a la vejiga.

vesicante. ADJ. Dicho de una sustancia: Que produce ampollas en la piel. U. t. c. s. m.

vesícula. F. **1.** Vejiga pequeña en la epidermis, llena generalmente de líquido seroso. || **2.** *Bot.* Ampolla llena de aire que suelen tener ciertas plantas acuáticas en las hojas o en el tallo. || **~ biliar.** F. *Anat.* Bolsa membranosa en la que se deposita la bilis que llega a ella por el conducto cístico. || **~ seminal.** F. *Anat.* Cada una de las dos, situadas a uno y otro lado del conducto deferente de los mamíferos, cuyas paredes contienen glándulas secretoras de un líquido que forma parte del esperma.

vesicular. ADJ. Perteneciente o relativo a la vesícula. *Padecimientos vesiculares.*

vesiculoso, sa. ADJ. Lleno de vesículas. *Lesiones vesiculosas.*

vespa. (Marca reg.). F. Motocicleta ligera o ciclomotor, con ruedas pequeñas, que tiene una plataforma para apoyar los pies y en su parte delantera una plancha protectora de las piernas.

vesperal. M. Libro de canto gregoriano, que contiene el de vísperas.

véspero. M. **anochecer** (|| tiempo durante el cual anochece).

vespertino, na. **I.** ADJ. **1.** Perteneciente o relativo a la tarde. *Turno vespertino.* || **2.** Que acaece durante la tarde y especialmente a su caída. *Crepúsculo vespertino.* || **II.** M. **3.** Periódico que sale por la tarde.

vespino. (Marca reg.). M. **ciclomotor.**

vestal. ADJ. hist. Se dice de las doncellas romanas consagradas a la diosa Vesta. U. m. c. s.

veste. F. poét. **vestido.**

vestíbulo. M. **1.** Atrio o portal que está a la entrada de un edificio. || **2.** En los hoteles, cines, teatros, etc., sala amplia próxima a la entrada del edificio. || **3.** Espacio cubierto dentro de la casa, que comunica la entrada con los aposentos o con un patio. ‖ **4.** Pieza que da entrada a cada uno de los cuartos habitados por una familia. ‖ **5.** *Anat.* Una de las cavidades comprendidas en el laberinto del oído de los vertebrados.

vestido. M. **1.** Prenda o conjunto de prendas exteriores con que se cubre el cuerpo. ‖ **2.** Traje enterizo de la mujer.

vestidor. M. Habitación de una casa utilizada para vestirse y para guardar la ropa.

vestidura. F. **1.** vestido (‖ prenda o conjunto de prendas con que se cubre el cuerpo). ‖ **2.** Vestido que, sobrepuesto al ordinario, usan los sacerdotes para el culto divino. U. m. en pl. con el mismo significado que en sing. ‖ **rasgarse** alguien **las ~s.** LOC.VERB. **escandalizarse** (‖ mostrar indignación).

vestigial. ADJ. Que queda como resto de algo que ya ha perdido su función. *Órgano vestigial.*

vestigio. M. Ruina, señal o resto que queda de algo material o inmaterial.

vestiglo. M. Monstruo fantástico horrible.

vestimenta. F. vestido.

vestir. **I.** TR. **1.** Cubrir o adornar el cuerpo con ropa. *La enfermera vistió al bebé.* U. t. c. prnl. ‖ **2.** Guarnecer o cubrir algo para su defensa o adorno. *Vistió el salón con alfombras y tapices.* U. t. en sent. fig. *Ha vestido DE progresismo sus antiguas ideas.* ‖ **3.** Dar a alguien lo necesario para que se haga vestidos. *No gano para vestir a mis hijos.* ‖ **4.** Exornar una idea con galas retóricas o conceptos secundarios o complementarios. ‖ **5.** Hacer los vestidos para otro. *Ese sastre me viste.* ‖ **II.** INTR. **6.** vestirse o ir vestido con un determinado gusto. *Luis viste bien.* ‖ **7.** Dicho de una cosa: Ser elegante, estar de moda, o ser a propósito para el lucimiento y la elegancia. *El color negro viste mucho.* ‖ **8.** Llevar un traje de color, forma o distintivo especial. *Vestir de luto. Vestir de etiqueta. Vestir de uniforme. Vestir de paisano.* ¶ MORF. conjug. c. *pedir.* ‖ **de ~.** LOC.ADJ. Dicho de una prenda de vestir: Que se reserva para ocasiones señaladas o que requieren cierta formalidad. *Zapatos de vestir.* ‖ **el, la mismo, ma que viste y calza.** EXPR. coloq. Se usa para corroborar la identidad de alguien. ‖ **vísteme despacio, que tengo prisa.** EXPR. Se usa para encarecer la necesidad de no proceder de manera atropellada.

vestuario. M. **1.** vestido (‖ prenda o conjunto de prendas con que se cubre el cuerpo). ‖ **2.** Conjunto de trajes necesarios para una representación escénica o una película. ‖ **3.** En los campos de deportes, piscinas, etc., local destinado a cambiarse de ropa. ‖ **4.** Conjunto de jugadores que componen un equipo deportivo. ‖ **5.** Parte del teatro en que están los cuartos o aposentos donde se visten las personas que han de tomar parte en la representación dramática o en otro espectáculo teatral. ‖ **6.** *Mil.* Uniforme de los soldados y demás individuos de tropa.

veta. F. **1.** vena (‖ faja de tierra o piedra que se distingue de la masa en que se halla interpuesta). *Veta de tocino magro. Veta de tierra caliza.* ‖ **2.** Filón metálico. ‖ **3.** vena (‖ lista de ciertas piedras y maderas).

vetar. TR. Poner el veto a algo o alguien. *Algunos países han vetado la proposición.*

vetarro, rra. ADJ. *Méx.* Dicho de una persona: vieja (‖ de edad). U. t. c. s.

veteado, da. PART. de vetear. ‖ ADJ. Que tiene vetas. *Madera veteada.*

vetear. TR. Señalar o pintar vetas, imitando las de la madera, el mármol, etc.

veteranía. F. Cualidad de veterano.

veterano, na. ADJ. **1.** Que ha desempeñado durante mucho tiempo cualquier profesión u oficio o está experimentado en un ejercicio, situación o actividad. *Avión veterano.* Apl. a pers., u. t. c. s. ‖ **2.** Dicho de un militar: Que ha prestado servicio mucho tiempo. U. t. c. s. ‖ **3.** fest. Dicho de una persona: De edad madura. U. t. c. s. □ V. **soldado ~.**

veterinaria. F. Ciencia y arte de precaver y curar las enfermedades de los animales.

veterinario, ria. **I.** ADJ. **1.** Perteneciente o relativo a la veterinaria. *Inspección veterinaria.* ‖ **II.** M. y F. **2.** Persona que se halla legalmente autorizada para profesar y ejercer la veterinaria.

veterotestamentario, ria. ADJ. Perteneciente o relativo al Antiguo Testamento.

vetiver. M. Planta graminea cuya raíz es usada en perfumería por sus propiedades aromáticas.

veto. M. **1.** Derecho que tiene una persona o corporación para vedar o impedir algo. Se usa principalmente para significar el atribuido según las Constituciones al jefe del Estado o a la segunda Cámara, respecto de las leyes votadas por la elección popular. ‖ **2.** Acción y efecto de vedar.

vetón, na. ADJ. **1.** hist. Se dice de un pueblo prerromano de la antigua Lusitania que habitaba parte de las actuales provincias de Zamora, Salamanca, Ávila, Cáceres, Toledo y Badajoz. ‖ **2.** hist. Se dice también de los individuos que formaban ese pueblo. U. t. c. s. ‖ **3.** hist. Perteneciente o relativo a los vetones. *Castros vetones.*

vetustez. F. Cualidad de vetusto.

vetusto, ta. ADJ. Extremadamente viejo, anticuado. *Edificio vetusto.*

vexilología. F. Disciplina que estudia las banderas, pendones y estandartes.

vexilólogo, ga. M. y F. Persona que cultiva la vexilología.

vez. F. **1.** Alternación de las cosas por turno u orden sucesivo. ‖ **2.** Tiempo u ocasión determinada en que se ejecuta una acción, aunque no incluya orden sucesivo. *Vez hubo que no comió en un día.* ‖ **3.** Tiempo u ocasión de hacer algo por turno u orden. *Le llegó la vez de entrar.* ‖ **4.** Cada realización de un suceso o de una acción en momento y circunstancias distintos. *La primera vez que vi el mar.* ‖ **5.** Lugar que a alguien le corresponde cuando varias personas han de actuar por turno. *¿Quién da la vez?* ‖ **6.** pl. Ocupación, autoridad o jurisdicción que alguien ejerce supliendo a otra persona o representándola. *Hacer las veces de otro. Hacer uno con otro veces de padre.* ‖ **a las veces.** LOC.ADV. **a veces.** ‖ **a la ~.** LOC. ADV. A un tiempo, simultáneamente. ‖ **2.** *Am.* Cada vez, de uno en uno. *Vayan pasando uno a la vez.* ‖ **a mi, tu, su,** etc., **~.** LOCS.ADVS. **1.** Por orden sucesivo y alternado. ‖ **2.** Por su parte, por separado de lo demás. ‖ **a veces.** LOC.ADV. En alguna ocasión o tiempo, como excepción de lo que comúnmente sucede, o contraponiéndolo a otro tiempo u ocasión. ‖ **cada ~ que.** LOC.CONJUNT. **siempre que.** ‖ **de una buena ~.** LOC.ADV. **de una vez para siempre.** U. m. en América. ‖ **de una ~.** LOC.ADV. **1.** Con una sola acción, con una palabra o de un golpe. ‖ **2.** De manera definitiva. ‖ **3.** coloq. Que reúne todas las excelencias deseables. ‖ **de una ~ para siempre.** LOC.ADV.

De manera definitiva. ‖ **de ~ en cuando.** LOC.ADV. de **cuando en cuando.** ‖ **en ~ de.** LOC. PREPOS. **1.** En sustitución de alguien o algo. ‖ **2.** Al contrario, lejos de. ‖ **otra ~.** LOC.ADV. Con reiteración, de nuevo. ‖ **tal ~.** LOC.ADV. quizá. ‖ **toda ~ que.** LOC. CONJUNT. Supuesto que, siendo así que. ‖ **una que otra ~.** LOC.ADV. Rara vez, alguna vez. ‖ **una ~.** LOC.ADV. Precediendo a un participio, indica que debe suceder en primer lugar la acción por él denotada. *Una vez presentados al examen, todos los alumnos serán calificados.* ‖ **una ~ que.** LOC. CONJUNT. Cuando, después de que. *Celebrará una fiesta una vez que le entreguen el piso.* ‖ **~ pasada.** LOC.ADV. Á. R. *Plata.* Hace poco tiempo o en cierta ocasión. *Vez pasada tuve el valor de preguntárselo.* ◻ V. **año** y **~.**

veza. F. **1.** algarroba (‖ planta leguminosa). ‖ **2.** algarroba (‖ semilla).

vía. I. F. **1. camino** (‖ por donde se transita). ‖ **2.** Raíl de ferrocarril. ‖ **3.** Calzada construida para la circulación rodada. ‖ **4.** Cada uno de los conductos por donde pasan en el organismo los fluidos, los alimentos y los residuos. ‖ **5.** Entre los ascéticos, modo y orden de vida espiritual encaminada a la perfección de la virtud, y que se divide en tres estados: vía purgativa, iluminativa y unitiva. ‖ **6.** Arbitrio o conducto para hacer o conseguir algo. ‖ **7.** *Dep.* En alpinismo, itinerario de escalada. ‖ **8.** *Med.* Cánula que se utiliza durante un cierto tiempo para introducir líquidos en el cuerpo de un paciente. ‖ **II.** PREP. **9.** Por, pasando por, o haciendo escala en. *La fotografía se ha recibido vía satélite. He venido vía París.* ‖ **~ ancha.** F. La normal en los ferrocarriles españoles de la red principal, en oposición a los de vía estrecha. ‖ **~ de agua.** F. *Mar.* Rotura, grieta o agujero por donde entra en la embarcación el agua en que flota. ‖ **~ de comunicación.** F. Camino terrestre o ruta marítima. ‖ **~ ejecutiva.** F. *Der.* Procedimiento judicial o administrativo para hacer inmediatamente efectivo el importe de un crédito o multa, sin necesidad de un juicio sobre el fondo. ‖ **~ estrecha.** F. La de ferrocarril cuyos raíles distan entre sí menos que los de la red principal. ‖ **~ férrea.** F. ferrocarril. ‖ **Vía Láctea.** F. Galaxia en la que se encuentra el sistema solar en el que está el planeta Tierra. ‖ **~ muerta.** F. **1.** En los ferrocarriles, la que no tiene salida, y sirve para apartar de la circulación vagones y máquinas. ‖ **2.** Situación de paralización en un proceso. ‖ **~ pública.** F. Calle, plaza, camino u otro sitio por donde transita o circula el público. ‖ **~ rápida.** F. Carretera con una sola calzada, sin cruces ni acceso a propiedades colindantes. ‖ **cuaderna ~.** F. Estrofa usada principalmente en los siglos XIII y XIV, que se compone de cuatro versos alejandrinos monorrimos. ‖ **de ~ estrecha.** LOC.ADJ. De mentalidad cerrada. ‖ **en ~s de.** LOC. PREPOS. En curso, en trámite o en camino de. *Está en vías de solución.* ‖ **por la ~ rápida.** LOC.ADV. Con procedimiento expeditivo. ‖ **por ~.** LOC.ADV. De forma, a manera y modo. ◻ V. **ancho de ~.**

viabilidad. F. Cualidad de viable.

viable¹. ADJ. **1.** Que puede vivir. Se dice principalmente de las criaturas que, nacidas o no a tiempo, salen a luz con robustez o fuerza bastante para seguir viviendo. ‖ **2.** Dicho de un asunto: Que, por sus circunstancias, tiene probabilidades de poderse llevar a cabo.

viable². ADJ. Dicho de un camino o de una vía: Por donde se puede transitar.

viacrucis. M. **1.** Camino señalado con diversas estaciones de cruces o altares, que se recorre rezando en cada una de ellas, en memoria de los pasos que dio Jesucristo caminando al Calvario. ‖ **2.** Conjunto de catorce cruces o de catorce cuadros que representan los pasos del Calvario, y se colocan en las paredes de las iglesias. ‖ **3.** Ejercicio piadoso en que se rezan y conmemoran los pasos del Calvario. ‖ **4.** Libro en que se contiene este rezo. ‖ **5.** Trabajo, aflicción continuada que sufre una persona. ¶ MORF. pl. invar. *Los viacrucis.*

vía crucis. (Locución latina). M. **viacrucis.** MORF. pl. invar. *Los vía crucis.*

viada. F. **arrancada** (‖ salida violenta).

viador. M. *Rel.* Criatura racional que está en esta vida y aspira y camina a la eternidad.

viaducto. M. Obra a manera de puente, para el paso de un camino sobre una hondonada.

viajador, ra. ADJ. Que viaja, viajero. Apl. a pers., u. t. c. s.

viajante. I. ADJ. **1.** Que viaja. *Exposición viajante.* Apl. a pers., u. t. c. s. ‖ **II.** COM. **2.** Dependiente comercial que hace viajes para negociar ventas o compras.

viajar. INTR. **1.** Trasladarse de un lugar a otro, generalmente distante, por cualquier medio de locomoción. ‖ **2.** Dicho de un vehículo: Desplazarse siguiendo una ruta o trayectoria. *Los cohetes viajan a gran velocidad.* ‖ **3.** Dicho de una mercancía: Ser transportada.

viaje. M. **1.** Acción y efecto de viajar. ‖ **2.** Ida a cualquier parte, especialmente cuando se lleva una carga. ‖ **3.** Carga o peso que se lleva de un lugar a otro de una vez. ‖ **4.** Agua que por acueductos o cañerías se conduce desde un manantial o depósito, para el consumo de una población. ‖ **5.** jerg. Estado resultante de haberse administrado una droga alucinógena. ‖ **6.** *Mar.* Arrancada o velocidad de una embarcación. ‖ **de un ~.** LOC.ADV. De una vez y por completo. ◻ V. **cheque de ~.**

viajero, ra. I. ADJ. **1.** Que viaja. *Monarca viajero.* Apl. a pers., u. m. c. s. ‖ **II.** M. y F. **2.** Á. R. *Plata.* **viajante** (‖ dependiente comercial). ◻ V. **agente ~, cheque de viajero.**

vial¹. I. ADJ. **1.** Perteneciente o relativo a la vía. *Seguridad vial.* ‖ **II.** M. **2.** Calle formada por dos filas paralelas de árboles u otras plantas.

vial². M. Frasco pequeño destinado a contener un medicamento inyectable, del cual se van extrayendo las dosis convenientes.

vialidad. F. Conjunto de servicios pertenecientes a las vías públicas.

vianda. F. **1.** Sustento y comida de las personas. ‖ **2.** *Ant.* Frutos y tubérculos comestibles que se sirven guisados, como el ñame, la malanga, el plátano, etc.

viandante. COM. **1. peatón** (‖ persona que va a pie). ‖ **2.** Persona que viaja a pie.

viandero, ra. M. y F. *Ant.* Persona que vende **viandas** (‖ frutos o tubérculos que se comen guisados).

viaraza. F. *Am. Cen.* y Á. R. *Plata.* Acción inconsiderada y repentina.

viario, ria. ADJ. Perteneciente o relativo a los caminos y carreteras. *Red viaria.*

viático. M. **1.** Prevención, en especie o en dinero, de lo necesario para el sustento de quien hace un viaje. U. m. en América. ‖ **2.** Subvención en dinero que se abona a los diplomáticos para trasladarse al punto de su destino. ‖ **3.** Sacramento de la eucaristía, que se administra a los enfermos que están en peligro de muerte.

víbora. F. **1.** Culebra venenosa de unos 50 cm de largo y menos de 3 de grueso. Es ovovivípara, con la cabeza cubierta en gran parte de escamas pequeñas semejantes a las del resto del cuerpo, y tiene dos dientes huecos en la mandíbula superior, por donde se vierte, cuando muerde, el veneno. Generalmente están adornadas de una faja parda ondulada a lo largo del cuerpo. Es común en los países montuosos de Europa y en el norte de África. ‖ **2.** coloq. Persona con malas intenciones. ‖ **3.** coloq. Persona mordaz, murmuradora y maledicente. ‖ **4.** *Méx.* Reptil ofidio sin patas. ‖ ~ **de la cruz.** F. *Á. guar.* y *Á. R. Plata.* **crucera.** ☐ V. **lengua de ~.**

viborán. M. *Am. Cen.* Planta de la familia de las Asclepiadáceas, de flores encarnadas con estambres amarillos. Segrega un jugo lechoso que se utiliza como vomitivo y vermífugo.

viborear. INTR. *Á. R. Plata.* **serpentear.**

viborezno. M. Cría de la víbora.

vibración. F. **1.** Acción y efecto de vibrar. ‖ **2.** Cada movimiento vibratorio, o doble oscilación de las moléculas o del cuerpo vibrante.

vibrador, ra. I. ADJ. **1.** Que vibra. *Cama vibradora.* ‖ **II.** M. **2.** Aparato que transmite las vibraciones eléctricas.

vibradora. F. Máquina que vibra.

vibráfono. M. Instrumento musical de percusión, semejante al xilófono, formado por placas metálicas vibrantes, que se hacen sonar golpeándolas con una maza.

vibrante. ADJ. **1.** Que vibra. ‖ **2.** *Fon.* Dicho de un sonido: Cuya pronunciación se caracteriza por un rápido contacto oclusivo, simple o múltiple, entre los órganos de la articulación; p. ej. la *r* de *hora* es vibrante simple y la de *honra* vibrante múltiple. U. t. c. s. f.

vibrar. I. TR. **1.** Dicho de la voz y de otras cosas no materiales: Tener un sonido trémulo. ‖ **II.** INTR. **2.** *Mec.* Dicho de un cuerpo elástico: Oscilar alternativamente en torno a su posición de equilibrio. ‖ **3.** Conmoverse por algo. *Vibrar con un buen concierto.*

vibrátil. ADJ. Capaz de vibrar. *Membrana vibrátil.* ☐ V. **pestaña ~.**

vibrato. M. *Mús.* Ondulación del sonido producida por una vibración ligera del tono.

vibratorio, ria. ADJ. **1.** Que vibra o es capaz de vibrar. *Teléfono con dispositivo vibratorio.* ‖ **2.** Perteneciente o relativo a la vibración. *Movimientos vibratorios.*

vibrisas. F. **1.** pl. *Bot.* Pelos sensoriales de las plantas insectívoras. ‖ **2.** pl. *Zool.* Pelos rígidos más o menos largos que actúan como receptores táctiles, propios de gran número de mamíferos y otros animales y que aparecen, aislados o formando grupos, en distintas partes de la cabeza y de los miembros, especialmente sobre los labios; p. ej., los bigotes del gato.

viburno. M. Arbusto de la familia de las Caprifoliáceas, de unos dos metros de altura, ramoso, con hojas ovales, obtusas, dentadas y vellosas por el envés. Tiene flores blanquecinas, olorosas, en grupos terminales muy apretados, frutos en bayas negras, ácidas y amargas, y raíz rastrera que se extiende mucho.

vicaria. F. V. **vicario.**

vicaría. F. **1.** Oficio o dignidad de vicario. ‖ **2.** Oficina o tribunal en que despacha el vicario. ‖ **3.** Territorio de la jurisdicción del vicario. ‖ **pasar por la ~.** LOC. VERB. Tramitar el expediente eclesiástico de matrimonio.

vicarial. ADJ. Perteneciente o relativo al vicario.

vicariato. M. **vicaría.**

vicario, ria. I. ADJ. **1.** Dicho de una persona: Que tiene las veces, poder y facultades de otra o la sustituye. U. t. c. s. ‖ **II.** M. y F. **2.** Persona que en las órdenes regulares tiene las veces y autoridad de alguno de los superiores mayores, en caso de ausencia, falta o indisposición. ‖ **III.** F. **3.** Segunda superiora en algunos conventos de monjas. ‖ ~ **apostólico.** M. Dignidad eclesiástica designada por la Santa Sede para regir con jurisdicción ordinaria los grupos de fieles en territorios donde aún no está introducida la jerarquía eclesiástica. Suelen ser obispos titulares. ‖ **vicario capitular.** M. Dignidad eclesiástica investida de toda la jurisdicción ordinaria del obispo, para el gobierno de una diócesis vacante. Su designación la hace el Cabildo catedralicio. ‖ ~ **de coro.** M. y F. hist. Persona que en las órdenes regulares regía y gobernaba en los grupos del canto y al rezo en el coro. ‖ **vicario de Jesucristo.** M. Sumo pontífice, como quien tiene las veces de Cristo en la Tierra. ‖ **vicario de monjas.** M. El que pone el ordinario o el superior de una orden regular de cada uno de los conventos de su jurisdicción para que asista y dirija a las religiosas. ‖ ~ **foráneo.** M. Juez eclesiástico que ejerce en un solo partido y fuera de la capital de la diócesis. ‖ **vicario general.** M. Sacerdote nombrado por el obispo, que con potestad y jurisdicción ordinaria le ayuda en el gobierno de la diócesis. ‖ **vicario general castrense.** M. El que como delegado apostólico ejerce plena jurisdicción eclesiástica sobre todos los dependientes del Ejército y Armada; suele ser obispo titular. ‖ **vicario judicial.** M. Juez eclesiástico nombrado y elegido por los prelados para que ejerza sobre sus súbditos la jurisdicción ordinaria.

vicealmirantazgo. M. *Mar.* Dignidad de vicealmirante.

vicealmirante. COM. *Mar.* Oficial general de la Armada, inmediatamente superior al contraalmirante e inferior al almirante.

vicecanciller. COM. Persona que está facultada para hacer las veces de canciller en su ausencia o para desempeñar algunas de sus funciones.

vicecancillería. F. **1.** Cargo de vicecanciller. ‖ **2.** Oficina del vicecanciller.

vicecónsul. COM. Funcionario de la carrera consular, de categoría inmediatamente inferior al cónsul.

viceconsulado. M. **1.** Empleo o cargo de vicecónsul. ‖ **2.** Oficina de este funcionario.

vicedecanato. M. **1.** Dignidad de vicedecano. ‖ **2.** Conjunto de dependencias destinadas oficialmente al vicedecano para el desempeño de sus funciones.

vicedecano, na. M. y F. Persona facultada para ejercer funciones de decano de una corporación o una facultad universitaria.

vicedirector, ra. M. y F. Persona que hace o está facultada para hacer las veces del director.

vicegerencia. F. Cargo de vicegerente.

vicegerente. COM. Persona que hace las veces de gerente.

vicegobernador, ra. M. y F. Persona que hace las veces de gobernador.

vicejefe, fa. M. y F. Persona que sustituye o está facultada para sustituir al jefe de un cuerpo, partido o corporación.

Vicente. ¿dónde va ~? donde va la gente. EXPR. coloq. Se usa para tachar a alguien de falta de iniciativa o de personalidad, y que se limita a seguir el dictamen o la conducta de la mayoría.

vicentino, na. ADJ. **1.** Natural de San Vicente. U. t. c. s. ‖ **2.** Perteneciente o relativo a este departamento de El Salvador o a su cabecera.

vicepresidencia. F. Cargo de vicepresidente.

vicepresidencial. ADJ. Perteneciente o relativo a la vicepresidencia.

vicepresidente, ta. M. y F. Persona que hace o está facultada para hacer las veces del presidente.

viceprovincia. F. Conjunto de casas o conventos de ciertas religiones, que aún no se ha erigido en provincia, pero tiene veces de tal.

viceprovincial. COM. Persona que gobierna una viceprovincia.

vicerrector, ra. M. y F. Persona que hace o está facultada para hacer las veces del rector.

vicesecretaría. F. **1.** Cargo de vicesecretario. ‖ **2.** Despacho del vicesecretario.

vicesecretario, ria. M. y F. Persona que hace o está facultada para hacer las veces del secretario.

vicetesorero, ra. M. y F. Persona que hace las veces del tesorero.

vicetiple. F. En las zarzuelas, operetas y revistas, cada una de las cantantes que intervienen en los números de conjunto.

viceversa. I. ADV. M. **1.** Al contrario, por lo contrario; cambiadas dos cosas recíprocamente. ‖ **II.** M. **2.** Cosa, dicho o acción al revés de lo que lógicamente debe ser o suceder.

vichadense. ADJ. **1.** Natural de Vichada. U. t. c. s. ‖ **2.** Perteneciente o relativo a este departamento de Colombia.

viciar. I. TR. **1.** Dañar o corromper física o moralmente. *Ciertas películas vician la imaginación de los niños.* U. t. c. prnl. ‖ **2.** Anular o quitar el valor o validación de un acto. *El dolo con que se otorgó vicia este contrato.* ‖ **3.** Torcer el sentido de una proposición, explicándola o entendiéndola mal. *Ellos viciaron mis palabras.* ‖ **II.** PRNL. **4.** Dicho de una persona: Entregarse a los vicios, dejando la buena conducta que antes tenía. ‖ **5. enviciarse** (‖ aficionarse a algo con exceso). ¶ MORF. conjug. c. *anunciar*.

vicio. M. **1.** Hábito de obrar mal. ‖ **2.** Falta de rectitud o defecto moral en las acciones. ‖ **3.** Mala calidad, defecto o daño físico en las cosas. *La casa tiene algunos vicios ocultos.* ‖ **4.** Gusto especial o demasiado apetito de algo, que incita a usarlo frecuentemente y con exceso. ‖ **5.** Desviación, pandeo, alabeo que presenta una superficie apartándose de la forma que debe tener. ‖ **6.** Lozanía y frondosidad excesivas, perjudiciales para el rendimiento de la planta. *Los sembrados llevan mucho vicio.* ‖ **7.** Cariño, condescendencia excesiva, mimo. ‖ **de ~.** LOC.ADV. Sin necesidad, motivo o causa, o como por costumbre. *Quejarse de vicio.* ‖ **hablar de ~** alguien. LOC.VERB. coloq. Ser hablador.

vicioso, sa. ADJ. **1.** Entregado a los vicios. U. t. c. s. ‖ **2.** Que tiene, padece o causa vicio, error o defecto. *Postura viciosa.* □ V. **círculo ~.**

vicisitud. F. **1.** Inconstancia o alternativa de sucesos prósperos y adversos. U. m. en pl. *Ha acabado trabajando como periodista por las vicisitudes de la vida.* ‖ **2.** Suceso que modifica el desarrollo de algo. U. m. en pl. *Ha pasado por toda clase de vicisitudes para ser lo que es.*

vicisitudinario, ria. ADJ. Que acontece por orden sucesivo o alternativo. *Conjunto vicisitudinario de situaciones.*

víctima. F. **1.** Persona o animal sacrificado o destinado al sacrificio. ‖ **2.** Persona que padece daño por culpa ajena o por causa fortuita. ‖ **3.** Persona que muere por culpa ajena o por accidente fortuito. ‖ **4.** Der. Persona que padece las consecuencias dañosas de un delito. ‖ **hacerse** alguien **la ~.** LOC.VERB. coloq. Quejarse excesivamente buscando la compasión de los demás.

victimar. TR. Asesinar, matar. U. m. en América.

victimario, ria. M. y F. homicida.

victimismo. M. Tendencia a considerarse víctima o hacerse pasar por tal.

victimista. ADJ. Que se inclina al victimismo. *Argumento victimista.*

victimización. F. Acción de victimizar.

victimizar. TR. Convertir en víctimas a personas o animales.

víctor. INTERJ. vítor. U. t. c. s. m.

victorense. ADJ. **1.** Natural de Ciudad Victoria. U. t. c. s. ‖ **2.** Perteneciente o relativo a esta ciudad de México, capital del estado de Tamaulipas.

victoria[1]. F. Superioridad o ventaja que se consigue del contrario, en disputa o lid. ‖ **~ regia.** F. Am. Mer. Planta ninfeácea que crece en las aguas tranquilas. Es de enorme tamaño, ya que una sola planta llega a ocupar una superficie de 100 m². Tiene hojas anchas y redondas que alcanzan hasta 2 m de diámetro y grandes flores blancas con centro rojo. ‖ **cantar la ~.** LOC.VERB. Aclamarla después de obtenida. ‖ **cantar** alguien **~.** LOC.VERB. Alegrarse o jactarse de un triunfo. ‖ **victoria.** INTERJ. Se usa para aclamar la que se ha conseguido del enemigo.

victoria[2]. F. Coche de caballos de dos asientos, abierto y con capota.

victoriano, na. ADJ. hist. Perteneciente o relativo a la reina Victoria de Inglaterra o a su época.

victorioso, sa. ADJ. **1.** Que ha conseguido una victoria en cualquier línea. ‖ **2.** Se dice de las acciones con que se consigue. *Ofensiva victoriosa.*

vicuña. F. **1.** Mamífero rumiante del tamaño del macho cabrío, al cual se asemeja en la configuración general, pero con cuello más largo y erguido, cabeza más redonda y sin cuernos, orejas puntiagudas y derechas y piernas muy largas. Cubre su cuerpo un pelo largo y finísimo de color amarillento rojizo, capaz de admitir todo género de tintes. Vive salvaje en manadas en los Andes del Perú y de Bolivia, y se caza para aprovechar su vellón, que es muy apreciado. ‖ **2.** Lana de este animal.

vid. F. Planta vivaz y trepadora de la familia de las Vitáceas, con tronco retorcido, vástagos muy largos, flexibles y nudosos, hojas alternas, pecioladas, grandes y partidas en cinco lóbulos puntiagudos, flores verdosas en racimos, y cuyo fruto es la uva. Originaria de Asia, se cultiva en todas las regiones templadas. ‖ **~ silvestre.** F. La no cultivada, que produce las hojas más ásperas y las uvas pequeñas y de sabor agrio.

vida. F. **1.** Fuerza o actividad interna sustancial, mediante la que obra el ser que la posee. ‖ **2.** Estado de actividad de los seres orgánicos. ‖ **3.** Espacio de tiempo que transcurre desde el nacimiento de un animal o un vegetal hasta su muerte. ‖ **4.** Duración de las cosas. ‖ **5.** Modo de vivir en lo tocante a la fortuna o desgracia de una persona, o a las comodidades o incomodidades con que vive. ‖ **6.** Modo de vivir en orden a la profesión, empleo, oficio u ocupación. ‖ **7.** Conducta o método de vivir con relación a las acciones de los seres racionales. ‖ **8.** Relación o historia de las acciones notables ejecutadas por una persona durante su vida. ‖ **9. prostitución** (‖ actividad de quien mantiene relaciones sexuales a cambio de dinero). *Echarse a la vida. Ser de la vida.* ‖ **10.** Cosa que origina suma complacencia. *El ajedrez es mi vida.* ‖ **11.** Vista y posesión de Dios en el cielo. *Mejor vida. Vida eterna.* ‖ **12.** Expresión, viveza, especialmente hablando de los ojos. ‖ **13.** Animación, vitalidad de una cosa o de una persona. *Esta ciudad tiene poca vida nocturna. Es un cuadro con mucha vida.* ‖ **~ airada.** F. vida desordenada, licenciosa o violenta. ‖ **~ animal.** F. Aquella cuyas tres funciones principales son la nutrición, la relación y la reproducción. ‖ **~ capulina.** F. *Méx.* **buena vida.** ‖ **~ de relación.** F. *Biol.* Conjunto de actividades que establecen la conexión del organismo vivo con el ambiente, por oposición a la vida *vegetativa.* ‖ **~ media.** F. **1.** *Fís.* Tiempo en que se reduce a la mitad el número de átomos de una sustancia radiactiva. ‖ **2.** Tiempo en que se reduce a la mitad la cantidad de una sustancia, propia o extraña, en un organismo o sistema. ‖ **~ y milagros.** F. coloq. Modo de vivir, mañas y travesuras de alguien, y en general sus hechos. ‖ **la ~ futura.** F. Existencia del alma después de la muerte. ‖ **la ~ pasada.** F. Acciones ejecutadas en el tiempo pasado, especialmente las culpables. ‖ **buena ~,** o **gran ~.** F. vida regalada. ‖ **la otra ~.** F. la vida futura. ‖ **media ~.** F. **1.** Estado medio de conservación de una cosa. ‖ **2.** Cosa de gran gusto o de gran alivio para alguien. ‖ **a ~ o muerte.** LOC.ADV. **1.** Denota el peligro de muerte que existe por una intervención quirúrgica. ‖ **2.** Se usa para hacer ver el riesgo que conlleva realizar algo, dudando de la eficacia del método que se sigue. ‖ **buscar,** o **buscarse,** alguien la **~.** LOCS.VERBS. Emplear los medios conducentes para adquirir el mantenimiento y lo demás necesario. ‖ **consumir la ~** a alguien. LOC.VERB. Ocasionarle gran molestia o enfado, o fatigarlo mucho los trabajos y necesidades. ‖ **costar la ~.** LOC.VERB. Se usa para ponderar lo grave de un sentimiento o suceso, o la determinación a ejecutar algo, aunque sea con riesgo de la vida. ‖ **dar** algo **la ~** a alguien. LOC.VERB. Sanarlo, aliviarlo, fortalecerlo. ‖ **dar** alguien **la ~ por** una persona o cosa. LOC.VERB. Sacrificarse voluntariamente por ella. ‖ **dar** alguien **mala ~** a otra persona. LOC.VERB. Tratarla mal o causarle pesadumbres. ‖ **darse** alguien **buena ~,** o **la gran ~,** o **la ~ padre.** LOCS.VERBS. Vivir con gran regalo y comodidad. ‖ **de mala ~.** LOC.ADJ. Dicho de una persona: De conducta relajada y viciosa. ‖ **de mi ~.** EXPR. Se usa, pospuesta al nombre de una persona, para denotar afecto, impaciencia o enfado. ‖ **de por ~.** LOC.ADV. Por todo el tiempo que alguien vive. ‖ **de toda la ~.** EXPR. coloq. Desde hace mucho tiempo. ‖ **en la ~,** o **en mi, tu,** etc., **~.** LOCS.ADVS. Nunca o en ningún tiempo. Se usan para explicar la incapacidad o suma dificultad de conseguir algo. ‖ **enterrarse** alguien **en ~.** LOC.VERB. Retirarse de todo comercio del mundo, y especialmente entrar en religión. ‖ **entre la ~ y la muerte.** LOC.ADJ. En peligro inminente de muerte. *Estuvo entre la vida y la muerte.* U. t. c. loc. adv. ‖ **en ~.** LOC.ADV. Durante ella, en contraposición de lo que se ejecuta al tiempo de la muerte o después. ‖ **ganar,** o **ganarse,** alguien la **~.** LOCS.VERBS. Trabajar o buscar medios

de mantenerse. ‖ **hacer** alguien **por la ~.** LOC.VERB. coloq. **comer** (‖ ingerir alimento). ‖ **hacer ~.** LOC.VERB. Pasar la mayor parte del tiempo en un determinado espacio de la casa o en otro lugar fuera de ella al que habitualmente se acude. *Hacer vida en la cocina. Hacer vida en un bar.* ‖ **meterse** alguien **en ~s ajenas.** LOC.VERB. Murmurar, averiguando lo que no le importa. ‖ **nunca en la ~.** LOC.ADV. en la vida. ‖ **partir** alguien **de esta ~.** LOC.VERB. **morir** (‖ llegar al término de la vida). ‖ **pasar** alguien **a mejor ~.** LOC.VERB. **1.** Morir en gracia de Dios. ‖ **2. morir** (‖ llegar al término de la vida). ‖ **perder** alguien **la ~.** LOC.VERB. Morir, particularmente de forma violenta. ‖ **por mi ~,** o **por ~ de,** o **por ~ mía.** LOCS. INTERJS. Se usan como fórmulas de juramento o atestación para asegurar la verdad de algo, o para dar a entender la determinación en que se está de ejecutarlo. ‖ **¿qué es de tu, su,** etc., **~?** EXPRS. coloqs. Se usan como fórmula de salutación con una persona a la que hace algún tiempo que no se ve. ‖ **salir** alguien **de esta ~.** LOC.VERB. **morir** (‖ llegar al término de la vida). ‖ **tener** alguien **la ~ en un hilo.** LOC.VERB. coloq. Estar en mucho peligro. ‖ **tener** alguien **siete ~s como los gatos.** LOC.VERB. coloq. Salir incólume de graves riesgos y peligros de muerte. ‖ **vender** alguien **cara la ~.** LOC. VERB. Perderla a mucha costa del enemigo. □ V. **albor de la ~, albores de la ~, árbol de la ~, calidad de ~, esperanza de ~, fe de ~, flor de la ~, hilo de la ~, hoja de ~, nivel de ~, pena de la ~, seguro de ~, tren de ~.**

vidalita. F. *Á. R. Plata.* Canción popular, por lo general a morosa y de carácter triste, que se acompaña con la guitarra.

vidarra. F. Planta ranunculácea trepadora, especie de clemátide.

vide. EXPR. Se usa en impresos y manuscritos precediendo a la indicación del lugar o página que ha de ver el lector para encontrar algo.

videncia. F. Actividad del vidente.

vidente. **I.** ADJ. **1.** Que posee el sentido de la vista. *Niño vidente.* U. t. c. s. ‖ **II.** COM. **2.** Persona que pretende adivinar el porvenir o esclarecer lo que está oculto. ‖ **3.** Persona que tiene visiones sobrenaturales o que están fuera de lo que se considera común.

video. M. **1.** *Am.* vídeo. ‖ **2.** *Á. R. Plata.* videoclub. □ V. **cámara de ~.**

vídeo. M. **1.** Sistema de grabación y reproducción de imágenes, acompañadas o no de sonidos, mediante cinta magnética. ‖ **2.** Aparato que graba y reproduce mediante cintas magnéticas imágenes y sonidos procedentes de la televisión o de otro aparato de vídeo. ‖ **3.** Grabación hecha en vídeo. ‖ **4.** videoclip. ‖ **5.** Parte de la señal de televisión que corresponde a la imagen. □ V. **cámara de ~.**

videoaficionado, da. M. y F. Persona que por afición filma películas con cámara de vídeo.

videocámara. F. cámara de vídeo.

videoclip. M. Cortometraje, generalmente musical, de secuencias breves y formalmente inconexas, usado con frecuencia en publicidad. MORF. pl. **videoclips.**

videoclub. M. Establecimiento comercial donde se alquilan películas grabadas en vídeo. MORF. pl. **videoclubs** o **videoclubes.**

videoconferencia. F. *Inform.* Comunicación a distancia entre dos o más personas, que pueden verse y oírse a través de una red.

videoconsola. F. Dispositivo electrónico que, conectado a una pantalla, permite jugar con videojuegos mediante mandos apropiados.

videodisco. M. Disco en el que se registran imágenes y sonidos, que, mediante un rayo láser, pueden ser reproducidos en un televisor.

videograbación. F. Grabación hecha en vídeo.

videograbador. M. Á. R. *Plata.* **vídeo** (‖ aparato).

videograbar. TR. *Méx.* Grabar en vídeo.

videojuego. M. Juego electrónico interactivo, contenido en un disco u otro soporte informático, que se practica con una videoconsola sobre una pantalla o con una computadora u ordenador.

videoteca. F. **1.** Colección de grabaciones en cintas de vídeo. ‖ **2.** Local donde se guardan.

videoteléfono. M. Teléfono con una pantalla incorporada que permite ver al interlocutor durante la conversación.

videovigilancia. F. *Esp.* Vigilancia a través de un sistema de cámaras, fijas o móviles.

vidia. F. *Tecnol.* Material muy duro formado por un aglomerado de carburos de titanio, molibdeno o wolframio con cobalto o níquel, que tiene diversas aplicaciones industriales, especialmente en la fabricación de herramientas.

vidriado. M. **1.** Barro o loza con barniz vítreo. ‖ **2.** Operación de vidriar.

vidriar. **I.** TR. **1.** Dar a las piezas de barro o loza un barniz que fundido al horno toma la transparencia y lustre del vidrio. ‖ **II.** PRNL. **2.** Dicho de una cosa: Ponerse vidriosa. ¶ MORF. conjug. c. *anunciar* y c. *enviar.*

vidriera. F. **1.** Bastidor con vidrios con que se cierran puertas y ventanas. ‖ **2.** Bastidor con vidrios con dibujos coloreados y que cubre los ventanales de iglesias, palacios y casas. ‖ **3.** **escaparate** (‖ de una tienda). U. m. en América. □ V. **puerta ~.**

vidriería. F. **1.** Arte de trabajar el vidrio. ‖ **2.** Taller donde se labra y corta el vidrio. ‖ **3.** Tienda donde se venden vidrios.

vidrierista. COM. Á. R. *Plata.* **escaparatista.**

vidriero, ra. M. y F. **1.** Persona que trabaja en vidrio o que lo vende. ‖ **2.** Persona que coloca vidrios en puertas, ventanas, etc.

vidrio. M. **1.** Sólido duro, frágil y transparente o traslúcido, sin estructura cristalina, obtenido por la fusión de arena silícea con potasa, que se puede moldear a altas temperaturas. ‖ **2.** Lámina de este material que se utiliza en ventanas, puertas, etc. ‖ **3.** Pieza o vaso de vidrio. ‖ **pagar** alguien **los ~s rotos.** LOC.VERB. coloq. **pagar el pato.**

vidriosidad. F. Cualidad de **vidrioso** (‖ propenso a enojarse).

vidrioso, sa. ADJ. **1.** Que fácilmente se quiebra o salta, como el vidrio. *Frasco vidrioso.* ‖ **2.** Dicho de un asunto o de una materia: Que deben tratarse o manejarse con gran cuidado y tiento. ‖ **3.** Dicho de una persona: Que fácilmente se resiente, enoja o desazona. ‖ **4.** Se dice del genio de esa condición. ‖ **5.** Dicho de los ojos: Cubiertos por una capa líquida y que no miran a un lugar determinado, como los de los muertos.

vidual. ADJ. Perteneciente o relativo a la viudez.

vidueño. M. Casta o variedad de vid.

viedmense. ADJ. **1.** Natural de Viedma. U. t. c. s. ‖ **2.** Perteneciente o relativo a esta ciudad de la Argentina, capital de la provincia de Río Negro.

vieira. F. Molusco comestible, muy común en los mares de Galicia, cuya concha es la venera, insignia de los peregrinos de Santiago.

vieja. F. Pez del grupo de las doradas, común en las islas Canarias y de carne muy apreciada.

viejales. COM. fest. **viejo** (‖ persona de edad).

viejo, ja. ADJ. **1.** Se dice de la persona de edad. Comúnmente puede entenderse que es **vieja** la que cumplió 70 años. U. t. c. s. ‖ **2.** Se dice de los animales en igual caso, especialmente de los que son del servicio y uso domésticos. ‖ **3.** Antiguo o del tiempo pasado. *Viejas civilizaciones.* ‖ **4.** Que no es reciente ni nuevo. *Viejos amigos.* ‖ **5.** Deslucido, estropeado por el uso. *Pantalón viejo.* ‖ **de viejo.** LOC.ADJ. Se dice de las tiendas donde se venden artículos de segunda mano, de estos artículos y de los artesanos que efectúan reparaciones de ropa, zapatos, etc. *Librería de viejo.* □ V. **cristiano ~, cuento de viejas, Noche Vieja, perro ~, real de plata ~, ropa ~, soldado ~, ~ escuela, ~ gloria, Viejo Testamento.**

vienés, sa. ADJ. **1.** Natural de Viena. U. t. c. s. ‖ **2.** Perteneciente o relativo a esta ciudad, capital de Austria. □ V. **café ~.**

viento. M. **1.** Corriente de aire producida en la atmósfera por causas naturales. ‖ **2.** Olor que como rastro dejan las piezas de caza. ‖ **3.** Olfato de ciertos animales. ‖ **4.** Cuerda larga o alambre que se ata a una cosa para mantenerla derecha en alto o moverla con seguridad hacia un lado. ‖ **5.** coloq. Expulsión de los gases intestinales. ‖ **6.** *Mús.* Conjunto de instrumentos de **viento** de una orquesta. U. t. en pl. con el mismo significado que en sing. ‖ **~ de bolina.** M. *Mar.* El que viene de proa y obliga a ceñir cuanto puede la embarcación. ‖ **~ de proa.** M. *Mar.* El que sopla en dirección contraria a la que lleva el buque. ‖ **~ en popa.** **I.** M. **1.** *Mar.* El que sopla hacia el mismo punto a que se dirige el buque. ‖ **II.** LOC.ADV. **2.** Con buena suerte, dicha o prosperidad. *Ir viento en popa.* ‖ **~ frescachón.** M. *Mar.* El muy fuerte, que impide llevar orientadas las velas menudas. ‖ **~ fresco.** M. *Mar.* El que llena bien el aparejo y permite llevar largas las velas altas. ‖ **~ largo.** M. *Mar.* El que sopla desde la dirección perpendicular al rumbo que lleva la nave, hasta la popa, y es más o menos largo según se aproxima o aleja más a ser en popa. ‖ **~ solar.** M. *Fís.* Radiación emitida por el Sol de forma continua y en todas las direcciones, constituida principalmente por protones. ‖ **~s alisios.** M. pl. **vientos** fijos que soplan de la zona comprendida entre los trópicos, con inclinación al noreste o al sureste, según el hemisferio en que reinan. ‖ **afirmarse el ~.** LOC. VERB. *Mar.* Fijar su dirección. ‖ **a los cuatro ~s.** LOC.ADV. En todas direcciones, por todas partes. ‖ **beber** alguien **los ~s por** otra persona. LOC.VERB. coloq. Estar muy enamorado de ella. ‖ **cargar el ~.** LOC.VERB. Aumentar mucho su fuerza o soplar en exceso. ‖ **como el ~.** LOC.ADV. De manera rápida y veloz. ‖ **contra ~ y marea.** LOC. ADV. Arrostrando inconvenientes, dificultades u oposición de alguien. ‖ **con ~ fresco.** LOC.ADV. coloq. Con mal modo, con enfado o desprecio. *Irse con viento fresco. Despedir a alguien con viento fresco.* ‖ **correr malos ~s.** LOC.VERB. Ser las circunstancias adversas para algún asunto. ‖ **dejar atrás los ~s.** LOC.VERB. Correr con suma velocidad. ‖ **escasearse el ~.** LOC.VERB. *Mar.* Cambiarse en su dirección hacia proa. ‖ **ganar el ~ la nave.** LOC. VERB. *Mar.* Lograr el lugar por donde el **viento** sopla más favorable. ‖ **llevarse el ~ algo.** LOC.VERB. No ser estable, ser deleznable. ‖ **saltar el ~.** LOC.VERB. *Mar.* Mudarse repentinamente de una parte a otra. ‖ **tomar el ~.** LOC. VERB. *Mar.* Acomodar y disponer las velas de modo que el viento las hiera. ‖ **venir al ~.** LOC.VERB. *Mar.* Volver algo más el buque su curso contra él. □ V. **bocanada de ~, buñuelo de ~, escala de ~, golpe de ~, hacha de ~, instrumento de ~, manga de ~, mar de ~, molino de ~, molinos de ~, rosa de los ~s, vinta de ~.**

vientre. M. **1.** *Anat.* Cavidad del cuerpo de los animales vertebrados, en la que se contienen los órganos principales del aparato digestivo y del genitourinario. ‖ **2.** *Anat.* Conjunto de las vísceras contenidas en esta cavidad, especialmente después de extraídas. ‖ **3.** *Anat.* Región exterior del cuerpo, correspondiente al abdomen, que es anterior en el hombre e inferior en los demás vertebrados. ‖ **4.** Feto o embarazo. ‖ **5. panza** (‖ de las vasijas). ‖ **bajo ~.** M. hipogastrio. ‖ **descargar** alguien el **~.** LOC.VERB. mover el vientre. ‖ **desde el ~ de su madre.** LOC.ADV. Desde que fue alguien concebido. ‖ **de ~.** LOC.ADJ. Dicho de un animal hembra: Destinado a la reproducción. ‖ **hacer de,** o **del, ~.** LOCS.VERBS. mover el vientre. ‖ **mover** alguien el **~.** LOC.VERB. Descargarlo del excremento. ‖ **movérsele** a alguien el **~.** LOC.VERB. Sentir deseos de exonerarlo. ‖ **servir** alguien al **~.** LOC.VERB. Darse a la gula o a comer y beber con exceso. □ V. **constipación de ~, dureza de ~, flujo de ~.**

viequense, sa. ADJ. **1.** Natural de Vieques. U. t. c. s. ‖ **2.** Perteneciente o relativo a este municipio de Puerto Rico.

viernes. M. Quinto día de la semana, sexto de la semana litúrgica.

vierteaguas. M. Superficie inclinada de piedra, azulejos, cinc, madera, etc., para escurrir el agua de lluvia, que se pone cubriendo los alféizares, los salientes de los paramentos, la parte baja de las puertas exteriores, etc.

vietnamita. I. ADJ. **1.** Natural de Vietnam. U. t. c. s. ‖ **2.** Perteneciente o relativo a este país de Asia. ‖ **II.** M. **3.** Lengua *vietnamita.*

viga. F. **1.** Madero largo y grueso que sirve, por lo regular, para formar los techos en los edificios y sostener y asegurar las fábricas. ‖ **2.** Hierro en forma de doble T destinado en la construcción moderna a los mismos usos que la viga de madera. ‖ **3.** Prensa compuesta de un gran madero horizontal articulado en uno de sus extremos y que se carga con pesos en el otro para que, bajando guiado entre dos pies derechos, comprima lo que se pone debajo. Se utiliza en las fábricas de paños, en los lagares y principalmente para exprimir la aceituna molida en las almazaras. ‖ **~ maestra.** F. *Arq.* La que, tendida sobre pilares o columnas, sirve para sostener las cabezas de otros maderos también horizontales, así como para sustentar cuerpos superiores del edificio.

vigencia. F. Cualidad de vigente.

vigente. ADJ. Dicho de una ley, de una ordenanza, de un estilo o de una costumbre: Que están en vigor y observancia.

vigesimal. ADJ. Se dice del modo de contar o del sistema de subdividir de 20 en 20.

vigésimo, ma. ADJ. **1.** Que sigue inmediatamente en orden al o a lo decimonoveno. ‖ **2.** Se dice de cada una de las 20 partes iguales en que se divide un todo. U. t. c. s. m.

vigía. I. F. **1.** atalaya (‖ torre en alto para avistar el horizonte y dar aviso de lo que se descubre). ‖ **2.** Cuidado de descubrir a larga distancia un objeto. ‖ **II.** COM. **3.** Persona que vigila desde una atalaya.

vigilancia. F. **1.** Acción de vigilar. ‖ **2.** Servicio ordenado y dispuesto para vigilar. □ V. **unidad de ~ intensiva.**

vigilante. I. ADJ. **1.** Que vigila. *Mirada vigilante.* ‖ **II.** COM. **2.** Persona encargada de velar por algo. ‖ **~ jurado.** M. Persona contratada para guardar y proteger los bienes privados.

vigilar. TR. Velar sobre alguien o algo, o atenderlo de manera exacta y cuidadosa. U. t. c. intr. *Le extrañaba que nadie vigilara* POR *su seguridad.*

vigilia. F. **1.** Hecho de estar despierto o en vela. ‖ **2.** Víspera de una festividad de la Iglesia. ‖ **3.** hist. Oficio que se rezaba en la víspera de ciertas festividades. ‖ **4.** Oficio de difuntos que se rezaba o cantaba en la iglesia. ‖ **5.** Comida con abstinencia de carne. ‖ **6. día de pescado.** □ V. **día de ~.**

vigor. M. **1.** Fuerza o actividad notable de las cosas animadas o inanimadas. ‖ **2.** Viveza o eficacia de las acciones en la ejecución de las cosas. ‖ **3.** Fuerza de obligar en las leyes u ordenanzas. ‖ **4.** Duración de las costumbres o estilos. ‖ **5.** Entonación o expresión enérgica en las obras artísticas o literarias.

vigorizador, ra. ADJ. Que da vigor. *Ejercicio vigorizador.*

vigorizar. TR. Dar vigor. U. t. c. prnl.

vigorosidad. F. Cualidad de vigoroso.

vigoroso, sa. ADJ. Que tiene vigor. *Planta vigorosa.*

vigota. F. *Mar.* Especie de motón chato y redondo, sin roldana y con dos o tres agujeros, por donde pasan los acolladores.

viguería. F. Conjunto de vigas de una fábrica o edificio.

vigués, sa. ADJ. **1.** Natural de Vigo. U. t. c. s. ‖ **2.** Perteneciente o relativo a esta ciudad de la provincia de Pontevedra, en España.

vigueta. F. Barra de hierro laminado, destinada a la edificación.

vihuela. F. Instrumento musical de cuerda, pulsado con arco o con plectro.

vihuelista. COM. Músico que toca la vihuela.

vikingo, ga. ADJ. **1.** hist. Se dice de los navegantes escandinavos que entre los siglos VIII y XI realizaron incursiones por las islas del Atlántico y por casi toda la Europa occidental. U. m. c. s. ‖ **2.** hist. Perteneciente o relativo a este pueblo. *Embarcaciones vikingas.*

vil. ADJ. **1.** Bajo o despreciable. *Capturaron a los nativos y los convirtieron en viles esclavos.* ‖ **2.** Indigno, torpe, infame. *Calumnia vil.* ‖ **3.** Dicho de una cosa: De muy poco valor o baja calidad. *Material vil.* □ V. **el ~ metal, garrote ~.**

vilano. M. Apéndice de pelos o filamentos que corona el fruto de muchas plantas compuestas y le sirve para ser transportado por el aire.

vileza. F. **1.** Cualidad de vil. ‖ **2.** Acción o expresión indigna, torpe o infame.

vilipendiar. TR. Despreciar algo o tratar a alguien con vilipendio. MORF. conjug. c. *anunciar.*

vilipendio. M. Desprecio, falta de estima, denigración de alguien o algo.

villa. F. **1.** Casa de recreo situada aisladamente en el campo. ‖ **2.** Población que tiene algunos privilegios con que se distingue de las aldeas y lugares. ‖ **3. consistorio** (‖ ayuntamiento o cabildo secular). ‖ **4. casa consistorial.**

villaclareño, ña. ADJ. **1.** Natural de Villa Clara. U. t. c. s. || **2.** Perteneciente o relativo a esta provincia de Cuba.

Villadiego. coger, o tomar, las de ~. LOCS.VERBS. coloqs. Ausentarse impensadamente, de ordinario por huir de un riesgo o compromiso.

villahayense. ADJ. **1.** Natural de Villa Hayes. U. t. c. s. || **2.** Perteneciente o relativo a esta ciudad del Paraguay, capital del departamento de Presidente Hayes.

villahermosino, na. ADJ. **1.** Natural de Villahermosa. U. t. c. s. || **2.** Perteneciente o relativo a esta ciudad de México, capital del estado de Tabasco.

villaje. M. Pueblo pequeño.

villalbeño, ña. ADJ. **1.** Natural de Villalba. U. t. c. s. || **2.** Perteneciente o relativo a este municipio de Puerto Rico o a su cabeza.

villancete. M. **villancico.**

villancico. M. **1.** Canción popular breve que frecuentemente servía de estribillo. || **2.** Cierto género de composición poética con estribillo. || **3.** Canción popular, principalmente de asunto religioso, que se canta en Navidad y otras festividades.

villanesca. F. Canción rústica antigua.

villanesco, ca. ADJ. hist. Perteneciente o relativo a los villanos. *Traje, estilo villanesco.*

villanía. F. **1.** Bajeza de nacimiento, condición o estado. || **2.** Acción ruin.

villano, na. I. ADJ. **1.** hist. Vecino o habitante del estado llano en una villa o aldea, a distinción de *noble* o *hidalgo.* U. t. c. s. || **2.** Ruin, indigno o indecoroso. *Traición villana.* Apl. a pers., u. t. c. s. || **II.** M. **3.** hist. Tañido y baile españoles comunes en los siglos XVI y XVII. □ V. **caballero ~, roble ~.**

villarriqueño, ña. ADJ. **1.** Natural de Villa Rica. U. t. c. s. || **2.** Perteneciente o relativo a esta ciudad del Paraguay, capital del departamento del Guairá.

villavicense. ADJ. **1.** Natural de Villavicencio. U. t. c. s. || **2.** Perteneciente o relativo a esta ciudad de Colombia, capital del departamento de Meta.

villazgo. M. Calidad o privilegio de villa.

villorrio. M. despect. Población pequeña y poco urbanizada.

vilo. en ~. LOC.ADV. **1.** Suspendido, sin el fundamento o apoyo necesario; sin estabilidad. || **2.** Con indecisión, inquietud y zozobra.

vilorta. F. Cada una de las abrazaderas de hierro, dos por lo común, que sujetan al timón la cama del arado.

vinagre. M. **1.** Líquido agrio y astringente, producido por la fermentación ácida del vino, y compuesto principalmente de ácido acético y agua. || **2.** coloq. Persona de genio áspero y desagradable. □ V. **cara de ~, mosca del ~.**

vinagrera. F. **1.** Vasija destinada a contener vinagre para el uso diario. || **2.** acedera. || **3.** Am. Mer. acedia. || **4.** pl. Pieza de madera, metal o cristal con dos o más frascos solo para aceite y vinagre, o para estos y otros condimentos, la cual se emplea en el servicio de la mesa de comer.

vinagreta. F. Salsa compuesta de aceite, cebolla y vinagre, que se consume fría con los pescados y con la carne.

vinagrillo. M. Á. R. Plata y Chile. Hierba de la familia de las Oxalidáceas, cuyos tallos, de hasta 20 cm, contienen ácido oxálico.

vinagrón. M. Vino repuntado y de inferior calidad.

vinajera. F. **1.** Cada uno de los dos jarros pequeños con que se sirven en la misa el vino y el agua. || **2.** pl. Conjunto de ambos jarros y de la bandeja donde se colocan.

vinario, ria. ADJ. Perteneciente o relativo al vino.

vinatería. F. **1.** Comercio del vino. || **2.** Tienda en que se vende vino.

vinatero, ra. I. ADJ. **1.** Perteneciente o relativo al vino, especialmente a su producción y comercio. *Industria vinatera. Comarcas vinateras.* || **II.** M. y F. **2.** Persona que comercia con el vino.

vinaza. F. Especie de vino que se saca a lo último, de los posos y las heces.

vinazo. M. Vino muy fuerte y espeso.

vinca. F. **vincapervinca.**

vincapervinca. F. Planta herbácea de la familia de las Apocináceas, con flores azules, que se cultiva en los jardines.

vincha. F. Am. Mer. Cinta elástica gruesa con que se sujeta el pelo sobre la frente.

vinchuca. F. Á. R. Plata y Chile. Insecto hemíptero, de color negro o castaño, con manchas de diversos tonos, de unos tres centímetros de longitud. Tiene hábitos hematófagos, habita en los cielorrasos y paredes rústicas de las viviendas precarias, especialmente de adobe y es transmisor del mal de Chagas.

vinculación. F. **1.** Acción y efecto de vincular. || **2.** Der. Sujeción al cumplimiento de un precepto legal.

vinculante. ADJ. Que **vincula** (|| sujeta a una obligación). *Dictamen vinculante.*

vincular[1]. TR. **1.** Someter la suerte o el comportamiento de alguien o de algo a los de otra persona o cosa. *Vinculó su futuro al de su protector.* || **2.** Sujetar a una obligación. *El artículo 9 de la Constitución vincula también a los parlamentarios.* || **3.** Atar o fundar algo en otra cosa. *Andrés vincula sus esperanzas en el favor del ministro.*

vincular[2]. ADJ. Perteneciente o relativo al vínculo. *Divorcio vincular.*

vínculo. M. Unión o atadura de una persona o cosa con otra. U. m. en sent. fig. *Vínculos familiares, amistosos.* □ V. **defensor del ~.**

vindicación. F. Acción y efecto de vindicar.

vindicador, ra. ADJ. Que vindica. U. t. c. s.

vindicar. TR. **1.** vengar. *Vindicar humillaciones.* U. t. c. prnl. || **2.** Defender, especialmente por escrito, a quien se halla injuriado, calumniado o injustamente notado. *Vindica el buen nombre de su abuelo.* U. t. c. prnl.

vindicativo, va. ADJ. **1.** Inclinado a tomar venganza, vengativo. || **2.** Dicho de un escrito o de un discurso: Que defiende la fama y opinión de alguien, injuriado, calumniado o injustamente censurado.

vindicatorio, ria. ADJ. Que sirve para vindicar. *Escrito vindicatorio.*

vindicta. F. venganza. || **~ pública.** F. Satisfacción de los delitos, que se debe dar por la sola razón de justicia, para ejemplo del público.

vínico, ca. ADJ. Perteneciente o relativo al vino.

vinícola. ADJ. Perteneciente o relativo a la fabricación del vino.

vinicultor, ra. M. y F. Persona que se dedica a la vinicultura.

vinicultura. F. Elaboración de vinos.

vinífero, ra. ADJ. Que produce vino. *Zona vinífera.*

vinificación. F. Fermentación del mosto de la uva, o transformación del zumo de esta en vino.

vinílico, ca. ADJ. *Quím.* Perteneciente o relativo al vinilo.

vinillo. M. Vino muy flojo.

vinilo. M. **1.** *Quím.* Grupo funcional monovalente no saturado. (Fórm. *–CH=CH₂*). ‖ **2.** *Quím.* Sustancia, generalmente un polímero, que contiene este grupo funcional. Es de consistencia parecida al cuero, y se utiliza en la fabricación de muebles y tejidos. ‖ **3.** Disco fonográfico de vinilo.

vino. M. **1.** Licor alcohólico que se hace del zumo de las uvas exprimido, y cocido naturalmente por la fermentación. ‖ **2.** Copa o vaso de vino. *Sírvanos tres vinos.* ‖ **3.** Zumo de otras plantas o frutos que se cuece y fermenta al modo de las uvas. ‖ **~ blanco.** M. El de color dorado, más o menos intenso, por oposición al *tinto.* ‖ **~ clarete.** M. Especie de vino tinto, algo claro. ‖ **~ de dos orejas.** M. vino fuerte y bueno. ‖ **~ de garnacha.** M. garnacha (‖ vino que se hace con esta uva). ‖ **~ de mesa,** o **~ de pasto.** M. El más común y ligero, que se bebe durante la comida, a diferencia del *de postre.* ‖ **~ de nipa.** M. Aguardiente flojo que se fabrica en Filipinas con la savia fermentada de la nipa. ‖ **~ de postre.** M. vino generoso. ‖ **~ de solera.** M. El más añejo y generoso, que se destina para dar vigor al nuevo. ‖ **~ dulce.** M. El que tiene este sabor porque se lo da la uva o porque está aderezado con arrope. ‖ **~ generoso.** M. El más fuerte y añejo que el vino común. ‖ **~ pardillo.** M. vino entre blanco y tinto, más bien dulce que seco, y de baja calidad. ‖ **~ rosado.** M. El que tiene este color. ‖ **~ seco.** M. El que no tiene sabor dulce. ‖ **~ tinto.** M. El de color muy oscuro. ‖ **dormir** alguien **el ~.** LOC.VERB. Dormir mientras dura la borrachera. ‖ **tener** alguien **mal ~.** LOC.VERB. Ser provocativo y pendenciero en la embriaguez. □ V. **espíritu de ~.**

vinoso, sa. ADJ. **1.** Que tiene la calidad, fuerza, propiedad o apariencia del vino. *Tinte vinoso.* ‖ **2.** Dado al vino o que acostumbra a beberlo con exceso.

vinta. ~ de viento. F. *Filip.* Embarcación mora de vela o de motor.

viña. F. Terreno plantado de muchas vides. ‖ **de todo hay en la ~ del Señor,** o **de todo tiene la ~: uvas, pámpanos y agraz.** EXPRS. coloqs. Indican que en todo hay cosas buenas y malas. ‖ **la ~ del Señor.** LOC.VERB. Conjunto de fieles guiados o adoctrinados por un ministro del Señor.

viñador, ra. M. y F. **1.** Persona que cultiva viñas. ‖ **2.** Guarda de una viña.

viñamarino, na. ADJ. **1.** Natural de Viña del Mar. U. t. c. s. ‖ **2.** Perteneciente o relativo a esta ciudad y balneario de la provincia de Valparaíso, en Chile.

viñatero, ra. M. y F. **1.** *Chile.* viticultor (‖ persona que se dedica a la viticultura). ‖ **2.** *Chile.* Persona que tiene heredades de viñas.

viñedo. M. Terreno plantado de vides.

viñeta. F. **1.** Cada uno de los recuadros de una serie en la que con dibujos y texto se compone una historieta. ‖ **2.** Dibujo o escena impresa en un libro, periódico, etc., que suele tener carácter humorístico, y que a veces va acompañado de un texto o comentario. ‖ **3.** Dibujo o estampa que se pone para adorno en el principio o el fin de los libros y capítulos, y algunas veces en los contornos de las planas.

viola¹. I. F. **1.** Instrumento musical de cuerda tocado con arco, de forma igual a la del violín, pero de tamaño algo mayor y sonido más grave. ‖ **II.** COM. **2.** Músico que toca este instrumento.

viola². F. violeta.

violáceo, a. ADJ. **1.** violado. *Ojeras violáceas.* U. t. c. s. m. ‖ **2.** *Bot.* Se dice de las plantas angiospermas dicotiledóneas, hierbas, matas o arbustos, de hojas comúnmente alternas, simples, festoneadas y con estípulas. Tienen flores de cinco pétalos, axilares y con pedúnculos simples o ramosos, y fruto capsular con tres divisiones y muchas semillas de albumen carnoso; p. ej., la violeta y la trinitaria. U. t. c. s. f. ORTOGR. En f. pl., escr. con may. inicial c. taxón. *Las Violáceas.*

violación. F. **1.** Acción y efecto de violar. ‖ **2.** *Der.* Delito consistente en violar (‖ tener acceso carnal con alguien en contra de su voluntad).

violado, da. ADJ. De color de violeta (‖ morado claro). *Ojeras de trazos violados.* U. t. c. s. m.

violador, ra. ADJ. Que viola. Apl. a pers., u. t. c. s.

violar. TR. **1.** Infringir o quebrantar una ley, un tratado, un precepto, una promesa, etc. ‖ **2.** Tener acceso carnal con alguien en contra de su voluntad o cuando se halla privado de sentido o discernimiento. ‖ **3.** Profanar un lugar sagrado, ejecutando en él ciertos actos determinados por el derecho canónico.

violatorio, ria. ADJ. *Am.* Que viola una ley, tratado, precepto, promesa, etc. *Medida violatoria de los derechos humanos.*

violencia. F. **1.** Cualidad de violento. ‖ **2.** Acción y efecto de violentar. ‖ **3.** Acción violenta o contra el natural modo de proceder.

violentar. TR. **1.** Aplicar medios violentos a cosas o personas para vencer su resistencia. *Violentar la cerradura.* ‖ **2.** Entrar en una casa u otra parte contra la voluntad de su dueño. ‖ **3.** Poner a alguien en una situación violenta o hacer que se moleste o enoje. *Yo fingía comprenderla, para no violentarla.* U. t. c. prnl.

violento, ta. ADJ. **1.** Que está fuera de su natural estado, situación o modo. *Persona violenta.* ‖ **2.** Que obra con ímpetu y fuerza. *Tempestad violenta.* ‖ **3.** Que se hace de manera brusca, con ímpetu e intensidad extraordinarios. *Movimiento violento.* ‖ **4.** Que se hace contra el gusto de uno mismo, por ciertos respetos y consideraciones. *Me resulta violento encontrarme con él.* ‖ **5.** Se dice de la situación embarazosa en que se halla alguien. ‖ **6.** Se dice del genio arrebatado e impetuoso y que se deja llevar fácilmente de la ira. ‖ **7.** Que se ejecuta contra el modo regular o fuera de razón y justicia. *Entrada violenta.* ‖ **8.** Propio o característico de una persona violenta. *Carácter violento.* □ V. **muerte ~.**

violero, ra. I. M. y F. **1.** Persona que construye instrumentos de cuerda. ‖ **II.** M. **2.** mosquito (‖ insecto díptero).

violeta. I. F. **1.** Planta herbácea, vivaz, de la familia de las Violáceas, con tallos rastreros que arraigan fácilmente, hojas radicales con pecíolo muy largo, ásperas, acorazonadas y de borde festoneado, flores casi siempre de color morado claro y a veces blancas, aisladas, de cabillo largo y fino y de suavísimo olor, y fruto capsular con muchas semillas blancas y menudas. Es común en los montes de España, se cultiva en los jardines, y la infusión de la flor se usa en medicina como pectoral y sudorífico. ‖ **2.** Flor de esta planta. ‖ **II. 3.** Color morado claro, parecido al de la violeta, que corresponde a la sensación producida por el estímulo de longitudes de onda de alrededor de 440 nm o menores. U. t. c. adj. ‖ **4.** Colorante o pigmento utilizado para producir el color violeta. □ V. **erudito a la ~.**

violetera. F. Mujer que vende en lugares públicos ramos de violetas.

violetero. M. Florero pequeño para poner violetas.

violín. **I.** M. **1.** Instrumento musical de cuerda, el más pequeño y agudo entre los de su clase, que se compone de una caja de resonancia en forma de ocho, un mástil sin trastes y cuatro cuerdas que se hacen sonar con un arco. ‖ **II.** COM. **2.** violinista. ☐ V. **proa de ~.**

violinista. COM. Persona que toca el violín. ☐ V. **cangrejo ~.**

violón. **I.** M. **1.** contrabajo (‖ instrumento musical de cuerda). ‖ **II.** COM. **2.** Músico que toca este instrumento.

violoncelista. COM. violonchelista.

violoncelo. M. violonchelo.

violonchelista. COM. Músico que toca el violonchelo.

violonchelo. **I.** M. **1.** Instrumento musical de cuerda tocado con arco, más grande que la viola y más pequeño que el contrabajo y con un registro intermedio entre ambos. El intérprete, que está sentado, lo coloca entre sus piernas para tocarlo. ‖ **II.** COM. **2.** violonchelista.

vip. COM. **personalidad** (‖ persona de relieve). U. t. c. adj. *Zona vip.* MORF. pl. **vips.**

viperino, na. ADJ. **1.** Perteneciente o relativo a la víbora. *Escamas viperinas.* ‖ **2.** Que tiene sus propiedades. *Expresión viperina.* ‖ **3.** Malintencionado, que busca hacer daño. *Sondeo viperino.* ☐ V. **lengua ~.**

vira. F. Tira de tela, badana o vaqueta que, para dar fuerza al calzado, se cose entre la suela y la pala.

viracocha. M. hist. Entre los súbditos de los incas, conquistador español.

virada. F. *Mar.* Acción y efecto de **virar** (‖ cambiar de rumbo un barco).

virador. M. *Mar.* Calabrote u otro cabo grueso que se guarnece al cabrestante para meter el cable.

virago. F. Mujer varonil.

viraje. M. **1.** Acción y efecto de **virar** (‖ cambiar de dirección en la marcha de un vehículo). ‖ **2.** Acción y efecto de **virar** (‖ una fotografía). ‖ **3.** Cambio de orientación en las ideas, intereses, conducta, actitudes, etc.

viral. ADJ. *Biol.* Perteneciente o relativo a los virus.

virar. **I.** TR. **1.** *Mar.* Cambiar de rumbo o de bordada, pasando de una amura a otra, de modo que el viento que daba al buque por un costado le dé por el opuesto. U. t. c. intr. ‖ **2.** *Mar.* Dar vueltas al cabrestante para levar las anclas o suspender otras cosas de mucho peso que hay que meter en la embarcación o sacar de ella. ‖ **3.** En fotografía, sustituir la sal de plata del papel impresionado por otra sal más estable o que produzca un color determinado. *Virar una fotografía al sepia.* ‖ **II.** INTR. **4.** Mudar de dirección en la marcha de un automóvil u otro vehículo semejante. ‖ **5.** Evolucionar o cambiar. *La luz va virando del naranja al violeta. Virar hacia posturas más radicales.*

viraró. M. **1.** *Á. R. Plata.* Planta de la familia de las Bignoniáceas. ‖ **2.** *Á. R. Plata.* Árbol de las Poligonáceas, de considerable porte, corteza gris oscura y flores de color rojizo amarillento. ¶ MORF. pl. **virarós.**

viravira. F. *Am. Mer.* Planta herbácea de la familia de las Compuestas, con hojas lanceoladas, flores en cabezuela e involucro de escamas blancas. Está cubierta de una pelusa blanca y se emplea en infusión como pectoral.

virazón. F. **1.** Viento que en las costas sopla de la parte del mar durante el día, alternando con el terral, que so-

pla de noche, y sucediéndose ambos con bastante regularidad en todo el curso del año, mientras no hay temporal. ‖ **2.** Cambio repentino de viento. ‖ **3.** Viraje repentino en las ideas, en la conducta, etc.

virgaza. F. Planta trepadora, especie de clemátide.

virgen. **I.** COM. **1.** Persona que no ha tenido relaciones sexuales. U. t. c. adj. ‖ **2.** Persona que, conservando su castidad, la ha consagrado a una divinidad. ‖ **II.** F. **3.** por antonom. María Santísima, Madre de Dios. ORTOGR. Escr. con may. inicial. ‖ **4.** Imagen de María Santísima. ‖ **5.** Uno de los títulos y grados que da la Iglesia católica a las santas mujeres que conservaron su castidad y pureza. ‖ **III.** ADJ. **6.** Dicho de la tierra: Que no ha sido arada o cultivada. ‖ **7.** Dicho de una cosa: Que está en su primera integridad y no ha servido aún para aquello a que se destina. *Película virgen.* ‖ **8.** puro (‖ libre de mezcla). *Lana virgen.* ‖ **fiate de la Virgen, y no corras.** EXPR. coloq. Se aplica a quien por estar demasiado confiado, no pone nada de su parte para conseguir algo. ☐ V. **aceite ~, cera ~, miel ~.**

virginal. ADJ. **1.** Perteneciente o relativo a la persona virgen. *Cuerpo virginal.* ‖ **2.** Perteneciente o relativo a la Virgen María. *Manto virginal.* ‖ **3.** Puro, incólume, inmaculado. *Mirada virginal.*

virgíneo, a. ADJ. virginal.

virginia. M. Tabaco producido en Virginia, estado de la Unión norteamericana.

virginiano, na. ADJ. *Á. R. Plata.* Dicho de una persona: Nacida bajo el signo zodiacal de Virgo. U. t. c. s.

virginidad. F. Estado de virgen.

virgo. **I.** ADJ. **1.** virgen. U. t. c. s. f. ‖ **2.** Dicho de una persona: Nacida bajo el signo zodiacal de Virgo. *Yo soy virgo, ella es piscis.* U. t. c. s. ‖ **II.** M. **3.** himen.

vírgula. F. Raya o línea muy delgada.

virgulilla. F. Signo ortográfico de forma de coma, rasgo pequeño o trazo; p. ej., el apóstrofo, la cedilla, la tilde de la *ñ*, etc.

vírico, ca. ADJ. viral.

viril[1]. M. Caja de cristal con cerco de oro o dorado, que encierra la forma consagrada y se coloca en la custodia para la exposición del Santísimo, o que guarda reliquias y se coloca en un relicario.

viril[2]. ADJ. varonil. ☐ V. **edad ~, miembro ~.**

virilidad. F. Cualidad de **viril**[2].

virilismo. M. Desarrollo de caracteres sexuales masculinos en la mujer.

virilización. F. Acción y efecto de virilizarse.

virilizar. TR. Dar caracteres viriles a alguien o algo. *La disciplina viriliza el carácter.* U. t. c. prnl. *Algunas atletas se han virilizado.*

virina. F. *Filip.* Fanal de cristal abierto por arriba y por debajo, dentro del cual se colocan las velas.

viripotente. ADJ. Vigoroso, potente. *Una generación viripotente.*

virola. F. Abrazadera de metal que se pone por remate o por adorno en algunos instrumentos, como las navajas, las espadas, etc.

viroleño, ña. ADJ. zacatecoluquense. Apl. a pers., u. t. c. s.

virología. F. Estudio de los virus.

virólogo, ga. M. y F. Especialista en virología.

virósico, ca. ADJ. *Á. R. Plata.* viral.

virosis. F. *Med.* Enfermedad cuyo origen se atribuye a virus patógenos.

virote. M. Especie de saeta guarnecida en uno de sus extremos con una pieza de hierro.

virreina. F. **1.** hist. Mujer que gobernaba como virrey. ‖ **2.** hist. Mujer del virrey.

virreinal. ADJ. hist. Perteneciente o relativo al virrey o al virreinato.

virreinato. M. **1.** hist. Dignidad o cargo de virrey. ‖ **2.** hist. Distrito gobernado por un virrey.

virreino. M. hist. **virreinato.**

virrey. M. hist. Encargado de representar, en uno de los territorios de la corona, la persona del rey ejerciendo plenamente las prerrogativas regias.

virtual. ADJ. **1.** Que tiene virtud para producir un efecto, aunque no lo produce de presente, frecuentemente en oposición a *efectivo* o *real*. *Se opone a la virtual desaparición de la asamblea.* ‖ **2.** Implícito, tácito. *El Estado tiene el virtual monopolio del poder.* ‖ **3.** *Fís.* Que tiene existencia aparente y no real. ◻ V. **imagen ~, realidad ~.**

virtualidad. F. Cualidad de virtual.

virtud. F. **1.** Eficacia de una cosa para conservar o restablecer la salud corporal. ‖ **2.** Fuerza, vigor o valor. ‖ **3.** Poder o potestad de obrar. ‖ **4.** Actividad o fuerza de las cosas para producir o causar sus efectos. ‖ **5.** Integridad de ánimo y bondad de vida. ‖ **6.** Disposición de la persona para obrar de acuerdo con determinados proyectos ideales como el bien, la verdad, la justicia y la belleza. ‖ **7.** Acción virtuosa o recto modo de proceder. ‖ **8.** pl. *Rel.* Espíritus bienaventurados, cuyo nombre indica fuerza viril e indomable para cumplir las operaciones divinas. Forman el quinto coro. ‖ **~ cardinal.** F. *Rel.* Cada una de las cuatro, prudencia, justicia, fortaleza y templanza, que son principio de otras en ellas contenidas. ‖ **~ teologal.** F. *Rel.* Cada una de las tres, fe, esperanza y caridad, cuyo objeto directo es Dios. ‖ **en ~ de.** LOC. PREPOS. En fuerza, a consecuencia o por resultado de. ◻ V. **varita de ~es.**

virtuosismo. M. **1.** Dominio de la técnica de un arte propio del **virtuoso** (‖ artista que domina un instrumento musical). ‖ **2.** Perfección en cualquier arte o técnica. ‖ **3.** Habilidad o facilidad para superar dificultades y evitar consecuencias negativas.

virtuosista. ADJ. Hecho con **virtuosismo** (‖ dominio de un arte o una técnica). *Interpretación virtuosista.*

virtuosístico, ca. ADJ. **virtuosista.**

virtuoso, sa. ADJ. **1.** Que se ejercita en la virtud u obra según ella. *Confesor virtuoso.* U. t. c. s. ‖ **2.** Propio o característico de una persona virtuosa. *Conducta, vida virtuosa.* ‖ **3.** Dicho de un artista: Que domina de modo extraordinario la técnica de su instrumento. U. t. c. s. ‖ **4.** Dicho de una persona: Que domina cualquier arte o técnica. *Orador virtuoso.* U. t. c. s.

viruela. F. **1.** *Med.* Enfermedad aguda, febril, esporádica o epidémica, contagiosa, caracterizada por la erupción de gran número de pústulas. U. m. en pl. ‖ **2.** *Med.* Cada una de las pústulas producidas por esta enfermedad. ‖ **~s locas.** F. pl. *Med.* Las que no tienen malignidad y son pocas y ralas. ‖ **picado, da de ~s.** LOC.ADJ. Dicho de una persona: **picada** (‖ que tiene huellas de **viruelas**).

virulé. a la ~. LOC.ADJ. Estropeado, torcido o en mal estado. *Le pusieron un ojo a la virulé. Lleva la corbata a la virulé.*

virulencia. F. Cualidad de virulento.

virulento, ta. ADJ. **1.** Ponzoñoso, maligno, ocasionado por un virus, o que participa de la naturaleza de este. *Tumor virulento.* ‖ **2.** Dicho del estilo, de un escrito o de un discurso: Ardiente, sañudo o mordaz en sumo grado. *Artículo virulento.*

virus. M. **1.** *Biol.* Organismo de estructura muy sencilla, compuesto de proteínas y ácidos nucleicos, y capaz de reproducirse solo en el seno de células vivas específicas, utilizando su metabolismo. ‖ **2.** *Inform.* Programa introducido subrepticiamente en la memoria de una computadora u ordenador que, al activarse, afecta a su funcionamiento al destruir total o parcialmente la información almacenada.

viruta. F. Hoja delgada que se saca con el cepillo u otras herramientas al labrar la madera o los metales, y que sale, por lo común, arrollada en espiral.

virutilla. F. *Chile.* Estropajo de alambre fino que sirve para pulir los pisos de madera.

vis¹. ~ cómica. F. Fuerza cómica.

vis². ~ a ~. I. LOC.ADV. **1. cara a cara.** U. t. c. loc. adj. ‖ **II.** LOC. SUST. M. **2.** Encuentro a solas entre un preso y otra persona, especialmente con su pareja para mantener relaciones sexuales.

visa. F. *Am.* visado.

visado. M. **1.** Acción de visar la autoridad un documento. ‖ **2.** Documento en que consta.

visaje. M. **1. gesto** (‖ movimiento con que se expresan sentimientos). ‖ **2. gesto** (‖ movimiento anormal del rostro por hábito o enfermedad).

visar. TR. **1.** Reconocer o examinar un instrumento, certificación, etc., poniéndole el visto bueno. *El Ministerio tiene que visar cada exportación.* ‖ **2.** Dicho de la autoridad competente: Dar validez a un pasaporte u otro documento para determinado uso.

víscera. F. Cada uno de los órganos contenidos en las principales cavidades del cuerpo humano y de los animales.

visceral. ADJ. **1.** Perteneciente o relativo a las vísceras. *Inmovilidad visceral.* ‖ **2.** Dicho de una reacción emocional: Muy intensa. *Odio visceral.* ‖ **3.** Dicho de una persona: Que se deja llevar por este tipo de reacciones. *Juan es muy visceral.* U. t. c. s.

visceralidad. F. Cualidad de **visceral** (‖ que se deja llevar por reacciones emocionales).

viscosa. F. **1.** Producto que se obtiene mediante el tratamiento de la celulosa con una solución de álcali cáustico y sulfuro de carbono. Se usa principalmente para la fabricación de fibras textiles. ‖ **2.** Fibra o tejido fabricado con este producto.

viscosidad. F. **1.** Cualidad de viscoso. ‖ **2.** Materia viscosa. ‖ **3.** *Mec.* Propiedad de los fluidos que caracteriza su resistencia a fluir, debida al rozamiento entre sus moléculas.

viscosilla. F. Material textil procedente de la celulosa que se mezcla con algodón o lana para fabricar algunos tipos de tejidos.

viscosimetría. F. *Mec.* Medida de la viscosidad de los fluidos.

viscoso, sa. ADJ. Pegajoso, glutinoso. *Masa viscosa.*

visera. F. **1.** Parte de ala que tienen por delante las gorras y otras prendas semejantes, para resguardar la vista. ‖ **2.** Gorra provista de visera. ‖ **3.** Pieza independiente que se sujeta a la cabeza por medio de una cinta. ‖ **4.** hist. Parte del yelmo, movible, por lo común, sobre dos botones laterales para alzarla y bajarla, y con agujeros o hendiduras para ver, que cubría y defendía el rostro.

visibilidad. F. **1.** Cualidad de visible. ‖ **2.** Mayor o menor distancia a que, según las condiciones atmosféricas, pueden reconocerse o verse los objetos.

visible. ADJ. **1.** Que se puede ver. *Cumbres visibles desde el valle.* ‖ **2.** Tan cierto y evidente que no admite duda. *Impaciencia visible.* ‖ **3.** Dicho de una persona: Notable y que llama la atención por alguna singularidad. *Cabeza visible del partido.* □ V. **espectro ~.**

visigodo, da. ADJ. **1.** hist. Se dice del individuo de una parte del pueblo godo, que, establecida durante algún tiempo al oeste del río Dniéper, fundó después un reino en España. U. t. c. s. ‖ **2.** hist. Perteneciente o relativo a los visigodos. *España visigoda.*

visigótico, ca. ADJ. hist. Perteneciente o relativo a los visigodos.

visillo. M. Cortina pequeña que se coloca en la parte interior de los cristales para resguardarse del sol o impedir la vista desde fuera.

visión. F. **1.** Acción y efecto de ver. ‖ **2.** Contemplación inmediata y directa sin percepción sensible. ‖ **3.** Punto de vista particular sobre un tema, un asunto, etc. ‖ **4.** Objeto de la vista, especialmente cuando es ridículo o espantoso. ‖ **5.** Creación de la fantasía o imaginación, que no tiene realidad y se toma como verdadera. ‖ **6.** coloq. Persona fea y ridícula. ‖ **7.** *Rel.* Imagen que, de manera sobrenatural, se percibe por el sentido de la vista o por representación imaginativa. ‖ **8.** *Rel.* Iluminación intelectual infusa sin existencia de imagen alguna. ‖ **~ beatífica.** F. *Rel.* Acto de ver a Dios, en el cual consiste la bienaventuranza. ‖ **~ intelectual.** F. Conocimiento claro e inmediato sin raciocinio. ‖ **quedarse** alguien **como quien ve visiones.** LOC.VERB. coloq. Quedarse atónito, pasmado. ‖ **ver** alguien **visiones.** LOC.VERB. coloq. Dejarse llevar mucho de su imaginación, creyendo lo que no hay.

visionado. M. Acción y efecto de visionar.

visionar. TR. Examinar de manera técnica o crítica, en una sesión de trabajo, un producto cinematográfico, televisivo, etc.

visionario, ria. ADJ. **1.** Dicho de una persona: Que, por su fantasía exaltada, se figura y cree con facilidad cosas quiméricas. U. t. c. s. ‖ **2.** Que se adelanta a su tiempo o tiene visión de futuro. *Goya fue un pintor visionario.* Apl. a pers., u. t. c. s.

visir. M. hist. Ministro de un soberano musulmán. ‖ **gran ~.** M. hist. Primer ministro del sultán de Turquía.

visita. F. **1.** Acción de visitar. ‖ **2.** Persona que visita. ‖ **~ de cumplido,** o **~ de cumplimiento.** F. La que se hace como muestra de cortesía y respeto. ‖ **~ de médico.** F. coloq. La de corta duración. ‖ **~ pastoral.** F. La que hace el obispo para inspeccionar las iglesias de su diócesis. ‖ **pagar** alguien **la ~** a otra persona. LOC.VERB. Corresponder a quien lo ha visitado, haciéndole igual obsequio. □ V. **tarjeta de ~.**

visitación. F. **1.** visita (‖ acción de visitar). ‖ **2.** por antonom. Visita que, según el Evangelio cristiano, hizo la Virgen María a su prima santa Isabel, y en la que esta conoció la concepción virginal de María; se conmemora el 31 de mayo. ORTOGR. Escr. con may. inicial.

visitador, ra. I. ADJ. **1.** Que visita frecuentemente. *Jóvenes visitadores de ancianos en las residencias.* U. t. c. s. ‖ **II.** M. y F. **2.** Juez, ministro o empleado que tiene a su cargo hacer visitas o reconocimientos. ‖ **3.** Persona que visita a los médicos para mostrar los productos farmacéuticos y las novedades terapéuticas.

visitadora. F. Á. Caribe. enema.

visitante. ADJ. Que visita. U. t. c. s.

visitar. TR. **1.** Ir a ver a alguien en su casa por cortesía, atención, amistad o cualquier otro motivo. ‖ **2.** Dicho del médico: Ir a casa del enfermo para asistirlo. ‖ **3.** Acudir con frecuencia a un lugar con objeto determinado. ‖ **4.** Ir a algún país, población, etc., para conocerlos. *En sus vacaciones visitó París.*

visiteo. M. Acción de hacer o recibir muchas visitas, o de hacerlas o recibirlas frecuentemente.

visivo, va. ADJ. Que sirve para ver. *Potencia visiva.*

vislumbrar. TR. **1.** Ver un objeto de manera tenue o confusa por la distancia o falta de luz. *Vislumbrar un barco.* ‖ **2.** Conocer imperfectamente o conjeturar por leves indicios algo inmaterial. *Vislumbrar su mal carácter.*

vislumbre. AMB. **1.** Reflejo de la luz, o tenue resplandor, por la distancia de ella. U. m. c. m. ‖ **2.** Conjetura, sospecha o indicio. U. m. c. m. U. m. en pl. ‖ **3.** Corta o dudosa noticia. U. m. c. m. ‖ **4.** Apariencia o leve semejanza de algo con otra cosa. U. m. c. m.

viso. M. **1.** Onda de resplandor que hacen algunas cosas heridas por la luz. *Esta tela hace visos.* ‖ **2.** Forro de color o prenda de vestido que se coloca debajo de una tela clara para que por ella se transparente. ‖ **3.** Apariencia de las cosas. ‖ **4.** Altura o eminencia, sitio o lugar alto, desde donde se ve y descubre mucho terreno. ‖ **de altar.** M. hist. Cuadro pequeño de tela con su bastidor, con el cual, en algunas partes, se cubrían las puertas del sagrario donde está el Santísimo Sacramento. ‖ **de ~.** LOC. ADJ. Dicho de una persona: **conspicua.**

visón. M. **1.** Mamífero carnicero semejante a la nutria, con los dedos reunidos hasta más de la mitad por una membrana. Se alimenta de toda clase de animales pequeños, habita en el norte de América y es apreciado por su piel. ‖ **2.** Piel de este animal. ‖ **3.** Prenda hecha de pieles de este animal.

visor. M. **1.** Prisma o sistema óptico que llevan ciertos aparatos fotográficos de mano y sirve para enfocarlos rápidamente. ‖ **2.** En algunas armas de fuego, dispositivo óptico que ayuda a establecer la puntería o a corregirla.

visorio. M. Visita o examen pericial.

víspera. F. **1.** Día que antecede inmediatamente a otro determinado, especialmente si es fiesta. ‖ **2.** Inmediación a algo que ha de suceder. ‖ **3.** pl. Una de las horas del oficio divino, que se dice después de nona, y que antiguamente solía cantarse hacia el anochecer. ‖ **4.** pl. hist. Una de las divisiones del día entre los antiguos romanos, que correspondía al crepúsculo de la tarde. ‖ **en ~s.** LOC.ADV. En tiempo inmediatamente anterior.

vista. I. F. **1.** Sentido corporal con que los ojos perciben los objetos mediante la acción de la luz. ‖ **2.** visión (‖ acción y efecto de ver). *La vista del Partenón nos impresionó.* ‖ **3.** Aspecto o disposición de las cosas que se ven. *Hay muy buena vista desde aquí.* ‖ **4.** Panorama que se ofrece al espectador desde un punto. U. t. en pl. con el mismo significado que en sing. *Una ventana con muy buenas vistas.* ‖ **5.** Conjunto de ambos ojos. *La pantalla del ordenador fatiga la vista.* ‖ **6.** Representación pictórica o fotográfica de un lugar o monumento. *Una vista del Machu Picchu.* ‖ **7.** Parte de una cosa que no se oculta a la vista; p. ej., la parte de la teja no tapada por otra. ‖ **8.** Mirada superficial o ligera. *Echar una vista.* ‖ **9.** Sagacidad para descubrir algo que los demás no ven. *Tiene mucha vista.* ‖ **10.** *Der.* Comparecencia ante un juez o tribunal en la que las partes exponen los fundamentos de sus respectivas pretensiones. ‖ **II.** M. **11.** Empleado de aduanas a cuyo cargo está el control de las mercancías. ‖ **~ actuario.** M. El que interviene en una operación de aduanas. ‖ **~ cansada.** F. La del présbita. ‖ **~ corta.** F. La del miope. ‖ **~ de águila.** F. La que alcanza y abarca mucho. ‖ **~ de lince.** F. La muy aguda y penetrante. ‖ **aguzar** alguien la **~.** LOC.VERB. Aplicarla con atención. ‖ **a la ~.** LOC.ADV. **1.** De manera visible, de forma que puede ser visto. *A la vista de todos.* ‖ **2.** Al parecer, en apariencia. ‖ **3.** Con evidencia. *A la vista* ESTÁ. ‖ **4.** En perspectiva. *Tengo un negocio a la vista.* ‖ **a la ~ de.** LOC. PREPOS. **1.** En presencia de o delante de. ‖ **2.** En consideración. *A la vista de los antecedentes.* ‖ **3.** Enfrente, cerca o en lugar desde el que se pueda ver. *Llegamos a la vista de Teruel.* ‖ **apartar** alguien la **~.** LOC.VERB. Desviar la consideración o el pensamiento de un objeto, aun cuando sea imaginario y no real. ‖ **a primera ~,** o **a simple ~.** LOCS.ADVS. **1.** De manera somera y de paso en el reconocimiento de algo. ‖ **2.** Se usan para significar la facilidad de aprender o de reconocer algo. ‖ **a ~ de.** LOC. PREPOS. **a la vista de.** ‖ **a ~ de pájaro.** LOC.ADV. Denota que se ven o describen los objetos desde un punto elevado sobre ellos. ‖ **bajar** alguien la **~.** LOC.VERB. **bajar los ojos.** ‖ **clavar** alguien la **~** a otra persona o una cosa. LOC.VERB. coloq. Mirarla ansiosamente, con ira o con delectación. ‖ **conocer de ~** a alguien. LOC.VERB. Conocerlo por haberlo visto alguna vez, sin haber tenido trato con él. ‖ **con ~s a.** LOC. PREPOS. Con la finalidad de, con el propósito de. ‖ **corto, ta de ~.** LOC.ADJ. **1.** miope. U. t. c. loc. sust. ‖ **2.** Poco perspicaz. ‖ **dar ~** a algo. LOC. VERB. Avistarlo, alcanzar a verlo. ‖ **echar** alguien la **~,** o **la ~ encima,** a otra persona. LOCS.VERBS. Llegarla a ver o a conocer cuando la anda buscando. ‖ **empañarse la ~.** LOC.VERB. **1.** Empezar a ver confusamente. ‖ **2.** Llenarse los ojos de lágrimas. ‖ **en ~ de.** LOC.ADV. En consideración o atención de algo. ‖ **estar** algo **a la ~.** LOC.VERB. Ser evidente. ‖ **extender** alguien la **~.** LOC.VERB. Explayarse, esparcirla en algún lugar abierto y espacioso, como el campo o el mar. ‖ **fijar** alguien la **~.** LOC.VERB. Ponerla en un objeto con atención y cuidado. ‖ **hacer** alguien **la ~ gorda.** LOC.VERB. coloq. Fingir con disimulo que no ha visto algo. ‖ **hasta la ~.** EXPR. Se usa para despedirse. ‖ **hasta perderse de ~.** LOC.ADJ. **1.** coloq. Dicho de una persona o de una cosa: De superioridad en su línea. ‖ **2.** coloq. Dicho de una persona: Ser muy lista, astuta o aguda. ‖ **no perder** alguien **de ~** a otra persona o una cosa. LOC.VERB. **1.** Estarla observando sin apartarse de ella. ‖ **2.** No cejar en un intento. ‖ **nublarse la ~.** LOC. VERB. Empezar a ver confusamente. ‖ **perder** alguien **de ~** alguien o algo. LOC.VERB. Dejar de verlo por haberse alejado o no alcanzar a distinguirlo. ‖ **poner** alguien **la ~.** LOC.VERB. **fijar la vista.** ‖ **por ~ de ojos.** LOC.ADV. Viendo por sí mismo algo. ‖ **saltar la ~** a algo. LOC.VERB. ‖ **tener** alguien **a la ~** algo. LOC.VERB. Tenerlo presente en la memoria para el cuidado de ello. ‖ **volver** alguien **la ~ atrás.** LOC.VERB. Recordar sucesos pasados, meditar sobre ellos. ☐ V. **altura de la ~, golpe de ~, punto de ~.**

vistazo. M. Mirada superficial o ligera. ‖ **dar,** o **echar,** alguien **un ~** a algo. LOCS.VERBS. Examinarlo, reconocerlo superficialmente y a bulto.

visto, ta. PART. IRREG. de *ver*[1]. ‖ ADJ. *Der.* Se usa como fórmula para dar por terminada la vista pública de un negocio, o para anunciar el pronunciamiento del fallo. ‖ **~ bueno.** M. Se usa como fórmula que se pone al pie de algunas certificaciones y otros documentos y con que quien firma debajo da a entender hallarse ajustados a los preceptos legales y estar expedidos por persona autorizada al efecto. ‖ **bien ~.** LOC.ADJ. Que se juzga bien de una persona o cosa; que merece la aprobación de las gentes. ‖ **es,** o **está, visto.** EXPRS. Se usan para dar algo por cierto y seguro. ‖ **estar muy ~** algo o alguien. LOC. VERB. **1.** Estar pasado de moda. ‖ **2.** coloq. Ser excesivamente conocido. ‖ **mal ~.** LOC.ADJ. Que se juzga mal de una persona o cosa; que no merece la aprobación de las gentes. ‖ **no haberlas visto** alguien **más gordas.** LOC. VERB. coloq. No tener noticia o conocimiento de aquello de que se trata. *En mi vida las había visto más gordas.* ‖ **no,** o **nunca, ~.** LOCS.ADJS. Raro o extraordinario en su línea. ‖ **por lo ~.** LOC.ADV. Al parecer, según se infiere de determinados indicios. ‖ **visto que.** LOC. CONJUNT. Pues que, una vez que. ‖ **visto y no visto.** EXPR. coloq. Se aplica a algo que se hace o sucede con gran rapidez. ☐ V. **cosa no ~, cosa nunca ~.**

vistosidad. F. Cualidad de vistoso.

vistoso, sa. ADJ. Que atrae mucho la atención por su brillantez, viveza de colores o apariencia ostentosa. *Camisa vistosa.*

visual. I. ADJ. **1.** Perteneciente o relativo a la visión. *Estímulos visuales.* ‖ **II.** F. **2.** Línea recta que se considera tirada desde el ojo del observador hasta un objeto. ☐ V. **agudeza ~, campo ~, punto ~.**

visualidad. F. Efecto agradable que produce el conjunto de objetos vistosos.

visualización. F. Acción y efecto de visualizar.

visualizador, ra. I. ADJ. **1.** Que visualiza o sirve para visualizar. *Programa visualizador.* ‖ **II.** M. **2.** En ciertos aparatos electrónicos, dispositivo con forma de pantalla destinado a la representación visual de la información.

visualizar. TR. **1.** Hacer visible artificialmente lo que no puede verse a simple vista, como con los rayos X los cuerpos ocultos, o con el microscopio los microbios. *La ecografía permite visualizar el feto.* ‖ **2.** Representar mediante imágenes ópticas fenómenos de otro carácter; p. ej., el curso de la fiebre o los cambios de condiciones meteorológicas mediante gráficas, los cambios de corriente eléctrica o las oscilaciones sonoras con el oscilógrafo, etc. ‖ **3.** Formar en la mente una imagen visual de un concepto abstracto. *El libro ayuda a visualizar su teoría.* ‖ **4.** Imaginar con rasgos visibles algo que no se tiene a la vista. *Mostró varios dibujos para que pudieran visualizar su proyecto.*

vitáceo, a. ADJ. *Bot.* Se dice de las plantas angiospermas dicotiledóneas, por lo común trepadoras, con tallos nudosos, hojas alternas, pecioladas y sencillas, flores regulares, casi siempre pentámeras, dispuestas en racimos, y fruto en baya; como la vid. U. t. c. s. f. ORTOGR. En f. pl., escr. con may. inicial c. taxón. *Las Vitáceas.*

vital. ADJ. **1.** Perteneciente o relativo a la vida. *Trayectoria vital.* ‖ **2.** De suma importancia o trascendencia. *Cuestión vital.* ‖ **3.** Que está dotado de gran energía o impulso para actuar o vivir. □ V. **constantes ~es, espacio ~, espíritu ~**.

vitalicio, cia. I. ADJ. **1.** Dicho de un cargo, de una merced, de una renta, etc.: Que duran desde que se obtienen hasta el fin de la vida. *Senador vitalicio.* ‖ **II.** M. **2.** Pensión duradera hasta el fin de la vida del perceptor. □ V. **renta ~**.

vitalidad. F. **1.** Cualidad de tener vida. ‖ **2.** Actividad o eficacia de las facultades vitales. U. t. en sent. fig. *La cultura autóctona fue perdiendo vitalidad.*

vitalismo. M. *Biol.* Doctrina que explicaba los fenómenos biológicos por la acción de las fuerzas propias de los seres vivos y no solo por las de la materia.

vitalista. ADJ. **1.** *Biol.* Perteneciente o relativo al vitalismo. *Concepciones vitalistas.* ‖ **2.** Seguidor del vitalismo. U. t. c. s.

vitalización. F. Acción y efecto de vitalizar.

vitalizar. TR. Transmitir vitalidad o energía.

vitamina. F. Cada una de las sustancias orgánicas que existen en los alimentos y que, en cantidades pequeñísimas, son necesarias para el perfecto equilibrio de las diferentes funciones vitales. Existen varios tipos, designados con las letras *A, B, C,* etc.

vitaminado, da. ADJ. Se dice del alimento o preparado farmacéutico al que se le han añadido ciertas vitaminas.

vitamínico, ca. ADJ. **1.** Perteneciente o relativo a las vitaminas. *Propiedades vitamínicas.* ‖ **2.** Que contiene vitaminas. *Refuerzo vitamínico.*

vitando, da. ADJ. **1.** Que se debe evitar. *Palabras vitandas.* ‖ **2.** Odioso, execrable. *Comportamiento vitando.*

vitela. F. Piel de vaca o ternera, curtida y muy pulida, en particular la que sirve para pintar o escribir en ella.

vitelino, na. ADJ. *Biol.* Perteneciente o relativo al vitelo. □ V. **membrana ~, saco ~**.

vitelo. M. *Biol.* Conjunto de sustancias almacenadas dentro de un huevo para la nutrición del embrión.

vitícola. ADJ. Perteneciente o relativo a la viticultura.

viticultor, ra. M. y F. **1.** Persona perita en la viticultura. ‖ **2.** Persona que se dedica a la viticultura.

viticultura. F. **1.** Cultivo de la vid. ‖ **2.** Arte de cultivar las vides.

vitivinícola. ADJ. Perteneciente o relativo a la vitivinicultura.

vitivinicultor, ra. M. y F. Persona que se dedica a la vitivinicultura.

vitivinicultura. F. **1.** Arte de cultivar las vides y elaborar el vino. ‖ **2.** Industria dedicada a ese cultivo y elaboración.

vito. M. **1.** Baile andaluz muy animado y vivo. ‖ **2.** Música con que se acompaña este baile. ‖ **3.** Letra que se canta con esta música. □ V. **baile de san Vito**.

vitola. F. **1.** Anilla de los cigarros puros. ‖ **2.** Traza o aspecto de una persona. ‖ **3.** Aspecto de una cosa.

vítor. I. INTERJ. **1.** Se usa para aplaudir a una persona o una acción. U. t. c. s. m. ‖ **II.** M. **2.** Función pública en que a alguien se le aclama o aplaude una hazaña o acción gloriosa. ‖ **3.** Letrero escrito directamente sobre una pared, o sobre un cartel o tablilla, en aplauso de una persona por alguna hazaña, acción o promoción gloriosa. Suele contener la palabra *víctor* o *vítor.*

vitorear. TR. Aplaudir o aclamar con vítores a una persona o acción.

vitoriano, na. ADJ. **1.** Natural de Vitoria. U. t. c. s. ‖ **2.** Perteneciente o relativo a esta ciudad de España, capital de la comunidad autónoma del País Vasco y de la provincia de Álava.

vitral. M. Vidriera de colores.

vítreo, a. ADJ. **1.** Hecho de vidrio o que tiene sus propiedades. *Textura vítrea.* ‖ **2.** Parecido al vidrio. *Reflejos vítreos.* □ V. **humor ~**.

vitrificación. F. Acción y efecto de vitrificar.

vitrificar. TR. **1.** Convertir en vidrio una sustancia. *Vitrificar un esmalte.* U. t. c. prnl. ‖ **2.** Hacer que algo adquiera las apariencias del vidrio. *Vitrificar un barniz.* U. t. c. prnl.

vitrina. F. Escaparate, armario o caja con puertas o tapas de cristales, para tener expuestos a la vista, con seguridad y sin deterioro, objetos de arte, productos naturales o artículos de comercio.

vitrinear. INTR. *Chile.* Mirar vitrinas o escaparates de locales comerciales.

vitriólico, ca. ADJ. Perteneciente o relativo al vitriolo o que tiene sus propiedades. U. m. en sent. fig. *Un humor vitriólico.*

vitriolo. M. *Quím.* ácido sulfúrico. □ V. **aceite de ~**.

vitrocerámica. F. Placa de material vitrocerámico utilizada como elemento calefactor en cocinas y otros utensilios.

vitrocerámico, ca. ADJ. Se dice de los materiales formados por vidrio y óxidos de titanio o circonio a temperaturas elevadas, de gran estabilidad y resistencia térmica.

vitrola. F. *Méx.* tocadiscos.

vitualla. F. Conjunto de cosas necesarias para la comida, especialmente en los ejércitos. U. m. en pl.

vituperable. ADJ. Que merece vituperio. *Actos vituperables.*

vituperación. F. Acción y efecto de vituperar.

vituperar. TR. Criticar a alguien con dureza; reprenderlo o censurarlo.

vituperio. M. Acción y efecto de vituperar.

viuda. F. **1.** Planta herbácea, bienal, de la familia de las Dipsacáceas, con tallos rollizos y ramosos de cuatro a seis decímetros de altura, hojas radicales, sencillas, elípticas y festoneadas, y las del tallo compuestas de nueve a trece hojuelas oblongas, flores en ramos axilares, de color morado que tira a negro, con las anteras blancas, y fruto seco capsular. Se cree que es originaria de la India, y se cultiva en los jardines. ‖ **2.** Flor de esta planta.

viudedad. F. **1.** Pensión o haberes pasivos que recibe el cónyuge superviviente de un trabajador y que le duran el tiempo que permanece en tal estado. ‖ **2.** **viudez**.

viudez. F. Estado de viudo.

viudita. F. *Chile.* Ave de plumaje blanco con borde negro en las alas y en la punta de la cola.

viudo, da. ADJ. Se dice de la persona a quien se le ha muerto su cónyuge y no ha vuelto a casarse. U. t. c. s.

vivac. M. Campamento provisional, especialmente militar, para pasar la noche al aire libre. MORF. pl. **vivacs**.

vivacidad. F. **1.** Cualidad de vivaz. ‖ **2.** viveza (‖ esplendor y lustre de algunas cosas).

vivales. COM. coloq. Persona vividora y desaprensiva.

vivandero, ra. M. y F. hist. Persona que vendía víveres a los militares siguiéndolos en su marcha o en sus campañas.

vivaque. M. **vivac**.

vivaquear. INTR. Pasar la noche en acampada al aire libre.

vivar[1]. M. Nido o madriguera donde crían diversos animales, especialmente los conejos.

vivar[2]. TR. *Am.* vitorear.

vivaracho, cha. ADJ. coloq. Muy vivo de genio; travieso y alegre.

vivaz. ADJ. **1.** Eficaz, vigoroso. *Temperamento vivaz.* ‖ **2.** Agudo, de pronta comprensión e ingenio. *Alumna vivaz.* ‖ **3.** Que tiene viveza. *Ojos vivaces.* ‖ **4.** *Bot.* Se dice de la planta perenne cuyos órganos aéreos desaparecen en la época desfavorable.

vivencia. F. **1.** Hecho de experimentar algo, y su contenido. ‖ **2.** Hecho de vivir o estar vivo. *Certificado de vivencia.*

vivencial. ADJ. Perteneciente o relativo a la vivencia.

víveres. M. **1.** pl. Provisión de comestibles de un ejército, plaza o buque. ‖ **2.** pl. Comestibles necesarios para el alimento de las personas. □ V. **maestre de ~.**

viverista. COM. Persona que se dedica a la industria y comercio de simientes y plantones o que cuida de un vivero.

vivero. M. **1.** Terreno adonde se trasplantan desde la almáciga los árboles pequeños, para llevarlos, después de vueltos a criar, a su lugar definitivo. ‖ **2.** Lugar donde se mantienen o se crían dentro del agua peces, moluscos u otros animales. ‖ **3.** **semillero** (‖ origen de algunas cosas).

vivérrido, da. ADJ. *Zool.* Se dice de los mamíferos carnívoros de cuerpo largo y patas cortas, cola relativamente larga y pelaje listado, con los caninos y muelas poco desarrollados, que habitan las regiones tropicales del Viejo Mundo e incluso el sur de Europa; p. ej., la civeta, la jineta, la mangosta y el meloncillo. U. t. c. s. m. ORTOGR. En m. pl., escr. con may. inicial c. taxón. *Los Vivérridos.*

viveza. F. **1.** Prontitud o celeridad en las acciones, o agilidad en la ejecución. ‖ **2.** Energía en las palabras. ‖ **3.** Agudeza o perspicacia de ingenio. ‖ **4.** Propiedad y semejanza en la representación de algo. ‖ **5.** Esplendor y lustre de algunas cosas, especialmente los colores. ‖ **6.** Gracia particular y actividad especial que suelen tener los ojos en el modo de mirar o de moverse. ‖ **7.** *Á. Caribe.* Agudeza y prontitud para aprovecharse de todo por buenos o malos medios.

vivián. ADJ. *Am. Cen.* Dicho de una persona: **aprovechada** (‖ que saca beneficio sin escrúpulos). U. t. c. s.

vividero, ra. ADJ. Dicho de un sitio o de un cuarto: Que puede habitarse.

vívido, da. ADJ. **1.** poét. **vivaz** (‖ eficaz, vigoroso). *Vívidos colores.* ‖ **2.** poét. **vivaz** (‖ de ingenio agudo). *Frases vívidas.*

vividor, ra. ADJ. **1.** Que vive. U. t. c. s. *Vividor de sus propias historias literarias.* ‖ **2.** Que vive la vida disfrutando de ella al máximo. U. t. c. s. ‖ **3.** Que vive a expensas de los demás, buscando por malos medios lo que necesita o le conviene. U. t. c. s. ‖ **4.** Dicho de una persona: Laboriosa, económica y que busca modos de vivir. U. t. c. s.

vivienda. F. Lugar cerrado y cubierto construido para ser habitado por personas.

viviente. ADJ. Que vive. *Ser viviente. Símbolo viviente.* U. t. c. s. □ V. **alma ~, bicho ~.**

vivificación. F. Acción y efecto de vivificar.

vivificador, ra. ADJ. Que vivifica. *Fuego vivificador.*

vivificante. ADJ. Que vivifica. *Risa vivificante.*

vivificar. TR. **1.** Dar vida. *El pasado revierte sobre el presente, lo vivifica y es continuado por él.* ‖ **2.** Confortar, animar. *El caldo caliente lo vivificó.*

vivífico, ca. ADJ. Que incluye vida o nace de ella. *Aliento vivífico.*

vivijagua. F. *Ant.* Se usa como nombre genérico para referirse a varias especies de hormigas del taxón de los Formícidos de la isla de Cuba, de gran tamaño y muy laboriosas. Son muy perjudiciales para la agricultura.

vivíparo, ra. ADJ. *Anat.* Dicho de un animal: Cuya hembra pare hijos en la fase de fetos bien desarrollados; p. ej., los mamíferos. U. t. c. s.

vivir[1]. **I.** INTR. **1.** Tener vida. ‖ **2.** Durar con vida. *Vivió en coma dos meses.* ‖ **3.** Pasar y mantener la vida. *Francisco tiene con qué vivir. Vivo de mi trabajo.* ‖ **4.** Habitar o morar en un lugar o país. U. t. c. tr. ‖ **5.** Obrar siguiendo algún tenor o modo en las acciones, en cuanto atañen a la razón o a la ley. ‖ **6.** Mantenerse o durar en la fama o en la memoria después de muerto. ‖ **7.** Acomodarse a las circunstancias o aprovecharlas para lograr sus propias conveniencias. *Enseñar a vivir. Saber vivir.* ‖ **8.** Dicho de una cosa: Estar presente en la memoria, en la voluntad o en la consideración. *Estos recuerdos vivirán en mí.* ‖ **9. estar** (‖ permanecer en un lugar, situación o condición). *Vivir descuidado. Vivir ignorante de algo.* ‖ **10.** Usado en tercera persona, tanto del singular como del plural, forma parte de fórmulas que expresan deseo de buena fortuna. *¡Vivan los novios! ¡Viva la revolución!* ‖ **II.** TR. **11.** Sentir o experimentar la impresión producida por algún hecho o acaecimiento. *Hemos vivido momentos de inquietud. Todas sus alegrías y sus penas fueron vividas por nosotros.* ‖ **no dejar ~** a alguien. LOC. VERB. coloq. Molestarlo, fastidiarlo. ‖ **no dejar ~** algo a alguien. LOC. VERB. coloq. Ser motivo de remordimiento o inquietud. ‖ **¿quién vive?** EXPR. Se usa por el soldado que está de centinela para preguntar quién es el que llega o pasa. U. t. c. s. ‖ **viva.** INTERJ. Se usa para expresar alegría y aplauso. U. t. c. s. m. ‖ **viva quien vence.** LOC. INTERJ. Se usa para explicar la disposición pronta del ánimo a seguir a quien está en prosperidad y a huir de quien está caído. ‖ **vive.** INTERJ. Se usa como juramento con algún nombre que lo expresa, o con alguna voz inventada para evitarlo. *¡Vive Dios! ¡Vive Cribas!* ‖ **~ para ver.** EXPR. Se usa para manifestar la extrañeza que causa algo que no se esperaba de la persona de quien se habla, especialmente cuando es de mala correspondencia.

vivir[2]. M. Conjunto de los recursos o medios de vida y sustancia. *Tengo un modesto vivir.* ‖ **de mal ~.** LOC. ADJ. **de mala vida.**

vivisección. F. Disección de los animales vivos, con el fin de hacer estudios fisiológicos o investigaciones patológicas.

vivo, va. I. ADJ. **1.** Que tiene vida. U. t. en sent. fig. *Ese retrato está vivo.* Apl. a pers., u. t. c. s. *Los vivos y los muertos.* ‖ **2.** Dicho del fuego, de la llama, etc.: **avivados.** *La brasa viva.* ‖ **3.** Intenso, fuerte. *Recuerdo vivo.* ‖ **4.** Sutil, ingenioso. *Pensamiento vivo.* ‖ **5.** Listo, que aprovecha las circunstancias y sabe actuar en beneficio propio. ‖ **6.** Que dura y subsiste en toda su fuerza y vigor. *La escritura, la ley está viva.* ‖ **7.** Diligente, pronto y ágil. ‖ **8.** *Arq.* Dicho de una arista o de un ángulo: Agudos y bien determinados. ‖ **II.** M. **9.** Borde, canto u orilla de alguna cosa. ‖ **10.** Filete, cordoncillo o trencilla que se pone por adorno en los bordes o en las costuras de las prendas de vestir. ‖ **a lo ~, o al ~.** LOCS.ADVS. Con la mayor viveza, con suma expresión y eficacia. ‖ **en vivo. I.** LOC.ADJ. **1. en directo.** *Programa en vivo.* U. t. c. loc. adj. *Actuaron en vivo.* ‖ **II.** LOC.ADV. **2.** Se usa en la venta de los cerdos y otras reses, cuando se pesan sin haberlos matado. ‖ **3.** Estando con vida. *Troceó el pescado en vivo.* ‖ **ni ~ ni muerto.** LOC.VERB. Se usa para significar que alguien o algo no aparece, por más diligencias que se han hecho para encontrarlo. ‖ **vivito, ta y coleando.** LOC.ADJ. coloq. Dicho de una persona: Que se creía muerta y está con vida. ☐ V. **agua ~, aguas ~s, cal ~, cuadro ~, donación entre vivos, fuerzas ~s, lengua ~, marea ~, modelo ~, obra ~, ojos ~s, piedra ~, plaza ~, seto ~, ~ voz.**

viyela. (Marca reg.). F. Tela ligera de lana o algodón que se emplea para la confección de prendas de vestir.

vizcacha. F. Roedor de hábitos nocturnos propio de las grandes llanuras, donde vive formando complejas colonias subterráneas. Su cuerpo es rollizo, la cabeza grande y ancha, mide aproximadamente 80 cm y su coloración es gris oscura, con el vientre blanco. Vive en el Perú, Bolivia, Chile y la Argentina.

vizcachera. F. Madriguera de la vizcacha.

vizcaíno, na. I. ADJ. **1.** Natural de Vizcaya. U. t. c. s. ‖ **2.** Perteneciente o relativo a esta provincia de España. ‖ **II.** M. **3.** Uno de los ocho principales dialectos del vasco, hablado en gran parte de Vizcaya. ‖ **a la ~.** LOC. ADV. Al estilo o según costumbre de los vizcaínos. *Bacalao a la vizcaína.* ☐ V. **concordancia ~.**

vizcaitarra. ADJ. Partidario de la independencia o autonomía de Vizcaya. U. t. c. s.

vizcondado. M. **1.** Título o dignidad de vizconde o vizcondesa. ‖ **2.** hist. Territorio o lugar sobre el que radicaba este título.

vizconde. M. **1.** Hombre que tiene un título nobiliario inmediatamente inferior al de conde. ‖ **2.** Marido de la vizcondesa. ‖ **3.** hist. Hombre que el conde dejaba o ponía antiguamente por teniente o sustituto con sus veces y autoridad, como vicario suyo, especialmente el que era gobernador de una provincia. ☐ V. **corona de ~.**

vizcondesa. F. **1.** Mujer que tiene un título nobiliario inmediatamente inferior al de condesa. ‖ **2.** Mujer del vizconde.

vocablo. M. **1. palabra** (‖ segmento del discurso). ‖ **2.** Representación gráfica de este segmento.

vocabulario. M. **1.** Conjunto de palabras de un idioma. ‖ **2. diccionario** (‖ libro). ‖ **3.** Conjunto de palabras de un idioma pertenecientes al uso de una región, a una actividad determinada, a un campo semántico dado, etc. *Vocabulario andaluz, jurídico, técnico. Vocabulario de la caza.* ‖ **4.** Conjunto de palabras que usa o conoce alguien. ‖ **5.** Catálogo o lista de palabras, ordenadas con arreglo a un sistema, y con definiciones o explicaciones sucintas.

vocabulista. COM. Autor de un vocabulario.

vocación. F. **1.** Inspiración con que Dios llama a algún estado, especialmente al de religión. ‖ **2.** coloq. Inclinación a cualquier estado, profesión o carrera.

vocacional. ADJ. Perteneciente o relativo a la vocación.

vocal. I. ADJ. **1.** Perteneciente o relativo a la voz. *Esfuerzo vocal.* ‖ **2.** Que se expresa materialmente con la voz, hablando o cantando. *Composición vocal.* ‖ **II.** F. **3.** *Fon.* Sonido del lenguaje humano en cuya emisión el aire

espirado, con vibración laríngea y timbre que puede ser modificado por la posición de los órganos de la articulación, no encuentra obstáculos. ‖ **4. letra vocal.** ‖ **III.** COM. **5.** Persona que tiene voz en un consejo, una congregación o junta, llamada por derecho, por elección o por nombramiento. ☐ V. **cuerdas ~es, letra ~, música ~, oración ~.**

vocálico, ca. ADJ. Perteneciente o relativo a la vocal. ☐ V. **alternancia ~.**

vocalismo. M. Sistema vocálico, conjunto de vocales.

vocalista. COM. **1.** Artista que canta con acompañamiento de orquestina. ‖ **2.** Cantante de un grupo de música ligera.

vocalización. F. **1.** Acción y efecto de vocalizar. ‖ **2.** *Fon.* Transformación de una consonante en vocal; p. ej., la *c* del latín *affectare* en la *i* de *afeitar,* o la *b* del antiguo *cabdal* en la *u* del actual *caudal.* ‖ **3.** *Mús.* En el arte del canto, ejercicio preparatorio que consiste en ejecutar, valiéndose de cualquiera de las vocales, comúnmente la *a* o la *e,* una serie de escalas, arpegios, trinos, etc., sin repetir ni alterar el timbre de la que se emplea. ‖ **4.** *Mús.* Pieza de música compuesta expresamente para enseñar a vocalizar.

vocalizar. INTR. **1.** Articular con la debida distinción las vocales, consonantes y sílabas de las palabras para hacer plenamente inteligible lo que se habla o se canta. ‖ **2.** *Fon.* Dicho de una consonante: Transformarse en vocal. U. t. c. prnl. ‖ **3.** Añadir vocales a los textos en lenguajes, como el árabe, que ordinariamente escriben solo las consonantes. ‖ **4.** *Mús.* Solfear sin nombrar las notas, empleando solamente una de las vocales, que es casi siempre la *a.* ‖ **5.** *Mús.* Ejecutar los ejercicios de vocalización para acostumbrarse a vencer las dificultades del canto.

vocativo. M. *Gram.* Caso de la declinación, que sirve únicamente para invocar, llamar o nombrar, con más o menos énfasis, a una persona o cosa personificada, y a veces va precedido de las interjecciones *¡ah!* u *¡oh!*

voceador, ra. I. ADJ. **1.** Que vocea o da muchas voces. *Chiquillos voceadores de periódicos.* Apl. a pers., u. t. c. s. ‖ **II.** M. y F. **2.** *Méx.* Vendedor callejero de periódicos.

vocear. I. TR. **1.** Publicar o manifestar con voces algo. *Vocear las mercancías puestas a la venta.* ‖ **2.** Llamar a alguien en voz alta o dándole voces. *Voceaban al niño perdido.* ‖ **3.** Aplaudir o aclamar con voces. *Vocearon consignas durante la manifestación.* ‖ **4.** Dicho de una cosa: Manifestar o dar a entender algo con claridad. *La sangre de Abel vocea el delito de Caín.* ‖ **II.** INTR. **5.** Dar voces o gritos.

voceras. M. **boceras.**

vocería[1]**.** F. **gritería.**

vocería[2]**.** F. Cargo de vocero.

vocerío. M. **gritería.**

vocero, ra. M. y F. Persona que habla en nombre de otra, o de un grupo, institución, entidad, etc., llevando su voz y representación.

vociferación. F. Acción y efecto de vociferar.

vociferador, ra. ADJ. Que vocifera. U. t. c. s.

vociferante. ADJ. Que vocifera. *Masas vociferantes. Alegato vociferante.*

vociferar. INTR. Vocear o dar grandes voces.

vocinglería. F. **1.** Cualidad de vocinglero. ‖ **2.** Ruido de muchas voces.

vocinglero, ra. ADJ. **1.** Que da muchas voces o habla muy fuerte. U. t. c. s. ‖ **2.** Que habla mucho y en vano. U. t. c. s.

vodevil. M. Comedia frívola, ligera y picante, de argumento basado en la intriga y el equívoco, que puede incluir números musicales y de variedades.

vodevilesco, ca. ADJ. **1.** Perteneciente o relativo al vodevil. *Género vodevilesco.* ‖ **2.** Semejante al vodevil. *Humor vodevilesco.*

vodka. M. Bebida alcohólica destilada de origen ruso. U. menos c. f.

vodú. M. vudú. MORF. pl. **vodús** o **vodúes.**

volada. F. **1.** Vuelo a corta distancia. ‖ **2.** Cada una de las veces que se ejecuta.

voladero. M. Despeñadero, precipicio.

voladita. F. Tipo o pieza de la imprenta que se coloca en la parte superior del renglón.

voladito, ta. ADJ. *Impr.* volado.

voladizo, za. ADJ. Que vuela o sale de lo macizo en las paredes o edificios. Apl. a un elemento arquitectónico, u. t. c. s. m.

volado, da. PART. de **volar.** ‖ ADJ. *Impr.* Se dice del tipo de menor tamaño que se coloca en la parte superior del renglón. Se usa generalmente en las abreviaturas. ‖ **estar alguien ~.** LOC.VERB. coloq. Estar inquieto, sobresaltado.

volador, ra. I. ADJ. **1.** Que vuela. *Aparato volador.* ‖ **2.** Que corre o va con ligereza. *Embarcación voladora.* ‖ **II.** M. **3.** cohete (‖ tubo cargado de pólvora). ‖ **4.** Pez teleósteo marino del suborden de los Acantopterigios, común en los mares de Europa, de unos tres decímetros de largo. Tiene cabeza gruesa con hocico saliente, cuerpo en forma de cuña, vistosamente manchado de rojo, blanco y pardo, aletas negruzcas con lunares azules, y tan largas las pectorales, que plegadas llegan a la cola, y extendidas sirven al animal para elevarse sobre el agua y volar a alguna distancia. ‖ **5.** Molusco cefalópodo decápodo, comestible, parecido al calamar, pero de tamaño mayor. □ V. **ardilla ~, platillo ~.**

voladura. F. **1.** Acción y efecto de volar por el aire. ‖ **2.** Acción y efecto de hacer saltar con violencia algo.

volandas. en ~. LOC.ADV. Por el aire o levantado del suelo y como volando.

volandera. F. **muela** (‖ del molino).

volandero, ra. ADJ. **1.** Dicho de un pájaro: Que está para salir a volar. U. t. c. s. ‖ **2.** Suspendido en el aire y que se mueve fácilmente a su impulso. *Pendón volandero.* ‖ **3.** Accidental, casual, imprevisto. *Manotazo volandero.* ‖ **4.** Que no hace asiento ni se fija ni detiene en ningún punto. *Lectura volandera.* Apl. a pers., u. t. c. s. □ V. **hoja ~.**

volanta. F. **1.** volante (‖ coche de caballos de las Antillas). ‖ **2.** *Méx.* Vehículo de los aduaneros que vigilan las carreteras.

volantazo. M. Giro brusco y repentino dado al volante de un vehículo en movimiento.

volante. I. ADJ. **1.** Que vuela. *Artilugio volante.* ‖ **2.** Que va o se lleva de una parte a otra sin sitio o asiento fijo. *Metas volantes.* ‖ **3.** *Mar.* Dicho de ciertos elementos de un barco: Sueltos, que no están fijos. *Cabos volantes.* ‖ **II.** M. **4.** Pieza, generalmente en forma de aro, con la que el conductor dirige un vehículo automóvil. ‖ **5.** Guarnición rizada, plegada o fruncida con que se adornan prendas de vestir o de tapicería. ‖ **6.** Anillo provisto de dos topes que, movido por la espiral, detiene y deja li-

bres alternativamente los dientes de la rueda de escape de un reloj para regularizar su movimiento. ‖ **7.** Máquina donde se colocan los troqueles para acuñar, consistente en un husillo vertical de hélice muy tendida, atravesado en su extremidad superior por una barra horizontal con dos grandes masas de metal en las puntas. ‖ **8.** Hoja de papel, ordinariamente la mitad de una cuartilla cortada a lo largo, en la que se manda, recomienda, pide, pregunta o hace constar algo en términos precisos. ‖ **9.** Pequeña semiesfera de material muy liviano bordeada de plumas o tiras de escaso peso que orientan su vuelo cuando es impulsada en juegos con raqueta. ‖ **10.** Juego semejante al tenis en el que se utilizan raquetas ligeras. ‖ **11.** *Fís.* Rueda grande y pesada que por la inercia de su giro regulariza el movimiento de una máquina motora. ‖ **12.** *Á. R. Plata, Ant.* y *Chile.* Hoja impresa, de carácter político o publicitario, que se reparte en lugares públicos. ‖ **13.** *Á. R. Plata.* En el fútbol, jugador que se mueve en el medio campo. ‖ **III.** F. **14.** Coche de caballos que se usa en las Antillas, semejante al quitrín, con varas muy largas y ruedas de gran diámetro, y cuya cubierta no puede plegarse. □ V. **ciervo ~, hoja ~, moscas ~s, platillo ~, silla ~.**

volantear. TR. *Á. R. Plata.* Repartir volantes de propaganda, por lo común en lugares públicos.

volantín. M. **1.** Especie de cordel con uno o más anzuelos, que sirve para pescar. ‖ **2.** *Á. Caribe* y *Chile.* cometa (‖ armazón plana y ligera).

volapié. M. *Taurom.* Suerte que consiste en herir a la carrera el espada al toro cuando este se halla parado. ‖ **a ~.** LOC.ADV. *Taurom.* Ejecutando esta suerte.

volapuk. M. Idioma inventado en 1880 por el sacerdote alemán Johan Martin Schleyer con el propósito de que sirviese como lengua universal.

volar. I. INTR. **1.** Ir o moverse por el aire, sosteniéndose con las alas. ‖ **2.** Elevarse en el aire y moverse de un punto a otro en un aparato de aviación. ‖ **3.** Dicho de una cosa: Elevarse en el aire y moverse algún tiempo por él. U. t. c. prnl. *Se le han volado todos los papeles con el viento.* ‖ **4.** Caminar o ir con gran prisa y aceleración. ‖ **5.** Dicho de una persona o de una cosa: Desaparecer de manera rápida e inesperada. ‖ **6.** Sobresalir fuera del paramento de un edificio. ‖ **7.** Dicho de una cosa arrojada con violencia: Ir por el aire. *La piedra voló hasta la azotea.* ‖ **8.** Hacer las cosas con gran prontitud y ligereza. ‖ **9.** Dicho de una especie: Extenderse o propagarse con celeridad entre muchos. *Las noticias vuelan.* ‖ **10.** Dicho del tiempo: Pasar muy deprisa. ‖ **II.** TR. **11.** Hacer saltar con violencia o elevar en el aire algo, especialmente por medio de una sustancia explosiva. *Volar un edificio.* ‖ **12.** *Cineg.* Hacer que el ave se levante y vuele para tirar sobre ella. *El perro voló la perdiz.* ¶ MORF. conjug. c. **contar.**

volatería. F. Conjunto de diversas aves.

volátil. ADJ. **1.** Que vuela o puede volar. *Cenizas volátiles.* Apl. a las aves, u. t. c. s. ‖ **2.** Dicho de una cosa: Que se mueve ligeramente y anda por el aire. *Átomos volátiles.* ‖ **3.** Mudable, inconstante. *Precios volátiles.* ‖ **4.** *Econ.* Dicho de los precios en los mercados financieros: Inestables u oscilantes. ‖ **5.** *Fís.* Dicho de un líquido: Que se transforma espontáneamente en vapor. □ V. **aceite ~.**

volatilidad. F. **1.** Cualidad de volátil. ‖ **2.** *Econ.* Inestabilidad de los precios en los mercados financieros.

volatilización. F. Acción y efecto de volatilizarse.

volatilizar. **I.** TR. **1.** Transformar una sustancia sólida o líquida en vapor o gas. || **2.** Hacer desaparecer algo o a alguien rápidamente y sin dejar rastro. || **II.** PRNL. **3.** Dicho de una sustancia: Transformarse espontáneamente en vapor. || **4.** Desaparecer rápidamente y sin dejar rastro.

volatín. M. **1.** volatinero. || **2.** Cada uno de los ejercicios del volatinero.

volatinero, ra. M. y F. Persona que con habilidad y arte anda y voltea por el aire sobre una cuerda o alambre, y hace otros ejercicios semejantes.

volatizar. TR. Transformar un cuerpo sólido o líquido en vapor o gas.

volavérunt. EXPR. fest. Se usa para indicar que algo faltó del todo, se perdió o desapareció.

volcán. M. **1.** Abertura en la tierra, y más comúnmente en una montaña, por donde salen de tiempo en tiempo humo, llamas y materias encendidas o derretidas. || **2.** Persona o cosa muy impetuosa o ardorosa. || **3.** Pasión ardiente; p. ej., el amor o la ira. || **~ apagado,** o **~ extinto.** M. El que, aun cuando tenga su cráter abierto, no tiene ya erupciones. || **estar** alguien **sobre un ~.** LOC. VERB. Estar amenazado de un gran peligro, ordinariamente sin saberlo.

volcánico, ca. ADJ. **1.** Perteneciente o relativo al volcán. *Lodo volcánico.* || **2.** Muy ardiente o fogoso. *Temperamento volcánico.* □ V. **toba ~.**

volcanismo. M. vulcanismo.

volcanología. F. vulcanología.

volcar. **I.** TR. **1.** Torcer o cambiar algo hacia un lado o totalmente, de modo que caiga o se vierta lo contenido en ello. Apl. a vehículos o a sus ocupantes, u. t. c. intr. *A la bajada del puerto volcó la furgoneta.* U. t. c. prnl. || **2.** Hacer mudar de parecer a alguien a fuerza de persuasiones o razones. || **II.** PRNL. **3.** Dicho de una persona: Poner en favor de otra o de un propósito todo cuanto puede, hasta excederse. ¶ MORF. conjug. c. *contar.*

volea. F. voleo (|| golpe dado en el aire a algo).

volear. TR. Golpear algo en el aire para impulsarlo. U. t. c. intr.

voleibol. M. Juego entre dos equipos, cuyos jugadores, separados por una red de un metro de ancho, colocada en alto en la mitad del terreno, tratan de echar con la mano un balón por encima de dicha red en el campo enemigo.

vóleibol. M. Á. Andes y Á. R. Plata. voleibol.

voleo. M. **1.** Golpe dado en el aire a algo antes de que caiga al suelo, y, en especial, golpe que se da a la pelota antes que bote. || **2.** Bofetón dado como para hacer rodar por el suelo a quien lo recibe. || **a,** o **al, ~.** LOCS. ADVS. **1.** Dicho de sembrar: Arrojando la semilla a puñados y esparciéndola al aire. || **2.** coloqs. Dicho de hacer algo: De una manera arbitraria o sin criterio.

vóley. M. voleibol.

volibol o **vólibol.** M. Am. Cen. y Méx. voleibol.

volición. F. Fil. Acto de la voluntad.

volitivo, va. ADJ. Se dice de los actos y fenómenos de la voluntad.

volován. M. Pastelillo de masa de hojaldre, hueco y redondeado, que se rellena con ingredientes de muy diversos tipos. MORF. pl. **volovanes.**

volqueta. F. Á. Andes. volquete.

volquetazo. M. Vuelco violento.

volquete. M. **1.** Vehículo automóvil con dispositivo mecánico para volcar la carga transportada. || **2.** Carro usado en las obras de explanación, derribos, etc., formado por un cajón que se puede vaciar girando sobre el eje cuando se quita un pasador que lo sujeta a las varas.

volsco, ca. ADJ. **1.** hist. Se dice del individuo de un antiguo pueblo del Lacio. U. t. c. s. || **2.** hist. Perteneciente o relativo a este pueblo. *Tradiciones volscas.*

voltaje. M. Cantidad de voltios que actúan en un aparato o sistema eléctrico.

voltario, ria. ADJ. De carácter inconstante.

volteada. F. Méx. Acción y efecto de voltear.

volteador, ra. **I.** ADJ. **1.** Que voltea. *Plato volteador de tortillas.* || **II.** M. y F. **2.** Persona que voltea con habilidad.

voltear. **I.** TR. **1.** Dar vueltas a alguien o algo. *Voltear una campana.* || **2.** Volver algo de una parte a otra hasta ponerlo al revés de como estaba colocado. *Voltear la página de un libro.* || **3.** Á. R. Plata y Chile. derribar (|| tirar contra la tierra). || **4.** Á. Caribe. Pasar de una calle a otra transversal. || **II.** INTR. **5.** Dicho de una persona o de una cosa: Dar vueltas, cayendo y rodando por ajeno impulso, o voluntariamente y con arte, como lo hacen los volteadores. || **6.** Á. Caribe y Méx. Girar la cabeza o cuerpo hacia atrás. U. t. c. prnl. || **7.** Á. Caribe. Dicho de un vehículo: volcar. || **III.** PRNL. **8.** Á. Andes y Á. Caribe. Cambiar de partido político.

voltejear. TR. **1.** Voltear, volver. || **2.** Mar. Navegar de bolina, virando de cuando en cuando para ganar el barlovento.

volteo. M. Acción y efecto de voltear.

voltereta. F. **1.** Vuelta ligera dada en el aire. || **2.** vuelta (|| lance de varios juegos).

volterianismo. M. Espíritu de incredulidad o impiedad, manifestado con burla o cinismo.

volteriano, na. ADJ. **1.** Perteneciente o relativo a Voltaire o a su obra. *Los escritos volterianos.* || **2.** Con rasgos característicos de la obra de este escritor y filósofo francés. *Un cinismo muy volteriano.* || **3.** Que manifiesta incredulidad o impiedad cínica y burlona. Apl. a pers., u. t. c. s.

voltímetro. M. Aparato que se emplea para medir potenciales eléctricos.

voltio. M. Fís. Unidad de potencial eléctrico y fuerza electromotriz del Sistema Internacional, equivalente a la diferencia de potencial que hay entre dos puntos de un conductor cuando al transportar entre ellos un culombio se realiza el trabajo de un julio. (Símb. *V*).

volubilidad. F. Cualidad de voluble.

voluble. ADJ. **1.** De carácter inconstante. *Persona caprichosa y voluble.* || **2.** Bot. Dicho de un tallo: Que crece formando espiras alrededor de los objetos.

volumen. M. **1.** Corpulencia o bulto de algo. || **2.** Magnitud física que expresa la extensión de un cuerpo en tres dimensiones: largo, ancho y alto. Su unidad en el Sistema Internacional es el *metro cúbico* (m³). || **3.** Cuerpo material de un libro encuadernado, ya contenga la obra completa, o uno o más tomos de ella, o ya la constituyan dos o más escritos diferentes. || **4.** Intensidad del sonido. || **5.** Geom. Espacio ocupado por un cuerpo.

volumetría. F. **1.** Fís. y Mat. Determinación y medida de los volúmenes. || **2.** Quím. Procedimiento de análisis cuantitativo, basado en la medición del volumen de reactivo que hay que gastar hasta que se produce determinado fenómeno en el líquido analizado.

volumétrico, ca. ADJ. **1.** Perteneciente o relativo a la medición de volúmenes. *Variaciones volumétricas.* || **2.** Perteneciente o relativo a la determinación o distribución de volúmenes. *Efectos volumétricos.*

voluminoso, sa. ADJ. Que tiene mucho **volumen** (|| bulto). *Libro voluminoso.*

voluntad. F. **1.** Facultad de decidir y ordenar la propia conducta. || **2.** Acto con que la potencia volitiva admite o rehúye una cosa, queriéndola, o aborreciéndola y repugnándola. || **3.** Libre albedrío o libre determinación. || **4.** Elección de algo sin precepto o impulso externo que a ello obligue. || **5.** Intención, ánimo o resolución de hacer algo. || **6.** Gana o deseo de hacer algo. || **7.** Disposición, precepto o mandato de alguien. || **8.** Elección hecha por el propio dictamen o gusto, sin atención a otro respeto o reparo. *Propia voluntad.* || **9.** Consentimiento, asentimiento, aquiescencia. || **10.** Se usa como fórmula para pedir un precio o un donativo cuyo importe es discrecional. *LA voluntad.* || **11.** coloq. **propina** (|| gratificación). *LA voluntad.* || **~ divina.** F. Poder atribuido a la divinidad, cuya Providencia determina los acontecimientos naturales sustraídos al control humano. || **~ general.** F. Voluntad del pueblo soberano, que constituye el fundamento de la legitimidad de las leyes. || **mala ~.** F. Enemistad, malquerencia. || **última ~.** F. **1.** La expresada en el testamento. || **2. testamento.** || **a ~.** LOC.ADV. **1.** Según el libre albedrío de alguien. || **2.** Según aconseja la conveniencia del momento. *Una válvula que se abre a voluntad.* || **de buena ~,** o **de ~.** LOCS.ADVS. Con gusto y benevolencia. || **ganar** alguien **la ~** de otra persona. LOC. VERB. Lograr su benevolencia con servicios u obsequios. || **no tener** alguien **~ propia.** LOC.VERB. Ser muy dócil e inclinado a obedecer a las indicaciones de los demás. || **quitar la ~** a alguien. LOC.VERB. Persuadirlo para que no ejecute lo que quiere o desea, especialmente cuando lo que iba a hacer era en provecho de otra persona. □ V. **autonomía de la ~, fuerza de ~, registro de actos de última ~.**

voluntariado. M. **1.** Conjunto de las personas que se ofrecen voluntarias para realizar algo. || **2.** Colaboración voluntaria en una actividad de carácter social. || **3.** Alistamiento voluntario para el servicio militar.

voluntariedad. F. **1.** Cualidad de voluntario. || **2.** Determinación de la propia voluntad por mero antojo y sin otra razón para lo que se resuelve.

voluntario, ria. **I.** ADJ. **1.** Dicho de un acto: Que nace de la voluntad, y no por fuerza o necesidad extrañas a aquella. || **2.** Que se hace por espontánea voluntad y no por obligación o deber. *Renuncias voluntarias.* || **3.** Dicho de una persona: Que se ofrece por propia voluntad para algo. U. t. c. s. || **II.** M. y F. **4. soldado voluntario.** □ V. **jurisdicción ~, soldado ~.**

voluntarioso, sa. ADJ. **1.** Deseoso, que hace con voluntad y gusto algo. *Torero voluntarioso.* || **2.** Que por capricho quiere hacer siempre su voluntad. *Niño voluntarioso y mimado.*

voluntarismo. M. **1.** Doctrina teológica para la cual todo depende de la voluntad divina. || **2.** Actitud que funda sus previsiones más en el deseo de que se cumplan que en las posibilidades reales.

voluntarista. ADJ. **1.** Perteneciente o relativo al voluntarismo. *Ideas voluntaristas.* || **2.** Seguidor del voluntarismo o que lo practica. U. t. c. s.

voluptuosidad. F. Complacencia en los deleites sensuales.

voluptuoso, sa. ADJ. **1.** Que inclina a la voluptuosidad, la inspira o la hace sentir. *Ambiente voluptuoso.* || **2.** Dado a los placeres o deleites sensuales. *Es voluptuosa, tiene ojos cálidos y la risa siempre pronta.* U. t. c. s.

voluta. F. **1.** Figura en forma de espiral. *Voluta de humo.* || **2.** Arq. Adorno en forma de espiral o caracol, que se coloca en los capiteles de los órdenes jónico y compuesto.

volver. **I.** TR. **1.** Dar vuelta o vueltas a algo. *Volver la esquina.* || **2.** Corresponder, pagar, retribuir. *Volver un favor.* || **3.** Dirigir, encaminar algo a otra cosa, de manera material o inmaterial. *Volver la cara hacia un lado.* || **4. devolver** (|| restituir). || **5.** Poner o constituir nuevamente a alguien o algo en el estado que antes tenía. *Volver fecundas a las mujeres estériles.* || **6.** Hacer que se mude o trueque alguien o algo de un estado o aspecto en otro. U. m. c. prnl. *Volverse blanco. Volverse tonto.* || **7.** Mudar el haz de las cosas, poniéndolas a la vista por el envés, o al contrario. *Volver la página.* || **8.** Rehacer una prenda de vestir de modo que el revés de la tela o paño quede al exterior como derecho. || **9.** Entregar lo que excede al recibir un pago, por haber sido hecho este en moneda mayor que su importe. || **10.** Hacer girar una puerta, una ventana, etc., para cerrarla o entornarla. || **11.** Restar la pelota. || **12.** Dar la segunda reja a la tierra, especialmente cuando esta se ara después de sembrada, para cubrir el grano. || **13.** Rechazar un regalo o don, haciéndolo restituir a quien lo envió, especialmente cuando se da a entender con algún desabrimiento. || **II.** INTR. **14. regresar** (|| al lugar de donde se partió). U. t. c. prnl. || **15.** Anudar el hilo de la historia o discurso que se había interrumpido con alguna digresión, para llamada a la atención. || **16.** Torcer o dejar el camino o línea recta. *Este camino vuelve hacia la izquierda.* || **17.** Repetir o reiterar lo que antes se ha hecho. *Volver A entrar. Volver A empezar.* || **III.** PRNL. **18.** Dicho de ciertos líquidos, especialmente del vino: Acedarse, avinagrarse o dañarse. || **19.** Inclinar el cuerpo o el rostro en señal de dirigir la plática o conversación a determinadas personas. || **20.** Girar la cabeza, el torso, o todo el cuerpo, para mirar lo que estaba a la espalda. ¶ MORF. conjug. c. *mover;* part. irreg. **vuelto.** || **~ a nacer** alguien **en** tal día. LOC.VERB. coloq. **haber nacido en tal día.** || **~ en sí** quien ha perdido el conocimiento. LOC.VERB. Recobrarlo. || **~ loco** a alguien. LOC.VERB. **1.** Confundirlo con diversidad de ideas aglomeradas e inconexas. || **2.** coloq. Envanecerlo de modo que parezca que está sin juicio. || **3.** coloq. Gustarle muchísimo. || **4.** coloq. Producir en él una gran pasión amorosa. || **~se** alguien **atrás.** LOC.VERB. No cumplir la promesa o la palabra, desdecirse. || **~se** alguien **contra** otra persona. LOC.VERB. Perseguirla, hacerle daño o serle contrario. || **~se** alguien **loco.** LOC.VERB. **1.** Perder el juicio, privarse de la razón. || **2.** coloq. Manifestar excesiva alegría, o estar dominado por un afecto vehemente. || **~se** alguien **loco de contento.** LOC.VERB. coloq. Entrarle una alegría enorme. || **~** alguien **sobre sí.** LOC.VERB. **1.** Hacer reflexión sobre las operaciones propias, para el reconocimiento y enmienda. || **2.** Recobrar la serenidad y el ánimo.

vólvulo. M. *Med.* Retorcimiento anormal de las vueltas o bucles intestinales.

vómer. M. *Anat.* Hueso impar que forma la parte posterior de la pared o tabique de las fosas nasales.

vómica. F. Absceso formado en el interior del pecho y en que el pus llega a los bronquios y se evacua como por vómito. □ V. **nuez ~.**

vomitadera. F. *Ant.* Acción de vomitar continuamente.

vomitador, ra. ADJ. Que vomita. Apl. a pers., u. t. c. s.

vomitar. TR. **1.** Arrojar violentamente por la boca lo contenido en el estómago. U. t. c. intr. *Tengo ganas de vomitar.* || **2.** Dicho de una cosa: Arrojar de sí violentamente algo que tiene dentro. *La impresora comienza a vomitar folios.* || **3.** Proferir injurias, dicterios, maldiciones, etc. *Tenía que vomitar ese resentimiento.* || **4.** coloq. Dicho de una persona: Declarar o revelar lo que tiene secreto y se resiste a descubrir. || **5.** coloq. Dicho de una persona: Restituir lo que retiene indebidamente en su poder.

vomitera. F. Vómito grande.

vomitivo, va. ADJ. **1.** *Med.* Que se aplica para provocar el vómito. Apl. a un medicamento o una sustancia, u. t. c. s. m. || **2.** Repugnante, nauseabundo. *Eslogan vomitivo.*

vómito. M. **1.** Acción de vomitar. || **2.** Materia vomitada. || **~ de sangre.** M. **hemoptisis.** || **~ negro.** M. **fiebre amarilla.** || **provocar a ~** alguien o algo. LOC.VERB. coloq. Producir fastidio o repugnancia.

vomitón, na. ADJ. coloq. Dicho de un niño de teta: Que vomita mucho.

vomitorio. M. Puerta o abertura de los circos o teatros antiguos, o en locales análogos modernos, para entrar y salir de las gradas.

voracidad. F. Cualidad de voraz.

vorágine. F. **1.** Pasión desenfrenada o mezcla de sentimientos muy intensos. || **2.** Aglomeración confusa de sucesos, de gentes o de cosas en movimiento. || **3.** Remolino impetuoso que hacen en algunos lugares las aguas del mar, de los ríos o de los lagos.

voraz. ADJ. **1.** Dicho de un animal: Muy comedor. || **2.** Dicho de una persona: Que come desmesuradamente y con mucha ansia. || **3.** Que destruye o consume rápidamente. *El voraz incendio. La voraz incontinencia.*

vórtice. M. **1.** Torbellino, remolino. || **2.** Centro de un huracán.

vos. PRON. PERSON. **1.** Forma empleada como tratamiento reverencial en tono elevado para la 2.ª persona del singular o del plural. Cumple la función de sujeto, atributo y término de preposición. Exige siempre concordancia en plural con el verbo, pero los adjetivos referidos a la persona o personas a quien se dirigen deben concordar con ella en género y número *Vos, don Pedro, sois docto. Vos, damiselas, sois muy ingeniosas.* No tiene uso en la actualidad fuera del registro literario y actos solemnes. || **2.** *Am. Cen., Á. Caribe, Á. guar.* y *Á. R. Plata.* Forma de la 2.ª persona del singular que cumple la función de sujeto, vocativo, atributo y término de preposición. El paradigma verbal que le corresponde difiere según las distintas áreas de empleo.

vosear. TR. Utilizar el pronombre *vos* para dirigirse a un interlocutor de segunda persona. U. t. c. intr.

voseo. M. Acción y efecto de vosear.

vosotros, tras. PRON. PERSON. *Esp.* Formas masculina y femenina de la 2.ª persona del plural que cumplen la función de sujeto, vocativo, atributo y término de preposición.

votación. F. Acción y efecto de votar. || **~ nominal.** F. En los Parlamentos o corporaciones, la que se hace dando cada votante su nombre. || **~ secreta.** F. La que tiene lugar mediante papeletas sin firmar o bolas de distinto color.

votante. ADJ. Que **vota** (|| da su voto). U. m. c. s.

votar. **I.** INTR. **1.** Dicho de una persona: Dar su voto o decir su dictamen en una reunión o cuerpo deliberante, o en una elección de personas. U. t. c. tr. || **2.** Hacer voto a Dios o a los santos. U. t. c. tr. || **II.** TR. **3.** Aprobar por votación. || **voto a tal.** LOC. INTERJ. Se usa para expresar amenaza, enfado, sorpresa, admiración, etc.

votivo, va. ADJ. Ofrecido por voto o relativo a él. *Coronas votivas.*

voto. M. **1.** Expresión pública o secreta de una preferencia ante una opción. || **2.** Gesto, papeleta u otro objeto con que se expresa tal preferencia. || **3.** Parecer o dictamen explicado en una congregación o junta en orden a una decisión. || **4.** Persona que da o puede dar su voto. || **5.** Ruego o deprecación con que se pide a Dios una gracia. || **6.** Ofrenda dedicada a Dios o a un santo por un beneficio recibido. || **7. deseo.** || **8.** *Rel.* Promesa que se hace a la divinidad o a las personas santas, ya sea por devoción o para obtener determinada gracia. || **9.** *Rel.* Cada una de las promesas que constituyen el estado religioso y tiene admitidas la Iglesia, como son la pobreza, la castidad y la obediencia. || **~ activo.** M. Facultad de votar que tiene el individuo de una corporación. || **~ de calidad.** M. El que, por ser de persona de mayor autoridad, decide la cuestión en caso de empate. || **~ de censura.** M. El que emiten las Cámaras o corporaciones negando su confianza al Gobierno o junta directiva. || **~ de confianza.** M. **1.** Aprobación que dan las Cámaras a la actuación de un Gobierno en determinado asunto, o autorización para que actúe libremente en tal caso. || **2.** Aprobación y autorización que se da a alguien para que efectúe libremente una gestión. || **~ particular.** M. Dictamen que uno o varios individuos de una comisión presentan diverso del de la mayoría. || **~ restringido.** M. Aquel en que, para facilitar la representación de minorías, el elector ha de votar menos representantes de los que hayan de elegirse. || **~ secreto.** M. El que se emite por papeletas dobladas, por bolas blancas y negras, o de otro modo en que no aparezca el nombre del votante. || **~ simple.** M. Promesa hecha a Dios sin solemnidad exterior de derecho. || **~ solemne.** M. El que se hace públicamente con las formalidades de derecho, como sucede en la profesión religiosa. || **~ útil.** M. El que ante una decisión se emite a favor de una opción que, aun no siendo la preferida, tiene mayores posibilidades de derrotar a otra cuyo triunfo no se desea. || **hacer ~s.** LOC.VERB. Expresar un deseo favorable a algo. *Hago votos por su restablecimiento.* || **ser,** o **tener, ~** alguien. LOCS.VERBS. **1.** Tener acción para votar en alguna junta. || **2.** Tener el conocimiento que requiere la materia de que se trata, para poder juzgar de ella, o estar libre de pasión u otro motivo que pueda torcer o viciar el dictamen.

vox pópuli. (Locución latina). F. Se usa para indicar que algo es conocido y repetido por todos. U. t. c. loc. adj.

voyerismo. M. Actitud propia del voyerista. U. t. en sent. fig. *Voyerismo político.*

voyerista. COM. Persona que disfruta contemplando actitudes íntimas o eróticas de otras personas. U. t. c. adj.

voz. F. **1.** Sonido que el aire expelido de los pulmones produce al salir de la laringe, haciendo que vibren las cuerdas vocales. ‖ **2.** Calidad, timbre o intensidad de este sonido. *Canta con buena voz. Habla con voz muy fuerte.* ‖ **3.** Sonido que forman algunas cosas inanimadas. *La voz del viento.* ‖ **4.** **grito** (‖ sonido muy alto y fuerte). ‖ **5.** Palabra o vocablo. ‖ **6.** Músico que canta. ‖ **7.** Autoridad o fuerza que reciben las cosas por el dicho u opinión común. ‖ **8.** Poder, facultad, derecho para hacer alguien, en su nombre, o en el de otro, lo conveniente. ‖ **9.** Parecer o dictamen que alguien da en una junta sobre un punto o elección de una persona, voto o sufragio. ‖ **10.** Facultad de hablar, aunque no de votar, en una asamblea. ‖ **11.** Opinión, fama, rumor. ‖ **12.** Precepto o mandato del superior. ‖ **13.** *Gram.* Accidente gramatical que expresa si el sujeto del verbo es agente o paciente. ‖ **14.** *Mús.* Sonido particular o tono correspondiente a las notas y claves, en la voz de quien canta o en los instrumentos. ‖ **15.** *Mús.* Cada una de las líneas melódicas que forman una composición polifónica. *Fuga a cuatro voces.* ‖ **~ activa.** F. **1.** Facultad de votar que tiene el individuo de una corporación. ‖ **2.** *Gram.* Forma de conjugación que sirve para significar que el sujeto del verbo es agente; p. ej., *Juan escribe.* ‖ **~ aguda.** F. *Mús.* Alto y tiple. ‖ **~ cantante.** F. *Mús.* Parte principal de una composición que, por lo común, contiene y expresa la melodía. ‖ **~ común.** F. Opinión o rumor general. ‖ **~ de cabeza.** F. **falsete** (‖ voz más aguda que la natural). ‖ **~ de la conciencia.** F. **remordimiento.** ‖ **~ del cielo.** F. Inspiración o inclinación que nos lleva hacia el bien. ‖ **~ de mando.** F. *Mil.* La que da a sus subordinados quien los manda. ‖ **~ de trueno.** F. La muy fuerte o retumbante. ‖ **~ opaca.** F. voz empañada. ‖ **~ pasiva.** F. **1.** Poder o aptitud de ser votado o elegido por una corporación para un encargo o empleo. ‖ **2.** *Gram.* Forma de conjugación que sirve para significar que el sujeto del verbo es paciente; p. ej., *Antonio es amado.* ‖ **pública ~ y fama.** F. Se usa para dar a entender que algo se tiene corrientemente por cierto y verdadero en virtud de asegurarlo casi todos. ‖ **segunda ~.** F. La que acompaña a una melodía entonándola generalmente una tercera más baja. ‖ **viva ~.** F. Expresión oral, por contraposición a la escrita. ‖ **a la ~.** LOC.ADV. *Mar.* Al alcance de la voz. ‖ **alzar** alguien **la ~** a otra persona. LOC.VERB. coloq. **levantar la voz.** ‖ **a media ~.** LOC.ADV. **1.** Con voz baja, o más baja que el tono regular. ‖ **2.** Con ligera insinuación, expresión o eficacia. ‖ **a una ~.** LOC.ADV. De común consentimiento o por unánime parecer. ‖ **a voces.** LOC.ADV. A gritos o en voz alta. ‖ **a ~ en cuello.** LOC.ADV. **a voz en grito.** ‖ **a ~ en grito.** LOC.ADV. En muy alta voz o gritando. ‖ **correr la ~.** LOC.VERB. **1.** Divulgar o difundir alguna noticia. ‖ **2.** Divulgarse algo que se ignoraba. ‖ **dar una ~** a alguien. LOC.VERB. Llamarlo en alta voz desde lejos. ‖ **en ~.** LOC.ADV. *Mús.* Con la voz clara para poder cantar. *No está hoy en voz. Ya se ha puesto en voz.* ‖ **en ~ alta.** LOC.ADV. De un modo público o sin reservas. ‖ **en ~ baja.** LOC.ADV. En secreto. ‖ **estar pidiendo a voces** algo. LOC.VERB. Necesitar algo con urgencia. *Este sembrado está pidiendo a voces que lo escarden.* ‖ **jugar** alguien **la ~.** LOC.VERB. Cantar haciendo quiebros o inflexiones. ‖ **levantar** alguien **la ~** a otra persona. LOC.VERB. coloq. Hablarle de manera alterada o contestarle sin el respeto que merece. ‖ **llevar** alguien **la ~ cantante.** LOC.VERB. Ser quien se impone a los demás en una reunión, o quien dirige un negocio. ‖ **romper** alguien **la ~.** LOC. VERB. Levantarla más de lo regular, o ejercitarla dando

voces con el fin de educarla para el canto. □ V. **buzón de ~**, **chorro de ~**, **hilo de ~**, **saludo a la ~**, **secreto a voces**, **torrente de ~**.

vozarrón. M. Voz muy fuerte y gruesa.

vozarrona. F. **vozarrón.**

voznar. INTR. Dicho de algunas aves: Dar una voz bronca.

vudú. M. Cuerpo de creencias y prácticas religiosas que incluyen fetichismo, culto a las serpientes, sacrificios rituales y empleo del trance como medio de comunicación con sus deidades, procedente de África y corriente entre los negros de las Indias Occidentales y sur de los Estados Unidos de América. U. t. c. adj. MORF. pl. **vudús** o **vudúes.**

vuduista. ADJ. Perteneciente o relativo al vudú.

vuecencia. COM. Vuestra excelencia.

vuelacerca o **vuelacercas.** M. *Am.* **jonrón.**

vuelapluma. **a ~.** LOC.ADV. Muy deprisa, a merced de la inspiración, sin detenerse a meditar, sin vacilación ni esfuerzo. *Componer a vuelapluma.*

vuelco. M. **1.** Acción y efecto de volcar o volcarse. ‖ **2.** Movimiento con que algo se vuelve o trastorna enteramente. ‖ **darle** a alguien **un ~ el corazón.** LOC.VERB. **1.** Sentir de pronto sobresalto, alegría, etc. ‖ **2.** coloq. Representársele una especie futura con algún movimiento o alteración interior.

vuelillo. M. Adorno de encaje u otro tejido ligero, que se pone en la bocamanga de algunos trajes, y forma parte del de los magistrados, catedráticos y ciertos eclesiásticos.

vuelo. M. **1.** Acción de volar. ‖ **2.** Espacio que un ave recorre volando sin posarse. ‖ **3.** Trayecto que recorre un avión, haciendo o no escalas, entre el punto de origen y el de destino. ‖ **4.** Amplitud o extensión de una vestidura en la parte que no se ajusta al cuerpo. ‖ **5.** Amplitud de otros tejidos, como cortinas, ropajes, etc. ‖ **6.** **vuelillo.** ‖ **7.** Arbolado de un monte. ‖ **8.** *Arq.* Parte de una fábrica, que sale fuera del paramento de la pared que la sostiene. ‖ **9.** *Arq.* Extensión de esta misma parte, contada en dirección perpendicular al paramento. ‖ **~ rasante.** M. Aquel cuya trayectoria se mantiene a ras de la superficie. ‖ **al ~,** o **a ~.** LOCS.ADVS. Con prontitud. ‖ **alzar el ~.** LOC.VERB. **1.** Echar a volar. ‖ **2.** coloq. Marcharse de repente. ‖ **cazarlas** alguien **al ~.** LOC.VERB. Entender o notar con prontitud las cosas que no se dicen claramente o que se hacen ocultamente. ‖ **coger al ~** algo. LOC.VERB. Lograrlo de paso o casualmente. ‖ **cogerlas** alguien **al ~.** LOC.VERB. coloq. **cazarlas al vuelo.** ‖ **de altos ~s.** LOC.ADJ. Importante o que pretende serlo. ‖ **de cortos,** o **de pocos, ~s.** LOCS.ADJS. De escasa importancia o talento. ‖ **echar a ~** las campanas. LOC.VERB. **tocar a vuelo.** ‖ **en un ~.** LOC.ADV. Pronto y deprisa, sin detención. ‖ **levantar el ~.** LOC.VERB. **alzar el vuelo.** ‖ **tocar a ~** las campanas. LOC.VERB. Tocarlas todas a un mismo tiempo, volteándolas y dejando sueltos los badajos. ‖ **tomar ~** algo. LOC.VERB. Ir adelantando o aumentando mucho. □ V. **auxiliar de ~.**

vuelta. F. **1.** Movimiento de una cosa alrededor de un punto, o girando sobre sí misma, hasta invertir su posición primera, o hasta recobrarla de nuevo. ‖ **2.** Curvatura en una línea, o apartamiento del camino recto. ‖ **3.** Cada una de las circunvoluciones de una cosa alrededor de otra a la cual se aplica; p. ej., las del turbante a la cabeza. ‖ **4.** Regreso al punto de partida. ‖ **5.** En ciclismo y otros deportes, carrera en etapas en torno a un país, una región, una comarca, etc. ‖ **6.** Devolución de algo a quien lo tenía o poseía. ‖ **7.** Retorno o recompensa. ‖ **8.** Repetición de algo. ‖ **9.** Paso o repaso que se da a una materia leyéndola. ‖ **10. vez** (‖ alternación de una cosa por turno). ‖ **11. vez** (‖ ocasión de hacer una cosa por turno). ‖ **12.** Parte de una cosa, opuesta a la que se tiene a la vista. *La vuelta de un sobre.* ‖ **13.** Tela sobrepuesta en la extremidad de las mangas u otras partes de ciertas prendas de vestir. ‖ **14. embozo** (‖ de la capa). ‖ **15.** Cada una de las series paralelas de puntos con que se van tejiendo las medias y otras prendas. ‖ **16.** Mudanza de las cosas de un estado a otro, o de un parecer a otro. ‖ **17.** Dinero que, al cobrar, y para ajustar una cuenta, se reintegra a quien hace un pago con moneda, billete de banco o efecto bancario cuyo valor excede del importe debido. ‖ **18.** Labor que se da a la tierra o heredad. *Esta tierra está de una vuelta.* ‖ **19.** Lance de varios juegos de naipes y principalmente del tresillo, que consiste en descubrir una carta para saber qué palo ha de ser triunfo. ‖ **20.** En las composiciones que glosan un villancico, verso o versos de la segunda parte de cada estrofa en que reaparece la rima del villancico para introducir la repetición de este en todo o en parte. ‖ **21.** *Dep.* En una competición deportiva en que los equipos han de jugar dos veces con todos los demás, cada una de las dos series de partidos que la constituyen, denominadas primera y segunda vuelta. ‖ **22.** *Dep.* **partido de vuelta.** ‖ **23.** *Mús.* **retornelo.** ‖ **~ de campana.** F. **1. salto mortal.** ‖ **2.** vuelta semejante que da un automóvil volviendo a quedar sobre sus ruedas. ‖ **~ de carnero.** F. Media voltereta. ‖ **~ en redondo.** F. **media vuelta.** ‖ **~ olímpica.** F. Á. R. *Plata.* La que, rodeando la cancha, realiza un equipo deportivo para celebrar la obtención de un campeonato. ‖ **media ~.** F. Acción de volverse de modo que el cuerpo quede de frente hacia la parte que estaba antes a la espalda. ‖ **a la ~.** LOC.ADV. Al volver. ‖ **a la ~ de.** LOC. PREPOS. **al cabo de.** ‖ **a la ~ de la esquina.** LOC.ADV. coloq. Se usa para indicar que un lugar está muy próximo, o que algo se encuentra muy a mano. ‖ **andar** alguien **a ~s con, para,** o **sobre,** algo. LOCS.VERBS. Estar dudoso y preocupado por ello, tratando de entenderlo o de encontrar una vía de solución. ‖ **a ~ de correo.** LOC.ADV. Por el correo inmediato, sin perder día. ‖ **a ~s.** LOC.ADV. Con insistencia. *A vueltas consigo mismo. A vueltas con sus sueños.* ‖ **a ~s de.** LOC. PREPOS. Además de, junto con. ‖ **buscar** a un problema **la ~.** LOC.VERB. Á. *Caribe.* **buscarle la vuelta.** ‖ **buscarle** a alguien **las ~s.** LOC.VERB. coloq. Acechar la ocasión para cogerlo descuidado, o la oportunidad para engañarlo o hacerle cualquier daño. ‖ **buscarle la ~** a un problema. LOC.VERB. Á. *Caribe* y Á. R. *Plata.* Pensar en diferentes formas de solucionarlo. ‖ **coger** alguien **las ~s,** o **la ~.** LOCS.VERBS. Buscar rodeos o artificios para librarse de una incomodidad o conseguir un fin. ‖ **dar cien ~s** a alguien. LOC.VERB. coloq. Aventajarlo mucho en algún conocimiento o habilidad. ‖ **dar la ~.** LOC.VERB. **1. regresar** (‖ al punto de partida). *Dio la vuelta cuando llegó al final del camino.* ‖ **2.** Girar, volver. *Se encontró con él al dar la vuelta a la esquina.* ‖ **dar,** o **darse, la ~,** o **~, la tortilla.** LOCS.VERBS. coloqs. Invertirse las circunstancias o producirse un cambio total en una situación. ‖ **dar la ~,** o **~, a la tortilla.** LOCS.VERBS. coloqs. Producir un cambio total en una situación. ‖ **darle ~s la cabeza** a alguien. LOC.VERB. coloq. Sentir la sensación de mareo. ‖ **dar** alguien **una ~.** LOC.VERB. **1.** Pasear un rato. ‖ **2.** Ir por poco tiempo a una población o país. ‖ **dar ~.** LOC.VERB. *Am.* **dar la vuelta.** ‖ **dar ~s.** LOC.VERB. **1.** Andar alrededor. ‖ **2.** Andar buscando algo sin encontrarlo. ‖ **3.** Discurrir repetidamente sobre algo. ‖ **de ~.** LOC.ADV. **regresando** (‖ volviendo al lugar de donde se partió). ‖ **estar de ~.** LOC.VERB. coloq. Estar de antemano enterado de algo de que se le cree o puede creer ignorante. ‖ **llevar de ~** a alguien. LOC.VERB. Hacerlo retroceder del camino que llevaba. ‖ **no hay que darle ~s,** o **más ~s.** EXPRS. coloqs. Se usan para afirmar que, por más que se examine o considere algo, siempre se llegará a lo mismo. ‖ **no tener ~ de hoja** algo. LOC.VERB. coloq. Ser incontestable. ‖ **poner** a alguien **de ~ y media.** LOC. VERB. coloq. Tratarlo mal de palabra, llenarlo de improperios. ‖ **vuelta.** INTERJ. **1.** Se usa para reprobar con enfado la obstinación o terquedad. ‖ **2.** Se usa para mandar a alguien que vuelva algo hacia alguna parte. ‖ **3.** Se usa para indicar que alguien da en repetir con impertinencia algún acto. *¡Vuelta a empezar!* □ V. **partido de ~.**

vuelto. M. *Am.* Vuelta del dinero entregado de sobra al hacer un pago. □ V. **cuello ~, folio ~.**

vuestro, tra. ADJ. POSES. Designa la persona o la cosa cuyo poseedor corresponde a la 2.ª persona del plural. U. t. c. n. con la terminación m. sing. *Lo vuestro.* U. t. c. pron. Puede referirse también a un solo poseedor cuando, por ficción que el uso autoriza, se aplica plural a una sola persona; p. ej., *vuestro consejo,* hablando a un monarca. Se usa también para referirse a un solo individuo en ciertos tratamientos, como *vuestra Eminencia, vuestra Majestad.* En el tratamiento de *vos,* se refiere indistintamente a uno solo o a dos o más poseedores; p. ej., *vuestra casa,* dirigiéndose a una persona sola o a dos o más.

vulcanismo. M. *Geol.* Sistema que atribuye la formación del globo a la acción del fuego interior.

vulcanita. F. ebonita.

vulcanización. F. Acción y efecto de vulcanizar.

vulcanizar. TR. Combinar azufre con goma elástica para que esta conserve su elasticidad en frío y en caliente.

vulcanología. F. Estudio de los fenómenos volcánicos.

vulcanológico, ca. ADJ. *Geol.* Perteneciente o relativo a la vulcanología.

vulcanólogo, ga. M. y F. Persona que se dedica al estudio de la vulcanología.

vulgacho. M. despect. Ínfimo pueblo o vulgo.

vulgar. ADJ. **1.** Perteneciente o relativo al vulgo. *Nombres vulgares y corrientes.* ‖ **2.** Común o general, por contraposición a *especial* o *técnico. Conocimiento vulgar.* ‖ **3.** Dicho de una persona: Que no tiene cultura o educación. ‖ **4.** Propio o característico de una persona vulgar. *Expresiones vulgares y soeces.* ‖ **5.** Que no tiene especialidad particular en su línea. *Vulgares ladrones.* □ V. **latín ~, lengua ~.**

vulgaridad. F. **1.** Cualidad de vulgar. ‖ **2.** Especie, dicho o hecho vulgar que carece de novedad e importancia, o de verdad y fundamento.

vulgarismo. M. Dicho o frase especialmente usados por el vulgo.

vulgarización. F. Acción y efecto de vulgarizar.

vulgarizador, ra. ADJ. Que vulgariza. Apl. a pers., u. t. c. s.

vulgarizar. I. TR. **1.** Hacer vulgar o común algo. *Los políticos gustan de vulgarizar su habla.* U. t. c. prnl. ‖ **2.**

Exponer una ciencia, o una materia técnica cualquiera, en forma fácilmente asequible a cualquier público. ‖ **II.** PRNL. **3.** Dicho de una persona: Darse al trato de la gente del vulgo, o portarse como ella.

vulgo. I. M. **1.** El común de la gente popular. ‖ **2.** Conjunto de las personas que en cada materia no conocen más que la parte superficial. ‖ **II.** ADV. M. **3.** **comúnmente.**

vulnerabilidad. F. Cualidad de vulnerable.

vulnerable. ADJ. Que puede ser herido o recibir lesión, física o moral. *Flanco vulnerable.*

vulneración. F. Acción y efecto de vulnerar.

vulnerar. TR. **1.** Transgredir, quebrantar, violar una ley o precepto. ‖ **2.** Dañar, perjudicar. *Con sus reticencias vulneró la honra de la familia.*

vulpeja. F. **zorra** (‖ mamífero cánido).

vulpino, na. ADJ. Perteneciente o relativo a la zorra. *Rabia vulpina.*

vultuoso, sa. ADJ. *Med.* Dicho del rostro: Abultado por congestión.

vulturno. M. **bochorno** (‖ aire caliente).

vulva. F. *Anat.* Conjunto de las partes que rodean la abertura externa de la vagina.

w. F. Vigésima tercera letra del abecedario latino internacional y vigésima sexta del español, usada en voces de procedencia extranjera. En las lenguas en las que existe como fonema, su articulación es de *u* semiconsonante, como en inglés, fricativa, labiodental y sonora, como en alemán. En español se pronuncia como *b* en nombres propios de personajes godos, p. ej., en *Walia, Witerico, Wamba;* en nombres propios o derivados procedentes del alemán, p. ej., en *Wagner, Westfalia, wolframio,* y en algunos casos más. En vocablos de procedencia inglesa conserva a veces la pronunciación de *u* semiconsonante; p. ej., en *Washington, washingtoniano.* Su nombre es *uve doble, ve doble* o *doble ve.* En Centroamérica y México se conoce también con el nombre de *doble u.* ORTOGR. En palabras totalmente incorporadas al idioma, es frecuente que la grafía *w* haya sido reemplazada por *v* simple; p. ej., en *vagón, vals, vatio.*

washingtoniano, na. ADJ. **1.** Natural de Washington. U. t. c. s. ‖ **2.** Perteneciente o relativo a esta ciudad, capital de los Estados Unidos de América.

wáter. M. váter.

waterpolista. COM. Persona que practica el waterpolo.

waterpolo. M. *Dep.* Juego practicado en una piscina entre dos equipos de siete jugadores cada uno, que consiste en introducir el balón con la mano en la portería contraria mientras se nada.

wau. AMB. **1.** *Fon.* Sonido *u* semiconsonante agrupado con la consonante anterior, p. ej., en *agua,* o semivocal agrupado con la vocal precedente, p. ej., en *fauna.* ‖ **2.** Letra que, en algunas lenguas, lo representa.

web. F. *Inform.* Red informática. MORF. pl. **webs.** ◻ V. **página ~.**

wellingtonia. F. Especie de secuoya, propia de la Sierra Nevada de California, en los Estados Unidos de América, de hojas escamiformes. Pasa por ser el árbol de mayor talla en el mundo.

wélter. ◻ V. **peso ~.**

wéstern. M. **1.** Género de películas del Lejano Oeste. ‖ **2.** Película del Lejano Oeste. ¶ MORF. pl. **wésterns.**

whiskería. F. güisquería.

williense. ADJ. **1.** Natural de Puerto Williams. U. t. c. s. ‖ **2.** Perteneciente o relativo a esta ciudad de Chile, capital de la provincia de la Antártica Chilena.

windsurfista. COM. Persona que practica el *windsurfing.*

wólfram. M. *Quím.* wolframio.

wolframio. M. *Quím.* Elemento químico de núm. atóm. 74. Metal escaso en la litosfera, se encuentra en forma de óxido y de sales en ciertos minerales. De color gris acerado, muy duro y denso, tiene el punto de fusión más elevado de todos los elementos. Se usa en los filamentos de las lámparas incandescentes, en resistencias eléctricas y, aleado con el acero, en la fabricación de herramientas. (Símb. *W*).

x. F. **1.** Vigésima cuarta letra del abecedario latino internacional y vigésima séptima del español, que representa un fonema consonántico doble, compuesto de *k*, pronunciado también como *g* sonora, y de *s*, p. ej., en *axioma, exento*, que ante consonante suele reducirse a *s*; p. ej., en *extremo, exposición*. En posición inicial de palabra se pronuncia como *s*; p. ej., en *xilófono*. Antiguamente representó también un fonema consonántico simple, fricativo, palatal y sordo, semejante al de la *sh* inglesa o al de la *ch* francesa. Este fonema simple se transformó después en fricativo, velar y sordo, como el de la *j* actual, con la cual se transcribe hoy, salvo excepciones, como en el uso mexicano de *México, Oaxaca*. Su nombre es *equis*. ‖ **2. n** (‖ signo con que se suple el nombre de una persona). ‖ **3.** *Mat.* Signo con que puede representarse en los cálculos la incógnita, o la primera de las incógnitas, si son dos o más. ‖ **4.** Letra numeral que tiene el valor de diez en la numeración romana. ORTOGR. Escr. con may. □ V. **rayos X, sala X.**

xantoma. M. *Med.* Acumulación cutánea de sustancias lipídicas, como el colesterol, en forma de placas o nódulos de color amarillento.

xenismo. M. *Ling.* Extranjerismo que conserva su grafía original; p. ej., *chalet*.

xenofobia. F. Odio, repugnancia u hostilidad hacia los extranjeros.

xenófobo, ba. ADJ. **1.** Que siente xenofobia. U. t. c. s. ‖ **2.** Propio o característico de una persona xenófoba. *Ideas xenófobas.*

xenoglosia. F. **1.** *Psicol.* **glosolalia** (‖ lenguaje ininteligible). ‖ **2.** *Rel.* **don de lenguas** (‖ capacidad sobrenatural).

xenón. M. Elemento químico de núm. atóm. 54. Gas noble presente en el aire en pequeñísima cantidad, denso, incoloro y no del todo inerte. Se emplea como gas de llenado de lámparas y tubos electrónicos. (Símb. *Xe*).

xerocopia. F. Copia fotográfica obtenida por medio de la xerografía.

xerófilo, la. ADJ. *Bot.* Se dice de todas las plantas y asociaciones vegetales adaptadas a la vida en un medio seco.

xerófito, ta o **xerofito, ta.** ADJ. Se dice de los vegetales xerófilos, y especialmente de los adaptados por su estructura a los medios secos, por su temperatura u otras causas.

xeroftalmia o **xeroftalmía.** F. *Med.* Enfermedad de los ojos caracterizada por la sequedad de la conjuntiva y opacidad de la córnea. Se produce por la falta de determinadas vitaminas en la alimentación.

xerografía. F. Procedimiento electrostático que, utilizando conjuntamente la fotoconductividad y la atracción eléctrica, concentra polvo colorante en las zonas negras o grises de una imagen registrada por la cámara oscura en una placa especial. La imagen con el polvo colorante adherido pasa a un papel donde se fija mediante la acción del calor o de ciertos vapores.

xi. F. Decimocuarta letra del alfabeto griego (Ξ, ξ), que corresponde a una *x* del latino.

xicaque. ADJ. **tolupán.** U. t. c. s.

xifoideo, a. ADJ. *Anat.* Perteneciente o relativo al apéndice xifoides.

xifoides. ADJ. *Anat.* Se dice del apéndice cartilaginoso puntiagudo con que termina el esternón del hombre. U. t. c. s. m.

xilema. M. *Bot.* Tejido leñoso de las plantas vasculares, que transporta principalmente agua y minerales de una parte a otra de estos organismos.

xilófago, ga. ADJ. *Zool.* Se dice de los insectos que roen la madera. U. t. c. s.

xilofón. M. **xilófono.**

xilofonista. COM. Músico que toca el xilófono.

xilófono. M. Instrumento musical de percusión formado por láminas generalmente de madera, ordenadas horizontalmente según su tamaño y sonido, que se hacen sonar golpeándolas con dos baquetas.

xilografía. F. **1.** Arte de grabar en madera. ‖ **2.** Impresión tipográfica hecha con planchas de madera grabadas.

xilográfico, ca. ADJ. Perteneciente o relativo a la xilografía.

xilógrafo, fa. M. y F. Persona que graba en madera.

xilórgano. M. hist. Instrumento musical antiguo, compuesto de unos cilindros o varillas de madera compacta y sonora.

xinca. I. ADJ. **1.** Se dice del individuo de un pueblo amerindio de la familia maya de Guatemala. U. t. c. s. ‖ **2.** Perteneciente o relativo a los xincas. *Armas xincas.* ‖ **II.** M. **3.** Lengua hablada por los xincas.

xocoyote. M. *Méx.* **benjamín** (‖ hijo menor).

y

y¹. F. Vigésima quinta letra del abecedario latino internacional y vigésima octava del español, que representa un fonema consonántico palatal y sonoro. En algunas áreas importantes, como el Río de la Plata, se articula generalmente con rehilamiento. Cuando es final de palabra se pronuncia como semivocal; p. ej., en *soy, buey.* La conjunción *y* se pronuncia como consonante cuando la palabra anterior termina en vocal y la siguiente empieza también en vocal; p. ej., en *este y aquel;* representa a la vocal *i* si está entre consonantes, p. ej., en *hombres y mujeres;* y adquiere valor de semivocal o semiconsonante cuando forma diptongo con la última vocal de la palabra anterior, p. ej., en *yo y tú,* o con la primera vocal de la palabra siguiente, p. ej., en *parientes y amigos.* Su nombre es *i griega* o *ye.* ORTOGR. Estas variantes fonéticas señaladas no modifican la grafía de la conjunción *y.*

y². CONJ. COPULAT. **1.** Se usa para unir palabras o cláusulas en concepto afirmativo. Si se coordinan más de dos vocablos o miembros del período, solo se expresa, generalmente, antes del último. *Ciudades, villas, pueblos y aldeas. El mucho dormir quita el vigor al cuerpo, embota los sentidos y debilita las facultades intelectuales.* ‖ **2.** Se usa para formar grupos de dos o más palabras entre los cuales no se expresa. *Hombres y mujeres, niños, mozos y ancianos, ricos y pobres, todos viven sujetos a las miserias humanas.* Se omite a veces por asíndeton. *Acude, corre, vuela. Ufano, alegre, altivo, enamorado.* Se repite otras por polisíndeton. *Es muy ladino, y sabe de todo, y tiene una labia…* ‖ **3.** Se usa a principio de período o cláusula sin enlace con vocablo o frase anterior, para dar énfasis o fuerza de expresión a lo que se dice. *¡Y si no llega a tiempo! ¿Y si fuera otra la causa? ¡Y dejas, Pastor santo…!* ‖ **4.** Denota idea de repetición indefinida, precedida y seguida por una misma palabra. *Días y días. Cartas y cartas.*

ya. **I.** ADV. T. **1.** Denota el tiempo pasado. *Ya hemos hablado de esto más de una vez.* ‖ **2.** Inmediatamente, ahora mismo. U. t. en sent. enfático. *Aumento de salarios, ya.* ‖ **3.** En el tiempo presente, haciendo relación al pasado. *Era muy rico, pero ya es pobre.* ‖ **4.** En tiempo u ocasión futura. *Ya nos veremos. Ya se hará eso.* ‖ **5.** Finalmente o últimamente. *Ya es preciso tomar una resolución.* ‖ **6.** Luego, inmediatamente. Se usa cuando se responde a quien llama. *Ya voy. Ya van.* ‖ **7.** Se usa para conceder o apoyar lo que nos dicen. *Ya se ve. Ya entiendo.* ‖ **II.** CONJ. DISTRIB. **8.** *Ya en la calle, ya en casa. Ya con gozo, ya con dolor.* ‖ **si ~.** LOC. CONJUNT. **siempre que.** *Haré cuanto quieras, si ya no me pides cosas impropias de un hombre de bien.* ‖ **ya.** INTERJ. Se usa para denotar que se recuerda algo o que se cae en ello, o que no se hace caso de lo que se nos dice. U. repetida, y de esta manera expresa también idea de encarecimiento en bien o en mal. ‖ **~ mero.** LOC. ADV. *Méx.* Enseguida, en un momento más. ‖ **~ que.** LOC. CONJUNT. **1.** Una vez que, aunque, dado que. *Ya que tu desgracia no tiene remedio, llévala con paciencia.* ‖ **2.** Porque, puesto que. *Ya que lo sabes, dímelo.*

yabucoeño, ña. ADJ. **1.** Natural de Yabucoa. U. t. c. s. ‖ **2.** Perteneciente o relativo a este municipio de Puerto Rico o a su cabeza.

yacal. M. *Filip.* Árbol de la familia de las Dipterocarpáceas, que alcanza hasta 20 m de altura y cuya madera se emplea en construcciones y en ebanistería, puesto que no se ve afectada por la carcoma.

yacaré. M. *Am. Mer.* **caimán** (‖ reptil emidosaurio).

yacente. ADJ. Que yace. *Cuerpo yacente.* □ V. **herencia ~.**

yacer. INTR. **1.** Dicho de una persona: Estar echada o tendida. ‖ **2.** Dicho de un cadáver: Estar en la fosa o en el sepulcro. ‖ **3.** Dicho de una persona o de una cosa: Existir o estar real o figuradamente en algún lugar. *Los cuadros yacían amontonados en su estudio.* ‖ **4.** Tener trato carnal con alguien. ¶ MORF. V. conjug. modelo.

yaciente. ADJ. **yacente.**

yacija. F. Lecho o cama pobres.

yacimiento. M. **1.** *Geol.* Sitio donde se halla naturalmente una roca, un mineral o un fósil. ‖ **2.** Lugar donde se hallan restos arqueológicos.

yacumeño, ña. ADJ. **1.** Natural de Yacuma. U. t. c. s. ‖ **2.** Perteneciente o relativo a esta provincia del departamento del Beni, en Bolivia.

yacuto, ta. ADJ. hist. **yakuto.** Apl. a pers., u. t. c. s.

yagrumo. M. Á. *Caribe.* Árbol de la familia de las Moráceas, con hojas grandes, palmeadas, verdes por el haz y plateadas por el envés, y flores en racimo, rosadas con visos amarillos. Tiene cualidades medicinales.

yagua. F. *Ant.* Tejido fibroso que rodea la parte superior y más tierna del tronco de la palma real, del cual se desprende periódicamente, y sirve para varios usos y especialmente para envolver tabaco en rama.

yagual. M. *Am. Cen.* **rodete** (‖ para llevar pesos sobre la cabeza).

yaguané. ADJ. Á. *R. Plata.* Dicho de un animal vacuno, y ocasionalmente de un animal caballar: Que tiene el pescuezo y los costillares de color diferente al del lomo, barriga y parte de las ancas. U. t. c. s.

yaguar. M. Á. *R. Plata.* **jaguar.**

yaguareté. M. Á. *guar.* y Á. R. *Plata.* **jaguar.**

yaguasa. F. *Ant.* Ave palmípeda americana, especie de pato, de unos 51 cm de longitud, que se caracteriza por tener el cuello y las patas largas, y que mantiene en ángulo hacia abajo mientras vuela. El plumaje es de color canela y manto negro.

yak. M. Bóvido que habita en las altas montañas del Tíbet, notable por las largas lanas que le cubren las patas y la parte inferior del cuerpo. En estado salvaje es de color oscuro, pero entre los domésticos abundan los blancos. MORF. pl. **yaks.**

yakuto, ta. ADJ. **1.** hist. Natural de Yakutia, hoy Sajá. U. t. c. s. ‖ **2.** hist. Perteneciente o relativo a esta república de la Federación Rusa.

yal. M. *Chile.* Pájaro pequeño, granívoro, con plumaje gris y pico grueso, fuerte y cónico de color amarillo.

yámana. **I.** ADJ. **1.** Se dice del individuo de un pueblo amerindio que habitó las costas del archipiélago de Tierra del Fuego. U. t. c. s. ‖ **2.** Perteneciente o relativo a los yámanas. *Música yámana.* ‖ **II.** M. **3.** Lengua hablada por los yámanas.

yámbico, ca. **I.** ADJ. **1.** Perteneciente o relativo al yambo. *Ritmo yámbico.* ‖ **II.** M. **2.** Se dice del verso de la poesía griega y latina que entran yambos, o que se compone exclusivamente de ellos. U. t. c. s. m.

yambo. M. **1.** *Métr.* Pie de la poesía griega y latina, compuesto de dos sílabas, la primera, breve, y la otra, larga. ‖ **2.** *Métr.* Pie de la poesía española que tiene una sílaba átona seguida de otra tónica; p. ej., *pastor.*

yanacona. **I.** ADJ. **1.** hist. Se dice del indio que estaba al servicio personal de los españoles en algunos países de la América Meridional. U. t. c. s. ‖ **II.** COM. **2.** Á. *Andes.* Indio que es aparcero en el cultivo de una tierra.

yangüés, sa. ADJ. **1.** Natural de Yanguas. U. t. c. s. ‖ **2.** Perteneciente o relativo a alguno de los pueblos de este nombre.

yanomami. **I.** ADJ. **1.** Se dice del individuo de un pueblo amerindio que habita en el Alto Orinoco. U. t. c. s. ‖ **2.** Perteneciente o relativo a los yanomamis. *Asentamiento yanomami.* ‖ **II.** M. **3.** Lengua hablada por los yanomamis.

yanqui. ADJ. despect. coloq. **estadounidense.** U. t. c. s.

yantar[1]. TR. poét. **comer** (‖ ingerir alimento).

yantar[2]. M. **1.** poét. Manjar o vianda. ‖ **2.** hist. Cierto tributo que pagaban, generalmente en especie, los habitantes de los pueblos y de los distritos rurales para el mantenimiento del soberano y del señor cuando transitaban por ellos. A veces se conmutaba en dinero.

yapa. F. *Am. Mer.* **añadidura** (‖ cosa que se añade). ‖ **de ~.** LOC.ADV. **1.** *Am. Mer.* **además.** ‖ **2.** *Am. Mer.* De manera gratuita.

yapar. TR. *Am. Mer.* Añadir la yapa.

yaqui. **I.** ADJ. **1.** Se dice del individuo de un pueblo amerindio de la familia azteca que habita en el estado mexicano de Sonora. U. t. c. s. ‖ **2.** Perteneciente o relativo a los yaquis. *Rebelión yaqui.* ‖ **II.** M. **3.** *Méx.* **cahíta.**

yáquil. M. *Chile.* Arbusto espinoso de la familia de las Ramnáceas, cuyas raíces, que producen en el agua una espuma jabonosa, se usan para lavar tejidos de lana.

yaracuyano, na. ADJ. **1.** Natural de Yaracuy. U. t. c. s. ‖ **2.** Perteneciente o relativo a este estado de Venezuela.

yarará. F. *Am. Mer.* Culebra venenosa que sobrepasa el metro de longitud y cuya coloración es parda, con manchas más oscuras que alternan sobre el dorso y los flancos. MORF. pl. **yararás.**

yaraví. M. Melodía dulce y melancólica de origen incaico, que se canta o se interpreta con quena. MORF. pl. **yaravíes** o **yaravís.**

yarda. F. Medida de longitud equivalente a 0,914 m.

yarey. M. *Ant.* Sombrero hecho con una planta de la familia de las Palmas. MORF. pl. **yareyes.**

yaro. M. aro[2].

yaruro, ra. **I.** ADJ. **1.** Se dice del individuo de un pueblo amerindio que habita en el estado venezolano de Apure. U. t. c. s. ‖ **2.** Perteneciente o relativo a los yaruros. *Ceremoniales yaruros.* ‖ **II.** M. **3.** Lengua hablada por los yaruros.

yatagán. M. hist. Especie de sable o alfanje que usan los orientales.

yatay. M. Á. *guar.* Planta de la familia de las Palmas, cuyo estípite alcanza de ocho a diez metros de altura, y las hojas, de dos y medio a tres metros de longitud. Estas son pinnadas, curvas y rígidas, con folíolos ensiformes y el raquis bordeado de espinas punzantes. Da frutos del tamaño de una aceituna, de los que se obtiene aguardiente. Las yemas terminales son comestibles y se las utiliza como alimento para el ganado. Con los estípites se hacen postes telegráficos y con las fibras de las hojas se tejen sombreros. MORF. pl. **yatayes.**

yate. M. Embarcación de recreo.

yaucano, na. ADJ. **1.** Natural de Yauco. U. t. c. s. ‖ **2.** Perteneciente o relativo a este municipio de Puerto Rico o a su cabeza.

yaya[1]. F. **1.** *Chile.* Defecto, físico o moral, que puede ocasionar a quien lo sufre molestias o perjuicios. ‖ **2.** *Chile.* Falta contra la ética o moral.

yaya[2]. F. *Filip.* Mujer que se dedica a cuidar niños.

yayo, ya. **I.** M. y F. **1.** infant. **abuelo.** ‖ **II.** M. **2.** pl. infant. El yayo y la yaya. *Los yayos vienen a comer.*

ye. F. i griega. MORF. pl. **yes.**

yeclano, na. ADJ. **1.** Natural de Yecla. U. t. c. s. ‖ **2.** Perteneciente o relativo a esta localidad de la provincia de Murcia, en España.

yeco. M. *Chile.* Especie de cuervo marino.

yedra. F. **hiedra.**

yegua. **I.** F. **1.** Hembra del caballo. ‖ **2.** Por contraposición a *potra*, yegua que tiene ya cinco o más yerbas. ‖ **3.** *Am. Cen.* Colilla de cigarro. ‖ **II.** COM. **4.** *Am. Cen.* Persona estúpida, tonta. U. t. c. adj.

yeguada. F. **1.** Conjunto de ganado caballar. ‖ **2.** *Am. Cen.* Disparate, burrada.

yeguarizo, za. ADJ. Á. R. *Plata.* **caballar.** Apl. a un animal, u. t. c. s. m.

yegüerío. M. *Am. Cen.* **yeguada** (‖ conjunto de ganado caballar).

yegüerizo. M. Guardián o cuidador de yeguas.

yegüero. M. Guardián o cuidador de yeguas.

yeísmo. M. Pronunciación del dígrafo *ll* con el sonido palatal central sonoro con que se pronuncia la consonante *y.*

yeísta. ADJ. **1.** Perteneciente o relativo al yeísmo. *Pronunciación yeísta.* ‖ **2.** Que practica el yeísmo. U. t. c. s.

yelmo. M. hist. Parte de la armadura antigua que resguardaba la cabeza y el rostro, y se componía de morrión, visera y babera.

yema. F. **1.** Brote embrionario de los vegetales constituido por hojas o por esbozos foliares a modo de botón escamoso del que se desarrollarán ramas, hojas y flores. ‖ **2.** Porción central del huevo en los vertebrados ovíparos. ‖ **3.** Dulce seco compuesto de azúcar y yema de huevo. ‖ **4.** *Biol.* La más pequeña de las dos células resultantes de la gemación de una célula. ‖ **5.** *Zool.* Protuberancia del cuerpo de ciertos animales, como espongiarios, celentéreos, gusanos y tunicados, que se desarrolla hasta constituir un nuevo individuo. ‖ **~ del dedo.** F. Parte de su punta opuesta a la uña.

yemení. ADJ. **1.** Natural del Yemen. U. t. c. s. ‖ **2.** Perteneciente o relativo a este país de Asia. ¶ MORF. pl. yemeníes o yemenís.

yen. M. Unidad monetaria del Japón. MORF. pl. **yenes.**

yerba. F. **1.** hierba. ‖ **2.** Á. R. *Plata.* **yerba mate.** ‖ **~ dulce.** F. *Méx.* orozuz. ‖ **~ mate.** F. Á. R. *Plata.* Hoja del té de los jesuitas, seca y molida, con la que se prepara el mate.

yerbabuena. F. hierbabuena. MORF. pl. **yerbabuenas.**

yerbajal. M. *Méx.* herbazal.

yerbajo. M. despect. hierbajo.

yerbal. M. Á. *guar.* y Á. R. *Plata.* Plantación de yerba mate.

yerbaluisa. F. hierbaluisa. MORF. pl. **yerbaluisas.**

yerbatal. M. Á. R. *Plata.* yerbal.

yerbatero, ra. **I.** ADJ. **1.** Á. *Andes, Chile* y *Méx.* Dicho de un médico o de un curandero: Que cura con yerbas. U. t. c. s. ‖ **2.** Á. R. *Plata.* Perteneciente o relativo a la yerba mate o a su industria. ‖ **II.** M. y F. **3.** Á. R. *Plata.* Persona que se dedica al cultivo, industrialización o venta de la yerba mate. ‖ **4.** Á. *Andes,* Á. *Caribe* y *Chile.* Persona que vende yerbas o forraje.

yerbazal. M. *Méx.* herbazal.

yerbera. F. Recipiente de madera u otro material usado para contener la yerba con que se ceba el mate y que, por lo común, se halla unido a otro destinado al azúcar.

yerbería. F. *Chile.* herboristería.

yerbero, ra. M. y F. *Méx.* hierbero.

yerboso, sa. ADJ. herboso.

yermo, ma. ADJ. **1.** inhabitado. *Su antigua casa es ahora un lugar yermo.* ‖ **2.** Que no tiene cultivo ni labor. *Terreno yermo.* Apl. a un terreno, u. t. c. s. m.

yerno. M. Respecto de una persona, marido de su hija.

yero. M. **1.** algarroba (‖ planta leguminosa). U. m. en pl. ‖ **2.** Semilla de esta planta. U. m. en pl.

yerra. F. Á. R. *Plata.* hierra (‖ acción de marcar con hierro los ganados).

yerro. M. **1.** Falta o delito cometido, por ignorancia o malicia, contra los preceptos y reglas de un arte, y absolutamente, contra las leyes divinas y humanas. ‖ **2.** Equivocación por descuido o inadvertencia, aunque sea sin dolo.

yérsey o **yersi.** M. **1.** *Am.* jersey. ‖ **2.** *Am.* Tejido fino de punto. ¶ MORF. pl. **yerseis** o **yersis.**

yerto, ta. ADJ. **1.** Tieso, rígido o áspero. *Yertas ramas.* ‖ **2.** Se dice del ser viviente que se ha quedado rígido por el frío o del cadáver u otra cosa en que se produce el mismo efecto.

yesar. M. **1.** Terreno abundante en mineral de yeso que se puede beneficiar. ‖ **2.** Cantera o mineral de yeso.

yesca. F. **1.** Materia muy seca, comúnmente de trapo quemado, cardo u hongos secos, y preparada de manera que cualquier chispa prenda en ella. ‖ **2.** Incentivo de cualquier pasión o afecto.

yesería. F. **1.** Fábrica de yeso. ‖ **2.** Tienda o sitio en que se vende yeso. ‖ **3.** Obra hecha de yeso.

yesero, ra. **I.** ADJ. **1.** Perteneciente o relativo al yeso. *Empresa yesera.* ‖ **II.** M. y F. **2.** Persona que hace guarnecidos de yeso.

yesista. COM. yesero (‖ persona que hace guarnecidos de yeso).

yeso. M. **1.** Sulfato de calcio hidratado, compacto o terroso, blanco por lo común, tenaz y tan blando que se raya con la uña. Deshidratado por la acción del fuego y molido, tiene la propiedad de endurecerse rápidamente cuando se amasa con agua, y se emplea en la construcción y en la escultura. ‖ **2.** Obra de escultura vaciada en yeso. ‖ **~ blanco.** M. Entre albañiles, el más fino y blanco, que principalmente se usa para el enlucido exterior de los tabiques y muros de las habitaciones. ‖ **~ mate.** M. yeso muy duro, que matado, molido y amasado con agua de cola, sirve como aparejo para pintar y dorar y para otros usos.

yesón. M. Cascote de yeso, utilizado generalmente en la construcción de tabicones.

yesoso, sa. ADJ. **1.** De yeso o parecido a él. *Piedra yesosa.* ‖ **2.** Dicho de un terreno: Que abunda en yeso.

yesquero. M. Encendedor que utiliza la yesca como materia combustible.

yeti. M. Supuesto gigante antropomorfo, del cual se dice que vive en el Himalaya.

yeyé. ADJ. **1.** Se dice de un tipo de música juvenil que se puso de moda en la década de 1960. ‖ **2.** Se dice de la estética, costumbres, actitudes, etc., que se desarrollaron junto a esta música. ‖ **3.** Dicho de una persona: Que sigue estas actitudes. U. t. c. s.

yeyuno. M. *Anat.* Segunda porción del intestino delgado de los mamíferos, situada entre el duodeno y el íleon.

yezgo. M. Planta herbácea, vivaz, de la familia de las Caprifoliáceas, con tallos de uno a dos metros de altura y semejante al saúco, del cual se distingue por ser las hojuelas más estrechas y largas, tener estípulas y despedir olor fétido.

yibutí. ADJ. yibutiano. Apl. a pers., u. t. c. s. MORF. pl. yibutíes o yibutís.

yibutiano, na. ADJ. **1.** Natural de Yibuti. U. t. c. s. ‖ **2.** Perteneciente o relativo a este país de África.

yibutiense. ADJ. yibutiano. Apl. a pers., u. t. c. s.

yidis. ADJ. **1.** Se dice de la lengua de base gramatical fundada en el alto alemán, hablada por los judíos askenazíes de Europa central y oriental, que se escribe con caracteres hebreos. U. m. c. s. m. *El yidis.* ‖ **2.** Perteneciente o relativo a esta lengua. *Léxico, vocalismo yidis.*

yihad. F. Guerra santa de los musulmanes.

yin. M. En la filosofía china, especialmente en el taoísmo, fuerza pasiva o femenina que, en síntesis con el *yang,* constituye el principio del orden universal.

yo. **I.** PRON. PERSON. **1.** Forma de la 1.ª persona singular que cumple la función de sujeto, atributo y término de las preposiciones *entre* y *según.* ‖ **2.** *Fil.* Designa la realidad personal de quien habla o escribe. ‖ **II.** M. **3.** *Fil.* El sujeto humano en cuanto persona. *El yo. Mi yo.* MORF. pl. **yos** o **yoes.** ‖ **4.** *Psicol.* Parte consciente del individuo, mediante la cual cada persona se hace cargo de su propia identidad y de sus relaciones con el medio. MORF. pl. **yos** o **yoes.** ‖ **~ que tú, que usted,** etc. EXPRS. coloqs. Si yo estuviera en tu, su, etc., lugar. □ V. **~ pecador.**

yod. F. **1.** *Fon.* Sonido *i* semiconsonante agrupado con la consonante anterior; p. ej., en *pie*, o semivocal agrupado con la vocal precedente; p. ej., en *reino*. ‖ **2.** Letra que, en algunas lenguas, lo representa. ¶ Morf. pl. **yodes**.

yodación. F. *Quím.* Acción y efecto de yodar.

yodado, da. PART. de yodar. ‖ ADJ. *Quím.* Que contiene yodo. *Sal yodada.* ☐ V. **alcohol ~**.

yodar. TR. *Quím.* Introducir átomos de yodo en la molécula de un compuesto químico.

yodo. M. Elemento químico de núm. atóm. 53. Relativamente escaso en la litosfera, se encuentra principalmente en el nitrato de Chile, en el agua del mar, concentrado en ciertas algas marinas y forma parte de la estructura de las hormonas tiroideas. De color azul violeta y muy reactivo, se sublima fácilmente, desprendiendo vapores azules y olor penetrante; se usa como colorante, como reactivo en química y fotografía, y en medicina como desinfectante. (Símb. *I*).

yodoformo. M. *Quím.* Polvo amarillento, derivado triyodado del metano, de olor muy fuerte, que se usa en medicina como antiséptico.

yoduro. M. *Quím.* Producto de la unión del yodo a un radical simple o compuesto.

yoga. M. **1.** Conjunto de disciplinas físico-mentales originales de la India, destinadas a conseguir la perfección espiritual y la unión con lo absoluto. ‖ **2.** Conjunto de las prácticas modernas derivadas del yoga hindú y dirigidas a obtener mayor eficacia en el dominio del cuerpo y la concentración anímica.

yóguico, ca. ADJ. Perteneciente o relativo al yoga.

yogur. M. Variedad de leche fermentada, que se prepara reduciéndola por evaporación a la mitad de su volumen y sometiéndola después a la acción de un fermento denominado *maya*.

yogurtera. F. Aparato para elaborar yogures.

yola. F. Embarcación muy ligera movida a remo y con vela.

yonqui. COM. jerg. En el lenguaje de la droga, adicto a la heroína.

yopaleño, ña. ADJ. **1.** Natural de Yopal. U. t. c. s. ‖ **2.** Perteneciente o relativo a esta ciudad de Colombia, capital del departamento de Casanare.

yóquey o **yoqui.** COM. Jinete profesional de carreras de caballos. Morf. pl. **yoqueis** o **yoquis**.

yoreño, ña. ADJ. **1.** Natural de Yoro. U. t. c. s. ‖ **2.** Perteneciente o relativo a este departamento de Honduras o a su capital.

york. ☐ V. **jamón de ~**, **jamón de York**, **jamón ~**.

yoyo. M. *Méx.* yoyó.

yoyó. M. Juguete de origen chino que consiste en dos discos de madera, metal o plástico, unidos por un eje. Se le hace subir y bajar a lo largo de una cuerda atada a ese mismo eje. Morf. pl. **yoyós**.

yuan. M. Unidad monetaria de China.

yubarta. F. rorcual.

yuca. F. **1.** Planta de América tropical, de la familia de las Liliáceas, con tallo arborescente, cilíndrico, lleno de cicatrices, de 1,5 a 2 m de altura, coronado por un penacho de hojas largas, gruesas, rígidas y ensiformes. Tiene flores blancas, casi globosas, colgantes de un escapo largo y central, y raíz gruesa, de la que se saca harina alimenticia. Se cultiva en Europa como planta de adorno. ‖ **2.** Especie de mandioca.

yucal. M. Terreno plantado de yuca.

yucateco, ca. ADJ. **1.** Natural de Yucatán. U. t. c. s. ‖ **2.** Perteneciente o relativo a este estado de México.

yudo. M. Sistema japonés de lucha, que hoy se practica también como deporte, y que tiene por objeto principal defenderse sin armas mediante llaves y movimientos aplicados con destreza.

yudoca. COM. Persona que practica el yudo.

yugada. F. Espacio de tierra de labor que puede arar una yunta en un día.

yuglandáceo, a. ADJ. *Bot.* Se dice de los árboles angiospermos dicotiledóneos con hojas compuestas y ricas en sustancias aromáticas, flores monoicas y fruto en drupa con semillas sin albumen; p. ej., el nogal y la pacana. U. t. c. s. f. ORTOGR. En f. pl., escr. con may. inicial c. taxón. *Las Yuglandáceas.*

yugo. M. **1.** Instrumento de madera al cual, formando yunta, se uncen por el cuello las mulas, o por la cabeza o el cuello, los bueyes, y en el que va sujeta la lanza o pértigo del carro, el timón del arado, etc. ‖ **2.** Armazón de madera unido a la campana, que sirve para voltearla. ‖ **3.** Ley o dominio superior que sujeta y obliga a obedecer. ‖ **4.** Carga pesada o atadura. *El yugo de los horarios.* ‖ **5.** hist. velo (‖ que se ponía a los desposados en la misa de velaciones). ‖ **6.** *Mar.* Cada uno de los talones curvos horizontales que se encajan en el codaste y forman la popa del barco. ‖ **sacudir**, o **sacudirse**, alguien **el ~**. LOCS. VERBS. Librarse de opresión o dominio molesto o afrentoso. ‖ **sujetarse** alguien **al ~** de otra persona. LOC. VERB. Someterse a su dominio o ceder a su ascendiente, influencia y sugestión.

yugoeslavo, va. ADJ. yugoslavo. Apl. a pers., u. t. c. s.

yugoslavo, va. ADJ. **1.** Natural de Yugoslavia. U. t. c. s. ‖ **2.** Perteneciente o relativo a esta antigua nación europea.

yugular[1]. F. *Anat.* **vena yugular**.

yugular[2]. TR. **1.** Degollar, cortar el cuello. ‖ **2.** Acabar bruscamente con alguna actividad o proceso. *Yugular una enfermedad.*

yunga. **I.** ADJ. **1.** Natural de los valles cálidos que hay a un lado y otro de los Andes. U. t. c. s. ‖ **II.** M. **2.** Antigua lengua del norte y centro de la costa peruana. ‖ **3.** pl. *Á. Andes.* Valles cálidos que hay a un lado y otro de los Andes.

yungueño, ña. ADJ. **1.** Natural de los Yungas. U. t. c. s. ‖ **2.** Perteneciente o relativo a esta región del departamento de La Paz, en Bolivia.

yunque. M. **1.** Prisma de hierro acerado, de sección cuadrada, a veces con punta en uno de los lados, encajado en un tajo de madera fuerte, y a propósito para trabajar en él a martillo los metales. ‖ **2.** Persona muy asidua y perseverante en el trabajo. ‖ **3.** *Anat.* Huesecillo que hay en la parte media del oído de los mamíferos, situado entre el martillo y el estribo.

yunta. F. **1.** Par de bueyes, mulas u otros animales que sirven en la labor del campo o en los acarreos. ‖ **2.** *Á. Caribe.* **gemelo** (‖ del puño de la camisa).

yuntero. M. Labrador que utiliza una pareja de animales o yunta.

yuquero, ra. M. y F. *Á. Andes.* Persona que cultiva yuca o negocia con ella.

yuscareño, ña. ADJ. **1.** Natural de Yuscarán. U. t. c. s. ‖ **2.** Perteneciente o relativo a esta ciudad de Honduras, capital del departamento de El Paraíso.

yusivo, va. ADJ. *Gram.* Dicho del modo subjuntivo: Que expresa un mandato o una orden; p. ej., *Que salga.*

yute. M. **1.** Materia textil que se obtiene de la corteza interior de una planta de la familia de las Tiliáceas. ‖ **2.** Tejido o hilado de esta materia.

yutoazteca. ADJ. Se dice de la familia lingüística que comprende, entre otras lenguas de América del Norte, el cahíta, el cora y el náhuatl. U. t. c. s. m. *El yutoazteca.*

yuxtaponer. TR. Poner algo junto a otra cosa o inmediata a ella. U. t. c. prnl. MORF. conjug. c. *poner;* part. irreg. **yuxtapuesto.**

yuxtaposición. F. Acción y efecto de yuxtaponer.

yuxtapuesto, ta. PART. IRREG. de **yuxtaponer.** ‖ ADJ. Colocado junto a algo o en posición inmediata a algo. *Vigas yuxtapuestas. Ideas yuxtapuestas.*

yuyal. M. Á. R. *Plata.* Lugar cubierto de maleza.

yuyero, ra. I. ADJ. **1.** Á. R. *Plata.* Aficionado a tomar hierbas medicinales. U. t. c. s. ‖ **II.** M. y F. **2.** Á. R. *Plata.* Curandero que receta principalmente hierbas. ‖ **3.** Á. R. *Plata.* Persona que vende hierbas medicinales.

yuyo. M. **1.** *Am. Mer.* **mala hierba.** ‖ **2.** Á. R. *Plata.* Hierba medicinal. ‖ **3.** *Chile.* **jaramago.**

z. F. Vigésima sexta letra del abecedario latino internacional y vigésima novena del español, que, en la mayor parte de España, representa un fonema consonántico fricativo, interdental y sordo, distinto del correspondiente a la *s;* en casi toda Andalucía, así como en Canarias, Hispanoamérica, etc., se articula como una *s.* Su nombre es *zeta.*

zabazala. M. Encargado de dirigir la oración pública en la mezquita.

zábila. F. *Á.Andes, Á. Caribe* y *Méx.* **áloe** (‖ planta liliácea).

zacahuil. M. *Méx.* Tamal de gran tamaño con un lechón entero, envuelto en hojas de plátano y cocido en barbacoa.

zacapaneco, ca. ADJ. **1.** Natural de Zacapa. U. t. c. s. ‖ **2.** Perteneciente o relativo a este departamento de Guatemala o a su cabecera.

zacapela o **zacapella.** F. Riña o contienda con ruido y griterío.

zacatal. M. *Am. Cen., Filip.* y *Méx.* **pastizal.**

zacate. M. **1.** *Am. Cen., Filip.* y *Méx.* Hierba, pasto, forraje. ‖ **2.** *Méx.* Estropajo para fregar.

zacatecano, na. ADJ. **1.** Natural de Zacatecas. U. t. c. s. ‖ **2.** Perteneciente o relativo a este estado de México o a su capital.

zacatecoluquense. ADJ. **1.** Natural de Zacatecoluca. U. t. c. s. ‖ **2.** Perteneciente o relativo a esta ciudad de El Salvador, cabecera del departamento de La Paz.

zacatín. M. Plaza o calle donde se venden ropas.

zacatón. M. **1.** *Am. Cen.* y *Méx.* Hierba alta de pasto. ‖ **2.** *Méx.* Planta con cuya raíz se fabrican escobetas y cepillos para fregar.

zacear. INTR. **cecear.**

zacualpense. ADJ. **1.** Natural de Zacualpa. U. t. c. s. ‖ **2.** Perteneciente o relativo a este municipio de Guatemala o a su cabecera, en el departamento de Quiché.

zafacoca. F. *Am.* Riña, pendencia, trifulca.

zafacón. M. *Ant.* Recipiente para recoger las basuras.

zafado, da. PART. de **zafar.** ‖ ADJ. **1.** *Á. R. Plata.* Descarado, atrevido en su conducta o lenguaje. U. t. c. s. ‖ **2.** *Méx.* **chiflado** (‖ que tiene algo perturbada la razón).

zafar. **I.** TR. **1.** *Mar.* Desembarazar, libertar, quitar los estorbos de algo. U. t. c. prnl. ‖ **II.** PRNL. **2.** Escaparse o esconderse para evitar un encuentro o riesgo. ‖ **3.** Dicho de la correa de una máquina: Salirse de la rueda. ‖ **4.** Excusarse de hacer algo. ‖ **5.** Librarse de una molestia. ‖ **6.** *Am.* Dislocarse, descoyuntarse un hueso.

zafarrancho. M. **1.** *Mar.* Acción y efecto de desembarazar una parte de la embarcación, para dejarla dispuesta a determinada faena. *Zafarrancho de combate. Zafarrancho de limpieza.* ‖ **2.** *Mil.* Conjunto de preparativos para entrar en combate. ‖ **3.** coloq. **destrozo.** ‖ **4.** coloq. **riña.**

zafiedad. F. Cualidad de zafio.

zafio, fia. ADJ. **1.** Grosero o tosco en sus modales o falto de tacto en su comportamiento. ‖ **2.** Propio o característico de una persona zafia. *Aspecto zafio.*

zafirino, na. ADJ. De color de zafiro.

zafiro. M. Corindón cristalizado de color azul.

zafra. F. **1.** Cosecha de la caña de azúcar. ‖ **2.** Fabricación del azúcar de caña, y, por ext., del de remolacha. ‖ **3.** Tiempo que dura esta fabricación.

zaga. **I.** F. **1.** Parte trasera de algo. ‖ **2.** Carga que se acomoda en la trasera de un vehículo. ‖ **3.** *Dep.* **línea defensiva.** ‖ **4.** *Mil.* Último cuerpo de tropa en marcha. ‖ **II.** M. **5.** Jugador que actúa en último lugar. ‖ **a la ~,** o **en ~.** LOCS.ADVS. Atrás o detrás. ‖ **no ir,** o **no irle,** alguien **a la ~,** o **en ~,** a otra persona; o **no quedarse en ~.** LOCS. VERBS. coloqs. No ser inferior a otro en aquello de que se trata.

zagal, la. **I.** M. y F. **1.** Pastor joven. ‖ **2.** Muchacho que ha llegado a la adolescencia. ‖ **II.** M. **3.** hist. Mozo que ayudaba al mayoral en los carruajes de caballerías.

zagalón, na. M. y F. Adolescente muy crecido.

zaguán. M. Espacio cubierto situado dentro de una casa, que sirve de entrada a ella y está inmediato a la puerta de la calle.

zaguero, ra. **I.** ADJ. **1.** Que va, se queda o está atrás. *Líneas zagueras.* ‖ **II.** M. y F. **2.** *Dep.* **defensa** (‖ jugador que forma la línea defensiva). ‖ **3.** *Dep.* En los partidos de pelota por parejas, jugador que ocupa la zaga de la cancha y lleva el peso del partido.

zagüía. F. En Marruecos, especie de ermita en que se halla la tumba de un santón.

zahareño, ña. ADJ. Desdeñoso, esquivo, intratable o irreductible.

zaheridor, ra. ADJ. Que zahiere. *Verbo zaheridor.* U. t. c. s.

zaherimiento. M. Acción de zaherir.

zaherir. TR. Decir o hacer algo a alguien con lo que se sienta humillado o mortificado. MORF. conjug. c. *sentir.*

zahína. F. **sorgo** (‖ planta gramínea).

zahón. M. Especie de mandil, principalmente de cuero, atado a la cintura, con perneras abiertas por detrás que se atan a la pierna, usado por cazadores, vaqueros y gente de campo para resguardar el traje. U. m. en pl.

zahorí. COM. **1.** Persona a quien se atribuye la facultad de descubrir lo que está oculto, especialmente manantiales subterráneos. ‖ **2.** Persona perspicaz y escudriñadora, que descubre o adivina fácilmente lo que otras personas piensan o sienten. ¶ Morf. pl. **zahoríes** o **zahorís**.

zahúrda. F. pocilga.

zaino¹, na. ADJ. Traidor, falso, poco seguro en el trato.

zaino², na. ADJ. **1.** Dicho de un caballo: Castaño oscuro que no tiene otro color. ‖ **2.** Dicho del ganado vacuno: De color negro que no tiene ningún pelo blanco.

zaíno¹, na. ADJ. *Esp.* **zaino¹**.

zaíno², na. ADJ. *Esp.* **zaino²**.

zaireño, ña. ADJ. **1.** Natural del Zaire. U. t. c. s. ‖ **2.** Perteneciente o relativo a este país de África, hoy República Democrática del Congo.

zajón. M. zahón. U. m. en pl.

zalá. F. Oración de los musulmanes. Morf. pl. **zalás**.

zalagarda. F. Emboscada dispuesta para coger descuidado al enemigo y dar sobre él sin que recele.

zalamería. F. Demostración de cariño afectada y empalagosa.

zalamero, ra. ADJ. Que hace zalamerías. U. t. c. s.

zalea. F. Cuero de oveja o carnero, curtido de modo que conserve la lana, empleado para preservar de la humedad y del frío.

zalema. F. **1.** zalamería. ‖ **2.** coloq. Reverencia o cortesía humilde en muestra de sumisión.

zallar. TR. *Mar.* Hacer rodar o resbalar algo en el sentido de su longitud y hacia la parte exterior de la nave.

zaloma. F. Voz cadenciosa simultánea en el trabajo de los marineros.

zamacueca. F. cueca.

zamarra. F. **1.** Prenda de vestir, rústica, hecha de piel con su lana o pelo. ‖ **2.** **pelliza** (‖ chaqueta de abrigo).

zamarrear. TR. Dicho de un perro, de un lobo o de otra fiera: Sacudir a un lado y a otro la res o presa que tiene asida con los dientes, para destrozarla o acabarla de matar.

zamarreo. M. Acción de zamarrear.

zamarro. M. **1.** zamarra (‖ prenda de vestir). ‖ **2.** pl. Á. *Caribe.* Especie de zahones que se usan para montar a caballo.

zamba. F. **1.** Danza cantada popular del noroeste de la Argentina. ‖ **2.** Música y canto de esta danza.

zambaigo, ga. ADJ. hist. zambo (‖ hijo de negro e india, o al contrario). U. t. c. s.

zambapalo. M. hist. Música de una danza grotesca traída de las Indias Occidentales, que se usó en España durante los siglos XVI y XVII.

zambiano, na. ADJ. **1.** Natural de Zambia. U. t. c. s. ‖ **2.** Perteneciente o relativo a este país de África.

zambo, ba. **I.** ADJ. **1.** Dicho de una persona: Que por mala configuración tiene juntas las rodillas y separadas las piernas hacia afuera. U. t. c. s. ‖ **2.** *Am.* Dicho de una persona: Hija de negro e india, o al contrario. U. t. c. s. ‖ **II.** M. **3.** Mono americano que tiene unos seis decímetros de longitud, y la cola prensil y casi tan larga como el cuerpo. Tiene el pelaje de color pardo amarillento, como el cabello de los mestizos zambos, hocico negro y una mancha blanca en la frente, rudimentales los pulgares de las manos, muy aplastadas y abiertas las narices, y fuertes y acanaladas las uñas.

zambomba. F. Instrumento rústico musical, de barro cocido o de madera, hueco, abierto por un extremo y cerrado por el otro con una piel muy tirante, que tiene en el centro, bien sujeto, un carrizo a manera de mástil, el cual, frotado de arriba abajo y de abajo arriba con la mano humedecida, produce un sonido fuerte, ronco y monótono. ‖ zambomba. INTERJ. Se usa para manifestar sorpresa.

zambombazo. M. **1.** coloq. **golpazo.** ‖ **2.** coloq. Estampido o explosión con mucho ruido y fuerza.

zambra. F. **1.** hist. Fiesta que usaban los moriscos, con griterío, alegría y baile. ‖ **2.** Fiesta semejante de los gitanos del Sacromonte, en Granada, España.

zambullida. F. Acción y efecto de zambullir o zambullirse.

zambullidor, ra. ADJ. Que zambulle o se zambulle. *Aves nadadoras y zambullidoras.*

zambullir. **I.** TR. **1.** Meter debajo del agua con ímpetu o de repente. U. t. c. prnl. ‖ **II.** PRNL. **2.** Concentrarse o meterse de lleno en una actividad o situación. ¶ Morf. conjug. c. *mullir*.

zambullón. M. *Am. Mer.* zambullida.

zamorano, na. ADJ. **1.** Natural de Zamora, ciudad de España, o de su provincia. U. t. c. s. ‖ **2.** Natural de Zamora, ciudad de Ecuador, capital de la provincia de Zamora Chinchipe. U. t. c. s. ‖ **3.** Perteneciente o relativo a aquella provincia o a esas ciudades. □ V. **chongos ~s, gaita ~.**

zampar. TR. **1.** coloq. Comer o beber apresurada o excesivamente. U. t. c. intr. y c. prnl. ‖ **2.** coloq. Meter algo en un sitio deprisa y para que no se vea. *Zamparon los bultos en el ómnibus.* U. t. c. prnl. ‖ **3.** coloq. Asestar, propinar. *Le zamparon dos bofetadas.* ‖ **4.** *Am.* **arrojar** (‖ impeler con violencia). U. t. c. prnl.

zampoña. F. **1.** Instrumento rústico, a modo de flauta, o compuesto de muchas flautas. ‖ **2.** Flauta pequeña hecha con caña del alcacer.

zampullín. M. Ave ribereña parecida al somorgujo, pero de menor tamaño. ‖ **~ cuellinegro.** M. El de cuello negro y mechones de color castaño dorado por detrás y por debajo de los ojos.

zamuro. M. Á. *Caribe.* zopilote. □ V. **rey ~.**

zanahoria. F. **1.** Planta herbácea umbelífera, con flores blancas, y purpúrea la central de la umbela; fruto seco y comprimido y raíz fusiforme, de unos dos decímetros de largo, amarilla o rojiza, jugosa y comestible. ‖ **2.** Raíz de esta planta.

zanate. M. *Am. Cen.* y *Méx.* Pájaro de la misma familia que el turpial, de plumaje negro con visos pavonados. La hembra es de color café.

zanca. F. **1.** fest. Pierna del hombre o de cualquier animal, sobre todo cuando es larga y delgada. ‖ **2.** *Arq.* Madero inclinado que sirve de apoyo a los peldaños de una escalera.

zancada. F. Paso largo que se da con movimiento acelerado o por tener las piernas largas. ‖ **en dos, tres,** etc., **~s.** LOCS. ADVS. coloqs. Se usan para explicar y ponderar la brevedad en llegar a un sitio.

zancadilla. F. **1.** Acción de cruzar alguien su pierna por entre las de otra persona para hacerle perder el equilibrio y caer. ‖ **2.** coloq. Estratagema con que se derriba o pretende derribar a alguien de un puesto o cargo.

zancadillear. TR. Poner la zancadilla a alguien.

zancajear. INTR. Andar mucho de una parte a otra, por lo común aceleradamente.

zancajera. F. Parte del estribo donde se pone el pie para entrar o apearse del coche de caballos.

zancajo. M. **1.** Hueso del pie que forma el talón. ǁ **2.** Parte trasera del pie, donde empieza la prominencia del talón. ǁ **3.** Parte del zapato o media que cubre el talón, especialmente si está rota.

zanco. M. Cada uno de dos palos altos y dispuestos con sendas horquillas, en que se apoyan y atan los pies. Sirven para andar sin mojarse por donde hay agua, y también para juegos de agilidad y equilibrio. ǁ **en ~s.** LOC. ADV. coloq. En posición muy elevada o ventajosa, comparada con la que antes se tenía.

zancón, na. ADJ. **1.** coloq. zancudo (ǁ que tiene las patas o las piernas largas). ǁ **2.** *Méx.* Dicho de un traje: Demasiado corto.

zancudero. M. *Am. Cen.* Grupo numeroso de **zancudos** (ǁ mosquitos).

zancudo, da. I. ADJ. **1.** Que tiene las patas o las piernas largas. ǁ **2.** Se dice de las aves que tienen los tarsos muy largos y desprovistos de plumas; p. ej., la cigüeña y la grulla. U. t. c. s. f. ORTOGR. En f. pl., escr. con may. inicial c. taxón en desuso. *Las Zancudas.* ǁ **II.** M. **3.** *Am.* mosquito.

zanfona. F. zanfonía.

zanfonía. F. Instrumento musical de cuerda, que se toca haciendo dar vueltas con un manubrio a un cilindro armado de púas.

zanfoña. F. zanfonía.

zanganada. F. coloq. Hecho o dicho impertinente y torpe.

zanganear. INTR. coloq. Andar vagando de una parte a otra sin trabajar.

zanganería. F. Cualidad del **zángano** (ǁ persona holgazana).

zángano, na. I. M. y F. **1.** Persona holgazana. *Es un gandul y un zángano.* U. t. c. adj. ǁ **II.** M. **2.** Macho de la abeja reina. De las tres clases de individuos que forman la colmena, es la mayor y más fuerte, tiene las antenas más largas, los ojos unidos en lo alto de la cabeza, carece de aguijón y no labra miel.

zangolotear. I. TR. **1.** coloq. Mover continua y violentamente algo. U. t. c. prnl. ǁ **II.** INTR. **2.** coloq. Dicho de una persona: Moverse de una parte a otra sin concierto ni propósito. ǁ **III.** PRNL. **3.** coloq. Dicho de ciertas cosas, como una ventana, una herradura, etc.: Moverse por estar flojas o mal encajadas.

zangoloteo. M. coloq. Acción de zangolotear o zangolotearse.

zanja. F. **1.** Excavación larga y estrecha que se hace en la tierra para echar los cimientos, conducir las aguas, defender los sembrados o cosas semejantes. ǁ **2.** *Am.* Arroyada producida por el agua corriente.

zanjar. TR. Eliminar todas las dificultades e inconvenientes que puedan impedir el arreglo y terminación de un asunto o negocio.

zanjón. M. **1.** Cauce o zanja grande y profunda por donde corre el agua. ǁ **2.** *Chile.* despeñadero.

zanquear. INTR. **1.** Torcer las piernas al andar. ǁ **2.** Andar mucho a pie y con prisa de una parte a otra. ǁ **3.** *Á. Caribe.* Ir buscando algo o a alguien.

zapa. F. *Mil.* Excavación de galería subterránea o de zanja al descubierto. □ V. **trabajo de ~.**

zapador. M. *Mil.* Militar perteneciente o encuadrado en unidades básicas del arma de ingenieros.

zapallo. M. **1.** *Am. Mer.* Calabaza comestible. ǁ **2.** *Am. Mer.* **güira** (ǁ árbol bignoniáceo).

zapalote. M. *Am. Cen.* Maíz que tiene granos de varios colores en la mazorca.

zapapico. M. **1.** **pico** (ǁ herramienta). ǁ **2.** Instrumento formado por una barra de hierro o acero, de unos 60 cm de largo y 5 de grueso, algo curva, aguda por un extremo y con un ojo en el otro para ponerle un mango de madera. Es muy usado para cavar en tierras duras, remover piedras, etc.

zapar. INTR. Trabajar con una especie de pala de corte acerado, que usan los zapadores o gastadores.

zaparrastroso, sa. ADJ. coloq. Harapiento, zarrapastroso. U. t. c. s.

zapata. F. **1.** Pieza del freno que actúa por fricción sobre el eje o contra las ruedas para moderar o impedir su movimiento. ǁ **2.** Calzado que llega a media pierna, como el coturno antiguo. ǁ **3.** *Arq.* Pieza puesta horizontalmente sobre la cabeza de un pie derecho para sostener la carrera que va encima y aminorar su vano. ǁ **4.** *Mar.* Tablón que se clava en la cara inferior de la quilla para defenderla de las varadas. ǁ **5.** *Mar.* Pedazo de madera que se pone en la uña del ancla para proteger el costado de la embarcación y también para llevar el ancla por tierra. ǁ **6.** *Chile.* Travesaño de hierro o de madera que sujeta el dental a la cama del arado o al timón mismo, y sirve para graduar la inclinación de la reja y la profundidad de la labor.

zapatazo. M. **1.** Golpe dado con un zapato. ǁ **2.** Golpe fuerte que se da contra cualquier cosa que suena, como el dado con el zapato. ǁ **mandar** a alguien **a ~s.** LOC.VERB. coloq. Tener gran ascendiente sobre él, alcanzar fácilmente de él todo lo que se quiere. ǁ **tratar a** alguien **a ~s.** LOC.VERB. coloq. Tratarlo duramente, sin consideración ni miramientos.

zapateado. M. **1.** Baile español que, a semejanza del antiguo canario, se ejecuta en compás ternario y con zapateo. ǁ **2.** Música de este baile. ǁ **3.** Acción y efecto de zapatear.

zapateador, ra. ADJ. Que zapatea. U. t. c. s.

zapatear. TR. **1.** Dar golpes en el suelo con los pies calzados. ǁ **2.** Bailar zapateando. ǁ **3.** *Esgr.* Dar o señalar muchos golpes al contrario con el botón o zapatilla, sin recibir ninguno.

zapateo. M. Acción y efecto de zapatear.

zapatera. F. Mueble a propósito para guardar zapatos.

zapatería. F. **1.** Lugar donde se hacen o venden zapatos. ǁ **2.** Oficio de hacer zapatos.

zapatero, ra. I. ADJ. **1.** Perteneciente o relativo al zapato. *Industria zapatera.* ǁ **2.** Dicho de las legumbres o de otros alimentos: Que parecen más crudos de resultas de echar agua fría en la olla cuando se están cociendo. ǁ **3.** Dicho de un alimento: Que se pone correoso por estar guisado con demasiada anticipación. *Patatas zapateras.* ǁ **II.** M. y F. **4.** Persona que por oficio hace zapatos, los arregla o los vende. ǁ **III.** M. **5.** zapatera. ǁ **6.** Pez teleósteo, del suborden de los Acantopterigios, de unos 25 cm de largo, plateado, con cabeza puntiaguda, cola ahorquillada y muy abierta, y ojos pequeños, negros y con cerco dorado. Vive en los mares de la América tropical. ǁ **7.** **tejedor** (ǁ insecto). □ V. **aceituna ~.**

zapateta. F. **1.** Golpe o palmada que se da con el pie o en el zapato, brincando al mismo tiempo en señal de júbilo. ǁ **2.** **cabriola** (ǁ brinco que dan quienes danzan). ǁ **3.** pl. En ciertos bailes, golpes que se dan con el zapato en el suelo.

zapatilla. F. **1.** Calzado cómodo y ligero, de paño, piel, etc., y con suela delgada, que se usa para estar en casa. ‖ **2. zapatilla de deporte.** ‖ **3.** En *ballet*, calzado plano, hecho con tejido de seda y suela de cuero, que se ata con cintas alrededor del tobillo. ‖ **4.** Calzado de calle ligero de suela muy delgada. ‖ **5.** Pedazo de ante que en los instrumentos musicales de viento se pone debajo de la pala de las llaves para que se adapte bien a su agujero. ‖ **6.** *Esgr.* Forro de cuero con que se cubre el botón de hierro que tienen en la punta los floretes y espadas negras para que no puedan herir. ‖ **~ de deporte,** o **~ deportiva.** F. Calzado hecho generalmente con piel o lona y suela de goma, que se ata con cordones o se sujeta con velcro, y se usa para practicar algunos deportes.

zapatillazo. M. Golpe dado con una zapatilla.

zapatismo. M. **1.** hist. Movimiento agrarista revolucionario, que lideró Emiliano Zapata en México a principios del siglo XX. ‖ **2.** Movimiento surgido con el levantamiento campesino del estado mexicano de Chiapas en 1994, que reivindica los postulados del zapatismo.

zapatista. ADJ. **1.** Perteneciente o relativo al zapatismo. *Insurrección zapatista.* ‖ **2.** Seguidor del zapatismo. U. t. c. s.

zapato. M. Calzado que no pasa del tobillo, con la parte inferior de suela y lo demás de piel, fieltro, paño u otro tejido, más o menos escotado por el empeine. ‖ **no llegarle** a alguien **a** su **~.** LOC.VERB. coloq. **no llegarle a la suela del zapato.** ‖ **saber** alguien **dónde le aprieta el ~.** LOC.VERB. coloq. Saber bien lo que le conviene.

zapatudo, da. ADJ. Que tiene los zapatos demasiado grandes o de cuero fuerte.

zape. INTERJ. Se usa para ahuyentar a los gatos, para manifestar extrañeza o miedo al enterarse de un daño ocurrido o para denotar el propósito de no exponerse a un riesgo que amenace.

zapear. INTR. Practicar el zapeo.

zapeo. M. Cambio reiterado de canal de televisión por medio del mando a distancia.

zapotal. M. Terreno en que abundan los zapotes.

zapote. M. **1.** Árbol americano de la familia de las Sapotáceas, de unos diez metros de altura, con tronco recto, liso, de corteza oscura y madera blanca poco resistente, copa redonda y espesa, hojas alternas, rojizas en racimos axilares, y fruto comestible, de forma de manzana, con carne amarillenta oscura, dulce y aguanosa, y una semilla gruesa, negra y lustrosa. Está aclimatado en las provincias meridionales de España. ‖ **2.** Fruto de este árbol. ‖ **~ chico.** M. *Méx.* **chico zapote.** ‖ **chico ~.** M. **1.** Árbol americano de la familia de las Sapotáceas, de unos 20 m de altura, con tronco grueso y recto, de corteza gris verdosa y madera blanquecina, copa piramidal, hojas lanceoladas, persistentes, algo vellosas por el envés, flores blancas en umbelas, fruto drupáceo, aovado, de unos 7 cm de diámetro, con la corteza parda, dura y desigual, y la pulpa rojiza, muy suave y azucarada, y semillas negras, lustrosas, con almendra blanca y amarga. Destila un jugo lechoso que se coagula fácilmente. ‖ **2.** Fruto de este árbol.

zapotillo. M. chico zapote.

zapoyol. M. *Am. Cen.* Hueso del zapote (‖ fruto).

zapoyolito. M. *Am. Cen.* Se usa como nombre genérico para referirse a dos variedades de aves del orden de las Psitaciformes, de tamaño mediano y color anaranjado suave.

zaque. M. Odre pequeño.

zaquizamí. M. **1.** Desván, sobrado o último piso de la casa, comúnmente a teja vana. ‖ **2.** Casilla o cuarto pequeño, desacomodado y poco limpio. ¶ MORF. pl. **zaquizamíes** o **zaquizamís.**

zar. M. hist. Emperador de Rusia o soberano de Bulgaria.

zarabanda. F. **1.** Lío, embrollo. ‖ **2.** Cosa que causa ruido estrepitoso, alboroto o molestia repetida. ‖ **3.** hist. Danza popular española de los siglos XVI y XVII, que fue frecuentemente censurada por los moralistas. ‖ **4.** hist. Danza lenta, solemne, de ritmo ternario, que, desde mediados del siglo XVII, forma parte de las sonatas. ‖ **5.** hist. Copla que se cantaba con esta danza. ‖ **6.** *Méx.* Zurra, paliza.

zaragate. M. *Am. Cen.* Persona despreciable.

zaragatero, ra. ADJ. zalamero.

zaragatona. F. Planta herbácea anual, de la familia de las Plantagináceas, con tallo velludo, ramoso, de dos a tres decímetros de altura, hojas opuestas, lanceoladas y estrechas, flores pequeñas, verdosas, en espigas ovales, y fruto capsular con muchas semillas menudas y brillantes que, cocidas, dan una sustancia mucilaginosa, empleada para medicina y para aprestar telas.

zaragozano, na. ADJ. **1.** Natural de Zaragoza, ciudad de España, capital de la comunidad autónoma de Aragón, o de su provincia. U. t. c. s. ‖ **2.** Natural de Zaragoza, municipio de Guatemala, o de su cabecera, en el departamento de Chimaltenango. U. t. c. s. ‖ **3.** Perteneciente o relativo a aquella ciudad y su provincia o a este municipio y su cabecera.

zaragüelles. M. **1.** pl. Calzones anchos y con pliegues, que forman parte del traje regional valenciano. ‖ **2.** pl. Calzoncillos blancos que asoman por debajo del calzón en el traje regional aragonés.

zarajo. M. Trenzado de tripas de cordero, típico de Cuenca, asado al horno y que se conserva colgado al humo como los chorizos.

zarambeque. M. Tañido y danza alegre y bulliciosa de personas de raza negra.

zaranda. F. **1.** criba. ‖ **2.** Cedazo rectangular con fondo de red de tomiza, que se emplea en los lagares para separar los escobajos de los hollejos. ‖ **3.** Pasador de metal que se usa para colar la jalea y otros dulces.

zarandajo, ja. ADJ. *Á. Caribe.* Dicho de una persona: despreciable. U. t. c. s.

zarandar. TR. coloq. Mover algo con prisa, ligereza y facilidad. U. t. c. prnl.

zarandear. I. TR. **1.** Agarrar a alguien por los hombros o los brazos moviéndolo con violencia. ‖ **2.** ajetrear. ‖ **II.** PRNL. **3.** *Ant.* contonearse.

zarandeo. M. Acción y efecto de zarandear.

zarapito. M. Ave zancuda ribereña, del tamaño de un gallo, cuello largo y pico delgado y curvado por la punta, plumaje pardo por el dorso y blanco en el obispillo y el vientre. Anida entre juncos y se alimenta de insectos, moluscos y gusanos.

zaraza. F. Tela de algodón estampada. U. m. en América.

zarcear. INTR. **1.** Dicho de un perro: Entrar en los zarzales para buscar o echar fuera la caza. ‖ **2.** Andar de una parte a otra, cruzando con diligencia un sitio.

zarceo. M. *Ant.* Discusión o debate agresivo y confuso.

zarcera. F. Respiradero abierto en las bodegas para su ventilación.

zarcero. M. Perro pequeño y corto de pies, que entra con facilidad en las zarzas a buscar la caza.

zarceta. F. cerceta.

zarcillo. M. **1.** Pendiente, arete. || **2.** *Bot.* Cada uno de los órganos largos, delgados y volubles que tienen ciertas plantas y que sirven a estas para asirse a tallos u otros objetos próximos. Pueden ser de naturaleza caulinar, como en la vid, o foliácea, como en la calabacera y en el guisante.

zarco, ca. ADJ. Dicho del agua o, con más frecuencia, de los ojos: De color azul claro.

zarda. F. Danza húngara de movimiento muy vivo, generalmente de compás binario, a la que suele anteceder una introducción lenta y patética.

zarévich. M. hist. Hijo del zar, y, en particular, príncipe primogénito del zar reinante. MORF. pl. invar. *Los zarévich.*

zarigüeya. F. Mamífero marsupial de tamaño mediano o pequeño y aspecto que recuerda a la rata. Las extremidades tienen cinco dedos y las de atrás el pulgar oponible; la cola es prensil, lisa y desnuda. Es mamífero nocturno y omnívoro, que hace nido en los árboles y su preñez dura trece días.

zarina. F. **1.** hist. Esposa del zar. || **2.** hist. Emperatriz de Rusia.

zarismo. M. hist. Forma de gobierno absoluto, propio de los zares.

zarista. COM. hist. Persona partidaria del zarismo.

zarpa[1]**.** F. Mano de ciertos animales cuyos dedos no se mueven con independencia unos de otros, como en el león y el tigre.

zarpa[2]**.** F. *Arq.* Parte que en la anchura de un cimiento excede a la del muro que se levanta sobre él.

zarpanel. □ V. arco ~.

zarpar. I. INTR. **1.** Dicho de un barco o de un conjunto de ellos: Salir del lugar en que estaban fondeados o atracados. || **II.** TR. **2.** *Mar.* Desprender el ancla del fondeadero. U. t. c. intr.

zarpazo. M. **1.** Golpe dado con la zarpa. || **2.** Golpazo, batacazo.

zarramplín. M. Pelagatos, pobre diablo.

zarrapastroso, sa. ADJ. **1.** coloq. Desaseado, andrajoso, desaliñado. U. t. c. s. || **2.** Dicho de una persona: **despreciable.** U. m. c. s.

zarria. F. Barro o lodo pegado en la parte inferior de la ropa.

zarrioso, sa. ADJ. Lleno de zarrias.

zarza. F. **1.** Arbusto de la familia de las Rosáceas, con tallos sarmentosos, arqueados en las puntas, prismáticos, de cuatro a cinco metros de largo, con aguijones fuertes y con forma de gancho, hojas divididas en cinco hojuelas elípticas, aserradas, lampiñas por el haz y velludas por el envés, flores blancas o róseas en racimos terminales, y cuyo fruto, comestible, es la zarzamora. || **2.** Arbusto espinoso.

zarzahán. M. Tela de seda, delgada como el tafetán y con listas de colores.

zarzal. M. Sitio poblado de zarzas.

zarzamora. F. **1.** Fruto de la zarza, que, maduro, es una baya compuesta de granos negros y lustrosos, semejante a la mora, pero más pequeña y redonda. || **2.** zarza (|| arbusto rosáceo).

zarzaparrilla. F. **1.** Arbusto de la familia de las Liliáceas, con tallos delgados, volubles, de uno a dos metros de largo y espinosos, hojas pecioladas, alternas, ásperas, con muchos nervios, acorazonadas y persistentes, flores ver-

dosas en racimos axilares, fruto en bayas globosas como el guisante, y raíces fibrosas y casi cilíndricas. Es común en España. || **2.** Cocimiento de la raíz de esta planta, que se usa mucho en medicina como sudorífico y depurativo. || **3.** Bebida refrescante preparada con esta planta.

zarzarrosa. F. Flor del escaramujo.

zarzo. M. **1.** Tejido de varas, cañas, mimbres o juncos, que forma una superficie plana. || **2.** Cosa realizada con este tejido.

zarzuela. F. **1.** Obra dramática y musical en que alternativamente se declama y se canta. || **2.** Letra de la obra de esta clase. || **3.** Música de la misma obra. || **4.** Género constituido por estas obras. || **5.** Plato consistente en varias clases de pescados y marisco condimentado con una salsa.

zarzuelero, ra. ADJ. Perteneciente o relativo a la zarzuela.

zarzuelista. COM. **1.** Poeta que escribe zarzuelas. || **2.** Maestro que compone música de zarzuela.

zas. ONOMAT. Se usa para imitar el sonido que hace un golpe, o el golpe mismo. U. t. repetida.

zascandil. M. Persona inquieta y enredadora.

zascandilear. INTR. Andar como un zascandil.

zascandileo. M. Acción y efecto de zascandilear.

zegrí. COM. hist. Individuo de una familia del reino musulmán granadino del siglo XV, rival de la de los abencerrajes. MORF. pl. **zegríes** o **zegrís.**

zéjel. M. Composición estrófica de la métrica española, de origen árabe. Se compone de una estrofa inicial temática, o estribillo, y de un número variable de estrofas compuestas de tres versos monorrimos seguidos de otro verso de rima constante igual a la del estribillo.

zelandés, sa. ADJ. **1.** Natural de Zelanda. U. t. c. s. || **2.** Perteneciente o relativo a esta provincia de los Países Bajos.

zelota. COM. hist. **zelote.**

zelote. COM. hist. Persona perteneciente a un grupo religioso del pueblo judío caracterizado por la vehemencia y rigidez de su integrismo religioso.

zempasúchil. M. *Méx.* **cempasúchil.**

zen. M. Escuela budista que tiende a alcanzar la iluminación espiritual mediante técnicas que evitan los esquemas conceptuales. U. t. c. adj. *El pensamiento zen.*

zenit o **zénit.** M. *Astr.* cenit. MORF. pl. **zenits** o **zénits.**

zenzontle. M. *Méx.* cenzontle.

zepelín. M. globo dirigible.

zeta. F. **1.** Nombre de la letra *z.* || **2.** Octava letra del alfabeto griego (Θ, θ), que corresponde a *th* del latino y a *t* en algunas voces griegas del español, como *tálamo, teatro.* ¶ MORF. pl. **zetas.**

zeugma. M. *Ret.* Figura de construcción, consistente en que cuando una palabra que tiene conexión con dos o más miembros del período está expresa en uno de ellos, ha de sobrentenderse en los demás; p. ej., *Y con volverse a salir del aposento mi doncella, yo dejé de serlo.*

zigofiláceo, a. ADJ. *Bot.* cigofiláceo. U. t. c. s. f. ORTOGR. En f. pl., escr. con may. inicial c. taxón. *Las Zigofiláceas.*

zigomorfo, fa. ADJ. *Bot.* Se dice del tipo de verticilo de las flores cuyas partes, especialmente sépalos, pétalos o tépalos, se disponen simétricamente a un lado y a otro de un plano que divide la flor en dos mitades, como ocurre en la del guisante, en la boca de dragón, etc. □ V. cáliz ~, corola ~.

zigoto. M. *Biol.* cigoto.

zigurat. M. *Arq.* Torre escalonada y piramidal, característica de la arquitectura religiosa asiria y caldea. MORF. pl. **zigurats.**

zigzag. M. Línea que en su desarrollo forma ángulos alternativos, entrantes y salientes. MORF. pl. **zigzags.** ‖ **en ~.** LOC.ADJ. Se usa para denotar movimiento, colocación, etc., en esta clase de línea. U. t. c. loc. adv.

zigzagueante. ADJ. **1.** Que zigzaguea. *Un zigzagueante ascenso al cerro.* ‖ **2.** Que no sigue un camino derecho para alcanzar un objetivo y alterna distintas opciones. *Una trayectoria política zigzagueante.*

zigzaguear. INTR. Serpentear, andar en zigzag.

zigzagueo. M. Acción y efecto de zigzaguear.

zimbabuense. ADJ. **1.** Natural de Zimbabue. U. t. c. s. ‖ **2.** Perteneciente o relativo a este país de África.

zinc. M. **cinc.** MORF. pl. **zincs.**

zincuate. M. *Méx.* **cencuate.**

zíngaro, ra. ADJ. **cíngaro.** Apl. a pers., u. t. c. s.

zingiberáceo, a. ADJ. *Bot.* **cingiberáceo.** U. t. c. s. f. ORTOGR. En f. pl., escr. con may. inicial c. taxón. *Las Zingiberáceas.*

zinnia. F. Planta ornamental de la familia de las Compuestas, de tallos ramosos, hojas opuestas y alguna vez verticiladas, y flores grandes y dobles de diverso color o de colores mezclados según las variedades.

zinzontle. M. *Méx.* **cenzontle.**

zíper. M. *Am. Cen., Ant.* y *Méx.* **cremallera** (‖ de prendas de vestir, bolsos y cosas semejantes). MORF. pl. **zíperes.**

zipizape. M. coloq. Riña ruidosa o con golpes.

zircón. M. **circón.**

zirconio. M. **circonio.**

zirconita. F. **circonita.**

zoca[1]. F. *Am.* Retoño que da el tocón después de cortada la caña de azúcar.

zoca[2]. □ V. **mano ~.**

zocado, da. ADJ. *Am. Cen.* **ebrio** (‖ embriagado por la bebida).

zócalo. M. **1.** *Arq.* Cuerpo inferior de un edificio u obra, que sirve para elevar los basamentos a un mismo nivel. ‖ **2.** *Arq.* **friso** (‖ faja de la parte inferior de las paredes). ‖ **3.** *Méx.* Plaza principal de una ciudad.

zocar. TR. *Am. Cen.* **apretar** (‖ oprimir).

zocatearse. PRNL. Dicho de un fruto: Ponerse zocato.

zocato, ta. ADJ. Dicho de un fruto: Que se pone amarillo y acorchado sin madurar.

zoco[1]. M. **zueco.**

zoco[2]. M. **1.** En algunos países musulmanes, **mercado.** ‖ **2.** Lugar en que se celebra este.

zódiac. (De *Zodiac*, marca reg.). F. Embarcación de caucho que se puede inflar, con estructura rígida y dotada de un motor fuera borda. MORF. pl. **zódiacs;** pl. invar. en apos. *Lanchas zódiac.*

zodiacal. ADJ. Perteneciente o relativo al Zodíaco. *Estrellas zodiacales.* □ V. **luz ~.**

zodíaco o **zodiaco.** M. **1.** *Astr.* Zona o faja celeste por el centro de la cual pasa la eclíptica. Tiene 16 a 18 grados de ancho total; indica el espacio en que se contienen los planetas que solo se apartan de la eclíptica unos 8 grados y comprende los 12 signos que recorre el Sol en su curso anual aparente, a saber, Aries, Tauro, Géminis, Cáncer, Leo, Virgo, Libra, Escorpión, Sagitario, Capricornio, Acuario y Piscis. ORTOGR. Escr. con may. inicial. ‖ **2.** Representación material del Zodíaco. *El zodíaco de Dendera.*

zoilo. M. Crítico presumido y maligno censurador o murmurador de las obras ajenas.

zombi. I. COM. **1.** Persona que se supone muerta y que ha sido reanimada por arte de brujería, con el fin de dominar su voluntad. ‖ **II.** ADJ. **2.** Atontado, que se comporta como un autómata.

zompopera. F. *Am. Cen.* Hormiguero de zompopos.

zompopo. M. *Am. Cen.* Se usa como nombre genérico para referirse a varias especies de hormiga de color café o rojizo, que tienen dos nódulos o ensanchamientos y tres o cuatro pares de salientes en forma de espina en el dorso del tórax. Solamente la reina y los zánganos tienen alas. Viven en el suelo en colonias de miles y hasta millones de individuos, en hormigueros con varias entradas en forma de volcán y un laberinto de túneles que llegan hasta las cámaras. Se alimentan del follaje de varias plantas.

zona. I. F. **1.** Extensión considerable de terreno que tiene forma de banda o franja. ‖ **2.** Parte de terreno o de superficie encuadrada entre ciertos límites. ‖ **3.** Extensión considerable de terreno cuyos límites están determinados por razones administrativas, políticas, etc. *Zona fiscal de influencia.* ‖ **4.** *Geom.* Parte de la superficie de la esfera comprendida entre dos planos paralelos. ‖ **II.** M. **5.** *Med.* **herpes zóster.** ‖ **~ azul.** F. Parte de un casco urbano en la que está permitido el aparcamiento, mediante pago, durante un tiempo limitado. ‖ **~ catastrófica.** F. Situación declarada por las autoridades para proteger una zona que ha sufrido algún tipo de catástrofe, mediante subvenciones, inversiones o exenciones fiscales a los afectados. F. *Am.* **zona catastrófica.** ‖ **~ de desastre.** F. *Am.* **zona catastrófica.** ‖ **~ de influencia.** F. Parte de un país débil, aunque no sometido a protectorado oficial, respecto de la que varias potencias aceptan la preponderante expansión económica o cultural de alguna de aquellas. ‖ **~ económica exclusiva.** F. **zona marítima exclusiva.** ‖ **~ fiscal.** F. Demarcación más o menos próxima a las fronteras, aduanas o fielatos, sometida a prohibiciones de fabricación o vigilancia especial como garantías contra la defraudación. ‖ **~ franca.** F. La delimitada por las autoridades en la que no se liquidan derechos arancelarios a las mercancías depositadas en ella o a determinadas actividades industriales. ‖ **~ industrial.** F. La reservada especialmente para instalaciones industriales. ‖ **~ marítima exclusiva.** F. La que llega hasta 200 millas marinas desde la costa, y en la cual el derecho internacional reconoce a los Estados ribereños derechos de explotación, conservación y ordenación de los recursos naturales, en especial la pesca y los que se hallan en el lecho y el subsuelo del mar. ‖ **~ urbana.** F. casco de población. ‖ **~ verde.** F. Terreno que, en el casco de una ciudad o en sus inmediaciones, se destina total o parcialmente a arbolado o parques.

zonal. ADJ. Perteneciente o relativo a la zona.

zoncear. INTR. *Á. R. Plata* y *Méx.* **tontear** (‖ hacer o decir tonterías).

zoncera. F. **1.** *Am.* **tontera.** ‖ **2.** *Á. guar.* y *Á. R. Plata.* Dicho, hecho u objeto de poco o ningún valor.

zonchiche. M. *Am. Cen.* **aura**[2].

zonzo, za. ADJ. **1.** Soso, insulso, insípido. Apl. a pers., u. t. c. s. U. m. en América. ‖ **2.** Tonto, simple, mentecato. U. m. en América. □ V. **ave ~.**

zoo. M. **parque zoológico.**

zoófago, ga. ADJ. *Zool.* Que se alimenta de materias animales. *Insecto zoófago.* U. t. c. s.

zoofilia. F. **1.** Amor a los animales. || **2. bestialismo.**

zoogeografía. F. Ciencia que estudia la distribución de las especies animales en la Tierra.

zoogeográfico, ca. ADJ. Perteneciente o relativo a la zoogeografía.

zooide. M. *Zool.* Individuo que forma parte de un cuerpo con organización colonial y cuya estructura es variable, según el papel fisiológico que deba desempeñar en el conjunto.

zoólatra. ADJ. Que practica la zoolatría.

zoolatría. F. Adoración, culto a los animales.

zoología. F. Ciencia que trata de los animales.

zoológico, ca. ADJ. Perteneciente o relativo a la zoología. □ V. **jardín ~, parque ~.**

zoólogo, ga. M. y F. Persona que profesa la zoología o tiene en ella especiales conocimientos.

zoomórfico, ca. ADJ. **zoomorfo.**

zoomorfo, fa. ADJ. Que tiene forma o apariencia de animal. *Deidades zoomorfas.*

zoonosis. F. *Med.* Enfermedad o infección que se da en los animales y que es transmisible al hombre en condiciones naturales.

zooplancton. M. *Biol.* Plancton marino o de aguas dulces, caracterizado por el predominio de organismos animales, como los copépodos.

zoospermo. M. **espermatozoide.**

zoospora. F. *Bot.* Espora provista de cilios o flagelos motores.

zootecnia. F. Arte de la cría, multiplicación y mejora de los animales domésticos.

zootécnico, ca. ADJ. Perteneciente o relativo a la zootecnia.

zope. M. *Am. Cen.* **aura²**.

zopenco, ca. ADJ. coloq. Tonto y abrutado. U. t. c. s.

zopilote. M. *Am. Cen.* y *Méx.* Ave rapaz diurna que se alimenta de carroña, de 60 cm de longitud y 145 cm de envergadura, de plumaje negro irisado, cabeza y cuello desprovistos de plumas, de color gris oscuro, cola corta y redondeada y patas grises. Vive desde el este y sur de los Estados Unidos hasta el centro de Chile y la Argentina. □ V. **rey ~.**

zopilotera. F. *Am. Cen.* Grupo numeroso de zopilotes.

zopo, pa. ADJ. **1.** Dicho de una mano o de un pie: Torcidos o contrahechos. || **2.** Dicho de una persona: Que tiene torcidos o contrahechos los pies o las manos.

zoque. **I.** ADJ. **1.** Se dice de los indígenas de un grupo mexicano que habita los estados de Chiapas, Oaxaca y Tabasco. U. t. c. s. || **2.** Perteneciente o relativo a este grupo indígena. *Selva zoque.* || **II.** M. **3.** Lengua hablada por dicho grupo.

zoquetada. F. *Am.* Necedad, simpleza.

zoquete. M. **1.** Pedazo de pan grueso e irregular. || **2.** coloq. Persona tarda en comprender. U. t. c. adj. || **3.** *Á. guar.* Pedazo grande de carne vacuna. || **4.** *Á. guar.* Cargo público.

zoquetear. INTR. **1.** *Am.* Actuar o comportarse como un zoquete o un mentecato. || **2.** *Á. guar.* Dedicarse a la búsqueda de cargos públicos inmerecidos.

zoqueterismo. M. *Á. guar.* Reparto de cargos públicos con el fin de ganar apoyo y favores.

zoquetero, ra. ADJ. *Á. guar.* Dicho de una persona: Que ocupa cargos públicos con el único fin de obtener ventajas y riqueza personales.

zorcico. M. **1.** Composición musical en compás de cinco por ocho, popular en el País Vasco. || **2.** Letra de esta composición musical. || **3.** Baile que se ejecuta con esta música.

zorimbo, ba. ADJ. **1.** *Méx.* **tonto** (|| falto de entendimiento o razón). *Está zorimbo.* || **2.** *Méx.* **ebrio** (|| embriagado por la bebida).

zoroástrico, ca. ADJ. hist. Perteneciente o relativo al zoroastrismo.

zoroastrismo. M. hist. Religión de origen persa elaborada por Zoroastro a partir del mazdeísmo.

zorocho, cha. ADJ. **1.** *Á. Caribe.* Dicho de un alimento: A medio cocinar. || **2.** *Á. Caribe.* Dicho de un fruto: Que no está en sazón.

zorongo. M. **1.** Baile popular andaluz. || **2.** Música y canto de este baile.

zorra. F. **1.** Mamífero cánido de menos de un metro de longitud, incluida la cola, de hocico alargado y orejas empinadas, pelaje de color pardo rojizo y muy espeso, especialmente en la cola, de punta blanca. Es de costumbres crepusculares y nocturnas; abunda en España y caza con gran astucia toda clase de animales, incluso de corral. || **2.** Hembra de esta especie. || **3.** Carro bajo y fuerte para transportar pesos grandes. || **4. prostituta.** || **5.** coloq. Persona astuta y solapada. □ V. **cola de ~.**

zorrear. INTR. *Chile.* Perseguir o cazar zorros con jaurías.

zorrero. □ V. **perro ~.**

zorrillo. M. *Am. Cen.* y *Méx.* **mofeta** (|| mamífero carnicero).

zorro. M. **1.** Macho de la zorra. || **2. zorra** (|| mamífero cánido). || **3.** Piel de la zorra, curtida de modo que conserve el pelo. || **4.** coloq. Hombre astuto y solapado. U. t. c. adj. || **5. mofeta** (|| mamífero carnicero). || **6.** pl. Tiras de orillo o piel, colas de cordero, etc., que, unidas y puestas en un mango, sirven para sacudir el polvo de muebles y paredes. || **~ azul.** M. El propio de los países glaciales, cuyo pelaje, muy espeso, suave, largo y de color gris azulado, se estima mucho para forros y adornos de peletería. || **~ hediondo.** M. *Am.* **mofeta** (|| mamífero carnicero). || **hacerse** alguien **el ~.** LOC.VERB. coloq. Aparentar ignorancia o distracción.

zorruno, na. ADJ. Perteneciente o relativo a la **zorra** (|| mamífero cánido).

zorrupia. F. prostituta.

zorzal. M. **1.** Se usa como nombre vulgar para referirse a varias aves paseriformes del mismo género que el mirlo. El común tiene el dorso de color pardo y el pecho claro con pequeñas motas. Vive en España durante el invierno. || **2.** *Chile.* **papanatas.** || **~ alirrojo.** M. zorzal más pequeño que el común, que se distingue por una banda clara sobre el ojo y por los flancos de vivo color castaño. || **~ charlo.** M. zorzal de mayor tamaño que el común, con el dorso gris, el pecho profusamente moteado y la parte inferior de las alas de color blanco. Sus excrementos tienen consistencia oleaginosa. || **~ marino.** M. Pez teleósteo, del suborden de los Acantopterigios, caracterizado por los dobles labios carnosos que cubren sus mandíbulas. Es de forma oblonga y está revestido de escamas. Se hallan varias especies en las costas de España y su carne es bastante apreciada. || **~ real.** M. zorzal mayor que el común, que se distingue por tener la cabeza y el obispillo de color gris, el dorso castaño y el pecho amarillo rojizo listado de negro.

zorzaleña. □ V. aceituna ~.

zóster o **zoster.** M. *Med.* herpes zóster.

zotal. (Marca reg.). M. Desinfectante o insecticida que se usa generalmente en establos o para el ganado.

zote. ADJ. Ignorante, torpe y muy tardo en aprender. U. t. c. s.

zotol. M. **1.** *Méx.* Planta liliácea de la que se obtiene una bebida alcohólica. || **2.** *Méx.* Licor que se obtiene de esta planta, y, por ext., el de la caña de azúcar o el del maíz.

zozobra. F. **1.** Acción y efecto de zozobrar. || **2.** Inquietud, aflicción y congoja del ánimo, que no deja sosegar, o por el riesgo que amenaza, o por el mal que ya se padece. || **3.** *Mar.* Estado del mar o del viento que constituye una amenaza para la navegación.

zozobrar. **I.** INTR. **1.** Dicho de una embarcación: Perderse o irse a pique. U. t. c. prnl. || **2.** Dicho especialmente de una empresa: Fracasar o frustrarse. U. t. c. prnl. || **3.** Estar inquieto o desazonado por la inseguridad respecto de algo o por la incertidumbre sobre lo que conviene hacer. || **II.** TR. **4.** Hacer zozobrar. *La tormenta zozobró la embarcación.*

zuavo. M. **1.** hist. Soldado argelino de infantería, al servicio de Francia. || **2.** hist. Soldado francés que lleva el mismo uniforme que el zuavo argelino.

zubia. F. Lugar por donde corre, o donde afluye, mucha agua.

zueco. M. **1.** Zapato de madera de una pieza. || **2.** Zapato de cuero con suela de corcho o de madera.

zuela. F. azuela.

zulaque. M. Betún en pasta hecho con estopa, cal, aceite y escorias o vidrios molidos, a propósito para tapar las juntas de las cañerías de aguas y para otras obras hidráulicas.

zuliano, na. ADJ. **1.** Natural de Zulia. U. t. c. s. || **2.** Perteneciente o relativo a este estado de Venezuela.

zulla. F. pipirigallo.

zulo. M. Lugar oculto y cerrado dispuesto para esconder ilegalmente cosas o personas secuestradas.

zulú. ADJ. **1.** Se dice del individuo de cierto pueblo de raza negra que habita en el África austral. U. t. c. s. || **2.** Perteneciente o relativo a este pueblo. *Partido zulú.* ¶ MORF. pl. **zulúes** o **zulús.**

zum. M. **1.** *Cinem., Fotogr.* y *TV.* Teleobjetivo especial cuyo avance o retroceso permite acercar o alejar la imagen. || **2.** Efecto de acercamiento o alejamiento de la imagen obtenido con este dispositivo. ¶ MORF. pl. **zums.**

zumaque. M. Arbusto de la familia de las Anacardiáceas, de unos tres metros de altura, con tallos leñosos, hojas compuestas de hojuelas ovales, dentadas y vellosas, flores en panoja, primero blanquecinas y después encarnadas, y fruto drupáceo, redondo y rojizo. Tiene mucho tanino y se emplea como curtiente.

zumaya. F. **1.** autillo. || **2.** chotacabras. || **3.** martinete[1].

zumba. F. **1.** Cencerro grande que lleva comúnmente la caballería delantera de una recua, o el buey que hace de cabestro. || **2.** coloq. Broma o burla ligera. || **3.** *Am.* Tunda, zurra.

zumbado, da. PART. de **zumbar.** || ADJ. coloq. **loco** (|| de poco juicio). U. t. c. s.

zumbador, ra. ADJ. Que zumba. *Enjambres zumbadores.*

zumbar. **I.** INTR. **1.** Producir ruido o sonido continuado y bronco, como el que se produce a veces dentro de los mismos oídos. || **II.** TR. **2.** coloq. Dar, atizar un golpe. *Le zumbó una bofetada.* U. t. en sent. fig. *El equipo local zumbó a los visitantes.* || **zumbando.** INTERJ. Se usa para animar a ir con violencia o suma ligereza.

zumbido. M. Acción y efecto de zumbar.

zumbo. M. **1.** zumbido. || **2.** *Am. Cen.* Vasija hecha con el epicarpio del fruto de la calabaza.

zumbón, na. ADJ. coloq. Burlón o bromista.

zumo. M. **1.** Líquido de las hierbas, flores, frutas u otras cosas semejantes, que se saca exprimiéndolas o majándolas. || **2.** jugo (|| parte provechosa, útil y sustancial).

zumoso, sa. ADJ. Que tiene zumo. *Fruta zumosa.*

zunchar. TR. Colocar zunchos para reforzar algo.

zuncho. M. **1.** Abrazadera de hierro, o de cualquier otra materia resistente, que sirve, bien para fortalecer las cosas que requieren gran resistencia, como ciertos cañones, bien para el paso y sostenimiento de algún palo, mastelero, botalón, etc. || **2.** Refuerzo metálico, generalmente de acero, para juntar y atar elementos constructivos de un edificio en ruinas.

zurano, na. ADJ. Dicho de una paloma: **silvestre.**

zurcida. F. *Méx.* zurcido.

zurcido. M. Acción y efecto de zurcir.

zurcidor, ra. ADJ. Que zurce. Apl. a pers., u. t. c. s.

zurcir. TR. **1.** Coser la rotura de una tela, juntando los pedazos con puntadas ordenadas, de modo que la unión resulte disimulada. || **2.** Suplir con puntadas muy juntas y entrecruzadas los hilos que faltan en el agujero de un tejido. || **3.** Unir y juntar con habilidad una cosa con otra. *Zurcir varios datos.* □ V. **huevo de ~.**

zurda. F. **mano izquierda** (|| la opuesta a la derecha).

zurdazo. M. Golpe dado con la mano o el pie izquierdos.

zurdear. INTR. *Am.* Hacer con la mano izquierda lo que generalmente se hace con la derecha.

zurdera. F. Cualidad de zurdo.

zurdería. F. zurdera.

zurdo, da. ADJ. Que tiene tendencia natural a servirse preferentemente de la mano izquierda o también del pie del mismo lado. Apl. a pers., u. t. c. s. □ V. **mano ~.**

zurear. INTR. Dicho de una paloma: Hacer arrullos.

zureo. M. Acción y efecto de zurear.

zurito, ta. ADJ. Dicho de una paloma: **silvestre.** □ V. **paloma ~.**

zuro. M. Corazón o raspa de la mazorca del maíz después de desgranada.

zurra. F. coloq. Castigo que se da a alguien, especialmente de azotes o golpes.

zurrador, ra. ADJ. coloq. Que zurra. Apl. a pers., u. t. c. s.

zurrapa. F. Brizna o sedimento que se halla en los líquidos y que poco a poco se va sentando. U. m. en pl.

zurrar. TR. coloq. Castigar a alguien, especialmente con azotes o golpes.

zurria. F. *Am. Cen.* zurra.

zurriaga. F. zurriago.

zurriagazo. M. **1.** Golpe dado con un zurriago. || **2.** Golpe dado con una cosa flexible como el zurriago. || **3.** Desgracia o mal suceso inesperado, que sobreviene en el negocio emprendido.

zurriago. M. Látigo con que se castiga o zurra, el cual por lo común suele ser de cuero, cordel o cosa semejante.

zurriburri. M. Barullo, confusión.

zurrido. M. Sonido bronco, desagradable y confuso.

zurrón. M. **1.** Bolsa grande de pellejo, que regularmente usan los pastores para guardar y llevar su comida u otras cosas. ‖ **2.** Bolsa de cuero. ‖ **3.** Cáscara primera y más tierna en que están encerrados algunos frutos, para que lleguen a su perfecta sazón.

zurullo. M. coloq. **mojón** (‖ porción compacta de excremento humano).

zurumbático, ca. ADJ. Lelo, pasmado, aturdido.

zutano, na. M. y F. Se usa para aludir a alguien cuyo nombre se ignora o no se quiere expresar después de haber aludido a otra u otras personas con palabras de igual indeterminación, como *fulano* o *mengano*.

zutuhil. ADJ. zutujil. Apl. a pers., u. t. c. s.

zutujil. I. ADJ. **1.** Se dice de un grupo indígena que vive al sur del lago Atitlán, en Guatemala. U. t. c. s. ‖ **2.** Perteneciente o relativo a estos indios y a su idioma. *Léxico zutujil.* ‖ **II.** M. **3.** Lengua de la familia maya que hablan estos indios.

Apéndices

Modelos de conjugación española

El apéndice incluye 65 verbos, seleccionados entre los de mayor uso, que se proponen como modelos de conjugación de todos los demás. Aparecen tanto los verbos que sirven de paradigma regular (*amar, temer* y *partir*) como aquellos que reflejan los distintos tipos de irregularidades y variantes acentuales.

La conjugación de estos verbos aparece desarrollada íntegramente en todas sus formas simples. Es necesario hacer, sin embargo, algunas precisiones:

• En la segunda persona del singular del presente de indicativo y en la del imperativo se incluye, junto a la forma más habitual, la correspondiente al voseo, sobre la base de su realización más extendida en el área del Río de la Plata.

• Hay que tener en cuenta, asimismo, que en amplias zonas del mundo hispánico no se emplea el pronombre *vosotros,* sino *ustedes.* Esto lleva consigo que la forma verbal sea la que corresponde a la tercera persona del plural.

• Las únicas formas del imperativo que se registran son las propias de este modo verbal, es decir, las de la segunda persona del singular y del plural, dado que para las demás personas se utilizan las del presente de subjuntivo.

• Los tiempos verbales reciben una doble denominación: la correspondiente a la terminología académica tradicional y la establecida por Andrés Bello, empleada en varios países hispanoamericanos.

Los verbos cuya conjugación se propone como modelo son los siguientes:

acertar	conducir	lucir	sentir
actuar	construir	mover	ser
adeudar	contar	mullir	sonreír
adquirir	dar	oír	tañer
agradecer	decir	oler	temer
aislar	descafeinar	partir	tener
amar	discernir	pedir	traer
andar	dormir	peinar	valer
anunciar	entender	poder	venir
aplaudir	enviar	poner	ver
asir	erguir	prohibir	yacer
aunar	errar	prohijar	
averiguar	estar	querer	
bailar	haber	rehusar	
caber	hacer	reunir	
caer	ir	roer	
causar	jugar	saber	
ceñir	leer	salir	

	INFINITIVO	**acertar**	**actuar**	**adeudar**
FORMAS NO PERSONALES	PARTICIPIO	acertado	actuado	adeudado
	GERUNDIO	acertando	actuando	adeudando
INDICATIVO	PRESENTE	acierto aciertas / acertás acierta acertamos acertáis aciertan	actúo actúas / actuás actúa actuamos actuáis actúan	adeudo adeudas / adeudás adeuda adeudamos adeudáis adeudan
	PRETÉRITO IMPERFECTO o COPRETÉRITO	acertaba acertabas acertaba acertábamos acertabais acertaban	actuaba actuabas actuaba actuábamos actuabais actuaban	adeudaba adeudabas adeudaba adeudábamos adeudabais adeudaban
	PRETÉRITO PERFECTO SIMPLE o PRETÉRITO	acerté acertaste acertó acertamos acertasteis acertaron	actué actuaste actuó actuamos actuasteis actuaron	adeudé adeudaste adeudó adeudamos adeudasteis adeudaron
	FUTURO SIMPLE o FUTURO	acertaré acertarás acertará acertaremos acertaréis acertarán	actuaré actuarás actuará actuaremos actuaréis actuarán	adeudaré adeudarás adeudará adeudaremos adeudaréis adeudarán
	CONDICIONAL SIMPLE o POSPRETÉRITO	acertaría acertarías acertaría acertaríamos acertaríais acertarían	actuaría actuarías actuaría actuaríamos actuaríais actuarían	adeudaría adeudarías adeudaría adeudaríamos adeudaríais adeudarían
SUBJUNTIVO	PRESENTE	acierte aciertes acierte acertemos acertéis acierten	actúe actúes actúe actuemos actuéis actúen	adeude adeudes adeude adeudemos adeudéis adeuden
	PRETÉRITO IMPERFECTO o PRETÉRITO	acertara o acertase acertaras o acertases acertara o acertase acertáramos o acertásemos acertarais o acertaseis acertaran o acertasen	actuara o actuase actuaras o actuases actuara o actuase actuáramos o actuásemos actuarais o actuaseis actuaran o actuasen	adeudara o adeudase adeudaras o adeudases adeudara o adeudase adeudáramos o adeudásemos adeudarais o adeudaseis adeudaran o adeudasen
	FUTURO SIMPLE o FUTURO	acertare acertares acertare acertáremos acertareis acertaren	actuare actuares actuare actuáremos actuareis actuaren	adeudare adeudares adeudare adeudáremos adeudareis adeudaren
IMPERATIVO		acierta / acertá acertad	actúa / actuá actuad	adeuda / adeudá adeudad

	INFINITIVO	**adquirir**	**agradecer**	**aislar**
FORMAS NO PERSONALES	PARTICIPIO	adquirido	agradecido	aislado
	GERUNDIO	adquiriendo	agradeciendo	aislando
INDICATIVO	PRESENTE	adquiero adquieres / adquirís adquiere adquirimos adquirís adquieren	agradezco agradeces / agradecés agradece agradecemos agradecéis agradecen	aíslo aíslas / aislás aísla aislamos aisláis aíslan
	PRETÉRITO IMPERFECTO o COPRETÉRITO	adquiría adquirías adquiría adquiríamos adquiríais adquirían	agradecía agradecías agradecía agradecíamos agradecíais agradecían	aislaba aislabas aislaba aislábamos aislabais aislaban
	PRETÉRITO PERFECTO SIMPLE o PRETÉRITO	adquirí adquiriste adquirió adquirimos adquiristeis adquirieron	agradecí agradeciste agradeció agradecimos agradecisteis agradecieron	aislé aislaste aisló aislamos aislasteis aislaron
	FUTURO SIMPLE o FUTURO	adquiriré adquirirás adquirirá adquiriremos adquiriréis adquirirán	agradeceré agradecerás agradecerá agradeceremos agradeceréis agradecerán	aislaré aislarás aislará aislaremos aislaréis aislarán
	CONDICIONAL SIMPLE o POSPRETÉRITO	adquiriría adquirirías adquiriría adquiriríamos adquiriríais adquirirían	agradecería agradecerías agradecería agradeceríamos agradeceríais agradecerían	aislaría aislarías aislaría aislaríamos aislaríais aislarían
SUBJUNTIVO	PRESENTE	adquiera adquieras adquiera adquiramos adquiráis adquieran	agradezca agradezcas agradezca agradezcamos agradezcáis agradezcan	aísle aísles aísle aislemos aisléis aíslen
	PRETÉRITO IMPERFECTO o PRETÉRITO	adquiriera o adquiriese adquirieras o adquirieses adquiriera o adquiriese adquiriéramos o adquiriésemos adquirierais o adquirieseis adquirieran o adquiriesen	agradeciera o agradeciese agradecieras o agradecieses agradeciera o agradeciese agradeciéramos o agradeciésemos agradecierais o agradecieseis agradecieran o agradeciesen	aislara o aislase aislaras o aislases aislara o aislase aisláramos o aislásemos aislarais o aislaseis aislaran o aislasen
	FUTURO SIMPLE o FUTURO	adquiriere adquirieres adquiriere adquiriéremos adquiriereis adquirieren	agradeciere agradecieres agradeciere agradeciéremos agradeciereis agradecieren	aislare aislares aislare aisláremos aislareis aislaren
	IMPERATIVO	adquiere / adquirí adquirid	agradece / agradecé agradeced	aísla / aislá aislad

	INFINITIVO	**amar**	**andar**	**anunciar**
FORMAS NO PERSONALES	PARTICIPIO	amado	andado	anunciado
	GERUNDIO	amando	andando	anunciando
INDICATIVO	PRESENTE	amo amas / amás ama amamos amáis aman	ando andas / andás anda andamos andáis andan	anuncio anuncias / anunciás anuncia anunciamos anunciáis anuncian
	PRETÉRITO IMPERFECTO o COPRETÉRITO	amaba amabas amaba amábamos amabais amaban	andaba andabas andaba andábamos andabais andaban	anunciaba anunciabas anunciaba anunciábamos anunciabais anunciaban
	PRETÉRITO PERFECTO SIMPLE o PRETÉRITO	amé amaste amó amamos amasteis amaron	anduve anduviste anduvo anduvimos anduvisteis anduvieron	anuncié anunciaste anunció anunciamos anunciasteis anunciaron
	FUTURO SIMPLE o FUTURO	amaré amarás amará amaremos amaréis amarán	andaré andarás andará andaremos andaréis andarán	anunciaré anunciarás anunciará anunciaremos anunciaréis anunciarán
	CONDICIONAL SIMPLE o POSPRETÉRITO	amaría amarías amaría amaríamos amaríais amarían	andaría andarías andaría andaríamos andaríais andarían	anunciaría anunciarías anunciaría anunciaríamos anunciaríais anunciarían
SUBJUNTIVO	PRESENTE	ame ames ame amemos améis amen	ande andes ande andemos andéis anden	anuncie anuncies anuncie anunciemos anunciéis anuncien
	PRETÉRITO IMPERFECTO o PRETÉRITO	amara o amase amaras o amases amara o amase amáramos o amásemos amarais o amaseis amaran o amasen	anduviera o anduviese anduvieras o anduvieses anduviera o anduviese anduviéramos o anduviésemos anduvierais o anduvieseis anduvieran o anduviesen	anunciara o anunciase anunciaras o anunciases anunciara o anunciase anunciáramos o anunciásemos anunciarais o anunciaseis anunciaran o anunciasen
	FUTURO SIMPLE o FUTURO	amare amares amare amáremos amareis amaren	anduviere anduvieres anduviere anduviéremos anduviereis anduvieren	anunciare anunciares anunciare anunciáremos anunciareis anunciaren
IMPERATIVO		ama / amá amad	anda / andá andad	anuncia / anunciá anunciad

		INFINITIVO	**aplaudir**	**asir**	**aunar**
FORMAS NO PERSONALES		PARTICIPIO	aplaudido	asido	aunado
		GERUNDIO	aplaudiendo	asiendo	aunando
INDICATIVO		PRESENTE	aplaudo aplaudes / aplaudís aplaude aplaudimos aplaudís aplauden	asgo ases / asís ase asimos asís asen	aúno aúnas / aunás aúna aunamos aunáis aúnan
		PRETÉRITO IMPERFECTO o COPRETÉRITO	aplaudía aplaudías aplaudía aplaudíamos aplaudíais aplaudían	asía asías asía asíamos asíais asían	aunaba aunabas aunaba aunábamos aunabais aunaban
		PRETÉRITO PERFECTO SIMPLE o PRETÉRITO	aplaudí aplaudiste aplaudió aplaudimos aplaudisteis aplaudieron	así asiste asió asimos asisteis asieron	auné aunaste aunó aunamos aunasteis aunaron
		FUTURO SIMPLE o FUTURO	aplaudiré aplaudirás aplaudirá aplaudiremos aplaudiréis aplaudirán	asiré asirás asirá asiremos asiréis asirán	aunaré aunarás aunará aunaremos aunaréis aunarán
		CONDICIONAL SIMPLE o POSPRETÉRITO	aplaudiría aplaudirías aplaudiría aplaudiríamos aplaudiríais aplaudirían	asiría asirías asiría asiríamos asiríais asirían	aunaría aunarías aunaría aunaríamos aunaríais aunarían
SUBJUNTIVO		PRESENTE	aplauda aplaudas aplauda aplaudamos aplaudáis aplaudan	asga asgas asga asgamos asgáis asgan	aúne aúnes aúne aunemos aunéis aúnen
		PRETÉRITO IMPERFECTO o PRETÉRITO	aplaudiera o aplaudiese aplaudieras o aplaudieses aplaudiera o aplaudiese aplaudiéramos o aplaudiésemos aplaudierais o aplaudieseis aplaudieran o aplaudiesen	asiera o asiese asieras o asieses asiera o asiese asiéramos o asiésemos asierais o asieseis asieran o asiesen	aunara o aunase aunaras o aunases aunara o aunase aunáramos o aunásemos aunarais o aunaseis aunaran o aunasen
		FUTURO SIMPLE o FUTURO	aplaudiere aplaudieres aplaudiere aplaudiéremos aplaudiereis aplaudieren	asiere asieres asiere asiéremos asiereis asieren	aunare aunares aunare aunáremos aunareis aunaren
IMPERATIVO			aplaude / aplaudí aplaudid	ase / así asid	aúna / auná aunad

FORMAS NO PERSONALES	INFINITIVO	**averiguar**	**bailar**	**caber**
	PARTICIPIO	averiguado	bailado	cabido
	GERUNDIO	averiguando	bailando	cabiendo

INDICATIVO	PRESENTE	averiguo averiguas / averiguás averigua averiguamos averiguáis averiguan	bailo bailas / bailás baila bailamos bailáis bailan	quepo cabes / cabés cabe cabemos cabéis caben
	PRETÉRITO IMPERFECTO o COPRETÉRITO	averiguaba averiguabas averiguaba averiguábamos averiguabais averiguaban	bailaba bailabas bailaba bailábamos bailabais bailaban	cabía cabías cabía cabíamos cabíais cabían
	PRETÉRITO PERFECTO SIMPLE o PRETÉRITO	averigüé averiguaste averiguó averiguamos averiguasteis averiguaron	bailé bailaste bailó bailamos bailasteis bailaron	cupe cupiste cupo cupimos cupisteis cupieron
	FUTURO SIMPLE o FUTURO	averiguaré averiguarás averiguará averiguaremos averiguaréis averiguarán	bailaré bailarás bailará bailaremos bailaréis bailarán	cabré cabrás cabrá cabremos cabréis cabrán
	CONDICIONAL SIMPLE o POSPRETÉRITO	averiguaría averiguarías averiguaría averiguaríamos averiguaríais averiguarían	bailaría bailarías bailaría bailaríamos bailaríais bailarían	cabría cabrías cabría cabríamos cabríais cabrían

SUBJUNTIVO	PRESENTE	averigüe averigües averigüe averigüemos averigüéis averigüen	baile bailes baile bailemos bailéis bailen	quepa quepas quepa quepamos quepáis quepan
	PRETÉRITO IMPERFECTO o PRETÉRITO	averiguara o averiguase averiguaras o averiguases averiguara o averiguase averiguáramos o averiguásemos averiguarais o averiguaseis averiguaran o averiguasen	bailara o bailase bailaras o bailases bailara o bailase bailáramos o bailásemos bailarais o bailaseis bailaran o bailasen	cupiera o cupiese cupieras o cupieses cupiera o cupiese cupiéramos o cupiésemos cupierais o cupieseis cupieran o cupiesen
	FUTURO SIMPLE o FUTURO	averiguare averiguares averiguare averiguáremos averiguareis averiguaren	bailare bailares bailare bailáremos bailareis bailaren	cupiere cupieres cupiere cupiéremos cupiereis cupieren

IMPERATIVO	averigua / averiguá averiguad	baila / bailá bailad	*Las formas son* cabe/cabé, cabed, *pero carecen de uso.*

	INFINITIVO	caer	causar	ceñir
FORMAS NO PERSONALES	PARTICIPIO	caído	causado	ceñido
	GERUNDIO	cayendo	causando	ciñendo
INDICATIVO	PRESENTE	caigo caes / caés cae caemos caéis caen	causo causas / causás causa causamos causáis causan	ciño ciñes / ceñís ciñe ceñimos ceñís ciñen
	PRETÉRITO IMPERFECTO o COPRETÉRITO	caía caías caía caíamos caíais caían	causaba causabas causaba causábamos causabais causaban	ceñía ceñías ceñía ceñíamos ceñíais ceñían
	PRETÉRITO PERFECTO SIMPLE o PRETÉRITO	caí caíste cayó caímos caísteis cayeron	causé causaste causó causamos causasteis causaron	ceñí ceñiste ciñó ceñimos ceñisteis ciñeron
	FUTURO SIMPLE o FUTURO	caeré caerás caerá caeremos caeréis caerán	causaré causarás causará causaremos causaréis causarán	ceñiré ceñirás ceñirá ceñiremos ceñiréis ceñirán
	CONDICIONAL SIMPLE o POSPRETÉRITO	caería caerías caería caeríamos caeríais caerían	causaría causarías causaría causaríamos causaríais causarían	ceñiría ceñirías ceñiría ceñiríamos ceñiríais ceñirían
SUBJUNTIVO	PRESENTE	caiga caigas caiga caigamos caigáis caigan	cause causes cause causemos causéis causen	ciña ciñas ciña ciñamos ciñáis ciñan
	PRETÉRITO IMPERFECTO o PRETÉRITO	cayera o cayese cayeras o cayeses cayera o cayese cayéramos o cayésemos cayerais o cayeseis cayeran o cayesen	causara o causase causaras o causases causara o causase causáramos o causásemos causarais o causaseis causaran o causasen	ciñera o ciñese ciñeras o ciñeses ciñera o ciñese ciñéramos o ciñésemos ciñerais o ciñeseis ciñeran o ciñesen
	FUTURO SIMPLE o FUTURO	cayere cayeres cayere cayéremos cayereis cayeren	causare causares causare causáremos causareis causaren	ciñere ciñeres ciñere ciñéremos ciñereis ciñeren
IMPERATIVO		cae / caé caed	causa / causá causad	ciñe / ceñí ceñid

		INFINITIVO	**conducir**	**construir**	**contar**
FORMAS NO PERSONALES		PARTICIPIO	conducido	construido	contado
		GERUNDIO	conduciendo	construyendo	contando
INDICATIVO		PRESENTE	conduzco conduces / conducís conduce conducimos conducís conducen	construyo construyes / construís construye construimos construís construyen	cuento cuentas / contás cuenta contamos contáis cuentan
		PRETÉRITO IMPERFECTO o COPRETÉRITO	conducía conducías conducía conducíamos conducíais conducían	construía construías construía construíamos construíais construían	contaba contabas contaba contábamos contabais contaban
		PRETÉRITO PERFECTO SIMPLE o PRETÉRITO	conduje condujiste condujo condujimos condujisteis condujeron	construí construiste construyó construimos construisteis construyeron	conté contaste contó contamos contasteis contaron
		FUTURO SIMPLE o FUTURO	conduciré conducirás conducirá conduciremos conduciréis conducirán	construiré construirás construirá construiremos construiréis construirán	contaré contarás contará contaremos contaréis contarán
		CONDICIONAL SIMPLE o POSPRETÉRITO	conduciría conducirías conduciría conduciríamos conduciríais conducirían	construiría construirías construiría construiríamos construiríais construirían	contaría contarías contaría contaríamos contaríais contarían
SUBJUNTIVO		PRESENTE	conduzca conduzcas conduzca conduzcamos conduzcáis conduzcan	construya construyas construya construyamos construyáis construyan	cuente cuentes cuente contemos contéis cuenten
		PRETÉRITO IMPERFECTO o PRETÉRITO	condujera o condujese condujeras o condujeses condujera o condujese condujéramos o condujésemos condujerais o condujeseis condujeran o condujesen	construyera o construyese construyeras o construyeses construyera o construyese construyéramos o construyésemos construyerais o construyeseis construyeran o construyesen	contara o contase contaras o contases contara o contase contáramos o contásemos contarais o contaseis contaran o contasen
		FUTURO SIMPLE o FUTURO	condujere condujeres condujere condujéremos condujereis condujeren	construyere construyeres construyere construyéremos construyereis construyeren	contare contares contare contáremos contareis contaren
IMPERATIVO			conduce / conducí conducid	construye / construí construid	cuenta / contá contad

	INFINITIVO	**dar**	**decir**	**descafeinar**
FORMAS NO PERSONALES	PARTICIPIO	dado	dicho	descafeinado
	GERUNDIO	dando	diciendo	descafeinando
INDICATIVO	PRESENTE	doy das da damos dais dan	digo dices / decís dice decimos decís dicen	descafeíno descafeínas / descafeinás descafeína descafeinamos descafeináis descafeínan
	PRETÉRITO IMPERFECTO *o* COPRETÉRITO	daba dabas daba dábamos dabais daban	decía decías decía decíamos decíais decían	descafeinaba descafeinabas descafeinaba descafeinábamos descafeinabais descafeinaban
	PRETÉRITO PERFECTO SIMPLE *o* PRETÉRITO	di diste dio dimos disteis dieron	dije dijiste dijo dijimos dijisteis dijeron	descafeiné descafeinaste descafeinó descafeinamos descafeinasteis descafeinaron
	FUTURO SIMPLE *o* FUTURO	daré darás dará daremos daréis darán	diré dirás dirá diremos diréis dirán	descafeinaré descafeinarás descafeinará descafeinaremos descafeinaréis descafeinarán
	CONDICIONAL SIMPLE *o* POSPRETÉRITO	daría darías daría daríamos daríais darían	diría dirías diría diríamos diríais dirían	descafeinaría descafeinarías descafeinaría descafeinaríamos descafeinaríais descafeinarían
SUBJUNTIVO	PRESENTE	dé des dé demos deis den	diga digas diga digamos digáis digan	descafeíne descafeínes descafeíne descafeinemos descafeinéis descafeínen
	PRETÉRITO IMPERFECTO *o* PRETÉRITO	diera *o* diese dieras *o* dieses diera *o* diese diéramos *o* diésemos dierais *o* dieseis dieran *o* diesen	dijera *o* dijese dijeras *o* dijeses dijera *o* dijese dijéramos *o* dijésemos dijerais *o* dijeseis dijeran *o* dijesen	descafeinara *o* descafeinase descafeinaras *o* descafeinases descafeinara *o* descafeinase descafeináramos *o* descafeinásemos descafeinarais *o* descafeinaseis descafeinaran *o* descafeinasen
	FUTURO SIMPLE *o* FUTURO	diere dieres diere diéremos diereis dieren	dijere dijeres dijere dijéremos dijereis dijeren	descafeinare descafeinares descafeinare descafeináremos descafeinareis descafeinaren
IMPERATIVO		da dad	di / decí decid	descafeína / descafeiná descafeinad

		INFINITIVO	**discernir**	**dormir**	**entender**
FORMAS NO PERSONALES		PARTICIPIO	discernido	dormido	entendido
		GERUNDIO	discerniendo	durmiendo	entendiendo
INDICATIVO		PRESENTE	discierno disciernes / discernís discierne discernimos discernís disciernen	duermo duermes / dormís duerme dormimos dormís duermen	entiendo entiendes / entendés entiende entendemos entendéis entienden
		PRETÉRITO IMPERFECTO o COPRETÉRITO	discernía discernías discernía discerníamos discerníais discernían	dormía dormías dormía dormíamos dormíais dormían	entendía entendías entendía entendíamos entendíais entendían
		PRETÉRITO PERFECTO SIMPLE o PRETÉRITO	discerní discerniste discernió discernimos discernisteis discernieron	dormí dormiste durmió dormimos dormisteis durmieron	entendí entendiste entendió entendimos entendisteis entendieron
		FUTURO SIMPLE o FUTURO	discerniré discernirás discernirá discerniremos discerniréis discernirán	dormiré dormirás dormirá dormiremos dormiréis dormirán	entenderé entenderás entenderá entenderemos entenderéis entenderán
		CONDICIONAL SIMPLE o POSPRETÉRITO	discerniría discernirías discerniría discerniríamos discerniríais discernirían	dormiría dormirías dormiría dormiríamos dormiríais dormirían	entendería entenderías entendería entenderíamos entenderíais entenderían
SUBJUNTIVO		PRESENTE	discierna disciernas discierna discernamos discernáis disciernan	duerma duermas duerma durmamos durmáis duerman	entienda entiendas entienda entendamos entendáis entiendan
		PRETÉRITO IMPERFECTO o PRETÉRITO	discerniera o discerniese discernieras o discernieses discerniera o discerniese discerniéramos o discerniésemos discernierais o discernieseis discernieran o discerniesen	durmiera o durmiese durmieras o durmieses durmiera o durmiese durmiéramos o durmiésemos durmierais o durmieseis durmieran o durmiesen	entendiera o entendiese entendieras o entendieses entendiera o entendiese entendiéramos o entendiésemos entendierais o entendieseis entendieran o entendiesen
		FUTURO SIMPLE o FUTURO	discerniere discernieres discerniere discerniéremos discerniereis discernieren	durmiere durmieres durmiere durmiéremos durmiereis durmieren	entendiere entendieres entendiere entendiéremos entendiereis entendieren
IMPERATIVO			discierne / discerní discernid	duerme / dormí dormid	entiende / entendé entended

		INFINITIVO	**enviar**	**erguir***	**errar**
FORMAS NO PERSONALES		PARTICIPIO	enviado	erguido	errado
		GERUNDIO	enviando	irguiendo	errando
INDICATIVO		PRESENTE	envío envías / enviás envía enviamos enviáis envían	yergo yergues / erguís yergue erguimos erguís yerguen	yerro yerras / errás yerra erramos erráis yerran
		PRETÉRITO IMPERFECTO o COPRETÉRITO	enviaba enviabas enviaba enviábamos enviabais enviaban	erguía erguías erguía erguíamos erguíais erguían	erraba errabas erraba errábamos errabais erraban
		PRETÉRITO PERFECTO SIMPLE o PRETÉRITO	envié enviaste envió enviamos enviasteis enviaron	erguí erguiste irguió erguimos erguisteis irguieron	erré erraste erró erramos errasteis erraron
		FUTURO SIMPLE o FUTURO	enviaré enviarás enviará enviaremos enviaréis enviarán	erguiré erguirás erguirá erguiremos erguiréis erguirán	erraré errarás errará erraremos erraréis errarán
		CONDICIONAL SIMPLE o POSPRETÉRITO	enviaría enviarías enviaría enviaríamos enviaríais enviarían	erguiría erguirías erguiría erguiríamos erguiríais erguirían	erraría errarías erraría erraríamos erraríais errarían
SUBJUNTIVO		PRESENTE	envíe envíes envíe enviemos enviéis envíen	yerga yergas yerga irgamos irgáis yergan	yerre yerres yerre erremos erréis yerren
		PRETÉRITO IMPERFECTO o PRETÉRITO	enviara o enviase enviaras o enviases enviara o enviase enviáramos o enviásemos enviarais o enviaseis enviaran o enviasen	irguiera o irguiese irguieras o irguieses irguiera o irguiese irguiéramos o irguiésemos irguierais o irguieseis irguieran o irguiesen	errara o errase erraras o errases errara o errase erráramos o errásemos errarais o erraseis erraran o errasen
		FUTURO SIMPLE o FUTURO	enviare enviares enviare enviáremos enviareis enviaren	irguiere irguieres irguiere irguiéremos irguiereis irguieren	errare errares errare erráremos errareis erraren
IMPERATIVO			envía / enviá enviad	yergue / erguí erguid	yerra / errá errad

* También son válidas, aunque raras en el uso, las formas *irgo, irgues, irgue, irguen* en el presente de indicativo; *irga, irgas, irga, yergamos, yergáis, irgan,* en el presente de subjuntivo; *irgue* en el imperativo.

		INFINITIVO	**estar**	**haber**	**hacer**
FORMAS NO PERSONALES		PARTICIPIO	estado	habido	hecho
		GERUNDIO	estando	habiendo	haciendo
INDICATIVO		PRESENTE	estoy estás está estamos estáis están	he has ha (*como impersonal,* hay) hemos habéis han	hago haces / hacés hace hacemos hacéis hacen
		PRETÉRITO IMPERFECTO *o* COPRETÉRITO	estaba estabas estaba estábamos estabais estaban	había habías había habíamos habíais habían	hacía hacías hacía hacíamos hacíais hacían
		PRETÉRITO PERFECTO SIMPLE *o* PRETÉRITO	estuve estuviste estuvo estuvimos estuvisteis estuvieron	hube hubiste hubo hubimos hubisteis hubieron	hice hiciste hizo hicimos hicisteis hicieron
		FUTURO SIMPLE *o* FUTURO	estaré estarás estará estaremos estaréis estarán	habré habrás habrá habremos habréis habrán	haré harás hará haremos haréis harán
		CONDICIONAL SIMPLE *o* POSPRETÉRITO	estaría estarías estaría estaríamos estaríais estarían	habría habrías habría habríamos habríais habrían	haría harías haría haríamos haríais harían
SUBJUNTIVO		PRESENTE	esté estés esté estemos estéis estén	haya hayas haya hayamos hayáis hayan	haga hagas haga hagamos hagáis hagan
		PRETÉRITO IMPERFECTO *o* PRETÉRITO	estuviera *o* estuviese estuvieras *o* estuvieses estuviera *o* estuviese estuviéramos *o* estuviésemos estuvierais *o* estuvieseis estuvieran *o* estuviesen	hubiera *o* hubiese hubieras *o* hubieses hubiera *o* hubiese hubiéramos *o* hubiésemos hubierais *o* hubieseis hubieran *o* hubiesen	hiciera *o* hiciese hicieras *o* hicieses hiciera *o* hiciese hiciéramos *o* hiciésemos hicierais *o* hicieseis hicieran *o* hiciesen
		FUTURO SIMPLE *o* FUTURO	estuviere estuvieres estuviere estuviéremos estuviereis estuvieren	hubiere hubieres hubiere hubiéremos hubiereis hubieren	hiciere hicieres hiciere hiciéremos hiciereis hicieren
IMPERATIVO			está estad	*Las formas heredadas del latín son* habe *y* habed, *pero carecen de uso en la actualidad.*	haz / hacé haced

		INFINITIVO	**ir**	**jugar**	**leer**
FORMAS NO PERSONALES		PARTICIPIO	ido	jugado	leído
		GERUNDIO	yendo	jugando	leyendo
INDICATIVO		PRESENTE	voy vas va vamos vais van	juego juegas / jugás juega jugamos jugáis juegan	leo lees / leés lee leemos leéis leen
		PRETÉRITO IMPERFECTO *o* COPRETÉRITO	iba ibas iba íbamos ibais iban	jugaba jugabas jugaba jugábamos jugabais jugaban	leía leías leía leíamos leíais leían
		PRETÉRITO PERFECTO SIMPLE *o* PRETÉRITO	fui fuiste fue fuimos fuisteis fueron	jugué jugaste jugó jugamos jugasteis jugaron	leí leíste leyó leímos leísteis leyeron
		FUTURO SIMPLE *o* FUTURO	iré irás irá iremos iréis irán	jugaré jugarás jugará jugaremos jugaréis jugarán	leeré leerás leerá leeremos leeréis leerán
		CONDICIONAL SIMPLE *o* POSPRETÉRITO	iría irías iría iríamos iríais irían	jugaría jugarías jugaría jugaríamos jugaríais jugarían	leería leerías leería leeríamos leeríais leerían
SUBJUNTIVO		PRESENTE	vaya vayas vaya vayamos vayáis vayan	juegue juegues juegue juguemos juguéis jueguen	lea leas lea leamos leáis lean
		PRETÉRITO IMPERFECTO *o* PRETÉRITO	fuera *o* fuese fueras *o* fueses fuera *o* fuese fuéramos *o* fuésemos fuerais *o* fueseis fueran *o* fuesen	jugara *o* jugase jugaras *o* jugases jugara *o* jugase jugáramos *o* jugásemos jugarais *o* jugaseis jugaran *o* jugasen	leyera o leyese leyeras o leyeses leyera o leyese leyéramos o leyésemos leyerais o leyeseis leyeran o leyesen
		FUTURO SIMPLE *o* FUTURO	fuere fueres fuere fuéremos fuereis fueren	jugare jugares jugare jugáremos jugareis jugaren	leyere leyeres leyere leyéremos leyereis leyeren
IMPERATIVO			ve (*no tiene forma propia de voseo y en su lugar se emplea* andá, *imperativo de* andar) id	juega / jugá jugad	lee / leé leed

	INFINITIVO	**lucir**	**mover**	**mullir**
FORMAS NO PERSONALES	PARTICIPIO	lucido	movido	mullido
	GERUNDIO	luciendo	moviendo	mullendo
INDICATIVO	PRESENTE	luzco luces / lucís luce lucimos lucís lucen	muevo mueves / movés mueve movemos movéis mueven	mullo mulles / mullís mulle mullimos mullís mullen
	PRETÉRITO IMPERFECTO o COPRETÉRITO	lucía lucías lucía lucíamos lucíais lucían	movía movías movía movíamos movíais movían	mullía mullías mullía mullíamos mullíais mullían
	PRETÉRITO PERFECTO SIMPLE o PRETÉRITO	lucí luciste lució lucimos lucisteis lucieron	moví moviste movió movimos movisteis movieron	mullí mulliste mulló mullimos mullisteis mulleron
	FUTURO SIMPLE o FUTURO	luciré lucirás lucirá luciremos luciréis lucirán	moveré moverás moverá moveremos moveréis moverán	mulliré mullirás mullirá mulliremos mulliréis mullirán
	CONDICIONAL SIMPLE o POSPRETÉRITO	luciría lucirías luciría luciríamos luciríais lucirían	movería moverías movería moveríamos moveríais moverían	mulliría mullirías mulliría mulliríamos mulliríais mullirían
SUBJUNTIVO	PRESENTE	luzca luzcas luzca luzcamos luzcáis luzcan	mueva muevas mueva movamos mováis muevan	mulla mullas mulla mullamos mulláis mullan
	PRETÉRITO IMPERFECTO o PRETÉRITO	luciera o luciese lucieras o lucieses luciera o luciese luciéramos o luciésemos lucierais o lucieseis lucieran o luciesen	moviera o moviese movieras o movieses moviera o moviese moviéramos o moviésemos movierais o movieseis movieran o moviesen	mullera o mullese mulleras o mulleses mullera o mullese mulléramos o mullésemos mullerais o mulleseis mulleran o mullesen
	FUTURO SIMPLE o FUTURO	luciere lucieres luciere luciéremos luciereis lucieren	moviere movieres moviere moviéremos moviereis movieren	mullere mulleres mullere mulléremos mullereis mulleren
IMPERATIVO		luce / lucí lucid	mueve / mové moved	mulle / mullí mullid

Modelos de conjugación española

FORMAS NO PERSONALES	INFINITIVO	**oír**	oler	**partir**
	PARTICIPIO	oído	olido	partido
	GERUNDIO	oyendo	oliendo	partiendo
INDICATIVO	PRESENTE	oigo oyes / oís oye oímos oís oyen	huelo hueles / olés huele olemos oléis huelen	parto partes / partís parte partimos partís parten
	PRETÉRITO IMPERFECTO o COPRETÉRITO	oía oías oía oíamos oíais oían	olía olías olía olíamos olíais olían	partía partías partía partíamos partíais partían
	PRETÉRITO PERFECTO SIMPLE o PRETÉRITO	oí oíste oyó oímos oísteis oyeron	olí oliste olió olimos olisteis olieron	partí partiste partió partimos partisteis partieron
	FUTURO SIMPLE o FUTURO	oiré oirás oirá oiremos oiréis oirán	oleré olerás olerá oleremos oleréis olerán	partiré partirás partirá partiremos partiréis partirán
	CONDICIONAL SIMPLE o POSPRETÉRITO	oiría oirías oiría oiríamos oiríais oirían	olería olerías olería oleríamos oleríais olerían	partiría partirías partiría partiríamos partiríais partirían
SUBJUNTIVO	PRESENTE	oiga oigas oiga oigamos oigáis oigan	huela huelas huela olamos oláis huelan	parta partas parta partamos partáis partan
	PRETÉRITO IMPERFECTO o PRETÉRITO	oyera u oyese oyeras u oyeses oyera u oyese oyéramos u oyésemos oyerais u oyeseis oyeran u oyesen	oliera u oliese olieras u olieses oliera u oliese oliéramos u oliésemos olierais u olieseis olieran u oliesen	partiera o partiese partieras o partieses partiera o partiese partiéramos o partiésemos partierais o partieseis partieran o partiesen
	FUTURO SIMPLE o FUTURO	oyere oyeres oyere oyéremos oyereis oyeren	oliere olieres oliere oliéremos oliereis olieren	partiere partieres partiere partiéremos partiereis partieren
IMPERATIVO		oye / oí oíd	huele / olé oled	parte / partí partid

		INFINITIVO	**pedir**	**peinar**	**poder**
FORMAS NO PERSONALES		PARTICIPIO	pedido	peinado	podido
		GERUNDIO	pidiendo	peinando	pudiendo
INDICATIVO		PRESENTE	pido pides / pedís pide pedimos pedís piden	peino peinas / peinás peina peinamos peináis peinan	puedo puedes / podés puede podemos podéis pueden
		PRETÉRITO IMPERFECTO *o* COPRETÉRITO	pedía pedías pedía pedíamos pedíais pedían	peinaba peinabas peinaba peinábamos peinabais peinaban	podía podías podía podíamos podíais podían
		PRETÉRITO PERFECTO SIMPLE *o* PRETÉRITO	pedí pediste pidió pedimos pedisteis pidieron	peiné peinaste peinó peinamos peinasteis peinaron	pude pudiste pudo pudimos pudisteis pudieron
		FUTURO SIMPLE *o* FUTURO	pediré pedirás pedirá pediremos pediréis pedirán	peinaré peinarás peinará peinaremos peinaréis peinarán	podré podrás podrá podremos podréis podrán
		CONDICIONAL SIMPLE *o* POSPRETÉRITO	pediría pedirías pediría pediríamos pediríais pedirían	peinaría peinarías peinaría peinaríamos peinaríais peinarían	podría podrías podría podríamos podríais podrían
SUBJUNTIVO		PRESENTE	pida pidas pida pidamos pidáis pidan	peine peines peine peinemos peinéis peinen	pueda puedas pueda podamos podáis puedan
		PRETÉRITO IMPERFECTO *o* PRETÉRITO	pidiera *o* pidiese pidieras *o* pidieses pidiera *o* pidiese pidiéramos *o* pidiésemos pidierais *o* pidieseis pidieran *o* pidiesen	peinara *o* peinase peinaras *o* peinases peinara *o* peinase peináramos *o* peinásemos peinarais *o* peinaseis peinaran *o* peinasen	pudiera *o* pudiese pudieras *o* pudieses pudiera *o* pudiese pudiéramos *o* pudiésemos pudierais *o* pudieseis pudieran *o* pudiesen
		FUTURO SIMPLE *o* FUTURO	pidiere pidieres pidiere pidiéremos pidiereis pidieren	peinare peinares peinare peináremos peinareis peinaren	pudiere pudieres pudiere pudiéremos pudiereis pudieren
	IMPERATIVO		pide / pedí pedid	peina / peiná peinad	puede / podé poded

		INFINITIVO	poner	prohibir	prohijar
FORMAS NO PERSONALES		PARTICIPIO	puesto	prohibido	prohijado
		GERUNDIO	poniendo	prohibiendo	prohijando
INDICATIVO		PRESENTE	pongo pones / ponés pone ponemos ponéis ponen	prohíbo prohíbes / prohibís prohíbe prohibimos prohibís prohíben	prohíjo prohíjas / prohijás prohíja prohijamos prohijáis prohíjan
		PRETÉRITO IMPERFECTO *o* COPRETÉRITO	ponía ponías ponía poníamos poníais ponían	prohibía prohibías prohibía prohibíamos prohibíais prohibían	prohijaba prohijabas prohijaba prohijábamos prohijabais prohijaban
		PRETÉRITO PERFECTO SIMPLE *o* PRETÉRITO	puse pusiste puso pusimos pusisteis pusieron	prohibí prohibiste prohibió prohibimos prohibisteis prohibieron	prohijé prohijaste prohijó prohijamos prohijasteis prohijaron
		FUTURO SIMPLE *o* FUTURO	pondré pondrás pondrá pondremos pondréis pondrán	prohibiré prohibirás prohibirá prohibiremos prohibiréis prohibirán	prohijaré prohijarás prohijará prohijaremos prohijaréis prohijarán
		CONDICIONAL SIMPLE *o* POSPRETÉRITO	pondría pondrías pondría pondríamos pondríais pondrían	prohibiría prohibirías prohibiría prohibiríamos prohibiríais prohibirían	prohijaría prohijarías prohijaría prohijaríamos prohijaríais prohijarían
SUBJUNTIVO		PRESENTE	ponga pongas ponga pongamos pongáis pongan	prohíba prohíbas prohíba prohibamos prohibáis prohíban	prohíje prohíjes prohíje prohijemos prohijéis prohíjen
		PRETÉRITO IMPERFECTO *o* PRETÉRITO	pusiera *o* pusiese pusieras *o* pusieses pusiera *o* pusiese pusiéramos *o* pusiésemos pusierais *o* pusieseis pusieran *o* pusiesen	prohibiera *o* prohibiese prohibieras *o* prohibieses prohibiera *o* prohibiese prohibiéramos *o* prohibiésemos prohibierais *o* prohibieseis prohibieran *o* prohibiesen	prohijara *o* prohijase prohijaras *o* prohijases prohijara *o* prohijase prohijáramos *o* prohijásemos prohijarais *o* prohijaseis prohijaran *o* prohijasen
		FUTURO SIMPLE *o* FUTURO	pusiere pusieres pusiere pusiéremos pusiereis pusieren	prohibiere prohibieres prohibiere prohibiéremos prohibiereis prohibieren	prohijare prohijares prohijare prohijáremos prohijareis prohijaren
IMPERATIVO			pon / poné poned	prohíbe / prohibí prohibid	prohíja / prohijá prohijad

		INFINITIVO	**querer**	**rehusar**	**reunir**
FORMAS NO PERSONALES		PARTICIPIO	querido	rehusado	reunido
		GERUNDIO	queriendo	rehusando	reuniendo
INDICATIVO		PRESENTE	quiero quieres / querés quiere queremos queréis quieren	rehúso rehúsas / rehusás rehúsa rehusamos rehusáis rehúsan	reúno reúnes / reunís reúne reunimos reunís reúnen
		PRETÉRITO IMPERFECTO o COPRETÉRITO	quería querías quería queríamos queríais querían	rehusaba rehusabas rehusaba rehusábamos rehusabais rehusaban	reunía reunías reunía reuníamos reuníais reunían
		PRETÉRITO PERFECTO SIMPLE o PRETÉRITO	quise quisiste quiso quisimos quisisteis quisieron	rehusé rehusaste rehusó rehusamos rehusasteis rehusaron	reuní reuniste reunió reunimos reunisteis reunieron
		FUTURO SIMPLE o FUTURO	querré querrás querrá querremos querréis querrán	rehusaré rehusarás rehusará rehusaremos rehusaréis rehusarán	reuniré reunirás reunirá reuniremos reuniréis reunirán
		CONDICIONAL SIMPLE o POSPRETÉRITO	querría querrías querría querríamos querríais querrían	rehusaría rehusarías rehusaría rehusaríamos rehusaríais rehusarían	reuniría reunirías reuniría reuniríamos reuniríais reunirían
SUBJUNTIVO		PRESENTE	quiera quieras quiera queramos queráis quieran	rehúse rehúses rehúse rehusemos rehuséis rehúsen	reúna reúnas reúna reunamos reunáis reúnan
		PRETÉRITO IMPERFECTO o PRETÉRITO	quisiera o quisiese quisieras o quisieses quisiera o quisiese quisiéramos o quisiésemos quisierais o quisieseis quisieran o quisiesen	rehusara o rehusase rehusaras o rehusases rehusara o rehusase rehusáramos o rehusásemos rehusarais o rehusaseis rehusaran o rehusasen	reuniera o reuniese reunieras o reunieses reuniera o reuniese reuniéramos o reuniésemos reunierais o reunieseis reunieran o reuniesen
		FUTURO SIMPLE o FUTURO	quisiere quisieres quisiere quisiéremos quisiereis quisieren	rehusare rehusares rehusare rehusáremos rehusareis rehusaren	reuniere reunieres reuniere reuniéremos reuniereis reunieren
IMPERATIVO			quiere / queré quered	rehúsa / rehusá rehusad	reúne / reuní reunid

		roer	**saber**	**salir**
FORMAS NO PERSONALES	INFINITIVO	roer	saber	salir
	PARTICIPIO	roído	sabido	salido
	GERUNDIO	royendo	sabiendo	saliendo
INDICATIVO	PRESENTE	roo o roigo o royo roes / roés roe roemos roéis roen	sé sabes / sabés sabe sabemos sabéis saben	salgo sales / salís sale salimos salís salen
	PRETÉRITO IMPERFECTO o COPRETÉRITO	roía roías roía roíamos roíais roían	sabía sabías sabía sabíamos sabíais sabían	salía salías salía salíamos salíais salían
	PRETÉRITO PERFECTO SIMPLE o PRETÉRITO	roí roíste royó roímos roísteis royeron	supe supiste supo supimos supisteis supieron	salí saliste salió salimos salisteis salieron
	FUTURO SIMPLE o FUTURO	roeré roerás roerá roeremos roeréis roerán	sabré sabrás sabrá sabremos sabréis sabrán	saldré saldrás saldrá saldremos saldréis saldrán
	CONDICIONAL SIMPLE o POSPRETÉRITO	roería roerías roería roeríamos roeríais roerían	sabría sabrías sabría sabríamos sabríais sabrían	saldría saldrías saldría saldríamos saldríais saldrían
SUBJUNTIVO	PRESENTE	roa o roiga o roya roas o roigas o royas roa o roiga o roya roamos o roigamos o royamos roáis o roigáis o royáis roan o roigan o royan	sepa sepas sepa sepamos sepáis sepan	salga salgas salga salgamos salgáis salgan
	PRETÉRITO IMPERFECTO o PRETÉRITO	royera o royese royeras o royeses royera o royese royéramos o royésemos royerais o royeseis royeran o royesen	supiera o supiese supieras o supieses supiera o supiese supiéramos o supiésemos supierais o supieseis supieran o supiesen	saliera o saliese salieras o salieses saliera o saliese saliéramos o saliésemos salierais o salieseis salieran o saliesen
	FUTURO SIMPLE o FUTURO	royere royeres royere royéremos royereis royeren	supiere supieres supiere supiéremos supiereis supieren	saliere salieres saliere saliéremos saliereis salieren
IMPERATIVO		roe / roé roed	sabe / sabé sabed	sal / salí salid

		INFINITIVO	**sentir**	**ser**	**sonreír**
FORMAS NO PERSONALES		PARTICIPIO	sentido	sido	sonreído
		GERUNDIO	sintiendo	siendo	sonriendo
INDICATIVO		PRESENTE	siento sientes / sentís siente sentimos sentís sienten	soy eres / sos es somos sois son	sonrío sonríes / sonreís sonríe sonreímos sonreís sonríen
		PRETÉRITO IMPERFECTO o COPRETÉRITO	sentía sentías sentía sentíamos sentíais sentían	era eras era éramos erais eran	sonreía sonreías sonreía sonreíamos sonreíais sonreían
		PRETÉRITO PERFECTO SIMPLE o PRETÉRITO	sentí sentiste sintió sentimos sentisteis sintieron	fui fuiste fue fuimos fuisteis fueron	sonreí sonreíste sonrió sonreímos sonreísteis sonrieron
		FUTURO SIMPLE o FUTURO	sentiré sentirás sentirá sentiremos sentiréis sentirán	seré serás será seremos seréis serán	sonreiré sonreirás sonreirá sonreiremos sonreiréis sonreirán
		CONDICIONAL SIMPLE o POSPRETÉRITO	sentiría sentirías sentiría sentiríamos sentiríais sentirían	sería serías sería seríamos seríais serían	sonreiría sonreirías sonreiría sonreiríamos sonreiríais sonreirían
SUBJUNTIVO		PRESENTE	sienta sientas sienta sintamos sintáis sientan	sea seas sea seamos seáis sean	sonría sonrías sonría sonriamos sonriáis sonrían
		PRETÉRITO IMPERFECTO o PRETÉRITO	sintiera o sintiese sintieras o sintieses sintiera o sintiese sintiéramos o sintiésemos sintierais o sintieseis sintieran o sintiesen	fuera o fuese fueras o fueses fuera o fuese fuéramos o fuésemos fuerais o fueseis fueran o fuesen	sonriera o sonriese sonrieras o sonrieses sonriera o sonriese sonriéramos o sonriésemos sonrierais o sonrieseis sonrieran o sonriesen
		FUTURO SIMPLE o FUTURO	sintiere sintieres sintiere sintiéremos sintiereis sintieren	fuere fueres fuere fuéremos fuereis fueren	sonriere sonrieres sonriere sonriéremos sonriereis sonrieren
IMPERATIVO			siente / sentí sentid	sé sed	sonríe / sonreí sonreíd

	INFINITIVO	**tañer**	**temer**	**tener**
FORMAS NO PERSONALES	PARTICIPIO	tañido	temido	tenido
	GERUNDIO	tañendo	temiendo	teniendo
INDICATIVO	PRESENTE	taño tañes / tañés tañe tañemos tañéis tañen	temo temes / temés teme tememos teméis temen	tengo tienes / tenés tiene tenemos tenéis tienen
	PRETÉRITO IMPERFECTO *o* COPRETÉRITO	tañía tañías tañía tañíamos tañíais tañían	temía temías temía temíamos temíais temían	tenía tenías tenía teníamos teníais tenían
	PRETÉRITO PERFECTO SIMPLE *o* PRETÉRITO	tañí tañiste tañó tañimos tañisteis tañeron	temí temiste temió temimos temisteis temieron	tuve tuviste tuvo tuvimos tuvisteis tuvieron
	FUTURO SIMPLE *o* FUTURO	tañeré tañerás tañerá tañeremos tañeréis tañerán	temeré temerás temerá temeremos temeréis temerán	tendré tendrás tendrá tendremos tendréis tendrán
	CONDICIONAL SIMPLE *o* POSPRETÉRITO	tañería tañerías tañería tañeríamos tañeríais tañerían	temería temerías temería temeríamos temeríais temerían	tendría tendrías tendría tendríamos tendríais tendrían
SUBJUNTIVO	PRESENTE	taña tañas taña tañamos tañáis tañan	tema temas tema temamos temáis teman	tenga tengas tenga tengamos tengáis tengan
	PRETÉRITO IMPERFECTO *o* PRETÉRITO	tañera *o* tañese tañeras *o* tañeses tañera *o* tañese tañéramos *o* tañésemos tañerais *o* tañeseis tañeran *o* tañesen	temiera *o* temiese temieras *o* temieses temiera *o* temiese temiéramos *o* temiésemos temierais *o* temieseis temieran *o* temiesen	tuviera *o* tuviese tuvieras *o* tuvieses tuviera *o* tuviese tuviéramos *o* tuviésemos tuvierais *o* tuvieseis tuvieran *o* tuviesen
	FUTURO SIMPLE *o* FUTURO	tañere tañeres tañere tañéremos tañereis tañeren	temiere temieres temiere temiéremos temiereis temieren	tuviere tuvieres tuviere tuviéremos tuviereis tuvieren
IMPERATIVO		tañe / tañé tañed	teme / temé temed	ten / tené tened

		INFINITIVO	**traer**	**valer**	**venir**
FORMAS NO PERSONALES		PARTICIPIO	traído	valido	venido
		GERUNDIO	trayendo	valiendo	viniendo
INDICATIVO		PRESENTE	traigo traes / traés trae traemos traéis traen	valgo vales / valés vale valemos valéis valen	vengo vienes / venís viene venimos venís vienen
		PRETÉRITO IMPERFECTO o COPRETÉRITO	traía traías traía traíamos traíais traían	valía valías valía valíamos valíais valían	venía venías venía veníamos veníais venían
		PRETÉRITO PERFECTO SIMPLE o PRETÉRITO	traje trajiste trajo trajimos trajisteis trajeron	valí valiste valió valimos valisteis valieron	vine viniste vino vinimos vinisteis vinieron
		FUTURO SIMPLE o FUTURO	traeré traerás traerá traeremos traeréis traerán	valdré valdrás valdrá valdremos valdréis valdrán	vendré vendrás vendrá vendremos vendréis vendrán
		CONDICIONAL SIMPLE o POSPRETÉRITO	traería traerías traería traeríamos traeríais traerían	valdría valdrías valdría valdríamos valdríais valdrían	vendría vendrías vendría vendríamos vendríais vendrían
SUBJUNTIVO		PRESENTE	traiga traigas traiga traigamos traigáis traigan	valga valgas valga valgamos valgáis valgan	venga vengas venga vengamos vengáis vengan
		PRETÉRITO IMPERFECTO o PRETÉRITO	trajera o trajese trajeras o trajeses trajera o trajese trajéramos o trajésemos trajerais o trajeseis trajeran o trajesen	valiera o valiese valieras o valieses valiera o valiese valiéramos o valiésemos valierais o valieseis valieran o valiesen	viniera o viniese vinieras o vinieses viniera o viniese viniéramos o viniésemos vinierais o vinieseis vinieran o viniesen
		FUTURO SIMPLE o FUTURO	trajere trajeres trajere trajéremos trajereis trajeren	valiere valieres valiere valiéremos valiereis valieren	viniere vinieres viniere viniéremos viniereis vinieren
IMPERATIVO			trae / traé traed	vale / valé valed	ven / vení venid

	INFINITIVO	**ver**	**yacer**
FORMAS NO PERSONALES	PARTICIPIO	visto	yacido
	GERUNDIO	viendo	yaciendo
INDICATIVO	PRESENTE	veo ves ve vemos veis ven	yazco *o* yazgo *o* yago yaces / yacés yace yacemos yacéis yacen
	PRETÉRITO IMPERFECTO *o* COPRETÉRITO	veía veías veía veíamos veíais veían	yacía yacías yacía yacíamos yacíais yacían
	PRETÉRITO PERFECTO SIMPLE *o* PRETÉRITO	vi viste vio vimos visteis vieron	yací yaciste yació yacimos yacisteis yacieron
	FUTURO SIMPLE *o* FUTURO	veré verás verá veremos veréis verán	yaceré yacerás yacerá yaceremos yaceréis yacerán
	CONDICIONAL SIMPLE *o* POSPRETÉRITO	vería verías vería veríamos veríais verían	yacería yacerías yacería yaceríamos yaceríais yacerían
SUBJUNTIVO	PRESENTE	vea veas vea veamos veáis vean	yazca *o* yazga *o* yaga yazcas *o* yazgas *o* yagas yazca *o* yazga *o* yaga yazcamos *o* yazgamos *o* yagamos yazcáis *o* yazgáis *o* yagáis yazcan *o* yazgan *o* yagan
	PRETÉRITO IMPERFECTO *o* PRETÉRITO	viera *o* viese vieras *o* vieses viera *o* viese viéramos *o* viésemos vierais *o* vieseis vieran *o* viesen	yaciera *o* yaciese yacieras *o* yacieses yaciera *o* yaciese yaciéramos *o* yaciésemos yacierais *o* yacieseis yacieran *o* yaciesen
	FUTURO SIMPLE *o* FUTURO	viere vieres viere viéremos viereis vieren	yaciere yacieres yaciere yaciéremos yaciereis yacieren
IMPERATIVO		ve ved	yace *o* yaz / yacé yaced

Voces extranjeras empleadas en español

adagio. (Voz italiana). **I.** ADV. M. **1.** *Mús.* Con movimiento lento. ‖ **II.** M. **2.** *Mús.* Composición o parte de ella que se ejecuta con este movimiento.

affaire. (Voz francesa). → **caso** (‖ suceso notorio que atrae la curiosidad del público).

allegretto. (Voz italiana). **I.** ADV. M. **1.** *Mús.* Con movimiento menos vivo que el *allegro*. ‖ **II.** M. **2.** *Mús.* Composición o parte de ella que se ejecuta con este movimiento.

allegro. (Voz italiana). **I.** ADV. M. **1.** *Mús.* Con movimiento moderadamente vivo. ‖ **II.** M. **2.** *Mús.* Composición o parte de ella que se ejecuta con este movimiento.

ampère. (De A.-M. *Ampère*, 1775-1836, matemático y físico francés). → **amperio.**

angstrom. (De A. J. *Ångström*, 1814-1874, físico sueco). M. *Fís.* Medida de longitud que equivale a la diezmilmillonésima (10^{-10}) parte del metro. (Símb. *Å*).

apartheid. (Voz afrikáans). M. Segregación racial, especialmente la establecida en la República de Sudáfrica por la minoría blanca.

baby-sitter. (Voz inglesa). → **canguro** (‖ persona que atiende a los niños pequeños).

baguette. (Voz francesa). F. Barra de pan estrecha y alargada.

ballet. (Voz francesa). M. **1.** Danza clásica de conjunto, representada sobre un escenario. ‖ **2.** Música de esta danza. ‖ **3.** Compañía que interpreta este tipo de danza.

becquerel. (De A. H. *Becquerel*, 1852-1908, físico francés). M. *Fís.* Unidad de radiactividad del Sistema Internacional, que equivale a una desintegración nuclear por segundo. (Símb. *Bq*).

beige. (Voz francesa). → **beis.**

best seller. (Voz inglesa). → **superventas.**

big bang. (Voz inglesa). M. Gran explosión en que una teoría cosmogónica sitúa el origen del universo. ORTOGR. Escr. t. con mays. iniciales.

blazer. (Voz inglesa). AMB. Chaqueta deportiva, originariamente utilizada en los uniformes de colegios y equipos.

blues. (Voz inglesa). M. Forma musical del folclore de la población de origen africano de los Estados Unidos de América.

bock. (Voz alemana). M. **1.** Jarro de cerveza de un cuarto de litro de capacidad. ‖ **2.** Contenido de este jarro.

body. (Voz inglesa). M. Prenda interior femenina, elástica y ajustada, de una sola pieza, que cubre el tronco.

boiserie. (Voz francesa). F. **1.** Revestimiento de madera aplicado a paredes. ‖ **2.** Mueble de madera empotrado en una pared.

boîte. (Voz francesa). → **sala de fiestas.** ‖ **discoteca** (‖ local público donde sirven bebidas y se baila).

boom. (Voz inglesa). M. Éxito o auge repentino de algo, especialmente de un libro.

bossa. (Voz portuguesa). F. *bossa nova.* ‖ **~ nova.** F. Música popular brasileña muy influida por el *jazz*. U. menos c. m.

bourbon. (Voz inglesa). M. Variedad de güisqui que se obtiene de una mezcla de maíz, malta y centeno, originaria del sur de los Estados Unidos de América.

boutade. (Voz francesa). F. Intervención pretendidamente ingeniosa, destinada por lo común a impresionar.

boutique. (Voz francesa). F. **1.** Tienda de ropa de moda. ‖ **2.** Tienda de productos selectos.

brandy. (Voz inglesa, y esta del neerlandés *brandewijn*). → **brandi.**

bulldozer. (Voz inglesa). M. Máquina automóvil de gran potencia, provista de una pieza delantera móvil de acero, que le permite abrirse camino removiendo obstáculos.

bungalow. (Voz inglesa). → **bungaló.**

byte. (Voz inglesa). → **octeto** (‖ unidad de información).

caddie. (Voz inglesa). COM. *Dep.* Persona que lleva los palos a un jugador de golf.

camping. (Voz inglesa). → **campamento** (‖ lugar al aire libre). ‖ **campamento** (‖ acción de acampar).

cantabile. (Voz italiana). → **cantable** (‖ que se debe interpretar despacio). ‖ **cantable** (‖ trozo de música melodioso y expresivo).

carpaccio. (Voz italiana). M. Plato compuesto de lonchas de carne o pescado, cortadas muy finas y condimentadas con diversas especias, que se consume crudo.

casting / gouache

casting. (Voz inglesa). M. Selección de actores o de modelos publicitarios para una determinada actuación.

catering. (Voz inglesa). M. Servicio de suministro de comidas y bebidas a aviones, trenes, colegios, etc.

chartreuse. (Voz francesa). M. Licor verde o amarillo de hierbas aromáticas fabricado por los monjes cartujos.

christmas. (Voz inglesa, de *Christmas card*). → **tarjeta de Navidad.**

clown. (Voz inglesa). M. Payaso de circo, y especialmente el que, con aires de afectación y seriedad, forma pareja con el augusto.

collage. (Voz francesa). M. **1.** Técnica pictórica consistente en pegar sobre lienzo o tabla materiales diversos. || **2.** Obra pictórica efectuada con este procedimiento.

copyright. (Voz inglesa). → **derecho de autor.**

coulis. (Voz francesa). M. **1.** Salsa hecha a base de vegetales, como el tomate o el pepino. || **2.** Puré o crema de frutas crudas que se emplea para acompañar un postre.

coulomb. (De Ch. de *Coulomb,* 1736-1806, físico francés). → **culombio.**

crack. (Voz inglesa). M. **1.** Droga derivada de la cocaína. || **2.** Deportista de extraordinaria calidad. || **3.** Caballo que destaca en las carreras.

crescendo. (Voz italiana). M. **1.** Aumento gradual de la intensidad del sonido. || **2.** Aumento progresivo. || **in ~.** LOC. ADV. Con aumento gradual.

cricket. (Voz inglesa). → **críquet.**

cross. (Voz francesa, y esta del inglés *cross-country*). → **campo a través** (|| carrera de larga distancia).

curie. (De M. *Curie,* 1867-1934, y P. *Curie,* 1859-1906, científicos franceses). → **curio²**.

curry. (Voz inglesa, y esta del tamil *kaṟi*). M. Condimento originario de la India compuesto por una mezcla de polvo de diversas especias.

cyclo-cross. (Voz inglesa). M. Deporte consistente en correr en bicicleta a campo través o por circuitos accidentados.

czarda. (Voz húngara). → **zarda.**

d

dancing. (Voz francesa, y esta del inglés *dancing hall*). → **discoteca** (|| local público donde sirven bebidas y se baila). || **baile** (|| local o recinto público destinado a bailar).

delicatessen. (Voz inglesa, y esta del alemán *Delikatessen*). → **exquisiteces** (|| cosas o alimentos exquisitos). || **exquisiteces** (|| tienda de alimentos selectos).

déshabillé. (Voz francesa). → **salto de cama.**

disc-jockey. (Voz inglesa). → **pinchadiscos.**

dossier. (Voz francesa). → **dosier.**

dumping. (Voz inglesa). M. Econ. Práctica comercial de vender a precios inferiores al costo, para adueñarse del mercado, con grave perjuicio de este.

e

ertzaina. (Voz vasca). COM. Miembro de la Policía territorial del País Vasco español.

ertzaintza. (Voz vasca). F. Policía territorial dependiente del Gobierno autónomo del País Vasco español.

f

ferry. (Voz inglesa). → **transbordador** (|| embarcación que enlaza dos puntos).

flash. (Voz inglesa). M. **1.** Aparato que, mediante un destello, da la luz precisa para hacer una fotografía instantánea. || **2.** Destello producido por dicho aparato. || **3.** Noticia breve que, con carácter urgente, transmite un medio de comunicación.

flashback. (Voz inglesa). → **salto atrás** (|| interrupción de la acción en una película o relato). || **analepsis.**

foie-gras o **foie gras.** (Voz francesa). → **fuagrás.**

fondue. (Voz francesa). F. **1.** Comida de origen suizo, a base de queso que se funde dentro de una cazuela especial, en el momento de comerla, y, por ext., la que se hace con otros ingredientes, como carne, chocolate, etc. || **2.** Conjunto de utensilios para preparar esta comida.

footing. (Voz francesa, y esta con cambio de sentido del inglés *footing,* posición). → **aerobismo.**

free lance. (Voz inglesa). → **autónomo** (|| que trabaja por cuenta propia).

full time. (Voz inglesa). → **a tiempo completo.**

g

gang. (Voz inglesa). → **banda** (|| grupo de gente armada). || **banda** (|| pandilla juvenil con tendencia al comportamiento agresivo).

gauss. (De C. F. *Gauss,* 1777-1855, físico y astrónomo alemán). M. Fís. Unidad de inducción magnética en el Sistema Cegesimal, equivalente a una diezmilésima (10^{-4}) de tesla. (Símb. *Gs*).

geisha. (Voz inglesa, y esta del japonés *geisha*). F. En el Japón, muchacha instruida para la danza, la música y la ceremonia del té, que se contrata para animar ciertas reuniones masculinas.

gentleman. (Voz inglesa). M. Caballero inglés de cierto rango social.

gillete o **gillette.** (De K. C. *Gillette,* 1855-1932, industrial estadounidense que la inventó; marca reg.). → **hoja de afeitar.**

gin. (Voz inglesa). → **ginebra²**.

gin-fizz. (Voz inglesa). M. Combinación de ginebra, zumo de limón, azúcar y soda.

ginger-ale. (Voz inglesa). M. Bebida refrescante elaborada con jengibre.

ginseng. (Voz del chino mandarín). M. Planta herbácea de la familia de las Araliáceas, originaria de Corea, de cuya raíz, gruesa y ramificada, se extrae una sustancia utilizada como tónico y estimulante.

gin-tonic. (Voz inglesa). M. Combinación de tónica con ginebra.

glamour. (Voz francesa, y esta del inglés *glamour*). M. Encanto sensual que fascina.

gouache. (Voz francesa). → **aguada** (|| color diluido en agua). || **aguada** (|| diseño o pintura que se ejecuta de esta manera).

gourmet. (Voz francesa). **I.** COM. **1.** Persona aficionada a las comidas exquisitas. ‖ **II.** ADJ. **2.** Dicho de una cosa: propia o característica de un *gourmet*.

green. (Voz inglesa). M. *Dep.* En el campo de golf, zona de césped, bajo y muy cuidado, situada alrededor de cada hoyo.

h

hall. (Voz inglesa). → **vestíbulo.**

hardware. (Voz inglesa). → **equipo** (‖ conjunto de aparatos de una computadora u ordenador).

hassio. (De *Hassia*, nombre latino del Estado de Hesse, en Alemania). M. *Quím.* Elemento químico transuránico de núm. atóm. 108. Se obtiene artificialmente por bombardeo de plomo con iones de hierro, y su vida media es tan corta que se mide en milésimas de segundo. (Símb. *Hs*).

henry. (De J. *Henry*, 1797-1878, físico estadounidense). → **henrio.**

hertz. (De H. R. *Hertz*, 1857-1894, físico alemán). → **hercio.**

hippie o **hippy.** (Voz inglesa). → **jipi.**

hobby. (Voz inglesa). → **afición** (‖ actividad que se practica en los ratos de ocio).

hockey. (Voz inglesa). M. *Dep.* Juego entre dos equipos, consistente en introducir en la portería contraria una pelota o un disco impulsados por un bastón curvo en su parte inferior, y que se practica en un campo de hierba o con patines en una pista de hielo u otra superficie dura.

holding. (Voz inglesa). → **grupo** (‖ sociedad financiera).

hooligan. (Voz inglesa). M. Partidario británico de un equipo deportivo, de comportamiento violento y agresivo. U. t. c. adj.

i

input. (Voz inglesa). → **insumo.** ‖ **entrada** (‖ conjunto de datos que se introducen en un sistema informático).

j

jacuzzi. (De C. *Jacuzzi*, 1903-1986, su inventor; marca reg.). M. Bañera para hidromasaje.

jazz. (Voz inglesa). M. Género de música derivado de ritmos y melodías afronorteamericanos.

jet[1]**.** (Voz inglesa). → **reactor** (‖ avión).

jet[2]**.** (Voz inglesa, de *jet set*). F. Clase social internacional, rica y ostentosa.

jet set. (Voz inglesa). F. Clase social internacional, rica y ostentosa.

jogging. (Voz inglesa). → **aerobismo.**

joule. (De J. P. *Joule*, 1818-1889, físico inglés). → **julio**[2]**.**

k

kilohertz. (De *hertz*). → **kilohercio.**

kirsch. (Voz alemana). M. Aguardiente de cerezas.

kitsch. (Voz alemana). ADJ. Dicho de un objeto artístico: Pretencioso, pasado de moda y considerado de mal gusto. U. t. c. s. m.

l

lady. (Voz inglesa). F. Se usa como tratamiento de honor dirigido en Inglaterra a las señoras de la nobleza.

leasing. (Voz inglesa). M. *Econ.* Arrendamiento con opción de compra del objeto arrendado.

leitmotiv. (Voz alemana). → **tema** (‖ elemento con arreglo al cual se desarrolla una composición). ‖ **tema** (‖ motivo que se repite en una obra literaria o cinematográfica).

lifting. (Voz inglesa). → **estiramiento** (‖ operación de cirugía estética).

light. (Voz inglesa). → **bajo** (‖ pobre, escaso). ‖ **descafeinado** (‖ desvirtuado).

living. (Voz inglesa, acortamiento de *living*-room). → **cuarto de estar.**

lobby. (Voz inglesa). → **grupo de presión.** ‖ **vestíbulo** (‖ de los hoteles).

look. (Voz inglesa). → **aspecto** (‖ apariencia de las personas y los objetos a la vista).

lunch. (Voz inglesa). → **almuerzo.** ‖ **colación** (‖ refacción de dulces, pastas y a veces fiambres).

lycra. (Voz inglesa; marca reg.). → **licra.**

m

maître. (Voz francesa). COM. Jefe de comedor en un restaurante.

majorette. (Voz francesa). F. Muchacha vestida con uniforme militar de fantasía que, en ocasiones festivas, desfila junto con otras agitando rítmicamente un bastón y al son de una banda de música.

marketing. (Voz inglesa). → **mercadotecnia.**

mass media. (Voz inglesa). → **medio de comunicación.**

megahertz. (Voz inglesa). → **megahercio.**

mezzo. (Voz italiana; acortamiento de *mezzo*soprano). COM. *mezzosoprano* (‖ persona).

mezzosoprano. (Voz italiana). **I.** F. **1.** Voz intermedia, en su registro, entre la de soprano y la de contralto. ‖ **II.** COM. **2.** Persona que tiene voz de *mezzosoprano*.

miss. (Voz inglesa). F. Ganadora de un concurso de belleza.

motocross. (Voz francesa). M. *Dep.* Carrera de motocicletas a través del campo o por circuitos accidentados.

mousse. (Voz francesa). → **espuma** (‖ plato preparado con claras de huevo).

mozzarella. (Voz italiana). F. Queso de procedencia italiana, hecho originalmente con leche de búfala, que se come muy fresco.

music hall. (Voz inglesa). → **variedades** (‖ espectáculo teatral ligero).

n

newton. (De I. *Newton*, 1642-1727, científico inglés). M. *Fís.* Unidad de fuerza del Sistema Internacional, equi-

offset / sprint

valente a la fuerza que, aplicada a un cuerpo cuya masa es de un kilogramo, le comunica una aceleración de un metro por segundo cada segundo. (Símb. *N*).

o

offset. (Voz inglesa). M. **1.** *Impr.* Procedimiento de impresión en el que la imagen entintada es traspasada a un rodillo de caucho que, a su vez, la imprime en el papel. ‖ **2.** *Impr.* Máquina que imprime por este procedimiento.

ossobuco. (Voz italiana). → **osobuco.**

output. (Voz inglesa). → **producto** (‖ cosa producida). ‖ **salida** (‖ información procesada por un sistema informático).

overbooking. (Voz inglesa). → **sobreventa.**

p

paddle. (Voz inglesa, de *paddle tennis*). → **pádel.**

panty. (Voz inglesa, acortamiento de *panty*hose). → **panti.**

paparazzi. (Voz italiana). M. pl. Fotógrafos de prensa que se dedican a hacer fotografías a los famosos sin su permiso.

partenaire. (Voz francesa). → **pareja** (‖ persona que acompaña a otra en una actividad).

party. (Voz inglesa). → **fiesta** (‖ reunión para divertirse).

ping-pong. (Voz inglesa; marca reg.). → **pimpón.**

pizza. (Voz italiana). F. Especie de torta chata, hecha con harina de trigo amasada, encima de la cual se pone queso, tomate frito y otros ingredientes como anchoas, aceitunas, etc. Se cuece en el horno.

pizzicato. (Voz italiana). **I.** ADJ. **1.** *Mús.* Dicho de un sonido: Que se obtiene en los instrumentos de arco pellizcando las cuerdas con los dedos. ‖ **II.** M. **2.** *Mús.* Trozo de música que se ejecuta de esta forma.

r

ragtime o **rag-time.** (Voz inglesa). M. Ritmo musical sincopado de origen afroamericano.

rally. (Voz inglesa). M. Competición deportiva de resistencia, de automóviles o motocicletas, celebrada fuera de pista y generalmente por etapas.

ranking. (Voz inglesa). M. Clasificación de mayor a menor, útil para establecer criterios de valoración.

reggae. (Voz inglesa). M. Música de origen jamaiquino, caracterizada por un ritmo sencillo y repetitivo.

ring. (Voz inglesa). → **cuadrilátero** (‖ espacio limitado por cuerdas).

rock. (Voz inglesa). M. **1.** Género musical de ritmo muy acentuado, derivado de la mezcla de diversos estilos del folclore estadounidense, y popularizado desde la década de 1950. U. t. c. adj. ‖ **2.** Cada uno de los diversos estilos musicales derivados del rocanrol. U. t. c. adj. ‖ **3.** Baile de pareja que se ejecuta con esta música.

rock and roll. (Voz inglesa). → **rocanrol.**

roentgen. (De W. C. von *Roentgen*, 1845-1923, físico alemán descubridor de los rayos X). M. *Fís.* Unidad electrostática cegesimal de poder ionizante con relación al aire. Se emplea en las aplicaciones terapéuticas de los rayos X.

rouge. (Voz francesa). → **pintalabios.**

roulotte. (Voz francesa). → **caravana** (‖ vehículo acondicionado para hacer vida en él).

rugby. (Voz inglesa). M. Deporte que se practica, con las manos y los pies, entre dos equipos de quince jugadores cada uno, con un balón ovalado que se debe depositar tras la línea que marca el final del campo o introducir entre un travesaño y dos postes que se elevan sobre los extremos de este.

s

scooter. (Voz inglesa; marca reg.). → **vespa.**

self-service. (Voz inglesa). → **autoservicio.**

sex-appeal. (Voz inglesa). M. Atractivo físico y sexual.

sexy. (Voz inglesa). → **sexi.**

sheriff. (Voz inglesa). M. En los Estados Unidos de América y ciertas regiones o condados británicos, representante de la justicia, que se encarga de hacer cumplir la ley.

sherpa. (Voz inglesa, y esta del tibetano *sharpa*). **I.** ADJ. **1.** Se dice del individuo de un pueblo de Nepal, cuyos habitantes suelen participar como guías y porteadores en las expediciones en el Himalaya. U. t. c. s. ‖ **2.** Perteneciente o relativo a este pueblo. ‖ **II.** M. **3.** Guía o porteador *sherpa*.

short. (Voz inglesa). → **pantalón corto.**

show. (Voz inglesa). → **espectáculo.**

sioux. (Voz francesa, esta de *nadouessioux*, y este del algonquino *nătowĕssiwak*). ADJ. **1.** Se dice del individuo de un pueblo amerindio oriundo de los valles del norte del Misisipí. U. t. c. s. ‖ **2.** Perteneciente o relativo a este pueblo.

slip. (Voz francesa, y esta del inglés *slip*). M. Calzoncillo ajustado que cubre el cuerpo desde debajo de la cintura hasta las ingles.

software. (Voz inglesa). → **soporte lógico** (‖ conjunto de programas, instrucciones y reglas informáticas).

sottovoce o **sotto voce.** (Voz italiana). → **en voz baja.**

soufflé. (Voz francesa). → **suflé.**

souvenir. (Voz francesa). → **recuerdo** (‖ objeto que se conserva para recordar a una persona, una circunstancia, un suceso, etc.).

sparring. (Voz inglesa, de *sparring partner*). COM. Persona con la que se entrena un boxeador para preparar un combate.

speech. (Voz inglesa). → **discurso** (‖ exposición en público).

sponsor. (Voz inglesa, y esta del latín *sponsor*). → **patrocinador.**

sport. (Voz inglesa). → **deportivo** (‖ cómodo e informal). ‖ **deporte.**

spot[1]**.** (Voz inglesa). → **anuncio** (‖ soporte visual o auditivo en que se transmite un mensaje publicitario).

spot[2]**.** (Voz inglesa, acortamiento de *spot*light). → **foco** (‖ luz muy potente concentrada en una dirección).

spray. (Voz inglesa). → **espray.**

sprint. (Voz inglesa). M. **1.** *Dep.* Aceleración que realiza un corredor en un tramo determinado de la carrera, especialmente en la llegada a meta para disputar la victoria a otros corredores. ‖ **2.** Esfuerzo final que se realiza en cualquier actividad.

stand. (Voz inglesa). → **caseta** (‖ puesto en que se muestran o venden determinados productos).

standing. (Voz inglesa). → **categoría** (‖ condición social).

stock. (Voz inglesa). → **existencias** (‖ mercancías destinadas a la venta).

stop. (Voz inglesa). M. **1.** Señal de tráfico, adoptada internacionalmente, que indica a los conductores la obligación de detenerse. ‖ **2.** Detención que hace un vehículo para obedecer a esta señal. ‖ **3.** Detención o parada en la marcha o cualquier otra actividad. ‖ **4.** Tecla o botón de algunos aparatos que permite detener su funcionamiento. ‖ **5.** Se usaba en los telegramas para indicar el punto ortográfico. ‖ ***stop.*** INTERJ. Se usa para ordenar a alguien que se detenga o suspenda lo que está haciendo.

striptease. (Voz inglesa). M. Espectáculo en el que una persona se va desnudando poco a poco, y de una manera insinuante.

swahili. (Voz inglesa, y esta del árabe *sawāḥil*). → **suajili**.

t

toffee. (Voz inglesa). M. Caramelo masticable de café con leche.

topless o ***top-less.*** (Voz inglesa). → **toples**.

top-model. (Voz inglesa). → **supermodelo**.

tory. (Voz inglesa). **I.** ADJ. **1.** Perteneciente o relativo al partido conservador de Gran Bretaña. ‖ **II.** COM. **2.** Miembro de este partido.

tour. (Voz francesa). → **gira**. ‖ **~ de force.** → **demostración** (‖ manifestación pública de fuerza, poder o habilidad). ‖ **esfuerzo** (‖ empleo enérgico del vigor o actividad del ánimo).

tournée. (Voz francesa). → **gira**.

troupe. (Voz francesa). → **compañía** (‖ cuerpo de actores, cantantes o bailarines). ‖ **compañía** (‖ persona o personas que acompañan a otra u otras).

tsunami. (Voz japonesa). M. Ola gigantesca producida por un seísmo o una erupción volcánica en el fondo del mar.

v

vedette. (Voz francesa). → **vedete**.

vendetta. (Voz italiana). F. Venganza derivada de rencillas entre familias, clanes o grupos rivales de carácter mafioso.

vichy. (Voz francesa). M. Tejido fuerte de algodón, de rayas o cuadros.

voyeur. (Voz francesa). → **voyerista**.

w

watt. (De J. *Watt*, 1736-1819, ingeniero escocés). → **vatio**.

weber. (De W. E. *Weber*, 1804-1891, físico alemán). M. *Fís.* Unidad de flujo de inducción magnética del Sistema Internacional, equivalente al flujo magnético que, al atravesar un circuito de una sola espira, produce en ella una fuerza electromotriz de un voltio si se anula dicho flujo en un segundo por decrecimiento uniforme. (Símb. *Wb*).

whisky. (Voz inglesa, y esta del gaélico *uisce beatha*). → **güisqui**.

windsurf o ***wind surf.*** (Voz inglesa). M. Deporte que consiste en deslizarse por el agua sobre una tabla especial provista de una vela.

windsurfing o ***wind surfing.*** (Voz inglesa). M. Deporte que consiste en deslizarse por el agua sobre una tabla especial provista de una vela.

y

yang. (Voz inglesa, y esta del chino *yáng*). M. En la filosofía china, especialmente en el taoísmo, fuerza activa o masculina que, en síntesis con el yin, pasiva o femenina, constituye el principio del orden universal.

Elementos compositivos, prefijos y sufijos del español

a

a-¹. PREF. Se emplea, sin significación precisa, en la formación de derivados. *Asustar, aventar.*

a-². PREF. Denota privación o negación. *Acromático, ateísmo.* Ante vocal toma la forma **an-**. *Anestesia, anorexia.*

a-³. PREF. V. ad-.

-able. SUF. V. -ble.

acanto-. ELEM. COMPOS. Significa 'espinoso'. *Acantopterigio.*

-áceo, a. SUF. Forma adjetivos que significan 'perteneciente' o 'semejante a'. *Acantáceo, aliáceo, grisáceo.*

-acho, cha. SUF. Se usa para formar aumentativos y despectivos a partir de adjetivos y sustantivos. *Amigacho, covacha.* Combinado con **-ar**, toma la forma **-aracho**. *Dicharacho, cucaracha.*

-achón, na. SUF. V. -ón.

-achuelo, la. SUF. V. -uelo.

-ación. SUF. V. -ción.

-aco, ca. SUF. Se usa con valor despectivo. *Libraco.* Combinado con **-arro**, toma la forma **-arraco** con valor diminutivo y despectivo. *Pajarraco, tiparraco.*

acro-. ELEM. COMPOS. Significa 'extremo'. *Acromegalia, acrónimo, acrópolis.*

ad-. PREF. Indica dirección, tendencia, proximidad, contacto, encarecimiento. *Adecuar, adjunto, admirar, adquirir, adverbio, adverso, adyacente.* Ante ciertas consonantes se usa la forma **a-**. *Afirmar, anejo, asumir.*

-ada. SUF. **1.** Forma sustantivos, derivados de otros sustantivos, que significan 'conjunto'. *Fritada, vacada.* ‖ **2.** Otros indican contenido. *Carretada, cucharada.* ‖ **3.** Pueden señalar período. *Otoñada, temporada.* ‖ **4.** Indican golpe. *Palmada, pedrada.* ‖ **5.** Pueden indicar acción, a veces con matiz peyorativo. *Alcaldada, trastada, zancada.* ‖ **6.** Pueden señalar abundancia o exceso. *Panzada, riada.* ‖ **7.** Forma sustantivos derivados de verbos de la primera conjugación, que suelen denotar acción y efecto. *Llamada, llegada.* A veces, -ada se combina con otros sufijos, como **-ar** y **-arro**, para dar formas en **-arada** y **-arrada**. *Llamarada, lumbrarada. Nubarrada.*

aden-. ELEM. COMPOS. Significa 'ganglio' o 'glándula'. *Adenitis.* Ante consonante, suele tomar la forma **adeno-**. *Adenoma.*

-adero, ra. SUF. V. -dero.

-ado, da. SUF. **1.** Forma adjetivos y sustantivos derivados de verbos de la primera conjugación. *Anticuado, dotado. Ahorcado, aprobado.* ‖ **2.** Forma adjetivos que expresan la presencia de lo significado por el primitivo. *Barbado, invertebrado, sexuado.* ‖ **3.** Otros expresan semejanza. *Aterciopelado, azafranado, nacarado.* ‖ **4.** Forma sustantivos que indican acción y efecto. *Afeitado, revelado.* ‖ **5.** Otros designan un conjunto. *Alcantarillado, alumnado.* ‖ **6.** Otros indican dignidad o cargo. *Obispado, papado, rectorado.*

-ador, ra. SUF. V. -dor.

-adura. SUF. V. -dura.

aero-. ELEM. COMPOS. Significa 'aire'. Forma palabras relacionadas con la aviación. *Aeromodelismo, aeronave, aeropuerto.*

afro-. ELEM. COMPOS. Significa 'africano'. *Afroasiático, afroamericano.*

agro-. ELEM. COMPOS. Significa 'campo'. *Agropecuario, agroquímica.*

-aico, ca. SUF. Forma adjetivos que indican pertenencia o relación. *Algebraico, altaico, incaico.*

-aja. SUF. V. -ajo.

-aje. SUF. **1.** Forma sustantivos que expresan acción. *Abordaje, aprendizaje, aterrizaje.* ‖ **2.** Puede designar derechos que se pagan. *Almacenaje, hospedaje, pupilaje.* ‖ **3.** A veces indica conjunto. *Cordaje, ramaje.*

-ajo, ja. SUF. Forma adjetivos y sustantivos con valor entre despectivo y diminutivo. *Pequeñajo, escobajo, migaja, tendajo.* Puede combinarse con **-ar**, para dar formas en **-arajo**. *Espumarajo.* A veces toma la forma **-strajo**. *Comistrajo.* Estas combinaciones tienen valor despectivo.

-ajón. SUF. V. -ón.

-al. SUF. **1.** En adjetivos, indica generalmente relación o pertenencia. *Cultural, ferrovial.* ‖ **2.** En sustantivos, indica el lugar en que abunda el primitivo. *Arrozal, peñascal.*

-ales. SUF. Forma algunos adjetivos de uso familiar o vulgar. *Viejales, vivales.*

-algia. ELEM. COMPOS. Significa 'dolor'. *Gastralgia, neuralgia.*

-alla. SUF. Tiene valor entre colectivo y despectivo. *Canalla, morralla.*

alo-. ELEM. COMPOS. Unido a un segundo elemento, indica variación o variante de este último. *Alopatía.*

alti-. ELEM. COMPOS. Significa 'alto'. *Altímetro, altiplano.*

-ambre / -ate

-ambre. SUF. Forma sustantivos colectivos o que indican abundancia. *Corambre, enjambre, pelambre, raigambre.*

-amen. SUF. **1.** Aparece en sustantivos tomados del latín. *Certamen, dictamen, examen, gravamen.* ‖ **2.** En sustantivos españoles derivados, tiene significado colectivo. *Cerdamen, maderamen, pelamen, velamen.*

-amento. SUF. V. **-mento.**

-amiento. SUF. V. **-miento.**

amino-. ELEM. COMPOS. Indica presencia del radical amino. *Aminoácido.*

an-¹. PREF. V. **a-².**

an-². PREF. V. **ana-.**

-án, na. SUF. **1.** Forma adjetivos y sustantivos. *Azacán, alcotana, cordobán.* Algunos, formados inicialmente con **-ano²**, se apocoparon en esta forma. *Capitán, sacristán.* ‖ **2.** También forma gentilicios. *Alemán, catalán.*

ana-. PREF. **1.** Significa 'sobre'. *Anatema.* ‖ **2.** Significa 'de nuevo'. *Anabaptista.* ‖ **3.** Significa 'hacia atrás'. *Anapesto.* ‖ **4.** Significa 'contra'. *Anacrónico.* ‖ **5.** Significa 'según'. *Analogía.* ‖ **6.** Se apocopa ante vocal y toma la forma **-an.** *Anión.*

-ana. SUF. V. **-án.**

anarco-. ELEM. COMPOS. Significa 'anarquía' o 'anarquismo'. *Anarcosindicalismo.*

-anca. SUF. V. **-anco.**

-ancia. SUF. V. **-ncia.**

-anco, ca. SUF. Tiene valor generalmente despectivo. *Lunanco, potranca.*

andro-. ELEM. COMPOS. Significa 'hombre, varón'. *Androcentrismo.*

anemo-. ELEM. COMPOS. Significa 'viento'. *Anemófilo, anemómetro.*

-áneo, a. SUF. Forma adjetivos que indican pertenencia, condición, relación. *Instantáneo, sufragáneo.*

anfi-. ELEM. COMPOS. **1.** Significa 'alrededor'. *Anfiteatro.* ‖ **2.** Significa 'doble'. *Anfibio.*

-anga. SUF. V. **-ango.**

angio-. ELEM. COMPOS. Entra en la formación de voces científicas españolas con el significado de 'de los vasos sanguíneos' o 'de los vasos linfáticos'. *Angiografía, angioma.*

-ango, ga. SUF. Se usa con valor despectivo en adjetivos y sustantivos. *Maturrango, bullanga, fritanga.*

aniso-. ELEM. COMPOS. Significa 'desigual'. *Anisofilo, anisopétalo.*

-ano¹, na. SUF. Forma adjetivos que indican procedencia, pertenencia o adscripción. *Aldeana, franciscano, murciano.* A veces toma las formas **-iano** y **-tano.** *Parnasiano, ansotano.*

-ano². SUF. Designa hidrocarburos saturados. *Etano, metano.*

ante-. ELEM. COMPOS. Denota anterioridad en el tiempo o en el espacio. *Anteayer, antecapilla.*

-ante. SUF. V. **-nte.**

anti-. PREF. Significa 'opuesto' o 'con propiedades contrarias'. *Antiadherente, anticristo.*

antropo-. ELEM. COMPOS. Significa 'hombre'. *Antropología, antropomorfo.*

-anza. SUF. **1.** Forma sustantivos deverbales que denotan acción y efecto. *Alabanza, venganza.* ‖ **2.** Puede denotar cualidad. *Semejanza, templanza.* ‖ **3.** Indica agente. *Ordenanza.* ‖ **4.** Designa instrumento o medio. *Libranza.*

-año, ña. SUF. **1.** Forma sustantivos y adjetivos procedentes del latín. *Aledaño, entraña, extraño.* ‖ **2.** En español ha formado algunos sustantivos deverbales o derivados de sustantivos. *Travesaño, espadaña.*

-ar. SUF. **1.** En los adjetivos denota condición o pertenencia. *Axilar, espectacular.* ‖ **2.** En los sustantivos indica el lugar en que abunda el primitivo. *Palomar, pinar.*

-aracho, cha. SUF. V. **-acho.**

-arada. SUF. V. **-ada.**

-arajo. SUF. V. **-ajo.**

-araz. SUF. Forma adjetivos que denotan cualidad intensa y tienen valor un tanto despectivo. *Lenguaraz, montaraz.*

arbori-. ELEM. COMPOS. Significa 'árbol'. *Arboricida, arboricultura, arboriforme.*

archi-. ELEM. COMPOS. **1.** Con sustantivos, indica preeminencia o superioridad. *Archidiácono, archiduque.* ‖ **2.** Con adjetivos, se emplea en lenguaje coloquial y significa 'muy'. *Archiconocido, archimillonario.* Toma las formas **arce-, arci-, arqui-** y **arz-.** *Arcediano. Arcipreste. Arquidiócesis. Arzobispo.*

-ardo, da. SUF. Forma adjetivos y sustantivos, con valor aumentativo o despectivo. *Goliardo, moscarda.*

-areda. SUF. V. **-edo.**

-ario, ria. SUF. **1.** Forma adjetivos que indican relación con la base derivativa. *Bancario, embrionario.* ‖ **2.** Forma sustantivos que significan, entre otras cosas, profesión. *Boticario, ferroviario.* ‖ **3.** Se refiere a la persona a quien se cede algo. *Concesionario.* ‖ **4.** Señala el lugar donde se guarda lo significado por el primitivo. *Campanario, relicario.* ‖ **5.** La forma femenina produce sustantivos. *Funeraria, inmobiliaria, veterinaria.*

arqueo-. ELEM. COMPOS. Significa 'antiguo'. *Arqueología.*

arqui-. ELEM. COMPOS. V. **archi-.**

-arraco, ca. SUF. V. **-aco.**

-arrada. SUF. V. **-ada.**

-arro, rra. SUF. V. **-rro.**

-arrón. SUF. V. **-ón.**

arz-. ELEM. COMPOS. V. **archi-.**

-asa. SUF. Forma nombres de enzimas. *Amilasa, lipasa.*

-asco, ca. SUF. V. **-sco.**

-asis. SUF. V. **-sis.**

-astro, tra. SUF. Forma sustantivos, con significado despectivo. *Camastro, madrastra, politicastro.* A veces toma la forma **-astre.** *Pillastre.*

astro-. ELEM. COMPOS. Significa 'astro, estrella'. *Astronauta.*

-ata. SUF. V. **-ato¹.**

-atario, ria. SUF. Forma sustantivos procedentes del latín o derivados en español de verbos de la primera conjugación. Denota la persona en cuyo favor se realiza la acción. *Arrendatario, destinatario, prestatario.*

-ate. SUF. Aparece en la terminación de algunos nombres de origen americano. *Chocolate, tomate.*

-átil. SUF. Indica, entre otros matices, disposición, posibilidad, semejanza. Aparece en adjetivos que en su mayoría existían ya en latín. *Errátil, versátil, volátil.* Otros se han formado en español. *Bursátil, portátil, vibrátil.*

-ativo, va. SUF. V. -ivo.

-ato[1], ta. SUF. **1.** En algunos sustantivos masculinos, indica dignidad, cargo o jurisdicción. *Cardenalato, decanato, virreinato.* || **2.** Designa instituciones sociales. *Orfanato, sindicato.* || **3.** En ciertos sustantivos masculinos y en otros femeninos, denota acción o efecto. *Asesinato, caminata, perorata.* || **4.** Aplicado a nombres de animales, designa la cría. *Ballenato, cervato.* || **5.** En adjetivos indica cualidad. *Novato, pazguata.*

-ato[2]. SUF. **1.** Designa una sal o un éster derivados del ácido correspondiente. *Acetato, borato, clorato, nitrato.* || **2.** Se refiere a un compuesto que resulta al sustituir por un metal el hidrógeno del grupo hidroxilo de un alcohol.

-atorio, ria. SUF. V. -torio.

atto-. ELEM. COMPOS. Significa 'una trillonésima (10^{-18}) parte'. Se aplica a nombres de unidades de medida para designar el submúltiplo correspondiente. (Símb. *a*).

audio-. ELEM. COMPOS. Significa 'sonido' o 'audición'. *Audiómetro, audiovisual.*

auto-. ELEM. COMPOS. Significa 'propio' o 'por uno mismo'. *Autobiografía, automóvil, autosugestión.*

-avo, va. SUF. Se usa, aplicado a numerales cardinales, para formar partitivos. *Dieciseisavo. Dieciochava.*

-aza. SUF. V. -azo.

-azgo. SUF. **1.** Forma sustantivos que designan dignidad o cargo. *Almirantazgo, arciprestazgo.* || **2.** Indica condición o estado. *Noviazgo.* || **3.** Señala tributo. *Almojarifazgo.* || **4.** Indica acción y efecto. *Hallazgo, hartazgo.*

-azo, za. SUF. **1.** Tiene valor aumentativo o intensivo. *Barcaza, madraza, padrazo, perrazo.* || **2.** Expresa sentido despectivo. *Aceitazo.* || **3.** A veces señala el golpe dado con lo designado por la base derivativa. *Almohadillazo, porrazo.* || **4.** En algún caso, señala el golpe dado en lo significado por dicha base. *Espaldarazo.*

-azón. SUF. **1.** Forma sustantivos derivados de verbos de la primera conjugación, que significan 'acción y efecto'. *Granazón.* Tienen a veces cierto valor intensivo. *Hinchazón, picazón.* || **2.** Señala el conjunto de los objetos que constituyen un todo. *Clavazón, ramazón.*

b

baro-, -baro, ra o **-baro, ra.** ELEMS. COMPOS. Significan 'pesantez' y, por ext., 'presión atmosférica'. *Barómetro. Isobaras, isóbaras.*

bi-. ELEM. COMPOS. Significa 'dos' o 'dos veces'. *Bicolor, bimensual.* A veces toma las formas **bis-** o **biz-**. *Bisnieto. Biznieto.*

biblio-. ELEM. COMPOS. Significa 'libro'. *Bibliófilo, biblioteca.*

-bilidad. SUF. V. -dad.

-bilísimo, ma. SUF. V. -ísimo.

bio-, -bio, bia. ELEMS. COMPOS. Significan 'vida'. *Biografía, biológico, bioquímica. Anaerobia, microbio.*

bis-. ELEM. COMPOS. V. **bi-**.

biz-. ELEM. COMPOS. V. **bi-**.

-ble. SUF. Forma adjetivos casi siempre deverbales. Indica posibilidad pasiva, es decir, capacidad o aptitud para recibir la acción del verbo. Si el verbo es de la primera conjugación, el sufijo toma la forma **-able**. *Aplicable.* Si es de la segunda o tercera, toma la forma **-ible**. *Disponible, reductible.* Los derivados de verbos intransitivos o de sustantivos suelen tener valor activo. *Agradable.*

bradi-. ELEM. COMPOS. Significa 'lento'. *Bradicardia, bradilalia.*

c

-cardia. ELEM. COMPOS. Significa 'corazón'. *Taquicardia.*

cardio-, -cardio. ELEMS. COMPOS. Significan 'corazón'. *Cardiología. Miocardio.*

cata-. PREF. Su significado primitivo es 'hacia abajo'. *Cataclismo, cataplasma.*

-cefalia. ELEM. COMPOS. Indica estado o cualidad de la cabeza. *Bicefalia, dolicocefalia.*

-céfalo, la. ELEM. COMPOS. Significa 'cabeza'. *Bicéfalo, dolicocéfalo.*

centi-. ELEM. COMPOS. **1.** Significa 'una centésima (10^{-2}) parte'. Se aplica a nombres de unidades de medida para designar el submúltiplo correspondiente. *Centigramo, centilitro.* (Símb. *c*). || **2.** Significa 'cien'. *Centímano.*

-cete, ta. SUF. V. -ete.

cian-. ELEM. COMPOS. **1.** Significa 'azul'. A veces toma la forma **ciano-**. *Cianótico.* || **2.** Indica presencia del grupo CN. *Cianhídrico.*

ciber-. ELEM. COMPOS. Indica relación con redes informáticas. *Ciberespacio, cibernauta.*

-cico, ca. SUF. V. -ico.

-cida. ELEM. COMPOS. Significa 'matador' o 'exterminador'. *Herbicida, insecticida.*

-cidio. ELEM. COMPOS. Significa 'acción de matar'. *Filicidio, suicidio.*

-cillo, lla. SUF. V. -illo.

-ción. SUF. **1.** Forma sustantivos deverbales, que expresan acción y efecto. Aparece en la forma -ción, no precedido de vocal, en ciertos sustantivos generalmente procedentes del latín. *Función, lección, producción.* Los creados en español toman la forma **-ación**, si el verbo del que derivan es de la primera conjugación. *Grabación;* -ición, si es de la tercera. *Embutición.* || **2.** Además de su significado abstracto, -ción y sus variantes pueden denotar objeto, lugar, etc. *Embarcación, fundición.*

circun-. ELEM. COMPOS. Significa 'alrededor'. *Circundar, circunnavegación.* Ante *p* toma la forma **circum-**. *Circumpolar.*

cis-. PREF. Significa 'de la parte o del lado de acá'. *Cisandino, cismontano.*

cito-, -cito[1]. ELEMS. COMPOS. Significan 'célula'. *Citología, citoplasma. Leucocito.*

-cito / -dor

-cito², ta. SUF. V. -ito³.

clepto-. ELEM. COMPOS. Significa 'robo'. *Cleptomanía.*

co-. PREF. V. con-.

-cola. ELEM. COMPOS. **1.** Significa 'que cultiva o cría'. *Avícola, frutícola.* ‖ **2.** Significa 'que habita en'. *Arborícola, cavernícola.*

con-. PREF. Significa 'reunión', 'cooperación' o 'agregación'. *Confluir, consocio, convenir.* Ante *b* o *p* toma la forma **com-.** *Combinar, compadre, componer.* Otras veces adquiere la forma **co-.** *Coautor, coetáneo, cooperar.*

contra-. PREF. Significa 'contrario'. *Contraindicado, contraveneno.*

-cracia. ELEM. COMPOS. Significa 'gobierno', 'dominio' o 'poder'. *Gerontocracia, talasocracia, dedocracia.*

-crata. ELEM. COMPOS. Significa 'partidario o miembro de un gobierno o un poder'. *Burócrata, gerontócrata.*

crio-. ELEM. COMPOS. Significa 'frío'. *Criocirugía, criogenia.*

cromo-, -cromo, ma. ELEMS. COMPOS. Significan 'color'. *Cromosfera, cromosoma. Monocromo, polícroma.* Toma también las formas **cromat-** y **cromato-.** *Cromatina. Cromatógrafo.*

crono-, -crono, na. ELEMS. COMPOS. Significan 'tiempo'. *Cronología, cronómetro. Asíncrono, isócrona.*

cuadri-. ELEM. COMPOS. Significa 'cuatro'. *Cuadrienio, cuadrilátero.* Toma también las formas **cuadru-** y **cuatri-.** *Cuadrúpedo, cuadruplicar. Cuatrimotor.*

-cultura. ELEM. COMPOS. Significa 'cultivo, crianza'. *Apicultura, vinicultura.*

d

dactilo-, -dáctilo, la. ELEMS. COMPOS. Significan 'dedo'. *Dactilografía. Pentadáctilo, pterodáctilo.*

-dad. SUF. Significa 'cualidad' en sustantivos abstractos derivados de adjetivos. Si el adjetivo base es bisílabo, suele tomar la forma **-edad.** *Cortedad, mocedad, terquedad.* También la toman los adjetivos terminados en *-io. Obligatoriedad, precariedad, suciedad.* Si el adjetivo es de más de dos sílabas, toma, en general, la forma **-idad.** *Afectuosidad, barbaridad, efectividad.* La forma **-dad** aparece solo detrás de *l* o *n. Maldad. Liviandad, ruindad.* Cuando **-dad** se aplica a adjetivos deverbales en *-ble,* se forman derivados terminados en **-bilidad.** *Culpabilidad.*

de-. PREF. **1.** Indica dirección de arriba abajo. *Decaer, depender.* ‖ **2.** Señala disociación o separación. *Definir, delimitar.* ‖ **3.** Indica origen o procedencia. *Deducir, derivar.* ‖ **4.** Denota privación o inversión del significado simple. *Decolorar, defoliación, deformar, demente.* ‖ **5.** A veces refuerza el significado de la palabra primitiva. *Declarar, demostrar, denominar.*

deca- ELEM. COMPOS. **1.** Significa 'diez (10^1) veces'. Se aplica a nombres de unidades de medida para designar el múltiplo correspondiente. *Decámetro.* (Símb. *da*). ‖ **2.** Significa 'diez'. *Decaedro.*

deci-. ELEM. COMPOS. Significa 'una décima (10^{-1}) parte'. Se aplica a nombres de unidades de medida para designar el submúltiplo correspondiente. *Decibelio, decilitro.* (Símb. *d*).

demo-. ELEM. COMPOS. Significa 'pueblo'. *Democracia, demografía.*

denti-. ELEM. COMPOS. Significa 'diente'. *Dentífrico, dentirrostro.*

dento-. ELEM. COMPOS. Indica localización o carácter dentales. *Dentoalveolar.*

-dera. SUF. V. -dero.

dermo-, -dermo. ELEMS. COMPOS. Significan 'piel'. *Dermofarmacia. Paquidermo.* Como prefijo adopta a veces las formas **derm-, dermat-, dermato-.** *Dermitis. Dermatitis. Dermatología.* Como sufijo, adopta también la forma **-dermia.** *Taxidermia.*

-dero, ra. SUF. **1.** Forma sustantivos y adjetivos deverbales. Aparece en las formas **-adero, -edero, -idero,** según el verbo base sea de la primera, segunda o tercera conjugación. *Apeadero, tendedero, asidero. Pagadero, crecedero, hervidero.* ‖ **2.** En los adjetivos significa 'posibilidad' y, a veces, 'necesidad'. *Casadero, duradero, hacedero, perecedero, venidero.* ‖ **3.** En los sustantivos significa, por lo común, y preferentemente en forma masculina, 'lugar donde se realiza la acción significada por el verbo base'. *Abrevadero, burladero, matadero, vertedero.* ‖ **4.** Significa 'instrumento', generalmente en sustantivos femeninos. *Lanzadera, podadera, regadera.* ‖ **5.** En femenino singular, forma sustantivos, especialmente frecuentes en América, que significan 'acción reiterada'. *Gritadera, preguntadera.* ‖ **6.** En la forma femenina plural, denota, a veces, 'capacidad'. *Entendederas, despachaderas.*

des-. PREF. **1.** Denota negación o inversión del significado del simple. *Desconfiar, deshacer.* ‖ **2.** Indica privación. *Desacreditar.* ‖ **3.** Indica exceso. *Deslenguado.* ‖ **4.** Significa 'fuera de'. *Descamino, deshora.* ‖ **5.** A veces indica afirmación. *Despavorido.*

di-¹. PREF. **1.** Indica oposición o contrariedad. *Disentir.* ‖ **2.** Denota origen o procedencia. *Dimanar.* ‖ **3.** Señala extensión o propagación. *Difundir, dilatar.* ‖ **4.** Indica separación. *Divergir.*

di-². ELEM. COMPOS. Significa 'dos'. *Dimorfo, dítono.*

dia-. PREF. **1.** Significa 'a través de'. *Diacronía, diámetro, diatónico.* ‖ **2.** Indica separación. *Diacrítico.*

dis-¹. PREF. **1.** Indica negación o contrariedad. *Disconformidad, discordancia, disculpa.* ‖ **2.** Denota separación. *Distraer.* ‖ **3.** Indica distinción. *Discernir, distinguir.*

dis-². PREF. Significa 'dificultad' o 'anomalía'. *Dislexia, disnea, dispepsia.*

dodeca-. ELEM. COMPOS. Significa 'doce'. *Dodecaedro, dodecafonismo.*

-dor, ra. SUF. **1.** Forma adjetivos y sustantivos deverbales. Aparece en las formas **-ador, -edor, -idor,** según que el verbo base sea de la primera, segunda o tercera conjugación. Señala el agente. *Decorador, organizador. Ensordecedor, valedor. Encubridor, servidor.* ‖ **2.** Indica instrumento. *Acelerador, calculadora, climatizador, prendedor, trituradora.* ‖ **3.** Señala lugar. *Cenador, comedor.* ‖ **4.** Se usa para formar derivados de sustantivos. *Aguador, leñador, viñador. Distribuidora, panificadora.*

-dura. SUF. **1.** Forma sustantivos deverbales. Toma las formas **-adura, -edura** o **-idura,** según el verbo base sea de la primera, segunda o tercera conjugación. Significa 'acción y efecto'. *Salpicadura, soldadura. Mordedura, torcedura. Añadidura, hendidura.* ‖ **2.** Denota el medio o instrumento de la acción. *Cerradura.* ‖ **3.** Designa un conjunto. *Arboladura.*

e

e-. PREF. **1.** Significa 'fuera de'. *Eliminar.* ‖ **2.** Indica procedencia. *Emanar, emigrar.* ‖ **3.** Indica extensión o dilatación. *Efusión, emoción.*

-e. SUF. En sustantivos deverbales, significa 'acción y efecto'. *Avance, combate, corte, goce.*

-ea. SUF. V. **-eo**[1].

-ear. SUF. Forma verbos derivados de sustantivos o adjetivos, rara vez de pronombres. *Falsear, humear, tutear.*

-ececico, ca. SUF. V. **-ico.**

-ececillo, lla. SUF. V. **-illo.**

-ececito, ta. SUF. V. **-ito**[3].

-ecer. SUF. En verbos derivados de adjetivos o de sustantivos, denota acción incoativa, transformación o cambio de estado. *Amanecer, entristecer.*

-ecezuelo, la. SUF. V. **-uelo.**

-ecico, ca. SUF. V. **-ico.**

-ecillo, lla. SUF. V. **-illo.**

-ecito, ta. SUF. V. **-ito**[3].

eco-[1]. ELEM. COMPOS. Significa 'casa', 'morada' o 'ámbito vital'. *Ecología, ecosistema.*

eco-[2]. ELEM. COMPOS. Significa 'onda electromagnética' o 'sonido reflejado'. *Ecografía, ecolalia.*

ecto-. ELEM. COMPOS. Significa 'por fuera', 'en el exterior'. *Ectodermo, ectoplasma.*

-ectomía. ELEM. COMPOS. Significa 'escisión' o 'ablación quirúrgica'. *Histerectomía.*

-eda. SUF. V. **-edo.**

-edad. SUF. V. **-dad.**

-edal. SUF. V. **-edo.**

-edero, ra. SUF. V. **-dero.**

-edo, da. SUF. Forma sustantivos colectivos, en general derivados de nombres de árboles o plantas, y designa el lugar en que abunda el primitivo. *Avellaneda, robledo, rosaleda.* Puede combinarse con **-al,** para dar formas en **-edal.** *Lauredal, robledal.* Denotando abundancia, se combina con **-ar,** para dar formas en **-areda.** *Humareda, polvareda.*

-edor, ra. SUF. V. **-dor.**

-edura. SUF. V. **-dura.**

-ego, ga. SUF. V. **-iego.**

-ejo, ja. SUF. Tiene valor diminutivo y despectivo, en adjetivos y sustantivos. *Amarillejo, medianejo, calleja, tipejo.* En algunas palabras no se conserva el valor diminutivo o despectivo. *Festejo, moraleja.*

-ejón. SUF. V. **-ón.**

-ela. SUF. V. **-elo.**

electro-. ELEM. COMPOS. Significa 'electricidad' o 'eléctrico'. *Electrodoméstico, electroforesis, electromecánico, electroquímica.*

-elo, la. SUF. Se usa en sustantivos, originariamente con valor diminutivo. *Ciudadela.*

em-. PREF. V. **en-.**

-ema. SUF. V. **-ma.**

-emia. ELEM. COMPOS. Indica 'presencia anormal en la sangre'. *Alcoholemia, glucemia.*

en-. PREF. Toma la forma **em-** ante *b* o *p.* Frecuentemente forma verbos y adjetivos parasintéticos. *Encapuchado. Embrutecer.* Significa 'dentro de' o 'sobre'. *Encajonar, enlatar. Embotellar, empapelar.*

-ena. SUF. **-eno.**

-eña. SUF. V. **-eño.**

-encia. SUF. V. **-ncia.**

-enco, ca. SUF. **1.** Se usa en gentilicios y otros adjetivos que significan 'pertenencia', 'relación' o 'semejanza'. *Ibicenco, pastenco.* ‖ **2.** Expresa sentido despectivo. *Zopenco.*

endeca-. ELEM. COMPOS. Significa 'once'. *Endecasílabo.*

endo-. ELEM. COMPOS. Significa 'dentro', 'en el interior'. *Endocardio, endógeno.*

enea-. ELEM. COMPOS. Significa 'nueve'. *Eneasílabo.*

-engo, ga. SUF. **1.** Forma adjetivos que indican pertenencia o relación. *Abadengo, realengo.* ‖ **2.** Forma también algún sustantivo. *Abolengo.*

-eno, na. SUF. **1.** En adjetivos, indica procedencia, pertenencia o relación. *Agareno, chileno, nazareno.* ‖ **2.** Expresa semejanza. *Moreno.* ‖ **3.** Forma también numerales ordinales. *Noveno, onceno.* ‖ **4.** Con la terminación femenina, forma sustantivos colectivos. *Decena, docena, quincena.* ‖ **5.** Designa carburos de hidrógeno. *Acetileno.*

-ense. SUF. En gentilicios y otros adjetivos de resonancias latinas, indica relación o pertenencia. *Abulense, castrense, estadounidense, forense, matritense.* A veces toma la forma **-iense.** *Canadiense, parisiense.*

-ente. SUF. V. **-nte.**

entero-. ELEM. COMPOS. Significa 'intestino' o 'tracto digestivo'. *Enterocolitis, enteropatía.*

-ento, ta. SUF. **1.** En adjetivos, indica estado físico o condición. Aparece más frecuentemente en la forma **-iento.** *Avariento, calenturiento, hambriento, mugriento, sangriento.* ‖ **2.** En adjetivos, denota aproximación o semejanza. *Amarillento.*

entre-. PREF. **1.** Limita o atenúa el significado del vocablo al que se antepone. *Entreabrir, entrever.* ‖ **2.** Significa situación o calidad intermedia. *Entreacto, entrecejo, entrefino.*

-eño, ña. SUF. Forma adjetivos, a veces convertidos en sustantivos, de variados significados, como 'hecho de'. *Barreño, madreña;* 'semejante a'. *Aguileño, trigueño;* 'natural de'. *Brasileño, isleño, malagueño;* 'perteneciente a' o 'relacionado con'. *Abrileño, navideño, ribereño.*

-eo, a. SUF. En adjetivos, casi todos de origen latino, suele significar 'perteneciente o relativo a' o 'de la naturaleza de'. *Arbóreo, argénteo, cíclopeo, lácteo, marmóreo.*

-eo[1]**, a.** SUF. En sustantivos derivados de verbos en *-ear,* significa 'acción y efecto'. *Coqueteo, goteo, paseo, pelea, varea, veraneo.*

-eo / -fico

-eo², a. SUF. En adjetivos cultos, en su mayoría heredados del latín, pero también en otros formados en español, indica generalmente relación o pertenencia. *Amorreo, cibeleo, citereo, sabeo.*

epi-. PREF. Significa 'sobre'. *Epidemia, epidermis, epílogo.*

equi-. ELEM. COMPOS. Significa 'igual'. *Equidistar, equivaler.*

-era. SUF. **1.** En sustantivos femeninos señala el sitio u objeto en que hay, está, abunda, se cría, se deposita, se produce o se guarda lo designado por el primitivo. *Aceitera, cantera, chopera, escombrera, gusanera, leonera.* ‖ **2.** Indica objeto o lugar destinado a lo que designa la base. *Bañera, reguera.* ‖ **3.** Indica árbol o planta que produce lo significado por la base. *Esparraguera, higuera, morera.* ‖ **4.** Señala defecto o estado físico. *Borrachera, cansera, cojera, sordera.*

-ería. SUF. **1.** En sustantivos no heredados del latín, denota pluralidad o colectividad. *Chiquillería, morería, palabrería.* ‖ **2.** Indica condición moral, casi siempre de signo peyorativo. *Holgazanería, pedantería, ramplonería.* ‖ **3.** Señala oficio o local donde se ejerce. *Conserjería, fumistería, sastrería.* ‖ **4.** Indica acción o dicho. *Cacería, niñería, pillería, tontería.*

-erio. SUF. **1.** En sustantivos deverbales o derivados de otros sustantivos, indica acción o efecto. *Sahumerio.* ‖ **2.** Señala situación o estado. *Cautiverio.* ‖ **3.** Indica lugar. *Beaterio.*

eritro-. ELEM. COMPOS. **1.** Significa 'rojo'. *Eritrocito.* ‖ **2.** Indica relación con los eritrocitos o glóbulos rojos. *Eritropoyesis.*

-ero, ra. SUF. **1.** En sustantivos, indica oficio, ocupación, profesión o cargo. *Ingeniero, jornalero, librero.* ‖ **2.** Designa utensilios, muebles. *Billetero, llavero, perchero.* ‖ **3.** Significa lugar donde abunda o se deposita algo. *Basurero, hormiguero.* ‖ **4.** Se refiere a árboles frutales. *Albaricoquero, melocotonero, membrillero.* ‖ **5.** En adjetivos indica, en general, carácter o condición moral. *Altanero, embustero, traicionero.*

-érrimo, ma. SUF. Aparece en superlativos generalmente procedentes del latín. *Nigérrimo, pulquérrimo.*

es-. PREF. **1.** Denota separación. *Escoger.* ‖ **2.** Indica eliminación. *Espulgar.* ‖ **3.** Señala intensificación. *Esforzar.*

-és, sa. SUF. **1.** Forma adjetivos gentilicios. *Aragonés, leonés, pontevedresa.* ‖ **2.** Se añade también a nombres que no son de población. *Cortés, de corte; montañés, de montaña.*

-esa. SUF. Aparece en algunos sustantivos femeninos de cargo elevado. *Alcaldesa, baronesa, duquesa.*

esclero-. ELEM. COMPOS. Significa 'duro'. *Esclerosis.*

-esco, ca. SUF. V. **-sco.**

-ésimo, ma. ELEM. COMPOS. **1.** Indica cada una de las partes iguales entre sí en que está o puede estar dividido un todo. *El metro es la diezmillonésima parte del cuadrante del meridiano terrestre.* ‖ **2.** Indica la posición de un elemento en una sucesión. *El centésimo cuadragésimo aniversario.*

-esino, na. SUF. V. **-ino.**

-esis. SUF. V. **-sis.**

estereo-. ELEM. COMPOS. Significa 'sólido'. *Estereografía, estereoscopio.*

-eta¹. SUF. V. **-ete.**

-eta². SUF. V. **-eto.**

-ete, ta. SUF. Se usa para formar diminutivos, despectivos u otras palabras de valor afectivo, a veces de manera no muy explícita, a partir de adjetivos y sustantivos. *Amiguete, avioneta, caballerete, cagueta, caseta, regordete.* Muchas palabras han perdido esos valores. *Peseta, juguete.* Y no pocos sustantivos vienen directamente del francés. *Bonete, florete, ribete.* En ciertos casos, toma la forma **-cete.** *Galancete, meloncete.*

etno-. ELEM. COMPOS. Significa 'pueblo' o 'raza'. *Etnocentrismo, etnografía.*

-eto, ta. SUF. En adjetivos y sustantivos, tiene valor diminutivo en su origen. *Arieta, espineta, folleto, libreto.*

-etón. SUF. V. **-ón.**

euro-. ELEM. COMPOS. Significa 'europeo' o 'perteneciente o relativo a Europa'. *Eurodiputado.*

ex-. PREF. **1.** Significa 'fuera' o 'más allá', con relación al espacio o al tiempo. *Excéntrico, exhumar, extender, extraer.* ‖ **2.** Indica privación. *Exánime.* ‖ **3.** A veces no añade ningún significado especial. *Exclamar, exornar.*

exa-. ELEM. COMPOS. Significa 'un trillón (10^{18}) de veces'. Con nombres de unidades de medida, forma el múltiplo correspondiente. (Símb. *E*).

extra-. PREF. **1.** Significa 'fuera de'. *Extrajudicial, extraordinario.* ‖ **2.** Significa a veces 'en grado sumo'. *Extraplano.*

-ez. SUF. En sustantivos abstractos femeninos, designa la cualidad expresada por el adjetivo del que deriva. *Altivez, brillantez, lucidez.*

-eza. SUF. En sustantivos abstractos femeninos, indica la cualidad expresada por el adjetivo del que deriva. *Aspereza, belleza, limpieza.*

-ezno, na. SUF. Se aplica a nombres de animales para construir otros sustantivos, frecuentemente con valor diminutivo, que designan la cría. *Lobezno, osezno, viborezno.*

-ezuelo, la. SUF. V. **-uelo.**

f

-fagia. ELEM. COMPOS. Designa la acción de comer o de tragar. *Aerofagia, disfagia.*

fago-, -fago, ga. ELEMS. COMPOS. Significan 'que come'. *Fagocito. Necrófago.*

femto-. ELEM. COMPOS. Significa 'una milbillonésima (10^{-15}) parte'. Se aplica a nombres de unidades de medida para designar el submúltiplo correspondiente. (Símb. *f*). *Femtogramo.*

-fero, ra. ELEM. COMPOS. Significa 'que lleva, contiene o produce'. *Mamífero, oleífero.*

ferro-. ELEM. COMPOS. Significa 'hierro'. *Ferromagnético.* Ante vocal adopta la forma **ferr-.** *Férrico, ferrita.*

-ficar. ELEM. COMPOS. Forma verbos que significan 'hacer, convertir en, producir'. *Codificar, petrificar.*

-fico, ca. ELEM. COMPOS. Suele significar 'que hace, produce o convierte en'. *Calorífico.*

-filia. ELEM. COMPOS. Significa 'afición o simpatía'. *Anglofilia, bibliofilia.*

filo-, -filo, la. ELEMS. COMPOS. Significan 'amigo', 'amante de'. *Filosoviético. Anglófilo.*

fisio-. ELEM. COMPOS. Significa 'naturaleza'. *Fisionomía, fisioterapia.*

fito-, -fito, ta o **-fito, ta.** ELEMS. COMPOS. Significan 'planta' o 'vegetal'. *Fitografía. Epífito, epifito.*

-fobo, ba. ELEM. COMPOS. Significa 'que siente horror o repulsión'. *Fotófobo, xenófobo.*

fono-, -fono, na. ELEMS. COMPOS. Significan 'voz', sonido'. *Fonología. Teléfono.*

-forme. ELEM. COMPOS. Significa 'en forma de'. *Arboriforme, campaniforme, vermiforme.*

-foro, ra. ELEM. COMPOS. Significa 'que lleva'. *Cromóforo, semáforo.*

foto-. ELEM. COMPOS. Significa 'luz'. *Fotoalergia, fotograbado.*

franco-. ELEM. COMPOS. Significa 'francés'. *Francocanadiense, francofilia.*

-fugo, ga. ELEM. COMPOS. Significa 'que ahuyenta' o 'que huye de'. *Centrífugo, febrífugo.*

g

galacto-. ELEM. COMPOS. Significa 'leche'. *Galactocele, galactóforo.*

galo-. ELEM. COMPOS. Significa 'francés'. *Galolatino, galorrománico.*

-gamia. ELEM. COMPOS. Aporta el significado de 'unión'. *Endogamia, poligamia.*

gamo-, -gamo, ma. ELEMS. COMPOS. Aportan el significado de 'unión'. *Gamopétalo. Criptógama.*

gastr-. ELEM. COMPOS. Significa 'estómago', 'zona ventral'. *Gástrico, gastritis.* Se dan también las formas **gastero-, gastro-.** *Gasterópodo. Gastroenteritis.*

-génesis. ELEM. COMPOS. Significa 'origen', 'principio' o 'proceso de formación'. *Biogénesis, orogénesis.*

-genia. ELEM. COMPOS. Significa 'origen' o 'proceso de formación'. *Orogenia, patogenia.*

-génito, ta. ELEM. COMPOS. Significa 'nacido', 'engendrado'. *Primogénito, unigénito.*

-geno, na. ELEM. COMPOS. Significa 'que genera, produce o es producido'. *Endógeno, lacrimógeno, patógeno.*

geo-. ELEM. COMPOS. Significa 'tierra' o 'la Tierra'. *Geobotánica. Geocentrismo.*

germano-. ELEM. COMPOS. Significa 'alemán'. *Germanofilia.*

geronto-. ELEM. COMPOS. Significa 'viejo', 'anciano'. *Gerontocracia, gerontología.*

giga-. ELEM. COMPOS. Significa 'mil millones (10^9) de veces'. Con nombres de unidades de medida, forma el múltiplo correspondiente (Símb. *G*).

gineco-. ELEM. COMPOS. Significa 'mujer'. *Ginecocracia, ginecología.*

gluco-. ELEM. COMPOS. Significa 'glucosa'. *Glucógeno.*

-gono, na. ELEM. COMPOS. Significa 'ángulo'. *Isógono, pentágono.*

-grado, da. ELEM. COMPOS. Significa 'andar', 'marchar'. *Digitígrada, plantígrado.*

-grafía. ELEM. COMPOS. Significa 'descripción', 'tratado', 'escritura' o 'representación gráfica'. *Mecanografía, monografía.*

grafo-. ELEM. COMPOS. Significa 'escritura'. *Grafología, grafomanía.*

-grafo, fa. ELEM. COMPOS. Significa 'que escribe' o 'que describe'. *Bolígrafo, mecanógrafo, telégrafo.*

-grama. ELEM. COMPOS. Significa 'escrito' o 'gráfico'. *Cardiograma, telegrama.*

h

halo-. ELEM. COMPOS. Significa 'sal'. *Halófilo, halógeno.*

hecto-. ELEM. COMPOS. Significa 'cien (10^2) veces'. Se aplica a nombres de unidades de medida para designar el múltiplo correspondiente. *Hectolitro, hectómetro.* (Símb. *h*).

helico-. ELEM. COMPOS. Significa 'espiral'. *Helicoidal, helicóptero.*

helio-. ELEM. COMPOS. Significa 'sol' o 'el Sol'. *Heliocéntrico, helioterapia.*

hemato-. ELEM. COMPOS. Significa 'sangre'. *Hematófago, hematología.* Adopta también las formas **hemo-, hema-, hemat-.** *Hemorragia. Hemangioma. Hematoma.*

hemi-. ELEM. COMPOS. Significa 'medio'. *Hemisferio, hemistiquio.*

hemo-. ELEM. COMPOS. V. **hemato-.**

hepato-. ELEM. COMPOS. Significa 'hígado'. *Hepatomegalia.*

hepta-. ELEM. COMPOS. Significa 'siete'. *Heptágono, heptasílabo.*

hetero-. ELEM. COMPOS. Significa 'otro', 'desigual', 'diferente'. *Heterogéneo, heterosexual.*

hexa-. ELEM. COMPOS. Significa 'seis'. *Hexágono, hexasílabo.*

-hídrico, ca. ELEM. COMPOS. Adoptado por convenio en la nomenclatura química, designa los ácidos que no contienen oxígeno, como el *clorhídrico* o el *sulfhídrico*.

hidro-. ELEM. COMPOS. Significa 'agua'. *Hidroavión, hidrofobia.*

higro-. ELEM. COMPOS. Significa 'humedad'. *Higrófilo, higrómetro.*

hiper-. ELEM. COMPOS. Significa 'superioridad' o 'exceso'. *Hiperclorhidria, hipertensión.*

hipo-. ELEM. COMPOS. Significa 'debajo de' o 'escasez de'. *Hipogastrio, hipotensión.*

hispano-. ELEM. COMPOS. Significa 'español'. *Hispanoamericano, hispanófilo.*

histo-. ELEM. COMPOS. Significa 'tejido orgánico'. *Histocompatibilidad, histología.*

holo-. ELEM. COMPOS. Significa 'todo'. *Holoceno, holografía.*

homeo-. ELEM. COMPOS. Significa 'semejante', 'parecido'. *Homeopatía, homeostasis.*

homo-. ELEM. COMPOS. Significa 'igual'. *Homófono, homosexual.*

-huela. SUF. V. **-uelo.**

i

i-¹. PREF. V. **in-¹.**

i-². PREF. V. **in-².**

-ia. SUF. **1.** Aparece en sustantivos femeninos, generalmente abstractos, en su mayoría heredados del latín. *Eficacia, ignominia, vigilia.* || **2.** Aparece también en nombres de ciudades, territorios y naciones. *Alcarria, Australia, Murcia, Suecia.*

-ía. SUF. **1.** Forma sustantivos derivados de adjetivos. Suele indicar situación, estado de ánimo, cualidad moral, condición social. *Alegría, bizarría, cercanía, hidalguía, lejanía, villanía.* || **2.** Los derivados de adjetivos en *-ero* significan frecuentemente 'dicho o hecho descalificable' o 'acto o actitud propia de'. *Grosería, majadería, zalamería.* || **3.** Los derivados de sustantivos expresan, en general, dignidad, jurisdicción, oficio o lugar donde se ejerce. *Alcaldía, cancillería.* Entre estos, algunos derivan de nombres apelativos de persona en *-ero* o en *-dor, -(s)or, -(t)or. Librería, reguduría. Asesoría. Auditoría.* Cuando se añade a nombres en *-dor,* la *o* suele cambiarse en *u. Expendeduría.*

-íaco, ca o **-iaco, ca.** SUF. **1.** Indica relación. *Cardíaco, cardiaco. Maníaco, maniaco.* || **2.** Se usa para formar gentilicios. *Austríaco, austriaco. Egipcíaco, egipciaco.*

-iano, na. SUF. V. **-ano¹.**

-iatría. ELEM. COMPOS. Significa 'parte de la medicina que estudia la curación de'. *Pediatría, psiquiatría.*

ibero-. ELEM. COMPOS. Significa 'de la península Ibérica'. *Iberorrománico.*

-ible. SUF. V. **-ble.**

-ica. SUF. Forma adjetivos. Tiene valor iterativo y despectivo. *Quejica.*

-íca. SUF. V. **-íco.**

-ichuelo, la. SUF. V. **-uelo.**

-icio, cia. SUF. **1.** Aparece en adjetivos. Suele significar 'perteneciente a' o 'relacionado con'. *Alimenticio, cardenalicio, catedralicio.* || **2.** Aparece también en algunos sustantivos, con el significado de 'acción intensa o insistente'. *Bullicio, estropicio.*

-ición. SUF. V. **-ción.**

-ico, ca. SUF. Tiene valor diminutivo o afectivo. *Hermanico, pequeñica, ratico.* A veces, toma las formas *-cico, -ececico, -ecico. Resplandorcico. Piececico. Huevecico.* En algunas zonas de América, solo se une a radicales que terminan en *-t. Gatico, patica.* Muchas veces se combina con el sufijo **-ito.** *Ahoritica, poquitico.*

-íco, ca. SUF. **1.** Aparece en adjetivos. Indica relación con la base derivativa. *Académico, alcohólico, módico.* A veces toma la forma **-tico.** *Sifilítico.* || **2.** En química, terminación genérica de numerosos compuestos, como los ácidos. *Fórmico.* || **3.** En algunos casos se refiere al grado de oxidación del ácido. *Fosfórico, sulfúrico.* || **4.** Puede indicar un elemento de un compuesto. *Cúprico, férrico.* || **5.** Muchos adjetivos formados con este sufijo suelen sustantivarse, y algunos se han lexicalizado como sustantivos que han generado, a veces, una forma femenina en **-íca.** *Químico. Gramática, lógica, química.*

-icón, na. SUF. Forma adjetivos y sustantivos con valor entre aumentativo y despectivo. *Bobalicón. Mojicón.*

-ida. SUF. Forma sustantivos derivados de verbos de la segunda y tercera conjugación, que generalmente significan 'acción y efecto'. *Acogida, acometida, partida, sacudida.*

-idad. SUF. V. **-dad.**

-idero, ra. SUF. V. **-dero.**

-ido, da. SUF. **1.** Forma adjetivos y sustantivos derivados de verbos de la segunda o de la tercera conjugación. *Agradecido, aburrido, aparecido, añadido.* || **2.** Forma sustantivos deverbales que significan sonidos. *Balido, bufido, crujido, estallido, tañido.*

-ido, da. SUF. **1.** Se presenta en adjetivos, procedentes directamente de adjetivos latinos, que denotan cualidad, generalmente de naturaleza física. *Ácido, cálido, rígido.* || **2.** Participa en muchos nombres científicos que suelen designar familias o especies de animales. *Arácnido, óvido.* || **3.** Designa también cuerpos estrechamente relacionados con otros. *Anhídrido, óxido.*

-idor, ra. SUF. V. **-dor.**

-idura. SUF. V. **-dura.**

-iego, ga. SUF. **1.** Forma adjetivos, y a veces toma la forma **-ego.** Suele indicar relación, pertenencia u origen. *Andariego, mujeriego, pasiego, veraniego. Manchego.* || **2.** Ambas formas pueden aparecer también en algún sustantivo. *Labriego. Borrego.*

-iense. SUF. V. **-ense.**

-iente. SUF. V. **-nte.**

-iento, ta. SUF. V. **-ento.**

-ija. SUF. Forma sustantivos femeninos, con frecuencia diminutivos, a veces despectivos. *Baratija, lagartija.*

-ijo. SUF. Se usa para formar despectivos y diminutivos a partir de nombres. *Atadijo, revoltijo.*

-ijón, na. SUF. Forma sustantivos y adjetivos, con matiz aumentativo o despectivo. *Retortijón, serrijón.*

-il. SUF. Aparece en adjetivos, muchos de los cuales son heredados del latín. *Ágil, difícil, dócil.* En español se han formado algunos, basados en supinos latinos, que suelen significar capacidad para hacer o recibir la acción significada por el verbo base. *Contráctil, retráctil.*

-il. SUF. **1.** Forma adjetivos, que suelen indicar relación o pertenencia. *Estudiantil, pastoril, varonil.* || **2.** Forma sustantivos, que tienen a veces valor diminutivo. *Ministril, tamboril.*

-illo, lla. SUF. Tiene valor diminutivo o afectivo. *Arbolillo, guapillo, librillo, mentirosilla.* Aunque no todos los sustantivos formados con este sufijo tienen auténtico valor diminutivo, suelen aproximarse a él: p. ej., *organillo* con relación a *órgano; molinillo* con relación a *molino; camilla* con relación a *cama,* etc. A veces, toma las formas **-cillo, -ececillo, -ecillo.** *Amorcillo. Piececillo. Panecillo.*

-ilo. SUF. Designa un radical químico. *Acetilo, etilo.*

im-¹. PREF. V. **in-¹.**

im-². PREF. V. **in-².**

-imento. SUF. V. **-mento.**

-imiento. SUF. V. -miento.

-ín, na. SUF. **1.** Se usa para formar diminutivos y despectivos a partir de adjetivos y sustantivos. *Pequeñina, librín.* || **2.** Se usa, a partir de infinitivos, para denotar agente. *Andarín, bailarín, saltarín.*

in-¹. PREF. Se convierte en **im-** ante *b* o *p*, y en **i-** ante *l* o *r.* Suele significar 'adentro' o 'al interior'. *Incluir, insacular. Importar. Irrumpir.*

in-². PREF. Se convierte en **im-** ante *b* o *p*, y en **i-** ante *l* o *r.* Indica negación o privación. *Inacabable, incomunicar, inacción. Impaciencia. Ilegal, irreal.*

-ina. SUF. **1.** Forma sustantivos femeninos que indican acción súbita y violenta. *Degollina, escabechina, regañina.* || **2.** Forma nombres de árboles o plantas. *Capuchina, glicina.* || **3.** Forma sustantivos de carácter diminutivo. *Culebrina.* || **4.** En química, indica sustancia relacionada con lo denotado por el elemento principal de la palabra. *Adrenalina, cafeína, cocaína, morfina.*

indo-. ELEM. COMPOS. **1.** Significa 'indio, natural de la India'. *Indoeuropeo.* || **2.** Significa 'indio, indígena americano'. *Indoantillano.*

-íneo, a. SUF. Forma adjetivos que indican semejanza, procedencia o participación. *Apolíneo, broncíneo, carmíneo.*

infra-. ELEM. COMPOS. Significa 'inferior' o 'debajo'. *Infrahumano, infrascrito.*

inmuno-. ELEM. COMPOS. Indica relación con los mecanismos inmunitarios. *Inmunología, inmunoterapia.*

-ino, na. SUF. **1.** En adjetivos, indica pertenencia o relación. *Palatino.* || **2.** Designa materia o semejanza. *Alabastrino, diamantino.* || **3.** Forma gentilicios. *Alicantino, ginebrino.* || **4.** En los sustantivos suele tener valor diminutivo. *Cebollino, cigoñino, palomino.* || **5.** A veces se combina con **-és,** para dar formas en **-esino.** *Campesino, montesino.*

inter-. PREF. **1.** Significa 'entre' o 'en medio'. *Intercostal.* || **2.** Significa 'entre varios'. *Interministerial.*

intra-. PREF. Significa 'dentro de', 'en el interior'. *Intramuros, intravenoso.*

-ío, a. SUF. **1.** Forma adjetivos que se refieren frecuentemente a la agricultura o la ganadería. *Bravío, cabrío, labrantío, plantío.* || **2.** Forma sustantivos que suelen tener valor colectivo o intensivo. *Gentío, monjío, mujerío, poderío.* También puede combinarse con **-ero.** *Caserío, graderío, mocerío.*

-io, ia. SUF. **1.** Forma adjetivos y sustantivos, en su mayoría procedentes del latín; algunos pueden ser de creación española. *Agrio, bodrio, barrio, sitio.* || **2.** En química, se usa para designar elementos. *Bario, calcio, silicio, sodio.*

-iondo, da. SUF. Forma adjetivos con el significado de 'en celo'. *Verriondo.*

-isco, ca. SUF. V. -sco.

-ísimo, ma. SUF. Se usa para formar el grado superlativo de adjetivos y de algunos adverbios. *Blanquísimo, malísimo. Cerquísima, lejísimos.* Combinado con **-ble** toma la forma **-bilísimo.** *Amabilísimo, notabilísimo.*

-ismo. SUF. **1.** Forma sustantivos que suelen designar doctrinas, sistemas, escuelas o movimientos. *Impresionismo, platonismo, socialismo.* || **2.** Indica actitudes. *Egoísmo, individualismo, puritanismo.* || **3.** Designa actividades deportivas. *Alpinismo, atletismo.* || **4.** Forma numerosos términos científicos. *Astigmatismo, leísmo, tropismo.*

iso-. ELEM. COMPOS. Significa 'igual'. *Isofónico, isomorfo.*

-ista. SUF. **1.** Se usa en adjetivos que habitualmente se sustantivan, y suelen significar 'partidario de' o 'inclinado a' lo que expresa la misma raíz con el sufijo **-ismo.** *Comunista, europeísta, optimista.* || **2.** Forma sustantivos que designan generalmente a la persona que tiene determinada ocupación, profesión u oficio. *Almacenista, periodista, taxista.*

-ístico, ca. SUF. **1.** Forma adjetivos que indican pertenencia o relación. *Característico, gallístico, patrístico.* En muchos casos se trata de la combinación de sufijos **-ista** e **-ico.** *Artístico, estilístico, periodístico.* || **2.** La forma femenina produce sustantivos. *Cuentística, lingüística, patrística.*

-ita¹. SUF. Forma principalmente adjetivos gentilicios y otros que expresan pertenencia. *Moscovita, vietnamita, carmelita, jesuita.*

-ita². SUF. **1.** En mineralogía y en química, forma nombres de minerales. *Magnetita, pirita.* || **2.** Forma nombres de sustancias explosivas. *Dinamita.*

-ita³. SUF. V. -ito³.

ítalo-. ELEM. COMPOS. Significa 'italiano'. *Italorrománico.*

-itis. SUF. Significa 'inflamación'. *Otitis, hepatitis.*

-itivo, va. SUF. V. -ivo.

-ito¹. SUF. Adoptado por convenio en la nomenclatura química, designa las sales de los ácidos cuyo nombre termina en *-oso. Hipoclorito.*

-ito². SUF. En mineralogía y en química, forma nombres de minerales. *Grafito.*

-ito³, ta. SUF. Tiene valor diminutivo o afectivo. *Callandito, hermanito, pequeñito, prontito, ramita.* En ciertos casos toma las formas **-cito, -ececito, -ecito.** *Corazoncito, mujercita. Piececito. Solecito.*

-itorio, ria. SUF. V. -torio.

-ivo, va. SUF. **1.** Forma adjetivos cuya base derivativa suele ser un participio pasivo o un sustantivo latinos y, a veces, un sustantivo español. Puede significar capacidad para lo significado por la base o inclinación a ello. *Curativo, persuasivo, reflexivo, defensivo.* || **2.** Indica disposición para recibir lo significado por la base o situación de haberlo recibido. *Consultivo, adoptivo.* Por analogía con los muchos adjetivos que, formados con el sufijo **-ivo,** terminan en **-ativo** o en **-itivo,** se han formado otros, considerando estas terminaciones como nuevos sufijos. *Ahorrativo. Factitivo.* || **3.** Forma sustantivos que indican cargos o profesiones. *Ejecutivo, facultativo.* || **4.** Forma también algunos sustantivos femeninos. *Alternativa, cursiva, rotativa.*

-iza. SUF. V. -izo.

-izar. SUF. Forma verbos que denotan una acción cuyo resultado implica el significado del sustantivo o

-izco / mili-

del adjetivo básicos, bien por reducción del complemento directo a cierto estado, en los transitivos, como en *carbonizar, esclavizar, impermeabilizar,* bien por la actitud del sujeto, en los intransitivos. *Escrupulizar, simpatizar.*

-izco, ca. SUF. V. **-sco.**

-izo, za. SUF. **1.** Forma adjetivos derivados de adjetivos, que suelen denotar semejanza o propensión. *Enfermizo, rojizo.* ‖ **2.** Los derivados de sustantivos indican posesión de lo significado por el primitivo o de sus cualidades. *Calizo, cobrizo, roblizo.* ‖ **3.** Los derivados de participios indican propensión a ejecutar, causar o recibir la acción del verbo primitivo. *Anegadizo, olvidadizo, resbaladizo.* Los derivados de participios en *-ido* suelen cambiar la *i* en *e. Corredizo, movedizo.* ‖ **4.** A veces aparece en sustantivos que suelen designar lugar. *Caballeriza, cobertizo, pasadizo.*

k

kilo-. ELEM. COMPOS. Significa 'mil (10^3) veces'. Se aplica a nombres de unidades de medida para designar el múltiplo correspondiente. *Kilocaloría, kilovatio.* A veces se escribe **quilo-.** (Símb. *k*).

l

-landia. ELEM. COMPOS. Significa 'sitio de', 'lugar de', generalmente en nombres propios. *Fotolandia, Zumolandia.*

-latría. ELEM. COMPOS. Significa 'adoración'. *Iconolatría.*

leuco-. ELEM. COMPOS. **1.** Significa 'blanco' o 'de color claro'. *Leucocito, leucoma.* ‖ **2.** En términos de medicina, significa 'leucocito'. *Leucopenia.* Adopta también la forma **leuc-.** *Leucemia.*

linfo-. ELEM. COMPOS. **1.** Significa 'linfa'. *Linfocito.* ‖ **2.** En términos de medicina, significa 'linfocito'. *Linfopenia.* Adopta también la forma **linf-.** *Linfangitis.*

lipo-. ELEM. COMPOS. Significa 'lípido' o 'grasa'. *Lipoideo, liposucción.*

-lisis o **-lisis.** ELEM. COMPOS. Significa 'disolución', 'descomposición'. *Electrólisis, electrolisis. Hidrólisis, hidrolisis.*

lito-, -lito. ELEMS. COMPOS. Significan 'piedra', 'fósil'. *Litófago, litografía. Megalito, oolito.*

-logía. ELEM. COMPOS. Significa 'tratado', 'estudio', 'ciencia'. *Lexicología, mineralogía.*

-logo, ga. ELEM. COMPOS. Significa 'persona versada' o 'especialista' en lo que el primer elemento indica. *Psicólogo, zoólogo.*

m

-ma. SUF. **1.** Forma sustantivos emparentados frecuentemente con verbos griegos, que solían indicar el resultado de la acción significada por el verbo correspondiente. *Eccema, enfisema, drama, sofisma.* ‖ **2.** Se usa la forma **-ema** en términos creados por la lingüística moderna. *Lexema.* ‖ **3.** Se usa la forma **-oma** como

nuevo sufijo, con el significado de 'tumor' o de otras alteraciones patológicas. *Fibroma, papiloma.*

macro-. ELEM. COMPOS. Significa 'grande'. *Macrobiótica, macromolécula.*

magneto-. ELEM. COMPOS. Significa 'magnetismo'. *Magnetómetro, magnetosfera.*

-mancia o **-mancía.** ELEM. COMPOS. Significa 'adivinación', 'práctica de predecir'. *Cartomancia, cartomancía. Ornitomancia, ornitomancía.*

-manía. ELEM. COMPOS. **1.** Significa 'inclinación excesiva'. *Grafomanía.* ‖ **2.** Significa 'impulso obsesivo' o 'hábito patológico'. *Piromanía, toxicomanía.* ‖ **3.** Significa 'afición apasionada'. *Melomanía.*

-mano, na. ELEM. COMPOS. **1.** Significa 'inclinado excesivamente'. *Grafómano.* ‖ **2.** Significa 'que tiene obsesión o hábito patológicos'. *Cleptómano, toxicómano.* ‖ **3.** Significa 'aficionado con pasión'. *Melómano.*

masto-. ELEM. COMPOS. Significa 'mama', 'teta'. *Mastodonte, mastología.*

maxi-. ELEM. COMPOS. Significa 'muy grande' o 'muy largo'. *Maxicrisis, maxifalda.*

mega-. ELEM. COMPOS. **1.** Significa 'grande'. *Megalito.* ‖ **2.** Significa 'amplificación'. *Megafonía.* ‖ **3.** Significa 'un millón (10^6) de veces'. Con nombres de unidades de medida, forma el múltiplo correspondiente. (Símb. *M*).

-menta. SUF. Forma sustantivos femeninos de valor colectivo, algunos procedentes del latín y otros creados en español. *Cornamenta, impedimenta, osamenta, vestimenta.*

-mente. ELEM. COMPOS. Forma adverbios a partir de adjetivos. *Nuevamente, verdaderamente.*

-mento. SUF. Forma frecuentemente nombres concretos, que a veces significan 'acción y efecto'. Adopta también las formas **-amento** e **-imento.** *Cargamento, pegamento. Pulimento.*

meso-. ELEM. COMPOS. Significa 'medio' o 'intermedio'. *Mesodermo, mesozoico.*

meta-. ELEM. COMPOS. Significa 'junto a', 'después de', 'entre' o 'con'. *Metacarpo, metafísica, metalengua.*

-metría. ELEM. COMPOS. Significa 'medida' o 'medición'. *Cronometría, econometría.*

-metro. ELEM. COMPOS. **1.** Significa 'medida', generalmente relacionada con el **metro** (‖ unidad de longitud). *Centímetro, kilómetro.* ‖ **2.** Significa 'aparato para medir'. *Pluviómetro, termómetro.*

micro-. ELEM. COMPOS. **1.** Significa 'muy pequeño'. *Microelectrónica, microscopio.* ‖ **2.** Significa 'una millonésima (10^{-6}) parte'. Se aplica a nombres de unidades de medida para designar el submúltiplo correspondiente. (Símb. μ).

-miento. SUF. En los sustantivos deverbales, suele significar 'acción y efecto'. Toma las formas **-amiento** e **-imiento.** *Debilitamiento, levantamiento. Atrevimiento, florecimiento.*

mili-. ELEM. COMPOS. Significa 'una milésima (10^{-3}) parte'. Se aplica a nombres de unidades de medida para designar el submúltiplo correspondiente. *Miliamperio, milibar.* (Símb. *m*).

mini-. ELEM. COMPOS. Significa 'pequeño', 'breve' o 'corto'. *Minifalda, minifundio.*

mio-. ELEM. COMPOS. Significa 'músculo'. *Miocardio, mioma.*

miria-. ELEM. COMPOS. **1.** Significa 'diez mil' en el Sistema Métrico Decimal. *Miriámetro.* ‖ **2.** Significa 'innumerables' o 'muy numerosos'. *Miriápodo.*

mono-. ELEM. COMPOS. Significa 'único' o 'uno solo'. *Monomanía, monoplaza.*

morfo-, -morfo, fa. ELEMS. COMPOS. Significan 'forma'. *Morfología. Isomorfo.*

moto-. ELEM. COMPOS. Significa 'movido por motor'. *Motocicleta, motonave.*

muco-. ELEM. COMPOS. Significa 'mucosidad'. *Mucolítico.*

multi-. ELEM. COMPOS. Significa 'muchos'. *Multimillonario, multinacional.*

n

nano-. ELEM. COMPOS. Significa 'una milmillonésima (10^{-9}) parte'. Se aplica a nombres de unidades de medida para designar el submúltiplo correspondiente. (Símb. *n*).

narco-. ELEM. COMPOS. **1.** Significa 'droga'. *Narcotraficante.* ‖ **2.** Significa 'sueño'. *Narcolepsia.*

-ncia. SUF. Forma sustantivos femeninos abstractos, de significado muy variado, determinado por la base derivativa. Toma las formas **-ancia,** cuando la base derivativa termina en *-ante. Extravagancia, importancia;* **-encia,** cuando termina en *-ente* o *-iente. Insistencia, dependencia.*

necro-. ELEM. COMPOS. Significa 'muerto'. *Necrofagia, necrofilia.*

nefro-. ELEM. COMPOS. Significa 'riñón'. *Nefrología.* A veces toma la forma **nefr-.** *Nefritis.*

neo-. ELEM. COMPOS. Significa 'reciente', 'nuevo'. *Neocatólico, neolatino.*

neumo-. ELEM. COMPOS. Significa 'pulmón'. *Neumococo, neumotórax.*

neuro-. ELEM. COMPOS. Significa 'nervio' o 'sistema nervioso'. *Neurobiología, neurotomía.*

nitro-. ELEM. COMPOS. Denota la presencia, en un compuesto orgánico, del grupo funcional nitro. *Nitrobenceno.*

-nomía. ELEM. COMPOS. Significa 'conjunto de leyes o normas'. *Biblioteconomía, taxonomía.*

nor-. ELEM. COMPOS. Significa 'norte'. *Noreste.* Antepuesto a los puntos cardinales, puede tomar la forma **nord-.** *Nordeste.* Unido a ciertos gentilicios, puede tomar la forma **norte-.** *Norteamericano.*

-nte. SUF. Forma adjetivos deverbales, llamados tradicionalmente participios activos. Toma la forma **-ante** cuando el verbo base es de la primera conjugación, **-ente** o **-iente,** si es de la segunda o tercera. Significa 'que ejecuta la acción expresada por la base'. *Agobiante, veraneante. Absorbente, exigente, crujiente, dependiente.* Muchos de estos adjetivos suelen sustantivarse, y algunos se han lexicalizado como sustantivos y han generado, a veces, una forma femenina en **-nta.** *Dependiente, dirigente. Dependienta.*

o

-oide. I. ELEM. COMPOS. **1.** Significa 'parecido a', 'en forma de'. *Metaloide. Androide.* Adopta también las formas **-oideo, -oides.** *Lipoideo, hialoideo. Cuboides, deltoides.* ‖ **II.** SUF. **2.** Añade matiz despectivo en adjetivos derivados de otros adjetivos. *Feminoide.*

-ol. SUF. En química orgánica, forma nombres de compuestos que contienen hidroxilo, especialmente alcoholes y fenoles. *Colesterol, benzol.*

oligo-. ELEM. COMPOS. Significa 'poco' o 'insuficiente'. *Oligofrenia, oligopolio.*

-oma. SUF. V. **-ma.**

-ón, na. SUF. **1.** Forma adjetivos, derivados de adjetivos, sustantivos, y verbos. *Tristón, dentón, acusón.* También forma sustantivos derivados de adjetivos, sustantivos y verbos. *Destrozona, casona, apretón.* Tienen valor aumentativo, intensivo o expresivo. ‖ **2.** Forma adjetivos que indican privación de lo designado por la base. *Pelón, rabón.* ‖ **3.** Forma derivados numerales que significan edad. *Cuarentón, sesentón.* ‖ **4.** Forma también despectivos. *Bravucón, culebrón.* ‖ **5.** Forma sustantivos de acción o efecto, que suelen denotar algo repentino o violento. *Apagón, chapuzón, resbalón.* Muchas veces hay cambio del género femenino de la base. *Cabezón, barracón.* Otras, además, se produce cambio semántico. *Camisón, cinturón, sillón.* Se combina con **-acho, -ajo, -arro, -ejo, -ote,** para dar formas en **-achón, -ajón, -arrón, -ejón** y **-etón.** *Frescachón. Migajón. Abejarrón. Callejón. Chorretón.*

onco-. ELEM. COMPOS. Significa 'hinchazón, tumor maligno'. *Oncología.*

-ónimo, ma. ELEM. COMPOS. Significa 'nombre'. *Anónima, seudónimo, teónimo, topónimo.*

-or[1]. SUF. Forma sustantivos abstractos masculinos, en gran parte generados ya en latín. *Amor, calor, rigor.* Algunos se han formado en español, a partir de adjetivos o verbos. *Blancor, dulzor, temblor.*

-or[2], ra. SUF. En adjetivos y sustantivos deverbales significa 'agente'. Aparece en palabras heredadas del latín. *Cantor, censor, defensor, lector.* Y en otras creadas en español. *Reflector, revisor. Impresora, productora.*

-orrio, rria. SUF. V. **-rro.**

orto-. ELEM. COMPOS. Significa 'recto' o 'correcto'. *Ortodoncia, ortofonía, ortóptero.*

-osa. SUF. V. **-oso[2].**

-osis. SUF. V. **-sis.**

-oso[1]. SUF. En la nomenclatura química, designa compuestos en los que el elemento principal actúa con la valencia mínima. *Ácido sulfuroso.*

-oso[2], sa. SUF. **1.** Forma adjetivos derivados de sustantivos. Denota, en general, abundancia de lo significado por la base. *Boscoso, garboso, rumboso.* ‖ **2.** Aparece en adjetivos derivados de sustantivos o de verbos. Tiene significado activo. *Afrentoso, resbaloso.* ‖ **3.** Forma adjetivos derivados de adjetivos. Puede atenuar o intensificar el significado del primitivo. *Amarilloso, gravoso, verdoso, voluntarioso.*

-ote / sarco-

-ote, ta. SUF. **1**. Se usa para formar adjetivos aumentativos y despectivos a partir de adjetivos. *Bobote, grandote*. ‖ **2**. Forma gentilicios. *Chilote, chipriota*. ‖ **3**. Se usa para formar sustantivos despectivos y aumentativos a partir de otros sustantivos. *Amigote, angelote, cabezota, palabrota*.

p

paleo-. ELEM. COMPOS. Significa en general 'antiguo' o 'primitivo', referido frecuentemente a eras geológicas anteriores a la actual. *Paleocristiano, paleolítico*.

pan-. ELEM. COMPOS. Significa 'totalidad'. *Panteísmo*.

para-. PREF. Significa 'junto a', 'al margen de', 'contra'. *Paráfrasis, paradoja*.

-́paro, ra. ELEM. COMPOS. Significa 'que pare', 'que se reproduce'. *Ovíparo*.

-patía. ELEM. COMPOS. Significa 'sentimiento', 'afección' o 'dolencia'. *Homeopatía, telepatía*.

pato-. ELEM. COMPOS. Significa 'dolencia' o 'afección'. *Patógeno, patografía*.

-́pedo, da. ELEM. COMPOS. Significa 'provisto de pie'. *Cirrípedo, pinnípeda*.

penta-. ELEM. COMPOS. Significa 'cinco'. *Pentágono, pentagrama*.

per-. PREF. **1**. Denota intensidad o totalidad. *Perfecto, pertinaz, pervivir*. ‖ **2**. A veces significa 'mal'. *Perjurar, pervertir*.

peri-. PREF. Significa 'alrededor de'. *Periscopio, peristilo*.

peta-. ELEM. COMPOS. Significa 'mil billones (10^{15}) de veces'. Con nombres de unidades de medida, forma el múltiplo correspondiente. (Símb. *P*).

pico-. ELEM. COMPOS. Significa 'una billonésima (10^{-12}) parte'. Se aplica a nombres de unidades de medida para designar el submúltiplo correspondiente. (Símb. *p*).

piro-. ELEM. COMPOS. Significa 'fuego'. *Pirómano, pirotecnia*.

-plastia. ELEM. COMPOS. Significa 'reconstrucción'. *Autoplastia, rinoplastia*.

pluri-. ELEM. COMPOS. Indica pluralidad. *Pluriempleo, plurilingüe*.

podo-, -́podo, da. ELEMS. COMPOS. Significan 'pie'. *Podólogo. Miriápodo, octópoda*.

poli-. ELEM. COMPOS. Indica pluralidad o abundancia. *Polifásico, polimorfo, poliuria*.

-́poli. ELEM. COMPOS. Significa 'ciudad'. *Metrópoli*.

-́polis. ELEM. COMPOS. Significa 'ciudad'. *Acrópolis, megalópolis, necrópolis*.

porta-. ELEM. COMPOS. Designa a la persona, artefacto, utensilio, etc., que sirve para sostener o llevar algo. *Portacaja, portaestandarte*.

pos-. PREF. Significa 'detrás de' o 'después de'. *Posbélico, posponer, postónico*. A veces conserva la forma latina **post-**. *Postgrado, postmoderno*.

pre-. PREF. Significa anterioridad local o temporal, prioridad o encarecimiento. *Preclaro, prefijar, prehistoria*.

pro-. PREF. **1**. Significa 'por' o 'en vez de'. *Procónsul, pronombre*. ‖ **2**. Significa 'ante' o 'delante de'. *Progenitura, prólogo*. ‖ **3**. Indica impulso o movimiento hacia adelante. *Promover, propulsar, proseguir*. ‖ **4**. Significa 'publicación'. *Proclamar, proferir*. ‖ **5**. Expresa negación o contradicción. *Prohibir, proscribir*. ‖ **6**. Unido a adjetivos significa 'partidario, favorable'. *Progubernamental, prosoviético*.

proto-. ELEM. COMPOS. Indica prioridad, preeminencia o superioridad. *Protomártir, protomédico, prototipo*.

pseudo-. ELEM. COMPOS. Significa 'falso'. *Pseudocientífico*.

psico-. ELEM. COMPOS. Significa 'alma' o 'actividad mental'. *Psicoanálisis, psicotecnia*.

ptero-, -́ptero, ra. ELEMS. COMPOS. Significan 'ala'. *Pterodáctilo, Hemíptero*.

q

quilo-. ELEM. COMPOS. **kilo-**.

quimio-. ELEM. COMPOS. Indica relación con la química, sus productos y sus procesos. *Quimioterapia*.

quiro-. ELEM. COMPOS. Significa 'mano'. *Quiromancia, quiróptero*. Ante vocal, toma la forma **quir-**. *Quiragra, quirúrgico*.

r

radio-. ELEM. COMPOS. Significa 'radiación' o 'radiactividad'. *Radioterapia*. Ante vocal toma la forma **radi-**. *Radiestesia*.

re-. PREF. **1**. Significa 'repetición'. *Reconstruir*. ‖ **2**. Significa 'movimiento hacia atrás'. *Refluir*. ‖ **3**. Denota 'intensificación'. *Recargar*. ‖ **4**. Indica 'oposición' o 'resistencia'. *Rechazar. Repugnar*. ‖ **5**. Significa 'negación' o 'inversión del significado simple'. *Reprobar*. Con adjetivos o adverbios, puede reforzarse el valor de intensificación añadiendo a **re-** las sílabas **-quete,** para dar formas en **-requete.** *Requetebién*.

res-. PREF. Denota intensificación. *Resguardar*.

retro-. ELEM. COMPOS. Significa 'hacia atrás'. *Retroactivo, retrotraer*.

rino-. ELEM. COMPOS. Significa 'nariz'. *Rinología, rinoscopia*.

rizo-. ELEM. COMPOS. Significa 'raíz'. *Rizófito, rizópodo*.

-rra. SUF. V. **-rro**.

-rragia. ELEM. COMPOS. Significa 'flujo', 'derramamiento'. *Blenorragia, verborragia*.

-rrea. ELEM. COMPOS. Significa 'flujo', 'acción de manar'. *Seborrea, verborrea*.

-rro, rra. SUF. Se usa con valor diminutivo y despectivo. Toma las formas **-arro** y **-orrio**. *Vidorra. Guijarro. Villorrio*.

s

sarco-. ELEM. COMPOS. Significa 'carne'. *Sarcófago, sarcolema*.

-sco, ca. SUF. **1.** En adjetivos indica relación o pertenencia y a veces tiene matiz despectivo. Adopta también las formas **-asco, -esco, -isco, -izco, -usco, -uzco.** *Bergamasco. Burlesco. Morisco. Blanquizco. Pardusco. Negruzco.* ‖ **2.** En los sustantivos, a veces tiene valor aumentativo. *Borrasca, peñasco.* ‖ **3.** Otras veces tiene valor colectivo. *Rufianesca.*

-scopia. ELEM. COMPOS. Significa 'examen, vista, exploración'. *Radioscopia, rinoscopia.*

-scopio. ELEM. COMPOS. Significa 'instrumento para ver o examinar'. *Telescopio, oftalmoscopio.*

seleno-. ELEM. COMPOS. Significa 'luna' o 'la Luna'. *Selenosis.* Ante vocal toma la forma **selen-.** *Selenita.*

semi-. ELEM. COMPOS. Significa 'medio' o 'casi'. *Semiconsonante, semidifunto.*

sero-. ELEM. COMPOS. Significa 'suero'. *Serología, seropositivo.*

servo-. ELEM. COMPOS. Se refiere a un mecanismo o sistema auxiliar. *Servofreno.*

seudo-. ELEM. COMPOS. **pseudo-.**

sin-. PREF. Significa 'unión'. *Sincronía, sinestesia.*

-sis. SUF. En medicina principalmente, significa 'estado irregular' o 'enfermedad'. Suele ir precedido de **e, a** y, con mayor frecuencia, **o,** para dar formas en **-asis, -esis** y **-osis.** *Psoriasis. Diuresis. Estenosis, micosis, psitacosis, silicosis.*

so-. PREF. V. **sub-.**

sobre-. ELEM. COMPOS. **1.** Indica superposición o adición. *Sobrecuello.* ‖ **2.** Puede indicar también intensificación del significado del nombre al que se antepone. *Sobrealimentación, sobrehumano.* ‖ **3.** A veces denota repetición. *Sobreañadir.* ‖ **4.** Indica también acción repentina. *Sobrecoger, sobresaltar.*

socio-. ELEM. COMPOS. Significa 'social' o 'sociedad'. *Sociocultural, sociolingüística.*

son-. PREF. V. **sub-.**

sos-. PREF. V. **sub-.**

sota-. ELEM. COMPOS. Significa 'debajo de'. *Sotabanco, sotabarba.* Puede tomar la forma **soto-.** *Sotobosque.*

-stático, ca. ELEM. COMPOS. **1.** Indica lo relacionado con el equilibrio de lo significado por el primer elemento. *Electrostático, hidrostático.* ‖ **2.** Significa 'que detiene'. *Bacteriostático, hemostático.*

-stato. ELEM. COMPOS. Indica constancia, equilibrio o posición estable. *Aerostato, presostato, termostato.*

-stato. ELEM. COMPOS. Indica constancia, equilibrio o posición estable. *Giróstato.*

-strajo. SUF. V. **-ajo.**

sub-. PREF. **1.** Significa 'bajo' o 'debajo de'. *Subsuelo.* ‖ **2.** En acepciones traslaticias puede indicar inferioridad, acción secundaria, atenuación, disminución. Puede aparecer en las formas **so-, son-, sos-, su-** o **sus-.** *Subdelegado, subarrendar. Soasar. Sonreír. Sostener. Suprior. Suscribir, sustrato.*

sud-. ELEM. COMPOS. V. **sur-.**

super-. ELEM. COMPOS. **1.** Significa 'encima de'. *Superestructura.* ‖ **2.** Puede significar también 'preeminencia' o 'excelencia'. *Superdotado, superhombre, superintendente.* ‖ **3.** Significa 'en grado sumo'. *Superabundante.* ‖ **4.** Significa 'exceso'. *Superproducción.*

supra-. ELEM. COMPOS. Significa 'arriba' o 'encima de'. *Supranacional, suprarrenal.*

sur-. ELEM. COMPOS. Significa 'sur'. *Surcoreano, suroeste.* En ocasiones, especialmente ante vocal, puede tomar la forma **sud-.** *Sudista, sudafricano.*

sus-. PREF. V. **sub-.**

t

tanato-. ELEM. COMPOS. Significa 'muerte'. *Tanatofobia, tanatología.*

-tano, na. SUF. V. **-ano**[1].

tardo-. ELEM. COMPOS. Significa 'tardío' o 'final'. *Tardofranquismo.*

-teca. ELEM. COMPOS. Significa 'lugar en que se guarda algo'. *Discoteca, filmoteca.*

-tecnia. ELEM. COMPOS. Significa 'técnica'. *Mnemotecnia, pirotecnia.*

tecno-. ELEM. COMPOS. Significa 'técnica'. *Tecnocracia, tecnología.*

tele-[1]. ELEM. COMPOS. Significa 'a distancia'. *Teléfono, televisión.*

tele-[2]. ELEM. COMPOS. Significa 'televisión'. *Telebasura, telediario.*

tera-. ELEM. COMPOS. Significa 'un billón (10^{12}) de veces'. Con nombres de unidades de medida, forma el múltiplo correspondiente. (Símb. *T*).

-terapia. ELEM. COMPOS. Significa 'tratamiento'. *Hidroterapia, inmunoterapia, quimioterapia.*

-terma. ELEM. COMPOS. V. **-termo.**

-termia. ELEM. COMPOS. Significa 'calor, temperatura'. *Distermia, hipotermia.*

-termo, ma. ELEM. COMPOS. Significa 'con temperatura'. *Isotermo, isoterma.*

termo-. ELEM. COMPOS. **1.** Significa 'calor'. *Termodinámica.* ‖ **2.** Significa 'temperatura'. *Termómetro.*

tetra-. ELEM. COMPOS. Significa 'cuatro'. *Tetrápodo, tetrasílabo.*

-tico, ca. SUF. V. **-ico.**

-tomía. ELEM. COMPOS. Significa 'corte', 'incisión'. *Lobotomía, traqueotomía.*

-tomo, ma. ELEM. COMPOS. **1.** Significa 'que corta'. *Microtomo.* ‖ **2.** Significa 'que se corta o divide'. *Átomo.*

topo-, -topo. ELEMS. COMPOS. Significan 'lugar'. *Topográfico, topónimo. Biotopo, isótopo.*

-torio, ria. SUF. **1.** Forma adjetivos y sustantivos deverbales. Toma la forma **-atorio** si el verbo base es de la primera conjugación. *Respiratorio, convocatoria;* **-itorio,** si es de la tercera. *Definitorio, paritorio.* ‖ **2.** Los sustantivos suelen significar lugar. *Laboratorio, observatorio.*

trans-. PREF. Significa 'al otro lado', 'a través de'. *Transalpino, transpirenaico.* Puede alternar con la forma **tras-.** *Transcendental* o *trascendental, translúcido* o *traslúcido.* También puede adoptar exclusivamente esta forma. *Trasladar, traspaso.*

tri-. ELEM. COMPOS. Significa 'tres'. *Trimotor, trisílabo.*

-triz. SUF. Forma adjetivos o sustantivos, unos y otros femeninos, que significan agente. *Motriz, directriz, emperatriz.*

-trofia / -zuelo

-trofia. ELEM. COMPOS. Significa 'alimentación'. *Distrofia, hipertrofia.*

-trofo, fa. ELEM. COMPOS. Significa 'que se alimenta'. *Autótrofo, heterótrofo.*

turbo-. ELEM. COMPOS. En nombres de máquinas, indica que el motor es una turbina. *Turbocompresor, turbohélice.*

u

-uca. SUF. V. -uco.

-ucho, cha. SUF. Se usa para formar despectivos a partir de adjetivos y sustantivos. *Flacucho. Periodicucho.*

-uco, ca. SUF. Se usa para formar diminutivos y despectivos a partir de adjetivos y sustantivos. *Beatuco, casuca, ventanuco.*

-udo, da. SUF. En adjetivos derivados de sustantivos, indica abundancia, gran tamaño, o bien intensidad de lo significado por la raíz. *Barbudo, carrilludo, cachazudo.*

-uelo, la. SUF. **1.** Forma diminutivos. *Arroyuelo, bellacuelo, locuelo.* A veces toma las formas **-ecezuelo, -ezuelo, -zuelo.** *Piececzuelo. Pececzuelo. Jovenzuelo.* ǁ **2.** Algunas de las palabras formadas con estos sufijos tienen valor despectivo. *Escritorzuelo, mujerzuela.* ǁ **3.** En otras se ha perdido todo valor diminutivo. *Pañuelo.* Combinado con **-acho,** toma las formas **-achuelo** e **-ichuelo.** *Riachuelo. Barquichuelo, copichuela.* Tras vocal toma, en femenino, la forma **-huela.** *Aldehuela, correhuela.*

ultra-. ELEM. COMPOS. **1.** Significa 'más allá de', 'al lado de'. *Ultramar, ultrapuertos.* ǁ **2.** Antepuesto a algunos adjetivos, expresa idea de exceso. *Ultraligero, ultrasensible.*

-ura. SUF. **1.** Forma sustantivos derivados de verbos o de participios pasivos, que pueden significar cosas concretas. *Envoltura, montura.* ǁ **2.** Forma sustantivos derivados de adjetivos. Suelen denotar la cua-

lidad relacionada con la palabra de la que derivan. *Blancura, bravura, frescura.*

-uria. ELEM. COMPOS. Significa 'presencia anormal en la orina'. *Hematuria.*

-uro. SUF. Adoptado por convenio en la nomenclatura química, se emplea para designar las sales de los hidrácidos. *Cloruro, sulfuro.*

-usco, ca. SUF. V. -sco.

-uzco, ca. SUF. V. -sco.

v

-valente. ELEM. COMPOS. Pospuesto a otro formante de valor numeral, señala la valencia de un elemento o radical. *Monovalente, trivalente.*

vice-. ELEM. COMPOS. Significa 'en vez de' o 'que hace las veces de'. *Vicepresidente, vicerrector.* A veces toma las formas **vi-** o **viz-.** *Virrey. Vizconde.*

video-. ELEM. COMPOS. Se usa para formar palabras referentes a la televisión. *Videocámara, videoconferencia.*

viz-. ELEM. COMPOS. V. **vice-.**

-voro, ra. ELEM. COMPOS. Significa 'devorador', 'que come'. *Frugívoro, insectívoro.*

x

xeno-. ELEM. COMPOS. Significa 'extranjero'. *Xenofobia.*

xero-. ELEM. COMPOS. Significa 'seco', 'árido'. *Xerófilo.*

xilo-. ELEM. COMPOS. Significa 'madera'. *Xilófago.*

z

zoo-, -zoo. ELEMS. COMPOS. Significan 'animal'. *Zoofilia. Protozoo.*

-zuelo, la. SUF. V. -uelo.

Ortografía

1. Abecedario y uso de las letras

El abecedario del español está formado por veintinueve letras, cada una de las cuales puede adoptar la forma de minúscula o mayúscula:

a, A; b, B; c, C; ch, Ch; d, D; e, E; f, F; g, G; h, H; i, I; j, J; k, K; l, L; ll, Ll; m, M; n, N; ñ, Ñ; o, O; p, P; q, Q; r, R; s, S; t, T; u, U; v, V; w, W; x, X; y, Y; z, Z.

En propiedad, la *ch* y la *ll* son dígrafos, esto es, signos gráficos compuestos por dos letras. Estos dígrafos se han considerado tradicionalmente letras del abecedario porque cada uno de ellos representa un solo sonido. No obstante, cuando se trate de ordenar palabras alfabéticamente, la *ch* y la *ll* no deben considerarse letras independientes, sino grupos de dos letras. Por tanto, las palabras que empiezan por *ch* y *ll* o que contienen *ch* y *ll* deben alfabetizarse en los lugares correspondientes dentro de la *c* y la *l*, respectivamente.

El sistema gráfico del español es el resultado de un largo proceso de ajustes y reajustes entre la pronunciación, la tradición escrita y la etimología de las palabras. La correspondencia entre los sonidos del español y las grafías con las que estos se representan no es exacta, de forma que el español cuenta con letras que representan un solo sonido (la *t*, la *p*, etc.), pero también con letras que pueden representar sonidos diferentes (la *g*, la *r*, etc.), sonidos que pueden ser representados por varias letras distintas (el sonido /j/ puede representarse con *j* o *g*), dígrafos que representan un sonido (*ch*, *ll*, *rr*, *qu* y *gu*), una letra que representa un grupo de sonidos (la *x*) e incluso una letra que no representa sonido alguno (la *h*).

En el siguiente cuadro se reflejan las grafías utilizadas en la escritura del español y los sonidos que representan.

grafía	sonido
a	/a/
b	/b/
c + *a, o, u*	/k/
c + *e, i*	/z/ (/s/ en zonas de seseo)
ch	/ch/
d	/d/
e	/e/
f	/f/
g + *a, o, u* *gu* + *e, i*	/g/
g + *e, i*	/j/
h	No representa ningún sonido en español estándar
i	/i/
j	/j/

grafía	sonido
k	/k/
l	/l/
ll	/ll/ (/y/ en zonas de yeísmo)
m	/m/
n	/n/
ñ	/ñ/
o	/o/
p	/p/
q, qu + e, i	/k/
r	/r/, /rr/
rr	/rr/
s	/s/ (/z/ en zonas de ceceo)
t	/t/
u	/u/
v	/b/
w	/b/, /u/
x-	/s/
x + consonante	/ks/, /gs/ o /s/
-x-	/ks/ o /gs/ (/j/ en *México, Oaxaca*...)
y	/y/, /i/
z	/z/ (/s/ en zonas de seseo)

La falta de correspondencia entre el sistema gráfico y la pronunciación del español en lo referente al uso de ciertas consonantes constituye la causa de las dificultades que se plantean a la hora de escribir las palabras que contienen estas letras. Para ayudar a fijar las grafías correctas de estas palabras, se utilizan algunas reglas que facilitan el aprendizaje ortográfico.

Una norma general que afecta al léxico del español es la de que **el lexema o raíz permanece invariable en todas las palabras que lo contienen** (tanto palabras de la misma familia como variantes de género y número, o formas verbales). Por ejemplo, todas las palabras que pertenecen a la familia léxica de *cabeza* se escriben manteniendo la *b* en su lexema: *cabezada, cabecear, cabecera, encabezar, encabezaban, cabizbajo, rompecabezas*, etc.

No obstante, **el lexema puede variar en determinados casos condicionados por el propio sistema gráfico**. Así, las formas verbales *protejo* y *protejamos* se escriben con *j* aunque el verbo *proteger* se escriba con *g;* de la misma manera que las palabras *cacería* y *cacen* se escriben con *c*, mientras que *cazar* se escribe con *z*.

1.1. Letras *b* y *v*

La letra *b* y la letra *v* representan el mismo sonido bilabial sonoro de *barco, bolso, ver* y *vida*, por eso la escritura de palabras con estas letras puede dar lugar a errores.

1.1.1. Reglas sobre el uso de la *b*

Se escriben con *b:*

a) Los verbos terminados en *-bir: escribir, recibir, sucumbir*. Excepciones en voces de uso actual: *hervir, servir, vivir* y sus derivados.

b) Los verbos terminados en -*buir: contribuir, atribuir, retribuir.*

c) Los verbos *deber, beber, caber, saber* y *haber: deben, bebí, cabía, sabemos, hubiera.*

d) Las terminaciones -*aba,* -*abas,* -*ábamos,* -*abais,* -*aban* del pretérito imperfecto de indicativo de los verbos de la primera conjugación: *cantaba, bajabas, amaban.*

e) El pretérito imperfecto de indicativo de *ir: iba, ibas,* etc.

f) Las palabras que empiezan por el elemento compositivo *biblio-* ('libro') o por las sílabas *bu-, bur-* y *bus-: biblioteca, bula, burla, buscar.* Excepción: *vudú* y sus derivados.

g) Las que empiezan por el elemento compositivo *bi-, bis-, biz-* ('dos' o 'dos veces'): *bipolar, bisnieto, bizcocho.*

h) Las que contienen el elemento compositivo *bio-, -bio* ('vida'): *biografía, biosfera, anaerobio, microbio.*

i) Las palabras compuestas cuyo primer elemento es *bien* o su forma latina *bene: bienaventurado, bienvenido, beneplácito.*

j) Toda palabra en que el sonido labial sonoro precede a otra consonante o está en final de palabra: *abdicación, abnegación, absolver, obtener, obvio, amable, brazo, baobab.* Excepciones: *ovni* y algunos términos desusados.

En las palabras *obscuro, subscribir, substancia, substituir, substraer* y sus compuestos y derivados, el grupo -*bs-* se simplifica en *s: oscuro, suscribir, sustancia, sustituir, sustraer.*

k) Las palabras acabadas en -*bilidad: amabilidad, habilidad, posibilidad.* Excepciones: *movilidad, civilidad* y sus derivados.

l) Las acabadas en -*bundo* y -*bunda: tremebundo, vagabundo, abunda.*

1.1.2. Reglas sobre el uso de la v

Se escriben con *v:*

a) Las palabras en las que las sílabas *ad-, sub-* y *ob-* preceden al sonido bilabial sonoro: *adviento, subvención, obvio.*

b) Las palabras que empiezan por *eva-, eve-, evi-* y *evo-: evasión, eventual, evitar, evolución.* Excepción: *ébano.*

c) Las que empiezan por el elemento compositivo *vice-, viz-* o *vi-* ('en lugar de'): *vicealmirante, vizconde, virrey.*

d) Los adjetivos llanos terminados en -*avo,* -*ava,* -*evo,* -*eva,* -*eve,* -*ivo,* -*iva: esclavo, octava, longevo, nueva, aleve, decisiva, activo.* Excepción: *mancebo.*

e) Las voces terminadas en -*ívoro,* -*ívora,* como *carnívora, herbívoro, insectívoro.* Excepción: *víbora.*

f) Los verbos acabados en -*olver: absolver, disolver, volver.*

g) Los presentes de indicativo, imperativo y subjuntivo del verbo *ir: voy, ve, vaya.*

h) El pretérito perfecto simple de indicativo y el pretérito imperfecto y futuro de subjuntivo de los verbos *estar, andar, tener* y sus derivados: *estuvo, estuviéramos; anduve, desanduviere; tuviste, retuvo, sostuvieran, mantuviere.*

1.2. Letra d

La letra *d* a final de palabra se pronuncia muy débil y en ocasiones puede llegar casi a perderse. En el habla de algunas zonas de España puede llegar a pronunciarse incorrectamente como una -*z.*

1.2.1. Reglas sobre el uso de la -d final

Se escriben con -*d:*

a) Las formas de imperativo de segunda persona del plural: *mirad, bebed.*

b) Los sustantivos cuyo plural termina en -*des: red* (plural *redes*), *amistad* (plural *amistades*).

1.3. Letras g y j

La letra *j* siempre representa el sonido velar sordo de *jamón, jefe, jirafa, reloj*. También puede representar este sonido la letra *g* cuando va seguida de las vocales *e, i: gemelo* y *gimnasia*. Esa coincidencia es la que plantea problemas en la escritura de estas palabras.

1.3.1. Reglas sobre el uso de la g

Se escriben con *g:*

a) Las palabras en que el sonido velar sonoro precede a cualquier consonante, pertenezca o no a la misma sílaba: *glacial, grito, dogmático, impregnar, maligno, repugnancia.*

b) Las palabras que empiezan por *gest-: gesta, gestación, gestor.*

c) Las que empiezan por el elemento compositivo *geo-* ('tierra'): *geógrafo, geometría.*

d) Las que terminan en *-gélico, -genario, -géneo, -génico, -genio, -génito, -gesimal, -gésimo* y *-gético: angélico, sexagenario, homogéneo, fotogénico, ingenio, primogénito, sexagesimal, vigésimo, apologético.*

e) Las que terminan en *-giénico, -ginal, -ginoso: higiénico, original, ferruginoso.*

f) Las que terminan en *-gia, -gio, -gión, -gional, -gionario, -gioso* y *-gírico: magia, litigio, religión, regional, legionario, prodigioso, panegírico.* Excepciones: las voces que terminan en *-plejía* o *-plejia (apoplejía, paraplejia...).*

g) Las que terminan en *-gente* y *-gencia: vigente, exigente, regencia.*

h) Las que terminan en *-ígeno, -ígena, -ígero: oxígeno, indígena, flamígero.*

i) Las que terminan en *-logía, -gogia* o *-gogía: teología, demagogia, pedagogía.*

j) Las que terminan en el elemento compositivo *-algia* ('dolor'): *lumbalgia.*

k) Los verbos terminados en *-igerar, -ger* y *-gir (aligerar, proteger, fingir)* y las correspondientes formas de su conjugación, excepto en el caso de los sonidos *ja, jo,* que nunca se pueden representar con *g: protege, fingía,* pero *proteja, finjo.* Existen algunas excepciones, como *tejer, crujir* y sus derivados.

1.3.2. Reglas sobre el uso de la j

Se escriben con *j:*

a) Las palabras derivadas de voces que tienen *j* ante las vocales *a, o, u: cajero, cajita* (de *caja*); *cojear* (de *cojo*); *rojizo* (de *rojo*). También las formas verbales de infinitivos que terminan en *-jar,* como *trabaje, trabajemos* (de *trabajar*), *empuje* (de *empujar*), y las de los pocos verbos terminados en *-jer* y en *-jir,* como *cruje* (de *crujir*), *teje* (de *tejer*).

b) Las voces de uso actual que terminan en *-aje, -eje: coraje, hereje, garaje.*

c) Las que acaban en *-jería: cerrajería, consejería, extranjería.*

d) Los verbos terminados en *-jear,* así como sus correspondientes formas verbales: *canjear, homenajear, cojear.*

e) El pretérito perfecto simple y el pretérito imperfecto y futuro de subjuntivo de los verbos *traer, decir* y sus derivados, y de los verbos terminados en *-ucir: traje* (de *traer*); *dije, dijera* (de *decir*); *predijéramos* (de *predecir*); *adujera, adujeren* (de *aducir*).

1.4. Letra h

La letra *h* no representa hoy sonido alguno en español estándar, razón por la cual su escritura representa una dificultad ortográfica. Solo en algunos extranjerismos, así como en algunos nombres propios extranjeros y sus derivados, la *h* se pronuncia también aspirada o con sonido cercano al de /j/: *hámster, hachís, Hawái, hawaiano,* etc.; o puede pronunciarse indistintamente con o sin aspiración: *sahariano.*

1.4.1. Reglas sobre el uso de la *h*

Se escriben con *h:*

a) Las formas de los verbos *haber, hacer, hallar, hablar, habitar: haga, hallemos, hablará.*

b) Los compuestos y derivados de los vocablos que tengan esta letra: *gentilhombre,* compuesto de *hombre; herbáceo,* derivado de *hierba.* Las palabras *oquedad, orfandad, orfanato, osamenta, osario, óseo, oval, óvalo, ovario, oscense, oler,* etc., se escriben sin *h* porque no la tienen en su origen. *Hueco, huérfano, hueso, huevo, Huesca, huelo* la llevan por comenzar con el diptongo *ue,* según la regla ortográfica siguiente.

c) Las palabras de uso actual que empiezan por las secuencias vocálicas *ie, ue* y *ui: hiena, huele, huidizo.*

d) Las palabras que contienen el diptongo *ue* precedido de vocal: *cacahuete, vihuela, aldehuela.* En estos casos, la *h* es intercalada.

e) Las palabras que empiezan por los elementos compositivos *hecto-* ('cien') —distinto de *ecto-* ('por fuera')—, *helio-* ('sol'), *hema-, hemato-, hemo-* ('sangre'), *hemi-* ('medio, mitad'), *hepta-* ('siete'), *hetero-* ('otro'), *hidra-, hidro-* ('agua'), *higro-* ('humedad'), *hiper-* ('superioridad' o 'exceso'), *hipo-* ('debajo de' o 'escasez de'), *holo-* ('todo'), *homeo-* ('semejante' o 'parecido'), *homo-* ('igual'): *hectómetro, heliocéntrico, hematoma, hemoglobina, hemiciclo, heptasílabo, heterosexual, hidráulico, hidrógeno, higrómetro, hipérbole, hipocalórico, holografía, homeopatía, homógrafo.*

f) Algunas interjecciones: *hala, bah, eh.*

g) Por regla general, las palabras que empiezan por *histo-, hosp-, hum-, horm-, herm-, hern-, holg-* y *hog-: historia, hospital, humedad, hormiga, hermano, hernia, holgado, hogar.*

1.5. Dígrafo *ll* y letra *y*

La letra *y* puede representar un sonido vocálico como el que representa la letra *i* en palabras como *muy* o *rey,* o bien un sonido consonántico palatal sonoro en palabras como *yema* o *yo.*

El dígrafo *ll* representa el sonido lateral palatal sonoro de *calle, llave* o *allí.* Sin embargo, en la mayor parte de los territorios de habla hispana, la *ll* se pronuncia con el mismo sonido palatal que representa la consonante *y.* Esta pronunciación se denomina **yeísmo.** Para los hablantes yeístas, palabras como *callado* y *cayado* se pronuncian de la misma manera, de ahí el problema que plantea su correcta escritura.

1.5.1. Reglas sobre el uso de la *ll*

Se escriben con *ll:*

a) Las palabras de uso general terminadas en *-illa* e *-illo: costilla, cigarrillo.*

b) La mayor parte de los verbos terminados en *-illar, -ullar* y *-ullir: acribillar, apabullar, bullir.*

1.5.2. Reglas sobre el uso de la *y*

Se escriben con *y:*

a) Las palabras que terminan con el sonido correspondiente a *i* precedido de una vocal con la que forma diptongo, o de dos con las que forma triptongo: *ay, rey, estoy, muy, buey, Uruguay.* Hay algunas excepciones, como *saharaui* o *bonsái.*

b) La conjunción copulativa *y: Juan y María.* Esta conjunción toma la forma *e* ante una palabra que empiece por el sonido vocálico correspondiente a *i* (*catedrales e iglesias*), salvo si esa *i* forma diptongo (*nieve y hielo*).

c) Las palabras que tienen el sonido palatal sonoro ante vocal, y especialmente:

    1.° Cuando sigue a los prefijos *ad-, dis-* y *sub-: adyacente, disyuntivo, subyacer.*

    2.° Algunas formas de los verbos *caer, raer, creer, leer, poseer, proveer, sobreseer,* y de los verbos acabados en *-oír* y *-uir: cayeran, leyendo, oyó, concluyo, atribuyera.*

3.º Las palabras que contienen la sílaba *-yec-*: *trayecto, proyección, inyectar.*

4.º Los plurales de los nombres que terminan en *y* en singular: *reyes* (de *rey*).

5.º El gerundio del verbo *ir*: *yendo*.

1.6. Letras *m* y *n*

En posición final de sílaba ante las consonantes *p*, *b* y *v*, las letras *m* y *n* se pronuncian igual, por eso se confunden en su escritura: *embarcar, enviar.*

1.6.1. Reglas sobre el uso de *-m* y *-n*

a) Se escribe *m* antes de *b* y *p*: *ambiguo, imperio, campo.* En cambio, se escribe siempre *n* antes de *v*: *envío, invitar, anverso.*

b) Cuando un prefijo o el primer formante de una palabra compuesta terminados en *-n* se anteponen a una palabra que empieza por *p* o *b*, la *n* se sustituye por una *m*: *ciempiés* (de *cien* y *pies*), *embotellar* (de *en-* y *botella*).

1.7. Letra *p*

El grupo consonántico *ps-* aparece en posición inicial de palabra en numerosas voces cultas de origen griego. En todos los casos se admite en la escritura la reducción del grupo *ps-* a *s-*, grafía que refleja mejor la pronunciación normal de las palabras que contienen este grupo inicial, en las que la *p-* no suele articularse: *sicología, sicosis, siquiatra,* etc. No obstante, el uso culto sigue prefiriendo las grafías con *ps-*: *psicología, psicosis, psiquiatra,* etc., salvo en las palabras *seudónimo* y *seudópodo,* que se escriben normalmente sin *p-*.

1.8. Letra *r*

La letra *r*, duplicada, forma el dígrafo *rr*, que representa el sonido vibrante fuerte entre vocales: *perro, arriba.* Este sonido también se representa con una *r* simple en posición inicial de palabra o tras las consonantes *l, n* o *s*: *alrededor, Enrique, israelí.*

1.8.1. Reglas sobre el uso de la *rr*

Se escriben con *rr*:

a) Las palabras que tienen el sonido vibrante fuerte en posición intervocálica: *barra, cerrojo, arrullo.*

b) Las palabras compuestas o con prefijo cuyo segundo formante comienza por *r*, de manera que el sonido vibrante múltiple queda en posición intervocálica: *autorretrato, prerromano, vicerrector.*

1.9. Letra *x*

La letra *x* se pronuncia de maneras diferentes según el lugar que ocupa dentro de la palabra: como /ks/ o /gs/ en posición intervocálica o a final de palabra (*examen, relax*); como /s/ en posición inicial (*xilófono, xenofobia*), y como /ks/ o /gs/ en la pronunciación culta enfática o /s/ en la pronunciación corriente de España cuando va ante consonante (*explicar, extenso*). También puede pronunciarse como /j/ en palabras como *México, Oaxaca, texano.*

1.9.1. Reglas sobre el uso de la *x*

Se escriben con *x:*

a) Las palabras que empiezan por los elementos compositivos *xeno-* ('extranjero'), *xero-* ('seco, árido') y *xilo-* ('madera'): *xenofobia, xerocopia, xilófago.*

b) Las palabras que empiezan por la sílaba *ex-* seguida del grupo *-pr-: expresar, exprimir.* Excepciones: *esprínter* y otras palabras de la misma familia.

c) Las palabras que empiezan por la sílaba *ex-* seguida del grupo *-pl-: explanada, explicar, explotar.* Excepciones: *esplendor* y sus derivados, *espliego* y otras voces.

d) Las palabras que empiezan por los prefijos *ex-* ('fuera, más allá' o 'privación') y *extra-* ('fuera de'): *excarcelar, excomunión, extraescolar.*

1.10. Letras *s, c* y *z*

En el centro y norte de España, la letra *z* y la letra *c* ante *e, i* se pronuncian con sonido interdental sordo /z/ distinto del sonido fricativo sordo /s/ con el que se pronuncia la letra *s.* Sin embargo, en las hablas del suroeste peninsular español, en Canarias y en toda Hispanoamérica, la letra *c* ante *e, i* y la letra *z* no representan el sonido interdental, sino que se pronuncian de la misma manera que se pronuncia la letra *s.* Este fenómeno recibe el nombre de **seseo.** Los hablantes seseantes, por tanto, pueden tener dificultades al escribir palabras con estas letras.

Las mismas dificultades afectan a los hablantes de zonas de **ceceo,** que pronuncian la letra *s* con el sonido interdental propio de la *c* ante *e, i* y de la *z* en zonas no seseantes.

A continuación se ofrecen algunas notas orientadoras para el uso correcto de estas letras.

1.10.1. Reglas sobre el uso de la *c*

Se escriben con *c:*

a) Los verbos terminados en *-cer* y *-cir* y aquellas de sus formas en las que la *c* va seguida de *e* o *i: nacer, nacen, decir, decías.* Son excepción a esta regla los verbos *coser* ('unir con hilo') y sus derivados, *toser* y *asir.*

b) Todas las palabras terminadas en *-cimiento* (salvo *asimiento* y *desasimiento*): *acontecimiento, nacimiento.*

c) Todas las palabras terminadas en *-áceo, -ácea, -ancio, -ancia, -encio* y *-encia: cetáceo, sebácea, rancio, alternancia, silencio, adolescencia.* Excepciones: *ansia* y *hortensia.*

d) Las palabras terminadas en *-icida* ('que mata') e *-icidio* ('acción de matar'). Ejemplos: *plaguicida, homicidio.*

e) Las palabras terminadas en *-cente* y *-ciencia: adolescente, conciencia.* Excepciones: *ausente, presente, antepresente* y *omnipresente.*

f) Los sustantivos terminados en *-ción* que derivan de verbos terminados en *-ar: actuación* (de *actuar*), *comunicación* (de *comunicar*), *compensación* (de *compensar*). Excepciones: los derivados de verbos terminados en *-sar* que no contienen la sílaba *-sa-,* como *expresión* (de *expresar*) y *confesión* (de *confesar*).

g) Por regla general, una palabra se escribirá con *-cc-* cuando en alguna palabra de la familia léxica aparezca el grupo *-ct-: adicción* (*adicto*), *reducción* (*reducto*), *dirección* (*director*). Hay, sin embargo, palabras que se escriben con *-cc-* a pesar de no tener en ninguna palabra de su familia léxica el grupo *-ct-: succión, cocción, confección, fricción,* etc. Otras muchas palabras de este grupo, que no tienen *-ct-* sino *-t-* en su familia léxica, se escriben con una sola *c: discreción* (*discreto*), *secreción* (*secreto*), *relación* (*relato*), etc.

1.10.2. Reglas sobre el uso de la *s*

Se escriben con *s:*

a) Los adjetivos terminados en *-oso, -osa: hermoso, silenciosa.* Excepciones: *mozo, moza* y *carroza.*

b) Los sustantivos y adjetivos terminados en *-esco, -esca: fresco, picaresca.*

c) Los sustantivos terminados en *-sión* que expresan la acción de verbos terminados en *-sar* que no contienen en su forma la sílaba *-sa-* del verbo: *expulsión* (de *expulsar*), *revisión* (de *revisar*).

d) Los sustantivos terminados en *-sión* que expresan la acción de verbos terminados en *-der, -dir, -ter, -tir* y que no contienen en su forma la *-d-* o la *-t-* del verbo: *cesión* (de *ceder*), *alusión* (de *aludir*), *comisión* (de *cometer*), *remisión* (de *remitir*). Excepciones: *atención* (de *atender*) y *deglución* (de *deglutir*).

I.10.3. Reglas sobre el uso de la z

Se escriben con *z:*

a) Las palabras terminadas en el sufijo *-azo, -aza*, tanto cuando forma un aumentativo como cuando significa 'golpe': *cochazo, codazo, manaza*.

b) Los adjetivos agudos terminados en *-az: audaz, eficaz*. Excepción: *antigás*.

c) Los sustantivos terminados en *-azgo: hallazgo, noviazgo*. Excepciones: *rasgo* y *trasgo*.

d) Los sustantivos abstractos terminados en *-ez* o en *-eza* formados a partir de adjetivos: *lucidez, pobreza*.

e) Los sustantivos terminados en *-anza* y en *-zón* formados a partir de verbos: *andanza, ligazón*.

f) Se escriben con *-zc-* la primera persona del singular del presente de indicativo y todo el presente de subjuntivo de los verbos irregulares terminados en *-acer* (menos *hacer* y sus derivados), *-ecer, -ocer* (menos *cocer* y sus derivados) y *-ucir: nazco, abastezco, reconozcamos, produzca*.

2. Uso de las mayúsculas

Aunque en distintos casos pueden escribirse enteramente con mayúsculas palabras, frases e incluso textos enteros, la escritura normal utiliza las letras mayúsculas solo en posición inicial de palabra combinadas con letras minúsculas. La utilización de la mayúscula inicial depende de factores como la puntuación, la condición de nombre propio de la palabra y otras circunstancias.

El uso de las letras mayúsculas no exime de la obligatoriedad de escribir la tilde en las palabras que así lo requieran según las reglas de acentuación del español: *Ángel, MEDITERRÁNEO*.

2.1. Uso de mayúscula inicial exigido por la puntuación

Se escribe con mayúscula la primera palabra de un texto o enunciado, que sigue normalmente al punto.

> *Hemos terminado el trabajo por hoy. Nos vemos aquí mañana a la misma hora.*

También se escribe con mayúscula la palabra que sigue a los puntos suspensivos que cierran enunciado, a los signos de interrogación o exclamación y a ciertos usos de los dos puntos:

> *Las invitaciones para la fiesta se mandaron con cierto retraso... ¿Podrán venir todos? Esperemos que sí.*

2.2. Uso de mayúscula inicial con independencia de la puntuación

Con independencia de la puntuación, se escriben con inicial mayúscula las palabras siguientes:

2.2.1. Los nombres propios de persona, animal y cosa singularizada, apellidos y nombres de divinidades: *Beatriz, Platero, Tizona, Martínez, Dios, Alá, Júpiter*.

2.2.2. Los sobrenombres, apodos y seudónimos, y no los artículos que los preceden: *Manuel Benítez, el Cordobés; Alfonso X el Sabio; el Libertador*.

2.2.3. Los nombres propios geográficos: *América, Italia, Córdoba, el Índico, el Mediterráneo, el Orinoco, el Himalaya*. Solo cuando el nombre oficial de un lugar lleve incorporado el artículo, este se escribe con mayúscula y no se contrae con las preposiciones *a* o *de: El Salvador, La Pampa, La Habana; a El Cairo.* Los nombres comunes genéricos que acompañan a los nombres propios geográficos se escriben con minúscula, salvo cuando forman parte del nombre propio: *la ciudad de Panamá, el río Ebro, la cordillera de los Andes;* pero *Ciudad Real, Picos de Europa.*

2.2.4. Los nombres de vías y espacios urbanos, y no los nombres comunes genéricos que los acompañan, como *calle, plaza, avenida, paseo,* etc.: *calle Mayor, plaza de España, avenida de la Ilustración, paseo de Recoletos.*

2.2.5. Los nombres de galaxias, constelaciones, estrellas, planetas y satélites: *la Vía Láctea, la Osa Mayor, la Estrella Polar, Venus.* Las palabras *Sol* y *Luna* solo suelen escribirse con mayúscula cuando nombran los astros en textos especializados:

> *Alrededor del Sol giran diferentes planetas.*

En otro tipo de textos se escriben normalmente con minúscula:

> *El sol luce esplendoroso.*
> *Entra mucho sol por la ventana.*
> *Hoy hay luna llena.*

La palabra *Tierra* se escribe con mayúscula solo cuando designa el planeta:

> *El astronauta contempló la Tierra desde la nave.*

En el resto de los casos se escribe con minúscula:

> *El avión tomó tierra.*
> *Esta tierra es muy fértil.*
> *Ha vuelto a su tierra.*

2.2.6. Los nombres de los signos del Zodiaco y sus denominaciones alternativas: *Aries, Géminis; Balanza* (por *Libra*), *Toro* (por *Tauro*). Se escriben con minúscula cuando se refieren a las personas nacidas bajo cada signo:

> *Manuel es tauro.*

2.2.7. Los nombres de los puntos cardinales (*Norte, Sur, Este, Oeste*) y de los puntos del horizonte (*Noroeste, Sudeste,* etc.), cuando designan tales puntos o forman parte de un nombre propio: *rumbo al Sudeste; Corea del Norte.* Si se refieren a la orientación o la dirección correspondientes o están usados en aposición, se escriben en minúscula: *el sur de Europa, latitud norte, hemisferio sur.* En el caso de las líneas imaginarias, se recomienda el uso de la minúscula: *ecuador, eclíptica, trópico de Cáncer.*

2.2.8. Los sustantivos y adjetivos que componen el nombre de entidades, instituciones, departamentos, edificios, monumentos, establecimientos públicos, organizaciones, etc.: *el Ministerio de Hacienda, el Museo de Bellas Artes, la Real Academia de la Historia, la Universidad Nacional Autónoma de México, el Departamento de Recursos Humanos, la Torre de Pisa, el Partido Demócrata.*

2.2.9. Los nombres de los libros sagrados: *la Biblia, el Corán, el Talmud.* También los nombres de los libros de la Biblia: *Génesis, Hechos de los Apóstoles.*

2.2.10. Los sustantivos y adjetivos que forman parte del nombre de publicaciones periódicas o de colecciones: *La Vanguardia, Biblioteca de Autores Españoles.*

2.2.11. La primera palabra del título de cualquier obra de creación (libros, películas, cuadros, esculturas, obras musicales, programas de radio o televisión, etc.): *Últimas tardes con Teresa, La vida es sueño, Las cuatro estaciones, Informe semanal.*

2.2.12. Los sustantivos y adjetivos que forman parte del nombre de documentos oficiales, como leyes o decretos, cuando se cita el nombre completo: *Real Decreto 125/1983* (pero *el citado real decreto*), *Ley para la Ordenación General del Sistema Educativo* (pero *la ley de educación*).

2.2.13. Los nombres de festividades religiosas o civiles: *Pentecostés, Navidad, Día de la Constitución, Feria de Abril.*

2.2.14. Los nombres de marcas comerciales:

> *Me gusta tanto el Cinzano como el Martini.*
> *Me he comprado un Seat.*

Pero cuando estos nombres pasan a referirse no exclusivamente a un objeto de la marca en cuestión, sino a cualquier otro con características similares, se escriben con minúscula:

> *Me aficioné al martini seco en mis años de estudiante* (al vermú seco, de cualquier marca).

2.2.15. Los sustantivos y adjetivos que forman el nombre de disciplinas científicas utilizados en contextos académicos:

> *Me he matriculado en Arquitectura.*
> *El profesor de Cálculo Numérico es extraordinario.*

Fuera de estos contextos, se utiliza la minúscula:

> *La medicina ha experimentado grandes avances en los últimos años.*

2.2.16. La primera palabra del nombre latino de las especies vegetales y animales: *Pimpinella anisum, Felis leo* (los nombres científicos latinos deben escribirse en cursiva). Se escriben también con mayúscula los nombres de los grupos taxonómicos zoológicos y botánicos superiores al género, cuando se usan en aposición: *orden Roedores, familia Leguminosas;* pero estos mismos términos se escriben con minúscula cuando se usan como adjetivos o como nombres comunes:

> *El castor es un mamífero roedor.*
> *Hemos tenido una buena cosecha de leguminosas.*

2.2.17. Los nombres de períodos geológicos, edades y épocas históricas, acontecimientos históricos y movimientos religiosos, políticos o culturales: *Mioceno, la Edad de los Metales, la Edad Media, la Hégira, la Segunda Guerra Mundial, la Revolución de los Claveles, el Renacimiento.*

2.2.18. Determinados nombres, cuando designan entidades o colectividades institucionales: *la Universidad, el Estado, el Ejército, la Iglesia, la Administración, el Gobierno.*

2.2.19. Los títulos, cargos y nombres de dignidad, como *rey, papa, duque, presidente, ministro,* etc., que normalmente se escriben con minúscula, pueden aparecer en determinados casos escritos con mayúscula. Así, es frecuente, aunque no obligatorio, que estas palabras se escriban con mayúscula cuando se emplean referidas a una persona concreta, sin mención expresa de su nombre propio:

> *El Rey inaugurará la nueva biblioteca.*
> *El Papa visitará la India en su próximo viaje.*

También se suelen escribir con mayúscula en leyes y documentos oficiales, y en el encabezamiento de cartas.

2.3. Casos en que no debe usarse la mayúscula inicial

Salvo cuando la mayúscula venga exigida por la puntuación, se escriben con minúscula las siguientes palabras:

2.3.1. Los nombres de los días de la semana, de los meses y de las estaciones del año: *lunes, abril, verano.* Solo se escriben con mayúscula cuando forman parte de fechas históricas, festividades o nombres propios: *Dos de Mayo, Primavera de Praga, Viernes Santo, Hospital Doce de Octubre.*

2.3.2. Los nombres de las notas musicales: *do, re, mi, fa, sol, la, si.*

2.3.3. Los nombres propios que se usan como nombres comunes:

> *Mi padre, de joven, era un donjuán.*
> *La unidad de fuerza utilizada es el newton.*
> *¿Te apetece un rioja?*
> *Tienes que echarle maicena.*

Pero conservan la mayúscula inicial los nombres de los autores aplicados a sus obras:

> *Se subastó un Picasso.*

2.3.4. Los nombres de las religiones: *catolicismo, budismo, islamismo, judaísmo.*

2.3.5. Los nombres de tribus o pueblos y de lenguas, así como los gentilicios: *el pueblo inca, los mayas, el español.*

2.3.6. Los tratamientos (*usted, señor, don, fray, san, santo, sor, reverendo*, etc.), salvo que aparezcan en abreviatura, caso en que se escriben con mayúscula: *Ud., Sr., D., Fr., Sta., Rvdo.; don Pedro Díaz*, pero *D. Pedro Díaz*.

2.3.7. Los títulos y cargos como *rey, papa, duque, presidente, ministro*, etc., cuando aparecen acompañados del nombre propio de la persona que los posee, o del lugar o ámbito al que corresponden (*el rey Felipe IV, el papa Juan Pablo II, el presidente de Nicaragua, el ministro de Trabajo*), o cuando están usados en sentido genérico:

> *El papa, el rey, el duque están sujetos a morir, como lo está cualquier otro hombre.*

3. Acentuación

A lo largo de la cadena hablada no todas las sílabas se pronuncian con igual relieve. El **acento prosódico** o **fonético** es el mayor relieve con el que se pronuncia una sílaba con respecto a las que la rodean. La sílaba sobre la que recae el acento prosódico dentro de una palabra es la **sílaba tónica**; las sílabas pronunciadas con menor intensidad son las **sílabas átonas**. En la palabra *zaPAto*, la sílaba tónica es *pa*, las sílabas átonas son *za* y *to*.

El acento prosódico en español puede distinguir unas palabras de otras según la sílaba sobre la que recae: *HÁbito / haBIto / habiTÓ*.

La **tilde** o **acento gráfico** (´) es un signo que se coloca sobre una vocal de una palabra para indicar que la sílaba de la que forma parte debe pronunciarse tónica. La colocación de la tilde se rige por las reglas que se explican a continuación. Estas reglas afectan a todas las palabras del español, incluidos los nombres propios.

3.1. Reglas generales de acentuación

3.1.1. Acentuación de polisílabos

Según el lugar que ocupe la sílaba tónica, se pueden distinguir cuatro clases de palabras polisílabas: agudas (su sílaba tónica es la última), llanas (su sílaba tónica es la penúltima), esdrújulas (su sílaba tónica es la antepenúltima) y sobresdrújulas (su sílaba tónica es alguna sílaba anterior a la antepenúltima).

Las palabras polisílabas se acentúan de acuerdo con las siguientes reglas:

a) Las palabras **agudas** llevan tilde en la sílaba tónica cuando terminan en vocal, *-n* o *-s: consomé, jardín, además.* Sin embargo, cuando terminan en *-s* precedida por otra consonante, no llevan acento gráfico: *robots, tictacs.* Tampoco llevan tilde las palabras agudas terminadas en *-y: virrey, convoy.*

b) Las palabras **llanas** llevan acento gráfico en la sílaba tónica cuando terminan en consonante distinta de *-n* o *-s: ágil, árbol, álbum, Héctor.* No obstante, cuando terminan en *-s* precedida de consonante, sí llevan tilde: *bíceps, cómics.* Por otra parte, las palabras llanas terminadas en *-y* también llevan tilde: *póney, yóquey.*

c) Las palabras **esdrújulas** y **sobresdrújulas** siempre llevan tilde en la sílaba tónica: *teléfono, cómetelo.*

3.1.2. Acentuación de monosílabos

Las palabras de una sola sílaba no se acentúan gráficamente, salvo en los casos de tilde diacrítica (→ 3.3): *mes, ti, di, fe, fue, pan, ve.*

3.2. Reglas de acentuación de palabras con grupos de vocales

3.2.1. Palabras con diptongo

3.2.1.1. *Diptongos ortográficos*. Dos vocales contiguas que forman parte de una misma sílaba constituyen un diptongo. A efectos de acentuación gráfica, se consideran diptongos las secuencias vocálicas siguientes:

- **a)** Vocal abierta + vocal cerrada o, en orden inverso, vocal cerrada + vocal abierta siempre que la cerrada no sea tónica: *aire, causa, peine, Ceuta, oiga, viaje, ciego, quiosco, suave, fuerte, cuota.*
- **b)** Dos vocales cerradas distintas: *huida, ruido, ciudad, diurno.*

La *h* intercalada no impide que dos vocales formen un diptongo: *ahu - mar, ahi - ja - do.*

3.2.1.2. *Acentuación de palabras con diptongo*. Las palabras con diptongo se acentúan siguiendo las reglas generales de acentuación (→ 3.1). Así, *vio* no lleva tilde por ser monosílaba; *bebéis* la lleva por ser aguda terminada en *-s*, y *huésped*, por ser llana terminada en consonante distinta de *-n* o *-s; superfluo, vienen* y *amarais* se escriben sin tilde por ser llanas terminadas en vocal, *-n* y *-s*, respectivamente; y *periódico* y *lingüístico* se tildan por ser esdrújulas.

3.2.1.3. *Colocación de la tilde en los diptongos*

- **a)** En los diptongos formados por una vocal abierta tónica y una cerrada átona —en ese orden o en el inverso— la tilde se coloca sobre la vocal abierta: *adiós, después, soñéis, inició, náutico, murciélago, Cáucaso.*
- **b)** En los diptongos formados por dos vocales cerradas, la tilde se coloca sobre la segunda vocal: *acuífero, casuística, demiúrgico, interviú.*

3.2.2. Palabras con triptongo

3.2.2.1. *Triptongos ortográficos*. Tres vocales contiguas que forman parte de una misma sílaba constituyen un triptongo. A efectos de acentuación gráfica, se considera un triptongo cualquier grupo de tres vocales formado por una vocal abierta situada entre dos vocales cerradas, siempre que ninguna de las vocales cerradas sea tónica: *confiáis, amortiguáis, buey, despreciéis, vieira.*

3.2.2.2. *Acentuación de palabras con triptongo*. Las palabras con triptongo siguen las reglas generales de acentuación (→ 3.1). Así, *continuéis* y *despreciáis* llevan tilde por ser agudas terminadas en *-s*, mientras que *Uruguay*, que también es aguda, no se tilda por terminar en consonante distinta de *-n* o *-s; vieira* no lleva tilde por ser llana terminada en vocal.

3.2.2.3. *Colocación de la tilde en los triptongos*. La tilde se coloca siempre sobre la vocal abierta: *consensuéis, habituáis.*

3.2.3. Palabras con hiato

3.2.3.1. *Hiatos ortográficos*. Dos vocales contiguas que pertenecen a sílabas distintas constituyen un hiato. A efectos de acentuación gráfica, se consideran hiatos las combinaciones vocálicas siguientes:

- **a)** Dos vocales iguales: *afrikáans, albahaca, poseer, dehesa, chiita, microondas.*
- **b)** Dos vocales abiertas: *anchoa, ahogo, teatro, aéreo, eólico, héroe.*
- **c)** Vocal cerrada tónica + vocal abierta átona o, en orden inverso, vocal abierta átona + vocal cerrada tónica: *alegría, acentúa, insinúe, enfríe, río, búho, raíz, baúl, transeúnte, reír, oír.*

3.2.3.2. *Acentuación de las palabras con hiato*

- **a)** Las palabras con hiato formado por dos vocales iguales, o por dos vocales abiertas distintas, siguen las reglas generales de acentuación (→ 3.1). Así, *Jaén* y *traerán* llevan tilde por ser agudas terminadas en *-n; poeta* y *chiita* no la llevan por ser llanas terminadas en vocal; *línea* y *caótico* se tildan por ser esdrújulas.
- **b)** Las palabras con hiato formado por una vocal cerrada tónica y una vocal abierta átona —en ese orden o en el inverso— siempre llevan tilde sobre la vocal cerrada, con independencia de que lo exijan o no las reglas generales de acentuación: *María, puntúa, insinúe, dúo, tío, ríe, laúd, caída, raíz, feúcho, cafeína, oír.*

La presencia de una hache intercalada no es un inconveniente para tildar la vocal tónica del hiato si fuese preciso: *búho, ahínco, prohíbe, turbohélice.*

3.3. Tilde diacrítica

La tilde diacrítica es el acento gráfico que permite distinguir palabras con idéntica forma, pero que pertenecen a categorías gramaticales diferentes. En general, llevan tilde diacrítica las formas tónicas (las que se pronuncian con acento prosódico o de intensidad) y no la llevan las formas átonas (las que carecen de acento prosódico o de intensidad dentro de la cadena hablada).

3.3.1. Tilde diacrítica en monosílabos

Tilde diacrítica en monosílabos*			
de	preposición: *Quiero tarta DE manzana.* sustantivo ('letra'): *Ha escrito una DE torcida.*	*dé*	forma del verbo *dar:* *DÉ las gracias al portero.*
el	artículo: *EL árbol se ha secado.*	*él*	pronombre personal: *Lo ha hecho ÉL.*
mas	conjunción adversativa: *Intentó ir, MAS no pudo ser.*	*más*	adverbio, adjetivo o pronombre: *Ella es MÁS inteligente.* *No me des MÁS preocupaciones.* *No quiero MÁS.* conjunción con valor de suma o adición: *Dos MÁS dos son cuatro.* sustantivo ('signo matemático'): *En esta suma falta el MÁS.*
mi	adjetivo posesivo: *Esta es MI casa.* sustantivo ('nota musical'): *El compás empieza con un MI.*	*mí*	pronombre personal: *A MÍ no me eches la culpa.*
se	pronombre, con distintos valores: *¿SE lo has dicho?* *Ya SE viste él solo.* *SE saludaron en la escalera.* *No SE arrepiente de nada.* *El barco SE hundió en pocos minutos.* indicador de impersonalidad: *Aquí SE come muy bien.* indicador de pasiva refleja: *SE compran muebles antiguos.*	*sé*	forma del verbo *ser* o *saber:* *SÉ cariñoso con ella.* *Yo SÉ su teléfono.*
si	conjunción, con distintos valores: *SI lo sabes, cállate.* *Pregunta SI es allí.* *SI será inocente...* *¡SI he aprobado!* sustantivo ('nota musical'): *Afinó la cuerda en SI.*	*sí*	adverbio de afirmación: *Sí, quiero.* pronombre personal reflexivo: *Lo atrajo hacia SÍ.* sustantivo ('aprobación o asentimiento'): *Solo admito un SÍ como respuesta.*

Tilde diacrítica en monosílabos*			
te	pronombre personal: *¿TE ha visto el médico?* sustantivo ('letra'): *A la TE le falta la raya.*	*té*	sustantivo ('planta' e 'infusión'): *Allí cultivan el TÉ.* *Tomaré un TÉ.*
tu	posesivo: *Es TU hijo.*	*tú*	pronombre personal: *Habéis ganado Ana y TÚ.*

* Se tratan fuera de este cuadro otras parejas de monosílabos afectadas por la tilde diacrítica, como *qué/que, cuál/cual, cuán/cuan, quién/quien,* porque forman serie con palabras polisílabas (→ 3.3.2). También se trata aparte el caso de *aún/aun,* puesto que esta palabra puede articularse como bisílaba o como monosílaba (→ 3.3.5) y el caso de la conjunción *o* (→ 3.3.6).

3.3.2. Interrogativos y exclamativos

Cuando las palabras *adónde, cómo, cuál, cuán, cuándo, cuánto, dónde, qué* y *quién* tienen valor interrogativo o exclamativo, llevan tilde diacrítica. Introducen enunciados directamente interrogativos o exclamativos:

> *¿Adónde vamos?*
> *¡Cómo te has puesto!*
> *¡Cuánta gente ha venido!*
> *¿De quién ha sido la idea?*

También introducen oraciones interrogativas o exclamativas indirectas:

> *Pregúntales quiénes son.*
> *Verá usted qué frío hace fuera.*

Estas palabras se escriben sin tilde cuando funcionan como relativos o como conjunciones:

> *El lugar adonde vamos te gustará.*
> *Puede participar quien lo desee.*
> *Creo que no sabe lo que quiere.*

3.3.3. Demostrativos

Los demostrativos *este, ese* y *aquel,* sus femeninos y sus plurales, pueden ser pronombres:

> *Eligió este.*
> *Ese ganará.*
> *Quiero dos de aquellas.*

O pueden ser también adjetivos:

> *Esas actitudes nos preocupan.*
> *El jarrón este siempre está estorbando.*

En cualquiera de los dos casos, los demostrativos no deben llevar tilde según las reglas de la acentuación: todos salvo *aquel,* que es aguda terminada en *-l,* son palabras llanas terminadas en vocal o en *-s.* Solamente cuando en una oración exista riesgo de ambigüedad porque el demostrativo pueda interpretarse como pronombre o adjetivo, el demostrativo llevará obligatoriamente tilde en su uso pronominal:

> *¿Por qué compraron aquéllos libros usados?* (*aquéllos* es el sujeto de la oración).
> *¿Por qué compraron aquellos libros usados?* (el sujeto de esta oración no está expreso, y *aquellos* acompaña al sustantivo *libros*).

Las formas neutras de los demostrativos, es decir, las palabras *esto, eso* y *aquello,* se escriben sin tilde porque son siempre pronombres:

> *Eso no es cierto.*
> *No entiendo esto.*

3.3.4. *sólo/solo*

La palabra *solo* puede ser un adjetivo:

>   *No me gusta el café solo.*
>   *Vive él solo en esa gran mansión.*

Y también puede ser un adverbio:

>   *Solo nos llovió dos días.*
>   *Contesta solo sí o no.*

Se trata de una palabra llana terminada en vocal, por lo que no debe llevar tilde. Ahora bien, cuando esta palabra pueda interpretarse en un mismo enunciado como adverbio o como adjetivo, se utilizará obligatoriamente la tilde en el uso adverbial para evitar ambigüedades:

>   *Estaré solo un mes* (*solo* se interpreta como adjetivo: 'en soledad, sin compañía').
>   *Estaré sólo un mes* (*sólo* se interpreta como adverbio: 'solamente, únicamente').

3.3.5. *aún/aun*

a) Lleva tilde cuando puede sustituirse por *todavía* (tanto con significado temporal como con valor ponderativo o intensivo) sin alterar el sentido de la frase:

>   *Aún espera que vuelva.*
>   *Ha ganado el segundo premio y aún se queja.*
>   *Ahora que he vuelto a ver la película, me parece aún más genial.*

b) Se escribe sin tilde cuando se utiliza con el mismo significado de *hasta, también, incluso* (o *siquiera,* con la negación *ni*):

>   *Aprobaron todos, aun los que no estudian nunca.*
>   *Puedes quejarte y aun negarte a venir, pero al final iremos.*
>   *Ni aun de lejos se parece a su hermano.*

Cuando la palabra *aun* tiene sentido concesivo, tanto en la locución conjuntiva *aun cuando,* como si va seguida de un adverbio o de un gerundio, se escribe también sin tilde:

>   *Aun cuando no lo pidas* (= aunque no lo pidas), *te lo darán.*
>   *Me esmeraré, pero aun así* (= aunque sea así), *él no quedará satisfecho.*
>   *Aun conociendo* (= aunque conoce) *sus limitaciones, decidió intentarlo.*

3.3.6. Tilde en la conjunción o

Por razones de claridad, ha sido hasta ahora tradición ortográfica escribir la *o* con tilde cuando iba colocada entre números, para distinguirla del cero: *3 ó 4, 10 ó 12.* La escritura mecanográfica hace cada vez menos necesaria esta norma, pues la letra *o* y el cero son tipográficamente muy diferentes. No obstante, se recomienda seguir tildando la *o* en estos casos para evitar toda posible confusión.

La *o* no debe tildarse si va entre un número y una palabra y, naturalmente, tampoco cuando va entre dos palabras:

>   *Había 2 o más policías en la puerta.*
>   *¿Quieres té o café?*

3.4. Acentuación de palabras y expresiones compuestas

3.4.1. Palabras compuestas sin guion

Las palabras compuestas escritas sin guion se pronuncian con un único acento prosódico que recae sobre la sílaba tónica del segundo formante. Siguen las reglas de acentuación como las palabras simples, con independencia de cómo se acentúen gráficamente sus formantes por separado: *dieciSÉIS* (*diez* + *y* + *seis*) se escribe con tilde por ser palabra aguda terminada en *-s; balonCESto* (*balón* + *cesto*) no lleva tilde por ser palabra llana terminada en vocal; y *contraHÍlo* (*contra* + *hilo*) sí la lleva para marcar el hiato de vocal abierta átona y cerrada tónica.

3.4.2. Adverbios en *-mente*

Los adverbios terminados en *-mente* se pronuncian con dos sílabas tónicas: la que corresponde al adjetivo del que derivan y la del elemento compositivo *-mente: LENtaMENte*. Estas palabras conservan la tilde, si la había, del adjetivo del que derivan: *fácilmente* (de *fácil*), *rápidamente* (de *rápido*); pero *cordialmente* (de *cordial*), *bruscamente* (de *brusco*).

3.4.3. Formas verbales seguidas de pronombres átonos

Los pronombres personales átonos *me, te, lo(s), la(s), le(s), se, nos, os* pospuestos a formas verbales se pronuncian y se escriben formando una sola palabra con la forma verbal: *espéranos, dámelo, caerse*. Estas palabras constituidas por una forma verbal y un pronombre átono siguen las reglas de la acentuación: *estaos, deme, ayudadnos* se escriben sin tilde por ser llanas terminadas en vocal o en *-s*, mientras que *mírate* y *escúchala* llevan tilde por ser esdrújulas, y *salíos* y *oídme*, por contener un hiato de vocal cerrada tónica y vocal abierta átona (o en orden inverso).

Las formas del imperativo de segunda persona del singular propias del voseo siguen, igualmente, las reglas de acentuación, tanto sin pronombre átono como con él: sin pronombre llevan tilde por ser palabras agudas terminadas en vocal (*pensá, comé, decí*); cuando van seguidas de un solo pronombre, pierden la tilde al convertirse en llanas terminadas en vocal o en *-s* (*decime, andate, avisanos*) y, si van seguidas de más de un pronombre, llevan tilde por ser esdrújulas (*decímelo, ponételo*).

3.4.4. Palabras compuestas con guion

Las palabras unidas entre sí mediante un guion conservan la acentuación gráfica que corresponde a cada uno de los términos por separado: *Martínez-Carnero, hispano-árabe, técnico-administrativo*.

3.5. Acentuación de voces y expresiones latinas

Las voces y expresiones latinas utilizadas corrientemente en español se someten a las reglas de acentuación: *tedeum* (sin tilde, por ser palabra aguda terminada en *-m*); *álter ego* (con tilde *álter* por ser palabra llana terminada en *-r*).

Sin embargo, las palabras latinas usadas en el nombre científico de las categorías taxonómicas de animales y plantas (especie, género, familia, etc.) se escriben siempre sin tilde por tratarse de nomenclaturas de uso internacional:

> *El nombre científico de la encina es* Quercus ilex.

3.6. Acentuación de palabras extranjeras

3.6.1. Palabras extranjeras no adaptadas

Los extranjerismos que conservan su grafía original y no han sido adaptados (razón por la cual deben escribirse en cursiva o entre comillas), así como los nombres propios originarios de otras lenguas (que se escriben en redonda), no se someten a las reglas de acentuación del español: *coulis, gin-tonic, Washington, Aribau, Düsseldorf*.

3.6.2. Palabras extranjeras adaptadas

Las palabras de origen extranjero adaptadas completamente a la pronunciación y escritura del español, incluidos los nombres propios, deben someterse a las reglas de acentuación de nuestro idioma: *interviú,* del inglés *interview; minué,* del francés *menuet; Icíar,* del vasco *Itziar.*

3.7. Acentuación de letras mayúsculas

Las letras mayúsculas, tanto si se trata de iniciales, como si forman parte de palabras escritas enteramente en mayúsculas, deben llevar tilde si así les corresponde según las reglas de acentuación (→ 2): *Álvaro; ATENCIÓN.* No se acentúan, sin embargo, las mayúsculas que forman parte de las siglas o acrónimos: *OCDE, DNI.*

3.8. Acentuación de abreviaciones

Las abreviaturas se escriben con tilde si incluyen la vocal tónica que lleva tilde en la palabra que representan (→ 5.1.1.2): *núm.* (por *número*), *C.^{ia}* (por *compañía*).

Los símbolos, sin embargo, nunca se escriben con tilde (→ 5.2.1.2): *ha* (por *hectárea*), Ex (por *Éxodo*).

Las siglas y acrónimos solo llevan tilde cuando no están escritos con todas sus letras en mayúscula (→ 5.3.1.2 y 5.4): *láser.*

4. Puntuación

4.1. Punto

El uso fundamental del punto (.) es señalar gráficamente la pausa que marca el final de un enunciado —que no sea interrogativo o exclamativo—, de un párrafo o de un texto. La palabra que sigue al punto se escribe siempre con inicial mayúscula.

El punto recibe distintos nombres, según marque el final de un enunciado, de un párrafo o de un texto:

a) Si se escribe al final de un enunciado y a continuación, en el mismo renglón, se inicia otro, se denomina **punto y seguido**.

b) Si se escribe al final de un párrafo y el enunciado siguiente inicia un párrafo nuevo, se denomina **punto y aparte**.

c) Si se escribe al final de un escrito o de una división importante del texto, se denomina **punto final**.

Por otra parte, también se escribe punto detrás de las abreviaturas (salvo tras las formadas con barra o con paréntesis): *Sra., Excmo., Ud.* (→ 5.1.1.1). Si la abreviatura incluye alguna letra volada, el punto se coloca delante de esta: *D.^{a}, 1.º.*

Actualmente las siglas no llevan puntos entre las letras que las componen: *ONU, APA* (→ 5.3.1.1).

4.1.1. Usos incorrectos

4.1.1.1. Nunca se escribe punto tras los títulos y subtítulos de libros, artículos, capítulos, textos, etc., cuando aparecen aislados y son el único texto del renglón:

> *Cien años de soledad*

Tampoco llevan punto al final los nombres de autor que aparecen solos en un renglón en portadas o firmas de cartas.

4.1.1.2. A diferencia de las abreviaturas, los símbolos no llevan punto (→ 5.2.1.1): *4 cm* ('cuatro centímetros'), *100 g* ('cien gramos').

4.1.1.3. No se debe usar punto en los números escritos con cifras para separar millares, millones, etc. Para facilitar la lectura de estos números cuando constan de más de cuatro cifras, se recomienda separar estas mediante espacios por grupos de tres, contando de derecha a izquierda: *52 345, 6 462 749.*

4.1.2. Usos no lingüísticos

4.1.2.1. Se utiliza un punto para separar las horas de los minutos cuando se expresa numéricamente la hora: *8.30 h, 12.00 h.* Para ello se usan también los dos puntos (→ 4.4.3).

4.1.2.2. En los números escritos con cifras, la normativa internacional admite el uso del punto para separar la parte entera de la decimal, aunque es preferible emplear la coma (→ 4.2.3): *3.1416* o bien *3,1416.*

4.2. Coma

El signo coma (,) indica normalmente la existencia de una pausa breve dentro de un enunciado.

4.2.1. Usos lingüísticos

4.2.1.1. La coma se utiliza para delimitar incisos explicativos o comentarios. Deben utilizarse dos comas, una delante del comienzo del inciso y otra al final:

> *Charo, la vecina del tercero, subió a ayudarnos.*
> *Sus hermanos, al tanto de todo, guardaron silencio.*
> *Juan, que había pasado la noche en vela, se quedó dormido.*

4.2.1.2. La coma separa los elementos de una enumeración. Cuando la enumeración es exhaustiva, el último elemento va introducido por una conjunción (*y, e, o, u, ni*), delante de la cual no se escribe coma:

> *Llegué, vi, vencí.*
> *Es un chico muy reservado, estudioso y de buena familia.*
> *No le gustan las manzanas, las peras ni los plátanos.*
> *¿Quieres té, café o manzanilla?*

4.2.1.3. Se utilizan comas para aislar los sustantivos que funcionan como vocativos, esto es, que sirven para llamar o nombrar al interlocutor:

> *Javier, no quiero que salgas tan tarde.*
> *Has de saber, muchacho, que tu padre era un gran amigo mío.*

4.2.1.4. Se escribe coma para separar el sujeto de los complementos verbales cuando el verbo está elidido por haber sido mencionado con anterioridad o estar sobrentendido:

> *Su hijo mayor es rubio; el pequeño, moreno.*
> *Los que no tengan invitación, por aquella puerta.*

4.2.1.5. Se escribe coma delante de las conjunciones o locuciones conjuntivas que unen las oraciones incluidas en una oración compuesta, en los casos siguientes:

a) Ante oraciones coordinadas adversativas introducidas por *pero, mas, aunque, sino (que):*

> *Hazlo si quieres, pero luego no digas que no te lo advertí.*

b) Ante oraciones consecutivas introducidas por *conque, así que, de manera que,* etc.:

> *Prometiste acompañarla, así que ahora no te hagas el remolón.*

c) Ante ciertas oraciones causales:

> *Ha llovido, porque está el suelo mojado.*

4.2.1.6. Cuando se invierte el orden regular de las partes de un enunciado, anteponiendo al verbo elementos que suelen ir pospuestos —complementos del predicado o, en oraciones compuestas, las subordinadas adverbiales—, se escribe coma detrás del bloque anticipado:

> *Con un poco de paciencia, lograrás arreglarlo.*
> *Si vas allí en otoño, no te olvides el paraguas.*

4.2.1.7. Se escribe coma detrás de determinados enlaces como *esto es, es decir, a saber, pues bien, ahora bien, en primer lugar, por un/otro lado, por una/otra parte, en fin, por último, además, con todo, en tal caso, sin embargo, no obstante, por el contrario, en cambio* y otros similares, así como detrás de muchos adverbios o locuciones adverbiales que modifican a toda la oración y no solo a uno de sus elementos, como *efectivamente, generalmente, naturalmente, por regla general,* etc.:

> *Por lo tanto, los que no tengan invitación no podrán entrar al recinto; no obstante, podrán seguir el acto a través de pantallas instaladas en el exterior.*
> *Naturalmente, los invitados deben vestir de etiqueta.*

Si estas expresiones van en medio de la oración, se escriben entre comas:

> *Estas palabras son sinónimas, es decir, significan lo mismo; los antónimos, en cambio, tienen significados opuestos.*

4.2.1.8. En la datación de cartas y documentos, se escribe coma entre el lugar y la fecha: *Santiago, 8 de enero de 2005;* o entre el día de la semana y el del mes: *Lunes, 23 de enero de 2002.*

4.2.1.9. En las direcciones, en España se escribe coma entre la calle y el número del inmueble: *Calle del Sol, 34; Avenida de la Constitución, n.º 2.*

4.2.2. Usos incorrectos

4.2.2.1. Es incorrecto escribir coma entre el sujeto y el verbo de una oración, incluso cuando el sujeto es largo o está compuesto de varios elementos separados por comas; así, no está bien puntuado el ejemplo siguiente:

> *Mis padres, mis tíos, mis abuelos, me felicitaron ayer.*

Sí se escribe coma cuando el sujeto es una enumeración que se cierra con *etcétera* (o su abreviatura *etc.*) o cuando tras el sujeto se abre un inciso entre comas:

> *El novio, los parientes, los invitados, etc., esperaban ya la llegada de la novia.*
> *Mi hermano, como tú sabes, es un magnífico deportista.*

4.2.2.2. No debe escribirse coma delante de la conjunción *que* cuando esta tiene sentido consecutivo y va precedida, inmediatamente o no, de *tan(to)* o *tal:*

> *Tiene tanta fuerza de voluntad que logra siempre todo lo que se propone.*

4.2.2.3. No se escribe coma detrás de *pero* cuando precede a una oración interrogativa o exclamativa:

> *Pero ¿dónde vas a estas horas?*
> *Pero ¡qué barbaridad!*

4.2.2.4. El uso de la coma tras las fórmulas de saludo en cartas y documentos es un anglicismo ortográfico que debe evitarse; en español se emplean los dos puntos (→ 4.4.1.3):

> *Querida amiga:*
> *Te escribo esta carta para comunicarte...*

4.2.3. Usos no lingüísticos

En las expresiones numéricas escritas con cifras, la normativa internacional establece el uso de la coma, escrita siempre en la parte inferior, para separar la parte entera de la parte decimal: $\pi = 3,1416$. También se acepta el uso anglosajón del punto (→ 4.1.2.2): $\pi = 3.1416$.

4.3. Punto y coma

El signo punto y coma (;) indica una pausa mayor que la marcada por la coma y menor que la señalada por el punto. La primera palabra que sigue al punto y coma se escribe con minúscula.

4.3.1. Usos lingüísticos

4.3.1.1. Se utiliza punto y coma para separar los elementos de una enumeración cuando se trata de expresiones complejas que incluyen comas:

> *Cada grupo irá por un lado diferente: el primero, por la izquierda; el segundo, por la derecha; el tercero, de frente.*

4.3.1.2. Para separar oraciones sintácticamente independientes entre las que existe una estrecha relación semántica:

> *Todo el mundo a casa; ya no hay nada más que hacer.*

4.3.1.3. Se escribe punto y coma delante de conectores de sentido adversativo, concesivo o consecutivo, como *pero, mas, aunque, sin embargo, por tanto, por consiguiente*, etc., cuando las oraciones que encabezan tienen cierta longitud:

> *Los jugadores se entrenaron intensamente durante todo el mes; sin embargo, los resultados no fueron los que el entrenador esperaba.*

Si el período encabezado por la conjunción es corto, se usa la coma; y si tiene una extensión considerable, es mejor utilizar el punto y seguido:

> *Vendrá, pero tarde.*
> *Este año han sido muy escasos los días en que ha llovido desde que se sembraron los campos. Por consiguiente, lo esperable es que haya malas cosechas y que los agricultores se vean obligados a solicitar ayudas gubernamentales.*

4.4. Dos puntos

El signo dos puntos (:) representa una pausa mayor que la de la coma y menor que la del punto. Los dos puntos detienen el discurso para llamar la atención sobre lo que sigue.

4.4.1. Usos lingüísticos

4.4.1.1. Preceden a una enumeración de carácter explicativo:

> *Ayer me compré dos libros: uno de Carlos Fuentes y otro de Cortázar.*

4.4.1.2. Preceden a la reproducción de citas o palabras textuales, que deben escribirse entre comillas e iniciarse con mayúscula:

> *Ya lo dijo Ortega y Gasset: «La claridad es la cortesía del filósofo».*

4.4.1.3. Se emplean tras las fórmulas de saludo en el encabezamiento de cartas y documentos. En este caso, la palabra que sigue a los dos puntos se escribe con inicial mayúscula y en renglón aparte:

> *Estimado Tomás:*
> *Cuando recibas esta carta...*

4.4.1.4. Sirven para separar una ejemplificación del resto de la oración:

> *De vez en cuando tiene algunos comportamientos inexplicables: hoy ha venido a la oficina en zapatillas.*

4.4.1.5. Se usan también para conectar oraciones relacionadas entre sí sin necesidad de emplear otro nexo. Son varias las relaciones que pueden expresar:

a) Causa-efecto:

> *Se ha quedado sin trabajo: no podrá ir de vacaciones este verano.*

b) Conclusión, consecuencia o resumen de la oración anterior:

> *El arbitraje fue injusto y se cometieron demasiados errores: al final se perdió el partido.*

En este caso se usa también el punto y coma (→ 4.3.1.2).

c) Verificación o explicación de la oración anterior, que suele tener un sentido más general:

> *La paella es un plato muy completo y nutritivo: tiene la fécula del arroz, las proteínas de sus carnes y pescados, y la fibra de sus verduras.*

En este caso se usa también el punto y coma (→ 4.3.1.2).

4.4.2. Uso incorrecto

Es incorrecto escribir dos puntos entre una preposición y el sustantivo o sustantivos que esta introduce; así, no están bien puntuados los ejemplos siguientes:

> *En la reunión había representantes de: Bélgica, Holanda y Luxemburgo.*
> *La obra estuvo coordinada por: Antonio Sánchez y Pedro Ortiz.*

4.4.3. Uso no lingüístico

Se emplean dos puntos para separar las horas de los minutos en la expresión de la hora: *15:30 h.* Con este valor se usa también el punto (→ 4.1.2.1).

4.5. Puntos suspensivos

El signo puntos suspensivos (...) está formado por tres puntos consecutivos —y solo tres—. Se llama así porque entre sus usos principales está el de dejar en suspenso el discurso.

4.5.1. Usos lingüísticos

4.5.1.1. Se utilizan puntos suspensivos para indicar la existencia en el discurso de una pausa transitoria que expresa duda, temor, vacilación o suspense:

> *Quería preguntarte... No sé..., bueno..., que si quieres ir conmigo a la fiesta.*
> *Si yo te contara...*

4.5.1.2. Para señalar la interrupción voluntaria de un discurso cuyo final se da por conocido o sobrentendido por el interlocutor:

> *A pesar de que prepararon cuidadosamente la expedición, llevaron materiales de primera y guías muy experimentados... Bueno, ya sabéis cómo acabó la cosa.*
> *Más vale pájaro en mano..., así que dámelo ahora mismo.*

4.5.1.3. Para insinuar, evitando su reproducción, expresiones o palabras malsonantes o inconvenientes:

> *Vete a la m... No te aguanto más.*

4.5.1.4. Con intención enfática o expresiva:

> *Ser... o no ser... Esa es la cuestión.*

4.5.1.5. Al final de enumeraciones abiertas o incompletas, con el mismo valor que la palabra *etcétera* o su abreviatura:

> *Puedes hacer lo que quieras: leer, ver la televisión, oír música...*

Debe evitarse, por redundante, la aparición conjunta de ambos elementos.

4.5.1.6. Entre corchetes [...] o entre paréntesis (...), los puntos suspensivos indican la supresión de una palabra o un fragmento en una cita textual:

> *«Fui don Quijote de la Mancha y soy agora* [...] *Alonso Quijano el Bueno».*
>
> (M. de Cervantes: *Quijote* II)

4.6. Signos de interrogación y exclamación

Los signos de interrogación (¿?) y de exclamación (¡!) sirven para representar en la escritura, respectivamente, la entonación interrogativa o exclamativa de un enunciado.

4.6.1. Indicaciones sobre su uso correcto

4.6.1.1. Son signos dobles, pues existe un signo de apertura y otro de cierre, que deben colocarse de forma obligatoria al comienzo y al final del enunciado correspondiente. Es incorrecto suprimir los signos de apertura (¿ ¡):

> *¡Qué alegría verte! ¿Cuánto hace que no venías?*

4.6.1.2. Tras los signos de cierre puede colocarse cualquier signo de puntuación, salvo el punto. Cuando los signos de cierre (? !) constituyen el final de un enunciado, la oración siguiente ha de comenzar con mayúscula:

> *No he conseguido el trabajo. ¡Qué le vamos a hacer! Otra vez será.*

4.6.1.3. Los signos de apertura (¿ ¡) se han de colocar justo donde empieza la pregunta o la exclamación, aunque no se corresponda con el inicio del enunciado; en ese caso, la interrogación o la exclamación se inician con minúscula:

> *Por lo demás, ¿qué aspecto tenía tu hermano?*
> *Si encuentras trabajo, ¡qué celebración vamos a hacer!*

4.6.1.4. Los vocativos, cuando ocupan el primer lugar del enunciado, se escriben fuera de la pregunta o de la exclamación; pero si van al final, se consideran incluidos en ellas:

> *Raquel, ¿sabes ya cuándo vendrás? / ¿Sabes ya cuándo vendrás, Raquel?*

4.7. Paréntesis

Los paréntesis constituyen un signo ortográfico doble ( ) que se usa para insertar en un enunciado una información complementaria o aclaratoria.

4.7.1. Usos lingüísticos

4.7.1.1. Se emplean puntos suspensivos cuando se interrumpe el enunciado con un inciso aclaratorio o accesorio:

> *Las asambleas (la última duró casi cuatro horas sin ningún descanso) se celebran siempre en el salón de actos.*

Aunque también las comas y las rayas se utilizan para enmarcar incisos (→ 4.2.1.1 y 4.9.1.1), el uso de los paréntesis implica menor relación del inciso con el enunciado en el que se inserta.

4.7.1.2. Para intercalar algún dato o precisión, como fechas, lugares, el desarrollo de una sigla, el nombre de un autor o de una obra citados, etc.:

> *Toda su familia nació en Guadalajara (México).*
> *Representa a la ONU (Organización de Naciones Unidas).*
> *«Más obran quintaesencias que fárragos» (Gracián).*

4.7.1.3. Para introducir opciones en un texto. En estos casos se encierra entre paréntesis el elemento que constituye la alternativa, sea este una palabra completa, sea uno de sus segmentos:

> *En el documento se indicará(n) el (los) día(s) solicitado(s).*

En este uso, el paréntesis puede alternar con la barra (→ 4.11.3.2).

4.7.1.4. En la reproducción de citas textuales, se usan tres puntos entre paréntesis para indicar que se omite un fragmento del original:

> *«Pensé que él no pudo ver mi sonrisa (...) por lo negra que estaba la noche».*

> (J. Rulfo: *Pedro Páramo*)

En estos casos es más frecuente y recomendable el uso de los corchetes (→ 4.8.1.4).

4.7.1.5. Para encerrar, en las obras teatrales, las acotaciones del autor o los apartes de los personajes:

> BERNARDA. *(A la criada). ¡Silencio!*

> (F. García Lorca: *La casa de Bernarda Alba*)

4.8. Corchetes

Los corchetes constituyen un signo ortográfico doble [ ] que se utiliza de forma parecida a los paréntesis que incorporan información complementaria o aclaratoria.

4.8.1. Usos lingüísticos

4.8.1.1. Se usan los corchetes cuando dentro de un enunciado que va entre paréntesis es preciso introducir alguna precisión o nota aclaratoria:

> *Una de las últimas novelas que publicó Galdós (algunos estudiosos consideran su obra* Fortunata y Jacinta *[1886-87] la mejor novela española del siglo XIX) fue* El caballero encantado *(1909).*

4.8.1.2. En libros de poesía, se coloca un corchete de apertura delante de las últimas palabras de un verso cuando no se ha transcrito en una sola línea y se termina, alineado a la derecha, en el renglón siguiente:

> *«Y los ritmos indóciles vinieron acercándose,*
> *juntándose en las sombras, huyéndose y*
> *[buscándose».*

> (J. A. Silva: *Obra poética*)

4.8.1.3. En la transcripción de un texto, se emplean para marcar cualquier interpolación o modificación en el texto original, como aclaraciones, adiciones, enmiendas o el desarrollo de abreviaturas:

> *Hay otros [templos] de esta misma época de los que no se conserva prácticamente nada.*
> *Subió la cue[s]ta con dificultad. [En el original,* cuenta*].*
> *Acabose de imprimir el A[nno] D[omini] de 1537.*

4.8.1.4. Se usan tres puntos entre corchetes para indicar, en la transcripción de un texto, que se ha omitido un fragmento del original:

> *«Pensé que él no pudo ver mi sonrisa [...] por lo negra que estaba la noche».*

> (J. Rulfo: *Pedro Páramo*)

También se usan los paréntesis con este valor (→ 4.7.1.4).

4.9. Raya

La raya es un signo de puntuación representado por un trazo horizontal (—) de mayor longitud que el correspondiente al guion (-), con el cual no debe confundirse.

4.9.1. Usos lingüísticos

4.9.1.1. Para encerrar aclaraciones o incisos se usan dos rayas, una de apertura y otra de cierre:

> *En mi vida la fidelidad —cualidad que valoro por encima de cualquier otra— es algo sagrado.*
> *Lo más importante para él es su perro —un caniche feo y antipático—.*

Con este fin pueden utilizarse también las comas o los paréntesis (→ 4.2.1.1 y 4.7.1.1).

4.9.1.2. En la reproducción escrita de un diálogo, la raya precede a la intervención de cada uno de los interlocutores, sin que se mencione el nombre de estos:

> *—¿Cuándo volverás?*
> *—No tengo ni idea.*

4.9.1.3. En textos narrativos, la raya se utiliza también para introducir o enmarcar los comentarios del narrador a las intervenciones de los personajes. En este uso deben tenerse en cuenta las siguientes indicaciones:

a) No se escribe raya de cierre si tras el comentario del narrador no sigue hablando inmediatamente el personaje:

> *—Espero que todo salga bien —dijo Azucena con gesto ilusionado.*
> *A la mañana siguiente, Azucena se levantó nerviosa.*

b) Se escriben dos rayas, una de apertura y otra de cierre, cuando las palabras del narrador interrumpen la intervención del personaje y esta continúa inmediatamente después:

> *—Lo principal es sentirse viva —añadió Pilar—. Afortunada o desafortunada, pero viva.*

4.9.1.4. Las rayas se usan también para enmarcar los comentarios del transcriptor de una cita textual:

> *«Es imprescindible —señaló el ministro— que se refuercen los sistemas de control sanitario en las fronteras».*

4.10. Comillas

Signo ortográfico doble del cual se usan diferentes tipos en español: las comillas angulares (« »), las inglesas (" ") y las simples (' ').

4.10.1. Usos lingüísticos

4.10.1.1. Se utilizan comillas para enmarcar la reproducción de citas textuales.

> *Sus palabras fueron: «Por favor, el pasaporte».*

4.10.1.2. Para indicar que una palabra o expresión es impropia, vulgar, procede de otra lengua o se utiliza irónicamente o con un sentido especial:

> *Dijo que la comida llevaba muchas «especies».*
> *En el salón han puesto una «boiserie» que les ha costado un dineral.*

En textos impresos en letra redonda es más frecuente y recomendable reproducir los extranjerismos sin adaptar en letra cursiva.

4.10.1.3. Cuando en un texto manuscrito se comenta un término desde el punto de vista lingüístico, este se escribe entrecomillado:

> *La palabra «cándido» es esdrújula.*

En textos impresos en letra redonda es preferible utilizar en este caso la cursiva.

4.10.1.4. En obras de carácter lingüístico, las comillas simples se utilizan para enmarcar los significados:

> *La voz apicultura está formada a partir de los términos latinos apis 'abeja' y cultura 'cultivo, crianza'.*

4.10.1.5. Se usan las comillas para citar el título de un artículo, un poema, un capítulo de un libro o, en general, cualquier parte dependiente dentro de una publicación; los títulos de los libros y los nombres de publicaciones periódicas, sin embargo, se escriben en cursiva:

> *Su artículo «Repensar la ortografía» está publicado en la revista* Arbor.

4.11. Uso de signos auxiliares

4.11.1. Guión

Este signo ortográfico auxiliar (-) no debe confundirse con la raya (—), que tiene una mayor longitud. El guion se usa tanto para unir palabras u otros signos, como para dividir palabras a final de línea cuando es necesario por razones de espacio.

4.11.1.1. *Como signo de unión entre palabras u otros signos.* Se utiliza, bien para unir, en determinados casos, los dos elementos que integran una palabra compuesta (*franco-alemán, histórico-crítico, bomba-trampa*), bien para expresar distintos tipos de relaciones entre palabras simples (*relación calidad-precio, dirección Norte-Sur, ferrocarril Madrid-Málaga*) funcionando con valor de enlace similar al de una preposición o una conjunción. En ambos casos, cada uno de los elementos unidos por el guion conserva la acentuación gráfica que le corresponde como palabra independiente.

Los prefijos se unen directamente a la palabra base sin necesidad de guion (*antinatural, prerrevolucionario,* etc.). Solo cuando el prefijo precede a una sigla o a una palabra que comienza por mayúscula, se escribe guion intermedio: *anti-OTAN, anti-Mussolini.*

El guion también puede unir números, sean arábigos o romanos, para designar el espacio comprendido entre uno y otro: *las páginas 23-45; durante los siglos X-XII; 2003-2006; curso académico 71-72; temporada 1992-93.*

4.11.1.2. *Como signo de división de palabras a final de línea.* Cuando, por motivos de espacio, se deba dividir una palabra al final de una línea, se utilizará el guion de acuerdo con las siguientes normas:

1.ª El guion no debe separar letras de una misma sílaba: *te- / léfono, telé- / fono* o *teléfo- / no*. Existe una excepción a esta regla, pues en la división de las palabras compuestas de otras dos, o en aquellas integradas por una palabra y un prefijo, se dan dos posibilidades:

    a) Se pueden dividir coincidiendo con el silabeo de la palabra: *ma- / linterpretar, hispa- / noamericano, de- / samparo, rein- / tegrar.*

    b) Se pueden dividir separando sus componentes: *mal- / interpretar, hispano- / americano, des- / amparo, re- / integrar*. Esta división solo es posible si los dos componentes del compuesto tienen existencia independiente, o si el prefijo sigue funcionando como tal en la lengua moderna.

2.ª Dos o más vocales seguidas nunca se separan al final de renglón, formen diptongo, triptongo o hiato: *cau- / sa,* y no *ca- / usa; come- / ríais,* y no *comerí- / ais*. La única excepción se da si las vocales forman parte de dos componentes de una palabra prefijada o compuesta: *re- / abierto.*

3.ª Cuando la primera sílaba de una palabra es una vocal, no se dejará esta letra sola al final del renglón, salvo que vaya precedida por una *h: amis- / tad,* y no *a- / mistad,* pero *he- / rederos.*

4.ª Para dividir con guion de final de línea las palabras que contienen una *h* intercalada, se actuará como si esta letra muda no existiese, aplicando las mismas reglas que para el resto de palabras. Por lo tanto, no podrán romperse sílabas ni secuencias vocálicas, salvo que se trate de palabras compuestas o prefijadas que cumplan los requisitos expuestos anteriormente: *adhe- / rente* (no *ad- / herente*), *in- / humano, des- / hielo, co- / habitación* (→ regla 1b); *al- / cohol* (no *alco- / hol*), *prohí- / ben* (no *pro- / híben*), *vihue- / la* (no *vi- / huela*) (→ regla 2); *ahu- / mar, alha- / raca* (→ regla 3). Hay una única restricción: en las palabras con hache intercalada no podrá aplicarse ninguna regla general que dé como resultado la presencia, a comienzo de renglón, de combinaciones gráficas extrañas; son, pues, inadmisibles divisiones como *desi- / nhibición, de- / shumanizar, clo- / rhidrato, ma- / hleriano,* pues, aunque se atienen a la regla de dividir las palabras por alguna de sus sílabas, dejan a principio de línea los grupos consonánticos *nh, sh, rh, hl,* ajenos al español.

5.ª   Cuando la *x* va seguida de vocal, es indisociable de esta en la escritura, de forma que el guion de final de línea debe colocarse delante de la *x: bo-* / *xeo.* Si va seguida de consonante, la *x* forma sílaba con la vocal precedente: *ex-* / *traño, ex-* / *ceso.*

6.ª   En cuanto a la división a final de renglón de grupos de consonantes, debe tenerse en cuenta lo siguiente:

a)   Los dígrafos *ch, ll* y *rr* no se dividen con guion de final de línea, ya que representan, cada uno de ellos, un solo sonido: *ca-* / *lle, pe-* / *rro, pena-* / *cho.*

b)   Cuando en una palabra aparecen dos consonantes seguidas, iguales o diferentes, generalmente la primera pertenece a la sílaba anterior y la segunda a la sílaba siguiente: *con - ten - to, per - fec - ción.* Son excepción los grupos formados por una consonante seguida de *l* o *r,* como *bl, cl, fl, gl, kl, pl, br, cr, dr, fr, gr, kr, pr, tr,* pues siempre inician sílaba y no pueden separarse: *de-* / *clarar, redo-* / *blar, su-* / *primir.* No obstante, cuando las secuencias *br* y *bl* surgen por la adición de un prefijo a otra palabra, sí pueden separarse, puesto que cada consonante pertenece a una sílaba distinta: *sub-* / *rayar, sub-* / *lunar.*

c)   El grupo *tl* podrá separarse o no con guion de final de línea según que las consonantes que lo componen se articulen en sílabas distintas (como ocurre en la mayor parte de la España peninsular) o dentro de la misma sílaba (en Hispanoamérica, Canarias y algunas áreas españolas peninsulares): *at-* / *leta, atle-* / *ta.*

d)   Cuando hay tres consonantes seguidas dentro de una palabra, se reparten entre dos sílabas, teniendo en cuenta la inseparabilidad de los grupos señalados como excepción en el apartado b, que siempre inician sílaba y no pueden separarse, y los grupos formados por las consonantes *st, ls, ns, rs, ds, bs,* que siempre cierran sílaba y tampoco deben separarse: *ist-* / *mo, sols-* / *ticio, cons-* / *trucción, supers-* / *ticioso, ads-* / *cripción, abs-* / *tenerse.* Así pues, la tercera consonante que se haya sumado a estos grupos formará parte de la sílaba anterior, en el caso de los grupos detallados en el apartado b: *con-* / *glomerado, des-* / *plazar, con-* / *fraternizar;* o de la posterior, en el caso de los grupos detallados en este apartado: *cons-* / *tante, pers-* / *picaz.*

e)   Cuando las consonantes consecutivas son cuatro, las dos primeras pertenecen a la primera sílaba y las otras dos, a la siguiente: *cons-* / *treñir, abs-* / *tracto.*

7.ª   Es preferible no dividir a final de línea las palabras en otras lenguas, a no ser que se conozcan las reglas vigentes para ello en los idiomas respectivos.

8.ª   Las abreviaturas y las siglas no se dividen a final de línea. Solo los acrónimos que se han incorporado al léxico general pueden dividirse: *lá-* / *ser, ov-* / *nis.*

9.ª   Cuando coincide con el final de línea un guion de una palabra compuesta, debe repetirse este signo al comienzo de la línea siguiente para evitar que quien lee considere que el compuesto se escribe sin guion: *teórico-* / *-práctico, crédito-* / *-vivienda.*

4.11.2. Diéresis

Este signo auxiliar está representado por dos puntos (¨) dispuestos horizontalmente sobre la vocal a la que afectan. En español tiene los usos siguientes:

4.11.2.1. Se coloca obligatoriamente sobre la *u* (minúscula o mayúscula) para indicar que esta vocal ha de pronunciarse en las combinaciones *gue* y *gui: vergüenza, pingüino, LINGÜÍSTICA.*

4.11.2.2. En textos poéticos, la diéresis puede colocarse sobre la primera vocal de un diptongo para indicar que las vocales que lo componen deben pronunciarse en sílabas distintas:

> «¡Oh! ¡Cuán süave resonó en mi oído
> el bullicio del mundo y su rüido!».

> (J. de Espronceda: *El diablo mundo*)

4.11.3. Barra

La barra es una línea diagonal que se traza de arriba abajo y de derecha a izquierda (/). Se usa en los casos siguientes:

4.11.3.1. Sustituye a una preposición en expresiones como *120 km/h* (= kilómetros por hora), *Real Decreto Legislativo 1/1995 de 24 de marzo* (= primer decreto de 1995), *salario bruto 1800 euros/mes* (= euros al mes). En este uso se escribe sin separación alguna de los signos gráficos que une.

4.11.3.2. Colocada entre dos palabras, o entre una palabra y un morfema, indica la existencia de dos o más opciones posibles. En este caso tampoco se escribe entre espacios y puede sustituirse por paréntesis (→ 4.7.1.3): *El/los día/s pasado/s; Querido/a amigo/a.*

4.11.3.3. Forma parte de algunas abreviaturas (→ 5.1.1.1): *c/* (por *calle*), *c/c* (por *cuenta corriente*).

4.11.3.4. También se emplea para separar los versos en los textos poéticos que se reproducen en línea seguida. En este caso, la barra se escribe entre espacios: *«¡Si después de las alas de los pájaros, / no sobrevive el pájaro parado! / ¡Más valdría, en verdad, / que se lo coman todo y acabemos!»* (C. Vallejo: *Poemas humanos*).

5. Abreviaciones

5.1. Abreviaturas

Las abreviaturas son representaciones gráficas reducidas de una palabra o grupo de palabras, obtenidas por eliminación de algunas de las letras o sílabas de su escritura completa y que siempre se leen sustituyéndolas por la palabra que representan.

5.1.1. Escritura

5.1.1.1. Se escribe siempre punto detrás de las abreviaturas (*tel.* por *teléfono, avda.* por *avenida*) salvo en el caso de las abreviaturas con barra (*c/* por *calle, c/c* por *cuenta corriente*). En las abreviaturas que llevan letras voladas, el punto se escribe delante de estas: *n.º, 3.ᵉʳ.*

Si una abreviatura coincide con final de enunciado, el punto de la abreviatura sirve de punto de cierre de enunciado, de modo que solo se escribirá un punto y no dos. Los otros signos de puntuación sí deben escribirse tras el punto de la abreviatura; por lo tanto, si tras una abreviatura hay puntos suspensivos, se escriben cuatro puntos:

Algunas abreviaturas con tilde son pág., teléf., admón....

5.1.1.2. Las abreviaturas mantienen la tilde en caso de incluir la vocal que la lleva en la palabra desarrollada: *pág.* por *página, C.ⁱᵃ* por *compañía.*

5.1.1.3. Las abreviaturas tienen variación de número. Las que están formadas por una sola letra forman su plural duplicándola: *ss.* por *siguientes, EE. UU.* por *Estados Unidos.* Las que están formadas por más letras, añaden *-s* o *-es:* de *pág., págs.* (por *páginas*); de *dpto., dptos.* (por *departamentos*); de *admón., admones.* (por *administraciones*); de *n.º, n.ᵒˢ* (por *números*). Las abreviaturas de formas verbales no varían en plural: *v.* vale como abreviatura de *véase* y de *véanse.*

5.1.1.4. Algunas abreviaturas pueden tener variación de género: *Ldo., Lda.* por *licenciado, licenciada; Sr., Sra.* por *señor, señora.*

5.1.1.5. En general, las abreviaturas se escriben con mayúscula o minúscula según corresponda a la palabra o expresión abreviadas: *Bs. As.* (por *Buenos Aires*); *etc.* (por *etcétera*).

5.1.1.6. Cuando la abreviatura corresponde a una expresión compleja, se separan mediante un espacio las letras que representan cada una de las palabras que la integran: *b. l. m.* (por *besa la mano*), *SS. MM.* (por *sus majestades*).

5.2. Símbolos

Los símbolos son abreviaciones de carácter científico-técnico y están constituidos por letras o por signos no alfabetizables. En general, son fijados convencionalmente por instituciones de normalización y poseen validez internacional. Los símbolos más comunes son los referidos a unidades de medida (*m, kg, lx*), elementos químicos (*Ag, C, Fe*), puntos cardinales (*N, S, SE*), operaciones y conceptos matemáticos (+, √, %) y monedas (*$, £, ¥, €, CLP*). También se utilizan símbolos para denominar abreviadamente los libros de la Biblia: *Gn* (*Génesis*), *Lv* (*Levítico*).

Los símbolos, como las abreviaturas, se leen sustituyéndolos por la palabra que representan, salvo que estén integrados en una fórmula química o matemática, en que lo normal es el deletreo: CO_2 (se lee "ce-o-dos"), $2\pi r$ (se lee "dos-pi-erre").

5.2.1. Escritura

5.2.1.1. Se escriben siempre sin punto: *cm* (por *centímetro*), *He* (por *helio*).

5.2.1.2. No llevan nunca tilde, aunque mantengan la letra que la lleva en la palabra que representan: *a* (y no *á*) por *área* y *ha* (y no *há*) por *hectárea*.

5.2.1.3. No varían de forma en plural: *25 km* (por *veinticinco kilómetros*), *2 C* (por *dos carbonos*).

5.2.1.4. Los símbolos se escriben con mayúscula o minúscula dependiendo de la naturaleza del símbolo. Así, los de los puntos cardinales se escriben siempre con mayúsculas: *N, SE*. Los de los elementos químicos se escriben con una sola letra mayúscula: *C, O;* o, con inicial mayúscula si están constituidos por dos letras: *Ag, Fe*. Las unidades de medida se escriben normalmente con minúscula: *g, dm, ha;* salvo las que tienen su origen en nombres propios de persona: *N* por *newton* (de *Isaac Newton*), *W* por *vatio* (de *Jacobo Watt*); o las que incorporan algunos prefijos para formar múltiplos, como *M-* (*mega-*), *G-* (*giga-*). Los símbolos de las unidades monetarias, cuando están constituidos por letras, se escriben con todos sus componentes en mayúscula: *ARP,* símbolo del peso argentino; *ECS,* símbolo del sucre ecuatoriano.

5.2.1.5. Los símbolos que acompañan a una cifra se escriben normalmente pospuestos a esta y separados de ella por un blanco de separación: *18 $, 4 km, 125 m², 4 H*. Se exceptúan el símbolo del porcentaje y el de los grados, que se escriben pegados a la cifra a la que acompañan: *25 %, 12°*. Los grados de temperatura tienen una ortografía diversa, según que aparezca o no especificada la escala en que se miden; así, se escribirá *12°*, pero *12° C* (por *doce grados Celsius*).

Para las monedas, el uso en España prefiere la escritura pospuesta y con blanco de separación: *3 £, 50 $;* en cambio, en América, por influjo anglosajón, los símbolos monetarios, cuando no son letras, suelen aparecer antepuestos y sin blanco de separación: *£3, $50*.

5.3. Siglas

Se llama sigla tanto a la palabra formada por las iniciales de los términos que integran una denominación compleja (exceptuando, generalmente, preposiciones y artículos), como a cada una de esas letras iniciales. Las siglas se utilizan para referirse de forma abreviada a organismos, empresas, objetos, sistemas, asociaciones, etc. Muchas siglas acaban incorporándose como sustantivos al léxico común.

A diferencia de las abreviaturas y los símbolos, las siglas se leen sin restablecer la expresión a la que reemplazan, siguiendo el procedimiento que requiera su forma.

a) Hay siglas que se leen tal y como se escriben, las cuales reciben también el nombre de acrónimos (→ 5.4): *ONU, OTAN, láser, ovni*.
b) Hay siglas cuya forma impronunciable obliga a leerlas con deletreo: *DDT* se lee "de-de-te".
c) Hay siglas que se leen combinando ambos métodos: *CD-ROM* se lee "ce-de-rom".

5.3.1. Escritura

5.3.1.1. Las siglas se escriben hoy sin puntos ni blancos de separación: *APA, ISBN*.

5.3.1.2. Las siglas presentan normalmente en mayúscula todas las letras que las componen (*OCDE, DNI, ISO*) y, en ese caso, no llevan nunca tilde. Las siglas que se pronuncian como se escriben, esto es, los acrónimos, se pueden escribir solo con la inicial mayúscula si se trata de nombres propios y tienen más de cuatro letras: *Unicef, Unesco;* o con todas sus letras minúsculas, si se trata de nombres comunes: *uci, ovni, sida.* Los acrónimos escritos con minúsculas sí deben someterse a las reglas de acentuación gráfica del español: *láser.*

5.3.1.3. Si los dígrafos *ch* y *ll* forman parte de una sigla, va en mayúscula el primer carácter y en minúscula el segundo: *PCCh,* sigla de *Partido Comunista de China.*

5.3.1.4. Aunque en la lengua oral tienden a tomar marca de plural, las siglas son invariables en la escritura: *las ONG;* por ello, cuando se quiere aludir a varios referentes, es recomendable introducir la sigla con determinantes que indiquen pluralidad:

> *Representantes de algunas/varias/numerosas ONG se reunieron en Madrid.*

Debe evitarse el uso, copiado del inglés, consistente en formar el plural de las siglas añadiendo al final una *s* minúscula, precedida o no de apóstrofo; así, no debe escribirse *CD's, ONGs.*

5.3.1.5. Las siglas adoptan el género de la palabra que constituye el núcleo de la expresión abreviada: *el FMI,* por *el* «Fondo» *Monetario Internacional; la OEA,* por *la* «Organización» *de Estados Americanos.* Las siglas son una excepción a la regla que obliga a utilizar la forma *el* del artículo cuando la palabra femenina que sigue comienza por *a-* tónica; así, se dice *la APA* (y no *el APA*), por «Asociación» *de Padres de Alumnos,* ya que la palabra *asociación* no comienza por *a-* tónica.

5.4. Acrónimos

Un acrónimo es, por un lado, el término formado por la unión de elementos de dos o más palabras: *docudrama,* de *documental dramático; Mercosur,* de *Mercado Común del Sur.* Por otro lado, también se llama acrónimo a la sigla que se pronuncia como una palabra: *OTAN, ovni, sida* (→ 5.3).

Es muy frecuente que estos últimos, tras una primera fase en que aparecen escritos con mayúsculas por su originaria condición de siglas (*OVNI, SIDA*), acaben por incorporarse al léxico común del idioma y se escriban con letras minúsculas (*ovni, sida*), salvo, naturalmente, la inicial cuando se trata de nombres que exigen la escritura de esta letra con mayúscula (*Unesco, Unicef*). Escritos con minúsculas, sí deben someterse a las reglas de acentuación gráfica del español: *láser, radar.*

Una vez incorporados al léxico común, los acrónimos forman el plural siguiendo las reglas generales de formación del plural en español: *ovnis, ucis, radares.*